大韓每日申報
대한ᄆᆡ일신보

5

1908. 8 ~ 1909. 7

한국학자료원

發刊辭

韓國의 新聞史도 이제 百年을 바라보게 되었다。그동안 우리는 製作面에서는 누구에게도 못지않게 情熱을 쏟아왔다。事大에 대한 自主、保守에 대한 革新、日帝植民政策에 대한 果敢한 抵抗과 鬪爭、그리고 解放과 더불어 言論의 自由물결에 휩쓸려 無數한 新聞을 만들어 쏟아져 나오게 했으나 그 數字조차 잘 모르고 지나왔지만 무려 八百五拾餘種의 新聞을 헤아릴 수가 있었다。

하나의 新聞이 나왔을 때는 그 背景에 反映된 時代相과 거기에 담긴 歷史性이 있음은 두말할 필요조차 없는 일이나 우리는 이렇게 많았던 新聞들의 資料를 体系的으로 간추리지 못하고 있는 現實이다。

舊韓末以後 우리의 歷史는 너무나 激動을 겪은 탓으로 現實的으로 資料의 求得難도 큰 原因의 하나이겠지만 資料가 있는 것들도 各處에 分散되어 있을 뿐만 아니라 여러가지 理由와 隘路 때문에 이것을 한데 모아 体系的으로 整理를 하지 못하고 있는 實情이다。 個人이나 團体에서 이런 作業을 꼭 해야 하겠다는 必要性은 痛切히 느끼면서도 實踐에 이르러서는 궁색하지 않았나 하는 생각을 갖게 한 것도 事實이다。

이에 本韓國新聞研究所는 第一次的으로 韓末以來 이 땅에서 發刊된 各種新聞을 三年餘에 걸쳐 蒐集、韓國新聞百年 史料集을 刊行한데 이어 二次的으로는 各新聞마다의 그 重要性을 檢討、影印本으로 하여 學界와 言論界에 寄與할 計劃을 세워 첫 事業으로 이번에 大韓每日申報의 影印本을 發刊키로 한 것이다。

周知하는바로 大韓每日申報는 韓末의 代表的인 民族紙일뿐 아니라 乙巳保護條約이 締結되기 한해 前인 一九〇四年 七月 英國人 裵說(Ernest Thomas Bethell)이 創刊하여 韓日合邦直後인 一九一〇年 八月까지 滿六年동안 꾸준히 發刊되었던 것이다。當時 대부분의 新聞들이 길어서 一年、짧은것은 不過 몇달동안 發刊되던 短命新聞이었던 것에 比하면 長長 六年間 얼마나 끈질기게 여러모로 鬪爭을 했던 것인가를 알 수가 있다。

독립신문이 海外文物과 啓導로 우리의 눈을 뜨게 한데 큰 도움을 주었다면 이 大韓每日申報는 對日關係의 鬪爭史요、記錄集이라 할 수 있다。

當時 日帝의 彈壓이 酷甚했어도 英國人이 發行人이었기 때문에 그들이 만만이 손을 댈 수가 없었던 관계로 高宗이 秘密裡에 出資를 하고 强硬한 抗日論調로 慧星的인 存在가 되어 우리 民族意思를 代辯했던 것은 너무나 잘 알려진 일이다。

이러한 貴重한 資料가 現在 여러 圖書館에 또는 個人에게 一部分씩 分散所藏되어 있어 研究家들이 이들 資料를 찾아 본다는 것은 매우 어렵게 되어 있고 더욱이 体系的인 研究를 한다는 것은 거의 不可能한 상태에 있다。

더구나 안타까운 것은 圖書館에나 個人이 所藏한 이 新聞들은 너무 오래되어 紙面을 만지기만 해도 바스러져 閱覽조차 할수 없는 실정이라 所藏當局서도 貴重本 취급을 하는 나머지 貸出마저 꺼려하는 현실이다。

民族史的으로나 學術的으로 이렇게 貴重한 이 新聞을 分散 各處로부터 한데 모아 누구든지 볼수 있게 하고 永久히 保全하기 위해 影印本을 製作하여 늦었으나마 提供하는데 우리의 뜻이 있음을 밝힌다。

이 影印本을 出刊함에 있어 言論界의 元老이신 洪鍾仁先生의 陰陽으로의 指導 편달과 金聖鎭文化公報部長官의 절대적인 協調를 해주신데 感謝를 드리며 國立中央圖書館과 서울大學校中央圖書館、韓國研究院 그리고 國會圖書館當局者들의 協調와 支援에도 깊이 感謝를 드린다。調査와 整理에는 記協編輯室長 鄭晋錫씨가 手苦를 해주었다。

一九七六年 九月 一日

韓國新聞研究所所長 尹 壬 述

解 題

大韓每日申報는 1904년 7월에 창간되어 1910년 8월까지 民族史的 激動期에 있어서 가장 강경한 抗日論調로 발간된 신문이었다。이 신문에는 韓末의 論客이요 志士였던 梁起鐸、朴殷植、申采浩등이 제작을 맡아 民族思想을 고취하는 品格 높은 論說들을 집필하여 민족진영의 求心點으로서 抗日運動에 큰 영향을 미쳤던 것이다。

大韓每日申報를 창간、한국민의 편에 서서 日帝와 싸웠던 英國人 裵說은 1904년 3월10일(2월10일이라는 설도 있음)에 내한했다。런던에 있는 한 일간지의 通信員 자격으로 露日戰爭을 취재하기 위함이었다。

그는 來韓 4개월이 못된 6월29일 大韓每日申報의 樣子新聞(見本版)을 만들었다。한국에 처음 온 그가 이와같이 짧은 기간동안에 신문발간준비를 마친 것을 보면、그는 來韓 즉시 신문 창간에 착수했던 것으로 보이며、그와 함께 신문제작을 맡았던 梁起鐸등 민족진영 인사들도 이미 신문제작을 위한 준비가 있었음을 짐작케 한다。

樣子新聞이 나온지 20일 후에는 순한글과 英文版으로 된 大韓每日申報 창간호가 이 세상에 나왔다。1904년 7월18일의 일이었다。

政治的 정세는 露日戰爭이 터진 후 日本은 韓國을 무력으로 위협하여 韓日議定書를 체결、우리나라에서 軍事上 필요한 지역을 수용할 수 있게 되었고、8월22일에는 제1차 韓日協約을 체결하니 한반도는 이미 日本의 손아귀에 쥐여버린 것이다。

言論에 대해서도 日本은 그 숨통을 틀어막는 손길을 조여오기 시작했다。1896년 독립신문이 창간된 뒤부터 특히 1898년 이후에는 러시아、프랑스、日本등 列强勢力이 한국에서의 利權奪取에 방해가 되는 民族紙의 彈壓을 여러차례 요구해 왔었다。그러나 1900년 이후에는 日本이 한반도에서 독점적인 우위를 확보하자 다른 列强의 신문탄압 요구는 없어진 반면、日本은 민족지의 조그만 기사에 대해서까지 번번히 트집을 잡기 시작했다。민족지의 排日的인 태도로 侵略政策이 난관에 부딪치는 일이 많았기 때문이었다。

露日戰爭 후에는 日本의 민족지 탄압요구는 더욱 빈번하고 강경했다。1904년 3월1일에는 駐韓日本公使 林權助가 신문을 取締할 法을 만들어 日軍의 움직임을 보도하지 못하게 하라고 요구한 것을 비롯、수차례에 걸쳐 신문보도에 대한 抗議를 거듭했다。그리하여 마침내 駐韓日本軍憲兵司令部는 이해 10월9일 제국신문에 대해 민족언론사상 최초의 강제 停刊命令을 내리기에 이르렀다。

大韓每日申報가 창간된 것은 바로 이러한 시기였다。日帝의 강요로 한국정부가 민족지에 대한 檢閱을 시작한 때였고、日憲兵司가 제국신문에 강제 停刊 명령을 내리기 3개월여 전으로서 민족지의 論調가 현저히 위축되었던 무렵이었다。

日帝는 무력으로 민족지를 彈壓하는 한편、일찍부터 漢城新報(國漢文 1894년 창간)、朝鮮新報(日文 1892년 창간) 등을 발간하여 민족지와 대항하고 침략을 합리화 하려는 선전기관으로 활용했고、露日戰爭이 일어난 1904년 초에는 大韓日報、大東新報 등을 창간하여 그들의 세력부식과 輿論造作에 더욱 힘을 기울였다。이들 日人발행의 신문들은 日本外務省의 보조금을 받아 경영되는 日外務省의 기관지 또는 준기관지로서 日本의 무력을 배경으로 거리낌 없이 侵略的인 論調를 펴고 있었다。

이러한 때에 출현한 大韓每日申報는 위축일로에 놓인 민족언론에 구원의 존재였다。

1905년 11월17일 乙巳保護條約이 체결되자 張志淵이 皇城新聞에 〈是日也放聲大哭〉이라는 명논설을 실어 日軍의 檢閱을 받지 않고 배포한 후 체포되고 신문은 停刊당했을 때에도 大韓每日申報만은 檢閱을 겁낼 필요없이 張志淵의 행동을 찬양하고 號外까지 발행하여 日本을 규탄하기를 서슴치 않았다。

이 신문만이 서슬푸른 日本의 무력 앞에서도 홀로 세계를 향하여 日本의 만행을 폭로하고 민족혼을 일깨우면서 매국의 역적들을 맹렬히 힐책했다。

大韓每日申報의 이와같이 과감한 제작태도에 高宗도 지원을 아끼지 않았다。高宗은 1906년 2월10일 발행인 裵說에게 「新聞及 通信에 全權者로 特히 委任한다」는 특별위임장까지 下賜하고 비밀리에 補助金을 지급하여 경영을 도왔다。

日本側은 마침내 裵說을 이 나라에서 追放할 음모를 꾸미기 시작했다。統監府가 본국정부에 건의하여 日本外務省은 東京駐劄英國大使에게 裵說을 한국에서 추방하거나 大韓每日申報를 폐간시키라고 수차에 걸쳐 요구 했다。

裵說에게 制裁를 가하려는 日本의 끈질긴 책동에 英國도 동조하게 되었다。英國側은 1904년에 세정된 「淸國 및 韓國에 대한 樞密院令」(Order in Council to the China and Korea)를 改正하여 1907년 2월1일 이를 공포했고、統監府는 1907년 10월9일 漢城駐在英國總領事 콕번(Cockburn)에게 裵說의 처벌을 요구하는 訴狀을 제출했다。大韓每日申報 영문판인 The Korea Daily News 9월3일、12일、21일、24일、26일자와 國漢文版 9월18일、10월1일、同8일자가 公衆平和를 해치고 인민으로 하여금 정부에 반역하여 일어나도록 선동했다는 것이었다。이리하여 裵說은 10월14일 漢城駐在英國 總領事館에 설치된 領事裁判에서 6개월간 謹愼에 처하며 앞으로 6개월간 善行에 대한 保證金 3백파운드를 供託하라는 판결을 받았다。

그러나 大韓每日申報의 論調는 조금도 수그러지지 않았다。더욱 강경한 抗日論調로 제작되었다。

이듬해인 1908년 4월29일 統監府는 李完用內閣으로 하여금 전년에 제

정된 新聞紙法을 改正하여 한국 안에서 발행되는 外國人 명의의 신문까지도 發賣禁止 및 押収할 수 있도록 하여 大韓每日申報도 압수를 당하는 사태에까지 이르렀으나 大韓每日申報가 여기에 굴복할 리는 없었다。日本側으로서 궁극적인 해결책은 裵說에 대한 치명적인 制裁를 가하는 것 밖에는 다른 도리가 없었다。

日本側은 한국침략에 커다란 장애물인 大韓每日申報를 彈壓하기 위해 치밀하고도 끈질기게 裵說의 追放工作을 추진했다。

1908년 5월27일 統監 伊藤博文은 統監府 書記官 三浦彌五郎에게 裵說을 고소하는 권한을 부여했고、三浦는 이 날자로 英國上海高等法院檢事 윌킨슨(H. P. Wilkinson)과 連書로 裵說을 고소했다。윌킨슨은 日本의 요구에 응해 이 사건을 다루기 위해 來韓한 사람이었다。統監府는 고소장에서 大韓每日申報가 「질서를 문란하며 폭동을 격려하고 한국정부와 인민간에 원수되는 뜻을 격동케 했다」고 주장하고 증거로서 1908년 4월17일자 〈須知分砲殺詳報〉、4월29일자 〈百梅特捏이 不足以壓 一伊太利〉、5월18일자 〈學界의 花〉등 3개의 論說을 제출했다。

裵說에 대한 公判은 6월15일 上海에 있는 英國高等裁判所에서 온 判事 본(F. S. A. Born)을 재판장으로 검사 윌킨슨、변호사 크로스(C. N. Crosse)가 참석한 가운데 6월15일부터 3일간에 걸쳐 駐韓英國總領事館에서 열렸다。

이 재판에서 특히 주목을 끄는 것은 문제된 논설들은 모두 大韓每日申報 總務였던 梁起鐸이 집필했으며、裵說은 신문제작의 全權을 거의 梁起鐸에게 맡기고 있었다는 사실이었다。이 신문이 그와같이 강경한 논조로 제작되었던 것은 梁起鐸등 민족진영 인사들이 裵說의 治外法權을 이용하여 언론을 통한 抗日運動을 전개했고、高宗은 비밀리에 그 경영을 도왔던 때문임이 밝혀진 것이다。

3일간에 걸친 재판끝에 판사 본은 裵說을 第1種輕犯罪人으로 선고하여 3주일간의 禁錮와 만기후 6개월간 謹愼의 實을 표하기 위한 保證金으로 피고가 1천불、보증인이 1천불 도합 2천불을 납부하도록 판결했다。이리하여 裵說은 上海로 가서 3주일간의 禁錮복역을 마치고 돌아왔다。

裵說을 처벌하도록 한 日本은 7월12일에는 梁起鐸을 구속하여 재판에 회부하는 등 갖은 彈壓을 가했다。

이러한 彈壓 속에서도 裵說과 梁起鐸은 의연히 본래의 제작태도를 견지했으나 裵說은 獄苦를 치른 후 건강이 크게 악화되어 이듬해인 1909년 5월1일 서대문밖 그의 집에서 세상을 떠나고 말았다。

1908년 5월27일부터 1910년 6월9일까지 萬咸이 사장으로 있었고、6월14일자부터 李章薰이 신문을 인수하여 공식적인 발행인이 되었으나 2개월후인 8월29일 일본은 한국을 완전히 집어삼키니 大韓每日申報도 그 운명이 다한것이었다。

大韓每日申報는 1904년 7월18일 창간될 당시에는 6페이지로서 그중 2페이지가 순한글이었고 4페이지는 영문이었다。이듬해인 1905년 3월이후부터는 일시 휴간하여 8월11일에 속간했는데 이때부터는 英文版과 국한문판을 분리하여 두 가지 신문을 발행했다。독립된 英文版의 제호는 The Korea Daily News였다。

그리고 1907년 5월23일에는 순한글판 대한매일신보를 따로 창간하니 裵說이 발행하는 신문은 3종으로서 그 발행부수도 모두 합해 1만부를 넘어서 타신문과는 비교도 못할 정도의 영향력을 갖게 되었다。

大韓每日申報는 제작면에서도 몇가지 귀중한 史料를 남기고 있다。

1905년 11월17일 乙巳保護條約이 체결된 후 11월27일자로 이에대한 號外를 발간한 것을 비롯하여 1907년 海牙密使사건으로 高宗이 禪位할 때에도 두 차례에 걸쳐(7월18일、19일) 號外를 발행한 것이 남아있다。

그후 7월31일 舊韓國군대가 해산당하자 8월1일에도 號外를 발행한바 있으며、1909년 10월 安重根의사가 伊藤博文을 쏘아 죽이고 다음 해 3월26일 大連감옥에서 사형당했을 때에도 號外를 발행했다 하나 남아 있는 것은 없다。

이번에 발간하는 이 影印本에는 남아 있는 號外 3種을 비롯하여、本紙에 게재되지 않은 傳單廣告(신문에 삽입하여 배포하는 廣告)도 있는대로 모두 수록하여 당시의 신문제작 상황과 社會、經濟를 연구하는 자료가 되게 했다。

그외에 國債補償運動義捐金 헌납자 명단을 수록한 增面 附録등도 각 도서관에 있는 것을 모두 모아 수록했고、당시 발행된 신문 購讀領収證도 귀중한 新聞史料로서 画報에 수록했다。

大韓每日申報 1910년 8월28일자 終刊號까지의 紙齡은 국한문판이 1천4백61號、한글판이 9백38號였다。그러나 국한문판은 1904년 7월 창간후 12월까지 1백37號가 발간되었고、1905년 1월부터 3월까지 52號를 발간한 후 휴간하여 이 해 8월11일 영문판과 국한문판을 분리한 후 다시 1號로 시작하여 종간호까지가 1천4백61호였으므로 국한문판의 6년간 발간된 총號數는 약 1천6백60여호였다。

한편、英文版 The Korea Daily News는 확실한 발행실적을 알 수가 없다。이번에 발간하는 縮刷版은 國立中央圖書館、서울大中央圖書館、韓國研究院등에 흩어져 있는 것을 체계적으로 조사하여 모아 편집한 것이다。그러나 창간호부터 15호까지가 남아 있지를 않아 부득이 16號부터 수록하지 않을 수 없는 것은 아쉬운 일이다。그리고 중간에도 몇호 缺號가 있으나 앞으로 발견될 것을 기대한다。

鄭 晋 錫

大韓每日申報 題号의 변천

大韓每日申報
대한ᄆᆡ일신보

창간 당시 題号, 1904년 7월 18일부터

The Korea Daily News.

英文版 The Korea Daily News題号

大韓每日申報
대한ᄆᆡ일신보

国漢文版 1905년 8월11일(제 3 권 1호)부터

大韓每日申報
대한ᄆᆡ일신보

国漢文版 1906년12월19일(제400호) 부터
한글판은 1907년 5 월23일자 창간호부터 이 제호를사용

大韓每日申報

国漢文版 1907년 4 월16일(제487호)부터

大韓每日申報

国漢文版 1909 년 11월 9 일(제1237호)부터

대한ᄆᆡ일신보
大韓每日申報

한글판 1909년11월 9 일(제714호)부터 1910년 8 월까지

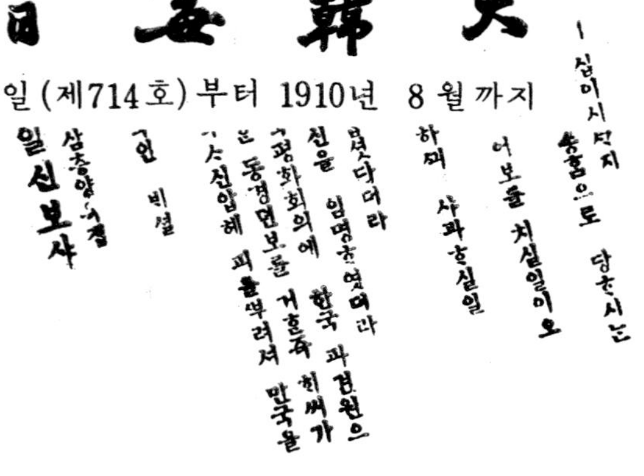
◉호 외
목요일

십이시브터
숑홈으로 당ᄒᆞ시ᄂᆞᆫ
어보ᄅᆞᆯ 치실일이오
하며 사과ᄒᆞ실일
보셧다더라
신을 임명ᄒᆞ엿더라
「평화회의에 한국 파견원으
는 동경연보ᄅᆞᆯ 거흔즉 히씨가
스신압헤 피ᄅᆞᆯ뿌려서 만국을
「언 비결
삼총양ᄉᆞ결
일신보사

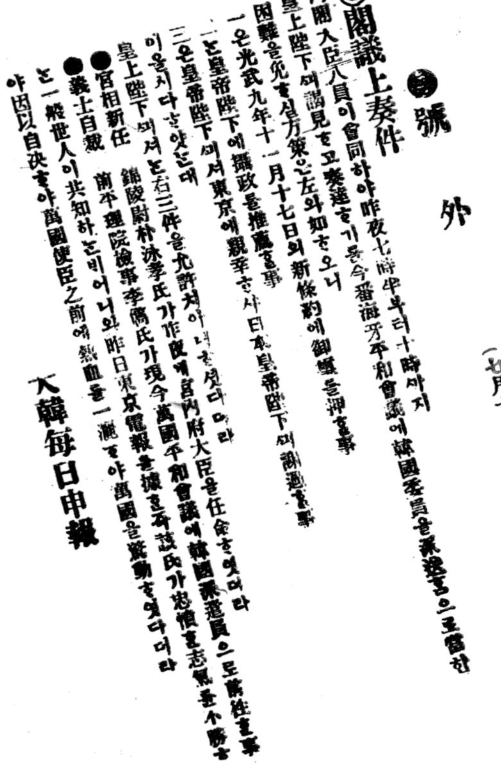
號外 (七月十八日木曜日)

◉閣議上奏件
內閣大臣八員이會同하야昨夜七時半부터十時ᄭᆞ지皇上陛下ᄭᅴ謁見ᄒᆞ고奏達ᄒᆞ기ᄅᆞᆯ今番海牙平和會議에韓國委員을派送홈으로當한困難을免ᄒᆞᆯ方策은左와如ᄒᆞ오니
一은光武九年十一月十七日의新條約에御璽를押ᄒᆞᆯ事
二ᄂᆞᆫ皇帝陛下ᄭᅴ셔東京에親幸ᄒᆞ사日本皇帝陛下ᄭᅴ謝過ᄒᆞᆯ事
三은皇帝陛下에攝政을推薦ᄒᆞᆯ事
이올시다ᄒᆞ얏ᄂᆞᆫ데皇上陛下ᄭᅴ셔ᄂᆞᆫ右三件을允許치아니ᄒᆞ셧다더라
◉宮相新任 錦陵尉朴泳孝氏가昨夜에宮內府大臣을任命ᄒᆞ엿더라
◉義士自裁 前平理院檢事李儁氏가現今萬國平和會議에韓國派遣員으로前往ᄒᆞᆫ事ᄂᆞᆫ一般世人이共知ᄒᆞᄂᆞᆫ비어니와昨日東京電報를據ᄒᆞᆫ즉該氏가忠憤ᄒᆞᆫ志氣를不勝ᄒᆞ야因以自決ᄒᆞ야萬國使臣之前에熱血을一灑ᄒᆞ야萬國을聳動ᄒᆞ엿다더라
大韓每日申報

号外. 1907년 7 월18 일자

大韓每日申報편집국　志士風의 갓쓴 기자들이 붓을 들고 기사를 쓰고 있다.

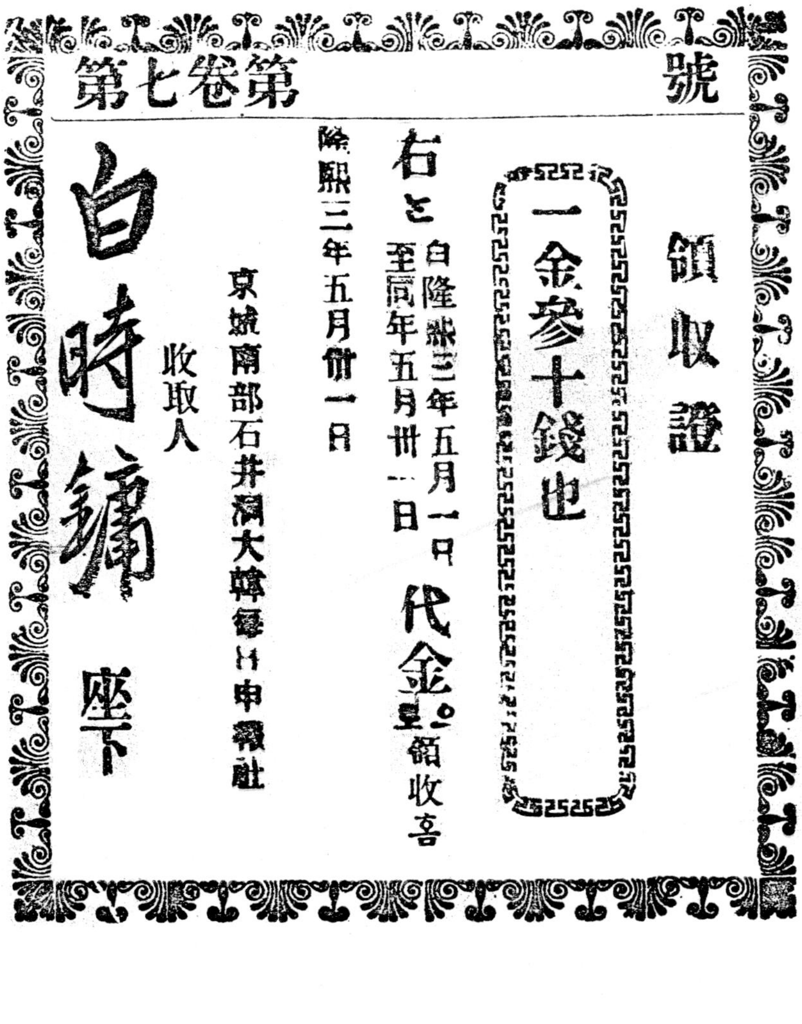

第七卷第　號

領收證

一金參十錢也

右と 自隆熙三年五月一日 至同年五月卅一日 代金으로 領收홈

隆熙三年五月卅一日

京城南部石井洞大韓每日申報社

收取人

白時鏞 座下

大韓每日申報구독자領收證
1909년 5월분으로 구독한 사람은 白時鏞, 구독료는 30錢이다.

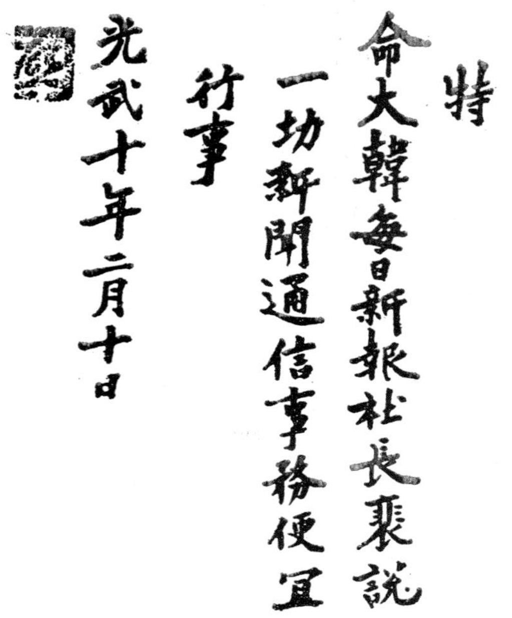
特
命大韓每日新報社長裵說
一切新聞通信事務便宜
行事
光武十年二月十日

高宗의 勅令文 裵說에게 新聞通信 사무의 모든 편의를 행사토록 했다.

大韓每日申報사장 英国人 裵說 그는 1904년에 来韓하여 국한문판, 영문판, 한글판등 3종의 신문을 발간했다.

裵說의 墓 裵說은 合邦한해 전인 1909년5월1일 이땅에서 죽었다。 이듬해 梁起鐸、張志淵등이 墓碑를 세웠으나(왼쪽) 日人 들이 그 碑文을 깎아 없앴으므로 1964년 언론인들이 새로 작은 碑를 세우고(오른쪽) 그 碑文을 새겼다。

大韓每日申報主筆 梁起鐸 실질적 제작 책임자로서 강경한 抗日論說을 집필하여 자주독립사상을 고취하고 日帝와 싸웠다.

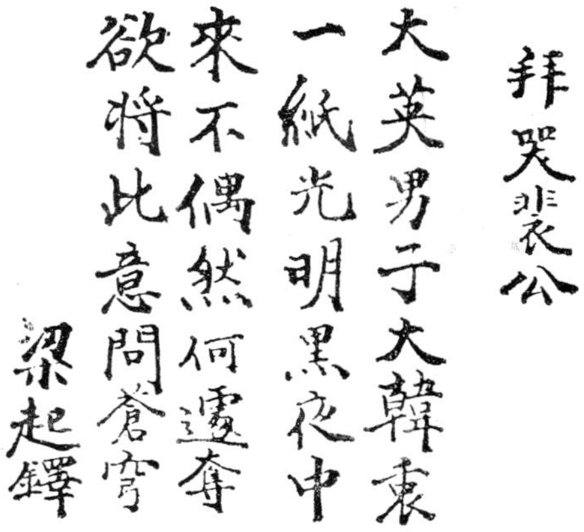

拜哭裵公
大英男子大韓裵
一紙光明黑夜中
來不偶然何遽奪
欲將此意問蒼穹
梁起鐸

裵說의 죽음을 애도하는 梁起鐸의 弔辭.

論說委員

朴殷植

申采浩

大韓每日申報工務局 상투틀고 짚신신은 文選工들 오른쪽에 활자케이스가 보인다.

駐韓英国総領事館건물 1891년에 건립되어 1907년과 1908년 두차례에 걸쳐 裵説에 대한 裁判이 진행되었다.

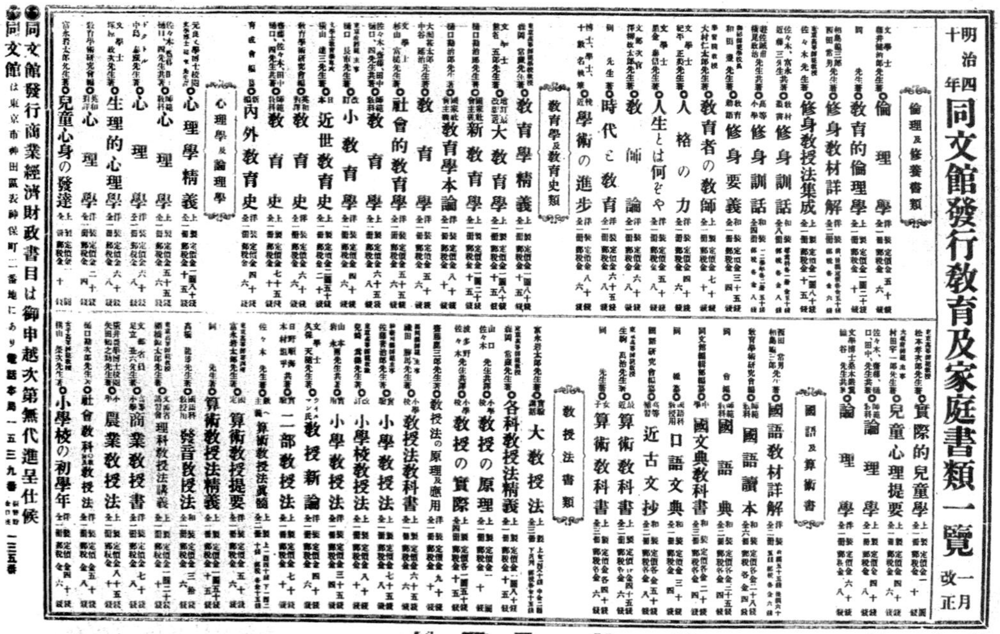

明治四十年 一月改正

同文館發行教育及家庭書類一覽

倫理及修養書類

倫理學
教育的倫理學
修身教材詳解
修身教授法集成
修身訓話
修身訓話
修身要義
教育者の教師
人格の力
人生とは何ぞや
教師論
時代と教育
學術の進歩

教育學及教育史類

教育學精義
大教育學
新教育學
教育學本論
教育學
社會的教育學
教育學
小教育學
近世教育史
教育史
教育史
内外教育史

心理學及論理學

心理學精義
心理學
心理學
生理的心理學
心理學
兒童心身の發達

實際的兒童學
兒童心理提要
論理學
論理學

國語及算術書

國語教材詳解
國語讀本
國語典
國文典教科書
口語文典
近古文抄
算術教科書
算術教科書

教授法書類

大教授法
各科教授法精義
教授の原理
教授の實際
教授法の原理及應用
教授法教科書
小學教授法
小學校教授法
小學教授法
教授新論
二部教授法
算術教授法眞髓
算術教授提要
算術教授法精義
發音教授法
理科教授法講義
商業教授書
農業教授法
社會教科教授法
小學校の初學年

●同文館發行商業經濟財政書目は御申越次第無代進呈仕候
●同文館は東京市神田區表神保町二番地にあり電話本局一五三九番 一三五番

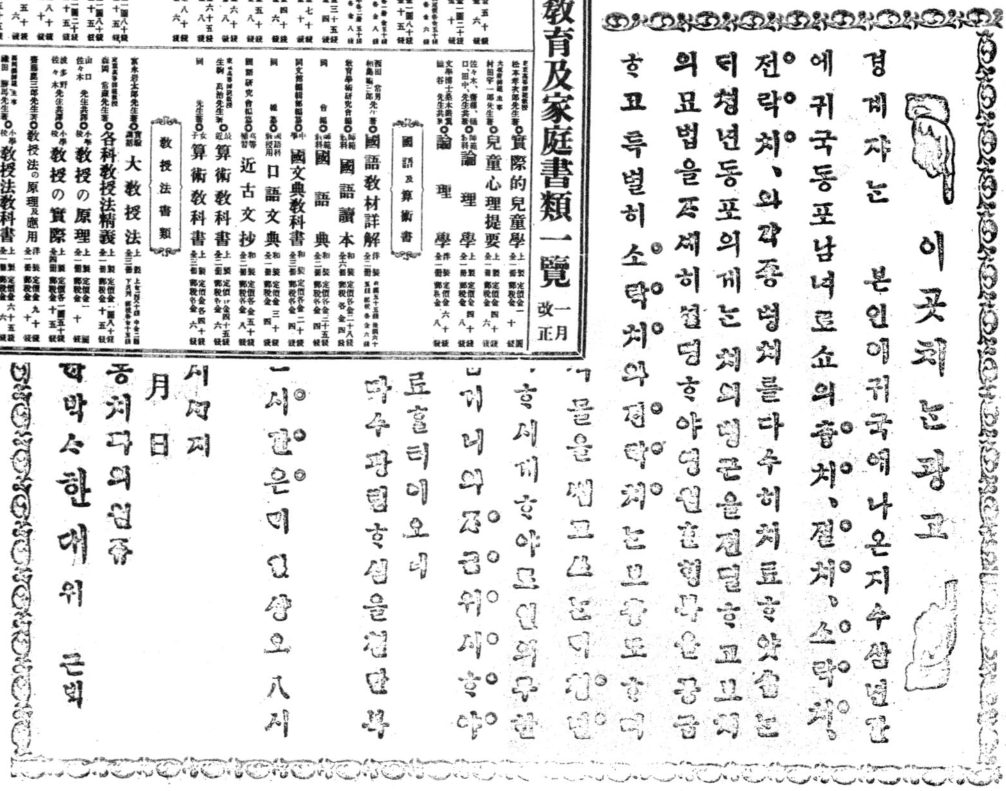

이곳치과광고

경계자는 본인이귀국에나온지수삼년간
에귀국동포남녀로쇼의솝치、절치、소닥치、
전락치、와각죵병치를다수히치료ᄒᆞ얏슴는
데청년동포의게는치의병근을젼달ᄒᆞ고뫼치
의묘법을ᄌᆞ셰히셜명ᄒᆞ야영업ᄒᆞᆫ혐무을공급
ᄒᆞ고특별히소닥치와젼닥치는모ᄒᆞ도ᄒᆞ며
…물을세고스ᄂᆞᆫ디긴변
…ᄒᆞ시기ᄒᆞ야모연외무한
…다니의ᄌᆞ금위시ᄒᆞ야
료ᄒᆞᆯ터이오니
다수광림ᄒᆞ심을경망ᄒᆞᆷ
一시간은미일상오八시
…시여지
月日
…동치다의엄즁
…박스한대위 근백

大韓每日申報에끼워 배포되었던 伝単広告들
上은 서적광고, 下는 치과광고

駐韓英国総領事館건물 1891년에 건립되어 1907년과 1908년 두차례에 걸쳐 裵說에 대한 裁判이 진행되었다.

明治四十一年一月改正

同文館發行教育及家庭書類一覽

倫理及修養書類

倫理學
教育的倫理學
修身教材詳解
修身教授法集成
修身訓話
修身訓話
修身要義
教育者の教師
人格の力
人生とは何ぞや
教師論
時代と教育
學術の進步

教育學及教育史類

教育學精義
大教育學
新教育學
教育學本論
教育學
社會的教育學
教育學
小教育學
近世教育史
教育史
教育史
內外教育史

心理學及論理學

心理學精義
心理學
心理學
生理的心理學
心理學
兒童心身の發達
實際的兒童學
兒童心理提要
論理學
論理學

國語及算術書

國語教材詳解
國語讀本
國語典
國文典教科書
口語文典
近古文抄
算術教科書
算術教科書

教授法書類

大教授法
各科教授法精義
教授の原理
教授の實際
教授法の原理及應用
教授法教科書
小學教授法
小學校教授法
教授新論
理科教授法講義
小學教授書
商業教授法
農業教授法
發音教授法
算術教授法精義
算術教授提要
算術教授法眞髓
二部教授法
社會教科教授法
小學校の初學年

同文館發行商業經濟財政書目は御申越次第無代進呈仕候
同文館は東京市神田區表神保町二番地にあり 電話本局一五三九番

이곳치과광고

경계자는 본인이귀국에나온지수삼년간에귀국동포남녀로쇼의츌치、졀치、소락치、젼락치、와각종병치를다수히치료하얏삽는데쳥년동포의게는치의병근을젼뎔하고고쳐의묘법을쟈셰히셜명하야영원한행락을공급하고특별히소락치와젼락치는모즁도하며
…물을세그스도더…변
…하시기를하야드인의무한
…니거니와즈금위시하야
료홀터이오니
다수광림하심을경요
一시간은미일상오八시
시브터
月日
종치다의집쥬
닥박스한대위 근백

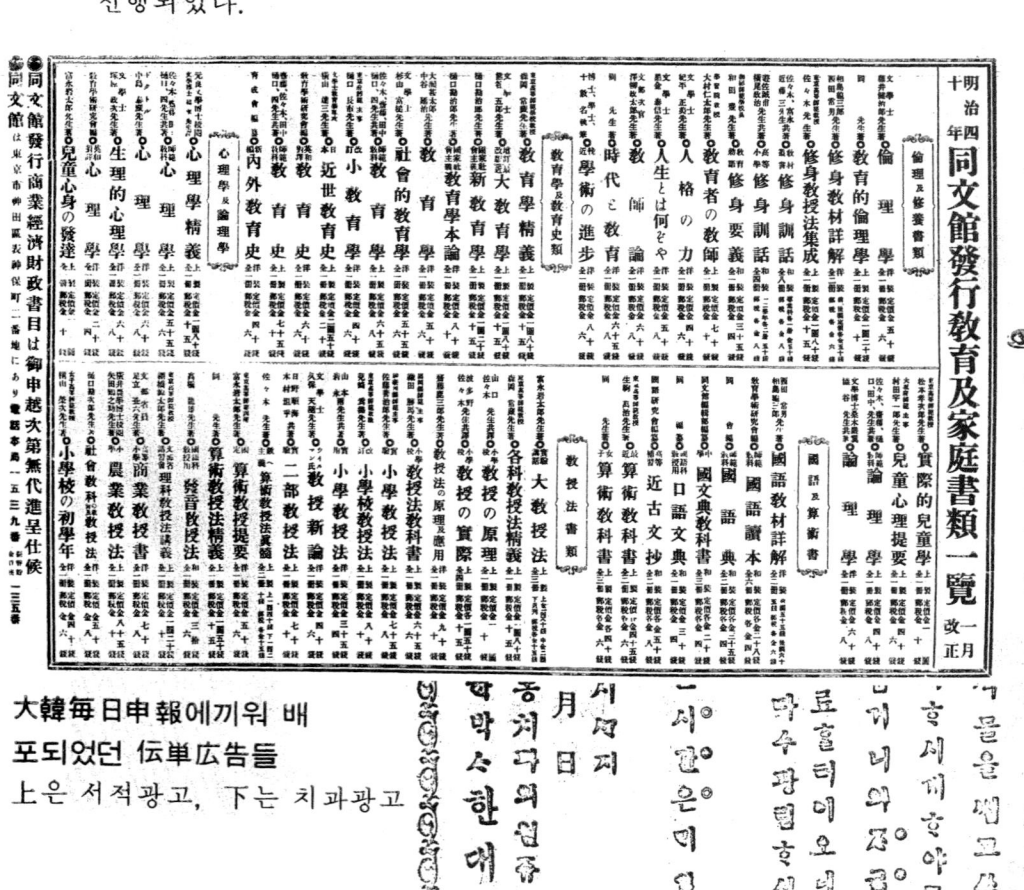

大韓每日申報에끼워 배포되었던 伝単広告들
上은 서적광고, 下는 치과광고

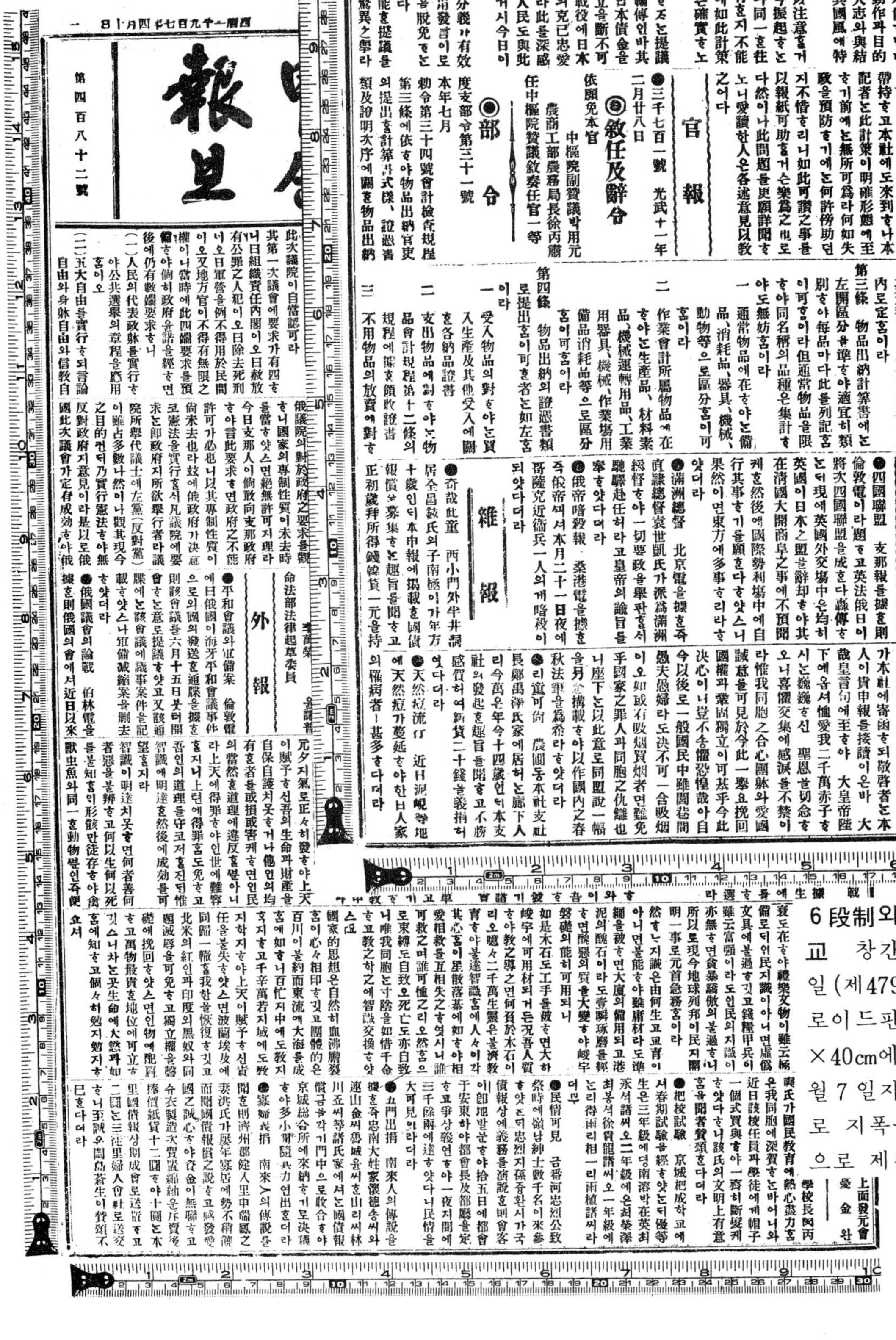

6段制와 7段制의 紙面크기 비교 창간호부터 1907년 4월 6일(제479호)까지는 현재의 타블로이드판보다 약간 넓은 26.5㎝×40㎝에 6段조판이었으나 4월 7일자 부터는 30.5㎝×46㎝로 지폭을 확장하여 7段 조판으로 제작되었다.

後記

本影印本의 발간을 위해 1年餘에 걸쳐 각 圖書館과 個人이 所藏하고 있는 大韓每日申報를 백방으로 조사하여 완벽을 기하려 하였으나 창간호를 비롯하여 모두 29號가 발견되지 않아 부득이 이대로 完刊을 했읍니다。 혹시 다음에라도 발견되는대로 補完하겠읍니다。

缺號는 다음과 같습니다。(괄호 안은 號數)

1904、7、18(1)~8、3(15)까지

1904、8、5(17)~8、8(19)까지、8、15(25)、
8、19(29)、8、22(31)、8、26(35)、8、29(39)

1904、9、30(64)

1904、10、1(65)

1904、11、30(112)

1905、1、20(14)

1908、5、13(803)

1909、7、18(1150)

이 影印本中 後期分에 印刷가 鮮明치 못한 부분은 当時는 오늘날과 같이 活字를 매일 鑄造하지 못하고 한번만든 活字로 一年내지 数年동안 印刷를 했기 때문에 原本자체가 희미한데다가 이것을 다시 影印을 하자니 印刷効果가 나지 않았음을 밝힌다。

本 大韓每日申報 影印本은 韓国文化芸術振興院의 支援으로 刊行된 것입니다.

光武九年八月拾壹日 明治卅八年八月拾壹日(第三種郵便物認可) 土曜日 西曆一千九百八年八月拾五日 [四]

大韓每日申報 第六卷 第八百七拾壹號

月曆及慶節 歲時日休刊

檀君開國四千二百四十一年
箕子元年三千三十年
大韓開國五百十七年
日本明治四十一年
淸國光緖三十四年
陰曆戊申七月大[illegible]五日戊子

寄書

◉我韓婦人界新思潮

女士金松哉

東洋半島의我大韓帝國은地勢가三千里오人民은貳千萬에達ᄒᆞ며山川英秀ᄒᆞᆫ氣脈으로人物之盛과禮義文物과聖賢道德과文章名筆과忠孝義節과英雄豪傑이繼續不絕이로ᄃᆡ女子ᄂᆞᆫ男子에셔半數를直居ᄒᆞ나國民된義務가自在ᄒᆞ건만ᄂᆞᆫ我韓의男女의內外之別이嚴重ᄒᆞᆫ뿐아니라

女子ᄂᆞᆫ男子의奴隸로歸之ᄒᆞ야學文과敎育은女子의게無ᄒᆞᆷ으로壹个生涯니에拘囚ᄒᆞ야不出中門外ᄒᆞ고深深鎖々束縛을當ᄒᆞ얏스나男子ᄂᆞᆫ事君事親과朋友交際와士農工商의門戶를保全ᄒᆞᄂᆞᆫ거시最히男子의事業이오夫人은在家ᄒᆞ야家庭을 治ᄒᆞ고奉祭接賓과子女를敎訓ᄒᆞᄂᆞᆫ責任만有ᄒᆞ고自由가無ᄒᆞ니元來自由ᄂᆞᆫ共公之物이오無限ᄒᆞᆫ거시라ᄒᆞ나니嗚呼라天地間人類ᄂᆞᆫ各々自有自由어늘我韓女子ᄂᆞᆫ自古及今에敎育이無ᄒᆞᆷ으로自由를得ᄒᆞ지못ᄒᆞ고雖師曠之聰과離婁之明이라도開明發達은全然不知러니挽近文明發達ᄒᆞᆫ時代를當ᄒᆞ야風氣가大變ᄒᆞ니閨中에蟄伏ᄒᆞ얏던女子가男子와同等權이되야同等學問과同等知識과同等技藝로同等事業에從事ᄒᆞᆯ時機不晳라女子학校와女子計會가進興發達ᄒᆞ나新世界의開明ᄒᆞᆫ新知識으로改革舊染ᄒᆞ야忠君愛國하ᄂᆞᆫ思想이며活潑ᄒᆞᆫ志氣와溫柔ᄒᆞᆫ心과慈善ᄒᆞᆫ精神으로文明進步ᄒᆞ야世界夫人界에同等地位를保有ᄒᆞ기로直相勉勵ᄒᆞ니壯哉라夫人이여揚名壹國과遺芳百世를期於必得이오貳千萬人壹心國體로維新事業을成就ᄒᆞ야國權恢復ᄒᆞᆯ義務로老少를勿論ᄒᆞ고學文과敎育을熱心으로修業ᄒᆞ야壹般事業을男女同等ᄒᆞ리니寂寂閨門之內에蟄伏ᄒᆞᄂᆞᆫ夫人의名譽와事業이六大洲에喧動ᄒᆞ고大韓帝國이第壹文明國되기를可期ᄒᆞ리니本人은開進之道와ᄭᅢ明之氣와簡單經濟와女學校와夫人社會를四千年歷史에未聞ᄒᆞ고年期가不知中四旬이已過ᄒᆞ니新學文과新知識은全然不知ᄒᆞ나然이나愛國事業과公共義務ᄂᆞᆫ國中所見으로도希望이有ᄒᆞ야拙短文으로壹般夫人界에寄付ᄒᆞ노라

記者曰女子가丈夫를依賴ᄒᆞᄂᆞᆫ心이有ᄒᆞᆫ故로女權이不昌ᄒᆞ고人民이政府를依賴ᄒᆞᄂᆞᆫ心이有ᄒᆞᆫ故로民權이不興ᄒᆞ고國家가外邦을依賴ᄒᆞᄂᆞᆫ心이有ᄒᆞᆫ故로國權이不振ᄒᆞ나니此寄書가思想이隆滿ᄒᆞ고文藻가簡潔ᄒᆞᆯ뿐더러夫人界의新思想이發生ᄒᆞ야依賴心을割斷ᄒᆞᆷ으로尤是可欽인故로玆에揭布ᄒᆞ노다

▲隆熙二年 七月拾七日 實報

◉法律第拾三號

民刑訴訟規則 續

第百七條 前條의申提가有ᄒᆞᆫ時ᄂᆞᆫ執行裁判所ᄂᆞᆫ債權者나債務者나其利害關係人에게保證을立ᄒᆞ게ᄒᆞ거나此를立케아니ᄒᆞ고强制執行의開始나停止나續行이나작消를命ᄒᆞᆷ을得ᄒᆞᆷ

第百八條 强制執行에關ᄒᆞ야執行裁判所의行ᄒᆞᆫ裁判은執行官吏를羈束ᄒᆞᆷ

第百九條 動產에對ᄒᆞᆫ强制執行에ᄂᆞᆫ債務者로立會케ᄒᆞᆷ이可ᄒᆞᆷ若債務者의立會가無ᄒᆞᆫ時ᄂᆞᆫ其家族이나適當ᄒᆞᆫ者로立會케ᄒᆞᆷ이可ᄒᆞᆷ

第百拾條 動產에對ᄒᆞᆫ强制執行은債務者의所有物件을押收ᄒᆞ야此를行ᄒᆞᆷ但第三者가其物件을所持ᄒᆞᆫ境遇에提出ᄒᆞᆷ을拒絕ᄒᆞᆫ時ᄂᆞᆫ此를押收ᄒᆞᆷ을得지못ᄒᆞᆷ

第百拾壹條 左開ᄒᆞᆫ物件을押收ᄒᆞᆷ을得지못ᄒᆞᆷ

壹 債務者及其家族의生活及職業에不可缺ᄒᆞᆫ物件
二 勳章其他名譽의證標
三 祭祀及禮拜의用에供ᄒᆞᄂᆞᆫ物件
四 系譜及信章

第百十二條 押收物件은執行官吏가評價ᄒᆞ야債權者의게交付ᄒᆞ거나此를放賣ᄒᆞ야其賣得金을債權者에게交付ᄒᆞᆷ이可ᄒᆞᆷ

第百拾三條 動產에對ᄒᆞᆫ强制執行에當ᄒᆞ야加入을求ᄒᆞᄂᆞᆫ債權者가有ᄒᆞᆫ時ᄂᆞᆫ執行官吏ᄂᆞᆫ前條의規定을從ᄒᆞ야各히債權額에應ᄒᆞ야押收物件이나其賣得金을交付ᄒᆞᆷ이可ᄒᆞᆷ

第百十四條 債權者가押收物件의交付를受ᄒᆞᆫ時ᄂᆞᆫ其物件에對ᄒᆞᆫ所有權을取得ᄒᆞ되評價額을從ᄒᆞ야債權의壹部나全部의辨償을受ᄒᆞᆫ者로看做ᄒᆞᆷ評價額이債權額을超過ᄒᆞᆫ境遇에ᄂᆞᆫ債權者ᄂᆞᆫ其差額을債務者의게出給지아니ᄒᆞ면債權額以下에相當ᄒᆞᆫ物件外에交付를受ᄒᆞᆷ을得지못ᄒᆞᆷ

第百拾五條 執行官吏가債權證書를押收ᄒᆞᆫ時ᄂᆞᆫ第百四條에記載ᄒᆞᆫ書類와共히執行裁判所로送致ᄒᆞᆷ이可ᄒᆞᆷ

前項의境遇에裁判所의相當ᄒᆞᆷ으로認ᄒᆞᄂᆞᆫ價額으로써證書面 債權을讓受코ᄌᆞᄒᆞᄂᆞᆫ者가有ᄒᆞᆫ時ᄂᆞᆫ裁判所ᄂᆞᆫ其對價를徵收ᄒᆞ야債權移轉의旨를證書에附記ᄒᆞ야此를讓受人의게交付ᄒᆞᆷ이可ᄒᆞᆷ但押收債權者나加入債權者가讓受人된時ᄂᆞᆫ其對價로써部時辦償에充當ᄒᆞᆷ此境遇에ᄂᆞᆫ前條第貳項의規定을準用ᄒᆞᆷ

第百拾六條 前條의境遇에ᄂᆞᆫ讓受人은第三債務者에게對ᄒᆞ야債權移轉ᄒᆞᆫ旨를通知치아니ᄒᆞ면此로써第三債務者及其他者에게對抗ᄒᆞᆷ을得치못ᄒᆞᆷ

第百拾七條 債權證書의讓受人이無ᄒᆞᆫ時ᄂᆞᆫ其證書에對ᄒᆞᆫ押收ᄂᆞᆫ此를解除ᄒᆞᆷ

第百拾八條 滊船及五拾石以上의帆船에對ᄒᆞᆫ强制執行에當ᄒᆞ야ᄂᆞᆫ不動產에對ᄒᆞᆫ强制執行의規程을準用ᄒᆞᆷ

未完

外報

●滿洲總督借欵 滿洲總督徐世昌氏ᄂᆞᆫ司法行政改革費로捉稅를俄國에典當ᄒᆞ고四十萬元을借入ᄒᆞᆫ다ᄂᆞᆫ報가有ᄒᆞ더라

●著作權保護의實施 韓國에셔美日著作版權保護條約實施에關ᄒᆞ야諸法規를樞密院會議에셔可決ᄒᆞ얏다더라

●閩湘總督發令 上海電을據ᄒᆞᆫ즉閩湘總督은罌粟穀의栽培를廢止ᄒᆞ고穀類를栽植ᄒᆞ기로發令ᄒᆞ고六年度에罌粟을栽植ᄒᆞ면屬公ᄒᆞ기로ᄒᆞ얏다더라

●憲兵將校養成 淸國陸軍部尙書鐵良氏ᄂᆞᆫ今番에憲兵科를設置ᄒᆞᆷ이必要ᄒᆞ다ᄒᆞ야外務部에셔駐日公使의게電報ᄒᆞ야日本政府에憲兵將校養成ᄒᆞᆷ을交涉ᄒᆞ야日本政府에셔承認ᄒᆞᆫ故로學生二拾四名을派送ᄒᆞ기로決定ᄒᆞ얏ᄂᆞᆫᄃᆡ憲兵司令部에셔學生의寄宿舍를準備中이라더라

●香港颶風後報 東京電을據ᄒᆞᆫ則香港에颶風이起ᄒᆞ야二百八拾八名의溺死者가有ᄒᆞ야廣東河上에漂流ᄒᆞ고遊船數百隻이轉覆ᄒᆞᆷ을因ᄒᆞ야死者가多數ᄒᆞ얏다더라

●淸日木材議案 同電을據ᄒᆞᆫ則奉天에셔木材會議ᄂᆞᆫ再昨日付討議를決了ᄒᆞ얏다더라

別報

◎裴說氏의公判顚末

第三日 續

크로쓰시日四月拾七日以後로暴動과紊亂이尤盛ᄒᆞᆫ證據ᄂᆞᆫ無ᄒᆞ니若如此ᄒᆞᆫ地境이면丁寧코其騷擾가[illegible]ᄒᆞ던地方지라도暴動이滋及ᄒᆞ얏슬거시어놀但彼輩들은新聞紙가於彼於此에播傳ᄒᆞᄂᆞᆫᄃᆡ或此에ᄂᆞᆫ二百騷에唯ᄒᆞ고他處에ᄂᆞᆫ五六騷에唯ᄒᆞ다云々ᄒᆞᆫ것이오其新聞이往々ᄒᆞᄂᆞᆫ地方마다暴動이滋起ᄒᆞᆫ다ᄂᆞᆫ거슨아모證據도無ᄒᆞ도다 크로쓰시가此言을發ᄒᆞ며且裁判官에게其判決ᄒᆞᄂᆞᆫ것은兩邊證據의多少를見ᄒᆞ야輕重을判斷ᄒᆞ기로勸ᄒᆞ다 今에엘긴손시ᄂᆞᆫ必乃其新聞社에其騷亂에參與ᄒᆞᆫ人들이來ᄒᆞᆫ것으로言端을含ᄒᆞᆫ듯ᄒᆞ나然ᄒᆞ나其人들이엇지ᄒᆞ야新聞社에來ᄒᆞᆫ것을知코저ᄒᆞ면該新聞社에其新聞을閱ᄒᆞᆫ個中日人의檢閱을受치아니ᄒᆞᆫ者를知ᄒᆞᄂᆞᆫ緣故라然ᄒᆞ나裴說시가已言ᄒᆞ기를韓國人은難化의人種이아니며彼輩들은但日本官人에게虐待를受ᄒᆞᄂᆞᆫ貌樣과異ᄒᆞᆫ期待遇를受ᄒᆞ기를願ᄒᆞᄂᆞᆫ者들이라彼輩들은彼의冤痛ᄒᆞᆫ것을雪코저ᄒᆞᄂᆞᆫ心緖ᄒᆞᆷ으로不幸히彼에게反ᄒᆞ야損害ᄒᆞᆫ恩意치못ᄒᆞ고도彼輩ᄂᆞᆫ壓迫과虐待를當ᄒᆞ고또彼ᄂᆞᆫ自然히助給ᄒᆞ기를求ᄒᆞᆯ뿐이니如此ᄒᆞᆫ거슨甚少ᄒᆞᆫ言端이라此로써定罪ᄒᆞᆯ수ᄂᆞᆫ無ᄒᆞ도다 大韓每日申報와其韓國의文字로불刊ᄒᆞᆫ거시其公平ᄒᆞᆫ意ᄂᆞᆫ何必요ᄒᆞ면但其國民의團合ᄒᆞᆷ을希望ᄒᆞᄂᆞᆫᄃᆡ在ᄒᆞ고日本人을反對ᄒᆞ야煽動ᄒᆞᆷ이아니며幾百年怨讐되ᄂᆞᆫ兩國間에在ᄒᆞᆫ困難을早爲和ᄒᆞ야融解되기를願ᄒᆞᆷ이라此가其新聞의公平ᄒᆞᆫ意요反逆이나暴動이나紊亂을煽動ᄒᆞᆷ은아니라ᄒᆞ노라裁判官ᄭᅴ셔도已言ᄒᆞ얏거니와愛國心으로用ᄒᆞᆫ者ᄂᆞᆫ無罪ᄒᆞ니此를審度ᄒᆞ고推測ᄒᆞᆷ이可ᄒᆞ고且此ᄂᆞᆫ韓國百姓들이廣히傳習ᄒᆞᆫ바이어니와此事件을英國律로審理ᄒᆞ면裁判官ᄭᅴ셔도全히自己의心으로[illegible]有罪[illegible]ᄒᆞ다ᄒᆞ니 裁判官曰然ᄒᆞ나 未完

雜報

●奉安殿新築 毓祥宮內에各宮 · 御位合設 奉安홀殿閣建築을從速着手ᄒᆞᆫ다더라

●移安埋安節次協議 掌禮院에셔各宮 御位移安及埋安홀節次를現今協議中이라더라

●權停例擧行 進賀時에 親臨ᄒᆞ신다ᄂᆞᆫ說은昨報에已揭어니와權停例로磨鍊ᄒᆞ라신 詔勅을 下ᄒᆞ옵셧다더라

●陳賀差備官 昨日權停例陳賀時에從二品姜友馨氏ᄂᆞᆫ承製官으로農商工部技師李文永氏ᄂᆞᆫ宣敎官으로外司局長李建春씨等은差備官으로差出이되얏다더라

●李氏固辭 今番 皇帝追崇時에各元老大臣들이壹齊히陞資ᄒᆞᆫ다ᄂᆞᆫ說은屢報ᄒᆞ얏거니와中樞院顧問李址鎔씨ᄂᆞᆫ皇室至親으로依例히今番에輔國을陞任ᄒᆞᆯ터인대히氏가有何思想인지輔國之任을固辭ᄒᆞ엿다더라

●差備官點考 再昨日에 宗廟에서宮內府秘書官金東完氏가今番 皇帝 追崇時各差備官名錄을持ᄒᆞ고逐還히[illegible]ᄒᆞᄂᆞᆫ대呼名에不參ᄒᆞᆫ人員은勿施ᄒᆞ다ᄒᆞ고正卿以下로呼名點考ᄒᆞ시中樞院顧問李根澤氏가言ᄒᆞ되我ᄂᆞᆫ陞資ᄂᆞᆫ雖勿施라도點考場에ᄂᆞᆫ入參치못ᄒᆞ깃다더라

●手當金不足 各道觀察使의手當金을八拾圜式支給ᄒᆞ기로磨鍊ᄒᆞ얏스나各其該道區城內에郡守資格의可堪之人을選拔ᄒᆞ라면別派耳目ᄒᆞᄂᆞᆫ偵探費가猶爲不足하깃다더라

●拾六郡守 日昨內部에서郡守十六窠를 奏本ᄒᆞ얏ᄂᆞᆫ데前郡守鄭[illegible]學시ᄂᆞᆫ開城郡守로前主事權丙弼시ᄂᆞᆫ淸[illegible]郡守로前主事徐丙[illegible]시ᄂᆞᆫ新寧郡守로郡主事朴海齡시ᄂᆞᆫ漆谷郡守로前主事尹暎[illegible]시ᄂᆞᆫ禮[illegible]郡守로前主事權丙宜시ᄂᆞᆫ豐基郡守로前主事金[illegible]銖시ᄂᆞᆫ[illegible]郡守로農商工部主事吳洙田시ᄂᆞᆫ문義郡守로前副尉申[illegible]休시ᄂᆞᆫ黃澗郡守로前主事尹弼[illegible]시ᄂᆞᆫ英陽郡守로前主事李宜春시ᄂᆞᆫ春川郡守로郡主事[illegible]輸殷시ᄂᆞᆫ義興郡守로龜城郡守尹錫弼시ᄂᆞᆫ慈城郡守로江界郡守김用來시ᄂᆞᆫ龜城郡守로宜川郡守俞鎭浩시ᄂᆞᆫ江界郡守로道事務官김斗鉉시ᄂᆞᆫ宜川郡守를被任ᄒᆞ얏다며라

●法官移轉 漢城裁判所檢事柳東作平壤院判事洪祐晳漢城裁判所首班判事金喆鉉平壤院檢事張燾全判事박齊선全宋振玉全朴晩緖諸씨ᄂᆞᆫ判事를被任ᄒᆞ고平壤院裁判長洪鍾억全判事金基肇漢城裁判所判事皮相範三氏ᄂᆞᆫ檢事를被任ᄒᆞ얏다더라

●學部休暇 학部에서壹般官吏가今日부터停務ᄒᆞ야二週日을休暇ᄒᆞᆫ다더라

●警務協議 本日에內部警務局長松井茂가各警察署警視及警部를召集ᄒᆞ야京城及各地方警察事項을協議ᄒᆞᆫ다더라

●證明更受 土地家屋證明簿가滅失된交川三水橋口等三郡守에게ᄂᆞᆫ再次證明을受홀意로法部에서指示ᄒᆞᆫ다더라

●研究會任員 農商工部研究會에서總裁를推薦ᄒᆞ얏다ᄂᆞᆫ데總裁ᄂᆞᆫ金思金씨가被選되고會長은李達鎔氏가被薦되얏다더라

●國債償還調査 再昨日에國債償還總合所에서調所長尹雄烈씨가任員을[illegible]所[illegible]지ᄒᆞ고收合金額을調査ᄒᆞ얏ᄂᆞᆫ대히金額을保管한說氏가金額任置處를壹壹報告ᄒᆞ얏다더라

●會員未備 再昨日學部에서國文研究會를開ᄒᆞᆫ다ᄂᆞᆫ說은昨報에已揭어니와伊日에會員이未備ᄒᆞ야開會치못ᄒᆞ얏다더라

●女會長再罰 女子敎育會會長金雲谷氏가養源學校生徒事件으로學部에請願홈은已報어니와金雲谷氏가昨日學部에前往ᄒᆞ야히事件을從速處辨ᄒᆞ야壹般會員의苦待홈이無케ᄒᆞ라ᄒᆞ얏다더라

●奎川役費 奎川始役을勞動會에서擔任ᄒᆞ야日間着手ᄒᆞᆫ다ᄂᆞᆫ대該役費ᄂᆞᆫ四萬圜으로酌定支撥ᄒᆞᆫ다더라

●田土呼冤 訓鍊院附近에連接ᄒᆞᆫ菜田이本以民有地로百有年來에轉相賣買ᄒᆞ던證據가自在ᄒᆞᆫ대不意去月分에軍人俱樂部에서軍部令飭이라ᄒᆞ고該所有主標不은拔去ᄒᆞ고軍人俱樂部所有로改揷標木ᄒᆞ야今秋爲始ᄒᆞ야ᄂᆞᆫ軍人俱樂部에서幷作ᄒᆞ不ᄒᆞᄂᆞᆫ故로該田地所有主數三拾人이昨日軍部에請願ᄒᆞ얏다더라

北方消息續聞

韓國人民等이盛히海蔘威로移轉ᄒᆞᄂᆞᆫ中에李範允金某等이黑龍江沿岸地方韓人部落에往ᄒᆞ야俄國銃을買收하야壯丁을鍊習ᄒᆞ고義軍을起ᄒᆞ야去月拾日頃부터ᄂᆞᆫ日本商店과商品을排斥ᄒᆞ기로同盟ᄒᆞ고日人의게對ᄒᆞ야極力으로加害ᄒᆞᄂᆞᆫ디貳拾日頃에至ᄒᆞ야ᄂᆞᆫ韓人家屋을借居ᄒᆞᆫ日本商店貳家가家貰를遲滯ᄒᆞᆫ다고二拾餘名이壹齊히棍棒을携ᄒᆞ고히日人商店內에入ᄒᆞ야即爲退去ᄒᆞ라고脅迫하며商品器物을毁破ᄒᆞᆫ故로貳拾日暴雨中에히日人等이同地에서退去ᄒᆞ얏다더라

●鳩奪鵲巢 京鄕新聞을據ᄒᆞᆫ즉堤川邑內에日本憲兵들이該邑居李在明氏의家屋을貰付ᄒᆞ라ᄒᆞ거ᄂᆞᆯ李氏가貰給지아니ᄒᆞ야曰此家가余의居生ᄒᆞᆯ뿐아니라또天主敎의公所로處所라ᄒᆞ니日憲兵隊長이李氏를郵便局으로引去ᄒᆞ야房幾間을三朔만借與ᄒᆞ라ᄂᆞᆫ文書를勒捧ᄒᆞᆫ後에李氏와憲兵이同居케ᄒᆞ고且李氏ᄂᆞᆫ京鄕新聞發賣人인故로其家에셔賣所懸板을揭附ᄒᆞ얏더니憲兵이此를懸치못하게하ᄂᆞᆫ지라該郡人民이此情況을見ᄒᆞ고新建ᄒᆞ든家役을停止ᄒᆞ야曰去年에日兵들에게衛人沒燒ᄒᆞᆫ것을今繕建築ᄒᆞ야畢役되면畢竟憲兵의게見奪ᄒᆞ깃도다彼日憲兵들은百姓을害코ᄌᆞ홈인가財政이窘艱ᄒᆞ야家屋을買居치못ᄒᆞᆫ가ᄒᆞ며怨聲이浪藉ᄒᆞ다ᄒᆞ얏더라

●法艦回航 法國軍艦壹隻이昨日午後二時에鎭南浦에入港ᄒᆞ야艦長以下將校六名이上陸ᄒᆞ야市內를玩賞ᄒᆞ고午後六時에芝罘로向ᄒᆞ야出航ᄒᆞ얏다더라

●鐵線破壞 再昨夜降雨에水原烏山停車場鉄道軌橋가破壞ᄒᆞ야京釜鐵道ᄂᆞᆫ昨日부터通行치못ᄒᆞ얏다더라

●臨津不通 京義鐵道ᄂᆞᆫ本日부터개通케ᄒᆞ얏ᄂᆞᆫ대臨津江에ᄂᆞᆫ아직架橋를復舊치못ᄒᆞᆫ故로乘替ᄒᆞ야連接ᄒᆞᆫ다더라

●賞花室演戱 賞花室에서演戱場을龍山에設施ᄒᆞᆫ다더라

●困債致命 去月貳拾八日東署[illegible]坊甘貞洞에居ᄒᆞᄂᆞᆫ[illegible]桂煥시가昨前九時에白宅溫家에서多數의鴉片烟을呑下ᄒᆞ고死ᄒᆞᆫ지라其原因인즉負債가多홈으로債權者의督促을因ᄒᆞ야致命ᄒᆞ얏다더라

●日人結項 泥峴居留日人佐藤彌西郞이가他人處에負債가多數ᄒᆞᆫ것을報償치못홈으로去二拾九日下午二時에히家에서結項致死ᄒᆞ얏다더라

●勞働開會 勞働夜學會에서重要ᄒᆞᆫ事項을決議ᄒᆞ기爲ᄒᆞ야來月壹日下午壹時에該會事務所內에任員會를開ᄒᆞ고五部分務所任員이壹齊히參會ᄒᆞ야重要ᄒᆞᆫ事項을協議ᄒᆞᆫ다더라

●兩氏寄附 輔仁學校에서壹般學員이創設ᄒᆞ얏ᄂᆞᆫ대帽子를準備치못ᄒᆞᄂᆞᆫ學員의게ᄂᆞᆫ該會副會長嚴柱益씨가帽子二拾三件을給與ᄒᆞ얏고該會員朴承俊氏ᄂᆞᆫ帽子二百個를寄付ᄒᆞ얏다더라

●藥峴奮興 南門外藥峴光興學校ᄂᆞᆫ元來有志者들이設立ᄒᆞᆫ바라于今幾年에財政이窘拙ᄒᆞ야維持無路더니該洞中父老諸氏가該校情況을愛惜ᄒᆞ야維持方策을協議ᄒᆞᆫ즉壹洞이應響奮발ᄒᆞ야爭出義捐ᄒᆞ야金額이爲先數千餘圜에達ᄒᆞ얏ᄂᆞᆫ대財力이不及ᄒᆞᆫ人은以身代役ᄒᆞ기로自請ᄒᆞ야方今該校를擴層擴張ᄒᆞ기로擬議ᄒᆞᄂᆞᆫ中이라더라

●輔校夏試 輔仁학校에서第壹학期試驗을經ᄒᆞ얏ᄂᆞᆫ대第貳學年優等生은金鳳成[illegible]鎭沃[illegible]五人이오及第生은[illegible]鎭漢等八人이오第壹學年及第生은吳[illegible]等八人이오幼稚科優等生은崔[illegible]協劉範烈貳人이오及第生은金[illegible]萬等二拾三人인ᄃᆡ該校에셔從冊鉛筆等物을優數施賞ᄒᆞ고[illegible]尹晶[illegible] 簡易算術五冊初等小학二冊과本會總務閔[illegible]贊氏ᄂᆞᆫ鉛筆[illegible]打와評議員林達潤氏ᄂᆞᆫ[illegible]冊拾[illegible]枚鉛筆五打와張斗현氏ᄂᆞᆫ鉛筆拾二打를該校에寄付하얏다더라

●商務協議 北靑郡商業會議社에서有志紳士金원方과列諸氏가發起ᄒᆞ야私立商務학校를設ᄒᆞ고趣旨書를發行ᄒᆞ며學徒를募集ᄒᆞ야熱心敎授홈으로學員이七十五名에達ᄒᆞ얏ᄂᆞᆫ대大有進就之望이라고該郡人이稱頌ᄒᆞ더라

●德校盛況 鴻山郡翰興學徒夏期運動을端午日에行ᄒᆞ얏ᄂᆞᆫ대運動節次ᄂᆞᆫ旗取旗送高跳廣跳幷取와壹人壹脚二人三脚提燈競走인대生徒의爭走氣槪와傍觀의拍掌喝采ᄒᆞᆫ人山人海를成ᄒᆞ얏고運動費ᄂᆞᆫ財務官[illegible]寬濟氏와郡主事金一圭씨가出捐擔當ᄒᆞ얏다더라

●感賀義捐

北靑郡商務學校에서金壹圜을本社에出捐ᄒᆞ얏기感謝ᄒᆞᆫ情을表ᄒᆞ노라

▲地方消息▼

▲去月十七日原州郡文幕東남約壹里地에셔義兵約六十名이該郡分遣所와交戰ᄒᆞ얏다하고

▲七月十三日春川郡東南方에셔義兵拾名이日分遣隊兵과衝突ᄒᆞ얏다더라

▲壹粲愁雲▼

▲細雨窓下默坐ᄒᆞ야人情物態點檢ᄒᆞ니壹種悲喜不同ᄒᆞ다眉端愁雲濃吹ᄒᆞ니可憐ᄒᆞᆫ許多하다

▲黃扉卿月[illegible]懸ᄒᆞ니拾九夜가已至ᄒᆞ다盈虛覺理自在홀뎌朝頭를誰知런고悲激怨尤往宦熱ᄒᆞ고煩惱成祟ᄒᆞ니 더군심을엇지홀고

▲寂々蕭關掩ᄒᆞ니門前冷沒鞍馬稀ᄒᆞ니[illegible]歎首先竿可矜ᄒᆞ나前日功을回想ᄒᆞ면黃粱壹夢이라 더군심을엇지홀고

▲任命이忽出ᄒᆞ니壹般文官憂歎이라獵官으로爲業ᄒᆞ야役ᄉᆞ던壹半生에此時代를當코보니所營홀事全無ᄒᆞ니 더군심을엇지홀고

▲各團體成立ᄒᆞ야團體力을唱道ᄒᆞ나暗裏主角爲生ᄒᆞ야自爲心渙散ᄒᆞ니會合方針키로有志士가恨歎ᄒᆞ니 더군심을엇지홀고

▲假飾爲壹能事ᄒᆞ야欺世盜名ᄒᆞ던人物과國家思想言論을재鈞取ᄒᆞ고官職密初ᄒᆞ나世上漸々알어가니神異手段無用이라 더군심을엇지홀고

▲小食不衣모혼財產을北田庄廣置ᄒᆞ고傳之子孫安樂ᄒᆞ야百年深計已成터니地方騷擾少息ᄒᆞ니非我所有되얏고나 더군심을엇지홀고

▲許多資本鳩聚ᄒᆞ야演戱場을設施ᄒᆞ고蕩子殘錢取歛ᄒᆞ야積小成大ᄒᆞ라ᄒᆞ나玩賞客이漸稀ᄒᆞ야不攻自破되ᄂᆞᆫ고나 더군심을엇지홀고

▲壹郡守에虛慾나셔傍蹊曲徑圖囑ᄒᆞ며某々氏를攀緣ᄒᆞ야運動費만蕩盡ᄒᆞ고赤手空拳恨歎ᄒᆞ니逐雞望籬이아닌가 더군심을엇지홀고

▲風流場에沒身ᄒᆞ야門外事를不省ᄒᆞ고優遊渡日自樂타가於焉白髮星々이라世界風潮忽變ᄒᆞ니이世身이難容이라 더군심을엇지홀고

特別社告

大邱支社員梁萬益咸從支社員金弘叙兩씨ᄂᆞᆫ辭免故로大邱西門外友絃書樓側 李正由 咸從耶蘇教堂너 張炳日 兩씨로認定ᄒᆞ얏스니右兩處附近本報購覽諸시ᄂᆞᆫ本社에對ᄒᆞᆫ凡務를右兩시와交涉ᄒᆞ심을務望ᄒᆞᆷ

大韓每日申報社

雜報

●外城人民代表者의質問 (續)

兩氏曰矣有罪當罰은法典所在어날何用曲護오局長大監이大失脉格이다ᄒᆞ年年被逐ᄒᆞᆫ萬死餘生之民이至痛極冤으로政府에請願ᄒᆞᆷ이排日會安이된則人民의所有田宅을雖千萬番剝奪이라도必雙手奉獻하고轉於溝壑然後에야可謂不排日이며可謂治安乎잇가嗚呼聽塞ᄒᆞ다ᄒᆞᆫ대

局長曰我가外城人民의矜憫情境을深知ᄒᆞᄂᆞᆫ고로康村軍用地와換用ᄒᆞ고此加占은勿施ᄒᆞ기로發論ᄒᆞ깃다ᄒᆞ며兩氏가稱謝ᄒᆞ며仍言曰大監께壹言仰達者가有ᄒᆞ니此加占은聞是日人의所爲라ᄒᆞ오니韓人은不知爲誰어니와韓人에對ᄒᆞ야勸告ᄒᆞᆯ事ᄂᆞᆫ非他라此加占을又行ᄒᆞ라다가ᄂᆞᆫ生死의弊가必有ᄒᆞ리다何則고ᄒᆞ면人欲上의競爭緊切ᄒᆞᆫ者ᄂᆞᆫ財利가爲最니骨肉相殘도出於財利者居多어든而況外人이每坪에貳一圜式하ᄂᆞᆫ價格을以如干錢으로勒奪ᄒᆞᄂᆞᆫ境遇에對ᄒᆞ면不死ᄒᆞ야ᄂᆞᆫ不奪ᄒᆞᆯ者明矣라

兎猶ㅣ懼커던提囚ᄒᆞ며懲役ᄒᆞᆷ을豈懼ᄒᆞ리오不知케라昨年에軍用地와停車場內에每坪七錢式에勒奪ᄒᆞᆷ으로爲其甘心而然歟잇가其時에도壹般人民의刻骨之痛은不可言論인만은尙不卽死ᄒᆞᆫ者ᄂᆞᆫ以或有其萬壹之生路矣러니今日慘境을又當ᄒᆞ면卒死外無策이니此所謂窮寇莫追者라將欲盡奪乃已ㅣ된不用兵力外에ᄂᆞᆫ別無道理니以此로韓人의게勸告ᄒᆞ야달나고壹場說明ᄒᆞ얏다더라 完

●大同成績 紳士박鎭학씨의創立ᄒᆞᆫ平壤私立大同學校에서今番晝夜學夏期試驗을經ᄒᆞ얏ᄂᆞᆫ데晝學科甲班優等生은金昌淳李克成等五人이오乙班優等生은權昌혁高青龍等拾人이오丙班優等生은崔仁鎬等五人이오夜學法律科優等生은金寬善처洙鉉등四人이오及第生은李尙煥等二人이라더라

●華校試驗 本月拾八日에私立華東學校에서第二回夏期試驗을經ᄒᆞ얏ᄂᆞᆫ더二年級優等生은李俊石朴興俊等四人이오壹年級優等生은金平川陸榮根等五人이오及第生은李貫石李貫돌等拾九人인대該校長金重煥씨와講師諸시가次第로勤勉演說ᄒᆞ고優數ᄒᆞᆫ賞品을授與하며該학徒中幾人도雍容ᄒᆞᆫ答辭로答ᄒᆞ야壹大盛況을呈ᄒᆞ얏다더라

●合校將就 西來人의傳說을聞ᄒᆞᆫ즉龍川府內明新普文兩學校ᄂᆞᆫ元來基金이豐足ᄒᆞ고任員이熱心ᄒᆞᆷ으로日益進步ᄒᆞᄂᆞᆫ바어니와將次兩校를合成ᄒᆞ고生徒百餘名을壹致로教育하며夜學徒合百餘名은該舊校로分排養成ᄒᆞᆯ터이라더라

●平理卞明 昨報에法部에서尹敬重孫錫基兩人의訟案件을押收ᄒᆞᆷ으로壹進會에서質問ᄒᆞ얏다ᄂᆞᆫ事에對ᄒᆞ야平理院에서初無是事라고書函卞明ᄒᆞ기로更探ᄒᆞᆫ즉誤傳이더라

廣告

漢城鍾路慈惠大藥房

大韓東西藥業月報社製藥部

咽喉新痛 降火水 五日分金壹圜 五錢 / 消食物告味 甘酸水 金五十錢

男女補益氣血 補益丸 二圜五十錢 / 蕩潤腸丸 二十錢

淋疾袪根藥 五十錢 / 痢疾靈散 三十錢

清明眼藥 十五錢 / 養兒寶散 十五錢

黃疸拔根藥 三十錢 / 純[illegible]丸 十錢

蛔蟲丸 二十錢 / 走汗臭藥 二十錢

四時感冒丸 十錢 / 太腫合瘡膏 三十錢

消痰鎮咳藥 三十錢 / 漢城百應膏 十錢

陳滯消積丸 五十錢 / 瘧氣神效保嬰散 二十錢五里

胃藥唐草 [illegible]

▲大韓國新發明 [illegible]
補精 ▲八寶丹 九拾五粒
消痰 ▲팔보단 [illegible]

承寧府典의正三品洪哲普閣下[illegible]實驗方과[illegible]외學校教官[illegible]君有効証明으로此丹을發行이온바新久滯積과[illegible]胸格과霍亂사脹과胃腹疼痛과積痰과飲과新久泄瀉와七情鬱結과本丹不服과暈眩暈諸症에壹服見效ᄒᆞ오니僉君子ᄂᆞ光顧試可ᄒᆞ심을爲希ᄒᆞᆷ

▲사향소창단 ▲麝香消瘡丹

此丹이於諸창에無論男女老少ᄒᆞ고若服壹劑ᄒᆞ면實有神效ᄒᆞ야百발百中ᄒᆞ오니奇例方可及也라若論主治則楊梅下疳連珠風濕頭창諸症에俱有立效ᄒᆞ오니發病僉君子ᄂᆞ壹次試驗ᄒᆞ시옵

婦人良藥 ▲리양됴경환 ▲胎養調經丸
壹個月分入 定價金[illegible]

大抵婦人이年過[illegible]不受孕者ᄂᆞ由於宿病也니若不趁早研究ᄒᆞ고彎開看過則非但當個人에不幸이라抑亦爲國生育之礙의關係가不淺ᄒᆞ니僕이十五年을消費ᄒᆞ야內外國醫學의士에實驗方을選擇ᄒᆞ야先自僕家로後及他人ᄒᆞ야累試屢驗에十분而拾効ᄒᆞ옴고且此약이非但受孕之神劑라治冷。治積。[illegible]調血에俱有實効ᄒᆞᆷ기玆以廣布ᄒᆞ오니僉員ᄂᆞ壹次試驗ᄒᆞ시면靈驗을可知이옴

약製所인川港衣峴和平堂藥房
볼行人　仝　리應善
右三種약은各地方이라도請求ᄒᆞ면우편으로부치ᄂᆞ쇼도잇소
京城支店　鍾路衣廛下和平堂
代理店仁川港衣峴제生堂약房

▲發賣所 京城大廣橋共愛堂약房
仝남문ᄂᆡ水標橋제생支店
仝　仝大東書市支店
仝府署博文書館
仝洞口ᄂᆡ　相信號[illegible]
仝鉄物橋　毛衣房리洛瑞
仝小廣橋　毛衣房리厚根
仝寺洞[illegible]　上퇴三可病院
仝大寺동　共제病院
○仁川港ᄂᆡ[illegible]旅館韓國根
仝　읍ᄂᆡ　金제鉉
○江華鍾路　宋順五店
○開성　남문ᄂᆡ朴圭相商店
仝　남문ᄂᆡ明新冊사리貞鎬
○水原　남문ᄂᆡ　김제九약舖
○海州　남문ᄂᆡ리춘[illegible]商店
○延安읍ᄂᆡ　邊汝文洋藥舖
○長淵　남문ᄂᆡ　[illegible]在淳
仝　砂里院耶蘇教당[illegible]
○黃州남문ᄂᆡ　紅문[illegible]리寅[illegible]
○平壤　雙巨里　韓[illegible]藥舖
仝　館[illegible]　김龍興藥舖
仝　文武洞　桂澤善약포
○鎮남浦　[illegible]　김元[illegible]약포
仝　제生당出張　吳[illegible]
○[illegible]산港　[illegible]洞　金斗鉉
仝　[illegible]井동　리春善약房
○禮산　[illegible]谷里　[illegible]東赫
○大邱　남문ᄂᆡ　[illegible]明直약局
○元山港　남甲元약局
仝　제生堂支局　朴[illegible]
○尙州　[illegible]문ᄂᆡ　박汶[illegible]약局
◉[illegible]泉[illegible]　鄭聖瑞[illegible]局
○釜山港　제生당出張朴昌[illegible]
○安州성ᄂᆡ義井동回春大약房
○安岳邑上[illegible]　제生局林[illegible]
○義州남문外木口街義和약房
○載寧읍後동　洋약局崔允[illegible]
○定州남문ᄂᆡ　洋약局리[illegible]柱
◉郭[illegible]읍　洋약局　[illegible]
○宜川읍　冊사　安[illegible]
[illegible]山읍　永春堂　安　瀬

仁川港
和平堂　白

●大韓國新發明 [illegible]
●修靈丹
●至寶丸
●靈救液
●清眼水
●清[illegible]丸

[illegible]定價一貼十錢
[illegible]不拘久[illegible]
[illegible]定價金十錢
[illegible]
百病百中[illegible]門金三[illegible]
[illegible]有[illegible]
[illegible]定[illegible]金拾錢
治男女急慢淋疾神效
無論速效[illegible]壹週金五拾錢

漢城南部大廣[illegible]共愛堂[illegible]
製藥發行所
支店
開성남門內共愛堂第壹支店
群山港[illegible]共愛堂第二支店
[illegible]部赤[illegible]共愛堂第三支店
代理店
京城北部大安동
仝　香[illegible]
仝　西部新門外石橋
仁川衣峴

此外에도東西洋各國有名賣藥과[illegible]多少를不拘ᄒᆞ고請求ᄒᆞ시면小包[illegible]

●大韓新發明藥廣告

[illegible]

消化新藥 清心保命丹
發行所 仁川港衣峴 濟生堂藥房
九十粒入 金壹拾錢

●右의主治効能은如左
●吐瀉●水土不服
●飲咳嗽●霍亂●中暑中寒
●腹痛●咽喉●口熱惡臭
●食傷●[illegible]●防妙약
●其他諸般氣[illegible]防
總發行所京城南大門內

代理店 京성大廣橋共愛堂
제生당支店李[illegible]
[illegible]城西문外　제生당支店具文[illegible]
●元山港[illegible]石院　제生당支店박敬[illegible]

●京[illegible]三丁目　仝　鍾路慈惠약房
仝　[illegible]局前大佑堂약房　新井약店
仝남[illegible]남ᄂᆡ博文書館[illegible]
仝　[illegible]洋약房　리信華
仝大安洞　仁제약房
仝[illegible]동三可病院　朴喜[illegible]
●仁川衣峴和平당　리[illegible]
同本町　新井藥房
●海州남문ᄂᆡ　宋[illegible]瑛
仝　仝商店　리奉[illegible]
●水原종路下약房　[illegible]제九

●[illegible]昌[illegible]　[illegible]
●江華[illegible]路店　尹斗鉉
●長淵남[illegible]
●砂里院[illegible]　[illegible]
仝耶蘇敎堂ᄂᆡ　[illegible]
●瑞興邑ᄂᆡ　許[illegible]
●汗浦驛東美遞送部　김[illegible]
●黃州남문ᄂᆡ紅문[illegible]　리東[illegible]
●[illegible]岳邑上[illegible]里제生局[illegible]
●載寧邑[illegible]洋藥局　[illegible]允[illegible]
●忠州[illegible]良面早遞　김[illegible]
●[illegible]川邑西里[illegible]局　[illegible]
●[illegible]連邑東里冊肆文[illegible]
●平壤里[illegible]出張人尹[illegible]
仝雙巨[illegible]局[illegible]
仝館[illegible]
仝文武동제生[illegible]崔[illegible]
仝[illegible]院[illegible]里藥局[illegible]
●鎮남浦[illegible]
仝后浦[illegible]出張人　吳[illegible]
●安州성ᄂᆡ義井동回春大약房
●[illegible]川邑美[illegible]店　朴芝行
●定州남문ᄂᆡ洋藥局　리健[illegible]
●郭山邑大街冊사　김大鉉
●宜川邑ᄂᆡ冊사　安[illegible]
●鐵山읍ᄂᆡ[illegible]堂　安[illegible]
●義州남문外水口街　[illegible]鍚浩
●[illegible]川읍[illegible]약局　리丙斗
●群山港開[illegible]동　김斗鉉
●大邱남門ᄂᆡ[illegible]洞　김成浩
●[illegible]山港東館[illegible]町[illegible]店　리炳[illegible]
●北靑新昌港客主　朴[illegible]
●木浦各國居留地[illegible]房徐岐[illegible]
●全國ᄂᆡ各약店마다[illegible]販賣
仁川港衣峴
京성남大문ᄂᆡ　濟生堂　白

●[illegible]
落梅丹
陸軍軍[illegible]方劑
口瘡不發 [illegible]之[illegible]藥
壹劑五百粒定價金 三圜
主治 梅毒(唐창)新舊창
●[illegible] ●皮膚[illegible] ●倭마質私
●천病
已上病証外[illegible]文問에不精交合ᄒᆞᆫ後에若[illegible]之端이有ᄒᆞ야[illegible]
玉此藥壹劑[illegible]服用ᄒᆞ면完無後慮ᄒᆞ고脾胃도健全ᄒᆞᆷ을[illegible]保ᄒᆞᆷ
此外에도[illegible]精[illegible]
[illegible]新備[illegible]外科[illegible]疾病
[illegible]誠[illegible]治療ᄒᆞᆷ

仁濟藥房 高用진 謹白
京城北部大安洞

代理店
京城鍾路　共愛堂약房
仁川港[illegible]洞　濟生堂
國內各處藥局[illegible]販매ᄒᆞᆷ

●本社[illegible]
○廣告料
[illegible]
一個月[illegible]
[illegible]
發行兼編輯人英國人 裴說
Responsible for Publication
Alfred Weekley Marnham.
發行所
南署石井洞號外[illegible]
大韓每日申報社

漢城鍾路慈惠醫院診[illegible]　醫學校卒業後濟衆院卒業
病人文護
此院에서西洋의術機械을新히具備ᄒᆞ고藥品도精擇ᄒᆞ고男女間病人을至誠으로診察ᄒᆞ고藥을調劑ᄒᆞ오니男病人

光武九年八月拾壹日 明治三十八年八月十一日 (第三種郵便物認可) 火曜日 隆熙二年八月拾壹日 [illegible]

第六卷 大韓每日申報 第八百七十二號

月曜及慶節時日休刊

檀君開國四千二百四十一年
箕子元年三千三十年
大韓開國五百十七年
日本明治四十一年
淸國光緖三十四年
陰曆戊申七月大初六日己丑

論說

◉戒自斃者

挽近에도各報紙上에鴉片을飮ᄒᆞ고自斃ᄒᆞᄂᆞᆫ者ㅣ累現ᄒᆞ얏도다

哀哉라自斃者여悶哉라自斃者여旣斃者ᄂᆞᆫ已矣어니와將來에ᄂᆞᆫ此等人이更無ᄒᆞᆷ을祝ᄒᆞ노라彼溝瀆의諒으로自斃ᄒᆞᄂᆞᆫ者를엇지吾의筆舌의力으로感化ᄒᆞᆷ을遽望ᄒᆞ리오만은雖然이나慈悲念發에泯默ᄒᆞᆷ을不得ᄒᆞ야旣往에自斃者를吊ᄒᆞ며將來의自斃者를戒ᄒᆞ노라

大抵自斃者의情境을思컨대必也無限의艱窘이逼ᄒᆞ며無限의憂愁가侵ᄒᆞ며無限의恥辱이來ᄒᆞ야其骨이痛ᄒᆞ며其心이亂ᄒᆞ며其情이激ᄒᆞ야百年生活이一朝에溘然ᄒᆞᆷ만不如ᄒᆞᆫ故로至重ᄒᆞᆫ生命을如此輕易히斷送ᄒᆞᆷ이니吾도其境遇를諒ᄒᆞᄂᆞᆫ바어니와

雖然이나然一番猛省ᄒᆞ야三思를加ᄒᆞᆯ지어다夫斯世間過去現在未來百千萬億無量數의人類가人人마다一死가必有ᄒᆞᆫ則人人마다再死ᄂᆞᆫ更無ᄒᆞ니旣是不得不一死ᄒᆞᆯ吾身이면死를苟避ᄒᆞᄂᆞᆫ者도愚人이며又是不得再死ᄒᆞᆯ吾身이면死를輕擲ᄒᆞᄂᆞᆫ者도愚人이니惟生與死ᄂᆞᆫ天地에任ᄒᆞ야百年을生ᄒᆞ던지一日을生ᄒᆞ던지是ᄂᆞᆫ皆不問ᄒᆞ고惟吾의義務를踐ᄒᆞ며責任을盡ᄒᆞ야艱窘과奮鬪ᄒᆞ며苦惱와奮鬪ᄒᆞ며憂愁와奮鬪ᄒᆞ며恥辱과奮鬪ᄒᆞ야只是奮鬪로死를求ᄒᆞ고消退로死를求치아으면將來의光明과幸福을必得ᄒᆞᆯ지오或吾限中에ᄂᆞᆫ此光明과幸福을親見치못ᄒᆞᆯ지라도卽吾家吾子孫吾朋友吾社會가必得ᄒᆞᆯ지니大丈夫가世에生ᄒᆞ야身에對ᄒᆞᆫ事던지家에對ᄒᆞᆫ事던지國에對ᄒᆞᆫ事던지唯此心으로做去ᄒᆞ면便是處處坦途오在在天國이어ᄂᆞᆯ

哀哉라彼薄弱ᄒᆞᆫ者여一時의悶苦를不勝ᄒᆞ야其義務其責任을謝却ᄒᆞ고一死로自逃ᄒᆞ니哀哉라

彼自斃ᄒᆞᆫ小人은足히惜ᄒᆞᆯ비無ᄒᆞ거니와或彼의遺毒이社會에傳染ᄒᆞᆯ가是懼ᄒᆞ야其旣死의骨을誅ᄒᆞ며將來의人을警ᄒᆞ노라

◉法律第拾三號 (續)

隆熙二年七月拾七日 官報

民刑訴訟規則

第百拾九條 執行官吏가船舶을押收ᄒᆞᆫ時ᄂᆞᆫ其監守保存其他必要ᄒᆞᆫ處分을ᄒᆞᆷ이可ᄒᆞᆷ

第百二十條 强制執行을因ᄒᆞ야船舶의所有權을移轉ᄒᆞᄂᆞᆫ境遇에債務者의行爲를要ᄒᆞᆯ時ᄂᆞᆫ執行官吏ᄂᆞᆫ債務者를代ᄒᆞ야其行爲를ᄒᆞᆷ을得ᄒᆞᆷ

第百二十一條 不動産에對ᄒᆞᆫ强制執行은執行官吏가左記事項을公告ᄒᆞ야此를押收ᄒᆞᆷ으로始ᄒᆞᆷ 因此公告ᄂᆞᆫ押收의效를生ᄒᆞᆷ

壹 債權者及債務者의表示
二 不動産及其所有者의表示
三 强制執行ᄒᆞ기爲ᄒᆞ야前記不動産을押收ᄒᆞᄂᆞᆫ旨
四 公告의年月日及執行官吏의氏名

第百二拾貳條 典當의公證이有ᄒᆞᆫ不動産에對ᄒᆞ야ᄂᆞᆫ其擔保ᄒᆞᆫ債權及執行費用을報償ᄒᆞ고剩餘가生ᄒᆞᆯ可望이有ᄒᆞᆫ境遇가아니면强制執行을ᄒᆞᆷ이可치아니ᄒᆞᆷ

第百二拾三條 押收ᄒᆞᆫ不動産에當ᄒᆞ야其押收以後에所有者의ᄒᆞᆫ處分은無效로ᄒᆞᆷ

第百二十四條 執行官吏ᄂᆞᆫ押收ᄒᆞᆫ不動産에當ᄒᆞ야公賣의期日及處所를定ᄒᆞ야拾四日以上에左開事項을公告ᄒᆞᆷ이可ᄒᆞᆷ 但公賣期日은公告ᄒᆞᆫ日로부터貳拾日以上三拾日以下의期間을存ᄒᆞᆷ을要ᄒᆞᆷ

壹 不動産의表示
二 前記不動産은入札에依ᄒᆞ야公賣에付ᄒᆞᆯ터이니買受希望者ᄂᆞᆫ某日某時某處에入札을行ᄒᆞᆯ旨
三 公告의年月日及執行官吏의氏名

第百二拾五條 執行官吏ᄂᆞᆫ入札에當ᄒᆞ야定ᄒᆞᆫ日時를過ᄒᆞᆫ後에卽時入札人의面前에서開札ᄒᆞ고最高價의入札人을落札人으로定ᄒᆞᆷ이可ᄒᆞᆷ 但典當의公證이有ᄒᆞᆫ不動産에當ᄒᆞ야入札의最高價가典當債權及執行費用을報償키不足ᄒᆞᆫ時ᄂᆞᆫ落札人을定치아니ᄒᆞ고該不動産에對ᄒᆞᆫ强制執行을解除ᄒᆞᆷ이可ᄒᆞᆷ

第百二十六條 執行官吏가落札人을定ᄒᆞᆫ時ᄂᆞᆫ左開事項을公告ᄒᆞᆷ이可ᄒᆞᆷ

壹 公賣에付ᄒᆞᆫ不動産의表示
貳 落札人의氏名及落札價額

執行官吏ᄂᆞᆫ前項의公告를行ᄒᆞᆷ과同時에落札됨旨를落札人에게通知ᄒᆞ고期間을定ᄒᆞ야落札代金을納入ᄒᆞᆷ을命ᄒᆞᆷ이可ᄒᆞᆷ

第百二拾七條 落札人은落札代金을納入ᄒᆞᆫ時ᄂᆞᆫ公賣에付ᄒᆞᆫ不動産의所有權을取得ᄒᆞᆷ

前項의境遇에ᄂᆞᆫ執行官吏ᄂᆞᆫ落札人에게落札證明書를付與ᄒᆞ고且土地家屋證明規則에準ᄒᆞ야土地家屋證明簿에所有權移轉에關ᄒᆞᆫ記入을行ᄒᆞᆷ이可ᄒᆞᆷ

第百貳拾八條 執行官吏ᄂᆞᆫ落札代金에서押收債權者에게交付ᄒᆞᆷ이可ᄒᆞᆷ 但落札代金이債權額을超過ᄒᆞᆫ時ᄂᆞᆫ其超過額을債務者에게交付ᄒᆞᆷ이可ᄒᆞᆷ

公賣ᄒᆞᆫ不動産에對ᄒᆞ야典當債權者가有ᄒᆞᆫ時ᄂᆞᆫ執行官吏ᄂᆞᆫ落札代金中에서其債權에相當ᄒᆞᆫ金額을扣除ᄒᆞᆫ後가아니면前項의處分을ᄒᆞᆷ을得지못ᄒᆞᆷ

第百二拾九條 不動産에對ᄒᆞᆫ强制執行에當ᄒᆞ야加入을求ᄒᆞᆫ債權者가有ᄒᆞᆫ時ᄂᆞᆫ執行官吏ᄂᆞᆫ前條의規定을從ᄒᆞ야各債權額에應ᄒᆞ야落札代金을交付ᄒᆞᆷ이可ᄒᆞᆷ

第百三拾條 入札人이無ᄒᆞᆫ時나落札人이落札代金을納入치아니ᄒᆞᆫ時ᄂᆞᆫ押收債權者나加入債權者나典當債權者ᄂᆞᆫ執行官吏가相當ᄒᆞᆷ으로認ᄒᆞᄂᆞᆫ價額으로써公賣에付ᄒᆞᆫ不動産을讓受ᄒᆞᆷ을得ᄒᆞᆷ

前項의境遇에ᄂᆞᆫ第百拾四條第百二拾五條但書。第百二十七條第二項及第百貳十八條의規定을準用ᄒᆞᆷ 未完

外報

◉加奈多와淸國 昨年九月에晩香坡에서淸國人의被害ᄒᆞᆫ事件에對ᄒᆞ야加奈多勞働次官이其損害數를調査ᄒᆞ기爲ᄒᆞ야晩香坡에前往審査ᄒᆞ얏ᄂᆞᆫ데淸人被害者의要求額은二萬八千弗이라審査ᄒᆞᆫ結果로加奈多政府에서二萬八千九百弗을賠償ᄒᆞᆷ이相當ᄒᆞ다ᄒᆞ고又辯護士의手當으로壹萬弗을支給ᄒᆞ기로決定ᄒᆞ얏다더라

◉[illegible]人殺害 滿洲[illegible]遼陽附近에[illegible]國馬賊이出沒ᄒᆞ야[illegible]人의被害가多ᄒᆞ[illegible]蔓延ᄒᆞᆯ兆朕이[illegible]더라

別報

◎裴說氏의公判顚末 (續)

第三日

裁判官曰此事에對ᄒᆞ야太輕ᄒᆞᆫ處罰ᄒᆞᆯ터이나若其罪가惡意로故作ᄒᆞᆷ이던지或惡ᄒᆞᆫ運動으로作ᄒᆞᆫ罪면太히嚴重ᄒᆞᆫ罰을當ᄒᆞᆯ지니라

크로쓰氏曰惡意로故作ᄒᆞᆫ證據가無ᄒᆞᆫ즉其事ᄂᆞᆫ應히輕罰로定ᄒᆞᆯ줄은思量ᄒᆞ나써ᄯᅥ三王쌀네의法律로論ᄒᆞ면惡意로ᄒᆞᄂᆞᆫ諸行爲에言으로ᄒᆞ던지文으로ᄒᆞ던지共衆의秩序를紊亂케ᄒᆞ거나騷擾나反逆이나或民亂을煽動ᄒᆞᄂᆞᆫ者ㅣ즉當히謀反律노公佈ᄒᆞᆯ것시나然ᄒᆞ나此事에對ᄒᆞ야ᄂᆞᆫ何等故意로作ᄒᆞᆫ證據가無ᄒᆞ거ᄂᆞᆯ猶且結果ᄂᆞᆫ法을誤用ᄒᆞ야刑事罪로ᄒᆞ니此ᄂᆞᆫ全히新法이로다

裁判官曰反逆을煽動ᄒᆞᄂᆞᆫ者를限制ᄒᆞ기어려운當然ᄒᆞᆷ이아니냐

크로쓰氏曰余ᄂᆞᆫ合意라稱ᄒᆞᆯ無ᄒᆞ나이다

裁判官曰其告訴를當ᄒᆞᆫ거슨其當云煽動이니此가罪니라

크로쓰氏曰然ᄒᆞ나煽動을作ᄒᆞ얏더던지煽動을施行ᄒᆞᆫ다던지證據ᄂᆞᆫ無ᄒᆞ나이다

裁判官曰其論說만ᄒᆞ야도足히證據가될지니라

크로쓰氏曰已往에在ᄒᆞᆫ刑法으로도足히處ᄒᆞᆯ지니樞密院令은制定ᄒᆞᆫ何等緊要ᄒᆞᆷ이無ᄒᆞ오이다

裁判官曰舊法으로足지못ᄒᆞ야서英國法律은韓國政府를對ᄒᆞ야反逆ᄒᆞᄂᆞᆫ거시오韓國皇帝나淸國皇帝를對ᄒᆞ야反逆ᄒᆞᄂᆞᆫ罪를消ᄒᆞᆷ이아니니라

크로쓰氏曰然ᄒᆞ나壹千九百四年에制定ᄒᆞᆫ樞密院令만附ᄒᆞ야도足ᄒᆞᆷ가ᄒᆞ나이다

裁判官曰其兩件이悉如此ᄒᆞᆫ罪를審理ᄒᆞᄂᆞᆫ데缺點이有ᄒᆞ니此法은全히新聞爲業ᄒᆞᄂᆞᆫ人의게有益ᄒᆞ니라

크로쓰氏曰此ᄂᆞᆫ少許異常ᄒᆞᆫ거시裴說氏가昨年十月에審判을當ᄒᆞᆫ今年正月에此樞密院令이制定되얏도다

윌킨손氏曰此ᄂᆞᆫ아마裴說을爲ᄒᆞ야制定ᄒᆞᆫ法律이지

크로쓰氏曰余ᄂᆞᆫ舊前法律에缺點이有ᄒᆞ다고아니ᄒᆞᄂᆞᆫ거시前法律에ᄂᆞᆫ煽動되ᄂᆞᆫ言이라限制ᄒᆞᆷ이無ᄒᆞ얏나이다

裁判官曰若其前法律되도此ᄂᆞᆫ當히領方裁判所에서審判ᄒᆞᆯ지니라

크로쓰氏曰壹千九百七年에制定ᄒᆞᆫ法律로ᄒᆞ면此가煽動된다ᄒᆞ야限制ᄒᆞᆷ이有ᄒᆞ나壹千九百[illegible]年에制定ᄒᆞᆫ法律로ᄒᆞᆫ區分明ᄒᆞ니不然ᄒᆞᆫ것나이다 未完

雜報

●因暑停謁 宮中에서 暑炎을 因ᄒᆞ야 依前例로 七月二十日부터 九月二十日ᄭᆞ지 特別ᄒᆞᆫ 典禮事項外에ᄂᆞᆫ 百官 謁見ᄒᆞᄂᆞᆫ 禮를 停止하라ᄒᆞ옵신 旨意를 禮式課에서 統監府로 通知ᄒᆞ얏다더라

●預筭加額裁可 隆熙二年度 各官廳에 預筭追加額을 日昨 內閣會議時에 次議되야 上奏裁可되얏다더라

●私立學校令頒布 學部에서 私立學校令을 內閣에 經議ᄒᆞᆫ다ᄂᆞᆫ 說은 已爲報道어니와 該令을 拾七條로 磨鍊ᄒᆞ야 本年十月壹日로부터 施行ᄒᆞ기로 日昨 內閣에 請議ᄒᆞ얏ᄂᆞᆫ데 勅令으로 頒포ᄒᆞᆫ다더라

●加資運動 再昨日 陳賀時에 百官加 親授加資가 된다고 運動者가 多數ᄒᆞ다더라

●郡奏更修 郡守十餘窠를 昨日에 頒포ᄒᆞ얏거니와 內部에서 觀察使의 薦報를 因ᄒᆞ야 更히 修定ᄒᆞ야 內閣에 提議ᄒᆞᆫ다더라

●風說姑錄 巷說을 據ᄒᆞᆫ즉 伊藤博文氏가 歸國ᄒᆞᆫ後에 統監은 遞任되고 曾彌荒助氏가 其後任을 被ᄒᆞ얏다ᄂᆞᆫ데 某氏ᄂᆞᆫ 今番 伊藤씨와 同往渡日ᄒᆞᆫ 目的이 專혀 伊藤統監 願留홈에 在ᄒᆞ다더니 該目的이 突然히 破壞를 遭ᄒᆞ미 逐難望離의 歎을 발ᄒᆞ고 東京客館에서 無聊히 滯在ᄒᆞᄂᆞᆫ中이라더라

●戶口調査頒布 內部에서 漢城內外 及 各地方에 戶口調査를 精密히 ᄒᆞ기 爲ᄒᆞ야 戶口實査案件을 條定ᄒᆞ야 將次頒포ᄒᆞᆫ다더라

●官府指揮 선源譜畧을 修正ᄒᆞᆫ 結果에 頒賜件을 改張還給ᄒᆞᆯ次로 宮內府에서 漢城內에 居住ᄒᆞᄂᆞᆫ 선派人의게 指揮ᄒᆞ야 本月五日니로 該冊子를 奉還閣으로 來納케ᄒᆞᆫ다더라

●水內發程 水니次官이 明日 上午八時에 京釜鐵路急行列車를 搭乘ᄒᆞ고 日本에 前往ᄒᆞᆫ다더라

●郡守會議說 各道郡守 壹百三拾名을 選ᄒᆞᄂᆞᆫ 것은 目下進行中인대 來月中旬ᄭᆞ지ᄂᆞᆫ 全部의 任命을 終하고 其後에ᄂᆞᆫ 各觀察府로 郡守會議를 ᄒᆞ고 地方行政刷振에 關ᄒᆞ니 部大臣訓令의 辭意를 說論ᄒᆞᆫ다더라

●沃尹上京 沃溝府尹 李蕙榮氏가 日昨에 得由上京ᄒᆞ얏다더라

●書記官轉任 內部事務官 李圭正씨ᄂᆞᆫ 度支部書記官으로 轉任ᄒᆞ기로 內定이되얏다더라

●金氏轉任 內閣秘書官 金明秀씨ᄂᆞᆫ 該閣書記官으로 移任ᄒᆞ얏다더라

●檢定會被選 學部敎員檢定會에 被選ᄒᆞᆫ 人의 氏名을 據ᄒᆞᆫ즉 崔서衡 李庚朴 南鳳祐 閔泰瑗 四氏等이라더라

●何事觀望 帝室有及國有財產調査局을 度支部로 移屬ᄒᆞᆫ後에 地方調査派員들이 如何ᄒᆞᆫ 訓飭이 有ᄒᆞᆯ가 觀望ᄒᆞ고 或 視務치 아니ᄒᆞᄂᆞᆫ 人도 有ᄒᆞ다더라

●大審院開廳式 各裁判所 壹般官吏가 昨日 大審院內에 會同ᄒᆞ야 開廳式을 擧行ᄒᆞ고 上午拾二時에 散會ᄒᆞ얏다더라

●銀券課稅協議 政府에서 日本第壹銀行이 我國에서 發行ᄒᆞᄂᆞᆫ 兌換券에 對ᄒᆞ야 相當ᄒᆞᆫ 課稅를 定ᄒᆞᆯ 議로 目賀田男爵이 顧問으로 奉職ᄒᆞ던부터 宿題이나 諸般事情上으로 今日ᄭᆞ지 實行치못ᄒᆞ얏거니 財政當局에서ᄂᆞᆫ 今番에 漸次相當ᄒᆞᆫ 課稅를 斷行ᄒᆞᆯ 方針으로 決定ᄒᆞ야 目下 課稅率에 關ᄒᆞ야 度支部와 第壹銀行間에 協議中인대 不遠間決定이 되리라더라

●國文硏究協議 再昨日下午 拾壹時에 國文硏究會委員諸씨가 學部內에 會同ᄒᆞ야 國文改良ᄒᆞᆯ 方針을 各其意見대로 爛商協議ᄒᆞ얏다더라

●民會協議 漢城府民會에서 來火曜日에 總會를 開ᄒᆞ고 諸般事項을 協議ᄒᆞᆫ다더라

●朴氏歸京 某處에 達ᄒᆞᆫ 私信을 據ᄒᆞᆫ즉 박泳孝씨ᄂᆞᆫ 來拾四日頃에 歸京ᄒᆞᆯ터이라더라

●刊曆協議 隆熙三年度 曆書ᄂᆞᆫ 國庫金으로 支出ᄒᆞ야 刊布ᄒᆞᆫ다ᄂᆞᆫ데 活板刊役은 龍山印刷局에 委任刊出하기로 학部에서 協議ᄒᆞ얏다더라

●五百漂戶 今番 雨水가 支離多大ᄒᆞᆷ으로 五江沿邊人民家屋 五百餘戶가 漂浮ᄒᆞ얏다더라

●龍山水害 龍山의 水害ᄂᆞᆫ 降雨ᄒᆞᆯ時마다 其災害를 被ᄒᆞᄂᆞᆫ데 近日以來로 大雨를 因ᄒᆞ야 更히 昨日下午頃부터 出水ᄒᆞ야 午後四時頃에 至ᄒᆞ야ᄂᆞᆫ 約二拾四尺이 增水ᄒᆞ얏ᄂᆞᆫ데 繼續ᄒᆞ야 出水ᄒᆞᆫ면 再昨夜에ᄂᆞᆫ 拾尺에 至하얏슬듯ᄒᆞ다더라

●只避水原 京釜線鐵路가 今番雨水에 破壞處가 多ᄒᆞ야 水原停車場ᄭᆞ지만 通行ᄒᆞᆫ다더라

●女會債額調査 女子敎育會에서 經費가 窘拙ᄒᆞ야 負債가 三千圓에 達ᄒᆞ얏다ᄒᆞᆷ으로 漢城內 有志紳士諸씨가 此를 慨歎히 녀여 該會負債를 淸償ᄒᆞᆯ 目的으로 今日下午二時에 興士團內로 齊會ᄒᆞ야 該債額文簿를 調査ᄒᆞ며더라

●法令實施 本月壹日부터 施行ᄒᆞᆫ 法令이 如左ᄒᆞ니

壹 土地家屋所有權證明規則
壹 同施行細則
壹 民刑訴訟規則
壹 礦業法改正
壹 同施行細則改正
壹 砂礦採取法中改正
壹 同施行細則改正
壹 裁判所及檢查局處務規則
壹 歲入歲出處理順序中改正
壹 未開廳區裁判所事務處理에關ᄒᆞᆫ件
壹 公貸欠逋人處斷例廢止
壹 裁判所構成法改正
壹 民事訴訟期限規則
壹 刑法大全改正件이라더라

●魚呑漁磯 鎭南郡紙島外洋에 民有漁基七處를 학部編輯局長 魚允迪氏가 其拾餘代先祖의 賜牌로 紙島의 付屬이라ᄒᆞ고 謀奪ᄒᆞᄂᆞᆫ 事에 對ᄒᆞ야 該漁民七人이 昨日 法部門前에서 貳百餘年前々 統營漁基官案冊子와 郡判決 道判決 平理院判決等 書類를 抱持ᄒᆞ고 壹場痛哭ᄒᆞᄂᆞᆫ대 觀者千餘人이 圍集ᄒᆞ고 法部院官吏와 日巡査가 問其冤情ᄒᆞ여고 法部大臣이 出部時에 該民等이 車를 挽集ᄒᆞ고 泣告ᄒᆞ얏다더라

●指右必左 三昨日下午六時에 銅峴分署巡査 李廷奎氏가 小廣橋에서 看務ᄒᆞᄂᆞᆫ데 日人 竝川昌成이가 左邊으로 過去ᄒᆞ거ᄂᆞᆯ 該巡査가 右邊으로 過去ᄒᆞ라고 指示ᄒᆞᆫ즉 聽若不聞ᄒᆞᄂᆞᆫ지라 該日人의 手를 執ᄒᆞ고 右路로 挽回ᄒᆞᆫ즉 日人이 雨傘으로 巡査의 胷部를 揮打ᄒᆞᄂᆞᆫ데 適其時日憲兵이 過去ᄒᆞ다가 其象을 目擊ᄒᆞ고 該日人을 押去ᄒᆞ얏다더라

●兩郡民冤 信川載寧等郡所在 壹司七宮庄土 監官舍音等이 財務官[illegible] 委員金[illegible] 九模三이가 度支部訓飭이ᄒᆞᆫ다ᄒᆞ고 [illegible] 舍音을 改差ᄒᆞ되 受賂幻弄ᄒᆞᆫ 故로 無故見汰ᄒᆞᆫ 監官舍音들이 度支部에 呼訴次로 上京ᄒᆞ얏다더라

●是何醉狂 再昨日下午二時量에 何許人이 泥醉ᄒᆞ야 稱號呼訴事ᄒᆞ고 農商工部內에 突入ᄒᆞᆫ지라 該部에서 歸之狂人ᄒᆞ고 卽爲逐出ᄒᆞ미 該人이 農部門外에서 惹鬧ᄒᆞᄂᆞᆫ지라 當地支派所巡査가 結縛ᄒᆞ야 該人의 本家로 押付ᄒᆞ얏다더라

●關西水災 三昨日以來로 降雨ᄒᆞ야 平壤大同江에 二拾九尺이 增水되야 平壤及同地附近에 浸水ᄒᆞᆫ 家屋이 九拾壹戶오 崩壞ᄒᆞᆫ 家屋이 壹戶오 溺死者 壹名이오 又順安과 西浦間에 鐵橋가 陷落되얏다더라

●巡査向東 昨日上午拾壹時에 醫觀廳에서 韓日巡査數拾名이 東門外로 出張ᄒᆞ얏다더라

●淸船日賊 淸國小船 海倉號가 平安南道 鎭남浦로부터 望東浦를 向ᄒᆞ야 航行中에 後面으로셔 日本人三名이 漁船을 乘來ᄒᆞ더니 二名이 海倉號로 移乘ᄒᆞ야 刀를 揮ᄒᆞ며 船夫等을 脅迫ᄒᆞ고 金品을 强奪逃走ᄒᆞ얏ᄂᆞᆫ데 該日人은 鎭南浦附近에서 漁業ᄒᆞᄂᆞᆫ 日人이라더라

●度衡販賣 今番龍山倉庫에 現在ᄒᆞᆫ 度量衡器中에 日本度量衡과 同壹ᄒᆞᆫ 名稱命位에 依ᄒᆞᆫ 者ᄂᆞᆫ 壹個人에[illegible] 托販賣ᄒᆞ기로 決定ᄒᆞ고 京城仁川外에 平壤 大邱 晋州 三個所에 委托販賣者를 置ᄒᆞ기 爲ᄒᆞ야 近近히 農商工部에서 該地方에 吏員을 派送하야 委托販賣者를 選定케ᄒᆞ고 販賣者에ᄂᆞᆫ 相當ᄒᆞᆫ 保證人을 定ᄒᆞ거나 保證金을 納케하야 許可ᄒᆞ고 [illegible] 度量衡器ᄂᆞᆫ 漸次 [illegible] 交換ᄒᆞᆯ터인데 [illegible] 托販賣ᄒᆞ야 모조록 歸人에게 命[illegible] 適當ᄒᆞᆫ者가 無ᄒᆞᆫ 境遇에ᄂᆞᆫ 外國人에게ᄂᆞᆫ 許可치 아니ᄒᆞᆯ 方針이라더라

●靑年界新曙光 紳士元明會 張斗燦諸氏等이 韓國靑年界에 體育이 發達치 못ᄒᆞᆷ을 慨惜ᄒᆞ야 玉洞 張文煥氏家에 靑年體育部를 設ᄒᆞ고 壹般靑年을 募集ᄒᆞ야 躰育에 關ᄒᆞᆫ 敎科를 敎授ᄒᆞ라고 趣旨書를 發布ᄒᆞ얏ᄂᆞᆫ데 其概意인즉 靑年의 體質을 强壯케ᄒᆞ며 精神을 快活케ᄒᆞ야 完全ᄒᆞᆫ 國民資格을 成就ᄒᆞᆷ이 可ᄒᆞ다ᄒᆞ얏더라

▲地方消息▼

▲去月拾九日 渭原郡東남七里地에서 義兵拾名이 日分遣隊와 互相衝突ᄒᆞ얏다ᄒᆞ고

▲去月拾壹日 遂安郡北方約四里地에서 義兵六拾名이 該郡分遣隊憲兵貳名과 補助員貳名으로 交戰ᄒᆞ얏다ᄒᆞ고

▲七月拾七日 黃海道新院에서 義兵數拾名이 同地日分遣隊憲兵三名과 衝突ᄒᆞ얏다ᄒᆞ고

▲去月二拾五日 月山附近에서 義兵約七拾名이 寧海分遣所憲兵과 交戰ᄒᆞ얏다하고

▲去月貳十九日 興德郡巡査駐在所에 義兵이 來襲ᄒᆞ얏ᄂᆞᆫ데 死傷이 未詳이라더라

▲俯瞰時景▼

▲半空聳出三層屋에 望遠鏡을 手持ᄒᆞ고 千里目을 欲窮ᄒᆞ야 四方風景 俯瞰ᄒᆞ니 可觀ᄒᆞᆯ 事 層生이라

▲ᄒᆞᆫ편을 살펴보니 名大官家 茶話會ᄂᆞᆫ 八仙床에 列坐ᄒᆞ야 葡萄盃를 相傳ᄒᆞ며 무슨 密話 紛紜ᄒᆞ[illegible] 高情[illegible] 附耳ᄒᆞᄂᆞᆫ 貌樣 咫尺又치 歷々ᄒᆞ고

▲ᄯᅩᄒᆞᆫ편을 살펴보니 [illegible]가 聯翩ᄒᆞ야 宇街上 橫馳ᄒᆞ니 大臣行次 分明ᄒᆞ다 前遮後擁 威儀ᄂᆞᆫ 秋霜又치 森嚴ᄒᆞ야 人皆畏避ᄒᆞᄂᆞᆫ 貌樣 咫尺又치 歷々ᄒᆞ고

▲ᄯᅩᄒᆞᆫ편을 살펴보니 山亭水사 名勝區에 公子貴人 習射ᄒᆞ니 芳樹濃陰 玉珂聲은 壹部[illegible]繁華ᄒᆞ다 孰勝孰負 相較ᄒᆞ제 挽弓如月ᄒᆞᄂᆞᆫ 貌樣 咫尺又치 歷々ᄒᆞ고

▲ᄯᅩᄒᆞᆫ편을 살펴보니 南大門外 停車場에 外國손님 餞迎ᄒᆞ제 各部官人 雲集ᄒᆞ야 各自爭先 趨向ᄒᆞ며 別般情誼 表示ᄒᆞ며 握手欣欣ᄒᆞᄂᆞᆫ 貌樣 咫尺又치 歷々ᄒᆞ고

▲ᄯᅩᄒᆞᆫ편을 살펴보니 寂寥蕭閣 深邃處에 白首宮官 閒坐로다 天陛近侍ᄒᆞ던몸이 宮禁令에 退歸ᄒᆞ야 [illegible]勢力 回想ᄒᆞ며 身世自歎ᄒᆞᄂᆞᆫ 모樣 咫尺又치 歷々ᄒᆞ고

▲ᄯᅩᄒᆞᆫ편을 살펴보니 某大官家 花套局에 紛々紙片 如雪飛라 幾千萬圓 爭賭ᄒᆞ야 富人家產 浮沉ᄒᆞ제 賀中慾火 紛發ᄒᆞ야 [illegible]殘ᄒᆞᄂᆞᆫ 모樣 咫尺又치 歷々ᄒᆞ고

▲ᄯᅩᄒᆞᆫ편을 살펴보니 演戲場이 星羅ᄒᆞ야 管絃聲이 動ᄒᆞ니 豪華子가 蕩情ᄒᆞ야 拍肩聯袂 爭赴ᄒᆞ며 夜々迭宕 忘返ᄒᆞ제 如霧會集ᄒᆞᄂᆞᆫ 모樣 咫尺又치 歷々ᄒᆞ고

▲ᄯᅩᄒᆞᆫ편을 살펴보니 花柳場에 幾少年은 珠簾裏에 深坐ᄒᆞ야 武八佳人 花叢中에 不知誤了 壹生ᄒᆞ고 雲雨夢을 欲做ᄒᆞᆯ제 秋波送情ᄒᆞᄂᆞᆫ 모樣 咫尺又치 歷々ᄒᆞ고

▲ᄯᅩᄒᆞᆫ편을 살펴보니 花朝月夕 名樓上에 墨客騷人 會集ᄒᆞ야 變幻風潮 不覺ᄒᆞ고 吟咏ᄒᆞ며 耽味ᄒᆞ야 江山風月 品題ᄒᆞᆯ제 肩神自聳ᄒᆞᄂᆞᆫ 모樣 咫尺又치 歷々ᄒᆞ다

의학博士洪석厚 實驗方劑
製藥鑑定人 박滋惠 李觀化

預防 [illegible] 定價金拾錢
[illegible] 製造本舖 漢城鍾路慈惠大藥房

▲特別社告

大邱支社員梁務益咸從支社員金弘叙兩氏는辭免故로大邱西門外友弦書樓側李正由咸從耶蘇敎堂니張炳日兩氏로認定ㅎ얏스니右兩處附近本報購覽諸시는本社에對ㅎ凡務를右兩시와交涉ㅎ심을務望홈

大韓每日申報社

雜報

●敎會擴張 韓國內各地方에敎會를擴張ㅎ기爲ㅎ야美國宣敎師二拾餘人이日間京城에到着ㅎ다더라

●關東總會 關東學會에서今日下午壹時에定期總會를壽進洞興化學校內에開ㅎ고事務를處理ㅎ다더라

●總會退定 大同體育部에서未備ㅎ事件이有ㅎ야定期總會를本月十日月曜上午十時에開ㅎ다더라

●旺校贊務會組織 往十里旺新學校父老諸氏가義務敎育을實施ㅎ다ㅎ은已揭어니와再昨日에該洞中諸氏가義捐을每朔收出케ㅎ고又는諸統監이동民贊務會를組織ㅎ는대會長은金澳周氏요監督은李宗萬씨오書記는方元彩氏오財務員은李漢千氏로定ㅎ고其外에幹事員四人으로選定ㅎ얏는대該洞人士가熱誠으로敎育에注意ㅎ다더라

●三和夜學試驗 三和港埠頭에서夜學校를設立ㅎ은累朔이나와陰六月에月終試驗을經ㅎ얏는대優等生은安東元劉長孫等三人이오二等生은金承浩朱雲德等三人이오三等生은羅縣[?]...

漢朴仁坤等이라더라

●天興校況 林川郡長湖私立天興學校校長은郡守金應圭시와副校長은郡主事趙東翊시와監督은財務署長金商翊시가熱心敎育홈으로開學한지七八朔에學徒가七拾餘名이오勞働夜學徒가四拾餘名에達ㅎ얏다ㅎ고該郡來人에傳說이有ㅎ더라

●並校試驗 木川郡私立並進學校에서陰六月三十日에第壹回夏期試驗을經ㅎ얏는대高等科甲班及第姜昌元尹晩珠요乙班優等洪承億陳仁成이요及第李宗慶李相鎬等五人이오尋常科甲班優等李達俊李元錫等三人이오及第孫容範柳昌文等五人이오乙班及第吳奇得柳徐慶等인대賞品을優數히施與ㅎ後校長該郡守南啓錫씨講師李廷來學監韓禹錫學友會總務尹重燮諸氏가학問의進就를勸勉的으로壹場說明ㅎ얏다더라

●校宮設校 高敞郡有志人士박鍵夏閔致煥諸시等이去月拾五日에郡內士人을會集說明ㅎ고設校方針을爛商ㅎ後에校舍를爲先校宮에認定ㅎ고入學志願者가爭先輻湊ㅎ야前進之望이大有ㅎ다고該郡來人이稱頌ㅎ더라

廣告

本人의家券壹張을京南署水下洞朴性德氏의게典執ㅎ얏더니該氏家屋燒火時에右草家拾二間板刻壹張을燒火ㅎ얏기로玆에廣告하오니 知舊間照亮홈
西署盤[?]下契會中洞四拾四統二戶 黃義成 告白

北部觀光坊鎭洞二十五統七戶家券을甲午年分에서失ㅎ얏스오니誰某拾得間休紙施行홈
戶主李裕興 告白

本人이往拾里居ㅎ坐泰許에陰六月二拾日出次當錢五千兩於音壹張을서失故로玆以佈告ㅎ오니誰某拾得間休紙施行홈
楊州廣湖 姜尙俊 告白

●通度寺僧侶名標廣告 本寺는自後로名標를刊出ㅎ야本寺僧侶만持ㅎ고於其他寺僧徒와方外削髮ㅎ俗人으로混雜홈이無케홈

名標 第 號
韓國佛宗刹大本山慶尙南道梁山郡通度寺
姓名
隆熙 年 月 日
總理管
保國扶宗 互相慈愛

本會에서本月三日(日曜)下午壹時에定期總會를壽進洞興化學校內에開ㅎ오니僉會員은多數光臨을務望 七
關東學會 告白

林興柱大夫人竹山朴氏以宿患今月三、壹日(陰七月四日)別世 知舊間照亮 二
長孫林炳 告白

本書會에서各種敎科書와新書籍을發賣ㅎ오니 僉君子는購覽ㅎ시옴 五
鍾路電氣會社越邊耶蘇敎書會
元世性 李敎憲 告白

本館開業以後僉君子에愛念ㅎ심을厚蒙ㅎ와營業이興旺ㅎ오니感謝無地ㅎ오며近日沐浴湯을擴張ㅎ와夫人沐浴湯도廣設ㅎ얏스오니內外賓客枉臨ㅎ심을伏望 五
惠泉湯 告白

八月 日 開業 石版印刷
雅堂에서石版 寫眞版 寫眞銅版 電氣銅版등印刷와鉛版 木版 銅版等彫刻을開業ㅎ옵고左記ㅎ課目대로指揮히印刷ㅎ오니 僉君子는來臨相議하심을敬要
●商標 地圖 株券 書冊 揷畵 卒業證書 藥封紙 冊衣 각色彩畵 古書畵模寫 ●寫眞業書 寫眞帖等其他種々應用美術印刷
京城中部鐵物橋大路北변五拾二統六戶 入
文雅堂印刷所

本院에서我國女人中看護婦見習生을募集ㅎ니希望ㅎ는者는本院에從速來議할事
東署統內 大韓醫院 回

本書林에新舊書籍과學徒의各項書籍이俱備ㅎ오니 僉彥은來購하시옵 回
海州남門니首陽書林 書林主李奉楨 主任晏命欽

本館에서新舊書籍과學徒의所用諸般物品을具備販賣ㅎ오니 僉君子는來購하시옵
平壤鍾路太極書館 館主 李昇薰 主任 安泰國 事務 李德煥

本店에서夏節양服件에東京倫敦에서新着ㅎ얏기로玆에廣佈ㅎ오니 僉君子는光顧購買ㅎ심을懇望홈
貞洞華商源泰號 洋服裁縫店 謹白 入

公告

自今으로京城谷川町東京江川活版製造所支店에서本局의定價와同壹히本局製造品을販賣케ㅎ기로玆에公告홈
隆熙二年六月 龍山印刷局

電話六七八番

◎活字及印刷機械製造販賣所
其他인긔·機械油·膠·名刺紙·色革
金銀各良粉箔·並活版石版附屬品一式
새로ᄉ업을 창설ㅎ야 ㅎ번에오빅원어치 이상물건을사셔가시는이에게는 본뎜에셔 기ᄉ ㅎ명을보내셔ㅎ동안을 월급도아니밧고 직공을ᄀ르쳐주겟습ᄂ이다
京城長谷川町二丁目(石井洞)
江川活版製造所支店
本店 東京日本橋區長谷川町 電話浪花八八八番
鐵工場 東京京橋區南傳馬町 電話本局二七二六番
支店 仙台市國分町 電話一一七番

局製朱肉은其肉色이美ㅎ고且數百年을經ㅎ야도決코變色之虞가無ㅎ고壹種獨特之精良品이오며又多少不拘ㅎ고購求ㅎ심을顧

其於人道之原則ㅎ고重於正義之誠實ㅎ며以親切爲旨ㅎ야訴訟事件並官廳請願等件을應受依托홈
京城苧洞六拾四統貳戶 東洋大學前講師 辯護士 日本法律學士 太尾虎之助 入

本人等이壹般학界에便宜를供홈次로資本을合同ㅎ고業務를擴張ㅎ야新舊書籍과學校用品을俱備發賣ㅎ오니 僉君子는稍稍光降을務望홈 入
海州남門니四街 韓昌書館 館主 李承駿 朴昌鎭

教育月報
壹冊定價拾五錢 每月二拾五日刊
壹般同胞의男女老少有無識을勿論ㅎ고各其事情과年限에拘碍되야學校에入學지못ㅎ는이에게普通學術을發達키爲ㅎ야各種緊要ㅎ學問을純國文으로簡易케繙譯ㅎ야敎育月報를發行ㅎ오니此를逐號購覽ㅎ시는同胞는皆有識ㅎ學者가될터인故로本社와京鄕各書肆에서發賣홈 入
京城中部校洞貳拾九統四戶 敎育月報社

本書館을開業ㅎ지未過壹年에壹般同胞게서愛助ㅎ사와益益興旺之故로本館을壹層擴張ㅎ고各項新舊書籍與敎育物品을多數準備ㅎ야特別廉價로大發賣ㅎ오니四方僉君子는陸續來臨ㅎ심을爲要홈 入
釜山港東關韓興書館 金汝重 權鳳律

平壤太極書館은有志紳士의公益을爲ㅎ야建設ㅎ바어니와義州替市少年書舖에서支店으로新舊書籍과各學校所用物品을廉價應賣ㅎ오니 僉君子는陸續來購ㅎ시옵 入
書舖主 朴奉燁 韓甲權

本人의兄載璉이가素以浮浪悖類로蕩敗家産ㅎ고浮遊爲事이기本人이本郡同捆只所在父親山문券과江西郡篾津所在母親山文券兩度를次持深藏이러니今陰六月六日誘其子盲人禹鉉ㅎ야同文券兩度를并爲竊取逃去ㅎ얏기玆以廣告ㅎ오니有或欺賣之凶計ㅣ라도內外國人은切勿見欺ㅎ시옵
平南咸從郡南里面洪範里居 李載珉 告白

[illegible]

漢城鍾路慈惠大藥房

大韓東西藥業月報社製藥部

咽喉 腫痛 **隆光水** 五日分 壹圜 五金

消食 告味 **甘酸水** 金五 十錢

男女 補血 **補益丸** 二圜 五十錢

滋潤腸丸 二十錢

淋疾根藥 五十錢

痢疾靈散 三十錢

淸明眼藥 十五錢

養兒寶散 十五錢

花柳根藥 三十錢

純金雞納丸 十錢

蟲瀉丸 二十錢

是汗臭藥 二十錢

四時感冒丸 十錢

太腫今瘡膏 三十錢

消痰鎭咳藥 三十錢

漢城百應膏 十錢

陳滯 消積丸 五十錢

癇氣 神效 保嬰散 二十錢五里

藥房直接 郵便遞送

▲大韓國新發明 명藥

胃 消滯 ▲八寶丹 九拾五粒 入金拾錢

▲활보단

本藥은 宮內府典醫正三品洪哲普閣下의 實驗方과 陸軍々의 외 學校教 官張基茂君有效証明으로 此丹을 발行이온바 新久滯積과 食傷 雷亂과 癨亂사脹과 胃腹疼痛과 積痰固飮과 新久泄瀉와 七情鬱 結과 水土不服과 船車眩暈諸症 에 壹服見效ᄒ오니 衛生君子는 光顧試可ᄒ심을 爲希宮

麝香消瘡丹 ▲사향소창단

癘疳神藥 ▲

此丹이 於諸瘡에 無論男女老少 ᄒ고 若服壹劑 ᄒ면 實有神效 ᄒ야 百불百中ᄒ오니 非例方可及 이라 若論主治則 楊梅 瘡 癧珠 風濕頭瘡 諸症에 俱見立效ᄒ오 니 發病僉君子는 壹次試驗ᄒ시 옵

婦人 ▲티양됴경환

聖藥 ▲胎養調經丸

壹個月分入 定價金五圜

大抵婦人이 年過ᄒ도록 不受孕 者는 由於有病也라 若不趁早研 究ᄒ고 等閑看過則 非但壹個人 에 不幸이라 抑亦全國生育之理 의 關係가 不淺ㅎ니 僕이 十五年 을 消費ᄒ야 內外國醫學의 士에 實驗方을 選擇ᄒ야 先自僕家로 從及他人ᄒ야 累試習驗에 十불 而拾效ᄒ옵고 且此약이 非但受 孕之神劑라 治冷。治積。調血에 俱有實效ᄒ오니 茲以廣 布ᄒ오니 僉員은 壹次試驗ᄒ시 면 眞價을 可知이옵

약製所인川港축峴和平堂藥房

발行人 仝 리應春

右三種약은 각地方이라도 請求 ᄒ면우편으로부처드리겟소

京城支店 鍾路衣廛下和平堂

代理店仁川港축峴제生堂약房

▲發賣所 京城大廣橋共愛堂약房

仝남문내水標제生支店

仝 仝大東市支店

仝 仝南署博文書館

仝 鍾路 相信號與當포

仝 鐵物橋 毛衣房리洛瑨

仝 小廣橋 毛衣房리厚根

仝 鍾路 上隅三可病院

仝 太平동 共제病院

○仁川港內 旅館韓禹根

仝 읍내 金재鉉

○江華鍾路 宋順五店

○開성 남문내朴圭相商店

仝 남문내明新冊사리貞鎬

○水原 남문내 김제九약舖

○海州 남문내리寧楨商店

○延安읍내 邊汝文藥局

○長淵 남문내 崔在淳

仝 砂里院耶蘇教당리住善

○黃州남문내 紅문동리東赫

○平壤 雙巨里 韓鳳儀藥舖

仝 館前 김能興藥舖

仝 文武洞 桂澤善약포

○鎭남浦 築동 김元섭藥포

仝 제生당出張 吳鳳駿

○群산港 開福洞 金斗鉉

仝 大井동 리春善약房

○禮산·롱谷里 리東赫

○大邱 남문내 리明直약局

○元山港 남甲元약局

仝 제生堂支局 朴敬鎬

○尙州 서문내 박致心약局

◉全泉場 鄭聖瑞약局

○釜山港 제生당出張 朴昌鎬

○安州성내義井동回春大약房

○安岳邑上場 제生局林普景

○義州남문外木口街義和약房

○載寧읍後동· 洋약局崔允國

○定州남문내 洋약局리健柱

◉郭山읍 洋약局 羅應彬

○宣川읍 冊사 安 垕

鐵山읍 永春堂 安 灝

仁川港

和平堂 白

◉大韓新발明靈藥廣告

◉ 靈丹

◉至寶丸

◉靈效液

◉淸眼水

◉通淋丸

製藥발行所 漢城南部大廣橋西邊第三統十九統七戶 共愛堂大藥房 謹白

支店 開성남門內共愛堂第壹支店 群山港開福동共愛堂第二支店 河東郡赤良面共愛堂第三支店

代理店 皇城北部大安동 仝 西部新門外石橋 仁川축峴

此外에도東西洋각國에 藥料와 草材藥이 俱備ᄒ오니 多少을 不拘ᄒ고 請求ᄒ시면 小包로 仰呈ᄒ게습

濟生堂 仝 和平局

◉右主治効能은如左

◉吐瀉 ◉水 ◉暑 ◉腹痛 ◉酒醉 ◉咽喉 ◉口 ◉食積 ◉食傷 ◉飮咳嗽 ◉氣 ◉其他諸般運氣厲疫預防妙藥

總發行所京城南大門內 제生당支店李庚

◉미城 문外 제生당支店具

◉元山港 銘石院 제生당支店박敬

代理店 京셩大廣橋共愛堂

◉京泥峴三丁目 仝 鍾路慈惠약房

仝 郵便局前 天佑堂약房 新井약店

仝 남 남문내博文書舖 亭

仝 梨峴 洋약局 리信藥

仝 大安洞 仁제약房

仝 壽동二可病院 朴喜逵

◉仁川축峴和平당 리應春

仝 本町 新井藥房

◉海州남문내 宋在瑛

仝 仝商店 리奉植

◉水原종路下약房 金제九

◉延安邑내洋약局 尹斗鉉

◉江華종路店 邊汝文

◉長淵남門내 崔載淳

◉砂里院場내客主 任中

◉瑞興邑내 리載善

仝 耶蘇敎堂내 許

◉汗浦驛東美選送部 김奉圭

◉黃州남문내 紅문동 리東혁

◉安岳邑上場里 제生局 林景植

◉載寧邑後동 洋藥局 崔允國

◉海州東良面早遞 김鍾和

◉信川邑西里洋약局 김永禮

◉長連邑東里冊肆 文爽冠

◉平壤里문동出張 人尹寬혁

仝 雙巨里 제生局 韓鳳儀

仝 館前 衛生의院 金麗典

仝 文武동 제生局 桂澤宣

仝 大興部壹里藥局 崔能化

◉鎭남浦 築동冊사 김元燮

仝 后浦本堂出張人 吳鳳駿

◉安州성내義井동回春大약房

◉博川邑美동商店 朴芝行

◉定州남문내洋藥局 리健柱

◉郭山邑大街冊사 김大鉉

◉宣川邑내冊々 安 灝

◉鐵山읍내 永春堂 安 灝

◉義州남문外 木口街 崔錫浩

◉寧邊읍 官洋약局 리丙斗

◉群山港開福동 김斗鉉

◉大邱남門내 刷還洞 김成浩

◉釜山港東館本町藥店 리炳夏

◉北靑新昌港客主 朴錫勳

◉木浦各國居留地松房 徐岐兆

◉全國내各약店마다隨應販賣

仁川港축峴 京성남大문내 濟生堂 白

◉新發明梅毒명藥廣告

陸軍軍의 金守鉉實驗方劑

落梅丹

口瘡不瘥창病去根之명藥

壹劑五百粒 定價金 三圜

主治 梅毒(唐창) 疳瘡창 ◉瘰癧 ◉皮膚病 ◉便毒마마창

◉淋病

已上病証外에 男女間에 不精夢 合ᄒ後에 若疑아之端이有ᄒ야 도此藥壹劑만服用ᄒ면完無後 慮ᄒ고 脾胃도健全ᄒ고 益增保ᄒ 此外에도 의療器械와 精良ᄒ 材料新備ᄒ고 內外科 各色疾病 을 誠心治療ᄒ옵

皇城北部大安洞

仁濟藥房 高用진 謹白

代理店

京城鍾路 共愛堂약房

仁川港 濟生堂

國內各處藥局에서 隨意販賣ᄒ홈

[illegible]

廣告料 [illegible]

Responsible for Publication Alfred Weekley Marnham.

發行兼編輯人 英國人 萬咸

發行所 皇城 [illegible] 洞 號外 三層 [illegible]

大韓每日申報社

漢城鍾路慈惠醫院診 醫學校卒業後濟衆院卒業 의학博士 洪錫厚 病人來診

此外에도 西洋의 醫械와 [illegible] 男女 [illegible] 病人을 [illegible] 濟衆院의學實地六年학習 은男의師가 診察ᄒ고 病이 危重ᄒ야 入院ᄒ야 治療ᄒ 病人은 即時로 濟衆院 上等病室에 [illegible]

第六卷

大韓每日申報

第八百七拾三號

月曜及慶節歲時日休刊

檀君開國四千二百四十一年
箕子元年三千三十年
大韓開國五百十七年
日本明治四十一年
淸國光緒三十四年
陰曆戊申七月大初八日辛卯

論說

◉有始無終의可戒

年來로國民의思潮가壹變하야守舊의袴를脫ᄒ며維新의途에就ᄒ는壹大傾向이著現ᄒ야各道列邑에商務會農務會自治會及其他各種學校의발起가日多ᄒ야各報紙에揭布되는者만計ᄒ야도每日平均數拾個에不下ᄒ니嗚乎壯哉로다

雖然이나會와學校를無論ᄒ고壹切발起된者가拾의貳三式만能維持하며能발達ᄒ야도全國維新의大勢가便已령水의注下ᄒᆷ과如ᄒ야沛然莫禦의機徵를現呈ᄒ얏슬지어늘

壹次發起ᄒ以後에는往々反舌의無聲ᄒ듯시其成績의如何를再聞키難ᄒ者ㅣ多有ᄒ니噫라不過幾拾[illegible]의短日月로九仞의成山을望ᄒ며壹木의塡海를責ᄒᆷ은不可ᄒ나但其熱心誠意가繼續的으로增進ᄒ면其經營事業도價値가漸露ᄒ야春水가漸溢ᄒ며曉旭이漸昇ᄒᆷ과如ᄒᆯ지어늘

今에有志諸君의繼續性이何其不足ᄒᆫ지熱心이易冷ᄒ고誠意가易懈ᄒ야貳人의同心ᄒ는團體가無ᄒ며三年을經過ᄒ는학校가少ᄒ야발起의第貳日에廢止의運命이已來ᄒ니

嗚乎라有初鮮終은聖人의戒ᄒ바오龍頭蛇尾는俗談의嘲ᄒ비니區々의心力을獻ᄒ고엇지好結果를收ᄒ리오

大抵某事業을無論ᄒ고不可不哥倫佈의新世界를探出ᄒ는苦心을抱ᄒ며瑪志尼의伊太利를獨立ᄒ는熱性을竭ᄒ여야可ᄒᆯ지어늘

或者는些小名利에心醉ᄒ며或者는壹時勞苦를厭憚ᄒ야維新의事業을帳中閒談으로做去코ᄌᄒ니志士의可歎ᄒᆯ비此에執甚ᄒ리오

西諺에有ᄒ되代價만出ᄒ면彼天이壹切物을皆爾의게與ᄒ다하얏스니今日志士의代價를辨出ᄒᆷ이是余의所祝이로다

▲▲隆熙二年七月拾七日 官報

●法律第拾三号

民刑訴訟規則 (續)

第百三拾壹條 不動産의强制執行에關ᄒ公告는府廳이나郡衙의揭示場其他適當ᄒ處所에揭示ᄒ야此를行ᄒᆷ이可ᄒᆷ公告는前項以外에新聞紙에도此를行ᄒᆷ을得ᄒᆷ

第百三十二條 特定ᄒ動産이나不動産의引渡를目的으로ᄒ는强制執行에當ᄒ야는執行官吏는債務者의占有를解ᄒ고其動産이나不動産을債權者의게引渡ᄒᆷ이可ᄒᆷ前項의强制執힝에當ᄒ야는其動産이나不動産의所在地를管轄ᄒ는警察官署의警視나警部로執行官吏로ᄒᆷ

第百三拾三條 直接履行을强制ᄒ기可치못ᄒ性質의債務를宣告ᄒ判決에基ᄒ强制執行에當ᄒ야는執行裁判所는債權者의申提를因ᄒ야其判決의趣旨를達ᄒ기適當ᄒ處分을定ᄒᆷ前項의强制執行에當ᄒ야는債務者의居地를管轄ᄒ는區裁判所로써執行裁判所로ᄒᆷ

第百三拾四條 前條의强制執行을行ᄒᆷ에當ᄒ야執行官吏를必要로ᄒ는境遇에는執行裁判所는執行行爲를行ᄒ地를管轄ᄒ는府尹郡守나或은警察官署의警視警部中에서此를定ᄒᆷ

第百三拾五條 訴의繫屬ᄒ裁判所는强制執行을保全ᄒ기爲ᄒ야原告의申提를因ᄒ야保證을立케하고被告의動産이나不動産에對하야假押收를命ᄒ거나訴訟의目的에關ᄒ야假處分을命ᄒᆷ을得ᄒᆷ裁判所는被告의申提를因ᄒ야保證을立케ᄒ고假押收나假處分을撤消ᄒᆷ을得ᄒᆷ

第百三拾六條 假押收命令의執行에當ᄒ야는動産及不動産의押收에關ᄒ規定을準用ᄒᆷ但動産의假押收에當ᄒ야는評價ᄒ後에債權者의게其保管을命ᄒᆷ이可ᄒᆷ

第百三十七條 假處分에當ᄒ야는裁判所는原告의申提ᄒ目的을達ᄒᆷ에必要ᄒ處分을定ᄒ事項의命令의執行ᄒᆷ에當ᄒ야는第百三拾二條第二項及第百三拾三條第二項의規定을準用ᄒᆷ

第百三拾八條 債務者의財産에對ᄒ强制執行을求ᄒᆷ을得ᄒ債權者는第壹審의受訴裁判所에執行力이有ᄒ判決謄本을提出ᄒ야債務者의留置를申請ᄒᆷ을得ᄒᆷ但財産에對ᄒ强制執行을求ᄒ後에는此限에在치아니ᄒᆷ前項의留置를申請ᄒ는債權者는裁判所의定ᄒ바에從ᄒ야留置費用을豫納ᄒᆷ이可ᄒᆷ

第百三拾九條 債務者의留置에當ᄒ야는刑事被告의拘留에關ᄒ規定을準用ᄒᆷ

第百四拾條 留置費用은債務者의負擔으로ᄒ야債權者의債權에加算ᄒᆷ

第百四拾壹條 裁判所는職權으로나申請을因ᄒ야何時라도債務者의留置를작消ᄒᆷ을得ᄒᆷ

第三章 刑事訴訟手續

第百四拾二條 公訴는被告의所在地나犯罪地를管轄ᄒ는裁判所가此를管轄ᄒᆷ

第百四拾三條 同壹被告에對ᄒ同壹事件의公訴가數箇裁判所에서起ᄒ時는最初에公訴를受ᄒ裁判所가此를管轄ᄒᆷ

第百四拾四條 同壹被告에當하야裁判所의審級이不同ᄒ數箇犯罪가有ᄒ時는其公訴는上級裁判所가併ᄒ야此를管轄ᄒᆷ

第百四拾五條 共犯에對ᄒ公訴는壹箇裁判所가併ᄒ야此를管轄ᄒᆷ을得ᄒᆷ 未完

外報

●革命擔與滯日 淸國革命黨總理孫逸仙씨는日本에서滯在中이라더라

●極東司令長官被任 倫敦電을據ᄒ즉俄國海參威軍港司令長官맛세빗지中將은極東軍司令長官을被任ᄒ얏다더라

●露國新聞의辨明 伯林電을據ᄒ즉俄國各新聞紙는俄國皇帝와法國大統領께피엘氏와會見ᄒ은極히平和를目的ᄒᆷ이라고熱心으로辨明ᄒ얏다더라

●瀛船坐礁 大坂電을據ᄒ則去月二十九日上午十壹時頃에出帆ᄒ亞米利加瀛船빅토리아號는泉남郡佐野村에서約二拾丁되는海中에서坐礁된故로水上署에서救助船刀龍丸을派遣하야目下救助中이라더라

●土國大赦 東京電을據ᄒ則土耳其國에서大赦令을發布ᄒ얏는대被赦者가二萬人이라더라

雜報

●學契開會 덩川學契의셔今日下午貳時의宗會를기ᄒ고學務를處理ᄒ다더라

●勞働校設立 長連郡居志士張義澤等諸시가該郡公立學校內의勞働夜學을發起設立ᄒ엿는디開學ᄒ지不過五六日의學徒가壹百八拾餘名의至ᄒ고敎師張義澤李基鎬林國承白南叢莊元용리應浩黃晟弼許鍊諸시가各其名譽로自願敎授ᄒ는대其中張義澤氏는特別ᄒ思想과特異ᄒ熱誠으로학徒의게空冊數百部를自爲擔當ᄒ고莊元용林弼仁兩氏는紙筆及用費로多數義捐하엿는디郡守朴喜宅校監孫昌렴兩氏가熱心贊成ᄒ다더라

別報

◎裵說氏의公判顚末

第三日 續

裁判官이辨論曰雖此가煽動되지아니ᄒ지라도其論說全體를限制ᄒ것은分明ᄒ니其新法律을制定ᄒ기는但英國人民의淸國에在ᄒ者壹箇人이何等事에煽動되는것을發刊ᄒ만爲ᄒ야制ᄒ것이아니요來人이불刊ᄒ는新聞ᄭ지도限制ᄒ기爲ᄒ야制ᄒ者ㅣ니라

크로쓰氏曰此告訴는日本人의請囑을因ᄒ야英 皇陛下의名으로ᄒ야自己臣民의犯罪ᄒ이無ᄒ者를處罰ᄒ도다

裁判官曰君은如此ᄒ法律이無ᄒ여서其論說을作ᄒ人이何等事이던지彼의所欲爲는此國政府를對ᄒ야마음대로ᄒ게ᄒ다고辨論ᄒ는요

크로쓰씨曰此는丁寧코如斯ᄒ言이아니니다

裁判官曰此는拾分適當ᄒ法律이요且今에余가此告訴ᄒ事의對ᄒ야그거시罪가되고아니되는것을知케ᄒ는者ㅣ니라

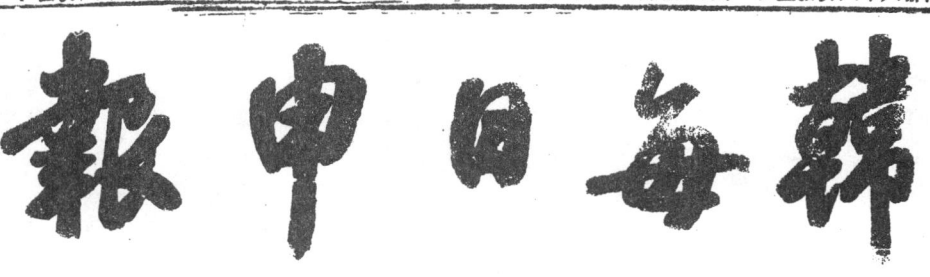

크로쓰시가終末의는說明ᄒ기를此頃으로頒布ᄒ法律은言하자면新聞紙의口를겸ᄒ는것시요全英國의셔五拾年來로自由發刊하던新聞紙의自由權利를干涉ᄒ는者ㅣ니何如ᄒ야此를制定ᄒ앗나뇨ᄒ면韓國人民으로ᄒ야곰和平ᄒ게ᄒ기를爲ᄒᆷ도아니요此人民들노하야곰尤好ᄒ地位로人去ᄒ기를爲ᄒᆷ도아니라此法律을制定ᄒ것은藩韓國의在ᄒ日本利益을完全히保護ᄒ기를爲ᄒᆷ이오若余로ᄒ야금壹言으로日本의同盟을爲ᄒ는事를勸告하라ᄒ면當如此ᄒ데이니日本은當히彼가戰爭의主人이오또ᄒ平和의主人이라ᄒ야韓人을壓制ᄒ는것을代ᄒ야善道로引導ᄒᆷ이可ᄒ다ᄒ리로다壓制ᄒ고虐政ᄒ는ᄯ름으로暴動과不和ᄒᆷ과戰爭ᄒᆷ이起ᄒ얏도다若此國에在ᄒ야金徵榮시의게聞ᄒ든즉彼와如히此百姓들을肩臂를打ᄒ는刑罰이며麁惡ᄒ接待를아니ᄒ얏스면彼는應히今日의此의至ᄒ지아니ᄒ얏슬지로다 未完

雜報

●差備官別單 追上 尊號 冊寶當成時에 內府大臣以下와 差備官以下와 冊寶時擧上大臣及各差備官 冊後改題 主時 書寫官以下와 陳 賀時承制官 詔勅以下를 別單書入하라 신 詔勅을 下하옵셧다더라

●赦典頒則 監獄署에 被囚된 罪人金英□及崔君三兩漢 合處終□ 法部大臣高永喜氏가 奏 裁可되얏다더라

●殿下參陵 昨日上午十時에 殿下께셔 川大將이 德壽宮에 陛見하얏다더라

●誕辰準備 本日下午壹時에 漢城府民會에서 石鼓壇에 大皇帝陛下 卽位紀念式에 慶祝할 節次를 準備하얏다더라

●香蘭渡美 義親王殿下께옵서 家에 잇던 妓生香蘭이가 新學問을 硏究하기爲하야 數日前에 美國으로 渡往하얏다더라

●內閣例會 內閣總理大臣以下各部大臣이 昨日月曜例會를 開하얏다더라

●統監辭疏說 伊藤統監이 遞任된다는 說은 前報에 已揭이니와 職을 辭하얏다는데 아직 許可치 아니하얏다더라

●祭服磨鍊擬議 內閣에서 祭服을 變爲磨鍊하기로 現今 擬議中이라더라

●任用令反對 奏任文官任用令을 當初擬議修正할 時에 內部大臣宋秉畯氏는 不可하다고 反對하얏다는 說도 有하고 壹說은 閣議에 不參席하얏다는 說이 有하더라

●李容元陞秩 前判書李容元氏는 陞輔國으로 掌禮院卿成岐運은 奎章閣提學同原中樞院顧問李夏榮全李根澔柳□□前判書徐臣輔諸氏는 陞崇政으로 加資가 되얏다더라

●日大茶會 日部大臣宋秉畯氏가 今日下午六時에 巴城館에서 茶話會를 開하고 各部大臣及次官과 各府部의 高等官을 請邀宴待하얏다더라

●學會令頒布 學部에서 各學會令을 恰三條로 磨鍊하야 日間內閣에 經議한 後에 頒布한다더라

●法部移接 大審院開廳式을 已經한 故로 漢城裁判所가 廢止되고 該所는 法部에서 再昨日에 移接하얏다더라

●兩氏轉任 中樞院副議長由箕善氏는 監査院卿으로 轉任하고 其代에는 表勳院總裁李載克氏가 被任하기로 內定이 되얏다는데 日間頒布가 되리라더라

●兩院視務 大審院長과 控訴院長以下壹般法官이 昨日부터 出進視務에 着手하얏다더라

●法官赴任 新任한 各區裁判所及地方裁判所判檢事들이 再昨日에 大審院控訴院개廳式을 擧行한 結果로 各其區域으로 將次赴任하리라더라

●李氏兼任 內部書記官李範益氏는 秘書官을 兼任하얏다더라

●評議繼續 七月晦日이 壹進會의 定期通常會日인대 雨水를 因하야 評議員들이 團聚치 못한 故로 翌日土曜下午壹時에 開會하고 前日特別會에 引繼한 思想을 包含하얏다는데 條件은 家族社會와 宮家還納과 典膳司廢免官等件이라더라

●會長茶話 大韓協會會長金嘉鎭氏가 日昨에 該會總務評議員諸씨를 自己私邸로 請邀하야 茶話會를 設하얏다더라

●民團長官選 京城日本居留民團長을 官選한다는 問題에 對하야 壹般居留民의 輿論이 現今其方針을 協議中이라는 說이 有하더라

●丁監削髮 昌德 德壽兩宮丁監들이 削髮한다는 說은 前報에 已揭하얏거니와 昌德宮丁監은 去三十壹日에 削髮하얏고 德壽宮丁監은 本月一日에 削髮하고 服色은 紫色膝□에 黑色上衣요 帽子는 消防隊帽子와 如하다더라

●加占挾雜 平壤外城人의 傳說을 聞한즉 今春에 該地□에 稱以停車場用地하고 加占한 事에 對하야 該面面長黃□祜 加占地內人民에 每家每戶說하기를 此加占은 挾雜輩의 挾雜이 明白하니 萬壹若干圓을 送付하면 當與該郡守와 交涉하야 協力周旋하야 期於勿施케 하겟다고 說明하고 該地人民들이 此加占은 挾雜이 分明한줄노 確信한다더라

●昌原과 晉州 昌原港과 晉州觀察道가 相距壹百二十里인데 馬車를 無碍通行하기 爲하야 現今治道工役이 宏大하다더라

●閔家債帳 輔國閔泳徽氏家에 陳陳舊債를 督捧하는 人이 多數히 每日下午武時後로 例齊進하야 言論이 紛紜한 故로 閔氏가 方在困境中이라는 說이 有하더라

●普文社起訴 普文社에서 孫秉熙氏의게 對하야 債帳을 淸勘치 아니하는 事로 將次起訴裁判하리라더라

●淸店의 新貨不通 近日新設行하는 大韓紙貨를 淸國人商店에서는 아직 通用치 아니한다더라

●推車還給 南部犁洞完留시가 去月에 子俠馬를 失하고 畑面을 探問하야 中□谷居하는 俞順根이 竊取하야 中僧谷居하는 申順히處에 新貨八圓에 賣却한 故로 該 命令을 銅峴分署에서 捉致推給하얏다더라

●京釜線通 京釜鐵道線路軌橋가 破壞하야 通行치 못하다더니 三十日下午四時부터 通行하얏다더라

●閔氏保放上京 大邱前稅務官閔泳直씨가 結□犯用한 事로 該警察署에 屢□滯囚하얏다가 京辦納코저하야 日昨에 保放上京하얏다더라

●花局被捉 官立師範學校教授尹定魯씨가 去月二十八日下午八時에 中部宮洞申哲熙氏家에서 韓白祖와 光회 李鎭圭諸氏와 花局을 設하고 消遣하다가 中部警察署에 被捉하얏다더라

●飲鴉自斃 南部倉洞橋近光목시家挾戶에 寓居하는 延春化시가 再昨日에 鴉片을 呑下하고 自斃하얏다더라

●崔賊失捕 龍山巡查가 數日前에 果川郡廣旺里等地에서 賊漢崔哥를 捕縛上京하다가 僧房坪等地에서 失捕하얏다더라

●印刷精美 文雅堂印刷所는 本報廣告에 已揭하얏거니와 該所에서 石板器械를 壹新擴張하야 壹般請求에 對하야 精美華麗케 印刷할 뿐 아니라 壹定期限에 愆滯홈이 無하다더라

間島情形

北間島의 義兵이 大熾함은 本報에 累報함을 바어니와 今에 該島에 在한 壹進會員이 該會本部에 報告함 全文이 如左하니

現에 前管理使李範允이 露國延秋地方에 駐在하야 部下私砲餘黨과 流人한 暴徒及同地亂類輩를 募集하야 兵器와 糧草를 準備하오며 傳說을 據한즉 目下에 七千軍이 駐屯하야 聲言은 間島內 韓日官吏를 襲擊하고 內地로 向한다 하옵더니 本月九日夜에 匪徒一百餘名이 渡江하야 午前四時에 穩城郡新牙川을 襲擊하야 派兵壹人이 被死하고 三人이 逃走하야 同地守備隊로 奔入이온데 方在猖獗하야 自會寧守備隊로 兵丁二百名이 出發하야 屢次合戰하온대 勝敗死亡은 未詳이오며 間島對岸에 지出沒이온되 各持銃劍이옵고 各處報告와 傳說을 據한즉 온 內地慶興慶源을 歷하야 穩城鍾城에도 出沒이온고 間島는 漸漸迫到하는 餘井本所에서 相距가 八拾里地와 各地人民이 大有騷動이온데 露淸兩國官人이 後協同할 모양에 有하야 方在搜探이옵고 此島現況을 査雲卿氏가 大綱만 聞한 바 想건대 報할러니와 範允등은 已爲烟秋等地에 出沒하야 徒黨을 募集하여 凶器準備가 大有嚴密云矣러니 慶興郡新牙山洪儀洞處에서 官兵과 交戰하야 兵丁이 被死하고 至爲四名云이오 晝夜四方에 偵探하기이오며 暗號電으로 軍隊도 屢請中이오며 範允의 黨派는 烟秋以南에 約四千名以上이요 烟秋以北은 幾至數萬名이온대 韓日官吏及壹進會員打殺次 龍井村에 向하얏다云하나 少無虛傳이오 果是確信이온 故로 報告하오니 査照하심을 伏望이라 云하얏더라

●勞動設會 本月壹日에 勞動學會에서 中部長橋本會內에 總會를 設하고 會員三十餘名이 會同하야 慈善病院設立件과 勞働株式實業會設立件과 運輸課設立件과 總務尹敬重氏光州兩시解任件과 各課員月俸은 實施後給與하기로 協議한 後에 會員李輔鉉시가 維持할 方針을 演說하얏다더라

●關東支會 關東학會에서 再昨日에 定期總會를 開하고 鐵原郡支會를 認許하얏다더라

●彰校夏試 彰東學校에서 夏期試驗을 經하얏는대 三年級優等에 通鄕□□壽辰氏元人이오 二年級優等에 孫貴童□弘等 壹年級優等에 金点石童等八人인대 校監 敎師李□□ □員 諸氏가 勸勉한 後에 賞品을 厚施하얏다더라

●咸北學況 咸北家人의 傳說을 聞한즉 該郡公立普通學校學員이 二百四拾餘名인대 四年級學徒 鐵과 劉範圭等 十拾名은 去月分에 盡히 卒業하얏고 又三年級學徒에 優等生이 二十餘名인대 就學하야 學術은 已爲能通하며 文□學校를 設立하야 女學徒가 拾餘名에 達하얏는데 漢文□□嫺熟하며 此學校師範은 □校長姜俊圭시의 熱心敎授로 致하더라

●師範校設立 安州郡耶蘇敎會에셔 該郡城內에 特別師範學校를 設立하고 敎師는 平壤居住善□ 延聘하야 熱心敎授함으로 學員이 六拾餘名에 達하얏는데 該步가 日進하야 校況이 大端興旺하다더라

▲地方消息▼

▲去月十六日 松禾郡에 義兵一百五拾名이 該郡日守備隊와 交戰하얏다더라

▲七夕九章▼

▲昨日은 卽七月七夕인대 牽牛織女荒唐說이 人間佳節遂成이라 蕉窓積雨初收하니 何來秋色이今又回오

▲七月이라 七夕날에 □□椰葉傳消息에 石火光陰此中催하야 暑已退秋至하니 牛島江山三千里에 壹豚光線供同하니 天上佳節되엿고나

▲七月이라 七夕날에 □隣錦繡曬衣香은 各大官에 富貴로 變幻風潮不覺하고 安樂娛平며 經綸은 黑憩鄕에 高眠하니 天上佳節되엿고나

▲七月이라 七夕날에 乞巧遺俗尙存하야 蕩富多彩[illegible]味하더니 人[illegible]發展思想[illegible]하야 迷信事[illegible]하니 天上佳節되엿고나

▲七月이라 七夕날에 九孔針에 五色線은 家家向月乞巧하고 女子學徒衣裳은 文明氣像[illegible]하제 新世界가 되여오니 天上佳節되엿고나

▲七月이라 七夕날에 庭中向天高臥하야 腹中書를 曝曬하니 此地經歷□新學問을 心腹中에 滿儲하니 各學徒卒業하니 天上佳節되엿고나

▲七月이라 七夕날에 □星河何夕고 兩情惟恐曉光催하야 昔樓落山花叢中에 豪□弟失魂하야 樂而忘返迭宕하니 天上佳節되엿고나

▲七月이라 七夕날에 織女紫手河漢女는 札札弄杼咬咬이라 各會國이 成立하야 壹般規則組織하니 人民團合可期로다 天上佳節되엿고나

▲七月이라 七夕날에 庭畔長竿高揭하고 犢鼻褌을 曬出하니 樵童牧竪猛省하야 夜校를 設立하고 新知識을 闡發하니 天上佳節되엿고나

▲七月이라 七夕날에 迢迢河上鳥鵲橋에 七香車가 並馳하니 人力車上□帽客은 十字街에 橫馳하나 揚揚得意能幾時오 天上佳節되엿고나

特別社告

大邱支社員梁務益咸從支社員金弘叙兩씨ᄂᆞᆫ辭免故로大邱西門外友弦書樓側李正由咸從耶蘇教堂내張炳日兩씨로認定ᄒᆞ얏스니右兩處附近本報購覽諸시ᄂᆞᆫ本社에對ᄒᆞᆫ凡務를右兩시와交涉ᄒᆞ심을務望홈

大韓每日申報社

廣告

本號에서安洞殷昌號處丁未十二月二十七日五百圜推尋標壹張을見失ᄒᆞ얏스니以廣告ᄒᆞ야內外國人誰某拾得ᄒᆞ야도休紙施行홈

小闆동華商洪順福 告白

告白

五部니典舖에서典當規則을不遵ᄒᆞ야營業上妨害가不尠ᄒᆞᆫ所以로本總會의셔各典舖規則을實施ᄒᆞ기爲ᄒᆞ야總會를ᄆᆡᆫ들고從今以後로ᄂᆞᆫ典執放限等事를壹遵規則ᄒᆞ기로決定ᄒᆞ얏기茲의廣告ᄒᆞ오니典執ᄒᆞ신僉君子ᄂᆞᆫ照亮注意ᄒᆞ시옴

中部蛤동十統六戶

漢城典舖總會告白

各地方各種學校教師紹介所를本會內에設置ᄒᆞ오니普通學其他各種技術語學教育에教授ᄒᆞᆯ志願人은校洞本會館으로來議ᄒᆞ시옴

畿湖興學會 告白

林興柱夫妻竹川朴氏ᄀᆞ宿患으로今月三十壹日(陰十月四日)別世 知舊間照亮

長孫林炳三 告白

黃海道鳳山邑居金桂鳳金致璜兩人은素是富民으로常有無厭之慾ᄒᆞ야덕泉坊所在京居東平尉宅畓二百八拾石永稅庫를拾壹萬兩에買得ᄒᆞ여가지고日人을挾同村閭ᄒᆞ야累百永稅畓을本地에稅納을作人輩에比前三倍를더ᄒᆞ야定ᄒᆞ라ᄒᆞ니엇던허무ᄒᆞᆫ소릇이어디잇스며그러ᄒᆞ고볼지경이면數百名人口가그抑勒에離散之境이오니이런법련디가어디잇ᄉᆞ오며至於此兩金哥가支定數爻를늘여가지고他國人의게拾七萬八千兩에移賣ᄒᆞᆫ次로欲捧勒價故로本官에呈訴ᄒᆞᆫ즉兩金哥有權之致로未決되여本人等이裁判次上京ᄒᆞ야茲以廣告홈

作人金龍奎 具然鎭等 白

●事必歸正 本人이於茶洞金昌壹許留置錢推尋次昨今兩年數次裁判事ᄂᆞᆫ京鄉所知인바在上明天이昭々下臨故로今月初四日壹場對質之庭에幸賴法官之公決ᄒᆞ야餘在條를更爲推捧ᄒᆞ엿ᄉᆞ니快雪積年之抱冤ᄒᆞ고所願成就故로茲以廣告홈

全北井邑郡金相泰 告白

全北礪山郡東二道松山居ᄒᆞᄂᆞᆫ李振衡씨가青年教育에熱心이有ᄒᆞ야該面學校를設立ᄒᆞᄂᆞᆫ대千餘金價되ᄂᆞᆫ家屋을出義ᄒᆞ얏기로郡民會에서贊成廣포홈

萬頃郡郭永郁等 告白

本人의家券壹張을京南署水下洞朴性德씨의게典執ᄒᆞ얏더니히씨家屋燒火時에存草家拾二間板刻壹張을燒火ᄒᆞ와기로茲에廣告ᄒᆞ오니知舊間照亮홈

西署盤石下契 洞四拾四統二戶 黃義成 告白

本人父漢楽以內醫院兼典醫로數拾年留京라가以身病治療次로歸鄉ᄒᆞ야賣藥爲業은京鄉共知어니와千萬意外去五月拾日에日守備兵이帶同通辯ᄒᆞ고朴鍾五金周汝吳主事爲名者를帶同ᄒᆞ고突入本人內庭ᄒᆞ야本人病父를義兵干連稱托ᄒᆞ고捉去時에通辯輩가家中所存銀佩物과家產等屬與本洞結錢捧留貨八拾貳圓을盡數攫去ᄒᆞ고本人妻ᄂᆞᆫ以滿朔孕婦이온대通辯等이出給輕實ᄒᆞ라고無數毆打에至於落胎之境ᄒᆞ고生死未辨而通辯輩가鄭居李遠錫으로傳言曰三百兩만用賂ᄒᆞ면必以無事云故로洞民이聞此言ᄒᆞ고洞錢三百兩을李憲錫으로領送本郡東倉日兵站廣인즉且通辯輩가更言千兩을加給이면乃可免死라ᄒᆞ오나本人父親이抵死不應ᄒᆞᆫ즉甚至於惡刑勒䄵ᄒᆞ오니世豈有如許無據之輩乎아不勝憤鬱ᄒᆞ와本人이呼訴次로罔夜急到大邱이옵더니通辯輩가先知此機ᄒᆞ고暗生凶謀ᄒᆞ야同月拾三日夜에本人父를砲殺케ᄒᆞ고但以壹個通辯의誣讒을信從ᄒᆞ고害命奪財를如是輕蔑하니豈天之下是何法律인지以爲報弑父之讐ᄒᆞ와告訴大邱憲兵隊이옵더니該隊兵이卽到淸道郡日兵站所謂査覈ᄒᆞᆫ즉通辯은漢中武漢은逃躱ᄒᆞ고壹漢朴鍾五를捕捉招後押囚大邱警署矣러니未幾日에自警署로押去本人ᄒᆞ와屢次問招에本人父冤死ᄒᆞᆫ事實을詳陳ᄒᆞᆫ則本人은七日만에解放ᄒᆞ고朴漢은仍囚이온바金吳兩漢도不日捉囚ᄒᆞ와以雪積鬱之冤情ᄒᆞ오며以修人子之職ᄒᆞ기로決心ᄒᆞ옵고此冤情을各官廳에告發ᄒᆞ기로決心ᄒᆞ옵고茲以告冤홈

淸道郡古며面芝村里鄭東煥 白

●通度寺僧侶名標廣告 本寺ᄂᆞᆫ自後로名標를刊出ᄒᆞ야本寺僧侶만持ᄒᆞ고於其他寺僧徒와方外削髮ᄒᆞᆫ俗人으로混雜홈이無케홈

第 號	名標
韓國佛宗刹大本山	慶尙南道梁山郡通度寺
姓名	
隆熙 年 月 日	
總理管	保國扶宗 互相慈愛

陰七月初二日夜逢賊ᄒᆞ와典執ᄒᆞ얏던本里汗井동四拾三統四戶姜禹孫艸家四間半文券과本里漆木동五十七統四戶朴承仁草家二間文券과萬里倉九統十戶李順석墓位田답文券과南署屯芝防瓦署契新艸里拾五統拾戶김興甲瓦家五間草家六間文券을俱爲見奪ᄒᆞ얏ᄉᆞ오니設或賊漢이以此文券으로暗欲典執이라도內外國人은切勿見欺홈

西署孔德里五拾ᄂᆡ統四戶 리永化 告白

學徒募集廣告

本校에서第壹學年級生徒를募集ᄒᆞ오니志願者ᄂᆞᆫ八月貳拾七日內로本校에入학請願書를呈出事 入學試驗日은八月三十日上午九時

試驗科目 讀書。作文。算術初步。身體檢査

但年齡은自十五歲至二拾五歲

漢城 私立普成中學校

本店에夏節양服件이英京倫敦에서新着ᄒᆞ얏기로茲에廣佈ᄒᆞ오니 僉君子ᄂᆞᆫ光臨購買ᄒᆞ심을懇望홈

貞洞華商源泰號 洋服裁縫店 謹白

八月拾日 開業 石版印刷

本堂에서石版 寫眞版 寫眞銅版 電氣銅版등印刷와鉛版木版 銅版等彫刻를開業ᄒᆞ옵고左記ᄒᆞᆫ課目으로指吳히印刷ᄒᆞ오니 僉君子ᄂᆞᆫ來臨相議ᄒᆞ심을敬要

●商標 地圖 株券 書冊 挿畵 卒業証書 ●藥封紙 冊衣 各色彩畵 古書畵模寫 ●寫眞葉書 寫眞帖等其他種々應用美術印刷

京城中部銅物橋大路北변五拾二統六戶

文雅堂印刷所

本院에서我國女人中看護婦見習生을募集ᄒᆞ니希望하ᄂᆞᆫ者ᄂᆞᆫ本院에從速來議홈事

東署就內 大韓醫院

本書林의新舊書籍과학徒의各項書籍이俱備ᄒᆞ오니 僉彦은來購하시옴

海州남門니首陽書林 書林主李奉楨 主任姜命欽

本館에서新舊書籍과學徒의所用諸般物品을具備販賣ᄒᆞ오니 僉君子ᄂᆞᆫ來購하시옴

平壤鐘路太極書館

館主 李昇薰

主任 安泰國

事務 李德煥

本書會에서各種敎科書와新書籍을販賣ᄒᆞ오니 僉君子ᄂᆞᆫ購覽ᄒᆞ시옴

鍾路電氣會社越邊耶蘇敎書會

元世性 李敎憲 告白

平壤太極書館은有志紳士의公益을爲ᄒᆞ야建設ᄒᆞᆫ바어니와義州昌市少年書舖와此館에支店으로新舊書籍과學校所用物品을廉價販賣ᄒᆞ오니 僉君子ᄂᆞᆫ陸續來購ᄒᆞ시옴

書舖主 朴泰燁 韓用權

本館開業以後僉君子에愛念ᄒᆞ심을厚蒙ᄒᆞ와營業이興旺ᄒᆞ오니感謝無地ᄒᆞ오며近日沐浴湯을層層擴張ᄒᆞ와夫人沐浴湯도廣設ᄒᆞ오니內外賓의枉臨ᄒᆞ심을伏望

惠泉湯 告白

本人等이壹般學界에便宜를供ᄒᆞᆫ次로資本을合同하고業務를擴張ᄒᆞ야新舊書籍과學校用品을俱備發賣ᄒᆞ오니 僉君子ᄂᆞᆫ稍稍光降ᄒᆞ심을務望홈

海州남門니四街

韓昌書舖 館主 李承駿 朴昌鉉

教育月報

壹冊定價金五錢 每月二拾五日刊

壹般同胞의男女老少有無識을勿論ᄒᆞ고各其事情과年限에拘碍되야學校에入學지못ᄒᆞᄂᆞᆫ이에게普通學術을發達키爲ᄒᆞ야各種緊要ᄒᆞᆫ學問을純國文으로簡易케繙譯ᄒᆞ야教育月報를發行ᄒᆞ오니此를逐號購覽하시ᄂᆞᆫ同胞ᄂᆞᆫ皆有識ᄒᆞᆫ學者가될터인故로本社와京鄉各書肆에서發賣홈

京城中部校洞貳拾九統四戶 教育月報社

本書館을開業ᄒᆞᆫ지未過壹年에壹般同胞게셔愛助ᄒᆞ시와益益興旺之故로本館을壹層擴張ᄒᆞ고各項新舊書籍與教育物品을多數準備ᄒᆞ야特別廉價로大發매ᄒᆞ오니四方僉君子ᄂᆞᆫ陸續來臨ᄒᆞ심을爲要홈

釜山港東關韓興書館 金汝重 權鍾律

本人의兄載璉이가本以浮浪悖類로蕩敗家產ᄒᆞ고浮遊爲事이기本人이本郡同冊只所在父親山문券과江西郡役津所在母親山文券兩度를次持深藏이러니今陰六月六日誘其子盲人禹鉉ᄒᆞ야同文券兩度를幷爲竊取逃去ᄒᆞ얏기茲以廣告ᄒᆞ오니有或欺賣之凶計라도內外國人은切勿見欺ᄒᆞ시옴

平南咸從郡南里面洪範洞居 李載琓 告白

[illegible]

定價金拾錢

을預防케하고健胃消滯ᄒᆞ야諸般滯積世傾ᄒᆞ며卒吐嘔泄瀉와赤痢白痢와胃腹痛에나 담咳白담을能治能止ᄒᆞᄂᆞᆫ靈藥이오

製造本舖 漢城鍾路慈惠大藥房

漢城鍾路慈惠大藥房
大韓東西藥業月報社製藥部

咽喉腫痛 降火水 五日分壹圓

消化告味 甘酸水 金五十錢

男女氣血 補益丸 二圓五十錢

滲潤腸丸 二十錢

淋疾祛根藥 五十錢

痢疾靈散 三十錢

清明眼藥 十五錢

養兒寶散 十五錢

甘蟲根藥 三十錢

純金鷄納丸 十錢

蠻湲虫 二十錢

芫汗臭藥 二十錢

四時感冒丸 十錢

太腫合瘡膏 十錢

消痰鎭咳藥 三十錢

漢城百應膏 十錢

陳滯消積丸 五十錢

瘡氣神效保嬰散 二十五錢

胃藥唐草材料郵便傳送

▲大韓國新發明 ▲八寶丹 九拾八粒 ▲팔보단 健胃消滯

承寧府典의正三品洪哲普閣下實驗處方과陸軍各의의學校敎官張基葳君有効証明으로此丹을見行이온바新久滯積과飮滯關格과霍亂사脹과胃腹疼痛과頑痰固飮과新久泄瀉와七情鬱結과水土不服과船車眩暈諸症에壹服見效호오니衛生君子는尤願試可호심을爲希홈

▲瘡病 ▲사향소창단 神藥 ▲麝香消瘡丹

此丹이於諸창에無論男女老少호고若服壹劑하면實有神效함이百불白中호오니非例方可及也라若論主治則楊梅下疳連珠風濕頭창諸症에俱見立效옵오니養痾君子는壹次試驗호시옵

▲婦人 ▲태양됴경환 靈藥 ▲胎養調經丸

壹個月分入 定價金五圓

大抵婦人이年過호도록不受孕者는由於有病也라君子는趁早研究호고等閑看過則非但壹個人에不幸이라抑亦國生育之理에關係가不淺也니僕이十五年을消費호야內外國高明의士에實驗方을選擇호야先自僕家로從及他人호야累試背驗에十분而治効호옴고且此약이非但受孕之神劑라治冷。治積。調血에俱有實効호옵기玆以廣佈호오니僉員은壹次試驗호시면眞價을可知이옴

약製所언川港축峴和平堂藥房

발行人　仝　리應善

右三種약은각地方이라도請求호면우편으로부치는슈도잇소

京城支店　鍾路衣廛下和平堂

代理店仁川港축峴제生堂약房

▲發賣所 京城大廣橋共和堂약房

仝 남문뇌 水標 제생支店

仝 仝 大東市支店

仝 仝 南署博文書館

仝 西口 相信號典當포

仝 飮物廛 毛衣房 리洛瑞

仝 小廣橋 毛衣房 리厚根

仝 鍾進풍 上隅 三可病院

仝 大寺동 共濟病院

○仁川港 내 開豊旅館 韓禹根

仝 읍내 金제鉉

○江華鐵路 宋順五店

○開성 남문내 朴圭烜商店

仝 남문내 리학樟商店

○水原 남문내 김제九약舖

○海州 남문내 明新冊사 리貞錫

○延安 읍내 邊汝文洋藥局

○박淵 남문내 崔在淳

仝 砂里院 耶蘇敎당 리仕善

○黃州 남문내 紅문동 리東赫

○平壤 雙巨里 韓鳳儀藥舖

仝 館前 김龍興藥舖

仝 文武洞 桂澤善약포

○鎭남浦 ... 김元섭藥포

仝 제生당出張 吳南駿

○群산港 開福洞 金斗鉉

仝 大井동 리春善약房

○禮산 동谷里 리東赫

○大邱 남문내 리明直약局

○元山港 남甲元약局

仝 제生堂支局 朴敬鎭

○尙州 서문내 박致 약局

◉會寧 鄭聖瑞약局

○釜山港 제생당出張 朴昌鎭

○安州 성내 義井동 同春大약房

○安岳邑上場 제생局 林普贊

○義州 남문外 木口街 義和약房

○載寧읍後동 洋약局 崔允國

○定州남문내 洋약局 리健柱

◉郭山읍 洋약局 羅應彬

○宜川읍 冊사 安岙

●山읍 永春堂 安灝

仁川港 和平堂 白

◉大韓國新發明神藥

◉修靈丹 주傷大滯中暑口臭 胃飮吐瀉 不價 每貼拾錢

◉至寶丸 治諸般痛 不拘久遠 俱有奇効 定價

◉靈效液 外用 芳香 治疥瘡皮膚 百發百中 定價 十錢

◉清眼水 治諸般眼疾 撥雲見天 妙定價金 錢

◉通淋丸 治男女急慢淋疾神效 無隻速效除毒 每週 五拾錢

製劑발行所 泰城南部大廣橋西邊第二家 九統七戶 共愛堂大藥房 謹白

支店 開城南門內共愛堂第壹支店 群山港 福洞共愛堂第一支店 河東郡赤良面共愛堂第三支店

代理店 皇城北部 安동 仝 鍾路 靑年會館前 仝 北部 新門外石橋 仁川축峴 濟生堂 仝 和平局

姜助遠 리春善 黃麟秀 仁濟藥房 慈惠藥房 普濟醫院

此外에도東西洋각國有名貴藥과草材藥이俱備하오니藥의多少을不拘ᄒ고請求ᄒ시면小包로仰呈ᄒ게숩

●大韓新발明製藥廣告

• 陸軍軍醫金守鉉君實驗方劑
• 陸軍軍醫張基茂君有効證明
• 四海衛生之諸君子常備之靈藥

消化新藥 清心保命丹

發行所 仁川港祖峴 濟生堂藥房

九十粒入 金拾錢

●右丹의主治効能은如左

●吐瀉 ●水土不服 ●飮咳嗽 ●暑中 ●痢 ●氣鬱腹痛 ●咽喉 ●口熱惡臭 ●食積食傷 ●其他諸般邪氣厲疫預防妙약

總發行所 京城南大門內 제生당支店 李庚鳳

●미城門문外 제生당支店 具又賢

●元山港銘石院 제生당支店 박敬鎭

代理店 京성大廣橋共愛堂

仝 鍾路 慈惠약房

●京泥峴三丁目 新井약店

仝 郵便局前 天佑堂약房

仝 남대문 博文書館 盧益亨

仝 梨峴 洋약局 리信華

仝 大安洞 仁제약房

仝 壽동 三可病院 朴喜達

●仁川축峴和平당 리應善

仝 本町 新井樂房

●海州남문내 宋在瑛

仝 仝商店 리奉植

●水原종路下약房 金제九

●延安邑내 洋약局 邊汝文

●江華종路店 尹斗鉉

●長淵 남門내 崔觀淳

●砂里院 場내客主 任九中

仝 耶蘇敎堂내 許완

●瑞興邑내 리載善

●汗浦驛 東美運送部 김奉圭

●黃州남문내 紅문동 리東혁

●安岳邑上場里 제生局 林普壯

●載寧邑後동 洋藥局 崔允國

●忠州 東良面 早逝 김鎭和

●信川邑四里 洋약局 김永植

●長連邑東里 冊肆 文爽冠

●下壞里 문동 出張人 尹寅혁

仝 雙巨里 제生局 韓鳳儀

仝 館前 衛生의院 桂澤宜

仝 文武동 제生局 金龍奧

仝 大興部 壹里 藥局 崔龍化

仝 后浦 本堂出張人 김元燮

●鎭남浦 築동 冊사 吳南駿

●安州 성내 義井동 同春大약房

●博川邑 美동商店 朴芝行

●定州 남문내 洋藥局 리健柱

●郭山邑 大街 冊사 김大鉉

●宣川邑내 冊사 安濬

●鐵山읍내 永春堂 安灝

●義州 남문外 水口街 崔錫浩

●德川읍 官洋약局 리丙斗

●群山港 開福동 김斗鉉

●大邱 남門내 剛還洞 김成浩

●發山港 東館 本町商店 리炳夏

●北靑 新昌港客主 朴錫勳

●木浦 各國居留地 松房 徐岐見

●全國내 各약店마다 隨應販賣

仁川港축峴 京성남大문내 濟生堂 白

●新發明 梅毒령약廣告 陸軍軍醫 實驗方劑

落梅丹

口疳不發 창病去之 령藥

壹劑 五百粒 定價金三圓

主治 梅毒(唐창) 新舊창 瘰癧 ●皮膚病 ●便마질 ●私病

已上病証外에男女間에不精交合호後에若疑아之端이有호야도此藥壹劑만服用호면完無後慮호고脾胃도健全호을擔保호

此外에도의療機械와精美호藥材을新備호고內外科各色疾病을誠心治療홈

皇城北部大安洞

仁濟藥房 高用진 謹白

代理店 京城鍾路 共愛堂약房　仁川港龍洞 濟生堂

國內各處藥局에서隨應販매홈

●本社廣告

◯廣告料

四號活字十三字 每日每英尺一寸에新貨普通

每日每行六錢에相當홈

二週日에 二圓五十錢

每日每行四錢 五星에相當홈

一個月에 每日每行四錢 一錢에相當홈

長期間의長短과字行의多少에依호야增減홈이有홈

Responsible for Publication Alfred Weekley Marnham.

發行兼編輯人 英國人 萬咸

發行所 南署石井洞號外地三層洋屋內 大韓每日申報社

漢城鍾路慈惠醫院診

醫學校卒業後濟衆院卒業 病人請讀

此外院에서西洋의術機械를壹新호게俱備호고藥品도精擇호고男女間病人을至誠으로診察호고藥을酬應하옵는디男病人은男子가診察호고女病人은女醫가診察호야入院호야治療홀病人은卽接으로濟衆院上等病室에病이낫도록治療호야주오며婦人病

第六卷

大韓每日申報

第八百七十四號

月曜及慶節
臨時日休刊

檀君開國四千二百四十一年
箕子元年三千三十年
大韓開國五百十七年
日本明治四十一年
淸國光緖三十四年
陰曆戊申七月大初九日壬辰

論說

◎名節書感

八月三日은卽舊曆의七月七夕이라炎熱이正伏호고積潦가新收호디暮靄에乘凉호야獨立徘徊호며玉宇를仰看호다가陶淵明詩에日月依時至、舉俗愛其名이라云호兩句를暗吟호며腦際에衝호는壹感情이忽有호도다

彼海外列强國의名節이라云호는者를觀하건대總是人事에屬호者라人民의生活은國家에繫호故로建國紀元의名節이有호며國家基礎는立憲에成호故로立憲紀念의名節이有하고歷史의光榮을垂호某月의名節도有호며全國의巨難을勘定호某日의名節도存호고又其外大宗敎家大哲學家의生日도名節을作호나其名節其慶節等屬이太半國民의紀念日이是어늘

乃者韓國에는至今四千餘年을只是循環天時만仰觀호야淸明可愛호日이며是를名節이라云호얏도다

正月拾五日에新月이初圓호야氷雪과交輝호미於是乎詩人墨客이逸興을乘호야烟景을吟弄호시壹嘉名으로此日을名하니曰上元節이오

三月三日에新燕이初至호고春光이佳麗호미於是乎佳娥才子가蘭湯에新浴호고踏靑遊를始호시壹嘉名으로此時를名호니曰上巳節이오

八月中旬에稻粱이盡熟하고擊壤歌를初訖호매於是乎鄕閭男婦가新酒를釀호야夜月의淸光을賞호시壹嘉名으로此日을名호니曰秋夕節이오

九月九日에黃菊이滿庭호고落木이飄下호시於是乎閑人韻士가悲秋의懷를不勝호야吟楓賞菊으로消日을藉호시壹嘉名으로此日을名호니曰重陽節이오

其他에淸明寒食端午除夕等도莫非右陳호名節과如히壹般尋常호天時를取호야嘉名을셕호뵈다

嗚乎라大韓民族이여聰明慧悟호貳千萬人口를擁호며饒厚肥沃호八萬二千方里地를據호야此에國家를建設호지凡四千貳百餘年에壹次國民的大事業을經營호야萬手가齊舞호며萬足이齊躍호며萬口가齊歌호며萬心이齊慶호壹大名節을創造호者가無호고但只生天을仰호야月明風淸호며鳥啼花笑호는日을指호야曰名節名節이라하니此가엇지國民의羞耻가아닌가

噫噫라瀛船鐵道에交通이新호며內治外交에政策이新호며其他法律도新호며政治도新호며學術도新호고壹切萬有界를擧호야新天地를作호今日이니勉哉어다韓國同胞여壹切新敎育에勃興호되髀肉을撫호야時候를感호며丹心을盟호야寸陰을競호라新國民의事業이旣成호야全國男女老少가愛國歌壹曲을無窮花下太平日月에共奏호야國民의新名節을作홀지어다

▲▲隆熙二年七月拾七日 官報

●法律第拾三號

民刑訴訟規則 續

第百四拾六條 被告가公訴를受호裁判所의管轄區域內에在치아니호時는裁判所는其所在地를管轄호는裁判所로審問及判決을囑託홈을得홈

第百四拾七條 外國에在호被告에對호야公訴를提起호時는京城으로써其所在地로看做홈

第百四拾八條 公訴의提起權은犯罪의終호日로부터左開期間을經過호時는時效로因호야消滅홈

壹 拘留나笞刑에該當호罪는 壹個年

貳 罰金이나禁獄이나五年以下의流刑이나役刑에該當호罪는 三個年

三 拾五年以下의流刑이나役刑에該當호罪는 五個年

四 終身의流刑이나役刑에該當호罪는 七個年

五 死刑에該當호罪는 拾個年

第百四拾九條 檢事는犯罪가有홈으로思料호時는其搜査를行홈이可홈

第百五拾條 警視警部는司法警察官이라호야檢事의指揮를受호야犯罪를搜査홈이可홈

巡査는司法警察吏라호야檢事及司法警察官의指揮를受호야犯罪搜査의補助를行홈이可홈

第百五拾壹條 司法警察官은司法警察事務에關호야檢事의命令을從홈이可홈

第百五拾貳條 告訴 告發은檢事나司法警察官의게此를行홈이可홈

告訴 告發은代人의게委任호야此를行홈이可홈

第百五拾三條 搜査에當호야는被告의訊問逮捕拿引拘留와證人의訊問拿引鑑定檢證家宅搜索及物件押收를行홈을得홈但司法警察官은檢事의許可가有치아니호면拾日以上被告를拘留홈을得지못홈

訊問檢證家宅搜索及物件押收를行호時는調書를作成홈이可홈鑑定에當호야鑑定書를徵치아니호時도亦同

第百五十四條 司法警察官이搜査를終호時는事件을管轄裁判所의檢事에게送致홈이可홈

第百五十五條 公訴의提起는書面으로써此를行홈但急速을要호時는口頭로써此를行홈을得홈

第百五拾六條 裁判所나檢事는犯罪事實을發見호기爲호야不得已호境遇에限호야死體의解剖나墳墓의發掘을命홈을得홈

第百五拾七條 裁判所는被告의拿引、拘留及證人의拿引을命호고家宅搜索을行호며或은部員의게命호야此等의處分을行케홈을得홈 未完

外報

●日本의震災 去月拾日午後四時頃에上睡壇谷郡大宮村內에서雷擊호야日人壹名이卽死호고又郡守郡에서壹名이卽死호고芳賀郡에雷擊되야家屋壹部가被燒호고其外四名의家族이氣絕호고又同郡羽村에雷擊하야女子壹名이濕縮호얏는디雷擊되야被燒된家屋이六戶오山林電柱가拾五六個라더라

●老者扶助案可決 倫敦電을據호즉英國上議院에서크롬마卿의修正호老者扶助法案을可決호얏다더라

●土國皇帝勅語 伯林電을據호즉土耳其國皇帝는昨夜深更에人民의게勅語를下호야日我子等아安靜호라汝等人民의自由를保호리라호얏다더라

●南露虎列刺發生 同電을據호즉南露아쓰트라칸에虎列刺病이發生호얏다더라

雜報

●少年壹團 尹議善吳成殷諸氏가少年同志會를發起호고三昨日下午壹時에壽동漢北學會會館內에서開會호얏는디其趣旨全文이如左호니

大抵吾儕少年의責任이可謂重且大矣로다檀箕以來四千年歷史를繼續闡揚호야永垂無疆케호며東洋半島에二千里金甌를圓滿無缺호야措諸磐泰호며二千萬兄弟姊妹의生命을扶植호야共享福樂케홀者도吾儕少年이며大同江上에乙支公의古碑를再輝케호며豆滿江邊에金節齋의遺箭을收拾호며閑山島口에李忠武의龜艦을修理호야丈夫의志事를發表호며忠義의歷史를光燿케홈도吾儕少年이며幾百年來의因循姑息의習慣을革去호야奮발勇敢의性格을養成호며頑迷固陋의腦髓를打破호야開明發達의思想을喚起호며陳腐汚穢의種類를掃除호야新鮮潔淨의材料를準備호며얼을炭葉호形勢를挽回호야完全鞏固호基礎를修築호며渙散缺烈로民族을呼召호야團結凝聚호社會를組成하며衰老腐敗호舊大韓을改良호야强壯活潑호新大韓을建設호者도吾儕少年이니肩上에擔負가果何如也오惟是吾儕가健全호精神과活潑호步趣와忍耐의心力으로學問을淬礪호며知識을開廣호며敎育及殖産等事業을逐漸擴張호야實力을培養호며元氣를蘇完케호여야此重大호擔負를可以堪承做去홀지며此方法을進行호야此事業을建立코저호면吾人社會의團合力이無호고는決無可望이니此는少年同志會의발起호所以라萬里初程에雖曰毛羽가成이나來頭進步가必達目的乃已니可不念哉며可不勉哉아

別報

◎裵說氏의公判顚末

第三日 續

此不穩호라暴動호事는日本人人(高等官以外)와彼와二萬名兵丁이激動호야起케호고今에至하야는彼ㅅ裵說시의論說發刊호小過를惡藉호야彼의非理의過를藏匿코저호는도다크도쓰시가更言호디此論說들는此國에서暴動되는事에對호야擔任이라홀슈도無호고또原因이라호것도아니어늘余의高明호親友(일컨손)는何等證據로指示치아니호고裁判官도自己前에何等證據가無호대余는裵說시와又他證據人들이皆言호기를此論說들은暴動이나紊亂을起호줄노思量치도아니호뿐아니라實暴動과紊亂을激動홈이無호니所以로余는裵說氏가無罪홈으로放送홈을要求호나이다

未完

雜報

●宮府一體 大皇帝陛下ᄭᅦ옵서 宮中府中의事務를疎通ᄒᆞ시기爲ᄒᆞ야宮內府大臣을命ᄒᆞ샤內閣大臣例에叅加ᄒᆞᆫ聖旨를 下ᄒᆞ옵셧다더라

●射會更設 永宣君李俊鎔氏와內侍諸氏들이再昨日翠雲亭에서射會를設ᄒᆞ얏ᄂᆞᆫ뎨更히陰本月拾六日에大射會를設ᄒᆞ기로酌定ᄒᆞ얏다더라

●統府例會 內閣總理大臣以下各部大臣과各次官諸氏가昨日上午拾壹時에統監府에셔火曜例會를開ᄒᆞ고緊要ᄒᆞᆫ事項을協議ᄒᆞ얏다더라

●非削不入 昌德宮에ᄂᆞᆫ勿論某人ᄒᆞ고削髮치아니ᄒᆞᆫ人은將次 闕門에出入지못ᄒᆞ게ᄒᆞᆫ다ᄂᆞᆫ巷說이有ᄒᆞ더라

●日司令部開會 昨日午後拾時로부터長谷川軍司令官以下幕僚岡崎師團長과憲兵隊長과警務局長과丸山警視總監등이軍司令部樓上에셔義兵討伐에關ᄒᆞᆫ會議를開ᄒᆞ얏ᄂᆞᆫᄃᆡ今日도繼續ᄒᆞ야開會ᄒᆞᆫ다더라

●國民禮服獻議 各紳士諸氏가國民禮服擬定會를設立ᄒᆞ고國民男女의禮服을制定하기爲ᄒᆞ야研究協議ᄒᆞᆫ다홈은累報ᄒᆞ얏거니와該會臨時會長吳世昌氏가男女의禮服壹件式을中樞院에提呈ᄒᆞ고獻議ᄒᆞ얏다ᄂᆞᆫ뎨男子의禮服은本國小禮服을模範制定ᄒᆞ얏고婦人의禮服은洋服의上衣와恰似ᄒᆞᆫ대獻議槪意를聞ᄒᆞᆫ즉製造ᄒᆞᄂᆞᆫ物品은內外國各種織物을通用케ᄒᆞᆫ다ᄂᆞᆫ대內閣에照會ᄒᆞ야從速實施케ᄒᆞ라ᄒᆞ얏다더라

●敎科檢定規則 學部에셔敎科書冊檢定規則을部令으로頒布ᄒᆞᆫ다더라

●書記試取 大審院에서書記를試取ᄒᆞᆯ터인대請願人이二拾九人이오日字ᄂᆞᆫ姑未決定ᄒᆞ얏다더라

●副敎授試取 無試驗檢定會委員들이今日上午十時에學部의會同ᄒᆞ야無試驗檢定會를設ᄒᆞ고漢文副敎授를試取ᄒᆞᆫ다더라

●典祀依免 掌禮院典祀劉光杓氏ᄂᆞᆫ辭職請願ᄒᆞ얏다더니昨日에依免이되얏다더라

●軍部移接內定 軍部를前度支部로移接ᄒᆞ기로內定이되얏다더라

●掌樂課恩金 掌禮院掌樂課에解散ᄒᆞᆫ樂工에게만恩賜金支給總額이萬餘圜假量이라더라

●驛屯土測量 平壤大邱金州等地에臨時財産整理局出張所를配置ᄒᆞ고技手를派送ᄒᆞ야驛土及宮庄의土地測量事務를實施ᄒᆞᆫ다더라

●果斷惡習 今番典膳司가丹鳳門內로移接ᄒᆞ얏ᄂᆞᆫ뎨伊日早朝에掌膳朴弘錫氏가以何意思로牛肉과麵餅을豊備히持來ᄒᆞ야稱以告祀하고禱神惡習을行ᄒᆞᆫ後에官人에게綻露될ᄭᅡ念慮ᄒᆞ야酒肉麵餅을交子床으로換置ᄒᆞ야韓日官人을接待ᄒᆞ고自己가壹卓을設ᄒᆞᆫ樣으로聲言ᄒᆞ얏다ᄒᆞ니果然인지

●演劇視察 大韓新聞社長李人稙氏가日本演劇을視察次로再昨日下午十時에發程하얏다더라

●留學渡日 陪從武官長趙東潤氏의妹氏가日本에留學ᄒᆞᆯ次로日間發程ᄒᆞᆫ다ᄂᆞᆫ뎨前主事太好常氏와伴往ᄒᆞᆫ다더라

●五十大官被捉 近日에水橋等地에寺洞等地에서賭博局을大設ᄒᆞ고所謂大官輩가逐日會集ᄒᆞ야作富作貧의指端에飜覆ᄒᆞᆫ다ᄒᆞ더니昨日에水橋洋人家에閔泳敦氏家에서賭技ᄒᆞᄂᆞᆫ某々大官四拾壹名을銅峴分署에서捕捉ᄒᆞ고三昨夜에ᄂᆞᆫ寺洞洋人家前閔泳迪氏家에서賭技ᄒᆞᄂᆞᆫ某々大官八名을中部에서逮捕ᄒᆞ야方今審查中이라더라

●閔氏放免 前叅判閔京鎬氏가監獄署에多日滯囚ᄒᆞ더니無事妥帖ᄒᆞ고日間放免이된다더라

●日人行悖 泥峴居留日人八田武之星野九郎四郎兩人이昨日上午二時에南部茶洞酒商白泰植家에來到ᄒᆞ야賣淫女山玉과合手飮酒ᄒᆞ고迭宕遊戱ᄒᆞᆫ後酒價를會計ᄒᆞᆫ즉壹圜에至하얏ᄂᆞᆫ대日人等이出給지아니ᄒᆞ고五拾錢만出給ᄒᆞ깃다고無數詰難ᄒᆞᆯ際에該地派出所巡査黃顯順氏가來到取調ᄒᆞᆫ즉該日人等이言ᄒᆞ되吾等은日本東京時事新聞社派遣員이라自稱ᄒᆞ며毆打黃씨ᄒᆞᆯ際에銅峴分署監督巡査가適其時過去ᄒᆞ다가該日人等을壹並捉去ᄒᆞ얏다더라

●醉漢被捉 再昨日下午에校洞等地에何許人二名이壹進會員貌樣으로身着周衣ᄒᆞ고頭戴麥藁子ᄒᆞ고醉酒惹鬧ᄒᆞᄂᆞᆫ지라當地派出所巡査가該酗酒壹人을捕縛ᄒᆞ라ᄒᆞᆫ뎌該人이惹鬧益甚ᄒᆞᆯ際에中署警部某氏가適爲過去ᄒᆞ다가該人을指示曰此是賊漢이라業欲詷捉이已久矣라ᄒᆞ고緊々結縛ᄒᆞ야中部警察署로押去ᄒᆞ얏다더라

●打妻被捉 南部竹동方得復씨家廊下人柳德三에妻가曲橋居李致淳과通奸이有ᄒᆞᆫ樣으로疑嫌ᄒᆞ고再昨夜에其妻를無數亂打ᄒᆞᄂᆞᆫ故로該地派出所巡査가柳德三을捕去ᄒᆞ야銅峴分署로越送ᄒᆞ얏다더라

●背夫被捉 淸州石橋里居金潤石氏의妻康姓女를隣洞李鎬喆이가南部冷井동朴直閑家에匿留ᄒᆞ얏스니推覓ᄒᆞ야달나고南部警署에呼訴ᄒᆞ얏ᄂᆞᆫ대該署에서巡査를派送ᄒᆞ얏더니李鎬喆은機逃避홈으로但康姓女만捉囚ᄒᆞ얏다더라

●李氏寄付 驪頭郡東貳道松山居李振衡氏가靑年敎育에熱心ᄒᆞ야該面에學校를設立ᄒᆞ고千餘金價値되ᄂᆞᆫ家屋을寄付하얏ᄂᆞᆫ뎨壹郡民會에서贊頌不已ᄒᆞᆫ다더라

●農會夜學試驗 金海郡桃花동農務會에서農夫를敎育하기爲하야夜學校를設立ᄒᆞ고科程은國漢文歷史算術體操요敎師李允宰씨가名譽로敎授ᄒᆞᆫ지四五朔에學員이六十餘名에達ᄒᆞᆫ지라晝以耕ᄒᆞ고夜以學ᄒᆞ며去月三十日에第壹回試驗을經ᄒᆞ얏ᄂᆞᆫ뎨甲班優等生에韓殷錫金柱等二人이요及第生은鄭敬九趙卜東等四人이요乙班優等生은鄭明讚金德春等二人이요及第生은리聖德리光과等四人이오丙班優等生은裵海中金富光等二人이요及第生은李三明리盛完等七人이라더라

●李氏慈善 豊德居宋致元시가壬寅年分에六拾三歲老母와京城에同伴到來ᄒᆞ야擔負之力으로老母를奉養ᄒᆞ다가去六月初二日의母喪을遭ᄒᆞ얏ᄂᆞᆫ대鄕都事李承殷시가見其慘狀ᄒᆞ고紙貨六圜을助給ᄒᆞ얏다더라

●兩夫人의開明 熊川郡加德面私立加壹學校에서校舍를新築ᄒᆞ고陰六月二拾日에落成式을擧行ᄒᆞᆯᄉᆡ開校式을兼ᄒᆞ얏ᄂᆞᆫ뎌當日에義捐ᄒᆞᆫ額이八百餘圓에至ᄒᆞ얏ᄂᆞᆫᄃᆡ就中에梁在과의大夫人裵氏ᄂᆞᆫ靑年寡居로勤謹支過ᄒᆞ더니該校의設立홈을聞ᄒᆞ고義金二百圜을出捐ᄒᆞ고生徒數百名을三[illegible]支供ᄒᆞ얏스며朴남壕시의大夫人趙氏도亦以靑孀으로該校에觀光ᄒᆞ다가激切ᄒᆞᆫ言辭로壹場演說ᄒᆞᆫ後에金二拾圜을出捐ᄒᆞ고其子南壕시로卽爲入學케ᄒᆞ얏다니此兩夫人은果眞開明ᄒᆞ얏다고人皆稱頌ᄒᆞᆫ다더라

●明新校試驗 梁山郡通度寺明新學校에셔放學試驗을經ᄒᆞ얏ᄂᆞᆫ대甲班優等은金종섭金軫瑀等三人이오乙班優등은金喆宇申錫祚等이오丙班優等은洪其讃金聖玉等諸人인대任員諸氏와敎師徐海蠶시가賞品을優數施給ᄒᆞ얏다더라

●岐山校試驗 德山郡岐山學校ᄂᆞᆫ該郡紳士李智憲리敏과諸氏가英俊을敎育ᄒᆞ기爲ᄒᆞ야本年春의設立ᄒᆞᆫ後該郡守徐丙韶시와敎師韓準敎李啓榮諸시가誠心敎育ᄒᆞ야學徒가七拾餘名의達ᄒᆞᆫ지라今番夏期試驗을經ᄒᆞ얏ᄂᆞᆫ대甲班優等은리啓升리啓鳳等五人이오乙班優等은리啓聲박顯奎等五人이오丙班優等은李啓祐리聖萬等四人인대리啓舜시ᄂᆞᆫ該校生徒等의熱心做工홈을贊揚ᄒᆞ고鉛筆紙板等으로褒賞ᄒᆞ얏다더라

●彦校興旺 廣州郡彦州面廉谷廣彦學校ᄂᆞᆫ曹翰承李秉鵠諸시가各出捐助ᄒᆞ야去五月分에設立ᄒᆞ고晝夜學徒九拾餘名을熱心敎導하ᄂᆞᆫ뎨財政이不敷ᄒᆞ기로該校諸시가維持方針을研究ᄒᆞ며近洞人民에게文明進步와義務目的을說明ᄒᆞ야熱心誠力홈으로人心이感悅輻湊ᄒᆞ야財政이漸敷ᄒᆞᆫ故로該校의興旺前進홈이可大有望ᄒᆞ다더라

●光校蔚興 全羅남道珍島郡光新學校ᄂᆞᆫ設立ᄒᆞᆫ지八九年에財政이窘拙ᄒᆞ고學科도未備ᄒᆞ더니今年春에該郡守徐丙澗시와校監朴晋遠씨와總務金相大氏가壹心協議하고熱心興學ᄒᆞ야賢明ᄒᆞᆫ敎師를延聘ᄒᆞ고校舍를壹新建築ᄒᆞ얏니郡內人士가翕然相應ᄒᆞ야捐助ᄒᆞᆫ金이千餘圓에至ᄒᆞ고學徒가百餘人에至ᄒᆞ야蔚然興起홈을莫不讚頌ᄒᆞᆫ다더라

●咸荷義捐

熊川郡加德面私立加壹學校에서金壹圜을本社에出捐ᄒᆞ얏기感謝ᄒᆞᆫ情을表ᄒᆞ노라

▲地方消息▼

▲去月貳拾九日陜川郡四方約四里竹田里附近에서義兵拾八名이同郡守備隊上等兵以下八名과憲兵三名과交戰ᄒᆞ얏다하고

▲去月二拾九日淳昌郡에서義兵二拾名이光州郡守備隊와交戰ᄒᆞ얏ᄂᆞᆫ대日兵壹名이負傷ᄒᆞ얏다더라

▲去月二拾二日鎭安附近에서義兵三拾名이全州郡日分遣隊와交戰ᄒᆞ얏다더라

▲紗窓花淚▼

▲微月紗窓寶花室에幾個藝妓相逢ᄒᆞ야握手랑々酬酌ᄒᆞᆯ제來頭事를言念ᄒᆞ다가滿面紅淚難禁ᄒᆞ야身勢自歎ᄒᆞᄂᆞᆫ말이

▲우리爺孃弄瓦ᄒᆞᆯ제不寵生男重生女라千金不換此壹身이무合[illegible]涯[illegible]와涯ᄒᆞᆫ단말가落溷花가되얏스니애고애고내八字야

▲東顧西笑百媚態ᄂᆞᆫ眞心엇지樂爲ᄒᆞᆯᄭᅡ生面々知蕩子輩ᄂᆞᆫ登見ᄒᆞ면失魂ᄒᆞ야殘錢兩ᄭᅡ지蕩盡ᄒᆞ니人々마다郞君이라애고애고내八字야

▲無病人을有病타고醫士의게檢査ᄒᆞᆯ제戰慄症이절노ᄂᆞᆫ다生前羞恥當ᄒᆞᆫ놈에向人擡顏엇지ᄒᆞ나雪恥ᄒᆞᆯ곳저허업다애고애고내八字야

▲宴會席에往叅ᄒᆞ면官妓의게壓制바다不得自由이行動이奴隷와無異로다同是娼女名色으로等分何其逈殊ᄒᆞᆫ가애고애고내八字야

▲向日隣社演奏會ᄂᆞᆫ孤兒院에捐助로다孤兒情况生覺ᄒᆞ니無他兄弟依托ᄒᆞ야내身世와比較ᄒᆞ니慈善心이忽發일세애고애고내八字야

▲龍山江上演戱場에壹分貳分聚斂하야父母奉養ᄒᆞᆫ잔말가家産補用ᄒᆞᆫ잔말가恨唱歌曲모혼財物娛夫돈일ᄒᆞᄂᆞᆫ고나애고애고내八字야

▲靑春時節幾何런고花柳場에度ᄂᆞ라기石火光陰壹瞬間에滿頭白髮星々ᄒᆞᆯ제膝下無壹彩服ᄒᆞ면有誰依賴居生ᄒᆞᆯᄭᅡ애고애고내八字야

▲遍身錦繡燦爛ᄒᆞ나外面粧飾뿐이로다隨得隨用이生活은壹分餘存업셧스니家徒四壁蕭然ᄒᆞ야後日經營全沒일세애고애고내八字야

▲女子敎育漸就ᄒᆞ니學校에나入叅ᄒᆞ야開明事爲ᄒᆞ랴ᄒᆞ나左右ᄭᅥᆫ달沮戱ᄒᆞᆯ제百方으로挽止ᄒᆞ니誤人壹生이아닌가애고애고내八字야

雜報

●隨聞更揭　成川郡守朴容觀씨가永柔郡守在任時臟錢이有ᄒᆞᆷ으로將次免官ᄒᆞᆫ다고本報에隨聞揭載ᄒᆞ얏더니更聞ᄒᆞᆫ즉傳之者誤라더라

廣告

禮安居金進銖名進字以永字改定ᄒᆞ오니知舊間照亮ᄒᆞ심을爲要

四　金永銖　告白

特別廣告

本人의姓名圖章國漢文과英文으로刻ᄒᆞᆫ者들셔失ᄒᆞ얏ᄉᆞ오니內外國人은照亮ᄒᆞ시옵

孫秉熙　告白　三

順川郡守李興雨氏ᄂᆞᆫ愛民如子ᄒᆞ고居官如家라學校設立을毫有不完之慮ᄒᆞ야每當月終에試驗進級은自辦厚賞ᄒᆞ야培養士氣ᄒᆞ니學校가確張ᄒᆞ고生徒進就라是誰之功고職由於本郡守誘掖勸勉之德也라其在感義에不可泯默ᄒᆞ야玆以廣布ᄒᆞ오니僉君子ᄂᆞᆫ咸須知悉ᄒᆞ시옵

順川郡順成學校任員金東欽　車喆洙　趙益燦　郭廷과　金薰錫　외學　告白　三

學生募集廣告

本靑山學校에셔(陽八月拾壹日陰七月拾五日)開學ᄒᆞ오니志願人은速히入學請願書를呈ᄒᆞ시옵

隆熙貳年　陽八月壹日　陰七月五日

平壤上水口外靑山學校　白　入

每日新聞第八百五拾五號를見ᄒᆞᆫ즉平壤楊東倫씨가廣告ᄒᆞ기를與鄭基煥씨와債訟으로由ᄒᆞ야耶蘇敎兩國牧師前에셔裁判ᄒᆞ여得勝ᄒᆞ엿다ᄒᆞᆫ言은實노황당인거ᄉᆞᆫ當初에敎會裁判이란거ᄉᆞᆫ敎人ᄭᆡ리ᄒᆞᄂᆞᆫ거선대向者에長老敎々人洪永承이가揚東倫이負債事로鄭基煥氏와裁判ᄒᆞ야其時裁判에鄭基煥氏得勝ᄒᆞᆫ事가分明ᄒᆞ고楊東倫씨ᄂᆞᆫ耶蘇敎會人이아닌대엇지敎會前에蘇裁判ᄒᆞᆯ理致가有ᄒᆞ리요兩國牧師前에셔裁判하야양東倫氏를勝ᄒᆞ엿다ᄒᆞᄂᆞᆫ거ᄉᆞᆫ황言이오니僉君子ᄂᆞᆫ照亮ᄒᆞ옵

韓國牧師　吉善宙　美國牧師　馬布三悅　三

靈川學契　告白

本月今日(水曜)下午貳時에水標橋摠事務所로宗會를開ᄒᆞ오니惟我申在京ᄒᆞ신僉位ᄂᆞᆫ壹齊來臨ᄒᆞ심을千萬敬要　三

皇城鍾路基督教靑年會學館

○本학館에셔第三回學員을募集ᄒᆞ오니志願人은八月三拾日之內로請願書를提呈ᄒᆞᆷ(請願用紙ᄂᆞᆫ本館에請求ᄒᆞᆷ)

(晝學課程)

(壹年級)東國歷史。大韓地誌。算術。圖畫。博物。聖經。日英語隨意

(二年級)萬國歷史。萬國地誌。算術。生理。中등物理。聖經。語學(日英語隨意)

(三年級)物理。化학。經濟代數。生理。幾何。聖經。語학(日英語隨意)

英語課・日語課　科程은先日語로各히專修케ᄒᆞᆷ

木工課　(夜學科程)　工業圖畫。算術。理論木工

日語課・英語課・簿記課　以上三課ᄂᆞᆫ各히專修課로ᄒᆞ되入學細則은本校에來問ᄒᆞᆷ事

入學試驗　科目國漢文讀書作文　但各課補缺生은各次班課程으로시驗ᄒᆞᆷ

試驗日子　九月壹二兩日陰八月初六初七日上午九時

開學日字九月三日

●以上各課中晝ᄒᆞᆫ語학課ᄂᆞᆫ補缺生만募集ᄒᆞᆷ

●夜學各課壹年級은학員이貳十名이未滿ᄒᆞᆫ時ᄂᆞᆫ該班을不設ᄒᆞᆷ

本人이東署孫哥場里所在艸家第三統七戶板刻文劵을不知中에失故로更히請願出劵次로玆에廣告ᄒᆞ오니誰某拾得ᄒᆞ야도休紙施行ᄒᆞ옵고且日後現出ᄒᆞ야도無效로論ᄒᆞᆷ

東署孫哥場里第三統七戶　王得成　告白　三

本人의姓名圖章을陰曆十月五日에遺失ᄒᆞ얏ᄉᆞ니何人이拾得하더리도七月五日以後에ᄂᆞᆫ此圖章은勿施이오니內外僉君子ᄂᆞᆫ照亮ᄒᆞᆷ

慶北金山郡ᄯᅡ泉市朴春明告白　四

學徒募集廣告

本學校에셔第壹學年級生徒를募集ᄒᆞ오니志願者ᄂᆞᆫ八月貳拾七日內로本校에入학請願書를呈出事　入學試驗日은八月三十日上午九時

試驗科目　讀書。作文。算術初步。身體檢査

但年齡은自十五歲至二拾五歲　入

漢城私立普成中學校

本號에셔安洞啓昌號處丁未十二月二十七日五百圓推尋標壹張을서失故以廣告內外國人誰某拾得休紙施行ᄒᆞᆷ

小龍동華商洪順福　告白　三

告白

五部니典舖에셔典當規則을不遵ᄒᆞ야營業上妨害가不尠ᄒᆞᆫ所由로本總會의셔각典舖規則을實施ᄒᆞ기爲ᄒᆞ야總會를니ᄒᆞ고從今以後로ᄂᆞᆫ典執放限等事를壹遵規則ᄒᆞ기로決定ᄒᆞ얏기玆의廣告ᄒᆞ오니典執ᄒᆞ신僉君子ᄂᆞᆫ照亮注意ᄒᆞ시옵　入

中部給동十統五戶

漢城典舖總會　告白

各地方各種學校教師紹介所를本會內에設置ᄒᆞ오니普通學其他各種技術語學敎育에敎授ᄒᆞᆯ志願人은校洞本會館으로來議ᄒᆞ시옵　入

畿湖興學會　告白

黃海道鳳山邑居金桂鳳金致璜兩人은業是富民으로常有無厭之慾ᄒᆞ야덕泉坊所在京居東平尉宅畓二百八拾石永稅畓를拾壹萬兩에買得ᄒᆞ여가지고日人을挾同村閭ᄒᆞ야累百永稅畓을卒地에稅納을作人處에比前三倍를加ᄒᆞ야定ᄒᆞ라ᄒᆞ니열언허무ᄒᆞᆫ소문이어ᄃᆡ잇ᄉᆞ며그러ᄒᆞ고볼지경이면數百名人口가그抑勒에離散之境이오니이런무법ᄒᆞᆫ디가어ᄃᆡ잇ᄉᆞ오며至今此兩金哥가支定數爻를늘여가지고他國人의게拾七萬八千兩에移賣ᄒᆞᆯ次로欲捧勒票故로本官에呈訴ᄒᆞᆫ즉兩金哥有權之致로未決되여本人等이裁判次上京ᄒᆞ야玆以廣告ᄒᆞᆷ

作人金龍奎　具然鎭等　白　四

八月五日　開業　石版印刷

獎堂에셔石版　寫眞版　寫眞銅版　電氣銅版등印刷와鉛版　木版　銅版等彫刻을開業ᄒᆞ옵고左記ᄒᆞᆫ課目대로指奐히印刷ᄒᆞ오니　僉君子ᄂᆞᆫ來臨相議ᄒᆞ심을敬要

●商標　地圖　株券　書冊　挿畵　卒業証書　藥封紙　冊衣　각色彩畵　古畵模寫　寫眞業에　寫眞帖等其他種々應用美術印刷　入

京城中部鐵物橋大路北변五拾二統六戶

文雅堂印刷所

本院에셔我國女人中看護婦見習生을募集ᄒᆞ니希望하ᄂᆞᆫ者ᄂᆞᆫ本院에從速來議ᄒᆞᆯ事

東署ㅁ統內　大韓醫院　四

本書林의新舊書籍과학徒의各項需用書籍이俱備ᄒᆞ오니　僉彦은來購하시옵　四

海州남門니首陽書林　書林主李奉楷　主任姜命欽

本館에셔新舊書籍과學徒의所用諸般物品을具備販賣ᄒᆞ오니　僉君子ᄂᆞᆫ來購하시옵

平壤鍾路太極書館

館主　李昇薰

主任　安泰國

事務　李德煥

本書會에셔各種敎科書와新書籍을發賣ᄒᆞ오니　僉君子ᄂᆞᆫ購覽ᄒᆞ시옵　五

鍾路電氣會社越邊耶蘇敎書會

元世性　李敎憲告白

本館開業以後僉君子에愛念ᄒᆞ심을厚蒙ᄒᆞ와營業이興旺ᄒᆞ오니感謝無地ᄒᆞ오며近日沐浴湯을新層擴張ᄒᆞ와夫人沐浴湯도廣設ᄒᆞ얏ᄉᆞ오니內外賓客枉臨ᄒᆞ심을伏望　五

惠泉湯　告白

本人等이壹般학界에便宜를供ᄒᆞᆯ次로資本을合同ᄒᆞ고業務를擴張ᄒᆞ야新舊書籍과學校用品을俱備發賣ᄒᆞ오니　僉君子ᄂᆞᆫ稍稍光降ᄒᆞ심을務望ᄒᆞᆷ　入

海州남門니四街

韓昌書館主　李承駿　朴昌鎭

教育月報

壹冊定價拾五錢　每月二拾五日刊

壹般同胞의男女老少有無識을勿論ᄒᆞ고各其事情과年限에拘碍되야學校에入學지못ᄒᆞᄂᆞᆫ이에게普通學術을發達키爲ᄒᆞ야各種緊要ᄒᆞᆫ學問을純國文으로簡易케繙譯ᄒᆞ야敎育月報를發行ᄒᆞ오니此를逐號購覽ᄒᆞ시ᄂᆞᆫ同胞ᄂᆞᆫ皆有識ᄒᆞᆫ學者가될터인故로本社와京鄕各書肆에셔發賣ᄒᆞᆷ　入

京城中部校洞貳拾九統四戶　教育月報社

本書館을開業ᄒᆞᆫ지未過壹年에壹般同胞게셔愛助ᄒᆞ시와益益興旺之故로本館을壹層擴張ᄒᆞ고各項新舊書籍與教育物品을多數準備ᄒᆞ야特別廉價로大發賣ᄒᆞ오니四方　僉君子ᄂᆞᆫ陸續來臨ᄒᆞ심을爲要ᄒᆞᆷ　入

釜山港東關韓興書館

金汝重　權鳳律

平壤太極書館은有志紳士의公益을爲ᄒᆞ야建設ᄒᆞᆫ바어니와義州營市少年書舖ᄂᆞᆫ此館에支店으로新舊書籍과各學校所用物品을廉價應賣ᄒᆞ오니　僉君子ᄂᆞᆫ陸續來購ᄒᆞ시옵　入

書舖主　朴奉燁　韓用權

本人의家劵壹張을京南署水下洞朴性德氏의게典執ᄒᆞ얏더니ᄒᆡ씨家屋燒火時에右草家拾二間板刻壹張을燒火ᄒᆞ얏기로玆에廣告하오니知舊間照亮ᄒᆞᆷ　三

西署蠶里下契畓中洞四拾四統二戶　黃義成　告白

本店에夏節양服件이英京倫敦에셔新着ᄒᆞ얏기로玆에廣佈ᄒᆞ오니　僉君子ᄂᆞᆫ光顧購買ᄒᆞ심을懇望ᄒᆞᆷ　入

貞동華商源泰號　洋服裁縫店　謹白

[illegible]

發行兼編輯人　박慈惠　李觀化

定價金拾錢

[illegible]을預防케하고健胃消滯를야諸般滯積을順下ᄒᆞ며卒地吐瀉泄瀉와赤痢白痢은胃腹刺痛과경核白담ᄒᆞ能治能止ᄒᆞᄂᆞᆫ一靈藥이오

製造本舖　漢城鍾路慈惠大藥房

[illegible]

●本社廣告

○廣告料

國漢文活字十三行每日每行大尺一寸에新貨 五圜

(每日每行大定에相當ᄒᆞᆷ)

二週日에 每日每行四錢五里에相當ᄒᆞᆷ 二圜五十錢

一個月에 每日每行四錢一厘에相當ᄒᆞᆷ 五圜

其期限의長短과字行의多寡를依ᄒᆞ야增減ᄒᆞᆷ이有ᄒᆞᆷ

Responsible for Publication Alfred Weekley Marnham.

發行兼編輯人英國人 萬咸

發行所 南署石井洞號外地三層洋屋 大韓每日申報社

第六卷

大韓每日申報

第八百七拾五號

月曆及慶節 歲時日休刊

檀君開國四千二百四十一年
箕子元年三千三十年
大韓開國五百十七年
日本明治四十一年
淸國光緖三十四年
陰曆戊申七月大初十日癸巳

寄書

●警告家族學會

朴문欽

家族學會도亦是教育에大影響이有ᄒᆞᆫ者니吾人이謳歌ᄒᆞ며讚美ᄒᆞᄂᆞᆫ바라今에此朴문欽氏의此論을吾人이엇지贊成ᄒᆞ리오만은詩云他山之石이可以攻玉이라ᄒᆞ니今此文이비록家族教育을反對홈이나抑亦家族教育主張者의他山石이될듯홈으로此에特揭ᄒᆞ고更히 按語를畧揭 ᄒᆞ노라

吾人은年運知命ᄒᆞ고學無壹成ᄒᆞ야遐士鄙鄕에晨空壹埃와如ᄒᆞᆫ國民壹分子로미양漆室에憂를懷하고精衞에力을效코ᄌᆞᄒᆞᄂᆞ니教育壹欸에尤多注意홈으로新聞上의某學校가成立되엿다ᄒᆞ면心香으로祝ᄒᆞ며某학生이卒業ᄒᆞ엿다ᄒᆞ면自成으로知ᄒᆞ야教育發達되기만大旱雲霓又치深祝切望ᄒᆞ엿더니夫何近日教育界에一大缺点이生ᄒᆞ엿도다申氏門학會와李氏家族學校와某々大姓學校가成立된줄로新聞에揭載하엿스니家族을敦睦ᄒᆞ며門徒를教育홈도非不樂事라詩曰兄弟既翕ᄒᆞ야和樂且湛이라ᄒᆞ며大學에曰修身齊家治國平天下라ᄒᆞ며周公이曰親々而賢々이라ᄒᆞ며孟子曰幼吾幼ᄒᆞ야以及人之幼라ᄒᆞ셧스니家族을敦睦ᄒᆞ이固當汲々先務로認知ᄒᆞᆯ지나此特閉門自守ᄒᆞ야晏然自在ᄒᆞᄂᆞᆫ規모어니와現今萬國이交通ᄒᆞ야大競爭大舞臺에優勝劣敗ᄒᆞᄂᆞᆫ時代라我大韓國이壹家오國民은皆兄弟니豈可孰先孰後에教育을定ᄒᆞ며火를救ᄒᆞᄂᆞᆫ家에不分內外ᄒᆞ고只以撲火爲急이니我에炭燹홈이火家와如ᄒᆞᆫ者라親疎를不分홈이可ᄒᆞ고風을替ᄒᆞᆫ舟에不問爾我ᄒᆞ고盡是挖爲重이니我의迫急홈이風舟와同ᄒᆞ야不論遠近홈이宜ᄒᆞ고且以家族으로論ᄒᆞ여도雖曰大姓이나二千萬戶에不過요其中呼兄呼叔ᄒᆞ야相守族誼者ᄂᆞᆫ三四從幾 家에不過ᄒᆞᆯ거시오以外ᄂᆞᆫ雖有同姓百代의親이나路人何有리오乃其四五十家小部分으로專力ᄒᆞ야二千萬大部分에教育을在後勿問홈은誠非普施救急ᄒᆞᄂᆞᆫ方針이니人々이皆特保家主義ᄒᆞ야不問公同教育이면孤族遺兒ᄂᆞᆫ其孰教홀이며家族에散居홈은自然ᄒᆞᆫ勢라散在各地ᄒᆞᆫ族屬을些少ᄒᆞᆫ門物로方畧周施ᄒᆞ야도勢不久遠이오ᄒᆞᆫ又國民團體에秩序만紊亂ᄒᆞᆯ지라

大抵社會를組織ᄒᆞᄂᆞᆫ趣旨ᄂᆞᆫ政府ᄂᆞᆫ木에根本과如ᄒᆞ고社會ᄂᆞᆫ幹梢와同ᄒᆞ고國民은枝葉과如ᄒᆞ야항상公共에利益과公共에法律을守ᄒᆞ고國家의宗全團合ᄒᆞᆫ大團躰을建立ᄒᆞᆫ然後에야外國에呑噬蹂躪을排却ᄒᆞᆯ지어날今에家族的에社會가成立ᄒᆞ야私益을專力하며私利을是求ᄒᆞ야所營이自家事오所知가自巳身으로營々渴求ᄒᆞ며區々出謀하면엇지公眼公筆에唾罵을免ᄒᆞ리오昔에孔子ᄂᆞᆫ三家에僭私를痛惜하시고漢帝ᄂᆞᆫ田분의請田홈을論斥ᄒᆞ얏시니誠爲彼輩寒心ᄒᆞ며誠爲此人矜悶이로다

彼曰夫如是타야教育이易行이라ᄒᆞ며自親而始ᄂᆞᆫ理에常이라ᄒᆞ며如何ᄒᆞᆫ教育이던지教育은壹例라ᄒᆞ야悠々然不知將啟ᄒᆞᆯ더이나教育壹事가目今吾人에生路오國權을恢復ᄒᆞᆯ機關이어날豈可如是忽諸說道리오教區를劃定ᄒᆞ야海外各國에所行學制을採用홈이可合ᄒᆞᆯ듯하고文明의三利器로爲重홈이妥當ᄒᆞ거ᄂᆞᆯ如此循私設教ᄒᆞᆫ下에教育을受ᄒᆞ면閔忠正公金奉學의忠節性質이有ᄒᆞᆯ지라도祖國精神이從何發生ᄒᆞ리오

嗚乎家族社會에人民은吾人의言을狂吠乱脅에歸치말고加壹層研究하여보시오今에壹獸團이有ᄒᆞᆫ데猛獸踞後ᄒᆞ야呑食이어날只以同類已維만顧護保養하다가同團諸獸가盡爲所呑ᄒᆞ면其可獨存이며背公循私를寧忍做去오今此문淚忠告ᄂᆞᆫ正是火烈崑崗에玉石俱焚之歎을不堪홈이니急々回心改路ᄒᆞ야公益을主ᄒᆞ고私益을抛ᄒᆞ며巳子人子를勿爲較計ᄒᆞ고幷히教導홈을雙手顒祝ᄒᆞ며壹心企望ᄒᆞ노라

記者曰嗚乎라今日韓國同胞의所遭가果然如何悲慘ᄒᆞᆫ時代인가此時를當ᄒᆞ야是檀君子孫이어던休戚을與同ᄒᆞᆯ지니奚暇에親疎를問ᄒᆞ며是朝鮮民族 어던生死를與俱ᄒᆞᆯ지니奚暇에遠近을論ᄒᆞ리오만은

雖然이나西儒의云ᄒᆞᆫ바國民의心理ᄂᆞᆫ何時를當ᄒᆞ던지何地에在ᄒᆞ던지同壹ᄒᆞᆫ形式으로演出ᄒᆞᆫ다홈이眞是鐵案不易의格言이라故로大則畿湖西北等학會가分立ᄒᆞ니此ᄂᆞᆫ地方風氣의互殊ᄒᆞᆫ結果오小則申氏李氏學契가競出ᄒᆞ니此ᄂᆞᆫ家族觀念이結積ᄒᆞᆫ餘習이니엇지國民團力이已成ᄒᆞᆫ民族으로야此가有ᄒᆞ리오

嗚乎라此時代를當ᄒᆞ야家族觀念을腦에劃ᄒᆞ며地方主義를肚에着ᄒᆞ야國民資格을養成치못ᄒᆞ면엇지此競爭界에立ᄒᆞ리오

曰然則自今日爲始ᄒᆞ야法學會史학會등의學術類派ᄂᆞᆫ有ᄒᆞᆯ지언뎡某道學會等名은無ᄒᆞ며大學校小學校等의學力區別은有ᄒᆞᆯ지언뎡某族學校等號ᄂᆞᆫ無ᄒᆞ여야可ᄒᆞᆯ가

曰不可ᄒᆞ다語에云因其勢而利導之라ᄒᆞ니家族的觀念이有ᄒᆞᆫ人民이家族的團結로教育을興ᄒᆞ며地方的觀念이有ᄒᆞᆫ人民이地方的團結로教育을興홈이事半功倍가될지니過渡時代의不得已ᄒᆞᆫ方便法門을亦何可廢리오

雖然이나家族的地方的으로團結된中에國家的觀念이須徹ᄒᆞ기易ᄒᆞ니此ᄂᆞᆫ未嘗諸公의遵々三思ᄒᆞ고拳々勉勵ᄒᆞᆯ者인져

所以로此寄書를揭ᄒᆞ야諸君子의壹覽에供ᄒᆞ노라

▲▲隆熙二年 七月拾七日 官報

●法律第拾三号

民刑訴訟規則 續

第百五拾八條 拿引이나拘留를命홈에ᄂᆞᆫ令狀을發홈이可홈令狀에ᄂᆞᆫ事件及令狀을受ᄒᆞᆫ者의表示、命令事項幷年月日을記載ᄒᆞ고令狀을發ᄒᆞᆫᄂᆞᆫ官吏가署名捺印홈이可홈

第百五拾九條 令狀은巡査가此를執行홈

令狀을執行ᄒᆞᆫ時ᄂᆞᆫ巡査ᄂᆞᆫ其令狀에執行ᄒᆞᆫ日時及處所를記入ᄒᆞ고署名捺印ᄒᆞ야此를발ᄒᆞᆫ官吏에게提出홈이可홈

第百六拾條 裁判所나檢事ᄂᆞᆫ保證을立케하거나立케아니ᄒᆞ고拘留를受ᄒᆞᆫ被告의假釋을命홈을得홈

第百六拾壹條 假釋된被告가逃亡하거나無故히呼出에應치아니ᄒᆞᆫ時ᄂᆞᆫ假釋의命令을繳消ᄒᆞ고且保證金을沒收홈을得홈

第百六十二條 審問에ᄂᆞᆫ被告ᄂᆞᆫ辯護士나其他人을辯護人으로用홈을得홈但辯護士아닌者를辯護人으로홀時ᄂᆞᆫ裁判所의許可를受홈이可홈

第百六拾三條 控訴及上告ᄂᆞᆫ其判決이有ᄒᆞ기前에ᄂᆞᆫ此를取下홈을得홈

第百六拾四條 刑은確定判決에基ᄒᆞ야此를執行홈但死刑은法部大臣의命令이有치아니ᄒᆞ면此를執行홈을得지못홈

未完

外報

●廣東暴風損害 廣東及同地附近에서去月二拾七日午前에忽地에暴風이起하야水陸에多大ᄒᆞᆫ損害를被ᄒᆞᆫ지라水上에서ᄂᆞᆫ廣東港內에만淸船五百餘隻이沈沒ᄒᆞᆫ바此內에大豆、落花生、菖莛及各種油類를貯藏ᄒᆞᆫ倉船의沈沒된船隻이多하고太油及落花生油의流失된것이八千箱(壹箱價值二十兩)이라云ᄒᆞ고又陸地에서ᄂᆞᆫ穀物의損害ᄂᆞᆫ少ᄒᆞ고果實類의損害가甚多ᄒᆞᆫ대就中龍眼肉、梨蜜柑類ᄂᆞᆫ七分以上의減作되고小蒸氣船拾餘隻이沈沒되엿다더라

●駐淸獨營燒失 東京電을據ᄒᆞᆫ즉北京에駐在ᄒᆞᆫ德國兵營이燒失ᄒᆞ야少佐以下拾名이被死ᄒᆞ고其他武官名이負傷ᄒᆞ얏다더라

●波斯戰鬪再起 同電을據ᄒᆞᆫ즉波斯國에서ᄂᆞᆫ戰鬪가再次起ᄒᆞ얏다ᄂᆞᆫ報가有ᄒᆞ다ᄒᆞ얏더라

●湖廣總督褒勳 北京電을據ᄒᆞᆫ즉張之洞씨가湖廣總督으로在任時에日本川崎造艦所에砲艦六隻과水雷艇四隻을注文ᄒᆞ얏더니今番에湖廣總督陳夔龍氏가該軍艦을領受ᄒᆞ얏ᄂᆞᆫ데其維支經費ᄂᆞᆫ塩稅를增加ᄒᆞ야補用ᄒᆞ기로ᄒᆞ고上奏ᄒᆞ야勅許를蒙ᄒᆞ얏다더라

雜報

●公函女會 紳士某々시가女子教育會文簿를調査ᄒᆞ랴홈은本報에已揭ᄒᆞ얏거니와今에該調査所委員長金相天시가該會長金雲谷시의게公函ᄒᆞᆫ全文이如左ᄒᆞ니

敬啓者共同團體에最所注意者ᄂᆞᆫ財政贊助바自貴會設立以來로財政關係에對ᄒᆞ야世人評論이喧藉ᄒᆞᆯ뿐不是라每日申報第八百四拾三號貴會下明廣告에收、은前後에無過 下賜金千圓뿐이라ᄂᆞᆫ句語에對ᄒᆞ야壹般社會人士의疑點을惹起ᄒᆞᄂᆞᆫ故로各團體가聯合ᄒᆞ야興士團內에서女子教育會會計文簿臨時調査會를組織ᄒᆞ고會中決議로玆에公佈ᄒᆞ오니貴會設立以來收支額에關ᄒᆞᆫ壹切文簿를携帶ᄒᆞ고本月五日(水曜)下午三時에本調査所로貴臨ᄒᆞ심을敬要

雜報

●官制變更 警視廳及地方官官制改正以後로既定ᄒᆞᆫ預算에對ᄒᆞ야組替變更ᄒᆞᆯ意로ᄡᅥ閣揔理大臣과度支部大臣이上奏ᄒᆞ야 裁可ᄒᆞ셧다더라

●日官除汰 曾彌副統監이各部日本官人中冗官을多數除汰ᄒᆞ기로決定ᄒᆞ얏다ᄂᆞᆫ說이有ᄒᆞ더라

●文獻考刊布 文獻備考를盡爲刊出ᄒᆞ얏ᄂᆞᆫ대內閣에셔各府部院廳에通牒ᄒᆞ되存案件壹帙式을推去ᄒᆞ라ᄒᆞ얏다더라

●既刷旋廢 內閣에셔法規類編壹千卷을印刷ᄒᆞ야今月望間에印刷工役이畢了된다ᄂᆞᆫ대該法規類編이近日章程과違反處가多有ᄒᆞ야廢止가된다더라

●法大宴會 法部大臣高永喜氏가本日下午六時半에泥峴花月樓에셔宴會를設ᄒᆞ고各部大臣과其他녀外國高等官吏를請邀宴待ᄒᆞᆫ다더라

●副贊議被任 前叅書官申泰遊氏ᄂᆞᆫ中樞院副贊議를被任ᄒᆞ얏다더라

●金氏云遞 中樞院議長金允植氏ᄂᆞᆫ何事件을因홈인지不知ᄒᆞ거니와將次遞任이되리라ᄂᆞᆫ巷說이有ᄒᆞ더라

●拾四人薦類 京畿觀察使金思默氏ᄂᆞᆫ管下郡守의資格될만ᄒᆞᆫ人을內部에修報ᄒᆞ얏다ᄂᆞᆫ대台爲拾四名이라ᄂᆞᆫ說이有ᄒᆞ더라

●或三或五 廢止된帝室財産調査局에셔壹般事務員에게慰勞金을支給ᄒᆞ얏ᄂᆞᆫ대或二百餘圓或九六拾圓式壹々支撥ᄒᆞ얏다더라

●通譯官補云頒 日前本報에揭載된通譯官補로被選되얏든俞錫合과□炳옥兩人이□間官制에頒布된다더라

●獨不休暇 各部官吏가近日暑熱을因ᄒᆞ야輪回休暇ᄒᆞᄂᆞᆫ대惟獨內閣官吏ᄂᆞᆫ休暇가無ᄒᆞ다더라

●訴狀沓至 大審院開廳式前에平漢兩裁에셔訴訟을處理치아니ᄒᆞ기를近□이되얏다가開廳式을經ᄒᆞᆫ後日昨ᄇᆞ터訴狀을接受ᄒᆞᄂᆞᆫ대大審院控訴院京城地方裁判所京城區裁判所四處에呈ᄒᆞᄂᆞᆫ訴狀을壹處에셔接受ᄒᆞᄂᆞᆫ대訴狀이沓至하야見退者가多數ᄒᆞ다더라

●十人叅檢 學部에셔昨日上午拾時에無期試驗檢定會를設行ᄒᆞ얏ᄂᆞᆫ대叅檢ᄒᆞᆫ人이拾餘人에達ᄒᆞ얏다더라

●官費生調査 日本留學生監督局에셔日本에留학ᄒᆞᄂᆞᆫ官費生의數爻를壹々調査ᄒᆞ얏다더라

●再變承監 宮닉府武監甘庭監으로改稱홈을已報ᄒᆞ얏거니와更聞ᄒᆞᆫ즉承監으로更爲改稱ᄒᆞᆫ다더라

●御香禮服 宮닉府 御馬者의禮服壹萬圜價値되ᄂᆞᆫ것을日本國에注文貿來ᄒᆞ얏다더라

●民會評議推選 漢城府民會에셔評議員五十人을選定ᄒᆞ되五署內에壹人式爲先選拔ᄒᆞ야ᄒᆞᆫ人이各署內에可堪之人으로九人式推薦케ᄒᆞᆫ다더라

●貢人未下處理 現今新法律頒布ᄒᆞᆫ結果로甲午以前各공人의未下條와乙未以後ㅈ공人의未下條를處理ᄒᆞ기爲ᄒᆞ야規則을定ᄒᆞ야日間頒布가된다ᄂᆞᆫ대官廳債務ᄂᆞᆫ三年時效를依ᄒᆞ야無效로認定ᄒᆞ고時效完成ᄒᆞᆫ日로起算ᄒᆞ야十年히報償치아니ᄒᆞᆫ다더라

●□葉收稅 月前에度支部에셔稅納ᄒᆞᄂᆞᆫ葉錢의加計ᄂᆞᆫ勿論ᄒᆞ고通用ᄒᆞ라ᄂᆞᆫ訓令ᄒᆞᆫ後로順天郡에셔葉錢으로公納收捧ᄒᆞᆫ金額이壹千六百貫에達ᄒᆞ얏다더라

●尹氏被招後聞 前軍部大臣尹雄烈氏가警視廳에被招旋還ᄒᆞᆫ은本報에已揭ᄒᆞ얏거니와更聞ᄒᆞᆫ즉該氏가國債報償金總合所事件에對ᄒᆞ야査問ᄒᆞᆯ事가有ᄒᆞ야被招ᄒᆞ얏셧다더라

●四千贓錢 日昨에寺동技局에셔多數히被捉ᄒᆞ얏다ᄂᆞᆫ說은本報에已揭ᄒᆞ엿니와伊時에贓錢이四千餘圓이라더라

●賭瓜之罪 師範學校教授尹定老氏가賭技罪人으로被捉됨은已報ᄒᆞ엿니와該氏ᄂᆞᆫ當初에親知人貳三人으로더부러眞瓜賭技홈이라ᄂᆞᆫ대日昨에放釋이되얏다더라

●誤捉旋放 雜技者捕捉時에前叅判趙夔夏氏가中署에誤捉이되얏다가再昨日에無罪放出이되얏다더라

●僞帖者被捉 梁山居金松岡이가釜산居崔敬白處에셔僞造ᄒᆞᆫ忠義差帖三度와宮內府秘書課主事帖紙四度를借得ᄒᆞ야靑津으로帶去ᄒᆞ야帖紙ᄂᆞᆫ該津某人處에留置ᄒᆞ고鏡城等地로前往ᄒᆞ야所用者를密求ᄒᆞ라가該警察署에捉囚가되얏다더라

●逃役還捉 再昨日下午三時量에東署巡査崔在俊金演植朴胤浩三人이役丁을率ᄒᆞ고塵芥를放棄次로出去ᄒᆞ야暫時歇脚홀時에役丁二名이脫鎖ᄒᆞ고登山逃躱홀際에東門外伏車橋支所巡査車智仁金基淳兩氏가協力捕捉ᄒᆞ야東署로押致ᄒᆞ얏다더라

●干義發配 監獄署에多日滯囚ᄒᆞ얏든義兵干連者拾餘名을發配次로再昨日에巡査가帶同ᄒᆞ고南大門外로出向ᄒᆞ얏다더라

●文明界大魔 平安南道江東郡守金□圭氏가該道觀察使李軫鎬氏의訓令을膽因ᄒᆞ야帝國新聞社로公函ᄒᆞ고新聞發送을停止ᄒᆞ라ᄒᆞ얏ᄂᆞᆫ대其訓令辭意가可駭이라하야該社에셔訓令全文을謄譯ᄒᆞ야壹般同胞의게公布ᄒᆞ얏기로本社에셔도該觀察이是何頑腐인지不勝訝惑ᄒᆞ야玆에訓令及帝國新聞社論評을再譯ᄒᆞ야世界에公諒을竢ᄒᆞ노라

凡會計事務ᄂᆞᆫ濫費를節制ᄒᆞ야有益ᄒᆞᆫ浮費에充用ᄒᆞᄂᆞᆫ것인대近來各府郡에셔圖書와印刷費請求書를准査ᄒᆞᆫ즉京城各新聞三四種을購覽홈이有ᄒᆞ니可히濫費라稱ᄒᆞᆯ지라自今以後로ᄂᆞᆫ大韓新聞과官報만購覽ᄒᆞ고其外各新聞은停止ᄒᆞ고若剩餘가有하거든執務上叅考에有益ᄒᆞᆫ法規書를購覽ᄒᆞ되或依舊히他新聞을請求ᄒᆞ면壹切支撥치아니ᄒᆞᆯ지니必此遵行ᄒᆞ라ᄒᆞ얏ᄂᆞᆫ대

大抵二四種의新聞代金이幾에不過ᄒᆞᆯ뿐아니라管下各府郡에셔新聞을購覽치아니ᄒᆞ더도購覽ᄒᆞ기를勸諭ᄒᆞᆯ터인ᄃᆡ反히已往購覽ᄒᆞ든것을禁止홈은何等悖習이며設或禁止ᄒᆞᆯ량이면壹切禁止가可ᄒᆞ거날惟獨大韓新聞만購覽ᄒᆞ라ᄒᆞᄂᆞᆫ지氏의心術은不知라ᄒᆞ얏더라

●警察部長開會 日前부터警察部長會議를開ᄒᆞ얏ᄂᆞᆫ대昨日上午十時의繼續開會ᄒᆞ고會計事務其他의關ᄒᆞᆫ事件을會議ᄒᆞ고拾壹時ᄇᆞ터農商工部中村農務局長과鶴岡記官과原村等의三技師가出席ᄒᆞ야各主管事務의就ᄒᆞ야左와如ᄒᆞᆫ注意事項을訓示하얏ᄂᆞᆫ대

山林局
壹 國有山林盜伐이有ᄒᆞᆫ時의報告의關ᄒᆞᆫ件
壹 木材盜伐處分法依托의關ᄒᆞᆫ件
壹 森林法違反處分報告의關ᄒᆞᆫ件
壹 國有森林處分의關ᄒᆞᆫ件
壹 警察官의愛林思想을美民케ᄒᆞ기爲ᄒᆞ야駐在所의付種과樹苗홈을配付ᄒᆞᆯ事件

水産局
壹 爆發物을使用ᄒᆞ야捕魚業을勵行홈의關ᄒᆞᆫ件
壹 日本漁業者의風儀矯正의關ᄒᆞᆫ件

鑛務局
壹 鑛山砂金의密採私掘團束의關ᄒᆞᆫ件
壹 鑛業及砂金鑛業의從事ᄒᆞᄂᆞᆫ너外의對ᄒᆞ야日人의保護의關ᄒᆞᆫ件
壹 砂金採掘ᄒᆞ기爲ᄒᆞ야土地를濫掘홈을團束ᄒᆞᆯ件

商工局
壹 法定度量衡器의關ᄒᆞᆫ件
壹 旅閣團束의關ᄒᆞᆫ件
壹 會社設立發起人身分調査의關ᄒᆞᆫ件
壹 市場의紛議를團束ᄒᆞᄂᆞᆫ事[illegible]ᄒᆞᆫ件

農務局
壹 獸疫預防의關ᄒᆞᆫ等諸件
이더라

●徐ᄋᆡ友義 內部主事徐相巨氏ᄂᆞᆫ其親友張煥善氏가以妻病으로屢月辛苦홈을愛惜不已ᄒᆞ야自己ᄂᆞᆫ薪俸으로假數捐助ᄒᆞ야使之治療케ᄒᆞ미□□의友義를은人皆稱頌ᄒᆞᆫ다더라

●張巡有志 齋洞支派所巡査張泰春氏가永成宮內에永成學校를設立하고學徒를募集ᄒᆞ야每日警察餘暇下午에二時間式教授ᄒᆞ미學徒가增進ᄒᆞ야數拾名에達ᄒᆞ얏다더라

●勞働懇親 勞働夜學會ㅈ分事務所任員들이懇親ᄒᆞ기爲ᄒᆞ야來七日(日曜日)上午九時의城北동金嘉鎭氏亭子의셔茶果會를개ᄒᆞᆫ다더라

●勞働美擧 泥峴光興學校維持方針에對ᄒᆞ야壽洞父老가壹齊奮興홈은前報에已揭ᄒᆞ얏거니와該洞勞働人中朴泰元金致齋閔其淵三氏가紙貨四圓을義捐ᄒᆞ미壹洞이尤爲興感ᄒᆞᆫ다더라

●林氏義捐 三和港紳商會社長林祐敎氏가京성孤兒院에義捐로二拾圓을寄附ᄒᆞ고孤兒의情形을擧ᄒᆞ야慷慨ᄒᆞᆫ言辭로該院主에게致函ᄒᆞ얏ᄂᆞᆫ대該氏의高義를人皆稱頌ᄒᆞᆫ다더라

▲地方消息▼

▲去月貳拾九日抱川郡닉에셔義兵二拾名이日討伐隊와交戰ᄒᆞ얏다ᄒᆞ고

▲本月間에靑陽郡닉에셔義兵三十名이該郡닉分遣隊憲兵三名과補助員三名을遭遇交戰ᄒᆞ얏다더라

▲無窮花▼

▲無窮花를手持ᄒᆞ고半島江山을둘러보니帶礪又치鞏固基業槿花古域名稱ᄒᆞ니偶然ᄒᆞᆫ事아니로다

▲無窮花야無窮花야山重水複三千里에壹幅鏡面華麗ᄒᆞ다英雄烈士鍾出ᄒᆞ니斷斷無他ᄒᆞᆫ誠心이措國家於泰山ᄒᆞ니와又치無窮ᄒᆞ자

▲無窮花야無窮花야四千年을相傳하니禮義東方分明ᄒᆞ다國民資格培養ᄒᆞᆯ제우리同胞涵泳ᄒᆞ야先聖遺聲謳歌ᄒᆞ니와又치無窮ᄒᆞ자

▲無窮花야無窮花야兵農工商四民中에各盡其務孜々ᄒᆞ야自國精神猛省ᄒᆞᆯ제이疆土를保有ᄒᆞ니民唯邦本되얏고나와又치無窮ᄒᆞ자

▲無窮花야無窮花야歐美列强遊覽ᄒᆞ야文明風氣吸收ᄒᆞ고强壯力을養成ᄒᆞ면括目相對ᄒᆞᆯ던날에壹等國人同等되니와又치無窮하자

▲無窮花야無窮花야靑年子弟敎育ᄒᆞᆯ제穎悟銳氣莫擋ᄒᆞ고愛國思想激起ᄒᆞ며開明域에共躋ᄒᆞ야棟량之材自作ᄒᆞ니와又치無窮ᄒᆞ자

▲無窮花야無窮花야金銀銅鐵天産物은此山河에産出ᄒᆞ니豈心齊力守成ᄒᆞ면人民生涯自足ᄒᆞ니天府金城이아닌가니와又치無窮ᄒᆞ자

▲無窮花야無窮花야堅如金石더心腸이視國如家擔責ᄒᆞ야新空氣를滿吸ᄒᆞ고萬仞ᄒᆞ야壹長城을連亘하니와又치無窮ᄒᆞ자

▲無窮花야無窮花야何大雷聲忽發處에五夜昏夢驚起ᄒᆞ야起問此時何時代오東方漸漸밝어가니此江山에回運이라니와又치無窮ᄒᆞ자

▲無窮花야無窮花야兄弟姉妹相稱ᄒᆞ니同根生이ᄅᆞ事ᄒᆞᆫ다壹心團體ᄒᆞ고보면四肢百體並備ᄒᆞ야內外協治愛國ᄒᆞᆯ제니와又치無窮ᄒᆞ자

特別社告

大邱支社員梁務益威從支社員金弘叙兩씨는辭免故로大邱西門外友弦書樓側李正由威從耶蘇教堂너張炳日兩씨로認定ᄒᆞ얏스니右兩處附近本報購覽諸시는本社에對ᄒᆞᆫ凡務를右兩시와交涉ᄒᆞ심을務望ᄒᆞᆷ

大韓每日申報社

雜報

●義成校試蹟　北靑郡私立新浦義成學校에서夏期試驗을經ᄒᆞ얏는ᄃᆡ三學年及第生은李鍍基禹鼎德等拾壹人이오二學年優等生은河載熙李京根等九人이오及第生은金榮吉金秉綸等拾六人이오壹學年及第生은우鼎煥李福岩等七人이라더라

廣告

塔洞四拾八統六戶李明順許初六日任置條新貨四百圓證標七月初七日龍山地에서失故玆以廣告內外國人或爲拾得永爲休紙施行ᄒᆞᆷ

典洞四拾七統六戶尹永太　白

本人의現居家舍를去壬寅年에與李允用換居인바本家券을其時에失故로官契繕出ᄒᆞᆫ次漢城府에請願ᄒᆞ엿기玆廣告ᄒᆞᆷ

西部皇華坊西小門契貞洞너泉拾一統壹戶嚴俊源　告白

本社에서妓生과色舞와立唱與舞童牌에奇妙ᄒᆞᆫ法으로陰曆七月初拾日爲始ᄒᆞ야演藝를開設ᄒᆞ오니　僉君子는光臨玩賞ᄒᆞ심을望ᄒᆞᆷ

團成社　告白

本人이國債報償義務에會員의勸告를難孤ᄒᆞ야昨年五月分에總合所所長之任을勉行以後로收入ᄒᆞᆫ額이爲四萬二千餘圓인바該金을大韓每日申報社前社長裵說이ᄭᅡ지句管貯置이더니本年六月地方騷擾以後로義金은不來ᄒᆞ고報償이無期ᄒᆞ고兼且老病이難强ᄒᆞ야自今春으로所長之任을自退이되該金額帳簿를不容不調查故로今月初壹日에交涉於該社ᄒᆞ야各其任置ᄒᆞᆫ바各人自筆證을昭詳保管ᄒᆞᆫ明證을本人이領受ᄒᆞᆷ이如左ᄒᆞ오니京鄕間同胞는照亮ᄒᆞ심을望ᄒᆞᆷ

壹萬貳千九百七拾八圓八拾錢　韓美電氣會社內銀行任置
隆熙貳年七月三拾壹日　骨佛安自筆證明
貳萬五千圓
同　年　月　日　骨佛安寶時旭開發會社立本
五千圓　新門外馬田家立本
馬田自筆證明
同　年　月　日

前總合所所長尹雄烈　廣告

平壤隆興面壹里下處洞六統八戶鉀家七間家契壹度를月前에逢賊見失ᄒᆞ얏숩기訴官ᄒᆞ야新證明書를出ᄒᆞ고玆以廣告ᄒᆞ오니內外國人은切勿見欺하옵

家主金鼎俊　告白

溫陽邑內居趙鬼山鍾설의第二子영元이ᄭᅡ性本浮浪ᄒᆞᆷ으로亂類輩를締結ᄒᆞ야百計得債코ᄌᆞᄒᆞ니內外國人은切勿見欺ᄒᆞ시오

趙鍾설

禮安居金進銖名進字以永字改定ᄒᆞ오니知舊間照亮ᄒᆞ심을爲要

金永銖　告白

○本學館에서第三回學員을募集ᄒᆞ오니志願人은八月三拾日之內로請願書를提呈ᄒᆞᆷ（請願用紙는本館에請求ᄒᆞᆷ）

（晝學課程）
（壹年級）東國歷史。大韓地誌。算術。圖畫。博物。聖經。語학。（日英語隨意）
（二年級）萬國歷史。萬國地誌。算術。生理。中등物理。聖經。語學（日英語隨意）
（三年級）物理。化학。經濟代數。生理。幾何。聖經語학（日英語隨意）

英語課 日語課　科程은英日語로各히專修케ᄒᆞᆷ
木工課　工業圖畫。算術。聖經木工
（夜學科程）
日語課 英語課 簿記課　以上三課는各히專修課로ᄒᆞ되入學細則은本校에來問ᄒᆞᆯ事
入學試驗科目　國漢文讀書作文
但各課補缺生은各次班課程으로시驗ᄒᆞᆷ
試驗日子　九月壹二兩日陰八月初六初七日上午九時
開學日字九月三日
●以上各課中晝ᄒᆞᆫ語학課는補缺生만募集ᄒᆞᆷ
●夜學各課壹年級은학員이貳十名이未滿ᄒᆞᆫ時는該班을不設ᄒᆞᆷ

皇城鍾路基督教靑年會學館

●學生募集廣告　本靑山學校에서（陽八月拾壹日陰七月拾九日）開學ᄒᆞ오니志願人은速히入學請願書를呈ᄒᆞ시옵

隆熙貳年　陽八月壹日　陰七月五日
平壤上水口外靑山學校　白

特別廣告
本人의姓名圖章國漢文과英文으로刻ᄒᆞᆫ者를失ᄒᆞ얏ᄉᆞ오니內外國人은照亮ᄒᆞ시옵
孫秉熙　告白

各地方各種學校**敎師紹介所**를本會內에設置ᄒᆞ오니普通學其他各種技術語學敎育에敎授ᄒᆞᆯ志願人은校洞本會館으로來議ᄒᆞ시옵

畿湖興學會　告白

黃海道鳳山邑居金桂鳳金致璜兩人은素是富民으로常有無厭之慾ᄒᆞ야邸宅所在京居東平尉宅畓二百八拾石永稅庫를拾壹萬兩에買得ᄒᆞ여가지고日人을挾同村閭ᄒᆞ야累百永稅畓을卒地에稅納을作人處에比前三倍를더ᄒᆞ야定ᄒᆞ라ᄒᆞ니엇던허무ᄒᆞᆫ소름이어듸잇ᄉᆞ며그러ᄒᆞ고볼지경이면數百名人口가그抑勒에離散之境이오니이런무법ᄒᆞᆫ디가어듸잇ᄉᆞ오며至今此兩金哥가支定數爻를늘여가지고他國人의게拾七萬八千兩에移賣ᄒᆞᆯ次로欲揮勒票故로本宮에呈訴ᄒᆞᆫ즉兩金哥有權之致로未決되여本人等이裁判次上京ᄒᆞ야玆以廣告ᄒᆞᆷ

作人金龍奎　具然鎭等　白

告白

五部니典舖에서典當規則을不遵ᄒᆞ야營業上妨害가不尠ᄒᆞᆫ所由로本總會의서각典舖規則을實施ᄒᆞ기爲ᄒᆞ야總會를再ᄒᆞ고從今以後로ᄂᆞᆫ典執放限等事를嘗遵規則ᄒᆞ기로決定ᄒᆞ얏기玆에廣告ᄒᆞ오니典執ᄒᆞ신僉君子ᄂᆞᆫ照亮注意ᄒᆞ시옵

中部蛤동十統戶
漢城典舖總會　告白

八月五日開業　**石版印刷**
獎堂에서石版　寫眞版　寫眞銅版　電氣銅版등印刷와鑄版木版　銅版等彫刻를開業ᄒᆞ옵고左記ᄒᆞᆫ課目대로指美히印刷ᄒᆞ오니　僉君子ᄂᆞᆫ來臨相議하심을敬要
●商標　地圖　證券　書冊　揷畵　卒業證書　藥封紙　冊衣　각色彩畵　古畵模寫　●寫眞業書　寫眞帖等其他種々應用美術印刷
京城中部鐵物橋大路北편五拾二統六戶
文雅堂印刷所

本館에서**新舊**書籍과**學徒**의所用**諸般**物品을**具備**販賣ᄒᆞ오니　僉君子ᄂᆞᆫ來購하시옵

平壤鍾路太極書館
館主　李昇薰
主任　安泰國
事務　李德煥

本會에서各種敎科書와新書籍을發賣ᄒᆞ오니　僉君子ᄂᆞᆫ購覽ᄒᆞ시옵
鍾路電氣會社越邊耶蘇敎書會
元世性　李敎憲　告白

本館開業以後僉君子에愛念ᄒᆞ심을厚蒙ᄒᆞ와營業이興旺ᄒᆞ오니感謝無地ᄒᆞ오며近日沐浴湯을壹層擴張ᄒᆞ와夫人沐浴湯도廣設ᄒᆞ얏ᄉᆞ오니內外賓客枉臨ᄒᆞ심을伏望

惠泉湯　告白

本人等이壹般학界에便宜를供ᄒᆞᆯ次로資本을合同하고業務를擴張ᄒᆞ야新舊書籍과學校用品을俱備發賣ᄒᆞ오니　僉君子ᄂᆞᆫ稍稍光降을務望ᄒᆞᆷ

海州남門너四街
韓昌書館主　李承駿　朴昌鎭

教育月報
壹冊定價拾五錢　每月二拾五日刊
壹般同胞의男女老少有無識을勿論ᄒᆞ고各其事情과年限에拘碍되야學校에入學지못ᄒᆞᄂᆞᆫ이에게普通學術을發達키爲ᄒᆞ야各種緊要ᄒᆞᆫ學問을純國文으로簡易케繙譯ᄒᆞ야教育月報를發行ᄒᆞ오니此를逐號購覽ᄒᆞ시ᄂᆞᆫ同胞ᄂᆞᆫ皆有識ᄒᆞᆫ學者가될터인故로本社와京鄕各書肆에서發賣ᄒᆞᆷ
京城中部校洞貳拾九統四戶
教育月報社

本書館을開業ᄒᆞᆫ지未過壹年에壹般同胞게서愛助ᄒᆞ시와益益興旺之故로本館을壹層擴張ᄒᆞ고各項新舊書籍與教育物品을多數準備ᄒᆞ야特別廉價로大發賣ᄒᆞ오니四方　僉君子ᄂᆞᆫ陸續來臨ᄒᆞ심을爲要ᄒᆞᆷ

釜山港東關韓興書館
金汝重　權鍾律

平壤太極書館은有志紳士의公益을爲ᄒᆞ야建設ᄒᆞᆫ바어니와義州替市少年書舖ᄂᆞᆫ此館에支店으로新舊書籍과각學校所用物品을廉價應買ᄒᆞ오니　僉君子ᄂᆞᆫ陸續來購ᄒᆞ시옵

書舖主　朴奉燁　韓用權

本人의姓名圖章을陰曆十月五日에遺失ᄒᆞ얏ᄉᆞ니何人이拾得ᄒᆞ여ᄃᆞ도七月五日以後에ᄂᆞᆫ此圖章은勿施이오니內外　僉君子ᄂᆞᆫ照亮ᄒᆞᆷ

慶北金山郡金泉市朴春明　告白

本店에夏節양服件이英京倫敦에서新着ᄒᆞ얏기로玆에廣佈ᄒᆞ오니　僉君子ᄂᆞᆫ光顧購買ᄒᆞ심을懇冀ᄒᆞᆷ

貞동華商源泰號
洋服裁縫店　謹白

[illegible]

의학博士洪석厚　實驗方劑
製藥館賣人　박慈惠　李觀化
預防 [illegible] 定價金拾錢
[illegible]預防케하고健胃消滯ᄒᆞ야諸般滯積을[illegible]ᄒᆞ며卒[illegible]吐瀉泄瀉와赤痢白痢와胃腹[illegible]와경咳白담을能治能止ᄒᆞᄂᆞᆫ驗藥이오
製造本舖　漢城鍾路慈惠大藥房

漢城鍾路慈惠大藥房
大韓東西藥業月報社製藥部

咽喉口舌熱痛 降火水 金五日壹分圜
消食告味 甘酸水 金五十錢
男女補氣血 益丸 二圜五十錢
滋潤腸丸 二十錢
淋疾祛根藥 五十錢
痢疾靈散 三十錢
清明眼藥 十五錢
養兒寶散 十五錢
萬瘡拔根藥 三十錢
純金雞納丸 十錢
蛔滾蟲丸 二十錢
是汗臭藥 二十錢
四時感冒丸 十錢
太腫合瘡膏 三十錢
消痰鎭咳藥 三十錢
漢城百應膏 十錢
陳痢陳滯 消積丸 五十錢
癇氣神效 保嬰散 十二錢五里
胃藥唐草材 各邑郵便偕送

▲大韓國新發明 (명약)
健胃 消滯 ▲八寶丹 ▲팔보단 九拾五粒 入金拾錢
本事府典의正三品洪哲普閣下 實驗處方과陸軍々의學校教官張其茂君有効証明으로此丹은發行이온바新久滯積과急暑霍亂과寒熱新久泄瀉과七情鬱惱痰固飮과新舊泄痛과船車眩暈諸症에水土不服과服見效하오니衛生君子는一次試驗하심을爲要

瘡病神藥 ▲사향소창단 ▲麝香消瘡丹
此丹이於諸창에無論男女老少하고若服壹劑하면實有神效하야百발百中하오니非例方可及也라若論主治則楊梅ㅣ瘡連珠風濕頭창諸症에俱見宜效하오니發病僉君子는壹次試驗하시옵

婦人 靈藥 ▲티양됴경환 ▲胎養調經丸
壹個月分入 定價金五圜
大抵婦人이年過하도록不受孕者는由於有病也라若不趁早研究하고等閒看過則非但壹個人에不幸이라抑亦全國生育之理의關係가不淺也니僕이ㅣ五年을消費하야內外國高明의士에實驗方을選擇하야先自僕家로及他人하야累試普驗에十볼血蛤効하옵고且此약이非但受孕之神劑라治冷。治積。調血에俱有實效하옵기茲以廣布하오니僉員는壹次試驗하시면眞價을可知이옴

약製所인川港축峴和平堂藥房
발行人 仝 리應善
右三種약은각地方이라도請求하면우편으로부치는슈도엇소
京城支店 鐘路衣廛下和平堂
代理店仁川港축峴제生당약房

▲發賣所
京城大廣橋共愛堂약房
仝남문닉水橋제生支店
仝 仝大東書市支店
仝府동博文書館
仝 洞口닉 相信號典當포
仝 鐵物橋 毛衣房리洛瑞
仝 小廣橋 毛衣房리厚根
仝 壽進동 上隅三可病院
仝 大寺동 共제病院
○仁川港닉동開豐旅館韓禹根
仝 읍닉 金제鉉
○江華鍾路 宋順五店
○開성 남문닉朴圭相商店
仝 남문닉明新冊사리貞錫
○水原 남문닉 김제九약舖
○海州 남문닉리寧植商店
○延安읍닉 邊汝文洋藥局
○易(?)淵 남문닉 崔在淳
仝 砂里院耶蘇教당리在善
◉黃州남문닉 紅문菁리東赫
◉平壤 雙巨里 韓鳳儀藥舖
仝 館前 김龍興藥舖
仝 文武洞 桂澤善약포
○鎭남浦 築동 김元성藥포
仝 제生당出張 吳南駿
○載산港 開福洞 金斗鉉
仝 大井동 리春善약房
○禮산 용谷里 리東赫
○大邱 남문닉 리明直약局
○元山港 남甲元약局
仝 제生堂支局 朴敬鎭
○尙州 서문닉 박致心약局
◉金泉場 鄭聖瑞약局
○釜山港 제生당出張朴昌鎭
○安州셩닉義井동回春大약房
○安岳邑上場 제生局林普景
○義州남문外木口街義和약房
○載寧읍後동 洋약局崔允國
○定州남문닉 洋약局리健柱
◉郭山읍 洋약局 羅應彬
○宣川읍 冊사 安濬
鐵山읍 永春堂 安灝
仁川港 和平堂 白

●大韓國新發明神藥
◉修養靈丹 各種食滯中暑久滯口臭 甘飮吐瀉定價壹貼拾錢
◉至寶丸 治諸般痛不拘久近
◉靈效液 一外用芳香治疥瘡皮風
◉清眼水 百發百中 治諸般眼疾
◉通淋丸 天妙 治男女急慢淋疾神效
製藥發行所 京城南部大廣橋 共愛堂大藥房 謹白
支店 開城남門內共愛堂第一支店 群山港미動洞共愛堂第二支店 河東郡共愛堂第三支店
代理店 皇城北部安동 仝鐘路靑年會館前 仝北部新門外石橋 仁川축峴 濟生堂 仝 和平局
姜助遠 리春善 黃麟秀 仁濟藥房 慈惠藥房 普濟醫院

●大韓新發明藥廣告
此外에도東西洋各國有名寶藥과草材와約이俱備하오니藥의多少를不拘하고請求하시면小包로仰呈하겟슴

●右藥의主治効能은如左
●담飮咳嗽 ●吐瀉 ●水土不服
●氣鬱腹痛 ●滯酔 ●中暑
●食積食傷 ●咽喉 ●口熱惡臭
●其他諸般遲氣厲疫預防妙약
總發行所 京城南大門內
●미城西門外 제生당支店李庚鳳
●元山港銘石院 제生당支店具又賢
제生당支店박敬鎭

代理店 京성大廣橋共愛堂
仝鐘路慈惠약房
●京泥峴三丁目 新非약店
仝郵便局前 天佑堂약房
仝남大남닉博文書館盧益亨
仝梨峴洋약局 리信華
仝大安洞 仁제약房
仝壽동三可病院 朴喜謙
●仁川축峴和平당 리應善
●仁本町 新井藥房
●海州남문닉 宋在瑛
仝 仝商店 리奉樞
●水原종路下약房 金제九

●延安邑닉洋약局 邊汝文
●江華종路店 尹斗鉉
●易淵남문닉 崔馭淳
●砂里院客主 任允中
仝耶蘇教堂닉 리載善
●瑞興邑닉 許완
●汗浦驛東美遞送部 김奉圭
●黃州남문닉紅문菁 리東혁
●安岳邑上場里제生局 林景杜
●載寧邑後동洋藥局 崔允國
●忠州東良面早遞 김鎭和
●信川邑四里洋약局 김永植
●長連邑東里冊肆文爽冠
●平壤巨동제生出張人 尹寅혁
仝雙巨里제生당 韓鳳儀
仝館前衛生의院 金龍與
仝文武동제生局 桂澤宜
仝大興邑壹里藥局 崔龍化
●鎭남浦築동冊사 김元燮
仝后浦제生堂出張人 吳南駿
●安州성닉義井동回春大약房
●博川邑美동商店 朴芝行
●定州남문닉洋藥局 리健柱
●郭山邑大街冊사 김大鉉
●宣川邑닉冊사 安濬
●鐵山읍닉永春堂 安灝
●義州남문外水口街 崔錫浩
●龍川읍官洋약局 리丙斗
●群山港開福동 김斗鉉
●大邱남門닉刷還洞 김成浩
●釜山港東館本町商店 리炳夏
●北靑新昌港客主 朴錫勳
●木浦各國居留地松房徐岐見
●全國닉各약店마다隨應販賣
仁川港축峴
京성남大문닉 濟生堂 白

●新發明梅毒당藥廣告
陸軍軍의金守鉉實驗方劑
落梅丹
口瘡不發창病去根之령藥
壹劑五百粒 定價金三圜
主治 梅毒(唐창) 新舊창
●瘰癧 ●皮膚病 ●倭마짐
●淋病
巳上病証外에男女間에不精交合한後에若疑아之端이有하시거던此藥壹劑만服用하면完無後慮하고脾胃도健全함을擔保함
此外에도의療機械와精美한藥材를新備하고內外科각色疾病을誠心治療함
皇城北部大安洞
仁濟藥房 高用진 謹白
代理店
京城鍾路 共愛堂약房
仁川港龍洞 濟生堂
國內各處藥局에서隨應販賣함

社告
○申報價
壹張代金 新貨二錢五厘
壹個月前納 三十錢
參個月 九拾錢
陸個月 一圜七十錢
壹個年 三圜四十錢
郵稅一張 新貨五厘
壹個月 十三錢
○廣告料
四号活字拾二字詰
每日每英尺壹寸에新貨廿九錢
(每日每行六錢에相當함)
二週日에 二圜九拾錢
每日每行四錢五厘에相當함
壹箇月에 五圜
每日每行四錢壹厘에相當함
其期限의長短과字行의多夥를依하야增減함이有함

Responsible for Publication Alfred Weekley Marnham.
發行兼編輯人英國人 萬咸
發行所 南署石井洞號外地三層洋屋
大韓每日申報社

漢城鍾路慈惠醫院診
醫學校卒業後濟衆院卒業 의학博士 洪석厚
濟衆院의학實地六年학習 病人看護
此의院에서西洋의術機械를壹新하게俱備하고藥品도精擇하고男女間病人을至誠으로診察하고藥을關聽하옵는디男病人은男의師가診察하고病이危重하야入院하야治療할病人은卽接으로濟衆院上等病室에病이낫도록治療하야주으며婦人病

第六卷

大韓每日申報

第八百七十六號

月曆及慶節時日休刊

檀君開國四千二百四十一年
箕子元年三千三十年
大韓開國五百十七年
日本明治四十一年
淸國光緖三十四年
陰曆戊申七月大十一日甲午

論說

▲告少年同志會

我의敬ᄒᆞ고愛ᄒᆞᄂᆞᆫ少年志士諸氏가同志會를發起ᄒᆞ고趣旨書를公布ᄒᆞ얏도다

記者가諸시의面目도未接ᄒᆞ얏스며談論도未交ᄒᆞ얏스나少年二字에欽感을不已ᄒᆞ며趣旨壹膜에讚美를不勝ᄒᆞ야壹言으로仰告ᄒᆞ노니吁嗟乎라少年同志의諸君이여

大抵少年이라云ᄒᆞᆷ은何如ᄒᆞᆫ人을稱ᄒᆞᆷ인가其腕力이已衰ᄒᆞᆫ者면此를少年이라云ᄒᆞ지못ᄒᆞᆯ지며精神이已耗ᄒᆞ얏스면此를少年이라云치못ᄒᆞᆯ지오必也氣魄이盛大ᄒᆞ고精力이强壯ᄒᆞ야險을遇ᄒᆞ거던能冒ᄒᆞ며難을當ᄒᆞ거던能破ᄒᆞ고壹番飛躍ᄒᆞ거던天地가動色ᄒᆞ며壹聲喑啞ᄒᆞ거던萬里이辟易ᄒᆞ여야少年이라乃云ᄒᆞᄂᆞ니

可愛哉라少年이며可畏哉라少年이야少年의手腕은是國家疆土를防禦ᄒᆞᄂᆞᆫ長槍大砲며少年의步驟ᄂᆞᆫ是險阻를交通ᄒᆞᄂᆞᆫ瀛艇電車오少年의操守ᄂᆞᆫ是中流의砥柱며少年의前進은是方長의春水이라先輩의末了ᄒᆞᆫ舊債를磨勘ᄒᆞᆯ者도惟我少年이며將來의社會를利導ᄒᆞᆯ者도惟我少年이니可喜哉라少年이며可畏哉라少年이여

夫少年의前途가如此甚遠ᄒᆞ고少年의責任이如此其重ᄒᆞ거ᄂᆞᆯ嗚乎라從前韓國의少年을回看컨대果然何如ᄒᆞᆫ가藍床陳編에酣睡頹夢ᄒᆞᄂᆞᆫ少年이아니면靑樓酒肆에淫歌狂哭ᄒᆞᄂᆞᆫ少年이며淸風明月에優遊自放ᄒᆞᄂᆞᆫ少年이아니면絲綸香木에依賴是事ᄒᆞᄂᆞᆫ少年이며妻鎖子獄에埋頭汨々ᄒᆞᄂᆞᆫ少年이아니면財餌錢慾에馳心沼々ᄒᆞᄂᆞᆫ少年이며權門勢家에朝夕曳裾ᄒᆞᄂᆞᆫ少年이아니면山林岩穴에枯坐待死ᄒᆞᄂᆞᆫ少年이니嗚乎라少年乎々々々여彼等少年은其貌則少年이오其年則少年이로ᄃᆡ其腦가已腐ᄒᆞ고其氣가已頹ᄒᆞ얏스니此ᄂᆞᆫ老人이라謂ᄒᆞᆷ은可ᄒᆞ거니와少年이라謂ᄒᆞᆷ은不可ᄒᆞ며死人이라謂ᄒᆞᆷ은可ᄒᆞ거니와少年이라謂ᄒᆞᆷ은不可ᄒᆞ도다

噫라全國內에此等似少年非少年의少年이充滿ᄒᆞ니國家가老顏치안코저ᄒᆞᆫ들得乎며社會가腐敗치안코저ᄒᆞᆫ들得乎아

故로今日悲境은幾百年來惡少年의冤業으로此를致ᄒᆞᆫ비라萬壹今日에도只是如彼ᄒᆞᆫ少年이存在ᄒᆞ면將來何等慘劇이此國에셔再演ᄒᆞᆯᄂᆞᆫ지不知ᄒᆞᆯ지니勉哉어다少年諸君이여此國의强弱盛衰를鬼가謀ᄒᆞᄂᆞᆫ바아니라諸君의謀ᄒᆞᄂᆞᆫ바며此國의成敗存亡을天이任ᄒᆞᆫ비아니라諸君의任ᄒᆞᆫ비니

勉哉諸君이여人壹己百ᄒᆞ며同聲相應ᄒᆞ야아모죠록少年의天職을踐ᄒᆞ며아모죠록少年의名譽를垂ᄒᆞ고渙散에團結을圖ᄒᆞ며腐敗에新鮮을求ᄒᆞ야諸君은此國의新少年이되며此國은世界의少年國이되게ᄒᆞᆯ지어다

彼瑪志尼加里波的ᄂᆞᆫ何人哉며諸君은何人哉아

此語가奚但同志壹會에告ᄒᆞᆷ이리오卽全國少年에告ᄒᆞᄂᆞᆫ바로라

▲隆熙二年七月拾七日 官報

●法律第拾三号

民刑訴訟規則 續

第百六拾五條 判決의執行은其判決을宣告ᄒᆞᆫ裁判所檢事의指揮를因ᄒᆞ야此를ᄒᆞᆷ

第百六拾六條 刑의宣告를受ᄒᆞ고其執行을脫ᄒᆞᆫ者나缺席判決을因ᄒᆞ야刑의宣告를受ᄒᆞᆫ者에對ᄒᆞ야ᄂᆞᆫ檢事ᄂᆞᆫ逮捕狀을發ᄒᆞᆷ을得ᄒᆷ

逮捕狀은拘留狀과同壹ᄒᆞᆫ効力을有ᄒᆞᆫ逮捕狀에當ᄒᆞ야ᄂᆞᆫ第百五拾八條及第百五拾九條의規定을準用ᄒᆷ

第百六拾七條 法令에셔罰치아니ᄒᆞᄂᆞᆫ行爲에對ᄒᆞ야刑을宣告ᄒᆞ거나相當ᄒᆞᆫ刑보다重ᄒᆞᆫ刑을宣告ᄒᆞᆫ境遇에上告ᄒᆞᆫ者가無ᄒᆞ고其判決이確定ᄒᆞᆫ時ᄂᆞᆫ上告裁判所의檢事ᄂᆞᆫ何時라도其裁判所로非常上告를行ᄒᆞᆷ을得ᄒᆷ

非常上告에當ᄒᆞ야ᄂᆞᆫ上告에關ᄒᆞᆫ規定을準用ᄒᆷ

第百六拾八條 犯罪로因ᄒᆞ야損害를受ᄒᆞᆫ者ᄂᆞᆫ其損害를回ᄒᆞ기爲ᄒᆞ야公訴의第壹審判決이有ᄒᆞ기前에ᄂᆞᆫ其公訴에附帶ᄒᆞ야私訴를提起ᄒᆞᆷ을得ᄒᆷ

第百六拾九條 私訴의訴訟手續에當ᄒᆞ야ᄂᆞᆫ公訴의關ᄒᆞᆫ規定을準用ᄒᆞ며其判決의執行에當ᄒᆞ야ᄂᆞᆫ强制執行에關ᄒᆞᆫ規定을準用ᄒᆷ

第百七拾條 第壹審裁判所ᄂᆞᆫ訴訟의事實關係를私訴로審問ᄒᆞ기不便ᄒᆞᆷ으로認ᄒᆞᆫ時ᄂᆞᆫ決定으로써私訴를却下ᄒᆞᆷ을得ᄒᆷ 未完

外報

●勞働黨融和 倫敦電을據ᄒᆞᆫ則英國과獨逸의勞働者들이融和ᄒᆞᆫ目的으로英國勞働黨은來年六月頃에獨逸의勞働黨을訪問ᄒᆞᆫ다더라

●印度의獨立運動 倫敦電을據ᄒᆞᆫ즉晩香坡通信員의報告에日英國의印度統治權을排逐ᄒᆞ고印度를獨立ᄒᆞᆫ目的으로太平洋沿岸에在ᄒᆞᆫ印度人은壹個所의協會를起ᄒᆞ기로運動인ᄃᆡ會員이壹千九百名에達ᄒᆞ얏다더라

●佛國騷擾의結果 倫敦電을據ᄒᆞᆫ즉佛國도라바이유우이구地方에셔騷擾ᄒᆞᆫ結果로將校士卒의負傷者六拾九名에達ᄒᆞ얏고若干의暴徒ᄂᆞᆫ壹週間乃至四個月禁錮에處ᄒᆞ얏고勞働同盟의書記及會員의領袖壹名이被縛ᄒᆞ얏더라

雜報

●嶠南敎育會와李夏榮 嶠南志士諸氏가皆曰李夏榮氏가嶠南敎育會長의椅子를儼據ᄒᆞᆷ이嶠南壹省의大羞恥일ᄲᅮᆫ더러且히氏를會長으로두고ᄂᆞᆫ嶠南人士가望然去之ᄒᆞᆯ리니엇지本會의發達을望ᄒᆞ리오ᄒᆞ야挽近에李시를亟々敀遞ᄒᆞᆯ意로該會에投函駁論ᄒᆞᄂᆞᆫ者ㅣ紛紛ᄒᆞ다ᄂᆞᆫᄃᆡ就中에金商敎시의公函ᄒᆞᆫ全文이如左ᄒᆞ더라

敬啓者本會ᄂᆞᆫ卽嶠남紳士所以志於學而成立者也라當自創始後로歲幾公轉ᄒᆞ고京約變而爲嶺友ᄒᆞ고嶺友變而爲茲ᄒᆞ니縱爲存羊之名而未免續貂之譏ᄂᆞᆫ何오ᄒᆞ면壹則曰財政之不贍이오壹則曰會長之不得이라苟得其人이면何患財政가疏리오李夏榮으로爲會長者ᄂᆞᆫ其意在何오其思想之用等而爲之歟아取其階級之莫高而爲之歟아苟論其思想階級인ᄃᆡ僉座ᄂᆞᆫ獨不見乙丁間五七之黨乎아彼所謂思想은未免底左袒呂시오彼所謂階級은確然是左車大夫라興言及此에自不覺枯腸熱血이壹日拾回어ᄂᆞᆯ僉座ᄂᆞᆫ奚取而使斯人으로處臯比之上也오金銀銅鐵을渾鑄壹器ᄒᆞ면不惟壞却金銀이라銅鐵도不得盡其銅鐵之用은朱子不云乎아

第念桂死餘香은소嶺志操ᄃᆡ壹省章甫기其果服從於會ᄒᆞ야忍許壹天於頭上而曰會長曰會員則其於隣省之瞻聆에何오伏願僉座ᄂᆞᆫ亟收李夏榮會長之帖ᄒᆞ야以慰多士之鬱ᄒᆞ고以敎大事之地를千萬幸甚

●國民禮服擬定 國民禮服擬定臨時會長吳世昌氏가中樞院에獻議ᄒᆞᆫ全文이如左ᄒᆞ니

竊惟國家制治의具를論ᄒᆞᄂᆞᆫ者ㅣ반다시衣服과文物을先言ᄒᆞᆷ으로其衣服體裁의良否로써其國의程度를批評ᄒᆞᄂᆞ니此를由ᄒᆞ야觀ᄒᆞᆫ진ᄃᆡ國民衣制가實노國家에關係됨이綦重ᄒᆞ도다蓋國民衣制가二가有ᄒᆞ니壹曰常服이오壹曰禮服이니常服은衛生을便ᄒᆞ며經濟에利ᄒᆞ야니常燕居時에着用을謂ᄒᆞᆷ이오禮服은儀容을飾ᄒᆞ며禮意를表ᄒᆞ야壹般禮式時에着用을謂ᄒᆞᆷ이니常服을禮式公服으로仍着키不可ᄒᆞ고禮服을燕居褻服으로互用ᄒᆞ기不能ᄒᆞᆫ故로常服과禮服의區別이必有ᄒᆞ나니現今國민에流行ᄒᆞᄂᆞᆫ衣制를觀ᄒᆞ면國民의常服이男子의周衣와婦人의通裙ᄲᅮᆫ이止ᄒᆞ니衛生의便宜과經濟의利ᄒᆞᆷ은有餘타謂ᄒᆞᆯ지나至於禮服ᄒᆞ야ᄂᆞᆫ制度가俱無ᄒᆞᆷ으로祭祀와宴謁과壹切公式의着用이困難ᄒᆞ야儀容을頓失ᄒᆞ고禮意를難表인즉國民衣服의善美ᄒᆞᆫ極點을要ᄒᆞ라면通常禮服을良好히制定ᄒᆞᆷ의在ᄒᆞ다ᄒᆞ다만일常服은雖云善美ᄒᆞ나禮服이苟或未備ᄒᆞ면是ᄂᆞᆫ衣制上缺點이라不謂키不可ᄒᆞᆯ지라鄙等이此의深感ᄒᆞ야京城내外의各國體有志ᄒᆞᆫ紳士及婦人과協議ᄒᆞ야國民禮복擬定會를設ᄒᆞ고我國의固有原則을據ᄒᆞ며廣求博採ᄒᆞ며現世의進化主義를精研深究ᄒᆞ야制式은니外國各樣冠履를無礙通用케ᄒᆞ며地質은니外國各種織物을壹例通用케ᄒᆞᆯ意로國民男女의通常禮복을制定ᄒᆞ고實行好果ᄂᆞᆫ政府의仰須ᄒᆞᆯ기擬定ᄒᆞᆫ衣樣을添附ᄒᆞ와玆의獻議ᄒᆞ오니幸須採納ᄒᆞ오셔亟圖實施케ᄒᆞ와人民의衣制를完美케ᄒᆞ시고國家의文化를增進케ᄒᆞ심을敬要

別報

◎裴說氏의公判顚末 續

第三日

於是에裁判官이裴說氏를三週日監禁으로判決ᄒᆞ얏ᄂᆞᆫᄃᆡ伊時에多數韓人이裁判庭外邊에會集ᄒᆞ야裴說氏를監禁에處ᄒᆞᆷ을聞ᄒᆞ고憤激히녀이ᄂᆞᆫ者도有ᄒᆞ고其中에壹人은四千圓의錢을帶來ᄒᆞ야裴說氏의監禁을代ᄒᆞ야金으로贖ᄒᆞᆯ道가有ᄒᆞ면幾何를不惜ᄒᆞ고贖錢으로納呈ᄒᆞ라고作定ᄒᆞᆷ이有ᄒᆞ더라 完

雜報

●處絞奏本 監獄署에被囚ᄒᆞᆫ故殺罪人李鍾麟을處絞ᄒᆞᆯ意로法部大臣高永喜氏가上奏ᄒᆞ얏다더라

●宮中寄校 皇貴妃殿下께옵셔江華와永宗等地에在ᄒᆞᆫ田畓을壯洞進明女學校에寄付ᄒᆞ옵시고學校를永久히維持케하신다더라

●兩統監云遞 伊藤統監과曾彌副統監이前爲遞任되얏다ᄂᆞᆫ通信이某處에到還ᄒᆞ얏다ᄂᆞᆫ說이有ᄒᆞ더라

●部長會協議 各道觀察使들이將次管下各郡守를本道로會同ᄒᆞ야郡守會를키ᄒᆞᆫ後에ᄂᆞᆫ내部에서ᄂᆞᆫ各道내事務部長을招上ᄒᆞ야部長會를키ᄒᆞ기로協議ᄒᆞ얏다ᄂᆞᆫ說이有ᄒᆞ더라

●徐氏云此 中樞院副議長申箕善氏가臨查卿으로轉任ᄒᆞᆫ代에表勳院總裁李載克氏가被任ᄒᆞᆫ다더니更聞ᄒᆞᆫ즉前中樞院議장徐正淳氏가被任ᄒᆞ기로내定이되얏다더라

●典祀疏遞說 掌禮院典祀金澤鎬ᄂᆞᆫ疏遞ᄒᆞᆫ다더라

●侍從補被任 六品金用漢氏ᄂᆞᆫ侍從院侍從補를被任ᄒᆞᆫ다더라

●郡守薦請議 각道觀察使가郡守薦望ᄒᆞᆫ數가近二拾窠에至ᄒᆞ얏다ᄂᆞᆫᄃᆡ내部에서日間修正ᄒᆞ야내閣에請議ᄒᆞᆫ다ᄂᆞᆫ說이有ᄒᆞ더라

●規則修正 學部에서副訓導無試驗規則이曾往에ᄂᆞᆫ完備치못ᄒᆞ얏더니該部에서現今에無試驗規則을更爲修正磨鍊ᄒᆞᆫ다더라

●樂課獨立說 掌禮院所管掌樂課를掌樂部라고改稱ᄒᆞ고旣에音樂隊에付屬ᄒᆞ다ᄂᆞᆫ說이有ᄒᆞ다더라

●兵籍規則 陸軍兵籍規則을改定ᄒᆞ야兵籍壹種을一種으로分定ᄒᆞ야軍部에서將次告示ᄒᆞᆫ다더라

●調查各會 各郡地方에設會ᄒᆞᆫ것이近來多數ᄒᆞᆷ으로내部에서設會ᄒᆞᆫ目的과會名與人名을現今調查ᄒᆞᆫ다더라

●農訓典舖 各典當舖認許ᄒᆞᆫ年月日과資本金額과典物物名과每月利子幾許와每月受入與出償額數를自本年陰正月至六月晦ᄭᆞ지壹々調查ᄒᆞ야限二週내로來報ᄒᆞ라고農商工部에서典當舖總會로訓令ᄒᆞ얏다더라

●典舖旅閣文簿調查 農商工部에서各典當포와各旅閣文簿를壹壹調查ᄒᆞᆫ다더라

●典포定約 各典當포에서典物過限放賣ᄂᆞᆫ定約ᄒᆞᆫ後에其포ᄂᆞᆫ지失約ᄒᆞᄂᆞᆫ境遇에ᄂᆞᆫ違約金拾圓을徵納ᄒᆞ기로定ᄒᆞ얏다더라

●技客入山 西洋人家에雜技를設ᄒᆞ고京鄕有錢者가晝夜咸市하야屢萬圓得失이有ᄒᆞ더니日昨警視廳에서禁止ᄒᆞᆫ後로各寺刹로避身ᄒᆞᆫ者多ᄒᆞ다고巷說이藉々ᄒᆞ더라

●刊曆半分 曆書를前觀象所에서句管ᄒᆞ던諸시가世々營業ᄒᆞ다가該所가廢止된後로學部所管이되여失業이되미該諸시等이納稅刊出放賣ᄒᆞ야爲業ᄒᆞᆯ意로該部에請願하얏다ᄂᆞᆫ說은本報에已揭어니와其間에泗川居李某ᄂᆞᆫ미刊營業ᄒᆞ깃다고請願ᄒᆞ얏ᄂᆞᆫᄃᆡ自來로每年二拾萬卷式미刊ᄒᆞ던것인ᄃᆡ全數히李某의게委任이될貌樣인故로該句管諸시가該部에數次請願도ᄒᆞ고營業을永失ᄒᆞᄂᆞᆫ證明도ᄒᆞᆫ즉該部에서更議ᄒᆞ야曆書ᄂᆞᆫ壹切印刷局으로미刊ᄒᆞ고該句管諸시ᄂᆞᆫ印刷局에서每卷에貸六錢式으로買去ᄒᆞ야放賣ᄒᆞ기로無過拾錢以내로ᄒᆞ기로決定ᄒᆞ야該句管ᄒᆞ던人과泗川李某와半分出給ᄒᆞ기로酌定ᄒᆞ얏다더라

●齊備充本 今番에미刊ᄒᆞᆫ文獻備考ᄂᆞᆫ刊資本金이一千餘圓인ᄃᆡ各府部院廳의官에게秩式頒送ᄒᆞ고其餘秩은內閣記錄課長李源鎔씨가句管放賣ᄒᆞ야刊資ᄂᆞᆫ充納ᄒᆞᆫ다더라

●賣淫病院 警視廳에서賣淫女들無料로檢查ᄒᆞ던것인ᄃᆡ自今月로每朔壹次式每名에檢查費壹圓을受ᄒᆞ야該金으로ᄂᆞᆫ詩洞等地에病院을設立ᄒᆞ고有病者를治療케ᄒᆞᆫ다더라

●莫赤非狐 大同會員李寶鎔金光植姜厚善二氏가該會諸員의入會金四百餘圓을沒喫ᄒᆞ얏고就中의李寶鎔氏ᄂᆞᆫ日憲司令部偵探이라假稱ᄒᆞ고自己의勢力을擴張코져ᄒᆞᆫ다더라

●校師衆醫 中橋義塾敎師李範韶씨ᄂᆞᆫ素以醫學에注意ᄒᆞ더니今當漆炎ᄒᆞ야暴病이流行ᄒᆞᄂᆞᆫᄃᆡ雖不行醫나何人이던지病報가有ᄒᆞ면不計晝夜ᄒᆞ고馳往病家ᄒᆞ야多數回生케ᄒᆞ얏ᄂᆞᆫᄃᆡ齊洞居元濟東씨가罹於此病ᄒᆞ야三四日을絶脈垂死ᄒᆞ야方在飲藥者를三貼藥에回蘇ᄒᆞ얏다더라

●衛生界大神藥 平壤居李元有致九諸氏가久滯惡瘡連珠眼疾노多年經苦에用藥無效ᄒᆞ더니小安洞惠春堂의神藥을試服ᄒᆞ야첩效ᄒᆞ얏ᄂᆞᆫ고該堂의藥效를稱頌不已ᄒᆞᆫ다더라

●果則良巡 北部人의傳說을聞ᄒᆞᆫ則安邊郡分派所巡查金澤씨가派駐該郡ᄒᆞ야視務二年에極涉保護ᄒᆞ고警官數年에保護察이誠心實施ᄒᆞᆷ으로境內人民이賴以安堵라ᄒᆞ더라

●測量組合 測量에有志ᄒᆞᆫ丁勉燮李誠鎭朴斗相鄭學鍾丁明燮尹相德金星權諸氏가測量을擴張ᄒᆞ기爲ᄒᆞ야組合을發起ᄒᆞ고今日下午貳時에大廣橋廣昌測量事務所內에서繼續會議ᄒᆞᆫ다더라

●放逐白放 警視廳에多日滯囚ᄒᆞ얏던饑載軾은昨日에無罪放免이되얏다더라

●義將押交 日司令部에서被囚ᄒᆞ얏던義兵將李康年은日昨에京城地方裁判所로押交ᄒᆞ얏다더라

●偽造證明逃躱 羅州郡居金國淳爲名人이田畓數百石落의偽造證明ᄒᆞ야欺人請債ᄒᆞ다가奸狀이綻露ᄒᆞ야自警察廳으로捕捉코져ᄒᆞ미該金氏가知機逃躱ᄒᆞ얏다더라

●乘眠逃躱 西部警察署에서强盜二人을捉囚ᄒᆞ얏는ᄃᆡ再昨夜拾二時量에看囚ᄒᆞ는巡查의困眠ᄒᆞᆷ을乘ᄒᆞ야開門逃躱ᄒᆞ얏다더라

●永宗島海賊 仁川港에서拾二三里相距되ᄂᆞᆫ永宗島附近에서壹昨日에海賊貳拾餘名이突然侵來ᄒᆞ야掠奪을行ᄒᆞᆫ다ᄂᆞᆫ報告를同地面長으로부터仁川警察署에到達ᄒᆞᆷ으로警官五名이稅關小蒸氣船宵島丸을搭乘ᄒᆞ고同地에出發ᄒᆞ엿다더라

●萎豐失多妻의惡果 西部刀동大審院判事洪祐晳씨는小室이三人인ᄃᆡ該三人中에第二別室을最愛ᄒᆞ야壹夜라도不離ᄒᆞ더니近日에洪씨가又他處에暗置別室하고愛妾의게는壹不現影ᄒᆞ미該妾이惡感情이生ᄒᆞ야破意出去ᄒᆞ려ᄒᆞᆷ애洪氏가又爲不許ᄒᆞᄂᆞᆫ지라該妾이日昨에自鴆ᄒᆞ얏다더라

●學友親會 學友親睦會에서來日上午九時에普成학校內에서總會를개催ᄒᆞ고諸般事項을協議ᄒᆞᆫ다더라

●定期開會 畿湖興學會에서通常總會를今月九日曜下午壹時에該會館內에開ᄒᆞ고事務를處理ᄒᆞᆯ터인ᄃᆡ多數會員이來叅ᄒᆞ기를希望ᄒᆞᆫ다더라

●韓協總會 大韓協會에서本月八日土曜下午壹時에該會事務所內에서通常總會를開ᄒᆞ고會務를處理ᄒᆞᆫ다더라

●桂校捐助 桂洞學校를擴張建築ᄒᆞᄂᆞᆫ事에對ᄒᆞ야義陽君李載覺씨가金五拾圓을捐助ᄒᆞ얏고酒菓를多數買送ᄒᆞ야役軍을饋餉ᄒᆞ얏다더라

●女子中學校建築 進明女學校內에二層洋制로女子中學校를建築ᄒᆞ고該校內에小學科卒業ᄒᆞᆫ生徒拾人과他學校에合格ᄒᆞᆫ學生을多數히募集ᄒᆞ며該校에現存ᄒᆞᆫ小學科學生七拾三名外에限二百名假量을養成ᄒᆞ라고寄宿舍와敎科室을方今準備中이라더라

●朴氏寄附 海州郡居하ᄂᆞᆫ朴昌鎭시가京城孤兒院에來到ᄒᆞ야該院情況을觀察ᄒᆞᆫ後에金一圓을寄附ᄒᆞ얏다더라

●八洞義務 新門外華東學校와養閨義塾의經費가窘拙ᄒᆞ야廢校ᄒᆞᆯ地境에至ᄒᆞ얏더니該附近八洞人士가隨力捐助ᄒᆞ야該兩學校ᄂᆞᆫ義務敎育하기로擔任ᄒᆞ얏다더라

●面長有志 豐德郡北面面長趙斗植시가稅務에綜詳ᄒᆞ고政規에嫺熟ᄒᆞᆯ뿐더러面內에義務敎育의方法을講究ᄒᆞ야各里에학校를設立ᄒᆞᆫ다더라

●養校再興 養士洞에私立ᄒᆞ얏던學校를維持치못ᄒᆞ야廢校ᄒᆞ얏더니該徒ᄂᆞᆫ於義동該校에盡入ᄒᆞ얏슴으로該領李恩淑씨가該校를更設ᄒᆞ고義務敎育ᄒᆞ기로該동有志紳士와會議발起ᄒᆞ얏다더라

●啓明校試讀 江華郡位良面新坪동私立啓明義塾에서夏期試驗을經ᄒᆞ얏ᄂᆞᆫᄃᆡ高等課優等生의朴成撰等兩人이오及第生은雲成等人이오尋常課優等生은南宮圭等人이오該塾監尹致鳳學監李建弘敎師南현朴龍雲贊成員諸씨가壹場勸勉ᄒᆞ고賞品으로該塾學監李建弘시가自擔ᄒᆞ야優數施與ᄒᆞ얏다더라

▲地方消息▼

▲去月二十壹日井邑郡에서員數가不明ᄒᆞᆫ義兵이光州分遣所憲兵과交戰ᄒᆞ얏다ᄒᆞ고

▲去月二拾六日陽德郡에서義兵約二十名이平壤郡化倉分遣所憲兵四名과日巡查西名과衝突ᄒᆞ얏다ᄒᆞ고

▲去月二十三日谷山郡東北方五里地에서義兵三名이同郡分遣所憲兵과交戰ᄒᆞ얏다ᄒᆞ고

▲去月二十二日遂安郡北方五里地에서義兵拾餘名이同郡憲兵二名과日巡查八名과交戰ᄒᆞ얏ᄂᆞᆫᄃᆡ死傷은不明이라ᄒᆞ고

▲去月貳拾五日安변郡내에서義兵十餘名이元山警察署巡查隊와交戰ᄒᆞ얏ᄂᆞᆫᄃᆡ死傷이不明이라더라

▲老學究狠狙▼

▲綱曲間에老學究가變遷時代를當코보니各學校가星羅ᄒᆞ미生計忽地杜絶ᄒᆞ야百般思量無計로다

▲三家村中壹等尊號先生之稱號壹이라春秋租收歛ᄒᆞ야糊口之策自足이니新世界ᄀᆞ되고보니舊學問이無用이라내가훌노狠狙로다

▲天皇地皇古代史로青年子弟訓導ᄒᆞ던皐比席에高據ᄒᆞ야鴻荒世界說道터니新書籍이發生ᄒᆞ야案頭陳編蠹生이라내가훌노狠狙로다

▲李白長篇杜甫詩로夏天斜陽朗吟ᄒᆞ야高下韻格論評ᄒᆞ니吟風弄月高致中에壹平生을虛度라가末來實業全無ᄒᆞ니내가훌노狠狙로다

▲新凉初生七月天에處々巨擘罷接禮ᄂᆞᆫ某々巨擘請邀ᄒᆞ야壯元禮를輪設ᄒᆞᆯ제詩接風流繁華터니到今思之虛事로다내가훌노狠狙로다

▲日賦日詩工夫ᄒᆞ야初試場中出入ᄒᆞ며壹小成을圖囑ᄒᆞ야鄉曲淸官希望터니科擧忽地廢止되니營爲ᄒᆞᆯ事젼혀업다내가훌노狠狙로다

▲冬夜孤燈耿々下에案頭聯坐八九兒ᄂᆞᆫ貳拾三年通鑑初에才不才를言論터니夜學課에盡歸ᄒᆞ야與我無關되얏고나내가훌노狠狙로다

▲身兼妻子都二口ᄂᆞᆫ蔀屋生活淡泊ᄒᆞ야多少學童을恃하고朝虀暮塩艱辛터니開化風이忽吹ᄒᆞ야單瓢屢空되얏고나내가훌노狠狙로다

▲秋來麥熟考卜時에壹把豐東打算ᄒᆞᆯ재壹洞中에居首터니新算術이發生ᄒᆞ미四則法도未解ᄒᆞ니前日籌法爲用ᄒᆞᆯ새내가훌노狠狙로다

▲漢文敎師圖任ᄒᆞ야月銀摘食ᄒᆞ라ᄒᆞ나地誌歷史新科程은素昧平生不通ᄒᆞ야糟粕亦是難解ᄒᆞ니生意ᄒᆞᆯ수져허업네내가훌노랑패로다

… 박滋惠　李觀化

…定價金拾錢

…健胃消滯…吐瀉泄瀉와赤痢白痢と胃腹…　製造本舖　漢城鍾路慈惠大藥房

廣告

本宗約事務를協贊次로沛上京き선族人諸氏의게感謝를表키爲ㅎ야來七曜日下午貳時歡迎會를開ㅎ于本事務所ㅎ깃스오니僉宗居期來參敬要

安東金氏宗約事務所白

本會通常總會를八月九日(日曜)下午壹時에

校洞本會館內에셔開ㅎ오니壹般會員은屆期來臨ㅎ심을爲望

畿湖興學會 告白

本人이園洞八統壹戶金判書世基氏今廿日出次壹千七百五拾圜於音壹片今月初五日셔失故로玆에廣告ㅎ오니誰某拾得이라도休紙施行ㅎ시오

南門外蓮동貳白四拾壹統貳戶 洪在祐 告白

◎本校舍改築義捐諸氏

李庚鳳 五圜　金世卿　全迺明　孫星七　沈能德　金貞坤　張乃興 各三圜　崔鳳賢　鄭順澤　崔德 各貳圜

彰東學校事務所

●工業學校演奏會趣旨書

見今世界가工業으로文明國에進ㅎ는故로工校를設立ㅎ야數年維持ㅎ다가到今事勢ㅎ야至於廢校之境故로本人等이長安社를借得ㅎ야演奏ㅎ며돌기ㅎ고收入金을工校에寄附ㅎ야工業을發達코ᄌㅎ오니同胞僉君子ᄂ非但演戲光觀이라特爲贊助工學ㅎ야家國을同泰케ᄒᆞᆯ意로濟々光臨ㅎ심을希望

發起人　贊成長　趙秉郁

재무部　玄국

自陰曆初壹日로開會홈

壹주악　壹관기각항을무연애　별삭두리시　壹산지도감·할탕픠　壹활동사진

◎特別廣告◎

本月八日(土曜)下午壹時에本會事務所內에셔通常總會를開ㅎ고會務를處理ᄒᆞᆫ後演說은無ㅎ오니 僉會員은來臨ㅎ시옵

大韓協會 告白

本人이姓名漢字篆字로崔鳳式圖章을國文으로봉일信이라並刻ᄒᆞᆫ圖章世隱七月初八日夜에密陽셔留宿ㅎ다가見失ㅎ앗습기此圖章은雖或推覓이라도勿爲施行ㅎ며오니內外國人은切勿見欺홈

釜山鎮壹洞崔鳳式 告白

本人이國債報償義務에僉員의勸告를難孤ㅎ야昨年五月分에總合所所長之任을勉行以後로收入金額이爲四萬二千餘圜인바該金을大韓每日申報社前社長裵說이가句管貯置이더니本年六月地方騷擾以後로義金은不來ㅎ고報償이無期ㅎ고兼且老病이難强ㅎ야自今春으로所長之任을自退이되該金額帳簿롤不容不調査故로今月初壹日에交涉於該社ㅎ야各其任置ᄒᆞᆫ바各人自筆에證을昭詳保管ᄒᆞᆫ明證을本人이領受ᄒᆞᆷ이如左ㅎ오니京鄕間同胞는照亮ㅎ심을望홈

壹萬貳千九百七拾八圜六拾錢　韓美電氣會社內銀行任置　隆熙貳年七月三拾壹日　管佛安自筆證明

貳萬五千圜　同年月日　管佛安實時旭聯發會社立本

五千圜　新門外馬田家立本　馬田自筆證明　同年月日

前總合所所長尹雄烈 廣告

本人의瓦家拾二間半板刻文券을셔失故로將請願于漢城府ㅎ와玆廣告ㅎ오니誰某拾得ㅎ와도休紙施行홈

西部龍山坊靑坡貳契拾貳統壹戶 金鶴根 告白

○本學館에셔第三回學員을募集ㅎ오니志願人은八月三拾日之內로請願書를提呈홈(請願用紙는本館에請求홈)

中學科

(晝學課程)

(壹年級)東國歷史。大韓地誌。算術。圖畫。博物。聖經。語學。(日英語隨意)

(二年級)萬國歷史。萬國地誌。算術。生理。中등物理。聖經。語學(日英語隨意)

(三年級)物理。化學。經濟代數。生理。幾何。聖經語學(日英語隨意)

英語課 日語課

科程은英日語로各히專修케홈

木工課

工業圖畫。算術。聖經木工

(夜學科程)

日語課 英語課 簿記課

以上三課는各히專修課로ㅎ되入學細則은本校에來問홈事

入學試驗

科目　國漢文　讀書作文

但各課補缺生은各次進課程으로시驗홈

試驗日子

九月壹二兩日　八月初六初七日　上午九時

開學日字 九月三日

●以上各課中壹支語學課는補缺生만募集홈

●夜學外課壹年級은學員이貳十名이未滿ᄒᆞᆫ時는該班을不設홈

皇城鍾路基督教靑年會學館

本人等百藥無效久滯惡瘡運珠眼疾이小安洞八統三戶惠春堂神藥에見效故로廣布

平壤居 李元有　李致九　金志淳　박昌業等 告白

本人의現居家舍를去壬寅年에與李允用換居인바本家券을其時셔失故로官契繕出ᄒᆞᆫ次漢城府에請願ㅎ여기玆廣告홈

西部皇華坊西小門契貞洞셔家拾一統壹戶嚴俊源 告白

本社에셔妓生각色舞와立唱與舞童牌에奇妙ᄒᆞᆫ法으로陰曆七月初拾日爲始ㅎ야演藝를開場ㅎ오니 僉君子는光臨玩賞ㅎ심을望홈

團成社 告白

特別廣告

本人의姓名圖章國漢文과英文으로刻ᄒᆞᆫ者를셔失ㅎ앗ㅅ오니內外國人은照亮ㅎ시옵

孫秉熙 告白

各地方各種學校**教師紹介**所를本會內에設置ㅎ오니**普通學**其他各種技**術語學**教育에教授ᄒᆞᆯ志願人은校洞本會館으로來議ㅎ시옵

畿湖興學會 告白

學徒募集廣告

本學校에셔第壹學年級生徒를募集ㅎ오니志願者는八月貳拾七日內로本校에入학請願書를呈出事 入學試驗日은八月三十日上午九時

試驗科目　讀書。作文。算術初步。身體檢査

但年齡은自十五歲至二十五歲

漢城私立普成中學校

温陽邑內居趙兒山鍾설의第二子영元이가性本浮浪홈으로亂類輩를締結ㅎ야百計得債코ᄌㅎ니內外國人은切勿見欺ㅎ시오

趙鍾설

告白

五部내典舖에셔典當規則을不遵ㅎ야營業上妨害가不尠ᄒᆞᆫ所由로本總會의셔각典舖規則을實施ㅎ기爲ㅎ야總會를지ㅎ고從今以後로는典執放限等事를壹遵規則ㅎ기로決定ㅎ얏기玆에廣告ㅎ오니典執ㅎ신僉君子는照亮注意ㅎ시옵

中部솜동十統四戶

漢城典舖總會 告白

八月五日 開業 **石版印刷**

獎堂에셔石版 寫眞版 寫眞銅版 電氣銅版등印刷와鉛版木版 銅版等彫刻을開業ㅎ옵고左記ᄒᆞᆫ課目대로指美히印刷ㅎ오니 僉君子는來臨相議ㅎ심을敬要

●商標　地圖　株券　書冊　挿畫　卒業證書　藥封紙　冊衣　각色彩畫　古畫模寫　寫眞業書　寫眞帖等其他種々應用美術印刷

京城中部鐵物橋大路北변五拾二統六戶

文雅堂印刷所

本館에셔新舊書籍과學徒의所用諸般物品을具備販賣ㅎ오니僉君子는來購하시옵

平壤鍾路太極書館

館主 李昇薰

主任 安泰國

事務 李德煥

本館開業以後僉君子에愛念ㅎ심을厚蒙ㅎ와營業이興旺ㅎ오니感謝無地ㅎ오며近日沐浴湯을壹層擴張ㅎ와夫人沐浴湯도廣設ㅎ얏ㅅ오니內外賓僉枉臨ㅎ심을伏望

惠泉湯 告白

本人等이壹般학界에便宜를供ᄒᆞᆫ次로資本을合同하고業務를擴張ㅎ야新舊書籍과學校用品을俱備發賣ㅎ오니 僉君子는稍稍光降ᄒᆞᆷ을務望홈

海州남門내四街

韓昌書館

館主 李承駿　朴昌鎭

教育月報

壹冊定價拾五錢　每月二拾五日刊

壹般同胞의男女老少有無識을勿論ㅎ고各其事情과年限에拘碍되야學校에入學지못ㅎ는이에게普通學術을發達키爲ㅎ야各種緊要ᄒᆞᆫ學問을純國文으로簡易케繙譯ㅎ야教育月報를發行ㅎ오니此를逐號購覽ㅎ시는同胞는皆有識ᄒᆞᆫ學者가될터인故로本社와京鄕各書肆에셔發賣홈

京城中部校洞貳拾九統四戶

教育月報社

本書館을開業ᄒᆞᆫ지未過壹年에壹般同胞게셔愛助ㅎ시와益益興旺之故로本館을壹層擴張ㅎ고各項新舊書籍與教育物品을多數準備ㅎ야特別廉價로大發賣ㅎ오니四方僉君子는陸續來臨ㅎ심을爲要홈

釜山港東關韓興書館

金汝重　權鍾律

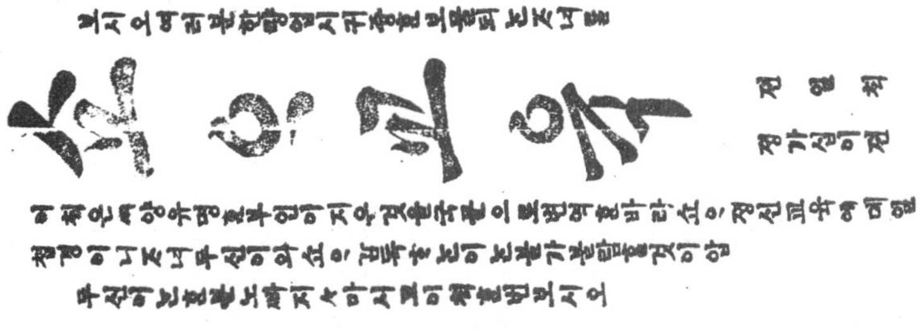

平壤太極書館은有志紳士의公益을爲ㅎ야建設ᄒᆞᆫ바어니와義州替市少年書舖는此館에支店으로新舊書籍과各學校所用物品을廉價應賣ㅎ오니僉君子는陸續來購ㅎ시옵

書舖主 朴奉燁　韓用權

本人의姓名圖章을陰曆七月五日에遺失ㅎ앗스니何人이拾得하여도七月五日以後에는此圖章은勿施이오니內外僉君子는照亮홈

慶北金山郡金泉市朴春明告白

本店에夏節양服件이英京倫敦에셔新著를앗기로玆에廣佈ㅎ오니僉君子는光顧購買ㅎ심을懇冀홈

貞동華商源泰號洋服裁縫店 謹白

漢城鍾路慈惠大藥房

藥業月報社製藥部

咽喉熱痛 降火水 金五十錢

五日分壹圓 消毒 甘酸水

男女補血 益氣丸 二圓五十錢

止瀉 潤腸丸 二十錢

[illegible]根藥 五十錢

痢疾靈散 三十錢

淸明眼藥 十五錢

養兒寶散 十五錢

[illegible]拔根藥 三十錢

[illegible]鷄納丸 十錢

[illegible]蟲丸 二十錢

定汗臭藥 二十錢

四時感冒丸 十錢

太腫合瘡膏 三十錢

消痰鎭咳藥 三十錢

漢城百應膏 十錢

胃滯消積丸 五十錢

瘤氣神效保嬰散 二十五錢五里

[illegible]藥[illegible]以上郵便送

漢城鍾路慈惠醫院診

醫學校卒業後濟衆院卒業 의학박사

病人看護 濟衆院의學實地六年학習

此의院에서西洋의術機械를壹新히俱備하고藥品도精擇하고男女間病人을至誠으로診察하고藥을酬應하옵는데男病人은男의師가診察하고病이危重하야入院하야治療할病人은部屋으로濟衆院上等病室에病이낫도록治療하여주으며婦人病[illegible]

▲大韓國[illegible]

健胃消滯 ▲八寶丹 ▲팔보단

▲發賣所

京城大廣橋共愛堂약房

仝 남문너 水橋 제생支店

仝 仝 大東 市支店

仝 尙[illegible]博文書館

仝 洞口너 相信號典當포

仝 鐵物橋 毛衣房리洛瑞

仝 小廣橋 毛衣房리厚根

仝 壽進동 上隅三可病院

仝 大寺동 共濟病院

○仁川港너 客閣 豐旅館韓禹根

仝 읍너 [illegible]제鉉

○江華鐘路 宋順五店

○開城 남문너 朴圭相商店

仝 남문너 明新冊사 리良錫

○水原 남문너 김제九약舖

○海州 남문너 리[illegible]商店

○延安읍너 邊汝文洋藥局

○長淵 남문너 [illegible]在淳

仝 和里院耶蘇敎당리在善

○黃州남문너 紅문동리東赫

○平壤 雙巨里 韓鳳儀藥舖

仝 館前 김龍興藥舖

仝 文武洞 桂澤善약포

○鎭南浦 [illegible]동 김元섭藥포

仝 제生당出張 吳[illegible]駿

○群山港 開福洞 金斗鉉

仝 大井동 리春善약房

○禮산 용谷里 리東赫

○大邱 남문너 리明直약局

○元山港 南甲元약局

仝 제生堂支局 朴敬鎭

○尙州 서문너 박致[illegible]약局

○泉場 鄭聖瑞약局

○釜山港 제生당出張 朴昌鎭

○安州 성너 義井동回春大약房

○安岳읍上場 제生局林[illegible]

○義州 남문外木口街義和약房

○載寧읍後동 洋약局崔允國

○定州남문너 洋약局리健柱

○郭山읍 洋약局 羅應彬

○宣川읍 冊사 安[illegible]

鐵山읍 永春堂 安 灝

仁川港 和平堂 白

婦人 ▲리양됴경환 ▲胎養調經丸

壹個月分入 定價[illegible]

大抵婦人이年過[illegible]不受孕者[illegible]由於有病也[illegible]

[illegible]

製藥所 인川港 축峴 和平堂藥房

발行人 仝 리應善

京城支店 鐘路衣廛下 和平堂

代理店 仁川港 축峴 제生堂약房

◎大韓新발明藥廣告

此外에도東西洋의圖有[illegible]多少를不拘하고[illegible]

製藥발行所 漢城南大廣橋[illegible] 共愛堂大藥房 [illegible]

支店 開城남[illegible]內共愛堂[illegible]支店

釜山港[illegible]洞共愛堂第二支店

河[illegible]郡[illegible]共愛堂第三支店

代理店 皇城[illegible]安동

仝 [illegible]部[illegible]門外石橋

仝 [illegible]會館前

仁川[illegible] 濟生堂

仝 和平局

普濟[illegible]院

慈惠藥房

仁濟藥房

黃[illegible]秀

리春善

姜助[illegible]

消化新藥 淸心保命丹

陸軍軍醫[illegible]有効證明

發行所 仁川港 [illegible] 濟生堂藥房

九十粒入 金拾錢

●右[illegible]의主治効能은如左

●吐瀉 ●腹痛 ●咽喉 ●[illegible]

總發行所 京城南大門內

代理店 京성大廣橋共愛堂

●京城[illegible]외 제生당支店 李[illegible]

●[illegible]제生당支店具[illegible]

●元山港銘石院 제生당支店 박敬[illegible]

●京泥峴三丁目 全鄭便局前 天佑堂약房

全 慈惠약房 新井약店

仝 남[illegible]너博文書館 [illegible]

仝 梨峴 洋약局 리信華

仝 大安洞 仁제약房

仝 壽동三可病院 리善[illegible]

仁川 축峴 和平당 리應善

同 本町 新井樂房

海州남문너 仝商店 宋在[illegible]

水原 종路下 약房 리奉[illegible]

[illegible] 金제九

江華 종路店 邊汝文 尹斗鉉

汗浦 東美[illegible] 許[illegible]

[illegible]

宣川邑너 冊사 安 灝

鐵山읍너 [illegible] 安 濬

義州남문外 木口街 [illegible] 리丙斗

群山港開福동 김斗鉉

大邱남門너 [illegible]遠洞 김成浩

釜山港東館本町商店 리炳夏

北靑新昌港客主 朴錫勳

木浦各國居留地 松房徐[illegible]

全國너 各약店마다 隨應販賣

仁川港 축峴 京성남大문너 濟生堂 白

落梅丹

◉新發明梅毒[illegible]藥廣告

陸軍軍의金守鉉[illegible]驗方劑

口疳不發 창病去[illegible]之[illegible]

壹劑五百粒 [illegible] 三[illegible]

主治 梅毒(唐창) 新舊창 ●瘰癧 ●皮膚病 ●倭마질

●청病

已上病証外에男女間에不精[illegible]合한後에若疑아之端이有하야도此藥壹劑만服하면完無[illegible]

此外에도의療械와精美한藥材를新備하고內外科雜色疾病을治療함

[illegible]北部大安洞 仁濟藥房 高[illegible] 謹白

代理店 [illegible] 共愛堂약房

仁川港[illegible]洞 濟生堂

國內各處藥局에셔隨[illegible]販賣함

社告

○申報價

壹部代金 新貨二錢五厘

壹個月[illegible]

[illegible]

陸[illegible]

壹個年

[illegible]一[illegible]

壹個月

◉廣告料

四號活字拾二字詰

每日每行六錢[illegible]

二週日에

每一每行四[illegible]五厘에相當

壹箇月에

每日每行四錢壹厘에相當함

其期限의長短과字行의多寡를依하야增減홈이有함

發行兼編輯人 英國人 裴說

Responsible for Publication Alfred Weekley Marnham.

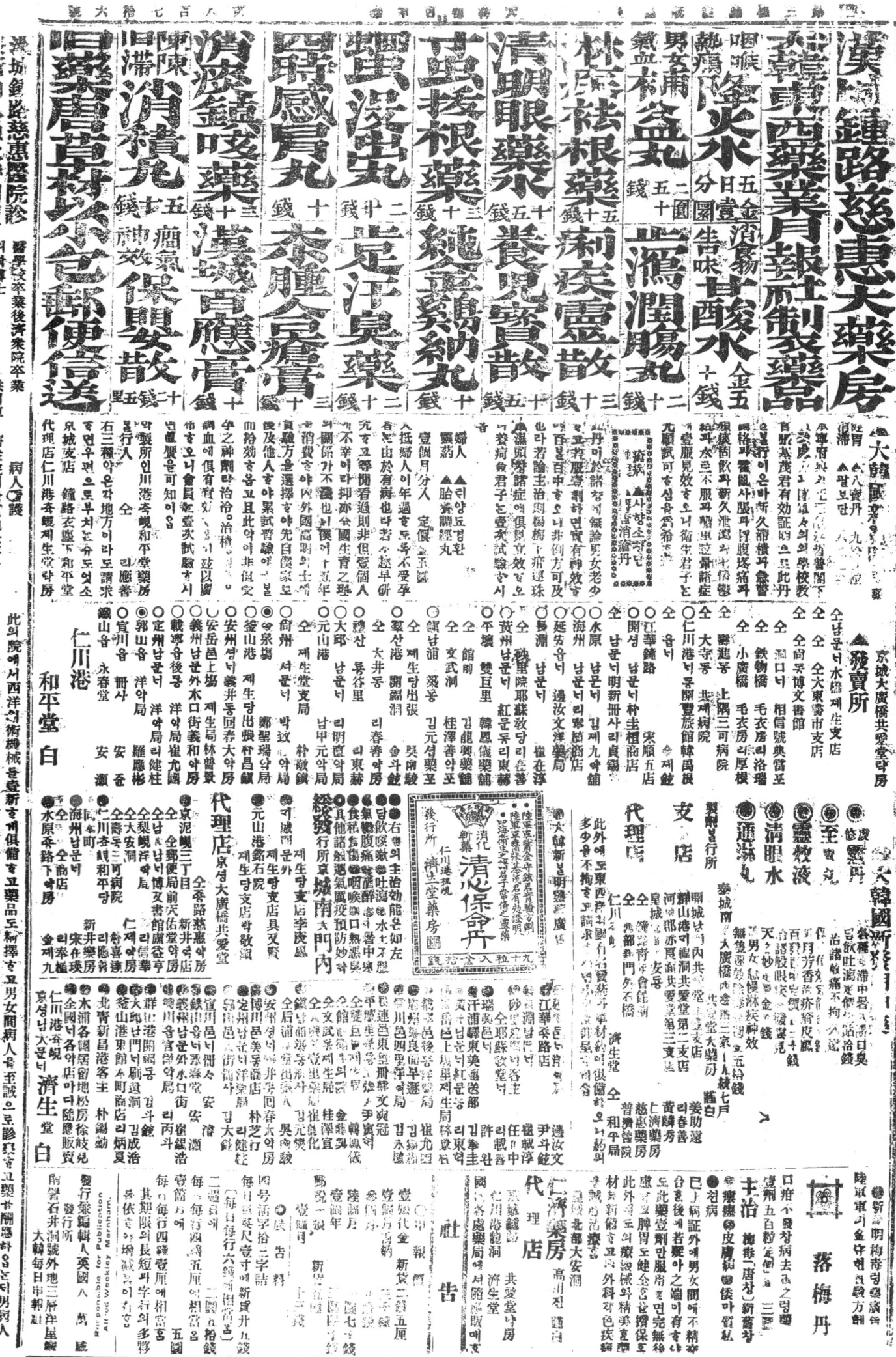

發行所 南署石井洞號外地三層洋屋 大韓每日申報社

第六卷 大韓每日申報 第八百七拾七號

月曜及慶節臨時日休刊

檀君開國四千二百四十一年
箕子元年三千三十年
大韓開國五百十七年
日本明治四十一年
淸國光緖三十四年
陰曆戊申七月十五日

論說

▲許多古人之罪惡審判

夢耶아眞耶아梧月이纖々ᄒᆞᆫ대朦朧히枕ᄒᆞ더니兩翼이忽生ᄒᆞ야壹處에飛至ᄒᆞ니天門은九重開ᄒᆞ고寶座ᄂᆞᆫ七層高러라中央壹位에天容이正大ᄒᆞ시고風采가森嚴ᄒᆞ신壹位王子가坐ᄒᆞ섯ᄂᆞᆫ데門者ㅣ指曰是ᄂᆞᆫ朝鮮始祖檀君이시니라左邊壹位에顧顯에沈毅ᄒᆞ고嚴目이睜圓ᄒᆞᆫ壹王이侍立ᄒᆞ얏ᄂᆞᆫ데是ᄂᆞᆫ廣개土王이라ᄒᆞ며右第壹位에虬髯이上指ᄒᆞ고猿臂가特長ᄒᆞᆫ壹太臣이侍立ᄒᆞ얏ᄂᆞᆫ데是ᄂᆞᆫ蓋蘇文이라ᄒᆞ며左第二位에狀貌가嚴毅ᄒᆞ고意氣가靜昇ᄒᆞᆫ壹將軍이侍立ᄒᆞ얏ᄂᆞᆫ데是ᄂᆞᆫ乙支文德이라ᄒᆞ며右第二位에身體가雄大ᄒᆞ고音聲이洪亮ᄒᆞᆫ壹武夫가侍立ᄒᆞ얏ᄂᆞᆫ데是ᄂᆞᆫ崔瑩이라ᄒᆞ며手中에電光이閃々ᄒᆞᆫ壹口大劍을帶ᄒᆞ고左右로齊察ᄒᆞᄂᆞᆫ者ᄂᆞᆫ是忠武公李舜臣이라ᄒᆞ며其餘次에侍立ᄒᆞᆫ者ᄂᆞᆫ皆是歷代明君賢臣이라ᄒᆞ더라

無何에靑少年이白簡을抱ᄒᆞ고出班ᄒᆞ야奏曰新羅忠臣朴堤上은謹再拜痛哭ᄒᆞ고노이다方今大韓半島ᄂᆞᆫ劫運이慘澹ᄒᆞ야三千里疆土ᄂᆞᆫ繫舟에泛々ᄒᆞ얏스며二千萬生命이塗炭에陷ᄒᆞ야志士ᄂᆞᆫ熱死ᄒᆞ고英雄은枯死이온바亡國은姑舍ᄒᆞ고滅種이不卽ᄒᆞ온지라臣이丹心의拳々ᄒᆞᆷ을不勝ᄒᆞ와晝思夜度으로陛下子孫의生存을圖謀코져ᄒᆞ온즉病源의由來ᄒᆞᆷ이壹朝가아니오ᄯᅩ魔毒을吹噓ᄒᆞᆫ者壹人이아니오라

大抵四千餘年間에無數奸夫民賊이卑劣思想을鼓吹ᄒᆞ며讆談을加煽ᄒᆞ야國家의精神을殺ᄒᆞ며民族의幸福을斲ᄒᆞ야神聖至尊ᄒᆞᆫ大東帝國이今日此慘境에達ᄒᆞ얏사오니臣愚ᄂᆞᆫ窃念컨ᄃᆡ元惡을不誅ᄒᆞ면後人이何를觀ᄒᆞ야警戒ᄒᆞ며本源을不淸ᄒᆞ면末流가何를由ᄒᆞ야澄淸ᄒᆞ오릿가故로臣愚ᄂᆞᆫ以爲ᄒᆞ되此等罪人을不可不照律嚴懲ᄒᆞᆫ後에야將來子孫이勸懲ᄒᆞᆯ비有ᄒᆞᆯ지라玆에奸夫民賊等의罪惡을臚列ᄒᆞ야上奏ᄒᆞ옵ᄂᆞ이다

歷史ᄂᆞᆫ愛國心의源泉이라故로史筆이强ᄒᆞ여야民族이强ᄒᆞ며史筆이武ᄒᆞ여야民族이武ᄒᆞᄂᆞᆫ비어ᄂᆞᆯ彼金氏諸人이三國史를撰出ᄒᆞ미卑劣ᄒᆞᆫ政策을讚美ᄒᆞ며强勁ᄒᆞᆫ武氣를摧折ᄒᆞ야新羅文武王이唐兵을擊破ᄒᆞ고本國統壹ᄒᆞᆫ功을以小敵大로貶하며隋唐巨寇가野心을抱하고高句麗侵犯ᄒᆞᆷ을中朝動兵으로尊ᄒᆞ얏스니嗟彼拜外의僻見者여彼가獨立精神을抹殺ᄒᆞᆫ者이오니此ᄂᆞᆫ歷史家의罪人이오며

新羅末葉에崔朴諸氏가雕虫小技를抱하고唐朝에登第ᄒᆞ야唐衣를衣ᄒᆞ며唐士에食ᄒᆞ며居然自己生長ᄒᆞᆫ祖國을全忘ᄒᆞ고惟唐에是謳ᄒᆞ며惟唐을是歌ᄒᆞ야其歸國ᄒᆞᆫ後로崇拜支那主義를滿抱ᄒᆞ야彼國을我國이라ᄒᆞ며我國은小國이라ᄒᆞ야幾百年魔醉迴로大東人士를昏倒케ᄒᆞ얏스니此ᄂᆞᆫ文學家의罪人이오며

幾千載以來로東國君主의蠻昧ᄒᆞᆫ者가雖有ᄒᆞ나其中에最蠻昧ᄒᆞ며最卑劣ᄒᆞᆫ者ᄂᆞᆫ高麗王晧(明宗)王쥐(元宗)이是라不過女眞蒙古를恐怯ᄒᆞ야雙膝이自跪ᄒᆞ야乞和乞命ᄒᆞ며媚詐苟活ᄒᆞ시尹鱗瞻이國號上에字를加ᄒᆞ자ᄒᆞ니是ᄂᆞᆫ敵國의意를忤ᄒᆞᆫ讒論이라ᄒᆞ야遠域에竄ᄒᆞ며遂春命이壹孤城의殘矢으로大敵을擊破ᄒᆞ미是ᄂᆞᆫ敵國의怒를觸ᄒᆞᆫ擧措라ᄒᆞ야牢獄에下ᄒᆞ니蓋東國山河의憔悴無顔이從玆로始ᄒᆞᆫ지라此ᄂᆞᆫ帝王家의罪人이오며

麗末 腐敗ᄒᆞᆫ民氣를振作ᄒᆞ야數萬紅寇를ᄯᅡᆯ하며明將偰眞을斬ᄒᆞ며駕度倭寇를擊退ᄒᆞ며西征大計를定ᄒᆞ던者ㅣ都統制使崔瑩이아닌가當時南毁諸臣等이此를事大主義에大悖ᄒᆞᆫ罪逆이라ᄒᆞ야死刑에處ᄒᆞ얏스니此人等은罪中의罪人이오며

其他薛仁貴ᄂᆞᆫ狗彘의富貴를貪하야賊兵의先鋒으로祖國에入寇ᄒᆞ얏스며雙冀ᄂᆞᆫ外來異族으로詩賦取士의制를定ᄒᆞ야千餘年東國子孫의腦를腐壞ᄒᆞ얏스며其他某々獨夫民賊等도或小智를巧弄ᄒᆞ야民氣를剗除ᄒᆞ며或文弱의痼狀을作ᄒᆞ야武功을壓抑ᄒᆞ얏스니此皆萬死無赦의罪人이라 陛下子孫이此罪魁等의凶毒에深被ᄒᆞ야在々無氣의民族을作ᄒᆞ얏스니此等罪를明白嚴懲ᄒᆞᆫ後에야現今人物의覺悟를可望이오며

再者現王朝에至ᄒᆞ야至今五百十餘年間에無數奸臣黨夫가産出ᄒᆞ야文字의獄案으로言論自由를剝奪ᄒᆞ며樂天의主義로自主精神을抹殺ᄒᆞ고黨派私鬪에勇ᄒᆞ야國家公益을不計ᄒᆞ며煩惱官海에汨ᄒᆞ야民族興亡을不恤ᄒᆞ야年々退化ᄒᆞᆫ者ᄂᆞᆫ惟是歷朝의政策이오日々增積ᄒᆞᆫ者ᄂᆞᆫ惟是依賴의思想이니此輩를壹日不誅ᄒᆞ면其遺毒ᄒᆞᆫ惡業이社會와國家를滅盡ᄒᆞ리니此를不可不嚴査懲辦이니이다

奏畢에列位諸公이拍掌贊成ᄒᆞ며大韓帝國萬歲를三呼ᄒᆞᄂᆞᆫ聲에天壤이震ᄒᆞᄂᆞᆫ지라俟然驚覺ᄒᆞ니晨鷄가壹聲을止報ᄒᆞ더라

▲▲隆熙二年 七月拾七日 官報

●法律第拾三号

民刑訴訟規則 (續)

附 則

第百七拾壹條 本法施行前에判決을經ᄒᆞᆫ事件으로本法施行日에舊法의中訴期限이아직經過치아니ᄒᆞᆫ控訴에當ᄒᆞ야ᄂᆞᆫ本法施行日로부터其期間을起算ᄒᆞᆷ

第百七拾貳條 從來의裁判所及郡守의行ᄒᆞ던判決에對ᄒᆞᆫ控訴나或ᄂᆞᆫ控訴에關ᄒᆞᆫ原狀回復의申提ᄂᆞᆫ其申提書를上級裁判所에提出ᄒᆞ야此를行ᄒᆞᆷ도無妨ᄒᆞᆷ

第百七拾三條 郡守의行ᄒᆞᆫ判決에對ᄒᆞᆫ再審의申提ᄂᆞᆫ管轄區裁判所의開廳前에ᄂᆞᆫ其管轄區域을管轄ᄒᆞᄂᆞᆫ地方裁判所가此를管轄ᄒᆞᆷ

第百七拾四條 第六拾二條의境遇에第壹審裁判所가從來의裁判所나郡守도其管轄區域을管轄ᄒᆞᄂᆞᆫ區裁判所가開廳되지아니ᄒᆞᆫ時ᄂᆞᆫ其區域을管轄ᄒᆞᄂᆞᆫ地方裁判所가訴訟記錄을保存ᄒᆞ미可ᄒᆞᆷ

第百七拾五條 本法에依ᄒᆞ야執行裁判所될區裁判所의開廳前에ᄂᆞᆫ其管轄區域을管轄ᄒᆞᄂᆞᆫ地方裁判所로ᄡᅥ執行裁判所로ᄒᆞᆷ

第百七拾六條 從前의法令中本法의規定에抵觸이나此와重複된者ᄂᆞᆫ廢止ᄒᆞᆷ

第百七拾七條 本法은隆熙二年八月壹日로부터此를施行ᄒᆞᆷ

完

外報

●兩帝懇談 露國皇帝와佛國大統領페리엘씨가五日에露國레발에서會見ᄒᆞ얏ᄂᆞᆫᄃᆡ兩陛下가極히懇親ᄒᆞ다더라

●露領事被殺 天津에駐在ᄒᆞᆫ露國領事立쓰헤氏ᄂᆞᆫ四日夜에支那人의게刺殺을被ᄒᆞ얏다더라

雜報

●玉妓熱心 群港講習所에經費가窘絀ᄒᆞ야港內紳士가多少寄附ᄒᆞ얏ᄂᆞᆫᄃᆡ妓女玉簇이가赤立之勢로自願ᄒᆞ야金三圓을補助ᄒᆞ고ᄯᅩ入學을請願ᄒᆞ니女人의思想이如此開明ᄒᆞ기ᄂᆞᆫ令人嘆賀라ᄒᆞ더라

●金氏熱心 高陽郡己浦面大化洞居金性權氏가韓洞華洞하成梯立時에贊助도多數ᄒᆞᆯ뿐아니라每年春秋로紙筆墨을諸學徒의게給與ᄒᆞ고今月에白紙數百卷으로更爲雨內學徒와各私塾諸學徒의게壹々分給ᄒᆞ고近동人民의게敎育發論으로勸論戶說ᄒᆞᆫ다더라

偉人遺蹟

水軍第一偉人 李舜臣

錦頰山人

第四八章 李舜臣의諸將과李舜臣의遺蹟及其奇談

馬河秀、體工主簿를官하다가倭寇에避ᄒᆞ며丁酉에全家가壹船을乘ᄒᆞ고海中에서避亂ᄒᆞ다가舜臣의統制再任ᄒᆞᆷ을聞ᄒᆞ고喜曰吾輩가何憂리오ᄒᆞ고遂往拜ᄒᆞ야及鳴梁戰役에舜臣의賊에게被圍ᄒᆞᆷ을望見ᄒᆞ고劍을拔ᄒᆞ야曰丈夫가壹死ᄒᆞᆯ地라ᄒᆞ고劍을揮ᄒᆞ며賊陣에突入ᄒᆞ야나가戰良久에丸에中ᄒᆞ야死ᄒᆞ고其子成龍이亦劍을守ᄒᆞ고突進ᄒᆞ다가旣而오賊의敗走ᄒᆞ미父屍를扶ᄒᆞ고鄕에還ᄒᆞ니라(馬氏家狀)

縣의南二十里에芳華山이有ᄒᆞ고山下에白巖村이有ᄒᆞ고其村에李忠武舊宅이尙存ᄒᆞᆫ데宅傍에雙杏樹가立ᄒᆞ야蕃衍ᄒᆞ야鬱ᄒᆞ야蔭이數畝에及ᄒᆞ얏스니此ᄂᆞᆫ忠武少時에馳走騎射를習ᄒᆞ던處라(牙山縣志)

府에館沙가有ᄒᆞ니忠武가일즉此處에서鐵을採取ᄒᆞ야刀劍을鑄ᄒᆞ얏더니甚히銛利ᄒᆞ더라(濟府志)

三千浦前에壹島가有ᄒᆞᆫ데李忠武가倭를逐ᄒᆞ야此에播ᄒᆞ고及其山을抗ᄒᆞ미倭賊이勢大窮ᄒᆞ야山을鑿ᄒᆞ야道를通ᄒᆞ고夜를乘ᄒᆞ야遁去ᄒᆞᆯ시互相踐踏ᄒᆞ야殘殺ᄒᆞ야屍가山又치積ᄒᆞ고刀槍器械를無數히棄ᄒᆞᆫ지라後人이其地를掘ᄒᆞ야得ᄒᆞ더라(上仝)

左水營前洋에無數ᄒᆞᆫ鐵이李忠武의大捷ᄒᆞᆫ處라時々往々其地에서倭銃丸鐵塊를得ᄒᆞ더라(湖南記聞)

未完

雜報

⊙學部請願 皇太子殿下셔 [illegible] 字를 [illegible] 春庭 字 [illegible] 賓館으로 送ᄒᆞ옵시 [illegible] 塾壁上에 揭示케ᄒᆞ셧다더라

⊙[illegible]會 統監 丸山重俊은 拾二道 [illegible] 會議에 往參ᄒᆞ기 [illegible] 連三日 仕進치아니ᄒᆞ얏다더라

⊙郡守依免 呂州郡守 金璟鎭 氏는 依免이 되얏다더라

⊙卒業生擇用 法律卒業生 普成學校卒業生 養正義塾卒業生 中에 學力이 優勝ᄒᆞᆫ者를 選擇ᄒᆞ야 [illegible] 及警部를 叙任ᄒᆞ기로 內定이 되얏다ᄂᆞᆫ 說이 有ᄒᆞ다더라

⊙財務官叙任 度支主事 趙益瑗 [illegible] 財務官을 叙任ᄒᆞ얏다더라

⊙[illegible]丸 [illegible] 徐志潤 氏가 海蔘威에서 [illegible] 氏가 無罪히 [illegible] 被囚됨을 聞知ᄒᆞ고 辨明書 幅列書ᄒᆞ야 警視總監 丸山 [illegible] 의게 送致ᄒᆞ엿다더라

⊙何由勸告 牙山郡守 鄭輪[?] [illegible] 의게 [illegible] 務官이 送函ᄒᆞ되 觀察使指敎에 [illegible] 辭職請願 [illegible] 故로 該郡守가 訝惑ᄒᆞ야 若有過則 免官ᄒᆞ거신 [illegible] 何事端으로 辭職勸告ᄒᆞᄂᆞᆫ거슬 不知 [illegible] 答函ᄒᆞ얏다더라

⊙[illegible]困 西[illegible]人의 傳說을 [illegible] 地方이 騷擾ᄒᆞᆷ을 因ᄒᆞ야 避身山中ᄒᆞ얏다가 [illegible] 還官하얏스나 地方官의 困境을 [illegible] 今人慨惜이라더라

⊙[illegible]曆減秩 學部에서 [illegible] 隆熙二[illegible] 曆을 發刊ᄒᆞ야 [illegible] 物品을 [illegible] 에 送致ᄒᆞ고 [illegible] 二 [illegible] 刊[illegible] [illegible] 所 [illegible] 經費 [illegible] 二十萬 [illegible]

⊙動物買入 西小門[illegible] 人이 [illegible] 動物의 所在ᄒᆞᆫ 種飛禽走獸 二萬餘[illegible]에 昨日 [illegible] 秘園에 設置ᄒᆞᆫ 動物園으로 買入ᄒᆞ고 [illegible] 動物園은 廢止ᄒᆞ얏다더라

⊙舊軍物渡 再昨日 軍部에서 近衛隊及武官學校에 積儲ᄒᆞᆫ 舊軍物을 壹々調査ᄒᆞ얏다ᄂᆞᆫ대 其理由를 聞ᄒᆞᆫ즉 此物品中에 良好ᄒᆞᆫ者를 取擇ᄒᆞ야 日本 博覽會에 出品ᄒᆞᆯ 所以이라더라

⊙東洋何國 陪從武官 趙東潤 氏 大夫人 李氏 等 拾三人과 日本人 三人이 今月 四日 下午 五時에 明月館에 會集ᄒᆞ야 東洋愛國婦人會를 設立ᄒᆞᆯ 事로 爛商會議ᄒᆞ얏다더라

⊙夫人茶話 學務局長 尹致旿 氏의 夫人 尹高羅 氏가 本日 下午 六時頃에 自己私邸에서 茶話會를 開ᄒᆞ고 各 貴族夫人과 壹般 女子社會의 代表人을 請邀ᄒᆞᆫ다더라

⊙帝社紀念 帝國新聞社에서 本日 下午 七時에 滿拾個年紀念式을 擧行ᄒᆞᄂᆞᆫ대 各社會代表者를 請邀ᄒᆞᆫ다더라

⊙魚鹽賊錢 臨時帝室有及國有財産調査局의 項經費를 調査ᄒᆞᆫ즉 局幹 [illegible] 魚鹽者 [illegible] 의 賦錢이 壹百拾餘圜인대 油炭及椅子 四個를 請求ᄒᆞᆫ거시 四拾餘圜이오 地方派員의 手當과 費와 旅費 僞造領收證의 額이 八拾餘圜이오 [illegible] 尾費 [illegible] 貳[illegible] 圜假量 [illegible] 隱匿偸食ᄒᆞᆷ을 調査委員이 本局委員長의게 發覺ᄒᆞ얏더라

⊙[illegible]共議 [illegible]認 仁川港 船主 [illegible] 共議 [illegible] 工廠 [illegible]

⊙魔鬼妄筆

[illegible] 國民新報에 云ᄒᆞ얏스되 英 [illegible] 國捕獲事件 [illegible] 說 [illegible] 金犯 [illegible] 事에 對ᄒᆞ야 自國國體의 受損ᄒᆞ야 自國國民의 受侮ᄒᆞᆷ이 不少ᄒᆞᆷ으로 [illegible] 實을 調査歸正ᄒᆞᆫ다ᄒᆞ고 云ᄒᆞ얏도다 吁라 [illegible] 報의 황筆이여 [illegible] 說이 [illegible] 가 元來 大韓國民의 國債報償 [illegible] 을 募集ᄒᆞ야 熱誠贊祝ᄒᆞ던 人인되 [illegible] 지 此金을 壹分인들 犯用ᄒᆞ얏스리오 [illegible] 의 斷々無他ᄒᆞᆷ은 [illegible] 事도 業已確知ᄒᆞᄂᆞᆫ 何를 調査ᄒᆞ리오 [illegible] 報가 如此ᄒᆞᆫ 황筆을 擧ᄒᆞ야 황言을 揑造ᄒᆞ고 國體受損이니 國民受侮니ᄒᆞᄂᆞᆫ 句語를 妄下ᄒᆞ얏스니 彼壹進會機關 國民新報의 황筆은 世所共知어니와 彼報가 恒常 壹人의 手로 天下의 目을 掩코자ᄒᆞ야 如此황言律에 故犯ᄒᆞ오 吾人이 彼를 爲ᄒᆞ야 戰慄ᄒᆞ노비로라

[illegible] 收 [illegible] 錢式 [illegible] 討索 [illegible] 少婦 [illegible] 餅 色菜 [illegible] 麵包 [illegible] 砂糖 [illegible] 當 [illegible] 氣 [illegible]

⊙[illegible]人倫瓜賠償 [illegible]에 彰 [illegible] 門外居 [illegible] 池根 [illegible] 洞 [illegible] 爪 [illegible] 井 末吉 [illegible] 瓜 貳 [illegible] 簡을 暗取ᄒᆞᆫ지라 池根 [illegible] 人處 推覓ᄒᆞ되 終不出給ᄒᆞ고 [illegible] 故로 [illegible] 賠償 [illegible] 訴ᄒᆞ얏더니 [illegible] 八錢을 徵給ᄒᆞ얏다더라

⊙通譯行悖 [illegible]의 傳說을 據ᄒᆞᆫ즉 燕岐郡 鳥致院 新場대居 尹致三이란 者의 子 [illegible] 年 十六歲假量인데 日兵의 通譯으로 行爲ᄒᆞ기 悖惡ᄒᆞ야 無論某洞ᄒᆞ고 突入ᄒᆞ야 男女老幼勿問ᄒᆞ고 加辱ᄒᆞ며 銃丸이 有ᄒᆞᆫ 家를 指數ᄒᆞ되 若隱諱ᄒᆞ면 卽 砲殺ᄒᆞᆫ다ᄒᆞ고 劫迫ᄒᆞ니 村間兒童婦女가 惶劫中에 通譯의 言ᄒᆞᄂᆞᆫ대로 隨答ᄒᆞᆫ즉 [illegible] 民의게 指囑ᄒᆞ야 無罪殺人ᄒᆞᆷ이 不過幾日 內에 [illegible] 餘名 [illegible] 殺 [illegible] 且 或 路 [illegible] 年少婦女를 見ᄒᆞ면 [illegible] 鮮의 美人이라 [illegible] 民에게 指囑ᄒᆞ야 恣行困辱케ᄒᆞ고 且 民財를 賊奪ᄒᆞ얏스며 各處人民이 怨ᄒᆞ기를 此通譯이 若爲久存이면 生命財産을 必無餘存ᄒᆞ깃다ᄒᆞ야 人心이 [illegible] 端騷擾ᄒᆞᆫ다더라

⊙[illegible]困境 [illegible] 聞을 據ᄒᆞᆫ즉 [illegible] 江鏡浦에서 [illegible] 拾里되ᄂᆞᆫ 村落에 [illegible] 夜間 [illegible] 大名 或 拾餘名式 出沒ᄒᆞ야 所此窮節에 錢財를 討索ᄒᆞ야 [illegible] 逢着 [illegible] 毆打ᄒᆞ고 或 彼黨에 勸入ᄒᆞ라ᄒᆞ고 捕去ᄒᆞ야 [illegible] 到 [illegible] 言語 [illegible] 無論 [illegible] 突 [illegible] 近日 [illegible] 飮水 [illegible]

⊙歷망慘命 石宮洞亭子동居 金[illegible]植 氏의 家屋이 再昨夜에 崩壞되야 [illegible] 靑年 生男子 壹名과 拾六歲된 女兒 壹名과 [illegible] 老婆 壹名이 同爲壓死ᄒᆞ얏ᄂᆞᆫ대 其慘狀은 令人難見이라ᄒᆞ더라

⊙[illegible]長逝 [illegible] 部主事 [illegible] 百洙 [illegible]ᄂᆞᆫ 身病이 闖發ᄒᆞ야 苦痛中이러니 再[illegible]日에 奄然長逝ᄒᆞ얏다더라

⊙勸學會組織 光熙門內 彰明學校가 [illegible] 去 [illegible] 勸學會를 組織 [illegible] 會長은 [illegible] 副會長은 金旭 [illegible] 總務ᄂᆞᆫ 李 [illegible] 評議員은 吳聖鉉 [illegible] 等 [illegible] 八人을 薦定ᄒᆞ얏 [illegible] 紳士諸시가 多數叅 [illegible] 雙林 [illegible] 區域 [illegible] 光熙門內 [illegible] 漁橋 [illegible] 元 [illegible] 二百 [illegible] 捐助 [illegible] 校 [illegible] 承 [illegible] 洋藥爲業 [illegible] 安明 [illegible] 益 [illegible] 學員 [illegible] 壹貳次式學校 [illegible] 消毒豫防 [illegible] 酌定ᄒᆞ얏다더라

⊙申氏寄付 官 [illegible] 府主事 申敬鉉 氏 [illegible] 成學 [illegible] 學徒 [illegible] 石筆 二拾柄 [illegible] 鉛筆 二拾柄 [illegible] 毫筆 四柄 [illegible] 工夫 [illegible] 就之方을 勸勉 [illegible]

⊙捐助留學 [illegible] 內紳士 [illegible] 仁川 永化學校 [illegible] 徒 二人 [illegible] 赤手로 [illegible] 留學 [illegible] 前往 [illegible] 事 [illegible] 學資金을 捐ᄒᆞᆫᄃᆡ [illegible] 崔 [illegible] 彰 [illegible] 李鍾浩 [illegible] 崔 [illegible] 圜 [illegible] 尹致 [illegible] 崔敬淳 [illegible]

⊙女工進步 進明女학校 [illegible] 針工 [illegible] 料 [illegible] 特別 [illegible] 生徒 [illegible] 實地 [illegible] 外國敎師 [illegible] 聘ᄒᆞ고 內外國 男女 [illegible]

⊙地方消息

△去月二十四日 春川郡 [illegible] 義兵 七十名 [illegible] 洪川郡 日分遣隊 [illegible] 八名과 交戰ᄒᆞ얏다고

△本月壹日 砥平郡 楊根 北方 [illegible] 義兵 [illegible] 名 [illegible] 分遣隊 [illegible] 交戰ᄒᆞ얏다고

△去月 [illegible] 郡 [illegible] 方 [illegible] 義兵 [illegible] 下士以下 [illegible] 交戰 [illegible]

△去月二十六日 平山 載寧 新溪 [illegible] 義兵 [illegible] 餘名이 日憲兵 [illegible] 補助員 壹名과 衝 [illegible]

△本月壹日 脊陽郡에서 義兵 [illegible] 補助員 [illegible] 名으로 交戰 [illegible]

△少年峯 [illegible]

△太白山 [illegible] 半島 [illegible] 屹 [illegible] 若 [illegible] [illegible]

[illegible]

雜報

○ [illegible] 朴胤浩 [illegible] 昨年 [illegible] 崔 [illegible] 朴胤浩諸 [illegible] 逃躱 [illegible] 役丁 [illegible] 朴胤 [illegible] 日報 [illegible] 役丁 [illegible] 無 [illegible] 적 [illegible] 適 [illegible] 時 [illegible] 巡 [illegible] 朴役丁逃躱 [illegible] 聞 [illegible]

慶尙道 [illegible] 原郡 [illegible] 山 [illegible] 午歲 [illegible] 宋學玄이 [illegible] 長 [illegible] 畝 [illegible] 素無學問이 [illegible] 賦性이 純孝 [illegible] 父 [illegible] 耕樵奉母 [illegible] 極 [illegible] 誠孝 [illegible] 人 [illegible] 歎 [illegible] 母病臥 [illegible] 索 [illegible] 魚 [illegible] 値隆冬 [illegible] 學玄 [illegible] 哭 [illegible] 雙 [illegible] 魚 [illegible] 拆氷 [illegible] 抱 [illegible] 病 [illegible] 差減 [illegible] 母死 [illegible] 葬于洞傍 [illegible] 結苫侍墓 [illegible] 泉湧 [illegible] 虎 [illegible] 衛 [illegible] 洞人 [illegible] 睹 [illegible] 如 [illegible] 天 [illegible] 之孝 [illegible] 可泯沒 [illegible] 上 [illegible] 呈 [illegible] 禮院 [illegible] 廣 [illegible]

廣告

[illegible] 家庭 [illegible] 總務 卞榮憲 [illegible]

[illegible] 一 [illegible] 卞一 告白

[illegible] 士林 丁 [illegible] 朴珍佑 告白

◎特別廣告◎

本月八日(土曜)下午壹時에 本 [illegible] 通常總會 [illegible] 演說은 [illegible] 會員은 來臨 [illegible] 시옵

大韓協會 告白

本人의 姓名으로 [illegible] 圖章 [illegible] 初八日 [illegible] 失 [illegible] 圖章 [illegible] 雖或推覓 [illegible] 勿施 [illegible] 行 [illegible]

釜山 [illegible] 洞 崔 [illegible] 式 告白

畿湖興學會 通常總會 [illegible] 八月九日(日曜)下午壹時에 [illegible] 校洞 [illegible] 館에서 [illegible] 會員은 [illegible] 臨 [illegible] 爲望

畿湖興學會 告白

[illegible] 宗約所를 漢城中部 [illegible] 街 [illegible] 金宗은 照亮 [illegible] 臨 [illegible]

金 [illegible] 宗約所 告白

本人의 [illegible] 園洞 [illegible] 統壹戶 [illegible] 書 [illegible] 氏 [illegible] 次壹千 [illegible] 百 [illegible] 拾圜於 [illegible] 壹片 [illegible] 月初 [illegible] 失故 [illegible] 廣告 [illegible] 誰某拾得이라도 休紙施行 [illegible]

[illegible] 門 [illegible] 蓮 [illegible] 貳 [illegible] 統 [illegible] 貳戶 洪 [illegible] 祐 告白

量地法全 定價金八十錢 或特別減價

本書는 圖 [illegible] 筆地各般測量法術이 [illegible] 備 [illegible] 測量上第壹必要 [illegible] 籍이오 本書는 測量上必要き 算術과 對數表 [illegible] 附入 [illegible] 本對數表는 我國 [illegible] 創出者인터 代數以上諸等筭학에 必要 [illegible] 本書의 文法은 簡明易解 [illegible] 初學 [illegible] 獨習에 便宜 [illegible]

발行所 中학橋測量事務所

發賣所 남部 [illegible] 博學書館

中 [illegible] 屛 [illegible] 廣學書舖 金相萬

罷朝橋 [illegible] 央書舖 朱翰榮

鍾路古今 [illegible] 海館

大東書市

南大門 [illegible] 廣橋滙東書館 [illegible] 裕相

남門 [illegible] 洞 博文書館

特別廣告

本人의 姓名圖章 [illegible] 漢文과 英文으로 刻 [illegible] 失 [illegible] 오니 內外國人은 照亮 [illegible] 시옵

孫秉熙 告白

本社에서 妓生 [illegible] 色舞와 立唱與 舞童牌 [illegible] 奇妙 [illegible] 法으로 陰曆 [illegible] 月初拾 [illegible] 始 [illegible] 演藝 [illegible] 開場 [illegible] 오니 僉君子는 光臨玩賞 [illegible] 望 [illegible]

團成社 告白

本人이 國債報償義務 [illegible] 會員 [illegible] 勸告 [illegible] 難孤 [illegible] 總合所 [illegible] 之任을 勉行 [illegible] 收入 [illegible] 額이 爲 [illegible] 二千餘圜 [illegible] 大韓每日申報社 [illegible] 年 [illegible] 月 [illegible] 不 [illegible] 債 [illegible] 無期 [illegible] 老病 [illegible] 强 [illegible] 自今春 [illegible] 長之任 [illegible] 自退 [illegible] 該金額帳簿 [illegible] 調 [illegible] 初壹日 [illegible] 交涉 [illegible] 其任 [illegible] 自 [illegible] 證 [illegible] 昭詳保管 [illegible] 明證 [illegible] 本人이 領受 [illegible] 如左 [illegible] 오니 京鄕間同胞는 照亮 [illegible] 望 [illegible]

壹萬貳千九百七拾八圜八拾錢

韓 [illegible] 會社內 銀行任置

隆熙貳年七月三拾壹日

骨佛安 [illegible] 證明

貳萬五千圜

同 年 月 日

骨佛安實時旭 [illegible] 會社立本

五千圜

新門外馬出 [illegible] 立本

馬田自筆證明

同 年 月 日

前總合所所長尹雄烈 廣告

告白

溫陽邑內 [illegible] 第二 [illegible] 五 [illegible] 版刻 [illegible] 失 [illegible] 漢 [illegible] 府 [illegible] 誰某 [illegible] 得 [illegible] 休紙施行 [illegible]

西部 [illegible] 坊 [illegible] 貳 [illegible] 統 [illegible] 根 告白

○ [illegible] 第二回學員을 募集 [illegible] 志願人 [illegible] 三 [illegible] 日 [illegible] 請願書 [illegible] 提呈 [illegible]

中學科

(學 [illegible] 級) [illegible] 歷史。 [illegible] 讀。 [illegible] 書。博物。聖經。筭術。 [illegible]

(二 [illegible] 級)萬國歷史。 [illegible] 國地誌。筭術。 [illegible] 物理。聖經。 [illegible] 語學。

英語課

(日 [illegible] 語隨意)

[illegible] 代數 [illegible] 幾何。 [illegible] 語學 [illegible] 科程은 [illegible] 各 [illegible] 專修케 [illegible]

木工課 工業 [illegible] 筭術。 [illegible]

(夜學科程)

日語課

英語課

簿記課

以上三課 [illegible] 專修課 [illegible] 入學細則은 [illegible] 校에 [illegible] 問 [illegible]

入學試驗 科目 國漢文 讀書作文

但各課補缺生은 各 [illegible] 班課程으로시驗 [illegible]

試驗日子 九月壹二兩日(陰八月初八初七日) 上午九時

開學日字 九月三日

● 以上各課中 [illegible] 語學課는 補缺生만 募集 [illegible]

● 夜學各課壹年級은 學員이 貳十名이 未滿 [illegible] 時 [illegible] 班 [illegible] 不設 [illegible]

皇城鍾路基督教靑年會學館

告白

[illegible] 部 [illegible] 典 [illegible] 典當規則 [illegible] 遵 [illegible] 營業 [illegible] 由 [illegible] 本總會 [illegible] 典舖 [illegible] 實施 [illegible] 總會 [illegible] 從今以後 [illegible] 典執放 [illegible] 遵規則 [illegible] 廣 [illegible] 典執 [illegible] 君 [illegible] 照亮注意 [illegible]

中部 [illegible] 統 [illegible]

漢城典舖總會 [illegible]

開業 石版印刷

八月 [illegible] 日 [illegible] 堂 [illegible] 石版 寫眞版 寫眞銅版 電氣銅版 [illegible] 印刷 鉛版 木版 銅版等彫刻 [illegible] 開業 [illegible] 左記 [illegible] 課目 [illegible] 印刷 [illegible] 僉君子 [illegible] 臨 [illegible] 심을 敬要

商標 地圖 株券 書冊 揷畵 卒業證書 藥封紙 冊衣 각色彩畵 古 [illegible] 畵模寫 寫眞業 [illegible] 寫眞帖等其他 種種應用美術印刷

京城中部 [illegible] 物橋 [illegible] 北 [illegible] 二統六戶

文雅堂印刷所

本館에서 新舊書籍과 學徒의 所用 諸般物品을 具備 販賣 [illegible] 오니 僉君子는 來購 [illegible] 시옵

平壤鍾路太極書館

館主 李昇薰

主任 安泰國

事務 李德煥

教育月報

壹冊 [illegible] 價 [illegible] 錢 每月二 [illegible] 刊

壹般 [illegible] 胞의 男女老少 [illegible] 無識 [illegible] 勿論 [illegible] 其 [illegible] 情 [illegible] 限 [illegible] 拘 [illegible] 得 [illegible] 學校 [illegible] 入學 [illegible] 各種緊要 [illegible] 學問 [illegible] 純國文으로 [illegible] 簡易케 [illegible] 譯 [illegible] 敎育 [illegible] 發行 [illegible] 購覽 [illegible] 同胞 [illegible] 有識 [illegible] 學者 [illegible] 故로 本社와 京鄕各書肆에서 發賣 [illegible]

京城中部校洞貳拾九統四戶

教育月報社

本書館을 開業 [illegible] 지 未過壹年에 壹般同胞께서 愛助 [illegible] 시와 益益興旺之故로 本館을 壹層擴張 [illegible] 고 各項新舊書籍與教育物品을 多數準備 [illegible] 야 特別廉價로 大發賣 [illegible] 오니 四方 僉君子는 陸續來臨 [illegible] 심을 爲要 [illegible]

釜山港東關韓興書館

金汝重 權鍾律

韓昌書館 館主 李 [illegible]

[illegible] 學校 [illegible] 品 [illegible] 舊 [illegible] 發 [illegible] 價 [illegible] 僉君子 [illegible] 來購 [illegible]

海州 [illegible] 街

書舖主 [illegible]

各 [illegible] 學校 教師紹介所

通學 [illegible] 其他 [illegible] 技術語學 [illegible] 教育 [illegible] 志願 [illegible] 洞 [illegible] 會館으로 [illegible] 시옵

畿湖興學會 告白

[illegible] 與李允 [illegible] 失故 [illegible] 府에 請願 [illegible]

[illegible] 皇華坊西小門 [illegible] 統壹戶 [illegible] 源

本店에 [illegible] 洋服 [illegible] 英京倫敦 [illegible] 廣佈 [illegible] 僉君子 [illegible] 光顧購買 [illegible] 을 懇冀 [illegible]

貞洞 [illegible] 洋服裁縫店 謹白

預防 [illegible] 定價金拾錢

[illegible] 能止 [illegible] 劉 [illegible] 館 漢城 [illegible] 大藥房

소 [illegible]

[illegible]

漢城鍾路慈惠大藥房

東西藥業月報社製藥部

咽喉腫痛 降火水 金五十錢

消食物 告味 甘酸水 金五日壹分

男女補益 氣血 益元 二圓五十錢

壹濟潤腸丸 二十錢

梅毒根藥 五十錢

痢疾靈散 三十錢

淸肝眼藥水 十五錢

養兒寶散 十五錢

十全根藥 三十錢

魏金鷄納丸 十錢

止汗臭藥 二十錢

四時感冒丸 十錢

太腫合瘡膏 三十錢

消痰鎭咳藥 十錢

漢城百應膏 十錢

滯消積丸 十五錢

癘氣 保嬰散 二十錢

目藥 鳥竹膏 郵便信送 五里

▲大韓國藥業明言

▲八寶丹 九治丹 ▲팔보단

本藥은 東西의 正一品 淸哲 醫學下 西醫處方과 漢醫의 學校敎授 諸氏 其效能의 効證이 有한 此丹 發賣할 行에 諸如 新久 滯積과 急 關格과 霍亂과 腹痛 疼痛과 咽喉 痰飲 新久 泄瀉와 七情 結과 水土不服과 暑 眩暈 諸症 에 壹服見效 하오니 衛生君子는 光顧試可 하심을 務希함

濟病 神藥 사향소착단 麝香蘇合丹

此丹이 於諸 생에 無論 男女老少 하고 若服壹劑 則 有神效 而 百발白中 하오니 非偶方可及 也라 若論主治 則 梅毒下疳 遺珠 風濕 頭瘡 諸症에 俱見奇效 하오니 發病 君子는 壹次試驗 하시옵

婦人 靈藥 ▲태양조경환 ▲胎蓄調經丸

壹個月分入 定價 壹五圓

大抵 婦人이 年過 하도록 不受孕 者는 由於 經病也라 若 不趁早 硏究 하고 開看過 則 非但壹個人 에 不幸이라 抑亦 全國生育之理 와 關係가 不淺 也니 僕이 十五年 을 消費 하야 內外國 高明의 士에 實驗方을 選擇 하야 先自 僕家로 及 他人 하야 累試 實驗 에 十불 而 治效 하옵고 且 此藥이 非但 孕之神劑라 治冷 治積 하며 調血에 俱有 實效 하오니 玆以 廣佈 하오니 僉員 은 壹次 試驗 하시면 其價値를 可知 이옴

發行人 全 李應善

藥製所 仁川港 축현 和平堂藥房

右三種 藥은 各地方이라도 請求 하면 郵便으로 부치 全 京城支店 鍾路 衣廛下 和平堂

代理店 仁川港 축현 제생당약방

▲發賣所 京城大廣橋 共愛堂藥房

仝 남문내 水標橋 제생支店

仝 仝 大東書市 支店

仝 廣橋 博文書館

仝 口내 相信號 典當포

仝 鐵物橋 毛衣廛 洛亭

仝 小廣橋 毛衣房 厚根

仝 鍾路 上隅 三可病院

仝 大寺동 共제病院

○仁川港 내동 朝鮮 豊旅館 韓國旅

仝 읍내 金濟鉉

○江華 鐵路 宋順五店

○開성 남문내 朴圭植 商店

仝 남문내 明新冊사 리貞鎬

○水原 남문내 김제九 약舖

○海州 남문내 리寧植 商店

○延安 읍내 邊汝文 藥局

○平澗 남문내 崔在淳

仝 砂里院 耶蘇敎당 리任善

○黃州 남문내 紅문 뒷 리東赫

○平壤 雙貝里 韓國 儀藥舖

仝 館前 김龍興 藥舖

仝 武洞 桂澤善 약포

○鎭남浦 김元섭 藥포

仝 제生당 出張 吳明駿

○群산港 開福洞 金斗鉉

仝 大井동 리春善 약房

○禮산 봉谷里 리東赫

○大邱 남문내 리明直 약局

○元山港 남甲元 약局

仝 제生堂 支局 朴敏鎬

○尙州 서문내 박致 약局

◉醴泉 鄭聖瑞 약局

○釜山港 제生당 出張 朴昌鎬

○安州 성내 義井동 回春 大약房

○安岳邑 上場 제生당 林曾慶

○義州 남문外 木口街 義和약房

○載寧 읍 後동 洋약局 崔允國

○定州 남문내 洋약局 리健柱

◉郭山 읍 洋약局 羅鵬彬

○宣川 읍 판사 安鏊

○鐵山 읍 永春堂 安灝

仁川港 和平堂 白

●大韓國新發明 藥品

●快 修靈丹 ▲暑滯 食滯 中暑 入船 口臭 嘔吐 泄瀉 冷氣 治諸痛 不拘 大小 貼 若錢

●至寶丹 百發百中 之 ... 治諸般 眼疾

●靈效液 天下 妙藥 金 錢

●淸眼水 治男女 急慢 淋疾 神效

●通淋丸 淋疾 速效 除毒 ... 錢

製藥發行所 漢城 南大廣橋 第二家 十九統 七戶 共愛堂 藥房 白

支店 漢城 남內 共愛堂 藥支店 / 群山港 리 共愛堂 第一支店 / 河東郡 共愛堂 第二支店

代理店 仝 皇城 安동 / 仝 鍾路 書會館 / 仁川 本町 ... 門外 不拾 / 濟生堂 仝 和平局 / 姜助遠 / 黃時秀 리春善 / 仁濟藥房 / 慈惠藥房 / 普興藥房

此外에도 東西 各 藥材 新舊 俱備 하오니 多少 不拘 하고 請求 하시옵

●大韓新발明 藥 廣告

陸軍 軍醫 金守鉉 君 實驗 方劑 / 陸軍 軍醫 張基茂 君 有效 證明 / 四海 衛生之 消君子 常備之 靈藥

消化 新藥 **淸心保命丹** 九十粒入 金拾錢

發行所 仁川港 祖峴 濟生堂藥房

●右藥의 主治 効能은 如左

●霍亂 吐瀉 ●胃腸 水腫 ●暑中 傷 ●腹痛 ●痰喘 嘔吐 ●食積 食傷 ●咽喉 ●口 熱 惡臭 ●其他 諸般 逆氣 癘疫 預防 妙材

總發行所 京城 南大門內

●京城門外 제生당 支店 李廣

●平壤 門外 제生당 支店 具又賢

●元山港 銘石洞 제生당 支店 박敎鍋

代理店 京성 大廣橋 共愛堂

仝 鍾路 慈惠 약房

仝 京城 新井 약店

仝 郵便局 前 大佑 약房

●京城 泥峴 三丁目 仝 남門 박文書館 廣 金亨

仝 梨峴 仁제 약房

仝 大安洞 리應善

仝 鍾路 三可 病院 朴喜益

●仁川 本町 和平당 리應善

●海州 남문내 新井 藥房

仝 仝 商店 宋在瑛

●水原 鍾路 下 약房 리泰植 金제九

●江華 南門路 店 邊汝文

●開城 尹斗鉉

●砂里院 耶蘇敎堂 任中

●延안 許完

●汗浦 驛東 美遞 送部 김奉圭

●甕津 上 제生局 리東赫

●載寧 ... 林慶

●海州 ... 崔允國

●川邑 ... 김泰和

●平壤 ... 文興冠 尹寬

●連邑 東 冊 ... 韓德

●仁川 ... 金某

●鎭南浦 ... 桂澤宣

●館洞 ... 崔龍化

●鐵山 ... 김元鎭

●安岳 ... 吳鎭

●博川 ... 朴芝

●定州 ... 리健

●郭山 邑 街 ... 김大

●宜川 邑내 ... 安灝

●義州 ... 春堂

●載寧 邑 ... 安

●釜山港 開港 동 김斗鉉

●北靑 新昌港 朴鎬勳

●木浦 各 ... 保敍

●全國 各 약局 ... 販賣

仁川港 축현 濟生堂 白

●新發明 梅毒 약 陸軍 軍醫 金守鉉 實驗方劑

落梅丹

口瘡 不 數 창病 去 之 영藥

壹劑 五白粒 定價 三圓

主治 梅毒(唐창) 新舊창

●横痃 ●皮膚病 ●便毒 骨痛

●淋病

已上 病證 外에 男女間에 不精한 治後에 若 疑아 之端이 有하야 도 此藥 壹劑만 服用하면 完然 後에 脾胃도 健全 保保 此外에도 외 療養機械와 精藥材를 新備하고 內外科 各色 疾病을 誠心 治療함

皇城 北部 大安洞

仁濟藥房 高用진 謹白

代理店 京城 鍾路 共愛堂 약房 / 仁川港 龍洞 濟生堂 / 國內 各處 藥局에서 販賣함

社告

○申報價

壹張 代金 新貨 二錢五厘

壹個月 前納 三十錢

參個月 九拾錢

陸個月 一圓七十錢

壹個年 三圓四十錢

郵稅 一張 新貨 五厘 壹個月 十三錢

○廣告料

每號 活字 拾三字詰 每 日 每 尺 壹寸에 新貨 廿五錢 (每日 每行 六錢에 相當홈)

二週日에 二圓 五拾錢

每 每行 四錢 五厘에 相當홈

每 日 每行 四錢 壹厘에 相當홈 五圓

長期限와 長短과 字行의 多寡를 依하야 增減홈이 有홈

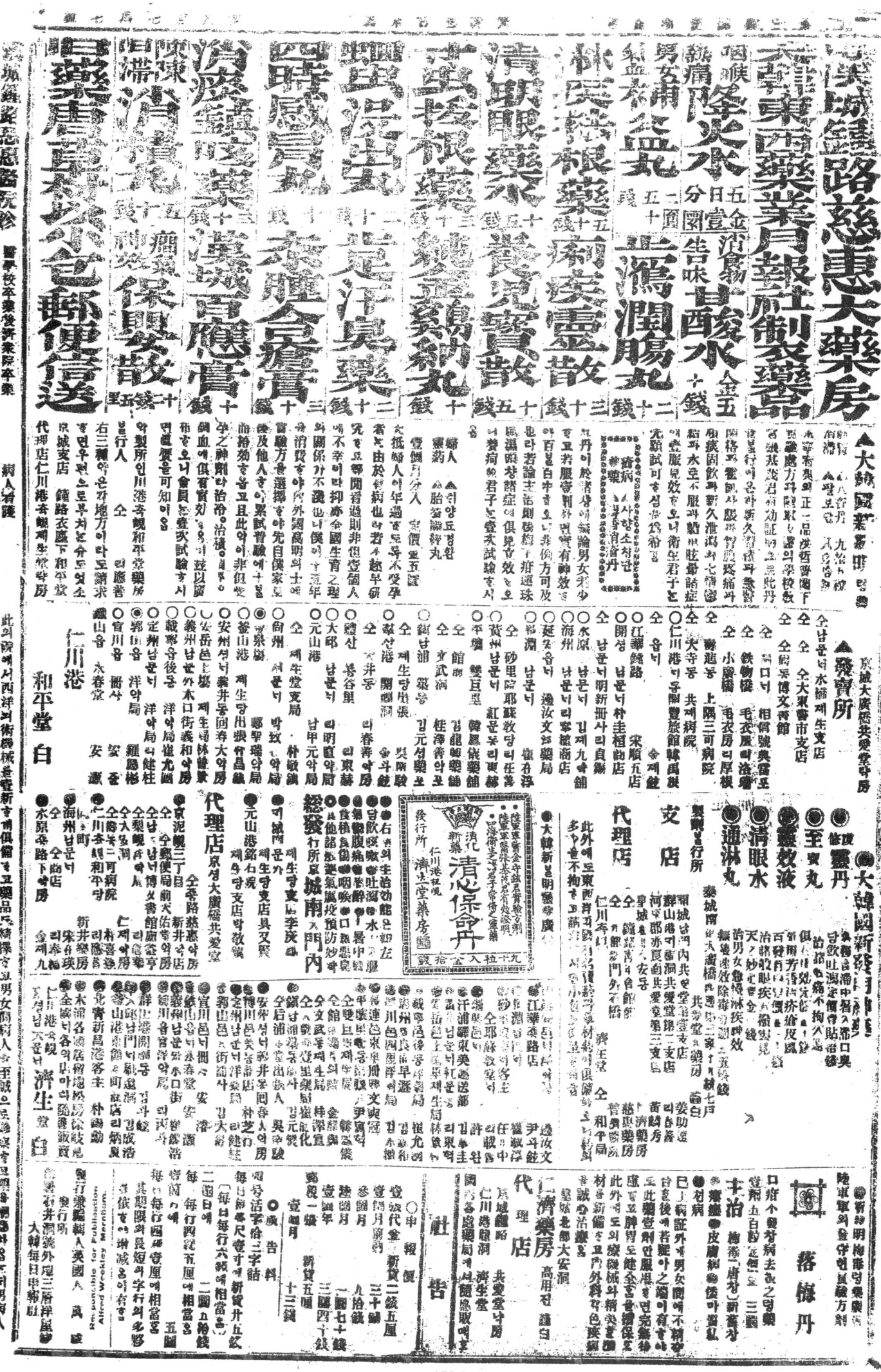

發行兼編輯人 英國人 萬咸
Responsible for Publication Alfred Weekley Marnham.
發行所 皇城 新門 內 石井洞 號外 三層洋屋
大韓每日申報社

第六卷 大韓每日申報 第八百七十八號

月曜及慶節歲時日休刊

檀君開國四千二百四十一年
箕子元年三千三十年
大韓開國五百十七年
日本明治四十一年
淸國光緖三十四年
陰曆戊申七月大十三日丙申

論說

◉大洪水의世界

網을驟ᄒᆞ야桃源의春花를收ᄒᆞ며棊를弄ᄒᆞ야橘中의閑日을消ᄒᆞ다가忽然西歐의大風潮가打入ᄒᆞ미望洋의歎을發ᄒᆞ고驅저彷徨ᄒᆞᄂᆞᆫ者ㅣ今日韓國同胞의現狀이아닌가

記者가此壹筆로世界眞狀을寫出ᄒᆞ야貳千萬人四千萬目에快示ᄒᆞ리니來ᄒᆞ라全國同胞여看ᄒᆞ라全國同胞여

文明武字를誤解ᄒᆞ야옹容平和로幸福을圖來ᄒᆞᄂᆞᆫ者ᄂᆞᆫ癡人의頑夢이며人類의眞理에依ᄒᆞ야生存ᄒᆞᆫ다ᄒᆞ야强權을反對ᄒᆞᄂᆞᆫ者ᄂᆞᆫ腐儒의오論이니將來幾千萬年後에ᄂᆞᆫ如何莊麗ᄒᆞᆫ黃金時代가地上天國이建設될ᄂᆞᆫ지不知ᄒᆞ거니와目下貳拾世紀ᄂᆞᆫ便是天地開闢以來第壹無前大洪水가汎濫ᄒᆞᆫ世界라

蓋拾八拾九兩世紀以來로權利競爭의濫상이始作ᄒᆞ며民族主義의虐浪이漸漲ᄒᆞ야滔々急湍에雷뎡이互拍ᄒᆞ고滔々高潮에天地가飜覆ᄒᆞᄂᆞᆫ대輕檣急棹로快艫을裝ᄒᆞ고風潮를戰ᄒᆞ며鯨예를驅ᄒᆞ며巖浪을戰ᄒᆞ야呼風渙波ᄒᆞᄂᆞᆫ者ᄂᆞᆫ英、法、德、伊等國이되야文明幸福을享ᄒᆞ며短棹敗楫으로朽船을操ᄒᆞ고狂浪을遇ᄒᆞ며蛟龍을遇ᄒᆞ며風雷를遇ᄒᆞ야中流에顚覆ᄒᆞᄂᆞᆫ者ᄂᆞᆫ波、芬、埃及等國이되야慘담劫運에陷ᄒᆞ얏도다

無何에懷山襄陵의壹巨浪이亞米利加를衝ᄒᆞ미門羅主義로畫境自守ᄒᆞ던美人들이巡洋艦頭에列立ᄒᆞ얏스며又無何에掩天吼地의壹狂濤가亞細亞를襲ᄒᆞ미鎖攘僻見으로頑固自持ᄒᆞ던東洋人들이鬩海樓에齊泣ᄒᆞ니

嗚呼壯哉며險哉라自今以後로盲風怪雨가幾百年의活劇을演ᄒᆞ고凶波虐浪이幾萬區의生物을嚙ᄒᆞᆯᄂᆞᆫ지難知어니와此將來世界가決코殘灘細潤의平波安流ᄂᆞᆫ되지아니ᄒᆞᆯ줄은先知者의豫言을不待ᄒᆞ고도可히斷言ᄒᆞᆯ비니

嗚呼壯哉며險哉라東國歷史의滔々讚美ᄒᆞᄂᆞᆫ薩水征伐、龜州征伐이是固當時의壯蹟이며近世列强의嘖々稱道ᄒᆞᄂᆞᆫ普法戰爭、俄日戰爭이果然近世의巨役이나將來世界에臺ᄒᆞᆫ情狀에比ᄒᆞ면壹呼小々波瀾에不過ᄒᆞᆯ지라

壯哉며險哉라拿破倫、俾斯麥又ᄒᆞᆫ雄이海岸에列ᄒᆞ며越仍呑乃利孫又ᄒᆞᆫ戰士가埠頭에環ᄒᆞ야帝國主義로其拖를作ᄒᆞ며商業政策으로其篷을作ᄒᆞ고殖民方針으로其橃을作ᄒᆞ며螟蛉敎育으로其餌를作ᄒᆞ야[illegible]國에帆을張ᄒᆞ고四方을睥睨ᄒᆞᆫ다가何處던지未開民族이有ᄒᆞ면作賤作叱ᄒᆞ며수弋作羅ᄒᆞ야壹切自家鼎확中으로驅入ᄒᆞᄂᆞ니悲夫라今日世界가洪水世界가아닌가

此洪水ᄂᆞᆫ文明國民의活動ᄒᆞᄂᆞᆫ바며未開民族의溺死ᄒᆞᄂᆞᆫ바로다

來ᄒᆞ라韓國同胞여看ᄒᆞ라韓國同胞여天色이慘黑에陰雲이四集ᄒᆞ며狂風이吹集ᄒᆞ야潮頭가日大ᄒᆞ니速々히那亞의船隻을備ᄒᆞ야衣粮을此에載ᄒᆞ며錢舍를此에載ᄒᆞ며父母兄弟를此에載ᄒᆞ며宗族朋友도此에載ᄒᆞ고萬目이其視를壹ᄒᆞ며萬口가其聲을壹ᄒᆞ며萬足이其步를壹ᄒᆞ며萬人이其心을壹ᄒᆞ야互相硏究ᄒᆞ며互相講磨ᄒᆞ고舟中皆敵의舊習을棄ᄒᆞ며死生同力의團體를結ᄒᆞ야奮勇前進ᄒᆞ야苦海難關을躍過ᄒᆞ면地平天成의其日이有ᄒᆞ려니와不然ᄒᆞ면魚腹의鬼를曷免ᄒᆞᆯ가知否아韓國同胞여今日世界ᄂᆞᆫ大洪水의世界니라

外報

◉法國淸匪 倫敦電을據ᄒᆞᆫ즉佛國兵의壹分隊ᄂᆞᆫ東京에서淸國匪徒追擊中에伏兵의게陷ᄒᆞ야大尉、中尉各壹名이戰死ᄒᆞ얏고最近二週間에淸國人의損害ᄂᆞᆫ戰死者壹百四拾九名이오捕虜가百拾七名이더라

◉淸國과間島 淸國政府에서ᄂᆞᆫ間島問題에對ᄒᆞ야日本과辨論ᄒᆞᆯ必要가無ᄒᆞ다ᄒᆞ고該島를二個縣에分設ᄒᆞᆫ後에交涉局을別設ᄒᆞ야韓國과直接交涉ᄒᆞ기로決定ᄒᆞ얏다더라

◉哥倫比亞의火事 紐育電을據ᄒᆞᆫ즉英領哥倫比亞卒아지호쓰마市에서慘담ᄒᆞᆫ火事가有ᄒᆞ야全市가殆히壞滅ᄒᆞ고燒死者가百七拾名이오負傷者가多數에至ᄒᆞ얏고就中財産의損失ᄒᆞᆫ金額이壹千萬弗에達ᄒᆞ얏슴으로救護官을急速히派送ᄒᆞ얏다더라

◉加奈陀大火事 路透電을據ᄒᆞᆫ則加奈陀英領哥倫比亞洲子모스네스트ᄅᆡ地方에서百哩를亘ᄒᆞ야火事가有ᄒᆞ얏ᄂᆞᆫ데數箇의都邑이燒失ᄒᆞ고住家의被燒ᄒᆞᆷ이無數ᄒᆞ며死者가七拾名에至ᄒᆞ얏다더라

◉庇護拒絶 伯林電을據ᄒᆞᆫ則波斯데헤란에駐在ᄒᆞᆫ各外國公使館에서ᄂᆞᆫ波斯人이該各公使館으로逃避ᄒᆞ야庇護를求ᄒᆞᄂᆞᆫ者를拒絶ᄒᆞ얏다더라

雜報

◉晉校試驗 南陽竹與學校에서夏期試驗을經ᄒᆞ고卒業式及進級式을擧行ᄒᆞ얏ᄂᆞᆫ데高等課壹年級進級優等은朴明淳姜일隆等八人이오三年級優等은黃壽福洪性默等六人이오二年級優等은金學敬洪用采等七人이오壹年級優等은姜允圖金今俊등三人인데該郡守金寬鉉시와有志紳士諸씨가勸勉ᄒᆞᆫ後에一般優等生에게特別施賞ᄒᆞ얏다더라

◉龍郡志士 龍岡郡新湖洞居紳士都寅權氏가全鉉鈺氏로協同發起ᄒᆞ야學校를設立ᄒᆞ고名稱은忠壹이라ᄒᆞ고該都氏ᄂᆞᆫ如干家資를蕩盡ᄒᆞ야學校維持費與若干什物及敎科書籍等을艱辛辦備ᄒᆞ고全氏ᄂᆞᆫ名譽敎師의任을擔當ᄒᆞ기로該校況을稍々成立ᄒᆞ얏ᄂᆞᆫ데그中人들이無雙反對ᄒᆞ야子弟를壹不起送ᄒᆞ미兩氏가家喩戶說ᄒᆞ야生徒數十人을僅々募集而熱心敎授ᄒᆞ미進就之望이大有ᄒᆞ다더라

◉廣彦校試驗 廣州郡廣彦學校에서夏期試驗을經ᄒᆞ얏ᄂᆞᆫ대甲班優等生은兪仁淳이오及第生은李容默曹啓植等六人이오乙班優等生은曺仁貴等이오丙班優等生은尹奉出等인대學監李鍾秀와任員諸氏와敎師李建和宋祥哲諸氏가賞品을優數施給ᄒᆞ얏다더라

◉海島義兵 仁川을距ᄒᆞ야西北[illegible]拾里[illegible]北吃點島에義兵數百名이[illegible]合ᄒᆞ야日下[illegible]漁船拾餘艘를執留ᄒᆞ얏다ᄂᆞᆫ急報가仁川警察署에達ᄒᆞ얏슴으로該署에서小野警部及韓日巡査數名을[illegible]ᄒᆞ고同島에出張ᄒᆞ얏다더라

◉[illegible]氏熱心 咸南학校의興旺은已爲[illegible]이어니와該校敎師[illegible]兩氏가敎育에熱心ᄒᆞ야他校에서[illegible]圓式의厚聘코ᄌᆞ호되不顧ᄒᆞ고同心協力ᄒᆞ야名譽로敎授ᄒᆞ야生徒가稍進ᄒᆞ야五十餘名에達ᄒᆞ얏다더라

偉人遺蹟

水軍第一偉人 **李舜臣** 錦頰山人

第拾八章

◉李舜臣의諸將과李舜臣의

古今島의前面은海南島오後面은佑將串이라李忠武가此島를鎭ᄒᆞᆯ시旗를佑將串에列ᄒᆞ야軍容을虛張ᄒᆞ며草를남島에積ᄒᆞ야峙粮屯積의狀을作ᄒᆞ더니賊이外洋에서望見ᄒᆞ고此를謀襲ᄒᆞᆯ시長驅大進ᄒᆞ다가隱礁의險에掛船되야進退狼狽의勢를成ᄒᆞᆫ지라我軍이邀擊ᄒᆞ야此를大破ᄒᆞ니라(康津縣志)

鳴梁은右水營三里許에在ᄒᆞᆫ데兩邊에石山이峯立ᄒᆞ고港口가甚狹ᄒᆞ야水勢가悍ᄒᆞ거ᄂᆞᆯ李忠武가鐵索으로其口를暗截ᄒᆞ더니賊船이此에到ᄒᆞ야倒覆ᄒᆞᆫ者ㅣ不知其數러라兩崖巖上에釘孔이至今ᄭᆞ지宛然ᄒᆞᆫ대居人이此를李忠武設索殺倭處라ᄒᆞ고相傳ᄒᆞ더라(海南縣志)

閑山島에登港이有ᄒᆞᆫ대李忠武가賊을大擊ᄒᆞ야此港에詰ᄒᆞ미賊이大敗潰ᄒᆞ야陸地로走登ᄒᆞᄂᆞᆫ樣이蟻子의附ᄒᆞᆷ과如ᄒᆞᆫ지라後人이此로蟻項이라因名ᄒᆞ니라(巨濟府志)

李忠武가일즉夜半에賊과對陣ᄒᆞᆯ시草椊을多作ᄒᆞ야三四炬를列揷ᄒᆞ고直前掩擊ᄒᆞᄂᆞᆫ狀을示ᄒᆞ니賊이戰船으로認ᄒᆞ고極力射放ᄒᆞ거ᄂᆞᆯ其矢丸의已竭ᄒᆞᆫ後를待ᄒᆞ야此를邀擊大破ᄒᆞ니라(湖南記聞)

此下三段은荒蹟에近ᄒᆞ나先儒文集中에往々載有ᄒᆞᆫ바인故로此에姑錄ᄒᆞ노라

李忠武가舟中에在ᄒᆞᆯ시忽然壹樞가海에浮下ᄒᆞ거ᄂᆞᆯ軍中이取來ᄒᆞᆫ즉金鎖로鎖ᄒᆞ얏ᄂᆞᆫ데漆光이爛然ᄒᆞ더라諸將이開覩ᄒᆞ기를請ᄒᆞ거ᄂᆞᆯ公이不從ᄒᆞ고卽時鉅手를招ᄒᆞ야樞를鉅斷ᄒᆞᆫ대樞中에서搖動叫楚ᄒᆞᄂᆞᆫ聲이作ᄒᆞ며血이滂々히出ᄒᆞ더니及其樞가鉅割된然後에觀ᄒᆞᆫ즉壹刺客이七首를懷ᄒᆞ고腰가中斷ᄒᆞ야死倒ᄒᆞᆫ지라諸將이壹齊히驚服ᄒᆞ더라(上仝)

月色이船樓에滿ᄒᆞᆫ대忽然島右林畔에서鴟鴞가驚飛ᄒᆞ거ᄂᆞᆯ李忠武가舟中에서宿ᄒᆞ다가枕을推ᄒᆞ고卽起ᄒᆞ야軍中에令을下ᄒᆞ야水面을向ᄒᆞ야砲를亂放ᄒᆞ더니平明에觀ᄒᆞᆫ즉許多倭屍가水에浮下ᄒᆞᄂᆞᆫ지라諸將이驚異ᄒᆞ야其故를問ᄒᆞᆫ대忠武가唐人詩에云ᄒᆞᆫ月黑鴈飛高單于夜遁逃 句를誦ᄒᆞ며曰半夜에驚睡ᄒᆞᄂᆞᆫ鴟鴞이엇지無故히驚飛ᄒᆞᆯ理가有ᄒᆞ리오此必倭兵이潛泅者를發ᄒᆞ야我船을鑿沈코자ᄒᆞᆷ인줄을발覺ᄒᆞ고此를砲擊ᄒᆞᆷ이라ᄒᆞ더라(解頤書)

雜報

●整理局經額 隆熙二年度用總豫算追加에 關하야 總理大臣李完用 度支部大臣任善準兩氏가 上奏하야 裁可되얏다는대 度支部所管臨時財產整理局經費가 九萬九千壹百二十六元이라더라

●民會設宴 漢城府民會에서 本月七日에 大皇帝陛下卽位紀念式을 擧行할터인대 當日宴會는 北闕內慶會樓에서 開設한다더라

●義王消暢 再昨日에 義親王殿下께옵서 消暢次로 東小門外貞陵藥水에 前往하셧다더라

●總相云任 前內部大臣兪吉濬氏가 總理大臣을 被任한다는 巷說이 有하더라

●壹進沸鬱 壹進會에서 再昨日에 評議會를 開하고 法部大臣高永喜氏의게 總代를 派送하야 辭職勸告하자하며 壹편之論은 何必法大만 勸告하리오 擧하야 大臣以下現內閣을 壹齊히 總辭職勸告하자하야 評議가 壹場沸鬱하얏다더라

●內閣官吏晚退 各部官吏는 每日上午拾二時면 例히 仕退러니 近日內閣官吏는 各大臣의 會議時間을 因緣하야 每日下午四五時後에야 仕退를 한다더라

●次長之職 臨時財產整理局官制가 頒布된은 已爲어니와 該局次長은 會計檢査局次長柳正秀氏로 敍任하랴하되 該氏가 不願하야 未決한 說이 有하다더라

●地方局長轉任 內部地方局長張憲植氏는 衛生局長으로 轉任되고 其代에는 書記官潮田[illegible]이 敍任된다는 悲歎이 喧藉하더라

●[illegible] 各郡[illegible] 一人式配置하얏든바 壹齊히 免官하고 可堪之人으로 敍任派送한다는 說이 有하더라

●江守內移 江陵郡守池選燦氏는 度支部事務官으로 內移하기로 決定이 되얏다더라

●減額員役調査 掌禮院에서 所管廟社及各陵園墓員役減額件을 現今에 調査中이라더라

●技客調査免官 內署에 被捉되얏던 雜技人을 昨日警察廳으로 沒數押上하얏다는대 其中에 帶職한 人이 多數한 故로 該官人等은 壹々調査하야 壹切免官한다더라

●醫廳訊問廢止 曾往에는 犯罪人을 警察廳醫察係에서 捉致하야 所犯을 訊問關係에서 初審한 後에 裁判所로 越交하더니 自今以後로는 罪人을 捉致하면 裁判所로 卽送하고 犯過事由만 通知한다더라

●風琴教授協議 來年度秋期學期부터 師範學校와 各普通學校에서 風琴을 壹般學徒에게 敎授하기로 學部에서 協議하얏다더라

●牛清殺人 總理大臣李完用氏家에서 留宿하는 侍從金海卿氏가 日昨에 同居하는 傔客二人으로 더부러 夕飯을 喫할 時에 醬牛清을 和呑하얏다는대 何毒氣가 잇던지 二人은 精神이 昏倒타가 纔爲回生하얏고 金海卿은 因卽致死하야 屍體는 龍仁鄕第로 運返하얏다더라

●巡査呼訴 旣往宮內府解散한 巡査中 人員을 醫觀廳試才에 合格되야 巡査를 更히 復續하얏는대 去番宮內府에서 解散한 巡査의게 恩賜를 頒給이 되고 更히 得續되얏는지라 該巡査拾八人이 宮內府에 呼訴하되 許選치 아니하니 該巡査等이 統監府에 呼冤하더니 自統監府로 宮內府에 移照하야 措處하라 한지라 該巡査等이 日에 또 宮內府에 請願하얏다더라

●三學報困難 日本에서 留學하는 諸氏들이 國民의 知識을 發達할 目的으로 發行한 太極學報와 大韓學報와 共修學報의 經費가 窘拙하야 維持키 難하다는대 其所以인즉 내國의 購覽諸氏가 該學報代金을 送交치 아니한 故이라더라

●衛生擴張 警視廳에서 將次漢城내에 夏季衛生事務를 擴張하기 爲하야 人民家屋내에 汚穢物을 淨潔掃除케 한다더라

●權个拾年 京鄕新聞을 據한즉 江鏡浦에서 日人募軍들이 七八人式作黨하야 村閭으로 橫行하면서 日兵이라 稱하고 內庭에 突入하며 雞를 元하면 拳棒打殺하고 雞卵을 討索하고 人民을 毆打하기로 동이 騷亂하며 且江鏡浦동으로 往來하야 貽害가 不小하고 巡査는 日夜巡行하는대 大韓巡査는 日本巡査보다 倍加暴虐하야 農家에 肥料가 在하면 當場掃棄하니 巡査는 農事도 不知하는지 村이나 浦口나 農民들이 支保할수가 無하다고 怨聲이 藉藉하고 且江鏡浦面長方량신이란 者이 面長을 被任한 後로 貳三年을 本洞人에게 何等虐行을 하얏던지 千萬事에 惡毒함 專恣하기로 數月前에 江鏡浦洞中에서 公議하고 面長을 改遞하기로 하얏더니 郡守李상민이 民情을 不顧하고 浦中人民을 招集하고 [illegible] 余가 郡守에 [illegible] 余가 遞歸後에는 若而者를 陞遞하고 赴任時에는 若而者를 內部로 報하다고 威脅하는 故로 民들이 齊言하고 發치 못하니 日後의 氣勢가 更高하야 人民의 虐待가 이倍尤甚하는 故로 人民言內에 權不給年이라하며 面에 遞任하기는 心祝하고 面장을 畏懼하야 更加하는 人이라 하더라

●忠北何郡 某新聞을 據한즉 忠北某郡에서는 郡主事及稅務主事等이 雜技場을 晝夜沈惑하고 巡査들도 互相會集하야 技局에서 歲月을 虛送하고 所謂兩班들도 技局을 設하야 幾百幾千金을 消費하는대 誰가 畏憚함인지 暗處에 會集賭技한다고 所聞이 浪藉하니 所謂官人과 兩班等이 如此하고야 어지 平民의 雜技를 禁止하리요하야 輿論이 大端하다더라

●公園演奏會 來十三日부터 關稅局所管公園내에서 宮內府音樂演奏會를 開한다는대 每木曜日午后九時로 확定하얏다더라

●演奏會準備 李圭夏氏가 來拾五日부터 慈善의 目的으로 團成社내에서 孤兒院慈善演奏會를 設하기로 現今準備中이라더라

●工校演奏 工敎學校는 有志諸씨가 輪回捐助하야 僅僅維持하더니 現今事勢가 經費가 窘絀하야 廢校之境에 至한 故로 紳士趙邦洪承建邊廷植韓兢履玄諸氏가 維持를 發起하고 長安社를 借하야 演劇場을 設하고 演奏하야 [illegible]

[illegible] 收入金은 工校에 寄附하야 [illegible] 發起케 하얏다더라

●日兵向東 昨上午八時에 日兵이 統監府東別營에서 軍器三駄를 率하고 東門外로 出往하얏다더라

●有名者遁逃 西洋人家에서 雜技하는 人이 警務廳에서 禁止한 後로 各寺刹로 避身한다는대 理由를 聞한즉 洋屋技局에서 有名한 者는 逮捕한다는 說이 有함으로 寺刹로만 避身할뿐아니라 高飛遠走한 者가 多數하다더라

●何必退學 中東學校內測量學徒가 七八拾名假量인대 有何事端인지 營齊同盟退학하얏다더라

●義務教育反對 新門外八洞紳士가 華東普閭兩學校를 義務敎育하기로 協議中인대 就中其[illegible]씨가 該義務에 對하야 極力反對한다더라

●涵英校運動 金海郡涵英學校에서 夏期休學을 因하야 去月貳十二日에 生徒三十五人이 旅行運動次로 熊川郡加德里에 到達하니 該地加壹학校任員金璟鎭崔徵發羅經희諸씨가 出境歡迎하얏고 該地生徒梁氏와 가該校生徒의 四日供饋를 自擔하얏다고 諸氏의 敎育熱心을 人皆稱頌한다더라

●昌校評試 豐德郡煩井浦私立昌昌學校에서 去月拾五日에 夏期試驗을 經하얏는대 三年級優等生에 金大聲韓好寬二人이오 二年級優等生에 李有德崔貴男等四人이오 及第生에 金基榮[illegible] 及第生에 [illegible] 林得等四人이오 及第生에 [illegible] 成績이 一等이오 壹等級優等生에 姜川實鄭[illegible] 生에 金台成盧[illegible]이오 夜學에 優等生 鄭敬[illegible] 及第生에 順宋永寬等五人인데 優數賞品을 施與하얏다더라

●農校設立 金海郡[illegible]部面[illegible]上里에서 有志紳員이 農務教育이 발達치못함을 慨歎히 녀겨 出義捐하야 陰六月十九日에 農務夜學校를 設立하고 該郡公立普通학校卒業生[illegible]을 擇定敎師하야 以國文算術體操諸般課程으로 次第敎授하는대 學徒가 逐日增加하야 不滿壹朔에 六拾餘名에 達하얏다더라

●同志開會 同志學友親睦會에서 今日上午九時半에 定期總會를 磚洞普成中學校內에서 開하고 志士鄭雲復安國善兩氏가 演說을 한다는대 傍聽을 許한다더라

▲地方消息▼

▲七月二十二日에 杆城西北方約三里地에서 義兵과 日兵이 交戰하얏다하고

▲七月二十一日에 平海郡에서 義兵約四拾名이 日兵과 衝突하얏다하고

▲七月二十日에 洪川郡東北方約[illegible]里地에서 日兵과 義兵이 互相衝突하얏다하고

▲七月三十日에 嘉郡西方約二里地에서 日兵과 義兵이 交戰하얏다더라

▲聽蟬感歎▼

▲非絲非竹淸凉한 枝上鳴蟬 淸閒하다 前身은 蜩蟬되어서 變化氣質하얏스니 罵暗罵暗數聲에 塵世人物嘲弄하야

▲罵暗罵暗네 소리는 紅塵中에 役々하야 仕宦熱이 成祟하니 [illegible] 今日無間에 探[illegible]하고 銳操撲에 垢醜陋[illegible] 더心事를 嘲弄하다

▲罵暗罵暗네 소리는 昏夢中에 잇는 衆生 沉々長夜風雨天에 壹點同明 內엽고 黑暗漆에 頹唐하야 世上事를 忘却하니 더心事를 嘲弄하다

▲罵暗罵暗네 소리는 金玉官人 花套局에 如山慾浪激起하야 多數黃金爭賭타가 警吏의게 被縛하야 身亡家敗不顧하니 더心事를 嘲弄하다

▲罵暗罵暗네 소리는 各部官人 外貌보면 高帽下에 鮮明洋服 開明國人彷彿하나 事爲處는 全昧하고 旅進旅退하는고나 더心事를 嘲弄한다

▲罵暗罵暗네 소리는 前日貪官 汚中輩가 民訴稍息하야 多數臟錢吐出할제 洩泄中에 受困하니 後悔之心 能히 할까 더心事를 嘲弄하다

▲罵暗罵暗네 소리는 口雖說道 기明하나 腐敗思想依舊하야 初聞驚異時에 某公後裔先問하야 蒼古的議論하니 더心事를 嘲弄한다

▲罵暗罵暗네 소리는 頑迷精神 鎖鎖하야 膝下彩服敎誨할제 家庭間에 固守하고 學校科程誹謗하며 誤人子弟任하니 더心事를 嘲弄한다

▲罵暗罵暗네 소리는 演戲場이 幾處런고 煇煌燈燭笛聲에 靑春遊子 蕩情하야 如雲會集迭宕하며 歲月浪度하니 더心事를 嘲弄하다

▲罵暗罵暗네 소리는 女子學校 繼起하야 敎育事業漸振하니 東園桃李娼女輩는 對案誇耀從事하야 紅燈下에 老去하니 더心事를 嘲弄한다

特別社告

大邱支社 ... 金弘叔 兩氏는 辭免故로 大邱 西門 內 友弦 樓側 李正由 張翊日 兩氏로 ... 本社에 對ᄒᆞᆫ 凡務를 右兩氏와 交涉ᄒᆞ심을 務望홈

大韓每日申報 雜報

正誤 ... 泰의 ... 更聞ᄒᆞᆫ즉 純 ... 誤傳이라

廣告

家庭雜誌社 總務 卞榮憲 ... 改定홈

卞一 告白

八月一日 開業 石版印刷

文雅堂에서 石版 寫眞版 寫眞銅版 電氣銅版 등印刷와 鉛版 木版 銅版等彫刻을 開業ᄒᆞ옵고 左記ᄒᆞᆫ課目대로 指美ᄒᆞᆫ 印刷를 ᄒᆞ오니 僉君子는 來臨相議ᄒᆞ심을 敬要

商標 地圖 株券 書冊 揷畵 卒業證書 樂譜紙 冊衣 各色彩畵 古書籍續寫 寫眞鉛等 其他 美術印刷

京城中部 銅峴 ... 北邊 ... 統六戶

文雅堂印刷所

本人이 姓名圖章을 失ᄒᆞ고 ...

白錫益 白告

特別廣告

本人의 姓名圖章과 英文으로 刻ᄒᆞᆫ 圖章을 失ᄒᆞ오니 內外國人은 照亮ᄒᆞ시옴

孫秉熙 告白

本宗約所

漢城中部 ... 統九戶에 設置ᄒᆞ고 每 ... 下午二時에 所長以下任員이 會同ᄒᆞ야 來訪ᄒᆞ시는 宗人을 接應ᄒᆞ오며 八月拾五日 土曜 陰七月拾九日 下午貳時에 總會를 開ᄒᆞ오니 一般宗人은 屆期來臨ᄒᆞ시오

金海金氏宗約所 告

本會 通常總會를 八月九日(日曜) 下午壹時에 ... 本會館에서 開ᄒᆞ오니 會員은 屆期來臨ᄒᆞ심을 爲望

畿湖興學會 告白

量地法全 定價 金八錢 或特別減價

本書는 圖根 實筆 地各般 測量法 術이 完全俱備ᄒᆞᆫ 測量上 第一 必要ᄒᆞᆫ 書籍이오 本書는 測量上 必要ᄒᆞᆫ 算術과 對數表 ... 本對數表는 我國에 創出者이며 代數以上 高等算學에 必要ᄒᆞᆫ 本書의 文法은 簡明易解ᄒᆞ고 ... 獨習에 便宜ᄒᆞᆷ

發行所 中部 ... 橋 測量事務所

發賣所 南部 銅峴 博學書館 / 中部 布屛下 廣學書舖 金相萬 / 罷朝橋 中央書舖 朱翰榮 / 鍾路 古今書海館 / 大東書市 / 南署 大廣橋 滙東書館 高裕相 / 南門 ... 博文書館

同志學友親睦會

本會에서 今日上午九時半에 定期總會를 普成中學校內에서 開ᄒᆞ오니 僉會員은 屆期來臨ᄒᆞ시옴

告白

○本會 ... 第二回學員을 募集ᄒᆞ오니 志願人은 八月三十日 之內로 請願書를 提呈홈 (請願用紙는 本會館에 請求홈)

中學科 壹分課程

(壹年級) 本國歷史 ... 算術 ... 圖畵 ... 博物 ... 聖經 ... (日英語隨意)

(二年級) 萬國歷史 ... 萬國地誌 ... 算術 ... 中等物理 ... 聖經 ... 語學(日英語隨意)

(三年級) 物理 ... 化學 ... 經濟 ... 代數 ... 幾何 ... 聖經 (日英語隨意)

英語課 日語課

科程은 ... 日語 ... 語學 各各 專修케홈

木工課 (夜學科程)

工業圖畵 ... 算術 ... 木工

日語課 英語課 簿記課

以上三課는 各히 專修課로 되고 入學細則은 本校에 來問ᄒᆞᆯ事

入學試驗

科目 國漢文 讀書 作文

但各課補缺生은 各其班課程으로 試驗홈

試驗 日子 九月壹二兩日 陰八月初六初七日 上午九時

開學日字 九月三日

●以上 各課 ... 語學課는 補缺生만 募集홈

●夜學은 課壹年級은 學員이 貳十人 ... 未滿ᄒᆞᆯ 時는 班을 ...

皇城鍾路基督教靑年會學館 謹告

長洞郵便局前 시노사끼

○長洞郵便局前 篠崎測量器械店에서 ... 測量器械 ... 今回에 板測量器械의 新式으로 ... 東京 ... 測量學 ... 便利케 ᄒᆞ야 本店에 多數買入ᄒᆞ야 ... 販賣ᄒᆞ오니 ... 器械와 照準儀와 板等은 ... 測地課에 ... 其他 ... 等器械等을 多數購入ᄒᆞ고 平板等은 百組와 二百組가 有ᄒᆞ오니 僉君子는 陸續來臨ᄒᆞ심을 厚望홈

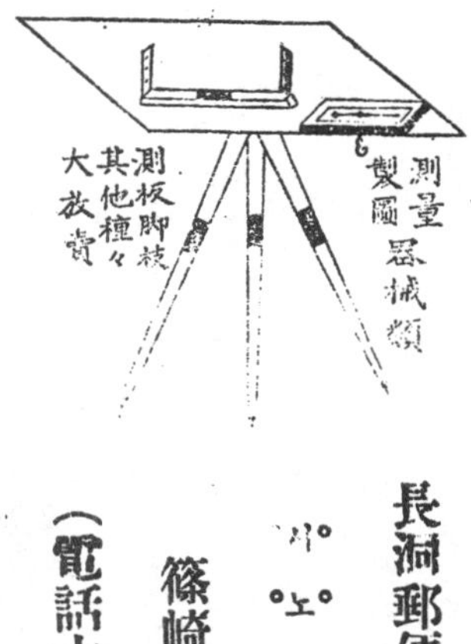

篠崎器械店

(電話六四八番)

公告

自今으로 京城 長谷川町 東京 江川活版製造所 支店에서 本局의 定價와 同壹히 本局製造品을 販賣케ᄒᆞ기로 玆에 公告홈

隆熙二年六月

龍山印刷局

◉活字及印刷機械製造販賣所

其他 인쇠 機械油 膠 名刺紙 色革 金銀各色粉 箔 並活版石版附屬品一式

새로 ᄉᆞ업을 창설ᄒᆞ야 ... 오빅원어치 이상 물건을 사셔 가시는 이에게는 본뎜에셔 기ᄉᆞ ᄒᆞᆫ명을 보내셔 ᄒᆞᆫ달동안을 월급도 아니 밧고 직공을 가르쳐 주겟슴ᄂᆞ이다

京城長谷川町二丁目(石井洞)

江川活版製造所支店

本店 東京日本橋區長谷川町 電話浪花 八八八番

鐵工場 東京 京橋區南傳馬町 電話本局二七二六番

支店 仙台市 國分町 電話 一 七番

電話 六七八番

局製朱肉은 其肉色이 美ᄒᆞ고 且數拾年을 經ᄒᆞ야도 決코 變色之慮가 無ᄒᆞ고 實稱獨特ᄒᆞᆫ 精良品이오니 多少不論ᄒᆞ고 購求ᄒᆞ심을 顧

本人이 ... 門洞 ... 吳南根 ... 客主 ... 去八月一拾九日 ... 立 ... 無相關이오니 京鄕 ... 僉員은 照亮홈

吉 ... 告白

... 鄭 ... 大 ... 歐皮 ... 會社 ... 請願 承認ᄒᆞ고 西部北門洞 ... 八統 ... 臨時事務所 ... 歐皮 ... 廣告홈

... 告白

學徒募集廣告

本校에서 第壹學年級生徒를 募集ᄒᆞ오니 志願者는 八月貳拾七日內로 本校에 入學請願書를 呈出ᄒᆞᆯ事

入學試驗日은 八月三十日上午九時

試驗科目 讀書 作文 算術 初步 身體檢査

但年齡은 自十五歲至二十五歲

漢城 私立普成中學校

各地方 各 學校 教師紹介所

를 本會內에 設置ᄒᆞ오니 普通學 其他 各種 技術 語學 教育에 教授ᄒᆞᆯ 志願人은 ... 校洞 本會館으로 來議ᄒᆞ시옴

畿湖興學會 告白

韓昌書館 館主 李 ...

海州 ... 街 ... 稍 ... 降 ... 希望홈 ... 具備發賣ᄒᆞ오니 僉君子는 ...

本人의 五 ... 十二 ... 半板刻文券을 ... 失故로 將請願于漢城府ᄒᆞ오니 ... 誰某拾得ᄒᆞ와도 休紙施行홈

西部 龍山坊 靑坡 貳契 ... 統壹戶

金德根 告白

本人의 五 ... 拾二 ... 半板刻文券을 ... 失故로 將請願于漢城府ᄒᆞ와 廣告ᄒᆞ오니 誰某拾得ᄒᆞ와도 休紙施行홈

西部 龍山坊 靑坡二契拾二統壹戶

金德根 告白

本書館 ... 開設ᄒᆞᆫ지 未過壹年에 ... 愛助ᄒᆞ시와 ... 本館이 擴張ᄒᆞ고 ... 新舊書籍과 教育品을 多數準備ᄒᆞ야 特別廉價로 大發賣ᄒᆞ오니 四方 僉君子는 陸續來臨ᄒᆞ심을 爲要홈

釜山港 東關 韓興書館

金汝重 權鍾律

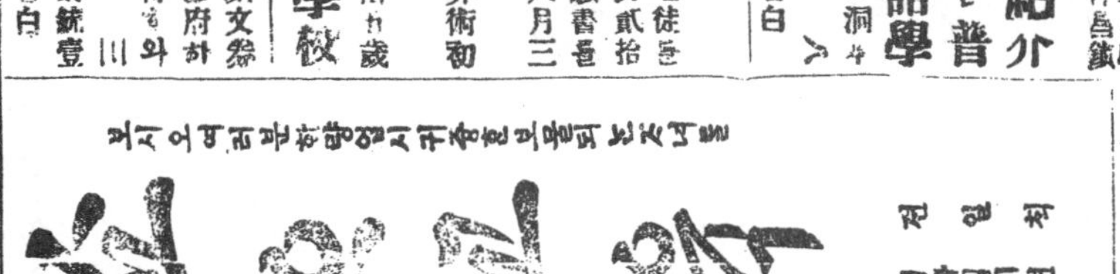

東 ... 測量製圖學校 ... 總 ... 沈 ... 告白

書舖主 朴春 ... 韓 ...

大韓書館 ... 志紳士의 公益을 爲ᄒᆞ야 ... 新舊書籍과 學校用品 ... 支店 ... 僉君子 ...

預防 ... 定價金拾錢

... 預防케하고 健胃 ... 能히 止ᄒᆞᄂᆞᆫ ... 藥이오

製造本舖 漢城 ... 大藥房

新到 ... 藥房

의 사 우

漢城鐘路慈惠大藥房

大韓東西藥業月報社製藥書

咽喉熱痛 降火水 五日分 金壹圓

消毒 告味 甘酸水 金五十錢

男女氣血 補益丸 二圓五十錢

滋潤腸丸 二十錢

淋疾根藥 十五錢

痢疾靈散 三十錢

淸明眼藥 十五錢

養兒寶散 十五錢

萬病根藥 三十錢

純金鷄納丸 十八錢

[illegible]沒虫 二十錢

是汗臭藥 二十錢

臨時感冒丸 十錢

太腫合瘡膏 三十錢

消痰鎭咳藥 三十錢

漢城百應膏 十錢

陳陳滯 消積丸 五十錢

瘋氣神效 保嬰散 二十錢五厘

各藥局草材小包郵便信送

▲大韓國[illegible]

健胃 消滯 ▲八寶丹 ▲팔보단 九拾五錢 …

承寧府與許止二品…

實驗處方과…

官報某某…

을보行이온바…

絡과霍亂사腹과…

頑痰固飮과新久泄瀉…

結과水豆三服과…

에壹服見效호오니衛生君子는

光顧試可호심을敬希홈

痲病 ▲사향소창단 ▲麝香消瘡丹 疳藥

良丹이於諸창에無論男女老少

호고若服壹劑하면實有神效홈

이百불百中호오니非例方可及

也라若論主治則梅毒[illegible]珠

瘰癧頭창諸症에俱見奇效호오

니[illegible]君子는壹次試驗호시

옵

婦人 ▲리양조경환 ▲胎產調經丸

靈藥 壹個月分入 定價壹圓

大抵婦人이年過[illegible]而不受孕

者는由於有病也라若不趁早調

治하고等閒看過則非但壹個人

의不幸이라抑亦國生育之理

의關係가不淺하니[illegible]十五年

을消費하야[illegible]外國[illegible]

實驗方을選擇하야先用漢家遺

方及他人하야累試累驗이온즉

而奇效를[illegible]其非但…

孕之神劑라治經治積[illegible]。

調血에俱有[illegible]効하오니

仰하오니僉員은壹次試驗하시

면實價를可知이옵

약製所인川港奇峴和平堂藥房

發行人 仝 리應善

右三種약은各地方이라도請求

하면우편으로부쳐드리오니

京城支店 鍾路衣廛下和平堂

代理店仁川港奇峴濟生堂藥房

▲發賣所 京城大廣橋共愛堂藥房

仝 남부너水橋濟生支店

仝 仝 仝大東書市支店

仝 仝府동博文書館

仝 洞口너 相信號典當所

仝 鐵物橋 毛衣廛리洛瑞

仝 小廣橋 毛衣房리厚根

仝 壽進동 上隅三可病院

仝 太寺동 共濟病院

○仁川港너구舊旅館韓萬根

仝 용너 金濟鉉

○江華鎭路 宋順五店

○開성 남문너朴圭植商店

仝 남문너明新冊사리貞鎬

○水原 남문너 김제九약舖

○海州 남문너리華植商店

○延安읍너 邊汝文洋藥局

○瑞湖 남문너 崔在淳

仝 砂里院耶蘇敎당리在善

○黃州남문너 紅문동리東赫

○平壤 雙巨里 韓鳳儀藥舖

仝 館前 김龍興藥舖

仝 文武洞 桂澤善약포

○鎭남浦 영동 김元성藥포

仝 濟生당出張 吳崇駿

○평산港 開福洞 金斗鉉

仝 大井동 리春善약房

○禮산 룡谷里 리東赫

○大邱 남문너 리明直약局

○元山港 남甲元약局

仝 濟生堂支局 朴敬鎬

○尙州 서문너 박致[illegible]약局

◉溫泉場 鄭聖瑞약局

○釜山港 濟生당出張 朴昌鎬

○安州성너 義井동回春大약房

○安岳邑上場 濟生局林普景

○義州남문外木口街 義和약房

○載寧읍後동 洋약局崔允國

○定州남문너 洋약局리健柱

◉郭山읍 洋약局 羅應彬

○宣川읍 冊사 安[illegible]

鐵山읍 永春堂 安瀬

仁川港 和平堂 白

▲大韓國新發明神藥

◉[illegible]丹

◉至寶丸

◉靈效散

◉淸眼水

◉通淋丸

…

製造兼發行所 京城南[illegible]藥房 主人 姜助遠 謹白

支店 明城[illegible] 釜山港[illegible]共發堂支店 河東郡[illegible] 皇城東部[illegible]

代理店 仝 仝 仁川港峴 濟生堂 仝 和平局

此外에도東西[illegible]에俱備하오니藥의多少를不拘하고[illegible]

리春善 黃蘇秀 仁濟藥房 慈惠藥房 普濟醫院

●大韓新發明藥[illegible]廣告

消化新藥 淸心保命丹

陸軍軍醫…

陸軍軍醫…

四海衛生…

發行所 仁川港花峴 濟生堂藥房

九十粒入金拾錢

●右丹의主治効能은如左

●口乾嘔吐 ●吐瀉水土不服

●食滯腹痛 ●胸痛

●食積急傷 ●咽喉口瘡

●其他諸般瘴氣癘疫預防

總發行所 京城南門內

濟生당支店濟衆院

●元山港 濟生당支店

●평壤 濟生당支店 敬[illegible]

●元山港銀石院 濟生당支店 약敬[illegible]

代理店 京城大廣橋共愛堂

●京泥峴三丁目 新井약房

全 全郵便局前 大倡[illegible]약房

全 남大남너 博文書館

全 梨峴洋약局 리[illegible]

全 大安洞 仁濟약房

全 壽동 二可病院 리[illegible]

●仁川奇峴 和平당 리[illegible]

●[illegible]本町 新井藥房

●海州남문너 宋斗瑛

全 全商店 리奉[illegible]

●水原奇路下약房 金재九

…

…汝文

…尹斗鉉

…崔敬淳

…任仁中

…리載善

…許[illegible]완

…김奉圭

…리東혁

…林豐栢

…崔允國

…김鐵和

…김永植

…崔聖儀

…尹寅혁

…金聲興

…桂澤宜

…崔鼎化

…김元燮

…吳崇駿

…朴芝行 …春大약房

…리健柱

…김大鉉

…安[illegible] 崔緣浩 리丙斗

…김斗鉉 김成浩 리炳夏

…朴錫勳

…居留地松房 徐岐見

全國내各약店마다隨應販賣

仁川港奇峴 濟生堂 白

●[illegible]陸軍軍醫金守鉉實驗方劑

陸軍軍醫金守鉉實驗方劑 落[illegible]丹

口瘡不發하고病去根之良藥

壹劑五百粒 定價 [illegible]

主治 梅毒(唐瘡) 新舊瘡

●瘰癧 ●皮膚病 ●便毒

●淋病

已上病証外에男女間[illegible]

合한後에若疑아之端이[illegible]

도此藥壹劑만服用하면完[illegible]

慮가無하며脾胃도健全[illegible]

此外에도의療機械와[illegible]

材를新備하고內外科[illegible]

를誠心治療홈

皇城北部大安洞

仁濟藥房 高用진 謹告

代理店

京城鍾路 共愛堂약房

仁川港龍洞 濟生堂

國內各處藥局에서隨意販賣

社告

○中報價

壹張代金 新貨二錢五厘

壹個月前納 三十錢

參個月 九拾錢

陸個月 一圓八十錢

壹個年 三圓六十錢

郵稅一張 新貨五厘

壹個月 十三錢

○廣告料

四号活字拾字詰

每日每行尺壹寸에新貨廿五錢

(每日每行六錢에相當함)

二週日에 二圜九拾錢

每日每行四錢五厘에相當홈

壹個月에 五圜

每日每行四錢壹厘에相當홈

其期限의長短과字行의多少를

依하야增減홈이有홈

發行兼編輯人英國人 裵說

Responsible for Publication Alfred Weekley Marnham.

發行所

南署石井洞號外地三層洋屋

大韓每日申報社

此外에도東西[illegible]…

漢城鐘路慈惠醫院診 의학博士 … 醫學校卒業後濟衆院卒業 … 病人看護 …

此醫院에서西洋의術機械를일新히設備하고藥品도精擇하야男女間病人을至誠으로診察하고藥을[illegible]하되男病人

은男의師가診察을고病이危重하야入院하야治療할病人은卽接으로濟衆院上等病室에病이낫도록治療하야드리며婦人病

大韓每日申報

第六卷 第八百七拾九號

月曜及慶節歲時休刊

檀君開國四千二百四十一年
箕子元年三千三十年
大韓開國五百十七年
日本明治四十一年
淸國光緖三十四年
陰曆戊申七月大十五日戊戌

寄書

◉女子教育論

女士張敬主

惟我韓國이神聖ㅎ種族과三千里靈明ㅎ江山으로可히不足之歎이無ㅎ거늘今에國이亡ㅎ고民이滅ㅎ는悲境에至ㅎ者는其源이何에在하뇨余는비록微弱ㅎ女子로學識이薄ㅎ며聞見이淺ㅎ며思想이昧하며技量이短ㅎ나此에對ㅎ야斷言ㅎ여曰女子를敎育치못홈에在ㅎ다ㅎ노라

大抵國이라稱ㅎ은民族과土地가有ㅎ然後에야國家라稱ㅎ기容易ㅎ지나是도文明과未開의分別이有ㅎ야文明ㅎ國은泰平의福樂을享有ㅎ며未開ㅎ國은奴隷의羈軛을甘受ㅎ은有志君子의愛悉ㅎ는바에不言可想이오不見自鑑이로다

嗟呼嗟呼라文明과未開가專有本乎아曰否라敎育이文明을生ㅎ며非敎育이未開를生ㅎ는도다然則樂莫樂於敎育이오悲莫悲於非敎育임시敎育의先務와遠因을探思默量ㅎ니家庭敎育이先務오女子敎育이遠因이라女子는國民된者의어머니될사룸이오家庭敎育에主張될사룸인즉不可不敎育이발達된後에야其子로ㅎ야금文明ㅎ國民의知識을引導ㅎ模範이될지니엇지女子敎育이急先務가아니리오

問乎天ㅎ며詢乎人이라도女子敎育이急先務라ㅎ거은女子敎育으로由ㅎ야多少新英傑과國家棟梁之材를鑄成ㅎ지라謂ㅎ지니여보시요同胞시여國家興亡에憂忿ㅎ시는同胞시여同種相保에愛恤ㅎ시는同胞시여今日韓國이處於危急ㅎ신즐思量이시지오

嗟々吾人이際於此時ㅎ야若不以取其新學ㅎ야敵其危急則萬無生存之道이리니然則今欲求脫死得生之眞方法은卽敎育壹端이오敎育之遠因은卽女子敎育이라ㅎ지로다古者에壹夫婦가有ㅎ야貧窮ㅎ家勢를僅々支保ㅎ식壹日은婦曰不足ㅎ것이多ㅎ니奈何오糧食도無ㅎ며衣服도無ㅎ며各樣世間事物이無壹備足이라ㅎ즉夫曰君之言이誤矣니라敵壹言ㅎ고錢이無ㅎ故라ㅎ것과又치今日我韓形勢가日々墜落에對ㅎ야或曰敎育이不擴ㅎ며或曰實業이不興ㅎ며或曰社會가不振이라ㅎ는千言萬想으로紛汨無暇니ㄴ余는써ㅎ되女子敎育이未曾有ㅎ遠因이라ㅎ오此諸般好事業을生ㅎ者는必曰女子敎育이라ㅎ노니或有疑問乎아孟母는三遷之敎로孟子를引導ㅎ야大聖을成케ㅎ며英國에오슈버거는冊子之敎로알색데시를引導ㅎ야王位를鞏固케ㅎ얏스니豈有疑問哉아女子敎育이男子敎育을生ㅎ世不啻니近史新小說愛國夫人傳과羅蘭夫人傳을閱覽ㅎ면뎌良亦壹個女子로如此ㅎ事業에進就ㅎ얏스니女子된자리를은일즉敎育界에進就치못홈과社會上에參與치못홈을壹府慨慨히여기고自今爲始ㅎ야ㅏ帝셔품賦한自由天性으로男子를莫賴莫依ㅎ고女子교육에進就ㅎ야女子社會를擴張ㅎ기爲ㅎ야余는作文에未熟ㅎ과辭詞에未備홈을不顧ㅎ고如是敬告ㅎ나이다

外報

●自由港閉鎖案成立 俄國議會財政委員會에서沿海州及堠貝加爾州의自由港閉鎖案을決議홈이如左ㅎ니極東에輸入ㅎ는外國物品에關稅賦課를復興홈은國家經濟上의반다시缺치못홀者인터其理由인즉第壹自由港을存續ㅎ면極東邊境과本土를離隔ㅎ야在ㅎ日本人으로ㅎ야곰經濟上의利益을壟斷케홈이오第二西伯利亞鐵道의整理를企圖ㅎ고又는黑龍江鐵道敷設홈을實行ㅎ면彼此關目的의矛盾이不無ㅎ다ㅎ야同委員會에서極東의現下情勢를觀ㅎ고自由港撤廢案을成立ㅎ얏다더라

●晩香坡自由港設置 晩香坡市에自由港을設置ㅎ자는議論이現出ㅎ야同市市長과商業會議所所屬等이大贊成홈으로不遠間에實業家들이會集ㅎ야該事件을討議ㅎ터인대商業會議所에서去番會議에는單히몬트리울市自由港設定에關ㅎ冊數部를研究ㅎ旨를決議ㅎ後에散會ㅎ얏는대晩市自由港問題의起源은몬트리올市에서同市에自由港을設ㅎ計畫을立ㅎ故로當市에서發行ㅎ는英字新聞紙가此에對ㅎ야論斷ㅎ되若몬트리올市가自由港의資格이有ㅎ면晩香坡市는其以上의自由地位에在ㅎ터이라고偽하輿論을喚起케ㅎ結果로드디여商業會議所의議題가되얏스나然이나當地壹般人士는自由港의特質施設及其利害關係에就ㅎ야何等의知識이無ㅎ故로몬트리올市에서自由港設置計畫을取ㅎ야徐々히本問題의適當ㅎ方法을講求ㅎ는대當市會議堂에市民大會를開ㅎ고市長은議장이되야本問題를審議ㅎ얏는디同英字新聞主筆及有志士數名이自由港設置에關ㅎ야說明ㅎ되當市各種實業團體로부터委員拾數名을選出ㅎ야本問題를研究치아니ㅎ면適當ㅎ措處가되지못ㅎ깃다는事로決議ㅎ고散會ㅎ얏다더라

雜報

●廣興校試驗 廣州郡城內廣興學校에서去七月晦日에夏期試驗을經ㅎ얏는대中學科優等生은朴稚泰邸光燮等七人이오小學校甲班優等生金龍得朴容瑾等大人이오同乙班優等生張兌이李吉願等拾六人이오丙班優等生金相吉金德仁等九人이오夜學科甲班優等生任應淳金慶培等四人이오乙班優等生安吉順卯仁春等三人이오丙班優等生梁壽圓池容華等三人인대該校長以下壹般任員과諸學徒父兄이壹同會集ㅎ야空冊수筆墨을多數히施賞ㅎ얏다더라

●敎育界模範 松禾郡道遠面面長鄭철영氏가家勢의貧乏을不顧ㅎ고義金拾圓을捐ㅎ야明新小學校를設立ㅎ미李동현諸氏가亦爲同心贊助ㅎ며朴萬吉의母親은勞働生活ㅎ는婦女로셔該학校에對ㅎ야多數捐金ㅎ야는데學生이三拾餘名에達ㅎ지라隣面에서此를效則ㅎ야學校를著設立ㅎ다더라

●義英校試驗 順天郡船島面義英學校에서陰六月初拾日에夏期試驗을經ㅎ얏는대甲班優等生에金斗衡이오及第生에韓基善趙建植이오乙班優等生에金哲泳이오及第生에金丙侃이오丙班優等生에張允植이오及第生에張石文이오丁班優等生에張振翰이오及第生에金成麟인대該校任員이各其賞品을施與ㅎ얏다더라

偉人遺蹟

水軍第一偉人 李舜臣

錦頰山人

第拾八章

◉李舜臣의諸將과李舜臣의遺跡及其奇談

金大仁은村氓이라勇力이絶倫ㅎ나其膽이甚겁하야鼓聲만聞ㅎ면爲先戰慄ㅎ야寸步를不進ㅎ는지라李舜臣이此를麾下에率置ㅎ다가忽然黑夜를乘ㅎ야大仁을招ㅎ여曰爾가我後를隨ㅎ라ㅎ고但只兩人이壹先壹後ㅎ야山麓林藪中으로潛行ㅎ더니藹然히樹木間으로火光이漏現ㅎ거늘該火光을逐ㅎ야其處에至ㅎ즉數丈岩과落ㅎ山阪下壹平地에서倭遊兵數拾名이憩息ㅎ며飯을炊ㅎ거날李舜臣이山阪上에立ㅎ야大인의手를執ㅎ고此를俯視ㅎ며附耳密語曰爾가勇을壹鼓ㅎ야此를討殲홈이何如오大인이戰々答曰不能々々이노라리舜臣이怒曰爾가此를不能하거던死홈이可라하고即時其背를蹴ㅎ야山阪下에墜下ㅎ니倭兵이驚起圍匝하는지라金大인이此境에旣到ㅎ매走路는無ㅎ고死路가迫ㅎ지라膽勇이突然大生ㅎ야猛拳을擧ㅎ야壹倭를打倒ㅎ고其劒을奪ㅎ더니踴躍大呼ㅎ며左右斬殺ㅎㄴ디其劒은霜又치飜ㅎ며其聲은山谷이裂ㅎ야須臾에羣倭가狼藉盡死ㅎ고金大仁이渾身血塊도獨立ㅎ얏더라리舜臣이卽趙下ㅎ야笑曰汝가自今으로其可用乎ㄴ저ㅎ고營中에携歸ㅎ여니自後로金大인이見敵風生ㅎ야每戰에奮勇先登ㅎ고奇功을多立홈으로加德僉使를超拜ㅎ니라(湖南志及流行ㅎ는俚談)

右壹章의錄ㅎ바는비록東鱗西爪에搜採가未精ㅎ고且遺跡以下는壹々皆眞ㅎ지難知ㅎ지나抑亦無賴의巷言으로抹殺홈은不可ㅎ者라故로此에附錄ㅎ는바어니와

雖然이나李忠武의成功ㅎ原因이此等人材를網羅홈에專由ㅎ인가抑此等奇計를懷抱ㅎ所以인가曰否라리忠武의成功ㅎ旨訣을問ㅎ에單히壹句로可答ㅎ지니壹句는云何오卽李忠武가倭丸倭矢의雨集ㅎ는處에立ㅎ야扶腋을避ㅎ며將士를喝退ㅎ며蒼天을指하여曰

我命이彼에在ㅎ다

云々ㅎ던壹句語가是라命의生死를天에聽홈으로白刃도蹈ㅎ며水火에도入ㅎ며虎穴도探ㅎ며驪珠도摘홈이니萬壹此壹關(卽生死關)을超過치못ㅎ면비록神妙ㅎ韜畧이有ㅎ지라도其膽이겁ㅎ아此를運用치不能ㅎ지며精鍊ㅎ軍隊가有ㅎ지라도其氣가餒ㅎ야此를指揮키不堪ㅎ지라叢棘叢石稜에도猶戰兢ㅎ려던況雨注ㅎ는砲丸乎아壹角抵壹拳鬪에도猶䩄ㅎ려던況雲集ㅎ는大敵乎아嗚乎라偉人을學ㅎ는者ㅣ不可不此關을先超過ㅎ지니라(未完)

雜報

●强盜處絞奏本 强盜罪人李根成梁雲等幾名을絞에處홀意로法部大臣이上奏裁可되얏다더라

●東宮殿下遊覽 皇太子殿下께옵셔今月十日午前에東京에셔出발호옵셔名古屋에壹泊호고拾壹日에神戶로부터滿州丸을搭乘호고洋中에셔壹泊호고拾二日宮島灣에셔壹泊호고十三日에吳鎭守府를觀覽호고十四日에宮島灣에出發호야拾五日에舞子에着호셧는대伊藤氏가陪從호얏다더라

●義王射習 義親王殿下께옵셔近日에東門外紫芝洞에셔每日習射를호시는대射員十餘名의午飯은 義親王殿下께옵셔支給호신다더라

●又會統府 各地方警察部長議會를內部에셔多日개設호야再昨日에了畢되얏다는대昨日上午九時부터는副統監邸에셔개會호고副統監이訓諭及演說을壹場陳述호얏다더라

●勸告拾貳 忠南觀察使崔廷德氏가管下郡守中에辭職請願호라고勸告혼者가拾貳郡守라는說이有호다더라

●壹上壹否 忠南觀察使崔廷德씨는道事務官을敎唆호야管下各郡守에게送函호야勸告辭職홈은別項과如호거니와海美郡守는卽爲上京호고大興郡守는詬惑이萬端호야其事由를本第로通知호얏다는說이喧藉호다더라

●恨不此語 地方局長廉仲模氏가衛生局長으로轉任홈 內容을概聞혼則語義粗解치못혼理由라더라

●處理委員任命 掌禮院典祀白時鏞氏는各宮處理委員을任命혼다더라

●有女同車 農商工部大臣趙重應氏가日昨水原郡 農林及勸業 範場을視察호는대右夫人光岡氏와同伴往還호얏다더라

●三氏消暢 昨日에宮內府大臣閔丙奭侍從院卿尹德榮海豐府院君尹澤榮三氏가消暢次로東門外靑岩寺에出往호얏다가再昨日에乘暮還家호얏다더라

●携妓觀覽 工數學校에셔經費를補用호기爲호야去金曜日부터壹週日을爲限호고長安社內에演奏會를設立홈은已爲報道호얏거니와當日夜에永宣君李埈鎔氏와中樞院顧問李址鎔氏와承寧府總管趙民熙諸氏가妓生拾餘名을帶同觀覽호얏다더라

●宋氏幷覽 去土曜日夜에內部大臣宋秉畯氏가日人數三名을帶同호고圓覺社에前往하야演劇을觀覽호얏다는대翌日上午三点ㅅ지迭宕히玩覽호얏다더라

●民會捐金 去土曜日에明月館에셔漢城府民會贊成會를開하고金額을捐付호는대內部大臣宋秉畯氏는二百圓이오農商工部大臣趙重應氏는二百圓이오閔泳韶趙鎭泰兩氏는五十圓式捐助호얏다더라

●山外有山 醫視副監具然壽氏가日本女人을作妾同居하더니數日前에該女人이死혼지라具然壽氏가愛情을不忘호야仕進視務치못혼지가多日이라더라

●朴氏滯留 濟州島에居所를制限된朴泳孝氏는本月貳拾六日에制限期間이滿了홀터이나現今政客들의權利紛競은狀態를厭避호야本年末ㅅ지滯留혼다더라

●富客雲集 忠남來人의所傳을據혼則鐵道內富客들이郡守될圖得次로近日에壹齊히公州郡邑底에逗遛혼다더라

●鐵線賠償支給 臨時鐵道調査局委員長朴義秉씨는坡州臨城等地에鐵道犯入地段價를支給次로明日에발程혼다더라

●總稅務司歸國 海關總稅務司濱씨가本月拾二日夜에京釜線列車를搭乘호고歸國혼다는대其內容인즉該씨가日本大藏省에進往호야關稅事務處理及調査에就호야協議홀事이라더라

●拓殖社任員 東洋拓殖會社設立任員은日本人과韓國人中에셔任命홀터인대韓國人은各道에二名式漢城府에一名式敍任호야派送홀터이라더라

●國有土石採取規則 國有土石採取에管호야許可호는거슬自今으로부터는農商工部에셔專管施行호기로規則을制定호고統監府에承認을經하야從近頒포혼다는대其規則은國有森林山野其他各土地에셔寶石과雲母石과燐寸과石材와粘土等을採取호기를請하는者는農商工部에請願호야其許可를受케혼다더라

●未知孰是 漢江에在혼天壹亭은前觀察使李圭桓씨의亭子인대前輔國閔泳徽씨가十年前에壹萬五千兩에買入호야古亭을壹時毁撤호고百餘間을壹新建築호엿더니日前에李觀察이閔輔國家에前往發言호기를天壹亭을前著大監에게被奪호엿스니今則出給호라혼대閔輔國이答曰令監은誰也며我는誰也오破奪字는何所不當인즉更勿煩論호라호제李觀察이含憾而歸호야該事件을法庭에告訴歸決호다더라

●請還籍沒 安邦제李鳳雨等이其家舍와田畓이已往籍沒된것을還爲出給하라고度支部에再次請願호고壹進會에請願호얏는대該會에셔總代로度支部에派送호야勸告혼즉大臣이答曰卽當調査還出給호마호얏다더라

●報償金調査議決 大韓協會에셔去土曜日에特別總會를開호얏는대會議案件을聞혼즉國債報償金收合혼各計會에積置혼文簿를調査호기로動議可決되얏다더라

●路邊及水上의家屋 漢城府에셔城內人民家屋이道路邊水道上에建築혼者를壹々調査혼다는대其內容인즉該家屋을將次毁撤홀計料라더라

●稅關俱樂部落成式 再昨日上午八時에西小門外稅關俱樂部에셔落成式을設行호얏는대來賓은度支部韓高等官이오景況은擊劍矢射碁局等이라더라

●新法發刊 前報와如히張裕淳氏가改正刑法大全과壹般裁判에關혼法令을龍山印刷局에셔出刊호야不日間發賣홀터인대制度와編纂이極히精密호야內外人의手珍이될만호다더라

●劉家退婚 農商工部主事崔相淋氏가今春에喪配하고續絃次로數月前에劉某氏의令孃과通婚호야杆單을去來호얏는대劉氏家勢가至貧홈으로郞家에셔閨秀의衣服과衾枕諸具를送致혼지라婚日은陰今月二拾二日로定하엿더니該物品과退送호고無端히破婚호미郞家에셔退送혼物品을劉家로更送혼즉劉家에셔再次退却호얏다더라

●有何事件 李允植가有何事件인지醫視副監具然壽씨의指揮로北部警察署에被囚혼지가五六日이라더라

●拾七技客 日昨에雜技犯으로被捉혼者拾七名은監獄署로移囚호고其餘는放送호얏다더라

●僧徒移交 義兵干連으로多月警視廳에被囚호얏던僧徒數名을控訴院으로移交호얏다더라

●毆打致命 再昨日北部外部如意島居호는勞働者尹聖澤이가仝業者李奉求와雇價分食호는事로相詰호다가尹聖澤이가李奉求를毆打호야致死케호얏다더라

●興學會任員變更 畿湖興學會에셔去土曜에評議會를開호고會長李容稙氏가辭免혼代에前軍部大臣尹雄烈氏가被選되고評議員李冕宇氏와李載益氏가辭免혼代에李회直李春世兩氏가被選되얏다더라

●朴氏贊務 畿湖興學會贊務部長尹雄烈씨가會장으로推選홈은別項과如호거니와其代에는中樞院顧問朴齊純씨가被選되얏다더라

●萬里長明 萬里峴均明學校는元來大韓義務로創建혼비라區域이不廣호고產業이凋殘호야于今數年에校監이經費를自擔호더니末如혼境에至호얏다가日昨에教師諸氏가壹般學員을對호야維持無路혼事狀을說明호고壹場痛哭後停學호얏더니동中父老諸氏가校情況을愛惜호야維持方針을協議호고爭出義捐호야金額이爲先六百餘圓에達호얏다더라

▲地方消息▼

▲去月二拾八日河東郡三岐東方約壹里地에셔義兵二拾名이日守備隊上等兵以下七名과交戰호엿다호고

▲去月二拾七日禁川郡附近에셔義兵二十餘名이日分遣隊憲兵四名과補助員六名과衝突호엿다호고其翌日에義兵二拾名이更히衝突하엿다호고又同地에셔義兵四拾名이日分遣隊兵과交戰호엿다호고

▲本月八日江華郡末叱點島에셔義兵約八十名이該郡分遣隊憲兵下士三名과補助員二名으로交戰호얏다호고

▲本月七日茂長郡東方約壹里地에셔義兵三拾名이光州郡日守備隊下士以下五名과交戰호얏다호고

▲本月二日居昌郡茂豐場西方壹里地에셔義兵約九拾餘名이該郡守備隊下士以下七名과變裝隊兵八名으로交戰호얏다호고

▲去月三拾日黃海道灌纓臺에셔方約貳里地에셔義兵約拾名이同分遣隊憲兵下士以下三名과補助員六名으로交戰하얏다더라

▲老宰恨歎▼

▲蕭蕭涼雨蕉窓下에白首飄然壹老宰가口含竹烟悠然坐호야過去事를思想타가變幻時局을咨嗟호며身世自歎호는고나

▲某祖先의餘蔭으로世世淸宦不絕호야少年登仕호던날에翰林先生當時事라富貴春光長在호야永不移身自期라가이地境이웬일인가

▲曾往銓仕部日時에入小官任免호니某郡守와某府尹은食口가分明호다世上事가萍호니翩若楚越無關이라이地境이웬일인가

▲箕伯으로在任時에外方妓第壹이라壹等名妓作妾호야平生行樂호라호니勢力漸々減損호니嘖々怨聲難堪이라이地境이웬일인가

▲前日勢焰大時에四色黨名士輩가坐席을相爭호며肌憂背하던情分如將壹刀斷割호야路上行人되얏스니이地境이웬일인가

▲壬午以前開化初에修信使往來호며海外風氣說道호는人物을唾罵호더니時局風潮轉換호야頑固譏反被호니이地境이웬일인가

▲觀察郡守己行人은舊贓錢復起호야民訴닥至紛々호니怨地徵出藥產이라내事情을回想호면畏懼之心절노난다이地境이웬일인가

▲遐鄉富客賜顏호야初會試相約호고多數賂物鈞取홈제貨泉을視作호야用之如水不惜터니卒地에四擧되엿스니이地境이웬일인가

▲各會團에出頭호야壹會長을暗圖호고壹時名譽鈞取後에大臣卿을라호나衆人之口難防호야吹毛覓疵層生호니이地境이웬일인가

▲左軒藍輿간데업고驅從別陪無호니이弊弊호다出入時에人力車費難辦호야此亦不得遂意호니坐之選되얏고나이地境이웬일인가

特別社告

大邱支社長 梁裕谷 咸從支社長 金弘叙 兩氏는 辭免 故로 大邱

西門外 友弦書樓側 李正

由 咸從耶蘇敎堂 張炳日

兩氏로 認定하얏스니 右兩處附近 本報購覽諸氏는 本社에 對한 凡務를 右兩氏와 交涉하심을 務望홈

大韓每日申報社

雜報

任郡設校. 任實郡에서 李鍾勳 李起翊 朴弘根 三氏가 靑年을 敎育하기 爲하야 該郡司馬齋에 學校를 設立하얏다더라

廣告

本科를 設立하고 測量學徒를 募集하오니 志願人은 陽本月 一拾三日內로 請願書를 提呈홈

請願紙는 本科에 請求홈

甲班은 他校에서 不得已退學한 者와 學問稍優者를 許入홈

乙班은 無試驗許入홈　開學陽本月二拾四日부터홈

卒業期限은 甲班은 三個月 乙班은 五個月로 定홈

細則은 本科에 來問하오

北部桂洞敦明義塾內 測量科 白

大韓實業奬勵會와 東亞開進敎育會가 合하야 帝國實業

會라 名하고 國民의 實業敎育 衛生 三大目的을 履行하더니 本會附屬各學校는 號數를 依하야 商業學校라 稱하오니

僉君子는 照亮홈

皇城西部貞洞 帝國實業會 告白

本人의 圖章을 見失하얏기로 已爲廣告 어니와 前章과 特異하게 改造하얏는데 洛字를 以濤字로 改名하얏스니 內外國人은 照亮홈

平壤돌串面覺今面 康弘濤 告白

本人의 姓名正字圖章을 陰五月에 見失하옵고 半篆으로 改造하얏사오니 內外國人은 照亮홈

義州古城面烟下洞 [illegible]禧 白

北部桂洞統九戶 本人 屋文券典執認許三張內 本人所持壹張을 失하야 誰某拾得이던지 休紙施行홈

李容圭 告白

本人 姓名章을 陰七月八日午後七時 見失하얏스니 內外國人間에 誰某拾得하와도 休紙施行홈

平壤돌串面覺今里 康弘洛 告白

特別廣告

北靑居李鎭基氏가 령神丸을 多數히 本校에 製送하야 生徒의게 分給하니 其衛生의 慈惠와 敎育의 熱心을 壹般學徒가 其感謝를 表告홈

咸南夜學校生徒 告白

本人이 姓名圓圖章을 見失하고 方圖章을 行홈

白錫益 白告

本學契에서 本月十二日(水曜)下午二時에 水標橋本事務所內에 宗會를 開하니 我申氏 僉位는 屆期齊臨을 敬要

靈川學契 白

工 [illegible] 日 [illegible] 斯 [illegible]

寺에 再削은 禁久로 되 退俗은 不禁이면 貧하면 爲僧하고 富하면 還俗하니 自此不禁則 僧侶가 專無하야 念慮故로 壹般組織하노라 應이 飢하면 附人하고 飽하면 揚去로 同하니 人心 踈薄이 如此可乎아 色界上에 無英雄節士라하니 諸外 置草幕은 容或無怪어니와 自今以後로 治罹人이 나 與禪念敎育人이어나 背僧歸俗을 任意有財者는 治產을 奪하야 附於寺中하와 人材敎育을 無財者는 寺中懲役하기로 定하오니 如前例하다가 犯科되거던 毋至後悔함을 銘念하시오

慶尙北道大邱 桐華寺々中 白

本人이 府外里門洞에 [illegible]南根씨 家所에서 測量製圖學을 所를 迅速히 酬應하깃ᄉᆞ오니 僉君子는 照亮하시옵

北部中學橋 統八統拾戶 東測量製圖事務所 總務 沈日澤 告白

客主同事이다가 去月二拾九日로 實無相關이오니 京鄕僉員은 照亮홈

吉賢瑞 告白

特別廣告

本人의 姓名圖章 漢文과 英文으로 刻한 者를 見失하얏ᄉᆞ오니 內外國人은 照亮하시옵

孫秉熙 告白

八月五日 開業 石版印刷

本堂에서 石版 寫眞版 寫眞銅版 電氣銅版等 印刷와 鉛版 木版 銅版等 彫刻을 開業하오며 左記한 課目대로 指美히 印刷하오니 僉君子는 來臨相議하심을 敬要

商標 地圖 株券 書冊 挿畵 卒業證書 藥封紙 冊衣 각色彩畵 古書模寫 寫眞業書 寫眞帖等 其他 種々應用美術印刷

京城中部鐵物橋入路 北邊五統六戶

文雅堂印刷所

本宗約所를 漢城中部相思洞下八街 統九戶에 設置하고 每日下午二時에 所長以下 任員이 會同하야 來訪하시는 宗人을 接應하오며 八月拾五日土曜陰七月拾九日 下午貳時에 總會를 開하고 壹般宗人은 屆期來臨하시오

金海金氏宗約所 白

本人의 瓦家拾二間半 板刻文券을 失하와 故로 將請願于漢城府하와 廣告하오니 誰某拾得하와도 休紙施行홈

西部龍山坊靑坡 契拾二統壹戶

金德根 告白

量地法全 定價金八十錢 或特別減價

本書는 圖根導線 地籍各般測量法과 測量上第壹 必要한 書籍이오 算術과 對數表까지 附入하여 術이 完全俱備하와 測量上第壹 必要한 書籍이오 本對數表는 我國에 創出者인데 代數以上高等算學에 必要하오 本書의 文法은 簡明易解하와 初學及獨習에 便宜하오

發行所 中部橋 測量事務所

發賣所 남部銅峴 博學書館　中部布屛下 廣學書舖 金相萬　罷朝橋 中央書舖 朱翰榮　鍾路 古今書海館　大東書市　南署大廣橋 滙東書館 高裕相　남門內 倉洞 博文書館

○ 本學館에서 第二回學員을 募集하오니 志願人은 八月三拾日之內로 請願書를 提呈홈 (請願用紙는 本館에 請求홈)

中學科

(壹年級) 東國歷史. 大韓地誌. 算術. 圖畵. 博物. 聖經. 語學(日英語隨意)

(二年級) 萬國歷史. 萬國地誌. 算術. 生理. 中等物理. 聖經. 語學(日英語隨意)

(三年級) 物理. 化學. 經濟. 代數. 生理. 幾何. 聖經. 語學

英語課 日語課

科程은 日語로 各專修케홈 (日英語隨意)

木工課

工業圖畵. 算術. 實習木工

(夜學科程)

日語課 英語課 簿記課

以上三課는 特히 專修課로 되어 入學細則은 本校에 問議홈事

入學試驗

科目 國漢文 讀書作文

但各課補缺生은 各次班課程으로 試驗홈

試驗日字

九月壹二兩日 陰八月初六初七日 上午九時

開學日字 九月三日

● 以上各課中 晝學語學課는 補缺生만 募集홈

● 夜學各課 壹年級은 學員이 貳十名이 未滿한 時는 該班을 不設홈

皇城鍾路基督敎靑年會學館

敎育月報

壹冊 價 十錢　每月二十五日刊

壹般同胞의 男女老少를 勿論하고 其情을 年限에 拘礙되야 學校에 入學지못하는 이를 爲하야 學術을 發達케 爲하야 簡易케 緝譯하야 緊要한 學問을 純國文으로 行하오니 此를 遂號購覽하시는 同胞는 皆有識한 學者가 될터인 故로 本社와 各鄕各書肆에서 發賣홈

京城中部校洞貳拾九統 四戶

敎育月報社

本館에서 新舊 書籍과 學徒의 所用 諸般物品을 具備 販賣하오니 僉君子는 來購하시옵

平壤鍾路太極書館

館主 李昇薰
主任 安泰國
事務 李德煥

本人等이 壹般學界에 便宜를 供하기 爲하야 資本을 合同하고 業務를 擴張하야 新舊書籍과 學校用品을 俱備發賣하오니 僉君子는 稍稍光降하심을 務望홈

海州南門內 四街

韓昌書館

館主 李承駿 白

各地方各種學校 敎師紹介所를 本會內에 設置하오니 普通學其他各種技術語學 敎育에 敎授할 志願은 校洞本會館으로 來議하시옵

畿湖興學會 告白

平壤太極書館은 有志紳士의 公益을 爲하야 建設한바어니와 義州昔市少年書舖는 此館의 支店으로 新舊書籍과 各學校所用物品을 廉價應賣하오니 僉君子는 陸續來購하시옵

書舖主 朴奉燁 韓泂權

本館은 開業한지 未過壹年에 壹般同胞께서 愛助하시와 益益興旺之故로 本館은 壹層擴張하야 新舊書籍與敎育用品을 多數準備하야 特別廉價로 發賣하오니 四方僉君子는 陸續來臨하심을 爲要홈

釜山港東關韓興書館

金汝重 權鍾律

漢城鍾路慈惠大藥房

大韓東西藥業月報社[illegible]

咽喉熱痛 **降炎水** 五十錢

五日壹分 消食物 告味 **甘酸水** 金五十錢

男女氣血 **補益丸** 二圓五十錢

淸潤腸丸 二十錢

淋疾 **拔根藥** 五十錢

痢疾壹散 三十錢

淸明眼藥 十五錢

養兒寶散 十五錢

花柳 **拔根藥** 三十錢

純製鷄納丸 十錢

[illegible]蟲丸 二十錢

定汗臭藥 二十錢

四時感冒丸 十錢

太腫合瘡膏 三十錢

消痰鎭咳藥 三十錢

漢城百應膏 十錢

陳陳胃滯 **消積丸** 五十錢

瘴氣神效 **保嬰散** 二十錢五里

胃藥唐草材以小包郵便信送

▲大韓國新發明 령약

健胃消滯 ▲八寶丹 九拾粒 ▲팔보단 八[illegible]

承寧府與의正三品洪哲曾閣下實驗處方과陸軍々醫의學校敎官張基茂君有効証明으로此丹 을발行이온바新久滯積과急瞖(?)格과霍亂사腹과胃腹疼痛과頑痰固飮과新久泄瀉와七情鬱結과水土不服과船車眩暈諸症에壹服見效ᄒᆞ오니衛生君子ᄂᆞᆫ光願試可ᄒᆞ심을爲希ᄒᆞᆷ

痲病神藥 ▲사향소창단 ▲麝香消瘡丹

此丹이於諸창에無論男女老少ᄒᆞ고若服壹劑ᄒᆞ면實有神效ᄒᆞ야百발百中ᄒᆞ오니非例方可及也라若論主治則楊梅下疳連珠瘰癧頭창諸症에俱見立效ᄒᆞ오니養痾僉君子ᄂᆞᆫ壹次試驗ᄒᆞ시옵

婦人靈藥 ▲티양됴경환 ▲胎養調經丸

壹個月分入 定價金五圓

大抵婦人이年過ᄒᆞ되목不受孕者ᄂᆞᆫ由於有病也라若不趁早硏究ᄒᆞ고等閑看過則非但壹個人에不幸이라抑亦全國生育之理의關係가不淺也니僕이十五年을消費ᄒᆞ야內外國高明의士에實驗方을選擇ᄒᆞ야先自僕家로從及他人ᄒᆞ야累試普驗에十불而治效ᄒᆞ옵고且此약이非但受孕之神劑라治冷。治積。治帶。調血에俱有實效ᄒᆞ기玆以廣布ᄒᆞ오니僉員ᄂᆞᆫ壹次試驗ᄒᆞ시면靈驗을可知이옵

약製所인川港츅峴和平堂藥房

발行人 仝 리應善

右三種약은각地方이라도請求ᄒᆞ면우편으로부치ᄂᆞᆫ슈도엇소

京城支店 鍾路衣廛下和平堂

代理店仁川港츅峴제生堂략房

▲發賣所 京城大廣橋大藥房

仝남문내水標제生支店

仝 仝大東市支店

仝夠[?]博文館

仝洞口내 相彿號[illegible]

仝鐵物橋 毛衣房리洛瑞

仝小廣橋 毛衣房리厚根

仝壽進동 上隅三可病院

仝大寺동 共제病院

○仁川港내 豐旅館[illegible]

仝읍내 金제鉉

○江華鍾路 宋順元店

○開성 남문내[illegible]商店

仝남문내[illegible]冊사리貞鎬

○水原 남문내 김제九약舖

○海州 남문내미[illegible]商店

○延安읍내 [illegible]文藥局

○長淵 남문내 崔在淳

仝砂里院耶蘇敎당리완善

○黃州남문내 [illegible]문골리東赫

○平壤 雙巨里 韓國儀藥舖

仝館前 김龍興藥舖

仝文武洞 桂澤亮약포

○鎭남浦 藥동 김元섭藥포

仝제生당出張 吳南駿

○羣산港 開福洞 金斗鉉

仝大井동 리春馨약房

○禮산 룡谷里 리東赫

○大邱 남문내 리明直약局

○元山港 남甲元약局

仝제生堂支局 朴敬鎭

○尙州 서문내 박致九약局

◉會泉場 鄭聚瑞약局

○釜山港 제生당出張朴昌鎭

○安州성내義井동同春大약房

○安岳邑上場 제生局林贊京

○義州남문外木口街義和약房

○載寧읍後동 洋약局崔允國

○定州남문내 洋약局리健柱

◉郭山읍 洋약局 羅應彬

○宜川읍 冊사 安 垂

鐵山읍 永春堂 安 灝

仁川港 和平堂 白

◉大韓國新發明神藥

◉修改 靈丹 各種食滯中暑久滯口臭甘飮吐瀉[illegible]價壹貼拾錢

◉至寶丸 治諸般痛不拘久遠 俱有偉効定價金[illegible]錢

◉龍救液 外用芳香於疥瘡皮膚 百發百中 定價[illegible]十錢

◉淸眼水 治諸般眼疾이撥雲見 天之妙 定價金[illegible]錢

◉通淋丸 治男女急慢淋疾神效 無雙速效除毒[illegible]五拾錢

發賣行所 京城南部大廣橋西邊第三統十九統七戶 共愛堂大藥房 謹白

支店

京城남門內共愛堂第壹支店

群山港미福洞共愛堂第二支店

河東郡赤良面共愛堂第三支店

代理店

皇城北部大安동 姜助遠

仝鍾路靑年會館前 리春善

仝東部新門外石橋 黃麟秀

仁川츅峴 濟生堂 上濟藥房

仝 和平局 慈惠藥房

此外에도東西洋각國有名賣藥과唐材料이俱備ᄒᆞ오며多少을不拘ᄒᆞ고請求ᄒᆞ시면小包로卯부ᄒᆞ여숨 普濟病院

◉大韓新발明靈藥廣告

◉延安읍내洋약局 邊汝文

◉江華鍾路店 尹斗鉉

◉長淵남門내 崔載淳

◉砂里院客主 任[?]中

仝耶蘇敎堂내 리載善

◉瑞興邑내 許완

◉汗浦驛東美運送部 김奉圭

◉安岳邑上場里제生局 林[illegible]

◉黃州남문내紅문洞 리東혁

◉載寧邑後동洋藥局 崔允國

◉鳳州良面早遞 김[illegible]和

◉信川邑四里洋약局 김永堉

◉長連邑東門冊肆文奭冠

◉平壤里문동出張人 尹寅혁

仝雙巨里제生局 韓鳳儀

仝館前備[?]의院 金能輿

仝文武동제生局 桂澤宜

仝[illegible]壹里藥局 崔[illegible]化

◉鎭남浦[illegible]동冊사 김元燮

仝后浦卞堂出張人 吳南駿

◉安州성내義井동同春大약房

◉博川邑美동商店 朴芝汀

◉定州남문내洋藥局 리健柱

◉郭山邑下街冊사 김大鉉

◉宜川邑내冊々 安 濬

◉鐵山읍내永春堂 安 灝

◉義州남문外木口街 崔錫浩

◉韓川읍官洋약局 리丙斗

◉群山港開福동 김斗鉉

◉大邱남門내刷遠洞 김成浩

◉釜山港東館本町商店 리炳夏

◉北靑新昌港客主 朴錫勳

◉木浦各國居留地松房 徐岐兒

◉全國내各약店마다隨應販賣

仁川港츅峴 京성남大문내 濟生堂 白

◉右藥의主治効能은如左

◉吐瀉◉水土不服 ◉食飮咳嗽◉中暑中寒 ◉氣滯腹痛◉酒醉 ◉食積食傷◉咽喉◉口熱惡臭 ◉其他諸般運氣癘疫預防妙약

總發行所 京城南大門內

◉개城西문外 제生당支店李庚鳳

◉元山港名石院 제生당支店具又賢

ㄱ生당支店박敬鎭

代理店 京성大廣橋共愛堂

◉京泥峴三丁目 全齋路慈惠약房

仝郵便局前大佑堂약房 新井약店

仝남大남내博文書館 廣益亭

仝梨峴洋약局 리信華

仝大安洞 仁제약房

仝壽동三可病院 朴喜遠

◉仁川츅峴和平당 리應善

◉本町 新井樂房

◉海州남문내 宋在瑛

仝 仝商店 리奉植

◉水原죵路下약房 金제九

□ **落梅丹**

新發明梅毒(?)藥廣告 陸軍軍醫(?)守鉉實驗方劑

口瘡小瘡창病去根之령藥 [illegible] 三圜

主治 梅毒(唐창)新舊창 ◉癩瘋◉皮膚病◉痔마質私 ◉淋病

已上病証外에男女間에不精交合ᄒᆞᆫ後에若疑아之端이有ᄒᆞ야도此藥壹劑만服用ᄒᆞ면完無後慮ᄒᆞ고脾胃도健全ᄒᆞᆷ을擔保ᄒᆞᆷ

此外에도의療機械와精美ᄒᆞᆫ藥材을新備ᄒᆞ고內外科각色疾病을誠心治療ᄒᆞᆷ

皇城北部大安洞 **一濟藥房** 高用진 謹白

代理店

京城鍾路 共愛堂약房

仁川港龍洞 濟生堂

國內各處藥局에서隨應販賣ᄒᆞᆷ

社告

○申報價

壹張代金 新貨二錢五厘

壹個月前納 三十錢

參個月 九拾錢

陸個月 一圓七十錢

壹個年 三圓四十錢

郵稅一張 新貨五厘

壹個月 十三錢

○廣告料

四号活字拾三字詰

每日英尺壹寸에新貨廿五錢 (每日每行六錢에相當ᄒᆞᆷ)

二週日에 二圓五拾錢

每日每行四錢五厘에相當ᄒᆞᆷ

壹箇月에 五圓

每日每行四錢壹厘에相當ᄒᆞᆷ

其期限의長短과字行의多夥를依ᄒᆞ야增減ᄒᆞᆷ이有ᄒᆞᆷ

發行兼編輯人 英國人 萬 咸

Responsible for Publication Alfred Weekley Marnham.

發行所 南署石井洞號外越三層洋屋 大韓每日申報社

漢城鍾路慈惠醫院診

醫學校卒業後濟衆院卒業 [illegible]

病人看護

此의院에서西洋의術機械를皆新ᄒᆞ게俱備ᄒᆞ고藥品도精擇ᄒᆞ고男女間病人을至誠으로診察ᄒᆞ고藥을酬應ᄒᆞ옵ᄂᆞᆫ데男病[illegible]

第六卷

大韓每日申報

第八百八拾號

月曜及慶節歲時日休刊

檀君開國四千二百四十一年
箕子元年三千三十年
大韓開國五百十七年
日本明治四十一年
淸國光緖三十四年
陰曆戊申七月大十六日己亥

論說

◉國粹保全說

破壞ᄒ라云ᄒ며破壞ᄒ라云ᄒ은善惡을勿論ᄒ고壹切破壞ᄒ라ᄒ이아니라惡者를破壞ᄒ야善者를保全ᄒ라ᄒ이며美醜를不辨ᄒ고壹切破壞ᄒ라ᄒ이아니라醜者를破壞ᄒ야美者를保全ᄒ라ᄒ이어ᄂ或者ᄂ國家에傳來ᄒ던習慣은壹切黑白莠良을不問ᄒ고壹切破壞를ᄡᄒ니嗚呼라其誤矣로다

彼頑固家守舊鬼가夕陽에烟管을含ᄒ고四色陳蹟을峻論ᄒ며午窓에塵冠을戴ᄒ고當年驕嘴를弄ᄒᄂ鄙熊을觀ᄒ면志士의血이沸ᄒ야賣ᄂ巨斧로壹切破壞를試코ᄌᄒ이無怪이나然이나余ᄂ其破壞斧下에國粹ᄭ지被傷ᄒ가是恐ᄒ노라

國粹者ᄂ何오即其國에歷史的으로傳來ᄒᄂ風俗習慣法律制度等의精神이是라

夫此風俗習慣法律制度ᄂ先聖昔賢의心血와凝聚ᄒ비며巨儒哲士의誠力의結晶ᄒ비며其他壹切祖宗先民의起居動作視聽言語施政行事等諸般業力의薰染ᄒ비니

其中에惡者醜者가有ᄒ야不得已破壞手段을下ᄒ지라도手로ᄂ快刀를施ᄒ되眼에ᄂ淒淚를揮ᄒ야躊躇不忍之心을抱ᄒ여야方是仁人君子의用心일ᄲ더러抑亦國家前途에危怖가無ᄒ지니苟或破壞二字를誤解ᄒ야歷史的習慣의善惡을不分ᄒ고一併掃却ᄒ면將來何에基礎를持ᄒ며何에根據ᄒ야國民의精神을維持ᄒ며何에根據ᄒ야國民의愛國心을喚起ᄒ리오外國文明을不可不輸入ᄒ지나但只此만依恃ᄒ다가ᄂ螟蛉敎育을成ᄒ지며時局風潮를不可不酬應ᄒ지나但只此만趨尙ᄒ다가ᄂ魔鬼試驗에陷ᄒ지니重哉라國粹의保全이여急哉라國粹의保全이여

昔에國家學開山始祖되ᄂ伯倫智理氏가有言ᄒ되凡祖宗의傳來ᄒᄂ風俗習慣法律制度가其國家發達에妨害가無ᄒ者어던此를保全ᄒ이可ᄒ다ᄒ얏스니嗚呼라破壞를主張ᄒᄂ者의三復ᄒ비로다

且韓人의德性을觀ᄒ건대進取性質이少ᄒ이아니라持久性質이少ᄒ며韓國의前途를察ᄒ건대開革事業이難ᄒ이아니라保守事業이難ᄒ다ᄒ지로다

何故로云然고試ᄒ歷史上의已例를可見이니即檀君以後로三國鼎起ᄒ時ᄭ지ᄂ神話가正盛ᄒ야帝王이起ᄒ에上帝의子라必稱ᄒ며后妃를聘ᄒ미河伯의女라必稱ᄒ야迷信風潮가東半島에遍滿ᄒ얏스나即今에完備ᄒ壹篇聯代史가不傳이며高句麗ᄂ西北에在ᄒ고羅濟ᄂ東南에起ᄒ야輝赫ᄒ武功이隣國史에照耀ᄒ얏스나即今에壹卷昭詳ᄒ戰功史가不現이며勝朝以前에佛敎가盛行ᄒ야甚至於地名人名ᄭ지佛氏文字를必用ᄒ며니儒敎徒가其末席을恭ᄒ以後로僧家의舊蹟이盡滅ᄒ야비록東方聖僧으로尊ᄒ던元曉、義相도遺風이無聞이니嗚呼라此를推觀ᄒ면古代人에對ᄒ야紀念이無ᄒ며古代事에對ᄒ야愛戀이無ᄒ은韓人通有의短處로다大抵韓國의古代人物은光風霽月의道德家도累産ᄒ얏스며鞭風駕電의戰術家도頻現ᄒ얏스며其他許多奇人。許多奐俗。許多善政이有ᄒ얏스니此가壹々히二拾世紀新世界維新主義에適當ᄒ人物이되고適當ᄒ政俗이된다ᄒ은不可ᄒ지나其短을棄ᄒ고其長을取ᄒ야靑年으로ᄒ여곰先民을崇拜케ᄒ며人民으로ᄒ여곰國性을發揮케ᄒ지어ᄂ乃者小學校에觀ᄒ즉修身倫理를讀ᄒᄂ童子가靜菴、退溪를何代人인지不知ᄒ며各學校卒業生을觀ᄒ즉政治法律을習ᄒ學士가本國制度沿革에茫然ᄒ니

嗚呼라時勢所趨를驗ᄒ건대病源을破壞ᄒ이難ᄒᄲᅮᆫ아니라國粹를保全ᄒ이尤難ᄒ도다

外報

●波斯革命의騷擾 紐育電을據ᄒ즉波斯國의騷擾事件은去益猖獗ᄒ야革命派와官軍이相戰ᄒ야戰死者가八百名이라더라

●日本牛疫蔓延 日本全國各地에牛疫이蔓延ᄒ야大坂府廣島縣三重縣滋賀縣千葉等地內에셔蔓延ᄒ야斃死ᄒ牛가壹百三拾九頭라더라

雜報

●朴氏公函 國債報償總合所에셔査員李康鎬와重檢李淳祐鄭志永四氏가總合所財務監督朴容圭氏를以財政處理에不美之端이有ᄒ다ᄒ야警視廳에擧訴ᄒ事에對ᄒ야朴容圭氏가該所評議長趙存禹氏의게逐條辨明ᄒ야公函ᄒ全文이如左ᄒ니

敬啓者本所收入志願金中順天德山兩郡義金條를姑未貯置銀行ᄒ理由와本所々有鐵櫃를移置於每日新報社長萬咸ᄒ온事實을逐條說明ᄒ야左기仰佈ᄒ오니 査照ᄒ심을爲要

隆熙二年八月拾日

本所財務監督박容圭

評議長趙存禹 閣下

左 開

順天郡義金三百拾四圜七拾二錢은上年五月分에收入이온바即其時貯置銀行次로歷往本所이온즉本所書記李淳祐傳言曰檢査員李康鎬가方有急需ᄒ야要請面商之事云々故로卽與李淳祐로偕往李康鎬本第이온즉李淳祐先發李康鎬之急需曰主人이方有火色迫頭之事ᄒ야要我轉請台執矣니聞其主人之言이면自有諒會云々之際에李康鎬乃言曰本人이年前에隨日兵隊ᄒ야前往義兵道之時에戰地에셔負緣獄事ᄒ야有所受賂之財러니敗後이探知本人之作俑이라ᄒ고至有訴警之擧ᄒ야現露本色에難免役終身之境故로欲藥自斃ᄒ料次로鴉煙壹封을置之褒中이라ᄒ며出示藥封曰若事敗叙矣면飮此乃已云故로問其妥帖之方則答曰幸有醫吏中日本巡査가愛護本人之情狀ᄒ야秘密斡旋曰設受賂를刻卽備給則自外妥帖ᄒ고更無後慮云이나然而當此之勢ᄒ야ᄂ無他循環之道에死年迫頭ᄒ나只在台執之壹念矣라職請無論某樣急錢ᄒ고右額壹百六拾圜을循環以給云故로見此爻象ᄒ니人所不忍이나然이나本人이亦無他道理ᄒ고只有順天郡義金三百餘圜이姑未貯置銀行條가現在本所ᄒ니若有循環此外이면不可遲緩者也니其從速充過之方이安在오答曰本人所處家會貴人錢을還推充補則不過是壹朔內事矣니萬望垂憐ᄒ야以救此急之意로懇乞이온故로不得已ᄒ야該義券與手票를封置本所後該義金中壹百六拾圓을貸與ᄒ고將或遲緩之意로更爲申托이오며

德山郡義金八拾三圓九拾二錢은上年拾壹月分에收入이온바同時에本所書記李淳祐來言曰右金額收入之日에本所檢査員李康鎬가發論曰此金額은不必貯置於銀行이라吾等이各其分食이妥當云云故로以其不然之端으로屢度拒絶이되竟不聽ᄒ人々勸論ᄒ고畢至分排之場에本人與李康鎬安重植三人은各其二拾五圓式分次ᄒ고鄭志永은分等合額七拾五圓除ᄒ外에餘額八圓九拾貳錢을給與이오나事係李康鎬之脅迫ᄒ야不得已遂議이오나究其事狀에所不當ᄒ是라不由手而ᄒ고擅恣公衆之物이人所不忍難行이온故로二拾五圓은李康鎬許에勢不獲而業已奪ᄒ옵고本人與安重植鄭志永三人條ᄂ拾八圓九拾二錢段은不敢支食이옴가持來陳由ᄒ오니査照辦理等因이온바准此ᄒ오니事係不法則宜有公佈於所中이오나不無斟量者存爲ᄒ야李鄭二人條ᄂ拾八圓九拾二錢을待其李康鎬盜食條充後貯置銀行次로姑留本所處이온바原是ᄒ收來納從貯置銀行規例가未納數爻中雖壹分壹厘라도不滿ᄒ數면未能貯置銀行之廣告於新聞者也라緣此而該兩條를延拖于今에未得貯置於銀行ᄒ옵고又因本所經費千有餘元中混入者也나然이나若非李康鎬之犯逋與盜食條이오면 [illegible] 怨今日之運이옵고若今日 [illegible] 도該兩額을充納之境이면 [illegible] 用於經費條나도不留晷刻 [illegible] 卽行貯置銀行이온ᄃ今次 [illegible] 鎬之首唱擧訴에以此兩條 [illegible] 責於本人ᄒ오니事屬無 [illegible] 可謂自縛自問이오며

且本所々有金櫃壹事로論 [illegible] 도自初所中緊要文帖貯置 [illegible] 로該開金은委託於檢査員梁 [illegible] 鐸ᄒ야使之專管이온바梁 [illegible] 이가陰六月分에被囚於 [illegible] 後에本所事務員李康鎬 [illegible] 李淳祐鄭志永四員이會同 [illegible] 該金櫃를任於每日申報 [illegible] 萬咸之時에李康鎬發論曰 [illegible] 櫃ᄂ閉ᄒ管이今次被囚則 [illegible] 子亦不無見奪之疑点ᄒ니 [illegible] 任置於萬咸等事를傳聞 [illegible] 온바稱以本所事務所를 [illegible] 他處다ᄒ고該金櫃를還交 [illegible] ᄃ至有公函於萬咸許云이 [illegible] 該金櫃ᄂ閉ᄒ管은卽梁起 [illegible] 오各項緊要之擔任은 [illegible] 則財監督也니然ᄒ管而 [illegible] 者誰也며無擔任而擅動者 [illegible] 오現下梁起鐸은被囚獄中 [illegible] 所長은辭免ᄒ야ᄂ化ᄒ오니當 [illegible] 時ᄒ야事務員三人이合席 [illegible] 何以擅閉者此也라今次李康 [illegible] 之徵出橫事ᄒ야擅移事務之 [illegible] 고欲推細擬가難測其行動 [illegible] 즉以此公佈于合同務員之 [illegible] 位務上 [illegible] 라

所會顚末 本月拾 國債報償總合所에時에別項 [illegible] 財務監督朴容圭氏의辨明 [illegible] 에對ᄒ야總會諸員이壹場 [illegible] ᄒ야李康鎬 前後行悖 [illegible] 三人之中에理絡ᄒ狀 [illegible] 於所中의에는總會ᄂ該 [illegible] 人金歸決案件으로時値 [illegible] 야辦明公函ᄒ留案되얏다

雜報

●官民慶祝組織　漢城府民會에셔人員을各府部院廳에派送ᄒᆞ야壹般官員의職姓名을錄去ᄒᆞ얏ᄂᆞᆫ데其理由인즉　大皇帝陛下卽位ᄒᆞ신第壹回紀念慶祝會에官民大宴會를組織ᄒᆞᆯ計策이라더라

●女校聯合慶祝　漢城內各女學校에셔開國紀元節과　太皇帝陛下　誕辰과　大皇帝陛下卽位ᄒᆞ신日에聯合慶祝宴을盛設ᄒᆞᆯ터인데處所ᄂᆞᆫ新門內舊闕로定ᄒᆞᆫ다더라

●禮服留案　國民禮服擬定所에셔中樞院에獻議ᄒᆞᆫ은已報어니와禮服案件을再昨日하院例會에提出ᄒᆞᆯ터인데議長은　奉命渡日ᄒᆞ얏고副議長은尙未塡仕ᄒᆞᆫ故로ᄀᆡ會치못ᄒᆞ야該案을姑未提議ᄒᆞ엿다더라

●統府例會　昨日은火曜日인故로니閣摠理大臣以下各部大臣과각部次官이昨日上午拾時에統監官邸에會同ᄒᆞ야火曜例會를ᄀᆡ최ᄒᆞ얏다더라

●前任陞資　今番別單中에宮內府大臣閔丙奭掌禮院卿成岐運兩氏ᄂᆞᆫ被任日淺인故로陞資치못ᄒᆞ고前宮相李允用前掌禮院卿리重夏兩氏로陞資가된다더라

●改稱傳香　掌禮院香祝課를傳香課라改稱ᄒᆞ고　廟　社　殿　陵　園　墓事를句管ᄒᆞ기로ᄒᆞᆫ다더다

●新舊政府茶會　來十六日에新舊政府大臣들이茶話會를東小門外與天寺에셔ᄀᆡ設ᄒᆞᆫ다더라

●典祀勤慢　典祀中에服務勤慢을詳錄繕呈ᄒᆞ라고宮內府에서掌禮院으로訓令ᄒᆞ얏다더라

●植木請願　中樞院顧問閔泳綺씨가北部合春園에植木ᄒᆞᆯ긧다고農商工部로請願ᄒᆞ얏다더라

●立氏云辭　國文研究會委員立우氏ᄂᆞᆫ辭免請願書를학部에提呈ᄒᆞ얏다더라

●臨時官吏需用　臨時財源整理局事務官과其他技手諸氏를臨時財産整理局官吏로需用ᄒᆞ얏다더라

●日本立換金總額　韓國에對ᄒᆞᆫ日本政府에立換金總額이壹千九百六拾八萬貳千六百貳拾四圓（隆熙元年度부터六年度ᄭᆞ지六個年間에支出）인ᄃᆡ本年度豫算額은五百貳拾九萬九千五百八拾圓이라右ᄂᆞᆫ畢境韓國政府壹般行政費의不足額을補塡하기爲ᄒᆞᆷ이오義兵鎭定費와如ᄒᆞᆫ것은右立換金以外에屬ᄒᆞᆫ것인즉全然히日本政府의負擔ᄒᆞᆫ것이요又日本政府에셔義兵鎭定의必要上으로韓國에駐屯ᄒᆞᆫ壹個師團以外에昨年부터本年度ᄭᆞ지增派ᄒᆞᆫ것이旣爲壹個師團에至ᄒᆞᆫ지라此經費ᄂᆞᆫ昨年度剩餘金中으로此를支辦ᄒᆞᄂᆞᆫ中인ᄃᆡ本年壹月以後로支出額이五百萬圓에達ᄒᆞ얏다더라

●國有庄土規程　國有에移屬된庄土를驛屯土管理ᄒᆞᄂᆞᆫ規程을依ᄒᆞ야處理ᄒᆞᆯ件을度支部에서部令으로頒布하얏다더라

●驛屯土委員招還　各地方驛屯土調査委員과其他각派員諸氏도壹切召還ᄒᆞᆯ意로니閣에서拾三道委員에게通知ᄒᆞ얏다더라

●自衛團囑托　漢城府에셔城內自衛團을實施ᄒᆞ기爲ᄒᆞ야囑托으로奏任貳人과判任三人을該府에設置ᄒᆞ야事務를處理케ᄒᆞᆫ다더라

●淸潔費補用　人民의家屋稅를實施하ᄂᆞᆫ日에ᄂᆞᆫ該稅金을收入ᄒᆞ야淸潔費에補用ᄒᆞᆫ다더라

●勞働支會　勞働夜學會에셔各地方에支會를設始ᄒᆞ고拾道淸潔事務에着手ᄒᆞᆫ다더라

●淸潔擔任　漢城內淸潔을勞働夜學會에셔擔任掃除ᄒᆞᆯ터인데汚穢物載去ᄒᆞᄂᆞᆫ送車ᄂᆞᆫ日人이使用ᄒᆞ기로交涉決定되얏다ᄂᆞᆫ說이有ᄒᆞ더라

●學部題旨　女子敎育會에셔選任된普學院長姜윤熙氏의事件으로학部에請願ᄒᆞ얏더니題旨內에女子敎育會와普학院이幷無部許ᄒᆞ니規定所在에不可處理나果如願辭면敎育界에亦壹損有ᄒᆞᆫ怪事라大凡학校ᄂᆞᆫ設立者의主權이有ᄒᆞ거ᄂᆞᆯ院長의恣意로校名을變更하고학徒를移接ᄒᆞᆷ은事理에不美ᄒᆞ니部當另査措處ᄒᆞ라ᄒᆞ얏다더라

●慶祝準備委員　各女學校에서聯合慶祝宴을設ᄒᆞᆫ다ᄂᆞᆫ說은別項과如ᄒᆞ거니와再昨日에進明女學校와女子普學院과養閨義塾三學校에서慶祝節次를準備ᄒᆞ기爲ᄒᆞ야準備委員三人을選定ᄒᆞ얏다더라

●小額銀行券還收　第壹銀行小額銀行券의流通은韓國新補助貨의流通ᄒᆞᆷ에沮害됨으로써日本政府에서昨年三月에五拾錢二拾錢拾錢의各種兌換券回收方法을第壹銀行에命ᄒᆞ야右券을還收ᄒᆞ얏ᄂᆞᆫ데卽三月末日에流通額은如左ᄒᆞ니

壹　五拾錢券　九萬六千二百五拾圓

壹　二拾錢券　六萬二千五百圓

壹　拾錢券　八萬六千九百五拾圓

合計　二拾四萬五千七百圓

이오去月ᄭᆞ지減少된額이如左ᄒᆞ니

壹　五拾錢　七千百九拾圓

壹　二拾錢　六千五百圓

壹　拾錢　九千九百九拾圓

合計　二萬三千六百圓

이라더라

●定民呼冤　定平郡主事韓景孝씨ᄂᆞᆫ去乙巳年에鄕장으로在任ᄒᆞ야軍隊酬應을憑藉하고藁柴炭代金을從出乾沒ᄒᆞ야民訴가尙今止息치아니ᄒᆞ야衆論이沸騰ᄒᆞ고今番主事를被任ᄒᆞᆯ時에紹介人리泰衡이가挾雜事로因하야히道裁判所에서文簿를調査中에韓氏의行賂ᄒᆞᆫ錢票가現발되얏ᄂᆞᆫ데因緣소介ᄒᆞ야主事를被任ᄒᆞᆫ故로境니壹般人民이不服ᄒᆞᄂᆞᆫ意로觀察使에게呼訴ᄒᆞ고多數人民이上京ᄒᆞ야ᄂᆡ部에또呼訴ᄒᆞ기로豫定ᄒᆞ얏다더라

●普專校遠足會　普成專門學校校主와壹般講師任員諸氏가本日三湖[illegible]에前往ᄒᆞ야遠足會를設行ᄒᆞᆫ다더라

●徽塾學員請願　徽文義塾壹般學員이敎主의게請願ᄒᆞ되敎師의學力이不贍하야學徒를不能敎授ᄒᆞ니學問에贍富ᄒᆞᆫ敎師를選擇ᄒᆞ야諸般科程을無疑敎授케ᄒᆞ라ᄒᆞ얏다더라

●測量懇親　各測量事務所에서발起ᄒᆞ야來日曜日에장薰학校로聯合會同ᄒᆞ야懇親會를設行ᄒᆞᆫ다더라

●藥泉無靈　日昨에全羅道居ᄒᆞᄂᆞᆫ何許人이拾四五歲된子가病이有ᄒᆞ야治療次로上京ᄒᆞ얏다가添病이됨으로慕華館약박골藥水를飮ᄒᆞᆯ次로携去ᄒᆞ얏ᄂᆞᆫᄃᆡ因卽致死ᄒᆞᆫ지라該洞人民等이ᄒᆡ處에埋葬ᄒᆞ얏더니西部警察署에서再昨日에檢察次로韓日巡査가前往ᄒᆞ야히兒塚을破ᄒᆞ고檢驗後還埋ᄒᆞ얏다더라

●花局被捉　日昨에寺洞等地에셔李鍾九李宜爽甘翊龍李姓女等四人이花套局을設하얏ᄂᆞᆫᄃᆡ中部警署에서捉去ᄒᆞ얏다더라

●金犯押交　中部警署에窃盜犯으로被捉ᄒᆞᆫ金鳳秀를昨日에裁判所로押送ᄒᆞ얏다더라

●女會任員改選　女子敎育會에셔這間事故를因緣ᄒᆞ야摠會를未ᄀᆡᄒᆞᆫ故로滿期된任員이遞任치못ᄒᆞ얏더니陰本月初拾日通常會에總會를ᄀᆡᄒᆞ고會長김雲谷씨代에劉洪子시요副會長劉洪子시代에정宋崗시요贊務部總務秦학胄시代에尹丙燮시요全副摠務ᄂᆞᆫ高俊栢시가被選되고選會長ᄋᆞᆫ雲谷氏ᄂᆞᆫ獨立以後로于今三載에勤勞不啻라會規에嫺熟ᄒᆞᆫ故로評議長으로被選되얏ᄂᆞᆫ데新任員이遞任員에게前後文簿를將次明細히調査ᄒᆞ야傳掌ᄒᆞᆫ後에各新聞의廣佈ᄒᆞ다ᄒᆞ며其他任員은來通常會에推選ᄒᆞ기로決定ᄒᆞ얏다더라

●測量學務員試驗　各測量事務所에事務員을度支部에서將次招請ᄒᆞ야試驗을經ᄒᆞ다ᄂᆞᆫ說이有ᄒᆞ다더라

●協成校試驗　私立龍山協成학校에서今番에第壹학期試驗을經ᄒᆞ얏ᄂᆞᆫ대高等科優等生에崔龜錫表相薰等이오及第生은吳聖煥成昌祿等이오尋常科甲班優等生에崔晉磨徐廷설等이오及第生은洪吉善金得根等이오乙班及第生에김萬成申相萬等이오丙班優等生에沈者斤石이오及第生에尹所回金三山等인대書冊空冊地圖鉛筆等物로優數히施賞ᄒᆞ얏다더라

●花開四隣　金浦通津陽川富平等四郡有志紳士가靑年敎育을擴張ᄒᆞ기爲ᄒᆞ야四隣興學會를組織ᄒᆞ고本月拾六日上午拾時에金浦郡明倫堂內에ᄀᆡ會式을擧行ᄒᆞ얏다더라

●三英校試驗　鐵山郡西林面新安里三英학校에셔夏期試驗을經ᄒᆞ얏ᄂᆞᆫ데甲班優等李萬植이오乙班優等리萬根리萬禎等六人이오及第리奎炳朴道植等五人이오丙班優等趙尙律인데敎師崔孝新校監金載鎬兩氏가空冊鉛筆等物을優數施賞ᄒᆞ얏다더라

●同福郡設校盛況　同福郡居吳在永吳秉南諸시가郡議會를발起ᄒᆞ야학校를設立ᄒᆞ고去月三十日에開校式을擧行ᄒᆞ얏ᄂᆞᆫ데校發起郡守리恩弼시ᄂᆞᆫᄀᆡ會趣旨를說明ᄒᆞ고校監吳在永校師리鍾元諸시가次第演說ᄒᆞ야壹大盛況을呈ᄒᆞ얏ᄂᆞᆫ데學員이五十餘名에達ᄒᆞ얏다더라

▲地方消息▼

▲本月五日光州郡北方三千米突高地에서義兵六拾五名이該郡守備隊騎兵中隊下士以下七名과交戰ᄒᆞ얏다ᄒᆞ고

▲本月五日公州郡에서義兵二拾名이該郡西北方維鳩駐在所分遣所憲兵二名과補助員三名으로交戰ᄒᆞ얏ᄂᆞᆫ데該憲兵上等兵壹名이義兵의게狙擊을被ᄒᆞ야死傷ᄒᆞ얏다더라

▲農談野說▼

▲荳畝水田夕陽天에頭戴單笠兩三翁이壹壺濁醪徹醉ᄒᆞ고橫竪說去ᄒᆞᄂᆞᆫ말이時局事로寓意ᄒᆞ니慷慨之意頗多ᄒᆞ다

▲여보게우리同胞어셔낫나太白山下檀君先祖四千年來遺業인대羅上에生長ᄒᆞ야萬殊同本分明ᄒᆞ니兄弟之誼업슬손가

어-그럿치

▲여보게이時代가어나ᄯᅢ뇨果方漸々붉엇ᄂᆞᆫ데朝出耕兮暮歸ᄒᆞ야草野間에뭇쳐몸이世上事를全昧ᄒᆞ고不分東西ᄒᆞᆫ잔말가

어-그럿치

▲여보게人物인즉壹般인대엇던사ᄅᆞᆷ富貴ᄒᆞ고엇던사ᄅᆞᆷ貧窮ᄒᆞ야貴賤何其不均ᄒᆞᆫ가農業貧生내身世가知識업셔恨歎일세

어-그럿치

▲여보게吾輩子姪敎育ᄒᆞᆯ제各學校에入學ᄒᆞ니이農事에勤力하야乃積乃倉豊足커던多數捐金寄付ᄒᆞ야학業勸奬ᄒᆞ여보세

어-그럿치

▲여보게農業會社設置ᄒᆞ고新機械가精良ᄒᆞ니荒蕪地를開墾ᄒᆞ야壹片土를不遺ᄒᆞ고勤力其中ᄒᆞ고보면富强之源이아닌가

어-그럿치

▲여보게如干穀包秋成後에其書員의考卜債와某賦[illegible]督稅下에當場困難難堪터니新稅政이發行ᄒᆞᆫ즉前보다少減ᄒᆞᆯ샤

어-그럿치

▲여보게壹分貳分節用ᄒᆞ야艱辛에過이産業을貪虐郡守來到ᄒᆞ면無罪捉囚剝皮라가此等酷政少息ᄒᆞ니ᄀᆡ化風이無妨일세

어-그럿치

▲여보게夜學校가稍起ᄒᆞ니農作餘暇修業ᄒᆞ야新書籍에注意ᄒᆞ면世界形便約知ᄒᆞ고正墻面을可免이니時未晩矣이아닌가

어-그럿치

▲여보게今年年形大有커던隣里富家許多債를子母之利打算ᄒᆞ야壹時淸帳脫免後에困督虐待不受ᄒᆞ고自由生活ᄒᆞ여보세

어 그럿치

의학博士洪석厚 實驗方劑 製藥監査人 박齋遠 李觀化

預防 [illegible] 定價金拾錢

[illegible]預防케하고健胃消滯ᄒᆞ야諸般滯積을順下ᄒᆞ며卒腸吐嘔泄瀉와赤痢白痢와胃腹痛 [illegible]과경咳白담을能治能止ᄒᆞᄂᆞᆫ靈藥이오

製造本舖 漢城鍾路慈惠大藥房

[illegible] 新到子慈惠藥房

廣告

本人子宅主性本浮浪無故出家ᄒᆞ야內外國人錢財勿關ᄒᆞᆷ

慶남肿溪宅 卞榮表 告白

定面鼎동

本報第八百七拾七号廣告欄內에世基氏於晋州失事ᄂᆞᆫ今月拾五日出次ᄂᆞᆫ廿日出次라ᄒᆞᆷ이錯誤ᄒᆞ얏기正誤ᄒᆞᆷ 洪在黙 白

本人姓名章을陰七月八日午後七時見失ᄒᆞ얏스니內外國人間에誰某拾得ᄒᆞ와도休紙施行ᄒᆞᆷ 平壤ᄃᆞᆯ串面覺今里康弘洛告白

本人이去陰四月分에姓名圖章을서失故로玆에廣告ᄒᆞ오니誰某拾得間勿施ᄒᆞᆷ

中和ㅣ邑尹履선 告白

本人에姓名正字圖章을陰五月에見失ᄒᆞ옵기以半篆으로改造ᄒᆞ엿스오니내外國人間照亮ᄒᆞᆷ

義州古城面烟下洞張濟禧白

本人의子應範이가鴉片烟을多年吸ᄒᆞ여幾至死境이러니龍灣病院醫師張德仁李ㄴ煥兩氏가以慈善之心으로招致本人子ᄒᆞ와壹場演說에感人病院케ᄒᆞ고即爲施藥ᄒᆞ여不過壹朔에斷烟ᄒᆞ고完人이될뿐不啻라憐此寡窮ᄒᆞ야藥代金並期退不受ᄒᆞ오니雖無識ᄒᆞᆫ四窮에壹物인들豈無感心이리오是以로壹般同胞에廣告ᄒᆞᆷ

本寺에再創은禁久로되退俗은不禁ᄒᆞ고로貧ᄒᆞ면爲僧ᄒᆞ고富ᄒᆞ면還俗ᄒᆞ니自此不禁則僧侶가專無ᄒᆞᆯ外念慮故로壹般組織ᄒᆞ노라鷹이飢ᄒᆞ면附人ᄒᆞ고飽ᄒᆞ면揚去로同ᄒᆞ니人心踈薄이如此可乎아色界上에無英雄節士라ᄒᆞ니滿外置草幕은容或無怪어니와自今以後로治產人이나與禪念敎育人이어나背僧歸俗ᄒᆞ던有財者ᄂᆞᆫ治產並奪ᄒᆞ야附於寺中ᄒᆞ와人材敎育ᄒᆞ고無財者ᄂᆞᆫ寺中懲役ᄒᆞ기로牢定ᄒᆞ

義州府州內面東部羅召史告白

本人의圖章서失事ᄂᆞᆫ已爲廣告어니와前章과特異ᄒᆞ게改造ᄒᆞ얏ᄂᆞᆫ데洛字를以濟字로改名ᄒᆞ엿스니內外國人은照亮ᄒᆞᆷ

平壤ᄃᆞᆯ串面覺今面康弘濟告白

오니如前例視타가犯科되거던母至後悔ᄒᆞᆷ을銘念ᄒᆞ시오

慶尙北道大邱郡桐華寺々中白

北部桂洞壹統九戶本ㅣ家屋文券典執契約書三張內本人所持壹張서失誰某拾得以休紙施行ᄒᆞᆷ

李容圭 告白

安義署理郡守梁在謇氏가與郡主事河榮奎地方委員廉錫九로敎育의勸奬ᄒᆞ기熱心ᄒᆞ야學校를剏設ᄒᆞ고靑年子弟를導率敎授ᄒᆞᆫ지數年來에財政이每患多窘이러니本郡內有志紳士와十二面々長及民人을會同公議ᄒᆞ야基本金二千餘원을擔義劃排에分殖於각面동ᄒᆞ여以爲永遠維持케ᄒᆞ며校名은安義郡立學校라稱하고敎師ᄂᆞᆫ日本中學校敎員牧元榮之助씨로副敎師ᄂᆞᆫ晋州師範學校卒業生林碩鍾씨로漢文敎師ᄂᆞᆫ前敎官廉錫九씨로延聘ᄒᆞ야語法筭術과法律史誌를分科輪敎ᄒᆞ미百餘生徒가大有將進之望ᄒᆞ고現今土地測量法을硏究ᄒᆞ기爲ᄒᆞ야測量器械를方在購買中이라ᄂᆞᆫ데敎育實施에人材發達ᄒᆞᆷ을可期可觀ᄒᆞᆯ지기로玆以廣告ᄒᆞᆷ

安義郡立學校 告白

敎員募集廣告

本校에서학部檢定에應試ᄒᆞᆯ敎師학識을敎授ᄒᆞ기爲ᄒᆞ야학員을募集ᄒᆞ오니願학人은本月二拾五日(陰七月二拾八日)내로履歷書를先呈後應試ᄒᆞ심을爲要

一 課程 修身、國語、地誌及歷史너外幷、物理、化학、博物학、法학通論、經濟학、作文、心理학、數학、簿記、小학敎授法、圖畫、唱歌、體操外國語、討論

一 修業期 貳拾四個月

一 試取及開학 試取本月二拾六日(陰七月廿九日)이학九月拾日너

一 試取科目及方法 作文(國漢字交用 너國歷史雜誌、面講、筭術(四則以너)

一 入學資格 年齡二拾歲以上四拾歲以下로身體强健ᄒᆞᆫ者

隆熙二年八月 日

寧邊洞前寧邊宮너 興士團

隆熙學校 告白

大韓實業奬勵會와東亞開進敎育會가合ᄒᆞ야帝國實業敎會라名ᄒᆞ고國民의實業敎育衛生三大目的을履行ᄒᆞ며本會所管各학校ᄂᆞᆫ號數를依ᄒᆞ야商業學校라稱하오니僉君子ᄂᆞᆫ 照亮ᄒᆞᆷ

皇城西部貞동

帝國實業會 告白

本科를設立ᄒᆞ고測量學徒를募集ᄒᆞ오니志願人은陽本月二拾三日內로請願書를提呈ᄒᆞᆷ

請願紙ᄂᆞᆫ本科에請求ᄒᆞᆷ

甲班은他校에서不得已退學ᄒᆞᆫ者와學問稍優者를許入ᄒᆞᆷ

乙班은無試驗許入ᄒᆞᆷ 開學陽本月二拾四日부터ᄒᆞᆷ

卒業期限은 甲班ᄂᆞᆫ三個月乙班은五個月로定ᄒᆞᆷ 但

細則은本科에來問ᄒᆞ옵

北部桂洞敎明義塾內測量科白

本學契에서 本月十二日(水曜)下午二時에水標橋本事務所內에宗會를開ᄒᆞ니我申氏僉位ᄂᆞᆫ屆期齊臨을敬要

靈川學契 白

○長洞郵便局前篠崎測量器械店에서其店主가測量器械를賣入ᄒᆞ기爲ᄒᆞ야東京에旅行中인데今回平板測量器械의新式으로ᄒᆞᆫ者를多數買來ᄒᆞ야壹般測量學生等의게便利케ᄒᆞ야日本定價대로販賣ᄒᆞᆯ터인데其器械의照準儀平板等은度支部測地課에서用ᄒᆞᄂᆞᆫ者로同品이오其他上等器械等도多數購入ᄒᆞ와平板等은百組와二百組가有ᄒᆞ오니 僉君子ᄂᆞᆫ陸續來臨ᄒᆞ심을厚望ᄒᆞᆷ

長洞郵便局前

시노사기

篠崎器械店

(電話六四八番)

本校에서測量科를附設ᄒᆞ오니入學志願ᄒᆞᄂᆞᆫ員은本月拾八日(陰七月二拾貳日)내로本校에入學請願書를來呈ᄒᆞᆷ

私立鳳鳴學校長金重煥 白

○本학館에서第三回學員을募集ᄒᆞ오니志願人은八月三拾日之內로請願書를提呈ᄒᆞᆷ(請願用紙ᄂᆞᆫ本館에請求ᄒᆞᆷ)

中學科

(晝學課程)

(壹年級)東國歷史。大韓地誌。筭術。圖畫。博物。聖經。

日英語隨意

(二年級)萬國歷史。萬國地誌。筭術。生理。中등物理。聖經。

語學(日英語隨意)

(二年級)物理。化학。經濟代數。生理。幾何。聖經語학

(日英語隨意)

英語課 日語課 科程은英日語로各히專修케ᄒᆞᆷ

木工課 工業圖畫。筭術。聖經木工

(夜學科程)

日語課 英語課 簿記課 以上三課ᄂᆞᆫ各히專修課로ᄒᆞ되入學細則은本校에來問ᄒᆞᆷ事

入學試驗科目 國漢文讀書作文

但各課補缺生은各次班課程으로시驗ᄒᆞᆷ

試驗日子 九月壹二兩日陰八月初六初七日 上午九時

開學日字九月 三日

●以上各課中壹ᄒᆞᆫ語학課ᄂᆞᆫ補缺生만募集ᄒᆞᆷ

●夜學各課壹年級은학員이貳十名이未滿ᄒᆞᆫ時ᄂᆞᆫ該班을不設ᄒᆞᆷ

皇城鍾路基督敎青年會學館

量地法全

定價金八十錢 或特別減價

本書ᄂᆞᆫ圖解筆地各般測量法術이完全俱備ᄒᆞ와測量上第壹必要ᄒᆞᆫ書籍이오

本書ᄂᆞᆫ測量上必要ᄒᆞᆫ算術과對數表外지附入ᄒᆞ엿삽

本對數表ᄂᆞᆫ我國에創出者인데代數以上高等筭학에必要ᄒᆞ옵

本書의文法은簡明易解ᄒᆞ와初學及獨習에便宜ᄒᆞ옵

발行所 中학橋測量事務所

發賣所 남部銅峴博學書館

中部布屛下廣學書舖金相萬

罷朝橋中央書舖朱翰榮

鍾路古今書海館

大東書市

南署大廣橋滙東書館高裕相

남門너倉洞博文書館

本館에서新舊書籍과學徒의所用諸般物品을具備販賣ᄒᆞ오니 僉君子ᄂᆞᆫ來購하시옵

平壤鍾路太極書館

館主 李昇薰

主任 安泰國

事務 李德煥

本人等이壹般학界에便宜를供ᄒᆞᆯ次로資本을合同하고業務를擴張ᄒᆞ야新舊書籍과學校用品을俱備發賣ᄒᆞ오니 僉君子ᄂᆞᆫ稍稍光降을務望ᄒᆞᆷ

海州남門너四街

韓昌書館 館主 李承駿 朴昌鎭

各地方各種學校敎師紹介所를本會內에設置ᄒᆞ오니普通學其他各種技術語學敎育에敎授ᄒᆞᆯ志願人은校洞本會館으로來議ᄒᆞ시옵

畿湖興學會 告白

平壤太極書館은有志紳士의公益을爲ᄒᆞ야建設ᄒᆞᆫ바어니와義州替市少年書舖ᄂᆞᆫ此館에支店으로新舊書籍과學校所用物品을廉價發賣ᄒᆞ오니 僉君子ᄂᆞᆫ陸續來購ᄒᆞ시옵

書舖主 朴奉燁 韓用權

本書館을開業ᄒᆞᆫ지未過壹年에壹般同胞게서愛助ᄒᆞ시와益益興旺之故로本館을壹層擴張ᄒᆞ고各項新舊書籍與敎育物品을多數準備ᄒᆞ야特別廉價로大發매ᄒᆞ오니四方 僉君子ᄂᆞᆫ陸續來臨ᄒᆞ심을爲要ᄒᆞᆷ

釜山港東關韓興書館

金汝重 權鍾律

전 열 치

이고약

정가십이전

보시오여러분한량업시귀중ᄒᆞᆫ보물되ᄂᆞᆫᄌᆞ녀를

이약은셔양유명ᄒᆞᆫ부인이지은것을국문으로번역ᄒᆞᆫ바라쇼ᄋᆞ졍신교육에데일쳡경이니ᄌᆞ녀두신이와쇼ᄋᆞ감독ᄒᆞᄂᆞᆫ이ᄂᆞᆫ불가불람ᄒᆞᆯ것이압두신이ᄂᆞᆫᄒᆞᆫ분도빠지ᄉᆞ마시고이책ᄒᆞᆫ번보시오

社告

○申報價

壹號代金 新貨二錢五厘

壹個月前納 三十錢

參個月 九拾錢

陸個月 一圜七十錢

壹個年 三圜四十錢

郵稅一張 壹個月 新貨五圜 十三錢

○廣告料

四号活字拾三字詰

每日每行六錢에相當홈(每日每行六錢에相當홈) 每日號英尺壹寸에新貨廿五錢

二週日에 二圜五拾錢

每日每行四錢五厘에相當홈

壹個月에 五圜

每日每行四錢壹厘에相當홈

其期限의長短과字行의多寡를依ᄒᆞ야增減홈이有홈

發行兼編輯人 英國人 裵說

Responsible for Publication Alfred Weekley Marnham

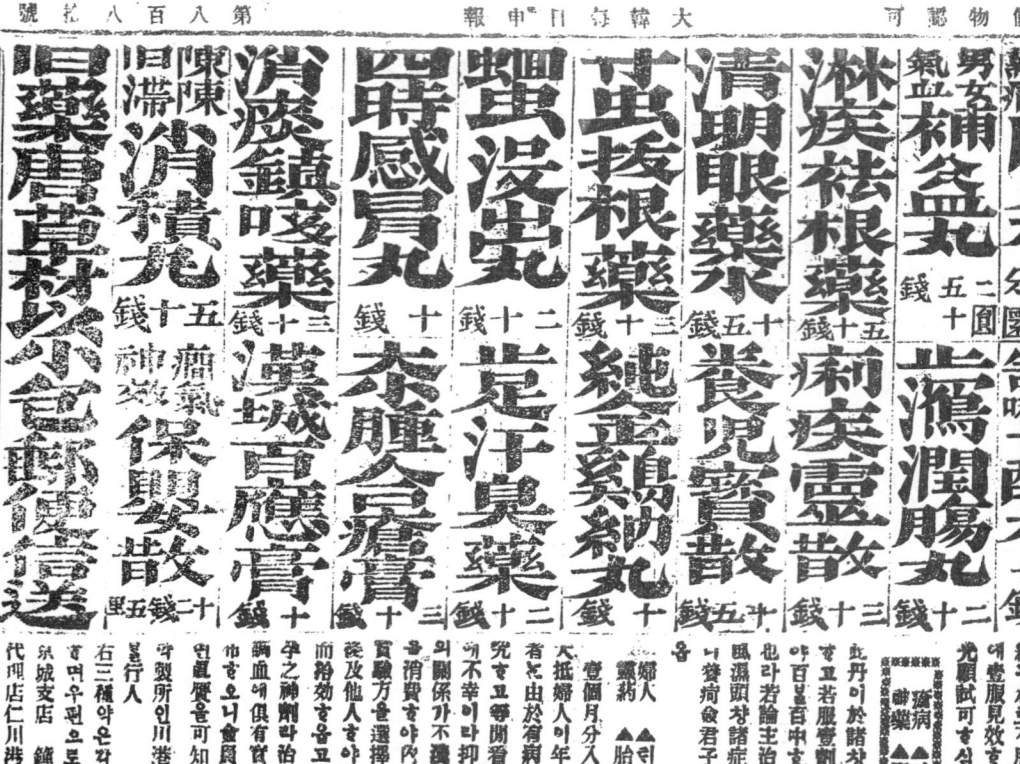

發行所 南署石井洞號外地三層洋屋 大韓每日申報社

光武九年八月拾壹日 明治卅八年八月拾壹日 (第三種郵便物認可) 木曜日 西曆壹千九百八年八月拾二日 (壹)

大韓每日申報

第八百八拾壹號
第六卷

月曜及慶節歲時日休刊

檀君開國四千二百四十一年
箕子元年三千三十年
大韓開國五百十七年
日本明治四十一年
淸國光緖三十四年
陰曆戊申七月大十七日庚子

論說

◉進化와降衰

人心을振作ᄒᆞ야希望을抱ᄒᆞ고日로文明에進ᄒᆞ야黃金國土를作케ᄒᆞᄂᆞᆫ者ᄂᆞᆫ進化說이是也오人心을沮退케ᄒᆞ야悲觀을興ᄒᆞ고日로黑暗에向ᄒᆞ야劣魔地獄에陷케ᄒᆞᄂᆞᆫ者ᄂᆞᆫ降衰說이是也로다

嗚呼라余가東國歷史를觀ᄒᆞᆫ건대惡業이日積ᄒᆞ고淨土가日縮ᄒᆞ야進化의公例와反比例를成ᄒᆞ야軍械를論ᄒᆞᆷ에新羅弩砲를艶說ᄒᆞ며陶物을論ᄒᆞᆷ에高麗磁器를盛稱ᄒᆞ며蓄手를論ᄒᆞᆷ에坦然以後에造繇이無ᄒᆞ며筆家를論ᄒᆞᆷ에金生以後에金生이無ᄒᆞ며武功을論ᄒᆞᆷ에乙支文德淵蓋蘇文以後에乙支文德淵蓋蘇文이無ᄒᆞ며治材를論ᄒᆞᆷ에崔承老姜邯贊以後에崔承老姜邯贊이無ᄒᆞ즉即本朝五百年歷史로論ᄒᆞ야도近世가中葉만不如ᄒᆞ며中葉이國初만不如ᄒᆞ야學問政治武功文學美術等萬般事物이日로退步ᄒᆞ며日로墮落ᄒᆞ야人으로ᄒᆞ야금撫古傷今의歎을不堪케ᄒᆞ니此가果然何故인가嗚呼라此가엇지獨百年讀者의舌端筆端으로創造ᄒᆞᆫ惡果라아닌가

西國을觀ᄒᆞ라人類의希望이無窮ᄒᆞ며人類의進步도亦無窮ᄒᆞ다ᄒᆞ고或降衰를主唱ᄒᆞᄂᆞᆫ者가有ᄒᆞ나ᄂᆞᆫ其市場을失ᄒᆞᆫ지已久ᄒᆞᆷ으로後人이前人보다突過ᄒᆞᆷ을爭ᄒᆞ며後人이前人보다逈出ᄒᆞᆷ을謀ᄒᆞ야前人의唱道ᄒᆞᆫ학說을後人이反駁或改正ᄒᆞ며前人의建設ᄒᆞᆫ事業을後人이校正或增補ᄒᆞ야人々이惟進化를是講ᄒᆞ며人々이惟進化를是務ᄒᆞᆷ으로其風潮所湧에社會도如是進化ᄒᆞ며國家도如是進化ᄒᆞᆷ이어ᄂᆞᆯ今에韓國을反觀ᄒᆞᆫ즉自來로學士의議論도降衰世末ᄒᆞ며閭巷의談論도降衰를唱ᄒᆞ야曰人材衰乏은日甚壹日이라ᄒᆞ며曰風俗頹敗ᄂᆞᆫ歲甚壹歲라ᄒᆞ야古人의言論이면是非를不問ᄒᆞ고是를盲從ᄒᆞ며古人의行事면善否를不較ᄒᆞ고是를步趨ᄒᆞ며衣冠文物도古人이創ᄒᆞᆫ바면是을株守ᄒᆞ며禮樂政法도古人이定ᄒᆞᆫ바면是를膠鼓ᄒᆞ야古人이라云ᄒᆞ면人類以外에超出ᄒᆞᆫ上帝갓치信ᄒᆞ고壹毫도其間에致疑를不敢ᄒᆞ니嗚呼라民族이文明ᄒᆞᆯ々록古人을益益히崇拜ᄒᆞ야後人의模範을作ᄒᆞ거니와如此ᄒᆞᆫ癡妄의崇拜ᄂᆞᆫ進步의路만障礙ᄒᆞᆷ이니라

從今韓國에도將次新思潮가勃興ᄒᆞ야壹大進步의機가漸著ᄒᆞ거니와但已往에全國人心을支配ᄒᆞ던降衰說이國民腦際를久蟠ᄒᆞ얏스니或者此等頑論이今에도其餘燄을肆ᄒᆞᆯ가是恐ᄒᆞ야本論을草ᄒᆞ노라

▲隆熙二年八月拾二日 官報

▲勅令

驛屯土管理規程을左갓치定ᄒᆞᆷ

隆熙二年七月二拾九日

度支部大臣 任善準

度支部令第二拾七號

驛屯土管理規程

第壹條 驛屯土의管理ᄂᆞᆫ別로規定이有ᄒᆞᆫ者를除ᄒᆞᆫ外에ᄂᆞᆫ本規程에依ᄒᆞᆷ이可ᄒᆞᆷ

第二條 驛屯土에關ᄒᆞᆫ請願書의接受及此에對ᄒᆞᆫ指令。小作契約의締結。小作料의徵收並訴訟은所轄財務監督局長이此를處理ᄒᆞᆷ

第三條 小作契約의期間은五年以內로ᄒᆞᆷ을要ᄒᆞᆷ但此期間은更新ᄒᆞᆷ을得ᄒᆞᆷ

第四條 開墾其他土地의現狀을變更코ᄌᆞᄒᆞᆯ時ᄂᆞᆫ所轄財務監督局長의認可를受ᄒᆞᆷ이可ᄒᆞᆷ

第五條 驛屯土의小作人은其小作을他人의게讓渡。賣買。典當又ᄂᆞᆫ轉貸ᄒᆞᆷ을不得ᄒᆞᆷ

第六條 小作料의種類。數量及金額은從來慣例에依ᄒᆞ고附近類似田畓의小作料額을斟酌ᄒᆞ야所轄財務監督局長이此를定ᄒᆞᆷ

第七條 小作料의納期ᄂᆞᆫ每年十壹月末日에限ᄒᆞᆷ

第八條 小作料의徵收ᄂᆞᆫ地稅徵收에關ᄒᆞᆫ節次에準ᄒᆞ야處理ᄒᆞᆷ이可ᄒᆞᆷ但現品納付에係ᄒᆞᆫ者의面交付ᄒᆞᆫ代品賣却價格에依ᄒᆞ야此를計算ᄒᆞᆫ者로ᄒᆞᆷ

第九條 小作人이左개各號의壹에該當ᄒᆞᆫ時ᄂᆞᆫ其小作을罷ᄒᆞᆷ을得ᄒᆞᆷ

壹 小作料를滯納ᄒᆞ야納入의所望이無ᄒᆞᆫ時

二 土地의形狀을擅自變更ᄒᆞ거나或은土地를荒廢에歸케ᄒᆞᆫ時

三 本規程에違反ᄒᆞᆫ時

四 其他不正當의所爲가有ᄒᆞᆷ으로認ᄒᆞᆫ時 未完

外報

◉露國獨裁政治回復 倫敦電을據ᄒᆞᆫ즉露國에서國民議會及參議院을廢止ᄒᆞ고獨裁政治를回復ᄒᆞ기에對ᄒᆞ야決然히反動的運動을起ᄒᆞ얏더라

◉土國青年의改革 伯林電을據ᄒᆞᆫ즉土國青年黨은再次內閣을改革ᄒᆞ기로主張ᄒᆞᆫ다더라

◉巴里警官負傷 路透電을據ᄒᆞᆫ즉法國巴里에서同盟罷工擄會ᄂᆞᆫ失敗를當ᄒᆞ얏ᄂᆞᆫᄃᆡ警官이暴徒와衝突ᄒᆞ야警官이多數負傷ᄒᆞ얏다더라

◉土國領事通告 同電을據ᄒᆞᆫ즉波斯國에서去三日以來로砲火가繼續ᄒᆞᆷ으로同地駐箚土耳其國領事가波斯政府에通告ᄒᆞ되此內亂을鎭壓ᄒᆞ지아니ᄒᆞ면土國政府ᄂᆞᆫ被害ᄒᆞᆫ人民을保護ᄒᆞ기爲ᄒᆞ야波斯國에干涉ᄒᆞᆯ터이라ᄒᆞ얏더라

◉波斯王의抗議 波斯首府데헤란電을據ᄒᆞᆫ즉同地에駐在ᄒᆞᆫ土耳其大使館에서無故히多數ᄒᆞᆫ避難ᄒᆞᆫ人民을庇護ᄒᆞᄂᆞᆫ事에關ᄒᆞ야波斯王이抗議ᄒᆞᆫ故로同大使館에서避難ᄒᆞᆫ人民을退去ᄒᆞ라고命ᄒᆞ얏다더라

雜報

◉水商會公函 水商夜學會에서電氣會社의敷設ᄒᆞᆫ水道를不日開備ᄒᆞᄂᆞᆫᄃᆡ對ᄒᆞ야該社에公函ᄒᆞᆫ全文이如左ᄒᆞ니

敬啓者本會員이以貧窮所致로汲水爲業ᄒᆞ야僅々生活ᄒᆞ온바京城五部ᄂᆡ에定區域ᄒᆞ야有汲水窠而設窠ᄒᆞ야轉相賣買ᄒᆞ야其所入基本金이合計四萬八千五百九十圓이온대現今貴社에서水道局을設始ᄒᆞ오니此金을何時償還ᄒᆞ시올지多數會員이晝夜會同ᄒᆞ야不勝抑鬱이옵던次에貴社에서本會員의生活程度를愛恤ᄒᆞ시와本會員으로水道局汲水役을使用ᄒᆞᆫ다ᄒᆞ옵기心少解鬱ᄒᆞ옵더니貴社告示各條를詳覽ᄒᆞ온즉營業生活은姑舍ᄒᆞ고共用栓號牌價로充納이沒策ᄒᆞ오며且食水ᄒᆞᄂᆞᆫ人民과汲水ᄒᆞᄂᆞᆫ商人이感情이無ᄒᆞ고利益이有ᄒᆞ여야順理ᄒᆞᆫ利益이옵지若役煩價高ᄒᆞ야惡感情이生ᄒᆞ오면利益이多大ᄒᆞᆫ들豈其貴社救活之本義哉리오

貴告示를條々卞明ᄒᆞ야左기仰포ᄒᆞ오니 照亮ᄒᆞ심을敬要ᄒᆞᆷ

壹汲水每窠에價額이或百餘圓或八九拾圓이고每年水價收入額은每家에上自五拾錢으로下至五錢ᄭᆞ지收捧ᄒᆞᄂᆞᆫᄃᆡ貧家ᄂᆞᆫ五錢도數三朔을延拖ᄒᆞᄂᆞᆫ弊가種々有ᄒᆞᆫ事

壹汲水商牌장의게鎖鑰及號牌三枚를供給ᄒᆞ되此에對ᄒᆞ야金四拾圓을收納ᄒᆞᆯ事라ᄒᆞ오니此ᄂᆞᆫ幾家戶에汲水供給ᄒᆞ고每家戶에水價ᄂᆞᆫ幾何式收捧ᄒᆞ라ᄒᆞ시ᄂᆞᆫ지假令公用栓壹座에限壹百家式區域을定ᄒᆞ야每家에同壹ᄒᆞᆫ五拾錢式收捧ᄒᆞ면合算이五拾圓이될터이오니汲水價ᄂᆞᆫ從何支撥ᄒᆞ오며若北部之樓閣동과南部之倉會洞과中部之廟동과東部之養生洞과西部之慕華館은卽貧동也라每家에壹여

偉人遺蹟

水軍第一偉人 李舜臣

錦頰山人

第拾九章 結論

新史氏曰余가李舜臣傳을讀다가案을拍ᄒᆞ고大叫ᄒᆞᆷ을不覺ᄒᆞ라嗚呼라我民族의外競力이如此減退ᄒᆞᆫ時代에公이乃有ᄒᆞ얏스니엇지可驚ᄒᆞᆯ비아니며我朝家의政治가如此腐敗ᄒᆞᆫ時代에公이乃有ᄒᆞ얏스니엇지可愕ᄒᆞᆯ비아니며人民이兵革을不知ᄒᆞ야皷聲을聞ᄒᆞ면駭竄ᄒᆞᄂᆞᆫ時代에公이乃有ᄒᆞ얏스니엇지可奇ᄒᆞᆯ비아니며羣臣의黨爭이盛ᄒᆞ야私鬪ᄂᆞᆫ勇ᄒᆞ나公戰을怯ᄒᆞᄂᆞᆫ時代에公이乃有ᄒᆞ얏스니엇지可異ᄒᆞᆯ비아니며大駕가西遷ᄒᆞ야人心이瓦解ᄒᆞᆫ際에公이乃有ᄒᆞ얏스니엇지可欽ᄒᆞᆯ비아니며日本이方强ᄒᆞ야我弱을乘ᄒᆞᆷ에其驕傲頑慢이無比ᄒᆞᆫ際에公이乃有ᄒᆞ얏스니엇지可快ᄒᆞᆯ비아니리오巳往三國間我韓民의勢力이膨漲ᄒᆞ던日에公이有ᄒᆞ얏거나本朝 太宗世宗治化方張ᄒᆞ던日에公이有ᄒᆞ얏거나民富國殷ᄒᆞ고我强敵弱ᄒᆞᆫ日에公이有ᄒᆞ얏스면此猶固宜ᄒᆞᆫ事라ᄒᆞ려니와今乃如此ᄒᆞᆫ時代에公이有ᄒᆞ얏스니엇지可驚可愕可奇可快ᄒᆞᆯ비아니리오不先不後히此時代에作ᄒᆞ야我民族을活하며我歷史를光ᄒᆞ얏스니偉哉라公이며盛哉라公이여 (未完)

雜報

●官制及規則裁可 度支部建築所官制改定件과國有土石採取規則을上奏ᄒᆞ얏ᄂᆞᆫᄃᆡ日昨에 裁可되얏다더라

●完順陛見 再昨日上午拾壹時에完順君李載完氏가 眞殿에望奠香ᄒᆞ고 德壽宮에仍詣ᄒᆞ야 太皇帝陛下ᄭᅦ 陛見ᄒᆞ얏다더라

●加資中止 三 皇帝追崇後別單書入ᄒᆞᆫ事ᄂᆞᆫ已爲報道어니와宮內府大臣이各差備官으로加資와陞六을排定ᄒᆞ야閣議를經ᄒᆞᆫ後入啓次로去月晦日內閣會議에提出ᄒᆞ얏ᄂᆞᆫᄃᆡ內部大臣宋秉畯氏가反對ᄒᆞ야加資ᄂᆞᆫ壹並中止되얏다더라

●忠北郡守會議件 忠北觀察使權鳳洙氏ᄂᆞᆫ管下各郡守를會同ᄒᆞ야郡守會議를壹週間開設ᄒᆞ얏다ᄂᆞᆫᄃᆡ其會議件을續聞ᄒᆞᆫ즉地方政務의刷新件과道路橋梁修築ᄒᆞᆯ等節이라더라

●金氏歸國說 中樞院議長金允植氏가陰曆癸月初旬頃에歸國ᄒᆞᆯ豫定이라더라

●趙代任說 農商工部秘書官趙重鼎氏ᄂᆞᆫ依免되고其代에掌禮院典祀張[illegible]鉉氏가被任ᄒᆞᆫ다ᄂᆞᆫ說이有ᄒᆞ더라

●玄氏轉任說 官立漢城外國語學校敎授玄檍氏ᄂᆞᆫ學部繙譯官으로轉任ᄒᆞᆫ다더라

●鈴木依免 內部書記官鈴木穆太郞氏ᄂᆞᆫ辭職請願ᄒᆞ얏더니昨日에依免이되얏다더라

●拜觀出闕 兪吉濬趙博趙[illegible]淵諸氏가昨日下午壹時頃에景福宮을拜觀ᄒᆞ얏다더라

●衛生費徵收規則 漢城府에서衛生淸潔費徵收規程을頒布ᄒᆞ얏다ᄂᆞᆫᄃᆡ皇族과親任官의게ᄂᆞᆫ三拾圓式이오勅任奏任官의게ᄂᆞᆫ二拾圓式이오判任官의게ᄂᆞᆫ以上比例로徵收ᄒᆞ고壹般人民의게ᄂᆞᆫ其屋間數를依ᄒᆞ야五間以上은壹圓式徵收ᄒᆞ고拾間以上은亦以此例로收納ᄒᆞᆫ다더라

●非衛生衛 漢城府에囑託五人을設置ᄒᆞᆫ다ᄂᆞᆫ說은昨報에已揭ᄒᆞ얏거니와其內容을詳聞ᄒᆞᆫ즉自衛團을實施ᄒᆞᆷ이아니라衛生淸潔費를每戶에收斂ᄒᆞᆫ다ᄂᆞᆫᄃᆡ囑託五人을該部에置ᄒᆞ고城內各署에ᄂᆞᆫ事務員二人과書記壹人式設置ᄒᆞᆫ다더라

●薪水金磨鍊 漢城府에서淸潔費徵收事에對ᄒᆞ야諸職員의薪水金을磨鍊ᄒᆞᆫ다ᄂᆞᆫᄃᆡ囑託은各五十元으로書記ᄂᆞᆫ各三十元으로事務員은各十五元으로支給ᄒᆞᆫ다더라

●軍廢體立 軍人俱樂部ᄂᆞᆫ廢止가되고大韓體育俱樂部를設立ᄒᆞᆫ다ᄂᆞᆫ說이有ᄒᆞ다더라

●裁判日字揭示 監獄署에滯囚ᄒᆞᆫ罪人의裁判日字를大審院門前에逐號揭示ᄒᆞ얏다더라

●誤遵舊曆 日은舊曆으로紀念ᄒᆞ던開國紀元節인ᄃᆡ今年을爲始ᄒᆞ야ᄂᆞᆫ陽曆八月拾四日로施行ᄒᆞᆫ다ᄂᆞᆫ것을未知ᄒᆞ고前例와如히掛旗ᄒᆞᆫ處가多數ᄒᆞ얏다더라

●恩賜偸食 昨年에內大臣府侍從學務니官日學龍氏가宮內府에서恩賜金支給時에該府에屬ᄒᆞᆫ金太山李돌伊박二石三人에게恩賜ᄒᆞᆫ金을稱ᄒᆞ고侍從院分付라ᄒᆞ고使權附錫으로推奪ᄒᆞ야該氏와同僚鄭宅[illegible]로分食ᄒᆞᆫ事가綻露ᄒᆞ야[illegible]에被捉되얏ᄂᆞᆫᄃᆡ該[illegible]가無疑自服ᄒᆞ얏다더라

●人力車賃釐定 人力車賃金이元無規則ᄒᆞ야街路上의車夫가賃金을自意로濫捧ᄒᆞᄂᆞᆫ弊가比々有之ᄒᆞᆷ으로壹般乘客의不便이莫甚ᄒᆞᆫ지라警務局에서道路遠近과其他事情을參量ᄒᆞ야不便之端이無ᄒᆞ도록賃金表를釐定ᄒᆞ야不遠間頒布施行ᄒᆞᆫ다더라

●壹進紀念 來十八日은壹進會創立第四回紀念日인故로昨日午後壹時부터紀念園遊會를開ᄒᆞ고內外紳士及新聞記者를招待ᄒᆞᆫ다더라

●日軍隊官報購覽 韓國에駐在ᄒᆞᆫ日本憲兵隊本部에서協議ᄒᆞ야各道各地에在ᄒᆞᆫ憲兵分隊及分遣所에서官報를壹切購覽케ᄒᆞᆫ다더라

●是何挾雜 近日에何許挾雜輩가勞働會慈善病院을設立ᄒᆞᆫ다籍稱ᄒᆞ고某々人의게補助金을請求ᄒᆞᆫ다ᄒᆞ니果然인지確聞更報ᄒᆞ겟노라

●因騷上京 洪州郡에서近日騷擾가尤甚ᄒᆞ야該郡葛山居金韓國聲根氏의內行이昨昨에上京ᄒᆞ얏다더라

●水商不通 宮內府主馬課니에在ᄒᆞᆫ井水ᄂᆞᆫ附近數千民家의飮水料인ᄃᆡ近日에該課에서爵동大路邊으로正門을新建ᄒᆞᆫ後에巡査를交番派送ᄒᆞ야水商의出入을禁止ᄒᆞᄂᆞᆫ故로附近人民은方今困難中이라더라

●鄭氏輕財 濟州郡居鄭斗正氏ᄂᆞᆫ財産이稍饒ᄒᆞᆫ고로衛生에熱心ᄒᆞ야該郡新舊面窮蔀幼兒壹千八百名의種痘費藥九千餘兩을擔當出給ᄒᆞ고ᄯᅩ[illegible]數千円을捐出ᄒᆞ야漢拏山中頂과[illegible]靜郡境에林藪를壹新開拓ᄒᆞ야以便行路케ᄒᆞ미該地人民의莫不稱譽ᄒᆞᆫ다더라

●拾物待主 銅峴分署刑事巡査李鳳圭氏가再昨日下午六時에西門內雲橋로過去ᄒᆞ다가紙匣壹箇를拾得ᄒᆞ얏ᄂᆞᆫᄃᆡ該匣中에紙貨三圓과圖章壹個가有ᄒᆞ야該分署에留置ᄒᆞ고該主를苦待ᄒᆞᆫ다더라

●冤鬱情形 聞慶郡居金召史가年今二拾七歲인ᄃᆡ其夫喪을當ᄒᆞ고多年守節ᄒᆞ더니該郡居鄭天興爲名人이無賴輩數拾名을符同ᄒᆞ고乘夜突入ᄒᆞ야縛去코저ᄒᆞ거ᄂᆞᆯ該召史가抵死拒絶ᄒᆞᆫ즉該漢等이無數亂打ᄒᆞ야手足이折傷ᄒᆞᆫ지라該召史가該郡守申룡진씨에게呼訴ᄒᆞ얏더니反爲落科ᄒᆞ미不勝憤冤ᄒᆞ야仍至失眞ᄒᆞ야自已家夫生存時의所着衣冠을掛着ᄒᆞ고道路에彷徨ᄒᆞ다가日前에上京ᄒᆞ야大審院에呼訴ᄒᆞᆫ즉該院에서本道判決書가無ᄒᆞ야不能處決이라ᄒᆞ고退却ᄒᆞ얏다더라

●壞洑又完 昆陽郡昆明面[illegible]坪洞居ᄒᆞᄂᆞᆫ李章夏氏가道郡及農部에認許를承準ᄒᆞ야浣沙助坪兩洑를修築ᄒᆞᆫᄃᆡ自已의家庄田畓을沒數히日人에게典執得債ᄒᆞ야築洑ᄒᆞ얏더니今夏大水에兩洑가俱壞ᄒᆞᆷ을因ᄒᆞ야日人債主ᄂᆞᆫ不顧築洑之成否ᄒᆞ고該債[illegible]來錢條壹千七百[illegible]을不日督捧ᄒᆞ야其所存田畓壹百五拾餘石斗落을盡奪ᄒᆞ얏ᄂᆞᆫ지라[illegible]情景을[illegible]該郡[illegible]面昆明面二面[illegible]長을招集ᄒᆞ야[illegible]農功利益發達의誠心을感激ᄒᆞ야每戶에壹名式赴役次로熱心勸喩ᄒᆞ야役丁數百名을借給修築ᄒᆞ야兩坪이均霑케移種ᄒᆞ얏다더라

●鳳校消暢 鳳鳴학校任員講師諸氏가昨日感恩亭에前往ᄒᆞ야消暢ᄒᆞ얏다더라

●銀世界演劇 夜珠峴圓覺社에서新演劇銀世界를每日倡夫等이演習ᄒᆞ야未久에設行ᄒᆞᆫ다더라

●日店失火 泥峴居留ᄒᆞᄂᆞᆫ日人大材友之家에서再昨日上午四時에失火ᄒᆞ야積置物損害ᄒᆞᆫ金額이三千餘圓假量이된다더라

●强奸日女 西部倉洞居ᄒᆞᄂᆞᆫ朴元淳氏가果商爲業ᄒᆞᄂᆞᆫᄃᆡ日前에日女가買果次로來到ᄒᆞ거ᄂᆞᆯ强奸ᄒᆞ얏더니該日女가南部警察署에呼訴ᄒᆞ야朴元淳氏를捉囚ᄒᆞ얏다더라

●日人逃避 寺洞居前主事李河榮氏가日本人三崎勇三郞의게有何相關이던지紙貨六百餘圓을流伊給與ᄒᆞ얏더니該日人이逃避不現ᄒᆞᄂᆞᆫ지라李氏가其蹤跡을追ᄒᆞ야日昨에日本으로渡去ᄒᆞ얏다더라

●自斃何多 南部由洞居彭宜均씨가鴉片을呑下ᄒᆞ고昨日上午六時에自斃ᄒᆞ얏다더라

●有名賊被捉 有名ᄒᆞᆫ竊盜金炳燮이가再昨日午后九時에南部長洞居日人梅垣龍太郞商店에서蔘藥千餘介를竊取ᄒᆞ다가南部警察署로被捉되얏다더라

●片[illegible]義捐 松禾郡介橋場에瀛蓬學校를設立ᄒᆞᆫᄃᆡ校舍가無ᄒᆞᆷ으로該郡[illegible]片濟煥씨가[illegible]千餘[illegible]의自己緣舍를學校에寄付ᄒᆞ미該씨의高義를人皆稱頌ᄒᆞᆫ다더라

●三和港夜學日斷髮 三和港埠頭에서夜學校를設立ᄒᆞ고熱心做工ᄒᆞᆫ은累朔이되얏거니와校長姜俊植씨가壹般學徒를勸諭ᄒᆞ야壹齊히斷髮ᄒᆞ얏다더라

●勞働夜學又設 三和港閑散募軍廳擔負軍廳兩個所에서도夜學校를設立ᄒᆞ기로酌定ᄒᆞ고學徒四拾餘名을募集ᄒᆞ야熱心做工ᄒᆞᄂᆞᆫᄃᆡ敎師를擇定ᄒᆞᄂᆞᆫ中이라더라

▲地方消息▼

▲本月二日孟山郡東南方約四里地에서義兵三拾七名이同郡日守備隊兵拾四名과交戰ᄒᆞ얏다ᄒᆞ고

▲本月壹日抱川郡東北方四里地에서義兵二拾名이[illegible]化郡日守備兵少尉以下十壹名과交戰ᄒᆞ얏다ᄒᆞ고

▲去月二拾三日平南倉坪里約二里地에서義兵約拾五名이同地日分遣隊兵과交戰ᄒᆞ얏다ᄒᆞ고

▲去月二拾壹日谷城郡니에서義兵約三拾名이光州郡第二巡査隊와交戰ᄒᆞ얏다ᄒᆞ고

▲去月貳拾七日成川郡東南方約六里古梅洞附近에서義兵六拾名이同郡守備隊特務曹長以下拾三名과交戰ᄒᆞ얏ᄂᆞᆫᄃᆡ日兵壹名이負傷ᄒᆞ얏다ᄒᆞ고

▲本月貳[illegible]黃州郡東北方七里地에서義兵貳[illegible]五名이日斥候隊와交戰ᄒᆞ얏다더라

▲九惡種子▼

▲半島山川閱歷ᄒᆞ니壹團厲氣流行ᄒᆞ야許多種子產出이라變化風氣、進利에障碍物을能作ᄒᆞ니破除根더無期로다

▲宦海波瀾飜覆中에不顧時局安危ᄒᆞ고壹時榮耀耽樂ᄒᆞ제沿浪[illegible]撲中ᄒᆞ야埋[illegible]官[illegible]貌祿死而無悔ᄒᆞ[illegible]子이아닌가

▲觀察守令圖得ᄒᆞ야傍蹊曲徑幹旋ᄒᆞ야壹貫泉을視作運動費를充數ᄒᆞᆯ제無辜ᄒᆞᆫ[illegible]剝皮割肉無厭하ᄂᆞᆫ貪虐種子이아닌가

▲祖先白骨藉勢ᄒᆞ야[illegible]陳々宅號傳ᄒᆞ니兩班威氣猛烈ᄒᆞ다隣近饒民捉致ᄒᆞ야如干錢財討索ᄒᆞᆯ제殘忍薄行尙存ᄒᆞ니土豪種子이아닌가

▲頑迷精神深鎖ᄒᆞ야舊若往事說道ᄒᆞ며開明事爲誹謗ᄒᆞ고固守管見自是ᄒᆞ야世上事를不省ᄒᆞ고前日情態不變ᄒᆞ니守舊種子이아닌가

▲禍福說로誘人ᄒᆞ야蠢[illegible]殘餘ᄒᆞᆫ手段來頭吉凶能[illegible]ᄒᆞ며壹名山指點하야萬年幽塚遷移ᄒᆞ며冥々中에積惡ᄒᆞ니堪輿種子이아닌가

▲弓弓乙乙逃野止의壹片秘識荒唐說로石又火偏信ᄒᆞ고勝之地旁求ᄒᆞ야遠千里[illegible]ᄒᆞ다가流離之歎忽發ᄒᆞ니迷信種子이아닌가

▲外面假飾壹平生에悠々泛々過去ᄒᆞᆯ제不辨善惡더非舊非新居ᄒᆞ야隨人言論飜覆ᄒᆞ며不生稜角求譽ᄒᆞ니鄕愿種子이아닌가

▲青樓上에訪花ᄒᆞ고雜技局에賭錢ᄒᆞ야不分晝夜紛沼ᄒᆞ며繁華夢을不醒하고用錢如水ᄒᆞ더니[illegible]身亡家敗之念이放蕩種子이아닌가

▲某々大官有力家에從遊ᄒᆞ야諂諛甘言籍稱、野郎谷慾媒甘辭ᄒᆞ제[illegible]屯ᄒᆞᆫ財務官에任意로出入ᄒᆞ고多數錢財釣取ᄒᆞ니挾雜種子이아닌가

◎特別社告

大邱支社社員梁務彩、咸從支社社員金弘叙兩씨는辭免故로大邱西門外友弦書樓側李正由、咸從耶蘇敎堂니張炳日兩씨로認定하얏스니右兩處附近本報購覽諸씨는本社에對ᄒᆞᆫ凡務를右兩씨와交涉ᄒᆞ심을務望홈

大韓每日申報社

雜報

三和府尹興學　三和府尹金永燦씨가人民을曉喩ᄒᆞ야新學問학校를設立ᄒᆞ고書齋를廢止ᄒᆞᆫ後舊齋財產을新校에付屬ᄒᆞ라ᄒᆞᄆᆡ一般紳士와人民이樂從ᄒᆞ여三和學會를組織ᄒᆞ고各面에學校를設立ᄒᆞ기로議定ᄒᆞ얏는ᄃᆡ八月晦內로開학ᄒᆞᆫ다더라

廣告

本人이姓名圖章을見失ᄒᆞ엿사오니內外國人은照亮ᄒᆞ시옵　嚴衡燮　告白

◎特別廣告

北靑居李鍾奎씨가靈神丸을多數히本校에製送ᄒᆞ야生徒의게分給ᄒᆞ니其衛生의慈惠와敎育의熱心을一般學徒가其感意를表ᄒᆞ옵　咸興府學校生徒等　告白

本人의名字를以회植으로改名ᄒᆞ오니舊圖照亮홈　河東郡大也川面南浦洞居　李鍾植　告白

本人이中部琵琶洞七拾七統七戶家에定ᄒᆞ얏ᄉᆞ오니水商僉員은光臨ᄒᆞ심을望홈　水商會計李漢九　告白

本人의弟永稷이去月拾六日買物次下去釜港過鄭不識杳無去處ᄒᆞᆫ家恐動四方搜索玆又廣告毋論某客主某人如有知者通知本家ᄒᆞ시면厚謝ᄒᆞ깃삽　慶南蔚山郡玉洞孫永穆　告白

仁川港一覽ᄒᆞ얏던親睦會社本社를今日부터京城에移置하고仁川港에는支店을置ᄒᆞ얏ᄉᆞ오니內外國僉君子는照亮ᄒᆞ시오
隆熙二年八月拾壹日
京城中部大廣橋北川邊第壹統拾戶
大韓協同郵船會社　告白

第四回學員募集廣告

本塾에서法律專門科書학員을新募ᄒᆞ오니願學人은來九月五日以內로本塾에對ᄒᆞ야請願書提出ᄒᆞ고左開日時에應試ᄒᆞᆯ事
但請願書紙、學科、規則은本塾에在홈

試驗科目
壹、國漢文作文、國漢文讀書、地誌、歷史、筭術(四則以內)

試驗日時
九月五日上午拾時（陰八月拾日）
但高等학校（中學校程度를包含）程度에相當ᄒᆞᆫ卒業證書를有ᄒᆞᆫ人은免試홈
西部工后洞
私立養正義塾

本人의瓦家沿貳間半板刻文券을서失故로將請願于漢城府ᄒᆞ고玆廣告ᄒᆞ오니誰某拾得ᄒᆞ와도休紙施行홈
西部龍山坊靑坡貳契拾貳統壹戶　金德根　告白

本人姓名章을陰七月八日午後七時頃失ᄒᆞ얏ᄉᆞ니內外國人間에誰某拾得ᄒᆞ와도休紙施行홈
平壤돌串面覺今里康弘洛告白

本人의姓名正字圖章을陰五月에見失ᄒᆞ얍고以半篆으로改造ᄒᆞ엿ᄉᆞ오니內外國人은照亮홈
義州古城面畑下洞張濟禧白

本人이去陰四月分에姓名圖章을서失故로玆에廣告ᄒᆞ오니誰某拾得間勿施홈
中和上邑尹履선　告白

本人의圖章서失事는已爲廣告ᄒᆞ얏거니와前章과特異ᄒᆞ게改造ᄒᆞ얏는ᄃᆡ洛字를以濤字로改名ᄒᆞ엿ᄉᆞ니內外國人은照亮홈
平壤돌串面覺今面康弘濤告白

本人이再昨年八月分逢賊時에所在家舊文券與板刻文券을並爲被奪이온바今에更爲出券次玆以廣告홈
西部西江坊上介溢甲契五拾六統八戶　高貴峯　告白

本人의名在玉을以鍾植으로改名ᄒᆞ오니知舊間照亮홈
河東郡大也川面南浦洞居　李鍾植　告白

本科를設立ᄒᆞ고測量學徒를募集ᄒᆞ오니志願人은陽本月二拾三日內로請願書를提呈홈
請願紙는本科에請求홈
甲班은他校에서不得已退學ᄒᆞᆫ者와學問稍優者를許入홈
乙班은無試驗許入홈
開學陽本月二拾四日부터홈
卒業期限은甲班은三個月乙班은五箇月로定홈
細則은本科에來問ᄒᆞ옵
北部桂洞敎明義塾內測量科白

員募集廣告

本校에서師範科學員을募集ᄒᆞ오니願학人은本月二拾五日（陰七月二拾八日）니로入學請願書를提呈ᄒᆞᆫ後應試ᄒᆞ심을爲要

一、課程　修身、國語、地誌及歷史니外幷、物理、化학、博物학、法학通論、經濟학、作文、心理학、數학、簿記、小학敎授法、圖畫、唱歌、體操、外國語、討論

一、修業期　貳拾四箇月

一、試取及開학　試取本月二拾六日（陰七月廿九日）이학九月拾日이니

一、試取科目及方法　作文(國漢字交用)니國歷史地誌(面講)筭術(四則以내)

一、入學資格　年齡二拾歲以上四拾歲以下로身體健强ᄒᆞᆫ者

隆熙二年八月　日
壽進洞前壽進宮니　興士團

隆熙學校　告白

敎育月報

壹冊의價拾五錢
每月二拾五日刊

一般同胞의男女老少有年齡을勿論ᄒᆞ고各其事情과年限에拘碍되야學校에入學지못ᄒᆞᄂᆞᆫ이에게普通學術을發達케爲ᄒᆞ야各種緊要ᄒᆞᆫ學問을純國文으로簡易케繙譯ᄒᆞ야敎育月報를發行ᄒᆞ오니此를逐號購覽ᄒᆞ시ᄂᆞᆫ同胞ᄂᆞᆫ皆有識ᄒᆞᆫ學者가될터인故로本社의京鄕各書肆에서發賣홈
京城中部校洞貳拾九統四戶
敎育月報社

本校에서測量科를附設ᄒᆞ오니入學志願ᄒᆞᄂᆞᆫ員은本月拾八日（陰七月二拾貳日）니로本校에入學請願書를呈홈
私立鳳鳴學校長金重煥　白

○本학館에서第二回學員을募集ᄒᆞ오니志願人은八月三拾日之內로請願書를提呈홈（請願用紙ᄂᆞᆫ本館에請求홈）

中學科

（壹年級）東國歷史。大韓地誌。筭術。圖畫。博物。聖經。日英語隨意）
（二年級）萬國歷史。萬國地誌。筭術。生理。中等物理。聖經。語學（日英語隨意）
（三年級）物理。化학。經濟代數。生理。幾何。聖經語학（日英語隨意）

英語課 日語課

科程은各日語로各히專修케홈

木工課

工業圖畫。筭術。聖經木工

（夜學科程）

日語課 英語課 簿記課

以上三課ᄂᆞᆫ各히專修課로ᄒᆞ되入學細則은本校에來問ᄒᆞᆯ事

入學試驗

科目　國漢文讀書作文
但各課補缺生은各次班課程으로시驗홈

試驗日子

九月壹二兩日（陰八月初六初七日）上午九時

開學日字九月三日

●以上各課中書ᄒᆞᆫ語학課ᄂᆞᆫ補缺生마募集홈
●夜學의課壹年級은학員이貳十人이未滿ᄒᆞᆫ時ᄂᆞᆫ該班을不設홈

皇城鍾路基督敎靑年會學館

量地法全

定價八十錢　或特別減價

本書ᄂᆞᆫ圖根筆地各種測量法術이完全俱備ᄒᆞᆫ외測量上第壹必要ᄒᆞᆫ書籍이옵
本書ᄂᆞᆫ測量上必要ᄒᆞᆫ算術과對數表ᄭᆞ지附入ᄒᆞ엿삽
本對數表ᄂᆞᆫ我國에創出者인ᄃᆡ代數以上高等筭학에必要ᄒᆞ옵
本書의文法은簡明易解ᄒᆞᆫ와初學及獨習에便宜ᄒᆞ옵
발行所　中학橋測量事務所
發賣所　남部銅峴博學書館
中部布屛下廣學書鋪金相萬
罷朝橋中央書舖朱翰榮
鍾路古今書海館
大東書市
南署大廣橋滙東書館高裕相
남門니翰洞博文書館

平壤太極書館은有志紳士의公益을爲ᄒᆞ야建設ᄒᆞᆫ바이오義州晉市少年書舖ᄂᆞᆫ此館의支店으로新舊書籍과各學校所用物品을廉價應買ᄒᆞ오니僉君子ᄂᆞᆫ陸續來購ᄒᆞ시옵
書舖主　朴奉燁　韓中權

本館에서新舊書籍과學徒의所用諸般物品을具備販賣ᄒᆞ오니僉君子ᄂᆞᆫ來購ᄒᆞ시옵
平壤鍾路太極書館
館主　李昇薰
主任　安泰國
事務　李德煥

本書館은開業ᄒᆞᆫ지未過壹年에壹般同胞게서愛助ᄒᆞ시와益益興旺之故로本館을壹層擴張ᄒᆞ고各項新舊書籍與敎育物品을多數準備ᄒᆞ야特別廉價로發賣ᄒᆞ오니四方僉君子ᄂᆞᆫ陸續來臨ᄒᆞ심을爲要홈
釜山港東關韓興書館
金汝重　權鍾律

本人等이壹般학界에便宜를供ᄒᆞᆫ次로資本을合同ᄒᆞ고業務를擴張ᄒᆞ야新舊書籍과學校用品을俱備發賣ᄒᆞ오니僉君子ᄂᆞᆫ稍稍光降을務望홈
海州남門니四街
韓昌書館　館主　李承駿　白昌鎭

各地方各種學校敎師紹介所를本會內에設置ᄒᆞ오니普通學其他各種技術語學敎育에敎授ᄒᆞᆯ志願人은校洞本會館으로來議ᄒᆞ시옵
畿湖興學會　告白

의시연

（定價・發行 etc.）

製藥舖主人　박然惠　李觀化

定價金拾錢

新劉子茲惠藥房

製造本舖　漢城鍾路慈惠大藥房

社告

◯申報價

壹號代金 新貨二錢五厘

壹個月前納 三十錢

參個月 九拾錢

陸個月 一圜七十錢

壹個年 三圜四十錢

郵稅一號 新貨五厘

壹個月 十三錢

◯廣告料

四号活字拾二字詰

每日每尺壹寸에新貨廿五錢

(每日每行六錢에相當홈)

二週日에 二圜五拾錢

每一每行四錢五厘에相當홈

壹箇月에 五圜

每日每行四錢壹厘에相當홈

其期限의長短과字行의多夥를依ᄒᆞ야增減홈이有홈

發行兼編輯人英國人 萬咸

Responsible for Publication Alfred Weekley Marnham.

發行所 南署石井洞號外地三層洋屋 大韓每日申報社

大韓每日申報

第六卷

第八百八拾貳號

論說

◎開國紀元節慶祝

今日은於惟 大韓 太祖 高皇帝 創業하신지五百十七回紀念日也로다已往에는舊曆을用함으로陰七月十六日이此紀念의慶節이더니 皇帝卽位하신隆熙二年에各紀念慶節을陽曆으로改定하셔 開國紀元節은本日(八月十四日)로改定되얏도다

嗚呼라 太祖高皇帝는天縱勇智시며大東聖人이라麗末의際를當하사東征西伐에國亂을平하사며應天順人하사寶位에卽하시니卽五百十七年前是月是日이라巍巍한三角山은天畔에直揷하며蕩蕩한漢江水는國中에橫貫하얏는데于斯에鼎을定하시니卜年萬億이오卜世千百이로다聖子神孫이繼繼繩繩하사邦國은盤泰에措하며人民은壽域에躋하니嗚乎猗哉라是日也에官民이歡抃하고率普가舞蹈하도다謹頌曰

東半島가文明한대 大韓帝國創建하며 貧兒嶽이壯麗한대 大韓 皇室定鼎하야 萬々年是月日에 歡樂無已。

拾三道가星羅한데 大韓民族奠居하며 九重宮이宏敞한데 大韓 皇帝垂拱하샤 萬々年是月日에 歡樂無疆。

五百年雨露맺은 無窮花가빛치저서 皇室에慶祝하며 皇上께獻壽하니 萬々年是月에 歡樂無休。

官報 八月拾二日

◎隆熙二年

●部令

度支部令第二拾七號

驛屯土管理規程을左갓치定함

隆熙二年七月二十九日 度支大臣 任善準

驛屯土管理規程 續

第拾條 驛屯土에關한左開事項은驛屯土臺帳에登錄함이可함

壹 所在地

貳 驛屯土의名稱

參 四標

四 地目

五 面積

六 小作料의種類·數量及金額

七 小作人의住所氏名

附 則

第十壹條 本規程은頒布日로부터此를施行함

第拾二條 本規程을施行하는際에驛屯土를小作하는者는隆熙二年八月末日까지其旨를所轄財務監督局長에게申告함이可함

前項의申告가有한者는優先하야小作人되는事를得함

又

度支部令第二拾九號

國有에移屬된驛屯土의管理規程에依하야處理할件을左갓치定함

隆熙二年七月二拾九日 度支部大臣 任善準

隆熙二年勅令第三拾九號에依하야國有에移屬된驛屯土는隆熙二年度度支部令第二十七號驛屯土管理規程을準用함 完

外報

●露領事再次被殺 北京電報를據한則去年春에淸國天津에駐在한俄國領事가暗殺을被한後에繼任한領事는去六月頃에又暗殺을當하얏는데此는革命黨의所爲라云하며或은俄人의關係라하얏더라

●廣東香港 去月中旬에淸國廣東地方北江西江兩河가溢溢하야地方農民數拾萬衆이家屋과財貨를流失하고飢渴이甚하야死境에至하얏는데內外國人의義捐救助함으로僥倖이其生命을保全하얏고且總督의盡力함을賴하야漸次蘇生하는中인대昨今同地方에虎列剌가蔓延하야死傷한人과疾病에罹한者가時日甚多한故로同地官憲은目下에此를預防하기에盡力中인대困難이莫甚하다더라

●日人賣國 日本陸軍大尉正七位勳五等功五級川喜多大次郞이向者北京에서俄國將校及淸國陸軍의게軍用圖書를賣渡하랴고運動하다가憲兵에게射殺을被하얏는대日前官等과位級을削奪하다더라

雜報

●大同體育 柳性濬李基煥諸氏가大同體育部를發起하얏는대其趣旨書가如左하니

人民은國家를造成하는要素라其國의强弱은人民의强弱에由하고人民의强弱은個人體幹의健康與否에在하니體幹은學問을容受하는器具오智識을發揮하는機關이라器具가壹缺에容受를難望이오機關이壹敗에發揮를莫期니如此히虛弱한身分은天年도亦享키不能할지라分內事業을擔當할力量이豈有하리오

今日我國의形勢를擧하야躰育敎理로列强에比較하면如何한地位에在하엿는고其原因을推究하건대幾百年來로無理한壓制를受하며虛禮에拘束을被하며他動의依賴를甘하야志氣는千層壑底에萎靡하고精神은五里霧中에彷徨함으로二千里山川淑氣는生殖이不繁하고五百年宗社基業은維持가未遑하니將傾大廈를誰手로扶起하며已墜大權을誰腕으로挽回할고願我後進은全國疆土를兩肩에擔負하고諸般義務를壹身에係掛하엿스니立足이少蹉하면覆亡의悲慘을難免할지기로同志諸人이大同體育部를組織하노니盖其目的은大韓同胞의體育을爲하야特히體部의名稱을倡設하야二千萬同胞로體育學의各種을研究實行하야個々人의健康한體幹을養成하고個々人의養成한體力을團合하야强大한國家를造成하며活潑한脚步로擴開하야列國競爭場에旗鼓가相當하고萬世安寧地에盤泰를永奠하기로目的을定하야國民의資格을勿失함이壹般同胞의公共的責任인故로學界上主点을體育으로發表하노니凡我同胞는注意勉旃哉니저하얏더라

偉人遺蹟

水軍第一偉人 李舜臣

錦頰山人

第拾九章 結論 續

余가일즉內外古今人物을擧하야公과試較컨대美部賀이板蕩에起하야大亂을平함이公과同하나其以少擊衆의神略이公에遜하며鄭地가海戰에勇하야倭寇를掃함이公과同하나其忠國獻身의熱誠이公에遜하며諸葛亮의鞠躬盡瘁하는貞忠이公과同하나數拾年漢相으로政權軍權을皆握하고도舊都를未復하얏스니其成功이公에遜하며拿破崙의戰勝攻取한雄才가公과同하나末路에國人의不容한비되야異域에竄死하얏스니其得人이公에遜하도다然則李忠武는畢竟何人과似한가

近儒가或英國水軍提督乃利孫을擧하야李忠武에配하며曰古今水軍界東西兩偉人이라云하나니其然가抑不然가其果優劣이有한가抑優劣이無한가余가比較하야壹評코저하노라

盖李忠武의歷史가乃利孫과酷同한點이多하니但只其海戰의生涯만同할뿐아니라甚至於瑣々細々한歷史까지同한비多하도다初年에在하야知者가無함이同하며區々微官으로許多長歲月間에沉滯함이同하며他日水軍名將으로第壹着成功은陸戰으로始함이同하며壹次陸戰한後에는水戰으로其活劇을終하야再次登陸이無함도同하며夏月遠征、暑장을罹하야危險을經함이同하며戰丸에累中하고도不死함이同하며末乃敵艦을擊沉한後洋々한凱歌聲裡에中丸畢命함도同하며愛君憂國하는血誠도同하며誓與賊不俱生하는熱憤도同하며其對抗한敵兵(法日)의悍毒함도同하며其戰爭結局의支離함도同하니라忠武와乃利孫을倂論함이果可하더

雖然이나當時英國의國勢가我國壬辰時와何如하며當時英國의兵力이我國壬辰時와何如하며當時英國將兵者의權利가我國壬辰時와何如하며當時英國戰守의能力이我國壬辰時와何如한가

彼가幾百年을列强과競爭한結果로此에서淬勵하며此에서琢磨하야人民의敵愾精神이富할뿐더러其忠精이已美한壹總精가已厚하야英雄의用武地가恢恢할지라中央으로海軍에幾億萬元財貨를積置하야將軍의軍費를須하며器械工廠에는幾千百門大砲를製造하야將軍의需用을待하며各隊의粟拾萬名되는軍卒은閑死를不堪하야將軍의壹戰을祝하며各海港의粟百千噸되는巨艦은價値를未顯하야將軍의壹試를待하며朝廷宰執은洞々燭々히盡心竭力하야將軍의徵求를需應하며全國人民은耿々憧々히廢寢忘餐하야將軍의勝利를祈禱하니 未完

雜報

●位牌埋安擇日 景祐宮 宣禧宮 毓祥宮에 奉安ᄒᆞᆫ 位牌를將次埋安ᄒᆞᆯ次로掌禮院에셔擇日擧行ᄒᆞᆫ다ᄂᆞᆫ說이有ᄒᆞ더라

●義王攝行 本日은 成皇帝誕辰이신故로 眞殿茶禮를設行ᄒᆞᄂᆞᆫ디 義親王殿下로攝行ᄒᆞ라신 旨를 下하옵셧다더라

●德壽宮問安 大皇帝 皇后兩陛下께옵서明日上午拾時三拾分에出 御ᄒᆞ샤 德壽宮에問安ᄒᆞ옵신다ᄂᆞᆫ디 御路次第ᄂᆞᆫ 敦化門으로從ᄒᆞ야鍾路黃土峴新橋布德門前路大漢門으로入 御ᄒᆞ옵신다더라

●璿源譜畧御覽 璿源譜畧과皇后陛下의世譜를 大皇帝陛下께옵서日前熙政堂에臨 御ᄒᆞ사 御覽ᄒᆞ옵셧다더라

●獻蜜受賞 本月拾壹日下午六時에 慶運宮內東望臺에서護宮近衛兵丁閔一萬과奉來二人이休息ᄒᆞᄂᆞᆫ대蜂聲이有ᄒᆞ미蜂聲을隨去ᄒᆞᆫ즉臺廳下에蜜蜂巢가發見ᄒᆞᆫ지라該蜜을摘去ᄒᆞ야該小隊長李應九氏의게傳ᄒᆞᆫ디李應九氏가 德壽宮께進獻ᄒᆞ얏더니 太皇帝陛下께옵ᄉᆞ 該兵丁二名의게金一圜과木二疋과該小隊長에게도還返物을 下賜ᄒᆞ옵셧다더라

●休暇輪牒 明日은開國紀元節이니休暇ᄒᆞ라고昨日內閣에서各府部院廳으로輪牒ᄒᆞ얏다더라

●禮院分課 掌禮院에셔課를分課處務ᄒᆞᄂᆞᆫ것을日間頒布ᄒᆞᆫ다더라

●差備稱冤 今番 三皇帝追崇時에壹般差備官의陞資陞六事件은勿論ᄒᆞ며言은多新聞에揭佈ᄒᆞᆫ바어니와其時差備官으로擧行ᄒᆞᆫ人員들은或稱冤ᄒᆞᄂᆞᆫ者도有ᄒᆞ다ᄂᆞᆫ風說이有ᄒᆞ다더라

●勸習日語 內部大臣宋秉畯氏가該部土木局長劉猛氏와衛生局長廉仲謨氏를對ᄒᆞ야日語學習ᄒᆞ기를勸勉ᄒᆞ얏다더라

●韓少日多 度支部財產整理局主事가二十五人인대日人이十五人이오韓人이拾人이라더라

●平察巡郡 平南觀察使李軫鎬氏가管下各郡을巡察次로現今成從等地에逗遛ᄒᆞᆫ다더라

●路費還推 平壤地方裁判所判事李某가平北檢事在任時에該郡使令韓某의金[illegible]圜을受賂ᄒᆞᆫ事가有ᄒᆞᆫ던지李氏가遞歸ᄒᆞᆯ路에使令韓某가追往中路ᄒᆞ야拾圜을還推ᄒᆞ얏다더라

◎各報황傳

昨日京城니에發行ᄒᆞᄂᆞᆫ帝國新聞外韓日人各新聞에壹種황說을揭載ᄒᆞ얏스되警視廳에向ᄒᆞ야監獄署罪囚의逃躱ᄒᆞᆫ者拾四名中에去處未詳ᄒᆞᆫ九名을熱心搜索中이며니其中二名은大韓每日申報社에서庇護ᄒᆞ야同社에셔作業ᄒᆞᄂᆞᆫ事를發見ᄒᆞ고再昨日에警部巡査가逮押ᄒᆞᄂᆞᆫ대壹名은逃走ᄒᆞ고壹名만逮捕押上ᄒᆞ얏다고云ᄒᆞ얏스니

此新聞事實이全無ᄒᆞᆫ황說을各報館에서壹時亂揭ᄒᆞ야脫獄罪人을本社에셔庇護하얏다ᄒᆞ며本社에셔作業ᄒᆞ다ᄒᆞ며本社에셔發見ᄒᆞ얏다ᄒᆞ며本社에셔逮捕ᄒᆞ얏다ᄒᆞ얏스니大抵本社에셔ᄂᆞᆫ此等황說에對ᄒᆞ야壹笑置之ᄒᆞᆯ而已어니와報館筆法이何等愼重이완대初不近理ᄒᆞᆫ事를壹時亂揭ᄒᆞ얏스니實로慨歎不已ᄒᆞᆯ바라하노라

●尹氏遊覽渡日 養正義塾卒業生尹宇植氏가遊覽次로數日前에日本으로前往하얏다더라

●兩氏路呈 載寧郡宮土舍音金秉玉李炳奎氏等이無罪見汰ᄒᆞᆫ事로度支部에呼訴屢月에無如何間題인故로該人等이再昨日該部大臣의게路呈呼冤ᄒᆞ얏다더라

●拔票挿票 新門外아막골에宮內府 御藥木墓址로近日에挿票ᄒᆞ얏더니日昨에該票木은拔去ᄒᆞ고壹進會建築基址라고票木을挿ᄒᆞ얏다더라

●誰校誰妓 再昨夜長安社工數學校演奏會에서承宣君李埈鎔씨와承寧府摠管趙民熙氏와承寧府侍從李恒九氏等이妓生을帶同觀覽ᄒᆞᄂᆞᆫ대李恒九氏ᄂᆞᆫ金[illegible]元을該會에捐助ᄒᆞ고趙民熙氏ᄂᆞᆫ妓生에게五十元을寄付ᄒᆞ얏다더라

●楊民更呈 楊州郡守로平壤裁判所判事로轉任ᄒᆞᆫ申載永氏를該郡人民等이京畿觀察道에顧留呈訴ᄒᆞ얏다ᄂᆞᆫ說은前報에已揭어니와該郡民等이呈訴ᄒᆞᆫ지가于今數月에尙無何如題旨故로該郡人民等이昨日該道에更呈ᄒᆞ얏다더라

●兩船衝突 本月五日午後九時七分에關釜連絡船壹岐丸이釜山으로부터航行ᄒᆞᄂᆞᆫ途에히港外冬柏島高頂으로貳分壹海里東北方에서韓國漁舟三隻이田會ᄒᆞ야其中壹隻과衝突하얏ᄂᆞᆫ데漁舟ᄂᆞᆫ東萊府赤岸居ᄒᆞᄂᆞᆫ金仁行의所有요同人及乘組員二名과大刀漁船에從事ᄒᆞ던대當夜朦朧ᄒᆞᆫ月光으로漁舟의所[illegible]漁舟의燈火를點치아니ᄒᆞᆫ故로壹岐丸의舷而危機壹髮間에漁舟를認ᄒᆞ고全速力으로退縮ᄒᆞ라ᄒᆞ나急變의事인則那로竟히衝突ᄒᆞ야漁船이兩斷沈沒하야乘組員은海中에墜落ᄒᆞ얏스나即時救助ᄒᆞᆷ으로無事ᄒᆞ고破船은赤압濱으로移送ᄒᆞ얏고壹岐丸은損害가無ᄒᆞ얏다더라

●金氏宗約 安東金氏臨時宗約事務所에서ᄂᆞᆫ鄉曲宗人이初次上來ᄒᆞᄂᆞᆫ境遇이면宜例히歡迎會를設行하고히宗約趣旨를說明ᄒᆞᆫ다더라

●公錢逢賊 日昨에天安郡面장劉在황氏가該面結錢八十五元을該郡財務所에納上次로持去ᄒᆞ다가中路에서逢賊ᄒᆞ야失ᄒᆞ얏다더라

●倫車被捉 昨日上午壹時에西十字橋人力車場에서營業ᄒᆞᄂᆞᆫ金聖培에人力車를洋服着壹名이倫去ᄒᆞ다가掌內巡査에게被捉ᄒᆞ야北部警署로押去ᄒᆞ얏다더라

●趙氏被押 趙鍾奎爲名人이會社勞働夜學會同發으로請願出會가月餘矣러니水道會社에投入ᄒᆞ야水商의姓名을私錄ᄒᆞ야設會ᄒᆞᆫ다며러水商等의見害케ᄒᆞᆫ다ᄒᆞ고該水商等이勞働夜學會事務所에來訴ᄒᆞ고不勝憤冤ᄒᆞ야欲爲毆打ᄒᆞᆷ이甚危險故로中部警察署에交涉ᄒᆞ야該趙益奎ᄂᆞᆫ即地押去ᄒᆞ고水商等에게對ᄒᆞ야趙某를照律懲治之意로曉喩各歸케ᄒᆞ엿다더라

●賊漢被縛 再昨日上午拾二時量에泥峴渡邊醫院家에서紙貨百圜을賊漢의게見失ᄒᆞ얏ᄂᆞᆫ데同下午九時量에明月館에서該賊漢을捕縛以去ᄒᆞ얏다더라

●妖巫被捉 北部桶谷居ᄒᆞᄂᆞᆫ 順吉의妻 姓女ᄂᆞᆫ 神將이有ᄒᆞ다고自稱ᄒᆞ며령驗이多端ᄒᆞ다ᄒᆞ야問卜ᄒᆞᄂᆞᆫ者가每每답至ᄒᆞ더니女의所謂인즉妻妾間에咀呪ᄒᆞᆫ거슬善爲搜索ᄒᆞᆫ다ᄒᆞ더니日昨東門外某氏小室家屋上瓦中에서人骨을搜索現出ᄒᆞ얏ᄂᆞᆫ디히巫女가君中에파來ᄒᆞᆫ것이即時綻露하되미히家妻妾이北部警察署에呼訴ᄒᆞ야히巫女를捉去하얏다더라

●測量見習의速效 私立協同測量組合事務所에서測量見習生五拾名을募集ᄒᆞ야測量及製圖를敎授ᄒᆞᄂᆞᆫ디不過壹朔에實地效力이頗有ᄒᆞ다더라

●靑會組織 南大門外葛於里典牲署石橋契靑坡洞이聯合ᄒᆞ야靑蓮學務會를組織ᄒᆞ고義務敎育을實施ᄒᆞᆫ다ᄂᆞᆫ대靑蓮學校ᄂᆞᆫ該會에附屬이된다더라

●婦人會寄附 慈惠婦人會에서京城孤兒院을協贊ᄒᆞ기爲ᄒᆞ야通常總會를已經三回에維持方針을研究ᄒᆞᆫ대리容相氏大夫人은苦艸醬貳缸甘醬壹항과士醬貳항과東寧尉官夫人은苦草醬壹항과菁根沈菜各壹항과典洞朴進士夫人은士醬貳항甘醬壹항과磚동趙輔國夫人은菁根沈菜壹筒과眞瓜貳百介와安동趙摠管夫人은白鰕히壹항과苦草醬壹항과瓜沈菜壹항과孤兒院에寄附ᄒᆞᆷ으로壹般孤兒들이感荷不已ᄒᆞᆫ다더라

●明校日就 義州松長面松山里儒生崔尙淵諸氏가昨年九月에明義學校를設立ᄒᆞ고諸般所費를擔當ᄒᆞ야熱心敎育ᄒᆞ미學徒가雲集ᄒᆞ야日新進步ᄒᆞᆫ다더라

●昌校新設 載寧郡海昌居ᄒᆞᄂᆞᆫ紳士諸氏가敎育에注意ᄒᆞ야洞內人士와互相協議ᄒᆞ고指金을募集ᄒᆞ야學校를設立ᄒᆞ고昌明學校라命名ᄒᆞ야校長金履鉉과敎師韓秉興兩氏가熱心敎育ᄒᆞᄂᆞᆫ디不過數朔에生徒가四五十名이오또夜學校를設立ᄒᆞ야牧童ᄭᆞ지敎育ᄒᆞᄂᆞᆫ디生徒가三四拾名에達하얏다더라

◎慶節休刊

本日은即大韓開國紀元慶節인故로慶祝ᄒᆞ기爲ᄒᆞ야本社에셔壹日間休報ᄒᆞᆷ

▲地方消息▼

▲本月壹日德川郡西方拾五里地에서義兵貳拾名이日分遣隊上等兵以下五名과交戰ᄒᆞ얏다하고

▲本月九日任實郡東十三拾里地에서義兵九名이同郡日守備隊上等兵以下四名과交戰ᄒᆞ얏다ᄒᆞ고

▲本月九日泰仁郡東方三里村에서義兵貳拾兵이全州郡日守備隊下士以下七名과交戰ᄒᆞ얏다하고

▲本月八日新溪郡內에서義兵約貳拾名이該郡日分遣隊憲兵下士以下三名과補助員六名으로交戰하얏다ᄒᆞ고

▲本月四日沔川郡東方三拾里地에서義兵九名이同郡日分遣隊憲兵五名과補助員拾名으로交戰ᄒᆞ얏다더라

▲黃金時代▼

▲今日은大韓의國紀元節이라萬口騰祝ᄒᆞ니壹則太祖高皇帝聖德을紀念ᄒᆞᆷ이오壹則全國이黃金時代를希望ᄒᆞᆷ이로다

▲北關山川指點ᄒᆞ니龍興古都分明ᄒᆞ다五百年前肇業初에仙李春光[illegible]鴻業을[illegible]更挽ᄒᆞ야黃金時代되여보세

▲山瞰水洋八域中에壹幅鏡面三千年을就緖ᄒᆞᆫ英雄豪傑幾人인고杜甘良材倍出ᄒᆞ고九有光於前代ᄒᆞ야黃金時代되여보세

▲先聖遺風善政으로降自初葉相傳ᄒᆞ야干戈不動昇平에國力由是微弱ᄒᆞ니半島風氣壹變ᄒᆞ고強壯力을培養ᄒᆞ야黃金時代되여보세

▲由來舊習成痼하야腐敗餘祟層生ᄒᆞ니醫國大手歡迎ᄒᆞ고白方良劑快下ᄒᆞ야壹脈陽氣蘇生케되면新世界를換作ᄒᆞ야黃金時代되여보세

▲舟車相通此天地가競爭場局이아닌가歐雨米風捲入中ᄒᆞ니思想을勃興ᄒᆞ고人々마다勇奮ᄒᆞ며愛國心을喚起ᄒᆞ야黃金時代되여보세

▲片々錦繡此江山에金銀銅鐵多產ᄒᆞ니商工礦學研習ᄒᆞ니實業界가發展되면輸出品이倍多ᄒᆞ면富强基礎目成ᄒᆞ야黃金時代되여보세

▲土地人物閱歷ᄒᆞ면從來內顧더性質이鐵石ᄀᆞᆺ치堅固ᄒᆞ니新空氣를吸收ᄒᆞ고前日惰習快祛ᄒᆞ면仁等을變成ᄒᆞ야黃金時代되여보세

▲禮義遺俗尙存ᄒᆞ니檀君後裔丁寧ᄒᆞ다太白山에太祖되고千枝萬葉繁延ᄒᆞ니兄弟之誼勿失ᄒᆞ고壹室中敦睦ᄒᆞ야黃金時代되여보세

▲靑年子弟敎導ᄒᆞ니國之楨幹되리로다變化氣質ᄒᆞ던들永遠基礎미期하리江水ᄂᆞᆫ益深ᄒᆞ고終南山이九高ᄒᆞ야黃金時代되여보세

製造編輯人 박錫惠　李觀化

雜報

鄭氏說明

國債報償志願金總合所會計鄭志永氏가本社에寄函辨明ᄒᆞ야曰本月拾日本所任員摠會時에財務監督박容奎에辨明書를接見ᄒᆞ니順天義金二百拾四圓七拾二錢中壹百六拾圓은李康鎬가挪用이요德山義金八拾三圓九拾二錢은李康鎬安重植李淳祐三人이各二拾七圓式鄭志永은八圓九十二錢으로分排ᄒᆞ바安重植李淳祐鄭志永三人條五十八圓九拾二錢은李淳祐가持來說明而任置於本人이라ᄒᆞ얏스니順天義金則本人이不知其裡許어니와至於德山條ᄒᆞ야ᄂᆞᆫ本人이家在忠州地而去陰拾月分에下鄕率眷上來後本所에往ᄒᆞ야探問這間事務則李淳祐曰日前에德山義金八拾三圓九拾二錢이入來ᄒᆞ얏ᄂᆞᆫ데李康鎬와安重植이가適其時에在ᄒᆞ가李康鎬볼論曰此錢은不必貯置銀行이라吾等三人이分食이妥當이라ᄒᆞ고千萬詰難ᄒᆞ야竟至李康鎬之決議ᄒᆞ야二拾五圓은李康鎬의게見奪ᄒᆞ고吾則與安重植으로千思萬想에不可盜食故로出本所之門ᄒᆞ야更合吾與安重植分排條ᄒᆞ야任置於財務監督이라ᄒᆞ가本人이責其無疑ᄒᆞ야督其充納義金矣러니今見朴容奎辨明書內에本人도亦參其中이라ᄒᆞ얏스니三人이行謀之時에本人은身在鄕廬ᄒᆞ야不參其席이어ᄂᆞᆯ雖壹分銅인들何關於分排之場乎아本人之不參不義之場은於此卞明이옵거니와混入於盜食名下之中이事涉仰鬱故로玆以說明이라ᄒᆞ얏더라

廣告

柳宜氏의著作ᄒᆞᆫ算術教科書와答冊이來到홈
發賣元　鄭象煥

[illegible]

本會特別摠會를來日曜日(陰二十日)下午二時에本會館內에開ᄒᆞ오니在京會員은光臨ᄒᆞ심을敬要但移住ᄒᆞ신會員과學生은通牒을未達故로玆以仰佈홈

嶠南教育會

本會에서鍾路鞋廛後鹽谷拾六統三戶前鞋廛都家를會館으로買定ᄒᆞ고來拾六日(日曜)下午壹時에特別總會를新定會館에開ᄒᆞ고緊要會務를處理ᄒᆞᆯ터이오니關東人士ᄂᆞᆫ多數來臨ᄒᆞ심을務望홈

關東學會　告白

本人이本月十二日圓形圖章壹方形圖章二姓名圖章壹捺印ᄒᆞᆫ當錢貳千兩手票三張을路上서失ᄒᆞ얏ᄉᆞ오니內外國人勿論ᄒᆞ고誰某拾得間休紙施行홈

隆熙二年八月拾四日中部長通坊笠廛契四拾八統壹戶

李敎應　告白

本人이姓名圖章을見失ᄒᆞ엿사오니內外國人은照亮ᄒᆞ시옴

嚴衡燮　告白

本人姓名章을陰七月八日午後七時見失ᄒᆞ얏스니內外國人間에誰某拾得ᄒᆞ와도休紙施行홈

平壤돌串面覺今里康弘洛告白

本人이去陰四月分에姓名圖章을서失故로玆에廣告ᄒᆞ오니誰某拾得間勿施홈

中和上邑尹履선　告白

學徒募集廣告

本校에서第三回男女學員을募集ᄒᆞ오니志願人은來九月壹日內로請願ᄒᆞ시오

科程

本國地誌　本國歷史　筭術　小學讀本　漢文　圖畫

特別이英語科가有홈

南大門內尙洞敎堂內　攻玉小學校

本人의弟永稷去月拾六日貿物次下去釜港過期不返杳無去處壹家恐動四方搜索玆又廣告母論某客主某人如有知會通知本家ᄒᆞ시면厚謝ᄒᆞ깃슴

慶南蔚山郡玉洞孫永稷　告白

仁川港에置ᄒᆞ얏던獎會社本社를今日부터京城에移置하고仁川港에ᄂᆞᆫ支店을置ᄒᆞ얏ᄉᆞ오니內外國僉君子ᄂᆞᆫ照亮ᄒᆞ시오

隆熙二年八月拾壹日

京城中部大廣橋北川邊第壹統拾戶

大韓協同郵船會社　告白

引容壹이小皮匣與姓名圖章二介를並爲서失ᄒᆞ엿기로壹字를改名字字ᄒᆞ오니知舊僉照亮ᄒᆞ시옴

金化叫容宇　告白

員募集廣告

本校에서師範學部檢定에應試ᄒᆞᆯ敎師학識을敎授ᄒᆞ기爲ᄒᆞ야學員을募集ᄒᆞ니願학人은本月二拾九日(陰七月二拾八日)ᄭᆞ지로禀保狀을先呈後應試ᄒᆞ심을爲要

一 課程　修身、國語、地誌及歷史ᄂᆞᆫ外幷、物理、化학、博物학、幷학通論、經濟학、作文、心理학、數학、簿記、小학敎授法、圖畫、唱歌、體操外國語、討論

一 修業期　貳拾四箇月

一 試取及開학試取本月二拾六日(陰七月廿九日)ᄭᆞ지학九月拾日ᄭᆞ지

一 試取科目及方法　作文(國漢字交用)、國歷史地誌(面講)、筭術(四則以내)

一 入學資格　年齡二拾歲以上四拾歲以下로身體健强ᄒᆞᆫ者

隆熙二年八月　日

壽進洞前壽進宮내　興士團　隆熙學校　告白

壹冊定價拾五錢
每月二拾五日刊

壹般同胞의男女老少有識無識을勿論ᄒᆞ고各其事情과年限에拘碍되야學校에入學지못ᄒᆞᄂᆞᆫ이에게普通學術을發達케爲ᄒᆞ야各種緊要ᄒᆞᆫ學問을純國文으로簡易케繙譯ᄒᆞ야敎育月報를發行ᄒᆞ오니此를逐號購覽ᄒᆞ시ᄂᆞᆫ同胞ᄂᆞᆫ皆有識ᄒᆞᆫ學者가될터인故로本社와京鄕各書肆에서發賣홈

京城中部校洞貳拾九統四戶

教育月報社

本人의圖章서失ᄒᆞᆫ故로爲廣告어니와前章과特異ᄒᆞ게改造ᄒᆞ얏ᄂᆞᆫ데洛字를以濟字로改名ᄒᆞ엿스니內外國人은照亮홈

平壤돌串面覺今面康弘濟告白

○本학館에서第二回學員을募集ᄒᆞ오니志願人은八月三拾日之內로請願書를提呈홈(請願用紙ᄂᆞᆫ本館에請求홈)

書學科程

中學科

(壹年級)東國歷史。大韓地誌。筭術。圖畫。博物。聖經。

(二年級)萬國歷史。萬國地誌。筭術。生理。中등物理。聖經。

(三年級)物理。化학。經濟代數。生理。幾何。聖經。語학

(日英語隨意)

英語課　日語課

科程은英日語로各히專修케홈

(夜學科程)

木工課

工業圖畫。筭術。聖經。木工

日語課　英語課　簿記課

以上三課ᄂᆞᆫ各히專修課로ᄒᆞ되入學細則은本校에來問ᄒᆞᆯ事

入學試驗科目　國漢文讀書作文

但各課補缺生은各次班課程으로시驗홈

試驗日子　九月壹二兩日(陰八月初六初七日)上午九時

開學日字九月三日

●以上各課中晝ᄒᆞᆫ語학課ᄂᆞᆫ補缺生만募集홈

●夜學各課壹年級은학員이貳十인이未滿ᄒᆞᆫ時ᄂᆞᆫ設班을不設홈

皇城鍾路基督教靑年會學館

量地法全

定價金七十錢　或特別減價

本書ᄂᆞᆫ圖根及筆地各般測量法術이完全俱備ᄒᆞ외測量上第壹必要ᄒᆞᆫ書籍이옴

本書ᄂᆞᆫ測量上必要ᄒᆞᆫ算術에對數表ᄭᆞ지附入ᄒᆞ엿삽

本對數表ᄂᆞᆫ我國에創出者인데代數以上高等筭학에必要ᄒᆞ옴

本書의文法은簡明易解ᄒᆞ와初學及獨習에便宜ᄒᆞ옴

발行所　中학橋測量事務所

發賣所　남部銅峴博學書館

中部布屛下廣學書舖金相萬

鍾路朝鮮中央書舖朱翰榮

鍾路古今書海館

太東書市

南署大廣橋濂東書館尙裕相

남門내尙洞博文書館

平壤太極書館은有志紳士의公益을爲ᄒᆞ야建設ᄒᆞᆫ바이니와義州替市少年書舖ᄂᆞᆫ此舖에支店으로新舊書籍과各學校所用物品을廉價應買ᄒᆞ오니僉君子ᄂᆞᆫ陸續來購ᄒᆞ시옴

書舖主　朴奉燁　韓用權

本書館이開業ᄒᆞᆫ지未過壹年에壹般同胞게서愛助ᄒᆞ시와益興旺之故로本館을壹層擴張ᄒᆞ고各項新舊書籍與敎育物品을多數準備ᄒᆞ야特別廉價로放賣ᄒᆞ오니四方僉君子ᄂᆞᆫ陸續來臨ᄒᆞ심을爲要홈

釜山港東關韓興書館

金汝重　權鍾律

本館에서新舊書籍과學徒의所用諸般物品을具備販賣ᄒᆞ오니僉君子ᄂᆞᆫ來購하시옴

平壤鍾路太極書館

館主　李昇薰
主任　安泰國
事務　李德煥

本人等이壹般학界에便宜를供ᄒᆞᆯ次로資本을合同하고業務를擴張ᄒᆞ야新舊書籍과學校用品을俱備發賣ᄒᆞ오니僉君子ᄂᆞᆫ稍稍光降ᄒᆞ심을務望홈

海州남門내四街

韓昌書館　館主　李承駿　朴昌鎭

各地方各種學校敎師紹介所ᄂᆞᆫ本會內에設置ᄒᆞ오니普通學其他各種技術語學敎育에敎授ᄒᆞᆯ志願人은校洞本會館으로來議ᄒᆞ시옴

畿湖興學會　告白

을지문덕

[illegible]

漢城鍾路慈惠大藥房

大韓東西藥業月報社製藥部

咽喉 隆炎水 五日壹分

消毒 薑酸水 金五十錢

男女 氣血 補益丸 二圓五十錢

嵩瀉潤腸丸 二十錢

淋疾袪根藥 五十錢

痢疾靈散 三十錢

清明眼藥水 十五錢

養兒寶散 十五錢

寸白長根藥 三十錢

純金雞納丸 十錢

鉛毒浸出丸 二十錢

足汗臭藥 二十錢

四時感冒丸 十錢

太腫合瘡膏 三十錢

消痰鎮咳藥 三十錢

漢城百應膏 十錢

陳積 消積丸 五十錢

瘟氣 神效 保命散 二十錢五厘

胃藥唐材以外소包郵便代送

▲大韓國新發明당藥

健胃 ▲八寶丹 九拾六粒

消滯 ▲팔보단 三拾粒

承寧府典醫正二品洪哲普閣下實驗處方과陸軍々醫의學校敎官張基茂君有効證明으로此丹은날行이오바新久滯積과急霍亂과雷亂사腸과胃腹疼痛과痰固飲과新久泄瀉와七情鬱結과水土不服과船車眩暈諸症에壹服見效오니衛生君子는試可高삼을爲希홈

瘡病 ▲사향소창단

神藥 ▲麝香消瘡丹

此丹이於諸창에無論男女老少하고若服壹劑하면實有神效하야百日白中이오니非例方可及也라若論主治則楊梅下疳連珠瘰癧頭창諸症에俱見立效하오며養痾하는君子는壹次試驗하시옵

婦人 ▲티양됴경환

驗藥 ▲胎養調經丸

壹個月分入 定價金五圓

大抵婦人이年過하도록不受孕者는由於有病也라若不早研究하고等閑看過則非但壹個人之不幸이라抑亦全國生育之關係가不淺也니僕이十五年을消費하야內外國高明의士에經驗方을選擇하야先自僕家로及他人하야累試普驗에十분而效를봄고且此약이非但受孕之神劑라治冷。治積。調經。補血에俱有實效하옵기玆以廣佈하오니僉員는壹次試驗하시고價廉을可知이옴

右三種약은각地方이라도請求하면우편으로부치는슈도엇소

製藥所인川港축峴和平堂藥房

발行人 仝 리應善

京城支店 鍾路衣廛下和平堂

代理店仁川港축峴제生堂락房

京城大廣橋共愛堂락房

▲發賣所

仝 남문니水橋제生支店

仝 仝大東署市支店

仝 尙동博文齋館

仝 洞口니 相信號典當포

仝 鐵物橋 毛衣房리洛瑞

仝 小廣橋 毛衣房리厚根

仝 壽進동 上隅三可病院

仝 大寺동 共제病院

○仁川港니동開豐旅館韓禹根

仝 읍니 金제鉉

○江華鎮路 宋順五店

○開셩 남문니朴圭相商店

仝 남문니明新冊사리貞錫

○水原 남문니 김제九약舖

○海州 남문니리奉植商店

○延安읍니 邊汝文洋藥局

○長淵 남문니 崔在淳

仝 砂里院耶蘇敎당리在善

○黃州남문니 紅문동리東根

○平壤 雙巨里 韓鳳儀藥舖

仝 館洞 김龍與藥舖

仝 文武洞 桂澤善약포

○鎭남浦 藥동 김元섭藥포

仝 제生당出張 吳兩駿

○羣산港 開福洞 金斗鉉

仝 大井동 리春善약房

○禮산 용谷里 리東赫

○大邱 남문니 리明直약局

○元山港 남甲元약局

仝 제生堂支局 朴敬鎭

○尙州 서문니 박致八약局

◉會泉場 鄭聖瑞약局

○釜山港 제生당出張朴昌鎬

○安州성니義井동回春大약房

○安岳邑上場 제生局林普景

○義州남문外木口街義和약房

○載寧읍後동 洋약局崔允國

○定州남문니 洋약局리健柱

◉郭山읍 洋약局 羅應根

○宜川읍 冊사 安岳

鐵山읍 永春堂 安灝

仁川港 和平堂 白

●大韓國新發明神藥

●保嬰丹 治小兒急滯中暑及滯口臭 定價 拾錢

●三寶丸 治酷吐瀉膨痛小拘久遠 定價 貳錢

●靈效液 外用芳香治疥瘡皮風 定價金 錢

●淸眼水 治諸般眼疾 撥雲見天之妙 定價金 錢

●通淋丸 治男女急慢淋疾神效 無集速效除毒壹週 定價五拾錢

發行所 京城南部大廣橋西邊第二家 共愛堂大藥房 八枝七戶 謹白

支店

開城남門內共愛堂第壹支店

群山港개福洞共愛堂第二支店

河東郡赤良面共愛堂第三支店

代理店

皇城北部安동 姜助遠

仝 鍾路靑年會館前 리春善

仝 西部新門外石橋 黃麟秀

仁川축峴 濟生堂 仁濟藥房

仝 和平局 慈惠藥房

普濟醫院

此外에도東西洋各國有名賣藥과草材料이俱備하오니藥의多少를不拘하고請求하시면小包로郵呈하개슴

●大韓新발明靈藥廣告

陸軍軍醫官金守鉉君實驗方劑 陸軍軍醫張基茂君有効證明 四海衛生諸君子常備之靈藥

消化新藥 淸心保命丹

發行所 仁川港柤峴 濟生堂藥房

九十粒入 金拾錢

●右藥의主治効能은如左

●飮咬嗽 ●吐瀉 ●水土不服

●氣鬱腹痛 ●酒醉 ●暑中

●食積食傷 ●咽喉 ●口熱惡臭

●其他諸般邪氣癘疫預防妙약

總發行所 京城南大門內

●同城西문外 제生당支店李庚鳳

●元山港 제生당支店具又賢

●元山港 石院 제生당支店박敬鎬

代理店 京성大廣橋共愛堂

仝 鍾路慈惠약房

●京泥峴三丁目 新井약店

仝 全郵便局前 天佑堂약房

仝 南大門니博文書館 盧益亨

仝 梨峴 洋약局 리周華

仝 大安洞 仁제약房

仝 壽동三可病院 朴喜逢

仁川 축峴和平당 리應善

●鳳山町 新井藥房

●海州남문니 宋在瑛

仝 仝商店 리奉樞

●水原鍾路下약房 金제九

●延安邑니洋약局 邊汝文

●江華鍾路店 尹斗鉉

●長淵남門니 崔觀淳

●砂里院場니客主 任佐中

仝 耶蘇敎堂니 리載魯

●瑞興邑니 許완

●安岳邑上場里제生局 林景碩

●黃州남문니紅문동 리東혁

●汗浦驛東美送部 김奉圭

●信川邑四里洋약局 김永植

●忠州良面早遞 김鎭和

●載寧邑後동洋약局 崔允國

●連山東坐冊肆文興冠 韓鳳儀

仝 平壤里문동出張人尹寅혁

仝 雙巨里제약局 金龍輿

仝 館洞 의院 桂澤宜

仝 文武동제生局 崔維化

仝 鎭남浦藥동 壹里藥局 김元燮

仝 后浦 堂出張人 吳兩駿

●安州성니義井동回春大약房

●德川邑美동商店 朴芝行

●定州남문니洋藥局 리健柱

●郭山邑大街冊사 김大鉉

●宜川邑니冊々 安濬

●鐵山읍니永春堂 安灝

●義州남문外水口街 崔錫浩

●德川읍官洋약局 리丙斗

●群山港開福동 김斗鉉

●大邱남門니刷還洞 김成浩

●釜山港東館本町商店 리炳夏

●北靑新昌港客主 朴錫勳

●木浦各國居留地松房 徐岐見

●全國니各약店마다隨應販賣

仁川港축峴 濟生堂 白

●新明梅毒당藥廣告

陸軍軍의金守현實驗方劑

落梅丹

口疳不發창病去根之당藥

壹劑五百粒定價金 三圓

主治 梅毒(唐창)新舊창 瘰癧 皮膚病 便마(暗)私

●花病

已上病証外에男女間에不精交合한後에若疑아之端이有하야도此藥壹劑만服用하면完無後慮하고脾胃도健全함을擔保함 此外에도의療機械와精美한藥材를新備하고內外科각色疾病을誠心治療함

皇城北部大安洞

仁濟藥房 高用진 謹白

代理店

京城鍾路 共愛堂약房

仁川港龍洞 濟生堂

國內各處藥局에서隨應販賣함

社告

○申報價

壹號代金 新貨二錢五厘

壹個月前納 三十錢

參個月 九拾錢

陸個月 一圓七十錢

壹個年 三圓四十錢

郵稅一張 新貨五厘

壹個月 十三錢

○廣告料

四号活字拾三字詰

每行英尺壹寸에新貨卄五錢

(每日每行六錢에相當함)

二週日에 二圓五拾錢

每日每行四錢五厘에相當함

壹箇月에 五圓

每日每行四錢壹厘에相當함

其期限의長短과字行의多夥를依하야增減함이有함

發行兼編輯人英國人 萬咸

Responsible for Publication Alfred Weekley Marnham.

發行所 南署石井洞號外地三層洋屋 大韓每日申報社

大韓每日申報

第六卷

第八百八拾三號

月曜及慶節歲時日休刊

檀君開國四千二百四十一年
箕子元年三千三十年
大韓開國五百十七年
日本明治四十一年
淸國光緖三十四年
陰曆戊申七月大二十日癸卯

論說

◎論湖南學會之頑迷

本報第八百六拾號에「告湖南學會」라題ᄒᆞ고湖南이今日全國에對ᄒᆞᆫ希望과地位를擧ᄒᆞ야同學會를勉ᄒᆞᆫ바料外에彼頑腐ᄒᆞᆫ學會가諄々我誨를藐々其聽ᄒᆞ야許多荒粗不當의說話로本論에列擧ᄒᆞᆫ湖南歷史와公函反駁ᄒᆞᆫ지라本記者가卽時筆을抽ᄒᆞ야頂針을施ᄒᆞ고昏夢을喝코ᄌᆞᄒᆞ다가更히回思ᄒᆞᆫ즉彼頑腐ᄒᆞᆫ腦子를過히觸傷ᄒᆞ면癡怒만轉甚ᄒᆞ고覺悟가反遲ᄒᆞᆯ가念慮ᄒᆞ야但只優遊不迫ᄒᆞᆫ文辭로畧々裁答ᄒᆞ고以諷ᄒᆞᆫ대彼學會가必也悲號가動地ᄒᆞ며流淚가被面ᄒᆞ야大懺悔를發ᄒᆞ야曰吾ㅣ妄矣라吾ㅣ誤矣로다吾가懇切激勵ᄒᆞᆫ報筆을妄駁ᄒᆞ얏다ᄒᆞ고此後로ᄂᆞᆫ此等癡說을不作ᄒᆞᆯ때라ᄒᆞ얏더니惜乎라頑雲이益蔽ᄒᆞ고迷坑이轉深ᄒᆞ야本館에答函을謝罪狀으로認ᄒᆞ며藥石의格言을逆耳로惡ᄒᆞ야龐拏妄척으로狂叫亂양ᄒᆞᆫ牘辭를國民魔筆下에洋々戲揭ᄒᆞ얏도다記者가彼의頑悶ᄒᆞᆷ을忍耐치못ᄒᆞ야本報及該會의往來ᄒᆞᆫ文字를左揭ᄒᆞ고不得已醫棒喝을又下ᄒᆞ노라

◎湖南學會의函이如左ᄒᆞ니

敬啓者 貴報刊行이今已數年矣라報筆々義ㅣ例多激勸故로雖有過度之辭나人或相恕ᄒᆞ더니而至於第八百六拾號告湖南學會에曰古來湖南人이爲全國所擯斥ᄒᆞ야曰彼無熱心ᄒᆞ며亦無慷慨ᄒᆞ며亦無義俠心ᄒᆞ며亦無未來思想이오而只是詐僞人物產出地云々者하야ᄂᆞᆫ則愚亦知此擧有典故與証佐歟아如麗太祖所稱錦江以外ᄂᆞᆫ其性姦僞之說은足下亦已知其忿惡甄萱ᄒᆞ야移怒萱道ᄒᆞ니則不當以壹時奮發로爲千古斷案也라不有典故証佐오而驟頭壹起ᄒᆞ야謾加侮驕ᄒᆞ니此爲上太門戶ᄒᆞ야罵人父祖之口氣라恐不可以激勵相恕也로다況其所擧歷史ㅣ尤不近理ᄒᆞ니蓋箕氏之時에滿韓이直不過部落酋長爾라王準南來에勢非所敵이니則當時民族之昧劣이豈獨湖南而已리오漢水以下ᄂᆞᆫ莫不皆然也라其後百濟ㅣ能用其民ᄒᆞ야武力則幷峙羅麗ᄒᆞ고文化則遠暨日本ᄒᆞ야而及其亡也ᄂᆞᆫ固坐於不能用其民耳어ᄂᆞᆯ今却以濟亡으로歸咎湖南則其將以羅亡으로ᄂᆞᆫ咎嶺南ᄒᆞ고而麗亡으로給[illegible]耶아不特此爾라旣以濟亡歸咎ᄒᆞ고而又謂湖南之於此國에關係甚淺ᄒᆞ야而無輕重之足稱과緩急之足恃ᄒᆞ며旣稱其武力文化ᄒᆞ고而又謂其文學實業美術等發達이亦後於諸道民族이라ᄒᆞ야前言後說이自相矛盾ᄒᆞ야殆近於洗垢而索瘢ᄒᆞ고吹毛而覓疵ᄒᆞ니則以是而執報筆ᄒᆞ야安能令人心服哉아嗚呼라足下ㅣ非與湖南人으로有仇怨者矣라其所激勸이實爲侮辱ᄒᆞ니此乃語言涼薄過ᄒᆞ나而至於湖南人ᄒᆞ야ᄂᆞᆫ則豈裕容受泯默ᄒᆞ야不爲之聲辯哉아幸足下ᄂᆞᆫ更加詳示爲要

●本館答函은如左ᄒᆞ니

敬覆者本報第八百六十号告湖南學會壹論은只是勉勵趣旨로立論ᄒᆞᆫ者이온대貴會僉閣下의盛怒를觸ᄒᆞᆷ에至ᄒᆞ얏스니 僉閣下를爲ᄒᆞ야奇적不安ᄒᆞᆷ을不勝ᄒᆞ오나雖然이나此論의旨가元來勉勵에出ᄒᆞᆷ이오他意가無ᄒᆞᆫ즉지라玆에貴函에照ᄒᆞ야壹言布告ᄒᆞᆷ을나이다其曰熱心도無ᄒᆞ며慷慨도無라云々ᄒᆞᆫ句語ᄂᆞᆫ何等典故證佐를據ᄒᆞ야湖南人을駁論ᄒᆞᆷ이아니라只是湖南의前途를祝賀ᄒᆞ기爲ᄒᆞ야流俗의妄言을辨斥ᄒᆞᆷ인故로其下에罵者ㅣ去ᄒᆞ고賀者ㅣ一來라云ᄒᆞ얏스며王準以下의民族昧劣을幷論ᄒᆞᆷ이외[illegible]來를論ᄒᆞᆷ에ᄂᆞᆫ卽彼漢水以下의民族을幷論ᄒᆞᆷ이可ᄒᆞ나但者論範圍가三南民族에遍告ᄒᆞᆷ이아니오只是湖南에[illegible]ᄒᆞᆷ인故로湖南의昧劣만論ᄒᆞᆷ이며地運의變遷을論ᄒᆞᆷ에ᄂᆞᆫ各族의盛衰歷史를悉擧ᄒᆞ야支那族의勢力이西北에[illegible]ᄒᆞᆫ時代ᄂᆞᆫ是西北民族의昧劣時代라云ᄒᆞᆫ지며新羅旣亡ᄒᆞ고政治武力의中心點이漢江流域으로移ᄒᆞᆷ以後ᄂᆞᆫ是嶺南民族의昧劣時代라云ᄒᆞᆫ지나此亦本論範圍가東國興衰大勢를統論ᄒᆞᆷ이아니오只是湖南만論ᄒᆞᆷ인故로濟亡은擧ᄒᆞ야湖南의昧劣만論ᄒᆞᆷ이어늘今者 貴會函에罵人父祖四字로賜責ᄒᆞ시니奇적不安ᄒᆞᆷ을不勝ᄒᆞ와一言仰告ᄒᆞ오니 統亮爲要

以上彼此의往來ᄒᆞᆫ函辭를壹覽ᄒᆞ면讀者가其黑白을可辨ᄒᆞᆯ바어니와今에國民報의揭出ᄒᆞᆫ者를觀ᄒᆞ고該會의頑想을打破키爲ᄒᆞ야不可不本館答函의未盡ᄒᆞᆫ意를更演ᄒᆞᆷ지로다

記者가該會月報第 號에寓目ᄒᆞᆫ즉世稱湖남人其性奸回란句語를唱揭ᄒᆞ고서獨히本報에云ᄒᆞᆫ全國이湖남을詐僞的人物產出地로擯斥ᄒᆞᆫ다ᄂᆞᆫ句語에至ᄒᆞ야ᄂᆞᆫ其典故와證佐를索求ᄒᆞ니何其迷頑이며

本論에湖南의黃金時代가已往에不在ᄒᆞ고將來에在ᄒᆞ다ᄒᆞ야無限希望과無限樂觀으로湖남을期待ᄒᆞ얏거날該會에서罵人父祖로來責ᄒᆞ니何其蠢愚며

歷史的論理的學理에據ᄒᆞ야某時代ᄂᆞᆫ拉丁民族黑暗時代라ᄒᆞ며某時代ᄂᆞᆫ條頓民族黑暗時代라ᄒᆞ며某時代ᄂᆞᆫ歐洲黑暗時代라ᄒᆞ야도以是로怒ᄒᆞᆫ者ㅣ無ᄒᆞ거ᄂᆞᆯ該會에서已往湖남의黑暗ᄒᆞᆫ境을寫出ᄒᆞ얏다고怒ᄒᆞ니擧世界[illegible]彼會의愚想과如ᄒᆞᆫ者ㅣ有ᄒᆞ랴歷史地誌ᄂᆞᆫ秦爐에幷投ᄒᆞᆷ이可ᄒᆞ다ᄒᆞ니何其庸妄이며

其最미閔ᄒᆞᆫ者ᄂᆞᆫ百濟衰亡이其民을不用ᄒᆞᆫ所致라云ᄒᆞᆫ句語가是로다ᄒᆞᆫ대古代의民權이無ᄒᆞᆫ時에國家興亡이方에盛衰興亡이冥冥中民族의實力에自無關係ᄒᆞ야其中에英雄도出ᄒᆞ며哲人도出ᄒᆞ야國家가勃興ᄒᆞ고實力이衰退ᄒᆞ면其中에英雄도無ᄒᆞ며哲人도無ᄒᆞ야國家가滅亡ᄒᆞ거날今日百濟의衰亡이其民을不用ᄒᆞᆫ所致ㅣ아닐ᄂᆞᆫ가謂此히主張ᄒᆞ면其國家의休戚과其民이曰不知라ᄒᆞ며國家의興亡과其民이曰不知라ᄒᆞ야國家가我를使用ᄒᆞᆯ時만坐待ᄒᆞ고我가國家를爲ᄒᆞ야出力ᄒᆞᆷ을不知ᄒᆞ리니嗚乎彼會여二十世紀太陽下에서此五百年前頑論을唱ᄒᆞᄂᆞᆫ가何其固陋오

大抵彼會에서此等魔窟에陷ᄒᆞ야妄에서妄이復生ᄒᆞ며頑에서頑이轉深ᄒᆞ야此至於其末段에「足下가非與湖南人으로有仇怨者矣라」云ᄒᆞ얏도다噫々라公舌公筆로是曰是非曰非라ᄒᆞᆷ이報筆의義務니엇지私恩이有ᄒᆞ다고此를讚揚ᄒᆞ며私讐가有ᄒᆞ다고此를評駁ᄒᆞ리오

嗚呼라湖南壹地方수體民族을代表ᄒᆞᆫ學會로서其思想의陋劣ᄒᆞᆷ이엇지此에至ᄒᆞ뇨此等劣想이不去ᄒᆞ고ᄂᆞᆫ漢江이남坼ᄒᆞ고智異山이平地될지라도彼會의覺醒은無期며白日이西昇ᄒᆞ고北氷洋에花가ᄑᆡᆯ지라도彼會의開進은無望이로다

嗚呼라湖남壹地方수體를代表ᄒᆞᆫ會에記者가彼會를爲ᄒᆞ야奇적不安ᄒᆞᆷ뿐아니라卽疾聲哭告ᄒᆞ며疾聲哭[illegible]라卽仰天祈禱ᄒᆞ노

嗚呼라湖남學會여

外報

◎露史秘論 倫敦電을據ᄒᆞᆫ즉露國크로팟킨大將은秘密히露日戰史에論ᄒᆞ야日戰爭이長久ᄒᆞ얏드면露軍은必然코日本軍을擊破ᄒᆞ얏슬터이오포스마우쓰條約訂決ᄒᆞᆯ時ᄂᆞᆫ露軍은正히日軍에對ᄒᆞ야優勢를占ᄒᆞ얏스며또네우에쓰大將은其優勢를因ᄒᆞ야進擊ᄒᆞ기를主張ᄒᆞ얏다ᄒᆞ엿더라

雜報

●永校討論 永成學校에서每日曜日에討論會를設ᄒᆞ고可否便이出席ᄒᆞ야的當ᄒᆞᆫ學理로討論ᄒᆞᆫ다더라

偉人遺蹟

水軍第一偉人 李舜臣

錦頰山人

第拾九章 結論 (續)

則乃利係은何等深謀遠慮가無ᄒᆞ고但只艦頭에兀立ᄒᆞ야長嘯만作ᄒᆞ더리도命且乃利係이되라니와李忠武가李忠武됨에至ᄒᆞ야ᄂᆞᆫ此와不同ᄒᆞ니軍儲가如此蕩竭ᄒᆞ되我가軍儲를不籌ᄒᆞ면其誰가籌ᄒᆞ며器械가如此鈍弊ᄒᆞ되我가器械를不造ᄒᆞ면其誰가造ᄒᆞ며兵額이如此凋殘ᄒᆞ되我가兵을不募集ᄒᆞ면其誰가募集ᄒᆞ며船制가如此遲鈍ᄒᆞ되我가船을不改良ᄒᆞ면其誰가改良ᄒᆞ리오是故로戰爭ᄒᆞᄂᆞᆫ壹邊에田을屯ᄒᆞ며根을購ᄒᆞ며鐵을採ᄒᆞ며兵을鍊ᄒᆞ며船을造ᄒᆞ기에汲々無暇ᄒᆞ얏고且壹邊으로ᄂᆞᆫ同僚에元均갓ᄒᆞᆫ者의猜妬를遭ᄒᆞ며又壹邊으로ᄂᆞᆫ朝廷에李爾瞻갓ᄒᆞᆫ者의讒搆를被ᄒᆞ니余ᄂᆞᆫ窃想컨ᄃᆡ乃利係으로ᄒᆞ여금此敵國을當ᄒᆞ야破ᄒᆞ라ᄒᆞ면此等煩惱를受ᄒᆞ면其功을能成ᄒᆞᆯ가此ᄂᆞᆫ猶是快斷치못ᄒᆞᆯ問題라ᄒᆞ려니와 未完

◎特別社告

漢城內외沿江에서本報購覽 諸氏ᄂᆞᆫ每月終에本社分傳人이代金收合ᄒᆞᆯ時에若無領收證이거든壹分이라도先給지마시옵領收證업시給ᄒᆞ시면本領收證ᄒᆞ가지고再懲ᄒᆞᆯ터이오니照亮另施ᄒᆞ심을爲要

大韓每日申報社

雜報

●動駕儀節 前報와如히 大皇帝陛下께ᄋᆞ서昨日上午拾時에 德壽宮에動駕ᄒᆞᄋᆞ셧ᄂᆞᆫ딕軍警侍衛와節次ᄂᆞᆫ前과如ᄒᆞᆫ대永宣君李埈鎔氏가同夫人乘車ᄒᆞ고 陪從하얏다더라

●闕門祗迎 曾往에ᄂᆞᆫ 大皇帝陛下께ᄋᆞ서動駕ᄒᆞ시면奏任官以上이 敦化門에서祗送陪從ᄒᆞ던例ᄋᆡ대昨日動駕時에ᄂᆞᆫ各部大臣以下勅任官이大漢門外의先詣ᄒᆞ야 祗迎ᄒᆞ고還御時에ᄂᆞᆫ 敦化門外의先詣ᄒᆞ야 祗迎ᄒᆞ얏다더라

●事關提燈 昨日漢城府의셔 한城내各坊曲의家儈를招致ᄒᆞ얏다ᄂᆞᆫ대其理由인즉 大皇帝陛下 即位紀念禮式日의提燈慶祝의關ᄒᆞᆫ件을曉諭說明ᄒᆞ얏다더라

●商票及商号 商票及商号의關ᄒᆞᆫ規程을日本의셔現行ᄒᆞᄂᆞᆫ法令으로브터閣의셔繙譯發布ᄒᆞᆫ다더라

●度支食口 度支部大臣任善準氏가徐正岳氏의親友를擧ᄒᆞ야日江陵郡守池逸燦師與世兩[illegible]ᄂᆞᆫ即吾의緊切ᄒᆞᆫ食口라不可不調査局事務官으로選用ᄒᆞᆯ터인대徐氏의事務官을不得已作棄ᄒᆞ고히미ᄂᆞᆫ囑托으로轉任ᄒᆞ니[illegible]즉勿爲慊恨ᄒᆞ라ᄒᆞ얏다더라

●郡守試取 現今平安南道郡守闕이五郡에選擧된者가合爲八拾八人인대該觀察道에서本二拾三日上午拾時에試驗을擧行ᄒᆞᆫ다더라

●視務時間 大審院에서視務時間을上午拾時로부터下午壹時ᄭᆞ지視務ᄒᆞᆫ다고揭示ᄒᆞ얏더라

●次第勸告 密陽郡守金鳳濟[illegible]ᄂᆞᆫ히道觀察使의辭職勸告를因ᄒᆞ야即時請願ᄒᆞ고京하얏다ᄂᆞᆫ디其他郡守의게도次第로勸告辭職케ᄒᆞᆫ다ᄂᆞᆫ說이有ᄒᆞ더라

●初仕人調査 내部에서각道方에訓令ᄒᆞ야曾往에初仕ᄒᆞᆫ人을逐々히調査繕報ᄒᆞ라ᄒᆞ얏다더라

●呑賄復吐 平壤地方裁判所判事某氏가平北檢事로視務ᄒᆞᆯ時에趙某의게縣紬壹疋과金五圓을受賂ᄒᆞᆫ事가現露ᄒᆞ야該賂物을還爲出給ᄒᆞ얏다더라

●宴費醵收 今日下午六時의학部의셔三士忠造의餞別宴을日本人俱樂部의셔設行ᄒᆞᆫ다ᄂᆞᆫ대當日經費ᄂᆞᆫ參會人의게三圓式을收合需用ᄒᆞᆫ다더라

●慶祝費收合 漢城府民會에서 大皇帝陛下 即位紀念式에慶祝ᄒᆞᆯ事ᄂᆞᆫ已爲揭載ᄒᆞ얏거니와該會에셔各紳商의寄付ᄒᆞᆫ慶祝費를收合ᄒᆞᆯ次로委員을五部에派送ᄒᆞ얏ᄂᆞᆫ대東部에ᄂᆞᆫ尹석準池祥韶張世鴻南濟吳允煜邦元重諸氏오西部에ᄂᆞᆫ姜曄李宗夏金彛[illegible]金商圭諸氏오中部에ᄂᆞᆫ鄭應설박基元申可均申台鉉[illegible]永基趙輔熙諸氏오남部에ᄂᆞᆫ박明煥金相설秋光燁俞熙祖千[illegible]會申達永諸氏오北部에ᄂᆞᆫ俞鎭衡리載瀚李象禹池昌永諸氏라더라

●履歷書筆債 安山郡守李爽宰氏ᄂᆞᆫ該郡境內紳士의履歷書를壹々成冊ᄒᆞᄂᆞᆫ딕每名에紙筆債壹兩五錢式收納ᄒᆞᆫ다ᄂᆞᆫ說이有ᄒᆞ더라

●呑金黜社 沿江木船運輸合名會社社員金희植氏가해社資本金數百兩을乾沒ᄒᆞᆫ情跡이現露되야黜社ᄒᆞ얏다더라

●山紅李謙 再昨夜長[illegible]社에서工數학校演藝會를畢了ᄒᆞᆫ대中殿房歸李謙濟[illegible]ᄂᆞᆫ二圓을捐助ᄒᆞ고妓生山紅이ᄂᆞᆫ拾圓을捐付ᄒᆞ얏다더라

●李氏之經綸 漢城에居ᄒᆞ야多年教育上에熱心ᄒᆞ기로財力을多大히費用ᄒᆞ던李鍾浩氏ᄂᆞᆫ地方으로下去ᄒᆞ야純實ᄒᆞᆫ青年을教育ᄒᆞ며實業家諸氏와協同ᄒᆞ야殖産을勸勵ᄒᆞᆯ經綸이有ᄒᆞ다더라

●面會演說 振威郡守김英鎭氏가해郡各面長을去十三日에西井里로會同ᄒᆞ야학校設立ᄒᆞᆯ事로演說ᄒᆞ얏다더라

●日兵行悖 京鄉新聞을據ᄒᆞᆫ즉丹陽郡에ᄂᆞᆫ六月晦日부터壹望間道路가杜絶되고日兵이分隊把守ᄒᆞ며大討伐ᄒᆞᆫ다ᄂᆞᆫ風聲에人民의死傷이三拾名에至ᄒᆞ얏ᄂᆞᆫ데被死者가悉順良ᄒᆞᆫ居民이오且無罪ᄒᆞᆫ行人인대驚劫逃走ᄒᆞ다가被死者도有ᄒᆞ며或在家ᄒᆞ다가被死者도有ᄒᆞ고或危險을不勝ᄒᆞ야供招로被死者도有ᄒᆞ니於此於彼에有無罪를勿論ᄒᆞ고大韓人民만殺害ᄒᆞᄂᆞᆫ討伐이라고人心이大端洶洶ᄒᆞ며且該郡東南面等地에ᄂᆞᆫ豊基聞慶兩分遣隊日兵拾餘名或數拾名이晝夜를不計ᄒᆞ고閭里에出沒ᄒᆞ며男女老少를勿論ᄒᆞ고逢착毆打ᄒᆞ야死傷이頗多ᄒᆞᆷ으로該處近地에ᄂᆞᆫ廢農은姑舍ᄒᆞ고人民이支保無路ᄒᆞ야該郡邑으로避身者가多數ᄒᆞ다ᄒᆞ얏더라

●壹百宣教師渡韓 美國뷔티모에셔開催ᄒᆞᄂᆞᆫ四年總議會에對ᄒᆞ야韓國耶蘇教會內外國牧師가會議ᄒᆞ고貞洞趙元時牧師를特派ᄒᆞ야韓國教會前途를爲ᄒᆞ야請願ᄒᆞᆫ結果로宣教師壹百名을加爲派送ᄒᆞ고其經費ᄂᆞᆫ爲ᄒᆞ야今年ᄭᆞ지ᄂᆞᆫ金二拾五萬弗聚集ᄒᆞᆫ다ᄂᆞᆫ대該會에셔委員을選定ᄒᆞ야宣教師募集에着手케ᄒᆞ야其金額은各地에請求ᄒᆞ야捐助者가頗多ᄒᆞᆷ으로未久에完了되리라더라

●新部虎患 近日新溪郡에虎列刺가發生ᄒᆞ야死亡이相續ᄒᆞᆫ다더라

●花同提捉 去拾二日上午拾壹時의南部詩동居金致仁等四名이南山某麓의會同ᄒᆞ야花套를戲ᄒᆞᄂᆞᆫ대日巡査가適到ᄒᆞ미紛々히逃走타가金致仁만被捉ᄒᆞ얏다더라

●路亞收埋 去拾三日上午拾壹時에何許男者年今五拾歲假量된人이光희門外巫川[illegible]地에서病斃ᄒᆞ야該署에서埋瘞ᄒᆞ고立票ᄒᆞ얏다더라

●關東開會 關東學會에서鍾路后[illegible]館基址都家를買收ᄒᆞ얏ᄂᆞᆫ디今日(日曜)下午壹時에新買ᄒᆞᆫ會관에셔特別總會를開ᄒᆞ고會務를處理ᄒᆞᆯ터인대關東人士가多數會集ᄒᆞᆷ을期待ᄒᆞ다더라

●悖孫當懲 懷德太田停車場附近蘇堤에尤菴先生宋時烈氏舊宅이有ᄒᆞᆫ대隨毁隨補ᄒᆞ야數百年을守護ᄒᆞ더니昨年春에本孫中宋在復氏가文券을僞造ᄒᆞ야日本人의게八百圓을典執得用ᄒᆞ고仍爲逃避ᄒᆞᆫ故로宋氏門中에셔宗會를大開ᄒᆞ고日人과屢次交涉ᄒᆞ야利[illegible]具利子ᄒᆞ야壹千二百六拾餘兩을各戶에排斂徵給ᄒᆞ야舊宅을還覓ᄒᆞ고其基址에附屬ᄒᆞᆫ山林과池澤을按法測量ᄒᆞ야郡證明書를繕出ᄒᆞ야宗家의保管ᄒᆞ얏다더라

●暮年乘燭 恩津郡論山학校에[illegible]老人이入學ᄒᆞ얏ᄂᆞᆫ대此老人은一是嶠남人으로該郡近處에逗留ᄒᆞ며학究資[illegible]로[illegible]生ᄒᆞ더니該處에학校가設立ᄒᆞ미村里私塾이極히零星ᄒᆞᆷ을[illegible]ᄒᆞ고日余도學校에入ᄒᆞ야新학問의敎授ᄒᆞᄂᆞᆫ法을知ᄒᆞ여야ᄒᆞ겟다ᄒᆞ고該학校에入ᄒᆞ야西洋算法及其他학問을熱心攻習ᄒᆞᄂᆞᆫ디此老人의年光이七拾三歲ᄂᆞᆫ白首暮年에新학을熱心研究ᄒᆞᆫ다고稱頌不已ᄒᆞ니此老人의姓名은即金안드리아ㅣ라ᄒᆞ더라

●師範科又設 三和舊郡又新학校에셔夏期放학間에師範講習을設ᄒᆞ고教師朴承과시로延聘敎授하ᄂᆞᆫ대講習生이六十餘人에達하얏다더라

●李氏義捐 三和港億兩機李主事承祚시ᄂᆞᆫ各학校에熱心義捐ᄒᆞᆷ으로稱頌이素顯ᄒᆞᆷ은已揭어니와該里耶蘇教小學校에셔經費가頓絶ᄒᆞ야廢학之境에至ᄒᆞ얏더니該시가壹千五百兩으로男女학校에寄付ᄒᆞ야繼續上學케ᄒᆞᆷ으로壹般港人의稱頌이藉々ᄒᆞ다더라

●和港埠頭廳高義 三和港億兩機耶蘇教小학校에셔經費頓絶ᄒᆞᆷ은別項과如하거니와該校학生은皆是貧寒ᄒᆞᆫ子弟라帽子與衣服이鮮明치못ᄒᆞ더니該港埠頭廳에셔帽子與洋服을壹件式繕給ᄒᆞᆷ으로港내人民들이稱頌不已ᄒᆞᆫ다더라

●慶興公校試驗 慶興公立普通학校에셔夏期試驗을經ᄒᆞ얏ᄂᆞᆫ디尋常科三年級卒業生에崔秉協이오及第에박道勝高寓乾兩人이오同貳年級優等生에李培芝이오及第生에崔鎭克崔戰相等六人이오同壹年級優等生에金河崑이오及第生에金[illegible]璐金寶元等三人이더라

●繼晴復明 信川郡有志紳士諸氏가郡內樵童牧兒를募集ᄒᆞ고前郷廳을借得ᄒᆞ야夜학校를開校ᄒᆞ고[illegible]ᄒᆞ야自春至今에熱心教授ᄒᆞ고勤孜做工ᄒᆞ더니憲兵分遣隊가來駐該郡에無他公廨하야入處鄕廳ᄒᆞ미五拾餘名學徒가經接無處ᄒᆞ야廢工擾撓之狀을莫不慨歎이더니該郡守金[illegible]熙氏가憫其情狀ᄒᆞ고自己內室을每夜에數時間式許借ᄒᆞ야依舊做工하미학員이益皆感激ᄒᆞ야倍加熱誠ᄒᆞᆫ다더라

●勞働夜學又設 順天郡盃地面壹[illegible]池興학校가設立된後에其盛況은業已揭載ᄒᆞ얏거니와同里李種杰李元和兩氏가勞働夜學校를自己家內에設立하고教師ᄂᆞᆫ龍川人金觀柱氏가名譽로熱心教導ᄒᆞ미學員이三十餘名에達ᄒᆞ얏다더라

▲地方消息▼

▲本月九日會寧郡中島北方約拾里山中에義兵約九拾名이潛伏ᄒᆞ얏다가日斥候兵將校와交戰ᄒᆞ얏다하고

▲本月八日文川郡에셔義兵約拾名이元山駐在日分遣隊憲兵壹名及韓備兵과巡査로交戰ᄒᆞ얏다ᄒᆞ고

▲本月九日慶州郡東北方約九拾里地에서義兵約三拾名이永川郡守備隊特務曹장以下와交戰ᄒᆞ얏다ᄒᆞ고

▲本月三日雲峯郡東北方約二拾里西谷等地에셔義兵拾五名이同郡分遣隊上等兵七名과巡查壹名으로交戰하얏다더라

▲滊笛壹聲▼

▲滊車[illegible]笛初[illegible]處에壹幅江山如電過ᄒᆞ야千里壹瞬於爲이라더速기移ᄒᆞ야人事上에勇進ᄒᆞ며新世界가不遠ᄒᆞ다

▲滊笛壹聲初起時에此江山을閱覽ᄒᆞ니支離氣殺[illegible]ᄒᆞ다生령塗炭에지ᄂᆞ니国済ᄒᆞᆯ策研究ᄒᆞ야國步進就時急ᄒᆞ니滊車又치速히가자

▲滊笛壹聲初起時에政府大官驚耳ᄒᆞ야岌業時局言念ᄒᆞ고前日習慣痛거ᄒᆞ며新政治로刷勵ᄒᆞ고已墜國力挽回ᄒᆞ야滊車又치速히가자

▲滊笛壹聲初起時에沉鎖舊夢打起ᄒᆞ야世界風潮황량中에變遷時機善觀ᄒᆞ며滿腔塵垢快瀉ᄒᆞ고開明域에進步ᄒᆞ야滊車又치速히가자

▲滊笛壹聲初起時에地方官吏警醒ᄒᆞ야貪虐弊習革祛ᄒᆞ고分憂之責擔任ᄒᆞ며嗷々民情深察ᄒᆞᆯ제施政改善圖ᄒᆞ야滊車又치速히가자

▲滊笛壹聲初起時에우리同胞奮發ᄒᆞ야人民資格不失ᄒᆞ고自治制度成立ᄒᆞᆯ제人々마다活動ᄒᆞ고規矩中에共進ᄒᆞ야滊車又치速히가자

▲滊笛壹聲初起時에有志士가聚合ᄒᆞ야愚昧人民勸告ᄒᆞ며愛國心을鼓動ᄒᆞᆯ제紛々演說慷慨ᄒᆞ고團體力을培養ᄒᆞ야滊車又치速히가자

▲滊笛壹聲初起時에青年학徒覺悟ᄒᆞ야各科程에[illegible]力ᄒᆞ고新書籍을講究ᄒᆞ며魚變成龍ᄒᆞ더니成就ᄂᆞᆫ石火光陰共惜ᄒᆞ야滊車又치速히가자

▲滊笛壹聲初起時에蕩子遊人驚魂ᄒᆞ니此時代를環顧ᄒᆞ니슴自競爭奮發이오改悔之心初萌ᄒᆞ고實地에業用力ᄒᆞ야滊車又치速히가자

▲滊笛壹聲初起時에商工業[illegible]人着念ᄒᆞ야列强規模를做ᄒᆞ고[illegible]入造物을製做ᄒᆞᆯ제輸出品이增加ᄒᆞ면富强基礎를成ᄒᆞ야滊車又치速히가자

製藥鑑査人 박滋惠 李觀化

預防[illegible]

定價金拾錢

[illegible]을預防케하고健胃消滯ᄒᆞ야諸般滯積[illegible]
難과경咳白담을能治能止ᄒᆞᄂᆞᆫ靈藥이오

製造本舖 漢城鍾路慈惠大藥房

雜報

經柴商業 漢城柴炭株式會社에서本月日爲始ᄒᆞ야開業ᄒᆞᆫ다고農商工部에報告ᄒᆞ얏다더라

廣告

本人이往平里端池洞所在田二息耕券을緣於看守之不善ᄒᆞ와竟至於失故로玆에廣告ᄒᆞ오니誰某拾得ᄒᆞ와도休紙施行ᄒᆞᆷ

京城남門外梅洞貳百貳拾壹統拾壹戶 鄭奭默 白

特別廣告

今番日本에渡去ᄒᆞᆫ學生들을團體同行ᄒᆞᆯ깃ᄉᆞ오니附近應募者ᄂᆞᆫ本月日로平壤에會集ᄒᆞ야九月五日에發程케ᄒᆞᆷ을爲要

川平壤東湖鄭奎鉉 告白

緊急히協議ᄒᆞᆯ事가有ᄒᆞ니拾六日下午六時의學員壹同은來會于本校事

廣信商業학校學員 告白

水標橋廣信社작박契憑票를서失ᄒᆞ얏스니誰某拾得ᄒᆞᆫ던지休紙施行ᄒᆞᆷ

契員 金先蜂 告白

◎學員募集廣告

本學校에서聰俊ᄒᆞᆫ敎授하기爲ᄒᆞ야學員을募集ᄒᆞ오니子弟를入學코자ᄒᆞ시ᄂᆞᆫ僉君子ᄂᆞᆫ

八月二十五日(陰七月二十九日)內로來議ᄒᆞ시옵

位置南部茶洞十九統壹戶
年齡八歲以上拾五歲以下
開學九月三日
學科普通課程
但入學請願紙ᄂᆞᆫ支給ᄒᆞᆷ

私立共成學校

呂州吉川面莘隱洞居[illegible]即朴俊達의餘代墳山禁養之地온대丁未年陰八月初八日에葬其親山에되니自葬地相距二百六拾餘步越壹谷ᄒᆞ야案은呂州金沙面梨浦居洪[illegible]섭의先山이라니聽彼[illegible]섭이敢生無厭之慾ᄒᆞ야박山을勒奪ᄒᆞ야欲作洪之案山홀파測之計로挾勢藉私而誣訴本官ᄒᆞ되朴山을買得於齊동閔議政宅ᄒᆞᆫ券証이自在라ᄒᆞᆷ에本官判決ᄒᆞ되에從文券施行之例로置박於落科故로[illegible]略憤冤ᄒᆞ야質問於閔閣曰朴山을閔宅에서緣何偸賣於洪乎아ᄒᆞᆫ즉閔閣이驚曰是何萬不當之說乎아ᄒᆞ고박山을未賣於洪ᄒᆞᆫ票證書를成給于朴ᄒᆞ고洪所謂自閔閣家買得박山之券은閔閣이方急督推ᄒᆞ되洪이謀避拖延ᄒᆞ야跨朔에尙未推券ᄒᆞ매朴이深慮洪이或又做凶計而瞞世奪山ᄒᆞ야玆以廣告ᄒᆞ오니僉君子ᄂᆞᆫ以爲後考而無或見欺於洪之譎計ᄒᆞ심을務望ᄒᆞᆷ

呂州吉川面신隱동居李起源白

慶남密陽郡上西同面五方洞前의有長浦大野而民有地自古卿相이買ᄒᆞᆫ蘆草田을京詩동居吳龜泳이稱云荒地誣訴圖得認許ᄒᆞ야勒奪民土故로該土居民이呼訴于農商部ᄒᆞ엿스니吳龜泳의潛賣之廢內外國人은切勿ᄒᆞ야歎ᄒᆞᆷ

朴祥英

本會特別總會를來日曜日(陰二十日)下午二時에本會館內에開ᄒᆞ오니在京會員은光臨ᄒᆞ심을敬要但移住ᄒᆞ신會員과學生은通牒을未達故로以仰佈ᄒᆞᆷ

嶠南教育會

本人이容壹이小皮匣與姓名圖章二介를並爲서失ᄒᆞ엿기로壹字를改名字字ᄒᆞ오니舊囑照亮ᄒᆞ시옵

金化李容宇 告白

●學員募集廣告

本校에서학部檢定에應試ᄒᆞᆯ敎師학識을敎授ᄒᆞ기爲ᄒᆞ야학員을募集ᄒᆞ오니願학人은本月二拾五日(陰七月二拾八日)니로稟保狀幷先呈後應試ᄒᆞ심을爲要

一 課程 修身、國語、地誌及歷史니外幷、物理、化학、博物학、法학通論、經濟학、作文、心理학、數학、簿記、小학敎授法、圖畫、唱歌、體操、外國語、討論

一 修業期 貳拾四個月

一 試取及開학 試取本月二拾五日(陰七月廿九日) 開학九月拾日

一 試取科目及方法 作文(國漢字交用) 地誌(面講)、國歷史 算術(四則以내)

一 入學資格 年齡二拾歲以上四拾歲以下로身體健强ᄒᆞᆫ者

隆熙 年 八月 日

壽進洞舊壽進宮내 興士團

隆熙學校 告白

本港南橋동居鄭相朝가本港主峰擩遷山有主田十畝를假稱柴場ᄒᆞ야暗欲偸賣타가天不助惡ᄒᆞ사形跡綻露되얏시니世豈有如許파測之人乎아自官洞燭ᄒᆞ시고同相朝를拿引則自知其罪ᄒᆞ고乘夜逃躱ᄒᆞ고該地契에對ᄒᆞ야永爲無效ᄒᆞᄂᆞᆫ判決書를自官繕給於洞中ᄒᆞ얏ᄉᆞ오니內外國人은日人阿部準輔名으로撥契ᄒᆞᆫ所謂擩遷山柴場壹萬五千坪이란文券은切勿見欺ᄒᆞᆷ

務安港府內面남橋洞々民 徐岐見 車聖述 金德幸 車大榮 告白

本人의圖章서失ᄒᆞᆫ고로爲廣告ᄒᆞ오니와新章과特異ᄒᆞ게改造ᄒᆞ얏ᄂᆞᆫ데洛字를以濟字로改名ᄒᆞ엿스니內外國人은照亮ᄒᆞᆷ

平壤돌串面覺今面康弘濟 告白

本會에서鍾路鞋廛後鹽谷拾六統二戶前鞋廛都家를會館으로買定ᄒᆞ고來拾二日(曜)下午壹時에特別總會를新定會館에開ᄒᆞ고緊要事務를處理ᄒᆞᆯ터이오니關東人士ᄂᆞᆫ多數臨ᄒᆞ심을務望ᄒᆞᆷ

關東學會 告白

○本학館에서第二回學員을募集ᄒᆞ오니志願人은八月三十日之內로請願書를提呈ᄒᆞᆷ(請願用紙ᄂᆞᆫ本館에請求ᄒᆞᆷ)

(晝學科程)

中學科

(壹年級)東國歷史。大韓地誌。算術。圖畫。博物。聖經。(日英語隨意)

(二年級)萬國歷史。萬國地誌。算術。生理。中등物理。聖經。語學(日英語隨意)

(三年級)物理。化학。經濟代數。生理。幾何。聖經語학(日英語隨意)

英語課 日語課 科程은晝日學로各科專修케ᄒᆞᆷ

木工課 工業圖畫。算術。聖經木工

(夜學科程)

日語課 英語課 簿記課 以上三課ᄂᆞᆫ夜학ᄒᆞ되入學細則은本校에來問ᄒᆞᆷ

入學試驗 科目 國漢文 讀書作文 但各課補缺生은次班課程으로試驗ᄒᆞᆷ

試驗日子ᄂᆞᆫ九月壹二兩日陰八月初六初七日上午九時

開學日字九月三日

●以上各課中晝ᄒᆞᆫ語학課ᄂᆞᆫ補缺生만募集ᄒᆞᆷ

●夜學各課壹年級은학員이貳十名이未滿ᄒᆞᆫ時ᄂᆞᆫ該班을不設ᄒᆞᆷ

皇城鍾路基督敎青年會學館

○長洞郵便局前篠崎測量器械店에서는該店主가測量器械를買入ᄒᆞ기爲ᄒᆞ야東京에旅行中인대今回에平板測量器械의新式으로된者를多數買來ᄒᆞ야登錄測量學生等의便利케ᄒᆞ야日本定價대로販賣ᄒᆞᆯ터인데其器械의照準儀平板等은度支部測地課에서用ᄒᆞᄂᆞᆫ者로同品이오其他上等器械等도多數購入ᄒᆞ와平板等은百組와二百組가有ᄒᆞ오니僉君子ᄂᆞᆫ陸續來臨ᄒᆞ심을厚望ᄒᆞᆷ

測量製圖器械類

長洞郵便局前

시노사기

篠崎器械店

(電話六四八番)

(學徒募集廣告)

本校에서第三回男女學員을募集ᄒᆞ오니志願人은來九月壹日內로請願ᄒᆞ시오

科程 本國地誌 本國歷史 算術 小學讀本 漢文 圖畫 特別히英語科가有ᄒᆞᆷ

南大門外尙洞敎堂內 攻玉小學校

平壤太極書館은有志紳士의公益을爲ᄒᆞ야建設ᄒᆞᆫ바어니와義州替市少年書舖ᄂᆞᆫ此館에支店으로新舊書籍과各學校所用物品을廉價應需ᄒᆞ오니僉君子ᄂᆞᆫ陸續來購ᄒᆞ시옵

書舖主 朴奉燁 韓用耀

仁川港에設置ᄒᆞ얏던獎學會本社를今日부터京城에移置하고仁川港에ᄂᆞᆫ支店을置ᄒᆞ얏ᄉᆞ오니內外國僉君子ᄂᆞᆫ照亮ᄒᆞ시오

隆熙二年八月拾壹日

京城中部大廣橋北川邊第壹統第戶

大韓協同郵船會社 告白

本書館을開業ᄒᆞᆫ지未過壹年에壹般同胞게서愛助ᄒᆞ시와益益興旺之故로本館을壹層擴張ᄒᆞ고各項新舊書籍與教育物品을多數準備ᄒᆞ야特別廉價로大發賣ᄒᆞ오니四方僉君子ᄂᆞᆫ陸續來臨ᄒᆞ심을爲要ᄒᆞᆷ

釜山港東關韓興書館

金汝重 權鍾律

量地法全

定價金七十錢 或特別減價

本書ᄂᆞᆫ圖根壹筆地各般測量法術이完全俱備ᄒᆞ와測量上第壹必要ᄒᆞᆫ書籍이오

本書ᄂᆞᆫ測量上必要ᄒᆞᆫ算術과對數表사지附入ᄒᆞ엿삽

本對數表ᄂᆞᆫ我國에創出者인데代數以上高等算학에必要ᄒᆞᆷ

本書의文法은簡明易解ᄒᆞ와初學及獨習에便宜하옵

발行所 中학橋測量學務所

發賣所 남部銅峴博學書館
中部布屛下廣學書舖金相萬
罷朝橋中央書舖朱翰榮
鍾路古今書海館
大東書市
南署大廣橋滙東書館高裕相
남門내尙洞博文書館

第四回學員募集廣告

本塾에서法律專門科晝학員을新募ᄒᆞ오니願學人은來九月五日以內로本塾에對ᄒᆞ야請願書를提出ᄒᆞ고左開日時에應試ᄒᆞᆯ事

但請願書紙、學科、規則은本塾에在ᄒᆞᆷ

試驗科目

壹、國漢文作文、國漢文讀書、地誌、歷史、算術(四則以內)

試驗日時

九月三日上午拾時(陰八月拾日)

但高等학校(中學校程度를包含)程度에相當ᄒᆞᆫ卒業證書를有ᄒᆞᆫ人은免試ᄒᆞᆷ

西部丁后洞

私立養正義塾

各地方各種學校教師紹介所를本會內에設置ᄒᆞ오니普通學其他各種技術語學教育에教授ᄒᆞᆯ志願人은校洞本會館으로來議ᄒᆞ시옵

畿湖興學會 告白

本人姓名章을陰七月八日午後七時頃失ᄒᆞ얏스니內外國人間에誰某拾得ᄒᆞ와도休紙施行ᄒᆞᆷ

平壤돌串面覺今里康弘洛告白

社告

○申報價
壹號代金　新貨二錢五厘
壹個月前納　三十錢
參個月　九拾錢
陸個月　一圓七十錢
壹個年　三圓四十錢
郵稅一號　新貨五厘
壹個月　十一錢
發行兼編輯人英國人　萬咸
Responsible for Publication Alfred Weekley Marnham.
發行所　南署石井洞號外로三層洋屋樓　大韓每日申報社

第六卷

大韓每日申報

第八百[illegible]號

月曜及慶節
歲時日休刊

檀君開國四千二百四十一年
箕子元年三千三十年
大韓開國五百十七年
日本明治四十一年
淸國光緖三十四年
陰曆戊申七月大廿二日乙巳

論說

◉英雄을鑄造ᄒᆞᄂᆞᆫ機械

英雄을誰가造ᄒᆞᄂᆞ뇨時代乎아時勢乎아學校乎아書籍乎아英雄을造ᄒᆞᄂᆞᆫ者ㅣ果然誰乎아

嗚乎라英雄의造出홈이비록許多種々의原因이有ᄒᆞ나余則曰英雄은其民族崇拜下에셔產出ᄒᆞᄂᆞᆫ바라ᄒᆞ노라

今에豈嵬頑儒들도越南史埃及史를覽ᄒᆞ면曰悶哉라此國이여此ᄂᆞᆫ無英雄의國이로다ᄒᆞ며英國史美國史를讀ᄒᆞ면曰盛哉라此國이여此ᄂᆞᆫ多英雄의國이로다ᄒᆞ며國家가何故로衰ᄒᆞᄂᆞ나ᄒᆞ면曰英雄이無ᄒᆞᆫ故라ᄒᆞ며國家가何故로興ᄒᆞᄂᆞ나ᄒᆞ면曰英雄이多ᄒᆞᆫ故라ᄒᆞ나萬壹々步를更進ᄒᆞ야問曰彼國은英雄이無ᄒᆞ고此國은英雄이多ᄒᆞ니若何ᄒᆞ면英雄이多ᄒᆞ며若何ᄒᆞ면英雄이無ᄒᆞ뇨ᄒᆞ면彼가只是茫々天運으로迷信ᄒᆞ나니嗚乎라其然가豈其然가

即彼英雄多產의國을觀ᄒᆞ라豈學科에穎悟ᄒᆞᆫ靑年뿐이며技術에精通ᄒᆞᆫ秀才뿐有ᄒᆞ야도全社會가此를熱誠으로崇拜ᄒᆞ야此를讚美ᄒᆞ며此를鞭策ᄒᆞ야英雄되ᄂᆞᆫ前途에登케ᄒᆞ며英雄되ᄂᆞᆫ門戶에入케ᄒᆞ고

英雄의鬢髯眉가飄擺ᄒᆞ면千百畫家가集ᄒᆞ야此를描畫ᄒᆞ며英雄의寄睡咳唾가流滴ᄒᆞ면千億史家가集ᄒᆞ야此를收拾ᄒᆞ며英雄生前에ᄂᆞᆫ頌祝이爛熳ᄒᆞ며英雄身後에ᄂᆞᆫ銅像이屹然ᄒᆞ야其民族의英雄에對ᄒᆞᆫ信仰心이神明과如ᄒᆞ며聖師와如ᄒᆞ니吁라是心은即英雄을鑄造ᄒᆞᄂᆞᆫ機械로다此機械로英雄의腦를震盪ᄒᆞ며영雄의種子를播傳ᄒᆞ나니영雄의多產ᄒᆞᄂᆞᆫ原因이엇지此에在ᄒᆞᆫ바아닌가

劣等의民族은此와相反ᄒᆞ야恆常白眼으로영雄을蔑ᄒᆞ며狂舌로영雄을嘲ᄒᆞ며冷情的으로영雄을擯ᄒᆞ며猜忌的으로영雄을反對ᄒᆞ야

영雄이涙를下ᄒᆞ면其傍에셔冷笑ᄒᆞ며영雄이血을灑ᄒᆞ면其背에셔嘻罵ᄒᆞ야

此世에영雄이或有ᄒᆞᆯ가是恐ᄒᆞ니엇지영雄 產出홈을得ᄒᆞ리오[illegible]破倫의雄才라도國中에셔崇拜者가寥々ᄒᆞ면華盛頓拿破倫됨을不得홀지니一國의國民된者ㅣ不可不猜妬의惡習을罷除ᄒᆞ고高尙純潔의公德心을培養ᄒᆞ야祖國의영雄을崇拜ᄒᆞ면영雄이自有홀진저

島山安昌浩 가일즉某會에셔演說ᄒᆞ야曰諸君은我國에영雄이無ᄒᆞ다云치말지어다隣人의兄은不識가長ᄒᆞ고吾家의兄은識가短ᄒᆞ며吾家의兄을兄으로不認홈이可乎아佛國의영雄은能이多ᄒᆞ고吾國의英雄은能이少ᄒᆞ며吾國의영雄을영雄으로不認홈이可乎아吾輩ᄂᆞᆫ今日에영雄을崇拜ᄒᆞ며補助홈이可ᄒᆞ고영雄이無ᄒᆞ다로斷홈은不可ᄒᆞ다ᄒᆞ얏스니此가現今志士의拳々三復홀바라ᄒᆞ노라

外報

●兩帝秘密談話 路透電을據ᄒᆞᆫ則英國皇帝ᄂᆞᆫ德國그론벨市에到着ᄒᆞ야德國皇帝와會見ᄒᆞ얏ᄂᆞᆫ대長時間을秘密히談話ᄒᆞ얏다더라

●土國議院建築 同電을據ᄒᆞᆫ즉土耳其國皇帝ᄂᆞᆫ議院建設費下附ᄒᆞᆯ旨를發布하얏더라

●香港損害 去月二十七日香港에셔暴風雨가起ᄒᆞ야翌日午前四時頃ᄭᆞ지繼續하야劇烈ᄒᆞᆫ程度에至ᄒᆞ얏ᄂᆞᆫ대損害가甚多하리라더라

●波斯革命黨의戰鬪 同電을據ᄒᆞᆫ즉去土曜日에波斯다부리쓰에셔頑硬ᄒᆞᆫ戰鬪를開ᄒᆞ얏ᄂᆞᆫ대革命黨은非常ᄒᆞᆫ損害를被하얏고且若干의大砲를失하얏다더라

●露國軍艦의完成 東京電을據ᄒᆞᆫ즉露國에셔는今以後十七個軍艦을完成ᄒᆞ얏ᄂᆞᆫ대戰爭前에比ᄒᆞ면二倍半의增加가되엿고또壹層擴張ᄒᆞᆯ必要로拾個軍艦을增加ᄒᆞᆯ計畫이라더라

●清政府抗議 上海電을據ᄒᆞᆫ즉支那政府ᄂᆞᆫ日本이間島의現狀維持를秘密히破ᄒᆞ고武裝을ᄒᆞᆫ憲兵二拾名을派送ᄒᆞ고彈藥輸入홈이不適當ᄒᆞᆫ事이라고抗議ᄒᆞ얏더라

●日艦待春 淸國浙江洞庭湖에日本砲艦伏見號가入ᄒᆞ얏ᄂᆞᆫ데向日에減水되야同軍艦이沉坐ᄒᆞ엿ᄂᆞᆫ지라當局者의談을依ᄒᆞᆫ즉同湖ᄂᆞᆫ間或忽地에減水ᄒᆞᄂᆞᆫ等事가有ᄒᆞᆫ대該艦出港期ᄂᆞᆫ降雨增水홈과又ᄂᆞᆫ明春雪融홈을以ᄒᆞ리라더라

雜報

●太極無極 阿峴私立太極學校에셔維持ᄒᆞ기爲ᄒᆞ야贊務會를開ᄒᆞ고基本金六千圓을洞中에셔擔任ᄒᆞ기로確定ᄒᆞᆫ事ᄂᆞᆫ前報에掲載ᄒᆞ엿거니와更聞ᄒᆞᆫ즉六千圓中三千圓은車석喜金俊植盧秉喜三氏가各八百圓式金大容氏가六百圓이오折半은四等分排ᄒᆞ얏ᄂᆞᆫ대金永鎭吳學潤林常根三氏가各二百圓式이오其餘ᄂᆞᆫ동中에셔擔任하야排斂中이라고人皆讚賦不已ᄒᆞ더라

●教及蠶郡 三和府尹金永燦氏가境內의學校를擴張ᄒᆞ기爲ᄒᆞ야教育會를組織ᄒᆞ고教育에熱心注意홈은已報어니와蠶郡龍岡坊谷々지學校가擴張ᄒᆞᆯ계됨으로有志人士가莫不讚賀ᄒᆞᆫ다더라

●廢校復興 安岳郡某校女小學校가設立ᄒᆞᆫ지壹週年에校費가窘拙ᄒᆞ야廢境에至ᄒᆞ얏더니紳士崔應祚元仁常崔在源李相晉諸氏가校費不贍에[illegible]홈을慨嘆ᄒᆞ야邑中人士에게五百餘圓義金을收集ᄒᆞ야該校를維持케ᄒᆞ미該氏에教育上熱心을人皆讚頌ᄒᆞᆫ다더라

●拾室有校 宜川深川面嶺峯里ᄂᆞᆫ拾室貧洞으로昨年八月에該洞박龍燮朴潤錫諸氏가學校를創設ᄒᆞ고校監田贊玉시와教師林澤시ᄂᆞᆫ名譽로熱心教授ᄒᆞ미生徒가三拾餘名에達ᄒᆞᆫ지라今番夏期試驗을經ᄒᆞ얏ᄂᆞᆫ데甲班優等生은李道鋪朴昇琛等五人이오乙班優等生은鄭厚恒朴炳鋼等七人이오丙班優等生은朴炳吳박莊實等八人인더空冊及鉛筆等物로褒賞ᄒᆞ얏다더라

偉人遺蹟

水軍第一偉人 李舜臣

第拾九章 結論 續 錦頰山人

最末에元均이大事를敗ᄒᆞ야六七年焦勞拮据ᄒᆞᆫ驍將猛卒과軍餉船隻을灰燼에歸付ᄒᆞᆫ後에草々拾餘隻殘船을壹百六拾人의新募卒로輝元秀家行長淸正等과遇ᄒᆞ야滔天敵艘의數千賊艦과角ᄒᆞᆯ시慨然히朝廷에謝ᄒᆞ야曰我가在ᄒᆞ면賊船이雖多ᄂᆞ我國을正覲치못ᄒᆞ리라ᄒᆞ고海에向ᄒᆞ야壹所ᄒᆞ미魚龍이爲ᄒᆞ야助ᄒᆞ며天日이色을失하야殺淡ᄒᆞᆫ血로大海를赤케홈은惟我의忠武의有ᄒᆞᆫ바이며惟我李忠武의有ᄒᆞᆫ바ㅣ라忠武를捨ᄒᆞ고ᄂᆞᆫ古今許多名將을歷閱ᄒᆞ야도此事를能辦ᄒᆞᆯ者ㅣ實로罕ᄒᆞ다ᄒᆞ노니

嗚乎라彼乃利孫이雖武나義當二十世紀今日에리셔武와艦生ᄒᆞ야海上艦隊에武裝을相見ᄒᆞ며畢竟其死孫에不過ᄒᆞᆯ진저雖然이나而今에觀ᄒᆞ라世界水軍偉人을歷數하미莫不乃利孫에게第壹指 首屈ᄒᆞ야英雄을崇拜ᄒᆞᄂᆞᆫ者必曰乃利孫偉壹本을手ᄒᆞ며歷史를翻閱ᄒᆞᄂᆞᆫ者ㅣ必也乃利孫傳을誦ᄒᆞᆷ을口ᄒᆞ고尤況軍人界에出身ᄒᆞ야軍人資格을贊成코져ᄒᆞᄂᆞᆫ者ᄂᆞᆫ必也乃利孫의名을是誦ᄒᆞ며乃利孫의跡을是慕ᄒᆞ며乃利孫의咳唾를是拾ᄒᆞ며乃利孫의鬚眉를是夢하야生前英吉利壹國의乃利孫이死後萬國의乃利孫을作ᄒᆞ며生前歐羅巴壹洲의乃利孫이死後六洲의乃利孫을作ᄒᆞ엿ᄂᆞᆫ데我李忠武에至ᄒᆞ야ᄂᆞᆫ近則支那歷史(明史)에其戰狀을畧記ᄒᆞᆯ而已며遠則日本小兒가其雄名에震倒ᄒᆞᆯ而已며其餘則本國樵童牧豎의歌謠에登ᄒᆞᆯ而已오世界에流佈ᄒᆞᆫ歷史에ᄂᆞᆫ鐵甲船首創ᄒᆞᆫ壹節에不過ᄒᆞ니嗚乎라英雄의名譽가恒常其國의光彩를隨ᄒᆞ야高下ᄒᆞᄂᆞᆫ바아닌가

大抵水軍의偉人을有ᄒᆞ고鐵甲船創造에鼻祖된我國으로今日에至ᄒᆞ야彼海權最大ᄒᆞᆫ國과比較ᄒᆞ기ᄂᆞᆫ姑舍ᄒᆞ고竟乃國家란名詞도若存若亡의悲境에陷ᄒᆞ얏스니余가彼幾百年來에民氣를摧折ᄒᆞ며民知를杜塞ᄒᆞ고文弱思想을鼓吹ᄒᆞᆫ卑劣政客의遺毒을回思하미恨이海波와俱深ᄒᆞ도다

此에李舜臣傳을撰하야苦痛에陷ᄒᆞᆫ我國民에게餉ᄒᆞ노니凡我善男信女ᄂᆞᆫ此를模範ᄒᆞ며此를步趨ᄒᆞ야荊天棘地를踏ᄒᆞ며苦海難關을超過ᄒᆞᆯ지어다上天이二十世紀의太平洋을莊嚴ᄒᆞ고第二李舜臣을待ᄒᆞ나니라

完

雜報

●銀爐獻誠 漢城府民會에서銀製香爐四坐를造成ᄒᆞ야一坐는 太皇帝陛下ᄭᅴ 奉呈ᄒᆞ고二坐는 太皇帝陛下ᄭᅴ 奉呈ᄒᆞᆫ다더라

●慶祝規例通牒 本月二拾七日에 太皇帝陛下 即位ᄒᆞ신第壹回紀念慶祝時에各學校에서提燈成列ᄒᆞ야慶祝ᄒᆞᆯ規條를學部에서制定ᄒᆞ야昨日各學校에通牒ᄒᆞ얏다더라

●新興寺茶會 內部大臣宋秉畯氏가再昨日에各部大臣과元老大臣을東小門外新興寺로請邀ᄒᆞ야茶話會를盛設ᄒᆞ얏다더라

●地方職員錄送交 內部에서各府部院廳의職員錄을刊出ᄒᆞ야存案件壹部式을頒給ᄒᆞ얏더니今番에ᄂᆞᆫ地方官吏ᄭᆞ지職員錄을刊出ᄒᆞ야各府部院廳에存案件壹部式을昨日에送交ᄒᆞ얏다더라

●恨不韓語 春川觀察使李圭完氏의婦人日女가該觀察赴任時에同往ᄒᆞ얏더니接語ᄒᆞᆯ人이無ᄒᆞ야鬱火가上衝ᄒᆞ야發病ᄒᆞ야上京ᄒᆞ얏다더라

●抱川請辭 抱川郡守韓晩容[illegible]二[illegible]曜日에辭職請願書를提出ᄒᆞ고上京ᄒᆞ얏다더라

●松井船遊 警務局長松井茂가再昨日에警視高[illegible]를帶同ᄒᆞ고[illegible]山에出往船遊ᄒᆞ얏다더라

●張氏設卓 新任農商工部秘書官張[illegible]가再昨日惠泉湯에서某々官人을請邀ᄒᆞ야設卓을設ᄒᆞ얏다더라

●次第開庭 京城地方裁判所에서ᄂᆞᆫ四五日前에開庭ᄒᆞ얏고大審院控訴院及京城區裁判所에서ᄂᆞᆫ數日後에야開庭ᄒᆞᆫ다더라

●道路修築費準備 漢城府에서道路修築費를準備ᄒᆞᆯ[illegible]府內[illegible]富豪를招致ᄒᆞ야道路修築事에對ᄒᆞ야府尹이說明ᄒᆞ얏다ᄂᆞᆫᄃᆡ其排備額數를漏聞ᄒᆞᆫ즉各財產家에ᄂᆞᆫ壹百圓으로現任大臣은三十圓으로各銀行及典[illegible]에ᄂᆞᆫ拾圓으로家屋五間以上拾間以下ᄂᆞᆫ壹圓式으로磨鍊ᄒᆞ얏다ᄂᆞᆫ說이有ᄒᆞ더라

●兩守愛髮 陰城郡守朴齊憲鎭川郡守宋完燮兩氏가延命次로該觀察道에前往ᄒᆞ얏더니兩郡守가削髮치아니ᄒᆞ얏다고該觀察使가接見치아니ᄒᆞ얏ᄂᆞᆫᄃᆡ兩氏가言ᄒᆞ되雖免官이되도薙髮치아니ᄒᆞ깃다고決心ᄒᆞᆫ다ᄂᆞᆫ說이有ᄒᆞ더라

●巡査增派 內部警務局에서度支部의請求를因ᄒᆞ야開城에在ᄒᆞᆫ蔘圃를保護ᄒᆞ기爲ᄒᆞ야日昨에警部一名과巡査二十七名을派送ᄒᆞ얏ᄂᆞᆫᄃᆡ今番에更히巡査拾名을加派ᄒᆞ얏다더라

●吉氏又現 前副領吉永洙氏가大同會에入參ᄒᆞ얏다더라

●葬費 學部秘書課長金恩[illegible]氏가病勢를因ᄒᆞ야辭職請願ᄒᆞ고第[illegible]ᄒᆞᆷ은已[illegible]ᄒᆞ얏거니와因卽致死[illegible]該部[illegible]官吏[illegible]發起ᄒᆞ야葬費를多少[illegible]收斂ᄒᆞ기로酌定ᄒᆞ얏다

●[illegible]人可憐 [illegible]壹[illegible]人이人力車를搭乘ᄒᆞ고 敎化門前으로過去ᄒᆞᆯ際에適其時日本人壹名이人力車를亦乘ᄒᆞ고在前以去ᄒᆞᄂᆞᆫᄃᆡ[illegible]車夫가疾馳前往ᄒᆞ야觀峴某人家에抵到ᄒᆞ야該官人이主人으로酬酌ᄒᆞᆯ際에門外에서喧嘩浪藉ᄒᆞ거ᄂᆞᆯ出往觀之ᄒᆞ니 敎化門[illegible]過去ᄒᆞ던[illegible]我보다敢히[illegible]行ᄒᆞ엿다ᄒᆞ고[illegible]無故亂打ᄒᆞ야流血이淋漓ᄒᆞ되[illegible]人이[illegible]勢를畏㤼ᄒᆞ야壹人도下手치못ᄒᆞᆫ바에被打者도呼訴無處에雪恥無路ᄒᆞ니共同路上에서先後無關이어ᄂᆞᆯ如此行悖ᄂᆞᆫ令人痛歎이라ᄒᆞ더라

●間島民情可矜 北來人의傳說을據ᄒᆞᆫ즉間島ᄂᆞᆫ今에淸國管轄인ᄃᆡ淸人으로各面々장을定ᄒᆞ고田稅及雜稅ᄂᆞᆫ如前收捧ᄒᆞ고通譯이라稱ᄒᆞᄂᆞᆫ李성보가同類數合人을締結ᄒᆞ야所謂都社長名色을圖得ᄒᆞ고口頭로ᄂᆞᆫ同胞를保護ᄒᆞᆫ다稱ᄒᆞ나其實은蠹國害民之賊이오且每戶에壹兩七錢三分式收斂ᄒᆞ려고淸國官吏를符同ᄒᆞ며且壹進會員채우련은日本都社長으로差任을ᄒᆞ야壹年에兩次式每戶에壹兩六錢貳分式收斂ᄒᆞ려고壹進會人들이龍井村에會同ᄒᆞ야決定後에方欲施行ᄒᆞ니壹身兩役을難堪ᄒᆞᆫ中이나伸冤無地라고民怨이大端ᄒᆞ다더라

●商務支局撤廢說 大同商務局에서財政이窘拙ᄒᆞᆷ을因ᄒᆞᆷ인지不知ᄒᆞ거니와支局의數二處가撤廢되얏다ᄂᆞᆫ說이有ᄒᆞ더라

●興家寄會 西北학會會員玄昇[illegible]ᄂᆞᆫ家勢貧[illegible]ᄒᆞ나興학에熱心ᄒᆞ야自己[illegible]券을與執ᄒᆞ야紙貨百圓을同會館建築費로寄付ᄒᆞ얏다더라

●屋成의壹選長 孟峴[illegible]地에[illegible]人이家屋을建築ᄒᆞ고再昨日에落成宴을盛設ᄒᆞᆫᄃᆡ壹進會長李容九氏가往參ᄒᆞ얏다더라

●帝新贊成 各社會有志紳士諸氏가帝國新聞贊成會를發起ᄒᆞ고本月拾九日(水曜)下午四時에鍾路商業會議所에서開會ᄒᆞᆫ다더라

●新作藥鑑 保寧郡守李圭白氏ᄂᆞᆫ[illegible]內紳士를勸勉ᄒᆞ야學校를設立ᄒᆞ고極力贊助ᄒᆞ며郡主事ᄂᆞᆫ新學問에嫻熟ᄒᆞᆫ李商鎬氏로薦報ᄒᆞ얏고各面面長을選擇ᄒᆞᆯᄃᆡ人望을從ᄒᆞ야公正히選定ᄒᆞ얏다고該郡衆人의稱頌이有ᄒᆞ더라

●日車觸傷 北部苑洞居年今拾貳歲兒朴正玉이가昨日午前拾時에水標橋等地에서日人淸岡喜代吉의自行車에顚壓ᄒᆞ야左耳가重傷ᄒᆞ야流血이浪藉ᄒᆞ얏다더라

●二義押交 再昨日에日憲兵二名과韓巡査貳名이東門外에서義兵二名을捕縛ᄒᆞ야警視廳에押付ᄒᆞ얏다더라

●趙[illegible]被捉 前議官趙東善씨ᄂᆞᆫ詐欺取財ᄒᆞᆫ事가綻露되야日昨中部警察署에被捉되얏다더라

●賊嫌被捉 西部倉洞居黃龍德이가窃盜疑嫌으로日昨南部警察署에被捉되야現今取調中이라더라

●百龍被捉 西署[illegible]稷동居박百竜이가年今拾四歲인ᄃᆡ南部長동居日人富田松吉家에서雇傭[illegible]ᄒᆞ다가[illegible]他物時紫介丹[illegible]紙[illegible]圓을窃[illegible]ᄒᆞᆫ故로南部警署에被捉되얏다더라

●牛驚人傷 西署日本[illegible]醫院化학[illegible]燕[illegible]을運去ᄒᆞ다가[illegible]地에서牛壹隻이卽爲壓死ᄒᆞ고役夫壹名은重傷ᄒᆞ야治療次同醫院으로昇去ᄒᆞ얏다더라

●兩[illegible]批評 私立中東學校測量학生이壹齊退학ᄒᆞ얏다ᄒᆞᆷ은已爲報道ᄒᆞ얏거니와其理由를詳聞ᄒᆞᆫ즉東西中合三班인ᄃᆡ東班講師交遞ᄒᆞᆷ을因ᄒᆞ야新학生[illegible]壹齊自退ᄒᆞ얏ᄂᆞᆫᄃᆡ[illegible]原因인즉該班講師[illegible]大[illegible]何主見인지[illegible]학徒를壹齊退[illegible]ᄒᆞ고獎學[illegible]박太緖씨로同議ᄒᆞ야普成학校內에奬학計測量學校를附設ᄒᆞ고該退學生徒를敎授ᄒᆞᆫ되該兩씨가不公正ᄒᆞ다고批評이有ᄒᆞ더라

●協成開學 西北協成學校測量科에서本月二十日下午四時半에壽洞興士團內에서開學ᄒᆞᆫ다더라

●育英試驗 龍川郡府內面私立育英學校에서陰七月初七日에第二回卒業式을擧行ᄒᆞ얏ᄂᆞᆫᄃᆡ卒業生은徐載亨金炳과徐廷明等四人이오進級生은許世傑李處節等二人이오夜학進級生은李成鳳徐光貞等四人인ᄃᆡ校長金振珩氏와任員諸氏가壹塲勸勉後에紙筆墨冊子의多數ᄒᆞᆫ物品으로施賞ᄒᆞ얏다더라

●皇華設校 礪山郡有志紳士尹朝炳金文煥諸氏가敎育上에熱心으로학校를合先面皇華亭內에設立ᄒᆞ얏ᄂᆞᆫᄃᆡ名曰華亭학校라稱ᄒᆞ고去月二十五日에開校式을設ᄒᆞ얏ᄂᆞᆫᄃᆡ該處紳士七十餘員이會集ᄒᆞ야壹塲演說[illegible]

●[illegible]村[illegible]校 泰川郡南面[illegible]隅[illegible]村[illegible]敎育이急務임을[illegible]百餘[illegible]가協議發起ᄒᆞ야所[illegible]鳴鶴齋[illegible]학校로改稱ᄒᆞ고[illegible]分[illegible]白圭範[illegible]鎔益諸[illegible]躬往[illegible]价川[illegible]邊[illegible]학校四年級生徒梁壹淸氏를延聘ᄒᆞ야熱心敎育ᄒᆞᄂᆞᆫ대白[illegible]燮[illegible]嗜範兩氏가倍加贊成ᄒᆞ야학徒가日進ᄒᆞ고被況이盛大ᄒᆞ다더라

●壯哉[illegible]志 現今平壤에敎育이[illegible]進ᄒᆞᆷ은[illegible]國이共慕ᄒᆞᄂᆞᆫ바어[illegible]秋[illegible]富豪[illegible]氣[illegible]壹層確立ᄒᆞ고[illegible]遊學[illegible]準備中이라ᄒᆞ니吾儕[illegible]學生諸員을爲ᄒᆞ야其前途를讚賀不已ᄒᆞ노라

▲地方消息▼

▲本月七日谷山郡[illegible]北方約三里地에서義兵六拾名이[illegible]斥候隊와交戰ᄒᆞ얏다ᄒᆞ고

▲本月七日河東郡[illegible]田里西方約二里地에서義兵拾名이郵便護衛兵을襲擊ᄒᆞ얏다ᄒᆞ고

▲本月八日禮安郡東[illegible]方約二里半에서義兵三[illegible]名이同郡守備隊와交戰ᄒᆞ얏고又北方四里地에서義兵四拾名이同隊와交戰ᄒᆞ얏다ᄒᆞ고

▲本月九日延安郡灌纓臺[illegible]方壹里半地에서同里分遣隊憲兵連絡兵과交戰ᄒᆞ얏다ᄒᆞ고

▲本月拾三日春川郡鶴谷西北面三里에서義兵拾五名이鶴谷分遣隊와交戰ᄒᆞ얏다ᄒᆞ고

▲本月六日黃海道大灘東南方約三里地에서義兵二拾名이大灘分遣所憲兵九名과交戰ᄒᆞ얏다ᄒᆞ고

▲本月四日咸平郡[illegible]義兵約二拾名이同郡分遣所憲兵[illegible]名과補助員[illegible]령岩[illegible]守備隊[illegible]下[illegible]交戰[illegible]死傷은不明ᄒᆞ다ᄒᆞ고

▲本月拾二日錦[illegible]郡西[illegible]里地에서義兵二[illegible]名이[illegible]郡分遣所憲兵[illegible]補助員二名과衝突ᄒᆞ얏다더라

▲麥帽周衣의氣勢

▲隊々ᄒᆞᆫ麥帽周衣街路上에揚々ᄒᆞ니壹進會員[illegible]明[illegible]무合歲月更遂[illegible]가回回紀念이[illegible]이지

▲地方會[illegible]通牒ᄒᆞ야不遠千里上來ᄒᆞ라今番壹次[illegible]ᄒᆞ면別[illegible]々ᄒᆞ唯[illegible]ᄒᆞ고洞人의[illegible]告別ᄒᆞ니[illegible]滿面喜[illegible]麥帽周衣서슬이오

▲[illegible]遂[illegible]揚臂大談ᄒᆞ며[illegible]樣이情誼[illegible]如蜜ᄒᆞ고兄[illegible]弟[illegible]同盟[illegible]般[illegible]胞親[illegible]曰ᄒᆞ며傍若無[illegible]橫[illegible]麥帽周衣서슬이오

▲如干殘產[illegible]殘ᄒᆞ야入[illegible]이[illegible]用[illegible]라妻子呼寃[illegible]顧[illegible]四富貴自期ᄒᆞᆷ제以小取[illegible]ᄒᆞᄂᆞᆫ手段[illegible]運動[illegible]層生[illegible]麥帽周衣서슬이오

▲[illegible]大綱領說[illegible]ᄒᆞ니더目的이雖好ᄒᆞ나壹不實施ᄒᆞ고藉口ᄒᆞ며虛影子가되엿고나實地事業半點업고眩惑ᄒᆞᆫ世[illegible]ᄒᆞ엿스니麥帽周衣서슬이오

▲開明人을自稱ᄒᆞ나壹[illegible]守를圖得ᄒᆞ며貪虐醜聲嘖藉ᄒᆞ야[illegible]被民訴遞歸ᄒᆞ나又復如前[illegible]言으로[illegible]然面目[illegible]愧ᄒᆞ니麥帽周衣서슬이오

▲대行事ᄂᆞᆫ何如던지總代[illegible]任被薦[illegible]兩肩[illegible]이忽[illegible]ᄒᆞ야官人[illegible]前往ᄒᆞ야무合[illegible]紛紜ᄒᆞᆫ[illegible]氣焰[illegible]々ᄒᆞ다麥帽周衣서슬이오

▲退鄕[illegible]意[illegible]作黨[illegible]勢[illegible]專[illegible]殘[illegible]더[illegible]被[illegible]眈[illegible]同[illegible]情誼全失[illegible]麥帽周衣서슬이오

▲驛屯[illegible]延[illegible]猝[illegible]翁[illegible]流[illegible]數錢財[illegible]彼[illegible]拖ᄒᆞ며[illegible]探[illegible]ᄒᆞ야奔走[illegible]麥帽周衣서슬이오

▲[illegible]權[illegible]物自[illegible]ᄒᆞ야[illegible]反[illegible]心[illegible]何[illegible]注意自[illegible]評議[illegible]가頻煩ᄒᆞ야[illegible]情態每[illegible]麥帽周衣서슬일세

製藥鋪主人 [?]慈惠 李觀化

定價金拾錢

을預防하고胃滯를…諸般滯積…吐瀉泄瀉와赤痢…痢疾…難과경咳와담을能治能止하는藥이오

製造本舖 漢城鍾路慈惠大藥房

新到于慈惠藥房

廣告

隆熙貳年八月貳拾[?]日慶祝順序

壹 頌德表奉呈

貳 紀念物進獻（銀製香爐壹對）

三 各地方祝電代奏

四 官民合同大宴會

（日時 本日 下午三時）（處所 景福宮內慶會樓）

五 各戶晝旗夜燈奉賀

（旗用 國旗）（燈用 李花太極燈）

六 通衢電氣祝燈（鍾路）

卽位紀念式慶祝漢城府民會 告白

近來各處에서鴉片烟으로因하야人民이受此毒害하며兼得愚迷人等이稱以負債하야或有鴉片烟으로自死하니令人堪嘆이라弊人이此毒藥을久試하얏스니若有此事者여든卽速來臨取藥하시면藥價는壹分錢도不受하오니 僉君子는照亮을伏望

小廣橋藥子旃 弊人華商榮大亨 告白

本人의先山이在於豐德孝禮洞이온바數百年守護禁養하옵더니松楸를何許悖類가稱以渠之所管하고欲爲偸賣코자하기에玆以廣布하오니內外國人은切勿見欺홈

宗孫洪宗基 告白

本人이舊滯兼酒滯로拾餘年與苦에百약이無效더니남門外紫巖朴尙悅氏에製造한蘇香淸心丹數二封에如神得效하얏기로如是廣告홈

紫巖圖書舖李胤鎔 廣告

鄭萱氏의著作한**算術新科書**와**答冊**이來到홈

發賣元 鄭象潁

訴訟에對하야疑惑이有한者의게眞勝負의可否를詳細說明케하옵고鑑定料는事之貴賤과價之多少를隨하야臨時酌定하되大槪如左홈

鑑定料는五圜以下로하되貧窮者의게는無料로홈

京城南部苧洞六拾四統貳戶

東洋大學前講師 日本法律學士 辯護士 **木尾虎之助**

本人之弟思賢이가性本浮浪하여餘年前에上京하여圖得主事借啣而迅沒京鄕에數萬金을蕩敗無餘하고只今所存이只不過傳來奉重香火也而今陰曆七月拾四日誘引本人之次子拾五歲幼兒名雲鶴者하고逃走上京하야內外國人間에欲爲僞券債用之計이오니無論內外國人하고如此浮浪敗子의僞票를準信하야雖壹分錢이라도如有債給이면見失之境이오니內外國僉君子는照亮하시옵

義州津里面送한동居黃思允 白

本郡郡主事鄭述裕氏는蘊玉其姿오夙德其人이라壹鄕이公薦하야敍任以後로嫻熟新式하니事務에爲無滯하고明解時宜하니施措에爲有方이라本郡이適値西五朔曠官하야軍隊連絡의隨請酬應하야毫無民弊하고暴徒熾盛의竭誠撫諭하야自歸順服이라學校를刱起於面里하니敎育也振興하고郡막을痛거於巨細하니閭境也賴安이라土地證明에踏査確認하니兩莫售奸이오訴訟裁書를公平處斷하니壹無呼冤이라以此特異는不可含默이기壹境郡情이齊聲廣布홈

黃海道載寧郡貳拾貳面人民代表

代表人 奇載耆 尹鳳漢 康箕烈 梁尙範 李豐喜 李瑞鵬等 告白

廣州郡內西部壹統三戶崔益永家에測量製圖事務所를設立하얏사오니有志 僉彦은來臨相議하심을爲要

廣南測量事務所

總務 崔秀賢

事務員 黃祐哲 吳봉泳 南경熙 告白

本人의圖章을失하얏기로爲廣告어니와前章과特異하게改造하얏는데洛字를以濬字로改名하엿스니內外國人은照亮홈

平壤돌串面覺今面康弘濬 告白

本會에셔**鍾路**鞋廛後**鹽谷**拾六統二戶**前鞋廛都家**를會館으로買定하고來拾六日(日曜)下午壹時에**特別總會**를新定會館에開하고緊要한務를處理홀터이오니關東人士는多數來臨하심을務望

關東學會 告白

學員募集廣告

本校에셔학部檢定에應試할敎師학識을敎授하기爲하야학員을募集하오니願학人은本月二拾五日(陰七月二拾八日)너로稟保狀을先呈後應試하심을爲要

一 **課程** 修身、國語、地誌及歷史뎌外幷、物理、化학、博物학、法학通論、經濟학、作文、心理학、數학、簿記、小학敎授法、圖畫、唱歌、體操、外國語、討論

一 **修業期** 貳拾四個月

一 **試取及開학** 試取本月二拾六日(陰七月廿九日) 開학九月拾日너

一 **試取科目及方法** 作文(國漢字交用) 國歷史地誌(面講) 算術(四則以너)

一 **入學資格** 年齡二拾歲以上四拾歲以下로身體建强한者

隆熙二年八月 日

壽進洞前壽進宮너 **興士團**

隆熙學校 告白

◉**特別廣告**

今番日本에渡去한學生들을團體同行하깃사오니附近應募者는本月內로平壤에會集하야九月壹日에壹齊發程케홈을爲要

平壤東湖鄭泰鉉 告白

○本학館에셔第三回學員을募集하오니志願人은八月三拾日之內로請願書를提呈홈（請願用紙는本館에請求홈）

（晝學課程）

中學科

(壹年級)東國歷史。大韓地誌。算術。圖畫。博物。聖經。語학。(日英語隨意)

(二年級)萬國歷史。萬國地誌。算術。生理。中등物理。聖經。語學(日英語隨意)

(三年級)物理。化학。經濟代數。生理。幾何。聖經。語학(日英語隨意)

英語課 日語課 科程은英日語로各히專修케홈

木工課 工業圖畫。算術。聖經。木工

（夜學科程）

日語課 英語課 簿記課 以上三課는各히專修課로되入學細則은本校에來問홈

入學試驗 科目 國漢文讀書作文 但各課補缺生은各次班課程으로시驗홈

試驗日子 九月壹二兩日(陰八月初六初七日)上午九時

開學日字九月三日

●以上各課中晝학語학課는補缺生만募集홈

●夜學各課壹年級은학員이貳十名이未滿할時는該班을不設홈

皇城鍾路基督敎靑年會學館

○長洞郵便局前篠崎測量器械店에셔其店主가測量器械를賣入하기爲하야東京에旅行中인데今回平板測量器械와新式으로된者를多數買來하야壹般測量學生等의게便利케하야日本定價대로販賣홀터인데其器械의照準儀平板等은度支部測地課에셔用하는者로同品이오其他上等器械等도多數購入하와平板等은百組와二百組가有하오니 僉君子는陸續來臨하심을厚望홈

長洞郵便局前

시노사기

篠崎器械店

（電話六四八番）

리容壹이小皮匣與姓名圖章二介를並爲見失하엿기로壹字를改名字하오니知舊[?]照亮하시옵

金化李容宇 告白

◎**學員募集廣告**

本學校에셔聰俊을敎授하기爲하야學員을募集하오니子弟를入學코자하시는 僉君子는**八月二十五日(陰七月二十九日)**內로來議하시옵

位置南部茶洞[?]九統壹戶

年齡八歲以上拾五歲以下

開學九月三日

學科普通課程

但入學請願紙는支給홈

私立共成學校

平壤太極書館은有志紳士의公益을爲하야建設한바어니와義州昔市少年書舖는此館의支店으로新舊書籍과各學校所用物品을廉價販賣하오니 僉君子는陸續來購하시옵

書舖主 朴承燁 韓[?]權

本書館을開業한지未過壹年에壹般同胞께셔愛助하시와益盛發旺之故로本館을擴張하고[?]新舊書籍與敎育物品을多數準備하야特別廉價로發賣하오니四方 僉君子는陸續來臨하심을爲要홈

釜山港東關韓興書館

金汝重 權鍾律

學徒募集廣告

本校에셔第三回男女學員을募集하오니志願人은來九月壹日內로請願하시오

科程 本國地誌 本國歷史 算術 小學讀本 漢文 圖畫

特別이英語科가有홈

南大門內尙洞敎堂內 攻玉小學校

第四回學員募集廣告

本塾에셔法律專門科學員을新募하오니願學人은來九月三日以內로本塾에對하야請願書를提出하고左開日時에應試할事

但請願書紙、學科、規則은本塾에在홈

試驗科目

壹、國漢文作文、國漢文讀書、地誌、歷史、算術(四則以內)

試驗日時

九月五日上午拾時(陰八月拾日)

但高等학校(中學校程度를包含)程度에相當한卒業證書를有한人은免試홈

西部工后洞

私立**養正義塾**

本人等이壹般학界에便宜를供할次로資本을合同하고業務를擴張하야新舊書籍과學校用品을俱備發賣하오니 僉君子는稍稍光降을務望홈

海州남門너四街

韓昌書館主 李承駿 朴昌鎭

各地方各種學校**教師紹介所**를本會內에設置하오니**普通學**其他各種技**術語學**敎育에敎授할志願人은校洞本會館으로來議하시옵

畿湖興學會 告白

本人姓名章을陰七月八日午後七時見失하얏스니內外國人間에誰某拾得하와도休紙施行홈

平壤돌串面覺今里康弘洛 告白

社告

○申報價

壹張代金 新貨二錢五厘

壹個月[illegible] 三十錢

參個月 九拾錢

陸個月 一圜七十錢

壹個年 三圜四十錢

郵稅一張 新貨五厘

壹個月 十三錢

○廣告料

四号活字拾三字詰

每日[illegible]尺壹寸에 新貨廿五錢

(每日每行六錢에相當홈)

二週日에 二圜五拾錢

每日每行四錢五厘에相當홈

壹個月에 五圜

每日每行四錢壹厘에相當홈

其期限과長短과字行의多寡를依ᄒᆞ야增減홈이有홈

發行兼編輯人 英國人 裵說

Responsible for Publication Alfred Weekley Marnham.

發行所

南署石井洞號外地三層洋屋

大韓每日申報社

第六卷

大韓每日申報

第八百八拾五號

月曜及慶節 歲時日休刊

檀君開國四千二百四十一年
箕子元年三千三十年
大韓開國五百十七年
日本明治四十一年
淸國光緖三十四年
陰曆戊申七月大十三日丙午

論說

◉日本農夫의渡來 (京鄕新聞照謄)

伊來我國에來留ᄒᆞᄂᆞᆫ日人中에官吏도有ᄒᆞ며商民도有ᄒᆞ며勞働者도有ᄒᆞ며生業이不分明ᄒᆞᆫ者도有ᄒᆞ되農業ᄒᆞᄂᆞᆫ日人은稀少ᄒᆞ더니今後로ᄂᆞᆫ新會社가出ᄒᆞ야日本農夫들이我國으로渡來ᄒᆞᆯ者ㅣ多々ᄒᆞ리니此事가我輩에게利ᄒᆞᆯ지害ᄒᆞᆯ지壹思ᄒᆞᆯ바로다

日本農夫가他種日人보다我國人에게其害가少ᄒᆞᆯ것은日本農夫들이自家의田土를保全ᄒᆞ기爲ᄒᆞ야農事ᄒᆞᄂᆞᆫ土地에平安히生活ᄒᆞᆷ을要求ᄒᆞ리라ᄒᆞᆫ즉我民과和睦ᄒᆞ기를務ᄒᆞᆯ것이오且農夫ᄂᆞᆫ他人보다其行이遜順ᄒᆞ고其心이古박ᄒᆞᆫ故로他種日人에被害ᄒᆞᄂᆞᆫ것보다少ᄒᆞᆯ듯ᄒᆞ니라

然이나日本農夫渡來ᄒᆞᄂᆞᆫ대對ᄒᆞ야第壹可懼ᄒᆞᆯ것은我의土地를失ᄒᆞᄂᆞᆫ것이是로다

彼日本農夫들이我의土地를空然奪去ᄒᆞᆷ이아니라其錢財로買ᄒᆞ고多數買去ᄒᆞ나니라

義理를不顧ᄒᆞ고我民의土地를白地奪取ᄒᆞᄂᆞᆫ日人도或有ᄒᆞᆫ듯ᄒᆞ나但此等事ᄂᆞᆫ不多ᄒᆞᆯ것이오萬壹此等事가有ᄒᆞ면政府ᄂᆞᆫ我[illegible]가訴訟ᄒᆞᆷ으로此等惡行을可禁ᄒᆞᆯ지나日人들이我民의土地를容易히買去ᄒᆞᆷ이可懼ᄒᆞᆯ事로다

業已渡來ᄒᆞᆫ日人이多數ᄒᆞ야慶尙道나全羅道나京釜鐵道近處에ᄂᆞᆫ土地를買收코ᄌᆞᄒᆞᄂᆞᆫ데我國農夫들이彼日人을往見ᄒᆞ고自家의土地를願賣ᄒᆞᄂᆞᆫ故로日人이大槪我國土地를容易買收ᄒᆞ나니라

又土價로言ᄒᆞᆫ즉我國土價가日本土價에比ᄒᆞ면五分壹이나六分壹에歇價가되ᄂᆞᆫ故로日本農夫가日本에서一石落田土를賣ᄒᆞ야我國에來ᄒᆞ면五石落六石落의田土를買ᄒᆞᆯ지며且我國에ᄂᆞᆫ日本보다地稅가歇ᄒᆞ고生利가易ᄒᆞ고農作이甚豐ᄒᆞᆫ故로日本農夫가我國에渡來ᄒᆞᆫ後壹年을未經ᄒᆞ야本土價百分에三分利益을得ᄒᆞᆯ지며三年만過ᄒᆞ면本土價를盡拔ᄒᆞᆯ지오或連年凶荒을遇ᄒᆞᆯ지라도拾年을過ᄒᆞ면本土價ᄂᆞᆫ可拔ᄒᆞ리니日本人들이全世界에旅行ᄒᆞ야도如此ᄒᆞᆫ樂土ᄂᆞᆫ初無ᄒᆞ니엇지我國으로多數渡來치아니ᄒᆞ리오

然則我輩가此에對ᄒᆞ야壹思ᄒᆞᆯ바ᄂᆞᆫ何ᄒᆞ니日我輩의第壹可懼ᄒᆞᆯ原因이何에在ᄒᆞ고我國農民들他國人에게買渡ᄒᆞᆷ이是라

我의農土를盡賤ᄒᆞ면我輩ᄂᆞᆫ不可不山谷에入ᄒᆞ야困苦ᄒᆞᆫ生涯를作ᄒᆞᆯ지니故로我輩의第壹可懼ᄒᆞᆯ事ᄂᆞᆫ我輩農土를失ᄒᆞᆷ이是로다

何故로我土를他國人에게見失ᄒᆞ나뇨曰愚昧ᄒᆞᆫ人民이他國人의게歇價로ᄡᅥ渡ᄒᆞ나니라

何故로我國人이他國人에게土地를歇賣ᄒᆞᄂᆞ뇨曰貨幣를得ᄒᆞ기爲ᄒᆞ야自家土地를歇賣ᄒᆞ나니라

貨幣를得ᄒᆞᆯ慾心이如此히大端ᄒᆞᆫ가曰貨幣를得ᄒᆞᆯ慾心만大端ᄒᆞᆯᄲᅮᆫ아니라我國人은積債가多ᄒᆞ야督債에困苦ᄒᆞᆫ故니라

噫라我輩第壹冤讐가是積債로다

京城에好第宅은日人에게賣與ᄒᆞ야京城이便是日人邑內를作ᄒᆞᆷ이何故이뇨積債를爲ᄒᆞ야此를賣ᄒᆞᄂᆞᆫ故니라

各地方에森林茂盛ᄒᆞᆫ山을日人에게賣ᄒᆞ야赭山을作ᄒᆞᆷ이何故이뇨此도積債를爲ᄒᆞ야賣ᄒᆞᄂᆞᆫ故니라

各鄕曲에良田土를他國人에게賣渡ᄒᆞᆷ이何故이뇨積債를爲ᄒᆞ야此를賣ᄒᆞᄂᆞᆫ故니라

噫라日人을來ᄒᆞ라來ᄒᆞ라招ᄒᆞᄂᆞᆫ者ㅣ我輩의積債며土地家屋을日人에게盡賣케ᄒᆞᄂᆞᆫ者ㅣ我輩의積債로다

故로日本某新聞에論ᄒᆞ야曰日人의渡韓ᄒᆞᆷ이沛然驟雨에江河의漲溢ᄒᆞᄂᆞᆫ勢와恰似ᄒᆞ다韓人에皆是自家積債를報償ᄒᆞ기爲ᄒᆞ야自家土地를日人에게賣ᄒᆞ나니韓國의良田土를歇價로買ᄒᆞᆯ지라韓人이自家土地를賣코ᄌᆞᄒᆞ야日人의渡來ᄒᆞᆷ을切望ᄒᆞᄂᆞᆫ데誰가此를禁ᄒᆞ리오ᄒᆞ얏ᄂᆞᆫ지라

嗟乎라我國의形便이여此後에[illegible]言ᄒᆞ깃노라

外報

●輝春에淸領事設置 東京電報를據ᄒᆞᆫ즉北滿洲輝春에淸國領事館을新設ᄒᆞᆫ다ᄂᆞᆫ說이有ᄒᆞ더라

●埃及國會設立 伯林電을據ᄒᆞᆫ즉埃及에서國會를設立코ᄌᆞᄒᆞᆫ다ᄂᆞᆫ說이大熾ᄒᆞ다ᄒᆞ얏더라

●淸米同盟主張 同電을據ᄒᆞᆫ즉經育헤랄드新聞은淸米同盟ᄒᆞᆷ을主張ᄒᆞ얏다더라

●日本의水災何多 日本福島電을據ᄒᆞᆫ즉風雲이不穩ᄒᆞ야降雨急激ᄒᆞ고又暴風이起ᄒᆞ야各堤坊이破損되고樹木及農作物의被害가不少ᄒᆞ고又ᄂᆞᆫ若松市及耶麻、河沼、安積、岩瀨、西白河、東白川、石川各郡에損害가甚多ᄒᆞᆫ中若松市에建築ᄒᆞᆫ民舍三拾五間과製絲工場이潰倒ᄒᆞ고其他各地의被害ᄂᆞᆫ家屋全潰가五拾八戶요破損된家屋이四百餘戶요船橋流失이一個所요坂塀破損이五十餘所요田土의損害가壹百六拾餘町이라ᄒᆞ얏다더라

●淸國의大水害 淸國揚子江壹帶에서增水ᄒᆞᆯ時에蓄水에서도大雨가降ᄒᆞ야汎溢ᄒᆞᆫ水量이二拾ᄽ尺에達ᄒᆞ고廣州의城內에浸水ᄒᆞ야溺死ᄒᆞᆫ者가非常히多ᄒᆞ고同州知州ᄂᆞᆫ艱辛히脫身ᄒᆞ야卽時救助船을出ᄒᆞ야饑餓에窮迫ᄒᆞᆫ者에게粥을施ᄒᆞ며又湖南巡撫ᄂᆞᆫ此報를接ᄒᆞ고善後局에命ᄒᆞ야官吏를派送ᄒᆞ야救助穀運搬ᄒᆞᆷ을開始ᄒᆞ얏ᄂᆞᆫ데常德地方에서도大雨와雷鳴이極甚ᄒᆞ야江流가急激히增水ᄒᆞ기로人畜의死傷과棉花及其他農作物의損害가頗大ᄒᆞ다더라

雜報

●各學校提燈節次 學部에서大韓 皇帝 卽位紀念禮式日에各學校生徒로ᄒᆞ야금提燈行列케ᄒᆞᆯ터인ᄃᆡ其節次가如左ᄒᆞ다니

壹 本月二十七日 卽位禮式日을遇ᄒᆞ야紀念慶祝ᄒᆞ기爲ᄒᆞ야提灯行列을施行ᄒᆞᆯ事

壹 參加學校ᄂᆞᆫ京城內中等程度以上官私立學校로限ᄒᆞᆯ事

壹 參加學校ᄂᆞᆫ職員數及學員數를本月二拾二日ᄭᆞ지學部學務局에報告ᄒᆞᆯ事

壹 提燈은直經約七寸以下로ᄒᆞ고竿竹의長은三尺以下로ᄒᆞᆯ事

壹 各學校에서ᄂᆞᆫ出席者를四列로ᄒᆞ고職員이監督의分擔을定ᄒᆞᆯ事

壹 參加學校ᄂᆞᆫ當日午后六時ᄭᆞ지學部門前에會集ᄒᆞᆯ事

壹 行路順序ᄂᆞᆫ學部門前에서整列ᄒᆞ야鍾路로東大門街路를經ᄒᆞ야敦化門前에至ᄒᆞ야大皇帝陛下萬歲를奉唱ᄒᆞ고罷朝橋大路에出ᄒᆞ야解散ᄒᆞᆯ事

壹 學校의順序及進退ᄂᆞᆫ總히學部員의指揮를從ᄒᆞᆯ事라ᄒᆞ얏더라

○人力車營業團束規則

第一條 人力車營業이라ᄒᆞᆷ은人力車를輓ᄒᆞ거나又ᄂᆞᆫ車夫로此를輓케ᄒᆞ거나或은此를貸給ᄒᆞᄂᆞᆫ業을謂ᄒᆞᆷ

第貳條 人力車를營業코ᄌᆞᄒᆞᄂᆞᆫ者ᄂᆞᆫ居住姓名年月日及營業의種別을記錄ᄒᆞ고所轄警察官署에請願ᄒᆞ야許可證을受ᄒᆞᆷ이可ᄒᆞᆷ

第三條 人力車軍은年齡拾八年以上六十年未滿으로身體强壯ᄒᆞᆫ男子에限ᄒᆞᆷ

第四條 營業에使用ᄒᆞᄂᆞᆫ人力車ᄂᆞᆫ所有者가所轄警察官署에請願ᄒᆞ야車體檢査證을受ᄒᆞᆷ이可ᄒᆞᆷ車體를改造ᄒᆞᆫ時도亦同ᄒᆞᆷ

第五條 車身은淸潔堅牢ᄒᆞ고左開各号의附屬品을設備ᄒᆞᆷ이可ᄒᆞᆷ

壹 泥除及護謨製或은桐油製의雨衣와前裝

二 蒲團膝掛及提燈에ᄂᆞᆫ其組合名及許可證의番号를得ᄒᆞᆷ이可ᄒᆞᆷ

第六條 許可證을貸與ᄒᆞ거나又ᄂᆞᆫ車體檢査를轉用ᄒᆞᆷ을不得ᄒᆞᆷ

第七條 車體檢査ᄂᆞᆫ車桶前右에釘付ᄒᆞᆷ이可ᄒᆞᆷ

第八條 左開各号의壹에該當ᄒᆞᆫ時ᄂᆞᆫ三日以內에所轄警察官署에申告ᄒᆞ야許可證이나又ᄂᆞᆫ車體檢査證의換書或은再給을請ᄒᆞᆷ이可ᄒᆞᆷ

壹 許可證又ᄂᆞᆫ車體檢査證에記載ᄒᆞᆫ事項에異動을生ᄒᆞᆫ時

二 許可證又ᄂᆞᆫ車體檢査證을遺失ᄒᆞ거나又ᄂᆞᆫ毁損ᄒᆞ거나或其文字가不明ᄒᆞᆷ에至ᄒᆞᆫ時 未完

雜報

◉茶會秘密議件　日前新興寺에셔伊中宋秉畯氏가日政府大臣과各元老大臣을請邀ᄒᆞ야茶話會를開設ᄒᆞ엿다ᄂᆞᆫ說은已爲報道어니와當日에무삼秘密議件이有ᄒᆞ다ᄂᆞᆫ디其內容을漏聞ᄒᆞᆫ즉人民의剃髮事件이라ᄂᆞᆫ說이有ᄒᆞ더라

◉統府例會　昨日上午拾時에總理大臣以下各部大臣과各次官들이統監府에會同ᄒᆞ야火曜例會를開ᄒᆞ얏다가同拾二時頃에閉會ᄒᆞ얏다더라

◉郡守奏本同意　內部에셔郡守十條案을修定ᄒᆞ야內閣에請議後統監府에同意를請ᄒᆞ얏다ᄂᆞᆫ디日間頒佈가된다더라

◉李總理辭職勸告　書記官國分이가總理大臣李完用氏의게辭職ᄒᆞ기를勸告하얏다ᄂᆞᆫ說이有하더라

◉地方視察預定　內部大臣宋秉畯氏가各道에巡視ᄒᆞ야地方官을監督ᄒᆞ고且施政參考에着手ᄒᆞ기爲ᄒᆞ야來月中旬에出發ᄒᆞᆫ다더라

◉巡察擇人　全北觀察使李斗璜氏가郡守資格에可堪之人을擇取ᄒᆞ기爲ᄒᆞ야管下各郡에巡察ᄒᆞᆫ다더라

◉朴觀察郡主圖囑　慶北觀察使朴重陽氏가該管下郡主[illegible]遞免ᄒᆞ되自己에緊切ᄒᆞᆫ京城人을敍任ᄒᆞ게로百般圖囑ᄒᆞᆫ다더라

◉警視副監入城　警視副監具然壽氏가各警察事가有ᄒᆞ던지釜港等地에前往ᄒᆞ얏다가日昨에入京ᄒᆞ얏다더라

◉白氏典祀被任　掌禮院典祀金澤氏가依免ᄒᆞᆫ代에從一品白時鐘氏가被任ᄒᆞ얏다더라

◉李氏落傷　前宮內府大臣李允用氏가近日宮屋을壹新修理ᄒᆞᆷ은人皆知了ᄒᆞᄂᆞᆫ바어니와該氏가再昨日大廳에셔落傷ᄒᆞ얏ᄂᆞᆫ디治療ᄂᆞᆫ大韓醫院으로前往ᄒᆞ얏다더라

◉語不近理　漢城內各水閣上의家屋을毁撤ᄒᆞᆫ다ᄂᆞᆫ說은已報어니와再昨日漢城府에셔齋洞水閣上家主를壹齊히招集ᄒᆞ고府尹張憲植氏가說明ᄒᆞ되水閣上家屋이衛生에大端妨害뿐더러또川上屋이法外事이니自今爲始ᄒᆞ야壹朔爲限ᄒᆞ고壹齊히毁去하되瓦家ᄂᆞᆫ每間에貳拾圓을給ᄒᆞ고草家ᄂᆞᆫ每間에拾五圓을給ᄒᆞ깃다ᄒᆞ거ᄂᆞᆯ壹人이答曰然則城內水閣이許多ᄒᆞᆫ대何必齋洞貳拾壹戶만毁撤ᄒᆞ라ᄒᆞ나뇨ᄒᆞᆫ즉張憲植氏ᄂᆞᆫ曰齋洞은 皇族所居요또近日 義親王殿下의셔와永宣君이翠雲亭에逐日遊射ᄒᆞ시ᄂᆞᆫ디來往間道路가狹窄ᄒᆞ야多有不便ᄒᆞᆫ즉爲先齋洞水閣家屋부터毁撤ᄒᆞ깃다ᄒᆞᄂᆞᆫ故로諸家主가嗷々不服而退ᄒᆞ얏다더라

◉道路調査　本年夏期霖雨以後에漢城內에破壞ᄒᆞᆫ道路를修築ᄒᆞ기爲ᄒᆞ야累揭ᄒᆞ얏거니와內部土木局에셔各坊曲의道路ᄂᆞᆫ調査中이라더라

◉度部把守　近日度支部에셔ᄂᆞᆫ其門에日人이把守ᄒᆞ고嚴히部에入去ᄒᆞᄂᆞᆫ人의姓名을這這懸錄ᄒᆞᆫ다더라

◉觀察府移轉　寧邊郡에在ᄒᆞᆫ平安北道觀察府ᄂᆞᆫ交通上에便宜키爲ᄒᆞ야義州로移轉ᄒᆞᆫ다ᄂᆞᆫ事ᄂᆞᆫ既爲報道ᄒᆞ얏거니와近日[illegible]修를着手ᄒᆞ얏슴으로九月下旬에移轉홀預定이라더라

◉奇怪異論　錦山郡에셔[illegible]司馬齋殘石落이傳來ᄒᆞ는디甲午後科擧가廢止되미히該齋ᄂᆞᆫ本郡鄕校에附屬ᄒᆞ얏더니近日該郡紳士가邑底와村間에학校를設立ᄒᆞ고該齋上를還爲私屬於학校ᄒᆞ미異論이奔競ᄒᆞᆫ다더라

◉擔代派送　錦山郡人民等이司馬齋事件으로互相競爭ᄒᆞᆫ다ᄂᆞᆫ說은別項과如ᄒᆞ거니와湖南학會에셔ᄂᆞᆫ該事件을歸正ᄒᆞ기爲ᄒᆞ야擔代壹人을派送ᄒᆞ얏다더라

◉辯護士慈善　三嘉郡居李圭德氏의門族李眞夏氏가移貫奪宗ᄒᆞᆫ事에對ᄒᆞ야圭德氏가平理院에呼訴ᄒᆞ다가抑鬱落科ᄒᆞ고欲爲申訴ᄒᆞ나家産을蕩盡ᄒᆞ야起訴치못ᄒᆞ고呼天彷徨ᄒᆞ더니辯護士朴星煥氏가聞其情景ᄒᆞ고矜惻키녁여印紙價二拾圓을牢却不受ᄒᆞ고特以無代金으로擔任辯護ᄒᆞᆫ다고該氏의慈善을人皆稱頌ᄒᆞᆫ다더라

◉海賊警戒　仁川水產組合事務所에셔漁業地에海賊을警戒ᄒᆞ기爲ᄒᆞ야本月拾五日朝에雙遊島附近에向ᄒᆞ야巡邏船을出帆ᄒᆞ고同地警察署에셔巡查二名으로搭乘케ᄒᆞ얏다더라

◉何事端　昨日西部弼雲臺塡井洞居侍從院雇員廉학敏家에有何事端인지韓日警部以下巡查가多數來到ᄒᆞ야該家를圍立ᄒᆞ고入去ᄒᆞ얏ᄂᆞᆫ디廉학敏은出他未捉ᄒᆞ미家屬等을執留ᄒᆞ고該近地行人ᄭᆞ지라도去就를詳問後에過去케ᄒᆞ얏다더라

◉杏花村賊　再昨日下午七時量에齋洞文景九酒家에何許日人壹名이來到ᄒᆞ야燒酒壹盃를飮ᄒᆞ고價文은不計而去ᄒᆞᄂᆞᆫ故로傍觀者들이呼曰賊漢[illegible]

◉[illegible]被捉　[illegible]久保前青安村繁太郎이本年[illegible]月에清津港에來ᄒᆞ야三個月間行賊ᄒᆞᆫ贓品價額이四百餘元인대去月二十三日에清津警察署에被捉되얏다더라

◉行悖日人被押　再昨日에會寧郡居留日人平福利壹이가木炭商俵與使雇人成聖俊으로擔送ᄒᆞ고賃錢을不給ᄒᆞᄂᆞᆫ故로再三請求ᄒᆞᆫ則返生暴怒ᄒᆞ야成哥의面部를打傷ᄒᆞᆫ지라該掌內巡查가該日人을南部警察署로押去ᄒᆞ얏다더라

◉强盜被捉　始興郡甘岳洞居박太ᄂᆞᆫ오廣州果川等地로行賊ᄒᆞ던强盜인되日昨에銅峴分署에被捉되얏더니昨日京城區裁判所로押交ᄒᆞ얏다더라

◉酗酒被捉　再昨日下午四時에南部藝洞劉文景의挾戶에居ᄒᆞᄂᆞᆫ金明元이가被酒泥醉ᄒᆞ야墨洞街里에셔亂暴ᄒᆞ미銅峴分署刑事巡查金老恒氏가好意로說諭ᄒᆞ되此人이益肆悖慢ᄒᆞ야該巡查의周衣를裂破ᄒᆞ거ᄂᆞᆯ該署로押去ᄒᆞ얏다더라

◉忠北郡守會議　忠清北道觀察使ᄂᆞᆫ本月[illegible]日부터管下各郡守를召集ᄒᆞ야郡守會議를마ᄎᆞ엇ᄂᆞᆫ대出席郡守가十[illegible]其決議條件이如左ᄒᆞ니

壹　面長改良刷新에關ᄒᆞᆫ件
壹　產業獎勵에關ᄒᆞᆫ件
壹　[illegible]自治에關ᄒᆞᆫ件
壹　教育普及에關ᄒᆞᆫ件
壹　義兵鎭定에關ᄒᆞᆫ件
壹　種痘에關ᄒᆞᆫ件
壹　出產死亡에關ᄒᆞᆫ件
壹　歸順者에關ᄒᆞᆫ件
壹　自衛團에關ᄒᆞᆫ件其他各地方行政事務에關ᄒᆞᆫ件인대

又[illegible]計[illegible]務及其他[illegible]處理上의注意[illegible]項拾數件이오其他各道에셔도郡守會議를開ᄒᆞ리라더라

◉教育會長推薦　嶠南教育會長李夏榮氏가會長의任을辭免ᄒᆞᆷ은前報에已揭ᄒᆞ얏거니와該氏가被任ᄒᆞᆫ지多月에壹不出席ᄒᆞ기로該會에셔再昨日總會를開ᄒᆞ고朴晶東氏로投票選定ᄒᆞ엿다더라

◉贊務開會　畿湖興학會內贊務會에셔再昨日에贊務會를開ᄒᆞ고一般任員이會同ᄒᆞ야該會維持方針을協議ᄒᆞ얏다더라

◉教師紹介所別設　近日各地方학校設立이比々有之ᄒᆞ나教師延聘에困難ᄒᆞᆷ을慨歎ᄒᆞ야畿湖興학會에셔地方教師紹介所를別設ᄒᆞ고학校와教師兩方間의請求를希望ᄒᆞᆫ다더라

◉有心哉訓導　濟州郡居宋鍾浩氏가年今二十餘歲인대居家ᄒᆞ야漢文을讀習ᄒᆞ다가時局의風潮를猛省ᄒᆞ고新학問에大端有志ᄒᆞ야上京留학코자ᄒᆞ나家勢가貧寒ᄒᆞ야意莫遂ᄒᆞ더니該郡公立普通학校訓導[illegible]가此를見ᄒᆞ고慨然히自己薄俸中으로每月[illegible]圜式特捐ᄒᆞ야[illegible]에留학케ᄒᆞ얏다더라

◉漢陽學校復設　廢止되얏던南門外漢陽학校를更히復設ᄒᆞᆫ다ᄂᆞᆫ已爲記載ᄒᆞᆫ바該門外貰器廛都中에셔該校廢止됨을慨歎히녀여該都에셔借給ᄒᆞ고熱心贊成ᄒᆞᆷ으로학員이二拾餘名에達ᄒᆞ얏다더라

◉普光學校試驗　殷山私立普光학校에셔夏期試驗을經ᄒᆞ얏ᄂᆞᆫ대甲班優等生은崔弘植의處兩이오及第에韓泰善金瀅哲等拾壹人이오乙班優等에崔[illegible]이오及第에[illegible]人인[illegible]朴永欽鉉金瑀金鋼朴瀏鎭[illegible]種書籍及紙筆墨으로優賞ᄒᆞ얏다더라

◉女校試驗　咸興城津都范甲私立新民女學校에셔七月初九日에第壹學期試驗을經ᄒᆞ얏ᄂᆞᆫ대甲班優等生은李採票等拾餘人이오乙班優等生은劉福童等八人인대其학問의程度가實有前進之望이라고北來人의稱頌이藉々ᄒᆞ더라

◉可謂新民　普成學校학監劉禮均氏가昨春에城津각학校를視察ᄒᆞᆫ情況을聞ᄒᆞᆫ즉此地ᄂᆞᆫ人家가百餘戶에不過ᄒᆞᆫ대新民학校와商務학校와新民女학校가有ᄒᆞ야男子學徒가百餘名에達ᄒᆞ고其教育方法과학徒品行이整齊ᄒᆞ야突飛進步의期望이大有ᄒᆞ니新民貳字의名實이相符ᄒᆞ다고ᄒᆞ더라

◉大成學校私立　加平郡西面大成里에셔有志紳士洪鍾薰申爽永諸씨가發起ᄒᆞ야私立大成학校를刱設ᄒᆞ고其趣旨書壹度를本社에送致ᄒᆞ얏ᄂᆞᆫ디其激切慷慨ᄒᆞᆫ言論이令人感服케ᄒᆞ엿더라

◉平壤大慶祝　今番開國紀元節에平壤에셔ᄂᆞᆫ家々戶々로國旗를高揭ᄒᆞ고壹般人民이處々에團聚ᄒᆞ야盛大히慶祝을行ᄒᆞ엿ᄂᆞᆫ대特히崇明學校와南峴校와日新學校에셔ᄂᆞᆫ壹般任員及學徒가日新學校에齊會ᄒᆞ야大慶祝을行ᄒᆞ얏ᄂᆞᆫ디賓中에一宣[illegible]壽哲兩氏가懇切ᄒᆞᆫ祝辭를陳述ᄒᆞ엿더라

◉感荷義捐

殷山郡私立普光학校[illegible]壹圜을社에寄附ᄒᆞ얏기感荷不已ᄒᆞ노라

秋夜聽砧

三角山頭片月이安[illegible]依俙ᄒᆞᆫ中夜搗搗高低砧ᄂᆞᆫ秋來消息宛然ᄒᆞ야旅樓晴窓顧ᄒᆞ고大韓情形考察ᄒᆞ니打破ᄒᆞᆯ事許多ᄒᆞ다

▲優勝劣敗此時代에知識啓發不圖ᄒᆞ고妬賢嫉能專事ᄒᆞ며互相殘賊무삼일고더ᄃᆞᆷ砧에借付ᄒᆞ야嫉妬心을打破ᄒᆞ세

▲建功立業此時代에濟世經綸全昧ᄒᆞ고遊衣遊食是甘ᄒᆞ야頹其四肢무삼일고더ᄃᆞᆷ砧에借得ᄒᆞ야懈怠性을打破ᄒᆞ세

▲明法正律此時代에不理曲直不計ᄒᆞ고權門黑路奔走ᄒᆞ야賄路公行무삼일고더ᄃᆞᆷ砧을借得ᄒᆞ야圖囑習을打破ᄒᆞ세

▲門戶開放此時代에腐敗思想未거ᄒᆞ고嫡庶班常較計ᄒᆞ야自괴能무삼일고더ᄃᆞᆷ砧을借得ᄒᆞ야頑固腦를打破ᄒᆞ세

▲學優登仕此時代에天賦資格不修ᄒᆞ고[illegible]汨沒ᄒᆞ야[illegible]陰[illegible]擲무삼일가더ᄃᆞᆷ砧을借得ᄒᆞ야仕宦熱을打破ᄒᆞ세

▲自由生活此時代에仰人鼻息不恥ᄒᆞ고姻親戚黨是依ᄒᆞ야或望餘食무삼일고더ᄃᆞᆷ砧을借得ᄒᆞ야依賴性을打破ᄒᆞ세

▲風潮捲入此時代에熱心教育不思ᄒᆞ고花柳席에沈惑ᄒᆞ야費盡財무삼일고더ᄃᆞᆷ砧을借得ᄒᆞ야豪蕩情을打破ᄒᆞ세

▲蒼生塗炭此時代에救焚拯溺無意ᄒᆞ고膠守東閣自高ᄒᆞ야鳥獸同群무삼일가더ᄃᆞᆷ砧을借得ᄒᆞ야山林夢을打破ᄒᆞ세

▲各種弊習打破ᄒᆞ고百般實業練出ᄒᆞ야文明國을造成ᄒᆞ고舞臺에並立ᄒᆞ야大韓國旗高懸ᄒᆞ고[illegible]呼萬歲ᄒᆞ여보세

[illegible] 洪서厚 [illegible]
[illegible] 發行兼編輯人 박慈惠 李觀化

廣告

本人의 瓦家陸間 艸家 拾間合拾壹間 家券板刻 今年貳月分에 見失 故로 將請願于漢城府 玆에 廣告 誰某가 拾得 休紙施行

東部蓮花坊下中谷百壹統八戶 朴召史 告白

特別廣告

本月貳拾七日 慶祝預備事 有 職員及學員 貳拾壹日正午에 本校로 來集

官立漢城高等學校

本人이 左開於音四片을 見失 合拾 以廣告 誰某 拾得 休紙施行

黃鎭洙 卿明徠 許陰 七月四日 推次 四百十三圜 拾錢
金 哉 許 推次 三百九圜
金正極 推次六拾壹圓 八拾錢
許相根 推次 拾壹圜 六拾錢
鎭南浦港碑石 林君保 白

本人이 積滯 衆酒滯로 拾餘年 喫苦에 百藥이 無效러니 南門外紫巖朴尙悅 製造 麝香淸心丹 數二封에 如神得效 如是廣告

紫巖園藥舖 李鳳鎭 廣告

金堤郡 宗洞居 柳明宗이 本是外家之產 [illegible] 數百石 [illegible] 利 額外 [illegible] 故 外叔與公辰이 裁判 決上京 故로 玆以佈告

前理事 金奇俊 告白

隆熙貳年八月貳拾七日 慶祝順序

壹 頌德表奉呈 (銀製香爐)
貳 紀念物進獻 (爐 [illegible] 對)
三 各地方祝電代奏
四 官民合同大宴會 (日時 本日下午三時) (處所 景福宮內慶會樓)
五 各戶晝旗夜燈奉賀 (旗用 國旗) (燈用 李花太極燈)
六 通衢電氣祝燈 (鍾路)

卽位紀念式慶祝漢城府民會 告白

◎急病良藥◎

近來各處에서 鴉片烟으로 因 人民의 受此毒害 迷人等이 稱以負債 或曰 鴉片烟으로 自死 令人堪嘆 此弊 此良藥 久試 若有此事者 卽速 臨取藥 시면 藥價 分錢도 不受

[illegible]君 亮 伏望

小廣橋華商 榮大亨藥 十 旂 白

本人의 先山이 在於豊德孝禮洞 數百年 守護禁養 松楸 何許 悖類 稱以渠之所管 爲偷伐 玆以廣佈 外國人은 切勿見欺

宗孫 洪 [illegible] 告白

◉特別廣告

今番日本 渡去 學生 [illegible] 國體同行 附近應募者 本月九日 平壤 會集 九月壹日 發程 爲要

平壤東湖 鄭李鉉 告白

本人名字 李鎭의 鎭字를 以植字로 改定 知舊間 照亮 시옴

中部 [illegible] 洞壹統七戶 金李植 白

學員募集廣告

本學校 聰俊 敎授 爲 子弟 學員 募集 入學 시 僉君子
八月二十五日(陰七月二十九日) 內로 來議
位置 南部茶洞 九統壹戶
年齡 八歲以上 拾五歲以下
開學 九月三日
學科 普通課程
但 入學請願紙 支給

私立共成學校

本郡郡主事 鄭 [illegible] 裕 蘊玉 其姿 夙德 其人 壹鄕 公薦 敍任 以後 嫻熟新式 事務 爲 無滯 明解時宜 施措 爲 方 本郡 適値 期 [illegible] 官 軍隊 連絡 隨 請 應 [illegible] 毫無民弊 暴徒熾盛 竭誠撫諭 自歸順服 學校 刱起於面 敎育也 振興 郡 痛 於巨細 圖境也 賴 土地證明 踏査確認 兩莫 訴訟 裁書 公平處斷 壹無 冤 似 特異 不可含默 壹境 輿情 實聲 佈

黃海道 載寧郡 貳拾貳面人民代表
代表人 奇載善 尹鳳漢
康賓烈 梁 [illegible] 範 李豊喜
李瑞周 等 告白

學員募集廣告

本校 敎授 檢定 應試 敎師 識 敎授 學員 募集 入學 本月二拾八日(陰七月二拾八日) 內로 履歷書 保證人 先 呈 後 試

一 課程
修身、國語、地誌 及 歷史 外 算術、物理、化學、博物學、法學通論、經濟學、作文、心理學、數學、簿記、小學敎授法、圖畫、唱歌、體操 外國語、討論

一 修業期
貳拾四個月

一 試取及開學
試取 本月二拾八日(陰七月廿九日) 開學 九月拾日

一 試取科目及方法
作文(國漢字交用) 地誌、面講、算術(四則以內) 國歷史

一 入學資格
年齡二拾歲 以上 四拾歲 以下 身體建强 者

隆熙二年八月 日

普成中學校 [illegible] 興士團

隆熙學校 告白

◎學員募集

本學館 第二回學員 募集 志願人 八月三拾日 之內 請願書 提呈 (請願用紙 本館 請求)

(書 [illegible] 程)

中學科
(壹年級) 東國歷史。大韓地誌。算術。圖畫。博物。聖經。詔 [illegible]。 (日英語隨意)
(二年級) 萬國歷史。萬國地誌。算術。生理。中等物理。聖經。語學 (日英語隨意)
(三年級) 物 化學。經濟代數 生理。幾何。聖經 語學 (日英語隨意)

英語課 日語課
科程 英日語 各 專修

木工課
工業圖畫。算術。 [illegible] 木工 (夜學科程)

日語課 英語課 簿記課
以上三課 專修課 學細則은 本校에 問 事

入學試驗
科目 國漢文 讀書作文
但 各課補缺生은 各次班課程 으로 試驗

試驗日字
九月壹二兩日 (陰八月初六初七日) 上午九時

開學日字 九月三日

●以上各課中 晝夜學 語學課 補缺生 募集
●夜學各課 壹年級은 學員이 貳十名이 未滿 時 班 不設

皇城鍾路基督敎青年會學館

各地方各學校 敎師紹介所를 本會內에 設置 普通學 其他 各種技術 語學 敎育 敎授 志願人은 校洞本會館으로 來議

畿湖興學會 告白

平壤太極書館 有志紳士의 公益 爲 建設 義州 宣川 市 少年書舖 此館에 支店 新舊書籍과 學校所用物品 廉價 僉君子 陸續來購

書舖主 朴泰[illegible] 韓用[illegible]

本國地誌 本國歷史 算術 小學讀本 漢文 圖畫 特別이 英語科 가 有

南大門內 尙洞敎堂內 攻玉小學校

柳 [illegible] 宣 氏의 著作 算術敎科書와 答冊이 來到

發賣元 [illegible]

敎育月報

壹冊價 [illegible] 錢
每月二拾五日刊

壹般同胞의 男女老少 勿論 其 情 年限에 拘 學校 入學 못 에게 普通學術 發達 爲 各種緊要 學問 純國文으로 簡易게 繙譯 敎育月報 發行 此 逐號購覽 同胞 皆有識 學者가 될 故 本社 京鄕 書肆에서 發賣

京城中部校洞貳拾九統四戶 敎育月報社

量地法全

定價 [illegible] 錢 或 特別減價

本書 圖根 [illegible] 筆地各般 測量法 術이 完全具備 測量上 第壹必要 書籍

本書 測量上 必要 算術과 對數表 附入 本 對數表 我國 創出者

代數以上 高等算術 必要 本書 文法 簡明易解 初學 及 獨習에 便宜

發行所 中학橋 測量事務所
發賣所 南部 銅峴 博學書館
中部布屛下 廣學書舖 金相萬
罷朝橋 中央書舖 朱翰榮
鍾路 古今書海館
大東書市
南署大廣橋 滙東書館 高裕相
南門 尙洞 博文書館

本人等이 壹般學界에 便宜 供 爲 資本 合同 業務 擴張 新舊書籍과 學校用品 具備 發賣 僉君子 稍稍 光降 務望

海州南門內四街

韓昌書舖 館主 李承駿 朴昌鎭

釜山港東關韓興書館

金汝重 權鍾律

本館 開業 一年에 壹般同胞께서 愛助 益盛 本館 書籍 擴張 新舊書籍과 敎育物品 多數準備 特別廉價 四方 僉君子 來臨 爲要

本館에서 新舊書籍과 學徒의 所用 諸般物品 具備 販賣 僉君子 來購

平壤鍾路太極書館

館主 李升薰
主任 安泰國
事務 李德煥

第四回學員募集廣告

本塾에서 法律專門科 學員 新募 願學人은 九月三日 以內로 本塾에 對 請願書 提出 左開日時 應試

但 願書紙、學科、規則은 本塾에 在

試驗科目
壹、國漢文作文、國漢文讀書、地誌、歷史、算術(四則以內)

試驗日時
九月五日 上午拾時 (陰八月拾日)

但 高等學校 (中學校程度包含) 程度에 相當 卒業證書 有 人은 免試

西部丁后洞
私立養正義塾

漢城鍾路慈惠大藥房

大韓東西藥業月報社製藥

咽喉 隆奭水 五錢 金五十錢

痳病 消毒甘酸水 日壹分 圜告 十錢

男女 補益丸 二圓五十錢

氣血 滋潤腸丸 二十錢

淋疾 根藥 五十錢

痢疾 靈散 三十錢

淸腸 眼藥 十五錢

養兒寶散 十五錢

接根藥 三十錢

純金鷄納丸 十錢

滋蟲丸 二十錢

逍汗臭藥 二十錢

四時 感冒丸 十錢

太腫合瘡膏 三十錢

消痰 鎭咳藥 三十錢

漢城百應膏 十錢

陳滯 消積丸 五十錢

痢氣 神效 保胃散 十二錢五里

胃藥 唐草材以外 郵便送

▲大韓國新發明

健胃消滯 ▲八寶丹 九拾九粒 ▲팔보단 八十錢

承寧府典의 正二品洪哲僭閣下 實驗處方과 陸軍々醫의 學校教官 등 諸君의 有効證明으로 此丹을 行하온바 新久滯積과 急性胃格과 霍亂사腹과 胃腹疼痛과 頑痰固飮과 新久泄瀉와 七情鬱結과 水土不服과 暈眩嘔吐 諸症에 壹服見效 호오니 衛生君子는 試驗 호심을 爲希 홈

痳病 神藥 ▲사향소창단 ▲麝香消瘡丹

此丹이 於諸창에 無論男女老少 호고 若服壹劑 하면 實有神效 홈 百불白中 호오니 非例方可及이라 若論主治則 楊梅, 疳, 便毒, 瘰癧, 諸症에 俱見立效 호오니 養病 호시 君子는 壹次試驗 호시옵

婦人 ▲ 퇴양됴경환 ▲胎養調經丸

壹個月分入 定價 金五圓

大抵婦人이 年過 호도록 不受孕 홈은 由於有病也니 若不越早研究 호고 藥을 選則 非但壹個人의 不幸이라 抑亦全國生育之理에 關係가 不淺也니 僕이 十五年 消費 호야 內外國高明의 士에 驗方을 選擇 호야 先自僕家로 及他人 호야 累試 實驗에 十분 神効 호옵고 且此藥이 非但受孕之神劑라 治冷, 治積, 治 ……血에 俱有實効 호 ……以廣佈 호오니 會員 는 壹次試驗 호시 ……價 을 可知 이옵

製所 인川港 축峴和平堂藥房 發行人 仝 리應善

右三種 약은 各地方 이라도 請求 호며 우편으로부터 치 누슈도 엇소

京城 支店 鍾路衣廛下 和平堂

代理店 仁川港 축峴 제生堂 약房

▲發賣所

京城大廣橋 共愛堂 약房

仝 남문 니 水橋 제生 支店

仝 仝 大東書市 支店

仝 仝 府 룻 博文書館

仝 洞口 니 相 …… 號 ……

仝 鐵物橋 毛衣廛 리洛瑞

仝 小廣橋 毛衣房 텩厚根

仝 磚進동 上隅三可病院

仝 大寺동 共제病院

○仁川港 니 룽 開豐旅館 ……

仝 읍니 …… 제 ……

○江華鍾路 宋順五店

○開성 남문니 朴圭柘 商店

仝 남문니 明新冊사 리貞錫

○水原 남문니 김제九 약舖

○海州 남문니 리擧植 商店

○延安읍니 邊汝文 洋藥局

○長淵 남문니 崔在淳

仝 砂里院 耶蘇敎당 김 在善

○黃州 남문니 紅문동 리東赫

○平壤 雙巨里 韓鳳儀 藥舖

仝 館 …… 김 龍興 藥舖

仝 文武洞 桂澤善 약포

○鎭남浦 종동 김元섭 藥포

仝 제生당 出張 吳濟駿

○甑산港 開福洞 金斗鉉

仝 大井동 리春善 약房

○禮산 룡谷里 리東赫

○大邱 남문니 리明直 약局

○元山港 남甲元 약局

仝 제生堂 支局 朴敬鎭

○尙州 서문니 박致 …… 약局

◎會泉場 鄭聖瑞 약局

○釜山港 제生당 出張 朴昌鎭

○安州 성니 養井동 回春大약房

○安岳邑 上場 제生局 林 ……

○義州 남문外 木口街 義和약房

○載寧 읍後동 洋약局 崔允國

○定州 남문니 洋약局 리健柱

◎郭山읍 洋약局 羅應彬

○宣川읍 冊사 安 ……

鐵山읍 永春堂 安 ……

仁川港 和平堂 白

消化新藥 淸心保命丹

● 陸軍軍醫金守鉉君 實驗方劑 ● 陸軍軍醫 …… 君 有効證明 ● 四海衛生之 …… 君子 常備之靈藥

九十粒入 金拾錢

發行所 仁川港 杻峴 濟生堂藥房

● 右丹의 主治効能은 如左

● 담飮 咳嗽 ● 吐瀉 ● 水土不服

● 氣鬱 腹痛 ● 酒醉 ● 暑中

● 食積 食傷 ● 咽喉 ● 口臭 惡臭

● 其他 諸般 瘴氣 癘疫 預防 妙약

總發行所 京城 南大門內

● 지城 문外 제生당 支局 李庚 ……

● 제生당 支店 吳又賢

● 元山港 銘石院 제生당 支店 박敬鎭

代理店 京성大廣橋 共愛堂

● 京 泥峴 三丁目 新井약店

仝 鍾路 慈惠 약房

仝 仝 郵便局前 大佑堂 약房

仝 남 …… 남니 博文書館 …… 亭

仝 梨峴 洋약局 리 …… 華

仝 大安洞 仁제 약房

仝 壽동 三可病院 朴喜 ……

● 仁川 축峴 和平당 리 ……

…… 町 新井 藥房

● 海州 남문니 宋 …… 瑛

仝 仝 商店 리春 ……

● 水原 종路 下 약房 …… 제九

●大韓新발明藥 廣告

●延安邑니 洋약局 邊汝文

●江華 종路店 尹斗鉉

● 長淵 남門니 崔 …… 淳

● 砂 …… 里院 客主 任 …… 中

仝 耶蘇敎堂니 리 ……

● 瑞興邑니 許 …… 완

● 汗浦驛 東美 遞送部 김 …… 圭

● 黃州 남문니 紅문동 리東혁

● 安岳邑 上場里 제生局 林 ……

● 載寧邑 後동 洋藥局 崔允國

● 海州 …… 早 …… 遜 김 …… 和

● 信川 邑 四里 洋약局 김 ……

● 長連 邑 東里 冊肆 文 …… 冠

● 平壤 里 …… 동 …… 尹 ……

仝 雙巨里 제生局 韓 …… 儀

仝 館 …… 의 院 金 …… 興

仝 文武동 제生局 桂澤宜

仝 …… 壹里 藥局 崔 …… 化

● 鎭남浦 …… 동 冊사 김元煥

仝 后浦 …… 出張人 吳 …… 駿

● 安州 성니 養井동 回春大약房

● 博川 邑 美동 商店 朴芝行

● 定州 남문니 洋藥局 리健柱

● 郭山邑 …… 街 冊사 김大鉉

● 宣川 邑니 冊사 安 …… 濬

● 鐵山 읍니 永春堂 安 …… 灝

● 義州 남문外 木口街 …… 鎬浩

● 楚山 읍 官 洋약局 리丙斗

● 群山港 開福동 김斗鉉

● 大邱 남門니 …… 遠洞 김成浩

● 釜山港 東館 本町 商店 리炳夏

● 北靑 新昌港 客主 朴錫勳

● 木浦 名 …… 居留地 松房 徐岐 ……

● 全國니 各약局마다 隨應販賣

仁川港 축峴 濟生堂 白

…… 성남大문니

●大韓新발明神藥

● 牧丹 ◎ 灵丹 …… 中暑入滯 口臭 吐瀉 …… 拾錢

◎ 三 …… 寶丸 治諸 …… 痛 不拘 入送 …… 定價 ……

◎ 靈效液 外用 芳香 治疥 …… 皮風 …… 百發百中 定價 ……

◎ 淸眼水 治諸般 眼疾 …… 撥 …… 天之妙藥 定價 金 …… 錢

◎ 通淋丸 治男女 急慢淋疾 神效 …… 特效 除毒 …… 五拾錢

製藥發行所 漢城南署 大廣橋 川邊 東 第二家 十九統七戶 共愛堂大藥房 臨白

支店 漢城 남門內 共愛堂 支店 / 群山港 개福洞 共愛堂 第二支店 / 河東郡 赤良面 共愛堂 第三支店

代理店 京城 北署 大安동 姜助遠 / 仝 鍾路 …… 리 …… / 仝 西部 新門外 …… 黃 …… 秀 / 仁川 축峴 濟生堂 / 仝 和平局 ……

此外에도 東西洋 各國 有名 藥材와 草材 約이 俱備하오니 多少를 不拘 호고 請求 호시면 小包로 仰呈 호계 습

●新發明 梅毒 …… 廣告 陸軍軍醫 …… 實驗方劑

落梅丹

口瘡 …… 창病 去 …… 之 …… 藥 …… 三圜

去治 梅毒 唐창 新舊창 …… 便毒 …… 皮膚 …… 마 ……

● 淋病 已 …… 男女間에 不精 交合 後 若難 …… 之端이 有 호야 도 …… 服 …… 면 完 無 …… 遺 …… 脾胃 도 健全 홈을 擔保 홈

此外 …… 精 …… 材를 新備 호고 內外科 各色 疾病을 誠心 治療 홈

漢城 北部 大安洞 仁濟藥房 高用진 謹告

代理店 京城 鍾路 共愛堂 약房 / 仁川港 杻峴洞 濟生堂 / 國內 各處 藥局에서 隨應販賣 홈

社告

○申報價

壹號代金 新貨二錢五厘

壹個月前納 三十錢

參個月 九拾錢

陸個月 一圜七十錢

壹個年 三圜四十錢

郵稅 一號 新貨五厘

壹個月 十三錢

○廣告料

四号活字 拾三字詰

每日 每英尺 壹寸에 新貨廿五錢

(每日每行六錢에 相當홈)

二週日에 二圜五拾錢

每日每行四錢五厘에 相當홈

壹個月에 五圜

每日每行四錢壹厘에 相當홈

其期限의 長短과 字行의 多寡를 依 호야 增減 홈이 有홈

發行兼編輯人 英國人 萬 咸

Responsible for Publication Alfred Weekley Marnham.

發行所 南署 石井洞 號外地 三層洋屋 大韓每日申報社

漢城鍾路慈惠醫院診

醫學校卒業後 濟衆院卒業 …… 濟衆院의 實地 六年 研習 ……

金良漢

鍾路慈惠醫院에서 英國製 視力檢査機械와 金銀 …… 眼鏡을 購置 호고 男女 視力을 檢査 호야 此에 適合 호 대로 廉價放賣 하오니 視力이 不足 호 이는 速々히 來臨 하야 視力을 檢査 홀뿐아니라 人의 ……

第六卷 大韓每日申報 第八百八拾六號

大韓每日申報

月曜及慶節歲時日休刊

檀君開國四千二百四十一年
箕子元年三千三十年
大韓開國五百十七年
日本明治四十一年
淸國光緖三十四年
陰曆戊申七月大廿四日丁未

論說

◉科學應用의目的地

彼科學이란者ᄂᆞᆫ世界人類의心腦를闡發ᄒᆞ며宇宙萬物의理奧를發現ᄒᆞ야壹切有無界暗黑의方面을打破ᄒᆞ고光明ᄒᆞᆫ新天地를造成ᄒᆞᄂᆞᆫ者니偉哉라科學이여科學이不興ᄒᆞ면其國이必滅ᄒᆞ며科學이不盛ᄒᆞ면其民이必絶ᄒᆞ리니科學乎々々々여不可思議의大勢力으로人類를支配ᄒᆞᄂᆞᆫ者ㅣ此物이아닌가故로余ㅣ靑年諸君을爲ᄒᆞ야科學의勸勉을說ᄒᆞ고又說ᄒᆞᄂᆞᆫ바어니와雖然이나余가又聞컨ᄃᆡ同壹ᄒᆞᆫ龜手의藥「손되지안ᄂᆞᆫ약」은宋人은洴澼絖(빨내질)에用ᄒᆞ야數金을作ᄒᆞ고吳人은戰術에用ᄒᆞ야壹國의覇業을圖ᄒᆞ얏ᄂᆞ니嗚乎라奚獨不龜手藥이然ᄒᆞ리오卽科學도亦然ᄒᆞ니라

市立大學에卒業ᄒᆞᆫ者ㅣ瑪志尼壹人뿐아니언만後來伊太利를鼓動ᄒᆞᆫ者ᄂᆞᆫ瑪志尼壹人뿐이며柏林大學에卒業ᄒᆞᆫ者ㅣ俾斯麥壹人뿐아니언마ᄂᆞᆫ後來日耳曼을聯合ᄒᆞᆫ者ㅣ俾斯麥壹人뿐이며其外政治法律工藝各科學을修ᄒᆞᆫ者ㅣ古今에許多ᄒᆞ거ᄂᆞᆯ英雄의名譽를歷史에垂ᄒᆞᆫ者ᄂᆞᆫ寥々幾人에不過ᄒᆞ니此가何故이뇨此ᄂᆞᆫ天才厚薄의不同과機會善惡의不同과其外各種境遇의不同을由ᄒᆞ야其成就의不同이或致ᄒᆞ나然이나其大原因을究ᄒᆞᆫ즉但只學者發軔의初에其目的地를如何히定ᄒᆞᆷ에在ᄒᆞ다ᄒᆞᆯ지로다今에政治를學ᄒᆞᄂᆞᆫ者ㅣ其目的을定ᄒᆞ야曰吾가此로ᄡᅥ叅書局長壹窠ᄂᆞᆫ得ᄒᆞᆷ새ᄒᆞ야晝思夜夢이오직此에在ᄒᆞ며法律을學ᄒᆞᄂᆞᆫ者ㅣ其目的을定ᄒᆞ야曰吾가此로ᄡᅥ檢事判事壹位나得ᄒᆞᆷ을凡ᄒᆞ야歲講月鍊이오직此에在ᄒᆞ며其발願이區々數十圓月銀에不過ᄒᆞ며其希望이壹貳品賓階에不過ᄒᆞ면新人物ㅣ비록千萬番狂洗亂攝ᄒᆞᆯ지라도英雄의新紀夢見ᄒᆞ리오故로科學에有志ᄒᆞᆫ者ㅣ其學問보다先히硏究ᄒᆞᆯ一問題가有ᄒᆞ니此問題ᄂᆞᆫ云何오曰「我의今此爲ᄒᆞᄂᆞᆫ이壹身을爲ᄒᆞ야ᄒᆞᆷ인가一國을爲ᄒᆞ야ᄒᆞᆷ인가」ᄒᆞᆷ이是니라

外報

◉兩國皇帝親密 澳國이치을에서英國皇帝ᄂᆞᆫ澳國皇帝를爲ᄒᆞ야春盃를擧ᄒᆞ야曰英澳兩國은天佑를破ᄒᆞ야恆常親密ᄒᆞᆫ交際를保有永續ᄒᆞ기를懇望ᄒᆞᆫ다ᄒᆞ얏다더라

◉헤랠드新聞의議論 伯林電을據ᄒᆞᆫ즉紐育헤랠드新聞의淸米同盟을主張ᄒᆞᆷ은旣報와如ᄒᆞ거니와又法國이雲南國境事件에對ᄒᆞ야過激히要求ᄒᆞᆷ을攻擊ᄒᆞ얏다더라

◉淸政府의鑛物調査 淸國政府에서蒙古壹帶의各種礦物을調査ᄒᆞ야鑛業을發展ᄒᆞᆯ計畫인ᄃᆡ此調査ᄒᆞ기에適當ᄒᆞᆫ技師를難得ᄒᆞᆷ으로德國及日本技師를雇聘ᄒᆞ야委托ᄒᆞᆯ意向으로方今交涉中이라더라

◉法國艦隊의爆發 路透電을據ᄒᆞᆫ즉法國두론港에서法國鐵甲艦크론호ㅏ에서大砲가爆發되야六名이致死ᄒᆞ고拾三名이重傷ᄒᆞ얏다더라

雜報

◉帝國新聞贊成會趣旨書 夫新聞者ᄂᆞᆫ世界의耳目이오普通敎育의第壹機關이라是以로其國의文明程度를新聞의普通如何로視ᄒᆞᄂᆞ니彼歐美諸國은報紙의種類가數萬에達ᄒᆞ고大報館의발售ᄂᆞᆫ數拾萬枚에達ᄒᆞ야婦人牧子와車夫役丁이無不購讀ᄒᆞ야耳目을開ᄒᆞ고知識을求ᄒᆞ니彼其世界의蒸々日進ᄒᆞᆷ이實노新聞의効力이라謂ᄒᆞᆯ지로다

我韓은今日國內에報紙發行ᄒᆞᆷ이三四種에不過ᄒᆞ니我二千萬民族의眼目으로新聞을購覽ᄒᆞᄂᆞᆫ程度가彼日本留民數拾萬의ᄂᆞᆫ新聞購覽ᄒᆞᄂᆞᆫ數의不及ᄒᆞ니其民智의蒙昧와文化의幼稚ᄒᆞᆷ이太可憫歎이라雖然이나年來我同胞의愛國思想과敎育注意가稍々開發ᄒᆞᆷ은어지新聞報筆의嘔心吐血ᄒᆞᆫ諷論警切ᄒᆞᆫ効力이아니라謂ᄒᆞ리오至若帝國新聞ᄒᆞ야ᄂᆞᆫ國文으로發行ᄒᆞᄂᆞᆫ故로壹般婦人社會와下等社會를對ᄒᆞ야知識을啓발ᄒᆞᆷ이最多ᄒᆞ니大抵家庭敎育은婦人社會에其因ᄒᆞ고國民의普通開明은下等社會가多數를占ᄒᆞ니今日文明進步의機關은區報의奏效가尤多ᄒᆞ다謂ᄒᆞᆯ지로다

嗚乎라本月六日은帝國新聞의創刊ᄒᆞᆫ滿十年紀念日이라沉々ᄒᆞᆫ長夜에壹點孤燈이風雨를排却ᄒᆞ고光明을始放ᄒᆞᆫ시言論의束縛과經費의窘拙로無限困難을經過ᄒᆞ고繼續維持ᄒᆞᆷ이於茲乎十年霜을閱歷ᄒᆞ얏스니我壹般社會가同報의成蹟을爲ᄒᆞ야祝賀ᄒᆞ고感謝ᄒᆞᄂᆞᆫ바어니와目今同報의困難ᄒᆞᆫ景況이達於極點ᄒᆞ야朝夕莫保의歎이有ᄒᆞ니壹般社會ᄂᆞᆫ思之念之어다我大韓世界에壹條光線으로拾年을揮ᄒᆞ던帝國新聞이至于今日ᄒᆞ야維持를不得ᄒᆞᄂᆞᆫ境遇이면文明關係의壹大退步ᄒᆞᄂᆞᆫ影響이果何如也며至於婦人社會와下等社會ᄒᆞ야ᄂᆞᆫ昏衢의燭을失ᄒᆞ야耳無所聞ᄒᆞ고目無所視ᄒᆞᄂᆞᆫ悲境에至ᄒᆞᆯ지니所以로本人等이出力維持를期圖코져ᄒᆞ야贊成會를發起ᄒᆞ고是庸仰佈ᄒᆞ오니社會僉員은同報에對ᄒᆞ야維持ᄒᆞᆯ道의方針을拾分講究ᄒᆞ야贊成ᄒᆞᆫ實效를表ᄒᆞ심을切々顒祝

發起人 金[illegible] 朴殷植
柳瑾 金允五
鄭東說 鄭永澤
金相演

◯人力車營業團束規則(續)

第九條 左開各項의壹에該當ᄒᆞᆫ時ᄂᆞᆫ三日以內에所管警察官署에申告ᄒᆞ야被可證又ᄂᆞᆫ車體檢査證을還納ᄒᆞᆷ이可ᄒᆞᆷ

壹 營業者가死亡ᄒᆞ거나又ᄂᆞᆫ去處가不明ᄒᆞᆫ時

二 廢業ᄒᆞ거나又ᄂᆞᆫ廢車ᄒᆞᆫ時

三 車體를放賣ᄒᆞ거나又ᄂᆞᆫ讓與ᄒᆞᆫ時

前項第壹號의境遇에ᄂᆞᆫ相續人又ᄂᆞᆫ主퓐의族이申告ᄒᆞ되許可證又ᄂᆞᆫ車體檢査證을還納ᄒᆞ며第二號의境遇에ᄂᆞᆫ[illegible]事者兩人의連署를要ᄒᆞᆷ

第拾條 人力車車夫ᄂᆞᆫ就業中에左各號를遵守ᄒᆞᆷ이可ᄒᆞᆷ

壹 人力車를就業中에ᄂᆞᆫ不潔又ᄂᆞᆫ不整ᄒᆞᆫ服裝을着用ᄒᆞᆷ을不得ᄒᆞᆷ

二 許可證及賃錢表를携帶ᄒᆞ야警察官이나又乘客이請求ᄒᆞᆫ時ᄂᆞᆫ此를示ᄒᆞᆷ이可ᄒᆞᆷ

三 駐車場外에서客을待ᄒᆞ거나又ᄂᆞᆫ濫히路上에서彷徨ᄒᆞ거나佇立ᄒᆞᆷ을不得ᄒᆞᆷ

四 乘客이請求ᄒᆞᆫ時에正當ᄒᆞᆫ理由업시乘車를拒絶ᄒᆞᆷ을不得ᄒᆞᆷ

五 乘客의承諾을得지아니ᄒᆞ고途中에서他車에換乘케ᄒᆞ거나又ᄂᆞᆫ駐車或은下車를請ᄒᆞᆷ을不得ᄒᆞᆷ

六 乘客에對ᄒᆞ야名義의如何를不拘ᄒᆞ고定額外에賃錢을請求ᄒᆞᆷ을不得ᄒᆞᆷ

七 通行人에對ᄒᆞ야乘車를勸動ᄒᆞ거나又ᄂᆞᆫ傲慢ᄒᆞᆫ言行이有ᄒᆞᆷ이不可ᄒᆞᆷ

八 車를故意로懶ᄒᆞ거나又ᄂᆞᆫ濫히驅馳ᄒᆞ야通行人의게妨害를加ᄒᆞᆷ이不可ᄒᆞᆷ

九 夜間은提燈에點火ᄒᆞᆷ이可ᄒᆞᆷ

拾 往來雜踏ᄒᆞᆫ處或狹隘ᄒᆞᆫ處所及街隅나橋上을通過ᄒᆞᆯ時ᄂᆞᆫ徐行ᄒᆞᆷ이可ᄒᆞᆷ

拾壹 街隅나橋上과其他往來의妨害될處所에서乘客을昇降케ᄒᆞᆷ을不得ᄒᆞᆷ

十二 壹人乘車에二人、二人乘車에三人을乘케ᄒᆞᆷ을不得ᄒᆞᆷ 但十二歲未滿者ᄂᆞᆫ此限에不在ᄒᆞᆷ

拾三 駐車場에在ᄒᆞᆫ人力車ᄂᆞᆫ整列順序又ᄂᆞᆫ抽籤으로써車를配ᄒᆞᆷ이可ᄒᆞᆷ但客이特이指定ᄒᆞᆫ時ᄂᆞᆫ此限에不在ᄒᆞᆷ

十四 乘客이下車ᄒᆞᆫ後에遺留品이有ᄒᆞᆫ時ᄂᆞᆫ卽時最近警察官署又ᄂᆞᆫ巡査派出所나或巡査駐在所에申告ᄒᆞᆷ이可ᄒᆞᆷ

未完

◉隨聞更揭 私立中東學校測量科講師洪鍾大氏가該學校學徒를齊退학게ᄒᆞ고獎學社ᄂᆞᆫ朴太緖氏로協議ᄒᆞ야普成학校內에測量學校를附設ᄒᆞ고該退학生徒들ᄒᆞ야授ᄒᆞᆷ에對ᄒᆞ야不公平의批評이有ᄒᆞ다ᄒᆞ기에隨聞揭載ᄒᆞ얏더니更聞ᄒᆞᆫ즉該學生等의退學이講師退免ᄒᆞᆷ을由ᄒᆞᆷ이오洪氏가退學케ᄒᆞᆷ이아니며該退學生徒들이醵학ᄒᆞᆷ도移학ᄒᆞᆷ도朴氏와洪氏가協議ᄒᆞᆷ이아니라該學生等이該社에請願ᄒᆞ야使之敎育케ᄒᆞ야달나ᄒᆞ기로該社에서獎학之義에學生의渙散을不忍越視ᄒᆞ야中東학校와交涉後에借校開학ᄒᆞᆷ이라더라

雜報

●新刊規頒布 內閣에셔新編纂ᄒᆞᆫ法規類編을刊出ᄒᆞ얏ᄂᆞᆫ딕各府部院廳에存案件壹部式을昨日에頒給ᄒᆞ얏다더라

●文簿整理送交 歷代帝王陵寢을政府에셔句管ᄒᆞᄂᆞᆫ事ᄂᆞᆫ己爲銷消이니와該句管ᄒᆞᆫ事를掌禮院에셔文簿를整理ᄒᆞᄂᆞᆫ것시畢了가된故로目間宮內府에셔該文簿를政府로送交ᄒᆞᆫ다더라

●副長辭免理由 監查院卿申箕善씨가中樞院副長을遞任ᄒᆞᆫ理由를詳聞ᄒᆞᆫ즉申氏가中樞院副長으로監查院卿을兼任하얏ᄂᆞᆫ딕內藏院卿崔錫敏씨의게統監府指揮를得付ᄒᆞ고副長의月俸과卿의月給을推尋ᄒᆞᄂᆞᆫ지라崔가牢却ᄒᆞ야曰祿不疊受ᄂᆞᆫ章程이自在ᄒᆞᆫ즉統監府指揮가有ᄒᆞ여도兩窠月俸은不可支撥이라ᄒᆞᆫ故로中樞院副長은辭免ᄒᆞ얏다더니

●平察巡視 平南觀察使李軫鎬氏ᄂᆞᆫ管下各地方의行政事務를觀察ᄒᆞ기爲ᄒᆞ야발程巡視ᄒᆞᄂᆞᆫ中이라더라

●池氏事務官被任 江陵郡守池逸燦氏가度支部事務官을被任ᄒᆞ고ᄂᆞᆫ說은己爲韓道어니와臨時財產整理局事務官을被任ᄒᆞ얏다더라

●關稅觀察發程 [illegible]部關稅務局長松井茂와氏籍課長鍵聲九氏ᄂᆞᆫ昨日下午二時에關稅察次로關西等地로발向ᄒᆞ얏다더라

●三土歸國餞別 前學部書記官三土忠造씨ᄂᆞᆫ昨日上午八時頃에京釜鐵道第壹番列車로搭乘歸國ᄒᆞᄂᆞᆫ티학部次官以下壹般高等官들이南門外停車場[illegible]

●校內慶祝 本月貳拾七日 大皇帝陛下 卽位第壹回紀念慶祝時에各학校에셔提燈慶祝ᄒᆞᆫ다홈은己報ᄒᆞ얏거니와更聞ᄒᆞᆫ즉高等학校의生徒資格이되ᄂᆞᆫ生徒만提燈ᄒᆞ고其他小학校生徒ᄂᆞᆫ本校內에셔만慶祝例를擧行ᄒᆞᆫ다더라

●英校頌恩 麻浦米商의稅文壹百二拾元을從前에ᄂᆞᆫ慶善宮으로上納ᄒᆞ던거슬該浦私立興英學校로 慶善宮殿下에셔下付ᄒᆞ신지라該校任員與學徒等이不勝惶感ᄒᆞ야去十七日上午拾壹時에該校長韓秉昱氏가학徒六拾五名을領率ᄒᆞ고大漢門前에馳到ᄒᆞ야 太皇帝陛下와 慶善宮殿下萬歲를三唱ᄒᆞ얏다더라

●太學修理協議 成均館이年久頹圮ᄒᆞᆫ處가有ᄒᆞ야或滲漏가된다ᄂᆞᆫ대학部에셔將次修理ᄒᆞᆯ事를協議ᄒᆞᆫ다더라

●學務進就協議 學部에셔昨日下午에壹般高等官吏가會同ᄒᆞ야학務上進就ᄒᆞᆯ方法을協議ᄒᆞ고明年度預算件을提議ᄒᆞ얏다더라

●裁判事務引繼 新裁判所를設置ᄒᆞᆫ結果로平安北道裁判所ᄂᆞᆫ管轄權에依ᄒᆞ야平壤地方裁判所及同區域裁判所에셔事務를引繼ᄒᆞ얏合으로써去月三拾一日에閉鎖ᄒᆞ고引繼書類全部ᄂᆞᆫ本月五日에平壤으로發送ᄒᆞ고未決囚二拾壹名은平壤監獄署로押送ᄒᆞᆯ터이나同監獄署와交涉을俟ᄒᆞ야暫時寧邊에拘留ᄒᆞᆫ다더라

●壹進會紀念光景 今番壹進會紀念式에帽子와周衣를着ᄒᆞᆫ人外에ᄂᆞᆫ入場을許치아니ᄒᆞᄂᆞᆫ故로洋服ᄒᆞᆫ者ᄂᆞᆫ[illegible]못ᄒᆞ고[illegible]

●船會總裁推薦 河船運送營業會에셔趙義淵으로該會總裁를推薦ᄒᆞ얏다더라

●川上民公議 漢城府에셔齋洞川上家屋價文을陰本月晦日에推去ᄒᆞ라ᄒᆞᄂᆞᆫ故로該家主가再昨夜에壹齊히會同公議ᄒᆞ되漢城府에呼訴ᄒᆞ야家屋價를從時價推尋ᄒᆞ기로決定ᄒᆞ얏다더라

●錦民上京 錦山郡人民이同郡普附校事로互相異論ᄒᆞᆫ다홈은己報어니와該事件에학部에請願次로該郡人民이多數上京ᄒᆞ얏다더라

●郡主不法 三嘉郡主事박重俊氏가昨年分에稱以設校ᄒᆞ고各饒民處에金拾餘圓式을排斂ᄒᆞ야設校ᄒᆞ얏다가居未幾에학徒를私自放學ᄒᆞ미教師도自然退去ᄒᆞᆫ지라該錢은因作己物ᄒᆞ더니今又設校라ᄒᆞ고鄕校畓을亦爲放賣ᄒᆞ다고該郡來人의傳說이喧藉ᄒᆞ더라

●日船破壞 鎭南浦에在ᄒᆞᆫ石井友次郎의所有日本帆船日吉丸과同地九島榮藏의所有敬神丸과同鄕村谷市助의所有勇榮丸三隻은本月四日安東縣에셔材木을積載ᄒᆞ고鎭南浦로航行ᄒᆞᆫ다가六日午後八時大同江口에셔暴風을遭ᄒᆞ야吉丸以外兩隻은破壞ᄒᆞ야韓日人三名은生死가不明ᄒᆞ얏고積載ᄒᆞᆫ物及船舶의損害ᄂᆞᆫ二千六百圓이라더라

●妖物云逃 北部通동居金順吉의妻妖巫徐召史ᄂᆞᆫ所謂神將이접혓다稱ᄒᆞ고愚昧婦女를蠱惑케ᄒᆞ야妻妾間咀呪物을善索ᄒᆞᆫ다ᄒᆞ고錢財를取ᄒᆞ다가北[illegible]ᄒᆞ얏다가分寶恕ᄒᆞ야日後부터ᄂᆞᆫ此等妖詐ᄒᆞᆫ事를行치말고悔過ᄒᆞ라ᄒᆞ고說論放送ᄒᆞ얏ᄂᆞᆫ대此事實이各新聞에揭載된後로漢城內外의히女의게錢幾千兩式을辦給ᄒᆞ고妻妾間咀呪物을搜索ᄒᆞᆫ樣으로見欺ᄒᆞᆫ人等이히女의虛誕ᄒᆞᆷ을確然覺知ᄒᆞ고히女를執捉雪憤ᄒᆞᆯ次로每日에接踵來到ᄒᆞ야搜索ᄒᆞᄂᆞᆫ故로히女ᄂᆞᆫ畏劫ᄒᆞ야潛身逃走ᄒᆞ얏다더라

●金門宗約 中部外相동二統九戶에金瀜金씨宗約事務所를設置홈은本報에已揭ᄒᆞ얏거니와本月拾五日에關係者百餘人이集會ᄒᆞ얏ᄂᆞᆫ딕所長은金容培氏오副所長은金永振氏요其他敎育部장評議장等二十餘人의任員을選定ᄒᆞ얏ᄂᆞᆫ딕其目的은各自義捐金을募集ᄒᆞ야金氏의宗族子侄의教育홈인딕該所에셔國家의興隆은民族의親睦에在ᄒᆞ고民族의親睦은後進教育에在ᄒᆞ다ᄂᆞᆫ趣旨書를發表ᄒᆞ얏다더라

●閔氏保放說 閔京鎬씨가監獄署에多日滯囚ᄒᆞ얏더니今明間保放이될다더라

●署名規例制定 宮內府에셔各部로通牒하되公故時壹般官吏의署名에關ᄒᆞᆫ件을別紙와如히規例를制定ᄒᆞ얏스니照亮準施ᄒᆞ라ᄒᆞ얏ᄂᆞᆫ데

奏任官以上의武官及奏任待遇以上의職員으로左의境遇에當ᄒᆞ고臨見치아니ᄒᆞᄂᆞᆫ者ᄂᆞᆫ 昌德宮署名室에備置ᄒᆞᆫ署名簿에署名홈이可홈 但 萬壽聖節坤元[illegible]宮에 問安或謝恩홀時ᄂᆞᆫ承寧府에備置ᄒᆞᆫ署名簿에署名ᄒᆞᆯ者로홈

壹新年 乾元節 萬壽聖節 皇后陛下誕日 千秋慶節 陳賀時

但 皇太子殿下ᄭᅴᄂᆞᆫ日本에留學ᄒᆞ실間은署名홈을不要ᄒᆞ고陳賀의格式은別로히此를定홈

二城外 動駕 動輿의翌日 除夕當日其他 備室에慶哀잇ᄂᆞᆫ境遇에 問安ᄒᆞᆯ時

但慶哀의 問安은掌禮院에셔其時此를通牒ᄒᆞᆯ者로홈

三奏任官以上의任官。正三品以上의敍品。勳六等以上의敍勳。特賜金과物品。賜宴後謝恩을表ᄒᆞᆯ時

四奏任官以上으로國外出張及歸國ᄒᆞᆯ時라ᄒᆞ얏더라

●會館借給協議 畿湖興학會ᄂᆞᆫ前衛生院에權設ᄒᆞᆫ은人皆知ᄒᆞᆫ바어니와該院이狹窄홈으로永宣君李埈鎔氏가發論ᄒᆞ야宗正府內에廳舍幾間을허曾借給ᄒᆞ기로某々 皇族諸氏와協議中이라더라

●廣化塾擴張 南門內暘谷廣化新塾은本是語役학을專門으로教授ᄒᆞ더니該校任員諸氏가協議ᄒᆞ고實地로簿記筭術等課目을增設ᄒᆞ고來秋期부터教員을募集ᄒᆞ야實效가有ᄒᆞ도록教授ᄒᆞᆯ터이라더라

●井邑光明 井邑郡守金永汶과地方委員朴箕哲郡主事朴彦準諸씨가教育에有志ᄒᆞ야학校를設立ᄒᆞᆯ意로壹郡士民을熱心興起ᄒᆞ야各捐財産ᄒᆞ야[illegible]학校ᄒᆞ고校任李堯榮씨ᄂᆞᆫ教師를延[illegible]

●[illegible]校試驗 清[illegible]部[illegible]明학校에셔卒業학期試驗을經ᄒᆞ얏ᄂᆞᆫ디高等小학校卒業優等生은김경俊김愛육이오卒業生은김愛洸이오尋常小학校卒業生은崔泰석李ᄊᆡ淑等ᄂᆞᆫ이오三年級修業生은김文植等八人이오壹年級修業生은張욱洪金竜琦等인대該校에셔空冊과紙鉛筆等物을優數히施賞하엿고父兄會中에셔도空冊鉛筆을多數贊成ᄒᆞ얏다더라

●兩處有志 長淵郡居前主事林元錫等諸氏가該郡內에勞働夜학校를設立ᄒᆞ고開학ᄒᆞᆫ지不過壹朔에학徒가五拾餘名에達ᄒᆞ얏ᄂᆞᆫ대教師李俊應金秉淵兩氏가다其名譽로自願教授ᄒᆞᄂᆞᆫ대林元錫氏가학徒帽子와文科書와地圖漆板紙筆墨及諸般經費를自爲擔當ᄒᆞ고金萬珠氏ᄂᆞᆫ燈柴油를擔當ᄒᆞ야熱心贊成ᄒᆞᆫ다더라

●三校協成 龍川郡良策洞義英東明黎明三校가協成ᄒᆞ야校舍를宏大히新築ᄒᆞ고本月十七日에開學ᄒᆞ얏ᄂᆞᆫ대該校長白璉瑚教師朴夢[illegible]事務全子範鄭尤及金逢恩諸시가熱心教授ᄒᆞᆫ다고西人의稱頌이有ᄒᆞ더라

▲地方消息▼

▲本月八日古阜郡內에셔義兵二百餘名이同郡警察署韓日巡查隊와交戰ᄒᆞ얏다ᄒᆞ고

▲七月拾九日咸南倉坪東方約四里地에셔臨時測量班護衛兵을義兵이襲擊ᄒᆞ얏다더라

▲九疑問題▼

▲半島山川三千里의文明氣像[illegible]疑峯을놉혓ᄂᆞ[illegible]

▲第壹峯을살펴보니頭등大官會議ᄒᆞ야良田[illegible]ᄒᆞ라ᄒᆞ며劇場만排ᄒᆞ야於私益ᄒᆞᆫ사더問題가可疑로다

▲第貳峯을살펴보니[illegible]官의辭免ᄒᆞᆫ雪片往來不絕이라行政實蹟不美ᄒᆞᆫ지抑亦有司不公ᄒᆞᆫ지더問題가可疑로다

▲第三峯을살펴보니至尊至貴母后에셔撤廢珠簾ᄒᆞ셧ᄂᆞᆫ뒤閭巷에衣冠存ᄒᆞ야上下壹致沓然ᄒᆞ니더問題가可疑로다

▲第四峯을살펴보니前日有名挾雜客이今日社會에關ᄒᆞ야熱心文明自稱인들眞假心腸難信이라더問題가可疑로다

▲第五峯을살펴보니新紙貨가通用ᄒᆞ면葉錢時代可期더니商路를販杜絶ᄒᆞ야愈往愈困무숨일가더問題가可疑로다

▲第六峯을살펴보니警察權이擴張되면道不拾遺希望터니西方蜂起盜賊이라民不料生엇지ᄒᆞᆫ사더問題가可疑로다

▲第七峯을살펴보니競賣所가羅列이라公拍字解釋ᄒᆞ며破產法의壹條여늘爭起設立何意런고더問題가可疑로다

▲第八峯을살펴보니花套局이爛熳ᄒᆞ니라雜技生活誰런고於古於今未聞인대明知此理故犯ᄒᆞ니더問題가可疑로다

▲第九峯을살펴보니法律雖云敗政이나怨女恨女增殖ᄒᆞ니號哭彷徨纏綿ᄒᆞ들伸冤無地可矜이라더問題가可疑로다

▲西楚霸王물너가九疑峯을拔去ᄒᆞ고蒼頡皇帝청ᄒᆞ니九疑字ᄂᆞᆫ删去ᄒᆞ고求宜字로改正ᄒᆞ면그問題가可宜로세

廣告

本人의所有草家十間舊記二張을家人이知中에서失故로將欲請願于漢城府爲去故로玆以廣告홈

西署盤石坊石橋契新村洞第三統七戶 方興元

特別廣告

本月二十七日은惟我 大皇帝陛下의卽位紀念式日인바伊日準備에對하야預示할事件이有하니職員及學員은本月二十一日上午十時에壹齊來會홈事

官立漢城外國語學校

德川郡守安承烈氏가善良하야段으로躬巡面里而口舌斧鉞로曉諭鎭撫하야蜂起之暴徒가感服其化하고百姓이安堵樂業이기로玆에廣告홈

德川下面龍德里弓河壹 告白

特別廣告

本月二十七日慶祝預備事가有하니壹般職員及學員은本月二十一日正午에壹齊히本校로來集홈事

官立漢城高等學校

本館의勢를得하야廉價放賣하깃스오니有志僉彦은斯速來議홈 家架는瓦屋百四十九間

安洞街 大東寄宿館 告白

金堤郡宗洞居住會이는本是外家之庄으로屬置한土數百石락落이더니但知沒利하고不顧外叔故로外叔吳公辰이가裁判次로以故로玆以廣告홈

前理事金奇俊 告白

本人名字泰鍾의字를植字로改定하오니知舊間照亮하시옴

中部壽洞壹統七戶 金泰植 告白

黃正河는本以關內富人으로去丁亥年分에不幸身死而長七寸侄致浩가以無長之慾으로嗾其無子하고欲奪家產하야上京周旋之際에適値金哲然이灣尹除拜之時하야運開所費로渠自擔當하고同爲下來하니壹邑之權이不求而自至라公私挾雜이難以枚擧러니末乃見捉於營巡하야在囚月餘에自巡營으로特派金日賢爲名人하야訓令灣尹而本邑楊下面所在黃止河田畓을放賣以納之意로訓辭截斷而座首는卽崔時哲也라府尹이使時哲之名으로成記放賣于洪德祚處하야捧價壹萬五千兩而出給金日賢이러니甲午八月分에致浩 誣訴法部하야洪德祚가以義州稅官으로籍勢營私하야勒奪右畓하니特爲還推이다하고바裁判之場에德祚는以時哲之名으로買得한文券이照卽致浩가自歸落科矣러니至乙未年하야는致浩가再訴于法部하야右畓을閔丙漢氏가奪取하다하야至於裁判之境하야는閔等은因巡營公文而擧行也則渠는落科而致浩는身死하고其妻黃召史가同辯護士桂命夔하야渠首訴計에已經數十年之事를忽然變卦하야本人이奪食하고且金夏建이가從府使圖差時에費錢二萬九千兩하니本人之所取라此等無理之說로擧訴于本府刑事室故로本人이逐條辨明하야渠之誣訴가綻露無餘則桂命夔가更爲移訴于民事室而此田畓買後에洪德祚氏在任時에黃又圖囑하야還退于洪淳旭氏와義州郡守尹錫祺之公文이不啻嚴截故로所買各人이不得己每日斂兩式加斂給而安帖이고金夏建事는錢二萬千兩代爲出給本人이다於命夔가使金振聲으로立證이나裁判之場에金振聲이가自服誣安則此事彼等의本人을都無關而無辜橫罹하야數年苦楚타가今始出稍可謂命夔는身帶辯護之名하고與黃女로暗地逃走하야留連於鐵山等地하니又無知做出何樣事件而此漢此女之前後所爲는不可不揭佈於衆人耳目하야以辨白冤屈을顯達홈

義州朴性根 告白

◎急病良藥◎

近來各處에서鴉片烟으로因하야人民이受此毒害하며兼有愚迷人等이稱以負債하며或因鴉片烟으로自死하니슴人堪嘆이라弊人이此良藥을久試하얏스니若有此事者여든卽速來臨取藥하시면藥價는壹分錢도不受하오니僉君子는照亮하심을伏望

小廣橋華商東大亨藥千旂 白

本郡郡主事鄭錫裕氏는蘊玉其姿오夙德其人이라壹鄕이公薦敍任以後로嫺熟新式하니事務爲無滯하고明解時宜하니施措爲有方이라本郡이適値四五朔曠官하야軍隊連絡의隨請隨應하야毫無民弊하고暴徒熾熾의竭誠撫諭하야自歸順服이라學校의刱設於面里하니敎育也振興하고郡막의痛거於巨細하니疆境也賴安이라上部證明하踏查確認하니兩莫售奸이오訴訟裁判에公平處斷하니壹無呼冤이라似此特異는不可含默이기兩誠을賀情이齎聲廣布홈

黃海道載寧郡貳拾貳面人民代表

代表人 奇載善 尹鳳漢 康其烈 梁思範 李豐喜 李瑞朗等 告白

卽位紀念式慶祝 漢城府民會 告白

隆熙貳年八月貳拾七日慶祝順序

壹 頌德表奉呈

貳 紀念物進獻（銀製香爐壹對）

三 各地方祝代奏

四 官民合同大宴會（時 本日下午三時）（處所 景福宮內慶會樓）

五 各戶晝旗夜燈奉賀（旗用國旗）（燈用李花太極燈）

六 通衢電氣祝燈（鐘路）

●學員募集廣告

本校에서學部檢定에應試할敎師학識을敎授하기爲하야학員을募集하오니願학人은本月二十八日（陰七月二十八日）내로裏保狀을先呈後應試하심을爲要

一 課程 修身、國語、地誌及歷史외外에 物理、化학、博物학、法학通論、經濟학、作文、心理학、數학、簿記、小학敎授法、圖畫、唱歌、體操、外國語、討論

一 修業期 貳拾四箇月

一 試取及開학 試取는本月二十八日（陰七月二十九日）이오開학은九月十日이니

一 試取科目及方法 作文（國漢字交用）니國歷史地誌、面講、算術（四則以內）

一 入學資格 年齡二十歲以上四十歲以下로身體健强혼者

隆熙二年八月 日

壽進洞前壽進宮내 興士團 隆熙學校 告白

○本학館에서第二回學員을募集하오니志願人은八月三十日之內로請願書를提呈홈（請願用紙는本館에請求홈）

中學科

（壹年級）東國歷史。大韓地誌。算術。圖畫。博物。聖經。（日英語隨意）

（二年級）萬國歷史。萬國地誌。算術。生理。中등物理。聖經。語學（日英語隨意）

（三年級）物理。化학。經濟代數。生理。幾何。聖經。語학（日英語隨意）

英語課 日語課

科程은英日語學及各히專修케홈

木工課

工業圖畫。算術。實習木工（夜學科程）

日語課 英語課 簿記課

以上三課는爲하야專修課로되入學細則은本校에來問홈事

入學試驗科目

國漢文讀書作文

但各課補缺生은各該班課程으로試驗홈

試驗日子

九月壹二兩日陰八月初七八日 上午九時

開學日字九月三日

●以上各課中晝학語학課는補缺生만募集홈

●夜學各課壹年級은학員이貳十人이未滿홀時는該班을不設홈

皇城鍾路基督敎靑年會學館

御營宣씨의著作한算術敎科書와答冊이來到홈

發賣元 鄭象俊

●學員募集廣告

本校에서第二回男女學員을募集하오니願하시는이는八月三十日內로請願하시오

科程 本國地誌 本國歷史 算術 小學讀本 漢文 圖畫 特別히英語科가有홈

南大門外尙洞敎堂內 攻玉小學校

平壤太極書館은有志紳士의公益을爲하야建設한바이어니와義州普市少年書舖는此館에支店으로新舊書籍과學校所用物品을廉價販賣하오니僉君子는陸續購覽하시옴

書舖主 朴[illegible]

普通學其他各種技術語學 敎師紹介所

를本會內에設置하오니各處各學校에서敎育에敎授홀志願은本會館으로來議하시옴

畿湖興學會

◎學員募集廣告

本學校에서聽從하야敎授하기爲하야學員을募集하오니子弟를入學코자하시는僉君子는八月二十五日（陰七月二十九日）內로來議하시옴

位置南署茶洞十九統壹戶

年齡八歲以上拾五歲以下

開學九月三日

學科普通課程

但入學請願紙는支給홈

私立共成學校

訴訟、對하야疑惑、決答의게其勝負의可否를詳細說明이옵고鑑定料는事之貴하며債之多少를隨하야臨時酌定홈되大概如左홈

鑑定料는五圓以下로되貧窮者에게는無料로홈

京城南部苧洞六統貳戶

東洋大學講師 日本法律學士 辯護士 木尾虎之助

量地法全

定價七十錢 或特別減價

本書는圖根帶筆地各般測量法術이完全俱備하와測量上第壹必要한書籍이옵

本書는測量上必要한算術과對數表까지附入하얏삽

本對數表는我國에創出者인데代數以上高等算學에必要하옵

本書의文法은簡明易解하와初學及獨習에便宜하옵

發行所 中部橋測量事務所

發賣所 南部銅峴博學書館 中部布屏下廣學書舖金相萬 罷朝橋中央書舖朱翰榮 鍾路古今書海館 大東書市 南署大廣橋通東書館高裕相 南門內尙洞博文書館

第四回學員募集廣告

本塾에서法律專門科卒業할學員을募集하오니願學人은來九月三日以內로本塾에對하야請願書를提出하고左開日時에應試홈事

但請願書紙、學科、規則은本塾에在홈

試驗科目

壹、國漢文作文、國漢文讀書、地誌、歷史、算術（四則以內）

但高等학校（中學校程度를包含）程度에相當한卒業證書를有한人은免試홈

試驗日時

九月九日上午拾時（陰八月拾日）

西部丁后洞 私立養正義塾

漢城鍾路慈惠大藥房
大韓東西藥業月報社製藥部

咽喉熱痛 降火水 五日分 壹圜 金五十錢

男女氣血 補益丸 二五圓 錢

消毒甘酸水 金五十錢

帶濁潤腸丸 二十錢

淋疾祛根藥 五十錢

痢疾靈散 二十錢

清明眼藥水 十五錢

養兒寶散 十五錢

黃疸根藥 三十錢

純益鷄納丸 十錢

虮瘡寶丸 二十錢

斷汗臭藥 二十錢

時感胃丸 十錢

苓腫合瘡膏 三十錢

消痰鎮咳藥 三十錢

漢城百應膏 十錢

陳滯消積丸 五十錢

瘧氣保安散 二十錢

胃藥倍效散

小兒應效散 五厘 二十錢

◉大韓帝國新發 明特効靈藥

八寶丹 九粒入金十錢

承宰府典醫正三品 洪哲普閣下實驗處方 陸軍二等軍醫 教官 張基茂君有効証明

主治 ○胃痛惡心 ○頑痰固飲 ○積滯 ○急暑中毒 ○滯瀉 ○霍亂吐瀉 ○水土不服 ○船車醉

陸軍二等軍醫 許均 實驗處方

陸軍二等軍醫 朴熙健君 有効証明

滋陽丸 卅日分金五圜 廿日分金三圜四拾錢 日分壹圜八十錢

主治 ○房事不能 ○腎虛腰痛 ○病後氣端 ○腎氣不足 ○陽痿不起 ○遺精多夢 ○陰虛不動 ○房事後憊困 ○手足厥冷 ○形容蒼白

婦人 胎養調經丸 壹劑 金 圜

主治說明 婦人이 孕胎치 못홈은 冷病積病과 月經不調로 因홈이니 此藥을 服用 시면 婦人腹中에 諸病은 壹切退去하고 自然孕胎ㅎ오니 速臨買去하시옵

瘡病藥 ▲麝香消瘡丹

此丹이 於諸瘡에 無論男女老少 若服壹劑면 實有神效 ...

◉大韓國新發明神藥

廣濟丹 治諸般痛 各種食滯中暑入滯口臭 暑飲吐瀉 定價 ...

三寶丸 ...

靈效液 外用芳香治疥瘡皮風 ...

清眼水 治諸般眼疾 ...

通淋丸 治男女急慢淋疾神效 ...

漢城南部大廣橋 第二家 共愛堂大藥房 謹白

發行所

支店 漢城남門內共愛堂第壹支店 群山港 共愛堂第二支店 河東郡赤良面共愛堂第三支店

代理店 ...

◉大韓新發明藥廣告

此外에도東西洋各國有名賣藥과草材料이俱備하오니請求하시면小包로郵呈하옵

消化 新藥 清心保命丹 九十粒入金拾錢

發行所 仁川港 濟生堂藥房

總發行所 京城南大門內

代理店 京城大廣橋共愛堂

和平堂 白

濟生堂 白

◉新發明梅毒 樂廣告

落梅丹

主治 梅毒 唐瘡 新舊瘡

仁濟藥房 皇城北部大安洞 高用진 謹白

代理店 京城鍾路 共愛堂 仁川港 濟生堂

社告

○申報價

壹號代金 新貨二錢五厘
壹個月前納 三十錢
參個月 九拾錢
陸個月 一圜七十錢
壹個年 三圜四十錢
郵稅一號 新貨五厘
壹個月 十三錢

○廣告料

四号活字拾三字詰每行每尺壹寸에新貨卄五錢(自壹行至四行이爲壹寸)

二週日에 二圜七拾錢
壹箇月에 五圜

其期限의長短과字行의多寡를依ㅎ야增減홈이有홈

發行兼編輯人英國人 萬咸
Responsible for Publication Alfred Weekley Marnham.
發行所 南署石井洞號外地三層洋屋 大韓每日申報館

第八百八拾七號

大韓每日申報

第六卷

月曜及歲時日休刊

檀君開國四千二百四十一年
箕子元年三千三十[illegible]年
大韓開國五百十七年
日本明治四十一年
淸國光緒三十四年
陰曆戊申七月大廿五日戊申

寄書

◉所懷一幅으로普告同胞

鍊丹生

秋來風雨에疊々ᄒᆞᆫ感懷를收ᄒᆞ야我國內同胞에게告ᄒᆞ노라

嗚呼我同胞여我韓은東半島神聖民族으로此國에生ᄒᆞ야此國에長ᄒᆞᆫ지今已四千餘年矣라

此四千餘年間을回顧ᄒᆞ면橘中之[illegible]에[illegible]ᄒᆞ얏거나[illegible]此時ᄂᆞᆫ闕然四千餘載初有의時[illegible]

嗚呼我同胞諸公이여此時를當ᄒᆞ고도諸公의頑想이不何ᄒᆞ며此時를當ᄒᆞ고도諸公의熱心이不生ᄒᆞ며此時를當ᄒᆞ고도諸公의昏夢이不醒ᄒᆞ며此時를當ᄒᆞ고도諸公의感覺이不深ᄒᆞ야敎育을唱ᄒᆞᆫ지已久이건만은學校의寥星ᄒᆞᆷ이依舊ᄒᆞ며實業을따ᄒᆞᆫ지已熟이건만은遊食의衆多ᄒᆞᆷ이依舊ᄒᆞ며舌端으로ᄂᆞᆫ團體々々ᄒᆞᄂᆞᆫ者ㅣ有ᄒᆞ나其心의渙散은依舊ᄒᆞ며表面으로ᄂᆞᆫ維新々々ᄒᆞᄂᆞᆫ者ㅣ有ᄒᆞ나其中에腐敗ᄂᆞᆫ依舊ᄒᆞ야雙肩에國民的大責任을擔ᄒᆞ고前進ᄒᆞᄂᆞᆫ者가幾少ᄒᆞ니

嗚呼諸公嗚呼諸公이여今々지此時가何時인지不知ᄒᆞᄂᆞ가

今日에至ᄒᆞ야ᄂᆞᆫ비록深山僻峽에사ᄂᆞᆫ栗生涯를作ᄒᆞᄂᆞᆫ士라도時局大勢를詳知치ᄂᆞᆫ못ᄒᆞ나國家가如何等地位에落在ᄒᆞ엿스며國民이何許慘境에陷入ᄒᆞᆫ지ᄂᆞᆫ己知ᄒᆞ리라

然則此時를當ᄒᆞ야國勢의墮落ᄒᆞᆷ을已知ᄒᆞ면서엇지차마因循ᄒᆞ며엇지차마優遊ᄒᆞ며엇지차마恬然越視ᄒᆞ나뇨

諸公은或國家興亡이尋常ᄒᆞᆫ民에ᄂᆞᆫ無關으로知ᄒᆞᄂᆞᆫ가噫라只今二拾世紀에坐ᄒᆞ야此等頑陋의迷見을尙守ᄒᆞ다가ᄂᆞᆫ畢境은父母妻子老少男女가地獄刼火에盡入ᄒᆞ리라

諸公은或此苦痛恥辱中에라도엇지々々眼前만苟保ᄒᆞ면將來太平烟月이天上에서自來ᄒᆞᆯ줄로信하ᄂᆞᆫ가噫라彼蒼은自助者를助ᄒᆞ나니國民이國民의義務를踐盡치못하면牛馬魚肉은百世라도難免이니라

諸公은或何處에山根石窟에서壹個英雄이產出하야此國山河를整頓ᄒᆞᆷ을望ᄒᆞᄂᆞᆫ가古代에ᄂᆞᆫ壹國의原動力이恒常壹個豪傑에在ᄒᆞᆫ故로國民은其指揮를隨ᄒᆞ야左右ᄒᆞᆯ뿐이러니今日에至ᄒᆞ야ᄂᆞᆫ一國의興亡이國民全體實力에在ᄒᆞ고一豪傑에不在ᄒᆞᆯ뿐더러且完全ᄒᆞᆫ敎育이無ᄒᆞ면眞正ᄒᆞᆫ英雄的豪傑이不現ᄒᆞᆯ지어ᄂᆞᆯ萬壹此等迷信을帶ᄒᆞ고天回運轉을坐俟ᄒᆞ면엇지愚人이아니리오

嗚呼諸公嗚呼諸公이여此國이興ᄒᆞ면其功이惟諸公의功이며此國이亡ᄒᆞ면其罪도惟諸公의罪며此國이興ᄒᆞ면福을享ᄒᆞᆯ者도惟諸公이며此國이亡ᄒᆞ면禍를受ᄒᆞᆯ者도惟諸公이며此三千里疆土를莊嚴ᄒᆞᆯ者도惟諸公이며此四千餘歷史를光輝ᄒᆞᆯ者도惟諸公이라

故로檀君始祖聖靈이赫々ᄒᆞ야我子孫의覺醒을祝ᄒᆞ시며列聖先王은帝左에洋々ᄒᆞ사我臣民의奮發을待ᄒᆞ시며九原에穎臥ᄒᆞᆫ先代英豪ᄂᆞᆫ欣々蹈舞ᄒᆞ야我後人의進取를望ᄒᆞᆯ지며강褓에在ᄒᆞᆫ幼小兒齡들은呱呱哀號ᄒᆞ야我父兄의敎育을仰ᄒᆞ며其他此國內有情物와禽獸와無情物木石이各其形色을呈ᄒᆞ며天機를發ᄒᆞ야我主人翁即大韓國民의保護를要求ᄒᆞ나니

嗚呼諸公嗚呼諸公이여萬壹壹毫라도國民責任을未盡ᄒᆞ야悠悠萬刼에此國가無ᄒᆞ면엇지可哀치아니ᄒᆞ며엇지可憐치아니ᄒᆞᆫ가

嗚呼諸公嗚呼諸公이여無才를歎치마라有才거던才를獻ᄒᆞ되無才거던誠을獻ᄒᆞᆯ지니라

無財를恨치마라有財거던財를獻ᄒᆞ되無財거던誠을獻ᄒᆞᆯ지니라

嗚呼諸公이여此時에尙頑昧ᄒᆞ며此時에尙猶疑ᄒᆞ며尙且因循을具有ᄒᆞ면[illegible]寸陰을[illegible]ᄒᆞ며時機를진ᄒᆞ야或愚公이되며或[illegible]ᄒᆞ며或精衛가되야海를補ᄒᆞ며或敎育에獻身ᄒᆞ며或實業에獻身ᄒᆞ야二千萬人이同心協力ᄒᆞ야目的地로進ᄒᆞ면其難과此와[illegible]ᄒᆞ며其誰가此를過ᄒᆞ리오

所懷가滔々에紛湧不已로ᄃᆡ紙短ᄒᆞ야萬々의此를具ᄒᆞ노라

外報

◉露國極東의經營 倫敦電을據ᄒᆞᆫ즉露國政府에셔極東領土經營에對ᄒᆞ야勤勤히其方法을講究ᄒᆞᄂᆞᆫ中沿海諸州의外國人移住에關ᄒᆞ야ᄂᆞᆫ旣히詳細ᄒᆞᆫ規則을起草ᄒᆞ얏다더라

◉輕氣球破裂傷人 路透電을據ᄒᆞᆫ즉倫敦에在ᄒᆞᆫ英佛博覽會에서美國人다우레쓰大尉가輕氣球를膨脹ᄒᆞᆯ際에破裂ᄒᆞ야猛烈ᄒᆞᆫ火焰이生ᄒᆞ얏ᄂᆞᆫ데同氏의使用ᄒᆞᄂᆞᆫ婦人書記ᄂᆞᆫ燒死ᄒᆞ고同氏及其他五名은負傷ᄒᆞ얏ᄂᆞᆫ데當時에博覽會內에서ᄂᆞᆫ壹大震動이有ᄒᆞ얏다더라

◉黑白人의騷擾 路透電을據ᄒᆞᆫ즉美國이리노이洲쓰프링힐드市에서白人과黑人間에非常ᄒᆞᆫ騷擾를惹起ᄒᆞ얏ᄂᆞᆫ데此ᄂᆞᆫ黑人이白人의婦人에게對ᄒᆞ야侮辱을加ᄒᆞᆷ을由ᄒᆞᆷ인데白人은黑人街의大部分을燒却ᄒᆞ고黑人의게對ᄒᆞ야私刑을加ᄒᆞ야貳名을殺ᄒᆞ고七拾五名의負傷者를生ᄒᆞ얏고騷擾가更히發生ᄒᆞ야同市ᄂᆞᆫ戒嚴中에在ᄒᆞᆫ故로同州의民兵全部를召集ᄒᆞ얏더라

◉日本流行病蔓延 東京電을據ᄒᆞᆫ즉山口縣下에ᄂᆞᆫ虎列刺와恰似ᄒᆞᆫ病이發生ᄒᆞᆫ以來로其病에罹ᄒᆞᆫ者가二十七名이오赤痢에罹ᄒᆞᆫ者ㅣ六拾壹名에達ᄒᆞ얏ᄂᆞᆫ데尙且蔓延ᄒᆞᆫ다더라

◉[illegible]船[illegible] [illegible]電을據ᄒᆞᆫ즉美國政府公報에日本船[illegible]丸과사쎄기丸兩船及[illegible]五十九名이[illegible]美國巡邏艇이[illegible]ᄒᆞ얏다더라

◉[illegible] 東京電을據ᄒᆞᆫ즉[illegible]以下數百名이[illegible]ᄒᆞ야[illegible]北京政府ᄂᆞᆫ[illegible]ᄒᆞ기로ᄒᆞ얏다더라

雜報

◉南大池의冤民 延安郡民代表저창薰陸源東김彭鎭劉學毅安樂熙諸氏가該郡南大池事件에對ᄒᆞ야度支部에請願ᄒᆞᆫ全文이如左ᄒᆞ니

本郡所在南大池ᄂᆞᆫ八堤堰에第壹大池이온바二千年前에郡民이協議ᄒᆞ와築堤儲水ᄒᆞ야池上池下의灌漑蒙利ᄒᆞᄂᆞᆫ畓이數千石落이요因是賴活ᄒᆞᄂᆞᆫ民이億萬餘口에達ᄒᆞ오니同池ᄂᆞᆫ公衆에공益이되ᄂᆞᆫ壹大利源이어ᄂᆞᆯ芮宗석이宮檀等에凶險ᄒᆞᆫ計畫으로公衆을抑壓ᄒᆞ고公益을侵奪ᄒᆞᆷ에對ᄒᆞ야壹郡民情의嗷々不寧ᄒᆞᆷ이水深火熱에在ᄒᆞᆷ과如ᄒᆞ와[illegible]에[illegible]呼訴ᄒᆞᆷ이非止壹再ᄒᆞ[illegible]李에斡旋이愈緊ᄒᆞᆷ으로郡民에情形이愈慘ᄒᆞ야[illegible]飮泣ᄒᆞᄂᆞᆫ狀況은目不忍見이옵더니前月頃에本部에서本郡에[illegible]完檀[illegible]事ᄂᆞᆫ中止ᄒᆞ다ᄂᆞᆫ處訓이有ᄒᆞ옵시고人民은郡守下去ᄒᆞ라시ᄂᆞᆫ命令이有ᄒᆞ옵시와本人等이下去ᄒᆞ온즉此完檀이農商工部主事永松茂州와同幷村傳를帶同下來ᄒᆞ야本郡守와面議ᄒᆞ고郡民ᄂᆞᆫ不知케南池를調査ᄒᆞ양으나[illegible]ᄒᆞ고郡民이本部電訓을得ᄒᆞ옴고雨明을當ᄒᆞ야南池堤堰을[illegible]水ᄒᆞ야明年度[illegible]作에灌漑를利用을享有ᄒᆞᆯ줄노作定[illegible]차로本郡守에게通知[illegible]ᄒᆞ야[illegible]度支部ᄂᆞᆫ關係가無ᄒᆞ다ᄒᆞ며且民事ᄂᆞᆫ官廳無關係라하며[illegible]郡民代表者를[illegible]에警告ᄒᆞ고[illegible]入民會集이ᄂᆞᆫ斷然[illegible]ᄒᆞ[illegible]役이라ᄒᆞ오니前日觀察府에報告에ᄂᆞᆫ池若[illegible]畓이오면池下畓數百石落과數千名生命이因此流離云々이옵더니本郡守은[illegible]矛盾이오니[illegible]完檀에게若干布子之屬을納賂ᄒᆞ고爲民所知에威脅强制로郡代表者를捉之囚之ᄒᆞ야凌蔑이無雙ᄒᆞ오니郡民이抑冤을不勝ᄒᆞ이며大池에性質이天然ᄒᆞᆫ沼澤이나及荒蕪未墾地와ᄂᆞᆫ特異ᄒᆞᆫ바民田民畓으로築成ᄒᆞ야諸周圍에沒入ᄒᆞᆫ結摠이三十壹結七十六負六束에字號卜數를本郡財務署長[illegible]과主事池田昇에게請願ᄒᆞ야結案을比準ᄒᆞ온즉如合符節이옵거ᄂᆞᆯ何法律證을據ᄒᆞ야地方官吏로壹個人의賄賂를甘受ᄒᆞ고萬口에賴活ᄒᆞᄂᆞᆫ利源을奪ᄒᆞ야所管官廳의排捏ᄒᆞᆷ이如此ᄒᆞ며壹郡衆民의代表者를捉之囚之ᄒᆞ며威之[illegible]之ᄒᆞ야公衆을滅視ᄒᆞ며공益을侵奪하오니壹郡이抑冤痛忿ᄒᆞᆷ을不忍ᄒᆞ야如此에[illegible]仰유ᄒᆞ오니査照ᄒᆞ신後芮宗석의完檀에南池認許ᄒᆞᆫ것을即爲取消ᄒᆞ시옵고本郡守에訓ᄒᆞ와一郡에抑冤을以伸케ᄒᆞ시고壹郡에生命을以保ᄒᆞ심을伏望이라ᄒᆞ얏더라

◉特別社告

漢城內外沿江에서本申報를購覽ᄒᆞ시ᄂᆞᆫ諸氏ᄂᆞᆫ每月終에本社分傳人이代金收合ᄒᆞᆯ時에若無領收證이거든壹分이라도先給지마시옵 領收證업시出給ᄒᆞ시면本領收證ᄒᆞᆫ가지로再徵ᄒᆞ겟ᄉᆞ오니照亮ᄒᆞ심을爲要

大韓每日申報社

雜報

●各大臣陛見 各慶節은陽曆으로施行ᄒᆞᆯ次로改定ᄒᆞᆷ은人所共知어니와今日은陰曆으로萬壽聖節인故로總理大臣以下各部大臣이今日 德壽宮에進詣ᄒᆞ야 太皇帝陛下ᄭᅴ 陛見ᄒᆞᆫ다더라

●處理方針說明 韓國 大皇帝陛下 卽位紀念慶祝漢城府民會에서今日下午二時頃에壹般任員을會集하야會長俞吉濬氏가任務處理의方針을說明ᄒᆞᆫ다더라

●內閣特別會協議 再昨日上午拾壹時에니閣에서各部大臣이會同ᄒᆞ야特別會를開ᄒᆞ고拓殖會社에關ᄒᆞᆫ事件을協議ᄒᆞ얏다더라

●總辭職勸告 壹進會에서再昨日에協議委員會를開ᄒᆞ고니閣大臣總辭職勸告及閔官相의辭職事件의議案을提出ᄒᆞ얏다가當日에ᄂᆞᆫ議決치못ᄒᆞ고閉會ᄒᆞ얏ᄂᆞᆫᄃᆡ再次開議에關ᄒᆞ야熟議ᄒᆞ고總辭職勸告ᄒᆞ기로決ᄒᆞ얏다ᄂᆞᆫᄃᆡ勸告의理由인즉니閣大臣의게向ᄒᆞ야三個條件이오閔官相의責任問題라더라

●閣資施行 三 皇帝 追崇時에壹般祭備官諸氏의加資事ᄂᆞᆫ紛競이太甚홈으로勿施되얏다더니更聞ᄒᆞᆫ즉近日에니閣諸大臣이協議ᄒᆞ기를永爲勿施ᄒᆞᄂᆞᆫ것이不爲妥當ᄒᆞ니閣資로施行ᄒᆞᆯ次로協議ᄒᆞᆫ說이有ᄒᆞ다더라

●閔遞尹任說 宮니府大臣閔丙奭ᄂᆞᆫ가遞任되고侍從院卿尹德榮ᄂᆞᆫ가被任ᄒᆞᆫ다ᄂᆞᆫ說이有ᄒᆞ다더라

●郡守稱冤說 니部大臣宋秉畯ᄂᆞᆫ가各郡守의治績善不善을勿問ᄒᆞ고該道觀察使의勸告ᄂᆞᆫ請願만ᄒᆞ여依例히依免ᄒᆞ기로酌定ᄒᆞ미各郡守의稱冤이不無ᄒᆞ다ᄂᆞᆫ說이有ᄒᆞ더라

●直接不許 度支大臣任善準氏가該部日人官吏中次官外에ᄂᆞᆫ雖局課長이라도直接을不許ᄒᆞ고次官의게로轉陳케ᄒᆞᆫ다더라

●果如其言乎 法部大臣高永喜氏가某氏를對ᄒᆞ야曰法官은人民의生殺을主權ᄒᆞ야尋常ᄒᆞᆫ官吏와不同ᄒᆞᆫ지라余가大臣選任前에ᄂᆞᆫ法官黜陟에對ᄒᆞ야法律嫺熟ᄒᆞᆫ卒業生外에ᄂᆞᆫ決不任用이리라ᄒᆞ얏다더라

●淸領事玩閱 淸國總領事以下壹般官吏ᄂᆞᆫ昨日上午拾二時에景福宮을拜觀하얏다더라

●可堪郡守薦報 忠南觀察使崔廷德氏가郡守可堪之人入名을니部에薦報ᄒᆞ얏다더라

●平察上京 平남觀察使리軫鎬氏의其慈親大葬이不遠ᄒᆞᆫ故로日間得由上京ᄒᆞᆫ다더라

●慶尹赴任發程 慶흥府尹리之春氏가赴任次로今明間발程ᄒᆞᆫ다더라

●兩倅請願 密陽郡守김重演氏와泗川郡守吳在珪氏가該道觀察使勸告를因ᄒᆞ야請願ᄒᆞ얏다더라

●裁判官吏晩退 新開廳ᄒᆞᆫ各裁判所에서文簿가浩煩ᄒᆞ야壹般官吏가下午壹時에仕退치못ᄒᆞ고每日西五時ᄭᆞ지視務ᄒᆞᆫ다더라

●松楸斫伐摘奸 楊州 昭寧園垓字니에近日에松楸를斫伐ᄒᆞᆫ木根이多數히現露됨으로宮니府에서入聞ᄒᆞ고掌禮院으로指揮ᄒᆞ야該院主事리載棨氏를摘奸次로昨日에該 園으로派送ᄒᆞ얏다더라

●兩課移接 학部에서一府洋屋을建築ᄒᆞᆫ다ᄂᆞᆫ說은已爲報道ᄒᆞ얏거니와毁撤建築ᄒᆞᆯ次로昨日에文書會計兩課를該部大廳으로移接ᄒᆞ얏다더라

●니需何多 農商工部會計課에ᄂᆞᆫ近日의雇備ᄒᆞᄂᆞᆫ日人이五拾名의達ᄒᆞ야執務ᄒᆞᄂᆞᆫ故로該課韓國官吏ᄂᆞᆫ無聊度日ᄒᆞᆫ다더라

●景色可怪 海豊府院君尹澤榮氏家에驅從輩를壹切削髮하고帽子를掛着ᄒᆞ야四人轎를擔荷ᄒᆞᄂᆞᆫ景色이壹次可觀ᄒᆞᆯ事이라고들ᄒᆞ더라

●帝社贊成會協議 再昨日下午四時頃에帝國新聞社贊成會를商業會議所니에開ᄒᆞ고該新聞擴張ᄒᆞᆯ方針을協議하얏다ᄂᆞᆫᄃᆡ或은捐助금을收合ᄒᆞᄌᆞᄂᆞᆫ人도有ᄒᆞ며或은각婦人社會及勞働社會를勸告하야新聞을多數購覽케ᄒᆞᄂᆞᆫ것이幾千百圓의義捐보다優勝하다ᄒᆞ얏다더라

●間島憲兵派送 日憲兵隊에서北間島에出張次로憲兵若干을派送ᄒᆞ엿다더라

●同文社設 리학宰諸씨가同文社를刱設ᄒᆞ고古今書籍을刊行ᄒᆞᆯ次로任員을如左히組織ᄒᆞ엿ᄂᆞᆫᄃᆡ總裁김鶴鎭副總裁南廷哲社長리容稙副社長김有濟社監徐肯淳總務리학宰贊務정秀進編輯尹흥섭院淳남氣元리承旭申冕休正리寅承趙敬植韓진忠諸씨라더라

●人力車賃票磨鍊 再昨日에警視廳에서人力車賃金票를磨鍊하야五署로送交ᄒᆞ고各該掌니人力거營業者에게防礙有無를探査ᄒᆞ얏ᄂᆞᆫᄃᆡ賃금은韓國里數一里以니에四十錢以니로ᄒᆞ얏다더라

●柴商困況 西口街路에서柴商을驅逐ᄒᆞᆫ다ᄂᆞᆫ說은壹般人民이共知ᄒᆞᄂᆞᆫ바어니와昨日外相官舍地에서何許人이柴駄를買去ᄒᆞᄂᆞᆫᄃᆡ宿地警察巡査가柴駄를沮遏ᄒᆞ야不得牽去케ᄒᆞᄂᆞᆫ지라柴駄를買去ᄒᆞᄂᆞᆫ人이言ᄒᆞ되柴駄를路上으로牽去치못ᄒᆞ게ᄒᆞ면空中으로牽去ᄒᆞ랴ᄒᆞ며壹場論詰ᄒᆞ얏다더라

●有何等分 三牌들이半洋服하기로警視廳에請願하얏더니該廳에서牌와妓生의等分이自在ᄒᆞ니衣制를不可同壹이라ᄒᆞ고許可치아니ᄒᆞ얏다더라

●何需被招 再昨日의警視廳에서有何査問이던지大同會副會長리학宰氏를招待ᄒᆞ얏다가旋卽出送ᄒᆞ얏다더라

●安倅滯囚 安邊郡守吳鍾泳씨ᄂᆞᆫ民財事件으로咸흥警察署에被囚ᄒᆞᆫ지가屢朔인대尙未蒙放ᄒᆞ얏다더라

●崔氏保放請願 前主事최창植氏가有何事件인지未詳ᄒᆞ거니와警察中署에三十一日을被拘하얏다가警視廳으로押上ᄒᆞ야一夜를經囚ᄒᆞ고監獄署로移囚ᄒᆞ야于今二朔에病狀滋劇ᄒᆞ야地方裁判所에保放請願ᄒᆞ얏다더라

●趙氏放釋 前議官趙秉善氏가中部警察署에被捉ᄒᆞ얏다홈은前報에揭載ᄒᆞ얏거니와該署에서査實ᄒᆞᆫ즉罪犯이無ᄒᆞᆫ故로無事放釋이되얏다더라

●人力車夫被捉 西부署경무方台榮氏가再昨日의黃仲燁의人力車를銅峴에서乘ᄒᆞ고淑몽에至ᄒᆞ야雇價를給ᄒᆞᆫ즉雇金이不足ᄒᆞ다ᄒᆞ고言辭가悖慢ᄒᆞᆫ故로黃哥를銅峴分署에捉囚ᄒᆞ얏다더라

●使酒被捉 再昨夜에侍天敎人姓知仲玉이諸人과飲酒泥醉ᄒᆞ야自己의友人李明達의丈夫와妻를以石打之ᄒᆞ야頭部를被傷케ᄒᆞ얏ᄂᆞᆫ대流血이淋漓ᄒᆞᆫ故로兩婦人은西小門니京城病院으로昇去ᄒᆞ고仲玉이ᄂᆞᆫ西부대漢門前巡査派出所의被捉되얏다더라

●李花校盛況 本校에서陰五月十六日에第二回卒業證授與式及各學校聯合運動會를並爲設行ᄒᆞ얏ᄂᆞᆫ대卒業生의김鳳植羅愼坤等八人이라其證書를授與ᄒᆞ며賞品을分給하고乙班及第生三拾人은甲班으로進級하야亦各授證後에萬歲를三呼ᄒᆞ며愛國歌를齊唱ᄒᆞ고其次運動會ᄂᆞᆫ聯合ᄒᆞ니入場학徒가九百餘명이오來賓及觀光者가萬有餘名에達ᄒᆞ야人山人海를成ᄒᆞᆫ지라以旗取着衣高跳廣跳計算地誌兵式體操等技藝로競爭ᄒᆞᆫ後에書冊紙筆等物로優等生의게各其施賞ᄒᆞ고萬歲를三呼ᄒᆞ얏다더라

●彰明校費義務 光희門니私立彰明학校에서校費가窘絀ᄒᆞ야廢校之境의至ᄒᆞᆫ故로維持키爲ᄒᆞ야該동人들이隨其家勢ᄒᆞ야每朔에壹圓으로下至五十錢ᄭᆞ지收合補用ᄒᆞᆫ다더라

●鳳鳴朝陽 鳳山郡波居紳士김榮哲金錫禹張性敎李서호諸氏가當地敎育의未發홈을憤歎ᄒᆞ야鳳陽학校를設立ᄒᆞ고開城학會에金榮哲을派送ᄒᆞ야敎師를囑托請聘ᄒᆞ야熱心敎授홈으로生徒가日進ᄒᆞ야九拾餘名에達ᄒᆞ얏ᄂᆞᆫ대諸般校況이頗有成就之望이라더라

●江倅興學 江原郡守姜鶴秀氏ᄂᆞᆫ赴任以後에학務會를組織ᄒᆞ얏ᄂᆞᆫ대會長崔鍵日舞欽李有濟김基宗洪在熏五氏로會員을選定ᄒᆞ야勸勉ᄒᆞ며郡守가諸社員이慨然ᄒᆞ야學校에巡視ᄒᆞ야各各提論故로학徒의進步가日益增加ᄒᆞᆫ다더라

●感荷義捐 平南永柔郡李花학校에서金貳圓을本社에寄附ᄒᆞ얏기感意를表ᄒᆞ노라

▲地方消息▼

▲本月壹日洪原郡北方산中의서義兵五拾名이北靑日守備隊와交戰ᄒᆞ얏다ᄒᆞ고

▲本月拾三日北靑郡西北方通八嶺附近의서員數不明ᄒᆞᆫ義兵이同郡日守備隊下士以下拾壹名과交戰ᄒᆞ얏다ᄒᆞ고

▲本月拾九日泰安郡安眠島北端의서義兵三十九名이洪州憲兵隊와日巡査隊와交戰ᄒᆞ얏다ᄒᆞ고

▲去月二拾六日英陽郡東北方古里의서義兵約拾名이禮安分遣所憲兵隊와交戰ᄒᆞ얏다ᄒᆞ고

▲本月六日에河東北方約六里디의서義兵三拾名과日守備隊와交戰ᄒᆞ얏라ᄒᆞ고

▲本月十日慶남咸陽東北方貳里地에서義兵二十餘名은日本守備兵과交戰ᄒᆞ얏다ᄒᆞ고

▲本月拾壹日령光東남約三里디의서拾餘名의義兵이日守備隊兵과交戰ᄒᆞ얏다ᄒᆞ고

▲本月拾壹日의남原郡西方설樹驛의서三拾餘名의義兵이日守備隊와交戰ᄒᆞ얏다ᄒᆞ고

▲本月拾二日泰安郡니의서義兵約十六名이同郡駐在所巡査와交戰하얏다ᄒᆞ고

▲本月拾五日順天郡니의서義兵二拾名이光州警察署第二巡査隊와交戰ᄒᆞ얏다더라

▲秋風有感▼

▲秋風起兮雲飛ᄒᆞ니丈夫心事慷慨ᄒᆞ도다壹斗醇酒飲盡ᄒᆞ고宇宙間의비겨서니大洲를指點ᄒᆞ니天長地闊又明ᄒᆞᆫᄃᆡ壹區韓土黑暗ᄒᆞ다

▲八域方里더遮ᄒᆞᆫ黑霧深霧充塞ᄒᆞ야長夜乾坤되얏ᄂᆞᆫ대晴裏에觸顚倒하야自爲蹉躓ᄒᆞᄂᆞᆫ중에陽時方이未開ᄒᆞ니不知何日晴明홀쌔

▲星羅碁布더學校ᄂᆞᆫ太半經費窘拙ᄒᆞ야自爲廢止頗多로다少年前道杳冥ᄒᆞ고有限ᄒᆞᆫ年虛度ᄒᆞ야敎育界가零星ᄒᆞ니不知何日發達홀쌔

▲各地方의더同胞ᄂᆞᆫ兵連禍結不解ᄒᆞ고砲煙彈雨相續ᄒᆞ야生命財産覆沒ᄒᆞ고樓府道路號哭ᄒᆞ제山哀浦愁可憐ᄒᆞ니不知何日寧靜홀쌔

▲隊々逐々더냅人은演戲場에出入ᄒᆞᆯ제淸歌妙舞婢娼態와秋波狹情懸懃風에如干薄俸費盡ᄒᆞ고賣家典土汨沒ᄒᆞ니不知何日悔改홀쌔

▲國家柱石더靑年은勤々孜々勉학ᄒᆞ면將崩大廈復起어ᄂᆞᆯ重大義務抛棄ᄒᆞ고放蕩者가不少ᄒᆞ야敗亡自取可嘆이라不知何日奮發홀쌔

▲蚩々蠢々더民族은無事平日閒談ᄒᆞᆯ제個々熱心自稱타가公益事業會議ᄒᆞ면藏頭隱尾謀避ᄒᆞ야自退後奔忙ᄒᆞ니不知何日團合홀쌔

▲孤兒院의더학徒ᄂᆞᆫ該院主의慈善心과各社會의贊成으로僅々支過하얏더니維持方針尤困ᄒᆞ야停학之境되깃스니不知何日擴張홀쌔

▲東洋惟壹大富源은除他韓國有誰리오各自實業着手ᄒᆞ야晝夜々々勇進ᄒᆞ면兩富强自在어날불向奈人地獄ᄒᆞ니不知何日警醒홀쌔

雜報

●尹亭賊警 日昨에 彰義門外 前軍部大臣 井雄烈씨 亭子에 賊漢幾名이 突入ᄒᆞ야 文房諸俱를 掠取以去ᄒᆞ얏다더라

廣告

鄕祝準備ᄒᆞᆯ 事가 有ᄒᆞ니 本校職員학員은 二十二日(陰廿六日)下午七点에 本校로 齊會ᄒᆞᆯ 事

光成實業學校 白

特別廣告

本月二拾七日은 惟我 大皇帝陛下의 卽位紀念式日인바 伊日準備에 對ᄒᆞ야 預示ᄒᆞᆯ 事件이 有ᄒᆞ니 職員及학員은 來月曜日上午拾時에 壹齊來會ᄒᆞᆷ을 事

官立漢城外國語學校 白

度支部主事 金琪華 華字를 泰字로 改定ᄒᆞ오니 僉君子照亮ᄒᆞ시옵

김琪泰 告白

本人의 子 洙暎이 年今拾八인ᄃᆡ 欲入京城학校ᄒᆞ와 不告上來 故로 本人이 不得已上來 不知洙暎之留宿處ᄒᆞ와 外館子新門外남便 第三層館에 寓來ᄒᆞ고 玆以廣告ᄒᆞ오니 誰某시던지 若見此人커든 勸送此家ᄒᆞ야 俾免鬱迫千万伏望ᄒᆞᆷ

長郞河南面進홍 [illegible]鉉 告白

[illegible]消泰安[illegible]門里居ᄒᆞᄂᆞᆫ 申[illegible] 如키 無[illegible] 五寸任[illegible] [illegible]人이 洋派[illegible]기로 牛年限二[illegible] 月의[illegible] 보매예[illegible]오니[illegible] 死ᄒᆞ시옵

昨日如 告白

本人의 所有 草家 [illegible]間 舊文記 三張을 不知中 서 失故로 將欲請願于漢城府ᄒᆞ겟기 玆以廣告ᄒᆞᆷ

西部盤石坊石橋契新村洞第二百拾二統十戶 方興元

中等 物理學教科書

二百八拾餘頁 挿圖 二百餘 定價金八拾錢

本書ᄂᆞᆫ 最近ᄒᆞᆫ 學理를 準據ᄒᆞ야 簡明히 編述ᄒᆞᆫ 者ㅣ니 中等敎科에와 獨修에 適用ᄒᆞᆯ 初有良書이옵

發賣所 京城各書舖

本郡郡主事 鄭健裕 氏ᄂᆞᆫ 蘊玉其姿오 夙德具人이라 登鄕이 公薦 敍任以後로 嫻熟新式ᄒᆞ니 事務爲無滯ᄒᆞ고 明解時宜ᄒᆞ니 施措爲有方이라 本郡이 適値[illegible]五朔曠官ᄒᆞ야 軍隊連絡의 隨請酬應ᄒᆞ야 毫無民弊ᄒᆞ고 暴徒熾盛의 竭誠撫諭ᄒᆞ야 自歸順服이라 學校를 刱起於面里ᄒᆞ니 敎育也振興ᄒᆞ고 郡막을 痛거於巨細ᄒᆞ니 圖境也賴安이라 土地證明을 踏査確認ᄒᆞ니 兩莫售奸이오 訴訟을 公平處斷ᄒᆞ니 竟無呼冤이라 但此特異ᄂᆞᆫ 不可含默이기 壹郡羣情이 齊聲讚頌ᄒᆞᆷ

黃海道載寧郡貳拾貳面人民代表

代表人 奇載善 尹鳳漢 康贊烈 梁禹範 李豊喜 李瑞周 等 告白

●平南永柔郡李花中학校贊成員氏名

本郡守 박鉉석 壹百圓 前監察 김瑩鉉 前[illegible] 각六十圓 地方委員 김[illegible] 前主事 白成謨 前主事 [illegible] 前主事 朴承甲 各五拾圓 前主事 康亮吉 前참봉 김[illegible] [illegible] 各四拾圓 [illegible]

前참봉 朴普亨 리基燦 前主事 韓殷遜 [illegible]敬休 進士 김인鉉 각卅圓 김日鉉 韓仲休 김鎭祥 김린起 김翰鎭 前注書 김性稷 林應陸 各廿五圓 校監 김志璜 김迪淵 김遊淵 崔鎭謙 漢文敎師 리相玉 田岙九 小학校敎師 리治魯 김正鉉 김楨夏 前主事 리益鎭 張淳國 申龍俊 盧상植 김忠甫 宋석목 김宗起 申榮武 리秉鉉 前主事 任泰涉 各[illegible]圓 郡主事 김潤起 김命鎔 鄭석英 리良涉 張鳳翰 김相喆 全相稷 前講官 申秉均 前侍御 崔烈 김永柱 韓景학 김炯根 김潤聲 김鍊壺 김元模 維新학校 敎師李炳道 孫炳漢 김[illegible]鶴 김道홍 李基찬 김相呂 劉炳祚 리俊培 김永彬 각拾五圓 白元奎 김達淵 趙象淳 김廷琪 김迪濟 羅峯國 丁用부 康[illegible] 進士김瓚起 前叅奉 리承模 漢文[illegible] 全嚴셥 [illegible]鳳格 敎師安允濟 李心漢 任基鉉 김台先 鄭廣烈 鄭晳鳳 김德坤 進士김性登 김弘超 啓明학校敎師 리文宰 許澗 김[illegible] 車永년 김善奎 鄭誠燦 김利관 김廷[illegible] 리[illegible] 朴文鎭 李鵬鉉 [illegible] 김明鉉 朱[illegible]昊 安[illegible] 김慶堯 鄭成勳 [illegible]元 車貞猷 朴勝淳 [illegible]年 김鍾懋 안定鉉 車仲毅 鄭基俊 馬大英 崔時亨 김炳衍 각拾圓 鄭석煥 리석葉 각拾三圓 董재鵬 拾貳圓 未完

隆熙貳年八月貳拾七日慶祝 順序

壹 頌德表奉呈

貳 紀念物進獻 (銀製香 爐壹對)

三 各地方祝電代讀

四 官民合同大宴會 (日時 本日下午三時)(處所 景福宮內慶會樓)

五 各戶壹旗夜燈奉賀 (旗用國旗)(燈用李花太極燈)

六 通衢電氣祝燈(鍾路)

卽位紀念式慶祝漢城府民會 告白

學員募集廣告

本校에서 학部檢定에 應試ᄒᆞᆯ 敎師학識을 敎授ᄒᆞ기爲ᄒᆞ야 학員을 募集ᄒᆞ오니 願학人은 本月二拾五日(陰七月二拾八日)ᄂᆡ로 履保狀을 先呈後에 試驗을 ᄒᆞ심을 爲要

一 課程 修身、國語、地誌及歷史ᄂᆡ外幷、物理、化학、博物학、法학通論、經濟학、作文、心理학、敎育학、簿記、小학敎授法、圖畵、唱歌、體操外國語、討論

一 修業期 貳拾四個月

一 試取及開학 試取本月二拾八日(陰七月廿九日)ᄀᆡ학九月拾日ᄂᆡ

一 試取科目及方法 作文(國漢字交用)ᄂᆡ國歷史地誌、而講、筭術(四則以ᄂᆡ)

一 入學資格 年齡二拾歲以上四拾歲以下로身體建强ᄒᆞᆫ者

隆熙 年八月 日

壽進洞前壽進宮ᄂᆡ 興士團

隆熙學校 告白

本館에서 勢不得廉價放賣하깃ᄉᆞ오니 有志僉彥은 斯速ᄒᆞ議ᄒᆞᆷ

冊架ᄂᆞᆫ 瓦壹日四拾九間 [illegible]

安洞 [illegible]街 大東寄宿館 告白

○本학館에서 第二回學員을 募集ᄒᆞ오니 志願人은 八月三拾日之內로 請願書를 提呈ᄒᆞᆷ(請願用紙ᄂᆞᆫ 本館에 請求ᄒᆞᆷ)

中學科

(壹學年程)

(壹年級)東國歷史。大韓地誌。筭術。圖畵。博物。聖經。習학。日英語隨意)

(二年級)萬國歷史。萬國地誌。筭術。生理。中등物理。聖經。語學(日英語隨意)

(三年級)物理。化학。經濟代數。[illegible]幾何。聖經。[illegible]

英語課

日語課 科程은 英日語로 各히 專修케ᄒᆞᆷ (日英語隨意)

木工課

工業圖畵。筭術。 實習木工 (夜學科程)

日語課 英語課 簿記課

以上三課ᄂᆞᆫ 各히 專修課로ᄒᆞ되 入學細則은 本校에 來問ᄒᆞᆯ 事

入學試驗科目

國漢文 讀書作文

但各課補缺生은 各次班課程으로 시驗ᄒᆞᆷ

試驗日子 九月壹二兩日 八月初八初七日 上午九時

開學日字 九月三日

●以上各課中에 英語학課ᄂᆞᆫ 補缺生만 募集ᄒᆞᆷ

●夜學各課壹年級은 학員이 貳十名이 未滿ᄒᆞᆯ 時ᄂᆞᆫ 開班을 不ᄒᆞᆷ

皇城基督敎靑年會學館

鐘路

本學校가 第二回男女學員을 募集ᄒᆞ오니 志願人은 來九月[illegible]日內로 請願ᄒᆞ시오

科程 本國地誌 本國歷史 筭術 小學讀本 漢文 圖畵 特別히 英語科가 有ᄒᆞᆷ

南大門內 尙洞敎堂內 攻玉小學校

◎學員募集廣告

本學校에서 聰俊ᄒᆞᆫ 學員을 募集ᄒᆞ야 敎授ᄒᆞ기爲ᄒᆞ야 學員을 募集ᄒᆞ오니 子弟를 入學코자ᄒᆞ시ᄂᆞᆫ 僉君子ᄂᆞᆫ 八月二十五日(陰七月二十九日)內로 來議ᄒᆞ시옴

位置南部茶洞十九統壹戶

年齡八歲以上拾九歲以下

ᄀᆡ學九月三日

學科普通課程

但入學請願紙ᄂᆞᆫ 支給ᄒᆞᆷ

私立共成學校

量地法全

定價金七十錢 或特別減價

本書ᄂᆞᆫ 圖根을 筆地各般測量法術이 完全俱備ᄒᆞ와 測量上第壹必要ᄒᆞᆫ 書籍이옵

本書ᄂᆞᆫ 測量上必要ᄒᆞᆫ 算術과 對數表ᄭᆞ지 附入ᄒᆞ엿삽

本對數表ᄂᆞᆫ 我國에 創出者인ᄃᆡ 代數以上高等筭학에 必要ᄒᆞ옵

本書의 文法은 簡明易解ᄒᆞ와 初學及獨習에 便宜ᄒᆞ옵

발行所 中학橋測量事務所

發賣所 남部銅峴博學書館

中部布屛下廣學書舖金相萬

瑞朝橋中央書舖朱翰榮

鍾路古今書海館

大東書市

南署大廣橋滙東書館 ○裕相

남門ᄂᆡ倉洞博文書館

●千金保化丹

主治積滯吐瀉霍亂[illegible]ᄒᆞ야

本舖 在江華郡ᄂᆡ養[illegible]당

出張人 海州 劉[illegible]섭 太邱 崔寅琪 平壤 朴承奬

發起人 김完植 白

平壤太極書館은 有志紳士의 公益을 爲ᄒᆞ야 建設ᄒᆞᆫ바어니와 義州替市少年書舖ᄂᆞᆫ 此館에 支店으로 新舊書籍과 各學校所用物品을 廉價應賣ᄒᆞ오니 僉君子ᄂᆞᆫ 陸續來購ᄒᆞ시옵

書舖主 朴奉燁 韓用權

各地方各種學校教師紹介所를 本會內에 設置ᄒᆞ오니 普通學其他各種技術語學敎育에 敎授ᄒᆞᆯ 志願人은 校洞本會館으로 來議ᄒᆞ시옵

畿湖興學會 告白

第四回學員募集廣告

本塾에서 法律專門科晝학員을 新募ᄒᆞ오니 願學人은 來九月三日以內로 本塾에 對ᄒᆞ야 請願書를 提出ᄒᆞ고 左開日時에 應試ᄒᆞᆯ 事

但請願書紙、學科、規則은 本塾에 在ᄒᆞᆷ

試驗科目

壹、國漢文作文、國漢文讀書、地誌、歷史、筭術(四則以內)

試驗日時

九月五日上午拾時(陰八月拾日)

但高等학校(中學校程度를 包含)程度에 相當ᄒᆞᆫ 卒業證書를 有ᄒᆞᆫ 人은 免試ᄒᆞᆷ

西部王后洞

私立 養正義塾

漢城鍾路慈惠大藥房

大韓東西藥業月報社創製發賣

咽喉熱痛 降火水 五日分 金壹圓

消食物告味 甘酸水 金五十錢

男女氣血 補益丸 二十五錢

滋潤腸丸 二十錢

淋疾袪根藥 五十錢

痢疾靈散 三十錢

清眼藥水 十五錢

養兒寶散 十五錢

蟲拔根藥 三十錢

純金鷄納丸 十錢

蛔退丸 二十錢

止汗臭藥 二十錢

四時感冒丸 十錢

大腫合瘡膏 三十錢

消痰鎮咳藥 三十錢

漢城百應膏 十錢

陳滯陳積 消積丸 五十錢

瘤氣神效 保嬰散 二十錢五里

買藥與草材以外邑郵便信送

大韓新發明 特效靈藥

承寧府典醫正三品 洪哲普閣下實驗處方

陸軍軍醫學校敎官 張基茂君의効證

八寶丹 九粒入 金一錢

主治 效能

○胃痛惡心 ○頑痰固飲 ○食思欠乏 ○中寒 ○久積滯 ○急聲關格 ○滯飲傷 ○痛眩暈 ○泄瀉下痢 ○霍亂吐瀉 ○水土不服 ○船車醉

陸軍二等軍醫 許均君實驗處方

陸軍二等軍醫 朴熙達君 有効證明

滋陽丸 廿日分 金三圓四拾錢 十日分 金壹圓八十錢

主治

○房事不容 ○腎虛腰痛 ○病後氣端 ○腎氣不足 ○陽痿不起 ○遺精多夢 ○陰虛火動 ○房事後惱困 ○手足厥冷 ○形容蒼白

부인 양경 丸(환) 婦人調經丸 壹劑 金一圓

主治說明

婦人이 孕胎ᄒ지 못ᄒ은 冷病積病과 月經不調로 因ᄒ이니 此藥을 服用ᄒ시면 婦人腹中에 有ᄒ 諸病은 壹切退去ᄒ고 自然孕胎ᄒ오니 速臨買去ᄒ시오

瘡病 神藥 ▲사향소창단 ▲麝香消瘡丹

此丹이 於諸창에 無論男女老少ᄒ고 若服壹劑하면 實有神效ᄒ야 百발百中ᄒ오니 非例方可及이라 若論主治則楊梅ᄒ 疳瘡 便毒 風濕頭창 諸症에 俱見立效ᄒ오니 發痾ᄒ 君子ᄂ 壹次試驗ᄒ시

▲發賣所

南署苧洞 李永洙藥局

仝 南門내 博文書館 盧益亨

仝 南門내 水橋 濟生支店

仝 口내 相信號 典醫 王

仝 鐵物橋 毛衣房 리滋陽

仝 小廣橋 毛衣房 리厚模

仝 鍾進동 上隅 三可病院

仝 大寺동 共濟病院

仝 仁川港 내 豊旅館 韓濃根

仝 奇峴 내 濟? 金暉寬

仝 읍내 金永源 李昇範

江華鍾路 宋應九店

開성 남문내 朴圭植商店

仝 남문내 明新冊肆 리自錫

水原 남문내 김재九약舖

海州 남문내 리泰 商店

延安 읍내 邊汝文藥局

安淵 남문내 □在淳

仝 砂里院 耶蘇敎당 리東赫

黃州 남문내 紅문동 耶蘇敎當내 金瀅柱

平壤 章臺峴 耶蘇敎堂내 金瀅柱

仝 法首橋 乾材局 崔淲化

仝 大興部 壹里 龍興藥舖

仝 館후 桂準善 약포

仝 文武洞 김元섭 약포

鎭남浦 桑동 吳承呂

鎭남浦 碑石洞 冊사 吳啓駿

仝 濟生당 出張 金斗鉉

三산港 開福洞 리春蒼 약房

仝 大井동 리東赫

禮산 용谷里 리明直 약局

大邱 남문내 남甲元 약局

元山港 濟生堂 支局 朴致鎭

仝 南門내 박致心 약局

金泉邑 鄭聖瑞 약局

釜山港 濟生당 出張 朴昌鉉

安州 성내 義井동 回春大약房

安岳邑 上場 濟生局 林景柱

義州 남문 外 木口街 義和약房

載寧읍 後동 洋약局 崔允國

定州 남문내 洋약局 리健柱

郭山 읍 洋약局 羅應彬

宜川읍 冊사 김?

鐵山읍 永春堂 安瀕

成從郡 耶蘇敎堂 張炳壹

仁川港 奇峴 ?

京城鍾路 衣廛 ᄂ

和平堂 白

右四種약은 各地方이라도 請求ᄒ시면 우편으로 부치ᄂ 슈도 잇ᄉ옴 拾四日分 金四圜

製藥所 仁川港 奇峴 和平堂藥房 李聖善

發行 全

京城鍾路 衣廛 ᄂ 和平堂 支店

代理店 仁川港 奇峴 濟生堂藥房

京城大廣橋 共愛堂 藥房 南

문내 水橋 大東書市 支店 金泰鉉

●大韓國新發明神藥

●滯 靈丹 各種食滯 中暑 久滯 口臭 甘飲 吐瀉 定價壹貼 拾錢

●三寶丸 治諸般痛 不拘久遠 俱有偉効 定價 金一錢

●靈效液 外用 芳香 治疥瘡 皮風 百發百中 定價 二十錢

●清眼水 治諸般 眼疾 如撥雲見天之妙 定價 金 錢

●通淋丸 治男女急慢淋疾 神效 五拾錢

製藥發行所

漢城南大廣橋 洞 第三統 七戶 共愛堂大藥房 謹白

支店

開城 南門內 共愛堂 第壹支店 姜助遠

釜山港 ?洞 共愛堂 第二支店 리春善

河東郡 赤良面 共愛堂 第三支店 黃麟秀

代理店

京城北部 安동 仁濟藥房

仝 鍾路 靑年會館前 慈惠藥房

仝 西部 新門外 石橋 普濟醫院

仁川港 奇峴 濟生堂

仝 和平局

此外에도 東西洋 和漢 有名賣藥과 新式材料이 俱備ᄒ오니 多少를 不拘ᄒ고 請求ᄒ시면 小包로 郵呈ᄒ겟ᄉ오

●大韓新發明靈藥廣告

延安邑내 洋藥局 邊汝文

江華 鍾路 店 尹斗鉉

●安淵 남門내 藥局 崔觀淳

砂里院 비 客主 任允中

仝 耶蘇敎堂 내 리載善

黃州 남문내 紅문동 許 완

●汗浦驛東 美遊送部 김奉圭

安岳邑上場里 濟生局 리東혁

●陸軍軍醫實驗所方劑 消化新藥

●四海衛生之必需藥

新藥 消化 清心保命丹

發行所 仁川港 松峴 濟生堂藥房

九十粒入 金拾錢

右藥의 主治効能은 如左

●吐瀉 ●水土不服 ●飲咳嗽 ●醉酒 ●暑中寒 ●氣鬱腹痛 ●咽喉 ●口熱 惡臭 ●食積食傷 ●其他諸般 邪氣 癘疫 預防 妙약

總發行所 京城南大門內

제生당 支店 李庚風

京城內 문外 제生당 支店 具又賢

元山港 藥石院 제生당 支店 박敬鎭

代理店 京성大廣橋共愛堂

京 泥峴 三丁目 仝 鍾路 慈惠약房

仝 鄭便局前 天佑堂 약房 新井 약店

仝 남门 博文書館 盧益亨

仝 梨峴 洋약局 리信華

仝 大安洞 仁濟약房

仝 齋동 三可病院 村喜造

仁川 奇峴 和平당 리應善

仝 本町 新井樂房

海州 남문내 宋在瑛

仝 全 商店 리華植

水原 奇路 下약房 金濟九

●宣川邑내 冊사 安濬

●鐵山邑내 永春堂 安瀕

●義州 남문外 木口街 崔錫浩

●龜川 읍 官 洋약局 리丙斗

●群山港 開福동 김斗鉉

●大邱 남門내 刷 還洞 김成浩

●釜山港 東館 本町 商店 리炳夏

●北靑 新昌港 客主 朴錫勳

●木浦 各國居留地 松房 徐岐兒

●全國내 各약店마다 隨應販賣

仁川港 奇峴 성남 大문내 濟生堂 白

●載寧邑 後동 洋藥局 崔允國

●忠州 ?良面 早遞 김鉉和

●信川邑 四里 洋약局 김永植

●瑞興邑 東里 冊肆 文爽冠

●平壤 ?里문동 濟生局 尹寅혁

仝 雙巨里 의院 韓鼎儀

仝 館中 의院 金龍奐

仝 文武동 濟生局 桂澤宜

仝 大鳳 貞里 藥局 崔龍化

鎭남浦 藥동 冊사 김元燮

仝 后浦 出張所 吳南駿

安州 성내 義井동 回春大약房

●博川邑 美동 商店 朴芝行

●定州 남문내 洋藥局 리健柱

●郭山邑 大街 冊사 김大鉉

●新發明梅毒藥廣告

陸軍軍醫 守현 實驗方劑

落梅丹

口瘡 ? 之명藥

壹劑 ? 三圓

主治 梅毒 (창창) 新舊창

●腫瘡 疥瘡 皮廢 ●便毒 ● 疳瘡

●右病

已上 病症에 男女間에 不精潔合宮後에 ?之端이 有ᄒ야도 此藥을 服用ᄒ면 完癒ᄒ고 此外에도 ?와 精美ᄒ 藥材와 新式 外科 雜色疾病

皇城北部 大安洞 仁濟藥房 高用진 謹白

代理店

京城鍾路 共愛堂 약房

仁川 港松峴 濟生堂

國內 各處 藥局에서 隨應 販賣

社告

○申報價

壹號代金 新貨二錢五厘

壹個月前納 三十錢

參個月 九拾錢

陸個月 一圓七十錢

壹個年 三圓四十錢

郵稅一張 新貨五厘

壹個月 十三錢

○廣告料

四号活字拾三字詰

每行每英尺壹寸에 新貨廿五錢

(自壹行至四行이爲壹寸)

二週日에 二圓五拾錢

壹箇月에 五圓

其期限의 長短과 字行의 多夥를 依ᄒ야 增減ᄒ이 有ᄒ

發行兼編輯人英國人 萬咸

Responsible for Publication Alfred Weekley Marnham.

發行所

南署石井洞號外地三層洋屋

大韓每日申報社

鍾路慈惠醫院에서 英國製視力檢査機械와 金銀버眼鏡을 購置ᄒ고 男女視力을 檢査ᄒ야 此에

第六卷

大韓每日申報

第八百八拾九號

月曜及慶節歲時日休刊

檀君開國四千二百四十一年
箕子元年三千三十年
大韓開國五百十七年
日本明治四十一年
淸國光緖三十四年
陰曆戊申七月大廿六日己[illegible]

別報

◎梁起鐸氏入獄顚末

本社總務梁起鐸氏의被囚ᄒᆞᆫ事ᄂᆞᆫ本報에已報ᄒᆞ얏거니와시가本社總務인즉是ᄂᆞᆫ英國治外法權下에在ᄒᆞᆫ人이라氏를査問ᄒᆞᆯ事가有ᄒᆞ면宜當히英國領事와交涉이有ᄒᆞᆫ然後에可ᄒᆞ거ᄂᆞᆯ氏와議提時에何等交涉이無ᄒᆞ고暗中捉去ᄒᆞᆫ은警視官吏의失錯이라ᄒᆞᆯ지며

去拾壹日午後에與獄者가梁시를對ᄒᆞ야移住ᄒᆞᆫ趣旨를說明ᄒᆞ되移住ᄒᆞᆫ後에도監獄과又처同意ᄒᆞ야追心ᄒᆞ다ᄒᆞ기에시가右旨를應從키로ᄒᆞ얏더니旣已오任置ᄒᆞ얏든書類와金品을出給ᄒᆞᆯ뿐더러又ᄂᆞᆫ경官이來現ᄒᆞ고放免擧行에慣熟ᄒᆞᆫ看守人을呼出ᄒᆞ야放免ᄒᆞᄂᆞᆫ規例에依ᄒᆞ야獄門에出ᄒᆞᆷ에放免ᄒᆞ매大呼ᄒᆞ며양시ᄂᆞᆫ移住로說明ᄒᆞᆫ것은前者過去事오放免擧行ᄒᆞᄂᆞᆫ것은現時의事實로個認ᄒᆞᆷ이當然ᄒᆞᆫ事ㅣ라故로시가疑心업시出獄ᄒᆞ얏더니

嘗監禁之久에戒飭看守人及多數獄吏가本社에來ᄒᆞ야假冒인지實質인지梁시가放釋우ᄂᆞᆫ일ᄉᆞ나放釋所例의續章을要ᄒᆞ니暫爲關往ᄒᆞ야節例를遵行케ᄒᆞ라ᄒᆞ거ᄂᆞᆯ迫後에與獄ᄒᆞ야因放釋우辭歸ᄒᆞᆷ이니訊人을顧見이라ᄒᆞ매本社長이以爲主대梁씨가旣是英人家屋에投人ᄒᆞᆫ以後에ᄂᆞᆫ英國總領事의게經由가無ᄒᆞ면引渡치못ᄒᆞᆯ것다ᄒᆞᆷ으로韓獄當局者가京城理事官을經ᄒᆞ야英國領事와交涉ᄒᆞᆫ즉領事ᄂᆞᆫ以爲ᄒᆞ되本國政府의訓令이無ᄒᆞ면不應ᄒᆞᆯ것다ᄒᆞᆷ으로交涉中이더니本政府訓令을依ᄒᆞ야氏를大韓의院에送ᄒᆞ야治療케ᄒᆞ고快復後에公判을受케ᄒᆞᆯ터이이더라

량씨ᄂᆞᆫ旣是放免으로認ᄒᆞ야出獄ᄒᆞ얏고出獄後에又如此光景을觀ᄒᆞ매씨의心懷ᄂᆞᆫ卽時自規就獄ᄒᆞ야公判을待코ᄌᆞᄒᆞ나씨가元來英人의게被雇ᄒᆞᆫ人일뿐더러此問題가英日兩國々際上交涉을已成ᄒᆞ얏슨즉시가自意로出頭ᄒᆞ기不能ᄒᆞᆫ故로只是交涉結果만待ᄒᆞᆯ뿐이며

新後事實이元只如此ᄒᆞᆫ데連日間國民新報其他新聞紙와其他人新聞等자狂亂이登載ᄒᆞ야說로雄唱ᄒᆞ야曰梁시가國債金犯逃ᄒᆞᆷ을[illegible]自供ᄒᆞ야[illegible]挾人이何其[illegible]이거[illegible]國心發生ᄒᆞᆷ은感喜ᄒᆞ나其報償[illegible]에[illegible]가後來에四方이[illegible]得已其報收를開始ᄒᆞ야[illegible]自辦ᄒᆞᆫ責任은[illegible]職과氏名[illegible]案件에精細ᄒᆞ고特히深白ᄒᆞ야特別注意로其收入의番號와金額[illegible]氏名[illegible]小計[illegible]總計[illegible]都總合[illegible]貫徹ᄒᆞ야無[illegible]錯이[illegible]實時[illegible]銀行에[illegible]置금도前社長[illegible]시名下로依數自在ᄒᆞ거ᄂᆞᆯ如此千萬曖昧之說을反受ᄒᆞᆷ은吾人及世人의共憤共歎ᄒᆞᄂᆞᆫ바이니[illegible]가萬[illegible]此에犯道가有ᄒᆞ얏슬진ᄃᆡ有人性者ᄂᆞᆫ不欺天不欺人이라發포된供辭가有[illegible]지나[illegible]無犯ᄒᆞᆫ人이有犯ᄒᆞᆫ人으로自供ᄒᆞᆫ理가豈有ᄒᆞ리오彼等이白地에[illegible]을構誣ᄒᆞᆷ이實로可[illegible]이며

又曰梁씨가鴉片을喫ᄒᆞ다ᄒᆞ얏스니大抵氏가本社에在ᄒᆞᆫ자四五年에各種事務를擔察ᄒᆞᆷ으로朝夕無暇ᄒᆞ야寢食도本社[illegible]에서行ᄒᆞ얏스나鴉片을喫코ᄌᆞᄒᆞ야도其暇가無ᄒᆞ지니[illegible]彼說의황說은[illegible]是可笑라此[illegible]ᄂᆞᆫ足히辨論ᄒᆞᆯ것도無ᄒᆞ고

又曰梁씨가警官의到着을不待ᄒᆞ고每日[illegible]本社로逃歸ᄒᆞ얏다ᄒᆞ얏스나萬一警官[illegible]ᄒᆞᆫ즉何故로獄吏가門外에서放免을大呼ᄒᆞ얏스며獨自歸去케ᄒᆞ얏스리오此ᄂᆞᆫ獄吏의失錯이아니며[illegible]의[illegible]로梁씨를逃歸로歸咎코ᄌᆞᄒᆞ야做出此計ᄒᆞᆷ이아닌가況且氏가元來無罪ᄒᆞᆫ人이니엇지公判前에逃避ᄒᆞ리오此ᄂᆞᆫ上節에[illegible]ᄒᆞᆫ바어니와[illegible]日本[illegible]日新聞[illegible]萬千三百七拾登[illegible]에[illegible]觀人이此를釋放으로認[illegible]釋放ᄒᆞ얏다云ᄒᆞ얏거ᄂᆞᆯ[illegible]ᄂᆞᆫ京城니에在ᄒᆞ야其[illegible]實을昭視ᄒᆞ고如此황說을故意做出ᄒᆞᆷ은何故오嗚呼라彼輩가千萬般奸計로梁氏를構誣코ᄌᆞᄒᆞ야황說이日滋ᄒᆞ니日와[illegible]ᄒᆞ야靑天白日에昭在ᄒᆞ니何足掛意리오마ᄂᆞᆫ奸人의황舌이無所不至ᄒᆞᆷ은實可寒心이라玆에其事實을署列ᄒᆞ야世의公眼에供ᄒᆞ노라

外報

●波斯議院建築 波斯皇帝ᄂᆞᆫ選置法制[illegible]及議院建築을準備ᄒᆞ기爲ᄒᆞ야委員을任命ᄒᆞ얏더라

●支那虎患猖獗 日本[illegible]務省에達ᄒᆞᆫ情報를據ᄒᆞᆫ즉目下楊子江域壹帶地에ᄂᆞᆫ虎疫이猖獗ᄒᆞ야蛇山會公廨下에ᄂᆞᆫ去七月二拾三日부터卄日ᄁᆞ지四千餘人의死亡者가出ᄒᆞ얏고同地兵營의死亡者가出ᄒᆞᆷ으로各兵營에셔ᄂᆞᆫ練兵을中止ᄒᆞ얏스며日本人及外國居留民中에도罹病者가有ᄒᆞ야致死ᄒᆞᆫ者의數爻를支那警察署에셔調査ᄒᆞ얏ᄂᆞᆫᄃᆡ無慮히壹千壹百七拾餘人의達ᄒᆞ얏다더라

●大陸探險 佛國의有名ᄒᆞᆫ[illegible]師셔야리오ㅣ氏ᄂᆞᆫ八百噸餘小帆船을乘ᄒᆞ고南極地方에向ᄒᆞ야同國[illegible]港에셔出發ᄒᆞ얏ᄂᆞᆫ데右ᄂᆞᆫ南極의未詳ᄒᆞᆫ大陸의[illegible]을探險ᄒᆞ기爲ᄒᆞᆷ이라더라

雜報

●倫氣什麼大變怪 仲[illegible]川邊에[illegible]居ᄒᆞᄂᆞᆫ昇東씨家에壹女[illegible]이有ᄒᆞᆫ데拾二歲에李氏家[illegible]嫁ᄒᆞ얏더니[illegible]男[illegible]이[illegible]ᄒᆞ고花[illegible]에[illegible]ᄒᆞ야拾餘年을[illegible]ᄒᆞ야미히女娼이現今二拾壹歲의芳年으로[illegible]에獨居ᄒᆞ다가行[illegible]之[illegible]이有ᄒᆞ얏던지孕胎ᄒᆞᆫ狀態가漸現ᄒᆞ거ᄂᆞᆯ[illegible]李[illegible]가其親家로[illegible]ᄒᆞ니其親父李昇東氏ᄂᆞᆫ現在仁川郡守인ᄃᆡ其親母가妓女娼와[illegible]逐ᄒᆞᆷ을羞憤ᄒᆞ야妓女娼을坐房에幽囚ᄒᆞ고爲[illegible]藥을勸服ᄒᆞ야胎兒를半產ᄒᆞ고且洋灰水를抑勒灌注ᄒᆞ야口中과下門의流血이淋漓ᄒᆞ고昏倒氣絶ᄒᆞ얏ᄂᆞᆫᄃᆡ其母가金川으로急報ᄒᆞ야郡守가不日上來ᄒᆞᆫ즉妓女娼이尙今不死ᄒᆞᆫ지라壹場[illegible]論曰爾母의暴行은已無更論이나事已至此ᄒᆞ니[illegible]不如早死라ᄒᆞ고更히洋灰水를勸注ᄒᆞ고速死ᄒᆞ기를苦待中인ᄃᆡ妓女의親近ᄒᆞᆫ壹女人이其[illegible]實을得聞ᄒᆞ고訪見코ᄌᆞᄒᆞᆫ즉其母親이拒絶ᄒᆞᄂᆞᆫ지라情理의不忍ᄒᆞ야鐵門을排見ᄒᆞᆫ즉[illegible]씨女가執手涕淚ᄒᆞ며救活ᄒᆞ라ᄒᆞ고哀乞ᄒᆞᄂᆞᆫ지라該女人이百般周旋ᄒᆞ나命已垂絶이라더라

●人力車營業取締規則 (續)

第十一條 左開各号의壹에該當ᄒᆞᆫ時ᄂᆞᆫ車體及附屬品을消毒ᄒᆞ거나又ᄂᆞᆫ掃除ᄒᆞᆫ後가아니면乘客을不得ᄒᆞᆷ

一 傳染病患者를乘載ᄒᆞᆫ時

二 汚穢物이나其他車體를汚染ᄒᆞ거나又ᄂᆞᆫ臭氣를有ᄒᆞᆫ物品을搭載ᄒᆞᆫ時

第十二條 人力車의避讓方法은左開各號에依ᄒᆞᆷ이可ᄒᆞᆷ

一 車馬又ᄂᆞᆫ步行者를逢着ᄒᆞᆫ時ᄂᆞᆫ右便으로避讓ᄒᆞᆷ이可ᄒᆞᆷ

二 狹隘ᄒᆞᆫ道路에서ᄂᆞᆫ登行거ᄂᆞᆫ空車가避讓ᄒᆞᆷ이可ᄒᆞᆷ

三 後車가前車를超越코ᄌᆞᄒᆞᆯ時ᄂᆞᆫ呼聲ᄒᆞ고前車ᄂᆞᆫ左便으로避讓ᄒᆞ고後車ᄂᆞᆫ右便으로超越ᄒᆞᆷ이可ᄒᆞᆷ

四 郵便과消防의用에供ᄒᆞᄂᆞᆫ거馬車又ᄂᆞᆫ葬儀等을逢着ᄒᆞᆫ時ᄂᆞᆫ其妨害가無ᄒᆞᆫ處所에駐ᄒᆞ거나又ᄂᆞᆫ避讓ᄒᆞᆷ이可ᄒᆞᆷ

五 街隅를右折ᄒᆞ고左折코ᄌᆞᄒᆞᆯ時오ᄂᆞᆫ小廻ᄒᆞ고左折코ᄌᆞᄒᆞᆯ時에ᄂᆞᆫ大廻ᄒᆞᆷ이可ᄒᆞᆷ

第十三條 警察官에서不美ᄒᆞᆫ行爲가有ᄒᆞ거나或은營業上에不適當ᄒᆞᆷ으로認ᄒᆞᆫ時ᄂᆞᆫ許可를繳還ᄒᆞ거나又ᄂᆞᆫ期間을定ᄒᆞ야營業을停止ᄒᆞᆷ이有ᄒᆞᆷ

第十四條 警察官署에서車體가破損ᄒᆞ거나或은不潔ᄒᆞ야至ᄒᆞ야營業上에不適當ᄒᆞᆷ으로認ᄒᆞᆫ時ᄂᆞᆫ車體의使用을禁止ᄒᆞ거나又ᄂᆞᆫ期限을定ᄒᆞ야修繕을命ᄒᆞᆷ이有ᄒᆞᆷ

第十五條 警察官署ᄂᆞᆫ每年二回(四月及十月)車躰(附屬品附屬)及服裝을檢査ᄒᆞᆷ其檢査를受치아니ᄒᆞᆫ者ᄂᆞᆫ營業에使用ᄒᆞᆷ을不得ᄒᆞᆷ

警察官署에서必要로認ᄒᆞᆫ時ᄂᆞᆫ臨時檢査를行ᄒᆞᆷ이有ᄒᆞᆷ

未完

雜報

●勅停叅列 當此剛新之時ᄒᆞ야儀式事務를宜有分別이니從今以後로凡於儀式에差備外特召를除ᄒᆞᆫ外에ᄂᆞᆫ百官叅列을停止ᄒᆞ라신 勅旨를 下ᄒᆞ옵셧더라

●賜饌官吏 昨日은 太皇帝陛下陰曆 誕辰日이라 宮中에셔不可虛度인故로承寧府壹般官吏의게 賜饌ᄒᆞ옵셧다더라

●陰曆誕辰慶祝 太皇帝陛下의 誕辰慶祝을陽曆日字로改定ᄒᆞᆫ은壹般人民의共知ᄒᆞᄂᆞᆫ바어니와明新女학校에셔ᄂᆞᆫ陰曆日에도慶祝宴을設ᄒᆞ얏고閭巷間人民의家屋에셔도國旗를高揭ᄒᆞ야慶祝의誠意를表하얏더라

●李氏晬宴盛況 完興君李載冕氏의晬辰이去日曜日인대晬宴을昨日로退定盛設ᄒᆞ고내外國高等官人을請邀ᄒᆞ얏ᄂᆞᆫ되妓生도三拾餘名이叅席ᄒᆞ얏다더라

●大祝差備官陞資 今番別單에陞資ᄒᆞᆫ八人이勿施된다間資만된다ᄂᆞᆫ說은屢揭어니와更聞ᄒᆞᆫ즉並爲勿施ᄒᆞ고自前으로依例陞資ᄒᆞᆫ단大祝差備官만陞資ᄒᆞ기로擬議中이라더라

●因何留案 忠남觀察使崔廷德氏가郡守八人을薦報하얏다ᄂᆞᆫ說ᄂᆞᆫ已爲報道ᄒᆞ얏거니와有何事件인지今番 奏本에姑爲留案ᄒᆞ얏다ᄂᆞᆫ說이有ᄒᆞ더라

●兩氏郡守被任說 내部에셔再昨日에郡守二十餘窠를 奏本ᄒᆞ얏ᄂᆞᆫ되該部官吏中吳在豐崔鍾浩兩氏도亦爲被任ᄒᆞ얏다ᄂᆞᆫ說이有ᄒᆞ더라

●緊穴何處 藥郞現窠가拾餘窠인ᄃᆡ某々處에셔奔競이大端ᄒᆞ야宮內閔丙奭氏가如何히處乎ᄒᆞᆯ지商量中인ᄃᆡ近日에ᄂᆞᆫ請買가有ᄒᆞᆫ지緊穴捷徑이有ᄒᆞ다고紹介ᄒᆞᄂᆞᆫ人이多數ᄒᆞ다더라

●具氏事務官云任 忠北은近日地方騷擾에對ᄒᆞ야官吏들이交涉에嫺熟지못ᄒᆞ야人命誤殺之弊가種種有之ᄒᆞ다ᄒᆞ야내部官吏中具然欽氏로該道事務官을擇任ᄒᆞ얏다ᄂᆞᆫ說이有ᄒᆞ더라

●壹轉壹陞 학部秘書課長김思重氏가身故ᄒᆞᆷ으로代에헌部飜譯官리晩奎시가轉任ᄒᆞ고其代에ᄂᆞᆫ主事리完應氏가陞差ᄒᆞ기로내定이되얏다더라

●四氏調査員 掌禮院에셔各祭享祭器祭品調査ᄒᆞᆯ次로該院典祀李浩鎭白時鏞劉膺烈鄭鎭源四시를調査員을定ᄒᆞ얏다더라

●海美守請願 海美郡守리順珪氏가該道觀察使의勸告를因ᄒᆞ야請願上京ᄒᆞ얏다더라

●編纂盡力 선源譜署改定次로任員諸시가每日宗正府에會同ᄒᆞ야編纂事務에盡力修定中이라더라

●兩報規程頒布 農商工부에셔天氣豫報와暴風警報의規程을二拾餘條로規定ᄒᆞ야부令으로頒布ᄒᆞ얏다더라

●學費增額協議 現今留학生의학費가不贍ᄒᆞᆷ으로困難이或有ᄒᆞᆷ을因ᄒᆞ야明年度부터ᄂᆞᆫ多少間增額支撥ᄒᆞ기로학부에셔協議中이라더라

●國文委員加差 학部에셔國文研究會를每月三次式會同研究ᄒᆞ더니從今以後로ᄂᆞᆫ每月二次式으로規則을改定ᄒᆞ고國文研究員을多數加差ᄒᆞᆫ다더라

●奎章閣의黑奇 奎章閣及集玉齋에積置ᄒᆞᆫ各種書冊을目前부터康寧殿에셔曝曬ᄒᆞᆫ다ᄂᆞᆫ뎨該曝曬ᄒᆞᄂᆞᆫ事務ᄂᆞᆫ奎章閣囑托日本人黑奇가擔任ᄒᆞ얏다더라

●貯置物品調査 洪陵에貯置ᄒᆞᆫ各項物品及器具을掌禮院에셔日昨에該院主事를派送하야調査ᄒᆞ얏다더라

●非但幾百 拓殖會社法이頒布되면日本農民幾百名이先爲渡韓ᄒᆞᆫ다ᄂᆞᆫ說이有ᄒᆞ더라

●高等校慶祝協議 官立漢城高等학校任員及生徒가昨日에該校에會同ᄒᆞ야本月二十七日 大皇帝陛下의卽位慶祝節次를協議ᄒᆞ얏다더라

●回題何遲 江津郡有志紳士들이학校를設立ᄒᆞ기로학部에請願ᄒᆞᆫ지數朔이되얏ᄂᆞᆫ뎨該部에셔如何ᄒᆞᆫ回題가頓無ᄒᆞ다더라

●成氏請願 成夏植시가度支部에請願ᄒᆞ얏ᄂᆞᆫ뎨本人等이維新以前에각項國役에舛둔契에셔草둔을進排하고受價ᄂᆞᆫ倉米로ᄒᆞᄂᆞᆫ例인대貢人李欽김成等諸人으로同爲擧行ᄒᆞ고受價ᄂᆞᆫ못ᄒᆞ얏ᄂᆞᆫ대甲午年更張時에軍資廣興兩倉이革罷되와支給未受條가米四千五拾四石拾二斗이온故로數次訴告ᄒᆞ온즉國財不敷의所以로更待ᄒᆞ라ᄒᆞ와今日ᄭᆞ지拖至ᄒᆞ얏ᄉᆞ오ᄂᆞ히공人等은緣此負債에家屋을蕩盡ᄒᆞ옵고生活이無路ᄒᆞ오니如此情勢를特念ᄒᆞ시와右舛둔價를支下ᄒᆞ라ᄒᆞ얏다더라

●爲子生病 前叅判閔京鎬시가警視廳에被囚ᄒᆞᆫ以後로히氏의大夫人이驚刦ᄒᆞ야成病委席ᄒᆞ얏다ᄂᆞᆫ대回生之道가斷無ᄒᆞ다더라

●沈氏牢却 前郡守沈宜平시家에何許日人이沈選箴시의於音을持ᄒᆞ고推錢次로初次에九名이來到하고再次에二三名이來到ᄒᆞ야屢次督促ᄒᆞᆫ되沈시가牢却ᄒᆞ야送ᄒᆞ얏더니또數日前에日人壹名이來到ᄒᆞ야該錢을推尋ᄒᆞ거ᄂᆞᆯ沈시가又爲牢却ᄒᆞ얏다더라

●有何事端 三昨日에警視廳에셔前忠州郡守김在殷시를有何事端인지招致ᄒᆞ야一夜를經ᄒᆞᆫ後出送ᄒᆞ얏다더라

●李氏云放 警視廳에被囚ᄒᆞᆫ玄暎運시ᄂᆞᆫ日昨監獄署에越交ᄒᆞ얏다ᄂᆞᆫ대將次放釋이된다더라

●三千賊打殺 再昨日에廣州宣陵書員韓ㅅ秀가該郡方下橋에셔出契錢數拾圓을持來ᄒᆞᄂᆞᆫ대中路에셔有名ᄒᆞᆫ竊盜曹三千이가突出ᄒᆞ야掠奪하라ᄒᆞ미該人이相詰하다가曹三千을打殺ᄒᆞ얏다더라

●解渴被捉 日昨에度支部建築所役夫申鶴伊가飢渴이自甚하야所持ᄒᆞᆫ광耳를酒家에典執하고解渴하려다가竊盜로中部警察署에被捉되얏다더라

●圓覺社教師 圓覺社에셔日語教師를延聘ᄒᆞ야該社妓生을每日壹時間式教授ᄒᆞᆫ다더라

●慈善會雜誌發刊 慈善婦人會에셔一般人民의慈善心을鼓發ᄒᆞ기爲ᄒᆞ야純國文으로雜誌를발刊ᄒᆞ얏다더라

●捐ᄒᆞ야勸學 內部土木局技手李善九氏가孔德里廣成學校에紙貨壹圓을補助하고學業의進就ᄒᆞᆷ을勸勉ᄒᆞ얏다더라

●朴氏寄附 海남郡居湖박鍾完氏가京城孤兒院의情形을枚擧ᄒᆞ야激切ᄒᆞᆫ辭意로公函을送致ᄒᆞ고金三圓을寄附하얏ᄂᆞᆫ대該院에셔씨의感意를攢祝ᄒᆞᆫ다더라

●體育部特別會 大同體育部에셔明日上午拾時에特別總會를壽進宮내에셔開ᄒᆞᆫ다더라

◉總辭職勸告의 內容

壹進會가現내閣에對ᄒᆞ야總辭職ᄒᆞᆷ을勸告ᄒᆞ라하야評議會를開ᄒᆞᆫ事ᄂᆞᆫ昨報에已揭어니와朝鮮新報를據ᄒᆞ야其내容을得聞ᄒᆞᆫ즉三箇條件의理由인ᄃᆡ第壹은尹敬重시의所有數拾萬圓價値되ᄂᆞᆫ土地가 慶善宮所有物에歸ᄒᆞᆷ으로還付ᄒᆞ기를請求ᄒᆞ엿스되其要領을不得ᄒᆞ얏더니李完用시가내閣을組織ᄒᆞᆫ後로리시의勢力이宮中府中에錚々ᄒᆞᆫ故로尹시가李시의게還取ᄒᆞ기를懇請ᄒᆞᆫ즉리完用시가快諾ᄒᆞ고 慶善宮에請願ᄒᆞᆫ즉 慶善宮殿下ᄭᅴ셔ᄂᆞᆫ嘉納ᄒᆞ시고尹시의게還付ᄒᆞ셧ᄂᆞᆫᄃᆡ리시가此機를乘ᄒᆞ야尹씨의게對ᄒᆞ야該土地를還取케ᄒᆞᆫ터인즉還取된後에ᄂᆞᆫ自已의게歇價로讓渡ᄒᆞ라ᄒᆞ고約定하고還取된後에該土地를定價半額에買收ᄒᆞᄂᆞᆫ當時에價額全部를報給하기難ᄒᆞ다ᄒᆞ고八千圓만出給ᄒᆞ얏ᄂᆞᆫᄃᆡ其後에尹씨가數次出給ᄒᆞ기를請求ᄒᆞ되不應ᄒᆞᆯᄲᅮᆫ아니라不平之端이起ᄒᆞᆯ기ᄭᆞ지에至ᄒᆞᆫ지라李시가若此事로因ᄒᆞ야訴訟이起ᄒᆞ면自己身上에關ᄒᆞᆫ事인故로部下孫澤基의名義로訴訟케ᄒᆞᆫ즉該事件은尹시가孫시에게對ᄒᆞᆫ問題가되야裁判ᄒᆞᄂᆞᆫ中에李完用시가當時에法相趙重應시와相議ᄒᆞ고又今回法相高永喜시가被任ᄒᆞᆫ後에ᄂᆞᆫ此意를囑托ᄒᆞ야原告尹시를敗訴에歸케ᄒᆞᆫ事件이오第二ᄂᆞᆫ남韓地方沿岸漁區의甲乙兩漁氏訴訟事件에對하야法相高永喜시ᄂᆞᆫ甲乙兩者中에其壹便의書類를失ᄒᆞ얏다稱ᄒᆞ고他一便을勝訴케ᄒᆞ야其裁判에黑白이互相顚倒케ᄒᆞᆫ事件과又有壹不正ᄒᆞᆫ事件이라ᄒᆞ야壹進會에셔此三個條의事件으로高法相及리完用시의게面對質問ᄒᆞ얏더니其要領을不得ᄒᆞ야更히質問書를送交ᄒᆞ얏스되于今ᄭᆞ지何等의回答이無ᄒᆞᆫ은事實이奇怪ᄒᆞ다ᄒᆞ야李完用씨及現내閣員等이縱히國事를不顧ᄒᆞ고又閔宮相에關ᄒᆞ야ᄂᆞᆫ宮中府中에分別이無히自己親屬으로任用ᄒᆞ야私利를企圖ᄒᆞᆯᄲᅮᆫ아니라目下 大皇帝陛下의 御膳部ᄂᆞᆫ一定ᄒᆞᆫ豫弊이有ᄒᆞᆫ것인대典膳司長김珏鉉시ᄂᆞᆫ自己私橐을肥ᄒᆞ기爲ᄒᆞ야其 御膳部ᄂᆞᆫ僅히一二品食物에不過ᄒᆞᆫ則如此不敬不正ᄒᆞᆫ事이有ᄒᆞᆯᄲᅮᆫ아니라此를監督ᄒᆞᄂᆞᆫ責任에在ᄒᆞ야不知ᄒᆞᆫ理가無ᄒᆞᆫ터인故로詰問書를送하얏스되是亦何等의回答이無ᄒᆞᆷ으로ᄡᅥ내閣大臣總辭職及宮相辭職을勸告ᄒᆞ라ᄒᆞ야形勢가甚히不穩ᄒᆞᆯᄲᅮᆫ아니라壹大問題를惹起하기에至ᄒᆞ얏스니必境은明間에ᄂᆞᆫ壹進會에셔議會가決ᄒᆞ게될터이라더라

▲地 方 消 息▼

▲本月拾五日長津郡雲山동東方山地에셔義兵四拾名이同郡日守備隊少尉以下拾六名과交戰하얏다ᄒᆞ고

▲本月拾三日鐵原郡南山里에셔義兵拾餘名이同郡分遣所日憲兵隊와交戰ᄒᆞ얏다더라

▲放 枕 壹 笑▼

▲韓國同胞試聽ᄒᆞ라黑暗中에잇ᄂᆞᆫ人生이明地로開遶코저焦盡口舌勸勉ᄒᆞᆫ다古如今如壹般일즉鬱ᄒᆞᆫ懷엇지ᄒᆞᆯ고放枕壹笑ᄒᆞ여보세

▲[illegible]曲[illegible]라·便이壁上閣에[illegible]某某大臣의後史·昭詳分明臚列일세流芳ᄒᆞ世더功名은溷廁ᄭᆞ지生香ᄒᆞᆫ다語未畢에壹場大笑

▲向日某會紀念式에該社가畢集ᄒᆞᆫ더長髮先生是誰런지勸酒歌의時代曲과某大臣之嘲弄席에遊戲件이되얏ᄯᅡ지語未畢에壹場大笑

▲屈指第壹某씨家에驅從捕陪削髮이라守舊上典四人轎에騎化ᄒᆞ人擔去ᄒᆞᆫ제新舊形式參差ᄒᆞ야路上行人指點ᄒᆞᆫ네語未畢에壹場大笑

▲龍동等地某人家에有雞飛入日人家라大索終니不得ᄒᆞ더니雞聲出自壁間일세假鳴雞ᄂᆞᆫ脫歸커든爾乃眞鳴復何憂아語未畢에壹場大笑

▲里門동의某大臣은大叔叔役未了ᄒᆞ야平壤落傷ᄒᆞ얏다니士主大監動탈인가保護巡査不在ᄒᆞ가大韓의院昇去라지語未畢에壹場大笑

▲南山下에某宰相은祿으로壘몰낫ᄂᆞᆫ지兼任俸給먹으라ᄂᆞ某處指揮傳致라가遞受論駁赧然ᄒᆞ야兼職辭免ᄒᆞ얏ᄯᅡ지語未畢에壹場大笑

▲某觀察의日婦人은生踈江山ᄯᅡ러갈제富貴行樂ᄒᆞ짓더니對面盡是楚越이라語不相通鬱鬱ᄒᆞ야還爲上來ᄒᆞ얏ᄯᅡ지語未畢에壹場大笑

▲各坊曲의巫覡輩ᄂᆞᆫ使人門外把守ᄒᆞ고深閨中에潛伏ᄒᆞ야諸神將이降臨ᄒᆞᆯ제警官行聲들ᄒᆞ며投劍脫袍鼠竄일네語未畢에壹場大笑

雜報

●正誤 昨日雜報欄내李花校略況이란題下의本校二字는永柔郡李花學校의誤植이기玆에正誤홈

廣告

●測量見習生募集廣告

本所에서第貳回見習生을募集호오니願학僉君은今月三拾日(陰八月五日)내로本所에來議홈

試驗日字 九月五日

試驗科目 算術(四則)書寫

見習期限은 壹個月

修業人은本所事務員으로隨意選人홈

南部樂善坊後동六拾七統四戶

協同測量組合事務所長 任창宰

忠淸北道堤川郡李熙直시가畓十二拾斗落을本會에捐助호얏기로本月二十三日日曜(陰廾月拾七日)下午一時에特別總會를開호고該畓土當受不當受를議코ᄌ호오니僉會員은壹齊光臨호심을務望

湖南學會 告白

김永根徐丙起兩人을尋見次上京이온ᄃ住處를連問次호와도不知故還下去호오니此兩人은卽時住處를以書簡通寄홈

江原道伊川板橋面明德里 宋석文

西部龍山坊東湖下契姑山동六拾五統拾戶安和淳草家四間半舊文記四張을서失故로玆以廣告호오니내外國僉君子는以此知悉호시와此文券은休紙施行호시옴

東湖下契六拾三統八戶 安亨淳 告白

大同体育部 告白

本部에서特別會를來日曜上午十時에興士團내로開홀터이오니僉部員은屆期來臨을務望

現今漢城內에數設호水筒實施가有호卽이온즉凡於各洞水商擧業에關係가有호諸氏가不容不會議이옵기玆에仰佈호오니各水商處에서雖分錢이라도相關이有호諸氏는陰本月二拾四日로始호야卽速枉臨于西署仁達坊奉常司前壹百四統貳戶趙富卿家호시와以爲面議處理케호시되若過限本月二拾八日上午拾壹時이枉호시는氏의關係云者는永勿施가되올터이니以此照亮호오셔趁速來臨호심을望홈

發起人 申奉雨 姜명允 朴창基 趙鳳卿 朴元종

◎特別廣告

敬啓者本所規則에秋期開學이니學字는九月拾壹日이나臨時必要를因호야來秋期에限호야九月壹日에開學호기로定호얏기玆에廣告호오니僉學員은照亮後屆期登校호심을爲要

隆熙二年八月

法官養成所

特別廣告

本月二拾七日은惟我大皇帝陛下의卽位紀念式日인바伊日準備에對호야預示홀事件이有하니職員及학員은本月曜日上午拾時에壹齊來會홀事

官立漢城外國語學校

本人姓名章을陰三月五日에見失호엿ᄉ오니내外國人은照亮홈

義州古亭洞前 古城韓貞檜 告白

慶祝準備홀事가有호니本校職員학員은二十二日(陰廿六日)下午七点에本校로齊會홀事

光成實業學校 白

訴訟에對호야疑惑未決者의게其勝負의可否을詳細說明이옵고鑑定料는事之貴重과價之多少를隨호야臨時酌定호되大概如左홈

鑑定料는五圜以下로호되貧窮者의게는無料로홈

京城南部苧동六拾四統貳戶

東洋大學前講師 日本法律學士 辯護士

木尾虎之助

中等物理學敎科書

二百八拾餘頁挿圖 二頁餘定價金八拾錢

本書는最近호學理를準據호야簡明히編述호者ㅣ니中等敎科에와獨修에適用홀初有良書이옴

發賣所 京城各書舖

本郡郡主事鄭維裕氏는蘊玉其姿오夙德其人이라登鄕이公薦叙任以後로燗熟新式호니事務爲無滯호고明解時宜호니施措爲有方이라本郡이適値四五朔曠官호야軍隊連絡의隨請酬應호야毫無民弊호고暴徒熾盛의竭誠撫諭하야自歸順服이라學校를刱起於面里호니敎育也振興호고郡막을痛거於巨細호니國境也賴호이라土地證明을踏査確認하니兩莫爲奸이오訴訟裁判을公平處斷호니豈無呼冤이라似此特異는不可含默이기壹堵羣情이齊聲廣佈홈

黃海道載寧郡貳拾貳面人民代表

代表人 奇載善 尹鳳漢 康민烈 梁禹範 리豐喜 李瑞等 告白

隆熙貳年八月貳拾七日慶祝順序

壹 頌德表奉呈

貳 紀念物進獻(銀製香爐壹對)

三 各地方祝電代奏

四 官民合同大宴會(日時 本日下午三時)(處所 景福宮內慶會樓)

五 各戶豊旗夜燈奉賀(旗用 國旗)(燈用 李花太極燈)

六 通衢電氣祝燈(鍾路)

卽位紀念式慶祝漢城府民會 告白

●學員募集廣告

本校에서학部檢定과應試홀敎師학識을敎授호기爲호야학員을募集호오니願학人은本月二拾五日(陰七月二拾八日)내로寫眞保狀을先呈後應試호심을爲要

一 課程 修身、國語、地誌及歷史니外幷、物理、化학、博物학、法학通論、經濟학、作文、心理학、敎학、簿記、小학敎授法、圖畵、唱歌、體操、外國語、討論

一 修業期 貳拾四箇月

一 試取及開학 試取本月二拾八日(陰七月廿九日)기학九月拾日니

一 試取科目及方法 作文(國漢字交用)니國歷史地誌、面講)算術(四則以내)

一 入學資格 年齡二拾歲以上四拾歲以下로身體建强호者

隆熙二年八月 日

壽進洞前壽進宮내 興士團내 隆熙學校 告白

本館은勢不得已廉價放賣하깃ᄉ오니有志僉彦은斯速來議홈

間架는瓦壹百四拾九間

安洞四街 大東寄宿館 告白

○학館에서第三回學員을募集호오니志願人은八月三拾日之內로請願書를提呈홈(請願用紙는本館에請求홈)

(晝學科程)

中學科

(壹年級)東國歷史。大韓地誌。算術。圖畵。博物。聖經。語학。(日英語隨意)

(二年級)萬國歷史。萬國地誌。算術。生理。中등物理。聖經。語學(日英語隨意)

(三年級)物理。化학。經濟代數。生理。幾何。朝鮮語학

英語課 日語課 科程은共日語로各히專修케홈(日英語隨意)

木工課 工業圖畵。算術。聖經木工

(夜學科程)

日語課 英語課 簿記課 以上三課는各히專修課로호되入學細則은本校에問홀事

入學試驗科目 國漢文讀書作文 但各課補缺生은各次班課程으로試驗홈

試驗日子 九月壹二兩日(陰八月初六初七日)上午九時

開學日字 九月三日

●以上各課中晝학語학課는補缺生만募集홈

●夜學各課壹年級은학員이貳十名이未滿홀時는該班을不設홈

皇城鍾路基督敎青年會學館

◎學徒募集廣告

本校에서第三回男女學員을募集호오니志願人은來九月壹日內로請願호시오

科程 本國地誌 本國歷史 算術 小學讀本 漢文 圖畵 特別히英語科가有홈

南大門外尙洞敎堂內 攻玉小學校

●千金保化丹

主治積滯吐瀉霍亂의第壹要藥

本舖 在江華郡니養壽당

出張人 海州 劉鳴섭 大邱 崔寅琪 平壤 朴承奬

發起人 김完植 白

◎學員募集廣告

本學校에서聰俊호敎授하기爲호야學員을募集호오니子弟를入學코자호시는僉君子는八月二十五日(陰七月二十九日)內로來議호시옴

位置南部茶洞十九統壹戶

年齡八歲以上拾五歲以下

開學九月三日

學科普通課程

但入學請願紙는支給홈

私立共成學校

本人의子洙暎이年今拾八인대欲入京城학校호와不告上來故本人이不得已上來不知洙暎之留宿處호와定館于新門外남便第三商店韓永寓家호고玆以廣告호오니誰某시던지若見此人커든勸送此家호야俾免窘迫千万伏望홈

大邱河南面新洞 김鼎鉉 告白

各地方各種學校敎師紹介所를本會內에設置호오니普通學其他各種技術語學敎育에敎授홀志願人은校洞本會館으로來議호시옴

畿湖興學會 告白

量地法全

定價金七十錢 或特別減價

本書는圖根壹筆地各般測量法術이完全俱備호와測量上第壹必要홀書籍이옴

本書는測量上必要홀算術과對數表까지附入호얏삽

本對數表는我國에創出者인ᄃ代數以上高等算학에必要호옴

本書의文法은簡明易解호와初學及獨習에便宜하옴

發行所 中학橋測量事務所

發賣所 남部銅峴博學書館 中部布屛下廣學書舖金相萬 罷朝橋中央書舖朱翰榮 鍾路古今書海館 太東書市 南署大廣橋滙東書館高裕相 남門니倉洞博文書館

第四回學員募集廣告

本塾에서法律專門科壹학員을新募호오니願學人은來九月三日以內로本塾에對호야請願書를提出호고左開日時에應試홀事 但請願書紙、學科、規則은本塾에在홈

試驗科目 壹、國漢文作文、國漢文讀書、地誌、歷史、算術(四則以內)

試驗日時 九月九日上午拾時(陰八月拾日)

但高等학校(中學校程度를包含)程度에相當호卒業證書를有호人은免試홈

西部工局洞

私立養正義塾

社告

○申報價
壹號代金 新貨二錢五厘
壹個月前金 三十錢
參個月 九拾錢
陸個月 一圜七十錢
壹個年 三圜四十錢
郵稅一號 壹個月 新貨五圜 十三錢

○廣告料
四号活字拾三字詰
每日壹寸(英尺)에 新貨廿五錢
二週日壹寸에 二圜五拾錢
壹個月壹寸에 五圜
(自壹行至四行이爲壹寸)
其期限의長短과字行의多寡를依ᄒᆞ야增減홈이有홈

發行兼編輯人 英國人 萬咸
Responsible for Publication Alfred Weekley Marnham.
發行所 南署石井洞號外地三層洋屋 大韓每日申報社

光武九年八月拾壹日 明治卅八年八月拾壹日 (第三種郵便物認可)　日曜日　西曆壹千九百八年八月廿三日

大韓每日申報

第六卷　第八百八拾九號

月曜及慶節
歲時日休刊

檀君開國四千二百四十一年
箕子元年三千三十年
大韓開國五百十七年
日本明治四十一年
淸國光緖三十四年
陰曆戊申七月大廿七日庚戌

論說

◎黃金과知識

親爾ᄒᆞᆫ一身으로堂上에坐ᄒᆞ야拾指를不動ᄒᆞ고巫能히千百人을指揮ᄒᆞ며千百人을驅使ᄒᆞ야我를爲ᄒᆞ야憂케ᄒᆞ며我를爲ᄒᆞ야樂케ᄒᆞ며我를爲하야死케ᄒᆞᄂᆞᆫ者ㅣ何物고曰黃金이是已로다人類가本來平等이건만은或貧或富ᄒᆞ야同壹을平等을不得케ᄒᆞᄂᆞᆫ者ᄂᆞᆫ黃金이며人權은均是自由이건만은或貴或賤ᄒᆞ야同壹ᄒᆞᆫ自由를不得케ᄒᆞᄂᆞᆫ者ᄂᆞᆫ黃金이니

嗚呼라此天地間에跼蹐ᄒᆞᆫ人類ᄂᆞᆫ是以紛々히黃金의奴隷를作ᄒᆞᄂᆞᆫ도다

然則吾人은一生平生에但只黃金만夢ᄒᆞ며黃金만逐ᄒᆞ며黃金만謳歌홈이可ᄒᆞᆯ가

曰否々라不然ᄒᆞ다此千億人類를支配ᄒᆞᄂᆞᆫ者ㅣ固是黃金이지만은

黃金은又何處로從來ᄒᆞᄂᆞ뇨ᄒᆞ면卽斯人의髓序腦中으로出ᄒᆞᄂᆞᆫ바라

是以로權門의高樓甲第에俄焉暮鴉가啼ᄒᆞ며富豪의良田美屋에俄焉茂卿가荒凉ᄒᆞ니彼當初에黃金이山積ᄒᆞ얏건만은其腦가不명ᄒᆞ미此慘狀을致ᄒᆞ얏스며

又此橫尸富族뿐아니라美洲大金穴을擁有ᄒᆞ얏던紅人을도其腦가不명ᄒᆞ야其富源을他人에讓ᄒᆞ며僻隅僻地에서枯死ᄒᆞᄂᆞᆫ도다

若何하면其腦가명ᄒᆞ며若何ᄒᆞ면其腦가不명ᄒᆞᄂᆞ뇨曰知識을鍊ᄒᆞ면其腦가명ᄒᆞ고知識을不鍊ᄒᆞ면其腦가不명ᄒᆞᄂᆞ니

嗚乎라人世를莊嚴케ᄒᆞᄂᆞᆫ者ᄂᆞᆫ固黃金이오黃金을製造ᄒᆞᄂᆞᆫ者ᄂᆞᆫ又知識이니知識을不求ᄒᆞ고黃金을先夢ᄒᆞᄂᆞᆫ者ᄂᆞᆫ妄人이오知識을不修ᄒᆞ고黃金을欲守ᄒᆞᄂᆞᆫ者ᄂᆞᆫ愚人이로다

人間에愚人이何多ᄒᆞᆫ지幾間屋幾處田을有ᄒᆞᆫ者ᄂᆞᆫ其子弟를蠢々然犬豚又치優遊不학케ᄒᆞ면서此를萬世相傳코ᄌᆞᄒᆞ니愚哉라是人이며

或許多紈袴을歷ᄒᆞ고도其擬心ᄒᆡ踏ᄒᆞ야知識ᄂᆞᆫ毫末도不修ᄒᆞ면셔黃金의不來를恨ᄒᆞ니愚哉라是人이여

古人이云ᄒᆞᆫ바遺子黃金滿籝이不如敎子一經이라ᄒᆞᆫ者이豈思ᄒᆞᆯ價値가大有하도다

稗說에載ᄒᆞ얏스되古者에一士人이家貧ᄒᆞ야恒常富人됨을希望으로呂祖에祈禱ᄒᆞ더니一日은呂祖가其誠에感ᄒᆞ야來降ᄒᆞ야指頭로門前盤石을指ᄒᆞ니爛然ᄒᆞᆫ黃金이되ᄂᆞᆫ지라呂祖ㅣ士人다려謂曰汝가此를欲하나뇨士人曰不欲이로다呂祖曰然則汝ㅣ何欲고士人曰吾가汝指頭를欲ᄒᆞ노라ᄒᆞ얏스니盖斯人의知識은卽呂祖의指頭니라

外報

●土國新內閣政綱　伯林電을據ᄒᆞᆫ즉土耳其國新內閣政綱中에皇帝의主權을維持하며人民의權利를保持ᄒᆞ고財政을整理ᄒᆞ야陸軍新徵兵法을制定ᄒᆞ고陸海軍을擴張ᄒᆞ야列國과友誼의交際를保存ᄒᆞᄂᆞᆫ等의條目이有ᄒᆞ더라

●英國海軍擴張　倫敦電을據ᄒᆞᆫ즉英國政府ᄂᆞᆫ海軍을擴張홈必要로써公債一億磅을募集ᄒᆞ야海軍費에充ᄒᆞ기로目下審議中이라더라

●米淸同盟과日本　路透電을據ᄒᆞᆫ즉米國에서日本의勢力을拮抗ᄒᆞ기爲ᄒᆞ야米淸同盟說을唱道ᄒᆞ얏스나同盟ᄒᆞᆯ勢力이無ᄒᆞ고又米德同盟說이有ᄒᆞ되此ᄂᆞᆫ實行이되지못ᄒᆞ리라ᄒᆞ얏더라

●米日間猜點　同電을據ᄒᆞᆫ즉倫敦타임쓰華盛頓通信員報에曰米國人의內心으로ᄂᆞᆫ日本을致疑ᄒᆞᄂᆞᆫ것은實事인ᄃᆡ米國艦隊가日本訪問홈에忌憚ᄒᆞᄂᆞᆫ事件이不起ᄒᆞ고無事히終了ᄒᆞ면米國政府에서도安心ᄒᆞᆯ더이라ᄒᆞ얏더라

雜報

●遺商血書

鹽商ᄂᆞ斗源氏가昨日副統監曾彌荒助氏에게致函ᄒᆞᆫ全文이如左ᄒᆞ니

伏以生海隅之賤商民販鹽資生矣貿鹽壹千八拾八桶積置於慶尙北道長기郡毛浦리雙童家而價則五千壹百九拾壹圓九拾錢也라不意ᄂᆞ亥年六月初六日適遇貴國人北海道島에縣隱崎國沃崎郡里居木村源裁郎兄弟曾위船右·誘ᄒᆞ日到鬱島以擅換太베利益甚多裝載渠船之意累々懇請故果舊之無疑而且恃謂化之道僞寘法明從其旨揆載右鹽壹千八拾八桶十六日到鬱島則日已暮矣經夜明視右人種間驅船逃走也豈有如許人心乎自此以後蕩敗産業一國之所共知也所以年至拾載呼訴ᄒᆡ外政府↓可勝數其間旅館經費ノ損害又當何如雖血書之千幅漏墨之萬沫豈可盡述故自統監府設始之後又至拾次是訴則前後事實之明白證據之確的已悉於前日談判之場更不必贅仰訴而年前貴公使林權助氏駐韓時書記生國分象太郞氏數年間再三次招生談判曰據價損害賠償徵給矣奈唉數朔云々而該氏適爲美國參贊官往還後方在統監府官員故生以此所由九次上書於統監府則聽若不聞容唉數朔之確說終歸虛地未知官憲之言法本來若是乎其後黃土峴大路偶逢林公使爭詰公法之由搆罪捉囚於監獄幾已經三載之久此何罪案不顧是非公法徒特陵弱之權律日本任政之法律課稅是乎且統監府總務長官鶴原定吉씨因據日本外務大臣照會又照會于韓政府與鄙曰鹽擔幾件案是的實其相讀人財產極爲困陷實難當擔糊口之計則金州之鹽價奚暇徵給乎云々然則貴擔船之觸破洪州郡長古島岩石時損害船價三千圓何↓徵推於長古島岩石而以我時謂岩石之上人推徵於我韓政府且貴國商民寬辰太郞來住公州郡時與我韓軍人爭鬪稱託毆打受傷治療費五千圓何不徵推於爭鬪之軍人而以謂我國之軍人勒徵於我國政府大抵貴國之法有利於貴國則行之有害於貴國則不行歟

且今年三月拾三日韓國觀察課長渡邊鷹次郞氏招生乃言曰吾曾往鬱島時深知金公之失壞與實故不勝矜悶金氏之九次血書是訴統監府事實繙譯ᄒᆞ야還々說明于副統監曾彌荒助ᄒᆞ야副統監이內ᄒᆞ야實明雖曰然矣此非壹二萬圓年至拾載計ᄒᆞ야賠償條計金則已至九萬壹千九百拾九圓也金貨多數之故ᄂᆞᆫ不可徵給乎云々其豈然乎是韓非渡邊鷹次郞氏之中間節奏耶伏聞副統監曾彌씨仁明過人政治出衆故貴國　大皇帝陛下委任閣下於我監之任維持我韓則任之責重果何如而況　於雄視列强之地如有損傷政治之事則雖億百萬金之多固當報之若草介以若壹個김斗源鹽價之多數不顧政治之有損諉託不與使此김斗源呼訴無地則畢竟渡海到日本明事實之冤抑厥終正否終無自必也噴血以死欲振萬國之公議到此地頭則斗源之冤抑果何如而其於列國之公論貴國受侮之道豈可比論於萬餘圓之金乎

伏願副統監閣下矜憐斗源之情勢ᄒᆞ야察法律之可否依貴國賠償法壹々出給而揭載事由於新聞則此非但斗源之伸冤其於天下所共知之消明法行政之道不惟當世列國之所共稱抑亦萬世之自須矣開燭照鑑以伸斗源之冤抑壹以明貴國政法之無私千萬血祝之至ᄒᆞᆫ다ᄒᆞ얏더라

●人力車營業團束規則

第十六條　組合은乘車賃ᄋᆡ額을定ᄒᆞ고所管警察官署에申告ᄒᆞ야認可를受홈이可ᄒᆞ고此를改定ᄒᆞᆯ時도亦同홈

第拾七條　組合은乘車賃金定額表를製作ᄒᆞ야鐵道停車場과人力車駐車場과其他必要ᄒᆞᆫ處所에揭示홈이可홈

第拾八條　駐車場은公設私設의二로홈

公設駐車場은所轄警察官署에서此를標示홈

私設駐車場을設置코ᄌᆞᄒᆞᄂᆞᆫ者ᄂᆞᆫ其場所의圖面(位置坪數等을詳記홈을要홈)을添付ᄒᆞ야所轄警察官署에申告ᄒᆞ야認可를受홈이可홈

第拾九條　營業者ᄂᆞᆫ所轄警察官署轄地마다壹組合을設置홈이可홈

組合에加入치아니ᄒᆞ고營業홈을不得홈

第二拾條　營業에關ᄒᆞ야請願申告等에ᄂᆞᆫ總히組合의加印을要홈

第廿壹條　組合에셔ᄂᆞᆫ左의事項에就ᄒᆞ야規約을定ᄒᆞ고所轄警察署에申告ᄒᆞ야認可를受홈이可홈此를改定홀時도亦同홈

壹　組合의名稱及事務所의位置

二　任員選擧에關ᄒᆞᆫ事項

三　組合事務處理에關ᄒᆞᆫ事項

四　組合費用의收支方法

其他組合에必要ᄒᆞᆫ事項

未完

雜報

●强盜處絞奏本 監獄署에 被囚ᄒᆞᆫ 强盜罪人 李萬德 李命凡 林致德等 四名을 絞에 處ᄒᆞᆫ 意로 法部大臣이 上奏ᄒᆞ야 裁可되얏다더라

●仁尹排斂 仁川府尹金潤晶氏가 각面々長을 會同ᄒᆞ야 大皇帝陛下 卽位紀念日에 奉獻ᄒᆞᆯ 紀念盃를 純銀製造ᄒᆞ기로 出言ᄒᆞ얏ᄂᆞᆫ대 各面面長들이 皆曰可라ᄒᆞ고 壹百五十元金額을 各面民間에 排斂ᄒᆞ얏다더라

●禮院分課規定 掌禮院에서 分課規定을 磨鍊ᄒᆞ얏다ᄂᆞᆫ딕 稽制課、禮式課、典享課、掌樂部를 設置ᄒᆞ고 各其適當ᄒᆞᆫ事務를 管轄掌理ᄒᆞᆫ다더라

●成均官制落着 成均관官制를 改正ᄒᆞᆫ다ᄒᆞᆷ은 已報하얏거니와 其規制가 已爲落着됨으로 학部大臣이 日間閣議에 提議ᄒᆞᆫ다더라

●隨求發售 增補文獻備考를 닉閣에서 發賣ᄒᆞᆷ은 人所共知어니와 該冊子를 購買人이 稀少ᄒᆞᆷ으로 奎章閣에 移置ᄒᆞ야 隨求발售ᄒᆞᆫ다ᄂᆞᆫ 說이 有하더라

●郡主ᄉᆞ議先設 平南觀察道에서ᄂᆞᆫ 郡守及郡主事와 地方委員等의 會議를 次第施行ᄒᆞᆫ다ᄂᆞᆫ대 郡主事의 會ᄂᆞᆫ 已爲設行하얏다더라

●兩氏郡守云任 帝國新聞記者李海朝氏ᄂᆞᆫ 抱川郡守로 辦繙譯官ᄒᆞᆫ 備哲氏ᄂᆞᆫ 呂州郡守로 敍任된다더라

●春察學圃 春川觀察使李圭完氏ᄂᆞᆫ 公退餘暇에 消遣ᄒᆞ기爲ᄒᆞ야 宣化堂後園에 入ᄒᆞ야 菜圃를 鋤治ᄒᆞᆫ다더라

●言則是也 [illegible]馬[illegible]李杞泓氏ᄂᆞᆫ 太和宮에 居接ᄒᆞᆫ事에 對ᄒᆞ야 再昨 壹進會評議會에서 許議員安邦烈이가 請議書를 提呈ᄒᆞ얏ᄂᆞᆫ딕 辭意인즉 莫重宮闕에 李杞泓가 私付莫樣ᄒᆞᆷ이 無據莫甚ᄒᆞ니 法部에 勸告ᄒᆞ야 照律勸處케ᄒᆞᄌᆞᄒᆞ얏다더라

●朴氏入城電信 錦陵尉朴泳孝氏가 日間入城ᄒᆞᆫ다ᄂᆞᆫ 電信이 該氏本第에 到達ᄒᆞ얏다더라

●何不問題 新開廳으로 各裁判所에서 無論民刑事ᄒᆞ고 訟帖을 接受ᄒᆞᆫ後에ᄂᆞᆫ 可否間 問題가 無ᄒᆞᆫ故로 一般訟民들이 其理由를 莫解ᄒᆞ야 燥鬱不勝ᄒᆞᆫ다더라

●調査後修改 今夏潦水時에 各陵園에 丁字閣及齋室滲漏와 陵上曲墻傾頹와 其他공廨가 毁破하얏다ᄂᆞᆫ딕 各陵官에 報告가 掌禮院에 沓至ᄒᆞᆫ故로 該院에서 主事를 派送ᄒᆞ야 將次調査ᄒᆞᆫ後에 修改ᄒᆞᆫ다더라

●調査員手當金 掌禮院典祀 張浩鎭 白時鏞 劉膺烈 鄭鎭源 四氏ᄂᆞᆫ 名譽官인대 今番에 各祭享祭器祭品調査員으로 定ᄒᆞᆫ後에 手當金을 每朔支給ᄒᆞ기로 磨鍊ᄒᆞ얏다더라

●五港의 建築出張 度支部建築出張所를 仁川 釜山 元山 鎭南浦 淸津等地에 設置ᄒᆞᆫ다더라

●昌郡財署移接 昌原郡財務署의 廳舍를 本月一日에 馬山으로 移接ᄒᆞ고 開廳式ᄭᆞ지 設行하얏다더라

●通牒修院 本月一拾七日에 大皇帝陛下 卽位紀念慶祝式에 修學院학徒들도 각學徒와 如히 提燈行列에 參加ᄒᆞ기爲ᄒᆞ야 該院長閔泳鎬氏가 學務局長에게 通牒ᄒᆞ얏다더라

●學徒隊伍編制 각官私立學校에서 慶祝式에 提燈參加[illegible]學徒[illegible]操[illegible]하ᄂᆞᆫ대로 報告ᄒᆞ얏ᄂᆞᆫ딕 학部에서 報告內學徒隊伍를 編制ᄒᆞᆫ다더라

●港慶祝協議 仁川港에서 大皇帝陛下 卽位ᄒᆞ신 紀念慶祝ᄒᆞ기爲ᄒᆞ야 官民이 共同協議ᄒᆞ고 捐助ᄒᆞ기로 歸決되얏ᄂᆞᆫ대 各社會와 각종人民等의 自願出捐ᄒᆞᆫ 金額이 三百圓에 達ᄒᆞ얏다더라

●江民訟費 江原壹道에ᄂᆞᆫ 地方裁判所가 無ᄒᆞ고 京城地方裁判所管下에 在ᄒᆞᆫ故로 該道의 訟民이 京城으로 上來ᄒᆞ라면 浮費가 夥數ᄒᆞ다더라

●人民等訴 光熙門外地段을 宮內府에서 該府所有地라고 票木을 揷하얏ᄂᆞᆫ딕 昨日에 該附近人民等이 警視廳衛生係에 等訴ᄒᆞ되 該地文券이 自在ᄒᆞ야 確實ᄒᆞᆫ 民有地이니 還推케ᄒᆞ라ᄒᆞ얏다더라

●恩金繼給 主殿院解散巡査에게 恩賜金을 半給하고 半은 支給지아니ᄒᆞ얏더니 再昨日에 繼給ᄒᆞ얏다더라

●減額別巡呼冤 警視廳에셔 別巡査가 一百二拾餘名內에 七十餘名을 減額ᄒᆞᆫ事에 對ᄒᆞ야 已往에 該廳員役減汰ᄒᆞᆫ人의게ᄂᆞᆫ 恩賜金을 支給ᄒᆞ얏고 惟獨別巡七十餘名만 支給치아니ᄒᆞᆫ故로 該巡査等이 月前에 內部警務局에 請願ᄒᆞ얏ᄂᆞᆫ딕 于今四拾二日에 尙無如何措處故로 該巡査等이 昨日內部門前에 更會ᄒᆞ야 請願ᄒᆞ얏다더라

●山口在留禁止 泥峴居留日人山口龜吉은 安寧에 妨害ᄒᆞᆫ事로 因ᄒᆞ야 自昨日로 限二年間韓國에 在留ᄒᆞᆷ을 南部日本理事廳에서 禁止하얏다더라

◉北方消息 本月四日午前四時에 咸鏡北道西水羅[illegible]拾[illegible]名이 茶褐色服裝을 着ᄒᆞ고 俄國人의 帽子를 戴ᄒᆞ고 來到ᄒᆞ야 同地에서 [illegible]成組會社漁夫等을 包圍ᄒᆞ야 拾壹名을 殺ᄒᆞ고 六名을 傷ᄒᆞ얏다더라

●巡査暴行 某新聞에 據ᄒᆞᆫ즉 陰竹郡湖院巡査廳巡査金[illegible]玉은 愛民心이 至極ᄒᆞ야 犯ᄒᆞᆫ者가 有ᄒᆞ면 其事의 私曲眞僞를 查探明白ᄒᆞ기로 稱頌이 藉々ᄒᆞ고 巡査李鍾氏ᄂᆞᆫ 無罪良民이라도 自己의게 不合ᄒᆞ면 無數毆打ᄒᆞᄂᆞᆫ故로 到處에 輿論이 [illegible]人은 엇지 如許ᄒᆞᆫ人의게 警察權을 委任ᄒᆞ야 人民이 料生치못ᄒᆞ게ᄒᆞ나뇨하며 今月壹日에 陰城車谷面五甲里居洪某를 無故히 捉去亂打ᄒᆞ야 該廳에 牢囚ᄒᆞ며 또 該里洞長을 亂打重傷ᄒᆞ얏고 其後四日朝에 柳某가 致斃ᄒᆞ미 其尸體를 出棄하고 自縊致命ᄒᆞ얏다 聲言ᄒᆞ니 此洪某ᄂᆞᆫ 本以榮商爲業ᄒᆞᄂᆞᆫ 順民이라 該巡査가 何漢의 言을 聽ᄒᆞ고 如此히 人命을 慘殺ᄒᆞᄂᆞᆫ지 此巡査ᄂᆞᆫ 本是義兵으로 日人의게 蒙惠하야 無罪ᄒᆞᆫ人民을 殺害ᄒᆞ야 惡毒으로써 報恩ᄒᆞᄂᆞᆫ지 實爲慘酷ᄒᆞ야 怨聲이 滾天ᄒᆞ야 日人의 名譽의도 損傷되고 또 李巡査ᄂᆞᆫ 罪人의 罪人이라고 輿論이 宏壯ᄒᆞ다더라

●爲弟請願 平山郡居韓允五氏가 多年大蔘商으로 爲業資生ᄒᆞ야 南門內米商孫完默과 每朔壹二次식 去來ᄒᆞᆫ 冊子가 分明ᄒᆞᆫ대 何許不測之人이 韓氏弟를 義兵으로 指囑ᄒᆞ얏던지 數日前二淸洞路上에서 被捉되야 北部警察署에 押囚ᄒᆞᆫ지라 韓氏兄敬天潤深兩人이 其橫囚ᄒᆞᆫ 事實을 聞知ᄒᆞ고 裏足上來ᄒᆞ야 昨日警署에 請願하얏다더라

◉敎育界大熱心家 抱川郡李熙[illegible]가 自[illegible]財産을 不惜ᄒᆞ고 敎育에 贊成ᄒᆞ야 熱心ᄒᆞ야 [illegible]干田[illegible]多數히 外學會에 [illegible]ᄒᆞ얏ᄂᆞᆫ대 畿湖와 北兩學會에 各五石 落湖남關東嶠南三學會에 各壹石 落孤兒院에 壹石落[illegible]ᄒᆞ얏다더라

●竊盜再犯被捉 有名ᄒᆞᆫ 竊盜幾[illegible]懲役ᄒᆞ다가 赦典에 放出ᄒᆞᆫ 吳昌根이가 近日에 雙林洞等地에서 更爲行賊ᄒᆞ다가 再昨日에 南部警署에 被捉되얏다더라

●吸鴉被捉 大廣橋居김鳳順이가 鴉烟을 吸ᄒᆞ다가 銅峴分署에 被捉되얏ᄂᆞᆫ대 昨日에 京城地方裁判所로 押交하얏다더라

●金鶴盜傘 前主事金鶴來가 日人豊木拾作에 四元價値되ᄂᆞᆫ 雨傘을 竊取ᄒᆞ야 南部竹동小栗榮吉典舖에 典執得債ᄒᆞ고 逃避ᄒᆞ얏ᄂᆞᆫ딕 該日人이 其人의 三寸前承旨김南輯氏의게 執탈ᄒᆞᆫᄂᆞᆫ故로 김南輯氏가 該典物을 推給ᄒᆞ얏다더라

●同志聯會 同志學友親睦會에서 今日曜上午拾時에 礡洞普成學校內에서 定期通常會를 開ᄒᆞᆫ다더라

●連進校設立 江陵郡丁동面居ᄒᆞᄂᆞᆫ 有志紳士權炳文 김浩默 김復起 李[illegible]儀 [illegible]啓和 김在軾 諸氏等이 該境의 敎育이 不振ᄒᆞᆷ을 憤歎ᄒᆞ야 連進학校를 設立ᄒᆞ고 熱心贊成ᄒᆞ며 敎師李鷹聞氏ᄂᆞᆫ 義務로 月料의 有無를 不計ᄒᆞ고 敎授ᄒᆞᆷ으로 학徒가 日加月增ᄒᆞ야 八拾餘名에 達ᄒᆞ얏다더라

●普昌夏試 江華郡北寺面山湖私立普昌학校에서 夏期試驗을 舉行ᄒᆞ얏ᄂᆞᆫ대 高等科優等生에 김應麟 김龜培等이오 及第生에 張錫煥等三人이오 小학科優等生에 崔昌守等二人이오 及第生에 徐甲得等三人이오 夜학科優等生 李永培 박道[illegible]이[illegible] 校監張果植氏가 各種物品을 擔施賞ᄒᆞ얏고 關城[illegible]禮湖학校々監李貞烈이가 [illegible]參하엿다가 以勸勉之意로 演說後 ᄒᆞ二元九拾錢을 捐助ᄒᆞ얏다더라

●和港各校聯合運動 三和港各學校에서 敎育을 獎勵ᄒᆞ고 知識을 交換ᄒᆞ기爲ᄒᆞ야 음八月貳拾日에 體操、機械運動、競走、高跳、唱歌等諸科目으로 該港에서 聯合運動式을 設行ᄒᆞᆫ다더라

●名實相符 博川郡南部振明학校ᄂᆞᆫ 創立ᄒᆞᆫ지 于今三載에 校況이 窘拙ᄒᆞ더니 校長呂宗弼紳士와 慶應朱連壽 曾致殷 沈昌健 諸氏가 維持ᄒᆞᆯ 針을 更爲協議ᄒᆞ고 敎師四人을 延聘敎授ᄒᆞᄂᆞᆫ대 呂宗弼氏ᄂᆞᆫ 金四百八十元을 每年擔任하기로 中에 三百六十元은 敎師의 銀으로 補用케ᄒᆞ고 壹百二十元은 敎師供饋로 補用케ᄒᆞ며 김應선 朱連壽兩氏ᄂᆞᆫ 一百元式이오 曾致殷 沈昌健兩氏ᄂᆞᆫ 四拾元式 每年擔任케ᄒᆞ고 靑年子弟ᄂᆞᆫ 熱心勸學ᄒᆞ야 生徒가 五拾餘人에 達ᄒᆞ얏고 또 測量科를 附設ᄒᆞ야 生徒가 卄五人에 達ᄒᆞ기로 학舍가 狹窄ᄒᆞ야 更加修築을 決定ᄒᆞ얏ᄂᆞᆫ대 文明進步에 期望이 大有ᄒᆞ다더라

▲地方消息▼

▲本月四日咸平羅山中동에서 義兵二拾名이 靈巖郡의 斥候騎兵隊와 憲兵四名及補助員과 交戰ᄒᆞ얏다ᄒᆞ고

▲本月拾五日務安西北方貳里地에서 義兵貳拾名이 日兵과 交戰ᄒᆞ얏다ᄒᆞ고

▲本月拾四日淳昌北方四里地에서 義兵拾五名이 同郡連絡騎兵隊와 交戰ᄒᆞ얏다더라

▲閒言壹束▼

▲天年[illegible]秋[illegible]에 古今東西無別이오 自助者[illegible]助之ᄒᆞ고 自敗[illegible]ᄒᆞᆫ時에ᄂᆞᆫ 自手打頹ᄒᆞ合[illegible] 怨天尤人ᄒᆞ지말고 反求諸己ᄒᆞ야보세

▲靑年子弟드러보소 俊傑[illegible] 無ᄒᆞᆫ이 [illegible]門[illegible]出 어ᄂᆞ 自暴自棄ᄒᆞ야 [illegible]片光陰浪度타가 受唾罵難容ᄒᆞ니 自手打頹이아닌가

▲商業諸人드러보소 貧富元來無定이오 勤儉中에 基因이라 豈商店만 施ᄒᆞ면 居處衣食侈靡타가 資ᄭᆞ지 消융ᄒᆞ니 自手打頹이아닌가

▲田夫農夫드러보소 深耕易耨不怠ᄒᆞ면 天不能窮力穡이라 惰其四肢遊佚하다가 耕作失時敗農ᄒᆞ야 妻子飢寒不免ᄒᆞ니 自手打頹이아닌가

▲家庭婦女드러보소 人家盛衰ᄂᆡ責任이 至重且大ᄒᆞᆫ건마ᄂᆞᆫ 産業經濟ᄂᆞᆫ 不知ᄒᆞ고 子弟敎育全昧ᄒᆞ야 日赴零替敗亡ᄒᆞ니 自手打頹이아닌가

▲郡守諸公드러보소 地方政治善良ᄒᆞ면 國泰民安可期어ᄂᆞᆯ 無辜ᄒᆞᆫ 령剝奪하야 各自肥已充欲타가 勸告請願답至ᄒᆞ니 自手打頹이아닌가

▲挾雜諸公드러보소 言必忠信行篤敬이런 誰敢侮辱ᄒᆞ랴 分外之財貪慾하다가 一朝情跡現露ᄒᆞ야 鞭骨碎身哀號하니 自手打頹이아닌가

▲求官諸公드러보소 修其材而必篤이면 需用之時應ᄒᆞ어ᄂᆞᆯ 傍蹊曲逕紹介ᄒᆞ야 苟求壹官不得ᄒᆞ고 蕩殘産後悔ᄒᆞ니 自手打頹이아닌가

▲政府諸公드러보소 內修外親竭力ᄒᆞ며 致君澤民可圖어ᄂᆞᆯ 重大責任不顧ᄒᆞ고 權利爲[illegible]ᄒᆞ다가 [illegible]批評惹起ᄒᆞ니 自手打頹이아닌가

[illegible]
製藥鑑査人　박滋憲　李觀化
[illegible]　定價金拾錢
[illegible]咳白[illegible]能治能止ᄒᆞᄂᆞᆫ靈藥이오
創造本舖　漢城鍾路慈惠大藥房

廣告

西署牛泉동九十七統壹戶舍廳
鉢處八月初十日推次九百四拾
二號當坪壹千壹百五拾壹兩標
셔失ᄒᆞ엿ᄉᆞ오니內外國人間拾
得ᄒᆞ와도休紙施行홈
南署南小동玉振煥　告白

麗[illegible]府陽村院君匡之公山所年
久失[illegible]因掘塚賊所發墓誌露
呈其山[illegible]猪[illegible]洞[illegible]族人[illegible]
[illegible]實[illegible]自京宗中派遣[illegible]
同[illegible]審[illegible]果符[illegible]闡技擬宗[illegible]爛
[illegible]之方而宗會處所定于花
洞[illegible]三[illegible]九戶[illegible]約[illegible]陰
曆八月初四日下午壹時爲匡定
公後孫[illegible]壹齊來參仰祈
南陽洪氏宗中　告白

本所에서臨時總會를

本月十五日陰七月廿九日下午
壹時에開ᄒᆞ오니　僉宗은屆期
來臨ᄒᆞ시오

金海金氏宗約所　告白

本人行用ᄒᆞ던圖章을今七月貳
拾日夜에日失이옵기玆以廣佈
ᄒᆞ오니內外國僉君子知悉홈
平北龍川楊西面北坪里張基弦

本人의ᄌᆞ槿ᄌᆞ姓名章을三月廿
九日로失ᄒᆞ온ᄃᆡ[illegible]去來ᄒᆞᆫ외
據ᄒᆞ홈이無ᄒᆞ오니內外國人은
諒悉爲要　義城校동吳靖河白

本社에서國朝名臣言行과忠孝
烈實錄을蒐輯刊行ᄒᆞ깃ᄉᆞ오니
京鄕　諸君子ᄂᆞᆫ各其祖先에忠
孝烈[illegible]蹟을本社로진速錄
交ᄒᆞ야不及之歎이無케ᄒᆞ심을
[illegible]
中部下漢동五拾八統拾戶
同文社　告白

◉衛生注意藥物發行廣告
大抵人生의幸福은身體健康에
在ᄒᆞ고健康ᄒᆞ與否ᄂᆞᆫ衛生機關
에衣食住[illegible]와의藥에在ᄒᆞ나
니故로衛生方法과藥物功效에
其宜를不得ᄒᆞ면橫罹夭死에至
易ᄒᆞ니凡我同胞ᄂᆞᆫ此意를特別
注意ᄒᆞ실지라是以로本人이恒
常慨歎不已ᄒᆞ다가方今의院을設立
ᄒᆞ야無依ᄒᆞᆫ宅鰥寡孤獨으의藥
費를擔當ᄒᆞ야受ᄒᆞ며其他同胞의
[illegible]効ᄒᆞᆫ良약으로壹次試用
케ᄒᆞ니轉次[illegible]勉ᄒᆞ와吾人의無
窮ᄒᆞᆫ幸福을互相永享을伏望
百中경仙丸、長生補益丸、淸補
明目丸、調經孕胎丸、小兒癖驚
丸、西施玉容散
北部帶洞大東의院主務人
李寅完　白

本人이利川竹洞居李喜天處에
所捧當坪貳千兩手票를陰本月
貳拾四日에麻浦牛井동等地에
셔偶然셔失故玆에廣布ᄒᆞ오니
誰某던지得休紙施行홈
麻浦林大金　告白

現今漢城內에數設ᄒᆞᆫ水筒實施
가有ᄒᆞᆫ즉[illegible]이온즉凡於各洞水商事
業에關係가有ᄒᆞᆫ諸氏가不容不
會議이옵기玆에仰佈ᄒᆞ오니各
水商處에雖分錢이라도相關이
有ᄒᆞᆫ諸氏ᄂᆞᆫ陰本月二拾四日로
始ᄒᆞ야卽速　枉臨于西署仁達
坊奉常司前壹百四統貳戶韶富
卿家ᄒᆞ시와以爲面議處理케ᄒᆞ
시되若過陰本月二拾八日上午
拾壹時ᄒᆞ　枉ᄒᆞ시ᄂᆞᆫ氏의關係
云者ᄂᆞᆫ永勿施가되올더이니以
此照亮ᄒᆞ오셔趁速來臨ᄒᆞ심을
望홈
發起人　申奉雨　姜聖允
朴창基　趙官卿　朴元善

本會에서今日(土曜)上午拾時
에定期通常會를礡동普成學校
[illegible]에서開ᄒᆞ오니　僉會員은屆
期　光臨ᄒᆞ심을爲要

同志學友親睦會　告白

◉測量見習生募集廣告
本所에서第貳回見習生을募集
ᄒᆞ오니願학僉君은今月二拾日
로八月五日니로本所에來議홈
試驗日字　九月五日
試驗科目　筭術(四則)書寫
見習期限은　壹個月
修業ᄒᆞᆫ人은本所事務員으로隨
意選入홈
남部樂善坊後동六拾七統四戶
協同測量組任창宰
合事務所

◉學徒募集廣告
本校에셔第三回男女學員을募
集ᄒᆞ오니志願人은來九月壹日
內로請願ᄒᆞ시오
科　程
本國地誌　本國歷史　筭術
小學讀本　漢文　圖畵
特別이英語科가有홈
東大門內[illegible]　[illegible]玉小學校
洞敎堂內

本郡郡主事鄭健裕氏ᄂᆞᆫ蘊玉其
姿오夙懷其人이라壹鄕이公薦
敍任以後로嫺熟新式ᄒᆞ니事務
爲無滯ᄒᆞ고明解時宜ᄒᆞ니施措
爲有方이라本郡이適値[illegible]五朔
曠官ᄒᆞ야軍隊連絡의隨請酬應
ᄒᆞ야毫無民弊ᄒᆞ고暴徒熾盛의
竭誠撫諭ᄒᆞ야自歸順服이라學
校를刱起於面ᄒᆞ니敎育也振
興ᄒᆞ고郡막을痛거於巨細ᄒᆞ니
闔境也賴ᄒᆞ이[illegible]證明[illegible]踏
査確認ᄒᆞ니兩[illegible]訴訟
裁[illegible]處斷[illegible]無冤
이[illegible]似[illegible]異[illegible]含默이기
[illegible]情[illegible]
黃海道載寧郡貳
拾貳面人代表
代表人　奇載[illegible]　尹[illegible]
康寅烈　梁[illegible]範　[illegible]豐喜
李瑞[illegible]等　告白

中等物理學教科書

二百八拾餘頁插圖
二百餘[illegible]價金八拾錢
本書ᄂᆞᆫ最[illegible]學理를準據ᄒᆞ야
簡明히編述ᄒᆞᆫ者니中等敎科
에외獨修에適用ᄒᆞᆫ最初有良書이
옵
發賣所　京城各書舖

○長洞郵便局前篠崎測量器械店에셔其店主가測器器械를買入
ᄒᆞ기爲ᄒᆞ야東京에旅行中인ᄃᆡ今回平板測量器械의新式으로ᄒᆞᆫ
者를多數買來ᄒᆞ야壹般測量學生等의게便利케ᄒᆞ야日本定價대
로販賣홀터인ᄃᆡ其器械의照準械平板等은度支部測地課에셔用
ᄒᆞᄂᆞᆫ者로同品이오其他上等器儀等도多數購入ᄒᆞ와平板等은百
組와二百組가有ᄒᆞ오니　僉君子ᄂᆞᆫ陸續來臨ᄒᆞ심을厚望홈

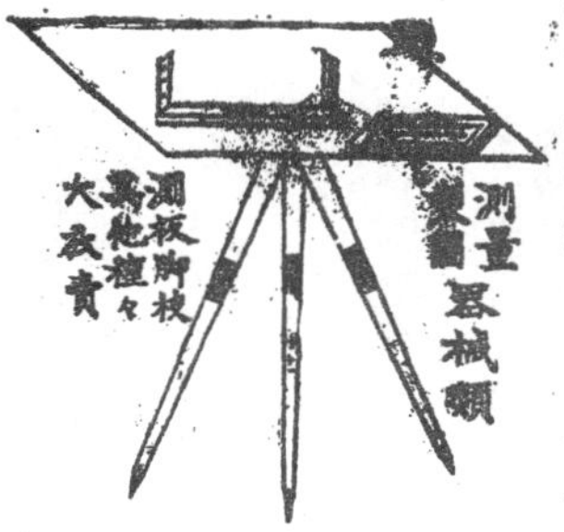

測量器械類

長洞郵便局前
시노사기
篠崎器械店
(電話六四八番)

◎特別廣告
敬啓者本所規則ᅵ秋期開學니
字ᄂᆞᆫ九月拾壹日이나臨時必要
를因ᄒᆞ야來秋期에限ᄒᆞ야九月
壹日에開學ᄒᆞ기로定ᄒᆞ얏기玆
에廣告ᄒᆞ오니　僉學員은照
亮後屆期登校ᄒᆞ심을爲要
隆熙二年八月

法官養成所

量地法全　定價金七十錢　或有別減價

本書ᄂᆞᆫ圖根壹筆地各般測量法
術이完全俱備ᄒᆞᆫ의測量上第壹
必要ᄒᆞᆫ書籍이오
本書ᄂᆞᆫ測量上必要ᄒᆞᆫ算術과對
數表ᄭᆞ지附入ᄒᆞ엿삽
本對數表ᄂᆞᆫ我國에創出者인ᄃᆡ
代數以上高等筭學에必要ᄒᆞᆷ
本書의文法은簡明易解ᄒᆞ와初
學及獨習에便宜ᄒᆞ옴
發行所　中부橋測量事務所
發賣所　남部銅峴博學書館
中部布屛下廣學書舖金相萬
罷朝橋中央書舖朱翰榮
鍾路古今書海館
大東書市
南署大廣橋滙東書館高裕相
남門니冶洞博文書館

隆熙貳年八月貳拾七日慶祝
順序
壹　頌德表奉呈
貳　紀念物進獻(銀製香 / 爐壹對)
三　各地方祝電代奏
四　官民合同大宴會
(一時　本日下午三時)
(處所　景福宮內慶會樓)
五　各戶奮旗夜燈奉賀
(旗用　國旗)
(燈用　李花太極燈)
六　通衢電氣祝燈(鍾路)

卽位紀念式慶祝漢城府民會　告白

◉千金保化丹
主治積滯吐瀉霍亂의第壹要약
本舖　在江華郡니發賣ᄒᆞᆷ
出張人　海州　劉[illegible]
　　大邱　崔寅[illegible]
　　平壤　朴承[illegible]

김永根徐丙起兩人을尋見次上
京이온ᄃᆡ住處를連ᄃᆡ問次ᄒᆞ와
도不知故還下去ᄒᆞ오니此兩人
은卽時住處를以書簡通홈
江原道伊川板　宋석文
橋面明德里

○本학館에셔第三回學員을募
集ᄒᆞ오니志願人은八月三拾日
之內로請願書를提呈홈(請願
用紙ᄂᆞᆫ本館에請求홈)

中學科

(晝學科程)
(壹年級)[illegible]歷史。[illegible]
筭術。圖畵。博物。聖經。
語학。(日英語隨意)
(二年級)萬國歷史。[illegible]國[illegible]誌。
筭術。生理。中등物理。聖經。
語學(日語隨意)
(三年級)物理。化학。經濟代數
。生理。幾何。聖經語학
(日英語隨意)

英語課 口語課

科程은英日語로
各히專修케홈

木工課

工業圖畵。筭術。
聖經木工
(夜學科程)

日語課 英語課 簿記課

以上三課ᄂᆞᆫ各히
專修課로ᄒᆞ되入
學細則은本校에
來問홀事

入學試驗科目

國漢文
讀書作文
但各課補缺生은各次班課程
으로시驗홈

試驗日子

九月壹二兩日陰
八月初六初七日
上午九時

開學日字九月三日

◉以上各課中晝文語학課ᄂᆞᆫ補
缺生만募集홈
◉夜學各課壹年級은학員이貳
十인이未滿ᄒᆞᆫ時ᄂᆞᆫ該班을不
設홈

皇城鍾路基督教靑年會學舘

[illegible]
北部堤川郡[illegible]熙直시
[illegible]三拾斗落[illegible]會에捐助
[illegible]本月一十三日[illegible]臨
[illegible]月[illegible]
特別捻[illegible]會ᄒᆞ히[illegible]當受
不當受[illegible]議ᄒᆞ오니
[illegible]은壹齊光臨ᄒᆞ심을務望
發起人　김完植

湖南學會　告

◉敎員募集廣告
本校에셔학部檢定에應試ᄒᆞᆫ敎
師학識을敎授ᄒᆞ기爲ᄒᆞ야학員
을募集ᄒᆞ오니願학人은本月一
拾五日(陰七月二拾八日)니로
裏保狀ᄒᆞ先呈後聽試ᄒᆞ심을爲
要
一　課程　修身、國語、地誌
及歷史니外幷、物理、化학、
博物학、法학通論、經濟학、
作文、心理학、數학、簿記、小
학敎授法、圖畵、唱歌、體操
外國語、討論
一　修業期　貳拾四箇月
一　試取及開학　試取本
月二拾八日(陰七月廿九日)
개학九月拾日니
一　試取科目及方法
作文(國漢字交用)니國歷史
地誌(面講)筭術(四則以니)
一　入學資格　年齡二拾歲
以上四拾歲以下로身體建强
ᄒᆞᆫ者
隆熙二年八月　日
壽進洞前壽進宮니　興士團
니　隆熙學校　告白

廣告

第四回學員募集廣告

本塾에서 法律專門科를 實施하야 學員을 募集하오니 願學人은 本年九月三日以內로 本塾에 對하야 請願書를 提出하고 左開日時에 應試할事

但 請願書紙、學科、規則은 本塾에 在함

試驗科目

一、國漢文作文、國漢文讀書、地誌、歷史、算術(四則以內)

試驗日時

九月九日上午拾時(陰八月拾日)

但高等學校(中學校程度를包含) 程度에 相當한 本業證書를 有한 人은 免試함

西部丁洞

私立 養正義塾

平壤太極書館은 有志紳士의 公益을 爲하야 設立한바 이니와 義州郡市少年書舖는 此館에 支店으로 新舊書籍과 學校所用物品을 廉價로 應賣하오니 僉君子는 陸續來購하시옵

書舖主　朴奉燁　韓用權

◎學員募集廣告

本學校에서 職員이 教授하기 爲하야 學員을 募集하오니 子弟를 入學코자 하시는 僉君子는 八月二十五日(陰七月二十九日)內로 來議하시옵

位置南部茶洞一九統壹戶

年齡八歲以上拾九歲以下

開學九月三日

學科普通課程

但入學請願書는 支給함

私立共成學校

各地方各學校에 教師紹介所를 本會內에 設置하오니 普通學其他各種技術語學教育에 有志하신 이는 校洞本會館으로 來議하시옵

畿湖興學會 告白

本人의 子 洙暎이 年今拾八인데 欲入京城학校를 와 不告上來故로 本人이 不得已上來不知洙暎之留宿處하와 近館于新門外남便第三商店韓永萬家하고 玆以廣告하오니 誰某시던지 若見此人이어든 勸送此家하야 俾免驚迫千万伏望함

大邱河南面進동　김鼎鉉 告白

[illegible]

大韓帝國新發明特效藥

承寧府典醫正三品洪哲普閣下實驗處方　陸軍軍醫學校教官朴茂君有效證明

八寶丹　九拾五粒入金□錢

主治効能
○胃痛惡心○積痰固飲○食思欠乏○中暑中寒○消化積滯○急慢驚癎○滯飲傷○痛眩暈○泄瀉下痢○霍亂吐瀉○水土不服○船車醉

陸軍二等軍醫 許均君實驗處方
陸軍二等軍醫 朴熙達君有効證明

滋陽丸　卅日分金五圜卄日分金三圜四拾錢拾日分金壹圜八十錢

主治
○房事不容○腎虛腰痛○病後氣端○腎氣不足○腦經衰弱○遺精多夢○陰虛火動○房事後惱困○手足厥冷○形容蒼白

婦人胎養丸　主治說明

婦人이 孕胎치 못함은 冷病積病과 月經不調로 因함이니 此藥을 服用하시면 婦人腹中에 有한 諸病은 一切退去하고 自然孕胎하오니 速臨買去하시옵

瘡病神藥 사향소창단 麝香消瘡丹

此丹이 於諸瘡에 無論男女老少하고 若服壹劑하면 神效하야 百일白中하오니 方可及라 若論主治則楊梅瘡漏珠瘰癧頭瘡諸症에 俱有立效하오니 聾瘖하신 君子는 試驗하시오

各地方에 有名한 藥房이 有하오니 此藥을 請求하시면 우편으로라도 부치오니 請求하시옵

右四種藥은 拾四日分金四圜

製藥所 仁川港香峴 和平堂

發行八仝 京城鐘路衣廛 和平堂

代理店 仁川港香峴 濟生堂

京城大廣橋共愛堂藥房

水標橋大東書市支店

◎發賣所

南署學洞 李永洙藥局
南門內 博文書館 盧益亨
南門內 本橋 濟生支店
仝 西口內 相濟號藥局
仝 鐵物橋毛衣房 李洛瑞
仝 廣通橋毛衣房 三可藥房
仝 太寺洞 共濟藥房
仁川港內 昌德旅館
仝 香峴內 金暉寬
仝 金永源 李昇範
江華鐘路 朴根石店
開城南門內 順石店
仝 南門內明新社
水原南門內 김재九약舖
海州南門內 리영실商店
廣州邑內 汝文洋藥局
仝 砂里院耶蘇敎堂
黃州南門內 紅包商店
平壤鐘路大興帝國 리寬赫
仝 法首橋乾材局
仝 大興部壹里 金澄杜
仝 館洞
仝 文武洞 崔龍化
鎮南浦築港 龍興藥舖
鎮南浦碑石洞 桂澤善약국
仝 三和港 김元섭藥局
仝 濟生당出張所
全州 大井洞
大邱南門內 리東赫
元山港 리明直약국
尙州 남門內 남元약국
仝 濟生堂 박영心약국
金泉 鄭聖瑞약국
釜山港 濟生당出張所
安州 城內 紫井洞 回春大약房
安岳 崔基柱
義州 南門外 木店 義和약房
載寧邑 後洞洋藥局 崔允國
定州 南門內 洋藥局 李健杜
郭山邑 洋약局 羅德彬
宣川邑 冊사
鐵山邑 永春堂 安
咸從郡 耶蘇敎堂 安
仁川港 奇峴
京城鐘路衣廛 張炳臺

和平堂 白

◎大韓國新發明神藥

◎延齡 靈丹　各種食滯中暑吐瀉口臭 甘飲吐瀉定價壹貼洋錢
◎三寶丸　治諸般痛 俱有神効定價
◎靈效液　外用芳香治疥疥皮風
◎淸眼水　治諸般眼疾 百發百中定價金 錢
◎通淋丸　天之妙定 治男女急慢淋疾神效
　　　　　無毒速效除毒劑 一週金五拾錢

製藥發行所　京城南部大廣橋南邊三家九統七戶 共愛堂大藥房 謹白

支店
開城南門內共愛堂第壹支店
釜山港草梁洞共愛堂第二支店
河東郡赤良面共愛堂第三支店

代理店
皇城北署大安동 姜助遠
仝 鐘路普信閣前 리春善
仝 西部新門外石橋 黃麟秀
仁川奇峴 仁濟藥房
仝 慈惠藥房
濟生堂 普濟醫院
仝 和平局

此外에도 東西洋各國有名賣藥과 各種藥材料이 俱備하오니 多少를 不拘하고 請求하시면 小包로 卽呈하겟숨

陸軍軍醫正金守鉉君有實驗方劑
陸軍軍醫朴基茂君有効證明
四海衛生之妙 君子常備之靈藥

消化新藥 淸心保命丹

發行所 仁川港杻峴 濟生堂藥房

九十粒入金拾錢

右藥의 主治効能은 如左
◎胸膈喘息 ◎吐瀉 ◎水土不服
◎氣鬱腹痛 ◎酒醉 ◎中暑中寒
◎食積食傷 ◎咽喉 ◎口熱惡臭
◎其他諸般運氣屬疫預防妙藥

總發行所 京城南大門內 濟生당支店 李庚鳳

開城 南門外 濟生당支店 具又賢
元山港 石院 濟生당支店 박敬鎭

代理店 京성大廣橋共愛堂

◎京城 鍾路慈惠약房
仝 泥峴三丁目 新井약店
仝 郵便局前 天佑堂약房
仝 南大門內 博文書館 盧益亨
仝 梨峴洋약局 리信華
仝 大安洞 仁濟약房
仝 壽동 三可病院 仁濟藥房
◎仁川港 和平당 新喜達
杻峴町 리應善
◎海州南門內 新井樂房 宋在瑛
仝 全商店 리奉儀
◎水原鍾路 下약房 金재九

◎大韓新發明賣藥廣告

◎延安邑內洋약局 邊汝文
◎江華鍾路店 尹斗鉉
◎長湍南門內 尹載淳
◎砂里院內客主 任允中
仝 耶蘇敎堂內 리觀善
◎瑞興邑內 許완
◎汗浦驛東 奬送部 김奉圭
◎黃州南門內 紅包商 리東혁
◎安岳邑上場里 濟生局 林永秋
◎載寧邑後동 洋藥局 崔允國
◎忠州良面 早遞 김鍾和
◎信川邑四里 洋약局 김永權
◎延安邑東 冊肆 文與冠
平壤里門 중앙 尹寶석
仝 雙巨里濟生居 鄭錫儀
仝 館洞 中외醫 金龍興
仝 文武 濟生局 洛澤宣
仝 大興部 濟里 藥局 崔永化
仝 后浦 濟生局 김元燮
◎鎭南浦 洋藥局 吳致殷
◎郭山邑大街 冊사 朴芝行
◎宣川邑內 回春大약房
◎定州南門內 洋藥局 리健鎭
◎安州 城內 洋藥局 김大鉉
◎鐵山邑內 永春堂 安瀨
◎義州南門外 木口街 安鶴浩
◎龍川邑 官前藥局 리丙斗
◎群山港 開福동 김斗鎭
◎大邱 南門內 鳳邑洞 김成浩
◎釜山港 東館 町 藥房 리炳夏
◎北靑 新昌港 客主 朴錫勳
◎木浦 各國 居留地 藥房 徐岐見
◎全國 各 약店마다 隨應販賣

仁川港杻峴 京성남大門內

濟生堂 白

本人이 ……業界에 便宜를 供하기 爲하야 ……工業務를 擴張하야 新舊書籍과 學校用品을 俱備하얏사오니 ……僉君子는 ……

海州 ……

韓昌書館主　李廣稙　朴昌鎭

本書館을 開設한지 未過壹年에 壹般同胞의 愛助하심으로 益益興旺之故로 今番에 壹層擴張하야 多般圖書와 教育物品을 ……廉價로 發賣하오니 僉君子는 陸續 ……

東門內 ……

金山郡東門韓興書館

金泳璽　權鍾律

社告

○申報價

壹張代金	新貨二錢五厘	
壹個月前納		三十錢
參個月		九拾錢
半個年		一圜七十錢
壹個年		三圜四十錢
郵稅一張	新貨五厘	
壹個月		十二錢

○廣告料

四號活字拾二字詰每行壹寸(五尺)에 新貨卅五錢
二週日壹寸에 二圜五拾錢
壹個月壹寸에 五圜
(自壹行至四行이 爲壹寸)
其期限의 長短과 字行의 多寡를 依하야 增減함이 有함

發行兼編輯人 英國人 裵說
Responsible for Publication Alfred Weekley Marnham.

發行所 南署苧井洞號外 地三層洋屋 大韓每日申報社

漢城鍾路慈惠醫院診

醫學校卒業後濟衆院卒業 濟衆院의 實地六年 學習

醫學博士 … 박사

眼鏡

鍾路慈惠醫院에서 英國製視力檢查機械와 金銀眼鏡을 購置하고 男女視力을 檢査하야 此에 適合한 대로 兼賣放賣하오니 視力이 不足하신 이는 速速히 來臨하야 視力을 檢査할뿐 아니라 ……

光武九年八月拾壹日 明治卅八年八月拾壹日 第三種郵便物認可 火曜日 西曆壹千九百八年八月廿五日 (壹)

第六卷 第八百九拾[illegible]號

大韓每日申報

月曜及慶節歲時日休刊

檀君開國四千二百四十一年
箕子元年三千三十年
大韓開國五百十七年
日本明治四十一年
淸國光緖三十四年
陰曆戊申七月大廿九日壬子

論說

◎新聞紙에映ᄒᆞᆫ一片曙光

邇來京城內에發行ᄒᆞᄂᆞᆫ韓國文新聞紙에揭載되ᄂᆞᆫ許多事實이無非暗黑社會에悲觀的事實이라壹欄을閱ᄒᆞ면是詐僞師의行狀이며又壹欄을閱ᄒᆞ면是卑劣派의歷史라人으로ᄒᆞ야금驚케ᄒᆞᆯ而已며人으로ᄒᆞ여금歎케ᄒᆞᆯ而已며人으로ᄒᆞ여금憂思케ᄒᆞᆯ而已며懷疑케ᄒᆞᆯ而已며人으로ᄒᆞ여금其寢不安케ᄒᆞᆯ而已며其食不甘케ᄒᆞᆯ而已러니其中에壹片황々赫々의大曙光을放出ᄒᆞᄂᆞᆫ者ㅣ有ᄒᆞ니嗚乎라此ᄂᆞᆫ新聞紙를閱覽ᄒᆞᄂᆞᆫ有情同胞의載欣載舞ᄒᆞ야酌酒相賀ᄒᆞᆯ者로다

曙光은維何오日某村의某학校 某面의某학校 某郡의某학校等設立이是로다

或何許人은此를汗漫히閱ᄒᆞᆯ지며此를支離히思ᄒᆞᆯ지나識者慧眼을稍具ᄒᆞᆫ者ㅣ면必也其擡喜의譽를不勝ᄒᆞ야舞蹈讚歎을發ᄒᆞᆯ지로다

夫今日韓國에坐ᄒᆞᆫ者 上으로天을仰ᄒᆞ며下으로地를俯ᄒᆞ고其心을撫ᄒᆞ매雙淚만滂滂ᄒᆞᆯ지나然이나斯世에淚를習拭ᄒᆞ며痛을忍抑ᄒᆞ고生活의計를作케ᄒᆞᄂᆞᆫ者ㅣ何物이뇨日彼학校뿐이라

民知를開發ᄒᆞᆷ도此教育에在ᄒᆞ며國力을挽廻ᄒᆞᆷ도此教育에在ᄒᆞ니今日萬般希望이教育에依ᄒᆞ야是做ᄒᆞᆯ지니然則今日新紙上에教育의新聲을日報ᄒᆞᆷ이엇지樂觀ᄒᆞᆯ비아니리오

日日各新紙를讀ᄒᆞ미眼簾에映ᄒᆞ야腦際에觸ᄒᆞᄂᆞᆫ者ㅣ是학校의曙光이니

昨日壹村의曙光을發ᄒᆞ며今日壹面의曙光을發ᄒᆞ며又明日壹郡或壹道의曙光을發ᄒᆞ야將來大東半島二千里曙光을發ᄒᆞᆯ지니壹般人士ᄂᆞᆫ其頑睡를早覺ᄒᆞ고此曙光에趍ᄒᆞ야奮發ᄒᆞᆯ지어다

外報

●米國의對東政策 伯林電을據ᄒᆞ즉米國同艦隊가亞細亞에至ᄒᆞᆫ後에ᄂᆞᆫ米國에서亞細亞에對ᄒᆞ야能動的政策을取ᄒᆞᆫ다더라

●淸米同盟論 紐育헤랄드新聞에揭載ᄒᆞᆫ바를據ᄒᆞ즉日本의政略이亞細亞ᄂᆞᆫ日本과亞細亞라ᄒᆞᄂᆞᆫ基礎ᄒᆞ야亞細亞로부터歐洲人을排逐코ᄌᆞᄒᆞ며又此目的으로淸國을利用ᄒᆞ랴ᄒᆞ며今日本이萬壹軍資만有ᄒᆞ면卽時米國에對ᄒᆞ야開戰ᄒᆞᆷ을宣告ᄒᆞᆯ터이오又極東의平和를維持ᄒᆞᆷ에最好策은淸米同盟을締結ᄒᆞᆷ에在ᄒᆞ다ᄒᆞ얏고米日間及英德間의關係ᄂᆞᆫ其하急迫ᄒᆞ얏스나然이나此際에米德同盟이成立ᄒᆞ면英日兩國의猜疑ᄅᆞᆯ必促ᄒᆞᆯ터이오米德同盟의利益如何ᄂᆞᆫ米國이德國의방助를要ᄒᆞᄂᆞᆫ바ᄂᆞᆫ極東에在ᄒᆞᆫ데德國은其陸軍으로써極東에서米國을助ᄒᆞᆯ기不能ᄒᆞ고又米日相戰은拾中八九나日本이勝ᄒᆞᆯ터이라

然則此結果ᄂᆞᆫ使日本으로武名을亞細亞에볼揚케ᄒᆞᆯ뿐이오淸米同盟에關ᄒᆞ야ᄂᆞᆫ卽不然ᄒᆞ야淸國이若米國의幇助를得ᄒᆞ면米國이開戰時에淸國은其陸軍으로써米國을援助ᄒᆞᆯ것은無疑ᄒᆞ즉此同盟은攻擊同盟이아니오純全ᄒᆞᆫ商事契約이니此ᄂᆞᆫ卽淸國과米國이他邦을攻擊ᄒᆞᆯ野心이아니오壹朝의他邦에셔侵擊ᄒᆞᆯ時에防禦ᄒᆞᄂᆞᆫ同盟이라ᄒᆞ얏다더라

雜報

◎兩氏函辭

紳士尹孝定氏가輔國閔泳徽氏의게致函ᄒᆞᆫ全文과閔氏의答函이如左ᄒᆞ더라

敬啓者孝定每日三度飯畢壹頃埋頭於日新日會之間雖無補成就亦不能自已所以久欠趨拜事甚情多愆々然每從社會人口諦閣下之尊動倉靜壹善壹惡過去如何未來如何殆不[illegible]聞近聞幾乎日聞三再月以爲推知閣下之事也恐不後於閣下之自知也壹爲閣下懼之二爲閣下惜之三爲閣下憤之四爲閣下恥之以閣下拾年積勻之敏腕快手豈料今日之至於冥頑不[illegible]乎閣宜[illegible]萬進拜壹試謂々而且念閣下以小智些[illegible]剩自拒諫之能豈言機交使令愚直者殺所以爲此代舌之自敢恕其思而容其胃能加再思焉則爲國幸甚爲閣下幸甚爲孝幸甚倘閣下豈向有所恃而忠言不能入則孝定之於閣下所望絶矣閣下之於此世爲事休矣然則孝定決不與垂亡之西天爲友而願與壹世之公議者爲判卽欲開口聲罪鳴鼓打擊以世人之公憤而已也

嗚呼我畿湖학會之設意較徒然也哉苟有聞聲知物之智者庶可爲我畿湖民族痛心嘔血吞聲飮泣之情而顧此會之實際興否實係我畿湖民族之存亡大關國家之興衰者也自本會以來人之有耳有目者皆以學君爲浩爲鑑必屬望於閣下曰我會亦應有擔當者存矣千耳齊傾萬目同仰其所望甚重特且大而且知閣下之奇怪案不啻於被動而動故不敢以寄附捐補而壹陳於閣下之前惟閣下之勻意是娛是望八閏月[illegible]半年有餘而館務接遇於分靡之間학校爲開辦於維持之策亦不無成員及字務員之擔任熱誠者只因閣下之冷眼冷心視如秦人之瘠認以對岸之火影響所及萬事瓦解閣下之於학會非但爲不贊成者實爲妨害之大物試問閣下何忍爲此夫학會之設立專爲教育々々之機關專在학校々々之維持專在財政也與今畿湖학校之初孝定敢將校與之任者非敢曰欲識名望能當是務自以謂教育精神不欲後人故也然以五百年堂堂民族之畿湖壹校百般窘拙無異於箇人私立之壹村小校則此不可使聞於他人也抑亦伊誰之恥乎且使閣下特捐數萬義金以此校委任於他人之手則可以壹閣下之義務乎亦人之所爲於閣下者可謂滿足乎曰否々爲閣下計計之今爲畿湖計之今爲國家計之莫如閣下爲此校之長自任以教育畿湖之青年作成我國[illegible]之棟之人材也耳苟如是則非徒壹世之譏洽然抑亦孝定同憾作寄執鞭隨등雖犬馬之勞死且不辭以圖報走下風也未敢知勻裁以爲如何以上所陳願祈於硬直不遜但恐閣下福田未晴未能以收容此語也然譚侯回教當有再陳三陳이此不敬

閔氏答函

敬復者屋角相望會面有日無顧無兒負高明自投于中卽持書函情溢辭表知我罪我亦故人之厚也壹夫强膽猶能存壹念之善亦能與邦以若力量以若識見直擔是八閑法門高대講座贍繼湖之聽俊碩柱石之基礎而繼續未論專欲責備於不生不死之壹微鳴呼此亦知我之深歟願其勢則太有不然者不佞之於此世萬念己空萬事已休不待米曾而望絶卽未知同口聲罪齊腕打擊以快世人之公憤者樂皆出於好口氣好心法而不[illegible]遺餘之際頓不覺自批其頰深爲故人壹勝之願此私塾已設來頭効果尙未卜而目之학界妨害之大物恐似誤解立教育界先據北山者更有何人而致此不當之題誠非忠謹之至也而乃欲以垂亡之西天擬之以校長之任抑揚反覆自爲滑稽劣爲故人再謝之辭ᄆᆞᆫ不具

●人力車營業團束規則 (續)

第廿二條 組合에서營業者中에서正副組長各壹人을選定ᄒᆞ고所管警察官署에申告ᄒᆞ야認可를受ᄒᆞᆷ이可ᄒᆞᆷ此를改定ᄒᆞᆯ時亦同ᄒᆞᆷ

第廿三條 組長의處理ᄒᆞᆯ事項은如左ᄒᆞᆷ

一 人力車營業에關ᄒᆞᆫ諸規則命令을組合營業者의게通知ᄒᆞᄂᆞᆫ事

二 人力車營業에關ᄒᆞᆫ諸請願申告에加印ᄒᆞ되但加印ᄒᆞ기難ᄒᆞᆫ正當ᄒᆞᆫ理由가有ᄒᆞᆷ으로思ᄒᆞᄂᆞᆫ時ᄂᆞᆫ其意見을添申ᄒᆞᆷ이可ᄒᆞᆷ

三 組合員業者의名簿를製作ᄒᆞ야異動이有ᄒᆞᆯ時마다此를加除訂正ᄒᆞᄂᆞᆫ事

其他規約에定ᄒᆞᆫ事項

第廿四條 所轄警察官署에서必要로認ᄒᆞᄂᆞᆫ時ᄂᆞᆫ正副組長의改選을命ᄒᆞᆷ이有ᄒᆞᆷ

第廿五條 本則又ᄂᆞᆫ本則에依ᄒᆞᆫ命令에違反ᄒᆞ거나或詐僞의手段에依ᄒᆞ야許可證又ᄂᆞᆫ檢查證을受ᄒᆞᆫ者ᄂᆞᆫ十日以下의拘留又ᄂᆞᆫ拾圜以下의罰金에處ᄒᆞᆷ

附則

第廿六條 本則은隆熙二年九月壹日로부터施行ᄒᆞᆷ

第廿七條 現在營業者ᄂᆞᆫ本則施行日로부터二十日以內에更히請願ᄒᆞ야許可證及車體檢查證을受ᄒᆞᆷ이可ᄒᆞᆷ

第廿八條 本則第拾條第八号乃至十壹号及第拾一條ᄂᆞᆫ自用人力車에도亦此를適用ᄒᆞᆷ違反ᄒᆞᆫ者ᄂᆞᆫ第二拾九條에依ᄒᆞ야處斷ᄒᆞᆷ

完

雜報

●慶祝費內下 本月二十七日 大皇帝陛下 卽位紀念式에慶祝費를各府部에と百元式이오各院廳에と五十元式內 下ᄒ옵신다더라

●語校慶祝準備 昨日校各外國語학校에서任員講師학員이會同ᄒ야 大皇帝陛下 卽位紀念式에慶祝節次를準備ᄒ얏다더라

●五分之二 內部계셔漢城府民會에 卽位紀念慶祝費五百元을補助ᄒ얏と데該部大臣宋秉畯氏가二百元이오三百元은該部局課장以下壹般官吏가出捐ᄒ얏다더라

●三氏委員 內部書記官宋之憲權輔相范益諸氏로今番卽位紀念禮式擧行時에接待委員으로差出되얏다더라

●渡江有面 奎章閣ㅅ提학金鶴鎭씨と辭遞되고其代에と從壹品李容元氏가被任ᄒ기로決定되다と대氏가今自而後에야渡江有面ᄒ깃다고批評이藉々ᄒ더라

●坐脚復起 中樞院顧問朴齊純氏가其親友를對ᄒ야日閉門以後로鬱氣가滿腹ᄒ야安靜이自難ᄒ니期於히更히出脚ᄒ깃다ᄒ얏다더라

●信斧斫足 咸北觀察使尹甲炳氏가管下郡守中壹進會員은沒數히淚免ᄒ얏다더라

●忠北斷髮訓令 忠北觀察使橫鳳洙氏가管下各郡에剃髮訓令을揭示ᄒ고爲先郡守와郡主事와書記等을壹壹히斷髮케ᄒ다더라

●蟻穴紛競 郡守及郡主事를圖得ᄒ次로各該所管觀察使의親切ᄒ人의게緊托을圖出ᄒ기爲하야南北村大官家에奔走運動ᄒと者들이近日以來로尤甚ᄒ다と說이喧藉ᄒ다더라

●書記試取延期 日昨大審院에서書記를試取ᄒ랴다가停止ᄒ고九月初旬間으로延期ᄒ야試ᄒᆯ다더라

●慶祝所修理 漢城府民團에서慶祝禮式日에各國總領事를請邀ᄒ깃인대該團任員諸氏가日昨景福宮에前進ᄒ야處所를指定ᄒ고慶會樓를壹新히修理ᄒ다더라

●請白借椅 漢城府民會에서中樞院에公函ᄒ되本會에と椅子가無造置ᄒ얏고來貳拾七日卽位紀念慶祝會를慶會樓에開設時에所用ᄒ깃스니貴院椅子限壹百個만借與ᄒ라ᄒ얏と데該院所存이拾個이니借去ᄒ라ᄒ얏다더라

●慶祝費排歛 漢城府民會에서東大門外及社稷里各동所任의게隨其貧富收歛ᄒ야卽位紀念慶祝費에補助하라ᄒ얏다더라

●怨公行賊 今番慶祝紀念을藉托하고京城各地方에官吏及挾雜輩들이民間에橫行ᄒ며討索이無雙ᄒ야人民等의窮況을不恤ᄒ고財를濫歛ᄒ미民情이大端嗷嗷ᄒ다더라

◉府民會果然乎

慶祝費收歛名目을借ᄒ야挾雜輩가民間에討索ᄒ은別項과如ᄒ거니와京城에と한城府民會委員이라稱ᄒ고處處橫行ᄒと者ㅣ甚多ᄒ다と데此가果然한城府民會所行인지或詐僞人들이此를假稱ᄒ인지不知ᄒ깃다고들ᄒ더라

●蔘圃査定 度支部司稅局紅蔘課에서開城長湍豊德等郡에在ᄒ蔘圃의水蔘收護量日과根數를査定ᄒᆯ터이라더라

●醫官의渡邊 近日監獄署囚徒의逃躱ᄒと弊가種々有之ᄒᆫ事에對ᄒ야醫官某氏가渡邊이를뭇ᄒ고已往韓國人이看守ᄒᆯ時에と罪囚의逃躱ᄒと弊가無ᄒ더니近日의ᄭ明ᄒ다と日本國人이看守ᄒᆫ以後로と囚徒의逃躱之弊가非壹非再ᄒ니其理由를不知ᄒ깃다ᄒᆫ대渡邊이가笑而不答ᄒ얏다더라

●坦坦大路 水原及利川間에道路를廣大히繕治ᄒᆫ工役ᄒᆫ者手ᄒ다と데該役軍은沒數히勞働者를募集使用ᄒ고任員諸人은水原觀察道에서差出ᄒᆫ다더라

●自外妥和 鐵山郡居韓龍晋金용奎兩氏가該郡守李斗淵氏의게對ᄒᆫ告訴事件을自外妥和ᄒ고昨日裁判所에申請ᄒ얏다더라

●鐵中錚々 槐山郡憲兵補助員長高龍云씨と生命財産을極力保護ᄒ야壹境이安然ᄒ故로高氏의木牌가到處堅立ᄒ얏다더라

●川上乃儺 齋洞川上家屋을毁撤ᄒ다と說은屢揭ᄒ얏거니와該家屋二拾五戶가沒數坐市爲業ᄒと商民이라生業이無路ᄒ야昨日漢城府에壹齊히請願ᄒ얏다더라

●盻彼面長 公州郡來人의傳說을確聽ᄒ則該郡寺谷面面長盧源河と元來奸猾으로面長을圖得ᄒ야革罷ᄒᆫ主卜債를隱匿偸食ᄒ며廢止ᄒᆫ有司料를勒捧ᄒ며稱以請災費ᄒ고每戶에二錢五分式排歛하며또遞郡守願留費라藉托ᄒ고三錢式戶歛ᄒ야民弊가滋生이라더라

●其志嘉尙 西門外冷동居ᄒᆫ李壽福이가年今拾二歲인대學校工夫도熱心ᄒ며餘暇를乘ᄒ야採薪補家ᄒ더니今陰七月二拾五日 太皇帝陛下誕辰日에該校에서虹綾門을作ᄒ고万壽聖節이라書ᄒᆫ燈을門上에懸ᄒ고該동諸兒를招集ᄒ야愛國歌도唱ᄒ며萬歲呼하얏と대該兒의幼年壯志를人皆稱奇ᄒ다더라

●韓人抗日 海蔘威에在ᄒᆫ韓人의感情이極甚ᄒ야日人을反抗ᄒ기로爭鬪ᄒと事가多ᄒ다더라

●餘ㅅ勞働 沿江勞働會總務徐育淳씨가三昨日에麻浦及龍山等地에出往ᄒ야勞働會를組織ᄒ고再昨日에と該私邸에서任員會를ᄒ고二十九日에と鎭島에出往ᄒ야該會設置ᄒᆯ事를協議ᄒ다더라

●鐵路俱失 鐵路居裔鏡九씨가石橋居金聖弼의女와作配하야同居幾년에該女의母가來到ᄒ야無端이率去ᄒ얏と데배씨가作配時所入物과妻ᄭ지俱失ᄒ얏스니推給ᄒ라고銅峴分署에呼訴ᄒ얏다더라

●賊反荷杖 三昨日에中部相洞居ᄒと李厚景氏가南部仁峴居ᄒと崔씨鎭處에幾百兩所捧條가有ᄒ야該家에往하야督促ᄒᆫ즉該崔某가李씨胃部를亂打ᄒ야幾至死境인데崔哥と逃走ᄒ얏다더라

●壹砲壹劒 昨日上午ㄷ時量에監獄署의滯囚ᄒᆫ强盜拾餘名이越墻逃躱ᄒと데巡査가知機逐捕ᄒ야壹名은砲殺ᄒ고壹名은布屛等地에서以劍刺殺ᄒ얏다더라

●傷弓之嘆 逃躱ᄒᆫ罪囚를砲殺ᄒᆫ事と別項과如ᄒ거니와砲聲이多數轟發ᄒ야附近人民은門戶를閉鎖ᄒ고壹塲虛驚ᄒ얏다더라

●放捉旋放 西部毛橋居ᄒと박明根의子年今拾壹歲박壽鳳이가三昨日上午拾壹時에會寧居ᄒと日人商店에서數島一匣을竊取ᄒ다가남部警署에被捉되얏と대該署에서其父를招來ᄒ야曉諭ᄒᆫ後卽爲放送ᄒ얏다더라

●關東懇親 關東학會에서再昨日懇親會를開ᄒ고茶果를進ᄒᆫ後에來賓及諸氏가各其義捐ᄒ얏다더라

●少年開會 少年同志會에서特別總會를今日下午壹時에磚洞普成中學校內에서開ᄒ다더라

●麻校維持協議 麻浦私立普通학校에と經費가窘拙ᄒ야講師諸人에月俸을每朔支給치ᄆ가困難ᄒ으로再昨日에該校々長張博씨와校監禹履善씨가該동有志紳士와財産家某々諸씨와會同하야該校維持方針을協議하얏다더라

●水原勞働開會 日前水原勞働學會에서開會ᄒ고支會長金思洪總務宋榮과兩氏가該會組織ᄒᆫ趣旨를說明ᄒᆫ後에該郡守徐丙肅氏와該道觀察使金思默諸氏가激切ᄒᆫ言辭로壹般勞働諸員에對ᄒ야次第演說ᄒ얏と데聽者들이莫不稱賀ᄒ얏다더라

●協成校開學 西北協成學校에서本月貳拾五日(火曜)上午九時에大東專門학校內에서開學ᄒᆫ다더라

●夜塾向曙 殷栗郡培英夜塾은登畝之堅와曾榮之童을募集ᄒ야熱心教育이바已過壹周에財政이窘拙ᄒ야借家教授ᄒと대校況이漸涉凋殘에將至廢校之境이더니邑居傳聞書社計劃鎭三시가該校에情況을慨歎ᄒ야金四拾圜을義捐ᄒ야校舍를新買ᄒ고書籍을購求ᄒ야熱心擴張ᄒ기로學徒가六拾餘名에達ᄒ얏다더라

●龍門讚校 安島郡龍門面遠川洞某々諸氏가教童機堅을教育ᄒ기爲ᄒ야姜仁元卿元滙兩氏と教科書類를沒數擔當ᄒ고姜白奎시と名譽로熱心教授하と데學徒가二十餘名에達ᄒ얏다더라

●校舍落成盛行 江西郡彌月面伊老島에서青年을教育코ᄌᄒ야昨年九月分에教師吳과柄씨를延聘ᄒ야教育半年에학徒가四拾三名에至ᄒ얏と데校舍가狹窄ᄒ으로校長韓리摠務員李濟鴻兩씨가當父老를勸勉ᄒ야校舍를新建築ᄒ고陰七月拾日에落成式을設行ᄒと데該郡守姜鴻入학務員ㅁ우欽李有諸氏가來叅ᄒ얏고面내學徒二百七拾五名과各학校任員及觀光來賓이六七百人에達ᄒ얏다더라

▲地方消息▼

▲本月九日谷山郡西方約九里地에서義兵二拾五名이同郡分遣隊와交戰ᄒ얏다ᄒ고

▲本月拾九日公州郡西남方約二里地에서義兵四十名이同郡憲兵隊와衝突ᄒ얏다ᄒ고

▲本月拾五日順天郡內에서義兵二拾五名이光州郡第二巡查隊와衝突ᄒ얏다ᄒ고

▲本月拾八日潭陽郡東方壹里半地에서義兵四拾名이同郡分遣隊와騎兵九名과交戰ᄒ얏다ᄒ고

▲本月拾四日原州郡神林東方壹里半地에서義兵九名이同郡分遣隊下士以下ㄷ名과交戰ᄒ얏다ᄒ고

▲本月八日縣川郡東北方約八里地에서義兵二十名이同郡守備隊少尉以下十六名과交戰ᄒ얏다더라

◆假字世界◆

▲韓國渡來幾許年에人情物態를考察하니假字世界이아닌가假飾崇尙ᄒ아ᄉ文明發香裕ᄒ리生存競爭ᄒ라거든實地進步ᄒ여보쇼

▲眼鏡房을도라보니有志士와彷彿ᄒ다南山石은不?이琉璃造作何多런고士之假와鏡之假ᄂ似是不是壹般이라네價値가몃푼되리

▲玳瑁房을도라보니元老와彷彿ᄒ다光彩雖是恍惚ᄒ나不過幾醜陋ᄒ니名之假와色之假ᄂ似美不美壹般이라네價値가몃푼되리

▲珊瑚房을도라보니婦人界와彷彿ᄒ다貌裝雖是嬋娟ᄒ나察其中則淆雜ᄒ니行之假와貌之假ᄂ似純非純壹般이라네價値가몃푼되리

▲강石房을도라보니軍人界와彷彿ᄒ다形質雖是堅剛ᄒ나探其實則軟弱ᄒ니軍之假와石之假ᄂ似堅非堅壹般이라네價値가몃푼되리

▲翡翠房을도라보니商店과彷彿ᄒ다五彩雖是玲瓏ᄒ나觀其內則洋虛ᄒ니玉之假와業之假ᄂ似實非實壹般이라네價値가몃푼되리

▲花草房을도라보니人界와彷彿ᄒ다形々色々爛熳ᄒ나眞香不聞可惜일세心之假와花之假ᄂ似生非生壹般이라네價値가몃푼되리

▲圖畵房을도라보니仕宦界와彷彿ᄒ다珍禽異獸許多ᄒ나壹幅紙의虛名일세仕之假와畵之假ᄂ似眞非眞壹般이라네價値가몃푼되리

廣告

本會에서
即位紀念慶祝禮를本月二拾七日下午九時에擧行ᄒᆞ깃ᄉᆞ오니僉會員齊臨ᄒᆞᆷ

大東학會

本月貳拾七日
大皇帝陛下即位紀念禮式日에本會에서慶祝ᄒᆞᆯ터이오니一般會員은仝日下午貳時에齊臨ᄒᆞᆷ

經濟硏究會 白

本校에서**晝夜學**員을增募ᄒᆞ오니願학ᄒᆞ僉員은九月三日(陰八月初八日)ᄂᆡ로來議ᄒᆞᆷ
請願用紙ᄂᆞᆫ本校에請求ᄒᆞᆷ

晝學科
壹 年齡은十五歲以上
壹 卒業年限貳箇年
壹 試驗科目國漢文讀書作文
壹 試驗日九月三日上午九時
日語 算術 地誌 歷史
漢文 體操

夜學科
日語 漢語 筭術 簿記
以上四課ᄂᆞᆫ各其隨意로ᄒᆞᆷ

典洞私立中東學校

本日二拾七日에慶祝ᄒᆞ기爲ᄒᆞ야休告ᄒᆞ오니本校職員及학員은仝日下午四時에壹齊來會ᄒᆞᆯ事

廣信商業學校

本人이西署盤石坊石橋契貳百拾五統五戶에僑戶로數年을居ᄒᆞ이옵다가今에放賣이기로捧準價六千兩ᄒᆞ옵고賣買後漢城府에板券을請求ᄒᆞ얏삽더니根本文券을持ᄒᆞᆫ다ᄒᆞ옵기로本處香閒ᄒᆞ오나本文記七張은白紙이옵고官許壹張이잇삽기로白紙券을散解休紙ᄒᆞ얏ᄉᆞ오니內外國人은咸須知悉ᄒᆞ오

請願人 權興洙 告白

▲學員募集廣告

本塾에서來九月壹日븟터英語夜學科敎授方法을改良ᄒᆞ야敎授ᄒᆞ고左에諸科를晝學으로增設ᄒᆞ야敎授ᄒᆞ오니願學僉員은本月二拾九日內로入學을請願ᄒᆞ시오

第一科 **經濟** 二個年速成 自上午八時至仝拾時
日語 壹箇年速成 自上午拾時至仝拾貳時
第二科 **算術**

試驗 國漢文讀書作文 日字本月卅一日上午拾時
但英語夜學에願學人中英語讀本(니쉰널뤼더)第一第二卷을習讀ᄒᆞᆫ人은免試許入ᄒᆞᆷ
晝夜各科에月謝金은相當히要求ᄒᆞᆷ

私立 **廣化新塾** 塾長 南廷哲

位置南門內暘谷四拾三統七戶屛門에ᄂᆞᆫ廣化測量事務所懸板을付ᄒᆞ얏슴

本社에서國朝名臣言行과忠孝烈實錄을蒐輯刊行ᄒᆞ깃ᄉᆞ오니京鄕僉君子ᄂᆞᆫ各其祖先에忠孝烈可據文蹟을本社로진速錄交ᄒᆞ야不及之歎이無케ᄒᆞ심을望ᄒᆞᆷ

中部下漢동五拾八統拾戶 同文社 告白

●千금保化丹
主治積滯吐瀉霍亂의第壹要약也

本舖 在江華郡ᄂᆡ養ᄉᆡᆼ당
出張人 海州 劉聖섭
大邱 崔寅琪
平壤 朴承奬
發起人 김完植 白

東萊府沙中面草梁洞第三十統剩九戶家ᄃᆡ契貳張과同里第三十壹統壹戶家ᄃᆡ契一張과南上面所在古城員仙字畓五斗落文券二張과內山員階字畓七斗落文券二張과盃山草場地契文券二張을幷爲遺失ᄒᆞ얏ᄉᆞ오니內外國人中誰某ᄂᆞᆫ지拾得ᄒᆞ시거든休紙로施行ᄒᆞᆷ

草梁安汝觀 告白

本面ᄂᆡ學徒가或生涯에汨沒ᄒᆞ야肄讀지못ᄒᆞᆫ者을面內鄭懋成氏가極力勸勉ᄒᆞ야育英學校內에夜學科를設始ᄒᆞ고國漢文과日語와筭術을盡心敎授ᄒᆞ니학徒ᄂᆞᆫ漸進은不久可見이오鄭氏의敎育은成贊不已로廣告

東萊府釜山面 張質相 白南弼 孫敬叟 李重澈 宋錫宰 告白

平北博川郡南湖前都事金炳弼시ᄂᆞᆫ德行純潔ᄒᆞ야事親也에已極孝養ᄒᆞ며衆且慈惠ᄒᆞ야雖無餘儲나所居里數百餘戶에隨其貧窶ᄒᆞ야捐救ᄒᆞᄂᆞᆫ디如母之米藿과喪家之棺槨와病者之藥餌와節日之錢穀과農者之牛隻과婚者之義助와行旅之賑乏을不啻라本郡校經費를每年七百餘圓式擔任ᄒᆞ고熱心以育ᄒᆞᆫ즉世所罕有者也라昨年分에本郡大小人民이爛議褒揚之意로訴郡呈府에旣蒙贊奬之題ᄒᆞ고又呈于ᄂᆡ閣而指令ᄂᆡ에孝是行源에推以事君이오惠是急人에用以慈民이라求人如渴ᄒᆞ니捨是奚以아培根食果와種德受福은自是常理라當有公議니退竣事的只계시온지于今拾箇餘月에尙無褒薦之擧ᄒᆞ와衆願이鬱鬱ᄒᆞ기로玆에廣布ᄒᆞᆷ

李仁禎 金日瑋 朴昌浩等 告白

本人이陰十月二拾五日에南署惠民洞李光雨處에推次當錢貳千七百五拾兩票를路上에서失ᄒᆞ얏ᄉᆞ오니誰某拾得ᄒᆞ와도休紙施行ᄒᆞᆷ

東署蓮동三十二統二戶 鄭明鎬

緊急廣告

本月二十七日은大皇帝陛下의即位紀念이인바伊日提燈行列이有ᄒᆞ기玆에廣告ᄒᆞ니僉學員은同日下午五時에壹齊來會ᄒᆞᆷ

八月二十五日
善隣商業學校

●安岳公立學校卒業式에物品出捐ᄒᆞᆫ氏名
本校任員諸氏 東國史略六帙中等筭術各五冊白鷺紙壹軸鉛筆二拾九丹
敎師白信七 萬國輿地圖九冊金
李英白 鷺紙壹軸 金斗和
林貴柱 林鐸權 田公雨
金翼煥 金杜洙 盧祥
李泰昭 元楨濟 金庸濟
崔明植 金龍 楊星鎬
康道鎔 林寬植 朴贊永 諸氏ᄂᆞᆫ敎科書紙筆等屬을捐助ᄒᆞᆷ

●大韓國新發明本種良藥廣告
百中靈仙丸 諸般滯積 吐瀉
長生補益丸 延年益壽補元氣
調經孕胎丸 婦人血氣不足
小兒疳驚丸 小兒疳驚疳痢
西施玉容散 面上風疾面如玉
北署帽동大東의院
主務人 李寅完 白

慶州南陽府院君匡公山이年久失傳ᄒᆞ야因掘塚賊이發墓誌露出其山下豊德猪洞居氏族人在京來告事實故自京宗中派遣有司ᄒᆞ야審明果符所聞故擬宗會爛商守護之方而宗會處所定于花開동三拾四統九戶鳳約씨家陰曆八月初四日下午壹時爲定ᄒᆞ오니公後孫은壹齊來會所

南陽洪氏宗中 告白

本人의圖刻圖章을本月二拾三日에平壤府中에서失ᄒᆞ얏기玆以廣告ᄒᆞ오니내外國人照亮ᄒᆞ시오

鄭雲昇 告白

東部蓮德坊於義동四拾統五戶家券을서失故로玆以廣告ᄒᆞ오니誰某拾得ᄒᆞ야도休紙施行ᄒᆞᆷ

咸連德 告白

測量講習生募集廣告

本所에서第貳回見習生을募集ᄒᆞ오니願학僉君은今月三拾日(陰八月五日)ᄂᆡ로本所에來議ᄒᆞᆷ
試驗日字 九月五日
試驗科目 筭術(四則)書寫
見習期限은 壹個月
修業ᄒᆞᆫ후本所事務員으로隨意選人ᄒᆞᆷ

南部樂善坊後동六拾七統四戶
協同測量組合事務所 任창宰

學員募集廣告

本校에서第二回男女學員을募集ᄒᆞ오니志願人은來九月壹日內로請願ᄒᆞ시오
科程
本國地誌 本國歷史 筭術
小學讀本 漢文 圖畫
特別이英語科가有ᄒᆞᆷ

南大門內尙洞敎堂內 攻玉小學校

中等 物理學敎科書

二百八拾餘頁揷圖
一百餘幅 定價金八拾錢

本書ᄂᆞᆫ最新ᄒᆞᆫ學理를準據ᄒᆞ야簡明히編述ᄒᆞᆫ者ㅣ니中等敎科에와獨修에適用ᄒᆞᆫ初有良書이옴

發賣所 京城各書舖

訴訟에對ᄒᆞ야疑惑ᄒᆞ不決者의게其勝負의可否를詳細說明이옵고鑑定料ᄂᆞᆫ事之貴重과價之多少를隨ᄒᆞ야臨時酌定ᄒᆞ되大槪如左ᄒᆞᆷ
鑑定料ᄂᆞᆫ五圓以下로ᄒᆞ되貧窮者의게ᄂᆞᆫ無料로ᄒᆞᆷ

京城南部學동六拾四統貳戶
東洋大學前講師
日本法律學士
辯護士 **木尾虎之助**

○本학館에서第三回學員을募集ᄒᆞ오니志願人은八月三拾日之內로請願書를提呈ᄒᆞᆷ(請願用紙ᄂᆞᆫ本館에請求ᄒᆞᆷ)

(晝學課程)
中學科
(壹年級)東國歷史。大韓地誌。筭術。圖畫。博物。聖經。日英語隨意)
(二年級)萬國歷史。萬國地誌。筭術。生理。中등物理。聖經。語學(日英語隨意)
(三年級)物理。化학。經濟代數。生理。幾何。聖經語학 (日英語隨意)

(夜學科程)
英語課 日語課 科程은英日語로各히專修케ᄒᆞᆷ
木工課 工業圖畫。筭術。理論木工
日語課 英語課 簿記課 以上三課ᄂᆞᆫ各히專修課로ᄒᆞ되入學細則은本校에問ᄒᆞᆯ事

入學試驗科目 國漢文讀書作文
但各課補缺生은各次班課程으로시驗ᄒᆞᆷ

試驗日子 九月壹二兩日(陰八月初六初七日)上午九時
開學日字九月三日

●以上各課中晝學語학課ᄂᆞᆫ補缺生만募集ᄒᆞᆷ
●夜學各課壹年級은학員이貳十名이未滿ᄒᆞᆫ時ᄂᆞᆫ該班은不設ᄒᆞᆷ

皇城鍾路基督敎靑年會學館

●學員募集廣告

本校에서학部檢定에應試ᄒᆞᆯ敎師학識을敎授ᄒᆞ기爲ᄒᆞ야학員을募集ᄒᆞ오니願학人은本月二拾五日(陰七月二拾八日)ᄂᆡ로稟保狀ᄒᆞ先呈後應試ᄒᆞ심을爲要

一 **課程** 修身、國語、地誌及歷史ᄂᆡ外幷、物理、化학、博物학、法학通論、經濟학、作文、心理학、敎학、簿記、小학敎授法、圖畫、唱歌、體操、外國語、討論
一 **修業期** 貳拾四箇月
一 **試取及開학** 試取本月二拾八日(陰七月廿九日)ᄒᆞ고開학ᄒᆞ기九月拾日ᄂᆡ
一 **試取科目及方法** 作文(國漢字交用ᄂᆡ國歷史地誌)面講)筭術(四則以ᄂᆡ)
一 **入學資格** 年齡二拾歲以上四拾歲以下로身體健强ᄒᆞᆫ者

隆熙二年八月 日

壽進洞前壽進宮ᄂᆡ **興士團** **隆熙學校** 告白

◎學員募集廣告

本學校에서聰俊을敎授하기爲ᄒᆞ야學員을募集ᄒᆞ오니子弟를入學코자ᄒᆞ시ᄂᆞᆫ僉君子ᄂᆞᆫ**八月二十五日(陰七月二十九日)**內로來議ᄒᆞ시옴

位置南部茶洞十九統壹戶
年齡八歲以上拾五歲以下
開學九月三日
學科普通課程
但入學請願紙ᄂᆞᆫ支給ᄒᆞᆷ

私立共成學校

廣告

第四回學員募集廣告

本塾에서法律專門科書학員을新募ᄒᆞ오니願學人은來九月三日以內로本塾에對ᄒᆞ야請願書를提出ᄒᆞ고左開日時에應試ᄒᆞᆷ事

但請願書紙、學科、規則은本塾에在ᄒᆞᆷ

試驗科目

壹、國漢文作文、國漢文讀書、

擴誌、歷史、筭術(四則以內)

試驗日時

九月五日上午拾時(陰八月拾日)

但高等학校(中學校程度를包含)程度에相當ᄒᆞᆫ卒業證書를有ᄒᆞᆫ人은免試ᄒᆞᆷ

西部工后洞

私立 **養正義塾**

各地方各種學校**教師紹介所**를本會內에設置ᄒᆞ오니**普通學**其他各種技**術語學**教育에教授ᄒᆞᆯ志願人은校洞本會館으로來議ᄒᆞ시옵

畿湖興學會 告白

●大韓新보明藥廣告

●陸軍軍醫金守鉉君實驗方劑

●陸軍軍醫張基茂君有効證明

●四海衛生之諸君子常備之靈藥

消化新藥 **淸心保命丹**

發行所 仁川港栢峴 濟生堂藥房

九十粒入壹盒拾錢

●右藥의主治効能은如左

●胃弱不服 ●飮咳嗽 ●吐瀉 ●水土不服 ●氣鬱腹痛 ●酒醉 ●暑中寒 ●食積食傷 ●咽喉 ●口熱惡臭 ●其他諸般運氣癘疫預防妙藥

總發行所京城南大門內

代理店

●제물포 제생당支店 李茂

●元山港 제생당支店 具五賢

●京城 제생당支店 박敬興

全 南大門 ...

全 남大門 ... 博文書館 金溢亨

全 梨峴 ... 리信雄

全 大安洞 ... 仁제약房 리德善

全 壽동三可病院 朴喜淳

●仁川 香峴和平당 리德善

開城 本町 新井藥房 李仕珠

●海州 남문니 全商店 리奉植

全 ... 金제九

●水原 종路下약房 邊汝文

●延安邑니 洋약局 尹斗鉉

●江華 종路店 崔載淳

●長湍 남門니 任永中

●砂里院 병니 客主 리載善

全 耶蘇教堂니 許완

●瑞興邑니 김奉圭

●汗浦驛東 美運送部 리東赫

●黃州 남문니 紅문동 林景林

●安岳邑上場里 제生局 崔允國

●載寧邑後동 洋藥局 김鎭和

●忠州 泉良面 早遞 김永埴

●信川邑 四里 洋약局 尹寅하

●長連邑 東里 冊肆 文爽冠

●平壤 里 ... 出張人 韓鳳儀

全 雙巨里 제生局 金龍奎

全 館前 衛生의院 桂澤宣

全 文武동 제生局 崔熙化

全 大典部 壹里 藥局 김元燮

●鎭남浦 築동 冊사 吳南啟

全 后浦 本堂 出張人 朴芝行

●安州 성니 義井동 同春大약房 김大鉉

●博川邑 美동 藥店 리健柱

●定州 남문니 洋藥局

●郭山邑 大街 冊사 安 濬

●宣川邑니 冊사 安 瀬

●鐵山 읍니 永春堂 崔錫浩

●義州 남문外 木口街 리丙斗

●龍川 읍 官洋약局 김斗鉉

●群山港 開福동 김成浩

●大邱 남門니 劇場洞 리炳夏

●釜山港 東鄕本町商店 朴錫勛

●北青 新昌港 客主

●木浦 各國居留地 松房 徐岐見

●全國니 各약店마다 隨應販賣

仁川港 香峴 京성 남大문니 **濟生堂** 白

漢城鍾路慈惠大藥房

韓東西藥叢月報社製

咽喉 腋痛 **降氷** 五分 日圜 壹圓

消毒 告味 **甘酸水** 十 金□ 錢

男女 氣血 **補益丸** 二十五錢

濡潤腸丸 二十錢

淋疾袪根藥 五十錢

痢疾靈散 三十錢

清明眼藥 十五錢

養兒寶散 十五錢

蛔蟲拔根藥 三十錢

純金雞納丸 十錢

□□虫 二十錢

□洋臭藥 二十錢

瘧感冒丸 十錢

太腫瘡膏 三十錢

消痰鎮咳藥 三十錢

漢城百應膏 十錢

陳滞 **消積丸** 五十錢

瘧氣 神效 **保胃安散** 二十五錢 五里

胃藥 □□□□□□遂

大韓 ... 特効 **良藥**

陸軍 ... 實驗 ... 二等軍醫官

... 君 ... 効證 ...

八寶丹 ... 粒 金 ... 錢

主治 ○胃痛 心 ○頭痛 ○痰固 飮 ○食思欠乏 ○小兒 ... ○積滯 ○急 ... 腹 ... ○滋飮 ○傷 ○心痛 吐瀉 ○霍亂 下痢 ○本土不服 ○船車醉

效能

陸軍二等軍醫 許均君實驗處方

陸軍二等軍醫 朴熙達君 有効證明

滋陽丸

卅日分 壹圓 ... 廿日分 ... 十日分 ...

主 ○房事不足 ○腎虛腰痛 ○病後氣嬴 ○腎氣不足 ○陽痿不起 ○遺精多夢 ○陰虛火動 ○房事後惱困 ○手足厥冷 ○形容蒼白

治

婦人 경驗 ○五經丸 ○治胎 ○靈驗 ○平 ○五 경 환 ...

藥 令 ○壹劑 金 ... 圜

主治說明

婦人이孕胎ᄒᆞ지못ᄒᆞᆫ은冷病積病과月經不調로因ᄒᆞᆷ이니此藥을服用ᄒᆞ시면婦人腹中에有ᄒᆞᆫ諸病은壹切消去ᄒᆞᆷ으로自然孕胎ᄒᆞ오니速臨買去ᄒᆞ시옵

癩病 瘡藥 사향소창단 麝香消瘡丹

此丹이諸瘡에無論男女老少ᄒᆞ고若服用ᄒᆞ면神效ᄒᆞᆫ약이며불ᄒᆞᆫ오니바方可及也리라若論主治則楊梅瘡諸痔連珠風濕頭瘡諸症에俱見立效ᄒᆞ오니僉君子는壹次試驗ᄒᆞ시

▲發賣所

南署 苧洞 李永珠藥局

南門니 博文書館 盧益亨

南門니 太橋 濟生支店

布口니 相信號典當舖

鐵物橋 毛衣房 리洛瑞

小廣橋 毛衣房 리學根

鍾路 上隅 三可病院

大寺동 共제病院

仁川港니 종鄕 豐旅館 韓國人

全 香峴니 동 會뎍寬

全 읍니 李昇範

江華 鍾路 ... 永源 宋順五店

開성 남문니 朴圭相商店

全 남문니 明新冊사 리貞鎬

水原 남문니 김제九약舖

海州 남문니 리寧植商店

延安 읍니 邊汝文洋藥局

長湍 남문니 리在淳

全 砂里院 耶蘇教당 리在昌

黃州 남문니 紅문동 리東赫

平壤 ... 耶蘇教堂니 金瀅柱

全 法首橋 乾材局 ...元

全 大興部 壹里 崔遇化

全 館前 김龍興藥舖

全 文武洞 桂澤善약포

鎭남浦 築동 김元섭藥포

鎭남浦 碑石洞 冊々 吳承昌

全 제生당出張 吳南啟

三和港 開福洞 金와鉉

全 井동 리春善약房

龍산 동삼부 리東赫

大邱 남문니 리明直약局

元山港 남甲元약局

全 제一堂支局 朴毅鎬

定州 문니 박致心약局

김泉場 鄭聚璟약局

釜山港 제生당出張 朴昌鎬

安州 성니 義井동 同春大약房

安岳邑 上場 제生局 林景柱

義州 남문外 木口街 義和약房

載寧읍 後동 洋약局 崔允國

定州 남문니 洋약局 리健柱

郭山읍 洋약局 繼應彬

宣川 읍 冊사

鐵山 읍 永春堂 安 濟

咸從郡 耶蘇教堂 ...

仁川港 香峴 張炳豈

京城 鐘路 衣廛 下

和平堂 白

製약所 인川港香峴 和平堂藥房

發行人 全 李昌선

代理店 京城 鐘路 衣廛 下 和平堂支店

仝 仁川港 香峴 제生堂 藥房

京城 入 ... 共愛堂 약房 同 南

世니 水標橋 大東書市支店 金泰鉉

右四種藥은 ... 拾四円分金四圓 ... 地方이라도請求ᄒᆞ시면우편으로부치오니介도이옵

平壤 太極書館 ...

發 ... 營業 ...

州暂市少年 ... 此館에 ... 物

... 僉君子 ...

本館이 ... 壹年에 ... 繁殖 ... 사와發行 ... 興旺之 ... 擴張ᄒᆞ고 ... 書籍 ... 物品을多數準備ᄒᆞ야 ... 價로大酬ᄒᆞ오니四方僉君子는陸續來臨ᄒᆞ심을爲要ᄒᆞᆷ

釜山港東關韓興書館

金汝權 權鍾律

社告

○申報價

壹號代金 新貨二錢五厘

壹個月前納 三十錢

參個月 九拾錢

陸個月 一圓七十錢

壹個年 三圓四十錢

鄕稅一張 新貨五厘

壹個月 十三錢

○廣告料

四号活字拾三字詰

每日壹寸(英尺)에 新貨卄五錢

二週日壹寸에 二圓五拾錢

壹個月壹寸에 五圓

(自壹行至四行이爲壹寸)

其期限과長短과字行의多寡를依ᄒᆞ야增減ᄒᆞᆷ이有ᄒᆞᆷ

發行兼編輯人英國人 萬 咸

Responsible for Publication Alfred Weekley Marnham.

發行所

南署石井洞號外地三層洋屋內

大韓每日申報社

漢城鍾路慈惠醫院診

醫學校卒業後濟衆院卒業

濟衆院의 ... 實地六年 ... 習

□□□□□□

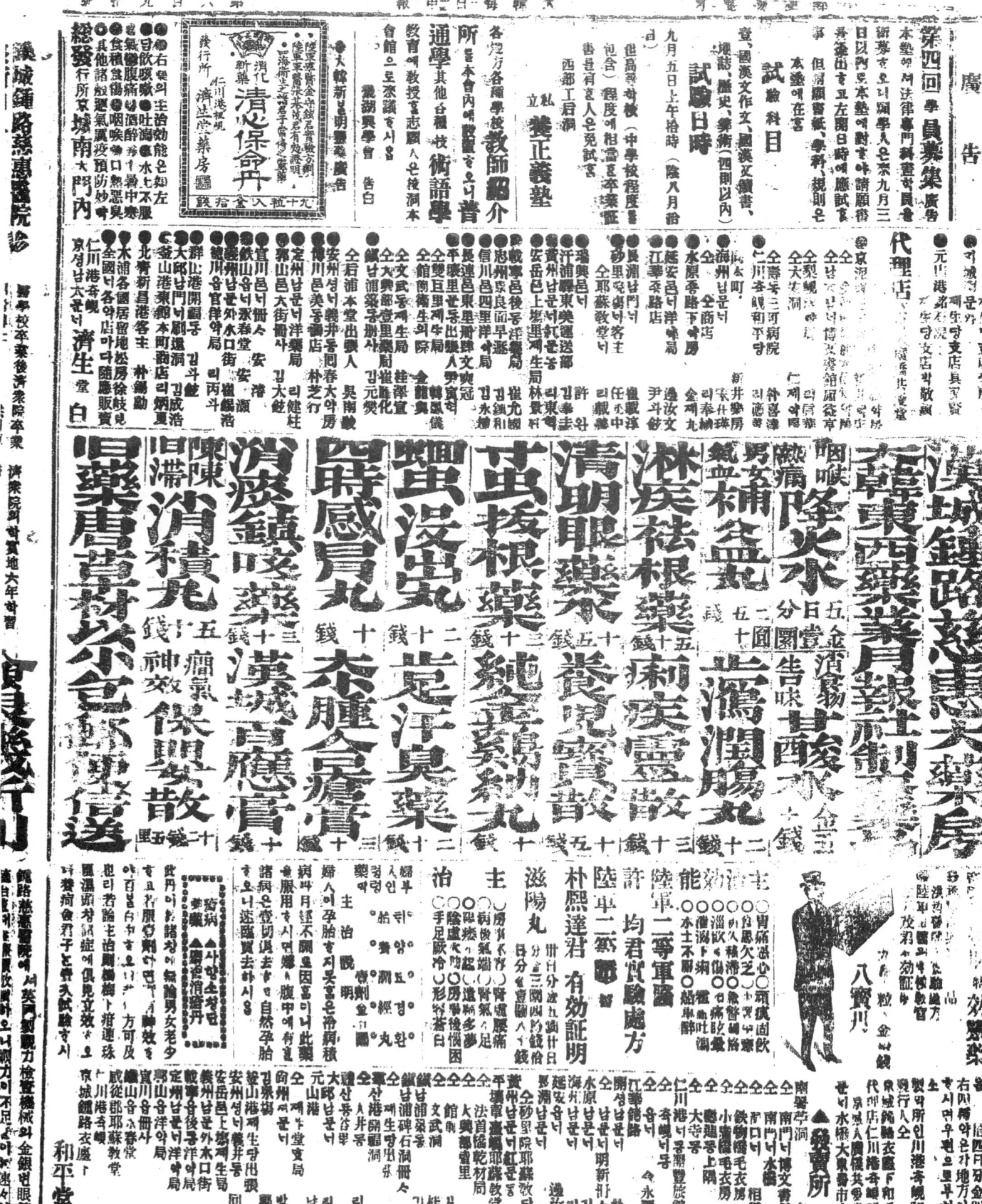

鍾路慈惠醫院에셔英國製視力檢查機械와金銀眼鏡을購入ᄒᆞ고男女視力을檢査ᄒᆞ야此에適當ᄒᆞᆫ眼鏡을放賣ᄒᆞ오니視力이不足ᄒᆞ신이는速々히來臨ᄒᆞ야視力을檢查ᄒᆞ시ᄋᆞᆸ

第八百九[illegible]號

大韓每日申報

第六卷

月曜及慶節 歲時日休刊

檀君開國四千二百四十一年
箕子元年三千三十年
大韓開國五百十七年
日本明治四十一年
淸國光緖三十四年
陰曆戊申七月大三十日癸丑

論說

◉東南各省의第一熱心人

晩近東南風氣도駸駸ᄒᆡ發의機를呈ᄒᆞ야許多志士가教育을唱ᄒᆞ야학校의設立도頻現ᄒᆞ며학會의名詞도亦有ᄒᆞ나實際公益에獻身ᄒᆞᄂᆞᆫ者ㅣ寥寥ᄒᆞ더니今에李照直시가乃有ᄒᆞ도다 李氏ᄂᆞᆫ不饒ᄒᆞᆫ家產의三分二田畓을四石落을擧ᄒᆞ야畿湖학會에五石落·西北학會에[illegible]石落·嶠남학會에壹石落·湖南학會에壹石落·關東학會에壹石落。孤兒院학校에壹石落을分捐ᄒᆞ고써가乃言曰嗚呼라此時가何時오二十世紀生存競爭優勝劣敗의場面에立ᄒᆞᆫ吾人들이知識이無ᄒᆞ고ᄂᆞᆫ千間廣廈가有ᄒᆞ야도我의家가아니며萬頃良田이有ᄒᆞ야도我의土가아니라 祖先의壹片靑氈을到底히保全ᄒᆞᆯ道가無ᄒᆞ리니엇지可懼며可戒ᄒᆞᆯ비아니리오故로今日志士가民知啓發四字를絶叫疾唱ᄒᆞᄂᆞᆫ바어ᄂᆞᆯ哀彼愚人들은如此危險ᄒᆞᆫ潮頭에도其手中에自家寶貨만緊握ᄒᆞ면上帝가自由를與ᄒᆞ며後世에安樂을享ᄒᆞᆯ줄로誤解ᄒᆞ니噫라[illegible]教[illegible]聞無畏ᄒᆞ야[illegible]蠢豚犬과[illegible]此世에生存ᄒᆞ라ᄒᆞ면是[illegible]水火에救ᄒᆞ고其不[illegible]焦ᄒᆞᆷ을望ᄒᆞᆷ이니엇지愚人이아닌가[illegible] 李照直의田土가甚少ᄒᆞ야教育界에盡投ᄒᆞ야도巨海의一[illegible]에不過ᄒᆞᆯ지나然이나諺에有호ᄃᆡ聚蚊成雷ᄒᆞ고積塵成山ᄒᆞᆫ다ᄒᆞ니但照直의懷를抱ᄒᆞᄂᆞᆫ者ㅣ多ᄒᆞ야大有者ᄂᆞᆫ大捐ᄒᆞ고小有者ᄂᆞᆫ小捐ᄒᆞ면教育의目的을可達ᄒᆞ리니此物이雖小나何足爲愧리오故로今玆에勤耕力作ᄒᆞ면生計에可資ᄒᆞᆯ만ᄒᆞᆫ數落石薄畓만存留ᄒᆞ고其外拾四石落은國民的公益的으로發起ᄒᆞᆫ我各省학會에來獻ᄒᆞ노라云ᄒᆞ더라

記者曰賢哉라써여竊聞호니氏가滔滔濁世에壹塵을不染ᄒᆞ고城市에隱居ᄒᆞ야世人과憂樂이無關ᄒᆞᆫ듯ᄒᆞ나義俠의心을抱ᄒᆞ며愛國의義를仗ᄒᆞ야善을趨ᄒᆞ미渴馬의泉에奔ᄒᆞᆷ과如ᄒᆞ며惡을避ᄒᆞ미新浴의衣를振ᄒᆞᆷ과如ᄒᆞ고公益事業을見ᄒᆞ미摩頂放踵ᄒᆞᆷ을不惜ᄒᆞᆫ다ᄒᆞ더니今에教育風潮를歡迎ᄒᆞ야此巨捐이有ᄒᆞ앗도다賢哉라氏여東南各省학會의熱心人이로다

記者가氏의事를錄ᄒᆞ미壹感ᄒᆞᄂᆞᆫ비有ᄒᆞ니今夫東南數百郡에湖山金穴의富翁과鍾鳴鼎食의勢家가許多ᄒᆞ니彼輩ᄂᆞᆫ自[illegible]業[illegible]分壹만特捐ᄒᆞ야도[illegible]育을經濟ᄒᆞ며數[illegible]校[illegible]ᄒᆞᆷ도미ᄒᆞᆯ지어ᄂᆞᆯ彼輩ᄂᆞᆫ[illegible]中[illegible]酣睡ᄒᆞ니惜哉라 [illegible]南數[illegible]郡[illegible]遍[illegible]

外報

◉英獨兩帝會見 倫敦電을據ᄒᆞᆫ즉伯林에在ᄒᆞᆫ諸通信員의報道에曰英獨兩帝ᄂᆞᆫ크론벨게서會見ᄒᆞᆫ際에獨帝가四年을計畫ᄒᆞ야製艦ᄒᆞᆫ旨로英帝에對ᄒᆞ야言及ᄒᆞ얏ᄂᆞᆫᄃᆡ英國側에서其意旨에對ᄒᆞ야寸毫라도不快ᄒᆞᆷ을抱ᄒᆞᆷ이無ᄒᆞ얏다더라

◉獨國男女同等 路透電을據ᄒᆞᆫ즉自今以後로ᄂᆞᆫ獨逸女子ᄂᆞᆫ男子와同等의資格으로獨逸大학校에入ᄒᆞᆷ을許ᄒᆞᆯ터이라더라

◉米國艦隊歡迎 同電을據ᄒᆞᆫ즉美國艦隊ᄂᆞᆫ시도니에到着ᄒᆞ야盛大ᄒᆞᆫ歡迎을受ᄒᆞ얏다더라

◉海軍示威停止 伯林電을據ᄒᆞᆫ則和蘭皇帝ᄂᆞᆫ南米우에네쓰우에라國에對ᄒᆞ야海軍示威運動의行動을停止ᄒᆞ고開戰치아니ᄒᆞᆯ旨로言明ᄒᆞ얏다더라

◉日本捕鯨業加盟 同電을據ᄒᆞᆫ則日本은捕鯨業에關ᄒᆞ야英露美定約에加盟ᄒᆞ얏다더라

◉淸美同盟贊成 同電을據ᄒᆞᆫ則美國에우안쓰少將은淸美同盟에贊成ᄒᆞᆫ意로言明ᄒᆞ얏다더라

◉佛國貿易輸出入 同電을據ᄒᆞᆫ則佛國에서ᄂᆞᆫ本年 月로부터七月까지外國貿易에輸入에ᄂᆞᆫ二億八千萬法과輸出에ᄂᆞᆫ二億八千八百萬法이減少ᄒᆞ얏다더라

雜報

◉洪倅興學 洪原郡守鄭[illegible]鎭시ᄂᆞᆫ時[illegible]에必要가人才教育에[illegible]境內人士를對ᄒᆞ야[illegible]激[illegible]說[illegible]으로郡[illegible]讀書之聲이郡郡設施以後에初有ᄒᆞᆫ盛事라더라

◉光明九明 博川郡東面花溪里廣明학校長卓孝胄校監卓龍胄諸시ᄂᆞᆫ教育에熱心ᄒᆞᆷ으로壹校之設이不過旬朔에학員이三拾名에[illegible]ᄒᆞ야就緖之漸이大有ᄒᆞ다더라

◉郡守와檢事의不法 寶城郡守丁九燮시의貪叨虐民과光州[illegible]檢事朴[illegible]觀시의不法行政ᄒᆞᆫ事에對ᄒᆞ야寶城郡居李敎聲[illegible]가代表上京ᄒᆞ야法部에呼訴ᄒᆞᆫ즉該部에서不經本道ᄒᆞ고直訴上[illegible]가新式에有碍인즉該地方裁判所에往訴ᄒᆞ야何如히決處ᄒᆞᆫ後更爲來訴ᄒᆞ라ᄒᆞ미李敎聲시가不勝抑冤ᄒᆞ야請願書를本社에來傳ᄒᆞ니其全文이如左ᄒᆞ더라

被請願人等이以司法之官으로人民의權利를不惟不能保護라違越國典ᄒᆞ고貪饕營私가罔有紀極ᄒᆞ야全南生靈이咸被其毒일ᄲᆞᆫ더러强奪民產을指不勝屈이온바就中最著塗炙者를左開申請ᄒᆞ오니照亮查核ᄒᆞ오서依法懲治ᄒᆞ시와以慰兩路生령케ᄒᆞ심을伏望홈

◉全南寶城郡守丁九燮시의貪叨不法

壹 新式에不過屢員二名이거ᄂᆞᆯ八[illegible]記와[illegible]面書員을依舊派出ᄒᆞ야稱云考卜債而每結頭二兩[illegible]錢式使之勒捧ᄒᆞ고又再稱[illegible]旨[illegible]徵錢而討食鄕葉[illegible]貳千五百兩ᄒᆞ니此[illegible]俱亡者也오

壹 各面面[illegible]不遵章程ᄒᆞ고受賂[illegible]ᄒᆞ야[illegible]面장에[illegible]所[illegible]之受賂者九[illegible]兩이오[illegible]五[illegible]多ᄒᆞ고

壹 本郡[illegible]內文田蘆三面은卽[illegible]廢礦處也라民或潛採러니自官捉囚徵贖後許以開採ᄒᆞ고每名每個月定ᄒᆞ稅金[illegible]兩式[illegible]如或[illegible]納則以至徵於千連者ᄒᆞ야自丁未二月至貳月收捧者合爲壹千四百八拾兩이니[illegible]民弊ᄂᆞᆫ不言可想이오

壹 郡吏崔學[illegible]以甲午官廳色[illegible]稱[illegible]學[illegible]供費未推條라[illegible]互相符同ᄒᆞ야巡督各面[illegible]勒捧[illegible]自洞中都防者ᄂᆞᆫ小自三四拾兩至七八拾兩이오不然則每結頭壹兩五錢式勒捧者合爲八千餘兩이오

壹 稱爲[illegible]年[illegible]月[illegible]觀察府[illegible]祝費與학校補助條壹百[illegible]拾兩이라ᄒᆞ고收斂於民間ᄒᆞ니此則郡守自午色於觀察府而收斂於民間者是豈成說이며

壹 [illegible]村[illegible]民을稱爲雜技而捉囚徵贖之[illegible]知者五百八拾九兩이오

壹 今春[illegible]派任時[illegible]木明紬紋席[illegible]受貽亦甚夥多而其他民間個人[illegible]幾百兩式人已者不[illegible]强記오又或因請賂不聽之挾憾으로故生事端ᄒᆞ야以至敗亡之民者許多ᄒᆞ니民何以支保乎아

◉光州判事朴有觀氏檢事在任時不法

壹 長興吏嚴鼎敎를稱以網債報償ᄒᆞ야懲納而捉囚同罪則以爲民自[illegible]故로捧留而已者有何罪乎[illegible]가박檢事曰這個幻弄殖利罪也라ᄒᆞ고受賂紙[illegible]

壹 同[illegible]寓居[illegible]遵晉奎시[illegible]干連ᄒᆞ고捉囚多[illegible]索賂[illegible]

[illegible]가언덕以不耐於義徒之毅力而供食罪ᄂᆞᆫ雖分銅不費라ᄒᆞ고以書謝答ᄒᆞ야轉及檢學ᄒᆞ니檢事 怒倚嚴囚ᄒᆞ

壹 [illegible]山[illegible]朴炳坤ᄂᆞᆫ出而昧例ᄒᆞ야欲埋兄屍於[illegible]校[illegible]이라가因官隸[illegible]而埋他러니發訓捉囚ᄒᆞ야保放債錢五拾圓放送而葉錢六百兩人已事

壹 光州居[illegible]奉常[illegible]提[illegible]源奎시ᄂᆞᆫ以農工銀行[illegible]也라田畓所干[illegible]因[illegible]類之僞出證明ᄒᆞ야[illegible]發于檢事[illegible]박檢事가使之吏[illegible]訴狀以人之意로朱筆刪削에拖至數月不決더니壹[illegible]遇於私第[illegible]야共飮[illegible]語及訟案不決ᄒᆞ야朴檢[illegible]忽然執[illegible]原告之詐ᄒᆞ야論報法部而適移任判事라以朴시詐[illegible]之罪로爲告發於[illegible]署[illegible]檢事ᄒᆞ야調査之境에履歷[illegible]白故[illegible]日[illegible]還爲謝ᄒᆞ니詐[illegible]罪[illegible]於何律인지宜有反坐事

壹 寶城郡李敎聲시以祖父墓被掘散骨[illegible]起訴[illegible]年에受被告丁寬섭之紋席[illegible]立ᄒᆞ고尙不公決ᄒᆞ야李氏이呼泣道路事

雜報

●手料旅費頒布 關稅局出張所、稅關、稅關支署의關ᄒᆞᆫ手數料及旅費徵收件을 勅令으로頒布ᄒᆞ얏다더라

●宮府俸給令改正 宮內府官等俸給令을改正ᄒᆞ얏다ᄂᆞᆫ대其槪意를聞ᄒᆞᆫ즉五年以上奏任官一等에在ᄒᆞ야功績이有ᄒᆞᆫ者ᄂᆞᆫ特히勅任官三等의陞敍ᄒᆞ고奏任官二等以下ᄂᆞᆫ[?]ᄒᆞ야功績이有ᄒᆞᆫ者ᄂᆞᆫ特히奏任[?]等의陞敍ᄒᆞ다더라

●統府例會漏聞 總理大臣以下각部大臣이昨日統監官邸의會同ᄒᆞ야火曜例會를開ᄒᆞ얏ᄂᆞᆫ데각府部次官도參會ᄒᆞ야協議ᄒᆞ얏다ᄂᆞᆫ說을漏聞ᄒᆞᆫ즉拓殖會社의關ᄒᆞᆫ事務進就方法을爛議ᄒᆞ얏다ᄂᆞᆫ報가有ᄒᆞ더라

●壹會竊訝 宋秉畯氏가內部大臣을被任ᄒᆞᆫ後에ᄂᆞᆫ壹進會觀察使가沒落ᄒᆞ더니尹甲炳시가觀察使를被任ᄒᆞᆫ後에ᄂᆞᆫ壹進會郡守가沒落ᄒᆞᆯ다ᄒᆞ고該會員들이竊訝ᄒᆞᆫ다더라

壹進會長太不平 咸北觀察使尹甲炳氏가該管下郡守中壹進會員은沒數罷免ᄒᆞ얏다ᄂᆞᆫ說은已爲報道어니와壹進會長李容九氏가該事件에對ᄒᆞ야尹觀察을大端論駁ᄒᆞ얏다더라

●郡守會議提呈 各道觀察使가管下郡守의會議ᄒᆞᆫ案件을筆記ᄒᆞ야各件으로내部의提呈ᄒᆞᆫ다더라

●勸商社發起 永宣君李埈鎔中樞院顧問李址鎔海豊府院君尹澤榮侍從院卿尹德榮承寧府總官趙民희諸氏가勸商社를發起組織ᄒᆞᆫ다더라

●金氏龍尹被任 前郡守金祥演氏ᄂᆞᆫ龍川府尹을被任ᄒᆞ기로內定이되얏다더라

●三郡守被任說 內部主事李台榮沈夏慶鄭錫裕三氏ᄂᆞᆫ來次奏本에郡守로並爲叙任된다더라

●兩氏專務被任 度支部書記官韓圭復氏ᄂᆞᆫ臨時財產整理局事務官을兼任ᄒᆞ얏고正三品韓興世氏ᄂᆞᆫ整理局事務官을被任ᄒᆞ얏다더라

●拓殖事務見習 東洋拓殖會社가成立됨은各新聞에已布ᄒᆞᆫ바어니와聞ᄒᆞᆫ則該員幾名을日本으로派送ᄒᆞ야該社의事務를見習케ᄒᆞᆫ다더라

●李氏無顏 前承書官李載恆氏가壹進會에投入ᄒᆞ고該會中의和次參ᄒᆞᆫᄂᆞᆫ데漆笠을着ᄒᆞ얏더니該會에서規則外라ᄒᆞ야李氏가大端無顏을當하고翌日에洋服으로往參ᄒᆞ얏다더라

●兩陵什物調查 掌禮院에서典祀劉膺烈氏를洪陵 裕陵에派送ᄒᆞ야諸般什物을調查ᄒᆞᆫᄂᆞᆫ데洪陵祭器가欠縮이有ᄒᆞ다더라

●歌舞鍊習 來月八日萬壽聖節에 德壽宮에서歌舞를擧行ᄒᆞᆯ妓生幾拾名을日間選擇ᄒᆞ야歌曲을鍊習ᄒᆞᆯ터이라더라

●民會輪帖 即位紀念慶祝漢城府民會長俞吉濬氏가各府部院廳壹般官吏에게通知ᄒᆞ되本月二拾七日下午三時에官民合同慶祝宴을 慶會樓에서設行ᄒᆞᆯ터이니同夫人하고居期枉臨ᄒᆞ라ᄒᆞ얏다더라

●漢城府移接 漢城府ᄂᆞᆫ前法部로移接ᄒᆞ라ᄂᆞᆫ內部訓令이有ᄒᆞ다ᄒᆞᆫ데該部移去後ᄂᆞᆫ西部警署가來接ᄒᆞᆫ다더라

●民家慶祝 漢城내五部各坊曲의家儈들이所管區域民家의申飭ᄒᆞ야本月二十七日의即位紀念慶祝의각其門戶의國旗及球燈을懸揭ᄒᆞ야慶祝의意를表케ᄒᆞ라ᄒᆞ얏다더라

●兵醫末席 漢城府民會에서今番紀念式慶祝宴을慶會樓에開ᄒᆞ고坐大卓을排設ᄒᆞᆯ터인대最末卓에ᄂᆞᆫ來賓中有醫諸시를宴待ᄒᆞᆫ다더라

●日營建築用材燒火 本月拾日午后二時頃에咸鏡北道淸津에서日本陸軍經理部兵營建築用材와石油를灌注ᄒᆞ고放火ᄒᆞ얏ᄂᆞᆫ데此ᄂᆞᆫ義兵이經理部에對ᄒᆞ야不平을抱ᄒᆞᆫ者의所爲라더라

●內大部報 遞職川府尹俞鎭哲氏가히府揚西面의雲峴宮과壹進會間의相持ᄒᆞᄂᆞᆫ庄土事件으로히面長等의所告를依ᄒᆞ야雲峴宮所有로調査報來ᄒᆞ얏더니俞시가내部의數次招致强迫論責을不堪ᄒᆞ야調査의失錯ᄒᆞᆫ樣으로書納ᄒᆞ고其事實대로各報의寄函揭載가有ᄒᆞ얏더니其後히港裁判所의雲峴宮所有로文牘이自在ᄒᆞ야壹進會가落科되얏스나俞시ᄂᆞᆫ終是免官을當ᄒᆞ얏고又平北觀察劉赫魯시가히府의調査를依ᄒᆞ야내部의報告가有ᄒᆞ얏던지내部大臣宋秉畯시가見之大怒ᄒᆞ야退却ᄒᆞ고兪鎭哲시의失錯ᄒᆞ얏노라ᄂᆞᆫ文字와如히更爲報來ᄒᆞ라고指令ᄒᆞ얏ᄉᆞᆫ즉劉觀察도兪시의所遭와如ᄒᆞᆫ模樣이라더라

●實彈射擊鍊習 近衛步兵太隊에서來九月二日三日上午拾二時에獎忠壇新設射擊場에서實彈射擊을施行ᄒᆞᆫ다더라

●蠶島怪現象 再昨日夜의頭巾을着ᄒᆞᆫ人三拾名을衣冠人拾餘名이領率ᄒᆞ고擔銃ᄒᆞᆫ日兵二名이隨伴하야蠶島의來宿하고昨日午正의兩隊를分ᄒᆞ야壹隊ᄂᆞᆫ江南邊으로壹隊ᄂᆞᆫ江北邊으로從ᄒᆞ야廣津으로向ᄒᆞ야溯上ᄒᆞ얏ᄂᆞᆫ대此등義兵이라ᄒᆞ면其中외日兵이隨伴ᄒᆞᆯ理가無ᄒᆞᆫ즉其狀態가甚히疑訝ᄒᆞ다더라

●落橋重傷 李聖武ᄂᆞᆫ軍部로仕進ᄒᆞᆯ時에西部內資동居鄭석元氏家에留하ᄂᆞᆫ年今七拾餘歲老婆가宗橋로過去ᄒᆞᄂᆞᆫ대保護巡査의乘去ᄒᆞᆫ人力車輪에接觸ᄒᆞ야橋下의落ᄒᆞ야重傷하야幾至死境ᄒᆞᆫ故로該近病院으로舁去治療ᄒᆞᆫ다더라

●逃囚還捉 再昨日京城監獄署에逃走罪囚卿聖集을伊日下午六時에警視廳警部李종國氏及巡査壹名이中茶동等地에서捕捉ᄒᆞ얏다더라

●逃女被捉 南門外葛月里居ᄒᆞᄂᆞᆫ金用雲妻柳姓女가陰本月拾四日夜에逃走ᄒᆞ야不知去處하기로四處에探問ᄒᆞᆫ즉南部司畜洞梁在浩家에隱伏ᄒᆞᆫ지라金用雲이가南部警署에呼訴ᄒᆞ야히署內巡査가梁哥與柳姓女를히署로捉致ᄒᆞ얏다더라

●偷金被捉 泥峴居留日人上原虎司家雇人拾五歲된박山伊가去月末에該主人의金壹圓七拾錢을窃取ᄒᆞ고本月二拾四日에七拾二錢을再次窃取ᄒᆞ다가發覺이되야南部警署에捉囚ᄒᆞ얏다더라

●强盜押交 日昨에强盜犯으로中署에被捉되얏던金雲景장鐵龍兩한名再昨日에地方裁判所로押交ᄒᆞ얏다더라

●漢江에大火 再昨日下午九時頃한江坊上동에서失火ᄒᆞ야家屋一戶와火木三千圓價値가燒燼ᄒᆞ얏ᄂᆞᆫ데其家主에시名은現今調査中이라더라

●興學會維持方法 再昨日에畿湖興학會內에서贊務員들이會ᄒᆞ고該會經費支用方法에對ᄒᆞ야主務員이각其意見을陳述하얏다ᄂᆞᆫ데財產家二拾名을選定ᄒᆞ야該二十人中에每人이每朔에二拾五圓式을捐助支用케ᄒᆞ얏다더라

●女校移接 明新女학校ᄂᆞᆫ前內需司로移接ᄒᆞᆫ다더라

●宜平論駁 關東학會에서日前總會를開ᄒᆞ고協財方法을研究ᄒᆞᄂᆞᆫ대南相鶴시가杵樂시를面駁하야風波가大起ᄒᆞ얏다더라

●感奮捐金 湖南학會에서再昨日總會를ᄒᆞ고李鼎直시의捐付ᄒᆞᆫ畓土를受ᄒᆞ얏ᄂᆞᆫ대李시의高義를感奮ᄒᆞ야會員의當日捐助金額이三百餘圓에達ᄒᆞ얏다더라

●海西教育總會 黃海道各郡人士가海西教育總會를組織ᄒᆞ얏다홈은已爲報道어니와本月二十二日下午三時의安岳郡楊山학校內에開會ᄒᆞ고事務를處理ᄒᆞᆫ後各郡各학校에科程을壹致케하며來年春期聯合運動을各郡에서擧行ᄒᆞ면財政이損傷ᄒᆞᆯ터이니各郡에서幾拾圓式收合ᄒᆞ야明年春期聯合運動은文化郡에서擧行ᄒᆞ기로決定ᄒᆞ고閉會ᄒᆞ얏다더라

●是兄是弟 龍川東明학校々主崔時健氏ᄂᆞᆫ素是志士로四年前부터多數ᄒᆞᆫ資金을獨擔ᄒᆞ야附近壹般青年을熱心教育하더니不幸히本月十三日에長逝ᄒᆞ얏고該弟時俊씨가此를爲하야海外留학을停止ᄒᆞ고其兄의事業을繼續ᄒᆞᆫ고로附近有志長老와一層確議中이라ᄒᆞ니該씨의兄弟의公愛心은人皆稱頌ᄒᆞᆫ다더라

●安郡公校試況 安岳郡公立학校에서本年貳期試驗을經ᄒᆞ고今月拾九日에卒業禮式과進級禮式을擧行ᄒᆞᆫ데該郡紳士와각학校生徒가來集ᄒᆞ얏ᄂᆞᆫ대卒業生李始儀鄭觀昌等九人과四年級及第生等三人과三年級及第生等八人과二年級及第生等六人과壹年級及第生等四人인데各其證書를頒給ᄒᆞ고該教師李信七시가奇堪演說ᄒᆞᆫ後에學徒에父兄과壹般任員이贊賞勸勉ᄒᆞ얏다더라

●安郡講習試驗 安岳郡勉학會에서師範講習所를設立ᄒᆞᆷ은已爲報道어니와去拾三日에試驗을經ᄒᆞ엿ᄂᆞᆫ데甲班優等生車丙洙張應善等二人과乙班優等生安成龍吳斗鉉等三人과丙班優等生朴承千車斗남二人과及第生等三十人에게受業證書를頒給ᄒᆞ고所長該郡守金寅奎氏와壹般教師及來賓諸시가登場勸勉ᄒᆞ얏다더라

●有志設校 殷栗郡南上面溪陽村居ᄒᆞᄂᆞᆫ鄭父源시ᄂᆞᆫ儆新中학校학生으로放학餘暇에歸鄉ᄒᆞ야夜학校를刱設ᄒᆞ고樵兒牧童을熱心教育ᄒᆞ야生徒가五拾餘名에達ᄒᆞ얏ᄂᆞᆫ대進就之望이大有ᄒᆞ다더라

▲兩少年問答▼

▲夕陽이在山ᄒᆞ고蟬聲이滿樹ᄒᆞᆫ데四角帽子를着ᄒᆞᆫ兩個少年이壹酒相對ᄒᆞ야壹盃壹盃復壹盃에世上事를問答ᄒᆞᆫ다

▲問李貞宰氏가其子를爲ᄒᆞ야直閣을圖差ᄒᆞ얏다니씨의思想도如此ᄒᆞᆫ가

答惡라是何言也오氏가平日盛名之下에此等頑習을行ᄒᆞ얏스리오決코其職의華美를貪하고其字의義를取ᄒᆞᆷ이니라

問何謂也오

答壹直閣이該氏門閥에損益이無ᄒᆞᆫ즉씨의素性이淸直ᄒᆞᆫ故로人心의詐僞를恐ᄒᆞ야其心을直ᄒᆞ고其許를聞ᄒᆞ라ᄂᆞᆫ意로其子의佩符를作코져홈이니라

▲問尹用求씨가此時代에當ᄒᆞ야世道를厭絶ᄒᆞ고擧貲로自娛ᄒᆞ다니씨가國恩이偏重ᄒᆞᆫ地에獨其身이臣道에得當ᄒᆞᆯ가

答君은安石이不出이면其於蒼生에何오云ᄒᆞᆫ句語만見ᄒᆞ고時至而動則能成絶代之功이라云ᄒᆞᆫ句語ᄂᆞᆫ不知者也로다

問然則此時를舍ᄒᆞ고何時를更待乎아

答草堂의大夢만覺하면出世之時가自至니라

▲問李容元氏가近日仕宦界에別般運動이有ᄒᆞ야總相椅子에據ᄒᆞ다ᄂᆞᆫ者도有ᄒᆞ고大提學을拜ᄒᆞᆫ다ᄂᆞᆫ說도有하니八旬暮境에苟々치아닌가

答是誠何言고子ᄂᆞᆫ臣道를不知ᄒᆞᄂᆞᆫ者로다古不云乎아鞠躬盡瘁ᄒᆞ야死而後已라ᄒᆞ니씨가老當益壯ᄒᆞᆯ뿐아니라今日을當ᄒᆞ야報國之心이豈無ᄒᆞ리오

▲問近日에閔泳徽씨와尹孝定氏가互相公函으로學事에對ᄒᆞ야其結果가何如ᄒᆞᆯ가

答閔씨가近來教育界에熱心ᄒᆞᆷ은世所共知어니와畿湖학會에對ᄒᆞ야越權ᄒᆞᆫ理가有ᄒᆞ리오窃想컨대近日錢荒의所致로아직叙力지못ᄒᆞᆫ故이라若叙力ᄒᆞᆫ日이면씨의熱心으로畿湖學會ᄂᆞᆫ宜例히擔着ᄒᆞ려니와其心所及에自己의屋舍를西北學會에寄附시지ᄒᆞᆯ줄노確信ᄒᆞᄂᆞᆫ대尹氏가公函을遞送ᄒᆞ얏스니忍耐性이少ᄒᆞ다謂ᄒᆞᆯ지나閔氏의堅確ᄒᆞᆫ姿勢를豈可容易而動乎아尹氏ᄂᆞᆫ誠爲激者也니라

▲問現政府ᄂᆞᆫ何如ᄒᆞᆫ가

答觸君은止ᄒᆞ라日暮矣오時將促矣니異日에更俟ᄒᆞ고학校에往ᄒᆞᆯ지어다

廣告

本月二拾七日에慶祝하기爲하야祝告하오니本校職員及學員은伊日下午四時에壹齊來會할事

廣信商業學校

本事務所에서今二拾七日大皇帝陛下即位日紀念慶祝式을行하깃스오니伊日下午二時에宗來齊會

安東金氏宗約所 白

學生募集廣告

本校에서高明한教師를延聘하여教授를以完全中학科程으로壹曆擴張하앗스오니入학志願人은陰八月에本校로臨應試하옵

平北鐵山車輦館韓興학校告白

夜學員募集廣告

本校에학은陰九月一日(陰八月初八日)에開학하오니本학員은진期上학하시려니와新학員도募集하옵

本학制를改定하야日語筭術簿記三科로二학期의速成卒業하깃슴

教化門外私立普光學校

賈八用[illegible]太慶을平心許에六月一十日[illegible]次當錢五千兩과二十九日[illegible]兩七日初[illegible]四百兩을[illegible]面懸錄하고存문二千六百兩於音이[illegible]月廿八日에서失하와玆以廣告하오니誰某拾得하와ㄷ休紙施行함

南門外盆洞二百四拾統八戶　新水[illegible]　朴[illegible]基 告白

▲學員募集廣告

本塾에서來九月壹日부터英語夜學科教授方法을改良하야教授하고左에諸科를晝學으로增設하야教授하오니願學僉員은本月二拾九日內로入學을請願하시오

第一科 經濟　二個年速成　自上午八時至仝拾時

第二科 日語 算術　壹箇年速成　自上午拾時至仝貳時

試驗 國漢文讀書作文　日字本月卅日上午拾時

但英語夜學에願學人中英語讀本(니쉰날리더)第一第二卷을習讀한人은免試許入함

晝夜各科에月謝金은相當히要求함

私立廣化新塾

塾長 南廷哲

位置南門內陽谷四拾三統七戶屛門에는廣化測量事務所懸板을付하얏슴

本校에서晝夜學員을增募하오니願학僉員은九月三日(陰八初八日)너로來議함

請願用紙는本校에請求함

晝學科

壹 年齡十五歲以上

壹 卒業年限貳箇年

壹 試驗科目國漢文讀書作文

壹 試驗은九月二日上午九時

日語 算術 地誌 歷史 體操

夜學科

日語 漢文 算術 簿記

以上課는各其隨意로함

典洞私立中東學校

再昨日에本店에서紙貨幾圓을拾得하엿스오니서失僉彦은推去하시기를바라옵

公洞紙店金正淵 白

義州古邑面民有山을該面長崔仲國이兼業日人의게受賂潛認한事로壹面民訴를因하야該府에監禁하고處役하기로廣告함

義州古邑面九幃社長 白永翰 白

◉安岳郡女學校贊成會趣旨書

夫女子는國民을產育하는母요家政을助理하는相이니其任이大하며其責이重하거늘挽近世人은女子를土芥物로認作하야教育을施함必要가無하다하야或數行半切(國文)만粗解하면女子가有하다하고識而斥之하며沮而毀之하니才性이男子보다雖敏하나琢磨를未經한璞玉이라良器를莫成하야其任을忝하고其責을失하얏스니家庭이何를由하야明하며社會와國家가亦何를由하야文明하리오然則今日我國이獨立을失하고他國에保護가來함은專히昔日女子를教育지못한禍얼이니前轍에覆함을后轍에戒하야今에는女子教育을獎設擴張하야女子마다其任을堪하고其責을盡하야家庭이文明하고社會와國家가文明하야我의失한獨立을還收하고他에與한保護를脫去하면是는今日女子教育의實施한大功勳이니有志者에懸圖期施커날豈容不許리오故로惟我同志女학校贊成會를組織하고各히愛國熱誠으로自家에不贍을不顧하고義金을捐하야女學校基를作하야학務를擴張함으로써其影響과功効가本岳壹郡에만止할뿐不留라全國에普及無遺함이是乃本會之趣旨也夫ㄴ저

議島三十統三戶劉鶴伊艸家三間家券을泥峴日本人崎鹿家에典執하얏더니本月二拾日間에서失故로請願漢城府하야板券을更繕하깃기玆에廣告하오니內外國人은知悉하고拾得하야도休紙로施行함

金鶴伊 告白

安岳郡基督安新女학校에義捐한신人員의氏名과金額이如左

金孝英 五拾圓　盧文祥 貳拾五圓　崔龍權 리永錫 元형로 元容俊 각卅圓　金桂洙 十五圓　金基선 勝明善 元楨尙 金益秀 孔致俊 無名시 李麟培 朴鑑愚 李化益 崔明源 리柄晋 元楨均 金杜洙 金昌鉉 金德石 安基勛 崔崙淑 庸齊 林澤權 각拾圓　金景鉉 宋漢益 각七圓　黃貞模 리淳英 鄭能浩 林昌益 張鳳家 張曾根 金錫均 리寶模 元리健 리華碧 崔容和 許昌業 宋인亨 朴敬학 金奎益 田公兩 元俊常 리始膺 각六圓　林景柱 鄭寅協 嬰석教 金光順 姜齊瓚 安仲瑞 리貞燦 張元益 김益鎭 김聖三 崔光玉 崔明植 朴道煥 廉道善 姜閔卿 각三圓　魯미順 尹章煥 金用根 리成根 申鳳華 리教진 田昌培 俞炳俊 鄭昌奎 方利喆 文석永 리啓伯 朴在云 莊海仲 리貞守 吳光龍 林鳳雲 洪文赫 김인瑞 安澤瑞 黃昌祚 김昇문 리昇權 丁孝源 姜聖린 張衡哉 장倫根 박燦宗 袁學俊 楊明恒 리致奎 宋鍾昊 각貳圓　未完

麗州南陽府院君匠先公山所年久失傳하야因掘塚賊所發墓誌得其山下豊德猪洞宗族人在京宗中派遣有司看審則果符所聞故提宗會爛商守護之方而宗會處에定于花開동三拾四統九戶屋內씨家陰曆八月初四日下午壹時爲限定公後孫孫은壹齊來會仰祈

南陽洪氏宗中 告白

東萊府沙中面草梁洞第三十統剩九戶家띠契貳張과同里第三十壹統壹戶家띠契二張과南上面所在古城員仙字畓五斗落與山草場地艸文券二張을并爲遺失하얏사오니內外國人中誰某氏든지拾得하시거든休紙로施行하옵

草梁安汝觀 告白

平北博川郡南湖前部事金衍弼시ㄴ德行純潔하야篤親也에已極孝養을더하며衆且惡歸하야雖無餘儲나所居부數戶餘戶에隨其貧窶하야捐救하는데父母之米鹽나喪家之棺槨와病者之藥劑와節日之錢糧과農者之牛糧과婚者之義助와行旅之眼乏과不啻라本校經費를每年七百餘圓式擔任하고熱心教育하온즉世所罕有者也라昨年分에本郡大小人民이慨然褒揚之意로訴郡呈府하고既蒙賛奬之題하고又呈于政閣而指令내孝是行源에推以事君이오惠是急人에用以熱民이라求人如渴하니拾是奚以야培植食果種德受福은自是常理라當有公讚이退竣事的只에시온지于今幾箇餘月에尙無褒薦之擧하와衆願이齎々하기로玆에廣佈함

李仁補　金ㄱ燁　朴昌浩外　幾白

●緊急廣告

本月二十七日은大皇帝陛下의即位紀念日인바伊日提燈行列이有하기玆에廣告하니僉學員은同日下午五時에壹齊來會함을要

八月二十五日

普隣商業學校

●測量見習生募集廣告

本所에서第貳回見習生을募集하오니願학僉君은今月三拾日陰八月五日너로本所에來議함

試驗日字 九月五日

試驗科目 筭術(四則)書寫

見習期限은壹個月

修業한온本所事務員으로隨意選入함

南部樂善坊後동六拾七統四戶

協同測量組合事務所長 任창宰

中等物理學教科書

二百八拾餘頁揷圖 一百餘延 價金八拾錢

本書는最近한學理를準據하야明히編述한者ㅣ니中等教科에와獨修에適用할初有良書이옵

發賣所 京城各書舖

本人이西署盤石坊石橋契貳百拾九統九戶에俠戶로數年을居生이옵다가今에放賣이기로捧準價六千兩하옵고賣買後漢城府에板券을請求하앗솜더니根本문券을持來하라하옵기로本處査問하온즉文記七張은白紙이옵고官許壹張이잇삽기로白紙券을散解休紙하앗ㅅ오니內外國人은咸須知悉하시오

請願人 權興洙 告白

本會에서即位紀念慶祝禮를本月二拾七日下午九時에舉行하깃ㅅ오니僉會員은齊臨하옴

大東학會

本人의圖刻圖章을本月二拾三日에平壤[illegible]中에서失하앗기玆以廣告하오니內外國人은照亮

鄭雲昇 告白

○本학館에서第三回學員을募集하오니志願人은八月三拾日之內로請願書를提呈함(請願用紙는本館에請求함)

中學科

(壹學年)

(壹年級)東國歷史。大韓地誌。筭術。圖畫。博物。聖經。日語학。(日英語隨意)

(二年級)萬國歷史。萬國地誌。筭術。生理。中등物理。聖經。語學(日英語隨意)

(三年級)物理。化학。經濟。代數。生理。幾何。聖經。語학(日英語隨意)

(夜學科程)

英語課 日語課 ― 科程은先日語로各히專修케함

木工課 ― 工業圖畫。筭術。實習木工

日語課 英語課 簿記課 ― 以上三課는各히專修課로되入學細則은本校에來問함事

入學試驗科目 國漢文 讀書作文

但各課補缺生은各次班課程으로시驗함

試驗日字 九月壹二兩日(陰八月初六初七日)上午九時

開學日字 九月三日

●以上各課中에英語學課는補缺生만募集함

●夜學各課壹年級은학員이貳十名이未滿할時는開班을不設함

皇城鍾路基督教靑年會學館

廣告

[illegible] 員募集廣告

[illegible] 應試[illegible]教
[illegible] 爲[illegible]야학員
[illegible]募集[illegible]月二
拾五日(陰[illegible]月二拾八日)니로
稟保狀을[illegible]校[illegible]試[illegible]심을爲要

一 課程 修身、國語、地誌及歷史[illegible]外幷、物理、化학、博物학、[illegible]通論、經濟학、作文、心[illegible]학、數학、簿記、小학敎授法、圖畵、唱歌、體操外國語、討論

一 修業期 貳[illegible]四箇月

一 試取及開학 試取本月二[illegible](陰七月廿九日)
[illegible]학九月[illegible]니

一 試取科目及方法
作文(國漢字交用)니國歷史地誌(國讀)算術(四則以니)

一 入學資格 年齡二拾歲以上四拾歲以下로身體健强[illegible]者

隆熙二年八月 日
壽進洞前[illegible]니 興士團

隆熙學校 告白

◎學員募集廣告

本學校에서聰俊한敎授하기爲하야學員을募集하오니子弟를入學코자하시는僉君子는
八月二十五日(陰七月二十九日)內로來議하시옴

位置南部茶洞十九統壹戶
年齡八歲以上拾九歲以下
개學九月三日
學科普通課程
但入學[illegible]紙는支給홈

私立共成學校

◎學徒募集廣告

本校에서第三回男女學員을募集하오며願入人은來九月[illegible]內로請願하시오

科程
本國地誌 本國歷史 算術
小學讀本 漢文 圖畵

特別이英語科가有홈

南大門內[illegible]洞敎堂內 攻[illegible]小學校

●千金保化丹

主治積滯吐瀉霍亂의第壹要약也

本舖 江華郡니[illegible]당
出張人 海州 劉[illegible]
大邱 崔寅琪
平壤 朴承奬

發起人 김完植白

第四回學員募集廣告

本塾에서法律專門科를[illegible]員을新募하오니願學人은來九月三日以內로本塾에對하야請願書를提出하고左開日時에應試홈

但請願書紙、學科、規則은本塾에在홈

試驗科目

壹、國漢文作文、國漢文讀書、地誌、歷史、算術(四則以內)

試驗日時

九月五日上午拾時(陰八月拾日)

但高等학校(中學校程度를包含)程度에相當한卒業證書를有한人은免試홈

西部工后洞

私立養正義塾

各地方各種學校教師紹介所를本會內에設置하오니普通學其他各種技術語學敎育에敎授할志願人은校洞本會館으로來議하시옴

畿湖興學會 告白

漢城鍾路慈惠大藥房

韓東[illegible]藥[illegible]月[illegible]社[illegible]製[illegible]

咽喉 降火[illegible] 五分 金壹圓

熱痛 [illegible] 日壹 告味 甘酸水 金[illegible]十錢

男女 補益[illegible] 二圓五十

氣血 [illegible] 二十錢 [illegible]潤腸丸

淋疾祛根[illegible] 五十錢 [illegible]靈散 三十錢

清明眼藥水 十五錢 養兒寶散 十錢

萬[illegible]根[illegible] 二十錢 [illegible]納丸 [illegible]

蟹瀉[illegible]丸 二十錢 [illegible]汗臭藥 二十錢

時感胃丸 十錢 [illegible]腫[illegible]膏 三十錢

消痰鎭咳[illegible] 三十錢 [illegible]膏 十錢

陳陳消積丸 五十錢 [illegible]散 十二錢五里

胃藥[illegible] [illegible]便[illegible]

八寶丹

大[illegible]粒[illegible]金[illegible]錢

大韓帝國新發明特效靈藥

●承[illegible]正三品
[illegible]陸[illegible]醫[illegible]校敎官
[illegible]實驗處方
[illegible]君[illegible]證[illegible]

主治効能
○胃痛惡心 ○頑痰固飮
○食思欠乏 ○[illegible]寒
○新久積滯 ○急瞥[illegible]格
○溫飮[illegible]傷 ○頭痛眩暈
○泄瀉下痢 ○霍亂吐瀉
○水土不服 ○船車醉

陸軍二等軍醫 許均君實驗處方

陸軍二等軍醫 朴熙達君有効證明

滋陽丸 廿日分金[illegible]圓廿日分[illegible]三圓[illegible]錢拾日分[illegible]圓八[illegible]錢

主治
○房事[illegible] ○腎虛腰痛
○病後氣端 ○腎氣不足
○陽痿不起 ○遺精多夢
○陰虛火動 ○房事後惱困
○手足厥冷 ○形容蒼白

婦人의 胎[illegible]藥

부인태약 ○약 ○五 ○경
○[illegible] ○[illegible] ○調 ○經 ○丸
壹劑金[illegible]圓

主治說明

婦人이孕胎를하지못홈은冷病積病과月經不調로因홈이니此藥을服用하시면婦人腹中에有한諸病은壹切退去하고自然孕胎하오니速臨買去하시오

新病 사향소창단
舊病 [illegible]消瘡[illegible]

[illegible]丹이[illegible]諸창에[illegible]論男女老少하고[illegible]服[illegible]神效[illegible]
[illegible]方可及[illegible]
[illegible]라若論主治則楊梅[illegible]珠[illegible]
[illegible]症에俱[illegible]立效[illegible]오
[illegible]痫[illegible]君子는壹次試驗하시

[illegible]賣所

[illegible]洞 李永洙藥局
南門니 博文書館 盧益亨
南門니水[illegible] 濟生支店
[illegible]口니 [illegible]
鐵[illegible]毛衣[illegible] 리洛瑞
小[illegible]毛衣房 리厚根
[illegible]隅 三可病院
大寺[illegible] 共濟病院
仁川港[illegible]旅館 韓[illegible]
[illegible] 李昇範
[illegible]永源 [illegible]
江華鍾路 來順五店
開城[illegible]明新[illegible] [illegible]商店
仝 [illegible] 리[illegible]
水原 남문니 김제九藥舖
[illegible]南[illegible] 리[illegible]商店
延安읍니 邊汝文藥局
[illegible]남문니 리[illegible]
黃[illegible]耶蘇교당 리[illegible]
平壤[illegible]耶蘇敎堂니 金瀅柱
仝 [illegible]乾材局 [illegible]元
仝 [illegible] 崔[illegible]化
仝 館[illegible] 김龍興藥舖
仝 文武洞 桂澤善약포
鎭남浦[illegible] 김元섭藥포
鎭남浦碑石洞冊肆 [illegible]
仝 [illegible]出張 [illegible]
群산港[illegible]洞 金斗鉉
仝 大井[illegible] 리春善약房
禮산[illegible] 리東赫
大邱남문니 리明直약局
元山港 남甲元약局
仝 濟[illegible]堂支局 朴歆鎭
尙州서문니 박致心약局
김泉場 [illegible]瑞약局
釜山港濟生당出張 [illegible]昌鎬
安州[illegible] 回春大약房
[illegible]濟生[illegible] 林景柱
義州남[illegible]口街 義和약房
載寧읍後동洋약局 崔九鉉
定州남문니洋약局 리健柱
郭山읍洋약局 羅應彬
宣川읍冊사 [illegible]
鐵山읍永春堂 安[illegible]
成從郡耶蘇敎堂 張炳宣
仁川港[illegible]

京城鍾路衣廛 和平堂 白

右四種약은[illegible]地方이라도請求하시면우편으로부치는슈도잇슴

製造所 仁川港[illegible]和平堂藥房 李[illegible]

[illegible]水原[illegible]大東[illegible]市支店金泰鉉

平壤太極書館[illegible]
[illegible]

書舖主 [illegible]

本書館[illegible]
壹般同胞[illegible]愛助[illegible]
[illegible]書籍與敎育物品[illegible]
多[illegible]
[illegible]來臨하심을爲要홈

釜山港東關韓興書館

金汝道 權鍾律

社告

○申報價

壹張代金 新貨二錢五厘
壹個月前納 三十錢
參個月 九拾錢
陸個月 一圓七十錢
壹個年 三圓四十錢
郵稅一張 新貨五厘
壹個月 十三錢

○廣告料

四號活字拾三字詰
每日壹寸(英尺)에新貨卅五錢
二週日壹寸에 二圓五拾錢
壹箇月壹寸에 五圓
(自壹行至四行니爲壹寸)
其期限의長短과字行의多寡를依하야增減홈

發行兼編輯人 英國人 萬咸
Responsible for Publication Alfred Weekley Marnham.
發行所
南署石井洞號外地三層洋屋內
大韓每日申報社

漢城鍾路慈惠醫院 診
醫學校卒業後濟衆院卒業 의학博士
濟衆院의[illegible]實地六年학習 漢城府
婦人외科生 朴慈惠

視力檢查

鍾路慈惠醫院에서英國製視力檢査機械와金銀眼鏡을購置하고男女視力을檢査하야此에適合한대로廉價放賣하오니視力이不足하신이는速々히來臨하야視力을檢査[illegible]

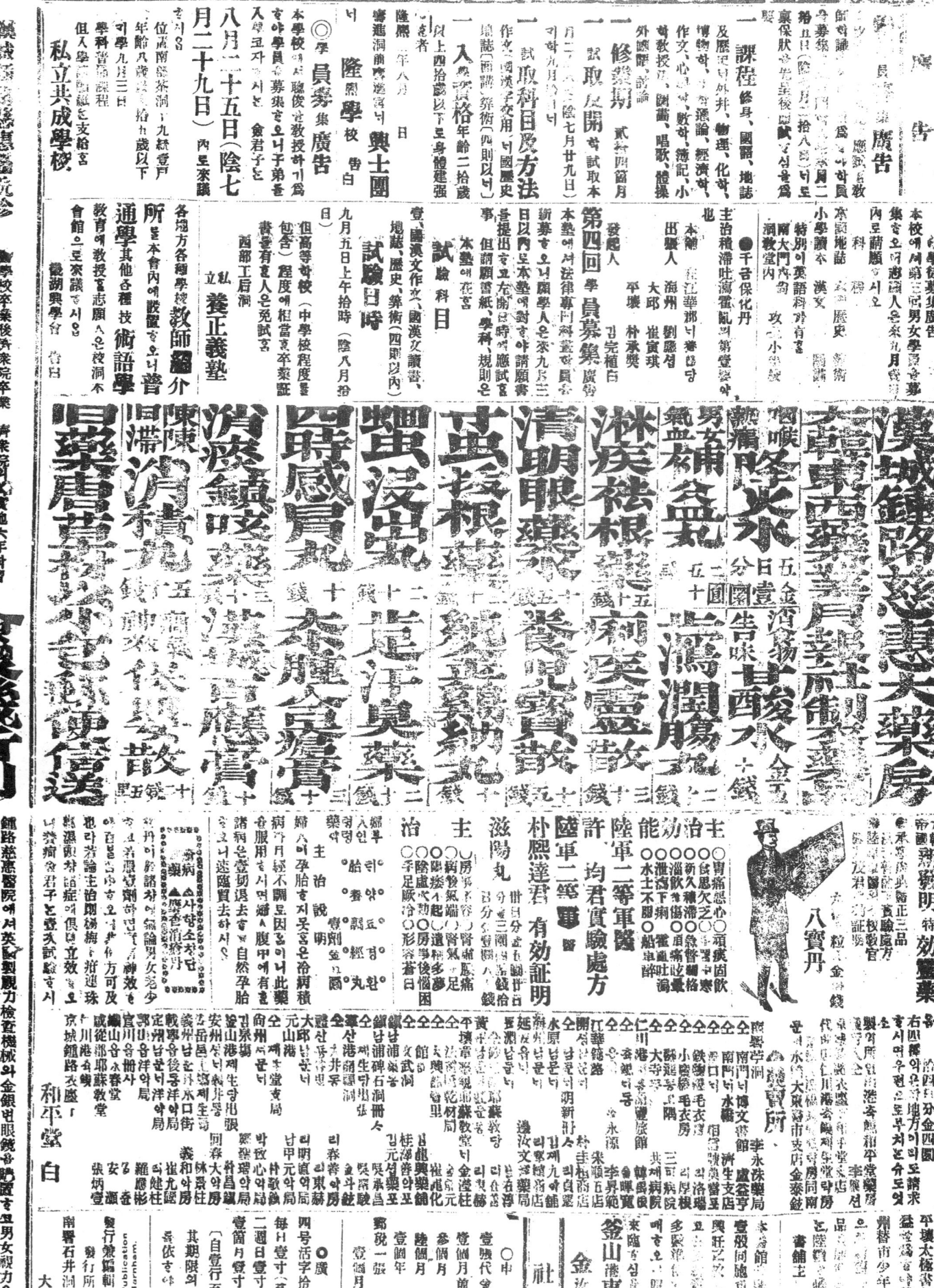

大韓每日申報

第六 [illegible]

月曜及慶節歲時日休刊

檀君開國四千二百四十一年
箕子元年三千三十年
大韓開國五百十七年
日本明治四十一年
淸國光緖三十四年
陰曆戊申八月小初一日甲寅

論說

◎大皇帝卽位紀念日慶祝

是日也는

大皇帝陛下 卽位紀念日也다

瑞靄繞於三角ᄒᆞ고祥日耀於終南ᄒᆞ니國旗은高揭ᄒᆞ며彩棚은圖列ᄒᆞᆫ데萬姓이歡聲歡呼ᄒᆞ니熙々乎皞々乎樂哉是日이로다

於惟 **太祖高皇帝**ㅣ以**天縱之聖智**로**龍興麗季**ᄒᆞ사耀武功於四極ᄒᆞ시며濟生靈於塗炭ᄒᆞ시고定鼎于漢陽ᄒᆞ시니懿哉休哉라

聖繼神承ᄒᆞ사式至今休ᄒᆞ시니於斯年에至ᄒᆞ야

大皇帝陛下ㅣ毓德東宮二十餘年에當

太皇帝倦勤之年ᄒᆞ사**受禪**ᄒᆞ시ᄆᆡ列祖之聖령이如在ᄒᆞ고億兆之謳歌ㅣ皆歸라

飛鳶躍魚ㅣ涵泳於仁天化日之下ᄒᆞ고西餘西箕이綿繹於梯山航海之外ᄒᆞ니美哉라

隆熙二年이是日이여謹爲之賀ᄒᆞ노라

東土茫々
太祖是荒
功是壹戎
德洽八方
龍飛在天
金尺皇々
聖作神述
邦乃寧長
惟皇御極
于先有光
繼光戴己
五百作王
大化ᄉᆞᆼ章
率習歡揚
聖道有萬
聖壽無疆
乃武乃文
旣富且强
翩々國旗
耀于ᄆᆞ洋

外報

◎自由國合併可決 倫敦電을據ᄒᆞᆫ즉白義耳議會ᄂᆞᆫ公果自由國合並案을可決ᄒᆞ얏다더라

◎波斯의使의照會 路透電을據ᄒᆞᆫ즉[illegible]波斯使臣[illegible]

[illegible]地에割波斯[illegible]結果ᄒᆞ고耳其首相은波斯國境[illegible]點[illegible]軍隊를撤去[illegible]緊急[illegible]

[illegible]英國에ᄂᆞᆫ炭坑이暴發ᄒᆞ야多數坑夫[illegible]

雜報

◎泉州府에武器密輸入事 泉州府에서武器를秘密輸入ᄒᆞᆫ事로淸國政府에서秘密輸入ᄒᆞᆫ者를押收ᄒᆞ고武器를押收ᄒᆞ얏다고日本政府에通知ᄒᆞ얏다더라

◎印度의警戒手段 시무라[illegible]電을據ᄒᆞᆫ즉印度와루境界에서暴徒가侵襲ᄒᆞᄂᆞᆫ것을同々敎徒가參加ᄒᆞ얏슴으로印度政府ᄂᆞᆫ軍事的警戒手段을執ᄒᆞᆫ다더라

◎[illegible]國의肅淸實行 君士坦丁堡來電을據ᄒᆞᆫ즉土耳其國皇室費를去二十二日에節減ᄒᆞ야實行ᄒᆞ야宮內官六十四名을免職ᄒᆞ고帝室牧場을廢止ᄒᆞ얏ᄂᆞᆫ데其馬匹은陸軍省에讓渡ᄒᆞ얏고又目下에在獄ᄒᆞᆫ前[illegible]龍臣及[illegible]의不適當ᄒᆞᆫ[illegible]及土地ᄂᆞᆫ從前所有者의게反還ᄒᆞᆫ다더라

雜報

◎志士寄附에對ᄒᆞᆫ覆函 忠北堤川郡李鳳直氏가志士二十斗[illegible]湖南學會에寄付ᄒᆞᆫ바該會會長李[illegible]氏答函이如左ᄒᆞ더라

嗚呼偉哉라閣下ㅣ嘗石斗捐助ㅣ[illegible]於泉洋界에絕無而僅有[illegible]不覺膝自跪而[illegible]

[illegible]推可想也라是皆閣下壹石斗[illegible]으로爲導火線ᄒᆞ야而壹擧克魯[illegible]夥々然響於大[illegible]ᄒᆞ니今日則受之[illegible]非[illegible]也ᄂᆞᆫ誌[illegible]謹爲本會自拜ᄒᆞ고再爲諸學徒自拜ᄒᆞ고三爲我國家自拜ᄒᆞ노이다

◎文壇

讀史新論

丹齋生

敍論

國家의歷史ᄂᆞᆫ民族消長盛衰의狀態를閱敍ᄒᆞᆫ者라民族을捨ᄒᆞ면歷史가無ᄒᆞᆯ지며歷史를捨ᄒᆞ면民族의其國家에對ᄒᆞᆫ觀念이不大ᄒᆞᆯ지니嗚呼라歷史家의責任이其亦重矣哉ㄴ저

雖然이나古代의歷史ᄂᆞᆫ東西를無論ᄒᆞ고壹般幼稚ᄒᆞ야支那馬遷班固의著述이盡是壹姓의傳家譜오西歐羅馬埃及의記籍이無非壹編의災異記니然則吾國古史도엇지今日新眼孔으로苛議ᄒᆞᆯ이可ᄒᆞ리오만은其目下에要篇되ᄂᆞᆫ歷史의撰出이遲々ᄒᆞ니吾ㅣ[illegible]을不覺ᄒᆞ노라

國家가旣是民族精神으로搆成[illegible]된[illegible]純全ᄒᆞᆫ血族으로[illegible]國家ᄂᆞᆫ[illegible]

[illegible]

章ᄒᆞ며我民族의支那族의壹部分이듯ᄒᆞ며[illegible]閣下壹部分이듯ᄒᆞ며我民族이鮮卑族의壹部分이듯ᄒᆞ며末乃全篇을[illegible]면時乎갈族의壹部分인듯ᄒᆞ다가[illegible]族의壹部分인듯ᄒᆞ며[illegible]女眞族의壹部分인듯ᄒᆞ다가[illegible]本族의壹部分인듯ᄒᆞ니嗚呼라果然如此ᄒᆞᆯ진ᄃᆡ我幾萬方里의土地가是南蠻北狄의[illegible]이며我四千餘載의産業이[illegible]競賣物이라ᄒᆞ지니[illegible]其然乎

即古代[illegible]歷史와도此를硏究ᄒᆞ면[illegible]族[illegible]

[illegible]

며許多誕妄ᄒᆞᆫ[illegible]ᄒᆞ고新歷史를撰[illegible]國文獻[illegible]을採ᄒᆞ야片鱗殘甲의材料를探ᄒᆞᆯ지며[illegible]二加[illegible]ᄒᆞ야古今政治風俗의各方面을精細히[illegible]ᄒᆞᆯ지니此ᄂᆞᆫ歷史[illegible]高才博學[illegible]長歲月을[illegible]ᄒᆞᆯ비[illegible]矣哉ㄴ저

余가我末歷史의[illegible]ᄒᆞ야才학의[illegible]撰述에[illegible]

[illegible]

◎特別廣告

漢城[illegible]本報[illegible]本社[illegible]購覽[illegible]分傳[illegible]代金[illegible]無領收證[illegible]給ᄒᆞ시며本[illegible]領收證[illegible]給ᄒᆞ시며本[illegible]再徵[illegible]

大韓每日申報社

雜報

◉永宜君陛見 永宜君李埈鎔氏가 [illegible] 眞殿酌獻禮에 入參ᄒᆞ고 德壽宮에 仍詣ᄒᆞ야 太皇帝陛下ᄭᅴ 陛見ᄒᆞ얏다더라

◉銀爐奉呈 漢城府民會에서 銀製香爐壹本을 本日下午壹時에 該會長이 詣 闕 奉呈ᄒᆞᆫ다ᄂᆞᆫ대 香爐ᄂᆞᆫ [illegible] 內部大臣宋秉畯氏가 製進ᄒᆞ얏다더라

◉內閣의 觀察使 內閣에서 現任 [illegible] 觀察使를 飭任派送ᄒᆞᆯ時에 決議ᄒᆞᆫ 內容을 得聞ᄒᆞᆫ즉 觀察使ᄂᆞᆫ 赴任ᄒᆞᆫ後에 地方郡守의 薦擧를 見ᄒᆞ면 該觀察의 公不公을 可知ᄒᆞ니 隨時罷免ᄒᆞᆫ다 ᄒᆞ얏다더라

◉崔氏先佈 內部에서 郡守十餘案을 修定ᄒᆞ야 議政府에 請議ᄒᆞ얏다더니 該案本中에 崔秀洛氏만 爲先頒佈가 되얏다더라

◉宮府職務協議 宮內府所屬主務長官이 每水曜日下午二時면 該府大臣官房으로 會同ᄒᆞ야 各其職務를 協議ᄒᆞᆫ다ᄂᆞᆫ대 去水曜日부터 爲始ᄒᆞ얏다더라

◉兩□辭職勸告 慶南觀察使黃鐵씨가 管下郡守에게 辭職勸告ᄒᆞᆫ다ᄂᆞᆫ 報ᄂᆞᆫ 前報에 揭ᄒᆞ얏거니와 更聞ᄒᆞᆫ즉 金海郡守鄭鉉錫씨도 辭職請願ᄒᆞ얏고 [illegible] 昌原府尹 [illegible] 辭職勸告를 當ᄒᆞ얏다더라

◉[illegible]報 忠南觀察使 [illegible] 評議會 [illegible] 崔國來氏 [illegible] 安[illegible]郡守 [illegible] 薦擧ᄒᆞ얏다더라

◉[illegible] 本學主事云任 [illegible] 城專門校卒業生李源生시가 漢城府主事를 被任ᄒᆞ기로 內定이 되얏다더라

◉拓殖閣印 拓殖會社가 [illegible] 閣印되야 [illegible] 閣頒ᄒᆞᆯ터이라ᄂᆞᆫ說이 有ᄒᆞ다더라

◉勸[illegible]社任員 勸[illegible]社에서 任員을 組織ᄒᆞ얏ᄂᆞᆫ대 [illegible] 李埈鎔氏오 評議長은 李址鎔氏로 選定ᄒᆞ고 [illegible] 趙民熙氏 [illegible] 氏로 選定ᄒᆞ얏다더라

◉俵孫邸建築 南大門內前宣武祠基址에 學部次官俵孫一의 官邸를 建築ᄒᆞᆫ다더라

◉道伯慢習 全羅北道某郡守가 該道觀察使를 延命次로 [illegible] 府廳 [illegible] 待ᄒᆞ야 [illegible] 通引이 不敬ᄒᆞ야 曰 觀察使ᄂᆞᆫ 我輩와 相敬ᄒᆞ거니와 以若郡守로 敢히 下待리오 ᄒᆞ니 該郡守가 不可久留라 ᄒᆞ고 卽爲請願上京ᄒᆞ얏다더라

◉洪氏晬宴 昨日은 中樞院贊議洪承穆氏의 晬日인대 該贊議가 [illegible] 諸氏와 各部高等官을 多數히 請邀宴待ᄒᆞ얏다더라

◉兩則廢止 今日慶祝에 各學校生徒가 提燈慶祝ᄒᆞ기로 決定ᄒᆞ얏더니 學部에서 昨日에 協議ᄒᆞ기를 雨勢가 快晴치 못ᄒᆞ면 提燈慶祝을 廢止ᄒᆞ기로 定ᄒᆞ얏다더라

◉慶樓設宴 本日漢城府民會에서 北闕內慶會樓에 大皇帝即位紀念慶祝宴을 三處에 排設ᄒᆞ얏ᄂᆞᆫ대 慶會樓上層에ᄂᆞᆫ 勅任官以上에 宴席이오 料理ᄂᆞᆫ 明月館에서 酬應ᄒᆞᆫ다더라

◉三千人員 本日北闕內慶會樓에 設ᄒᆞᆫ 慶祝宴에 參與ᄒᆞᆯ 人員이 三千餘名에 達ᄒᆞᆫ다더라

◉慶費補助協議 學部奏任官以上諸氏가 [illegible] 日上午拾壹時頃 [illegible] 次官室에 會同ᄒᆞ야 今番慶祝費에 對ᄒᆞ야 捐助ᄒᆞᆯ 案件을 協議ᄒᆞ얏다ᄂᆞᆫ대 一般官吏의 月俸中 百分에 二分式 除減ᄒᆞ야 漢城府民會에 [illegible] 交ᄒᆞ기로 決ᄒᆞ얏다더라

◉尹氏와 收錢員 漢城府民會 [illegible] 集ᄒᆞᆫ 人所共知어니와 傳聞ᄒᆞᆫ즉 收錢任員이 前判書尹用求씨에게 捐助金을 請求ᄒᆞᆫ즉 答ᄒᆞ되 余ᄂᆞᆫ 現帶職도 無ᄒᆞ고 且詣闕慶祝ᄒᆞᆯ터이니 捐金이 不必妥當 [illegible] 且社會에서 發論ᄒᆞᆫ 事ᄂᆞᆫ 余가 不知라 ᄒᆞᆫ대 收錢任員이 答ᄒᆞ기를 莫重慶祝에 幾圓錢이 吝惜ᄒᆞ냐 ᄒᆞ고 壹場詰難ᄒᆞ얏다더라

◉聲援質問 再昨日에 壹進會에서 [illegible] 代李民稷金鼎國兩氏를 法制局長兪星濬氏에게 派送ᄒᆞ야 龍川等地國有未墾地事件을 質問ᄒᆞ얏다더라

◉營化爲邸 西小門內前侍衛隊營門을 毁撤ᄒᆞᆫ 基地에ᄂᆞᆫ 各部外國官吏에 官邸建築地로 用ᄒᆞᆫ다더라

◉孤兒院主請願 孤兒院主李[illegible]氏가 該院所用이 每日米壹石이 [illegible] 而日氣ᄂᆞᆫ 漸次寒冷ᄒᆞ고 經費가 窘絀ᄒᆞ야 將至廢止ᄒᆞ깃스니 特爲補助ᄒᆞ야 維持케 ᄒᆞ라고 學部에 請願ᄒᆞ얏다더라

◉北來消息

北來人의 傳說을 據ᄒᆞᆫ즉 己往義兵將으로 著名ᄒᆞᆫ 柳麟錫氏가 近日淸國吉林省地方에 逗留ᄒᆞ야 間島義兵과 連絡中이라더라

◉先送後收 漢城材木柴炭株式會社에서 開業ᄒᆞᆫ 後에 材木柴炭을 購買人處에 至廉價로 壹朔式 契約ᄒᆞ야 先爲輸送ᄒᆞ고 價文은 當限領收ᄒᆞᆫ다더라

◉水商協議 漢城五署內各處의 井水座를 自來로 轉相賣買ᄒᆞ야 營業資生ᄒᆞ더니 現今水筒設以後로ᄂᆞᆫ 該井水ᄂᆞᆫ 自歸廢止ᄒᆞ기로 水座資本主의 營業이 亦不免損失 [illegible] 各處水座資本主가 會同協議ᄒᆞ얏다더라

◉[illegible] 日[illegible] 會 [illegible] 會時에 風波가 大起ᄒᆞ얏다ᄂᆞᆫ 說은 已爲揭載어니와 該事端을 得聞ᄒᆞᆫ즉 [illegible] 氏가 該會를 維持ᄒᆞᆯ 方針으로 [illegible] 說明ᄒᆞ되 [illegible] 會員 [illegible] 兩式 捐助ᄒᆞ고 [illegible] 百兩은 生財ᄒᆞ야 [illegible] 五拾兩을 捐助ᄒᆞ야 永久히 興旺케 ᄒᆞ자 ᄒᆞ고 自己가 金壹百五拾兩을 捐助ᄒᆞ겟다 ᄒᆞ니 南相鶴氏ᄂᆞᆫ [illegible] 曰 [illegible] 之月俸이 近二千圓인즉 宜捐半數이거ᄂᆞᆯ [illegible] 厚俸으로 如是薄捐ᄒᆞ니 此ᄂᆞᆫ 言實이 不同이로다 ᄒᆞ고 壹場鳴責ᄒᆞ얏다더라

◉間島派遣 內部에서 間島에 在ᄒᆞᆫ 韓人을 保護ᄒᆞ기 爲ᄒᆞ야 韓人巡査李乾基씨外拾壹名을 派遣ᄒᆞ기로 決定되얏ᄂᆞᆫ대 本月二拾九日에 出發ᄒᆞᆫ다더라

◉討伐良民 各地方의 所傳을 據ᄒᆞᆫ則 討伐隊所到處에ᄂᆞᆫ 班常老少婦女를 勿論ᄒᆞ고 逢則毆之打之에 義兵을 指覓ᄒᆞ라 ᄒᆞᄂᆞᆫ 故로 閭里가 騷擾ᄒᆞᆫ다더라

◉車夫姓名成冊 來二十九日에 [illegible] 警察署에서 管內各屛門人力車夫를 招集ᄒᆞ야 乘車法과 規則을 說明ᄒᆞ고 [illegible] 屛門人力車營業者에 數爻와 姓名을 成冊錄ᄒᆞ얏다더라

◉柴炭會社 [illegible] 某等이 設立ᄒᆞᆫ 柴炭會社ᄂᆞᆫ 我國實業社會에 始初ᄒᆞᆫ 바이라 某々諸氏의 發起로 一般株主가 爭先應募ᄒᆞ야 創立事業에 [illegible] 總[illegible] 營業으로 發展ᄒᆞᆯ 思想은 忘却ᄒᆞ고 [illegible] 腐敗習慣을 利用ᄒᆞ야 多數ᄒᆞᆫ 株主의 [illegible] 銀行 [illegible] 柴炭買入을 自意操縱ᄒᆞᄆᆡ 一般株主도 疑点으로 注目ᄒᆞ

◉日人의 變 裴偵探

日人某가 韓國官吏及志士界를 偵探ᄒᆞᆯ次로 淸服을 換着ᄒᆞ며 更히 背後에 尺餘나 長ᄒᆞᆫ 髮尾를 垂ᄒᆞ며 其姓名을 變ᄒᆞ야 淸國革命黨人 [illegible]延元이라 ᄒᆞ고 京城及平壤各地로 遊行ᄒᆞ며 韓人을 逢着ᄒᆞ면 假粧의 淚를 滂々히 下ᄒᆞ면서 韓淸兩國의 不幸ᄒᆞᆫ 悲運을 慷慨히 說明ᄒᆞ야 韓國官吏及志士의 心腸을 探知코져 ᄒᆞᄂᆞᆫ대 第壹次 李甲시를 訪見ᄒᆞ고 시의 對日思想을 問ᄒᆞᆫ즉 李시가 答曰 今에 我國의 實力이 日本을 對抗키 難ᄒᆞ니 苦痛을 忍ᄒᆞ야 他日大計를 建ᄒᆞᆷ이 可ᄒᆞᆫ지라 故로 余ᄂᆞᆫ [illegible] 職을 辭ᄒᆞ고 野에 下ᄒᆞ야 國民敎育事業에 盡力ᄒᆞ야 國家를 報ᄒᆞ기로 決心ᄒᆞ얏다 ᄒᆞ고 第二次 閔元植시를 訪見ᄒᆞ고 韓國의 各志士의게 紹介ᄒᆞᆷ을 請ᄒᆞᆫ대 閔시 曰 我國의 會合ᄒᆞᆫ 團體ᄂᆞᆫ 一進會가 有ᄒᆞ나 該會ᄂᆞᆫ 東學黨의 化身으로 出來ᄒᆞᆫ 者인대 祖國은 忘却ᄒᆞ고 徹頭徹尾히 日本만 信賴ᄒᆞᄂᆞᆫ 故로 國人이 彼一進會ᄂᆞᆫ 賣國奴라 指目ᄒᆞ야 殺盡코져 ᄒᆞᄂᆞᆫ바며 此外에 又大同會와 東亞開進敎育會 等이 [illegible] 二派가 [illegible] 團體ᄂᆞᆫ 頑堅ᄒᆞ나 然이나 彼等은 中流以下社會라 足히 賴ᄒᆞᆯ비 無ᄒᆞ고 [illegible] 韓國의 前途의 希望이 有ᄒᆞᆫ 者ᄂᆞᆫ 大韓協會니 [illegible] 領袖ᄂᆞᆫ 皆我友니 我가 請컨대 紹介ᄒᆞ리라 ᄒᆞ얏고 其後에 ᄯᅩ 尹致昊시及 [illegible] 李[illegible]시를 訪ᄒᆞ야 談論ᄒᆞ얏스며 最終에 大韓協會에 [illegible] ᄒᆞ야 尹孝定시와 談論ᄒᆞ얏다더라

◉慶節休刊

今日은 韓國 大皇帝陛下 卽位紀念日인 故로 慶祝ᄒᆞ기 爲ᄒᆞ야 壹日間 休刊ᄒᆞᆷ

◁地方消息▷

▲本月廿[illegible]日 山淸郡西南三里地에서 約五拾名義兵이 該郡日守備隊와 交戰ᄒᆞ얏다ᄒᆞ고

▲本月[illegible]日夜半에 堤川郡公順院附近에서 義兵[illegible]餘名은 日守備隊와 交戰ᄒᆞ얏다ᄒᆞ고

▲本月拾九日夜半에 晉州郡安澗에서 廿餘名義兵은 該郡日守備隊와 壹時間을 交戰ᄒᆞ얏다ᄒᆞ고

▲本月廿壹日 密陽郡東北方五里地에서 約廿名義兵은 該郡日守備隊와 該郡附近에서 交戰ᄒᆞ얏다ᄒᆞ고

▲本月拾八日 全北龍溪院附近에서 廿餘名義兵은 日守備隊와 交戰ᄒᆞ얏다ᄒᆞ고

▲本月十六日 尙州郡에서 義兵拾五名과 日憲兵과 交戰ᄒᆞ얏ᄂᆞᆫ대 憲兵補助員壹名이 負傷ᄒᆞ얏다ᄒᆞ고

▲本月十八日 麻田郡河新面에서 義兵二拾餘名이 日憲兵과 交戰ᄒᆞ얏다ᄒᆞ고

▲本月二十四日에 [illegible] 東方二里相山附近에서 義兵約八拾名이 該場에 駐在ᄒᆞᆫ 日守備隊와 交戰ᄒᆞ얏ᄂᆞᆫ대 日[illegible]等兵壹名이 負傷ᄒᆞ얏다ᄒᆞ고

▲本月廿二日 寧越郡東方四里碧里에서 義兵[illegible]餘名과 [illegible]守備隊와 交戰ᄒᆞ야 約四時間衝突ᄒᆞ얏다더라

◁慶祝歌▷

▲時則仲秋오 日則[illegible]이로다 美哉盛矣라 紀念慶祝이여 千門萬戶에 國旗를 高揭ᄒᆞ고 路街에 球灯이 光耀ᄒᆞ니 慶祝歌를 불너보세

▲二千餘年 [illegible] 檀君遺業 分明ᄒᆞ고 二千萬衆 [illegible] 民族 [illegible] 同胞 聖後裔가 아닌가 어화 [illegible] 世々生々 [illegible] 萬々歲 나누려보쇼

▲上帝前의 仙[illegible]花를 完山에서 移種ᄒᆞ야 漢陽城에 培養ᄒᆞ니 千枝萬葉 爛熳ᄒᆞ야 [illegible] 도다 어화 韓國宗廟社稷 萬々歲 나누리쇼서

▲各學校의 ᄃᆡ生徒ᄂᆞᆫ 나라國字 몸에지고 ᄉᆞ랑愛字 비에부쳐 壹心團體 勇進ᄒᆞ면 文明地가 不遠이라 어화 韓國靑年들아 萬々歲 나누려보쇼

▲有國이면 有身이오 無國이면 無身이라 忠君愛民 壹心 밧어 百度維新ᄒᆞᆯ량이면 轉禍爲福 非難이라 어화 韓國官吏들아 萬々歲 나누려보쇼

▲空來空去 壹平生에 積財不用ᄒᆞᄂᆞᆫ 者ᄂᆞᆫ 守錢虜가 아니런가 慈善事業 만히ᄒᆞ면 積德之家 有慶이라 어화 韓國資本家야 萬々歲 나누려보쇼

▲人生壹場 春夢 [illegible] 丈夫事業 못ᄒᆞ보면 草木同腐ᄒᆞᆫ단 말가 壹片誠心 [illegible] 去ᄒᆞ면 流芳百世 容易로다 어화 韓國志士들아 萬々歲 나누려보쇼

▲國家文明 ᄃᆡ基礎ᄂᆞᆫ 家庭敎育 아닌가 舊日習慣 다바리고 金玉子女 培養ᄒᆞ면 個々英雄 [illegible] 이라 어화 韓國婦女들아 萬々歲 나누려보쇼

▲三角山峯 嵯峨ᄒᆞ고 漢江流水 浩洋ᄒᆞᆫ듸 [illegible] 日月 ᄇᆞᆰ엇스니 聖神化 [illegible] 어화 [illegible] 大皇帝陛下 山礪水帶로 萬々歲 나누리쇼서

雜報

◎□□唱夫 圓覺社에셔雇傭ᄒᆞ던唱夫中申□□가□□에他處演劇場으로去ᄒᆞ얏더니 警務廳에셔□唱夫를招致ᄒᆞ고 他處에ᄂᆞᆫ往赴치말고圓覺社로還去ᄒᆞ라ᄒᆞ얏다더라

◎婦人會演藝 大韓婦人會에셔女子敎育을爲ᄒᆞ야本月貳拾六日로演藝會를開催ᄒᆞᆫ다더니雨水가注下ᄒᆞ야□字를本月貳拾□日로退定ᄒᆞ얏다더라

◎同志事務處理 少年同志會에셔本□□曜日下午一時에特別總會를營成此學校內에開ᄒᆞ고事務를處理ᄒᆞ얏ᄂᆞᆫ대會長李□□이辭職ᄒᆞᆫ代에金奎楨시가被選되고敎育部長은李鍾浩시로實業部長은李相益시로選定되고職員이急務에對ᄒᆞ야學校設立에方法을研究ᄒᆞ얏다더라

◎申犯脫獄 再昨日午前拾壹時二拾分에仁川警察署에서窃盜犯禁獄囚中數三이가監守巡査의□□를乘ᄒᆞ야越獄逃走ᄒᆞ얏ᄂᆞᆫ데□術가不明ᄒᆞ다더라

◎國語研究 典洞第一回夏期國語講習所에講習生이近三拾名인ᄃᆡ酷炎의苦를不避ᄒᆞ고每日熱心講習ᄒᆞᆫ後에ᄂᆞᆫ該講習生들이國語研究會를組織ᄒᆞ고自國의普通을講習研究ᄒᆞ야一般敎育界에□□를贊助코ᄌᆞᄒᆞᆫ다더라

◎婦人會員 漢城內某々夫人諸씨가慈惠目的으로京城孤兒를協□ᄒᆞ기爲ᄒᆞ야慈惠婦人會를設立□內에設置ᄒᆞ고維持ᄒᆞ기爲ᄒᆞ야通常會를四回ᄭᆞ지미ᄒᆞ얏고規則를組織ᄒᆞ야任員을選定ᄒᆞ얏ᄂᆞᆫᄃᆡ會長東宮尉官夫人沈□□副會長東闔氏大夫人李□總□長李址鎔氏夫人李玉卿□許議官金允植氏夫人權氏等二十六人이라더라

廣告

通川郡龍守面 民人等

無名氏告白이라ᄒᆞᆫ廣告로覺悟파料使覺聞報社에遞送ᄒᆞ고揭布ᄒᆞ기를請ᄒᆞ얏스나照□ᄒᆞᆫ廣告ᄂᆞᆫ本社에셔ᄂᆞᆫ捧收치아니ᄒᆞᄂᆞᆫ데이ᄂᆞᆫ責任人이無ᄒᆞ야反邈ᄒᆞᆯ슈도업ᄉᆞᆸ기玆에廣告ᄒᆞᆷ

大韓每日申報社

特別廣告

本月二拾七日은 大皇帝陛下卽位紀念日也라本會一般會員은當日下午六時會館에齊會ᄒᆞ야本總會□□臨ᄒᆞ야慶祝ᄒᆞᆷ을爲要

漢城典舖總會

□萊府沙中面梟梁洞三十□統剩九戶家의契貳張과同里第三十□統登戶家의契二張과南上面所在古城□仙字畓五斗落文劵□張과山□階字畓七斗落과□□孟山草場地文劵二張을幷爲遺失ᄒᆞ얏스오니누구던지外國人中誰某氏든지拾得ᄒᆞ시거든休紙로施行ᄒᆞᆷ

草梁安汝觀 告白

慶南密陽下西面雲亭里居李孝澤無子ᄒᆞᆷ에族孫芳潤次子相厚를養子ᄒᆞ야禮院啓請ᄒᆞ야斜帖ᄒᆞ얏기로玆以廣告ᄒᆞᆷ

李孝澤 告白

◎學員募集廣告

本塾에셔本九月壹日브터英語夜學科敎授方法을改良ᄒᆞ야敎授ᄒᆞ고左의諸科를晝學으로增設ᄒᆞ야敎授ᄒᆞ오니願學ᄒᆞᄂᆞᆫ員은本月二拾九日內로入學을請願ᄒᆞ시옴

第一科 **經濟** 二個年速成 自上午八時至仝拾時

第二科 **日語 算術** 壹箇年速成 自上午拾時至仝拾貳時

試驗 國漢文讀書作文 日字本月卅日上午拾時

但英語夜學에入學ᄒᆞᄂᆞᆫ人中英語讀本(니쇼날리더)第一第二卷을習讀ᄒᆞᆫ人은免試許入ᄒᆞᆷ

晝夜各科에月謝金은相當히要求ᄒᆞᆷ

私立廣化新塾 塾長 **南廷哲**

位置ᄂᆞᆫ南門內□谷四拾三統七戶門에ᄂᆞᆫ廣化測量事務所懸板을□ᄒᆞ얍숌

本校에셔晝夜學員을增募ᄒᆞ오니願ᄒᆞᄂᆞᆫ會員은九月三日(陰八月初八日)에以來議ᄒᆞᆷ

請願用紙ᄂᆞᆫ本校에請求ᄒᆞᆷ

晝學科

年齡 拾五歲以上

卒業年限 壹箇年

試驗科目 國漢文讀書作文

試驗日 九月二日上午九時

日語　算術　地誌　歷史

漢文　體操

夜學科

日語　漢語　算術　簿記

以上四課ᄂᆞᆫ各其隨意로ᄒᆞᆷ

典洞私立中東學校

夜學員募集廣告

本校夜學을本九月一日(陰八月初六日)開학ᄒᆞ오니本학員ᄉᆞ진ᄒᆞ야ᄋᆞᆸ시려니와**新**학員도募集ᄒᆞ옵

本학科를**改定**ᄒᆞ야**日**語算術**簿記三**科의二□학**期**의**速成卒業**ᄒᆞ깃숍

敎化門外私立**普光學校**

本館에셔新舊籍과學**徒**의所用**諸般**物品을**具備**販賣ᄒᆞ오니僉君子ᄂᆞᆫ來購ᄒᆞ시옵

平壤鍾路太極書館

館主 **李昇薰**

主□ **安泰國**

事務 **李德煥**

平北博川郡南湖面都□金□弼시ᄂᆞᆫ總行純潔ᄒᆞ야孝親也여□極孝養ᄒᆞ며兼且慈惠ᄒᆞ야雖無餘儲나所居□數□餘□□隨其貧窶ᄒᆞ야捐救ᄒᆞ고□□母米養□喪□□棺□□病者□□割□□□□□□□□婚者之義와□旅之賑乏ᄒᆞᆷ이不啻라本郡校經費를每年七百餘圓式擔任ᄒᆞ고熱心敎育ᄒᆞᆫ즉世所罕有者也라昨年分에本郡大小人民이爛議褒揚之意로訴郡呈府ᄒᆞ야旣蒙贊奬之題ᄒᆞ고又呈于내閣而指令내ᄂᆞᆫ孝是行源에推以事君이오惠是急人에用以慈民이라求人如渴ᄒᆞ니拾是奚以아培植食果ᄒᆞ야種德受福은自是常理라當有公議니退竣事的只게시온지于今拾餘月에尙無褒嘉之擧ᄒᆞ야輿議□□々ᄒᆞ기로玆에廣佈ᄒᆞᆷ

李仁□
金□燁
朴昌浩 告白

訴訟에對ᄒᆞ야疑惑不決者의게其勝負의可否를詳細說明이오□鑑□料ᄂᆞᆫ事之□□과價之多少를隨ᄒᆞ야臨時酌定ᄒᆞ되大槪如左ᄒᆞᆷ

鑑定料ᄂᆞᆫ五□以下로ᄒᆞ되貧窮者의게ᄂᆞᆫ無料로ᄒᆞᆷ

京城南部苧洞六拾四統貳戶

東洋大學前講師
日本法律學士
辯護士

木尾虎之助

◎緊急廣告

本月二十七日은 大皇帝陛下의卽位紀念日인바伊日提燈行列이□ᄒᆞ기設에廣告ᄒᆞ니□□同日下午五時에齊會來會ᄒᆞᆷ을要ᄒᆞᆷ

八月二十□日

□隣商業學校

中學 物理學敎科書

二百八拾餘頁揷圖□餘□ 價金八拾錢

本書ᄂᆞᆫ最新學理로準據ᄒᆞ야簡明히編述ᄒᆞᆫ者ㅣ니中等敎科로獨ᄒᆞᆫ適用ᄒᆞᆫ初科良書이올

發賣所 京城各書舖

◎學員募集廣告

本校에셔聰俊ᄒᆞᆫ敎授ᄒᆞ기爲ᄒᆞ야學員을募集ᄒᆞ오니子弟를入학코자ᄒᆞ시ᄂᆞᆫ僉君子ᄂᆞᆫ來議ᄒᆞ시옴

位置 南部下茶洞

年齡 八歲以上拾五歲以下

開學 九月三日(陰八月初八日)

學科 普通課程

但入학請願紙ᄂᆞᆫ支給ᄒᆞᆷ

私立共成學校

◎學徒募集廣告

本校에셔□□高明ᄒᆞᆫ敎師를延聘ᄒᆞ야敎授를改定ᄒᆞ고中學科程으로□□ᄒᆞ오니志願人은八月內로本校에臨試ᄒᆞ옴

平北鐵山車輦館私立□□학校 告白

○本학館에셔第三回學員을募集ᄒᆞ오니志願人은八月三拾日之內로請願書를提呈ᄒᆞᆷ 請願用紙ᄂᆞᆫ本館에請求ᄒᆞᆷ

晝學課程

中學科

(壹年級)東國歷史。大韓地誌。算術。圖畵。博物。聖經。日語학。(日英語隨意)

(二年級)萬國歷史。萬國地誌。算術。物理。中等物理。聖經。語學(日英語隨意)

(三年級)物理。化학。經濟。代數。生理。幾何。聖經。語학

英語課 日語課 科程은英日語로各히專修케ᄒᆞᆷ

木工課 工業圖畵。算術。聖經。木工(夜學科程)

日語課 英語課 簿記課 以上三課ᄂᆞᆫ各히專修課로ᄒᆞ되入學細則은本校에來問ᄒᆞᆷ

入學試驗科目 國漢文讀書作文 但各課補缺生은各次班課程으로시驗ᄒᆞᆷ

試驗日子 八月初六初七日上午九時

開學日字九月三日

◎以上各課中晝학課ᄂᆞᆫ補缺生만募集ᄒᆞᆷ

◎夜學各課壹年級은학員이貳十名이未滿ᄒᆞ면□□設ᄒᆞᆷ

皇城鍾路基督敎靑年會學館

◎學徒募集廣告

本校에셔□男女學員을募集ᄒᆞ오니志願人은本月□□日內로請願ᄒᆞ시오

科程 本國地誌 本國歷史 算術 小學讀本 漢文 圖畵 特別히漢語科가有ᄒᆞᆷ

南大門內尙洞敎堂內 攻玉小學校

◎丁香保□丹

主治積滯吐瀉霍亂의第壹要藥也

本舖 在江華郡 닉□당

出張人 海州 劉□섭 大邱 崔寅琪 平壤 朴承奬

發起人 김완식

第四回學員募集廣告

本塾에셔法律專門科晝학員을新募ᄒᆞ오니願學人은來九月三日以內로本塾에對ᄒᆞ야請願書를提出ᄒᆞ고左開日字에應試ᄒᆞᆷ 但請願書紙、學科、規則은本塾에在ᄒᆞᆷ

試驗科目

壹、國漢文作文、國漢文讀書、二、歷史、算術(比例以內)

試驗日時 九月五日上午拾時(陰八月拾日)

但高等學校(中學校程度를包含)程度에相當ᄒᆞᆫ卒業證書를有ᄒᆞᆫ人은免試ᄒᆞᆷ

西部工后洞

私立養正義塾

各地方各種學校**敎師紹介所**를本會內에設置ᄒᆞ오니**普通學**其他各種技**術語學**敎育에敎授ᄒᆞᆯ志願人은校洞本會館으로來議ᄒᆞ시오

畿湖興學會 告白

京城鐵路慈惠大藥房

醫藥叢月報社發賣

淸心甘露水 五日分 壹圜 定價金五十錢

滋潤腸丸 二十錢

痢疾靈散 三十錢

養兒寶散 十五錢

純聖萬靈丸 十錢

消化藥 三十錢

皮汗臭藥 二十錢

太陽會瘡膏 十錢

漢城膏藥 十錢

保命散 二十錢

胃腸藥 ... 十錢

主治 ... 能 ... 陸軍二等軍醫 許均君 ... 國軍二等 ... 朴熙達君 ...

滋陽丸 ...

主治 ...

婦人 ... 藥 ...

大韓國新發明

大韓國新發明 ... 仁川 ... 和平堂 ...

淸心保命丹 仁川港 ... 和平堂藥房

發賣所 ...

代理店 ...

總發行所 京城南大門內 ...

代理店 ...

和平堂 白

濟生堂 白

漢城鐵路慈惠醫院診

醫學校卒業後濟衆院卒業 의학博士 洪석厚

濟衆院의학實地六年학習 婦人의학生 朴??

眼鏡發行

鐵路慈惠醫院에서英國製視力檢査機械와金眼鏡 ...

平壤大商會 ...

本館 ...

釜山 ... 東關 ...

金 ... 商會 ...

〇申報價

壹朔 ...

參個月 ...

半個年 ...

壹個年 ...

〇廣告料

四號活字十二字詰 ...

每日壹寸 ...

二週日壹寸에 ...

壹個月壹寸에 ...

（自壹行至四行이 ...）

其期限의長短과字行의多寡을依하야增減ᄒᆞᆷ이有ᄒᆞᆷ

發行兼編輯人 英國人 ...

發行所 南署石井洞 ...

大韓每日申報社

第六卷 第八百九拾三號

大韓每日申報

月曜及慶節 歲時日休刊

檀君開國四千二百四十一年
箕子元年三千三十年
大韓開國五百十七年
日本明治四十一年
淸國光緒三十四年
陰曆戊申八月小初三日丙辰

論說

●告農業同胞

兩年閒에離亂風塵이我業農同胞의安堵를不許ᄒ야數百年康衢烟月에耕田食力ᄒ던耒耜를擲ᄒ고草閒에竄入ᄒ며巖穴에遁伏ᄒ야潮路의生命을圖保ᄒ되累世居生ᄒ던三間茅屋은灰燼에付送ᄒ며八口爲命ᄒ던九畝禾穀은兵馬에蹴蹂ᄒ며至於雖雞乳狗脅羊黃犢等은下落을不知ᄒ며此ᄂᆞᆫ不敢顧惜ᄒ고但只父母妻子의眷屬이나無恙相隨ᄒ면此ᄂᆞᆫ極大ᄒᆫ天幸이라ᄒ야凄慘ᄒᆫ悲淚로歲月을送ᄒ니嗚乎同胞여劫厄이何深ᄒ뇨

吾儕ᄂᆞᆫ京城壹隅에坐ᄒ야片紙寸筆로閒中生涯를作ᄒ며[illegible]情況을親次目擊ᄒ바ᄂᆞᆫ無ᄒ나各地來人傳說을因ᄒ야諸君의悲境을聞ᄒ미兩眼流淚의滂滂ᄒ을不禁이로다

此淚ᄂᆞᆫ諸君의現在情境을爲ᄒ야流ᄒᆯ뿐아니라卽諸君의未來形便을爲ᄒ야流ᄒ노니嗚乎라壹時의天幸으로生命을得保ᄒ얏스나村閭가旣灰에無歸可歸며天賜가雖大나無處可托이니此境을思及ᄒ면無情ᄒᆫ石佛도淚를下ᄒᆯ비아닌가

然而寸心이雖勞나[illegible]의慈航을未修ᄒ며短筆이雖禿이나壽世의金丹을未鍊ᄒ고只是北風을依ᄒ야情懷만凄絶ᄒᆯ而已러니

何幸彼蒼이斯民을不遺ᄒ샤洋々ᄒᆫ豐年을與ᄒ신지라嬬友의傳說을據ᄒ미處々에雨順風調ᄒ야五穀이俱登ᄒ고百室이皆盈ᄒ야今年年形은大有之年이라謂ᄒᆯ만ᄒ다ᄒ니

嗚呼라同胞의壹條生路가此에在ᄒ도다

吾儕가此信을聆ᄒ미同胞를爲ᄒ야歌ᄒ며同胞를爲ᄒ야舞ᄒ며同胞를爲ᄒ야踴躍ᄒ노라

嗚呼同胞여上天好生의意를知乎아否乎아

我同胞의如此轉徙無歸의時를當ᄒ야萬壹上天이五日의壹風을吝ᄒ며十日의壹雨를惜ᄒ고旱蝗等災를與ᄒ얏더면我同胞가將來凄風凍雪에溝壑의思를難免ᄒ리니

大哉라天賜여壹時도不可忘이며壹刻도不可忘이로다

雖然이나今에同胞諸公에게壹言ᄒᆯ비有ᄒ노니諸公은頭腦를冷靜히ᄒ고此를聽ᄒᆯ지어다

諸公이世々此國에生長ᄒᆫ지己四千餘載에上天의恩澤을受ᄒᆷ이果然幾何이뇨雨를祈ᄒ미雨를與ᄒ시며風을望ᄒ미風을與ᄒ야비록外國과如히農學이發達치못ᄒ얏스며外國과如히農械가精銳치못ᄒ나天地의惠澤이深厚ᄒ야年々豊登을賜ᄒᄂᆞᆫ故로諸公이含哺鼓腹ᄒ고此中에서歡樂의歲月을經過ᄒ얏스나然이나今日은時局이倏變ᄒ야古代又치只是上天만仰ᄒ다가ᄂᆞᆫ層々地獄에日々墮落ᄒ리니嗚乎諸公이여速々히此를覺悟ᄒᆯ지어다

今日時代ᄂᆞᆫ競爭의時代며優勝劣亡의時代라知識이無ᄒ고ᄂᆞᆫ비록千倉의米가有ᄒ야도我의物이아니며비록百畝의田이有ᄒ야도我의土가아니오他人의鳩居에讓ᄒᆯ而已니

吁嗟乎라業農同胞여비록春耕夏耨에眼鼻를莫開이며朝烟暮火ᄀᆞᆺ치心力을莫展이나不可不暇隙中에暇隙을乘ᄒ야知識을鍊ᄒᆯ지어다

知識이無ᄒ면爾我가胥淪俱及ᄒᆯ지니

田家生活에憂愁의攻心은休言ᄒ고世界舞臺에競爭의要具를且修ᄒ되四拾五拾의無聞이可悔나北海桑楡의收功이非晚이니

呼邪壹聲에新風潮를隨ᄒ야農夫學校、農談會、樵兒學校、勞働夜學校等을開設ᄒ고寸隙을競ᄒ야九仞을築ᄒ면盲風刦雨의褪退가有道ᄒ고福田淨土ᄂᆞᆫ墾闢이自易ᄒ리니勉之哉어다

外報

●日本物貨排斥　東京電을據ᄒ즉廣東自治會에서日本物貨排斥ᄒᆷ을繼續ᄒ기로決議ᄒ얏다더라

●日人偵探被捉　同電을據ᄒ즉海蔘威에셔日人二名이軍事探偵嫌疑로捕捉ᄒ얏다더라

●政聞被押收　北京電을據ᄒ즉政聞社에셔發行ᄒᄂᆞᆫ中國雜誌新聞及政論을發賣禁止와押收令을發ᄒ얏다더라

●淸國大學校完備　同電을據ᄒ즉北京大學校ᄂᆞᆫ于今ᄭᆞ지大학預備科뿐이더니本年冬期부터ᄂᆞᆫ本科를設置ᄒ고經학、法律文학、의학、理科학、農학、工科經濟학八科에分ᄒ고每年五十萬兩式의留學費를支出ᄒ야大학校建築設備에使用ᄒ다더라

●露皇帝旅行中止　倫敦電을據ᄒ즉露國皇帝의外國旅行을中止ᄒ기로確定ᄒ얏다더라

雜報

●家寒心熱　茶洞에壹洞이出力ᄒ야共成學校를設立ᄒᆷ은已揭어니와本洞居金寅學氏ᄂᆞᆫ과屋賃居ᄒ야鄕市에來往ᄒ며吉更菌菜等物을買賣ᄒ고其子十七歲兒ᄂᆞᆫ烟草를分賣ᄒ야僅々資生ᄒᄂᆞᆫ터同校에躬來ᄒ야敎育의急務됨을極口贊成ᄒ고新貨五元을傾囊捐助ᄒ미該氏의貧寒家勢로如是熱心ᄒᆷ을人皆稱頌ᄒ더라

●文壇

讀史新論　壹片丹生

敍論　續

此가整然히組織ᄒᆫ壹學說도아니며燦然히裁成ᄒᆫ壹歷史도아니오只是感觸되ᄂᆞᆫ바를依ᄒ야複雜寫出ᄒᆫ바이나其所論의範圍ᄂᆞᆫ我民族發達의狀態에不外ᄒ야民族에大禍福을釀ᄒᆫ事實이아니면不擧ᄒ며民族에大利害를與ᄒᆫ人物이아니면不論ᄒ니壹定ᄒᆫ條理ᄂᆞᆫ無ᄒ나壹貫ᄒᆫ精神은有ᄒ니

嗚乎讀者諸君은義理ᄂᆞᆫ外ᄒᆫ비有ᄒ거던斥正을加ᄒ며論斷에誤ᄒᆫ비有ᄒ거던批評을與ᄒ고又或考據에可合ᄒᆫ珍書를投ᄒ야參考에資케ᄒ면此文의完成만易ᄒᆯ뿐아니라衆知衆力을合ᄒ야祖國歷史의埋沒ᄒᆫ光明을再放ᄒ리니此ᄂᆞᆫ著者의區々切望ᄒᄂᆞᆫ비로라

壹人種

東國民族은大畧六種으로分ᄒ니壹曰鮮卑族、貳曰扶餘族、三曰支那族、四曰靺鞨族、五曰女眞族、六曰土族、이니鮮卑族은最初에我族과遼滿等地에並立ᄒ야互相血戰을繼續ᄒ던者라其後에大氏孫을敗ᄒ야其窟穴을失ᄒ고卽今西伯利亞等地에其殘喘을保ᄒᄂᆞᆫ者오扶餘族은卽我神聖種族檀君子孫이是也니四千載東土의主人翁이된者오支那族은韓漢兩國의壤地가接近ᄒᆫ所以로箕子東渡ᄒ던時부터勝朝ᄭᆞ지至ᄒ기ᄭᆞ지支那의壹次革命을經ᄒ면其亂朝臣民과避亂人民이續々出來ᄒᆫ故로扶餘族以外에最多數를占有ᄒᆫ者오말갈族과女眞族은本來高句麗의屬部로咸鏡道黃海道等地에居ᄒ던者러니高句麗가新羅에呑ᄒᆫ바되여句麗遺민이此를率ᄒ고遼瀋等州에遷入ᄒ야渤海國을創設ᄒ던바以대支那大金大淸의兩度帝國도皆此族의建設ᄒᆫ바오土族은古代南北韓地方에皆有ᄒ던者이니三韓의名稱部落과濊貊等族이悉此에屬ᄒᆫ바이더니優存劣亡의結果로累代의淘汰를遭ᄒ야美洲의紅人과非洲의土人과又치漸盡ᄒᆫ者오其外에蒙古族과日本族一種이有ᄒ나日本族은我民族四千載對敵國中에交涉과競爭이最烈ᄒᆫ者ᄂᆞᆫ愈往愈厲ᄒᆫ亂이有ᄒ나然이나已往歷史ᄂᆞᆫ豐臣秀吉壬辰役以外에ᄂᆞᆫ只是邊境沿海面에셔倏去倏來ᄒᆫ而已오內地幅員에雜居ᄒ야短兵相接ᄒᆫ事가無ᄒ고蒙古族은勝朝의末葉에交涉이最多ᄒ얏스나但只政治上의密接關係를與ᄒᆫ而已오我國民의經濟生活上에ᄂᆞᆫ影響이實無ᄒ니故로東國史上의大部分은實노此八種에不過ᄒ니라

按彼蒙古ᄂᆞᆫ本兩族이麗末耽羅牧胡와世宗朝三浦降倭等의內地雜居ᄒᆫ特例가或有ᄒ나其後에皆叛誅ᄒ고孤公을忠弟(此ᄂᆞᆫ日本만單指ᄒᆷ)等歸化ᄒᆫ者가時有ᄒ나此ᄂᆞᆫ纔의百年間壹二人에不過ᄒᆷ

又按新羅時任那府設置의說은我史에不見ᄒᆫ바니彼史의云々ᄒᆫ者를貿然히信筆로據ᄒᆷ이不可ᄒᆷ

其六種中에形質上精神上으로他五種을征服ᄒ며他五種을吸收ᄒ야東國民族世位를據ᄒᆫ者ᄂᆞᆫ實로扶餘族壹種에不過ᄒ니盖四千載東國歷史ᄂᆞᆫ扶餘族盛衰消長의歷史니라

現今에ᄂᆞᆫ梯航이四至에東西가大通ᄒ야彼蒼의意가我民族과海隅에蟄伏ᄒᆷ을不許ᄒ실으로竟此二十世紀世界舞臺上에出ᄒ야各洲民族과戎衣로相見ᄒ니此後我扶餘族이雄飛闊步로踴躍前進ᄒ야萬國史中에優勝의壹席을占有ᄒᆯᄂᆞᆫ지ᄂᆞᆫ難知며或者頑癡雌伏ᄒ다退步ᄒ야此祖先의遺業ᄭᆞ지他族에讓ᄒᆯᄂᆞᆫ지도難知어니와已往의歷史ᄂᆞᆫ卽我扶餘族의歷史니此에味ᄒ고歷史를坐談ᄒᄂᆞᆫ者ᄂᆞᆫ實로譜語의歷史家ㅣ니라　(未完)

雜報

●官立學徒慶祝 再昨日下午六時에 各官立학徒들이 학部門前에 會同하야 隊伍를 整齊히 編制하야 各持球燈하고 敎化門前에 齊集하야 大皇帝陛下 萬歲를 三呼하고 後에 大韓帝國萬歲를 三呼하얏는데 大皇帝陛下께옵서 侍從二人을 命送하사 校名及학徒數爻와 其他학校職員을 一一錄去하야 御覽하옵셧다더라

●醫院摠監改遞 醫院總監丸山은 昨日二拾六日東京의서 島根縣知事로 被任되고 後任者는 同縣知事若林賚藏副統監이 推薦하야 內部大臣이 上奏하고 明日間 任命이 된다더라

●學大使의 國旗 再昨日은 大皇帝陛下 卽位紀念慶節인 故로 漢城內 家家戶戶에 國旗를 高揭하야 慶祝하는 意를 表하얏는데 學部大臣李載崑씨 家에는 韓日國旗를 交揭하얏다더라

●客反爲主 再昨日 慶會樓宴席에서 漢城府民들이 妓生의 劍舞를 玩賞하는데 農相趙重應 一行이 巡査를 號令하야 府民을 驅逐하미 傍觀人들이 客反爲主라고 詰責과 嘲罵를 하얏다더라

●獨館獨樂 再昨日 慶會樓에서 官民合同大宴會를 設行함은 人皆知了하는 바어니와 同日에 曾彌副監及各國總領事를 請邀하야 [illegible] 各國總領事는 未參하얏고 [illegible] 獨逸領事만 [illegible]더라

●但賀慶祝 中樞院議長은 日本에 前往하고 副議長은 遞任된 故로 昨紀念式慶祝에 參與官과 [illegible] 幾人이 同院에 會集하고 酒肴를 設備하야 慶祝의 意를 表하얏더라

●車軸不完 永宣君李埈鎔氏가 再昨日 慶會樓慶祝宴의 參席하랴 次로 馬車를 乘하고 赴往하다가 鍾路等地에서 車軸이 傷折하얏스나 該氏는 免被傷하고 人力車를 代乘赴宴하얏다더라

●樞院副議競爭 中樞院副議長申箕善氏가 遞任한 後에 該職을 運動하는 人이 互相競爭하나 尙未敍任되얏다더라

●咸北觀察云免 咸北觀察使尹甲炳氏는 郡守運動者에게 對하야 受賂하얏다는 說이 浪藉함으로 內部에서 將次免官한다는 說이 有하더라

●皇族會同 來日曜日에 皇族諸氏가 宗親府內로 會同하야 宗親學校를 設立할 事로 協議한다더라

●私塾規則制定 各私塾에 對하야 학部에서 規則을 制定하야 部令으로 頒布한다는데 私塾附近에 普通학校가 有한 境遇이면 子弟로 하야금 入학케 한다더라

●裁判所役減額 新聞한즉 各裁判所에서 廷吏及使令等屬을 減下하야 各一人式 設置한다더라

●褒贈訴狀沓至 忠孝烈褒贈하던 事가 廢止되얏다가 近日에 更爲頒布되미 忠孝烈褒贈하여 달나는 訴狀이 掌禮院에 沓至한다더라

●寡家倫等訴 昨日 漢城의 동家倫가 작동에 居한 [illegible] 川債收捧 [illegible] 倫等의 權利로 收捧키 極難하니 官力을 不借하면 擧行치 못하깃슨즉 巡査를 派送하야 [illegible] 收捧케 하라고 漢城府에 等訴하얏다더라

●泰仁民願留 泰仁郡守洪範植氏는 其父親中樞院贊議洪承穆氏 昨日에 上京코져 하되 該郡人民이 遮路願留하는지라 [illegible] 昨日後에 卽爲還官한다고 說諭하야도 該民들이 終不信聽하고 該倅에 日用物品과 中房을 執留하얏다더라

●申何歸沈 何許日人이 沈選澤氏의 於音을 持하고 其父親沈宜平氏의게 屢度來督한다는 說은 已爲報道어니와 數日前에 日人이 又爲來推하는지라 沈씨가 不當爛物로 撫理曉諭則 該日人이 [illegible] 音內에 此는 非吾所捧이오 代申性均氏의 指使하는 거는 沈씨가 使其次九으로 申氏를 招請한 次로 往見則 申씨가 忽稱腹痛에 呻臺而臥하야 橫竪說去曰 勿慮還家하야 日人을 撫摩而送하면 自然有歸正之道라 하얏다더라

●告曰可殺 영川郡內朴友三은 該郡衙門前에 世居하야 該郡訟民의 主人을 하고 自下로 民事를 覘給하고 落訟人이나 得訟人에게나 討索하야 [illegible] 何等의 生業도 無하고 以此從事하더니 近來에는 該郡衙가 日守備隊가 되미 通譯人이 訴狀을 受하는지라 [illegible] 有夫女를 招引하야 通譯韓人에게 作妾케 하야 該家에 留置하고 渠의 出嫁한 女息은 義兵千連이라 하고 奪來하야 處女의 服色을 假粧하야 通辯及守備兵에게 賣淫하고 此를 憑恃하야 人民의 生殺을 任意로 하고 該郡黃江居金議官이라 하는 人을 義兵千連이라고 誣囑捉囚하고 [illegible] 討索하야 金議官이 死境에 至하얏고 淸풍居李□和는 [illegible] 으로 不給하야 嫌疑로 盜賊이라 誣囑押囚하야 錢財를 討索한다더라

●秋鐵魯井 牙山郡內李錫氏의 家에 寓居하는 日人菊井兼吉이가 陰六月十八日 夜深後에 亦等으로 隣家秋百□家에 突入하야 偸入한 故로 該郡警察署에 呼訴하얏다더라

●漢江火災後報 漢江의 火災는 已報어니와 更聞한즉 家屋이 拾壹戶요 白米豆太幷貳百石과 鹽四百石 八千四百六拾五圓 價値와 長斫이 壹萬六千圓 價値를 沒燒하얏는데 該동居林宗相氏가 燒戶中 最貧한 戶에게 各五千兩式 捐助하얏고 閔輔國泳徽氏의 亭子가 該동에 在한데 此火事를 聞하고 錢五千兩과 白米四石을 該被燒人의게 捐給하얏다더라

●兩道水災 忠南全北等地에 今番雨水가 暴注하야 水災가 酷被하얏다는 電信이 內部에 到達하얏다더라

●沿江增水 本月二拾五日以內로 大雨가 暴注함으로 한江이 漲溢하야 昨日午前六時에 龍山 [illegible] 居留地旭町梅町凱旋町及神明町大部分인데 交通이 杜絕하고 又風波가 甚한 故로 損害가 倍前한 模樣이오 麻浦西湖其他沿江附近의도 沉水되얏다더라

●千義被捉 仁川松林萬秋洞居金錫汝시가 江原道義兵將延基浩시 部下의 隨從하다가 日昨에 警視廳에 被捉되얏다더라

●林氏使酒被捉 大同會贊務副長林炳씨는 本是嗜酒客으로 該會에 出會하얏는대 再昨日 該會에서 會集하야 卽位紀念慶祝을 [illegible] 林씨가 飮酒大醉하야 該會副會長李학宰씨를 無端히 亂打하야 重傷케 하미 [illegible] 部警署로 被捉되얏다더라

●盜鏡被捉 再昨日下午九時에 敎化門外에서 提燈慶祝할 時에 韓相□라 하는 者가 何許觀光人의 佩한 眼鏡을 竊取하다가 中部警署로 捉去하얏다더라

●日人典舖의 賊漢 昨日上午八時에 龍山松亭日人典舖支店에 何許賊漢이 突入하야 金六拾九圓과 銀時計二拾介와 銀指環拾介를 竊取以去하얏다더라

●三日被捉 會동居留日人西畑岩吉과 七井初三郞과 可部與三郞 三人이 [illegible] 畑岩吉家에서 花套局을 設하다가 南部警署로 被捉되얏다더라

●竊草被捉 西部夜珠峴居駿春이가 昨日에 筆동居留日人橋本代千三商店에서 朝日一箱子를 竊取하다가 南部警署로 被捉되얏다더라

●日役夫被捉 再昨日에 南門內第一銀行建築所에서 役夫日人三形造勝이가 韓人役夫宋業云李德潤을 [illegible] 往來하다가 宋李兩人을 毆打하야 兩人의 面部를 重傷하얏는대 該日人은 南部警署로 捉去하얏다더라

●陽川興學協議 陽城郡守李源喆씨와 該郡地方委員李暮氏가 時務의 必要가 人才敎育에 在함을 [illegible] 各面面長을 會集하고 面面히 設校할 事를 爛商協議中이라더라

●養魚補校 三和港碑石洞基督三崇學校에서 該郡新南面所在桂岩洞儲水處의 魚產을 禁養하야 公益上利益으로 학校經費에 補用케 할 意로 官承認하얏다더라

●光校授業式設行 私立光成학校에서 夏期講習所에서 昨日上午拾壹時에 授業禮式을 設行하얏다더라

●捐金贊校 新門外敎化義務敎育會에서 區域을 八동으로 定하고 每동에 [illegible] 七拾餘戶가 每月義捐으로 華興贊開兩학校를 維持코저 하고 該兩校를 壹新修理하고 金重煥氏가 二百圓 金宇鍵氏가 二百五拾圓 林漢翼 李忠洪 朴鼎淳 三氏는 各壹百圓式 義捐贊成하얏다더라

●義務敎育會任員 北部壯洞樓閣兩동 有志紳士가 仁明義務敎育會를 發起하고 梁性煥氏로 會長을 李有[illegible] 副會長으로 □金淳和 [illegible] 總務로 選定하얏다더라

平壤人士慶祝 平壤府內에서 官紳般八十及各學校生徒들이 大皇帝卽位紀念式慶祝會를 組織하야 會費는 各히 義務로 募集하얏는대 合二百元으로 預算하고 後에 頌[illegible] 銀製紀念盃를 奉呈하고 府 快哉亭附近에서 士民이 合同大宴會를 設行하얏더라

◉感荷義捐 安岳郡西河面椒井동居 [illegible] 氏가 金五十錢을 本社에 寄附하얏기 感意를 表하노라

▲地方消息▼

▲本月拾五日에 東北龍耕面沙汰동의서 義兵約拾五名과 日守備隊와 交戰하얏다하고

▲本月九日 咸南二大洞黃木[illegible]에서 義兵約四拾名과 日守備隊와 交戰하얏다하고

▲本月六日 江原道金城郡中秋嶺에서 義兵二百餘名이 日憲兵과 寶場交戰이 有하얏다하고

▲本月二拾日 全羅南道羅州郡[illegible]에서 義兵四拾餘名이 日憲兵[illegible]及巡査隊와 交戰하얏다더라

▲八大義士▼

▲崑崗의 石에 個個非玉이로다 [illegible] 山曰玉이 [illegible] 人이 非聖이로대 名其國曰聖이니 顧此韓國에 義士有八이라 熱誠做去 [illegible] 許多義[illegible]產이리오

▲愛財惜[illegible]는 人之常情이라 慨然[illegible] 傾盡家產하야 擲附學界하니 畿湖何人고 李鼎直氏가 是其壹也오

▲焦脣口舌 [illegible] 殫竭誠力하야 創[illegible] 三百有餘圓을 獻納 敎育[illegible] 靑年[illegible]니 誰如此오 李東暉氏가 是其壹也오

▲立于演壇에 懸河其辯이라 出言慷慨[illegible] 滿座感泣[illegible] 言激切에 滿座奮勵하니 誰得其富고 安昌浩氏가 是其壹也오

▲妙年壯志로 卓乎難及이라 舍已輕財[illegible] 專注學校[illegible] 濟濟聰俊이 翹之仰之로다 西北何人고 李鍾浩氏가 是其壹也오

▲費盡精[illegible] 積苦多年[illegible] 或譯且述[illegible] 刊書籍이 至爲千百[illegible] 開後進[illegible] 知識[illegible]니 先唱者誰오 玄采氏가 是其壹也오

▲收集孤兒[illegible] 設院敎育하고 且收遺孩[illegible] 設[illegible]養育하니 慈善家요 窮蔀活佛이[illegible] 誰此오 李愚선氏가 是其壹也오

▲飢且[illegible]焉[illegible] 貧也不病이요 忠肝義膽이 確然自立[illegible] 與世相違[illegible] 閉門自修[illegible] 誰如此오 李□和[illegible] 是其壹也오

▲熱心沸誠이 冰淸玉潔이라 擧起學會[illegible] 輻湊[illegible] 夜昏衢[illegible] 燭[illegible] 導[illegible] 此何人斯오 [illegible]澤[illegible] 是其壹也니라

▲呼[illegible] 天[illegible] 臨 不有初나 鮮克有終이라 [illegible] 必警心勵하야 終始[illegible] 往[illegible] 面目的[illegible] 何[illegible] 達[illegible]라

雜報

◎安岳女校開學　安岳郡基督安新女小학校에서去二十三日에秋期開學式을擧行ᄒᆞ얏ᄂᆞᆫ대四拾餘名학徒와數百來賓이濟々盛儀ᄒᆞ야上午十時에該敎師崔信德씨와壹般任員及來賓諸氏가學徒와학徒父兄의게熱心勸勉ᄒᆞ얏다더라

廣告

◎測量학員募集廣告

本塾에서測量三個月速成科를設ᄒᆞ오니願학僉員은九月二日來(水曜日)ᄂᆡ로請願ᄒᆞᆷ

北部齋洞三統拾戶　測量新塾廣告

學生募集廣告

本校에서高明ᄒᆞᆫ敎師를延聘ᄒᆞ야敎授를以完全中학科程으로覺層擴張ᄒᆞ얏ᄉᆞ오니入학志願人은陰八月內로來臨應試ᄒᆞ옵

平北鐵山車辇館私立興학校告白

本舖에耶穌敎各種書籍과各학校敎課書類를無不俱備ᄒᆞ얏ᄉᆞ오니隣近邑村僉君子ᄂᆞᆫ陸續購覽ᄒᆞ시옵

黃州南門外耶穌敎書포　崔鎭衡　梁蓮海　告白

中等　物理學敎科書

二百八拾餘頁挿圖
二百餘定價金八拾錢

本書ᄂᆞᆫ最新ᄒᆞᆫ學理를準據ᄒᆞ야簡明히編述ᄒᆞᆫ書ㅣ니中等敎科에와獨修에適用ᄒᆞᆯ初有良書이옵

發賣所　京城各書舘

大同體育部　告白

本部臨時摠會를ᄂᆞ日照下午二時에興社國內에서開ᄒᆞ오니僉部員은屆期光臨ᄒᆞ심을務望ᄒᆞᆷ

黃海道延安郡洪面觀德井延興학校熱心進就

本종申宗均씨가昨年拾月부터熱心으로敎育ᄒᆞ기爲ᄒᆞ야各面各종에發文ᄒᆞ야私通ᄒᆞ야학員六十餘名을募集後校長김鏞黙씨와任員李成集尹ㄷ俏兩시와爛商公議ᄒᆞ고校舍八間을新築後敎師尹仁壹鄭培根兩씨智速三시를延聘ᄒᆞ야不過二年敎授에諸학員이三年級에達ᄒᆞ얏다ᄒᆞ니任員과敎師의熱心과학員의誠意ᄂᆞᆫ不嘗共知이옵기玆의廣告讃揚ᄒᆞᆷ

李基永　告白

本人의姓名圖章을陰本月貳拾日에路上에서失ᄒᆞ야方章으로新刻以用ᄒᆞ오니舊章은誰某拾得이라도無效ᄒᆞᆷ

漢江鄭祐永　告白

安東族人諸氏를本月卅日(日曜)上午拾貳時에北壯洞太古亭에設會歡迎ᄒᆞ깃ᄉᆞ오니壹般宗族은屆臨ᄒᆞ시오

安東金氏宗約所　告白

本浦에서學校時急ᄒᆞᆷ을認知ᄒᆞ나財政이難辦ᄒᆞ야晝宵興歎ᄒᆞ든時에本浦內有志諸氏壹百拾九人이爭先出義에合ᄒᆞᆫ이四百大十七元이라以此로학校를設立ᄒᆞ고敎師를延聘ᄒᆞ야聰俊子弟를敎育ᄒᆞ니엇지歡悅치아니ᄒᆞ리오今此壹百拾九義士의盛意를感服ᄒᆞ와玆에廣告ᄒᆞ오니內外諸君은照諒ᄒᆞ시옵

全남영光郡法聖浦　李華馥　박흥희　告白

尹益炳具本淳朴秉基三人이김昌壹을誘引ᄒᆞ야김相然處에所報債三千圓을勿給ᄒᆞ라ᄒᆞ고김昌壹의以報金相秉次寶蓑條壹千圓을先捧分食ᄒᆞ고無罪ᄒᆞᆫ本人을捉囚分遣所ᄒᆞ즉履植이가不當之由를鳴寃于司令部ᄒᆞ야蒙放生還이나道間浮費를昌壹의게督推則昌壹言內에壹千圓先給條를渠亦督推ᄒᆞᆫ後에出給이라ᄒᆞ고尙今延拖ᄒᆞ야本人이方將請願裁判ᄒᆞ깃기로玆以廣告ᄒᆞᆷ

金履植　告白

本家의築庄士가在於義州光城面龍川楊西面等地이온대金振泰南廷觀이가稱以農業會社買得이라ᄒᆞ고本郡의認出證明書ᄒᆞ야晴欲斥賣를ᄒᆞ오니該證明은無異休紙ㅣ어니와信的ᄒᆞᆫ圖章이確在本家ᄒᆞ즉雖弟兄叔侄間이라도本家圖章外ᄂᆞᆫ切勿施行이니內外國人은毋至見欺ᄒᆞᆷ

中部典洞四拾五統二戶　閔忠正家　告白

甑山郡漢川趙鳳梧가浮浪之致로二寸叔燦에圖章을僞造ᄒᆞ여四處에請兩을欲推ᄒᆞ니僉君子ᄂᆞᆫ切勿見欺ᄒᆞᆷ

趙斗和　白

◎學員募集廣告

本校에서聰俊을敎授ᄒᆞ기爲ᄒᆞ야학員을募集ᄒᆞ오니子弟를入학코져ᄒᆞ시ᄂᆞᆫ僉君子ᄂᆞᆫ來議ᄒᆞ시옵

位置南部下茶洞
年齡八歲以上拾五歲以下
開學九月三日(陰八月初八日)
學科普通學程
但入학請願紙ᄂᆞᆫ支給ᄒᆞᆷ

私立共成學校

▲學員募集廣告

本塾에서來九月壹日부터英語夜學科敎授方法을改良ᄒᆞ야敎授ᄒᆞ고左에諸科를晝學으로增設ᄒᆞ야敎授ᄒᆞ오니願學僉員은本月三拾九日內로入學을請願ᄒᆞ시오

第一科　經濟　二個年速成　自上午八時至仝拾時

第二科　日語 算術　壹個年速成　自上午拾時至仝拾貳時

試驗　國漢文讀書作文　日字本月卅日上午拾時

但英語夜學에願學人中英語讀本(니쉰날리더)第二第三卷을習讀ᄒᆞᆫ人은免試許入ᄒᆞᆷ

晝夜各科에月謝金은相當히要求ᄒᆞᆷ

私立廣化新塾　塾長　南廷哲

位置南門內暘谷四拾三統七戶屛門에ᄂᆞᆫ廣化測量事務所懸板을付ᄒᆞ얏ᄉᆞᆷ

本校에서晝夜學員을增募ᄒᆞ오니願학僉員은九月三日(陰八月初八日)ᄂᆡ로來議ᄒᆞᆷ

請願用紙ᄂᆞᆫ本校에請求ᄒᆞᆷ

晝學科

壹　年齡拾五歲以上
壹　卒業年限貳箇年
壹　試驗科目國漢文讀書作文
壹　試驗日九月三日上午九時

日語　算術　地誌　歷史
漢文　體操

夜學科

日語　漢語　筭術　簿記
以上四課ᄂᆞᆫ各其隨意로ᄒᆞᆷ

典洞私立中東學校

平北博川郡南湖前都事金尙弼시ᄂᆞᆫ德行純潔ᄒᆞ야事親也에已極孝養ᄒᆞ며兼且慈惡ᄒᆞ야雖無餘儲나所居里數百餘戶에隨其貧寠ᄒᆞ야捐救ᄒᆞᄂᆞᆫ대産母之米와葬喪家之棺과病者之藥劑와節日之錢穀과農者之牛隻과婚喪之義助와行旅之賑乏이世不啻라本학校經費ᄂᆞᆫ每年七百餘圓式擔任ᄒᆞ고熱心敎育ᄒᆞ온즉世所罕有者也라昨年分에本郡大小人民이齊議褒揚之意로訴呈于郡府에旣蒙賛奬之題ᄒᆞ고又呈于ᄂᆡ闕而指令ᄂᆡ에孝是行源이오慈是念人에推以孝君이오以慈民이라ᄒᆞ야求人如渴ᄒᆞ니拾是奚以아培其食果와種德受福은自是常理라當有公議니退竣事的只ᄒᆡ시온지于今拾箇餘月에尙無褒薦之擧ᄒᆞ와衆論이羣々ᄒᆞ기로玆에廣佈ᄒᆞᆷ

李仁稙　金ㅁ燁　朴昌浩等　告白

本館에서新舊學籍과學徒의所用諸般物品을具備販賣ᄒᆞ오니僉君子ᄂᆞᆫ來購ᄒᆞ시옵

平壤鍾路太極書館

館主　李昇薰
主任　安泰國
事務　李德煥

▲學員募集廣告

(本悉ᄒᆞᆫ條項이有ᄒᆞᆷ으로正誤改ᄒᆞᆷ)

本학館에서第三回학員을募集ᄒᆞ오니志願人은八月三十壹日以內로請願書를提呈ᄒᆞᆷ(請願用紙ᄂᆞᆫ本館에請求ᄒᆞᆷ)

晝學科程

中學課

第壹학年　東國歷史　大韓地誌　筭術
博物「植物、動物」　圖畵
聖經　曲調　唱歌　體操
語학「日英語隨意」

第二학年　國語　萬國歷史　萬國地誌
數학「筭術、代數」　生理학
衛生학　聖經　唱歌　體操
語학「日英語隨意」

第三학年　星학　物理학　化학　數학
「代數、幾何」法학「商法、經濟」
聖經　唱歌　語학(日英語隨意)　體操

語學後科

生理及衛生학(但今年만有ᄒᆞᆷ)

此ᄂᆞᆫ中學科를卒業ᄒᆞᆫ資格이有ᄒᆞᆫ員으로日英語間隨意ᄒᆞ야幾種科目과其外國語로專修케ᄒᆞᆷ

日語課(壹個年)
英語課(二個年)

但本館各語학專門科의已爲修業ᄒᆞᆫ同은本後科의許入ᄒᆞ야依當規卒業케ᄒᆞᆷ

木工課　工業　圖畵　筭術
聖經　木工

夜學科程

日語課
英語課
簿記課
以上三課ᄂᆞᆫ專히專修課로되入學細則은本校에來問ᄒᆞᆷ

入學試驗科目　國漢文　讀書作文
但各課補缺生은各次班課程으로시驗ᄒᆞᆷ

試驗日子　九月壹二兩日(陰八月初六初七日)上午九時

開學日字九月三日

●以上各課中에英語학課ᄂᆞᆫ補缺生만募集ᄒᆞᆷ

●夜學各課壹學級은학員이貳十名이未滿ᄒᆞᆫ時ᄂᆞᆫ設班지不設ᄒᆞᆷ

皇城鍾路基督敎靑年會學館

◎學徒募集廣告

本校에서第三回男女學員을募集ᄒᆞ오니志願人은來九月五日內로請願ᄒᆞ시오

科程

大韓地誌　本國歷史　筭術
小學讀本　漢文　圖畫
特別히英語科가有ᄒᆞᆷ

南大門外尙洞敎堂內　攻玉小學校

◎千금保化丹

主治積滯吐瀉霍亂의第壹要藥也

本舖　在江華郡니養와당

出張人　海州　劉應석
大邱　崔寅琪
平壤　朴承奬

發起人　김完植

第四回學員募集廣告

本塾에서法律專門科晝학員을新募ᄒᆞ오니願學人은來九月三日以內로本塾에對ᄒᆞ야請願書를提出ᄒᆞ고左開日時에應試ᄒᆞᆯ事

但請願書紙、學科、規則은本塾에在ᄒᆞᆷ

試驗科目

壹、國漢文作文、國漢文讀書、地誌、歷史、筭術(四則以內)

試驗日時

九月五日上午拾時(陰八月拾日)

但高等학校(中學校程度를包含)程度에相當ᄒᆞᆫ卒業証書를有ᄒᆞᆫ人은免試ᄒᆞᆷ

西部工后洞

私立養正義塾

普通學其他各種技術語學敎師紹介所를本會內에設置ᄒᆞ오니各地方各種學校敎育에敎授ᄒᆞᆯ志願人은校洞本會館으로來議ᄒᆞ시옵

畿湖興學會　告白

漢城鍾路慈惠大藥房

濟衆院西藥業月報社製藥

隆泰水 金壹圜五十分

甘酸水 告味 金五十錢

補益丸 一圜五十錢

潤腸丸 二十錢

祛根藥 五十錢

痢疾靈散 三十錢

明眼藥 十五錢

養兒寶散 十五錢

根藥 三十錢

純金鷄納丸 十錢

發汗丸 二十錢

발한臭藥 二十錢

感冒丸 十錢

太腫合瘡膏 三十錢

鎭咳藥 三十錢

驗瘡膏 十錢

消滯 滑積丸 五十錢

保嬰散 十五錢

胃藥 眞珠砂 郵便會送

大韓帝國新發明特効靈藥

承寧府典醫正三品 洪哲普閣下實驗處方 陸軍軍醫學校教官 張基茂君本効證明

八寶丹 九拾粒入金□錢

主治効能 ○胃痛惡心○頑痰固飲○食思欠乏○暑中寒○消飲傷○暈眩○泄瀉下痢○霍亂吐瀉○水土不服○舶車醉

陸軍二等軍醫 許均君實驗處方

陸軍二等軍醫 朴熙達君有効證明

滋陽丸 卅日分金五圜 廿日分金三圜四拾錢 拾日分金壹圜八十錢

主治 ○房事不容○腎虛腰痛○病後氣端○腎氣不足○陽痿不起○遺精多夢○陰虛火動○房事後惱困○手足厥冷○形容蒼白

婦人胎 부인 양 경 환 婦人 養 經 丸 壹劑金 圜

主治說明 婦人이孕胎ᄒᆞ지못ᄒᆞᆷ은冷病積病과月經不調로因ᄒᆞᆷ이니此藥을服用ᄒᆞ시면婦人腹中에諸病은一切退去ᄒᆞ고自然孕胎ᄒᆞ오니速臨買去ᄒᆞ시오

病 ▲사향소창단 ▲香消瘡丹

此丹이於諸瘡에無論男女老少ᄒᆞ고若服壹劑면 神效ᄒᆞ야百발百中ᄒᆞ오니 方可及也라若論主治則楊梅下疳連珠瘡濕頭瘡諸症에 立效ᄒᆞ오니 僉君子ᄂᆞᆫ 試驗ᄒᆞ시오

發賣所

南署苧洞 李永株局　南門내博文書館 濟生支店　仝 南門내水標 相信號典當포　仝 銅峴 鐵物 毛衣房　仝 小廣橋 毛衣房　仝 鍾路上隅 三可病院　仝 大寺洞 共濟病院　仝 仁川港내 五龍旅館　仝 □鳴사동 수永源　仝 江華鍾路　開城남문내 明新冊사　水原남문내　海州남문내　延安읍내　長湍남문내　黃州남문 紅문동　仝 砂里院 耶蘇教당　平壤 草臺 耶蘇教당　仝 法首橋 乾材局　仝 大興部 寺里　仝 文武洞　鎭남浦 碑石洞 冊사　鎭남浦 濟生당 出張　仝 三산港 開福洞　仝 大井동　禮산동 各里　大邱남문내　元山港 濟生堂 支局　仝 商州 남문내　김泉場　釜山港 濟生당 出張　安州성내 義井동　安岳읍 上寺洞 濟生局　義州남문내 木口街　載寧읍後동洋약局　定州남문내 洋약局　鄭州읍 洋약局　寧川읍 冊사　鐵山읍 永春堂　成從郡 耶蘇教堂　仁川港 奇峴　京城鍾路衣廛下

和平堂白

右四種약은 拾四日分金四圜 ᄒᆞ시면우편으로부치ᄂᆞᆫ 處方이라도請求

製약所 仁川港奇峴和平堂藥房　發行人 仝　京城鍾路衣廛下和平堂支店　代理店 仁川港奇峴濟生堂藥房　京城大廣橋共愛堂 …　平壤大東門市支店 金泰鉉

◉大韓國新發明神藥

◉救急丹 ◉三寶丸 ◉靈效液 ◉清眼水 ◉通淋丸

◉各種食滯中暑久痢口臭甘飲吐瀉定價壹貼拾錢　◉治諸般痛不拘久遠 定價五十錢　◉外用芳香治疥瘡疾　◉百發百中定價五十錢　◉治諸般眼疾有撥雲見天之妙定價金□錢　◉治男女急慢淋疾神效無雙速效除毒定價五拾錢

製藥發行所 京城南署大廣橋西邊□□□□大藥房 北□三十九統七戶 … 白

支店 開城남門內共愛堂 … 支店　群山港可鹽洞共愛堂第二支店　河東郡赤岩面共愛堂第三支店

代理店 仝 京城北部大安동 鍾路靑年會館前　仝 西部新門外石橋　仁川奇峴

此外에도東西洋과國有名賣藥과 … 材料이俱備ᄒᆞ오며약의多少를不拘ᄒᆞ고請求ᄒᆞ시면 … 呈ᄒᆞ겟슴

黃麟秀 姜助遠 리春善　濟生堂 仝 仁濟藥房 慈惠藥房 普濟醫院 和平局

消化新藥 清心保命丹 九十粒入金拾錢

陸軍軍醫金守鉉君 … 陸軍軍醫張基茂君 … 効證明 … 四海衛生之端君子 … 良藥

發行所 仁川港龍峴 濟生堂藥房

◉大韓新發明藥 廣告

◉右藥의主治効能은如左　◉甘飲咳嗽 ◉吐瀉 ◉水土不服 ◉氣鬱腹痛 ◉酒醉 ◉中暑中寒 ◉食積食傷 ◉咽喉 ◉口熱惡臭 ◉其他諸般邪氣厲疫預防妙약

總發行所 京城南大門內 濟生당支店李應鎬

◉미城 서문외 濟生당支店 具又賢

◉元山港 石院 濟生당 支店 박敬鎭

代理店 京성大廣橋共愛堂　仝 鍾路慈惠藥房　新井약店　仝 泥峴三丁目 郵便局前大佑堂약房　仝 남大문내博文書館 盧益亨　◉仁川 濟약房 리信華 … 仝 梨峴洋약局 … 仝 大安洞 … 仝 壽동三可病院 朴喜謙　仁川奇峴和平당 리應善　◉馬山 本町 新井樂房 宋在瑛　◉海州 남문내 리奉楠　仝 全商店 金濟九　◉水原 종路下 약房

… 各地販賣所 … 仁川港奇峴 濟生堂白

平壤大同書館은有志紳士의公益을爲ᄒᆞ야建設ᄒᆞᆫ바어니와 … 市少年書舖도此館에 支店으로新舊書籍과各學校所用物品을廉價로賣ᄒᆞ오니 僉君子ᄂᆞᆫ陸續來購ᄒᆞ시옵

書館主 朴奉煥 韓用 …

本書館을開業ᄒᆞᆫ지未過壹年에 壹般同胞게서愛助ᄒᆞ시와 … 興旺之故로本館을壹層擴張ᄒᆞ고各項新舊書籍與教育用品을多數準備ᄒᆞ야特別低價로放賣ᄒᆞ오니四方 僉君子ᄂᆞᆫ陸續來臨ᄒᆞ심을爲要ᄒᆞᆷ

釜山港東關韓興書館　金汝重　權鍾律

社告

○申報價

壹號代金 新貨二錢五厘

壹個月前納 三十錢

參個月 九拾錢

陸個月 一圜七十錢

壹個年 三圜四十錢

郵稅一張 新貨五厘

壹個月 十三錢

○廣告料

四号活字拾三字詰

每日壹寸(英尺)에 新貨廿九錢

二週日壹寸에 二圜五拾錢

壹箇月壹寸에 五圜

(自壹行至四行이爲壹寸)

其期限의長短과字行의多寡를依ᄒᆞ야增減ᄒᆞᆷ이有ᄒᆞᆷ

發行兼編輯人 英國人 萬咸

Responsible for Publication Alfred Weekley Marnham

發行所 南署石井洞號外□三層洋屋 大韓每日申報社

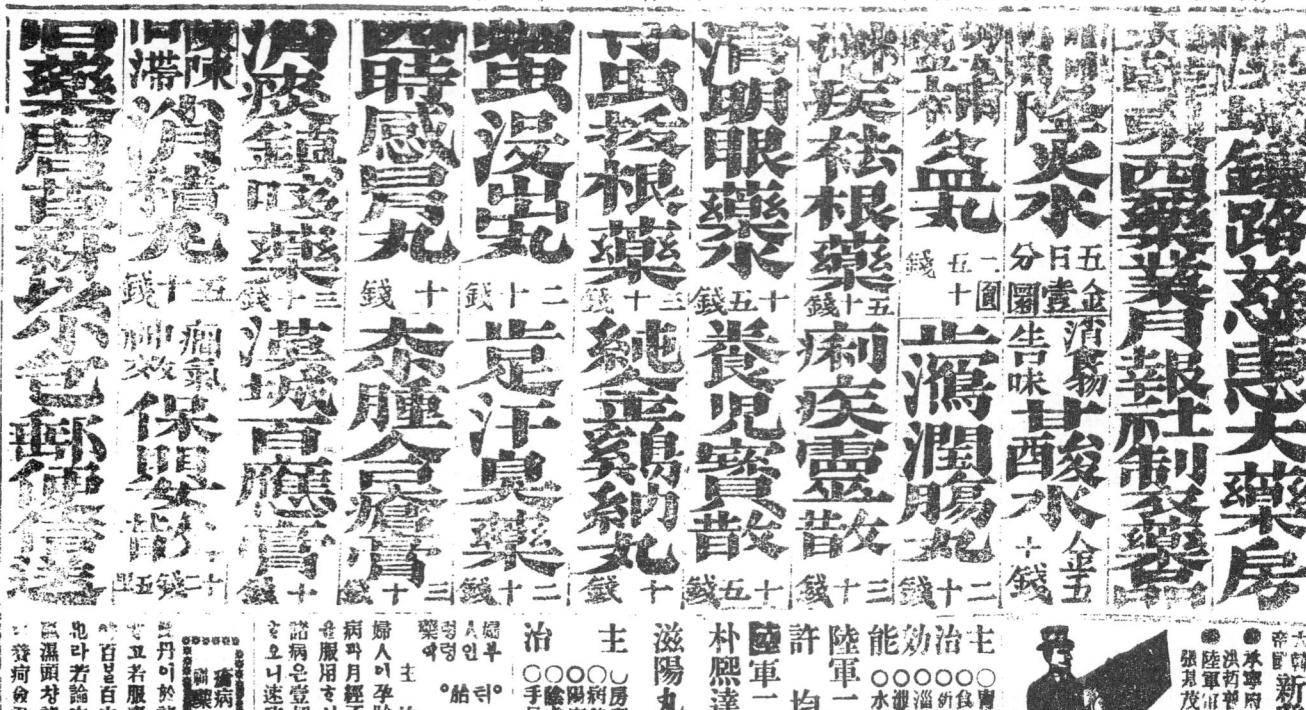

漢城鍾路慈惠醫院診 醫學校卒業後濟衆院卒業 濟衆院와서實地六年학習 … 此鍾路慈惠醫院에서大英國製視力檢査機械와金銀眼鏡을購置ᄒᆞ고男女視力을檢査ᄒᆞ야 … 適合ᄒᆞᆫ眼鏡을 …

第八百八拾四號

大韓每日申報

第六卷

月曜及慶節歲時日休刊

檀君開國四千二百四十一年
箕子元年三千三十年
大韓開國五百十七年
日本明治四十一年
淸國光緖三十四年
陰曆戊申八月小初四日丁巳

寄書

◎國語國文獨立論

拾盡生

目下我國이疆土人民의獨立恢復이非難이라言語文字의獨立維持가尤難이니何故오云然고曰我國古代에ᄂᆞᆫ行用ᄒᆞᆫ바外國文이漢文壹種에不過ᄒᆞ얏스며對待ᄒᆞᆫ敵國도亦漢人에不過ᄒᆞ얏스니萬壹後代에薩水英雄이再現ᄒᆞ얏거나松岳英主가復作ᄒᆞ얏스면華臘을排斥ᄒᆞ고外國崇拜ᄒᆞᄂᆞᆫ劣性을摧折ᄒᆞ야漢文을廢止ᄒᆞ고國문만存用ᄒᆞᆷ이壹轉眄間에已辦ᄒᆞᆯ事어니와今則韓國數千年習用ᄒᆞᆫ漢文以外에通行最多ᄒᆞᆫ英문이며關係最密ᄒᆞᆫ日文이며其他德文法文俄文等을壹々輸入ᄒᆞ얏ᄂᆞᆫ대世界大勢가壹隅에孤立을不許ᄒᆞ야國際上名稱이有ᄒᆞᆫ以上에ᄂᆞᆫ外國의交涉이不得不頻煩이오外國과交涉이有ᄒᆞᆫ진대外國의情形을不可不硏究요外國情形을硏究ᄒᆞᆯ진대其國의文字를不可不학習이니嗚乎라現今此奏靡ᄒᆞᆫ韓國의言文도韓國에注目ᄒᆞᄂᆞᆫ外國人이猶此學習ᄒᆞ거든況彼文明强大ᄒᆞᆫ各國의言文을世界에交涉ᄒᆞᄂᆞᆫ韓國人이學習ᄒᆞ지아니ᄒᆞ리오故로[illegible]이絕ᄒᆞ면已어니와本이有ᄒᆞᆫ以上에ᄂᆞᆫ日本학者가不可無오淸國이無ᄒᆞ면已어니와淸國이有ᄒᆞᆫ以上에ᄂᆞᆫ漢文學者도不可無요英法德俄等國이有ᄒᆞᆫ以上에ᄂᆞᆫ各種外文학者도不可無니卽今外文을何存何廢리오만은此를學ᄒᆞ야國文을輕侮ᄒᆞ라ᄒᆞᆷ이아니라國文을補助ᄒᆞ라ᄒᆞᆷ이며此를習ᄒᆞ야國文을棄却ᄒᆞ라ᄒᆞᆷ이아니라國문을發達ᄒᆞ라ᄒᆞᆷ인대嗟홉다此와相反ᄒᆞ야自家所학ᄒᆞᆫ外國문으로本國문을嘲侮ᄒᆞᆫ진대其末流의弊가儼然外國人을頭戴ᄒᆞ야本國을反噬코자ᄒᆞᆯ지라故로我國의疆土人民의獨立을恢復코자ᄒᆞᆯ진대言語문字의獨立을尊重ᄒᆞᆷ으로爲始ᄒᆞᆯ지어날今에坐ᄒᆞ야自己所嗜가한문이라고其輕重을顚倒ᄒᆞᆷ이可乎아

或曰此言이辯則辯矣나但今에新聞雜誌로觀ᄒᆞ야도太半蝌蚪蛙日의字形과程隸王楷의遺模로紙面에充塞ᄒᆞ고國문의字數ᄂᆞᆫ蕭條零星ᄒᆞ니彼漢문頑腦者가見ᄒᆞ면嗤笑를不發치아니ᄒᆞᆯ자日此ᄂᆞᆫ過渡時代不得已의法門이니現今大韓全國에此等人物로自處ᄒᆞᄂᆞᆫ者ᄂᆞᆫ太半漢문頑腦가아닌가萬壹漢문을捨ᄒᆞ고國문만純用ᄒᆞ면彼且壹掛目을不肯ᄒᆞ리니時局大勢에懵然不悟ᄒᆞ고馬史漢書韓柳문屋을抱ᄒᆞ야空山에歸藏ᄒᆞᆯ而已어지可惜ᄒᆞᆷ이아닌가故로今日新聞의國漢문交用은過渡時代不得已의法門이라ᄒᆞ노라

◎法律

◎隆熙貳年八月貳拾七日官報

朕이東洋拓殖株式會社法에關ᄒᆞᆫ件을裁可ᄒᆞ야玆에頒布케ᄒᆞ노라

隆熙貳年八月貳拾六日

御名 御璽

內閣總理大臣李完用
農商工部大臣趙重應
度支部大臣任善準

法律第二拾二號

◎東洋拓殖會社法

第壹章 總則

第壹條 東洋拓殖株式會社ᄂᆞᆫ韓國에서拓殖事業을經營ᄒᆞᆷ을目的으로ᄒᆞᄂᆞᆫ株式會社로ᄒᆞ고其本店을京城에置ᄒᆞᆷ

第二條 東洋拓殖株式會社의資本은壹千萬圓으로ᄒᆞ되但政府의認可를受ᄒᆞ야此를增加ᄒᆞᆷ을得ᄒᆞᆷ

第三條 東洋拓殖株式會社의株式은總히記名式으로ᄒᆞ고韓日兩國人을限ᄒᆞ야此를所有ᄒᆞᆷ을得ᄒᆞᆷ

第四條 東洋拓殖株式會社의資本增加ᄂᆞᆫ株金全額의辦納을不要ᄒᆞᆷ

第五條 東洋拓殖株式會社의存立時期ᄂᆞᆫ設立登記日로부터壹百年으로ᄒᆞ되但政府의認可를受ᄒᆞ야此를退定ᄒᆞᆷ을得ᄒᆞᆷ

第六條 東洋拓殖株式會社ᄂᆞᆫ政府의認可를受ᄒᆞ야支店이나又ᄂᆞᆫ出張所를日本國東京其他의地에置ᄒᆞᆷ

第七條 東洋拓殖株式會社에關ᄒᆞ야ᄂᆞᆫ暫時間은本國株式會社에關ᄒᆞᆫ法規를準用ᄒᆞᆷ

第二章 役員

第八條 東洋拓殖株式會社에總裁壹人。副總裁壹人。理事三人以上。監事二人以上을置ᄒᆞᆷ

第九條 總裁ᄂᆞᆫ東洋拓殖株式會社를代表ᄒᆞ야其業務를總理ᄒᆞᆷ

副總裁ᄂᆞᆫ總裁가有故ᄒᆞᆫ때ᄂᆞᆫ其職務를代理ᄒᆞ고總裁가闕員이된때ᄂᆞᆫ其職務를行ᄒᆞᆷ

副總裁及理事ᄂᆞᆫ總裁를補助ᄒᆞ야東洋拓殖株式會社의業務를分掌ᄒᆞᆷ

監事ᄂᆞᆫ東洋拓殖株式會社의業務를監査ᄒᆞᆷ

第拾條 總裁ᄂᆞᆫ日本人으로ᄒᆞ고日本國政府가此를命ᄒᆞᆷ

副總裁ᄂᆞᆫ壹人은韓國人으로ᄒᆞ고壹人은日本人으로ᄒᆞᆷ

理事及監事ᄂᆞᆫ其員數의少ᄒᆞ지라도三分之二ᄂᆞᆫ日本人으로ᄒᆞ고其他ᄂᆞᆫ韓國人으로ᄒᆞᆷ

副總裁及理事中韓國人은政府가此를命ᄒᆞ며日本人은日本國政府가此를命ᄒᆞᆷ但理事의任命에關ᄒᆞ야ᄂᆞᆫ株主總會로ᄒᆞ야금五拾株以上을所有ᄒᆞᆫ株主中에서各二倍의候補者를選擧케ᄒᆞᆷ

監事ᄂᆞᆫ株主總會에서三拾株以上을所有ᄒᆞᆫ株主中에서此를選擧ᄒᆞᆷ

總裁와副總裁及理事의任期ᄂᆞᆫ四年으로ᄒᆞ며監事의任期ᄂᆞᆫ二年으로ᄒᆞᆷ

第拾壹條 總裁와副總裁及理事ᄂᆞᆫ他職務나商業에從事ᄒᆞᆷ을不得ᄒᆞ되但政府의許可를受ᄒᆞᆫ때ᄂᆞᆫ此限에不在ᄒᆞᆷ

(未完)

外報

◎日軍艦解體 向者馬公港에서日本軍艦松島號가爆沈되얏ᄂᆞᆫ대此艦은到底히現今에引揚ᄒᆞ야使用ᄒᆞ기不能ᄒᆞᆫ故로日本에서該艦籍을除去ᄒᆞ고目下馬公要港部에서該艦을解體ᄒᆞᄂᆞᆫ中이라더라

◎摩洛國王과僭王 倫敦電을據ᄒᆞᆫ즉摩洛哥國王이僭王과交戰ᄒᆞ다가大敗ᄒᆞ야非常ᄒᆞᆫ損害를被ᄒᆞ얏ᄂᆞᆫ대去二拾日夜에王軍이僭王軍의게投降ᄒᆞ얏다더라

文壇

讀史新論

壹片丹生

(二) 地理

歷史와密接關係가有ᄒᆞᆫ者ᄂᆞᆫ地理가是라地理를捨ᄒᆞ고歷史를說ᄒᆞ면骨脈에昧ᄒᆞ고氣血을論ᄒᆞᆷ과無異ᄒᆞ니奚可哉며奚可哉리오故로地志를硏究ᄒᆞᄂᆞᆫ것은作史者讀史者의壹發着眼ᄒᆞᆯ데어ᄂᆞᆯ噫라我國은祖宗의發祥地가域外로歸ᄒᆞ야沿革이無傳ᄒᆞ며聚訟이紛紜ᄒᆞ야實로無從下筆의慨가有ᄒᆞᆫ지라然이나其大勢를擧ᄒᆞ야簡短ᄒᆞᆫ壹節로評ᄒᆞ리니蓋我扶餘族始祖가白山城의高原에서起ᄒᆞ야鴨綠江流로趨下ᄒᆞ야附近平原에散處ᄒᆞ니江以西ᄂᆞᆫ遼東이是也오江以東은朝鮮(此朝鮮은平安黃海道等만單指ᄒᆞᆷ)이是也니初民時代의文明은鴨綠江流域에서發軔ᄒᆞᆫ바라其子孫이漸次繁衍ᄒᆞ며壹派ᄂᆞᆫ遼東及滿洲各地에分布ᄒᆞ며壹派ᄂᆞᆫ朝鮮及三韓各地에分布ᄒᆞ야各其本族을結集ᄒᆞ야十幾異種을征服或吸收ᄒᆞ니此ᄂᆞᆫ我民族發達의第壹期오其後에許多蠻族이皆扶餘族勢力下에俯伏ᄒᆞ야或斯滅을遭ᄒᆞ며或同化를被ᄒᆞ미於是乎本族內競爭이又有ᄒᆞ야三國이對立ᄒᆞ야戰鬪가不息ᄒᆞ니此ᄂᆞᆫ我民族發達의第二期오旣而오北方에在ᄒᆞᆫ民族은同族의侵入을遭ᄒᆞ며外로他族과競逼을被ᄒᆞ야腹背受敵의苦를不堪ᄒᆞ야句麗가前에覆ᄒᆞ며渤海가後에亡ᄒᆞ야以競이旣絕ᄒᆞ고外寇가亦還ᄒᆞ미梟雄悍賊이此機를乘ᄒᆞ야群强을鋤ᄒᆞ야尊의位를定ᄒᆞ며民氣를摧ᄒᆞ야朝廷의權을張ᄒᆞ서此三千里山河를壹大鐵甕을作ᄒᆞ야壹國人民을其內에錮ᄒᆞ고壹步踰越出을不許ᄒᆞ니蓋勝朝以來史를讀ᄒᆞ면英雄滿襟의淚를不禁ᄒᆞᆯ바니此ᄂᆞᆫ第三期發達時代를當ᄒᆞ야阻力이太久ᄒᆞᆷ으로反히銷沉을致ᄒᆞᆫ바라

此三時期를分ᄒᆞ야我民族活動의舞臺를觀ᄒᆞ면其盛衰消長의情勢가刃을迎ᄒᆞ야自覺ᄒᆞ나니大抵今國의문明이鴨綠以外에서發源ᄒᆞᆷ이何故오曰吾ᄂᆞᆫ聞컨대初民時代의문明은恒常平原大河、海濱에서起ᄒᆞᆫ者인듸今我國內地에ᄂᆞᆫ비록三面에大海가環ᄒᆞ얏스나處々에山嶺이重疊ᄒᆞ야通商行軍에大障礙를作ᄒᆞ고遼瀋等地의平原이無ᄒᆞ며且內地河流의大ᄂᆞᆫ遼河鴨江에比ᄒᆞᆯ者ㅣ少ᄒᆞᆫ故니라我民族이西北으로從ᄒᆞ야東南으로遷ᄒᆞᆷ은何故오曰西北은寒冽ᄒᆞ야初民의居住에不合ᄒᆞᆫ故ㅣ라

(未完)

◎特別社告

漢城內와沿江에서本日報購覽ᄒᆞ시ᄂᆞᆫ諸氏ᄂᆞᆫ每月終에本社分傳人이代金收合ᄒᆞᆯ時에若無領收證이거든壹分이라도先給지마시옵소셔領收證을給ᄒᆞ시면本社領收證ᄒᆞᆫ거시되再徵ᄒᆞ야도[illegible]ᄒᆞ심을敬要

大韓每日申報社

雜報

●太皇帝渡日說

昨日大韓新聞을據한則 皇貴妃殿下께서 皇太子殿下와御對面하시기爲하야 渡日하실思想이有하시다는事는已揭하얏거니와更히伊藤統監으로부터오는說을聞한則 皇貴妃殿下의 渡日은勿論統監도大히希望하는바이라 曾彌副統監과共히 太皇帝陛下及 皇貴妃殿下께此를勸奏함이一再가아니로대周圍의事情으로아직其決行을심히促함에至치못하얏슨則今日에直히 皇貴妃殿下께서만渡日하시기로決定하셧다고는謂키難하고但 太皇帝陛下께나 皇貴妃殿下께向하야 皇太子殿下께옵셔屢々日本의風光이明媚하고氣候가適順함을奏 上하셧고今回의巡啓에對하야는每日繪葉書等으로써到處의風光을 奏 上하심이有하야 太皇帝陛下께서와 皇貴妃殿下께셔 共히觀光코저하시는 聖意는多少開發하시다하얏더라

●釋奠秋享擧行 成均館秋享釋菜에 祭禮를昨日下午拾時에擧行하얏는데學部大臣李載崑氏가該部官吏四人을帶同하고祭官으로參與하얏다더라

●整理局官制廢止 帝國財産整理局官制廢止件을 裁可되야宮內府布達로頒布가되얏다더라

●璿譜改正奉呈 奎章閣에서璿源譜略을改正하더니其初件을 御覽次로昨日上午拾壹時에 奉呈하얏다더라

●中山麥藁 內部土木局長劉猛氏가該部大臣의命意를承하야昨日上午十一時頃에韓國官吏와應接室로會同하야說明하되中山帽子說을槪說하야現今改革時代를當하야 大皇帝陛下께옵셔도時宜의變改함을洞燭하옵시고斷髮戎裝하시고翼蟬冠과 冕旒冠과 袞龍袍를御除하셧슨則爲其臣子가宜當遵行할것이安合한지라惟我同僚는冠宕을壹切廢止하고仕進할時에中山帽子던지麥藁帽子던지掛着하되此에服從치아니하는官吏는余를反對하는人이라하리니壹般官吏가快從하얏다더라

●免官報告繳還 忠南觀察使崔廷德氏가管下郡守拾二人을免報하되私札과同封하야內部大臣宋秉畯氏의私第로送致하얏더니宋內相이崔氏를論責하야日公문을宜報內部이거늘私第로送來하는거시切非公體라하고該免報件을却還하얏다더라

●度大設宴 度支大臣任善準氏가日間大宴을設하고部下壹般內外國官吏를請邀宴待한다더라

●金氏還國電 中樞院議長金允植氏가從速히還國하깃다는電信이三昨日其本第에到達하얏다더라

●北觀察과郡守 全北觀察使李斗璜氏가管下各郡守를對하야各其郡首書記以下壹般官隸의剃髮을기를勸勉하얏다더라

●閒島警視被任 農商工部技手姿根道氏가北間島警視를被任하야警部巡査拾三人을帶同하고日間發程한다는대擄히壹進會員이라더라

●司業試選委員 成均館司業을試選하는規定을學部에서將次改定한다는데試選委員을置하기로定한다더라

●南門外松井 內部警務局長松井茂가西北地方에警務를視察次로發向하얏더니警視總監의事務를引繼함을因하야昨日下午六時二拾分에南門外停車場에到着하얏는데該部奏判任官諸氏가南門外에서迎接하얏다더라

●警官鍊習所新設 內部警務局에서新任巡査의敎習及地方巡査在勤及巡査部長의事務를鍊習케하기爲하야警察官鍊習所를新設하고本月末來月初旬부터開始할터인데光化門前中樞院내로定하고目下修繕中이라더라

●淸潔費調査 漢城府에서淸潔費를日間逐戶收斂할터인故로各洞統首가爲先該掌內人民의게姓名圖章을捺印受去한다더라

●量地課事務浩煩 度支部量地課에서各地方驛屯土測量以來로거今近日에製圖하노라고該課事務가繁多하다더라

●二百憲兵渡韓 今回에日本憲兵將校以下三百名이來韓할터인대其中二百名은昨日仁川港에到着하얏다더라

●慰問夫人 學務局長尹致旿氏의夫人尹高羅氏가觀光次로仁川府에下去하얏다가該地에서因爲落胎함으로尹致旿氏는慰問하기爲하야昨日仁川港에下去하얏다더라

●海南日人 海南郡邑에在住한日本人의實數를調査한즉財務署、巡査駐在所、郵便取扱所、憲兵分遣所와農事經營者、雜貨商、菓子商、賣藥商、合四拾二名이라더라

●學員接待 日昨 大皇帝陛下 卽位紀念禮式慶祝에阿峴太極學校에서學徒七拾餘員이冒雨提燈慶祝할時에毛橋居金敎鴻氏가 敦化門前까지來待하얏다가學徒를領率하고明月館에往하야茶菓를盛設接待하얏다더라

●高倅愛民 高山郡守李承民氏가該邑底居民中無論某人하고罹病者가有하면雖夜半이라도通引을先遣하야醫藥을勸試하고翌朝에는依例히李郡守가躬往病家하야症勢를詳問하고衛生에極力保護한다더라

●觀鎭兩坊設會 北部觀光及鎭長兩坊에有志紳士某々氏가발起하야觀鎭坊會를組織하고趣旨書를刊布하얏다는대其槪意를聞한즉敎育普及、死生相知、患難相救、衛生便利、道路修築等節이라는대其進行方法을今日에畿湖학校內에서會同協議한다더라

●結婚自由 協成학校第壹回卒業生金在益氏와蓮洞貞信中學校第二回卒業生孫願金氏로自由婚姻을結約하야陽九月三日上午拾時에蓮동長老敎會堂에서結婚式을擧行할터이더니如何事由를因하야處所를他處로更定한다더라

●養成所開學協議 法官養成所에서昨日下午二時에講師會議를開하고開學準備를協議하얏다더라

●宜川倅義捐 宜川郡守金斗鉉氏가關東학會에金四十圓을捐付하얏다더라

●李氏放免 前郡守李斗淵氏가監獄署에多日滯囚하얏더니再昨日에無事放免이되얏다더라

●佐藤被押 南部小銅동居留日人佐藤伸次郞이가再昨日에泥峴日人玉泉料理店에入去하야渠의所持한金圓이나價値의料理를酬給한다하야沒食한後壹分도出給지아니한는지라該店主가鍾峴分署에告訴하얏더니日人을提囚하얏다더라

●吸鴉何多 南部小公동居李鳳鍵씨가再昨日에該家에서鴉片烟을吸하다가南部警察署에被捉되얏다더라

●分擔三校 鏡城郡居金鼎九金環珠金河鍵柳泳鶴四氏가該郡城내城南城西三處의國문夜學校를設立하고樵夫와牧童을募集하야各其義務로城내에는金鼎九金環珠兩氏오城南에는金河鍵氏오城西에는柳泳鶴氏가擔任하야熱心敎授하는데學員이壹百四拾餘人에達하얏다더라

●婦人界大模範 西來人의確音을聞한則平北定州郡海山面私立東興學校에有志紳士들이發起하야靑年敎育이爲篤實할뿐아니라當地居金京咸氏親母와利根氏의慈親과金用德氏의慈親李氏等二拾五人이數年부터敎育界에補力코자하고預筭出資하얏는데金額六拾八圓을該학校에補助하얏는데該婦人들이恒議하기를幾年前부터預筭하든目的을以鳩聚之力으로快遂하얏거니와尤極熱心하야校體를維新하자고時時協議한니如此婦人들은女子會에一大模範을作할터이라더라

●頑腦快醒 平南龍岡郡居紳士盧義龍繼錫兩氏는元來經學家로當郡에表準이되는人인데時勢의變遷함을感覺하고今夏上京하야猛然剃髮하고諸般新학을孜々研習하는데兩시는頑癖界의頂針이될만하다더라

●敎師斷髮 交河郡私立宣敬學校敎員李冕秀氏가東門外明進학校敎師를訪問하얏대니谷학校敎師四五人이李氏를對하야理髮아니함을嘲弄함애李敎師가卽時出席하야義成小學校에서理髮하얏다더라

●衆心並熱 平北定州郡海山面有志紳士李秉燮白宗泳諸시가熱心協力하야私立有興學校를設建하고靑年을募集하야六拾五名에達하얏는데敎師尹澤壹氏가生徒의精神을活潑히養成할뿐아니라三十餘名에達한夜학生徒々지壹致로敎育하는대此諸시의熱心은人皆贊頌한다더라

●測量科試驗 北署私立淸風學校測量科에서第壹回卒業試驗을經하는대最優等에李德應오優等의吳元夏金翊鏞等七人이오及第에李源昉徐化鳳等拾壹人이라더라

●警昌校窘況 西來人의傳說을據한즉延安郡龍川面警昌학校는本以該동有志人士가敎育誠力으로鳩財設立하야敎授兩載에學徒는增하고程度日進하야前途之望이有하더니財政이窘拙하야鮮終之慮가有하다고人皆恨歎한다더라

▲經濟誤解▼

▲文明國의經濟法은共同利益觀念으로壹大社會를造成인데韓國人의經濟法은害人利己아니하면小食大失事端이니國家時代者然하다

▲學會發起하다하면輓捐請求憂慮하야疾首蹙額하다가演劇場이設施하면顚倒衣裳하고奔走하야不惜金錢하야浪費하니그經濟도誤解로다

▲窮交貧族患難에는分錢粒穀救濟업고空日慓氣冷待하가外國人을接待하면膝行匍匐納媚하야其國料理淋漓하니그經濟도誤解로다

▲錢財間의去來하재自己所捧若在하면足不移地督促하되他人債務越俛하고此를彼推延하야使人狠狽不顧하니그經濟도誤解로다

▲父母妻子生病하면壹封藥을不試하고今日明日推委하가難治之境된然後에壹邊巫祝請求하고壹邊方藥雜試하니그經濟도誤解로다

▲分外錢財妄貪하고凶謀陰計包藏하야害人利己하다가壹朝情跡現露하야無數年刑訊問場의蕩盡資業無餘하니그經濟도誤解로다

▲衣食居處麤陋하야衛生利害不知하고錢穀聚殖主하가時氣怪疫流行하면千倉萬箱浮雲이오閉門慘禍酷當하니그經濟도誤解로다

▲本國所産許多한데外國物偏愛하야費盡高價輸入하고窮奢極侈하면서도對人쳐說稱利하야互相勸論風靡하니그經濟도誤解로다

▲物品價値相當하야日不貳價하랑이면商業從此發達인데卑劣物品陳列하고幸受高價成俗하야自以爲得利하니그經濟도誤解로다

雜報

●文■文明　龍川府光化面龍溪로居ᄒᄂᆞᆫ匡濟學校夜學敎師문精華氏가熱心敎導ᄒ으로壹里人民이感起ᄒ야生徒가五十餘名에達ᄒ얏다더라

廣告

國債報償調査會

國債報償에調査會組織總會를本月三十日(日曜)卽本日下午一時에鍾路商業會議所내에서開ᄒ오니各社會代表僉位와其他有志諸彦은多數來臨ᄒ시옵

國債報償志願金總合所　評議會一同

本所에서國債報償志願金總額을整理ᄒ기爲ᄒ야財務監督은金允五金麟兩氏로會計ᄂᆞᆫ柳東說鄭志永兩氏로選定ᄒ야本所金額을所長과合同保管케ᄒ얏슴기茲에廣布ᄒ오니京鄕同胞ᄂᆞᆫ照亮ᄒ시옵

本人姓名陽刻圖章을去陰曆晦日에中路서失ᄒ야正字로新刻ᄒ오니舊章은無效홈

堅井橋成起鎬　告白

本社에典執ᄒ釜山鎭山首洞李極五家垈의官文記貳張과釜山鎭二洞白英圭家地의官文記貳張을陽八月廿七日遺失ᄒ얏스니內外國人은拾得ᄒ야도休紙로施行ᄒ　釜山鎭壹洞大德社白

本月三十壹日下午貳時(陰八月初五日)特別通常會를開ᄒ옵기茲에廣告ᄒ오니會員은來參ᄒ심

帝國實業會　告白

本人이陰■■壹日에姓名圖章을遺失ᄒ온바■■熙豐이라刻ᄒ옵고柄頭에ᄂᆞᆫ田潤守라刻ᄒ圖章을遺失ᄒ얏스오니內外國人中誰某시든지勿爲信行ᄒ심을伏望

麻浦壹百五拾九統一戶　田潤守　告白

◎測量학員募集廣告

本塾에서測量二個月速成科를設ᄒ오니願학僉員은九月二日來(水曜日)니로請願홈

北部齋洞二統拾戶　測量新塾廣告

本校에서**晝夜學**員을增募ᄒ오니願학僉員은九月三日(陰八月初八日)니로來議홈
請願用紙ᄂᆞᆫ本校에請求홈

晝學科

壹　年齡拾九歲以上
壹　卒業年限貳箇年
壹　試驗科目國漢文讀書作文
壹　試驗日九月三日上午九時
日語　算術　地誌　歷史
漢文　體操

夜學科

日語　漢語　算術　簿記
以上四課ᄂᆞᆫ各其隨意로홈

典洞私立中東學校

◎學員募集廣告

本校에서聰俊을敎授ᄒ기爲ᄒ야학員을募集ᄒ오니子弟를入학코져ᄒ시ᄂᆞᆫ　僉君子ᄂᆞᆫ來議ᄒ시옴
位置南部下茶洞
年齡八歲以上拾五歲以下
開學九月三日(陰八月初八日)
學科普通課程
但入학請願紙ᄂᆞᆫ支給홈

私立共成學校

本舖에서耶蘇敎各種書籍과各校敎課書類를無不俱備ᄒ얏사오니隣近邑村僉君子ᄂᆞᆫ陸續購覽ᄒ시옵

黃州南門外耶蘇敎書포
崔鎭衡　梁達海　告白

本人의姓名圖章을陰本月貳拾九日에路中서失ᄒ야方章으로新刻以用ᄒ오니舊章은誰某拾得이라도無效홈

漢江鄭祐永　告白

本書館을開業ᄒ지未過壹年에壹般同胞게서愛助ᄒ사와營業이興旺之故로本館을壹層擴張ᄒ고各項新舊書籍與敎育物品을多數準備ᄒ야特別廉價로大發賣ᄒ오니四方　僉君子ᄂᆞᆫ陸續來臨ᄒ심을爲要홈

釜山港東關韓興書館

金汝重　權鍾律

訴訟에對ᄒ야疑惑不決者의게其勝負의可否를詳細說明이옵고鑑定料ᄂᆞᆫ事之貴重과價之多少를隨ᄒ야臨時酌定ᄒ되大概如左홈
鑑定料ᄂᆞᆫ五圜以下로ᄒ되貧窮者의게ᄂᆞᆫ無料도홈

京城南部苧洞六拾四統貳戶
東洋大學前講師
日本法律學士
辯護士

木尾虎之助

中等

物理學教科書

二百八拾餘頁挿圖
二百餘部定價金八拾錢

本書ᄂᆞᆫ最近ᄒᆞᆫ學理를準據ᄒ야簡明히編述ᄒᆞᆫ者ㅣ니中等敎科에와獨修에適用ᄒᆞᆫ初有良書이옵

發賣所　京城各書舖

公　告

自今으로京城長谷川町東京江川活版製造所支店에셔本局의定價와同壹히本局製造品을販賣케ᄒ기로玆에公告홈

隆熙二年六月

龍山印刷局

◎活字及印刷機械製造販賣所

其他인긔·機械油·膠·名刺紙·色革
金銀各良粉箔·並活版石版附屬品一式
새로ᄉ업을　창셜ᄒ야　ᄒᆞᆫ번에오백원어치　이상물건을사셔가시ᄂᆞᆫ이ᄒᆞᆫ때ᄂᆞᆫ　본뎜에셔　기ᄉ　ᄒᆞᆫ명을보내셔ᄒᆞᆫ돌동안을　월급도아니밧고　직공을ᄀᆞᄅᆞ쳐주겟ᄉᆞᆸᄂᆞ이다

京城長谷川町二丁目(石井洞)

江川活版製造所支店

獨立行

本店　東京日本橋區長谷川町　電話浪花八八八番
鐵工場　東京　京橋區南傳馬町　電話本局二七二六番
支店　仙台市國分町　電話一一七番

●電話六七八番●

局製朱肉은其肉色이美ᄒ고且數百年을經ᄒ야도決코變色之虞가無ᄒ고壹種獨特ᄒ精良品이오며又多少不拘ᄒ고購求ᄒ심을願

平北博川郡南湖前都事金尙弼氏ᄂᆞᆫ德行純潔ᄒ야孝親也에已極孝養ᄒ며兼且慈惠ᄒ야雖無餘儲나所居里數十餘戶에隨其貧窶ᄒ야捐救ᄒᄂᆞᆫ데鰥寡孤獨과喪家之棺槨과病者之藥劑와節日之錢穀과農者之牛隻과婚葬之義助와行旅之賑乏을不啻라本학校經費를每年七百餘圜式擔任ᄒ고熱心敎育ᄒ온즉世所罕有者也라昨年分에本郡大小人民이爛議褒揚之意로訴郡呈府에旣蒙贊奬之題ᄒ고又呈于내閣而指令내에孝是行源에推以事君이오惠是愈人에用以慈民이라求人如渴ᄒ니拾是奚以아培根食果ᄂᆞᆫ種德受福은自是常理라當有公議내退坡ᄒ的只계시온지于今拾餘月에尙無褒薦之擧ᄒ와衆議이齊々ᄒ기로玆에廣布홈

李仁補　金日煒　朴昌浩等　告白

本館에서新舊書籍과學徒의所用諸般物品을具備販賣ᄒ오니　僉君子ᄂᆞᆫ來購하시옵

平壤鍾路太極書館

館主　李昇薰
主任　安泰國
事務　李德煥

◆學員募集廣告

(本悉ᄒ條件이有홈으로正誤改告홈)

本학館에서第三回학員을募集ᄒ오니志願人은八月二十壹日以內로請願書를提呈홈(請願用紙ᄂᆞᆫ本館에請求홈)

晝學科程

中學課

第壹학年　東國歷史　大韓地誌　算術　博物「植物、動物」　圖畫　聖經　曲調　唱歌　體操　語학「日英語隨意」

第二학年　國語　萬國歷史　萬國地誌、數학「算術、代數」　生理及衛生학　聖經　唱歌　體操　語학「日英語隨意」

第三學年　歷史　物理학　化학　數학「代數、幾何」法학「商法、經濟」　聖經　唱歌　語학(日英語隨意)　體操

語學後科

此ᄂᆞᆫ中學科를卒業ᄒ資格이有ᄒ員으로日英語間隨意ᄒ야幾種科目及其外國語로專修케홈
生理及衛生학(但今年만有홈)

日語課(壹個年)
英語課(一個年)
但本館에畢業ᄒ專門科의已爲修業ᄒ던員은本後科의許入ᄒ야依舊規畢業케홈

夜學科程

木工課　工業　圖畫　算術　聖經　木工

日語課
英語課
簿記課
以上三課ᄂᆞᆫ各히專修課로ᄒ되入學細則은本校에來問홈事

入學試驗科目　國漢文　讀書作文
但各課補缺生은各次班課程으로試驗홈

試驗日子　九月壹二兩日(陰八月初六初七日)上午九時

開學日字九月三日

●以上各課中晝학語학課ᄂᆞᆫ補缺生만募集홈
●夜學各課壹年級은학員이貳十名이未滿ᄒ時ᄂᆞᆫ該班을不設홈

皇城鍾路基督敎靑年會學館

◎學徒募集廣告

本校에서第二回男女學員을募集ᄒ오니志願人은來九月壹日內로請願ᄒ시오

科程
本國地誌　本國歷史　算術
小學讀本　漢文　圖畫
特別이英語科가有홈

南大門內尙洞敎堂內　攻玉小學校

●千금保化丹

主治積滯吐瀉霍亂의第壹要약也

本舖　在江華郡니贊■당
出張人　海州　劉應셥
ㄴ邱　崔寅琪
平壤　朴承奐
發起人　김完植白

第四回學員募集廣告

本塾에서法律專門科晝학員을新募ᄒ오니願學人은來九月三日以內로本塾에對ᄒ야請願書를提出ᄒ고左開日時에應試ᄒᆞᆯ事
但請願書紙、學科、規則은本塾에在홈

試驗科目

壹、國漢文作文、國漢文讀書、地誌、歷史、算術(四則以內)

試驗日時

九月九日上午拾時(陰八月拾■日)
但高等학校(中學校程度를包含)程度에相當ᄒ卒業證書를有ᄒ人은免試홈

西部丁后洞

私立養正義塾

各地方各種學校敎師紹介所를本會內에設置ᄒ오니普通學其他各種技術語學敎育에敎授ᄒ志願人은校洞本會館으로來議ᄒ시옴

畿湖興學會　告白

漢城鍾路慈惠大藥房

大韓東西藥業月報社製藥

咽喉 腫痛 降火水 五日分 壹圓 五十錢

男女 補益 補益丸 二圓 五十錢

淋疾 祛根藥 五十錢

清明眼藥 十五錢

萬病 濟衆藥 三十錢

螢 發汗丸 二十錢

臨時感冒丸 十錢

消痰鎭咳藥 三十錢

陳滯 消積丸 五十錢

胃藥 唐草材 以包郵便遞送

消化 告味 甘酸水 金五十錢

瘡瘍 潤腸丸 二十錢

痢疾靈散 三十錢

養兒寶散 十五錢

純金鷄納丸 十錢

萬汗臭藥 二十錢

太腫合瘡膏 三十錢

漢城百應膏 十錢

癎氣 神效 保嬰散 十二錢五里

大韓帝國 新發明 特效靈藥

● 承寧府典醫正三品 洪哲普 閣下實驗處方
● 陸軍軍醫의學校敎官 陽君 茂君 有効證明

八寶丹 九拾五粒入 金一錢

主治 ○胃痛惡心 ○頑痰固飲 ○食慾欠乏 ○中暑中寒 ○新久積滯 ○急瞥癨格 ○溢飲食傷 ○頭痛眩暈 ○濃濁下痢 ○霍亂吐瀉 ○水土不服 ○船車醉

効能

陸軍二等軍醫 許均君實驗處方

陸軍二等軍醫 朴熙達君 有効證明

滋陽丸 卅日分金五圓 廿日分金三圓四拾錢 拾日分金壹圓八十錢

主治 ○房事不容 ○腎虛腰痛 ○病後氣端 ○腎氣不足 ○陽痿不起 ○遺精多夢 ○腰虛火動 ○房事後惱困 ○手足厥冷 ○形容蒼白

婦人 경되 양 도 경 환
婦人 胎 養 調 經 丸
壹劑 金一圓

主治說明
婦人이 孕胎를 지못흠은 冷病積病과 月經不調로 因흠이니 此藥을 服用흐시면 婦人腹中에 有흔 諸病은 壹切退去흐고 自然孕胎흐오니 速臨買去하시압

神病 사향소창단 麝香消瘡丹

此丹이 於諸瘡에 無論男女老少흐고 若服壹劑이면 百發百中흐오니 非他方可及也라 若論主治則 瘰癧 下疳 遊珠 風濕頭瘡 諸症에 俱見立效흐오니 愛君子는 試驗흐시

右四種 藥은 本 價金四圓
各地方이라도 請求흐시면 우편으로부치는 小도 있음

製藥所 仁川港 和平堂藥房
發行人 全 李昌仙
代理店 仁川 濟生堂 藥房
京城鍾路衣廛下 和平堂支店
京城大東署 共濟病院 同商
平壤 水溝 大東商市支店 金泰一

分賣所
南署 學洞 李永春 藥局
南門內 博文書館 李□□
南門外 木廠 濟生支店
漢口外 相信號
鐵物橋 毛衣房 李治瑞
小廣橋 毛衣房
廣通坊 上隅 三可病院
大寺洞 共濟病院
仁川港 內洞 旅館
仝 牛峴 內洞 全永□
江華邑 鐵路
仝 南門內 明新 朴圭□
水原 南門內 金濟九
海州 南門內
延安邑 內 李□淳
瑞興 南門 內
黃州 南門內 曉星 敎堂
仝 砂里院 耶蘇敎 堂
平壤 章臺峴 耶蘇敎 堂
法首橋 乾材 局 金□元
大興 部 壹里 崔□化
鎭南浦 文武洞
仝 碑石洞 冊肆
仝 濟生堂 出張
仝 港 開闢洞
仝 大井洞 李春□
載寧 南門內 李春
江景 李明□
元山港 南門內 李甲元
仝 濟生堂 支局 朴致心 藥局
尙州 邑 內 鄭聖□ 藥局
금泉場
釜山港 濟生堂 出張 回春大藥房
安州 城內 義井洞
安岳邑 上 濟生局
義州 南門外 木口街 義和 藥局
載寧 邑 後 洋藥局
定州 南門內 洋藥局
郭山邑 冊肆
宣川邑 冊肆 安
鐵山邑 永春堂
成從郡 耶蘇敎堂
仁川港 奇峴 張炳□
京城鍾路衣廛下 和平堂 白

● 大韓 新發明 製藥 廣告

○ 陸軍軍醫 張基茂君 有効證明
○ 皇室典醫 金守鉉君 實驗方劑
○ 四海衛生之諸君子 常備之靈藥

消化 新藥 清心保命丹

發行所 仁川港 杻峴 濟生堂藥房

九十粒入 壹拾錢

右 藥의 主治 効能은 如左
○ 吐瀉 ○ 水土不服 ○ 飮食 ○ 中暑 中寒 ○ 腹痛 ○ 口熱 惡臭 ○ 食傷 ○ 咽喉 ○ 其他 諸般 運氣 虞疫 預防 妙藥

總發行所 京城 南大門內 濟生堂 支店 李□□
○ 개성 남문외 濟生堂 支店 具又賢
○ 元山港 弟石院 濟生堂 支店 박敬鎬

代理店 京城 大廣橋 共惠堂
● 京城 泥峴 三丁目 全 鍾路 慈惠 藥房
全 郵便局 前 天佑堂 藥房
全 南大門 博文書館 盧益亨
全 梨峴 洋藥局 李信華
仝 大安洞 仁濟 藥房
全 壽洞 三可 病院 朴喜達
仁川 杻峴 和平堂 李應善
仝 本町 新井 藥房 宋在瑛
海州 南門內 李奉□
仝 商店 金濟九
水原 鐘路 下 藥房 李□文
延安 邑 內 洋 藥房 尹斗鉉
江華 邑 路 店 金□淳
長淵 南門 內 任允中
砂里院 南門 客主 李□善
仝 耶蘇 敎堂 許□
瑞興 邑 內 李東□
汗浦 東美 送部 金奉主
黃州 南門 內 紅 李□
安岳 邑 上 場里 濟生局 林景柱
載寧 邑 後 洋 藥局 崔允國
鳳州 康良面 早邏 金鐵和
信川 邑 四聖 洋 藥局 金永□
平壤 里 冊肆 出張 文與冠
殷栗 邑 東里 冊肆 人 尹□□
仝 雙巨 里 濟 生局 崔龍化
仝 館 前 衛生 外院 金龍與
仝 文 武 洞 濟 生局 桂澤宣
仝 大 與 部 壹里 藥局
仝 啓浦 本堂 出張人 김元樊
仝 鎭南浦 榮洞 冊肆 吳南駿
安州 城內 義井洞 同春 大藥房
博川 邑 與洞 商店 朴芝行
定州 남문내 洋藥局 리健柱

● 大韓每日申報分社廣告
中署布屛下 金相萬 冊肆
平壤 鍾路 太極書館 安泰國
仁川 杻峴 開新冊肆 李東皓
義州 南門外 京西大藥房 趙有寬
釜山港 佐川 藥局 徐錫鎬
三和港 築洞 金元燮
咸興 州南 社西 門外 曹喜林
開城 남大門 內 興學 書舗 裵助遂
大邱 西門外 友弦 書舖 側 李正由
載寧 濟衆院 劉夢澤
鐵山 邑 東部 安瀨
元山 倉前 劉七錫

○ 廣告料
四号 活字 拾二字 詰
每日 壹寸(悉尺)에 新貸 廿五錢
二週日 壹寸에 二圓五拾錢
壹箇月 壹寸에 五圓
(自壹行至四行이爲壹寸)
其期限의 長短과 字行의 多數를 依흐야 增減흠이 有흠

○ 申報 價
壹號 代金 新貸 二錢 五厘
壹個月 前納 三十錢
參個月 九拾錢
陸個月 一圓 七十錢
壹個年 三圓 四十錢
郵稅 一般 新貸 五厘
壹個月 十二錢

社告

● 郭山邑 大街 冊肆 김大鉉
● 宣川邑 內 冊肆 安津
● 鐵山 邑 內 永春堂 安瀨
● 義州 남문외 水口街 朴□浩
● 德川 邑 官 洋 藥局 리丙斗
● 群山港 開闢洞 김斗鉉
● 大邱 南門 內 刷 還 洞 김成浩
● 釜山港 東館 本町 商店 리炳夏
● 北靑 新昌港 客主 朴□勳
● 木浦 各國 居留 地 松房 徐枝規
● 全國 內 各 藥店 마다 隨時 販賣
仁川港 杻峴 濟生堂 白
京城 남大門 內

海州 南門 內 朴昌鎭
定州 南門 內 書舖 洪成麟
昌城 郡 校洞 許 □
郭山 興岩 李銀瑞
安岳 細 坊 成洞 康□善
韓川 舊津 李鎭滚
安州 城 內 義井洞 金翼河
鐵原 邑 聚 洞 趙秀大
高原 邑 朴□吉
濟 邑 邑 內 李從兼
泰 仁 邑 內 金禹燮
京 義 線 枇峴 驛 替 市 李承秀
長淵 邑 南門 內 □載淳
殷栗 邑 倉 前 里 金泰□
群山港 東 彰 社 宋判巖
龍川 楊 市 □菊保
朔州 邑 南門 내 朱伯英
泰川 邑 館 前 洋 藥局 李□華
永興 鷹山 冬 書舖 梁昌錫
江華 邑 川 鍜 金鐘식
淸州 남문외 宋斗仁
金淸 水流 面 豆亭 趙德三
寧邊 邑 客舍 里 趙炳俊 家 明濟世
信川 邑 六里 丁一善
江西 邑 內 金昌煥
成川 郡 上部 面 馬德三
興德 富安 面 館谷 姜大榮
龍川 府 南面 松峴 海東 書會
咸從 郡 耶蘇 敎堂 張炳壹
平壤 順川 郡 遼 동 鄭裕성
龍川 남 市 驛 韓□禎
德岡 郡 耶蘇 敎堂 內 朴鐘은
事 蹟館 金明鉉
結城 廣川 小龍 동 李啓祚
定平 郡 豊川 □□학
洪原 南門外 耶蘇 敎 冊肆 方萬晟
宣川 읍 新民 書會 魯晶世

發行兼編輯人 英國人 裵說
Responsible for Publication Alfred Weekley Marnham.
發行所
南署 石井洞 號外 壙 三層 洋屋
大韓每日申報社

漢城 鍾路 慈惠醫院 開業
醫學校 卒業後 濟衆院 卒業　濟衆院의 하實地 六年 하習

眼鏡 合

此鍾路慈惠醫院에서 太英國製 視力檢査機械와 金銀 眼鏡을 購置흐고 男女 視力을 檢査흐야

第八百九拾五號

大韓每日申報

月曜及慶節
該時日休刊

開國四百十七年
檀君元年三千[illegible]年
[illegible]五百[illegible]年
日本明治四十一年
淸國光緒三十四年
陰曆戊申年八月[illegible]

論說

◎士習의腐敗 (太極學報照騰) 觀海客

夫士者는國의元氣라國家의安危와生靈의休戚을已任으로觀하야壹夫가不獲이라도則曰時予之辜라하며時勢와變遷과學術의損益을實地로硏究하야萬難이在前이라도斷曰是吾의責이라흔然後에야士라可謂할지라近日我國의士林風氣를觀見하니最可寒心할處로다國家의至危와生靈의疾戚이罔極에至하야도秦瘠을越視하며時勢의如何히變遷홈과學術의如何히發展홈을初不講究하고江湖의魚鳥와山林의麋鹿을伴하야世로더부러相忘하며人으로더부러自絕홈뿐이라平日所講훈者ㅣ曰心曰性曰詩曰賦에不過하니干戈相尋하는時代를遭하야何術이有하리오所謂士로爲名훈者의識見이如此히固陋하고經綸이如此히埋沒훈境遇에到하얏스니宜乎亟々히奮發하야世界의活動하는交象과人群의進化하는形況을洞察無遺하야知彼知己의大勝利를預籌하야公益上事業을壹[illegible]이라니早速히猷爲홀거이어늘日昨에京城傳說을聞훈즉所謂退鄕韋布의士라稱하는者流가千里에負笈하고上來훈者ㅣ百餘名이라或人이其短偉훈行動을[illegible]觀훈즉[illegible]世見하고國家社會에[illegible]有益훈意見을發表하고[illegible]族으로하야곰文明에共[illegible]義務思想이有훈가하야欽[illegible]하야其上京훈目的을問훈즉曰成均館司業應試生이라嗚呼噫々라此輩의目的이此에不過홀지로다

昔에唐陽城이國子司業이되야敎授의實效가[illegible]流芳하얏시니諸君이此職業을繼作코즈하는가諸君의[illegible]術이唐陽城에讓頭치안이[illegible]已所預期나陽城으로[illegible]今日에再生하얏시면時官의義務를彈力하고世變의機微를適應하야國中子弟를敎授홀지오諸君의區々훈虛卿을圖得하[illegible]爲하야但히長安의米價만騰貴케하야流害가公衆에及케홈과如치아니홀지라諸君은試思之하라司業이란名稱을淸官으로知하야然홈인가太抵官職이란것은相當훈任務가有홀것이어날今에何樣職責이無훈印紙壹片을獵得하야로熱心이絅中하야東馳西走하니桃源春夢이移轉하야黃粱枕을作하얏도다士乎아士乎아若是히腐敗하얏는가十年前時代를遭하얏더면此를帶하고鄕村에下去하야或曰문科同等이오或曰南臺壹體라稱種하야衆人坐中에意氣가自若하야首頭의座次나或可占領홀것이나今日則民目이稍明하고思潮가漸變하야雖閭巷愚夫라도行政司法의官吏를向하大厭치안커든區々히無職無責훈假卿을崇拜홀理가萬無홀지라時局과人心의壹變이此에至하얏거날諸君이獨不能察乎아萬鍾으로中國의宰을辭훈者는鄭孟子가其人也오共和의大統領으로畊野農夫를還作훈者는華盛頓이其人也오官爵을不書하고退陶晩隱이라自云훈者는本朝李文純이其人也라此三君子의學術과道德이古今을轟振하며宇宙를橫貫하야其功이國家에被하고其澤이生령에施홈은諸君도共知하는바어니와時勢에適當하며實地에着行훈義務로此에至홈이오旅進旅退하는榮辱으로엇지芥蒂가有하리오士氣의腐敗가此에極하얏스니國民의程度를可知홀지로다

嗚呼悲夫라既往은勿論이어니와來者는可追어다現今世界萬國이各種科학을發明하야法律大학을卒業하면曰法律학士라其所학을應用하미民刑商法과壹般訴訟에剖決이如流하야國家의安寧秩序를維持케하며工業大학에卒業하면曰工業학士라其所學을應用하미瀛輪磨械와各種製造에運用이如神하야人民의生活計圖를奠安케하며農商電光학校에卒業훈者가及其應用에無不如是홀지라是以로士로爲名훈者가箇々히實學이有하야適合훈天職에自在훈지라엇지我國의所謂士者가陳篇故墨의唾沫이나粗解하야空々然호퍄如하리오是以로其國이富强하고其民이文明하야今日雄洲大陸에虎視雄飛홈이로다諸君々々亦此勢를深察하야各樣科학을繼自今日로研究[illegible]하면平昔優越훈文學으로其覺知하는能力이可謂事半功倍홀지라於是乎壹般人族이鼓動하야각科學校를樹之如林하고廣之如海하면英雄豪傑이風起水涌하리니國家의富强과人民의文明이立至홀지라于斯時也에諸君이自由獨立臺의主人翁을作하야無限훈大榮光을萬古에발現하리니엇지區々훈壹個虛名司업에止하리오余도亦士林의壹分이라諸君의碌々遜々홈을慨然하야如此히呶々홈이아니라全國士林이此에淺染하면國權挽回홀可望이永杜하기로玆에壹言을仰布하오니嗚呼라司業諸君이여

▲隆熙貳年八月貳拾七日官報

●法 律

法律第二拾二號

●東洋拓殖會社法 續

第三章 營業

第拾二條 東洋拓殖株式會社는左開業務를營홈

壹 農業

二 拓殖을爲하야必要훈土地의賣買及貸借

三 拓殖을爲하야必要훈土地의經營及管理

四 拓殖을爲하야必要훈建築物의築造와賣買及貸借

五 拓殖을爲하야必要훈韓日移住民의募集及分配

六 移住民及韓國農業者에對하야拓殖上必要훈物品의供給과其生産이나獲得훈物品의分配

七 拓殖上에必要훈資金의供給

第拾三條 東洋拓殖株式會社는政府의認可를受하야附帶事業으로水産業과其他拓殖上에必要훈事業을營홈을得

宮 (未完)

外 報

●日本移民과美國 倫敦電을據훈즉日本은新移民條約을協定하는데對하야美國의提議에同意를拒絕하얏는데萬若兩國의協商이依然不調하면移民排斥法案은來拾二月米國議會에提出홀터이라더라

●摩王의讓位拒絕 同電을據훈즉摩洛哥王아부달아지쓰는讓位를拒絕하고新히軍隊를募集하기를企圖훈다더라

●日智通商條約 同電을據훈즉日本智利通商條約을締結하기爲하야日本委員은智利에赴任하얏다더라

●淸國烟草公司擴張 淸國軍機處各大臣이紙卷烟艸를增稅홀事로協議하얏는데現今淸國에各國紙卷烟草의輸入이年々增加홈으로此防禦策을研究홈이必要하다하야農商工部와協議하고淸國烟草公司를擴張하야權利를保存하기로提議하얏다니張軍機大臣도贊成하얏다더라

●僭王承認拒絕 倫敦電을據훈即摩洛哥國에關係가有훈列國은協同壹致하기로行動하다는데法國政府의各機關報에聞훈즉列國과商議를畢하기까지僭王을國王으로承認홈을拒絕하얏다더라

●兩國大臣謁見 東京電을據훈則俄國外務大臣及獨國總理大臣이德國에서英國皇帝의謁見하얏다더라

●文 壇

▲讀史新論 壹片丹生 續

二 地理

檀君以後로부터勝朝初葉에至하기까지南北이常分立하야凡數千年을經홈은何故오地氣의寒暖이既殊하미民族의特性이亦異하야調合이常難홈뿐더러又峯巒嶺嶽이在々險峻하야交通이不便훈故니라西南分立훈時代에西方이常勝하고南方이常弱홈은何故오曰南方은溫暖하야性이亦弱훈故니라末葉에句麗渤海의强武로도滅亡을不免홈은何故오曰彼大陸强國과北方諸胡가我族의隣逼홈하야慘담血雨가快재홀日이無훈대南方의民族이每々此機를利用하야東西夾攻을試훈故니라我民族의實力이鴨綠江以外를越進하야祖先의發祥地를還收치못홈은何故오曰內地天産이豊富하야需用이自足훈미得농望蜀의侈想이不生훈故니라我國地形이希臘伊太利와類似훈半島니其人民이鎖國에自安하야航海遠征의思想이不起홈은何故오曰此亦天産이豊富하야域外交通이아니라도生業이自足훈故니라人民의家族的觀念이厚하고國家的觀念이薄하며團結力이渙散하야孤立을喜홈은何故오曰山峽이深僻하야各地가阻隔하며中央政府의干涉이遍及하기難하야人民이鷄犬의休戚을痛癢無關으로思하며惟彼靑鶴을愚伏하야如是深巷에서穩住하야家長政治만發達된故니라

蓋地理라者는其民族의特質을與하며習慣을與하야凡人心風俗政治實業에壹々密接의關係를與훈者니國民된者ㅣ此에研究하야自家의特性을발揮하며缺點을補充홈이亦其天職也니라

(未完)

雜報

●特賜恩金　大皇帝陛下께옵서京城孤兒院情形을洞燭하옵시고侍從李喬永氏를命送하사學徒를勸勉後金壹百五拾圓式按月劃下하옵실意로傳諭하시고今月條金壹百五拾圓을下賜하옵셧다더라

●下賜旅費　皇太子殿下를陪從하야日本에滯在한高羲敬氏의弟高羲誠氏가其伯氏를私自往見하고次日發程한다는데　大皇帝陛下께옵셔旅費五百圜　德壽宮에셔貳百圜合七百圜을下賜하옵셧다더라

●孤兒院頌德　京城孤兒院情形이渙散之境에至하엿더니慶熙宮殿下께옵셔白米五拾石과服裝費四百五拾圜을下賜하옵셧는대該院에셔頌德不已한다더라

●太學修理　成均館修理事를七日巽時에着手하기로日昨秋享大祭에奏由하얏다더라

●財務監督官制　財務監督局官制中改正件을勅令으로頒布되얏다는데漢城財務監督局의所管은京畿、忠淸南北道、江原道오平壤監督局의所管은平安南北道及黃海道오大邱監督局의所管은慶尙南北道오全州監督局의所管은全羅南北道오元山監督局의所管은咸鏡南北道라더라

●皇族演劇　承宣君李埈鎔氏와中樞院顧問李址鎔氏가演劇場을寺동某大官家에設始한다더라

●內閣日曜例會　總理大臣以下各部大臣이昨日日曜에會同하야日曜例會를開하고緊要한事項을提議하얏다더라

●舊白銅交換定期　舊白銅貨交換期限은本年拾壹月三拾日로定하고其後에는其通用을禁止하얏더니右期限內로迅速히金庫나金融機關의就하야交換을請求하야不測의相値하는事가無케하라고度支部에셔部令으로頒布하얏다더라

●金氏滯留說　日本에滯留하는中樞院議長김允植씨는渡來할期가杳無하다는說이有하다더라

●警總若林　前報와如히警視總監丸山重俊이가依免되고若林賚藏이가被任하얏다더라

●拓社派員渡日　各觀察使가拓植會社의派員을各其二人式薦報上京하얏는데本月初旬에日本으로渡去할預定이라더라

●壹轉壹陞　前報와如히學部翻譯官李晩奎氏는該部秘書課長으로移任하고其代에는該部主事李完應氏가陞任하얏다더라

●三郡守依免　鎭川郡守宋熙宗、[illegible]城郡守朴憲緖、結城郡守李承輔三氏는依免이되얏다더라

●趙代徐任　元陵參奉趙重冕氏遭故한代에는其妹夫徐廷德氏가被任하얏다더라

●公逋守令調査　度支部에셔各郡守의欠逋文簿를調査하얏는데乙巳年以上條는姑爲置之하고乙巳年以後公逋守令은不日督刷한다더라

●冠宕者被責　內部壹般官吏가昨日爲始하야壹齊히帽子를着進하는데或은準備치못하야仕進을廢止한人도有하며或은冠宕을如前히着入하얏더니當該局課長이大端面責하얏다더라

●學校令頒布　學部에셔私立학校令과학會令을制定頒布한다더니本令의制定을畢了하고私立학校令에關한訓令을頒布하얏는데其令文을日間詳載하깃노라

●留學生渡日　日本留學生들이夏期休學한間에歸國하얏더니기學次로四拾八人이再昨日에聯合渡日하얏다더라

●各校開學　漢城內에在한各官公私立學校에셔秋期開學을今日부터施行한다더라

●川上屋移費支給　漢城府에셔昨日上午拾二時에齋동川上家屋主를招集하야移轉費를壹齊히撥給하얏다더라

●地段價支給次發程　內部臨時軍用鐵道局長박義秉氏가該局主事洪淳復氏를帶同하고開城等地에鐵道犯入한地段價를支給할次로三昨日에發程하얏다더라

●治道工役預定　水原利川間治道工役日字를陽曆九月三日로爲定하야勞動支會에셔擔任始役하기로決定되얏다더라

●開城人協議　開城郡穆淸殿撤享의說이屢次新聞에揭載된故로開城郡居金均、金興植氏等二拾壹人이齋中에提議通文을하고會集上京하야請願하기로決定하얏다더라

●觀鎭坊會任員　再昨日織湖學校內에셔旣報와如히觀鎭坊會를開하고任員을組織하얏는대會長은朴齊純氏오副會長은尹德榮氏오評議長은閔泳綺氏오總務는김瓊植氏로選定하얏다더라

●車夫斷髮反對　人力車組合所에셔人力車軍을壹齊히斷髮하기로通文을輪示하얏는데擧皆不應하얏다더라

●郭山人民願留　西來人의傳說을聞한즉郭山郡守李啓奭氏가赴任以後에一切弊막을除거하고教育을倡導하기로該郡이渝然하더니近日에陞倅가請願圖遞하는故로該郡人民이願留次로上京하야內部에呼訴한다더라

●和港民心沸鬱　三和港警察署를新建築하기爲하야港民金雲興氏의家屋을毁撤하려는事에對하야港民의言論을聞한즉前在한警察署는何處에用하고新建築은何事며設或位置를今地에置하려면□撤한電郵兩社가有하며또位置를衙衛에置하려면許多한廣賣家가有한대惟獨金興雲시家를毁撤한다하니以上許多한廣賣家는悉皆外國人의所執한家屋이오金興雲시의家는港民의家屋인故로如此한가하고民心이大端沸鬱中이라더라

●淸浴店風波　西部石井동三楚堂沐浴湯은淸人王鼎二氏의營業인바再昨日下午二時量에何許淸人十餘人이闖入하야店主兩人을毆打無數하야重傷을被하얏는데追後探查한즉作梗한淸人은淸領館의差役인데下隷輩가該店主에게索賂不遂한所致라하며左右鄰近者들이淸人의蠻習을唾罵하더라

●看護婦長眠　大韓醫院看護婦一人이再昨日에赤痢病을罹하야致死하얏다더라

●義將流配　監獄署에滯囚한義兵將許위李康年兩氏는流配된다는說이有하더라

●窃盜犯押交　日昨銅峴分署에窃盜犯으로被捉되얏던水橋居李德[illegible]를該署에셔取調한後昨日京城地方裁判所로押交하얏다더라

●强盜犯被捉　牙山屯浦居김圭植、鐵原郡居鄭基鎬兩漢은强盜犯으로北部警署에被捉되얏다더라

●窃衣被捉　南部沉橋居林淳明이가泥峴居留日人栗原九藏家에셔雇傭하다가該主日人의衲衣를窃取하야典當한事가現露하야南部警署로被捉되얏다더라

●賢哉此婦人　三和港居하는朴貞勳氏의母親은龍井洞九星學校生徒가運動할時에解渴하기爲하야眞瓜一筐을分給하얏고去八月貳拾七日　大皇帝陛下卽位紀念日에該港內各學校에셔聯合慶祝하는데碑石洞三崇學校內夜학生徒가貧寒所致로帽子를預備치못하야白頂으로參立함을見하고卽時帽子貳拾介를惠給하얏다고稱頌이藉々하다더라

●關東義捐　日前關東學會懇親會의情況은已揭하얏거니와當日來參한諸시가各其義捐한바[illegible]시는二百圓이오박義秉文基鼎李命雨三시는各百五拾圓이오李奎華池奎汝兩시는各壹百圓이오박元敎申學鉉兩시는各五拾圓이오김斗鉉시는四拾圓이오李花榮시는三拾圓이오孫容恩시는二十圓이오李碩範吳揆泳兩시는各[illegible]圓이오李裕璿鄭學鉉兩시는各五圓이오박弘模시는四圓이오김振泳시는三圓이오김용起曹乙煥兩시는각二圓이오김振華시는壹圓이오劉冕洙崔寅集兩시는每則각壹圓式이오忠北堤川郡居李熙直시는沓二拾斗落이오江陵船橋居李根宇시는會費에補用하라고五拾圓을爲先上送하얏다더라

●溫故知新　麥川東面鶴堂里居白雲鎭氏가元來該洞에經義齋를設하고其從弟容鎭시로하야금靑年子弟를招集하야經義를講明하던處인대今에至하야時局을察하고仍以其齋로學校를設立하고校務를擔着하야新書籍을多數히購買하고教師를延聘하야熱心教育함으로設立한지不過數日에學徒가二拾餘名에達하얏다더라

●永柔日進　永柔郡의教育이擴張됨은각新聞의屢々讚揚한바ㅣ어니와今番박箕陽氏가莅任한後로民心이壹層奮발되야該郡志士들이已設한二拾二處의학校를壹新完美케하며其他普通教育을覺醒人民의게次第實施하는中特히西鹽里와芙蓉里에셔는勞働야학校를已爲設立하고勤實히做業케한다더라

▲地方消息▼

▲去月拾五日咸鏡南道古房동에셔義兵約三十名이谷坪駐在守備隊와交戰하얏다하고

▲去月[illegible]府[illegible]西方五里地에셔義兵二十餘名이巡查와騎兵과交戰하얏다하고

▲去月拾九日에慶[illegible]道珍寶郡에셔義兵四拾餘名이日守備隊와交戰하얏다하고

▲去月貳拾四日全羅南道眞山附近에셔李學[illegible]安[illegible]金某의率한義兵壹百七拾名이守備隊와交戰하얏는데多少間死傷이有하얏다더라

▲大韓의缺點▼

▲器之不完謂之破요國之不完亦云衰라壹二處만不完히도完全稱號不得인데韓國何多缺點인가

▲各學會가爭起하니美則美矣나但祝이나檀君苗裔壹般이니大韓學會라稱하고並力共進하면大團體를可成인대各自樹立한缺點이요

▲家族學校가蝟起하니猶賢乎已하건마는聞見博而智益明은學問上의必要인대壹家聞見不廣이라異日社會出頭하면知識孤陋缺點이요

▲靑年子弟教育함에愛國二字標準인데卒業證書壹受後에公益事務無意하고仕宦界에趨進하야主事投手圖得하며謀壹身缺點이요

▲各社會가發起함에文明目的壹般인데自門戶分裂하야彼社會의敗亡함은此社會의幸福으로口禱心祝希望하야互相仇視缺點이요

▲各書舖가設立하야滿架書籍宏壯하니民智從此發達이오前途明可期인만精神主義考察하면體裁性質錯亂하야別無完備缺點이요

▲女學校가蝟起하니此時代의最急이나女學校가[illegible]學生趨向이제[illegible]隊伍에賀언만華麗物品粧하야窮奢極侈缺點이요

▲道路橋梁修繕하니文明制度宛然하나衛生淸潔必要하니經費를收斂하제貧富勿論排定하야[illegible]衣食窮民들의面에[illegible]怨缺點이요

▲坐市列肆櫛比하야物貨陳設燦爛하니商業興旺된듯하나高價輸入한物品이如干利益讓他하고備帳上々督促하야外盛內敗缺點일세

▲許多缺點補綴하면國家自然完全이오國家完全하량이면文明道가自開하며文明稱號엇을진디有誰焉敢侮辱함서韓人들아韓人들아

製藥鑑査人 박慈惠 李觀化

定價金拾錢

難과경咳白담을能治能止ᄒᆞᄂᆞᆫ靈藥이오

製造本舖 漢城鍾路慈惠大藥房

謹告各支社員

各支社中에本社規則을違反ᄒᆞ야代金을累月積滯ᄒᆞᆫ處가種々有之ᄒᆞ온바本社에셔ᄂᆞᆫ決코規則을實施치아니치못ᄒᆞᆯ지니代金을多數積滯ᄒᆞᆫ支社員은深諒ᄒᆞ시와未納金을斯速淸送ᄒᆞ심을

大韓每日申報社

廣告

本所에셔礦山 土地 家屋 山林測量製圖等을迅速需應ᄒᆞᆷ

西部餘慶坊長生洞拾六統八戶

天一測量事務所 告白

紫岩會洛榮處陰八月初五日推來壹千四百貳拾壹兩於音을서失이오니誰某拾得休紙施行ᄒᆞᆷ

公洞金春植 告白

陰八月一日夜에本人의姓名章과本人의堂叔朴重瑞의姓名章을幷爲見失ᄒᆞ엿ᄉᆞᆸ기玆에廣告ᄒᆞ오니內外國人은照亮ᄒᆞᆷ

平壤城ㅣ里門박鍾淡 告白

昨日新生四兒를醫藥官吏가指送於本院ᄒᆞ야現今收養ᄒᆞ며乳母를猝難求得ᄒᆞ와玆以廣布ᄒᆞ오니或有不幸遺棄ᄒᆞ고乳道如前ᄒᆞᆫ婦人잇ᄉᆞ거든枉臨于本院ᄒᆞ사新生兒를乳養ᄒᆞ야쥬시면非但積善이라遺棄婦人은失子而得子ᄒᆞ고新生兒ᄂᆞᆫ無母而有母ᄒᆞ오니見此廣告ᄒᆞ신後卽枉于本院ᄒᆞ사急救殘命ᄒᆞ시면自本院으로男當說料厚報矣리니照亮ᄒᆞ심

京城孤兒院 告白

西署盤石坊樂山下洞東山里第貳百五拾四統二戶瓦家八間半舊文記三張을서失故로玆以廣告ᄒᆞᆷ

洪仲燮 告白

前主事李吉鉉之名以東鉉改定知舊照諒是盼

大邱 李東鉉

全北扶安前參奉李宗洙無子以族弟彰ㅡ子再烈繼後請賜掌禮院成出禮斜玆以廣告

金邦위 告白

龍山東門外契에셔國興社를設施이온바陽九月壹日陰八月初六日로演戱를設行이오며每日曜日에ᄂᆞᆫ晝夜間演戱ᄒᆞ올터이오니僉君子ᄂᆞᆫ如雲來臨하시와光覽ᄒᆞ심을務望ᄒᆞᆷ

國興社 告白

平北定州郡海山面私立東興學校에有志諸氏의出捐ᄒᆞᆫ金額이如左

金碩鎭 百圜　高貞淳
金弘鎭　金贊鼎 各七拾圜
徐達浩　金鼎五
玄允宗　梁尙泉
孫國燦　李芝善
方國烈　文昌彦
金出呂　金祥禧 各拾圜
全基欽　玄基洛
玄惠宗　玄龍璽
朴宗柱　朴昌乂
朴基澤　金子貞
金處環　尹學圭
韓元善　朴西知
趙麟益　金啓賢
李芝環　李芝順
李公圭 各拾圜

合金七百八拾圜

定州郡海山面私立東興學校白

◎特別廣告

慶北永川內西面九湖洞居朴章山弟名顯道字西坡年今三拾六歲也偶有失眞之症今春夜間潛出에莫知所向터니其後書來에知在京城西部亭子洞第五拾八統一戶趙義明家故送人尋訪則又向他處終不歸家ᄒᆞ니以若狂人抑或客地에子病不幸歟生在飄泊歟其情狀果何如哉伏望內外國人誰某氏中에存亡間如或有知어시든通奇于本人家ᄒᆞ시거나趙희明家ᄒᆞ시면來往旅費ᄲᅮᆫ더러厚報其恩을ᄒᆞ오리니照亮ᄒᆞ심

舍兄朴章山 告白

◎平安北道龜城郡守尹錫弼氏善治事蹟

本郡守가自리臨之後로愛民上에注意ᄒᆞ야該郡新市場貳拾貳戶火災時에官廩을捐ᄒᆞ야着實救濟ᄒᆞ고且南市場七拾餘戶火災時에官廩을捐ᄒᆞ야如前救濟ᄒᆞ고治下邑內居貧民中에臨産而無資者ᄂᆞᆫ捐官廩而分助하고且敎育上에熱心ᄒᆞ야捐官廩而設校ᄒᆞ야現今擴張ᄒᆞ고且日本軍人往來時에善爲交涉ᄒᆞ야賴此而百姓이安堵ᄒᆞ고其外에聽訟公平ᄒᆞ며愛民如子ᄒᆞ며視官如家ᄒᆞ며淸如夷齊ᄒᆞ야束裝之睦隣策中無物ᄒᆞ니似此賢倅ᄂᆞᆫ上下百年에稀有之人也是故로今當[redacted]之時ᄒᆞ야壹境來民[redacted]ᄒᆞ야壹邊遮路ᄒᆞ며壹邊闔守ᄒᆞ며壹邊派送摠代ᄒᆞ야呼訴政府ᄒᆞ옵고且如是廣告ᄒᆞᆷ

平安北道龜城郡壹部代表人 崔千仁 許綸 裴俊五等五人

◎捐義員氏名

前郡守李在寅 壹百圜
前監役金裕鎰 三拾圜
前參奉尹世葺 三拾圜
前參奉鄭基弼 二拾圜
前議官吳녀善 二十圜
地方委員鄭肇朝 五圜
前司果 박世字 四圜
士人 朴載圭 五圜
金孝東 五圜
朴觀厦 五圜
辛寬浩 五圜
李祚榮 四圜
鄭泰元 四圜
姜泱셥 三圜

彦陽永明學校 告白

本社에典執ᄒᆞᆫ釜山鎭山首洞李極五家地契官文記貳張과釜山鎭二洞ㅣ英圭家地契官文記貳張을陽八月廿七日遺失ᄒᆞ엿스니內外國人은拾得ᄒᆞ셔도休紙로施行ᄒᆞᆷ

釜山鎭壹洞大德社白

本所에셔國債報償志願金摠額을整理ᄒᆞ기爲ᄒᆞ야財務監督은金允五金麟南兩氏로會計ᄂᆞᆫ柳東說鄭志永兩氏로選定ᄒᆞ야本所金額을所長과合同保管케ᄒᆞ얏ᄉᆞᆸ기玆에廣布ᄒᆞ오니京鄕同胞ᄂᆞᆫ照亮ᄒᆞ심

國債報償志願金總合所 評議會一同

本人姓名陽刻圖章을去陰曆晦日에中路서失ᄒᆞ야正字로新刻ᄒᆞ오니舊章은無效ᄒᆞᆷ

堅井橋成起鎬 告白

◎測量학員募集廣告

本塾에서測量二個月速成科를設ᄒᆞ오니願히ᄂᆞᆫ僉彦은九月二日來(水曜日)ᄂᆡ로請願ᄒᆞᆷ

北部齋洞二統拾戶

測量新塾廣告

本校에셔晝夜學員을增募ᄒᆞ오니願학ᄒᆞᄂᆞᆫ僉員은九月三日(陰八月初八日)ᄂᆡ로來議ᄒᆞ고請願用紙ᄂᆞᆫ本校에請求ᄒᆞᆷ

晝學科

壹 年齡拾五歲以上
壹 卒業年限貳箇年
壹 試驗科目國漢文讀書作文
壹 試驗日九月三日上午九時
日語 算術 地誌 歷史

夜學科

漢文 體操
日語 漢語 筭術·簿記
以上四課ᄂᆞᆫ各其隨意로ᄒᆞᆷ

典洞私立中東學校

訴訟에對ᄒᆞ야疑惑不決者의게其勝負의可否를詳細說明이옵고鑑定料ᄂᆞᆫ事之貴重과價之多少를隨ᄒᆞ야臨時酌定ᄒᆞ되大概如左ᄒᆞᆷ

鑑定料ᄂᆞᆫ五圜以下로ᄒᆞ되貧窮者의게ᄂᆞᆫ無料로ᄒᆞᆷ

京城南部학동六拾四統貳戶

東洋大學前講師 日本法律學士 辯護士

木尾虎之助

◎學員募集廣告

本校에셔聽俊을敎授ᄒᆞ기爲ᄒᆞ야학員을募集ᄒᆞ오니子弟를入학코자ᄒᆞ시ᄂᆞᆫ僉君子ᄂᆞᆫ來議ᄒᆞ심

位置南部下茶洞
年齡八歲以上拾五歲以下
開學九月三日(陰八月初八日)
學科普通課程
但入학請願紙ᄂᆞᆫ支給ᄒᆞᆷ

私立共成學校

本人이陰本月壹日에姓名圖章을遺失ᄒᆞ온바前經게ᄂᆞᆫ趣豐이라刻ᄒᆞ옵고柄頭에ᄂᆞᆫ田潤守라刻ᄒᆞᆫ圖章을遺失ᄒᆞ엿ᄉᆞ오니內外國人中誰某시든지勿爲信行ᄒᆞ심을伏望

麻浦壹百五拾九統三戶 田潤守 告白

▲學員募集廣告

(委悉ᄒᆞᆫ條與이 有ᄒᆞᆷ으로正誤改告ᄒᆞᆷ)

本학館에셔第三回학員을募集ᄒᆞ오니志願人은八月三十壹日以內로請願書를提呈ᄒᆞᆷ(請願用紙ᄂᆞᆫ本館에請求ᄒᆞᆷ)

晝學科程

中學課

第壹학年 東國歷史 大韓地誌 筭術 博物「植物、動物」 圖畫 聖經 曲調 唱歌 體操 語학「日英語隨意」

第二학年 國語 萬國歷史 萬國地誌 數학「筭術、代數」 生理及衛生학 聖經 唱歌 體操 語학「日英語隨意」

第三學年 星학 物理학 化학 數학「代數、幾何」法학「商法、經濟」 聖經 唱歌 語학(日英語隨意) 體操 生理及衛生학(但今年만有ᄒᆞᆷ)

語學後科

此ᄂᆞᆫ中學科를畢ᄒᆞᆫ資格이有ᄒᆞᆫ員으로日語나英語間隨意ᄒᆞ야幾種科目을其外國語로專修케ᄒᆞᆷ

日語課(壹個年)

英語課(二個年)

但本館에學ᄒᆞᆫ專門科의已爲修業ᄒᆞᆫ員은本後科의許入ᄒᆞ야依舊規畢業케ᄒᆞᆷ

木工課 工業 圖畫 筭術 聖經 木工

夜學科程

日語課 英語課 簿記課 以上三課ᄂᆞᆫ各히專修課로ᄒᆞ되入學細則은本校에來問ᄒᆞᆯ事

入學試驗科目 國文 漢文 讀書作文

但各課補缺生은各次班課程으로試驗ᄒᆞᆷ

試驗日子 九月壹二兩日陰八月初六初七日 上午九時

開學日字九月三日

●以上各課中에英語학課ᄂᆞᆫ補缺生만募集ᄒᆞᆷ

●夜學各課壹年級은학員이貳十名이未滿ᄒᆞᆫ時ᄂᆞᆫ班을不設ᄒᆞᆷ

皇城鍾路基督教青年會學館

本人이西部阿峴居韓人金春植處에當坪壹庫六千二百四十兩陰七月二十五日推尋ᄒᆞᆫ於音中에셔八月初壹日에四千兩은先捧이고又四千兩은八月初五日에再捧이고八千二百四十량餘條於音을路中見失이오니內外國人間誰某拾得이던休紙施行ᄒᆞᆷ

南門ᄂᆡ淸商元增盛 告白

◎千金保化丹

主治積滯吐瀉霍亂의第壹要藥也

本舖 在江華郡ᄂᆡ贊[illegible]당
出張人 海州 劉應셥
邸 崔寅琪
平壤 朴承奭
發起人 김完植 白

第四回學員募集廣告

本塾에셔法律專門科晝학員을新募ᄒᆞ오니願學人은來九月三日以內로本塾에對ᄒᆞ야請願書를提出ᄒᆞ고左開日時에應試ᄒᆞᆯ事

但請願書紙、學科、規則은本塾에在ᄒᆞᆷ

試驗科目

壹、國漢文作文、國漢文讀書、地誌、歷史、筭術(四則以內)

試驗日時

九月五日上午拾時(陰八月拾日)

但高等학校(中學校程度를包含)程度에相當ᄒᆞᆫ卒業證書를有ᄒᆞᆫ人은免試ᄒᆞᆷ

西部丁后洞

私立養正義塾

本舖에셔耶蘇敎各種書籍과各學校敎課書類를無不具備ᄒᆞ얏ᄉᆞ오니隣近邑村僉君子ᄂᆞᆫ陸續購覽ᄒᆞ심

黃州南門外耶蘇敎書포 崔[illegible] 梁廷海 告白

廣告

本人의瓦家拾七間草家拾三間廊舍三戶及竹田拾斗落大松八百株眞木四株柴場三庫叱田沓壹百拾四斗落時價葉壹萬三千餘金價値를本郡守洪蘭裕氏가見欺於本郡高光龍이던지繕給證明書ᄒ야典當於日本人矢也故로陰三月日에擧實告發於該判所矣러니檢事朴有觀氏가告發狀中家屋土地之新舊文記가自在於本人이거날郡守ᄂ有何所據而繕給證明ᄒ야典執於日人等句語를以朱徽消ᄒ고單擧高光龍以呈之意로朱筆夾書하야還爲出給이기로心甚訝鬱이오나法官命令을不得拒逆ᄒ야依教書呈矣러니擔至多月에終無如何之處斷이더가忽於陰六月壹日에朴氏가坐于光州稅務官李能在氏私邸ᄒ야遣人要來이기에部往見之則詳碁請賭러니繼進三局에猝然問曰高光龍이今以何稱租價壹百圓持去之事乎아本人이曰無也로라ᄒ고租價ᄂ不過是百餘圓價値오家屋土地ᄂ案千圓價値也라拾共大而爾其小ᄂ何也오ᄒ니朴氏曰土地家屋은郡守가已爲繕給證明ᄒ야典執於日人ᄒ얏스니不可推給이라ᄒ며本人曰宜此是志之靡ᄒ야所恃者ᄂ惟法也而司法官之言이有主之士라도郡守가繕給證明ᄒ야典執於日人이면不得推給이라ᄒ니然則法何所恃며告發同이已過四朔에何不詔令於郡守ᄒ야所繕證明書ᄅ자消以還ᄒ고土地家屋은推給本主ᄒ라ᄒ고今以郡守가已爲繕給證明書ᄒ야典執於日人ᄒ얏스니不可推給이라ᄒ니此果是司法官之言耶아ᄒ니朴시曰吾無法官資格故로已遞檢事로라ᄒ거ᄂᆯ本人曰令監이自稱無法官資格이라ᄒ니凡民訴訟을宜乎隨狀處理이거ᄂᆯ本人之告發狀中土地家屋之新舊文記가自在於原告이거ᄂᆯ郡守ᄂ有何所據而繕給證明ᄒ야典執於外國人等句語要旨를以朱작消ᄒ고以朱筆로單擧高光龍以呈ᄒ意로夾書退狀ᄒ事ᄂ此豈非犯於刑法故出入人之事乎아ᄒ니朴시가忽然大怒ᄒ야瞋目揚臂하고起坐非常이러니大聲脅叱曰爾是無識不似ᄒ니當報汝于法部云이기로本人이曰法官이公舍에座ᄒ야署事ᄒᆯ時에叱辱ᄒᆯ바도無ᄒ고器仗을便用ᄒᆯ바도無ᄒ고人의私邸에會集ᄒ야相烟相飮ᄒ며圍碁酬酌다가語到本人之抑冤ᄒ야隨問隨答이거ᄂᆯ執何罪而報于法部乎云則卽爲翻然起身以去러니翌日에果爲搆報于法部云이기로只俟處分이러니有何不足之事ᄒ야本人之奉常ᄉ副提調及嘉善을謂以 勅令을詐傳ᄒ고奉 制旨假稱이라ᄒ야告發于日本警視檢事署理坂東粲次郞에自警[illegible]本人을ᄒ야取考 勅[illegible]ᄒ고昭哲下明이나以[illegible]自爲原告ᄒ고據[illegible]圖處絞ᄂ事甚[illegible]屈로地를幾至[illegible]莫甚이라官吏[illegible]明時代ᄒ야如[illegible]我生民이依何[illegible]을廣告ᄒᆷ

全羅南道光州　朴源奎

各地方保留學生師範介紹所를本會內에設置ᄒ오니普通學其他各種技術語學教育에教授ᄒᆯ志願人은校洞本會館으로來議ᄒ시옴

畿甸興學會　告白

大韓帝國 新發明 特 効靈藥

●承寧府典醫正三品 洪哲普陛下實驗處方
●陸軍軍醫의學校教官 張基茂君有效証明

八寶丹　九拾五粒入金四拾錢

主治効能

○胃痛惡心　○頑痰固飮
○食思欠乏　○中暑中寒
○新久積滯　○急瞥轉格
○滋飮食傷　○頭痛眩暈
○泄瀉下痢　○霍亂吐瀉
○水上不服　○船車醉

陸軍二等軍醫 許均君實驗處方

陸軍二等軍醫 朴熙達君 有効証明

滋陽丸

卅日分金五圜廿日分金三圜四拾錢拾日分金壹圜八十錢

主治

○房事不容　○腎虛腰痛
○病後氣端　○腎氣不足
○陽痿不起　○遺精多夢
○陰虛火動　○房事後惱困
○手足厥冷　○形容蒼白

婦人良藥　부인량약

胎養調經丸　티양됴경환

主治說明　壹劑金七圜

婦人이孕胎ᄒ지못ᄒ은冷病積病과月經不調로因ᄒᆷ이니此藥을服用ᄒ시면婦人腹中에有ᄒᆫ諸病은壹切退去ᄒ고自然孕胎ᄒ오니速臨買去하시압

瘡病 ▲사향소창단
瘡藥 ▲麝香消瘡丹

此丹이於諸창에無論男女老少ᄒ고若服壹劑하면神效ᄒ야百발百中ᄒ오니[illegible]方可及也라若論主治則楊梅下疳連珠風濕頭창諸症에俱爲立效ᄒ오니養病ᄒ君子ᄂ壹次試驗ᄒ시

右四種藥은各地方이라도請求ᄒ시면우편으로부치ᄂ수도잇소

製藥所 仁川港畓峴和平堂藥房
發行人 仝 李應선
京城鍾路衣廛下和平堂支店
代理店 仁川港畓峴濟生堂藥房
京城大廣橋共愛堂藥房 同南
문내水橋大東書市支店 金泰鉉

▲發賣所

南署苧洞 李永洙藥局
仝南門내博文書館 盧益亨
仝南門내水橋 濟生支店
仝西小門口내 相信號典當포
仝鐵物橋毛衣房 리洛瑞
仝小廣橋毛衣房 리厚根
仝寺進동上隅 三可病院
仝大寺동 共濟病院
仁川港내룽豐旅館 韓寅根
仝畓峴내동 金暉寬
仝읍내 金永源 李昇範
江華鍾路 宋順五店
開성남문내 朴圭相商店
仝남문내明新册ᄉ 리貞鎬
水原남문내 김제九약舖
海州남문내 리德商店
延安읍내 邊汝文洋藥局
長湍남문내 權在淳
仝砂里院耶蘇教당 리東赫
黃州남문내紅문동耶蘇教堂내 金瀅柱
平壤章臺峴 金錫元
仝法首橋乾材局 崔滙化
仝大興部壹里 리龍興藥舖
仝館前 桂澤善약포
仝文武洞 김元성藥포
鎭남浦粟동 吳承昌
鎭남浦碑石洞册ᄉ 吳南駿
仝재生당出張 金斗鉉
仝산港開福洞 리春善약房
仝大井동 리東赫
禮산동谷里 리明直약局
大邱남문내 남甲元약局
元山港 朴敬鎭
仝재生堂支局 박致心약局
尙州읍내 鄭聖瑞약局
김泉鳴 朴昌緖
釜山港재生당出張 回春大약房
安州성내義井동 林景柱
安岳邑上場제生局 和약房
義州남문내木口街 崔允國
載寧읍後동洋약局 리健柱
定州남문내洋약局 羅應彬
宣川읍洋약局 安
郭山읍册사 安灝
殷山읍춘春堂
咸從郡耶蘇教堂 張炳壹
仁川港畓峴
京城鍾路衣廛

和平堂 白

●大韓新發明靈藥廣告

陸軍軍醫金守鉉君實驗方劑
陸軍軍醫張基茂君有效證明
四海衛生之諸君子常備之靈藥

消化新藥 清心保命丹

發行所 仁川港杻峴 濟生堂藥房

九十粒入壹拾錢

●右藥의主治効能은如左
●吐瀉●水土不服
●맛飮咳嗽●酒醉●中暑中寒
●氣鬱腹痛●咽喉●口熱惡臭
●食積食傷●癘疫預防妙藥
●其他諸般運氣風疫預防妙藥

總發行所 京城南大門內

●미城南문外 제生당支店李廣鳳
●元山港銘石院 제生당支店具又賢
 제生당支店박敬鎬

代理店 京城大廣橋共愛堂

仝鍾路慈惠약房
●京泥峴三丁目 新井약店
仝郵便局前天佑堂약房
仝남대문내博文書館 盧益亨
仝梨峴洋藥局 리信華
仝大安洞 仁제약房
仝壽동三可病院 朴喜漢
●仁川杏峴和平당 리應善
尼本町 新井藥房
宋在瑛
●海州남문내 리奉植
仝 金商店 金제九
●水原종路下약房 邊汝文
●延安邑내洋약局 尹斗鉉
●江華종路店 權載淳
●長湍남門내 任允中
●砂里院場내客主 리敎善
仝耶蘇教堂내 許완
●瑞興邑내 김奉主
●汗浦驛東美運送部 리東혁
●黃州남문내紅문동 林景杜
●安岳邑上場里제生局 崔允國
●載寧邑後동洋藥局 김鎭和
●忠州東良面早遞 김永植
●信川邑四里洋약局
●長連邑東里冊肆文興冠
●平壤里문동出張人 尹寅성
仝雙巨里제生局 韓鳳儀
仝館前衛生의院 金龍與
仝文武동제生局 桂澤宜
仝大興部壹里藥局 崔能化
●鎭남浦粟동册사 김元樊
仝后浦本堂出張人 吳南駿
●安州성내義井동同春大약房
●博川邑美동商店 朴芝汀
●定州남문내洋藥局 리健柱

●大韓每日申報各處支社廣告

中署布屛下 金相萬冊ᄉ
平壤鍾路太極書館 安泰國
仁川杏峴開新冊ᄉ 李東皓
義州南門外ᄒ西大藥房 張有寬
釜山港佐川약局 徐錫籌
三和港築동 金元變
咸興州南社西門外 曹喜林
開城남大門內興學書舖 姜助遠
大邱西門外友弦書樓側 李正由
載寧邑濟衆院 劉夢澤
鐵山邑東部 安灝
元山倉前 劉七錫

海州남門內 朴昌鉉
定州南門內書舖 洪成麟
昌城郡校洞 許 원
郭山興岩 李銀瑞
安岳細동坊成洞 康道善
博川舊津 李鎭成
安州城內義井洞 金翼河
鐵原邑泉동 趙奉大
高原邑 朴彰吉
井邑邑內 李益秉
泰仁邑內 金禹燮
京釜線枇峴驛替市 李基秀
長湍邑南門內 崔載淳
殷栗邑倉前里 金泰聲
群山港東彰社 宋判巖
韓川楊市 蕭菊保
朔州邑남門내 朱伯英
泰川邑館前洋약局 李正華
永興南山동書舖 梁昌錫
江華邑川橋 金鎭식
淸州남門外 宋斗仁
寧邊邑客舍里 趙炳俊家明濟世
金溝水流面豆亭 趙德三
信川邑六里 丁一善
江西邑內 金昌煥
成川郡上部面 馬應三
興德富安面劒谷 姜大榮
龍川府南面松峴海東書會
咸從郡耶蘇教堂 金賢圭
平남順川郡達동 張炳壹
龍川남市驛 鄭裕경
龍岡郡耶蘇教堂內 韓燦禧
車替館 朴鍾은
結城廣川小龍동 金明鉉
定平郡豊川 李啓祚
洪原南門外耶蘇教冊肆 張瀚하
宣川읍新民書會 方爲晟
 魯晶世

○廣告料

四号活字拾三字詰
每日壹寸(英尺)에 新貨廾五錢
二週日壹寸에 二圜五拾錢
壹箇月壹寸에 五圜
(自壹行至四行이爲壹寸)
其期限의長短과字行의多寡를依ᄒ야增減ᄒᆷ이有ᄒᆷ

○申報價

壹號代金 新貨二錢五厘
壹個月前納 三十錢
參個月 九拾錢
陸個月 一圜七十錢
壹個年 三圜四十錢
郵稅一張 新貨五厘
壹個月 十二錢

社告

●郭山邑大街冊사 김大鉉
●宣川邑내冊ᄉ 安灝
●鐵山읍내承春堂 安濬
●義州남문外水口街 崔錫浩
●德川읍官洋약局 리丙斗
●群山港開福동 김斗鉉
●大邱남門내刷還洞 김成浩
●釜山港東館本町商店 리炳夏
●北靑新昌港客主 朴錫勳
●木浦各國居留地松房 徐岐見
●全國내各약店마다隨處販賣
仁川港畓峴 京성남大문내 濟生堂 白

發行兼編輯人 英國人 萬咸
Responsible for Publication Alfred Weekley Marnham.
發行所
南署石井洞號外地三層洋屋樓
大韓每日申報社

大韓每日申報
第六卷
第八百九拾六號

月曜及慶節歲時日休刊

檀君開國四千二百四十一年
箕子元年三千三十年
大韓開國五百十七年
日本明治四十一年
淸國光緖三十四年
陰曆戊申八月小初七日庚申

論說

◉社會上出現의朴齊純閔泳綺

已往數拾餘年國에轟々赫々ᄒᆞᆫ權勢와光榮을握有ᄒᆞ야韓國政治史의中心地를雄據ᄒᆞ얏다가末路不朽의功名을建하야幷靑에照耀케ᄒᆞ고壹片福地에閒退ᄒᆞ야滄陽江頭秋夜月에靑春時代의聲價를回思ᄒᆞ고破琴을撫ᄒᆞᄂᆞᆫ朴齊純閔泳綺兩氏乎여兩氏의近日情況은淸流界에서만此를屛逐하며團體界에서만此를吐棄ᄒᆞᆯ뿐아니라卽政治界에서도此를冷視ᄒᆞᆫ지已久ᄒᆞᆫ故로參政度支兩交椅ᄂᆞᆫ春夢을已闕ᄒᆞ고中樞顧問壹位席에髀肉을空撫ᄒᆞ니嗚乎憊哉라兩氏乎여向來의富貴가而今에安在런가其意에差可ᄒᆞᆫ者ᄂᆞᆫ彼同功壹體의兩人이三淸花榭咫尺相望의地에綠楊의芳隣을結ᄒᆞ고巾屐으로相從ᄒᆞ야過境의歷史를閑談ᄒᆞ며末路의ᄉᆞ意를共吊ᄒᆞ니嗚乎라兩氏의幸福이於此에已足하다ᄒᆞᆯ지로다

吾儕ᄂᆞᆫ일직兩氏의前途를推算ᄒᆞ야日壹片秋壑에風光이나坐賞하다가死後靑山에壹片不朽碑나立ᄒᆞ리라ᄒᆞ얏더니

嗚乎라天下事가人의意表에出ᄒᆞᄂᆞᆫ者ㅣ果多ᄒᆞ도다近日에觀光鎭長兩坊內ᄉᆞ志人士가壹會를發起ᄒᆞ야觀鎭坊會라名稱ᄒᆞ고自治制度를模倣ᄒᆞ며義務敎育을實施ᄒᆞᆫ다ᄒᆞ더니三昨「日曜日」의組織會를開하고任員을投票選定ᄒᆞ얏다ᄂᆞᆫ데其結果를聞ᄒᆞᆫ즉第壹에박齊純氏가二百餘點에會長으로當選되고第二에閔泳綺氏가百餘點에評議長으로被選하야滿場壹致로可決되얏다ᄒᆞ니嗚乎라天下事가人의意表에出ᄒᆞᄂᆞᆫ者ㅣ果多ᄒᆞ도다向日政治界에有名ᄒᆞ던박參政閔度支大가今日觀鎭坊會々長評議長될ᄂᆞᆫ지誰知ᄒᆞ얏스며向日街路上에만出現ᄒᆞ야도萬手共指ᄒᆞ던박齊純閔泳綺兩氏가今日觀鎭坊會々長評議長될ᄂᆞᆫ지誰知ᄒᆞ얏스리오萬壹朴齊純閔泳綺兩氏가好運을重逢ᄒᆞ야政治界에再現ᄒᆞᆫ다ᄒᆞ면此或吾儕의意內어니와公衆社會에突現ᄒᆞᆷ은實로吾儕의料外로다

嗚乎라觀鎭坊會々長박齊純氏여觀鎭坊會評議長閔泳綺氏여會長權利가參政과何如ᄒᆞ며評議長權稜이度支大臣과何如ᄒᆞ며當年政治手段을此會에서도再試ᄒᆞ라나뇨

朴閔兩氏의光榮은可奇어니와觀鎭壹區의現象은可疑로다

雖然이나吾儕가觀鎭坊人에게壹問코ᄌᆞᄒᆞ노니大抵會장評議長이라ᄒᆞᆫ것은衆人의模範될만ᄒᆞᆫ人物을選ᄒᆞᄂᆞᆫ바인즉今此朴閔兩氏로會長評議長을選ᄒᆞᆷ이兩氏의道德을模範코ᄌᆞᄒᆞᆷ인가兩氏의品行을模範코ᄌᆞᄒᆞᆷ인가兩氏의政治能力을模範코ᄌᆞᄒᆞᆷ인가嗚乎라觀鎭坊會의前途ᄂᆞᆫ可知로다

日自치日敎育等의好題目으로發起ᄒᆞᆫ觀鎭坊會여此兩坊內幾千家信男善女의信仰地가果然此兩氏에게在ᄒᆞᆫ가

雖然이나吾儕가又奚獨觀鎭坊을是責ᄒᆞ리오近日所謂會에ᄂᆞᆫ政黨會敎育會를勿論ᄒᆞ고前日貪官汚吏夜叉魍魎의輩가許多히出頭ᄒᆞ야會長이니總務니ᄒᆞᄂᆞᆫ데吾儕가又何獨觀鎭坊會를是責ᄒᆞ리오

◉法　律

▲▲隆熙貳年八月貳拾七日官報

◉東洋拓殖會社法　續

法律第二拾二號

第三章　營業

第拾四條　第拾二條第七号의資金供給은左開方法에依ᄒᆞ야此를行ᄒᆞᆷ이可ᄒᆞᆷ

壹　韓日移住民에對ᄒᆞ야二拾五年以內의年賦償還의方法에依ᄒᆞᆫ移住費의貸付

二　移住民과及韓國農業者에對ᄒᆞ야拾五年以內의年賦償還方法에代하야不動産을擔保로ᄒᆞᄂᆞᆫ貸付

三　移住民과及韓民農業者에對ᄒᆞ야五年以內의定期償還의方法에依ᄒᆞ야不動産을擔保로ᄒᆞᄂᆞᆫ貸付

四　移住民과及韓國農業者에對하야其生産이나又ᄂᆞᆫ獲得ᄒᆞᆫ物品을擔保로ᄒᆞᄂᆞᆫ貸付

五　不動産을擔保로ᄒᆞᄂᆞᆫ三年以內의定期償還의方法에依ᄒᆞᆫ貸付

前項第壹号의貸付에서ᄂᆞᆫ其方法과條件을定ᄒᆞ야政府의認可를受ᄒᆞᆷ이可ᄒᆞᆷ

第一項第二號乃至第五號의貸付金總額은拂納資本額과社債未償還額의合計의五分之壹을超過ᄒᆞᆷ을不得ᄒᆞᆷ　（未完）

◉勅　令

▲▲隆熙二年九月壹日官報

朕이私立學校令에關ᄒᆞᆫ件을裁可ᄒᆞ야玆에頒布케ᄒᆞ노라

隆熙二年八月二拾六日

御名　御璽

內閣總理大臣　李完用
學部大臣　李載崑

勅令第六拾二號

◉私立學校令

第壹條　私立學校ᄂᆞᆫ別段의規定이有ᄒᆞᆫ者를除ᄒᆞᆫ外에總히本令規定에依ᄒᆞᆷ이可ᄒᆞᆷ

第二條　私立學校를設立코ᄌᆞᄒᆞᄂᆞᆫ者ᄂᆞᆫ左의事項을依ᄒᆞ야學部大臣의認可를受ᄒᆞᆷ이可ᄒᆞᆷ

壹　학校의目的名稱及位置
二　學則
三　校地校舍의平面圖
四　壹個年收支預算
五　維持方法　但基本財産又ᄂᆞᆫ寄附金에對ᄒᆞ야ᄂᆞᆫ證憑書類를添附ᄒᆞᆷ
六　設立者。學校長及敎員의履歷書
七　敎科用圖書名

前項第四號를除ᄒᆞᆫ外各号의事項에異同을生ᄒᆞᆫ時ᄂᆞᆫ學部大臣에게報告ᄒᆞᆷ이可ᄒᆞᆷ但承繼者又ᄂᆞᆫ新任者의報告에ᄂᆞᆫ履歷書를添附ᄒᆞᆷ이可ᄒᆞᆷ

私立學校의開校及廢止ᄂᆞᆫ設立者가學部大臣에게報告ᄒᆞᆷ이可ᄒᆞᆷ

第三條　前條의학則에ᄂᆞᆫ左의事項을規定ᄒᆞᆷ이可ᄒᆞᆷ

壹　修業年限及학年에關ᄒᆞᆫ事項
二　학科目及其程度와每週敎授時數에關ᄒᆞᆫ事項
三　學員或학徒의定員
四　入학者의資格과其他入학退학에關ᄒᆞᆫ事項
五　授業料及入學料等에關ᄒᆞᆫ事項
六　其他學校에서必要로認ᄒᆞᄂᆞᆫ事項　（未完）

外　報

◉淸國의憲法發布　東京電을據ᄒᆞᆫ즉淸國에서憲法四章四拾箇條를昨日官報에發布ᄒᆞ얏다더라

◉淸國의國會　同電을據ᄒᆞᆫ즉淸國에서今後九年後에國會를開ᄒᆞ기로決定ᄒᆞ얏다더라

◉米國의排日的煽動　桑港電을據ᄒᆞᆫ즉日本人이學生이라稱ᄒᆞ고來到ᄒᆞ야不過幾日에勞働者가되ᄂᆞᆫ故로國務省에서適當ᄒᆞᆫ法律을制定ᄒᆞᆯ터인ᄃᆡ或國際談判을始하깃다云ᄒᆞ고各新聞에서도排日的煽動을多數히揭載ᄒᆞ얏다더라

◉文　壇

△讀史新論　壹片丹生　續

第壹編　上世

第壹章　檀君時代

嗚乎라我東國을肇創하신始祖가檀君이아닌가然이나吾儕가今日에坐ᄒᆞ야檀君時代를仰想ᄒᆞ미其線邈渺邈에疑信相半ᄒᆞᆷ이卽舊篇副世記를讀ᄒᆞᆷ과無異ᄒᆞ니嗚乎라我檀君時代가果然太古鴻荒不可思議의時代인가當時에建築ᄒᆞᆫ平壤城三郎城의故基를察ᄒᆞ미其工藝의발達를可知며隣史의讚美ᄒᆞᆫ檀國弓肅愼楛의短評을讀하미其戰械의精美를可知며又其疆域이西으로黑龍江、南으로鳥嶺、東은大海、西ᄂᆞᆫ遼東이라ᄒᆞᆫ즉其文化武功의遠暨를可知어ᄂᆞᆯ乃者後代編史者가其遺跡을說ᄒᆞ미邈矣不可考의歎이有ᄒᆞᆷ은何故오

嗚乎라余가東國史를讀ᄒᆞ다가高句麗滅亡ᄒᆞ던時에至ᄒᆞ야ᄂᆞᆫ我歷史의壹大厄을吊ᄒᆞ노니盖我檀君이創業垂統ᄒᆞᆫ지二千餘年에其王朝가兩派로分立ᄒᆞ니其壹曰東扶餘오其貳曰北扶餘니北扶餘ᄂᆞᆫ卽高句麗가是라東扶餘가微弱ᄒᆞ미其疆土와文物을並擧하야高句麗에投降ᄒᆞ얏스니檀君卽位初年과高句麗末年의其相距를計ᄒᆞ면三千年에已近ᄒᆞ얏스니檀君이旣是高句麗王朝의血統直祖인즉高句麗遺文故史에檀君遺蹟이詳載하얏슬지며抑又檀君朝ᄲᅮᆫ아니라其前鴻荒時代史도或有ᄒᆞᆯ지어ᄂᆞᆯ噫라文館典故를敵炬에盡付ᄒᆞ야東國歷史第壹卷第壹章에如是鴻荒의嘆을留ᄒᆞ얏도다

然이나句麗滅亡ᄒᆞᆫ以後에도尙且渤海國이有ᄒᆞ니渤海國은句麗遺臣大祚榮이宗邦의顚覆을悲憤ᄒᆞ야麾下를率ᄒᆞ고挹婁山東을保ᄒᆞ다가末來말갈의衆을鞭策ᄒᆞ야此國을建設ᄒᆞᆫ바인ᄃᆡ本國文獻이此에收入ᄒᆞ얏거날

嗟乎라彼勝朝撰史諸臣이魯莽가太甚ᄒᆞ야本國文獻의渤海와同亡ᄒᆞᆷ을任ᄒᆞ얏노다是以로順菴安氏ㅣ此를歎ᄒᆞ야曰麗文烈이史를修ᄒᆞ미其遼國交聘ᄒᆞᄂᆞᆫ路에遺跡搜驗ᄒᆞᆯ道가豈無ᄒᆞ리오만은惜乎라彼가不能ᄒᆞᆷ이여云ᄒᆞ얏도다

且句麗와渤海史ᄲᅮᆫ이아니라新羅百濟의史도또兵火를盡經ᄒᆞ미卽文明이已久ᄒᆞᆫ扶餘中葉과三國時代의事도尙且鴻荒의歎이有하거던況在代茫々ᄒᆞᆫ檀君歷史야奚論ᄒᆞ리오

雖然이나余가歷史上觀察ᄒᆞᆫ바에依ᄒᆞ야檀君時代를縱論코ᄌᆞᄒᆞ노라　（未完）

雜報

●御筆賜額　三昨日에各皇族諸氏가宗正府에會同하야宗親學校設立ᄒᆞᆫ事項을協議ᄒᆞ고任員을組織ᄒᆞᆫ다ᄂᆞᆫ說은已揭前報어니와其時에　大皇帝陛下ᄭᅴ옵서綾緞壹幅에　皇族학校라ᄂᆞᆫ四字를金字로　特書大書ᄒᆞ옵서該校로　下賜ᄒᆞ옵셧다더라

●聖壇是祝　公洞　石鼓壇은七八年前에建築ᄒᆞᆫ壇인ᄃᆡ于今虛名을帶ᄒᆞ얏더니今番　大皇帝陛下　卽位紀念式慶祝에漢城府民會에셔該壇에慶祝宴을設하고軍樂을齊唱ᄒᆞ고萬歲를三呼ᄒᆞ야歡聲이如雷ᄒᆞ얏ᄂᆞᆫ지라世人이指名ᄒᆞ야曰祝　聖壇이라ᄒᆞᆫ다더라

●壹進評議會　壹進會에셔來金曜日에評議會를開ᄒᆞ고壹問題를提出ᄒᆞᆫ다ᄂᆞᆫᄃᆡ其內容을得聞ᄒᆞᆫ즉政府大臣의辭職勸告事件이라ᄒᆞ더라

●御苑事務局官制　宮內府에御苑事務局을設置ᄒᆞ고其官制를條定ᄒᆞ얏ᄂᆞᆫᄃᆡ該局을宮內府大臣의管理에處ᄒᆞ야博物館動物園植物苑에關ᄒᆞᆫ事務를掌ᄒᆞ고總長壹人理事壹人主事五人技手六人을置ᄒᆞ기로發布ᄒᆞᆫ다더라

●府官制變更　宮內府官制를多少間變更되얏다ᄂᆞᆫᄃᆡ臨時財產整理局에總務課、測量課、債務調查課를置ᄒᆞ야각其事務를分掌ᄒᆞᆫ다더라

●建築工役着手　학部를洋制로新建築ᄒᆞᆫ다ᄒᆞᆷ은累報ᄒᆞ얏거니와該建築의工役을昨日부터着手ᄒᆞ얏다더라

●各官吏仕進時間　各部府院廳官吏의仕進時間을改正ᄒᆞ야上午拾時에仕進ᄒᆞ고下午四時에仕退ᄒᆞᆫ다더라

●各郡廢合實著　地方各郡의廢合ᄒᆞᄂᆞᆫ事ᄂᆞᆫ已爲報道어니와內部에셔各觀察의報請을依ᄒᆞ야行ᄒᆞᆫ다ᄂᆞᆫᄃᆡ爲先京畿道中에兩郡을壹郡으로慶尙南道中에셔五郡을貳郡으로廢合實施하야特爲頒布ᄒᆞ고其外에도次第施行ᄒᆞᆫ다더라

●兪氏轉任　帝室會計監查官兪致衡氏가御苑事務局理事로轉任ᄒᆞ얏다더라

●壹轉壹兼　內藏院理事日人增田[illegible]信은該任을被遞ᄒᆞ고帝室會計監查院監查官及該理事를兼任하고帝室財產整理局事務官日人權藤四郞은內藏院理事를被任ᄒᆞ얏다더라

●預備生落望　度支部에셔各地方財務署主事預備生幾拾名을選置ᄒᆞ야隨闕需用ᄒᆞᆫ다더니現今에該主事를日人이沒數被任ᄒᆞ미預備生들은前限所望이永歸虛地라고咄歎不已ᄒᆞᆫ다더라

●國文疑點協議　國文研究會委員諸시가昨日上午拾二時에학部에會同하야國문의疑點된事項을協議ᄒᆞ얏다더라

●會同船遊　來日曜日에各府部院廳奏任官諸氏가會同ᄒᆞ야漢江에셔船遊ᄒᆞ기로發論ᄒᆞ얏다더라

●五圓新券拾萬圓　新紙貨五圓券을本月壹日로爲始ᄒᆞ야通用ᄒᆞ기로決定ᄒᆞ야該票券拾萬圓을日昨第壹銀行所에到着ᄒᆞ얏다더라

●私自測量禁止　各宮庄與驛屯土를私自測量ᄒᆞ야欲圖小作權하야假稱度支部量地課技手ᄒᆞ고出沒京鄕者가往々有之ᄒᆞᆷ으로臨時財產整理局測量課에셔此等弊習을調查禁止케ᄒᆞᆫ다더라

●群港民團風波　群山港民團에셔去八月二拾七日　大皇帝　卽位紀念慶祝을行ᄒᆞᄂᆞᆫᄃᆡ人民中에셔失禮ᄒᆞᆫ事이有ᄒᆞ든지警部文炯善씨가壹般人民을對ᄒᆞ야注意치못ᄒᆞᆷ을論責ᄒᆞᄂᆞᆫ中通譯巡查一人이학員壹名을毆打ᄒᆞ야壹場風波가起ᄒᆞ얏ᄂᆞᆫᄃᆡ尙今不穩中이라더라

●繼續修學渡日　학務局長尹致旿氏의夫人尹高羅氏가美國女子大학校에卒業ᄒᆞᆷ은人皆知了어니와該氏가日本에留학ᄒᆞᆯ時에中途廢工ᄒᆞ고歸國ᄒᆞ얏ᄂᆞᆫᄃᆡ繼續修학하기爲ᄒᆞ야日間日本으로留학次渡去ᄒᆞᆫ다ᄒᆞ더라

●辯護委托起訴　軍部에셔訓鍊院附近에在ᄒᆞᆫ民有田地를强奪ᄒᆞᆫ事에對ᄒᆞ야該地主等이軍部에請願ᄒᆞᆫ事ᄂᆞᆫ已揭어니와請願指令이또誤題된故로該地主等이辯護士李健鎬氏의게委托ᄒᆞ야京城地方裁判所에起訴ᄒᆞᆫ다더라

●慰金請求會議　前主殿院警備局巡檢으로光武九年拾二月分에減額된壹百二拾名이隆熙元年度에減額된巡檢의規例를依ᄒᆞ야慰勞金을宮內府에請求ᄒᆞᆯ次로拾餘日前부터每日統內鐵都家前으로會集相議ᄒᆞᆫ다더라

●人力車夫會同　昨日東部警察署管內의人力車軍壹々히會同ᄒᆞ야創變ᄒᆞᆫ者의게ᄂᆞᆫ營業牌를出給하고不創ᄒᆞᆫ者의게ᄂᆞᆫ營業牌를不給ᄒᆞ얏다더라

●義將供辭漏聞　大審院에셔義兵將李康年氏를訊問ᄒᆞᄂᆞᆫᄃᆡ李氏의供辭를漏聞ᄒᆞᆫ즉義兵을擧起ᄒᆞᆫ本意가五賊을先斬ᄒᆞ고都下人民을救濟코ᄌᆞᄒᆞᆷ이로다ᄒᆞᆫᄃᆡ裁判官이또問曰許위氏를知乎아ᄒᆞᆫ즉李曰甲午以前仕官人으로吾知之어니와甲午以後仕官人은吾不知ᄒᆞ니許위氏ᄂᆞᆫ甲午以後仕人이라吾何能知之리오ᄒᆞ고强硬히不服ᄒᆞ얏다더라

●淸日交鬪　昨日下午九時에南部草洞에居留ᄒᆞᄂᆞᆫ日人谷本秉重이가飮酒泥醉ᄒᆞ야銅峴等地로過去ᄒᆞ다가該附近德興號에在留ᄒᆞᄂᆞᆫ淸國人林日安시를無端毆打ᄒᆞ야頭部를破傷케ᄒᆞᆷ으로該掌內巡查가日人을銅峴警察署로押去ᄒᆞ얏다더라

●窃盜被押　東署建德坊五宮洞에居ᄒᆞᄂᆞᆫ金緖順이가新橋居ᄒᆞᄂᆞᆫ김東煥시와本是幼時부터交誼가親密ᄒᆞ더니緖順이가東煥시의紙貨三十圓이有ᄒᆞᆷ을知ᄒᆞ고該金額을盜取코ᄌᆞᄒᆞ야東煥시를自己家로誘引ᄒᆞ야勸酒醉臥ᄒᆞᆫ際에金七圓을盜取ᄒᆞ고更히起醒ᄒᆞ야中署大廟洞酒店에去하야東煥시가金七圓이無ᄒᆞᆷ을始覺하고緖順과爭論ᄒᆞᆯ時에巡回巡查가取調ᄒᆞᆫ즉窃取ᄒᆞᆫ事가明白ᄒᆞᆫ故로東署警察署에引致ᄒᆞ고金七圓을東煥시에게出給ᄒᆞ얏다더라

●崩々壓死　再昨日下午壹時頃에中部相思洞居ᄒᆞᄂᆞᆫ役夫崔相健이가南部雙林동等地에셔採土하다가土窟이猝然崩頹하야卽爲壓死ᄒᆞ얏다더라

●醫士와女學生　群山港의醫師吳競善氏가醫士會의例次로昨日에入城하얏ᄂᆞᆫᄃᆡ其女弟二人及外他女학生幾名을貞信女中학校에入학ᄒᆞᆯ次로帶同上來하얏다더라

●測量校風波　有志諸시가協力ᄒᆞ야北部桂洞敎明義塾內에特別測量課를附設ᄒᆞ고生徒를募集ᄒᆞ얏ᄂᆞᆫᄃᆡ壹百五拾餘名에達ᄒᆞᆫ지라該학生中某々人이敎師丁鎭섭시를對ᄒᆞ야詈ᄒᆞ되校舍가極爲狹窄ᄒᆞ미上학키難ᄒᆞ다ᄒᆞᆫ즉丁시의所答이無他變通이니上학退학를任自爲之ᄒᆞ라ᄒᆞᆷ으로壹場風波가惹起ᄒᆞ얏다더라

●發英洞의新明校　北靑郡中山面發英동新明학校々장朱元繁시가自已私家에학校를設立ᄒᆞ고青年을敎育ᄒᆞᄂᆞᆫᄃᆡ去夏期試驗에優等生은朱[illegible]賢李昌在等三人이오及第生은李학在金戴述等拾人이라더라

●共成校開學　茶洞共成학校에셔明日부터開학ᄒᆞᄂᆞᆫᄃᆡ敎師ᄂᆞᆫ前私塾漢文敎師某々三氏를聘置ᄒᆞ얏다더라

●日語專科設立　殷栗郡居洪性份洪性倫鄭楠諸씨가敎育上에盡力하기로今秋에ᄂᆞᆫ日語專門科를設立ᄒᆞ고敎師ᄂᆞᆫ服部澤씨를延聘ᄒᆞᆫ다더라

●女學院維持會　女子普학院를爲ᄒᆞ야婦人諸氏가維持會를組織ᄒᆞ고任員을選定ᄒᆞ얏ᄂᆞᆫᄃᆡ會長은金[illegible]川夫人任씨로薦望ᄒᆞ고總務ᄂᆞᆫ劉聖潤副總務ᄂᆞᆫ崔鳳瑞會計ᄂᆞᆫ金英子諸氏로被選되고副會長과諸般會務ᄂᆞᆫ來通常會에議定ᄒᆞ기로姑爲留案ᄒᆞᆫ後壹般會員이維持금을出捐ᄒᆞᆫ것이當日에壹千五百元이募集되얏다더라

●女校新築　義州培信女小학校를設立ᄒᆞᆫ지七八年에財政이窘艱ᄒᆞ기로敎堂挾室을借得ᄒᆞ야敎育ᄒᆞ다가今年에至ᄒᆞ야ᄂᆞᆫ生徒가七十名에達ᄒᆞᆫ미義捐을鳩聚ᄒᆞ야校舍를僅々히建築ᄒᆞᄂᆞᆫᄃᆡ養實中학校生徒與日新小학校生徒들이壹齊集合ᄒᆞ야基址를修築ᄒᆞ얏다더라

●光明校夜學附設　海州花陽面二四里廣明학校ᄂᆞᆫ設立後校況凡節은累揭어니와漸益興旺ᄒᆞ야今秋期開學時에新舊學徒가六拾餘名이오又學校內에夜學을附設ᄒᆞ고農ᄭᅮ樵童을勸勉募集ᄒᆞ야學徒가二拾七名에達ᄒᆞ얏ᄂᆞᆫᄃᆡ科程은漢文國文習字體操라더라

●晋湖貞明　海州郡秋伊花陽兩面間晋湖동에金畢國李秉鎬諸氏가貞明小學校를設立ᄒᆞ고熱心敎育ᄒᆞ미學徒가雲集ᄒᆞ야數月間에五十餘名에達ᄒᆞ얏다니라

●東興大興　定州郡海山面私立東興학校를新建築하ᄂᆞᆫᄃᆡ有志紳士徐達浩金鼎夏兩氏ᄂᆞᆫ該學校에三拾元을自願捐助ᄒᆞᆯ뿐아니라材木幾十株式을擔當ᄒᆞ얏고韓致貞李俊甲金允學三氏도材木을幾株式을擔當ᄒᆞ고中校長承最ᄂᆞᆫ監督李秉善[illegible]宗泳二氏ᄂᆞᆫ校樣을維持키爲ᄒᆞ야不恩苦心ᄒᆞ고家々說諭ᄒᆞ야人々感化에各出義捐ᄒᆞᆫ金額이乃至千餘圓이오生徒募集이百餘名에達ᄒᆞ얏다고西來人의稱頌이有ᄒᆞ더라

▲地方消息▼

▲去月二拾八日靈岩郡東方二里半에셔義兵約壹百五十名이同郡日守備隊와三時間을交戰ᄒᆞ얏다ᄒᆞ고

▲去月貳拾九日大源寺附近에셔義兵九十名이日分遣隊와交戰ᄒᆞ얏ᄂᆞᆫᄃᆡ日兵壹名과韓國巡查壹名이重傷ᄒᆞ얏다더라

▲地方遊覽▼

▲各地方을遊覽ᄒᆞ니大小人民各官吏에無病者가稀少ᄒᆞ다余雖醫學不美ᄒᆞ나診脈察情執症ᄒᆞ고如椽入針抽出ᄒᆞ야自願門宣試ᄒᆞ제

▲士族家를도라드니多少會集ᄒᆞ야言論ᄒᆞ되子弟敎育思想업고某先正의幾代孫이라某使色의門閥高下爭ᄒᆞ야譏短喧譁ᄒᆞ니頂門壹針노와불싸

▲明倫堂을도라드니堂之李之齋任들이廩料幹費에列坐ᄒᆞ야互相酒食ᄒᆞ고祭官假帖放賣ᄒᆞ야先聖挾雜ᄒᆞ니頂門壹針노와불싸

▲吏胥廳을도라드니奸猾胥吏手段으로莫重公錢欠縮ᄒᆞ고無辜良民遮鋤ᄒᆞ야太小邑을勿論ᄒᆞ고刀筆中에魚肉이라頂門壹針노와불싸

▲各書塾을도라드니陳腐文字宅學究ㅣ酒館史學敎授ᄒᆞ고祖國精神全昧ᄒᆞ고拜外思想注入ᄒᆞ야誤人子弟미痛이라頂門壹針노와불싸

▲農夫家를도라드니耕作生活汨沒인ᄃᆡ優遊度日失時ᄒᆞ야秋無擔石飢寒이라出則雜技入則睡에無罪妻子毆迫ᄒᆞ니頂門壹針노와불싸

▲酒課室을도라드니隆々殺氣冲天이라有無罪를不顧ᄒᆞ고少不如意ᄒᆞ게되면義兵干連搆誣ᄒᆞ야生殺之權任意ᄒᆞ니頂門壹針노와불싸

▲各郡衙를도라드니食叨令許多ᄒᆞ야生民魚肉不顧ᄒᆞ고諸般役需生ᄒᆞ고百種弊瘼俱興ᄒᆞ야肥己之慾充滿ᄒᆞ니頂門壹針노와불싸

▲觀察府를도라드니地方官制改正後에僉論眇專權ᄒᆞ야積否勿問ᄒᆞ고自己意에不合ᄒᆞ면壹切勸告辭職ᄒᆞ니頂門壹針노와불싸

▲百病千瘡許多ᄒᆞ나壹々히得診察이라八大症을先治ᄒᆞ면百病從此自效인ᄃᆡ腐敗性質沈痼ᄒᆞ야反仇醫者不信ᄒᆞ니回甦之期杳然ᄒᆞ다

廣告

本人의姓名圖章을楊根等地에셔遺失하얏기今爲更鐫하고舊章은勿施홈

寺洞拾壹統二戶李準世 白

▲家屋新建築廣告

本院을新建築하얏더니家屋이現殊홈으로或他處로移去홈을誤認하시는人이多하옵기玆以廣告하오니僉君子는照亮하신後依前來臨하심을務望홈

漢城南部毛橋貳統貳戶濟生院醫士朴逸根

◉學員募集

本學堂에셔本月拾五日에開學하깃사오니舊학員은壹齊上학하시기를務望하오며(但前期試驗에有故不參人은應試後上학케홈)本月拾二、拾四日에新학員을募集하오니願학人은屆期來議하시옵

年齡은拾六歲以上

敎授科目

聖經 新約 舊約
文學 讀本 書札 文法 寫字
算術 代數
歷史 萬國 [illegible]
地誌 [illegible]
科學 物理 化학 [illegible]
圖畵 [illegible]
以上諸科는純英文으로敎授홈
語학 日語
體操 啞鈴 器械 普通 兵式

培材學堂 告白

本人이陽七月初貳日陰六月初壹日九時量에姓名圖章을見失하얏삽기玆以廣告하오니內外國人은切勿見欺하시옵

法官養成所生徒崔相惠 告白

▲特別廣告

本學館에셔旣爲揭示한바語學後科에但今年間은昨年에日英語專門科에受學한學員을依舊規修業케홀뿐不留라新入學員中에도其학力이舊학員과同壹한境遇에는入學케홈

皇城基督靑年會學館

國債報償에措處方法을研究하기爲하야陰七月晦日京城擔合所로各社會와地方收金所에會同을請홈은各新聞에前已廣告한바本人等이到京한際에京城各社會에셔聯合會를設立하얏기로本人等도亦是會員인바調査後에는措處方法도自在하깃기其實行을姑俟하고次로歸鄕홈

大邱斷烟償債所代表人 李宗勉 李一雨

本人이中署大廣橋鞋屋李起東處에六月晦日所推紙貨二百圓於音을七月貳拾七日路中에셔失하얏사오니誰某拾得休紙施行홈

南竹洞六拾三統七戶許鉉 白

本所에셔礦山 土地 家屋 山林測量製圖等을迅速需應홈

西部餘慶坊長生洞六統八戶

天[illegible]測量事務[illegible] 告白

[illegible]遺失[illegible]沈[illegible]柄[illegible]田潤守라刻한圖章을遺失하얏사오니內外國人中誰某시든지勿爲信行하심을伏望

麻浦壹百五拾九統三戶 田潤守 告白

◉敬信學院義捐諸氏

李鍾燁 拾圜　박承厚 尹聖運 朴經석 각貳圜　文弘燮 張攝 金得善 安泰國 趙秉龍 趙秉奎 金鎭厚 崔鳳翼 金能元 李攝 韓尙鎬 洪昌杰 韓鼎집 崔澄鍾 金龜禧 尹衡弼 咸正蒙 金在善 孫德成 朴성圓 桂濼 李鼎奎 文弘圭 金信默 崔희烈 金德基 趙觀석 趙秉徹 金斗혁 李樆 각五拾錢

敬信學院 告白

昨日新生四兒를醫察官吏가指送於本院하야現今收養中乳母를難求得하와玆以廣布하오니或有不幸遺처하고乳道如前한婦人잇삽거든枉臨于本院하사新生兒를乳養하야쥬시면非但積善이라遺처婦人은失子而得子하고新生兒는無母而有母하오니見此廣告하신後卽枉于本院하사殘命을救하시면自本院으로另當設料厚報矣리니照亮하시옵

京城孤兒院 告白

龍山東門外契에셔國興社를設施이온바陽九月壹日陰八月初六日로演戲를設行이오며每日曜日에는晝夜間演戲하올터이오니僉君子는如雲來臨하시와光覽하심을務望홈

國興社 告白

本所에셔國債報償志願金[illegible]金麟兩氏[illegible]鄭志永兩氏로選定하야金額을所長과今同保管케하얏삽기玆에廣布하오니京鄕同胞는照亮하시옵

國債報償志願金總合所 評議會一同

艮山等地에셔沓二拾斗田二石落文券을逢賊見失하엿사오니誰某拾得하든지休紙施行홈

趙乃德 告白

◉特別廣告

慶北永川內西面九湖洞居朴章山弟名顯道字西坡年今三拾六歲也偶有失眞之症今春夜間潛出에莫知所向터니其後書來에知在京城西部亭子洞第五拾八統十四趙義明家故送人尋訪則又向他處終不歸家하니以若狂人抑或客地子病不幸歟生在飄泊歟其情狀果何如哉伏望內外國人誰某氏中에存亡間如或有知어시든通奇于本人家하시거나趙희明家하시면來往旅費뿐더러厚給其恩하오리니照亮하시옵

舍兄朴章山 告白

◉平安北道龜城郡守尹錫弼氏善治實蹟

本郡守가自리臨之後로愛民上에注意하야郡新市場貳拾貳戶火災時에官廩을捐하야着實救濟하고且南市場七拾餘戶火災時에官廩을捐하야如前救濟하고治下邑內居貧民中에臨産而無資者는捐官廩而分助하고且敎育上에熱心하야捐官廩而設校하야現今擴張하고且日本軍人往來時에善爲交涉하야賴此而百姓이安堵하고其外에聽訟公平하며愛民如子하며視官如家하며淸如夷齊하야東裝之時에囊中[illegible]稀[illegible]似此賢倅는[illegible]是故로[illegible]當[illegible]職臨發之際[illegible]民[illegible]齊會[illegible]遮路하며壹邊[illegible]園[illegible]呼訴政府하옵고且如是廣告홈

平安北道龜城郡壹郡代表人 崔千仁 許綸 魏俊五等五人

本人이西部阿峴居韓人金春植處에當坪壹萬六千二百四十兩於音中陰七月二十五日推尋할於音中에셔八月初壹日에四千兩은先捧이고又四千兩은八月初五日에再捧이고八千二百四十량餘條於音을路中見失이오니內外國人間誰某拾得이던休紙施行홈

南門內淸商元增盛 告白

◉測量학員募集廣告

本塾에셔測量三個月速成科를設하오니願학僉員은九月二日來(水曜日)니로請願홈

北部齋洞二統拾戶 測量新塾廣告

本校에셔晝夜學員을增募하오니願학僉員은九月三日(陰八月初八日)니로來議홈

請願用紙는本校에請求홈

晝學科

壹 年齡拾五歲以上
壹 卒業年限貳箇年
壹 試驗科目國漢文讀書作文
壹 試驗日九月三日上午九時

夜學科

日語 算術 地誌 歷史
漢文 體操
日語 漢語 算術 簿記
以上四課는各其隨意로홈

典洞私立中東學校

▲學員募集廣告

(未悉한條項이有함으로正誤改告함)

[illegible]學館[illegible]學員을募集[illegible]月二十壹日以內로請願書를提呈홈(請願用紙는[illegible]館에請求홈)

書學科程

中學課

第壹학年　東國歷史 大韓地誌 算術
博物「植物、動物」 圖畵
聖經 曲調 唱歌 體操
語학「日英語隨意」

第二학年
國語 萬國歷史 萬國地誌
數학「算術、代數」 生理及衛生학 聖經 唱歌 體操
語학「日英語隨意」

第三학年
星학 物理학 化학 數학「代數、幾何」法학「商法、經濟」
聖經 唱歌 語학(日英語隨意) 體操
生理及衛生학(但今年만有홈)

語學後科

此는中學科를卒業한資格이有한員으로日英語間隨意하야幾種科目을其外國語로專修케홈

日語課(壹個年)
英語課(二個年)

但本館은語학專門科의已爲修業한員은本後科의許入하야依舊規畢業케홈

木工課　工業 圖畵 算術
聖經 木工

夜學科程

日語課 英語課 簿記課　以上三課는各히專修課로되入學細則은本校에來問홈事

入學試驗科目　國漢文讀書作文

但各課補缺生은各次班課程으로시驗홈

試驗日子　九月壹二兩日陰八月初七初八日上午九時

開學日字九月三日

●以上各[illegible]晝학語학課는補缺生만募集홈

●夜學各課壹年級은학員이貳十名이未滿한時는該班을不設홈

皇城基督敎靑年會學館

◎學員募集廣告

本校에셔聰俊한[illegible]敎授하기爲하야학員을募集하오니子弟된人학코자하시는僉君子는來議하시옵

位置南部下茶洞
年齡八歲以上拾五歲以下
開學九月三日(陰八月初八日)
學科普通課程
但入학請願紙는支給홈

私立共成學校

本舖에셔耶蘇敎各種書籍과各학校敎課書類를無不俱備하얏사오니隣近邑村僉君子는陸續購覽하시옵

黃州南門外耶蘇敎書포 崔鎭衡 梁蓮海 告白

第四回學員募集廣告

本塾에셔法律專門科에學員을新募하오니願學人은來九月三日以內로本塾에對하야請願書를提出하고左開日時에應試홈事 但請願書紙、學科、規則은本塾에在홈

試驗科目

壹、國漢文作文、國漢文讀書、地誌、歷史、算術(四則以內)

試驗日時

九月五日上午拾時(陰八月拾日)

但高等학校(中學校程度를包含)程度에相當한卒業證書를有한人은免試홈

西部[illegible]

私立養正義塾

各[illegible]學校[illegible]

敎師紹介所

본會內에設置하오니普通學其他各種技術語學敎育에敎授할志願人은校洞本會館으로來議하시옵

畿湖興學會 告白

漢城鍾路慈惠大藥房

韓東西藥業月報社製藥部

喉痛咳嗽 降火水 五日分 金壹圓

消化滯食 告味 甘酸水 金五十錢

滋補 補益丸 二圓五十錢

潤腸丸 二十錢

淋疾 祛根藥 五十錢

痢疾靈散 三十錢

清明眼藥 十五錢

養児寶散 十五錢

蟲 拔根藥 三十錢

純金鷄納丸 十錢

[illegible]丸 二十錢

[illegible]汗臭藥 二十錢

[illegible]感冒丸 十錢

大腫合瘡膏 三十錢

消痰鎭咳藥 三十錢

漢城萬應膏 十錢

陳滯 消積丸 五十錢

瘤氣神效 保嬰散 二十錢五厘

[illegible]藥[illegible]郵便遞送

社告

○申報價
壹號代金 新貨二錢五厘
壹個月前納 三十錢
參個月 九拾錢
陸個月 一圓七十錢
壹個年 三圓四十錢
號外一張 新貨五厘
壹個月 十二錢

○廣告料
四号活字拾二字詰
每日壹寸(英尺)에 新貨廿五錢
二週日壹寸에 二圓五拾錢
壹箇月壹寸에 五圓
(自壹行至四行이爲壹寸)
其期限의長短과字行의多寡를依ᄒᆞ야增減홈이有홈

●大韓每日申報各處支社廣告
中署布屛下 金相萬册肆
平壤鍾路太極書館 安泰國
仁川奇峴開新册肆 李東皓
義州南門外西大藥房 崔寅寬
釜山港佐川약局 徐錫疇
三和港築동 金元變
咸興州南社西門外 曹喜林
開城남大門內興學書舖 姜助遠
大邱西門外友弦書舖側 李正由
載寧邑濟衆院 劉樂澤
鐵山邑東部 安瀅
元山倉前 劉七鎬
海州남門內 朴昌鎭
定州南門內書舖 洪成麟
昌城郡校洞 許원
郭山興岩 李銀瑞
安岳細동坊成洞 康道善
博川舊津 李鎭成
安州城內義井洞 金翼河
鐵原邑棠동 趙종大
高原邑 朴敦吉
洪邑邑內 李益兼
泰仁邑內 金禹燮
京義線枇峴驛替市 李基秀
長淵邑南門內 崔載淳
殷栗邑倉前里 金泰聲
群山港東彰社 宋判巖
龍川楊市 黃菊保
朔州邑남門안 朱伯英
泰川邑館前洋약局 李正華
永興南山동書舖 梁昌錫
江華邑川橋 金鎭식
淸州남門外 宋斗仁
寧邊邑客舍里 趙炳俊家 明濟世
金溝水流面豆亭 趙鎰三
信川邑六里 丁一善
江西邑內 金昌煥
成川郡上部面 馬應三
興德富安面鈒谷 姜大榮
龍川府南面松峴海東書會 金賢圭
咸從郡耶蘇教堂 張炳瓚
平남順川郡達동 鄭裕경
龍川남市驛 韓燦禧
龍岡郡耶蘇教堂內 朴鍾온
車輦館 金明鉉
結城廣川小龍동 李啓祚
定平郡豊川 張禹하
洪原南門外耶蘇教册舖 方禹晟
宣川읍新民書會 魯晶관

發行兼編輯人 英國人 萬咸
Responsible for Publication Alfred Weekley Marnham.
發行所 南署石井洞號外地三層洋屋 大韓每日申報社

第六卷

大韓每日申報

第八百九拾七號

月曜及慶節歲時日休刊

檀君開國四千二百四十一年
箕子元年三千三十年
大韓開國五百十七年
日本明治四十一年
淸國光緖三十四年
陰曆戊申八月小朔八日辛酉

論說

◉奢侈와經濟

東洋先儒가恒常奢侈를痛抑ᄒᆞ며節儉을讚美ᄒᆞ야君德을論ᄒᆞ미必曰茅茨不剪土階三等이라ᄒᆞ며士行을稱ᄒᆞ미必曰「衣弊縕袍與衣狐貉者立而不恥」라ᄒᆞ야壹切人道를節儉二字로支配코ᄌᆞᄒᆞ얏도다

嗚呼라節儉이果然人道의極則이며奢侈가果然經濟의弊害인가然則現今人類가再次草衣木食의時代로復反ᄒᆞᆷ이可ᄒᆞᆯ지니嗚呼라豈其然乎리오

泰西人이支那歷史를評ᄒᆞ야曰前明時代에ᄂᆞᆫ奢侈를崇尙ᄒᆞᆫ故로工業과技藝가大발達ᄒᆞᆫ狀態를現ᄒᆞ더니滿淸以來로奢侈를痛抑ᄒᆞ고勤儉만崇尙ᄒᆞᆫ故로各種工業美術이如此墜落ᄒᆞ얏다ᄒᆞ니然則韓國實業의幼稚ᄒᆞᆷ도五百年來賢臣名儒의崇儉主義의結果라ᄒᆞᆯ지로다

然則從今以後에ᄂᆞᆫ風俗의奢侈를更히鼓吹ᄒᆞ야人人이惟奢侈是務ᄒᆞ며惟奢侈를是尙ᄒᆞ면經濟의大利益이될사

曰此又不然ᄒᆞ니大抵斯人의生活은必要ᄒᆞᆫ慾望을滿盡ᄒᆞᆫ然後에奢侈의境域으로走ᄒᆞ며奢侈의界線에馳ᄒᆞ여야於是乎順序의滿步가될지어ᄂᆞᆯ

乃者挽近韓國을觀ᄒᆞᆫ건ᄃᆡ實力은未測ᄒᆞ고眼孔만繁華ᄒᆞ야脚衣를未着ᄒᆞ고臀兒의錦袍를是慕ᄒᆞ며茅茨未剪ᄒᆞ고他人의金屋을是夢ᄒᆞ야三旬九食에菜色이滿面ᄒᆞᆫ貧士도써人의衣冠은華麗ᄒᆞ며拾指不動에針線을任ᄒᆞᄂᆞᆫ婦女도着用의裳襦ᄂᆞᆫ燦爛ᄒᆞ고其他塗炭에陷ᄒᆞᆫ人民도外觀外飾은他人에不下코ᄌᆞᄒᆞ야生活程度의如何ᄂᆞᆫ不問ᄒᆞ고奢侈的慾望만有ᄒᆞ니嗚呼라此ᄂᆞᆫ生業의賊이요國民의禍根이기로此筆로奢侈의弊害됨을絶叫ᄒᆞ노라

▲▲隆熙貳年八月貳拾七日官報

●法律

法律第二拾二號

◉東洋拓殖會社法 續

第拾五條 不動產이나動產을擔保로ᄒᆞᄂᆞᆫ貸付金額은東洋拓殖株式會社에셔鑑定ᄒᆞᆫ價格三分之二以內로ᄒᆞ되但前條第壹項第壹號의貸付에對ᄒᆞ야ᄂᆞᆫ此限에不在ᄒᆞᆷ

第拾六條 不動產을擔保로ᄒᆞᄂᆞᆫ貸付에對ᄒᆞ야ᄂᆞᆫ第壹順位의擔保됨을要ᄒᆞᆷ

第拾七條 貸付金의年賦償還에對ᄒᆞ야ᄂᆞᆫ五年以內의仍置年限을定ᄒᆞᆷ이可ᄒᆞᆷ

第拾八條 年賦金은元金과邊利를併ᄒᆞ야此를計算ᄒᆞ고各年을通ᄒᆞ야壹定ᄒᆞᆫ等ᄒᆞᆫ償還額을定ᄒᆞ되但仍置年限間의邊利에對ᄒᆞ야ᄂᆞᆫ此限에不在ᄒᆞᆷ

第拾九條 年賦償還의方法으로써借入ᄒᆞᆫ債務者ᄂᆞᆫ償還期限前에借用金의全部나又ᄂᆞᆫ壹部를償還ᄒᆞᆷ을得ᄒᆞᆷ

前項의境遇에當ᄒᆞ야ᄂᆞᆫ東洋拓殖株式會社ᄂᆞᆫ定款에셔定ᄒᆞᆫ바의率에依ᄒᆞ야相當ᄒᆞᆫ手數料를要求ᄒᆞᆷ을得ᄒᆞᆷ

(未完)

▲▲隆熙二年九月壹日官報

●勅令

勅令第六拾二號

◉私立學校令 續

第四條 私立學校ᄂᆞᆫ其名稱上에私立二字를冠ᄒᆞᆷ이可ᄒᆞᆷ

第五條 私立學校에ᄂᆞᆫ學校長을置ᄒᆞᆷ이可ᄒᆞᆷ

學校長은學校를代表ᄒᆞ야校務를掌理ᄒᆞᆷ

第六條 私立學校에셔用ᄒᆞᄂᆞᆫ敎科用圖書ᄂᆞᆫ學部의編纂ᄒᆞᆫ者이나又ᄂᆞᆫ學部大臣의檢定을經ᄒᆞᆫ者中으로擇ᄒᆞᆷ이可ᄒᆞᆷ

私立學校에셔前項以外의圖書를敎科用圖書로用코ᄌᆞᄒᆞᄂᆞᆫ時ᄂᆞᆫ學部大臣의認可를受ᄒᆞᆷ이可ᄒᆞᆷ

第七條 私立學校에ᄂᆞᆫ左의帳簿를備ᄒᆞᆷ이可ᄒᆞᆷ

壹 學籍簿及出席簿

貳 職員名簿

三 會計에關ᄒᆞᆫ帳簿

第八條 左의各号의壹에該當ᄒᆞᆫ者ᄂᆞᆫ私立學校의設立者學校長又ᄂᆞᆫ敎員됨을得지못ᄒᆞᆷ

壹 禁獄以上의刑에處ᄒᆞ얏던者

但特赦復權된者ᄂᆞᆫ此限에不在ᄒᆞᆷ

二 懲戒處分에依ᄒᆞ야免官에處ᄒᆞ고二個年을經치아니ᄒᆞᆫ者

但懲戒를免ᄒᆞᆫ者ᄂᆞᆫ此限에不在ᄒᆞᆷ

三 敎員許狀還收의處分을受ᄒᆞ고二個年을經치아니ᄒᆞᆫ者

四 性行不良으로認ᄒᆞᄂᆞᆫ者

第九條 私立學校의設備授業及其他事項에對ᄒᆞ야不適當ᄒᆞᆷ으로認ᄒᆞᆫ時ᄂᆞᆫ學部大臣은此의變更을命ᄒᆞᆷ을得ᄒᆞᆷ

第十條 左의境遇에ᄂᆞᆫ學部大臣은私立學校의閉鎖를命ᄒᆞᆷ을得ᄒᆞᆷ

壹 法令의規程에違背ᄒᆞᆫ時

二 安寧秩序를紊亂ᄒᆞ거나又ᄂᆞᆫ風俗을壞亂ᄒᆞᆯ虞가有ᄒᆞᆫ時

四 第九條에依ᄒᆞ야學部大臣의與ᄒᆞᆫ命令에違背ᄒᆞᆫ時

(未完)

外報

◉政務順序發布 北京電을據ᄒᆞᆫ즉慶親王等의主張ᄒᆞᄂᆞᆫ憲法議院法選擧法議會開設前에施行ᄒᆞᆯ政務順序를日前에發布ᄒᆞ얏다더라

●奉天志士請願 奉天電을據ᄒᆞᆫ則奉天의有志者들이委員을北京에派送ᄒᆞ야國會開設請願書를政府에提出ᄒᆞ얏더니徐總督이上奏ᄒᆞ되速히國會를開設ᄒᆞ야民心을鎭撫케ᄒᆞ쇼셔ᄒᆞ얏다더라

◉黑龍江艦隊建築 伯林電을據ᄒᆞᆫ즉俄國海軍省에셔黑龍江艦隊二拾隻建造案을決議ᄒᆞ얏다더라

●南美의軍備擴張 倫敦電을據ᄒᆞᆫ즉亞爾然丁共和國代議院에셔ᄂᆞᆫ海軍을擴張ᄒᆞ고又野戰砲兵을改革ᄒᆞ기爲ᄒᆞ야千百萬磅의支出을可決ᄒᆞ고부라질國에셔ᄂᆞᆫ英國에大戰鬪艦二隻을注文ᄒᆞ얏다더라

●文壇

▲讀史新論 壹片丹生 續

第壹編 上世

第壹章 檀君時代

夫檀君時代ᄂᆞᆫ酋長政治最盛ᄒᆞᆫ時代라ᄒᆞ노니何也오曰三國初葉은酋長政治가末運에傾ᄒᆞ고郡縣制度가萌芽를始ᄒᆞ얏스나尙且無數小國이列立ᄒᆞ야高句麗所統이十七國이며新羅所統이三十二國이며百濟所統이四五國이니(三國의所統ᄒᆞᆫ小邦이此數에不止ᄒᆞᆯ지나歷史上에遺傳ᄒᆞᆫ國名을擧ᄒᆞᆫ즉其數가此와如ᄒᆞᆷ)此로檀君時代를推想ᄒᆞ미正是將里治國百里百國의時代라許多酋長이彼雌此雄ᄒᆞ며地醜德齊ᄒᆞ야互相頡頏ᄒᆞ더니于時에聖人이作擧ᄒᆞ샤神功盛德으로無數ᄒᆞᆫ邦을統壹ᄒᆞ야此를臣服ᄒᆞ샤其初起의地ᄂᆞᆫ長白山下가是며其政治의中心點은卒本扶餘가是니라(第貳章에詳論ᄒᆞᆷ)

按東國歷史家가檀君의初起ᄒᆞᆫ地를寧邊妙香山이라ᄒᆞ며發號施政ᄒᆞᆫ處를平壤王儉城이라ᄒᆞ나此ᄂᆞᆫ後代史家가只是古記에云ᄒᆞᆫ바「神降于太白山檀木下」란壹句를據ᄒᆞ야太白山을西北壹帶에廣求ᄒᆞ다가妙香山에至ᄒᆞ야香檀木叢蔚ᄒᆞᆷ을見ᄒᆞ고此를太白山으로强斷ᄒᆞ고長白山의舊名이太白山인줄은不知ᄒᆞ얏도다今에余가歷史的地理的으로推斷ᄒᆞᆫ건ᄃᆡ蓋檀君이卒本扶餘에建都ᄒᆞ야子孫의湯沐邑을作ᄒᆞ고鴨綠以東의列國은但只恩德으로懷ᄒᆞ며兵革으로威ᄒᆞ야羈縻臣服케ᄒᆞᆯ而已오平壤城三韓城等의建築은必是强悍蠻族의不庭者를遠征ᄒᆞᆯ때가當日駐蹕紀念地에築ᄒᆞᆫ城闕인가ᄒᆞ노라(詳論은第貳章에見ᄒᆞᆷ)

又按ᄒᆞᆫ즉江東縣大朴山에檀君陵이有ᄒᆞ다ᄒᆞ니此ᄂᆞᆫ又何說也오曰舜이苗族을征ᄒᆞ다가蒼梧에셔崩ᄒᆞ얏스며亞力山大가波斯를討ᄒᆞ다가中道에殂ᄒᆞ얏스니上古初出ᄒᆞᆫ聖人이許多名族을征服ᄒᆞ야我子孫萬世의基業을定코ᄌᆞᄒᆞᆫ者ㅣ壹日이라도寧處ᄒᆞ면其功이隳墮ᄒᆞ리니意컨ᄃᆡ江東의檀君陵은遠征의車駕가此에至ᄒᆞ야崩殂ᄒᆞᆫ故로此에遂葬ᄒᆞᆷ인가ᄒᆞ노라

或者ᄂᆞᆫ檀君이只是默默히南面에垂拱安坐ᄒᆞ야彼靡愼族朝鮮族穢貊族二族等을駕御ᄒᆞᆫ줄로信ᄒᆞ니嗚呼라其然가豈其然乎리오宗敎家가壹敎門을創立ᄒᆞ랴ᄒᆞ야도無數의魔戲를遭ᄒᆞ며哲學家가壹學幟를堅竪ᄒᆞ랴ᄒᆞ야도無數의劫障을經ᄒᆞ거든況壹國家를創造ᄒᆞ야壹民族을奠居케ᄒᆞᆫ聖人이엇지安坐ᄒᆞ야得ᄒᆞ리오沙漠의彷徨과탁鹿의殺伐이摩西와黃帝만有ᄒᆞᆫ비아니라ᄒᆞ노라

(未完)

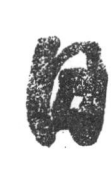

雜報

●皇族館長被選 再昨日皇族會館에서館長을永宜君李埈鎔完順君李載完兩氏로投票選定ᄒᆞ얏ᄂᆞᆫ듸永宜君李埈鎔씨가被選되얏다더라

●統監渡韓說 伊藤統監이本月拾五日頃에渡韓次로離發ᄒᆞᆫ다ᄂᆞᆫ說이有ᄒᆞ더라

●拓社任員奔競 總理大臣李完用內部大臣宋秉畯兩氏가拓殖會社任員을各其自己黨派로組織ᄒᆞ라고互相奔競中이라더라

●金氏歸國發程 中樞院議長金允植氏의壹行은歸國ᄒᆞ기爲ᄒᆞ야昨日東京에서發程ᄒᆞ야今日下午[illegible]時에馬關에到着ᄒᆞᆫ다ᄂᆞᆫ電報가再昨日에該氏本第로來到ᄒᆞ얏다더라

●迎接次下往 中樞院議長金允植氏가今日馬關에到着ᄒᆞᆷ은別項과如ᄒᆞ거니와허氏의令男김裕曾氏가迎接次로明日釜山까지下往ᄒᆞᆫ다더라

●丸山宴會撮影 退任된警視總監丸山重俊이가昨日上午拾一時에慶會樓에서韓日兩國警察官吏를請邀宴待ᄒᆞ고紀念을爲ᄒᆞ야壹回이撮影ᄒᆞ얏다더라

●檢定規則改正 學部에서無試驗檢定規則을現今改正中인더尙未脫藁ᄒᆞ얏다더라

●電務技手除汰 電務課技手六人이擧皆該課에積年勤務ᄒᆞᆫ인더該課技師黃鎭國氏가該六人을對ᄒᆞ야請願ᄒᆞ기를勸告ᄒᆞ되該六人이不應ᄒᆞᆫ즉日昨에黃鎭國氏가該六人을試才ᄒᆞ야四人을除汰ᄒᆞ얏다더라

●濟州倅免官報告 濟州郡守尹元求氏를免官ᄒᆞ기로全南觀察使申應熙氏가內部에報告ᄒᆞ얏다더라

●河船社의任員 河船會社에서任員을組織ᄒᆞ되總裁ᄂᆞᆫ俞吉濬氏로副總裁ᄂᆞᆫ趙희淵氏로會長은張博氏로選出ᄒᆞ얏ᄂᆞᆫ더度支部와農商工部認許를姑未承認ᄒᆞ얏다더라

●內部員役減額 內部에서雇員二人大廳直四人房直壹人使令五名을減下ᄒᆞᄂᆞᆫ데慰勞金을幾圓式支給ᄒᆞ얏다더라

●五拾八銀行起訴 白瀅洙시가年前에五拾八銀行에서金壹萬三千圓을得債ᄒᆞᆯ時에內部大臣宋秉畯씨가立保ᄒᆞ얏더니白氏가過限不報ᄒᆞᄂᆞᆫ故로該銀行에서日本理事廳에起訴ᄒᆞᆫ다더라

●實業會와俞氏 帝國實業會에서俞吉濬氏를會長으로選定ᄒᆞ고出席하기를請ᄒᆞᆫ즉허氏가答ᄒᆞ기를허實業會ᄂᆞᆫ舊日褓負商이多數入參하야組織됨인즉前日褓負商은挾雜의人이多有ᄒᆞᆫ즉余ᄂᆞᆫ決코此會長을被選치못ᄒᆞ깃다ᄒᆞ얏다더라

●觀鑛坊會評議 觀鑛坊會를組織ᄒᆞᆷ은已爲頒布어니와허會評議員諸시가昨日下午三時頃에義湖학校內에會同ᄒᆞ야其事務處理方法과財政鳩聚ᄒᆞᆯ方針을爛商協議ᄒᆞ얏다더라

●秘密賣淫調查 警視廳에서各署에申飭하되管內各洞에秘密賣淫女를另探調查ᄒᆞ야壹切檢查ᄒᆞ라ᄒᆞ얏다더라

●何事隱避 金東基林鍾明兩씨가營業次로同事ᄒᆞ다가有何事端이던지金東基씨가隱身不現ᄒᆞᄂᆞᆫ지라林씨가該事件에對ᄒᆞ야將次擧訴ᄒᆞᆫ다더라

●龜城人民願留 平安北道龜城郡守尹석弼이가리任以後로愛民上에注意ᄒᆞ야頃者新市場貳拾貳戶火災時와南市場七拾餘戶火災時에月廩을捐出救恤ᄒᆞ고且敎育上에熱心ᄒᆞ야捐金勸奬ᄒᆞ며其他聽訟을公平ᄒᆞ고愛民如子ᄒᆞ더니忽爲遞歸ᄒᆞ미壹境人民이齊會遮路ᄒᆞ고擔代를派送ᄒᆞ야願留次로政府에呼訴하얏다더라

●李씨蠶行 中部中학橋內에居ᄒᆞᄂᆞᆫ李珉九씨가昨年春에北部安峴居金元西씨의拾六歲女로北村某大官家에良妾으로居媒를ᄒᆞ깃다ᄒᆞ고誘引率去ᄒᆞᆫ後에仍作己妾ᄒᆞ야屢月同居ᄒᆞ다가緣何事端인지猝然逐出ᄒᆞᄂᆞᆫ고로該女가不得已ᄒᆞ야因爲改嫁他處ᄒᆞ얏더니李씨가地方裁判所에無理擧訴ᄒᆞ얏다가仍取落科ᄒᆞ얏다더라

●魚鹽都家首領等訴 鍾路魚物鹽都家를更爲建築次로議建築費를清人孫坤生에게都給하얏더니該清人이其工役을同國人叢文炳에게引繼ᄒᆞ고該費額은不給ᄒᆞᆫ지라叢文炳이가該都家首領김明倫씨를對ᄒᆞ야該工役費를當場出給ᄒᆞ라ᄒᆞ며困督이太甚ᄒᆞᆷ으로김씨等이昨日中部警察署에等訴ᄒᆞ얏다더라

●暴風雨損害 去月二拾六日頃에暴風雨가全國內에有ᄒᆞ야被害ᄒᆞᆫ事ᄂᆞᆫ其時에已揭어니와其後損害된數를調查ᄒᆞᆫ則馬山에家屋이七十九와小船八隻이오釜山瑞興이地에ᄂᆞᆫ九百三拾餘元이오其餘의ᄂᆞᆫ各鐵道가沉水된것이라더라

●西村兵東部探 日步兵第五拾壹聯隊第壹中隊步兵一等卒西村貫之助ᄂᆞᆫ緣何事端인지去月二拾壹日下午拾時頃에脫營逃躱ᄒᆞ얏ᄂᆞᆫ대東部警察署에서現今詗探中이라더라

●義兵과日兵 陰曆去月晦日에廣州板橋等地에서義兵百餘名과日兵三拾餘名이交戰ᄒᆞ야日兵이多數被害ᄒᆞ얏다ᄂᆞᆫ說이有ᄒᆞ더라

●果川郡義兵 去三十日頃에義兵四十餘名이各持銃劍ᄒᆞ고果川郡馬場巨里에來到ᄒᆞ야軍需錢幾千兩을出給ᄒᆞ라고동任을捉去ᄒᆞ얏다ᄂᆞᆫ傳說이有ᄒᆞ더라

●假巡及女僧被捉 去月頃에劉漢德爲名人이監督巡查라假稱ᄒᆞ고東小門外道선庵等地로潛行하며各僧徒의錢財를奪取ᄒᆞ다가三昨日에東部警察署에被捉되얏ᄂᆞᆫ대東大門外淸凉寺에居하ᄂᆞᆫ女僧南彩日이가該人과有何相關이던지亦爲被捉되야方今取調中이라더라

●竊盜犯押交 南部警察署에서竊盜犯林淳明을捕捉審查ᄒᆞᆫ다ᄂᆞᆫ說은前報에已揭ᄒᆞ얏거니와昨日에該署에서該漢을京城地方裁判所로押交ᄒᆞ얏다더라

●孤院寄附 慈惠婦人會評議員鄭尙復씨夫人이京城孤兒院학徒饌需代金으로金四圓을寄附ᄒᆞ얏고平安道麗川居ᄒᆞᄂᆞᆫ張永化시ᄂᆞᆫ金二圓을寄附ᄒᆞ얏다더라

●祝賀會大風波 去月二拾七日大皇帝陛下卽位紀念日에宜川管內私立測量學校에서韓國官民祝賀會를開ᄒᆞ고日本人三名을招待하야祝盃를擧ᄒᆞᆯ새各學校生徒ᄂᆞᆫ隊列을作ᄒᆞ야나팔을吹ᄒᆞ며市街를周還하다가測量학校에集合ᄒᆞ야萬歲를唱ᄒᆞ고解散ᄒᆞᆯ時에學生等이言論ᄒᆞ기를韓國大皇帝卽位紀念日에日人을招待하며妓生을招ᄒᆞᆷ은我國體와我學校의體面을損傷ᄒᆞᆷ이라ᄒᆞ야日人이歸去ᄒᆞᆫ後에數百名의학生이官民三名을毆打ᄒᆞ고又投石ᄒᆞᄂᆞᆫ者가有ᄒᆞ얏ᄂᆞᆫ대憲兵이此報를接ᄒᆞ고現場에去ᄒᆞᆫ즉학生等은既爲解散되고行衛가不明ᄒᆞᆫ더其時嫌疑者韓巡查二名을引致ᄒᆞ야目下取調中이라더라

●金氏結婚式擧行 김在益시와孫廉김시의結婚式을陰八月初八日下午四時에蓮洞郭牧師家에서擧行ᄒᆞ기로更定ᄒᆞ얏다더라

●農務夜學試讀 金海郡桃洞農務夜학校에서月終試驗을經ᄒᆞ얏ᄂᆞᆫ더甲班優等生에金桂燮鳳이오及第生에韓殷錫趙卜東이오乙班優等生에梁在日이오及第生에朴英昊裵末萬이오丙班優等生에李聖完朴喜祚오及第生에김在律李末同等四人이오體操優等生에裵鳳伊인대허校長朴大根시가賞品을優數施給ᄒᆞ얏다더라

●肅川郡明進校 肅川郡肅明학校學務員李炳乾시가自己家舍六間을校舍로設立ᄒᆞ고諸般經費를自擔하고附近農商人의樵牧兒童을募集教育하ᄂᆞᆫ대校名은明進이라ᄒᆞ고去七月二拾壹日에開校式을擧行ᄒᆞ얏다더라

●修進校維持協議 咸北吉州郡曾成修進학校ᄂᆞᆫ本以全郡創設로학徒의父兄及有志諸氏의捐助를賴ᄒᆞ야學徒六拾餘人을募集ᄒᆞ고教師를雇聘ᄒᆞ야熱心教育ᄒᆞ더니財政의困難ᄒᆞᆷ으로任員諸氏가去八月十三日該校創立紀念日에校內에齊會ᄒᆞ야維持方略을爛議ᄒᆞᆯ서諸紳士中數人이其中途에廢止됨을益奮激歎ᄒᆞ야金額을捐助ᄒᆞᆫ대鄭壹善씨가十五圓이오申회益氏가五圓이오黃承赫氏가拾圓이오申命元氏가二拾圓이오以外諸氏도量力各出ᄒᆞ야合錢七拾圓인더壹週年을爲限ᄒᆞ고同金額을每月繼續支발ᄒᆞ기로各自擔任ᄒᆞ얏다더라

●中東校學員增募 典洞私立中東學校에서晝學學生徒를增爲募集ᄒᆞ야本月四日부터開學ᄒᆞ다ᄂᆞᆫ대晝夜학의科程이極히精美ᄒᆞ다더라

●兩氏에名譽教授 履洞進明測量학校에서學員이八十名假量인대經費가不足ᄒᆞ야教師權知重許某兩씨가名譽로學徒를教授ᄒᆞᆫ다더라

●德郡德校 德山郡守徐丙紹씨가境內紳士崔明植李喆儀趙鍾瀬三氏로德豐學校를協力刱設ᄒᆞ고학員四拾餘名을募集ᄒᆞ야普通科를教授ᄒᆞᄂᆞᆫ더將就之望이有ᄒᆞ다더라

●金童奮義 忠北淸州郡居童蒙김奉錫이가丁未陰七月貳十六日의鎭川郡에往ᄒᆞ얏다가該郡兵燹을適値ᄒᆞ야 闕牌가幾入火焰에郡下人民이擧皆逃亂ᄒᆞ야無人 奉救인대該童이奮發義氣ᄒᆞ야 闕牌를冒炎 奉安ᄒᆞ얏ᄂᆞᆫ더該郡守가此緣由로觀察府에馳報ᄒᆞ고觀察府에서轉報內部라ᄒᆞ고賞與金五圓을先給하얏더니該童曰金額受與가果非義務라ᄒᆞ고還納次로觀察府에請願ᄒᆞ얏ᄂᆞ니尙今如何ᄒᆞᆫ問題가無ᄒᆞ다더라

▲登 山 問 佛▼

▲登彼北山徘徊ᄒᆞ니滿壑秋風蕭瑟ᄒᆞ고四顧無人寂寞ᄒᆞᆫ더惟有壹個石佛이라三尺短杖依立ᄒᆞ야世上事를壹問ᄒᆞ니無情ᄒᆞ다더石佛은行人心事不知ᄒᆞ고空白圖眼靜坐로다

▲부처님아들어보소人生世不學이면牛馬豚犬無異ᄒᆞ고牛馬豚犬되고보면受人虐待預定이니人獸之判何在런고敎育善否에아닌가無情ᄒᆞᆫ石佛은聽若不聞ᄒᆞ고나

▲부처님아들어보소社會改良된然後에國家維持期어놀近日社會볼작시면有志士가許多ᄒᆞ나唇舌假粧熱心이오實地着手未冷尸리無情ᄒᆞᆫ石佛은聽若不聞ᄒᆞᄂᆞᆫ고나

▲부처님아들어보소無廉無恥元老들이爲國輔弼ᄒᆞ日인대安危興亡不關이오壹身富貴是貪ᄒᆞ니昆虫同有報復이니諸君何其醜然인가無情ᄒᆞᆫ石佛은聽若不聞ᄒᆞᄂᆞᆫ고나

▲부처님아들어보소無知無覺觀察守令觀民如子못ᄒᆞᆯ망뎡浚民膏血무ᄉᆞᆷ일고割其肉而充腹ᄒᆞ고撫其肚而云飽ᄒᆞ니면爾能幾日生活인가無情ᄒᆞᆫ石佛은聽若不聞ᄒᆞᄂᆞᆫ고나

▲부처님아들어보소地方의判檢事가貪叨消息浪藉ᄒᆞ니法律學을練習ᄒᆞᆷ제平法正刑公決ᄒᆞ야冤必伸ᄒᆞ지안코侵奪生活目的인가無情ᄒᆞᆫ石佛은聽若不聞ᄒᆞᄂᆞᆫ고나

▲부처님아들어보소杳杳ᄒᆞ다內閣諸公靜夜無寐二思ᄒᆞ오保國安民重大責任懸於誰手不知런가別般收策若無어든不如早時退去로세無情ᄒᆞᆫ石佛은聽若不聞ᄒᆞᄂᆞᆫ고나

▲부처님아들어보소君雖壹片石이나此江山雨露中에數千百年沿ᄒᆞ얏어든頓然不顧무ᄉᆞᆷ일가風雨暴注ᄒᆞᄂᆞᆫ날은君亦免溝渠ᄒᆞ리無情ᄒᆞᆫ石佛은聽若不聞ᄒᆞᄂᆞᆫ고나

社告

特別 謹告各支社員

各支社中에本社規則을違反ᄒᆞ야代金與廣告費를累月積滯ᄒᆞᆫ處가種々有之이온바本社에서ᄂᆞᆫ決코規則을實施치아니치못ᄒᆞᆯ지니代金을多數積滯ᄒᆞᆫ支社員은深諒ᄒᆞ시와未納金을斯速淸送ᄒᆞ시옴

大韓每日申報社

社告 特別

群山支社員宋判嚴氏가請願辭免ᄒᆞ얏ᄉᆞ니該支社로셔本報를購覽ᄒᆞ시던諸氏의게本社에서直接으로本報를發送ᄒᆞ오니照亮ᄒᆞ시오며九月以前代金은宋判嚴氏의게傳ᄒᆞ시되九月부터ᄂᆞᆫ代金을本社로直接送交ᄒᆞ심을爲要

大韓每日申報社

廣告

本人이今陰八月初三日間에姓名圖章을遺失ᄒᆞ엿ᄉᆞ니誰某拾得이라도無效로論ᄒᆞᆷ

崔知鎬 告白

本會에서今日上午拾二時에特別通常會를開ᄒᆞ오니諸會員은本會로來參ᄒᆞ심을爲要

帝國實業會 告白

[illegible]大廣橋越邊客店鄭學鉉[illegible]七月晦推次當文三萬兩通標壹張遺失則誰得休紙施行

李日昇

[illegible]防[illegible] 定價金拾錢

[illegible]健胃[illegible] 難파경咳白담을能治能止ᄒᆞᄂᆞᆫ藥이오

外하博士洪선生 [illegible]

製藥館資人 박慈惠 李觀化

製造本舖 漢城[illegible]慈惠大藥房

前稅務官魚浩善氏가陰曆七月二拾七日에外艱喪을當ᄒᆞ왓기玆에廣告ᄒᆞ오니知舊間照諒ᄒᆞ심을爲要

護喪人 魚仁善 告白

◉學員募集廣告

大학科四年 聖經漢文 古今文選歷史 英美史 敎會史 高等生理 高等博物 高等物理 高等化학 天文 地理 經濟 法학 心理論理 聖理 敎育法 高等代數幾何 三角測量 音樂 圖畫 英日語作文

中학科三年 聖經漢文 四書 東西洋歷史 萬國地誌 地文학中等 生理中等 物理中等 化학 國家학 簿記 敎育史 作문 分數至幾何初等 圖畫 音樂 英日語 體操

大학科試驗 純漢文讀書 作文 數학 初等代數

中학科試驗 國漢文讀書 作文 國地誌歷史 筭術 四則以內

但中學科卒業生은大學科免試 高等小학卒業生은中학科免試 願학僉員은試驗日에請願提呈后規則書持去事

試驗日字 九月拾二日 拾四日 上午九時 陰拾七日

京城東部 蓮洞私立儆新學校

東署於義洞六拾壹統六戶布木廛ᄒᆞᄂᆞᆫ金敎瓚處의本月初五日捧次於音壹片當文四千九百二拾兩을以捧來次로往來이다가中圖셔失ᄒᆞ왓ᄉᆞ오니誰某拾得ᄒᆞ시더라도休紙施行ᄒᆞ시옴

中署紬商金相憲 告白

本所에셔ᄂᆞᆫ礦山 土地 家屋 山林測量製圖等을迅速需應ᄒᆞᆷ

西部餘慶坊長生洞拾六統八戶

天一測量事務所 告白

本館에셔敎育義務로新學問敎科書를具備ᄒᆞ와廉價販賣ᄒᆞ오니僉君子ᄂᆞᆫ來購ᄒᆞ시옴

北靑郡內海東書館主 金基律 李鎰 告白

特別廣告

▲家屋新建築廣告

本院을新建築ᄒᆞ얏더니家屋이現殊ᄒᆞᆷ으로或他處로移去ᄒᆞᆷ을誤認ᄒᆞ시ᄂᆞᆫ人이多ᄒᆞ옵기玆以廣告ᄒᆞ오니僉君子ᄂᆞᆫ照亮ᄒᆞ신後依前來臨ᄒᆞ심을務望ᄒᆞᆷ

漢城南部毛橋貳統貳戶

濟生院醫士 朴逸根

本人이陽七月初貳日陰六月初壹日九時量에姓名圖章을見失ᄒᆞ와ᄉᆞ옵기玆以廣告ᄒᆞ오니內外國人은切勿見欺ᄒᆞ시옴

法官養成所生徒崔相憲 告白

國債報償會措處方法을研究ᄒᆞ기爲ᄒᆞ야陰七月晦日京城總合所로各社會와地方收金所에會同을請ᄒᆞᆷ은各新聞에前已廣告ᄒᆞᆫ바本人等이到京ᄒᆞᆫ際에京城各社會에셔該會調査會를設立ᄒᆞ얏기로本人等도亦參會商인바調査後에ᄂᆞᆫ措處方法도自在ᄒᆞᆯ깃기其實行을姑俟ᄒᆞ고次第歸鄕ᄒᆞᆷ

大邱斷烟償債所代表人 李宗勉 李一雨

▲特別廣告

本學館에셔旣爲揭示ᄒᆞᆫ바語學後科에但今年間은昨年에日英語專門科에受學ᄒᆞ든학員을依舊規修業케ᄒᆞᆯ뿐不啻라新入學員中에도其학力이舊학員과同等ᄒᆞᆫ境遇에ᄂᆞᆫ入學케ᄒᆞᆷ

皇城基督靑年會學館

昨日新生四兒를醫察官吏가指送於本院ᄒᆞ야現今收養ᄒᆞ나乳母를猝難求得ᄒᆞ외玆以廣布ᄒᆞ오니或有不幸遺척ᄒᆞ고乳道如前ᄒᆞᆫ婦ᄂᆞᆫ잇ᄉᆞᆸ거든枉臨于本院ᄒᆞ샤新生兒를乳養ᄒᆞ야주시면非但積善이라遺척婦人은失子而得子ᄒᆞ고新生兒ᄂᆞᆫ無母而有母ᄒᆞ오니見此廣告ᄒᆞ신後卽枉于本院ᄒᆞ샤急救殘命ᄒᆞ시면自本院으로另當稅料厚報矣리니照亮ᄒᆞ시옴

京城孤兒院 告白

本所에셔國債報償志願金摠額을整理ᄒᆞ기爲ᄒᆞ야財務監督은金允五金麟兩氏로會計ᄂᆞᆫ柳東說鄭志永兩氏로選定ᄒᆞ야本所金額을所民과合同保管케ᄒᆞ얏ᄉᆞᆸ기玆에廣布ᄒᆞ오니京鄕同胞ᄂᆞᆫ照亮ᄒᆞ시옴

國債報償志願金總合所 評議會一同

訴訟에對ᄒᆞ야疑惑不決者의게其勝負의可否를詳細說明이옵고鑑定料ᄂᆞᆫ事之實重과債之多少를隨ᄒᆞ야臨時酌定ᄒᆞ되大槪如左ᄒᆞᆷ

鑑定料ᄂᆞᆫ五圜以下로ᄒᆞ되貧窮者의게ᄂᆞᆫ無料로ᄒᆞᆷ

京城南部芋洞六拾四統貳戶

東洋大學前講師 日本法律學士 辯護士

木尾虎之助

本舖에셔耶蘇敎各種書籍과各學校敎課書類를無不俱備ᄒᆞ얏ᄉᆞ오니隣近邑村僉君子ᄂᆞᆫ陸續購覽ᄒᆞ시옴

黃州南門外耶蘇敎書포 崔鎭衡 梁蓮海 告白

第四回學員募集廣告

本塾에셔法律專門科에學員을新募ᄒᆞ오니願學人은來九月三日以內로本塾에對ᄒᆞ야請願書를提出ᄒᆞ고左開日時에應試ᄒᆞᆯ事

但請願書紙、學科、規則은本塾에在ᄒᆞᆷ

試驗科目

壹、國漢文作文、國漢文讀書、地誌、歷史、筭術(四則以內)

試驗日時

九月九日上午拾時(陰八月拾日)

但高等학校(中學校程度를包含)程度에相當ᄒᆞᆫ卒業證書를有ᄒᆞᆫ人은免試ᄒᆞᆷ

西部工后洞

私立養正義塾

◉測量학員募集廣告

本塾에셔測量三個月速成科를設ᄒᆞ오니願학僉員은九月二日來(水曜日)너로請願ᄒᆞᆷ

北部齋洞二統拾戶

測量新塾廣告

▲學員募集廣告

(未悉ᄒᆞᆫ條目이有ᄒᆞᆷ으로正誤改告ᄒᆞᆷ)

本학館에셔第三回학員을募集ᄒᆞ오니志願人은八月三十壹日以內로請願書를提呈ᄒᆞᆷ(請願用紙ᄂᆞᆫ本館에請求ᄒᆞᆷ)

晝學科程

中學課

第壹학年 東國歷史 大韓地誌 筭術 博物「植物、動物」 圖畫 聖經 曲調 唱歌 體操 語학「日英語隨意」

第二학年 國語 萬國歷史 萬國地誌 數학「筭術、代數」 生理及衛生학 聖經 唱歌 體操 語학「日英語隨意」

第三학年 星학 物理학 化학 數학「代數、幾何」 法학「商法、經濟」 聖經 唱歌 語학(日英語隨意) 體操 生理及衛生학(但今年만有ᄒᆞᆷ)

語學後科

此ᄂᆞᆫ中學科를卒業ᄒᆞᆫ資格이有ᄒᆞᆫ員으로日英語間隨意ᄒᆞ야幾種科目을其外國語로專修케ᄒᆞᆷ

日語課(壹個年)

英語課(二個年)

但本館에語학專門科의已爲修業ᄒᆞᆫ員은此後科의許入ᄒᆞ야依舊規畢業케ᄒᆞᆷ

木工課 工業 圖畫 筭術 聖經 木工

夜學科程

日語課 英語課 簿記課　以上三課ᄂᆞᆫ各히專修課로ᄒᆞ되入學細則은本校에來問ᄒᆞᆯ事

入學試驗科目 國漢文讀書作文

但各課補缺生은各次班課程으로시驗ᄒᆞᆷ

試驗日子 九月壹二兩日陰八月初六初七日 上午九時

開學日字 九月三日

◉以上各課中晝학語학課ᄂᆞᆫ補缺生만募集ᄒᆞᆷ

◉夜學各課壹年級은학員이貳十名이未滿ᄒᆞᆫ時ᄂᆞᆫ該班을不設ᄒᆞᆷ

皇城鍾路基督敎靑年會學館

本人의三從孫在明이年今二拾에浮放自恃ᄒᆞ야酒色雜技로如干産業을盡爲蕩敗ᄒᆞ고其他傳來宗土와先山守護를欲爲典執出債故로宗議大發ᄒᆞ야各處先山與宗土를分護ᄒᆞ고玆에廣告ᄒᆞ오니內外國僉君子ᄂᆞᆫ無復見欺를千萬切要

開寧郡延鳳里 李寅泰 告白

◎學員募集廣告

本校에셔聰俊을敎授ᄒᆞ기爲ᄒᆞ야학員을募集ᄒᆞ오니子弟를入학코ᄌᆞᄒᆞ시ᄂᆞᆫ僉君子ᄂᆞᆫ來議ᄒᆞ시옴

位置南部下茶洞

年齡八歲以上拾五歲以下

開學九月三日(陰八月初八日)

學科普通課程

但入학請願紙ᄂᆞᆫ支給ᄒᆞᆷ

私立共成學校

本書館을開業ᄒᆞᆫ지未過壹年에壹般同胞게셔愛助ᄒᆞ사와營業이興旺之故로本館을壹層擴張ᄒᆞ고各項新舊書籍與敎育物品을多數準備ᄒᆞ야特別廉價로大發賣ᄒᆞ오니四方僉君子ᄂᆞᆫ陸續來臨ᄒᆞ심을爲要ᄒᆞᆷ

釜山港東關韓興書館

金汝重 權鍾律

本館에셔新舊書籍과學徒의所用諸般物品을具備販賣ᄒᆞ오니僉君子ᄂᆞᆫ來購ᄒᆞ시옴

平壤鍾路太極書館

館主 李昇薰

主任 安泰國

事務 李德煥

漢城鍾路慈惠大藥房

大韓東西藥業月報社製藥部

咽喉熱痛 隆火水 五日分 金壹圓

消食健胃 告味甘酸水 金五十錢

男女補氣 補益丸 二圓五十錢

[illegible]潤腸丸 二十錢

淋疾祛根藥 五十錢

痢疾靈散 三十錢

清明眼藥 十五錢

養兒寶散 十五錢

寸蟲拔根藥 三十錢

純金鷄納丸 十錢

頑癬沒虫丸 二十錢

足汗臭藥 二十錢

四時感冒丸 十錢

太腫合瘡膏 三十錢

消痰鎭咳藥 三十錢

漢城百應膏 十錢

陳陳滯 消積丸 五十錢

瘧氣神效 保胃安散 二十錢

[illegible]郵便遞送

大韓帝國 新發明 特效靈藥

承寧府典醫正三品 洪哲普閣下實驗處方 陸軍軍醫學校敎官 [illegible]茂君有效證明

八寶丹 九粒入金[illegible]錢

主治効能

○胃痛惡心 ○頑痰固飮 ○食思欠乏 ○中暑中寒 ○新久積滯 ○急鬱關格 ○溜飮食傷 ○頭痛眩暈 ○泄瀉下痢 ○霍亂吐瀉 ○水土不服 ○船車醉

陸軍貳等軍의 許均實驗處方

陸軍貳等軍의 朴駿建君有效證明

補陰 補陽 滋陽丸 자양환

卅日分金五圓 卅日分金三圓四拾錢 拾日分金壹圓八十錢

主治

○房事不容 ○腎虛腰痛 ○病後氣端 ○腎氣不足 ○陽痿不起 ○遺精多夢 ○陰虛火動 ○房事後惱困 ○手足厥冷 ○形容蒼白 ○吸烟斷烟客間 ○體質虛弱消瘦

婦人 부인 영약 婦人 胎 藥 ◦리◦양◦됴◦경◦환 ◦胎◦養◦調◦經◦丸 壹劑金五圓

主治說明

婦人이孕胎ᄒᆞ지못ᄒᆞᆷ은冷病積病과月經不調로因ᄒᆞᆷ이니此藥을服用ᄒᆞ시면婦人腹中에有ᄒᆞᆫ諸病은壹切退去ᄒᆞ고自然孕胎ᄒᆞ오니速臨買去ᄒᆞ시압

瘡病神藥 ▲사향소창단 ▲麝香消瘡丹

此丹이於諸창에無論男女老少ᄒᆞ고若服壹劑하면有神效ᄒᆞ야百발百中ᄒᆞ오니[illegible]方可及이라若論主治則楊梅下疳連珠癧濕頭창諸症에俱見立效ᄒᆞ오

京城鍾路 和平堂 白

▲發賣所

南署苧洞 李永琜藥局
仝 南門니博文書館 盧益亨
仝 南門니水橋 濟生支店
仝 泥口니 相信號與當포
仝 鐵物橋毛衣房 리洛瑞
仝 小廣橋毛衣房 리厚根
仝 壽進동上隅 三可病院
仝 大寺동 共제病院
仁川港 축峴니 동關豐旅館 韓用俊
仝 [illegible] 金暉寬
仝 음니 金永源 李昇範
江華鍾路 宋順五店
開城 남문니 朴圭相商店
仝 남문니 明新[illegible] 리貞鍚
水原 남문니 김제九약舖
海州 남문니 리[illegible]商店
延安음니 邊汝文洋藥局
平壤 [illegible] 남문니 [illegible]在淳
黃州 남문니 紅문동 리[illegible]善
仝 砂里院耶蘇敎당 리東赫
平壤章臺峴耶蘇敎堂니 金濚杜
仝 法首橋乾材局 金龍元
仝 大興部壹里 崔[illegible]化
館前
鎭남浦 築동 金龍興藥舖
鎭남浦 碑石洞冊[illegible] 桂澤善약포
仝 제生당出張 吳承昌
仝 文武洞 金元성藥포
仝 山港開福洞 吳南駿
仝 大井동 金斗鉉
禮산 [illegible]谷里 리春善약房
全州 남문니 리東赫
大邱 남문니 리明直약局
元山港 남甲元약局
仝 제生堂支局 朴敬鎭
尙州 [illegible]문니 朴致心약局
김泉[illegible] 鄭聖瑞약局
釜山港 제生당出張 朴昌鎬
安州 성니 義井동 回春大약房
安岳邑上[illegible] 제生局 林景杜
義州 남문外 木口街 義和약房
載寧읍後동 洋약局 崔允國
定州 남문니 洋약局 리健杜
鄭山읍 洋약局 羅應彬
宜川읍 冊사
鐵山읍 永春堂 安[illegible]
咸從郡 耶蘇敎堂 安瀁
仁川港 축峴 張炳壹
京城鍾路

京城鍾路 和平堂 白

製약所인川港축峴和平堂藥房 李應선
發行人仝
京城鍾路衣廛 和平堂支店
水原北[illegible]施洞仝支店 李聖儀
代理店仁川港축峴 제生堂약房
京城大廣橋共愛堂약房 同南
문니水[illegible]大東[illegible]市支店 金泰鉉

소
ㅎ시면우편으로부치깃도수도엇
右四種약은各地方이리로請求
拾四日分金四圓
옵 니 貴府 僉 君子 는 一 次 試驗 ᄒᆞ시

●大韓新발明靈藥廣告

●右藥의主治効能은如左
●담飮咳嗽 ●水七不服
●氣鬱腹痛 ●吐瀉 ●中暑中寒
●食積食傷 ●酒醉 ●口熱惡臭
●其他諸般邪氣癘疫預防妙약

陸軍軍醫[illegible]守鉉君實驗方劑 陸軍軍醫[illegible]茂君有効證明 四海衛生之諸君子常備之靈藥

新藥 消化 清心保命丹

發行所 仁川港 축峴 濟生堂藥房

九十粒入金拾錢

總發行所 京城南大門內 제生당支店 李庚鳳
●지城南문外 제生당支店 具又賢
●元山港 銘石院 제生당支店 박敬鎬

代理店

京城大廣橋 共愛堂
仝 鍾路 慈惠약房
●京泥峴三丁目 新井약店
仝 全郵便局前 天佑堂약房
仝 남大남니 博文書館 盧益亨
仝 梨峴 洋약局 리信華
仝 大安洞 仁제약房
仝 壽동 三可病院 朴喜達
●仁川 축峴 和平당 리應善
同本町 新井藥房
●海州 남문니 宋在瑛
仝 全商店 리奉楨
●水原 종路下약房 金제九
●延安 읍니 洋약局 邊汝文
●江華 종路店 尹斗鉉
●長淵 남門니 崔觀淳
●砂里院 場니 客主 任光中
仝 耶蘇敎堂니 리載善
●瑞興 읍니 許완
●洋浦驛 東美運送部 김奉圭
●黃州 남문니 紅문동 리東혁
●安岳邑 上場里 제生局 林景杜
●忠州 [illegible]良面 早遯 崔允國
●信川邑 四里 洋약局 김永楨
●載寧邑 後동 洋藥局 김鍾和
●長連邑 東里 冊肆 文爽冠
●平壤 里문동 出張人 尹寅혁
仝 雙巨里 제生局 韓鎭儀
仝 館前 衛生의院 金龍興
仝 文武동 제生局 桂澤宜
仝 大興部 壹里 藥局 崔能化
●鎭남浦 築동 冊사 김元燮
仝 后浦 本堂 出張人 吳南駿
●安州 성니 義井동 同春大약房
●博川邑 美동商店 朴芝行
●定州 남문니 洋藥局 리健杜

社告

●郭山邑 大街 冊사 김大鉉
●宣川邑니 冊사 安濬
●鐵山邑니 永春堂 安瀁
●義州 남문外 水口街 崔錫浩
●德川읍 官洋약局 리丙斗
●群山港 開福동 김斗鉉
●大邱 남門니 刷還洞 김成浩
●釜山港 東館 本町 商店 리炳夏
●北青 新昌港 客主 朴錫勳
●木浦 各國居留地 松房 徐岐兒
●全國니 各약店마다 隨應販賣

仁川港축峴 京성남大문니 濟生堂 白

○申報價

壹張代金 新貨二錢五厘
壹個月前納 三十錢
參個月 九拾錢
陸個月 一圓七十錢
壹個年 三圓四十錢
郵稅一張 新貨五厘
壹個月 十二錢

○廣告料

四号活字拾二字詰
每日壹寸(英尺)에 新貨卅五錢
二週日壹寸에 二圓五拾錢
壹個月壹寸에 五圓
(自壹行至四行이爲壹寸)
其期限의長短과字行의多寡를依ᄒᆞ야增減ᄒᆞᆷ이有ᄒᆞᆷ

●大韓每日申報各處支社廣告

中署布屛下 金相萬冊肆
平壤鍾路太極書館 安泰國
仁川축峴開新冊肆 李東皓
義州南門外ㅎ西大藥房 [illegible]
釜山港佐川약局 徐錫疇
三和港築동 金元燮
咸興州南社西門外 曹喜林
開城남大門內興學書舖 姜助遠
大邱西門外友弦書樓側 李正由
載寧邑濟衆院 劉夢澤
鐵山邑東部 安瀁
元山倉前 劉七鉉

海州남門內 朴昌鎬
定州南門內書舖 洪成麟
昌城郡校洞 許원
郭山興岩 李銀瑞
安岳細동坊成洞 康道善
博川晉津 李鎭成
安州城內義井洞 金翼河
鐵原邑榮동 趙종大
高原邑 朴敦吉
淳昌邑內 李鍾兼
泰仁邑內 金禹燮
京義線枇峴驛前市 李基秀
長湍邑南門內 崔載淳
殷栗邑倉前里 金泰聲
群山港東彰社 宋判巖
龍川楊市 黃菊保
朔州邑남門니 朱伯爽
泰川邑館前洋약局 李正華
永興南山동書舖 梁昌錫
江華邑川橋 金鎭식
淸州남門外 宋斗仁
寧邊邑客舍里趙炳俊家 明濟世
金溝水流面豆亭 趙德三
信川邑六里 丁一善
江西邑內 金昌煥
成川郡上部面 馬應三
興德富安面劍谷 姜大榮
龍川府南面松峴海東書會 金賢圭
咸從郡耶蘇敎堂 張炳壹
平남順川郡達동 鄭裕령
龍川남市驛 韓燦禧
龍岡郡耶蘇敎堂內 朴鍾은
東萊館 金明鉉
結城廣川小龍동 李啓祚
定平郡豊川 張禮학
洪原南門外耶蘇敎冊肆方萬晟
宣川읍新民書會 魯晶世

發行兼編輯人 英國人 裴說
Responsible for Publication Alfred Weekley Marnham.
發行所
南署苧井洞號外地三層洋屋
大韓每日申報社

大韓每日申報

第六[illegible]號

月曆及慶節

[illegible]時日休刊

[illegible]二百四十一年
箕子元年[illegible]三十年
大韓開國[illegible]十七年
[illegible]一年
[illegible]四年
陰曆[illegible]日壬戌

論說

◉打破家族的觀念

三千里疆土를擧하야[illegible]하얏는데我壹家의安保만求하면得乎며二千萬人民을擧하야烈火에投하얏는데我壹命의完全만求하면得乎아此는二尺孩子를執하야問할지라도其不能함을知할비어날嗟乎라韓人이며此同胞瓢溺의時代를遭하야尙且가族的觀念만[illegible]하얏도다

優遊不學하던鄉谷青年들이欲然百里를笈하고京城에來하는者ㅣ紛紛하거날吾儕는其大志가忽立함을賀하얏더니及其來學의目的을聞한즉曰測量의議가起하며此法을不知하면吾祖吾父의墳墓가官家에將入이깃기로吾가測量을학하야先山保存할目的으로此에來學하노라하며愚迷不悟한深峽居人들이忽然數洞이會議하야學校를設立하는者ㅣ種種하기에吾儕는其頑夢의漸醒함을祝하얏더니及其設立의趣旨를問한즉曰時勢가既變하며新學을不知하면吾子吾孫의時代에는官路가杜이깃기로吾가學校를設立하야子孫을教育할趣旨로此를設立하얏노라하며當年勢道家로先榮이輝赫하던安東金씨들이巨額의土金을捐하야壹大事業을經營한다기에耳를傾하야聽聞한즉曰安東金씨가宗約[illegible]하며十載海外[illegible]受하던李[illegible]씨[illegible]成就하얏다기에[illegible]曰皇族壹[illegible]組織하얏다하니[illegible]等家族觀念의錮[illegible]自己가族만[illegible]潮[illegible]家族[illegible]維新하면其部은自然維新하며壹道가各가族이皆維新하면其道가自然維新되며一國이각가族이皆維新하면全國이自然維新될지어늘今에家族的教育을是斥함이抑亦太甚함이아닌가

日否〃라不然하다精神이壹鐵하면萬事가蠢墮하고頭腦가壹破하면百體가俱死하나니彼가既是家族觀念에甚固하야家族教育을設行함은其에서家族思想만發達하고家族事業에埋沒하야壹國山河를壑舟에輸하게其國을陟하야吾家의壹片田土이나獨完함가하며壹國生靈을獄에埋下커던身은室에入하야吾家의數口妻子나獨安할가하니國이란壹念은腦에不留하야家族이란二字는眼에不忘하며[illegible]의癡心癡想이[illegible]을不問하고門戶의保〃만圖코져하리니此는數百餘姓을分하야數百餘部落을建함이며二千萬口를散하야二千萬國을作함이니비록國民的團結을圖하야國民的事業을行코져한들엇지可得하리오

故로吾가同胞에思想發達을祝하나가族思想의發達은不祝하는비며教育進步를願하나家族教育의進步를不願하는비로라

日吾子가向日에筆을執하야家族教育의始興함을贊成하던者ㅣ아닌가

日否라不然하다吾가昔日에贊成한바는家族教育을贊成함이아니라但只如此黑洞洞天地에教育二字의發達됨을贊成함이오且累累히勸告하야曰小家族觀念을棄하고大家族(即國家)觀念을作하야壹小家族의先祖만慕치말고壹大家族의先祖(即檀君)을慕하며壹小家族의子孫만愛치말고壹大家族의子孫(即檀君子孫)을愛하며壹小家族의產業만惜지말고壹大家族의產業을惜하라云〃한說이本報論欄에累現함이아닌가況近日에著現하는狀態를觀한즉國民教育의精神이家族思想에被奪함이甚大한故로筆ㅣ一大呼를不覺하노라

日然則家族의設立한학校는壹切打破함이可함가曰否〃다此又不然하니大抵何地何方이던지教育事業에大姓이團聚한地方에는其家族을捨하며誰와圖結하야學校를成立하리오故로余의所論은家族의設立한學校를打破코져함이아니라家族觀念으로發起한學校를改革코져함이로다

日家族의設立한학校는自然家族觀念이有치아니할새

日否〃라不然하다某地居하는某大姓이學校或學契를發起하고其名稱을國民的으로以하며其思想을國民的으로以하야[illegible]山학契韓山學契等의陋名을去하며申氏家族發達李氏家族발達等의頑想을破하고其壹片精神이大韓全國問題에在하면其誰가此를家族教育이라하리오

▲▲隆熙二年 九月壹日官報

◉勅令

勅令第六拾二號

●私立學校令 續

第拾壹條 設立認可를受치아니하고學校의事業을爲하는者에對하야는학部大臣은其事業의禁止를命함이可함

第拾二條 私立學校長은每年五月末日現在에依하야職員姓名擔當학科目、학年別、學徒在籍者數及出席者數、教科用圖書名及會計의現況에關한報告書를調製하야翌月에로學部大臣에게報告함이可함

第拾三條 地方官은學部大臣의指揮를承하야其所管內의私立학校를監督함

第拾四條 本令에依하야學部大臣에게提出하는文書는所轄地方官을經由함이可함

第拾五條 本令은書堂에適用치아니함

附 則

第拾六條 本令은隆熙貳年拾月壹日로부터施行함

第拾七條 既設한私立학校는其設立認可를受함與否를不問하고總히本令施行日로부터六個月以內에本令規定에準하야學部大臣의認可를受함이可함 (完)

外報

●十國艦隊訪問 콘스텐티노-플報道를依한즉土耳其艦隊는近近히回港하야希臘及佛의艦隊를訪問하리라더라

●俄人의金礦採掘 旅順電을據한즉金州所管內俄國人이金礦三十壹萬四千坪、砂金五拾壹萬七千坪採掘許可를得하얏다더라

●加州의亞細亞人排斥 美國加州共和黨大會에셔決定한政綱中에亞細亞人排斥의壹項目이有하얏더라

●佛領印度行政 上海電에曰巴里로부터엣포ㅣ、사ㅣ마에리에、랑구로아시는루단記者와會合하야國際에印度支那總督을達한電報를據한즉殖民大臣미로풋고ㅣ슷기ㅣ시는最近에惹起한紛亂의原因을調查하야同時에該地方을佛國政務의直轄行政管下에設置함과現在의保護政治를改善함은利害가如何한지研究함이라假히副知事又는駐在官의게同地方의官吏全部에對한監督權을與하야各豫算制度를改正하는것과如히改革은拾分注意를加하야行함지요又同總督은酒精規則阿片及鹽稅를改善할件에就하야土民의希望에지도容許할方針이라고言明하얏다더라

雜報

●富郡將官 富平郡守全國煥씨가政令이公平하고衆心惟勤하야民間의懶怠한人民을對하야爲民義務를躬行曉諭하며因民無失業의壹境이賴安하고且[illegible]學校를設立하야聰俊子弟를熱心教育하매隣境이感應하다고人皆稱頌한다더라

●文壇

▲讀史新論 壹片丹生 續

第壹編 上世

第壹章 檀君時代

檀君의征服한事跡이有함진대當何[illegible]爲始오曰其肇基가既是卒本扶餘인즉其最始는潘陽(即今吉林省)이며其次는遼東(即今奉天省)이며又其次는朝鮮本部니라

武功이既暢하고文德이既洽하매於是乎九夷八蠻이繼踵納降하며遠方異國이望風歸化하니라

雖然이나壹惟檀君께서世世이리오即其子孫도其志를繼하며其事를述하야乃祖와克肖한者繼繼繩繩한故로我扶餘族이此三千里樂土를擁有함이니不然이면此許多種族許多邦國의競爭場頭에엇지生存優勝함을得하얏스리오

南秋江孝溫氏ㅣ有詩호되檀君生我青邱衆、教我彝倫浿水邊이라하얏스니遂乎遠哉라聖人의德이여 (未完)

雜報

●親電御發 太皇帝陛下ᄭ압셔 日本東京의 御留ᄒ시ᄂ 皇太子殿下ᄭ 親電을 발ᄒ셧다더라

●有何密勿 再昨日下午八時頃에 宮內府大臣閔丙奭氏가 總理大臣李完用氏를 訪問ᄒ고 耳語가 密勿ᄒ얏다더라

●兩大奔競의內容 摠相李完用 內大宋秉畯兩氏가 拓殖社委員을 組織ᄒ기로 互相奔競ᄒ다ᄂ 說은 已揭어니와 其奔競의 內容을 得聞ᄒ즉 李摠相은 趙義淵氏로 摠裁를 選定ᄒ고 設立委員은 韓相龍元應常俞承兼石鎭衡張憲植諸氏로 任用코져ᄒ며 宋內大ᄂ 李根澔氏로 摠裁를 選定ᄒ고 設立委員은 金時鉉趙鎭泰白宗瑃白寅基尹晶錫諸氏로 任用코져ᄒᄂ 故로 延拖가 된다더라

●整理局事務囑托 內藏院卿崔錫敏 掌禮院典祀安永基兩氏ᄂ 臨時財產整理局事務를 囑托ᄒ얏다더라

●壹還壹滯 日本國各官廳을 視察ᄒ기爲ᄒ야 渡去ᄒ얏던 內閣書記官築山貞彦이ᄂ 日昨의 還任ᄒ얏고 洪運杓시ᄂ 本月末日頃에나 還任ᄒ 預定이라더라

●丸山率眷歸國 遞任된 警視總監丸山重俊이가 明日上午八時三拾分에 其家眷을 領率ᄒ고 京釜鐵道第壹番列車를 搭乘歸國ᄒ다더라

●皇族會議辭報 皇族諸氏가 去日曜日에 諫동宗正府에서 會議를 開ᄒ은 已報어니와 皇族會館長은 永宣君李埈鎔씨로 副館長은 李達鎔시로 評議員長은 義陽君李載覺시로 投票選定ᄒ고 □軍相李載□學相李載崑中樞院顧問李址鎔主殿院卿리謙濟시等拾二人을 評議員으로 選定ᄒ後 設校方針의 對ᄒ야 協議하ᄂ대 或은 各員月俸中으로 二十分之壹을 捐助ᄒ자ᄒ며 或은 月俸이 無ᄒ人이라도 每朔隨力捐助ᄒ자ᄒ며 或은 拾三派宗族을 壹壹調査ᄒ야 壹年에 幾拾錢式 捐助케ᄒ자ᄒ야 議論이 不壹ᄒ中 拾三道宗族의게 幾拾錢式이라도 收斂하면 弊害가 不尠ᄒ뎃ᄒ다고 리學相이 反對하야 提議ᄒ三件中 壹件도 歸決치 못ᄒ얏다더라

●警部補缺試取 內部의서ᄂ 現關의 地方警部拾餘窠를 補缺하기爲ᄒ야 昨日부터 警部를 試驗ᄒᄂ대 應試ᄒ者ᄂ 數百名의 達ᄒ얏다더라

●漢尹曉諭 漢城府尹張憲植氏가 齋洞가屋毀撤事件에 對ᄒ야 人民의 呼冤이 답至하미 張憲植氏가 가屋價支撥에 不能擅便ᄒ야 內部大臣의게 交涉後處決ᄒ기로 該人民의게 曉諭하얏다더라

●北間島學務視察 학部會計課長김漢奎씨와 事務官日人柳田節이가 北間島에 학務를 視察ᄒ기爲ᄒ야 今日午前七時에 京義鐵道第壹番列車를 搭乘발程ᄒ다더라

●日少將間島視察 明石村田兩少將이 北間島를 視察次로 前往ᄒ얏ᄂ디 來拾日頃에 入京ᄒ 預定이라더라

●杉山視察次出發 京城憲兵分隊少尉杉山이가 春川附近을 視察ᄒ기爲ᄒ야 四日에 出발ᄒ 터이라더라

●匠色稱冤 大院王墓所를 坡州舊莊陵으로 移奉ᄒ後 齋室丁字閣을 新建築ᄒ다가 諸般匠色의 物價與役價를 差下치 아니ᄒᆫ는 故로 工役을 停止ᄒ얏ᄂ대 先進排ᄒᆫ 匠色의 稱冤이 有ᄒ다더라

●驛屯土作人權許可 度支部의서ᄂ 各地方驛屯土舍音等이 每年自意로 作人을 變更ᄒ던것을 今番에ᄂ 其耕作期間을 五年以內로 適當히 決定ᄒ게 된 故로 作人이 其耕作의 安心從事ᄒ게 되리라ᄒ고 又小作權은 于今耕作ᄒ던 作人에게 許可ᄒᆯ 方針인대 本年末月以內에 申告ᄒᆫ 者에ᄂ 作人으로 許可ᄒᆫ다더라

●月貰家屋規則 近日漢城內各坊曲家舍를 이口文의 殘金을 營利코져ᄒ야 無家屋ᄒ人에게 月貰로 家屋을 借給ᄒ얏다가 不過幾日에 該家屋을 他人에게 又貰코져ᄒ야 先貰人ᄒ얏던 人을 逐出ᄒᄂ 弊가 比比有之ᄒ므로 此事弊를 禁止ᄒ기爲ᄒ야 漢城府에셔 貰家의 約條ᄒᄂ 規則을 世將次 條定ᄒ야 官報上에 公布케ᄒ기로 協議ᄒ다ᄂ 說이 有ᄒ더라

●隨聞更揭 帝國實業會에셔 兪吉濬氏를 會長으로 推薦ᄒ얏ᄂ대 兪氏가 該會에 前日褓負商의 挾雜人이 多數入參ᄒ으로 應行치 못ᄒ다ᄂ 說은 隨聞揭載ᄒ얏더니 更聞ᄒ즉 氏가 興士團의 職務와 其他각社會의 擔任이 多ᄒ야 該會長의 任을 不得應行이라더라

●廣學俱樂部發起 有志紳士任冕淳趙奎洙李起龍申鄕雨南相穆等諸씨가 發起ᄒ야 靑年의 知識을 啓發ᄒ次로 廣學俱樂部를 設立하깃다고 警視廳에 請願하얏다더라

●水業組織 西署內水商資本人等이 水筒數設의 對ᄒ야 會議를 開ᄒ고 已爲□□이나ᄒ 資本人等이 水業所를 權定ᄒ고 任員을 組織ᄒ얏ᄂ듸 所長은 李範喆시로 副所長은 姜贊欽시로 摠務ᄂ 趙富卿시로 幹事ᄂ 郭昌鈺시로 書記ᄂ 申奉雨시로 會計ᄂ 朴元鍾시로 選定ᄒ고 顧問은 洪肯燮시로 公薦ᄒ야 屢日開議ᄒ고 水筒事件을 協議ᄒ얏다더라

●水商勸業 水業會議所任員은 組織ᄒ은 別項과 如ᄒ거니와 該所의셔 水商等의게 說明勸業ᄒ次로 水商夜학會의 通知ᄒ야 來日曜日의 東大門外元興寺로 水商을 會合케ᄒ고 勞働夜학會總裁及會長도 亦請邀協商ᄒ기로 定ᄒ얏다더라

●四郡電話開通 晋州와咸陽間의 架設ᄒ 電話와 全州와井邑間의 架設ᄒ 電話ᄂ 本月壹日부터 開通되얏다더라

●捉他反捉 再昨日에 何許鍮器商壹名이 東門外進八里에서 鍮器를 放賣ᄒᄂ대 安靜寺에 居ᄒᄂ 僧徒全樞植이 適到ᄒ地ᄒ야 巡査라 假稱하고 該鍮器商을 對ᄒ야 言ᄒ되 此物을 當初에 自何買得이뇨ᄒ며 無端詰難ᄒ미 該商의 所答이 何處買得이던지 君何相關고ᄒ즉 該僧이 東部警察署로 押來ᄒ다가 該巡査에게 발現되여 詳明査覈ᄒ즉 鍮商은 無罪ᄒ 故로 卽爲放送ᄒ고 該僧은 反爲押囚ᄒ얏다더라

●使酒被捉旋放 再昨日午後六時頃에 韓山郡居김駿豫氏가 飮酒泥醉ᄒ야 中部校洞等地로 過去ᄒ다가 警官壹人을 對ᄒ야 不恭히 說話ᄒᄂ 故로 中部警察署로 押囚ᄒ얏더니 該씨의 所供이 此是酒使요 本非心使이니 特許放還이면 平生斷酒ᄒ깃다ᄒ미 卽爲放送ᄒ얏다더라

●李□祭祀被捉 中部貫子洞居하ᄂ 李景□씨ᄂ 富者로 有名ᄒ더니 李德裕氏의 孫인데 何許八人에 錢財八拾萬兩을 欺取하다가 其情跡이 現露되야 京城地方裁判所에 被囚ᄒ얏다가 保放蒙還ᄒ야 因爲逃避ᄒ으로 該所에셔 中部警察署에 申飭하야 詗探捉致ᄒ라ᄒ지라 該署에셔 百倍另探ᄒ되 尙今未捉ᄒ얏더니 再昨日은 李씨의 父親小祥이라 祭祀次로 歸家ᄒ얏ᄂ되 該署刑事巡査等이 知機往捉ᄒ야 地方裁判所로 卽爲押交ᄒ얏다더라

●幸不致命 再昨日午前九時에 北部二淸洞居ᄒᄂ 李德煥氏의 妾戶에 貰居ᄒ 김益信氏에 夫人이 該家主婆와 何事件을 因ᄒᆷ이던지 壹場爭詰ᄒ다가 鴉片을 仍吸ᄒ고 死境에 至ᄒ얏ᄂ대 該掌內巡査가 急往救護ᄒ야 幸卽回甦ᄒ얏다더라

●李氏寄附 李顯直氏가 皇族會館에 香壹石落을 捐助ᄒ고 女子教育會에도 香石落을 寄付ᄒ얏다더라

●光東校學員增募 大安洞私立光東학校에서 陰八月十二日內로 學員을 增加募集ᄒᄂ대 課程은 漢文日語算術圖畫理科等이오 年齡은 二十歲以下拾歲以上으로 增募ᄒᄂ뒤 月謝金은 無ᄒ다더라

●鳳郡日新 鳳山郡紳士金秉璇崔秉□兩씨가 教育에 熱心ᄒ야 藏修齋에 壹校를 設立ᄒ고 日新學校라 名稱ᄒ야 학員을 募集ᄒᄂ대 五十餘名에 達ᄒ얏다더라

▲地方消息▼

▲去月廿五日咸鏡南道陽德郡藥峴洞의서 義兵三拾餘名이 日守備隊와 交戰ᄒ엿다ᄒ고

▲去月廿六日慶州郡長校洞의서 義兵約拾五名이 該郡分遣隊日兵과 交戰ᄒ엿다ᄒ고

▲去月廿五日忠淸南道扶餘郡西北約三里半되ᄂ地의서 義兵三拾餘名이 日憲補助員五名과 夜襲을 開ᄒ야 壹場衝突ᄒ야 合으로 多少間死傷이 有ᄒ얏다더라

▲夢踏花亭▼

▲梧桐秋夜에 淸風이 徐起ᄒ고 片月이 佛ᄒ대 枕上壹夢에 南北村을 周行ᄒ다가 花開동某亭子에 至ᄒ즉 朴齊純閔泳綺兩氏가 對坐ᄒ야 觀鐵坊會의 首任을 被選ᄒ後에 自已의 歷史와 人心의 向背를 論述ᄒᄂ뒤 可聽의 話이 有ᄒ더라

▲閔 여보大監 余ᄂ 向日觀鐵坊에서 自治會를 發起ᄒ다ᄒ기에 大端憂慮ᄒ얏소

▲朴 여보 余ᄂ 該會의 發起ᄒ을 聞ᄒ고 大端喜悅ᄒ얏ᄂ뒤 大監은 何를 因ᄒ야 憂慮ᄒ얏소

▲閔 余의 憂慮ᄒ 所以ᄂ 無他라 余輩가 前日名譽가 太高ᄒ야 志士의 筆端과 辯士의 舌端에 無數低仰ᄒ얏스며 閭巷婦孺까지 晝夜稱道ᄒ야 萬口의 膾炙를 作ᄒ얏ᄂ뒤 今에 自治會가 組織되면 余輩가 展足의 地가 無ᄒ뜻하야 憂慮ᄒ얏거니와 大監은 何를 因ᄒ야 喜悅ᄒ얏소

▲朴 笑哉라 大監의 言이여 天生否字資格에 不過ᄒ깃도다 大凡英雄의 處事가 時勢를 因ᄒ야 利導ᄒ지라 彛者에ᄂ 時宜를 因ᄒ야 政府首椅를 據ᄒ고 全國을 掌中에 取金ᄒ얏거니와 覽自風潮가 變ᄒ後로 樞院에 退居하야 權利의 時代를 無情開送ᄒ고 掌握의 風雲이 寂寞ᄒ야 鬱肚의 熱火를 難禁이러니 幸히 自治會가 [illegible] 此洞人士의 指度를 再三思量ᄒ즉 此等美學을 能히 做去ᄒᆯ 者ㅣ 無ᄒ지라 此會가 不起면 已어니와 若組織ᄒ 境遇에ᄂ 余輩를 舍ᄒ고 其孰能之리오 此乃喜悅所以也로라

▲閔 大監의 言을 聽ᄒ니 可謂高ㅅ壹等이니오 可字의 資格이로다

▲朴 此ᄂ 余의 不敢當不敢當이로다

▲閔 是ᄂ 大監의 謙言이로다 前後歷史를 觀ᄒ야도 人望所歸에 大監의게 不及ᄒ者가 多ᄒ지라 前者政黨社會에셔도 大監會長下에 在ᄒ얏고 今日民黨社會에도 大監會長下에 在ᄒ얏스니 人望을 不可奪이오 資格을 不可欺로다

▲朴 往事ᄂ 勿論ᄒ고 余輩가 旣히 民會首領이 된 以上에ᄂ 不可不注意ᄒ지니 彼民會에셔 前日吾輩指揮下에 甘處ᄒ던 人士 [illegible] 어다

▲閔 善哉善哉라 大監의 言이여 余도 茅塞이 頓開ᄒ니 敢不佩服가

▲兩氏의 言論이 實行곳ᄒ면 非特該會에 幸福이라 該坊等의게도 幸福이오 其影響所及에 無數ᄒ 社會의 幸福이 將現ᄒ리로다

社告

特別 謹告各支社員

各支社中에本社規則을違反ᄒᆞ야代金與廣告費를累月積滯ᄒᆞᆫ處가種々有之이온바本社에서ᄂᆞᆫ決코規則을實施치아니치못ᄒᆞᆯ지니代金을多數積滯ᄒᆞᆫ支社員은深諒ᄒᆞ시와未納金額을斯速淸送ᄒᆞ시ᄋᆞᆷ

大韓每日申報社 社告

特別 群山支社員宋判殿氏가請願辭免ᄒᆞ얏스니該支社로서本報를購覽ᄒᆞ시던諸氏의게本社에서直接으로本報를發送ᄒᆞ오니照亮ᄒᆞ시ᄋᆞ며九月以前代金은宋判殿氏의게傳ᄒᆞ시되九月부터ᄂᆞᆫ代金을本社로直接送交ᄒᆞ심을爲要

大韓每日申報社 社告

廣告

本會特別總會를本月十三日曜日〔陰拾壹日〕下午二時에本會會館內에開ᄒᆞ오니在京本道會員은光臨ᄒᆞ심을敬要

嶠南敎育會

本社가京城大寺洞二十八統一戶로移住ᄒᆞ얏스니本月報를購覽ᄒᆞ시ᄂᆞᆫ諸位ᄂᆞᆫ照亮ᄒᆞ시ᄋᆞᆷ

敎育月報社 白

九月五日은本學校紀念式이오니壹般職員生徒ᄂᆞᆫ本日上午八時에齊會本校ᄒᆞ시ᄋᆞᆷ

普成中學校

全北益山郡地方委員李鎬林氏가觀察使에公薦으로被任을擔ᄒᆞᆫ바公益과民瘼을殫竭周察ᄒᆞ야壹境賴安터니朝家에恩典으로新附ᄒᆞᆫ六面結錢이八圓減定된案件을對ᄒᆞ야姜秀李又寧等이居中效力ᄒᆞ야度支部運動費가幾千圓이라ᄒᆞ야百方綢繆ᄒᆞ야壹邊督斂ᄒᆞ고該郡領收員의稅捧金中에挪用ᄒᆞ야政府의恩典이由此掩蔽ᄒᆞ며窮民의殘骨을無難吸取ᄒᆞ되無人敢言터니該員이民邑事를深念ᄒᆞ고姜氏等을痛憎ᄒᆞ야觀察道에控訴ᄒᆞ고日所長에交涉ᄒᆞ야姜씨의無據ᄒᆞᆷ이所長調査ᄒᆞᆷ에自綻ᄒᆞ야被杖逐出ᄒᆞ얏더니허人이氣焰이多大ᄒᆞᆷ으로光州裁判所에申訴ᄒᆞ다ᄒᆞ고下去ᄒᆞ얏다니壹般結民이情况에恐懼不安ᄒᆞ야京部에鳴冤ᄒᆞ깃기로玆以廣佈ᄒᆞᆷ

益山新附六面結民代表 金振聲 南興敎 金演秀 金溶운 申宅均 告白

◎學員募集廣告

本校學員을募集ᄒᆞ오니願學ᄒᆞᄂᆞᆫ人은本月十日「陰八月拾五日」以內로本校에入학請願書를提呈ᄒᆞᆷ

課程　普通科
開學　九月拾五日

但入학請願紙ᄂᆞᆫ本校에來求ᄒᆞᆯ事

隆熙　年九月三日
西部昭義門外紫岩
私立昭義學校

測量機械大放賣廣告

拜啓敬頌 僉候大安弊店은僉君子의愛顧를蒙ᄒᆞ야營業이進就漸々進就되오니感謝萬々ᄒᆞ옵니다就弊店의셔販賣ᄒᆞᄂᆞᆫ測量機械가昨年ᄭᆞ지ᄂᆞᆫ需用이不多ᄒᆞᆷ으로價格이日本내地에서販賣ᄒᆞᄂᆞᆫ價格에比ᄒᆞ야幾許間低廉치못ᄒᆞᆫ事가有ᄒᆞ얏스나至于今年ᄒᆞ야需用이夥多ᄒᆞᆫ故로僉君子에便宜를圖ᄒᆞ기爲ᄒᆞ야特別히工場을建設ᄒᆞ고練熟ᄒᆞᆫ工匠을雇傭ᄒᆞ야器械製造에拾分注意監督ᄒᆞ야多數히製造ᄒᆞ야特別히廉價「日本에比ᄒᆞ야」로供給ᄒᆞ오며僉君子購賣後에器械에缺点이有ᄒᆞ오면好品과卽時換呈ᄒᆞ오며又使用後라도損傷이有ᄒᆞ오면特別廉價로迅速히修繕ᄒᆞ야僉君子에厚意를報答ᄒᆞ려ᄒᆞ오니不拘多少ᄒᆞ고陸續請求ᄒᆞ심을伏望

再

學校나或社會의셔壹時의多數히請求ᄒᆞ시면日本의注文價格보다運賃及海關稅ᄭᆞ지無ᄒᆞᆸ고器械도破損ᄒᆞᆯ念慮가無ᄒᆞ오며又壹々히品好ᄒᆞᆫ것을擇ᄒᆞᆯ便利도有ᄒᆞᆸ니다

歐米製及日本製上等器械多數히販賣ᄒᆞ오니定價表를請求ᄒᆞ시면卽時送呈ᄒᆞᆸ니다

測量機械定價表

平板壹尺五寸平方兩備附 三脚臺
測斜照準儀장九寸
方箕羅針儀
布卷尺六十六尺拾壹圓又貳十米突
求心器
錘
標捍
●標上等 壹組 定價 貳拾二圓
●上等 壹組 定價 貳十圓
●中等 壹組 定價 拾八圓
●合組 以上 拾分二 計減
●五組 以上 拾分 二五 計減

其他測量使用品全부有ᄒᆞᆷ
附屬品圖紙美濃紙鉛筆
烏口印肉膏곰밥스多數有ᄒᆞᆷ

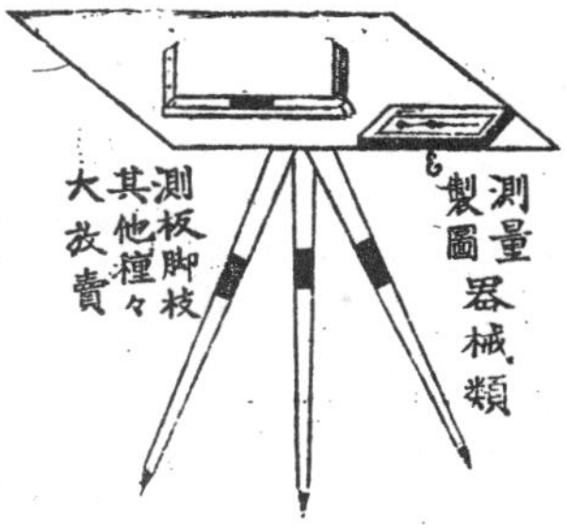

京城銅峴郵便局前
篠崎測量器械店
시노사기 「電話六四八番」

▲特別廣告

本學館에서既爲揭示ᄒᆞᆫ바語學後科에但今年間은昨年에日英語專門科에受學ᄒᆞ든학員을依舊規修業케ᄒᆞᆯ뿐不留라新入學員中에도其학力이舊학員과同ᄒᆞᆫ境遇에ᄂᆞᆫ入學케ᄒᆞᆷ

特別ᄒᆞᆫ事故를因ᄒᆞ야本학館入학試驗의未參ᄒᆞᆫ人員은本月曜日(本月七日)下午十二時半의本館의來ᄒᆞ야入학請願書를依規提呈ᄒᆞ고應試ᄒᆞᆯ事

〔試驗時間은下午拾二時三十分으로至壹時三拾分〕

〔但合夜學班의入학코ᄌᆞᄒᆞᄂᆞᆫ員은同日下午五時의來ᄒᆞᆯ事〕

試驗科目은 國漢文 讀書 作文 算術

〔但此後로ᄂᆞᆫ入학ᄒᆞᆷ을不許ᄒᆞ되有或境遇의ᄂᆞᆫ特別試驗으로許入ᄒᆞᆯ것이오細節은本館에來ᄒᆞ야注問ᄒᆞᆯ事〕

皇城基督靑年會學館

特別廣告

▲家屋新建築廣告

本院을新建築ᄒᆞ얏더니家屋이現殊ᄒᆞᆷ으로或他處로移去ᄒᆞᆷ을誤認ᄒᆞ시ᄂᆞᆫ人이多ᄒᆞ옵기玆以廣告ᄒᆞ오니僉君子ᄂᆞᆫ照亮ᄒᆞ신後依前來臨ᄒᆞ심을務望ᄒᆞᆷ

漢城南部毛橋貳統貳戶 濟生院醫士朴逸根

◎學員募集廣告

大학科四年　聖經　古今文選　英美史　敎會史　高等生理　高等博物　高等物理　高等化학　天文　地理　經濟　法학　心理論理　心理　敎育法　高等代數幾何　三角測量　音樂　圖畫　英日語作文

中학科三年　聖經　四書　東西洋歷史　萬國地誌　地文학　中等生理　中等物理　中等化학　國家학　簿記　敎育史　作文　分數至幾何初等　圖畫　音樂　英日語　體操

大학科試驗　純漢文讀書　作文　數학　初等代數

中학科試驗　國漢文讀書　作文　萬國地誌歷史　筭術　四則以內

但中學科卒業生大學科免試　高等小학卒業生中학科免試

願학僉員試驗日에請願提呈后規則書持去事

試驗日字九月拾二日　拾四日
上午九時　陰拾七日

京城東部蓮洞私立儆新學校

本人이俱無子女ᄒᆞ야全八寸從弟碩漢에第二子二福으로率養事請願於掌禮院이ᄋᆞᆸ더니八月二十日에奏本裁可되와全禮斜出承因率養ᄒᆞ얏기로玆에廣告ᄒᆞ오니知舊間照亮ᄒᆞ시ᄋᆞᆷ

忠州郡金生面七石 金介漢 告白

昨日新生兒를醫察官吏가指送於本院ᄒᆞ야現今收養ᄒᆞ며乳母를猝難求得ᄒᆞ와玆以廣布ᄒᆞ오니或不幸遭척ᄒᆞ고乳道如前ᄒᆞᆫ婦人이ᄋᆞᆺ거든枉臨于本院ᄒᆞ사新生兒를乳養ᄒᆞ야쥬시면非但積善이라遭척婦人은失子而得子ᄒᆞ고新生兒ᄂᆞᆫ無母而有母ᄒᆞ오니見此廣告ᄒᆞ신後卽枉于本院ᄒᆞ사急救殘命ᄒᆞ시면自本院으로另當設料厚報矣리니照亮ᄒᆞ시ᄋᆞᆷ

京城孤兒院 告白

◎學員募集

本學堂에서本月拾五日에臨學ᄒᆞᆯ것ᄉᆞ오니舊학員은壹齊上학ᄒᆞ시기를務望ᄒᆞ오며〔但前期試驗에有故不參人은應試後上학케ᄒᆞᆷ〕本月拾二、拾四日에新학員을募集ᄒᆞ오니願학人은屆期來議ᄒᆞ시ᄋᆞᆷ

年齡은拾六歲以上

敎授科目

聖經 新約 舊約　文學 讀本 書札 文法 寫字
數學 筭術 代數 作文 會話　歷史 萬國 國
地誌 萬國 國　科學 物理 化학 經濟 生理 衛生
圖畫 用器 自在 簿記　以上諸科ᄂᆞᆫ純英文으로敎授ᄒᆞᆷ
語學 日語　體操 啞鈴 普通 機械 兵式

培材學堂 告白

本會의셔九月六日(日曜)上午九時의定期總會를養正義塾니의開ᄒᆞ오니僉會員은趁期來會ᄒᆞ심을爲要

法學協會 謹白

南부廣通坊小川변계二十五統四戶草가六間賣立旨壹張셔失故로玆以廣告ᄒᆞ오니休紙施行

戶主 □龍甫 告白

本舖에서耶蘇敎各種書籍과各學校敎課書類를無不俱備ᄒᆞ얏ᄉᆞ오니隣近邑村僉君子ᄂᆞᆫ陸續購覽ᄒᆞ시ᄋᆞᆷ

黃州南門外耶蘇敎書포 崔鍛衡 梁蓮海 告白

第四回學員募集廣告

本塾에서法律專門科壹학員을新募ᄒᆞ오니願學人은來九月三日以內로本塾에對ᄒᆞ야請願書를提出ᄒᆞ고左開日時에應試ᄒᆞᆯ事

但請願書紙、學科、規則은本塾에在ᄒᆞᆷ

試驗科目

壹、國漢文作文、國漢文讀書、地誌、歷史、筭術(四則以內)

試驗日時

九月五日上午拾時(陰八月拾日)

但高等학校(中學校程度를包含)程度에相當ᄒᆞᆫ卒業證書를有ᄒᆞᆫ人은免試ᄒᆞᆷ

西部工后洞
私立養正義塾

◎測量학員募集廣告

本塾에서測量二個月速成科를設ᄒᆞ오니願학僉員은九月二日來(水曜日)내로請願ᄒᆞᆷ

北部齋洞二統拾戶
測量新塾廣告

廣告

●咸鏡南道北青郡陸臺中學校
贊成學校任員錄
校長 金炳乾 副校長 김奎浩
校監 박鼎元 [illegible] 김基駿
會計 李子宣 김鍾課 書記 [illegible]
[illegible] 뎡聖淑 [illegible]
務員 [illegible]
姜[illegible]羽 [illegible] 오학善
김炳瑩 [illegible]鎭哲 [illegible]應哲
李元寧 [illegible] 卞興金
리銘厚 김在浩 리泰仲
贊成員金[illegible] [illegible]
贊成員 [illegible] 리[illegible] 리瀾守
張文韶 許鳳長 崔致三
評議員南炳傑 리학周 金在彰
김昌獣 全敎栢 김昌석
리春根 김奎煥

資本錄
陸陽齋 四百二拾圜
晩華齋 六百四拾圜
東下庄內人
贊成錢
東上庄內 六百圜 [illegible]
三拾圜 下庄닉 三百拾七圜
西上庄닉 壹百四拾圜
下庄닉 壹百四拾圜 [illegible]
三百五拾圜 東里中
二百五拾원 彰[illegible] 卅圜
具壹契 拾圜 [illegible]
務本契 廿五圜 [illegible]
壹心契六圜 靑春契 信[illegible]契
[illegible]九圜 同心契 [illegible]
同約契八圜 [illegible]
精壹契 十八圜 [illegible]契廿圜
儒林契 拾七圜 七星契
六拾圜 [illegible]
從[illegible]五圜 [illegible]
姜[illegible] 拾五圜 [illegible]

拾二圜 김炳乾 김東洙
安壯[illegible] [illegible] 김君壹
申[illegible] 리瀾守 [illegible]七圜
김[illegible] 리子宣 [illegible]烈
김[illegible] [illegible] [illegible]
[illegible]甲 김창서 [illegible]八
김[illegible]洙 [illegible] [illegible]
리[illegible]元 [illegible]五圜 南允[illegible]
申君[illegible] 吳基鳳 [illegible]
리[illegible]中 변宗益 [illegible]
김京祚 리承栢
[illegible]化 김鳳律 리錠洙
[illegible]六圜 김奎河 南炳傑
김丙浩 김基喆 以上各四圜
김在訓 김奎煥 李春根
리弼浩 박長夏 리冕周
韓義哲 김丙益 黃萬興
安成用 리琪洙 韓百圭
朴永淳 邊宗善 劉根浩
崔周若 琴雲景 姜鳳謙
박在訥 리錫辰 리在鉉
馬在京 金鳳淳 리元涉
以上各三圜 張秉晩 김廣敏
各二圜五拾錢 南琪喆 梁大鴻
南景煥 리문학 邊宗律
박應杜 高得化 金万甫
南丙淑 尹基涉 朱敏燮
姜景九 朱寬鉉 김于悅
朱敎善 馬承河
金仁奎 박容俊 金泰河
金昌獣 리正煥 오학善
김淳根 리正化 車尙辰
崔鳳律 林致章 金鵬律
金東云 리相厚 김振淳
金成煥 김成浩 [illegible]貳圜
鹽致三 리학周 박致謙
김賢식 梁辰鎬 許吉
邊成인 高貞天 [illegible]敬栢
鄭道云 김國叙 오[illegible]한
리[illegible]實 姜應九 김京淳
[illegible]壹圜 同心契 拾三圜
南和律 貳圜 南淳業 三圜
已上合金三千六百四拾三圜

勸勉廣告

漢城鐘路 慈惠大藥房 內地各處에有
病ᄒᆞᆫ弟를救濟ᄒᆞᆯ目的
[illegible] 涯 無ᄒᆞᆫ兄弟를
實[illegible] 生ᄒᆞ게ᄒᆞᆯ目的
[illegible] 이有ᄒᆞᆫ兄弟로
永久大藥商을成立
[illegible] 目的으로 [illegible]人이多
年子[illegible] 하야歐美各國製藥
[illegible] 藥數百種을하得ᄒᆞᆫ
中에 [illegible] 餘處方을精擇ᄒᆞ야
前에 [illegible] 勳五等池서 永시의
[illegible] 有[illegible]을受ᄒᆞ고의학博士
[illegible] 厚[illegible] 兩사의게實驗方
[illegible] 을受ᄒᆞ고全國十三道內都
會處에製藥會社로[illegible] 시ᄂᆞᆫ兄
弟의請願ᄒᆞ시ᄂᆞᆫ대로藥方文을
許與ᄒᆞ야各々自己가製造발賣
도ᄒᆞ고或各其所親ᄒᆞᆫ로支店도
[illegible]게ᄒᆞ려ᄒᆞᄂᆞᆫ대效力이無ᄒᆞ고
名譽가無ᄒᆞᆫ藥品은放賣가極難
ᄒᆞᆯ뿐더러
許多ᄒᆞᆫ廣告費와許多ᄒᆞᆫ藥材를
[illegible]費ᄒᆞᆫ後에야始도발賣ᄒᆞ기를
試驗ᄒᆞᆯ것이니不必費財費力이
라商号와藥票ᄂᆞᆫ京城鐘路慈惠
藥房에서借與ᄒᆞᆯ것이오新聞에
製藥人[illegible]名을廣告ᄒᆞ야쥬고藥
品外封皮와內封皮도印刷ᄒᆞ야
쥬고[illegible]材도小包郵遞로斷
次[illegible]送ᄒᆞᆯ터이니
誰某시[illegible]製藥生涯코자ᄒᆞ시
ᄂᆞᆫ이ᄂᆞᆫ[illegible]資本金만準備ᄒᆞᆫ後
에請願[illegible]오然ᄒᆞᆫ時ᄂᆞᆫ慈惠藥
房製藥[illegible]人을派送ᄒᆞ야諸般
製藥法을敎授도하오리니東西
洋勿論[illegible]賣藥商規에誰某던
지製藥[illegible]商号와藥名을僞造
치못ᄒᆞ[illegible]치도못ᄒᆞ니誰某
시오

시던지慈惠藥房藥方文壹張을
他人보다몬저請願ᄒᆞ여가시고
永久ᄒᆞᆫ營業을創設ᄒᆞ시오
漢城鐘路慈惠醫院主
李觀化 告白

●賣藥方法
五拾餘處製藥所가拾三道니都
會處에散在分賣ᄒᆞ거시니誰某
던지壹種藥을지어가지고該地
方에만信用發賣ᄒᆞᆯ뿐아니라히
地方附近所親대로支店도되고
또拾三道니五拾餘處製藥所에
조곰식小包郵便으로分送ᄒᆞ면
其약을受ᄒᆞᆫ兄弟ᄂᆞᆫ其략에代금
을自己가製造ᄒᆞᆫ藥으로換送ᄒᆞᆯ
거시니各其壹種藥을製造ᄒᆞ야
가지고五拾種藥을換賣ᄒᆞ게되
니엇지生涯가豈足지아니ᄒᆞ리
오
假量晋州製藥所에서拾環밧ᄂᆞᆫ
藥을咸興製藥所에서都賣價値
로五錢을주고ᄉᆞ다가都賣금으
로五錢을밧고보면來往郵稅ᄂᆞᆫ
損害가된다ᄒᆞ되自己가製造ᄒᆞᆫ
약의已往利益이남엇스니郵稅
를무러도無害하고또五拾種藥
을都賣金으로ᄉᆞ다가散賣ᄒᆞ고
본즉正當ᄒᆞᆫ利益이又有ᄒᆞ니製
藥ᄒᆞᆫ兄弟의利益이完全ᄒᆞᆯ거시
오또五拾餘處製藥所가合ᄒᆞ야
壹慈惠藥房이되면外國藥貿來
ᄒᆞᄂᆞᆫ더나賣藥하ᄂᆞᆫ더나製藥ᄒᆞ
ᄂᆞᆫ대壹大便益이有ᄒᆞᆯ거시라
또製藥兄弟中에製造藥이不賣
ᄒᆞᄂᆞᆫ時에ᄂᆞᆫ五拾處製藥所에셔
互相合力分賣ᄒᆞ면賣藥商利益
이均壹ᄒᆞᆯ거시나만일藥方文을
持去하고熱心으로製造成藥지
못ᄒᆞ거나或慈惠藥房商号와藥
名을製造ᄒᆞᄂᆞᆫ境遇에ᄂᆞᆫ相當ᄒᆞᆫ
約定이有ᄒᆞ니約定은面對ᄒᆞ야
約定도ᄒᆞ고書信으로도約定ᄒᆞ

●大韓新呈明藥廣告

消化新藥 清心保命丹
●陸軍軍醫金守鉉君實驗方劑
●陸軍軍醫張基茂君有効證明
●四海衛生之諸君子常備之靈藥
發行所 仁川港杻峴 濟生堂藥房
九十粒入 金拾錢

●右藥의主治效能은如左
●담飮咳嗽●吐瀉●水土不服
●氣[illegible]腹痛●酒醉●暑中寒
●食積食傷●咽喉●口熱惡臭
●其他諸般運氣厲疫預防妙藥
總發行所京城南大門內
濟生당支店李廣鳳
●기城南문外 濟生당支店具又賢
●元山港銅石院 濟生당支店박敬鉉

代理店 京성大廣橋共愛堂
●京 泥峴三丁目 仝鍾路慈惠약房
仝 仝郵便局前天佑堂약房 新井약店
仝 남大남닉博文書館盧益亨
仝梨峴洋약局 리信華
仝大安洞 仁제약房
仝壽동三可病院 朴喜謨
●仁川奇峴和平당 리應善
●[illegible]本町 新井藥房
●海州남문닉 宋在瑛
仝 仝商店 리奉植
●水原종路下약房 金제九
●延安邑닉洋약房 邊汝文
●江華종路店 尹斗鉉
●長淵남門닉 [illegible]觀淳
●砂里院場닉客主 任允中
仝耶蘇敎堂닉 리載善
●瑞興邑닉 許[illegible]완
●汗浦驛東美邏送部 김奉圭
●黃州남문닉紅문동 리東혁
●安岳邑上場里제生局 林景社
●載寧邑後동洋藥局 崔允國
●忠州東良面早遞 김鐵和
●信川邑四里洋약局 김永植
●長連邑東里冊肆文與冠
●平壤里문동出張人尹寬혁 韓殷儀
仝雙巨里제生局 全龍與
仝館衙衛生의院 桂澤宣
仝文武동제生局 崔龍化
仝大興部壹里藥局
●鐵남浦築동冊사 김元燮
仝后浦本堂出張人 吳南啟
●安州셩닉義井동 春大약房
●博川邑美동商店 朴芝行
●定州남문닉洋藥局 리健柱

●郭山邑大街冊사 김大鉉
●宣川邑닉冊々 安 濬
●鐵山읍닉永春堂 安 灝
●義州남문外水口街 崔錫浩
●龍川읍官伴약局 리丙斗
●新義州港開福동 김斗鉉
●大邱남門닉刷還洞 김成浩
●釜山港東館本町商店 리炳夏
●北靑新昌港客主 朴錫勳
●木浦各國居留地松房徐岐見
●全國닉各약店마다隨應販賣
京셩남大문닉 濟生堂 白
仁川港奇峴

社告

○申報價
壹張代金 新貨二錢五厘
壹個月前納 三十錢
參個月 九拾錢
陸個月 一圜七十錢
壹個年 三圜四十錢
郵稅一張 新貨五厘
壹個月 十二錢

○廣告料
四号活字拾三字詰
每日壹寸(英尺)에新貨廿五錢
二週日壹寸에 二圜五拾錢
壹箇月壹寸에 五圜
(自壹行至四行이爲壹寸)
其期限의長短과字行의多夥
를依ᄒᆞ야增減ᄒᆞᆷ이有ᄒᆞᆷ

●大韓每日申報各處支社廣告
中署布屏下 金相萬冊々
平壤鍾路太極書館 安泰國
仁川奇峴開新冊々 李東皓
義州南門外ᄒᆞᆫ西大藥房 쁘有寬
釜山港佐川약局 徐錫鑄
三和港築동 金元變
咸興州南社西門外 曹喜林
開城남大門內興學書舖 姜助遠
大邱內門外友弦書舖側 李正由
載寧邑濟衆院 劉夢澤
鐵山邑東部 安 灝
元山倉前 劉七銘

海州남門內 朴昌鎭
定州南門內書舖 洪成麟
昌城郡校洞 許 원
郭山興岩 李銀瑞
安岳細동坊成洞 康道善
博川舊津 李鎭成
安州城內義井洞 金鎭河
鐵原邑棠동 趙秦大
高原邑 朴敎吉
井邑邑內 李益養
泰仁邑內 金禹燮
京義線枇峴驛 [illegible]市 李基秀
[illegible]淵邑南門內 崔載淳
殷栗邑倉前里 金泰聲
群山港東彰社 宋判巖
龍川楊市 [illegible]菊保
朔州邑남門닉 朱伯英
泰川邑館前洋약局 李正華
永興南山동書舖 梁昌錫
江華邑川橋 金鎭식
淸州남門外 宋斗仁
寧邊邑客舍里趙炳俊家明濟堂
金溝水流面豆亭 趙德三
信川邑六里 丁一善
江西邑內 金昌[illegible]
成川郡上部面 馬應三
興德富安面劍谷 姜大榮
龍川府南面松峴海東書會 金賢圭
咸從郡耶蘇敎堂 張炳堂
平남順川郡邃동 鄭裕경
龍川남市驛 韓[illegible]
龍岡郡耶蘇敎堂內 朴鐘운
車[illegible]館 金明鉉
結城廣川小龍동 李啓諧
定平郡豊川 張[illegible]학
洪原南門外耶蘇敎冊肆方萬鳳
宣川읍新民書會 魯晶관

發行兼編輯人英國人 萬 咸
Responsible for Publication Alfred Weekley Marnham.
發行所
南署石井洞號外地三層洋屋
大韓每日申報社

廣告

漢城鐘路[illegible]醫院長
醫學校卒業後濟衆院卒業 濟衆[illegible] 하實地六年習하
[illegible]
此鐘路慈惠醫院에셔大英國製視力檢査機械와金銀眼鏡을購置ᄒᆞ고男女視力을檢査ᄒᆞ야
適合ᄒᆞ게로眼鏡放賣ᄒᆞ오니視力이不足ᄒᆞᆫ이ᄂᆞᆫ速々히來臨ᄒᆞ야視力을檢査ᄒᆞᆯ뿐아니라[illegible]

大韓每日申報

第六卷 第八百九十九號

月曜及慶節 歲時日休刊

檀君開國四千二百四十一年
箕子元年三千三十年
大韓開國五百十七年
日本明治四十一年
淸國光緖三十四年
陰曆戊申八月小初十日癸亥

論說

◉病身規則 (京鄕新聞譯謄)

新定森林規則을本報에解釋登載ᄒᆞ고我國同胞들이土地를得ᄒᆞ기爲하ᄂᆞᆫ대吾儕가曾往所述과如히其規則을制定ᄒᆞᆫ人의本意ᄂᆞᆫ日本으로從來ᄒᆞᄂᆞᆫ農民을爲ᄒᆞ야ᄒᆞ엿스니然이나吾儕ᄂᆞᆫ其規則ᄃᆡ로ᄒᆞ면日人과我國土地를同得ᄒᆞ깃다ᄒᆞ엿고非但此也라

其新規則ᄃᆡ로土地를可得ᄒᆞᆷ을思치勿ᄒᆞ고其土地를得ᄒᆞ기爲ᄒᆞ야不可不用力ᄒᆞᆷ을思ᄒᆞᆯ거시라ᄒᆞᆷ은吾儕가其土地를不得ᄒᆞ며幾日이不過ᄒᆞ야吾等이吾國에서生活키甚難이라ᄒᆞ엿ᄂᆞᆫ지라此森林新規則으로만思하면眞是美且善制의規則이지마ᄂᆞᆫ至今ᄭᅡ지其施行ᄒᆞᆷ을觀하니乃病身規則이로다

其規則이病身을作ᄒᆞᆷ은人民이其規則ᄃᆡ로施行키難ᄒᆞᆫ所以라新定森林規則ᄃᆡ로國有土地를歇價로得ᄒᆞᆷ만ᄒᆞ기ᄂᆞᆫᄒᆞ나其將得ᄒᆞᆯ土地를爲ᄒᆞ야測量ᄒᆞ라ᄒᆞ엿스니此ᄂᆞᆫ怪異ᄒᆞᆫ事도아니오不善所爲의事도아니라猶云要緊ᄒᆞᆫ事ㅣ라ᄒᆞᆯ지마ᄂᆞᆫ現狀을觀ᄒᆞ면測量ᄒᆞᄂᆞᆫ款으로由ᄒᆞ야ᄂᆞᆫ民이反不得其土地케되엿도다於此에測量會社가有ᄒᆞᆫ대ᄒᆞᆫ會社가自己所欲爲를惟爲ᄒᆞᄂᆞᆫ故로測量ᄒᆞ기를求ᄒᆞᄂᆞᆫ者의게無限ᄒᆞᆫ高價를要ᄒᆞᆫ즉貧寒之民이其高價로辦給키不能ᄒᆞᆫ故로自然其土地를不得ᄒᆞᄂᆞᆫ도다

我政府가此規則을制定ᄒᆞᆫ것사是善擧ㅣ오惠政이라譬컨대渴者를對ᄒᆞ야鑿井以給ᄒᆞᆷ과如하니何等惠政이며何等善擧이리오然이나井을鑿給ᄒᆞ고轆轤를不給ᄒᆞ면井을鑿給ᄒᆞᆫ仁慈의本意가安在오ᄉᆞ慈ᄒᆞᆷ이無ᄒᆞᆯ뿐아니라

反히渴ᄒᆞᆫ者를輕侮ᄒᆞ며嘲弄ᄒᆞᆷ과無異하니假使百圓의利益所出之地를得ᄒᆞ기爲ᄒᆞ야測量費를三四百圓을出하면此所謂腨大於腹이니人民이何惠澤을蒙ᄒᆞ며政府가何善擧를爲ᄒᆞ얏다ᄒᆞ리오然則政府도利益이無ᄒᆞ며人民도利益을得지못ᄒᆞ고卽測量技手만富家翁을作ᄒᆞᄂᆞᆫ規則이되ᄂᆞᆫ도다

此를改正치아니ᄒᆞ면ᄭᅵ規則은許多弊端의根源을作ᄒᆞ야我國人民에게無限ᄒᆞᆫ害가될지니譬컨대何樣器械든지造ᄒᆞᆷ은其系意가緊用ᄒᆞ고且有益ᄒᆞᆷ에在ᄒᆞᄃᆡ若其器械를格式에違ᄒᆞ야製造ᄒᆞ엿스면緊用의益이無ᄒᆞᆷ은姑捨하고無限ᄒᆞᆫ損害를受ᄒᆞ나니是로病身規則은害가非常ᄒᆞ도다

其爲害ᄂᆞᆫ測量ᄒᆞᄂᆞᆫ會社들이定式이無ᄒᆞ고惟其測量費를隨意要求ᄒᆞᄂᆞᆫ故로各種挾雜의根因이되여國有로限ᄒᆞᆫ價만高케ᄒᆞ니國家ᄂᆞᆫ私益을不得ᄒᆞ고中間私權의利欲만充ᄒᆞᆫ거시오且第一不可思儀의害는測量ᄒᆞ는人이定規가無ᄒᆞ고隨意呼價ᄒᆞᆫ則必也此人에ᄂᆞᆫ高價를受ᄒᆞ고彼人의게ᄂᆞᆫ歇價를受ᄒᆞᆯ지라假令某山의本價가百圓인대其山을欲得ᄒᆞᄂᆞᆫ者ㅣ二人이有ᄒᆞ니一은本國人이오壹은他國人이다其測量ᄒᆞᄂᆞᆫ人도亦他國人인즉自國人을幇助ᄒᆞ기爲ᄒᆞ야其測量費를我國人에게ᄂᆞᆫ九拾圓을要ᄒᆞ고自國人에게ᄂᆞᆫ十圓만要ᄒᆞ리니我國의산을得ᄒᆞ기爲ᄒᆞ야他國人은百拾圓을費ᄒᆞ고我國人은百五拾圓을費하깃스니本是公平의規則이不公平을作ᄒᆞᆯ뿐아니라逆理의規則이反成ᄒᆞᄂᆞᆫ도다

然則我政府가此를改正치아니ᄒᆞ면病身規則을作ᄒᆞ고야乃已니他國人은此規則을適用ᄒᆞᆯ뜻ᄒᆞ나我國人民에게ᄂᆞᆫ不適用의規則이니幾箇私人에게만適用ᄒᆞᄂᆞᆫ規則은可明의事業이라謂ᄒᆞᆷ애無ᄒᆞ니라

惟願農商工부ᄂᆞᆫ日本의我國에對ᄒᆞᆫ事만思치말고我本國人民의事도亦思ᄒᆞ야何樣의新規則이든지我國人民의게有益ᄒᆞ게制定ᄒᆞ며測量의弊端을杜키爲ᄒᆞ야農商工부에셔測量을親行ᄒᆞ든지或某會社에特許ᄒᆞ든지明白ᄒᆞᆫ法을定ᄒᆞ고測量費를壹定ᄒᆞ야定價外에逾越ᄒᆞᆷ을不許ᄒᆞ여야可ᄒᆞᆯ지라

農商工부ᄂᆞᆫ此意를有ᄒᆞᆷ을吾儕가曾聞之ᄒᆞ얏스나何且何時에動靜이無ᄒᆞ야我等의게貽害가實多ᄒᆞ니我儕의所聞과如히速々施行ᄒᆞᆷ을切祝ᄒᆞ노라且願ᄒᆞᄂᆞᆫ바ᄂᆞᆫ森林規則ᄃᆡ로可得ᄒᆞᆯ土地ᄂᆞᆫ其品質도各異ᄒᆞ고所用도亦不同ᄒᆞᆫ故로土地의價格을預定키難ᄒᆞᆷ은人所共知ㅣ어니와雖然이나此를假托ᄒᆞ야某品賃에某所用으로高下를分別ᄒᆞ야高價ᄂᆞᆫ幾何ㅣ며低價ᄂᆞᆫ幾何를決定ᄒᆞ야頒布되기를望ᄒᆞ노라如斯히ᄒᆞ여야人民이大槪方向을斟酌ᄒᆞ야善終치못ᄒᆞᆯ者ᄂᆞᆫ初不着手ᄒᆞᆯ지라

今則不然ᄒᆞ야我ㅣ某地를欲得ᄒᆞᄂᆞᆫ대此地의價額幾何와所出幾何를不知ᄒᆞ고測量費만先費ᄒᆞ야測量請願ᄒᆞᆫ後에야地段의價를乃知ᄒᆞᆯ지니此地頭에至ᄒᆞ야地價가太多ᄒᆞ면測量費만空消ᄒᆞᆷ이오測量費가多ᄒᆞᆷ으로利益은無ᄒᆞ고害만受ᄒᆞᆷ이多ᄒᆞᆫ則奈何로盲者와如히不知ᄒᆞᄂᆞᆫ路에躁入ᄒᆞ리오

此貳種의不滿足ᄒᆞᆫ事를改正ᄒᆞ되償壹測량의事를明確히定ᄒᆞ야新社規程이公平의規則이되고我國人民의게도利益이有ᄒᆞ게ᄒᆞ고此規則을制定ᄒᆞᆫ本意와如히規則의本性質이眞箇ᄒᆞ게明ᄒᆞᆫ事이며我政府도完全ᄒᆞᆫ實效가有ᄒᆞ기爲ᄒᆞ야此規則이圓滿히施行되기를切望ᄒᆞ노라

●法律

▲▲隆熙貳年八月貳拾七日官報

法律第二拾一號

●東洋拓殖會社法 續

第二拾條 左開境遇에在하야ᄂᆞᆫ償還期限前이라도貸付金全部의償還을要求ᄒᆞᆷ을得ᄒᆞᆷ

壹 債務者가貸付와目的에反ᄒᆞ야貸付金을使用ᄒᆞᆫ때

二 債務者가年賦金의辦納을遲延ᄒᆞ야催告를受ᄒᆞ도록辦納을아니ᄒᆞᆫ때

三 擔保된不動産의全部나壹部가公用ᄯᅢ문에收用이되ᄂᆞᆫᄯᅢ但債務者에서收用補償金을供托ᄒᆞ거나又ᄂᆞᆫ相當ᄒᆞᆫ不動産으로써增擔保로ᄒᆞᄂᆞᆫᄯᅢᄂᆞᆫ此限에不在홈

前項第 號의境遇에셔其收用이壹部에止ᄒᆞᆫᄯᅢᄂᆞᆫ償還의要求도其此例에應ᄒᆞᆯ것으로홈

第二拾壹條 擔保物의價格이減少ᄒᆞ야貸付金償還殘額에對ᄒᆞ고第拾五條의比例에不足을生ᄒᆞᆫᄯᅢᄂᆞᆫ增擔保를要求ᄒᆞ거나又ᄂᆞᆫ其不足에相當ᄒᆞᆫ貸付金額의償還을要求ᄒᆞᆷ을得ᄒᆞᆷ

債務者가前項要求에不應ᄒᆞᆫᄯᅢᄂᆞᆫ償還期限前이라도貸付金全部의償還을要求ᄒᆞᆷ을得ᄒᆞᆷ

第二十二條 營業上의餘裕金은壹時國債証券을買入ᄒᆞ거나又ᄂᆞᆫ政府의指定ᄒᆞᆫ銀行에預置ᄒᆞᆷ外에此를使用ᄒᆞᆷ을不得ᄒᆞᆷ

第二拾三條 東洋拓殖株式會社ᄂᆞᆫ營業上必要가有ᄒᆞᆫᄯᅢᄂᆞᆫ政府의認可를受ᄒᆞ야借入金을ᄒᆞᆷ을得ᄒᆞᆷ

第八章 東洋拓殖債券

第二拾四條 東洋拓殖株式會社ᄂᆞᆫ辦納資本額의十倍ᄭᅡ지限ᄒᆞ야東洋拓殖債券을발行ᄒᆞᆷ을得ᄒᆞᆷ東양拓殖債券을發行ᄒᆞᄂᆞᆫ境遇에在ᄒᆞ야ᄂᆞᆫ日本國商法第百九拾九條의規定을適用치아니ᄒᆞᆷ (未完)

外報

●貎子와의馬賊 奉天電을據ᄒᆞᆫ즉貎子方面에馬賊이多數히侵入ᄒᆞᆫ故로徐摠督이關東州境界附近討伐兵을派送ᄒᆞᆷ을請求ᄒᆞ야承諾이되얏다더라

●米國各州의洪水 倫敦電을據ᄒᆞᆫ즉米國또지아州에셔洪水를因ᄒᆞ야死者가拾四名이오財産損害가壹百九拾萬弗이며가로리나州에셔死亡者가拾貳名이오財産損害가壹百萬弗이라ᄒᆞ얏더라

●淸名士와日本人 淸國名士某氏가近日淸國으로붓터日本東京에去ᄒᆞ야某新聞記者의게言ᄒᆞᆫ바를據ᄒᆞᆫ즉淸日戰爭을經ᄒᆞ야團匪事件을過ᄒᆞ고更히俄日戰爭을目擊ᄒᆞᆫ淸國人의思想은壹大變化ᄒᆞ야惰眠ᄒᆞᆷ을自覺ᄒᆞᆫ지라今에淸國人의現情을觀察ᄒᆞ야此를數年前에比較ᄒᆞ면事々物々이皆面目을壹新ᄒᆞ야殆히隔世之感이有ᄒᆞ고日進月步의進運은確實히前途에壹大光明이有ᄒᆞᆷ을示ᄒᆞᆫ지라此淸國文明의氣運은官吏及上級位와壹般人民及都鄙地에만止ᄒᆞᆯ뿐아니라廣大ᄒᆞᆫ地方村里에ᄭᅡ지至ᄒᆞ엿더인즉今에其壹例를擧ᄒᆞ건ᄃᆡ敎育上準備의進步ᄒᆞᆷ은吾人意外에出ᄒᆞᆫ것인ᄃᆡ現今直隷壹省에敎育이新興ᄒᆞ야三千餘個의小學校가有ᄒᆞ고湖北各省에셔도敎育의進步가大著ᄒᆞ다하얏더라

雜報

●兩陛下出御秘苑 再昨日下午三時三拾分에 大皇帝 皇后兩 陛下셔옵셔 秘苑에出御ᄒᆞ옵셧다가同六時拾分에還宮ᄒᆞ옵셧다더라

●宮府回答 承寧府의셔 太皇帝陛下 御着用ᄒᆞ실衾枕等屬을新備ᄒᆞ야來八日 萬壽聖節日의進 上ᄒᆞᆯ터인ᄃᆡ價額이多ᄒᆞ야消耗費中의셔나用치못ᄒᆞ깃다ᄂᆞᆫ故로宮內府의請求ᄒᆞ얏더니預筭이不足ᄒᆞ야支발치못ᄒᆞ깃다고該府의셔回答ᄒᆞ얏다라

●伊藤統監行動 伊藤統監이本月望間에東京에셔離發ᄒᆞᆫ다ᄂᆞᆫ說은已報ᄒᆞ얏거니와該氏가念間에京城에到着ᄒᆞᆯ預定인ᄃᆡ赴任後壹朔間視務ᄒᆞ다가旋卽歸國ᄒᆞᆫ다더라

●李軍大茶會 昨日下午二時頃에軍부大臣李秉武氏가私邸에셔茶話會를設ᄒᆞ고各부大臣을請邀ᄒᆞ얏다더라

●預筭支出協議 隆熙二年度年終이漸近ᄒᆞᆷ으로各府부院廳에셔明年度預筭支出件을協議ᄒᆞᄂᆞᆫ中이라더라

●餞別總監 昨日下午壹時에摠理大臣以下各部大臣과其他高等官이遞任歸國ᄒᆞᄂᆞᆫ前警視總監丸山重俊을餞別ᄒᆞᆷ次로北闕ᄂᆡ慶會樓에送別宴을開ᄒᆞ고請邀款待ᄒᆞ얏다더라

●俵孫歸國 學부次官俵孫壹이가其兄의喪을當ᄒᆞ야再昨日下午四時四十分에特別列車를搭乘歸國ᄒᆞ얏ᄂᆞᆫᄃᆡ학務局長尹致昨氏가南大門外停車場에前往餞別ᄒᆞ얏다더라

●尹氏代辦 학부次官俵孫壹이가歸國홈은別項과如ᄒᆞ거니와往還期日은二週日로定ᄒᆞ얏다ᄂᆞᆫᄃᆡ其間事務ᄂᆞᆫ學務局長尹致昨氏가代理處辦ᄒᆞᆫ다더라

●觀察道에受帖 近日地方郡守들觀察使가薦報叙任ᄒᆞᆫ後로ᄂᆞᆫ該道觀察使의게受帖ᄒᆞᆫ다더라

●平南觀察入京 平南觀察使李軫鎬氏가本日에入京ᄒᆞᆫ다더라

●宣川守赴任 宣川郡守金斗鉉氏가赴任次로本日京義線第壹番列車로搭乘發往ᄒᆞ얏다더라

●鐵網監獄 近日以來로監獄署에被囚ᄒᆞᆫ罪人들이脫獄逃走ᄒᆞᄂᆞᆫ弊가種種有之ᄒᆞᆷ으로此를防禦키爲ᄒᆞ야該獄을完全히修理도ᄒᆞᆯ뿐더러該家屋을鐵網으로張羅ᄒᆞᆫ다ᄂᆞᆫ說이有ᄒᆞ더라

●安氏上京 朴泳孝氏와濟州島에同往ᄒᆞ얏던安泳仲氏가再昨日에該島로부터인川항에歸着ᄒᆞ야入京ᄒᆞ얏다더라

●金氏留學渡日 蓮동敎堂에셔卒業ᄒᆞᆫ김必禮氏ᄂᆞᆫ학問을擴張키爲ᄒᆞ야日本에留학次로昨日京釜鐵道로발向ᄒᆞ얏다더라

●壹體斷髮說 壹般人民이壹體斷髮ᄒᆞ기爲ᄒᆞ야冠宕을不久에廢止ᄒᆞᆫ다ᄂᆞᆫ說이有ᄒᆞ더라

●獻品摠代宴接 再昨日漢城府民會長兪吉濬氏以下某々諸氏가今番 卽位紀念式에平壤獻品摠代崔利錫氏等을惠泉湯으로請邀ᄒᆞ야宏大히宴待ᄒᆞ얏다더라

●觀鎭坊會經費 觀鎭坊會의經費支用ᄒᆞᆫ다ᄂᆞᆫ槪意를聞ᄒᆞᆫ즉該兩坊에居留ᄒᆞᄂᆞᆫ人의生活程度를調査ᄒᆞᆫ後에分等徵收ᄒᆞᆫ다ᄒᆞ나其確實與否ᄂᆞᆫ姑未詳知라더라

●人力車夫注意 人力車夫가營體히剃髮치아니ᄒᆞ면該營業을日人人力車夫가永히占奪ᄒᆞᆫ다더라

●李氏行悖 北부[illegible]宮동居ᄒᆞᄂᆞᆫ리鎭元氏가該동居ᄒᆞᄂᆞᆫ리敬敏氏에게幾拾兩所捧條가有ᄒᆞ더니去七月二拾八日下午七時頃에리鎭元氏가被酒泥醉ᄒᆞ고리敬敏氏의內庭에突入ᄒᆞ야作梗이太甚ᄒᆞ고로리氏의夫人이孕胎ᄒᆞᆫ지五朔이러니喫겁落胎ᄒᆞᆫ지라該掌內巡査가再昨日에리鎭元시를北署에押致ᄒᆞ야審査ᄒᆞᆫ後에此非리시의所爲요驚겁所致라ᄒᆞ고該鎭放送ᄒᆞ얏다더라

●李氏呼訴 西部北門동居ᄒᆞᄂᆞᆫ趙某가中부水典동居李聖五의小室을誘引ᄒᆞ야淸國人徐肅相에게매渡ᄒᆞᆫ故로李씨가中부警察署에呼訴ᄒᆞ얏다더라

●實業會宴席風波 再昨夜에帝國實業회의셔藝妓拾餘名을帶同ᄒᆞ고남부平井동等地의셔遊興이迭宕ᄒᆞᆯ際의巡査가來到ᄒᆞ야壹並禁止解散ᄒᆞ라ᄒᆞ얏더니該巡査가出去ᄒᆞᆫ後의繼續遊戲ᄒᆞ라ᄒᆞ다가觀光者가圍立ᄒᆞ야該會廳板이墮落되야회員及藝妓들이壹場驚動ᄒᆞ얏다더라

●淸犬吠日 인川支那町에셔日人永本。本莊兩人이再昨夜拾時頃에淸國人梁珍씨家前으로過去ᄒᆞᆯ際에犬이突出ᄒᆞ야該兩人을吠ᄒᆞᄂᆞᆫ故로小石으로投ᄒᆞᆫ즉梁씨家의雇用人六七人이憤激ᄒᆞ야該兩人을包圍ᄒᆞ고毆打ᄒᆞ야日人의頭部가重傷ᄒᆞ얏다더라

●日人被打呼訴 再昨日午前十一時頃에南部鑄동居ᄒᆞᄂᆞᆫ馬車夫김鼎弼이가賃금事項에關ᄒᆞ야該동李聖一과無雙爭詰ᄒᆞᄂᆞᆫ[illegible]草동에居留ᄒᆞᄂᆞᆫ日人邊川岩이極力禁止ᄒᆞ되終不聽信ᄒᆞ더니김鼎弼이該동汲水商趙生玉과符同ᄒᆞ야該日人을無數亂打ᄒᆞ야死境에至ᄒᆞᆷ으로該日人이南부警察署에呼訴ᄒᆞ얏다더라

●以日打日 再昨日午後六時頃에日人若松壹正이가權藤安太郞吉昌末吉兩人과作件ᄒᆞ야南大門外居留ᄒᆞᄂᆞᆫ中村半三郞家에前往ᄒᆞ야飮酒共醉ᄒᆞᆫ後에若松壹正이가該主人ᄃᆞ려금壹圓五十錢만貸給ᄒᆞ라ᄒᆞᆫ즉히主人이不肯貸給ᄒᆞ미仍卽毆打ᄒᆞ야重傷을被ᄒᆞ얏다더라

●日兵과通譯 京鄕新聞을據ᄒᆞᆫ즉陰七月拾三日에영川郡에駐在ᄒᆞᆫ日本守備隊拾餘名이淸道高美面九龍地에突入ᄒᆞ야無罪ᄒᆞᆫ村民을毆打ᄒᆞ며問招ᄒᆞ기를汝의동中에義兵이過去ᄒᆞ얏다니誰가조飯을餽ᄒᆞ얏스며何地로進往ᄒᆞᆫ것을直言供出ᄒᆞ라ᄒᆞ고無數亂打ᄒᆞ야天主敎人김선여朴구룡兩人이幾至死境이라閭巷間에怨聲이藉々ᄒᆞ다ᄒᆞ며고興海郡괴계面治동에영川郡守備隊가人來ᄒᆞ얏ᄂᆞᆫᄃᆡ通辯輩敎承이가本동居ᄒᆞᄂᆞᆫ姜심동이를捕捉ᄒᆞ야其家屋放賣ᄒᆞᆫ錢壹百兩을奪去ᄒᆞ고同面花溪동居相東은元來半身不遂로門外尺地외出入을못ᄒᆞᄂᆞᆫᄃᆡ義兵千連이라고捉去ᄒᆞ얏다더라

●義兵과壹進會員 南[illegible]人의傳說을據ᄒᆞᆫ즉古阜泰인等地에義兵이益益熾盛ᄒᆞ야壹進會員을逢착殺害ᄒᆞᆫ다더라

●靑陽郡義擾 去月二拾二日午後拾二時頃에忠南靑陽郡北上面雲谷里里長梁碩夏外二人家에義兵拾二名이入ᄒᆞ야금品을取ᄒᆞ고更히同面의李周憲家에入ᄒᆞ야히主人을押去ᄒᆞ야銃殺ᄒᆞ고禮山方面으로向ᄒᆞ얏다더라

●警官行悖被捉 再昨夜九時頃에何許總巡壹人이巡査壹名을帶同ᄒᆞ고美동妓生蕙蘭家에來到ᄒᆞ야妓生을訪問ᄒᆞᄂᆞᆫᄃᆡ蕙蘭은適爲出他ᄒᆞ고其老母만在家ᄒᆞ더니總巡과巡査가突入ᄒᆞ야窓戶를破碎ᄒᆞ고該妓의母를亂打ᄒᆞᄂᆞᆫᄃᆡ該동交所巡査와日巡査가來到ᄒᆞ야該總巡과巡査를捕縛ᄒᆞ야南部警察署로押付ᄒᆞ얏다더라

●酗酒被押 再昨日午後三時에南部會동居ᄒᆞᄂᆞᆫ朴龍澤氏가飮酒大醉ᄒᆞ야該동居ᄒᆞᄂᆞᆫ김錫源氏家에前往ᄒᆞ야曩日貸去三拾錢금貨를何不報還고ᄒᆞ며김氏의鼻를以拳猛打ᄒᆞ야流血이浪藉ᄒᆞᆫ지라該掌內巡査가朴氏를南部警署로押付ᄒᆞ얏다더라

●賣妾被捉 北部玉동居ᄒᆞᄂᆞᆫ金顯喆이가中部許屛居ᄒᆞᄂᆞᆫ李致陽氏의女息을作妾同居ᄒᆞᆫ次로率去ᄒᆞᆫ後에인川居ᄒᆞᄂᆞᆫ名不知金某에게금貨壹百四拾圓을受ᄒᆞ고매渡ᄒᆞᆫ지라李氏가北部警察署에呼訴ᄒᆞ얏더니該署에서김某를捉囚ᄒᆞ고現今取査中이라더라

●私鑄被捉 인川항坪동居李基鉉張興居兩人이去月頃에上京ᄒᆞ야中部壽進동壽進宮內에셔銅貨를私鑄ᄒᆞ다가器械를輸運ᄒᆞ고인川으로下往ᄒᆞᄂᆞᆫᄃᆡ北部警察署刑事巡査김敎元씨가其動靜을覺察ᄒᆞ고該兩人을捕捉ᄒᆞ야該署로押囚ᄒᆞ얏더니히巡査의功勞가不少ᄒᆞ다ᄒᆞ야賞與금을支撥ᄒᆞ라고該署에셔警視廳에請求ᄒᆞ얏다더라

●體育部總會退定 ○同體育部에서不得已ᄒᆞᆫ事項이有ᄒᆞ야特別摠會ᄂᆞᆫ退定ᄒᆞ고定期總會를來日曜日下午二時에訓鍊院에셔開ᄒᆞᆫ다더라

●病院設立意見 勞働회東부事務長柳興龍씨ᄂᆞᆫ勞働者의게五十五錢式月捐금을收合ᄒᆞ야김聖基씨의設立ᄒᆞᆫ慈善病院의寄附ᄒᆞ고罹病時의ᄂᆞᆫ該원의서無料治療케ᄒᆞ자고同회에부의意見을提出ᄒᆞ얏다더라

●修院學生退學 修학院에셔秋期開학부터ᄂᆞᆫ壹般학科를日文敎科用書로敎授ᄒᆞᆫ다ᄒᆞ기로該학生中拾餘名이退학ᄒᆞ기를請願ᄒᆞ얏다더라

●蒼海設校 江東郡光明학校敎師崔聞澤씨와有志紳士김章翰오景鉉김商俊諸씨가蒼海夜학校를設立ᄒᆞ고生徒를募集ᄒᆞᆫᄃᆡ不過四五日에학徒가四拾餘名에達ᄒᆞ얏다더라

●崔氏熱心 平安北道龜城郡沙器里龍興학校々監崔子華시가家勢도贍足지못ᄒᆞᆫᄃᆡ학費를自擔ᄒᆞ야熱心敎育ᄒᆞ기로학生이日々增進ᄒᆞᆫ다고西來人의稱頌이有ᄒᆞ더라

▲地方消息▼

▲去月二拾三日鐵산郡附近에셔義兵三十名이同郡日守備隊特務曹長以下拾名과交戰ᄒᆞ얏다ᄒᆞ고

▲去月二拾壹日光州郡西南方約六里地에셔義兵五拾名이日分遣隊와交戰ᄒᆞ얏다ᄒᆞ고

▲數日前에公州郡附近에셔義兵四拾名이該分遣隊憲兵及補助員과交戰ᄒᆞ얏다더라

▲警告壹幅▼

鄭秀元

嗚呼라우리同胞世々韓國臣民일세四千餘載歷史久요三千餘里疆土美라忠君孝親相傳道ᄂᆞᆫ哲人彦士心法이요國泰民安太平像은賢臣良將功德이라國勢何故萎靡ᄒᆞ며生靈何事塗炭인고今日時事싱각ᄒᆞ니太息流涕뿐이로다世界形便숣혀보니此時代가何時런고東艦西舶爭雄世에閉門自修ᄒᆞᆯ수잇나西歐大洲各國들은何如彼其文明이며東洋半島我韓國은何若是其黑暗인고西歐大洲各國들은何如彼其富强이며東洋半島我韓國은何若是其貧弱인가地利非不如彼ᄒᆞ고人材非不如彼언만人材敎育未遂이요地利收用不能이라學校非不廣設이며社會非不多起언만社會團體未見이요學校卒業無幾로다[illegible]開化를ᄒᆞ들말고祖國思想잇지마오虛名釣譽ᄒᆞ지말고實地發達ᄒᆞ야보오오爭權之擗弊習이오勝已之厭惡風이라夷夏之別固執말고棄短取長ᄒᆞ여보오문明空氣吸收ᄒᆞ며歐洲列强讓步ᄒᆞᆯ셔國愁民憂ᄒᆞᆫ건마ᄂᆞᆫ血氣之勇不可恃며知彼知己ᄒᆞ여보며利鈍成敗自有時라地方消息砲烟中에죽ᄂᆞᆫ사ᄅᆞᆷ是誰런고因嫌搆誣不測ᄒᆞ니同胞相殘웬일인가父母妻子呼哭聲에山川草木스러ᄒᆞᆫ다生命保護人民的과敎育振就大主旨ᄂᆞᆫ半夜昏衢明燭又지前路迷津巨筏노셔視人子如已子ᄒᆞ야各相導率熱誠으로人々마다삼ᄋᆞ셔여新智開發ᄒᆞ고보면大韓壹幅二千里에二千萬民의義務라團體力이成立되면愛國心이절노는다靑年子弟敎育ᄒᆞ야學術技藝發達ᄒᆞ며農商權을차말고貫ᄒᆞ財源發展ᄒᆞ면文明國이아니며富强國이아닌가太極旗를놉히들고世界上에雄飛ᄒᆞ세

社告

特別 謹告各支社員

各支社中에本社規則을違反ᄒᆞ야代金與廣告費를累月積滯ᄒᆞᆫ處가種々有之이온바本社에서ᄂᆞᆫ決코規則을實施치아니치못ᄒᆞᆯ지니代金을多數積滯ᄒᆞᆫ支社員은深諒ᄒᆞ시와未納金額을斯速淸送ᄒᆞ시옵

社告 **大韓每日申報社**

雜報

◎大同會困况　大同會에서財政이窘拙ᄒᆞ야維持ᄒᆞᆯ方針이無ᄒᆞ다더라

◎金雞村朝明　平北嘉山西面김雞里居紳士張活濱姜巽甲김鼎九三씨가동네及附近鶴峴瓦동將興松支西伯營屯七星동民의게학校組織ᄒᆞᆯ次로極口開論ᄒᆞ야協議鳩財ᄒᆞ고該동尹村墓閣을借得ᄒᆞ야朝明학校라稱ᄒᆞ고去陰五月貳十六日에開학ᄒᆞ얏ᄂᆞᆫ대晝夜학徒가百餘名에達ᄒᆞ얏다더라

◎三氏熱心　龍川府楊山面鳳德동興明학校ᄂᆞᆫ有志人士의創設ᄒᆞᆫ비라校舍建築時에該里居김應烈崔利大兩씨ᄂᆞᆫ不顧家事ᄒᆞ고董役事ᄒᆞ며崔鳳吉씨ᄂᆞᆫ亦京寶勢에三圜금을寄付ᄒᆞ얏다더라

◎測量器械獎品　京城長통郵便局前시노삭기測量器械店에서測量器械好品良質를放留ᄒᆞᄂᆞᆫ대價금도低廉ᄒᆞ고또여러벌買코ᄌᆞᄒᆞᄂᆞᆫ人의게ᄂᆞᆫ特別히廉價로放賣ᄒᆞᆫ다더라

◎慈善夫人會　慈善夫人會를發起成立ᄒᆞᆫ김石子氏가慈善目的을到達ᄒᆞ기爲ᄒᆞ야道路에遺棄ᄒᆞᆫ嬰兒를收養ᄒᆞ기로發起하야六七朔勤苦收養ᄒᆞ다가同會에서任員을新組織ᄒᆞᆫ後에該棄兒를孤兒院으로忽然貿送코ᄌᆞᄒᆞᆯ時에김氏가該兒를獨히引繼ᄒᆞ기를志願ᄒᆞ되此無父無母ᄒᆞᆫ可憐生命을救恤ᄒᆞᆷ에對ᄒᆞ야家々求乞ᄒᆞ다가救恤키不能ᄒᆞᆫ境遇에ᄂᆞᆫ外國에라도가서求乞ᄒᆞ야收養ᄒᆞᆯ노라ᄒᆞ얏ᄂᆞᆫᄃᆡ同氏ᄂᆞᆫ本是貧寒ᄒᆞᆫ婦人으로慈善의目的만盡力ᄒᆞ니慈善界의壹大活佛이라ᄒᆞ더라

◎鄭門學會　咸北吉州郡明川奉鄭壹善氏가時局의岌業ᄒᆞᆷ을慨歎ᄒᆞ야敎育에熱誠으로鄭顯禹鄭憲朝鄭兌龍諸氏와協議ᄒᆞ고我鄭氏ᄂᆞᆫ貫鄕을勿拘ᄒᆞ고壹宗學會를組成ᄒᆞ야國民의義務와親睦의至情을敎修하ᄌᆞᄒᆞ고詢謀ㅣ僉同ᄒᆞ야庶幾의望이頗有ᄒᆞ다더라

廣告

本人이陰七月分에至義小井里驛所在草家十七間新券及手記를路中에서失矣舊券이自在ᄒᆞ오니誰某拾得이라도休紙施行ᄒᆞᆷ　김榮璨 告白

◉測量學員募集廣告
本校에서測量三個月速成科를設ᄒᆞ오니願學人士ᄂᆞᆫ陽九月拾壹日內로請願ᄒᆞᆷ
敦化門前國民學校內　測量科 廣告

本人의使用ᄒᆞ든姓名圖章을路中에서失故로玆以廣布하오니內外國人間拾得ᄒᆞ와도勿爲施行ᄒᆞᆷ
北部三淸동居김永楨 白

▲特別廣告
本校에서학員을增募ᄒᆞ오니左開의合格으로入학을請願코ᄌᆞᄒᆞ시ᄂᆞᆫ靑年은今拾貳日內本學務에來議ᄒᆞᆷ
但請願式은口頭成文의區別이無ᄒᆞᆷ
壹 父母가有ᄒᆞᆫ者ᄂᆞᆫ貳拾歲以上의普通학識이無ᄒᆞᆫ者
壹 床奴及雇傭等으로他人家에寄男된者ᄂᆞᆫ拾四歲로三拾五歲ᄭᆞ지
壹 試驗日字ᄂᆞᆫ今拾三日(陰拾七日)
壹 試目은 漢文 國文, 筭術 加減乘
敎化門前國民敎育會所管 **國民夜學校** 告白

本部에서定期總會를來(日曜)下午一時에訓鍊院에서開하오니僉部員은照亮
大同體育部 告白

本人의弟容來가性本浮浪ᄒᆞ야付同雜類ᄒᆞ고如干薄土와京人田畓看檢ᄒᆞᄂᆞᆫ幾石落을僞造文券ᄒᆞ야欲爲典執潛賣하오니內外國人은切勿見欺ᄒᆞᆷ
振威丙坡面蛤井里朴應來 白

本人의子盧泳璣가虛浪之性으로數人之誘引而專事酒色ᄒᆞ야蕩產無餘ᄒᆞ니持典券請債라도必償還及倫得物이니內外國人은切勿見欺ᄒᆞᆷ
麻署棗洞김召史 告白

公州藥令을陰九月拾五日노開市ᄒᆞ오니京鄕僉君子ᄂᆞᆫ屆期來臨ᄒᆞ심을望ᄒᆞᆷ
林承根 김元壹 김璧老

◉學員募集廣告
本校學員을募集ᄒᆞ오니願學ᄒᆞᄂᆞᆫ人은本月十日「陰八月拾五日」以內로本校에入학請願書를提呈ᄒᆞᆷ
課程 普通科
開學 九月拾五日
但入학請願紙ᄂᆞᆫ本校에來求ᄒᆞᆷ事
隆熙二年九月一日
西部昭義門外紫岩 私立昭義學校

本社가京城大寺洞二十八統一戶로移住ᄒᆞ얏ᄉᆞ니本月發行社及購覽諸氏ᄂᆞᆫ照亮ᄒᆞ시옵
敎育月報社 白

▲特別廣告
本學館에서旣爲揭示ᄒᆞᆫ바語學後科에但今年間은昨年에日英語專門科에受學ᄒᆞ든학員을依舊規修業케ᄒᆞᆯ뿐不留라新入學員中에도其학力이舊학員과同ᄒᆞᆫ境遇에ᄂᆞᆫ入學케ᄒᆞᆷ
特別ᄒᆞᆫ事故를因ᄒᆞ야本학館入학試驗의未滿ᄒᆞᆫ人員은來月曜日(今月七日)下午十二時半의本館의來ᄒᆞ야入학請願書를依規提呈ᄒᆞ고應試ᄒᆞᆯ事
(試驗時間은下午拾二時三十分으로至壹時三拾分)
(但今夜학班의入학코ᄌᆞᄒᆞᄂᆞᆫ員은同日下午五時의來ᄒᆞᆯ事)
試驗科目은 國漢文 讀書 作文 算術
(但此後로ᄂᆞᆫ入학ᄒᆞᆷ을不許ᄒᆞ되有或境遇의ᄂᆞᆫ特別試驗으로許入ᄒᆞᆯ터이오細節은本館에來ᄒᆞ야注聞ᄒᆞᆯ事)
皇城基督靑年會學館

本會特別總會를來日曜日(陰拾壹日)下午二時에本會會館內에開ᄒᆞ오니在京本道會員은光臨ᄒᆞᆷ敬要
嶠南敎育會

◎學員募集廣告
大학科四年 聖經 古今文選 英美史 政會史 高等生理 高等博物 高等物理 高等化학 天文 地理 經濟 法학 心理 論理 聖經 敎育法 高等代數幾何 三角測量 音樂 圖畵 英日語作文
中학科三年 聖經 四書 東西洋歷史 萬國地誌 地文학 中等生理 中等物理 中等化학 國家학 簿記 敎育史 作문 分數至幾何初等 圖畵 音樂 英日語 體操
大학科試驗 純漢文讀書 作文 數학 初等代數
中학科試驗 國漢文讀書 作文 中國地誌歷史 筭術 四則以內
但中學科卒業生大學科免試 高等小학卒業生中학科免試
願학僉員試驗日니請願提呈后規則書持去事
試驗日字九月拾二日 拾四日 上午九時 陰拾七日
京城東部蓮洞 **私立儆新學校**

本書館을開業ᄒᆞᆫ지未過壹年에壹般同胞게서愛助ᄒᆞ시와益益興旺之故로本館을壹層擴張ᄒᆞ고各項新舊書籍與敎育物品을多數準備ᄒᆞ야特別廉價로大發賣ᄒᆞ오니四方僉君子ᄂᆞᆫ陸續來臨ᄒᆞ심을爲要ᄒᆞᆷ
釜山港東關韓興書館
金汝重 權鎰律

本所에서國債報償志願金總額을整理ᄒᆞ기爲ᄒᆞ야財務監督은金允五金麟兩氏로會計ᄂᆞᆫ柳東說鄭志永兩氏로選定ᄒᆞ야本所金額을所員과合同保管케ᄒᆞ얏슴기玆에廣布ᄒᆞ오니京鄕同胞ᄂᆞᆫ照亮ᄒᆞ시옵
國債報償志願金總合所 評議會一同

訴訟에對ᄒᆞ야疑惑을決ᄒᆞᆯ者의게其勝負의可否를詳細說明이오鑑定料ᄂᆞᆫ事之貴重과價之多少를隨ᄒᆞ야臨時酌定ᄒᆞ되大概如左ᄒᆞᆷ
鑑定料ᄂᆞᆫ五圜以下로ᄒᆞ되貧窮者의게ᄂᆞᆫ無料도ᄒᆞᆷ
京城南部苧동六統四戶
東洋大學前講師 日本法律學士 辯護士 **木尾虎之助**

本館에서敎育義務로新學問敎科書를具備ᄒᆞ와廉價販賣ᄒᆞ오니僉君子ᄂᆞᆫ來購ᄒᆞ시옵
北靑郡內海東書館 主 金基津　李鎰 告白

本會의서九月六日(日曜)上午九時의定期總會를養正義塾니의開ᄒᆞ오니僉會員은趁期來參ᄒᆞ심을爲要
法學協會謹 白

第四回學員募集廣告
本塾에서法律專門科晝학員을新募ᄒᆞ오니願學人은來九月三日以內로本塾에對ᄒᆞ야請願書를提出ᄒᆞ고左開日時에應試ᄒᆞᆯ事 但請願書紙、學科、規則은本塾에在ᄒᆞᆷ
試驗科目
壹、國漢文作文、國漢文讀書、地誌、歷史、筭術(四則以內)
試驗日時
九月五日上午拾時(陰八月拾日)
但高等학校(中學校程度를包含)程度에相當ᄒᆞᆫ卒業證書를有ᄒᆞᆫ人은免試ᄒᆞᆷ
西部丁后洞 私立 **養正義塾**

昨日新生四兒를警察官吏가指送於本院ᄒᆞ야現今收養而乳母를猝難求得ᄒᆞ와玆以廣布ᄒᆞ오니或有不幸遭慽ᄒᆞ고乳道如前ᄒᆞᆫ婦人이잇슴거든枉臨于本院ᄒᆞ샤新生兒를乳養ᄒᆞ야주시면非但積善이라遭慽婦人은失子而得子ᄒᆞ고新生兒ᄂᆞᆫ無母而有母ᄒᆞ오니見此廣告ᄒᆞ신後卽枉于本院ᄒᆞ샤急救殘命ᄒᆞ시면自本院으로另當設料厚報矣리니照亮하시옵
京城孤兒院 告白

●千金保化丹
主治積滯吐瀉霍亂의第壹要藥也
本舖 在江華郡니養화당
出張人 海州 劉應섭　大邱 崔寅琪　平壤 朴承奭
發賣人 김完[illegible]

本館에서新舊書籍과學徒의所用諸般物品을具備販賣ᄒᆞ오니僉君子ᄂᆞᆫ來購하시옵
平壤鍾路太極書館
館主 李昇薰　主任 安泰國　事務 李德煥

廣告

△營業勸勉廣告

漢城鍾路 慈惠大藥房에서內地各處에有病혼兄弟를救濟홀目的과生涯無혼兄弟를實藥資生케홀目的과資本이有혼兄弟로永久혼大藥商을成立케홀目的으로本人이多年千辛萬苦하야歐美各國製藥中有效혼名藥數百種을학得혼中에서五拾餘處方을精擇하야前의학校長과九等池서永시와게有效證明을受하고의학博士漢城厚漢鍾殿兩시의게實驗方劑書를受하고全國十三道內都會處에製藥營業코즈하시는兄弟의請願하시는대로藥方文을許與하야各々自己가製造발賣도하고或各其所親더로支店도니게하려하는대效力이無하고名譽가無혼藥品은放賣가極難혼뿐더러許多혼廣告費와許多혼藥材를廣費혼後에야始로발賣하기들試驗홀것이니不必費財費力이라商号와商票는京城鍾路慈惠藥房에서借與홀것이오新聞에製藥人姓名을廣告하야쥬고藥品外封皮와內封皮도慈惠약房印刷活版所에서印刷하야쥬고製藥乾材도小包郵遞로鱗次발送홀터이니

誰某시던지製藥生涯코즈하시는이는製藥資本金만準備혼後에請願하시오然혼時는慈惠藥房製藥員壹人을派送하야諸般製藥法을教授도하오리니東西洋勿論하고賣藥商規에誰某던지製藥하는商号와藥名은偽造치못하며奪取치도못하니誰某시던지慈惠藥房藥方文壹張을他人보다몬저請願하여가시고永久혼營業을創設하시오

漢城鍾路慈惠醫院主
李觀化 告白

●賣藥方法

五拾餘處製藥所가全三道니都會處에散在分賣홀거시니誰某던지壹種藥을지어가지고該地方에만信用發賣홀뿐아니라히地方附近所親대로支店도니고또拾三道니五拾餘處製藥所에조곰식小包郵便으로分送하면其약을受혼兄弟는其약에代금을自己가製造혼藥으로換送홀거서니各其壹種藥만製造하야가지고五拾種藥을換賣하게되니엇지生涯가豈足지아니하리오

假量晋州製藥所에서拾재받는藥을咸興製藥所에서都賣價値로五錢을주고소다가都賣금으로五錢을밧고보면來往郵稅는損害가된다하되自己가製造혼약의已往利益이남았스니郵稅를무러도無害하고또五拾種藥을都買金으로소다가散賣하고본즉正當혼利益이又有하니製藥혼兄弟의利益이完全홀거시오또五拾餘處製藥所가合하야壹慈惠藥房이되면外國藥貿來하는더나賣藥하는더나製藥하는대壹大便益이有홀거시라

또製藥兄弟中에製造藥이不實하는時에는五拾處製藥所에서互相合力分賣하면醫藥商利益이均壹홀거시나만일藥方文을持去하고熱心으로製造成藥지못하거나或慈惠藥房商号와藥名을變造하는境遇에는相當혼約定이有하니約定은面對하야約定도하고書信으로도約定하시오

大韓帝國新發明 特効靈藥

●承寧府典醫正三品洪在觀氏의實驗效力
●陸軍軍醫學校教官張君茂君의效證明

八寶丹　九粒入金八錢

主治効能

○胃痛惡心 ○頑痰固飲
○食思欠乏 ○中暑中寒
○新入積滯 ○急嘈關格
○滔飲食傷 ○頭痛眩暈
○泄瀉下痢 ○霍亂吐瀉
○水土不服 ○船車醉

陸軍貳等軍의 許均實驗處方
陸軍貳等軍醫 朴駿建君의效證明

補陰 滋陽丸
補陽 자양환

卅日分金五圓　廿日分金三圓四拾錢　拾日分金壹圓八十錢

主治

○房事不容 ○腎虛腰痛
○病後氣喘 ○腎氣不足
○陽痿不起 ○遺精多夢
○陰虛火動 ○房事後惱困
○手足厥冷 ○形容蒼白
○吸烟斷烟客間
○體質虛弱消瘦

婦人靈藥(부인령약)　胎養調經丸(틔양됴경환)　壹劑金五圓

主治說明

婦人이孕胎하지못홈은冷病積病과月經不調로因홈이니此藥을服用하시면婦人腹中에有혼諸病은壹切退去하고自然孕胎하오니速臨買去하시옵

瘡病神藥　▲사향소창단 ▲麝香消瘡丹

此丹이於諸창에無論男女老少하고若服壹劑하면有神效하약百불百中하오니非但方可及也라若論主治則楊梅下疳連珠風濕頭창諸症에俱見立效하오니養痾하시는君子는壹次試驗하시

右四種약은각地方이라도請求하시면우편으로부치는수도잇소

製약所 仁川港츅峴和平堂藥房
發行人仝 李應선
京城鍾路衣廛下和平堂支店
水原北部醫施洞仝支店 李聖儀
代理店 仁川港츅峴濟生堂약房
京城婦人廣橋共愛堂약房 同南
문닉水橋大東藥市支店 金泰鉉

△發賣所

南署苧洞 李永洙藥局
仝南門닉博文書館 盧益亨
仝南門닉水橋 濟生支店
仝泥口닉 相信號 典信圭
仝鐵物橋毛衣房 李洛瑞
仝小廣橋毛衣房 리厚根
仝壽進동上隅 三可病院
仝大寺동 共濟病院
仁川港닉동 豐旅館 韓□根
仝츅峴닉동 金曄寬
仝읍닉 永源 李昇範
江華鍾路 宋順五店
開城남문닉 朴圭相商店
仝남문닉 明新冊사 리良錫
水原남문닉 김제九약舖
海州남문닉 리事植商店
延安읍닉 邊汝文洋藥局
平淵남문닉 盧在浮
仝砂里院耶蘇教당 리在馨
黃州남문닉紅문동 리東赫
平壤南山峴耶蘇教堂 金澄柱
仝法首橋乾材局 金能元
仝大興部壹里 崔泯化
仝館洞 김龍興藥舖
仝武洞 桂澤善약포
鎭남浦桑동 김元선藥포
鎭남浦碑石洞冊사 吳承昌
仝재生당出張 吳濟駿
群산港開福洞 金斗鉉
仝大井동 리春善약房
禮산동谷里 리東赫
大邱남문닉 리明直약局
元山港 남甲元약局
仝재生堂支局 朴致鉉
尙州읍닉 박致心약局
김泉場 鄭聖瑞약局
釜山港재生당出張 朴昌鉉
安州성닉義井동 回春大약房
安岳邑上場재生局 林景柱
義州남문外木口街 義和약房
載寧읍後동洋약局 崔九國
定州남문닉洋약局 리健柱
郭山읍洋약局 羅聽彬
宣川읍冊사
鐵山읍永春堂 安瀛
咸從郡耶蘇教堂 張炳壹
仁川港츅峴
京城鍾路 和平堂 白

●大韓每日申報廣告

陸軍軍醫金守哲君實驗方劑
陸軍軍醫張基茂君有效證明
四海衛生之寶藥子常備之要藥

新藥 消化 淸心保命丹

發行所 仁川港츅峴 濟生堂藥房

九十粒入金拾錢

●右藥의主治効能은如左
●甘飲咳嗽 ●吐瀉 ●水土不服
●氣鬱腹痛 ●酒醉 ●中暑中寒
●食積及傷 ●咽喉 ●口熱惡臭
●具他諸般瘟疫氣 癘疫預防妙약

總發行所京城南大門內 濟生당支店李□□
●개城西문外 濟生당支店具又賢
●元山港路石院 濟生당支店박敬鎬

代理店 京성大廣橋共愛堂
●京泥峴三丁目 仝鍾路慈惠약房
仝郵便局前大佑堂약房 新井약店
仝남大남닉博文書館 盧益亨
仝梨峴洋약局 仁濟약房 리信華
仝大安洞 朴喜達
仝壽동三可病院 리應善
仁川츅峴和平당 新井樂房
同本町 宋在瑛
海州남문닉 리奉植
仝 仝商店 金제九
水原鍾路下약房 邊汝文
延安읍닉洋약局 尹斗鉉
江華鍾路店 崔載淳
長淵남門닉 任九中
砂里院닉客主 리載善
仝耶蘇教堂닉 許□완
瑞興邑닉 김奉圭
汗浦驛東美運送部 리東혁
黃州남문닉紅문동 林景柱
安岳邑上場里제生局
載寧邑後동洋藥局 崔九國
忠州東良面早逝 김鎭和
信川邑四里洋약局 김永植
長連邑東里冊肆文爽冠
平壤里문동出張人 尹寅燮
仝雙巨里제生局 韓鳳儀
仝館南備生의院 金龍興
仝文武동제生局 桂澤宜
仝大興部壹里藥局 崔能化
仝后浦本堂出張人 김元燮
鎭남浦築동冊사 吳南陵
安州성닉義井동 春大약房
博川邑美동商店 朴芝行
定州남문닉洋藥局 리健柱

社告

○申報價

壹張代金 新貨二錢五厘
壹個月前納 三十錢
參個月 九拾錢
陸個月 一圓七十錢
壹個年 三圓四十錢
郵稅一張 新貨五厘
壹個月 十二錢

○廣告料

四號活字拾三字詰
每日壹寸(英尺)에新貨卅[illegible]錢
二週日壹寸에 二圓五拾錢
壹個月壹寸에 五圓
(自壹行至四行이爲壹寸)
其期限의長短과字行의多寡를依하야增減홈이有홈

●大韓每日申報各處支社廣告

中署布屏下 金相萬冊사
平壤鍾路太極書館 安泰國
仁川츅峴開新冊사 李東皓
義州南門外西大藥房 張有寬
釜山港佐川약局 徐錫籌
三和港築동 金元變
咸興州南社西門外 曹喜林
開城남大門內興學書舖 委助遠
大邱西門外友弦書坊側 李正由
載寧邑濟衆院 劉夢澤
鐵山邑東部 安瀛
元山倉前 劉七錫

社告

●郭山邑大街冊사 김大鉉
●宣川邑닉冊사 安濬
●鐵山읍닉永春堂 安瀛
●義州남문外木口街 崔錫浩
●龍川읍官洋약局 리丙斗
●群山港開福동 김斗鉉
●大邱남門닉刷還洞 김成浩
●釜山港東館本町 리炳夏
●北靑新昌港客主 朴錫勛
●木浦各國居留地松房 徐岐見
●全國닉各약店마다隨聽販賣

仁川港츅峴
京성남大문닉 濟生堂 白

海州남門內 朴見誠
定州南門內書舖 洪民□
昌城郡校洞 許□
郭山興岩 李銀瑞
安岳細동坊成洞 康□善
博川舊津 李鍾成
安州城內義井洞 金聖河
鐵原邑棠동 趙종大
高原邑 朴永吉
井邑邑內 李益□
泰仁邑內 金萬變
京義線枇峴驛替市 李基秀
長淵邑南門內 金□淳
殷栗邑倉前里 金泰聲
群山港東彰社 宋判巖
龍川楊市 黃菊保
朔州邑남門닉 朱伯奕
泰川邑館前洋약局 李正華
永興南山동書舖 梁昌錫
江華邑川橋 金鎭식
淸州남門外 宋斗仁
寧邊邑客舍里 趙炳俊家 明濟世
金溝水流面豆亭 趙德三
信川邑六里 丁一善
江西邑內 金昌鎬
成川郡上部面 馬應三
興德富安面觀谷 姜大榮
龍川府南面松峴海東書會 金賢圭
咸從郡耶蘇教堂 張炳壹
平남順川郡蓮동 鄭裕昌
龍川남市驛 韓燦禧
龍岡郡耶蘇教堂內 朴鍾은
車輦館 金明鉉
結城廣川小龍동 李啓祚
定平郡豐川 張禮석
洪原南門外耶蘇教冊舖 方萬晟
宣川읍新民書會 魯晶관

發行兼編輯人英國人 裵說
Responsible for Publication Alfred Weekley Marnham.
發行所
南署石井洞號外地三層洋屋
大韓每日申報社

漢城鍾路慈惠醫院診
醫學校卒業後濟衆院卒業
濟衆院의학實地六年習하
의학博士 漢성厚 婦人의학生
金良鉉
此鍾路慈惠醫院에서大英國製視力檢査機械와金銀번眼鏡을購置하고男女視力을檢査하야

第六卷

大韓每日申報

第九百號

月曜及慶節 歲時日休刊

檀君開國四千二百四十一年
箕子元年三千三十年
大韓開國五百十七年
日本明治四十一年
清國光緒三十四年
陰曆戊申八月小十日一甲子

論說

◎苟有其志ᄒᆞ면事無難易

客이記者를來訪ᄒᆞ고喟然히歎을發ᄒᆞ야曰嗚乎難哉라今日我韓이여國威國光은如此墮落ᄒᆞ고民智民力은如此微劣ᄒᆞ니嗚乎難哉라今日我韓이여思想이無ᄒᆞᆫ者를進ᄒᆞ야思想이有케ᄒᆞ라ᄒᆞ야도難ᄒᆞ며希望이無ᄒᆞᆫ者를進ᄒᆞ야希望이有케ᄒᆞ려ᄒᆞ야도難ᄒᆞ며沮殘ᄒᆞᆫ能力을挽回ᄒᆞ야偉大ᄒᆞᆫ國民을作ᄒᆞ라ᄒᆞ야도難ᄒᆞ며腐敗ᄒᆞᆫ風俗을改革ᄒᆞ야善美ᄒᆞᆫ社會를成ᄒᆞ라ᄒᆞ야도難ᄒᆞ며數百年老少南北에沈痼ᄒᆞᆫ人士를針炙ᄒᆞ야二十世紀文明世界에進케ᄒᆞ라ᄒᆞ야도難ᄒᆞ며三千里高原荒谷에蟄居ᄒᆞ던人民을喚醒ᄒᆞ야五大洲民族競爭舞臺에登케ᄒᆞ라ᄒᆞ야도難ᄒᆞ며深々閨裡에酒食ᄂᆞ니是議ᄒᆞ던女子를社會에出頭ᄒᆞ야天賦의平等權을索還케ᄒᆞ라ᄒᆞ야도難ᄒᆞ며嘐々陳編에蠹虫으로爲友ᄒᆞ던頑儒를時局에注意ᄒᆞ야目下의新舊籍을閱覽ᄒᆞ라ᄒᆞ야도難ᄒᆞ며壹般京鄕의守錢虜를公益公利에奮興케ᄒᆞ라ᄒᆞ야도難ᄒᆞ며許多黃墟의獺子輩를實踐實務에回頭케ᄒᆞ라ᄒᆞ야도難ᄒᆞ니嗚乎難哉라今日我韓이여左思右想에只是難이요仰觀俯察에惟是難이로다若何ᄒᆞ면此難關을破壞ᄒᆞ고平易히做去ᄒᆞᆯ고

記者此를聞ᄒᆞ고曰嗚乎라今에慈母가有ᄒᆞ야其子가水火에投ᄒᆞ거든牙剌壹句에手足이飛至ᄒᆞ야此를救ᄒᆞ리니엇지其胷中에難易를計念을着ᄒᆞᆯ餘暇가有ᄒᆞ리오故로余ᄂᆞᆫ國內志士가難易關을早々踏破ᄒᆞᆷ을祝ᄒᆞᄂᆞᆫ비어니와然이나難易를思ᄒᆞᄂᆞᆫ其人亦少ᄒᆞ니惜哉라

▲隆熙貳年八月貳拾七日官報

◉法 律

法律第二十一號

◉東洋拓殖會社法 續

第二十五條 東洋拓殖債券을發行코ᄌᆞᄒᆞᆯ境遇에在ᄒᆞ야ᄂᆞᆫ每回其金額、條件과發行及償還의方法을定ᄒᆞ야政府의認可를受ᄒᆞᆷ이可홈

第二十六條 東洋拓殖債券을發行ᄒᆞᄂᆞᆫ境遇에在ᄒᆞ야ᄂᆞᆫ數回에分ᄒᆞ야拂納케ᄒᆞᆷ을得홈

第二十七條 東洋拓殖債券은全額拂納後ᄂᆞᆫ無記名式으로ᄒᆞ되但應募者나所有者의請求에因ᄒᆞ야記名式으로ᄒᆞᆷ을得홈

第二十八條 東洋拓殖債券의所有者ᄂᆞᆫ東洋拓殖株式會社의財産에對ᄒᆞ야他債權者보담먼저自己의債權의辨濟를受ᄒᆞᆯ權利를有홈

第二十九條 東洋拓殖株式會社ᄂᆞᆫ前債券을借換ᄒᆞ기爲ᄒᆞ야壹時第二十四條의制限에依치아니ᄒᆞ야東洋拓殖債券을發行ᄒᆞᆷ을得ᄒᆞ되此境遇에在ᄒᆞ야ᄂᆞᆫ發行後壹月以內에其社債總額에相當ᄒᆞᆫ舊東洋拓殖債券을償還ᄒᆞᆷ이可홈

第三十條 東洋拓殖債券의償置年限은五年以內로ᄒᆞ며其償還期限은三十年以內로홈

第三十壹條 東洋拓殖株式會社ᄂᆞᆫ政府의認可를受ᄒᆞ야東洋拓殖債券의買入消印ᄒᆞᆷ을得홈

第六章 準備금

第三十二條 東洋拓殖株式會社ᄂᆞᆫ每營業期에準備金으로ᄒᆞ야資本의缺損을補ᄒᆞ기爲ᄒᆞ야利益百分의八以上을積立ᄒᆞ고且利益配當의平均을得케ᄒᆞᆷ을爲ᄒᆞ야利益百分의二以上을積立ᄒᆞᆷ이可홈 (未完)

▲隆熙二年九月壹日官報

◉勅 令

朕이學會令에關ᄒᆞᆫ件을裁可ᄒᆞ야玆에頒布케ᄒᆞ노라

御名 御璽

隆熙二年八月二十六日

內閣總理大臣 李完用
學部大臣 李載崑

勅令第六十三號

◉學會令

第壹條 本令에學會라稱ᄒᆞᆷ은名稱의如何를不問ᄒᆞ고教育學藝의普及發達을圖ᄒᆞᆷ을目的으로ᄒᆞᄂᆞᆫ團體를謂홈

第二條 學會를設立코ᄌᆞᄒᆞᄂᆞᆫ者ᄂᆞᆫ其請願書에設立者의履歷書及左의事項을記載ᄒᆞᆫ會則을添付ᄒᆞ야學部大臣의認可를受ᄒᆞᆷ이可홈

壹 目的
二 名稱
三 事業
四 事務所의位置
五 會員의資格
六 入會及退會에關ᄒᆞᆫ事項
七 任員選定에關ᄒᆞᆫ事項
八 經費收支及資産에關ᄒᆞᆫ事項
九 支會를設ᄒᆞᄂᆞᆫ者ᄂᆞᆫ名稱、位置其他支會에關ᄒᆞᆫ事項

학회를解散ᄒᆞᆫ時ᄂᆞᆫ即時학部大臣에게報告ᄒᆞᆷ이可홈

第三條 會則을變更코ᄌᆞᄒᆞᄂᆞᆫ時ᄂᆞᆫ學部大臣의認可를受ᄒᆞᆷ이可홈

第四條 학회에ᄂᆞᆫ회長을置ᄒᆞᆷ이可홈

會長은학회를代表ᄒᆞ야會務를掌理ᄒᆞᄂᆞᆫ者로홈

會長의新任及退任은每度學部大臣에게報告ᄒᆞᆷ이可ᄒᆞ되新任者報告에ᄂᆞᆫ履歷書를添付ᄒᆞᆷ이可홈

第五條 학會ᄂᆞᆫ營利事業을爲ᄒᆞ거나又ᄂᆞᆫ政事에關涉ᄒᆞᆷ을得지못홈

第六條 학會ᄂᆞᆫ其事務所에會員名簿及資産原簿를備ᄒᆞ야會員의異動及財産의狀況을明記ᄒᆞᆷ이可홈

第七條 회長은每年壹月에其前年의財産及會務의狀況과會員數를學部大臣에게報告ᄒᆞᆷ이可홈

第八條 학會에서本令又ᄂᆞᆫ設立認可의條件에違背ᄒᆞ거나其他公益을害ᄒᆞᆷ으로認ᄒᆞᆫ行爲가有ᄒᆞᆫ時ᄂᆞᆫ學部大臣은其認可를撤消ᄒᆞᄂᆞᆫ事를得홈

第九條 設立認可를受치아니ᄒᆞ고학會로認ᄒᆞᆯ事業을爲ᄒᆞᄂᆞᆫ者에對ᄒᆞ야ᄂᆞᆫ학部大臣은其禁止를命ᄒᆞᆷ이可홈

第十條 地方官은학部大臣의指揮를承ᄒᆞ야所管內의학會를監督홈

第十壹條 本令에依ᄒᆞ야학部大臣에게提出ᄒᆞᄂᆞᆫ文書ᄂᆞᆫ事務所所在地管轄地方官을經由ᄒᆞᆷ이可홈

地方官이前項文書를受ᄒᆞᆫ時ᄂᆞᆫ意見을附ᄒᆞ야提呈ᄒᆞᆷ이可홈

附則

第十二條 本令은隆熙二年十月壹日부터施行홈

第十三條 旣設ᄒᆞᆫ學會ᄂᆞᆫ其設立認可의受ᄒᆞᆷ과否ᄒᆞᆷ을不問ᄒᆞ고總히本令施行日로부터二個月以內에本規定에準ᄒᆞ야학部大臣의認可를受ᄒᆞᆷ이可홈

完

外 報

◉清國軍港設置 清國直隸省錦州沿岸은軍港에適當ᄒᆞᆫ處所인故로該地에軍港을設置ᄒᆞ고北洋艦隊의根據地를置ᄒᆞᆯ터이며工役監督英國技手가清國官吏와共히其情形을踏査ᄒᆞ고地域測量經費預算額을成立ᄒᆞ얏다더라

◉鴉烟禁止協約 北京電을據ᄒᆞᆫ즉北京駐在英國公使ᄂᆞᆫ清國外務部에서清國으로부터香港에輸入되ᄂᆞᆫ鴉片과又香港으로부터清國에輸入되ᄂᆞᆫ鴉片輸出入을禁止ᄒᆞ기로協約을成ᄒᆞ얏다더라

文 壇

▲讀史新論 壹片丹生 續

第壹編 上世
第壹章 檀君時代

太子扶婁가其德을輔ᄒᆞ며賢臣彭吳가其績을懋ᄒᆞ야人民이稽ᄒᆞ며教ᄒᆞ며舟車를作ᄒᆞ야不通을濟ᄒᆞ니라

按檀君이彭吳를命ᄒᆞ야國內의山川을奠ᄒᆞ얏다ᄒᆞᆷ은古史에相傳ᄒᆞᆫ바어ᄂᆞᆯ近代史家가乃謂ᄒᆞ되彭吳ᄂᆞᆫ漢武帝의臣으로濊貊을通ᄒᆞᆫ者니엇지檀君時에此人이又有ᄒᆞ리오ᄒᆞ야專혀彭吳二字를抹殺ᄒᆞ니嗚乎라其오固ᄒᆞᆷ이엇지此에至ᄒᆞ뇨萬壹漢武의臣彭吳를由ᄒᆞ야檀君의臣彭吳가無ᄒᆞ다ᄒᆞᆯ진대趙襄子無恤을由ᄒᆞ야高句麗太子無恤을無ᄒᆞ다ᄒᆞᆷ이可ᄒᆞ랴壹時壹地方에姓名相同ᄒᆞᆫ者도有ᄒᆞ거든況地의相距ᄂᆞᆫ數千里오世의相隔이數千載인딕前後同姓同名者兩人이有ᄒᆞᆷ을又奚疑리오檀君後裔에兩夫婁가有ᄒᆞ다ᄒᆞᆷ에ᄂᆞᆫ讀史者가異辭가無ᄒᆞ거ᄂᆞᆯ何獨彭吳를疑ᄒᆞᄂᆞ뇨又或者가古代에仙人王儉이有ᄒᆞᆷ을因ᄒᆞ야檀君의名王儉을疑ᄒᆞ니此ᄂᆞᆫ皆壹笑에付ᄒᆞᆯ비로다 (未完)

雜報

●規則廢止提決 城壁處理委員會의 規則을 廢止하기로 內閣會議에 提決되얏다더라

●金提學의 依免 前報와 如히 奎章閣大提學金鶴鎭氏는 依免이 되고 其代에 從一品李容元氏가 被任되얏다더라

●各官吏會同船遊 內閣書記官高源植氏가 發起하야 各府部院廳官吏中으로 奏任官以上同志人六七拾人假量이 今日上午八時에 龍山停車場에 會同하야 妓生及樂工을 帶同하고 龍山에서 乘船하고 楊花渡까지 往來遊樂한다더라

●船遊費自擔 高源植氏의 發起로 本日龍山에 前往船遊한다는 說은 別項과 如하거니와 當日用費는 每員에 四圜式各自準備하얏다더라

●洪氏會長被選 中樞院贊議洪承穆氏는 農商工實業會會長을 被選되얏다는데 昨日에 前中樞院에서 該實業會를 開하고 會長도 出席하얏다더라

●贊成開會 全南觀察使申應熙씨가 管下郡守를 會同하야 湖南학會에 對하야 贊成會를 開하얏다더라

●全北民會設始 全北觀察使李斗璜氏가 管下郡各面長人民을 曉諭하야 民會를 設始하얏다더라

●法律卒業生敍任 各地方未開廳한 區裁判所를 本月二拾日頃에 一齊히 開廳할터인데 判事와 書記를 法律卒業生으로 敍任한다더라

●民籍法案脫稿 韓國民籍法에 就하야 同法案은 旣爲脫稿되얏는데 次回參與官會議에 提出할터이요 該法이 決定된後에는 本年度로부터 實施하기로 決心인데 果然實行될는지 未知하더라

●物品貸借規程 政府工事又는 物品貸借하는 規程을 多少間改定頒佈한다더라

●孤院學徒餞別 丸山重俊이가 昨日歸國次로 京釜鐵路第二直行列車를 搭乘發往하는데 警視廳壹般官吏가 出往餞別하고 孤兒院학徒들도 亦往餞別하얏다더라

●漢城府移接 前報와 如히 漢城府를 舊法部로 移接하기로 決定하고 該府物品은 昨日부터 運輸하고 該府에는 京畿觀察道를 移接케 한다는 說이 有하더라

●衛生事項協議 內部에서 明日에 漢城衛生會를 開하고 內外國高等官들과 衛生會評議員諸氏가 會同하야 衛生에 關한 緊要事項을 爛商協議後에 施行케 한다더라

●警部採用試驗 內部警務局에서 本月拾四日韓人警部採用試驗을 行한다는데 壹般志願者를 募集한다더라

●稅關監視所新設 近來西關沿岸各地의 清國의 密漁船及密輸入의 船이 日々增加하는 故로 稅關局에서는 此等密貿易을 禁止할 目的으로 釜浦廣川碧瀾渡의 外他數處의 稅關監視所를 新設하기로 決定하고 漸次調査中이라더라

●日語教師延聘 官立漢城高等學校에서는 生徒의 純全한 躰操가 缺함을 憂慮하야 日人橫地捨次郞을 教師로 延聘하고 日語와 體操를 教授한다더라

●興盡悲來 再昨日午後七時頃에 宮內府主馬課馬車監文昌圭李益雨等이 妓女壹名을 帶同하고 新門內圓覺社에 前往하야 觀覽하고 歸路에 明月館에 入去하야 各種料理를 喫하고 出來하다가 敦義門外에서 妓夫申清壹과 有何相關이던지 互相爭詰하야 申某의 衣冠을 裂破한 故로 申某가 中部警察署에 呼訴하얏다더라

●世界新聞發行總數 現今世界에 壹年間발行하는 新聞紙總數가 壹百二拾億張이라더라

●東部車夫斷髮 東部內人力車夫는 警視廳指飭을 遵行하야 壹體斷髮하얏다더라

●調査會長固辭 有志人士들이 國債報償金調査會를 組織하고 會長은 趙羲淵氏로 推選하얏는대 趙氏가 固辭하고 出席치 아니한다더라

●汚穢物掃却處所 西部盤松坊、盤石坊、龍山坊附近地를 汚穢物掃却하는 處所로 定하얏다는데 本月拾六日부터 施行한다더라

●龍岡郡虫災 平安南道龍岡郡의서 稻田의 害虫이 發生하야 今日々지 被害한 數가 二千壹百九拾六斗五升落의 至하야 壹般農民이 憂慮中인데 農商工부의서 技師를 派送하야 豫防之道를 講究한다더라

●長興郡水害 去月貳拾四日以來로 降雨하야 長興東門外橋川市場의 在한 家屋六拾三戶가 漂失되고 該市場의 常在하든 乞人三名의 行衛가 不明하고 穀類의 損害가 多大한데 目下調査中이라더라

●惠泉湯盛遊 日前漢城內典舖組合所會計鄭台煥氏가 金貨二百圜을 自擔하야 惠泉湯에 盛大한 宴會를 開設하고 典舖主人을 壹切請邀하야 晝夜를 送宕히 宴樂하얏다더라

●爭鬪失金 再昨日午後十壹時頃에 東部上麻洞居하는 前參書韓昌會가 中部寺洞演興社에 前往玩賞하다가 何許人과 無端爭鬪할際에 洋服裏에 藏置하얏든 金貨三拾圜을 見失하얏다더라

●金家風波 北部標閣洞居하는 盲客金應圭氏는 妻子가 無하야 其姪婦拾七歲女人으로 家事를 專擔過去하는대 再昨日에 其挾戶의 貰居하는 李某가 該女人을 潛通하다가 情跡이 現露하야 大風波가 惹起하얏다더라

●百馬克의 罰金 京城에 在住하는 外國人某邸內에서 賭技局을 設하다가 巡査가 門外에 潛伏하야 檢擧한事는 已報어니와 京城에 在한 獨逸總領事가 同國人[구부류후라이다ㅡ]를 被告로 審問하고 又同人은 賭房給與한 事實을 不服함으로써 三昨日에 証人을 取調한後 裁判長은 欠席判決하얏는데 被告人을 百馬克罰金에 處하고 若二週間에 此를 不納하면 拾日間拘留에 處하기로 宣告하얏다더라

●趙氏被捉 內閣主事趙某가 第一銀行에서 推尋한 壹百圜小切手에 對하야 七百圜으로 變造한 事狀이 綻露하야 警視廳에 被囚되얏다더라

●日人被捉旋放 日昨에 泥峴居留하는 日人久米篤次郞이가 窃盜犯으로 南部警察署에 被捉되얏다가 有何運動이든지 旋卽放還이 되얏다더라

●錢囊窃取被捉 再昨日에 住處未詳한 崔三晚은 年이 拾四歲인대 同部會洞居留하는 日人商店에서 錢囊을 窃取하다가 南部警察署에 被捉되얏다더라

●法學協會開會 法학協會에서 本日上午九時에 定期總會를 養正義塾內에 開한다더라

●湖南教育擴張 湖南학會에서 教育을 擴張하기 爲하야 師範附屬學校를 設立할터인데 校費豫算이 七千圜假量이라더라

●關東總會 關東學會에서 明日下午壹時에 定期總會를 本會館內에 開하고 緊要事務를 處理한다더라

●養正義塾試驗 養正義塾에서 昨日에 入학試驗을 行하얏는데 應試者가 百餘名에 達하얏다더라

●隆熙校學員增募 興士團內隆熙學校에서 試取한 학員이 二百餘人인데 日間에 更히 試才增募한다더라

●黃氏公正 東部城北洞居하는 奉侍황仁明氏가 學校를 新設하고 靑年을 教育하는데 該학監은 황氏의 孫婿安壽坐氏를 選定하얏더니 該氏가 生徒를 無端히 虐待하는 故로 황氏가 自己의 孫을 逐出하고 他人을 延聘하얏다더라

●兩校相持 東大門內養士동居하는 有志紳士諸氏가 東昌학校를 設立하고 生徒七拾餘名을 募集하야 于今三年을 熱心教育하더니 該校監李觀鎔氏의 有何事端이든지 已爲見退하얏는데 該氏가 近日에 東興학校를 新設하고 校舍가 無하미 有何周旋이든지 再昨日에 李씨가 生徒幾名을 帶同하고 東昌學校에 前往하야 壹般任員及生徒를 一切出去하라하니 該校人員들이 其裏許를 不知하고 昨日학部에 齊進하야 呼冤하얏다더라

●金海郡의 文明 金海郡에서 各坊曲마다 農務會를 組織하고 自治制度를 模範하야 夜學校를 設立하고 農夫及勞働者를 熱心教育하며 前日淫亂之習은 壹切廢止하고 愛國歌農夫詞를 唱케하는데 怠慢하야 不學한 者는 罰金을 懲受하고 甚者는 逐出洞外하미 該郡의 進就가 日益增加한다더라

●新昌倅興學 南來人의 傳說을 據한즉 忠南新昌郡守徐丙益氏는 下去以來로 善治뿐아니라 新民학校를 設立하고 熱心教育함으로 학員이 百餘名에 達하얏는데 壹般學員이 勤학하는 中林孝相徐廷冕兩人은 九歲로 勉業한다더라

●中校設立決定 安岳郡守李寅奎씨가 학校를 擴張하기 爲하야 郡內人士와 協議하고 학務會를 組織한다함은 已爲報道어니와 該會에서 各面里에 학校를 設立케하고 邑內에 中學校를 設立하기로 決定하얏다더라

▲地方消息▼

▲去月二拾六日 溫井院에서 義兵四拾名이 日分遣隊와 交戰하얏다하고

▲本月三日에 義兵約二百名이 咸鏡北道明川郡을 侵襲하야 同郡守備隊와 五時間을 交戰하얏는데 日守備隊下士壹名과 兵卒壹名이 重傷하얏다하고

▲去月二拾九日 通津郡의서 義兵三拾名이 仁川警察署巡查隊及憲兵隊와 交戰하얏다하고

▲去月拾八日 潭陽郡內에서 義兵約三拾名이 同郡日守備隊와 憲兵及補助員과 交戰하얏다더라

▲泡花世界▼

▲漢江流水浩乎天에 壹葉扁舟泛々하야 滄浪壹曲淸아한데 數尺檣頭에 泡花는 乍起乍滅浪이라 世上事를 성각하니 泡花人生可憐하다

▲南北村의 某々大臣 挾天富貴하든날에 前遮後擁디 氣燄은 風前猛虎可畏터니 壹朝權柄일흔後에 門前無人冷落하니 泡花人生이아닌가

▲各地方의 觀察守令吏校奴令 進退하며 無辜生民網羅하야 擅自威福弄絡터니 壹朝罷官拘拿되여 監獄鬼囚可憐하니 泡花人生이아닌가

▲武斷鄕曲土豪들이 殘疲良民捕捉하야 攪亂壹場號令聲에 多少錢穀入來터니 世界風潮壹變後에 飢寒到骨哀呼하니 泡花人生이아닌가

▲各州郡의 吏胥輩는 狐假虎威放肆하야 短刀小筆弄奸하고 蠹國病民하더니 壹朝減額된然後에 自漢散無依하니 泡花人生이아닌가

▲各宮闕의 內侍輩는 華富貴昔年時에 千萬種의 挾雜으로 壹天地를 濁亂터니 肅淸宮禁壹令後에 風飛雹散되엿스니 泡花人生이아닌가

▲富貴家의 子侄輩는 父兄勢藉恃하고 學問仇視放蕩하야 從者如雲驕傲터니 到今思之하이면 匹夫資格不及하니 泡花人生이아닌가

▲各坊曲의 腐儒오 士日詩日賦吟咏할제 當世豪傑이러니 壹金榜掛名自謂터니 壹朝科擧法廢止後에 無用棄物되엿스니 泡花人生이아닌가

▲粉壁紗窓絶代佳人 笑中有蜜腹中劍의 百樣巧態俱備하야 眼下無人可惜터니 東園春色壹暮後에 流離丐乞되엿스니 泡花人生이아닌가

雜報

◉傳之者說 東部勞働學會支會長鄭用모氏가壹般勞働者의게月謝金壹五拾錢式收斂ᄒᆞ야慈善病院에寄附ᄒᆞᆫ다ᄂᆞᆫ說은純是無根이라더라

廣告

本校에서第二回測量速成課를新設ᄒᆞ오니願學僉員은本月拾貳日陰八月拾七日內로來臨請願ᄒᆞᆷ
請願用紙ᄂᆞᆫ本校에 請求ᄒᆞᆷ
卒業期限 五個月
試驗科目 四則以上
作文은 國漢文
試驗은本月拾貳日上午九時
上學時下午四時半至六時半
典洞私立中東學校

本人의姓名圖章과李相岳處壹百二十圜捧標를陰七月晦日夜의竊盜의게見失ᄒᆞ얏ᄉᆞ오니內外國人은照亮ᄒᆞᆷ
大邱河西面坡居朴魯冕 告白

本人等이 開城人의京城에留學ᄒᆞᄂᆞᆫ學生을團結ᄒᆞ야共濟會를組織ᄒᆞᆯᄯᅴ이온바發起會를今日下午一時에西部五宮洞三拾五統六戶地에開ᄒᆞ오니 同鄕僉留學生은屆臨ᄒᆞᆷ
發起人 金基永 金興렴 張命中 崔鍾善 張道淳

本人의屢代先塋이始興郡東面鳳川里에在ᄒᆞ더니宗人云善을入居幕이러니云善이가假稱宗孫ᄒᆞ고本人의山麓을暗賣코ᄌᆞᄒᆞ니內外國人은勿爲見欺ᄒᆞᆷ
[illegible]等川面佳逸里李裕信白

安岳郡基督安新女學校義捐ᄒᆞ신人員의氏名과金額 續
裵致楨 延學斌 각三圓
崔仁國 김孝南 金長喜
玄儀鳳 吳成心 表貞麟
김斗京 元成鎬 김泰弘
김丙益 劉齊弘 張永寬
莊履善 李容夏 李석贊
각貳圓 完

本會特別總會를本月拾壹日(陰拾壹日)曜日下午二時에本會會館內에開ᄒᆞ오니在京本道僉員은光臨ᄒᆞ심을敬要
嶠南教育會

本會의서九月六日(日曜)上午九時의定期總會를養正義塾니의開ᄒᆞ오니僉會員은趁期來參ᄒᆞ심을爲要
法學協會謹 白

●學員募集廣告
本校學員을募集ᄒᆞ오니願學ᄒᆞᄂᆞᆫ人은本月十五日「陰八月拾五日」以內로本校에入학請願書를提呈ᄒᆞᆷ
課程 普通科
開學 九月拾五日
但入학請願紙ᄂᆞᆫ本校에來求ᄒᆞᆷ
隆熙二年九月三日
西部昭義門外紫岩
私立昭義學校

訴訟에對ᄒᆞ야疑惑不決者의게其勝負의可否를詳細說明이옵고鑑定料ᄂᆞᆫ事之貴重과價之多少를隨ᄒᆞ야臨時酌定ᄒᆞ되大概如左ᄒᆞᆷ
鑑定料ᄂᆞᆫ五圜以下로ᄒᆞ되貧窮者의게ᄂᆞᆫ無料로ᄒᆞᆷ
京城南部笋洞六拾四統貳戶
東洋大學前講師
日本法律學士
辯護士
木尾虎之助

測量械機大放賣 廣告
拜啓敬頌
僉候大安獎店은僉君子의愛顧를蒙ᄒᆞ야營業이進就漸々進就되오니感謝萬々ᄒᆞ옵니다就獎店의셔販賣ᄒᆞᄂᆞᆫ測量機械ᄂᆞᆫ年々ᄒᆞ야需用이夥多ᄒᆞᆫ故로첨君子에便宜를圖ᄒᆞ기爲ᄒᆞ야特別히工場을建設ᄒᆞ고練熟ᄒᆞᆫ工匠을雇傭ᄒᆞ야器械製造에恰分注意監督ᄒᆞ야多數히製造ᄒᆞ야特別히廉價로供給ᄒᆞ오며첨君子購賣後에器械에缺点이有ᄒᆞ오면好品과即時換呈ᄒᆞ오며又使用後라도損傷이有ᄒᆞ오면特別廉價로迅速히修繕ᄒᆞ야첨君子에厚意를報答ᄒᆞ려ᄒᆞ오니不拘多少ᄒᆞ고陸續請求ᄒᆞ심을伏望
再
학校나或社會의셔壹時의多數히請求ᄒᆞ시면日本의注文價格보다運賃及海關稅ᄭᆞ지無ᄒᆞ옵고器械도破損ᄒᆞᆯ念慮가無ᄒᆞ오며又壹々히品好ᄒᆞᆫ것을擇擇ᄒᆞᄂᆞᆫ便利도有ᄒᆞ옵니다
歐米製及日本製上等器械平及測量器도多數히販매ᄒᆞ오니定價表를請求ᄒᆞ시면即時送呈ᄒᆞ옵니다

京城長洞郵便局前
篠崎測量器械店
시노삭기 「電話六四八番」

◆特別廣告
本校에서학員을增募ᄒᆞ오니左開의合格으로入학을請願코ᄌᆞᄒᆞ시ᄂᆞᆫ青年은今拾貳日內本事務에來議ᄒᆞᆷ
但請願式은口頭成文의區別이無ᄒᆞᆷ
壹 父母가有ᄒᆞᆫ者ᄂᆞᆫ貳拾歲以上의普通학識이無ᄒᆞᆫ者
壹 床奴及雇傭等으로他人家에寄男된者ᄂᆞᆫ拾四歲로三拾五歲ᄭᆞ지
壹 試驗日字ᄂᆞᆫ今拾三日(陰拾七日)
壹 試目은 漢文 國文 算術 加減乘
敦化門前國民教育會所管
國民夜學校 告白

本人의弟容來가性本浮浪ᄒᆞ야付同雜類ᄒᆞ고如干藩士와京人田畓看檢ᄒᆞᆫ幾石落을僞造文券ᄒᆞ야欲爲典執潛매하오니內外國人은切勿見欺ᄒᆞᆷ
振威丙坡面蛤井里朴惠來 白

公州藥令市ᄂᆞᆫ九月拾五日노開市ᄒᆞ오니京鄕僉君子屆期來臨ᄒᆞ심을望ᄒᆞᆷ
林承根 김元壹 김聖老

◉測量學員募集廣告
本校에서測量三個月速成科를設ᄒᆞ오니願學人士ᄂᆞᆫ陽九月拾壹日內로請願ᄒᆞᆷ
敦化門前國民學校內
測量科 廣告

公告

自今으로京城長谷川町東京江川活版製造所支店에서本局의定價와同壹히本局製造品을販賣케ᄒᆞ기로玆에公告ᄒᆞᆷ
隆熙二年六月
龍山印刷局

◉活字及印刷機械製造販賣所
其他인긔•機械油•膠•名刺紙•色革
金銀各良粉箔•並活版石版附屬品一式
새로ᄉᆞ업을 창셜ᄒᆞ야 ᄒᆞᆫ번에오백원어치 이상물건을사서가시ᄂᆞᆫ이ᄒᆞᆫ데ᄂᆞᆫ 본뎜에셔 긔ᄉᆞ ᄒᆞᆫ명을보내셔ᄒᆞᆫ달동안을 월급도아니밧고 직공을ᄀᆞᄅᆞ쳐주겟ᄉᆞᆸᄂᆞ이다
京城長谷川町二丁目(石井洞)
江川活版製造所支店
本店 東京日本橋區長谷川町 電話浪花八八八番
鐵工場 東京京橋區南傳馬町 電話本局二七二六番
支店 仙台市國分町 電話一一七番

●電話六七八番●
局製朱肉은其肉色이美ᄒᆞ고且數百年을經ᄒᆞ야도決코變色之慮가無ᄒᆞ고壹種獨特之精良品이오며又多少不拘ᄒᆞ고購求ᄒᆞ심을願

本社가京城大寺洞二十八統一戶로移住ᄒᆞ얏ᄉᆞ오니本月報社購覽諸氏ᄂᆞᆫ照亮ᄒᆞ시옵
教育月報社 白

◆特別廣告
本學館에서旣爲揭示ᄒᆞᆫ바語學後科에但今年間은昨年에日英語專門科에受學ᄒᆞ든학員을依舊規修業케ᄒᆞᆯ뿐不啻라新入學員中에도其학力이舊학員과同等ᄒᆞᆫ境遇에ᄂᆞᆫ入學케ᄒᆞᆷ
特別ᄒᆞᆫ事故를因ᄒᆞ야本학館入학試驗의未參ᄒᆞᆫ人員은來月曜日(今月七日)下午十二時半의本館의來ᄒᆞ야入학請願書를依規提呈ᄒᆞ고應試ᄒᆞᆷ事
(試驗時間은下午拾二時三十分으로至壹時三拾分)
(但夜학班의入학코ᄌᆞᄒᆞᄂᆞᆫ員은同日下午五時의來ᄒᆞᆷ事)
試驗科目은 國漢文 讀書 作文 算術
(但此後로ᄂᆞᆫ入학ᄒᆞᆷ을不許ᄒᆞ되有或境遇의ᄂᆞᆫ特別試驗으로許入ᄒᆞᆯ터이오細節은本館에來ᄒᆞ야注問ᄒᆞᆷ事)
皇城基督青年會學館

本館에서新舊書籍과學徒의所用諸般物品을具備販賣ᄒᆞ오니僉君子ᄂᆞᆫ來購하시옵
平壤鍾路太極書館
館主 李昇薰
主任 安泰國
事務 李德煥

學員募集廣告
大學科四年 聖經 古今文選 英美史 教會史 高等生理 高等博物 高等物理 高等化학 天文 地理 經濟 法학 心理論理 聖理 教育法 高等代數幾何 三角測量 音樂 圖畫 英日語作文
中학科三年 聖經 四書 東西양歷史 萬國地誌 地文학 中等生理 中等物理 中等化학 國家학 簿記 教育史 作文 分數至幾何初等 圖畫 音樂 英日語 體操
大학科試驗 純漢文讀書 作文 數학 初等代數
中학科試驗 國漢文讀書 作文 너外地誌歷史 算術 四則以上
但中학科卒業生大학科免試 高等小학卒業生中학科免試
願학僉員試驗日日請願提呈后規則ᄅᆞᆯ持去事
試驗日字九月十二日 拾四日
上午九時 陰十七日
京城東부 蓮洞私立儆新學校

昨日新生四兒를醫察官吏가指送於本院ᄒᆞ야現今收養ᄒᆞᆯ乳母를猝難求得ᄒᆞ와玆以廣布ᄒᆞ오니或有不幸遺척ᄒᆞ고乳道如前ᄒᆞᆫ婦人잇삽거든枉臨于本院ᄒᆞ사新生兒를乳養ᄒᆞ야쥬시면非但積善이라遺척婦人은失子而得子ᄒᆞ고新生兒ᄂᆞᆫ無母而有母ᄒᆞ오니見此廣告ᄒᆞ신後卽枉于本院ᄒᆞ사急救殘命ᄒᆞ시면自本院으로另當몡料厚報矣리니照亮하시옵
京城孤兒院 告白

廣告

▲營業勸勉廣告

漢城鍾路 慈惠大藥房에셔 內地各處에有病혼兄弟를救濟흘目的과生涯無혼兄弟를賣藥資生ᄒ게홀目的과資本이有혼兄弟로永久혼大藥商을成立ᄒ게홀目的으로本人이多年千辛萬苦ᄒ야歐美各國製藥中有效혼名藥數百種을학得혼中에셔五拾餘處方을精擇ᄒ야前의학校長勳九等池錫永시의게有効證明을受ᄒ고의학博士洪석厚洪鍾殷兩시의게實驗方劑書를受ᄒ고全國十三道內都處에製藥營業코ᄌᄒ시ᄂ兄弟의請願ᄒ시ᄂ대로藥方文을許與ᄒ야各々自己가製造발賣도ᄒ고或各其所親ᄒ되로支店도되게ᄒ려ᄒᄂ대效力이無ᄒ고名譽가無혼藥品은放賣가極難혼뿐더러許多혼廣告費와許多혼藥材를廣費혼後에야始도발賣ᄒ기를試驗ᄒᄂ것이니不必費財費力이라商号와商票ᄂ京城鍾路慈惠藥房에셔借與흘것이오新聞에製藥人姓名을廣告ᄒ야쥬고藥品外封皮와內封皮ᄂ慈惠약房附屬活版所에셔印刷ᄒ야쥬고製藥乾材도小包郵遞로鮮次볼送ᄒ여이니誰某시던지製藥生涯코ᄌᄒ시ᄂ이ᄂ製藥資本金만準備혼後에請願ᄒ시오然혼時ᄂ慈惠藥房製藥員壹人을派送ᄒ야諸般製藥法을敎授도ᄒ오리니東西洋勿論ᄒ고賣藥所規에誰某던지製藥ᄒᄂ商号와藥名을偽造치못ᄒ며奪取치도못ᄒ니誰某시던지慈惠藥房藥方文壹張을他人보다몬저請願ᄒ여가시고永久혼營業을創設ᄒ시오

漢城鍾路慈惠醫院主 李寬化 告白

●賣藥方法

五拾餘處製藥所가拾三道니都會處에散在分賣ᄒ거시니誰某던지壹種藥을치어가지고該地方에만信用發賣홀쁜아니라地方附近所親대로支店도되니고또拾三道니五拾餘處製藥所에조곰식小包郵便으로分送ᄒ면其약을受혼兄弟ᄂ其약에代금을自己가製造혼藥으로換送ᄒ거시니各其壹種藥世製造ᄒ야가지고五拾種藥을換賣ᄒ게되ᄂ니엇지生涯가不足지아니ᄒ리오

假量晋州製藥所에셔拾兩싸ᄂ藥을咸興製藥所에셔都賣價値로五錢을주고사다가賣ᄒ면금으로五錢을밧고보면來往郵稅ᄂ損害가되야ᄒ되由此가製造혼藥의已往利益이잇스니郵稅를무러도無害ᄒ고또五拾種藥을都賣金으로ᄉ다가散賣ᄒ고본즉正當혼利益이又有ᄒ니製藥혼兄弟의利益이完全ᄒ거시오또五拾餘處製藥所가合ᄒ야壹慈惠藥房이되면外國藥買來ᄒᄂ되나賣藥ᄒᄂ되나製藥ᄒᄂ대壹大便益이有ᄒ거시라또製藥兄弟中에製造藥이不賣ᄒᄂ時에ᄂ五拾處製藥所에셔互相合力分賣ᄒ면製藥商利益이均壹ᄒ거시나만일藥方文을持去ᄒ고熱心으로製造成藥지못ᄒ거나或慈惠藥房商号와藥名을變造ᄒᄂ境遇에ᄂ相當혼約定이有ᄒ나約定은面對ᄒ야約定도ᄒ고書信으로도約定ᄒ시오

大韓帝國新發明特効靈藥

●本藥ᄂ典醫正三品洪哲普閣下實驗處方
●陸軍軍醫와學校敎官張基茂君有効証明

八寶丹 九粒入金○錢

主治効能
○胃痛惡心 ○頑痰固飲
○食思欠乏 ○中暑中寒
○新久積滯 ○急響關格
○滋飮過傷 ○頭痛眩暈
○泄瀉下痢 ○霍亂吐瀉
○水土不服 ○船車醉

陸軍武官軍醫 許均實驗處方

陸軍軍醫 朴禮德君有效證明

補腎 滋陽丸 補陽 ᄌ양환

卅日分金五圜廿日分金三圜四拾錢拾日分金壹圜八十錢

主治
○房事不容 ○腎虛腰痛
○病後氣端 ○腎氣不足
○陰痿不起 ○遺精多夢
○陰虛火動 ○房事後惱困
○手足厥冷 ○形容蒼白
○吸烟勸燭容間
○體質虛弱消瘦

婦人養經丸 부인양경환 婦人胎産藥 壹劑金五圜

主治說明

婦人이孕胎ᄒ지못홈은冷病積聚와月經不調로因홈이니此藥을服用ᄒ야腹中에有혼諸病은壹切退去ᄒ고自然孕胎ᄒ오니速臨買去ᄒ시옵

疳病 瘡藥 ▲사향소창단 ▲麝香消瘡丹

此丹이於諸瘡에無論男女老少ᄒ고服壹劑ᄒ면神效를약百보白中ᄒ오니方可及也라若論主治則楊梅下疳運珠癧濕頭瘡諸症에俱爲立效ᄒ오니養病ᄒ시ᄂ君子ᄂ壹次試驗ᄒ시오

右四種약은各地方이라도請求ᄒ시면우편으로부치ᄂ수도잇소 拾四日分金四圜

製약所인川港寺峴和平堂藥房 李寬化
發行人 仝
京城鍾路衣廛 和平堂支店 李鍾範
水原北部 州生堂 和平堂支店
代理店仁川港寺峴濟生堂藥房
京城大廣橋共愛堂藥房
문안水橋大東藥市支店 金泰鉉

▲發賣所

南署苧洞 李永珠藥房
南門內博文書館 盧益亨
西小門外 濟生支店
鐵物橋毛衣房 相信號 典當所
小廣橋 毛衣房 李洛瑞
鍾路上隅 三可病院
大寺洞 共濟病院 韓良民
仁川港中 濟生藥房 李昇緯
仝 寺洞 永源旅館
仝 明新冊肆 朴圭相商店
開城南門外 宋順五店
江華鑛路 金在九藥館
水原 南門外 李事館 商店
海州 南門外 邊汝文 藥局
延安 邑內 리在淳
長淵 南門外 리東赫
全 砂里院 耶蘇敎堂 金鎭杜
黃州 南門外 紅箭門 金鍾元
平壤 鍾路 乾材局 崔秉化
仝 法首橋 金龍洙
仝 大興部 壹里 桂海善
文武洞 김元성
仝 館洞 吳承善
鎭南浦 藥房 吳甫燮
仝 碑石洞 冊肆 金斗鉉
仝 濟生당出張 리春善
三 山 港 開 福 洞 리東赫
仝 大井동 리明道
論山 鷄谷里 리甲元 藥局
大邱 南門外 남甲元
元山港 朴致心藥局
仝 濟生堂 支局 박致心
尙州 東門外 鄭聖瑞藥局
김泉場 回春大藥房
釜山港 濟生당出張 林景柱
安州 성내 義井동 義和藥房
安岳邑 上塢 제生局 崔允國
義州 南門外 木口街 리健柱
載寧邑 後동 洋약局 羅聰彬
定州 南門內 洋약局 安
鄭山邑 洋약局 安濔
宜川 邑 冊肆 張炳壹
龍山邑 水春堂
成從郡 耶蘇敎堂
仁川港 寺峴
京城鍾路 和平堂 白

●大韓新발明靈藥廣告

陸軍軍醫金守鉉君實驗方劑
陸軍軍醫張基茂君有効證明
海衛生之籍君子常備之靈藥

新藥 消化 淸心保命丹

發行所 仁川港寺峴 濟生堂藥房

五十粒入壹拾錢

●右藥의主治効能은如左
●飮食過傷●水土不服
●氣滯腹痛●中暑中寒
●食積傷肺●口熱惡臭
●其他諸般●氣疫預防妙약

總發行所 京城南大門內 濟生당支店 李殷眞
●西小門外 濟生당支店 具又賢
●元山港鉛石院 濟生당支店 박敎鎭

代理店 京셩大廣橋 共愛堂

●京城 泥峴三丁目 新井약店
仝 鍾路 慈惠약房
仝 郵便局前 天佑堂약房
仝 南大門內 博文書館 盧益亨
仝 梨峴 洋약局 리昌華
仝 大安洞 仁濟약房
仝 壽동 二可病院 朴喜達
●仁川港 寺峴 和平당 리濟善
仝 本町 新井藥房 宋在瑛
●海州 南門外 리奉植
仝 商店 金재九
●水原 鍾路 下약房 邊汝文
●延安 邑內 洋약局 尹斗鉉
●江華 商店 金壽재
●長淵 南門外 韓圭淳
●砂里院 客主 任允中
仝 耶蘇敎堂 리敎善
●瑞興 邑內 許완
●汗浦 東部送部 김奉圭
●黃州 南門外 紅箭門 리東혁
●安岳 邑上場里제生局 林景杜
●載寧 邑 洋藥局 崔允國
●忠州 東良面 早遞 김鎭和
●信川 邑 四里 洋약局 김永植
●長連 邑 東里 壽文輿冠
●平壤 里 分院 出張人 野蠻(?)
仝 雙互里 제生局 韓鳳儀
仝 館前 衛生의院 金龍輿
仝 文武동 제生局 桂澤宜
仝 大興部 壹里 藥局 崔能化
●鎭南浦 築동冊肆 김元燮
仝 居濂本堂 出張人 吳南鉉
●安州 城內 義井동 回春大약房
●博川 邑美동商店 朴芝行
●定州 南門內 洋藥局 리健柱

社告

●郭山 邑 大街冊사 김大鉉
●宣川 邑內 冊肆 安濔
●鐵山 邑 안 水口街 安濬
●義州 南門外 洋약局 리丙斗
●遠川 邑 官洞 李鍾浩
●群山 港 開福洞 김成浩
●大邱 南門外 劉鎭洞 김斗鉉
●釜山 港 東館 本町 商店 리炳夏
●北靑 新昌 港 客主 朴錫勳
●木浦 各國居留地 松房 徐敏見
●全國 各약店마다 隨處販賣
仁川港寺峴 京성남大문니 濟生堂 白

○申報價

壹張代金 新貨二錢五厘
壹個月前納 三十錢
參個月 九拾錢
陸個月 一圜七十錢
壹個年 三圜四十錢
郵稅一張 新貨五厘
壹個月 十二錢

○廣告料

四号活字拾三字詰
每行壹寸(英尺)에 新貨廿五錢
二週間壹寸에 二圜五拾錢
壹箇月壹寸에 五圜
(自壹行至四行이爲壹寸)
其期限의長短과字行의多寡를依ᄒ야增減홈이有홈

●大韓每日申報各處支社廣告

中署布屏下 金相萬冊肆
平壤鍾路太極書館 安泰國
仁川寺峴開新冊肆 李東皓
義州南門外東西大藥房 崔有寬
釜山港佐川약局 徐錫疇
三和港築동 金元變
咸興州南社西門外 曹喜林
開城남大門內興學書舖 姜助還
大邱西門外友弦書摩側 李正由
載寧邑濟衆院 劉夢澤
鐵山邑東部 安濔
元山倉前 劉七鎬

海州남門內 朴昌鎭
定州南門內 洪成麟
昌城郡校洞 許勛
郭山興岩 李銀瑞
安岳細동坊成商 康道善
博川舊津 李鎭成
安州城內義井洞 金黃河
鐵原邑築동 趙중大
高原邑 朴景吉
井邑邑內 李在業
泰仁邑內 金萬榮
京義線桃峴驛市 李基秀
長淵邑南門內 崔戰淳
殷栗邑倉前里 金泰聲
群山港東彰社 宋判嚴
龍川楊市 黃炳保
朔州邑남門니 朱伯英
泰川邑館前洋약局 李正華
永興南山동書舖 梁國錫
江華邑川橋 兪鎭식
淸州남門外 宋斗仁
寧邊邑客舍里趙炳俊崇明濟世 趙德三
金溝水流面豆亭 丁一善
信川邑六里 金昌協
江西邑內 馬應三
成川郡上部面 姜大榮
興德富安面飢谷 金賢圭
龍川府南面松峴海東書會 張炳壹
咸從郡耶蘇敎堂 鄭裕경
平남順川郡殷동 韓燦禧
龍川남市驛 朴鍾운
龍岡郡耶蘇敎堂內 金明鉉
車輦館 李啓齡
結城廣川小龍동 張禮학
定平郡豊川 方萬晟
洪原南門外耶蘇敎冊肆 魯晶관
宜川읍新民書舘

發行兼編輯人英國人 萬咸
Responsible for Publication Alfred Weekley Marnham.
發行所 南署石井洞號外廻三層洋屋 大韓每日申報社

大韓每日申報

第六卷 第九百○壹號

月曜及慶節 歲時日休刊

檀君開國四千二百四十一年
箕子元年三千三十年
大韓開國五百十七年
日本明治四十一年
淸國光緖三十四年
陰曆戊申八月小十三日丙寅

別報

私立학校에對하야學部에서規程을制定홀다홈은壹般共知홈일너니今에私立學校令이裁可頒佈되얏기로에已爲揭布하엿거니와此에對하야學部訓令이私立教育界에尤當注意홀바인故로其訓令全文을左에揭載하노라

▲學部訓令第一號 道府郡

光武拾年學政刷新時를當하야私立學校에關하야法令을制定치아니홈所以는蓋其當時의教育上狀態를鑑하야姑其自然의發達에委홈이可홈으로認홈인대爾來時勢의趨向이頓然히向학心의勃興을促하야到處학校의新設을競하야日惟不足의狀을呈하니是固學運隆興의徵象이라洵其可慶이나但其實況을顧하건대其內容이不備하고其組織이不完全하야毫末도教育機關됨의實質을具備치못홈이ㅣ有하고或基礎가鞏固치못하야朝設夕廢하는者ㅣ不尠하며若使此로其自然의推移에放任하면流弊의所及이可測기難홈에至하리니是乃此今에私立학校令이頒布됨所以라雖然이나本令은私立학校를徒爲檢束하라는것이아니오私立學校로完全하게此를發達奬勵하고流弊가生홈을匡하야矯正하야此를撕誘掖하야其本然의目的을達케홈은本令의綱領이니今回에則도頒布한學部令第四號私立學校補助規定及學部令第拾五號公立私立학校認定規程等도實로此趣旨를表現홈者에不外홈이라

要之컨대私立學校는敎育普及이나將又世敎補益으로에資하는바ㅣ多홈故로其存在홈을觀하기不可하거든況敎育에關한國家의施設이尙且未洽한今日에리오雖然이나世界風潮를趨하야濫率히設立을企劃하며又外觀의粉飾만務하고敎育의本旨를沒却하는者는小則人子를賊하고大則國家의進運을阻害홈이有홈으로認하는故로本大臣은徒其校數를多케홈보다寧히壹般內容을完備케홈을切望不已하노니바라건대其地方官의職에在한者는此趣旨를善體하야監督의方法을愆치말기를期홈이可홈

本大臣은玆에私立學校令頒佈의際하야施行上注意할事項壹班을示하노라

壹 私立학校令은私立학校에對한壹般法規되는故로特種의私立학校에關하야別로法令의規定이有한者에就하야는其法令에依홈은固無更論이어니와其法令에規定이無한事項에關하야는總히私立학校令의管轄을受홈이可하니例之컨대私立高等學校가私立普通學校는高等學校令又는普通學校令에依하야可하나該令에規定이無한事項에關하야는私立학校令에依홈이可홈

類ㅣ니地方官은能히此關係를知悉하야執行上에遺漏가無키를期홈이可홈

二 私立學校設立의要項은同令第二條에規定하얏는바就中最重要한事項을擧하면學校의目的、學則及維持方法이니學校의目的은其性質을闡明케홈이오學則中에規定하는修業年限、學科目及其程度並入學資格은其學校의種類及程度를識別하는標準이오又維持方法과財源의有無와其基礎의確否를知得하는資料ㅣ니無非학校設立의要素될만한者ㅣ라且학則에就하야는別로記載例를定하야公示하깃스니此는學校로하야금學則編製에參考에資키爲홈이오반다시此를墨守케하는趣旨는아니니此를誤解가無케홈을要홈 (未完)

▲▲隆熙貳年八月貳拾七日官報

● 法 律

法律第二拾二號

▲東洋拓殖會社法 續

第六章 監督及補助

第三拾三條 政府는東양척殖株式會計의業務를監督홈

第三拾四條 政府는東양척殖株式會社에監理官을置하고日本國政府의任命한監理官과共同하야東양척殖株式會社의業務를監視케홈

監理官은何時든지東양척殖株式會社의金庫와帳簿와諸般의文書物件을檢査홈을得홈

監理官은何時든지東양척殖株式會社에命하야業務에關한諸般計算과及其必要로認하는時는勿論하고監理官은株主總會其他諸般의會議에出席하야意見을陳述홈을得홈

第三拾五條 政府는東洋拓殖株式會社業務에關하야監督上에必要한命令을발홈을得홈

第三拾六條 東洋拓殖株式會社의決議나又는役員의行爲가法令或은定款에違反하거나又는公益을害홀것으로認할때는政府는其決議를取消하거나又는役員을解散홈을得홈東양拓殖株式會社의役員에서監督官廳의命한事項을執行치아니할때亦同홈

第三拾七條 東洋拓殖株式會社는政府에認可를受홈이아니면利益金의措處를홈을不得홈 (未完)

外報

●英皇帝와兩首相 倫敦電을據한즉마리엔파드에서露國外相이쥬오리쓰키와英國皇帝를謁見하얏는대此時에佛國首相이英國皇帝를謁見하얏는대此時의亞弗利加에地中海沿岸에歐洲人의租借權民地를設置함에對하야可否의意見을提出하얏다더라

●兩政府와間島 數日前에支那政府로부터間島問題에關하야彼文의證據書類를送致하얏는대日本政府에서는反對될만한古證據書類를修送하고伊集院公使赴任후期하야談判을開始홀터이라하더라

●桑港市檢事判決 倫敦電을據한즉美國桑港市檢事의提起한標準訴訟에對하야裁判所에서는美國에셔蒙古人의子女가市立學校에入學하는權利가無

하다고判決하얏다더라

●埃及民黨의憲法懇求 伯林電報를據한즉埃及國民黨은國王에게傳奏하야壹般國民을爲하야憲法發布하기를懇求하얏다더라

●米淸同盟鼓吹 東京電을據한즉紐育히랄드新聞은米淸同盟을鼓吹한다더라

文 壇

▲讀史新論 滄海丹生 續

第二章 扶餘王朝와箕子

甚矣哉라我國史家의蔑識이여我國文獻의殘缺홈이雖甚하나檀君嫡統의傳次는扶餘王朝가昭然하니設或當時擧國에有하지는도扶餘가是餘가是며千國億國이有할지라도王族은扶餘가是檀君의正統을受授한者며扶餘는箕子를何의敢히無하니箕子만謳歌하니嗚呼라其蔑識 엇지此에至하뇨

卽所謂族義로勿論에付하고彼作僞者의春秋綱目義理로하야도扶餘王朝를史家는王統으로言하지아니하고南渡한晋이될지어날王氏가正統이되고宋의孫可拾하면魏와蜀의拓跋氏와慕容氏에게正統을與홈이可乎아彼雖가必日箕子는聖人이라七雄에比홈이不可하다하나余가又答曰하노니桀이未死에成湯이雖聖이나亡지아니한武王이雖聖이나殷紂의未滅하기不可하다하니傳統失하엿거든況失德이有한扶餘王朝의正統을엇지나余說과箕子로遞代하야라오正統으로는扶餘가亦提突하다王統의正開하며余說은偏의頑夢

何必伯姓의眞僞를辯하오은奴隸의諂媚에如今에는學界가文明하야國家의盡이有하며王姓의私有物이아니오國의公産됨을發現한故로歷史를著하는者기新羅紀를高麗紀의慣例를法하고國朝로近三劉勢史이冒할만한元祿이龍源에元未가睛氏思議로下紀亂에(?)……

……(未完)

雜報

●兩陛下問安 今日은 太皇帝陛下의 萬壽聖節日인故로 大皇帝 皇后兩陛下께옵셔 德壽宮에 問安ᄒᆞ옵신다ᄂᆞᆫᄃᆡ出宮時刻은上午八時三十分으로還御時刻은下午五時三十分으로定ᄒᆞ고 御路ᄂᆞᆫ前日과如ᄒᆞ다더라

●德壽宮陛見 總理大臣以下各部大臣과各府部次官諸氏가今日 德壽宮에進詣ᄒᆞ야 太皇帝陛下께 陛見ᄒᆞᆫ다ᄂᆞᆫᄃᆡ服裝은大禮服이라더라

●宮內府請議 宮內府에셔內閣에請議ᄒᆞ고 箕子以下麗朝에各 陵寢ᄂᆞᆫ內部에셔句管케ᄒᆞ라ᄒᆞ얏다더라

●祠宇毀撤理由 宗廟닉에在ᄒᆞᆫ七 祠와其他 府君堂의祠宇를皆幷毀撤ᄒᆞ고各 位牌ᄂᆞᆫ埋安ᄒᆞ고 其由祭를設行ᄒᆞ얏다더라

●受賂薦報調査 닉部에셔各道觀察使의薦報ᄒᆞᆫ郡守拾餘窠를修定ᄒᆞ야統監府의同意를請ᄒᆞᆫ지가月餘가되야도越交치아니ᄒᆞᆫ다ᄂᆞᆫᄃᆡ其理由인즉某々觀察使의薦報件의對ᄒᆞ야受賂ᄒᆞ얏다ᄂᆞᆫ風聞이浪藉ᄒᆞᆷ으로此를調査ᄒᆞᆫ後의야頒布ᄒᆞ라고尙今ᄭᆞ지延拖ᄒᆞ야된다ᄂᆞᆫ說이有ᄒᆞ더라

●農相과總代 日昨大同體育部에셔總代를派送ᄒᆞ야各部大臣의게贊成員請帖을傳致ᄒᆞᄂᆞᆫᄃᆡ農相趙重應氏의게總代某氏가往見ᄒᆞ고請帖을傳致ᄒᆞᆫ즉趙氏가該請帖을投地ᄒᆞ고不見曰體育部가何等名目이냐ᄒᆞ고拂衣而去ᄒᆞ매該總代某氏가未及質問而去ᄒᆞ얏다더라

●中樞院議長入城 中樞院議長金允植氏가昨日上午六時半에南大門外停車場에到着ᄒᆞᄂᆞᆫᄃᆡ政府官吏가一齊히出往迎接ᄒᆞ얏다더라

●羅州郡守薦報 光州觀察使申應熙氏가前郡守金星圭氏로羅州郡守를叙任ᄒᆞ라고薦報ᄒᆞ얏다더라

●明月夜宴 再昨日下午七時에內部奏任官以下諸氏가襄陽郡守崔鍾洛氏를餞別ᄒᆞ기爲ᄒᆞ야明月館에盛大ᄒᆞᆫ宴會를開設ᄒᆞ고該氏를請邀宴待ᄒᆞ얏다더라

●李氏入城 農商工部書記官李문夏氏가平壤郡에出張ᄒᆞ야該郡商工業을觀察ᄒᆞ고再昨日에入城ᄒᆞ얏다더라

●大韓協會評議 再昨日午後七時에大韓協會評議會에셔摠務尹孝定氏의提出ᄒᆞᆫ議案槪意를得聞ᄒᆞᆫ즉去貳拾六日에 裁可頒布된東洋拓殖會社法은我國民生活上에利害關係가有ᄒᆞᆫ즉本會에셔此를硏究ᄒᆞ기可ᄒᆞᆫ時代라ᄒᆞ고硏究委員二人을選定ᄒᆞ야該會社法을逐條解釋ᄒᆞ야一般國民의疑惑과來問者가有ᄒᆞᆫ時ᄂᆞᆫ開喩ᄒᆞ며或은該法條文中에難解ᄒᆞᆫ處가有ᄒᆞᆫ時ᄂᆞᆫ當局者의게此를質問ᄒᆞ야本會綱領第二項을實行ᄒᆞ기로計圖ᄒᆞᄂᆞᆫ事라더라

●衛生費徵收協議 前報와如히漢城衛生會評議員諸氏와其他日外國高等官吏가昨日上午十時에內部에會同ᄒᆞ야衛生會費用의徵收件을協議ᄒᆞ얏다ᄂᆞᆫᄃᆡ人民에게相當ᄒᆞᆫ金額을收合ᄒᆞᆯ事ᄂᆞᆫ漢城府尹이擔務ᄒᆞ엿다더라

●穢物積置의懲罰 中部警察署에셔ᄂᆞᆫ今明兩日間管內各就監을陞署ᄒᆞ고壹切招集ᄒᆞ야淸潔ᄒᆞ게ᄒᆞ라고申飭ᄒᆞ되若使人民으로違反不從ᄒᆞ고汚穢物을積貯留ᄒᆞᄂᆞᆫ者가有ᄒᆞ면五圓以上의罰金과拾日以下의拘禁을施行ᄒᆞ기로預定ᄒᆞ얏다더라

●漢城府尹恤民 漢江里火災ᄂᆞᆫ本報에屢揭ᄒᆞ엿거니와漢城府尹張憲植氏가前往該里ᄒᆞ야回祿餘에栖屑ᄒᆞᆫ拾二戶의可矜ᄒᆞᆫ情狀을撫恤ᄒᆞ고동民을招請ᄒᆞ야居在里閈에患難相救의義로隨力補恤ᄒᆞ야各復安堵케ᄒᆞ라고演說勸喩ᄒᆞᆫ後에被燒ᄒᆞᆫ拾貳戶를每戶에金壹圓式을分給ᄒᆞ엿다더라

●內部員役恩賜 內部에셔服役ᄒᆞ던房直及使令輩의減額ᄒᆞᆫ 恩賜金을支給ᄒᆞ기로磨鍊ᄒᆞ얏ᄂᆞᆫᄃᆡ日間壹々히頒給ᄒᆞᆫ다더라

●平壤倅善政 平壤郡守梁柱謙氏가莅任以後에政治가善良ᄒᆞ고熱心敎育ᄒᆞ며且外人交涉에嫻熟ᄒᆞ야壹境이安堵ᄒᆞ다고西來人의稱頌이有ᄒᆞ다더라

●湖南學校觀察 湖南學會에셔總代壹人을派送ᄒᆞ야全羅南北道學校를壹々히觀察ᄒᆞᆫ다더라

●宣敎師會同 韓國各地方에住在ᄒᆞᆫ宣敎師가壹齊히京城으로會同ᄒᆞ야英美兩國聖書公會合同ᄒᆞᆫ事件을協議ᄒᆞᆫ다더라

●車夫의斷髮反對 近日에各警察署에셔管內人力車夫도斷髮營業케ᄒᆞᆫ다ᄂᆞᆫ說은前報에已揭ᄒᆞ엿거니와中部廟洞居ᄒᆞᄂᆞᆫ該營業者中梁潤金敬春趙德寧等이渠黨에게發通ᄒᆞ되營業은寧廢언뎡莫重ᄒᆞᆫ父母의遺髮을爲敢毀傷이리오ᄒᆞ고極力反對ᄒᆞᆷ으로中部警察署에셔該一人等을捉致嚴飭ᄒᆞ야不日斷髮ᄒᆞ라ᄒᆞ얏다더라

●役夫墜傷 本月四日午前九時頃에南大門內倉洞等地에居留ᄒᆞᄂᆞᆫ淸國人雜貨商周常賀가一層洋屋을建築ᄒᆞᄂᆞᆫᄃᆡ役夫李聖七等四名이甁瓦를擔以登高ᄒᆞᆯ際에橫양ᄒᆞ얏던數板이猝然挫折ᄒᆞᆷ으로該役夫四名이抱瓦墜落ᄒᆞ야全體가重傷ᄒᆞ야死境에至ᄒᆞ얏ᄂᆞᆫᄃᆡ該監督日人金子友次郞家로昇送ᄒᆞ야現今治療中이라더라

●洪夫人의下從 西部館井洞居商民金淳영氏의次子가屢朔呻吟ᄒᆞ다가本月六日에竟爲身死ᄒᆞ얏ᄂᆞᆫᄃᆡ其夫人洪氏가年今十八歲이라哀懷를不勝ᄒᆞ야鴉烟을暗呑ᄒᆞ고卽地下從ᄒᆞ얏다더라

●果川郡의義兵 數日前에多數ᄒᆞᆫ義兵이果川郡境內에逗遛ᄒᆞᄂᆞᆫᄃᆡ該郡邑底를擊破ᄒᆞᆫ다고聲言ᄒᆞᄂᆞᆫ故로該邑底에住在ᄒᆞᆫ日兵과巡査ᄂᆞᆫ擧皆水原郡으로預先避身ᄒᆞ얏다더라

●干義被捉 高陽等地에셔義兵의干連者拾三人이日司令部에被囚되얏더니再昨日에無事放送이되얏다더라

●何事反目 再昨日午後二時頃에南部美동居ᄒᆞᄂᆞᆫ酒商채致玉이가渠妻徐姓女를無端毆打ᄒᆞ야傷處가多有ᄒᆞᆷ으로該學內巡査가채某를警察署로押付ᄒᆞ야嚴諭放送ᄒᆞ고醫師를請邀ᄒᆞ야診療케ᄒᆞ얏다더라

●女人酗酒被捉 日前에仁王山關建春門外居ᄒᆞᄂᆞᆫ王召史가年今三拾餘歲인ᄃᆡ酗酒泥醉ᄒᆞ야南部美洞某地를過去ᄒᆞᆯ際에夫客來人을挽執行酗ᄒᆞᆫ故로銅峴警察分署巡査가該署로押致ᄒᆞ얏다가酒醒後에嚴諭放送ᄒᆞ얏다더라

●日江藤被捉 北部齊洞居ᄒᆞᄂᆞᆫ李致和씨ᄂᆞᆫ年今十六歲인ᄃᆡ南部小公洞居留ᄒᆞᄂᆞᆫ日人江藤德衛와有何疑嫌이던지日昨에公동洞地에셔互相逢着ᄒᆞ야日人이李씨를毆打ᄒᆞ고所着笠子를裂破ᄒᆞᆫ故로銅峴警察署에셔該日人을捉囚ᄒᆞ고李씨의笠子를相當ᄒᆞᆫ代金으로徵給ᄒᆞ라ᄒᆞ얏다더라

●禁酒會組織 黃海道信川郡金奉瀾郭仁浩氏等數拾人은本來酒肆靑樓에從事ᄒᆞ더니陰七月二拾八日夜에姜恩豐氏家에會集ᄒᆞ야自今爲始ᄒᆞ야ᄂᆞᆫ酒色에誤人ᄒᆞᆷ을壹切禁止ᄒᆞ자ᄒᆞ고當夜에禁酒會를組織ᄒᆞ얏다더라

●頑固父母 平安南道价川郡內南面下端居金承鎬시ᄂᆞᆫ年今拾四歲인ᄃᆡ順川郡米峴義英학校에入學ᄒᆞ기爲ᄒᆞ야其髮을自斷ᄒᆞ얏더니該시의父母가頑習이痼結ᄒᆞ야卽爲逐出ᄒᆞ얏ᄂᆞᆫᄃᆡ方今道路에彷徨ᄒᆞᄂᆞᆫ情狀은目不忍見이라더라

●中東測量開學 中東학校에셔第二回測量課를設立ᄒᆞ고學員을募集ᄒᆞ야本月拾貳日의開學ᄒᆞᆫᄃᆡ志願者가답至ᄒᆞᆫ다더라

●成德諸氏設校 恩津郡成德里에셔有志人士들이靑年子弟를敎育ᄒᆞ기爲ᄒᆞ야各其義捐을募集ᄒᆞ야학校를設立ᄒᆞᆫᄃᆡ羅斗學씨ᄂᆞᆫ自己家舍를校舍로許借ᄒᆞ고鄭惠傅씨ᄂᆞᆫ名譽敎授ᄒᆞᆫ다더라

●九龍設校 安山郡九龍洞은前判官容鎭씨의梂鄕이라該洞民志暗昧ᄒᆞᆷ을慨歎ᄒᆞ야該洞某々諸시로爛商協議ᄒᆞ고財政을鳩聚ᄒᆞ야私立小학校를建築ᄒᆞ고靑年子弟를敎育ᄒᆞᆫ다더라

●校長과校生 永興郡洪明학校ᄂᆞᆫ校長金正奎시의熱心으로日屢展進ᄒᆞᆫ바越又普成학校校長李鍾浩시가敎科書二拾帙을寄付奬勵ᄒᆞᆷ으로該郡시의熱誠을無不感賀ᄒᆞᆫ다더라

●僧校廢止 有志僧侶洪月初李寶潭諸씨가屢年衰敗ᄒᆞᆫ佛敎를興旺키爲ᄒᆞ야佛敎硏究會와明進학校를創設ᄒᆞ야三千餘名僧侶를團合ᄒᆞ고靑年僧六十餘名을募集ᄒᆞ야新학文을敎育ᄒᆞ더니各寺의頑固輩가反對ᄒᆞᆷ을因ᄒᆞ야該校가廢止之境이되얏다더라

●南浦維新 三和港有志夫人諸시가女子敎育을普及ᄒᆞ기爲ᄒᆞ야維新夫人會를組織ᄒᆞ고本月三日에開會式을擧行ᄒᆞ얏ᄂᆞᆫᄃᆡ夫人의出席이五拾人以上에達ᄒᆞ고有志紳士들도此會를協贊ᄒᆞᆫ다더라

●長淵郡小校設立 長淵郡薪南面居金商彦金應規諸시가該面內에小학校를設立ᄒᆞ기로協議ᄒᆞ야校舍를壹層修理ᄒᆞ고經費를自擔ᄒᆞ야校니에晝夜學課를幷設ᄒᆞ고熱心出力ᄒᆞᆷ으로不過壹朔에晝學生이七拾餘名이오夜학生이三拾餘名에達ᄒᆞ얏다ᄒᆞ고該郡人民이莫不稱頌ᄒᆞᆫ다더라

◉成荷義捐

忠南保寧郡靑三田面貞洞具然梧氏가金二拾四錢을本社에寄附ᄒᆞ얏기玆에感謝를表ᄒᆞ노라

◉慶節休報

本日은韓國 太皇帝陛下 萬壽聖節日인故로慶祝ᄒᆞ기爲ᄒᆞ야壹日休刊ᄒᆞᆷ

八隊病身

▲獨門에빗겨셔々照心鏡을놉히들고在人을點考ᄒᆞ니耳目口鼻完全ᄒᆞ고身體健壯ᄒᆞᆫ身이라各自分類ᄒᆞ고보니八大隊가完然일세

▲第壹隊를點考ᄒᆞ니名官吏가完然ᄒᆞ다治民之術全昧ᄒᆞ고用人之道不公ᄒᆞ야權利高下是爭ᄒᆞ고各自樹黨奔忙ᄒᆞ니權利病이이아닌가

▲第貳隊를點考ᄒᆞ니求仕客이完然ᄒᆞ다某々大臣紹介ᄒᆞ야甘言利說阿諛ᄒᆞ고健步完鞋待令ᄒᆞᆷ제獲益餘照或望ᄒᆞ니仕宦病이이아닌가

▲第三隊를點考ᄒᆞ니財政家가完然ᄒᆞ다本非我有ᄒᆞᆫ財物을億千萬年살줄알고壹分錢에戰慄ᄒᆞ야公共利益不知ᄒᆞ니錢財病이이아닌가

▲第四隊를點考ᄒᆞ니假志士가完然ᄒᆞ다水湧山出口辯은上壇時에心熱터니下壇時에血凉이라滿腹經綸釣譽ᄒᆞ니名譽病이이아닌가

▲第五隊를點考ᄒᆞ니老宰相이完然ᄒᆞ다國家生靈安與危ᄂᆞᆫ天數時運歸ᄒᆞ고飽食暖衣逸居ᄒᆞ야澎漲高腹撫臥ᄒᆞ니膏粱病이이아닌가

▲第六隊를點考ᄒᆞ니山林學者가完然ᄒᆞ다新학問을排斥ᄒᆞ고永曆年號崇拜ᄒᆞ야祖國貳字不知ᄒᆞ고大明義理固守ᄒᆞ니義理病이이아닌가

▲第七隊를點考ᄒᆞ니各生徒가完然ᄒᆞ다實地學問硏究업고空自優遊浪度라가卒業期限臨迫ᄒᆞ면壹幅證書奔競ᄒᆞ니卒業病이이아닌가

▲第八隊를點考ᄒᆞ니家庭婦女가完然ᄒᆞ다七去之惡俱備ᄒᆞ고三從之道全昧ᄒᆞ야月下逢짝桑中約은愈往愈甚成風ᄒᆞ니淫濁病이이아닌가

社告

特別 謹告各支社員

各支社에對ᄒᆞ야本社規則을違反ᄒᆞᆫ代金與廣告費을累月積滯ᄒᆞᆫ處가種々有之이온바本社에셔ᄂᆞᆫ決코規則을實施치아니치못ᄒᆞᆯ지니代金을多數積滯ᄒᆞᆫ支社員은深諒ᄒᆞ시와未納金을斯速淸送ᄒᆞ시옴

前主事尹鼎賢之賢字以三字改定知舊間照諒爲要

木浦南橋洞水門甬　尹鼎二　告白

本人이與名不知김姓으로暫有壹面之分ᄒᆞ와로써김姓이在泥峴日人家ᄒᆞ야出納日人之日收月收云故로以營業次로債與貳千兩ᄒᆞ라ᄒᆞ옵고手標를捺章立保ᄒᆞ라ᄒᆞ기手標의捺章立保ᄒᆞ야給矣러니先取去七拾兩頭邊ᄒᆞ고不知去處이오니無論내外國人ᄒᆞ고以김元基圖章과保人梁聖元標ᄒᆞ고는切勿債給事

中部泥洞三十拾三統一戶居　김元基　告白

社告

大韓每日申報社

廣告

本校에셔第二回測量速成課를新設ᄒᆞ오니願學僉員은本月卄貳日陰八月拾七日內로請願書紙는本校에請求ᄒᆞᆷ

卒業期限四個月

試驗科目　四則以上

作文은　國漢文

試驗日本月拾貳日上午九時

上學은下午六時半至七時半

典洞私立中東學校

●特別廣告

本塾에셔測量特別速成科를設施ᄒᆞ오니願學僉員은陰八月二拾日內로速々來議ᄒᆞᆷ 科程과上학時間은本塾에來問ᄒᆞ시고請願紙를請求ᄒᆞᆷ

大安洞普德語學校內　測量安興義塾　告白

●學徒募集廣告

本校에셔聰俊敎授ᄒᆞ기爲ᄒᆞ야학徒를募集ᄒᆞ오니子弟를入학코져ᄒᆞ시는僉君子는來議ᄒᆞ심을望홈

年齡은八歲以上拾六歲以下

開學은九月拾五日〔陰八月二拾日〕

課程은普通科

隆熙二年九月六日

位置는東大門內前東學舍

私立東彰學校校長權輔相　校監李圭植　學監朴용源　告白

東萊南上面私立東明학校를學部의承認ᄒᆞᆫ지于玆兩載의緣於局勢비貧ᄒᆞ야尙未成樣터니何幸本府尹鄭致愈씨가躬勤屢枉의熱心贊役ᄒᆞ야期圖實效이시오나役縮財拙ᄒᆞ야興工七八朔의竟至中途之歎이러니本面西三里居有志士李鍾雨氏가觀此局狀ᄒᆞ고慨然熱憤ᄒᆞ야以不贍資産으로自已所農畓拾斗地를執ᄒᆞ고百圓金額을推義出捐ᄒᆞ야役費의貸補ᄒᆞ오니古人의調成美因人이今日之謂歟저茲에諸任員과下匠役夫가諸씨의義務熱心을感激ᄒᆞ야玆의公布홈

本校任員　姜우奎　徐潤洪　告白

鍾路米廛崔二甫許陰八月拾日貰冊西厲兩於音壹片셔失故玆以廣告誰某拾得休紙施行

崔承烈　告白

本人의姓名圖章과李相岳處壹百二千圓標를陰七月晦日夜의竊盜의게見失ᄒᆞ얏스오니內外國人은照亮홈

大邱河西面坡括朴魯堯　告白

測量科學員募集 廣告

南門내倉洞靑年학院내에測量科를設ᄒᆞ오니願학僉員은今月十二日陰拾七日내로請願홈

但請願紙는本院에來購홈

算術不足ᄒᆞᆫ人은當個月專門敎授後의測量科를敎授홈

試驗은今月十二日下午五時

試驗科目은算術四則以니

卒業期限은三個月

昌明測量학校　告白

東大門外元興寺內에佛敎宗務院과明進學校를設立ᄒᆞ고僧侶를敎育ᄒᆞ는데某大臣의家人이라稱ᄒᆞ고家屋間數를調査持去ᄒᆞ니內容은未詳이나此家屋은宗務院에緊切ᄒᆞᆫ關係가有ᄒᆞᆫ즉或公有物노誤解ᄒᆞ야窃劵을圖得ᄒᆞ야渡賣ᄒᆞ는境遇라도內外國人은切勿見期홈

宗務院事務所　告白

南署內氷庫가原來時習에附革치못ᄒᆞ얏더니러艱屢所致로以ᄒᆞ야處々학校星羅碁置이되야無設校之生意터니何幸黃橋李判書載克氏의학界上勤勉注意ᄒᆞ야此亭子를許給ᄒᆞ여爲先校舍를建築케ᄒᆞ다ᄒᆞ니非徒本洞之欣賀이라付近地에도稱賀가藉々ᄒᆞ기로玆에廣告홈

金濟豊　告白

本人等이同志同力ᄒᆞᆫ七人으로더부러資本을醵集ᄒᆞ고客主營業을關設ᄒᆞ오니商業ᄒᆞ시는四方僉君子는惠顧ᄒᆞ심을爲要홈 開設은本邑四里李悌璜家로定홈

黃海道信川邑李悌왕　李元敬　李源國　告白

測量械機大放賣 廣告

拜啓敬頌

僉候大安 弊店은僉君子의愛顧를蒙ᄒᆞ야營業이進就漸々進就되오나感謝萬々ᄒᆞ옵니다就弊店의셔販賣ᄒᆞ는測量機械今年은需用이夥多ᄒᆞᆫ故로僉君子ᄒᆞ야便宜를圖ᄒᆞ기爲ᄒᆞ야特別히工場을建設ᄒᆞ고練熟ᄒᆞᆫ工匠을雇傭ᄒᆞ야器械製造에拾分注意監督ᄒᆞ야多數히製造ᄒᆞ야特別히廉價로供給ᄒᆞ오며僉君子購買後에器械의缺点이有ᄒᆞ오면好品과即時換呈ᄒᆞ오며又使用後라도損傷이有ᄒᆞ오면特別廉價로迅速히修繕ᄒᆞ야첨君子에厚意를報答ᄒᆞ려ᄒᆞ오니不拘多少ᄒᆞ고陸續購求ᄒᆞ심을伏望

再 학校나或社會의셔壹時의多數히請求ᄒᆞ시면日本의注文價格보다運賃及海關稅의差이無ᄒᆞ옵고器械도破損ᄒᆞᆯ念慮가無ᄒᆞ오며又壹々히品好ᄒᆞᆫ것을擇ᄒᆞ는便利도有ᄒᆞ옵니다

歐米製及日本製上等器械平及測量器를多數히販賣ᄒᆞ오니定價表를請求ᄒᆞ시면即時送呈ᄒᆞ옵니다

京城長洞郵便局前

篠崎測量器械店

시노사기「電話六四八番」

本人의歷代先塋이始興郡東面鳳川里에在ᄒᆞ더니宗人云善을入居築幕이러니云善이가假稱宗孫ᄒᆞ고本人의山麓을暗賣코져ᄒᆞ니內外國人은勿爲見欺홈

仁川黃等川面佳漁里李裕信　白

▲特別廣告

本校에셔학員을增募ᄒᆞ오니左開의合格으로入학을請願코져ᄒᆞ시는靑年은今拾貳日內本事務에來議홈

但請願式은口頭成文의區別이無홈

壹 父母가有ᄒᆞᆫ者는貳拾歲以上의普通학識이無ᄒᆞᆫ者

壹 床奴及雇傭等으로他人家에寄男된者는拾四歲로三拾五歲까지

壹 試驗日字는今拾三日(陰拾七日)

壹 試目은　漢文　國文　算術　加減乘

敎化門前前國民敎育會所管 國民夜學校 告白

公衆藥令은九月拾五日노開市ᄒᆞ오니京鄕僉君子는居期來臨ᄒᆞ심을望홈

林承根　김元壹　김聖老

本所에셔國債報償志願金據額을整理ᄒᆞ기爲ᄒᆞ야財務監督은金允五俞麟兩氏로會計는鄭東說鄭志永兩氏로選定ᄒᆞ야本所金額을所長과合同保管케ᄒᆞ얏사오니玆에廣布ᄒᆞ오니京鄕同胞는照亮ᄒᆞ시옴

國債報償志願金總合所　評議會一同

◉學員募集

本學堂에셔本月拾五日에開學ᄒᆞ고첫학기을務望ᄒᆞ오며舊학員은壹齊上학ᄒᆞ시되(但前期試驗에有故不參人은聽試後上학케ᄒᆞᆷ)本月拾二、拾四日에新학員을募集ᄒᆞ오니願학人은屆期來議ᄒᆞ시옴

年齡은拾六歲以上

敎授科目

聖經 新約 舊約　**文** 學 讀本 書札 文法 寫字

數 學 算術 代數　作文 會話　**歷史** 萬國

地誌 萬國　**科學** 物理 化학 經濟 生理 衛生

圖畫 用器 自在　簿記　以上諸科는純

英文으로敎授홈

語學 日語　**體** 操 啞鈴 普通 機械 兵式

培材學堂　告白

◉千金保化丹

主治積滯吐瀉霍亂의第壹要藥也

本舖　在江華郡내養與당

出張人　海州　劉應셩

京城磚洞　方永植

大邱　崔實琪

平壤　朴承奐

發起人　김完植　白

訴訟에對ᄒᆞ야疑惑未決者의게其勝負의可否를詳細說明이옵고鑑定料는事之貴賤과債之多少를隨ᄒᆞ야臨時酌定ᄒᆞ되大槪如左홈

鑑定料는五圓以下로ᄒᆞ되貧窮者의게는無料도홈

京城南部苧洞六拾四統貳戶

東洋大學前講師　日本法律學士　辯護士

木尾虎之助

◉學員募集廣告

大學科四年　聖經　古今文選　英美史　敎會史　高等生理　高等博物　高等物理　高等化학　天文　地理　經濟　法학　心理論理　聖理　敎育法　高等代數幾何　三角測量　音樂　圖畫　英語作文

中학科三年　聖經　四書　東西양歷史　萬國地誌　地文학　中等生理　中等物理　中等化학　國家학　簿記　敎育史　作文　分數至幾何初等　圖畫　音樂　英語　體操

大학科試驗　純漢文讀書　作文　數학　初等代數

中학科試驗　國漢文讀書　作文　내外地誌歷史　算術　四則以내

但中학科卒業生大학科免試　高等小학卒業生中학科免試

願학僉員試驗日내請願提呈后

規則은持去事

試驗日字九月十二日　拾四日

上午九時　陰十七日

京城東부　**蓮洞私立儆新學校**

本書館의開設ᄒᆞ지未過壹年에壹般同胞게셔愛助ᄒᆞ시와營業이興旺之故로本館의壹層擴張ᄒᆞ고各種新舊書籍與敎育物品을多數準備ᄒᆞ야特別廉價로大賣ᄒᆞ오니四方僉君子는陸續來臨ᄒᆞ심을爲要홈

釜山港東關韓興書館

金汝重　權鍾律

本社가京城大寺洞二十八統一戶로移住ᄒᆞ얏스니本月報支社外購覽諸氏는照亮ᄒᆞ시옴

敎育月報社　白

의취博十洪석厚　韋顧方州

製藥鑑査人　박滋惠　李觀化

定價金拾錢

廣告

營業勸勉廣告

漢城鍾路 慈惠大藥房에서 內地各處에有病한兄弟를救濟할目的과生涯無한兄弟를賣藥資生케할目的과資本이有한兄弟로永久한大藥商을成立케할目的으로本人이多年千辛萬苦하야歐美各國製藥中有效한名藥數百種을학得한中에서五拾餘藥方을精擇하야前의학校長勳五等池서永시의게有效證明을受하고의학博士洪서厚洪鍾殷兩시의게實驗方劑書를受하고全國十三道內都會處에製藥營業코자하시는兄弟의請願하시는대로藥方文을許與하야各々自己가製造발賣도하고或各其所親되로支店도니게하려하는데效力이無하고名譽가無한藥品은放賣가極難할뿐더러許多한廣告費와許多한藥材를廣費한後에야始발賣하기를試驗할것이니不必費財費力이타商号와商票는京城鍾路慈惠藥房에서借與할것이오新聞에製藥人姓名을廣告하야주고藥品外封皮와內封皮는慈惠약房附屬活版所에서印刷하야주고製藥乾材또小包郵遞로鱗次발送할터이니誰某시던지製藥生涯코자하시는이는製藥資本金만準備한後에請願하시면然한時는慈惠藥房製藥員壹人을派送하야諸般製藥法을敎授하오리니東西洋勿論하고賣藥商規에誰某던지製藥하는商号와藥名을偽造치못하며奪取치도못하니誰某시던지慈惠藥房藥方文壹張을他人보다몬저請願하여가시고永久한營業을創設하시오

漢城鍾路慈惠醫院主 李觀化 告白

●賣藥方法

五拾餘處製藥所가拾三道니都會處에散在分賣할거시니誰某던지壹種藥을지어가지고該地方에만信用發賣할뿐아니라該地方附近所親대로支店도니고또拾三道니五拾餘處製藥所에조곰식小包郵便으로分送하면其약을受한兄弟는其략에代금을自己가製造한藥으로換送할거시니各其壹種藥을製造하야가지고五拾種藥을換賣하게되니엇지生涯가豊足지아니하리오 假量晉州製藥所에서拾져밧는藥을咸興製藥所에서都賣價値로五錢을주고사다가都賣금으로五錢을밧고보면來往郵稅는損害가된다하되自己가製造한약의已往利益이남앗스니郵稅를무러도無害하고또五拾種藥을都賣金으로사다가散賣하고본즉正當한利益이又有하니製藥한兄弟의利益이完全할거시오또五拾餘處製藥所가合하야壹慈惠藥房이되면外國藥貿來하는더나賣藥하는더나製藥하는대壹大便益이有할거시라또製藥兄弟中에製造藥이不賣하는時에는五拾餘處製藥所에서互相合力分賣하면賣藥商利益이均壹할거시나만일藥方文을持去하고熱心으로製造成業지못하거나或慈惠藥房商号와藥名을變造하는境遇에는相當한約定이有하니約定은面對하야約定도하고書信으로도約定하시오

大韓帝國新發明特効靈藥 八寶丹

●承寧府典醫正三品洪哲補閣下實驗處方
●陸軍軍醫學校敎官張基茂君有效證明

九拾五粒入 金拾錢

主治効能

○胃痛惡心○食慾欠乏○頑痰固飲○新久積滯○中暑中寒○溢飲傷食○酒毒鬱膈○泄瀉下痢○頭痛眩暈○水土不服○霍亂吐瀉○船車醉

陸軍貳等軍醫 許均實驗處方
陸軍貳等軍醫 朴晬建君有效證明

補陰補陽 滋陽丸 (자양환)

卅日分金五圜 廿日分金三圜四拾錢 拾日分金壹圜八十錢

主治

○房事不容○腎虛腰痛○病後氣端○腎氣不足○陽痿不起○遺精多夢○陰虛火動○房事後惱困○手足厥冷○形容蒼白○吸烟斷烟客間○體質虛弱消瘦

婦人良藥 胎養調經丸 (부인양약 태양됴경환)

壹劑 金五圜

主治說明

婦人이孕胎를지못하온것病積病과月經不調로因함이니此藥을服用하시면婦人腹中에有한諸病은壹切退去하고自然孕胎하오니速臨買去하시옵

瘡病 靈藥 ▲사향소창단 ▲麝香消瘡丹

此丹이於諸창에無論男女老少하고若服壹劑하면奇有神效하야百발百中하오니比於方可及이라若論主治則楊梅下疳連珠瘰癧頭창諸症에俱見立效하오니樂病하신君子는壹次試驗하시

京城鍾路 和平堂 白

▲發賣所

南署苧洞 李永洙藥局
仝 南門니博文書館 盧益亨
仝 泥口니水橋 濟生支店
仝 鐵物橋毛衣房 李洛瑞
仝 小廣橋毛衣房 相信號 李厚根
仝 駱進동上隅 三可病院
仝 大寺동 共濟病院
仝 會동 韓昌泰
仁川港니동瞯豊旅館 金暉寬
仝 杏峴니동 李昇範
江華鍾路 金永源
開城남문니明新册々 宋顯五店
水原남문니 朴圭植商店
海州남문니 리景鍚
延安읍니 김재九약舖
開城남문니 리寧緝商店
平壤남문니 邊汝文洋藥局
仝 砂里院耶蘇敎당 리在淳
黃州남문니紅문동 리東赫
平壤章臺峴耶蘇敎堂니 金灣柱
仝 法首橋乾材局 金啓元
仝 大興部壹里 崔熙化
仝 館前 김龍業藥舖
仝 文武洞 桂澤善약포
鎭남浦渠동 金元성藥至
鎭남浦碑石洞册々 吳承昌
仝 재生당出張 張興談
羣산港蕭醫洞 金斗鉉
仝 大井동 리春善약房
禮산읍리 리京赫
大邱남문니 리明直약局
元山港 남甲元약局
仝 재生堂支局 朴齊淑
尙州읍니 박敎心약局
김泉場 鄭聖瑞약局
釜山港재生당出張 朴昌鎔
安州성니義井동 回春大약房
安岳邑上場제生局 林慶柱
義州남문외木口街 義和약房
載寧읍後동洋약局 崔允涵
定州남문니洋약局 리健柱
郭山읍洋약局 羅應彬
宣川읍冊사 安○金
鐵山읍永春堂 安瀕
咸從郡耶蘇敎堂 張炳堂
仁川港杏峴
京城鍾路 和平堂 白

●大韓新發明靈藥廣告

陸軍軍醫張基茂君實驗方劑 陸軍軍醫張基茂君有效證明
四海衛生之諸君子常備之靈藥

消化新藥 淸心保命丹

九十粒入金拾錢

發行所 仁川港杏峴 濟生堂藥房

●右四種약은各地方이라도請求하시면우편으로부치는슈도잇소

製약所 仁川港杏峴和平堂藥房 李鼎善
發行人 仝
京城鍾路衣廛下和平堂支店 李聖儀
水原北門內鍾路洞仝支店 李鍾儀
代理店 仁川港杏峴濟生堂약房
京城大廣橋共愛堂약房同商
문니水橋大東市支店 金泰鉉

●主治効能은如左
●石鬱의吐瀉 ●水土不服 ●旨飮嘔歟 ●吐瀉醉 ●中暑中寒 ●積滯腹痛 ●咽喉 ●口氣悪鬼 ●食積傷 ●瘟疫 ●預防妙약 ●其他諸般氣鳳

總發行所 京城南大門內 濟生당支店 李慶厚
●西小門外 濟生당支店 具又賢
●元山港南石院 濟生당支店 박敬緒

代理店 京城大廣橋 共愛堂
●京 泥峴三丁目 仝 鍾路慈惠약房
仝 郵便局前天佑堂약房 新井약店
仝 남大門니博文書館 盧益亨
仝 梨峴洋약局 리信華
仝 大安洞 仁제약房
仝 壽동三可病院 朴喜遠
仝 仁川杏峴和平당 리應夢
仁川本町 新井藥房
海州남문니 宋在瑛
仝 仝商店 리奉韻
水原종路下약房 金재九
延安邑니洋약房 邊汝文
江華종路店 尹斗鉉
●延安남門니 權賦淳
砂里院耶蘇敎堂니客主 任中
仝 耶蘇敎堂니 리載善
●載寧邑니 許완
汗浦驛東美遠送部 김奉圭
黃州남문니紅문동 리東혁
安岳邑上場里제生局 林慶석
●載寧邑後동洋藥局 崔允涵
●海州南良西早遞 김鐵和
●信川邑四里洋약局 김永稙
●連邑東里冊賣文興冠 尹寅혁
●平壤里문동出賣人 韓鳳儀
仝 雙五里제生局 金龍奐
仝 館前衛生의院
仝 文武동제生局 桂澤寬
仝 大興部壹里藥局 崔顯化
●鎭남浦渠동冊사 김元燮
仝 后浦本堂出賣人 吳南驗
●安州성니義井동 回春大약房
●信川邑美동商店 朴芝行
●定州남문니洋藥局 리健柱

社告

○申報價

壹張代金 新貨二錢五厘
壹個月前納 三十錢
參個月 九拾錢
陸個月 一圜七十錢
壹個年 三圜四十錢
郵稅一張 新貨五厘
壹個月 十三錢

○廣告料

四号活字拾三字詰
每日壹寸(英尺)에 新貨卅五錢
二週日壹寸에 二圜五拾錢
壹箇月壹寸에 五圜
(自壹行至四行이爲壹寸)
其期限의長短과字行의多寡를依하야增減함이有함

●大韓每日申報分館及支社廣告

中署布屛下 安○國 冊々
平壤鍾路太極書館 李東皓
仁川杏峴開新冊々 徐錫鎬
義州南門外東西大藥房
釜山港佐川약局 金元燮
三和港兩동 曾喜林
咸興郡信社前門外
原城남大門內興學書舖 姜助遠
大邱西門外友弦書樓側 李正由
載寧邑濟衆院 劉學澤
鐵山邑東路 安瀕
元山倉前 劉七錫

●郭山邑大街紹사 김大鉉
●宣川邑니冊々 安濬
●鐵山읍니永春堂 安瀕
●義州남문外水口街 崔鳳浩
●平壤邑官洋약局 리丙斗
●群山港開福동 김斗鉉
●大邱남門니酬遠洞 김成浩
●釜山港東館本町商店 리炳昱
●北靑新昌港客主 朴勳勳
●木浦各國居留地松房 徐岐
●全國니各약店마다隨聽販賣
仁川港杏峴 京성남大문니 濟生堂 白

海州읍니 朴昌鎬
定州南門內書舖 崔成時
昌城郡校洞 許웅
郭山郵岩 李銀瑞
安岳細동坊成洞 鄭○善
博川 李鍾政
安州城內義井洞 金應河
鐵原郡來동 趙李大
高原邑 朴○吉
井邑邑內 李○鉉
泰仁邑內 金禹炳
京城線橋驛 李○秀
長湍邑北門內 嚴載洙
殷栗邑倉前里 金奉룸
群山港東彰社 宋仁嚴
錦川樓前 鄭南保
朔州邑남門니 朱伯英
泰川邑館前洋약局 李○華
永興南山書舖 梁鳳錫
江華邑川橋 金○식
淸州남門外 宋斗仁
寧邊邑客舍里 趙炳俊家明濟世
金溝水流面豆亭 趙○三
信川邑六里 丁一○
江西邑內 金○煥
成川郡上部面 馬○三
興德邑○○谷 姜大榮
龍川郡南面楊峴海東書會 金贊圭
成從郡○○堂 張炳堂
平남成川○○ 鄭○○
龍川郡○驛 ○○○
龍岡郡○○敎堂門 朴鍾은
東萊府 金明○
結城郡川○洞 李啓祚
○○○郡○川 張○학
洪原南○○敎册舖 方○晟
宜川邑○○書會 魯○世

發行所 京城 大韓每日申報社
發行兼編輯人 英國人 裵說
Responsible for Publication Alfred Weekley Marnham.
○○○○井洞號外三層洋屋

漢城鍾路慈惠醫院診

醫學校卒業後濟衆院卒業 濟衆院의학實地六年習학

眼鏡行

此鍾路慈惠醫院에서大英國製視力檢査機械와金銀버眼鏡을購置하고男女視力을檢査하야適合한대로廉價放賣하오니視力이不足한이는速々히來臨하야視力을檢査하시압

大韓每日申報

第九百貳號

月曜及慶節歲時日休刊

檀君開國四千二百四十一年
箕子元年三千三十年
大韓開國五百十七年
日本明治四十一年
清國光緒三十四年
陰曆戊申八月小十五日戊辰

別報

△學部訓令第二號(續) 道府郡

三 私立學校의閉鎖處分은監督의最終手段이라事躰가甚히重大에屬흔故로此를行使흠은固非所望이나苟或公安風俗을害흘虞가有흔者와法令或命令에違背흔者와或許久히授業을休止흔者와如흔것은看過치못흘者인故로此등處分흠을實로不得已에出흠이라地方官은能히其旨를體ᄒ야若是等事項에該當흔者가有ᄒ거든其事實을精查ᄒ야速히本大臣에게報告ᄒ야處分의灑宜를勿謬흠을期흠이可흠

四 私立學校令頒佈後에ᄂ總히本令에依ᄒ야設立認可를受흠은固無更論이어니와尙且旣設흔學校에對ᄒ야도曾往에認可를受흠與否를不問ᄒ고本令에依ᄒ야반다시認可를更請흘지니若本令에依ᄒ야認可를受흔者가아니면將來其存在를認치아니ᄒ며若認可를經치아니ᄒ고學校로認흘만흔事業을爲ᄒᄂ者에對ᄒ야ᄂ其事業의禁止를命흠은法令에規定ᄒ바라雖然ᄒ나如斯흔境遇에ᄂ壹應當事者에게通牒ᄒ야本令에規定에依ᄒ도록戒諭흠은行政上處置에得當흔者라흠

五 從來私立學校에서提出ᄒᄂ文書ᄂ或地方官을經由흠도有ᄒ고或本部에直呈흠도有ᄒ야其處理가區々에涉ᄒ얏스나自今으로ᄂ總히地方官을經由ᄒ기로定ᄒ얏스니是ᄂ地方官의責任을重케ᄒ고又其監督을有效케ᄒ라ᄂ趣旨에出흠이라

六 地方官이經由文書를受理흔時ᄂ其分明히法令에適合치아니흔文書에就ᄒ야ᄂ訂正又ᄂ改作을命흠은固是無妨이나地方官이擅恣로此를却下ᄒ거나又ᄂ處分을施흠과如흔舊習은將來斷然히此를廢止흠이可ᄒ고若其事件에關ᄒ야意見이有흔時ᄂ進達흔際에此를副申흠이可ᄒ며尙且학校設立請願에對ᄒ야ᄂ地方官이特히其意見을具陳흠이可ᄒ되就中土地家屋의取得又ᄂ財源의設定等事ᄂ大槪紛雜의事情이此에伴生ᄒ야其眞相을知키難흔者ㅣ有ᄒ니是等은特히事實을詳查ᄒ고且証憑書類等을提供케흠이可흠

七 私立學校監督에就ᄒ야ᄂ從來地方官의權限이分明치아니ᄒ얏스니本令은特히明文으로써此를定흔지라故로地方官은道府郡의費用으로設立흔公立學校에就ᄒ야ᄂ自爲其管理者ᄒ고私人의費用으로設立흔학校에就ᄒ야ᄂ監督地位에立ᄒ나니從來와如히地方官으로서私立學校의設立者ㅣ又ᄂ학校長이되ᄂ公立學校와私立學校의分界를不明케ᄒ며且監督者와被監督者의地位를混同ᄒ야法令의精神을貫徹키不能흔憂가有ᄒ니自今으로ᄂ此를避흠을要흠

八 我國子弟의敎養ᄒᄂ目的으로私立학校로서設立者가外國人이며其東洋人이던지西洋人이던지勿論ᄒ고私立學校令에依ᄒ야自願請認치아니ᄒ며學部에서此를監督責任을擔負키難ᄒ미此學校에對ᄒ야保護奬勵를與흘道를求흠도亦難흘지라雖然이나均是我國子弟를敎育ᄒᄂ機關으로如斯흔事가有ᄒ면학校本然의目的을適키에不便흠이勘치아니흘이니此種학校ᄂ반다시私立학校令에依ᄒ야認可를請키에至흠이可ᄒ며本大臣도此를歡迎흠에固所不吝ᄒᄂ비니地方官도此旨를須體ᄒ야措置得宜ᄒ야遺憾이無케흠을期흠이可흠

(未完)

△隆熙貳年八月貳拾七日官報

●法律

法律第二拾二號

東洋拓殖會社法 續

第六章 監督及補助

第三拾八條 東洋拓殖株式會社에서移住規則이나其他規定을定흘떼ᄂ政府의認可를受흠이可흠

第三拾九條 東洋拓殖株式會社에서政府의認可를受흔事項을變更코ᄌᄒᄂ떼ᄂ다시政府의認可를受흠이可흠

第四拾條 東洋拓殖株式會社ᄂ設立登記日로부터起算ᄒ야八年을限ᄒ고每年金三拾萬圓을營業期에割當ᄒ야日本國政府에서補給을受흘者로흠但每營業期의利益配當이拂納資本額에對ᄒ야年八分의割合을超過흘떼ᄂ其超過額에相當흔金額을補給金中에서控除흘者로흠

第四拾壹條 利益配當이拂納資本額에對ᄒ야年拾壹條의比例를超過흘떼ᄂ其超過金額은爲先此를前條補給金의償還에充흠이可흠

前項의償還을終了흔떼ᄂ該超過金額은其半額을特別積立金으로흠

第七章 罰則

第四拾二條 東洋拓殖株式會社에서左開事犯이有흔떼ᄂ總裁나副總裁의職務를行ᄒ거나又ᄂ代理ᄒᄂ副總裁를壹百圓以上壹千圓以下의過料에處흠其事犯이副總裁나又ᄂ理事의分擔業務에係흔떼ᄂ副總裁나又ᄂ理事를過料에處흠이亦同흠

壹 本法에서政府의認可를受흘境遇에其認可를受치아니흔떼

二 第拾二條와第拾三條의規定에依치아니ᄒ야業務를營흔떼

三 第拾四條의規定에違反ᄒ야資金을供給흔떼

四 第二拾二條의規定에違反ᄒ야營業上의餘裕金을使用흔떼

未完

外報

●波斯革命派의計劃 싸부라쓰來電을據흔則波斯의革命派ᄂ外國의干涉을惹起흘目的으로써最後의手段을執ᄒ야該國領事館을襲擊ᄒ形勢가有흔듯ᄒ더彼等은英國이波斯의北部를露國의勢力範圍에委任흔것을深히憤怒흠이니此ᄂ實上波斯의政治를萎靡케흘手段에不外ᄒ다고思量흔다더라

●淸國의留學生派送 北京電을據흔則唐紹儀氏가美國이淸國留학生을歡待ᄒᄂ厚意를報ᄒ기爲ᄒ야학部와協議흔後에留학生을明年부터五年間은每年百名式其後五年은五十名式總計七百五拾名을派送흔다더라

●獨逸과佛國 伯林電을據흔즉獨逸政府ᄂ摩洛哥問題에關ᄒ야佛國政府와何等通知가有ᄒ다더라

●露皇后罹病 同電을據흔즉露國皇后ᄂ心臟病에罹ᄒ얏다더라

●小亞細亞鐵路開通 同電을據흔즉土領小亞細亞메쓰가와메지나間에敷設흔鐵道ᄂ開通되얏다더라

●文壇

▲讀史新論 壹片丹生 續

第二章 扶餘王朝와箕子

此論은姑闕ᄒ고扶餘王朝의盛衰와箕子東來의情況을且說코ᄌᄒ노라

檀君이卒本扶餘에建都ᄒ고東遷흔事가無ᄒ다ᄒ은臥薑草에已論흔바어니와古記에云호되檀君子解夫婁가箕子를避ᄒ야扶餘에立國이라ᄒ미後世史家가此를盲信ᄒ야曰檀君이果然平壤에建都ᄒ얏다ᄒ며其後孫이果然此를避ᄒ얏다ᄒ니此說이不破ᄒ면我國歷史의疑雲을掃晴흘日이無ᄒ도다

蓋箕子가白馬를跨ᄒ고殷亡을稱旅로東來흘시胷에抱흔바ᄂ姜太公鷹揚의韜略이아니라夏禹의傳흔洪範九疇며手下에從ᄒᄂ者ᄂ殷朝의戰士가아니라把著命鑑의巫겨이라伯夷叔齊採미의貞心으로周天日月의共戴를耻ᄒ야草々行裝으로東方君子의國에向ᄒ니此時箕子의衷情을思흔진대富貴도不顧이며貧賤도不辭오只是罔爲臣僕의初志만不날코ᄌ흠而已니萬壹壹廬를與ᄒ야朝鮮의耕牧을作ᄒ라ᄒ야도當再拜ᄒ며巖穴에投ᄒ야海東의隱士를作ᄒ라ᄒ야도當再拜ᄒ지며披髮佯狂의故態를復ᄒ야望門乞食ᄒ라ᄒ야도當再拜흘지니亡國遺臣이壹死가尙遲ᄒ야麥穗悲歌에淚雨가未霽흔때奚暇에壹國人君될夢想이有ᄒ리오此ᄂ夢想만無흘뿐아니라抑亦能力도無흔비니라

如此흔네乃者箕子子孫이千餘年平壤에據ᄒ야侯다稱ᄒ며王이라稱히엿스니此가果然何故인가於是乎千載後歷史家가其說을求ᄒ다가不得ᄒ미壹句를强下ᄒ야曰檀君後裔가箕子를避ᄒ야北扶餘로遷居ᄒ미國人이箕子를尊ᄒ야王을숨엇다ᄒ니嗚乎라是何言是何言고

(未完)

雜報

◉萬壽聖節問候 再昨日은 太皇帝陛下 萬壽聖節인故로總理大臣以下各部大臣及次官과宮內府奏任官以上人의게問候ᄒᆞ엿다더라

◉閔忠正大夫人進參 閔忠正公大夫人이再昨日의 太皇帝陛下의 召命을 奉承하야進賀의參與ᄒᆞ얏다더라

◉各廛商民慶祝 再昨日은 太皇帝陛下 萬壽聖節日인故로同日上午八時三拾分頃의漢城內各廛商民六百餘名이連合ᄒᆞ야古代衣服을着하고大漢門前의會集ᄒᆞ야 太皇帝陛下와慶善宮殿下의萬歲를 崇呼ᄒᆞ얏다더라

◉金氏復命 中樞院議長金允植氏가去月晦日에入城ᄒᆞᆫ은已報어니와該氏가當日詣 闕ᄒᆞ야 太皇帝陛下ᄭᅴ 陛見復命ᄒᆞ얏다더라

◉韓典祀와淸醫官 再昨日掌禮院典祀補尹昇求氏가 勅令을 奉承ᄒᆞ고光熙門內靖武祠에馳往하야吳長慶의位牌를埋安ᄒᆞᆫ次로告由祭를設行ᄒᆞ라ᄒᆞᆯ際에淸國巡査部長二名과巡査四名이來到ᄒᆞ야理由를詰問ᄒᆞ거ᄂᆞᆯ韓氏의所答이右와如히說明ᄒᆞᆫ대該醫官이淸國領事館에交涉ᄒᆞ야認許後埋安ᄒᆞ라고相持ᄒᆞ얏다더라

◉京畿郡守會議 去五日부터三日間을豫定ᄒᆞ고水原에서京畿道郡守會議를開ᄒᆞᆫ다ᄂᆞᆫ딕對ᄒᆞ야內部의셔渡邊事務官을派送ᄒᆞ얏다더라

◉高麗公의物議 內部官吏가冠宕을廢止ᄒᆞ고帽子를掛着ᄒᆞᆫ다ᄂᆞᆫ對ᄒᆞ야物議가紛紜ᄒᆞᆫ즉此事件을施行ᄒᆞ라면內閣會議의提議하야各府部院廳이壹切施行ᄒᆞᄂᆞᆫ것이當然ᄒᆞᆫ딕內部大臣이農商工部大臣으로在任時의ᄒᆞ히部官吏를帽子掛着ᄒᆞ기로施行ᄒᆞ얏다가內部大臣으로轉任ᄒᆞᆫ後의自然勿施가되얏ᄂᆞᆫ즉可謂高麗公事라고謂ᄒᆞᆫ다더라

◉郡主免官報告 淸安郡守權丙弼氏가該郡主事李相泰氏와有何事端인지李氏를免官ᄒᆞ라고該道觀察使의게報告ᄒᆞ얏다더라

◉壹進會員과會長 去土曜日에壹進會에서特別評議會를開ᄒᆞ고該會長李容九氏의게質問ᄒᆞᆫ內容을得聞ᄒᆞᆫ즉去番政府總辭職勸告事件에對하야李容九氏가挽執ᄒᆞ야日二朔만留俟動靜ᄒᆞ라ᄒᆞ더니期月이已過에頓然無語ᄒᆞ니會長을辭免ᄒᆞ라ᄒᆞ얏다ᄒᆞ니라

◉壹進長渡日 壹進會장李容九氏가有何緊急事件인지日間日本에前往ᄒᆞᆫ다더라

◉明月館宴待 湖南學會에서今羅北消拓殖社委員四氏와李熙直氏를三昨日下午七時에明月館으로請邀宴待ᄒᆞ얏다더라

◉咸北觀察貪汚 咸北觀察使尹甲炳氏ᄂᆞᆫ近來에行爲이太甚ᄒᆞ야富寧郡守李根陽氏가鏡城郡守를兼理ᄒᆞᆯ時에該郡挾雜輩가署理郡守를符同ᄒᆞ야校任差紙를踏官印差出ᄒᆞᄂᆞᆫ딕每張에鄕葉數三百兩式討食ᄒᆞ고壹千五百五拾二張을幻弄ᄒᆞ얏스며挾雜輩가僞印踏ᄒᆞᆫ것이又爲千餘張이라醜聲이浪藉ᄒᆞ야無人不知어ᄂᆞᆯ尹甲炳氏ᄂᆞᆫ左右納賂에貪惑하야掩而不問ᄒᆞ고今於郡守薦擧之時에[illegible]薦擧人이皆是多金之人이더라各人許에九千六百圓을討食ᄒᆞ고莫重公器를若有더嗜之塲ᄒᆞ야無難賣食ᄒᆞ야壹道人士가其汚行을不服ᄒᆞ야皆爲激仰忿憤ᄒᆞ며且國民新報에셔지揭載되얏거ᄂᆞᆯ如此貪汚ᄒᆞᆫ官吏를政府에셔寬容ᄒᆞ야使之貪饕케ᄒᆞᆯ나뇨하고咸北民論이大端譏謗ᄒᆞᆫ다더라

◉元山港의英國軍艦 去七日午前三拾分에英國軍艦四隻이元山港의到着ᄒᆞ얏다더라

◉汚穢物處下 漢城內各種汚穢物의掃却塲을龍山及光熙門外兩處로指定ᄒᆞ얏다ᄂᆞᆫ대汚穢物은一般農民의게매下ᄒᆞ기로決定하얏다더라

◉宜平禁止 再昨日의中部栢忠洞居ᄒᆞᄂᆞᆫ김興石李致善張景五三名이柶를擲ᄒᆞ다가中部警察署에被捉되얏다더라

◉勞動夜學會改名 勞動夜학會에셔會名을勞動會라改稱ᄒᆞ엿ᄂᆞᆫ디其裏由를聞ᄒᆞᆫ則今番학部에셔 勅令으로頒布ᄒᆞᆫ학會令에학會ᄂᆞᆫ營利事業을不得ᄒᆞᆯ디ᄒᆞ미若不得營利則財政이無路ᄒᆞᆯ것고如前營利則 勅令을違反ᄒᆞᆯ것기로會名을改ᄒᆞ고학校ᄂᆞᆫ壹個人의資格으로如前教育ᄒᆞ기로日昨의決議ᄒᆞ얏다더라

◉兩巡査의賞金 警視廳刑事巡査全永根韓浚셔兩氏ᄂᆞᆫ去月二十六日夜의洞口內와機동等地에肆行々賊ᄒᆞ든張國用等强盜犯으로捉致ᄒᆞᆫ事의對ᄒᆞ야效勞가有著ᄒᆞᆷ으로該廳의셔兩氏의게賞與金一元五拾錢式을給ᄒᆞ얏다더라

◉診療費徵給 再昨日午後二時頃에西部大貞동居ᄒᆞᄂᆞᆫ役夫李甲成이가小公洞朝鮮日報新聞社의셔淸國人陳奇明과有何事端이던지互相爭鬪ᄒᆞᆯ際의淸他淸人이會集ᄒᆞ야李某를雨傘柄으로無數乱打ᄒᆞ야頭部가重傷하얏ᄂᆞᆫ디該學內巡査가李某와陳哥를南部警察署로押去하얏더니該署의셔陳哥의게申飭ᄒᆞ야治療費壹원을徵給ᄒᆞ얏다더라

◉無賴輩의誘引 南部水下洞居ᄒᆞᄂᆞᆫ前參奉張基鎬氏의令男張弘錫氏ᄂᆞᆫ年今拾九인딕無賴輩姜完植廉泰永의誘引ᄒᆞᆷ을被하야陰曆今月貳日부터妓女弄珠를帶同ᄒᆞ고津館寺等拾餘寺刹로周行ᄒᆞ면셔于今拾餘日을經過ᄒᆞ야花債가二百餘圓에達ᄒᆞ얏ᄂᆞᆫ딕現今銅峴警察分署에셔査實하ᄂᆞᆫ中이라더라

◉日人家被燒 昨日上午九時頃의西部龍山의居留ᄒᆞᄂᆞᆫ日人家屋四戶가無根의火를被ᄒᆞ야沒燒ᄒᆞ얏ᄂᆞᆫ딕物品損害도不少하다더라

◉無罪放免 去月頃에漢城銀行에셔金貨百圓을見失ᄒᆞ고該所에觀務ᄒᆞᄂᆞᆫ雇員金昌烈等二名에게致疑ᄒᆞᄂᆞᆫ故로金시ᄂᆞᆫ雇員李某에所爲라ᄒᆞ고警視廳에擧訴ᄒᆞ얏더니該廳에셔李某를捉囚ᄒᆞ고拾餘日을嚴訊苛覈ᄒᆞ되李某가白無罪ᄒᆞ오롤前에無罪放還ᄒᆞ얏다더라

◉趙氏被捉 三昨日에忠淸北道陰城郡福子洞居ᄒᆞᄂᆞᆫ趙奉先氏ᄂᆞᆫ亂犯으로銅峴警察分署의被捉되야方今取調中이라더라

◉測量見習試取 度支部協同測量組合事務所에셔第一回測量見習生을試取ᄒᆞ얏ᄂᆞᆫ디應試人이四百餘員이오入格人員이二百四拾餘員이라더라

◉申氏寄附 義州漆峴의新高等小학校에셔校舍[illegible]修ᄒᆞᆫ은디該郡臥龍洞居ᄒᆞᄂᆞᆫ申雲瑞시가三拾圓價値되ᄂᆞᆫ材木을該校에補助ᄒᆞ얏다더라

◉鳳龍校의金氏 江西郡晦月面鳳龍학校ᄂᆞᆫ該郡守姜鎬人氏가下車初에躬巡勸諭ᄒᆞ야設立ᄒᆞᆫ바어니와該面居ᄒᆞᄂᆞᆫ金聖希씨ᄂᆞᆫ학校議捐도不後於富人ᄲᅮᆫ더러學校事務던風雨를不憚ᄒᆞ며隣家子弟에학資를擔任ᄒᆞ고熱心勸學ᄒᆞ니該씨가他人農幕에居接ᄒᆞᄂᆞᆫ情形으로如此敎育上熱心은世所罕有라더라

◉金礦日新 順安郡龍興面石岩里金礦에서勞動者를敎育發達키爲ᄒᆞ야朴仁祥李明順韓文鎬諸氏가日新학校를刱設ᄒᆞ고生徒四餘名을募集ᄒᆞ야熱心敎授ᄒᆞᆫ다더라

◉廣韓學校設立 西塾島居中昌浩氏翊周兩시ᄂᆞᆫ文明的主義로該島靑年을敎育ᄒᆞ기爲ᄒᆞ야有志紳士諸氏와協議ᄒᆞ고廣韓學校를設立ᄒᆞ얏ᄂᆞᆫ디學部에請願承認ᄒᆞ얏다더라

◉基督校試驗 信川邑內基督小學校에셔陰八月初七日에卒業式을擧行ᄒᆞ얏ᄂᆞᆫ디卒業生에崔春植李允ᄒᆞᆫ等五人이라來賓諸氏가勸奬之意로壹塲演說後에鉛筆書冊紙筆等物을多數施賞ᄒᆞ얏다더라

◉名節休報

本社ᄂᆞᆫ[illegible] 韓國의節日인故로例를從ᄒᆞ야壹日休刊ᄒᆞᆷ

▲地方消息

▲去月拾八日瀨陽郡에서義兵三拾名이同郡日憲兵隊와交戰ᄒᆞ얏다ᄒᆞ고

▲去月二拾七日에錦浦의셔義兵拾餘名이豊川分遣隊下士以下九名과同地守備隊下士以下八名과共히交戰ᄒᆞ얏다ᄒᆞ고

▲本月壹日에益山郡에서義兵拾三名이同郡警察隊及憲兵隊와交戰ᄒᆞ얏다ᄒᆞ고

▲去月三拾日德山郡西北方約二里地니源洞의셔義兵約三拾兵이同郡日守備隊特務曹長以下拾名과交戰ᄒᆞ얏다더라

▲甲 乙 問 答▼

▲月明露下에秋夜正深이라萬戶에砧聲은已歇ᄒᆞ고行路에人跡은初絶ᄒᆞᆫ데惟有凉風이導人ᄒᆞ야出郊徘徊ᄒᆞ니壹帶宮墻은如橫素練이요淸淸溪白沙에兩人이相對ᄒᆞ야關東학會를論評ᄒᆞ거라

▲甲曰近日關東학會의情形이着々進步ᄒᆞ야成立의望이有ᄒᆞᆷ을君이知之乎아

▲乙曰余가畔知치못ᄒᆞ나其槪容을聞ᄒᆞᆫ즉近日各학會가發起ᄒᆞᆫ中關東學會ᄂᆞᆫ特히成立지못ᄒᆞᆯ줄노確信ᄒᆞ노라

▲甲曰君이於關東학會에何其蔑視가若是滋甚也오

▲乙曰吁々悲夫라余於關東에蔑視之理가豈有ᄒᆞ리오만은畿湖학會와比例를作ᄒᆞ야推測ᄒᆞᆯ진대畿湖ᄂᆞᆫ乃是三道九拾餘郡의雄州巨府와名門巨族과富商大賈가許々叢々ᄒᆞᆫ건만은設會將遡에就緖之道가尙杳矣어든而況關東은海山에窄雜ᄒᆞ야偏方이라其地가畿湖에雄州와不過ᄒᆞ고其財가畿湖에壹武富客에不及ᄒᆞ니其成立을何可望焉고

▲甲曰然哉라君言이여眞所見이ᄒᆞᆷ도다畿湖、雖曰廣則廣ᄒᆞ나不過是畵餠이라何用焉고大凡天下事가在乎人이어ᄂᆞᆯ畿湖人之[illegible]謂[illegible]公[illegible]卿이나[illegible]買ᄒᆞᄂᆞᆫ[illegible]盡是夢中夢이니其外에熱心者[illegible]幾個人이存爲이나盡是赤手空拳이니不得而成이어니와關東은雖曰山僻小方이나如南宮덕南鶴[illegible]諸氏가存焉ᄒᆞ야熱心做去ᄒᆞ니其成立이必無難矣리라

▲乙曰是誠何言고如南宮억者ᄂᆞᆫ社會上第壹屈指者라ᄒᆞ야도妄言이아니라ᄒᆞᆯ지나是人也ㅣ亦是畿湖熱心者中壹例다其手가赤ᄒᆞ야니不必擧論이오至於南相鶴ᄒᆞ야ᄂᆞᆫ巨額을捐付ᄒᆞ엿스나關東의第壹熱心家라ᄒᆞᆯ지나其捐은千圓을壹年에排次ᄒᆞᆫ다ᄒᆞ니假使南氏로該金額을壹手捐付라도其學會에對하야ᄂᆞᆫ此金額으로成立된다謂키難ᄒᆞᆫ대若排朔ᄒᆞ면該氏名譽上에ᄂᆞᆫ千圓捐金이壯則壯矣나該會로論ᄒᆞ면實收入이不過是白圓에니南氏의捐이名譽를取ᄒᆞᆷ인지學會를愛ᄒᆞᆷ인지斷言키難ᄒᆞ고至於義黌ᄒᆞ야ᄂᆞᆫ財數으로言ᄒᆞ야도關東에第壹이오爵位로言ᄒᆞ야도關東에第壹이라ᄒᆞᆯ깃거날衆人을對ᄒᆞ야ᄂᆞᆫ個人마다拾兩을得ᄒᆞ거든五兩을出ᄒᆞ고百兩을得ᄒᆞ거든五拾兩을出ᄒᆞᆯ지ᄒᆞ엿스니該氏의奉俸이數千圓이라此言을實踐ᄒᆞᆯ진된界少ᄒᆞ여도千圓以上은宜捐이어날壹錢五拾兩을捐ᄒᆞ엿스니此不過是能言鸚鵡니不足掛齒어니와此外他江陵의李[illegible]襄陽의崔允貞은非但關東의財政家이라即該內의財政家라稱ᄒᆞᆯ者인데何其參々ᄒᆞ니畿湖학會現今의捐額이萬圓에[illegible]達ᄒᆞ여도成立키難ᄒᆞ거든而況關東은畿湖보다倍加ᄒᆞᆫ力이도成立ᄒᆞ기斷言ᄒᆞᆯ者ᄅᆞ거든其影響이下落이不知幾千丈인즉島可成立乎아君께余曰小兒之見이라ᄒᆞ더니君은乃是貽塊中人也로다

▲甲이잇曰明確哉라君言이여余가君言을聞ᄒᆞ니關東消息、ㅣ세傳ᄒᆞ노라

社告

特別 謹告各支社員

各支社中에本社規則을違反ᄒᆞ야代金與廣告費을累月積滯ᄒᆞᆫ處가種々有之이온바本社에셔ᄂᆞᆫ決코規則을實施치아니치못ᄒᆞᆯ지니代金多數積滯ᄒᆞᆫ支社員은深諒ᄒᆞ시와未納金을斯速淸送ᄒᆞ시옴

社告 大韓每日申報社

雜報

◎正誤 大東專門學校에셔日文數科目을附ᄒᆞᆫ다ᄒᆞ야該校學員이請願退학ᄒᆞ얏다ᄒᆞᆷ은純是誤傳이기茲에正誤ᄒᆞᆷ

廣告

本校에셔第二回測量速成課를新設ᄒᆞ오니願學僉員은本月拾五日陰八月貳拾日內로來臨請願ᄒᆞᆷ

請願用紙ᄂᆞᆫ本校에請求ᄒᆞᆷ

卒業期限四個月

試驗科目 四則以너

作文은 國漢文

試驗日本月拾五日上午九時

上學時下午四時半至六時半

典洞私立中東學校

前寓開城ᄒᆞ다가時寓興ᄒᆞᆫ金鎬浩父親이居住平北義州府이다가以老患으로陰八月初五日時量에別世이기로知舊諸賢々計告키難ᄒᆞ야茲廣告ᄒᆞᆷ

義州府南門外崔錫浩 告白

◎學徒募集廣告

本校에셔聰俊敎授ᄒᆞ기爲ᄒᆞ야學徒를募集ᄒᆞ오니子弟를入學코자ᄒᆞ시ᄂᆞᆫ 僉君子ᄂᆞᆫ來議ᄒᆞ심을望ᄒᆞᆷ

年齡은八歲以上拾六歲以下

開學은九月十五日(陰八月二十日)

課程은普通科

隆熙二年九月六日

位置ᄂᆞᆫ東大門內前東學舍

私立東彰학校校長權輔相

校監李圭植

학監朴용源

前主事尹鼎협之협字以三字改定知舊間照諒爲要

木浦南橋洞水門甬

尹鼎二 告白

本人에姓名章을大邱停車場에서陰八月三日서失ᄒᆞ얏ᄉᆞ오니知舊間照亮ᄒᆞᆷ

慶南昌原卯村居 金斗萬 告白

本人의圖章과弟妹圖章을路中에서失故로仰布ᄒᆞ오니너外國人은拾得勿施ᄒᆞᆷ

石城居 崔榮煥 弟妹崔召史白

本報第九百壹號僧侶廢止란題下의京僧洪月初々寶潭諸씨가設會立校ᄒᆞ야三千餘名僧侶를團合ᄒᆞ고青年僧六拾餘名을募集ᄒᆞ야新學文을敎育ᄒᆞ더니各寺의頑固輩가反對ᄒᆞᆷ을因ᄒᆞ야該校가至於廢止之境이라ᄒᆞ니未知此說을聞於何傳이어니와以若三千名之團合으로不能保壹校之樣이라ᄒᆞᆷ이事不符言ᄒᆞ니言不愧於心平現今宗務院을設立ᄒᆞ고佛敎興旺과僧侶敎育의特有大光線的이어ᄂᆞᆯ廢止之言은出於廢止人之妖舌이나壹般有志人은正着心眼ᄒᆞᆷ

佛敎宗務院事務所 告白

本校의셔中學科를新設ᄒᆞ고學員을募集ᄒᆞ오니願學 僉員은居期應試ᄒᆞᆷ

左開

壹 課程 修身 國語 漢文 作文 萬國地誌 地文학 萬國史 數학 筭術 代數 幾何 博物학 生理 化학 經濟 法制 日語 圖式 唱歌 體操

壹 學期ᄂᆞᆫ 三個年으로定

壹 試取及開학日字라 (陰八月貳拾三四日)試取 (二十八日)開學

壹 試取科目은 筭術(整數分數) 作文(論文及國漢文交譯) 地誌(本國地誌大要) 歷史(本國史大要)

壹 入學資格은拾五歲以上으로三十五歲以下身體健全者

隆熙貳年八月二十八日 (八月初二日)

南浦 碑石洞 基督三崇學校 告白

本人외子擧賢이가昨年九月分에金姊을갓더니無消息ᄒᆞ기廣告ᄒᆞ오니本第에書信을ᄒᆞ든지他人이此家에알게ᄒᆞ옵기를伏望ᄒᆞᆷ

諫洞二拾九統拾戶 金基運 白

本人외子亨祚가性本浮浪으로市街에出沒ᄒᆞ면서挾雜輩와符同ᄒᆞ야欲做僞券債用之計오니內外國人은切勿見欺ᄒᆞ심

咸南永興郡憶只面九灣里 李昌周 告白

本人行用ᄒᆞ던姓名圖章을陰八月初六日夜에見失ᄒᆞ얏삽기茲以廣佈ᄒᆞ오니內外國 僉君子ᄂᆞᆫ知悉ᄒᆞ옵

全北道萬頃郡邑內 郭翰과 告白

測量械機大放賣 廣告

拜啓敬頌

僉候大安ᄒᆞ시ᄆᆞᆯ奬店은僉君子의愛顧를蒙ᄒᆞ야營業이進就漸々進就되오니感謝萬々ᄒᆞ옵니다就奬店의셔販賣ᄒᆞᄂᆞᆫ測量機械ᄂᆞᆫ今年ᄒᆞ야需用이夥多ᄒᆞᆫ故로諸君子에便宜를圖ᄒᆞ기爲ᄒᆞ야特別히工場을建設ᄒᆞ고練熟ᄒᆞᆫ工匠을雇傭ᄒᆞ야器械製造에拾分注意監督ᄒᆞ야多數히製造ᄒᆞ야特別히廉價로供給ᄒᆞ오며諸君子購買後에器械가缺点이有ᄒᆞ오면好品과即時換呈ᄒᆞ오며又使用後라도損傷이有ᄒᆞ오면特別廉價로迅速히修繕ᄒᆞ야諸君子에厚意를報答ᄒᆞ려ᄒᆞ오니不拘多少ᄒᆞ고陸續請求ᄒᆞ심을伏望

再

학校나或社會의셔壹時의多數히請求ᄒᆞ시면日本의注文價格보다運賃과海關稅ᄂᆞᆫ이無ᄒᆞ옵고器械도破損ᄒᆞᆯ念慮가無ᄒᆞ오며又壹々히品好ᄒᆞᆫ것을撰擇ᄒᆞᄂᆞᆫ便利도有ᄒᆞ옵니다

歐米製及日本製上等器械와及測量器 多數히販賣ᄒᆞ오니定價表를請求ᄒᆞ시면即時送呈ᄒᆞ옵니다

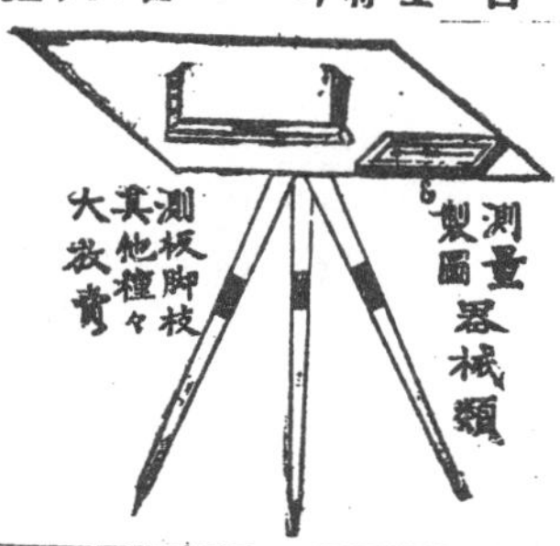

京城英洞郵便局前
篠崎測量器械店
시노사기 「電話六四八番」

測量科學員募集 廣告

南門내尙洞靑年학院내에測量科를設ᄒᆞ오니願ᄒᆞᄂᆞᆫ僉員은今月十二日陰ᄋᆡ內로請願ᄒᆞᆷ

但請願紙ᄂᆞᆫ本院에來購ᄒᆞᆷ

算術不足ᄒᆞᆫ人은壹個月專門敎授後의測量科를敎授ᄒᆞᆷ

試驗 ㅁ今月十二日下午五時

試驗科目은筭術四則以너

卒業期限은三個月

昌明測量학校 告白

東大門外元興寺內에佛敎宗務院과明進學校를設立ᄒᆞ고僧侶를敎育ᄒᆞᆫ대某大臣의家人이라稱ᄒᆞ고家屋間數를調査持去ᄒᆞ니內容은未詳이나此家屋은宗務院에緊切ᄒᆞᆫ關係가有ᄒᆞᆫ즉或公有物노誤解ᄒᆞ야放賣ᄒᆞᆷ을圖得ᄒᆞ야渡賣ᄒᆞᆯ境遇라도內外國人은切勿見期ᄒᆞᆷ

宗務院事務所 告白

陽署西氷庫가原來時習에開革치못ᄒᆞᆫ뿐더러艱屢所致로以ᄒᆞ야處々학校星羅碁置이되되尙無設校之生意더니何幸黃橋李判書輒克이의학界上勸勉注意ᄒᆞᆫ뿐더러亭子를許給ᄒᆞ여爲先校舍를建築케ᄒᆞ다ᄒᆞ니非徒本洞之欣頌이라付近地에도稱賀가藉々ᄒᆞ기로茲에廣告ᄒᆞᆷ

金濟豊 告白

本人等이同志同力ᄒᆞᆫ七人으로더부러資本을醵集ᄒᆞ고客主營業을開設ᄒᆞ오니商業ᄒᆞ시ᄂᆞᆫ四方僉君子ᄂᆞᆫ惠顧ᄒᆞ심을爲要開設은本邑四里李悌璜家로定ᄒᆞᆷ

黃海道信川邑李悌향 李元敬 李源國 告白

◎學員募集

大韓…에셔本月拾五日에開學ᄒᆞ짓ᄉᆞ오니舊학員은壹齊上학ᄒᆞ시며…를務望ᄒᆞ오며(但前期試驗에有故不參人은應試後上학케ᄒᆞᆷ)本月拾二,拾三日에新학員을募集ᄒᆞ오니願학人은屆期來議ᄒᆞ시옴

年齡은拾六歲以上

敎授科目

聖經 新約舊約 文學 讀本書札文法寫字

作文會話 數學 筭術代數 歷史 萬國

地誌 萬國 科學 物理化학經濟生理衛生

簿記 圖畵 自在器 以上諸科로純

英文으로敎授ᄒᆞᆷ

語學 日語 體操 啞鈴器械 普通兵式

培材學堂 告白

◎千金保化丹

主治積滯吐瀉霍亂의第壹要藥也

本舖 在江華郡 뇌養당

出張人 海州 劉聖섭

京城磚洞 方永植

ᄂᆞ郎 崔寅琪

平壤 朴承奭

發起人 김完植曰

訴訟에對ᄒᆞ야疑惑不決者의게其勝負의可否를詳細說明이옵고鑑定料ᄂᆞᆫ事之貴重과價之多少를隨ᄒᆞ야臨時酌定ᄒᆞ되大槪如左ᄒᆞᆷ

鑑定料ᄂᆞᆫ五 以下로ᄒᆞ되貧窮者의게ᄂᆞᆫ無料로ᄒᆞᆷ

京城南部…六拾四統貳戶

東洋大學講師 日本法律學士 辯護士

木尾虎之助

特別廣告

本塾에셔測量特別速成科를設施ᄒᆞ오니願學 僉員은八月二拾日內로速々來議ᄒᆞᆷ

科程과時間은本塾에來問ᄒᆞ시고請願紙를請求ᄒᆞᆷ

大安洞ㅁ漢語學校內

測量安興義塾 告白

本所에서國債報償志願金總額을整理ᄒᆞ기爲ᄒᆞ야議務監督은金允五鍾麟兩氏로會計監督은鄭志永兩氏로選定ᄒᆞ고金額을所長과合同保管케ᄒᆞ얏ᄉᆞᆸ기茲에廣布ᄒᆞ오니京鄕同胞ᄂᆞᆫ照亮ᄒᆞ시옴

國債報償志願金總合所 評議員一同

本館에셔新舊書籍과學徒의所用諸般物品을具備販賣ᄒᆞ오니 僉君子ᄂᆞᆫ來購하시옵

平壤鐘路太極書館

館主 李昇薰

主任 安泰國

事務 李德煥

本書館을開業ᄒᆞᆫ지未過壹年에壹般同胞게서愛助ᄒᆞ시와營業이興旺之故로本館을壹層擴張ᄒᆞ고各項新舊書籍與敎育物品을多數準備ᄒᆞ야特別廉價로大發賣ᄒᆞ오니四方 僉君子ᄂᆞᆫ陸續來臨ᄒᆞ심을爲要ᄒᆞᆷ

釜山港東關韓興書館

金汝重 權鍾律

公州藥令을陰九月拾五日로開市ᄒᆞ오니京鄕 僉君子ᄂᆞᆫ屆期來臨ᄒᆞ심을望ᄒᆞᆷ

林承根 김元壹

…定價金拾錢…製造本舖

廣告

本人이 姓名圖章을 見失이기 玆에 廣告ᄒᆞ오며 更爲製造施行이오니 내外國人은 以此 照亮爲要

吳壹泳 告白

◎韓國水道株式會社

本社에셔 下의 記載ᄒᆞᆫ 韓國水道株式會社의 告示를 接受인바 해布告의 正當ᄒᆞᆷ을 認準ᄒᆞᆷ으로 今에 本報에 揭示ᄒᆞ야 本報를 閱覽ᄒᆞ시ᄂᆞᆫ 쳠位로 ᄒᆞ야금 此事實 說明의 公正當然ᄒᆞᆷ을 解得케 ᄒᆞᆷ

●告　示

今聞ᄒᆞᆫ즉 漢城니의 汲水商의 頭領과 及其他勞働會의 代表者幾人이 其同僚를 勸誘ᄒᆞ되 漢城府民의게 水道會社의 飲水配達ᄒᆞᆷ을 忤害ᄒᆞ며 本會社로 ᄒᆞ야금 汲水商의게 報償ᄒᆞᆷ이 有케 ᄒᆞᆫ다 云ᄒᆞᆫ다ᄂᆞᆫ데 此等說話ᄂᆞᆫ 都是無據許誕ᄒᆞᆷ을 玆에 廣布ᄒᆞ오니 盖韓國 大皇帝陛下의 勅令으로 韓國政府에셔 本社에 特許ᄒᆞᆫ 것은 公衆의 飲水를 供給ᄒᆞᄂᆞᆫ 專權이오 幷水汲水商이나 其他誰某의게 何樣報償이 有ᄒᆞ기로 成立된 契約은 無ᄒᆞᆷ

然則 如彼誤解者의 訛傳을 聽信ᄒᆞᄂᆞᆫ 汲水商等은 誤引됨이 不少ᄒᆞ도다

汲水商의게 報償ᄒᆞᆯ 無ᄒᆞᆫ 것시오 本會社의셔 方今 供給ᄒᆞᄂᆞᆫ바 精良ᄒᆞᆫ 飲水를 京城士民이 取得ᄒᆞ기가 汲水商等으로 因ᄒᆞ야 困難됨이 漸多ᄒᆞ소독 自巳基址니에 水管설置ᄒᆞᆷ을 得ᄒᆞᄂᆞᆫ 士民이 漸盛ᄒᆞᆫ가 是ᄂᆞᆫ 本社에 對ᄒᆞ야ᄂᆞᆫ 利益이되나 汲水商의게 對ᄒᆞ야ᄂᆞᆫ 損害가 될지나 若是則 汲水商等은 街路水管에셔 汲水分傳ᄒᆞᆷ을 自巳掌中의 保持ᄒᆞ고도로 本社의셔 此業權을 他人의게 渡與치 아니ᄒᆞ도록 注意ᄒᆞᆷ이 可ᄒᆞᆷ 這間의 本社의셔 水商夜學會와 締約ᄒᆞ야 汲水商으로 ᄒᆞ여금 街路水管의셔 本年 拾壹月中旬ᄭᆞ지 無料로 飲水를 取出分傳ᄒᆞ게 ᄒᆞ엿시나 此ᄂᆞᆫ 無他라 本會社의셔 供給ᄒᆞᄂᆞᆫ 良好飲水를 取用ᄒᆞ기를 士民이 皆切望ᄒᆞ며 其價金 報給ᄒᆞ기를 肯樂ᄒᆞᆷ을 汲水商等의게 表示ᄒᆞ라 ᄒᆞᆷ이라 多數ᄒᆞᆫ 汲水商等이 此機會를 見ᄒᆞ고 如此히 服役ᄒᆞᄂᆞᆫ 者가 日日 增加ᄒᆞᆷ

●本社에셔 施行ᄒᆞᄂᆞᆫ바를 惟壹水商夜學會에셔만 曉覺ᄒᆞ얏고 有他社會ᄂᆞᆫ 其代表者의 悖惡勸誘ᄒᆞᆷ을 聽信ᄒᆞᆷ으로 本會社의 汲水商等을 反對ᄒᆞ야 脅迫ᄒᆞᄂᆞᆫ 弊端이 有ᄒᆞ나 本社에 使用될 汲水商數爻가 未滿될 念慮가 無ᄒᆞᆫ즉 現今은 水商夜學會의 所屬된 者外에ᄂᆞᆫ 他人을 不用ᄒᆞ고 且其商의 脅迫ᄒᆞᄂᆞᆫ 行動의 至ᄒᆞ야ᄂᆞᆫ 本會社 汲水商等을 警察官吏手下의 置ᄒᆞ야 保護를 得케 ᄒᆞᆷ

然則 本會社의 飲水를 分傳ᄒᆞ기 願ᄒᆞᄂᆞᆫ 諸汲水商은 水商夜學會를 經ᄒᆞ야 請願ᄒᆞᆯ事

本會社의 最先服役되ᄂᆞᆫ 者가 永久히 雇用될 者의 資格을 成ᄒᆞᄂᆞᆫ 機會를 最先히 得ᄒᆞᆯ거시니 本會社의셔 發行ᄒᆞᄂᆞᆫ 號牌를 急速히 請求ᄒᆞᆯ事

隆熙二年九月七日

韓國水道株式會社 總務 ᄯᅡ합 白

漢城井汲水商 첨座下

大韓帝國 新發明 特效靈藥

●承寧府典醫正三品 洪祐哲閣下 實驗處方

●陸軍軍醫學校敎官 金基茂君 有效証明

九拾五粒入金拾錢

八寶丹

主治效能

○胃痛惡心 ○食思欠乏 ○新久積滯 ○溜飲傷 ○泄瀉下痢 ○水土不服

○頑痰固飲 ○中暑中寒 ○急瞥驚格 ○頭痛眩暈 ○霍亂吐瀉 ○船車醉

陸軍貳等軍醫 許均 實驗處方

陸軍貳等軍醫 朴鼎建君 有效證明

補陰 補陽 자양환 滋陽丸

卅日分金五圓 廿日分金三圓四拾錢 拾日分壹圓八十錢

主治

○房事不容 ○腎虛腰痛 ○病後氣端 ○腎氣不足 ○陽痿不起 ○遺精多夢 ○陰虛火動 ○房事後倦困 ○手足厥冷 ○形容蒼白 ○吸烟斷烟客間 ○體質虛弱消瘦

婦人胎養調經丸藥 (부인태양됴경환약)

壹劑 金五圓

主治說明

婦人이 孕胎ᄒᆞ지 못ᄒᆞᆷ은 冷病積病과 月經不調로 因ᄒᆞᆷ이니 此藥을 服用ᄒᆞ시면 婦人腹中에 有ᄒᆞᆫ 諸病은 壹切退去ᄒᆞ고 自然孕胎ᄒᆞ오니 速臨買去ᄒᆞ시ᄋᆞᆸ

瘡病神藥 ▲사향소창단 ▲麝香消瘡丹

此丹이 於諸瘡에 無論男女老少ᄒᆞ고 若服壹劑ᄒᆞ면 卽有神效ᄒᆞ야 百불百中ᄒᆞ오니 共他方可及ᄒᆞᆯ바라 若論主治則 楊梅下疳 還珠風濕頭瘡 諸症에 俱見立效ᄒᆞ오니 養病ᄒᆞᄂᆞᆫ 君子ᄂᆞᆫ 壹次試驗ᄒᆞ시

京城鍾路 和平堂 白

右四種약은 分金四圓 각地方이리도 請求ᄒᆞ시면 우편으로 부치ᄂᆞᆫ 슈도 잇소

製약所 仁川港 奇峴 和平堂藥房 李聖仙

發行人 仝

代理店 京城鍾路衣廛 和平堂支店 李聖儀

水原北門 仝 仁川港奇峴 濟生堂 약房

京城大廣橋 共愛堂 약房 同南門外 水橋 大東書市支店 金泰鉉

▲發賣所

南署苧洞 李永珠藥局

仝 南門니 博文書館 盧益亨

仝 赤口니 水橋 濟生支店

仝 鐵物廛 毛衣廛 相信號 리洛瑞

仝 小廣橋 毛衣房 리厚楨

仝 壽進동 上隅 三可病院

仝 大寺동 共濟病院

仝 仁川港 니 풍례 豊旅館 韓鳥瘉

仝 奇峴 니동 金暉寬

仝 흠니 仝 永源 李昇範

江華 鍾路 宋鳴五店

開성 남문니 朴圭植商店

仝 남문니 明新册슈 리良鎬

水原 남문니 김제九약舖

海州 남문니 리東?商店

延安 읍니 邊汝文藥局

長湍 남문니 박在淳

仝 砂里院 耶蘇敎당 리東赫

黃州 남문니 紅문동 金澄杜

平壤 章臺峴 耶蘇敎堂니 金能元

仝 法首橋 乾材局 崔周化

仝 大興 部會里 김龍興藥舖

仝 館前 文武洞 桂澤善약포

鎭남 浦梁동 吳承昌

鎭남 浦碑石洞 册슈 吳南駿

仝 재生당 出張 金斗鉉

群산 港開福洞 리春善약房

仝 大井동 리東赫

禮산 장後墅 리明信약局

大邱 남문니 남甲元약局

元山港 朴敬鎬

仝 재生堂支局 박致心약局

雲州 城문니 鄭聖瑞약局

김泉場 朴昌淑

釜山港 재生당出張 回春大약房

安州 성니 義井동 林昌杜

安岳 邑上 蘊재生局 義和약房

義州 남문外 木口街 崔九鎬

載寧 읍後 洋약局 리健杜

定州 남문니 洋약局 羅鳳彬

郭山 읍 洋약局 安壽金

宣川 읍 册사 安灝

鐵山 읍 永春堂 張炳壹

咸從 郡 耶蘇敎堂

仁川港 奇峴

京城鍾路 和平堂 白

消化新藥 淸心保命丹

陸軍軍醫金守鉉君 實驗方劑 ● 陸軍軍醫朴宗根君 有效證明 ● 四海衛生之君子 常備之靈藥

發行所 仁川港 奇峴 濟生堂藥房

九十粒入 金拾錢

●右劑의 主治效能은 如左

●飲食不服 ●吐瀉 ●水土不服

●胸痛 ●醉 ●暑中寒

●食積食傷 ●咽喉 ●口熱惡臭

●其他諸般 邪氣 厲疫預防 妙약

總發行所 京城南大門內 濟生당 支店 李庾翰

●가城西문外 재生당 支店 與又賢

●元山港 銘石院 재生당 支店 박敬鎬

代理店 京성 大廣橋 共愛堂

●京城泥峴 三丁目 仝李路 慈惠약房

仝 全郵便局前 天佑堂약房 新井약店

仝 남大門니 博文書館 盧益亨

仝 梨峴 洋약局 리信華

仝 大安洞 仁제약房

仝 壽동 三可病院 朴喜達

仁川 奇峴 和平당 리應善

凡町 新井藥房

●海州 남문니 宋允瑛

仝 商店 리奉淵

水原 茶路 卜약房 金제九

延安 邑니 洋약局 邊汝文

江華 茶路店 尹斗鉉

長淵 남門니 權毅淳

砂里院 客主 任化中

全 耶蘇敎堂니 리載善

●瑞興邑니 許완

汗浦 鍾東 美齋送部 김春圭

黃州 남문니 紅문동 리東혁

安岳 邑上 蘊里재生局 林景杜

●載寧 邑 移동 洋약局 崔允國

●忠州 東良面 早遞 김鐘和

●信川 邑 四里 洋약局 김永植

平壤 長連 邑東里 册肆 文興冠 尹寶현

仝 雙五里 제生局 韓鳳儀

仝 館前 牛의院 金龍興

仝 文武동 제生局 桂澤宣

仝 入興 鄕壹里 藥局 崔能化

●鎭南浦 梁동 까사 김元煥

仝 后浦 本堂 出敎人 吳南駿

●安州 성니 義井동 回春大약房

●信川 邑 美동 商店 朴芝汀

●定州 남문니 洋藥局 리健杜

社告

京성남大문니 濟生堂 白

仁川港 奇峴

●全國 니 各약店마다 隨應販賣

●木浦 各 國居留地 松房 徐岐見

●北靑 新昌港 客主 朴錫勳

●釜山港 東館 本町 商店 리炳良

●大邱 남門니 刷遺洞 김成浩

●群山港 開福동 김斗鉉

●德川 읍 官用 약局 리丙斗

●義州 남문外 水口街 劉鎭浩

●鐵山 읍니 永春堂 安灝

●宣川 邑 南 閣사 洋約 김大鉉

○申報價

壹張代金 新貨二錢五厘

壹個月前納 三十錢

參個月 九拾錢

陸個月 一圓七十錢

壹個年 三圓四十錢

郵稅一張 壹厘 一個月 新貨五厘 十三錢

○廣告料

四号活字拾三字詰 每日壹寸(英尺)에 新貨廿錢

二週日壹寸에 二圜九拾錢

壹箇月壹寸에 五圜

(自壹行至四行이爲壹寸) 其期限의長短과字行의多寡를依ᄒᆞ야增減ᄒᆞᆷ이有ᄒᆞᆷ

●大韓每日申報各處支社廣告

中署布屛下 金相萬冊슈

平壤鍾路太極書館 安泰國

仁川奇峴開新冊슈 李東皓

義州南門外西大藥房 張有寬

釜山港佐川약局 徐錫鎬

三和港藥동 金元燮

咸興州南社西門外 曹喜林

開城남大門內興學書舖 安助遠

大邱南門外友弦書樓側 李正由

載寧邑濟衆院 劉夢澤

鐵山邑東部 安灝

元山倉前 劉七錫

海州 ... 書館 徐成麟

定州 南門外 書舖 許섭

昌城 儒校洞 李銀瑞

郭山 岩 廉鳳善

安岳細동 坊成洞 李鎭成

博川 津 金翼河

安州城內義井洞 趙季大

鐵原 邑 東 朴敬吉

高原邑 李得(?)

嘉邑 邑內 金禹燮

泰仁 邑니 李其秀

京釜線 枇峴驛 書市 劉載淳

長淵 邑 南門內 金泰鉉

殷栗 邑 倉前里 黃菊保

龍川 楊市 朱伯奕

朔州 邑 남門니 李止華

泰川 邑 館前 洋약局 梁昌錫

永興 송山 書舖 金鍾식

江華 邑 川橋 宋斗仁

淸州 남門外 趙炳俊家 明濟世

寧邊 邑 客舍里 趙鍾三

金溝 水流面 豆亭 丁一善

信川 邑 八里 金昌煥

江西 邑內 馬鳳三

成川 郡 上部面 姜大榮

興德 富安面 劍谷

龍川 郡 南 市 松峴 海東書會 金賢圭

咸從 耶蘇敎堂 張炳堂

平남 順川 郡 遠동 鄭裕馨

龍川 南 市驛 韓燦禧

龍岡 邑 耶蘇敎堂 內 朴鍾운

東萊 館 金明鉉

結城 廣川 小蘆동 李啓祚

忠州 郡 邑 利川 張禮학

洪原 南門外 耶蘇敎 冊舖 方台晟

宣川 읍 有恒 書館 魯晶世

發行兼編輯人 英國人 萬 咸

Responsible for Publication Alfred Weekley Marnham.

發行所

南署苧井洞號外地三層洋屋 大韓每日申報社

第六卷

大韓每日申報

第九百三號

月曜及慶節 歲時日休刊

檀君開國四千二百四十一年
箕子元年三千三十年
大韓開國五百十七年
日本明治四十一年
淸國光緒三十四年
陰曆戊申八月小十七日庚午

別報

▲學部訓令第二號 (續)

道府郡

九 現今私立學校에對ᄒᆞ야通弊로認ᄒᆞᆫ点이不尠ᄒᆞ니今其改善을最急히ᄒᆞᆯ者를擧ᄒᆞ건ᄃᆡ大槪如左ᄒᆞ니地方官은特히此点에向ᄒᆞ야注意를加ᄒᆞ야使學校로健全ᄒᆞᆫ發達을遂케ᄒᆞᆷ에努力ᄒᆞᆷ이可ᄒᆞᆷ

壹 私立學校의施設이居多히先進國의外形을摹倣ᄒᆞᆷ에急ᄒᆞ고內容을充實ᄒᆞᆷ에疎ᄒᆞᆫ狀을呈ᄒᆞ니妄히學科의多ᄒᆞᆷ을貪ᄒᆞ고程度의高ᄒᆞᆷ을誇ᄒᆞ야敎授訓鍊을等閑에附ᄒᆞᆷ은徒히輕互浮薄의風을釀生ᄒᆞ고敎育目的을達ᄒᆞᄂᆞᆫ途가아니니宜須外觀의粉飾을去ᄒᆞ고內容充實에致力ᄒᆞ야着實有用ᄒᆞᆫ人物을養成ᄒᆞ기에努力ᄒᆞᆷ이可ᄒᆞᆷ

壹 産業의振興發達은富國의基礎인ᄃᆡ我國現狀은特히此로써最大要務를做치아니치못ᄒᆞᆯ故로敎育도亦此에所重을置ᄒᆞ야實業思想을普及케ᄒᆞ고實業上에知識技能을養成ᄒᆞᆷ은上下가코게努力ᄒᆞᆯ비라然이나不幸히國內에此種學校가乏ᄒᆞᆯ뿐아니라實業에關ᄒᆞᆫ科目을加設ᄒᆞᆫ도未多ᄒᆞ며且民俗이學問으로써單히就官의階梯를作ᄒᆞ고實業을賤히ᄒᆞ며勤務를厭ᄒᆞᄂᆞᆫ風이未거ᄒᆞ야稍히敎育을受ᄒᆞᆫ者ᄂᆞᆫ反其家業을忌ᄒᆞᄂᆞᆫ傾向이有ᄒᆞ니實로家國을爲ᄒᆞ야極爲慨然ᄒᆞᆫ바ㅣ라地方官은此意를諒ᄒᆞ야隨機臨事ᄒᆞ야民心을善爲開導ᄒᆞ며학校當事者에게論諭ᄒᆞ야敎育의效果로써利用厚生의途에副케ᄒᆞᆷ이可ᄒᆞᆷ

壹 私立學校로셔從來維持의基礎될만ᄒᆞᆫ財源을究치아니ᄒᆞ고輕率히其設立을企晝ᄒᆞ야或寄附金을强請ᄒᆞ며或은財源의所屬을爭ᄒᆞᄂᆞᆫ者가其數를枚擧키不遑ᄒᆞ니如斯ᄒᆞᆫ者ᄂᆞᆫ世人으로ᄒᆞ야금學校의眞相을疑케ᄒᆞ야反히向學心을阻碍ᄒᆞᄂᆞᆫ結果를來케ᄒᆞ니將來其弊風을防止ᄒᆞ기에努力ᄒᆞᆷ을要ᄒᆞᆷ

壹 敎育으로ᄒᆞ야금政治以外에特立케ᄒᆞᆷ은學政上必要ᄒᆞᆫ事ㅣ라然이나往々學校를政治機關으로利用코ᄌᆞᄒᆞᄂᆞᆫ者ㅣ有ᄒᆞ며又所定課程을閑却ᄒᆞ고現時政治上社會上의問題를提來ᄒᆞ야討究論議케ᄒᆞᄂᆞᆫ者ㅣ有ᄒᆞ니前者의不可ᄒᆞᆷ은固不須論이오後者도亦학校本然의目的을沒覺ᄒᆞᆷ인故로深戒ᄒᆞᆷ이可ᄒᆞ나盖學生된者ᄂᆞᆫ專心壹意ᄒᆞ야力을其학業에注ᄒᆞᆯ것이어날彼政論에參加ᄒᆞ고又時事에關與ᄒᆞᄂᆞᆫ等事ᄂᆞᆫ修학時代에斷然히此를避케아니치못ᄒᆞᆯ지니不然則학生으로ᄒᆞ야금課業에對ᄒᆞᆫ誠意를自缺ᄒᆞ고放漫自制치못ᄒᆞ야맛참ᄂᆡ其本分을失케ᄒᆞᄂᆞᆫ弊에陷ᄒᆞᆫ지라

壹 私立學校로셔學生에게斷髮의必要를勸諭ᄒᆞᆷ은不可ᄒᆞᆯ이無ᄒᆞ거니와此로强制ᄒᆞ야就學上의疑懼를買ᄒᆞ며又衣服을淸潔케ᄒᆞᆷ을注意ᄒᆞᆷ은嘉尙ᄒᆞ거니와服製를壹定ᄒᆞ야冗費를增케하며或喇叭을吹ᄒᆞ고정鼓를鳴ᄒᆞ야徒히世人耳目을惹ᄒᆞ며又兵式訓鍊或戶外運動에熱中ᄒᆞ야所定課業을放擲하야甚ᄒᆞᆫ者ᄂᆞᆫ妄히大規模의運動會를開ᄒᆞ야數日或拾數日의課次을廢止ᄒᆞᄂᆞᆫ等事ᄂᆞᆫ近來에最多히睹ᄒᆞᄂᆞᆫ비라此等은實로敎育의普及을害ᄒᆞ고又其本旨를悖ᄒᆞᄂᆞᆫ者ㅣ니此를학校에周悉警告ᄒᆞ야其弊風을除去ᄒᆞ기에努力ᄒᆞᆷ이可ᄒᆞᆷ (完)

▲隆熙貳年八月貳拾七日官報

● 法 律

法律第二拾二號

● 東洋拓殖會社法 續

第六章 監督及補助

五 第二拾四條의規定에違反하야東洋拓殖債券을發行ᄒᆞᆫ때 但第二十九條境遇에ᄂᆞᆫ此限에不在ᄒᆞᆷ

六 第二拾九條의規定에違反ᄒᆞ야東洋拓殖債券의償還을하지아니ᄒᆞᆫ때

七 第三拾二條及第四拾一條의規定에違反ᄒᆞ야利益金을措處ᄒᆞᆫ때

第四拾三條 東洋拓殖株式會社의總裁나副總裁又ᄂᆞᆫ理事가第拾壹條의規定에違反ᄒᆞᆫ때ᄂᆞᆫ二拾圓以上二百圓以下의過料에處ᄒᆞᆷ

附 則

第四拾四條 政府ᄂᆞᆫ設立委員을命ᄒᆞ야日本國政府의命ᄒᆞᆫ設立委員과共同ᄒᆞ야東洋拓殖株式會社의設立에關ᄒᆞᆫ壹切事務를掌理케ᄒᆞᆷ

第四拾五條 設立委員은定款을作ᄒᆞ야政府의認可를受ᄒᆞᆫ後株主를募集ᄒᆞᆷ이可ᄒᆞᆷ

第四拾六條 設立委員은株主의募集을終了ᄒᆞᆫ때ᄂᆞᆫ株式加入請求書를政府에提出ᄒᆞ야東洋拓殖株式會社設立의認可를申請ᄒᆞᆷ이可ᄒᆞᆷ

第四拾七條 設立認可가有ᄒᆞᆫ때ᄂᆞᆫ設立委員은遲滯말고各株에對ᄒᆞ야第壹回拂納을ᄒᆞ게ᄒᆞᆷ

前項의拂納이有ᄒᆞᆫ때ᄂᆞᆫ設立委員은遲滯말고創立總會를招集ᄒᆞᆷ이可ᄒᆞᆷ

第四拾八條 創立總會가終結ᄒᆞᆫ때ᄂᆞᆫ設立委員은其事務를東洋拓殖株式會社總裁에傳ᄒᆞᆷ이可ᄒᆞᆷ

第四拾九條 第壹期의理事及監事ᄂᆞᆫ株主總會에選擧에依치아니ᄒᆞ야此를任命ᄒᆞ되其他條件에對ᄒᆞ야ᄂᆞᆫ第拾條의例에依ᄒᆞᆷ (完)

外報

● 英國의大暴風 路透電을據ᄒᆞᆫ즉英國全海岸에서大暴風이起ᄒᆞ야多數船舶이破壞ᄒᆞ고電信線이切斷되얏다더라

● 英國外務大臣演說 伯林電을據ᄒᆞᆫ則英國外務大臣구레氏가埃及人의總代를會견ᄒᆞ고埃及에速々히議會를設立ᄒᆞ기를希望ᄒᆞᆫ다고演說ᄒᆞ얏다더라

● 淸國의憲兵養成 淸國陸軍部에서同國憲兵학生養成法을日本陸軍省에交涉ᄒᆞ야憲兵司令部니憲兵養成所에入학ᄒᆞ기로決定되야來拾月新學期로부터受學ᄒᆞᆯ터인ᄃᆡ人員은三拾名이오修학期限은六個月이라더라

雜報

● 日本의火藥爆發 去四日午前拾時四十分에日本香川仲多度郡廣島村에在ᄒᆞᆫ彈약分工所에서火약이爆發ᄒᆞ야拾二名이卽死ᄒᆞ고六拾名이重傷ᄒᆞ얏다더라

● 李氏寄付 前敎官李相益氏가已往에鏡城咸鏡학校敎師로雇聘되야四箇月을敎授ᄒᆞ엿더니今番該校々監金永學氏의上京ᄒᆞᆷ을聞ᄒᆞ고新式筭術敎科書大拾部를寄付ᄒᆞ얏다더라

● 嚴씨興學 前主事嚴選永氏가仁川新峴等地自己私第에學會를添建ᄒᆞ고新學問을名譽로敎授ᄒᆞ미不募自集ᄒᆞᆫ學徒가三十餘人인ᄃᆡ塾名은興인이라더라

● 文 壇

▲讀史新論 壹片丹生 續

檀君이果然此蹝를讓ᄒᆞ야子孫이千餘年을相傳ᄒᆞ얏슬진ᄃᆡ비록微弱又微弱ᄒᆞᆯ지라도壹個逋臣의行次에喫驚ᄒᆞ야遠方으로逃走ᄒᆞᆯ理가無ᄒᆞᆯ지며又或君德이不仁ᄒᆞ야國人이共逐하얏다ᄒᆞᆯ진ᄃᆡ彼가臣民이離叛ᄒᆞᆫ後에北方에獨往ᄒᆞ야立國ᄒᆞᆯ能力이無ᄒᆞᆯ지며又或箕子의仁聖을感ᄒᆞ야其位를讓ᄒᆞ얏다ᄒᆞᆯ지나此又不然ᄒᆞ니檀君後裔가賢ᄒᆞᆯ진ᄃᆡ父祖相傳ᄒᆞ던千年社稷과國家人民을擧ᄒᆞ야他族에게讓渡ᄒᆞᆯ理가無ᄒᆞ며不肖ᄒᆞᆯ지라도亦其萬乘의貴를棄ᄒᆞ야他人에게與ᄒᆞᆯ理가無ᄒᆞ고又或國人의謳歌獄訟이箕子에게自歸ᄒᆞᆷ으로檀君後裔가不得已避去라ᄒᆞᆯ지나此亦不然ᄒᆞ니彼虞舜의聖도箕子에不下ᄒᆞ나尙且四門에納ᄒᆞ며百揆에宅ᄒᆞ야數載를歷試ᄒᆞᆫ後에야其民이始信ᄒᆞ얏거날況朝鮮人이箕子를猝遇ᄒᆞ매其言語가不通ᄒᆞ며風俗이不同ᄒᆞ거놀엇지壹見에感服하야千餘年奉事ᄒᆞ던吾君의子孫을棄ᄒᆞ고不識不知ᄒᆞᄂᆞᆫ外國人에게歸ᄒᆞ리오故로檀君後裔가箕子를避ᄒᆞ야北遷ᄒᆞ얏다ᄒᆞᆷ은不成說의話니라

又或箕子의東來가周武王의力을借ᄒᆞᆷ인가ᄒᆞ나此亦不然ᄒᆞ니夫周家幅員이漢武帝時를不及ᄒᆞᆯ지며周家의國力이漢武帝時를不及ᄒᆞᆯ지오其他兵甲戰士도皆漢武帝時를不及ᄒᆞᆯ지라漢武帝ᄂᆞᆫ雄威가四隣을讐ᄒᆞᆫ敵國雄主오衛右渠ᄂᆞᆫ創業이未久ᄒᆞᆫ客族遺孫이로ᄃᆡ民心이不附하고國基가未鞏ᄒᆞᆫ中에彼의來使를斬ᄒᆞ야侮辱을謝ᄒᆞ고幾年血戰이有ᄒᆞ얏거던況千年王朝의遺裔로비록衰弱이極度에達ᄒᆞ얏슬지라도其强勁ᄒᆞᆫ氣力이엇지彼衛氏小虜에不及ᄒᆞ리오 (未完)

雜報

●皇太子睿歌睿習 皇太子殿下께서夏期休학ᄒᆞ신後에睿歌睿習허셧다더라

●宋內大의論駁 總理大臣李完用ᄒᆞ야其伯氏李允用氏로拓殖副總裁를薦望ᄒᆞ얏더니內部大臣宋秉畯氏가反對ᄒᆞ야曰大監의伯氏가有何名譽이기에拓殖社副總裁를薦擧ᄒᆞᄂᆞ냐ᄒᆞ고壹場論駁ᄒᆞ얏다더라

●京畿郡守會議案件 京畿觀察道에서本月五日부터郡守會를開ᄒᆞ고政治刷新흘諸般事件을課日議定흔다ᄂᆞᆫ데每日總會를開흔後에ᄂᆞᆫ各郡守가其翌日會議案을預先準備흘次로臨時會를開ᄒᆞ고諸案을次第議定ᄒᆞᄂᆞᆫ中에本月九日臨時會에서當此地方刷新ᄒᆞ야臣子道理에上年八月六日에斷髮ᄒᆞ신詔勅을壹切斷行ᄒᆞ기로結心議決ᄒᆞ고各其郡에還任ᄒᆞ야陰九月壹日부터人民의剃髮을着手흔다더라

●金議員의聲價 中樞院議長金允植氏가日本滯留時에伊藤績熙과詩詞를送日ᄒᆞ얏다ᄂᆞᆫ데文筆의嫻熟흔聲價로日本人이稱道흔다더라

●兩氏陞資 正二品尹德榮全徐臣輔兩氏ᄂᆞᆫ從壹品으로陞資되얏다더라

●崔氏免 書記官崔鎭은宿故를擧하야辭職請願書를提出ᄒᆞ얏더니依免이되얏다더라

●壹進總務伴渡 壹進會長李容九氏가日本에前往흔다ᄂᆞᆫ데은巳報어니와再昨日에該會總務員崔永年氏를帶同ᄒᆞ야往ᄒᆞ얏다더라

●壹進長渡日內容 李容九氏가日本에前往ᄒᆞᆫ事ᄂᆞᆫ同項과如ᄒᆞ거니와其前往흔內容을得聞흔則日前에決死隊評議會에서李氏의게政府摠辭職事件으로質問ᄒᆞ고會長을辭免ᄒᆞ라ᄒᆞ야壹場風波가大起ᄒᆞ얏ᄂᆞᆫ데該事件에對ᄒᆞ야李氏가日本에前往ᄒᆞ얏다더라

●衛生事項協議 昨日午前拾壹時에內部衛生局長廉仲模氏와警務局長松井茂가其他官吏數拾名을帶同하고北部齋동廣濟院에前往ᄒᆞ야衛生에關흔事項을協議ᄒᆞ얏다더라

●名譽典祀廢止 掌禮院官制中名譽典祀補가十餘窠인ᄃᆡ此等官吏ᄂᆞᆫ冗官이라하야名譽窠ᄂᆞᆫ壹切廢止하기로該院의셔協議하얏ᄂᆞ니라

●求官者自手削髮 慶北來人의傳說을據흔즉郡守運動허는者들이觀察府의每日沓至흔다허며租포石이나有흔人은自手削髮허고求仕허는者가多허다더라

●私有屋證明簿請求 挽近以來로漢城五部內의居生하는官民間의私有家屋을測量製圖하야漢城府의請願하야證明簿를請求存置흔다더라

●壹拘壹診 昨日上午二時頃에南部棗洞居鄭寅都시家의留ᄒᆞᄂᆞᆫ安禎鄭寅寬兩시가妓女月彩蘭等三名을帶同하고銅峴의設흔淸國人聚興樓의往하야各種料理를喫흔際의宮內府車馬課車馬局監昌奎시가適又來到허야安시와同往흔妓女等과寒暄을滴허다가시가何失措이던지安시가文시를毆打허야全體가傷허얏는ᄃᆡ該銅峴警察分署의서安文兩시를壹體提致허야毆흔後의安시는拘留허고文시는檢察醫師를請邀허야診斷허얏다더라

●開城人士의決議 開城郡穆淸殿을撤享ᄒᆞ라신勅令이官報와新聞에揭載된故로該郡儒武가會同提議흔다는說은已揭ᄒᆞ얏거니와本月五日에該郡振勵館儒武가壹齊會集ᄒᆞ야協議ᄒᆞ얏는ᄃᆡ前報와如하上京請願ᄒᆞ기로決定이되야總代張時淳金均兩氏가今明間上京흘다더라

●此是挾雜 咸鏡北道明川郡下古面孔心里居崔寅極楚秉烈崔相敏三씨가該地에孔心里라는名稱을藉托ᄒᆞ야孔子廟를私設ᄒᆞ고儒道를崇奉흔다하면서新學問은夷狄之道라排斥ᄒᆞ야학校教育을極力妨害흔다니大抵聖廟建設은原係國典에不可私設이거늘藉托尊聖ᄒᆞ고如是私設은出於挾雜之習이오況設校教育ᄒᆞ라신詔勅이何等尊重이기ᄉᆞ麽鄕儒가敢肆反對ᄒᆞ니萬々寒心흔事라더라

●五部內統首會同 昨日五部警察署에서有何事件인지各其掌內統首를壹齊히會同ᄒᆞ얏다더라

●冤及枯骨 銅峴警察分署의管內各洞人民家의汚穢物을掃却흘場을光熙門外北表里峴의定허엿는데該地의在흔人民의墳墓가貳百餘塚이라壹週日內에壹躰掘去허라고申飭허엿다더라

●吉氏不吉 沔川郡合德防築은人民等이貯水作農ᄒᆞ는處인데吉泰弘爲名人이該防築을利墾次로農商工部의瞞告請認하얏다ᄂᆞᆫ데該部에서民衆의情形을特念하야請願書를退却허고該防築은便民으로如前貯水作農케흔으로民等이該件으로하야浮費를吉泰弘의게徵出하라고裁判을請흘다허며上部의瞞告허ᄂᆞᆫ律을施行허기로吉泰弘을現今搜索中이라더라

●三巡査의賞金 中部警察署刑事巡査表濂龍李春植張順基三씨는去月中旬頃에强盜犯金德順等幾名을捉致흔事에對하야效勞가不少하다고警視廳의셔賞與金을支給하얏다더라

●演劇場風波 三昨夜에長安社에서演戲ᄒᆞ다가電氣燈이絶斷ᄒᆞ야黑暗洞을作흔지라玩賞客들이票價를還索ᄒᆞᄂᆞᆫ데風波가激起ᄒᆞ얏다더라

●演奏票繳送 樂峴光興학校의서該校維持方針으로長安社의演奏會를設흔次로會票를各府部院廳의送致하얏더니府部院廳의서는會票를壹々작送하얏다더라

●帶鴉者被押 三昨夜의北部刑事巡査南桂元씨가中部帽谷等地로過去흘時의何許人이適又行過하는데行色이甚爲殊常하거늘隨ᄒᆞ야가該人을招執訊問흔則從二品李根培氏家에留하는金寬炯인데鴉片을帶持ᄒᆞᆫ지라該署로卽爲押致하야取調흔즉壹々自服하는고로地方裁判所로越交하얏다더라

●花套者被捉 再昨日下午壹時頃의北部小安洞居허는宋爲燮朴淳錫元春等이銀錢을携帶ᄒᆞ고花套를設ᄒᆞ야遊戲ᄒᆞ다가該掌內巡査安顯씨가發覺捕縛하야部警察署로押付하얏는ᄃᆡ現今審問中이라더라

●賊押交 三昨日下午八時頃에中部警察署에서東部中谷等地로橫行賊을는日窃盜壹을捕縛하야訊査흔後의京城地方裁判所檢事局으로卽爲押交허엿다더라

●是可云人乎 京鄕新聞을據흔즉陰七月初九日夕陽에步兵貳拾三名中에日兵은四名이오自衛團으로세운本國人兵丁은拾九名이咸平나山安德咸시家에入ᄒᆞ야主人더러雞數十首를持來ᄒᆞ라ᄒᆞ니安시가答曰此洞은憲兵의往來가頻數흔故로陳雞ᄂᆞᆫ壹首도無ᄒᆞ고軟雞ᄂᆞᆫ多少間求ᄒᆞ리라ᄒᆞ니兵丁의言이然ᄒᆞ면계卵甚多數求來ᄒᆞ라ᄒᆞ거ᄂᆞᆯ安시曰陳계가無ᄒᆞ거날계卵이豈有리오兵丁의嘗이燒酒와眞瓜를持來ᄒᆞ라하니安씨曰燒酒와眞瓜도此洞에ᄂᆞᆫ賣者가無흔즉他村에往ᄒᆞ야購來흘더이나此洞은正月以後로憲兵이三拾餘次를歷往흔故로洞中浮費가壹千五百餘兩이되미敗村이되엿슨즉余ᄂᆞᆫ忍言치못흘지니公等이村有司를見ᄒᆞ고嘗ᄒᆞ라兵丁之言이千餘金浮費가吾輩로ᄒᆞ야出하엿ᄂᆞ냐ᄒᆞ며村人을毆打흘ᄉᆡ安씨ᄂᆞᆫ卽時倒死ᄒᆞ엿다가食頃이過흔後에僅爲回生ᄒᆞ엿스나死生을未判이요또少年壹人이使喚次로往ᄒᆞ엿다가兵丁을毆打흠을견ᄒᆞ고驚겁而退ᄒᆞ다가衣服이兵銃에接觸흔지라兵丁의言이此漢이余의銃을窃取코져흔다ᄒᆞ고死境에至토록毆打흔後에該人에暗瞥을斷ᄒᆞ고匙柄을炭火에煆ᄒᆞ야兩頰에無數히灸ᄒᆞ고此外에重傷者拾三名이오女人도毆打者頗多ᄒᆞ고且本國兵丁拾九名은執權棒ᄒᆞ고百餘戶村中에家々마다內庭에突入ᄒᆞ야勿論老少男女ᄒᆞ고逢着毆打ᄒᆞ니頃刻間에村中에大亂이起흔지라男女闘惶겁ᄒᆞ야手足을措치못ᄒᆞ고辱ᄒᆞ자刼ᄒᆞ니婦女及兒輩는中으로逃走ᄒᆞ야經夜ᄒᆞ다가毒蛇의게被咬ᄒᆞ야死境에至흘者가二人이며就中의極惡흔行爲는日兵二名이家々마다突入ᄒᆞ야少年婦女를逢則拘執ᄒᆞ고無數詰難ᄒᆞᄂᆞᆫ대壹家의兩箇女人이有흠을見ᄒᆞ고兩漢이壹人式强奸ᄒᆞ얏고且夕飯을各戶에서造給ᄒᆞ엿더니飯이不美ᄒᆞ고器具가不精이라ᄒᆞ고地上에投ᄒᆞ며雞鳴時에更이造飯ᄒᆞ야喫後發程흔際에壹村의什物과雞를沒數奪去ᄒᆞ얏ᄂᆞᆫ데若壹次만加當ᄒᆞ면該村의形址도無ᄒᆞᆯ지니라處々避去코ᄌᆞᄒᆞ나到處壹般인즉呼訴無處요生活無地라고怨聲이漲天ᄒᆞ다ᄒᆞ엿더라

●畿湖總會 畿湖興學會에서本月拾三日下午壹時에通常總會를校洞本會館너에서개ᄒᆞ고重要事件을議決흔다ᄂᆞᆫ데壹般會員과有志人士가多數出席하기를希望흔다더라

●畿湖學校長新任 畿湖학校長尹孝定氏가遞任흔代에朴勝鳳氏로選定ᄒᆞ얏ᄂᆞᆫ데該氏가明日부터出席視務흔다더라

▲地方消息▼

▲本月壹日洪州郡九峯山에서義兵二拾名이靑陽郡分遣所憲兵隊와交戰하얏다ᄒᆞ고

▲本月三日泰安郡內에서義兵三十名이洪州分遣所以下七名과交戰하얏다ᄒᆞ고

▲本月五日奉化郡小川面分水洞에서義兵約三名이蔚珍郡守備隊와交戰하얏다더라

▲處世金言▼　金汶植

▲此書는八松崖岩五郞의編輯發行흔處世百話第七卷第拾四號에揭載흔바我韓同胞의二復思惟흘바이기其要領을繙譯ᄒᆞ야使我貳千萬同胞로壹覽의供ᄒᆞ노라

▲危難은德을可行흘好機會니라

▲眞實흔幸福은壹處에不在ᄒᆞ나然ᄒᆞ나滿足흔精神中에서此를發見흠을得ᄒᆞ리라

▲幸福中에最大흔것은心志의快樂이니라

▲心志가愉快ᄒᆞ면終日을步ᄒᆞ고憂ᄒᆞ면僅히壹里를步ᄒᆞ야厭症이生ᄒᆞᄂᆞ니라

▲滿足흔心志는黃金을可製흘適약이니라

▲滿足은最良의所有物이니라

▲僅少로以ᄒᆞ야滿足ᄒᆞ는것은眞誠흔幸福이니라

▲總히快樂은苦痛이라ᄒᆞᄂᆞᆫ代價로以ᄒᆞ야不買ᄒᆞ면不可ᄒᆞᄂᆞ니라

▲自己가行흘事를不能ᄒᆞ다고他人의게依賴치말라

▲不及흘事를希望흠은猿이月을食코ᄌᆞ흠과如ᄒᆞ니라

▲壹事에不肯ᄒᆞ면壹物을不得ᄒᆞ나니라

▲自信은大人되는第壹要件이니라

▲吾人의無用된人은他人의게도無用이되ᄂᆞ니라

▲急速히登코져ᄒᆞᄂᆞᆫ人은不意에墮落ᄒᆞᄂᆞ니라

▲懶惰흔人의行路에ᄂᆞᆫ荊棘이充滿ᄒᆞ니라

▲壹時에數多흔事項을行코져ᄒᆞᄂᆞᆫ者는此를善行ᄒᆞᄂᆞᆫ者ㅣ稀少ᄒᆞ니라

▲深思는勝利를得ᄒᆞ고輕卒은勝利를失ᄒᆞᄂᆞ니라

▲勞力은熱을發ᄒᆞ고懶惰는害를生ᄒᆞᄂᆞ니라

▲翼이不生ᄒᆞ야飛行흠을鍊習지마라

▲能을殺ᄒᆞ기前에其皮를賣却코져마라

未完

社告

謹告各支社員

各支社中에本社規則을違反ᄒᆞ야代金與廣告費을累月積滯ᄒᆞᆫ處가種々有之이온바本社에서ᄂᆞᆫ決코規則을實施치아니치못ᄒᆞᆯ지니代金을多數積滯ᄒᆞᆫ支社員은深諒ᄒᆞ시와未納代金을斯速淸送ᄒᆞ시옵

社告

大韓每日申報社

雜報

●少年開會　少年同志會에서明日下午壹時에通常總會를開ᄒᆞᆫ[illegible]하고紳士를請邀하야本會의趣旨와少年의責任이란問題로演說ᄒᆞᄂᆞᆫ데傍聽도許ᄒᆞᆫ다더라

●長淵守興學　長淵郡守兪鎭明시가莅任ᄒᆞᆫ四朔에靑年을敎育ᄒᆞ기를熱心ᄒᆞ야面々曉喩ᄒᆞ고人々勸勉ᄒᆞ며壹境이感悟ᄒᆞ야學校를多數創立ᄒᆞ얏다더라

●勇進試讀　瓮海郡東上里農務勇進夜學校에서今番에月終試驗을經ᄒᆞ얏ᄂᆞᆫ데甲班優等生林鍾出申鏞漢이오及第生曹仁贊等二人이오乙班優等生李鍾贊裴世安等三人이오及第生李其成等四人이오丙班優等生鄭允女鄭龍得이오及第生姜小岩等四이라더라

●咸鏡女擴張　鏡城郡咸壹學校에서今年壹月에六箇月師範速成科를設始하고該道內漢文에嫺熟ᄒᆞᆫ人士를募集ᄒᆞ야敎授ᄒᆞ얏ᄂᆞᆫ데擔敎師에金昶濟시오法학講師에金瑞圭權赫采兩시가熱心敎科ᄒᆞ야三拾四人이卒業ᄒᆞᆫ後秋期에更히中학科와測量速成兩科를設立ᄒᆞ며拾壹郡聰俊子弟와該校四年級卒業生을募集ᄒᆞ고該校々監金永學씨가上京ᄒᆞ야高明ᄒᆞᆫ敎師黃潤東洪承駿兩시를延聘ᄒᆞ얏다더라

●光明敎師의光明　江東郡光明학校ᄂᆞᆫ設立ᄒᆞᆫ지數年이라資本의蓄積이殷富치못ᄒᆞ고傍人의贊成도또ᄒᆞᆫ夥多치못ᄒᆞ나다만日就月將의盛況이有ᄒᆞ야학徒에知識이日新ᄒᆞ며該校敎師崔聖澤씨가晝則七拾名학徒를勤懇敎授ᄒᆞ야展眉ᄒᆞᆯ餘暇가殆無ᄒᆞ고且國內敎育이尙且不振ᄒᆞᆷ을奮惜ᄒᆞ야夜學校를蒼海義塾에開ᄒᆞ야開學ᄒᆞᆫ지數日에生徒가二拾餘名이라夜深토록三次上학ᄒᆞ되怠色이小無ᄒᆞ고種々激昂ᄒᆞᆫ言論으로說論ᄒᆞ기로壹般生徒에학業이大進ᄒᆞᆫ다고西來人에稱頌이喧藉ᄒᆞ더라

廣告

▲營業勸勉廣告

漢城鍾路 慈惠大藥房에셔內地各處에有病ᄒᆞᆫ兄弟를救濟ᄒᆞᆯ目的과生涯無ᄒᆞᆫ兄弟를實藥資生ᄒᆞ게ᄒᆞᆯ目的과資本이有ᄒᆞᆫ兄弟로永久ᄒᆞᆫ大藥商을成立ᄒᆞ게ᄒᆞᆯ目的으로本人이多年千辛萬苦ᄒᆞ야歐美各國製藥中有效ᄒᆞᆫ名藥數百種을學得ᄒᆞᆫ中에셔五拾餘處方을精擇ᄒᆞ야前의학校長勳五等池셔永시의게有効證明을受ᄒᆞ고의학博士洪셔厚洪鍾殷兩시의게實驗方劑書를受ᄒᆞ고全國十三道內都會處에製藥營業코ᄌᆞᄒᆞ시ᄂᆞᆫ兄弟의請願ᄒᆞ시ᄂᆞᆫ대로藥方文을許與ᄒᆞ야各々自己가製造발賣도ᄒᆞ고或各其所親ᄒᆞᆫ지로支店도니게ᄒᆞ려ᄒᆞᄂᆞᆫ대效力이無ᄒᆞ고名譽가無ᄒᆞᆫ藥品은放賣가極難ᄒᆞᆯ뿐더러許多ᄒᆞᆫ廣告費와許多ᄒᆞᆫ藥材를廣費ᄒᆞᆫ後에야始도발賣ᄒᆞ기를試驗ᄒᆞᆯ것이니不必費財費力이라商号와商票ᄂᆞᆫ京城鍾路慈惠藥房에셔借與ᄒᆞᆯ것이오新聞에製藥人姓名을廣告ᄒᆞ야주고藥品外封皮와內封皮도慈惠약房附屬活版所에셔印刷ᄒᆞ야주고製藥乾材도小包郵遞로購求ᄒᆞ야送ᄒᆞᆯ터이니誰某시던지製藥生涯코ᄌᆞᄒᆞ시ᄂᆞᆫ이ᄂᆞᆫ製藥資本金만準備ᄒᆞᆫ後에請願ᄒᆞ시오然ᄒᆞᆫ時ᄂᆞᆫ慈惠藥房製藥員壹人을派送ᄒᆞ야諸般製藥法을敎授ᄒᆞ오리니東西洋勿論ᄒᆞ고賣藥商規에誰某던지製藥ᄒᆞᄂᆞᆫ商号와藥名을偽造치못ᄒᆞ며奪取치도못ᄒᆞᄂᆞ니誰某시던지慈惠藥房藥方文을請願ᄒᆞ시되他人보다몬저請願ᄒᆞ여가시고永久ᄒᆞᆫ營業을創設ᄒᆞ시오

漢城鍾路慈惠醫院主 李觀化 告白

●賣藥方法

五拾餘處製藥所가拾三道니都會處에散在分賣ᄒᆞᆯ거시니誰某던지壹種藥을지어가지고該地方에만信用發賣ᄒᆞᆯ뿐아니라ᄒᆞ地方附近所親ᄒᆞᆫ대로支店도니고또拾三道니五拾餘處製藥所에죠곰식小包郵便으로分送ᄒᆞ면其약을受ᄒᆞᆫ兄弟ᄂᆞᆫ其갑에代금을自己가製造ᄒᆞᆫ藥으로換送ᄒᆞᆯ거시니各其壹種藥을製造ᄒᆞ야가지고五拾種藥을換賣ᄒᆞ게되니엇지生涯가不足지아니ᄒᆞ리오假量晉州製藥所에셔拾재밧ᄂᆞᆫ藥은咸興製藥所에셔都賣價値로五錢을주고ᄉᆞ다가都賣금으로五錢을밧고보면來往郵稅ᄂᆞᆫ損害가되다ᄒᆞ되自己가製造ᄒᆞᆫ약의已往利益이남앗스니郵稅를무러도無害ᄒᆞ고또五拾種藥을都賣金으로ᄉᆞ다가散賣ᄒᆞ고본즉正當ᄒᆞᆫ利益이又有ᄒᆞ니製藥ᄒᆞᆫ兄弟의利益이完全ᄒᆞᆯ거시오또五拾餘處製藥所가合ᄒᆞ야壹慈惠藥房이되면外國藥貿來ᄒᆞᄂᆞᆫ디나賣藥ᄒᆞᄂᆞᆫ디나製藥ᄒᆞᄂᆞᆫ대壹大便益이有ᄒᆞᆯ거시라또製藥兄弟中에製造藥이不賣ᄒᆞᄂᆞᆫ時에ᄂᆞᆫ五拾處製藥所에셔互相合力分賣ᄒᆞ면賣藥商利益이均壹ᄒᆞᆯ거시나만일藥方文을持去ᄒᆞ고熱心으로製造成藥지못ᄒᆞ거나或慈惠藥房商号와藥名을變造ᄒᆞᄂᆞᆫ境遇에ᄂᆞᆫ相當ᄒᆞᆫ約定이有ᄒᆞ니約定은面對ᄒᆞ야約定도ᄒᆞ고書信으로도約定ᄒᆞ시오

大韓帝國 新發明特効靈藥

●承寧府典醫正三品洪哲普閣下實驗處方

●陸軍[illegible]醫學校敎官[illegible]君有効證明

九拾五粒入金[illegible]錢

八寶丹

主治効能

○胃痛惡心 ○頑痰固飮 ○食思欠乏 ○中暑中寒 ○新久積滯 ○急瞀關格 ○溜飮食傷 ○頭痛眩暈 ○泄瀉下痢 ○霍亂吐瀉 ○水土不服 ○船車醉

陸軍貳等軍의 許 均 實驗處方

陸軍貳等軍의 朴[illegible]建君 有效證明

補陰滋陽丸 補陽 ᄌᆞ 양 환

卅日分金五圓　廿日分金三圓四拾錢　拾日分金壹圓八十錢

主治

○房事不容 ○腎虛腰痛 ○病後氣端 ○腎氣不足 ○陽痿不起 ○遺精多夢 ○陰虛火動 ○房事後惱困 ○手足厥冷 ○形容蒼白 ○吸烟斷烟客間 ○體質虛弱消瘦

婦人養胎調經丸 (부인 양태 됴경 환) 명약

壹劑金五圓

主治說明

婦人이孕胎ᄒᆞ지못ᄒᆞᆷ은冷病積病과月經不調로因ᄒᆞᆷ이니此藥을服用ᄒᆞ시면婦人腹中에有ᄒᆞᆫ諸病은壹切退去ᄒᆞ고自然孕胎ᄒᆞ오니速臨買去하시옵

瘡病神藥 ▲사향소창단 ▲麝香消瘡丹

此丹이於諸창에無論男女老少ᄒᆞ고若服壹劑하면[illegible]有神效ᄒᆞ야百발百中ᄒᆞ오니非[illegible]方可及이라若論主治則楊梅下疳連珠風濕頭창諸症에俱見立效ᄒᆞ오니養痾僉君子ᄂᆞᆫ壹次試驗ᄒᆞ시오

右四種약은各地方에셔도請求ᄒᆞ시면우편으로부쳐드리오

製약所 인川港쥭峴和平堂藥房

發行人 仝 李[illegible]

京城鍾路衣廛下和平堂支店

水原北[illegible]洞仝支店 李[illegible]儀

代理店 仁川港쥭峴제生당약房

京城大廣橋共愛堂약房 [illegible]

平壤[illegible]水橋大東[illegible]市支店 金[illegible]鉉

▲發賣所

南署苧洞 李永鎭
仝 屛門니博文書館 [illegible]
仝 南門니水橋 濟生支店
仝 石口니 相信號 典醫포
仝 鐵物橋毛衣房 리洛瑞
仝 小廣橋毛衣房 리厚根
仝 壽進동上隅 三可病院
仝 太寺동 共제病院
仁川港니동開豊旅館 韓[illegible]
仝 쥭峴니동 金暉寬
仝 읍니 숙永源 李昇範
江華鍾路 衆順五店
開성남문니 朴圭相商店
仝 남문니明新册ᄉ 리良[illegible]
水原남문니 김제九약舘
海州남문니 리[illegible]商店
延安읍니 邊汝文 洋[illegible]局
長淵남문니 [illegible]在[illegible]
仝砂里院耶蘇敎당 리在善
黃州남문니紅문동 리東[illegible]
平壤章臺峴耶蘇敎堂니 金[illegible]柱
仝 法首橋乾材局 金[illegible]元
仝 大興部壹里 崔[illegible]化
仝 館[illegible] 김[illegible]
仝 文武洞 桂澤善약포
鎭남浦梁동 김元성藥포
鎭남浦碑石洞冊ᄉ 吳承[illegible]
仝 제生당出張 吳[illegible]
群산港開福洞 金斗鉉
仝 大井동 리春春약房
禮산읍谷里 리東[illegible]
大邱남문니 리明直약局
元山港 남甲元약局
仝 제生堂支局 朴[illegible]
尙州서문니 박致心약局
김泉場 鄭[illegible]약局
釜山港제生당出張 朴昌[illegible]
安州성니義井동 回春大약房
安岳邑上場제生局 林[illegible]柱
義州남문外木口街 義和약房
載寧읍後동洋약局 崔允[illegible]
定州남문니洋약局 리[illegible]柱
郭山읍洋약局 羅[illegible]
宜川읍冊사 安[illegible]
鐵山읍永春堂 安[illegible]
咸從郡耶蘇敎堂 張炳[illegible]
仁川港츅峴
京城鍾路

和平堂 白

●[illegible]廣告

陸軍[illegible]試驗方劑 陸軍軍醫[illegible]君有効證明 [illegible]各學校常備之藥

新藥 神化 清心保命丹

發行所 仁川港杻峴 濟生堂藥房

九十粒入壹拾錢

右劑의主治効能은如左

●飮暍 ●吐瀉 ●水土不服
●腹痛 ●霍亂 ●中暑中寒
●食傷 ●咽喉 ●口氣惡臭
●其他諸般瘴氣癘疫預防妙藥

總發行所 京城南大門內 濟生당支店李[illegible]

●西小門外 제生당支店具又賢

●元山港銅石院 제生당支店박敬鎭

代理店 京성大廣橋共愛堂

●京城鍾三丁目 仝종路慈惠약房
仝 仝郵便局前天佑堂약房 新井약店
仝 남大문니博文書館 盧益亨
仝 梨峴洋약局 리信華
仝 大安洞 仁제약房
仝 [illegible]동 三可病院 朴喜達
仁川畓峴和平당 리[illegible]
向本町 新井藥房
●海州남문니 宋在瑛
仝 仝商店 리奉[illegible]
●水原종路下약房 金제九
●延安읍니洋약局 邊汝文
●江華鍾路店 尹斗鉉
●長淵남문니 [illegible]
●沙里院街니客主 任[illegible]中
仝 耶蘇敎堂니 리載善
●瑞興읍니 許[illegible]
●平壤[illegible]東美送部 김奉圭
●黃州남문니紅문동 리東[illegible]
●安岳邑上場里제生局 林[illegible]柱
●載寧邑後동洋藥局 崔允國
●鳳州[illegible]良面早遷 김鎭和
●[illegible]川邑四里洋약局 김永植
●長連邑東里冊肆 文興冠
●平壤[illegible]문동出張人 尹宜[illegible]
仝 [illegible]제약局 韓[illegible]儀
仝 館洞衛生의院 金[illegible]興
仝 文武동제生局 桂澤宜
仝 大[illegible]部壹里藥局 崔[illegible]化
●鎭남浦[illegible]동冊사 김元[illegible]
仝 [illegible]本堂出張人 吳南[illegible]
●安州성니義井동 春太약房
●博川邑美동商店 朴芝行
●定州남문니洋藥局 리健柱

●[illegible]川邑[illegible]街[illegible]사 김大鉉
●鐵山읍[illegible]春堂 安[illegible]
●義州남문외水口街 安[illegible]
●宣川읍官[illegible]약局 [illegible]錫浩
●鎭남浦開[illegible]동 리丙斗
●大邱남門니刷遷洞 김斗鉉
●釜山港東館本町商店 김成浩
●北靑新昌港客主 리炳夏
●木浦各國[illegible]松房 徐岐晃
●全國니各약店마다隨應販賣

仁川港쥭峴 京성남大문니 濟生堂 白

社告

○申報價

壹張代金	新貨二錢五厘
壹個月前納	三十錢
參個月	九拾錢
陸個月	一圓七十錢
壹個年	三圓四十錢
郵稅一張	新貨五厘
壹個月	十三錢

○廣告料

四号活字拾三字詰

每日壹寸(英尺)에	新貨廿五錢
二週日壹寸에	二圓五拾錢
壹個月壹寸에	五圓

(自壹行至四行이爲壹寸)

其期限의長短과字行의多寡를依ᄒᆞ야增減ᄒᆞᆷ이有ᄒᆞᆷ

●大韓每日申報各處支社廣告

中署布屛下 金相萬冊ᄉ
平壤鍾路太極書館 安泰國
仁川畓峴開新冊ᄉ 李東皓
義州南門外호西大藥房 [illegible]有寬
釜山港佐川약局 徐錫籌
三和港築동 金元變
咸興州南社西門外 曹喜林
開城남大門內興學書舖 [illegible]助還
大邱西門外友弦書樓側 李正由
載寧邑濟衆院 劉夢澤
鐵山邑東郡 安灝
元山倉前 劉七鎬
海州남門內 [illegible]
定州南門內書舖 洪成麟
昌城郡校洞 許[illegible]
郭山興岩 李銀瑞
安岳細동坊成洞 康道善
博川舊津 李鎭成
安州城內義井洞 金翼河
鐵原邑栄동 趙宗大
高原邑 朴敬吉
井邑邑內 李益泉
泰仁邑內 金禹燮
京畿線杻峴驛[illegible]市 李基秀
長淵邑南門內 崔載淳
殷栗邑倉開里 金泰聲
龍川楊市 黃菊保
朔州邑남門니 朱伯興
泰川邑館前洋약局 李正華
永興南山동書舖 梁國錫
江華邑川橋 金鎭식
淸州남門外 宋斗仁
寧邊邑客舍里趙炳俊家 明濟世
金溝水流面豆亭 趙鍾三
信川邑六里 丁一善
江西邑內 金昌植
成川郡上部面 馬應三
興德富安面飯谷 姜大榮
龍川府南面松峴海東書會 金賢圭
咸從郡耶蘇敎堂 張炳[illegible]
平남順川郡達동 鄭裕경
龍川남市驛 韓燦禧
龍岡郡耶蘇敎堂內 朴鍾운
車輦館 金明鉉
結城廣川小龍동 李啓祚
定平郡豊川 張禮학
洪原南門外耶蘇敎冊肆 方萬晟
宜川읍新民書會 魯昌世

發行兼編輯人 英國人 萬 [illegible]
Responsible for Publication Alfred Weekley Marnham
發行所 南署石井洞號外地三層洋屋 大韓每日申報社

京城鍾路慈惠醫院 醫學校卒業後濟衆院卒業 濟衆院의학實地六年習학 [illegible]

此鍾路慈惠醫院에셔太英國製視力檢査機械와金銀眼鏡을購置ᄒᆞ고男女視力을檢査ᄒᆞ야適合ᄒᆞᆫ者로廉價放賣ᄒᆞ오니眼力이不足ᄒᆞ신[illegible]

第六卷 大韓每日申報 第九百四號

大韓每日申報

月曜及慶節 歲時日休刊

君紀開國四千二百四十一年
箕子元年三千三十年
大韓開國五百十七年
日本明治四十一年
淸國光緒三十四年
陰曆戊申八月小十八日 辛未

別報

●學部訓令第三號 道府郡

教育의要と使人으로爲人의道를知케ᄒᆞ며社會의幸福을增進케홈인故로此를施設홈에不可不時勢의變遷을隨ᄒᆞ야實地에適用케홀지라書堂의教育은我國舊制에屬ᄒᆞ야其沿革이雖久ᄒᆞ나但依然히尙古의風에泥ᄒᆞ고기明의事物에疎ᄒᆞ야單히漢文학의肄習을事ᄒᆞ고毫末도處世上必須의智識技能을與ᄒᆞ기에努力치아니ᄒᆞ야使學童으로唯其精力을徒勞ᄒᆞ고歲月을徒銷ᄒᆞ에終ᄒᆞ니此と人을利케ᄒᆞ고世을益케ᄒᆞと所以의道가아니라或者書堂廢止의議를唱홈은蓋亦無怪나然ᄒᆞ나書堂은新教育의普及을隨ᄒᆞ야不撥自廢홈에歸홀지라唯現今我國教育上施設이尙未完全혼時에多數혼書堂을一時廢止ᄒᆞ면許多의兒童으로忽然히其修學의途를失ᄒᆞと結果가生ᄒᆞ리니是亦輕斷에不能홀지며書堂으로其授業을廢止케아니ᄒᆞ되又其現狀으로放置홈은不忍ᄒᆞ니使書堂으로其事情와可得ᄒᆞ기ᄭᆞ지と其施設을新式的改良을加하야漸近實用케홈이機宜에適合홈으로仍ᄒᆞ야本大臣은玆에書堂에對ᄒᆞᆫ管理上要項數件을擧ᄒᆞ야示하노니地方官은此趣旨를體ᄒᆞ야指導監督의方策을勿懈ᄒᆞ기를期홈이可홈

一 書堂所在地에普通학校의設置가有ᄒᆞᆫ境遇에と其地方子弟로普通學校에入학홀年齡에達ᄒᆞᆫ者と爲先普通學校에入학케홈을常例로하야書堂에서其普通학校에入학홈을妨碍ᄒᆞ거나又と普通學校에轉學홈을抗拒하と等事가無홈을要홈

但其地에普通學校의設置가無ᄒᆞ거나又と有ᄒᆞ야도設備上에收容홀餘地가無ᄒᆞᆫ境遇에と此例에依홈을不要홈

二 書堂에서課하と學科と漢文으로爲主ᄒᆞ나國語의處世上必要홈은決코漢文에不讓홀지라故로書堂中其事情의拘碍됨이無ᄒᆞᆫ者의게對ᄒᆞ야と國語를加設홈을勸奬홈이可홈

三 漢文教授의實況을觀ᄒᆞᆫ즉音讀에만努力ᄒᆞ고其意義를解得케ᄒᆞと事가無ᄒᆞᆫ者가尤多하니如斯ᄒᆞᆫ智識啓發과德性涵養에資홈이無ᄒᆞ야修習多年이라도所得이甚少ᄒᆞ지니自今以後と智德開進上에留意ᄒᆞ야教授方法을改良케홈을要홈

四 書堂은學童의體育에留意치아니ᄒᆞ고專히古來習慣을株守ᄒᆞ야黎明으로부터日暮에至ᄒᆞ기ᄭᆞ지端坐ᄒᆞ야학習에努力케ᄒᆞと바從來와如히漢文音讀에만專工ᄒᆞ면或不可치아니ᄒᆞ다謂ᄒᆞ깃스나苟其教授의目的을智德開進上에置ᄒᆞ야心意의作用을複雜케홈時と其時間에學習을ᄒᆞᄂᆞᆫ兒童의心身가勞ᄒᆞᆷ을慮치不無ᄒᆞᆫ즉教授時間은學童의身體와腦力에鑑照ᄒᆞ야適當히減縮케홈을要홈

五 學童의規律及威儀에對ᄒᆞ야도書堂은此를輕視홈과如ᄒᆞᆫ바自今以後と管理薰陶上에留意하야年少時代에善良ᄒᆞᆫ習慣을養홈에用力케홈이可홈

六 書堂에教室과其他設備의完全ᄒᆞᆫ者가殆無ᄒᆞᆫ바就中狹隘ᄒᆞᆫ室內에多數ᄒᆞᆫ學童을雜居케ᄒᆞ야採光換氣와其他衛生上의注意를缺ᄒᆞと等事と發育期에在ᄒᆞᆫ兒童의身體를害홈이不尠ᄒᆞᆫ즉教室의規模가狹小ᄒᆞᆫ書堂에서と學童으로ᄒᆞ야금交替出入케ᄒᆞ며窓戶를開放ᄒᆞ야採光通風을滿足히ᄒᆞ고內外를洒掃ᄒᆞ야淸潔整頓을期케홈을要홈

外報

●美國大統領의教書 倫敦電을據ᄒᆞᆫ즉美國大統領루스벨트氏가議會에教書를送ᄒᆞ야常備兵二萬五千人을增加ᄒᆞ라고勸ᄒᆞ얏다더라

●獨逸의陸軍大演習 路透電을據ᄒᆞᆫ즉獨逸陸軍大演習을알사쓰로린(佛獨國境)에서미始ᄒᆞ얏는데該演習地と壹千八百七拾年獨佛戰爭ᄒᆞ든戰場인데參加ᄒᆞᆫ兵員이七萬名에達ᄒᆞ얏다더라

●淸國留학生決議 東京電을據ᄒᆞᆫ則日本에在留ᄒᆞᆫ淸國留學生은近日大會를開ᄒᆞ고德國商品排斥及今後德國人設立ᄒᆞᆫ學校에入學치아니홀等事를決議ᄒᆞ고本國에移檄홀터이라ᄒᆞ얏다더라

●米紙의排日運動 紐育電을據ᄒᆞᆫ즉紐育허랄드新聞에再次排日運動을開始하되淸國公使と日本謀計에犧牲이되と者라論ᄒᆞ고又再次米淸同盟說을鼓吹ᄒᆞ얏다더라

雜報

●著譯家의大不幸 玄采씨가昨年四月부터至今拾八朔에高等小學理科書四冊을著譯ᄒᆞ야第壹二兩冊을今年三月에先爲發行ᄒᆞ얏더니其時에鄭寅琥씨가玄氏를來見ᄒᆞ고其再版에同事分利ᄒᆞ기로請ᄒᆞと지라玄시가其所入錢額이夥多홈을言ᄒᆞ고且曰此冊은五六版에至ᄒᆞ여야利益이有ᄒᆞ리라ᄒᆞᆫ대鄭氏曰君言과如ᄒᆞᆯ진ᄃᆡ此と遲緩ᄒᆞᆫ策이라我と利益을何時에得ᄒᆞ리오追後再議홈이可ᄒᆞ고我가今에其財主의게三千圓을籌貸ᄒᆞ야冊肆를設코ᄌᆞᄒᆞ니君의諸冊을賣ᄒᆞ야니라並이其方針을指示ᄒᆞ라ᄒᆞᄂᆞᆫ바此事인즉昨年秋부터今年五六月ᄭᆞ지玆兩人이議論ᄒᆞ든바라其間屢年에鄭시와玄시와書籍相從ᄒᆞ야來往ᄒᆞ며書籍을商議ᄒᆞ더니今者에鄭氏가玄시理科書中에植物科를摘ᄒᆞ야植物學이라命名ᄒᆞ고自稱譯述者라ᄒᆞ야印刷發行ᄒᆞと바其編纂과文裝이玄시의冊과毫釐不差하고但他課四種만添入ᄒᆞ얏고또動物學은不日間發行ᄒᆞᆫ다ᄒᆞᆫ데此亦玄시의冊과同ᄒᆞᆫ지라玄시가鄭시를招請ᄒᆞ야問ᄒᆞᆫ즉答曰此事가果然大不是ᄒᆞ니我冊을折半ᄒᆞ야君의게給ᄒᆞ야君의損害를賠償ᄒᆞ리라ᄒᆞ며其登日에と玄씨를來見曰此冊이비록君의冊과同ᄒᆞ나題目이殊異ᄒᆞ니君의게妨害가何有ᄒᆞ리오且我의變題홈도君을爲홈이라ᄒᆞ며又曰君이此事를裁判ᄒᆞᆯ지라도我と不畏ᄒᆞᆫ다ᄒᆞ거날玄시曰君이此冊을刊行코ᄌᆞ하면我에게商議홈도可ᄒᆞ거날今에至此ᄒᆞ니此と兩人이俱敗ᄒᆞと道라ᄒᆞᆫ대鄭시曰然ᄒᆞ면吾冊은來次再版時에改正ᄒᆞ야君冊과異케ᄒᆞ리라ᄒᆞ고臨去時에又曰我言은已盡ᄒᆞ얏스니君自諒處하라ᄒᆞ는지라玄시가此言을聞ᄒᆞ고曰如此ᄒᆞᆫ習을養成ᄒᆞ면來頭著書人이擧皆毀害ᄒᆞ거시오我도言ᄒᆞ야도利害競爭에不得不質下歸正ᄒᆞᆫ다ᄒᆞ며또玄시가植物學을方在印刷中인데定價と二拾錢이라鄭시冊보다三分壹이少ᄒᆞ다더라

文壇

▲讀史新論 (續) 壹片丹生

其君이或不仁하며라도其臣이爲ᄒᆞᆯ지며其臣이皆不賢ᄒᆞᆯ지라도其民이有ᄒᆞᆫ지니壹國內上下臣民이會集ᄒᆞ야先王의宗廟를忍撤ᄒᆞ며先王의陵墓를忍棄ᄒᆞ며先王의千年奠居ᄒᆞ던國都를忍別ᄒᆞ고亡國的行裝으로迢迢去ᄒᆞ더비록至無恥ᄒᆞᆫ國民이라도壹家思奮ᄒᆞ리니萬奇百戰力屈ᄒᆞ야擧國北走ᄒᆞ홀진ᄃᆡ猶可也어니와엇지樂工巫女五千人의來를見ᄒᆞ고三拾木計의上策을籌ᄒᆞ리오設或檀君王朝末路의劣弱이果然此에至ᄒᆞ얏슬진대是時北方에在ᄒᆞᆫ肅愼族도武藝에長ᄒᆞᆫ民族也며西方에在ᄒᆞᆫ鮮卑族도戰鬪에能ᄒᆞᆫ民族也며其外各方面에列立ᄒᆞᆫ沃沮穢貊等族도水艸를逐ᄒᆞ야畜牧ᄒᆞ며生存을競ᄒᆞᄂᆞᆫ民族也나檀君王朝의如此劣弱홈을見ᄒᆞ고坐視不取ᄒᆞᆯ理가豈有ᄒᆞ리오

然則箕子의東來를不待ᄒᆞ야檀君後裔と滅亡이已久ᄒᆞ고朝鮮壹方은他族이已據ᄒᆞ얏슬지라故로箕子가武王의力을借ᄒᆞ야檀君王朝를代ᄒᆞ얏다홈은村夫口頭의說話에不過라ᄒᆞ노라

箕子가檀君後裔를代홈도아니며箕子가國人의立혼바도아니며箕子가周武王의力을借홈도아니라ᄒᆞ면箕子東來의問題と將若何히論斷코ᄌᆞ하나뇨曰余と以爲호ᄃᆡ箕子東來ᄒᆞ던日은扶餘王朝의光榮이尙且朝鮮全部에照耀ᄒᆞ던ᄆᆡ에라箕子가出來ᄒᆞ야其封爵을受ᄒᆞ고朝鮮(平壤의舊名)에住ᄒᆞ야政教를施ᄒᆞ니扶餘王은君也며箕子と臣也오扶餘と王都也며壤은屬邑也니箕子의封爵은百里에不過ᄒᆞ며職位と壹守尉에不過ᄒᆞ니奇氏譜의稱所홈太祖又聖王□字と後人의杜撰이며東史綱目의論戰홈「選讓太半皆기子提封」九字と筆下의臆推니라 (未完)

雜報

●義王消暢 再昨日에 義親王殿下씌옵셔消暢ᄒᆞ시기爲ᄒᆞ야東大門外安岩洞亭子에出御遊宴ᄒᆞ셧다더라

●李總相의憂色 總理大臣李完用氏ᄂᆞᆫ遞任되고其代에中樞院議長金允植氏가被任ᄒᆞᆫ다ᄂᆞᆫ巷說이浪藉ᄒᆞᆷ을因ᄒᆞᆷ인지近日李總相은憂色이滿顔ᄒᆞ야中外來客을壹切謝絶ᄒᆞᆫ다ᄂᆞᆫ說이有ᄒᆞ더라

●麥藁子幾萬個 內部大臣宋秉畯氏ᄂᆞᆫ各地方人民을壹體斷髮키爲ᄒᆞ야麥藁子幾萬個를日本에注文ᄒᆞ얏다ᄂᆞᆫ巷說이有ᄒᆞ더라

●模範場觀察 學部大臣農商工部大臣其他某々大臣이昨日上午十時頃에作伴ᄒᆞ야纛島에在ᄒᆞᆫ勸業模範場을觀察ᄒᆞ얏다더라

●內部技師開會 內部土木局技師와各地方에出張ᄒᆞ얏던人을招上ᄒᆞ얏다ᄂᆞᆫ데日昨부터技師會를開ᄒᆞ고事務擴張ᄒᆞᆯ方法과進就ᄒᆞᆯ事項을協議ᄒᆞᄂᆞᆫ中이라더라

●崔氏辯護請願 法部書記官崔鎭氏의辭免ᄒᆞᆷ은已報어니와其內容을得聞ᄒᆞᆫ즉氏가該職을辭免ᄒᆞ고辯護士의請願書를提呈ᄒᆞ얏다더라

●兩守受勅 新任楊州郡守朴永大呂州郡守李儒哲氏等이再昨日에受勅ᄒᆞ얏다ᄂᆞᆫ데日間發程赴任ᄒᆞᆫ다더라

●韓日人竝任 劉漢性氏와日本人末松熊彥이ᄂᆞᆫ 御苑事務局部長을被任ᄒᆞ얏다더라

●過期限廢止 度支部에서設置ᄒᆞᆫ群山과木浦에在ᄒᆞᆫ建築所의出張所ᄂᆞᆫ期限이已過ᄒᆞᆷ으로廢止ᄒᆞ얏다더라

●漢字會商議 某々諸氏가漢字統一會를組織ᄒᆞ고次로趣旨書ᄭᆞ지發布ᄒᆞ얏거니와會長은學部大臣李載崑시로推選ᄒᆞ고其事務處理의方法을現今商議中이라더라

●肥料桶設備申飭 北部警察署에서再昨日上午拾時에該署管內各坊曲의紳首를會同ᄒᆞ야說諭ᄒᆞ얏다ᄂᆞᆫ說을聞ᄒᆞᆫ則已往에ᄂᆞᆫ各人家의肥料品을糞商들이掃去ᄒᆞᆷ은壹般皆知ᄒᆞᄂᆞᆫ바어니와從今以後로ᄂᆞᆫ掃去ᄒᆞᆯ人이有ᄒᆞᆫ즉糞桶을設備ᄒᆞ면或三四日이라던지或五六日ᄭᆞ지를間斷ᄒᆞ야掃去ᄒᆞᆯ터이니以此遵行ᄒᆞ라ᄒᆞ얏다더라

●勞働者次第斷髮 漢城五部內의人力車로營業ᄒᆞᄂᆞᆫ者를壹切斷髮ᄒᆞ기로ᄒᆞᆷ은人所共知어니와數日後면人力車軍은皆斷髮이될터이오其他勞働者들도次第斷髮ᄒᆞᆫ다더라

●取扱所와電話 拾三道內에設置ᄒᆞᆫ郵便取扱所及電話키通ᄒᆞᄂᆞᆫ位置를多少間改定ᄒᆞᆫ다더라

●府尹과主事 義州來言을聞ᄒᆞᆫ즉本府尹徐相勉氏가到任後에善政治民ᄒᆞ고該府主事李闓珪氏가勤々孜々ᄒᆞ야壹心做事ᄒᆞᆫ다고讚言이浪藉ᄒᆞ다더라

●日人居留地全沒 再昨日來로降雨ᄒᆞ야元山日人居留地全部가浸沒ᄒᆞ야被害가多ᄒᆞ고又赤田川이增水되야元山里에浸水될慮가有ᄒᆞ기로現今防備中이라더라

●金氏押上 保寧郡居金聲福氏ᄂᆞᆫ雇人壹名이昨年八月頃에義兵에投入ᄒᆞ야踪跡을尙今未詳인데日憲兵分隊의셔金氏를提去ᄒᆞ야雇人을不日提納ᄒᆞ라ᄒᆞ다가金씨를京城憲兵司令部로因爲押上以來ᄒᆞᆫ지라該洞人民이多數히上來ᄒᆞ야該部에將次等訴ᄒᆞᆫ다더라

●打人被囚 南部中茶洞居ᄒᆞᄂᆞᆫ李容선氏가北署外郊外蓮洞居ᄒᆞᄂᆞᆫ李應七氏와有何事端이던지再昨日에京城區裁判所에서互相裁判ᄒᆞ야李應七氏가竟至落科ᄒᆞ고同爲還來ᄒᆞ다가李應七氏가李容선氏의頂部를擧拳猛打ᄒᆞ야危境에至ᄒᆞ얏ᄂᆞᆫ대中部警察署에서李應七氏ᄂᆞᆫ捉囚ᄒᆞ야現行訊查ᄒᆞ고李容선氏ᄂᆞᆫ警察醫師를請邀ᄒᆞ야診斷ᄒᆞᆫ後에自己家로昇去ᄒᆞ야治療케ᄒᆞ얏다더라

●酒債服費徵給 再昨日下午七時頃에南部會洞에居ᄒᆞᄂᆞᆫ日本人家에서雇傭ᄒᆞᄂᆞᆫ金學培金洛日等二名이西部太平洞尹敬汝酒肆에往ᄒᆞ야四拾錢價値의酒를買飮ᄒᆞᆫ後에該價를不給ᄒᆞ고因卽歸去ᄒᆞᄂᆞᆫ지라尹某가自己家에留ᄒᆞᄂᆞᆫ金行奎를帶同ᄒᆞ고逐後往督ᄒᆞ미彼人等이金行奎를反爲亂打ᄒᆞ며所着衣服을裂破ᄒᆞᄂᆞᆫ고로該掌內巡查가兩金을南部警察署로押致ᄒᆞ얏더니該署에셔酒債四十錢과服費二拾전을竝爲徵給ᄒᆞ얏다더라

●以虜長虜 某新聞을據ᄒᆞᆫ즉陰竹長湖院日兵站所ᄂᆞᆫ湖邊에在ᄒᆞᆫ故로今年漲水에該基址가若干水敗된것을去月二十一日에其近處拾餘個里農民을家々運力으로赴役케ᄒᆞᄂᆞᆫ데만일闕ᄒᆞᆫ者가有ᄒᆞ면闕錢이拾兩이라ᄒᆞᄂᆞᆫ故로役夫가五百餘名이라前부터莫大ᄒᆞᆫ場市에도無ᄒᆞᆫ事인데무삼新聞規則인지錢財가無ᄒᆞᆯ지不知어니와他人의牛馬ᄭᆞ지終日使役ᄒᆞ며但生芻壹束에라도饑之어ᄂᆞᆫ我國百姓은牛馬보다不如ᄒᆞᆫ지如此窮節에自己田畓의水敗도修築ᄒᆞᆯ力이無ᄒᆞ거ᄂᆞᆯ終日役事에南草壹束도不給ᄒᆞ고飢渴이滋甚ᄒᆞᆫ中에尤爲寒心ᄒᆞᆫ事ᄂᆞᆫ役事를監董ᄒᆞᄂᆞᆫ人이日人을依賴ᄒᆞ고役夫를鞭打ᄒᆞ미實노牛馬로知ᄒᆞᄂᆞᆫ樣이며又有壹人이渴症이太甚ᄒᆞ야眞瓜壹介를買喫ᄒᆞᄂᆞᆫ대監董者가役事를督促ᄒᆞ다가該人을毆打ᄒᆞ고衣服을裂破ᄒᆞ얏스며且日兵站所에서巡查를派送ᄒᆞ야該役夫를捉去ᄒᆞ니實노慘毒ᄒᆞ기ᄂᆞᆫ우리同姓이오日人依勢ᄒᆞ고同胞를暴虐ᄒᆞᄂᆞᆫ者ᄂᆞᆫ殺之라도猶有餘罪라고輿論이喧藉ᄒᆞ다ᄒᆞ얏더라

●風浪中의冤魂 八月三十壹日全南麗水郡三日面附近에서商人七拾餘名이光陽邑市日에赴ᄒᆞᆯ次로龍成里에서乘船渡江ᄒᆞᄂᆞᆫ데人多船少ᄒᆞᆫ中風浪이大起ᄒᆞ야因히破船되얏ᄂᆞᆫ지라乘客中二拾四名外에ᄂᆞᆫ悉爲溺死ᄒᆞ야尸體발見된者가拾餘名이오其他ᄂᆞᆫ悉皆不現ᄒᆞ얏다더라

●狠害小兒 本月三日午後拾壹時頃에定州城內面西門洞居ᄒᆞᄂᆞᆫ任德浩시의子六歲兒가放溺次로窓外에出去ᄒᆞ얏더니居無何에小兒가壹聲叫苦ᄒᆞᄂᆞᆫ지라家人이大驚ᄒᆞ야窓外에急出ᄒᆞ야도其形容을認得치못ᄒᆞ고暗裏에何物이逃走ᄒᆞᄂᆞᆫ듯ᄒᆞᆷ을見ᄒᆞ얏스나畢竟毒狠의게被害ᄒᆞᆷ으로思量ᄒᆞ고隣近居人에게報知ᄒᆞ며且警察署에急報ᄒᆞ야徹夜搜索ᄒᆞ야도發見치못ᄒᆞ고被害ᄒᆞᆫ地에서稍隔ᄒᆞᆫ西門外荒蕪地에狠跡으로認ᄒᆞᆯ것을發見ᄒᆞ고且其附近에肉片皮骨片少許가散在ᄒᆞᆷ을見ᄒᆞ얏다더라

●捕禽傷人 三昨日中部園洞屛門에서無賴輩가多數會集ᄒᆞ야空氣銃으로禽獸을獵ᄒᆞ다가彈丸이誤發ᄒᆞ야樓洞居李某의子年今拾三歲假量된兒의眼胞를重傷케ᄒᆞᆷ으로該兒의父가발銃者를該掌內派出所로携去ᄒᆞ야呼訴ᄒᆞ얏다더라

●竊盜被押 陰曆今月拾二日下午拾壹時頃에北部警察署刑事巡查南桂元씨가大安洞寺洞로過去ᄒᆞᄂᆞᆫ데何許下隸壹名이鍮爐及溺江各壹座를持去ᄒᆞᄂᆞᆫ데行色이殊常ᄒᆞᆷ으로南시가該隸를該署로卽爲押付ᄒᆞ고查實ᄒᆞᆫ즉竊盜로有名ᄒᆞᆫ金寶瑞인데現今取調中이라더라

●百圜五拾圜 東洋協會贊同人會金을寄付ᄒᆞ얏ᄂᆞᆫ대朴齊純閔丙奭權重顯趙民熙閔泳徽五氏ᄂᆞᆫ各百圜이오李會九李謙濟閔泳綺韓昌洙崔錫敏金春熙朴齊斌閔商鎬八氏ᄂᆞᆫ各五十圜이라더라

●長薰校進級式 私立長薰학校에서昨日下午二時頃에初等科生徒의進級式을擧行ᄒᆞ얏ᄂᆞᆫ데학務局長尹致旿編輯局長魚允迪兩氏가往參勸勉ᄒᆞ얏다더라

●盲女校設立協議 京城內에居留ᄒᆞᄂᆞᆫ西洋婦人들이發起ᄒᆞ야盲女학校를設立ᄒᆞ랴고準備中이라ᄂᆞᆫ대昨日貞동禮拜堂에會同ᄒᆞ야其設立方針을協議ᄒᆞ얏다더라

●兩氏有志 松禾郡龍門面居權燮亨黃起勳兩氏가瓦家二拾九間을買得ᄒᆞ야自信학校라稱ᄒᆞ고黃氏ᄂᆞᆫ義務教師로權시ᄂᆞᆫ諸般用費를自當ᄒᆞ야熱心教育ᄒᆞ미數月之間에학徒가四拾餘名에達ᄒᆞ얏다더라

●普中校開學 磚洞普成中學校에서ᄂᆞᆫ校舍가狹窄ᄒᆞᆷ으로更新修理ᄒᆞᆷ을因ᄒᆞ야尙未개학ᄒᆞ엿더니來拾六日부터개學ᄒᆞᆫ다더라

●李氏設校 全州居前郡守李重翼시가教育에熱心ᄒᆞ야該郡鄕校에彙成학校를設立ᄒᆞ고聰俊을募集ᄒᆞ야傾財奬勵ᄒᆞ미학徒가日々進興ᄒᆞ고且同郡養士齋에普明학校를新設ᄒᆞ야勞働者를教授ᄒᆞᆫ다더라

●慈仁守와頑固儒 慈仁郡守秦永廉氏가該郡人士를招集ᄒᆞ야時代의變遷ᄒᆞᆷ을說明ᄒᆞ고학校를設立ᄒᆞ얏더니該郡校儒輩이校답을見失ᄒᆞᆯ까憂慮ᄒᆞ야百般沮戱ᄒᆞ니該儒輩의頑固ᄒᆞᆷ을人皆痛嘆ᄒᆞᆫ다더라

●安東郡의測量校 慶北安東居ᄒᆞᄂᆞᆫ金澤東李會稷金秉澤權重淵四氏가測量학校를設施ᄒᆞ고生徒三百餘名을募集ᄒᆞ야熱心教育ᄒᆞᆫ다더라

▲處世金言▼ (續)

金汶植

▲他人의危險을見ᄒᆞ고自己를警戒ᄒᆞᄂᆞᆫ者ᄂᆞᆫ幸運을得ᄒᆞᄂᆞ니라

▲最大ᄒᆞᆫ危險之下에서最大ᄒᆞᆫ快樂을得ᄒᆞᄂᆞ니라

▲良馬ᄂᆞᆫ決코躓치아니ᄒᆞ며賢妻ᄂᆞᆫ決코不平ᄒᆞᆫ言論이無ᄒᆞ니라

▲夫ᄂᆞᆫ智가有ᄒᆞ고婦ᄂᆞᆫ忍耐心이有ᄒᆞ면家內ㅣ安全ᄒᆞᆫ基礎ㅣ니라

▲將來를恐ᄒᆞᄂᆞᆫ者ᄂᆞᆫ現在에樂事가不能ᄒᆞ니라

▲此世에隱ᄒᆞ야勉力지아니ᄒᆞᄂᆞᆫ人은此世에不生ᄒᆞᆷ과如ᄒᆞ니라

▲自己가行ᄒᆞᆯ事를他人의手를借ᄒᆞᆷ이不可ᄒᆞ니라

▲少許의怠慢이 苦를生ᄒᆞᄂᆞ니라

▲夏日에勉强치아니ᄒᆞ면冬日에不飢ᄒᆞᆷ을不得ᄒᆞ리라

▲懶惰ᄒᆞᆫ人은自己의腦首를食ᄒᆞᆷ이니라

▲邪惡의生活을ᄒᆞᄂᆞᆫ人ᄂᆞᆫ恒常恐怖의生活을ᄒᆞᄂᆞ니라

▲智慧가無ᄒᆞᆫ熱誠은暗中에遠征ᄒᆞᆷ과如ᄒᆞ니라

▲忍耐ᄂᆞᆫ運命을勝ᄒᆞᄂᆞ니라

▲勝利ᄂᆞᆫ善忍之地로歸ᄒᆞᄂᆞ니라

▲此를改造ᄒᆞᆯ思想이有ᄒᆞ더라도其力에不及ᄒᆞᆫ者ᄂᆞᆫ忍耐ᄒᆞ얏다가徐々히其力에適當케ᄒᆞᆯ지니라

▲大事ᄂᆞᆫ其力에依ᄒᆞ야成ᄒᆞᆷ을不得ᄒᆞ고不撓不屈에以ᄒᆞ야成ᄒᆞᆷ을得ᄒᆞ리라

▲學問은或人의務ㅣ되고或人의玩弄物도되ᄂᆞ니라

▲快樂이終ᄒᆞ면懶惰가生ᄒᆞᄂᆞ니라

▲懶惰ᄂᆞᆫ生物의墳墓ㅣ니라

▲壹次奢侈를耽ᄒᆞ면永久히其人은不淨ᄒᆞᄂᆞ니라

▲恒常休息을ᄒᆞ며厭症이生ᄒᆞᄂᆞ니라

▲天이賜ᄒᆞᆫ신方便을順從ᄒᆞ되怠치마라

▲小兒의運命은恒常其母의作處에在ᄒᆞᄂᆞ니라

▲壹途를正直ᄒᆞᆫ人은殘酷ᄒᆞ니라

(未完)

社告

特別 謹告各支社員

各支社中에 本社規則을 違反ᄒᆞ야 代金與廣告費을 累月積滯ᄒᆞᆫ 處가 種々有之이온바 本社에서ᄂᆞᆫ 決코 規則을 實施치아니치못ᄒᆞᆯ지니 代金을 多數積滯ᄒᆞᆫ 支社員은 深諒ᄒᆞ시와 未納額을 斯速淸送ᄒᆞ시옴

社告 大韓每日申報社

雜報

◉廣學總會　有志紳士諸시가 廣학俱樂部를 發起ᄒᆞᆷ은 前報에 已揭ᄒᆞ얏거니와 今日下午壹時에 創立協會를 磚洞普成中학校에 開ᄒᆞ고 任員을 組織ᄒᆞᆫ다더라

◉同志親睦開會　同志학友親睦會에서 定期總會를 今日上午拾時에 興士團內에 開ᄒᆞ고 事務를 處理ᄒᆞᆫ다더라

◉女校振興　會寧郡四民敎育會에서 興女학校를 設立ᄒᆞ얏ᄂᆞᆫ대 生徒ᄂᆞᆫ 貳拾餘名이오 敎師ᄂᆞᆫ 許鎬陳鼎涉兩씨가 名譽로 熱心敎授ᄒᆞ야 大有進就之望이라더라

◉是兄是弟　會寧郡羅鼎社三里居金漢成씨가 多數貲金을 辦出ᄒᆞ야 校舍를 新建ᄒᆞ고 靑年을 募集敎育ᄒᆞᄂᆞᆫ 中인ᄃᆡ 敎師ᄂᆞᆫ 其弟漢宗씨가 名譽로 敎授ᄒᆞᆫ다더라

◉共濟團會　咸城人金基永全[illegible]열等諸氏가 該郡人의 留京ᄒᆞᄂᆞᆫ 現在學生及卒業生을 團結ᄒᆞ야 互相救濟ᄒᆞᆯ 目的으로 共濟會를 發起組織ᄒᆞ고 來拾三日日曜

下午貳時에 報立總會를 西部五宮洞三拾五統六戶地에 開ᄒᆞᆫ다더라

◉培校又培　[illegible]城郡培義學校長林圭永씨가 卒業後로 該校에 維持方針이 全無ᄒᆞ야 壹般學員에 進就之望이 無ᄒᆞ더니 新任校長金宗煥氏가 永久維持ᄒᆞ기로 決心ᄒᆞᆯ뿐더러 該校監督李冕根氏가 極力贊成ᄒᆞ고 名譽敎師金澤世氏가 熱心敎授ᄒᆞ기로 進就之望이 有ᄒᆞ더라

◉曾興校師의 熱誠　平安州郡尼山漁龍里普興學校ᄂᆞᆫ 附近各里有志諸씨가 滿腔熱誠으로 醵金設立ᄒᆞᆫ바인ᄃᆡ 該校敎師崔得琳씨가 敎授에도 熱心ᄒᆞᆯ뿐아니라 該校財政이 窘拙ᄒᆞᆷ을 慨惜ᄒᆞ야 該氏의 月俸中으로 每朔拾圓式捐付ᄒᆞ야 永遠히 維持ᄒᆞᆯ 方針을 醵出ᄒᆞᆫ다고 西來人의 稱頌이 喧藉ᄒᆞ더라

◉又設中學　三和港基督三崇학校內에 中학三年科를 增設ᄒᆞ고 高尙ᄒᆞᆫ 敎師를 延聘ᄒᆞ얏ᄂᆞᆫ대 학科目은 廣告와 如ᄒᆞ거니와 課程이 精美ᄒᆞᆷ으로 願학生이 爲先拾七人에 達ᄒᆞ얏다더라

◉隨聞更揭　向者本報에 柴炭會社總務張某가 財政의 出入과 物品의 貿易을 擅自弄斷ᄒᆞᆫ다고 揭載ᄒᆞ얏더니 更聞ᄒᆞᆫ則該社에서 重役會를 開ᄒᆞ고 定款及細則에 載ᄒᆞᆫ바 專任總務의 職權이 計畢及壹般業務處理에 照ᄒᆞᆷ이오 且農務와 重役이 文簿를 調査ᄒᆞᆫ즉 錯誤處가 無ᄒᆞ다더라

廣告

中部貫子洞二拾五統五戶瓦家十二間을 放賣ᄒᆞ오니 願買人은 望門床廛後약局으로 來問ᄒᆞᆷ

尹鼎　告白

本校에서 第二回測量速成課를 新設ᄒᆞ오니 願學僉員은 本月拾五日(陰八月貳拾日)內로 來臨請願ᄒᆞᆷ

請願用紙ᄂᆞᆫ 本校에 請求ᄒᆞᆷ

卒業期限 四個月

試驗科目 四則以너

作文은 國漢文

試驗 日本月拾五日上午九時

上學 時下午四時半至六時半

典洞私立中東學校

本府城內에 分先後望觀市ᄒᆞᄂᆞᆫ 거슬 猝撥城外民處見奪이 因本道指令而然이요 初非本府尹與主事等之抑訟이거ᄂᆞᆯ 今見國民報則該主事等이 受賂奪給이다 前後虛無之事를 若是揭載ᄒᆞ얏지니 此非但官民間相持라 致疑於落訟ᄒᆞᆫ 城內代表人케ᄒᆞᆷ으로 廣告ᄒᆞ오니 咸悉ᄒᆞᆷ

金用瑞等　告白

本會에서 定期總會를 來拾三日(日曜)上午拾時에 興士團내에 開ᄒᆞ오니 僉會員은 屆期光臨ᄒᆞ심을 望ᄒᆞᆷ

同志學友親睦會　告白

訴訟에 關ᄒᆞ야 疑惑不決者의게 其勝負의 可否를 詳細說明이옵고 鑑定料ᄂᆞᆫ 事之貴重과 價之多少를 隨ᄒᆞ야 臨時酌定ᄒᆞ되 大槪如左ᄒᆞᆷ

鑑定料ᄂᆞᆫ 五圜以下로 ᄒᆞ되 貧窮者의게ᄂᆞᆫ 無料도 ᄒᆞᆷ

京城南部苧동六拾四統貳戶

東洋大學講師
日本法律學士
辯護士

木尾虎之助

來日曜日(陰八月拾八日)下午壹時에 定期總會를 開ᄒᆞ오니 本道人士ᄂᆞᆫ 多數光臨ᄒᆞ심을 務望

湖南學會　告白

本人이 花斑石陰陽刻姓名圖章을 陰本月拾三日에 遺失ᄒᆞ얏기 玆에 廣布ᄒᆞ오니 內外國人은 拾得勿施ᄒᆞᆷ

南門內倉內隅邊
康仁淳　告白

本人이 本郡花川里嚴任漢과 同事商業을 分立ᄒᆞ엿ᄉᆞ니 內外國人은 照亮을 敬要

瓮津茄川坊姜允觀　告白

本人의 鰲山이라 刻ᄒᆞᆫ 圖章을 本年七月四日에 見失ᄒᆞ얏ᄉᆞ니 內外國人은 見欺施行마시옵

海州白雲面오潭李根赫　告白

公告

自今으로 京城長谷川町東京江川活版製造所支店에서 本局의 定價와 同壹히 本局製造品을 販賣케ᄒᆞ기로 玆에 公告ᄒᆞᆷ

隆熙二年六月

龍山印刷局

◉活字及印刷機械製造販賣所

其他인긔·機械油·膠·名刺紙·色革
金銀各良粉箔·並活版石版附屬品一式
새로ᄉᆞ업을 창셜ᄒᆞ야 ᄒᆞᆫ번에 오ᄇᆡᆨ원어치 이상물건을 사셔가시ᄂᆞᆫ이 ᄒᆞᆫ대ᄂᆞᆫ 본뎜에셔 기ᄉᆞ ᄒᆞᆫ명을 보내셔 ᄒᆞᆫ달동안을 월급도 아니밧고 직공을 ᄀᆞᄅᆞ쳐 주겟슴ᄂᆞ이다

京城長谷川町二丁目(石井洞)

獨立行 (商標)

江川活版製造所支店

本店 東京日本橋區長谷川町 電話浪花八八八番
鐵工場 東京京橋區南傳馬町 電話本局二七二六番
支店 仙台市國分町 電話一一七番

●電話六七八番●

局製朱肉은 其肉色이 美ᄒᆞ고 且數百年을 經ᄒᆞ야도 決코 變色之虞가 無ᄒᆞ고 壹種獨特之精良品이오며 又多少不拘ᄒᆞ고 購求ᄒᆞ심을 願

測量科學員募集廣告

南門外尙洞靑年학院內에 測量科를 設ᄒᆞ오니 願학僉員ᄂᆞᆫ 今月十二日로拾七日ᄭᆞ지 請願ᄒᆞᆷ

但請願紙ᄂᆞᆫ 本院에 來購ᄒᆞᆷ

算術不足ᄒᆞᆫ人은 壹個月專門敎授後의 測量科를 敎授ᄒᆞᆷ

試驗 日今月十二日下午五時

試驗科目은 算術四則以너

卒業期限은 三個月

昌明測量학校　告白

本會에서 通常總會를 本月十三日(日曜)下午一時에 校洞本會館內에서 開ᄒᆞ오니 壹般會員과 有志人士ᄂᆞᆫ 屆期來臨ᄒᆞ심을 望ᄒᆞᆷ

畿湖興學會　告白

本人等이 同志同力ᄒᆞᆫ 七人으로 더부러 資本을 醵集ᄒᆞ고 客主營業을 開設ᄒᆞ오니 商業ᄒᆞ시ᄂᆞᆫ 四方僉君子ᄂᆞᆫ 惠顧ᄒᆞ심을 爲要

開設은 本邑四里李悌璜家로 定ᄒᆞᆷ

黃海道信川邑李悌璜
李元敬
李源國　告白

本校의셔 中學科를 刱設ᄒᆞ고 學員을 募集ᄒᆞ오니 願學僉員은 屆期應試ᄒᆞᆷ

左開

壹 課程 修身 國語 漢文 作文 萬國地誌 地文학 萬國史 數학 算術 代數 幾何 博物학 生理 化학 經濟 法制 日語 圖式 唱歌 體操

壹 學期ᄂᆞᆫ 三個年으로 定

壹 試取及開학日字라

(陰八月貳拾三四日)試取

(二十八日)開學

壹 試取科目은
算術(整數分數)
作文(論文及國漢文交譯)
地誌(本國地誌大要)
歷史(本國史大要)

壹 入學資格은 拾五歲以上으로 三十五歲以下身體健全者

隆熙貳年八月二十八日

(八月初二日)

鎭南浦碑石洞基督三崇學校　告白

◉千金保化丹

主治積滯吐瀉霍亂의 第壹要藥也

本舖 在江華郡니養[illegible]

出張人 海州 劉鼎[illegible]
京城磚洞 方永植
大邱 崔寅琪
平壤 朴承[illegible]

發起人 김完植　白

本人行用ᄒᆞ던 姓名圖章을 陰八月初六日夜에 見失ᄒᆞ얏ᄉᆞᆸ기 玆以廣佈ᄒᆞ오니 內外國僉君子ᄂᆞᆫ 知悉ᄒᆞ옵

全北道[illegible]郡邑內 郭翰斗　告白

本所에셔 國債報償志願金摠額을 整理ᄒᆞ기 爲ᄒᆞ야 財務監督은 金允五金麟兩氏로 會計ᄂᆞᆫ 柳東說鄭志永兩氏로 選定ᄒᆞ야 本所金額을 所長과 合同保管케ᄒᆞ얏ᄉᆞᆸ기 玆에 廣布ᄒᆞ오니 京鄕同胞ᄂᆞᆫ 照亮ᄒᆞ시옴

國債報償志願金總合所　評議會一同

本館에셔 新舊書籍과 學徒의 所用諸般物品을 具備販賣ᄒᆞ오니 僉君子ᄂᆞᆫ 來購ᄒᆞ시옴

平壤鍾路太極書館
館主　李昇薰
主任　安泰國
事務　李德煥

本書館을 開業ᄒᆞᆫ지 壹般同胞게서 興旺之故로 [illegible]ᄒᆞ고 各項新[illegible] 多數[illegible]來[illegible]

公州藥[illegible] 市ᄒᆞ오니 京[illegible] 僉君子ᄂᆞᆫ 屆期來臨ᄒᆞ심을 望ᄒᆞᆷ

林承[illegible]
김元壹
김[illegible]老

廣告

◎營業勸勉廣告

漢城鍾路慈惠大藥房에서內地各處에有病ᄒᆞᆫ兄弟를救濟ᄒᆞᆫ目的과生涯無ᄒᆞᆫ兄弟를賣藥資生케ᄒᆞᆯ目的과資本이有ᄒᆞᆫ兄弟로永久ᄒᆞᆫ大藥商을成立케ᄒᆞᆯ目的으로本人이多年辛萬苦하야歐美各國製藥中有效ᄒᆞᆫ名藥數百種을학得ᄒᆞᆫ中에서五拾餘處方을精擇ᄒᆞ야前에학校長勳五等池석永시의게有効證明을受ᄒᆞ고의학博士洪석厚洪鍾殷兩시의게實驗方劑書를受ᄒᆞ고全國十三道內都會處에製藥營業코ᄌᆞᄒᆞ시ᄂᆞᆫ兄弟의請願ᄒᆞ시ᄂᆞᆫ대로藥方文을許與ᄒᆞ야各々自已가製造발賣ᄒᆞ도록ᄒᆞ고或各其所親되ᄂᆞᆫ데로支店도되게ᄒᆞ려ᄒᆞᄂᆞᆫ대效力이無ᄒᆞ고名譽가無ᄒᆞᆫ藥品은放賣가極難ᄒᆞᆯ뿐더러許多ᄒᆞᆫ廣告費와許多ᄒᆞᆫ藥材를廣費ᄒᆞᆫ後에야始로발賣ᄒᆞ기를試驗ᄒᆞᆯ것이니不必費財費力이라商号와商標ᄂᆞᆫ京城鍾路慈惠藥房에셔借與ᄒᆞᆯ것이오新聞에製藥人姓名을廣告ᄒᆞ야쥬고藥品外封皮와內封皮ᄂᆞᆫ慈惠약房附屬活版所에셔印刷ᄒᆞ야쥬고製藥乾材ᄂᆞᆫ小包郵遞로鱗次보送ᄒᆞᆯ터이니

誰某시던지製藥生涯코ᄌᆞᄒᆞ시ᄂᆞᆫ이ᄂᆞᆫ製藥資本金만準備ᄒᆞᆫ後에請願ᄒᆞ시ᄋᆞ然ᄒᆞᆫ時ᄂᆞᆫ慈惠藥房製藥員壹人을派送ᄒᆞ야諸般製藥法을敎授ᄒᆞ오리니東西洋勿論ᄒᆞ고賣藥商規에誰某던지製藥ᄒᆞᄂᆞᆫ商号와藥名을僞造치못ᄒᆞ며衡取치도못ᄒᆞ니誰某시던지慈惠藥房藥方文을賣買을他人보다몬저請願ᄒᆞ여가시고永久ᄒᆞᆫ營業을經設ᄒᆞ시오

漢城鍾路慈惠醫院主 李觀化 告白

●賣藥方法

五拾餘處製藥所가十三道니都會處에散在分賣ᄒᆞᆯ거시니誰某던지壹種藥을지어가지고該地方에만信用發賣ᄒᆞᆯ뿐아니라附近地方附近所親대로支店도되고또十三道니五拾餘處製藥所에조곰식小包郵便으로分送ᄒᆞ면其약을受ᄒᆞᆫ兄弟ᄂᆞᆫ其략에代금을自已가製造ᄒᆞᆫ藥으로換送ᄒᆞᆯ거시니各其壹種藥을製造ᄒᆞ야가지고五拾種藥을換賣ᄒᆞ게되니엇지生涯가豊足치아니ᄒᆞ리오

假量晉州製藥所에셔拾錢밧ᄂᆞᆫ藥을咸興製藥所에셔都賣價値로九錢을주고사다가都賣금으로五錢을밧고보면來往郵稅ᄂᆞᆫ損害가된다ᄒᆞ되自己가製造ᄒᆞᆫ약외에已往利益이남앗스니郵稅를무러도無害하고또五拾種藥을都賣앗으로ᄉᆞ다가散賣ᄒᆞ고본즉正當ᄒᆞᆫ利益이또有ᄒᆞ니製藥ᄒᆞᆫ兄弟의利益이完全ᄒᆞᆫ거시오또五拾餘處製藥所가合ᄒᆞ야壹慈惠藥房이되면外國藥貿來ᄒᆞᄂᆞᆫ데나賣藥ᄒᆞᄂᆞᆫ데나製藥ᄒᆞᄂᆞᆫ대壹大便益이有ᄒᆞᆯ거시라坐製藥兄弟中에製藥에不賣ᄒᆞᄂᆞᆫ時에ᄂᆞᆫ五拾處製藥所에셔互相合力分賣ᄒᆞ면當藥商利益이均壹ᄒᆞᆯ거시나만일藥方文을持去하고熱心으로製造成藥지못ᄒᆞ거나或慈惠藥房商号와藥名을變造ᄒᆞᄂᆞᆫ境遇에ᄂᆞᆫ相當ᄒᆞᆫ約定이有ᄒᆞ니約定은面對ᄒᆞ야約定도ᄒᆞ고書信으로도約定ᄒᆞ시오

大韓新發明 特効藥

●英國實驗典醫正三品 洪哲普閣下實驗處方

●陸軍[illegible]醫官 [illegible]校敎官 [illegible]茂君有効證明

八寶丹　九拾平粒入金[illegible]錢

主治効能

○胃痛腹痛心痛 ○頭痛感冒 ○食思欠乏 ○中暑中寒 ○積久積滯 ○急性胃腸 ○溜飲食傷 ○腹痛眩暈 ○泄瀉下痢 ○霍亂吐瀉 ○水上不服 ○船車醉

陸軍貳等軍의 許均 實驗處方

陸軍貳等軍의 朴熙建君有效證明

補陰補陽 滋陽丸 ᄌᆞ양환

卅日分金五圜 廿日分金三圜四拾錢 拾日分金壹圜八十錢

主治

○房事不容 ○腎虛腰痛 ○病後氣喘 ○腎氣不足 ○陽痿不起 ○遺精多夢 ○陰虛火動 ○房事後惱困 ○手足厥冷 ○形容蒼白 ○吸烟斷烟客間 ○體質虛弱消瘦

婦人胎養調經丸 부인태양조경환

壹劑金九圜

主治說明

婦人이孕胎ᄒᆞ지못ᄒᆞᆷ은冷病積病과月經不調로因ᄒᆞᆷ이니此藥을服用ᄒᆞ시면婦人腹中에有ᄒᆞᆫ諸病은壹切退去ᄒᆞ고自然孕胎ᄒᆞ오니速臨買去하시옵

瘡病聖藥 麝香消瘡丹 사향소창단

此丹이於諸창에無論男女老少ᄒᆞ고若服壹劑하면必有神效ᄒᆞ야百발百中ᄒᆞ오니其仁方可及也라若論主治則楊梅下疳連珠癧濕頭창諸症에俱見立效ᄒᆞ오니贊荷僉君子ᄂᆞᆫ壹次試驗ᄒᆞ시

有關稟約 分金[illegible] 약은全[illegible]地方이라도請求ᄒᆞ시며우편으로부치ᄂᆞᆫ슈도잇소

製약所 인川港奇峴和平堂製藥房

發行人仝 李聖션

發賣所

漢城鍾路衣廛 和平堂支店
水原北門內濟通洞仝 支店 李聖儀
代理店 仁川港奇峴濟生堂약房
漢城大廣橋共愛堂약房 同南
世[illegible]水原大東門市 支店 金泰鉉

南署學洞 李永洙藥局
仝南門니博文書館 盧益亨
仝南門니水閣 濟生支店
仝布口니 相信號典當포
仝鐵物橋毛衣房 리洛瑞
仝小廣橋毛衣房 리厚根
仝鍾路上隅 三可病院
仝大寺동 共濟病院
仁川港니奇峴泰豐旅館 韓星根
仝奇峴니동 金暉寬
仝읍니 今永源 李昇範
江華鍾路 宋順五店
開城남문니 朴圭相商店
仝남문니明新册사 리自錫
水原남문니 김제九약舖
海州남문니 리準植商店
延安읍니 邊汝文洋藥局
[illegible]淵남문니 金在淳
仝砂里院耶蘇敎당 리在浩
黃州남문니紅문동 리東赫
平壤章臺峴耶蘇敎堂니 金瀅柱
仝法首橋乾材局 金熙光
仝大興部壹里 崔鼎化
仝館前 김龍興藥舖
仝文武洞 桂澤善약포
鎭남浦築동 김元셔藥포
鎭남浦碑石洞册々 吳承昌
仝제生당出張 吳南駿
群산港開福洞 金斗鉉
仝十井동 리春善약房
[illegible]谷里 리東赫
大邱남문니 리明直약局
元山港 남甲元약局
仝제生堂支局 박致心약局
尙州서문니 鄭瑞瑞약局
김泉場 朴昌鎬
釜山港제生당出張 回春大약房
安州성니義井동 林景柱
安岳邑上場제生局 義和약房
義州남문外木口街 崔允國
載寧읍後동洋약局 리健柱
定州남문니洋약局 羅應彬
郭山읍洋약局 安[illegible]
宣川읍冊사 安瀬
鐵山읍永春堂 張炳壹
咸從郡耶蘇敎堂
仁川港奇峴
京城鍾路

和平堂 白

消化新藥 清心保命丹

●陸軍典醫[illegible]實驗方劑 ●陸軍軍醫張基茂君有效證明 ●衛生之活君子常備之要藥

發行所 仁川港杻峴 濟生堂藥房

丸十粒入金拾錢

●右藥의主治効能은如左
●消飮咳嗽 ●吐瀉 ●水土不服
●氣鬱腹痛 ●酒醉 ●暑中寒
●食積食傷 ●咽喉 ●口瘡惡臭
●其他諸般瘴氣癘疫預防妙약

總發行所 京城南大門內 제生당支店李廣[illegible]
●서城南문외 제生당支店具又賢
●元山港舊石院 제生당支店박敬鎭

代理店 京성大廣橋共愛堂

●京泥峴三丁目 仝鍾路慈惠약房
仝郵便局前大佑堂약房 新井약店
仝남大門니博文書館 盧益亨
仝梨峴洋약局 리信華
仝大安洞 仁제약房
仝寺동三可病院 리熙遠
仁川奇峴利平당 朴喜謙
●仁川[illegible] 新井藥房
仝本町 宋在瑛
●海州남문니 리奉璹
仝商店 金제九
●水原鍾路下약房 邊汝文
●安岳邑니洋약房 尹斗鉉
●江華鍾路店 權鼎淳
●鐵原남문니 任元中
●砂里院嶋니客主 리觀善
仝耶蘇敎堂니 許奉완
●[illegible]邑니 김奉圭
●洋浦驛東美運送部 리東赫
●黃州남문니紅문동 林景柱
●安岳邑上場里제生局 崔允國
●[illegible]州東良面早遜 김鍾和
●[illegible]邑後동洋藥局 김永植
●[illegible]川邑四里洋약局
●[illegible]邑東里冊肆文興冠 尹寅흐
●平壤里重동出張人 韓鳳儀
仝巨里제生局 金龍興
仝館前衛生의院 桂澤宣
仝文武동제生局 崔臨化
仝大興部壹里藥局 김元奘
●[illegible]남浦築동冊사 吳南駿
仝三和本堂出張人 春太약房
●安州성니義井동 朴芝行
●[illegible]川邑美동商店 리健柱
●定州남문니洋藥局

社告

○申報價
壹張代金 新貨二錢五厘
壹個月前納 三十錢
參個月 九拾錢
陸個月 一圜七十錢
壹個年 三圜四十錢
郵稅一張 新貨五厘
壹個月 十二錢

○廣告料
四号活字拾三字詰
每日壹寸(英尺)에 新貨廿五錢
二週日壹寸에 二圜五拾錢
壹箇月壹寸에 五圜
(自壹行至四行이爲壹寸)
其期限의長短과字行의多寡를依ᄒᆞ야增減ᄒᆞᆷ이有ᄒᆞᆷ

●大韓每日申報各處支社廣告
中署布屛下 金相萬冊々
平壤鍾路太極書館 安泰國
仁川奇峴開新冊々 李東皓
義州南門外ᄒᆞᆫ西大藥房 韓有寬
釜山港佐川약局 徐錫疇
三和港築동 金元燮
咸興州南社西門外 曾壽林
開城남大門內興學書舖 姜助遠
大邱西門外友弦書樓側 李正由
載寧邑濟衆院 劉夢澤
鐵山邑東部 安瀬
元山倉前 劉七錫

漢城[illegible]門內 許[illegible]
定州[illegible]門內[illegible] 許선
昌城郡檢洞 李鉉瑞
郭山邑巖 廉道善
安岳細洞坊成洞 李鎭成
博川[illegible]津 金鍾河
安州城內義井洞 趙秀大
鐵原邑[illegible]동 朴成吉
高原邑 李益兼
洋邑邑內 金禹燮
泰仁邑內 李基秀
京義線枇峴驛替市 韓載淳
長湍邑南門內 金泰聲
殷栗邑倉洞里 黃菊保
肅川場市 朱伯英
朔州邑남門니 李正華
泰川邑館前洋약局 梁昌錫
永興南山동書舖 兪鎭식
江華邑川橋 宋斗仁
淸州남門外 趙炳俊家明濟世
寧邊邑客舍里趙炳俊家 趙德三
金溝水流面豆亭 丁一善
信川邑六里 金[illegible]
江西邑內 馬應三
成川郡上部面 姜大榮
興德富安面蓮谷 兪賢圭
龍川府南面松峴海東書會 張炳壹
咸從郡耶蘇敎堂 鄭裕경
平남順川郡蓮동 韓燦祐
龍川남市驛 朴鍾운
龍岡郡耶蘇敎堂內 金明鉉
東萊館 李啓謙
結城濱川小龍동 張禮하
定平郡豊川 方萬晟
洪原南門外耶蘇敎冊肆 魯晶世
宣川읍新民書會

●[illegible] 安濟
●[illegible]山읍니 安瀬
●[illegible]州남문외水口街 安[illegible]洪
●[illegible]川읍[illegible]局 리丙斗
●[illegible]山港開福동 김斗鉉
●大邱남門니 김成浩
●釜山港草梁本町商店 리炳夏
●北靑新昌港客主 朴錫勳
●木浦各國居留地 松房徐岐見
●全國니各약店마다隨意販賣
仁川港奇峴 京성남大문니 濟生堂 白

漢城鍾路慈惠醫院 診察所 [illegible]

醫學校卒業後濟衆院卒業 의학博士 洪석厚
濟衆院의셔實地六年習하 婦人의학生 朴慈惠

眼鏡行

此鍾路慈惠醫院에서美英國製視力檢査機械와金銀번眼鏡을購置ᄒᆞ고男女視力을檢査ᄒᆞ와適合ᄒᆞᆫ거로兼買放賣ᄒᆞ오니視力이不足ᄒᆞ이ᄂᆞᆫ이셔서來臨ᄒᆞ야視力을檢査ᄒᆞ시압나이다

發行兼編輯人 英國人 萬咸
Responsible for Publication Alfred Weekley Marnham
發行所 南署石井洞號外地三層洋屋 大韓每日申報社

第六卷

大韓每日申報

第九百五號

月曜及慶節
歲時休日休刊

君紀開國四千二百四十一年
箕子元年三千三十年
大韓開國五百十七年
日本明治四十一年
清國光緒三十四年
陰曆戊申八月小二十日癸酉

論說

◉無名의英雄

（太極學報照謄）

今夫遊天下者ㅣ孰不曰英雄이리오英雄으로써世界의恩人으로삼으니然則英雄의恩人은誰乎아ᄒᆞ면卽無名의英雄을謂치아니미不可ᄒᆞ니蓋壹個의石이雖大ᄒᆞ나足히써高城을築지못ᄒᆞ며壹個의人이雖偉ᄒᆞ나足히써英雄이되지못ᄒᆞᆫ즉故로高城으로ᄒᆞ야금如彼히其屢高를成ᄒᆞᆷ은無名의片石에在ᄒᆞᆷ이오英雄으로ᄒᆞ야금如彼히其偉蹟을成케ᄒᆞᆷ은無名의英雄에在ᄒᆞᆷ이라英雄의事業은壹人壹個의事業으로만認知치말거시며

또事業뿐不啻라곳英雄의自身도또ᄒᆞᆫ壹人壹個의得ᄒᆞ야成ᄒᆞᆫ바가아니니彼摩天樓가雲霄에聳出ᄒᆞᆷ도樓下의無數ᄒᆞᆫ礎石을據ᄒᆞ야聳ᄒᆞᆷ이오곳無名의礎石이代表됨이오此英雄이世界에秀出ᄒᆞᆷ도世界의無數ᄒᆞᆫ英雄을賴ᄒᆞ야秀出ᄒᆞ미亦無名의英雄이代表됨을닐음이라

是故로華盛頓은無數ᄒᆞᆫ無名의華盛頓이아니면能히써拾三州의獨立을成就치못ᄒᆞ며俾士麥은無數ᄒᆞᆫ無名의俾士麥이아니면能히德意志聯邦케못ᄒᆞ며路得으로도無數ᄒᆞᆫ無名의路得이아니면能히宗敎改革의功을成立지못ᄒᆞᆯ지니譬컨ᄃᆡ英雄은金剛石과恰如ᄒᆞ야비록壹塊라도分拆ᄒᆞ면實로多數의同質、同角度、同分子로由ᄒᆞ야阿屯體를成ᄒᆞᆫ바라

試觀ᄒᆞ라懷中時辰表가其外面으로ᄂᆞᆫ長短二針이轉去轉來ᄒᆞ야簡單ᄒᆞᆫᄃᆡ不過ᄒᆞᆫ듯ᄒᆞ나裏面을窺ᄒᆞ면毛髮과如ᄒᆞᆫ螺線이며比櫛과如ᄒᆞᆫ小輪이叢雜ᄒᆞ야其運動機關이되ᄂᆞ니ᄂᆞᆫ곳有名의英雄은長短二針에不過ᄒᆞ나無名의英雄은裏面에螺線小輪과如ᄒᆞ서英雄을造ᄒᆞ며運動케ᄒᆞᄂᆞᆫ英雄은卽世界에隱ᄒᆞᆫ農夫와織工과商賈와役人과兵卒과小學校敎師와老翁과寡婦와孤兒等無數ᄒᆞᆫ無名의英雄이是라

嗟홉다彼等은國의生命이며平和의源泉이며世界의大恩人이라청컨ᄃᆡ英雄을愛ᄒᆞᄂᆞᆫ人은無名의英雄을先愛ᄒᆞᆯ거시며英雄脚下에頂禮코저ᄒᆞᄂᆞᆫ人은몬저無名英雄의脚에頂禮ᄒᆞᆯ거시며英雄에出世ᄒᆞᆷ을期望ᄒᆞᆯ진ᄃᆡ無名英雄에出世ᄒᆞᆷ을先望ᄒᆞᆯ지라豈不聞乎아壹株의樹가雖大ᄒᆞ나足히森林에盛ᄒᆞᆷ을當치못ᄒᆞ며壹個의石이雖榮ᄒᆞ나足히써山岳이되지못ᄒᆞ나니然ᄒᆞᆫ즉로此世界의英雄을造ᄒᆞᄂᆞᆫ無名의英雄이眞英雄이라謂ᄒᆞᆯ진저

外報

◉八百兵의上陸　伯林電을據ᄒᆞᆫ즉佛國은摩洛哥가사푸당까에서八百名의兵士가上陸ᄒᆞ얏다더라

◉波斯의紛擾　同電을據ᄒᆞᆫ즉波斯에서ᄂᆞᆫ皇帝가議會를召集ᄒᆞ기爲ᄒᆞ야更히紛擾를惹起ᄒᆞ얏다더라

◉兩國戰艦進水式　倫敦電을據ᄒᆞᆫ즉英國戰鬪艦인스트號와셍國戰鬪艦미노셀스號ᄂᆞᆫ進水式을擧行ᄒᆞ얏ᄂᆞᆫᄃᆡ兩艦은世界中最强ᄒᆞᆫ戰艦으로新時代에適宜ᄒᆞ다더라

◉亞米利加艦隊拔錨　紐育電을據ᄒᆞᆫ즉亞米利加艦隊ᄂᆞᆫ非律賓群島에向ᄒᆞ야拔錨ᄒᆞᆫᄃᆡ일ᄃᆡ目下西濠洲를가니港에서石炭을積載ᄒᆞᄂᆞᆫ中이라더라

◉土國의財政改革　伯林電을據ᄒᆞᆫ즉土耳其政府ᄂᆞᆫ土耳其財政의改革을實行ᄒᆞ기爲ᄒᆞ야獨佛國公使시을쓰세ㅅ를雇聘ᄒᆞ얏다더라

◉司法大臣被縛　同電을據ᄒᆞᆫ즉丁抹前司法大臣알벨데氏ᄂᆞᆫ文書僞造의嫌으로被縛되얏다더라

雜報

◉西戀島의曙光

西戀島居文翊商氏가文明的注意로靑年을敎育ᄒᆞ기爲ᄒᆞ야有志紳士諸氏로協議ᄒᆞ고廣興학校를設立ᄒᆞ야學部에認許를承ᄒᆞ고其趣旨全文을本社에送致ᄒᆞ얏스니本社에서近日의各학校趣旨書가닯至ᄒᆞ미壹々掲載키不能ᄒᆞ고特爲存拔則[illegible]치못ᄒᆞᆫ嫌이有ᄒᆞ기로壹體傳掲ᄒᆞ얏더니今에此趣旨書를對ᄒᆞᆫ즉遠島絶域의孤子로人士들이如此美擧가誠壹向祝ᄒᆞᆯ바이며同情을表ᄒᆞ기爲ᄒᆞ야其全文을左에特히掲載ᄒᆞ노라

嗚乎라現今은世界萬國의各種人類가生存競爭으로優勝劣敗ᄒᆞᄂᆞᆫ時代라其優勝劣敗의機關은何에在ᄒᆞ뇨ᄒᆞ면知識의明昧로由ᄒᆞᄂᆞᆫ것이오知識의明昧ᄂᆞᆫ敎育의適否로以ᄒᆞ나니西洋의英法德美와東洋의日本이文明富强으로雄飛宇內ᄒᆞᄂᆞᆫ基礎가皆敎育발達에在ᄒᆞᆫ것은現在歷史에明若觀火ᄒᆞᆫ事實이아닌가然則我　大韓國民도彼列强國民과如히敎育을勉勵ᄒᆞ면我의文明富强도彼와同等에居ᄒᆞ야生存을得ᄒᆞᆯ려니와若其敎育을勉勵치아니ᄒᆞ면如此히無前無後ᄒᆞᆫ劇烈競爭을値ᄒᆞ야決코生存을不得ᄒᆞᆯ지니豈不凜然寒心이리오是以로我

大皇帝陛下ᄭᅦ옵서渙降詔勅ᄒᆞᄉᆞ內自京都로外至道郡에莫不設校ᄒᆞ야育成人才ᄒᆞ며기發民智케ᄒᆞ시니於是乎八域이風動ᄒᆞ야學校設立이在々相望ᄒᆞ니此ᄂᆞᆫ我　大韓帝國의文明發達ᄒᆞᆯ基礎로다惟我西戀島에住在ᄒᆞᆫ一般同胞도均是檀君箕子의神聖后裔오　聖朝五百拾七年化育中赤子니國家思想이根於秉彛ᄒᆞ고國民의義務가卽[illegible]擔者ㅣ라現時代ᄂᆞᆫ何國人種[illegible]勿論ᄒᆞ고학問이無ᄒᆞ면野蠻劣種이되야生存을不得커든而況吾僑ᄂᆞᆫ流離瑣尾之際로荒遠僻陋之方에處ᄒᆞ야學問이無ᄒᆞ면엇지他族의侵凌을對抗ᄒᆞ며엇지生命財産의保有를期望ᄒᆞ며엇지靑年子弟의將來발達을企圖ᄒᆞ며엇지祖國을忠愛ᄒᆞᄂᆞᆫ精神을發表ᄒᆞᆷ이有ᄒᆞ리오此ᄂᆞᆫ今日에廣興학校를設立ᄒᆞ야敎育의目的으로學部의認許를承ᄒᆞᆫ바니惟我島內에有志人士ᄂᆞᆫ協力賛成ᄒᆞ야諸般設備에關ᄒᆞ야壹々就緖케ᄒᆞ고며壹般子弟로ᄒᆞ야금無不入학케ᄒᆞ시와人才를養成ᄒᆞ며人智를미發케ᄒᆞ며國家思想을奮勵ᄒᆞ며國民의義務를履行ᄒᆞ야壑島를幅에文明精彩를發現케ᄒᆞᆷ이目下에必要ᄒᆞᆫ急務니惟我同胞ᄂᆞᆫ志ᄂᆞᆫ念之勉之어다

◉江陵의花山　江陵居金濟性崔溶河權鍾珏三氏가私立학校를鄕校에設施ᄒᆞ야花山學校라稱號ᄒᆞ고학員이四拾餘名에達ᄒᆞ얏ᄂᆞᆫᄃᆡ鄕多士가熱心贊助ᄒᆞ야校樣이大端興旺ᄒᆞ다더라

◉文壇

△讀史新論　續

壹片丹生

扶餘歷史ᄂᆞᆫ夫婁帶素兩代만會現ᄒᆞ얏스며箕子實跡도寥々數條에不過ᄒᆞ거ᄂᆞᆯ何語를據ᄒᆞ야此等斷案을下ᄒᆞ나뇨曰

衛滿이來投에箕準이此를西北百里地로封ᄒᆞ얏스며秦亡人이初降에馬韓이辰韓六縣을立ᄒᆞ얏스며溫祚가南渡에馬王이地를割與ᄒᆞ얏스니支那人或他部人의才能이有ᄒᆞᆫ者ㅣ來歸ᄒᆞ면封爵을授ᄒᆞ야邊境을守케ᄒᆞᆷ은我歷史上의屢見ᄒᆞᆫ例니又何獨箕子受封을疑ᄒᆞ리오試思ᄒᆞ라箕子當時에殷家遺民五千口를帶ᄒᆞ고揮淚東出ᄒᆞᆯ시山川이雖美나故國의土가아니며風物이雖好나故國의景이아니며左右에環列ᄒᆞᆫ者ᄂᆞᆫ土酋의部落이며眼前에接觸ᄒᆞᄂᆞᆫ者ᄂᆞᆫ殊方의民俗이니高尙ᄒᆞᆫ洪範의道로其民을化코ᄌᆞᄒᆞᆫ들得乎며支離ᄒᆞᆫ禮樂의敎로其民을[illegible]코ᄌᆞᄒᆞᆫ들得乎아然而此落[illegible]地에來ᄒᆞ야衆民을管理ᄒᆞ고八條의政을施ᄒᆞ얏스니千餘年朝鮮을統理ᄒᆞ던檀君後裔扶餘王朝의命令을奉ᄒᆞᆷ이無疑니라

雖然이나諸侯受封의地가百里가不滿ᄒᆞᆷ은東國古代의通例라故로井田의畫과八條의設이平壤以外에不現ᄒᆞ니라

箕子가旣沒ᄒᆞ시미子孫이此를繼ᄒᆞ야平壤壹部만王治ᄒᆞᆯ而已러니其後世에至ᄒᆞ야ᄂᆞᆫ扶餘王朝와骨肉이相殘(東北扶餘分立ᄒᆞᆷ이是其壹例)ᄒᆞ야聲光이式微ᄒᆞ고鮮卑말갈等이個々跋扈ᄒᆞ미於是乎箕氏子孫이時機를乘ᄒᆞ야旁近小國을幷呑ᄒᆞ며王位에卽ᄒᆞ야海內를號令ᄒᆞ고戰勝攻取ᄒᆞ야疆土를大闢ᄒᆞ니西ᄂᆞᆫ遼河에極ᄒᆞ며南은漢水에至ᄒᆞ야檀君舊疆의三分二를有ᄒᆞ니라

此時에扶餘王朝ᄂᆞᆫ北方壹隅에僻處ᄒᆞ야勢力이大墮ᄒᆞ얏스나亦只是家內兄弟의政治上競爭이劇烈ᄒᆞ야檀君의手定ᄒᆞᆫ朝鮮을外人逐鹿에任ᄒᆞᆷ이오其民族의精神은益益히膨脹的方面으로進向ᄒᆞ니라　(未完)

雜報

●兩朝實鑑纂修 憲宗 哲宗 兩 聖朝의 實鑑을 迄未編上ᄒᆞᆷ이 實爲未遑의 典이라 現今官制가 異於ᄒᆞᆫ 張大히 設施ᄒᆞᆫ 것시 無ᄒᆞ니 奎章閣으로 專管纂修케 ᄒᆞ라신 聖旨를 下ᄒᆞ옵셧다더라

●纂輯官差下 憲宗 哲宗 兩 聖朝의 實鑑을 纂修ᄒᆞᆷ은 別項과 如ᄒᆞ거니와 奎章閣大提學李容元학部大臣李載崑中樞院議長金允植帝室監査局長申箕善中樞院顧問朴齊純諸氏等으로 纂輯官을 差下ᄒᆞ옵셧다더라

●各種菓子下賜 太皇帝陛下ᄭᅦ옵셔 去八日 萬壽聖節日下午七時頃에 各種菓子拾二箱子를 孤兒院에 下賜ᄒᆞ옵셧다더라

●編次委員差出 太皇帝陛下ᄭᅦ옵셔 御製ᄒᆞ신 文稿를 奎章閣에셔 現今編次ᄒᆞᄂᆞᆫ中인대 卷帙이 浩大ᄒᆞᆷ으로 編次委員을 差出ᄒᆞᆫ다더라

●總理廢仕 總理大臣李完用氏가 有何事件인지 多日仕進치 아니ᄒᆞᆫ다더라

●趙總管示遞 承寧府總管趙民熙氏가 遞任된다ᄂᆞᆫ 說이 有ᄒᆞ더라

●康氏獻議退却 正三品康洪斗氏가 利用便民의 意로 中樞院에 獻議ᄒᆞ얏ᄂᆞᆫ대 違格ᄒᆞᆫ 事가 有ᄒᆞᆷ으로 退却ᄒᆞ얏다더라

●內大晚餐會 內部大臣宋秉畯氏와 該部次官이 去土曜日에 天津樓에셔 晚餐會를 設ᄒᆞ고 該部土木局技師諸氏와 其他高等官吏를 請邀宴待ᄒᆞ얏더라

●會議何事 昨日은 中樞院에 月例會日인 故로 該議長金允植氏以下 顧問官吏가 該院에 壹體仕進ᄒᆞ야 事務處理를 協議ᄒᆞ

●閔宮大官邸建築 宮內府大臣閔丙奭氏의 官邸를 三淸洞武官학校後에 在ᄒᆞᆫ 公有地에 建築ᄒᆞ기로 預定ᄒᆞ얏다더라

●七郡守薦報 平南觀察使李軫鎬氏가 郡守資格에 可堪者七人을 內部에 薦報ᄒᆞ얏다더라

●各官吏冠宕廢止 各府部院廳官吏가 內部官吏와 如히 本月貳拾日爲始ᄒᆞ야 冠宕을 壹齊廢止ᄒᆞᆫ다ᄂᆞᆫ 說이 有ᄒᆞ더라

●三千斷髮 全北觀察使李斗璜氏가 該府內人民에게 時勢形便과 臣民道理에 不可不斷髮ᄒᆞᆯ 意로 這々說諭ᄒᆞ야 府下人民의 斷髮者가 三千餘名에 達ᄒᆞ얏다더라

●李郡守請願 安州郡守李寅洽氏가 該道觀察府郡守會議에 參例ᄒᆞ얏다가 還衙ᄒᆞ야 有何事端인지 辭職請願ᄒᆞ얏다더라

●醫部口述試取 昨日內部醫務局에셔 地方醫師를 試取次로 口述試驗을 經ᄒᆞ얏다더라

●財務監督支局 公州郡에 財務監督支局을 設置ᄒᆞ고 該南北道의 財務를 管轄ᄒᆞᆫ다더라

●卒業生敍任 普成專門학校卒業生金炳氏가 度支部財産整理局主事로 敍任ᄒᆞ얏다더라

●兩氏出張 度支部司計局長元應常氏ᄂᆞᆫ 明年度預算調製에 關ᄒᆞᆫ 地方各官廳實況을 視察ᄒᆞ기 爲ᄒᆞ야 本月十四日上午七時에 局員俞南敎氏와 帶同ᄒᆞ고 北行鐵道를 從ᄒᆞ야 新義州ᄭᆞ지 出張ᄒᆞ고 該部司稅局主事金永斗氏ᄂᆞᆫ 人蔘調査次로 慶尙南道知禮郡忠北永同郡等地에 日間出張ᄒᆞᆫ다더라

●鐵道費七拾萬圓 今年潦雨에 被害ᄒᆞᆫ 各鐵道의 復舊費가 七拾萬圓에 達ᄒᆞ얏다더라

●五部內貧民呼冤 去土曜日

●漢城五部警察署에셔 就首를 指揮ᄒᆞ야 糞桶을 申飭ᄒᆞᆫ것ᄉᆞᆫ 前報와 如ᄒᆞ거니와 伊日에 巡査를 合番ᄒᆞ야 人民處에 糞桶을 三日內로 實施ᄒᆞ도록 預告ᄒᆞ얏ᄂᆞᆫ데 만일 過限에 不成者가 有ᄒᆞ면 罰金을 五圓式 徵出ᄒᆞ고 警視廳으로 捉去ᄒᆞᆫ다고 星火督促ᄒᆞᄂᆞᆫ 故로 貧寒ᄒᆞᆫ 人民들의 呼冤이 喧藉ᄒᆞ다더라

●警察月報發刊 내부警務局에셔 警察官吏에 中央意思를 疎通ᄒᆞ며 事務를 連絡ᄒᆞᆯ 目的으로 警察月報를 발刊ᄒᆞ야셔 각警察官에게 配付ᄒᆞᆯ 事로 昨日第 號를 發刊ᄒᆞ얏다더라

●偸人家券典執 中部長橋居ᄒᆞᄂᆞᆫ 安允玄시의 外叔朴炳龜시가 安시의 家券을 偸去ᄒᆞ야 何許日人의게 壹千五百圓을 受ᄒᆞ고 典執ᄒᆞ얏ᄂᆞᆫ 故로 安시가 不日推給ᄒᆞ라고 中부警察署에 呼訴ᄒᆞ얏다더라

●監獄署의 日僧 日本僧徒壹名이 每日下午면 依例히 監獄署에 來到ᄒᆞ야 囚徒를 出獄列坐ᄒᆞ고 壹塲說法而去ᄒᆞᆫ다더라

●果有是事乎 太極학校학監洪淳琰시와 其他李玄九金膺鎭李오衡四氏가 有何行計이던지 약峴光興學校를 籍托ᄒᆞ고 演藝會를 設行하다가 事實이 綻露ᄒᆞ야 中止ᄒᆞ고 壹齊逃躲ᄒᆞ얏ᄂᆞᆫ대 該校에셔 方在詗探中이라더라

●光武臺主人辭理 西部館井洞居廉鎭元氏가 東大門外光武臺에셔 三個月을 雇用ᄒᆞ더니 該臺主人尹某가 月給壹分도 支給지 아니ᄒᆞᆷ으로 該氏가 自退ᄒᆞ고 尹氏私邸로 往ᄒᆞ야 ᄎᆞᆺ고ᄌᆞᄒᆞ즉 不得入去ᄒᆞ얏다더라

●貧民呼冤 去土曜日 土四拾餘石의 文券을 得ᄒᆞ야 往ᄒᆞᆫ 人이 無ᄒᆞᆷ을 因ᄒᆞ야 …

●敗沓를 四處에 覓得코ᄌᆞᄒᆞ며 니昨日에 답主의게 返給하매 沓主가 申氏의 厚誼를 感賀ᄒᆞ얏다더라

●日人의蠻行 再昨夜에 住所未詳ᄒᆞᆫ 日人米田僞造가 被酒泥醉ᄒᆞ야 南부明동等地로 過去ᄒᆞ다가 詩동居ᄒᆞᄂᆞᆫ 朴昌鉉의 妻李姓女를 無端毆打ᄒᆞ야 面부가 重傷ᄒᆞᆫ지라 南부警察署에셔 日人을 捉囚ᄒᆞ고 現行嚴覈中이라더라

●金也悖行 三昨日에 南부開城府동居하ᄂᆞᆫ 誰家下隷김春식의 子가 所戲紙鳶이 其隣居ᄒᆞᄂᆞᆫ 尹戴식시의 ᄂᆡ庭에 飛人ᄒᆞᆫ지라 尹시의 令男九歲兒가 拾取ᄒᆞ얏더니 김春식이 가衣衫을 脫하고 尹시의 ᄂᆡ庭에 突入ᄒᆞ야 詬辱이 無雙ᄒᆞᆷ으로 尹시가 銅峴警察署에 呼訴ᄒᆞ얏더니 해署에셔 김哥를 提致ᄒᆞ야 嚴論放送ᄒᆞ얏다더라

●飲其酒伐其女 再昨日에 西部館井동居ᄒᆞᄂᆞᆫ 鄭大正시가 自己親友數人을 作件ᄒᆞ고 太平門前色酒家에 往ᄒᆞ야 四拾錢價値의 酒를 飮ᄒᆞ고 更爲請求ᄒᆞ니 該主婦二十歲김姓女의 所答이 酒缸이 適空ᄒᆞ야 酬應ᄒᆞᆯ 슈가 無ᄒᆞ다ᄒᆞᆫ즉 鄭시가 該女의 腹部를 척ᄒᆞ야 危境에 至ᄒᆞᆷ으로 해掌니巡査가 鄭시를 南부警察署에 押付하고 現今査問ᄒᆞᄂᆞᆫ中이라더라

●沈婦失路 再昨日下午에 時頃에 何許二十歲假量된 女人이 衣服裕子를 帶ᄒᆞ고 美廛街路에 躊躇ᄒᆞ며 行色이 殊常ᄒᆞᆫ 故로 該掌巡査李善敬씨가 南部警察署로 引致ᄒᆞ고 査問ᄒᆞᆫ즉 該女人의 所供에 余ᄂᆞᆫ 中部校洞居ᄒᆞᄂᆞᆫ 沈宜석씨의 子婦인데 三年前부터 身病이 有ᄒᆞ야 常時委苦ᄒᆞ야 治療次로 南門外誰某家에 往ᄒᆞ얏다가 人이 無ᄒᆞᆷ을 因

●多數히 偸去ᄒᆞ얏ᄂᆞᆫ대 該掌巡査가 該賊漢의 蹤跡을 現今詗探ᄒᆞᄂᆞᆫ中이라더라

●會長과總務 大東學會總務徐相勛씨가 히任을 請免ᄒᆞ얏ᄂᆞᆫ데 該會長申기善씨ᄂᆞᆫ 後補者를 留待코ᄌᆞᄒᆞᄂᆞᆫ대 評議會에셔 徐氏의 屢朔勤務ᄒᆞᆷ을 不可輕遞라ᄒᆞ야 請願書를 繳還ᄒᆞ얏다더라

●兩會聯合議定 再昨日 興士團同志학友親睦會에셔 開ᄒᆞ얏ᄂᆞᆫ데 總務ᄂᆞᆫ 具滋景氏로 推薦ᄒᆞ야 被選되얏스며 同志會와 聯合ᄒᆞ기로 議定이 되얏다더라

●勞働評議開會 再昨日勞働會本部에셔 評議會를 開ᄒᆞ고 該會總務李輔鎔시의 請辭ᄒᆞᆷ을 衆議가 不肯ᄒᆞ얏다더라

●東彰校賜校式 私立東彰學校에셔 今日下午四時에 校式을 擧行ᄒᆞᆫ다ᄂᆞᆫ대 學部壹般官吏의게 請牒ᄒᆞ얏다더라

●巴陵의 勝狀 江東巴陵社治

●雜家의逢賊 再昨日下午九時頃에 南部雙林동居ᄒᆞᄂᆞᆫ 羅奉道씨家에 壹同이 門을 鎖ᄒᆞ고 蓮동敎堂에 往ᄒᆞᆫ 後에 物盜壹名이 闖入ᄒᆞ야 時計와 鍮器等屬을 多數히 偸去ᄒᆞ얏ᄂᆞᆫ대

●賣女吞鴉 再昨日西小門內居柳寬保씨의 妻가 隣家權主簿의 誘引ᄒᆞᆷ을 被ᄒᆞ야 其女息을 他人의게 賣ᄒᆞ고 仍爲逃走ᄒᆞ얏더니 其夫柳씨가 權主簿家에셔 其妻를 覓得ᄒᆞ야 彼此爭詰하다가 柳씨가 拔劒ᄒᆞᆯ際에 巡査가 適參ᄒᆞ야 柳씨를 西署로 押去ᄒᆞ얏다가 該署에셔 其妻를 覓來ᄒᆞ야 下ᄒᆞ기爲ᄒᆞ야 保放ᄒᆞ얏더니 該女가 近處매粥家에셔 鴉烟을 呑ᄒᆞ고 死ᄒᆞ얏ᄂᆞᆫ故로 柳씨가 更히 被捉되얏다더라

ᄒᆞ야 還來ᄒᆞ다가 失路ᄒᆞᆫ 所以라 ᄒᆞᆷ으로 該署에셔 沈씨家로 卽爲通知ᄒᆞ야 覓去케ᄒᆞ얏다더라

學校에셔 本月五日에 第壹回卒業式을 擧行ᄒᆞ얏ᄂᆞᆫ데 最優等에 金鳳紀趙基豊과 優等에 劉德俊等七人인데 賞品은 該校任員諸시가 優數準備ᄒᆞᆫ 外에 平壤日新학校長崔觀恒시와 外에 東元郭龍舜諸시가 衛生학藝術新書東國史略高等小學理科乙支文德傳伊太利建國三傑傳大韓地誌를 各々數拾部式寄附ᄒᆞᆷ으로 卒業生七人에게 優數히 施賞ᄒᆞ고 來賓이 數百餘名에 達ᄒᆞ얏ᄂᆞᆫ대 祥原祥盛학校敎師朴應成씨와 基督학校敎師田承龍氏가 學業에 日進ᄒᆞᆷ을 勸論ᄒᆞ고 証書를 授與ᄒᆞᆫ 後에 撮影紀念ᄒᆞ얏다더라

▲處世金言▼ (續)

金汶祖

▲小者에 小者를 屢加ᄒᆞ면 大者를 成ᄒᆞ리라

▲…毛로以하야 吾人을 携引ᄒᆞ나니라

▲危險은 勝利에 先立ᄒᆞ나니라

▲謹愼ᄒᆞᆫ 夫ᄂᆞᆫ 節儉ᄒᆞᆫ 妻를 擇하나니라

▲惡父도 惡ᄒᆞᆫ 子ᄂᆞᆫ 希望치 아니ᄒᆞᄂᆞ니라

▲自己의 感情을 管轄ᄒᆞ기 不能ᄒᆞᆫ 者ᄂᆞᆫ 生活의 法을 知ᄒᆞ기 不能ᄒᆞ니라

▲艱難을 避ᄒᆞᄂᆞᆫ 最良策은 天命을 從ᄒᆞᄂᆞᆫ데 在ᄒᆞ니라

▲希望과 勉强이라 ᄒᆞᄂᆞᆫ 것슨 赫々ᄒᆞᆫ 達ᄒᆞᄂᆞᆫ 通路니라

▲또ᄒᆞᆫ 希望은 惡ᄒᆞᆫ 所有를 勝ᄒᆞᄂᆞ니라

▲成功의 原因은 不屈不撓에 在ᄒᆞ니라

▲熱心은 事業의 精神이니라

▲貧寒을 忍耐ᄒᆞᆷ은 貧寒을 救療ᄒᆞ게 來하나니라

ᄂᆞᆫ 法이니라

▲壹瞬間忍耐ᄂᆞᆫ 拾年安樂의 源이니라

▲自信은 忍耐ᄒᆞᄂᆞᆫ 第壹要件이니라

▲怠惰와 臆懦ᄂᆞᆫ 惡魔의 工場이니라

▲艱難을 際ᄒᆞ야 善行ᄒᆞ기ᄂᆞᆫ 易ᄒᆞ나 赫々ᄒᆞᆫ 善行ᄒᆞ기ᄂᆞᆫ 難ᄒᆞ니라

▲雖最高處라도 人間으로 ᄒᆞ야금 登ᄒᆞ기 不能ᄒᆞᆫ 것은 無ᄒᆞ나 及其登코져 ᄒᆞ면 注意와 確信으로 勉勵치 아니ᄒᆞ면 不可ᄒᆞ니라

▲千里를 行ᄒᆞ기ᄂᆞᆫ 易ᄒᆞ나 壹言을 愼하기ᄂᆞᆫ 難ᄒᆞ니라

▲修身은 萬事之始니라

▲貞操ᄂᆞᆫ 無價之寶인데 此를 守코져 ᄒᆞ면 雖 皇后라도 市人의 妻와 競爭치 아니ᄒᆞᆷ이 不可ᄒᆞ니라

▲獨立코져 ᄒᆞ면 有用ᄒᆞᆫ 技藝를 學習ᄒᆞᆷ이 可ᄒᆞ니라

▲貧寒ᄒᆞᆫ 心志로 處世ᄒᆞᄂᆞᆫ 者ᄂᆞᆫ 恒常富ᄒᆞ고 富饒ᄒᆞᆫ 心志로 處世ᄒᆞᄂᆞᆫ 者ᄂᆞᆫ 必竟貧寒ᄒᆞ리라

▲人의 財産은 保全ᄒᆞᄂᆞᆫ 勤儉에 在ᄒᆞ니라

▲多ᄒᆞ게 輸入ᄒᆞ며 些少히 支出ᄒᆞ고 多ᄒᆞ게 採薪하야 些少히 生火ᄒᆞᄂᆞᆫ 거슨 富國의 大本이니라

▲富ᄂᆞᆫ 勤勞之賜物이요 貧은 怠惰之當罰이니라

▲小事에 注意ᄒᆞᆷ은 處世의 要道로 成功ᄒᆞᄂᆞᆫ 要旨니라

▲其母로부터 其女息을 察ᄒᆞᆯ지니라

▲快樂은 永久히 期待ᄒᆞᆯ 거시 아니라 (完)

雜報

保放 前參判閔京鎬氏ᄂ 繫獄되얏다가 滯囚ᄒ얏더니 保放되얏다더라

廣告

本書館을開業ᄒᆫ지未過壹年에 壹般同胞게셔愛助ᄒ시와益益興旺之故로本館을壹層擴張ᄒ고各項新舊書籍與教育物品을多數準備ᄒ야特別廉價로大賣ᄒ오니四方 僉君子ᄂ陸續來臨ᄒ심을爲要ᄒᆷ

釜山港東關韓興書館

金汝重 權鍾律

本人이本郡花山里嚴秉漢과同事商業을分立ᄒ얏스니內外國人은 照亮ᄒᆷ을敬要

平安道茄川坊姜允觀 告白

本人의蘩山이라刻ᄒᆫ圖章을本年七月四日의見失ᄒ얏스니內外國人은見欺施行마시ᄋᆞᆸ

海州日雲面오渾李根鎬 告白

本人이龍山停車場車中에셔本月拾日下午拾壹時에皮匣에所藏紙貨와姓名刻名啣과車票를逢賊並失ᄒ얏사오니誰某閒誰章은無效ᄒᆷ

金友善 白

本人이中署哲處今月初拾日推尋三百圓果西百五拾圓於音二片을셔失故廣告內外國人拾得休紙施行ᄒᆷ

中部上廐洞三拾壹統壹戶

채奎憲 告白

忠清北道報恩郡山外面南岳里居ᄒᄂᆫ前教官金奎漢시ᄂᆫ有志紳士인바挽近學界에不振ᄒᆷ을慨歎ᄒ야多數ᄒᆫ金額을自擔ᄒ고同志의義捐을募集ᄒ야該里中에廣興學校設立ᄒ기를發起ᄒ니遠近紳士가該시의熱心을感服ᄒ야莫不樂從ᄒᄂᆫ바其趣旨가如左ᄒ니人之最靈於萬物者以有學識也학識必待教育古昔聖世設庠序학校教人以禮樂射御書數之文修身齊家治國平天下之道而人存政擧號稱至治挽近所謂鄕塾教科不過尋章摘句吟風詠月而已全昧古今之異宜或積貯萬金廣置千頃貫朽紅腐而至於子孫教育學校補助則愛惜壹文使靑年子弟不得進壹步於文明之域嗚呼此我國所以至於今日也現今環球六洲舟車相通競爭列邦文化日進雖古聖復起必也隨時以設教矣然則新學亦古學也但言語不同字畫各殊而已苟使聰俊子弟講習古今之學問兼肄外國之言語俾知愛國之義交涉之方則庶幾圖合民志挽回國權此時至急之務舍教育何以哉鄙等創設壹校名以廣興而其教科與規則壹遵新頒章程竊惟僉君子必當壹切贊成以表同情矣

發起人 김奎漢 노鳳洙 沈性之 李圭恒 羅日容 노致洙 趙義洙 김永念 徐丙夏 노哲洙 羅斗容 沈能復 朴永杓 羅炳學 南啓喆 朴□鉉 李正雨 姜晚秀 徐廷斗 김壹東 宋琦憲 趙馨植 李愚甲 李憲誠 姜泰鉉 李智和 김正瀚 柳德基 宋秉企 文武曄 趙昇夏

廣興학校義助金捐錄

盧鳳洙 金奎漢 羅日容 盧致洙 沈性之 各百圜 金壹東 五圜 沈壹之 徐丙夏 各二拾圜 趙義洙 趙晋植 趙馨植 趙秉植 金正瀚 洪淳壹 宋秉寬 盧秉德 盧東憲 宋秉哲 李東璇 尹학成 宋秉承 趙昇夏 金東植 各拾圜 吳哲喜 七圜 羅斗容 리正雨 趙琮植 宋琦憲 羅炳한 禹顯旼 宋秉企 尹箕섭 尹大圭 김郁東 金用漢

嚴□石 池學兆 리興丞 全鼎默 리衡和 卓厚秀 黃崑秀 黃英秀 錢秉壹 徐炳澤 徐廷贊 門巖洞中 各五圜 朴永泰 金春實 各四圜 朴來鉉 李愚甲 리奎和 金順福 김云成 김秀麟 김炳履 金泰東 文武曄 劉泰潤 리聖烈 金학振 徐定석 徐廷弼 柳衡□ 劉聖出 韓明洙 리先鳳大夫人김시 崔문五 徐春範 尹千壹 各三圜 金永念 文啓喆 姜晚秀 리鍾五 姜泰鉉 로泰洙 리圭恒 朴貞根 朴鳳鉉 宋秉益 宋秉七 리龍瑞 리憲誠 金人成 徐丙潤 김河鎭 劉炳奎 김赫東 박召史 安昌敎 羅世容 朴周甲 李根華 李春泰 盧秉夏 盧秉直 具範祖 鄭德肖 김德用 各二圜 朴永杓 리智和 리明和 류德基 류萬基 劉□石 朴載학 리瀧和 김珩根 朴泰鉉 김文熙 리承祜 徐丙德 리光和 劉仁□ 徐廷斗 韓百舜 리象駿 安學均 姜石崇 김□福 김基淼 리承吉 鄭潤□ 崔翼昌 박孝淳 박正淳 李圭憲 李德賢 權泰植 鄭相辟 柳箕煥 朴起東 林□民 具文祖 崔敬寬 尹致德 金福鉉 沈宜洪 高學肖 金致文 具光熙 郭洛柱 具福喜 具善喜 具命喜 김星五 金學瑞 各壹圜 徐廷俊 壹圜五拾錢 柳興春 五拾錢 柳瓚永 壹圜五拾錢

郡田榮作 片田治作 本郡守 備隊孫民 石和作夫 各五拾錢

上合計五拾六圜

廣告

本人等이慨學靑年을教育ᄒ기爲ᄒ야中學校를設立ᄒ고預備科와初等級學員을募集ᄒ오니願學僉員은今月二十四日內로請願書를提呈하시ᄋᆞᆸ

但請願紙ᄂ本校에來請ᄒᆷ

試驗日字

九月貳拾四日(木曜) 九月貳拾五日(金曜)

時間

自午前八時 至午後四時

開學日字

九月貳拾六日(土曜)

平壤大成中學校主務人

李鍾浩

安昌浩

尹致昊

西署貫子洞二拾五統五戶瓦家十二間을放賣하오니願買人은門米廛後狀局으로來問ᄒᆷ

尹鼎 告白

本人이姓名圖章을陰八月七日에셔失ᄒ엿삽기玆에廣告ᄒᆷ

平壤香木洞

朴申華 告白

測量械機大放賣 廣告

拜啓敬頌

僉候大安奘店은僉君子의愛顧를蒙ᄒ와營業이進就漸々進就되오니感謝萬々ᄒᄋᆞᆸ니다就奘店에셔販賣ᄒᄂᆫ測量機械今年ᄒ야需用이夥多ᄒᆫ故로僉君子에便宜를圖ᄒ기爲ᄒ야特別히工場을建設ᄒ고鍊熟ᄒᆫ工匠을雇傭ᄒ야器械製造에拾分注意監督ᄒ야多數히製造ᄒ야特別히廉價로供給ᄒ오며僉君子購買後에器械에缺点이有ᄒ오면好品과即時換呈ᄒ오며又使用後라도損傷이有ᄒ오면特別廉價로迅速히修繕ᄒ야僉君子에厚意를報答ᄒ려ᄒ오니不拘多少ᄒ고陸續請求ᄒ심을伏望

再

학校나或社會의셔壹時의多數히請求ᄒ시면日本의注文價格보다運賃과海關稅會이無ᄒᄋᆞᆸ고器械도破損ᄒᆯ念慮가無ᄒ오며又壹々히品好ᄒᆫ것을擇擇ᄒᄂᆫ便利도有ᄒ옵니다

歐米製及日本製에等器械平及測量器을多數히販매ᄒ오니定價表를請求ᄒ시면即時送呈ᄒ옵니다

京城西洞郵便局前

篠崎測量器械店

시노사기 「電話六四八番」

本人等이同志同情ᄒᆫ七人으로더부러資本을醵集ᄒ고客主營業을開設ᄒ오니商業ᄒ시ᄂᆫ四方僉君子ᄂᆫ惠顧ᄒ심을爲要

開設은本邑四里李悌璜家로定ᄒᆷ

黃海道信川邑李悌황

李元敬

李源國 告白

本校의셔中學科를層設ᄒ고學員을募集ᄒ오니願學 僉員은屆期應試ᄒᆷ

左開

壹 課程 修身 國語 漢文 作文 萬國地誌 地文학 本國史 數학 筭術 代數 幾何 博物학 生理 化학 經濟 法制 日語 圖式 唱歌 體操

壹 學期ᄂᆫ 三個年으로定

壹 試取及開학日字라 (陰八月貳拾三四日)試取 (二十八日)開學

壹 試取科目은 筭術(整數分數) 作文(論文及國漢文交譯) 地誌(本國地誌大要) 歷史(本國史大要)

壹 入學資格은拾五歲以上으로三十五歲以下身體健全者

隆熙貳年八月二十八日 (八月初二日)

南浦碑石洞基督一崇學校 告白

◉千金保化丹

主治積滯吐瀉霍亂의第壹要藥也

本舖 在江華郡ᄂᆡ洞蕃□당

出張人 海州 劉應섭

京城磚洞 方永植

大邱 崔寅琪

平壤 朴承奐

發起人 김完植 白

◉測量學員募集廣告

本校內에測量速成科를設ᄒ고이開學 僉員은今月十九日(陰八月二拾四日)內로本校에誠願ᄒᆷ

請願紙ᄂᆫ本校로來求ᄒᆷ

科程은 筭術 測量

試驗은 讀書國漢문 筭術四則以內

卒業期限은三個月

但筭術全昧人은六個月

中部枇杷洞杷成學校 告白

測量科學員募集 廣告

南門내염洞靑年학院에서測量科를設ᄒ오니願학 僉員은今月十二日從拾七日내로請願ᄒᆷ

但請願紙ᄂᆫ本院에來購ᄒᆷ

算術不足ᄒᆫ人은壹個月專門教授後의測量科를教授ᄒᆷ

試驗日今月十二日下午五時

試驗科目은筭術四則以下

卒業期限은三個月

昌明測量학校 告白

國債報償志願金總合所 評議會一同

本所에셔國債報償志願金捐額을整理ᄒ기爲ᄒ야財務監督은金允五金麟兩氏로會計ᄂᆫ 鄭東說鄭志永兩氏로選定ᄒ고本所金額을所屬과合同保管케ᄒ얏삽기玆에廣布ᄒ오니京鄕同胞ᄂᆫ照亮ᄒ시ᄋᆞᆸ

◉順川倉洞東明夜學校에義捐諸氏

崔斗銓 俞昌淳 石□植 各五圜 李鍾倜 三圜 金應烈 二圜 价川水橋 朴□洙 壹圜 郭廷斗 白墨壹匣

東明學校 告白

本人이姓名圖章을遺失ᄒ얏삽기新圖章을施行ᄒ오니內外國人은照亮ᄒ시ᄋᆞᆸ

吳興燮 告白

漢城鍾路慈惠大藥房

大韓東西藥業月報社制劑藥

咽喉 隆火水 五日壹分 金五十錢

熱痛 告味 甚釀水 金五十錢

男女補益丸 一五十錢

氣血 蘊潤腸丸 二十錢

淋疾根藥 五十錢

痢疾靈散 三十錢

淸明眼藥 十五錢

養兒寶散 十五錢

黄疸根藥 三十錢

純金鷄納丸 十錢

腎泄丸 二十錢

去汗臭藥 二十錢

四時感冒丸 十錢

太腫合瘡膏 十錢

消痰鎭咳藥 三十錢

漢城百應膏 十錢

陳滯消積丸 五十錢

痢氣保興散 二十錢

胃藥膏丹

○申報價

壹張代金 新貨二錢五厘
壹個月前納 三十錢
參個月 九拾錢
陸個月 一圓七十錢
壹個年 三圓四十錢
郵稅一張 壹個月 新貨五厘 十二錢

○廣告料

四号活字拾三字詰
每日壹寸(英尺)에 新貨卄五錢
二週日壹寸에 二圓五拾錢
壹個月壹寸에 五圓
(自壹行至四行이爲壹寸)
其期限의 長短과 字行의 多寡를 依하야 增減함이 有함

●大韓每日申報各處支社廣告

中署布屛下 金相萬冊肆
平壤鍾路太極書館 安泰國
仁川畓峴開新冊肆 李東皓
義州南門外 西大藥房 張有寬
釜山港佐川약국 徐鎬鋒
三和港築동 金元變
咸興州南社西門外 曹喜林
開城남大門內興學書舖 姜助遠
大邱西門外友弦書樓側 李正由
載寧邑濟衆院 劉夢澤
鐵山邑東部 安灝
元山倉前 劉七錫

海州남門內 朴昌鉉
定州南門內書舖 洪成鉉
昌城郡校洞 許垣
郭山興岩育英書舖 李銀瑞
安岳細종坊成洞 康道善
博川舊洋 李顯成
安州城內義井洞 金鳳河
鐵原邑榮동 趙秉大
高原邑 朴敦吉
洋邑邑內 李益秉
泰仁邑內 金禹燮
京畿線桃源驛昏市 李基秀
延潤邑南門內 張載淳
殷栗邑倉前里 黃菊保
龍川楊市 金泰聲
朔州邑남門내 朱伯英
泰川邑館前洋약局 李正華
永興南山동書舖 梁昌錫
江華邑川橋 金鎭식
淸州남門外 宋斗仁
寧邊邑客舍里趙炳俊 濟世
金溝水流面豆亭 趙德三
信川邑六里 丁一善
江西邑內 金昌燮
成川部上部面 馬應三
興德富安面鈒谷 姜大榮
龍川府南面松峴海東書會 金賢圭
咸從郡耶蘇敎堂 張炳堂
平남順川郡蓮동 鄭裕景
龍川남市驛 韓燦禧
龍岡郡耶蘇敎堂內 朴鍾은
車篺館 金明鉉
結城廣川小龍동 李啓祚
定平郡豊川 張禮학
洪原南門外耶蘇敎冊肆 方萬凰
宣川읍新民書會 魯晶판

發行兼編輯人 英國人 萬咸
Responsible for Publication Alfred Weekley Marnham.
發行所 南署石井洞號外地三層洋屋
大韓每日申報社

第六卷

大韓每日申報

第九百六號

月曜及慶節 歲時日休刊

檀君開國四千二百四十一年
箕子元年三千三十年
大韓開國五百十七年
日本明治四十一年
淸國光緖三十四年
陰曆戊申八月小廿一日 甲戌

論說

◉大我와小我 (大韓協會々報照謄)

左一右一의橫竪ᄒᆞᆫ者를曰是我의耳目이라ᄒᆞ며上二下二의前垂ᄒᆞᆫ者를曰是我의手足이라ᄒᆞ며蚤虱만侵ᄒᆞ야도癢을不禁ᄒᆞᄂᆞᆫ者를曰是我의皮膚라ᄒᆞ며蛔虫만作ᄒᆞ야도痛世不已ᄒᆞᄂᆞᆫ者를曰是我의臟腑라ᄒᆞ며視코ᄌᆞᄒᆞ야도不見ᄒᆞᄂᆞᆫ八萬四千의黑根을曰是我의毛髮이라ᄒᆞ며彝코ᄌᆞᄒᆞ야도不得ᄒᆞᄂᆞᆫ一刻幾拾番의呼吸을曰是我의聲息이라ᄒᆞ며累々野塚에烏鳶의啄殘ᄒᆞᆫ者를曰是我의骨骸라ᄒᆞ며茫々六合에螻蟻가嘬盡ᄒᆞᆫ者를曰是我의血肉이라ᄒᆞ며是耳是目是手是足是皮膚是腸腑是毛髮是聲息是骨骸是血肉을曰是我의身體라ᄒᆞ며是身을指ᄒᆞ야曰是我라ᄒᆞ니嗚呼라我가果然如此히微ᄒᆞ며我가果然如此히小ᄒᆞᆫ가如此則軀偶에滯在ᄒᆞᆫ我가十方에普現ᄒᆞ믈不得ᄒᆞᆯ지며壹時에暫住ᄒᆞᆫ我가萬古에長存ᄒᆞ믈不得ᄒᆞᆯ지니嗚呼라我가果然如此히微ᄒᆞ며我가果然如此히小ᄒᆞᆫ가如此則我가風파갓치飄ᄒᆞ며我가電파갓치翻ᄒᆞ며我가泡子와ᄀᆞᆺ치幻ᄒᆞ며我가石火와ᄀᆞᆺ치滅ᄒᆞ야彼空中에耿々ᄒᆞᄂᆞᆫ日月星辰은古今壹樣이건만은惟獨我壹個ᄂᆞᆫ區々數十寒暑를纔過ᄒᆞ야形影이俱滅ᄒᆞ나니嗚呼라我가果然如此히微ᄒᆞ며我가果然如此히小ᄒᆞᆫ가我果然如此ᄒᆞᆯ진ᄃᆡ我가不得不我를爲ᄒᆞ야悲觀ᄒᆞ며我가不得不我를爲ᄒᆞ야大叫ᄒᆞ며我가不得不我를爲ᄒᆞ야披髮狂歌ᄒᆞ며我가不得不我를爲ᄒᆞ야切齒哀哭ᄒᆞ며我가不得不我를遺ᄒᆞᆫ上帝를怨ᄒᆞᆯ지니嗚呼라我가果然如此ᄒᆞᆫ가曰否라不然ᄒᆞ다彼ᄂᆞᆫ精神的아가아니라物質的我며彼ᄂᆞᆫ靈魂的我가아니라軀殼的我며彼ᄂᆞᆫ眞我가아니라假我며大我가아니라小我니

萬壹物質的軀殼的의假我小아를我로誤解ᄒᆞ면是ᄂᆞᆫ必死ᄒᆞᄂᆞᆫ我라壹歲不死ᄒᆞ면拾歲에死ᄒᆞᆯ지며十歲에不死ᄒᆞ면二拾에死ᄒᆞᆯ지며二拾에不死ᄒᆞ면三四拾에死ᄒᆞᆯ지며三四十에不死ᄒᆞ면五六拾에死ᄒᆞᆯ지며五六拾에不死ᄒᆞ면六七拾에死ᄒᆞᆯ지니上壽라도百歲를過ᄒᆞ기難ᄒᆞᆯ지니嗚呼此地球二千二百萬年(西國哲學家가推斷ᄒᆞᆫ地球壽)間에我에生命은百歲의短期로限ᄒᆞ야百歲以前에我를求ᄒᆞ야도我가無ᄒᆞ며百歲以後에我를索ᄒᆞ야도我가無ᄒᆞᆫ대於其中에셔曰富貴니曰貧賤이니曰功名이니曰禍厄이니曰道德家ㅣ니實業家ㅣ니曰大統領이니副統領이니云云ᄒᆞ야此ᄂᆞᆫ吉이라ᄒᆞ며此ᄂᆞᆫ凶이라ᄒᆞ며此ᄂᆞᆫ憂이라ᄒᆞ며此ᄂᆞᆫ樂이라ᄒᆞ니嗚呼哀哉라我가此에語及ᄒᆞᆫ의悲觀ᄒᆞᆷ도可ᄒᆞ며大叫ᄒᆞᆷ도可ᄒᆞ며狂歌哀哭ᄒᆞᆷ도可ᄒᆞ다ᄒᆞᆯ지나

今에此物質界軀殼界를壹超ᄒᆞ야精神的靈魂的의眞我大我를我로快悟ᄒᆞ면壹切萬物이不死ᄒᆞᄂᆞᆫ者ㅣ惟我라天地ᄂᆞᆫ死ᄒᆞ야도我ᄂᆞᆫ不死ᄒᆞ며日月은死ᄒᆞ야도我ᄂᆞᆫ不死ᄒᆞ며金石은死ᄒᆞ야도我ᄂᆞᆫ不死하며草木은殆하야도我ᄂᆞᆫ不殆ᄒᆞ며萬斛滄底에我를投ᄒᆞ더리도小我ᄂᆞᆫ死ᄒᆞ나大我ᄂᆞᆫ不死ᄒᆞ며千尋鼎확에我를下ᄒᆞ더리도小我ᄂᆞᆫ殆ᄒᆞ나大我ᄂᆞᆫ不死ᄒᆞ며霜刃雨砲가我에加ᄒᆞ더리도小我ᄂᆞᆫ死ᄒᆞ나大我ᄂᆞᆫ不死ᄒᆞ며毒疾惡癘이我에侵ᄒᆞᄯᅢ리도小我ᄂᆞᆫ死하나大我ᄂᆞᆫ不死ᄒᆞ야天上天下에惟我가獨尊ᄒᆞ고三界四相에惟我가不壞ᄒᆞ나니神聖ᄒᆞ다我며永遠ᄒᆞ다我여我가我를爲ᄒᆞ야大勇躍ᄒᆞ며我가大謳歌大讚嘆ᄒᆞᆷ이可ᄒᆞ도다

小我ᄂᆞᆫ死ᄒᆞᄂᆞᆫ대大我ᄂᆞᆫ何故으로不死ᄒᆞ나뇨曰小我ᄂᆞᆫ論ᄒᆞᆯ진ᄃᆡ아의耳目이是아며手足이是아니壹軀殼中에被縛ᄒᆞ아라觀ᄒᆞᆷ에壹隔壁을透치못ᄒᆞ며躍ᄒᆞᆷ에壹仞墻을越치못ᄒᆞ며顯微鏡을帶ᄒᆞ야도大千微塵을遍察치못ᄒᆞ며火輪車를乘ᄒᆞ야도壹日千里를過치못ᄒᆞ거니와大아ᄂᆞᆫ何오卽아의精神이是며아의思想이是며아의目的이是며아의主義가是니是ᄂᆞᆫ無限自由自在의아니往코ᄌᆞᄒᆞᆷ에必往ᄒᆞ야遠近이無ᄒᆞᆫ者ㅣ아며行코ᄌᆞᄒᆞᆷ에必達하야成敗가無ᄒᆞᆫ者ㅣ아라輕氣球를借ᄒᆞ야도아가空中에能走하며旅行券을不得ᄒᆞ야도아가外國에能往ᄒᆞ며歷史를不憑ᄒᆞ야도아가千萬世以前千萬世以後에遍往하나니何人이아를能遏ᄒᆞ며何物이아를能推ᄒᆞ리오 (未完)

外報

●露國砲艦準備 來拾壹月壹日로부터浦鹽에在ᄒᆞᆫ自由港을閉鎖ᄒᆞᆷ으로以ᄒᆞ야露國政府ᄂᆞᆫ黑龍江에砲艦拾二隻을準備中이라더라

●吉長鐵道의交涉 東京電을據ᄒᆞᆫ즉日本政府에서ᄂᆞᆫ吉長鐵道事件에關ᄒᆞ야速히規定ᄒᆞᆷ을必要로今番에駐淸日公使에게電訓ᄒᆞ야淸國外務部에交涉을開始ᄒᆞ얏다더라

●美國官憲의滿足 桑港電에曰移民年報를據ᄒᆞᆫ즉六月三十日ᄭᆞ지壹年間에日本人이美國에入來ᄒᆞᆫ者가九千六百人인ᄃᆡ前年에比ᄒᆞ면三分之壹이不足ᄒᆞ니此ᄂᆞᆫ美國의方針을日本政府가能히了解ᄒᆞᆷ에由ᄒᆞᆫ것이라ᄒᆞ야華盛頓官憲은非常히滿足ᄒᆞ얏다더라

●袁巡撫의解散命 上海電을據ᄒᆞᆫ즉山東巡撫袁世凱씨ᄂᆞᆫ獨逸에對ᄒᆞ야獨貨排斥事를行ᄒᆞ라ᄒᆞᆫ山東保礦會의解散을命ᄒᆞ얏다더라

●露國都의虎惡 聖彼得堡電을據ᄒᆞᆫ즉露都에ᄂᆞᆫ虎列剌病이發生하얏다더라

●英露兩國과波斯 英露兩國은同時에波斯皇帝의게憲法維持及拾壹月에議會를召集ᄒᆞᆯ意思를再히公衆의게確言ᄒᆞ야ᄡᅥ(다부리쓰즈 市의紛擾를沈息케ᄒᆞ라고勸告ᄒᆞ얏다더라

雜報

●致函府民會 安鍾和元泳義玄采鄭瓘兩官紳諸氏가漢城府民會에公函ᄒᆞᆫ全文이如左ᄒᆞ더라

敬啓者顧我國內鄕에近來普通學校의設立이在々相望ᄒᆞ야後進子弟의敎育을實行ᄒᆞ니國家를爲ᄒᆞ야慶幸ᄒᆞ나或은其方策에昧ᄒᆞ며又或은其主旨를誤ᄒᆞ야壹時의興起로永久維持ᄒᆞᄂᆞᆫ經濟方針이無ᄒᆞ고仁人志士의義捐寄附에全仰ᄒᆞ니此實敎育界命運의係ᄒᆞᆫ바가不輕ᄒᆞ온지라

今에此를矯구치아니ᄒᆞ면將來의衰頹를致ᄒᆞᆯ진則엇지송然치아니ᄒᆞ리오其矯구ᄒᆞᄂᆞᆫ要道ᄂᆞᆫ小學區域을定ᄒᆞ고其區域內父兄으로其區域子弟敎育ᄒᆞᄂᆞᆫ義務를負擔케ᄒᆞᆷ에在ᄒᆞ온바惟아漢城은帝國의首府로四方의觀瞻ᄒᆞᄂᆞᆫ表準地에在하야區域의未定ᄒᆞᆷ이誠爲第壹件大缺點이라

今日의狀態로壹學校의可置ᄒᆞᆯ區域이或은其居人의冷淡ᄒᆞᆷ으로設立을不見ᄒᆞᄂᆞᆫ處도有ᄒᆞ며或은經濟事情이昧ᄒᆞ고其設立을相爭ᄒᆞ야壹區域內에二三學校의軋轢이有하니此皆敎育上不幸ᄒᆞᆫ現象이로대區域劃定은壹個人의能ᄒᆞᆫ바아니며又壹個團體의可能ᄒᆞᆫ者아니오라貴會갓치漢城全體를代表ᄒᆞ시ᄂᆞᆫ團體라야方可曰其權能이有ᄒᆞ며其責任이有하다ᄒᆞᆯ깃삽기로鄙等이聯名齊聲하야貴會의定行ᄒᆞ심을請ᄒᆞ오니苟然則漢城壹界의敎育이完全ᄒᆞᆯ뿐아니라將又四方을風動ᄒᆞ야其效가普及ᄒᆞᆯ지니壹得의愚를取ᄒᆞ시와敎育上完固基礎를立ᄒᆞ심을千萬切望

●梁氏熱心 咸南端川郡波道面華坪里梁柱崙씨가學校를設立하야校名은昌明義塾이라하고該近村靑年子弟를募集ᄒᆞ야晝夜로科學을幷設ᄒᆞ고該씨가名譽敎師로自擔ᄒᆞ야熱心敎授ᄒᆞᆫ다ᄒᆞ고北來人의傳說이浪藉ᄒᆞ더라

●館洞의義務敎育 成均館洞中에서崇敎義塾을設ᄒᆞᄂᆞᆫᄃᆡ該洞人士들이極力贊助ᄒᆞᆯ뿐아니라各懸房營業人이國民의義務로敎育에熱心ᄒᆞ야每朔經費를專當ᄒᆞᆫ다더라

●廣東校新設 楊州郡艸阜面高浪里居申佐永辛錫均李漢字諸氏가靑年을敎育키爲하야廣東學校를刱立하미該洞居人이各捐義金ᄒᆞ야經用이贍足ᄒᆞᆫᄃᆡ李漢宇시ᄂᆞᆫ漢文敎師로申佐永시ᄂᆞᆫ監督으로金錫龍시ᄂᆞᆫ贊成員으로敎育上에壹般熱心ᄒᆞᆷ을人皆稱頌ᄒᆞᆫ다더라

●東明校設立 順川邑倉洞有志紳士李鍾倜崔斗銓金昌淳石文楨金應烈諸시가勞働社會에知識을發達케爲ᄒᆞ야東明夜學校를設立ᄒᆞ고敎師ᄂᆞᆫ幼年學校敎師李始馥시가名譽로熱心敎授ᄒᆞᄂᆞᆫ대學徒가四拾餘名에達ᄒᆞ얏다더라

文壇

▲讀史新論 壹片丹生 續

右ᄂᆞᆫ叙者의有故ᄒᆞᆷ을因ᄒᆞ야姑爲停續ᄒᆞᆷ

雜報

●問婚費下賜 前判書徐臣輔氏의問婚禮가不遠ᄒᆞᆫ故로 大皇帝陛下게ᄋᆞ셔婚費七萬圜을下賜ᄒᆞᄋᆞ셧다더라

◉證人辨明 昨日梁起鐸氏公判에對ᄒᆞ야本社前社長裴說氏와法人馬田氏가證人으로出庭ᄒᆞ야壹壹辨明ᄒᆞ얏ᄂᆞᆫ대梁氏의犯過가無ᄒᆞᆷ은自然辨白될터이며公判도來久에結末되깃다더라

●郡守奏本修正 日昨에內部에셔郡守二十窠를修正ᄒᆞ야內閣에請議ᄒᆞ얏ᄂᆞᆫ뒤不遠間頒布가될터이라더라

●李總理의運動 總理大臣李完用氏가遞任될다ᄂᆞᆫ說은已爲報道어니와趙氏가近日某處에前往ᄒᆞ야自己의椅子가鞏固치못ᄒᆞᆫ境遇ᄂᆞᆫ自己에親近ᄒᆞᆫ黨派로新內閣을組織ᄒᆞ기를極力運動ᄒᆞᆫ다ᄒᆞ더라

●慶北觀察上京 慶尙北道觀察使朴重陽氏가何等緊要事項이有ᄒᆞᆫ던지日前에上京ᄒᆞ얏ᄂᆞᆫ、대昨日에內部에前往ᄒᆞ야該部官吏와相見禮를行ᄒᆞ고地方에關ᄒᆞᆫ重要事件을協議ᄒᆞ얏다더라

●必有壹得 壹般皇族들이前宗正府에會同ᄒᆞ야 皇族會館設立事項을協議ᄒᆞᆫ事ᄂᆞᆫ衆所共知어니와該事件에對ᄒᆞ야學部大臣李載崑氏가絕力反對ᄒᆞ되 皇族의設會ᄂᆞᆫ萬國所無라外國人의게徒爲貽笑인즉更不設立ᄒᆞ라ᄒᆞᆷ으로該會ᄂᆞᆫ自歸勿施ᄒᆞ얏다더라

●遊散ᄒᆞᆫ諸氏 中樞院顧問李址鎔承寧府總官趙民熙閔[illegible]將申將休三日ᄒᆞ고昨日下午八時頃에妓女數名을帶同ᄒᆞ고新門뇌圓覺社에前往ᄒᆞ야各項演戲를終夜觀覽ᄒᆞ고同拾貳時頃에各自散歸ᄒᆞ얏다더라

●陵官廢止 各陵官을明年度爲始ᄒᆞ야壹體廢止ᄒᆞᆫ다ᄂᆞᆫ說이有ᄒᆞ니라

●次第斷髮說 各府部院廳官人의冠宕을壹切廢止ᄒᆞᆫ後에ᄂᆞᆫ壹般人民의斷髮令이繼續頒布ᄒᆞᆫ다ᄂᆞᆫ說이喧藉ᄒᆞ더라

●物議의慨惜 人民의私有森林山坂을三年內에測量製圖ᄒᆞ야本郡邑及農商工部에證明簿를承認치아니ᄒᆞ면國有로認定ᄒᆞ깃다ᄂᆞᆫ農商工部令으로頒布ᄒᆞᆷ이已久ᄒᆞ되人民等은或知而不行ᄒᆞᄂᆞᆫ지茫昧不知ᄒᆞᄂᆞᆫ지壹無施行ᄒᆞᆫ다고物議가慨惜ᄒᆞ다고ᄒᆞ더라

●吳脚의生風 承寧府理事吳壹泳氏ᄂᆞᆫ晝則該府에仕進視務ᄒᆞ고夜則圓覺社에社進玩賞ᄒᆞ며歌娼舞妓와互相遊戲ᄒᆞᆷ을不已ᄒᆞᄂᆞᆫ故로該씨의狀况이該社演劇보다尤勝ᄒᆞ다ᄂᆞᆫ批評이有ᄒᆞ더라

●經驗歸國 京城理事廳副理事日本人高瀨經驗이가自己母喪을遭ᄒᆞ야再昨日下午에京釜鐵道終列車를搭乘ᄒᆞ고歸國ᄒᆞ얏다더라

●內侍中에有人 減額ᄒᆞᆫ內侍에게 恩金을頒賜ᄒᆞᆫ事ᄂᆞᆫ已報어니와楊州郡道面廣巖里居ᄒᆞᄂᆞᆫ內侍丁基善氏가得年奉公ᄒᆞ다가今에私分의淺薄으로雨露之澤에漏ᄒᆞ얏스나百圓의恩金이誠爲惶感이나分外之財를濫受ᄒᆞᆯ수가無ᄒᆞ니本人의恩金은還入國庫ᄒᆞ라고侍從院에請願ᄒᆞ얏다더라

●兩廳附校交涉 [illegible]萊府의在營親兵衛廳과樂師廳에셔勞動夜학校의付與ᄒᆞ기로學部及度支部와現今交涉中이라더라

●金議長歡迎設會 中樞院議長金允植氏가日本國에往還ᄒᆞᆫ事의對ᄒᆞ야感舊會員中諸氏가發起ᄒᆞ야來土曜日에龍山李址鎔氏江亭에셔歡迎會를設行ᄒᆞ기로決定ᄒᆞ얏다더라

●坊會次第發起 貞善慶幸兩坊有志諸시가발起ᄒᆞ야貞慶坊會를組織次로去日曜日의校洞畿湖학會녜에會同ᄒᆞ야任員을組織ᄒᆞ얏다ᄂᆞᆫ데會장은池錫永氏로推選ᄒᆞ얏고ᄒᆞ會趣旨ᄂᆞᆫ衛生土木教育에關ᄒᆞᆫ事項이라ᄒᆞ더라

●規則無用 警視廳에셔人力車規則을已爲頒布ᄒᆞ얏스되壹時間에拾錢式磨鍊ᄒᆞ얏거ᄂᆞᆯ日前에何許日女가韓人人力車를搭乘ᄒᆞ고北闕內에觀覽ᄒᆞᆷ次로該人力車를闕門外에셔留待ᄒᆞ라ᄒᆞ더니二時間이過ᄒᆞᆫ後出來ᄒᆞ야拾錢만出給ᄒᆞᄂᆞᆫ지라該車夫가黃土峴交所日巡査의게呼寃ᄒᆞᆫ즉糊塗說去ᄒᆞ야規則을違反ᄒᆞᆷ매該車夫가勢不得已歸去ᄒᆞᆫ지라該洞人民이言ᄒᆞ되日人의게ᄂᆞᆫ規則도無用이라ᄒᆞ더라

●頑婿打翁 南部訓鍊院等地에居ᄒᆞᄂᆞᆫ卞春植氏가金光植이라爲名ᄒᆞᄂᆞᆫ者를作婿居生ᄒᆞ더니昨年九月頃에金某가卞氏의家券을何許人의게典執値用ᄒᆞ고因爲逃躲ᄒᆞ얏더니再昨日에何許壹僧이被酒泥醉ᄒᆞ고卞氏門前의來到ᄒᆞ야主人을呼出ᄒᆞᆫ지라卞氏가出見ᄒᆞᆫ즉自己의婿郎인故로欣然把手ᄒᆞ고問其理由ᄒᆞᆫ미該金某의所答이鐵原郡富加山塑主庵에往ᄒᆞ야削髮爲僧ᄒᆞ얏다ᄒᆞ고卞氏를無端毆打ᄒᆞ며詬辱이無雙ᄒᆞᆫ고로該掌內巡査가金某를銅峴警察分署로押付ᄒᆞ얏다더라

●總代委員派送 湖南학會에셔海南光州等郡학校를調査ᄒᆞᆯ事가有ᄒᆞ야總代委員李根容氏를昨日當地로派送ᄒᆞ얏다더라

●何事推托 齋洞人民이家屋毁撤事로漢城府의呼訴ᄒᆞᆫ지數拾日의頓無如何回題인故로該洞人民이日日往ᄒᆞ야訴狀을推尋ᄒᆞᆫ즉每以來日로推托ᄒᆞᆫ다더라

●徐孃再醮의盛儀 社稷洞居ᄒᆞᄂᆞᆫ前判書徐相雨氏의寡居ᄒᆞᄂᆞᆫ令孃이年今二拾三歲인대學部委員魚在乘씨와結婚ᄒᆞ야互相間에寫眞을交換ᄒᆞ얏ᄂᆞᆫ데將次盛大ᄒᆞᆫ儀式의婚禮를設行ᄒᆞᆫ다더라

●妓女의自由先得 掌禮院에셔何管ᄒᆞ든官私妓女等을警視廳에셔移屬管轄ᄒᆞᄂᆞᆫ데該廳에셔從今以後로ᄂᆞᆫ妓夫로名稱ᄒᆞ든者ᄂᆞᆫ壹並汰去ᄒᆞ고但使妓女로自由營業케ᄒᆞᆫ다더라

●年老奈何 警視廳에셔新門內圓覺社에雇傭ᄒᆞᆫ妓女二拾四名은何事를因ᄒᆞᆷ인지除汰ᄒᆞ고其餘拾八名은該社에셔雖幾拾年이라도永久視務ᄒᆞ라고指揮ᄒᆞ얏다더라

●奇夭奇夭 南大門外靑坡附近에居留ᄒᆞᄂᆞᆫ日本人諸鹿次郎의妻奇史夭ᄂᆞᆫ年今三拾二인데何事故인든지今月拾日午后拾時頃에附近桃樹枝에結項致斃ᄒᆞ얏다더라

●火及竹房 去九日上午九時에西部龍山에日人家屋이無根의火를因ᄒᆞ야被燒ᄒᆞᆫ事ᄂᆞᆫ已爲報道ᄒᆞ얏거니와其時에日人重吉의長男竹原이가年纔五歲인데被燒因宛ᄒᆞ얏다더라

●捨財放免 商主事崔昌植氏가橫被誣訴ᄒᆞ야監獄署의三四朔을滯囚ᄒᆞ얏더니日昨의無事放免ᄒᆞ얏다더라

●金孃逃躲 再昨夜에南部美洞居ᄒᆞᄂᆞᆫ前郡守金商直씨의姪婦二拾歲女人이何事件을因ᄒᆞᆷ인지乘隙逃躲ᄒᆞ얏ᄂᆞᆫ데該氏家에셔現今에搜索ᄒᆞᄂᆞᆫ中이라더라

●死亦何惜 西部龍川賑恤倉前에居ᄒᆞᄂᆞᆫ李建永씨家에留ᄒᆞᄂᆞᆫ法政學校學生金洙敬씨ᄂᆞᆫ年今拾八인데嗜酒好色ᄒᆞ야家財를蕩敗ᄒᆞ고到今事勢가進退維谷ᄒᆞᆷ으로去八日에服毒自裁ᄒᆞ얏다더라

●內人日語學習 北闕內에居接ᄒᆞᄂᆞᆫ年幼ᄒᆞᆫ內人이日語를學習ᄒᆞᄂᆞᆫ데語工이皆嫻熟ᄒᆞ다더라

●中央學會又起 教育에有志ᄒᆞᆫ諸씨가壹則학問을발達ᄒᆞ기爲ᄒᆞ야大韓中央학會를發起ᄒᆞ얏ᄂᆞᆫ데實業上教育을最先注意ᄒᆞ기로決定ᄒᆞ고臨時事務所ᄂᆞᆫ中部壚谷박承璣시家로定ᄒᆞ고來二拾日(日曜)下午三時에壽進동興化학校內에셔組織會를ᄒᆞᆫ다더라

●慈惠會의情況 慈惠婦人會에셔孤兒院을贊助ᄒᆞᆯ目的으로該院에設置ᄒᆞ고任員을組織ᄒᆞ야凡於業務上에企圖進就ᄒᆞᆷ은婦人界에模範이될터이며또本月八日 太皇帝陛下 萬壽聖節에會員李아가다氏가孤兒들對ᄒᆞ야激切히說諭ᄒᆞ미壹般孤兒及傍聽人等이哀矜之心이感發ᄒᆞ야或落淚欽歎ᄒᆞ얏ᄂᆞᆫ데皇貴妃殿下게ᄋᆞ셔該會에女官을命送ᄒᆞ사會中事務進就를觀察ᄒᆞ야入稟케ᄒᆞᄋᆞ셧다더라

●量測科移轉 量測習成學校에設立ᄒᆞᆫ測量課ᄂᆞᆫ校舍가狹窄ᄒᆞᆷ을因ᄒᆞ야觀務기難ᄒᆞᆷ으로今明日間에新門外天然亭으로移轉ᄒᆞᆫ다더라

▲地方消息▼

▲本月壹日에江原道金城可任酒幕에셔義兵百餘名이該郡日守備隊와交戰ᄒᆞ얏다ᄒᆞ고

▲本月九日全羅北道井邑郡秋嶺에셔義兵約二拾名이該郡日守備隊와交戰ᄒᆞ얏다ᄒᆞ고

▲本月三日忠南洪州郡麻坊里에셔義兵三拾餘名이該郡駐在日憲兵과交戰ᄒᆞ얏다ᄒᆞ고

▲去月二拾九日京畿道通津郡祖江里의셔義兵三拾餘名이日憲兵及憲兵補助員과交戰ᄒᆞ얏다ᄒᆞ고

▲本月七日全羅北道錦山郡內의셔義兵二十餘名이該郡駐在日憲兵과交戰ᄒᆞ얏다ᄒᆞ고

▲本月三日慶尙北道安東郡甫土谷동의셔義兵一千餘名이該郡日憲兵과壹場衝突ᄒᆞ얏다ᄒᆞ고

▲去月拾九日慶南山淸郡許時洞의셔義兵拾五名이該郡駐在日守備隊와交戰ᄒᆞ얏다ᄒᆞ고

▲去月二拾九日黃海道遂安郡의셔義兵數拾名이該郡日憲兵과交戰ᄒᆞ얏다ᄒᆞ고

▲本月三日黃海道新溪郡內歌舞동의셔義兵數拾餘名이該郡駐在日憲兵과交戰ᄒᆞ얏다더라

▲不可思儀▼

▲余가韓國에渡來ᄒᆞᆫ지幾年에人情風俗에對ᄒᆞ야拾의八九分은料得ᄒᆞ얏스나近日以來로不可思議의事가許多ᄒᆞᆫ지라其概要를擧述ᄒᆞ깃노라

▲各社에셔設立되면會長總裁와其他職任을一例히金玉을懸ᄒᆞᆫ人으로推選ᄒᆞ니今日韓國의情形을考察ᄒᆞᆯ진대勿論某事ᄒᆞ고愛國心과學問이有ᄒᆞᆫ者가熱心做去ᄒᆞ야도成立을難期인대彼等金玉官人의心腸과學問을瞭然詳知ᄒᆞ면셔期於코不愛國者에게委任ᄒᆞ니是何主見인지不可思儀의事이오

▲書籍을著譯者들이外國書籍을輸入ᄒᆞ야漢文字의間에國文畧個字를塡充ᄒᆞ고曰板權所有라曰著作權所有라ᄒᆞ고往々히板權으로競爭이惹起ᄒᆞ니此가疾足者의先得인가板權條例가如此ᄒᆞᆫ가是何涇渭인지不可思儀의事이오

▲高髻者가擧皆如ᄒᆞᆫ金玉을耳邊에懸着ᄒᆞ고偃然히守舊로自處ᄒᆞ다가官職壹窠를得ᄒᆞ면如彼히愛ᄒᆞ던頭髮과金玉이剪刀風에飛落ᄒᆞ니假使守舊코ᄌᆞᄒᆞᆯ진ᄃᆡ身體髮膚ᄂᆞᆫ受之父母이니不可毁傷이라던지先王制度ᄂᆞᆫ不可變革이라던지至死不屈ᄒᆞ야畵網者로同歸ᄒᆞᆯ다던容或無怪어니와彼架上에懸ᄒᆞᆫ衣와如히此越彼越ᄒᆞᄂᆞᆫ者의心腸은是何義理인지不可思儀의事이오

▲各大官의下隷輩ᄂᆞᆫ兀然ᄒᆞᆫ頑髻와戰笠이依舊ᄒᆞ면셔其他勞働者를만斷髮ᄒᆞ라고申飭ᄒᆞ니上行下效ᄂᆞᆫ俗게常理가아닌가諺에曰我ᄂᆞᆫ바담風ᄒᆞ더리도汝ᄂᆞᆫ바람風ᄒᆞ라ᄂᆞᆫ言이此를謂ᄒᆞᆷ이니是何政令인지不可思儀의事이오

▲中樞院에셔月曜日이면壹般官吏가依例히會集ᄒᆞ야事務를處理ᄒᆞᆫ다ᄒᆞ나尙今에樞院令을施行되얏다ᄂᆞᆫ說은未聞인즉年來에處理ᄒᆞᆫ事務ᄂᆞᆫ悉爲何件이며且何日을待ᄒᆞ야實施ᄒᆞ라ᄂᆞᆫ지中樞院門楣의春가生ᄒᆞᆯ새念慮ᄒᆞ야壹週에幾次式開閉ᄒᆞᄂᆞᆫ지且同僚情誼에積懷를叙코ᄌᆞ叙情을爲ᄒᆞᆷ인지不可思儀의事이니라

의학博士洪석厚 實驗方劑
製약鑑査人 박滋惠 李觀化

健胃消食 [illegible]

定價金拾錢

을預防케하고健胃消滯호야諸般滯積을順下호며卒然吐瀉泄瀉와赤痢白痢와胃腹痛과경咳白담을能治能止호는靈약이오

製造本舖 漢城鐘路慈惠大藥房

[illegible]

社告

特別 □

謹告各支社員

各支社中에本社規則을違反호야代金與廣告費을累月積滯호處가種々有之이온바本社에서는決코規則을實施치아니치못홀지니代金을多數積滯호支社員은深諒호시와未納代金을斯速淸送호시옵

社告 □

大韓每日申報社

雜報

●南桂勝況　南陽郡居호는金敎贊씨가西面墻外洞居鄭台煥씨家私塾을改良호야桂陽학校를設立호고熱心敎育호더니第二回夏期試驗을經호는대該面維新學校의任員과학徒를請호야聯台運動에作文筭術로優劣을試取호미甲班優等生鄭範伊洪成厚오及第朴聖哲崔仁하이오乙班優等生洪斗星洪昌星이오及第生朱石山洪富星이오丙班鄭千石等拾餘人이더來賓邦光斗가如干贊義호고賞品을優數施給호야壹場盛況을呈호얏다더라

●新成復新　平北寧邊郡獨山面大興里攀蔚齋에학校를設立호야名曰新成이라호고학徒를募集호는대于今五六朔에資本이無호故로至於廢校之境이더니月前에학部認可를承하고面內諸시가會同하야校長은前正言車驥衡總務는李석吉監督은正宗ㅣ練校監은白南鵬諸씨로選定호고義捐을收合호야校舍를建築하는대학徒가八十餘名에至호야成就之望이大有호다더라

●德校興旺　會寧郡大德社有志諸씨가捐金을募集호야去二月에學校를設立호얏는대生徒는五拾餘名이오資金은七百餘元이라敎師는李範鎔氏가名譽로敎授혼다더라

●桂昌校의夜學　富平郡桂昌학校의設立홈은本報에已揭호엿거니와傭童牧竪들도晝則田疇에從事호고夜則自願來學호는故로該校에夜학을設始호고資格을分等호야國漢文과各科程을敎育호는대夜학호는生徒가七拾餘人에達호얏다더라

●金氏熱心　忠北淸安郡崔明학校는設立혼지不過數朔에講師金昌淳씨가名譽로晝夜학을熱心敎授홈으로學徒가日々增加호야五六拾名에達호얏다더라

廣告

特告

本校에서本月貳拾六日(陰九月壹日)開學하고中學預備科와初等科를敎授홀터이니此에志願하는者는今月二十五日內로請願書를提呈호옵

試驗科目
讀書　國漢文
作文　國漢文
筭術　四則

平壤私立大成學校

告

本人이姓名圖章을遺失호얏습기新圖章을刻用호오니內外國人은照亮호시옵

吳興燮　告白

本人의紫山에다刻혼圖章을本年七月四日의見失호얏스니內外國人은見欺施行마시옵

海州白雲面오潭李根赫　告白

●女학員募集廣告

本학堂에서敎務를壹層擴張하여敎授方法을特別改良하고各科학員을增募하는中에現今中等科의卒業하신諸員을爲하야高等科를加設하고高明하신講師諸氏께서各科를分擔하오셔熱心敎授하깃ㅅ오니願학하시는僉員은九月二拾壹日內로本학堂에來臨하시와問議하시오但請願用紙는本학堂에請求홈

課程

初等科　國문　한문　作문　筭術　圖畫　地誌初步　體操　英語

中等科　聖經　漢文　修身　地誌歷史(本國)　筭術　英語　生理　衛生　動物학　植物학　圖畫　理科、簿記　代數初步　體操

高等科　聖經　漢文　代數　幾何　三角　天文학　地文학　心理학　敎育학　物理　化학　英文학　地誌(萬國)　生理高等　經濟　歷史　萬國、近世、上古、英國、美國

選科及隨意科　音樂　針線

試取

入학年齡　拾歲以上
入학試取科目　國문　讀書　寫字　解說　身體檢査
試取日　九月二拾二日
開학日　九月二拾三日

但寄宿코저하는학員의게는食費每朔三圜만밧고柴炭燈油는無料供給홈

京城貞洞梨花학堂　告白

本塾에서測量三個月速成科를設하고學員을募集호오니九月拾九日以內로請願호심을望홈

北部齋洞二統七戶測量新塾白

本人이本月十九日에纛島車洞拾四統九戶草家三間文券壹張과토지價推尋標三張과壹百五拾兩推次於音壹張을挾囊에藏置호얏다가不知中並爲閪失故로廣告後家券은出券次將欲請願于漢城府이오니於音與票는休紙施行호시옵

姜明熙　告白

本人이安洞趙某處에貨主同參後出給事壹千圜於音壹張借來혼거슬見失故로廣告호오니內外國人間休紙施行홈

李相敏

群山港勤業社新設事로日人吉岡淸二與崔敬弼兩人이農商工部에承認하와昨日發程하얏스오니本社員은知悉홈

尹啓榮　告白

本校敎師를崔光玉氏로延聘호고第三回學徒를募集호오니入學志願人은陰九月拾日內로來議호시되科程과規則은京蓮洞儆新中學校와如호오니照亮홈

義州南門外漆峴養實中學校白

本人이龍山停車場車中에서本月拾日下午拾壹時에皮匣에所藏紙貨와姓名章名啣과車票를逢賊並失호엿사오니誰某間[illegible]章은無效홈

김友善　白

◉大韓中央學會趣旨書

人民을發達케하고國家를富强케홈이敎育에專在홈은贅論을不待홀바어니와敎育云敎育云이라홈은何를指홈인고實地를必懸홈에在호니彼越句踐의勝利와日耳曼의振興이皮面的敎育으로如許호功烈을能得호얏스리오臥薪嘗膽호야生聚敎養호며學校를廣設호고科學을獎勵호然後에大業을成就하얏는지라現今에我國의狀態를觀察하면都城과各地方을勿論호고敎育의急務됨을看破호야各學會의擧起와諸學校의設立에盛況을頗呈호니昏衢에明燭과晨天에曙星이라可謂홀지라國家의前途를此에可卜홀지나[illegible]育에注意홈이欠缺[illegible]發達을期待키困難[illegible]호라아國民의產業[illegible]하며아國民의發達[illegible]何度에在호五經卷이寒儒의衣를難作이오哲학이高士의飢를難療ㅣ라漢哲이有言호되民은以食爲天이라호얏스니而況今日의金力時代에在홈이리오農業은美國을富케호고商業은英國을强케호고工業은瑞士國을維持하는根因이되얏스니實業上敎育이欠缺호면文化的敎育으로만實效를收得호기不能홀지라今에吾人이諸學會의後에從호야全國內壹切敎育上에盡力홀目的으로壹학會를挪設하고大韓中央學會라命名호니本會의事業은士農工商의諸學問을包括호얏스나但農工商等實業上敎育에心力을注호고本會의實力의발展홈을隨호야政治法律經濟理학文學等諸般敎育을次第擴張호야師表될人物을養成하며有益的事業을獎勵하기로自期호노니各學會及諸학校의同情贊成을懇望호며有志同胞의熱心協助를心願호노라

隆熙二年九月　日　發起人

姜華석　姜윤熙　南官억
柳瑾　李沂　林炳恒
朴承烨　徐相夏　吳錫根
安國善　崔炳憲

本人等이同志同力호七八으로더부러資本을醵集호고客主營業을開設호오니商業호시는四方僉君子는惠顧호심을爲要開設은本邑四里李悌璜家로定홈

黃海道信川邑李悌황
李元敬
李源國　告白

[illegible]中學科를肩設호고學員을[illegible]오니願學僉員은

開

國語　漢文
[illegible]　地文학
萬國史　[illegible]　筭術　代數
幾何　博物학　生理　化학
經濟　法制　日語　圖式
唱歌　體操

壹 學期는三個年으로定

壹 試取及開학日字라
(陰八月貳拾三四日)試取
(二十八日)開學

壹 試取科目은
筭術(整數分數)
作文(論文及國漢文交譯)
地誌(本國地誌大要)
歷史(本國史大要)

壹 入學資格은拾五歲以上으로三十五歲以下身體健全者

隆熙貳年八月二十八日
(八月初二日)

鎭南浦碑石洞基督一崇學校　告白

◉千金保化丹

主治積滯吐瀉霍亂의第壹要藥也

本舖　在江華郡너養善堂
出張人　海州　劉應셜
京城磚洞　方永植
大邱　崔寅球
平壤　朴承燁
發賣人　김完植　白

訴訟에對호야疑惑不決者의게其勝負의可否를詳細說明이옵고鑑定料는事之貴重과償之多少를隨호야臨時酌定호되大槪如左홈

鑑定料는五圜以下로호되貧窮者의게는無料도홈

京城南部苧洞六拾四統貳戶
東洋大學前講師
日本法律學士
辯護士　木尾虎之助

本所에서國債報償志願金摠額을整理호기爲호야財務監督은金允五金麟兩氏로會計는柳東說鄭志永兩氏로選定호야本所金額을所長과合同保管케호얏습기玆에廣布호오니京鄕同胞는照亮호시옵

國債報償志願金總合所　評議會一同

本館에서新舊書籍과學徒의所用諸般物品을具備販賣호오니僉君子는來購하시옵

平壤鐘路太極書館
館主　李昇薰
主任　安泰國
事務　李德煥

本書館을開業호지未過壹年에壹般同胞께서愛助호사와營業興旺之故로本館을壹層擴張호고各項新舊書籍與敎育物品을多數準備호야特別廉價로大發賣호오니四方僉君子는陸續來臨호심을爲要홈

釜山港東關韓興書館
金汝重　權鍾律

發行兼編輯人 英國人 萬 咸
Responsible for Publication Alfred Weekley Marnham.
發行所
南署石井洞號外地三層洋屋 大韓每日申報社

第六卷

大韓每日申報

第九百七號

月曜及慶節臨時休刊

檀君開國四千二百四十一年
箕子紀元三千三十年
大韓開國五百十七年
日本明治四十一年
淸國光緖三十四年
陰曆戊申八月小廿一日乙亥

論說

◉大我와小我

(大韓協會月報所謄) 續

我가國家를爲ᄒᆞ야淚를下ᄒᆞᆯ진딘下淚ᄒᆞᄂᆞᆫ我眼만我가아니라普天下에有心淚를灑ᄒᆞᄂᆞᆫ者가皆是我며我가社會를爲ᄒᆞ야血을嘔ᄒᆞᆯ진딘嘔血ᄒᆞᄂᆞᆫ我腔만我가아니라普天下에有價血을滿ᄒᆞᄂᆞᆫ者가皆是我며我가徹骨極痛의深讎가有ᄒᆞ면普天下에劒을按ᄒᆞ고起ᄒᆞᄂᆞᆫ者가皆是我며我의銘心難忘의巨恥가有ᄒᆞ면普天下에砲를荷ᄒᆞ고集ᄒᆞᄂᆞᆫ者가皆是我며我가武功을要ᄒᆞ면千百年前에開國拓土ᄒᆞ던東明聖帝(東明聖帝ᄂᆞᆫ高朱蒙에謚니麗代에東明聖帝祠를立ᄒᆞᆷ)扶芬奴、廣開土王、乙支文德、泉蓋蘇文、大祚榮、崔瑩、李舜臣이皆是我며我가文學을爲ᄒᆞᆯ진딘千萬里外에操觚下筆ᄒᆞ던盧梭、懲討、福祿特爾、索士比亞、夏密敎、瑪志尼、達賓、斯賓士가皆是我며我가春光을樂賞ᄒᆞᆯ딘花間林際에歌且舞ᄒᆞᄂᆞᆫ壹蜂壹蝶이皆是我며我가江湖에상詠ᄒᆞ면蘋末岸端에走且躍ᄒᆞᄂᆞᆫ壹魚壹鱗이皆是我다

無量恆沙無量蓮花에無量의我가在ᄒᆞ야蓮花의東에도壹我가現ᄒᆞ며蓮花의西에도壹我가現ᄒᆞ며蓮花의上에도壹我가現ᄒᆞ며蓮花의下에도壹我가現ᄒᆞ며蓮花의雌蘂에도壹我가現ᄒᆞ며蓮花의雄蘂에도壹我가現ᄒᆞ야壹我와方死ᄒᆞᆷ애一我가方生ᄒᆞ며壹我가方滅ᄒᆞᆷ애壹我가方現하며壹我가方哭ᄒᆞᆷ애壹我가方歌ᄒᆞ며壹我가方咷ᄒᆞᆷ애一我가方笑ᄒᆞ야方生方死ᄒᆞ며方死方生ᄒᆞ고方歌方哭ᄒᆞ며方哭方歌ᄒᆞ나니盖我의眞面目이本來如是ᄒᆞ니라

吁嗟乎라滔滔擧世가何其自家와眞面目을不知ᄒᆞᄂᆞᆫ지或口腹이是我라ᄒᆞ야津々膏粱으로此만尤코자ᄒᆞ며或皮肉이是我라ᄒᆞ야燦燦衣服으로此만燦코자ᄒᆞ며或生命이是我라ᄒᆞ며或門戶가是我라ᄒᆞ야恥辱이來ᄒᆞ던지不自由가來ᄒᆞ던지此만保全ᄒᆞ며此만莊嚴코자ᄒᆞ야祖國의敗孫도되며國家의罪人도되며同胞의蠹賊도되며人類의惡魔도되ᄂᆞ니嗚乎라自家의眞面目即我가발現ᄒᆞ면엇지哀哭切齒치아니ᄒᆞ리오

[illegible]ᄒᆞ라余가此壹節로天堂의門을開ᄒᆞ고창창失路의人을招ᄒᆞ나니來ᄒᆞ라來ᄒᆞ라余所謂天堂은宗教家迷信的의列界天堂이아니라我의眞面目을發現ᄒᆞᄂᆞᆫ正覺이是니라

此眞面目만發現ᄒᆞ면卽彼區々七尺은聚ᄒᆞ야烟도되도可ᄒᆞ며散ᄒᆞ야雲도되도可ᄒᆞ며飛ᄒᆞ야花도되도可ᄒᆞ며結ᄒᆞ야實도되도可ᄒᆞ며鍊ᄒᆞ야黃金도되도可ᄒᆞ며碎ᄒᆞ야沙石도되도可ᄒᆞ며潛ᄒᆞ야魚도되도可ᄒᆞ며走ᄒᆞ야虎豹도되도可ᄒᆞ며天에昇ᄒᆞᆷ도可ᄒᆞ며地에入ᄒᆞᆷ도可ᄒᆞ며火에燒ᄒᆞᆷ도可ᄒᆞ며水에投ᄒᆞᆷ도可ᄒᆞ나聖人의云ᄒᆞ신바無可無不可가此어ᄂᆞᆯ哀彼愚人들이여其目을瞑ᄒᆞ면曰我가死ᄒᆞ얏다ᄒᆞ며其脚을僵ᄒᆞ면曰我가殉ᄒᆞ얏다ᄒᆞ고必死의我를暫住코자ᄒᆞ야不死의我를辱ᄒᆞ며必死의我를尊榮코자ᄒᆞ야不死의我를苦ᄒᆞ며必死의我를歡樂코자ᄒᆞ야不死의我를惱ᄒᆞ며必死의我를安樂코자하야不死의我를墮落ᄒᆞ니嗚呼라何其愚也오

今余가人間에旅行ᄒᆞᆫ지二拾餘年에斯人을觀ᄒᆞᆫ즉其誰가此必死의我를爲ᄒᆞ야區々ᄒᆞ난者ㅣ아니리오是其人이究竟에ᄂᆞᆫ必死ᄒᆞ야或飢死ᄒᆞ며或飽死ᄒᆞ며或憂死ᄒᆞ며或樂死ᄒᆞ며或憔悴死ᄒᆞ며狂死ᄒᆞ며或吟呻死狼狽死ᄒᆞ나니豈惟余의眼前人만如是死ᄒᆞ리오卽過去人도如是死ᄒᆞ며ᄯᅩ未來人도將如是死ᄒᆞ나니

悲夫라此地球上人類의大畧統計가千五萬萬名이其中에蓋世英雄일지라도知天聖事일지라도紅장佳人일지라도錦繡才子일지라도貪金如山ᄒᆞᆫ富客일지라도勢力掀天ᄒᆞᆫ貴人일지라도虬髯崢嶸ᄒᆞᆫ高麗大莫離支일지라도獨眼崢嶸ᄒᆞᆫ秦封王弓裔일지라도萬里長城을築ᄒᆞᆫ秦始皇일지라도三角金字塔을建ᄒᆞᆫ埃及王일지라도其呱々落地ᄒᆞ던日에天定ᄒᆞᆫ死壹字야奈何ᄒᆞ리오亦惟必死의我를戀치말고不死의我를觀ᄒᆞᆯ지어다

必死의我를觀ᄒᆞ면我가終必死ᄒᆞ고不死의我를觀ᄒᆞ면我가長不死ᄒᆞ나니라

雖然이나余의此論이엇지哲學的空想에依ᄒᆞ야厭世的悲觀을鼓吹ᄒᆞᆷ이리오但我家有情衆生을喚ᄒᆞ야本來의面目을猛省ᄒᆞ며生死의關을看破ᄒᆞ고快濶世界에踴躍前進ᄒᆞ다가彼我가觀捐ᄒᆞ거든此我ᄂᆞᆫ其傍에서吊ᄒᆞ며彼我가丸殞ᄒᆞ거든此我ᄂᆞᆫ其側에서賀ᄒᆞ야歡天喜地에我長在를祝ᄒᆞᆷ이로다 完

外報

◉廣西省의匪徒 廣東電을據ᄒᆞᆫ즉廣西省大黃江에서匪徒가蜂起ᄒᆞ야二日間을激戰하얏고又他處에도土匪가多數히出沒ᄒᆞᆫ다하얏더라

◉淸國陸軍演習 漢口電을據ᄒᆞᆫ즉淸國政府에서今年秋에陸軍大演習을擧行ᄒᆞᆯ터인데南京及武昌에雇聘된日本陸軍武官은皆參與ᄒᆞᆷ을不得케ᄒᆞ고參觀만許ᄒᆞᆫ다ᄒᆞ얏더라

◉埃及의大學設立 伯林電을據ᄒᆞᆫ즉埃及카이로에서大學校를設立코자ᄒᆞ야目下運動中이라ᄒᆞ얏더라

◉淸人의增稅오減稅 上海電을據ᄒᆞᆫ즉靑島總督이淸國商人에게對ᄒᆞᆫ課稅를增加하라ᄒᆞᆫ딕商人等은反對로減稅ᄒᆞ기를申請ᄒᆞ되認可치아니ᄒᆞ얏다더라

雜報

◉大韓協會에質問 大韓協會에서前土曜日評議會의選定된東洋拓殖株式會社法硏究委員의硏究ᄒᆞᆫ結果로該法案이旣蒙 裁可頒布則其條文의對ᄒᆞ야ᄂᆞᆫ非難키不得ᄒᆞ고但該法本旨中四項의疑義를擧ᄒᆞ야當局者에게質問ᄒᆞ기로去拾貳日總會의可決되얏다ᄂᆞᆫ대其質問ᄒᆞᆫ全文이如左ᄒᆞ더라

蓋嘗東洋拓殖會社에設立之說이國內에傳播ᄒᆞᆷ後로京鄕에與論이沸騰하야各自疑懼之念을懷ᄒᆞ야或曰아國에遺利ᄂᆞᆫ沒數히該會社에占有에歸ᄒᆞ리라ᄒᆞ며或曰全國에土地ᄂᆞᆫ漸次로該會社의掌中에入ᄒᆞ리라ᄒᆞ며或曰吾人은將來의住居ᄒᆞᆯ處所가無ᄒᆞ리라ᄒᆞ더니今回에 裁可頒佈ᄒᆞ신東洋拓殖株式會社法에制定을伏見ᄒᆞ오미現今革新ᄒᆞᄂᆞᆫ政令을際ᄒᆞ야天下之農이皆아大韓之野에耕코저ᄒᆞᆯ사此實利益이彼아에均霑ᄒᆞ며恩澤이中外에普及ᄒᆞᆯ는法文이라謂ᄒᆞᆯ지나大抵法文은死物이如ᄒᆞᆷ으로此를運用ᄒᆞᄂᆞᆫ人의意思如何에由ᄒᆞ야時或其解釋이差異ᄒᆞᆫ事가有ᄒᆞᆫ즉該法의本旨所在를豫先明確히ᄒᆞ야써國民에疑惑을解ᄒᆞᆷ은當局者의應行ᄒᆞᆯ義務오其疑点을仰問ᄒᆞᆷ은亦國民에公權이며況이民黨된吾民의分義와國民代表된責任으로幷擔ᄒᆞ얏슨즉法令에疑義가有ᄒᆞᆫ處를質問ᄒᆞ야國民全體에宣告ᄒᆞᆷ이必要ᄒᆞ옵기로左開四項을提出ᄒᆞ야仰質ᄒᆞ오니照亮ᄒᆞ시와詳細ᄒᆞᆫ說明을惠賜ᄒᆞ심을敬要

壹 本法의根本的主義가日本人에移住를奬勵ᄒᆞ야其殖業에發展을計圖ᄒᆞ기에在ᄒᆞ야ᄂᆞᆫ如何ᄒᆞᆫ程度까지라도아國民의利害를顧치못ᄒᆞᆯ主義인지抑或韓日協同에本旨와利害邇共의主義로如何ᄒᆞᆫ程度까지라도아國民의産業妨害를避ᄒᆞ며彼此厚薄의處置가無ᄒᆞᆷ을圖ᄒᆞ야韓家百年의大計로隨運을增進ᄒᆞ기에在ᄒᆞᆷ인지

貳 日本人移住에制限이無ᄒᆞ同國各府縣에國移民幾拾幾百萬人에達ᄒᆞᆯ지라도擧皆移住케ᄒᆞᆯ方針인지抑或模範的農民若干數에限ᄒᆞ야試驗移住케ᄒᆞ고事業進就의成績如何를計ᄒᆞ며韓日國民의융和程度를隨ᄒᆞ야因時制裁도有ᄒᆞᆯ인지

三 拓殖에必要로認ᄒᆞᄂᆞᆫ土地를買收ᄒᆞᆯ時ᄂᆞᆫ土地所有主의同意를不得ᄒᆞ고도該會社에셔買收ᄒᆞᆯ權限이有ᄒᆞᆫ인지抑或은地所有主에協議承諾을求ᄒᆞ야買收ᄒᆞᄂᆞᆫ지

四 아國人에게配當ᄒᆞᄂᆞᆫ株主募集은政府가其應募케ᄒᆞᄂᆞᆫ方法이定有ᄒᆞᆫ인지抑或人民의志願에壹任ᄒᆞ야配當ᄒᆞᆯ株數가未滿ᄒᆞᆯ지라도此에止ᄒᆞᆯ而已인지

◉明校試驗 宜川郡英明學校에셔去月壹日에高等科第壹回學年試驗을經ᄒᆞ얏ᄂᆞᆫ대五年級에卓等生田光闢出치闢等四人의게修業證書를給與ᄒᆞ고四年級優等生崔亨頤柱止丹等拾五人의게修業證을給與ᄒᆞ고該校任員田啓方田殷闢田羅闢等諸씨가空冊及筆墨을購得ᄒᆞ야均함施償ᄒᆞ고諸學員의게妙年勤學ᄒᆞᆷ을壹倡勸勉ᄒᆞ얏다더라

雜報

●德壽宮問安 再昨日은 明成皇后陛下忌辰인故로 義親王殿下와完興君李載冕永宣君李埈鎔完順君李載完諸氏가同日上午十壹時에 太皇帝陛下께 問安ᄒᆞ고同日下午三時에壹齊退 闕ᄒᆞ얏다더라

●呂氏獨擔編次 奎章閣에서國朝寶鑑編次委員을差出ᄒᆞᆫ事ᄂᆞᆫ已報ᄒᆞ얏거니와官立漢城高等學校教官呂圭亨氏ᄂᆞᆫ 太皇帝陛下 登極ᄒᆞ신後四拾年來歷史를自擔編次ᄒᆞᆫ다더라

●晉謁陛見 昨日午前拾壹時에曾彌統監이日人秘書官佐竹과通譯官前間蕎伯佐久間三天을帶同ᄒᆞ고 德壽宮에進詣ᄒᆞ야 太皇帝陛下께 陛見ᄒᆞ얏다더라

●追加額提出 隆熙二年度歲出追加額金五萬四千三百二十壹圓으로定ᄒᆞ야支撥ᄒᆞᆯ件을內閣會議에提出ᄒᆞ얏다더라

●拓殖副總裁運動 中樞院顧問閔泳綺氏가拓殖會社副總裁를運動ᄒᆞᆫ다ᄂᆞᆫ대該社股金二拾二萬圜을爲先辦出ᄒᆞ얏다더라

●學大觀察預定 學部大臣李載崑氏ᄂᆞᆫ平安北道에學事를觀察ᄒᆞ기爲ᄒᆞ야今月二拾日頃에該部官僚幾人을帶同發程ᄒᆞ기로預定ᄒᆞ얏다더라

●李氏面赧 內部大臣宋秉畯氏가其原稱以中에서中樞院顧問李址鎔氏를對ᄒᆞ야根영氏의雜技事件을大端히論駁ᄒᆞ미李址鎔氏가默然面赧ᄒᆞ얏다더라

●高等官吏懇親 各府部院廳高等官吏가來第二土曜日에龍山孔亭에前往ᄒᆞ야懇親會를盛設ᄒᆞᆫ다더라

●觀楓會又設 內閣秘書官高源植氏의發起로各部奏任官이會同ᄒᆞ야龍山江에서船遊를舉行ᄒᆞᆫ다ᄂᆞᆫ說은前報에已揭어니와該氏等이來月第二土曜日에東大門外永導寺에觀楓會를設行ᄒᆞ기로預定ᄒᆞ얏ᄂᆞᆫ데該會準備委員은高源植洪與鉉鄭東植三氏로選定ᄒᆞ얏다더라

●學次俟孫入城 歸國ᄒᆞ얏던學部次官俵孫一이가昨日下午十壹時頃에南大門外停車場에到着入城ᄒᆞ얏다ᄂᆞᆫ데學部壹般官吏가南門外에서迎接ᄒᆞ얏다더라

●地方官의失職 森林法頒布된지ᄂᆞᆫ已久ᄒᆞ얏스되地方官이郡令ᄒᆞᆯ莫解ᄒᆞ야向此民間에布諭치아니ᄒᆞ얏슴으로人民이森林法에關係가如何ᄒᆞᆷ을不知ᄒᆞᄂᆞᆫ處가許多ᄒᆞ다더라

●財務監督發程 度支部財務監督局長小林重은忠淸南北道財務를監督ᄒᆞᆯ次로日昨에發程하얏다더라

●國民儀範編製 秦竹星氏가國民儀範이라ᄂᆞᆫ冊子를編製ᄒᆞ야學部에檢定을請ᄒᆞ얏다더라

●教育界의萬幸

北村居某元老가各學會를對ᄒᆞ야右何感情이던지理政府某大官과秘密相通ᄒᆞ야各學會를解散케ᄒᆞᆯ運動ᄒᆞ얏스나統監府에서此를拒絶ᄒᆞ미韓國教育界에萬幸이라ᄒᆞ야巷說이藉々ᄒᆞ더라

●許曰彼所謂北村某元老라云ᄒᆞᄂᆞᆫ者ᄂᆞᆫ外國의元老인가韓國의元老인가統監府에서此等惡魔의毒牙餘論을拒絶ᄒᆞ얏스니決코外國의元老가아니요自國의學會를自己가解散코저ᄒᆞ면此ᄂᆞᆫ彼가彼의劍을拔ᄒᆞ야彼의腹을刺ᄒᆞ미니決코韓國의元老도아니라此必地府惡魔中의凶險ᄒᆞᆫ元老인즉此等元老의實狀을隨探ᄒᆞ야古에도無ᄒᆞ고今에도無ᄒᆞᆫ如椽大筆의利鋒으로誅戮코저ᄒᆞ노라

●衛生講習試驗 衛生講習所에서昨日上午九時에實地試驗을經過ᄒᆞ얏ᄂᆞᆫ데衛生局長廉仲模警務局長松井茂兩氏가臨試驗을參觀ᄒᆞ얏다더라

●巡查多數募集 警視廳에서巡査를多數募集ᄒᆞ야各地方으로派送ᄒᆞᆫ다더라

●無料汲水壹朔 水道局에서水桶을始ᄒᆞᄂᆞᆫ日로부터壹朔은人民에게無料로空給ᄒᆞᆫ다더라

●長白頭白 鏡城電을據ᄒᆞᆫ즉長白山上에白雪이降ᄒᆞ얏다더라

●郡主事와面長 慶尙南道熊川郡郡主事裴炳元氏가加德天城面面長金東俊氏를符同ᄒᆞ야該郡天城鎭客舍를今年三月日의風雨에頹覆ᄒᆞ얏다ᄒᆞ고度支部에認報ᄒᆞᆫ後卽爲私賣ᄒᆞ야葉錢二千餘金을偸食ᄒᆞ얏다더라

●義兵衛火 傳說을據ᄒᆞᆫ즉軍部大臣李秉武氏의父小家가公州郡石松齋等地에在ᄒᆞ다ᄂᆞᆫ데義兵이라稱ᄒᆞᄂᆞᆫ者數拾名이來到ᄒᆞ야軍大三寸의家를衛火沒燒ᄒᆞ얏ᄂᆞᆫ대房舍壹四도被燒ᄒᆞ얏다더라

●四代獨子夭逝 驪州桂田居金景圭氏ᄂᆞᆫ四代獨子로年今二拾에日本東京에留學ᄒᆞ더니今夏期休學에觀親次로來到本第라가猝然得病ᄒᆞ야陰八月壹日에夭逝ᄒᆞ얏다더라

●呑鷄者何多 南部武橋居ᄒᆞᄂᆞᆫ金召史ᄂᆞᆫ年今四拾八歲인대何事件을因ᄒᆞᆷ인지再昨日下午拾時에吸煙致斃ᄒᆞ얏다더라

●上田이上田 再昨日下午拾壹時에西部龍山에居ᄒᆞᄂᆞᆫ日人장道八郎이가上田福松과有何事端이든지互相爭詰ᄒᆞ다가上田福松에게六穴砲를放ᄒᆞ고龍山警察分署에自現ᄒᆞᆷ으로該署에서巡查를派送ᄒᆞ야査實ᄒᆞᆫ後에該被害者를該洞靑木病院으로昇送治療케ᄒᆞ얏더니同拾二時에仍卽致死ᄒᆞ얏다더라

●是何蠻行 再昨日午後四時에何許人이新生兒屍體를南部竹洞巡查派出所附近에在ᄒᆞᆫ廳芥桶內에遺棄ᄒᆞᆫ것을該擧內巡査가發見ᄒᆞ고該洞頭民에게申飭ᄒᆞ야光熙門外에卽爲出埋ᄒᆞ얏다더라

●太仁不仁 中部東谷居ᄒᆞᄂᆞᆫ從二品李根培氏家下隷權太仁이가李氏의買置ᄒᆞᆫ生綃二疋과密通紗壹疋을窃取典執ᄒᆞᆫ情跡이現露되야再昨日에中部警察署에被捉되야現今取調ᄒᆞᄂᆞᆫ中이라더라

●物品製造의嚆矢 平壤郡磁器會社가設立ᄒᆞᆫ지已爲報道ᄒᆞ얏거니와日前에該會社事務員鄭仁淑氏가新造ᄒᆞᆫ磁器를裝帶ᄒᆞ고上京ᄒᆞ얏ᄂᆞᆫ데其品質이完實精美ᄒᆞ니以此推測ᄒᆞ면韓國의物品製造가發達됨을知ᄒᆞᆯ지로該社의研究精力은令人可賀라더라

●專門校長任免 大東專門學校長趙重應氏ᄂᆞᆫ辭免ᄒᆞ고代에李聖夏氏가被選되얏다더라

●李氏黜會 勞動總務李輔鉉氏가何等事端인지該會에서黜會ᄒᆞ얏다더라

●農工研究總會 農工研究會에서今日下午壹時에通常總會를長寺洞該會館內에開ᄒᆞ고諸般積滯ᄒᆞᆫ事項을議決ᄒᆞᆯ터인ᄃᆡ壹般會員과有志紳士가多數來添ᄒᆞᆫ다더라

●長老教會의擴張 長老教會의代理會에報告를據ᄒᆞᆫ즉該教會所管內에洗禮敎人과願入敎人이拾五萬餘人이오統立執事가拾人이拾九人이오神學生徒가九오大學校가二處요男子中學校가十壹處오女子中學校가六處오男女小學校가五百四拾二處오大학校學徒가五拾人이오男中학徒가八百八十二人이오女中學徒가二百二人이오男小학徒가壹萬六百九拾壹人이오女小學徒가二千六百四拾四人이오禮拜堂이八百九拾七處오禮拜處가二百九拾三處오傳道用費가七千九百六拾五元이오學校用費가五萬貳千三拾二元六十錢이라더라

●親睦會의設校 安岳郡細洞面瑞山洞靑年들이親睦會를組織ᄒᆞᆫ後에夜학校를設立ᄒᆞ고林澤權張應星諸氏가熱心敎授하ᄂᆞᆫ데學徒가五拾餘名에達ᄒᆞ얏다더라

●文明復明 忠北鎭川郡文明학校敎師리相稷氏가去光武九年度에該郡邑內에문明學校를設立ᄒᆞ고諸般학費를自擔ᄒᆞ야熱心敎育ᄒᆞ다가間因義擾ᄒᆞ야廢학되얏더니該氏가更히校舍를修築ᄒᆞ고器具를新製ᄒᆞ고壹切학費를獨擔ᄒᆞ야靑年子弟를勸勉募集ᄒᆞ야今年八月五日의開校式을舉行ᄒᆞ얏다더라

●普校內林業科 西大門內普成小학校內에林業科를設立하고日本農科卒業生沈相俊씨等四人을講師로延聘ᄒᆞ고本月三拾日ᄭᆞ지학員을增募ᄒᆞᆫ다더라

●普光校擴張 中部洞口內에私立普光학校에ᄂᆞᆫ原來上學ᄒᆞᄂᆞᆫ학生이六拾餘名인데本月二日以後로更募集ᄒᆞᆫ生徒가六拾餘名이增加ᄒᆞ야上學ᄒᆞᆯ時를當ᄒᆞ야ᄂᆞᆫ校舍이甚히狹窄ᄒᆞ다더라

●勞動者의有志 西署芝石里에서壹般勞働諸人들이該里의在ᄒᆞᆫ學校의經費窘絀ᄒᆞᆷ을慷慨ᄒᆞ야勞働贊學會를組織ᄒᆞ고每人마다幾錢式按月捐助ᄒᆞ야校費의萬壹을補用ᄒᆞ기로議定ᄒᆞ얏다더라

▲地方消息▼

▲本月九日忠淸北道陽城郡西面一里에서義兵約拾名이該郡日守備隊兵과交戰ᄒᆞ얏다ᄒᆞ고

▲去月二十八日江界郡柏坪店에서義兵三拾餘名이該郡駐箚日憲兵과交戰ᄒᆞ얏다ᄒᆞ고

▲去月三十壹日平安南道孟山郡防上洞에서義兵拾餘名이該郡駐箚日憲兵과交戰ᄒᆞ얏다ᄒᆞ고

▲本月四日平安南道三登郡陽春里에서義兵四拾餘名이該郡駐在日憲兵隊와交戰ᄒᆞ얏다더라

▲人의鼠▼

▲今此二拾世紀ᄂᆞᆫ文明ᄒᆞᆫ時代라壹國도國民義務를行ᄒᆞ여야其國이文明ᄒᆞ고個人도人된義務를行ᄒᆞ여야其人이文明ᄒᆞᆫ지어ᄂᆞᆯ韓國에人情을觀察ᄒᆞ면人面鼠心의者가許多ᄒᆞ야黑暗中에서奔競ᄒᆞᄂᆞᆫ도다

▲近日政府가變更된다ᄂᆞᆫ說이浪藉ᄒᆞ미南北村의某々宰相들이厚祿古套에高帽를着ᄒᆞ고人力車에高坐ᄒᆞ야泥峴으로橫馳ᄒᆞ야統監府門前에至ᄒᆞ야ᄂᆞᆫ尾를搖ᄒᆞ고氣色을伺察ᄒᆞᄂᆞᆫ것은大臣椅子의穴을穿ᄒᆞᄂᆞᆫ鼠이오

▲各觀察使와郡守薦報의權이有ᄒᆞᆷ을聞ᄒᆞ고各其所親대로觀察府에追走ᄒᆞ야或內衙의墻壁도穿ᄒᆞ고或衙客의座席도괄ᄒᆞ야奔汨度日ᄒᆞᄂᆞᆫ것은郡守의穴을穿ᄒᆞᄂᆞᆫ鼠이오

▲懷囊中에無數ᄒᆞᆫ錄紙를藏直ᄒᆞ고某部에某大臣과某處에某法官家로往來ᄒᆞ야巧言令色으로其心을悅ᄒᆞ고其臀을剝ᄒᆞ야僥倖ᄒᆞᆫ望을ᄒᆞᄂᆞᆫ것은挾雜의穴을穿ᄒᆞᄂᆞᆫ鼠이오

▲不農不商ᄒᆞ고其四肢를墮ᄒᆞ야此家門前에서徘徊ᄒᆞ고彼家門前에顧瞻ᄒᆞ야主人有無를探知ᄒᆞ고悲辭悵色으로哀々乞憐ᄒᆞᄂᆞᆫ것은求乞ᄒᆞᄂᆞᆫ穴을穿ᄒᆞᄂᆞᆫ鼠이오

▲三々五々作隊ᄒᆞ야密々ᄒᆞᆫ謀略은如兄若弟ᄒᆞ고妙々ᄒᆞᆫ計策은神出鬼沒ᄒᆞ야他人子弟를誘引ᄒᆞ고東追西逐ᄒᆞᄂᆞᆫ것은技局의穴을穿ᄒᆞᄂᆞᆫ鼠이오

▲其容을治ᄒᆞ고其服을美ᄒᆞ야街路上에往來ᄒᆞᆯ제蓮步巧態로行人의心目을瞭悅케ᄒᆞ고此人家彼人家로追逐不暇ᄒᆞᄂᆞᆫ것은賣淫의穴을穿ᄒᆞᄂᆞᆫ鼠이오

▲各種會에風行ᄒᆞᄂᆞᆫ대雄辯强辯으로脣舌을假粧ᄒᆞ야熱心이니文明이니稱志ᄒᆞ야自稱ᄒᆞ면서自己ᄂᆞᆫ西北間에落ᄒᆞ면宦路捷徑에奔忙ᄒᆞ야東閃西忽ᄒᆞᄂᆞᆫ것은名譽의穴을穿ᄒᆞᄂᆞᆫ鼠이로다

▲蓋人이世界에生存ᄒᆞ야自己의固有ᄒᆞᆫ義務를極盡히ᄒᆞᆷ은固然ᄒᆞᆫ生活의權利가自至ᄒᆞ거ᄂᆞᆯ嗟哉韓人은固有ᄒᆞᆫ義務ᄂᆞᆫ排斥ᄒᆞ고分外의生活을取得코져ᄒᆞ미彼鼠의生活ᄒᆞᄂᆞᆫ手段을效ᄒᆞ고穴을穿ᄒᆞ야彼의固ᄒᆞᆫ바ㅣ니와物中의最靈ᄒᆞᆫ人으로人의儀形을俱ᄒᆞ야人의義務를棄ᄒᆞ고彼微物의賤行을效則ᄒᆞ니嗚呼라

[illegible] 編輯人 박[illegible] 李觀化

社告

謹告各支社員

各支社中에 本社規則을 違反ᄒᆞ야 代金與廣告費을 累月積滯ᄒᆞᆫ 處가 種々有之이온바 本社에서ᄂᆞᆫ 決코 規則을 實施치아니치못ᄒᆞᆯ지니 代金이 多數積滯ᄒᆞᆫ 支社員은 深諒ᄒᆞ시와 未納ᄒᆞᆫ 것을 斯速淸送ᄒᆞ시옵

社告 大韓每日申報社

雜報

◎二氏敎育 安岳郡龍門面遠川동某某諸氏가 牧童[illegible]을 敎育ᄒᆞ기爲ᄒᆞ야 姜仁元氏ᄂᆞᆫ 自己舍廊으로 校舍로 許給ᄒᆞ고 韓元柱氏ᄂᆞᆫ 科程冊子를 擔當ᄒᆞ며 姜[illegible]ᄂᆞᆫ 名譽로 熱心敎授ᄒᆞᄂᆞᆫ데 學徒가 漸加ᄒᆞ야 貳拾餘人에 達ᄒᆞ얏다더라

廣告

驪州桂田居金昌圭氏ᄂᆞᆫ 四代獨子로 年今貳拾에 日本東京에 留學ᄒᆞ더니 今夏期休學時에 覲親次로 來到本第라가 猝然得病ᄒᆞ야 陰八月壹日에 夭逝ᄒᆞ얏ᄉᆞ니 知舊諸氏ᄂᆞᆫ 照亮ᄒᆞ심을 爲要 日本東京留學ᄒᆞ던 同硏人 崔榮[illegible]

東署仁昌坊社洞里下甘井洞第拾壹統六戶草家三間문券을 失故로 玆以廣告홈 趙東烈 告白

京某[illegible]의 當錢八百拾壹兩[illegible]錢九分標를 九月拾壹日의 見失ᄒᆞ얏ᄉᆞ니 拾得者ᄂᆞᆫ 休紙施行홈 宋鍾[illegible] 告白

特告

本校에서 本月貳拾六日(陰九月壹日)開學ᄒᆞ고 中學預備科와 初等科를 敎授ᄒᆞᆯ터이니 此에 志願ᄒᆞᄂᆞᆫ 者ᄂᆞᆫ 今月二十五日內로 請願書를 提呈ᄒᆞ옵

試驗科目 讀書 國漢文 作文 國漢文 算術 四則

平壤私立 大成學校

除七月二十壹日夜에 本人兄弟의 圖形姓名圖章을 見失ᄒᆞ얏ᄉᆞ오니 照亮勿施ᄒᆞ시옵 成川居韓正烈 韓英烈 告白

閣下 明[illegible] 告

本月五日新報雜報欄內에 揭載된 安允玄가 叔박炳錫가 安씨家券을 偸去典執云이라 ᄒᆞ온바 本無安允玄名字人이오 [illegible]姓名以本ᄒᆞᆫ 誤錯인 故로 玆에 辨明홈 西部玄石里 朴炳錫 告白

李德昌之德字를 基字로 改定홈 中部中廟동三拾八統壹戶 李基昌 告白

本人의 月在草家五間板刻文券을 不知中에 失故로 漢城府에 請願次로 廣告ᄒᆞ오니 其間에 此家文券이 現出ᄒᆞ야도 誰某間 切勿見欺ᄒᆞ시옵 [illegible]江坊[illegible]江契下[illegible]統拾四戶 住 朴永國 告白

姜麟禧 麟字를 仁字로 改定홈 郭山東面元卜里 姜仁禧 告白

本人의 角製姓名章을 九月拾六日 遺失ᄒᆞ얏기 玆에 廣告홈 金[illegible]熙 告白

本人의 瓦家九間半文券을 失故로 廣告ᄒᆞ오니 內外國人間 切勿見欺홈 西署積善坊工曹後洞1四統七戶 李在珉 告白

始興東面江籍洞實字畓九斗落新文券壹張을 路中에 見失ᄒᆞ니 誰某拾得이라도 休紙施行홈 朴容敏 告白

本會에서 重大事項을 協議ᄒᆞ기爲ᄒᆞ야 本月拾九日(陰八月二拾四日) 土曜下午壹時에 特別總會를 本事務所에 開ᄒᆞ오니 僉會員은 趁期貴臨ᄒᆞ심을 伏祈 輔仁學會 告白

本所에서 通常總會를 今拾九日陰八月二十四日下午壹時에 開ᄒᆞ오니 僉宗은 屆期來臨ᄒᆞ시오 中部[illegible]洞九統貳戶 金海金氏宗約所

本人姪金堤龍宗洞居卿順寬 許에 [illegible]面羅是堤下父字畓十九斗落과 金堤龍山面尊堤下[illegible]字[illegible]斗落을 今春推來인바 今因[illegible]價難堪ᄒᆞ야 定價當坪貳兩ᄒᆞ야 放賣于京詩洞 趙判書宅ᄒᆞ고 受價越券ᄒᆞ얏ᄉᆞ니 同[illegible]人照亮 吳工[illegible] 告白

本人等이 同志同力ᄒᆞᆫ 七人으로 미루[illegible]資本金을 募集ᄒᆞ고 客主營業을 開設ᄒᆞ오니 商業ᄒᆞ시ᄂᆞᆫ 四方僉君子ᄂᆞᆫ 惠顧ᄒᆞ심을 爲要 開設은 本邑西里李悌[illegible]家로 定홈 黃海道信川邑 李悌황 李元敎 李源國 告白

仁川牛角洞[illegible]草家六間文券을 家庭에서 失ᄒᆞ얏기 玆에 廣告ᄒᆞ오니 僉君子ᄂᆞᆫ 勿爲見欺ᄒᆞ시옵 李雲采 告白

大韓國新發明神藥

◎皮膚 靈丹 各種食滯中暑久滯口臭담飮 吐瀉 定價壹貼拾錢

◎至寶丸 治諸般瘧疾不拘久遠俱有偉效 定價金拾錢

◎靈效液 外用 芳香治疥瘡皮風 百發百中 定價金三十錢

◎淸眼水 治諸般眼疾有撥雲見天之妙 定價金拾錢

◎通淋丸 治男女急慢淋疾神效無雙速效除毒 壹週金九拾錢

漢城南部大廣橋南邊 第三家十九統七戶 製劑發行所 共愛堂大藥房 謹

支店 開城南門內 共愛堂支店 姜助遠 群山港保福동 共愛堂第[illegible]支店 [illegible]春 河東郡赤良面 共愛堂第三支店 黃麟秀

代理店 皇城北部大安洞 인화약房 皇城鍾路[illegible] 慈惠약房 皇城西署新門外石橋 普濟醫院 仁川[illegible]濟生堂 全和[illegible] 同

此外에도 東西洋各國有名ᄒᆞᆫ 약과 草材약이 具備ᄒᆞ오니 [illegible] 多少를 不拘ᄒᆞ고 請求ᄒᆞ시면 小包로 [illegible]

本校를 崔光玉氏로 延聘ᄒᆞ고 第三回學徒를 募集ᄒᆞ오니 入學志願人은 陰九月拾日內로 來議ᄒᆞ시되 科程과 規則은 京蓮洞儆新中學校와 如ᄒᆞ오니 照亮홈 義州南門外 漆峴實中學校 白

北靑郡商業會議社內私立商務學校에 對ᄒᆞ야 義捐ᄒᆞᆫ 社會及紳士의 名啣金額을 左에 廣告홈

釜山港草梁彰興總社 七拾圓 新明太庫 高瀨政太郞 各五拾圓 安汝默 永發東 各拾圓 金舜[illegible] 徐鎭[illegible] 金基佑 [illegible] 金長德 各廿圓 草梁洞會 公來號 各廿圓 金重佑 盧德彦 立景振 金汝重 通運社 移運社 同成東 德聚和 永源[illegible] 吳仁圭 金子聲 具滄淑 各十圓 李[illegible] 朴干漸 秋乃有 運輸會社 李鍾[illegible] 崔[illegible]伯 金子元 李希[illegible] 洪聖希 鄭夫人 鄭相朝 各九圓 權應三 李夫人 金亨[illegible] 各[illegible]圓 金文若 [illegible] 馬山港 昌協社 民議所 孫德宇 朴佑吉 各拾圓 陸一移運社 協同代[illegible]店 金振九 下麒煥 各九圓 金以文 洪敎根 各三圓 具幸文 金泰[illegible] 박允[illegible] 리良賢 各[illegible] 北靑檢湖 高鳳昊 金二拾圓 仝 韓仁淑 金五圓 仝 海岸 [illegible]在 仝 俗厚 趙東立 仝 檢湖 尹泰稷 各三圓 仁川順信昌 京城順信昌 李用석 李東浩 各拾五圓 蒼龍號事務所 金五圓五拾錢 利原遮湖 張元汲 金四圓 京城 韓鳳석 [illegible]圓 已上義捐金七百二十二圓五拾錢 本校事務員 [illegible] 告白

群山港勤業社新設事로 [illegible]日人吉岡淸二與崔敬弼兩人이 農商工部에 承認ᄒᆞ와 昨日發程ᄒᆞ얏ᄉᆞ오니 本社員은 知悉홈 尹啓榮 告白

本塾에서 測量三個月速成科學員을 募集ᄒᆞ오니 九月拾九日內로 請願ᄒᆞ심을 望홈 北部齋洞三統四戶 測量新塾 白

●女학員募集廣告

本학堂에서 敎務를 更爲擴張ᄒᆞ여 敎授方法을 特別改良ᄒᆞ고 各科학員을 增募ᄒᆞᄂᆞᆫ 中에 現今中等科의 卒業ᄒᆞ신 諸員을 爲ᄒᆞ야 高等科를 加設ᄒᆞ고 高明ᄒᆞ신 講師諸氏께서 各科를 分擔ᄒᆞ오서 熱心敎授ᄒᆞ시깃ᄉᆞ오니 願학ᄒᆞ시ᄂᆞᆫ 僉員은 九月二拾壹日內로 本학堂에 來臨ᄒᆞ시와 問議ᄒᆞ시오 但 請願用紙ᄂᆞᆫ 本학堂에 請求홈

課程

初等科 國문 한문 作문 算術 圖畵 地誌初步 體操 英語

中等科 聖經 漢文 修身 地誌歷史(本國) 算術 英語 生理 衛生 動物학 植物학 圖畵 理科 簿記 代數初步 體操

高等科 聖經 漢文 代數 幾何 三角 天文학 地文학 心理학 敎育학 物理 化학 英文학 地誌(萬國) 上理高等 經濟 歷史 萬國、近世、上古、英國、美國

選科及隨意科 音樂 針線

試取

入학年齡 拾歲以上

入학試取科目 國문 讀書 寫字 解說 身體檢査

試取日 九月二拾二日

開학日 九月二拾三日

但 寄宿코저ᄒᆞᄂᆞᆫ 학員의게ᄂᆞᆫ 食費每朔三圜만 밧고 柴炭燈油ᄂᆞᆫ 無料供給홈

京城貞洞梨花학堂 告白

本所에서 國債報償志願金總額을 [illegible]ᄒᆞ기爲ᄒᆞ야 [illegible]務監督ᄒᆞᆫ 金允五 金麟兩氏의 會計ᄂᆞᆫ 鄭東說 鄭志永兩氏로 選定ᄒᆞ야 本所金額을 合同保管케ᄒᆞ얏ᄉᆞ오니 玆에 廣布ᄒᆞ오니 京鄕同胞ᄂᆞᆫ 照亮ᄒᆞ시옵

國債報償志願金總合所 評議會一同

本館에서 新舊書籍과 學徒의 所用諸般物品을 具備販賣ᄒᆞ오니 僉君子ᄂᆞᆫ 來購ᄒᆞ시옵

平壤鍾路太極書館 館主 李昇薰 主任 安[illegible]國 事務 李德煥

本書館을 開業ᄒᆞᆫ지 未過壹年에 壹般同胞께서 愛助ᄒᆞ시와 益益興旺之故로 本館을 壹層擴張ᄒᆞ고 各項新舊書籍與敎育物品을 多數準備ᄒᆞ야 特別廉價로 大發賣ᄒᆞ오니 四方僉君子ᄂᆞᆫ 陸續來臨ᄒᆞ심을 爲要홈

釜山港東關韓興書館 金汝重 權鍾律

◎千金保化丹 主治積滯吐瀉霍亂의 第壹靈藥이也

本舖 在江華郡[illegible] 出張人 海州 劉[illegible]셥 京城礡洞 方永植 太郞 崔寅琪 平壤 朴承奧 發賣人 김完植 白

社告

〇申報價

壹張代金 新貨二錢五厘

壹個月前納 三十錢

參個月 九拾錢

陸個月 一圓七十錢

壹個年 三圓四十錢

郵稅一張 新貨五厘

壹個月 十二錢

〇廣告料

四号活字拾三字詰

每日壹寸(英尺)에 新貨廿五錢

二週日壹寸에 二圓五拾錢

壹箇月壹寸에 五圓

(自壹行至四行이爲壹寸)

其期限의長短과字行의多夥를依ᄒᆞ야增減ᄒᆞᆷ이有ᄒᆞᆷ

大韓每日申報各處支社廣告

中署布屛下 金相萬冊肆

平壤鍾路太極書館 安泰國

仁川畓峴關新冊肆 李東皓

義州南門外ᄒᆞ西大藥房 韓有寬

釜山港佐川약局 徐錫麟

三和港築동 金元燮

咸興州南社西門外 曺喜林

開城남大門內興學書舖 姜助遠

大邱西門外友弦書樓側 李正由

載寧邑濟衆院 劉夢澤

鐵山邑東部 安瀕

元山倉前 劉七鎬

龍川府南面松峴海東書會

興德富安面舘谷 姜大榮

成川郡上部面 馬應三

江西邑內 金昌鎬

信川邑六里 丁一善

金溝水流面豆亭 趙德三

寧邊邑客舍里趙炳俊家 明濟世

淸州남門外 宋斗仁

江華邑川邊 兪鎭식

永興衛山동書舖 梁昌錫

泰川邑館前洋약局 李正華

朔州邑남門너 朱伯英

龍川楊市 黃菊保

殷栗邑倉前里 金泰聲

昌潤邑南門內

京畿線枇峴驛暫市

泰仁邑內

洋邑邑內

咸從郡耶蘇教堂 張炳壹

平남쏍川郡達동 鄭裕경

龍川남市驛 韓燦禧

龍岡郡耶蘇教堂內 朴鍾운

車輦館 金明鉉

結城廣川小龍동 李啓祚

定平郡豊川 張禮한

洪原南門外耶蘇教冊舖 方萬晟

宣川읍新民書會 魯晶관

發行兼編輯人英國人 萬咸
Responsible for Publication Alfred Weekley Marnham.
發行所 南署石井洞號外埋三層洋屋 大韓每日申報社

第九百八號

大韓每日申報

月曜及慶節 幾時日休刊

檀君開國四千二百四十一年
箕子元年三千三十年
大韓開國五百十七年
日本明治四十一年
淸國光緖三十四年
陰曆戊申八月小廿三日丙子

寄書

◉未來韓半島問答

山雲子

秋風이新起ᄒᆞ고宿雨가初歇하얏ᄂᆞᆫ대山雲子ㅣ情感이方動ᄒᆞ야悽々然獨坐ᄒᆞ얏더니忽然門外에數隊聲에容貌ᄂᆞᆫ리黑하고布衣가繼續ᄒᆞᆫ一客이곽然히余를揖하야曰子가山雲이아닌가余ㅣ愕然히問하야曰我ᄂᆞᆫ山雲이어니와子ᄂᆞᆫ何許人으로此無能지伏ᄒᆞᆫ人物을憲顧ᄒᆞᄂᆞᆫ가客이喟然曰我의號ᄂᆞᆫ嗚乎子라所見도嗚乎오所思도嗚乎오所言도嗚乎라此二拾世紀新舞臺의好個光陰을壹嗚乎中에送ᄒᆞ더니天地를俯仰ᄒᆞ며立䟱ᄒᆞᆫ者ㅣ無ᄒᆞ야彷황躑躅ᄒᆞ다가子를訪ᄒᆞ야子의手를握ᄒᆞ고子의言을聞ᄒᆞ기爲ᄒᆞ야來ᄒᆞ얏노라

余ㅣ其言을聞ᄒᆞ고慨然히應ᄒᆞ야曰悲夫라子여子의嗚乎가子의身만爲ᄒᆞᆷ도아니며子의家만爲ᄒᆞᆷ도아니라韓半島를爲ᄒᆞ야嗚乎ᄒᆞᆷ이니엇지同志者의淚를揮ᄒᆞ고辭를掛ᄒᆞᆯ處가아니리오然이나子가現在의韓半島만見ᄒᆞ고未來의韓半島ᄂᆞᆫ不見ᄒᆞᄂᆞᆫ도다今日嗚乎의韓半島가엇지來日快樂의韓半島가되지아니ᄒᆞᆷ을知ᄒᆞᄂᆞᆫ가客이於是에愀然整衿하야曰奇異ᄒᆞ다子여오怪하다子여願컨ᄃᆡ子로더부러余의所懷를論ᄒᆞ야余의所悲를觀코ᄌᆞᄒᆞ노라余ㅣ曰諾다子ᄂᆞᆫ其晉ᄒᆞ다客이愴然히淚를拭ᄒᆞ며言ᄒᆞ야曰吾ᄂᆞᆫ聞ᄒᆞ니道德世界에ᄂᆞᆫ公理가公理오强權世界에ᄂᆞᆫ勢力이公理라ᄒᆞ니天下에所謂公理ᄂᆞᆫ空言에付ᄒᆞᆯ而已오勢力만有ᄒᆞᆯ지라維則弱者가强者를不敵ᄒᆞᆷ은實로天演의公例로다噫嘻悲夫라弱ᄒᆞᆷ이我邦과如ᄒᆞ고엇지今日强權演幕下에生存을得하리오物想컨대未來韓半島의嗚乎가今日韓半島의嗚乎보다登層尤甚ᄒᆞᆯ지라엇지悲傷치아니ᄒᆞᆯ가余ㅣ曰子의言이可ᄒᆞ기ᄂᆞᆫ可하나不然ᄒᆞᆫ理가子의言과如히弱者ㅣ敗하고强者ㅣ勝ᄒᆞᆷ은實로公例나今日韓半島가弱ᄒᆞᆷ으로만다시滅亡ᄒᆞᆫ다ᄒᆞᆷ은決코不可ᄒᆞ니今日은비록弱ᄒᆞᆯ지라도我輩가能히奮發ᄒᆞ며能히忍耐ᄒᆞ야强大ᄒᆞᆫ新大韓을建設ᄒᆞ면엇지生存만得ᄒᆞᆯ뿐이리오抑亦全地球의勢力을吾輩의手로握ᄒᆞ야世界主人翁이됨도不難ᄒᆞ다ᄒᆞ노라客이曰然ᄒᆞ다國ᄂᆞᆫ면能히存ᄒᆞ리라ᄒᆞᆷ은然ᄒᆞ나國컨ᄃᆡ此委靡積弱ᄒᆞᆫ韓國을何道로能히强케ᄒᆞᆯ고余ㅣ曰韓國의衰弱ᄒᆞᆫ原因은壹朝壹夕의故가아니라由來ᄒᆞᆫ지已久ᄒᆞ얏ᄂᆞᆫ니其惡原因을除去ᄒᆞ면惡結果ᄂᆞᆫ退去ᄒᆞ고善結果가歸來ᄒᆞᆯ지니라客이曰其原因을願聞ᄒᆞ노라余ㅣ曰嗚乎라余此에到ᄒᆞ야寧히無言코ᄌᆞᄒᆞ노라夫其原因이許多ᄒᆞᆫ中에第壹은卽民族裂缺이是라此裂缺ᄒᆞᆫ民族을喚起ᄒᆞ야完全ᄒᆞᆫ國體를組成ᄒᆞᆫ後에야可ᄒᆞ니라客이曰我民族의裂缺이已久ᄒᆞ야今此同胞의溺을遭ᄒᆞ얏스되猶且往々히分離의狀態가有ᄒᆞ니實로寒心ᄒᆞᆯ處로다然則如何라야能히我民族으로裂缺을變ᄒᆞ야團體를成ᄒᆞ리오余ㅣ曰彼千百年歷史를讀컨ᄃᆡ幾個男兒의事蹟으로充ᄒᆞᆷ에不過ᄒᆞ나大凡壹國이던지壹地方이던지其間에幾千萬人이個々豪傑男兒가團體의精神을鼓舞ᄒᆞ야着々히進取ᄒᆞ면我大韓이須臾에壹大團體를成ᄒᆞᆯ지니如斯ᄒᆞ면엇지强大ᄒᆞᆫ韓半島가되지아니ᄒᆞᆷ을患ᄒᆞ리오客이曰善哉라子의言이여子의言과如ᄒᆞᆯ진대我가將次嗚乎를變ᄒᆞ야快樂ᄒᆞ며歎을變하야笑ᄒᆞ며哭을變하야歌ᄒᆞᆯ진뎌하고退ᄒᆞ거ᄂᆞᆯ余가其問答을記ᄒᆞ야絕望者에게警告ᄒᆞ노라

官報

▲隆熙貳年九月貳拾六日官報

◉勅令

朕이府郡의廢合의關ᄒᆞᆫ件을裁可ᄒᆞ야玆에頒布케ᄒᆞ노라

隆熙二年九月拾四日

御名 御璽

內閣總理大臣 李完用
內部大臣 宋秉畯
度支部大臣 任善準

勅令第六拾九號

府郡의廢合에關ᄒᆞᆫ件

一 京畿楊根郡과砥平을合ᄒᆞ야楊平郡을置ᄒᆞᆷ

壹 慶尙南道鎭海郡과熊川郡을廢ᄒᆞ야昌原府에合ᄒᆞ고漆原郡을廢ᄒᆞ야咸安郡에合ᄒᆞᆷ

附則

本令은頒佈日로부터施行ᄒᆞᆷ

◉部令

官立漢城師範學校講習科規程을左와如히定ᄒᆞᆷ

隆熙二年九月十四日

學部大臣 李載崑

學部令第拾七號

官立漢城師範學校講習科規定

第壹條 官立漢城師範學校에講習科를置ᄒᆞᆷ

講習科의開始期日及修業期間은其時에告示ᄒᆞᆷ

第二條 講習科의學員定數를約五十人으로ᄒᆞᆷ

第三條 講習科의學科課程及每週敎授時數ᄂᆞᆫ學校長이定ᄒᆞ야學部大臣의認可를受ᄒᆞᆷ이可ᄒᆞᆷ

第四條 講習科에入學을許可ᄒᆞᆷ만ᄒᆞᆫ者ᄂᆞᆫ左의資格이有ᄒᆞ되國語。漢文。日語。算術의學力試驗에合格ᄒᆞᆫ者로ᄒᆞᆷ

壹。年齡二拾歲以上三拾歲以下者

二。身體健强ᄒᆞ고品行方正者

第五條 講習科學員의在學中은學費로壹人에壹個月金八圜을給與ᄒᆞᆷ

第六條 師範學校令施行規則第八章中速成科卒業生의服務에關ᄒᆞᆫ規定은講習科修了生에게適用ᄒᆞᆷ

第七條 官立漢城師範學校長은本規定施行ᄒᆞᆷ에必要ᄒᆞᆫ細則을定ᄒᆞᆷ을得ᄒᆞᆷ

附則

第八條 本規定은頒布日로부터施行ᄒᆞᆷ

外報

◉白河堤防破壞 東京電을據ᄒᆞᆫ즉日本白河의堤防이破壞되야四拾餘名이卽死ᄒᆞ얏ᄂᆞᆫ딕軍隊一百名을卽時現場에派遣ᄒᆞ얏다더라

◉德俄의新協約 同電을據ᄒᆞᆫ즉俄國과德國間에新協約이成立되얏다ᄂᆞᆫ說이有ᄒᆞ다ᄒᆞ얏더라

◉京奉의惡疫流行 天津電을據ᄒᆞᆫ즉京奉鐵道沿線에在ᄒᆞᆫ礦山에惡疫이流行ᄒᆞ야壹週日內에數拾名이死亡ᄒᆞ얏다더라

◉德國負債와法律 倫敦電에日伯林에서發表ᄒᆞᆫ公報를據ᄒᆞᆫ즉德國의負債가二億壹千二百五拾磅인대壹千九百年以來로壹億磅이增加ᄒᆞᆫ지라故로此를還償ᄒᆞ기爲ᄒᆞ야經費를節用ᄒᆞ며또法律案을提出ᄒᆞᆫ다ᄒᆞ얏더라

雜報

◉韓會總代會見謝絶 東洋拓殖株式會社法本旨에對ᄒᆞ야大韓協會에서內閣에質問書事件은昨報에已揭ᄒᆞ얏거니와去拾四日下午四時에該會總代權東鎭沈宜性兩氏가內閣에前往ᄒᆞ얏더니總理大臣李完用氏가兩總代의會見을謝絶ᄒᆞᆫ故로使閣隷로該質問書를交呈ᄒᆞ얏더니少頃에該書를還出給ᄒᆞ야曰當致農商工部云々故로當會에서總理大臣의責任抛棄ᄒᆞᆷ을論述ᄒᆞ야質問書를偕函ᄒᆞ야郵便으로送致ᄒᆞ얏ᄂᆞᆫ대其公函全文이如左ᄒᆞ더라

敬啓者本會에서東洋拓殖株式會社法疑義에對ᄒᆞ야本日下午三時에質問書를齎呈ᄒᆞ온바總代委員은初不接見ᄒᆞ시고閣隷가指敎를傳ᄒᆞ야曰此非內閣所關이니當致農商工部라ᄒᆞ신바竊査八月二拾六日頒會社法裁可頒布時에閣下ᄂᆞᆫ內閣總理大臣으로率 勅ᄒᆞᆫ副署之首어ᄂᆞᆯ今日此非內閣所關이라ᄒᆞ심은責任所在에此理가應無ᄒᆞᆯ지니恐或倉卒間未及詳亮이신듯ᄒᆞ기玆에更呈ᄒᆞ오니照亮ᄒᆞ시고該質問書疑義에關ᄒᆞᆫ明復을亟賜ᄒᆞ심을敬要

◉北靑郡의諸氏 北靑郡有志紳士諸氏가實業에啓發치못ᄒᆞᆷ을慨歎ᄒᆞ고商業을發達ᄒᆞ기爲ᄒᆞ야商務學校를設立ᄒᆞ얏ᄂᆞᆫ데財政이窘拙ᄒᆞ야困難이莫甚ᄒᆞ리니事務員諸氏가自己의實業은全廢ᄒᆞ고釜山馬山兩港等地로周行ᄒᆞ야捐金七百餘圜을收集ᄒᆞ야校況이漸次發興ᄒᆞᆫ다더라

◉李郡守興學 平南順川郡時務學校ᄂᆞᆫ有志諸氏의設立ᄒᆞᆫ바이던지昨年秋에該郡壹進會에서主管ᄒᆞᆫ後로週年이已過에校況이凋殘ᄒᆞ야將廢之境을當ᄒᆞᆷ으로該郡守李興雨氏가慨歎ᄒᆞ야前學校任員과首倡洪병夏諸氏로協議ᄒᆞ야任員을更爲組織ᄒᆞ고校名은普通學校라改ᄒᆞᆫ後熱心贊成ᄒᆞᆷ으로學員이四十餘名에達ᄒᆞ야如前興旺ᄒᆞ다더라

雜報

●圖書師陛見　日本에서渡來ᄒᆞᆫ圖書師가再昨日　德壽宮에　陛見ᄒᆞᆯ時에總理大臣以下各部大臣도同時에　太皇帝陛下께　陛見ᄒᆞ얏다더라

●內閣例會　昨日上午拾時에總理大臣以下各部大臣이내閣에會同ᄒᆞ야木曜例會를開ᄒᆞ얏다가下午二時頃에閉會ᄒᆞ얏ᄂᆞᆫ데各其本部에暫爲仕進ᄒᆞ얏다더라

●現內閣變更　近日巷說에現內閣이變更된다고喧藉ᄒᆞᆷ은人所共知어니와統監府書記官國分이가總理大臣에게辭職을勸告ᄒᆞ얏다ᄂᆞᆫ風說도有ᄒᆞ고中樞院顧問李址鎔씨가農商工部大臣을被任ᄒᆞᆫ다ᄂᆞᆫ說도有ᄒᆞ다더라

●穿徑奔走　現內閣이變更되고某某氏가新內閣을組織ᄒᆞᆫ다ᄂᆞᆫ巷說이漲騰ᄒᆞ더니南北村某子某孫허ᄂᆞᆫ人들이其捷徑을欲得코져ᄒᆞ야奔走無暇ᄒᆞ니可謂炎凉世界라고ᄒᆞᆫ다더라

●宋內大와某新聞　內部大臣宋秉畯氏가某新聞에揭載ᄒᆞᆫ事件으로部員에게每多誤載ᄒᆞ니從今以後로ᄂᆞᆫ該新聞事件을壹切勿揭케ᄒᆞ라ᄒᆞ얏다더라

●學大觀樂旅費　學部大臣李載崑氏가[illegible]力ᄒᆞ야事를觀樂次로[illegible]報를[illegible]거니와隨員二人을定ᄒᆞ얏ᄂᆞᆫ데二人幷ᄒᆞ야旅費壹千餘圓을支撥ᄒᆞ기로辭定ᄒᆞ얏다더라

●嚴氏入城　皇太子殿下陪從員으로東京에渡去ᄒᆞ얏던嚴柱益氏ᄂᆞᆫ昨日下午九時에入城ᄒᆞ얏다더라

●辭超者必臣　農商工部書記官邊永鎭氏가辭職請願ᄒᆞᆫ은已報ᄒᆞ얏거니와日間依免이된다ᄂᆞᆫ데其代에ᄂᆞᆫ該部主事中勤實觀務ᄒᆞᄂᆞᆫ人中에서擬差ᄒᆞ기로내定이되얏다더라

●觀察何事　慶南觀察使黃鐵氏가密陽金海泗川等郡郡守의게辭職ᄒᆞ기를勸告ᄒᆞᆫ後該郡守書ᄂᆞᆫ觀察道에留案ᄒᆞ고密陽郡居孫某를京城에上送ᄒᆞ야內部에서物議가何如ᄒᆞᆷ을探知ᄒᆞ고現今觀望中이라더라

●書記官長廢仕　內閣書記官長韓正洙氏가身病으로多日仕進을廢止ᄒᆞ얏다더라

●質問書繳還　大韓協會에서內閣에質問書와公函을送致ᄒᆞᆫ顚末은別項과如ᄒᆞ거니와昨日에內閣에서閣隸로ᄒᆞ야금該質問書와公函을封套에還入ᄒᆞ고作還二字를書ᄒᆞ야當會로送交ᄒᆞ얏다ᄒᆞ니人民이疑義가有ᄒᆞ야質問ᄒᆞᄂᆞᆫ데對ᄒᆞ야ᄂᆞᆫ答辭도無ᄒᆞ고오히려公函과質問書를作還ᄒᆞᄂᆞᆫ것은何理를據ᄒᆞᆷ인지大端訝惑ᄒᆞᆫ事이라더라

●申觀察路物退却　南來人의傳說을聞ᄒᆞᆫ즉全南觀察使申應熙氏게羅州郡居ᄒᆞᄂᆞᆫ朴某가香紗貳疋이오同郡居ᄒᆞᄂᆞᆫ吳某가漆盤五立硯床壹坐와細簾三件大尾扇五柄이오光州郡居ᄒᆞᄂᆞᆫ某某가人蔘貳斤과白淸壹缸이오綾州郡居ᄒᆞᄂᆞᆫ林某가甲紬貳疋과花문席五立과玉盒壹坐를送ᄒᆞ얏더니申觀察使가壹壹히還退不受ᄒᆞ고該人等의게實業과敎育에勉勵ᄒᆞ기를勸告ᄒᆞ얏다더라

●學部와學會　學部에서漢城府에訓令ᄒᆞ고各學會에對ᄒᆞ야頒布ᄒᆞᆫ學會令을期限내에指揮施行케ᄒᆞ라ᄒᆞ얏다더라

●勞働會와內部　漢城內道路修築工役도勞働會에서擔任ᄒᆞ야本月부터着手開設ᄒᆞ얏ᄂᆞᆫ데內부와契約ᄒᆞᆫ이背違된事가有ᄒᆞ야更히交涉ᄒᆞᄂᆞᆫ中이라더라

●江西學校情況錄送　江西郡駐箚憲兵隊長이該郡學校의情況을記錄ᄒᆞ야本官에게呈存案件을修報ᄒᆞ얏다더라

●李花와菊花　警視廳에서警部의服裝을改定ᄒᆞᆫ다ᄂᆞᆫ데其製度를聞ᄒᆞᆫ즉已往服裝의李花票를菊花票로換改ᄒᆞᆫ다더라

●朴氏家의所遭　光州郡道林里居朴參判鳳柱氏의親山을何許賊漢이冒夜破掘ᄒᆞ야其頭部를割去ᄒᆞ고紙貨五千元을現今討索中이라더라

●明月館紀念　明月館에서昨日은該館設始ᄒᆞ던第五紀念日인故로國旗를高揭ᄒᆞ고紀念式을設行ᄒᆞ얏다더라

●申請書退却　驪州郡中長里居鄭匡應氏가同郡居池成益氏와山訟事로八月二拾日에控訴院에申訴ᄒᆞ야招帖郵票三拾枚와假九拾錢을辦納ᄒᆞ얏더니尙今餘에趂招訓於被告處故로鄭氏가該院에申請ᄒᆞᆫ즉該院接受室에서訴狀을見失ᄒᆞ얏다고申請書를退却ᄒᆞ미鄭氏가呼訴無處라더라

●密陽郡主不法　密陽郡主事蔣漢相氏가郡守曠官을因ᄒᆞ야署理로行政ᄒᆞᄂᆞᆫ데無論民刑事ᄒᆞ고無不干涉ᄒᆞ야人民을捉囚施刑에奴令이村里에滿ᄒᆞ고罪囚가獄中에盈ᄒᆞ야境內이嗷嗷ᄒᆞ다더라

●市場還推呈訴　義州來信을聞ᄒᆞᆫ則前主事張明浩氏가城外民處에葉四千餘兩과居間飲食을ᄒᆞ고城內市場을撤罷去ᄒᆞᆫ故로城內代表가市場還推次로度支部에呈訴ᄒᆞ고照律次로平北地方裁判所에往訴ᄒᆞᆫ다더라

●罰金不徵決議　磚洞普成專門學校에서退學ᄒᆞ야養正義塾과大東專門學校로入學ᄒᆞᆫ學員이七拾名假量인데該學員의게出學罰금을每名에貳拾圓式徵收ᄒᆞᄂᆞᆫ事로互相爭持中이더니昨日은該學員이壹齊히罰금을不徵ᄒᆞ기로決議ᄒᆞ얏다더라

●拾物待主　昨日上午八時에巡査韓容植시가南部大廣橋의西來ᄒᆞᄂᆞᆫ日人去客을取締ᄒᆞᆯ時의日人殷村源之助가過去ᄒᆞ다가洋製紙匣壹介를路上에서拾得ᄒᆞ얏다ᄒᆞ고給與ᄒᆞᄂᆞᆫ데其中의新貨五拾八錢과燐寸壹箇와小香匣壹個와葉錢壹枚가有ᄒᆞᆷ으로銅峴警察分署의交付ᄒᆞ고失物主人이來覓ᄒᆞ기를待ᄒᆞᆫ다더라

●金氏無瑕　北부花開洞居ᄒᆞᄂᆞᆫ金應純시ᄂᆞᆫ義兵干連이有ᄒᆞ다ᄒᆞ야三昨日의北부警察署의被捉되얏ᄂᆞᆫ데白白無罪ᄒᆞᆷ이라고巷說이浪藉ᄒᆞ다더라

●李郡守被囚　前郡守李正夏가有何事件인지西부警察署에被囚되얏다더라

●別府窃盜被捉　三昨日에泥峴居留ᄒᆞᄂᆞᆫ日女別府娥ᄂᆞᆫ竊盜犯으로南부警察署의被捉되야現方取調中이라더라

●淸潔實行注意　警察署에서糞尿와塵芥掃除ᄒᆞᄂᆞᆫ事로已經揭示ᄒᆞ얏거니와該事項을左와更記ᄒᆞ노니

糞尿와塵芥ᄂᆞᆫ家家니에積置ᄒᆞᆫ것과又ᄂᆞᆫ途邊投棄와溝渠에投入ᄒᆞ면惡臭를發ᄒᆞ야空氣를腐敗ᄒᆞ며惡疾을起ᄒᆞᄂᆞᆫ根本이成ᄒᆞ야貴重ᄒᆞᆫ人命을害ᄒᆞᄂᆞᆫ事가有ᄒᆞᆫ外에此弊가多ᄒᆞᆷ으로今에虛費[illegible]然故로闡明ᄒᆞ고民은公衆衛生과個人衛生을重히ᄒᆞᆷ을玆에[illegible]處가有ᄒᆞ니京城에셔도本月六日부터糞尿塵芥掃除ᄂᆞᆫ警察官吏指揮下에勵行ᄒᆞ게됨으로當署管내에住居ᄒᆞᄂᆞᆫ韓日人은大競爭으로衛生에注意ᄒᆞ고警察官吏의指揮를遵行ᄒᆞ야壹般清潔을保全ᄒᆞ기를努力ᄒᆞ고且左에揭ᄒᆞᆫ事項은特히注意ᄒᆞ야必히實行ᄒᆞ되違反ᄒᆞ야抵罪ᄒᆞᆷ이無ᄒᆞᆯ事

壹　于今까지圊廁의設備가無ᄒᆞᆫ者ᄂᆞᆫ桶이나又ᄂᆞᆫ甕을地中에埋ᄒᆞ되決코溝渠及道路에流치아니케ᄒᆞᆯ事但甕은嚴寒之時에破損ᄒᆞᆯ念慮가有ᄒᆞ니必須桶을用ᄒᆞᆯ事

二　塵芥ᄂᆞᆫ溝渠又ᄂᆞᆫ道路에棄치못ᄒᆞᆯ事

三　糞尿塵芥가溜ᄒᆞ도록若掃除人夫가至치아니ᄒᆞᆯ時ᄂᆞᆫ管내何警察官吏에게던지口頭又ᄂᆞᆫ電話等으로掃除區域番號로써其旨를申告ᄒᆞᆯ事

四　塵芥容器ᄂᆞᆫ壹戶又ᄂᆞᆫ二戶식共合ᄒᆞ야家外에設置ᄒᆞ되搬出ᄒᆞ기便利케ᄒᆞᆯ事

五　居家의니外掃除ᄂᆞᆫ朝夕으로ᄒᆞ되必其住人이勵行ᄒᆞᆯ事

六　往來에不便ᄒᆞᆷ이不可ᄒᆞᆯ事

七　警察官吏가糞尿及塵芥掃除에便利키爲ᄒᆞ야各戶에貼ᄒᆞᆫ除穢區域番號ᄂᆞᆫ漸次自費로써木牌로改良ᄒᆞᆯ事

右趣旨를壹般人民에게周知케ᄒᆞᆷ이可ᄒᆞ다ᄒᆞ얏더라

●嶠南總會　嶠南敎育會에셔定期總會를今日曜日上午拾二時에開ᄒᆞ고新任會長朴晶東氏가出席ᄒᆞᆫ다더라

●學生親睦總會　大韓學生親睦會에셔來二拾日日曜下午壹時에特別總會를磚洞普成中學校內에開ᄒᆞ고臨時事務를處理ᄒᆞᆫ後에紳士石鎭衡氏를請ᄒᆞ야演說ᄒᆞᆫ다더라

●廣化新塾測量試驗　暘洞廣化新塾內速成測量科에서今月拾五日頃에學期試驗을經ᄒᆞ얏ᄂᆞᆫ데優等生은郭柱漢徐嚀範等五人이오及第生은李基煥權殷變諸씨等인데空冊及鉛筆等으로施賞ᄒᆞ얏고伊後二個月은實地測量에從事ᄒᆞᆫ다더라

●兩相沮戲　南來人의傳說을據ᄒᆞᆫ즉尙州郡等地에서ᄂᆞᆫ敎育思想이有ᄒᆞᆫ人士들이學校設立을倡ᄒᆞᄂᆞᆫ데該地에鄭柳兩姓은著名ᄒᆞᆫ巨族이라已往屏虎派로競爭ᄒᆞ든頑習이尙存ᄒᆞ야鄭邊에서學校를設ᄒᆞ라면柳邊에서沮戲ᄒᆞ고柳邊에서學校를設ᄒᆞ라면鄭邊에서沮戲ᄒᆞᄂᆞᆫ故로敎育의發展ᄒᆞᆯ期望이杳然ᄒᆞ다더라

●測量員募集延期　典洞私立中東學校에測量學員募集事件은數個日延期가되얏다더라

●金沙新興　驪州郡金沙面梨浦里附近面有志紳士諸시가協議ᄒᆞ야該里에新興學校를設ᄒᆞ고靑年子弟를熱心敎育ᄒᆞᄂᆞᆫ데學徒가五六拾名에達ᄒᆞ얏다더라

●普明校의勞成　平安殷山郡咸鏡面有志士梁翼甸李文赫諸시가普明學校를設立ᄒᆞ고熱心敎育ᄒᆞ야將就의望이大有ᄒᆞᆯ뿐더러該校內에勞成夜學校를設立ᄒᆞ엿ᄂᆞᆫ데晝耕夜讀ᄒᆞᄂᆞᆫ學徒가三十餘名에達ᄒᆞ엿다더라

◀何處飛來▶

◀近日에壹毒鳥가有ᄒᆞ니是鳥가何處로從來ᄒᆞᆫ지御史府中에夜啼ᄒᆞᄂᆞᆫ烏도아니오赤壁江上에南飛ᄒᆞᄂᆞᆫ烏도아니오楓橋에霜天을啼ᄒᆞᄂᆞᆫ烏도아니오暫栖ᄒᆞ다가復啼ᄒᆞᄂᆞᆫ烏도아니오黑非烏ᄂᆞᆫ烏도아니오即黑烟中에壹片毒鴉이니是鴉也가印度에壹入ᄒᆞ미貳億萬의人口가數萬里의邱墟가되얏고淸國에壹入ᄒᆞ미拾三省의地와四億萬의人이缺敗되얏스며海路가解禁된後에不幸히韓國으로飛來ᄒᆞ야富人家에入ᄒᆞ면其生命財産을呑盡ᄒᆞ고債務家에入ᄒᆞ면其人을呑ᄒᆞ고夫妻相鬪ᄒᆞᄂᆞᆫ家에入ᄒᆞ면其夫를呑ᄒᆞ기도ᄒᆞ고其妻를呑ᄒᆞ기도ᄒᆞ고或夫妻를幷呑ᄒᆞ기도ᄒᆞ고蕩敗家에入ᄒᆞ면其人을呑ᄒᆞ고熱血家에入ᄒᆞ면其人을呑ᄒᆞ고喪家에入ᄒᆞ면或寡婦도呑ᄒᆞ니凶哉라是鴉며慘哉라是鴉며毒哉라是鴉며呂后의趙王을殺ᄒᆞ든鴆도此에不及ᄒᆞᆯ지며董卓의漢帝를弑ᄒᆞ든壽酒도此에不及ᄒᆞᆯ지며燕丹의試入ᄒᆞ든匕首도此에不及ᄒᆞᆯ지니毒哉毒哉라是鴉是鴉여所過에無不殘滅ᄒᆞ든項羽의後身인가所過의城邑이空虛ᄒᆞ든祿儉의餘魂인가若此鴉가永久不滅ᄒᆞᆯ진ᄃᆡ不過幾年에韓國의生命財産만沒呑ᄒᆞᆯ뿐이아니라必東半球의生命財産을沒呑乃已ᄒᆞᆯ지로다如此히至毒ᄒᆞᆫ鴉를養ᄒᆞᄂᆞᆫ者ᄂᆞᆫ淸國人이最多ᄒᆞ니此所謂養虎遺患이아닌가此等의毒을不除ᄒᆞ고其遺禍餘毒이何境에至ᄒᆞᆯᄂᆞᆫ지不知ᄒᆞ리니韓國의生命財産을保護ᄒᆞᆯ진ᄃᆡ韓淸兩國이別般交涉ᄒᆞ야此毒을賣ᄒᆞᄂᆞᆫ商店을窮搜極探ᄒᆞ야水火에投ᄒᆞ고其買ᄒᆞᄂᆞᆫ者나賣ᄒᆞᄂᆞᆫ者를死刑에並處ᄒᆞᆯ것이오東半球의生命財産을保護ᄒᆞᆯ진ᄃᆡ東洋各國이壹大議會를開ᄒᆞ고別般條約을訂立ᄒᆞᆯ問題가아닌가

社告

特別

三和港支社員金元燮氏辭免ㅎ고代에碑石洞金澄柱氏로代任케ㅎ얏ㅅ오니三和附近에셔本報를購覽ㅎ시는　僉位는　照亮ㅎ시옵

社告　大韓每日申報社

廣告

本會定期總會를 來日曜日(陰貳拾五日)上午拾貳時에開ㅎ깃ㅅ오니在京ㅎ온會員은光臨ㅎ심을敬要

嶠南教育會

本會特別總會를來二拾日(日曜)下午壹時에普成中學校內에開ㅎ깃ㅅ오니僉會員은屆臨ㅎ시옵　韓學生親睦總會告白

本人等이光興學校를爲ㅎ야長安社에演奏會를設ㅎ앗다가適雨戲도有ㅎ고其他事故를因ㅎ야中間停廢ㅎ고觀覽書及入場券은休紙施行ㅎ오니僉君子는照亮ㅎ시옵

隆熙二年九月十七日

李宜九　金膺鎭　洪淳珌　李殷衡　告白

本社에셔每日下午八時半보터各項妓舞와歐米에셔新到著ㅎ는活動寫眞ㅎ놀일더인ㄷ滑稽的과歷史的寫眞이多ㅎ야活動寫眞界로는前無後無ㅎ옵거니入場票도如前ㅎ오니僉君子速々ㅎ壹次來臨玩賞ㅎ심

隆熙二年九月拾四日

罷朝橋邊安社演劇場　告白

本會에셔第壹回總會를來二十日(日曜)下午二時에壽進洞興化學校內에셔開ㅎ고任員을組織ㅎ러이오니教育에有志ㅎ신僉君子는屆期來臨ㅎ심을爲要

中部壽洞拾六統二戶

大韓中央學會發起所　告白

東署仁昌坊往拾里下甘井洞第拾壹統六戶草家三間문券을셔失故로玆以廣告홈

趙東烈　告白

卞明廣告

本月十五日子新報雜報欄內에揭載된安允玄씨叔박炳龜가安씨家券을偷去典執云이라온本人은本無安允玄爲名之姪이나但以本人姓名과同ㅎ으로玆에辨明홈

西部玄石里朴炳龜　告白

本人의瓦家九間半文券을서失故로廣告ㅎ오니內外國人間切勿믿欺홈

西部積善坊工曹後洞十四統七戶　李在琨　告白

本塾에서測量三個月速成科書學員을募集ㅎ오니九月拾九日內로請願ㅎ심을望홈

北部齋洞二統拾戶　測量新塾　白

本校에셔 講習科學員을募集ㅎ오니志願者는入學請願書에履歷書를付ㅎ야提出ㅎ고本月貳拾三日初考試驗所에來臨應試홈事

一、試驗科目

漢文四書　作文國漢文交作　算術四則々지　日語、讀法會話、繙譯等에熟達者

二、年齡貳拾歲로三拾歲

三、初考試驗所는本校及各道公立普通學校

四、詳細는官報에在홈

官立漢城師範學校

中部貫子洞二拾九統五戶瓦家拾貳間을放賣ㅎ오니願買人은望門床廛後약局으로來問ㅎ

尹鼎普　告白

陰曆七月貳拾四日에出ㅎ第八百八拾六號本申報內에三嘉郡主事不法之報는實是誤聞也라本郡郡主事朴基準氏가學行兼備ㅎ고清廉恭勤ㅎ며鍊熟事務ㅎ야遭此世艱ㅎ니人人悅服ㅎ야惟恐失之라學校設立은皆般人民의義務也而去丙午八月日本郡設校之時에自鄕中으로隨勢出義ㅎ야以爲基金而使氏로兼行校監이다가昨年六月分에郡守閔明植氏가請由上京而校師는即郡守之屬勝者也라同爲上去에學徒가自爾休學이라以其各人收入으로較諸其間費額則氏의替當金이爲貳百餘圓也라然則此申報가豈不萬々相違哉아鄕校沓放賣之說이尤是皮라構辭요이何바頭不及이리오甚可畏也라本郡校土가春秋享禮와朔望焚香에猶患不足而借使知除ㅎ야及於學校라도壹鄕이自在ㅎ니不可使郡主事로獨斷이오且使任之라도既有案行에必ㄱ關於鄕人이라今秋設校之論은專於出義오初不揆及於校沓也라此郡某人傳郡之[illegible]이恐是壹人之私요非壹鄕之公也라以壹人之手로將何掩壹鄕之目乎아本人等이不勝公共之憤ㅎ야齊聲告白ㅎ오니僉君子는照亮

慶尙南道三嘉郡鄕校堂中

儒生權丙善　南相穆　李亨元　鄭鶴民　陳基鴻　許[illegible]　鄭邦碩　曺錫赫　成敬우　許[illegible]　鄭[illegible]汀　南相文　宋德用　宋憲璟　鄭淵根　李熾八　李鐵碩　石[illegible]某　孔在汶　鄭淵圭等告白

特

本校에셔本月貳拾六日(陰九月壹日)開學하고中學預備科와初等科를教授ㅎ기이此에志願ㅎ는者는今月二十五日內로請願書를提呈ㅎ옵

試驗科目

讀書　國漢文

作文　國漢文

算術　四則

平壤 私立 大成學校

李寶昌之寶字를基字로改定홈

中部中麻洞三拾八統壹戶　李基昌　告白

本人等이同志同力ㅎ七八으로ㅎ여부러資本을醵集ㅎ고客主營業을開設ㅎ오니商業ㅎ시는四方僉君子는惠顧ㅎ심을爲要　開設은本邑四里李悌璜家로定홈

黃海道信川邑　李悌璜　李元敬　李源國　告白

訴訟에對ㅎ야疑惑不決者의게其勝負와可否를詳細說明이옵고鑑定料는事之貴重과償々多少를隨ㅎ야臨時酌定ㅎ되大槪如左홈

鑑定料는五圜以下로ㅎ되貧窮者의게는無料로홈

京城南部苧동六拾四統貳戶

東洋大學前講師

日本法律學士

辯護士　木尾虎之助

本所에셔通常總會를今拾九日(陰八月二十四日)下午壹時에開ㅎ오니僉宗은屆期來臨하시오

中部相洞九統貳戶

金海金氏宗約所

大韓國新發明神藥

◎虔修靈丹　各種食滯中暑久滯口臭담飲吐瀉　定價壹貼拾錢

◎至寶丸　治諸般瘧疾不拘久遠俱有효　定價金拾錢

◎効液　外一、芳香治疥瘡皮風　百發百中定價金二十錢

◎清眼水　治諸般眼疾如撥雲見天之妙　定價金拾錢

◎通淋丸　治男女急慢淋疾神效無雙速效除毒壹週金五拾錢

漢城南部大廣橋西邊第三家九統七戶

製劑發行所共愛堂大藥房　廣告

支店

開城南門內　共愛堂壹支店　姜助遠

群山港開福동　共愛堂第二支店　[illegible]春

河東郡赤良面　共愛堂第三支店　黃[illegible]

代理店

皇城北部大安洞　仁濟약房

皇城鍾路靑年會館前　濟慈약房

皇城西部新門外石橋　普濟醫院

仁川[illegible]　濟生堂　仝[illegible]同

此外에도西洋各國有名ㅎ약과草材약이具備ㅎ오니藥의多少물론ㅎ고請求ㅎ시면小包로郵送ㅎ옴

本校에셔師範[illegible]崔[illegible]五[illegible]를延聘ㅎ고第三回學徒를募集ㅎ오니有志諸人은陰九月拾[illegible]日來議ㅎ시되科程과規則은做新中學校와如ㅎ오니照亮홈

義州西門外漆峴[illegible]學校白

本會에셔重大事項을協議ㅎ기爲ㅎ야本月拾九日(陰八月二十四日)土曜下午壹時에特別總會를本事務所에開ㅎ오니僉會員은趁期賁臨ㅎ심을仰祈

輔仁學會　告白

北靑郡商業會內私立商務學校에對ㅎ야義捐ㅎ신社會及紳士의名啣金額을左에廣告홈

釜山港草梁彰興捷社　七拾圓

新町太庫　高瀨政太郞

[illegible]拾圓　安汝觀　永發東

[illegible]廿圓　金舜鳳　徐鍾淳

[illegible]長德　金聖佑　鄭箕斗

草梁洞舍　公泰號　[illegible]廿圓

金重佑　盧德彦　玄景振

金汝[illegible]　福運社　移運社

同成東　德聚和　永源增

吳仁圭　金子聲　具滄淑

[illegible]圓　李有석　朴子漸

秋乃有　運輸會社　李鍾夏

崔文伯　金子元　李希周

洪聖希　鄭夫人　鄭相朝　各九圓

權應三　李夫人　金[illegible]胤

各圓　金文若　貳圓

馬山港　昌協社　民義所

孫德宇　朴佑吉　各拾圓

陸上移運社　協同代理店

金振九　各五圓　卞麒煥

金以文　洪敎根　各三圓

具幸文　金秉鎬　박允榮

리貞賢　各一원

北靑檢湖　高秉昊　金三拾圓

仝柳　韓仁淑　金五圓

仝海岸　金慶在　仝俗厚

韓[illegible]文　仝榆湖　尹泰稷

仝三圓　京城　韓鳳[illegible]　金壹圓

仁川[illegible]信昌　李用석

金五圓　[illegible]號事務所　金五圓五拾錢

利原遮湖　張元波　金四圓

已上義捐合金七百二[illegible]二圓五拾錢

本校事務員　曺基龍　告白

●女학員募集廣告

本학堂에셔教務를更層擴張ㅎ며教授方法을特別改良ㅎ고各科학員을增募ㅎ는中에現今中等科의卒業ㅎ신諸員을爲ㅎ야高等科를加設ㅎ고高明ㅎ신講師諸氏에셔各科를分擔ㅎ오셔熱心教授ㅎ깃ㅅ오니願ㅎ시는僉員은九月二拾壹日內로本학堂에來臨ㅎ시와問議ㅎ시오　但請願用紙는本학堂에請求홈

課程

初等科　國문　한문　作문　算術　圖畫　地誌初步　體操　英語

中等科　聖經　漢文　修身　地誌歷史(本國、萬國)　算術、英語　生理　衛生　動物학　植物학　圖畫　理科　簿記　代數初步　體操

高等科　聖經　漢文　代數　幾何　三角　天文학　心理학　教育학　物理　化학　英文학　地誌(萬國)　生理高等　經濟　歷史　萬國、近世、上古、英國、美國

選科及隨意科　音樂　針線

試取

入학年齡　拾歲以上

入학試取科目　國문　讀書　寫字　解說　身體檢査

試取日　九月二拾二日

開학日　九月二拾三日

但寄宿ㅎ고저ㅎ는학員의게는食費每朔三圓만밧고柴炭燈油는無料供給홈

京城貞洞梨花학堂　告白

漢城鍾路慈惠大藥房

韓東西藥業月報社製藥

咽喉痛 隆炎水 五分 金壹圓
告味 甘酸水 金五十錢
補益丸 二圓五十錢
滿潤腸丸 二十錢
淋疾袪根藥 五十錢
痢疾靈散 三十錢
清明眼藥 十五錢
養兒寶散 十五錢
梅毒根藥 三十錢
純金雞納丸 十錢
蟲沒丸 二十錢
定汗臭藥 二十錢
四時感冒丸 十錢
太腫合瘡膏 三十錢
消痰鎮咳藥 三十錢
漢城百應膏 十錢
陳陳痞滯消積丸 五十錢
癎氣神效保嬰散 十二錢五厘
胃藥唐草材藥小包郵便償送

漢城鍾路慈惠醫院診
醫學校卒業後濟衆院卒業 [illegible]
濟衆院의 [illegible] 大年 [illegible]

●大韓新發明 特效藥
八寶丹
陸軍軍醫 [illegible] 正三品 [illegible] 實驗處方
陸軍軍醫 [illegible] 學校教官
醫某茂君有效證明
九粒入金 [illegible] 錢

主治效能
○胃痛惡心○頑痰固飲
○食慾欠乏○中暑中寒
○筋久積滯○飲食關格
○溢飲食傷○頭痛眩暈
○泄瀉下痢○霍亂吐瀉
○水上不服○船車醉

陸軍貳等軍醫 許均 實驗處方
陸軍貳等軍醫 朴鍾建君有效證明

補陰補陽 滋陽丸 (자양환)
卅日分金五圓 廿日分金三圓四拾錢 拾日分金壹圓八十錢

主治
○房事不容○腎虛腰痛
○病後氣喘○腎氣不足
○陽痿不起○遺精多夢
○陰虛火動○房事後惱困
○手足厥冷○形容蒼白
○吸烟嗜客 [illegible]
○積聚虛勞消瘦

婦女 [illegible] 胎丸 / 調經丸
主治說明
婦人이孕胎ᄒᆞ지못ᄒᆞᆷ은冷病積病과月經不調로因ᄒᆞᆷ이니此藥을服用ᄒᆞ시면婦人腹中에有ᄒᆞᆫ諸病은壹切退去ᄒᆞ고自然孕胎ᄒᆞ오니速臨買去ᄒᆞ시옵
壹劑 金五圓

專治 瘡病 (사향소창단) 麝香消瘡丹
此丹이於諸瘡에無論男女老少ᄒᆞ고若服壹劑ᄒᆞ면必有神效ᄒᆞ야百일百中ᄒᆞ오니其例方可及但라若論主治則楊梅下疳連珠瘋濕頭창諸症에俱見立效ᄒᆞ오니養痾僉君子ᄂᆞᆫ壹次試驗ᄒᆞ시

右四種약은各地方이라도請求ᄒᆞ시면우편으로부처ᄃᆞ리오니
拾四日分金四圓
製약所인川港奇峴和平堂藥房 李鴻서
發行人仝
京城鍾路衣廛下和平堂支店
水原北部普施洞仝支店李聖儀
代理店仁川港奇峴濟生堂약房
京城大廣橋共興藥房同南
모니水橋大東藥市支店金泰鉉

▲發賣所
南署苧洞 李永珠藥局
仝 南門니博文書館 濟生支店
仝 泥口니水標 [illegible] 相信號與富포
仝 鐵物橋毛衣房 리洛瑞
仝 小廣橋毛衣房 리厚根
仝 寺洞上隅 三可病院
仝 大寺동 共濟病院
仁川港니공제豐旅館 韓禹佷
仝 奇峴니동 金暉寬
仝 음니 金永源 李昇範
江華鍾路 宋順五店
開城남문니 朴圭祖商店
仝 남문니明新册사 리良錫
水原남문니 김제九약舖
海州남문니 리寧植商店
延安읍니 邊汝文洋藥局
長湍남문니 崔在淳
仝 砂里院耶蘇教당 리在善
黃州남문니紅문동 리東赫
平壤章臺峴耶蘇教堂니 金澄杜
仝 法首橋乾材局 金能元
仝 大興部 [illegible] 里 崔潤化
仝 館前 김龍興藥舖
仝 文武洞 桂澤善약포
鎮남浦築동 [illegible]
仝 碑石洞册사 吳承昌
仝 제生당出張 吳南駿
三和港開福洞 金斗鉉
仝 大井동 [illegible] 리春善약房
載寧산동谷里 리東赫
大邱남문니 리明直약局
元山港 남甲元약局
仝 제生堂支局 박致心약局
禮州(?) 朴敬鎭
金泉場 鄭聖瑞약局
釜山港제生당出張 朴昌鎭
安州성니義井동 回春大약房
安岳邑上場제生局 林景柱
載寧읍後동洋약局 崔允國
定州남문니洋약局 리健柱
郭山읍洋약局 義和약房
宣川읍册사 羅應彬
鐵山읍永春堂 安소
威從郡耶蘇教堂 安瀬
仁川港奇峴 張炳瑩
京城鍾路 和平堂 白

●大韓新發明 藥廣告
●陸軍軍醫金守鉉君實驗方劑
●陸軍軍醫張基茂君有效證明
●四海衛生之福君子常備之靈藥
消化新藥 清心保命丹
發行所 仁川港奇峴 濟生堂藥房
九十粒入 壹拾錢

●右藥의主治効能은如左
●胃飲咳嗽 ●吐瀉 ●水土不服
●氣鬱腹痛 ●酒酔 ●中暑中寒
●食積食傷 ●咽喉 ●口臭惡臭
●其他諸般瘟疫 氣厲疫預防妙藥

總發行所 京城南大門內 제生당支店 李 [illegible]
●미城南문外 제生당支店 具又賢
●元山港鎔石館 제生당支店 박敬鎭

代理店 京城大廣橋共興堂
●京泥峴三丁目 全香路慈惠약房
仝 郵便局前天佑堂약房 新井약店
仝 남大남니博文書館 盧益亨
仝 梨峴洋약局 리信華
仝 大安洞 仁제약房
仝 壽동三可病院 朴喜遠
●仁川杏峴和平당 리應善
仝 本町 新井藥房
●海州남문니 宋在瑛
仝 仝商店 리奉植
●水原香路下약房 金제九
仝 延安邑니洋약局 邊汝文
●延安邑니洋약局 尹斗鉉
●江華香路店 [illegible]
●長湍남門니客主 任允中
●砂里院 [illegible] 리 [illegible]
仝 耶蘇教堂니 許 [illegible]
●瑞興邑니 김奉圭
●洋浦藤東美遐送部 리東赫
●黃州남문니紅문동 林景柱
●安岳邑上場里제生局 崔允國
●載寧邑後동洋藥局 김鍋和
●忠州東良面早遞 김永植
●信川邑四里洋약局
●長連邑東里冊肆文寅冠
●平壤里로동出張人 尹寅석
仝 雙巨里제生局 鄭 [illegible] 儀
仝 館前衛生외院 金龍興
仝 文武동제生局 桂澤宣
仝 大興部壹里藥局 崔潤化
●鎮남浦築동冊사 김元燮
仝 后浦本堂出張人 吳南駿
●安州성니義井동同春大약房
●博川邑美동商店 朴芝行
●定州남문니洋藥局 리健柱

社告

●郭山邑大街冊사 김大鉉
●宣川邑니冊사 安 [illegible]
●鐵山읍니永春堂 安瀬
●定州남문外水口街 崔錫治
●龍川읍 [illegible] 약局 리丙斗
●洋川 [illegible] 동 김斗鉉
●大邱남門니 刷還洞 김成治
●釜山港東部本町商店 리炳夏
●北靑新昌港客主 朴錫勛
●木浦各國居留地松房 徐岐見
●全國니各약店마다隨應販賣
仁川港奇峴 京셩남大문니 濟生堂 白

○申報價
壹號代金 新貨二錢五厘
壹個月前納 三十錢
參個月 九拾錢
陸個月 一圓七十錢
壹個年 三圓四十錢
郵稅一張 新貨五厘
壹個月 十三錢

○廣告料
四号活字拾三字詰
每日壹寸(英尺)에 新貨廿九錢
二週日壹寸에 二圓五拾錢
壹箇月壹寸에 五圓
(自壹行至四行이爲壹寸)
其期限의長短과字行의多夥를依ᄒᆞ야增減ᄒᆞᆷ이有ᄒᆞᆷ

●大韓每日申報各處支社廣告
中署布屛下 金相萬册々
平壤鍾路太極書館 安泰國
仁川杏峴開新冊々 李東皓
義州南門外ᄒᆞ西大藥房 張有寬
釜山港佐川약局 徐錫彝
三和港牌石洞 俞瀅杜
咸興州南社西門外 曹喜林
開城남大門內興學書舖 姜助還
大邱西門外友弦書樓側 李正由
載寧邑濟衆院 劉夢澤
鐵山邑東部 安瀬
元山倉前 劉七鉉

海州남門內 朴昌鉉
定州南門內書舖 洪成麟
昌城郡校洞 許 [illegible]
郭山興岩育英書舖 李銀瑞
安岳細동坊成洞 康道善
博川鎭津 李鎭成
安州城內義井洞 俞翼河
鐵原邑栄동 趙蒙大
高原邑 朴敦吉
淳邑邑內 李益秉
泰仁邑內 金禹燮
京畿線枇峴驛替市 李基秀
長湍邑南門內 [illegible] 載淳
殷栗邑倉前里 俞泰聲
龍川楊市 黃菊保
朔州邑남門니 朱伯英
泰川邑館前洋약局 李正華
永興南山동書舖 梁昌鍋
江華邑川橋 俞鎭식
淸州남門外 宋斗仁
寧邊邑客舍里趙炳俊家 明濟世
金溝水流面豆亭 趙德三
信川邑六里 丁一善
江西邑內 金昌鎬
成川郡上部面 馬應三
興德富安面鈒谷 姜大榮
龍川府南面松峴海東書會
咸從郡耶蘇教堂 金賢圭
平남昭川郡遠동 張炳瑩
龍川남市驛 鄭裕경
龍岡郡耶蘇教堂內 韓燦禧
車韓館 朴鍾은
結城廣川小龍동 金明鉉
定平郡豊川 李啓祚
洪原南門外耶蘇教冊肆方萬晶 張禮학
宜川읍新民書會 魯晶관

發行兼編輯人 英國人 萬咸
Responsible for Publication Alfred Weekley Marnham.
發行所
南署石井洞號外地三層洋屋館
大韓每日申報社

第六卷 大韓每日申報 第九百九號

月曜及慶節 歲時日休刊

檀君開國四千二百四十一年
箕子元年三千三十年
大韓開國五百十七年
日本明治四十一年
淸國光緖三十四年
陰曆戊申八月小廿四日丁丑

說論

◉現內閣의命運

日昨京城新聞을據ᄒᆞᆫ즉韓國現內閣에對ᄒᆞ야民心不服ᄒᆞᆫ事實을舉ᄒᆞ야所謂排日派와地方暴徒가皆現內閣을憎惡ᄒᆞᆷ으로然ᄒᆞᆷ이라ᄒᆞ얏고伊藤統監의게內閣變更을早速決斷ᄒᆞᆷ이可ᄒᆞ다고勸告ᄒᆞᆫ바有ᄒᆞ니以此觀之ᄒᆞ면韓國現內閣은但韓國民心이不服ᄒᆞᆯᄲᅮᆫ아니라壹般日人도不服ᄒᆞᄂᆞᆫ證據가確實ᄒᆞ도다

蓋是々非々와善々惡々은天下의公理라何許內閣을勿論ᄒᆞ고自國人民이曰賢良ᄒᆞᆫ內閣이라ᄒᆞ면外國에셔도議論ᄒᆞ되賢良ᄒᆞᆫ內閣이라ᄒᆞᆯ것이오自國人民이不賢良ᄒᆞᆫ內閣이라ᄒᆞ면外國의公論도曰不賢良ᄒᆞᆫ內閣이라ᄒᆞᆷ은公理에當然ᄒᆞᆫ者이라

吾儕ᄂᆞᆫ韓國의現內閣을對ᄒᆞ야恩怨이無ᄒᆞ고愛憎이無ᄒᆞᆫ지라但韓國人民이曰賢良ᄒᆞᆫ內閣이라ᄒᆞ면吾儕도賢良ᄒᆞᆫ內閣으로認定ᄒᆞᆯ것이오韓國人民이曰不賢良ᄒᆞᆫ內閣이라ᄒᆞ면吾儕도不賢良ᄒᆞᆫ內閣으로認定ᄒᆞᆯ것은公理所在에不得不然이라

今에日人新聞도韓國現內閣이民心不服ᄒᆞᆫ事實을論ᄒᆞᆷ이有ᄒᆞ니果然天下의公理ᄂᆞᆫ不謀而同ᄒᆞᆫ것이라吾儕ᄂᆞᆫ彼의勸告와如ᄒᆞᆷ으로大略論斷ᄒᆞᆯ지로다大抵伊藤氏도韓國事情에對ᄒᆞ야某也忠某也佞과某也直某也邪를自家藻鑑에寧有不燭이리오而況韓國現內閣諸公의心跡과歷史ᄂᆞᆫ非但韓人이皆知라天下가皆知ᄒᆞᄂᆞᆫ바가아닌가其心跡으로論ᄒᆞ면四千年祖國을賣買ᄒᆞᆯ지라도自家의富貴만獵取ᄒᆞ얏스면上策이오二千萬生靈을殘害ᄒᆞᆯ지라도自家의地位만鞏固ᄒᆞ얏스면得計라ᄒᆞᄂᆞᆫ心跡이아닌가吾儕의質言이아니라天下의公論이自在ᄒᆞᆫ것이오其歷史로言ᄒᆞ면權在 皇室ᄒᆞᆫ時에ᄂᆞᆫ 皇室에側媚ᄒᆞ고權在戚里ᄒᆞᆫ時에ᄂᆞᆫ戚里에諂附ᄒᆞ며權在俄人ᄒᆞ면俄人의爪牙가되고權在日人ᄒᆞ면日人의手足이되ᄂᆞᆫ前後行動이皆反覆無常ᄒᆞ야義理를背却ᄒᆞ고勢利를是趨ᄒᆞᆫ것은歷史에昭然ᄒᆞ니天下之人이皆曰不可信이라ᄒᆞᆯ지어ᄂᆞᆯ伊藤씨가엇지獨曰可信이라ᄒᆞ며天下之人이皆曰奸佞이라ᄒᆞᆯ지어ᄂᆞᆯ伊藤氏가엇지獨曰忠直이라ᄒᆞ엿스리오蓋其壹時使用ᄒᆞᆷ은臨機權署手段에出ᄒᆞᆷ이니權署者ᄂᆞᆫ只可行之於壹時오不可行之於永久者라

萬若內外人이共然不服ᄒᆞᄂᆞᆫ內閣을久久委任ᄒᆞ면人心이愈益缺裂ᄒᆞ리니古人所曰舉措得宜則人心이服이라ᄒᆞ얏스니今日伊藤氏의謀略은韓國의人心을融洽ᄒᆞ야平和를維持코ᄌᆞᄒᆞᆯ진ᄃᆡ此等內閣을改革ᄒᆞ고新進의有志者를擇任ᄒᆞᆷ이最히善後方針이될줄노思惟ᄒᆞ노라

官報

隆熙貳年九月拾八日 官報

●告示

內閣告示第十壹號

第三種郵便物認可規則과約束郵便處理規則에關ᄒᆞ야統監府令第三拾五號第三拾六號를左又치揭佈ᄒᆞᆷ

隆熙貳年九月拾七日

內閣總理大臣 李完用

○統監府令第三十五號

第三種郵便物認可規則을左와如히定ᄒᆞᆷ

第三種郵便物認可規則

第壹條 第三種郵便物의認可를受코ᄌᆞᄒᆞᄂᆞᆫ者ᄂᆞᆫ本規則에定ᄒᆞᆫ바에依ᄒᆞ야發行地所在郵便局所를經由ᄒᆞ야當該管轄郵便局(以下單히分掌郵便局이라稱ᄒᆞᆷ)으로發行地所在郵便局이分掌郵便局이되ᄂᆞᆫ時ᄂᆞᆫ直히其郵便局으로ᄒᆞᆷ以下도此와同ᄒᆞᆷ)에申請ᄒᆞᆷ이可ᄒᆞᆷ

第二條 第三種郵便物로認定ᄒᆞᆫ者ᄂᆞᆫ左의條件을具備ᄒᆞᆫ者에限ᄒᆞᆷ

壹 每月壹回以上逐號定期發行ᄒᆞᄂᆞᆫ事

二 記載事項의性質終期를豫定치못ᄒᆞᆫ事

三 書籍의性質을有ᄒᆞᆫ者이아닌事

四 政治。時事。經濟。商事。工事。學術。技藝。統計等公共의性質을有ᄒᆞᆫ事項을報道論議ᄒᆞᆷ을發行의目的으로ᄒᆞ고且普히公衆에게發賣ᄒᆞᄂᆞᆫ事

(未完)

外報

●淸國과米國 東京電을據ᄒᆞᆫ즉米國에셔淸國義和團事件에被損害賠償外에ᄂᆞᆫ總히淸國에返還ᄒᆞᆫ다ᄒᆞ얏더라

●淸國의貨幣制度 北京電을據ᄒᆞᆫ즉淸國에셔諸般改革案件은總히財政에關係된다ᄒᆞ야張之同氏의발論을도人材를擇ᄒᆞ야貨幣制度會議를開ᄒᆞᆫ다ᄒᆞ더라

雜報

●教育界의大鍾警

平壤私立大成學校에셔贊成勸告書를本社에送致ᄒᆞ얏ᄂᆞᆫ대其慷慨ᄒᆞᆫ緖語가句々節々이眼淚를掬ᄒᆞᆯ지기로其全文을左에特히揭載ᄒᆞ야韓國同胞의夢을醒코ᄌᆞᄒᆞ노라

嗚呼라今日我韓國民이果然如何ᄒᆞᆫ時代에處ᄒᆞ얏나뇨列强이競爭ᄒᆞᄂᆞᆫ대我ᄂᆞᆫ殘弱ᄒᆞ며各族이猛進ᄒᆞᄂᆞᆫ대我ᄂᆞᆫ劣退ᄒᆞ며百魔가環伺ᄒᆞᄂᆞᆫ대我ᄂᆞᆫ雌伏ᄒᆞ며群虎가咆哮ᄒᆞᄂᆞᆫ대我ᄂᆞᆫ頑痳ᄒᆞ야文明의花가六洲에燦爛ᄒᆞ건만은我ᄂᆞᆫ黑暗界에陷入ᄒᆞ얏스며自由의鐘이萬國에轟傳ᄒᆞ건만은我ᄂᆞᆫ劣魔獄에墮在ᄒᆞ얏스며英男佛女ᄂᆞᆫ華嚴樓閣에生活ᄒᆞ건만은我檀君子孫은二間茅屋도頹破ᄒᆞ얏스며歐種美產은黃金世界에競走ᄒᆞ건만은我朝鮮種族은壹片田土도荒沒ᄒᆞ얏스니嗚呼라今日我韓國民이果然如何ᄒᆞᆫ時代에處ᄒᆞ얏나뇨政治界를觀察ᄒᆞ야도壹血淚며實業界를觀察ᄒᆞ야도壹血淚而已며上等社會를觀察ᄒᆞ야도壹血淚而已며下等社會를觀察ᄒᆞ야도壹血淚而已니嗚呼라今日我韓國民이果然如何ᄒᆞᆫ時代를遭ᄒᆞ얏나뇨今日을當ᄒᆞ고도其血이不熱ᄒᆞᆫ者ᄂᆞᆫ我韓國民이아니며今日을當ᄒᆞ고도其淚가不漲ᄒᆞᆫ者ᄂᆞᆫ我韓國民이아니니雖然이나今日我韓國民으로此血淚時代를遭케ᄒᆞᆫ者가果然誰歟아天歟아鬼乎아人歟아我乎아此血淚時代를遭케ᄒᆞᆫ者가果然誰歟아曰嗚呼라此ᄂᆞᆫ我韓國民의知識이迷昧ᄒᆞᆫ結果ᄂᆞᆫ다知識이迷昧ᄒᆞᆫ故로經濟의競爭을不知ᄒᆞ야生活이如是困難ᄒᆞ며知識이迷昧ᄒᆞᆫ故로時勢의變遷을不知ᄒᆞ야權利가如是墮落ᄒᆞ며知識이迷昧ᄒᆞᆫ故로二拾世紀의風潮를不知ᄒᆞ야國家境況이如是悲慘ᄒᆞ도다

萬壹知識의迷昧ᄒᆞᆷ이嚮向如是ᄒᆞ면我三千里山河의舊居ᄂᆞᆫ草萊가荒凉ᄒᆞ며我四千載歷史의末路ᄂᆞᆫ風雨가飄搖ᄒᆞ고我二千萬兄弟姉妹ᄂᆞᆫ魔窟에慘埋ᄒᆞ야將來에ᄂᆞᆫ血淚도灑ᄒᆞᆯ餘地가無ᄒᆞ리니知識乎여知識乎여今日我韓國民의汲々計圖ᄒᆞᆯ者ㅣ知識啓發四字가아닌가

然이나知識啓發의機關이何에在ᄒᆞ뇨ᄒᆞ면此ᄂᆞᆫ萬口同唱曰教育이라ᄒᆞᆯ지라腐敗의道德을振興ᄒᆞ야社會를改鑄ᄒᆞᆯ者도教育이며委靡의能力을提倡ᄒᆞ야事業을趨取ᄒᆞᆯ者도教育이며靑年腦髓의國魂을灌注ᄒᆞᆯ者도教育이며世界潮流의時機를順應ᄒᆞᆯ者도教育이며其他各種方面에知識을啓發ᄒᆞ야劫運을免케ᄒᆞᆯ者가教育이니教育乎여教育乎여我韓國民의新生命을與ᄒᆞᆯ者ㅣ教育이아닌가

嗚呼라今日我韓國民이여教育을夢寐ᄒᆞ야教育을謳歌ᄒᆞ야所有의思想과萬有의事業을壹切此教育界에供ᄒᆞᆯ지어다今日教育을不務ᄒᆞ면此四千載大韓帝國이汝와永訣ᄒᆞᆯ지니라此國을永訣ᄒᆞ면吾儕ᄂᆞᆫ將且何處에셔生活ᄒᆞ라ᄂᆞᆫ가西方이雖樂이나我族이아니면東隣이雖强이나我邦이아니니此國을永訣ᄒᆞ고ᄂᆞᆫ世々生々子々孫々奴隸生涯의苦痛을奈何ᄒᆞ리오嗚呼라今日我韓國民이여教育을捨ᄒᆞ면生活方法이竟無ᄒᆞ니라

惟玆西道ᄂᆞᆫ風氣가稍開ᄒᆞ야教育이急ᄒᆞᆷ을皆知ᄒᆞ나壹個完全ᄒᆞᆫ知識을受ᄒᆞᆯ中學校가無ᄒᆞ니엇지可惜ᄒᆞᆫ비아니리오

今幸尹致昊李鍾浩安昌浩諸氏等이此를慨惜ᄒᆞ야西道中心地되ᄂᆞᆫ平壤郡內에大成學校를設立ᄒᆞ야遠近靑年의中學教育에從事ᄒᆞ니壹般人士의莫不共賀共祝者라然이나如此重大事業을壹人에게만專賴ᄒᆞ고恬然傍觀ᄒᆞ면好結果에達ᄒᆞ기難ᄒᆞᆯ지니로同胞諸公에게贊成ᄒᆞᆷ을仰告ᄒᆞ노니嗚乎諸公이여此에贊成ᄒᆞᆷ이平壤學校에만贊成ᄒᆞᆷ이아니오西道教育에贊成ᄒᆞᆷ이며西道教育에만贊成ᄒᆞᆷ이아니오大韓前途에贊成ᄒᆞᆷ이니嗚乎同胞諸公이여

雜報

◎大皇帝陛下 水原御幸行

韓國 大皇帝陛下께옵서不遠間水原府에 行幸ᄒᆞ샤華山各陵寢에 展拜ᄒᆞ실터인ᄃᆡ宮內府次官및華山 陵寢을檢察ᄒᆞ기爲ᄒᆞ야再昨日水原에出張ᄒᆞ얏고掌禮院卿成岐運氏ᄂᆞᆫ日間下往ᄒᆞᆫ다더라

◎韓料理賜饌 今日은 坤元節인故로 宮中에서 謁見儀式을擧行ᄒᆞᆯ터인ᄃᆡ總理大臣以下各部大臣及勅任官以上約五拾名에게正午에韓料理를 賜饌ᄒᆞ신다더라

◎全國人民의宕廢止 日昨內閣會議에서漏聞ᄒᆞᆫ즉全國內人民의冠宕을一切廢止ᄒᆞ기로可決되얏다더라

◎同意提出 侍從副卿李會九氏ᄂᆞᆫ遞免ᄒᆞ기로내閣에서統監府에同意를提出ᄒᆞ얏다더라

◎始聞終明 再昨夜에侍從院卿尹德榮宮內府大臣閔丙奭兩氏가圓覺社를觀覽ᄒᆞ고明月館에轉入ᄒᆞ야妓樂으로終夜迭宕ᄒᆞᆫᄃᆡ內閣大臣宋秉畯氏와承寧府總管趙民熙氏도參席ᄒᆞ얏다더라

◎明月紀念의大宴 再昨日에明月館에서紀念會式을設行ᄒᆞᆫ다ᄂᆞᆫ說은前報에已揭ᄒᆞ얏거니와總理大臣以下各部大臣과中樞院顧問諸氏가齊히往參ᄒᆞ얏다더라

◎濟察 濟州郡守尹元求氏가該道觀察使를來見ᄒᆞ고自己의免官報告ᄒᆞᆫ理由를質問ᄒᆞ얏다더라

◎辯護名簿撤消 法部에서辯護士李晃宇太明軾兩氏의請求를依ᄒᆞ야六月二十日辯護名簿를刮消ᄒᆞ얏다더라

◎崔氏辯護承認 前法部書記官崔鎭氏의辯護士請願ᄒᆞᆫ은前報에揭載ᄒᆞ얏거니와今에法部認可를承ᄒᆞ얏다더라

◎陵士句管照會 各陵士ᄂᆞᆫ自來로宮內府에서句管ᄒᆞ엿더니ᄃᆡ傳聞ᄒᆞᆫ즉本年度爲始ᄒᆞ야度支部에서句管ᄒᆞ라ᄒᆞᆷ으로宮內府에서度支部로照會ᄒᆞ고本年度세지ᄂᆞᆫ本府에서句管ᄒᆞ깃다ᄒᆞ얏다더라

◎演劇玩賞患傷 再昨夜에意大利領事의令娘이中部校洞居安社에前往ᄒᆞ야各種演劇을玩賞ᄒᆞ고出來ᄒᆞᆯ時에該社層階에墜落重傷ᄒᆞ얏다더라

◎閔氏夢慘 再昨日에前議政大臣閔泳奎氏ᄂᆞᆫ子婦의慘척을見ᄒᆞ얏다더라

◎寧越守長逝 寧越郡守李秈夏氏ᄂᆞᆫ身病이闊불ᄒᆞ야該郡에셔因爲身故ᄒᆞ얏다더라

◎全南民怨 昨年秋全南各郡守會議ᄒᆞᆫ者舊習을變更ᄒᆞ야民瘼을矯正ᄒᆞᆫ다ᄒᆞ더니面長과洞民으로使之作佚ᄒᆞ야奸吏의게ᄂᆞᆫ更不着手케ᄒᆞᆫ다ᄂᆞᆫ金石定論이되얏더니靈岩郡某人의傳說을聞ᄒᆞᆫ즉財務主事가各郡面에書員公房을奸頑吏胥의게受賂差出ᄒᆞ고每結에考卜債를錢兩五錢으로酌定ᄒᆞ엿다ᄒᆞ고人心이嗷嗷ᄒᆞ다더라

◎東幕敎堂演說 내閣法制局長兪星濬시가來日下午拾時에東幕耶蘇敎堂에出往ᄒᆞ야道德上目的으로演說ᄒᆞᆫ다더라

◎果川良倅 木川郡守南啓錫氏ᄂᆞᆫ下車以後에廉平爲治ᄒᆞ야吏民이俱安ᄒᆞ고追蹤搶攘之時ᄒᆞ야躬行鄰郡에實心救恤ᄒᆞ고衛火村落에損廩結構ᄒᆞ야便民安堵케ᄒᆞ얏다더라

◎許위氏의審問

去月五日京城控訴院에서義兵將許위氏의第一回審問을行ᄒᆞ얏ᄂᆞᆫᄃᆡ許위氏ᄂᆞᆫ爲人이雄偉ᄒᆞᆫ男子라ᄒᆞ야當日에傍聽ᄒᆞᆫ人도多有ᄒᆞᆫ지라初에裁判長이許위氏의게問ᄒᆞ기를汝가許위나ᄒᆞᆫ즉許위ᄂᆞᆫ가昂然曰余ᄂᆞᆫ許위어니와汝等의訊問ᄒᆞᆷ은不答ᄒᆞᆯ지라汝等은皆日本人이오余ᄂᆞᆫ韓國人인즉日本人의裁判을不受ᄒᆞᆯ지노라 其時에裁判長이答曰不然ᄒᆞ다我等이雖日本人이나韓國政府에雇聘되얏슨즉韓國의司法官이될뿐아니라且司法官은 韓皇陛下의 御勅을依ᄒᆞ고法律을準據ᄒᆞ야裁判ᄒᆞᆷ이라ᄒᆞᆫ즉許위씨曰此ᄂᆞᆫ決코 大皇帝陛下의眞意旨가아니시오韓日協約도日本이强力으로써壓迫ᄒᆞ야成立됨에不過ᄒᆞᆫ즉所謂法律도汝等이任意로制定ᄒᆞᆫ것이니我韓國人은此法律에服從ᄒᆞᆯ義務가無ᄒᆞ다答ᄒᆞᆫ즉裁判長이曰然이나汝ᄂᆞᆫ捕縛되엿슬時에憲兵의取調ᄒᆞᆷ을答ᄒᆞ지아니ᄒᆞ얏나냐 許위씨가答曰其時에ᄂᆞᆫ互相談話ᄒᆞ얏거니와汝等의訊問에ᄂᆞᆫ答ᄒᆞ기를不願ᄒᆞ노라ᄒᆞᆫ즉裁判長이曰不願ᄒᆞ면不答ᄒᆞ야도無關ᄒᆞ나憲兵의取調를因ᄒᆞ야判決ᄒᆞᆯ터이니如何ᄒᆞ뇨 許위씨가答曰其亦汝等의任意라ᄒᆞ며壹死ᄂᆞᆫ元來覺悟ᄒᆞᆫ바이라ᄒᆞ며其所答이激越ᄒᆞ얏ᄂᆞᆫᄃᆡ許위시의捕縛되든事情을聞ᄒᆞᆫ즉許위시가某ᄒᆞᆫ茅屋에居ᄒᆞᆷ을知ᄒᆞ고憲兵五名이捕縛ᄒᆞ러往ᄒᆞᆫ즉許위시가歸家ᄒᆞᆫ故로憲兵이還歸ᄒᆞᆯ새許위시가憲兵을急히追ᄒᆞ며其時에憲兵이問曰何由로逃避치아니ᄒᆞ얏나냐ᄒᆞᆫ즉許시曰統監과面會ᄒᆞ야大論ᄒᆞ기를思ᄒᆞᆷ이라ᄒᆞ얏다더라

◎義將宣告 義兵將許위시의審問顚末은別項과如ᄒᆞ거니와京城控訴院에서死刑에宣告ᄒᆞᆫ故로該시의子女親族等이更히大審院에上告ᄒᆞ기를目下議論中이라더라

◎挾雜輩의割耳割鼻 江西郡居ᄒᆞᄂᆞᆫ李丙徇은素是不恒悖類로平壤郡에入來ᄒᆞ야辯護士洪晃憲氏의事務員으로符合居生ᄒᆞ야何以挾雜이던지平壤城西普通江橋에渡涉ᄒᆞᄂᆞᆫ人員의게壹錢式과牛馬每隻에壹錢五厘式橋貰金을欲爲勒捧則附近人民等數百名이李丙徇을割耳割鼻ᄒᆞ고提致府郡ᄒᆞ야相與裁判之場에丙徇이가俱爲落科뿐더러平壤警察署로李丙徇을招來ᄒᆞ야所持ᄒᆞᆫ當文蹟은推尋後法處之ᄒᆞ얏고風波大起之場에李丙徇의同居異姓四寸朴姓者가被打重傷ᄒᆞᆫ지라治療藥債金五拾錢을江邊人民等이鳩聚出給ᄒᆞ야曰此人은實노池魚之殃이라ᄒᆞᆫ다더라

◎權召史呼寃 西部孀妻臺居ᄒᆞᄂᆞᆫ鄭象煥은自己季嫂權召史를何以壓待ᄒᆞ얏던지昨日에權召史가鄭씨의事實을擧ᄒᆞ야京城地方裁判所에呼寃ᄒᆞ얏다더라

◎河柳와川金 安東郡豊西面河川洞居ᄒᆞᄂᆞᆫ金大興이ᄂᆞᆫ年前에其近洞河外居ᄒᆞᄂᆞᆫ柳淸河라稱ᄒᆞᄂᆞᆫ家의主人이數旨를僞造ᄒᆞ고壹大興氏의게錢壹百六拾兩을討索ᄒᆞ얏ᄂᆞᆫ지라金氏가其錢을還覓코자ᄒᆞ야累次督促ᄒᆞ되報償치아니ᄒᆞᄆᆡ全氏가起訴ᄒᆞ지ᄒᆞ얏ᄂᆞᆫᄃᆡ諸柳氏들이如此ᄒᆞᆫ錢을盡報ᄒᆞᆯ량이면吾門中의壹々히抵當ᄒᆞᆯ수업스니此錢보다幾百倍의錢을加用ᄒᆞᆯ지라도官家에請囑ᄒᆞ야免ᄒᆞ기로議定ᄒᆞᆫ後에訟ᄒᆞ얏스니開明世界라稱ᄒᆞ면서奸吏輩의用奸과挾雜人의惡習은倍前尤甚이라金氏의抑寃은隣邑이共知인ᄃᆡ如此落訟ᄒᆞ얏다고輿論이藉々ᄒᆞ다더라

◎屠家의壹屠藥 大安동四街里貳屠家惠春堂藥局에서全州居金起東李箕三兩氏의百약을無效ᄒᆞ든久滯惡瘡과連珠痔疾을登試得效ᄒᆞ얏다더라

◎申觀察敎育實施 全南觀察使申가實業敎育에注意ᄒᆞ야日本蠶業卒業生金顯成시를延聘ᄒᆞ야蠶業會社를組織ᄒᆞ기로方今研究中이오測量學校를觀府下에創立ᄒᆞ야學徒가八十餘名에達ᄒᆞ얏다더라

◎大興郡의風塵 陰曆今月拾七日夜에義兵數百餘名이大興郡에入據ᄒᆞ야日兵과壹夜를交戰ᄒᆞ얏ᄂᆞᆫᄃᆡ死傷은不明ᄒᆞ다더라

◎多數日兵下南 全羅南道各郡에ᄂᆞᆫ義兵이倡起ᄒᆞ야人心이騷擾ᄒᆞ다ᄒᆞᆷ으로日兵討伐隊가多數下去ᄒᆞ얏다더라

◎徐婦下終 忠州郡守徐晦輔시의子徐重淳시가本月七日에不幸夭逝ᄒᆞ얏ᄂᆞᆫᄃᆡ其夫人李시가自其日로絶穀ᄒᆞ야至九日에哭盡下從ᄒᆞ얏다더라

◎負債로又呑 西部盃洞居ᄒᆞᄂᆞᆫ金景秀시ᄂᆞᆫ年今三拾九歲인ᄃᆡ商業資生ᄒᆞ더니某人의게貳百圓債를負ᄒᆞᆫ바營業은不振ᄒᆞᆷ으로貧窮에困難을不堪ᄒᆞ야去月十四日正午에吸鴉致斃ᄒᆞ얏다더라

◎日人賊炯探 昨日上午十壹時頃에何許人이本路韓壹銀行에서貨貳拾六圓을推覓以去ᄒᆞᄂᆞᆫ대中路에서日人賊漢二名이該人의錢을暗取逃走ᄒᆞᆫ고로該銀行에서各警察署에通知ᄒᆞ야現今詗探ᄒᆞᄂᆞᆫ中이라더라

◎洪氏被捉 前參將洪淳瓚氏가自己親任洪運杓氏와山松事로互相裁判ᄒᆞᄂᆞᆫ事ᄂᆞᆫ衆所共知어니와洪淳瓚氏가該事件을因ᄒᆞᆷ인지三昨日에警視廳에被捉되얏다더라

◎湖西學生親睦開會 湖西學生親睦會에서夏期放學을因ᄒᆞ야六十日間을停會ᄒᆞ얏다가今回秋期開學에定期總會를박洞普成學校內에開ᄒᆞᄂᆞᆫᄃᆡ贊成員諸시를請邀演說ᄒᆞ고事務를壹層擴張케ᄒᆞᆫ다더라

◎湖南學會任員 湖南學會에서日前總會에任員을改選ᄒᆞ얏ᄂᆞᆫᄃᆡ劉禧烈시ᄂᆞᆫ總務로梁會源시ᄂᆞᆫ敎育部長으로崔俊植시ᄂᆞᆫ評議員으로朴南鉉李根容李鍵三三시ᄂᆞᆫ評議員으로曹康煥沈宜甲兩시ᄂᆞᆫ經理部員으로被選補缺ᄒᆞ엿다더라

◎慶節休刊

本日은卽韓國 皇后陛下 坤元節이신故로慶祝ᄒᆞ기爲ᄒᆞ야壹日休刊ᄒᆞᆷ

▲地方消息▼

▲本月九日明川郡내田塲에서義兵七拾名이同郡日守備隊와交戰ᄒᆞ얏다하고

▲本月拾壹日陰城郡士澤洞에서義兵三拾名이同郡日守備隊와交戰ᄒᆞ얏다더라

▲強硬과文明▼

▲木의長을求ᄒᆞᆯ진ᄃᆡ其根을固ᄒᆞᆯ지며流의遠을望ᄒᆞᆯ진ᄃᆡ其源을浚ᄒᆞᆯ지며國의强硬과文明을圖ᄒᆞᆯ진대兵과士를養ᄒᆞᆯ지니何者오 其根을固치안코木의長을求ᄒᆞ며其源을浚치안코流의遠을望ᄒᆞ며兵과士를養치안코强硬과文明을圖ᄒᆞᆷ과如ᄒᆞ며走코ᄌᆞᄒᆞ면서其足을繫ᄒᆞᆷ과何異ᄒᆞ재 木을緣ᄒᆞ야魚를求ᄒᆞᆷ과足을繫ᄒᆞ고遠走코저ᄒᆞ면不得지못ᄒᆞ고步를進ᄒᆞ나니其後災ᄂᆞᆫ無ᄒᆞ거니와兵士를養치안코强硬과文明을得코저ᄒᆞ면非特强明만不致ᄒᆞᆯ뿐아니라外患이必侵ᄒᆞ지며內亂이爭起ᄒᆞ야敗亡이立至ᄒᆞ리니可懼치아니ᄒᆞ며可戒치아닐새 是以로堅甲利兵을修ᄒᆞ야其寇敵을制ᄒᆞ며德敎刑法을明ᄒᆞ야其知識을達ᄒᆞᆯ지라 疆을闢ᄒᆞ고地를拓ᄒᆞ야龍갓치進ᄒᆞ엿다가虎갓치退ᄒᆞ야暴亂을誅ᄒᆞ고傾弱을扶ᄒᆞ야西方을征伐ᄒᆞ고壹世를縱橫ᄒᆞᄂᆞᆫ者ᄂᆞᆫ養兵의效가아닌가 知彼知己ᄒᆞ고投機應變ᄒᆞ야其籌를帷幄中에運ᄒᆞ야其勝을千里外에決ᄒᆞ며號敎를明ᄒᆞ고刑法을平ᄒᆞ야民으로其德을感ᄒᆞ며其法을遵ᄒᆞ야上下의序가有ᄒᆞᆫ者ᄂᆞᆫ養士의效가아닌가 國의養兵ᄒᆞᆷ은虎豹의爪牙와如ᄒᆞ고國의養士ᄒᆞᆷ은鸞鳳의文采와如ᄒᆞᆫ지어날 虎豹가雖猛이나其爪牙가無ᄒᆞᆯ진ᄃᆡ黃口孺子의制를受ᄒᆞ고鸞鳳이雖美나其文采가無ᄒᆞᆯ진ᄃᆡ愚痴病婦의棄ᄒᆞᆷ이되리며國이兵士의養이無ᄒᆞᆯ진ᄃᆡ寇敵의凌侮를見ᄒᆞᆯ지며 古今을試觀ᄒᆞ라敗亡覆滅ᄒᆞᆫ者가何로由ᄒᆞ야敗亡覆滅ᄒᆞ얏스며興復成立ᄒᆞᆫ者가何로由ᄒᆞ야興復成立ᄒᆞ얏ᄂᆞ가 由此觀之컨ᄃᆡ其國을强硬ᄒᆞ고其國을文明코저ᄒᆞᄂᆞᆫ當局者ᄂᆞᆫ再三反覆ᄒᆞᆯ事가아닌가ᄒᆞ노라

社告

特別社告

三和港의 支社員 元炅斗氏가 辭免한 代에 碑石洞金澄柱로 代任케하얏스오니 三和附近에셔 本報를 購覽하시는 僉位는 照亮하시옵

大韓每日申報社

雜報

竹山의 三岳崢嶸　竹山郡遠山三面陵村三岳의 校는 該洞居하는 呂準시가 吳合善 吳龍根 諸시와 協議하야 創設하얏는대 前主事 吳恒善시는 該洞所在한 自已의 舍를 校舍로 付하얏다더라

●隨聞更載　日者本報에 金商直시의 姪婦가 逃躲하얏다하기로 隨聞揭載하얏더니 更聞한즉 該시의 親姪婦가 아니오 該시 少室의 族姪의 少室이라더라

廣告

本人이 數年前에 鷺島車洞拾四統九戶 草家三間 河召史家를 買得하야 卽時漢城府에 請願하야 家券을 換出치아니하고 至于今 河召史名字로 流來하는 家券과 新舊典標 二張과 壹은 五拾兩推次於音壹張을 挾囊에 藏置하얏다가 陰本月拾九日에 幷爲見失故로 玆以廣告하오니 該家券은 請願于漢城府하엿기 오며 見失한 於音과 家券은 休紙로 論하오니 誰某間勿見欺하시옵

姜基俊 告白

慶南咸安郡下用奉面勝山村居 吳道允은 該洞具시奴隷로셔 大道數에 投入하야 狙詐虬毒이 無所不至하더니 陰今七月拾三日에 日兵數拾名이 義兵鎭定하기 爲하야 巡到該面而曉喩洞民하고 旋卽退去後 吳道允이 假巡檢干怍ᄋ를 扶同하야 書持匿名書壹度하고 宜寧憲兵隊에 紹介하야 具시家門을 陷沒할 計劃을 具시가 知得하고 謀陷匿書를 日暮鳥夜鼠自雞補하니 其辭에 曰 已爲毒莫甚이다 勝山具哥數白人이 內應暴徒하고 外託良民하니 此屬을 若釋不捕면 暴動이 不息이오 民情이 難保라하얏스니 具시의 禍網이 急迫하야 卽訴于宜寧郡守備隊하야 千吳兩漢을 拿致訊問하야 果是實에 自服其罪하니 因爲押送于晉州警署하야 該匿名書로 以하야 數百具시를 謀陷하랴 律로 終身役에 處하고 具시壹門曖昧도 快雪되고 慶南壹省이 安堵하리라고 稱頌하더라

慶尙南道晉州郡靑班城面 鄭然升

漢城鍾路慈惠大藥房

大韓東西藥業會社製藥所

咽喉熱痛 降火水 五分 壹圜
消食物 告味 甘酸水 金五十錢

男女氣血 補益丸 二圜五十錢
[illegible] 潤腸丸 二十錢

淋疾祛根藥 五十錢
痢疾靈散 三十錢

清明眼藥水 十五錢
養兒寶散 十五錢

[illegible]根藥 三十錢
純金鷄納丸 十錢

[illegible]丸 二十錢
止汗臭藥 二十錢

四時感冒丸 十錢
[illegible]膏 三十錢

消痰鎭咳藥 三十錢
漢城萬應膏 十錢

積滯 消積丸 五十錢
痢氣 神效 保[illegible]散 十錢

[illegible]

大韓新發明 特効藥
承數年 經驗 漢方 [illegible] 實驗
陸軍[illegible]校教官 [illegible]茂君의 [illegible]効證
九粒入 金[illegible]錢

主治効能
○胃痛惡心 ○頑痰固飲
○食思欠乏 ○中暑中寒
○新久積滯 ○急腹痛格
○滋飮傷 ○頭痛眩暈
○泄瀉下痢 ○霍亂吐瀉
○水土不服 ○船車醉

陸軍試等軍醫 許均 實驗處方
陸軍副等軍醫 朴[illegible]建君 有效證明

補陰補陽 滋陽丸 (자양환)
卄日分 金五圜廿日
分 金三圜四拾錢拾
日分 金壹圜八十錢

主治
○房事不容 ○腎虛腰痛
○病後氣端 ○腎氣不足
○陽痿不起 ○遺精多夢
○陰虛忡動 ○房事後惱困
○手足厥冷 ○形容蒼白
○吸烟害胎
○體質虛弱消瘦

婦人 부인
藥 약
○胎 ○養 ○調 ○經 ○丸
(양태 조경환)
壹劑 金五圜

主治說明
婦人이孕胎를자못홈은冷病積
病과月經不調로因홈이니此藥
을服用호시면婦人腹中에有益
諸病은壹切退去호고自然孕胎
호오니速臨買去하시옵

瘡病 ▲사향소창단
梅毒 ▲[illegible]消瘡丹

此丹이於諸창에無論男女老少
하고若服壹劑하면[illegible]神效
백百中호오니[illegible]方可及
地라若論主治則梅毒下疳連珠
濕瘡頭창諸症에俱見立效호오
니發病호君子는壹次試驗호시

濟衆院의 학實地六年習학 [illegible]

特發賣所
[illegible]에 [illegible]三十粒[illegible]金四圜
[illegible] 遠方이라도請求
[illegible] 本平堂藥房
[illegible] 李[illegible]선
[illegible] 仁川港 [illegible] 和平堂支店 李聖儀
[illegible] 仁川港 [illegible] 濟生堂藥房
水原 [illegible] 大東書市支店 金泰鉉

發賣所
南署 [illegible]洞 李永兹 藥局
仝 南門 博文書館 盧益亨
仝 南門 水[illegible] 濟生支店
仝 [illegible]口 相信號 吳[illegible]
仝 鐵物[illegible] 毛衣房 리洛瑞
仝 小廣橋 毛衣房 리厚根
仝 [illegible]進동 [illegible] 三可病院
仝 大寺동 共濟病院 韓[illegible]
仁川港 [illegible] 旅館 金[illegible]
仝 [illegible] 李[illegible]範
江華 鍾路 宋 順五店
開城 [illegible] 朴圭相商店
仝 明新冊사 리[illegible]
水原 [illegible] 김제九 [illegible]舖
海州 [illegible] 리[illegible]商店
延安 邊汝文 洋藥局
[illegible] 리在[illegible]
仝 砂里 耶蘇敎당 리東赫
黃州 紅문동 金[illegible]杜
平壤 [illegible] 耶蘇敎堂 金能元
仝 法首橋 乾材局 崔[illegible]化
仝 [illegible]興部 [illegible] 金[illegible] 與樂舖
仝 館[illegible] 桂澤善 약포
仝 武洞 金元[illegible] [illegible]
鎭南浦 [illegible] 吳承昌
仝 碑石洞 冊사 吳南駿
仝 [illegible]生당 出張 金斗鉉
仝 大井동 리春善 약房
元山 [illegible] 리東赫
大邱 [illegible] 리明直 약局
元山港 [illegible] 남甲元 약局
仝 [illegible]堂 支局 朴[illegible]鎭
尙州 [illegible] 박致心 약局
김泉 [illegible] 鄭聖瑞 약局
釜山港 濟生당 出張 朴昌鉉
安州 [illegible]井동 回春大약房
安岳邑 [illegible]濟生局 林景柱
義州 [illegible] 木口街 義和약房
載寧邑 後동 洋약局 崔允國
定州 [illegible] 洋약局 리健柱
郭山 [illegible] 洋약局 羅應彬
宣川 [illegible] 冊사 安[illegible]
鐵山邑 永春堂 安瀬
咸從郡 耶蘇敎堂 張炳壹
仁川港 [illegible]

京城鍾路 和平堂 白

大韓新발明[illegible]廣告

陸軍[illegible]金守鉉君이實驗方劑
陸軍軍醫[illegible]茂君이有効證明
四海衛生之[illegible]君子常備之要藥

消化 新藥 清心保命丹
發行所 仁川港 [illegible] 濟生堂藥房
九十粒入 壹拾錢

●右[illegible]의主治効能은如左
●飮[illegible]●吐瀉●水土不服
●氣[illegible]腹痛●酒醉●中暑中寒
●食積食傷●咽喉●口熱惡臭
●其他諸般運氣厲疫預防妙약

總發行所 京城南大門內 濟生당支店 李庚[illegible]
●미[illegible]門外 濟生당支店 具又賢
●元山港 [illegible]石院 [illegible]당支店 박敬鎬

代理店 京성大廣橋 共愛堂
●京 泥峴三丁目 仝 종路 慈惠약房
仝 [illegible]郵便局前 天佑堂약房 新井약店
仝 남[illegible] 博文書館 盧益亨
仝 梨峴 洋약局 리信華
仝 大安洞 [illegible] 仁제약房
仝 壽동 三可病院 朴喜達
●仁川 [illegible]峴 和平당 리應善
[illegible]本町 新井藥房 宋在瑛
●海州 남문[illegible] 리奉植
仝 [illegible]商店 金제九
●水原 [illegible]路 下약房 邊汝文
●延安邑 [illegible] 洋약局 尹斗鉉
●江華 종路店 崔觀洋
●[illegible] 남門[illegible] 任[illegible]中
●砂里院 [illegible] 客主 리[illegible]善
●仝 耶蘇敎堂 許[illegible]완
●瑞興 邑[illegible] 김奉圭
●汗浦 驛東 美[illegible]送部 리東혁
●黃州 남문 紅문동 林景柱
●安岳邑 上場里 濟生局 崔允國
●載寧邑 後동 洋藥局 김鎭和
●忠州 東良面 早[illegible] 김永植
●信川邑 四里 洋약局 [illegible]
●長連邑 東里 冊肆 文興冠 韓鳳儀
●平壤 里[illegible]出張人 尹寅[illegible]
仝 雙巨里 제약局 金龍與
仝 館[illegible] 衛生의院 崔[illegible]化
仝 文武동 제生局 桂澤宜
仝 大興部 壹里 藥局 [illegible]
●鎭남浦 築동 冊사 김元[illegible]
仝 后浦 本堂 出張人 吳南駿
●安州 성[illegible] 義井동 回春大약房
●博川 邑 美동 商店 朴芝行
●定州 남문[illegible] 洋藥局 리健柱

社告

●[illegible]邑[illegible]街 [illegible]사 [illegible]大鉉
●宣川邑[illegible] [illegible]堂 安[illegible]
●[illegible] [illegible]街 [illegible]錫[illegible]
●[illegible]川 [illegible]局 리丙斗
●[illegible] [illegible] 김斗[illegible]
●大邱 남門[illegible] 김成治
●群山港 [illegible] 리[illegible]
●釜山港 東[illegible]町 [illegible]店 朴錫勳
●北青 新昌港 客主 [illegible]
●木浦 各國居留地 松房 徐岐見
●全國 各약店마다 隨應販賣
仁川港 [illegible]峴
京성 남大문[illegible] 濟生堂 白

○申報價
壹張代金 新貨二錢五厘
壹個月前金 三十錢
參個月 九拾錢
陸個月 壹圜七十錢
壹個年 三圜四十錢
郵稅一張 新貨五厘
壹個月 十二錢

○廣告料
四号活字拾二字詰
每日壹寸(英尺)에 新貨卄錢
二週日壹寸에 二圜五拾錢
壹個月壹寸에 五圜
(自壹行至四行이爲壹寸)
其期限의長短과字行의多寡를依호야增減홈이有홈

●大韓每日申報各處支社廣告
中署布屛下 金相萬冊사
平壤鍾路太極書館 安泰國
仁川杏峴開新冊사 李東皓
義州南門外 西大藥房 [illegible]寬
釜山港佐川약局 徐錫[illegible]
三和港牌石洞 [illegible]澄杜
咸興州[illegible]社西門外 曹喜林
開城남大門內 興學書舖 [illegible]助遠
大邱西門外 友弦書棧側 李正由
載寧邑濟衆院 劉[illegible]澤
鐵山邑東部 安瀬
元山倉前 劉七鎬

海州남門內 朴昌[illegible]
定州南門內 [illegible]書舖 洪成[illegible]
昌城[illegible]校洞 許[illegible]
郭山興岩育英書舖 李銀瑞
安岳細[illegible]坊成洞 廉道善
博川[illegible]津 李鎭成
安州城內義井洞 [illegible]翼河
鐵原邑[illegible]동 趙[illegible]大
高原邑 朴[illegible]吉
井邑邑內 李[illegible]秉
泰仁邑[illegible] [illegible]萬[illegible]
京釜線[illegible]峴驛[illegible]市 李[illegible]秀
[illegible]州邑南門內 [illegible]載淳
殷栗邑倉前里 [illegible]泰[illegible]
[illegible]川場市 黃菊保
朔州邑남門[illegible] 朱伯[illegible]
泰川邑館前洋약局 李正華
永興南山동書舖 梁昌錫
江華邑川[illegible] [illegible]鎭[illegible]
清州남門外 宋斗仁
[illegible]邊邑客舍里 趙炳俊 [illegible]明濟世
金溝水流面豆亭 趙[illegible]三
信川邑六里 丁一善
江西邑內 金昌[illegible]
成川郡上部面 馬應三
興德富安面[illegible]谷 姜大榮
龍川府南面松峴海東書會

咸從郡耶蘇教堂 [illegible]賢圭
平남順川郡遠동 張炳壹
龍川남市驛 鄭裕[illegible]
龍岡郡耶蘇教堂內 韓[illegible]
車[illegible]館 朴鍾[illegible]
結城廣川小龍동 金明鉉
定平郡[illegible]川 李啓[illegible]
洪原南門外耶蘇敎冊肆方萬晟 [illegible]
宜川읍新民書會 [illegible]

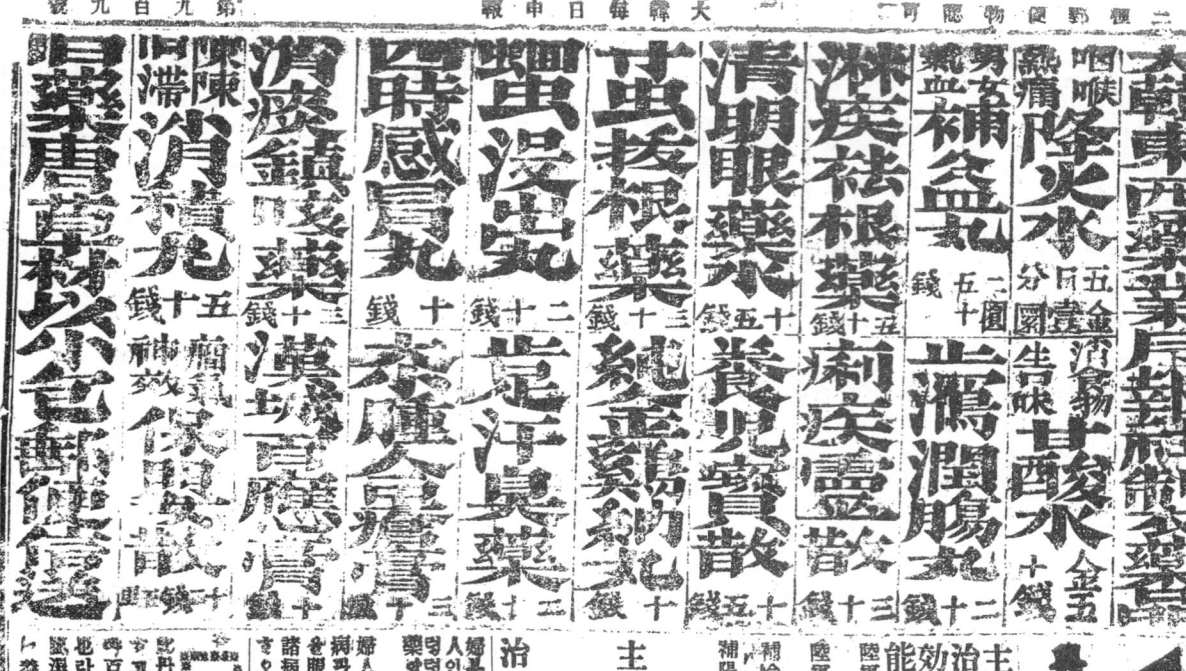

發行兼編輯人英國人 萬咸
Responsible for Publication Alfred Weekley Marnham.
發行所
南署石井洞號外地三層洋屋內
大韓每日申報社

光武十年八月拾壹日 隆熙元年八月拾壹日(第三種郵便物認可) 火曜日 西曆一千九百八年九月廿二日 (壹)

第六卷

大韓每日申報

第九百拾號

月曜及慶節歲時日休刊

檀君開國四千二百四十一年
箕子元年三千三十年
大韓開國五百十七年
日本明治四十一年
淸國光緖三十四年
陰曆戊申八月小廿七日庚辰

論說

◉敎育勃興의兆

私立學校令의頒布를繼ᄒᆞ야학部訓令이又佈ᄒᆞ미一般敎育家가箇々噩夢을驚ᄒᆞ야回頭指點ᄒᆞᆷ서

或者ᄂᆞᆫ當局者를辯護ᄒᆞ야曰此ᄂᆞᆫ當局諸公이全國敎育의制度를劃一ᄒᆞ야文明발展의機를與ᄒᆞᆷ이라ᄒᆞ며或者ᄂᆞᆫ當局者를怨罵ᄒᆞ야曰此ᄂᆞᆫ幾個奸險의徒가壹國民知의啓발됨을障碍코ᄌᆞᄒᆞ야此等不利의令을佈ᄒᆞᆷ이라ᄒᆞ며或者ᄂᆞᆫ曰現今에學校設立者가敎育本旨에昧ᄒᆞ야體操를偏重ᄒᆞ고他科를忽視ᄒᆞᄂᆞᆫ慮가有ᄒᆞᆷ으로學部訓令에此로深戒ᄒᆞᆷ이實로適宜ᄒᆞᆫ事라ᄒᆞ며或者ᄂᆞᆫ曰目下韓國이此列强競爭間에倂立ᄒᆞᆷ을要ᄒᆞᆯ진대不可不軍國民敎育을行ᄒᆞᆯ지며軍國民敎育은體育이宜奬이거ᄂᆞᆯ當局者가何故로此를裁制ᄒᆞᄂᆞ뇨ᄒᆞ며或者ᄂᆞᆫ曰今處에校가往々確立ᄒᆞᆫ基本金을不待ᄒᆞ고風潮所趨에漫然발起ᄒᆞ니沙上에建築ᄒᆞᆫ屋子가엇지長歲月을持久ᄒᆞ리오故로朝起者가暮仆ᄒᆞ며晦闢者가今閉ᄒᆞ니學部에셔此를憂慮ᄒᆞ야多大ᄒᆞᆫ基本金을立ᄒᆞᆫ然後에其設校를認ᄒᆞᆷ이ᄅᆞ然善擧라ᄒᆞ며或者ᄂᆞᆫ曰 敎育의風潮가[illegible]徹ᄒᆞ야大多數人民은敎育에對ᄒᆞᆫ感情이便是秦瘠越肥와如ᄒᆞᆫ中에幾個志士가其舌其筆로極力鼓吹ᄒᆞ야幾處私立學校가總有ᄒᆞ거ᄂᆞᆯ此時學部에突然히訓令을發ᄒᆞ야多大ᄒᆞᆫ基本金이無ᄒᆞᆫ者ᄂᆞᆫ其設立을不認ᄒᆞᆫ다ᄒᆞ니此가엇지敎育에一障害를與ᄒᆞᆫ者ㅣ아니리오ᄒᆞ야甲論及乙說이政히紛紜ᄒᆞ더라

記者曰嗚乎라今此學部訓令의本旨가果然甲論과如히敎育發達을啓圖ᄒᆞᆷ인가卽是敎育발興의新福音을作ᄒᆞᆯ지며抑或乙說과如히敎育발達에障害코ᄌᆞᄒᆞᆷ인가是亦敎育發興의新動力을與ᄒᆞ리라ᄒᆞ노니何也오

大抵政府가國民敎育을歡迎ᄒᆞ야此를益々奬勵ᄒᆞᆯ진대風前에草偃ᄒᆞᆷ과ᄀᆞᆺ치壹般國民이百倍奮進ᄒᆞᆯ지며設或此를仇視ᄒᆞ야無限沮戱를加ᄒᆞᆯ지라도此로足히國民進步를妨碍ᄒᆞ지못ᄒᆞ리니試觀ᄒᆞ라

竹笋이將出에巨石으로其左를壓ᄒᆞ면右傍으로必出ᄒᆞ며其右를壓ᄒᆞ면左傍으로必出ᄒᆞᄂᆞ니敎育에留心ᄒᆞᄂᆞᆫ者ㅣ苟或壹段國民의精神을抱ᄒᆞ야前途에進向ᄒᆞᆯ진ᄃᆡ奬勵를加ᄒᆞ던지沮戱를加ᄒᆞ던지均是其前進의動力이될지며

又壹方面으로思ᄒᆞ면沮戱가奬勵보다도尤是福利가되리니何也오彼山林頑固輩도必也回頭ᄒᆞ야曰此中에何許妙理가有ᄒᆞ관ᄃᆡ此를沮戱ᄒᆞᄂᆞ뇨ᄒᆞ야或新書籍도購覽ᄒᆞ며或子弟도學校에送入ᄒᆞ며或敎育事業에도發憤ᄒᆞ리니嗚乎라今日이敎育발興時代가아닌가

萬壹々小奬勵을遺ᄒᆞ다ᄒᆞ고大害ᄒᆞ며壹小장害를遺ᄒᆞ다ᄒᆞ고大慼ᄒᆞ야萬折必東의氣魄이無ᄒᆞ고當局者의壹石壹餅을隨ᄒᆞ야其事業이進退되면此ᄂᆞᆫ幼稚的童觀이며懦弱的奴性이며墮落的魔身이니엇지成功의道를與語ᄒᆞ리오

官報

▲隆熙貳年九月拾八日 官報

●告示 續

內閣告示第十壹號

第三條 本規則을依ᄒᆞ야認可를受ᄒᆞ고ᄌᆞᄒᆞᄂᆞᆫ定期刊行物의發行人은左의事項을記載ᄒᆞᆫ申請書에見樣貳部를添付ᄒᆞ야出付ᄒᆞᆷ이可ᄒᆞᆷ

壹 題號
二 記載事項의種類
三 發行人
四 發行所
五 發行人의住所
六 發行의定日

第四條 本規則을依ᄒᆞᆫ認可의效力은認可를受ᄒᆞᆫ號로붓터발生ᄒᆞᆷ으로ᄒᆞᆷ最後발行ᄒᆞᆫ次의定日로부터起算ᄒᆞ되三箇日을過ᄒᆞ야발行치아니ᄒᆞᆫ時ᄂᆞᆫ其效力을失ᄒᆞᆷ

第六條 第三條第壹號乃至第三號의事項을變更코ᄌᆞᄒᆞᄂᆞᆫ時ᄂᆞᆫ其發行人으로셔發行地所在郵便局을經由ᄒᆞ야分學郵便局에申請ᄒᆞ야其認可를受ᄒᆞᆷ이可ᄒᆞᆷ此境遇에셔발行人을變更코ᄌᆞᄒᆞᄂᆞᆫ時ᄂᆞᆫ新舊발行人이連署ᄒᆞᆷ이可ᄒᆞᆷ若舊발行人이連署ᄒᆞ기不能ᄒᆞᆫ時ᄂᆞᆫ其事由를申請書에證明ᄒᆞᆷ이可ᄒᆞᆷ

第二條第四號乃至第六號의事項을變更ᄒᆞᆫ時又ᄂᆞᆫ廢刊。休刊。발行停止나禁止의時ᄂᆞᆫ其발行으로셔三日內에발行地所在郵便局所를經由ᄒᆞ야分學郵便局에通告ᄒᆞᆷ이可ᄒᆞᆷ

前項의境遇에셔발行地를他의分學郵便局受持區內에移轉케ᄒᆞᄂᆞᆫ時ᄂᆞᆫ認可를受ᄒᆞᆫ分學郵便局을經由ᄒᆞ야移轉地受持分學郵便局에申請ᄒᆞ야其認可를受ᄒᆞᆷ이可ᄒᆞᆷ

(未完)

外報

●知事暗殺計畫 紐育電을據ᄒᆞᆫ즉米國뉴저지아州知事포르氏를暗殺코저ᄒᆞᄂᆞᆫ대此ᄂᆞᆫ同知事가釀造家의게甚ᄒᆞᆫ徵稅法을嚴行ᄒᆞᆷ이라ᄒᆞ얏더라

●各國의虎列剌 路透電을據ᄒᆞᆫ즉俄國聖彼得堡에셔虎列剌病이발生ᄒᆞ야罹病者가壹百十人名內에死亡者가三拾四名이오澳國及德國에도疑似患者가발生ᄒᆞ얏다더라

●孫氏의法國往 新嘉坡에滯在ᄒᆞ던淸國革命黨孫逸仙시가近日法國으로往ᄒᆞᆫ다ᄂᆞᆫ데今番에法國으로前往ᄒᆞᆷ은何等의意思가有ᄒᆞᆫ듯하다더라

雜報

●協會總會議案 大韓協會에셔去拾二日總會에總務尹孝定氏提案으로現今司法의壹新을際ᄒᆞ야本會內에伸理講究所를設置ᄒᆞ고全國寃枉者未伸者의來求에應ᄒᆞ야其訴案을鑑定ᄒᆞᆫ後內外國辯護士의게紹介委托ᄒᆞ야心力所及ᄭᆞ지其伸理를講究ᄒᆞ기로決議되얏ᄂᆞᆫ데其議案의全文이如左ᄒᆞ더라

意見書 總務尹孝定

夫國家의否運을媒介ᄒᆞ며人民의幸福을賊害ᄒᆞᄂᆞᆫ者ㅣ其端이不壹ᄒᆞ되我國今日의貧弱危亡을釀成ᄒᆞᆫ源因과如ᄒᆞᆫ者ㅣ有ᄒᆞ니오自數拾年來로政治運用의機關이專히貴族의手中에歸ᄒᆞ야邦國의成立ᄒᆞᄂᆞᆫ原理를不講ᄒᆞ며世界의流行ᄒᆞᄂᆞᆫ大勢에全昧ᄒᆞ고偏私ᄒᆞᆫ意見으로齷齪ᄒᆞᆫ規模를成立ᄒᆞ야用人에賢愚를不問ᄒᆞ고惟閥閱을是求ᄒᆞ며臨事에曲直을不辨ᄒᆞ고惟勢力을是恃ᄒᆞ야王府固有의關石和均을惟貴族이敢操敢縱ᄒᆞ며檀箕後裔의靈秀民族을惟貴族이認奴認隷ᄒᆞ야乘奇之臣이聚斂을是事ᄒᆞ며牧民之官이剝割ᄒᆞᆷ을爲務ᄒᆞ니匹夫가無罪ᄒᆞ되懷璧을相戒ᄒᆞ고鷄豚을何保리오杼軸이既空ᄒᆞ야今日三千里山河와貳千萬民族의生活程度의淸淸冷冷蕭蕭瑟瑟ᄒᆞᆫ現狀을招致ᄒᆞ미過去의大禍가此에極ᄒᆞ며目下에否運이此에極ᄒᆞ도다噫彼貪官頑豪가此生靈을蹂躪凌轢ᄒᆞ며暴虐殺戮ᄒᆞ야其威權을欲張ᄒᆞ며其財利를是貪ᄒᆞ미殘酷ᄒᆞᆫ鞭箠下에家産이蕩敗ᄒᆞ며凄涼ᄒᆞᆫ囹圄中에寃魂을斷送ᄒᆞᆫ者ㅣ其數를難窮ᄒᆞ야彼流離ᄒᆞᆫ妻子와寃抑ᄒᆞᆫ遺族이其被奪ᄒᆞᆫ財産과已失ᄒᆞᆫ生命에對ᄒᆞ야日夜飮泣ᄒᆞᄂᆞᆫ中에且年來로外人의無理를枉受ᄒᆞ야竇寃未伸者ㅣ亦多ᄒᆞ더니今日政治의革新ᄒᆞᄂᆞᆫ時運을際ᄒᆞ야文明ᄒᆞᆫ外國의外平ᄒᆞᆫ法官을任用ᄒᆞ고司法의獨立을完全케ᄒᆞ야人民의生命과財産을保護ᄒᆞ미隆熙二年八月壹日로부터大韓法界에新日月이照爛ᄒᆞ니將來의人民幸福은人所共信이어니와過去ᄒᆞᆫ惡政에受寃ᄒᆞᆫ亦不可不伸이나鄕里人士가時政의改新을未及認悉ᄒᆞ고裁判의構成을亦難了解ᄒᆞ미不是라本會ᄂᆞᆫ如此ᄒᆞᆫ司法新政을機會ᄒᆞ야全國同胞의寃抑을代表ᄒᆞ고生命財産의伸理를擔任ᄒᆞ기爲ᄒᆞ야本會事務所內에伸理講究所를設ᄒᆞ고地方人士가內外國人에對ᄒᆞᆫ伸理를請求ᄒᆞ거든伸理講究所委員이其訴訟의曲直當否를爲先鑑定ᄒᆞ야法律範圍以內에셔當然히伸理ᄒᆞᆯ者ᄂᆞᆫ內外國辯護士의게極力交涉ᄒᆞ야期於伸理ᄒᆞ야本會綱領第三項의實行을亟圖ᄒᆞ야全國同胞가我會에同情ᄒᆞᄂᆞᆫ盛意를報答ᄒᆞᆷ이何如

●安州郡의大志士 安州郡大代面居蔚那[illegible]李台희氏가有志人士로더부러普通學校를발起設立ᄒᆞ고咨數拾石落과金壹百圓을捐付ᄒᆞᆫ後會計員에職務를擔着ᄒᆞ야財政收支를管理ᄒᆞ며나今年에至ᄒᆞ야ᄂᆞᆫ經費에艱拙ᄒᆞᆷ을特念ᄒᆞ야다시金壹千五百圓을捐助ᄒᆞ얏다더라

●正誤 本報九百九號雜報欄內에平壤私立大成學校贊成勸告書ᄂᆞᆫ贊成勸告人이送ᄒᆞᆫ쳥신ᄃᆡ誤較에셔送ᄒᆞᆫ樣으로誤印되엿기玆에正誤ᄒᆞᆷ

雜報

●御眞移安 水原郡 華寧殿에 奉安ᄒᆞ얏던 正宗皇帝御眞을 再昨日下午二時에 德壽宮內 璿原殿으로 移安ᄒᆞ얏다더라

●御前揮毫詳報 本月十六日上午十時에 曾禰副統監이 日本畵師鐵園氏를 帶同ᄒᆞ고 德壽宮에 陛見後 翰墨宴을 盛開ᄒᆞ고 同時에 韓國 皇族元老及總理大臣以下各部大臣이 本國畵家金圭鎭 安中植兩氏를 帶同ᄒᆞ고 太皇帝陛下 御前에셔 與鐵園으로 各其所長을 書之畵之ᄒᆞ야 御覽을 供ᄒᆞ얏ᄂᆞᆫ데 太皇帝陛下ᄭᅴ옵셔 大端稱賞ᄒᆞ옵시고 咸寧殿에셔 午餐을 下賜ᄒᆞ옵시고 盡日消暢後 退闕ᄒᆞ얏고 翌日下午五時에 農商大臣趙重應氏以上諸氏를 明月館으로 請邀宴待ᄒᆞ얏ᄂᆞᆫ데 統監及各部大臣이 輪次宴待ᄒᆞᆫ다더라

●永宣君軍大云任 現內閣이 變更된다ᄂᆞᆫ 說은 本報에 屢揭ᄒᆞ얏거니와 永宣君李埈鎔氏ᄂᆞᆫ 軍部大臣을 被任ᄒᆞᆫ다ᄂᆞᆫ 巷說이 有ᄒᆞ다더라

●國民禮服實施 昨日中樞院에셔 月曜例會를 ᄒᆞ고 議長以下贊議諸氏가 會同하야 國民禮服擬定會에셔 建議ᄒᆞᆫ 國民男女의 禮服을 實施ᄒᆞᆯ 意로 壹致可決ᄒᆞ야 內閣의 照會ᄒᆞ고 히禮服이 時宜의 適當ᄒᆞ니 卽速實施하라ᄒᆞ얏다더라

●公園盛遊 再昨日下午二時에 法部大臣高永喜氏가 中部寺洞公園內에 園遊會를 設行ᄒᆞ고 法部判任官以上과 大審院判檢事와 法官養成所長以下約六十餘名을 請邀宴待ᄒᆞ고 餘興으로 音樂과 妓舞로 迭宕盛遊하얏다더라

●舊習尙存 學部大臣李載崑氏가 各地方의 學事視察次로 發程ᄒᆞᆷ은 已報ᄒᆞ얏거니와 該部秘書課에셔 所到處學校에 電報ᄒᆞ기를 本部大臣의 到着日字를 計算ᄒᆞ야 騎乘諸具를 鐵道停車場으로 等待ᄒᆞ라ᄒᆞ얏다더라

●學大와青年 學部大臣李載崑氏ᄂᆞᆫ 靑年諸君을 對ᄒᆞ야 極力勸告하되 我韓法律學者ᄂᆞᆫ 匪者와 同一ᄒᆞᆫ즉 外國語학校에 時急入학ᄒᆞ야 語학을 專力做工ᄒᆞ라ᄒᆞ다더라

●府院君困債 海豐府院君尹澤榮시가 嘉禮時의 各廛人외게 入用ᄒᆞᆫ 物品價額이 數甚夥多ᄒᆞ더니 今番區劃無處ᄒᆞ야 債帳의 見督이 始甚ᄒᆞ다더라

●光察告示切嚴 全南觀察府에 留連ᄒᆞᄂᆞᆫ 京居某某諸시가 觀察使와 切親ᄒᆞ다 自稱하고 郡守希望者를 紹介締結ᄒᆞ야 落占圖謀ᄒᆞ라ᄒᆞ기로 該觀察使가 聞其奸弊ᄒᆞ고 此等輩의게 無或見欺之意로 光州郡四大門과 各市에 明白히 告示를 嚴揭ᄒᆞ얏다더라

●洪劉歸國 日本內閣及所管官廳을 觀察次로 日本에 前往ᄒᆞ야 滯在ᄒᆞᆫ 內閣書記官洪運杓 主事劉泓璨兩氏가 其間觀察事務를 畢了ᄒᆞᆫ 故로 今二拾日頃에ᄂᆞᆫ 歸國ᄒᆞᆫ다더라

●學部建築後支給 忠淸北道觀察使權鳳洙시가 學部에 報告하되 管下懷仁郡鄕校가 已爲傾頹ᄒᆞ야 莫重ᄒᆞ신 聖殿을 奉安ᄒᆞᆯ 無處이기 不可不時急修理이니 該費額을 從速辦下ᄒᆞ라ᄒᆞᆷ으로 該部에셔 指飭ᄒᆞ되 本部에셔 卒難支撥인즉 該郡儒林과 互相協議ᄒᆞ야 建築ᄒᆞᆫ後 更詳報ᄒᆞ면 卽爲支給ᄒᆞ겟다ᄒᆞ얏다더라

●斷髮後遞任 聞慶郡守辛韶鎭시가 斷髮을 아니ᄒᆞ라고 觀察道郡守會議時에 往치 아니ᄒᆞ고 追後獨往ᄒᆞ야 該觀察使가 面接지 아니ᄒᆞ고 請願ᄒᆞ기를 使人勸告ᄒᆞ되 辛시가 不獲已請願ᄒᆞ고 聞慶郡으로 還往ᄒᆞ야 幾日을 留連ᄒᆞ다가 該郡寺刹에 躑往ᄒᆞ야 斷髮爲僧ᄒᆞ얏더니 該觀察使朴重陽시가 有何思想인지 辛시ᄂᆞᆫ 聞慶郡守를 遞任ᄒᆞ얏다더라

●肥料赤貧 漢城내에 各肥料ᄂᆞᆫ 한城衛生會에셔 管理ᄒᆞ야 人民等의게 賣下ᄒᆞ더니 近更聞ᄒᆞᆫ즉 日本人이 壹萬圜에 入札買得ᄒᆞ얏다ᄂᆞᆫ 說이 有ᄒᆞ다더라

●京釜線事務引繼 京釜鐵道의 事務를 臨時軍用鐵道調查局으로 引繼가 되얏다ᄂᆞᆫ데 該局에셔 事務를 擴張ᄒᆞᆷ을 因ᄒᆞ야 雇員二名을 增置ᄒᆞᄂᆞᆫ데 韓人雇員의 月俸은 七拾圜이 되리라

●李康年氏判決 內亂犯으로 檢擧되야 京城控訴院의셔 審理ᄒᆞᄂᆞᆫ 義兵將리康年시의 判決은 明日로 決定ᄒᆞ얏다더라

●趙氏長眠 前判書趙秉弼氏ᄂᆞᆫ 身病으로 日昨에 因爲卒逝하얏다더라

●郡主盡職 南來人의 傳說을 聞ᄒᆞᆫ則 全南麗水郡郡主事金漢昇씨ᄂᆞᆫ 曠官署理로 逐條弊에 壹境이 安堵ᄒᆞ며 陰今七月晦間 同郡三日面龍城里 光陽市船이 顚覆ᄒᆞᆯ時에 貳拾餘名은 僅得生命ᄒᆞ고 其餘八拾餘名은 因爲溺死ᄒᆞ얏ᄂᆞᆫ데 시가 히동報를 聞ᄒᆞ고 飮饌諸具를 自費ᄒᆞ고 馳往該地ᄒᆞ야 親審救拯에 該戶尸體를 壹々訪求給與ᄒᆞ고 無主尸體ᄂᆞᆫ 埋葬捧票ᄒᆞ얏다더라

●自行車競走會 陰曆來月三日에 訓鍊院에셔 韓日自行車競走會를 設行ᄒᆞᆯ 預定이라더라

●積惡者必殃 光州區裁判所判事박有觀시가 該郡地方裁判所檢事로 在任時에 良民을 亂犯으로 捉囚ᄒᆞ고 半年에 未決要賂ᄒᆞᆷ과 前後貪叨不法은 已揭本報어니와 日前에 光州地方裁判所事務室에셔 朴有觀시를 拿囚ᄒᆞ고 該시家를 搜索ᄒᆞ야 全南土產物로 取賂ᄒᆞᆫ거시 不些ᄒᆞ니 朴시가 獄에 入ᄒᆞ되 衆獄囚四百餘人이 朴시를 對ᄒᆞ야 曰박시入獄이 何其晩也오ᄒᆞ며 怨聲惡言이 耳不忍聞이라더라

●勞働會風波 中樞院副贊議李輔鉉시가 勞働會本部總務在任時에 該會所用으로 擇ᄒᆞ야 廣耳等屬千餘圜의 價値를 專擔買置ᄒᆞ고 何等事件을 因ᄒᆞᆷ이던지 該會에셔 已爲辭會ᄒᆞ얏ᄂᆞᆫ데 再昨日午後拾壹時頃에 李시가 北部大安洞街路에셔 該會副會長徐延柱시를 逢着ᄒᆞ야 價額을 從速還償ᄒᆞ라ᄒᆞᆫ즉 徐시의 所答이 兩相難決인즉 五往會하야 協議妥定ᄒᆞ자ᄒᆞ미 李시가 隨往ᄒᆞ더니 徐시가 李시의 所持短杖을 掠奪하야 李시의 面部를 毆打ᄒᆞ야 流血이 淋漓ᄒᆞ고 杖旣二折ᄒᆞ얏ᄂᆞᆫ데 該會多數會員이 齊出ᄒᆞ야 李시를 手打足踢ᄒᆞ야 大風波가 惹起ᄒᆞ얏다더라

●郡守得人 風雨의 被害ᄂᆞᆫ 緊爲報道어니와 就中全南興陽郡이 處在環海ᄒᆞ야 被害最甚ᄒᆞᆫ 境內人民이 呼哭栖屑ᄒᆞ더니 該郡主事金정榮시가 溺死ᄒᆞᆫ者의 葬費를 爲先金拾五圓式出給ᄒᆞ고 該郡拾三面內에 每面ᄒᆞ야 四五拾圜式周恤分給ᄒᆞ야 濱死의 同胞를 悉皆奠接케하얏다더라

●仲介組合所設立 鄭顯哲 秦胄諸氏가 內外國商業界에 各物品買매家와 各社會의 委托을 受하야 信用을 不失ᄒᆞ고 迅速히 酬應홈을 目的으로 仲立의 營業ᄒᆞᄂᆞᆫ 人을 組合ᄒᆞ야 仲介組合所라 名稱ᄒᆞ고 臨時事務所를 布德門前大韓國文館內로 權定ᄒᆞ얏다더라

●郭山附近의 雹災 平안北道郭山附近의셔 去拾五日午後壹時부터 約二時間을 雨雹이 降ᄒᆞ야 菁根과 其他野菜及稻粟等物이 多小間被害ᄒᆞ엿다더라

●是母是子 中部於義洞居ᄒᆞᄂᆞᆫ 리奎燦시의 母親이 去五日頃의 水標橋邊에 留ᄒᆞᄂᆞᆫ 清國人關樹平의게 六元價値되ᄂᆞᆫ 料理를 喫ᄒᆞ고 히代금을 尙今不報ᄒᆞ얏ᄂᆞᆫ데 再昨日下午拾時頃의 리시가 料理를 買喫ᄒᆞᆯ次로 히清人家의 前往하얏더니 히清人이 리시다려 君의 母親所負代금을 當場報償ᄒᆞ라 督促ᄒᆞᆫ즉 리시의 所答이 吾의 母親의 所負料理價를 何故로 從我督促乎아ᄒᆞᆫ즉 히清人이 리시를 毆打ᄒᆞ야 壹場紛亂이 有ᄒᆞ얏다더라

●廟閣失火 江原道麟蹄郡居ᄒᆞᄂᆞᆫ 崔鍾煥氏가 月前에 上京ᄒᆞ야 南部水下洞權應文氏家에 留連ᄒᆞ더니 三昨日午後五時頃에 附近曲橋廁間에셔 放糞홀時에 貨壹百六十圜을 遺失하얏ᄂᆞᆫ대 各警察署에 通知ᄒᆞ고 現今搜索中이라더라

●沙器洞의火 昨日上午壹時에 종路沙器廛洞居ᄒᆞᄂᆞᆫ 金泰熙家에 無根의 火가 起하야 該氏의 瓦家二十間과 張仁淳의 瓦家八間과 [illegible]駿淳의 瓦家十間과 其他家產이 壹切沒燒ᄒᆞ고 人命은 幸無被傷ᄒᆞ얏다더라

●青館開會 昨日下午二時三拾分에 종路青年會館에셔 開會式을 擧行ᄒᆞ얏다더라

●關東特會 再昨日關東학會에셔 特別總會를 開ᄒᆞ고 本會관內에지ᄒᆞ고 蔚珍春川兩郡支會請願을 認許ᄒᆞ고 諸般事務를 處理ᄒᆞ얏다더라

●慈惠總會 壽進洞孤兒院 本會館에셔 陰八月晦日下午壹時에 定期通常總會를 開ᄒᆞᆫ다더라

●女師延聘 養源學校에셔 徽新學校卒業生申尙敏氏의 夫人中完殿씨를 女教師로 延聘ᄒᆞ얏다더라

●日新校請願 利川郡草面大垈里私立日新學校에셔 承認홀次로 該校文簿를 提呈ᄒᆞ고 學部에 請願ᄒᆞ얏다더라

●某氏美擧 利川郡에셔ᄂᆞᆫ 校費가 無ᄒᆞᆷ으로 該郡守가 春秋享祀費을 葉錢貳百兩式年例劃下ᄒᆞ더니 今年秋享에ᄂᆞᆫ 다만 新貨八拾錢을 支撥ᄒᆞᆯ지라 該郡商民金德汝氏가 金貨壹百圓을 鄕校에 寄付ᄒᆞ고 殖利奉享케ᄒᆞ라ᄒᆞᆷ으로 金氏의 仰聖慕賢의 心을 人皆稱頌ᄒᆞᆫ다더라

●湖南의三氏開明 湖南학會의 漸進擴張홈은 已報어니와 湖南郡閔慶鎬시ᄂᆞᆫ 金三拾圜이오 羅州郡金容圭 興陽郡金禎泰兩시ᄂᆞᆫ 各拾圜을 該會에 寄附ᄒᆞ고 熱心贊成ᄒᆞᆫ다더라

▲地方消息▼

▲本月拾九日眞寶郡의셔 義兵約三十名이 日兵과 衝突ᄒᆞ고 又保寧郡及英陽郡의 如干義兵이 出沒ᄒᆞᆫ다하고

▲本月十六日尙州郡의셔 義兵拾餘名이 日兵과 交戰ᄒᆞ얏다더라

▲責 螟蛉▼

▲天下物理推究ᄒᆞ니 各有特性不變ᄒᆞ되 蜾蠃背上壹螟蛉이 酷肖厥像變化ᄒᆞ니 遂失本性可憐ᄒᆞ다

▲螟蛉아々々々 天賦之性이ᄒᆞ니 人與物이 壹般이라 蜂蟻라도 有穴하야 千百爲群ᄒᆞ야 生ᄒᆞᆯ제 壹心同盟不變ᄒᆞ니 네가ᄒᆞᆯ노 可憐ᄒᆞ다

▲螟蛉아々々々 瞻彼林烏反哺ᄒᆞ니 母子之恩尙存이라 더本色을 不失ᄒᆞ야 黑不可以爲白ᄒᆞ니 飛鳥라도 如此ᄒᆞᆫ데 네가ᄒᆞᆯ노 可憐ᄒᆞ다

▲螟蛉아々々々 汝雖壹個微物이나 自振力이 全無하고 强制中에 陷落ᄒᆞ야 本形까지 忽變ᄒᆞ니 재精神이 잇슬소냐 네가ᄒᆞᆯ노 可憐ᄒᆞ다

▲螟蛉아々々々 類不類를 相較ᄒᆞ면 風馬牛地不及이라 何氣脈相通하야 네形容을 換着ᄒᆞ니 爾變兮從何來오 네가ᄒᆞᆯ노 可憐ᄒᆞ다

▲螟蛉아々々々 出自糞壤爲蟬ᄒᆞ니 自由化身이 아닌가 爾何不得化羽ᄒᆞ고 他穴에 移ᄒᆞ야 生々眞理已絕ᄒᆞ니 네가ᄒᆞᆯ노 可憐ᄒᆞ다

▲螟蛉아々々々 長天雙々活潑志ᄂᆞᆫ 喚侶鴻을 네아ᄂᆞ냐 弟兄友誼不失ᄒᆞ고 自成壹行水國中에 더行處를 不失ᄒᆞ니 可以爾兮不如彼아 네가ᄒᆞᆯ노 可憐ᄒᆞ다

▲螟蛉아々々々 爆爐中에 壹片鉄도 其性終難銷鑠커던 爾是世間生物노서 堅强之性忽失ᄒᆞ고 改頭換面ᄒᆞ단말가 네가ᄒᆞᆯ노 可憐ᄒᆞ다

▲螟蛉아々々々 昆虫인즉 同壹ᄒᆞᆫ데 羈絆下에 蟄身ᄒᆞ야 더情態效則ᄒᆞ고 外貌까지 不差ᄒᆞ니 壹團思想 잇슬소냐 네가ᄒᆞᆯ노 可憐ᄒᆞ다

▲螟蛉아々々々 陰雨之備綢繆하야 堅守封穴不失ᄒᆞ면 더蟄蜂이 雖猛ᄒᆞ나 豈可壹步闖入ᄒᆞ야 今日捕捉當ᄒᆞᆯ손가 네가ᄒᆞᆯ노 可憐ᄒᆞ다

[illegible] 製약鑑査人 박漢惠 李興化

健胃消食 [illegible]

定價金拾錢

[illegible]須防케ᄒᆞ고健胃消滯ᄒᆞ야諸般滯積을順下ᄒᆞ며卒倒吐瀉泄瀉와赤痢白痢와腹痛[illegible] 癨과경咳白담을能治能止ᄒᆞᄂᆞᆫ藥이오

製造本舖 漢城[illegible]路濟惠大약房

[illegible] 新到[illegible]

社告

特別 □

謹告各支社員

各支社에 本社規則을違反ᄒᆞ야代金與廣告費를累月積滯ᄒᆞᆫ處가種々有之이온바本社에셔ᄂᆞᆫ決코規則을實施치아니치못ᄒᆞᆯ지니代金을多數積滯ᄒᆞᆫ支社員은深諒ᄒᆞ시와未納金을斯速淸送ᄒᆞ시옵

社告 □

大韓每日申報社

雜報

●隨聞更揭　記者本報에玄采鄭寅琥兩시가板權相詰ᄒᆞᆷ을隨聞揭載ᄒᆞ얏더니更聞ᄒᆞᆫ즉정시가玄시의著譯ᄒᆞᆫ것을摘ᄒᆞᆫ것이아니라其板權을安永중시에게買渡ᄒᆞᆫ이라더라

廣告

本人이陰八月廿貳日夜에含從門路에賊漢을逢ᄒᆞ야囊中所藏李亨석處債條六百兩標와김秉業處債條二拾兩標와司馬牌를見奪ᄒᆞ얏기玆廣告ᄒᆞ오니內外國人은休紙施行ᄒᆞ시옵

平壤外城李雲杰　告白

忠淸南道公州郡辰頭面문岩里有志人士賢齋韓과承陳栢稷尹德炯리종範諸시가敎育上注意ᄒᆞ야私立新明學校를設立熱心교授ᄒᆞ며將進之望이有ᄒᆞ기로玆以廣布ᄒᆞᆷ

新明학校내　姜義秉　白

測量學員募集廣告

本塾에셔速成測量課와晝夜學으로三個月과貳個月兩課를特設ᄒᆞ고學員을募集ᄒᆞ오니願學僉員은陽九月三拾日(陰九月初六日)內早速請願ᄒᆞ심을望ᄒᆞᆷ

但細則은本塾에來問ᄒᆞᆷ

北部大安洞安興義塾午後測量課　告白

前德語學校內

本所에셔礦山土地家屋山林測量製圖等을迅速需應ᄒᆞᆷ

水原南門內南水洞二統四戶

[illegible]成測量製圖事務所

事務員　김澤吉　吳琪泳　李종浩　告白

太郞勞働學校々長玄擊運시業是有志紳士로勞心苦形ᄒᆞ야倡立本校ᄒᆞᆫ지未幾에勞働集ᄒᆞ야學徒七八拾名에達ᄒᆞᆫ지라當地高明敎師四五人이敎授之勞를義務分擔ᄒᆞ고每夜에出席ᄒᆞ며歷史地誌算術體操等課를國文으로敎授ᄒᆞ며今番聖節에諸學徒가愛國歌를唱ᄒᆞ고慶祝式을行ᄒᆞ니行路母不讚々曰[illegible]下風氣從此大기ᄒᆞ야人智발達이指日可期云々大抵玄시ᄂᆞᆫ實로嶠南敎育家第壹嚆矢이기로玆以廣告ᄒᆞᆷ

太郞勞働學徒等　告白

本人等이同志同力ᄒᆞᆫ七人으로ᄒᆞ야資本을醵集ᄒᆞ고客主營業을開設ᄒᆞ오니商業ᄒᆞ시ᄂᆞᆫ四方僉君子ᄂᆞᆫ惠顧ᄒᆞ심을爲要 開設은本邑四里李悌瓚家로定ᄒᆞᆷ

黃海道信川邑　李悌황　李元敬　李源國　告白

本月廿一日夜拾壹点鐘량에郡內[illegible]義寺에賊漢三四名이突入ᄒᆞ야放銃數合番ᄒᆞ고僧侶를威脅ᄒᆞ고古來兩傳經實貝葉經二軸과僧侶에如干衣服을沒數持去ᄒᆞ얏ᄉᆞ기로玆以廣告ᄒᆞ오니內外國人은或有貝葉經放賣之人이어든勿爲見欺ᄒᆞ시옵

李鏡濟　白

本人이姓名章과字외과吏따刻ᄒᆞᆫ圖章二個를去陰六月壬日夜에賊漢의게見失ᄒᆞ와圖章을新刻ᄒᆞ여ᄉᆞ니內外國人은照諒ᄒᆞᆷ

安州雲谷面在田里　김敎勉　告白

本人의次子의初名은載玉이오改名은載陽이오年은拾九歲이온바七年貳月拾四日에出往ᄒᆞ야消息이杳無ᄒᆞᆫ故로玆以廣佈ᄒᆞ오니該居處를知ᄒᆞ시ᄂᆞᆫ이ᄂᆞᆫ左開處로通奇ᄒᆞ시오면厚謝ᄒᆞ깃ᄉᆞᆸ

江原道伊川　河南于谷洞　申能燮　白

諸般法律事務를親切히迅速處理ᄒᆞ오니陸續來議ᄒᆞ시옵

辯護士　崔鎭

本邸　南部冷井洞七統拾壹戶

法律事務所　南部曲橋拾壹統七戶

事務員　任顯直　尹錫準　金鼎變

◎學員募集廣告

測量科를本團內에設施ᄒᆞ고新學에有名ᄒᆞᆫ金澤吉金斗燮氏를講師로延聘ᄒᆞ야敎授ᄒᆞ깃ᄉᆞ오니居期應試ᄒᆞ심을爲要

試驗日은拾月四日午前拾時

◆試驗科目

壹○算術四則以內

壹○作文國漢文交用

但期限은三個月로定ᄒᆞᆷ

中署磚洞興士團內測量科

本社ᄂᆞᆫ本年七月貳拾八日繼續開業ᄒᆞ야各種印刷를豐富히應ᄒᆞ옵ᄂᆞᆫ더近聞則旣往見黜ᄒᆞᆫ韓榮浩가本社任員이라籍稱ᄒᆞ고注文諸氏의게印刷費를勒加濳捧코져ᄒᆞ며又以本社營業에對ᄒᆞ야妨害之說로眩惑人心케ᄒᆞᆫ다ᄒᆞ니營業上에如此沮戲者ᄂᆞᆫ宜사當律이어니와注文諸씨ᄂᆞᆫ切勿見欺ᄒᆞ시고陸續枉議ᄒᆞ심을務望

安峴普文社　告白

本會社를中部水典洞二十三統八戶로定ᄒᆞᆷ

大韓獸皮合資會社　告白

本社에셔每日下午八時半부터各項技舞와歐米에셔新到ᄒᆞᆫ活動寫眞을놀일ᄯᆡ인ᄃᆡ滑稽的과歷史的寫眞이多ᄒᆞ야活動寫眞界로ᄂᆞᆫ前無後無ᄒᆞ옵ᄂᆞᆫᄃᆡ入場票도如前ᄒᆞ오니僉君子ᄂᆞᆫ速々히來臨玩賞ᄒᆞ심을務ᄒᆞᆷ

隆熙二年九月拾四日

龍朝橋邊安社演劇場　告白

訴訟에對ᄒᆞ야疑惑不決者의게其勝負와可否를詳細說明ᄒᆞ오며ᄯᅩ鑑定料ᄂᆞᆫ事之貴重과價之多少를隨ᄒᆞ야臨時酌定ᄒᆞ되大槪如左ᄒᆞᆷ

鑑定料ᄂᆞᆫ五[illegible]以下로ᄒᆞ되貧窮者의게ᄂᆞᆫ無料도ᄒᆞᆷ

京城南部苧洞六拾四統貳戶

東洋大學前講師

日本法律學士

辯護士　木尾虎之助

本校에셔講習科學員을募集ᄒᆞ오니志願者ᄂᆞᆫ入學請願書에履歷書를付ᄒᆞ야提出ᄒᆞ고本月貳拾三日初考試驗所에來臨應試ᄒᆞᆯ事

一 試驗科目

漢文四書　作文國漢文交作　算術四則々지　日語、讀法會話、繙譯等에熟達者

二、年齡貳拾歲로三拾歲

三、初考試驗所ᄂᆞᆫ本校及各道公立普通學校

四、詳細ᄂᆞᆫ官報에在ᄒᆞᆷ

官立漢城師範學校

特

本校에셔本月貳拾六日(陰九月壹日)開學ᄒᆞ고中學預備科와初等科를敎授ᄒᆞᆯ터이니此에志願ᄒᆞᄂᆞᆫ者ᄂᆞᆫ今月二十五日內로請願書를提呈ᄒᆞ옵

試驗科目

讀書　國漢文

作文　國漢文

算術　四則

平壤私立　大成學校

本所에셔國債報償志願金捐額을整理ᄒᆞ기爲ᄒᆞ야附稱監督은金九五金麟兩氏로會計ᄂᆞᆫ御史設鄭志永兩氏로選定ᄒᆞ야本所金額을所長과合同保管케ᄒᆞ얏合기玆에廣布ᄒᆞ오니京鄕同胞ᄂᆞᆫ照亮ᄒᆞ시옵

國債報償志願金總合所　評議會一同

中部貫子洞二拾五統五戶瓦家拾貳間을放賣ᄒᆞ오니願買人은望門床塵後약局으로來問ᄒᆞᆷ

尹鼎善　告白

大韓國新發明神藥

◎虔修靈丹　各種食滯中暑久滯口臭담飮吐瀉定價壹貼拾錢

◎至寶丸　治諸般瘧疾不拘久遠俱有偉効定價金拾錢

◎靈効液　外用芳香治疥瘡皮風百發百中定價金二十錢

◎淸眼水　治諸般眼疾有撥雲見天之妙定價金拾錢

◎通淋丸　治男女急慢淋疾神效無雙速效除毒壹週金五拾錢

漢城南部大廣橋西邊第二家九統七戶

製劑發行所共愛堂大약房謹告

支店

開城南門內　共愛堂第壹支店　姜助遠

群山港[illegible]동　共愛堂第　支店　리春[illegible]

河東郡赤良面　共愛堂第三支店　黃麟秀

代理店

皇城北部大安洞　인濟약房

皇城鐘路靑年會館前　慈惠약房

皇城西部新門外石橋　普濟醫院

仁川紐峴濟生堂　수和平局

此外에도東西洋各國有名ᄒᆞᆫ매약과草材약이具備ᄒᆞ오니약의多少를不拘ᄒᆞ고請求ᄒᆞ시면小包로仰呈ᄒᆞ깃ᄉᆞᆸ

本會에셔第壹回總會를來二十[illegible]日(日曜)下午一時에壽進洞興化學校內에셔開ᄒᆞ고任員을組織ᄒᆞᆯ터이오니敎育에有志ᄒᆞᆫ僉君子ᄂᆞᆫ屆期來臨ᄒᆞ심을爲要

中部壇谷拾六統二戶

大韓中央學會發起所　告白

●女학員募集廣告

本학堂에셔敎務를擴張ᄒᆞ여敎授方法을特別改良ᄒᆞ고各科학員을募集ᄒᆞᄂᆞᆫ中에現今中等科의卒業ᄒᆞᆫ諸員을爲ᄒᆞ야高等科를加設ᄒᆞ고高明ᄒᆞᆫ講師諸氏에셔各科를分擔ᄒᆞ오셔熱心敎授ᄒᆞ시오니願학ᄒᆞ시ᄂᆞᆫ僉員은九月二拾壹日內로本학堂에來臨ᄒᆞ시와問議ᄒᆞ시오

但請願用紙ᄂᆞᆫ本학堂에請求ᄒᆞᆷ

課程

初等科　國문　한문　作문　算術　圖畵　地誌初步　體操　英語

中等科　聖經　漢文　修身　地誌歷史(本國)　算術　英語　生理　衛生　動物학　植物학　圖畵　理科　簿記　代數初步　脉操

高等科　聖經　漢文　代數　幾何　三角　天文학　論文학　心理학　敎育학　物理　化학　英文학　地誌(萬國)　生理高等　經濟　歷史　萬國、近世、上古、英國、美國

選科及隨意科　音樂　針線

試取

入학年齡　拾歲以上

入학試取科目　國문　讀書　寫字　解說　身體檢査

試取日　九月二拾一日

開학日　九月二拾三日

但寄宿코져ᄒᆞᄂᆞᆫ학員의게ᄂᆞᆫ食費每朔三圜만밧고柴炭燈油ᄂᆞᆫ無料供給ᄒᆞᆷ

京城貞洞梨花학堂　告白

廣告

◉私立密陽路下洞同化學校趣旨書

夫人而無學이면人이라謂키難호고國而無敎면國이라謂키難호나니然홈으로古昔東西來開明時에도以敎育으로爲壹大政略호야日學日庠日校日塾而檀箕以來四千餘年의文治가東洋에首屈指을稱호얏거든現今梯航이交通호고人文이復雜호는時際호야敎育을壹倍擴張하야人民의智識을開발호고國家의威權을鞏固하깃기로不謂我김重演시가我 郡上의敎育하시는盛意를深效호여學校의設立홈을苦心勸奬호야孰不感膺而奮발者乎아世界上文運이高度에旣進호야千里의行을壹日의速하고萬國의信을瞬息에涵호니愚者라도必曰天造化라人力의能호리오호깃스나盖權利는知識에生호고知識은학問에由홈이니他優而我劣호고他智而我愚하면秉弱攻昧의慮를能免호리오或이有曰舊학은可敎오新문은不可敎라호나舊학의主義를試以觀之호라在昔治盛也에弘儒傳학은非敢妄議로되迨此更張之會하야記詞誦章하고傲志歎世호며指新학問者而曰彼는弱化人也며기化학也라先正의后가기化人을豈作호며兩班의子孫가기化학에爲入호리오호고國의衰弱은天數에歸호며身의敗亡은家運에托호야千言萬語가壹經綸을不得호여長夜乾坤에夢中空老者 殆不可勝籌矣라寧不嗟惜이며亦不慨歎가時의異宜가有호고학은不同이無호나物理化학이格物致知가아니며法律政치가修齊치平이아니리오하者는非今時의初期이오乃前代의法範이 智育德育이古今이何異아易曰隨時變易以從道라호얏스나此足爲時代의明鑑矣라今我密州는鄒魯의舊鄕이오禮義의淵藪로키遇홈時를値호야公私學校之設立이數處에至호바本동에民力으로流奬孺子夾會辦호財團이壹校의經費를支응키難호나子弟의교育과기明의進步를人後에至홈가慮切호야大小民人이壹齊合心호야設財團을校物로移屬호고학校를設立호고命名日同化학校라호니同化之名이意豈徒然哉이今日에設壹校하고明日에設壹校하며此洞에立壹塾호고彼洞에立壹塾호면不至幾年에郡々是校오村村是塾이니我大韓貳千萬同胞가共濟三千里교化之域이로다寧不擊手頌賀乎아漢文敎師는權仁석으로外國語敎師는日本中학科卒業生李相詢으로延聘호고校長은洞民尹秉淵으로校監은김容海로학監은尹희榮으로擔任校務호며本年六月五日에기校而出席生徒가五拾二人이며女生徒가九人에達호바瞻라 國家에人材敎育홈이大厦將營에先히棟량의材木을培養홈과如호나惟我靑年은勉之勉之호야本然의性을擴充호며活潑의氣를養成호여棟량의材를自得호야同化의趣旨를毋墮호며中西胞의前驅를自擔호며郡會의名義를復先호며 國家의威權을永遠鞏固케호야東洋에獨立基礎를指日可期홀지어다

발起人　尹희용　朴致福　嚴世仁　李斗淳　玄鳳成　김世漢　池昌漢

陳盛壹　表正九　權寧用　김相섭

延安郡觀德亭延흥學校新建築허는데對호야特別贊成호신이如左홈

本郡守李範昌二十圜　郡主事尹衡淳五圜　申宗均壹百원　김奎南　林聖根　각拾圜　김圭培五圜　馬原植五圜　채洪祚三圜　車奉麟　김翊培　申泰壹　윤根厚　정培根　金大鉉　趙炳夏　김世永　片壽烈　片富烈　김석台　閔爽鎬　閔泳薰　咸丙鎬　김종海　尹相祿　李昌夏　박信煥　申鉉復　각一圜　김相奎　申鉉聲　각二圜　申鉉璹　申鉉謨　各七圜　李응六　文信根　박光業　趙今福　김春根　김元三　文德泰　高성煥　洪종台　洪淳夔　申鉉實　李蘭섭　朴興龍　鄭聖守　李元뵈　鄭석番　宋仲屯　김國老　趙敬安　李世蕳　姜聖七　황象淵　김종應　李熙民　김昌培　김顯台　鄭卿鎬　洪斗燁　김廷植　李雲甫　全永燮　宋奎默　張世翰　崔殷協　林信根　洪종鳳　許永成　각壹圜　李煜　李成執　각二圜　申鉉琦　母親六圜　리濟敬夫人壹圜　김相奎母親壹圜　申允宜母親二圜　김炯均　崔永하　리鳳在　합重鎬　宋埼源　朴桂根　尹大興　김順豊　각五拾전　劉建夏　宋석萬　각三拾전

合二百七拾壹圜六拾錢

●私立東彰學校寄附金廣告

義親王殿下　永宣君　各五拾圜　리達鎔　貳拾圜　李源鎔　拾圜　張寅根　同夫人각五圜

私立東彰學校附設義捐金廣告

權輔相　張寅根　리圭植　成鎔益　리鍾斗　權啓德　리興根　黃允昌　리春雨　孫云昌　각壹圜　梅景春　박용源　韓昌淳　리興烈　權世煥　咸致元　池龍起　太德善　徐興秀　리有泌　宋潤初　리鍾成　金興祿　朴春相　咸宗圭　石泰根　리潤在　각五拾전　張根植　리祥源　金鳳濟　鄭光식　김春식　김寅瑞　車景柱　宋啓建　각六拾전　리종萬　리漢永　김俊植　劉志壤　朴元恒　朴元俊　劉應煥　金德順　金德仲　김顯又　김敎瓚　각四拾전　朴志壹　리健章　김基澤　崔順成　洪在旭　金斗종　김應𤣰　김泰煥　尹錫植　崔命戴　方啓完　김永根　朴泳相　柳聖祿　洪景在　崔浚淡　李圭庠　黃富祿　朴光혁　각卅전　崔兌淳　鄭順종　김英洲　黃종元　리뒤潤　김봉洙　리承遠　김相應　劉瑛均　鄭德元　김正弼　종聖基　徐應萬　리뒤榮　鄭完謨　車秉極　洪종浩　김宜坤　라圭翼　리圭復　姜興雲　朴晩燁　全斗鉉　김在鉉　崔聖淵　김春先　殷善榮　리致伯　崔仁善　리雄善　韓永鐵　리亨善　洪翼杓　각貳拾전　梁在설　金德鉉　劉成浩　김正九　柳寅澤　宋完永　高伯龍　鄭觀漢　劉道永　리鎬稷　김良濟　徐丙均　異應植　卞億石　鄭東逵　리종漢　崔영식　정善行　리聖韶　殷鳳翼　姜在亨　김景玉　리源基　朴基洪　權用圭　각拾전

未完

●大韓新聞醫學廣告

·陸軍軍醫金守鉉君實驗方劑
·陸軍軍醫張其茂君有效證明
·四海衛生諸君子常備之要藥

消化新藥　清心保命丹

仁川港杻峴　發行所　濟生堂藥房

九十粒入壹盒拾錢

●右藥의主治效能은如左
●담飮痰嗽●吐瀉●水土不服
●氣鬱腹痛●酒醉●中暑中寒
●食積食傷●咽喉●口熱惡臭
●其他諸般瘟疫氣厲疫預防妙藥

總發行所京城南大門內
濟生당支店李廣麗
●미아리문外　濟生당支店具又贇
●元山港路石院　濟生당支店박敬鎭

代理店　京성大廣橋共愛堂
●京泥峴三丁目　全종路慈惠약房
全　新井약店
全郵便局前天佑堂약房
全남大문내博文書館盧益亨
全梨峴洋약局　리信華
全大安洞　仁제약房
全壽동三河病院　朴喜遠
●仁川奇峴和平당　리源善
同本町　新井藥房
●海州남문내　宋在瑛
全　全商店　리奉植
●水原종路下약房　金제九
●延安邑내洋약局　邊汝文
●江華종路店　尹斗鉉
●長淵남門내　崔觀淳
●砂里院場내客主　任允中
全耶蘇敎堂내　리載善
●瑞興邑내　許완
●汗浦驛東美躍送部　김奉圭
●黃州남문내紅문동　리東혁
●安岳邑上場里제生局　林景杜
●載寧邑後동洋藥局　崔允國
●忠州東良面早遞　김鎭和
●信川邑四里洋약局　김永植
●長連邑東里冊肆文爽冠
●平壤里문동出張人　尹寅혁
全雙巨里제生局　韓鳳儀
全館前衛生의院　金龍奧
全文武동제生局　桂澤宜
全大興部壹里藥局　崔龍化
●鎭남浦藥동冊사　김元燮
全后浦本堂出張人　吳南駿
●安州성내義井동　春大약房
●博川邑美동商店　朴芝行
●定州남문내洋藥局　리健杜

●郭山邑大街冊사　김大鉉
●宜川邑내冊사　安濬
●鐵山읍내永春堂　安灝
●義州남문外水口街　崔鏝浩
●龍川읍官洋약局　리丙斗
●群山港開[illegible]　김斗鉉
●大邱남門내刷還洞　김成浩
●釜山港東館本町商店　리炳夏
●北靑新昌港客主　朴錫勳
●木浦各國居留地松房　徐岐見
●全國내各약店마다隨應販賣
仁川港奇峴　京성남大문내　濟生堂　白

社告

○申報價
壹號代金　新貨二錢五厘
壹個月先納　三十錢
參個月　九拾錢
陸個月　一圜八十錢
壹個年　三圜六十錢
郵稅一號　新貨五厘
壹個月　十三錢

○廣告料
四号活字拾三字詰
每日壹寸(英尺)에新貨廿五錢
二週日壹寸에　二圜五拾錢
壹箇月壹寸에　五圜
(自壹行至四行이爲壹寸)
其期限의長短과字行의多寡를依호야增減홈이有홈

●大韓每日申報各處支社廣告

中署布屛下　金相萬冊肆
平壤鍾路太極書館　安泰國
仁川奇峴開新冊肆　李東皓
義州南門外호西大藥房　張有寬
釜山港佐川약局　徐錫籌
三和港牌石洞　金澄柱
咸興州南社西門外　曹喜林
開城남大門內興學書舖　姜助遠
大邱西門外友弦書樓側　李正由
載寧邑濟衆院　劉夢澤
鐵山邑東部　安灝
元山倉前　劉七錫
海州남門內　朴昌鎭
定州南門內書舖　洪成麟
昌城郡校洞　許원
郭山興岩育英書舖　李銀瑞
安岳細동坊成洞　康濟善
博川舊津　李鎭成
安州城內義井洞　金翼河
鐵原邑榮동　趙종大
高原邑　朴聲吉
井邑邑內　李森燮
泰仁邑內　金禹燮
京義線枇峴驛替市　李基秀
長淵邑南門內　崔載淳
殷栗邑倉廟里　金泰聲
龍川楊市　黃菊保
朔州邑남門내　朱伯英
泰川邑館前洋약局　李正華
永興南山동書舖　梁昌錫
江華邑川橋　兪鎭식
淸州남門外　宋斗仁
寧邊邑客舍里趙炳俊家　明濟世
金溝水流面豆亭　趙德三
信川邑六里　丁一善
江西邑內　金昌燁
成川郡上部面　馬應三
興德富安面劍谷　姜大榮
龍川府南面松峴海東書會　金賢圭
咸從郡耶蘇敎堂　張炳壹
平남順川郡蓮동　鄭裕弼
龍川남市驛　韓燦禧
龍岡郡耶蘇敎堂內　朴鏞운
車輦館　金明鉉
結城廣川小龍동　李啓祚
定平郡豊川　張禮하
洪原南門外耶蘇敎冊肆　方萬晟
宜川읍新民書會　魯晶관

發行兼編輯人英國人　萬咸
Responsible for Publication Alfred Weekley Marnham.
發行所
南署石井洞號外地三層洋屋
大韓每日申報社

光武九年八月拾壹日 明治卅八年八月拾壹日 (第三種郵便物認可) 水 日 西曆壹千九百八年九月二十三日

第九百拾壹號

第六卷

大韓每日申報

月曜及慶節 歲時日休刊

檀君開國四千二百四十一年
箕子元年三千三十年
大韓開國五百十七年
日本明治四十一年
淸國光緖三十四年
陰曆戊申八月小廿八日辛巳

論說

◎內閣變動說에 對한 民心

近者에 內閣變動의 風說이 轉高하미 壹般國民의 此에 對한 感情을 觀하건되 或者는 猛然傾耳하야 日噫라 後來者가 其誰인가 虐我者인가 恩我者인가 하며 或은 悵然興歎하야 日噫다 我가 其知之로니 得斧失斧가 壹樣에 必歸할지어늘 吾가 何必此에 鬱々하리오 하야 希望者도 有하며 絶望者도 有하더라

記者曰 嗚呼라 大韓國民이 如今에도 尙且未覺하는가 今時는 古時와 大異하야 國民의 政治的 知識이 迷劣하며 政治的 能力이 幾劣하고 但只 頭를 擧하야 政府만 仰하야 日 我를 顧하라 我를 恤하라 하야 徐厖喜部贊과 如한 人이 大臣椅子를 據하거던 欣欣相告曰 吾輩가 生矣라 하며 李괴鄭順朋과 如한 人이 大臣椅子를 據하거던 慼慼相歎曰 吾輩乃死矣라 하야 其安其危 其休其戚 其生其死를 彼政府內 幾個人에만 任하면 是는 奴隸的 國民이라 畢竟은 億萬劫地獄에 墮入하리니 엇지 生路가 有하리오

故로 如今에 國民된 者는 반다시 國民의 義務를 行하며 國民의 責任을 盡한 然後에 國民의 權利를 樂享하야 政治의 得失을 與聞하며 政治의 善否를 輿論하야 政府를 指導하며 政府를 監督하여야 斯民의 幸福이 始有하리니 萬壹 政府만 仰하야 誰良한 政治家를 待하다가 善良한 政治家가 來하면 幸矣어니와 善良한 政治家가 不來하면 奈何며 壹善良政治家가 作來라가 百奸惡政治家가 旋繼하면 奈何오 故로 今日國民이 幸福을 求코자 할진대 政治的 能力이 先造함이 可하니라

或曰 東洋古代數千載歷史를 盡閱하매 政治는 政府에서 斷行하는바니 엇지 國民이 與聞하리오

記者曰 嗚呼라 今日國民의 識見이 皆是吾子와 如한 故로 民權이 不興하고 國力이 不振하는 所以니 嗚呼라 今日大韓國民이여 亟々히 新知에 勃興하야 政治的 能力을 造成할지니 一時政府의 變動에는 善政府를 得하야도 不足喜오 惡政府를 得하야도 不足悲니라

▲▲隆熙貳年九月拾八日 官報 (續)

●告 示

內閣告示第十壹號

第七條 第三條及前條第壹項及第三項의 申請人은 左記에 依하야 手數料를 納함이 可함

壹 新히 第三種郵便物의 認可를 受코자 하는 時 又는 第三條中의 二事項以上 變更의 認可를 受코자 하는 時는 金拾圜

貳 第三條中의 壹事項에 對하야 變更의 認可를 受코자 하는 時는 金五圜

前項의 手數料는 郵票로 代用하야 申請書에 貼付함이 可하되 若認可치 아니할 時는 此를 還付함

第八條 第三種郵便物의 認可를 受한 定期刊行物及其臨時增刊으로서 左記各號의 壹에 該當한 時는 其認可를 徵消함이 可함

壹 第二條各號의 條件을 缺한 時

二 第五條規定의 出付를 怠한 時

三 第六條의 節次를 怠한 時

四 通告의 事項과 其事實이 相違한 時

第九條 第四條第貳項에 依하야 認可의 効力을 失한 者及前樣에 依하야 認可가 消된 者 又는 此를 繼承한 줄노 認한 定期刊行物에 對하야는 情狀을 依하야 再認可를 不與함이 有함

附 則

第拾條 本規則은 明治四拾壹年拾月壹日로부터 此를 施行함

第拾壹條 本規則施行前부터 第三種郵便物의 認可를 受하야 現히 발行하는 定期刊行物은 本規則을 依하야 認可한 者로 看做함

(未完)

外 報

●德帝의 訪問中止理由 倫敦電을 據한즉 德國皇帝의 佛國訪問을 中止한 理由는 佛政府黨員이 暴擧할 虞가 有함이라고 法國新聞紙에서 說明하얏다더라

●第二回海牙開會 路透電을 據한즉 德伊兩國政府의 要求함을 基하야 和蘭政府에서 第二回海牙平和會에 參例된 列國에 對하야 萬國換錢規定條約案을 審議하기로 更히 海牙에서 會合함을 勸誘하얏는데 會期는 明年이라더라

●唐氏와 滿洲 大連電을 據한즉 唐紹儀氏가 米國에 行함은 滿洲의 企業公債를 募集하기 爲함인데 萬一 此가 成立될 時는 滿洲의 富源은 皆淸國手中에서 개발될터이라고 北京政府에서 此를 反對하는 者有하나 其結局은 圓滿함에 至할터이오 奉天米國領事는 此를 助成하기에 努力한다 하얏더라

●神戶의 大火事 神戶電을 據한즉 去拾八日正午에 神戶鐵道院兵庫工場內 빙지庫에서 出火하야 木工場塗工場雜品庫事務所等拾四戶壹千壹百餘坪과 貨車九량이 燒失되얏는데 損害額이 九拾萬圜이오 原因은 未詳이라 하얏더라

雜 報

●普文社와 韓氏 普文社總務韓榮浩시가 印刷소 組台한다고 閔泳綺시를 勸誘하얏고 又에 閔健植崔서彰兩시를 活版營業이 當今要緊이라고 甘言媚勸하고 竟造으로 孫秉熙시를 詐說로 驅惑하야 機械를 賜與하며 資本現金은 崔閔兩人의게 自擔케하고 成文會計만 하면 天道教々課書等도 印刷刊布할터이오 利益이 巨大하다 한즉 三處에서 該人의 言論을 感信하야 組織開業인데 孫시는 普文館機械를 五千圜資本으로 計算하고 崔시는 自巳家舍를 壹千五百圜資本으로 計算하고 閔시는 現金으로 四千圜資本으로 計算인대 韓시가 左右做왕으로 總務의 任을 自薦하고 孫시의게 從習曰 天道教々課書를 繼續許刊出하던지 閔鐵鐵의 地契紙가 多得하니 紙屬은 勿慮하고 印刷費로 繼續하라 하미 孫시가 信之無疑하야 始有教課書발刊之論하고 韓시가 閔시의게 往言曰 孫시를 誘論하야 敎課書를 印刷케 하되 爲先 地契紙를 多用에 運動也니 若多數印出하면 地契紙에 獲利不少하더 壹幸也며 印刷費弁하면 多數할터이니 如是多貸帳케 한 後에는 股肱條相殺하면 孫시가 無辭更抗이오 不然自去니 其利甚薄이고 崔서彰시는 徐々逐送則其利又專이라 하니 閔시가 沉溺於韓시之牢籠圈套하얏고 皮其數課書畢刊三萬六千部를 盡數越送于孫시許後에 仍無各冊子列錄明細書之往示하고 但以部數로 列書하야 合價五千七拾七圜二拾五전으로 填書하며 又不使諸任員으로 示認하고 渠自潛往하야 袖示孫시하고 請其捺章則 孫시가 其模糊함을 說明하고 明細書를 辭來하라 하미 辭某曰 閔健植시가 勿論某人하고 印刷給與後에 何時渡價한다는 文대도 無하다고 詰責을 오ㅣ若 捺章以給하면 閔시의게 暫示而巳오 明細書는 隨節繕納하리다 하미 孫시는 疑捺章할지라 該社員李淵德시가 見其韓某之弄奸하고 赴陳于孫시하야 務使公平無私코저 하며 孫시의 代人權東鎭시가 前來하야 印刷費歸正과 韓榮浩除黜件을 節々抗議則 社長閔健植시가 日印刷費는 當該間歸決하고 韓榮浩除黜은 定期總會時議決之意로 爲答矣라 韓榮浩시가 向反抗하고 誘引工匠하야 月俸은 勿慮하고 壹間罷工하라 하얏스며 株主梁漢默시가 適於本年七月二十七日에 現在任員李淵德洪鍾億李리兩三人을 取締로 公選하야 永續享업케 하는 事로 委任하는데 株主崔서彰도 同意하얏스며 事務를 繼續한 後에 韓시가 踵前行動코저 하나 該社任員이 不服反抗함으로 該機謀가 竟不行할지라 韓시가 末乃辯護士某시의게 請囑하야 孫시前에 前往하야 先言起訴하고 後勸平和하더가 事不如意하얏다고 該社事務員李淵德洪鍾億李리兩三시가 本社에 來言하기로 其概要를 揭載하노라

●果則良倅 長淵郡守俞致衡氏는 該郡內有志財政家들노 敎育에 時急重大함을 說明하고 基本金三千圜을 鳩聚하야 已往廢止되얏던 郡內又新學校를 壹新擴張하고 學徒를 募集하야 熱心指導함으로 生徒가 百餘名에 達하얏스며 各面에 面학校를 設置하기로 勸論하야 十二各面에 各數千圜基本金으로 學校가 成立되고 其餘八面도 지금 周旋中이며 各面에 巡行하야 敎師資格되는 靑年에게는 面論하야 高等學校나 中學校로 指導한다고 其敎育熱誠을 人皆稱頌하더라

雜報

●承寧府와貧民　京城內外貧民等이生計末由ᄒᆞ야家券을外國人處에典執越限ᄒᆞ면家舍를見奪ᄒᆞ야數多人口가道路에棲屑홈은　太皇帝陛下ᄭᅴ옵셔洞燭ᄒᆞ옵시고矜惻이너이사幾萬圓을廣泉舖에　內下ᄒᆞ시와家券을典執ᄒᆞ야生涯窮艱ᄒᆞᆫ人民의流離ᄒᆞᄂᆞᆫ弊가無케ᄒᆞ도록ᄒᆞ라ᄒᆞ옵심으로廣泉舖에典券ᄒᆞᆫ人民等이　皇恩을至今ᄭᆞ지頌祝이더니不意今者에承寧府主事와雇員이壹次調査ᄒᆞᆫ後에稱以承寧府囑托ᄒᆞ고典券ᄒᆞᆫ家로周行ᄒᆞ며　太皇帝陛下　勅令이라ᄒᆞ고俱本邊ᄒᆞ야壹分零漏업시三日內로納上ᄒᆞ야車罰을免ᄒᆞ라ᄒᆞ고督促이星火갓ᄒᆞᆫ故로該典家人들이罔知所措라더라

●農大水原行　農商工部大臣趙重應氏ᄂᆞᆫ水原郡農林을觀察ᄒᆞ기爲ᄒᆞ야該部農務局長日人中村을帶同ᄒᆞ고昨日上午九時에京釜鐵道壹番列車를搭乘발程ᄒᆞ얏다더라

●鄭氏免官理由　表勳院書記官鄭東植氏ᄂᆞᆫ免本官이된다ᄂᆞᆫ理由를聞ᄒᆞᆫ즉日本皇后陛下의勳章을製造送呈하얏다ᄂᆞᆫ데其佩用事件에對하야男子의佩用ᄒᆞᄂᆞᆫ格式으로ᄒᆞᆫ所以라ᄒᆞ고ᄒᆞ더라

●拾五分壹　內部警務局에서去番警部試才홀時에應試者가壹百五十餘人인ᄃᆡ入格人은十人이라더라

●日人沒廉　日本人田中遷爲名人은官職叙任도홈이無ᄒᆞ다ᄂᆞᆫ대無名色으로內部에仕進視務ᄒᆞᆫ다더라

●川上屋毁撤爲始　漢城府에서齊洞川上家屋移轉費를瓦草家每間에甲乙丙으로定價支撥ᄒᆞ고毁撤ᄒᆞ기ᄂᆞᆫ昨日爲始ᄒᆞ야陰曆本月晦日ᄭᆞ지定限ᄒᆞ얏다더라

◎北韓義兵과馬賊

北滿州地方에서近日에韓國義兵과淸國馬賊이多數聯合ᄒᆞ야勢力을擴張ᄒᆞ고淸國守備兵도逃亡ᄒᆞ야多數히該黨에投入ᄒᆞ얏다더라

●廣倅急還　廣州郡守吳泰泳氏ᄂᆞᆫ所關이有ᄒᆞ야受由上京ᄒᆞ얏더니該郡에義兵이多數히入來ᄒᆞ야民心이騷擾ᄒᆞᆫ다ᄂᆞᆫ急報를聞ᄒᆞ고昨日午前에不時還官ᄒᆞ얏다더라

●灣城蔘民嗷々　西來人의傳說을據ᄒᆞᆫ즉開城蔘業은數百年耕作에韓國第壹輸出品이러니挽近六七年以來로紅腐之病이年々益甚ᄒᆞ야昔年六七萬斤紅蔘材料가今年에不過四五千斤이오明年은署存署無故로支那蔘業界의時價가隨時高翔ᄒᆞ야紅蔘壹斤에六拾圓에達ᄒᆞ얏ᄂᆞᆫ데今秋紅蔘製造ᄂᆞᆫ度支部에서專賣ᄒᆞᆯ次로規則을頒佈ᄒᆞ고水蔘價額을發表하야蔘民게告示ᄒᆞᆫ바該價額이比於昨年ᄒᆞ면太爲減少ᄒᆞ니水蔘에正當ᄒᆞᆫ價를言之ᄒᆞ면昨年價에加倍라도蔘民이實無支撑故로齊訴蔘政課에別無實效ᄒᆞ야許多蔘民이과足上京ᄒᆞ야將次度支部에呼訴ᄒᆞᆫ다더라

●處絞宣告　義兵將康年氏를處絞로宣告ᄒᆞ얏다더라

●張氏의造紙方針　農工硏究會々長張博氏가造紙方針을硏究ᄒᆞ야時急히着手ᄒᆞᆯ터인ᄃᆡ財政과諸般器械를現今準備中이라더라

●體操敎師會同　各普通學校에體操가不完全홈으로來二拾五日부터各體操敎師가師範學校로會同ᄒᆞ야鍊習ᄒᆞᆫ다ᄂᆞᆫ데期限은五週日로酌定ᄒᆞ얏다더라

●四郡代表上京　京釜鐵道用地에犯入ᄒᆞᆫ地段價額을自政府로劃一ᄒᆞ얏스되惟獨文義沃川懷德永同四郡地段價ᄂᆞᆫ尙今支撥치아니ᄒᆞᄂᆞᆫ故로該四郡人民이至冤ᄒᆞ야他郡壹例로推尋키爲ᄒᆞ야재鎬서洪復爵崔浩植二人이四郡人民의代表로專任上京ᄒᆞ얏다더라

●坊會事務實施　北部觀鐵坊會에서衛生事務ᄂᆞᆫ漸次實施ᄒᆞ고학校ᄂᆞᆫ爲先設立ᄒᆞᆯ意로協議可決ᄒᆞ얏다더라

●兩洞人民等訴　西部西小門外冶동과蓋井동은人民數千餘名이居生ᄒᆞᄂᆞᆫ處인ᄃᆡ鐵道局에서該局所用이라ᄒᆞ고標木을立ᄒᆞ며鐵網을結ᄒᆞ고汲水路를防禦ᄒᆞ며或家屋을毁撤移去ᄒᆞ라ᄒᆞ며交通을杜絕케ᄒᆞ야猝難圖生이니히局에另爲交涉하야即時通行케ᄒᆞ야달나고히동居民姜在順氏等五拾餘名이昨日內部에等訴하얏다더라

●消防係長重傷　日昨審洪床臺에失火홈은已報어니와消防係長이救火ᄒᆞ다가瓦石에眼部를重傷ᄒᆞ야治療次로大韓醫院으로昇往ᄒᆞ얏다더라

●鮮克有終　金永庸崔英煥兩氏가留학次로日本에前往ᄒᆞ얏다가學資가窘拙ᄒᆞ야不得已回國ᄒᆞ엿서兩氏에囊橐이俱空ᄒᆞ야至於死境이더니崔秉哲鄭元壹梁洪默李完洙等諸氏가幾元式捐助ᄒᆞ야京城에抵達ᄒᆞ얏다더라

●脅其夫奪其妻　北部中學橋居ᄒᆞᄂᆞᆫ盲客金鉀河氏ᄂᆞᆫ膝下에子女가俱無ᄒᆞ야自己遠族金泰卿으로家事를專任干涉케ᄒᆞ얏더니壹日은金泰卿이出他還家ᄒᆞ야言ᄒᆞ되警視廳에서金鎭河氏를詗捉ᄒᆞᆫ다ᄂᆞᆫ傳說이浪藉ᄒᆞ온즉何以措處오ᄒᆞ더니居未幾에警視廳巡査金鎭燁이라假稱ᄒᆞᆫ者가來到하야金鎭河氏를捕縛以去ᄒᆞ다가中路에至ᄒᆞ야言ᄒᆞ되金貨五十圓만出給ᄒᆞ면自此放送ᄒᆞᆯ것다홈으로金氏가其言을依ᄒᆞ야出給ᄒᆞ얏더니幾日을又過ᄒᆞᆫ後에金漢卿이又言ᄒᆞ되警視廳에서又爲捉囚코저ᄒᆞᆫ즉預先逃避ᄒᆞ라ᄒᆞᄂᆞᆫ故로金鎭河氏가惧겁ᄒᆞ야東大門外何許寺刹에往ᄒᆞ야避身隱在하얏더니김泰卿이김鎭河氏의妻를犯奸作妾ᄒᆞ고其他什物도渠自取奪ᄒᆞ얏다더라

●日人悖行被押　再昨日下午二時頃에南部會동所留하ᄂᆞᆫ日人渡邊健太郞이가被酒泥醉ᄒᆞ야大廟洞等地로過去ᄒᆞ다가該洞居ᄒᆞᄂᆞᆫ朴明善氏家에突入ᄒᆞ야作梗코ᄌᆞᄒᆞ미該家에留連ᄒᆞᄂᆞᆫ閔敬完氏가禁止홈즉終不信聽ᄒᆞ고漸入廳헌ᄒᆞᄂᆞᆫ지라朴氏의親戚金甲成氏가亦爲禁戢하미該日人이金우兩人을壹幷毆打ᄒᆞ야우氏ᄂᆞᆫ頭部가被傷ᄒᆞ얏고朴氏의茶碗等物數件을又爲破傷홈故로히擧內日巡査가히日人을南部警察署로押付ᄒᆞ얏다더라

●地方行政冊子發行　內部書記官趙聲九氏가地方自治制度에關ᄒᆞᆫ原則과現行各法律을參互ᄒᆞ야地方行政論이라ᄂᆞᆫ冊子를著述發刊ᄒᆞ얏다더라

●儒生과會員　畿湖興學會에서公州郡에支學會를設立홀次로協議ᄒᆞ고該郡校畓이二百餘石落인ᄃᆡ該田土로經費를維持支用ᄒᆞᆯ意로儒生과協議ᄒᆞ얏다ᄂᆞᆫ대該郡壹進會에서此를聞知ᄒᆞ고儒生의게請ᄒᆞ기를本會에서設立ᄒᆞᆫ학校에經費가窘拙ᄒᆞ니校畓을折半ᄒᆞ야달나ᄒᆞᆫ즉該儒生等이不應홈으로現今相持中이라더라

●慶南義擾漸盛　慶尙南道各郡에義兵이漸次倡起ᄒᆞᆫ다홈으로討伐ᄒᆞ기爲ᄒᆞ야再昨日에憲兵補助員이多數下去ᄒᆞᄂᆞᆫᄃᆡ其父母妻子와手를相把ᄒᆞ고飮泣離去ᄒᆞᄂᆞᆫ情景은目不忍見이라더라

●慶源義兵　李範允部下義兵은慶源附近에서出沒한다더라

●竹山郡義擾　日前에義兵三百餘名이竹山郡에入據ᄒᆞ야各洞人民에게指揮ᄒᆞ고軍糧米를準備來納ᄒᆞ라ᄒᆞ얏다더라

●進明校設立　西部西門外東幕下契에ᄂᆞᆫ至于今但有私塾이더니日前에西部東幕上契所在興英學校에서該洞에對ᄒᆞ야每朔壹千貳百兩式該校에捐助ᄒᆞ라ᄒᆞ미洞中紳士諸氏가不勝憤愧之心ᄒᆞ야進明學校를設立ᄒᆞ고高明ᄒᆞᆫ敎師를雇聘ᄒᆞ야敎授ᄒᆞ기로決定ᄒᆞ고經費ᄂᆞᆫ興英學校에서强請捐助ᄒᆞ라ᄂᆞᆫ每朔壹千二百兩을爲先引用ᄒᆞ기로確定ᄒᆞ얏다더라

●壹廢壹立　東來人의傳說을據ᄒᆞᆫ즉江陵郡瀛洲학校敎師李應周시가該校諸般敎課를熱心敎授에大有前進之望인ᄃᆡ該郡儒林中頑固輩幾人이胥動沮害ᄒᆞ야仍至廢止之境이러니李根宇權炳文諸시가李敎師의熱誠所激으로東進學校를設立ᄒᆞ고李應周시를延聘敎授홀지數月之內에學員이六七拾名에達하얏다더라

●敎育界의魔賊　利川郡私立島村學校에서本月拾壹日에開校式을擧行ᄒᆞᄂᆞᆫ대該郡主事鄭德愚시가來臨觀光ᄒᆞ깃다홈으로該校壹般任員이生徒를領率ᄒᆞ고該동口外에出往迎接ᄒᆞᆫ즉鄭시가勃然變色ᄒᆞ야言ᄒᆞ되學徒가郡主事를迎接홀時에ᄂᆞᆫ例히數拾里外에出來홈이事理에當然이거ᄂᆞᆯ纔出門外ᄒᆞ야怠慢祗迎ᄒᆞ니是豈道理乎아ᄒᆞ며忿然歸去ᄒᆞᆫ後에히校生徒로ᄒᆞ야금幾日間停학케ᄒᆞᆫ지라히郡守가히道에報告ᄒᆞ되敎育을妨害ᄒᆞᄂᆞᆫ此等人物은不可仍置니即速報免케ᄒᆞ라ᄒᆞ얏다더라

●婦人熱心　阿峴居ᄒᆞᄂᆞᆫ金한甲씨가徵文義塾에入학코ᄌᆞᄒᆞ나書籍購備ᄒᆞᆯ資와이無홈을悶歎ᄒᆞ미該시婦人리시가銀簪과指環을賣하야書籍價金을辦給ᄒᆞ고勸勉학케하얏다더라

●長久長久　忠淸南道魯城郡長久洞尹正重시家에서鄭寅億鄭喜永諸시가발起ᄒᆞ야私立輔仁학校를設立하고講師를雇聘ᄒᆞ야熱心敎授ᄒᆞ기로學員이五十餘名에達ᄒᆞ얏다더라

▲地方消息▼

▲本月拾二日全北古阜郡內에서義兵과日兵이交戰ᄒᆞ얏다ᄒᆞ고

▲平安南道成川陽德兩郡에ᄂᆞᆫ義兵이最多ᄒᆞ다더라

▲大斧破頑▼

▲楚覇王의拔山力과夏禹氏의開山斧로朱亥袖腕高撤하고滄海力士雄膽으로左冲右突勇進ᄒᆞ야韓國界에頑固輩를壹並斫破ᄒᆞ여볼ᄭᆡ

▲自由獨立不知ᄒᆞ고事大主義提倡ᄒᆞ야祖國年號抹殺ᄒᆞ고大明紀元特書ᄒᆞ야義理大家自稱ᄒᆞᆯ제覥然無恥ᄒᆞᆫ頑固를壹斧斫破ᄒᆞ여보세

▲支那史記談論ᄒᆞᆯ제三皇五帝以後事ᄂᆞᆫ瞭然指掌ᄒᆞᆯ것마ᄂᆞᆫ本朝歷史壹問ᄒᆞ면糊塗說去全昧ᄒᆞ나博識自矜ᄒᆞᄂᆞᆫ頑固를壹斧斫破하여보세

▲舊學問만됴타ᄒᆞ고新學問을仇視ᄒᆞ야敎育界에魔賊이요靑年子弟誤引ᄒᆞ야牛鳴犬吠制裁하니棄明投暗ᄒᆞᄂᆞᆫ頑固를壹斧斫破ᄒᆞ여보세

▲某之子와某之孫이高談峻論ᄒᆞᆯ제보면門閥高下競爭ᄒᆞ야雖云開化世界인들爾輩焉敢侮余하리互相猜忌ᄒᆞᄂᆞᆫ완固를壹斧斫破하여보세

▲削髮者를相對ᄒᆞ면大驚小怪ᄒᆞᄂᆞᆫ말이官報上에不現ᄒᆞᆫ즉官職叙任아니어든君何名色斷髮인고咄々恨歎ᄒᆞᄂᆞᆫ頑固를壹斧斫破ᄒᆞ여보세

▲勿論某人得官ᄒᆞ면各自奔走獻賀ᄒᆞᆯ제若君之閥閱로仕宦元來分內事나爲先鳳給幾何인고流涎欽羨ᄒᆞᄂᆞᆫ頑固를壹斧斫破ᄒᆞ여보세

▲民皮剝皆爲衣ᄒᆞ고民血浚鑿爲食ᄒᆞ야高堂大廈錦繡席ᄒᆞ야白晳高腹緩撫ᄒᆞ며滿腹經綸賣國ᄒᆞ야權利是得ᄒᆞᄂᆞᆫ완固를壹斧斫破ᄒᆞ여보세

▲金玉貫子壹着ᄒᆞ면判書參判假稱ᄒᆞ고褰席前에隱臥ᄒᆞ야他人嘲辱不知ᄒᆞ고拜不拜를論評ᄒᆞᆯ제倨傲自大ᄒᆞᄂᆞᆫ완固를壹斧斫破하여보세

▲완固輩의완固腦를壹斧斫破ᄒᆞᆫ然後에新空氣와新思想이澎漲注入ᄒᆞ고보면晦曰黑暗완固客이今日文明이아닌가勿咎余言警醒ᄒᆞ소

廣告

初學捷徑

第壹卷　定價金　三拾五錢
第二卷　定價金　三拾五錢
第三卷
第四卷　姑未定

我國同胞의急先務ᄂᆞᆫ國文漢문인ᄃᆡ此初學捷徑은國漢문을速成ᄒᆞᆫ敎科書이오니僉同胞ᄂᆞᆫ購用ᄒᆞ시옵

編輯者　韓承坤
校閱者美國博士裵緯良

발行所
平壤鍾路　光明書觀

分매所
京鍾路　耶蘇敎書會
京桂동　玄公廉

百卷以上四割以下ᄂᆞᆫ二割

特別廣告

丁未臘月二十日出次壹千圓於晉三片及七百五拾圓於音壹片은已爲無效이고過限甚久이거ᄂᆞᆯ今聞何許賊心輩가假稱今年臘月出次條라ᄒᆞ고欲爲得債或取貸ᄒᆞᆫ다ᄒᆞ기玆廣告ᄒᆞ오니內外國人間切勿相關ᄒᆞ시옵

卓基衍　告白

學員募集廣告

光武學校(河橋川邊)內에測量三個月速成夜學科를設ᄒᆞ오니願學僉員은九月二拾七日(陰九月三日)ᄭᆞ지로來校請願홈

請願紙ᄂᆞᆫ本校에請求홈
試驗　四則以內
月謝金　四拾錢

校長　尹敬順　白

大寺洞貳統五戶俞鎭泰當文五千兩封留標壹丈遺失ᄒᆞ얏시니誰某拾得休紙施行홈

小安洞四統拾戶鄭昇鉉告白

昨日上午壹時三十分에壽南布木商김泰熙家에서失火ᄒᆞ야壽進床廛에延及ᄒᆞ와三家가被燒ᄒᆞᆫ事ᄂᆞᆫ極히慘酷ᄒᆞᆫ지라本人家에至ᄒᆞ얀聯랑接棟에火猛甚烈中灰燼ᄒᆞᆯ境에至ᄒᆞᆯ지라何幸皇室의保護ᄒᆞᄂᆞᆫ消防係와警官諸씨의保護ᄒᆞ심과內外國軍人諸시의救火ᄒᆞ심과隣友諸시에盡力ᄒᆞ신惠澤을被ᄒᆞ와幸히無事ᄒᆞ얏ᄉᆞ오며鍋壹原料ᄂᆞᆫ電氣會社에서水道를設置利用케ᄒᆞᆷ을鳴謝ᄒᆞ오며又親友諸시의來問愛顧ᄒᆞ심을不勝感謝ᄒᆞ와玆에廣告홈

壽南品紙商　鄭斗煥

法律事務所開設

本人이法律事件에從事ᄒᆞᆫ지二十餘年間이온대今般左記ᄒᆞᆫ場所에事務所를設立ᄒᆞ고韓日각裁判所民刑事件及訴訟鑑定辯護和解交涉等의事務를親切周密히處理ᄒᆞ오니僉位ᄂᆞᆫ陸續來臨ᄒᆞ시옵

隆熙貳年九月二十日

京城中部鐘路電氣會社前

裁判所從六位　辯護士　本多　潤
事務員兼通譯　安鍾求

光山金氏宗中測量학校를鍾路靑年會館으로移定ᄒᆞ고校名은光新학校라ᄒᆞ고拾月壹日陰九月七日에學徒를試取ᄒᆞ야拾月四日陰九月拾日에開學ᄒᆞ니入학志願ᄒᆞᄂᆞᆫ諸宗은本月二拾八日陰九月四日以內로請願書를呈ᄒᆞᆫ後應試케ᄒᆞ되請願格式과試取科目은該校舍에揭壁하앗시니照亮ᄒᆞ시옵

校長　金珏鉉

本所에서測量夜學科를設立이온來議ᄒᆞ시옵　願學　僉員

試驗科目
書取　算術　加減乘除
試驗日字　今月二拾八日
卒業期限은二個月

南部美洞二拾九統六戶　國民測量所白

測量學員募集廣告

本塾에서速成測量課를夜學으로三個月과貳個月兩課를特設ᄒᆞ고學員을募集ᄒᆞ오니願學僉員은陽九月三拾日(陰九月初六日)內早速請願ᄒᆞ심을望홈

但細則은本塾에來問홈

北部大安洞安興義塾午後測量課

前德語學校內　告白

本人等이同志同力ᄒᆞᆫ七人으로더부러資本을醵集ᄒᆞ고客主營業을開設ᄒᆞ오니商業ᄒᆞ시ᄂᆞᆫ四方僉君子ᄂᆞᆫ惠顧ᄒᆞ심을爲要開設은本邑四里李悌璜家로定홈

黃海道信川邑
李悌璜
李元敬
李源國　告白

辯護士崔鎭

諸般法律事務를親切히迅速處理ᄒᆞ오니陸續來臨ᄒᆞ시옵

本邸　南部裕井洞七統拾壹戶
法律事務所　南部曲橋拾壹統七戶

事務員　任顯直　張鳳準　金顯斐

本月二十二日夜拾壹点鐘長湍郡華藏寺에賊漢三四名이突入ᄒᆞ야放銃數拾番ᄒᆞ고僧侶威脅ᄒᆞ고古來兩傳經貝葉經二軸과僧侶에如干衣服을沒數持去ᄒᆞ얏ᄉᆞᆸ기로玆以廣告ᄒᆞ오니內外國人은或有貝葉經放賣之人이어든勿爲見欺ᄒᆞ시옵

李鏡濟

本人의次子의初名은載玉이오改名은載陽이오年은拾九歲이온바上年貳月拾四日에出往하야消息이杳無ᄒᆞᆷ故로玆以廣佈ᄒᆞ오니該居處를知ᄒᆞ시ᄂᆞᆫ이ᄂᆞᆫ左開處로通寄ᄒᆞ시오면厚謝ᄒᆞ깃ᄉᆞᆸ

江原道伊川河南于魯洞申能燮　白

◎學員募集廣告

測量科를本國內에設施ᄒᆞ고斯학에有名ᄒᆞᆫ金澤吉金斗섭氏를講師로延聘하야敎授하깃ᄉᆞ오니

居期應試ᄒᆞ심을爲要

試驗日은拾月四日午前拾時

▲試驗科目
壹。算術四則以內
壹。作文國漢文交用

但期限은三個月로定홈

中署磚洞興士團內測量科

本社ᄂᆞᆫ本年七月貳拾八日繼續開業ᄒᆞ야各種印刷를壹新開廳ᄒᆞ옵ᄂᆞᆫ데近聞則旣往見黜ᄒᆞᆫ韓榮浩가本社任員이라藉稱ᄒᆞ고注文諸氏의게印刷費를勒加濫捧코ᄌᆞᄒᆞ며又以本社營業에對ᄒᆞ야妨害之說로眩惑人心케ᄒᆞ다ᄒᆞ니營業上에如此沮戲者ᄂᆞᆫ實在當律이어니와注文諸씨ᄂᆞᆫ切勿見欺ᄒᆞ시고陸續枉議ᄒᆞ심을務望

安峴普文社　告白

本會社를中部水典洞二十三統八戶로定홈

大韓獸皮合資會社　告白

大韓國新發明神藥

◎皮修靈丹
各種食滯中暑久滯口臭엄飲
吐瀉　定價壹貼拾錢

◎至寶丸
治諸般瘧疾不拘久遠俱有偉効　定價金拾錢

◎靈効液
外用芳香治疥瘡皮風
百發百中　定價金三十錢

◎清眼水
治諸般眼疾有撥雲見天之妙
定價金拾錢

◎通淋丸
治男女急慢淋疾神效無雙速效除毒壹週金五拾錢

漢城南部大廣橋川邊第三家十九統七戶
製劑發行所共愛堂大약房謹告

支店

開城南門內
共愛堂第壹支店　姜助選

群山港驛通동
共愛堂第　支店　리春榮

河東郡赤良面
共愛堂第三支店　黃麟秀

代理店

皇城北部大安洞　인濟약房
皇城鐘路靑年會館前　慈惠약房
皇城西部新門外石橋普濟醫院
인川梱峴濟生堂　仝和平局
此外에도東西洋各國有名매약과草材약이具備ᄒᆞ오니약의多少를不拘ᄒᆞ고請求ᄒᆞ시면小包로仰呈ᄒᆞ깃ᄉᆞᆸ

本人의三子基혁이年今二拾餘에柔弱性質로雜類輩의誘引을因ᄒᆞ야無典物得債ᄒᆞ기로廣布ᄒᆞ오니內外國人은勿爲見欺後悔를切企홈

安敬煥　告白

●女학員募集廣告

本학堂에서敎務를壹層擴張하며敎授方法을特別改良하고各科학員을招募하ᄂᆞᆫ中에現今中等科와卒業하신諸員을爲하야高等科를加設하고高明하신講師諸氏ᄃᆡ서各科를分擔하오셔熱心敎授하깃ᄉᆞ오니願학하시ᄂᆞᆫ僉員은九月二拾壹日內로本학堂에來臨하시와問議하시오

但請願用紙ᄂᆞᆫ本학堂에請求홈

課　程

初等科　國문　한문　作문
算術　圖畫　地誌　初步
體操　英語
中等科　聖經　漢文　修身
地誌歷史(本國)　算術
英語　生理　衛生　動物학
植物학　圖畫　家科　簿記
代數初步　體操
高等科　聖經　漢文　代數
幾何　三角　天文학
地文학　心理학　敎育학
物理　化학　英文학　地誌
(萬國)　生理高等　經濟
歷史　萬國、近世、上古、英國、美國
選科及隨意科　音樂　針線

試取

入학年齡　拾歲以上
入학試取科目　國문　讀書
寫字　解說　身體檢査
試取日　九月二拾二日
開학日　九月二拾三日

但寄宿코저하ᄂᆞᆫ학員의게ᄂᆞᆫ食費每朔三圜만밧고柴炭燈油ᄂᆞᆫ無料供給홈

京城貞洞梨花학堂　告白

本人姓名圖章을近日何許不良人이僞造挾雜之弊가有ᄒᆞ기로前日所用圖章은自今廢止이고將欲新刻이오니知舊間照亮ᄒᆞ시고舊章은切勿信施ᄒᆞ시옵

鎭島音契　延仲著　告白

本所에서礦山土地家屋山林測量製圖等을迅速需應홈

水原南門內南水洞二統四戶

藍成測量製圖事務所

事務員　김澤吉
臣琪泳　李承浩　告白

本所에서國債報償志願金總額을整理ᄒᆞ기爲ᄒᆞ야財務監督亡金允植俞吉濬兩氏와會計ᄂᆞᆫ柳東說鄭志永兩氏로選定ᄒᆞ엿본本所金額을所長과合同保管케ᄒᆞ얏ᄉᆞᆸ기玆에廣布ᄒᆞ오니京鄉同胞ᄂᆞᆫ照亮ᄒᆞ시옵

國債報償志願金總合所　評議會一同

本館을開業ᄒᆞᆫ지未過壹年에壹同般胞게서愛助ᄒᆞ사와益益興旺之故로本館을壹層擴張ᄒᆞ고各項新舊書籍與敎育物品을多數準備ᄒᆞ야特別廉價로大發매ᄒᆞ오니四方　僉君子ᄂᆞᆫ陸續來臨ᄒᆞ심을爲要홈

釜山港東關韓興書館

金汝重　權鍾律

◎千金保化丹

主治積滯吐瀉霍亂의第壹妙약也

本舖　在江華郡ᄂᆡ養ᄒᆞ당
出張人　海州　劉應석
京城磚洞　方永植
大邱　崔寅琪
平壤　朴承樊

發起人　김完植白

社告

○申報價
壹號代金 新貨二錢五厘
壹個月前納 三十錢
參個月 九拾錢
陸個月 一圓七十錢
壹個年 三圓四十錢
號外一張 新貨五厘
壹個月 十錢

○廣告料
四号活字拾二字詰
每日壹寸(英尺)에 新貨卄五錢
二週日壹寸에 二圓五拾錢
壹個月壹寸에 五圓
(自壹行至四行이爲壹寸)
其期限의長短과字行의多寡를依ㅎ야增減홈이有흠

大韓每日申報各處支社廣告

中署布屛下 金相萬冊肆
平壤鍾路太極書館 安泰國
仁川寺峴開新冊肆 李東皓
義州南門外 大藥房 [illegible]
釜山港佐川藥局 徐錫麟
三和港牌石洞 金澄柱
咸興州南社西門外 曹喜林
開城南大門內興學書舖 姜助遠
大邱西門外友弦書樓側 李正由
載寧邑濟衆院 劉黎澤
鐵山邑東部 安瀕
元山倉前 劉七鉉

泗川南門內 朴昌緖
昌城邑校洞 洪成麟
郭山郡 育英書舖 許[illegible]
安岳 坊成洞 康[illegible]
[illegible] 李銀瑞
安州 義井洞 金[illegible]
鐵原邑 趙宗入
[illegible]邑 李谷秉
[illegible]邑內 金禹燮
[illegible]邑內 李基秀
[illegible]邑南門內 崔載淳
[illegible]線枇峴驛 [illegible]
殷栗邑倉前里 金泰聲
龍川楊市 曹菊保
朔州邑남門 朱伯爽
泰川邑館前洋약局 李正華
永興南山 書舖 梁昌錫
江華邑川橋 兪鎭식
濟州南門外 宋斗仁
寧邊邑客舍里 趙炳俊家 明濟世
金溝水流面豆亭 趙[illegible]
[illegible]邑六里 丁一夢
江西邑內 金[illegible]
成川郡上部面 馬應三
興德富安面鈫谷 姜大學
龍川府南面松峴海東書舖 金賢圭
咸從耶蘇教堂 張炳宣
平南順川郡達동 鄭裕[illegible]
龍川남市驛 韓[illegible]
龍岡郡耶蘇教堂內 朴鍾[illegible]
車韓館 金明鉉
結城[illegible]川小龍동 李啓能
定平郡豊川 [illegible]
洪原南門外耶蘇教冊舖 方萬[illegible]
宣川읍新民書會 魯晶[illegible]

發行兼編輯人 英國人 萬咸
Responsible for Publication Alfred Weekley Marnham.
發行所 南署石井洞號外地二層洋屋
大韓每日申報社

第六卷

大韓每日申報

第九百拾貳號

月曜及慶節歲時日休刊

檀君開國四千二百四十一年
箕子元年三千三十年
大韓開國五百十七年
日本明治四十一年
淸國光緖三十四年
陰曆戊申八月小卄九日壬午

別報

◎韓會와總理

大韓協會에서總理大臣李完用氏에게第三次質問ᄒᆞᆫ公函全文이如左ᄒᆞ더라

敬啓者本會가曩日東洋拓殖會社法根本的主義의疑義로ᄡᅥ니閣首相되ᄂᆞᆫ閣下에게對ᄒᆞ야質問書를提出ᄒᆞ니該疑義ᄂᆞᆫ我國民壹般의必知코자ᄒᆞᄂᆞᆫ바인즉閣下가若或誠實히國家를擔任코자ᄒᆞᄂᆞᆫ意思가有ᄒᆞᆫ진ᄃᆡ懽心으로ᄡᅥ總代를延見ᄒᆞ고質問書를接受ᄒᆞ야此機會를利用ᄒᆞ야或躬自說明ᄒᆞ던지或主務大臣으로ᄒᆞ야곰說明케ᄒᆞ던지其手段方法은如何히取ᄒᆞᆷ을不拘ᄒᆞ고其要則國民의疑惑을氷釋케ᄒᆞ야官과民을不問ᄒᆞ고所謂擧國壹致의態度로ᄡᅥ國家의利益을計圖ᄒᆞᆷ이豈閣下의當然底道理가아니리오奈之何計가此에不出ᄒᆞ야淺見挾量으로總代의面會를謝絶ᄒᆞ고質問書를返還ᄒᆞ야曰此非니閣所關이라ᄒᆞ신바本會ᄂᆞᆫ尙且閣下의暫時差誤를寬容ᄒᆞ고責任所在에應無此理라ᄒᆞᄂᆞᆫ書函을添付ᄒᆞ야質問書를再呈ᄒᆞ얏더니書函은披見ᄒᆞ고批裂ᄒᆞᆫ封套를再緘反却ᄒᆞ기에至ᄒᆞᆷ은世界의通行ᄒᆞᄂᆞᆫ禮義에違背ᄒᆞ야民黨을蔑視ᄒᆞ고民權을蹂躪ᄒᆞᆫ譏評을來世에可免키難ᄒᆞᆯ진니閣下를爲ᄒᆞ야深庸悶惜ᄒᆞ오며夫二拾世紀의今日은官尊民卑의積弊를打破치아니ᄒᆞᆷ이不可ᄒᆞ고國家의組織은國民으로ᄡᅥ基礎를作ᄒᆞᄂᆞᆫ通則을暫忘키不可ᄒᆞ며况我國도文明의政治를模倣ᄒᆞ고世界의通則을準據ᄒᆞ야施政改善을標榜ᄒᆞ며維新時代를聲明ᄒᆞᄂᆞᆫ今日을際ᄒᆞ야內閣에首相되ᄂᆞᆫ閣下가尙爾舊時의思想을不能脫ᄒᆞ며文明의行動을不能取ᄒᆞᆷ은閣下를爲ᄒᆞ야深庸慨歎ᄒᆞ노라

盖民黨을蔑視ᄒᆞ며民權을蹂躪ᄒᆞᆷ으로ᄡᅥ公議輿論에違背ᄒᆞ야孤立內閣의悲境을自招ᄒᆞᆷ은非但閣下의失策이라郎是國家의進運을遲滯케ᄒᆞᄂᆞᆫ바니本會ᄂᆞᆫ閣下를爲ᄒᆞ야悶惜慨歎ᄒᆞᆯ뿐아니라實노國家를爲ᄒᆞ야大悶惜大慨歎을不堪ᄒᆞ노니盖下意가上達ᄒᆞ고上意가下佈ᄒᆞᆫ後에始乃擧國壹致의美를得見ᄒᆞ야公共心을各自발揮ᄒᆞᆯ지며國家進興은國民의公共心을不待ᄒᆞᆷ이不可ᄒᆞ거ᄂᆞᆯ閣下ᄂᆞᆫ是에反ᄒᆞ야上下의意志의疏通을沮遏ᄒᆞ며國民의天賦公權을凌踏ᄒᆞ니此ᄂᆞᆫ國家를進興코자ᄒᆞᆷ인지抑或退亡코자ᄒᆞᆷ인지本會ᄂᆞᆫ實노閣下의素向을未解ᄒᆞ노라

我協會ᄂᆞᆫ憂時愛國之士가卞意方針을立ᄒᆞ고國體를結合ᄒᆞ야國民의思想을統壹ᄒᆞ며國家의隆運을催進하ᄂᆞᆫ者니此時를當ᄒᆞ야政府ᄂᆞᆫ其所論을傾聽하야ᄡᅥ施政에資ᄒᆞᆷ은此所謂公德이며此所謂正義오公論을重遇ᄒᆞ고公議를尊尙ᄒᆞᆷ은古來治國의要道가亦此에在ᄒᆞ거날然而閣下ᄂᆞᆫ民論公議를尊重치아니ᄒᆞᄂᆞᆫ外에乃反輕之賤之ᄒᆞ야國民을奴隷와等觀하ᄂᆞᆫ驕傲自恣의舊時思想으로國事를官憲의專有物로誤認ᄒᆞᆷ지며今此二十世紀의國事를處理ᄒᆞ며維新時代의政治를運用ᄒᆞ기에鑿支吾하야到底히不適當ᄒᆞᆷ으로思惟ᄒᆞ노라

世論을甞聞ᄒᆞ니目下地方의濱死ᄒᆞᆫ民情으로ᄡᅥ當局諸公의見識과手腕을推察ᄒᆞ건ᄃᆡ現니閣은實노信仰키不足ᄒᆞ다謂ᄒᆞ며니今回閣下가本會에對하시ᄂᆞᆫ行動을見ᄒᆞ고世人의評判이正確ᄒᆞᆷ을認定ᄒᆞ기로此事로ᄡᅥ閣下의게交涉을不要코자ᄒᆞ노니此ᄂᆞᆫ決코國民이閣下를絶ᄒᆞᆷ이아니라閣下가國民의게自絶하심이니閣下ᄂᆞᆫ此를何忍ᄒᆞ시리오忠厚之義를更佈ᄒᆞ야反省的心을申警하오니諒裁ᄒᆞ심을敬要

▲隆熙貳年九月拾八日 官報

◎告 示 (續)

○統監府令第三拾六號

約東郵便處理規則을左와如히定ᄒᆞᆷ

約東郵便處理規則

第壹條 約東郵便의處理를受ᄒᆞ고자ᄒᆞᄂᆞᆫ者ᄂᆞᆫ左의事項을記載ᄒᆞᆫ請願書를出付郵便局을經由ᄒᆞ야當該管理事務分掌郵便局(以下ᄂᆞᆫ單히分掌郵便局으로ᄒᆞᆷ又ᄂᆞᆫ出付地의郵便局이分掌郵便局이면直히其郵便局으로ᄒᆞᆷ以下此와同ᄒᆞᆷ)에附ᄒᆞ야其承認을受ᄒᆞᆷ이可ᄒᆞᆷ

壹 定期刊行物○書籍又ᄂᆞᆫ印物의區別。名稱이나其題號

二 出付回數(定期刊行物이면其발行의定日도記載ᄒᆞᆷ을要ᄒᆞᆷ)

三 每回出付箇數(名稱三種別이異ᄒᆞᆫ者ᄂᆞᆫ其異ᄒᆞᆫ時마다에又ᄂᆞᆫ同壹名稱의者라도料金이異ᄒᆞᆫ者ᄂᆞᆫ其異ᄒᆞᆫ時마다에個數를槪算ᄒᆞ야記載ᄒᆞᆷ을要ᄒᆞᆷ)

四 出付郵便局所名

五 請願人의住所氏名

約東郵便의處理를受하고자ᄒᆞᄂᆞᆫ印刻物로서郵便規則第二十四條의壹의適用을受ᄒᆞᆯ이可ᄒᆞᆫ者이면前項各號에請願書에其意를附記ᄒᆞᆷ이可ᄒᆞᆷ

第二條 本規則에依ᄒᆞ야約東郵便의承認을受ᄒᆞᆫ後此를廢止ᄒᆞ거나又ᄂᆞᆫ前條第壹項各號의事項을變更코자ᄒᆞᄂᆞᆫ時ᄂᆞᆫ出付郵便局所를經由ᄒᆞ야分掌郵便局에通告ᄒᆞᆷ이可ᄒᆞᆷ (未完)

外報

●露國革命員捕縛 倫敦電을據ᄒᆞᆫ즉俄國聖彼得堡에서有力者들이組織ᄒᆞᆫ二個의革命協會를警察官이發見ᄒᆞ야會員七拾五名을捕捉ᄒᆞ고又爆烈彈三個를押收ᄒᆞ얏다더라

●黑龍巡撫電報 北京電을據ᄒᆞᆫ즉黑龍江巡撫周樹模氏가軍部에電報ᄒᆞ되德國速射砲를購入ᄒᆞ얏스나其射擊에嫺熟ᄒᆞᆫ者가無ᄒᆞᆫ즉德國砲術師를敎官으로雇聘하자ᄒᆞ얏다더라

●淸國陸軍部通牒 北京電을據ᄒᆞᆫ즉淸國陸軍部에서各省에通牒ᄒᆞ되各省陸軍學校에外國人을雇用ᄒᆞᆷ이規定에違反됨인즉此後ᄂᆞᆫ陸軍師範卒業生을採用ᄒᆞ라ᄒᆞ얏더라

雜報

●湖南線委員會况 本月五日全南觀察道에서湖南鐵道株式募集委員會를開ᄒᆞ미出席員이拾壹人이라委員長朴源昇觀察使申應熙莞島郡守鄭肯朝另派委員韓基準諸시가湖南鐵道의國民的義務와利益的享有라ᄂᆞᆫ要義로次第演說ᄒᆞᆫ後에株主募集ᄒᆞᆫ事를互相擬議ᄒᆞ니大畧各郡에分排ᄒᆞᆫ株數가六萬餘株에達ᄒᆞ얏ᄂᆞᆫᄃᆡ觀察使가說明ᄒᆞ되郡守會議를來貳十日本道廳에서擬開ᄒᆞᆯ터이니鐵道株主募集에關ᄒᆞᆫ事도伊時에更爲提議ᄒᆞ기로決議ᄒᆞ얏다ᄒᆞ고九月拾六日下午四時에全羅北道觀察道廳內衙에서湖南鐵道株式募集ᄒᆞᄂᆞᆫ委員會를開ᄒᆞ고委員長朴基順氏가就座ᄒᆞᆫ後觀察使李斗璜另派委員韓基準諸시가株主募集ᄒᆞᆯ事를各陳意見ᄒᆞᄂᆞᆫᄃᆡ全州郡委員姜台馨金秉旭兩시가提議ᄒᆞ기를今番湖南鐵道株主募集ᄒᆞᄂᆞᆫ事가全北壹省에最多關係뿐不啻라生命維持하ᄂᆞᆫ前途인즉不容不多數히募集ᄒᆞᆷ이可ᄒᆞᆫ즉巨多히募集ᄒᆞᆯ方法은全北壹省의結摠에照ᄒᆞ야각郡株數를排定하자ᄒᆞ미滿塲壹致ᄒᆞ야可決된後各郡에株數排定ᄒᆞᆫ摠合이拾壹萬几千七百八拾五株에達ᄒᆞᆫ지라觀察使李斗璜시가會中에對ᄒᆞ야祝賀ᄒᆞ고募集ᄒᆞᄂᆞᆫ定期ᄂᆞᆫ開入證書에應募人의姓名下에捺章ᄒᆞ고幾株式懸錄ᄒᆞ야來陰曆拾月晦內로齊齊히本道委員長에게收聚ᄒᆞ야委員長이湖南鐵道株式募集研究會로上送케ᄒᆞ기로壹致可決ᄒᆞ얏다더라

●永興有福 咸北來人傳說을聞ᄒᆞᆫ즉李東暉氏가今次元山港으로永興에到着ᄒᆞ엿ᄂᆞᆫᄃᆡ咸鏡南北道各학校에서代表者幾人式委送ᄒᆞ야歡迎의意를表ᄒᆞ얏고李氏가雄辯激言으로永興郡의學校四拾餘處를壹時興起케ᄒᆞ고幾拾年舊習에沉溺ᄒᆞ엿던老師宿儒가猛省ᄒᆞ야新學界에爭先趨進ᄒᆞᆷ을如恐人後ᄒᆞᆫ다더라

●旺新校試讀 東門外往拾里旺新學校에서去十日에尋常卒業禮式을擧行ᄒᆞ얏ᄂᆞᆫᄃᆡ卒業生金貴석李찬九鄭命吉等四人과二班進級生李富權等拾二人과壹班進級生洪萬興等拾三人의게證書를授與하얏다더라

●明達復明 藍浦郡私立明達學校ᄂᆞᆫ財力이未敷ᄒᆞ야將至廢止터니該郡守申琪秀시가村園의訓示ᄒᆞ며場市의演說ᄒᆞ로延師敎育ᄒᆞ야學員이七拾餘人에達ᄒᆞ얏다더라

雜報

●萬圜下賜 宮內府大臣閔丙奭氏가 大皇帝陛下씌上奏하되總理大臣李完用兄弟에게는私邸를壹切 下賜ᄒᆞ셧슨즉小臣은壹間家屋이無ᄒᆞ오니金貨六萬圜만 下賜ᄒᆞ시면桂洞에建築ᄒᆞᆫ閔泳綺의武扉洋屋을買得居接ᄒᆞ깃소이다ᄒᆞ미陛下께옵셔度支部로 勅令을下ᄒᆞ시고該額을劃給ᄒᆞ셧더니閔宮相이該錢은何處에盡用ᄒᆞ고現今에宮相官邸를不日建築ᄒᆞ기로百般運動中이라더라

●御題懸板高揭 大皇帝陛下께옵셔 皇族協會에 皇族會館四字를 題下ᄒᆞ옵신事는已報ᄒᆞ얏거니와再昨日에同懸板을宗正府門上에高揭ᄒᆞ얏다더라

●永宣君封王說 永宣君李埈鎔氏로 親王을 封ᄒᆞ신다더라

●李總理秘密運動 總理大臣李完用氏가自巳地位가鞏固치못ᄒᆞᆷ을預度ᄒᆞ고自己親密派服博氏를推薦ᄒᆞ기로秘密聯合ᄒᆞ야某處에極力運動中이라더라

●宋內大廢仕 內部大臣宋秉畯氏는有何事件인지多日仕進視務치아니ᄒᆞᆫ다더라

●晩餐盛遊 再昨日下午六時에永宣君李埈鎔氏가晩餐會를設ᄒᆞ고內外國高等官吏를多數히請邀ᄒᆞ야送宕히宴遊ᄒᆞ얏다더라

●晩餐會風波 永宣君李埈鎔氏가晩餐會를開設ᄒᆞᆫ事는別項과如ᄒᆞ거니와伊時에宮內府大臣閔丙奭氏가內部大臣宋秉畯氏를對ᄒᆞ야責ᄒᆞ되大監은蘭芝島를擅賣呑ᄒᆞ얏스니臣子瀆理에豈爲是哉리오ᄒᆞ미宋內相이曰我는國事에汨沒ᄒᆞ야拾壹歲係兒를尙未對面ᄒᆞ얏거니와大監이我의權力을雖欲猜奪이라도實不容易ᄒᆞᆯ것이오大監은何由로自巳先山을盡爲賣喫ᄒᆞ얏소ᄒᆞ미閔宮相이答ᄒᆞ기를我는私土를放賣ᄒᆞ얏슨즉罪實輕歇ᄒᆞ어니와大監은莫重國土를매喫ᄒᆞ얏스니其罪가何如오ᄒᆞ야壹場風波가大起ᄒᆞ얏다더라

●兩郡守辭職勸告 陜川郡守玄濟復氏는該道觀察使의辭職勸告를因ᄒᆞ야上京ᄒᆞ얏고靑山郡守韓興敎氏는尙今ᄭᆞ지不爲薙髮ᄒᆞᆷ으로官吏事體所在에不當ᄒᆞᆫ즉라ᄒᆞ야該道觀察使가辭職勸告ᄒᆞ얏다더라

●兩氏同車 龍川府尹金鮮演氏가赴任次로昨日上午六時에京義鐵道로發程ᄒᆞ는데平南觀察使李軫鎬氏와同車發往ᄒᆞ얏다더라

●技手出張奔競 度支部測量課에서技手를派送ᄒᆞ야漢城內와各地方을測量ᄒᆞ는데漢城內에出張ᄒᆞᆫ技手의日費는四十錢으로各地方에出張ᄒᆞᆫ技手의日費는壹圜五拾젼을支給ᄒᆞ는故로技手가出張ᄒᆞ기를左請右囑ᄒᆞᆫ다더라

●巡査經歷收 警視廳에서昨年陰六月以後로罷免ᄒᆞᆫ巡査와現任巡査의經歷書를壹齊徵收ᄒᆞ라ᄒᆞᆫ디其內容인즉무슨效勞가有ᄒᆞᆫ巡査는賞與金과勳章을頒給ᄒᆞᆫ다더라

●日官吏休暇 昨日은日本國皇靈祭日인故로各府部院廳日本官吏는壹切休暇ᄒᆞ얏고韓國官吏는上午拾壹時ᄭᆞ지視務仕退ᄒᆞ얏다더라

●民會困難 漢城府民會에서 大皇帝陛下 即位紀念式宴會時에各名下義捐金을壹々히送交치아니ᄒᆞᆷ으로財政이窘拙ᄒᆞ야需用物品代金을支撥치못ᄒᆞ야會長과壹般任員이方在困難中이라더라

●童謠俚歌錄送 학部에서각私立普通학校에通牒ᄒᆞ고童謠俚歌를壹齊錄送ᄒᆞ라ᄒᆞ얏다더라

●仁尹薙髮勸勉 仁川府尹金潤晶氏가日昨에각面長을招致ᄒᆞ야時勢의變遷ᄒᆞᆷ을壹場說諭ᄒᆞᆫ後에薙髮ᄒᆞ기를勸勉ᄒᆞᆫ즉該面長들이唯々退去ᄒᆞ얏다더라

●外國官吏旅費 光武拾年度에規定ᄒᆞᆫ外國官吏의旅費規則을度支部에서改定頒佈ᄒᆞᆫ다는데官用滊車船舶車馬費는勿論이오日本及滿洲以外의國에行ᄒᆞ는旅費는隨時特別定額ᄒᆞᆫ다더라

●日學徒運動 京城에在ᄒᆞᆫ日本幼稚園학徒가來二拾七日訓鍊院에서秋期運動을設行ᄒᆞᆯ터인데학部高等官의게請牒ᄒᆞ얏다더라

●貪贓觀察被押 南部履洞居ᄒᆞ는前觀察使任原鎬氏가咸北觀察在任時에咸興郡에居ᄒᆞ는崔羽南氏의게金貨二百圜을討索ᄒᆞ얏더니崔氏가上京ᄒᆞ야京城地方裁判所에呼訴ᄒᆞᆫ지라昨日上午七時頃에該所에서任觀察을押囚ᄒᆞ고現今取調中이라더라

●郡守와檢事의貪贓 寶城郡守丁九燮及光州前檢事朴有觀兩氏의不法行爲는己揭ᄒᆞ어니와樂安郡宣玉星이가年今拾三歲에至殘無依ᄒᆞᆫ데同郡丁永海가其先山에誣葬ᄒᆞᆷ을見憤ᄒᆞ야竹簡二片으로揷標掛榜ᄒᆞ얏더니丁某가該郡署理寶城郡守丁九燮氏의게圖囑呈訴ᄒᆞ미署理가光州檢事室로搆捉ᄒᆞ고柿木釘을直揷塚上이라고威脅宣童ᄒᆞ야該郡警署에牢囚後又爲囑託於檢事ᄒᆞ야竟爲押上光州ᄒᆞ얏더니檢事가亦以木釘으直揷塚上으로搆捏ᄒᆞ야將至徵役ᄒᆞᆫ즉丁哥가反히宣童의無罪人死ᄂᆞᆫ果是實倅之搆誣다고請和情願인바檢事가不得已宣童은卽放ᄒᆞ고丁某를捉囚ᄒᆞ야反坐處役이라고威脅ᄒᆞ여紙貨八拾圜을討食後放送ᄒᆞ얏다더다

●無料汲水 漢城內에數設ᄒᆞᆫ水筒을漸次實施汲水ᄒᆞᆫ다는데拾週日은無代金으로汲水케ᄒᆞ얏다더라

●龍仁郡의小塵 日昨龍仁郡泉洞等地에서義兵五拾餘名이來到ᄒᆞ야稍饒ᄒᆞᆫ居民의家屋拾餘戶를破碎ᄒᆞ얏다더라

●安氏家賊變 中部寺동居ᄒᆞᄂᆞᆫ安商德氏ᄂᆞᆫ藥業資生ᄒᆞᄂᆞᆫ더인데再昨日下午六時頃에倆許壹靑年이倭紗周衣를着ᄒᆞ고製藥次로來到라ᄒᆞ거ᄂᆞᆯ安氏가製藥ᄒᆞᆯ時에該漢이安氏를揮劍亂刺하며金貨貳百圜을當場出給ᄒᆞ라ᄒᆞᄂᆞᆫ데安氏ᄂᆞᆫ左手와背部를被傷ᄒᆞ고昏倒不省ᄒᆞᆫ즉櫃子內에貯置ᄒᆞᆫ拾圜紙幣九枚를竊取逃走ᄒᆞ얏다더라

●普專親睦開會 普專親睦會員諸시가來二十七日에普成學校內에서臨時總會를開ᄒᆞ고諸般事務의處理方法을協議ᄒᆞᆫ다더라

●師範校試取 昨日官立漢城師範학校에서학員을試取하ᄂᆞᆫ데應試者가二百餘人에達ᄒᆞ얏다더라

●女校針科設置 進明女學校에針工科를設置ᄒᆞ고壹等善手針工을雇聘하야學生을見習케ᄒᆞᆫ다더라

●壹洞三校設立 平壤秋鬱美面梨川에서有志紳士金性治金謹翼金鏞薰韓鏞淳시等이繼進학校ᄅᆞᆯ設立ᄒᆞ고熱心贊成ᄒᆞ며敎師安承祖朴昌和楊濟商三시ᄂᆞᆫ名譽로敎授ᄒᆞ고財務朴尙和시ᄂᆞᆫ許多經費를極力贊助ᄒᆞᆷ으로該校前進之望이有ᄒᆞ고학徒가五拾餘名에達ᄒᆞ얏스며金明宣시ᄂᆞᆫ基督敎信友學校와女子小학校를設立ᄒᆞ얏다더라

●咸從郡設校 咸從郡自闢思ᄂᆞᆫ本以場市인故로獰風悖俗이藉々ᄒᆞ더니該地紳士任觀謨任健鎬兩氏가開明에注意하야紳商을多數招集하고壹場說明後에各出義金하야明新學校를設立ᄒᆞ고壹般校員이熱誠贊助ᄒᆞ야設校가不過數月에學徒가四十餘員에達ᄒᆞ얏다더다

●晉昌尤昌 江華郡晉昌中학校에서京城蓮洞儆新中學校卒業生申尙敏시와漢文敎師李元圭시가熱心敎授ᄒᆞ야學員이五拾餘人에達ᄒᆞ고速成科에ᄂᆞᆫ황鶴熙方永需等三拾餘人이卒業ᄒᆞ야각支校에敎師로視務케ᄒᆞ얏다더라

●文氏文明 平安北道龍川府東下面仁大里에文시家族이五六百家인데文時禎文恒仲文석헌三시가敎育에熱務됨을門族의게到底曉喩ᄒᆞ고壹私立학校를建設ᄒᆞ니名曰仁興학校라文時禎시ᄂᆞᆫ校長으로文恒仲文炳建兩시ᄂᆞᆫ事務員으로熱心敎授하야학員이百餘人에達ᄒᆞ얏다더라

●二氏熱心 載寧郡私立文昌學校ᄂᆞᆫ設立有年에敎育程度가日益好況ᄒᆞ야出席學員이八拾餘名에達ᄒᆞ얏ᄂᆞᆫ데校長李豐喜校監鄭燮華監督李瑨國三시의熱心做去ᄒᆞᄂᆞᆫ効力이라고西來人의稱頌이有ᄒᆞ더라

●兩氏熱誠 城津郡紳士金載律시가自巳私邸에夜학科를設立하고熱心敎授ᄒᆞᄂᆞᆫ데財政이窘拙ᄒᆞ야維持方針이難ᄒᆞ나義化中學校講師金應圭시가義務로專擔ᄒᆞ야極力敎導ᄒᆞ미該校의進就가日加月增ᄒᆞᆫ다고人皆稱頌ᄒᆞᆫ다더라

●隨聞更揭 尙州郡私立廣興學校ᄂᆞᆫ柳鄭兩哥의沮害ᄒᆞᆷ으로期無成就라ᄒᆞ기에隨聞揭載ᄒᆞ엿더니更聞ᄒᆞᆫ則該校ᄂᆞᆫ鄭仕德金喜秀姜昇聲諸시의熱心奬勵ᄒᆞ기로進就之望이頗有ᄒᆞ고柳鄭兩氏가互相沮害ᄒᆞᆷ은無ᄒᆞ다더라

▲大監과進賜▼

▲丹楓溪畔花屋에兩人이相對ᄒᆞ야密勿ᄒᆞᆫ酬酌이眞是使人으로可惜可笑ᄒᆞ더라

▲掌中에風雲이起伏하고舌端에禍福이出入者ᄂᆞᆫ椅上에踞坐ᄒᆞᆫ大監이是也오巧言令色으로搖尾乞憐ᄒᆞ야座末에侍立者ᄂᆞᆫ進賜가是也로다

▲大監曰君이風雨寒暑를不關ᄒᆞ고每日余門下에趨進하니實愛吾而然耶아抑有所懷而然耶아

▲進賜拱手對曰侍生之所以趨侍者ᄂᆞᆫ數尺腐腸에所懷積疊ᄒᆞᆯ뿐아니라大監을仰恃ᄒᆞᆷ이嬰兒의父母를望ᄒᆞᆷ과如ᄒᆞ오나壹言을敢발치못ᄒᆞ얏더니天幸으로下問ᄒᆞ시니感深이로이다

▲大監이莞然笑曰君이於余에如此之誠이有ᄒᆞ던가若然則其所懷를勿諱詳陳ᄒᆞ라

▲進賜가避席再拜曰感哉라大監之言이여我國이幾百年仕宦을崇拜하던餘習이尙存ᄒᆞ야優著ᄒᆞᆫ學問과卓越ᄒᆞᆫ知識이有ᄒᆞ야도不官者ᄂᆞᆫ人이賤之ᄒᆞ고人面獸心에狠子狗徒라도爲官者ᄂᆞᆫ人이貴之ᄒᆞ어날侍生은已往에判任官名色으로在ᄒᆞ다가農力所致로失奪ᄒᆞᆫ後幾年에寥々ᄒᆞ미他人의凌侮를難堪인즉大監의標準으로壹要任을得叙ᄒᆞ얏스면先無恨이로이다

▲大監曰君言을聽ᄒᆞ니似或然矣나余가君의私情만施給지못ᄒᆞᆯ지니君이余의所請을先施ᄒᆞᆯ쌔

▲進賜曰生之死之를全恃大監인데엇지拒逆ᄒᆞᆯ理가有ᄒᆞ오릿가

▲大監曰余ᄂᆞᆫ好色者라君의妻妾을余에게許ᄒᆞᆯ쌔

▲進賜曰不敢請이언뎡固所願이로이다

▲大監曰余ᄂᆞᆫ貪財者라君의財産을余에게讓ᄒᆞᆯ쌔

▲進賜曰此ᄂᆞᆫ再問ᄒᆞ실것이無ᄒᆞ오이다

▲大監曰君의兄弟姉妹로余의奴隸를作ᄒᆞᆯ쌔

▲進賜曰若侍生의所願ᄃᆡ로要任壹窠를薦給ᄒᆞ야永久勿替ᄒᆞ시면妻妾도可許며財産도可讓이며兄弟姉妹도可奴[illegible]라侍生의所望者ᄂᆞᆫ勿論巨細ᄒᆞ고掃盡貢獻ᄒᆞ오리다

▲大監曰君言이既如是ᄒᆞ니當依願이어니와他日에後悔치[illegible]

▲進賜가唯々稱謝曰於今에所願을成就ᄒᆞ얏스니後悔之理가豈有리오ᄒᆞ고再拜而退ᄒᆞ더라

▲此等鄙悖人種은當投諸水火然後에야文明을可期로다

雜報

●申氏請願　拾三府屯土代表全羅南道莞島申宰均시가整理局에請願호內槪에屯土之有異와調査之無效를以若昧識으로致犯唐突之罪호고胃威仰유호오니伏乞垂察호소셔驛土는原來國有오籍散田畓으로續公호야宮과都監과驪과營과鎭에付호도亦爲國有로대戶曹結로中間에劃付호處는稅雖納於劃付處나壤是民有오中古空地에人漸人居호야各自墾墾호고屬付某宮호야稅因納爲而名曰屯土라호니士是民有오前日司僕寺所管地로言之라도牧馬와無馬에就稱牧土라호니牧土之牧字가何其模糊ㅎ지或以歸堡로元不納馬호고但屬納稅호니增是的實民有요設使牧馬地로言之라도其中에分明히區而別之호면有山有野라於其山에築墻牧馬호고於其野에作畓하니作畓은人自作之요非天作之畓也라故로매買與券은居初以來之例則是亦民自牧馬之民은偏苦之役인故로稅는免在런니乙未新式에統收升總호度爲호고一規定稅호니稅可歸正而加設호徵稅호야彼屯此屯에不辨民有호고混同設賭호야疊稅勒徵에民在塗炭호되誰無矜念讎正여니上年拾壹月에革罷호徵院호고移屬度部호야別設整理局호고賭稅는停捧호리라地方에訓令호니入城屯民이壹踏試目호고學日忙待러니不過數旬에停捧賭稅는還爲督刷하고發惡호令은更無호니民欲從令이나令罔民이며且關査로言之라도此屯彼屯에國有民有는應該都案이오旣以派員下來호면不入其境而措問於路上行人이라도某屯은國有오某屯은民有라云호더인즉調査豈節이何難之有而招會多民호고所謂調査之場에民隱豈關念호듯德色으로甘言호니昧且愚諛은信從其言호고飮費分適을之財호되派員이去後無實效는非但今年이라年々亦如此호니抑未知其派員은從何而出이며入何而沒인지三五公私하니月給之虛費와民財之損剝이窃爲痛惜이로다今番則罔民을不爲호중은知호되民事를不可緩忽호시깃기玆特處分호니勿踐前日院卿處奉之蹤호고即速裁斷호야快副元々之情이라호앗더라

廣告

昨日上午壹時三十分에壽南布木商김泰顯家에서失火호야壽通床壁에延及호와三家가被燒호事는極히慘酷호지라本人家에至호얀聯방接棟에火焰甚烈中灰燼호境에至호지라何幸諸씨의保護호심과內外國軍人皇室의保護호는消防係와警官諸시의救火호심과隣友諸시에盡力호신恩澤을敎호와幸히無事호앗스오며物貨原料는電氣會社에서水道를設置利用케호을鳴謝호오며又親友諸시의來問을顧호심은不勝感謝호와玆에廣告홈

[illegible]品紙商　鄭斗煥

初學捷徑

第壹卷　定價金　三拾五錢
第二卷　定價金　三拾五錢
第三卷
第四卷　姑未定

我國同胞의急先務는國文漢문이며此初學捷徑은國文漢문을速成호敎科書이오니僉同胞는購用호시옵

編輯者　韓承坤
校閱者　美國博士　[illegible]
發行所　平壤鍾路　光明書觀
分賣所　京鍾路　耶穌敎書會
　京桂洞　玄公廉

百卷以上四割以下는三割

本所에서測量夜學科를設立이기玆以廣告호오니願學　僉員은來議호시옵

試驗科目
書取　算術　加減乘除
試驗日字　今月二拾八日
卒業期限은二個月

南部　[illegible]洞二拾九統六戶　國民測量所白

測量學員募集廣告

本塾에서速成測量課를晝夜學으로三個月과貳個月兩課를特設호고學員을募集호오니願學僉員은陽九月二拾日（陰九月初六日）內早速請願호심을望홈

但細則은本塾에來問홈

北部大安洞安興義塾午後測量課　告白

前德語學校內

法律事務所開設

本人이法律事件에從事호지二十餘年間이온데今般左記處所에事務所를設立호고韓日人의裁判所民刑事件及訴訟鑑定辯護和解交涉等의事務를親切周密히處理호오니　僉位는陸續來臨호시옵

隆熙貳年九月二十日

京城中部[illegible]路電氣會社前

前判事 從七位　辯護士　本多[illegible]

事務員 通譯　安鍾求

本人等이同志同力호七人으로머무러資本을醵集호고客主營業을開設호오니商業호시는四方僉君子는惠顧호심을爲要開設은本邑四里李悌璜家로定홈

黃海道信川邑　李悌황　李元敎　李源國　告白

辯護士崔鎭

諸般法律事務를親切히迅速處理호오니陸續來議호시옵

本邸　南部冷井洞十統拾壹戶
法律事務所　南部曲橋拾壹統七戶
事務員　任顯直　金顯冀

特別廣告

丁未臘月二十日出來壹千圓於音二片及七百五拾圓於音壹片은已爲無效이고過限甚久이거늘今聞何許賊心輩가假稱今年臘月出來條라호고欲爲得債故取貸라호기玆廣告호오니內外國人는切勿相關호시옵

[illegible]衍　告白

大山金氏宗中測量學校를[illegible]青布廛[illegible]로移宋호고校名은光興學校라호고陰月[illegible]陰九月七日에學徒를試取하야拾月四日陰九月拾日에開學호니入學志願호는諸氏는本月二拾八日陰九月四日以內로請願書를呈하後試케호되請願格式과試取科目은該校會에掲示하앗시니照亮호시옵

校長　金[illegible]

本人의瓦家五間合拾壹間板刻文券을今年二月分에셔失故호에廣告호오니誰某拾得호와도休紙施行홈

東部蓮花坊下中谷百壹統八戶　채召史　告白

本人의三子基혁이年今二拾餘에柔弱성質로雜輩의誘引을因호야無典物得債키로廣布호오니內外國人은切勿見欺後悔를到企홈

安敬愼　告白

本月二十二日夜에普点鐘에濫鄕華藏寺에賊漢三四名이突入호야放銃數拾番호고僧侶威脅호고古來爾傳經實貝葉經一軸과僧侶에如干衣服을沒數持去호앗숩기로玆以廣告호오니內外國人은或該貝葉經放賣之人이어든領爲覓歎호시옵

李饒濟　白

◎學員募集廣告

本測量科를興士團內에設施호고斯學에有名호金澤吉金斗燮兩시가敎授호깃사오니屆期應試호심을爲要

試驗日字는拾月四日午前十時

▲試驗科目
壹　算術四則以內
壹　作文國漢文交用
但卒業期는　三個月

測量科

中署碑洞　興士團內

本社는本年七月貳拾八日繼續開業호야各種印刷를營新購호옵는바近間既往呪誠호韓契卷가本社任員이라籍稱호고注文諸氏의게印刷費를勒加濫捧코져호며又以本社所業에對호야妨害之說로眩惑人心케호다호니聘業上에如此沮戱者는實在當律이어니와注文諸씨는切勿見欺호시고嚴密任議호심을務望

安[illegible]普文社　告白

大韓國新發明神藥

◎[illegible]靈丹　各種食滯中暑久滯口臭닥飮吐瀉　定價壹貼拾錢

◎至寶丸　治諸般癨疾不拘久近俱有偉効　定價金拾錢

◎靈効液　外用芳香治疥瘡皮風百發百中　定價金二十錢

◎淸眼水　治諸般眼疾有撥雲見天之妙　定價金拾錢

◎通淋丸　治男女淋疾神效無雙速效除毒　遇金五拾錢

漢城南署大廣橋河邊第三十九統七戶
製劑發行所　共愛堂大藥房　謹告

支店

開城南門內　共愛堂第壹支店　姜助遠
群山港[illegible]동　共愛堂第[illegible]支店　리春랍
河東郡赤良面　共愛堂第三支店　黃麟秀

代理店

京城北部大安洞　인濟약房
京城鐘路靑年會館前　慈惠약房
京城西署新門外石橋　普濟醫院
인川[illegible]濟生堂　和平局

此外에도東西洋各國有名매약과藥材약이具備호오니약의多少를不拘호고請求호시면小包로仰副호깃숩

本人姓名圖章을近日何許不良人이僞造挾雜之弊가有키로前日所用圖章은自今廢止이고將欲新刻이오니如舊關照亮호시고舊章은切勿信施호시옵

[illegible]　延仲替　告白

訴訟에對호야疑惑不決者의게其勝負의可否를詳細說明이옵고鑑定料는事之貴重과價之多少를隨호야臨時酌定호되大槪如左홈

鑑定料는五圓以下로호되貧窮者의게는無料로홈

京城南部洋洞六[illegible]四統貳戶
東洋大學前講師
日本法律學士
辯護士　木尾虎之助

本館에서新舊書籍과學徒의所用諸般物品을具備販賣호오니　僉君子는來購하시옵

平壤鐘路太極書館

館主　李昇薰
主任　安國
事務　李德煥

本所에서國債報償志願金捧[illegible]을整理호기爲호야財務監督은金允五金麟兩氏와會計는卯東說鄭志永兩氏로選定호야本所金額을所長과合同保管케호얏숩기玆에廣布호오니京鄕同胞는照亮호시옵

國債報償志願金總合所　評議員一同

本館을開設호지未過壹年에壹同般僉位께서愛助호시와茲益興旺之故로本館을壹層擴張호고各種新舊書籍與敎育品을多數準備호야特別廉價로大發賣호오니四方　僉君子는陸續來臨호심을爲要홈

釜山港東關韓興書館

金汝重　權[illegible]律

위博士洪석厚實驗方劑
製造人　박雅惠　李觀化

健胃消食 [illegible]

定價金拾錢

을留滯케하고健胃消滯호야諸般滯積을消下호며本能吐瀉泄瀉와痢疾[illegible]와경咳白담을能治能止호는藥이오

製造本舖　漢城[illegible]　和惠大藥房

發行兼編輯人英國人 [illegible]
Responsible for Publication Alfred Weekley Marnham.
發行所 南署石井洞號外地三層洋屋 大韓每日申報社

光武九年八月拾壹日 明治卅八年八月拾壹日 第三種郵便物認可　　金曜日　　西曆壹千九百八年九月廿五日

第六卷

大韓每日申報

第九百拾三號

月曜及慶節 歲時日休刊

檀君開國四千二百四十一年
箕子元年三千三十年
大韓開國五百十七年
日本明治四十一年
淸國光緖三十四年
陰曆戊申九月大初一日癸未

論說

◉儒林覺醒의機

挽近에或某郡人士의壹團이協議ᄒ야학校를設立ᄒᄂᆞᆫ者도有ᄒ며或某先生의弟子도遠方에負笈ᄒ야新學에從事ᄒᄂᆞᆫ者도有ᄒ니從此로擧世人의頑固로指斥ᄒ던儒林이覺醒의機가大有ᄒ도다

嗚呼라此ᄂᆞᆫ儒林界의新福音이며抑又儒林界의新福音뿐아니라

大韓全國民의新福音이며抑又現在全國의新福音뿐아니라未來全國의新福音이로다

大抵儒林은韓國四民中에上等知識을抱ᄒ야壹般社會를指導ᄒᄂᆞᆫ者라現 朝九百年來로政治文學實業美術等界의指揮者監督者가되야其唾가落地ᄒ면爲金爲石ᄒ며壹論이出世ᄒ면如鄭如寬ᄒ야國是의定과民疑의決이無非儒林에在ᄒᆫ바인故로曰士者ᄂᆞᆫ國之元氣라ᄒ며曰士可殺이언뎡不可辱이란所以니

儒林의地位가果然何如히重大ᄒ건뒤後世儒者들이太半獨善主義를守ᄒ고經世責任을抛擲ᄒ야山林의枯死를是甘ᄒᆫ故로頑固의誚를竟致ᄒᆫ바이라

然이나時勢를俯察ᄒ고國內를回顧ᄒ건대此國의文化를發展ᄒ야此國의命運을維持ᄒᆯ者를儒林에不求ᄒ고將次何處에求ᄒ리오國民의精神이是儒林이며義理種子가是儒林이라操修篤實ᄒᆫ道德도唯儒林에多ᄒ며一百折不屈의主義도唯儒林에多ᄒ니萬壹時局에大勢만豈悟ᄒ면必也中流의砥柱가되며暮夜에警鐸을作ᄒ야國民進步의運을促ᄒᆯ者ㅣ唯儒林이是라吾輩가于此에儒林을爲ᄒ야祈禱ᄒᆫ者ㅣ久矣러니今此儒林覺醒의消息을接ᄒ미엇지舞蹈치아니ᄒ리오

嗚呼라全國儒林은早々히風潮에感奮ᄒ야朝家培養의深恩을答ᄒ야社會信仰의厚望을酬ᄒ지어다

僉々의深意로壹告하노라

隆熙貳年九月拾八日　官報

◉告示 (續)

第三條　約束郵便物의出付人은後納郵便料의擔保로當該分掌郵便局長의指示를從ᄒ야現金又ᄂᆞᆫ有價證券을提供ᄒᆷ이可ᄒᆷ但出付人이官廳이면此限에在치아니ᄒᆷ

第四條　約束郵便物郵送料의納付方法은當該分掌우便局長의指示를依ᄒᆷ이可ᄒᆷ

第五條　約束우便物은特殊ᄒᆫ包裝을要ᄒᆫ者外에强質ᄒᆫ白紙로써包裝ᄒ되帶紙를用ᄒᆫ時ᄂᆞᆫ其幅二寸五分以上으로ᄒᆷ이可ᄒ고又ᄂᆞᆫ所去處ᄂᆞᆫ아모조록明瞭詳細히縱書ᄒᆷ이可ᄒᆷ

第六條　約束우편物은出付人으로셔左記圖形의印章을其表面에押捺ᄒᆷ

直徑八分至壹寸上　京城東便　約于部　圖形과如히出付우便局所在地名을記入ᄒᆷ

第七條　約束우便物을出付코ᄌᆞᄒᄂᆞᆫ時ᄂᆞᆫ名稱。種類及料金이異ᄒᆫ時마다其個數를記載ᄒᆫ우送簿를依ᄒ야此를所定의우편局所에出付ᄒᆷ이可ᄒᆷ但우편局所에서必要로認ᄒᆫ時ᄂᆞᆫ其出付ᄒᆯ所를指定ᄒᆷ이可ᄒᆷ

第八條　約束우편物은接受우편局所에셔발送上의必要를依ᄒ야壹定의區域을指定ᄒ고其區域마다結束ᄒ야出付케ᄒᆷ이有ᄒᆷ

第九條　約束우편物의出付人이左記各號의壹에該當ᄒᆫ時ᄂᆞᆫ其承認을撤消ᄒ고우편物의發送을停止ᄒᆷ이可ᄒᆷ

壹　第三條의擔保를提供치아니ᄒᆫ時

二　第四條　우편料金을指定의期間內에納付치아니ᄒᆫ時

三　우편規則第二拾四條의壹의適用을受ᄒᆫ우편物로서三箇月以上繼續ᄒ야出付치아니ᄒᆫ時

四　以下各號外에本規則을依ᄒᆫ通告를怠ᄒ거나又ᄂᆞᆫ우편局所의指示를從치아니ᄒᆫ時

第拾條　前條를依ᄒ야約束우편의承認을撤消ᄒᆫ者에對ᄒ야ᄂᆞᆫ其情狀을依ᄒ야再約束우편의承認을與치아니ᄒᆷ이有ᄒᆷ

第拾壹條　第貳條及第九條를依ᄒ야約束郵便의處理를廢止ᄒᆫ時ᄂᆞᆫ第三條를依ᄒ야提供ᄒᆫ擔保物件은此를出付人에게還付ᄒ되此境遇에서出付人이未納料金을納付치아니ᄒᆫ時ᄂᆞᆫ擔保物件(有價証券은此를賣却ᄒ고其金額에셔賣却에要ᄒᆫ費用을除去ᄒᆫ殘額)으로써不納料金에充ᄒ야過剩額은此를還付ᄒ고不足額은追徵ᄒᆷ이可ᄒᆷ

附　則

第拾二條　本規則은明治四拾壹年拾月壹日로부터此를施行ᄒᆷ

第拾三條　本規則施行前부터約束郵便의處理를受ᄒᆫ者에對ᄒ야ᄂᆞᆫ新히承認을受ᄒᆷ을要치아니ᄒᆷ

完

外報

◉紡績工場閉鎖　路透電을據ᄒᆫ則英國란카샤紡績工場에서職工等의賃金을低減ᄒᆷ으로職工協이閉鎖되여失業者가十五萬名假量이라ᄒ얏다더라

◉淸國의博覽會開設　北京電을據ᄒᆫ則淸國農工商部ᄂᆞᆫ內國博覽會를北京에開設ᄒᆯ計劃으로目下其豫算을調査中이라ᄒ얏더라

雜報

◉水道會社內規承認　韓國水道株式會社에서上水供給에關ᄒ야內規를定ᄒ고先히京城理事官의承認을求ᄒ지라同理事官은統監府에交涉ᄒ야此를承認ᄒ고警視廳에對ᄒ야同樣의承認을與ᄒ라ᄂᆞᆫ旨로照會ᄒ얏더니同廳에서今回에此를承認ᄒᆫ事로決定ᄒ얏다ᄂᆞᆫ대其內容은給水料金及汲水를受ᄒᄂᆞᆫ者가該會社의規를違反ᄒᆫ境遇及該會社利益을侵害ᄒᆫ境遇等에違約金又ᄂᆞᆫ損害賠償金을付與ᄒᄂᆞᆫ等事의關ᄒᆫ것이라더라

◉畿湖總會　畿湖興學會에서本月拾七日(土曜)下午 時에特別總會를開ᄒ고緊急事務를處理ᄒᆫ다더라

◉會務整理　去拾九日(土曜)下午壹時에女子敎育會에서通常會를開ᄒ고會務及財政을整理ᄒ기로委員拾人을選定ᄒ야會務를壹新整理ᄒ얏다더라

◉中央總會狀況　去日曜日下午三時에大韓中央學會第壹回總會를壽進洞興化학校內에서開ᄒ고林炳恒씨가趣旨를演說ᄒᆫ後에任員을組織ᄒ얏ᄂᆞᆫ뒤總裁副總裁ᄂᆞᆫ追後推選ᄒ기로ᄒ고會長은李道宰副會長은林炳恒總務員은呂炳鉉諸시로票選ᄒ고評議員三拾五人內에서爲先二十五人을票選ᄒ얏ᄂᆞᆫ뒤票選諸시ᄂᆞᆫ姜윤[illegible]南宮억[illegible]采承煒吳相奎李沂柳瑾尹孝定吳聖根姜華석李相益沈宜性安國善南宮薰諸시라더라

◉測量校修業式　再昨日上午에私立通化測量學校에서修業式을擧行ᄒᆫᄂᆞᆫ대優等生에曹圭承洪鍾宣等三氏오其次에沈相五金哲鉉等二拾壹人이더라

◉樵童夜校　廣州五浦面陽村里에서有志紳士黃顯在柳晃永諸시가義務로各捐ᄒ야樵童夜校를設立ᄒ고開進이라命名ᄒ고校長은本郡守吳㝨泳시로副校長은黃鐵明氏로校監은황任永氏로學監은柳根永氏로選定ᄒ얏ᄂᆞᆫ뒤學員이四拾餘名에達ᄒ얏다더라

◉協校振興　會寧郡昌孝面春동協成학校가年久不振이러니該校主吳秉默시와校장리哲來校監리學監金炳世講師김彝貞許종諸시가熱心敎育ᄒ야該地人士가子弟를爭先入校ᄒᄂᆞᆫ學徒가四拾餘名에達ᄒᆫ故로大히前進之望이有ᄒ다더라

◉權門測量設校　安東權시宗[illegible]測量學校를設[illegible]ᄒ얏ᄂᆞᆫ대該經[illegible]收[illegible]地方에[illegible]ᄒᆫ權[illegible]다더라

◉兩氏熱誠　水原郡南面남谷居紳士徐[illegible]시ᄂᆞᆫ該동에普明義塾을設立ᄒ고京城中橋義塾구語敎師鄭基섭시를延聘ᄒ야熱心敎授ᄒᄂᆞᆫ故로生徒가與日增加ᄒ야校舍가難容ᄒᆫ境에至ᄒ얏다고徐鄭兩시의敎育界熱誠을人皆稱頌ᄒᆫ다더라

◉正誤　昨日本雜報欄內에漢城法律義化學校講師金應圭氏의全字를金字로誤植이기玆에正誤ᄒᆷ

雜報

◎勳章下賜 大皇帝陛下께옵셔 中樞院議長金允植氏에게 勳一等太極章을 下賜ᄒᆞ옵신다더라

◎曾禰陛見 再昨日上午拾壹時에 曾禰副統監이 統監府秘書官國分象太郞以下拾壹人을 帶同ᄒᆞ고 慶運宮에 進詣ᄒᆞ야 大皇帝陛下께 陛見ᄒᆞ고 同十二時에 退闕ᄒᆞ얏다더라

◎龍卿擲戲賞給 再昨日下午九時頃에 承宣君리죵鎔氏가 團成社에 前往ᄒᆞ야 各種演劇을 壹切觀覽ᄒᆞ고 妓女蓮花等三名으로 擲卿을 擲戲ᄒᆞᆫ 後 금貨拾圓式 賞給ᄒᆞ얏다더라

◎金氏還國預定 皇太子殿下 問候次로 日本에 渡去ᄒᆞᆫ 宮內府秘書官김東完氏ᄂᆞᆫ 日間還國ᄒᆞᆯ 預定이라더라

◎各部大臣捧顔 今番日本에 派送ᄒᆞᆫ 拓殖會社委員諸氏中에 資格이 不及ᄒᆞᆫ 人이 有ᄒᆞ던지 日本政府에서 擇人치 못ᄒᆞᆷ을 統監府로 電話質問ᄒᆞᆫ지라 統監府에서 該事件에 對ᄒᆞ야 各부大臣을 請邀會議ᄒᆞ얏다ᄂᆞᆫᄃᆡ 其會議席에서 各部大臣이 大端히 無顔을 當ᄒᆞ얏다더라

◎李總理渡日說 總理大臣李完用氏ᄂᆞᆫ 自己地位가 鞏固치 못ᄒᆞᆷ새 極爲憂慮ᄒᆞ야 不遠間日本에 渡去ᄒᆞ기로 豫定ᄒᆞ얏다ᄂᆞᆫ 巷說이 藉々ᄒᆞ더라

◎宋氏渡日說 內部大臣宋秉畯氏가 有何緊要事件인지 日本에 前往ᄒᆞᆫ다ᄂᆞᆫ 說이 有ᄒᆞ더라

◎閔論宋史 宮相閔丙奭씨와 相宋秉畯兩氏가 雲峴宮宴會에서 互相爭詰ᄒᆞ얏다ᄂᆞᆫ 事ᄂᆞᆫ 昨報에 已揭ᄒᆞ얏거니와 追聞ᄒᆞᆫ즉 閔宮相이 某大官을 對ᄒᆞ야 言ᄒᆞ되 宋內相은 國土를 日人의게 賣渡ᄒᆞ고 反爲大談ᄒᆞ니 極爲駭歎ᄒᆞᆫ 事이라ᄒᆞ며 宋內相의 歷史를 壹場論評ᄒᆞ얏다더라

◎三千六百的廣張

向者김允植氏ᄂᆞᆫ 東京으로부터 還國ᄒᆞᆫ 後에 一般人士에 疑点을 惹起ᄒᆞᆷ은 新聞에 屢布어니와 其内容인즉 김가 還國時에 伊藤統監에게 數件事를 受托ᄒᆞ얏다ᄒᆞᆫ즉 其事實이 國家에 對ᄒᆞ야 吉凶은 姑未的知라ᄒᆞ고 日昨에 壹進會장리容九氏ᄂᆞᆫ 日本에서 某大臣에게 急電을 打ᄒᆞ야 壹進會積立금으로 銀行에 儲置ᄒᆞ얏던 금四拾萬圓을 調査ᄒᆞ야 半은 京城에서 運動費로 用ᄒᆞ고 半은 日本으로 換送ᄒᆞ라ᄒᆞ고 承宣君리죵鎔氏ᄂᆞᆫ 김允植氏의 運動으로 自己의 財産을 典當得債하라ᄒᆞ나 錢荒所致로 典執ᄒᆞᄂᆞᆫ 人이 無ᄒᆞ야 該氏의 緊切ᄒᆞᆫ 諸人이 晝夜奔忙ᄒᆞ야 四面으로 求債ᄒᆞᆫ다더라

◎發向群山 地方학校視察次로 發程ᄒᆞᆫ 학부大臣의 壹行이 江景浦地方으로서 今日群山으로 發向ᄒᆞ얏다고 학부에 電報가 來到ᄒᆞ얏다더라

◎鶴原還任說 統監府總務장官鶴原定吉이ᄂᆞᆫ 辭職ᄒᆞᆫ다더니 伊藤統監渡韓時에 同伴還任ᄒᆞᆫ다더라

◎觀察道에 受勅 地方郡守가 他郡으로 遷轉ᄒᆞᆫ 時에 宜例히 上京受勅後에 赴任ᄒᆞ더니 經費에 關ᄒᆞᆫ 事件과 郡守의 便利를 爲ᄒᆞ야 敍任勅紙를 該所管觀察道로 봉送ᄒᆞ야 該道에서 受勅케ᄒᆞ얏다더라

◎赤社任員月給支撥 曾往赤十字社設立時에 該社任員拾餘人이 二拾餘朔을 視務ᄒᆞ다가 該社가 廢止된 後에 該任員의 二拾餘朔月給을 不爲支給ᄒᆞᆫ 故로 該人等이 大端抑冤ᄒᆞ더니 宮內府次官小宮三保松과 該府秘書官佐伯雄이 該人等의 抑冤ᄒᆞᆷ을 聞知ᄒᆞ고 統監府와 內閣에 提議ᄒᆞ야 該十餘人의 二拾朔月銀을 支撥ᄒᆞ기로 決定ᄒᆞ얏다더라

◎兩氏鳴冤 內部書記官李範益씨와 農商工부書記官邊永鎭氏를 依免ᄒᆞᆫ 事ᄂᆞᆫ 已爲揭載어니와 히兩氏가 某處에 往하야 無罪히 免官ᄒᆞᆷ이 抑冤ᄒᆞ다고 說明ᄒᆞ얏다더라

◎吉田明月 日人吉田義靜이가 滿洲에서 自己女婿를 經ᄒᆞ고 日前에 入京하얏ᄂᆞᆫᄃᆡ 農商工部大臣趙重應학部學務局長尹致旿尹高麗三氏와 統監府書記官日人國分이가 再昨日下午七時에 明月館에 盛大ᄒᆞᆫ 宴會를 設ᄒᆞ고 吉田義靜을 請邀宴待ᄒᆞ얏다더라

◎武官印章新造 軍部에서 東宮武官印章을 新爲造成하고 該模範을 捺章ᄒᆞ야 昨日에 各府部院廳에 送交ᄒᆞ얏다더라

◎明石壹行入城 北間島에 視察次로 出張하얏던 明石少將의 壹行은 視察을 畢了ᄒᆞ고 本日에 入城ᄒᆞᆫ다더라

◎官報上의 物品 已往에ᄂᆞᆫ 官報上에 官吏任免件과 勅令部令及其他規則만 刊佈ᄒᆞ더니 從今以後로ᄂᆞᆫ 外國貿易物品의 旬報까지 頒佈ᄒᆞᆫ다더라

◎必無其餘 漢城내 肥料品은 日本人이 萬圓에 入札買得ᄒᆞ얏다ᄒᆞᆷ은 已報ᄒᆞ얏거니와 其내容인즉 拓殖會社가 成立되면 該社에서 應用ᄒᆞᆯ 主旨오 其餘ᄂᆞᆫ 韓國農民에게 賣渡ᄒᆞᆯ 所以라ᄒᆞ고 輿論이 有ᄒᆞ더라

◎糞筒視察 내部醫務局長松井茂가 將次漢城내 各坊曲에 巡視ᄒᆞ야 人民家에 設備ᄒᆞᆫ 肥料筒을 壹々觀察ᄒᆞᆯ 計劃이라고 하더라

◎文官恩金支撥 軍部所管文官 恩賜금을 支撥치 아니ᄒᆞᆫ다고 呼冤이 답至ᄒᆞᆫ다더니 再昨日에 壹々支給ᄒᆞ얏다더라

◎決死隊又起 壹進會員中某某拾三人이 決死隊를 組織ᄒᆞ야 光武學校內에서 秘密히 決議ᄒᆞ얏다ᄂᆞᆫᄃᆡ 該理由를 漏聞ᄒᆞᆫ즉 該會장以下擔務員諸氏를 攻駁ᄒᆞ기로 同盟ᄒᆞ얏다더라

◎盲能針繡 日前에 何許英國婦人이 平壤盲啞학校生徒壹名을 領率ᄒᆞ고 학部學務局長尹致旿氏家에 來留하ᄂᆞᆫᄃᆡ 中樞院議長김允植ᄒᆞᆫ 十國副장俞吉濬兩氏가 尹氏家에 前往ᄒᆞ야 該盲人학徒로ᄒᆞ야 금針繡와 女工을 壹試驗ᄒᆞᆫ즉 鮮美케ᄒᆞᄂᆞᆫ고로 該兩氏가 奇異ᄒᆞᆷ을 稱讚하미 美國婦人이 說明ᄒᆞ되 京城내에 盲人女子가 有ᄒᆞ거든 卜筮와 雜術을 切勿敎導ᄒᆞ고 該學校로 送ᄒᆞ면 極力敎授하야 壹等人物을 作成ᄒᆞ깃다ᄒᆞ얏다더라

◎地方褓負商作弊 각地方東亞開進教育會支會에서 褓負商들이 各場市酒店에 入하야 收斂이라 稱ᄒᆞ고 無理ᄒᆞᆫ 行悖로 毆打之에 星火督促ᄒᆞ미 鄕方殘商等이 支保ᄒᆞᆯ 道가 無ᄒᆞᆫ 怨聲이 載路라고 各地方來人의 傳說이 喧藉하더라

◎各津渡航敏速 各沿江津頭에 從來無規則ᄒᆞ야 行旅人의게 船工輩가 京鄕邑村之人을 蔑視ᄒᆞ야 或濫徵船價ᄒᆞ며 或無料渡涉케ᄒᆞ더니 管船總組合所에서 各津頭에 支組合所를 設立하미 船工輩가 行旅의 渡涉을 敏速히ᄒᆞ야 船價濫討之弊가 無케ᄒᆞᆫ다더라

◎婦人會請認 李鈺卿權厚子鄭松岡三氏가 발起ᄒᆞ야 東洋愛國婦人會를 設立ᄒᆞᆫ 事로 警視廳에 請願ᄒᆞ야 昨日에 承認ᄒᆞ얏다더라

◎治料徵給後放免 勞働會長徐廷柱氏가 리輔炫氏를 毆打ᄒᆞᆫ 事에 對ᄒᆞ야 北部警察署에 再次被捉되야 治療費二拾五圓九拾錢을 徵給하고 放釋이 되얏다더라

◎開城의 大雹 本月二十壹日上午拾時에 개성附近地에서 無前大雹가 降下ᄒᆞ야 菁菜及壹般穀類에 非常ᄒᆞᆫ 損害를 被ᄒᆞ얏고 或瓦甓도 破傷ᄒᆞ얏다더라

◎風浪捲人 去拾三日황海道新湖西方海邊에서 拾六歲된 兒가 釣漁ᄒᆞ다가 暴風을 因ᄒᆞ야 行衛가 不明ᄒᆞᆷ으로 村民七名이 小船을 乘하고 搜索ᄒᆞ다가 風浪이 激烈ᄒᆞᆫ 故로 索得치 못ᄒᆞ얏더니 該處憲兵隊에서 覓得ᄒᆞ야 其父母의게 引渡ᄒᆞ얏다더라

◎水中冤魂 平北江界郡文玉面別手동渡船場에서 淸國近處로 往하라하ᄂᆞᆫ 人民拾名과 船夫壹名이 大豆二石을 積載ᄒᆞ고 渡江ᄒᆞ다가 江流가 急激ᄒᆞ야 忽地에 轉覆되야 船夫與乘船諸人이 沉沒ᄒᆞ얏ᄂᆞᆫᄃᆡ 六名은 幸히 生命을 救ᄒᆞ고 五名은 溺死ᄒᆞ얏다더라

◎醉捉醒放 再昨日下午貳時에 度支部技手金漢卿氏가 南部后동等地에 土地를 測量하ᄂᆞᆫᄃᆡ 消防夫李凡석이가 被酒泥醉ᄒᆞ야 過去ᄒᆞ다가 김氏를 對ᄒᆞ야 無端凌辱ᄒᆞ며 行悖不已ᄒᆞᆷ으로 該掌巡査가 리班를 警察署로 押付ᄒᆞ야 酒醒後에 嚴喩放送하얏다더라

◎雜貨店主高義 校동屛門東便米廛後雜貨商店하ᄂᆞᆫ 李福鉉氏가 昨日下午貳時量에 自己廛압헤서 紙貨四十四圓을 拾得하얏ᄂᆞᆫᄃᆡ 中署警察署에 前往ᄒᆞ야 主人을 覓給하라고 該금額을 同警察署에 納付ᄒᆞ얏다더라

◎賊入鬼塚 中部警察署巡査部長日人鬼塚熊彦은 남部艸洞居하ᄂᆞᆫ 臨時鐵道調査局委員長朴義秉氏家挾戶에 寓居ᄒᆞ얏ᄂᆞᆫᄃᆡ 再昨日夜에 窃盜壹名이 闖入ᄒᆞ야 時計等屬七八拾圓價値의 物品을 窃取以去ᄒᆞ얏다더라

◎陽城郡義兵 南來人의 傳說을 聞ᄒᆞᆫ즉 陽城郡과 德山등地에 義兵數百名이 屯集ᄒᆞ얏ᄂᆞᆫᄃᆡ 斷髮ᄒᆞᆫ 人이 過半이오 帽子와 洋鞋를 着ᄒᆞᆫ 者가 多數ᄒᆞ다더라

▲地方消息▼

▲本月拾八日에 慶尙北道永川郡내에서 義兵拾五名이 該郡守備隊와 交戰ᄒᆞ얏다ᄒᆞ고

▲本月二拾日에 京畿道高陽郡舊把撥附近恭陵山내에서 義兵數拾名은 該郡駐在ᄒᆞᆫ 憲兵及補助員과 交戰ᄒᆞ얏다ᄒᆞ고

▲義兵將황在浩리憲讃兩氏의 部下壹團은 抱川砥平兩郡에 徘徊ᄒᆞᄂᆞᆫ 模樣이라하고

▲江陵營내平昌旌善襄陽麟蹄郡等地에ᄂᆞᆫ 義兵將박益시의 部下壹團이 徘徊ᄒᆞᆫ다ᄒᆞ고

▲義兵將리永準김하習시等의 率ᄒᆞᆫ 義兵三拾餘名은 淮陽김城華川楊口郡等地에서 出沒ᄒᆞᆫ다더라

▲賊界生活▼

▲惟皇上帝無親이라 福善禍惡分明ᄒᆞ며 人生百年幾何런고 好事만ᄒᆞᆯ지라도 歲月惟不足인ᄃᆡ 顧此蠢昧韓國人은 賊界生活可憐일세

▲欺君罔上爲能ᄒᆞ고 賣官鬻爵爲業ᄒᆞ야 宗社安危不顧하고 生靈塗炭越視하며 諂附外人依勢ᄒᆞ야 壹身富貴是圖ᄒᆞ니 政府之賊이아닌가

▲各社會가 發起ᄒᆞ면 贊成心은 姑舍ᄒᆞ고 蠢愚夜度ᄒᆞ더 經綸이 百方沮害運動하니 社會解散되고 보면 於爾有何快樂인지 社會之賊이아닌가

▲青年教育制裁ᄒᆞ고 新聞講覽禁止ᄒᆞ야 壹般人民몰아다가 黑暗地獄役ᄉᄒᆞ야 聾盲世界되고 보면 爾亦容身無地ᄒᆞ리 文明之賊이아닌가

▲學問研究無意하고 優遊度日ᄒᆞ야 학校出席點考ᄒᆞ면 早田苗可痛이오 代替爲名무숨일고 好箇靑春虛送하니 光陰之賊이아닌가

▲酒色雜技沉惑ᄒᆞ야 晝夜不分追逐타가 家産蕩盡無餘ᄒᆞ고 父母兄弟妻子들이 不免飢寒哀呼ᄒᆞ며 彷황道路無依ᄒᆞ니 敗家之賊이아닌가

▲外國語를 稍解ᄒᆞ면 大學問을 抱有ᄒᆞᆫ듯 鷹犬之役圖得ᄒᆞ고 各地方에 橫行ᄒᆞ며 無辜良民擄奪ᄒᆞ야 生殺之權任意하니 生命之賊이아닌가

▲民權培養此時代에 舊日習慣存ᄒᆞ야 妄自尊大驕傲ᄒᆞ고 壓制手段利用ᄒᆞ야 是非曲直勿問ᄒᆞ고 民權自由擄奪ᄒᆞ니 民黨之賊이아닌가

▲斷髮洋服短杖집고 外面開化ᄒᆞᆫ듯ᄒᆞ나 諸般挾雜包藏ᄒᆞ야 眞開化를 濁汚ᄒᆞ고 頑固輩의 譏評받아 人心全然不服ᄒᆞ니 開化之賊이아닌가

▲上等社會의 大盜賊이 各自悔改ᄒᆞ고 보면 莫非 下等賊은 不禁自禁ᄒᆞ려니와 終是不改前習이면 同歸覆轍敗亡ᄒᆞ리 韓人들아

廣告

本人의田半日畊이雙龍ㅏ잇ᄉᆞᆸᄂᆞᆫ대舊文券을中間에셔失故로玆以廣告ᄒᆞ오니누구시던지拾得ᄒᆞ시거던休紙施行ᄒᆞ시오

西部孔德里墟 貳拾六統壹戶 李重運 告白

特別廣告

陰本月二拾九日下午二時量에本人商店門前에셔紙貨四拾兩圓을拾得ᄒᆞ얏기로玆以廣告ᄒᆞ오니外國人間셔失之人은速々覓去ᄒᆞ심을望홈

中署冚동屛門東便米廛後 雜貨商 리瑞鉉 告白

本人의從孫종演浮浪ᄒᆞ와中部瑞麟坊毛橋五統五戶八間本人家券을偷去逃走ᄒᆞ얏ᄉᆞ오니內外國人은勿爲見欺ᄒᆞ시고本券은休紙施行홈

藥局 朱昇烈 白

◉學員募集廣告

本校에셔敎育의注意ᄒᆞ와高等師範兩科를設立이옵고學員을募集ᄒᆞ오니入學志願人은左開日로來臨問議ᄒᆞ시ᄋᆞᆸ

義州批峴面堂后克明學校 告白

壹 開學日字ᄂᆞᆫ陰九月拾五日
壹 開學後拾五日々지入參홈을許홈
壹 高等生年齡은拾五歲以上貳拾歲以下
壹 師範生年齡은拾八歲以上三拾歲以下
壹 高等卒業期限은貳個年
壹 師範卒業期限은壹個年
壹 食費ᄂᆞᆫ每朔替市貳斗五升

本人의所居草家八間舊文券二張을不知中에셔失이온바將欲請願于漢城府흘次로玆以廣告ᄒᆞ오니前家券貳張은誰某拾得ᄒᆞ던지休紙施行ᄒᆞ시ᄋᆞᆸ

西部倉동第九統九戶居 黃龍奉 告白

本人이去陰五月拾壹日에圖章을見失ᄒᆞ고玆에廣佈ᄒᆞ오니切勿見欺홈

寧邊郡魚龍面水口里 吳致禧 白

◉黃海道金川郡北面廣灘里私立廣新學校趣旨書

身廣體胖德之潤也溫故知新學之術也進學入德之門何存曰學校是也학校卽國民敎育之所而敎育固國民之義務也凡我國民孰不擔負其義務哉今國民獨立之基本實在乎敎育發達ᄒᆞ니雖胎敎其子以愛國精神莫此爲急況今靑年强壯將入於장夜ㄱ夢而不喚醒敎導哉何幸 邦命維新興학之詔屢降啓敎訖官私立학校之星列新舊학敎科之雷發無國都閭巷而擧ᄒᆞ야佇見其闢進敎育對揚 聖命惟吾금陵之美亦壹海西之各郡何獨無是擧哉郡之西南有三校爲近者可以踵門遠者可以負笈然竊觀今日敎育之急先務雖壹郡而拾校拾室而九校猶不爲多於是乎糾設壹校於郡北繼設壹契ᄒᆞ고贊務捐租嶋財鳩築校舍延聘講師日增生徒可期壹百里興學月修契約自有四份員贊成嗣後擴張之計永遠維持之方於斯備矣吾儕之戮力熱心人々是義務也不足可贊嗟我諸公之有靑年子弟者盖敎不倦而學不厭里之名曰廣灘校之名曰廣新惟使靑年廣其학問日々新又日新吾校之廣新名不虛得而曰德之身廣ᄒᆞᆫ之知新其非廣新之義歟

發起人 洪承宇 리翼寧 리泰寧

本人姓名圖章을近日何許不良人이僞造挾雜之弊가有ᄒᆞ기로前日所用圖章은自今廢止이고將欲新刻이오니知舊圖照亮ᄒᆞ시고舊章은切勿信施ᄒᆞ시ᄋᆞᆸ

鐵島壹契 延仲善 告白

本會에셔緊急事務를處理ᄒᆞ기爲ᄒᆞ야本月二十七日(日曜)下午二時에特別總會를校洞本會館內에셔開ᄒᆞ오니壹般會員은屆期來臨ᄒᆞ심을望홈

畿湖興學會 告白

◉私立德明學校趣旨書

古今天下에國家의治亂興亡과民族의盛衰가壹皆以敎ᄒᆞ고敎育興廢에在ᄒᆞ니故로往昔에家塾黨庠州序國學과現今幼稚園小학中學太학師範학校之設이是由是也라敎育이有然後에能히其身을自立ᄒᆞ고其家를保ᄒᆞ며社會를維持ᄒᆞ고國權을享有홈은天然的公例라所以로文明國에ᄂᆞᆫ無鄕不設校ᄒᆞ고無人不修학ᄒᆞ니大抵敎育은非別件事也라啓發智識ᄒᆞ고修養道德ᄒᆞ야上天賦畀ᄒᆞ신所有權利를不失ᄒᆞ며義務를各守ᄒᆞ야萬像方面에活用ᄒᆞᄂᆞᆫ機關이라此時何時며此世何世오海門이壹闢ᄒᆞ니風潮汹湧이라萬邦이星羅碁布에車舟交通ᄒᆞ고六洲가虎視鯨呑에機械日新ᄒᆞ야文明ᄒᆞᆫ人種은保存ᄒᆞ고野昧ᄒᆞᆫ蠻族은滅亡ᄒᆞᄂᆞᆫ世界라此世界ᄂᆞᆫ在敎育家手中이라云ᄒᆞᄂᆞᆫ此時代에顧我東邦이果在何等地位乎아長夜風雨에殘燭이垂滅ᄒᆞ고滿天雲霧에白日이失色일세何幸天道循環에聖詔屢降ᄒᆞ사奬勵敎育ᄒᆞ시고紳士論ᄒᆞ야학會발起와敎堂設立이在々相望ᄒᆞᄂᆞᆫ데惟我洪州壹鄕은幅圓이非不廣也오人口가非不衆也언만은對此敎育ᄒᆞ야寂無壹人ᄒᆞᆫ恐者ᄒᆞ니切爲有志者의恒所慨歎也로다本人이不敢以有爲로自處라漆室之歎과杞國之憂를自不能已ᄒᆞ야詢謀同志ᄒᆞ고鳩聚醵금ᄒᆞ야擬設壹校ᄒᆞ니命名曰德明이라德明之義ᄂᆞᆫ其有意乎인뎌本校位置가在於洪州躬耕面德井里ᄒᆞ니德井里에셔기明ᄒᆞᆫ다ᄂᆞᆫ本意이며又ᄂᆞᆫ大학首章에明々德이라ᄒᆞ얏ᄉᆞ니在我之明德을自明케ᄒᆞᄂᆞᆫ大意가아닌가其敎授ᄒᆞᄂᆞᆫ課程은地誌歷史筭術語학作文習字等普通課程으로定ᄒᆞ고聰俊子弟를敎育ᄒᆞ야將來國家에有用ᄒᆞᆫ人材를養成ᄒᆞ기로目的ᄒᆞ노니壹里에文明으로壹面에及ᄒᆞ고壹面에文明으로壹郡에及ᄒᆞ며以之壹省과壹國에普及ᄒᆞ면我德明학校의效果가豈不韙大也哉아勉乙哉어다同胞여勗之哉어다同胞여

隆熙貳年八月二拾三日

忠淸남道洪州躬耕面德井里

私立德明학校 校長 朴昌秉 學監 方哲容

발起人 徐承台

贊成長 郡守 尹泌

初學捷徑

第壹卷 定價金 三拾五錢
第二卷 定價金 三拾五錢
第三卷 第四卷 姑未定

我國同胞의急先務ᄂᆞᆫ國文漢문인ᄃᆡ此初學捷徑은國漢문을速成ᄒᆞᆫ敎科書이오니僉同胞ᄂᆞᆫ購用ᄒᆞ시ᄋᆞᆸ

編輯者 韓承坤
校閱者 美國博士 裵緯良
발行所 平壤鍾路 光明書觀
分賣所 京鍾路 耶蘇敎書會 / 京桂동 立公廉
百卷以上四割以下ᄂᆞᆫ三割

諸般法律事務를誠實迅速히處理ᄒᆞ오니陸續來議ᄒᆞ시ᄋᆞᆸ

辯護士 大崎熊之丞

事務所 京城中部水標橋第七十九統二戶

事務員 法학士 松本德次郎 / 前主事 김永壽

本校니에셔學員을募集ᄒᆞ야日語算術專門으로敎授ᄒᆞᆯᄃᆡ이니願學人은本校事務室에來議홈

養源學校事務室 告白

昨日上午壹時三十分에壽南布木商김麥照家에셔失火ᄒᆞ야壽進床廛에延及ᄒᆞ와三家가被燒ᄒᆞᆫ事ᄂᆞᆫ極히慘酷ᄒᆞᆫ지라本人家에至ᄒᆞ얀聯랑樓棟에火猛甚烈ᄒᆞ야中灰燼之境에至ᄒᆞᆫ지라何幸皇室의保護ᄒᆞ신消防係와警官諸씨의保護ᄒᆞ심과內外國軍人諸시의救火ᄒᆞ심과隣友諸시에盡力ᄒᆞ신惠澤을被ᄒᆞ와幸히無事ᄒᆞ얏ᄉᆞ오며第壹原料ᄂᆞᆫ電氣會社에셔水道를設置利用케홈을鳴謝ᄒᆞ오며又親友諸시의來問愛願ᄒᆞ심을不勝感謝ᄒᆞ와玆에廣告홈

壽品紙商 鄭斗煥

諸般法律事務를親切히迅速處理ᄒᆞ오니陸續來議ᄒᆞ시ᄋᆞᆸ

辯護士 崔鎭

本邸 南署冷井洞七統拾壹戶
法律事務所 南部曲橋拾壹統七戶

事務員 任顯直 / 尹鍚準 / 金顯翼

測量學員募集廣告

本塾에셔速成測量課와晝夜學으로三個月과貳個月兩課를特設ᄒᆞ고學員을募集ᄒᆞ오니願學僉員은陽九月二拾日(陰九月初六日)內早速請願ᄒᆞ심을望홈

但細則은本塾에셔問홈

北部大安洞安興義塾午後測量課 告白

前漢語學校內

法律事務所開設

本人이法律事件에從事ᄒᆞᆫ지二十餘年間이온ᄃᆡ今般左記場所에事務所를設立ᄒᆞ고韓日各裁判所民刑事件及訴訟鑑定辯護和解交涉等을取扱ᄒᆞ겟ᄉᆞ오니隨時處理ᄒᆞ오니僉位ᄂᆞᆫ陸續來臨ᄒᆞ시ᄋᆞᆸ

隆熙貳年九月二十日

京城中部鍾路電氣會社前

前判事 從七位 辯護士 本多潤

事務員兼通譯 安鍾求

◉學員募集廣告

本測量科를與士團內에設施ᄒᆞ고斯學에有名ᄒᆞᆫ高澤吉多과樊兩시가敎授ᄒᆞ갯사오니屆期應試ᄒᆞ심을爲要

試驗日字ᄂᆞᆫ九月四日午前十時

▲試驗科目
壹 筭術四則以內
壹 作文國漢文交用
但卒業期ᄂᆞᆫ三個月

測量科 中署磚洞 興士團內

本人의三子基역이年今二拾餘에柔弱性質로雜類輩의誘引을因ᄒᆞ야無典物得債키로廣布ᄒᆞ오니內外國人은切勿見欺後悔를切企홈

安敬煥 告白

本所에셔測量夜學科를設立이기玆以廣告ᄒᆞ오니願學僉員은來議ᄒᆞ시ᄋᆞᆸ

試驗科目
書取 筭術 加減乘除
試驗日字 今月拾八日
卒業期限은二個月

南部[illegible]洞二拾九統六戶 國民測量所 白

本社ᄂᆞᆫ本年七月貳拾八日繼續開業ᄒᆞ야各種印刷와圖書를刷印ᄒᆞ옵ᄂᆞᆫᄃᆡ近聞旣往社員이本社名稱을冒稱ᄒᆞ고注文諸位의게印刷費를勸加ᄒᆞ야捧코ᄌᆞᄒᆞ며又以本社營業에對ᄒᆞ야妨害之說로眩惑ᄒᆞ게ᄒᆞ오니營業上에如此沮戱者ᄂᆞᆫ다宜ᄒᆞ當律이어니와注文諸씨ᄂᆞᆫ切勿見欺ᄒᆞ시고陸續枉議ᄒᆞ심을務望

安峴普文社 告白

光山金氏宗中測量학校를鍾路普成館으로移定ᄒᆞ고校名은光新학校라ᄒᆞ고拾月壹日除九月七日에學徒를試取ᄒᆞ야拾月四日陰九月拾日에入學케ᄒᆞ며入학志願ᄒᆞᄂᆞᆫ諸宗은本月二拾八日陰九月四日以內로請願書를呈ᄒᆞᆫ後應試케ᄒᆞ되請願格式과試取科目은該校舍에揭壁ᄒᆞ얏시니照亮ᄒᆞ시ᄋᆞᆸ

校長 金珏鉉

本書館을開業ᄒᆞᆫ지未過壹年에壹同般臨에셔愛助ᄒᆞ시와益與旺之故로本館을壹層擴張ᄒᆞ고各項新舊書籍與敎育物品을多數準備ᄒᆞ야特別廉價로大發賣ᄒᆞ오니四方 僉君子ᄂᆞᆫ陸續來臨ᄒᆞ심을爲要홈

釜山港東關韓興書館

金汝重 權鍾律

鍾路[illegible]惠大藥房

[illegible]月報社 衛生製藥

咽喉熱痛 陰光水 五日分壹圜 金五十錢

消化 告味 甘酸水 金二十錢

男女 氣血 補益丸 二圓 五十錢

滋潤腸丸 二十錢

淋疾祛根藥 十五錢

痢疾壹散 二十錢

清明眼藥 十五錢

養兒寶散 十五錢

萬[illegible]根藥 三十錢

純金鷄納丸 [illegible]錢

[illegible]蟲丸 二十錢

是汗臭藥

[illegible]胃丸 十錢

太陽金瘡膏

消痰鎭咳藥 三十錢

漢城[illegible]膏

陳[illegible] 消積丸 五十錢

瘧氣 神效[illegible]

[illegible]草材[illegible]

大韓新發明 特効靈藥

陸軍[illegible]正二品 實驗方

陸軍[illegible]醫의 校勘官

[illegible]君有効證

八寶丹

[illegible]粒 金[illegible]錢

主治効能

○胃痛惡心 ○頑痰固飲 ○[illegible]思欠乏 ○[illegible]暑中寒 ○滞飲積滞 ○急警霍格 ○泄瀉下痢 ○頭痛眩暈 ○水上不服 ○霍亂吐瀉 ○船車酔

陸軍貳等軍의 許均實驗處方

陸軍貳等軍의 朴[illegible]建君有效證明

補陰 補陽 滋陽丸 자양환

卅日分金五圜 廿日分金三圜四拾錢 拾日分金壹圜八十錢

主治 ○房事不足 ○病後氣虚 ○腎氣腰痛 ○陰虚火動 ○手足厥冷 ○吸烟過度 ○體質虚弱 ○[illegible]

發賣所

南署 芧洞 李永珠藥局
仝 南門內 博文書館 盧益亨
仝 南門內 水橋 濟生支店
仝 口 信號 李洛[illegible]
仝 鐵物橋 毛衣房 [illegible]厚根
仝 小廣橋 毛衣房
仝 [illegible]進[illegible] 上隅 三[illegible]病院
仝 大寺洞 共濟病院
仁川港 [illegible] 豐旅館 韓[illegible]
仝 [illegible] 李昇範
仝 [illegible] 永源 李順五店
江華 鍾路 朴圭植商店
開城 남문내 明新[illegible] 리[illegible]
水原 남문내 김재九약舖
海州 남문내 리[illegible]商店
延安 읍내 邊汝文 藥局

製造所 仁川港 [illegible]

清心保命丹

消化新藥

陸軍軍醫金守鉉君實驗方劑 ·陸軍軍醫張基茂君有効證明 ·四海衛生之諸君子常備之靈藥

發行所 仁川港松峴 濟生堂藥房

九十粒入金拾錢

大韓新發明靈藥廣告

右[illegible]能 ●水土不服 ●吐瀉 ●暑中寒 ●飲[illegible]酔 ●[illegible]腹痛 ●咽喉 ●[illegible]傷 ●口[illegible]惡臭 ●[illegible]逆氣 ●[illegible]疫預防 ●諸[illegible] 妙藥

總發行所 京城 南門內

代理店

[illegible] 一 仁川港 [illegible]

郭山邑 [illegible]街 冊사 김大鉉
宜川邑내 冊ㅅ 安 濬
鐵山읍내 永春堂 [illegible]錫浩
義州 남문[illegible] 口街 [illegible]
[illegible] 官[illegible]약局 리丙斗
群山港 開[illegible]동 김斗鉉
大邱 남門내 [illegible]洞 김成浩
[illegible]山港 客[illegible]町[illegible]店 리炳夏
[illegible]青 新[illegible]港 [illegible]居留地 松房 朴錫勳
木浦 各[illegible] 松房 徐岐[illegible]
全國 各약店마다 隨應販賣

仁川港 松峴 [illegible] 濟生堂 白

社告

○申[illegible]價

壹張代金 新貨二錢五厘
壹個月前納 三十錢
參個月 九拾錢
陸個月 一圜七十錢
壹個年 三圜四十錢
郵稅 一張 新貨五厘
壹個月 十錢

○廣告料

[illegible]號活字拾[illegible]字詰
每[illegible]壹寸[illegible] [illegible]
二週[illegible]壹寸 二圜[illegible]
壹個[illegible]壹寸 五圜

（自壹行至[illegible]行爲壹寸）

其期限[illegible]長短과 字行의 多[illegible]

金溝 流面 豆亭
寧邊邑 客舍里 趙炳俊 家明濟世
成川 [illegible]上部面
信川邑 八里
洪原 南門外 耶蘇教冊舖 方禹晟
[illegible]井洞號外 [illegible]三居[illegible]

發行兼編輯人 英國人 萬咸

Responsible for Publication Alfred Weekley Marnham.

發行所 大韓每日申報社

漢城鍾路慈惠醫院診

醫學校卒業後濟衆院卒業 濟衆院의 시實地六年習[illegible]

此鍾路慈惠醫院에서 太英國製視力檢查機械와 金銀면眼鏡을 購置하고 男女視力을 檢査하[illegible]

第九百拾四號

大韓每日申報

第六

月曜及慶節歲時日休刊

檀君開國四千二百四十一年
箕子元年三千三十年
大韓開國五百十七年
日本明治四十一年
清國光緒三十四年
陰曆戊申九月大初二日甲申

寄書

◎敬呈一劑

愛國生權自由

自己의魂을魔鬼가奪ㅎ야狂妄疾走ㅎ거나或神針을抽ㅎ야項門에豈下ㅋ又ㅎ면躄알大叫曰殺人賊이라ㅎ는者ㅣ大韓同胞가아닌가自己의命이二竪의게懸ㅎ야呻吟苦痛ㅎ거던或靈丹을試ㅎ야病根을豈滯ㅎ라하면搖手大揮曰夢換藥이다ㅎ는者ㅣ大韓同胞가아닌가自巳의田土를他人에騙取ㅎ거던保有ㅎ는尙矣오雙手로禮拜奉獻者ㅣ韓人이아닌가

自己의妻孥를他人이驅役케던贖還은姑捨ㅎ고壹身까지歡喜服從者ㅣ韓人이아닌가

古今歷史와東西地球를回溯ㅎ면聲息이喘急者도韓人이며志氣가卑劣者도韓人이라幾千百年을過ㅎ야世界도新開闢하고人種도新建立하면韓人이邪魔深祟를頓거ㅎ고壹大康健快活聰明穎悟ㅎ完人이될는지不知어니와目下現狀으로는姓名人籍에在ㅎ다홈이不可라鬼籍에載ㅎ야다홈이可ㅎ며身命이世國에居ㅎ다홈이不可라地獄에陷ㅎ엿다홈이可ㅎ니

嗚乎라韓人은病人이오韓世界는病世界로다

韓人인들豈本來天生病人者哉아마는病養에失攝하고見聞이孤陋ㅎ야病因을不察ㅎ며藥術가不遁하고病根을不拔에痼瘼仍成홈이로다

此病을治ㅎ라고有志士가摩肩接踵하야相與研究ㅎ다가演壇奮登ㅎ야放聲痛哭者도有ㅎ고社會에投ㅎ야喪性發狂者도有ㅎ고刎頸攪腹ㅎ야腥血을濺ㅎ者와冒危涉險에熱誠을瀉ㅎ者ㅣ有ㅎ니漢室大廈에賈誼가空哭ㅎ고曹操頭風에吉平이未售ㅎ야病勢가日臻於劇은何哉아

以愚思之컨대病源을輕視ㅎ고但以陳艾로鍼輪을灸하며鈍針으로指端을通ㅎ고癰疾의除거를企待ㅎ니此로可히輕傷暫滯에는效를得ㅎ려니와深祟久積에야엇지功을奏ㅎ리오

韓人의病勢가其亟矣며韓人의病源이其深矣로다今에病源을尋出ㅎ야同病同胞의게通知ㅎ노니大抵吾儕의病源이數百年來로文恬武嬉에蹉跎ㅎ야四肢가萎ㅎ며貪官虐吏가血液을吸ㅎ며百脈이枯竭ㅎ니於是乎工商을賤視故로金融이不贍ㅎ야과居尺土에鶉衣犬食으로養生을失ㅎ고武藝를鄙睨故로禦侮를不思ㅎ고隣邦을憑ㅎ야形枯心灰ㅎ야舊習을忘ㅎ고外로는鄰鑑鑄士를欵이成祟ㅎ고內로는兩班의門閥色豪이結轍ㅎ야有時엔仕宦의熱과名譽의熱이交攻ㅎ야[illegible]實業에冷이[illegible]에智識[illegible]諸是賤ㅎ[illegible]

海外倭法이라指ㅎ고甚至於或者는太和甄閣化國에中風ㅎ고協律社演劇社에受邪ㅎ며語하科에腦髓가迷ㅎ고花臺局에精神을失ㅎ야辯士의激論으로口瘡만發ㅎ고文人의直筆노도腕力만費ㅎ야志士는遂成假志士ㅎ고병人은只是長病人이로다

今에此症을普通治療ㅎ기爲ㅎ야各國醫國神方을參考ㅎ야壹劑를製出ㅎ니약料는政治학 衛生학 醫學 體操 地誌 歷史 算術 物理 化學 礦학等이라

功效인즉奸臟敗肚는忠肝烈膽이되고凡骨陋習은道體德風이되야官人은賣國ㅎ慾心가止息ㅎ고志士는釣名ㅎ虛熱이辟除ㅎ며迂儒는蒼古ㅎ譫語가絶ㅎ고外人은狡猾ㅎ魔手가斷ㅎ며學徒는有進無退의氣力이充健ㅎ고牧竪는晝働夜學ㅎ心思가發現ㅎ며堂々洪々白々道의妖說이自消ㅎ고侍天教壹進會의惡果가自落ㅎ며工商은輸出이日增ㅎ고社會는成立이鞏固ㅎ야國家에運命을帶礪로立誓ㅎ고民族의團聚는金石에與比ㅎ야二千萬人이快活을齊得ㅎ면然後에二千萬舌을鑼十ㅎ保護ㅎ는自由쭈이며二千萬腹은福音을宣揚ㅎ는太平鼓며四千萬目은眼際을嗣察ㅎ는顯微鏡이며四千萬耳는文明을吸收하는蓄音器며四千萬足은內乱을勘定ㅎ는震天雷가되야各々壹手式만擧ㅎ야도天國에擧登ㅎ며壹步式만進ㅎ야도地獄을同脫ㅎ러니와

萬壹此약을不服ㅎ거나或權停體로服ㅎ고病席에長臥ㅎ야叫苦度日ㅎ면서天命自在와勿약自效를翹望ㅎ면비록億千萬世가盡ㅎ야도已病者는漸々成痼ㅎ고未病者는次々傳染ㅎ야餓鬼의形과羅刹의陣이中島에充滿ㅎ야韓人은病人이오韓世界는病世界가될而已니戒哉어다

外報

◎海軍校立決定 清國北洋大臣楊士驤氏가政府와協議ㅎ고北洋海軍學校를設立하기로決定ㅎ얏다더라

◎西班牙戰鬪艦製造 西班牙政府에서英國의勸告를因ㅎ야海軍을擴張ㅎ기爲ㅎ야戰鬪艦六隻巡洋艦六隻驅逐艦拾二隻을製造하랴다가財政이不足ㅎ야戰鬪艦三隻과驅逐艦三隻과水雷艇二拾四隻과砲艦四隻과海防艦拾隻을製造하기로決定ㅎ얏는데該國現存艦數는戰鬪艦壹隻甲裝艦三隻巡洋艦五隻水雷砲艦三隻이라ㅎ얏더라

◎排德檄文發布 清國山東省에在ㅎ保鑛會가向者에解散된後로德國에서礦山侵界ㅎ는主義가極甚ㅎ故로山東留學生이該省人紳民의게排德檄文을發ㅎ얏는데 一、德國人의게對ㅎ야勞働者로使用되지아니ㅎ事 貳、德國商品을購買치아니ㅎ事 三、德國鐵道를使用치아니ㅎ事 四、齊道의清國商品을閉鎖ㅎ事 五、德國人이教師된學校에는入學치아니ㅎ事

雜報

◎民有田土加占 平壤郡外城二里及三里의民人代表者김國鎮씨가日人이停車場敷地라稱ㅎ고該所有田地를加占ㅎ事로써統監府에請願ㅎ全文이如左ㅎ더라

光武八年七月中請願人等의籍住ㅎ는平安南道平壤郡外城에田地壹萬壹千三百拾四韓畝(壹畝의長은二百七拾尺이오廣은二尺四寸이라)와家屋壹百八拾三戶의所在地와合壹區域의地를軍用鐵道停車場의敷地로收用ㅎ되該區域의周圍에는標木을樹ㅎ고請願等該敷地니에居住하는數百의人民이對ㅎ야速히敷地外로轉住ㅎ라ㅎ는嚴命을發ㅎ故로壹同은不得已ㅎ야其命을勉從ㅎ셔當時霖雨中이라도不拘하고辛苦奔走ㅎ야漸々區域外로移轉ㅎ여永住의協礎를安定하엿더니其翌年三月前記收用地區域外에再次田地二萬五千六百四韓畝와家屋貳百六戶의所在地를追徵하니總者艱辛히移轉ㅎ者도席不暇暖ㅎ新住의家屋을捨ㅎ고壹層의苦辛을又嘗ㅎ여他所로飲泣轉居하엿더니同年五月에至ㅎ여又田地六千五百八拾三韓畝와家屋八戶의所在地과[illegible]로히收用地域의編入홈으로請願人等의數니의三度遷徙ㅎ는者ㅣ有하나然ㅎ나請願人等은是實公益을爲홈이니其衛의當ㅎ者ㅣ犧牲과如홈은無可奈何인所致로觀念ㅎ고此多大ㅎ損害와對ㅎ야는반다시相當ㅎ賠償금이有홀줄노確信ㅎ고互相戒飭ㅎ야異議업시官命의服從ㅎ온지라

其後光武拾年拾二月의至ㅎ야軍用地調査委員朴義秉씨는收用의對ㅎ損害를賠償ㅎ라고平壤의來ㅎ야너부의訓令及收用地圖面을揭示ㅎ되該圖面中의紅線以너는軍用地의屬ㅎ고菜褐線以너는管理局의屬ㅎ고其以外는卽可放地니人民은自由로此에居住ㅎ라ㅎ는旨趣를公布ㅎ고收用地의賠償으로는田地壹坪에對ㅎ야金七錢을下附ㅎ니請願人等의數內에往往收用區域을避ㅎ야內部訓令中所謂紅線以너로轉居ㅎ얏든者는於此에又四度移轉홈에至하야訓示가叮嚀ㅎ故로多數히可放地니로移住ㅎ얏고其賠償金額으로論ㅎ면千辛萬苦ㅎ야二回或二四回移轉ㅎ者에對하야는豫期의百分之壹에도不滿ㅎ少額임으로써壹同은其過少ㅎ을驚嘆ㅎ나實際의損害額은他日調査ㅎ後更히相當의要求를請ㅎ노遲緩ㅎ이아니라ㅎ고此少額의賠償금을甘受ㅎ온지라

未完

◎正誤 本報에徐相雨氏의寡居ㅎ는令娘이魚在乘시와再醮結定ㅎ얏다ㅎ기로隨聞揭載ㅎ얏더니更聞ㅎ즉該婦人이寡居ㅎ지拾餘年에他人이或改嫁ᄒ을勸告하되壹幷牢却ㅎ고守節ㅎ기로結誓ㅎ얏고此改嫁의說은傳之者誤라더라

雜報

◉御路看審次下往 大皇帝陛下ᄭᅦ옵셔水原 隆陵에 幸行ᄒᆞ옵신다ᄂᆞᆫ說은本報에已揭ᄒᆞ얏거니와大皇橋에셔陵所ᄭᅡ지臨時鐵道를現今敷設ᄒᆞᄂᆞᆫ中인대警視副監具然壽氏와內部警務局長松井茂와 皇宮警察係警視呼子友壹郎이가同 御路를看審ᄒᆞ기爲ᄒᆞ야昨日上午七時에京釜鐵道第壹番列車를搭乘ᄒᆞ고同地에下往ᄒᆞ얏다더라

◉準備委員差定 別項과如히今番 隆陵 幸行時에掌禮院卿成岐運氏ᄂᆞᆫ準備委員으로差定ᄒᆞ얏다더라

◉宮大의鐵椅 政府가變更이되더라도宮內府大臣閔丙奭氏의椅子ᄂᆞᆫ鞏固ᄒᆞ기가盤石과如ᄒᆞ다더라

◉月下茶會 表勳院摠裁李載克氏ᄂᆞᆫ明日下午七時에明月館에茶話會를開設ᄒᆞ고新舊內閣諸氏와其他某某大官을多數請待ᄒᆞ기로預定ᄒᆞ얏다더라

◉更待後報 前參政韓圭卨氏가近日에少室을新置ᄒᆞᆫ事件에對ᄒᆞ야有何嫌疑인지各社會에셔該氏의게質問ᄒᆞᆫ다ᄂᆞᆫ說이有ᄒᆞ더라

◉事必歸正 國債報償金事件으로誣訴를因ᄒᆞ야被囚되얏든本社總務梁起鐸씨ᄂᆞᆫ昨日公判庭에셔檢事가公言ᄒᆞ기를該梁氏가壹毫無犯ᄒᆞᆫ즉無罪放免ᄒᆞᆷ이爲宜라하얏고判事가本月[illegible]九日에判決ᄒᆞ기로公[illegible]爲先保放ᄒᆞ엿더

慶北觀察使朴重陽氏의上京ᄒᆞᆫ內容을得聞ᄒᆞᆫ즉該氏가今番郡守驅逐事件에對ᄒᆞ야不正ᄒᆞᆫ事가多有ᄒᆞᆫ故로內部에셔此理由를質問ᄒᆞᆯ次로招上ᄒᆞᆫ事이라더라

◉髮懸贊議 新門外居某氏가辯護士李容相氏事務所에來到ᄒᆞ야頭髮削不削을言論ᄒᆞ다가自已存髮에對ᄒᆞ야曰余ᄂᆞᆫ斷발ᄒᆞ기爲ᄒᆞ야中樞院副贊議壹窠를運動ᄒᆞ얏더니尙今如意치못ᄒᆞ야頭발이尙存이라ᄒᆞ얏다더라

◉警部口試問題 再昨日內部에셔警部를口頭試取ᄒᆞ얏다ᄂᆞᆫ問題를據ᄒᆞᆫ즉行政警察과司法警察의區別과外國人을逮捕可否等件과人民의營業을自由로ᄒᆞᆷ이可ᄒᆞᆯ與否件이라더라

◉兀髻主事叱退 昌平郡ㄱ主事某氏가尙今ᄭᅡ지剃髮치아니ᄒᆞ고視務ᄒᆞ다가무슴因公ᄒᆞᆫ事가有ᄒᆞ야該觀察道에前往ᄒᆞ얏더니觀察使가該主事를叱退直削ᄒᆞ라하얏다더라

◉指揮官溺職 特設巡査隊指揮官權重彬氏가各地方騷擾鎭靜에無心ᄒᆞᆷ은姑捨ᄒᆞ고巡査隊의民間作獘를聽若不聞ᄒᆞ고光州郡下에셔挾妓携酒로消日ᄒᆞᆫ다더라

◉拓殖事務實着 東洋拓殖株式會社의設立事務所設置件을協議取決하얏다ᄂᆞᆫ딕其處所인즉日本國東京大藏大臣官舍內에定ᄒᆞ고其事務處理方法을日間부터實施ᄒᆞᆫ다더라

◉調査後貰金磨鍊 漢城內에在ᄒᆞᆫ承寧府所管家屋이百餘戶인대從今以後로壹々調査ᄒᆞ야貰金을磨鍊ᄒᆞᆫ다더라

◉治道費徵收不公 漢城內치道費收斂에對ᄒᆞ야漢城府尹張憲植氏가趣旨書와치道費募集額數를記草ᄒᆞ야人民等의게傳佈ᄒᆞᆷ은人所共知어니와各府部官吏의게收斂ᄒᆞᄂᆞᆫ節次를聞ᄒᆞᆫ즉人民과官吏間에徵收ᄒᆞᄂᆞᆫ것이大不公平ᄒᆞ야奏判任官以上官吏들은寄附金募集文簿에或五拾젼式或二三拾젼式을自已力量디로懸錄捺章ᄒᆞ얏슨즉此ᄂᆞᆫ漢城府尹이人民의疑惑心을惹起ᄒᆞ얏다고輿論이藉々ᄒᆞ더라

◉爲髮痛哭 槐山郡守沈奎澤氏가延命次로該道에前往ᄒᆞ얏더니該觀察權鳳洙氏가沈郡守의斷髮치아니ᄒᆞᆷ을憎惡ᄒᆞ야不爲接見ᄒᆞᄂᆞᆫ고로當場에削髮入見ᄒᆞᆫ事ᄂᆞᆫ已報어니와沈氏가還官後房哭을拳打하며放聲大哭ᄒᆞ되口腹이是讐라莫重父母의遺髮을削去ᄒᆞ얏다ᄒᆞᆷ으로該郡人民이唾罵ᄒᆞᆫ다더라

◉診斷添付呈訴 無論某人ᄒᆞ고被打訴狀을各警察署에納呈하라면醫師의診斷書를添付ᄒᆞᆫ然後에呈訴ᄒᆞᆫ다ᄂᆞᆫ딕該診斷書를添付ᄒᆞ라면手數料를先給ᄒᆞᄂᆞᆫ故로貧寒ᄒᆞᆫ人은此亦難處라더라

◉忠北民情可憫 忠北來人의傳說을聞ᄒᆞᆫ즉今年農形이西成之望이頗有하더니今番風災가夥多하야窮蔀民情이嗷嗷ᄒᆞᆫ다더라

◉善服新聞湯 承寧府理事吳壹泳氏ᄂᆞᆫ每日該府에仕進視務ᄒᆞᆫ後에妓女珍香을帶同하고新門內圓覺社에依例待令ᄒᆞᆫ다ᄒᆞᆷ으로各報에揭載ᄒᆞ얏더니吳氏도眼目이有ᄒᆞ야新聞을見ᄒᆞ얏던지伊日로부터該社에永爲絕跡ᄒᆞ니新聞은治人의良약이라고人皆稱頌ᄒᆞᆫ다더라

◉崔氏와吳氏 南部履동居하ᄂᆞᆫ崔德俊氏가家屋五座文券을學洞居吳漢泳氏의게典執ᄒᆞ얏더니吳氏ᄂᆞᆫ該家券貳座를何許法國人에게又爲典執ᄒᆞ고限日이已過ᄒᆞ도록推覓지아니ᄒᆞᄂᆞᆫ지라再昨日에該法國人이何許韓國人四名과日本人壹名을領率ᄒᆞ고崔ㄱ家에來到ᄒᆞ야崔氏를威脅ᄒᆞ되我가此券을吳某에게典執ᄒᆞ얏스나家即爾物인즉當場報償覓去ᄒᆞ라고作梗이無雙ᄒᆞ다하야銅峴警察署에서偵探ᄒᆞᆯ次로巡査를派送ᄒᆞ얏다더라

◉振威郡民怨 振威郡守ᄂᆞᆫ各面各里에前往ᄒᆞ야人民을曉諭演說ᄒᆞ되明官인줄노信仰ᄒᆞ얏더니該郡停車場과邑四里에新路를作ᄒᆞᆫ다하고境內人民을賦役하며學校補助金이라稱ᄒᆞ고每面에壹百二拾圜式排入ᄒᆞ라ᄒᆞ고各面面長을捉囚ᄒᆞ고補助金을拾五面에沒數히收斂하기로該郡人民의怨聲이漲天하다더라

◉日兵行悖 七八月兩朔間에日兵이砥平郡에入來ᄒᆞ야村間에往來ᄒᆞ며砲軍과軍機를出하라ᄒᆞ며人民을無數亂打ᄒᆞ고北面정谷에往ᄒᆞ야鄭某의婦人及其他女人貳名을捕捉ᄒᆞ고春川으로前往하ᄂᆞᆫ딕該女人의家夫들이附近洞人을請하야追往哀乞ᄒᆞ야艱爲覓來ᄒᆞ얏다더라

◉奸僞必露 南來人의傳說을據ᄒᆞᆫ즉忠南木川郡長命里驛土가丙午年大水에田답與該동堤防이ㄱ潰ᄒᆞ야該동民人等이築堤防川에萬餘兩을費하야幾至敗洞이온대驛土舍音李聖五가防築費五千六百兩을捧稅官劉秉應氏에게擧訴畫下ᄒᆞ야壹千九百兩만出給ᄒᆞ고三千七百兩을掩匿私消ᄒᆞ려다가綻露되야具洞民等이公州府에往訴ᄒᆞ야具逸利推覓ᄒᆞᆫ다더라

◉怒甲移乙 齋洞東谷居饌商爲業ᄒᆞᄂᆞᆫ鄭先達爲名人이其妻를見失ᄒᆞ고怒甲移乙로自已越房에貰居ᄒᆞᄂᆞᆫ朴先達을再昨夜에不時逐出ᄒᆞᄂᆞᆫ故로朴先達은夜半에寄寓無處ᄒᆞ야道路에捿屑ᄒᆞᆫ다더라

◉銀世界演劇 圓覺社에雇傭ᄒᆞᄂᆞᆫ娼夫等이銀世界新小說을嫻熟히鍊習ᄒᆞᆫ故로來月壹日부터該演劇을開始ᄒᆞ기로預定ᄒᆞ얏다더라

◉敎藝講習所設立 妓夫의名稱을廢止ᄒᆞᆫ다ᄒᆞᆷ은已報ᄒᆞ얏거니와更聞ᄒᆞᆫ즉壹般妓夫들이發起하기를無端히妓夫名稱을廢止ᄒᆞᄂᆞᆫ것이余輩의遺憾이되니敎藝講習所를設立ᄒᆞ고妓生을會同ᄒᆞ야歌舞及其他妓藝를敎授ᄒᆞ쟈ᄒᆞ얏다더라

◉虎口貸犬 今月初八日에開城場市의人과京居人壹名이黃海道兎山場市로明紬를貿易次로前往ᄒᆞ다가松都비치嶺에셔盜賊七八人이突出ᄒᆞ야錢五六萬兩을奪去하면서言ᄒᆞ기를貸去ᄒᆞᆫ다ᄒᆞ더라더라

◉彦陽郡習惡 彦陽郡壹境은人民의知識이甚히蒙昧ᄒᆞ야晝夜로巫卜盲者를招集ᄒᆞ야誦經이니逐鬼이니ᄒᆞ기에汨沒ᄒᆞ기로境內人民이夜不成寐ᄒᆞᆫ다더라

◉日人扶斯病 京城泥峴居留日本人森政吉鎌田曾村及田中三人은窒扶斯병의罹ᄒᆞ야大韓醫院으로舁去ᄒᆞ얏다더라

◉[illegible]判被捉 中部校洞居前[illegible]判[illegible]益性시ᄂᆞᆫ何事件을因ᄒᆞᆫ인지昨日南부警署에被捉되얏다더라

◉河野三郎被捉 泥峴居留日人河野三郎은保安規則을違反ᄒᆞᆫ事이有하다ᄒᆞ야남부警事廳에被捉되얏다더라

◉湖南特會 湖南學會에서該道內敎育方針과學校視察을爲ᄒᆞ야敎育部장梁會源시를該道로派送ᄒᆞ고又今日에特別總會를本會館內에開ᄒᆞ고事務를處理ᄒᆞᆫ다더라

◉體育總會 大同體育部에서臨時總會를來日曜下午一時에普成學校內에서開ᄒᆞᆫ다더라

◉敎育上의妨害 初等小學이初次刊行ᄒᆞᆫ冊과再次刊行ᄒᆞᆫ冊이章句의異同處가有ᄒᆞ야각學校에서敎授ᄒᆞ기가大端困難ᄒᆞ다ᄂᆞᆫ딕編輯人의前後異見을因ᄒᆞ야敎育上에妨害가不少하다더라

◉諸氏熱心 江西郡擧岩面岩底里明新학校를設立ᄒᆞ고紳士吳啓述金晋洙李宗璧諸시가熱心敎育ᄒᆞ야學徒가每月將增ᄒᆞᆫ다더라

◉順天開校式 江西郡必毛里順天학校에셔개校式을擧行ᄒᆞ얏ᄂᆞᆫ딕學徒二百名과觀光者三三百餘人이來參ᄒᆞ얏다더라

▲地方消息▼

▲本月十六日未明의全州萬水동의셔義兵二拾餘名이該郡日守備兵과交戰ᄒᆞ얏다더라

▲寃婦弄子▼

▲東顙西仆ᄌᆞ厦中에無衣無食壹婦人이壹乳兒를抱ᄒᆞ고ᄒᆞ야悲淚縱橫ᄒᆞᄂᆞᆫ中에手舞足蹈徘徊ᄒᆞ며愛子歌를高唱ᄒᆞ니그노리가可聽일네

▲金子童아玉子童아人生壹世萬事中에忠君愛國第壹이라壹身富貴貪得ᄒᆞ야賣國賊은되지말고經國濟民ᄒᆞ야볼ᄭᅡ어화둥々내아돌

▲金子童아玉子童아天生烝民ᄒᆞᆫ실ᄯᅢ에義務權利주셧거ᄂᆞᆯ他人의奴隷되지말고내의義務盡力ᄒᆞ야自由權利回復ᄒᆞ야볼ᄭᅡ어화둥々내아돌

▲金子童아玉子童아人而不學ᄒᆞ고보면牛馬襟裾無異ᄒᆞ며覊絆使役難免이니各種學問研究하야知識發達ᄒᆞ여볼ᄭᅡ어화둥々내아돌

▲金子童아玉子童아大丈夫의더行事가磊々落々光明ᄒᆞ야靑天白日갓치하고奸猾小人效則말며正確君子되여볼ᄭᅡ어화둥々내아돌

▲金子童아玉子童아積財不用ᄒᆞᄂᆞᆫ者ᄂᆞᆫ豚犬不若守錢奴니慈善家로目的ᄒᆞ고公益事業多做ᄒᆞ야社會成立ᄒᆞ여볼ᄭᅡ어화둥々내아돌

▲金子童아玉子童아競爭時代生存ᄒᆞ랴冒險心이업고보면壹步地를難進이라生死苦樂關係말고爲國獻身ᄒᆞ여볼ᄭᅡ어화둥々내아돌

▲金子童아玉子童아古今逆賊試觀ᄒᆞ라無識ᄒᆞᆫ놈別無하다奴隷學은비지말고國粹主義提倡ᄒᆞ야全國師範되여볼ᄭᅡ어화둥々내아돌

▲金子동아玉子동아大韓獨立ᄒᆞᄂᆞᆫ날에太極旗를놉히들고大舞臺에進往ᄒᆞᆯ제疾風暴雨甚ᄒᆞ야도百折不回ᄒᆞ여볼ᄭᅡ어화둥々내아돌

▲韓ㄱ들아韓人들아爲人父母하얏거던父母義務備盡ᄒᆞ야金玉갓치貴ᄒᆞᆫ子女無雙之寶欲得인딕此婦人을模倣ᄒᆞ소韓人들아韓ㄱ들아

의학博士洪奭厚 實驗方劑
製약監査人 박瀅惠 李觀化

健胃消食 [illegible]
定價金拾錢

은預防케ᄒᆞ고健胃作滯ᄒᆞ이能消滯積ᄒᆞ고…下ᄒᆞ며…癨와경咳白담을能治能止ᄒᆞᄂᆞᆫ靈약이오

製造本舖 漢城西署慈惠大약房

廣告

本人이水橋居在天於昔十月晦日出次紙貨拾壹圓七拾錢壹片과又同人於昔拾月拾五日出次紙錢拾六圓貳拾錢壹片과典동金參錢於昔九月晦日出次當文三百三拾五兩壹片ᄒᆞ共合三片을囊中에緊藏ᄒᆞ얏다가去月二拾八日에不知中紛失ᄒᆞ얏ᄉᆞᆸ기玆에廣告ᄒᆞ오니誰某拾得ᄒᆞ와도休紙施行홈

慕華館居 金永淳 告白

●特別廣告

本人이火災後의家屋을繼續建築이ᄋᆞᆸᄂᆞᆫ대建築準工間의臨時營業所ᄅᆞᆯ鍾路白木廛舊新房으로定ᄒᆞ얏ᄉᆞ오니 僉君子ᄂᆞᆫ照亮來臨을伏望홈

金泰熙 告白

前監理正三品李杜健의健字ᄂᆞᆫ哲字로改正ᄒᆞ오니知舊間照亮홈

李杜哲 告白

初學捷徑

第壹卷 定價金 三拾五錢
第二卷 定價金 三拾五錢
第三卷
第四卷 姑未定

我國同胞의急先務ᄂᆞᆫ國文漢문인ᄃᆡ此初學捷徑은國漢문을速成ᄒᆞᄂᆞᆫ敎科書이오니僉同胞ᄂᆞᆫ購用ᄒᆞ시ᄋᆞᆸ

編輯者 韓承坤
校閱者 美國博士醫學 韓[illegible]良
발行所 平壤鍾路 光明書觀
分매所 京鍾路 耶蘇敎書會
京桂동 玄公廉
百卷以上四割以下ᄂᆞᆫ三割

忠南牙山郡東面昌福里食字畓拾三斗落五坐結四拾三負六束証明書遺失故玆以仰布誰某拾得休紙施行홈

畓主 韓鳳錫 白

本月貳拾九日上午第二時에特別通常會를開ᄒᆞ오니 僉會員은 照亮來參홈

帝國實業會 告白

黃海道장淵西大松川洞所在淑字田壹日耕仝朝前耕仝半日耕載字田半日耕南字田半日耕文券을서失이ᄋᆞᆸ기玆以公佈이오니內外國 僉君子ᄂᆞᆫ或有拾得이라도休紙施行ᄒᆞᆷ을望要

田主 徐丙浩 告白

學洞所在 **本會社**를中部東谷三拾號壹戶(長橋北向入路東邊)로移接ᄒᆞᄋᆞᆸ고柴**炭**營**業**은營業擴張이온바愛顧ᄒᆞ시ᄂᆞᆫ 僉君子請求에對ᄒᆞ야**廉價隨應**ᄒᆞᆯ깃사오니陸續來議ᄒᆞ심을爲要

漢城材木柴炭株式會社 告白

仁川居趙秉奉鏞敎가今春에延安郡南部三街里南屯兩處所在답九石九斗落田拾九斗落을畓主京居申泰信處에買渡ᄒᆞ고新舊文券幷推矣러니不意今秋에僖姑母中御宮이日人處에放賣云ᄒᆞ고日人三名을下送ᄒᆞ야該田畓을調査ᄒᆞ깃다ᄒᆞ니申御宮으ᄂᆞᆫ會前에宮掖을倚勢ᄒᆞ고人民을侮壓ᄒᆞ다가現今에外國人을依賴ᄒᆞ고人民財産을欲爲強奪ᄒᆞ니是可忍也면孰不可忍이리오今將裁判次로上京ᄒᆞ야先此廣佈ᄒᆞ오니內外國人은照亮홈

延安郡居舍音 김元式

▲絶影島私立玉成學校趣書旨

庠序學校ᄂᆞᆫ邦國之盛典이요文明進達은忠孝之機關이라豈可不學而自淑哉아今於 神聖ᄭᅴ進之初와敎育之上에惟我同胞가各自奮進而獨於本島가僻在海우ᄒᆞ야聞見이詍陣ᄒᆞ고舊想이貫錮ᄒᆞ야昏夢을未覺더니天日高明에新想이環發ᄒᆞ야當島居民이爭先義捐에今方校室이已成ᄒᆞ고工役이發畢ᄒᆞᆯ지라今에任員組織會를開ᄒᆞ와校長許致五氏로校監은鄭性淑氏로監督金光奎鄭敬瑞兩氏로總務정寅斉氏로事務宋炳玉金敬淑徐顯伍金希振秋乃成姜元俊諸氏로依衆望選定이ᄋᆞᆸ고今月二拾五日에開校式을設行이오며方將學部에請願承認홀터이ᄋᆞᆸ기不勝感賀ᄒᆞ와玆以廣佈홈

贊成人 鄭元淑 玉琢汝 盧斗英 田敬安 田敬汝 具滄淑 金千壹等 告白

測量學員募集廣告

本測量科를興士團內에設施ᄒᆞ고新學에有名ᄒᆞᆫ金澤吉金斗燮兩시가敎授ᄒᆞᆯ깃사오니屆期應試ᄒᆞ심을爲要

試驗日字ᄂᆞᆫ拾月四日午前十時

▲試驗科目
壹 算術四則以內
壹 作文國漢文交用
但卒業期ᄂᆞᆫ 三個月

中署磚洞 興士團內 **測量科**

本校에서夜學員을募集ᄒᆞ야日語算術專門으로敎授ᄒᆞᆯ터이니願學人은本校事務室에來議홈

養源學校事務室告白

西署倉洞九統拾壹戶草家七間貰文書서失故廣告홈

朱聖奎

本所의서礦産土地家屋森林測量製圖를迅速需應ᄒᆞᆷ中部典동壹統三戶東昌測量事務所

事務長 安晩洙　事務員 김澤吉
韓白憲　韓熙澤　沈相準
리종元　韓雲澤　리喜종
朴在衡　趙炳昇　韓亨澤

本社에서**活板機械**를壹新整備ᄒᆞ고各種**印刷**를廉價酬應ᄒᆞ오니 僉位ᄂᆞᆫ惠顧ᄒᆞ시ᄋᆞᆸ
社會公益上印刷ᄂᆞᆫ二割特減홈

本社에서直接大發賣書目

翫雲 吳榮根君 著
中等 **用器畫法** 全 定價金七拾錢
本書ᄂᆞᆫ測量、建築、構造、機械見ᄌᆞ、壹切實地應用製圖法

新撰 **外國地誌** 上下 定價金六拾錢
本書ᄂᆞᆫ各學校敎科에適當ᄒᆞᆫ티世界各國의情形을詳載홈

二十世紀 朝鮮論 定價金三拾錢

最新 **算術** 上卷元戌 下卷印刷中 定價金五拾錢
官立高等學校敎授金晃鼎君著
本書ᄂᆞᆫ著者僉君이實地敎授에多年經驗으로筭學要領을盡撮ᄒᆞᆫ者니各學校敎科用及獨習에適當홈

鍾路里門七隅 第一統三戶 **興文社**

光山金氏宗中測量학校를香路靑布廛都家로買定ᄒᆞ고校名은光新학校라ᄒᆞ고拾月壹日陰九月七日에學徒를試取ᄒᆞ야拾月四日陰九月拾日에開學ᄒᆞ니入學志願ᄒᆞᄂᆞᆫ諸氏ᄂᆞᆫ本月二拾八日陰九月四日以內로請願書를呈ᄒᆞᆫ後應試케ᄒᆞ되請願格式과試取科目은該校舍에揭榜ᄒᆞ얏시니照亮ᄒᆞ시ᄋᆞᆸ

校長 金珏鉉

本人이朴準輔許에陰八月晦日推次當文貳百六拾兩票를서失故玆以廣告誰某拾得休紙施行홈

김燦和 告白

大韓國新發明神藥

◎修虔 **靈丹**　各種食滯中暑久滯口臭당飮吐瀉 定價壹貼拾錢

◎**至寶丸**　治諸般癨疾不拘久遠俱有偉効 定價金拾錢

◎靈 **効液**　外用芳香治疥癩皮風 百發百中 定價第二十錢

◎**淸眼水**　治諸般眼疾有撥雲見天之妙 定價金拾錢

◎**通淋丸**　治男女急慢淋疾神效無雙速效除毒壹週金五拾錢

漢城南部大廣橋西邊第二家十九統七戶製劑發行所共愛堂大약房謹告

支店

開城南門內 共愛堂開城支店 姜助遠
群山港開福동 共愛堂第二支店 미春培
河東郡赤良面 共愛堂第三支店 黃麟秀

代理店

皇城北部大安洞 인濟약房
皇城鍾路靑年會館南 慈惠약房
皇城西部新門外石橋 普濟醫院
인川栍峴濟生堂 全和약局

此外에도東西洋各國有名ᄒᆞᆫ약과草材약이具備ᄒᆞ오니약의多少를不拘ᄒᆞ고請求ᄒᆞ시면小包로仰呈ᄒᆞ깃ᄉᆞᆸ

洪正燮大人內殿所賜公以窮患今陰九月壹日午時別世호廣佈京鄕知舊間照亮爲要

護喪 朴[illegible]福 告白

本人姓名章及小章遺失更刻內外
僉 **彦照亮**

李世穡 告白

洪氏宗孫完基가與德郡孝禮洞先山之邱木을放賣ᄒᆞᆫ故로本人이給價買得ᄒᆞ얏더니意外에洪永杓가稱同ᄒᆞᆫ人三名ᄒᆞ고該處에來ᄒᆞ야探問伐木多少ᄒᆞ고威嚇恐喝ᄒᆞ야稱以自己所有ᄒᆞ고欲爲偷賣ᄒᆞ기로玆以廣佈ᄒᆞ오니內外國人은勿爲見欺홈

買得人 崔止發 告白

本人所有南部明哲坊靑寧尉契南帶洞第六統八戶艸家八間瓦券을盛置於紙匣이라가偶然被失ᄒᆞ얏ᄉᆞᆸ기玆에廣告ᄒᆞ오니內外國人間有得ᄒᆞ와도休紙施行홈

嚴柱弘 告白

本人의瓦家拾六間半을西署杏洞文鼎澤의게典當ᄒᆞᆫ漢城府認許狀을今年貳月分에遺失ᄒᆞ얏ᄉᆞ니誰某有得休紙施行ᄒᆞ오

中部貞善坊泥洞百統四戶 姜雲섭

本人이丁未二月分에東部往里後동壹統十戶朴順龍家板券壹張을二千兩에典執이다가不知中서失故로玆以廣告ᄒᆞ온後請願于漢城府ᄒᆞᆯ터이오니誰某拾得ᄒᆞ와도休紙施行홈

南부余契洞壹統六戶 姜顯明 白

本書館을開業ᄒᆞᆫ지未過壹年에壹同胞ᄭᅴ서愛助ᄒᆞ사와益益興旺之故로本館을壹層擴張ᄒᆞ고各項新舊書籍與敎育物品을多數準備ᄒᆞ야特別廉價로大發매ᄒᆞ오니四方 僉君子ᄂᆞᆫ陸續來臨ᄒᆞ심을爲要홈

釜山港東關韓興書館
金汝重　權鍾律

本館에서**新舊**書籍과**學徒**의所用**諸般**物品을**具備**販賣ᄒᆞ오니 僉君子ᄂᆞᆫ來購ᄒᆞ시ᄋᆞᆸ

平壤鍾路太極書館
館主 李昇薰
主任 安泰國
事務 李德煥

本所에서國債報償志願金捲집을整理ᄒᆞ기爲ᄒᆞ야財務監督은金允五金麟兩氏로會計ᄂᆞᆫ柳東說鄭志永兩氏로選定ᄒᆞ야本所金額을所長과合同保管케ᄒᆞ얏ᄉᆞᆸ기玆에廣佈ᄒᆞ오니京鄕同胞ᄂᆞᆫ照亮ᄒᆞ시ᄋᆞᆸ

國債報償志願金總合所 評議會一同

訴訟에對ᄒᆞ야疑惑ᄋᆞᆯ決ᄒᆞᄂᆞᆫ者의게其勝負의可否를詳細說明이ᄋᆞᆸ고鑑定料ᄂᆞᆫ事之貴重과價之多少를隨ᄒᆞ야臨時酌定ᄒᆞ되大槪如左홈

鑑定料ᄂᆞᆫ五圓以下로ᄒᆞ되貧窮者의게ᄂᆞᆫ無料로홈

京城南部苧동六十四統貳戶
東洋大學前講師
日本法律學士
辯護士 **木尾虎之助**

廣告

初學捷徑

第壹卷 定價金 三拾五錢
第二卷 定價金 三拾五錢
第三卷
第四卷 姑未定

我國同胞의急先務と國文漢문이되此初學捷徑은國漢문을速成흘教科書이오니僉同胞と購閱호시옵

編輯者 韓承坤
校閱者 美國博士裵緯良

발行所 平壤鍾路 光明書觀
分매所 京鍾路 耶蘇敎書會
京桂동 玄公廉

百卷以上四割以下と三割

法律事務所開設

本人이法律事件에從事흔지二十餘年間이온대今般左記흔場所에事務所를設立호고韓日각裁判所民刑事件及訴訟鑑定辯護和解交涉等의事務를親切周密히處理하오니 僉位と陸續來臨호시옵

隆熙貳年九月二十日
京城中部鍾路電氣會社前

前判事從七位 辯護士 本多 潤
事務員兼通譯 安鍾求

測量學員募集廣告

本測量科를興士團內에設施호고斯學에有名흔金澤吉金과櫻兩시가敎授호깃사오니屆期應試호심을爲要

試驗日字と拾月四日午前十時

測量科

壹 學科目 敎科 四則 內
壹 作文 國漢文交用
但卒業期と三個月

中部 磚洞 興士團內

大韓國新發明神藥

◎虔修 靈丹
各種食滯暑久滯口臭당飲吐瀉 價壹貼拾錢

◎至寶丸
治諸般瘧疾不拘久遠俱有偉效 定價金拾錢

◎靈效液
外用芳香治疥瘡皮風 百發百中 定價金三十錢

◎清眼水
治諸般眼疾有撥雲見天之妙 定價金拾錢

◎通淋丸
治男女急慢淋疾神效無雙速效除毒 壹週金五拾錢

漢城南部大廣橋西邊第三家十九統七戶
製劑發行所共愛堂大약房謹告

支店

開城南門內 共愛堂第壹支店 姜助遠
群山港水福동 共愛堂第二支店 리春○
河東郡赤良面 共愛堂第三支店 黃麟秀

代理店

皇城北部大安洞 인濟약房
皇城鍾路靑年會館前 慈惠약房
皇城西署新門外石橋 普濟醫院
인川經峴濟生堂 순和平局

此外에도東西洋각國有名매약과草材약이具備호오니약의多少를不拘호고請求호시면小包로仰呈호깃숩

八寶丹

陸軍茂君有効證明
陸軍軍醫學校敎官
九拾五粒入金拾錢

主治効能

○胃痛惡心○頑痰固飲
○食思欠乏○中暑中寒
○新久積滯○急督關格
○溫飲傷傷○頭痛眩暈
○泄瀉下痢○霍亂吐瀉
○水土不服○船車醉

陸軍貳等軍의 許均實驗處方
陸軍貳等軍의 朴鼎建君有效證明

補陰 滋陽丸

補陽 조양환

卅日分金五圜廿日分金三圜四拾錢拾日分金壹圜八十錢

主治

○房事不容○腎虛腰痛
○病後氣端○腎氣不足
○陽疾不起○遺精多夢
○陰虛火動○房事後惱困
○手足厥冷○形容蒼白
○吸烟斷烟客間
○體質虛弱消瘦

婦人良藥

婦人胎양 經丸 (부인태양경환)
壹劑金五圜

主治說明

婦人이孕胎호지못흠은冷病積病과月經不調로因흠이니此藥을服用호시면婦人腹中에有흔諸病은壹切退去호고自然孕胎호오니速臨買去하시옵

瘡病神藥 사향소창단 麝香消瘡丹

此丹이瘡諸창에無論男女老少호고若服壹劑하면神效를호고百발百中호오니其他方可及이라若論主治則楊梅下疳連珠瘰癧창諸症에俱見立效호오니發病僉君子と壹次試驗호시

京城鍾路 和平堂 白

發賣所

南署苧洞 李永稙藥局
仝 南門내博文書館 濟生支店
仝 南門내水橋 相信號
仝 鐵物廛毛衣房 리洛路
仝 小廣橋毛衣房 리厚根
仝 壽進동上隅 三可病院
仝 大寺동 共濟病院
仁川港 內里 豐旅館
仝 奇峴내동 李昇範
仝 읍내 永源 宋順五店
江華鍾路 朴圭相商店
開성남문내明新舖 리貞鎬
水原남문내 김제九약舖
海州남문내 리東鎬
延安읍내 邊汝文藥局
平淵남문내
黃州남문내 崔滄溥
仝 砂里院 耶蘇敎堂
平壤章臺峴 耶蘇敎堂 金淵柱
仝 法首橋乾材局 全澄元
仝 大興部壹里 崔滄化
仝 館後
仝 文武洞
鎭南浦 碑石洞冊肆 金能興藥舖
鎭南浦 濟生당出張 桂澤善약房
仝 재령 김元셥藥房
載寧 삼산 桑原承昌
仝 大井동 金斗鉉
禮산 울 리春이약房
太邱남문내 리東赫
元山港 리明道약局
仝 재생당약국 남甲元약局
尙州 박致心약局
김泉 鄭聖瑞약局
釜山港濟生당 林景柱
安州성내義井동 大약房
安岳읍내 濟生局 和약房
義州남문外木口街 崔允國
載寧읍後洋약局 리健柱
定州남문내洋약局 羅應彬
郭山읍洋약局
宣川읍冊사
鐵山읍 安濬
咸從郡耶蘇敎堂
仁川港奇峴 張炳壹

總發行所 京城南門內

◎右의主治効能은水土不服 ◎暑中寒 ◎肚腹痛 ◎飲吐瀉 ◎中醉惡臭 ◎口噤 ◎咽喉 ◎瘧疾預防 ◎積食 ◎他諸般瘴氣 預防妙약

제생당 支店 李慶洙
제생당 支店 具又鉉
元山港 제생당支店 박敬鎬

代理店

京城大廣橋共愛堂
全香齋 新舊약店
京泥峴三丁目 全郵便局前 大佑堂약房
仝 남大門內 博文書館 盧益亨
仝 梨峴 洋약局 리國華
仝 大安洞 仁제약房
仝 壽동 可病院 朴喜達
仁川 奇峴 和平당 리殷善
本町 新井藥房
海州 남문내 宋在瑛
仝 全商店 리奉楹
水原 路下약房 金제九
延安 읍내洋약房 邊汝文
江華 路店 尹斗鉉
載寧 남 邑내 趙浚
砂里院 客主 任允中
仝 耶蘇敎堂 리載善
安岳邑 上里제생국 許완
黃州남문내 紅문동 김奉圭
汗浦驛東 美醫送部 리東赫
載寧邑後동洋藥局 林景植
成川邑西里洋약局 崔允國
晉州 良 早遞 김鍾和
博川邑 東 冊肆 김浚植
平壤里 문동 出張人 尹寅宰
仝 雙巨里 제生局 韓應儀
仝 館後 제생局 金龍興
仝 文武동 壹里藥局 桂澤宣
全 大館 局 崔應化
鎭南浦 藥舖 冊사 김元燮
全 后浦 本堂出張人 吳南駿
安州성내 義井동 同春大약房
博川邑 美동 商店 朴芝行
定州남문내洋藥局 리健柱

新藥 消化 清心錠

陸軍軍醫學校教官 ...
發行所 仁川港 濟生堂藥房

大韓新發明 濟生堂 廣告

◎大韓各處支店 仁川港奇峴
◎ 京城 中署 ... 冊사 김大鉉
◎ 義州 남문外 永春堂 김濟
◎ 平壤 鍾路 ... 약局 리丙斗
◎ 群山 開福동 ... 김鍚浩
◎ 宣川 남문내 刷送洞 김成浩
◎ 木浦 本町 김炳夏
◎ 大邱 各處港 客主 朴興勳
◎ 馬山 ... 松房 徐岐見
◎ 全國 各약店마다 隨處販賣

京城남大문내 濟生堂 白

大韓每日申報各處支社廣告

中署布屏下 金相萬冊사
平壤鍾路太極書館 安泰國
仁川奇峴開新冊사 李東皓
義州南門外西大藥房 張有寬
釜山港佐川약局 徐錫籌
三和港牌石洞 金澄柱
咸興州府社西門外 曹喜林
開城남大門內興學書舖 姜助遠
大邱西門外友弦書樓側 李正由
載寧邑濟衆院 劉夢澤
鐵山邑東部 安灝
元山倉前 劉七錫

◎廣告料

四号活字拾三字詰
每日壹寸(英尺)에新貨卅五錢
二週日壹寸에 二圓五拾錢
壹個月壹寸에 ...
(自壹行至卅行이爲壹寸)
其期限의長短과字行의多寡를依호야增減흠이有흠

○申報價

壹號代金 新貨二錢五厘
壹個月前納 三十錢
參個月 九拾錢
陸個月 一圓七十錢
壹個年 三圓四十錢

韓英文週報 一號 新貨五圓 壹個月 十二錢

社告

海州남門內 ...
宣州 ... 書舖 李鉉瑞
昌城 ... 校洞
郭山 ... 育 書舖 李鉉瑞
安岳細동坊成洞 廉○○
博川 ... 李鉉○
安州城內義井洞 金龜河
鐵原 ... 學 趙合六
高原邑 朴○吉
甘邑 ... 李益兼
泰仁邑 ...
高敞線枇峴驛普市 李承秀
長湍邑南門內 趙載淳
殷栗邑倉 里 ... 泰○
錦川陽市 黃菊保
朔州邑남門내 朱伯源
泰川邑館前洋약局 李正華
永興鎭山 書舖 梁昌錫
江華邑川橋 兪○시
淸州남門外 宋斗○
寧邊邑客舍里 趙炳俊 劉明濟世
金溝 流面豆 ... 趙○二
信川邑 ... 一龍
江西邑內 金○植
成川 ... 面 ...
殷栗 安○ 里 姜大○
龍川府南面松峴海東書舖
咸從郡耶蘇敎堂 張炳壹
平남順川郡邑 鄭○○
龍川남市驛 韓○禧
龍岡郡耶蘇敎堂內 朴鍾○
車輦館 金明鉉
結城郡川小龍동 李啓祚
安平部 川 張○하
洪原南門外耶蘇敎冊肆 方昌晟
宣川읍務局書會 魯晶과

發行兼編輯人 英國人 萬咸
Responsible for Publication Alfred Weekley Marnham.
發行所 漢城中署石井洞號外三戶 大韓每日申報社

漢城鍾路敦義東醫院

醫學校卒業後濟衆院卒業 濟衆院의研實地六年習하

金良鈺

齒此鍾路敦義醫院에서各英國製視力檢查機械와金銀眼鏡를備置호고男女視力을檢査하야視力에適合흔데로廉價放賣하오니視力이不足흔이と速々히來臨호야視力을檢査흠분아니라

大韓每日申報

第六卷 第□□九百拾五號

月曜及慶節歲時日休刊

檀君開國四千二百四十一年
孔子元年三千三十年
大韓開國五百十七年
日本明治四十一年
淸國光緖三十四年
陰曆戊申九月大初三日乙酉

寄書

◉進步ᄒ라同胞여 海雲子

余의敬愛ᄒᄂ惟我二千萬이여余의祝願ᄒᄂ惟我二千萬이여天地가廣漠ᄒ대所適을不知ᄒ고相扶噓히하ᄂ惟我二千萬諸君이여諸君은知ᄒᄂ가否ᄒᄂ가今日時代ᄂ世界各族이勇을賈ᄒ고猛을誇ᄒ야奔走ᄒ며跳躍하며勇往ᄒᄂ進步時代가아닌가彼步武가潤발ᄒ야進々無已ᄒ者ᄂ英이되고法이되고德이되고米가되얏스며或不進ᄒ거나或退步ᄒ者ᄂ安남이되고波蘭이되고印度가되며埃及이되지아니ᄒ얏ᄂ가

嗚乎라諸君이여此ᄂ何故인가太凡銅時代가過去ᄒ고鐵時代가歸來ᄒ미精神的及物質的을勿論ᄒ고磅礴ᄒ新天地가文明界를大ᄀᄒ얏스미世界人類가各히生存을競爭ᄒ야此文明界로進ᄒ니政治도進ᄒ고法律도進ᄒ고學術도進ᄒ고實業도進ᄒ야弱ᄒ者가進ᄒ면强ᄒ며强ᄒ者가進ᄒ면益强ᄒᄂ지라於是平弱族을驅逐ᄒ며蹂躪ᄒ며撲滅ᄒ나니然이나엇지足히怪異ᄒ리오人은退ᄒᄂ데我ᄂ進ᄒ며人은不進ᄒᄂ데我ᄂ進ᄒ故로其間에不幸ᄒ種族은文明界를背ᄒ고退步ᄒ거나不進ᄒ며强ᄒ者가退ᄒ며弱하고弱ᄒ者가退ᄒ며益弱하ᄂ지라於是乎民族은魚肉이되고土地ᄂ沼池가되야見ᄒ미淚가爲ᄒ야下ᄒ고聞하미骨이爲ᄒ야寒ᄒ나니然이나엇지足히怪異ᄒ리오人은進ᄒᄂ데我ᄂ不進ᄒ며人은進ᄒᄂ데我ᄂ退ᄒ故ㅣ라

嗚乎噓라諸君아我韓을回顧컨대進ᄒ얏ᄂ가退ᄒ얏ᄂ가文明界인가黑暗界인가退ᄒ者ㅣ我韓이아닌가弱ᄒ者ㅣ我韓이아닌가滅亡의悲境을遭ᄒ者ㅣ我韓이아닌가

嗚乎라我始祖檀君의開拓ᄒ土壤가此에至ᄒᄂ가我檀君의子孫이此에至하얏ᄂ가天인가人인가엇지此極에至ᄒ얏ᄂ가然이나各族이競爭ᄒᄂ世界를當ᄒ야進ᄒ야强ᄒ者가退ᄒ야弱ᄒ者를滅ᄒ이엇지可尤ᄒ비리오人은進ᄒᄂ데我ᄂ不進ᄒᄂ弱ᄒ이可尤ᄒ비며人은能히他族을滅ᄒ되我ᄂ自己도生存치못ᄒ이可尤ᄒ비니라

然이나此가誰의罪인가韓國의罪인가我輩의罪인가東洋人은有言ᄒ되民은邦의本이라本이固ᄒ여야邦이寧ᄒ다ᄒ얏고泰西人은有言ᄒ되國은民의反射의光이라ᄒ얏스니我輩가韓國의人民인즉韓國의不進이엇지我輩의罪가아닌가

嗚乎라諸君이여諸君이卽韓國이오韓國이卽諸君이라諸君의進이卽韓國의進이오諸君의退가卽韓國의退오諸君의脚이卽韓國의脚이오諸君의步가卽韓國의步가아닌가嗚乎라諸君아進하라ᄂ가退ᄒ라ᄂ가諸君이進ᄒ면韓國이進ᄒ고諸君이退ᄒ면韓國이退ᄒᄂ니諸君은進ᄒ지어다諸君이彷徨ᄒ면韓國이彷徨ᄒ며諸君이勇進ᄒ면韓國이勇進ᄒᄂ니諸君은勇進ᄒ지어다

進步ᄒ라諸君이여檀君以後에四千餘年을退步ᄒ諸君이여我韓이建國ᄒ지四千餘年에今日과如ᄒ者ㅣ或有ᄒ가昔에ᄂ自ᄒ야力이富ᄒ야强敵을征服ᄒ고國土를開拓ᄒ얏거ᄂ今에ᄂ如何ᄒ가昔에ᄂ文化가溢ᄒ야隣邦을嚮導ᄒ야東洋先覺國으로自處ᄒ얏거ᄂ今에ᄂ如何ᄒ가昔에ᄂ我의身體生命財産이我의物이러니今에ᄂ如何ᄒ가四千餘年을退步ᄒ結果로今日大韓이此境에至ᄒ지아니ᄒ얏ᄂ가今日도猶且退步하면明日大韓이今日大韓만不如ᄒ며明年大韓이今年大韓만不如ᄒ야日々히甚ᄒ고年々히甚ᄒ리니諸君은速進ᄒ지어다

(未完)

外報

●外國人排斥 東京電을據ᄒ즉濟南에서該國에雇聘ᄒ外國人을極力排斥하얏다더라

●兩船衝突 日本德川港口에서水雷艇第六艇隊五拾六號가石炭船과衝突ᄒ야石炭船은顚覆되고水雷艇의機關을損傷ᄒ얏다더라

●巡洋艦戰鬪力減少 倫敦電을據ᄒ즉英國巡洋艦지부롱타號의乘組兵이毛쓰란者가七百磅價値의照準機를海中에投棄ᄒ야同艦의戰鬪力이減少ᄒ얏다더라

●露國의虎患猖獗 同電을據ᄒ즉俄國聖彼得堡에서虎列剌病이大猖獗ᄒ야壹週間內에罹病者가壹千四百五拾名이오死亡者가二分以上이라더라

●巴黎電話局燒失 倫敦電을據ᄒ즉法國巴黎中央電話交換局이燒失ᄒ야壹千二百名의雇傭人은總히逃避하다가負傷者가不小ᄒ고財産의損害ᄂ壹百八十萬磅이라ᄒ얏다더라

雜報

●民有田土加占 續

請願人等은前陳ᄒ과如히收用地域을屢々追加ᄒ얏스나今也에ᄂ收用地에對ᄒ損害金도下附ᄒ얏슨즉此後에ᄂ追徵等事ᄂ決코無ᄒ줄로確信ᄒ고더욱永住의計를劃ᄒ며生活의道를講ᄒ야其居의각安코져ᄒ니엇지請願人等으로依然히轉居移住의悲境의翻弄ᄒ을思量ᄒ리오

昨年三月中鐵道管理局의技手라稱ᄒᄂ日人이平壤郡守의許可를得ᄒ얏다云ᄒ고義者收用된區域外의外川面二里及三里所在請願人等所有의田地壹千六百韓畝와家屋二拾戶의所在地와를停車塲敷地로收用ᄒ다唱ᄒ고標木을立하며溝渠를穿ᄒ기로請願人等은크게驚怪ᄒ야곳平壤郡守의게就하야其事實을確陳하니卽同郡守의不知하ᄂ事인대同郡守가該日本人과交涉ᄒ結果ᄂ日本人習너의標木을立ᄒ며溝渠를穿ᄒ은自己의通譯韓人의所擅이오自己의命令은아니라고辨明ᄒᄂ際에其通譯韓人은他處로逃避ᄒ으로써當同은此事의虛僞에出ᄒ을始知ᄒ고愁眉를漸開ᄒ얏더니其後鐵道監理所ᄂ該溝渠를塡ᄒ고標木을撤去ᄒ지라

然ᄒ대本年二月에至ᄒ야또前年과同壹ᄒ地域에標木을立ᄒ고停車塲敷地를收用ᄒ다고軍用地調査委員長朴義秉씨가其居住者인請願人等에對ᄒ야「他所로移居ᄒ라」ᄒᄂ旨意를告知ᄒ니請願人等은事의轉變無常ᄒ에迷惑ᄒ야到底ᄒ事實上信認키不能ᄒ故로此를郡守에質ᄒ나郡守도前年과如히交涉의勞를不執ᄒ으므로써請願人等은去七月事實을具陳ᄒ야ᄂ부에出願ᄒ얏스되何等의消息이尙無ᄒ고一方에서ᄂ請願人等에對ᄒ야退去를督促ᄒ이太急ᄒ니請願人等은實로進退維谷이라勢不獲已ᄒ야貴府를煩ᄒ게至ᄒ오니

今回請願人等에對ᄒ야退去를强命ᄒ은前年의實例와如히狡徒의奸計에做出ᄒ이아니닛가事實을調査ᄒ신後만일如此ᄒ事狀이有ᄒ면該處에訓令ᄒ사十分戒飭ᄒ시고設或停車塲敷地로收用ᄒ事實이眞的ᄒ진ᄃ請願人等은轉遠ᄒ과如히三四度의移住轉居로多大ᄒ損害를受ᄒ者ㅣ니關察하신後今回ᄂ前例를倣準하시고特히時價相當의價格으로請願人等의土地를收用하심을伏望 完

●郡王不如勤學 陽城郡守沈宗舜氏가郡主事公薦을便該郡儒武鄕會로公薦ᄒ라ᄒ얏더니孟東義塾敎師崔基鉉씨等拾餘人이聯名請願ᄒ기를本郡內各學校卒業生으로面試ᄒ야郡主事를公薦ᄒ라ᄒ야各校卒業生으로面試公薦ᄒ기로本月二十三日에官衙에會同ᄒ야投票ᄒ時에孟東義塾敎師柳海昌氏가學徒를多數히領率ᄒ고官門外에서觀望하다가學徒等이卽入官衙ᄒ야試時間을郡守와詰難ᄒ야壹塲風波를鬧起後에郡守가大端曉諭責送ᄒ고儒武會員을對ᄒ야曰此郡內學生은何等敎育이건대如此行悖인지擧甚怪異라고浩難不已ᄒ얏다더라

●廣校經用贍足 京畿道楊州郡草阜面高浪里居申佐永辛석均李漢宇諸시가靑年敎育上에熱心ᄒ야廣東學校를創立之由ᄂ向已本報에니와金日新李宜亨朴稚容諸시가各捐義金ᄒ야該校經用이贍足ᄒ기로人皆稱頌ᄒ다더라

●随聞更揭 日前雜報欄內에西部東幕下契에서進明學校를設立ᄒ고本동上契興英學校에서强請하ᄂ二拾四圓을引用ᄒ다ᄂ說은更히確報를據ᄒ즉興英學校에서强請ᄒ事이初無ᄒ고該洞贊務會協議ᄒ結果로下契에서義務金으로捐出ᄒ이라더라

雜報

●殿閣建築擴張 永禧殿에 奉安ᄒᆞᆫ列 聖朝의 御眞을 璿源殿에 奉安ᄒᆞᆯ터이라ᄂᆞᆫ뒤 璿源殿이 挾隘ᄒᆞᆷ으로 殿閣幾間을擴張建築中인ᄃᆡ土목외工役이浩大ᄒᆞ더라

●各宮祠位奉安 宣禧宮 景祐宮其他某々宮에 奉安ᄒᆞ얏던 祠位ᄅᆞᆯ將次 毓祥宮으로 奉安ᄒᆞᆫ다더라

●兩陛下御運動 再昨日下午三時에 大皇帝 皇后兩陛下께옵셔 御運動ᄒᆞ시기爲ᄒᆞ야 秘苑에出 御ᄒᆞ옵셧다가同五時三拾分에 還宮ᄒᆞ옵셧다더라

●兩宮陛見 再昨日上午에完興君李載冕永宣君李埈鎔兩氏가 德壽宮에進詣ᄒᆞ야 眞殿茶禮에焚香에參與ᄒᆞᆫ後에 太皇帝陛下께 陛見ᄒᆞ고同午後에 昌德宮에仍詣ᄒᆞ야 大皇帝陛下께 陛見ᄒᆞ얏다더라

●曾禰陛見 昨日上午拾壹時에曾禰副統監이統監府局長官數三人을帶同ᄒᆞ고 昌德宮에進詣ᄒᆞ야 大皇帝陛下께 陛見ᄒᆞ고同午后壹時에退 闕하얏다더라

●兩氏勳章特敍 永宣君李埈鎔氏ᄂᆞᆫ特敍瑞星大授章으로中樞院議長金允植氏ᄂᆞᆫ特敍勳壹等賜太極章으로表勳院에셔頒給ᄒᆞᆯ事로內閣에送交ᄒᆞ얏다더라

●局外無人乎 內閣이變動ᄒᆞᆫ다ᄂᆞᆫ說은屢報ᄒᆞ얏거니와新組織ᄒᆞᄂᆞᆫ日에ᄂᆞᆫ二品以下三品以上可堪人으로擇用ᄒᆞᆫ다더라

●壹長大長說 壹進會長李容九氏가還國ᄒᆞᄂᆞᆫ日에ᄂᆞᆫ總相椅子에高踞ᄒᆞᆫ다ᄂᆞᆫ說이有ᄒᆞ다더라

●郡守合格奏本 全北觀察使申應熙氏ᄂᆞᆫ郡守資格에適合者四人을薦擧ᄒᆞ얏고平南觀察使李軫鎬氏ᄂᆞᆫ七人을薦擧ᄒᆞ얏다ᄂᆞᆫ데內部에셔日間 奏本ᄒᆞᆫ다더라

●兩班相持 永宣君李埈鎔氏와從貳品趙爾昇氏ᄂᆞᆫ有何相關인지現今相持ᄒᆞᄂᆞᆫ中이라ᄒᆞ더라

●觀察副使又生 各道觀察使下에日人書記官警視及韓國人事務官數人이在ᄒᆞ야壹體地方政務ᄅᆞᆯ掌理ᄒᆞ더니近頃에ᄂᆞᆫ又에셔地方長官을補佐ᄒᆞ기爲ᄒᆞ야日人으로觀察副使ᄅᆞᆯ置ᄒᆞ기로內閣會議에提案ᄒᆞ고目下編成中이라더라

●豐倅轉任說 豐川郡守成樂英氏ᄂᆞᆫ松禾郡守로轉任ᄒᆞᆫ다더라

●郡遞任說 괴山郡郡主事洪承奎氏ᄂᆞᆫ何等不法ᄒᆞᆫ事이有ᄒᆞᆫ지免官케되고其代에ᄂᆞᆫ日人某가被任ᄒᆞᆫ다ᄂᆞᆫ說이有ᄒᆞ더라

●宮庄舍音廢止 度支部에셔각地方에在ᄒᆞᆫ宮庄舍音을廢止ᄒᆞ기로現今協議中인ᄃᆡ該舍音等은圖得코저ᄒᆞ야請願書를提呈ᄒᆞᆫ者이逐日답至ᄒᆞ되受理치아니ᄒᆞ고幷작還ᄒᆞᆫ다더라

●水道工事觀察 內部土목局長劉猛氏ᄂᆞᆫ仁川港水道工事를觀察ᄒᆞ기爲ᄒᆞ야昨日上午八時에京仁鐵道로發向ᄒᆞ얏다더라

●手當金規定 度支部에셔地方委員의手當及宿泊料等節을規程頒布ᄒᆞᆫ다ᄂᆞᆫ데旅費ᄂᆞᆫ每拾里에五拾錢으로壹夜宿泊料ᄂᆞᆫ一圜으로手當은每日三圜式이라더라

●稅官討食 前稅務官李宗稙氏가密陽郡結戶作賦之初에奸吏及面役朴相鎔李時亨曺鍾煥等을符同ᄒᆞ야每結頭新貸二拾貳젼式加斂暗食ᄒᆞ고無亡結壹百五十結도亦爲酎食ᄒᆞ야壹郡이魚肉之患을本地所遣에呼冤ᄒᆞᆯ無路ᄒᆞ야該郡人李根憲氏를壹郡代表로差定ᄒᆞ야京城地方裁判所에告訴ᄒᆞᆫ다더라

●高閣上法律 南來人의傳說을據ᄒᆞᆫ즉忠南各郡에셔ᄂᆞᆫ郡守가該郡境內每村에法律冊三卷式出送ᄒᆞ고價文을壹圜式領收ᄒᆞᄂᆞᆫ데村民들이該法律冊을無用件으로認ᄒᆞ야東之高閣ᄒᆞ고價文만徵給ᄒᆞᆫ다더라

●懇親會先設 觀鐵坊會에셔壹般任員諸氏가昨日下午七時에三淸洞閔泳綺氏家에會同하야懇親會를設行ᄒᆞ얏다더라

●嘉安坊會又組 北署嘉會安國兩坊에셔自治制를組織ᄒᆞᆯ次로該兩坊紳士某々諸시가今日齋동南廷哲氏家에會同協議ᄒᆞᆫ다더라

●發電祝賀 平壤郡大成학校에셔昨日에開校式을擧行ᄒᆞ얏다ᄂᆞᆫ데學務局長俵孫一氏가昨日에祝賀電을發送ᄒᆞ얏다더라

●石炭과日人 大韓醫院及內部에셔需用ᄒᆞᆯ石炭을昨日에日人들이內部에會同ᄒᆞ야入札을經行ᄒᆞ얏다더라

●柴商과趙氏 從二品趙爾升시ᄂᆞᆫ泉幕居宋應澤氏에게多年間柴炭等品과金錢을去來ᄒᆞ다가近日에其文簿를勘定ᄒᆞᆫ結果로趙시가壹千九百餘圜의債務를負ᄒᆞ얏ᄂᆞᆫ데趙시ᄂᆞᆫ拒絶不報ᄒᆞᄂᆞᆫ故로宋시가京城區裁判所에告訴ᄒᆞ야再昨日부터裁判ᄒᆞ얏다더라

●爲親渡江 張志淵氏가現今上海等地에셔留連ᄒᆞᄂᆞᆫ데身病이危重하다ᄂᆞᆫ書信이其本第에到達ᄒᆞᆫ故로該氏의子載軾氏가迎接歸國次로日間發程ᄒᆞᆫ다더라

●春川의大雜變 春川來信을據ᄒᆞᆫ즉該郡守備隊에셔各面에壓力ᄒᆞ고以班爲名者를招請ᄒᆞ야時勢의變遷을說明ᄒᆞᆫ後에雜談ᄒᆞ얏다ᄂᆞᆫ데其他人民들도漸次雜談ᄒᆞᆯ터이라더라

●司令部移轉 韓國駐箚日軍司令部ᄂᆞᆫ來拾月壹日에龍山에新築ᄒᆞᆫ司令部로移轉ᄒᆞᆯ터인ᄃᆡ舊設ᄒᆞᆫ中島와副官石川邸은既爲移轉ᄒᆞ얏다더라

●新文館主人被招 南部絲井洞居ᄒᆞᄂᆞᆫ新文館主人崔昌善시외게有何查問事이던지昨日上午九時頃에警視廳에셔崔시를招待ᄒᆞ얏다더라

●婦人會請願留案 李鈺卿厚子鄭松岡三시가發起ᄒᆞ야東洋愛國夫人會를設立ᄒᆞᆯ事로警視廳에請願承認ᄒᆞᆫ다ᄂᆞᆫ說은已報어니와追聞ᄒᆞᆫ즉該趣旨에敎育의關ᄒᆞᆫ句語가多有ᄒᆞᆷ으로學部所管인즉擅擬認可치못ᄒᆞ고姑爲留案ᄒᆞ얏다더라

●鎭岑連查 鎭岑郡小學校發設이有ᄒᆞᆫ데該郡에ᄂᆞᆫ學校가無ᄒᆞᆫ故로其隣邑連山郡學校에셔鎭岑郡을移屬ᄒᆞᆯ次로壹々詳查ᄒᆞ얏다더라

●吳氏請願 延安郡弓位面壹吳氏居ᄒᆞᄂᆞᆫ吳□彬의家舍가八拾餘間인ᄃᆡ隣셔灌纓臺場市居民들이학校를設始ᄒᆞᆯ다藉托ᄒᆞ고吳氏家舍를壓制力으로占奪ᄒᆞᄂᆞᆫ故로該吳氏가學部에請願ᄒᆞ얏다더라

●娼妓團束 娼妓의團束會를規定하얏ᄂᆞᆫ대賣淫爲業ᄒᆞᄂᆞᆫ者ᄂᆞᆫ其父母나或親族이所管警察署에認可를得ᄒᆞᆫ事요二ᄂᆞᆫ娼妓ᄂᆞᆫ警視廳에셔指定ᄒᆞᄂᆞᆫ時期에組合을設ᄒᆞ고規約을定ᄒᆞ야警視廳에認可를受ᄒᆞᆯ事요三은警視廳은風俗을害ᄒᆞ거나或公安秩序의害가有ᄒᆞᆫ時ᄂᆞᆫ爲業을禁止ᄒᆞᆯ事요四ᄂᆞᆫ認可를受치아니ᄒᆞ고爲業ᄒᆞᄂᆞᆫ者ᄂᆞᆫ十日拘留나拾圜以下의罰金에處ᄒᆞᆫ다더라

●洗濯所設立 某某諸시가종路里門동附近에西洋織物洗濯所를設立ᄒᆞ고壹般洗濯及染色을精美케ᄒᆞᆫ다더라

●僞貨交換被捉 再昨日上午十時頃에平安北道楚山郡居金國哲氏가僞造ᄒᆞᆫ紙幣軍用票幾枚를携帶ᄒᆞ고第壹銀行所에前往ᄒᆞ야交換하랴ᄒᆞᄂᆞᆫ대該行內日巡查가金氏를捕縛하야南部警察署로押付ᄒᆞ얏다더라

●查實後放送 中部校洞居趙判全昇氏가南部警察署에被捉ᄒᆞᆫ事件을詳聞ᄒᆞᆫ즉金시가東萊郡居尹乃彦시의게該郡沙下面富坪洞에在ᄒᆞᆫ柴草場을金貨二拾五圜에買得ᄒᆞ야日人朝倉외게百餘圜을受ᄒᆞ고仍爲賣渡하얏더니該日人이其附近에連境ᄒᆞᆫ李基瑞氏의廣大ᄒᆞᆫ山麓을壹體占奪ᄒᆞ고저ᄒᆞᄂᆞᆫ故로李시가該道郡에呼冤ᄒᆞ야公平ᄒᆞᆫ題旨를得ᄒᆞᆫ지라該日人이金氏를構捏ᄒᆞ야南部理事廳에呼訴ᄒᆞᆫ事를因ᄒᆞᆷ인ᄃᆡ查實後旋卽放送ᄒᆞ얏다더라

●旌善郡義擾 本月二拾三日에義兵百餘名이江原道旌善郡에入據ᄒᆞ야各面長을招待하야軍糧米와軍需錢을收納ᄒᆞ라고申飭ᄒᆞᆫ後襄陽方面으로轉向ᄒᆞ얏다ᄂᆞᆫ傳說이有ᄒᆞ더라

●華城測量 水原府紳士諸시가多數ᄒᆞᆫ錢額을各自義捐ᄒᆞ야測量학校를創設하고任員을組織ᄒᆞ야校長은韓圭復시로贊成長은崔岡시로校監은李明憲시로選定ᄒᆞᆫ지라講師를延聘ᄒᆞ고靑年을募集ᄒᆞ얏ᄂᆞᆫ대百五拾名에至ᄒᆞ얏다더라

●獎學社測量見習 獎學社에서各測量學校卒業이實地的學識과技術的琢磨가不贍ᄒᆞᆷ으로其目的을達치못ᄒᆞᆯ까憂慮하야該社內에測量實地見習所를設하고高明ᄒᆞᆫ講師를延聘ᄒᆞ야實地見習生을募集ᄒᆞ야熱心敎授ᄒᆞᆫ다더라

●李氏大慈 西부東幕居李鎔浩시가該家에多年使役하든婢子三體를特爲續放ᄒᆞ야自由生活케ᄒᆞ얏다더라

▲地方消息

▲本月十壹日咸鏡南道北靑郡桃源동에셔義兵六拾餘名이該郡駐在日守備隊와交戰ᄒᆞ얏다ᄒᆞ고

▲海州長淵兩郡地方에ᄂᆞᆫ義兵將辛敬七시의部下數百名은康翎延平島附近에出沒ᄒᆞᆫ다ᄒᆞ얏고

▲靑陽扶餘藍浦等郡에ᄂᆞᆫ多數義兵이日守備隊와頻數衝突ᄒᆞᆫ다ᄒᆞ얏고

▲靑陽附近에ᄂᆞᆫ多數의礦坑夫等이義兵에投入하야各處로出沒ᄒᆞᆫ다ᄒᆞ얏더라

▲責啄木

▲滿山風雨亂中에無枝無葉古木이惟餘半腹孤立이라噫彼浪覺啄木鳥가依其木而作巢ᄒᆞ고依其巢而安身일너라木丁丁不已ᄒᆞ도다

▲啄木鳥야々々々疊疊山中뎌虎豹ᄂᆞᆫ雖云暴悍ᄒᆞᆯ지라도遺子谷을有意ᄒᆞ야念念不忘同類거든爾巢木을爾탁ᄒᆞ니是何心腸可痛일세

▲啄木鳥야々々々堂上啣뎌燕작은火將及已不知하나大蛇ᄂᆞᆫ巢하량이면若將抗拒ᄒᆞ거든爾巢木을爾탁ᄒᆞ니是何心腸可痛일세

▲啄木鳥야々々々壹枝棲息뎌쵸요々鷦量淺短可笑로ᄃᆡ細微風에繾綣하면恐其搖動哀呼거든爾巢木을爾탁ᄒᆞ니是何心腸可痛일세

▲啄木鳥야々々々隙合下에뎌封蟻ᄂᆞᆫ至小之虫이아닌가天將雨ᄒᆞ면恐其漂沒移陣거든爾巢木을爾탁ᄒᆞ니是何心腸可痛일세

▲啄木鳥야々々々岩間木裏뎌群蜂은各自養毒團合ᄒᆞ야他虫侵害捍禦ᄒᆞ고互相遞番守戶거든爾巢木을爾탁ᄒᆞ니是何心腸可痛일세

▲啄木鳥야々々々齋端籬角뎌蜘蛛ᄂᆞᆫ捕食其母惡虫이나惟恐其居狹窄ᄒᆞ야千門萬戶廣張거든爾巢木을爾탁ᄒᆞ니是何心腸可痛일세

▲啄木鳥야々々々無知無義뎌鳴鳩ᄂᆞᆫ滿腹經綸貪慾이라恨其居之不美ᄒᆞ야他鵲巢를奪居거든爾巢木을爾탁ᄒᆞ니是何心腸可痛일세

▲啄木鳥야々々々圈柵內의뎌豚兒ᄂᆞᆫ百獸中의最愚로ᄃᆡ天氣將寒欲雪이면草芥攫納自衛거든爾巢木을爾탁하니是何心腸可痛일세

▲啄々不已탁木鳥야鳥獸合自衛거든爾獨不愧무숨일고風雨暴至不息ᄒᆞ야뎌古木이顚仆ᄒᆞ면爾亦失巢爲歸ᄒᆞᆯ即愚哉愚哉탁목鳥

廣告

敝所에셔西洋新發明ᄒᆞᆫ法으로 **機械及藥品**을整備ᄒᆞ고 **各種洗濯及染色**을廉價로 請應ᄒᆞ옵ᄂᆞᆫ디其種類가如左ᄒᆞᆷ

洋服、襯衣、外套、帽子、項套、洋말、婦人洋服及壹切附屬品、毛織、毛紗、세루、馬尾緞、羅紗綢緞紗羅苧布壹切貴重品의屬衣、족긔、赤衫、裳、袴、襦、等屬洗濯及染色物이有ᄒᆞ오면本所로 通知ᄒᆞ시면 即時自宅에 進議ᄒᆞᆷ

學員、巡査、兵丁、及勞働諸君에對ᄒᆞ야定價의拾分之貳를特減ᄒᆞᆷ

各地方에ᄂᆞᆫ小包料를添送ᄒᆞ시면誠實郵呈ᄒᆞᆷ

鍾路里門上隅拾貳統三戶

西洋洗濯部第一屋

本人姓名章及小章遺失更刻內外

僉彥照亮

李世種 告白

◉特別廣告

本人이火災後의家屋을繼續建築이옵ᄂᆞᆫ대建築準工間의臨時營業所ᄂᆞᆫ종路口목廛舊新房으로定ᄒᆞ얏ᄉᆞ오니 僉君子ᄂᆞᆫ照亮來臨을伏望ᄒᆞᆷ

金泰熙 告白

本人이陰八月貳拾九日釜山市邸에셔篆文으로系永庸金이라刻ᄒᆞᆫ黑角四方圖章을견失ᄒᆞ얏ᄉᆞ오니誰某拾得이라도勿爲施行ᄒᆞᆷ

東萊西下面門峴里辛洛鏞告白

陰本月二拾日鎭海浦大運動會에事務員李萬化具文卿兩시ᄂᆞᆫ本以有志紳士로敎育界에業著아ᄂᆞᆯ而今番運動會에熱心注務ᄒᆞᆯ뿐더러朴熙化시ᄂᆞᆫ本校與本面育英學校兩生徒合六拾餘名을兩次夕飯點心에宰牛烹猪ᄒᆞ야山珍海酢이淚稽盃盤ᄒᆞ니壹時客寬生徒任員이既飽以醉이고肅川坐龍學校도壹體午飯에如是盛備ᄒᆞ니人皆讚賀其德而具文卿시ᄂᆞᆫ金五圜을寄付三校ᄒᆞ야以代午飯ᄒᆞ니吾人韓民이如是讚揚敎育則庶可東方壹韓이西亞幷列而亦有伯夷之風에懦夫立志之望故로玆以廣佈ᄒᆞᆷ

安州南松面私立新明學校告白

白冲基之冲字를以忠字로改定ᄒᆞ오니知舊間 照亮ᄒᆞᆷ

禮山邑白忠基 告白

本人의田畓田中日畊이雙龍下잇ᄉᆞᆫ데舊文券을中間셔失故로玆以廣告ᄒᆞ오니누구시던지拾得ᄒᆞ시거던休紙施行ᄒᆞ시오

西部孔德里壇등拾六統壹戶 李重運 告白

本校니에셔學員을募集ᄒᆞ야日語算術專門으로敎授ᄒᆞ겟더니願學人은本校事務室에來議ᄒᆞᆷ

養源學校事務室 告白

仁川多所面新村동田興善씨家券壹張을路中에셔견失ᄒᆞ엿기玆에廣告ᄒᆞ니誰某拾得이라도休紙施行ᄒᆞᆷ

張殷燮 告白

洪正燮大人內藏院卿公以宿患今陰九月壹日午時別世玆廣佈 京鄕知舊間 照亮爲要

護喪 朴鳳鎬 告白

本人이陰八月二拾九日下午壹時에紙貨四拾圜을校洞等地에서遺失ᄒᆞ얏ᄉᆞᆸ더니該洞屛門米廛後床店ᄒᆞᄂᆞᆫ李鍋鉉氏가拾得ᄒᆞ야中部警察署에留置ᄒᆞ얏다가還給ᄒᆞ시오니不勝感恩ᄒᆞ기로玆에廣告ᄒᆞᆷ

西部孔德里太拾壹統七戶 吳有鎭 告白

黃海道장淵西大松川洞所在淑字田壹日耕仝朝無耕仝半日耕載字田半日耕兩字田半日耕文券을셔失이옵기玆以公佈이오니內外國僉君子ᄂᆞᆫ或有拾得이라도休紙施行ᄒᆞᆷ을望ᄒᆞᆷ

田主徐丙浩 告白

本人의孫子黃壹千이가姓本洋浪ᄒᆞ야與挾雜輩로本人所持ᄒᆞᆫ七八家口保命ᄒᆞᄂᆞᆫ釜山浦伊員답拾四斗地와花寺員畓拾斗地를僞造文券하야欲爲放賣ᄒᆞ오니內外國人은切勿견欺ᄒᆞᆷ

東萊沙下面當民洞居黃召史白

本社ᄂᆞᆫ本年七月貳拾八日繼續開業ᄒᆞ야各種印刷를壹新擴張ᄒᆞ옵ᄂᆞᆫ데近聞則既往見習ᄒᆞ든韓榮浩가本社任員이라稱稱ᄒᆞ고注文諸氏의게印刷費를勒加擠捧ᄒᆞ고又ᄒᆞ며又以本社營業에對ᄒᆞ야妨害之說로眩惑人ᄒᆞ계ᄒᆞ다ᄒᆞ니營業上에如此沮戲者ᄂᆞᆫ宜當當律이어니와注文諸씨ᄂᆞᆫ切勿見欺ᄒᆞ시고陸續枉臨ᄒᆞ심을敬望

安峴普文社 告白

諸般法律事務를誠實速히處理ᄒᆞ오니陸續來臨ᄒᆞ시옴

辯護士 大崎熊之丞

事務所 京城中部水標橋第七十九統二戶

事務員 法學士 [illegible]

本人의所有草家八間及文券二張을不知中에셔失이온바將欲請願于漢城府ᄒᆞ고爻로玆以廣告ᄒᆞ오니前家券貳張은誰某拾得間休紙施行ᄒᆞ시옴

西部倉동第九統八戶 黃顯奉 告白

本寺에셔左樣式의名標를刊出ᄒᆞ야本寺僧侶만携帶ᄒᆞ고外佛創獎ᄒᆞᆫ俗人과他寺에僧侶와混雜莫辨ᄒᆞᆫ弊가更無케ᄒᆞᆷ

福國佑世	南無阿彌陀佛	安身立命
	大韓帝國慶尙北道聞慶郡金龍寺僧侶	
名標 第　號	姓名　本　生	隆熙　年　月　日　攝理

慶北聞慶郡金龍寺攝理 徐翠峰 告白

公告

自今으로京城谷川町東京江川活版製造所支店에셔本局의定價와同壹히本局製造品을販賣케ᄒᆞ기로玆에公告ᄒᆞᆷ

隆熙二年六月

龍山印刷局

◉活字及印刷機械製造販賣所

其他인긔、機械油、膠、名刺紙、色革

金銀各良粉箔、並活版石版附屬品一式

새로ᄉᆞ업을 창셜ᄒᆞ야 ᄒᆞᆫ번에오백원어치 이상물건을사셔가시ᄂᆞᆫ이ᄒᆞᆫ테ᄂᆞᆫ 본뎜에셔 긔ᄉᆞ ᄒᆞᆫ명을보내셔ᄒᆞᆫ돌동안을 월급도아니밧고 직공을[illegible]쳐 주게ᄉᆞᆸᄂᆞ이다

京城長谷川町二丁目(石井洞)

江川活版製造所支店

本店 東京日本橋區長谷川町 電話浪花八八八番

鐵工場 東京京橋區南傳馬町 電話本局二七二六番

支店 仙台市國分町 電話一一七番

電話六七八番

局製米肉은其肉色이美ᄒᆞ고且數百年을經ᄒᆞ야도決코變色之慮가無ᄒᆞ고壹種獨特之精良品이오며又多少不拘ᄒᆞ고購求ᄒᆞ심을願

本人이丁未二月分에東部往[illegible]里上後동壹統十戶朴順龍家板券壹張을二千兩에典執ᄒᆞ얏다가不知中셔失故로玆以廣告ᄒᆞ온後請願于漢城府ᄒᆞ얏이오니誰某拾得ᄒᆞ와도休紙施行ᄒᆞᆷ

南부余契洞壹統六戶 姜錫明 白

本人의所在瓦家拾四間半文券을셔失故로玆에廣告ᄒᆞ오니內外國人照亮ᄒᆞᆷ

東部蓮花坊蓮池洞五拾七統七戶 崔景天 告白

學洞所在 **本會社**를中部東谷三拾統壹戶(石橋北向、路東邊)로移接ᄒᆞ옵고**柴炭**營業은營業擴張이온바愛顧ᄒᆞ시ᄂᆞᆫ 僉君子의需求에對ᄒᆞ야 **廉價隨應**ᄒᆞ깃사오니陸續來議ᄒᆞ심을爲要

漢城材木柴炭株式會社 告白

◉學員募集廣告

本塾에本科預科學員을增募ᄒᆞ니志願人은請願書를本月晦日(陰九月六日)內로遞呈ᄒᆞᆷ

細則은本塾에來議

隆熙貳年九月貳拾五日

北部大安洞夜學明新義塾長 李源昇

本會에셔緊急事務를處理ᄒᆞ기爲ᄒᆞ야 **本月二十七日(日曜)下午二時**에**特別總會**를校洞**本會館**內에셔開ᄒᆞ오니愛般會員은屆期來臨ᄒᆞ심을望ᄒᆞᆷ

畿湖興學會 告白

日[illegible] ᄒᆞ시
[illegible]ᄒᆞ오니
右舉[illegible]大要[illegible]三圓
光山[illegible]中測量[illegible]校ᄂᆞᆫ香路
背布[illegible]定ᄒᆞ고校名은
光[illegible]校라ᄒᆞ고拾月壹 陰九月七日에學徒를試取하야拾月四日陰九月拾日에開學ᄒᆞ니入학志願ᄒᆞᄂᆞᆫ諸彥은本月二拾八日陰九月四日以內로請願書를呈ᄒᆞᆫ後試케ᄒᆞ되請願格式과試取科目은該校舍에揭壁하얏시니照亮ᄒᆞ시옴

校長 金珏鉉

測量見習生大募集廣告

本社에셔測量界에實地淺薄ᄒᆞᆷ을慨歎ᄒᆞ야見習所를設立ᄒᆞ고實地見習生을大募集ᄒᆞ오니有志僉彥은陽本月三十日ᄭᆞ지로請願書를本社에提出ᄒᆞᆷ

一 位置ᄂᆞᆫ[illegible]

壹 講師測量製圖金澤吉 筭術 李相益

壹 束脩八拾錢月謝壹圓

壹 期限貳個月

壹 時間每日四時式但午後

壹 測量學校卒業生은免試

壹 證書가無ᄒᆞᆫ人은試驗許入ᄒᆞ되科目은本社에來問事

(但試驗日字ᄂᆞᆫ陽拾月日)

普通測量科學生募集

本社의셔第二回學生을募集ᄒᆞ오니本月三拾日ᄭᆞ지로請願書를本社의提出ᄒᆞᆷ事

壹 位置上同

壹 期限兩個月

壹 時間每日二時式(但上午)

壹 束脩五十錢月謝六拾錢

壹 試驗日字拾月壹日下午四時半

壹 試驗科目筭術四則以너作文

奬學社니測量見習所 告白

廣告

初學捷徑

第壹卷 定價金 三拾五錢
第二卷 定價金 三拾五錢
第三卷
第四卷 姑未定

我國同胞의急先務는國文漢문에더此初學捷徑은國漢문을速成홀敎科書이오니僉同胞는購用ㅎ시옵

編輯者　韓承坤
校閱者 美國博士 裵緯良

발行所 平壤종路 光明書觀
分매所 京종路 耶蘇教書會
京桂동 玄公廉

百卷以上四割以下는三割

法律事務所開設

本人이法律事件에從事홍지二十餘年間이온대今般左記흔場所에事務所를設立ㅎ고韓日각裁判所民刑事件及訴訟鑑定辯護和解交涉等의事務를親切周密히處理하오니 僉位는陸續來臨ㅎ시옵

隆熙貳年九月二十日
京城中部鐘路電氣會社前

前判事從七位 辯護士 本多 █
事務員兼通譯 安鍾求

測量學員募集廣告

本測量科를興士團內에設施ㅎ고斯學에有名흔澤吉氏와樊佰시가敎授ㅎ깃사오니屆期應試ㅎ심을爲要

試驗日字는拾月四日午前十時

▲試驗科目
壹 算術四則以內
壹 作文國漢文交用
但卒業期는 三個月

測量科

中署磚洞 興士團內

大韓國新發明神藥

◎虔修靈丹
各種食滯中暑久滯口臭담飮吐瀉 定價壹貼拾錢

◎至寶丸
治諸般瘧疾不拘久遠俱有偉効 定價金拾錢

◎靈効液
外用芳香治疥瘡皮風
百發百中 定價金三十錢

◎淸眼水
治諸般眼疾有撥雲見天之妙 定價金拾錢

◎通淋丸
治男女急慢淋疾神效無雙速效除毒壹週金五拾錢

漢城南部大廣橋南邊第二家ㄱ九統七戶
製劑發行所 共愛堂大약房 謹告

支店

開城南門內 共愛堂第壹支店 姜助遠
群山港福동 共愛堂第 支店 리春█
河東郡赤良面 共愛堂第三支店 黃麟秀

代理店

皇城北部大寺洞 인濟약房
皇城鍾路靑年會館南 慈惠약房
皇城西部新門外石橋 普濟醫院
인川 硯濟生堂 仝和平局

此外에도東西洋各國有名ᄒᆞᆫ약과草材약이具備ᄒᆞ오니약의多少를不拘ᄒᆞ고請求ᄒᆞ시면小包로仰呈ᄒᆞ깃숩

大韓新發明特効靈藥 八寶丹

一粒 金 錢

特効靈藥 ... 禁止一品 ... 下實驗하야 ... 陸軍醫官 ... 校敎官 ... 茂君 ... 効證 ...

主治効能

○胃痛惡心○痞滿固飮
○食慾欠乏○暑中
○久積滯○急痛霍亂格
○溜飮傷○頭痛眩暈
○泄瀉下痢○霍亂吐瀉
○水上不服○船車幹

陸軍武官 陸軍의 許均實驗處方
陸軍貳等軍의 朴鍾建君有效證明

補陰補陽 滋陽丸

卄日分金五圜卄日
分金三圜四拾錢洽
日分壹圜八十錢

主治
○房事不容○胃腸腰痛
○病後氣端○腎氣不足
○陽痿不起○遺精多夢
○陰虛火動○房事後惱困
○手足厥冷○形蒼白
○吸烟斷烟客劑
○體質虛弱消瘦

婦人良藥 부인 령약

○태○양○됴○경○환
胎 養 調 經 丸

主治說明 壹劑 金 圜

婦人의孕胎ᄒᆞ지못ᄒᆞᆫ은冷病積病과月經不調로因ᄒᆞᆷ이니此藥을服用ᄒᆞ시면婦人腹中에有ᄒᆞᆫ諸病은壹切退去ᄒᆞ고自然孕胎ᄒᆞ오니速臨買去ᄒᆞ시옵

▲사향소창단 ▲麝香消瘡丹
痳病薬

丹이ᄂᆞᆫ諸창과淋論男女老少不問ᄒᆞ고服用ᄒᆞ면神效를百보ᄒᆞ오며此方可及이라若論主治ᄂᆞᆫ梅毒下疳連珠瘰癧창諸症에俱見효效ᄒᆞ오니有病ᄒᆞ신君子ᄂᆞᆫ貴秀試驗ᄒᆞ시

發賣所

南署苧洞 李永珠藥局
仝 南門니博文書館 盧益亨
仝 南門니水橋 濟生支店
仝 鍾口니 相信號 █當
仝 鐵物橋 毛衣房 리洛瑞
仝 小廣橋 毛衣房 리厚根
仝 蓮洞上隅 三 病院
仝 大寺동 共濟病院
仁川港 豐旅館 韓 █
仝 奇峴니동 █ █
仝 읍니 永源 李昇範
江華 鐘路 朱 █店
開城 남문니 朴圭 █店
仝 남문니明新 리良█
水原 남문니 김 九약舖
海州 남문니 리 █商店
延安 읍니 邊汝文藥局
█ 남문니 █
仝 砂里院耶蘇教당 █
黃州 남문니 紅동 █
平壤 鐘路耶蘇教堂니 金澄柱
仝 法首橋乾材局 崔 █化
仝 大興 █ 김 龍 藥舖
館 █ 桂澤 약
仝 文武洞 김元 약
鎭남浦 栄 █
鎭남浦 碑石洞冊 金 █
仝 생 당 張 █
仝 산港 █洞 金斗 █
仝 井동 리春 약房
禮산 █ █
大邱 남문니 █ 東 █
元山港 남甲元약局
仝 █ 堂 █局 박致心약局
尙州 █
김泉場 鄭 █ 약局
釜山港 제生당 出張 朴 █
安州 성니 義井동 大약房
安岳 █ 제生局 林 █柱
義州 남문 外 木口街 義和약房
載寧 읍 後동 洋 약局 崔 █
定州 남문니 洋약局 리健柱
郭山 읍 洋 약局 羅 █彬
宜川 읍 冊사 █
鐵山 읍 █ 堂 安 █
咸從 耶蘇教堂 張炳壹
仁川港 奇峴
京城 鐘路 和平堂 白

大韓新發明靈藥廣告

● 陸軍軍醫 █ █ 金 █ 等 █ 劑
● 陸軍軍醫張基 █ 君有効證明
● 四海衛生之必 君子常備之靈藥

消化新藥 淸心保命丹

發行所 仁川港松峴 濟生堂藥房

九十粒入 金拾錢

●右에 主治効能은 如左
●담飮 吐瀉 水土不服
●氣鬱腹痛 ●暑中
●食積食傷 ●咽喉 ●口熱口臭
●其他諸般 邪氣 癘疫 預防 妙약

總發行所 京城南大門內 제生당支店 李 █
仝 城西문外 제生당 支店 具 █
元山港 石院 제生당 支店 박敎 █

代理店 京城大廣橋共愛堂

● 京泥峴三丁目 仝 鍾路 慈惠약房
仝 鄭便局前 大佑 의방 新井약店
仝 남大남니 傳文書館 盧益亨
仝 梨峴洋약局 리 █華
仝 大安洞 可病院 仁제약房
仝 壽동 硯 和平당 朴喜 █
仁川港 奇峴 █ 리 █
▲ 川 町 新井 藥房
● 海州 남문니 仝 商店 宋在 █
全 水原 路下 약房 리奉 █
● 延安 읍니 洋 약 █ 金제九
● 江華 읍 路店 邊汝文
● 潭 남 門니 尹斗 █
● 砂里 客 █ 鷹 █ 淳
仝 耶蘇 教堂니 任 █中
● 興 읍 니 리 █ 善
● 汗浦 東美 送 部 許 █
● 資 남 분니 紅문 █ 김奉圭
● 安岳 읍上 里 제生局 리東 █
● 載寧 읍 後동 洋藥局 林 █
● 忠州 東 良面 早 遞 崔允 █
● 瑞川 읍 四 █ 洋 약局 김 █和
● 長 連 邑 東 里 冊 肆 文 興 冠 김永 █
● 平壤 里 동 出張 尹 █
仝 雙 巨 里 제 局 韓 █ 儀
仝 館 █ 의 █ 金 █ 興
仝 文武 제生 局 桂澤宣
仝 大 █ 壹 里 藥局 崔 █化
● 鎭남浦 綠 동 册 사 김元 █
● 仝 后浦 ◈ 紫 出 張 人 吳 █ 駿
● 安州 성니 █ 井 동 閭 春大약房
● 博川 邑 美 동 商店 朴芝行
● 定州 남문니 洋藥局 리健柱

濟生堂 白

● 郭山邑 大街 冊肆 김大鉉
● 龍川 邑니 冊 ◇ 安 澤
● 鐵山 읍니 永春堂 安 █
● 義州 남문 外 水口街 崔 █浩
● 宣川 읍 █ 洋약局 리丙斗
● 群山港 開 █ 동 김斗鉉
● 大邱 남門니 刷 █洞 김成浩
● 釜山港 東館 町 商店 리炳夏
● 北靑 新昌港 客主 朴 █勳
● 木浦 各國居留地 松房 徐岐見
● 全國니 各 약店 마다 隨應販賣
仁川港 奇峴 支店 남大문니 濟生堂 白

社告

○申報價
壹張代金 新貨二錢五厘
壹個月 前納 三十錢
參個月 九拾錢
陸個月 一圜七十錢
壹個年 三圜四十錢
郵稅一號 新貨五厘
壹個月 十五錢

○廣告料
四号活字拾三字詰
每行壹寸(英尺)에 新貨廿五錢
二週日壹寸에 二圜五拾錢
壹箇月壹寸에 五圜
(自壹行至四行이爲壹寸)
其期限의長短과字行의多寡를依ᄒᆞ야增減ᄒᆞᆷ이有ᄒᆞᆷ

● 大韓每日申報各處支社廣告
中署布屛下 金相萬冊사
平壤 鐘路太極書館 安泰國
仁川 奇峴 開新冊사 李東皓
義州 南門外 西大藥房 張 █ 寬
釜山港 佐川약局 徐 █ █
三和港 牌石洞 金澄柱
咸興 州 █ 社 西門外 曹 █林
開城 남大門內 興學書舖 姜助遠
大邱 西門外 友弦書樓側 李正由
載寧邑 濟衆院 劉夢澤
鐵山 邑 東部 安 灝
元山 倉前 劉七 █

海州 남門內 █昌 █
定州 南門內 書舖 洪成麟
昌성 郡 校洞 許 원
郭山 興 █ 面 中央書舖 李銀瑞
安岳 細 동 坊 成 █ 廉道善
溫 州 █ 津 李 鎭 成
安州 城 內 義井洞 金翼河
鐵 █ 邑 葉 동 趙 █ 大
高 █ 邑 朴 █ 吉
扶 邑 邑 內 李 █ █
泰仁 邑 █ 金 禹 燮
京 █ 線 枇 峴 驛 █ 市 李 基 秀
漫 █ 邑 南門內 崔 載 淳
殷栗 邑 倉 █ 里 金 泰 聲
龍川 楊市 盧 菊 保
朔州 邑 남門니 朱 伯 █
泰川 邑 館 前 洋 약局 李 止 華
永興 南山 동 書舖 梁 昌 █
江華 邑 川橋 徐 █ 식
淸州 남門外 宋 斗 仁
寧邊 邑 客舍里 趙炳俊家 明濟世
金溝 水流面 豆亭 趙 █ 三
信川 邑 █ 里 丁 一 █
江西 邑 內 金 昌 █
成川 █ 上部面 馬 █ 三
興德 富安 面 █ 谷 姜大 █
龍川 府南面 松峴 海東書會 █ 賢圭
咸從 郡 耶蘇教堂 張炳壹
平남 順川 郡 █ 동 鄭 █
龍川 남市驛 韓 █ █
順 岡 郡 耶蘇教堂 內 朴 鍾 운
車 聲 館 金 明 鉉
結 城 █ 川 小 龍 동 李 啓 █
安 平 郡 █ 川 張 █ 학
洪原 南門外 耶蘇教冊肆 方 萬 █
宣川 읍 新民書會 魯 晶 █

漢城師路 █ 眼科 診

█學校卒業後 濟衆院卒業 濟衆院의 實地六年習학 █ 學 █

眼鏡

今此鐘路慈惠醫院에서 英國製視力檢査機械와 金銀 眼鏡을 置ᄒᆞ고 男女視力을 檢査의 化 …

發行兼編輯人 英國人 萬 █
Responsible for Publication Alfred Weekley Marnham.
發行所 南署石井洞號外地三層洋屋 大韓每日申報社

光武九年八月拾壹日 明治卅八年八月拾壹日 (第三種郵便物認可) 火曜日 西曆壹千九百八年九月廿九日

第六卷

大韓每日申報

第九百拾六號

月曜及慶節 歲時日休刊

檀君開國四千二百四十一年
箕子元年三千三十年
大韓開國五百十七年
日本明治四十一年
淸國光緖三十四年
陰曆戊申九月大初五日丁亥

寄書

◉進步ᄒᆞ라 同胞여 (續) 海雲子

進步ᄒᆞ라諸君이여甲午以後로拾餘年을退步ᄒᆞᆫ諸君이여二拾世紀文明의大風潮가韓半島를猛擊ᄒᆞᆫ지至今十餘年이아닌가然이나國步가進ᄒᆞ얏ᄂᆞᆫ가不進ᄒᆞ얏ᄂᆞᆫ가諸君아思ᄒᆞ라敎育이進ᄒᆞ얏ᄂᆞᆫ가我邦에新敎育을倡導ᄒᆞᆫ지拾餘年에殆히虛名만尙ᄒᆞ고實地的敎育을不務ᄒᆞᆷ으로學生도此를模範ᄒᆞ야奴隸學으로利器를作ᄒᆞ며仕官慾으로目的을立하야虛學만是尙ᄒᆞ고實學을不務ᄒᆞᄂᆞᆫ者ㅣ不尠ᄒᆞ야敎ᄒᆞᄂᆞᆫ者도虛로敎ᄒᆞ고學ᄒᆞᄂᆞᆫ者도虛를學ᄒᆞ니

是以로全國內에尙今ᄭᆞ지壹個完全ᄒᆞᆫ高等學校가無ᄒᆞ고至若實業敎育은形影도無ᄒᆞᆫ지라此가敎育의進步인가然而今日敎育權은觀ᄒᆞᆫ則果然誰手에在ᄒᆞᆫ가此ᄂᆞᆫ不進ᄒᆞᆯ뿐아니라反히退步ᄒᆞᆷ이아닌가惟我虛學을棄ᄒᆞ고實學을務ᄒᆞᄂᆞᆫ諸君은汲々히實地的敎育界로進ᄒᆞᆯ지어다諸君아思ᄒᆞ라實業이進ᄒᆞ얏ᄂᆞᆫ가三千里茫茫ᄒᆞᆫ田野에新種의木綿花壹株를不見ᄒᆞ며廣闊ᄒᆞᆫ港灣에韓人商船은影子도杳然ᄒᆞ고工匠家에ᄂᆞᆫ燐寸一個도製造치못ᄒᆞ며農業界도前日農業界오商業界도前日商業界오工業界도前日工業界보다然而昔에ᄂᆞᆫ實業權이我의實業權이러니今에ᄂᆞᆫ殆히外人의手로歸ᄒᆞ얏도다此ᄂᆞᆫ不進ᄒᆞᆯ뿐아니라反히退步ᄒᆞᆷ이아닌가惟我實業을勉勵ᄒᆞ야國富를增進ᄒᆞᄂᆞᆫ諸君은着々히實業界로進ᄒᆞᆯ지어다諸君아思ᄒᆞ라

團體力이進하얏ᄂᆞᆫ가我邦人이團體를唱ᄒᆞᆫ지拾餘年에演論이激切ᄒᆞ고報筆이嚴皇ᄒᆞ나只是舌下團體오筆下團體라今日에壹會가起ᄒᆞ고明日에壹會가起ᄒᆞ미甲會ᄂᆞᆫ乙會를嗾ᄒᆞ고乙會ᄂᆞᆫ甲會를박ᄒᆞ며京鄕各地方에ᄂᆞᆫ前日腐敗蒙昧ᄒᆞᆫ家族的觀念이尙餘ᄒᆞ야甲族은乙族을猜ᄒᆞ고乙族은甲族을黜ᄒᆞ야同舟風波에서도秦瘠越視ᄒᆞ나니엇지痛哭을發ᄒᆞᆯ者아니리오惟我團結을好ᄒᆞ고同胞를愛ᄒᆞᄂᆞᆫ諸君은劣昧의舊慣을痛革ᄒᆞ고健全ᄒᆞᆫ團體를組織ᄒᆞᆯ지어다

諸君아思ᄒᆞ라自由權이進ᄒᆞ얏ᄂᆞᆫ가我邦에서自由를唱ᄒᆞᄂᆞᆫ以來로日로自由를唱ᄒᆞ나日로自由를失ᄒᆞ니此ᄂᆞᆫ自由의實力이無ᄒᆞᆫ故라彼一尺布壹斗粟도價値가皆有ᄒᆞ거든況至靈至貴ᄒᆞᆫ自由를엇지徒然히得ᄒᆞ리오惟我自由를愛ᄒᆞᄂᆞᆫ諸君은熱心勉勵ᄒᆞ야自由의價値를出ᄒᆞ고自由界로出ᄒᆞᆯ지어다

進步ᄒᆞ라諸君이여歐米列强은我보다數百年을先覺ᄒᆞ고日本은我보다數拾年을先進ᄒᆞ얏스니彼가實踐ᄒᆞᆫ道ᄂᆞᆫ我ᄂᆞᆫ數百步나數拾步를進ᄒᆞ여야彼를可追ᄒᆞᆯ지어ᄂᆞᆯ況躑躅不進ᄒᆞ면將且如何ᄒᆞᆯ고諸君이能히勇進ᄒᆞ면彼를可히追及ᄒᆞ며彼와可히並驅ᄒᆞᆯ지니諸君은進ᄒᆞᆯ지어다進步ᄒᆞ라諸君이여天下에無知無能ᄒᆞᆫ者ᄂᆞᆫ頑固의陋想이錮蟄ᄒᆞ야進步를不圖ᄒᆞ다가滅亡을還ᄒᆞᄂᆞ니

我有知有能ᄒᆞᆫ諸君은文明의新思想을發揮ᄒᆞ야奮然히進ᄒᆞᆯ지어다勇猛이無ᄒᆞ며忍耐가無ᄒᆞᆫ者ᄂᆞᆫ魔沮에惑ᄒᆞ고危險을憚ᄒᆞ야進ᄒᆞ라다가反退ᄒᆞᄂᆞ니我勇猛이有ᄒᆞ며忍耐가有ᄒᆞᆫ諸君은魔沮를破ᄒᆞ며危險을冒ᄒᆞ고決然히進ᄒᆞᆯ지어다

諸君아爾의後를顧ᄒᆞ라可驚可怯ᄒᆞᆫ地獄이有ᄒᆞ니諸君이退ᄒᆞ면彼에陷ᄒᆞ리니諸君은勿退ᄒᆞ라爾의前을望ᄒᆞ라可愛可快ᄒᆞᆫ樂園이有ᄒᆞ니라諸君이進ᄒᆞ면彼에登ᄒᆞ리니諸君은急進ᄒᆞᆯ지어다彼岸에文明의花가燦爛ᄒᆞ고幸福의果가離々ᄒᆞ니捷足者ㅣ先得ᄒᆞᆯ지라諸君은長足의步를濶발히進ᄒᆞᆯ지어다

諸君이能히如斯히進ᄒᆞ야今日進ᄒᆞ고明日進ᄒᆞ야進々又進ᄒᆞ면擧携韓國이列强의前에立ᄒᆞ야各族을凌駕ᄒᆞ고全球에雄飛ᄒᆞᆯ지니予의言을不信ᄒᆞᆯ진ᄃᆡ蒼天이有하니라同胞아 (完)

外報

◉徐總督의電辭 奉天電을據ᄒᆞᆫ則徐總督이北京政府의命令을因ᄒᆞ야銅貨를鑄造ᄒᆞ다가壹時停止ᄒᆞ얏더니財政이缺乏ᄒᆞᆫ故로今番에更히鑄造ᄒᆞ기를北京政府에電請하얏다더라

◉滿商條約과貨幣 北京電을據ᄒᆞᆫ즉唐紹儀氏ᄂᆞᆫ滿商條約屬行及貨幣制度를確定ᄒᆞᆷ이時急ᄒᆞ다고上奏ᄒᆞᆷ으로써政務所에附ᄒᆞ야急速히詮議ᄒᆞᆫ後更奏ᄒᆞ라고命ᄒᆞᆫ지라右條約屬行의事ᄂᆞᆫ淸米同盟의機를利用ᄒᆞ야米淸間勞働問題에關ᄒᆞᆫ利益을獲得코저ᄒᆞᄂᆞᆫ意向이라ᄒᆞ얏더라

雜報

◉宋趙의不法行爲

去金曜日朝鮮타임스報에特筆로揭載ᄒᆞᆫ것을據ᄒᆞᆫ즉奇怪ᄒᆞᆫ事實이라題ᄒᆞ고宋秉畯의暴戾로私財를取上이라ᄒᆞ얏ᄂᆞᆫᄃᆡ內部大臣宋秉畯은總理ᄃᆡ신李容翊의孫鍾浩의私財를奪取ᄒᆞᆯ라ᄒᆞ야同人을自邸에留置ᄒᆞ얏든事實이有ᄒᆞᆫᄃᆡ其內容을記ᄒᆞᆫ건ᄃᆡ李容翊의孫鍾浩ᄂᆞᆫ其祖父의財產을分配ᄒᆞ야得ᄒᆞᆫ財產中壹萬數千圓을京城第一銀行에預金ᄒᆞ얏ᄂᆞᆫᄃᆡ宋秉畯이此를知ᄒᆞ고如何ᄒᆞᆫ手段으로掠奪코저ᄒᆞ야 太皇帝께 奏ᄒᆞ야李鍾浩의私有로置ᄒᆞᆫ壹萬數千圓은元來其祖父李容翊이 陛下께寵ᄒᆞᆫ時에 陛下의 御內帑金으로屢々下賜ᄒᆞ셧스니臣이此를返納ᄒᆞᆯ計를可呈이라ᄒᆞ고侍從防禦趙民熙와結托하야第壹銀行에李鍾浩의預金을取出ᄒᆞ라ᄒᆞ나第壹銀行에서ᄂᆞᆫ預金者가아니면預金을支拂치아니ᄒᆞ니宋趙二人이李鍾浩를宋邸에呼去ᄒᆞ야足下의預金은 太皇帝께서 御預ᄒᆞ신金이오官當히返納ᄒᆞᆷ이可ᄒᆞ다ᄒᆞ며李鍾浩ᄂᆞᆫ祖父의私有財產을分受ᄒᆞᆫ것을返納ᄒᆞᆯ理由가無ᄒᆞ다ᄒᆞ야此에不應ᄒᆞ며宋趙兩人은오히려巧ᄒᆞᆫ事實을捏造ᄒᆞ야返納지아니ᄒᆞ면不已ᄒᆞᆯ貌樣으로此金에對ᄒᆞ야取調ᄒᆞᆯ事가有ᄒᆞᆷ으로其取調를了ᄒᆞ기ᄭᆞ지本邸에留ᄒᆞ라ᄒᆞ고去廿壹日에無法히李鍾浩를宋邸에留置ᄒᆞ얏ᄂᆞᆫᄃᆡ李鍾浩ᄂᆞᆫ年方貳拾壹貳歲少年이라性品이極히溫厚ᄒᆞ야酒色에耽ᄒᆞᆫ事도無ᄒᆞᆫ兩班의子孫이오珍美ᄒᆞᆫ品行方正의男子라頗히世人의信用이有ᄒᆞ니라ᄒᆞᄂᆞᆫᄃᆡ此點에對ᄒᆞ야長谷川大將의게非常히寵을受ᄒᆞᆫ지라即時此事實을長谷川大將에게訴ᄒᆞ니大將은副官을宋邸에派遣ᄒᆞ야趙民熙를呼來ᄒᆞ고宋秉畯과二人을列坐케ᄒᆞᆫ後에李鍾浩에對ᄒᆞ야宋趙兩人은一辭도辨明치못ᄒᆞ미副官이宋趙兩人의不當之事를責ᄒᆞ고即時李시를歸宅케ᄒᆞ라고嚴談ᄒᆞ얏스나兩人은오히려左右推托ᄒᆞ야李를歸送치아니ᄒᆞ엿더니長谷川大將이更히曾禰副統監에게其處決을促ᄒᆞ얏스나翌日午后七時ᄭᆞ지ᄂᆞᆫ依然히李鍾浩ᄂᆞᆫ宋邸에留置ᄒᆞᆫ바되얏스니眞實로近來에壹大怪事라或可爲法律上問題라ᄒᆞ얏더라

論曰此事件에對ᄒᆞ야宋趙兩人은三大不法이有하니他人의私財를欺奪코저ᄒᆞᆫ것이壹大不法이오無理ᄒᆞᆫ事實로 太皇帝께誣奏ᄒᆞᆫ것이壹大不法이오私邸에人을拘留ᄒᆞᆫ것이壹大不法이라彼輩이大官의地位에居ᄒᆞ야肆行不法을無所忌憚ᄒᆞ니其他行事가何所不至리오此等事件이依例히法律上問題가될줄노思量ᄒᆞ노라

●盧氏抑鬱 咸鏡北道茂山郡居金現源氏가昨秋에其祖父母를先山局內에移葬하얏ᄂᆞᆫᄃᆡ同郡居崔峴崔炳守等이以奪山之計로該郡巡檢의威勢를藉托ᄒᆞ야萬端威脅ᄒᆞ니氏의父親김邦允시가與崔也로互相鬪閧ᄒᆞ다가崔鎭峴은傷에서致斃된지라崔某ᄂᆞᆫ元來富客인故로히道裁判之時에檢事權赫采시가原彼皆拱招之場에致斃人의證據ᄂᆞᆫ無實嚴問ᄒᆞ고崔某의言이爲直이다ᄒᆞ야威權으로掩覆殺獄ᄒᆞ미허시가不勝抑冤ᄒᆞ야父尸를不葬ᄒᆞ고去五月分에抗告于平理院ᄒᆞᆫ즉히院에서本道原彼告間拱招記를取ᄒᆞᆫ後處決故로히시가三四朔滯待ᄒᆞ며니平理院訓令이히道에到付ᄒᆞᆫ지數朔이되얏ᄂᆞᆫᄃᆡ檢事權赫采시가醫記ᄒᆞᆯ無ᄒᆞ다ᄒᆞ고即爲上送ᄒᆞ시아니ᄒᆞ얏스니拱招ᄂᆞᆫ何日拱招ᄒᆞᆫ것이明白ᄒᆞᆫ되控訴院에서如是矛盾ᄒᆞᆫ拱招記에證據업기로修理치못ᄒᆞᆫ것다ᄒᆞ니無勢殘民은雪冤無處ᄒᆞ얏더라

雜報

●水原幸行日字及路次 大皇帝陛下께옵셔水原에 幸行ᄒ옵실日字를來月貳日로酌定ᄒ셧ᄂ대出 宮時刻과 御路ᄂ如左ᄒ더라上午六時五拾分에 敎化門으로出 御ᄒ사龍朝橋 鐵物橋 종路 廣通橋 銅峴 水橋 南大門外停車場에臨 御ᄒ사同七時三拾分에 御瀛車를 乘ᄒ옵시고同八時四拾分에 大皇橋臨時停車場에 御着ᄒ사 健陵 齋室에臨 御ᄒ옵셔 隆陵 健陵에親祭ᄒ옵시고下午壹時五拾分에動 駕ᄒ옵셔貳時三拾分에大皇橋臨時停車場에셔 御發ᄒ사同貳時四拾三分에西湖臨時停車場에 御着ᄒ사勸業模範場을 御巡覽ᄒ옵시고同四時四拾五分에西湖臨時停車場에셔 御發ᄒ사同五時五十分에南大門外停車場에 御着ᄒ샤卽時還 御ᄒ신다더라

●下詢總長 三昨日上午拾壹時에曾彌副統監이 大皇帝陛下께 陛見ᄒ事ᄂ已報어니와伊時에日本帝室博物館總長股野琢이隨行 陛見ᄒ얏ᄂ대 陛下께옵셔股野의渡韓ᄒ意를下詢ᄒ시믹東京에셔發程ᄒ時에韓 皇太子께 謁見ᄒ고御動工하심과淸國으로轉向ᄒ야歸國ᄒ意를上 奏ᄒ얏다더라

●九如圖下賜 日本畵師鐵園과韓國畵師金圭鎭安中植兩氏가 太皇帝陛下께入 侍ᄒ야輪選宴을盛開ᄒ고畵圖ᄒ事ᄂ前報에已爲揭載어니와其畵本인卽九如圖八幅을三人이同寫ᄒ얏ᄂ뒤 太皇帝陛下께옵서御覽ᄒ신後에該圖를曾彌副統監과本國大官의게各壹幅式下賜ᄒ옵셧다더라

●幸行時陪從 大皇帝陛下께옵셔 隆陵에 幸行ᄒ실은別項과如ᄒ거니와其時陪從人員은總理大臣以下各部大臣과其他勅奏任官六七拾名假量이라더라

●李氏表祝開宴 再昨日下午七時에李載克氏가 太皇帝陛下께옵셔 御筵 下賜ᄒ신祝意를表ᄒ기爲ᄒ야各大臣及元老를請邀ᄒ야明月館에서祝宴을開ᄒ고下午十壹時三、分에散會ᄒ얏다더라

●日絹賜詩 曾彌副統監이各大臣의게詩를請求ᄒᄂ대絞絹貳疋式送致ᄒ故로各大官들이所作詩를絞絹面에書ᄒ야日昨統監府宴會에持在面贈ᄒ얏다더라

●預算額增加 政府의來年度豫算은各部官廳께서編成을畢了ᄒ고今月末日까지에ᄂ度支部의送交ᄒ야來月中의査定ᄒ기를畢ᄒ模樣인대現今大臣의게審議中이오又豫算額은今年의比ᄒ면經常及臨時費가增加ᄒ얏고現下軍部의만所管된憲兵補助員의新設을因ᄒ야約百萬圓이增加되얏고經常部의ᄂ二百萬圓이增加되얏다더라

●斷髮問題盛行 各觀察道에서郡守會議를經ᄒ後각該郡에削髮問題가盛行ᄒ다더라

●甘誘兩氏 永宜君李埈鎔氏가奔走得債ᄒ다ᄂ事ᄂ已揭어니와外人에게得債하려다가如意치못ᄒ야前郡守鄭寅國氏와豪富金益慶氏를甘誘하야得債ᄒ라ᄒ다더라

●楓會打零 來月四日의各府部院廳高等官이東大門外永道寺의出往ᄒ야觀楓會를開設ᄒ다ᄂ事ᄂ前已報道어니와時伊의山打零牌籤名을帶同出往ᄒ기로現今準備中이라더라

●三技手免官 臨時財政整理局技手李종설石戰賢文恒善시等을免本官ᄒ얏다ᄂ대其理由를聞ᄒ즉該시等이水原等地에擅自出張ᄒ야驛土를測量ᄒ야私利를圖得ᄒ고作人等에게貽弊홈이有ᄒ즉身爲官吏ᄒ야民間業務를私自擔任ᄒ얏스니官紀에不可仍置이라하야卽時免官하얏다더라

●解任雇員呼訴 軍部에서解任ᄒ文官의 恩賜金을豈豈히支撥ᄒ고雇員以下ᄂ 恩금을頒給지아니ᄒ故로賤人等이抑鬱홈을該部大臣의게呼冤ᄒ얏더니該部大臣이却下ᄒᄂ故로該人等이統監府에呼訴ᄒ다더라

●東閃西忽 憲兵司令部副官憲兵少佐中島가韓國及滿洲의憲兵隊를巡觀ᄒ기爲하야二十六日東京에서出발ᄒ얏ᄂ뒤二十九日釜山에上陸하야拾月三日에大邱天安을經ᄒ야八日에京城에來着ᄒ고拾二日에平壤에赴ᄒ얏다가拾五日에全地에서發ᄒ야滿洲로向ᄒ다더라

●日巡採用 內部警務局에서本月二十四日에日本人巡査採用試驗을行ᄒ얏ᄂ뒤志願者가壹百五十名內에應試者가壹百十四名이오其成績은明日에발布될터인대成績이好良ᄒ者中의셔約三十名을採用홀模樣이라더라

●康氏請願 廣濟院長康永句氏가內部衛生局에請願ᄒ고已往에建築ᄒ避病院所入費六千餘圓을支撥ᄒ라ᄒ얏다더라

●明守不明 明川郡守尹相翊氏ᄂ目不識丁者로敎育이何事인지全然不知ᄒ고該郡學校에셔或勸勉의言을請ᄒ則拒絶曰體重ᄒ官長이엇지學校에躬往하깃나냐ᄒ며校徒를防備ᄒ다稱ᄒ고城堞을修築ᄒᄂ디農時方棘의人民을募集ᄒ야役事를繁興하니民怨이漲天ᄒ고自已加下를區處ᄒ다稱ᄒ고挾雜輩를使用ᄒ야儒鄕의任을亂賣ᄒ니開明時代에도如彼ᄒ不法行政이有ᄒ지不知ᄒ깃다고ᄒ더라

●賊襲日船 京畿道通津郡김有福이가强盜一十四名을率ᄒ고去六月七日同郡마津浦의셔日本人漁船四隻을襲ᄒ야금品을掠奪ᄒ얏ᄂ뒤其內의貳隻은燒棄ᄒ고今月一十日頃의三名이同郡의入하야巡査駐在所를偵探ᄒ다가捕縛되얏다더라

●淸人과趙氏 三昨日下午五時에中部於義동居趙東先氏가水標橋居留淸國人東來居料理店에前往ᄒ야三拾元價値의料理를喫하고價금을不給ᄒ미該淸人이趙氏를私自拘留ᄒ고終不放送하ᄂ故로趙氏가使人으로銅峴警察署에呼訴ᄒ얏더니該署에서巡査督梁종薰氏를派送ᄒ야淸國警察署에交涉ᄒ야趙氏ᄂ旋卽放還ᄒ얏다더라

●名祖悖孫 平山李氏의始祖莊節公墓所가春川郡非芳동에在ᄒ더니前郡守申慶均氏가該山坂을日人淸水繁太郞의게賣渡홀預定으로現今交涉中인디京城及各地方에在ᄒ申氏가齊同齊起하야將次裁判ᄒ다더라

●美人計現露 統監府騎手김聖和氏가鰥居ᄒ야寡婦를廣求홀際에南署北帶洞居하ᄂ尹錫煥이가美人計를暗使ᄒ야其妻李召史를稱以外從妹ᄒ고김聖和氏의게紹媒ᄒ고互相潛通에져財를謀奪ᄒ다가情跡이現露ᄒ야김聖和氏가該事由를南部警察署에呼訴ᄒ얏다더라

●平壤의罪囚脫獄 再昨夜貳時頃에平壤監獄署罪囚等이破獄逃走ᄒ라하야約壹時間大騷擾를起홀時게該看守壹名이重傷을ᄂᄒ얏ᄂ대殺人强盜四名에行衛가不明하다더라

●觸車斷臂 再昨日梨峴等地에서拾三歲兒가電車에觸傷ᄒ야右臂가斷絶ᄒ얏다더라

●巡査被害 中部寺洞居李晶植氏ᄂ中部警察署巡査로勤務ᄒ더니何事件을因ᄒ야月前에晉州地方에下去逗遛ᄒ다가義兵에게被害ᄒ얏다ᄂ通信이該氏本第에來到ᄒ얏다더라

●賊入佛堂 再昨日下午拾貳時頃에東大門外靑龍寺에竊盜三名이闖入ᄒ야該寺에各種物品大拾餘件을奪取以去ᄒ얏ᄂ디價額이五百餘元假量이라더라

●隨勤慢施罰 湖南학會에서再昨日下午七時에特別評議會를開ᄒ고會規를組織ᄒ되會中任員의視務勤慢을隨하야相當ᄒ罰을施ᄒ기로決定ᄒ얏다더라

●志士寄附 博士郭종勳시가東彰學校設立홈을聞ᄒ고該學校에前往하야金壹圓을寄附ᄒ고熱心勸勉ᄒ얏다더라

●測量卒業紀念 去二拾二日에西小門外新橋洞普光測量講習所에서第壹回卒業式을擧行ᄒ얏ᄂ대優等生에張志녕魯東煥等三人이오及第에ᄂ孫東益具완淩諸人인뒤紀念ᄒ기爲ᄒ야所長曹重煥氏와事務員諸氏가學徒를領率ᄒ고寫眞撮影ᄒ얏다더라

●期校必成 平北宣川郡甲巖期成學校ᄂ昨秋에該洞有志諸시가爭先出義ᄒ야設立인대今秋에高明敎師崔亨銓李基浩兩시를延聘ᄒ야熱心敎育ᄒ야學生이四拾餘名이오夜學生이八拾餘名인뒤擧皆斷髮에大有進就之望이라더라

●勞働夜學講習 江華郡에서李完求李允文林景福劉鉉基朱元植金永祚李聖실金福同諸시가各項經費를擔當ᄒ야勞働夜學講習所를設立ᄒ고校監劉景根敎師方永命兩시가名譽로熱心敎授ᄒᄂ디학徒가日增ᄒ야進就之望이有ᄒ다더라

●普校新設 熊川郡天城面에셔嫈完武申鉉成諸시가本面居坪在ᄒ私塾을更爲建築ᄒ야私立普成학校를設立ᄒ고敎師ᄂ朱석ᄂ許銳兩氏오生徒가五十餘名에達ᄒ얏ᄂ뒤壹面有志諸氏가熱心賛助ᄒ야大端興旺ᄒ다더라

地方消息

▲本月貳拾日全羅南道求禮郡閑洞에서義兵九拾餘名이該郡日守備隊와交戰ᄒ얏다ᄒ고

▲本月拾九日에求禮郡鷰山西北三米突地에서義兵三拾餘名이日本討伐隊와交戰ᄒ얏ᄂ뒤日本曹長壹名이負傷ᄒ얏다더라

哭政府

▲江之水卽天白에瀟葉舟와槐樽酒로滄浪曲을唱罷ᄒ고浮中流而下去라가今日悲境을思ᄒ니是誰過오政府로다痛哭聲이절노나네

▲政府大官드르시오政治善良하고보면貳千萬人保護어날내百姓을엇다두고外人保護依賴ᄒ니引虎自衛이아닌가爲君痛哭하여보세

▲政府大官드르시오愛民如子ᄒ고보면輻湊幷進ᄒ것인대赤子又ᄒ더良民을肥己物노視作ᄒ야互相嗟怨不容ᄒ니爲君痛哭ᄒ여보세

▲政府大官드르시오廣求人材ᄒ고보면抬室에도有賢커든三千里內無人ᄒ야내產業을내기안코他人委托무솜일고爲君痛哭ᄒ여보세

▲政府大官드르시오御下必均ᄒ고보면各部僚屬感戀이라奏判任은一般인데外國人屬下ᄒ야敢怒不言仇讎ᄒ니爲君痛哭ᄒ여보세

▲政府大官드르시오治獄如水ᄒ고보면冤夫恨女氷釋ᄒ야우리政府우리政府永久勿遞祝願인대憤鬱之歎反起ᄒ니爲君痛哭ᄒ여보세

▲政府大官드르시오修德施恩ᄒ고보면人必歡迎敬重인디街路上에往來ᄒ제手指嘲笑隱避ᄒ야切齒腐心呼冤ᄒ니爲君痛哭하여보세

▲政府大官드르시오從諫如流ᄒ고보면萬事自然和平인뒤志士言과報館筆을視若仇讎言制ᄒ니下暗上聾이아닌가爲君痛哭ᄒ여보세

▲政府大官드르시오善養兵卒ᄒ고보면强國之計在此어날已養兵을解散ᄒ니國之兵은人之手라斷手自安될수잇나爲君痛哭하여보세

▲富貴貧賤勿論ᄒ고當世生活勞働이라政府大官더責任이勞働中의首領인뒤終不覺悟九苦無數勞働何罪死오爲君痛哭ᄒ여보세

廣告

本社에서活板機械를壹新히整備ᄒ고各種印刷를廉價需應ᄒ오니 僉位ᄂ惠顧ᄒ시옵 社會公益上印刷ᄂ二割特減홈

本社에서直接大發賣書目

[illegible]雲 吳榮根君 著

中等用器畵法 全 定價金七拾錢
本書ᄂ測量、建築、搆造、機械、見本、壹切實地應用製圖法

新撰外國地誌 上下 定價金六拾錢
本書ᄂ各學校敎科에適當ᄒ며世界各國의情形을詳載홈

二十世紀朝鮮論 定價金三拾五錢

最新算術 上卷完成 下卷印刷中 定價金五拾錢
官立高等學校敎授金夏鼎君著
本書ᄂ著者金君이實地敎授에多年經驗으로筭學要領을盡撮ᄒ者니各學校敎科用及獨習에適當홈

鍾路里門上隅第二統三戶 **興文社** 告白

本會에서**今日**下午壹時에特別總會를樓洞本會館內에開ᄒ오니壹般 會員은來臨ᄒ심을望홈
湖南學會 告白

西部龍山坊東門外契二統七戶瓦家四間草家四間을光武二年七月二十四日出호漢城府立旨壹張을家中에셔失故廣告ᄒ오니內外國人은拾得ᄒ여더라도休紙施行ᄒ시옵
龍山東門外契李聖甫 告白

本報九百八號雜報欄內에前主事張明昊氏가城外民處에전四千餘兩을居間欲食하고城內市場을奪去라如是妄揭ᄒ얏스니好事者에誣揭를不足卞明이나張氏ᄂ吾儕幾百人代表로數年留京에經苦貽害를不容稱謝이거ᄂ反被無賴輩之搆誣ᄒ니何可恬視리오槪以場市事로言之면本府梧市ᄂ貿易에融通과運輸에便宜를爲하야壹自기邑之初로幾百年于玆이러니不幸昨春에城內居民等이何如運動이던지忽地城外城內로分市ᄒ라ᄒ奈市樣之零星은姑舍ᄒ고城村人民에輸運不便과駄載被害에萬口號冤ᄒ야呈道訴部가非止壹再나不勝城內民之運動力ᄒ야分市于今이더니何幸新府尹徐相勉氏莅任에人民에生活程度와貿易에便宜進就를商察ᄒ시고大會人民ᄒ야分市批合市也可否取決ᄒ신後성內城外爭市ᄒᄂ原被告에口供을壹々查得ᄒ시고各受捺章ᄒ야具報于觀察道이옵더니至公無私ᄒ신公決로依民冤合市ᄒ다신訓令을操ᄒ와依舊合市인바至於所費ᄒ야ᄂ兩年奔訴에千里驅馳ᄒ야留道旅京이非止壹二人也라旅費가乃爲三百二拾圓故此則吾儕가自願先補이거ᄂ若是無理之說노張氏가欽食이라ᄒ니萬目所視에公理가昭然이기玆에卞明홈
義州梧市人民等代表人崔鳳廷
張晶輔 金應善 朴昌華
徐相麟 任承浩 文采成
장用國 李光運 鮮于明奎

本部에서臨時總會를來日曜下午貳時에普成學校에셔開ᄒ오니 僉部員은屆期光臨을務望
大同體育部事務所 告白

本人의所在瓦家拾四間半文券을셔失故玆以廣告ᄒ오니內外國人照亮홈
東部蓮花坊蓮池洞五拾七統七戶 崔發天 告白

仁川多所面新村동㽞興善에家券壹張을路上에셔見失ᄒ엿기玆에廣告ᄒᄂ니誰某拾得이라도休紙施行홈
張熙燮 告白

本人의田半日畊이雙龍下잇슴ᄂ대舊文券을中間셔失故玆以廣告하오니누구시던지拾得ᄒ시거던休紙施行ᄒ시오
西部孔德里壚동拾六統壹戶 李重運 告白

本人의所有草家八間舊文券二張을不知中에셔失ᄒ온바將欲請願于漢城府홀次로玆以廣告ᄒ오니前家券貳張은誰某拾得間休紙施行ᄒ시옵
西部倉동第九統九戶居 黃龍奉 告白

本寺에서ᄂ左樣式의名標를刊出ᄒ야本寺僧侶ᄂ携帶ᄒ고外他削髮은俗人과他寺에僧侶와混雜莫辨홈弊가更無케홈

福國佑世 南無阿彌陀佛 安身立命 大韓帝國慶尙北道聞慶郡金龍寺僧侶	名標 第　號 姓名 本　生 隆熙　年　月　日

慶北聞慶郡金龍寺[illegible] 告白

西小門外蓋井洞四拾七統九戶廣昌號典當舖與華盛商店을陰九月初二日에本統六戶로移接ᄒ오니典執 僉員은後日大路邊旗立家로來臨ᄒ심을爲要
戊申九月初壹日 曹玩承 李元模 告白

諸般法律事務를誠實迅速히處理ᄒ오니陸續來議ᄒ시옵
辯護士 大崎熊之丞 事務所 京城中部水標橋第七十九統二戶
事務員 法학士松本總次郎 前主事김永者

本人等이남部藝洞鄭奭氏家에셔日語를私習하더니日人團元格郞竹內信太郞兩氏가敎育을勉勤ᄒ기爲ᄒ야名春로自請敎授ᄒ대晝夜熱心ᄒ니兩氏의盛意를表ᄒ기爲ᄒ야廣佈홈
[illegible]等 告白

本會社를中部東학洞所在谷三拾統壹戶(長橋北向大路東邊)로移接ᄒ옵고柴炭營業은더욱擴張이온바愛顧ᄒ시ᄂ僉君子請求에對ᄒ야廉價隨應ᄒ깃사오니陸續來議하심을爲要
漢城材木柴炭株式會社 告白

◎學員募集廣告
本塾에本科預科學員을增募ᄒ니志願人은請願書를本月晦日(陰九月六日)內로速呈홈
細則은本塾에來議
隆熙貳年九月貳拾五日
北部大安洞夜學明新義塾長 李源昇

◎學員募集廣告
本校에서敎育의注意ᄒ와高等師範兩科를設立이옵고學員을募集ᄒ오니入學志願人은左開日로來臨問議ᄒ시옵
義州批峴面堂后克明學校 告白
壹 開學ᄂ陰九月拾日
壹 開學後拾五日々지入參홈을許홈
壹 高等生年齡은拾五歲以上貳拾歲以下
壹 師範生年齡은拾八歲以上三拾歲以下
壹 高等卒業期限은貳個年
壹 師範卒業期限은壹個年
壹 食費ᄂ每朔替市貳斗五升

本會에서緊急事務를處理ᄒ기爲ᄒ야**本月二十七日(日曜)下午二時**에特別總會를校洞本會館內에셔開ᄒ오니壹般會員은屆期來臨ᄒ심을望홈
畿湖興學會 告白

[illegible]

本社ᄂ本年七月貳拾八日繼續開業ᄒ야各種印刷를壹切酬應ᄒ옵ᄂ더近間則既往見黜ᄒ韓榮浩가本社任員이라籍稱ᄒ고注文諸氏의게印刷貸를勤加潛捧코ᄌᄒ며又以本社營業에對ᄒ야妨害之說로眩惑人케ᄒ다ᄒ니營業上에如此沮戱者ᄂ宜在當律이어니와注文諸씨ᄂ切勿見欺ᄒ시고陸續枉議ᄒ심을務望
安峴普文社 告白

本校ᄂ에셔新學員을募集ᄒ야日語算術專門으로敎授홀터이니願學人은本校事務室에來議홈
養源學校事務室 告白

諸般法律事務를親切히迅速處理ᄒ오니陸續來議ᄒ시옵
辯護士 崔鎭
本邸 南部冷井洞七統拾壹戶
法律事務所 南部曲橋拾壹統七戶
事務員 任顯直 尹錫準 金顯翼

訴訟에對ᄒ야疑惑不決者의게其勝負의可否를詳細說明이옵고鑑定料ᄂ爭之貴重과價之多少를隨ᄒ야臨時酌定ᄒ되大槪如左홈
鑑定料ᄂ五圓以下로ᄒ되貧窮者의게ᄂ無料로홈
漢城南部苧동六拾四統貳戶
東洋大學前講師 日本法律學士 辯護士 **木尾虎之助**

本人이去陰五月拾壹日에圖章을見失ᄒ고玆에廣佈ᄒ오니切勿見欺홈
寧邊郡魚龍面水口里吳致福 白

光山金ᄋ宗中測量학校를香路靑布廛都家로買定ᄒ고校名은光焄학校라ᄒ고陽拾月壹日陰九月七日에學徒를試取하야拾月四日陰九月拾日에開學ᄒᄂ니入學志願ᄒᄂ諸宗은本月拾八日陰九月四日以內로請願書를呈ᄒ後臨試케ᄒ되請願格式과試取科目은該校舍에揭壁하얏시니照亮ᄒ시옵
校長 金珏鉉

測量見習生大募集廣告
本社에서測量界에實地淺薄홈을慨歎ᄒ야見習所를設立ᄒ고實地見習生을大募集ᄒ오니有志僉彦은陽本月三十日니로請願書를本社에提出홈事
一 位置本社니
壹 講師測量製圖金澤吉 筭術 李相益
壹 束脩八拾錢月謝壹圓
壹 期限 個月
壹 時間每日四時式但午後
壹 測量學校卒業生은免試
壹 證書가無ᄒ人은試驗許入ᄒ되科目은本社에來問事
(但試驗日字ᄂ陽拾月拾一日)

普通測量科學生募集
本社의셔第二回學生을募集ᄒ오니本月三拾日니로請願書를本社의提出홀事
壹 位置上同
壹 期限四個月
壹 時間每日二時式(但上午)
壹 束脩五十錢月謝六拾錢
壹 試驗日字拾月壹日下午四時半
壹 試驗科目筭術四則及作文
奬學社니測量見習所 告白

社告

○申報 價
壹張代金 新貨二錢五厘
壹個月前納 三十錢
參個月 九拾錢
陸個月 一圜七十錢
壹個年 三圜四十錢
郵稅一張 新貨五厘
壹個月 十五錢

○廣告料
四号活字拾二字詰
每日壹寸(英尺)에 新貨卄五錢
二週日壹寸에 二圜五拾錢
壹個月壹寸에 五圜
(自壹行至四行이爲壹寸)
其期限의長短과字行의多寡를依ᄒᆞ야增減홈이有ᄒᆞᆷ

●大韓每日申報各處支社廣告
中署布屛下 金相萬冊肆
平壤鍾路太極書館 安泰國
仁川畓峴開新冊肆 李東皓
義州南門外西大藥房 崔有寬
釜山港佐川약局 徐錫鑄
三和港碑石洞 金澄杜
咸興州南社西門外 曹喜林
開城남大門內興學書舖 姜功遠
大邱西門外友弦書樓側 李正由
載寧邑濟衆院 劉參澤
鐵山邑東部 安灝
元山倉前 劉七錫
咸從郡耶蘇敎堂 金賢圭
平남順川郡邑 鄭裕昌
龍川남市驛 韓熙瓘
順岡郡耶蘇敎堂內 朴鍾遠
車輦館 金明鉉
結城漢川小龍동 李啓祚
安平郡豐川 張禮학
洪原南門外耶蘇教冊肆 方萬英
宜川읍新民會 魯晶한
龍川府南面松峴海東書舍 姜大榮
興德富安面劍谷 馬鳳三
成川郡上部面 金昌煥
江西邑內 丁一善
鐵川邑六里 趙德三
金溝水流面豆亭 趙炳俊
寧邊邑客舍里 家明濟世
清州남門外 宋斗仁
江華邑川橋 金□식
永興湖山書舖 梁鳳鎭
泰川邑館前洋약局 李正華
朔州邑남門내 朱伯英
鶴川場市 黃炳保
殷栗邑倉前里 金泰聲
溫酒邑南門內 朴昌秀
京義線枇峴驛暜市 李泰秀
泰仁邑內 金□鎭
泰邑邑內 李益鎬
益山邑 許□吉
北靑邑 趙斉大
慶州 群山 義井洞 金翼河
成川 南津 李鎰□
昌原細善坊成洞 康□植
郭山 興岩 育英書舖 李鉉□
宣川 校洞 洪□
定州 南門 內書舖 朴昌鉉

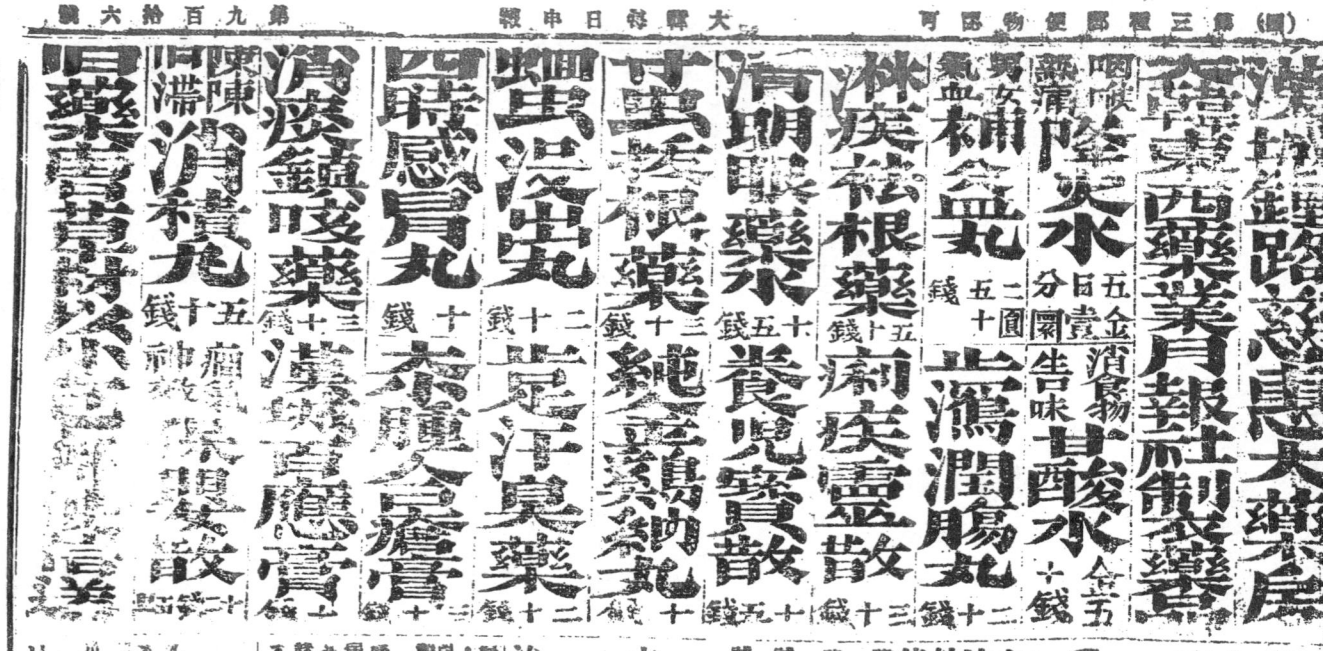

發行兼編輯人 英國人 萬咸
Responsible for Publication Alfred Weekley Marnham.
發行所 南署石井洞號外地三層洋屋 大韓每日申報社

第六卷

大韓每日申報

第九百拾七號

月曜及慶節休日時刊

檀君開國四千二百四十一年
箕子元年三千三十年
大韓開國五百十七年
日本明治四十一年
淸國光緒三十四年
陰曆戊申九月大初六日戊子

論說

◎拓殖會社

東洋拓殖會社의問題가發生ᄒᆞᆫ以來로世人의注目이壹層重大ᄒᆞ며韓人의恐懼가壹層加大ᄒᆞ며內外各報에辯論이多有ᄒᆞ며本報에도屢々揭論ᄒᆞᆷ이有ᄒᆞ거니와其事務가旣已着手矣오株金이方今募集矣라

大抵該會社ᄂᆞᆫ年前荒蕪地問題로基因ᄒᆞ야稍히名稱을變更ᄒᆞ고面目을改定ᄒᆞ야兩國人의合同經營ᄒᆞᄂᆞᆫ貌樣으로着々히進行ᄒᆞᆷ이나其實地權利ᄂᆞᆫ日人에게在ᄒᆞ고韓人에게在ᄒᆞᆫ것이아니로다

蓋拓殖云者ᄂᆞᆫ土地를開拓ᄒᆞ고森林의範圍로言ᄒᆞ면三千里區域을包含ᄒᆞᆯ것이라日人이巨大ᄒᆞᆫ資本을擲ᄒᆞ고多數의農民을引渡ᄒᆞ야開拓과種植에着手ᄒᆞᄂᆞᆫ日이면土地가韓人의所有가되지못ᄒᆞ고森林이韓人의所有가되지못ᄒᆞᆯ것은必然ᄒᆞᆫ形勢가아닌가

今에日人이壓迫侵奪의名을避ᄒᆞ기爲하야委員組織과株金募集을兩國人으로均擔케ᄒᆞᆷ이라若其言論과如히韓國의利益을爲ᄒᆞ야開拓코ᄌᆞᄒᆞᆫ진ᄃᆡ果然韓人을爲ᄒᆞ야巨大ᄒᆞᆫ資金을費用ᄒᆞᄂᆞᆫ가此ᄂᆞᆫ非理에擧라謂ᄒᆞ깃고若其韓國利益을爲ᄒᆞᆯ진ᄃᆡ韓國土壤을韓人으로ᄒᆞ여금기拓케ᄒᆞ며韓國森林을[illegible]여금壟斷케ᄒᆞᆯ것이아닌가

今其兩國人이合同經營으로利益을均享케ᄒᆞᆷ이라ᄒᆞ나韓人之於日人에權利相懸은不啻天淵이어니와手腕의敏活과資金의使用도韓人이萬不及於日人ᄒᆞᆫ것은確然ᄒᆞᆫ事實이니將來利益도日人이多占ᄒᆞᆯ것은不問可知라

然則此拓殖事業에對ᄒᆞ야土地와森林의利益이全歸於日人ᄒᆞᆯ지라도韓人은反對ᄒᆞᆯ能力이無ᄒᆞ다ᄒᆞ야獨占의名이無ᄒᆞ고도獨占의實이有ᄒᆞ면來頭結果가果何如하깃ᄂᆞ가日人이專히勢力과手腕만憑藉ᄒᆞ고貪欲을是逞ᄒᆞ면韓人의不服ᄒᆞᄂᆞᆫ感情은去去益甚ᄒᆞᆯ지니日人이엇지十分商量ᄒᆞᆯ者가아니며韓人도此에對ᄒᆞ야反對ᄒᆞᆯ能力이全無ᄒᆞ다ᄒᆞ야束手無策으로拓殖의事業을專委於日人ᄒᆞ면受害가尤大ᄒᆞᆯ지니到今方針은全國人民이合心協力으로拓殖事業에壹齊着手ᄒᆞ야土地와森林의所有權을不至全然抛棄ᄒᆞᄂᆞᆫ것이稍히有益ᄒᆞᆫ方針이라ᄒᆞ노니此ᄂᆞᆫ吾儕가兩國人民을爲ᄒᆞ야壹致勸告ᄒᆞᄂᆞᆫ바로라

外報

●巡洋艦借與決定 倫敦電을據ᄒᆞᆫ즉英國海軍省은濠洲聯邦에對ᄒᆞ야錬習의用ᄒᆞᆯ必要로最新式巡洋艦을借與ᄒᆞ기로決定ᄒᆞ얏다더라

●航走被擊 [illegible] 走船스타오푸센클號ᄂᆞᆫ아라쓰가에서破船ᄒᆞ야九名의白人과支那人百十壹名及日本人幾名이溺死ᄒᆞ얏다더라

●獨逸의增稅結果 伯林電을據ᄒᆞᆫ즉獨逸大藏大臣은시로ᄂᆞᆫ增稅ᄒᆞᆫ結果로五億佛의麥을得ᄒᆞ얏다더라

●日人變裝者被捉 北京電을據ᄒᆞᆫ즉俄國부라고예쓰켄스구港에서日本人二名이俄國官憲의게被捉ᄒᆞ얏ᄂᆞᆫᄃᆡ其壹名은淸國衣服을着ᄒᆞ얏다더라

雜報

●東幕台洞의曙光 西部東幕上中下契及七亭坐有志紳士諸시가히學興英學校를維持ᄒᆞ기爲ᄒᆞ야東幕贊務會를組織ᄒᆞ고義務教育을實施ᄒᆞ기로其趣旨全文을送致ᄒᆞ얏ᄂᆞᆫᄃᆡ其辭意의激切ᄒᆞᆷ이令人興起ᄒᆞᆯ깃기로特히揭載ᄒᆞ노라

大凡吾人이上天의賦予ᄒᆞ심을受ᄒᆞ야性靈의知覺과耳目의聰明과手足의動作이俱有ᄒᆞᆫ것은即是自由의機能과當行ᄒᆞᆯ職務가個個身上에固有ᄒᆞᆫ것이니彼泰西列强의人民은此理를先覺ᄒᆞ고個個히自由權能을不失ᄒᆞ며當行ᄒᆞᆯ職務를克勉ᄒᆞ야教育義務를人皆擔着ᄒᆞ고自치制度를人皆踐履ᄒᆞᆫ故로文明의程度가如彼其隆盛ᄒᆞ고富强의勢力이如彼其發展ᄒᆞᆫ비라

我東洋 民은此理를不悟하야天賦ᄒᆞᆫ신自由權能을斷失ᄒᆞ고當行職務를怠棄ᄒᆞ야教育義務와自治制度를全然廢置ᄒᆞ고惟是在上者의指揮命令만服從ᄒᆞᆫ故로幸히善政治를遇ᄒᆞ면太平을享ᄒᆞ고ᄂᆞᆫ萬若惡政治를値ᄒᆞ면塗炭에陷溺ᄒᆞᄂᆞ니故로泰西人이曰惡政府ᄂᆞᆫ偏히愚民頭上에在ᄒᆞᆫ것이라ᄒᆞᆷ이豈不信哉아

世運變遷ᄒᆞ고風潮가震盪ᄒᆞ야我大韓半島에文明空氣가漸次輸入ᄒᆞᆷ에學校設立이隨處相望ᄒᆞ야教育義務가次第實施ᄒᆞ니此ᄂᆞᆫ時務의第壹必要오進化의最大關鍵이니因此繼續ᄒᆞ야逐漸擴張ᄒᆞ면我大韓의文明富强이엇지他國을不及ᄒᆞᆷ이有ᄒᆞ리오今日吾人의一線生路ᄂᆞᆫ只此而已니感覺의性이有ᄒᆞᆫ者면엇지惕然警醒ᄒᆞ고猛然奮發ᄒᆞᄂᆞᆫ思想이無ᄒᆞ리오

惟我本里ᄂᆞᆫ輦轂咫尺에在ᄒᆞ야文物의薰陶를被ᄒᆞᆷ이便易ᄒᆞᆯ뿐더러今日은文運이日進하고民權이伸張ᄒᆞᄂᆞᆫ時代라均是國民으로學問의知識과自治의規模가有하면官吏의命令을不待ᄒᆞ고도秩序의整齊와生活의愉快를自可享有ᄒᆞᆯ지니此ᄂᆞᆫ千載壹會에機不可失이로다所以로本興英學校가崛起於是ᄒᆞ야聰俊子弟를敎育ᄒᆞ기로目的을旣立ᄒᆞ미此를維持발達ᄒᆞ기爲ᄒᆞ야本會를組織ᄒᆞ고自치意味를包含ᄒᆞ야教育의義務를各其擔任하고德業相勸과過失相規와患難相救의義規를履行코ᄌᆞᄒᆞᆷ이니惟我本里人士ᄂᆞᆫ壹心奮발ᄒᆞ고各分勉勵하야有始有終으로進進不已ᄒᆞ면敎育及自治의程度가逐漸發達ᄒᆞ야自由의權能을克復ᄒᆞ고高等의勢位를占有ᄒᆞᆯ지니勉之勉之어다

●義務盛擧 日昨에新門外敎下義務教育會에서敎育上의必要ᄒᆞᆫ幻燈會를設하고人等人士가齊會ᄒᆞ얏ᄂᆞᆫᄃᆡ金重煥魚용善金融俊諸시가會中에對하야敎務諸시의奬勵ᄒᆞᆷ을致賀ᄒᆞ고敎育의緊要ᄒᆞᆫ演說로勸勉ᄒᆞ[illegible]동居ᄒᆞᄂᆞᆫ勞働人崔般石시ᄂᆞᆫ當日雇傭錢壹圓을捐助ᄒᆞ얏고근동居ᄒᆞᄂᆞᆫ人力車軍朴天學시의夫人은銀釵壹個를寄付ᄒᆞ얏고孤兒院長李愚선시ᄂᆞᆫ佩時計를寄付ᄒᆞᆫ後에激切히演說ᄒᆞ미滿場人士가莫不稱賀ᄒᆞ얏다더라

●金家疊喜 〇州居金起泉시婦人이久滯와惡瘡으로斷産이러니今春에安洞惠春堂藥을試服得效後更히生産藥을試用ᄒᆞ얏더니孕胎ᄒᆞᆫ지가已爲五朔이라더라

●朴氏의大熱心 鍾峴天主堂內에法國教師가道行시가設校教育이已有多年이러니該校를擴張ᄒᆞᆯ次로自己의所有家屋數拾餘間을合附하야學徒百餘名을募集教授ᄒᆞᄂᆞᆫᄃᆡ姜華석시로校主를推薦ᄒᆞ야課日出席ᄒᆞ며敎師崔恩煥金漢洙시等은熱心敎育ᄒᆞᄂᆞᆫ中이라ᄂᆞᆫᄃᆡ姜華석시ᄂᆞᆫ該校主의任을因ᄒᆞ야大韓中央學會의評議員과國債報償會調査會會長의任을辭免ᄒᆞ얏다더라

●大成開校盛況 尹致昊李鍾浩安昌浩三시가平壤郡에私立大成學校를設立ᄒᆞᆷ은前報에已揭ᄒᆞ얏거니와今月二拾六日에該校에서開校式을擧行ᄒᆞ얏ᄂᆞᆫᄃᆡ來賓이千餘名이오入학生徒가九拾餘名이오皇城各社會及紳士의祝電이十五處인ᄃᆡ校長尹致昊시ᄂᆞᆫ該校設立의理由로安昌浩시ᄂᆞᆫ該校의現時情况과來頭의如何란問題로演說後金鎭初시가答辭ᄒᆞ얏다더라

●稷山郡에設校 忠淸남道稷山郡에서評埠學校를設立ᄒᆞ고高明ᄒᆞᆫ敎師를延聘敎授ᄒᆞ야敎務가漸漸擴張되기로生徒가七[illegible]에達ᄒᆞ야熱心做去ᄒᆞᆫ[illegible]되就中閔獻棋南相珣李龍性三시ᄂᆞᆫ醫學을教授ᄒᆞ고事務員金顯源任長宰시ᄂᆞᆫ實心看務ᄒᆞᆫ다고該郡人의稱頌이有ᄒᆞ다더라

●昭義學校設立 西部昭義門外居有志紳士金景鉉朴敏浩諸志暎羅元德西시가新學에熱心注意ᄒᆞ야該洞居某某紳士諸시로同聲協力하야新設壹校하여名曰昭義學校라ᄒᆞ얏ᄂᆞᆫᄃᆡ設立之日에出席學員이八拾餘名에達ᄒᆞ얏다더라

●李郡守興學 咸安郡守李소종시ᄂᆞᆫ莅玆以後로教育上에文明을發達ᄒᆞ기爲ᄒᆞ야該郡에咸化學校를設立ᄒᆞ고靑年子弟를多數募集ᄒᆞ야熱心監督ᄒᆞ며財務署長趙昌衍시와郡主事趙在彬諸시도極力贊成ᄒᆞᆫ다더라

●李教師의熱心 同德女學校에서ᄂᆞᆫ該校를設立ᄒᆞᆫ以後로經費가窘拙하야教師李根昌시가名譽的으로熱心教授ᄒᆞᆫ다더라

雜報

◉別隨駕下勅 大皇帝陛下ᄭᅴᄋᆞ셔來月二日에水原 隆陵에幸行ᄒᆞ옵시ᄂᆞᆫ事ᄂᆞᆫ衆所共知어니와伊時에中樞院議長金允植內閣法制局長代辦李源鎔度支部大臣李秉武臨時帝室財產整理局次長柳正秀內藏院卿崔錫敏諸氏에게別隨 駕ᄒᆞ라신 勅旨를 下ᄒᆞ옵셧다더라

◉御路衛生觀察 去日曜日下午四時에內部衛生局技師ㅁ人與貫恭勛가今番 大皇帝陛下幸行ᄒᆞ옵시ᄂᆞᆫ 御路의衛生을觀察ᄒᆞ기爲ᄒᆞ야水原郡에下往ᄒᆞ얏다더라

◉憲隊警衛 別項과如히水原에 幸行ᄒᆞ시ᄂᆞᆫ日에京城憲兵分隊將校以下七拾餘名이京城으로부터水原ᄭᆞ지警衛ᄒᆞᆯ터이라더라

◉李軍大祝賀次渡日 拾月貳拾日은韓國 皇太子殿下의誕日인故로軍部大臣李秉武氏ᄂᆞᆫ祝賀ᄒᆞ기爲ᄒᆞ야拾月中旬頃에渡日ᄒᆞᆯ터인ᄃᆡ隨員은軍務局長趙性根侍從武官李秉規副官김基元諸시라더라

◉事己歸正 本社總務梁起鐸氏의過犯이毫無ᄒᆞᆷ을公判庭에셔判檢事가公言ᄒᆞ기로本月二拾九日에判決宣告ᄒᆞᆯ것ᄯᅡᄒᆞ고爲先保放ᄒᆞᆷ은本報에已揭ᄒᆞ어니와昨日에前報와如히開庭ᄒᆞ고白白無瑕ᄒᆞᆷ을公判後無罪放免으로宣告ᄒᆞ얏ᄂᆞᆫᄃᆡ公判顚末은追後揭載ᄒᆞᆯ것노라

◉因病入院 本社總務梁起鐸氏가無罪放免으로宣告됨은別項과如ᄒᆞ거니와同氏가身病이關重ᄒᆞ야放免된即時에南門外濟衆院으로治療次入院ᄒᆞ얏더라

◉統監府例會 總理大臣以下各大臣이昨日統監府에會同ᄒᆞ야火曜例會를개ᄒᆞ고拓殖會社의株主募集事項을協議ᄒᆞ얏다더라

◉宋趙不法의後報 內大宋秉畯氏가李鍾浩氏의私財를奪코ᄌᆞᄒᆞ야李氏를自己私邸에拘留ᄒᆞᆫ事ᄂᆞᆫ日本타임스新聞에揭載ᄒᆞᆷ을因ᄒᆞ야昨報에已揭ᄒᆞ얏거니와更히該新聞에續報를據ᄒᆞᆫ즉宋秉畯氏가李容翊氏의孫李鍾浩氏의私財를橫奪코ᄌᆞᄒᆞ야侍從院卿趙民熙氏와共謀ᄒᆞ고李鍾浩氏를宋氏私第에留置ᄒᆞᆫ顚末은過日紙上에詳記ᄒᆞ얏거니와長谷川大將과曾禰副統監等이宋秉畯氏에게交涉ᄒᆞᆷ이有ᄒᆞᆷ을因ᄒᆞ야李鍾浩氏ᄂᆞᆫ去二十四日에歸宅ᄒᆞ얏다ᄒᆞ얏더라

◉言實相違 宮內府大臣閔丙奭가北村의凡節이有ᄒᆞᆫ老儒冤屈者를收用ᄒᆞᆯ깃다고旁求ᄒᆞᄂᆞᆫ意思를往來ᄒᆞᄂᆞᆫ賓客의게屢屢히說ᄒᆞ더니近日筮仕된다ᄂᆞᆫ人은貴人黨派가아니면宦客이多ᄒᆞᆫ즉舊習이尙存이라고巷說이紛紛ᄒᆞ다더라

◉木內歸期 農商工部次官木內가東京에셔拓殖會社事務를已畢ᄒᆞ얏슴으로來月壹日에東京에셔出發ᄒᆞᆫ다더라

◉寺刹觀察 警視副監具然壽氏와警務局長松井茂等이昨日東大門外에出往ᄒᆞ야各寺刹을巡覽視察ᄒᆞ얏다더라

◉新任總務 新任警務總監若林이가三昨日에入城ᄒᆞ얏ᄂᆞᆫᄃᆡ翌日부터仕進視務ᄒᆞᆫ다더라

◉決死隊의決心 壹進會決死隊에셔決議ᄒᆞ되現政府大臣이不去ᄒᆞ며壹進會가解散ᄒᆞᆯ것이오壹進會가完全ᄒᆞ면現政府大臣이必去乃已ᄒᆞᆯ것인즉兩端間에期於結果ᄒᆞ기로誓死決心ᄒᆞ얏다더라

◉平南線의延期 平壤과鎭南浦間에鐵道를敷設ᄒᆞᆷ은人所共知어니와該鐵道의建設費ᄂᆞᆫ韓國鐵道의收入으로充用케ᄒᆞ로計劃ᄒᆞ나韓國鐵道의收入이아직多大ᄒᆞᆫ剩餘가無ᄒᆞᆫ故로今二三年에ᄂᆞᆫ該鐵道를敷設키不能ᄒᆞᆯ지라該工事ᄂᆞᆫ自然히延期되기로決定ᄒᆞ얏다더라

◉留學規則改正 外國留學生規則을現今學部에셔改正中이라ᄂᆞᆫᄃᆡ從近頒佈ᄒᆞᆫ다더라

◉高等校秋期運動 來月三日에官立漢城高等學校에셔訓鍊院에秋期大運動을設行ᄒᆞ기로預定ᄒᆞ얏다더라

◉朝令夕改 宮內府所管庄土가東大門外各洞에多有ᄒᆞᆷ으로賭租ᄂᆞᆫ舍音을差定ᄒᆞ야年例收刷ᄒᆞ더니今年度부터度支部에셔壹體移屬句管ᄒᆞ기로確定ᄒᆞ고該各作人에게訓飭ᄒᆞ되今秋부터ᄂᆞᆫ舍音名目을壹幷廢止ᄒᆞᆯ것스니賭租ᄂᆞᆫ該府로各自直納ᄒᆞ라ᄒᆞ얏ᄂᆞᆫᄃᆡ日前에該部에셔猝然更飭ᄒᆞ기를洪聖執爲名人으로舍音을更爲擇差ᄒᆞ얏슨즉洪某에게로壹壹納賭ᄒᆞ라ᄒᆞᆫ지라昨日에該作人等이度支部에等訴ᄒᆞ얏다더라

◉梁郡守治績 今番淸道郡守로大邱에轉任된梁弘默氏ᄂᆞᆫ淸道에리任ᄒᆞᆫ지七八朔에敎育을熱心獎勵ᄒᆞ며人民殖產을勸勉ᄒᆞ고農林營業을尤極勸奬ᄒᆞ야今春에栽培ᄒᆞᆫ各種樹木이數百萬株에達ᄒᆞ얏고境內一般人民에게新聞購覽을力勸ᄒᆞ야矇昧ᄒᆞᆫ知識을啓導ᄒᆞ기로稱頌이藉藉ᄒᆞ더니大邱郡守로遷任되매淸道郡民이大端失望ᄒᆞ야離發前壹日에內外國人民數百名이餞別會를設行ᄒᆞ얏ᄂᆞᆫᄃᆡ郡民은銀盃壹個를製贈ᄒᆞ고日本居留民團에셔ᄂᆞᆫ音樂器幷壹個를特製以贈ᄒᆞ며及其離發之日에內外國官民數百名이廣岩驛ᄭᆞ지餞送ᄒᆞᆯ時에人民의悲感墜淚ᄒᆞᄂᆞᆫ者가多ᄒᆞ얏다더라

◉壹許壹禁 貞陵內垓字松楸枝葉을今秋에剪伐ᄒᆞ기로掌禮院에請願承諾ᄒᆞ야陵軍百餘名이壹行이剪伐ᄒᆞ얏더니觀廟에셔巡査를派送ᄒᆞ야松枝剪伐을禁止ᄒᆞ고剪伐ᄒᆞᆫ松楸多少를壹壹調査ᄒᆞ얏다더라

◉料理店의風波 再昨日上午壹時頃에南部會洞居前承旨鄭基恆氏의令男鄭協朝氏가妓生을帶同ᄒᆞ고水標橋淸國人料理店에前往ᄒᆞ고該店에居ᄒᆞᄂᆞᆫ前開城郡守崔錫肇氏의令男崔星源氏가三牌幾名을帶同ᄒᆞ고適又來到ᄒᆞ얏ᄂᆞᆫᄃᆡ兩氏가說往說來에大風波가惹起ᄒᆞ야毆打之境에至ᄒᆞᆫ지라勢甚危險ᄒᆞᆫ故로該掌內巡査가中部警察署로拘引押付ᄒᆞ얏다더라

◉事係倫氣 洪運杓氏가其先山松楸事件으로起訴ᄒᆞ고其叔父洪淳瓚氏를捉囚ᄒᆞ얏ᄂᆞᆫᄃᆡ洪淳瓚氏의夫人朴氏가其捉囚됨을見ᄒᆞ고不勝驚怯ᄒᆞ야落胎ᄒᆞᆫ後下血症이忽發ᄒᆞ야幾至危境에該朴氏夫人이其姪洪運杓家에昇輔而往ᄒᆞ야叔姪間相訟ᄒᆞᆫ理由도質問ᄒᆞ고自己落胎下血症을治療ᄒᆞ라ᄒᆞᆫ즉洪運杓氏가內房과庫間을壹幷省鎖ᄒᆞ고隱避他處ᄒᆞᆫ故로該朴氏夫人이洪運杓의越房에病臥ᄒᆞ야將至死境이라더라

◉曾光里民等訴 南部曾光里居ᄒᆞᄂᆞᆫ人民等이設門밧江岸에津船을架設ᄒᆞ야來人去客을渡航케ᄒᆞ고賃金을收合ᄒᆞ야洞中所用을補充코ᄌᆞᄒᆞᄂᆞᆫᄃᆡ近洞居民들이百般沮戱ᄒᆞ며抑勒禁戢ᄒᆞᄂᆞᆫ지라昨日에曾光里居民金輔鉉等三拾餘名이內部에等訴ᄒᆞ얏다더라

◉假討伐의行悖 抱川郡守備隊에親히往來ᄒᆞᄂᆞᆫ名不知朴先達等三四人이討伐隊라假稱ᄒᆞ고橫行各里ᄒᆞ야誣陷良民ᄒᆞ고討索ᄒᆞᆫ錢額이左와如ᄒᆞ니該郡小野동民에게六十圜과鳴德里동民에게拾圜과道谷民韓永老시에게四百圜과鐵原郡筏里洞民에게三拾四圜이라ᄂᆞᆫᄃᆡ此等惡種은壹幷懲治ᄒᆞ얏스면民冤을快釋ᄒᆞ깃다고傳說이浪藉ᄒᆞ더라

◉偽貨使用被捉 閔종植申忠求李興植等三名이西部冶洞等地에셔銀貨拾錢貨拾圜과貳拾錢貨拾枚와白銅貨四拾圜을偽造ᄒᆞ야昨日上午五時에閔某가南部會洞日人商店에셔使用ᄒᆞ다가警察署에被捉ᄒᆞ야現今取調中이라더라

◉黃龍得捉 西部倉동居ᄒᆞᄂᆞᆫ黃龍得이가窃盜로有名ᄒᆞᆫ行賊ᄒᆞ더니日前에北部警察署에셔捉得ᄒᆞ얏ᄂᆞᆫᄃᆡ審査ᄒᆞᆫ後에地方裁判所檢事局으로越送ᄒᆞ얏다더라

◉日賊被捉 再昨日下午八時에日人杉本健三이가南部明洞等地韓人商店에셔浸柿拾三個를窃取ᄒᆞ다가南部警察署에被捉되얏다더라

◉議會任員選定 再昨日下午三時에畿湖興學會에셔特別總會를開ᄒᆞ고任員을更爲選定ᄒᆞ얏ᄂᆞᆫᄃᆡ會長에ᄂᆞᆫ金允植시오總務에ᄂᆞᆫ南廷哲시오財務에ᄂᆞᆫ洪弼周시로評議員에ᄂᆞᆫ鄭永澤張孝根諸시라더라

◉體育摠會退定 大同體育部에셔去日曜日에臨時總會를開ᄒᆞ랴다가人員이未滿ᄒᆞ야開會치못ᄒᆞ고拾月二日金曜下午三時에박洞普成中學校內로開會ᄒᆞᆫ다더라

◉咸荷義捐

中部校洞居ᄒᆞᄂᆞᆫ朴창현시의母親李시가本社의經費窘拙ᄒᆞᆷ을特爲慨惜ᄒᆞ야金貨壹圜을寄附ᄒᆞ얏기其厚意를表ᄒᆞ노라

▲地方消息

▲本月拾八日에京畿漣川郡將軍里에셔義兵約六拾餘名이該郡日守備隊와交戰ᄒᆞ얏다ᄒᆞ고

▲本月二拾二日潭陽郡에셔義兵拾五名이光州郡日守備隊와交戰ᄒᆞ얏다ᄒᆞ고

▲本月二拾三日에남浦郡에셔義兵四拾餘名이該郡日守備隊와交戰ᄒᆞ얏다ᄒᆞ고

▲本月二拾六日全羅南道長興郡內에셔義兵百餘名이巡査隊와衝突ᄒᆞ얏다더라

▲蒼生可憐

▲秋夜長兮旣凄하고星光寒兮露白이라憂國之愁轉深ᄒᆞ야壹片短枕推棄ᄒᆞ고蹶然出門徘徊ᄒᆞ니四顧無人寂寞이오惟有寒窓孤燈下에三三五五會坐ᄒᆞ야各自恨歎涕泣ᄒᆞᆫ재鐵石心腸可擢로다

▲못살깃네々々々々우리同胞못살깃네人生稟賦던날에自由權이第壹이라此權利일코보면生亦死矣니아닌가半島江山三千里에容身無地可憐하니吾誰適오歸天乎아이고답々셔름에야

▲못살깃네々々々々우리同胞못살깃네賴財生活ᄒᆞᄂᆞᆫ것이魚의水一般이라無水之魚必死커든無財之人何以生가金融機關枯渴ᄒᆞ고商業凋殘말못되여壹分錢을難得ᄒᆞ니이고답々셔름이야

▲못살깃네々々々々우리同胞못살깃네以食爲天此人生이拓殖會社出張ᄒᆞ더니股本을내지못ᄒᆞ니赤手空拳ᄒᆞᆯ수업고漂泊長逝ᄒᆞ자ᄒᆞ니父母妻子엇지ᄒᆞᆯ고耕雲乎아耕水乎아이고답々셔름이야

▲못살깃네々々々々우리同胞못살깃네學問업ᄂᆞᆫ愚昧人이土地測量規則보니三年定限鐵案인ᄃᆡ無情歲月若流波에星霜二週暫時로다於焉間에過限ᄒᆞ면土地家屋飛去ᄒᆞ니이고답々셔름이야

▲못살깃네々々々々우리同胞못살깃네韓相方伯佇令ᄒᆞ오民之父母이아닌가더父母를밋자ᄒᆞ니殘若仇讎剝割이고더同胞를밋자ᄒᆞ니互相殘賊難容이라孤立無依엇지ᄒᆞᆯ고이고답々셔름이야

▲못살깃네々々々々우리同胞못살깃네人之異於禽獸者ᄂᆞᆫ學問知識이아닌가敎育이나ᄒᆞ잣더니學校令이頒布된後基本金이업셔ᄂᆞᆫ學校設立ᄒᆞᆯ수업고遠方留學尤難일세이고답々셔름이야

▲살지어라々々々々韓國人民슬지어다自墮其志ᄒᆞ지말고利國便民研究ᄒᆞᆫ警世醒民演說ᄒᆞ야悔悟ᄒᆞ오거들낭自强益修ᄒᆞᆯ것이오懈怠心이若至어던憤激氣로猛打ᄒᆞ면生路漸開ᄒᆞ리로다

의학博士渋서厚 實驗方劑
製약鑑査人 박慈惠 李觀化

健胃消食

定價金拾錢

을預防케하고健胃消滯ᄒᆞ야諸般滯積을下ᄒᆞ며卒地吐瀉泄瀉와赤痢와腹痛 雖치경咳白담을能治能止ᄒᆞᄂᆞᆫ良약이오

製造本舖 漢城銅峴路濟恩大약房

雜報

●李學大의行止 南韓地方을視察하ᄂᆞᆫ학部大臣李載崑시ᄂᆞᆫ昨日全州의셔出發ᄒᆞ야陸路로光州를向ᄒᆞᆫ意로電報가來到ᄒᆞ얏다더라

●척殖委員會結局 東洋척殖株式會社設立委員會ᄂᆞᆫ二拾五日總會後에解散ᄒᆞ고今後에必要가有ᄒᆞ면隨時召集ᄒᆞ기로ᄒᆞ고拾壹月拾日爲限ᄒᆞᆫ株式募集期ᄭᆞ지ᄂᆞᆫ常務委員이定款認可申請株式募集準備等事務를執ᄒᆞ고右株式募集後重任의命을俟ᄒᆞ야株主總會를開ᄒᆞᆯ터이오又韓國人委員은拾月二日頃의歸國ᄒᆞ야株式募集의盡力ᄒᆞᆫ다더라

●勞働聯會 京畿道勞働支部會長徐午淳評議長李秉九諸시가任員을領率ᄒᆞ고永登浦에前往ᄒᆞ야該洞副會長李廷楨及壹般任員諸시를會同聯會ᄒᆞ야實業敎育의方針을說明ᄒᆞᆫ즉附近六七洞人員이歡喜入會ᄒᆞᆫ者가數百人의達ᄒᆞ얏다더라

●典家人의嗷嗷 廣泉舖에서典執ᄒᆞᆫ家券을自承寧府로句管하야不日內로督刷ᄒᆞ라ᄒᆞᆷ은各新聞에已爲揭載ᄒᆞ얏거니와典券家七拾餘戶中에紹介權이有ᄒᆞᆫ人은督促이稍緩ᄒᆞ고外他家戶ᄂᆞᆫ星火督促ᄒᆞ니기로漸漸日氣ᄂᆞᆫ寒冷ᄒᆞᆫ데許多人口가住接無處ᄒᆞ야典家衆民이壹次會同하야承寧府門前에呼訴코ᄌᆞᄒᆞᆫ다더라

●國氏家의小火 再昨日下午十時頃에中部泥동居ᄒᆞᄂᆞᆫ國丙駿시家에無根에火가起ᄒᆞ야旋卽撲滅ᄒᆞ얏ᄂᆞᆫ데損害ᄂᆞᆫ別無ᄒᆞ다더라

●誤認捕捉商民 南署下席동居趙興植시가毛物等屬을放賣次로元山港으로前往ᄒᆞ얏다가還歸之路에抱川人貳名과北靑人四名으로同行ᄒᆞ야楊州동두川附近酒店에셔休息ᄒᆞ더니午後拾點에日憲兵及憲兵補助員數拾名이各持銃劒ᄒᆞ고店幕의突入ᄒᆞ야前七人을結縛毆打ᄒᆞ야兵站으로押去後問招ᄒᆞ되汝等이暴徒가아니냐ᄒᆞ기로前人等이答ᄒᆞ기를吾輩ᄂᆞᆫ盡是商人이라ᄒᆞ니前兵站의셔前人等의行裝을搜驗ᄒᆞᆫ즉果是商人인故로壹夜無罪囚ᄒᆞ얏다가其翌日의放送하며曰汝等을捕捉ᄒᆞᆷ은前洞民들이暴徒가酒店의來宿ᄒᆞᆫ다ᄒᆞᆫ所以라ᄒᆞ얏다더라

●諸氏情誼 安城郡普通學校副訓導吳珪泳과郡議會金泓李起鎔과郵便取扱所事務員崔庠敎諸시가該郡居姜秦遠시家에講習所를設立하고該邑靑年生徒를夏期放學을因ᄒᆞ야晝夜勸勉ᄒᆞ얏다더라

●正誤 平壤郡居辯護士洪冕憙시의事務員李丙侚시가前郡普通江橋買勤捧事로前江邊人民이會集ᄒᆞ야前시를割耳割鼻ᄒᆞ얏다ᄒᆞ기로隨聞揭載ᄒᆞ얏더니更聞ᄒᆞᆫ즉李丙侚시가昨年九月分에前津橋를買渡하라다가見阻ᄒᆞ야有하기로更不干涉ᄒᆞ얏스며洪冕憙시가事務員으로符同ᄒᆞᆫ之說과割耳割鼻ᄒᆞ얏다ᄂᆞᆫ說은傳之者誤라더라

廣告

漢城鐘路大東書市 大藥房

韓東西藥業月報社製藥

咽喉 熱痛 隆光水 五錢

男女 氣血 補益丸 二圓五十錢

淋疾祛根藥 二十錢

清明眼藥水 十五錢

寸白接脫藥 三十錢

聖沒虫丸 二十錢

四時感冒丸 十錢

消痰鎭咳藥 三十錢

陳滯 消積丸

胃藥 胃膏

濟世化壽丹 一圓

純養鷄納丸 十錢

養兒寶散 十五錢

淋疾靈散

太乙保命膏

定汗臭藥

太陽金瘡膏

漢城百應膏

癲氣保嬰散 神效

小兒百靈膏

大韓 發明 特效靈藥

八寶丹

九粒入金 錢

主治効能

○胃痛惡心 ○食思欠乏 ○飮食積滯 ○溜飮 ○泄瀉下痢 ○水土不服

○頑痰固飮 ○中暑中寒 ○急管關格 ○頭痛眩暈 ○霍亂吐瀉 ○船車醉

陸軍貳等軍의 許均實驗處方

陸軍貳等軍의 朴鼎運君有效證明

補陰 補陽 滋陽丸 자양환

卄日分金五圓 卄日分金三圓四拾錢 冶日分金壹圓八十錢

主治

○房事不容 ○腎虛腰痛 ○病後氣端 ○腎氣不足 ○咽痰不起 ○遺精多夢 ○陰虛火動 ○房事後惱困 ○手足厥冷 ○形容蒼白 ○吸烟斷烟 ○體質虛弱消瘦

婦人良藥 부인양약 ○胎産○調經丸 태산조경환

主治說明

婦人이 孕胎ㅎ지 못ㅎ은 治病積病과 月經不調로 因ㅎ미니 此藥을 服用ㅎ시면 婦人腹中에 有ㅎ 諸病은 一切退去ㅎ고 自然孕胎ㅎ오니 速臨買去ㅎ시옵

▲瘡病神藥 ▲사향소창단 麝香消瘡丹

此丹이 於諸瘡에 無論男女老少ㅎ고 若服壹劑ㅎ면 神效ㅎ 百發百中ㅎ오며 方可及 疳瘡과 若論主治則楊梅 下疳連珠 瘰癧頭瘡 諸症에 俱見立效ㅎ오니 發病ㅎ 君子는 壹次試驗ㅎ시

京城鐘路 和平堂 白

▲發賣所

南署苧洞 李永珠藥局
仝 南門니 博文書館 盧益亨
仝 水口니 水橋 濟生支店
仝 鐵物橋 毛衣房 相信號 李洛瑞
仝 小廣橋 毛衣房 李厚根
仝 壽進동 上隅 三可病院
仝 大寺동 共濟病院
仁川港 내동 韓昌根
仝 寺洞 永源 李昇範
仝 음니 宋順五店
江華鎭路 朴圭相商店
開城 남문니 明新冊사 리貞鎬
水原 남문니 김재九약舖
海州 남문니 리寶福商店
延安 읍니 邊汝文洋藥局
長湍 남문니 리春善
仝 砂里院耶蘇敎당 리東赫
黃州 남문니 紅문동 金澄柱
平壤 鍾路 耶蘇敎堂니 金聲元
仝 法首橋 乾材局 崔鴻化
仝 大興部 壹里 리義館
仝 館舍 武洞
鎭南浦 碑石洞冊사 김能興藥館
仝 鎭南浦 桂洋春약호
仝 濟生당出張 김元셥藥
三山 港 吳曹鉉
仝 井동 金斗鉉
鐵山 동 리春약房
大邱 남문니 리東赫
元山港 明道약局
仝 濟生堂支局 남甲元약局
尙州 읍니 朴致心약局
김泉場 鄭聖瑞약局
釜山港 濟生당出張 朴昌鎬
安州 성니 義井동 林賢柱
安岳 읍 上濟生局 回春大약房
義州 남문外 木口街 和약房
載寧 읍後동 洋약局 崔允國
定州 남문니 洋약局 리健柱
郭山 읍 洋약局 羅應彬
宜川 읍 冊사 安□奎
鐵山 읍 永春堂 安源
咸從郡 耶蘇敎堂 張炳堂
仁川港 奇峴

右所開 藥에 仝國 地方에 라도 請求 시면 우편으로 부치는 수도 잇소

製藥所 仁川港 奇峴 和平堂 藥房 李□선
發行 本所 京城 鐘路 衣廛 ㄴ 李聖依
代理店 仁川港 奇峴 洞 仝 支店 濟生堂 藥房
水原 北 門 內 廣橋 共愛堂 藥房 同 南
문 水原 大 市 支店 金泰鉉

●右藥의 主治効能은 如左 ●吐瀉 ●水土不服 ●飮酸嗽 ●醉酒 ●暑中寒 ●氣鬱腹痛 ●咽喉 ●口熱惡臭 ●食積負傷 ●其他諸般 運氣 癘疫 預防妙藥

總發行所 京城南大門內 제생당 支店 李庚燮
개城 門外 제생당 支店 具又賢
元山港 南石院 제생당 支店 박敬鎭

淸化新藥 淸心保命丹

發行所 仁川港 奇峴 濟生堂藥房

七十粒入 金拾錢

代理店 京성 大廣橋 共愛堂

京泥峴三丁目 仝香醫 慈惠약房
仝 南 仝 郵便局前 大佑堂 약방 新井약店
仝 大安洞 仝 博文書館 盧益亨
仝 梨峴 洋약局 리信華
仝 寺洞 三可病院 仁재약房
仁川 奇峴 和平당 朴喜讓
同 本町 리應鎬 新井藥房
海州 남문니 仝南店 宋在瑛
水原 鍾路 下 약房 리奉植
延安 읍니 洋약房 金대九
江華 仝路店 邊汝文
長淵 ... 尹斗鉉
砂里院 客主 崔鳳淳
全 耶蘇敎堂 任元中
瑞興 읍니 리載善
汗浦 東美書送部 許완
黃州 남문니 紅문동 김奉圭
長淵 邑 上 里 제生局 리東혁
載寧 읍 ... 林賢柱
忠州 ... 崔允國
信川 邑 ... 김鎭和
長連 邑 東 冊 肆 文興冠 김永錫
平壤 ... 尹寅혁
仝 雙 里 ... 鄭鳳儀
仝 館 ... 金龍興
仝 文武동 제생局 桂澤宣
仝 大興部 壹里 藥局 崔韶化
鎭南浦 ... 冊사 김元榮
仝 后浦 ... 吳南鉉
安州 성니 義井동 同春大약房
博川 邑 美동 商店 朴芝行
定州 남문니 洋藥局 리健柱

●大韓每日申報 各處支社廣告

中署布屛下 金相萬冊사
平壤鍾路 太極書館 安泰國
仁川 奇峴 開新冊사 李東皓
義州 南門外 東西大藥房 徐錫疇
釜山港 佐川약局 金瀅柱
三和港 碑石洞 曹喜林
咸興 州 社 西門外 姜功遠
開城 남大門內 興學書舖 李正由
大邱 南門外 友弦書樓側 劉夢澤
載寧 邑 濟衆院 安源
鐵山 邑 東部 劉七鎰
元山 倉前

社告

○申報價

壹張代金 新貨二錢五厘
壹個月前納 三十錢
參個月 九拾錢
陸個月 一圓七十錢
壹個年 三圓四十錢
郵稅一張 新貨五厘
壹個月 十三錢

○廣告料

四号活字拾三字詰
每日壹寸(英尺)에 新貨卅五錢
二週日壹寸에 二圓五拾錢
壹個月壹寸에 四圓
(自壹行至四行이 爲壹寸)
其期限의 長短과 字行의 多寡를 依ㅎ야 增減ㅎ이 有홈

義州 남門外 □昌鎬
定州 성門內 洪成麟
昌성 校洞 許□
郭山 ... 書舖 李銀增
安岳 細 書坊 成洞 康□善
博川 商津 李鎭□
安州 城內 義井洞 金翼河
鐵山 ... 동 趙□大
高原 邑 朴□吉
□邑 邑內 李□彙
泰仁 邑內 金□□
京畿 線 枇峴 驛 賛市 李基秀
長湍 邑 南門內 □載淳
殷栗 邑 倉 前里 金泰璧
龍川 楊市 黃菊保
朔州 邑 남門니 朱伯□
泰川 邑 館前 洋약局 李正華
永興 南 山 書舖 梁昌鎬
江華 邑 川橋 徐□식
淸州 남門外 宋斗□
寧邊 邑 各舍里 諸炳俊 家 明濟世
金溝 水流面 豆亭 趙德三
□川 邑 六里 丁一□
江西 邑內 金昌鎬
成川 郡 上部面 馬□三
興德 富安 周 釟谷 姜大榮
龍川 府南面 松峴 海東書舍 金賢達
咸從 郡 耶蘇敎堂 張炳奎
平남 順川 郡 運동 鄭裕범
龍川 남市 驛 韓□禧
龍岡 郡 耶蘇敎堂內 朴鍾은
車輦館 金明鉉
結城 廣川 小龍동 李啓鉉
定平 郡 豊川 張□학
洪原 南門外 耶蘇敎 冊肆 方萬晟
宣川 읍 新民 書會 魯晶판

Responsible for Publication
Alfred Weekley Marnham.

發行兼編輯人 英國人 萬咸
發行所
京城 南署 石井洞 號外 地三層 洋屋
大韓每日申報社

漢城鍾路 慈惠醫院診 所新設 八月 以 各 國 明 眼 (?)

醫學校卒業後濟衆院卒業 의학博士 洪錫厚
濟衆院의 학實地六年習학 婦人의학生 朴慈惠

敎 眼 新 丁

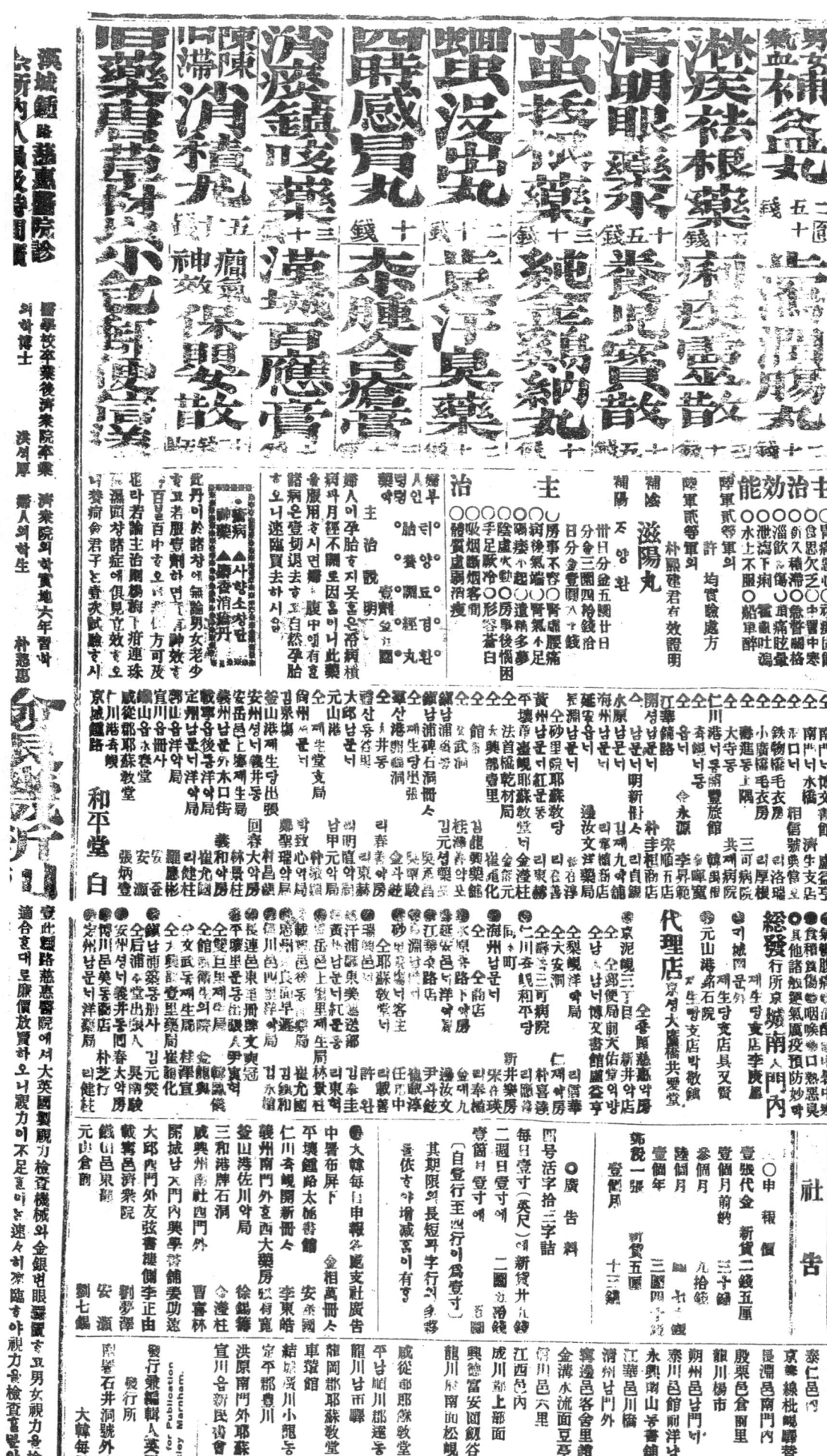

壹此鍾路慈惠醫院에서 大英國製視力檢査機械와 金銀테眼鏡을 置ㅎ고 男女視力을 檢査의 適合ㅎ대로 廉價放賣ㅎ오니 視力이 不足ㅎ 이는 速々히 來臨ㅎ야 視力을 檢査ㅎ을 받아 이다

第六卷

大韓每日申報

第九百拾八號

月曜及慶節 歲時日休刊

檀君開國四千二百四十一年
箕子元年三千三十年
大韓開國五百十七年
日本明治四十一年
淸國光緖三十四年
陰曆戊申九月大初七日己丑

論說

◉哀彼迷信之徒

大凡世界上何國何種을勿論ᄒᆞ고未開時代에ᄂᆞᆫ迷信과痴習이有ᄒᆞ거니와韓國人民과如히迷信이特甚ᄒᆞᆫ者ᄂᆞᆫ罕有ᄒᆞ도다今夫韓人의迷信種類로言ᄒᆞ면子孫의禍福은祖先白骨에歸依ᄒᆞ며生命의吉凶은巫瞽卜筮에取決ᄒᆞ며國家의命運은秘訣等屬에迷惑ᄒᆞᆷ이皆國家와人民에게無窮ᄒᆞᆫ患害를釀成ᄒᆞᆫ者어니와至若社會團體로言ᄒᆞ면壹進會黨이其數가最多ᄒᆞ고其力이最大ᄒᆞᆫ者인ᄃᆡ其歷史의顚末을溯考ᄒᆞ면都是迷信貳字에陷溺ᄒᆞᆫ所以로究竟結果가收拾不得ᄒᆞᆫ境遇에至ᄒᆞ얏도다

大抵壹進會가世界에聲明ᄒᆞ기ᄂᆞᆫ曰改革黨이라ᄒᆞ며曰維新派라ᄒᆞ나其前後歷史ᄂᆞᆫ都是迷信中에落在ᄒᆞᆫ者니豈不可憐이며豈不可悶가今其證據를據言ᄒᆞ건ᄃᆡ該會前身은東學黨이라甲午前倡起ᄒᆞᆯ時에斥洋斥倭와保國安民을聲言ᄒᆞ고銃穴에ᄂᆞᆫ水ᄒᆞᄂᆞᆫ神術과三災八難을脫免ᄒᆞᄂᆞᆫ生門이有ᄒᆞ다ᄒᆞ니全國이風靡ᄒᆞ야數至百萬이라

於是乎東洋의風雲을惹起ᄒᆞ야隣邦이失和ᄒᆞ게戰局을遂成ᄒᆞ고自國ᄂᆞᆫ暴骨如莽의慘劇을罹ᄒᆞ얏스니此ᄂᆞᆫ迷信의害로萬古의奇變을釀成ᄒᆞ엿고甲午以後拾年間에餘黨이潛蹤ᄒᆞ야所在蔓延ᄒᆞ니所謂奉土錢이라ᄒᆞᄂᆞᆫ것을該首領에게부쳐輸送ᄒᆞ야莫敢違限ᄒᆞᄂᆞᆫ데蓋其誘之者曰今日에壹兩을出ᄒᆞ면他日에萬兩을得ᄒᆞ다ᄒᆞ며大臣協判과觀察郡守가掌中의物이라ᄒᆞ니壹般會黨이此를深信ᄒᆞ야牛犢을賣ᄒᆞ며家屋을賣ᄒᆞ며田土를賣ᄒᆞ야按月奉送을如恐不及ᄒᆞ더니畢竟은幾拾萬人의所有財產이李容九宋秉畯兩個人의活動ᄒᆞᄂᆞᆫ資本을供給ᄒᆞ고彼等의傾家破產者ᄂᆞᆫ皆逐鷄望籬가되엿스니此ᄂᆞᆫ迷信의害로幾萬人民의父母妻子가流離凍餒ᄒᆞᄂᆞᆫ境에至ᄒᆞᆫ것이오

俄日開仗ᄒᆞᆯ時에該會員들이日人에게要功을爲ᄒᆞ야鐵道修築과軍糧輸運에不憚苦勞ᄒᆞ고服役惟勤ᄒᆞ며乙巳新條約時에宣言書를發ᄒᆞᆫ것은日人이自己에게巨大ᄒᆞᆫ報酬가有ᄒᆞᆯ줄노認ᄒᆞ얏스나畢竟은宋秉畯壹個人의媒功을資ᄒᆞ야拋天富貴를獨占케ᄒᆞᆯᄲᅮᆫ이오彼等의所得은國人의唾罵와世界의嗤笑를買取ᄒᆞᆯ而已라

況又地方壓擾를因ᄒᆞ야殺害의慘을被ᄒᆞᆫ者가無慮不億이얏스니此ᄂᆞᆫ幾拾萬人의生命을犧牲ᄒᆞ야宋秉畯의利用만供給ᄒᆞ얏고宋秉畯은殆他人의利用을資ᄒᆞᆯᄲᅮᆫ이니前後歷史를證據ᄒᆞ면都是迷信의禍가아닌가

嗚乎라宇宙間壹切人類가皆上天의賦予를受ᄒᆞ야自由의權能과當行의職務가各有ᄒᆞ니推其自信의力으로自修의道를克盡ᄒᆞ여야個人의權利를不失ᄒᆞ고社會의幸福을享有ᄒᆞᄂᆞ니

大韓同胞여前日에ᄂᆞᆫ未可時代의痴習으로道理에違背ᄒᆞ고事實에不合ᄒᆞᆫ利誘誑言을迷信ᄒᆞᆷ이有ᄒᆞ얏거니와至于今日ᄒᆞ야ᄂᆞᆫ折肱而知醫ᄒᆞᄂᆞᆫ思想이豈無ᄒᆞ리오回頭壹想ᄒᆞ라前日에信仰ᄒᆞ던若個人이果然信仰ᄒᆞᆯ者인가不可信仰ᄒᆞᆯ者인가魔魂을壹覽ᄒᆞ면精神이頓生ᄒᆞᆯ지니壹般人은各其自信의力으로自修의義務를履行ᄒᆞ고他人의利誘를迷信치勿ᄒᆞ라如彼迷信의種類를痛改淨盡ᄒᆞ여야二十世紀에文明ᄒᆞᆫ民族이될지니念之勉之어다

外報

●各國軍隊撤還說 東京電報를據ᄒᆞᆫ즉淸國北京과天津에駐屯ᄒᆞᆫ各國軍隊中에日本軍隊若干만殘留ᄒᆞ고其他ᄂᆞᆫ皆撤還ᄒᆞᆫ다ᄂᆞᆫ說이有ᄒᆞ다ᄒᆞ얏더라

●露國樺太移民 同電報를據ᄒᆞᆫ즉俄國政府에서北樺太島開發移民에對ᄒᆞ야無稅地를貸與ᄒᆞᆯ事로定ᄒᆞ얏다더라

●淸國各省의顧問任命 上海電을據ᄒᆞᆫ즉淸國政府에서督撫에對ᄒᆞ야各省에法律及政治顧問을任命ᄒᆞᆯ意로訓令ᄒᆞ얏다더라

●福建地方의暴徒 同電을據ᄒᆞᆫ즉福建省北方에暴徒가蜂起ᄒᆞ야其附近市街를占領ᄒᆞ고互相殺戮ᄒᆞᆫ다ᄂᆞᆫ報가有ᄒᆞ더라

雜報

●通譯中에有人 釜山港괴亭里居文武燦시가年今貳拾인ᄃᆡ守備隊通辯次로忠淸報恩郡에來到ᄒᆞ야無辜ᄒᆞᆫ人民을壹壹伸冤ᄒᆞ야濟衆甚多ᄒᆞ고蒙恩之人이或時中道路間市街上에同示ᄒᆞ야責其行賂之罪ᄒᆞ기로報恩壹境이安堵如古라고頌聲이藉藉ᄒᆞ더라

論曰近日各地方에通譯者들이日人을藉恃ᄒᆞ고無辜良民을任意生殺ᄒᆞᆷ이庖廚間에犧牲과如ᄒᆞ야積惡者ㅣ必受其殃은天理가昭昭ᄒᆞ니此等惡種은天誅를不免ᄒᆞᆯ줄노算定ᄒᆞ얏더니此文氏의聲績을聞ᄒᆞᆫ즉果是惡魔中에此等好人이有ᄒᆞᆷ은一意ᄒᆞ얏스즉壹般通譯者ᄂᆞᆫ此人을盡倣則ᄒᆞ야無量福音을享受ᄒᆞᆯ지어다

●國債報償金檢査 再昨日下午時에前參判閔宗植시가각社會에領收ᄒᆞᆫ國債報償金을檢査ᄒᆞ기爲ᄒᆞ야該事務所를開ᄒᆞ고任員을選定ᄒᆞ얏ᄂᆞᆫᄃᆡ所長은閔宗植시오檢査委員은閔丙星李容植尹天普黃凡秀權重羲李文求李宜鎬諸시라더라

●蠶島民請願 木船運送會社에서徐肯淳시가蠶島等地에稅所를設始ᄒᆞ고船人과勞動人의게收稅錢이夥多ᄒᆞ야該地居民이柴炭營業에興利ᄒᆞᆯ道理가無ᄒᆞ다ᄒᆞ야再昨日에齊會ᄒᆞ야農商工部에請願ᄒᆞ되木船運送會社認許를還收ᄒᆞ야居民을安保케ᄒᆞ라ᄒᆞ얏다더라

●比領館旗手負傷 再昨日下午九時에比國領事館旗手車昭根시가會洞等地飲食店에서料理를買喫ᄒᆞᄂᆞᆫᄃᆡ酸동에居留ᄒᆞᄂᆞᆫ日人藪內淸吉이適又來到ᄒᆞ야何等事件을因ᄒᆞᆷ인지車시의面部를毆打重傷ᄒᆞ야勢甚危險ᄒᆞᆷ으로當掌內日巡査가該日人을남部警察署로押去ᄒᆞ얏다더라

●李氏被捉 中部水標橋居李鵬來시ᄂᆞᆫ素是開城人으로淸國人과交涉ᄒᆞ야紅蔘商으로巨大ᄒᆞᆫ財產을剩得ᄒᆞ야壹時榮耀를自恃ᄒᆞ더니近日에ᄂᆞᆫ鴉片을多數買置ᄒᆞ고自己夫人과恒時同吸ᄒᆞ다가再昨日에李氏가中部警察署에被捉되얏다더라

●靑年會演說 今日下午七時三拾分에靑年會館에서演說會를開ᄒᆞ고該會總務尹致昊시가今年目的이란問題로演說ᄒᆞᆫ다ᄂᆞᆫᄃᆡ有志諸君이多數來參ᄒᆞᆷ을希望ᄒᆞᆫ다더라

●講習試驗 三和港埠頭夜學講習所에서去八月의月終試驗을經ᄒᆞ엿ᄂᆞᆫᄃᆡ優等生은學長春宋富九二等生김俊植安東元三等生金德九朱雲鶴皮錫崔景俊諸人이라더라

●設校協議 北部苑洞及桂동居民六十餘名이再昨日下午四時에前武官學校內鍊習場內에會同ᄒᆞ야靑元학校設立ᄒᆞᆯ事項을協議ᄒᆞ얏ᄂᆞᆫᄃᆡ臨時會長은李應祚시로選定ᄒᆞ얏다더라

●朱氏有志 江原道蔚珍郡居朱鎭禧시ᄂᆞᆫ屢百金을捐助ᄒᆞ야校舍與書冊을購買ᄒᆞ고教師를延聘ᄒᆞ고靑年을募集ᄒᆞ야設校開學이于今半年에日用校費를盡力辦給ᄒᆞᆫ다더라

●廟氏美擧 慶北金泉居廟五拾九巨兩시ᄂᆞᆫ牛墨口文으로資生ᄒᆞᄂᆞᆫ데教育界에大發熱心ᄒᆞ야口文所出條를每朔市日마다舊葉貨三拾兩式은該地廣興學校에補用케ᄒᆞ고又五兩式은該校內勞動學에補助ᄒᆞ얏다고當地人의贊成이藉藉ᄒᆞ다라

●安氏熱心 牙山居前郡守安九中시ᄂᆞᆫ教育에熱心ᄒᆞ여日新學校를自己家에設施ᄒᆞ고各項教費를自擔ᄒᆞ고靑年子弟를募集ᄒᆞ야熱心教授ᄒᆞᆫ다더라

●文校振興 養源學校에至今上學ᄒᆞᄂᆞᆫ學生이四十餘名인ᄃᆡ任員及教師가熱心教授ᄒᆞ며九月朔月終試驗을經ᄒᆞ야昨日에出榜ᄒᆞ얏ᄂᆞᆫᄃᆡ各班에最優等生이이拾名이오優等生이十二名이오及第生이拾六名이라더라

●維持協會 養源학校維持會에서昨日下午二時에該校內에서開ᄒᆞ고會長尹高羅總務尹完淑評議員夫人諸시가壹齊히出席ᄒᆞ야事務를順序處理ᄒᆞᆫ뒤學生을次第로賞給ᄒᆞᆫ後會長尹高羅講師申完殿贊成員鄭雲復諸시가國家의前道ᄂᆞᆫ女子教育에在ᄒᆞ다ᄂᆞᆫ問題로演說ᄒᆞ야男女同胞를激切히勸勉ᄒᆞ고學生趙貴鳳이答謝ᄒᆞᆫ後閉會ᄒᆞ얏다더라

雜報

●各部大臣의惶悚　大皇帝陛下ᄭᅴ옵셔水原　隆陵　幸行ᄒᆞ실事에對ᄒᆞ옵셔再昨日에　下敎ᄒᆞ옵시되　朕이本來眩暈症이有ᄒᆞ야鐵路를搭乘치못하시깃다ᄒᆞ셧ᄂᆞᆫ데各部大臣이齊到詣　闕ᄒᆞ야惶悚ᄒᆞᆫ　處分을奉承하얏고當日該事件에對ᄒᆞ야輔國閔泳徽氏도召命을被ᄒᆞ야詣　闕하얏다ᄂᆞᆫ說이有ᄒᆞ더라

●天顔御露出　大皇帝陛下ᄭᅴ옵셔來十月二日水原의　幸行ᄒᆞ옵실時의南大門停車場ᄭᅡ지馬車를　御乘ᄒᆞ옵신다ᄂᆞᆫ事ᄂᆞᆫ昨報와如ᄒᆞ거니와馬車를乘ᄒᆞ실時의蓋帳을撤去ᄒᆞ고　御面을露出하야一般人民으로ᄒᆞ야금天顔을快히仰瞻케ᄒᆞ신다더라

●學部와各學校　學부에서각官私立學校에通牒ᄒᆞ되今番大皇帝陛下幸行하실時에職員諸氏가學徒를帶同ᄒᆞ고來月二日上午六時前에南大門外西側으로處所를定ᄒᆞ고整列羅立ᄒᆞ얏다가　御馬車通過ᄒᆞ실時를待ᄒᆞ야敬禮祗送ᄒᆞ고還御時에도預期羅立ᄒᆞ얏다가祗迎ᄒᆞ라하얏다더라

●鐵道附近學校祗迎　學부에서京畿觀察使의게電훈하되今番　大皇帝陛下ᄭᅴ옵서　隆陵幸行時에鐵道附近에在ᄒᆞᆫ學校生徒가區域內에會同ᄒᆞ야祗迎케ᄒᆞ라ᄒᆞ얏다더라

●義將不服上告　義兵將李康年氏가大審院에上告ᄒᆞ다ᄂᆞᆫ說이有ᄒᆞ더니該氏ᄂᆞᆫ上告節次를行치아니ᄒᆞᆫ다ᄒᆞ며且死刑執行에就ᄒᆞ야ᄂᆞᆫ法部大臣이上　奏裁可ᄒᆞᆷ을要ᄒᆞᆯ터이라더라

●統監渡韓期　伊藤統監의渡韓은[illegible]限으로東京에留학ᄒᆞ시되皇太子殿下의千秋慶節을陪過ᄒᆞᆫ後渡來ᄒᆞᆯ豫定이라더라

●學大上京後頒布　학부에서試驗檢定規則을改正ᄒᆞᆫ後에各人의請願이가답至ᄒᆞ야百餘名에達ᄒᆞ얏스나該부大臣이上京ᄒᆞ야視務ᄒᆞᆫ後檢定日字를擇定頒布ᄒᆞᆫ다더라

●積仕者陞差　각　陵齋郞을十餘年以上을積仕ᄒᆞᆫ人은奏任官으로陞差ᄒᆞᆫ다ᄂᆞᆫ說이有ᄒᆞ다더라

●張氏因病請願　京城控訴院判事張薰氏가八月旬後로부터身病의偶罹ᄒᆞ야醫師의證明으로의治療를受ᄒᆞᆫ다더니病勢가供職키末由ᄒᆞ야日昨에不得已辭職請願書를提呈ᄒᆞ얏다더라

●拓殖委員招待　二拾八日午後六時에日本에서三井과澁澤等이韓國拓殖委員을招待ᄒᆞ야晩餐會를設하얏다더라

●電燈架設과國庫金　外國官吏각邸에電燈을架設하ᄂᆞᆫ데勅任官邸에ᄂᆞᆫ九座로奏任官邸에ᄂᆞᆫ六座로判任官邸에ᄂᆞᆫ三座를架設하ᄂᆞᆫ規程이已爲頒布어니와該電燈費ᄂᆞᆫ國庫金中으로支撥ᄒᆞᆫ다더라

●警察署長會議　今月三日에警視廳에서汚穢物掃除ᄒᆞᄂᆞᆫ事項에對ᄒᆞ야각警察署長會議를該官房에開設ᄒᆞ기로預定하얏다더라

●種痘手料濫捧禁止　內부衛生局長이各觀察使에게通牒ᄒᆞ되秋期種痘를實施ᄒᆞᄂᆞᆫ事에對ᄒᆞ야種痘認許員이手數料를不爲濫捧케ᄒᆞ라ᄒᆞ얏다더라

●尹氏相詰　漢城內治道事務를勞働會에서擔任ᄒᆞᆷ은人所共知어니와勞働會長尹始炳氏가該工役에交涉ᄒᆞᆯ事件이有ᄒᆞ면內부土木局에交涉ᄒᆞ야次次主務大臣에게告及處辦ᄒᆞᄂᆞᆫ것이妥當ᄒᆞᆯ터인데尹氏가不此之爲ᄒᆞ고直接으로大臣에게交涉ᄒᆞ얏더니土木局長劉猛氏가尹始炳氏에게對ᄒᆞ야發論ᄒᆞ기를私事를因ᄒᆞ야大臣官房에出入ᄒᆞᄂᆞᆫ것은吾所不知어니와公事를因ᄒᆞ야交涉ᄒᆞᆯ處所를置之勿問ᄒᆞ고大臣官房으로直入ᄒᆞᄂᆞᆫ것이外國官吏所視에猖皮가아니오ᄒᆞ고互相間詰ᄒᆞ야되얏다더라

●隱結陞總　高原郡下鉢面長趙炳道氏ᄂᆞᆫ該面內隱結을調查ᄒᆞ야貳拾餘結을陞總하얏다더라

●樓洞宮과新塚　故淸安君李載純氏의親山이西門外弘濟院에在ᄒᆞᆷ으로去月貳拾六日頃에樓洞宮馬直名不知尹哥가巡山次로該墳에出張ᄒᆞ얏더니該墓所附步內에一新塚이在ᄒᆞᆫ지라該宮에서查探ᄒᆞ기爲ᄒᆞ야中部警察署에通知ᄒᆞ고該墓所都監官及山直等을並押囚ᄒᆞ고現行取調ᄒᆞᆫ다더라

●警察鍊習　內부警務局에서中樞院內에警察官鍊習所를設置ᄒᆞᆷ은旣報ᄒᆞ얏거니와今番에採用ᄒᆞᆫ日人巡查三拾名과會計事務講習生三拾壹名及韓人警부拾餘名을今日부터鍊習케ᄒᆞᆫ다더라

●博覽會의預算　再明年에農商工부에서勸業博覽會를一設ᄒᆞᄂᆞᆫ데對ᄒᆞ야度支부와交涉ᄒᆞ야其經費ᄂᆞᆫ四拾三萬六千圜을支出ᄒᆞ기로決定ᄒᆞ고木內次官이歸任ᄒᆞᆫ後의更히協議會를ᄀᆡᄒᆞ야確定ᄒᆞ야明年度預算의計上ᄒᆞᆯ터인데預算確定ᄒᆞᆫ後ᄂᆞᆫ博覽會事務局官制를頒布ᄒᆞ고同時의總裁會장以下職員을任命ᄒᆞᆯ터이니其時ᄭᆞ지ᄂᆞᆫ同會의關係事務ᄂᆞᆫ總히農商工局의서處理ᄒᆞᆫ다더라

●電車內의血雨　再昨日日人高橋와靑木等이龍山에서電車를乘ᄒᆞ고南大門內에至ᄒᆞ야互相是非ᄒᆞ다가靑木이가懷中으로셔太刀를拔ᄒᆞ야高橋를刺ᄒᆞ미高橋의左腕이重傷ᄒᆞ고其時韓人壹名이靑木의刀에觸ᄒᆞ야負傷ᄒᆞ얏ᄂᆞᆫ데靑木은卽時南部警察署에被捉되얏다더라

●兩道農作의豐登　忠淸江原各地方의農作은年보다倍作이된故로人民들이喜悅ᄒᆞᆫ다더라

●女生留學渡日　貞洞崔炳憲氏의次令孃향화任女성이留學次로四五日間에日本으로出帆ᄒᆞ얏ᄂᆞᆫ데廣島市高等女學校에入學ᄒᆞᆯ預定이오該兩女子가發程ᄒᆞᆯ時에蓮洞耶蘇敎會傳道夫人崔洪恩氏와同行ᄒᆞ얏다더라

●賣淫女會同　警視廳에서각警察署에申飭하되漢城內각洞賣淫女에게關東令趣旨를說明ᄒᆞ깃스니妓女ᄂᆞᆫ今上午十時로三牌ᄂᆞᆫ同午後壹時에新門內官人俱樂部로壹切起送ᄒᆞ라ᄒᆞ얏다더라

●金門宗約協議　安東金氏宗約所에서來日曜日該所에會同ᄒᆞ야緊急事項을協議歸正ᄒᆞᆫ다더라

●打巡奪劒　南部警察署巡查某가銅峴等地로巡行ᄒᆞᄂᆞᆫ데何許泥醉ᄒᆞᆫ人이該地에該巡查를猛打ᄒᆞ며其帶劒을奪ᄒᆞ라ᄒᆞ다가被捉되얏다더라

●放火被傷　去月二拾六日下午二時頃에西部冊坡橋朱世均氏가該所近亭子동居李錫裕氏家에前往ᄒᆞ야精米機械를修繕ᄒᆞ고其他雜品을燒却ᄒᆞ기爲ᄒᆞ야石油를灌ᄒᆞ고放火ᄒᆞ다가面部腹部及手足全部를被燒ᄒᆞ얏ᄂᆞᆫ데該濟衆病院에入院治療ᄒᆞᄂᆞᆫ中이라더라

●獄囚逃鬧　再昨日平壤監獄에셔罪囚等이破獄出來ᄒᆞ야看守등을殊死시의佩劍刀를奪ᄒᆞ야迫擊ᄒᆞ야其頭부가重傷ᄒᆞ얏ᄂᆞᆫ데其餘罪囚等이壹大暴動을起ᄒᆞ얏다더라

●林氏無據　中부泥동居ᄒᆞᄂᆞᆫ俞鎭伻시가三年前부터林召史를作妾同居ᄒᆞ다가何等事件을因ᄒᆞᆷ인지今年陰六月頃의事情罷議ᄒᆞ얏ᄂᆞᆫ데俞시가其翌日부터三十金을逐日來到ᄒᆞ야林召史를打之락之ᄒᆞ며日汝의게所入ᄒᆞᆫ각項費用幾萬兩을壹壹還償ᄒᆞ라ᄒᆞᆷ으로林召史가苦況을不堪ᄒᆞ야警察署의呼訴ᄒᆞ얏다더라

●新講習所存　新門外居ᄒᆞᄂᆞᆫ黃允學이가關聖帝君과玉皇上帝와諸葛孔明의畫本을造成ᄒᆞ고新禱ᄒᆞᆫ다ᄒᆞ야愚夫愚婦의錢財를欺奪ᄒᆞ다가二日에警視廳의被捉되얏다더라

●窃盜被押　住所未定ᄒᆞᆫ韓學東은窃盜犯으로日昨北部警察署에被捉되얏다더라

●賭博者被捉　中部鑄洞居平春楨南部山村洞居安杜順中部典獄後동居李德順三人이去二拾八日下午拾二時頃에中部平理院側에셔賭博ᄒᆞ다가密行巡查에게被捉되얏다더라

●徐氏卒逝　前中樞院議長徐正淳氏가再昨日下午에長逝ᄒᆞ얏다더라

●釣魚溺死　去月二十二日下午壹時에西部龍山에居留ᄒᆞᄂᆞᆫ日本人田中孝之가該洞韓人兒童을隨하야附近煉瓦工場前沼池에서釣魚ᄒᆞ다가失足ᄒᆞ야溺死ᄒᆞ얏다더라

●日小平殺妻　[illegible]里前에居ᄒᆞᆫ女壹名이慘死ᄒᆞ얏ᄂᆞᆫ데此女ᄂᆞᆫ同部盤松洞에居ᄒᆞᄂᆞᆫ小平의妻이라胃부與腋下에부等에大小二拾餘個處의傷處가有ᄒᆞ고肺部에도一個傷處가有ᄒᆞᆷ에此ᄂᆞᆫ其夫小平의所爲로嫌疑하야卽時押收ᄒᆞ고現今豫審中이라더라

●龍郡設校　龍岡郡[illegible]蓮池面內院村에셔有志諸氏가私立學校設立ᄒᆞ고校名은金聲班이시요校監은金聲鍛시로敎師ᄂᆞᆫ[illegible]顯模金禹模金用爽二氏로選定ᄒᆞᆫ後靑年을募集하야熱心敎育ᄒᆞᆫ다더라

▲地方消息

▲今月二十三日夜九時頃에全羅南道長興郡熊崎面新浦에서義兵將沈南一氏의率ᄒᆞᆫ義兵百餘名이巡查隊와五時間을交戰ᄒᆞ얏ᄂᆞᆫ데韓巡查壹名은即死ᄒᆞ고四名은負傷ᄒᆞ얏다하고

▲本月二拾六日高敞郡廣岩里에셔義兵約三十餘名이全羅北道古阜의守備隊와交戰ᄒᆞ얏다ᄒᆞ고

▲本月二拾壹日高敞郡黃龍附近에셔義兵約三拾名이古阜郡守備隊와交戰ᄒᆞ얏다더라

▲大聲壹呼▼

▲世界風潮을ᄒᆞᆫ번보니互相競爭此時代에無知沒覺ᄒᆞ야붉은꿈國中에顧臥하야鼾鼻息이如雷ᄒᆞ니閭島堂燕壹般에리大聲壹呼提醒ᄒᆞᆯ새

▲夢中人아ᄋᆞᄋᆞᄋᆞ世界文明더各國은海軍演習ᄒᆞ라ᄒᆞ고軍艦製造奔忙하야戰鬪力을試驗일새東窓에日已明하니어서밧비일어나게

▲夢中人아ᄋᆞᄋᆞᄋᆞ世界文明더各國은土地開拓ᄒᆞ라ᄒᆞ고荒蕪地를調査ᄒᆞ야不遠間에開墾일세東窓에日已明ᄒᆞ니어서밧비일어나게

▲夢中人아ᄋᆞᄋᆞᄋᆞ世界文明더各國은民權擴張ᄒᆞ라ᄒᆞ고黨을設立ᄒᆞ야互相研究奔忙일세東窓에日已明ᄒᆞ니어서밧비일어나게

▲夢中人아ᄋᆞᄋᆞᄋᆞ世界文明더各國은民智開發ᄒᆞ라하고敎育界에熱誠으로學校를設立ᄒᆞ고일세東窓에日已明ᄒᆞ니어서밧비일어나게

▲夢中人아ᄋᆞᄋᆞᄋᆞ世界文明더各國은地利取得ᄒᆞ라고石炭金礦採掘ᄒᆞ야各地方에遍滿일세東窓에日已明ᄒᆞ니어서밧비일어나게

▲夢中人아ᄋᆞᄋᆞᄋᆞ世界文明더各國은兵威力强硬ᄒᆞ라하고精兵銳卒選擇ᄒᆞ야操鍊ᄒᆞ기에動大일세東窓에日已明ᄒᆞ니어서밧비일어나게

▲夢中人아ᄋᆞᄋᆞᄋᆞ世界文明더各國은財源發達ᄒᆞ라ᄒᆞ고各種物品製造ᄒᆞ야萬里海外에商일세東窓에日已明ᄒᆞ니어서밧비일어나게

▲夢中人아ᄋᆞᄋᆞᄋᆞ世界文明더各國은砲臺建築ᄒᆞ라ᄒᆞ고巨大金額費用ᄒᆞ야不分晝夜汨沒일세東窓에日已明ᄒᆞ니어서밧비일어나게

▲夢中人아ᄋᆞᄋᆞᄋᆞ어밧비일어나게文明國도如此ᄒᆞ거든黑暗中에民族으로日高三丈酣睡ᄒᆞ야世間甲子全忘ᄒᆞ니日後噬臍爲及ᄒᆞᆯ새

雜報

●請願順序規則

韓國의從來習慣이각地方에서個人間紛議ᄯᅳ지라도直接으로所管官衙에請願書를提出ᄒᆞ던지或委員을擇ᄒᆞ야京城각부에請願도ᄒᆞᄂᆞᆫ지라如此ᄒᆞ고ᄂᆞᆫ官民間에不便ᄒᆞᆷ이多ᄒᆞ야度支부에서請願順序와其他에關ᄒᆞᆫ각項條目을規定ᄒᆞ얏ᄂᆞᆫ데

壹 財務署에서處分ᄒᆞᆫ事에對ᄒᆞ야ᄂᆞᆫ該財務署를經由ᄒᆞ야財務監督局에請願ᄒᆞᆯ事

貳 財務監督局에서處分ᄒᆞᆫ事에對ᄒᆞ야ᄂᆞᆫ財務監督局을經由ᄒᆞ야度支부에請願ᄒᆞᆯ事

三 請願書ᄂᆞᆫ郵便으로送附ᄒᆞᆷ이可ᄒᆞᆫ事

四 自己가來ᄒᆞᆷ必要가有ᄒᆞᆫ時ᄂᆞᆫ總代를擇ᄒᆞ야送ᄒᆞ고衆多의喧擾ᄒᆞᆷ을不得ᄒᆞᆯ事

右順序를不經ᄒᆞᆫ請願에ᄂᆞᆫ其當否의如何ᄂᆞᆫ不問ᄒᆞ고壹次返送ᄒᆞ야右順序를經由케ᄒᆞᆯ事이라더라

廣告

●鴉片解毒良藥 南署小廣橋居留ᄒᆞᄂᆞᆫ淸國人欒子旌氏ᄂᆞᆫ設藥營業ᄒᆞᄂᆞᆫ데인ᄃᆡ內外國人을勿論ᄒᆞ고鴉片을吸하고壹時間에不過ᄒᆞᆫ人이有ᄒᆞ며急施의良약을用ᄒᆞ야百發百中의效力이有ᄒᆞᆷ으로來問試用ᄒᆞᄂᆞᆫ人이如雲集合ᄒᆞ다더라

西部盤石坊米廛下契布洞九拾四統四戶草家六間ᄒᆞ券을不知中셔失ᄒᆞ얏사오니漢城府에다시文券을내오니誰某拾得ᄒᆞ와도休紙施行ᄒᆞᆷ

李仁鎬 告白

今十月壹日에緊急事項으로特別通常會을開ᄒᆞ오니 僉會員은來參ᄒᆞᆷ

帝國實業會 告白

本學會에서定期通常總會를本月三日(陰九月九日)土曜下午二時에開ᄒᆞ오니 僉會員은屈期來臨ᄒᆞ심을爲要

輔仁學會 白

本人等이南署藝洞柳興奭氏家에서日語를私習ᄒᆞ더니日本人圓元格郞竹內信太郞兩氏가敎育ᄒᆞ기爲하야名譽로自願敎授ᄒᆞ되晝夜熱心하니兩氏의盛意를表하기爲ᄒᆞ야廣布ᄒᆞᆷ

趙英淳等 告白

國債報償金 檢査所 臨時事務所를京中部大寺洞九統九戶金基文氏家로定하얏사오니同胞ᄂᆞᆫ照亮爲要

國債報償金 檢査所 告白

啓者本號新到有上品玉器瑪瑙寶石古玩等係官宦貴夫人所用之物及洋廣雜貨湖北安徽大連彩票發賣特此佈告 諸君光顧是望

漢城石井洞杏花春 告白

本部에서臨時總會를會員數未滿ᄒᆞ와開치못ᄒᆞ고拾月二日金曜下午十二時에普成中學校로再기ᄒᆞ오니僉員은屆期光臨을務望

大同體育部事務所 告白

黃海道장淵西大松川洞所在淑字田壹日耕仝朝餘耕仝半日耕載字田半日耕南字田半日耕文券ᄂᆞᆫ셔失이옵기玆以公佈이오니內外國 僉君子ᄂᆞᆫ或有拾得이라도休紙施行ᄒᆞᆷ을望要

田宅徐丙浩 告白

辯護士 洪兒憙

京城南部中茶洞拾統壹戶

前主事 李承泰

海州出張所事務員

[illegible]

本人等의先祖墳山이水原郡章洲面堤補上에在ᄒᆞ더니本養ᄒᆞᆫ宗孫名은裕字敎文이가先塋墳山을掘移ᄒᆞ고他人의게許賣ᄒᆞ고저ᄒᆞᆷ을宗中이探知ᄒᆞ고據理詰責ᄒᆞᆫ즉渠自知罪ᄒᆞ야先祖墳主를宗族中의委托ᄒᆞ고山板文券도宗中으로納ᄒᆞ얏사오니追後에探ᄒᆞᆫ즉該文券을隱諱ᄒᆞ고山地暗賣를依舊圖計ᄒᆞ나宗國이라도先塋을掘ᄒᆞ고ᄯᅢ食코져ᄒᆞᆷ은法理에不當이어던況既破墓를ᄒᆞ얏스니無論誰某ᄒᆞ고勿爲見欺ᄒᆞᆷ

李翼元 李翼豐 仁善 禮善 天善

本所에서礦産土地家屋森林測量製圖을迅速需應ᄒᆞᆷ

中部典동壹統三戶 東昌測量事務所

事務長安晩洙 事務員沈澤吉 韓百憙 韓熙澤 沈相準 李宗元 韓雲澤 李壽宗 朴在衡 趙炳昇 韓亨택

本社에서活板機械를壹新整備ᄒᆞ고各種印刷를廉價需應ᄒᆞ오니 僉位ᄂᆞᆫ惠顧ᄒᆞ시옵

社會公益上印刷ᄂᆞᆫ二割特減ᄒᆞᆷ

本社에서直接大發賣書目

中等 用器畫法 全 定價金七拾錢 觀雲 吳榮根君 著

本書ᄂᆞᆫ測量、建築、構造、機械見本、寫眞實地應用製圖法

新撰 外國地誌 上下 定價金六拾錢

本書ᄂᆞᆫ各學校敎科에適當ᄒᆞ며世界各國의情形을詳載ᄒᆞᆷ

二十世紀 朝鮮論 定價金三拾五錢

最新 算術 上卷完成 下卷印刷中 定價金五拾錢

官立高等學校敎授金夏鼎君著

本書ᄂᆞᆫ著者金君이實地敎授에多年經驗으로算學要領을薈撮ᄒᆞᆫ書니各學校敎科用及獨習에適當ᄒᆞᆷ

鍾路里門下隅 拾二統三戶 興文社

成學校趣旨

▲絕影島私立玉成學校ᄂᆞᆫ邦國之盛典이요文明進就은忠孝之機關이라豈可不學而自淑哉아ᄒᆞ於神聖기邇之初와敎育之上에惟我同胞가各自奮勵而獨於本島가僻在海우ᄒᆞ야聞見이謏陋ᄒᆞ고牖想이實絀하야昏夢을未覺ᄒᆞ더니天日이明에新想이理發ᄒᆞ야覺島居民이爭先義捐ᄒᆞ今方校室이已成ᄒᆞ고工役이繼擧ᄒᆞᆫ지라今에任員組織을擧ᄒᆞ와校長許致五氏로校監은鄭性淑氏로監督金光遠敬瑙兩氏로總務兼會計에宋炳玉金敬淑徐顯伍金希振秋乃成姜元俊諸氏로依衆望選定이옵고今月二拾五日에開校式을設行이오며方將學部에請認承認ᄒᆞᆫ더옵기不勝感賀ᄒᆞ와玆以廣佈ᄒᆞᆷ

贊成人 鄭元淑 玉琢汝 盧斗英 田敎安 田敎汝 具滄淑 金千壹等 告白

測量學員募集廣告

本測量科를興士團內에設施ᄒᆞ고斯學에有名ᄒᆞᆫ金澤吉氏와獎勵ᄒᆞ시기敎授ᄒᆞ깃사오니屆期應試ᄒᆞ시을爲要

試驗日字ᄂᆞᆫ拾月四日午前十時

▲試驗科目

壹 算術四則以內

壹 作文國漢文交用

但卒業期ᄂᆞᆫ三個月

測量科

中署磚洞 興士團內

訴訟에對ᄒᆞ야疑惑不決者의게其勝負와可否를詳細說明이옵고鑑定料ᄂᆞᆫ爭之貴賤과價之多少를隨ᄒᆞ야臨時酌定ᄒᆞ되大槪如左ᄒᆞᆷ

鑑定料ᄂᆞᆫ五圜以下로ᄒᆞ되貧窮者의게ᄂᆞᆫ無料로ᄒᆞᆷ

京城南部苧洞六拾四統貳戶

東洋大學前講師 日本法律學士

辯護士 木尾虎之助

成翰基之翰字를以瀚字로改正ᄒᆞᆷ

成瀚基 告白

本人姓名章을小章遺失更刻內外 僉彥照亮

李世植 告白

忠南牙山郡邑內面居福恩食字畓拾三斗落九坐結四拾三負六束証明書遺失故玆以仰佈誰某拾得休紙施行ᄒᆞᆷ

畓主 韓鳳錫 白

大韓國新發明神藥

◎萬應靈丹 各種食滯中暑久滯口臭단飮吐瀉 定價壹貼拾錢

◎至寶丸 治瘧般諸疾不拘久遠俱有偉効 定價金拾錢

◎消毒効液 外用芳香治疥瘡皮風 百發百中 定價金二十錢

◎淸眼水 治諸般眼疾有瞖雲見天之妙 定價金拾錢

◎通淋丸 治男女急慢淋疾神效無雙速 救除毒淋週五拾錢

漢城南部大廣橋前邊第二家一九統七戶 總販賣所 發行所共愛堂大藥房謹告

支店

開城南門內 共愛堂開城支店 姜助遠

群山港濟衆堂 共愛堂第 支店 리春

河東郡赤良面 共愛堂第三支店 黃麟秀

代理店

京城北部大安洞 인濟藥房

京城鍾路靑年會館前 慈惠藥房

京城西部新門外石橋 普濟醫院

仁川濟生堂 수和약局

此外에도東西洋各國有名ᄒᆞᆫ賣약과草材약이具備ᄒᆞ오니약의多少를不拘ᄒᆞ고請求ᄒᆞ시면郵便으로仰呈ᄒᆞ깃슴

洪시宗孫完基가豐德郡孝敎洞先山之邱木을放賣ᄒᆞᄂᆞᆫ故로本人이給價買得이옵더니洞外의洪永均가稱同姓人三名이라ᄒᆞ고處에來ᄒᆞ야探問伐木多ᄒᆞ고威嚇恐喝ᄒᆞ야稱曰自己에게ᄒᆞ고欲爲償價ᄒᆞ기로玆以廣告ᄒᆞ오니內外國人은勿爲見欺ᄒᆞ고買得人崔止煥 告白

本書館을개業ᄒᆞᆫ지未過數年에學生僉彥의게서愛助ᄒᆞ시와益興旺之故로本館을增層擴張ᄒᆞ고各項新舊書籍與敎育物品을多數準備ᄒᆞ고特別廉價로大방매ᄒᆞ오니四方 僉君子ᄂᆞᆫ陸續來臨ᄒᆞ심을爲ᄒᆞᆷ

釜山港東關韓興書館

金汝重 權종律

本校ᄂᆞᆫ개校이학員을募集ᄒᆞ야日語算術學門으로敎授ᄒᆞᆷ더니이願學人은本校事務室에來議ᄒᆞᆷ

養源學校事務室 告白

中部東谷三拾統壹戶(長橋北向八路東邊)로移接ᄒᆞ옵고柴炭은壹層擴張이온바愛顧ᄒᆞ시ᄂᆞᆫ 僉君子請求에對ᄒᆞ야廉價隨應ᄒᆞ깃사오니陸續來議ᄒᆞ심을爲要

本會社 柴炭營

漢城材木柴炭株式會社 告白

社告

申報價
壹張代金 新貨二錢五厘
壹個月 三十錢
參個月 九拾錢
陸個月 一圓七十錢
壹個年 三圓四十錢
郵稅一張 新貨五厘
壹個月 十三錢

○廣告料
四號活字拾二字詰
每日壹寸(英尺)에 新貨卅五錢
二週日壹寸에 二圓五拾錢
壹箇月壹寸에 五圓
(自壹行至四行이爲壹寸)
其期限의長短과字行의多數를依ᄒᆞ야增減홈이有홈

◉大韓每日申報各處支社廣告

發行兼編輯人 英國人 萬咸
Responsible for Publication Alfred Weekley Marnham.
發行所 漢城南部石井洞第三統三戶 大韓每日申報社

光武九年八月拾壹日 明治卅八年八月拾壹日(第三種郵便物認可) 金曜日 西曆壹千九百八年拾月貳日 (壹)

第六卷 第九百陸九號

大韓每日申報

[illegible]醫院時間每日下午壹時至八時ᄭᆞ지診察ᄒᆞ고日曜日은休業 外科學校卒業生 朴啓陽 濟衆院看護婦三年生卒業者 鏡湖惠의院主 李觀[illegible] 受理함을바라옵나이다

月曜及慶節 歲時日休刊

檀君開國四千二百四十一年
箕子元年三千三十年
大韓開國五百十七年
日本明治四十一年
淸國光緖三十四年
陰曆戊申九月大初八日庚寅

論說

◉私有森林의測量이時急

韓國政府에셔森林法을旣已頒布ᄒᆞᆷ은世人의共知ᄒᆞᄂᆞᆫ바ㅣ어니와該法令이頒布된지壹年이將近ᄒᆞ얏스되韓國人民이森林測量에着手ᄒᆞᆷ이尙今寥々ᄒᆞ니該法所定期限內에民有森林의測量이完全히實施됨을엇지希望ᄒᆞ리오壹은韓國政府를爲ᄒᆞ야慨歎ᄒᆞ며壹은韓國人民을爲ᄒᆞ야痛惜ᄒᆞᄂᆞᆫ바ㅣ로다

蓋韓國은自來로森林山野가國有民有의境域은有ᄒᆞ나其分界劃線이明白지못ᄒᆞ며國有民有의土地ᄂᆞᆫ有ᄒᆞ나其面積坪數를確知치못ᄒᆞᄂᆞᆫ지라今日韓國政府에셔森林法을頒布ᄒᆞᆷ은此國有民有의區域을確定ᄒᆞ야其分界劃線을明白히ᄒᆞ며其面積坪數를確知코ᄌᆞᄒᆞᆷ이아닌가

然而閭巷人民이此法令의頒布됨을聞ᄒᆞ고或疑怪ᄒᆞ야曰此ᄂᆞᆫ政府가我輩를欺ᄒᆞ야我輩의森林을奪코ᄌᆞᄒᆞᆷ인가ᄒᆞ며或不信ᄒᆞ야曰我國政府의法令은朝出暮替ᄒᆞ니此森林法도亦壹個文具에不過ᄒᆞᆯ다ᄒᆞ며況且森林法이何인지測量이何인지國有民有가何인지도不知ᄒᆞᄂᆞᆫ者가太半이라然則政府가宜乎汲々히民을督勵ᄒᆞ며曉喩ᄒᆞ야愚民의疑惑을破ᄒᆞ고法令이實行을勵ᄒᆞ야全國人民으로其森林을沒數測量ᄒᆞ야白失의寃抑이無케ᄒᆞᆯ지어날

今에政府가該法令을頒下ᄒᆞᆫ後에ᄂᆞᆫ人民이該法令을知ᄒᆞ던지不知ᄒᆞ던지其森林을測量ᄒᆞ던지測量치아니ᄒᆞ던지秦越으로相視ᄒᆞᄂᆞᆫ도다嗚乎라古人이有言ᄒᆞᄃᆡ民을不敎ᄒᆞ고罰ᄒᆞᆷ은罔民이라ᄒᆞ더니果然이로다今에人民에게法令의意義를到底曉喩치아니ᄒᆞ고該定期限이過去ᄒᆞᆫ後에ᄂᆞᆫ必然法令을違反ᄒᆞ얏다藉稱ᄒᆞ고私有森林을奪ᄒᆞ리니此ᄂᆞᆫ政府가人民을欺ᄒᆞ야陷穽에推入ᄒᆞᆷ이아닌가

此가韓國政府를爲ᄒᆞ야慨歎ᄒᆞᄂᆞᆫ바ㅣ오韓國人民이森林測量을着々實行치아니ᄒᆞᆷ은森林法의意義를詳知치못ᄒᆞᆫ所以라

蓋此法은人民이自己의所有森林을測量ᄒᆞ야農商工部에請願證明케ᄒᆞ되若三年을過ᄒᆞ도록證明치아니ᄒᆞ면政府에셔國有林으로編入ᄒᆞᄂᆞᆫ지라

然則人民이此法을速々히研究ᄒᆞ야法定期限內에ᄌᆞ儘請願證明ᄒᆞᆷ이可ᄒᆞᆯ지라萬壹人民이此法令을等閑看過ᄒᆞ야自己의森林을證明치아니ᄒᆞ다가三年期限이倏然過去ᄒᆞ면政府에셔國有로編入ᄒᆞ며外國人이占奪ᄒᆞᆯ지라도呼寃ᄒᆞᆯ處가無ᄒᆞᆯ지니累代所有ᄒᆞᆫ山坂과森林이[illegible]有에歸ᄒᆞᆯ뿐아니라祖先白骨이安寧을不得ᄒᆞᆯ지니此地에到ᄒᆞ야後悔ᄒᆞ나何及이며慨歎ᄒᆞ나何用이며呼天搶地ᄒᆞ나何益이有ᄒᆞ리오此ᄂᆞᆫ人民이罪를負ᄒᆞ고失로入ᄒᆞᆷ이아닌가韓國人民을爲ᄒᆞ야痛惜ᄒᆞᄂᆞᆫ바ㅣ로다

悲夫라韓國同胞여諸君이瞪目奮臂ᄒᆞ야熱力勉勵ᄒᆞᆯ지라도無理의橫奪을遭ᄒᆞᆯ슈이아닌가而況諸君의因循이如此ᄒᆞ며蔑劣히自棄ᄒᆞ야政府ᄂᆞᆫ人民을不顧ᄒᆞ고人民은政府를不信ᄒᆞ니彼猛劇ᄒᆞᆫ帳幕下에엇지容存을得ᄒᆞ리오然이나本記者ᄂᆞᆫ諸君을向ᄒᆞ야一心勸告ᄒᆞ노니

政府ᄂᆞᆫ汲々히該法令의意義를人民에게曉喩ᄒᆞ야西天西歸의도不知ᄒᆞᆫ者가無케ᄒᆞ고人民은速々히該法令을遵行ᄒᆞ야自己의森林을個々證明ᄒᆞ야壹坪의森林이도見奪ᄒᆞᆷ이無케ᄒᆞᆷ을深望ᄒᆞ노라

△隆熙二年十月一日 官報

△法律

朕이漢城衛生會費用賦課徵收改正에關ᄒᆞᆫ件을裁可ᄒᆞ야玆에頒布케ᄒᆞ노라

御名 御璽

隆熙二年九月二十八日

內閣總理大臣 李完用
內部大臣 宋秉畯
度支部大臣 任善準

法律第二十三號

隆熙二年法律第六號漢城衛生會費用에關ᄒᆞᆫ件中左갓치改正ᄒᆞᆷ

第二條를左갓치改正ᄒᆞᆷ

第二條 前條費用取立의標準及細則은漢城衛生會에셔此를定ᄒᆞ야內部度支部兩大臣의認可를受ᄒᆞᆷ이可ᄒᆞᆷ

第三條를削ᄒᆞ고第六條를加入ᄒᆞᆷ

第三條 前條에認可를受ᄒᆞᆫ時ᄂᆞᆫ漢城衛生會長은其事由를漢城府尹에게通知ᄒᆞ고漢城府尹은府令으로써管內에布示ᄒᆞᆷ이可ᄒᆞᆷ

第四條 漢城財務署ᄂᆞᆫ前條의府令에依ᄒᆞ야費用의賦課徵收를行ᄒᆞᆷ이可ᄒᆞᆷ

第五條 衛生會費ᄂᆞᆫ漢城衛生會의指定ᄒᆞᆫ漢城衛生會費取扱銀行에納付ᄒᆞᄂᆞᆫ者로ᄒᆞᆷ

第六條 漢城衛生會費의支出은漢城衛生會長의支撥命令에依ᄒᆞᆷ

第七條 漢城衛生會ᄂᆞᆫ每會計年度衛生會費의收支豫算을定ᄒᆞ야施行前에內部度支部兩大臣의認可를受ᄒᆞᆷ이可ᄒᆞᆷ

既定의豫算은內部度支部兩大臣의認可를得ᄒᆞ야追加或更正ᄒᆞᆷ을得ᄒᆞᆷ

第八條 漢城衛生會ᄂᆞᆫ每會計年度衛生會費의收支豫算에對ᄒᆞᆫ決算을行ᄒᆞ야年度經過後三個月以內에內部度支部兩大臣의게報告ᄒᆞ고幷其要領을告示ᄒᆞᆷ이可ᄒᆞᆷ

附則

本法은頒布日로부터施行ᄒᆞᆷ

外報

●銅貨輸入嚴禁 大連電을據ᄒᆞᆫ則東三省에셔ᄂᆞᆫ銅貨의輸入이多ᄒᆞᆷ을因ᄒᆞ야銅價가騰貴ᄒᆞᆷ으로總督府에셔此輸入을嚴禁ᄒᆞ되淸國奸商等이日本의交通機關을利用ᄒᆞ야輸入ᄒᆞᆫ기를圖ᄒᆞᄂᆞᆫ故로淸國當局者가右運搬拒絶方法을日本領事의게照會ᄒᆞ얏다더라

●比律賓의大颶風 路透電을據ᄒᆞᆫ즉比律賓中央에셔大颶風이起ᄒᆞ야人命의損失이多有ᄒᆞ나電信이不通ᄒᆞᆷ으로詳細ᄒᆞᆫ事ᄂᆞᆫ未知라ᄒᆞ얏더라

●國會年限의聯署 大連電을據ᄒᆞᆫ즉奉天省에셔國會開設年限短縮請願書에連署ᄒᆞᆫ者가二萬四千人인ᄃᆡ其代表者及吉林黑龍兩省에셔ᄂᆞᆫ其目的을達ᄒᆞ기爲ᄒᆞ야上京ᄒᆞ얏다더라

●英國政府와濠洲 路透電을據ᄒᆞᆫ즉英國海軍省에셔濠洲聯邦首相데킨氏의게回答ᄒᆞ야濠洲聯邦地方에專屬ᄒᆞᆫ小艦隊를備코ᄌᆞᄒᆞᄂᆞᆫ同意를表ᄒᆞᆫ지라右艦隊ᄂᆞᆫ驅逐艦六隻潛水艇九隻及貯藏船二隻이오經費ᄂᆞᆫ百二拾五萬磅이오將校及水兵의數ᄂᆞᆫ壹千貳百四名이라더라

●蒙古外債와淸露交涉 露國이頻히蒙古方面에勢力을扶植貸附ᄒᆞ기爲ᄒᆞ야露淸交涉을起ᄒᆞᄂᆞᆫ대外務部ᄂᆞᆫ堅히蒙古王의外債를禁止ᄒᆞ고徐總督도近頃에奉天에잇ᄂᆞᆫ各國領事에게對ᄒᆞ야北京政府의承認을得지아니ᄒᆞᆫ蒙古王의借款에對ᄒᆞ야ᄂᆞᆫ淸國이其責에任치아니ᄒᆞᆯ旨로通牒ᄒᆞ얏다더라

●鐵嶺의家屋稅徵收 鐵嶺電을據ᄒᆞᆫ즉鐵嶺知縣은學校費에充用ᄒᆞᆯ理由로十壹月壹日부터家屋稅를徵收ᄒᆞᆯ旨로告示ᄒᆞ얏다더라

●憲法發布拒絶 桑港電을據ᄒᆞᆫ즉波斯新王은叛亂이鎭靜치아니ᄒᆞ면憲法을發布ᄒᆞ깃다ᄒᆞ나英露兩國의要求를拒絶ᄒᆞ얏다더라

雜報

●[illegible] 漢城居[illegible]鄭寅信鄭喜永尹繼炳四氏가輔仁學校를設立ᄒᆞ고靑年을募集ᄒᆞ야熱心敎育ᄒᆞ기로學徒가五拾餘名에達ᄒᆞ얏다더라

●普昌大昌 黃海道金川郡助浦私立普昌學校에셔去八日萬壽聖節에慶祝會를設ᄒᆞ얏ᄂᆞᆫᄃᆡ該郡守鄭昇果氏ᄂᆞᆫ空冊四拾二件을學徒에게分賞ᄒᆞ고郡主事金炳羲시ᄂᆞᆫ空冊拾壹卷紙筆壹匣을補助ᄒᆞᆫ後激烈ᄒᆞᆫ言辭로學員의게進就前途를壹場勸勉ᄒᆞ고五面紳士가本校經費의不贍ᄒᆞᆷ을[illegible]ᄒᆞ거슬特念ᄒᆞ야循議僉同에自前主事之資를道界ᄒᆞ던英齋契錢壹百餘圓과田壹日耕落을該校에移附ᄒᆞ얏다더라

●北間島의敎育 北間島芋동居鄭啓舜氏가該地人民에게對ᄒᆞ미該島人民을이興感ᄒᆞ야校舍를建築ᄒᆞ고靑年을募集ᄒᆞ여熱心敎育ᄒᆞᆫ다더라

雜報

●隨駕節次頒交 宮內府에셔今日 幸行ᄒ실節次를修繕ᄒ야隨駕ᄒᆫ諸官의게壹件式頒交ᄒ얏다더라

●內閣輪牒 內閣에셔각府部院廳에通牒ᄒ되今日 幸行ᄒ실時에各部百官은南大門外停車場에壹切出往ᄒ야 祗送祗迎ᄒ라ᄒ얏다더라

●館儒祗迎節次 成均館學徒가今番 大皇帝陛下 幸行時에 祗迎 祗送에對ᄒ야諸般節次가難處ᄒ다ᄂᆫᄃᆡ舊式으로儒巾을戴着ᄒ즉此亦不當이니還 御ᄒ실時에平服着冠ᄒ고南大門內에셔 祗迎ᄒ기로決定ᄒ얏다더라

●渡의期預定 皇太子殿下千秋慶節에祝賀次로早大臣宋秉畯氏가日本에前往ᄒ다ᄂᆫ說은각報에揭載ᄒ얏거니와該大臣의發程期限은陰曆本月拾五日頃으로預定ᄒ얏다더라

●金氏入城 皇太子殿下問安次로日本에渡去ᄒ얏던宮內府秘書官金東完氏ᄂᆫ昨日下午七時頃에入城ᄒ얏다더라

●巷說雜信 三昨夜에早大臣이總理大臣李完用氏私邸에會同ᄒ야秘密議案을商議ᄒ얏다ᄂᆫᄃᆡ該議件을漏聞ᄒ즉李完用氏가言ᄒ되我韓에□□會라名稱ᄒᄂᆫ것은亡國病民의原因인즉壹幷解散케ᄒ여야國可圖治오民可安堵하깃다ᄒ얏다ᄂᆫ巷說이籍々ᄒ다더라

●追贈人員頒布 法典에依하야追贈ᄒᆫ人員을宮內府에셔記錄ᄒ야將次官報에頒布ᄒᆫ다ᄂᆫᄃᆡ合爲三拾餘名이라더라

●宋內大臣辭任 內部大臣宋秉畯氏가有何事故인지昨日에仕進視務치아니ᄒ얏다더라

●陵幸後叙任 各陵에서關齋郎은今番 陵幸ᄒ신後에壹齊히叙任이된다더라

●郡守合格者薦報 江原觀察使李圭完氏가江陵郡居申炳昌氏로該郡守를叙任ᄒ라고內部에薦報ᄒ얏다더라

●江原郡守會槪況 去拾貳日에江原觀察道에셔管下各郡守를會集ᄒ고開會ᄒ얏ᄂᆫᄃᆡ觀察使李圭完氏가各郡守의게무러地方情形及將來施設에當ᄒᆫ要務를互相討論ᄒ고二十二日에各歸本郡ᄒ얏다더라

●辭職郡守와內部 慶南觀察使黃鐵氏가管下각郡守를空然執頉ᄒ야辭職勸告홈은已報어니와管下郡守가庶皆辭職하얏ᄂᆫᄃᆡ內部에셔ᄂᆫ此郡守를依免ᄒ던지若郡守가無辜ᄒᆫ줄노思量ᄒ면觀察使를論罪免官ᄒ던지不然ᄒ면該郡守를還任케ᄒᄂᆫ것이妥當ᄒ거ᄂᆯ辭職請願ᄒᆫ지가或三拾日도되고或四五日이되도록不爲處辦홈은訝惑ᄒᆫ事이라고들ᄒ더라

●權察代理請願 忠北觀察使權鳳洙氏가元世基盧卿債訴訟事件에對ᄒ야張鵬을代理人으로定ᄒ야京城地方裁判所에請願ᄒ얏다더라

●農部豫算增加 農商工部의明年度豫算은目下各局課에셔調査舉行홈으로써來月에次官木內가歸任ᄒᆫ後에決定하야度支部에要求홀터인ᄃᆡ壹般經費가昨年보다多數히增加ᄒ얏다더라

●學費領收磨鍊 學部에셔漢城各官公立學校의學費金額을領收ᄒ기로磨鍊ᄒ다ᄂᆫ說이有ᄒ더라

●壹進會員決議 壹進會地方會員中西北會員들이決心會議ᄒ되會長과摠務員諸氏가多年視務ᄒᄂᆫ거시會規에妥當치못ᄒ니會長以下摠務員을壹體遞改홈이可ᄒ다고該會에提出ᄒ다더라

●勸業銀行設立의中止 韓國政府에셔向者에農商工部次官木內의獻策을因ᄒ야資本金五百萬圓으로大韓勸業銀行을設立ᄒ기로內定ᄒ고統監府를經ᄒ야日本大藏省의意見을問ᄒ얏더니該銀行의營業目的이日本勸業銀行과類同홈으로韓國의勸業銀行이設立되면日本勸業銀行의營業範圍를侵害홀慮가有ᄒ다ᄒ야日本勸業銀行에셔設立反對의意見書를大藏省에提出ᄒ야激烈히運動ᄒᆫ지라大藏省에셔韓國政府로ᄒ야금勸業銀行의設立을中止케ᄒ기로決定ᄒ고其旨를韓國政府에申告ᄒ얏ᄂᆫ지라韓國政府ᄂᆫ東洋拓殖會社內에銀行部를設置ᄒ기로計劃中인ᄃᆡ其主任者ᄂᆫ內地에셔銀行業의經驗이有ᄒᆫ者로推薦ᄒ다더라

●錦陵尉의動靜 流配年限이滿期된朴泳孝氏가歸京치아니ᄒ다ᄂᆫ事ᄂᆫ既爲揭載ᄒ얏거니와近日濟州島에旅行하야該氏와面會를得ᄒᆫ某人의談을聞ᄒᆫ즉該氏ᄂᆫ家族과共히配所에셔二個瓦屋을借居하고專心으로果園의經營을始ᄒ며政治問題의關ᄒᆫ談話ᄂᆫ不肯ᄒ다ᄒ고該島ᄂᆫ耕作에適合ᄒᆫ所以로柑橘果樹를植栽ᄒ기에適當홈을思量ᄒ야若干土地를開墾ᄒ며其他果樹를試植ᄒ며島民을勸諭ᄒ야鳴物產을增進케하나島民이尙今果樹培養에嫻熟치못ᄒ야肯樂지아니ᄒᆫ模樣이라더라

●高倅救民 高山郡에셔附近守備隊兵丁이義兵干連者三名을捕縛ᄒ야郡塲市에셔砲殺코ᄌᆞᄒᄂᆫ때該郡守李秉□氏가躬往擔保ᄒ고該人三名을救活ᄒ얏다더라

●關東細則說明 □報와如히警務顧問丸山重俊以下警視李憲珪警部宋□諸氏가昨日에衙門內官人俱樂부에前往ᄒ야京城內壹般蕩淫女數百名을招集ᄒ야關東令細則을壹々說明ᄒ얏다더라

●署長과主事 傳說을據ᄒ즉蔚山郡財務署長俞相範氏가主事某와該郡妓生家에셔技局을設ᄒ얏다가警察署에셔히事狀을聞知ᄒ고調捕홀際에越墻逃避ᄒᆫ際에日本人吉中家에謁入ᄒ다가足觸鍮器ᄒ야히價額을徵給ᄒ얏고該郡書記某를符同ᄒ야云稅務徵收ᄒ고出沒各洞里ᄒ야稅錢代價로什物을財務署에收入ᄒ야放賣無期ᄒ즉就緣過去ᄒᆫ國庫收入도沓然ᄒᆯ뿐더러反爲虐民이라ᄒ야怨聲이藉々ᄒ다더라

●兩倅次第斷髮 陽川富平兩郡首書記以下壹般官屬과面里長이日昨에壹體斷髮ᄒ얏다더라

●終遊何處 水原觀察道에셔郡守會議ᄒᆫ結果로爲先該郡에셔削髮事務를始ᄒ얏다더니某某頑固輩은斷髮令에反對ᄒ고隱匿ᄒ나官令에不爲擾收홈으로隱匿ᄒ고京城으로避身次上來ᄒᆫ者가多有ᄒ다더라

●□□의禁錮 □將玄暎運氏가詐欺取財犯으로監獄에屢次滯囚ᄒᆫ事ᄂᆫ衆所共知어니와該氏의所犯이若是盈ᄒ야終身處役이라도猶爲輕歇이나特爲減等ᄒ야拾個年重禁錮에宣告ᄒ얏다더라

●日人漁船被殺 仁川에居留ᄒᄂᆫ日人磯村竹太郎이仁太郎의所有船隻을借受ᄒ야木材를載ᄒ고忠淸南道已川郡古代도에碇泊ᄒ얏더니忽然히義兵九名이襲擊ᄒ야該日人을殺ᄒ고乘組ᄒᆫ我國人壹名을捉去ᄒ얏ᄂᆫᄃᆡ群山警察署에셔此를聞ᄒ고卽時巡查를派送ᄒ야船隻及木材를引致ᄒ고仁川警察署의通寄ᄒ야該日人의家族으로尸體를引取케ᄒ얏다더라

●義將供辭烈々

義兵大將李康年氏를隨從ᄒ던李明夏氏가監獄에被囚ᄒ얏ᄂᆫᄃᆡ日前에裁判所에押上ᄒ야日人檢事가出席取調ᄒ즉李氏의所供이我是太祖高皇帝陛下의拾七世孫으로遭此時局ᄒ야忠憤을不堪ᄒ야汝等倭賊을誅滅ᄒ기로投身倡義ᄒ얏더니不幸히今에汝게強捉홈을被하얏스니痛憤不已ᄒ노라ᄒ며檢事曰汝既倡義ᄒ야我兵幾名을討誅ᄒ얏나뇨ᄒ즉李氏曰汝等을逢着殺之ᄒ야上以報國讎ᄒ고下以伸民冤코ᄌᆞ하얏스나所殺ᄒᆫ倭雖가總過二百餘名이라ᄒ거ᄂᆯ檢事曰汝若屈服ᄒ면卽當放送하리라ᄒ즉至死不服ᄒ면固當誅之라ᄒ거ᄂᆯ李氏曰男兒가既爲出世ᄒ야國讎를未報ᄒ고民冤을未伸ᄒ얏스니生何爲哉며死亦何恨가汝欲不爲放送ᄒ면亦當誅之ᄒ라我不畏겁하노라ᄒ얏다더라

●前義務探 義兵將으로自稱ᄒ던金某가現今은某處에셔偵探客이되야多數ᄒᆫ秘密을探洽ᄒ야受賞ᄒ얏다더라

●豐倅興學 豐德郡守李□儀氏ᄂᆫ教育上에熱心ᄒ야不分晝夜ᄒ고徒步로村閭에躬行ᄒ야人民을對ᄒ야現今教育의急先務됨을說明홈으로人民이感發ᄒ야學校가多數設立되며熱心勸勉ᄒ야勸學의頑說로熱心奬勵ᄒᄂᆫ故로學徒가日益增加ᄒ야文化蔚興에將有進就之望이라더라

▲家庭問答▼

▲韓國에可憐ᄒ고可笑ᄒᆫ習俗이有하지요

▲何如ᄒᆫ風俗이有ᄒᆫ가

▲有ᄒ고도無ᄒ다ᄂᆫ習俗이有ᄒ지요

▲[illegible]이貸用코ᄌᆞᄒ면[illegible]曰無라ᄒᄂᆫ風俗인가

▲自己의錢穀을積有ᄒ고曰無라ᄒ야相濟의意가無ᄒ다ᄂᆫ者ᄂᆫ豚犬不若ᄒᆫ者이니可憐可笑ᄒᆯ者ᄂᆫ無ᄒ니라

▲何樣器械를貯有ᄒ고隣人이借用코ᄌᆞᄒ면[illegible]ᄒᆯ것을曰無라홈인가

▲自己의器械를貯有ᄒ고借與치아니홈이可憐可笑ᄒᆫ者ᄂᆫ아니니라

▲此도아니여何를指稱ᄒ이요

此外에ᄂᆫ更無ᄒ다

▲正히思得치못홀진ᄃᆡ試言ᄒ리니

大凡錢穀을貸與ᄒ면或失하거나器械를借與ᄒ면或傷ᄒᆯ慮가有ᄒ니或無怪어니와余의有而曰無라홈은見失ᄒ거나傷ᄒᆫ것도아닌ᄃᆡ下□아히여ᄒᆫ것을曰無라ᄒ니可憐可笑홀지로다

▲難知哉라此乎여請速言ᄒ라

▲非他라卽韓俗이無論某家ᄒ고男子가出他ᄒᆫ時에他人이來訪ᄒ면每女人이某也도無ᄒ다고答ᄒ여라ᄒ니分明히人이有ᄒ야答ᄒ면셔某也도無ᄒ다ᄒ즉

此ᄂᆫ無他라韓國婦人이每事를男子의게委託ᄒ야壹言壹動을敢히自由치못ᄒ고身體手足은何如ᄒᆫ繩索으로緊繫ᄒ얏스나其活動의精神은卽無形의束縛을受ᄒ엿도다

蓋人이自由의權利ᄂᆫ男女가同壹ᄒᆫ디비록緊急ᄒᆫ事가有ᄒ나男子만無ᄒ면壹言을敢發치못ᄒ고其男子만苦待ᄒ다가狼狽에至ᄒᄂᆫ弊端이種有ᄒ니同壹ᄒᆫ人으로如此히自由를失ᄒ얏人이自由를失ᄒ면雖云生矣나卽死人과無異ᄒᆫ즉婦人의身體를爲ᄒ야可憐ᄒᆫ者이니假稱他人이無ᄒ다ᄒᄂᆫ何也오無ᄒᆫ진ᄃᆡ某也도不在ᄒ다ᄒ면人도無ᄒᆫ데이며既爲回答ᄒᆫ즉婦人은誰也오鬼神이答ᄒ얏ᄂᆫ가

婦人도自家의人이有ᄒ야答ᄒᆫ것만除ᄒ고答ᄒ면門外의他人도分明히人이有ᄒᆫ줄을知ᄒ고某也도不在라答ᄒ면[illegible]可笑ᄒᆯ바가아닌가

嗚呼라已往閉門獨居ᄒᆫ時ᄂᆫ猶屬歇后어니와現今風潮가捲入ᄒᆫ時代를當ᄒ야如此ᄒᆫ習을改革지못ᄒ면엇지他人의凌侮를免ᄒ며競爭世界에生存ᄒ리오家庭을主掌ᄒᆫ婦人은

發行兼編輯人 [illegible] 李鍾化

雜報

◎各島流刑의生活 今番[illegible]東萊濟州島智島莞島羅州光州馬山各地方監獄에滯在ᄒᆞᆫ流刑의生活狀態를視察ᄒᆞ고歸來ᄒᆞᆫ法部事務官의談을聞ᄒᆞᆫ즉目下流刑囚의在ᄒᆞᆫ處ᄂᆞᆫ珍島知島莞島인ᄃᆡ因人은約五十餘名이오珍島에셔ᄂᆞᆫ酒幕人民이交代ᄒᆞ야囚人을接待ᄒᆞ며他島에ᄂᆞᆫ或家屋을貸與ᄒᆞ고金錢及物品을醵出ᄒᆞ야生活케ᄒᆞ며且每日각戶에셔交替ᄒᆞ야食物을給與ᄒᆞᆫ다더라

◎病牛肉의遺毒 黃海道長淵郡者灘에셔炭疽病牛의肉을食ᄒᆞᆫ者拾貳名이同病에感染되야三名이死亡ᄒᆞ얏ᄂᆞᆫᄃᆡ內病人이六名이오全快ᄒᆞᆫ者가三名이다더라

◎果關良伴 開寧郡守鄭在學氏가新莅以後로敎育에熱心ᄒᆞ야每日公退之暇에私立開進學校에躬往ᄒᆞ야靑年을勸勉ᄒᆞ며任員과維持方針을協議ᄒᆞ야漸次擴張ᄒᆞ고道路ᄂᆞᆫ雖村野狹隘라도新修築ᄒᆞ고浮費ᄂᆞᆫ捐補支給ᄒᆞᄂᆞᆫ故로一般郡民與行旅의稱頌이載路라더라

◎同德維持協議 茶洞居一般本家諸시들이協議ᄒᆞ되男子學校ᄂᆞᆫ維持ᄒᆞ고女子學校ᄂᆞᆫ維持치못ᄒᆞᆷ이開明界에一大欠點이라現今同德女子義塾의經費가窘拙ᄒᆞ야維持ᄒᆞᆯ方針이杳然ᄒᆞ니各其隨力捐出하야該塾을永久維持케ᄒᆞ자ᄒᆞ얏다더라

◎黃卯無瑕 中부校동居黃卯[illegible]온年이貳拾歲인데人力車를改造營業ᄒᆞ더니何許賊漢의誑

로醫視廳에被捉ᄒᆞ얏ᄂᆞᆫᄃᆡ該洞人民等이其兒의無罪ᄒᆞᆷ을枚擧ᄒᆞ야昨日醫視廳에等訴ᄒᆞ얏다더라

◎料理賊被捉 再昨日下午八時頃에泥峴居留日人閣尤[illegible]七이가人力車를乘ᄒᆞ고南部竹동日人料理店에前往ᄒᆞ야三圓八拾錢價値의料理를人力車夫와同爲買喫ᄒᆞᆫ後에ᄂᆞᆫ價額을不給ᄒᆞ고乘기逃躱코ᄌᆞᄒᆞᄂᆞᆫ故로店主가警察署에呼訴ᄒᆞ야卽爲捉囚ᄒᆞ얏다더라

◎兩鴉被捉 北部桂洞居前郡守申奭休氏ᄂᆞᆫ大邸[illegible]崔明玉氏를自已家에留連케ᄒᆞ고崔氏와鴉片을多年嗜吸ᄒᆞ다가再昨日에申崔兩氏가中部警察署에幷爲被捉되얏다더라

廣告

測量製圖事務所를中部大相洞貳拾七統六戶前副領朴彝秉家에設立ᄒᆞ얏ᄉᆞ오니僉君子ᄂᆞᆫ迅速來議하심을爲要ᄒᆞᆷ

總務 金澤吉
事務員 尹怡炳
會計 趙鳳元

廣成測量事務所 告白

西部盤石坊米廛下契布洞九十四統四戶草家六間文券을不知中에失이옵기漢城府에다시文券을내쓰니誰某拾得ᄒᆞ와도休紙施行ᄒᆞᆷ

李仁鎬 告白

北靑下甫靑面紳士趙炳烈氏가今年本郡각學校聯合大運動時에金貨貳百圓을義捐ᄒᆞ야費用賞品을專擔ᄒᆞ엿습기其勸奬의熱誠을全國敎育界에廣布ᄒᆞᆷ

[illegible]學會 告白

本人의姪子錫官이性本浮浪ᄒᆞ야去陰八月廿四日家在田畓文券을僞造ᄒᆞ야得債次로逃走이옵기玆以廣布ᄒᆞ오니內外國人은切勿見欺ᄒᆞᆷ

鐵山郡林面元平里金龍瑞 告白

黃海道장淵西大松川洞所在淑字田壹日耕全牛日耕과南字田牛日耕文券을서失이옵기玆以公佈이오니內外國僉君子ᄂᆞᆫ或有拾得이라도休紙施行ᄒᆞᆷ을望要

田主徐丙浩 告白

洪運杓가壬寅年에呂州大陽所在ᄒᆞᆫ屢百年守護ᄒᆞ던土地松楸를日人에게暗賣ᄒᆞᆫ事가有ᄒᆞ야其三寸淳璜씨가價事館에屢次裁判還退ᄒᆞ고請願于漢城府ᄒᆞ야自已所有物노證明保管矣러니今年二月에運杓가暗生不測ᄒᆞ야不告其叔하고送人斫伐矣라其叔이雖欲保有나已爲斫伐之木을雖可復續이야仍以放賣러니運杓가符同浮雜輩人等ᄒᆞ야土地를放賣ᄒᆞ며松楸ᄂᆞᆫ宗中公有라法司에誣告ᄒᆞ나土地ᄂᆞᆫ不關證票가確有ᄒᆞ고松楸ᄂᆞᆫ還退ᄒᆞᆫ證明이自在ᄒᆞᆫ지라累次裁判에理屈落科러니法司에有何誣告이던지今月十四日叔姪이疊次審査에其叔을捉囚ᄒᆞ니三寸은卽父와一體라禽獸라도父母ᄂᆞᆫ知ᄒᆞᄂᆞᆫ데以禮義之邦으로自處ᄒᆞ던我國에千古未有ᄒᆞᆫ如此滅倫悖常ᄒᆞᆫ事가何有ᄒᆞ며又況莽就誣告律도自在어니와不勝憤冤ᄒᆞ야裁判歸決次로爲先廣布ᄒᆞᆷ

北부齋洞朴召史 告白

本學會에셔定期通常總會를本月三日(陰九月九日)土曜下午二時에開ᄒᆞ오니僉會員은屆期來臨ᄒᆞ심을爲要

輔仁學會 白

初等[illegible]

本人等의先祖墳山이水原郡章洲面堤浦上에在ᄒᆞ더니率養ᄒᆞᆫ宗孫名裕子致文이가先祖墳山을掘移ᄒᆞ고他人의게許賣ᄒᆞ야入葬코져ᄒᆞᆷ을宗中이探知ᄒᆞ고據理詰責ᄒᆞᆫ즉渠自知罪이던지或恐勳之計인지自謂破養ᄒᆞ야先祠神主를宗族中의移奉하고山板券도宗中으로納送ᄒᆞ얏거니追後詳探ᄒᆞᆫ즉破養ᄒᆞᆫ款을隱諱ᄒᆞ고山地暗賣ᄒᆞᆷ을依舊隱計ᄒᆞ니宗孫이라도先塋을掘ᄒᆞ고ᄆᆡ食코저ᄒᆞᆷ은法理에不容이어던况旣破養ᄒᆞ얏스니無論誰某ᄒᆞ고勿爲見欺ᄒᆞᆷ

李翼元 翼鳳 翼豐 喆善 仁善 義善 禮善 昌善 寅善等 告白

敝所에셔西洋新發明ᄒᆞᆫ法으로機械及藥品을整備ᄒᆞ고各種洗濯及染色을廉價로需應ᄒᆞ옵ᄂᆞᆫᄃᆡ其種類가如左

洋服、襯衣、外套、帽子、項套、洋말、婦人衣服及寢具附屬品、毛織、毛紗、세루、馬尾緞、羅紗綢緞紗羅苧布壹切貴重品의屬衣、족긔、赤衫、裳、袴、襦等屬洗濯及染色物이有ᄒᆞ거든本所로通知ᄒᆞ시면卽時自宅에進議ᄒᆞᆷ

官員、巡査、兵丁、及勞働諸君의게對ᄒᆞ야定價의拾分之貳를特減ᄒᆞᆷ

各地方에ᄂᆞᆫ小包料를添送ᄒᆞ시[illegible]誠實郵寄ᄒᆞᆷ

鍾路里門上隅二十統二戶

洋洗濯部第一屋

國債報償金檢査所臨時事務所를京中部大寺洞九統九戶金基文氏家로定ᄒᆞ얏ᄉᆞ오니同胞ᄂᆞᆫ照亮爲要

國債報償金 檢査所 告白

本會社中部東[illegible]洞所在(廣橋北向大路谷三拾統壹戶)東邊으로移接ᄒᆞ옵고柴炭營業은壹層擴張ᄒᆞ오바愛顧ᄒᆞ시ᄂᆞᆫ僉君子請求에對ᄒᆞ야廉價隨應ᄒᆞ깃사오니陸續來議하심을爲要

漢城材木柴炭株式會社 告白

本部에셔臨時總會를數未滿ᄒᆞ와開치못ᄒᆞ고今月二日日曜下午二時에普成中學校로再開ᄒᆞ오니僉員은屆期光臨ᄒᆞ심을務望ᄒᆞᆷ

大同體育部 事務所 告白

▲絕影島私立玉成學校趣旨書

庠序學校[illegible]之盛典이요文明進步은[illegible]之機關이라豈可不學而自淑[illegible]아於神樂[illegible]進之初와敎育之上에惟我同胞가各自奮[illegible]獨於本島[illegible]僻[illegible]ᄒᆞ야聞[illegible]陣ᄒᆞ고[illegible]이貫體하야昏夢을未覺ᄒᆞ니天日晴明에新思[illegible]發ᄒᆞ야本島居民이爭[illegible]今方[illegible]已成ᄒᆞ고工役이幾畢ᄒᆞᆫ지라今에任員組織[illegible]許[illegible]敎五氏가校監은鄭性淑[illegible]監督金光圭[illegible]總務[illegible]宋炳玉[illegible]金希振[illegible]成姜元俊諸氏가依衆[illegible]選定[illegible]二拾五日에開校式[illegible]將學部에請[illegible]認[illegible]不勝感賀[illegible]

贊成人 鄭元淑 玉琢汝 盧斗英 田敬安 田敬汝 具滄淑 金千壹等 告白

測量學員募集廣告

本測量科를興士團內에設施ᄒᆞ고斯學에有名ᄒᆞᆫ金澤吉[illegible]斗燮兩씨가敎授ᄒᆞ깃사오니屆期應試ᄒᆞ심을爲要

試驗日字ᄂᆞᆫ本月四日午前十時

▲試驗科目
一 算術四則以內
一 作文國漢文交用
但卒業期ᄂᆞᆫ 三個月

測量科 中署典洞 興士團內

發明學校事務室告白

本校에셔[illegible]學員을募集ᄒᆞ야日語算術[illegible]로敎授ᄒᆞ더니[illegible]願事人은本校事務室에來議ᄒᆞᆷ

大韓醫院新發明神藥

◎皮膚靈丹 各種急滯、暑久滯口臭담飮吐瀉 定價壹貼[illegible]錢

◎至寶丸 治諸般據疾不拘久遠俱有偉效 定價[illegible]錢

◎靈妙液 [illegible]芳香治疥瘡皮風 百發百中 定價[illegible]二十錢

◎淸眼水 治諸[illegible]眼疾[illegible]撥雲見天之妙 定價金[illegible]錢

◎通淋丸 治男女急慢淋疾神效無雙速效除毒 定價金[illegible]錢

漢城南[illegible]大廣橋[illegible]邊第二家[illegible]戶 製劑發行所共愛堂大약房 謹告

支店
開城南門內 共愛堂[illegible]支店 姜助遠
群山港開福동 共愛堂第[illegible]支店 리春[illegible]
河東郡赤良面 共愛堂第三支店 黃麟秀

代理店
皇城北部大安洞 인濟약房
皇城鍾路靑年會館前慈惠약房
皇城西部新門外石橋普濟醫院
인川租峴濟生堂 수和약局
此外에도東西洋各國有名ᄒᆞᆫ약과草材약이具備ᄒᆞ오니사의多少ᄅᆞᆯ不拘ᄒᆞ고請求ᄒᆞ시면小包로卽呈ᄒᆞ깃ᄉᆞᆸ

發行兼編輯人 英國人 萬咸

Responsible for Publication Alfred Weekley Marnham.

發行所 漢城…洞號外地三層…

大韓每日申報社

光武九年八月拾壹日第三種郵便物認可　土曜日　西曆壹千九百八年拾月三日

大韓每日申報

第六卷　第九百貳拾號

月曜及慶節歲時日休刊

檀君開國四千二百四十一年
箕子元年三千三十年
大韓開國五百十七年
日本明治四十一年
淸國光緖三十四年
陰曆戊申九月大初九日辛卯

論說

◉勸告平北人士

今日韓國의敎育을論ㅎ는者ㅣ關西를首稱ㅎ고關西를論ㅎ면平北이最盛ㅎ니吾人도平北人士를愛慕ㅎ며期望홈이深矣로다然이나天下의勢가團合하면强大ㅎ고分離ㅎ면孤危ㅎ며天下의事가協同ㅎ면成立ㅎ고歧異ㅎ면頹敗ㅎ는대今平北學界의消息을據ㅎ건대不惟面々에皆設學校요乃至村々에無非學校ㅎ니盛則盛矣나其內容을觀察ㅎ면缺點이太甚하니彼里에서學校를設ㅎ면此里에서學校를設ㅎ야其醵集ㅎ資金이長久維持ㅎ預筭이無ㅎ며又或前日의齋를轉하야其名만學校로變ㅎ而已오敎師도皆頑하術이具有ㅎ者가鮮少ㅎ지라其각任員이京師에上來ㅎ야敎師를雇聘ㅎ면價格이甚高ㅎ야月銀이少不下四五十圓ㅎ니若平北의學校現數를從ㅎ야敎師만求하더라도平北의山이盡是金穴이오平北의水가無非貨泉이라도猶不可支供이온況其登簿의校財가些少ㅎ額으로强行做去라가若或壹朝에財窮力竭ㅎ야前日雨後의菌과水中의蒲와如히競起ㅎ던學校가反히曉天의亂落ㅎ는星과秋風에自下ㅎ는葉과如히中塗而止하며半塗而廢면豈不可歎이며豈不可惜이리오

或者ㅣ必日西球諸國은學校가國中에遍滿ㅎ되資乏而廢ㅎ는吾未之聞이라ㅎ지니此는不思之甚이로다大韓의財富力이彼와同ㅎ며人民의程度가彼와同ㅎ가況西球列强은敎育의區域이各有ㅎ거늘平北人士는此를不揣ㅎ고彼를遽效하면是는短翮으로欲逐大鵬이오老駑의欲及良驥다然이나此非以大韓으로爲永不可及彼而預劃이오特擧現況而略者라大東人民의現象이皆是萬里海流中에輕々ㅎ壹舟의人이怒濤驚浪을逢ㅎ고四山日暮後에孑々ㅎ短笻의客이猛虎暴狼을逢홈과如ㅎ야不可辨彼我요固當協力齊力이라야乃可相濟相保어날今에不啻互相抵抗이라甚者는乃反角立ㅎ야不能團合而分離하고不能協同而기異ㅎ니此는平北人士가幾分幼穉의責을免키難하도다

若東南諸省은敎育에無意ㅎ고仕宦만是貪ㅎ는人士로學校設立ㅎ기를平北의今日과如ㅎ진터吾人이歡ㅎ야歌하며悅ㅎ야舞ㅎ깃스나平北人民은雖婦孺라도學校를設홈이急務됨을無不皆知ㅎ니此는東南人士의萬不可及이나但不能合其資力ㅎ야以圖其結果가寔缺點也라

關北의人士는稍少遜於關西人士러니近日以來로稍相團合ㅎ야學校를設立홈이頗多ㅎ대能謀其永久ㅎ니吾人은平北人士가其下에反居ㅎ가恐ㅎ노라噫乎라平北人士여自今以往으로前轍을戒ㅎ며後策을善히ㅎ야區域을泥치말며學校도可合者는合ㅎ야基本을贍足케ㅎ며目的을永遠히ㅎ야有初鮮終에勿墮홀지어다

外報

●四公使會同　路透電을據ㅎ즉倫敦에駐在ㅎ露國、獨國、墺國、伊國의四公使가齊會ㅎ야東方事件에關ㅎ야容易히措處될意見을陳述ㅎ얏다더라

●土國政府의通牒　同電을據ㅎ즉土耳其政府는列國에通牒을發ㅎ되勃牙利가東洋鐵道를占領홈은土耳其의權勢를無視홈이니此에對ㅎ야干涉을要求ㅎ얏다더라

●波斯와英露　波斯國首都테허란來電을據ㅎ즉露英兩國의聯合行動은全혀失敗에歸ㅎ야事態가日々히險惡ㅎ는模樣이라ㅎ얏더라

●勃牙利의鐵道占領　倫敦電을據ㅎ즉勃牙利는軍隊로써鐵道의營部를占領ㅎ야重大ㅎ問題를惹起ㅎ얏는디土耳其政府는列國에訴ㅎ야其行動을促ㅎ얏다더라

●無職業者의襲擊　路透電을據ㅎ즉만지쓰트에서는無職業者二千名이宴會를設立ㅎ公會堂을襲擊홈으로警官은棍棒을以ㅎ야彼等을驅逐ㅎ얏는대彼此間負傷者가多數히生ㅎ얏고彼等은更히구리니쓰지工場을襲擊ㅎ기를企圖ㅎ다더라

●淸政府官制改革　淸國은向者에憲法大綱及立憲準備의必要ㅎ諸法律대大綱을발ㅎ얏거니와近頃에政府組織變更의必要를說ㅎ는者가漸次增加ㅎ야議에日本立憲制度를調査ㅎ기爲ㅎ야渡日ㅎ達壽氏와如ㅎ者는最히熱心主張ㅎ는者이오醇親王袁世凱張之洞等의有力ㅎ각軍機大臣도此를必要로認ㅎ야兩宮의御用意를伺하야別段異議가無ㅎ模樣인則此議는早晩發佈될터이오其政府組織은日本組織을効則ㅎ方針이라더라

●勃牙利獨立布告　君士坦丁堡來電을據ㅎ즉勃牙利는獨立을布告ㅎ意思가有ㅎ다는風說이傳播ㅎ얏다더라

●波斯議會召集　同電을據ㅎ즉君士坦丁堡에在留波斯人은波斯王이異敎를信仰ㅎ는者인故로廢立ㅎ깃다宣言ㅎ얏고同時駐劄波斯大使는此를因ㅎ야波斯議會는拾壹月拾四日로써召集ㅎ다더라

雜報

●國債報償金檢查所趣旨　閔宗植氏가國債報償金檢査所를設立홈은前報에已揭어니와今에其趣旨全文을揭載ㅎ노라

惟我大韓人民의國債報償的義務는世界의所共洞亮인바此金에對起ㅎ源由를沿溯하면壹則痛哭이오貳則痛哭이라深山窮谷에견畝樵牧이斷烟爲誓하고涕泣奮呼ㅎ니忠激義發에四方風動이라蔀屋貧民의紙幣幾錢이는錢々是血이며孤寡殘生의銅貨數枚는枚々是淚오寒女는脫環ㅎ고市童은販履ㅎ야忘生合力에收聚若干ㅎ니官族富門은反有遜色이라究念情狀ㅎ면壹錙壹銖가何等哀惻이며何等重大이거늘事未半就에風生瀾落ㅎ야塗說浪籍히致疑消融키로興情憤완ㅎ고報償無期ㅎ니是誰之過며是誰之罪오近者에壹貳家ㅣ先聲首倡ㅎ야以檢査爲名ㅎ니退還鑾動ㅎ야注目傾耳ㅎ더니費日費月코未有實着ㅎ니同胞滋惑이愈往愈深이라所以로本人等이國債報償金檢査所를特設ㅎ고先自京城으로以至地方까지壹々檢査ㅎ야消融虛實을到底摘發ㅎ면干犯者는可以聲討요알昧者는自當昭雪이니齊心協力ㅎ야以完大事ㅎ기爲望

壹　身鄕義金을壹々檢査ㅎ는事
壹　義捐金額에對ㅎ야虛實을究覈ㅎ는事
壹　檢査ㅎ는義金을整理ㅎ는時에는人民의志願을從ㅎ는事
壹　各道各郡에서는待本所通知ㅎ야委員壹人式派送ㅎ되該收台所委任狀과義金運置處에領證을携帶ㅎ는事

●靑會討論　基督敎靑年會館에서今夕七点半에討論會를開하고良將이勝於賢相이란問題로可否便을이互相討論ㅎ다더라

●西北例會　西北學會에서月例通常會를今日下午貳時에該洞本學校內에開ㅎ고新舊事件을處理ㅎ다더라

●慈惠演奏將設　慈惠夫人會에서演奏ㅎ기爲하야宴會를設ㅎ더인대人員이不足ㅎ야漢城府民會에請求ㅎ故로該會에서鄭應설芮宗錫兩氏를派送ㅎ야該演奏를極力贊助ㅎ다더라

●誠血滿紙　平北寧邊獨山面大興里居白元極氏가年今三拾三인ᄃ敎育에血誠으로有志紳士郭秉珽李林明弼諸氏와互相協議하야本年二月一拾五日에新成學校를設立ㅎ얏는대于今八個月에生徒는日益漸進ㅎ야五六拾名에達하얏스나面內同胞가今來酬ㅎ야勸喩不醒故로諸氏가齊會協議之際에白氏가愛國思想을壹場說明호되國勢가如此岌業에不興敎育이면不得生存이라余若有錢이면盡捐興校ㅎ되이나所持者는不過七十兩假量되는數間卯舍뿐이니何以興校乎아不得不斷指血書ㅎ얏는니學界에對ㅎ야斷指血書로誓ㅎ고同胞에게斷指ㅎ얏는되流血이淋漓ㅎ미聞者가莫不興感ㅎ얏다더라

●峴校擴張　襄陽郡峴山學校는該郡守의熱心贊成으로大端發展되는ᄃ이는新任郡守崔종洛氏主事翼濟兩氏가該郡紳士로協議ㅎ야學校를擴張ㅎ고敎師는蓮洞新學校卒業生中에敏서를延聘ㅎ야昨日京釜列車로發程ㅎ얏다더라

●忠郡測量校　忠州郡에서李學器李容球諸氏가測量學校를設立ㅎ고學徒를募集ㅎ고校規를擴張ㅎ야熱心敎授ㅎ는대前進之望이有ㅎ다더라

●特別廣告

本銀行에서는　僉君子의當座預金에對ㅎ야特別히信密保管홈으로爲主ㅎ온는바利子는如左홈

●無定期當座金은年步三圓六錢十五
●三朔定期預金은年步五圓
●六朔定期預金은年步五圓五拾錢
●壹年定期預金은年步六圓
●營業時間은(自上午九時至下午五時)

鍾路韓美電氣會社二樓
韓一(?)銀行告白

雜報

◎奉勅問安　大皇帝陛下ᄭᅦ옵서昨日上午에侍從李學默을德壽宮에 命送ᄒᆞ샤 問安ᄒᆞ고來ᄒᆞ라ᄒᆞ옵셧다더라

◎御幸行時盛儀　昨日에 大皇帝陛下ᄭᅦ옵셔水原에 幸行ᄒᆞ옵신事ᄂᆞᆫ衆所共知어니와同日上午六時五拾分에出 宮ᄒᆞ옵셧ᄂᆞᆫ대內外國警視十八人이騎馬前導ᄒᆞ얏고其次에日本儀仗兵이騎馬排立ᄒᆞ얏고其次에宮內府次官小宮三保松과祕府大臣閔丙奭禮式官朴叙陽等諸氏ᄂᆞᆫ馬車를乘ᄒᆞ고御前導 陪從ᄒᆞ얏고 陛下ᄭᅦ옵셔ᄂᆞᆫ 御馬車를搭乘ᄒᆞ옵셧ᄂᆞᆫ대侍從院卿尹德榮氏가參乘ᄒᆞ얏고其次에完興君李載冕氏가馬車를乘ᄒᆞ얏고其次에總相李完用侍從李恒九兩氏가馬車를同乘ᄒᆞ얏고其次에法部大臣高永喜氏ᄂᆞᆫ人力車를乘ᄒᆞ고陪從ᄒᆞ야同七時貳拾分에 南大門外停車場에 御到着ᄒᆞ셧ᄂᆞᆫ대軍樂을迭奏ᄒᆞ얏고各部大臣과文武百官과各學校生徒가先驅排立ᄒᆞ얏고漢城府民會諸員은齊波新作路虹蜺門內에會集ᄒᆞ야擧手敬禮ᄒᆞ야 祗送의意를表ᄒᆞ얏고其他人民도 御路左右에會集ᄒᆞ야人山人海를成ᄒᆞ얏ᄂᆞᆫ대還 御ᄒᆞ옵실時에 祗迎에節次도祗送ᄒᆞᆯ時와同壹케ᄒᆞ얏다더라

◎兩園奉審　侍從洪奎植을遣ᄒᆞ야 懿寧 孝昌兩園에 奉審ᄒᆞ고來ᄒᆞ라신 旨를 下ᄒᆞ옵셧다더라

◎銀盃奉呈　昌原來信을據ᄒᆞᆫ즉 大皇帝陛下卽位ᄒᆞ신第壹回紀念ᄒᆞ기爲ᄒᆞ야官民協同慶祝宴을設行ᄒᆞ얏다ᄂᆞᆫ데該慶祝會에셔銀盃壹雙을製造ᄒᆞ야將次漢城府民會長의게送致ᄒᆞ야轉次 奉呈케ᄒᆞᆫ다더라

◎恩隆渥　奎章閣提學徐正淳氏의卒逝ᄒᆞᆷ이 天聽에達ᄒᆞ이 聖旨를 下ᄒᆞ옵셔喪葬需ᄂᆞᆫ令宮內府로從優輸送ᄒᆞ고節惠之典은待諡座擧行ᄒᆞ라ᄒᆞ옵셧다더라

◎不休自休　昨日 幸行時에各部大臣以下諸等官이壹切隨駕ᄒᆞᆷ으로判任官들은自然히休暇가되얏다더라

◎吳氏上海逃　內部大臣宋秉畯氏ᄂᆞᆫ何等緊要事項이有ᄒᆞ던지日前에前郡守吳膺善氏를上海로派送ᄒᆞ얏다더라

◎治道費排定　內閣에서各府部院廳에輪牒ᄒᆞ되今番漢城內道路修築費를各其隨等須給ᄒᆞᆯ기로磨鍊ᄒᆞ얏스니作速出給ᄒᆞ라ᄒᆞ얏ᄂᆞᆫ데據相以下各部大臣은各三拾圜式勅任官은三圜式奏任官은貳圜式判任官은壹圜式排定ᄒᆞ얏다더라

◎半叙半補　內部에서各地方으로派送ᄒᆞᆯ警務部를試取ᄒᆞᆫ다ᄂᆞᆫ事ᄂᆞᆫ前已報道어니와該試驗에十四人이被選ᄒᆞ얏ᄂᆞᆫ데七人은卽爲叙任ᄒᆞ고七人은後補로仍置ᄒᆞᆫ다더라

◎劉氏出張　內部土木局長劉猛氏ᄂᆞᆫ平壤郡水道工事에關ᄒᆞ야昨日에該地方으로出張ᄒᆞ얏다더라

◎內部官廳新建築　內部에서官廳을遞信管理局의模範으로新建築ᄒᆞᆯ터ᄂᆞᆫ데犯人基址인즉前惠民署家屋으로由ᄒᆞ야外行廊까지라ᄂᆞᆫ대本年度에着手ᄒᆞᆯ터이오現官廳은仍舊存置ᄒᆞ야宴會及會議室로使用ᄒᆞᆫ다더라

◎拓殖委員歸國　日本의新任ᄒᆞᆫ拓殖社委員諸氏ᄂᆞᆫ該會議를畢了ᄒᆞ고日間歸國ᄒᆞᆫ다더라

◎誓死力爭　今番日本東京에셔拓殖事業을韓日兩國委員이會議ᄒᆞᆯᄉᆡ다ᄂᆞᆫ事ᄂᆞᆫ槪聞ᄒᆞᆫ則拓殖定款第五拾二條中第二拓殖上에必要ᄒᆞᆫ土地의賣買及貸借와第三拓殖上에必要ᄒᆞᆫ經營及管理와第四拓殖上에必要ᄒᆞᆫ建築物의築造와賣買及貸借와第五拓殖上에必要ᄒᆞᆫ韓日移住民의募集及分配等句語를全羅南道委員朴源奎와黃海道委員金永澤三氏가誓死力爭ᄒᆞ야乃於去月二拾五日에民有地의賣買及貸借及經營事에移住民의賣移와株主의募集을不得勤行ᄒᆞ기로日本政府及日本委員八拾四人의게受諾ᄒᆞ야自日本政府로說明書를提出ᄒᆞ고且于韓國農商工部에移照ᄒᆞ야將次發訓各道ᄒᆞ야咸使知悉케ᄒᆞᆫ다더라

◎七百座人力車　昨日上午壹時頃에宮內府에指揮로人力車七百餘座를水原郡으로下送ᄒᆞ야今番 幸行時에擧行케ᄒᆞ얏다더라

◎金川費撥照會　內部에서度支部에照會ᄒᆞ고金川費三拾萬圜을豫外支撥ᄒᆞ라ᄒᆞ얏다더라

◎冤魂이嗷々　漢城府에서各官民의게金川費를排斂徵收ᄒᆞᆫ事ᄂᆞᆫ別項과如ᄒᆞ거니와平民의게貧富을勿問ᄒᆞ고家屋每間에拾錢式收合ᄒᆞᆷ으로稱冤이漲藉ᄒᆞᆫ다더라

◎水業者招諭　仁川警察署에셔ᄂᆞᆫ三昨日午前拾時부터市內飮料水販賣業者貳百餘名을召致ᄒᆞ야說諭ᄒᆞ되水者ᄂᆞᆫ諸病毒의媒介物인즉凡於衛生上에極히注意ᄒᆞᆷ이 可하다 하얏다더라

◎民會保護相持　石跛壇墓址ᄂᆞᆫ官有地가아니오民有地인데警視廳에서壓制力으로汚穢場을設 壇門前에設始ᄒᆞ야塵芥와糞桶이積如邱山ᄒᆞ고惡臭가觸鼻ᄒᆞ야衛生에大有妨害ᄒᆞᆫ故로漢城府民會에셔警視廳과現今相持ᄒᆞᄂᆞᆫ中이라더라

◎請捐義金零星　漢城府民會에셔ᄂᆞᆫ社會에請求ᄒᆞᆫ義金이尙今零星ᄒᆞ야決算을報告치못ᄒᆞᆫ다더라

◎張氏會長辭免　姜燁氏와國債報償金調查會를設始ᄒᆞ고張博氏가會長을被選ᄒᆞ얏더니壹進會中諸氏가國債報償을調查會도亦爲發起ᄒᆞᆫ지라姜燁氏와聯合ᄒᆞ야會員을組織코ᄌᆞᄒᆞᆫ즉張博氏가聯合ᄒᆞᆷ을不可ᄒᆞ다ᄒᆞ야會長을辭免ᄒᆞ얏다더라

◎全郡의大聲明　全州郡守朴永斗氏ᄂᆞᆫ該郡內紳士三千餘名을勸ᄒᆞ야斷髮케ᄒᆞ얏ᄂᆞᆫ데其他人民들이名望이有ᄒᆞᆫ人士의多數斷髮ᄒᆞᆷ을見ᄒᆞ고自願斷髮ᄒᆞᄂᆞᆫ者ㅣ日益增加ᄒᆞᆫ다더라

◎海岸에電燈架設　仁川海岸에ᄂᆞᆫ向今夜間燈火의設備가無ᄒᆞᆷ故로小船出入及定宿의不便ᄒᆞᆷ이不少ᄒᆞ다ᄒᆞ야仁川의居留ᄒᆞᄂᆞᆫ日本民團에서海關에交涉ᄒᆞ야海關埠頭로부터水產會社에至ᄒᆞ기ᄭᆞ지電燈數拾個를建設ᄒᆞᆯ內定이라더라

◎韓紙輸出　慶尙道에서產出되ᄂᆞᆫ韓國의紙ᄂᆞᆫ近年에地方騷擾로因ᄒᆞ야其產出이減少되고又輸出이減少되ᄂᆞᆫ데昨年에約壹萬圜價格의紙를輸出ᄒᆞ얏다더라

◎日兵行掠　丹陽郡에ᄂᆞᆫ日兵들이貳三月에ᄂᆞᆫ杏花桃花를花草로玩賞ᄒᆞ다ᄒᆞ고家々에突入ᄒᆞ야花枝를折去ᄒᆞ며니果實成熟ᄒᆞᄂᆞᆫ대로更히家々에突入ᄒᆞ야價金도不給ᄒᆞ고沒敗摘去ᄒᆞᄂᆞᆫ故로果木主人들이其苦況을不堪ᄒᆞ야暗中預摘ᄒᆞ여日前明國은畢竟果實ᄒᆞᆯ人이無ᄒᆞᆯᄯᅳᆺ보다ᄒᆞ고同郡村間에住ᄒᆞᄂᆞᆫ [illegible] 雞鷄를逢着捕去ᄒᆞ고或主人이鷄價로要求ᄒᆞᆫ즉無數毆打ᄒᆞ야負傷者가多ᄒᆞ야必也日人眼下에ᄂᆞᆫ鷄도義兵인지絶種ᄒᆞ겟다ᄂᆞᆫ怨聲이不絶ᄒᆞ다ᄒᆞ더라

◎韓漢可痛　영川郡守備隊가去七月頃七日에該郡府에게面에셔 [illegible] ᄒᆞ얏ᄂᆞᆫ데通辯韓敎承이란者가該洞居ᄒᆞᄂᆞᆫ姜召동의錢壹百兩을無端討食ᄒᆞᆷ은已甚ᄒᆞ얏거니와姜氏의子婦와其他年少婦女를義兵族屬의妻라ᄒᆞ고捉去ᄒᆞ야韓哥의人壹名이女人壹名式兩畫同宿ᄒᆞ야姦ᄒᆞ고還送ᄒᆞᆯ際에該女人다려말ᄒᆞ야曰彼庭에禮拜ᄒᆞ라ᄒᆞ式ᄒᆞ면放送ᄒᆞ깃다ᄒᆞ니該女人은如數히拜ᄒᆞ고壹女人은拜치아니ᄒᆞ거날更爲捕執ᄒᆞ고房內에入ᄒᆞ야又爲겁奸後放送ᄒᆞ얏스니世上에如此暴漢이何有리오此等事를彼大將의게呼訴ᄒᆞ면丁寧嚴治ᄒᆞ갯마ᄂᆞᆫ言語를不通치못ᄒᆞ니是可奈何라고民心이大端憤鬱ᄒᆞ다더라

◎塞耳打鍾　北署齋洞居某大官의子婦가該男姑의虐待를不堪ᄒᆞ야 [illegible] 何許妙男子를隨ᄒᆞ야乘夜逃躲ᄒᆞ얏ᄂᆞᆫ대該家에셔外人이知ᄒᆞᆯ까慮ᄒᆞ야門客과下隷를嚴截關束ᄒᆞ고現今에暗自搜索ᄒᆞᆫ다더라

◎治療費徵給指揮　北部紫霞동居ᄒᆞᄂᆞᆫ前参奉金基鉉氏가年今八拾에歲인데昨日上午壹時頃에 [illegible] 石洞 [illegible] 過去ᄒᆞᆯ時에柴商漢의게被蹴ᄒᆞ고面部가重傷ᄒᆞ야流血이淋漓ᄒᆞᆫ지라該掌內巡査가식商의게申飭ᄒᆞ야相當ᄒᆞᆫ治療費를徵給ᄒᆞ게ᄒᆞ얏다더라

◎興鎭坊總會　興鎭坊會에셔明日下午壹時에龍湖學校內에셔總會를 ᄒᆞ고緊急事務를協議ᄒᆞᆫ다더라

◎委員派送調查　湖南學會에셔委員을派送ᄒᆞ야漢城內留連ᄒᆞᄂᆞᆫ湖南人中商業人이나求仕ᄒᆞᄂᆞᆫ人을낫々히調查ᄒᆞᆫ다더라

▲地方消息▼

▲本月二十日에慶尙南道咸陽郡新坪에셔義兵將李某의領率ᄒᆞᆫ三十餘名은該郡 守備隊와交戰ᄒᆞ얏다ᄒᆞ고

▲本月二十壹日에全羅南道仙岩白巖材에서義兵數拾名이巡査隊와交戰ᄒᆞ얏다ᄒᆞ고

▲本月二拾日夜에咸陽郡天坪里에셔義兵十六名이該郡駐在日守備隊와交戰ᄒᆞ얏다ᄒᆞ고

▲本月十九日에咸鏡남道洪原郡西山中에셔義兵數拾餘名이該郡日守備隊와交戰ᄒᆞ얏다ᄒᆞ고

▲本月二十三日에全羅道淳昌郡에셔義兵二百餘名과該本守備隊及巡査隊와交戰ᄒᆞ얏다더라

▲蝙蝠世界▼

▲南山石壁岩々中에無數蝙蝠往來ᄒᆞ니晝鼠夜雀變化ᄒᆞ며反覆無常네아닌가韓國情比較하면不輕不重틀림업시더蝙蝠과一般일세

▲權在皇室ᄒᆞ고보면依附皇室忠臣이오勢歸外人ᄒᆞ량이면依附外人逆賊되여或忠或逆難分이라登身富貴是貪하니더蝙蝠이可惜이오

▲官職在身ᄒᆞᆯ제ᄂᆞᆫ斷髮洋服開化ᄒᆞ다가官職去ᄒᆞ고보면 [illegible] 兀然 [illegible] ᄒᆞ니더蝙蝠이可惜이오

▲仕宦界에沾身ᄒᆞ며無所不至挾雜ᄒᆞ다가敎會에 [illegible] 談經論道로熱心者인듯ᄒᆞ며經綸士인더니더蝙蝠이可惜이오

▲韓日有爲稱說ᄒᆞᆫ慷慨不過自嘆ᄒᆞ더니某府偵探되여銀錢分에托命ᄒᆞ고秘密探聞漏泄ᄒᆞ니뎌何心ᄒᆞ며何心인고더蝙蝠이可惜이오

▲開化人을逢着ᄒᆞ면開化言論宏壯ᄒᆞ고頑固輩를相對ᄒᆞ면頑固ᄒᆞᆫ義理倡ᄒᆞ야於此於彼釣名으로自得揚揚ᄒᆞ니더蝙蝠이可惜이오

▲演說壇에登ᄒᆞ야當局者를論駁ᄒᆞ며日暮에逆賊罵타가某官府結納ᄒᆞ며昏夜往來哀乞ᄒᆞ며滿口稱頌納諂ᄒᆞ니더蝙蝠이可惜이오

▲此社會에投入ᄒᆞ며彼社會를侮辱ᄒᆞ고彼社會에投入ᄒᆞ면此社會를毀謗ᄒᆞ야當個人의私慾으로互作戰隊仇視ᄒᆞ니더蝙蝠이可惜이오

▲丈夫 [illegible] ᄂᆞᆫ幽閑貞靜假飾ᄒᆞ야節婦로自處타가乘隙出門ᄒᆞ량이면豪蕩男子追逐ᄒᆞ야廉恥忘却難測ᄒᆞ니더蝙蝠이可惜이오

▲蝙蝠輩야蝙蝠輩야物中最靈是人이라惟精惟一硏究ᄒᆞ고好個事業許多ᄒᆞᆫ되蝙蝠으로活무슴일가可憎도다蝙蝠輩야飜然悟ᄒᆞ여보소

雜報

◎曠官民情嗷々 慶南각郡守가該道觀察使의勸告ᄅᆞᆯ因ᄒᆞ야辭職請願ᄒᆞᆫ者가多數ᄒᆞᆷ은昨報에已揭어니와該曠官된各郡에ᄂᆞᆫ民情이大端嗷々ᄒᆞ다더라

◎語校秋期運動 官立漢城外國語學校의셔今日東小門外三仙坪으로出往ᄒᆞ야秋期運動을設行ᄒᆞᆫ다더라

◎臺門撤閉 昨日에敎化門前으로南大門까지韓國觀廳指揮ᄅᆞᆯ因ᄒᆞ야馬車往來의便利키爲ᄒᆞ야各臺門을撤閉ᄒᆞ얏다더라

◎紗窓痛哭 日昨에警視廳監具然壽氏가妓女들을會同ᄒᆞ야說明ᄒᆞᆫ後에妓夫를壹切汰去ᄒᆞ라ᄒᆞ얏ᄂᆞᆫᄃᆡ妓女들이多年有情ᄒᆞᆫ其夫ᄅᆞᆯ壹朝에永別ᄒᆞᆷ에對ᄒᆞ야歸家痛哭者가多有ᄒᆞ얏다더라

◎訴訟演習停止 普正義塾에셔ᄂᆞᆫ每日曜日에訴訟演習을擧行ᄒᆞ기로酌定ᄒᆞ얏더니有何事端인지停止ᄒᆞ고來日曜日에ᄂᆞᆫ各專門學校등聯合ᄒᆞ야討論會ᄅᆞᆯ開ᄒᆞᆫ다더라

◎在韓日人의敎育 韓國에在ᄒᆞᆫ日本居留民團의敎育及保育의情況은本年七月末의調査ᄒᆞᆫ즉校數가如左ᄒᆞ니小學校六拾六個所內의指定學校가十四오其他의五拾五오兒童數ᄂᆞᆫ九千五百六拾인ᄃᆡ男子가五千拾二名이오女子가四千四百五拾八名이며、高等女學校ᄂᆞᆫ四個所의指定學校가壹이오其他의三인ᄃᆡ生徒數ᄂᆞᆫ三百拾三名이며商業學校가壹個所인ᄃᆡ生徒數ᄂᆞᆫ壹千名이오專門學校가一個所인ᄃᆡ生徒數ᄂᆞᆫ二十八名이오幼稚園은七個所인ᄃᆡ兒童數ᄂᆞᆫ五百九拾三名中의男이二百九拾四名이오女가二百九十九名인ᄃᆡ合ᄒᆞᆫ校數ᄂᆞᆫ八拾二오生徒數ᄂᆞᆫ壹萬五百九十四名內의男이五千五百二十四名이오女가五千七拾名이라더라

◎通譯賊被捉 南部永禧坊居中泰用은載寧郡에駐在ᄒᆞᆫ日憲兵分隊通譯으로在任ᄒᆞ다가去月頃에受由上京ᄒᆞ야泥峴及龍山에居留ᄒᆞᄂᆞᆫ日人家七八處에逐日闖入ᄒᆞ야時計等屬과他雜品數百圓價値ᄅᆞᆯ窃取ᄒᆞᆫ情跡이現露ᄒᆞ야昨日中部警察署에被捉되얏다더라

◎自刺見胃 中部相思동居文相益氏가昨日上午九時에黃土峴惠政橋ᄅᆞᆯ過去ᄒᆞᆫᄃᆡ該附近에在ᄒᆞᆫ勞働者李明淳이가文氏의所着鞋子ᄅᆞᆯ처履ᄒᆞᆷ으로文氏가發怒打頰ᄒᆞᆫ즉李某가所持短刀로渠의胃部ᄅᆞᆯ遽然自刺ᄒᆞ야流血이淚藉ᄒᆞᆫ故로中部警察署에셔ᄂᆞᆫ某警察醫師山本의私邸로昇送診斷ᄒᆞᆫ後에歸家治療케ᄒᆞ얏다더라

◎日商打人被捉 南部山林동居金昌元氏가再昨日下午七時頃에南部竹동居留日人韓玉店에셔各物品을玩賞ᄒᆞᆯ際에該店主가김氏ᄯᅡ려他人의營業을妨害ᄒᆞᆫ다稱ᄒᆞ고無數毆打ᄒᆞᄂᆞᆫ지라該署內日巡査가該日人을警察署로押付ᄒᆞ얏다더라

◎馬浦日生徒入京 馬山浦에居留ᄒᆞᄂᆞᆫ日本人이設立ᄒᆞᆫ尋常高等小學校男女生徒三拾四名은訓導鍋久淸太郎을隨ᄒᆞ야不日에京城에來ᄒᆞᆫ다더라

◎敎明復明 李琦鎔씨가設立ᄒᆞᆫ敎明義塾은財政이困難ᄒᆞ야廢止ᄒᆞᆫ境에至ᄒᆞ얏다더니該지가三百餘石落秋收番士ᄅᆞᆯ辦出維持케ᄒᆞ얏다더라

廣告

[illegible]

[illegible]

[illegible]

社告

新報代金 新貨二錢[illegible]
壹個月 [illegible]
參個月 [illegible]
陸個月 [illegible]
壹個年 [illegible]
郵稅一號 新貨五厘
壹個月 十二錢

○廣告料

四號活字拾三字詰
每壹寸(英尺)에 新貨卄五錢
二週日壹寸에 二圜[illegible]
壹個月壹寸에 [illegible]
(自壹行至四行이爲壹寸)
其期限의長短과字數의多少에依ᄒᆞ야增減홈이有홈

大韓每日申報分賣所廣告

中署布屛下 金相萬冊肆
平壤鍾路太極書館 安[illegible]
仁川香峴開新冊肆 李東皓
義州南門外東西大藥房 [illegible]
釜山港佐川약局 徐錫籌
三和港牌石洞 [illegible]澄柱
咸興州南杜西門外 [illegible]
開城남大門內興學書舖 [illegible]
大邱西門外友弦書樓側 李正由
戰[illegible]邑濟衆院 劉[illegible]
鐵山邑東部 [illegible]
元山倉前 劉七錫

[illegible]

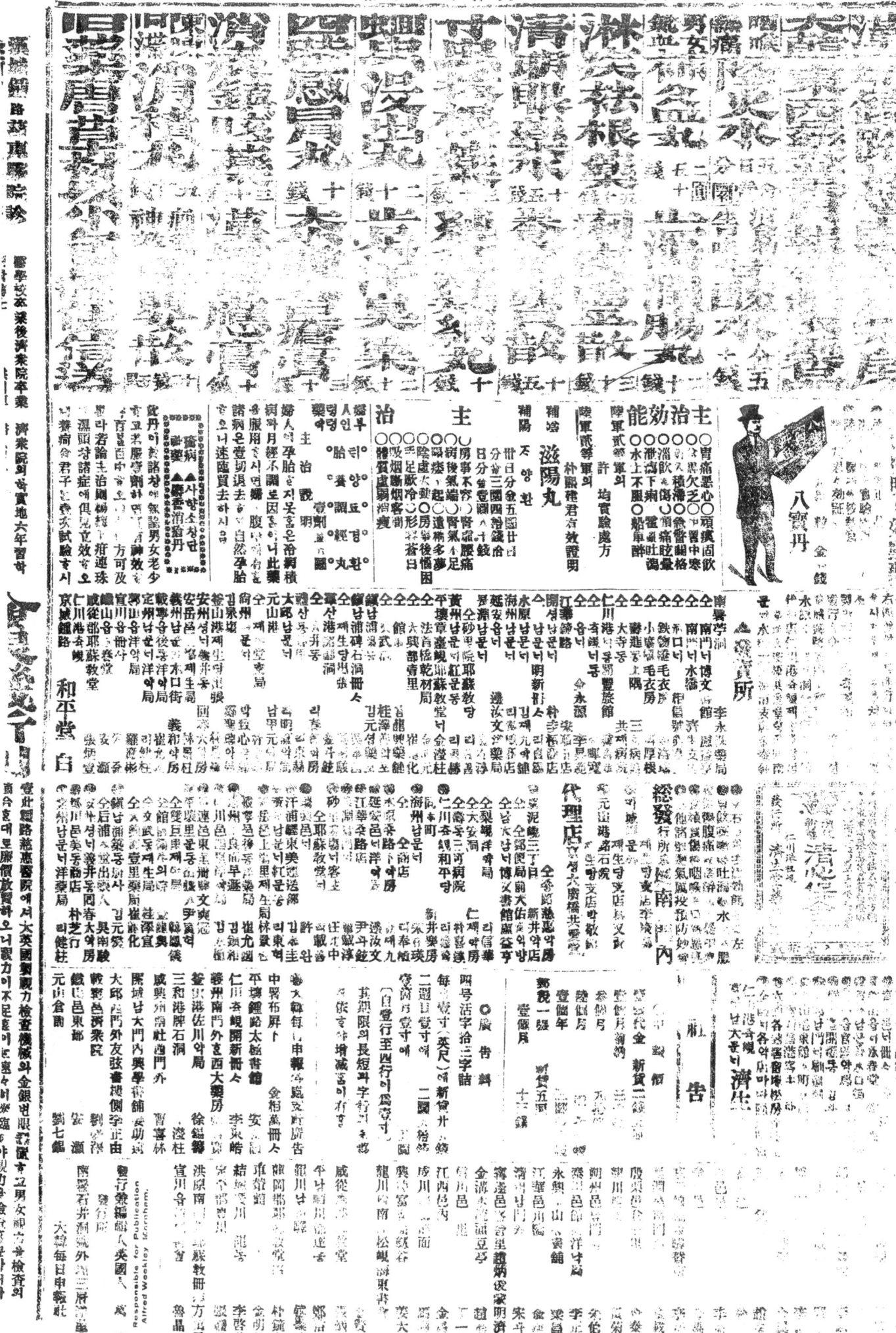

發行兼編輯人 英國人 萬咸
Responsible for Publication Alfred Weekley Marnham
發行所 南署苧洞[illegible] 大韓每日申報社

第六卷

大韓每日申報

第九百廿壹號

月曜及慶節歲時日休刊

檀君開國四千二百四十一年
箕子元年三千三十年
大韓開國五百十七年
日本明治四十一年
淸國光緖三十四年
陰曆戊申九月大初十日壬辰

論說

◉所欲者奢

近日巷說을據ᄒᆞᆫ건ᄃᆡ同一進會長李容九氏가日本에渡往ᄒᆞᆫ것은第貳回一進會政府를組織ᄒᆞ기로運動ᄒᆞᆫ다ᄒᆞ며或者ᄂᆞᆫ曰同氏가此行에內閣摠理의椅子를占得ᄒᆞᆫ다ᄂᆞᆫ說도有ᄒᆞ니果乎否乎아

盖韓國의一進會ᄂᆞᆫ日本의忠勤ᄒᆞᆫ良僕이라俄日開仗時에鐵路修築과軍物運輸에千里赴役을如恐不及ᄒᆞ야膚汗이如雨ᄒᆞ되其勞를不知ᄒᆞ고肩背가如繭ᄒᆞ되其痛을全忘ᄒᆞ얏스니日本이此에對ᄒᆞ야萬金의賞賜와萬戶의封爵을幾十萬會員의게一々均施ᄒᆞᆷ이可ᄒᆞ고彼等도向隅의嘆을抱ᄒᆞᆷ이無ᄒᆞᆯ터인ᄃᆡ況其首領의位에居ᄒᆞᆫ者ᄂᆞᆫ大臣의功名을倫來之物로認ᄒᆞᆯ지니何特宋秉畯一個人만大官의椅子를獨占ᄒᆞ야富貴를獨享ᄒᆞ며勢力을獨擅ᄒᆞ리오且其一進會의歷史로言ᄒᆞ면李容九氏가自初至終에許多勤勞가宋氏보다百倍優過ᄒᆞᆷ이有ᄒᆞᆫ則日本이一進會의功勞를報酬코져ᄒᆞᆯ진ᄃᆡ李氏에게ᄂᆞᆫ總理大臣이아니면其所慾을饜足케못ᄒᆞᆯ지로다

而況韓日交涉에第壹重大ᄒᆞᆫ問題가되ᄂᆞᆫ保護條約을要結ᄒᆞᆫ同時에伊藤氏의手腕과勢力으로도大段히困難ᄒᆞᆫ境遇를當ᄒᆞ얏더니一進會가此를好機會라謂ᄒᆞ야擧國의憤罵와世界의耻笑와萬代의遺臭로써榮華를삼고功名을삼아幾千紙의宣言書를公布ᄒᆞ며第一回의紀念宴을擧行ᄒᆞ얏스니此ᄂᆞᆫ世界萬國의異常ᄒᆞᆫ人種이오萬古歷史의奇怪ᄒᆞᆫ事跡이라日本이其功勞를報酬코져ᄒᆞᆯ진ᄃᆡ一進會首領을爲ᄒᆞ야東京通衢에數拾尺銅像을建立ᄒᆞ야東西洋全世界眼目으로ᄒᆞ여금何國人民이던지日本을爲ᄒᆞ야効勞가有ᄒᆞᆫ者면如此히豊厚ᄒᆞᆫ報酬를得하ᄂᆞᆫ줄노認케ᄒᆞᆫ則世界上他國人民도韓國의一進會를模範ᄒᆞᆯ者가多有ᄒᆞᆯ터이오日本人民도或韓國의一進會와如히自己의勢利를圖得ᄒᆞᆯ機會가有ᄒᆞ면其祖國을忘却ᄒᆞ고他國에獻媚効忠의行爲가有ᄒᆞᆯ지니此ᄂᆞᆫ日本政府에서世界를誘引ᄒᆞ고國民을敎導ᄒᆞᆯ方針이아닌가

至若韓國內閣하야ᄂᆞᆫ韓人의所有라擧而授之가有何足惜이리오此ᄂᆞᆫ必得ᄒᆞᆯ機會가有ᄒᆞᆫ것이오若以人情으로揣度하면李시의勤勞가宋시보다優過ᄒᆞᆫ대宋시만大臣의位를獨占ᄒᆞ고李시ᄂᆞᆫ逐雞望籬가되ᄂᆞᆫ境遇이면雖杜門咋舌이라도足히其羞憤을洩ᄒᆞ지못ᄒᆞᆯ지니今番此行에總理의功名을得지못ᄒᆞ면不復渡韓ᄒᆞ기로必然決誓가有ᄒᆞᆯ지로다

然ᄒᆞ나向日에日人報紙를據ᄒᆞᆫ즉日本이一進會를對ᄒᆞ야賞給이已足ᄒᆞ다ᄒᆞ얏스니若日本政府에意向도同報의所論과如ᄒᆞᆯ진ᄃᆡ該會가更히報酬를希望ᄒᆞᆯ餘地가無ᄒᆞ니李씨가又復如何ᄒᆞᆫ功勞를特獻ᄒᆞ여야其所欲을必遂ᄒᆞᆯᄂᆞᆫ지亦未可知로다

外報

●印度의大洪水 東京電을據ᄒᆞᆫ즉印度ᄒᆞ이데르파드地方에서大洪水가有하야死者가壹萬名이라더라

●嫌疑者의家宅搜索 同電을據ᄒᆞᆫ즉俄國官憲이日本人某를犯罪의嫌疑者로家宅을搜索ᄒᆞ고該家書類及其他物品을押收ᄒᆞ얏다더라

●德國海軍協會議案 伯林電을據ᄒᆞᆫ즉德國海軍協會에셔甲裝巡洋艦六隻의建造費와預備艦隊의增加案을發表ᄒᆞ얏다더라

●松江增水와避難方針 哈爾賓電을據ᄒᆞᆫ즉松花江이日々增水하야泛溢의憂慮가有ᄒᆞᆫ즉何時든지避難ᄒᆞᆯ樣으로注意ᄒᆞ며愈益危險ᄒᆞᆫ境遇에ᄂᆞᆫ號砲로報ᄒᆞ라ᄂᆞᆫ命令을발하고又民政署의命을承ᄒᆞ야市會ᄂᆞᆫ船舶을各處에繫留ᄒᆞ고[illegible]新市街에避難ᄒᆞᆯ方法을研究ᄒᆞ고日本居留民會ᄂᆞᆫ同領事館과協議ᄒᆞᆫ後領事館으로避難處를定ᄒᆞ얏다더라

雜報

●學部豫算 學部明年度預算要求件의關ᄒᆞᆫ作을閣議ᄒᆞ야如左ᄒᆞ니全國敎育界의觀念이[illegible]ᄒᆞᆷ을機ᄒᆞ야國民의實業思想을注入ᄒᆞᆯ必要를感覺ᄒᆞᆷ으로써實業學校令을制定ᄒᆞ야拾三道의實業學校를設立ᄒᆞᆯ計劃이오現在高等학校敎科目(農科商科工科)을加ᄒᆞ야實際的人物을養成ᄒᆞ며且入學의希望者多少를依ᄒᆞ야現在壹학年壹학級을壹학年貳學級으로定ᄒᆞ고因ᄒᆞ야校地及敎會를擴張ᄒᆞᆯ計劃이오外國語學校ᄂᆞᆫ淸日英法德의外國語학科를敎授ᄒᆞ얏스나各科가共히不完全ᄒᆞᆷ으로更히擴張ᄒᆞᆯ事로平壤仁川의在ᄒᆞᆫ日語學校ᄂᆞᆫ普選學校의敎科目의加ᄒᆞᆯ터이오本年의師範敎ᄒᆞᆫ高等女學校ᄂᆞᆫ校舍가狹隘ᄒᆞᆷ으로適當ᄒᆞᆫ校地를擇定ᄒᆞ야新築ᄒᆞᆯ事요公立普通學校의增設은經費가多大ᄒᆞᆫ즉國財政으로ᄂᆞᆫ現今困難ᄒᆞ나全國重要地의在ᄒᆞᆫ私立학校五拾을選擇ᄒᆞ야私立普通학校로指定ᄒᆞ고補助를給與ᄒᆞ야公立학校의設備ᄒᆞᆯ計劃이오目下敎育員의養成은京城師範學校뿐인故로一般私立學校의要ᄒᆞᆫ敎員은勿論官公立普通學校及私立普通學校의對ᄒᆞᆫ敎員을供給키至ᄒᆞ야不能ᄒᆞᆷ으로師範學校를擴張ᄒᆞ야現在壹학年壹學級은壹學年二學級으로定ᄒᆞ고現在의年年히五拾名의卒業生이出ᄒᆞ나此를百名으로ᄒᆞ고尙此速成科를附設ᄒᆞ야敎員을養成ᄒᆞ며且敎科目의農業商業手工業등의實科를加ᄒᆞ야普通학校의서實業科敎授의任을堪當케ᄒᆞᆯ資格을養成ᄒᆞᆯ事이라더라

●鐵道局移轉 南大門外停車場附近에在ᄒᆞᆫ鐵道管理局의셔拾壹月上旬의龍山으로移轉ᄒᆞᆫ다더라

●鎭安吏輩挾雜 鎭安郡은歲前歲後로守備隊糧米와憑藉ᄒᆞ고村々히米穀을收斂ᄒᆞ고圖費라고收斂ᄒᆞ니村民이資[illegible]ᄒᆞᆯ수업고且守備隊에셔饒民에게納米ᄒᆞ라ᄒᆞ야米價ᄂᆞᆫ愈川後에야每斗에或壹貳兩式出給ᄒᆞ고鷄壹首에五六錢式出給하기로民怨이喧藉ᄒᆞ더니追後査實ᄒᆞᆫ즉守備隊에셔ᄂᆞᆫ米價與雞價全準數淸給ᄒᆞᆫ것을吏房及各所任輩가中間에셔乾沒ᄒᆞ얏다더라

●牛皮會社設立請願 中部下於義洞居裵台鉉시가牛皮製造會社를設立ᄒᆞ고承認[illegible]業ᄒᆞᆯ次로農商工部에請願ᄒᆞ얏다더라

●是何悖行 北部苑洞居ᄒᆞᄂᆞᆫ金明玉이라ᄒᆞᄂᆞᆫ者이何事件을因ᄒᆞᆷ인지再昨日에渠兄의胷膛을足蹴ᄒᆞ야死境에至ᄒᆞᆫ고로中部警察署에셔金哥를押囚ᄒᆞ고現今訊問中이라더라

●凌辱巡査者被囚 南部警察署巡査某시가再昨日下午四時頃에南大門內에셔道路를警衛ᄒᆞᆯ際에日人廣中在藏이가警衛章程을違反過去ᄒᆞᆷ으로該巡査가右邊路로過去ᄒᆞ라申飭ᄒᆞᆫ즉該日人이無端히凌辱ᄒᆞ다가巡査의服裝을裂破ᄒᆞᆫ고로該署로押囚ᄒᆞ고現今取調하ᄂᆞᆫ中이라더라

●官鹿傷人 北部玉洞居ᄒᆞᄂᆞᆫ金正鉉시가再昨日下午에換藥次로景福宮에入去ᄒᆞ얏더니宮內에所畜雄鹿이金시를以角猛觸ᄒᆞ야大爲被傷ᄒᆞᆫ지라治療ᄒᆞ기爲ᄒᆞ야漢城病院으로卽時昇去ᄒᆞ얏다더라

●屠殺數調査 去九月中의各屠殺場의셔所殺ᄒᆞᆫ牛數가壹百八拾六頭요豚數가二百二拾七頭이더라

●觸車致傷 再昨日下午六時量에西大門外荷坡等地에셔電車가觸迫ᄒᆞ야日人壹名이面部를致傷ᄒᆞ얏다더라

●嶠南親睦 嶠南學生親睦會에셔本日下午一時의定期總會를典洞嶠南教育館內에開ᄒᆞ고會務의[illegible]方針을商議ᄒᆞᆫ다더라

●金氏의蠶業發達 平安남道江西郡財産家金應龍시가實業의熱心ᄒᆞ야蠶業을改良發達ᄒᆞ기의用心ᄒᆞ야昨年의私費로蠶業傳習所를設ᄒᆞ고附近希望者를募集ᄒᆞ야養蠶術을敎授ᄒᆞᄂᆞᆫ데農商工部의서技手를出張케ᄒᆞ야傳習生을敎授ᄒᆞ미其成績이極히良好ᄒᆞᆷ으로써今年의도繼續ᄒᆞ야該技手를出張케ᄒᆞ고若干의補助金을交付ᄒᆞ고去月三十日의修習證授與式을擧行ᄒᆞ얏ᄂᆞᆫᄃᆡ授業生이拾四名이라더라

雜報

◎水原幸行順序 大皇帝陛下게옵서 隆陵 健陵에 展謁ᄒ시기爲ᄒ야水原에 幸行ᄒ심은前報에已揭ᄒ얏거니와再昨日午前九時三拾分에 隆陵에 御着ᄒ샤 健陵齋室에入御ᄒ샤暫時 休憩ᄒ신後에御水刺ᄒ시고 丁字閣에入謁ᄒ샤 展謁禮를 行ᄒ시고陵으로셔 奉審ᄒ얏고休憩所에入 御ᄒ샤暫時 休憩ᄒ신後에更히 丁字閣上에셔隆陵의禮를 行ᄒ셧고 健陵에 入詣ᄒ샤 展謁禮를 隆陵의禮와同히ᄒ얏고休憩所에入御ᄒ샤 御水刺ᄒ시고午後壹時四拾分에休憩所에셔動 駕ᄒ야午後二時三十分에 大皇橋에 御着ᄒ샤列車로西湖驛에 御到着ᄒ셧는ᄃᆡ西湖畔에行幸ᄒ야 杭眉亭에入 御ᄒ사暫時 休憩ᄒ시고模範農場에 臨御ᄒ샤同場에紀念松을御手로撫ᄒ시고同場官等과觀察使와郡守等에게 拜謁ᄒ믈賜ᄒ옵셧는ᄃᆡ韓日人民等이諸種 物品을 獻納ᄒ야 御覽에 供ᄒ얏고還 幸ᄒ시는途에農林學生徒에게 優渥ᄒ勅諭를 下ᄒ샤曰農은國의大本이라 朕이爾等이農業에從事ᄒ믈聞ᄒ고甚히欣喜ᄒ노니益益奮勵ᄒ믈望ᄒ노라ᄒ셧고同地에셔左와如히各團體의게恩賜金을 下하셧는ᄃᆡ

金五百圜 水原模範農場
金百五拾圜 水原農林學校
金貳百圜 水原父老會
金貳百圜 水原韓國官民壹同
金貳百圜 水原日本人會
金百圜 水原普通學校
金百圜 水原日本人小學校
金四百圜 水原私立學校全體
金四百五拾圜 水原附近各郡學校

模範農場에서京畿觀察使를召ᄒ샤農況을 下問ᄒ시고午後四時四拾五分에西湖驛에서御發ᄒ야同九時五拾分에南大門外停車場에 御着ᄒ샤少憩ᄒ시고仍爲還 宮ᄒ옵셧더라

◎新聞記者陪往 別項과如히再昨日 大皇帝陛下 幸行時에宮內府에서各新聞社에電話ᄒ야新聞記者壹人式 御駕를陪往ᄒ야當日事를記載ᄒ라申飭ᄒ故로各新聞社員이壹人式陪往ᄒ얏더라

◎車軸不動 再昨日에 大皇帝陛下께옵셔 陵幸ᄒ셧다가還 宮ᄒ실時에總理大臣李完用氏의所乘馬車가石鼓壇前路에셔忽然히着轍不動ᄒ는지라暫時間이나升降ᄒ야가不得已ᄒ야該大臣께人力車를代乘而去ᄒ고該馬車가自然轉去ᄒ미左右觀光人들이莫不怪訝ᄒ얏다더라

◎署名問安擧行 昨日上午十時頃에總理大臣以下各部大臣과其他元老諸氏가詣 闕하야署名 問安의禮를行하얏다더라

◎盲人祗送 再昨日 幸行時에壹般臣民의 祗迎 祗送ᄒ믈은已報어니와城內外의盲人들도聯合ᄒ야南大門外에羅立祗送ᄒ얏다더라

◎明石勳章遺失 再昨日에大皇帝陛下께옵셔 幸行ᄒ실時에日憲兵大將明石은이가祗迎次로南大門外에出往ᄒ얏다가所佩勳章을遺失ᄒ얏스니査照覓送ᄒ라고各警察署에申飭ᄒ얏다더라

◎期於斷髮提議 斷髮 詔勅을 下ᄒ선지가週年이過ᄒ되壹切遵行치못ᄒ믄臣子의道理가아니라ᄒ야本年度內에期於히 詔勅을 奉行ᄒ기로各部大臣이提議ᄒ얏다는巷說이有ᄒ다더라

◎漁業法發布 韓國政府에서漁業法을發布ᄒ야此를韓日漁業者의게通用케ᄒ터인ᄃᆡ該法案을單히記載ᄒ야壹次參與官會議를經ᄒ얏는ᄃᆡ此를日本人의게適用ᄒ事의關ᄒ야는現在韓日通漁條約의改正과其他日本政府의豫議를隨하야次官木內가歸京ᄒ後의發布될터이라더라

◎限亦不借 現政府某大臣이全南居某人의게郡守壹窠를圖施ᄒ마ᄒ고錢二千五百圜을先爲納用後에郡守는累次 奏本에終不施給ᄒ고延拖爲主ᄒ樣이有ᄒ거날該人이不得已該大臣을往見하고錢二千五百圜을還推之意로言及則該大臣이還爲出給ᄒ기로牢約ᄒ고再三過限타가陰八月晦日에는該大臣이自己의季氏가自鄕第로上京ᄒ後斷當出給ᄒ다ᄒ더니또過限不報ᄒ다더라

◎不法觀察免官 各道觀察使가地方官吏의選擧權을專擔ᄒ後에某觀察은辭職勸告文을速寫板으로多數刊行ᄒ야無理行頒이有ᄒ고某觀察은他人의名을借ᄒ야勸告도ᄒ며某觀察은納賂手段을用ᄒ는者도有ᄒ야官吏選擧의法이紊乱ᄒ으로內部에서此等弊習을從實査覈ᄒ야不公平ᄒ觀察은壹壹免官ᄒ다더라

◎內部明年度豫算 地方行政刷新을企圖ᄒ는結果로明年度內部豫算各項은總히增加되얏는ᄃᆡ就中重要ᄒ者는醫務局主管이라水上警察의新設及普通警察의擴張이오地方局에는各道水利組合에日人主事任命이오土木局에는本年度부터工役에着手ᄒ六大道路外의各國河川調査오木浦는水道工事補助衛生局의셔는地方港灣과地의傳染病隔離舍新設等事이라더라

◎地段價推尋次調査 崔浩檜채鎬셔洪復周三氏가懷沃水定郡鐵道에犯入ᄒ民有地段價額을推尋ᄒ次로現將調査中이라더라

◎月報雜誌社員會同 昨日內部醫務局에셔각月報雜誌社의任員을會同ᄒ야編輯及發行에注意ᄒ라고說明하얏고湖南學會會報에各鄕校財團으로敎育靑年ᄒ意로論掲ᄒ事에對ᄒ야未安ᄒ意로說明ᄒ얏다더라

◎康氏의訪問局長 前廣濟院長康永勻氏가該院長在任時에該病院을光熙門外에自擔建築ᄒ고所入經費를內部에請撥ᄒ다ᄒ은前已報道어니와昨日에康氏가衛生局長廉仲謨氏를該局으로前往訪問ᄒ고曰費如今撥이면院舍를還付ᄒ라ᄒ되廉氏의所答이我雖局長이나擅難措處인즉大臣에게往稟決辦ᄒ라하얏다더라

◎閔氏와石氏 閔泳徽氏가去庚子年分에廣州郡居石泰淵氏의게言ᄒ되錢五六萬兩을納上ᄒ면加資를圖給ᄒ마ᄒ거날石氏가固辭ᄒ고應ᄒ얏더니其後에警廳으로押上ᄒ牢囚ᄒ고自如威脅曰甲申年에汝與錦陵尉로相有干連之事ᄒ얏더니錢拾二萬兩을納上ᄒ後에可免死刑이라ᄒ거늘石氏가不勝威脅ᄒ야[illegible]萬兩과답七石落을納ᄒ放免ᄒ얏더니石氏의係石東煥氏가該錢과답을推尋次로閔氏와裁判ᄒ다더라

◎彭氏와趙氏 前[illegible]郡守彭漢周氏가該觀察使署理時에順川郡守趙某를橫奪綱常之罪로搆陷ᄒ야拘囚牢獄ᄒ고葉錢三千兩을受賂ᄒ後放送ᄒ얏더니彭氏가遞任上京ᄒ後에趙氏가彭氏를尋訪ᄒ고曰無罪奪錢은不可ᄒ니該錢을還給ᄒ라ᄒ미彭氏가自認其屈ᄒ고爲先二千兩은出給ᄒ고壹千兩은推後備報ᄒ마ᄒ더니至此ᄒ야彼日에不出給ᄒ는故로趙氏가將次裁判ᄒ다더라

◎農作實況調査 水原郡에在ᄒ勸業模範場과其他出張所의本年度水稻農作ᄒ實況을調査ᄒ야將次頒佈ᄒ다더라

◎爲叔設宴 富平人의傳說을據ᄒ則該郡參判李敎駿이가年前入ᄒ얏더니其姪前觀察使建鎬氏가其伯父의生辰을當ᄒ야太宴을鄕第에排設ᄒ고京鄕知舊를廣速款待ᄒ얏는ᄃᆡ來客의往來車馬費를擔當ᄒ얏다더라

◎診斷醫師派送 近日에龍川郡龍巖浦警察分署管內加里面에虎列剌가발生ᄒ야居民十五名이旣爲致斃ᄒ고三名이尙今罹病ᄒ故로該署에서診斷治療次로警務醫師를派送ᄒ얏다더라

◎日憲兵刺人 再昨日下午九時頃에漢部竹洞居朴明淳시가該洞街路에서自己親知數人과互相酬酌ᄒ際에日憲兵壹名이過去ᄒ다가朴시를無端劍刺ᄒ야胸部가重傷ᄒ故로銅峴警察署에서日憲兵分隊에通知ᄒ고另探搜索ᄒ라ᄒ얏다더라

▲地方消息▼

▲去月二十八日靈光郡內에서義兵數十名이古阜郡駐在日守備隊와交戰ᄒ얏다ᄒ고

▲去月貳拾九日[illegible]郡西方二里地에서義兵二[illegible]餘名과古阜郡駐在日守備隊와交戰ᄒ얏다ᄒ고

▲去月貳[illegible]日[illegible]남道晋州郡院田의서義兵數[illegible]名이日守備隊와交戰ᄒ얏다[illegible]

▲去月二拾[illegible]日[illegible]武甲山中의서義兵[illegible]餘名은同郡駐在日守備隊와交戰ᄒ얏다ᄒ고

▲去月九日의渭原郡南方約拾四里地의서義兵數十名이同郡駐在日憲兵과交戰ᄒ얏다ᄒ고

▲去月拾五日黃海道丹[illegible]等地의서義兵貳拾餘名이憲兵及補助員과交戰ᄒ얏다ᄒ고

▲去月二十七日에京畿高陽郡東北三里地의서義兵拾餘名은同郡에駐在ᄒ憲兵과交戰ᄒ얏다ᄒ고

▲去月貳拾四日黃海道溫井院等地의서義兵四拾餘名이同地日憲兵及補助員과交戰ᄒ얏다ᄒ고

▲去月貳拾壹日京畿道龍仁郡內의서義兵三十餘名이同地駐在日憲兵及補助員과交戰ᄒ얏다하고

▲去月十四日伊川郡內의서義兵二拾名이黃海道新溪郡駐在日憲兵及補助員과交戰하얏다ᄒ고

▲去月二拾八日長津郡邑의서義兵約五拾名이同郡駐在日憲兵과交戰ᄒ얏다더라

▲隨見隨載▼

▲黃菊丹楓爛熳ᄒᄃᆡ遊覽次로周行ᄒ다가動物園에入ᄒ얏더니[illegible]

猶禽獸에[illegible]點檢ᄒ여[illegible]生存乎[illegible]慷慨[illegible]心[illegible]感想노[illegible]

▲[illegible]더[illegible]宛然하[illegible]咆哮[illegible]爪牙[illegible]雄이[illegible]

▲[illegible]宛[illegible]老[illegible]

▲[illegible]宛然[illegible]指[illegible]呼[illegible]明[illegible]自[illegible]者[illegible]가네아닌가

▲小几內[illegible]狐[illegible]宛然[illegible]快[illegible]零[illegible]碎短尾[illegible]利口[illegible]空[illegible]好[illegible]네아닌가

▲[illegible]宛然[illegible]片[illegible]投[illegible]互[illegible]神[illegible]失魂[illegible]臣네아닌가

▲[illegible]柵[illegible]味情狀[illegible]宛然[illegible]終[illegible]飢餓[illegible]沉々[illegible]酣睡[illegible]民네아닌가

▲[illegible]片隅[illegible]幽閉[illegible]宛然[illegible]石[illegible]獸[illegible]鳴悲[illegible]擾亂[illegible]安危[illegible]五[illegible]枕[illegible]儒네아닌가

▲鸚鵡[illegible]鷺鳥[illegible]宛然[illegible]同[illegible]去[illegible]何[illegible]於斯[illegible]인고[illegible]困[illegible]우네[illegible]

雜報

◉財產整理와商民　官內府와宮司及七宮의財務處理方法은目下度支部內臨時整理局에서調査ᄒᆞᄂᆞᆫ中인ᄃᆡ商民中에ᄂᆞᆫ種々奸譎手段을弄ᄒᆞ야實際債權의三倍나倍의額으로써請願ᄒᆞᆫ者가不少ᄒᆞᆫᄃᆡ司宮에記錄과商民의게有ᄒᆞᆫ債權證票와如ᄒᆞᆫ것은賄賂請託하야當年官吏의任意로決定ᄒᆞᆫ것인즉信用키不足ᄒᆞᆷ이라더라

◉敎師不恭　再昨日各處ㅣ私立學校가祇迎ᄒᆞᄂᆞᆫᄃᆡ孔德里普成校敎師가학徒를前道ᄒᆞ야羅立하엿고觀光者들은後邊으로多數히羅列ᄒᆞ얏ᄂᆞᆫᄃᆡ該敎師가觀光者壹人을對ᄒᆞ야進退之際에說話가不恭ᄒᆞ거ᄂᆞᆯ其人이該敎師를對ᄒᆞ야言ᄒᆞ기를敎育界에出入ᄒᆞᄂᆞᆫ人의言辭가如是不恭ᄒᆞ나ᄒᆞᆫ즉該敎師가尤爲詬辱ᄒᆞ매觀光者들이該敎師의無理ᄒᆞᆷ을大端論責ᄒᆞ얏다더라

◉運動會槪況　官立高等學校[illegible]訓鍊院에會同ᄒᆞ야秋期運動을擧行ᄒᆞᆷ은已報어니와該運動會에學部壹般高等官이壹齊參觀ᄒᆞ얏고優等生에게鉛筆及空冊等物品으로償與ᄒᆞ얏다더라

◉關東開會　關東學會에셔今日下午壹時에定期總會를鍾路后鹽洞本會館內에셔開하고會務를處理ᄒᆞᆫ다더라

◉湖西任員會　湖西學生親睦會에셔事務를處理ᄒᆞ기爲ᄒᆞ야來日曜日下午六時에任員會를校洞畿湖興學會館內에開ᄒᆞ고方便을講究ᄒᆞᆫ다더라

◉慈惠設會　慈惠夫人會에셔明日에演奏會를惠泉湯에設ᄒᆞ고各社會에請帖ᄒᆞ야千名假

[illegible]ᄒᆞ고每名에[illegible]圓式捐助ᄒᆞ야千圓은當日經費로需用ᄒᆞ고三千圓은該會에寄付ᄒᆞᆯ計料라더라

◉鳳校幻燈　再昨日下午八時에鳳鳴學校에셔幻燈會를開ᄒᆞ고該校長李鳳來시가壹般生徒의父兄을招集ᄒᆞ야說明ᄒᆞ되幼稚子弟의錦衣玉食의奢侈와錢分을給ᄒᆞ야菓子等屬을切不買喫케ᄒᆞ라ᄒᆞ얏다더라

◉隨聞更揭　向日本報에永宣君李奎錫氏와從二品趙昇氏가有何事端인지相持中이라ᄒᆞ기에隨聞揭載ᄒᆞ얏더니更聞ᄒᆞᆫ즉兩氏가切戚間情誼로頻數往來ᄒᆞᆫ事ᄂᆞᆫ有하나何等相持ᄒᆞᆷ은無ᄒᆞ다더라

廣告

▲絕影島私立成學校趣旨書

庠序學校ᄂᆞᆫ邦國之盛典이요文明進達은忠孝之機關이라豈可不學而自淑哉아於 神聖之初와敎育之上에惟我同胞가各自奮發而獨於本島ᄂᆞᆫ僻地海隅ᄒᆞ야聞見이詇陋ᄒᆞ고舊想이貫髓ᄒᆞ야昏夢을不覺이러니天日이明ᄒᆞ고新想이[illegible]發ᄒᆞ야本島居民이爭先義捐ᄒᆞ야校室이已成ᄒᆞ고工役이[illegible]畢ᄒᆞᆫ지라今에任員組織會를[illegible]ᄒᆞ야[illegible]許致五[illegible]로校監은鄭性淑으로選督金光[illegible]敬瑞兩氏로總務를寅任氏로事務를宋炳玉金敬淑[illegible]顯伍金希振秋乃成姜元俊諸氏依衆望選定이옵고今十二月五日에開校式을設行이오며方將學部에請願承認ᄒᆞ리옵기不勝感賀ᄒᆞ와玆以廣佈ᄒᆞᆷ
贊成人 鄭元淑 卞琢汝 盧斗英 田敬安 田敬汝 具滄淑 金千壹等 告白

測量學員募集廣告
本測量科를興士團內에設施ᄒᆞ고斯學에有名ᄒᆞᆫ金澤吉氏와奬[illegible]兩시가敎授ᄒᆞ깃사오니屆期應試ᄒᆞ심을爲要
試驗日字ᄂᆞᆫ拾月四日午前十時
▲試驗科目
壹 算術四則以內
壹 作文國漢文交用
但卒業期ᄂᆞᆫ三個月
測量科 磚洞 興士團內

○申報價

壹錢代金 新貨二錢五厘
壹個月 前納 三十錢
參個月 九拾錢
陸個月 壹圓 [illegible]
壹個年 三圜[illegible]
郵稅一號 新貨五厘
壹個月 十二錢

○廣告料

四号活字拾三字詰
每日壹寸(英尺)에 新貨卄五錢
二週日壹寸에 二圓五拾錢
壹個月壹寸에 [illegible]
(自壹行至四行이爲壹寸)
其期限과長短과字行을隨ᄒᆞ야
依ᄒᆞ야增減홈이有홈

發行兼編輯人 英國人 裵說
Responsible for Publication Alfred Weekley Marnham.
印刷所 大韓每日申報社

光武九年八月拾壹日 明治卅八年八月拾壹日(第三種郵便物認可) 火曜日 西曆壹千九百八年拾月六日 (壹)

大韓每日申報

第六卷 第九百卅貳號

月曜及慶節 歲時日休刊

檀君開國四千二百四十一年
箕子元年三千三十年
大韓開國五百十七年
日本明治四十一年
淸國光緖三十四年
陰曆戊申九月十二日甲午

論說

◉韓國官吏의不職과人民의未開

韓國農商工部에셔森林法令이旣已頒布ᄒᆞ얏스니官吏人民이知歟아不知歟아噫라世界上官吏로ᄒᆞ야금皆今日한國의官吏와如ᄒᆞᆯ진ᄃᆡ千載之上에政치가革新ᄒᆞᆫ國이曾無ᄒᆞᆯ지오人民으로ᄒᆞ여금皆今日韓國의人民과如ᄒᆞᆯ진ᄃᆡ百年之下에문明이增進ᄒᆞᆯ日이未有ᄒᆞᆯ지로다

由是乎古今을考究ᄒᆞ고東西를參觀ᄒᆞᆫ건ᄃᆡ不職의甚이莫今日韓國官吏若이오未開의極이莫今日한國人民若이로다吾人等이한國의前途를爲ᄒᆞ야三百餘郡의官人과二千萬衆의民人에對ᄒᆞ야懇々諷喩ᄒᆞ며滔々勸告ᄒᆞ기를鐵舌이俱弊ᄒᆞ되寸効를快覩ᄒᆞᆷ을尙未得見ᄒᆞ니自玆以往으로寧欲無言이나吾儕報筆義務의不可終默일시復此擧口掉舌ᄒᆞ야第觀將來ᄒᆞ려로다

失國의官吏를置ᄒᆞᆷ이國帑의금의積立ᄒᆞ기를山과如ᄒᆞ며湧出ᄒᆞ기를水와如ᄒᆞᆷ으로用盡키難ᄒᆞ야官吏로ᄒᆞ야금素食하기를爲ᄒᆞ야置ᄒᆞᆷ이아니라壹은朝令을承ᄒᆞ야人民에布하야無所不知케ᄒᆞ고壹은政治를明하야生靈을安케ᄒᆞᆷ이오天의人民을生ᄒᆞᆷ은天下의土가曠漠ᄒᆞ여셔草木만茂生ᄒᆞ며鳥獸만盛行ᄒᆞᆷ으로制養키難ᄒᆞ야人民으로ᄒᆞ야금管轄ᄒᆞ기만爲ᄒᆞ야生ᄒᆞᆷ이아니라知識을보ᄒᆞ고義務를盡ᄒᆞ야生存을享有ᄒᆞ며法令을遵하고忠義를盡하야國家를保全케ᄒᆞᆷ인故로官民이國家에對ᄒᆞ야責任이俱有하거날

奈之何官吏는從前剝削의習만尙不足於ᄒᆞ야其餘根을不去ᄒᆞ며人民은由來沉昏의睡가尙不快於眼ᄒᆞ야其餘夢을甘做ᄒᆞ려ᄒᆞ나뇨今日의拓殖會社도起케ᄒᆞᆫ者가非韓國官吏而豈外國官吏며非韓國人民而豈外國人民이리오

近日地方人民이森林法에對하야或曰此皆無他라不過藉其法令而測量民田하야多捧稅錢이라ᄒᆞ며事理를粗解ᄒᆞᄂᆞᆫ者ᄂᆞᆫ曰不然ᄒᆞ다此若實施면必有官令이니第待之可也라ᄒᆞ고所謂官吏도未解ᄒᆞ야部令을尙今不佈ᄒᆞ고民智가若是不開ᄒᆞ야遽然昏夢中에許多權士가必歸他手ᄒᆞ리니豈不寒心哉며오當此之時ᄒᆞ야爲官吏者와爲人民者가別般奮勵ᄒᆞ야汲々用力ᄒᆞ더라도拾分不及의嘆이有ᄒᆞᆯ지니라

醒ᄒᆞᆯ지어다韓國官吏여醒ᄒᆞᆯ지어다韓國人民이여此森林法으로ᄒᆞ야금竟히韓國의利益이되게ᄒᆞᆷ도官吏人民의게在하고反히韓國의損害가되게ᄒᆞᆷ도官吏人民의게在ᄒᆞ엿나니若終不職하고又未開하면永히韓天을天ᄒᆞ며韓地를地ᄒᆞ기도難하고韓衣를衣ᄒᆞ며韓食을食ᄒᆞ기도難ᄒᆞᆷ은勢의自至ᄒᆞᆫ바ㅣ니猛省ᄒᆞᆯ지어다猛省ᄒᆞᆯ지어다

外報

●民主黨과大統領 路透電을據ᄒᆞᆫ즉米國民主黨首領브라이안氏가長書를大統領루쓰벨트氏의게寄ᄒᆞ야大統領候補者選擧運動에關ᄒᆞ야大統領이其職權을濫用ᄒᆞᆷ이不可ᄒᆞ다고抗議ᄒᆞᆫ지라루쓰벨트氏가此에對ᄒᆞ야數千語의辯駁書를送ᄒᆞ얏스되民主黨은人心을籠絡ᄒᆞ야自家의不正不義ᄒᆞᆷ을掩蔽ᄒᆞᆫ다고大辭로論述ᄒᆞ얏다더라

●滿洲의大雨 大連電을據ᄒᆞᆫ즉北滿洲地方壹帶에大雨가降ᄒᆞ야松花江及嫩江의河水가汎濫ᄒᆞ야哈爾賓의壹部는三日間이나浸水됨으로全市가被害ᄒᆞ얏다더라

●淸國의大敎育 北京電을據ᄒᆞᆫ則徐世昌朱家寶兩人이連名ᄒᆞ야吉林省에法政학校와講習所를建築하야官吏를試驗ᄒᆞ고實業학校와司法官學習所를設ᄒᆞ고且下級審判署와檢査署를設하고判官을擇ᄒᆞ야任用ᄒᆞᆯ事로奏請ᄒᆞ야裁可를得ᄒᆞ얏다더라

●日本物品排斥 香港電을據ᄒᆞᆫ즉新嘉波의淸國商人이日本物品을輸入ᄒᆞᆫ故로廣東人과汕頭人等이聯合ᄒᆞ야其商會를排斥ᄒᆞ며又其附近同志者의게檄文을發ᄒᆞ야壹千五百弗의罰금을提出케ᄒᆞᆫ다ᄒᆞ얏다더라

雜報

●可謂敎世 平北龍川양市耶蘇校會에셔有志紳士黃菊甫시等某々諸시가特以慈善之心으로義捐을募集ᄒᆞ야救世醫院을設立ᄒᆞ고平壤濟衆院卒業生김鳳天시와田遠龍시를延聘하야開院ᄒᆞᆫ지라餘에病者의見効者가多有ᄒᆞ다더라

●涵英校의新精神 ◉海郡私立涵英學校에셔去月二十五日開校紀念日에任員及學徒들이會集ᄒᆞ야祝賀式을擧行ᄒᆞ고新精神을奮勵ᄒᆞ기爲ᄒᆞ야五拾餘名學徒가壹切斷髮ᄒᆞ매觀光諸人이莫不喝采ᄒᆞ얏다더라

●韓氏有志 平壤林原面都龍동養材學校에셔敎師崔啓業鄭履穆校監韓潤模財務朴養河학監邊元源教務白榮幹黃錫煥諸시가協心同盟ᄒᆞ고熱誠敎授ᄒᆞ미學徒가四十餘名에至ᄒᆞ얏고該洞居韓源模시가其間海州로移寓ᄒᆞ얏다가觀親次로入來ᄒᆞ야學徒에斷髮치아닌者의게盡心勸勉ᄒᆞ미壹齊히斷髮ᄒᆞ고再次說明ᄒᆞ기를小學校ᄂᆞᆫ若是興旺ᄒᆞ나農夫夜學校ᄂᆞᆫ尙未設立이壹大恨處라고客橐을盡傾ᄒᆞ여新貨三元을義捐ᄒᆞ되其時傍聽ᄒᆞ든農夫數拾名이爭先出義ᄒᆞ여當場三拾餘元에至ᄒᆞᆫ지라夜學校를建築ᄒᆞ얏ᄂᆞᆫᄃᆡ學徒가三拾餘名에至ᄒᆞ얏다더라

●義校復完 南來人의傳說을聞ᄒᆞᆫ則濟州郡新左面朝天里에某々諸시가今年二月間의私立義興學校를設立ᄒᆞ야熱心교授ᄒᆞ더니經費가不足ᄒᆞ야停學이되엇지라該里內大韓協會々支會員김厚坤宋종曉김洪培兩씨와植四시가奮起ᄒᆞ고里中에頑老人民과聯合ᄒᆞ야每朔有志者의月捐금과寄付금으로充用ᄒᆞ야學校가更히完全ᄒᆞ얏다더라

●東明勗勵 成川郡東明學校에서今月貳十日의秋期運動을設行ᄒᆞᆫ다더라

●虧月更滿 平安北道龜城郡湖照明學校에셔去四月同祿之後로結搆未了ᄒᆞ야開學無期이더니校長김昌浚시가去陰八月十六日에洞內紳士최利奎문洛範許葵河諸시及生徒四拾餘人으로大會後圖合ᄒᆞᆫ目的을說明하고壹齊斷髮ᄒᆞ야即時開學하고教師는김泰祚시로選定ᄒᆞ얏ᄂᆞᆫᄃᆡ晝夜학生이五拾餘員에達ᄒᆞ얏다더라

●彰校大彰 慶北善山郡私立彰善學校ᄂᆞᆫ前報에屢揭어니와校監李恩稷김稱基兩시가校務諸般事務를熱心做去ᄒᆞ기로학徒가日益增加ᄒᆞ야九拾餘名에達ᄒᆞ엿다더라

●台校新興 義州古城面台山은即梁仁白시에所居인ᄃᆡ白世定白世用白樂元諸시가爭出義捐ᄒᆞ야新設學校에醫新이라名稱ᄒᆞ고敎師車得煥김達五兩시를延聘ᄒᆞ야熱心敎授ᄒᆞᆫ다더라

●悅成校試蹟 忠南定山郡에서去陰七月拾日에悅成학校를設立하고校長黃祐璨副校長尹泰하監黃奎熙總務崔元在壹般任員諸시의協力贊成ᄒᆞᆷ과敎師柳重煥崔永泰兩시의熱心敎授ᄒᆞᆷ으로不過數朔에학員이五十餘人에至ᄒᆞ고去月々終試驗을經ᄒᆞ엿ᄂᆞᆫᄃᆡ甲班優等生에朴盛萬朴永俊等四人이오乙班優等生에尹氣淳李龍範等五人이라더라

●陽校試蹟 平安北道義州郡月華面廉興동復陽학校에셔本月壹日에中等科第壹回학年試驗을經ᄒᆞ얏ᄂᆞᆫᄃᆡ四年級優等生은최贊奎白長松等五人이오三年級優等生은김炳柱白長菊等七人이오二年級에문時旭申義弼等五人이라該校任員김承祺崔碩祜諸氏가문房用物을購得ᄒᆞ야分等施賞ᄒᆞ고諸學員의게對하야激切言辭로壹場演說ᄒᆞ얏다더라

●普校費窘拙 私立普光학校에서生徒의게每朔月謝金을貳拾錢式徵收ᄒᆞ더니經費가窘拙ᄒᆞᆷ을因ᄒᆞ야今月度부터貳拾錢式加收ᄒᆞ기로預定ᄒᆞ얏다더라

●大成校學員增募 平壤私立대成학校의지교盛況은已報어니와該교에서現今학員을增募ᄒᆞᄂᆞᆫᄃᆡ本月二五日內로多數請願ᄒᆞ기를希望ᄒᆞᆫ다더라

●正誤 再昨日雜報欄內에報雜誌社員會同週下의湖南학會會報의各鄕校財團으로교育靑年ᄒᆞᆯ意로論揭ᄒᆞᆫ題의對ᄒᆞ야未安ᄒᆞᆫ意를說明ᄒᆞ얏다ᄂᆞᆫ事ᄂᆞᆫ純是虛傳이기茲의正誤홈

雜報

●東宮御留情况上奏 皇太子殿下 問安次로日本에渡去ᄒᆞ얏던宮內府秘書官金東完씨가渡來홈은已報ᄒᆞ얏거니와 皇太子殿下의 御留학ᄒᆞ시는情况을日昨에 大皇帝陛下께壹々上奏하얏다더라

●昌德宮陛見 三昨日에總理大臣李完用氏以下各部大臣과其他高等官이多數히 昌德宮에進詣ᄒᆞ야 大皇帝陛下께陛見ᄒᆞ얏다더라

●皇太子殿下의賜謁 韓國皇太子殿下께서本月三日에日本大森恩賜館에서拓殖會社韓國委員에게拜謁홈을 賜ᄒᆞ셧다더라

●變更歧說 現政府가變更된다고巷議가累々喧藉홈은人所共知어니와近聞홈즉現政府는人心이不服된다ᄒᆞ야伊藤統監이還任ᄒᆞᆫ後에는壹切變更ᄒᆞᆫ다ᄒᆞ며壹說에는陽曆本年度內에는變更홀理由가萬無ᄒᆞ다는巷說이有ᄒᆞ다더라

●土木局制의變更 內部土木局에셔局制를變更ᄒᆞ야工事課와調査課와庶務課와衛生工事課의分課를置ᄒᆞ야事務를分掌ᄒᆞᆫ다더라

●壹辭二轉 大審院判事太明軾氏請願ᄒᆞᆫ代에法部書記官咸台永氏가轉任ᄒᆞ고其代에는該部翻譯官朴喜哲氏가轉任ᄒᆞ얏다더라

●民籍調査實行 內部警務局에셔起草ᄒᆞᆫ民籍法은目下參與官會議에付ᄒᆞ야統監府에셔調査中인디同法의實權에關係가有ᄒᆞᆫ全國戶口調査는警署及憲兵隊가協力ᄒᆞ야實行홀計劃이하더라

●木浦港의學穴 학部大臣李載崑氏가학事를視察ᄒᆞ기爲하야出張홈은前報에屢揭어니와該氏가昨日에羅州郡에셔觀察을終了ᄒᆞ고木浦港으로轉向ᄒᆞᆫ다는電報가該부에來到ᄒᆞ얏다더라

●隨員奔競 軍部大臣李秉武氏가將次日本의渡去홀터인디隨員을圖得코ᄌᆞᄒᆞ야左右請囑ᄒᆞ는者가非壹非再라는디其理由는旅費와相關이有홈이라더라

●張氏請願繳還 京城控訴院判事張燾氏가因病請願ᄒᆞᆫ事는已報ᄒᆞ얏거니와法部大臣高永喜氏가張氏를請邀ᄒᆞ야無故히請願홈이不可홈을노壹場說明ᄒᆞᆫ後請願書를持去ᄒᆞ라ᄒᆞ거눌張氏가固辭而來ᄒᆞ얏더니該大臣이控訴院書記長某氏로該請願書를작還ᄒᆞ라ᄒᆞ얏다더라

●醫院式準備 大韓醫院이設立以來에開院式을設行치못ᄒᆞᆫ故로伊藤統監이還任ᄒᆞᆫ後에擧行키爲ᄒᆞ야綠門設立과道路修築의盛大ᄒᆞᆫ節次를現今準備ᄒᆞ는中이라더라

●金氏入城 北墾島학事를觀察次로出張하얏던학部會計課장金[illegible]奎氏의壹行이明日에入城ᄒᆞᆫ다더라

●拓社委員歸國 東洋拓殖會社委員會에參與키爲ᄒᆞ야日本에渡去ᄒᆞ얏던韓相龍氏等의壹行이再昨日東京의셔出發ᄒᆞ얏는디今日下午에入城홀預定이라더라

●普成講師請願 普成中학校講師李相益氏가有何事端인지昨日에請願辭免ᄒᆞ얏다더라

●法部預算 法部明年度豫算은아직其調査를畢ᄒᆞ지못ᄒᆞ얏스되其實要ᄒᆞᆫ者는本年에미廳ᄒᆞᆫ區裁判所十個所外에未廳及全國各地方의重要ᄒᆞᆫ地点에地裁判所支部를미設홀二箇計劃인대支部開設ᄒᆞ기를決定하면其所在地에監獄署를新設홀더이라더라

●苑鹿惹弊 景福宮內後苑에棲息ᄒᆞ는鹿이近來宮殿附近에出來ᄒᆞ야作弊가甚ᄒᆞ다더라

●江倅勵政 江華郡守한永福시가赴任幾日後에各面里장을會同ᄒᆞ야郡會를미ᄒᆞ고히郡內에自來民막를壹々詳聞ᄒᆞᆫ後斷髮一款에對ᄒᆞ야到底說明ᄒᆞ얏다더라

●間島의淸兵 間島에駐屯ᄒᆞᆫ淸兵이直接으로日本憲兵과衝突홈은無ᄒᆞ나近來에往往히同島에住居ᄒᆞ는韓國民과韓國巡査의게對ᄒᆞ야暴行을加ᄒᆞ고侮辱을與ᄒᆞ는故로日本憲兵隊는此를處理홈에困難ᄒᆞ다더라

●日新聞發賣禁止 本月三日仁川에서日本人의발行ᄒᆞ는朝鮮新報와朝鮮타임스新聞은軍隊輸送을記하는中에兵數를記載ᄒᆞᆫ故로발賣를禁止ᄒᆞ얏다더라

●晝眠夜戒 忠淸남道韓山郡에는義兵이頻々往來ᄒᆞ는故로該郡駐在所韓日巡査가晝에는就眠ᄒᆞ고夜에는徹宵警戒ᄒᆞᆫ다더라

●京畿農作大荒 京畿觀察道以南九郡의는本年度農作이대爲歉荒하야民情이嗷々하다는디該郡守들이本年度結卜를全數蠲減하라고觀察道의報告가답至ᄒᆞᆫ다더라

●會長欠席 池석永等諸氏가발起ᄒᆞ야貞陵坊會를設立ᄒᆞᆫ事는已報어니와該會組織의對ᄒᆞ야協議ᄒᆞᆯ事이有ᄒᆞᆫ즉趂期來會ᄒᆞ라고히會장池셔永시와兩坊務統監諸氏의게請牒을발送ᄒᆞ얏더니來臨ᄒᆞᆫ會員이六拾餘人이라再昨日下午七時에畿湖학會內로前往ᄒᆞ야三四時間을留待ᄒᆞ되會長이出席치아니홈으로會員諸시가各自散歸ᄒᆞ야批評이不壹ᄒᆞ얏다더라

●因何至此 培材학堂에서校장房巨시와敎師姜範權시가壹般학員과有何事件인지昨日上午拾壹時에該학員이鬱拂ᄒᆞ야壹齊히校장敎師를帶同ᄒᆞ고裁判次로大審院內에齊進ᄒᆞ얏다는디該裁判의顚末은姑未詳知라더라

●逃女搜索 南部詩동居趙召史가今年陰曆三月頃에其拾八歲女息을北部齋동居崔相極氏와結婚出嫁ᄒᆞ얏더니舅姑의虐待를不堪ᄒᆞ고親家에來留ᄒᆞ얏는故로再昨日에趙召史가自己女를對ᄒᆞ야言ᄒᆞ되今日은汝씨식家로斷當率送ᄒᆞ깃다고萬端曉諭ᄒᆞ고入廚炊飯ᄒᆞᆯ際에該女人이暗自逃躱ᄒᆞᆫ故로方今搜索中이라더라

●宋腦甚頑 東大門外居宋某의令男과北壯洞居李某의令娘이數日前에結婚成禮ᄒᆞ얏던디成禮ᄒᆞ던翌日에新婦가宋시를對ᄒᆞ야曰不可不학校에前往ᄒᆞ깃스니親家로還爲治行ᄒᆞ라ᄒᆞ거눌宋다가驚訝曰汝今新婦로학校에往參ᄒᆞᆫ다는說이是何故也오ᄒᆞᆫ대新婦曰若不往參則罰金을徵出ᄒᆞᆯ뿐더러工夫上에大有妨害ᄒᆞ니若不치送즉兩傘壹柄으로徒步而往ᄒᆞ깃다ᄒᆞᆫ즉宋시가不得已치送曰我家에학徒新婦가初有ᄒᆞᆫ뿐니我門에勿爲更入하라ᄒᆞ얏다더라

●決愚婦賢 平壤郡居ᄒᆞ는邊昌혁氏가前重陽氏의發觀察在任ᄒᆞᆫ時에所謂咨問會會議[illegible]圖得하고官人界에追[illegible]이되더니地方官制變更ᄒᆞᆫ際ᄒᆞ야有何囑托인지地方郡守闕報外陞薦이다가試取塲에至ᄒᆞ야魯魚를不辨ᄒᆞ야自至落榜이라該氏의解鬱次로該郡名妓玉蟾이沉惑不歸ᄒᆞ거날該氏의婦人이責曰當此文業時代ᄒᆞ야君亦國民의壹分子로如此光陰을虛何鄕中에斷送ᄒᆞ고如君之無鄙하妻眷을作ᄒᆞ거시還爲可愧라고壹場痛罵ᄒᆞ얏다더라

●靑會演說 今日下午七時三十分에종路靑年會館에셔幻燈會를開ᄒᆞ고本會學監具禮九氏가演說ᄒᆞᆫ다더라

●金會長出席 再昨日下午七時에畿湖興학會에셔評議會를開ᄒᆞ고事務處理를協議ᄒᆞ얏는디會長金允植氏가出席視務ᄒᆞ얏다더라

●金氏向東 堤川紳士李熙直시가西北學會에답百斗落을寄付홈은已報ᄒᆞ얏거니와該會에서該畓證明書를推出ᄒᆞᆯ次로總務김允五시가日間발程ᄒᆞᆫ다더라

●坊會設校方針 觀鎭坊會에서학校를設立ᄒᆞ고經費를補充ᄒᆞ기爲하야該坊內居民의게收斂ᄒᆞᆯ터인디瓦家每間에三錢式草家每間에는壹錢式收捧ᄒᆞ기로酌定ᄒᆞ얏다더라

●坊會任員選定 別項과如히觀鎭坊會에서再昨日下午壹時에臨時總會를開ᄒᆞ고總會規則을通過ᄒᆞᆫ後任員을選擧ᄒᆞ얏는디總務는尹炳晧시오人事部長은洪承穆시오敎育部長은趙民熙시오會計部長은[illegible]九시오衛生部長은成岐默시로定ᄒᆞ얏다더라

●湖南의大測量 湖南학會에셔全羅南北道青年을招集ᄒᆞ야測量技術을敎授ᄒᆞ기로學校를設立ᄒᆞ고寄宿舍를擴張修理ᄒᆞ야학徒의每朔食費는五十圓으로酌定ᄒᆞ고該兩道各郡에請牒ᄒᆞ야壹齊히上送ᄒᆞ라ᄒᆞ얏다더라

●普光大運 私立普光학校에셔來日曜日에秋期大運動會를東大門外塔洞僧房附近에出往擧行ᄒᆞ기로豫定ᄒᆞ얏다더라

●聞慶川의流血 聞慶郡山北面有志紳士諸시가發起ᄒᆞ야該川학校를設立ᄒᆞ고靑年을募集ᄒᆞ야熱心敎授ᄒᆞ다가昨年騷擾에校舍를破燒ᄒᆞ고廢止ᄒᆞᆯ境에至ᄒᆞ야該郡面內各洞에在ᄒᆞᆫ財産二千餘圓을該校維持ᄒᆞᆯ意로該郡守辛龍鎭시에게請願ᄒᆞ얏더니官難擅便이라ᄒᆞ고終不許認홈으로該校학生黃喆淵申泰淵兩시가協心斷指ᄒᆞ야該道에血書請願ᄒᆞ얏고兩시의敎育熱誠을人多稱頌ᄒᆞ더라

●可作模範 全[illegible]郡守張寅源시가家論戶說ᄒᆞ야青年敎育이現時急務라ᄒᆞ미人皆感悟ᄒᆞ야該郡에在ᄒᆞᆫ太東학校를贊助維持케ᄒᆞ고衆論齊발ᄒᆞ야每斗落에禾穀壹束式捐助ᄒᆞ기로議定ᄒᆞ고男子학員九拾餘人은郡守가親自敎授ᄒᆞ고女子학徒拾餘人은郡守의私邸를校室로定ᄒᆞ고郡守의夫人이熱心敎授ᄒᆞᆫ다더라

▲豚犬縱橫▼

▲各地方의情形으로말ᄒᆞ면兵作弊ᄂᆞᆫ姑舍ᄒᆞ고通譯者의世界로다殺ᄒᆞᆫ者도此漢이오奪財者도此漢이라兎死狐悲不聞인가爾乃人形豚犬일세

▲通譯者야通譯者야無論某學비ᄒᆞ며는致擧化于和平ᄒᆞ고징[illegible]爾祠ᄒᆞ세生靈於塗炭인디不似語句粗解ᄒᆞ야殘虐生民罔測이라네行爲가豚犬이오

▲通譯者야通譯者야日憲兵과守備隊가討兵을提ᄒᆞ라도務使歸順正當인데無辜良民誣陷ᄒᆞ야殺戮爲主무숨일가네行爲가豚犬이오

▲通譯者야通譯者야年少婦女잡아다가義兵屬이라하고符同人指囑ᄒᆞ야無數威脅强奸後에一般凌辱侵加ᄒᆞ니네行爲가豚犬이오

▲通譯者야通譯者야村閭間에橫行ᄒᆞ며殘被良民毆打ᄒᆞ야義兵干連構捏ᄒᆞ고生之死之恐喝ᄒᆞ야如干財産奪取ᄒᆞ니네行爲가豚犬이오

▲通譯者야通譯者야許多輜重輸運ᄒᆞ게駄價不給ᄒᆞᆯ지라도善言ᄒᆞ야給可矣어든日兵準數價給인ᄒᆞ며間幻弄乾沒ᄒᆞ니네行爲가豚犬이오

▲通譯者야通譯者야所過城邑에[illegible]ᄒᆞ야賄賂討索타가少不如意ᄒᆞ면義兵所居憑藉ᄒᆞ고放火燒毁無餘ᄒᆞ니네行爲가豚犬이오

▲通譯者야通譯者야路上行人無故執捉盤詰타가愚昧ᄒᆞ야嚬功ᄒᆞ야氣色唐荒語訥ᄒᆞ며槍刺刀砲慘殺ᄒᆞ니네行爲가豚犬이오

▲通譯者야通譯者야辯護出張委托ᄒᆞ야民刑事를受理ᄒᆞ제從法公決ᄒᆞ라ᄒᆞ고納賂請囑專事ᄒᆞ야冤聲恨淚大ᄒᆞ니네行爲가豚犬이라

▲通譯者야通譯者야乃父乃祖回念ᄒᆞ라孝傳ᄒᆞ야거늘衛獨虎하창鬼되여亂臣賊子同歸ᄒᆞ니日後泉臺歸去後에何顔對

廣告

私立密陽郡內同化學校寄附金額告

府北面春沂洞契有田卅八斗只
　沓三拾九斗只
　蘆田四拾斗只
　書屋價壹百兩
　殖利錢五百十兩
　牟四石十四斗
洞民金致奎　李灝儀　金敎용
府內面駕谷洞有田七十五斗只
　養山壹등二片
里長朴奭永　頭民權敏運

本校에서學徒를 募 集 하오니 願學者는今月十五日內로陸續請願하시오

一學科는左開와如홈

預備科

修身　中等修身
國語　大韓文典
漢文　漢文讀本
作文　論、書緘
歷史　東國史畧
地理及天文　大韓地理
數學　自四則至分數
博物　新編博物學
理化學　初等理化학
法制　經濟
農학　農학入門
商業　商業大要
工業
外語　英淸日語
圖畫　自在畫
音樂　單音唱歌
體操　普通、兵式

一學年

修身　倫理學敎科書上
國語　大韓辭典
漢문　御定五經百選
作문　策、記、書緘
歷史　東西洋歷史上
地理　萬國新地志
數학　自比例至求積
博物　植物학
理化학　中等物理學
法制　國家學
農학　林蔡학
商業　商業大要
工業
外語　英淸日語
圖畫　自在畫
音樂　上仝樂器用法
體操　普通、兵式

二學年

修身　倫理학敎科書下
國語
漢문　中學문法
作문　銘、箴、序、跋、書緘
歷史　東西洋歷史下
地理　地문學
數學　代數、幾何、簿記
博物　動物學
理化학　物理、化학
法制　法學通論
農학　水産학
商業
工業
外語　英淸日語
圖畫　自在畫
音樂　複音唱歌、樂器用法
體操　普通、兵式

三學年

修身　心理학
國語
漢문　高等문法
作문　疑、表、疏、傳、公문式
歷史
地理　天문학
數학　幾何、三角、測量
博物　礦物학
理化학　化학
法制　經濟학
農학　農政학
商業
工業
外語　日英淸語
圖畫　用器畫
音樂　複音唱歌、樂器用法
體操　普通、兵式

壹　試驗科目은如左홈
讀書　作문　筭術　地誌
歷史

隆熙貳年拾月壹日

平壤私立大成學校　告白

本校에農林講習所를附設ᄒᆞ고一個年學徒를限五十名募集ᄒᆞ야壹個年速成으로敎授ᄒᆞᆯ터이오니志願者는今月十五日內로請願應試하시오

一試驗科目　讀書　作文　筭術四則以上　本國地誌

隆熙二年拾月壹日

平壤私立大成學校　告白

族人淳瓚이가宗山을典執ᄒᆞᆷ으로宗中이齊聲擧訴ᄒᆞ야淳瓚之理屈落科ᄂᆞᆫ爲所共知인바日昨朴召史告白의宗孫運杓의誣妄揭載ᄒᆞ되專㤀叔任之說을ᄒᆞ고捉囚三寸云ᄒᆞᆷ은於義不當이오實是宗中事故로玆에廣布홈

南陽洪氏宗中　告白

於義洞吳聚十月初五日推次紙貨貳拾貳元九月拾日路中紛失誰某를得休紙施行

元春茂　告白

本人이陰九月四日夜楊花津附近에서水賊의게多數物品을全沒見奪中(本人의姓名圖章)과(江原道平康細浦趙斗元의當錢三千兩手票壹張)을亦爲見奪인바玆以廣告ᄒᆞ오니勿論內外國人ᄒᆞ고照亮後切勿見欺ᄒᆞ시옵

江原道平康郡細浦居　李奉奎

本月二日夜에大邱旅店에過宿ᄒᆞ다가所持手帒를被盜見失而內有紙貨四圓과書類及姓名章을並失ᄒᆞ얏기廣告홈

會寧郡尹時薰　告白

南部葛峴里第七統五戶草家壹坐本人의圖形帖名圖章을方形으로洪善佑名의紙舊문記二張을數年前不知中紛失ᄒᆞ야將欲漢城府出券次玆以廣告홈

洪善佑子　男　告白

京城南部中茶洞[illegible]統壹戶 知舊僉照 圖章을改造ᄒᆞ얏사오니 亮하시옵

李[illegible]鎔　告白

◉大韓文典

全壹冊　正價卄五錢

崔光玉씨著　李商在씨校

▲本文典은普通敎科의國語科程으로需用케爲ᄒᆞ야編輯ᄒᆞᆫ書로今에再刊發售ᄒᆞ옵

발行元　安岳邑　勉學會
발兌元　京城　中央書館
　　　　平壤　太極書館

◉特別廣告

測量參個月速成部를設ᄒᆞ고학員을免試許入키로大募集ᄒᆞ오니願習僉員은陰九月拾七日內로本所에賁臨ᄒᆞ야規則을詳覽ᄒᆞ고志願書提呈ᄒᆞ심을敬要

時間(午前拾時로午後壹時)

西小門通貞洞度支部後門前

專門講習所

辯護士 洪 冕 憙

海州出張所事務員

前主事 李承泰

▲絕影島私立[illegible]成學校趣旨書

庠序學校ᄂᆞᆫ邦國之盛典이요文明進途온忠孝之機關이라豈可不學而自滅哉아今於神聖키進之初와敎育之上에惟我同胞가各自奮發而獨於本島가僻在海우ᄒᆞ야聞見이諛陣ᄒᆞ고昏想이貫髓ᄒᆞ야昏夢을未覺터니天日이昭明에新想이瑞發ᄒᆞ야壹島居民이爭先義捐에今校室이已成ᄒᆞ고工役이竣畢ᄒᆞᆫ지라今에任員組織을選擇ᄒᆞ와校長許致환氏로校監은鄭性淑氏로監督金光[illegible]敬瑞兩氏로總務경寅介氏로主事宋炳玉 金敬淑 徐顯伍 金希振 秋乃成 姜元俊 諸氏로依衆望選定이옵고今月二拾五日에開校式을擧行ᄒᆞ오며方將學部에請願認可ᄒᆞᆯ터이온바不勝慶賀ᄒᆞ와玆以廣佈홈

贊成人　鄭元淑　玉琢汝
　　　　盧斗英　田致安　田敬汝
　　　　具滄淑　金千壹등　告白

測量學員募集廣告

本測量科를與士團內에設施ᄒᆞ고斯學에有名ᄒᆞᆫ金澤吉氏와獎勵시가敎授ᄒᆞ깃사오니屆期應試ᄒᆞ심을爲要

試驗日字ᄂᆞᆫ拾月四日午前十時

▲試驗科目
壹　筭術四則以內
壹　作文國漢文交用
但卒業期ᄂᆞᆫ三個月

中署磚洞　興士團內　測量科

訴訟에對ᄒᆞ야疑惑不決者의게其勝負의可否를詳細說明이옵고鑑定料ᄂᆞᆫ事之貴重과價之多少를隨ᄒᆞ야臨時酌定ᄒᆞ되大概如左홈

鑑定料ᄂᆞᆫ五圓以下로ᄒᆞ되貧窮者의게ᄂᆞᆫ無料로홈

京城南部[illegible]六拾四統貳戶

東洋大學前講師
日本法律學士

辯護士　木尾虎之助

大韓國新發明神藥

◎虔修　靈丹
各種食滯와暑久滯口臭와飮吐瀉
定價壹貼拾錢

◎至寶丸
治諸般瘧疾不拘久淺俱有偉効
定價金[illegible]

◎靈効液
界面芳香治疥瘡皮[illegible]
白癜과甲定價金二十錢

◎淸眼水
[illegible]眼疾에[illegible]天之妙
定價金拾錢

◎通淋丸
治男女[illegible]淋疾神效無雙[illegible]
效除諸[illegible]

漢城南部大廣橋西邊第三家十九統十戶
製劑發行所　共愛堂大약房　謹告

支店

開城南門內　共愛堂第壹支店　姜助遠
群山港[illegible]福동　共愛堂第[illegible]支店　리春善
河東郡赤良面　共愛堂第三支店　黃麟秀

代理店

皇城北部大安洞　인濟약房
皇城鍾路靑年會館에　慈惠약房
皇城西署新門外石橋　普濟醫院
인川[illegible]濟生堂　全和약局

此外에도東西洋各國有名ᄒᆞᆫ매약과草材약이具備ᄒᆞ오니약의多少를不拘ᄒᆞ고請求ᄒᆞ시면小包로仰呈ᄒᆞ깃습

啓者本號新到上品玉器瑪瑙寶石古玩等類가官貴大人의之翫이오雜貨와湖北安徽大連彩票發賣特此佈告諸君光顧是要

漢城石井동
杏花春　告白

(이하 倒置印刷 廣告)

初學捷徑

第壹卷　定價金三拾五錢
第二卷　定價金三拾五錢
第三卷
第四卷　姑未定

我國同胞의急先務로國漢문인바此初學捷徑은國漢문을速成ᄒᆞᆯ敎科書이오니僉同胞ᄂᆞᆫ購用ᄒᆞ시옵

編輯者　韓秉坤
校閱者　美國博士　[illegible]
발行所　平壤[illegible]路　光明書觀
分매所　京[illegible]路　耶蘇敎書會
　　　　京桂[illegible]　玄公廉
百卷以上四割以下三割

本社에서活板機械를壹層整備ᄒᆞ고各種印刷를廉價로應ᄒᆞ오니僉位ᄂᆞᆫ惠顧ᄒᆞ시옵

本社에서直接大發賣書目
會社公益上印刷로二割特減홈

中等　用器畫法　全　定價金七拾錢
　　訊雲　吳榮根君　著
本書ᄂᆞᆫ測量、建築、搆造、機械見本、意匠實地應用製圖法

新撰　外國地誌　上下　定價金六拾錢
本書ᄂᆞᆫ各學校敎科에適當ᄒᆞᆫ世界各國의情形을詳載홈

二十世紀朝鮮論　定價金三拾五錢

最新　算術　上卷完成　下卷印刷中　定價金五拾錢
本書ᄂᆞᆫ著者金君이實地敎授ᄒᆞᆫ多年經驗으로緊要ᄒᆞᆫ處ᄅᆞᆯ撰ᄒᆞᆫ者니各學校敎科用及獨習에適當홈

鍾路[illegible]隅 二統三戶
興文社

발兌元　平壤　太極書館
　　　　京城　中央書館

廣告

◉啓東學校趣旨書

現今世界는何世界오卽競爭世界며馳騁世界며羅絆世界며又時代는何時代오敎育時代며準備時代며文明時代也ㅣ라何爲競爭馳騁羅絆이며何者爲敎育準備오明乎아日歐洲列强이[illegible]驟々穰々야惟利是穫을며惟强是奮니競爭이何也오海外海內가東西貫注야密接輪轍며互通轉車니馳騁이是也오獨漏遺邦이守城鑿壕에殿屎慘毒니羅絆이亦是也며日某國이新增壹校면相顧色動니敎育이是也오某人이新塾壹藝면奮發進學야準備是也오斯文이做[illegible]에人智가발達니文明이是也ㅣ라推此觀之면文明敎育이自外及內고自始至終야確立國家維持之基礎也哉ㄴ저悲夫라惟我同胞는俱是以競爭馳騁敎育準備文明之國民으로胡不念發業之勢而期將覇絆於苦痛呻吟之中乎아回首壹念에淚珠盈에고熱心滿강이라若今不競爭敎育이면豈可挽回國力於文明之域이며何以安息民族於競爭之界리오誠是不學不識이면不啻牛馬之矜거오又奚之墻面이라苦痛이在已며不知苦痛니寧不慨惜가欲爲文明之國인된先效文明之治하고欲爲文明之人인된先修문明之道가豈非古訓之表準이며今人之開發乎아以是之故로全國人士가奮起時宜야古學이救世主義와隨時變易니經問을爭相研究야日不暇給이온況陟州는關東之壹部分이오部分之壹區라屢經撓攘에民志胥動고久絶絃誦에士氣腐敗ㅎ야[illegible]近[illegible]日[illegible]郡[illegible]面[illegible]不[illegible]이[illegible]圖[illegible]衆情야組織[illegible]校[illegible]ㅣ名稱啓東[illegible]何[illegible]訓之[illegible]年[illegible]幕[illegible]勸起야啓[illegible]學問政治文明이면此果東方之啓矣[illegible]夫[illegible]校[illegible]非壹校之[illegible]業이라卽壹郡之[illegible]業이오又非壹郡之[illegible]業이라卽全國之[illegible]業이라頑夢을驚醒며新藝를增注야以完的敎育登達이면此豈非競爭界文明世之[illegible]因이며又豈非自由自强之基礎歟아啓東本領을勉進哉어다勉進哉어다

◉三陟郡啓東學校發起人捐助금廣告

校長 本郡守朴[illegible]榮 貳拾圓
副校長 李東奭 拾圓
校監 沈重旭 五圓
會計員 朴斗鎭 三拾圓
事務員 김源植 三圓
沈琮赫 五圓 김雲植 貳圓
김㬊昌 沈基達 각貳圓
書記員 沈基榮 五圓
評議長 金東鎬 拾圓
評議員 김秉鼎 三圓
김炯奎 拾圓 禹顯[illegible] 貳[illegible]
김斌河 三圓 權泰衡 五圓
張錫鴻 貳圓 鄭東基 五圓
김東勳 貳圓 김昌俔 三圓
鄭仁懋 三圓 김敬淳 三圓
洪종후 沈升[illegible] 李潤政
沈석九 각貳圓 崔弼在 五圓
김宗燮 貳圓 김源榮 五圓
李敎[illegible] 三圓 李圭冕 五圓
洪종우 貳圓 崔泉燾 三圓
김源爽 三圓 朴昌勳 貳圓
김容燮 五圓 김永益 貳圓
김觀淵 五圓 沈基恒 貳圓
崔佑顯 三圓 崔允在 貳圓
贊成長 金헌卿 拾圓
贊成員 金東燦 三圓
金永仁 五圓
沈[illegible]河 五圓
金學淳 二圓
巡査部長 上野敬吉 三圓
김永우 二원
鄭良祚 壹圓
沈燦奎 五圓
金昌旭 壹圓
金炯鼎 二圓
朴종덕 二圓
崔相斗 二圓
金진鎬 壹圓
김顯河 貳圓
崔相啓 二圓
申從浹 三圓
김泰振 二圓
崔極顯 壹圓
김台卿 二圓
張翼鳳 壹圓
安致瑠 壹圓
全元鳳 貳圓
朴敬臣 二圓
洪圭麟 김秉台 李澈純
李淳弼 各五圓 김潤植 壹圓
沈琮喜 壹圓 李炳奎 五圓
鄭台祥 貳圓 沈殷赫 四圓
沈基鴻 壹圓 [illegible]時英 三圓
김炯珏 三圓 洪종甲 五圓
前萬戶 朴齊榮 五圓
漢文敎師 趙鼎魯 貳圓
共計금三百〇六圓
境內拾二面各契中義付금
遠德面 六百八十六圓
近德面 四百〇八圓
府內面 貳百九拾七圓
末谷面 壹百四拾六圓
見龍面 二百拾[illegible]圓
道下面 三百拾七圓
道上面 貳百九十壹圓
未老面 三百拾三圓
所達面 四百八拾七圓
上장面 壹百八拾二圓
下長面 四百四拾三圓
蘆谷面 二百九拾四圓
共計金四千〇八拾壹圓
春川[illegible]補助條還付五 二百〇八圓
郡守不[illegible]領料錢 八拾圓
肉庫[illegible]壹百 一拾圓
共計 [illegible]四〇[illegible]八圓
鄉校養士田畓二百七拾斗落
境內[illegible]金寄付五 未完

○申報價
壹張代金 新貨二錢五厘
壹個月前納 三十錢
參個月 九拾錢
半個年 [illegible]圓[illegible]
壹個年 三圓[illegible]
郵稅一張 新貨五厘
壹個月 十三錢

○廣告料
四号活字拾三字詰
每日壹寸(英尺)에 新貨廿五錢
二週日壹寸에 二圓五拾錢
壹箇月壹寸에 [illegible]圓
(自壹行至四行이爲壹寸)
其期限의長短과字行의多寡를依야增減흠이有흠

◉大韓每日申報各處支社廣告
中署布屏下 金相萬冊々
平壤鐘路太極書館 安泰國
仁川奇峴開新冊々 李東皓
義州南門外호西大藥房 [illegible]
釜山港佐川약局 徐錫[illegible]
三和港牌石洞 金澄杜
咸興州南社西門外 曹書林
開城남大門內興學書舖 姜助遠
大邱西門外友弦書樓側 李正由
載寧邑濟衆院 劉夢澤
鐵山邑東部 安瀕
元山倉前 劉七錫
海州남門內 朴昌鎬
定州[illegible]門內書舖 洪成麟
邑성[illegible]校洞 許[illegible]
郭山[illegible]岩[illegible]書舖 李銀瑞
安岳細[illegible]坊[illegible]洞 廉道瑢
[illegible]津 李鎭岷
安州城內義井洞 金翼河
鐵原邑[illegible]동 趙종大
高原邑 朴勝吉
[illegible]邑邑內 李益[illegible]
泰仁邑內 金禹燮
京義線枇峴驛替市 李基秀
長淵邑南門內 [illegible]載淳
殷栗邑倉前里 金泰聲
龍川楊市 [illegible]菊保
朔州邑남門[illegible] 朱伯英
泰川邑館前洋약局 李正華
永興南山동書舖 梁昌錫
江華邑川橋 [illegible]식
淸州남門外 宋斗仁
寧邊邑客舍里趙炳俊家 明濟世
金溝水流面豆亭 趙[illegible]三
谷川邑[illegible]里 丁一善
江西邑內 金[illegible]
成川北上部面 馬[illegible]三
興德富安面[illegible]谷 姜大榮
龍川府南面松峴海東書會
咸從郡耶蘇敎堂 金賢圭
平남順川郡[illegible] 張炳喜
龍川남市驛 鄭裕[illegible]
龍岡郡耶蘇敎堂內 韓燦禧
車輦館 朴鍾은
結城[illegible]川小龍동 金明鉉
[illegible]平郡豐川 李啓祚
洪原南門外耶蘇敎冊舖 張禮하
宣川읍新民書會 方萬晶
[illegible] 魯晶판

發行兼編輯人 英國人 萬咸
Responsible for Publication Alfred Weekley Marnham.
發行所 南署石井洞號外[illegible]三層洋屋 大韓每日申報社

第九百廿三號

大韓每日申報

第六卷

月曜及慶節歲時日休刊

檀君開國四千二百四十一年
箕子元年三千三十年
大韓開國五百十七年
日本明治四十一年
淸國光緖三十四年
陰曆戊申七月大十六日乙未

論說

◎奴隷的仕宦慾은宜急打破

盖仕宦을得ᄒ者가仕宦을與ᄒ者에게崇拜하며効忠ᄒ며奴隷가되지아니치못ᄒ은自然ᄒ形勢로다嗚乎라天下에身을驅ᄒ야奴隷가됨이仕宦의慾이아닌가

今夫韓國은二千萬人口를擁有ᄒ고八萬二千方里의土地를據有ᄒ고四千年文明歷史를享有ᄒ民族이거ᄂ乃者他人의奴隷되기를好ᄒᄂ者ㅣ甚多ᄒ니是ᄂ何故인가

今에壹言으로蔽ᄒ진ᄃ盖其奴隷的仕宦慾이有ᄒ所以로다

盖韓國人의仕宦慾은可謂百藥難醫의痼疾이라其壹生事業을仕宦界의奴隷로終ᄒ야仕宦權이大臣에게在ᄒ즉大臣의奴隷가되고內竪에게在ᄒ즉內竪의奴隷가되고賊臣에게在ᄒ즉賊臣의奴隷가되고異種別族의南蠻이來ᄒ지라도仕宦만與ᄒ면是竄是躍ᄒ고凶狠强險의北狄이來ᄒ지라도仕宦만與ᄒ면是歌是舞하야民賊이되던지國賊이되던지五斗祿米만得ᄒ면是大幸이오禽獸가되던지魚肉이되던지三品加資만得ᄒ면是大[illegible]又奸險ᄒ輩가狡猾ᄒ[illegible]戱弄하야或惡或威로能籠絡ᄒ며[illegible]ᄒᄂ도다[illegible]人이奴顔婢膝로彼權者에게搖尾乞憐ᄒ야內外職壹窠만得ᄒ면哥倫布가新大陸을發見ᄒ듯시意氣가洋々ᄒᄂ도다既已彼의恩을受ᄒ지라彼의要求를不可不聽이오彼의怒를畏ᄒ지라彼의命令을不可不從이로다

於是乎他人의鷹犬이되고爪牙가되야我의權利를奉呈ᄒ며彼의政畧을助力ᄒᄂ니此가他人의奴隷가아닌가

自己의壹身만奴隷가되고壹家만奴隷가되면亦夫何恨이리오無辜ᄒ人民을驅ᄒ야奴隷가되게ᄒᄂ도다嗚乎라公等아彼文明國에ᄂ婢僕도無理의壓迫은不受하나니今夫韓國은閣臣의權力도文明國婢僕만不如ᄒ지라公等이엇지此를求ᄒ이若是히甚ᄒ가彼禽獸도束縛은不欲ᄒᄂ니公等이엇지此를自取ᄒᄂ가

然而公等은其地位가永遠鞏固ᄒ줄노信ᄒᄂ가公等이今日에壹權를呈하고壹職을得ᄒ얏스면明日에公等과如ᄒ者가復來ᄒ고公等은逐出을遭ᄒ리니公等의身勢가엇지可矜치아니ᄒ가

然則吾人은仕宦慾이無ᄒ後에야可ᄒ가曰否々라卑劣的仕宦慾이有ᄒ은不可ᄒ나高大的仕宦慾은有ᄒ이可ᄒ며自滅的仕宦慾은有ᄒ이不可하나自立的仕宦慾은有ᄒ이可ᄒ니卑劣的自滅的의仕宦慾은奴隷的仕宦慾이오高大的自立的의仕宦慾은成功的仕宦慾이라彼微弱ᄒ新羅에生ᄒ야太大發部의爵位를高據ᄒ야雙手로三韓을統壹ᄒ金庾信은果然何等의仕宦慾이며鎖攘ᄒ支那에起ᄒ야萬里封侯의功名을自期ᄒ고壹[illegible]의列强을摺服ᄒ班超ᄂ果然何等의仕宦慾인가

余ᄂ仕宦慾에醉ᄒ韓人을招ᄒ야奴隷的仕宦慾은打破ᄒ고成功的仕宦慾을喚起하노라

外報

●鐵道占領의反對 路透電을據ᄒ즉佛國及其他列國이勃牙利의東方鐵道를占領ᄒ事에對ᄒ야抗議ᄒ얏다더라

●獨領館의受害 伯林電을據ᄒ즉佛領壘三市에在ᄒ獨逸領事館에ᄂ何等의迷狂者가爆裂彈을投擲ᄒ야損害를受ᄒ얏다더라

●北滿의河溢 大連電을據ᄒ즉淸國松花江의洪水가哈爾賓을浸入ᄒ은已報어니와또其他北滿壹帶의河川이汎濫ᄒ야人心이大段恂々ᄒ模樣이라더라

●俄國의漁業保護 俄國政府의셔今番에極東漁業監視船經費支出件을法律노頒布ᄒ얏ᄂᄃ壹千九百八年에極東漁業을保護ᄒ기爲ᄒ야監視船四隻의維持ᄒ經費로約萬二千七百留를俄國에셔支出ᄒ다ᄒ얏더라

●露國大학生의不穩 露都來電을據ᄒ즉露國각地方에在ᄒ大학校가不穩ᄒ다ᄂ報가有ᄒᄃ학生의激昂ᄒ은政府에셔大학校의權利를奪ᄒ所以라ᄒ얏더라

雜報

●盲人界의大曙光 平壤郡에셔美國人홀夫人과리월兩氏가盲女학校를設立ᄒ고壹般盲女를敎育하야針線에嫻熟ᄒ다ᄒ은前報에已揭어니와今에其趣旨及課程規則의全文을送致ᄒ얏스니此乃韓國四千載의初有ᄒ美事인즉決코偶然ᄒ事가아니라上天이盲人을特憐ᄒ샤此兩氏를派하야금重洋萬里에指送ᄒ심이기로玆에其全文을特揭ᄒ야壹般盲人子女를有ᄒ신人士에게仰供ᄒ노라

大韓全國에盲人이無數ᄒ더니西國醫師의看護ᄒ과衛生의발達됨을因ᄒ야數年前에比較ᄒ면其數가雖減ᄒ얏스나然이나尙且不少ᄒ며其情境을觀ᄒ면實로可憐ᄒ지라父母라도此等子女ᄂ重負와如히其生存을慨惜ᄒᄂ者ㅣ多ᄒ며敎導ᄒᄂ바ㅣᄂ虛妄ᄒ卜術에不過ᄒ야其精神과肉體가暗黑裏에坐케ᄒ얏도다是以로平壤城에盲女學校를創設ᄒ얏스며經費도未敷ᄒ고敎授의方法도未備ᄒ이餘多ᄒ나拾餘名盲學生이文明의敎育을受ᄒ며學問이嫻熟ᄒ학生은他학生을敎授ᄒ기도ᄒ며학界에有益ᄒ書籍을著述ᄒ도有ᄒ지라果然上天이盲人을特憐ᄒ샤有志ᄒ贊成人으락월시를指示ᄒ시미該氏가熱心으로敎育ᄒ오니僉君子ᄂ平壤馬牧師夫人의男盲校가有ᄒ學校와京城뎨례夫人의男盲學校를播傳ᄒ오며學生을薦擧ᄒ심을深望ᄒ노라

課程

國文 讀法書法、聖經、地誌、生理學、算術、音樂、裁縫、家庭學、著述法、點學、英語

入學規則

平壤城中에居ᄒᄂ學生은每朔學費金이拾五錢이오村과他道의留學生은九歲부터十[illegible]歲까지入학케ᄒ오며壹年에九朔을工夫하ᄂᄃ夏節三朔은放학歸家ᄒ거시오壹年學費金은[illegible]圓이며衣服과居處凡節에必要ᄒ것은自擔ᄒ거시오萬壹入학ᄒ盲女ᄂ有ᄒ대家勢가貧寒ᄒ야入학치못ᄒᄂ境遇에ᄂ特別히薦擧ᄒ면으락월氏의博愛로入學케ᄒ야勉力敎育ᄒ게ᄒ오此學校학生의將來ᄂ豫言키難ᄒ나熱心工夫ᄒ면糊口之策은有ᄒ거시니誰某던지此等學生을薦擧코ᄌᄒ시면平壤醫師홀夫人에게問議ᄒ시고男盲人은平壤馬牧師夫人과京城뎨례夫人에게問議ᄒ시오

●太極校盛況 新門外阿峴私立太極학校에셔其間日氣의炎熱을因ᄒ야開校式을行치못ᄒ얏다가去木曜日에開校禮式을始爲擧行하ᄂᄃ當日來賓이三百餘員에達ᄒ얏스며洞中男女老少의觀光ᄒᄂ者가雲集ᄒ지라校長金重煥시가開會ᄒ야勅語를奉讀ᄒ고校監趙中植시가校況을說明ᄒ後학員들은國歌를唱ᄒ고來賓中鄭永澤姜允熙鄭雲復三시가次第로祝辭를陳述하며학員中金觀鎬시가答辭ᄒ얏고同時에月終試驗賞品을施給ᄒᄂᄃ該校副校長車서壽시가修身書와空冊鉛筆等品으로優數施賞ᄒ얏고來賓中洪忠鉉시와[illegible]婦人會장과女子敎育會長諸시가各히優數ᄒ空冊을捐付ᄒ야壹般학員의게分給ᄒ얏고鳳鳴학校학員壹百八拾餘員이觀光次로到ᄒ며該校학員이歡迎ᄒ後兩校학員이合同ᄒ야瀾漫ᄒ氣像으로愛國歌를唱ᄒ고孤兒院학員壹隊ᄂ瀏亮ᄒ音樂을奏ᄒ야壹大盛況을呈ᄒ얏고開校紀念키爲ᄒ야壹同撮影ᄒ고閉會ᄒ얏다더라

●拾銀待主 阿峴太極학校學徒廉학山시가去木曜日該校開校式日下午三時에該校場內에셔銀貨數十錢을得ᄒ고其遺失ᄒ人을苦待ᄒᆫ다더라

●醫士歸國 醫士安商浩시가日本에渡往ᄒ야醫學校에入學하야特別生으로卒業ᄒ고日本文部省入用醫師壹千五百名中第三等에被選하야日本政府慈惠病院長으로在任ᄒ얏더니今番에歸國하야診察所를新建ᄒ고誠心看護ᄒ기로問病者가답至ᄒᆫ다더라

●寧郡獎學 寧邊延山府崔鼎麟康斗運兩시가該郡水隅市에測量학校를設立ᄒ고敎師를雇聘ᄒ야熱心敎育ᄒᄂᄃ학徒가五十餘名에達ᄒ얏다더라

雜報

●德壽宮問安　今日上午拾壹時에 大皇帝陛下께옵셔 德壽宮에動駕하옵셔 太皇帝陛下께 問安하옵시고同下午五時에還宮하옵신다더라

●恩及泉壤　故奎章閣提學徐正淳氏는特陞叙勳壹等 賜太極章하옵섯다더라

●惠泉湯에大官　去日曜日에侍從院卿尹德榮氏가永宣君李埈鎔씨閣書記官長韓昌洙承寧府摠管趙民熙等諸氏를惠泉湯으로請邀宴待하얏다더라

●定代理裁判　軍部大臣李秉武氏가訓鍊院附近漢有地菜田訴訟事件에對하야該部理事尹益善氏로代理人을定하야來十三日에裁判을開庭한다더라

●合格薦報　咸南觀察使李範來氏가郡守의合格者三人을內部에薦報하얏다더라

●莫上莫下　慶尙道某觀察使가郡守資格의合當한人을薦紱하다하고不少한賂物을受한後에永不報部하얏거늘該納賂人이逐日來到하야郡守물從速叙任케하라고懇乞이殆甚하다더라

●債務細則制定　帝室債務審査會의細則을度支部에서制定발布하다더라

●英國司令官入京　英國香港에駐屯軍隊司令官한못豆氏及副官工兵少佐아쓰린氏와大尉뎌쓰코氏는滿洲觀察을畢하고日昨에入京하야昨日午前에曾禰副統監以下諸人을訪問하고又長谷川大將을訪問하얏는데該一行이新門外馬田氏의旅館에서留宿하다더라

●申飭觀察勵政　各觀察道에各郡警主人名色이外若廢止하나內實自在함은警主人派任例納錢이不些한故로從來觀察使가甘於例賂하야不能革罷이더니全南觀察使申應熙氏는今番郡守會議에各郡警主人을永爲革罷하고沿江諸邑船旅閣主人의例捧錢二千餘元을壹切永革하기로發訓하얏다더라

●限本入院　學部학務局第二課長日人隈本은身病으로呻吟하다가昨日大韓醫院에前往하야入院치療하다더라

●金作却賂　光州地方裁判所刑事犯高某의親弟가其兄을爲하야該裁判所檢事金商燮氏의게四百圜金을納賂圖囑하얏더니金檢事가該高氏를檢事室로招入하야納賂하는것이惡習의原因됨을說明하고賂物을還退하얏다더라

●開守開明　陽城郡에서郡主事를擇薦하는대奔競이大端한故로該郡守가壹郡紳士를會集하야投票選定하는데李邦鉉馬文奎金宗煥馬종淑朴致大諸氏가被選된지라養樹論問題로作文面試하야馬奎氏가被薦되미壹郡人士가郡守의至公無私한治蹟과李事의得人함을莫不稱頌한다더라

●拓社委員迎接　日本에前往하얏던全羅南北道拓殖社委員諸氏가再昨日下午拾壹時에南門外停車場에到着하얏는데湖南학會에서壹齊히出往迎接하얏다더라

●拓殖起業期限　東洋拓殖會社는明年壹月부터起業하기에着手할模樣인데不遠間에移住民을募集한다는說이有하나同社는株式의募集及支발과重役任命等其他準備가今年內지費할터이오尙且會社業務는土地開墾、植林、牧畜、水產業에關한土地調査及山川交通便不便等의研究를要할事項이夥多한즉明年六月頃에야起業을개始하기에至할터이라더라

●無處不當　內部에서治道費를勞働會에支撥하며該會에서役夫의게分給할時에貳百元에十五元은依例히치道檢査하는日人이先除以食하는故로該役夫들이嗷々한다더라

●金雞移囚　監獄署에現今罪囚가四百四拾壹名인데囚閣이極爲狹窄하야罪囚의困難이頗甚함으로日間에新門外金雞洞에新築한監獄署로移囚한다더라

●氷山花語　北部安洞居하는某參判은簪纓華族으로서沒官海하야廣置田宅하고艶粧美姿로壹時榮耀를自矜自恃하야가近日에는日人天地에各部局課를鑽營하야得키難하야生活이沒策한故로所置家屋庄土를次第典執하야僅々過去하더니該氏의別室이飢寒을不堪하야日前에南村某大臣의別室에往見하고言하되君은以何權力으로掀天動地하는大官과作配居生하나뇨하며錢穀幾許間貸與함을請한즉該別室의所答이君은至今貧困함을恨歎치말고僅僅圖生하던樂在其中이라하며我의榮光이現今에는比할處가無하도다나大監이賣國賊이라고世皆指稱한즉我의前途도實可難測이라君의安逸한八字를最所欽羨하노라하고金貨五拾圓을給與하얏다더라

●合德民의質問　沔川郡合德防築은吉泰弘爲名人이開墾하라고農商工部에瞞告請認한故로該防築居民들이農商工部에請願하야從實得情한後에該浮費를徵捧하라고泰弘을捜索中이라는事는已報어니와更聞한즉泰弘은卽農業會社々장洪肯섭시의代理人인故로該防築居民들이洪시를私邸로往見하고此浮費를徵與하라한즉홍시曰壹進會本部로來하야質判하자하기로該居民들이去月拾八日에壹進會本部에往하야홍시를訪問한즉홍시는避而不見하고安樂從崔雲섭兩시가出對하는지라該防築居民들이言하기를홍시는胡爲不出하고하며此浮費도徵與하고開墾指示人도露出하라한즉安崔兩시가答하되開墾請認하기도風聞으로힛슨즉指示人도露出할수가無하고開墾도못하면서浮費만徵與할수가無하다한즉防築民이言하기를洪시는農業會社社長이라니此會社目的은農業에妨害만하는지期於코裁判하야浮費도徵推하고指示人의誣囑한罪와請願人의瞞詐請認한律을施行케하다고壹場質問하얏다더라

●毆打會長　南部學洞에서汲水營業하는李永煥等二名이水商夜學會에서句管하는汲水座를犯奪코저하는故로該會長全興國氏가禁止한즉李某等이至民을無數毆打하고衣冠을裂破한지라至於가警視廳에擧訴하얏다더라

●見奪物品覓給　北部壯洞居金召史가再昨日에南部武橋居李啓석시家의尋訪次로來到하얏더니李시가清國人杜垂芝의게何許債來償이던지히시와家產을沒數奪去한際의金召史의長衣와襦鞋等屬을亦爲奪去한지라銅峴警察署에서清國巡檢과交涉하야該物品을壹并覓給하얏다더라

●病人護送　忠淸道木川郡西面應谷居梁世燮氏가上京逗遛하다가因病委痛하더니再昨日夜에南部竹洞居李成俊氏를訪見次로前往하다가草동街路上에倒臥함으로該掌內巡査가梁氏를李氏家로護送하얏다더라

●日人悖漢　再昨日下午四時量에梨峴等地에서日人勞働者壹名이韓兒壹名을拔劒刺之하야流血이淋漓한데該地巡査가日人勞働者를押去하얏다더라

●是何惡習　漢城高等學校長洪繭鉉氏가其令男九歲兒로婚하야明日에成禮한다는데閨秀의年紀도亦是九歲더라

●英守治蹟　英陽郡守尹弼五시가莅任以後에民瘼을革除하고학校와農業模範場蠶業會를實心務圖한다더라

●總辦大驚　京城內에서발砲하던午砲는軍司令部와共히龍山으로移去하얏는데京城內에午砲는將次如何히할는지未知라더라

●觸電致斃　去二日龍山에서電車가衝突할際에日人上村이가重傷하야三昨日夜에仍爲致斃하얏다더라

●斷髮祗迎　水原邑內와四量학徒가壹百五拾人에達하엿는데外村人이多數히斷髮하기를不肯하야該郡守徐丙肅시가학徒를對하야今番 大皇帝陛下 幸行時에學生이斷髮치아니하고 祗迎하는거시不可하다고壹場說明한則本校學韓圭復가先爲斷髮함으로壹般學徒들도壹齊히剃髮하고祗迎하엿다더라

●三山校의新腦　東小門外三山齋에서本日壹日에該塾長黃寅周氏가學徒百餘名을對하야壹場說明한後에齊히斷髮하고帽子는該氏가自擔買給하얏다더라

●均明增料　萬里峴均明학校의就緖된은屢爲報道어니와近日에國문夜학科를增設하고洞中貧寒한子弟를募集敎授하는데生徒가七拾餘名에至하얏다더라

●李氏設校　內部主事麻浦居旨李丙贊씨가發起하야李시家에普興학校를設立하고靑年을募集하야熱心敎授함으로該塾의希望이頗有하다더라

◉咸荷義捐

英陽郡紳士南廷八시가本社의經費窘拙함을爲하야金五十錢을寄附하얏기感謝함을表하노라

▲地方消息

▲本月壹日에全羅北道古阜郡羅山北方에서義兵貳拾餘名이該郡上守備隊와交戰하얏다고

▲去月貳拾七日益山郡內에서義兵五拾餘名이該郡駐在日憲兵及補助員과交戰하야補助員壹名은負傷하엿다하고

▲去月二拾日藍浦郡東北約九里奄峴附近에서義兵七拾餘名이該郡駐在日憲兵及補助員과交戰하얏다고

▲去日拾八日靑陽郡東北約三里地에서義兵六十餘名이該郡駐剳日憲兵과接戰하얏다고

▲去月三拾日江東郡西北約三里地에서義兵貳十餘名이成川郡駐在日憲兵과接戰하얏다더라

▲月下聽謠

▲長安萬戶壹片月에道路街上지나는데參差不齊한童謠가三五成隊하야時節歌를和答할제激烈慷慨한童謠가슈人不覺淚下로다

▲문이낫네々々々奸細大臣 문이낫네 [illegible]

▲문이낫네々々々實家子姪 문이낫네學問研究無意하고春香歌와暢莊舞에浮薄精神迷惑하야娼妓를追하야蕩盡하니 에문이낫네

▲문이낫네々々々頑冥輩가 문이낫네敗習을存하야千圓土地를賄賂直閣얻으라고圖囑하다가 에문이낫네

▲문이낫네千餘圜의月銀으로社會와敎育界에補助壹分못히보고地位鞏固하노라고運動費에 문이낫네

▲문이낫네々々々地方殘民 문이낫네不能耕作하야辛萬苦지은農事收奉하지보고此彼兵往來할제晨炊할 [illegible] 문이낫네

▲문이낫네々々々商務社가 문이낫네會社成立할때 [illegible] 綾羅紬衣고京子와遊衣遊食九甚하야胡備하니 에문이낫네

▲문이낫네々々々 [illegible] 문이낫네 [illegible] 俗歎하더니特別例를奔忙하야實地步難免하고假志士 에문이낫네

▲문이낫네々々々 [illegible] 世家 문이낫네自己門閥特하고敎育하더니世界風潮變한後에 [illegible] 문이낫네

▲문이낫네々々々勞働者가 문이낫네人力車子便計用沾背携引하야如干錢을버러升米束薪不得하고轉丸店 에문이낫네

▲聽哉어다聽哉어다 [illegible] 下下 [illegible] 全役 [illegible] 嗚呼라 [illegible] 몰아 얻지할 [illegible]

廣告

◉學員增募廣告

本校에서 學徒를 增募ᄒᆞ오니 願學者ᄂᆞᆫ 今月十五日內로 陸續請願ᄒᆞ시오

一 學科ᄂᆞᆫ 左開와 如홈

預備科

修身　中等修身
國語　大韓文典
漢文　漢文讀本
作文　論、書緘
歷史　東國史畧
地理及天文　大韓地理
數학　自四則至分數
博物　新編博物學
理化學　初等理化학
法制　經濟
農학　農학入門
商業　商業大要
工業
外語　英淸日語
圖畫　自在畫
音樂　單音唱歌
體操　普通、兵式

一學年

修身　倫理學敎科書上
國語　大韓辭典
漢문　御定五經百選
作문　策、記、書緘
歷史　東西洋歷史上
地理　萬國新地志
數학　自比例至求積
博物　植物학
理化학　中等物理학
法制　國家학
農학　林業학
商業　商業大要
工業
外語　英淸日語

二學年

修身　倫理학敎科書下
國語
漢문　中學문法
作문　銘、箴、序、跋、書緘
歷史　東西洋歷史下
地理　地문學
數학　代數、幾何、簿記
博物　動物학
理化학　物理、化학
法制　法學通論
農학　水産학
商業
工業
外語　英淸日語
圖畫　自在畫
音樂　上仝樂器用法
體操　普通、兵式

三學年

修身　心理학
國語
漢문　高等문法
作문　疑、表、疏、傳、公문式
歷史
地理　天문학
數학　幾何、三角、測量
博物　礦物학
理化학　化학
法制　經濟학
農학　農政학
商業
工業
外語　日英淸語
圖畫　用器畫
音樂　複音唱歌、樂器用法
體操　普通、兵式

壹 試驗科目은 如左홈
讀書 作문 算術 地誌
歷史

隆熙貳年拾月壹日

平壤私立大成學校 告白

本校에 農林講習所를 附設ᄒᆞ고 學徒를 限五十名募集ᄒᆞ야 壹個年速成으로 敎授ᄒᆞᆯ터이오니 志願者ᄂᆞᆫ 今月十五日內로 請願應試ᄒᆞ시옵

一 試驗科目 讀書 作文 算術四則以上 本國地誌

隆熙二年拾月壹日

平壤私立大成學校 告白

本會에서 全州支會를 認許事로 今日下午十壹時에 特別總會를 開ᄒᆞ오니 本道人士ᄂᆞᆫ 多數來臨ᄒᆞ시옵

湖南學會 告白

◎特別廣告

南大門外七運送店이 合으로 組合ᄒᆞ고 事務所를 東美運送部에 設置ᄒᆞ얏더니 不意ᄒᆞᆫ 者가 該店에서 客主都中에 每年金壹千圓式 補納ᄒᆞ고 各客主의 荷物을 專管運輸ᄒᆞ기로 ᄒᆞ얏스니 壹便은 商買를 轉束ᄒᆞᆷ이오 壹便은 各運送店을 幷呑코ᄌᆞ ᄒᆞᆷ인즉 此에 對ᄒᆞ야 組合에 合字號ᄂᆞᆫ 不得已 罷裂ᄒᆞ얏거니와 補納壹千圓의 遺害ᄂᆞᆫ 必歸於商客ᄒᆞ리니 當此商路凋殘之時ᄒᆞ야 壹人之害가 及於萬人故로 爲其商弊ᄒᆞ고 各保其業코ᄌᆞ ᄒᆞ야 車賃을 特別減捧키로 玆에 廣告ᄒᆞ오니 京鄕商客은 照亮ᄒᆞ시옵

隆熙貳年拾月貳日

京城南大門外

車賃目錄

	每頓	每百斤
開城	貳圓四拾六錢	三拾三錢六厘
新幕	三圓九拾四錢	五拾三錢[illegible]厘
瑞興	四圓○六錢	五拾四錢六厘
興水院	四圓二拾二錢	五拾六錢二厘
砂里院	四圓[illegible]拾[illegible]錢	五[illegible]九錢四厘
平壤	五圓二拾八錢	六拾六錢八厘
安州	六圓十二錢	七拾五錢二厘
義州	七圓拾二錢	八拾[illegible]錢二厘

其他各驛은 姑未記載ᄒᆞ오나 依其例ᄒᆞ야 車賃捧上홈

但京義驛에서만 施行홈

本塾에서 三個月速成測量夜學과 十二個月專門日語晝學을 設立ᄒᆞ고 學員을 大募集ᄒᆞ오니 願學僉員은 速枉問議ᄒᆞ시오

夜學測量　自下午七時 至仝九時
晝學日語　自上午拾時 至下午二時
試驗　科目 算術加減乘除　日字 本月十壹日
位置 南門內暘谷四十三統七戶

廣化測量事務所 告白

▲特別廣告

測量科를 壹個月速成으로 敎授ᄒᆞ오니 志願人은 應試를 爲要
試驗日字ᄂᆞᆫ 陰九月拾七日
試驗科目
國漢文作文 算術四則以內
新門外小平洞六十七統二戶
普彰測量事務所

◎大同運輸會社 浦上運輸會社 通運會社 三光運輸會社 普運會社

車賃目錄

	每頓	每百斤
仁川	壹圓五拾四錢	貳拾四錢四厘
水原	上仝	
平澤	二圓四拾六錢	三拾四錢
天安	二圓八十三錢	三十八錢五厘
全義	三圓拾六錢	四拾二錢一厘
太田	四圓十錢	五拾五錢
永同	四圓七[illegible]錢	六拾壹錢
金泉	五圓二拾錢	六拾六錢
大邱	五圓九拾六錢	七拾三錢[illegible]厘
草梁	六圓七拾四錢	八拾壹錢四厘
馬山浦	六圓六拾九錢	八十錢○九厘

(The fare lists are badly printed; station-to-price alignment is uncertain.)

◉大韓文典 全壹冊 正價廿五錢

崔光玉 著　李商在 校

▲本文典은 普通教科의 國語科程으로 需用키 爲ᄒᆞ야 編輯ᄒᆞᆫ 者로 今에 再刊發售ᄒᆞ옵

발行元 安岳邑 勉學會
발兌元 京城 中央書館
平壤 太極書館

◉特別廣告

測量參個月速成部를 設ᄒᆞ고 學員을 免試許入키로 大募集ᄒᆞ오니 願習僉員은 陰九月拾七日內로 本所에 實臨ᄒᆞ야 規則을 詳覽ᄒᆞ고 志願書提呈ᄒᆞ심을 敬要
時間(午前拾時로午後壹時)
西小門通貞洞度支部後門前
專門講習所

◎大韓地志教科書

國漢文全壹冊　定價二拾五錢

本書ᄂᆞᆫ 高等小學校教科用으로 編輯ᄒᆞᆫ 것이니 全壹冊六拾九課每課壹百六拾字以下로 定ᄒᆞ야 課讀에 取便케홈

發行兼發賣元 平壤法橋大同書觀
京城桂洞 玄公廉

初學捷徑

第壹卷 定價金 三拾五錢
第二卷 定價金 三拾五錢
第三卷 第四卷 姑未定

我國同胞의 急先務ᄂᆞᆫ 國文漢문이라 此初學捷徑은 國漢문을 速成ᄒᆞᄂᆞᆫ 教科書이오니 僉同胞ᄂᆞᆫ 購用ᄒᆞ시옵

編輯者 韓承坤
校閱者 美國博士 裵緯良
발行所 平壤鍾路 光明書觀
分매所 京城鍾路 耶蘇教書會
京城桂洞 玄公廉
百卷以上四割以下으로 二割

洋洗濯部第一屋

敝所에서 西洋新發明ᄒᆞᆫ 法으로 機械及藥品을 整備ᄒᆞ고 各種洗濯及染色을 廉價로 酬應ᄒᆞ옵ᄂᆞᆫ디 其種類가 如左홈

洋服、襯衣、外套、帽子、項套、洋말、婦人衣服及一切附屬品、毛織、毛紗、세루、馬尾緞、羅紗綢緞紗羅苧布一切貴重品의 屬衣、쪽긔、赤衫、裳、袴、襦、等屬 洗濯及染色物이 有ᄒᆞ거든 本所로 通知ᄒᆞ시면 卽時自宅에 進議홈

學員、巡檢、兵丁、及勞働諸君에 對ᄒᆞ야ᄂᆞᆫ 定價의 拾分之貳를 特減홈

各地方에서ᄂᆞᆫ 小包料를 添送ᄒᆞ시면 誠實郵呈홈

鍾路東門上隅 第貳統二戶

洋洗濯部第一屋

本人의 圖形圖章을 [illegible] 造ᄒᆞ얏사오니 知悉ᄒᆞ시옵

李鍾[illegible] 告白

本人이 陰九月初五日 [illegible] 章과 六百 [illegible] 圓與二百兩票 [illegible] 幷히 失ᄒᆞ얏기 玆에 [illegible] 誰某ᄂᆞᆫ 得ᄒᆞ여도 [illegible] 休紙施行홈

◎聯合日字 廣告

平壤龍川楊市開設 [illegible] 漢北關 [illegible] 淸州의 移 [illegible] 은後약合ᄒᆞ設立ᄒᆞ오며 秋合日字로 [illegible] 期ᄒᆞ고 自觀 [illegible] 訓 [illegible] 시고 本 [illegible] 에서도 敬告于各處ᄒᆞ오니 同業ᄒᆞ시ᄂᆞᆫ 一般同胞ᄂᆞᆫ 屆期ᄒᆞ야 臨ᄒᆞ시와 使便交易케ᄒᆞ심을 敬要

淸州郡商務會 [illegible] 頭 徐興仁 告白

▲絶影島私立 成學校趣旨書

庠序學校ᄂᆞᆫ 興國之盛典이오 文明進步ᄂᆞᆫ 忠孝之機關이라 豈可不學而自歎哉아 於 神聖 [illegible] 之和 教育之上에 惟我同胞ᄂᆞᆫ 各自奮起ᄒᆞ야 而獨於本島ᄂᆞᆫ [illegible] 日 [illegible] 新思想이 發 [illegible] 影島居民이 [illegible] 校室이 己 [illegible] 督金光 [illegible] 致 [illegible] 許 [illegible] 五日開校式을 設行ᄒᆞ오며 方將學部에 請願認可 [illegible] 不勝感賀ᄒᆞ와 玆以廣佈홈

贊成人 鄭元淑 玉琢汝
盧斗英 田致安 田敎汝
具滄淑 金千壹學 告白

廣告

咸安郡咸化學校趣旨書

嘗ㅣ府學이無果過…我國同胞의心이徒以卒然安然으로新學者ᄂᆞᆫ開化요舊學者ᄂᆞᆫ頑固라ᄒᆞ야新學上에專히反對ᄒᆞ고但膠守舊學코져ᄒᆞ니此ᄂᆞᆫ極히誤解ᄒᆞᆷ이라自古國家에當其時變化와人民의敎育上에開發ᄒᆞᆷ을爲ᄒᆞ야因其勢而利導也니是故로古書에云ᄒᆞ되漢文、晋筆唐詩、宋學이皆天興間氣數가是라現今我國은邦命이維新ᄒᆞ고文風이復起ᄒᆞ야靑年子弟의實學上으로敎育ᄒᆞᆯ義를採用ᄒᆞ야興學之聖詔가屢降ᄒᆞ사聲敎訖海에官公私立학校가雷블ᄒᆞ야對揚聖命이惟吾國民의敎育上義務라故로此本郡士林이去丙午年에發起公議ᄒᆞ야鄕射堂內에私立闡明학校를刱立ᄒᆞ고生徒를募集ᄒᆞ야二個年間敎授인바經費가窘絀ᄒᆞ야將至廢止之境인故로今春에敝郡士林이學校의擴張次로更히壹齊會議ᄒᆞ야학校를先히移設於東西齋ᄒᆞ고養士齋ᄒᆞ고改名曰咸化學校라ᄒᆞ니咸化之意ᄂᆞᆫ咸郡의人民이 學上의敎化를贊揚ᄒᆞ며興起ᄒᆞ라ᄒᆞ신 皇詔를欽奉ᄒᆞᆷ이라故로該鄕校及養士齋의所有ᄒᆞᆫ田畓과士林中崇禮契의固有ᄒᆞᆫ財産을並附屬학校ᄒᆞ야基本金으로定立ᄒᆞ고今에私立學校令第二條를依ᄒᆞ야該郡守께옵셔基本金을調査ᄒᆞ야學部에報告ᄒᆞ며學校의任員도共히該部에請願ᄒᆞ야敎育上에壹新히학校를擴張코져ᄒᆞᆷ으로新聞에仰佈ᄒᆞ오니同胞의贊成ᄒᆞ심을伏望

校長　安文爀
校監　趙台奎
學監　李志觀

總務　趙鏞權　李鉉璉
贊成　安光烈　李洙益　安…　安衡烈

隆熙二年九月二十日
咸安郡上里面康址洞　趙東奭

○申報價
壹號代金 新貨二錢
壹個月前納 新貨三十錢
參個月 九拾錢
陸個月 …圓…
壹個年 …
郵稅一張 …
壹個月 十…錢

○廣告料
四号活字拾二字詰
每日壹寸(英尺)에 新貨卅錢
二週日壹寸에 二圓五拾錢
壹個月壹寸에 …圓
(自壹行至…行이爲壹寸)
其期限의長短과字行의多寡를依ᄒᆞ야增減ᄒᆞᆷ이有ᄒᆞᆷ

●大韓每日申報 …支社廣告
中署布屛下 …冊人
平壤鍾路太極書館 安…
仁川奇峴開新冊肆 …
義州南門外至西大藥房 李…
釜山港佐川약局 徐…
三和港牌石洞 …
咸興州南社西門外 曹…
開城남大門內興學書舖 …
大邱西門外友弦書舖 李正…
載寧邑濟衆院 劉…
鐵山邑東部 …
元山倉前 劉七…

寧…邑內
…邑內
…邑
…邑
…
…州…
咸從…耶蘇敎堂
…川…
…
定州…
平…
…
金浦水流面…
…
江華邑…
永…
…
郭…
殷栗邑倉…里
…
…

發行兼編輯人…
發行所
…井洞號外…
大韓每日申報社

光武九年八月拾壹日 明治卅八年八月拾壹日(第三種郵便物認可) 木曜日 西曆壹千九百八年拾月八日 (壹)

第六卷 大韓每日申報 第九百卄四號

月曜及慶節 歲時日休刊

檀君開國四千二百四十一年
箕子元年三千三十年
大韓開國五百十七年
日本明治四十一年
淸國光緖三十四年
陰曆戊申九月大十四日丙申

論說

◉探偵과通譯의行悖

大韓民族의性質을論ᄒᆞ면大槪溫和柔順ᄒᆞ고忠厚信實ᄒᆞᆫ美德이有ᄒᆞᆫ民族이라謂ᄒᆞᆯ지니若是ᄒᆞᆫ美德이有ᄒᆞ면宜乎上天의眷佑ᄅᆞᆯ蒙受ᄒᆞ야生存의幸福을享有ᄒᆞᆯ지어ᄂᆞᆯ何故로今日에至慘至劇ᄒᆞᆫ地獄境界에墮落ᄒᆞ야無量ᄒᆞᆫ苦楚ᄅᆞᆯ哀叫ᄒᆞᄂᆞ뇨必其罪惡이多積ᄒᆞ야天怒神譴을被ᄒᆞᆷ이有ᄒᆞᆷ지로다

蓋嘗韓國의歷史를觀ᄒᆞ건ᄃᆡ其民族의性質이如彼善良ᄒᆞᆫ中에壹種惡慣이有ᄒᆞ니何也오其同族을相愛ᄒᆞ고社會를團合ᄒᆞᄂᆞᆫ公德性이全然缺乏ᄒᆞᆫ지라從前幾百年來로上流社會가各立黨派ᄒᆞ야同朝之列에楚越相視ᄒᆞ고蕭墻之內에戈戟相尋ᄒᆞ야國家의安危와生民의休戚은置諸腦後ᄒᆞ고惟其私權私利의競爭이甚於水火ᄒᆞ얏스니其國力이安得不頹落이며其社會가安得不腐敗리오如彼ᄒᆞᆫ惡習이傳染ᄒᆞ고妖孽이蔓延ᄒᆞ야壹般人民의良心을斷喪ᄒᆞ고公德을破壞ᄒᆞ야上流와下流ᄅᆞᆯ勿論ᄒᆞ고均히同族을相愛ᄒᆞ고社會ᄅᆞᆯ團合ᄒᆞᄂᆞᆫ性質이殆히絶無ᄒᆞᆫ境遇에至ᄒᆞ얏스니엇지公同保存ᄒᆞᄂᆞᆫ幸福을得ᄒᆞᆷ이有ᄒᆞ리오

至于近日ᄒᆞ야世界萬國에未有ᄒᆞᆫ極凶極惡의種類가許多産出ᄒᆞ니卽外人의探偵者와通譯의行悖ᄒᆞᄂᆞᆫ者가是로다噫라彼輩ᄂᆞᆫ皆韓天을戴ᄒᆞ고韓地를履ᄒᆞ고韓衣를衣ᄒᆞ고韓食을食ᄒᆞᄂᆞᆫ者라

四千年以來로至于今ᄭᆞ지도록爾의祖先과爾의父母와爾의兄弟와爾의妻子가壹毛壹髮이皆大韓의化育을受ᄒᆞᆫ者가아닌가爾輩의父母가爾ᄅᆞᆯ生産ᄒᆞᆯ時에將來成長ᄒᆞ면孝子順孫과忠臣良民이되기를必祝ᄒᆞ지아니ᄒᆞ얏ᄂᆞᆫ가

乃者爾輩가頭角이稍長ᄒᆞ고言語를能通ᄒᆞ매人類가되지못ᄒᆞ고梟獍蛇蝎이되야外人의若干金錢을貪得ᄒᆞ야其身을賣ᄒᆞ고其力을盡ᄒᆞ야無辜ᄒᆞᆫ同族을誣陷ᄒᆞ고殺害ᄒᆞᆷ으로써生活을作ᄒᆞ면서壹毫도羞愧가無ᄒᆞ고反히揚々自得ᄒᆞ야其威ᄅᆞᆯ肆ᄒᆞ고其惡을逞ᄒᆞ니爾輩의祖先과父母가靈魂이有ᄒᆞ면爾輩를産育ᄒᆞ야同胞에게流毒ᄒᆞᄂᆞᆫ것을大悔ᄒᆞ야爾의享祀를響受ᄒᆞᆯ理가無ᄒᆞ며爾의子孫도必然滅種의禍를不免ᄒᆞ리로다

爾輩生前에도靑天을對ᄒᆞ면恒常雷霆霹靂을恐怖ᄒᆞᄂᆞᆫ思想이有ᄒᆞ리니와死後에ᄂᆞᆫ地獄에入ᄒᆞ야剉燒舂磨의刑을受ᄒᆞᆯ줄노思量ᄒᆞᆯ지니天生萬民에各有其職ᄒᆞ야生活을資ᄒᆞ거ᄂᆞᆯ爾輩ᄂᆞᆫ何故爲此오彼草木도松이茂ᄒᆞ면栢이悅ᄒᆞ고禽獸도狐가死ᄒᆞ면兎가悲ᄒᆞ거ᄂᆞᆯ爾輩ᄂᆞᆫ些少ᄒᆞᆫ金錢을貪ᄒᆞ야貴重ᄒᆞᆫ同族의生命을殘害ᄒᆞ니草木禽獸에도可比ᄒᆞᆯ種類가아니로다

嗟乎라探偵及通譯의行悖ᄒᆞᄂᆞᆫ者여人皆有天良이어ᄂᆞᆯ爾乃何故로獨無天良이며人皆有人情이어ᄂᆞᆯ爾乃何故로獨無人情가天良과人情이無ᄒᆞ면其區々生命이不過幕上의燕이오釜中의魚로다天道가好還ᄒᆞ야亂極則治ᄒᆞ고昏極則明ᄒᆞᄂᆞ니萬壹天日이淸明ᄒᆞ고世道가公平ᄒᆞᄂᆞᆫ時代가回還ᄒᆞ게되면爾等妖魔邪孽의鏈類가其能遺存耶아速히悔改ᄒᆞ라速々悔改ᄒᆞ라惡不可積이니惡慣이滿盛ᄒᆞ면其身이滅亡ᄒᆞᄂᆞ니라噫라外人의探偵된者와通譯의行悖者여

隆熙貳年拾月七日 官報

閣令

銓衡委員規程을左갓치定ᄒᆞᆷ

隆熙二年拾月九日

內閣總理大臣 李完用

閣令第十號

銓衡委員規程

第壹條 文官의銓衡에關ᄒᆞᆫ事務를掌케ᄒᆞ기爲ᄒᆞ야銓衡委員을置ᄒᆞᆷ

第二條 銓衡委員을分ᄒᆞ야高等銓衡委員及普通銓衡委員으로ᄒᆞᆷ

高等銓衡委員은此를內閣에置ᄒᆞ고普通銓衡委員은此를內閣及各部에置ᄒᆞᆷ

第三條 高等銓衡委員은委員長壹人委員若干人으로써組織ᄒᆞ야勅奏任文官에關ᄒᆞᆫ銓衡의事務를掌ᄒᆞ되高等銓衡委員長及委員은內閣總理大臣이勅奏任官中으로此를命ᄒᆞᆷ

第四條 普通銓衡委員은委員長壹人委員若干人으로써組織ᄒᆞ야判任文官及判任官待遇者에關ᄒᆞᆫ銓衡의事務를掌ᄒᆞ되普通銓衡委員長及委員은內閣總理大臣又ᄂᆞᆫ各部大臣이部下官衙中으로此를命ᄒᆞᆷ

第五條 銓衡委員은必要가有ᄒᆞᆫ時ᄂᆞᆫ筆記又ᄂᆞᆫ口術試驗을行ᄒᆞᆷ을得ᄒᆞᆷ

附則

本令은發布日로부터施行ᄒᆞᆷ

外報

●俄伊兩國의密議 倫敦電을據ᄒᆞᆫ즉俄伊兩國은近東에셔德國民族의企圖ᄒᆞᆷ을抑制ᄒᆞᆯ目的으로써近東에셔起ᄒᆞᄂᆞᆫ各問題에對ᄒᆞ야俄伊兩國이壹致ᄒᆞ야秘密協商을成ᄒᆞ얏다더라

●印度의大洪水 同電을據ᄒᆞᆫ즉印度地方에未曾有ᄒᆞᆫ大洪水가有ᄒᆞ야多大의損害를被ᄒᆞ얏고又死者가壹萬人이라ᄒᆞ얏더라

●露國의大學閉鎖 俄國大學校의不穩ᄒᆞ다ᄒᆞᆷ은昨報에已揭어니와更히東京電을據ᄒᆞᆫ즉同大學校ᄂᆞᆫ學生의不穩ᄒᆞᆷ을因ᄒᆞ야閉鎖되얏다더라

●淸國의借款 大連電을據ᄒᆞᆫ즉近來淸國東三省의經費가多大ᄒᆞ야財政이困難ᄒᆞᆷ을因ᄒᆞ야官吏의게支用ᄒᆞᆯ金額六萬兩을出給지못ᄒᆞ미官吏들이其支出方法을請求ᄒᆞ얏ᄂᆞᆫᄃᆡ當路者가末總督의許可를得ᄒᆞ야俄國銀行에셔數萬圓을借入ᄒᆞ얏다더라

●東歐의風雲 伯林電을據ᄒᆞᆫ즉勃牙利國펄치난트公이澳匈國外相의게向ᄒᆞ야東方鐵道를還附ᄒᆞ기로定約ᄒᆞ얏스되勃牙利政府에셔아즉此를還附치아니ᄒᆞ고又何等의宣言이無ᄒᆞ얏고且土國政府ᄂᆞᆫ勃牙利에셔東루메리아를除ᄒᆞᆫ外에ᄂᆞᆫ其獨立을承認ᄒᆞ러니와若東루메리아ᄭᆞ지併ᄒᆞ야獨立ᄒᆞ기를願ᄒᆞ면兩國間에戰爭이起ᄒᆞ리라더라

雜報

●勇進校勇進 端川郡東上里勇進學校ᄂᆞᆫ三年前에樵童牧竪가互相團合ᄒᆞ고各收股金ᄒᆞ야建築校舍ᄒᆞ고熱誠做工ᄒᆞ나經費가不贍ᄒᆞ야幾乎閉校矣러니校長金炳珠學監沈宜哲校監朴有信會計徐丈淳及壹般任員諸시가該校所在洞內에每日巡行ᄒᆞ야家諭戶說ᄒᆞ되隨力捐助之意로或泣告或演說ᄒᆞ미壹洞男女老少가感奮ᄒᆞ야爭先捐金이爲二千餘兩에至ᄒᆞ야成中學校ᄒᆞ고李秉浩시가李東暉시에게囑託ᄒᆞ야時務新書二百秩을須給ᄒᆞ니今則書籍이俱備ᄒᆞ고經費가裕餘ᄒᆞ야校況이完全ᄒᆞ다더라

●中校卒業盛況 中東學校에셔再昨日下午에第壹回測量科卒業式과第二回日語科卒業式을擧行ᄒᆞ얏ᄂᆞᆫᄃᆡ測量科卒業生은朴亨元金基峰等八拾壹人이오日語甲班卒業生은趙漢翊康大植等拾三人이오乙班進級生은朴洵龍李敏淑等拾七人이오丙班進級生은趙炳奎尹善浩等二拾八人인ᄃᆡ校長尹致昭시가開式趣旨를說明ᄒᆞ고總務申圭植시가勅語를奉讀ᄒᆞ고校監姜文秀시와學監閔琮鎬시가學事報告ᄒᆞᆫ後卒業證書及進級證書와賞品을授與ᄒᆞ고學務局長尹致旿시와尹致昊시가激切히勸勉ᄒᆞ고總務申圭植시가祝辭ᄒᆞ고卒業生朴泳、康大植兩시가答辭ᄒᆞ고校中賞品外에尹致昭申圭植姜文秀閔琮鎬四시가空冊及書籍으로特別施賞ᄒᆞ얏다더라

●畿校運動狀況 畿湖學校에셔秋期運動會를昨日東門外에셔設行ᄒᆞᆯ時에該會任員諸시가多數賞品을給與ᄒᆞ얏ᄂᆞᆫᄃᆡ金嘉鎭시ᄂᆞᆫ美國獨立史九偉人小史父師必讀合七冊空冊上下各一冊小空冊壹百卷紙製石版鉛筆等이오敎育部長南廷哲시ᄂᆞᆫ華盛頓傳壹卷空冊鉛筆等이오洪永洪弼周兩시ᄂᆞᆫ空冊鉛筆等이오李海朝閔丙斗兩시ᄂᆞᆫ最新漢城圖一張及各空冊式이오南公宣시ᄂᆞᆫ空冊鉛筆等이오李章魯시ᄂᆞᆫ速寫帖冊挾筆入等이오沈運澤시ᄂᆞᆫ空冊二十卷이라더라

●隨聞隨揭 湖南學會에셔拓殖委員을選齊ᄒᆞ야迎接ᄒᆞ얏다ᄒᆞᆷ은隨聞揭載ᄒᆞ얏더니更聞ᄒᆞᆫ즉該學會員中所親되ᄂᆞᆫ者出迎ᄒᆞᆷ은或未可知로되該學會에셔拓殖委員을該學會資格으로迎接ᄒᆞᆷ은無ᄒᆞ다더라

雜報

●幸行時陪從 大皇帝陛下께옵셔旣報와如히昨日上午拾壹時 德壽宮에 問安次로 幸行호옵시는데儀仗節次는前日과如호고 義親王殿下께옵셔陪從호시고總理大臣李完用軍部大臣李秉武兩氏가亦爲 陪從호얏다더라

●平壤御幸行說 大皇帝陛下께옵셔平壤에 御觀覽호시기爲호야不遠間該地에 幸行호신다는說이有호더라

●道路觀察入城 別項과如히 大皇帝陛下께옵셔平壤에 幸行호시기로預定홈으로內部土木局技師劉猛氏及該局事務官安國承技師秦聚晟其他內外主事諸氏를帶同호고當地에出張호야道路를觀察하고再昨日下午에入城호얏다더라

●拓社回付韓國 韓國側東洋拓殖會社定欵은旣爲韓國內閣에回付호얏는디閣議를經호야今明間에 奏請 裁可後節次를定홀터이라더라

●調査後蠲減 永登浦로부터水原郡까지鐵路沿邊에凶作이歉荒홈을今番 大皇帝陛下께옵셔水原 幸行호실時에一般陪從員들이目睹호바인대民情을不可不念이라호야將次人員을派送호야田畓을壹々히調査後本年度結數를蠲減호기로議定日前내閣會議時에提議호얏다더라

●宮殿重修經費 昌德宮內仁政殿을毁撤호고半洋制로重修호는中인대所入經費는拾萬圜假量이라더라

●宋李의魂膽 東洋拓殖會社의韓人理事는何人이被選될는지아직不明호며漏聞호즉總理大臣李完用氏가自己의親族李鎬成氏로被選케호고저호야目下盡力호는中이라는데李氏가何由로自己의所屬으로出코져호나뇨호면此는非他라彼가自家의所有扶安、金堤其他각地에在혼荒蕪地와田地를拓殖會社에押付호야其利益을得코져홈이라호며又拓殖會社에就호야는內大宋秉畯氏도亦荒蕪地押付策을目下講究中이라혼즉拓殖會社의前途는極히困難홀더이라더라

●拓社定欵認可 東양척殖會社創立委員長이該會定欵認可를韓日兩國政府에申請호야韓政府에셔去六日로써認可하라다가部令으로韓日兩國이本日에認可혼다더라

●君言亦奇 昨日上午八時頃에何許鄉客數人이總理大臣李完用氏私邸門前으로過去하다가附近에在혼拾餘歲兒를對호야問하되此家가誰家오혼즉該兒의所答이總理大臣의家라혼미鄉人等이嘘唏歎曰我等이遐鄉樵夫로李總相의聲價만聞호얏더니今에此家를始見혼즉該氏의榮光을可知호깃스나商賈中에賣國商이最大營業이라호며恨歎不已하고泥峴等地로轉向호얏다더라

●月明少室 宮內府官吏壹同이再昨夜에明月館에셔宴會를設호고迭宕히遊樂호얏다는데宮大閔丙奭氏는其少室을帶同호고往參호얏다더라

●會計檢査發程 度支部會計檢査局檢査官申佑善氏가平安南北道의官廳會計를檢査홀次로本月拾三日에발程호얏다더라

●仍舊管轄 각陵寢管理壇等을國有로編入홈은所共知어니와本年秋收一欵도度支部에何嘗홀터인나자陸軍의情況이萬不成說인故로本年度까지는秋收동節을仍舊管轄케하기로決定되얏다더라

●何不許施 韓日兩國某々諸氏가發起호야酒麯會社를設立홀次로規程을制定호야度支部에請認호얏더니不爲許施혼다더라

●鄉郵多弊 郵遞規則을改良혼後에上京호는書札은遞傳夫가迅速分傳호야壹無遺漏혼즉成績이美良혼模樣이나至於鄉郡호야는書札이郵遞局에到着혼즉郵遞局에셔는該郡郡主事의게出付호야面主人으로分傳케호는대郡主事와面主人이舊日野昧혼習慣을未改혼者가多有호야書札의遲滯와遺漏의弊端이比比有之혼故로付書人에稱怨이甚多호다더라

●光民嗷々 木浦와羅州郡에居留하는韓日商民等이其商路를便利호기爲하야光州觀察道를木浦로移設하라고京部로運動호며該觀察道에請願호얏는데此를因호야光州民心이嗷々호다더라

●陵軍呼冤 洪陵叅奉某氏가陵軍洪俊秀를無辜히汰去호고自己에下人으로塡充혼故로洪俊秀가掌禮院에屢次呼冤호야復屬호라는題飭을到付호얏스나叅奉某氏가洪俊秀를期於히復屬지아니호기로周旋中이라더라

●賣父禁 長陵叅奉閔明植[illegible]가自己先山松楸를武萬兩에放賣[illegible]日本人에게契約捧價하얏더니[illegible]이該松楸를斫伐홀시閔氏의父親閔泳達氏가禁斫호는故로[illegible]京城地方裁判所에起訴호야閔明植氏가被囚되얏다더라

●閔氏困債 閔京鎬氏가平北觀察在任時에宣川郡鄉錄錢中葉錢壹萬三千貳百餘兩의討食이有호던지該郡人曹賢承氏等이持其文簿호고該錢을欲推則該氏曰此雖當出이나家勢가貧乏에卒難辦出이니從後歸正이라호고延拖爲主호기로該郡人民等이地方裁判所에呈訴호다더라

●何待捉囚 春川郡에셔는人民의斷髮을勵行하는디[illegible]하者로有名혼諸氏를次第捉囚호고壹並斷髮호얏다더라

●聯合運動預定 漢城內에在혼各官立普通學校에셔는聯合호야不遠間에秋期運動會를訓鍊院에設行호기로預定호얏다더라

●已決者移囚 종路監獄署罪囚를昨日新門外新建築혼監獄署로移囚홈은已報어니와現今罪囚가已決未決이合七百餘名內에已決囚만新監獄署로移囚호얏다더라

●打人逃躲 再昨日下午九時頃에南部竹동居朴永碵氏가[illegible]동居留日人轉丸店에往호야觀覽혼즉日人이[illegible]無端毆打호다가鎖문逃躲혼故로警察署에셔該日人을現今搜索中이라더라

●俄領의韓人教育 俄領水淸新英洞에在留韓人들이新英학校를設立호얏는디校主金基玉시와敎師金爽永朴永甲兩氏와校監金教鳳氏가熱心教育호야학徒가三四拾名에達호얏고且洞中에셔教會를組織호야酒技를禁호고兼호야教會가漸進홈으로淫祠를壹幷打破호야文明의前進이頗히宏大호다더라

●慈惠宴會設行 慈惠婦人會에셔孤兒院을維持호기爲호야本月拾壹日下午二点에慈惠宴會를西闕內에셔設行홀터인대來賓은各府部院廳高等官以上과各社會紳士及紳商에게請帖千餘張을발送호얏다더라

●慈惠請帖發還 別項과如히慈惠婦人會에셔孤兒院을捐助호기爲호야演奏會를設호고各部에請牒을已揭호엿니와[illegible]部에셔는該請牒을[illegible]沒數자還호얏다더라

●北漢遠足 法官養成所에셔[illegible]日曜日에所長以下教授와壹般학員이北漢山城에前往호야遠足會를設호얏다더라

●[illegible]設會預定 官立漢城高等學校는校長以下壹般生徒가來日曜日壹時에東大門外永道寺에出往호야校友會를設行호기로預定호얏다더라

●高倅興學 高陽郡守李鍾[illegible]氏가該郡邑底와境內에학校를設立호고該校經費를自己薄俸으로每校에五十圓式合二百圓을出捐호고教師를雇聘홈으로郡下人民이[illegible]稱頌[illegible]上送호얏다더라

●母姊[illegible]會 [illegible]城高等女學校에셔는[illegible]一拾壹日부터[illegible]학校間에連絡호야學徒의[illegible]習을矯正홀目的으로母姊會를開호다더라

●[illegible]門測量 光山[illegible]에셔測量학校를設立호고[illegible]中青年六拾名을募集호야晝학에는日語를教授호고夜학에는測量技術을教授홀터인데[illegible]學員의每朔食費八圓과紙筆冊等物品은校中으로[illegible]辦給호기로決定호얏다더라

●[illegible]校測量 [illegible]前[illegible]에셔內賜洞光成學校에附屬測量速成科卒業式을行호얏는데優等生은成河壹洪大晋等二人이오及第生은趙鏡夏崔衡錫等貳拾三人이라該校任員諸氏가次第勸勉호고鉛筆彩墨製紙等으로分等施賞호얏다더라

●尹氏有志 [illegible]川郡[illegible]面居하는[illegible]虞侯尹政浮氏가학校를設立호고學徒를募集하야貧寒子弟가來학호면自當供饋호야熱心教育혼다더라

●學有樂英 果川郡下西面[illegible]溪洞居[illegible]宇鎭植裕愼用範某[illegible]諸氏가教育에熱心호야樂英義塾을[illegible]洞에設立호고面內[illegible]子弟를教育호는데書冊학徒가七十餘名에達하얏더라

●梨峴[illegible]教育 梨峴等地居壹般紳士들이新興[illegible]維持[illegible]敎育[illegible]各其出付호되[illegible]元[illegible]等에貳元三等에壹元[illegible]等에五拾錢[illegible]等에三拾錢으로磨錬호얏다더라

●靑年會館[illegible]演 靑年會館에셔[illegible]日下午[illegible]時三十分에演說會를開호는데[illegible]우리[illegible]氏가[illegible]何[illegible]費用의관間題로演說[illegible]라

▲病中의末疾▼

▲此斯世를든날에各色疾病許多호나高明醫士方法으로對症投劑를할이면雲捲霄天이되련마는國病中의懶怠疾은그症勢가怪惡하니라

▲耳目口鼻번듯ᄒᆞ고四肢百骸멀졍하며五臟六腑險處업시[illegible]몸잡시[illegible]事[illegible]ᄒᆞ[illegible]病로번傳染되[illegible]藥無效ᄒᆞ다

▲氣不足[illegible]여仁蔘鹿茸을服ᄒᆞ고腹痛症이나[illegible]蛔虫散을먹어도[illegible]하여[illegible]甚홀수업다

▲政界上에傳染[illegible]頹敗[illegible]性에가[illegible]失[illegible]ᄒᆞ고金[illegible]亡可畏로다

▲富貴家[illegible]傳染[illegible]錦衣玉食遊佚[illegible]又흔好[illegible]라[illegible]乞可畏로다

▲學問界[illegible]傳染[illegible]父母俱存年少[illegible]開上[illegible]孤[illegible]酒可畏로다

▲農家[illegible]染[illegible]坪下坪[illegible]自幽[illegible]飢可畏로다

▲工業[illegible]傳染[illegible]物[illegible]

[illegible]

廣告

◉學員增募廣告

本校에셔學徒를增募호오니願學者는今月十五日內로陸續請願호시오

平壤私立大成學校 告白

本校에農林講習所를附設ᄒ고學徒를限五十名募集ᄒ야壹個年速成으로敎授ᄒ깃더이오니志願者는今月十五日內로請願應試ᄒ시옵

一 試驗科目　讀書　作文　筭術四則以上　本國地誌

隆熙二年拾月壹日

平壤私立大成學校 告白

本人이身明精鍊ᄒ오나腹中에恒常鬼聲罵辱이壹時不絶ᄒ오니市上峯業은如前ᄒ계ᄒ오도本人母親이근심ᄒ와北青居安臺居萬奎는謂之神醫인故로該醫를診察次請來ᄒ야診斷ᄒ온즉鬼胎라云하니是러나該醫言內鬼胎라ᄒ는것은卽本人의家屬에게惡鬼를入腹케홈이요또外論에ᄂ此惡鬼를本人의계入腹케ᄒ즉ᄂ該邑西元平耐수성동居최더일에라하옵고또金萬奎가師家侍言ᄒ기를최더일者가그ᄯ의계神鬼胎를入腹ᄒ야欲害人命코져ᄒ理由ᄂ今月노다시와셔詳細說明ᄒ깃노라하고갓ᄉ오니如是可痛之事를不可掩置이옵기玆以廣佈홈

咸興邑上里居金基衍 告白

本會에셔來十壹日(日曜)下午壹時에通常會를本事務所에셔開ᄒ오니僉會員은屆期來臨ᄒ시옵

經濟研究會 告白

◉學員增募廣告

[illegible]

本人이[illegible]滯[illegible]知舊間稱[illegible]詩洞沐浴湯[illegible]理를主事號則實[illegible]官卿이라吏[illegible]勿[illegible]ᄒ오니僉君子[illegible]稱爲要

平北[illegible]州替市　李國衡 告白

京東幕居朴大祐[illegible]營業이狼狽에至ᄒ얏더니債主諸氏의慈惠澤을蒙ᄒ야諸般債欵을寬期ᄒ고更爲開門營業케ᄒ얏기債主諸氏에厚誼를感謝ᄒ야玆에廣告홈

仁港　宋順東　[illegible]　告白

本塾에셔三個月速成測量夜學과十二個月專門日語晝學을設立ᄒ고學員을大募集ᄒ오니願學僉員은速　枉問議ᄒ시오

夜學測量　自下午七時 至全九時

晝學日語　自上午拾時 至下午二時

試驗　科目　[illegible]字　筭術加減乘除

位置南門內暘谷四十二統七戶

廣化測量事務所 告白

◉特別廣告

[illegible] 普盛館金[illegible]昱 告白

◉特別廣告

測量科를壹個月速成으로敎授ᄒ오니志願人은[illegible]試驗을爲要

試驗日字는陰九月拾七日

試驗科目　國漢文作文　算術四則以內

[illegible]門外小[illegible]洞六十七統二戶

普彰測量事務所

本人의弟[illegible]章煥이年은二十二歲이온ᄃ[illegible]換雜類에작ᄒ야[illegible]門外國人에게[illegible]照亮後典執債給이나貸給을勿施ᄒ옵

西小門外[illegible]壯洞居邊昆煥 告白

本人의圖形姓名圖章을方形으로改造ᄒ얏사오니知[illegible]

李世鎔 告白

崔光玉씨著　李商在씨校

◉大韓文典　全壹冊　正價廿五錢

本文典은普通敎科의國語科程으로需用키爲ᄒ야編輯ᄒ者로今에發刊發售ᄒ오

發行元　安岳邑　勉學會

發兌元　京城　中央書館
平壤　太極書館

◉特別廣告

測量參個月速成部를設ᄒ고하야學員을大募集ᄒ오니願習僉員은陰九月拾七日內로本所에賁臨ᄒ야規則을詳覽ᄒ고志願書提呈ᄒ심을敬要

時間(午前拾時로午後壹時)

西小門通貞洞度支部後門前

專門講習所

◉藥令日字廣告

忠北觀察道가淸州郡의移轉ᄒ온後에藥令을設立ᄒᄂ바秋令의字를以陰曆拾月拾五日노定期ᄒ고自觀察道로訓令各郡ᄒ시고本會에셔도敬告于各處ᄒ오니同業ᄒ시ᄂ壹般同胞ᄂ屆期來臨ᄒ시와俾便交易케ᄒ심을敬要

淸州郡商業會々頭係典仁等 白

◉特別廣告

南大門外七牌送店이合으로組合ᄒ고事務所를[illegible]送部에設置ᄒ얏더니[illegible]店에셔客主都中에每年金壹千圓式補納ᄒ고各客의荷物을專管運輸ᄒ기로ᄒ얏스니壹便으로商賈를轉束홈이오壹便은運送店을[illegible]呑코져홈인즉此에對ᄒ야組合에合字號ᄂ不得已罷裂ᄒ얏거니와補納壹千圓之納之遺害ᄂ必歸於商客하리니當此商路凋殘之時ᄒ야壹人之害가及於衆人故로[illegible]爲其商弊하고각保其業코져ᄒ야車賃을特別減捧키로玆에廣告ᄒ오니京鄕商客은照亮ᄒ시옵

隆熙貳年拾月貳日

京城南大門外

大同運輸會社
浦上運輸會社
通運會社
三光運輸會社
普運會社

車賃目錄

仁川	每頓	壹圓五拾四錢
	每百斤	貳拾四錢四厘
水原	上仝	一圓四拾六錢
		三拾四錢
平澤		二圓八十三錢
		三十八錢五厘
天安		三圓拾六錢
		四拾二錢二厘
全義		四圓十錢
		五拾五錢
太田		四圓七拾錢
		六拾壹錢
永同		五圓二拾錢
		六拾六錢
金泉		五圓九拾六錢
		七拾三錢八厘
大邱		六圓七拾四錢
		八拾壹錢八厘
草梁		六圓六拾九錢
		八十錢〇九厘
馬山浦		

開城	每頓	二圓[illegible]六錢
	每百斤	三拾三錢六厘
新幕		三圓九拾四錢
		五拾三錢八厘
瑞興		四圓〇八錢
		五拾四錢六厘
興水院		[illegible]
		五拾六錢二厘
砂里院		[illegible]
		[illegible]九錢四厘
平壤		五圓[illegible]
		[illegible]六錢八厘
安州		六圓十二錢
		七拾五錢二厘
義州		七[illegible]二錢
		八[illegible]錢二厘

其他各驛은姑未開載ᄒ오나依其例ᄒ야車賃을[illegible]

但[illegible]

前主事 李承泰

辯護士 洪[illegible]憙

京城[illegible]茶洞[illegible]

◉絕影島私立[illegible]成學校趣旨書

庠序學校ᄂ邦國之盛典이요文明進步ᄂ忠孝之機關이라[illegible]不學而自淑哉아今於神聖ᄒ邃古之初와敎育之[illegible]惟我同胞各自奮進而獨於本島僻在ᄒ야[illegible]愚[illegible]發ᄒ야[illegible]

[illegible]

贊成人　鄭元淑　玉琢汝　盧斗[illegible]　田敎安　田敎汝　具滄淑　金千壹等 告白

訴訟에對ᄒ야疑惑不決者의게其勝負의可否를詳細說明이옵고鑑定料ᄂ事之貴重과價之多少를隨ᄒ야臨時酌定ᄒ되大概如左홈

鑑定料ᄂ五圓以下로ᄒ되貧窮者의게ᄂ無料로홈

京城南部[illegible]六拾四統貳戶

東洋大學前講師
日本法律學士
辯護士

木尾虎之助

[illegible]

代理店

皇城北部大安洞　인濟약房
皇城鍾路[illegible]　[illegible]慈惠약房
皇城西部[illegible]外石橋　[illegible]濟醫院
仁川[illegible]濟生堂　仝和약局
群山港[illegible]
共[illegible]　支店
河東郡[illegible]
共愛堂[illegible]三支店　黃[illegible]秀

[illegible]外에도東西洋各國有名ᄒ매약과草材약이具備ᄒ오니약의多少를不拘ᄒ고請求ᄒ시면小包로仰呈ᄒ깃삽

廣告料

四號活字 ...

每 壹 ...

二週 ...

...

新聞代金

壹個月 ...

參個月 ...

壹個年 ...

郵稅 壹號 壹個月

社告

...

鎭南浦 ... 中署布屛 ... 平壤 ... 三和港 ... 釜山港 ... 仁川 ... 義州 ... 威鏡 ... 開城南門 ... 大邱 ... 元山倉前 ... 劉七錫

...

成從 ... 龍川 ... 江界 ... 金甫 ... 淸州 ... 永興 ... 朝州邑 ... 殷栗邑 ...

大韓每日申報社

光武九年八月拾壹日 明治卅八年八月拾壹日（第三種郵便物認可） 金曜日 西曆壹千九百八年拾月九日（壹）

大韓每日申報

第六卷 第九百卅五號

月曜及慶節 歲時日休刊

檀君開國四千二百四十一年
箕子元年三千三十年
大韓開國五百十七年
日本明治四十一年
淸國光緖三十四年
陰曆戊申九月大十五日丁酉

論說

◉休矣休矣어다 魔報여

向日에一進會長李容九씨가日本에渡往ᄒᆞᆫ事由에對ᄒᆞ야傳說이有ᄒᆞ기를同氏의此行이第二回一進會政府를組織ᄒᆞ기爲ᄒᆞ야運動ᄒᆞᆫ다ᄒᆞ며或者ᄂᆞᆫ曰同氏가總理大臣의椅子를占據ᄒᆞ리라云々ᄒᆞ니此果確說인지ᄂᆞᆫ未可臆度이어니와該會目的으로言ᄒᆞ면原來政黨으로標榜을建立ᄒᆞᆫ者오其前後行動으로觀ᄒᆞ면都是政黨上權利를取得ᄒᆞᄂᆞᆫ慾望에不出ᄒᆞ얏스니此等運動이有ᄒᆞᆯ지라도怪異ᄒᆞᆫ事實이아니오設或此實이無ᄒᆞ더라도他人이以是推測ᄒᆞᄂᆞᆫ것이其亦無怪ᄒᆞᆫ者라

是以로本報가該會歷史를擧ᄒᆞ야該首領이總理의地位를自期ᄒᆞᆷ도過分ᄒᆞᆫ妄想이아니오다만本該會에功勞를豐厚히報酬코ᄌᆞᄒᆞᆯ진대但히官爵으로施ᄒᆞᆯ뿐아니라東京通衢에數拾尺銅像을建立ᄒᆞ야東西洋全世界眼目에誇示ᄒᆞ고永世紀念의意를特表ᄒᆞ야도可ᄒᆞᆯ터인데況韓國內閣의官爵으로써報酬ᄒᆞᄂᆞᆫ것은少無可惜ᄒᆞᆫ事라고說明ᄒᆞᆷ이有ᄒᆞ얏ᄃᆡ니彼國民魔報가此에對ᄒᆞ야反히憾情을激발ᄒᆞ고惡言을加予ᄒᆞᆷ은何故인고果然彼會黨이政界思想이本無ᄒᆞᆫ가萬若彼會로ᄒᆞ야금壹大臣壹觀察壹局長壹郡守를不得ᄒᆞ얏스면怨懟之心이無ᄒᆞᆯ깃던가當初該會拾萬名이結合ᄒᆞᆯ時에個々히大臣協辦과觀察郡守로自期치아니ᄒᆞ얏던가或彼가本報說明에對ᄒᆞ야內實歡迎ᄒᆞ면서外若拒絶ᄒᆞᄂᆞᆫ다시粧撰的手段으로然ᄒᆞᆷ인가雖然이나到今ᄒᆞ야ᄂᆞᆫ日本의意向을推測ᄒᆞ건대一進會를對ᄒᆞ야賞給이已足ᄒᆞᆷ을노認定ᄒᆞᄂᆞᆫ言論이有ᄒᆞ니更히報酬를希望ᄒᆞᆯ餘地가無ᄒᆞᆷ矣ᄒᆞᆫ지라休矣休矣어다魔報야

且彼報가揚言大談ᄒᆞ야曰一進會를排斥ᄒᆞᄂᆞᆫ者ᄂᆞᆫ日本을排斥ᄒᆞᆷ이라ᄒᆞ얏스니果然自家聲이不覺率口出來로다彼의全體主義가原來日本人과壹樣으로自處ᄒᆞ야他人을凌侮ᄒᆞᄂᆞᆫ思想이擧露無餘ᄒᆞᆫ지라雖然이나彼가奴隸的手段으로世人을威脅ᄒᆞ야曰一進會를排斥ᄒᆞᄂᆞᆫ者ᄂᆞᆫ日本人을排斥ᄒᆞᆷ이라ᄒᆞ나彼가眞日人이아니오乃假日人으로行世ᄒᆞᄂᆞᆫ眞贓이綻露ᄒᆞ면畏刧ᄒᆞᆯ者無ᄒᆞᆯ지니休矣休矣어다魔報야

且彼報가發言ᄒᆞ기를今日은日本保護를被ᄒᆞ나他日獨立을養成ᄒᆞ리라ᄒᆞ며又曰今日獨立을言論ᄒᆞᄂᆞᆫ者ᄂᆞᆫ他日獨立을妨害ᄒᆞᄂᆞᆫ者라ᄒᆞ얏스니是果成說乎獨立二字를彼能紀憶ᄒᆞᄂᆞᆫ가果然今日一進會가他日에ᄂᆞᆫ名稱을變ᄒᆞ야獨立會가되고依附的思想이變ᄒᆞ야對抗的態度가되깃ᄂᆞᆫ가何如ᄒᆞ던지獨立二字가彼의口頭에從生ᄒᆞᆫ것시多幸ᄒᆞ다만은彼會의諸般行動이何事를做去ᄒᆞ면서他日獨立을養成ᄒᆞᆫ다云ᄒᆞ나뇨該會前身은東學黨이라東學의所言과如히更히斥洋斥倭로目的을숨고鉄穴에生水ᄒᆞᄂᆞᆫ神技妙術이有ᄒᆞ면獨立을回復ᄒᆞᆯ깃ᄂᆞᆫ가獨立二字가他人의口氣로出ᄒᆞ면可ᄒᆞ거니와彼의行動으로說出ᄒᆞᄂᆞᆫ것은眞是倡家讀禮오屠兒拜佛이니其誰信之리오休矣어다魔報야

又彼가擡口발明ᄒᆞ기를我ᄂᆞᆫ親日이오附日이아니라ᄒᆞ나此等辨明은眞令人捧腹大噱이로다彼의意見에ᄂᆞᆫ親日派라云ᄒᆞ면榮光이되고附日派라云ᄒᆞ면恥辱이되ᄂᆞᆫ줄노認ᄒᆞᆷ이니彼의現狀과處地를顧念ᄒᆞ면親日이라ᄒᆞᆫ들於彼에何榮이며附日이라ᄒᆞᆫ들於彼에何辱이리오休矣休矣어다魔報야

且彼報의口氣가恒常本報를向ᄒᆞ야攻駁을加ᄒᆞᆯ뿐아니라往々히皇城帝國諸新聞을對ᄒᆞ여도語侵或論斥ᄒᆞᄂᆞᆫ累魔의習이有ᄒᆞ니彼도新聞의資格으로自處ᄒᆞ야然ᄒᆞᆫ지大韓世界에國民新聞으로待遇ᄒᆞᄂᆞᆫ者ㅣ有ᄒᆞᆫ가彼가本報를攻駁ᄒᆞᆷ은媚日之計로由ᄒᆞᆷ이어니와他新聞에도事端을故尋ᄒᆞ야挑戰을屢數히ᄒᆞᆷ은該魔報의價値가或加ᄒᆞᄂᆞᆫ줄노認ᄒᆞᆷ이나信用이有ᄒᆞ고名譽가著ᄒᆞᆫ新聞을反對ᄒᆞ면價値가益落ᄒᆞ나니休矣休矣어다國民魔報야

官報

▲隆熙貳年拾月七日 官報

▲部令

度支部令第三拾九號

帝室債務審査會細則을左갓치定ᄒᆞᆷ

隆熙二年九月三十日

度支部大臣 任善準

▲帝室債務審査會細則

第壹條 審査會開議期日은審査會長이各委員에게通知ᄒᆞᆷ

第二條 審査會ᄂᆞᆫ委員四人以上이出席지아니ᄒᆞ면會議를開ᄒᆞ야議決ᄒᆞᆷ을得지못ᄒᆞᆷ

第三條 審査會의議事ᄂᆞᆫ出席委員의過半數로써此를決定ᄒᆞᆷ可否同數될時ᄂᆞᆫ會長에決定ᄒᆞᆷ에依ᄒᆞᆷ

金額에對ᄒᆞ야委員의意見이三說以上에分岐ᄒᆞ야各々過半數에不至ᄒᆞᆯ時ᄂᆞᆫ過半數에至ᄒᆞ기까지最多額의意見으로부터順次로寡額에合算ᄒᆞᆷ

第四條 會長은審査會의議決을臨時財産整理局長官에게報告ᄒᆞᆷ

第五條 會長이有故ᄒᆞᆫ時ᄂᆞᆫ其指名ᄒᆞᆫ委員으로事務를代理케ᄒᆞᆷ

第六條 審査會에幹事壹人을置ᄒᆞ되臨時財産整理局奏任官으로써此를充ᄒᆞᆷ

幹事ᄂᆞᆫ會長의指揮를承ᄒᆞ야議案을說明ᄒᆞ며庶務를整理ᄒᆞᆷ

第七條 審査會에書記二人을置ᄒᆞ되臨時財産整理局主事로써此를充ᄒᆞᆷ 書記ᄂᆞᆫ上官의指揮를承ᄒᆞ야庶務에從事ᄒᆞᆷ

附則

本令은頒布日로부터施行ᄒᆞᆷ

外報

●被害民救恤 北京電을據ᄒᆞᆫ즉東三省總督徐世昌及黑龍江總督周樹模兩氏ᄂᆞᆫ嫩江出水ᄒᆞᆫ에對ᄒᆞ야沿岸住民의被害ᄒᆞᆫ慘狀을電奏ᄒᆞᆷ을因ᄒᆞ야速히救恤ᄒᆞ라ᄂᆞᆫ旨를發ᄒᆞ얏다더라

●汪氏의大意 同電을據ᄒᆞᆫ즉英國에在ᄒᆞᆫ淸國憲政考察大臣汪大燮氏ᄂᆞᆫ英國憲法의大意를繙譯ᄒᆞ야捧呈ᄒᆞ얏고又更히金本位貨制의採用ᄒᆞᆷ으로主張ᄒᆞ얏다더라

●米艦接待勅諭 同電을據ᄒᆞᆫ則北京에서福建省總督松壽氏를派送ᄒᆞ야米國艦隊를接待ᄒᆞ라ᄂᆞᆫ勅諭가有ᄒᆞ얏다더라

●土勃兩國의開戰說 東京電을據ᄒᆞᆫ則土耳其及勃牙利兩國間에開戰ᄒᆞ기로準備ᄒᆞᆫ다ᄂᆞᆫ風說이有ᄒᆞ다ᄒᆞ얏더라

雜報

●天摩日摩 忠淸北道永同郡在ᄒᆞᆫ天摩山은全郡生命의要源뿐아니라壓有ᄒᆞ던것인데日人이國有라籍稱ᄒᆞ고現今調査에將至ᄒᆞ매該郡民情이嗷々ᄒᆞ야張萬燮李昇鍾兩氏로代表를定ᄒᆞ야農商工部에請願ᄒᆞᆫ文이如左ᄒᆞ더라

伏以本郡所在天摩山은壹郡七八面에跨距ᄒᆞᆫ壯山이니즉郡農業灌漑의水源도玆山에在ᄒᆞ고家々炊爨의供給ᄒᆞᄂᆞᆫ薪炭도玆에서出ᄒᆞ야數萬人民養生送死의必要ᄒᆞᆫ발源地라故로自國初로以至今日九百餘載에公共民有를作ᄒᆞ야玆山森林의種植과守護와賣却과諸般物品을採取ᄒᆞᄂᆞᆫ權이壹郡公有로萬年鐵案과如ᄒᆞ야天災의時變으로山谷은易處ᄒᆞ되此公共民有權은民族存在ᄒᆞᆫ다까지不滅ᄒᆞᆯ지어ᄂᆞᆯ壹種不良의徒가往々이奇貨를取ᄒᆞᆯ計로個、私有라假稱ᄒᆞ야外國人의게賣渡ᄒᆞᆫ擧措ᄒᆞ다가壹郡公限에撤歸ᄒᆞ와郡民이大會로官에呈ᄒᆞ야公共所有를辨明ᄒᆞ와不能售奸ᄒᆞᆷ이屢歲에至ᄒᆞ얏더니更以玆山火田稅가屬於廣州守禦營ᄒᆞ얏다가甲午以後에因爲革罷ᄒᆞ얏거ᄂᆞᆯ以此로口實을作ᄒᆞ야日本人好見善市等이國有로假稱ᄒᆞ고本部에貸付를請願ᄒᆞ야至爲調査ᄒᆞ오니萬壹如斯ᄒᆞᆫ境에至ᄒᆞ면是ᄂᆞᆫ全郡生命의要路를擧ᄒᆞ야日人의게付與ᄒᆞᆷ이니豈不痛恨乎잇가大抵國中屯稅로論ᄒᆞ면是出稅ᄒᆞ고民有의確證을保護ᄒᆞᄂᆞᆫ松契와五百餘年幾回所伐에國이干涉이無ᄒᆞ얏스니不待辨明而自明이라早白本部로若有淵燭此擧實則初無接受外人請願之理ㅣ오倘거시ᄂᆞᆫ此關係ᄂᆞᆫ全郡生靈의死活問題온지라不勝切痛ᄒᆞ와本郡與觀察府에齊聲呼冤ᄒᆞ온바趣旨內公共民有가已成鐵案이거ᄂᆞᆯ國有라濫籍ᄒᆞ고怨地調査ᄒᆞᆷ니係是冤抑이기로擧實報部ᄒᆞ다ᄒᆞ이시온바本人等이跛足上來ᄒᆞ와本郡趣旨與觀察府題旨를玆에粘聯鳴冤ᄒᆞ오니査照ᄒᆞ시와外國人의請願ᄒᆞᄂᆞᆫ退却ᄒᆞ고右天摩山은壹郡共有로確實證明ᄒᆞ시와更無此等後弊케ᄒᆞ심을千萬伏望

雜報

●拓殖委에 따 農相　日昨歸國훈 東洋拓殖會社韓國委員들이 再昨日에 農商工部에 會集호야 趙農相을 訪問호얏ᄂᆞᆫ데 農相은 該委員壹同에게 對호야 今回에 効勞가 多호얏다고 慰勞호고 今後에도 同會社에 盡力호기를 勸告하얏다더라

●學大의 口心相反　今番에 學部大臣李載崑氏가 釜山港民團講習所를 往見하고 激切훈 言辭로 壹場勸勉훈 後 校名은 今湖학校라 改稱호얏다더라

●訪問統監　東洋拓殖會社創立委員等이 昨日午前에 曾禰副統監을 訪問호얏다더라

●若林來電　島根縣知事ᄂᆞᆫ 遞歸훈 丸山重俊은 再昨日朝에 該境에 到着호고 新任훈 警視總監 若林賚藏은 昨日東京에서 島根縣으로 轉向호야 各項文簿를 交付호고 卽爲來任호깃다ᄂᆞᆫ 電報가 警視廳에 來到호얏다더라

●拓社委員視察　日本으로부터 歸國훈 東洋拓殖會社創立委員壹同은 今朝에 農商工부技師와 共히 纛島園藝模範場을 視察호고 正午에 日本人俱樂부에서 趙農相의 午餐會에 參與호고 午後에ᄂᆞᆫ 更히 白雲동 模範殖林을 觀察훈다더라

●拓社定款認可　拓殖會社委員장이 農商工부에 認可호기를 請훈바 同會의 定款과 株式募集을 昨日에 認可호얏다더라

●拓社股金　拓殖會社股금募集호ᄂᆞᆫ 事件에 對호야 京城內의 某某財產家와 其他各實業家諸氏가 隨其力호야 股本금을 出資훈다더라

●稅關增設　韓國에 稅關規定이 完備치못훈 故로 秘密貿易이 盛行호야 淸國과 秘密貿易호ᄂᆞᆫ 額이 年年히 數百萬圜에 達호ᄂᆞᆫ지라 政府에서 明年度豫算에 更히 數拾個稅關을 增設호고 同時에 其規定을 制整호야 關稅收益을 增加케훈다더라

●宜當搜懲　日前에 何許人이 法部書記官申字永氏를 往見호고 言호되 緊札壹掀을 書給호면 觀察使김思默氏의게 往付호고 郡守壹窠를 圖得호깃다호거날 申氏曰 我與김觀察로 雖爲親切이나 此等事에 對호야ᄂᆞᆫ 不欲請囑이라 호고 拒絶하얏더니 幾日後에 김觀察의 答函이 到하얏ᄂᆞᆫ데 僞函의 情跡이 現露훈지라 申氏가 該人의 僞造홈을 憤하야 搜索懲治호기로 決心호얏다더라

●大同不同　中部校동에 設立훈 大同會ᄂᆞᆫ 治安에 妨害가 不少호다하야 再昨日에 內部令으로 解散을 命호얏다더라

●支會視察出張　帝國實業會會장 閔元植氏가 太郎晉州昌原公州淸州等諸郡에 設立훈 該支會事務를 視察擴張호기 爲호야 出張훈다ᄂᆞᆫ대 往還期限은 三주日이라더라

●直康輪回　日本人奧村直康이가 日前에 渡韓하얏다ᄂᆞᆫ데 該人은 文학之士이라 韓國의 古蹟학問을 顧問코ᄌ호야 학務局長 尹致旿氏를 紹介호야 김允植 申箕善 김鶴鎭 尹用求 김聲根 諸氏를 輪回訪問호얏다더라

●閔氏의 困況　前龜城郡守閔泳勛氏가 該郡守在任時에 該郡民若干知崔某에게 幾百圜을 食贓훈 事이 有호던지 崔某가 上京호야 何許日人을 符同호고 閔氏家에 逐日來到호야 擁著에 所奪훈 錢額을 當場出給하라 호고 作鬧가 無雙호고 閔氏가 其苦況을 不堪호야 鄕第로 避去호얏ᄂᆞᆫᄃᆡ 崔某가 依前來到호야 突入內庭하며 作梗이 尤甚호다더라

●日人醫習　醫觀廳第二課장 장濱이가 三昨日下午十時頃에 南부學洞等地로 過去호ᄂᆞᆫᄃᆡ 日本人藏省米作이라 爲名者가 何許日女壹名을 無數亂打호거날 其裏由를 査問훈則 該女人은 藥의 妻라 貧窮所致로 幾百圜을 受호고 他人에게 賣渡코저훈 故 該女가 肯從치아니홈으로 毆打호얏노라훈대 미히 該人을 銅峴分署로 押去호얏다더라

●仁尹不仁　仁川港來人의 傳說을 聞훈즉 該港面長은 元來各洞人民이 投標選定호ᄂᆞᆫ 規例인ᄃᆡ 該府尹金潤晶氏가 面長金弘潤氏를 辭免請願호라 勸告훈後 崔鎭翰氏로 面長帖을 成給호얏스나 각洞民과 社會가 會集하야 府尹이 事理에 違格홈을 不服호고 面장은 有德望者로 投標選定호시 金弘潤氏가 投標의 數가 多호야 卽時面장席에 還任호고 臨時民會에서 會案을 添付호야 府尹의게 報告호얏더니 該府尹이 期於히 崔鎭翰氏로 面장을 差定하깃다호고 각洞장을 招來호야 某處請簡을 難超이 즉 崔面장은 卽爲歡迎호야 觀務케호ᄃᆡ 훈 故로 각동人民이 憤鬱호야 爲先 각洞동장이 壹時辭免호다더라

●發賣權認許　학부編纂敎科用圖書발賣權을 高裕相、鄭雲復、朱翰榮其他某々冊肆에게 認許호얏다더라

●痘苗發送　秋期痘術을 漸次實施훌터인데 內부衛生局에서 痘苗를 地方各警察署로 發送호얏다더라

●平壤煉炭檢査　平壤의 煉炭을 日人이 海軍에 使用키 爲호야 日本山口縣大嶺海軍煉炭製造所장大佐武田의 壹行이 入京호얏ᄂᆞᆫᄃᆡ 該煉炭을 實地檢査次로 同所技師中藏千代平과 河村健次兩人이 三昨日平壤으로 발行호얏다더라

●侍天敎徒被害　淳昌郡龜岩里居侍天敎장房鍾敎시가 該敎徒三十三名을 帶同호고 陰八月十六日泰仁郡山外面四升市에 到着호야 日兵을 逢着호야 該敎徒와 旅行하ᄂᆞᆫ 事由를 說明호고 同郡杏墻里前店에 到着호야 日暮歇宿훌際에 日本騎兵의 兵站이 其附近鳴川里에 在홈을 聞하고 店主로호야금 敎徒의 旅行홈을 通知호얏더니 該店主ᄂᆞᆫ 更不還來훈 故로 該日騎兵이 突入호야 揮劍放銃호얏ᄂᆞᆫᄃᆡ 三十三名中에 十二名은 免死호얏고 其餘廿壹名은 死亡호얏다더라

●[illegible]不衛　本月四日에 廣州慶安面에 義兵拾餘名이 突入호야 該面自衛團장의 家眷을 打殺호얏다더라

●龍入井中　西부盤松坊居李建能氏가 四年前부터 身病이 有호、身勢가 不幸홈을 自歎호더니 去四日午前四時頃에 大平동共同井에 投入致斃호얏다더라

●黃巡最公　中部黃士觀巡査派出所巡査蘇聖奎氏가 再昨日下午三時頃에 武橋通街路에서 洋製紙匣壹箇를 拾得호야 解見훈則 其中에 貨壹百圜拾圜이 有훈지라 卽時中部警察署로 往置호고 失物主人을 廣探호랴호ᄂᆞᆫ中 根益貴의 遺失훈 바인 故로 招來出給호얏다ᄂᆞᆫᄃᆡ 該氏ᄂᆞᆫ 年少警官으로 警察上에 至誠훈 公心이 有훈 者ᄂᆞᆫ 警廳에 第壹이라고 人皆稱頌훈다더라

●魚網濫搉　中부避馬동居退媳娟姸이가 再昨日下午十時頃에 中谷居車聖桓氏의 別室等數三女人을 會集호고 鴉片을 爛吸호ᄂᆞᆫᄃᆡ 該掌內行巡巡査가 聞臭入去호야 欲爲捕縛호ᄃᆡ 壹切逃躱훈지라 娟姸의 男弟李春善이 車聖桓氏를 中부警察署로 押付호야 現行審覈훈다더라

●畿湖總會　本月十壹日(日曜日)下午壹時에 畿湖학會通常總會를 校동該會館內에서 開훈고 諸般事務를 處理호며 紳士徐丙轍 김鳳鎭 朴勝鳳 諸氏의 演說호다ᄂᆞᆫ데 傍聽을 許훈다더라

●[illegible]會總會　大韓協會에서 本月十日下午壹時에 中부塔동本會事務所에서 定期總會를 開호고 會務를 處理훈다더라

●捉猪非害校　廣州郡慶安面胎峰學校ᄂᆞᆫ 有志紳士安泰遠安泰晞諸시가 熱心으로 多數훈 金額을 捐出호야 學校를 設立호고 日本人島崎猪를 雇聘호야 敎授호더니 義兵이 入來호야 學校物品을 破碎호고 敎師를 毆打훈 故로 大段히 困難中이라더라

●靑年勉學　全[illegible]省에 文風이 漸振훈 故로 南平郡은 校塾이 設立이 無호더니 朴興植시가 年今二拾二歲인대 慨然히 壹體經費를 自擔하야 該郡[illegible]에 夜학校를 設立하고 郡內子弟를 募集호야 熱心敎育호기로 學員이 五拾餘人에 達하얏다더라

●勉學勤敎　安城郡南面新村民姜[illegible]範시가 成均館學生으로 夏期休暇에 觀親次 鄕第의 下去호야 該洞에 正[illegible]시와 協議호고 該동人 遊[illegible]處에 前往하야 現時時勢가 何如홈과 敎育이 急務됨을 壹場說明後 樵童을 會集호니 三拾餘名에 達훈지라 해洞々舍의 학校를 權設호고 如干학費를 自擅給與하야 熱心敎授훈다더라

●慶興의 文化大興　慶興郡蘆面雄尙동에서 宋昌夏 宋昌禧 兩시가 進明學校를 設立호얏ᄂᆞᆫᄃᆡ 敎師의 材料가 無호야 恨歎中이라니 同面鶴邱山에 居ᄒᆞᄂᆞᆫ 崔光秀 陳昌範 兩시가 新學校를 設立하고 熱心敎授호ᄂᆞᆫ대 古面甑山에서ᄂᆞᆫ 南七韓 鳳翊 兩시가 靑年學校를 設立호고 詩面羅山浦에ᄂᆞᆫ 崔伯立 翁益柱 金炳勛 諸시가 學校를 設立훌 意로 熱心周旋中이라더라

▲地方消息

▲去月貳拾六日 光陽郡東方六里에서 義兵數千名이 同郡日憲兵及補助員과 交戰호얏다호고

▲本月壹日 寧邊郡에서 義兵六十餘名이 成興郡駐在日憲兵과 交戰호얏다호고

▲本月二日 寧邊郡附近地에서 義兵約二十餘名이 日憲兵과 交戰호얏다더라

▲八豪爭棹▼

▲黑夜乾坤黑海天에 陰風蕭蕭大作호고 濁浪排空洶々호ᄃᆡ 葉扁舟飄泛ᄒᆞ리로다 ᄉᆞ공是誰런고 豪傑이 爭棹키로 渡航之期會終ᄒᆞ니 式千五百衆乘客은 無辜沉沒可憐로다

▲어긔어 초비저어라 五條約을 成立ᄒᆞ며 학部大臣굿어잇ᄂᆞᆫ 條約을 定ᄒᆞ던 [illegible]祖椅子丘喜ᄒᆞ고 因時制宜ᄒᆞ더 計策은 [illegible]鬼 [illegible]寶座高貴잘ᄒᆞ기ᄂᆞᆫ [illegible]城大監에 豪傑이요

▲어긔어 초비저어라 枝葉自矜ᄒᆞ고 東馳西躍 挾雜[illegible]제 少不如意ᄒᆞ량이면 天威冒犯呼訴라가 時局變幻ᄒᆞ고보니 傍[illegible]曲 徵圓嘛[illegible]잘ᄒᆞ기ᄂᆞᆫ 走伻合監에 豪傑이요

▲어긔어 초비저어라 家危不顧ᄒᆞ고 [illegible] 參領大監이 豪傑이요

▲어긔어 초비저어라 依附他人 [illegible] 支九大監에 豪傑이요

▲어긔어 초비저어라 內閣 [illegible] 憚勞苦悅 [illegible] 苦如此ᄒᆞ고 [illegible] 從[illegible]大監에 豪傑이요

▲어긔어 초비저어라 [illegible] 易首[illegible]長에 豪傑이요

▲어긔어 초비저어라 [illegible]國文字 [illegible]

▲어긔어 초비저어라 [illegible] 더才華ᄂᆞᆫ [illegible] 任君[illegible]

廣告

◉特別廣告◉

本社에서名帖印刷를更加擴張ᄒᆞ기爲ᄒᆞ야各樣紙品과其壹切準備ᄒᆞ고極廉價로僉君子에所請대로隨應ᄒᆞᆸᄂᆞᆫ즁婚人과學徒의게ᄂᆞᆫ特別除減ᄒᆞᆯ터이오니照亮來臨ᄒᆞ심을敬要

大韓每日申報社

◉學員增募廣告

本校에서學徒를增募ᄒᆞᄂᆞ니願學者ᄂᆞᆫ今月十五日內로陸續請願ᄒᆞ시오

平壤私立大成學校 告白

本校에農林講習所를附設ᄒᆞ고學徒를限五十名募集ᄒᆞ야壹個年速成으로敎授ᄒᆞᆯ터이오니志願者ᄂᆞᆫ今月十五日內로請願應試ᄒᆞ시ᄋᆞᆸ

一 試驗科目 讀書 作文 算術四則以上 本國地誌

隆熙二年拾月壹日

平壤私立大成學校 告白

本人의任申寅澈이離家三年에頓無消息이오니아시ᄂᆞᆫ內外國人間本人의게ᄂᆞᆫ通知ᄒᆞ시면厚謝ᄒᆞ깃ᄉᆞᆸ

平南肅川右面帽南里 申彥球 告白

◎家屋放賣廣告

西署飾洞 瓦家三十三間
仝 瓦家二十二間
中署許匪屛門內 瓦家坐市十九間半
仝 外洛洞 瓦家三十三間
仝 茶동川邊 瓦家十七間

右家舍를欲速放賣ᄒᆞ오니有意ᄒᆞ신이ᄂᆞᆫ鍾路三昌商會로來議ᄒᆞ시ᄋᆞᆸ

閔中植 告白

本塾에서三個月速成測量夜學과十二個月專門日語晝學을設立ᄒᆞ고學員을募集ᄒᆞ오니願學僉員은速枉臨議ᄒᆞ시오

夜學測量 自下午七時 至仝九時

晝學日語 自上午拾時 至下午二時

廣化測量事務所

試驗 科目 算術加減乘除 日字 本月十壹日

位置 南門內暘谷四十三統七戶

廣化測量事務所 告白

本會에서來十壹日(日曜)下午壹時에通常會를本事務所에셔開ᄒᆞ오니僉會員은屆期來臨ᄒᆞ시ᄋᆞᆸ

經濟研究會 告白

本會에셔本月十一日(日曜)下午一時에通常總會를本會館內에셔開ᄒᆞ오니壹般會員과有志人士ᄂᆞᆫ屆期枉臨ᄒᆞ심을望ᄒᆞᆷ

演說問題

畿湖學會의弱點 朴勝鳳
畿湖학會의維持方法 徐內轍
子侄의敎育은父兄의責任 김鳳鎭

畿湖興學會 告白

本所에셔測量製圖事務所를西署積善坊唐皮洞壹統六戶에特設ᄒᆞᆸ고礦山山林土地家屋을幷히需應ᄒᆞ오니僉君子ᄂᆞᆫ照亮來議ᄒᆞ심을望ᄒᆞᆷ

大興測量事務所 告白

本社에셔本社員이輸出物品을東美運送部에契約委托하야同運送部가本社附屬商業學校에壹千圓補助ᄒᆞᆷ은本社與東美運送部間專爲公益之心이니非是私益也오且近日各運送部가物貨賃金을不齊濫捧이나不得公正矣러니今與東美로特爲契約ᄒᆞ야統監府鐵道局元則에畧加手數料ᄒᆞ야比他賃金則壹定低落ᄒᆞᆫ딕目昨各運送部廣告中商買를東縛ᄒᆞ고運送部를云云者ᄂᆞᆫ彼必誤解而所謂競爭者也오且同賃金濫捧이露於[illegible]者也라本社與東美契約이豈[illegible]害於商界之壹分哉

廣信社 告白

◉特別廣告

測量參個月速成部를設ᄒᆞ고하員을免試許入ᄒᆞ키로募集ᄒᆞ오니願習僉員은陰九月拾日內로本所에來臨ᄒᆞ야規則을詳覽ᄒᆞ고志願書를提呈ᄒᆞ심을敬要

時間(午前拾時로午後壹時)

西小門通貞洞度支部後門前 專門講習所

◎大韓地志敎科書

國漢文全壹冊 定價二拾五錢

本書ᄂᆞᆫ高等小學校敎科用으로編輯ᄒᆞᆫ것이니全壹冊六拾九課每課壹百六拾字以下로定ᄒᆞ야課讀에取便케ᄒᆞᆷ

發行兼發賣元 平壤法橋大同書觀 京城桂洞玄公廉

本人이數載滯京矣러니知舊間稱主事號則實無官啣이라更永勿稱爲要

平北義州替市 李國衡 壹鴻來 告白

京東幕居朴大祐가營業이狽ᄒᆞ야至於今日에諸債ᄂᆞᆫ諸氏의慈惠澤을蒙ᄒᆞ야諸般債欸을寬期ᄒᆞ고更爲開門營業ᄒᆞ얏기債主諸氏에厚誼를感謝ᄒᆞ와玆에廣告ᄒᆞᆷ

仁港 宋順東 金儀석 告白

◉藥令日字

忠北觀察道가淸州郡으로移轉ᄒᆞᆫ後야令을設立ᄒᆞᆫ바秋令은字로以陰曆每月拾五日로定期ᄒᆞ고自觀察道로訓令郡ᄒᆞ시고本會에셔敬告于各處ᄒᆞ오니同業ᄒᆞ시ᄂᆞᆫ同胞ᄂᆞᆫ屆期來臨ᄒᆞ시와保便交易케ᄒᆞ심을敬要

淸州郡藥商會頭 [illegible]

▲特別廣告

測量科를壹個月速成으로敎授ᄒᆞ오니志願人은應試ᄒᆞᆷ을爲要

試驗日字ᄂᆞᆫ陰九月拾七日

試驗科目 國漢文作文 算術四則以內

新門外小水洞六十七統二戶 普彰測量事務所

本人弟의名은章煥이오年은二拾二歲이온데挾雜輩와작ᄒᆞ야다니기로玆以廣告ᄒᆞ오니勿論內外國人ᄒᆞ고照亮後與執債給이나貸給ᄒᆞᆷ을切勿見欺ᄒᆞᆸ

西小門外門壯洞居 邊星煥 告白

◉大韓文典 全壹冊 正價四十錢

崔光玉시著 李商在시校

▲本文典은普通敎科의國語科程으로需用케爲ᄒᆞ야編輯ᄒᆞᆫ書로今에再刊發售ᄒᆞᆷ

發行元 安岳邑 勉學會
發兌元 京城 中央書館 平壤 太極書館

度支部測量課 編纂

土地測量術

全壹冊正價金 幷製六拾錢 洋裝九拾錢

近日測量術書類에三四種이刊行되엿스나不完全의缺點이不無ᄒᆞ든바今에本書ᄂᆞᆫ細部測量으로圖根測量ᄭᆞ지詳細히編纂ᄒᆞ얏스며各種實地測量及製圖法을挿入ᄒᆞ야一般斯學界의無二ᄒᆞᆫ寶典이오且紙質의堅美ᄒᆞᆷ과製冊의華麗ᄒᆞᆷ이測量術書中에覇王이라稱ᄒᆞᆯ만ᄒᆞᆷ

〔發兌元〕

皇城中部罷朝橋越 中央書館 朱翰榮
仝 南署廣橋路 大東書市 金其鉉
仝 南門內尙洞 滙東書館 高裕相
仝 南門外紫岩 博文書館 盧益亨
仝 [illegible] 新舊書林 池松旭

特別廣告

◉京城中部長橋東谷第貳拾統二戶

辯護士 朴星煥 法律事務所

◎特別廣告

南大門外七牌送作에㊀合으로組合ᄒᆞ고事務所를設ᄒᆞ고運送部를新設ᄒᆞ얏ᄉᆞ오니[illegible]店에셔客主都中에셔每年金壹千圓式報酬ᄒᆞ고各客主荷物을專管運輸ᄒᆞ되各商買를縛束ᄒᆞᆷ이오便은運送店[illegible]하야組合에㊀合字號ᄂᆞᆫ不得已[illegible]補納ᄒᆞ야[illegible]納之遺害ᄂᆞᆫ必歸於客이라니當此商路凋殘之時ᄒᆞ야豈以之害가及於商人故로[illegible]爲其商弊ᄒᆞ고保其業ᄒᆞ야[illegible]特別減價케호玆에廣告ᄒᆞ오니京鄕商客은照亮ᄒᆞ시ᄋᆞᆸ

隆熙貳年拾月貳日

京城南大門外

大同運輸社
浦上運輸社
通運社
三光運輸會社
普運會社

車賃目錄

開城	每頓 [illegible] 每百斤 三拾三錢
新幕	[illegible]
瑞興	四圓○ 錢
沙里院	[illegible]
黃州	[illegible]
平壤	[illegible]
仁川	每頓 [illegible] 每百斤 貳拾四錢
水原	二圓四拾六錢
平澤	三拾四錢
天安	二圓八十三錢
全義	三拾六錢
太田	四拾三錢
永同	四圓十錢
金泉	五拾五錢
大邱	六拾壹錢
草梁	六圓七拾四錢
馬山浦	六圓六拾九錢

廣告

●密陽郡密興夜學校趣旨書

現今民權을挽回홈은教育發步에在홈으로本人等이俱以勞働者로셔慨念時局하며其將勉學而報國而已나惟於其間乎아所恨勞働者라晝無上학之暇홈으로夜에受敎之方을홈야組立夜學校于城央하와本郡守署理郡主事蔣漢佑시가原來勸獎的熱心으로每箇月俸貳拾圓을捐助하고座麻를亦使借接케홈며何幸名譽敎師를相詢하와裵正淑시가曾以海外博覽으로慷慨是學홈고晝에出席홈이廿餘年少之四百餘名을集홈지라學未幾日에本郡紳士諸氏가觀校風而讃美홈고本校現而寄金하야偉校維持而謀해하니本校之對此感激홈은前中前侍從院朴奎시는即放農牛하야金五拾圓寄贈홈고商民朴春玉시는懇切校立홈고償金拾圓홈야適値校監之出外홈으로三到校門而寄贈홈고前主事陳盛豐시는解其所佩時計하야捐金二拾圓하여現方豐儉하야助본贈物捐助하더니와最是國聲發홈하야夜學이非特吾密이라全國滿韓同胞가登其熱이니同權國民으로爲指此可矣홈깃노라

私立密陽夜學校々長金○益
校監 金○淵
尹희晉

●寄贈人名及金額

財務署長沈完鎭시　금五圓
財務主事南泳시　금貳圓
進士安宗浩시　금五圓
警務分署長金영愚시　금三圓
前書記朴洙伍시　금拾圓
仝　丁震河시금貳圓四拾전
仝　朴祥彦시　금九圓
普通學校敎師黒駒丑吉시
仝　國分　盧○容시

仝　李欽穆시　금十圓
同化學校々장尹秉淵시
仝　校監김容洵시
仝　學監尹희榮시금拾圓
銀行所社長日本人山村孝志시　금拾圓
日本人伊藤正次郞시금五圓
林義利시
石井宗之助시　石盤拾貳枚
路下동中　금三拾圓
前五衛將高三宗시　금二圓
幼學朴尙禧시　금三圓
仝　金振汝시　금二圓
仝　孫友憲시　금三圓
仝　리尙吉시　금二圓
仝　孫琰憲시　금三圓
仝　孫振讃시　금貳圓
仝　孫亮濟시　금二圓
仝　리紹久시　금壹圓
前參奉孫翼秀시　금三圓
前參奉申安禧遠시　금拾圓
前議官朴貞穆시　금五圓
前議官嚴貴逵시　금三圓
前參書孫之鉉시　금五圓
前參奉孫太鉉시　금七圓
前博士孫浩관시　금拾圓
前參奉孫麒鉉시　금三圓
前參奉李承헌시　금二圓
前通政孫炳秀시　금二圓
前敎員孫英秀시　二圓
前參奉孫基洛시　금五圓
府內面々長李○○시　금二圓
幼學김華淑시　금三圓
仝　李鍾卓시　금貳圓
仝　김○○시　금壹圓
仝　孫德鉉시　금三圓
仝　김性泌시　金壹圓
仝　손寬鉉시　金五圓
仝　池龍遠시　金二圓
仝　리炳軾시　金二圓
仝　宋翼得시　金二圓
仝　全鴻杓시　金二拾圓
仝　黄永周시　금二圓
仝　鄭○○시　금一圓
府北面々長리時亨시금二圓
幼學孫定鉉시　금三圓

漢城鍾路 ……大藥房
大韓東西藥業 ……月報 ……製藥
咽喉 …… 隆 ……
男女 …… 補 …… 濟潤腸丸
淋疾 …… 根 …… 靈散
淸 …… 眼 …… 養 …… 寶散
毒 …… 根 …… 神 …… 丸
蟲 …… 滯 …… 藥
時感 …… 丸 ……
消滯 …… 錠 …… 散
胃 …… 消積丸 …… 散

▲絕影島私立玉成學校趣書旨

序學校로邦國之盛興이요文明進步之基礎之機關이라豈可學而自淑哉아今於神聖기進之初와教育之上에惟我同胞가各自奮興而獨於本島ㅣ僻在海우홈야聞見이謏陋홈고舊想이貫錮ㅣ야昏夢을未覺터니天日이明에新想이發홈야覺島居民이爭先捐助하今方校室이已成홈고工役의幾畢홈지라今에任員組織會를開하와被長許致五氏로校監은鄭性淑氏로監督金光彦氏로敬瑞兩氏로總務정寅爷氏로事務宋炳玉와敎淑徐顯伍金希振秋乃成姜元俊諸氏로依衆望選定이옵고今月二拾五日에開校式을設行이오며方將學部에講願承認홀터이옵기不勝感賀홈와玆以廣佈홈

贊成人 鄭元淑　玉璨汝
盧斗英　田敎安　田敬汝
具滄淑　金十壹學　告白

●文部衛生試驗所證明廣告

消化新藥 淸心保命丹
發行所 仁川港杻峴 濟生堂藥房
九十粒入金拾錢

●右藥功能은如左
●旨飲酒嘔吐瀉●水七不服
●霍亂●腹痛●醉●中暑中寒
●痰積●食傷●咽喉●口熱●惡臭
●諸般●氣癘疫●預防●妙약

總發行所 京城南大門內 濟生당支店 李慶暠
●マ城 濟生당支店 具又賢
●元山港 銘石院 濟生당支店 박敬鎬

代理店 京城大廣橋 共愛堂
全○路 慈惠약房
●京泥峴三丁目 新井약店

仁川港 杻峴 大문 濟生堂

仝 郵便局前 天佑堂약房
仝 남ㄷ 博文書館 盧益亨
仝 梨峴 洋약局 리信華
仝 大安洞 仁제약房
仝 壽洞 可病院 ○○○
仁川 ○○ 和平당 ○○○
○○町 新井약房
海州 남문ㅣ 全商店 ○○九
水原 ○○路下약房 邊汝文
○○邑 ○洋약房 尹斗鉉
江華 ○○路店 崔○淳
○○ 남門ㅣ 任○中
砂里院 場ㅣ客主 리載완
全耶蘇敎堂ㅣ 許○
瑞興邑ㅣ 김○主
汗浦驛 東美運送部 리東학
黄州 남문ㅣ 紅문동 林景○
安岳邑 上場里 濟生局 崔允國
載寧邑 後동 洋藥局 김鎭和
忠州 東良面 早雁 김永○
信川邑 西里洋약局 文○○
長連邑 東里冊肆 尹○○
○○ 里 出張人 ○○○
仝 雙巨里 濟生局 全○○
仝 館前 衛生의院 ○○○
仝 文武 ○○ 桂○○
仝 남浦 藥里 ○○○
全 后浦 本堂出張人 김元○
鍵남浦 ○○ 제생 崔○化
安岳 ○ 義井동 問 朴芝○
○○邑 美동商店 리健○
○○ 남문ㅣ 洋藥局 ○○
鄭州 ○○ ○○ ○大○
宜川邑ㅣ 冊肆 ○○
鐵山 永春堂 ○○
義州 남문외 水口街 ○○浩
○○ 官傳약局 ○○
群山 ○閣동 ○○
○○ 남門ㅣ 劇場 김成○
釜山港 東館 ○○ 리○○
北靑 新昌港 客主 朴○○
大浦 各 ○ 松房 徐○○
全國 ○ 各약店 마다 隨應販賣

●大韓每日申報各處支社廣告

中署 仿屏下 全日萬冊々 安○○
平壤 鍾路 太極書館
仁川 ○峴 開新冊々 李東皓
義州 南門外 東西大藥房 張○○
釜山港 佐川약局 徐○○
三和港 牌石洞 金○柱
咸興 ○○社 西門外 曾○林
開城 남門內 興學書舖 裵助○
大邱 南門外 友弦書樓 側 李正○
載寧邑 濟衆院 劉○澤

鐵山邑 東部 安○
元山 倉前 劉七○
海州 남門內 리昌○
定州 南門內 ○○ ○成○
昌성 ○校洞 ○○
郭山 ○岩 育英○ 李根增
安岳 細동坊 成○ ○○○
博川 ○津 李○○
安州 城內 義井洞 ○○○
鐵原 邑○동 ○○○
高原邑 李○○
井邑 邑內 朴○吉
泰仁 邑內 ○○○
京義線 批峴驛 ○○ 李○秀
○○ 邑 南門內 ○載淳
殷栗 邑 倉前里 金○○
龍川 楊市 ○○○
朔州 邑 남門ㅣ ○伯○
泰川 邑 館前 洋약 ○○○
永興 ○山 ○書舖 ○○○
江華 邑 川橋 ○○○
淸州 남門外 朱斗仁
寧邊 邑 客舍 ○○○
金溝 ○流面 豆亭 趙○○
信川 邑 ○里 丁一○
江西 邑內 金昌○
成川 ○○面 ○○○
興○ 富○ ○○ 姜大○
龍川 ○南面 松峴 ○○○
咸從 ○郵 ○○ ○○○
○ 朔川 ○○ ○○○
龍川 남市驛 鄭○○
韓岡 ○耶蘇敎堂 ○○○
咸鏡館 ○○○
結城 ○川 小龍동 ○○○
定平郡 ○川 ○○○
洪原 南門外 耶蘇 金明○
宜川 읍 新民書舖 ○○○

發行兼編輯人 英國人 裵說
Responsible for Publication
Alfred Weekley Marnham.
發行所 南署石井洞號外 城三層洋屋 大韓每日申報社

●醫學校卒業後濟衆院卒業 의학博士 洪석厚
濟衆院의하實地大年習학 婦人의하生 朴慈惠

眼鏡發賣

壹此鍾路慈惠醫院에셔太英國製視力檢査機械金와銀벤眼鏡을購置홍고男女視力을檢査의適合홍대로廉價放賣하오니視力이不足홍이는速々히來臨홍야視力을檢査홍분아니라

光武九年八月拾壹日 明治卅八年八月拾壹日 (第三種郵便物認可) 土曜日 西曆壹千九百八年拾月拾日

大韓每日申報

第六卷 第九百卅六號

月曜及慶節 歲時日休刊

檀君開國四千二百四十一年
箕子元年三千三十年
大韓開國五百十七年
日本明治四十一年
淸國光緖三十四年
陰曆戊申九月大十六日戊戌

論說

◉各道觀察

地方郡守와 각道觀察使로ᄒᆞ야금 地方의有財產有勢力者로 本報ᄅᆞᆯ라ᄒᆞᆫ뎌 一般公論이云々ᄒᆞ기ᄅᆞᆯ前日에ᄂᆞᆫ郡守叙任에對ᄒᆞ야徇私納賂ᄒᆞᄂᆞᆫ孔穴이內部에만在ᄒᆞ더니今日은其孔穴을拾三道에公開ᄒᆞ얏다ᄒᆞ고況有財產有勢力者ᄂᆞᆫ本報ᄅᆞᆯ각ᄒᆞ얏스니是ᄂᆞᆫ各觀察의게多錢足纔者와挾勢武斷者ᄅᆞᆯ本報ᄒᆞ라고特認ᄒᆞᆷ이니從此로三百六十餘郡守가擧皆穴中出身이아니면土豪輩의得意ᄒᆞᄂᆞᆫ秋라ᄒᆞ더니

果然地方所聞을據ᄒᆞᆫ則某觀察은管下郡守에게辭職勸告를速寫板으로印出ᄒᆞ야廣布ᄒᆞ다ᄒᆞ며某觀察은親近ᄒᆞᆫ人을命ᄒᆞ야郡守의辭職을勸告ᄒᆞᆫ다ᄒᆞ며某觀察은赴任ᄒᆞ기前에預히郡守를許施ᄒᆞᆫ者도有ᄒᆞ다ᄒᆞ며某觀察은其人의資格은不問ᄒᆞ고專히富人만薦報ᄒᆞ얏다ᄒᆞ니於是乎政府에서該事實을調査ᄒᆞ야某々관察은將次免官ᄒᆞᆫ다ᄒᆞ며日本官吏ᄅᆞᆯ副관察使ᄅᆞᆯ配置ᄒᆞ기로議定이되며日人報紙에ᄂᆞᆫ副관察配置도無益ᄒᆞᆫ事라各道관察ᄅᆞᆯ專히日本官吏로叙任ᄒᆞᆷ이可ᄒᆞ다ᄒᆞ얏스니

噫라今日韓國官人이여彼等이由來挾私營公ᄒᆞ고貪汚不潔ᄒᆞᆫ行爲로國政을濁亂케ᄒᆞ고國權을墜失ᄒᆞ야壹切政權을外人에게讓渡ᄒᆞ고苟且히月銀을仰食ᄒᆞ기爲ᄒᆞ야外人의指揮에趨走唯諾ᄒᆞ고毫釐도自由權限이無ᄒᆞ니苟其人心人性이有ᄒᆞᆫ者면此에羞愧ᄒᆞ고此ᄅᆞᆯ憤慨ᄒᆞ야아모조록舊染을痛革ᄒᆞ고新德을自修ᄒᆞ야心志의廉潔ᄒᆞᆷ은氷玉과如히ᄒᆞ며行爲의正直은繩墨과如히ᄒᆞ야可免의疵가無ᄒᆞ고可斥의失이無ᄒᆞ여야國人의公評을得ᄒᆞ며外人의信用을得ᄒᆞ야自己의分內所有權限을不至全失ᄒᆞᆯ지며

至若各道관察ᄒᆞ야ᄂᆞᆫ地方郡守ᄅᆞᆯ薦報ᄒᆞᄂᆞᆫ權을得ᄒᆞ얏스니더욱壹層審愼ᄒᆞ고拾分精細히ᄒᆞ야或不潔의累가自己에게及ᄒᆞᆯ까或不得其人ᄒᆞ면政治의損害가될까ᄒᆞ야洞々屬々으로至公至正히其職權을執行ᄒᆞ야方面의責을克盡ᄒᆞᆷ이可커ᄂᆞᆯ乃地方郡守薦報權으로써千載壹時의機會로認ᄒᆞ야不潔不正의行爲를現露ᄒᆞᆫ지라

究竟結果가個人의免官을當ᄒᆞᆯ뿐아니라外國官吏로ᄒᆞ야금副관察의地位ᄅᆞᆯ占領케ᄒᆞ니是ᄂᆞᆫ自己의所有權을自己가他人에게讓與ᄒᆞᆷ이오他人의强奪ᄒᆞᆷ이아니라謂ᄒᆞ야도可ᄒᆞᆯ지니於心에快乎아於計에得乎아

雖然이나各관察에게地方郡守薦報權을妄與ᄒᆞ야如彼不潔不正ᄒᆞᆫ聽聞이漲藉케ᄒᆞ고外人의藉口之柄을授ᄒᆞ야副관察을占得케ᄒᆞᆫ者ᄂᆞᆫ內部大臣의率爾妄行ᄒᆞ야失政ᄒᆞᆫ結果라謂ᄒᆞᆯ지로다

外報

●勃牙利獨立宣言 勃牙利國에서ᄂᆞᆫ東루메리아ᄅᆞᆯ包括ᄒᆞ야獨立ᄒᆞᆷ을宣言ᄒᆞ고土耳其政府에通牒ᄒᆞ얏다더라

●淸國의敎育擴張 旅順電을據ᄒᆞᆫ즉大連小學校에ᄂᆞᆫ生徒가日々增加ᄒᆞᆷ으로都督府에서拾二萬圓을投ᄒᆞ야來年度부터更히一校를增設ᄒᆞᆫ다ᄒᆞ얏더라

●印度洪水의後報 倫敦電을據ᄒᆞᆫ즉印度洪水의慘害ᄂᆞᆫ死者가五萬人이오財產의損失이壹千四百萬磅인데腐爛ᄒᆞᆫ屍體가街衢에遍滿ᄒᆞ얏다더라

●淸國의虎疫猖獗 淸國廣門地方에虎列剌病이猖獗ᄒᆞ야死者가數百名이오又咸興漢陽武昌地方에도死者가三萬餘人에達ᄒᆞ얏다더라

●日本의暴雨 日本東京에서去月二十九日부터三十日ᄭᆞ지暴雨가注下ᄒᆞ야堤岸崩壞와家屋顚圮와死傷者가不小ᄒᆞ고又財產의損害額이甚多ᄒᆞ얏다더라

雜報

●學界의欠點

敎明義塾二年級生徒들이其解散願書을起草ᄒᆞ야本社에送致ᄒᆞ얏기로其全文을揭載ᄒᆞ노라

蓋是塾은永宣君李埈鎔李載克李址鎔、埼鎔諸시가共同設立ᄒᆞ야昨年秋期에生徒를募集ᄒᆞ기에本員等이應募上學ᄒᆞ얏더니不過數朔에校財窮渴ᄒᆞ야至於中廢이온故로講師諸시가辭退請願ᄒᆞᆫ즉塾長李載克塾主李埼鎔兩시가不得已出席ᄒᆞ야旣往積滯ᄒᆞᆫ經費의淸帳과來頭永遠ᄒᆞᆫ維持의方針을壹切擔任ᄒᆞᆫ樣으로誓約ᄒᆞ고永宣君李埈鎔李址鎔兩시ᄂᆞᆫ送抵名啣이기本員等이諸시의鄭重ᄒᆞᆫ地位로宜乎熱心維持ᄒᆞᆯ줄로確信ᄒᆞ고依舊上學에旣經壹學年試驗이더니今九月壹日開學日字ᄅᆞᆯ當ᄒᆞ야壹般學徒가負笈上來ᄒᆞᆫ즉齊進本塾은塾門閉鎖ᄒᆞ고任員蹤無ᄒᆞᆫ지라其理由ᄅᆞᆯ校下人에게問ᄒᆞᆫ즉同給壹日노退塾이라ᄒᆞ기退歸이다가屈期齊進ᄒᆞᆫ즉敎科書籍은尙此未備ᄒᆞ니更俟壹週ᄒᆞ라ᄒᆞ기再次退歸이다가期日更進ᄒᆞᆫ즉塾主李埼鎔시가出席聲言ᄒᆞ되現今學部令에對ᄒᆞ야積立金을果難辦備인中塾長李載克與塾監李海朝兩시가任名을並次請願ᄒᆞ얏스니且難上學인즉今且一週日만退去ᄒᆞ면任員組織과積立金鳩聚와學部承認을確爲表示ᄒᆞ짓다ᄒᆞ기로本員等이塾主와互相契約ᄒᆞ고退俟伊日이다가及此日限ᄒᆞ야齊進ᄒᆞᆫ즉塾主가塾監李海朝시로代辦說明ᄒᆞ기ᄅᆞᆯ秋收三百石假量土地ᄅᆞᆯ寄付本塾ᄒᆞᆯ意로表示ᄒᆞ고此年條三百石假量이면永可維持ᄒᆞ니大抵本塾에壹歲經費가至爲數百餘圓이거날所謂二百石秋收로ᄂᆞᆫ僅可三四朔支用의還爲閉鎖ᄒᆞᆷ은前鑑의照ᄒᆞ야指日可期의是로以ᄒᆞ야本員等이勢不得已退學ᄒᆞᆫ後本塾의歷史와本學員等의情勢ᄂᆞᆫ向日皇城新聞에도槪揭이오나本員等이本塾의維持方針이確實ᄒᆞᆷ에對ᄒᆞ야妄率退學ᄒᆞᆷ이아니오永可維持ᄒᆞᆷ을實爲所望이온故로昨日下午八点에학員이與任員講師로會同于本塾ᄒᆞ야寄付ᄒᆞᆫ三百石秋收로本塾의維持ᄒᆞᆯ預算을協議ᄒᆞᆷ에對ᄒᆞ야任員諸시ᄂᆞᆫ壹年經費ᄅᆞᆯ只以三百石으로ᄂᆞᆫ何以分排ᄒᆞᆯ지라도所謂專門學校ᄅᆞᆯ果難維持라ᄒᆞ고塾主ᄂᆞᆫ今此三百石外에ᄂᆞᆫ更無他道인즉本員等의自意로解散ᄒᆞ라ᄒᆞ기로本員等이勢不得已ᄒᆞ야解散되얏스니壹般社會ᄂᆞᆫ本員等의情勢ᄅᆞᆯ照亮ᄒᆞ심을伏望ᄒᆞᆷ

●沙湖의發英 西部沙村里에셔去陰三月分에私立沙湖發英學校ᄅᆞᆯ設立ᄒᆞ고熱心敎育ᄒᆞᆷ으로晝夜勸課이九十餘名에達ᄒᆞ고去月終試驗을經ᄒᆞᆫᄃᆡ甲班優等에김成奉等九人이오及第生은徐甲孫等七人이오乙班優等生은玉鉉鼎等九人이오及第生은吳命善等拾人인ᄃᆡ延聚宣崔永爵李秉榮劉晟浩諸敬澤崔俊玉金顯道洪昇옥高鼎鼎徐相奎김顯璪김基煥諸시가多數賞品을授與ᄒᆞ고壹壕勸勉ᄒᆞ얏다더라

●楊山新校盛況 安岳郡에셔楊山中學校ᄅᆞᆯ設立ᄒᆞᆫ다ᄒᆞᆷ은已爲報道어니와該校ᄅᆞᆯ熱心贊成ᄒᆞᄂᆞᆫ某々諸시가郡內人士에게爲先千餘圓을請捐ᄒᆞᆫ後學徒六拾餘名을募集ᄒᆞ고陰本月拾壹日에開학式을擧行ᄒᆞᄂᆞᆫᄃᆡ六拾餘名학徒와男女小학校학徒와數百來賓이濟々雲集ᄒᆞ야壹大盛況을呈ᄒᆞ얏다더라

●兩氏寄付 紳士申錫榮崔鎭華兩시가私立東彰學校에前往ᄒᆞ야該校의情況을閱覽ᄒᆞᆫ後에金貨壹元式寄付ᄒᆞ얏다더라

●咸興의咸興 咸興郡西雲田面官西里居趙希道等諸시가發起ᄒᆞ야傭夫牧童을募集ᄒᆞ니合爲五拾餘名이라夜學校를設立ᄒᆞ고熱心敎授ᄒᆞ미村中父老가感動ᄒᆞ야官吏廳舊書堂資本屯田二拾四日耕과該廳餘存屯田畓二十八日耕을合付ᄒᆞ야設立學校ᄒᆞ니名曰豊沛學校라ᄒᆞ고該里居宮候合等이各其子弟들敎育ᄒᆞ기爲ᄒᆞ야渠矣等이使役ᄒᆞ고料賴로耕食ᄒᆞ던屯畓四拾貳日耕[illegible]作例로賭定ᄒᆞ야學校에寄付ᄒᆞ야經費가尤足ᄒᆞᆫ지라去[illegible]八日에開校禮式을擧行ᄒᆞᆫᄃᆡ遠近有志紳士와附近人民이雲集ᄒᆞ얏더라

●熱誠 [illegible]州邑明新夜學校ᄂᆞᆫ樵童牧豎를開發ᄒᆞ기爲ᄒᆞ야有志諸人이設立ᄒᆞᆫ것인ᄃᆡ敎師朴宗賢시가名譽로敎授ᄒᆞ야愈久愈勤ᄒᆞᄆᆡ學徒가感發ᄒᆞ야大有進就之望이라고人皆稱頌ᄒᆞᆫ다더라

●正誤 日前本報에水商二名이勞働會장全興國시를毆打ᄒᆞ얏다ᄒᆞᆷ은該全氏가아니오卽該會事務員劉恒彬시라ᄒᆞ기正誤ᄒᆞᆷ

雜報

●幸行中止 大皇帝陛下께옵서平壤에 幸行ᄒᆞ신다ᄂᆞᆫ說은已報어니와追聞ᄒᆞᆫ즉該地 動駕ᄂᆞᆫ姑爲停止ᄒᆞ신다ᄂᆞᆫ說이有ᄒᆞ다더라

●建閣奉安 大皇帝陛下의御眞壹本式을各地方普通학校에 奉安ᄒᆞᆷ은人所共知어니와會寧郡四民會에서ᄂᆞᆫ발起ᄒᆞ기를학校에 奉安ᄒᆞᆷ이不安하다ᄒᆞ야학校後園의 殿閣壹座를建築ᄒᆞ야학校의寄付ᄒᆞ얏다더라

●李氏의捺章

皇室顧問李允用氏가昨年의宮內府大臣으로日本에前往ᄒᆞ얏슬ᄯᅢ에日本政府에셔東洋拓植會社擬設ᄒᆞᆫ事件을言論ᄒᆞᄂᆞᆫ대股金募集의方針을李宮相의게問ᄒᆞᆫ대李氏가答ᄒᆞ되韓國은財政이窘拙ᄒᆞ야股金을辦出키難ᄒᆞ니韓國內驛屯土로代納ᄒᆞ깃다ᄒᆞᆫ즉日本政府에셔李允用氏를對ᄒᆞ야曰然則驛屯土代納之意로捺章ᄒᆞ라ᄒᆞ거ᄂᆞᆯ李氏가卽爲捺章ᄒᆞ얏다더라

●晩餐盛會 總理大臣李完用氏가來拾四日下午七時에盛大ᄒᆞᆫ晩餐會를日本人俱樂부內에서ᄒᆞ고新舊內閣諸氏와曾禰副統監과長谷川大將을請邀宴待ᄒᆞ기로預定ᄒᆞ얏다더라

●兩大協議 再昨夜에農商工부大臣趙重應氏가總相李完用氏를訪問ᄒᆞ고拓植會社에關ᄒᆞᆫ事項을爛商協議ᄒᆞ얏다더라

●乘月遊園 宮內府大臣閔丙奭氏가日本畵師를宴待ᄒᆞ기爲ᄒᆞ야再昨日下午七時에明月館에晩餐會를ᄀᆡᆨᄒᆞ고總理以下各부大臣과 皇族諸氏를請邀ᄒᆞ야送宕히ᄂᆞᆯ닥ᄒᆞᆫ後에妓女幾名을帶同ᄒᆞ고圓覺社에壹齊히前往ᄒᆞ야각項演戱를玩賞하고昨日上午三時頃에자自散歸ᄒᆞ얏다더라

●得債奔忙 承宣君李載鎔氏가有何緊用인지未知ᄒᆞ거니와各處田庄을典執ᄒᆞ고錢拾萬圜假貸을得債ᄒᆞ기로四處에廣求中이라더라

●中必有私 各觀察使와각郡守의繕報ᄒᆞᄂᆞᆫ公文이內部에到着ᄒᆞ면依例히文書課에셔開坼ᄒᆞ야隨課分傳하ᄂᆞᆫ데至於觀察使와郡守를薦報ᄒᆞᄂᆞᆫ대報告가來到ᄒᆞ면緊緊牢封ᄒᆞ야大臣親展이라ᄒᆞᆫ故로郡守 奏本前에ᄂᆞᆫ姓名을秘不發說ᄒᆞᆫ다더라

●爲髮退役 金山首書記ᄂᆞᆫ該郡守가削髮ᄒᆞ기를勸告ᄒᆞᆫ데該書記가答하되書記之任은可退언뎡頭髮은不可斷이라고請願退去ᄒᆞ얏다더라

●合格身體檢査 日前內부醫務局에서醫부試取에合格ᄒᆞᆫ諸氏를昨日該局에셔壹々히招致ᄒᆞ야身體檢査를經行ᄒᆞ얏다더라

●銀行出張ᄉᆞ店 大韓天壹銀行에셔南大門外에出張所를設置코ᄌᆞᄒᆞ야目下度支부大臣에게請願ᄒᆞ얏ᄂᆞᆫ데不遠에認可된後에ᄂᆞᆫ卽時ᄉᆞ店ᄒᆞᆫ다더라

●石原入京 咸鏡道로부터間島地方ᄭᆞ지視察ᄒᆞᆫ학부技師石原의壹行은再昨日에歸京하얏다더라

●墾島의減稅 墾島에居ᄒᆞᄂᆞᆫ人民을이年來淸國官吏에게壓制ᄒᆞ야虐待를不堪ᄒᆞ더니昨年以後로ᄂᆞᆫ韓國當局의保護ᄒᆞᆷ으로ᄒᆞ야每年每戶의稅納이八圜五十젼에減ᄒᆞ얏다더라

●樂工恩賞 掌樂課에減額ᄒᆞᆫ樂工이七十九名인ᄃᆡ掌禮院에서本日에該人等에게 恩賜金을須給ᄒᆞᆫ다더라

●樂生呼寃 掌樂課樂生金雄吉氏가四十五年을服務ᄒᆞ다가本年六月分에入於減額ᄒᆞ얏ᄂᆞᆫ대今番 恩賜金支撥中에金氏가獨爲見漏ᄒᆞᆷ으로四십五年을服務ᄒᆞ다가壹朝에見汰ᄒᆞᆫ後 恩澤을未得蒙 賜ᄒᆞᆷ이至極寃抑ᄒᆞ다ᄒᆞ야昨日掌禮院에呼訴ᄒᆞ얏다더라

●巡査出張 日前에警視廳韓人巡査幾名이地方騷擾를偵探ᄒᆞ기爲ᄒᆞ야永平加平郡等地로出張ᄒᆞ얏다더라

●黃海道의義兵 西來人의傳說을據ᄒᆞᆫ즉義兵將某某兩氏가部下兵千餘名을領率하고谷山安岳等地에逗留ᄒᆞᄂᆞᆫ대軍律이正肅ᄒᆞ고附近人民이或有新入者면不受ᄒᆞᆫ다더라

●校長報部 官立漢城高等女학校장魚允迪氏가학부의報告ᄒᆞ되男학校와학員及生徒ᄂᆞᆫ徽章을帽子의懸揭ᄒᆞ얏슨즉本校生徒ᄂᆞᆫ徽章을胸부左邊의佩用ᄒᆞ야認別及注意上의便利케ᄒᆞᄂᆞᆫ것이妥當ᄒᆞ니本부經費中으로限三百介를爲先製造ᄒᆞ면該費額은학生의게徵納ᄒᆞ더이니認準ᄒᆞ라ᄒᆞ얏다더라

●狂狗眼의見糞 去月末에忠淸南道公州郡에駐在ᄒᆞᆫ日巡査登名과通譯登名이禮山으로向ᄒᆞ야大興金모롱이라ᄒᆞᄂᆞᆫ等地에至ᄒᆞ미日色이已暮ᄒᆞ야遠近의來人을詳觀치못ᄒᆞᆯ際에禮山郡守備隊가公州郡으로進向코저該處에當到ᄒᆞ얏ᄂᆞᆫ데該日巡査와通譯者가守備隊를義兵으로誤認ᄒᆞ고先히放銃ᄒᆞ니該守備兵六七名이ᄯᅩᄒᆞᆫ銃을沒放ᄒᆞ얏ᄂᆞᆫ데該日巡査가卽爲致斃ᄒᆞ얏다더라

●日兵行悖 丹陽邑에ᄂᆞᆫ憲兵小隊가來駐ᄒᆞᆫ後로日兵의作弊ᄂᆞᆫ小減ᄒᆞ얏스나果實의種類를任意로多數히取食ᄒᆞ고價ᄂᆞᆫ白銅貨壹枚를投與ᄒᆞ미該果商이呼寃ᄒᆞᆫ즉該日兵이所佩刀를拔見曰신닫지ᄒᆞᆫ다ᄒᆞ고且村閭에橫行ᄒᆞ며家々突入ᄒᆞ야鷄種蜜蜂을見첩攫奪ᄒᆞ고且該郡南面方谷居李某ᄂᆞᆫ陰六月大討伐時에無罪히見殺ᄒᆞ얏ᄂᆞᆫ대去月拾六日에聞慶郡日分遣隊兵이李某家에來到ᄒᆞ야李某의七十老母를毆打ᄒᆞ야曰汝의寡居하ᄂᆞᆫ子婦를當場出之ᄒᆞ라ᄒᆞ고威脅ᄒᆞ얏ᄂᆞᆫ대該李氏의母가重傷을被ᄒᆞ얏다더라

●崔也暨行 南부梨太院居朴召史ᄂᆞᆫ年前에其夫가遊學次로日本에渡去ᄒᆞᆫ後西부禁淸橋居吳敬鳳氏家挾戶壹間을借居ᄒᆞᄂᆞᆫ데該家居崔命先이가逐日來到ᄒᆞ야甘言利說로百般誘引ᄒᆞ되君의本夫가外國에前往ᄒᆞ야雖云遊학이나踪跡이未詳ᄒᆞᆫ즉與我同居ᄒᆞ자ᄒᆞ거날朴召史가信聽甘諾ᄒᆞ고崔家로入去ᄒᆞᆯ時에金貨四拾圜을携去任置ᄒᆞ얏더니崔哥가酒商營業코ᄌᆞᄒᆞ야强制가殆甚ᄒᆞᆫ故로近日에不得已ᄒᆞ야互相離別ᄒᆞ며所任錢을還爲推給ᄒᆞ라ᄒᆞᆫ즉崔哥가永欲乾沒ᄒᆞᄂᆞᆫ故로朴召史가昨日警視廳에呼訴ᄒᆞ얏다더라

●高氏高孝 ᄀᆡ城郡東부禾泉居高漢麗氏가自己父親이拾餘年半身不遂로苦痛中인ᄃᆡ該氏가暫不離側ᄒᆞ고極力供饋ᄒᆞᆫ다ᄒᆞ니氏의孝誠을人皆稱頌ᄒᆞᆫ다더라

●擯臂生角 十四歲假量되ᄂᆞᆫ草笠靑年이十六歲假量되ᄂᆞᆫ妓生壹名을帶同ᄒᆞ고再昨夜의演興社의來到觀覽ᄒᆞ얏다ᄂᆞᆫ데誰家의子侄인지其貌樣이慨惜ᄒᆞ다더라

●衛生反害 南署竹동附近地에壹空대가有ᄒᆞᆫ데漢城衛生會에셔肥料掃去ᄒᆞ던糞桶을該空대에積置하야臭氣가大段ᄒᆞᆷ으로衛生의妨害라ᄒᆞ야內外國人民이理事廳의請願ᄒᆞ고該糞桶을他處로移去케ᄒᆞ라ᄒᆞ얏다더라

●妖女欺人 中部板橋居崔召史가靈神을通ᄒᆞ얏다籍稱ᄒᆞ고愚昧ᄒᆞᆫ人民의錢財를多數欺取ᄒᆞᆫ다더니再昨日下午二時頃에中부警察署刑事巡査表漢龍等諸氏가捕縛ᄒᆞ야該署로押囚하고現行訊問ᄒᆞᆫ다더라

●私鑄被捉 中部農圃동居金相旭氏ᄂᆞᆫ中部警察署巡査로多年勤務ᄒᆞ다가解任ᄒᆞ엿더니近日에自己親知數人과同謀ᄒᆞ야金錢을私鑄ᄒᆞ다가情跡이現露되야再昨日警視廳에被捉되얏다더라

●靑年同志 有志諸氏가靑年同志會를組織ᄒᆞ야臨時事務所를小安洞中學夏氏家에權設ᄒᆞ고會規를議定ᄒᆞᆫ다더라

●共濟開會 東京留學生共濟會에셔來日曜下午二時에第壹回定期總會를中部종路廣耳동拾壹統六戶大濟旅館內에開ᄒᆞ고事務를處理ᄒᆞᆫ다더라

●研究開會 經濟研究會에셔來日曜下午壹時에該會館內에셔通常會를開ᄒᆞ고會務를處理ᄒᆞᆫ後實業發達의方針을研究ᄒᆞᆫ다더라

●靑年討論 靑年會館에셔今日下午七時半에討論會를開ᄒᆞ고忍耐가勝於運命이란問題로討論ᄒᆞᆫ다더라

●畿校經費窘艱 畿湖학校에셔ᄂᆞᆫ經用이艱絀ᄒᆞ야壹般任員과講師諸氏의兩個月俸을尙未支撥ᄒᆞᆫ고로該校장朴勝鳳氏가捐助金을收合ᄒᆞ기로協議中이라더라

●景校請願 洪原郡私立景明학校에셔經用이窘艱ᄒᆞᆷ을因ᄒᆞ야該郡에在ᄒᆞᆫ蒙塾等八處를付屬하야달나고該校에셔학부에請願ᄒᆞ얏다더라

●杷成大成 杷成學校長李종泰氏ᄂᆞᆫ不贍ᄒᆞᆫ資産으로該校를獨擔設始ᄒᆞ야漸漸進就ᄒᆞᆷ은壹般敎育界의稱頌不已ᄒᆞᄂᆞᆫ바이러니近來該학校에妨害코저ᄒᆞᄂᆞᆫ弊端이生ᄒᆞ야虛無誑罔ᄒᆞᆫ說이傳播되므로李氏가賛務會를[illegible]ᄒᆞ고詰其根因ᄒᆞ야[illegible]ᄒᆞᆫ後에校務를整頓ᄒᆞ고高明ᄒᆞᆫ敎師를延聘ᄒᆞ야敎育程度가更加發達ᄒᆞ리라더라

●大成校講演 平壤私立大成학校에셔農林講習所를附設ᄒᆞ고학員을募集ᄒᆞ야壹箇年速成으로敎授ᄒᆞᆫ다더라

●兩監勸學 鳳山銀波鳳陽학校監督金석鳳학監張性敎兩氏가各々千金式捐助ᄒᆞ고학徒의夜學을ᄯᅩᄒᆞᆫ勸勉ᄒᆞ야該校의進就之望이大有ᄒᆞ다더라

●父兄界模範 [illegible]城의設立ᄒᆞᆫ後에財政이艱絀ᄒᆞ야數朔을廢校之境에至ᄒᆞ얏더니該학徒父兄諸氏가永久維持ᄒᆞ기로決心ᄒᆞ고每朔十圜式月捐을收合ᄒᆞ야經費에充用ᄒᆞ며[illegible]月例학徒父兄會[illegible]玄[illegible]常高[illegible]一百圜式[illegible]捐ᄒᆞ야학校基本金에充ᄒᆞ얏다더라

筆末涙落

▲西山落日寒窓下에不堪困惱누어[illegible]無邊落木蕭蕭聲이有情明月皎皎影에輾轉反側不寐ᄒᆞ야世上事를싱각ᄒᆞᆫ즉凄凉慷慨답답이라更起挑燈執筆ᄒᆞ니句句마다淚水로다

▲皇天不遺斯民ᄒᆞ샤比年豐登ᄒᆞ얏거늘父母妻子더럽ᄒᆞ야不飢不寒지내더니今年農作됨荒이라金ᄉᆞ掛錄ᄒᆞ얏스니以食爲天우리人民生計沒策엇지ᄒᆞᆯ고農夫家의눈물이오

▲[illegible]놉피뛰던[illegible]

▲[illegible]

▲[illegible]國民[illegible]列女[illegible]眞女[illegible]의눈물이오

▲[illegible]

▲政治學[illegible]

▲世界[illegible]

▲[illegible]有志ᄌᆞ의눈물이오

▲吾知國發目的으로[illegible]名報館의눈물이라

廣告

◎學員增募廣告

本校에서學徒를增募하오니 願學者는今月十五日內로陸續請願하시오

平壤私立大成學校 告白

本校에農林講習所를附設하고學徒를限五十名募集하야壹個年速成으로敎授할터이오니志願者는今月十五日內로請願應試하시옵

一 試驗科目 讀書 作文 算術四則以上 本國地誌

隆熙二年拾月壹日

平壤私立大成學校 告白

本人의任申寅澈이離家三年에頓無消息이오니아시는內外國人間本人의게로通知하시면厚謝하깃솝

平壤甑川右上面嵋南里 申彦球 告白

本月十日(土曜)下午壹時에中部塔洞事務所內에서通常總會를開하고會務를處理하오니 僉會員은壹齊來臨하심을切望

大韓協會 白

●增募廣告

養正義塾內測量學校에서學員을增募하오니願學僉員은本月二十日(陰九月二十六日)內로來議하시옵

期限은三個月

詳細한細則은本校로來問함

西部工曹后洞速成測量學校 白

院長古城梅溪가曾往에淸國北洋順門醫官으로多年在外하옵더니這幾에歸韓하와諸般設備를大作革新하야專히韓淸兩國病人의診察을從事하며且軍醫諸氏에게囑托하야新方妙劑로極盡히速活回春함을期함

再次赤貧患者의施療는藥價를勿論하며又隨時하야牛痘苗를施種함

京城木町四丁目 贊化病院 (電話二一四番)

競賣廣告

壹臥鏡、食床、床布、陶器類、刀子、沙器等屬

壹食堂椅子、肘掛椅子、籐製椅子、搖椅子、坐床等品

壹韓製箱장、圖畫、邊組並冬用帷帳、掛종、天津氈子、寢床寢帳氈子、문갑、粧臺、衣箱洗濯床、冊子棚、屛風、掛燈與坐燈等品

壹煖爐等品(으라운드옥크並煖爐)잔床、料理所用煖爐料理道具

壹事務所用冊床與椅子、電종각樣冊子、文房諸具

壹改良風琴、大冊床、事務所用優等裁縫機、寫字機(타입우라잇터)人力車、自轉車等品

右今月(拾月拾三日與拾四日)兩日間)拾三日下午九点三拾分으로爲始하야京城水閣橋邊英國人許會시宅에서競賣함

右上項物品은拾月十二日月曜下午三時로至五時사지觀覽케하오며

競賣物品은拾月十五日競賣翌日에代金을卽納하고物品을持去할事

競賣人에平[illegible] 갈닉쓰키

本會에서本月拾壹日(日曜)下午壹時에通常總會를開하오니本道人士는多數來臨하심을務望

湖南學會 告白

來日曜日今十壹日上午十壹時와下午三時와同七時半에西大門外平동救世軍本營에서福音會를키하오니老少僉員은屆時來參하시기를望함

救世軍大佐許嘉斗 告白

本敎會設行時의平安各寺院與弊寺破寺所有財產山林을句管整理之意로各官廳報府인바目的이皇室爲祝하옵고生靈의安寧秩序를爲하야本敎會內에禪室을刱設하오며時代急務를從하야學校를設置하옵고茲以仰布하오니各寺僉位는知悉照亮하신後에禪修座는拾歲以上十五歲以下青年生을勸告하와送校于平壤永明寺事務所하심을敬要

隆熙二年十月七日

禪臨濟宗平壤敎會所

發起校長 金兒雪窓

副會장 劉在夏

幹事長 崔錦松

總務 金坦洽

事務長 韓障浩

事務員 朴興祚

本會에서本月十一日(日曜)下午一時에通常總會를本會館內에서開하오니壹般會員과有志人士는屆期枉臨하심을盼望함

演說問題

鐵湖學會의關點 朴勝鳳

鐵湖학會의維持方法 徐內轍

子侄의敎育은父兄의責任 김鳳鉉

鐵湖興學會 告白

本人의家券을丙申七月拾七日失火時에入燒하얏솝기廣告함

東門外崇信坊紅樹洞五統六戶 洪召史 告白

本會에서來十壹日(日曜)下午壹時에通常會를本事務所에서開하오니僉會員은屆期來臨하시옵

經濟研究會 告白

◎家屋放賣廣告

西署餘洞 瓦家三十三間

仝 瓦家二十二間

中署許屢屛門內 瓦家坐市十九間半

仝 外相洞 瓦家三十三間

仝 茶동川邊 瓦家十七間

右家舍를欲速放賣하오니有意하신이는鍾路三昌商會로來議하시옵

閔中植 告白

本社各社局輸出物品을東美運送部에契約委托하야同運送部가本社附屬商業學校에金壹千圓補助함은本社與東美運送部專爲公益之心이니非是私益也오且近日各運送部가物貨賃金을不齊濫捧이나不得公正矣러니今與東美로特爲契約하야鐵道府鐵道局元則에略加手數料하야比前賃金則壹定低落인뎌日昨各運送部廣告中商買를束縛하고各運送部를覺吞云者는彼必誤解而所謂競爭者也오且前日賃金濫捧이露、於今日者也라本社與東美契約이豈有害於商界之壹分哉

廣信社 告白

啓者本號新到有上品玉器瑪瑙寶石古玩等係官宦貴夫人所用之物及洋廣雜貨湖北安徽大連彩票發賣特此佈告 諸君光顧是望

漢城石井동 杏花春 告白

本所에서測量製圖事務所를西署積善坊唐皮洞壹統六戶에設하옵고礦山山林土地家屋을幷히需應하오니僉君子는照亮來議하심을務望함

大興測量事務所 告白

本人數載滯京矣러니知舊間稱主事號則實無官啣이라更永勿稱爲要

平北義州替市 李國衍 壹鴻來 告白

◎藥令日字 廣告

忠北觀察道가淸州郡의移轉한後藥令을設立하는바秋令은陰曆本月拾五日노定期하고自觀察道로各郡에訓令하시고本會에서는敬告于各處하오니同業하시는僉同胞는屆期來臨하시와俾便交易케하심을敬要

淸州郡商業會々頭孫興仁等白

度支部 測地課 編纂

土地測量術

全壹冊正價금 弁製六拾錢 洋裝九拾錢

近日測量術書類에三四種이刊行되엿스나不完全의缺點이不無하든바今에本書는細部測量으로圖根測量ᄭ지詳密히編纂하얏스며各種實地測量에製圖의圖本을挿入하야一般斯學界의無한寶典이오且紙質의堅美함과製冊의華麗함이測量術書中에覇王이라稱할만함

〔發兌元〕

皇城中部罷朝橋越 中央書館 朱翰榮

仝 [illegible]路 大東書市 [illegible]鈺

仝 南部大廣橋 滙東書館 高裕相

仝 南門內尙洞 博文書館 盧益亨

仝 남門外紫岩 新舊書林 池松旭

特別廣告

◎京城中部罷橋東谷第貳拾統二戶

辯護士 朴星煥 法律事務所

特別廣告

測量參個月速成部를設하고學員을免試許入키로大募集하오니願習僉員은陰九月二十七日內로本所에賁臨하야規則을詳覽하고志願書를呈하심을敬要

時間(午前[illegible]時로午後[illegible]時)

西小門通貞洞[illegible]後門前 專門講習所

本人弟[illegible]章煥이今年은二拾二歲이온데挾雜輩와作黨하야[illegible]가以廣佈하오니勿論內外國人하고照亮後與典就債給이나貸給을一切勿施하시옵

西小門外西壯洞[illegible]邊星煥 告白

測量科를參個月速成으로敎授하오니志願人은試驗에應하시옵

試驗科目 國漢文作文 算術(四則以內)

試驗日字 陰九月拾七日

新門外小[illegible]洞六十七統 戶

普彰測量事務所

◎大韓地志敎科書

國漢文 全一冊 定價二十五錢

本書는高等小學校敎科用으로編輯한것인데全書冊六拾九課 每課를百六十字以下로定하야講讀에取便케함

發行兼發賣元 平壤鍾橋 [illegible]同書觀

京城桂洞 [illegible]公[illegible]

南署詩洞進明學校內에夜學測量速成科를帝國實業會所管으로繼續設施하고高明敎師를延聘하야特히敎授하오니志願僉員은本月(陰十七日陽十二日)內로來議하시옵

詩洞進明學校 告白

[illegible]

廣告

◎特別廣告

南大門外七牌路에셔 合 으로 組合 事務所를 寔美運送部 設置하얏더니 不意今者에 設店하셔 客主都中에셔 每年金壹千圓式 濟納하고 各客主荷物을 專管運輸하기로 하얏스니 壹便은 各運送店을 併呑코자 홈인즉 此에 對하야 組合에 合 字號를 不得已 罷裂하얏거니와 補納壹千圓의 應納之遺害는 必歸於商客하리니 當此商路凋殘之時하야 壹人之害가 及於萬人故로 弊等이 爲其商弊하야 各自保其業코자 하야 車賃을 特別減低키로 玆에 廣告하오니 京鄕商客은 照亮하시옵

隆熙貳年拾月貳日

京城南大門外

大同運輸會社
浦上運輸會社
通運會社
三光運輸會社
普運會社

車賃目錄

	每頓	每百斤
仁川	壹圓五拾四錢	貳拾四錢四厘
水原	上仝	
平澤	二圓四拾六錢	三拾四錢
天安	二圓八拾三錢	三十八錢五厘
全義	三圓拾六錢	四拾二錢二厘
太田	四圓十錢	五拾五錢
永同	四圓七拾錢	六拾壹錢
金泉	五圓二拾錢	六拾六厘
大邱	五圓九拾六錢	七拾三錢六厘
草梁	六圓七拾四錢	八拾壹錢四厘
馬山浦	六圓六拾九錢	八十錢〇九厘
開城	貳圓四拾六錢	三拾三錢四厘
新幕	三圓九拾四錢	五拾三錢四厘
瑞興	四圓〇八錢	五拾四錢六厘
興水院	四圓二拾二錢	五拾六錢二厘
砂里院	四圓五拾四錢	五拾九錢四厘
平壤	五圓二拾八錢	六拾六錢八厘
安州	六圓十二錢	七拾五錢二厘
義州	七圓拾二錢	八拾五錢二厘

其他各驛은 姑未記載하오나 依其例하와 車賃捧上홈

但京城驛에서만 施行홈

▲絶影島私立玉成學校趣旨書

庠序學校는 邦國之盛典이요 文明進步은 忠孝之機關이라 豈可不學而自淑哉아 今於 神聖기 進之初와 敎育之上에 惟我同胞가 各自奮進而獨於本島하야 僻在海隅하야 聞見이 謏陋하고 奮想이 頁(?)하야 昏夢을 未覺터니 天日이 昭明하야 新想이 發하야 壹島居民이 爭先義捐하야 今方校室이 已成하고 工役이 幾畢홀지라 今에 任員組織會를 開하와 校長許致五氏로 校監은 鄭性淑氏로 監督金光瑩敬璘兩氏로 總務정實斉氏로 事務宋炳玉敬淑徐顯伍金希振秋乃成姜元俊諸氏로 依衆選定이옵고 今月二拾五日에 開校式을 設行이오며 方將學部에 請願承認홀터이옵기 不勝感賀하와 玆以廣佈홈

贊成人　鄭元淑　玉琢汝　盧斗英　田致安　田敬汝　具滄淑　金千壹等　告白

漢城鍾路慈惠大藥房

大韓東西藥業月報社製藥

咽喉 隆炎水

齒痛 [illegible]

男女補血丸

氣血不足 [illegible]

淋疾祛根藥

清明眼藥水

五錢 [illegible] 寶書

蟲拔根 [illegible]

[illegible] 紀 [illegible]

瘟疫 [illegible]

膀胱感冒 [illegible]

消瘀鎭痛 [illegible]

陳陳滯消 [illegible]

胃藥 [illegible]

社告

○本報價

壹號代金 新貨二錢五厘

壹個月 [illegible] 三十錢

參個月 [illegible] 九拾錢

[illegible] 個月 壹圓 [illegible]

壹個年 三圓 [illegible]

郵稅壹朔 新貨五厘

壹個年 十二錢

○廣告料

四号活字拾二字詰

每行壹寸(英尺)에 新貨廿五錢

二週間 壹寸에 二圓五拾錢

壹個月 壹寸에 [illegible]

(自壹行至四行이 爲壹寸)

其期限의 長短과 字行의 多少를 依하야 增減홈이 有홈

Responsible for Publication Alfred Weekley Marnham.

發行兼編輯人 英國人 萬咸

發行所 南署石井洞號外 [illegible] 三層 [illegible]

大韓每日申報社

光武九年八月拾壹日 明治卅八年八月拾壹日 (第三種郵便物認可) 日曜日 西曆壹千九百八年拾月拾八日

第六卷 第九百卅七號

大韓每日申報

月曜及慶節歲時日休刊

檀君開國四千二百四十一年
箕子元年三千三十年
大韓開國五百十七年
日本明治四十一年
淸國光緖三十四年
陰曆戊申九月大十七日己亥

論說

◎韓肥料와日人 (此亦漢城近郊農民의壹六問答)

韓國은自古로農立國이라故로重糞을特甚ㅎ야諺에云호ᄃ壹寸의糞이壹寸의金이라ㅎ며壹斗의糞이壹斗의穀이라ㅎ야明年飢飽를儲糞의多寡로占ㅎ며人家貧富를惜糞의善否로驗하니嗚乎라米者는現在의生命이오糞者는未來의生命이로다

是以로忠州守鏡㢊잘은고비가門前乞人을惡ㅎ야糞壹椀으로與ㅎ되其婦가此를見ㅎ고又大驚諫曰男乎여壹椀糞을浪費치마시고壹升米를快與하소서米가壹升이면今夕兩盂飯을作홀而已어니와糞이壹椀이면來歲數斛麥이어ᄂ男乎여何其輕重을不知ㅎ나뇨잘은고비가其言을聞ㅎ고良久에自悔自責하얏다ㅎ니農家에서糞을愛惜홈이果然何如ㅎ가

然이나如此愛惜ㅎ는糞을獨此漢城壹區에는狼藉散棄ㅎ야坊々溝渠에糞水가充溢ㅎ며家々便厠에糞山이高積ㅎ야農用의好肥料(거름을肥料라홈)를棄擲홈이不可홀ᄲ더러抑亦衛生의大不利를與하니此가果是何故인가漢城近處에農民은獨히肥料를不用ㅎ고도善農ㅎ는가

曰否라天下의農은壹也니엇지肥料를不關ㅎ는農地와農民이有ㅎ리오

曰然則何故로漢城內에는此等好肥料(卽糞)를遺棄如此ㅎ나뇨

曰城外農民이愛糞은雖甚ㅎ나愛의道를不知ㅎ야年々農用의肥料를只是幾百名糞商만待ㅎ는ᄃ幾百名糞商으로數拾萬家의糞을盡分出홀能力이旣無홀뿐더러又其分出의法이未潔ㅎ야糞商所到에四隣이掩鼻ㅎ며분馬所過에行人이作嘔ㅎ니由此로성外作農에利及이甚少ㅎ고성內衛生에貽害가甚大ㅎ지라昔에正廟朝時에楚亭朴齊家氏가其然을歎ㅎ야曰此는我國人이車用을不知ㅎ는害라ㅎ고糞車輸糞의事를朝廷에提議하다가竟沮不行ㅎ더니數百年漢성의積糞이只是惡臭를肆ㅎ야衛生巨害를貽ㅎ나然이나한성近處의作農은抑亦此小々分出糞에藉ㅎ더니

俗談에慢藏이誨盜라云홈과갓치糞商의分糞法이如此愚劣홈故로警官이淸潔을勵行ㅎ야糞網(똥망태)으로分糞홈을禁絕ㅎ는同時에日人의設立홀肥料會社에서其機를乘ㅎ야紛々糞車로城內人糞을盡收ㅎ야高價로셩外農民에게賣給ㅎ는도다

從此로幾百名韓人의糞이日人의手로盡渡ㅎ며幾百千斛의糞의利가日人의口로盡入ㅎ미噫乎라此中耗米ᄭ지日人의所有가되얏는가ㅎ며許多糞商은其手를坐拱ㅎ야曰嗚乎라壹馱人糞도日人의讓與ㅎ얏다ㅎ며其他城外農民들은尤極嗷々ㅎ야曰韓분이日口에旣入ㅎ더니其價의重이黃金과如ㅎ나今年以後는廢農홈이可ㅎ다ㅎ고又壹風說이閭巷에亂行ㅎ야日政府官吏가此人民의糞ᄭ지日人에게매渡하얏는ᄃ其結價를萬餘圓에結ㅎ얏다ㅎ더라

大抵政府에서此분을매渡홈與否는吾輩가其確據를姑未得ㅎ얏거니와卽此는閭巷人民이政府에對홀惡感에서釀造홀風說노儒ㅎ는바어니와可惜홀바는該商民이何故로肥料會社를與ㅎ며셩外분商은何故로肥料會社에奪ㅎ며許多農民은何故로肥料會社에분을買ㅎ나뇨此는必也肥料會社가日人의營業인즉日人의利益을誰가敢奪ㅎ리오ㅎ야此現狀을致홈이로다

嗚乎韓人이여風聲鶴唳的으로其惑을自貽치勿ㅎ고三思를且加홀지어다

蓋警廳에서淸潔만勵行홈而已라自家분의何用何에는問ㅎ는비아니며분網의輸糞만禁홈而已라분筒만用홈즉誰還輸를許ㅎ는비아니며又或政府에서此를果然매渡ㅎ얏슬지라도何等公文을發ㅎ야漢城內人분은肥料會社의管理홀비라ㅎ얏이無ㅎ거날惜乎라許多人民이曾爲中에尙坐ㅎ야셩內외분도他人의利益을作ㅎ는도다

余는此를悶歎ㅎ야壹般분商에게大聲告ㅎ노니君輩가彼會社를懲치말고彼會社를模範하며彼會社를恨치말고彼會社와競爭홀지어다

君輩노彼會社와又치구傳馬壹座와분筒幾拾個로潔淨케분을運分ㅎ면巡檢等이何辭로君輩를禁하며

按구傳馬도分분하는분商이或有ㅎ나야즉少數에居ㅎ니君輩가분家主人과約條를特結ㅎ고분의多少를觀ㅎ야壹月幾次式精潔케盡分出ㅎ면성內居民도韓人의失利를嘆ㅎ는中이니何故로君輩를拒ㅎ리오

按東村成均館等地에는분외自用或別매를設會社에서糞不關ㅎ니此가已例라

分분의法을改良ㅎ면巡檢도君輩를不禁홀지며城內人이君輩를歡迎홀지어늘愚哉라君輩여舊業을失하고束手自嘆홈이何事며況성外農民은日人의高價매분을驚悶ㅎ야君輩의來를日望ㅎ는니

君輩는汲汲히警醒ㅎ야獨力으로以ㅎ던지萃力을結ㅎ던지如何히ㅎ던지舊業을勿失홀지어다

噫々國民은此生業競爭時代에坐ㅎ야生業의競爭을不知ㅎ면壹般枯死를遭ㅎ지니라

官報

隆熙貳年拾月拾日 官報

法律

朕이刑事裁判費用規則에關ㅎ件을裁可ㅎ야玆에頒佈케ㅎ노라

御名 御璽

隆熙二年拾月八日

內閣總理大臣 李完用
法部大臣 高永喜
度支部大臣 任善準

法律第二拾四號

刑事裁判費用規則

第壹條 公訴事件에當ㅎ야裁判所。受命判事。受托判事又는檢事가呼出ㅎ證人。鑑定人及通譯人에게給與홀日當。旅費及止宿料는左開ㅎ範圍內에서裁判所。受命判事。受托判事又는檢事가此를定홈

壹。證人의日當은出頭每壹回에金二十錢乃至五十錢으로但止宿料를給與ㅎ는境遇에는日當을給與치아니홈

二。鑑定人及通譯人의日當은出頭每壹回에金三拾錢乃至金五圓으로홈

三。證人。鑑定人及通譯人의旅費는陸路每拾里에金五錢乃至金二拾錢으로但通路가兩線以上이有홀時는最近홀通路로써旅費를算定홈

四。證人。鑑定人及通譯人의止宿料는每壹夜에金三十錢乃至金貳圓으로但往復里數가六拾里以上으로써現에止宿홀者가아니면此를給與치아니홈

第二條 鑑定이나通譯을因ㅎ야數多홀時間을要ㅎ거나特別홀技能或은費用을要홀時는裁判所。受命判事。受托判事又는檢事의定홀바를依ㅎ야日當外에相當ㅎ報酬를給與홈을得홈

第三條 前二條에記載홀給與金은證人。鑑定又는通譯을畢了홀時부터七日內에本人의請求가無ㅎ면此를給與치아니홈

附則

本法은頒布日로부터施行홈

外報

◎列强의開戰預防 伯林電을據ㅎ즉列强은君士但丁堡에서開戰의危險을豫防ㅎ기에盡力ㅎ다더라

◎歐洲列强과亞洲 伯林電을據ㅎ즉리노브쓰기公은獨逸評論誌에英獨開戰說을反對ㅎ는文을公布하얏는데獨逸人體과亞洲人에은兩極端에在하다ㅎ얏고英獨兩國은亞非利加에서引退ㅎ야亞細亞의競爭은日露兩國에委任홈이可하다ㅎ고論하얏다더라

◎布哇日人排斥 桑港電을據ㅎ즉布哇商業會議所장이발論ㅎ되日本人이布哇에繁殖ㅎ는것이甚히危險ㅎ狀態가有ㅎ즉此를制限홈이可ㅎ다ㅎ얏다더라

◎希臘王의被殺 東京電을據ㅎ즉希臘王이셀피아地方에서暗殺홈을被ㅎ얏다는說이有ㅎ다ㅎ얏다더라

雜報

◎靑年同志會趣旨書

會者는會合同志ㅎ야團成壹體者也라所業이同則其志가合ㅎ고所志가同則其會ㅎ나니今此靑年同志會之發起者는來頭希望也深矣로다壹人之壹身이非箇人之私有라乃國家之所有며壹國之爲國이非自國之自有요乃衆人之合成者也라欲觀國步之進就ㅎ면先問靑年之開悟ㅎ나니顧此國勢컨ᄃ大廈將傾에隻身이難支오狂瀾既倒에壹手難障이라其志也之向ㅎ고其衆也之合ㅎ야作成全體然後에靑年之進步를指日可期니壹日體育健强이요二日智識交換이요三日親睦敦成이니爾長吾短을相與補益ㅎ야如車兩輪ㅎ며如鳥兩翼ㅎ야文明域上에壹步齊進하면萬里南溟에鵬圖가初圖ㅎ고壹鞭北冀에驥步가方展ㅎ야春雷壹聲에昏夢을可破라壹聲齊呼에衆志가團合ㅎ면國家楨幹을人々可作ㅎ야兩肩上負擔之任을自可責成矣니嗟我同志여

發起人 朴容在 金健洙 金鍾奭等

雜報

◎獻陵幸行說 大皇帝陛下께옵셔ᄂᆞᆫ不遠間廣州郡 獻陵의幸行ᄒᆞ신다ᄂᆞᆫ說이有ᄒᆞ더라

◎鍋島陛見 昨日上午十一時에曾禰副統監이日人師團長鍋島等三拾餘名을帶同ᄒᆞ고 昌德宮에進詣ᄒᆞ야 大皇帝陛下씌陛見ᄒᆞ고同正午에退闕ᄒᆞ얏다더라

◎皇后御親臨 皇后陛下씌옵셔本日西闕內慈惠夫人演奏會에 親臨ᄒᆞ옵신다더라

◎政社取締法頒포 近者各團體가政社의서治安上取締를要ᄒᆞᄂᆞᆫ事가有ᄒᆞᆷ을因ᄒᆞ야去六日大臣會議의提出ᄒᆞᆫ結果로取締法을頒포ᄒᆞ기로決定ᄒᆞ야目下制定하ᄂᆞᆫ中이라더라

◎拓殖의副總裁 東洋拓殖會社副總裁ᄂᆞᆫ閔泳綺[illegible]定이되얏다더라

◎圓覺社觀覽 再昨夜에各部大臣과曾禰副統監과永宣君과李址鎔氏와前輔國閔泳徽氏와內閣書記官長韓昌洙等諸氏가圓覺社에齊往ᄒᆞ야觀覽ᄒᆞ얏다더라

◎請邀督彌 曾禰副統監이仁川항商業會議所會頭의請邀를應ᄒᆞ야明再明間의統監府秘書官을帶同前往ᄒᆞᆫ다더라

◎期於辭免 控訴院判事張燾氏의請願書를法部大臣이繳還ᄒᆞ얏다ᄂᆞᆫ說은已爲報道어니와張氏가期於히辭免ᄒᆞ기로再昨日에再次請願書를提呈ᄒᆞ얏다더라

◎拓社理事云任 拓殖委員中韓相龍氏와[illegible]兩氏ᄂᆞᆫ今番委員會의有何勞務인지不知하거니와該兩氏ᄂᆞᆫ將次該社理事를被任ᄒᆞᆫ다ᄂᆞᆫ說이有ᄒᆞ더라

◎度部所管家屋放賣 度支部에서該部所管家屋을將爲放賣ᄒᆞ기로現今協議中인ᄃᆡ該規則을制定ᄒᆞ야官報에頒포ᄒᆞᆫ다더라

◎不改不服 一進會에서地方會員中西北會員들이決議ᄒᆞ되該會長李容九氏를遞改하고他人으로選定ᄒᆞ기로協議ᄒᆞ얏ᄂᆞᆫᄃᆡ若不改遞ᄒᆞ면該會장의게ᄂᆞᆫ會規를不服ᄒᆞ깃다ᄒᆞᆫ다더라

◎姜守營利 麟蹄郡守姜昌熙氏ᄂᆞᆫ該郡木商等의게樓柱斷吐二百餘個를請求ᄒᆞ야漢江으로介送ᄒᆞ야使之放賣케ᄒᆞ얏다더라

◎潛食金查推 慶北各郡의隱結條가年例로府見된者가葉전으로遞ᄒᆞ야萬兩인ᄃᆡ甲辰年分의該道觀察使張承遠氏가其弊源을一切革罷ᄒᆞ얏더니醴泉郡守[illegible]義城郡守李寅聲兩氏ᄂᆞᆫ其革罷條를潛食하얏다ᄂᆞᆫᄃᆡ兩郡人士가發起ᄒᆞ야右金額을查推ᄒᆞ야學校를設立ᄒᆞᆯ次로將次該道의請願ᄒᆞᆫ다더라

◎基督教와學部 韓國의基督教에서設立ᄒᆞᆫ私立學校ᄂᆞᆫ今番學部의서발布ᄒᆞᆫ私立學校의規定을遵守ᄒᆞᆯ必要가無ᄒᆞ다ᄒᆞ얏대니當局者가言ᄒᆞ되此令은一般私立학校의對ᄒᆞ야制裁ᄒᆞᆷ이라ᄒᆞ얏다더라

◎何用調查 日本憲兵司令部에서偵探客을派送ᄒᆞ야漢城內各社會位置와任員姓名을登々히調查ᄒᆞᆫ다더라

◎爲國絕穀 拓殖會社委員中某々諸氏가日本에서誓死力爭ᄒᆞ얏다ᄂᆞᆫ事ᄂᆞᆫ已爲揭載어니와該事件에對ᄒᆞ야某々諸氏가極力反對ᄒᆞᆫᄃᆡ三日을絕穀ᄒᆞ얏다더라

◎洋貨輸入增加 近來에日本貨物의輸入이漸次減少ᄒᆞᄂᆞᆫ데反히支那及歐美雜貨의輸入이益々增加ᄒᆞᄂᆞᆫ지라昨日午前에上海로부터仁川에入港ᄒᆞᆫ英國汽船桂林丸은西洋雜貨六百五拾噸을輸入ᄒᆞ얏다더라

◎仁川穀物界의寂寞 仁川의穀物界ᄂᆞᆫ愈々寂寞하야穀物의貿易이不振ᄒᆞᆫ바대此狀態가十壹月中旬까지繼續ᄒᆞ깃고拾壹月下旬으로부터漸次新穀이出ᄒᆞᆯ時期인ᄃᆡ仁川穀物協會ᄂᆞᆫ今回에更히壹大活動을開始ᄒᆞ기로內議ᄒᆞᆫ다더라

◎通漁條約改正 韓國政府의서不遠間의漁業法을발포ᄒᆞ야韓日人으로ᄒᆞ야금共히此法을遵守케ᄒᆞᆯ同時의韓日通漁條約을廢止ᄒᆞ고他通漁法의關ᄒᆞᆫ件을協定ᄒᆞᆯ터인ᄃᆡ此協定은日人은韓國領海로韓人은本國領海로本國漁業法의定ᄒᆞᆫ바를遵ᄒᆞ야漁業을經營ᄒᆞ기로規定ᄒᆞᆯ것인즉但此漁業法違反者制裁의關ᄒᆞ야日本人은韓國의서領事裁判權이有ᄒᆞᆫ故로써罰則適用의關ᄒᆞᆫ件만韓國官憲이此를行하고其司法罰의屬ᄒᆞᆫ者ᄂᆞᆫ日本理事官이此를行ᄒᆞ고其行政罰의屬ᄒᆞᆫ者ᄂᆞᆫ韓國官憲이此를行ᄒᆞᆯ터인ᄃᆡ又司法罰行政罰等區別에關ᄒᆞ야ᄂᆞᆫ目下當局者들이研究中이라더라

◎光石强占 南部墨寺洞居留日人光石喜二郎이家屋을新築ᄒᆞ며該隣家劉秉勳氏의基址를多數犯奪ᄒᆞᆫ故로劉氏가百般禁止ᄒᆞ되終不聽從ᄒᆞ고反行悖惡ᄒᆞ며漸奪强占ᄒᆞᆷ으로劉氏가[illegible]日該部理事廳에呼訴하얏다더라

◎是何惡習 昨日上午九時頃에何許ᄒᆞᆫ生女兒의屍身을發覘ᄒᆞ니[illegible]門前石橋下에拋棄ᄒᆞ고去ᄒᆞᆫ지라該巡查가該동頭民에게申飭ᄒᆞ야出埋케ᄒᆞ얏다더라

◎金門錯亂 北부紅峴居ᄒᆞᄂᆞᆫ佐[illegible]가近日에美妾을買家ᄒᆞ고歡情이日新ᄒᆞ매니正夫人이有何端인지數介子女를拋棄ᄒᆞ고出他ᄒᆞ얏ᄂᆞᆫ데去處를不知ᄒᆞᆫ다더라

◎鄭氏禁獄 宣旨[illegible] 內侍鄭宅鎔氏府隸의恩賜金을偸食ᄒᆞ다가情跡이現露ᄒᆞ야警視廳에被捉ᄒᆞᆫ事ᄂᆞᆫ已報ᄒᆞ얏거니와該氏를二箇月禁獄에宣告ᄒᆞ얏다더라

◎白虎捕賊 長興橋等地에서藥舖爲業ᄒᆞᄂᆞᆫ姜某家에何許賊한이書簡을暗投ᄒᆞ얏스되金三百圓을紫霞臺上白虎亭前某處에埋置ᄒᆞ라ᄒᆞ얏거날姜氏가該書封을警視廳으로傳納ᄒᆞ얏더니該廳에서捕捉次로別巡查를多數히白虎亭附近地에派送하고書封에금三百圓을同封ᄒᆞᆫ樣으로做作ᄒᆞ야該亭某處에埋置ᄒᆞ고賊漢의踪跡을偵探하더니再昨夜에該賊漢이該封埋處를掘去ᄒᆞ다가探巡ᄒᆞ던巡查의게被捉되얏다더라

◎竊盜犯被押 水原郡南門內居김順玉은年今三십인ᄃᆡ有名ᄒᆞᆫ竊盜로今年陰正月頃의上京ᄒᆞ야行盜ᄒᆞ다가監獄署의多月徵役ᄒᆞ더니三昨日의始得見放되얏ᄂᆞᆫᄃᆡ伊時의南부席洞居김東圭氏家의[illegible]人ᄒᆞ야히家廊의陸成俊의馬毛緞衣件을又爲竊取ᄒᆞ야銅器等物을盜去ᄒᆞᆫ거ᄉᆞᆯ掌內巡查가知機捕縛ᄒᆞ야警察署로押付ᄒᆞ얏더니該署에서審查ᄒᆞᆫ後에京城地方裁判所로卽爲越交ᄒᆞ얏다더라

◎貪悖而出 再昨夜에北部[illegible]興洞居ᄒᆞᄂᆞᆫ侍妾嫺鎬氏家에賊한[illegible]

◎北老婦ㄱ從 北部齋洞居玉某의老婦ᄂᆞᆫ老夫老婦가相依過去ᄒᆞ더니其夫가昨年에死去ᄒᆞ얏ᄂᆞᆫ대今年九月拾壹日은夫의小祥이라老婦가金三拾圓을償ᄒᆞ고其夫墓下에往ᄒᆞ야拾五圓은祭費로置ᄒᆞ고拾五圓은該夫의親友等에게任置ᄒᆞ야每年墓地에禁火伐草ᄒᆞ기를依托ᄒᆞ고翌日에鴉片을服ᄒᆞ고該墓前에서致命ᄒᆞ얏다더라

◎親睦會 大韓학生親睦會에서來十壹日(日曜)下午壹時에定期總會를敦化門前國民夜학校內에開ᄒᆞᆫ다더라

◎青館例會 明日下午七時三拾分에青年會館에서月例會를開ᄒᆞ고事務를處理ᄒᆞᆫ다더라

◎會長演說 法部局長俞星濬氏가今日上午拾時에東幕禮拜堂의出往ᄒᆞ야德義上으로演說ᄒᆞᆫ다더라

◎校秋運 東部於義洞官立普通學校에서今日東小門外三仙坪에出往ᄒᆞ야秋期運動會를設行ᄒᆞᆫ다더라

◎中東運動 典동私立中東學校의서壹般學員이一切斷髮ᄒᆞ고明日上午八点의東門外의出往ᄒᆞ야運動ᄒᆞᆫ다더라

◎興化大化 南門內暢洞私立興化新塾에서壹學日語科를增設ᄒᆞ고十二個月速成專門으로教授하ᄂᆞᆫ데該科教師趙賢[illegible]氏ᄂᆞᆫ學識이贍富ᄒᆞ고兼且交際에嫺熟ᄒᆞ야速成을可期ᄒᆞᆷ으로教授不過幾週에學徒가五拾餘名에達ᄒᆞ야進就之望이有ᄒᆞ다더라

◎其愚不及 平北寧邊郡倉下里居ᄒᆞᄂᆞᆫ志紳十李炳愚氏가私塾을廢止하고新學에熱心ᄒᆞ야牧童樵兒를募集하고彰新夜학校를設立ᄒᆞ야學徒가五拾餘名에達ᄒᆞ야于今三朔을教育ᄒᆞ얏ᄂᆞᆫ데校舍가狹窄ᄒᆞᆷ으로公廨壹處를許可ᄒᆞ라고該郡守에게請願ᄒᆞ얏다더라

◎慶節休報

明日은卽韓國繼天紀元節인故로壹日間休報ᄒᆞᆷ

◎地方消息◎

▲去月十四日에靈巖郡의서義兵三十名이同郡守備隊中尉以下十名과交戰ᄒᆞ얏다ᄒᆞ고

▲本月七日에吉州郡西方花台里北方賓里地에서義兵約四十名이城津守備隊와交戰ᄒᆞ얏다ᄒᆞ고

▲三登郡東南方約二里의서義兵四十名이同郡守備分遣隊장下士以下十二名과交戰ᄒᆞ얏ᄂᆞᆫ데死傷이不明ᄒᆞ다더라

▲獨自由歌▼

▲[illegible]安萬戶의[illegible]蓬頭突鬢兒童들아黑炭黃栗버려놋코爐불피엇네洋鐵집새손에들고이리더리복가니며方魅上[illegible]踞坐ᄒᆞ야군밤다령和答ᄒᆞ니自由生涯너뿐이라

▲이리더리복거니며脫衣肉이突出이라街路上에露體ᄒᆞ니人後身[illegible]던가個人마다먹고보면燃火[illegible]冬暑[illegible]될지라도我生涯야妨害ᄒᆞ랴 설々살소군밤이야

▲이리더리복거니니全顆焦黑되엿ᄂᆞ니津液재지枯渴ᄒᆞ니우리同胞一般이며外國의人들이無罪ᄒᆞᆫ이모러ᄒᆞᆫ가잘복ᄂᆞᆫ다ᄒᆞ기로니ᄂᆞᆫ生涯야妨害ᄒᆞ랴 설々살소군밤이야

▲이리더리복거니ᄂᆡ不生不熟잘ᄒᆞ엇네或闕或破全貴ᄒᆞ니溷厠糞塊恰似ᄒᆞ다五部內의許多糞구傻馬로시러다가[illegible]人게盡[illegible]건만[illegible]生涯야妨害ᄒᆞᆯ세 설々살쇼군밤이야

▲이리더리복거니니片々破碎되엿구나或有黃而且白ᄒᆞᆫ金府銀末彷彿ᄒᆞ다內外[illegible]人뎌官吏가銀[illegible]이라ᄒᆞ고보면眼睛倒卷去ᄒᆞ려ᄒᆞ니生涯야妨害ᄒᆞᆯ세 설々살소군밤이야

▲이리더리복거니니燥濕相迫뒤는소리坼々之聲不絶ᄒᆞ니[illegible]方砲聲宛然ᄒᆞ다義兵[illegible]戰場에砲烟彈雨滿[illegible]ᄒᆞ야無辜生靈慘殺ᄒᆞᆫ들生涯야妨害ᄒᆞᆯ세 설々살소군밤이야

▲이리더리복거니니穀口吐氣ᄒᆞᄂᆞᆫ구나[illegible]소리나며[illegible]蒸氣[illegible]이런가半島江山三千里에國[illegible]有勿論ᄒᆞ고鐵道用地犯入ᄒᆞᆫ들我生涯야妨害ᄒᆞᆯ세 설々살소군밤이여

▲이리더리복거니니[illegible]구엿구나[illegible]皮[illegible]剝去[illegible]人手段이아닌가兵[illegible]刃협안들로荒蕪田野[illegible]剝割잘하기로[illegible]生涯야妨害ᄒᆞᆯ세 설々살소군밤이야

▲이리더리복거니니板下塚々滿積이라[illegible]寶物모고보니火의庫네[illegible]文錄더公貨[illegible]集自[illegible]意[illegible]ᄒᆞ야[illegible]渴無餘[illegible]生涯야妨害ᄒᆞᆯ새 설々살소군밤이야

▲부러우리우리우리生涯가부러우리仕宦[illegible]어ᄃᆡ전고政府大官[illegible]요[illegible]會上[illegible]民ᄒᆞᆫ假[illegible]ᄒᆞ고보기실쳐落拓不遇志士들아[illegible]것더것다바리고군밤이나구어보세

廣告

◉學員增募廣告

本校에서 學徒를 增募하오니 願學者는 今月十五日內로 陸續請願하시오

一 學科는 左開와 如홈

預備科
修身 中等修身
國語 大韓文典
漢文 漢文讀本
作文 論、書緘
歷史 東國史畧
地理及天文 大韓地理
數학 自四則至分數
博物 新編博物學
理化學 初等理化학
法制 經濟
農학 農학入門
商業 商業大要
工業
外語 英淸日語
圖畫 自在畫
音樂 單音唱歌
體操 普通、兵式

一學年
修身 倫理學敎科書上
國語 大韓辭典
漢문 御定五經百選
作문 策、記、書緘
歷史 東西洋歷史上
地理 萬國新地志
數학 自比例至求積
博物 植物학
理化학 中等物理학
法制 國家학
農학 林業학
商業 商業大要
工業
外語 英淸日語
圖畫 自在畫
音樂 上今樂器用法
體操 普通、兵式

二學年
修身 倫理학敎科書下
國語
漢문 中學문法
作문 銘、箴、序、跋、書緘
歷史 東西洋歷史下
地理 地문學
數학 代數、幾何、簿記
博物 動物학
理化학 物理、化학
法制 法學通論
農학 水產학
商業
工業
外語 英淸日語
圖畫 自在畫
音樂 復音唱歌、樂器用法
體操 普通、兵式

三學年
修身 心理학
國語
漢문 高等문法
作문 疑、表、疏、傳、公문式
歷史
地理 天문학
數학 幾何、三角、測量
博物 礦物학
理化학 化학
法制 經濟학
農학 農政학
商業
工業
外語 英淸日語
圖畫 用器畫
音樂 復音唱歌、樂器用法
體操 普通、兵式

壹 試驗科目은 如左홈
讀書 作문 筭術 地誌 歷史

隆熙貳年拾月壹日
平壤私立大成學校 告白

本校에 農林講習所를 附設하고 學徒를 五十名을 限하야 募集하야 壹個年速成으로 敎授홀터이오니 志願者는 今月十五日內로 請願應試하시옴

一 試驗科目 讀書 作文 筭術四則以上 本國地誌

隆熙二年拾月壹日
平壤私立大成學校 告白

本會에서 本月拾壹日(土曜)下午壹時에 通常總會를 開하오니 本道人士는 多數來臨하심을 務望

湖南學會 告白

測量學員募集廣告

本塾에서 三個月速成課를 特設하고 筭術四則約解人으로 募集하야 測量과 筭術을 敎授하오니 願하는 僉員은 今月十七日(陰九月二十三日)內로 早速請願하시면 更加許入홈

安興義塾 午後測量課
前德郡학校內

來日曜日今십一日上午拾壹時와 同七時半에 西大門外平洞救世軍本營에서 福音會를 開하오니 老少僉員은 屆時來參하시기 望홈

救世軍大佐許嘉와 告白

本會에서 今日下午二時에 通常會를 典洞中東학校內에 開하오니 僉會員은 屆期光臨하시옴

少年同志會 告白

普文社에서 李潤鍾洪종억李司 雨三人을 [illegible] 忘動이 罔有紀極하야 社務總[illegible] 務가 未能한 境에 至하얏기 訟辦歸正코져 하오니 [illegible] 屬所三人이 櫃中所在社章을 無難히 盜出하야 捺章한 文字가 社장게 及하니 愧歎이 特甚키로 玆에 廣告하오니 僉君子는 照亮하오셔 七月以後에 捺章된 文字는 本社의 認準을 更經하야 施行하심을 爲要

普文社社장 최석彰
總務 韓秉浩 告白

[illegible]本月十一日(日)下午一時에 通常總會를 [illegible]會館內에서 開하오니 一般會員과 有志人士는 屆期枉臨하심을 望홈

演說問題
畿湖學會의 弱點 朴勝鳳
畿湖學會의 維持方法 徐丙轍
畿湖敎育은 父兄의 負擔 김鳳鎭

畿湖興學會 告白

京城南部学洞六拾四統貳戶
東洋大學講師
日本法律學士
辯護士 木尾虎之助

本人의 任申寅澈이 離家三年에 頓無消息이오니 아시는 內外國人은 本人의게로 通知하시면 厚謝하깃숨

平南肅川右上面嵋南里 申彥球 告白

價金 [illegible] 錢

空前絕後의 大文章 商業的書翰 附刊

本書는 二十世紀의 大慘劇된 帝國主義의 狀態를 敍述한 者인데 世界變轉의 大勢가 筆下에 飛躍하고 民族競爭의 實狀이 紙上에 活現하야 吾人으로 하야곰 探險燈又은 眼光에 太平洋갓흔 胸襟과 巨靈斧갓흔 手腕을 發하며 再禦의 間에 自然 懲得케 홀 著書 迷이라 學問家의 不得不讀홀 書이오 政治家의 不得不讀홀 書이오 實業家의 不得不讀홀 書이오 新聞家의 不得不讀홀 書이오 全國民의 不得不讀홀 書이니 本書의 售出多少로 同胞의 思潮變遷을 卜코져 하노이다

發매所 皇성布屏下 廣학書舖 김相萬 京鄕各書店

地方行政論

譯述 九[illegible] 者

全壹冊 定價金 三拾錢

▲本書는 地方自治行政에 關홈 普通의 原則과 外國의 現行制度를 參互撰集하야 簡明이 論述한 者ㅣ니 現制地方官의 位에 在한 者의 行政上 參考될 論이오 全國人士는 각其團體生活의 本旨를 瞭解하야 將來自治制度組織의 基礎를 成홀 者ㅣ니 有志僉彥은 速速購覽하시옴

發行元 皇성中부 [illegible]朝橋越邊 中央書館
발賣處 京城及地方 各書肆

土地測量術

度支部 測量課 編纂

本書冊正價금 紙製六拾錢 洋裝九拾錢

近日測量術書類에 三四種이 刊行되얏스나 不完全한 缺點이 不無하든바 今에 本書는 細密한 測量으로 圖解 測量尺과 詳密히 編纂하얏스며 각種實地測量製圖의 圖表를 挿入하야 高級斯學界의 無二한 寶典이오 且紙質의 堅美홈과 製冊의 華麗홈이 測量術書中에 覇王이라 稱홀만홈

〔發兌元〕
皇城中部罷朝橋越 中央書館 朱翰榮
仝 [illegible] 大東書市 [illegible]鉉
仝 南部大廣橋 滙東書館 高裕相
仝 南門內 博文書館 [illegible]益亨
仝 남門外紫岩 新舊書林 池松旭

特別廣告

◉京城中部[illegible]橋東谷[illegible]統二戶

辯護士 朴星煥 法律事務所

公告

自今으로 京城長谷川町 東京江川活版製造所支店에서 本局의 定價와 同一히 本局製造品을 販賣케 하기로 玆에 公告홈

隆熙二年六月
龍山印刷局

◉活字及印刷機械製造販賣所

其他 인긔•機械油•膠•名刺紙•色革 金銀各良粉箔•並活版石版附屬品一式

새로 수입한 창설하야 한번에 오빅원어치 이상물건을 사서가시는이 잇는때는 본뎜에셔 기ᄉᆞ 한명을 보내서 한동안을 월급도 아니밧고 직공을 ᄀᆞᄅᆞ쳐 주겟ᄉᆞᆸ느이다

京城長谷川町二丁目(石井洞)
江川活版製造所支店
本店 東京日本橋區長谷川町 電話浪花八八八番
鐵工場 東京京橋區南傳馬町 電話本局二七二六番
支店 仙台市國分町 電話一一七番

●電話六七八番●

局製朱肉은 其肉色이 美하고 且數百年을 經하야도 決코 變色之虞가 無하고 壹種獨特之精良品이오며 又多少不拘하고 購求하심을 願

廣告

本人弟의名은嫩이오年은二十二歲이온데性雜類를작喜ᄒᆞ야닷이기로茲以廣告ᄒᆞ오니勿論內外國人ᄒᆞ고照亮後與執債給이나貸給을切勿ᄒᆞᆫ事 西小門外西社洞居 邊星煥 告白

本社各社員이輸出物品을東美運送部에契約委托ᄒᆞ야同運送部가本社附屬商業學校에金壹千圜을補助홈은本社與東美運送部兩事爲公益之心이니非是私益也오且近日各運送部가物貨賃金을不齊濫捧이나不得公正矣러니今與東美로特爲契約ᄒᆞ야鐵道廳鐵道局元則에畧加手數料ᄒᆞ야比商賃金則壹定低落인바昨日各運送部廣告中商賈를東搏ᄒᆞ고各運送部를賣呑云者는彼必誤解而所謂競爭者也오且商賈賃金濫捧이露出於今日者也라故本社與東美契約이豈得害於商界之事이리오 哉

廣信社 告白

本教會設行時에平安各寺院與弊寺破寺所有財產山林을句管整理之意로官廳報府인바目的이 王室爲祝ᄒᆞ옵고生靈의安寧秩序를爲ᄒᆞ야本教會內에禪室을擴張ᄒᆞ오며時代急務를從ᄒᆞ야校舍設置ᄒᆞ옵고自今以仰佈ᄒᆞ오니각寺僉位는知悉ᄒᆞ신後에禪修座와四十五歲以上과十五歲以下靑年生을勸告ᄒᆞ와送校于平壤永明寺事務所ᄒᆞ심을敬要

隆熙二年十月七日

禪臨濟宗平壤教會長

兼학校長　金兌霽宏

副會장　劉在夏

幹事長　崔錦松

總務　金坦洽

事務長　韓障浩

事務員　朴興祚

院長古城梅溪가曾往에淸國北洋顧問醫官으로多年在外ᄒᆞ옵에서諸般醫術을研鑽ᄒᆞ와諸般設備를大作革新ᄒᆞ야專히韓淸兩國病人의診察을從事ᄒᆞ며且軍醫諸氏에게囑托ᄒᆞ야新方妙劑로極盡히速活回春홈을期홈

再次赤貧患者의施療と藥價를勿論ᄒᆞ며又隨時ᄒᆞ야牛痘苗을施種홈

京城木町四丁目

贊化病院

（電話二一四番）

◎競賣廣告

壹、鉢籠、食床、床布、陶器類、刀子、沙器等屬

壹、食堂椅子、肘掛椅子、藤製椅子、搖椅子、坐床等品

壹、韓製箱장、圖畫、邊組並冬用帷帳、掛종、天津氈子、寢床寢帳氈子、문갑、粧臺、衣箱洗濯床、冊子欌、屛風、掛燈與坐燈等品

壹、煖爐等品（으라운드옥크並[illegible]）잔床、料理所用煖爐料理道具

壹、事務所用冊床與椅子、電氣各樣冊子、文房諸具

壹、洋琴、大冊床、事務所用[illegible]、寫字機（타입우라잇터）、人力車、自轉車等品

右今月（陰十月三日）十三日（日曜日除）每日下午九点三分으로爲始ᄒᆞ야京城水閣橋邊英國人許會시宅에서競賣홈

右上項物品은拾月十二日月曜下午三時로至五時까지觀覽케ᄒᆞ오며競賣物品은拾月十五日競賣當日에代金을卽納ᄒᆞ고物品을持去ᄒᆞᆯ事

競賣人에푸 예이 갈늬쓰키

◎家屋放賣廣告

西署紵洞　瓦家三十三間
仝　瓦家二十二間
中署許屛門內　瓦家坐市十九間半
仝外相洞　瓦家三十三間
仝茶동川邊　瓦家十七間

右家舍를欲爲放賣ᄒᆞ오니有意ᄒᆞ신이는鍾路三昌商會로來議ᄒᆞ시오

閔中植　告白

[illegible]

◎大韓地志教科書

定價二拾五錢

本書는高等小學校教科用으로編輯ᄒᆞᆫ것이니全壹冊六拾九課每課壹百六拾字以下로定ᄒᆞ야讀者의取便케홈

發行兼發賣元

平壤法橋　大同書觀

京城桂洞　玄公廉

◎大韓文典

全壹冊　正價廿五錢

崔光玉시著　李商在시校

▲本文典은普通教科의國語科程으로需用키爲ᄒᆞ야編輯ᄒᆞᆫ者오今에再刊發售ᄒᆞᆷ

發行元　安岳邑　勉學書會
발兌元　京城　中央書館
　　　　平壤　太極書館

啓者本號新到各種上品玉器瑪瑙寶石古玩等係官宦貴夫人所用之物及廣東雜貨湖北安徽大連彩票發賣特此佈告 諸君光顧是盼

漢城石井동

杏花春　告白

◎特別廣告

南大門外七號運送店이㊀合으로組合ᄒᆞ야運送事務所를東美運送部에設置ᄒᆞ얏ᄉᆞ오니[illegible]店에서客主都中에每年金壹千圜式補納ᄒᆞ고各客의荷物을專管運輸ᄒᆞ기로ᄒᆞ얏ᄉᆞ니壹便은各運商賈를搏束홈이오壹便은各運送店을壹呑코ᄌᆞ홈인즉此에對ᄒᆞ야組合에㊀合字號는不得已罷裂ᄒᆞ얏거니와補納壹千圜應納之遺害는必歸於商客ᄒᆞ리니當此商路凋殘之時ᄒᆞ야壹人之害가及於萬人故弊端이爲其商弊ᄒᆞ고자保其業코ᄌᆞᄒᆞ야車賃을特別減捧키로茲에廣告ᄒᆞ오니京鄕商客은照亮ᄒᆞ시옵

◎藥令日字廣告

忠北觀察道가淸州郡의移轉ᄒᆞᆫ後에藥令을設立ᄒᆞᆫ바秋令日字를以陰曆拾月拾五日노定期ᄒᆞ고自觀察道로본郡各郡ᄒᆞ시고本會에서도敬告于各處ᄒᆞ엿ᄉᆞ오니同業ᄒᆞ시는壹般同胞는屆期來臨ᄒᆞ시와俾便交易케ᄒᆞ심을敬要

淸州郡商業會々頭孫興仁等白

隆熙貳年拾月貳日

京城南大門外

大同運送會社
浦上運輸會社
通運會社
三光運輸會社
普運會社

㊀車賃目錄

仁川	每頓 壹圓五拾四錢	每百斤 貳拾四錢四厘
永原	上仝 二圓四拾六錢	三拾四錢
平澤	二圓八十三錢	三十八錢五厘
天安	三圓拾六錢	四拾二錢二厘
全義	四圓十錢	五拾五錢
太田	四圓七拾錢	六拾壹錢
永同	五圓二拾錢	六拾六厘
金泉	五圓九拾六錢	七拾三錢八厘
大邱	六圓七拾四錢	八拾壹錢四厘
草梁	六圓六拾九錢	八十錢○九厘
馬山浦	貳圓四拾六錢	三拾三錢六厘
開城	三圓九拾四錢	五拾三錢四厘
新幕	四圓○八錢	五十四錢六厘
瑞興	四圓二拾二錢	五拾六錢二厘
興水院	四圓五拾四錢	五拾九錢四厘
砂里院	五圓一拾八錢	六拾六錢八厘
平壤	六圓十二錢	七拾五厘二厘
安州	七圓拾二錢	八拾五錢二厘
義州		

其他各驛은姑未記載ᄒᆞ오나依其例ᄒᆞ와車賃捧上홈

但京城驛에서만施行홈

●增募廣告

普正學校에서測量學校와學員을增募ᄒᆞ오니願學ᄒᆞ시는僉員은本月二十日（陰九月二十六日）內로來議ᄒᆞ시옵

期限은三個月

詳細ᄒᆞᆫ細則은本校로來問홈

西部工曹后洞速成測量學校白

黃海道安岳郡東倉市居表主事致楨시가山林田畓法에退鄕還谷同胞가未開暗昧홈을歎ᄒᆞ야京鍾路測量製圖事務所를本郡邑에設立ᄒᆞ고茲에廣告ᄒᆞ오니近邑僉君子은照亮來臨請求ᄒᆞ심을爲要

黃海道安岳郡杏村猪島居前地契委員金泳順　告白

西부麵동第四十七統　戶는本天道敎祖第壹世水雲大神師嗣孫崔東희시家宅으로第二世師母께오셔現住ᄒᆞ시는處所이라此家宅은原來李容九嚴柱東等이本教中公同財產을委任ᄒᆞᆯ時의大道主命意를買置ᄒᆞ야師宅으로完定ᄒᆞᆫ者이러니李容九等이本教에서被黜ᄒᆞ야壹進會侍天教를自立ᄒᆞᆫ後에忽稱該宅은債權에奪ᄒᆞ야所謂所員者之迫逐이無餘ᄒᆞ야日責其藥理於嚴兩人이라ᄒᆞ며日嚴之所關이라ᄒᆞ며嚴日리之所爲라ᄒᆞ야互相推諉ᄒᆞ다가末乃便是所謂買者로起訟ᄒᆞ다가係是師尊儀로當時恥辱은免케ᄒᆞ니嗚呼痛哉라彼等의當師反道는侍天教를自立ᄒᆞ는當時의已著ᄒᆞᆫ바어니와今何以義背責이리오마는但彼等의詐僞目的은本天道教祖의兩位師師를信仰이라藉稱ᄒᆞ야教徒의心志를彷황케ᄒᆞ며世人耳目을疑眩케ᄒᆞ기로[illegible]討辨明ᄒᆞ오며茲의廣告ᄒᆞ오니壹般諸君子는照亮ᄒᆞ시옵

天道敎中央總部

●特別廣告

本銀行所에서는僉君子의當座預金에對ᄒᆞ야特別히信密保管ᄒᆞ옴으로爲主ᄒᆞᆷ을主ᄒᆞᆫ바利子는如左홈

●無定期當座金은年步三圓六拾五錢

●三個月定期預金은年步五圓

●六個月定期預金은年步五圓[illegible]拾錢

●壹年定期預金은年步六圓

●營業時間은（自上午九時至下午五時）

鍾路韓美電氣會社二層

實業家 時旭 漢城銀行 告白

社告

◎申報價

壹張代金　新貨二錢五厘

壹個月前納　三十錢

參個月　九拾錢

陸個月　壹圓七十錢

壹個年　[illegible]錢

鄕稅壹張　[illegible]

壹個月　十二錢

◎廣告料

四號活字拾二字詰每一行一寸（一尺）에新貨十五錢二行一寸에二圓拾錢壹個月一寸에五圓

（自壹行至四行은壹寸）

其期限의長短과字行의多寡를依ᄒᆞ야增減홈이有홈

發行兼編輯人英國人 裴說

Responsible for Publication Alfred Weekley Marnham.

發行所

南署石井洞號外第三層洋屋

大韓每日申報社

漢城鍾路濟衆院

醫學校卒業後濟衆院卒業 濟衆院의實地六年習學

[illegible]

壹此鍾路慈惠醫院에서大英國製視力檢査機械全와眼鏡을置ᄒᆞ고男女視力을檢査ᄒᆞ야適合ᄒᆞᆫ대로廉價放賣ᄒᆞ오니視力이不足ᄒᆞ신이는速々히來臨ᄒᆞ야視力을檢査ᄒᆞ심을바라ᄂᆞ이다

第六卷

大韓每日申報

第九百卅八號

月曜及慶節 歲時日休刊

檀君開國四千二百四十一年
箕子元年三千三十年
大韓開國五百十七年
日本明治四十一年
淸國光緖三十四年
陰曆戊申九月大二十日壬寅

論說

◉欲盖彌彰

本報가每常國民魔報의挑戰을被ᄒᆞᆷ으로不能無答辨ᄒᆞ야有若壁壘相崎ᄒᆞ며旗鼓相當ᄒᆞᄂᆞᆫ것ᄀᆞᆺ치反히羞恥가되고猖披가되지만은若其受而不較ᄒᆞ고聽而不辨ᄒᆞ면彼의揭々自得이愈甚ᄒᆞᆯ뿐더러世界公眼에黑白을眩亂케ᄒᆞᄂᆞᆫ缺點이有ᄒᆞᆯ지기로含忍을不能ᄒᆞ고又復擧筆而論ᄒᆞ노라

盖彼國民魔報ᄂᆞᆫ너부大臣의機關報인故로壹言壹句가皆너部大臣의命令이라彼報의毁斥或攻駁者ᄂᆞᆫ內部大臣과不合ᄒᆞᆫ者오褒揚或延譽者ᄂᆞᆫ內部大臣의黨羽된者라是以로大韓世界에彼報를閱讀ᄒᆞᄂᆞᆫ者ᄂᆞᆫ如彼너容을擧皆洞悉ᄒᆞᄂᆞᆫ바니彼報가너部大臣을爲ᄒᆞ야協力辨護ᄂᆞᆫ自不能已ᄒᆞᆯ者이나然이나너部大臣의歷史如何와行政如何ᄂᆞᆫ世界公眼과內外各報에論評이自在ᄒᆞ니若其得失에關ᄒᆞ야公是公非를念然排斥ᄒᆞ고辨護ᄒᆞ기로만專壹從事ᄒᆞ면世人의公言를惹起ᄒᆞ야掩護ᄒᆞ랴ᄒᆞᄂᆞᆫ것이反히愈益彰著케ᄒᆞᄂᆞ니此其爲計가不亦黑乎아

內部大臣이地方郡守薦報權을各觀察使에게委任ᄒᆞᆫ것이不旋踵에弊端이層生ᄒᆞ고醜說이漲籍ᄒᆞ니不得不失政의擧가아니라謂치못ᄒᆞᆯ지어ᄂᆞᆯ彼報가爲之辨論ᄒᆞ야曰地方郡守薦報權을觀察使에게委任ᄒᆞᆫ것이鄕方自治의制度를實施ᄒᆞᆯ方針이라ᄒᆞ얏스니

果然內部大臣의主意가出於此乎아韓國內閣의識見이此에止ᄒᆞ면政治改良과文明進步ᄂᆞᆫ必無其期이로다大抵地方自治ᄂᆞᆫ人民의普通學問이有ᄒᆞ야自治的知識이有ᄒᆞᆫ然後에乃能履行ᄒᆞᄂᆞᆫ故로國民의自治制度를施코자ᄒᆞᆯ진대敎育普及이急先要務이라

今에韓國內閣은國民敎育에ᄂᆞᆫ夢想도不及ᄒᆞ면서乃曰自治制度를實施ᄒᆞ리라ᄒᆞᄂᆞᆫ것이是何大談고吾儕가韓國內閣의行動을觀ᄒᆞ건ᄃᆡ壹般敎育界에對ᄒᆞ야關眼ᄒᆞᄂᆞᆫ命令은有ᄒᆞ나勸勉ᄒᆞᄂᆞᆫ意想은未見ᄒᆞ얏고冷談의態ᄂᆞᆫ有ᄒᆞ나熱誠의影響은全無ᄒᆞᆫ지라

個人의關係로言ᄒᆞᆯ지라도李鍾浩시ᄂᆞᆫ韓國內에第壹敎育家라稱ᄒᆞᆯ지어ᄂᆞᆯ內部大臣이如何히待遇ᄒᆞ얏ᄂᆞᆫ가此等事로觀之ᄒᆞ면敎育界를撲滅코자ᄒᆞᆷ이라謂ᄒᆞ야도可ᄒᆞᆯ지라如彼敎育을無視ᄒᆞᄂᆞᆫ內閣에서地方自치를實施ᄒᆞ리라ᄒᆞ면其誰信之오況其觀察使의게命令ᄒᆞ기를有財產有勢力者로薦報ᄒᆞ다ᄒᆞ얏스니地方自치가果何等文明制度이관ᄃᆡ彼와勢家와士豪輩가何學識과以何心法으로人民에게自치權能을支配ᄒᆞᆯ것ᄂᆞᆫ가

最後라彼報記者여內部大臣을爲ᄒᆞ야吹々辨護ᄒᆞᆫ것이實로欲盖彌彰의手段을取行ᄒᆞᆷ이니從今以往으로ᄂᆞᆫ愼之愼之ᄒᆞ라彼國民魔報여

官報

▲隆熙貳年拾月拾日 官報

○產 業

○東洋拓殖株式會社定款認可件 東洋拓殖株式會社設立委員長伯爵正親町實正의同會社定款認取請願에對ᄒᆞ야本月八日此를認可ᄒᆞᆷ이라其定款은左와如ᄒᆞᆷ(農商工部)

東洋拓殖株式會社定款

第壹章 總 則

第一條 本會社ᄂᆞᆫ東洋拓殖株式會社라稱ᄒᆞ고日本國東洋拓殖株式會社法及韓國東양拓殖株式會社法에依ᄒᆞ야設立ᄒᆞᆷ

第二條 本會社ᄂᆞᆫ韓國에서拓殖事業을經營ᄒᆞᆷ으로써目的으로ᄒᆞᆷ

第三條 本會社ᄂᆞᆫ本店을京城에置ᄒᆞᆷ

本會社ᄂᆞᆫ韓日兩國政府의認可를受ᄒᆞ야各地方便宜之地에出張所를置ᄒᆞᆷ이有ᄒᆞᆷ

第四條 本會社의資本은壹千萬圓으로ᄒᆞ되韓日兩國政府의認可를受ᄒᆞ야此를增加ᄒᆞᆷ이有ᄒᆞᆷ

第五條 本會社의資本增加ᄂᆞᆫ株金全額의拂納을不要ᄒᆞᆷ

第六條 本會社의存立時期ᄂᆞᆫ設立登記日로부터百年間으로ᄒᆞ되韓日兩國政府의認可를受ᄒᆞ야此를延長ᄒᆞᆷ이有ᄒᆞᆷ

第七條 本會社에서韓日兩國政府의認可를受ᄒᆞᆫ事項을變更코져ᄒᆞᄂᆞᆫ時ᄂᆞᆫ更히當該國政府의認可를受ᄒᆞᆷ

第八條 本會社의公告ᄂᆞᆫ韓日兩國官報와밋統監府의公告를揭載ᄒᆞᆫ新聞紙로써此를行ᄒᆞᆷ但韓日兩國以外他國에서社債를募集ᄒᆞᄂᆞᆫ境遇에ᄂᆞᆫ其地方에서발行ᄒᆞᄂᆞᆫ新聞紙로써此에代ᄒᆞᆷ을得ᄒᆞᆷ

第二章 株 式

第九條 本會社의株式은總히記名式으로ᄒᆞ되韓日兩國人에만限ᄒᆞ야此를所有ᄒᆞᆷ을得ᄒᆞᆷ

(未完)

外報

●松江의交通杜絕 東京電을據ᄒᆞᆫ즉淸國松花江에叛亂이起ᄒᆞ야交通이杜絕ᄒᆞ얏다더라

●墺公使暗殺 東京電을據ᄒᆞᆫ즉維塞耳駐箚墺國公使ᄂᆞᆫ暗殺을被ᄒᆞ얏다ᄂᆞᆫ說이有ᄒᆞ다ᄒᆞ얏더라

●土國閣議 路透電을據ᄒᆞᆫ즉君士坦丁堡電에曰土耳其國政府ᄂᆞᆫ閣議를開ᄒᆞ얏ᄂᆞᆫᄃᆡ同政府ᄂᆞᆫ勃牙利及列國에對ᄒᆞ야伯林條約違反의抗議를提出ᄒᆞ랴ᄒᆞᆫ다ᄒᆞ며東方鐵道會社의代表者ᄂᆞᆫ勃牙利政府에向ᄒᆞ야同鐵道線路를三日間內로還附치아니ᄒᆞ면每日壹萬五千法式損害賠償을要求ᄒᆞᆯ것이라ᄒᆞ얏더라

雜報

●嗟哉此洞 仁川항花島동居兒牧童數十名이會議ᄒᆞ되此時代ᄂᆞᆫ학問에全昧ᄒᆞ면生活의道도無ᄒᆞᆯ뿐아니라必境의奴隸를免치못ᄒᆞ리니我等이雖家貧所致로樵牧耘耕에汨沒無暇나然이나壹日間壹一時間이라도空隙이有ᄒᆞ리니金石ᄀᆞᆺ흔時間을虛渡치말고壹字壹文이라도學習ᄒᆞᆷ이可타ᄒᆞ고同類中近洞學校에서受學ᄒᆞᄂᆞᆫ者를敎師로選定ᄒᆞ고壹間房을借得ᄒᆞ야每日晝役畢에三四時間式進학ᄒᆞ며니敎科書의具備치못ᄒᆞᆷ과紙筆墨의不贍ᄒᆞᆷ으로不攻自破에至ᄒᆞ야該兒童等이里中에彷황ᄒᆞ며父老를對ᄒᆞ야贊成設校ᄒᆞᆷ을懇請ᄒᆞᄂᆞᆫ情況과洞中의無校ᄒᆞᆷ을慨歎ᄒᆞᄂᆞᆫ形容이令人感傷ᄒᆞᆷ으로里中의諸人이協力ᄒᆞ야家舍를借給ᄒᆞ고若干錢財를與ᄒᆞ야筆墨을用供케ᄒᆞ고又敎育家趙慶찬氏가樵牧의思想이如此ᄒᆞᆷ을嘉尙히녀여熱心敎授ᄒᆞ매學徒가五十餘名에達ᄒᆞ얏더니財政이己乏ᄒᆞ고家舍가當限에維持方針이頓無ᄒᆞᆷ으로廢學之境에至ᄒᆞ얏다더라

●是夫是婦 義湖興學會에서去日曜에總會를開ᄒᆞᆷ은前報에已揭어니와會員徐丙轍氏가懇切히演說ᄒᆞ고自已所居家舍를寄付ᄒᆞ노라ᄒᆞ며家契를交付ᄒᆞ니壹般會員이莫不感泣ᄒᆞ고傍聽이亦含淚喝采ᄒᆞ얏다ᄂᆞᆫᄃᆡ其內眷을詳聞ᄒᆞᆫ則徐氏가業以亦貧으로只存者ㅣ此家舍拾四間인ᄃᆡ會에出席ᄒᆞᆯ時에與其夫人으로誓約曰義湖학會를設立已久에維持가無望ᄒᆞ니吾當以此家舍로寄付ᄒᆞ고又爲獻身ᄒᆞ야十生九死ᄒᆞ야도期於히維持ᄒᆞ야義湖ㅅ稱을保全ᄒᆞᆯ것이노라ᄒᆞᆫ즉該夫人이答ᄒᆞ되君子ᄂᆞᆫ國民이되야爲國家出義獻身코ᄌᆞᄒᆞ나女子ᄂᆞᆫ君子를爲ᄒᆞ야雖沿門乞飯이라도予女ㅣ求活ᄒᆞᆯ터이나勿以妻子로爲累ᄒᆞ고事業을成就ᄒᆞ라ᄒᆞ얏다니該氏의公德上血誠은世所罕有오該會의目的到達도指日可期라더라

●兩氏設校 楊州郡[illegible]早面牧里남村居孫允根孫命根兩시가靑年子弟를敎育ᄒᆞ기爲ᄒᆞ야大東基督靑年小學校를設立ᄒᆞ고諸般事務를熱心做去ᄒᆞᄂᆞᆫᄃᆡ朴永祚孫甲誠兩시ᄂᆞᆫ名譽敎師로極力敎授ᄒᆞ고黃尙泳氏ᄂᆞᆫ錢財를多捐ᄒᆞ며熱心贊成ᄒᆞᆷ으로不過數朔에학徒가四五拾名에達ᄒᆞ얏다더라

●隨聞更揭 有志諸시가青年同志에를組織ᄒᆞ고小安洞申석夏시家에事務所를權定ᄒᆞ얏다ᄒᆞ기隨聞揭載ᄒᆞ얏더니更聞ᄒᆞᆫ즉該會事務所가申시의家가아니라大安洞閔泳鎬시家로定ᄒᆞ얏다더라

●姜氏辨明 曩者本報에姜曄氏가國債報償金調査會를設施ᄒᆞ고任員을壹進會員中國債報償金調査會발起ᄒᆞᆫ諸시와聯合組織코저ᄒᆞᆷ으로會장張博시가辭免ᄒᆞ얏다ᄒᆞᆷ에對ᄒᆞ야該시ᄂᆞᆫ當初에國債報償金調査會를設施ᄒᆞᆷ도無ᄒᆞ고壹進會員中發起諸시와聯合組織ᄒᆞᆷ도無ᄒᆞ고但張博시가煩擾所致로會장之任을辭免ᄒᆞ얏ᄂᆞᆫᄃᆡ該調査會에서封還ᄒᆞᆫ事이라고辨明ᄒᆞ더라

雜報

●閔氏無厳 去光武八年中에閔泳喆氏가西宮建築費九拾五萬圜을携帶하고上海로逃走ᄒᆞ얏ᄂᆞᆫᄃᆡ 太皇帝陛下ᄭᅴ옵셔李範奎를上海에特派ᄒᆞ사該金을徵求ᄒᆞ셧더니閔氏가還納치못ᄒᆞᆯ지다ᄒᆞ얏다더라

●勞金下賜 今番水原 幸行ᄒᆞ신後의勞금壹百圜을日昨掌禮院으로 下賜ᄒᆞ옵셧다ᄂᆞᆫᄃᆡ右금額으로紀念物品을製造保管ᄒᆞ기로히時卿이協議ᄒᆞ얏다더라

●貳百圓下賜 皇后陛下ᄭᅴ옵셔慈善夫人演奏會에金二百圓을 內下ᄒᆞ옵셧다더라

●東宮向島御行 日本에 御留ᄒᆞ신韓國 皇太子殿下ᄭᅴ셔去十壹日에伊藤統監과共히向島로行ᄒᆞ셧다더라

●總相憂色 總理大臣李完用氏ᄂᆞᆫ近日拓殖會社의對ᄒᆞ야不平ᄒᆞᆫ事가有ᄒᆞᆷ인지憂愁思慮ᄒᆞᄂᆞᆫ貌樣이라ᄂᆞᆫ巷說이有ᄒᆞ더라

●統監伴歸 壹進會長李容九氏가渡日滯留ᄒᆞᆫ事ᄂᆞᆫ已報어니와히氏ᄂᆞᆫ何等運動이有ᄒᆞᆫ지伊藤統監渡韓時에同件歸來ᄒᆞᆫ다ᄂᆞᆫ電報가히本第에到着ᄒᆞ얏다더라

●月館盛宴 內部大臣宋秉畯氏가日本軍隊十三師團總[illegible]岡崎生三의發行을餞別ᄒᆞ기爲ᄒᆞ야再昨日下午七時에明月館에盛宴을開ᄒᆞ고히壹行及曾禰副統監장谷川大將其他內外國高等官을多數히請邀宴待ᄒᆞ얏다더라

●又復西行 학부大臣李載崑氏의壹行은三昨日下午七時에入城ᄒᆞ얏더니平安南北道학事를觀察ᄒᆞ기爲ᄒᆞ야今日에京義鐵道第壹番列車로又爲발程ᄒᆞᆯ다더라

●有何面議 忠南觀察使崔廷德氏가內부大臣과面議ᄒᆞᆯ事가有ᄒᆞ던지日昨에上京ᄒᆞ야泰安郡守崔鶴來氏家에留連ᄒᆞᆫ다더라

●旣呑還吐 現政府某大臣이嶺南富家某氏에게金貨五千圜을先捧ᄒᆞ고觀察使壹窠를圖得以給ᄒᆞ기로密約ᄒᆞ얏더니觀察使를아직圖得치못ᄒᆞᆫ미該富人이右金을還覓ᄒᆞᆫ則日前에不得已還出給ᄒᆞ얏다고巷說이藉藉ᄒᆞ다더라

●高法大開宴 法부大臣高永喜氏가히部官吏의勤務ᄒᆞᆷ을慰勞ᄒᆞ기爲ᄒᆞ야去土曜日下午八時에盛大ᄒᆞᆫ宴會를明月館에開ᄒᆞ고히부奏判任官壹同을請邀宴待ᄒᆞ얏다더라

●海豐復舊 海豐府院君尹澤榮시ᄂᆞᆫ瞽眼間의有何思想인지不知어니와히시가近日出入ᄒᆞᆫ時면網巾을掛着ᄒᆞᆫ다더라

●木內觀務 歸國ᄒᆞ얏던農商工部次官木內重四郎은去土曜日下午八時에京釜鐵道로入城ᄒᆞ얏ᄂᆞᆫᄃᆡ昨日부터히部에仕進觀務ᄒᆞ얏다더라

●日將輪訪 日本陸軍將官이尉官三人을帶同ᄒᆞ고何事件을因ᄒᆞᆷ이던지昨日上午십時頃의各府部를輪回訪問ᄒᆞ얏다더라

●漢府獨祝 再昨日繼天紀元節에漢城府官吏가會集ᄒᆞ야慶祝宴을設ᄒᆞ얏다더라

●幸人不幸 前郡守鄭寅國氏가昨年配所에在ᄒᆞᆫ時에軍部大臣李秉武氏가鄭氏의五百餘石秋收ᄒᆞᄂᆞᆫ田土를鄭氏의子에게五千圜에典執ᄒᆞ야因作已物ᄒᆞ얏던지鄭寅國氏가還退코ᄌᆞᄒᆞ되李軍大가不聽ᄒᆞᄂᆞᆫ故로鄭氏가將次起訴ᄒᆞᆫ다더라

●日鶴挾嘆 閔泳綺氏가釜山鎭을日人田中三太郎에게實渡ᄒᆞᆫ事ᄂᆞᆫ本報에已揭어니와日人鶴岡이가該事件으로該鎭을覬覦次下往ᄒᆞ야調査ᄒᆞᆫ後韓人을對ᄒᆞ야曰古云秦人이非滅六國이라六國이自取滅亡이라ᄒᆞ더니於今韓人에게適合ᄒᆞᆫ格言이라고恨歎不已ᄒᆞ얏고上京後閔氏를捉致驕廳ᄒᆞ야期於査得ᄒᆞ라다가鶴岡이가農部礦山局長으로轉任되야該事件이留案되얏ᄂᆞᆫᄃᆡ閔氏와田中兩人間에渡ᄒᆞᆯ時에紹介者ᄂᆞᆫ保安會의行狀으로計會에著名ᄒᆞᆫ某氏라ᄒᆞ더라

◉義將歸天

向日경城控訴院의서絞刑의判决을受ᄒᆞᆫ義兵將李康年氏ᄂᆞᆫ昨日午前十時의경城監獄署의서絞刑을執行ᄒᆞ얏ᄂᆞᆫᄃᆡ십四分間의絕息ᄒᆞ얏다더라

●괴民何罪 괴山郡守沈筆澤氏가道路를修치ᄒᆞᆫ다稱ᄒᆞ고히郡各面에申飭ᄒᆞ야旣熟ᄒᆞᆫ百穀을壹切掃棄ᄒᆞ며치道를廣大히ᄒᆞ고民有事故하야趂不赴役하면杖之囚之ᄒᆞ야無理行政ᄒᆞᆷ으로民情이嗷嗷ᄒᆞᆫ다더라

●忠臣無弟 淸國上海에滯留ᄒᆞᄂᆞᆫ閔泳瓚氏ᄂᆞᆫ自己伯氏忠正公閔泳煥氏의田庄을保護ᄒᆞᆫ다稱ᄒᆞ고內부大臣宋秉畯氏와交涉ᄒᆞ야僞賣次로現今周旋中인ᄃᆡ向日에前郡守吳某가上海에渡去ᄒᆞᆷ도此事를因ᄒᆞᆷ이라더라

●禽乎獸耶 南村某大臣은自已子婦와潛通ᄒᆞ야家內慘禍를作ᄒᆞ고世界唾罵를受ᄒᆞᆷ은衆所共知어니와近日에ᄂᆞᆫ頻數通奸하다가情跡이現露되얏ᄂᆞᆫᄃᆡ以若廟堂大官으로豚犬不若ᄒᆞᆫ行爲를持하얏다고批評이居多ᄒᆞ다더라

●釜港虎患 近日에釜山港에서虎列剌가發生ᄒᆞ야患者가三十六名인ᄃᆡ死亡者가五名이라더라

●坊會被薦 嘉安坊會에서去日曜日에漢城高等학校內에開會ᄒᆞ고臨時會장에李圭桓시로推薦ᄒᆞ얏다더라

●糞商落淚 日昨齋洞四巨里에서何許糞商壹名이叩地落淚曰數口殘命이多年糞商으로爲業資生ᄒᆞ더니到今ᄒᆞ야ᄂᆞᆫ糞穢之物도日人의게讓與ᄒᆞ야生計가頓絶ᄒᆞ니必死乃已라고하며라

●何事自刎 西部銀行동居김善묘시ᄂᆞᆫ雇備ᄒᆞᄂᆞᆫ床奴姓不知丁돌이가年今十九인ᄃᆡ何事를因ᄒᆞᆷ이던지再昨日午後六時頃에김시家廊舍에서藏刀를拔ᄒᆞ야渠의頸을自刺ᄒᆞ야死境에至ᄒᆞᆫ지라히掌나巡査가檢察ᄒᆞᆫ後의치療次로漢城病院으로昇去ᄒᆞ얏다더라

●[illegible]日[illegible]日 日本千葉縣牧野金二郎의養男宗三郎이가其祖父伊三郎을年當八십에老衰無用ᄒᆞᆫ物이라하야夜寢中에絞殺ᄒᆞ야附近井中에投入ᄒᆞ얏ᄂᆞᆫᄃᆡ數日後에其屍體가發見되얏다더라

●溫井頗神 黃海道平山郡溫井院에ᄂᆞᆫ溫井의効能이莫大ᄒᆞ야皮膚病胃病等을治療ᄒᆞᆷ이神効가有ᄒᆞᆷ으로每日浴客이百名以上에達ᄒᆞᆫ다더라

●龍山의日兵 再昨日下午八時에日本軍隊第六師團이경釜鐵車를搭乘上來하야現今龍山에派駐ᄒᆞ얏다더라

◉洪氏洪氏

日本靜岡農業學校에서該校長이학徒를對ᄒᆞ야演說ᄒᆞ되現今東양拓殖會社가剏設ᄒᆞ니韓國土壤을論ᄒᆞ면三南이最要ᄒᆞᆫ農土라該地所有權이汝等의게在ᄒᆞ니학業을速히趂就ᄒᆞ야韓國에渡往ᄒᆞ야該土地를開拓ᄒᆞ기를希望ᄒᆞ노라ᄒᆞ거ᄂᆞᆯ該학徒中韓國人洪在鵬시가校長의演說을聞ᄒᆞ미熱血이沸騰ᄒᆞ야自己에所坐交椅를擧ᄒᆞ야該校장을猛打曰此等無理ᄒᆞᆫ演說을한國학徒에對ᄒᆞ야何敢出口乎아ᄒᆞᆫᄃᆡ日本학徒七拾餘名이壹齊히激起ᄒᆞ야洪在鵬시를毆打重傷ᄒᆞ얏ᄂᆞᆫᄃᆡ現今病院에前往하야치療하ᄂᆞᆫ中이라더라

◉壯哉斯人

日本留學生洪在鵬시가日本學徒에게被打ᄒᆞ야病院에서치療ᄒᆞᆫ다ᄂᆞᆫ說은別項과如ᄒᆞ거니와當日該案학校에서校長과風波가激起ᄒᆞᆯ時에該地警察署에서巡査가來到ᄒᆞ야校장과洪在鵬시를押去ᄒᆞ야對質裁判ᄒᆞᄂᆞᆫᄃᆡ洪在鵬시가校長의無理ᄒᆞᆫ演說을壹場討罪ᄒᆞ미該裁判官이兩隻을對ᄒᆞ야曰학徒를對ᄒᆞ야無理ᄒᆞᆫ演說을做出ᄒᆞᆷ은校장의失體오交椅를擧ᄒᆞ야校장을打ᄒᆞᆷ은학徒의失體니學校에歸往ᄒᆞ야互相和好ᄒᆞ라ᄒᆞᆫᄃᆡ該학徒들이洪在鵬시를對ᄒᆞ야曰校장을打ᄒᆞ얏스니謝過狀을提呈ᄒᆞ고更히上학ᄒᆞ라ᄒᆞ거ᄂᆞᆯ洪在鵬시가學業을廢止ᄒᆞ고歸國ᄒᆞᆯ지언뎡謝過請願을提呈ᄒᆞ고無理ᄒᆞᆫ학校에서上學지아니ᄒᆞᆯ지다고牢却ᄒᆞ얏다더라

●磁器製造次擴張 平壤磁器제造株式會社ᄂᆞᆫ本報의屢揭어니와히會社의서本月八日의農商工부認許를得ᄒᆞ고益益擴張ᄒᆞ기爲하야償千株式을更加募集ᄒᆞ야總合壹千二百株의資本금을六萬圜으로하야株金收合은三回로ᄒᆞᄂᆞᆫᄃᆡ第壹回의廿五圜과二回의십圜第三回의십五圜으로定ᄒᆞᆫ다더라

●慈善捐金 去日曜日 西闕內에서慈惠夫人演奏會를開ᄒᆞ얏ᄂᆞᆫᄃᆡ當日捐付金이二百九圜에達ᄒᆞ얏다더라

◉感荷義捐

黃海道信川郡貞禮洞居徐敬헌시가本社經費를補助ᄒᆞ기爲ᄒᆞ야金三拾錢을寄附ᄒᆞ얏기感意를表ᄒᆞ노라

▲地方消息▼

▲本月五日慶尙南道河東郡安養等地의서義兵십餘名이同郡駐在日守備隊와交戰ᄒᆞ얏다ᄒᆞ고

▲本月七日慶尙南道求禮郡中山附近의서義兵四십餘名이히郡駐在日守備隊와交戰ᄒᆞ얏ᄂᆞᆫᄃᆡ한人通譯壹名이戰死ᄒᆞ얏다ᄒᆞ고

▲本月三日忠淸南道林川郡黃谷동附近의서義兵將李泰錫시의率ᄒᆞᆫ義兵四십餘名이히郡駐在日憲兵과交戰ᄒᆞ얏다ᄒᆞ고

▲本月四日平安南道三登郡內의서義兵四십名이同郡駐在日巡査及守備隊와交戰ᄒᆞ얏다더라

▲挽回光陰▼

▲韓國情形을ᄉᆞᆯ펴보니庶事草創말아닌데無情歲月若流波에幼者未成壯者老라老則死矣少者何오全國文明ᄒᆞᆯ때ᄭᆞ지더歲月을挽回ᄒᆞᆷ세

▲歲月아가들말아社會設立되엿스나改良方針未完이요학校聯列ᄒᆞ엿스나敎育發展杳然인ᄃᆡ熱心志士다늑ᄂᆞᆫ다더歲月을挽回ᄒᆞᆷ세

▲歲月아가들말아貪官汚吏猖獗ᄒᆞ야地方風習未제ᄒᆞ고亂臣賊子縱橫키로國權墮落未復인ᄃᆡ忠奮義士다늑ᄂᆞᆫ다더歲月을挽回ᄒᆞᆷ세

▲歲月아가들말아譯迷家가許多ᄒᆞ나完備書籍別無ᄒᆞ고各報館의未論을은後補者가尙少ᄒᆞᆫᄃᆡ文章才士다늑ᄂᆞᆫ다더歲月을挽回ᄒᆞᆷ세

▲歲月아가들말아百萬資를ᄒᆞᄌᆞ하면無物不成이아닌가人情鄙薄日甚이요財政涸渴愈困인ᄃᆡ慈善君子다늑ᄂᆞᆫ다더歲月을挽回ᄒᆞᆷ세

▲歲月아가들말아父母妻子離別ᄒᆞ고萬里海外渡去ᄒᆞ되壹片丹心愛國이라學問研究奔忙인ᄃᆡ留學生徒다늑ᄂᆞᆫ다더歲月을挽回ᄒᆞᆷ세

▲歲月아가들말아祖國傾覆憂憤ᄒᆞ야申包胥의決心으로流行天下呼冤라가死者已矣ᄒᆞᆯ수업고生者奕차다늑ᄂᆞᆫ다더歲月을挽回ᄒᆞᆷ세

▲歲月아가들말아國家가明더基礎가女子敎育시작이라於於於鄕爭起하나擴張進就未聞인ᄃᆡ先覺婦人다늑ᄂᆞᆫ다더歲月을挽回ᄒᆞᆷ세

▲歲月아가들말아天下萬事推究ᄒᆞ면數學中에出ᄒᆞ어날執弊者가雖多ᄒᆞ나四則分揀尙少ᄒᆞᆫᄃᆡ數學博士다늑ᄂᆞᆫ다더歲月을挽回ᄒᆞᆷ세

▲韓人들아韓人들아無情ᄒᆞᆫ사더歲月을有誰能力挽回ᄒᆞᆷ세더歲月을ᄯᆞ라가며各自勿怠勵行ᄒᆞ면挽回方法이아닌가勉哉勉哉ᄒᆞᆯ지어다

廣告

本社는 平壤馬山洞磁器製造를 發起ᄒᆞ와 初批에 二百株式의 資本金을 募集하야 製造의 成績이 頗히 良好이온바 益益擴張키爲ᄒᆞ야 現又一千株式加數募集ᄒᆞ오니 株主되기를 要ᄒᆞ시는 僉君子는 本月內로 左記處에 來議ᄒᆞ시옵

隆熙二年十月十三日

平壤磁器製造株式會社發起人
韓三賢　尹在明　鄭仁叔
尹聖運　田在豊　李德煥
崔有文

一 總資本金 六萬圜
一 總株數 壹千貳百株
一 壹株金 五十圜
但株金은 三回에 分ᄒᆞ야 第壹回二十五圜 第二回十圜 第三回十五圜

株式募集及株金領受所
本會社創立事務所 平壤香洞 尹聖運
平壤貫洞
株式會社 漢城銀行
株式會社 韓壹銀行
平北定州五山洞 李昇薰
鎭南浦築洞 김正民
黃海道安岳邑內 김庸鼎

故학生俞振茂之妻金시는 本항城山金聖旭之女요 本人之兄嫂也 其烈行이 卓異ᄒᆞ야 光武十年二月二十日에 特蒙 恩典而其時旌閭이나 數勞零替未遑이러니 方在竪立旌閭于本港近處키로 玆以告白 知舊間照亮ᄒᆞᆷ
馬山港 俞鎭泰 告白

◎學員增募廣告

本校에서 教育上完全ᄒᆞᆫ 才藝를 養成ᄒᆞ기爲ᄒᆞ야 中學教師는 吳日煥 金炳億 測量教師는 金鷹烈 三氏를 延聘ᄒᆞ고 目今急務에 應用ᄒᆞᆯ 學藝를 教授ᄒᆞ오니 國학 僉員은 今月貳拾九日內로 陸續請願ᄒᆞ시오
校監 宋遺容
事務 洪韓燮
入學許可 陰本月晦日까지

科程

一學年 本國地誌 歷史 理化、博物 物理 修身 語學 筭術分數 少數 方典 農학 商業 地문 作文 漢문

二學年 萬國地誌 歷史 物理 化학 法학 農業 商業 地文 語學 礦物 筭術代數 文典 生理 作文 倫理 土地測量 製圖 礦山測量 三角術 幾何學

平安南道甑山郡彰新中學校 告白

平壤郡大同江面上二里地驛土에 數百家生命이 作農이더니 今以度支部官制頒布以後에 小作人例로 面長이 具報于監督局ᄒᆞ고 小作人으로 作農居生케ᄒᆞ는 法인데 日本人民國所居留地라 稱ᄒᆞ고 抑勒測量占領코ᄌᆞᄒᆞ기에 韓人우 資生無地하야 抵死說明曰 民國所居留地는 市街附近之地로 處하라는 上部訓令이 玆在ᄒᆞ고 祖國疆土를 大皇帝勅令을 奉遵ᄒᆞ야 訓令이 無ᄒᆞ니 越江千里外에 民國所居留가 依法不可라ᄒᆞᆫ즉 韓日巡査拾餘名이 毆동民拾三名을 捉去ᄒᆞ며 無論男女老少ᄒᆞ고 逢則毆打하야 重傷者三人이 危至死境즉 如此이 法外로 占領코ᄌᆞ 地가 世界初有之事라ᄒᆞ고 該土人民이 擧皆樓屑ᄒᆞ야 期於日本政府ᄭᆞ지 去ᄒᆞ야 公決ᄒᆞ고 勿失小作人例ᄒᆞ기로 廣告ᄒᆞᆷ
韓寅明

本人弟의 名은 章煥이오 年은 二拾二歲이온ᄃᆡ 挾雜輩와 작奔ᄒᆞ야 단이기로 玆以廣告ᄒᆞ오니 勿論內外國人ᄒᆞ고 照亮後 與執債給이나 貸給을 一切勿施ᄒᆞ옵
西小門外西壯洞居 邊星煥 告白

咸安郡咸化학校는 設立未幾에 校務擴張ᄒᆞ고 학徒進就ᄒᆞ니 遠近이 無不讚美이더니 不意에 郡人安文燮이 符同本郡守李소鐘시ᄒᆞ야 公屬ᄒᆞᆫ 校장趙性華는 驅迫逐送ᄒᆞ고 校長之任을 渠自圖得ᄒᆞ야 학校에 付屬ᄒᆞᆫ 傳來鄕校十斗落坪을 以壹千四百圜으로 私自賣渡於日本人使僱者姜永直處ᄒᆞ니 造成文券者는 文也요 知情認者는 郡守也라 六拾壹名학徒가 此를 緣ᄒᆞ야 壹時解散ᄒᆞ니 如此教育界魔賊은 不可仍置ᄒᆞ겟기 학校興廢가 此土推不推에 在ᄒᆞᆫ故로 地方裁判所에 請願하야 期料推完키로 玆에 廣告ᄒᆞᆷ
趙棟奎　李會勳
李志魯　告白

留京학員及官吏와 因事上京諸氏의 寄宿便利키爲ᄒᆞ야 南署路廣耳동契洞壹統六戶에 旅館을 新設이오니 來臨爲望
大濟旅館 白

◎正壹品輔國勳壹等徐止淳氏 九月貳拾九日別世 拾月拾八日(陰九月貳拾四日)上午六時發靷 拾九日下午四時半返虞 臨告
學知 諸位
親戚從壹品 徐丙輔
從貳品 徐公淳
從壹品 趙重應 等
作返虞路次 南大門外鷺梁道
新大路桃洞下

◎藥令日字廣告

忠北觀察道가 淸州郡의 移轉ᄒᆞ온後 藥令을 設立하는바 秋令日字를 以陰曆拾月拾五日노 定期ᄒᆞ고 自觀察道로 訓各郡ᄒᆞ시고 本會에서도 敬告于各處ᄒᆞ엿ᄉᆞ오니 同業ᄒᆞ시는 壹般同胞는 屆期來臨하시와 俾便交易케ᄒᆞ심을 敬要
淸州郡商業會頭 係興仁 等 白

◎特別大廣告

本社에서 東西洋各項物品을 直輸入ᄒᆞ야 各官廳과 各학校에 用達營業ᄒᆞᆫ지 今過半年에 僉君子愛護ᄒᆞ심을 蒙ᄒᆞ와 興旺에 至ᄒᆞ니 感謝不已ᄒᆞ오며 壹層擴張ᄒᆞ기爲ᄒᆞ야 測量機附屬品及학校비品과 其他雜貨를 多數購入하야 都매 散매로 格外廉價發매ᄒᆞ오니 陸續往臨ᄒᆞ심을 切望ᄒᆞᆷ
京城南部銅峴三拾三統六戶
宮內府用達 東洋合資會社 (電話壹四四番)

仁川港奧田貞次郎推次拾八銀行小切手六百圜壹張과 仁川客主安浩然票二百九元九拾錢과 釜山客主金明根處推次貳百三拾九圜票幷三張을 本月十貳日에 京城鯖洞起業會社近處에서 失ᄒᆞ얏ᄉᆞ니 誰某得이라도 休紙施行ᄒᆞᆷ
南門外 朴容德 告白

本人의 姪李鶴회와 李光회兩人이 今月初九日의 上京ᄒᆞ얏는ᄃᆡ 居處가 分明치못ᄒᆞ와 玆에 廣告ᄒᆞ오니 小安洞九統拾九戶李元甲이家에 留ᄒᆞ오니 來臨ᄒᆞ시오
海州陽山面壹里石潭동居 李種成 告白

本所에서 測量製圖事務所를 西部盤石坊蓮池契第壹百六十三統 戶에 特設ᄒᆞ옵고 諸般測量製圖를 並히 需應ᄒᆞ오니 僉君子는 迅速來議ᄒᆞ심을 爲要ᄒᆞᆷ
皇城測量事務所 告白

黃海道延安郡所在南大池는 壹郡이 灌漑蒙利ᄒᆞ기爲ᄒᆞ야 有結ᄒᆞᆫ 民田民畓으로 鑿成儲水ᄒᆞ야 二千餘年을 供稅保守ᄒᆞ고 利用厚生이러니 芮宗錫李允植等이 宮內府와 農商工部에 認告ᄒᆞ되 荒蕪地라 承認ᄒᆞ고 防堤를 塡充ᄒᆞ미 壹郡이 公益을 見奪ᄒᆞ면 生命關係에 影響이 波及ᄒᆞᆷ을 痛恨하야 自春及秋로 屢次京鄕官廳에 奔走呼吁ᄒᆞ고 且統監府에 拾餘度請願을 提呈하야 的確ᄒᆞᆫ 民有證據를 條陳ᄒᆞ엿더니 公明正直히 審辦ᄒᆞ야 永々延安郡民所有로 認定ᄒᆞ오시니 明年灌漑를 預備하기爲ᄒᆞ야 該池를 堰築ᄒᆞ라는ᄃᆡ 統監府에서 公衆을 重觀ᄒᆞ고 公益을 扶護하며 有寃必伸하고 有求必應ᄒᆞ는 厚德宏度를 壹郡數萬人이 玆에 紀念仰頌ᄒᆞᆷ
隆熙二年十月十二日
延安郡民 金彰鎭 明海鵬 劉學載 等 白

本人이 三代寡居로 外無主幹의 累代奉祀를 艱辛버撑矣러니 堂姪聖甘가 年少沒覺ᄒᆞ야 雜類의 誘引을 聽ᄒᆞ고 雜技와 放蕩ᄒᆞ와 本人의 如干田畓을 僞造文券ᄒᆞ야 盜매코ᄌᆞ하오니 或有鄭聖甘爲名者가 田畓文券을 典執放賣ᄒᆞ거든 內外國人은 切勿見欺ᄒᆞ시옵
江原道華川郡郡內面新邑里巴水洞居 鄭召史 告白

測量學員募集廣告

本塾에서 三個月速成課를 特設ᄒᆞ고 筭術四則約解人으로 募集ᄒᆞ야 測量과 筭術을 教授ᄒᆞ오니 願학 僉員은 十月十七日(陰九月二拾三日)內로 早速請願ᄒᆞ시면 更加許入ᄒᆞᆷ
安興義塾今後量課
前德語학校內

爲其邦家而費財ᄒᆞ고 憐其蚩氓而欲教者 從古何限而豈有若本郡光明學校教師崔聖澤시 校監 章輸ᄒᆞ시乎아 設學之意로 去八月分에 崔聖澤시는 下鄕時間에 須臾不息ᄒᆞ고 前往頑固輩家ᄒᆞ야 以理由로 耗舌而證明之場에 血淚를 頻滴ᄒᆞ며 喉渴而勸評ᄒᆞ니 習慣愛國精神이 活潑ᄒᆞ야 願爲弟子者 五拾餘名이라 五拾餘名이 卒無容接學堂ᄒᆞ야 彷徨街路之際에 金奎輸시가 見其衆況하고 自己의 瓦屋四間을 無厭出與ᄒᆞ니 其屋名을 定蒼海義塾ᄒᆞ고 齊齋學이나 且無燈油하야 相顧悶歎不已러니 崔聖澤시가 反出九圜錢ᄒᆞ야 具備燈油ᄒᆞ고 以天眞으로 生徒五拾餘名을 昵愛以赤子ᄒᆞ야 毫無教授之欠缺이라 此塾이 僅過壹朔에 生徒就緒가 日加日增ᄒᆞ니 將有聲譽而不棄矣라 此兩시之事去와 諸員之熱心은 麒麟之於走獸ᄒᆞ고 鳳凰之於飛鳥라 全國人民이 皆有如此熱誠이면 致難非難이오 至險無險이라
蒼海義塾 告白

捐助人
金商俊 六圜五拾錢、元乘鉉
六圜 朴鶴銓 九圜 住平壤
金商泓 貳圜 金商武 壹圜
朴洪觀 壹圜 金炳珠 壹圜

普文社에서 李潤德洪종억李희兩三人을 雇傭ᄒᆞ얏더니 果是忘動이 罔有紀極하야 社長總務가 視務키 未能ᄒᆞᆫ境에 至ᄒᆞ야기로 認辨歸正코ᄌᆞ하더니 不意此雇用三人이 櫃中所在社章을 無難히 盜出ᄒᆞ야 捺章ᄒᆞᆫ 文字가 社장에게 及ᄒᆞ니 愧歎에 特甚키로 玆에 廣告ᄒᆞ오니 僉君子는 照亮ᄒᆞ오셔 七月以後에 捺章된 文字는 本社長의 認準을 更經ᄒᆞ야 施行ᄒᆞ심을 爲要
普文社社장 최석彰
總務 韓榮浩 告白

競賣廣告

壹 脉鏡、食床、床布、陶器類、刀子、沙器等屬
壹 食堂椅子、肘掛椅子、籐製椅子、搖椅子、坐床等品
壹 韓製箱장、圖畵、邊組故冬用帷幔、掛종、天津氈子、寢床寢帳氈子、문갑、粧臺、衣箱、洗濯床、冊子柵、屛風、掛燈與坐燈等品
壹 煖爐等品(으라운드옥크並他類)잔床、料理所用煖爐料理道具
壹 事務所用冊床與椅子、電話機、冊子、文房諸具
壹 敀風琴、大冊床、事務所用優等裁縫機、寫子機(타입우라잇터)、人力車、自轉車等品

右今月(拾月拾三日與拾四日兩日間)拾三日下午九点三拾分으로 爲始ᄒᆞ야 京城水閣橋邊英國人許曾시宅에서 競賣ᄒᆞᆷ
右上項物品은 拾月十二日(日曜)下午三時로 至五時ᄭᆞ지 觀覽케ᄒᆞ오며 競賣物品은 拾月十五日競賣日에 代金을 卽納ᄒᆞ고 物品을 持去ᄒᆞᆷ
競賣人 에푸 갈늬쓰기

廣告

院長古城梅溪가曾往에清國北京醫門醫官으로多年在外ᄒᆞ옵에遠般에歸韓ᄒᆞ와諸般設備를大作革新ᄒᆞ야專히韓淸兩國病人의診察을從事ᄒᆞ며且軍醫諸氏게서囑托ᄒᆞ야新方妙劑로極盡히速活回春홈을期홈

再次貧窮患者의施療로藥價를勿論ᄒᆞ며又隨時ᄒᆞ야牛痘苗를施種홈

京城本町四丁目
贊化病院
（電話二一四番）

啓者本號新到有上品玉器瑪瑙寶石古玩物係官宦貴夫人所用之物及廣東雜貨湖北安徽大連彩票發賣特此佈告　諸君光顧是望

漢城石井동
杏花春 告白

◎特別廣告

南大門外七運送店이㊀으로組合ᄒᆞ고事務所를東美運送部에設置ᄒᆞ얏더니不意今者에設店에서客主都中에每年金壹千圓式補納ᄒᆞ고各客主荷物을專管運輸ᄒᆞ기로ᄒᆞ얏스니壹便은商賈를羈束홈이오壹便은各運送店을獨呑코ᄌᆞ홈인즉此에對ᄒᆞ야組合에셔㊀字號ᄂᆞᆫ不得已斷裂ᄒᆞ얏거니와補納壹千圓應納之遺害ᄂᆞᆫ必歸於商客ᄒᆞ리니當此商路凋殘之時ᄒᆞ야壹人之害가及於萬人故弊等이爲其商弊ᄒᆞ고각保其業코ᄌᆞᄒᆞ야車賃을特別減捧키로玆에廣告ᄒᆞ오니京鄕商客은照亮ᄒᆞ시옴

隆熙貳年拾月貳日
京城南大門外
㊀
大同運輸會社
浦上運輸會社
通運會社
三光運輸會社
普運會社

車賃目錄

	每噸	每百斤
仁川	壹圓五拾四錢	貳拾四錢四厘
水原	上仝	
平澤	二圓四拾六錢	三拾四錢
天安	二圓八拾三錢	三十八錢五厘
全義	三圓拾六錢	四拾三錢二厘
太田	四圓十錢	五拾五錢
永同	四圓七拾[illegible]錢	六拾壹錢
金泉	五圓二拾錢	六拾六전
大邱	五圓九拾六錢	七拾三錢八厘
草梁	六圓七拾四錢	八拾壹錢四厘
馬山浦	六圓六拾九錢	八十錢○九厘
開城	貳圓四拾六錢	三拾三錢六厘
新幕	三圓九拾四錢	五拾三錢四厘
瑞興	四圓○八錢	五拾四錢六厘
興水院	四圓二拾二錢	五拾六錢二厘
砂里院	四圓五拾四錢	五拾九錢四厘
平壤	五圓二拾八錢	六拾六錢八厘
安州	六圓十二錢	七拾五錢二厘
義州	七圓拾二錢	八拾五錢二厘

其他各驛은姑未記載ᄒᆞ오나依其例ᄒᆞ와車賃捧上ᄒᆞᆷ
但京城驛에서만施行홈

◎大韓地志教科書

國漢文全壹冊　定價二拾五錢

本書ᄂᆞᆫ高等小學校教科用으로編輯ᄒᆞᆫ것이니全壹冊六拾九課每課壹百六拾字以下로定ᄒᆞ야讀習에取便케홈

發行兼發賣元
平壤鍾橋大同書觀
京城桂洞李公廉

本社各社員輸出物品을東美運送部에輸納委托ᄒᆞ야同運送部가本社附屬商業學校에金壹千圓補助홈은本社與東美運送部가專爲公益之心이니非是私益也오且近日各運送部가物貨賃金을不謹捧이나不得公正矣러니今與東美로特爲契約ᄒᆞ야就鐵道局元則에畧加手數料ᄒᆞ야比前賃金則壹定低落인ᄃᆡ日昨各運送部廣告中商賈를束縛ᄒᆞ고各運送部를獨呑云者ᄂᆞᆫ彼必誤解而所謂競爭者也오且節約賃金을羈捧이라ᄒᆞ야於今日者也라本社與東美契約이豈有害於商界之壹分哉

廣信社 告白

本敎會設行時의平安南道寺院與弊寺廢寺所有財産山林을句管整理之意로各官廳報府인바目的이 皇室爲祝ᄒᆞ옵고生靈의安寧秩序를爲ᄒᆞ야本敎會內에禪室을擴設ᄒᆞ오며時代急務를從ᄒᆞ야學校를設置ᄒᆞ옵고玆以仰布ᄒᆞ오니各寺僉位ᄂᆞᆫ知俱照ᄒᆞ신後入禪修學ᄒᆞ와拾歲以上二十五歲以下靑年生을勸告ᄒᆞ와送校于平壤永明寺事務所ᄒᆞ심을敬要

隆熙二年十月七日
禪臨濟宗平壤敎會長
兼학校長　金兄[illegible]
副會장　劉在夏
幹事長　[illegible]
總務　金祖洽
事務長　韓璋浩
事務員　朴興祚

度支部測量課編纂

土地測量術

全壹冊正價금　弁製六拾錢　洋裝九拾錢

近日測量術書類에三四種이刊行되엿스나不完全의缺點이不無ᄒᆞᆫ바今에本書ᄂᆞᆫ細部測量으로圖根測量ᄭᆞ지詳密히編纂ᄒᆞ얏스며各種實地測量ᄒᆞᆫ製圖의圖本을挿入ᄒᆞ야當今斯學界의第一될寶典이오且紙質의堅美홈과製冊의華麗홈이測量術書中에覇王이라稱홈만홈

〔發兌元〕
皇城中部罷朝橋越　中央書館　朱翰榮
仝　南部大廣橋　大東書市　金基鉉
仝　南門內倉洞　匯東書館　高裕相
仝　남門外紫岩　博文書館　盧益亨
　　新舊書林　池松旭

◉京城中部長橋東谷第貳拾統二戶
辯護士 朴星煥 法律事務所

二十世紀之大慘劇
帝國主義
卞榮晩 著　正價금 拾五錢

本書ᄂᆞᆫ二十世紀의大慘劇된帝國主義의狀態를叙述ᄒᆞᆫ者인ᄃᆡ空前絶後의大文章(商業的奮鬪)을附刊홈

世界變幻의大勢가筆下에飛躍ᄒᆞ고民族競爭의慘狀이紙上에活現ᄒᆞ야吾人으로ᄒᆞ야금探海燈ᄀᆞᆺ흔眼光과太平洋ᄀᆞᆺ흔胸襟과巨靈斧ᄀᆞᆺ흔手腕을壹朝再夕의間에獲得케ᄒᆞᆫ壹大著述이라ᄒᆞᆯ지니讀書家의不得不壹讀ᄒᆞᆯ書이오政治家의不得不壹讀ᄒᆞᆯ書이오實業家의不得不壹讀ᄒᆞᆯ書이오新聞家의不得不壹讀ᄒᆞᆯ書이오全國民의不得不壹讀ᄒᆞᆯ書이니大韓의思潮變遷이此書의售出多少로同胞의[illegible]ᄒᆞ노라

發매所 皇성布屛下 廣학書舖 김相萬　京鄕各書店

地方行政論
全壹冊　定價金三拾錢　崔聲九 撰述

▲本書ᄂᆞᆫ地方自治行政에關ᄒᆞᆫ壹般의原則과外國의現行制度를參互撰集ᄒᆞ야簡明히論述ᄒᆞᆫ者ㅣ니現히地方官의位에在ᄒᆞᆫ者의行政上參考될은勿論이오全國人士ᄂᆞᆫ각其國脉生活의本旨를瞭解ᄒᆞ야將來自治制度組織의基礎를成ᄒᆞᆯ者ㅣ니有志僉彦은速々購覽ᄒᆞ시옴

發行元　皇성中부罷朝橋越邊　中央書館
발售處　京城及地方　各書肆

漢城鍾路濟衆醫院診
醫學校卒業後濟衆院卒業　濟衆院의서實地六年習ᄒᆞ
의학博士　[illegible]　醫人의학生

壹此鍾路濟衆醫院에서大英國製視力檢査機械金와銀眼鏡[illegible]ᄒᆞ고男女視力을檢査ᄒᆞ야適合ᄒᆞᆫ대로廉價放賣ᄒᆞ오니視力이不足ᄒᆞᆫ이ᄂᆞᆫ速々히來臨ᄒᆞ야視力을檢査ᄒᆞᆯ지어다

●增募 廣告

贊正義塾內測量學校에서學員을增募ᄒᆞ오니願學僉員은本月二十日(陰九月二十六日)內로來議ᄒᆞ시옴

期限은三個月

詳細ᄒᆞᆫ細則은本校로來問홈

西部工曹后洞速成測量學校白

黃海道安岳郡東倉市摘表主事致植시가山林田畓法에選鄕還谷同胞가未諳昧홈을歎ᄒᆞ야京鄕路測量製圖事務所를本家에設立ᄒᆞ고玆에廣告ᄒᆞ오니近邑僉君子ᄂᆞᆫ照亮來臨請求ᄒᆞ심을爲要

黃海道安岳郡杏村猪島居前地契委員 金泳順 告白

西부龜동第四十七統　戶ᄂᆞᆫ本天道敎祖第壹世水雲大神師嗣孫崔東희시家宅으로第二世師母께오셔現住ᄒᆞ시ᄂᆞᆫ處所이라此家宅은原來李容九殿柱等이本敎中公同財産을委任홀時에大道主命意로買置ᄒᆞ야師宅으로完定ᄒᆞᆫ者이러니李容九等이本敎의敎顯로ᄒᆞ야壹進會侍天敎를自立ᄒᆞᆫ後로忽稱數家宅은債權所奪이라ᄒᆞ야所謂所買者之迫逐이無復餘地어ᄂᆞᆯ責其繼於다嚴兩人則曰嚴之所關이라ᄒᆞ며嚴日리之所爲라ᄒᆞ야互相推諉다가宋乃使所謂買者로起訟警署ᄒᆞ야必也使先師肖像과師母尊儀로壹時恥辱을難免케ᄒᆞ니嗚呼痛矣로다彼等의師反道ᄂᆞᆫ壹進會侍天敎를自立ᄒᆞᆫ當時의已著ᄒᆞᆫ지라今何以義討責이리오마ᄂᆞᆫ但彼等의詐僞目的은本天道敎祖의兩位師師를信仰이라籍稱ᄒᆞ야敎徒心志를彷황케ᄒᆞ며世人耳目을變眩케ᄒᆞ기로今日의不容不聲討辨明ᄒᆞ오며玆의廣告ᄒᆞ오니壹般諸君子ᄂᆞᆫ照亮ᄒᆞ시옴

天道敎中央總部

本社活板機械　各種印刷　廉價

新鑄各種活字로各種印刷를廉價로ᄒᆞ오니需用ᄒᆞ시ᄂᆞᆫ僉位ᄂᆞᆫ惠顧ᄒᆞ시옴
社會公益上印刷ᄂᆞᆫ一割特減홈
本社에서直接大發賣書目

中等 用器畫法 全　定價金七拾錢　[illegible]君 著
本書ᄂᆞᆫ測量、建築、構造、機械見本、壹切實地應用製圖法

新撰 外國地誌 上下　定價金六拾錢
本書ᄂᆞᆫ各學校敎科에適當ᄒᆞᆫ世界各國의情形을詳載홈

二十世紀 朝鮮論　定價金三拾五錢

最新 算術 上卷完成 下卷印刷中　定價金五拾錢
官立高等學校敎授金[illegible]鼎君著
本書ᄂᆞᆫ著者金君이實地敎授에多年經驗으로莘莘學要領을蒐輯ᄒᆞᆫ者니各學校敎科用及獨習에適當홈

京城鍾路[illegible]里門上隣[illegible]二統三戶　興文社

京城南部苧동六[illegible]統[illegible]
東洋大學講師　日本法律學士　辯護士
木尾虎之助

◉大韓文典　全壹冊　正價廿五錢
崔光玉시著　李商在시校

▲本文典은普通敎科의國語科程으로需用키爲ᄒᆞ야編輯ᄒᆞᆫ者로今에再刊發售ᄒᆞ옴

발行元　安岳邑　勉學書會
발行元　京城　中央書館
발兌元　平壤　太極書館

發行兼編輯人英國人 萬咸
Responsible for Publication Alfred Weekley Marnham.
發行所
南署石井洞號外[illegible]三[illegible]統
大韓每日申報社

第六卷 第九百卄九號

大韓每日申報

月曜及慶節
歲時日休刊

檀君開國四千二百四十一年
箕子元年三千三十年
大韓開國五百十七年
日本明治四十一年
淸國光緖三十四年
陰曆戊申九月大廿一日癸卯

論說

◉韓國의最下等族

他人의束縛을被ᄒᆞ야禽獸의待遇를受ᄒᆞ야도오히려貴族이라自稱ᄒᆞ면可ᄒᆞᆯᄭᆞ他族의壓迫을遭ᄒᆞ야魚肉의慘禍를當ᄒᆞᆯ지라도오히려貴族이라自誇ᄒᆞ면可ᄒᆞᆯᄭᆞ此ᄂᆞᆫ비록三尺童子를執ᄒᆞ고問ᄒᆞ야도必然狂言에付ᄒᆞᆯ바ㅣ로다悲夫라韓國仕宦家여此全國이傾危ᄒᆞᆫ時代를遭ᄒᆞ야도尙且貴族의觀念이胸中에漲滿ᄒᆞ얏도다

蓋彼等은五百年來로罔極ᄒᆞᆫ天恩을特受ᄒᆞ야父卿子相의富貴를獨占ᄒᆞᆫ種族이라今此國步가艱難ᄒᆞ고民力이萎靡ᄒᆞᆫ時를當ᄒᆞ야宜乎其志를奮ᄒᆞ며其力을盡ᄒᆞ야人이壹步를進ᄒᆞ면彼ᄂᆞᆫ百步를進ᄒᆞ며人이國을爲ᄒᆞ야歎ᄒᆞ면彼ᄂᆞᆫ國을爲ᄒᆞ야哭ᄒᆞ며人이國을爲ᄒᆞ야憂ᄒᆞ면彼ᄂᆞᆫ國을爲ᄒᆞ야死ᄒᆞᆷ이可ᄒᆞ거날奈何로此ᄂᆞᆫ不爲ᄒᆞ고反히國家의蟊賊이되야或冷情으로傍觀ᄒᆞ며或甘心으로病國ᄒᆞ고蒙昧ᄒᆞᆫ太古日月만是夢ᄒᆞ야國家ᄂᆞᆫ亡ᄒᆞ야도貴族은不亾ᄒᆞ며民族은滅ᄒᆞ야도貴族은不滅ᄒᆞ리라自信ᄒᆞᄂᆞᆫ도다

嗚乎라彼等이如今에도偃然히貴族으로自處ᄒᆞ나彼等의狀態를論ᄒᆞ야其地位를確言코자ᄒᆞ노라

彼等이自來로天聰을掩蔽ᄒᆞ고國權을竊弄ᄒᆞ야至公ᄒᆞᆫ官爵을私有로敢認ᄒᆞ야厥子厥孫이면目不識丁의輩라도將相을攫取ᄒᆞ고彼黨以外의人은搆揑排斥ᄒᆞ야許多ᄒᆞᆫ仁人英雄을驅逐ᄒᆞ며誅鋤ᄒᆞ얏스니此가貴族인가貴族이아니라惡族이오

彼等種族이內外職에羅列ᄒᆞ야奸黨을締結ᄒᆞ고民權을蹂躪ᄒᆞ야人民의生命財産을剝奪ᄒᆞ얏스니此가貴族인가貴族아니라民賊族이오

彼等이有志人士의文明事業을猜忌ᄒᆞ며障害ᄒᆞ야某會某團을壹幷撲滅코자ᄒᆞ니此가貴族인가貴族이아니라凶族이오

彼等이他人의奴隷가되야검制를被ᄒᆞ며鞭箠를受ᄒᆞ며淘汰를遭ᄒᆞ니此가貴族인가貴族이아니라奴隷族이오

彼等이今日文明時代에坐ᄒᆞ야敎育이何인지實業이何인지純然不知ᄒᆞ야其子孫을愚昧케ᄒᆞ고家業을零落케ᄒᆞ고徒然히往昔의弊習을尙說ᄒᆞ야曰我ᄂᆞᆫ某의生의孫이라ᄒᆞ며曰某ᄂᆞᆫ我의食口라ᄒᆞᄂᆞᆫ等句語로歲月을度了ᄒᆞ니此가貴族인가貴族이아니라癡族이로다

嗚乎라所爲의卑劣이若是ᄒᆞ고處身의卑劣이若是ᄒᆞᆫ彼等이貴族이라自高ᄒᆞ니今人으로壹捧腹大笑를不覺ᄒᆞᆯ바ㅣ로다

然則彼等을何族이라謂ᄒᆞᆷ이可ᄒᆞᆯᄭᆞ獸族이라謂ᄒᆞᆯᄭᆞ曰其心腸을觀ᄒᆞ면反히禽獸만도不如ᄒᆞ나彼도亦圓顱方趾의物이라엇지獸族이라忍謂ᄒᆞ리오然則蠻族이라謂ᄒᆞᆷ이可ᄒᆞᆯᄭᆞ曰其所爲ᄂᆞᆫ비록劣等의野蠻이나彼ᄂᆞᆫ亦四千年禮義明鮮의人物이라엇지蠻族이라忍謂ᄒᆞ리오余ᄂᆞᆫ壹言으로斷ᄒᆞ야曰韓國의最下等族이라ᄒᆞ노라

然則彼等은終是最下等族이될뿐인가曰否々라此ᄂᆞᆫ不然ᄒᆞ니彼等이如今이라도翻然改悟ᄒᆞ야舊染을痛革ᄒᆞ고문明에勇進ᄒᆞ야國家를扶植ᄒᆞ야文明民族이되면다만韓國의上等族일뿐아니라抑東洋의上等族이오世界의上等族이니엇지韓國의最下等族만免ᄒᆞᆯ뿐이리오

嗚乎라韓國仕宦家여余의言을信ᄒᆞ면奴隷族을變ᄒᆞ야貴族이되며最下等族을轉ᄒᆞ야最上等族이될지니라

▲▲隆熙貳年拾月拾日 官報

○産業 (續)

○東洋척殖株式會社定欵

第十條 本會社ᄂᆞᆫ韓國政府가左開財産을出資ᄒᆞᆷ을承認ᄒᆞ고其財産價格金三百萬圓에對ᄒᆞ야六萬株를出給ᄒᆞᆷ

壹 畓 五千七百町步

壹 田 五千七百町步

第十壹條 本會社의株式數爻ᄂᆞᆫ二十萬株로ᄒᆞ고壹株의金額을金五十圓으로ᄒᆞᆷ

第十二條 本會社株主의責任은其株式의金額으로써限度로ᄒᆞᆷ

第十三條 本會社의株券은壹株券、五株券、拾株券、五拾株券、百株券及千株券의六種으로ᄒᆞᆷ

第十四條 本會社의株券에ᄂᆞᆫ社名、登記年月日、資本의總額、壹株의金額、拂納의金額及番號等을記載ᄒᆞ고總裁가此에記名押印ᄒᆞᆷ

第十五條 株金拂納은每壹株에對ᄒᆞ야壹回條ᄂᆞᆫ金십二圓五십錢으로ᄒᆞ고第二回以後ᄂᆞᆫ事業의必要를應ᄒᆞ야總裁가其拂納金額及期限을定ᄒᆞ고先期三십日前ᄒᆞ야各株主에게其通知를發ᄒᆞ되壹株의拂納金額은每回金十二圓五拾錢을超過치아니ᄒᆞᆷ

第十六條 株主가拂納期日에株金을拂納치아니ᄒᆞᆫ時ᄂᆞᆫ其拂納額에對ᄒᆞ야每百圓에壹日金二錢의比例로滯納利息을徵收ᄒᆞᆷ

第十七條 前條同株金拂納期日後十五日을經過ᄒᆞ야其拂納을아니ᄒᆞᆫ時ᄂᆞᆫ拾五日以內에拂納ᄒᆞ라ᄂᆞᆫ意로催告ᄒᆞ되期限에至ᄒᆞ야仍不拂納ᄒᆞᆫ時ᄂᆞᆫ本會社의株主된權利를失ᄒᆞᆫ다ᄂᆞᆫ旨를通知ᄒᆞᆷ을得ᄒᆞᆷ

前項의境遇를當ᄒᆞ야其權利를失ᄒᆞᆫ時ᄂᆞᆫ已爲拂納ᄒᆞᆫ바證據金도還付치아니ᄒᆞᆷ

(未完)

外報

●勃牙利獨立과各國 倫敦電을據ᄒᆞᆫ즉勃牙利國에獨立宣言ᄒᆞᆫ歐洲局面에ᄂᆞᆫ容易치아니ᄒᆞᆫ情形을現出ᄒᆞᆫ지라英國政府에서ᄂᆞᆫ져코伯林條約을破棄ᄒᆞᆷ을拒絶ᄒᆞ고全히歐洲의裁決을待ᄒᆞ며勃牙利에서ᄂᆞᆫ土耳其國境에向ᄒᆞ야軍을趲ᄒᆞ고土耳其陸軍도亦運動을起ᄒᆞ얏고奧國도亦貳個軍團을發動ᄒᆞ야警戒ᄒᆞᆫ다하얏더라

●英露艦의活動 路透電을據ᄒᆞᆫ즉黑海에在ᄒᆞᆫ露國艦隊ᄂᆞᆫ活動을始ᄒᆞ고英國戰鬪艦구로리우에ㅣ루스二艦及ᄶᅡ양艦다이나、란가스다二隻은마루다로브터린모스에向ᄒᆞ야急航을命ᄒᆞ얏다더라

●兩相의意見交換 東京電을據ᄒᆞᆫ즉英俄兩國外相은近東問題를解決ᄒᆞ기爲ᄒᆞ야意見을交換ᄒᆞ얏다더라

●旅順의海賊討伐 大連電을據ᄒᆞᆫ즉旅順鎭守府ᄂᆞᆫ新히海賊討伐을實行ᄒᆞᆯ터인대昨日에先히水雷艇을某方面에派遣ᄒᆞ얏다더라

雜報

●延民復安 黃海道延安郡所在南大池의芮宗錫李允植等이誣告承認ᄒᆞ고該池水를疏決塡充ᄒᆞ야作畓ᄒᆞᆷ으로該池의仰灌ᄒᆞ던畓四萬餘斗落이陳廢ᄒᆞ고藉是賴活ᄒᆞᄂᆞᆫ民數千餘口가離散ᄒᆞᆫ境에至ᄒᆞᆷ은屢々報道ᄒᆞᆫ바어니와仝郡民貳百餘人이本年四月부터京城에來住ᄒᆞ야各所管官廳에擧實呼訴ᄒᆞ되公決을未承ᄒᆞᆷ애郡民代表者에棲屑困難ᄒᆞ며憤恨抑寃ᄒᆞᆫ情況을目不忍見이러니統監府에셔餘度請願을提呈ᄒᆞᆷ애南池의査覈ᄒᆞᆫ原因과壹郡이供稅保守ᄒᆞ던歷史와及確實ᄒᆞᆫ民有ᄒᆞᆫ與他沼澤의類와ᄂᆞᆫ性質이特異ᄒᆞᆫ證據를擧ᄒᆞ야日々呼유ᄒᆞ지于今三朔인대仝府에셔其實地를屢次調査ᄒᆞᆫ後該郡民代表의게南大池ᄂᆞᆫ的確ᄒᆞᆫ民有地로公佈ᄒᆞ고郡民을催促下去ᄒᆞ야堤堰을防築ᄒᆞ며池水를蓄ᄒᆞ야今年農作은已廢어니와明年農作ᄒᆞᆫ灌漑의原料를儲蓄케ᄒᆞ고芮李의誣告承認ᄒᆞᆫ農商工部로移照ᄒᆞ야卽爲取消ᄒᆞᆫ다고招諭ᄒᆞ얏ᄂᆞᆫ대該郡人民들이生活一道를更得ᄒᆞ얏다더라

●光郡倍光 光州郡前掌禮院卿朴鳳柱氏가量測光南學校를私立ᄒᆞ고校費二百四十元을姑先全擔ᄒᆞ야熱心敎育ᄒᆞᄂᆞᆫ더學徒가壹百四十人에達ᄒᆞ얏다더라

●或罷忘域 阿峴太極學校에셔開校式前에該학徒中五十名을校長김重煥시私邸에셔斷髮ᄒᆞ얏ᄂᆞᆫ대李寅榮시가來座라가此를嘉尙히녀여洋紙五十張을該학徒의게外上으로買給ᄒᆞ고數拾日을經過토록紙價를不給ᄒᆞ얏다더라

●禾成學盛況 黃海道信川魚蘆坊貞禮洞禾成學校에셔開學禮式을陰九月十壹日에設行ᄒᆞᄂᆞᆫ대各학校生徒가聯合ᄒᆞ얏고該坊隣洞學校任員李敏淳서가紙貨五圓을捐補ᄒᆞ고載寧西湖面都司동학校에셔二圓을捐助ᄒᆞ얏스며胡東亭李宗根兩[illegible]가壹圓式을捐助하얏다[illegible]

●正誤 曩日本報에醴김炳황義城郡守李寅聲兩시가隱結條를潛食ᄒᆞ얏다ᄒᆞᆷ은傳之者誤이더라

雜報

◉兩宮辭陛 軍部大臣李秉武氏가 皇太子殿下 千秋慶節에陳賀次今日에渡日ᄒᆞᆷ으로再昨日上午十一時에該部副官金甚元軍務局長趙聖根兩氏를帶同ᄒᆞ고 德壽宮에進詣ᄒᆞ야 太皇帝陛下씌辭 陛ᄒᆞ고 昌德宮에仍詣하야 大皇帝陛下씌辭 陛ᄒᆞ얏다더라

◉問於何處 中樞院에셔國民의通常禮服擬定案件을內閣에獻議ᄒᆞᆫ事는已報어니와內閣에셔答覆ᄒᆞ기를國民禮服의公式正裝이無ᄒᆞᆫ즉人民自由로任便케ᄒᆞ고政府에셔는別노히處分ᄒᆞᆯ必要가無ᄒᆞ다ᄒᆞ고繳還ᄒᆞ얏다더라

◉非我是兵 日本에滯在ᄒᆞᆫ壹進會長李容九氏가該會會員의게致書ᄒᆞ야日日憲兵이全羅北道에셔韓國人을殺害ᄒᆞᆫ것은甚히痛歎ᄒᆞᆯ事이나此는何等의錯誤이던지或譏者를因ᄒᆞ야誤失됨이오決코日軍隊를怨ᄒᆞᆷ이不可ᄒᆞ다ᄒᆞ얏다더라

◉崔觀察還任 忠南觀察使崔廷德氏가還任次로新任泰安郡守崔鶴來氏의壹行을帶同ᄒᆞ고昨日京釜鐵道第壹番列車로發往ᄒᆞ얏다더라

◉檢查壹同西行 度支部會計檢查局檢查官申佑善氏가既報와如히該局韓日官吏三四人을帶同ᄒᆞ고再昨日下午의京義鐵路를搭乘ᄒᆞ고平壤等地로向ᄒᆞ얏다더라

◉民會決算 漢城府民會에셔來日曜日에特別評議會를ᄒᆞ고決算報告를修成ᄒᆞᆫ다더라

◉義將의上告退却
義兵將許위氏를向日控訴院에셔絞刑으로宣告ᄒᆞ얏더니該氏가該宣告에不服ᄒᆞ고更히大審院에上告ᄒᆞ얏는디該院에셔其上告狀을退却ᄒᆞ얏고李康年氏와如히日間絞刑으로執行ᄒᆞᆫ다더라

◉父義子孝 義兵將李康年氏를絞刑에執行ᄒᆞᆫ事는昨報에已揭어니와伊時에該氏의令男李勝任氏가監獄署門前에往ᄒᆞ야如何ᄒᆞᆫ處分을苦待ᄒᆞ다가此事를聞知ᄒᆞ고該署大門을足더痛哭ᄒᆞ며疾聲大呼曰倭賊官吏아吾의父親을何故處絞乎아汝等倭雖가脅我 皇上ᄒᆞ며奪我韓土ᄒᆞᆷ으로吾의父親이白日을貫ᄒᆞ는忠誠으로擧此義旗ᄒᆞ야誅汝島夷하야上報國讐ᄒᆞ고下伸民冤ᄒᆞ고저ᄒᆞ얏거날乃至今日에何敢行此酷刑乎아ᄒᆞ며景況이甚危ᄒᆞᆫ故로該署에셔警察署에通知하고壹夜를押囚ᄒᆞ고翌日에放送ᄒᆞ얏는디該氏父親屍身을覓去安葬ᄒᆞ라ᄒᆞ얏다더라

◉郡主不法 木川郡東幕居趙某가京城으로郵便付札이中間漏落이되얏던지該理由를叩問次로郡主事權東洙氏를訪見ᄒᆞᆫ즉權氏曰郵票價三錢을徵給ᄒᆞ마ᄒᆞ거늘趙氏曰非爲郵價라書信이遺落ᄒᆞᆫ故로質問ᄒᆞᆷ이라ᄒᆞᆫ되權氏가趙氏를巡查廳으로押送ᄒᆞ야數日을牢囚ᄒᆞᆫ後放送하얏다더라

◉文券添付更呈 韓國會氏가去壬寅年分에稱以內需司庄土를查推ᄒᆞᆫ다ᄒᆞ고德山海美沔川等郡所在民有地를調查ᄒᆞ는지라該農民等이京部에呼訴ᄒᆞ야韓昌會를逐送ᄒᆞ얏더니不意昨春에韓昌會氏가何樣運動이有ᄒᆞ던지整理局調查派員을圖得ᄒᆞ야該三郡에下來ᄒᆞ야曾往調查ᄒᆞ던民有地를又爲調查ᄒᆞ야期於히民有地를公有地로推奪코저ᄒᆞ는故로該農民等이整理局에呼訴ᄒᆞ얏더니該局에셔可據書類를添付ᄒᆞ라ᄒᆞ는故로該民等이幾百年轉相買賣ᄒᆞ던文券을壹々該添付更呈하얏다더라

◉補助員行悖 楊州郡退朝院에駐在ᄒᆞᆫ日憲兵分隊補助員某某人이該郡豊壤四洞人民을該分隊隣家로招集하야無端毆打ᄒᆞ고每名에金貨拾圓式斂納ᄒᆞ라고威脅ᄒᆞ는故로氣焰을不堪ᄒᆞ야依言收納ᄒᆞ얏더니去月拾五日頃에該人民을又爲招待ᄒᆞ야誅求이無雙ᄒᆞᆷ으로該四동에서拾圓式을更斂以納ᄒᆞᆫ지라京城憲兵司令部에서此事를聞知ᄒᆞ고嚴截訓飭ᄒᆞ며日憲兵을派送ᄒᆞ야該四洞ᄉᆞ장을招待查覈ᄒᆞᆫ際에該補助員等이該人民을威脅曰錢財給與ᄒᆞᆫ事實을告訴ᄒᆞ면汝洞은魚肉의禍를難免하리라ᄒᆞ미該人은喫劫不言ᄒᆞ고幾人은擧其事實ᄒᆞ야壹々枚告ᄒᆞ얏더니該憲兵이申飭ᄒᆞ되追後勿侵ᄒᆞ라ᄒᆞ고上京ᄒᆞᆫ지라該補助員等이暗自來鬧ᄒᆞᆷ을俞此不已ᄒᆞ는故로民冤이沮藉ᄒᆞ다더라

◉樵夫何罪 南來人의傳說을據ᄒᆞᆫ즉日前에牙山長在동에서義兵四십餘名과日憲兵拾名及巡查五名이互相衝突ᄒᆞ야長時間을交戰ᄒᆞ얏는디彼此死傷은無ᄒᆞ얏고翌日該里居ᄒᆞ는樵夫壹名이伐木次山間으로入去하는대日兵이突出ᄒᆞ야義兵의去處를指覓ᄒᆞ라하니該人이元來耳聾이甚ᄒᆞ야回答치못ᄒᆞ얏더니日兵이該人을即爲銃殺하얏는디其慘狀은今不難見이라더라

◉兩家不幸 昨日上午四時三十分頃에中寺洞居南教官李準世氏家에油燈의火가起ᄒᆞ야瓦家九間半이沒燒ᄒᆞ얏는대損害가七百餘圓假量이오其隣家俞奭준시의家舍壹間을毀撤ᄒᆞ얏는대損害가六十餘圓에達ᄒᆞ얏다더라

◉日人行悖 再昨日下午八時頃에何許二十歲假量된女人이南部竹洞四街里로過去ᄒᆞ는대南部草동居留日人鳥居覺藏등二名이被酒過去ᄒᆞ다가該女人을執手抱身ᄒᆞ고欲行勒奸ᄒᆞ라ᄒᆞ는지라該掌內巡查가該日人을警察署로押付ᄒᆞ얏다더라

◉根傷必死 水原城內日人北澤小八郞과同居ᄒᆞ는根本이가去拾二日午後에京城南大門內水閣橋로過去ᄒᆞ다가墜落ᄒᆞ야頭部가重傷ᄒᆞ얏는디卽時戶田病院으로昇去ᄒᆞ얏다더라

◉窃靴被捉 北部齋동居하는前參將洪淳瓚氏家郞漢金昌植이가再昨日下午九時頃에大韓協會에闖入ᄒᆞ야洋靴二件을窃取以去ᄒᆞ다가中部警察署에被捉ᄒᆞ야現行訊問ᄒᆞ는中이라더라

◉商店春夢 東部梨峴等地에有志諸氏가新興학校를維持ᄒᆞ기爲ᄒᆞ야區域內에義務金을家々에等分排定ᄒᆞ얏는디該동內居布木商ᄒᆞ는某氏壹人이極抗反對ᄒᆞᆷ으로事務의妨害가不尠ᄒᆞᆫ뿐不啻라同氏가壹洞의義務를不知ᄒᆞ고이又치無識無禮ᄒᆞ니如此ᄒᆞᆫ人은同胞로待遇ᄒᆞᆯ수無ᄒᆞ다는傳說이沮藉ᄒᆞᆫ즉該氏의姓名은結果를待ᄒᆞ야善惡間更現ᄒᆞ깃노라

◉立像頌功 長城郡居宋榮淳氏는素米抱貧經綸之紳士로서全慶四道用葉郡稅政不均ᄒᆞᆫ事로兩年을京鄕에往來ᄒᆞ며部道에呼訴ᄒᆞ야該事件이歸正된故로兩南結民들이該氏의功德을不忘하야每戶에葉壹分式收合ᄒᆞ야銅像을鑄立ᄒᆞᆫ다더라

◉武官遊覽 今日에武官學徒壹同이遊覽ᄒᆞ기爲ᄒᆞ야開城郡으로出張ᄒᆞᆯ터인대往還期限은三日로預定ᄒᆞ얏다더라

◉各校秋運 來日曜日에西江等地의各學校가聯合ᄒᆞ야訓鍊院에入來ᄒᆞ야秋期運動을設行ᄒᆞᆫ다더라

◉共校運動 茶洞共成학校에서昨日孔德里에出往ᄒᆞ야運動을擧行하얏다더라

◉幻燈演 今日下午七時三拾分에鍾路青年會館에서幻燈會를開ᄒᆞ고濟衆院醫士허시트를請邀ᄒᆞ야演說ᄒᆞᆫ다더라

◉三山秋期 三山義塾에서秋期運動을三昨日三仙坪에서設行ᄒᆞ얏는대賞品與午餐諸般經費를該塾主가自擔ᄒᆞ는中該동老人契에서空冊五十卷鉛筆二匣과有信契에서空冊五十卷鉛筆二匣麵包三百塊오該塾教師李九熙氏가鉛筆壹匣을捐助ᄒᆞ야壹體分給ᄒᆞ얏다더라

◉農會完成 金海郡府三面桃花洞에서農務會를組織ᄒᆞᆷ은已報어니와該會發起ᄒᆞᆫ諸氏가義捐金을醵集ᄒᆞ야會所를建築ᄒᆞ고會長朴大根會員裵형煥林璟相及裵玉韓基淑諸씨가會務에熱心ᄒᆞ야農業改良과勞働教育ᄒᆞᆯ事項을晝夜研究ᄒᆞ야財產을不惜ᄒᆞ고期於實施ᄒᆞ기로誓約ᄒᆞ얏다더라

◉時中紀念 平南肅川郡右下時中학校는該校長鄭成僑校監車孝俊諸시의熱誠으로設立ᄒᆞ고本月四日에第壹回紀念式을擧行ᄒᆞᆷ으로隣郡各학校가爭先來參ᄒᆞ얏는디校長校監及紳士田錫俊車載根李萬鎭諸시가激切히演說ᄒᆞ야觀光者가人山人海를成ᄒᆞ얏다더라

▲地方消息▼

▲去月二拾日新溪郡新羅西方申洞里에서義兵約十五名이同郡日守備隊大尉以下六名과交戰ᄒᆞ얏다ᄒᆞ고

▲去月三十日新溪郡西部擇仁里附近에서義兵十名이同郡日守備隊少尉以下십名과交戰ᄒᆞ얏다ᄒᆞ고

▲去月二십五日襄陽郡三巨里附近에서金경西씨의率ᄒᆞᆫ義兵約二십名이同郡日憲兵隊와交戰ᄒᆞ얏다하고

▲本月三日延安郡道隆面院龍浦附近에서義兵三십名이海州馬山靑丹憲兵分遣隊憲兵七名과補助員십四名과衝突ᄒᆞ얏고又五日同郡新村附近에서李根守씨의率ᄒᆞᆫ義兵卅四名이同隊와交戰하얏다ᄒᆞ고

▲本月二日江原道大和附近에서義兵二십五名이大和日憲兵隊와交戰ᄒᆞ얏다ᄒᆞ고

▲本月六日孟山郡溫田面附近에서義兵五십八名이同郡日憲兵隊와衝突ᄒᆞ얏다더라

▲猛鞭光陰▼

▲人生壹場春夢이라惜其老而挽回ᄒᆞᆯ제光陰何其速去러냐苦海中의더日月은復何遲々不去하나茫々天理難測일세惡魔人種偏護인가秦皇神鞭求得ᄒᆞ야倍ᄒᆞ여萬年逐送하세

▲支離歲月더듸도다人心不服現內閣은勸告不已ᄒᆞᆯ건마는視若尋常茶飯이요所恃者가外人이라無廉無恥달녀드니悔過自退難望이요하로밧비늙어지게더歲月을또차볼싸

▲支離歲月더듸도다功成身退舊政府는장信秋風蕭瑟ᄒᆞᆫ더時不再來모ᄅᆞ고셔空懸明月待君王에百般運動秘密ᄒᆞ니諸公復出蒼生何오하로밧비늙어지게더歲月을또차볼싸

▲支離歲月더듸도다某子某孫더貴族은宗社生靈至此境이渠輩罪惡이아닌가奸猾餘種더心腸이至今々지澎漲ᄒᆞ야無所不至挾雜ᄒᆞ니ᄒᆞ로밧비늙어지게더歲月을또차볼싸

▲支離歲月더듸도다社會上의假志士는外面으로볼작시면熱心倡道ᄒᆞ지마는그心腸좀細察ᄒᆞ면內外壁벽치는고나胎內病身이아닌가ᄒᆞ로밧비늙어지게더歲月을또차볼싸

▲支離歲月더듸도다喬木世家더元老는國家安危不關ᄒᆞ고媢賢疾能더臟腑는彼臟腑가아니로다乃祖乃父遺禮어따卒地悔敗될수잇나ᄒᆞ로밧비늙어지게더歲月을또차볼싸

▲支離歲月더듸도다雕虫小技더腐儒는惜才勸告ᄒᆞ엿건만魔鬆妄筆復執ᄒᆞ야跖狗聲을敢吠ᄒᆞ니春秋大義不讀ᄒᆞ고楊雄得만일것면가ᄒᆞ로밧비늙어지게더歲月을또차볼싸

▲支離歲月더듸도다華燭洞房더淫婦ㄴ滔々春情不勝커든豪傑男子許多ᄒᆞᆫ데翻然改嫁ᄒᆞᆯ것이지禽獸ㄴ行忍作ᄒᆞ야麁聲聞外浪藉ᄒᆞ니ᄒᆞ로밧비늙어지게더歲月을또차볼싸

▲諸君들아々々々韓國은閉ᄒᆞ기로니於余記者何益이며徑國敗亡ᄒᆞᆯ지라도亦於記者無損인대衆口毁謗ㄱ鬪ᄒᆞ고熱心勸告ᄒᆞ는것이爲英乎아爲韓乎아諸君ᄂᆞᆫ思ᄒᆞᆯ지어다

에하博士姚서厚實驗方劑 製약鑑査人 박□惠 李觀化

健胃消食 [illegible]

定價金拾錢

[illegible] 咳白담을能治能止ᄒᆞᄂᆞᆫ藥이오

製造本舖 漢城[illegible]大藥房

廣告

●特別廣告●

本社에서名帖印刷를更加擴張ᄒᆞ기爲ᄒᆞ야各樣紙品을壹切準備ᄒᆞ고極廉價로僉君子의所請대로隨應ᄒᆞ옵ᄂᆞᆫ중婦人과學徒의게ᄂᆞᆫ特別除減ᄒᆞᆯ터이오니照亮來臨ᄒᆞ심을敬要

大韓每日申報社

本人等本齋畓六石七斗五升落과稅米所捧田幾許石零이在於本郡古邑面西里러니齋殷不贍ᄒᆞ와放매於古邑面李允贊處ᄂᆞᆫ邑村所共知라德岩面安炳회가如何凶計인지渠名으로賭당證明書를本郡에欺瞞圖出ᄒᆞ야何銀行이던지欲爲典執債用云故로本人等이委問於博川銀行所則果然往到ᄒᆞ야[illegible]書雖欲典當이나安民ᄒᆞ太極書以操知이온지終不有主之物을是何忍爲云矣斗外國人은永勿見欺

定州五山升薦派 脈 鍾 龍均 承道선等

本所에서通常總會를本月**十七日**土曜下午壹時[陰九月二十三日]에開ᄒᆞ깃ᄉᆞ오니僉宗은屆期來臨ᄒᆞ시오

中部相洞九統二戶

金海金氏宗約所

本學會에서事務上에緊急히處理ᄒᆞᆯ事項이有ᄒᆞ와特別總會를本月拾七日(陰九月二拾三日)土曜下午三時에開ᄒᆞ오니僉會員은趁期來臨ᄒᆞ시옵

輔仁學會告白

本社ᄂᆞᆫ**平**壤馬**山洞磁器製造**를發起ᄒᆞ와初世에二百株式의資本金募集하야재造의**成績**이**良**好이온바**益益擴張**키爲ᄒᆞ야現又一**千株**式加數募集ᄒᆞ오니株主되기를要ᄒᆞ시ᄂᆞᆫ僉君子ᄂᆞᆫ本月內로左記處에來議ᄒᆞ시옵

隆熙二年十月十三日

平壤磁器製造株式會社發起人

韓三賢　尹在明　鄭仁叔

尹聖運　田在豐　李德煥

崔有文

一。總資本金　六萬圓

一。總株數　壹千貳百株

一。壹株金　五十圓

但株금은三回에分ᄒᆞ야第壹回二十五圓第二回十圓第三回十五圓

株式募集及株금領受所

本會社創立事務所 平壤종路 尹聖運

平壤貫洞 株式會社**漢城銀行**

株式會社**韓壹銀行**

平北定州五山洞李昇薰

鎭南浦築동 김正民

黃海道安岳邑內김庸鼎

本人이閔泳徽處에壓勢見奪ᄒᆞᆫ錢土를今將還推故로仰佈ᄒᆞ오니本人所懷와如ᄒᆞᆫ諸氏ᄂᆞᆫ卽速來訪ᄒᆞ야幷力推尋仰希

京磚洞拾四統三戶留 發星[illegible] 石東煥

本人이陽本月拾三日夜에紙匣을見失ᄒᆞ엿ᄂᆞᆫ데紫岩孔炳殷處에壹萬五千六拾七兩의錢統票於音壹張과富平人李大夏處手票貳萬壹千四百兩五錢票와紙貨八拾圓과金纓子壹件과函姓名圖章半篆字彫刻ᄒᆞᆫ것을見失ᄒᆞ엿ᄉᆞ오니內外國人은此於音을拾得ᄒᆞ셔ᄃᆞ라도休紙施行ᄒᆞᆷ

米商客主趙允洙 告白

本書林에서各學校敎科書와其他諸書籍과學生用品을廉價酬應ᄒᆞ오니僉君子ᄂᆞᆫ速々來購ᄒᆞ시옵

漢城中部壽進坊 松峴隅二拾統登戶

海東書林 告白

◉學員增募廣告

本校에서敎育上完全ᄒᆞᆫ才藝를養成ᄒᆞ기爲ᄒᆞ야中學敎師로ᄂᆞᆫ[illegible]伯煥金炳億測量敎師로ᄂᆞᆫ金應烈三氏를延聘ᄒᆞ고目今急務에應用ᄒᆞᆯ學藝를敎授ᄒᆞ오니願學僉員은今月貳拾九日內로陸續請願ᄒᆞ시오

校監 宋道容

事務 洪轅爽

入學許可臨本月晦日ᄭᆞ지

科程

一學年

本國地誌　歷史　理化　博物

物理　修身　語學　算術分數

少數　文典　農학　商業

地문　作文　漢문

二學年

萬國地誌　歷史　物理　化학

法학　農業　商業　地文

語學　礦物　算術代數　文典

生理　作文　倫理　土地測量

製圖　礦山測量　三角術

幾何學

平壤[illegible]學校告白

前主事김鼎中을以花中으로改正ᄒᆞ오니知舊僉照亮ᄒᆞᆷ

金花中 告白

●正壹品輔國勳壹等徐止淳氏九月貳拾九日別世拾月拾八日[陰九月貳拾四日]上午六時發靷拾九日下午四時半返虞謹告

學知 諸位

親戚從壹品 徐㫌輔

從貳品 徐公淳

從壹品 趙重應等

但返虞路次南大門外鷺梁津

新大路桃洞下

◎特別大廣告

本社에서東西양各項物品을直輸入하야各官廳과各학校에用達營業ᄒᆞ온지今過半年에僉君子愛護ᄒᆞ심을蒙ᄒᆞ와興旺에至ᄒᆞ온感謝不已ᄒᆞ오며壹層擴張키爲ᄒᆞ야測量機械附屬品及학校用品과其他雜貨를多數購入하야都賣散賣를格外廉價發賣ᄒᆞ오니陸續注文ᄒᆞ심을切望ᄒᆞᆷ

京城南부銅峴三拾三統六戶

宮內府用達 **東洋合資會社**

(電話壹四四番)

仁川港奧田貞次郞推次拾八銀行小切手六百圓壹張과仁川客主安浩然票二百九元五拾錢과拾ㄱ圓票弁三張을本月十貳日에京城龍洞起業會社近處에서失ᄒᆞ얏스니誰某拾得이라도休紙施行ᄒᆞᆷ

南門外朴容德 告白

本人弟의名은章煥이오年은二拾二歲이온ᄃᆡ挾雜類를작ᄒᆞ야단이기로玆以廣告ᄒᆞ오니勿論內外國人ᄒᆞ고照亮後典執債給이나貸給을勿ᄒᆞ심을[illegible]

[illegible]小[illegible]壯洞[illegible]

咸安郡咸化학校ᄂᆞᆫ設立未幾에校務巾擴張ᄒᆞ고학徒也進就ᄒᆞ니遠近이無不讚美이더니不意郡人安文奐이符同本郡守李소鎔시ᄒᆞ야公函으로校장趙性華ᄂᆞᆫ驅迫逐送ᄒᆞ고校長之任을渠自圖得ᄒᆞ야학校에付屬ᄒᆞᆫ傳來鄕校十笠동畓坪을以壹千四百圓으로私自賣渡於日本人使傭者婁氏直處ᄒᆞ니遺成文券者ᄂᆞᆫ文선也요知情聽認者ᄂᆞᆫ郡守也라六拾壹名학徒가此를緣ᄒᆞ야壹時解散ᄒᆞ니如此敎育界魔賊은不可仍置ᄒᆞᆯᄲᅮᆫ더러학校興廢가此士推不推에在ᄒᆞᆫ故로地方裁判所에請願하야期料推完키로玆에廣告ᄒᆞᆷ

趙棟奎　李會勳

李志魯　告白

[illegible]

本社各社員輸出物品을東美運送部에契約委托하야同運送部가本社附屬商業學校에壹千圓補助ᄒᆞᆷ은本社與東美運送部關係爲公益之心이니非是私益也오且近日各運送部가物貨貫金을不齊濫捧이나不得公正矣러니今與東美로特爲契約ᄒᆞ야[illegible]元貫에略加手數料ᄒᆞ야比他貨金則壹定低落인ᄃᆡ日昨各運送部廣告中商賈를束縛ᄒᆞ고各運送部를任云者ᄂᆞᆫ彼必誤解而所謂競爭者也오且謂ᄂᆡ貨金遺棄이露於ᄒᆞ日者也라本社與東美契約이豈有害於商界之壹分哉

廣信社 告白

平壤郡大同江面ㅏ二里地驛上에數百家生命이作農이더니ᄒᆞ以度支部官制頒布以後에小作人例로面長이具報于管局ᄒᆞ고小作人으로作農居生케ᄒᆞᆫ法인ᄃᆡ日本人民國所居留地라稱ᄒᆞ고抑勒測量占領코ᄌᆞᄒᆞ기에韓人은資生無地하야抵死說明曰民國所居留地ᄂᆞᆫ市街付近之地로限ᄒᆞᆫ다ᄂᆞᆫ上部訓令이玆在ᄒᆞ고祖國疆土오 大皇帝勅令奉遵ᄒᆞ야訓令이無ᄒᆞ니越江千里外에民國所居留가依法ᄂᆞᆫ可마ᄒᆞᆫ즉韓巡査拾餘名이鼓동民拾三名을捉去ᄒᆞ며無論男女老少ᄒᆞ고逢則毆打하야重傷者三人이危重死境에如此이法外로占領ᄒᆞᆫ地가世界初有之事라고該土人民이擧皆樓屑ᄒᆞ期於日本政府ᄭᆞ지去ᄒᆞ고勿失小作人例ᄒᆞ기로ᄒᆞᆷ

韓寅明

西부鉢동第四十七統□戶ᄂᆞᆫ本天道敎祖第壹世水雲大神師嗣孫崔東희씨家宅으로第二世師母께오셔現住ᄒᆞ시ᄂᆞᆫ處所이라此家宅은原來李容九嚴柱東等이本敎中公同財產을委任ᄒᆞᆫ時의大道主命意로買置ᄒᆞ야歸宅으로完定ᄒᆞᆫ者이러니李容九等이本敎의破壞ᄒᆞ야壹進會侍天敎로自立ᄒᆞᆫ後로忽稱該宅을債權ᄒᆞ이라ᄒᆞ야所謂所買者之迫逐이無復餘地어ᄂᆞᆯ責其無理於李嚴兩人則曰嚴之所關이라하며嚴曰李之所爲라ᄒᆞ야互相推諉라가末乃使所謂買者로起訟督督ᄒᆞ야必也使先師背像과師母尊儀로壹時離辱케ᄒᆞ니嗚呼痛矣로다彼等의背師反道ᄂᆞᆫ壹進會侍天敎로自立ᄒᆞᆫ當時의已著ᄒᆞᆫ지라今何以義責이리오마ᄂᆞᆫ但彼等의詐僞曰的은本天道敎祖의兩位神師를信仰이라稱ᄒᆞ야敎徒의心志를彷徨케ᄒᆞ며世人耳目을疑眩케ᄒᆞ기로今日의不容不聲討辨明ᄒᆞ오며玆의廣告ᄒᆞ오니僉君子ᄂᆞᆫ照亮ᄒᆞ시옵

天道敎中央總部

普文社에서李潤德洪종억李린兩二人을雇傭視務ᄒᆞ더니果見忘動이罔有紀極하야社長總務가視務키未能ᄒᆞᆫ境에至ᄒᆞ얏기로訟辨歸正코ᄌᆞ하며니不意此輩가擅히濫用ᄒᆞ야捺章ᄒᆞᆫ文字가雇用三人이社權中所在社章을社장에게及ᄒᆞ니愧歎이特甚키로玆에廣告ᄒᆞ오니僉君子ᄂᆞᆫ照亮ᄒᆞ오셔七月以後ᄭᆞ捺章된文字ᄂᆞᆫ本社長의認准을更經ᄒᆞ야施行ᄒᆞ심을爲要

普文社社장 최석彰

總務 韓榮浩 告白

本所에서測量製圖事務所를西部盤石坊蓮池契大里門洞壹百六十三統貳戶에特設ᄒᆞ옵고諸般測量製圖를並히需應ᄒᆞ오니僉君子ᄂᆞᆫ迅速來議ᄒᆞ심을爲要

皇城測量[illegible]所

[illegible]

大韓旅館 [illegible]

廣告

◉大韓文典 全一冊 正價廿五錢

崔光玉시著　李商在시校

▲本文典은普通教科의國語科程으로需用키爲ᄒᆞ야編輯ᄒᆞᆫ者로今에刊發售ᄒᆞᆷ

發行元　安岳邑　勉學會

發兌元　京城　中央書館　平壤　大同書館

◎大韓地誌教科書

國漢文全壹冊　定價二拾五錢

本書ᄂᆞᆫ高等小學校教科用으로編輯ᄒᆞᆫ것이니全壹冊六拾九課每課壹百六拾字以下로定ᄒᆞ야課讀에取便케ᄒᆞᆷ

發行兼發賣元　平壤鍾橋　大同書觀　京城桂洞　玄公廉

◎特別廣告

南大門外七運送店이㊀으로組合ᄒᆞ고事務所ᄂᆞᆫ東美運送部에設置ᄒᆞ얏ᄉᆞ니不啻今者에設店에셔客主都中에每年金壹千圓式稅納ᄒᆞ고各客主荷物을專管運輸ᄒᆞ기로ᄒᆞ얏ᄉᆞ니豊便은商買의締束ᄒᆞᆷ이오豊便은各運送店을併吞코져ᄒᆞᆷ인즉此에對ᄒᆞ야組合에㊀字號ᄂᆞᆫ不得已經費로ᄒᆞ거셔와稅納壹千圓應納之㢠害ᄂᆞᆫ必歸於商客ᄒᆞ리니當此商賈凋殘之時ᄒᆞ야壹人之害와及於萬人故弊等이爲其商弊ᄒᆞ고자保其業코ᄌᆞᄒᆞ야車貰을特別減下키로玆에廣告ᄒᆞ오니京鄉商客은照亮ᄒᆞ시ᄋᆞᆷ

隆熙貳年拾月貳日

京城南大門外

㊀ 大同運輸會社　浦上運輸會社　通運會社　三光運輸會社　普運會社

車賃目錄

	每頓	每百斤
仁川	壹圓五拾四錢	貳拾四錢四厘
水原	二圓四拾六錢	上仝
平澤	三圓四拾四錢	
天安	二圓八拾三錢	三十八錢五厘
全義	三圓拾六錢	四拾三錢二厘
太田	四圓十錢	五拾五錢
永同	四圓七拾錢	六拾壹錢
金泉	五圓二拾錢	六拾六厘
大邱	五圓九拾六錢	七拾三錢六厘
草梁	[illegible]	八拾壹錢四厘
馬山浦	六圓六拾九錢	八十錢〇九厘
開城	貳圓四拾六錢	三拾三錢六厘
新幕	三圓九拾五錢	五拾三錢四厘
瑞興	四圓〇八錢	五拾四錢六厘
興水院	四圓二拾二錢	五拾六錢二厘
砂里院	四圓五拾四錢	五拾九錢四厘
平壤	五圓二拾八錢	六拾六錢八厘
安州	六圓十二錢	七拾五錢二厘
義州	七圓拾二錢	八拾五錢二厘

其他各驛은姑未記載ᄒᆞ오나依其例ᄒᆞ야賃擧上ᄒᆞᆷ

但京城驛에셔만施行ᄒᆞᆷ

土地測量術

度支部測量課 編纂

全壹冊正價금 弁製六拾錢　洋裝九拾錢

近日測量術書類에三四種이刊行되엿ᄉᆞ나不完全의缺點이不無ᄒᆞ던바今에此書ᄂᆞᆫ細密測量으로圖解ᄒᆞ야各種實地測量ᄒᆞᆫ製圖의圖本을挿入ᄒᆞ야壹般斯學界의無二ᄒᆞᆫ寶典이오且紙質의堅美ᄒᆞᆷ과製冊의華麗ᄒᆞᆷ이測量術書中에覇王이라稱ᄒᆞᆷ만ᄒᆞᆷ

〔發兌元〕

皇城中部罷朝橋越　中央書館　朱翰榮
仝 鍾路　大東書市　金思鉉
仝 南部大廣橋　滙東書館　高裕相
仝 南門內尙洞　博文書館　盧益亨
仝 남門外紫岩　新舊書林　池松旭

辯護士 朴星煥 法律事務所

◉京城中部長橋東谷第貳拾統二戶

二十世紀之大怪物 帝國主義

卞榮晩 著　正價금拾五錢

空前絕後의大文章(商業的著述)을陳列ᄒᆞᆷ

本書ᄂᆞᆫ二十世紀의大慘劇된帝國主義의狀態를叙述ᄒᆞᆫ者인데世界變轉의大動力이筆下에飛躍ᄒᆞ고民族競爭의眞狀이紙上에活現ᄒᆞ니吾人으로ᄒᆞ야금探海燈又ᄒᆞᆫ眼光과太平洋갓ᄒᆞᆫ胸襟과巨靈斧갓ᄒᆞᆫ手腕을壹讀再讀의間에賴得게ᄒᆞᆫ壹著述이라ᄒᆞ야政治家의不得不壹讀ᄒᆞᆯ書이오實業家의不得不壹讀ᄒᆞᆯ書이오新聞家의不得不壹讀ᄒᆞᆯ書이오全國民의不得不壹讀ᄒᆞᆯ書이니本書의售出多少로同胞의風潮變遷을卜코져ᄒᆞ노이다

發賣所　皇城布屛下　廣학書舖　김相萬　京鄉各書店

地方行政論

譯述

全壹冊　定價金三拾錢

▲本書ᄂᆞᆫ地方自治行政에關ᄒᆞᆫ壹般의原則과外國의現行制度를參互撰集ᄒᆞ야簡明히論述ᄒᆞᆫ者ㅣ니現히地方官의位에在ᄒᆞᆫ者의行政上參考될은勿論이오全國人士ᄂᆞᆫ각其國脉生活의本旨를瞭解ᄒᆞ야將來自治制度組織의基礎를成ᄒᆞᆯ者ㅣ니有志僉彦은速々購覽ᄒᆞ시ᄋᆞᆷ

發行元　皇城中部罷朝橋越　中央書館

발賣處　京城及地方　各書肆

消化新藥 清心保命丹

陸軍軍醫金守鉉君實驗方劑・陸軍軍醫張基說君有効證明・四海衛生之妙藥子常備之靈藥

發行所　仁川港　濟生堂藥房

九十粒入　金拾錢

●右藥의主治効能은如左
●甘飲咳嗽●吐瀉●水土不服
●氣鬱腹痛●酒醉●中暑中寒
●食積食傷●咽喉●口熱惡臭
●其他諸般瘧氣癘疫預防妙藥

總發行所　京城南大門內

代理店　京城大廣橋共愛堂　仝鍾路慈惠藥房　仝郵便局前天佑堂藥房　新井藥店　仝博文書館

社告

仁川港外里 京城南大門內 濟生堂 白

申報價

壹個月 前納	三十錢
參個月	九拾錢
陸個月	壹圓七十錢
壹個年	三圓四十錢
郵稅壹朔	新貨五圓
壹個月	十二錢

○廣告料

四号活字拾三字詰

每日壹寸(英尺)에 新貨廿五錢

二週日壹寸에 二圓五拾錢

壹個月壹寸에 五圓

〔自壹行至四行이爲壹寸〕

其期限과長短과字行의多少를依ᄒᆞ야增減ᄒᆞᆷ이有ᄒᆞᆷ

大韓每日申報各處支社廣告

壹此醫路慈惠醫院에서大英國製視力檢查機械金와銀면眼鏡를置ᄒᆞ고男女視力을檢查의適合ᄒᆞᆫ대로廉價放賣ᄒᆞ오니視力이不足ᄒᆞᆫ이ᄂᆞᆫ速々히來臨ᄒᆞ야視力을檢查ᄒᆞᆯ뿐아니라

Responsible for Publication
Alfred Weekley Marnham

發行兼編輯人 英國人 萬咸

發行所 大韓每日申報社

第六卷

大韓每日申報

第九百三十號

月曜及慶節歲時日休刊

檀君開國四千二百四十一年
箕子元年三千三十年
大韓開國五百十七年
日本明治四十一年
清國光緒三十四年
陰曆戊申九月大廿二日甲辰

論說

◎實業教育將興乎

學部明年度豫筭을據ᄒᆞᆫ즉國民의實業思想을注入ᄒᆞᆷ必要로實業學校令을制定하야十三道에實業學校를設立ᄒᆞᆯ計劃이라ᄒᆞ얏더라

記者曰嗚乎라韓國政府가實業의必要를已覺ᄒᆞ얏ᄂᆞᆫ대韓國에도實業教育이將興ᄒᆞ깃ᄂᆞᆫ가韓國人民이從今으로實業界人物이되깃ᄂᆞᆫ가余ᄂᆞᆫ비록外國人이로대此에對ᄒᆞ야熱心頌禱ᄒᆞᆷ을不已ᄒᆞ노라

盖韓國은數千年前에문化已開ᄒᆞ야壹般實業이長足의進步를致ᄒᆞᆫ지라試看ᄒᆞ라彼高麗磁器와鐵甲船과印刷術과如ᄒᆞᆷ은東洋의創造ᄒᆞᆫ物일ᄲᅮᆫ아니라抑世界에有名ᄒᆞᆫ文明利器가아닌가奈何로爾後에ᄂᆞᆫ壹步도不進ᄒᆞ야古代文明이掃如에遂歸ᄒᆞᆫ지라如今에ᄂᆞᆫ烟艸壹個와洋木壹尺도産出치못ᄒᆞ니吾人으로ᄒᆞ야금攬古悲今의歎이不無ᄒᆞ도다

然而近來에壹般人民이外國物品을嗜好ᄒᆞ야衣食住의大部分이殆히外國輸入을依賴ᄒᆞᄂᆞᆫ지라於是乎輸入額이年々增加ᄒᆞ야有限의金錢으로無限의物品을交換ᄒᆞ니國力이日貧ᄒᆞ고民情이日困ᄒᆞᄂᆞᆫ도다

然則今日韓國의貧弱을反ᄒᆞ야富强케ᄒᆞ며危亡을轉ᄒᆞ야存立케ᄒᆞ라면實業발達이不二法門이로다

今에韓國政府가實業教育을奬勵行ᄒᆞ기로豫筭ᄒᆞ얏스니果然인가果然이면其實業學校令의壹語가救世福音이아니며實業학校의四字가保國靈符가아닌가

而況韓國人民은聰明慧巧ᄒᆞᆫ民族이라果然政府가善良ᄒᆞᆫ政策으로開導勸勉ᄒᆞ면人民의進步가百倍勇進ᄒᆞ야建瓴의水와偃風의艸와如ᄒᆞ리로다

然이나余ᄂᆞᆫ政府諸公을爲ᄒᆞ야壹言으로忠告ᄒᆞ노니實業의關大가如彼ᄒᆞ고政令의效果가如此ᄒᆞᆯ지라從今으로全國人民이欣然히耳를傾ᄒᆞ야日學部에서實業學校令이果然如何히出ᄒᆞᄂᆞᆫ가瞠然히目을注ᄒᆞ야日實業學校에서果然如何히教授ᄒᆞᄂᆞᆫ가ᄒᆞ야觀聽ᄒᆞ고希望ᄒᆞ나니諸公은宜乎殫力勉勵ᄒᆞ야民國의福利를增進ᄒᆞᆯ지오徒然히虛名을做ᄒᆞ야國庫金錢만靡費ᄒᆞ며人民의疑点만惹起ᄒᆞᆷ이無케ᄒᆞᆯ지어다

然而今日時代ᄂᆞᆫ人民이오직政府의指導만待ᄒᆞ고ᄂᆞᆫ到底히生存을不得ᄒᆞᆯ지라政府에서勸奬ᄒᆞᆯ지라도益々奮勵ᄒᆞ고政府에서妨害ᄒᆞᆯ지라도益々奮勵ᄒᆞ야東에셔實業教育을唱하면西에셔和ᄒᆞ고左에셔實業發達을督ᄒᆞ면右에셔應ᄒᆞ야村々히實業學校가立ᄒᆞ고處々에實業會社가起ᄒᆞ야民富를增進ᄒᆞ고國力을養成ᄒᆞᆯ지니至若政府에서勸奬ᄒᆞᆫ즉行ᄒᆞ고妨害ᄒᆞᆫ즉止ᄒᆞ면엇지劣等民族이아닌가

抑亦韓國政府가果然此를能히實行ᄒᆞᆯᄂᆞᆫ지不能ᄒᆞᆯᄂᆞᆫ지此가果然韓國人民에게利ᄒᆞᆯᄂᆞᆫ지害ᄒᆞᆯᄂᆞᆫ지本記者도亦預言키難ᄒᆞᆫ지라但只政府에셔韓國의福利를爲ᄒᆞ야着々實行ᄒᆞᆷ에在ᄒᆞ니余ᄂᆞᆫ其結果如何를待ᄒᆞ야此를判決코ᄌᆞᄒᆞ노라

隆熙貳年拾月拾日 官報

○產 業 （續）

○東洋拓殖株式會社定款

第十八條 第二回以後에株金拂納期日後십五日을經過ᄒᆞ야도其拂納을아니ᄒᆞᆫ時ᄂᆞᆫ拾五日以內에必爲拂納ᄒᆞ라ᄂᆞᆫ旨와及其期限內에若不應納ᄒᆞᆫ時ᄂᆞᆫ株主의權利를失ᄒᆞᆫ다ᄂᆞᆫ意를通知ᄒᆞᆷ을得ᄒᆞᆷ

前項의境遇를當ᄒᆞ야株主가其權利를失ᄒᆞᆫ時ᄂᆞᆫ本會社ᄂᆞᆫ株式의讓渡人에對ᄒᆞ야拾五日以內에拂納ᄒᆞ라ᄂᆞᆫ意로催告를發ᄒᆞ니最先히滯納金額을拂納ᄒᆞᆫ讓渡人이其株式을取得ᄒᆞᆷ

讓渡人이拂納을아니ᄒᆞᆫ時ᄂᆞᆫ本會社ᄂᆞᆫ株式을競賣에付ᄒᆞ나니其賣却金額이滯納金額에未滿ᄒᆞᆫ時ᄂᆞᆫ從前株主로ᄒᆞ야금其不足額을拂償케ᄒᆞ되若或從前株主가십四日以內에此를拂償치아니ᄒᆞᆫ時ᄂᆞᆫ本會社ᄂᆞᆫ讓渡人을對ᄒᆞ야其拂償을請求ᄒᆞᆷ

第十九條 前條에定ᄒᆞᆫ바讓渡人의責任은讓渡를株主名簿에記錄ᄒᆞᆫ後二年을經過ᄒᆞ면消滅ᄒᆞᆷ

第二十條 會社其他公私의法人이本會社의株式을所有ᄒᆞᆫ時ᄂᆞᆫ其代表者를定ᄒᆞ야本會社株主名簿에此를記錄케ᄒᆞᆷ

株式이數人의共有가된時ᄂᆞᆫ共有者ᄂᆞᆫ株主의權利를行ᄒᆞᆯ만ᄒᆞᆫ者壹名을定ᄒᆞᆷ을要ᄒᆞᆷ

共有者ᄂᆞᆫ株式拂納의義務를連帶負擔ᄒᆞᆷ

第廿一條 株主又ᄂᆞᆫ法定代理人은株主取得之時에其氏名住所及印鑑을本會社에報明ᄒᆞᆷ이可ᄒᆞᆷ其變更時도亦同ᄒᆞᆷ

第廿二條 株式을讓渡ᄒᆞᆫ時ᄂᆞᆫ本會社가所定ᄒᆞᆫ書式에依ᄒᆞ야當事者가連署ᄒᆞᆫ書面으로株券의書換을請求ᄒᆞᆷ이可ᄒᆞᆷ

但相續의開始나遺旨又ᄂᆞᆫ裁判의執行等으로因ᄒᆞ야株式을承繼ᄒᆞᆫ者가株券의書換을請求ᄒᆞᆫ境遇에ᄂᆞᆫ戶籍吏의證明書又或本會社에셔必要로認ᄒᆞᆫ바證據書類를粘ᄒᆞᆷ을要ᄒᆞᆷ

株式의讓渡ᄂᆞᆫ讓受人의氏名住所를株主名簿에記載ᄒᆞ며且其氏名을株券에記載치아니ᄒᆞ면本會社에對ᄒᆞ야其効力이全無ᄒᆞᆷ （未完）

外報

●伯林條約과列國 東京電을據ᄒᆞᆫ즉墺太利外에列國에서ᄂᆞᆫ伯林條約違反ᄒᆞᆫ기를列國會議에提出ᄒᆞᆯ事로同意ᄒᆞᆫ旨를土耳其에通知ᄒᆞ얏다더라

●三大使의明言 伯林電을據ᄒᆞᆫ즉英俄法三國大使ᄂᆞᆫ土耳其政府에對ᄒᆞ야伯林條約變更은調印ᄒᆞᆫ諸國의承諾을要ᄒᆞᆷ이可ᄒᆞ다고明言ᄒᆞ얏다더라

●熱心者議長選定 써비야에서ᄂᆞᆫ십日朝에臨時議會를開ᄒᆞ고土耳其戰爭을開ᄒᆞ자ᄂᆞᆫ說이壹般議場에充溢ᄒᆞ야熱心으로開戰ᄒᆞ기를言論ᄒᆞᄂᆞᆫ者로議長을選定ᄒᆞ얏다더라

●墺國軍團急行 유야랍電을據ᄒᆞᆫ즉墺地利國第拾貳及십三軍團은써비야國境으로急行ᄒᆞᆷ을命令ᄒᆞ고病院及船車를準備ᄒᆞ얏다더라

●英艦出帆 拾二隻으로編成ᄒᆞᆫ英國艦隊ᄂᆞᆫ地中海에서出帆ᄒᆞ얏ᄂᆞᆫ데달타넬쓰海峽외在ᄒᆞᆫ핀페씨게灣으로向ᄒᆞᆫ다더라

●日兵舍沒燒 去今四日前에日本豊原에在ᄒᆞᆫ樺太守備隊新築ᄒᆞᆫ兵舍에서出火ᄒᆞ야沒數히燒失ᄒᆞ얏다더라

雜報

●官民合誠 南來人의傳說을聞ᄒᆞᆫ즉尙州郡守李寅應시ᄂᆞᆫ赴任之初에與該郡紳士鄭在憲姜昇馨諸시로廣興學校를設立ᄒᆞ고ᄂᆞᆫ디郡守가校장의責을自任ᄒᆞ야晝夜憂慮에方針을組織ᄒᆞ고開明思想으로指導ᄒᆞ미人民이自然感動하야壹朔內에學員이六七拾人에達하고鄭在憲시ᄂᆞᆫ大邱大韓支協會總務를辭免하고來設此校ᄒᆞ야出沒京鄕에勞苦를不憚ᄒᆞ고手執庶務ᄒᆞ기로將就之望이確有ᄒᆞ다더라

●四氏熱心 黃海道安岳郡東倉里居ᄒᆞᄂᆞᆫ車京哲表致楨高基燮諸시가학校에熱心ᄒᆞ야私立培英학校를設立ᄒᆞᆫ지于今三朔인대校舍를更爲建築ᄒᆞ고教師金炳旭시를延聘教授ᄒᆞᄂᆞᆫ대學徒가七십餘名이요衆ᄒᆞ야夜학生四十餘名을熱心教授ᄒᆞᆫ다더라

●依仁必昌 孟山郡仁化面依仁義塾에서資本이窘拙하야幾至廢境이러니該郡守千象河시가熱誠으로勸勉ᄒᆞ야校財가完全ᄒᆞ며贊成員韓丙至相河李泰和車南益四시가亦爲血誠ᄒᆞ기로大有進就之望이라더라

●載寧進礎 載寧郡左栗面進礎里에有志紳士諸시가教育에時急ᄒᆞᆷ을認知ᄒᆞ고爭先出義ᄒᆞ야昌明學校를設立ᄒᆞ고教師를延聘ᄒᆞᆫ後에熱心教育ᄒᆞᄂᆞᆫ디學徒가日益增加ᄒᆞᆫ다더라

●彰新益彰 平安南道甑山郡에서宋道容洪轅燮兩시가該郡에서俊秀子弟를養成키爲ᄒᆞ야彰新학校를設立ᄒᆞ고教師를延聘ᄒᆞ야中학補習科를教授ᄒᆞ더니今秋期에ᄂᆞᆫ完全ᄒᆞᆫ中학科를教授ᄒᆞ고또測量料를附設하고教師金應烈시를延聘ᄒᆞ야학員을增募ᄒᆞᆫ다더라

●贈以且勸 平壤居金鎬鼎시ᄂᆞᆫ家勢가貧寒ᄒᆞ야朝夕을不保ᄒᆞᄂᆞᆫ形勢인대今番同郡학生金秉鉉시가上京勤學ᄒᆞᆷ을欽賞ᄒᆞ야金二圜을補助ᄒᆞ면서勿忘愛國二字ᄒᆞ라고申々付托ᄒᆞ얏다더라

雜報

●祇候官渡日　祇候官嚴柱益氏가 皇太子殿下 千秋慶節에參與ᄒᆞᆷ을爲ᄒᆞ야昨日에軍部大臣李秉武氏와壹行과同伴渡日ᄒᆞ얏다더라

●伊藤反對　去拾壹日에伊藤統監과桂太郞等이日本總理官邸에會同ᄒᆞ야協議가有ᄒᆞ얏ᄂᆞᆫ데財政整理의結果로韓國에駐屯軍員數에關ᄒᆞ야桂太郞이伊藤氏의게交涉ᄒᆞ얏ᄂᆞᆫ데伊藤氏ᄂᆞᆫ韓國現狀에對ᄒᆞ야現今兵員을減少ᄒᆞᆷ은不可ᄒᆞ다ᄒᆞ고絶對的으로反對ᄒᆞ얏다더라

●新出舊入　內閣이匪久히變動된다ᄂᆞᆫ데伊藤統監이渡韓ᄒᆞ기前의新政府가組織된다더라

●得態者誰　去九日에內大宋秉畯氏가向者歸國ᄒᆞᆫ東洋拓殖會社委員壹行을明月館에招待ᄒᆞ야晩餐會를開ᄒᆞ고訓示ᄒᆞ얏ᄂᆞᆫ데其言內에日委員中에今番委員會議場에서甚히誤解를懷ᄒᆞ고又ᄂᆞᆫ調印을拒絶ᄒᆞᆫ者도有ᄒᆞ고甚ᄒᆞᆫ者ᄂᆞᆫ假令主務大臣의命令이有ᄒᆞ더라도 勅命이無ᄒᆞ면應키難ᄒᆞ다고談辨ᄒᆞ야甚難ᄒᆞᆫ失言이有ᄒᆞ얏다ᄒᆞ니何故로如此ᄒᆞᆫ失體가有ᄒᆞ얏ᄂᆞ나ᄒᆞ얏다더라

●孫邸設宴　總理大臣李完用氏ᄂᆞᆫ來십八日上午十二時의貞洞孫澤孃邸의서宴會를設ᄒᆞ고各部大臣과統監府高等官을請邀宴待ᄒᆞᆫ다더라

●內大呻病　內부大臣宋秉畯氏ᄂᆞᆫ身病이闖發ᄒᆞ야呻吟ᄒᆞᄂᆞᆫ中이라더라

●農部預算會議　農商工部에서ᄂᆞᆫ次官木內가歸任ᄒᆞᆫ故로再昨日부터明年度豫算에關ᄒᆞᆫ會議를開ᄒᆞ얏다더라

●忠南郡守開會　忠淸南道에서ᄂᆞᆫ本月二십日부터觀察府에서郡守會議를開ᄒᆞᄂᆞᆫ데內部에서地方局長을派送ᄒᆞᆫ다더라

●日人不公除汰　韓國政府에ᄒᆞᆫ日本官吏中不公正ᄒᆞᆫ人은壹齊히除汰ᄒᆞ야還國ᄒᆞ기로日本政府에서決議ᄒᆞ얏다더라

●終乃角立　壹進會장리容九氏가渡ᄒᆞᆫ後의種々傳說이有ᄒᆞ얏스나其내容을得聞ᄒᆞᆫ즉리시가너ᄯᅩ宋秉畯씨와不合的感情으로排斥ᄒᆞᆯ計劃이有ᄒᆞ다니壹個團體中의如彼ᄒᆞᆫ缺裂이有ᄒᆞᆫ즉其勢가能히장久ᄒᆞᆯᄂᆞᆫ지不知ᄒᆞᆫ다고巷說이有ᄒᆞ더라

●宋ᄯᅩ論責　康ᄌᆞ句시가避病院建築ᄒᆞᆫ價額을內부衛生局의請求ᄒᆞᆫ다ᄒᆞᆷ은累報어니와此事件의對ᄒᆞ야壹進會副ᄂᆞᆫ장홍肯섭시가衛生局與及土木局長의게請札ᄒᆞᆷ間々送致ᄒᆞᆫ다ᄂᆞᆫ데內부大臣宋秉畯시가言ᄒᆞ기를無論何等挾雜ᄒᆞ고洪肯섭시가參與치아니ᄒᆞᆫᄂᆞᆫ데가稀ᄒᆞ다고論責ᄒᆞ얏다ᄂᆞᆫ說이有ᄒᆞ더라

●訓導價低落　北村某々大官은地方副訓導壹窠에金貨二百圓式受價賣奧ᄒᆞ더니近日에ᄂᆞᆫ該價額이低歇ᄒᆞ야壹百五十圓式放매ᄒᆞᆫ다고評論이浪藉ᄒᆞ다더라

●非首伊睡　某裁判所首班判事某氏ᄂᆞᆫ門閥이兩班의居甲이오勳位ᄂᆞᆫ勳五等正三品인데每日裁所에仕進ᄒᆞ야人民의詞訟曲直은聽辨치아니ᄒᆞ고黃粱枕上에서卒々深夢으로消遣世慮ᄒᆞ되非首班判事오首睡班判事라고批評이居多ᄒᆞ다더라

●松井斷楓　內部醫務局長松井茂가發起ᄒᆞ야醫院及各署韓ᄂᆞᆫ醫[illegible]壹同이明日에北漢山城에出往ᄒᆞ야觀楓會를設行ᄒᆞᆯ預定이라더라

●學部輪函　學部의서頒佈ᄒᆞᆫ私立학校令과학會令의對ᄒᆞ야說明ᄒᆞᆯ事이有ᄒᆞᆷ으로학部의서각私立학校와各學會에公函ᄒᆞ되代表壹人式을來十九日下午壹時의官立漢城師範學校內로派遣ᄒᆞ라ᄒᆞ얏다더라

●日藤無理　內부水道局技師日本人佐野藤次郞은自巳私邸의서使用ᄒᆞᄂᆞᆫ物品壹千九百餘圓價値를買置ᄒᆞᆫ後의官宅裝飾費라稱ᄒᆞ고해부會計課의請求ᄒᆞ얏다ᄂᆞᆫ데해부次官及土木局長會計課長이反對ᄒᆞ기를水道工事의用ᄒᆞᆫ物品價ᄂᆞᆫ巳無假論이어니와家産物品의價額을何名色으로支給ᄒᆞ리오ᄒᆞ야해請求書를退却ᄒᆞ얏다더라

●巡査配置規則制定　從來로個人이礦業其他地方의서事業을經營ᄒᆞᄂᆞᆫ者가特別히警察官의保護를要ᄒᆞ야巡査의配置를請願ᄒᆞ얏스되職員이不足ᄒᆞᆷ을因ᄒᆞ야此請願者의게充滿ᄒᆞᆫ保護를與치못ᄒᆞ얏더니今回內部警務局의서巡査配置請願規則을制定ᄒᆞ야壹般人民의便利와其保護의目的을完全케ᄒᆞᆫ다이라더라

●畿校의尹氏　畿湖학會의서經費가窘拙ᄒᆞᆷ은人所共知어니와학務局長尹致旿氏가今日下午六時의自己私邸의서晩餐會를設ᄒᆞ고各元老大臣과實業家諸氏를請邀宴待ᄒᆞᆫ다ᄂᆞᆫ데會同ᄒᆞᄂᆞᆫ諸시가畿學會의維持方針을協議ᄒᆞᆫ다ᄒᆞ며明日의ᄂᆞᆫ各新聞記者를請邀ᄒᆞ야該會維持方法을討論ᄒᆞᆫ다더라

●姜氏栖屑　前通信院會辦姜寅奎氏가其族人姜周顯氏의게有何所捧條이던지未知ᄒᆞ거니와周顯氏의家舍를占奪ᄒᆞ야周顯氏와數多家眷이道路에接屑ᄒᆞᆫ다더라

●兩氏相詰　別項과如히前通信院會辦姜寅奎氏가鄭郡守鄭寅國氏의錢財를乾沒ᄒᆞᆫ事가有ᄒᆞᆫ덧지日昨에該兩氏가大端相詰ᄒᆞ얏ᄂᆞᆫ데姜氏가該錢을還給ᄒᆞ기로契約ᄒᆞ얏다더라

●何顔對人　北部齋洞某大官의子婦가乘夜逃躱ᄒᆞ얏다ᄂᆞᆫ事ᄂᆞᆫ已報어니와更聞ᄒᆞᆫ즉該氏家에서其踪跡을何以探得ᄒᆞ얏던지卽時搜索ᄒᆞ야該親家로昇送ᄒᆞ얏다더라

●賣淫取調　本年십月六日에警視廳에서娼妓團束令을發布ᄒᆞ야今後로ᄂᆞᆫ賣淫營業ᄒᆞ라ᄂᆞᆫ者ᄂᆞᆫ所管警察署에許可를受케ᄒᆞ얏ᄂᆞᆫ데警察署에서該願을接受ᄒᆞ면或其强制營業이아닌지夫나假夫가無ᄒᆞᆫ지父母의許諾이有ᄒᆞᆫ지嚴密히取調ᄒᆞᄂᆞᆫ지라近者에此等請願ᄒᆞᄂᆞᆫ者를取調ᄒᆞᆫ즉或本人은賣淫營業을不願ᄒᆞᄂᆞᆫ데父母가强制로ᄒᆞ게ᄒᆞ며或年齡이十五歲에未滿ᄒᆞᆫ者를拾六歲로欺ᄒᆞ고或有夫의婦도有ᄒᆞᆫ故로叱退를當ᄒᆞᆫ者가不少ᄒᆞ다더라

●强盜處役　昨日에京城地方裁判所에서强盜六十餘名을處役에宣告ᄒᆞ얏다더라

●同鐵相食　抱川郡에駐在ᄒᆞᆫ日憲兵補助員二名이假討伐隊를搜探ᄒᆞᆫ다稱ᄒᆞ고日前에該郡內北面新坪里에入去ᄒᆞ야無辜良民을逢ᄒᆞ면亂打ᄒᆞ며作鬧가無雙ᄒᆞ다가該洞居ᄒᆞᆫ前監役李裕豊氏家에入去ᄒᆞ야假稱討伐隊를搜覓ᄒᆞᆫ다ᄒᆞ며李氏의家屬을威脅ᄒᆞᄂᆞᆫ故로李氏의孫李愚淵氏가其脅迫을不堪ᄒᆞ야越墻避身ᄒᆞᆯ際에補助員壹名이適히放銃ᄒᆞᄂᆞᆫ데幸無被傷이나數時間을昏倒ᄒᆞ얏다가僅得救生ᄒᆞ얏ᄂᆞᆫ데日兵은言語를不通ᄒᆞᆷ으로放銃威脅이容或無怪이나以若韓人으로韓人을對ᄒᆞ야銃砲를放ᄒᆞᄂᆞᆫ것은以鐵食鐵과無異ᄒᆞ다고寃聲이浪藉ᄒᆞ다더라

●日兵敗死　去七日에慶尙南道求禮郡에서義兵四十餘名이該郡守備隊曹長以下拾四名과交戰ᄒᆞ야通譯壹名及日兵三名이被殺ᄒᆞ얏다더라

●砲殺日兵　去拾二日楊州德沼等地에서義兵壹團이日兵二兵을砲殺ᄒᆞ야江流에投棄ᄒᆞ얏더니該附近人民이其屍身을拯出後守備隊에通知ᄒᆞ얏ᄂᆞᆫ데義兵이追後來到ᄒᆞ야該人民을威脅ᄒᆞ야日兵何思想으로日兵의屍身을拯出ᄒᆞ얏나냐ᄒᆞ고無數毆打ᄒᆞ얏다더라

●訓院大動　城外沿江各私立學校에서互相友誼를敦睦ᄒᆞ고敎育을奬勵ᄒᆞᆯ目的으로聯合運動會를十月十七日上午七時의訓練院에서設行ᄒᆞᆫ다더라

●女校秋運協議　각女學校가日間聯合ᄒᆞ야秋季運動을設行ᄒᆞᆫ다ᄂᆞᆫ데運動方針을今日의尹高羅시家에서會同協議ᄒᆞᆫ다더라

●妙年壯志　礡洞普成中學校三年級학生鮮于釘氏ᄂᆞᆫ年今十六인데夜珠峴普成夜학校에進往ᄒᆞ야名譽로熱心敎授ᄒᆞᆫ다더라

●孤院維持協議　京城孤兒院總裁金允植氏가該院의經費窘拙ᄒᆞᆷ을慨惜ᄒᆞ야來十八日下午壹時에各社會紳士를請邀ᄒᆞ야維持方針을協議ᄒᆞᆫ다더라

●尹氏高義　陽智郡古東面居ᄒᆞᄂᆞᆫ尹顯斗氏가自手成家ᄒᆞ얏ᄂᆞᆫ데該氏가元來三兄弟로伯季ᄂᆞᆫ早夭ᄒᆞ고其季시의所生子를撫養成娶ᄒᆞ야其伯시의享祀를奉케ᄒᆞ고一室에同居ᄒᆞ더니今年의所居家舍와田畓을其侄의게給與ᄒᆞ야日居此耕此ᄒᆞ야承宗奉祀ᄒᆞ라ᄒᆞ고田畓幾斗落式을諸從의게分給ᄒᆞ얏고自巳家의學校를設立ᄒᆞ고經費를擔當ᄒᆞ야學員을募集敎授ᄒᆞ얏스며該面月洞私立廣英學校의補助金을優數히寄付ᄒᆞ야靑年子弟의학業을勸勉ᄒᆞ야고該郡人士의稱頌이藉藉ᄒᆞ더라

▲地方消息▼

▲本月십二日高敞郡與興登里에서義兵數십餘名이古阜郡駐在日守備隊와交戰ᄒᆞ얏다ᄒᆞ고

▲本月십九日孟山郡鶴泉里에서義兵십餘名이該郡駐箚日憲兵과交戰ᄒᆞ얏다ᄒᆞ고

▲本月십日咸鏡南道永興郡內에서義兵六십名이該郡駐在日憲兵과交戰ᄒᆞ얏다ᄒᆞ고

▲本月십壹日에端川郡內에서義兵四십餘名이咸鏡南道石浦日憲兵分遣隊와交戰ᄒᆞ얏다더라

▲燈下隱語▼

▲寒窓孤燈耿々下에兩三人이相對ᄒᆞ야細語閑話密勿ᄒᆞᆫ데傾耳聽之ᄒᆞ니이ᄯᅩᄒᆞᆫ人物評論分明ᄒᆞᄆᆡ藏頭隱尾ᄒᆞ야句語ᄂᆞᆫ似然不然未詳ᄒᆞ며再三反覆思量ᄒᆞᆫ즉恍然大覺ᄒᆞᆯ지로다

▲蠢々無識ᄒᆞᆫ壹愚漢이長流江河欲防ᄒᆞ라다가吐血暴死ᄒᆞ엿다더니何許人은特別ᄒᆞᆫ지民口欲防熱心이라必乃受殃ᄒᆞ깃지만保護風에騰揚ᄒᆞ니人種中의病痰일세
그理致도알수업고

▲圈柵內의더豚犬은數個雛를解産ᄒᆞ되錢ᄂᆞᆫ不食呻吟인데何許人은壹朝內에數萬名式解産이라必死乃巳알엇더니鐵液湯만善服ᄒᆞ고少不苦痛病無ᄒᆞ니
그理致도알수업고

▲樹林間의더烏鵲도鳩鳥侵巢ᄒᆞ게되면張爪奮翼相爭인데何許人은壹大鎖를外人에게寶貸이라懲役ᄒᆞᆯ줄알엇더니某時總裁ᄒᆞᆫ데ᄒᆞᆫ壹片國土[illegible]
그理致도알수업고

▲棧櫪上의더馬駒ᄂᆞᆫ獸類中의壹物이나ᄲᅧ寸식지안타ᄒᆞᄂᆞᆫ데何許人은壹身上에爲舅爲夫情密이라天罰宜下알엇더니신데湯은잘먹지만行政에ᄂᆞᆫ頑痛일네
그理致도알수업고

▲唐玄宗의楊貴妃은有妹德에富貴엇만任女德에ᄂᆞᆫ富貴ᄂᆞᆫ今始初見ᄒᆞ엿도다何許人의家法으로飮藥自斃알엇더니靦然無恥反顔ᄒᆞ니此等脾胃鮮少일세
그理致도알수업고

▲三年묵은더狗尾ᄂᆞᆫ毛變作될수업고人悔悟ᄯᅥ잇지마ᄂᆞᆫ何許人의舊行爲ᄂᆞᆫ盡國病民ᄒᆞ얏거ᄂᆞᆯ終身坎軻알엇더니偃然社會現出ᄒᆞ나ᄯᅢᄂᆞᆫ未知假眞이라
그理致도알수업고

▲賤溝中에生蛟龍은俗語에ᄂᆞᆫ잇지마ᄂᆞᆫ老狗生虎ᄂᆞᆫ단말은於古於今未聞인데何許人의履歷事ᄂᆞᆫ後必不알엇더니生子如鵬留ᄒᆞ야烈々義氣互涉이라
그理致도알수업다

▲戒哉어다世人들아善惡無非皆吾師ᄂᆞᆫ古人云乎ᄒᆞ엿ᄂᆞᆫ가此等人을勿效ᄒᆞ고忠君愛國銘心ᄒᆞ며棄短取長ᄒᆞ야勇進ᄒᆞ면孰敢禦之못ᄒᆞ나니戒哉어다世人들아

廣告

官立漢城外國語學校日
語部同窓會를 本月拾八
日(日曜)上午拾時에 東
大門外永道寺에 設行ᄒᆞ
오니 壹般校友ᄂᆞᆫ 屆期光
臨ᄒᆞ심을 爲要
再 會費 五拾錢
幹事等 告白

學員增募廣告

本校에서 敎育上完全ᄒᆞᆫ 才藝를
養成ᄒᆞ기 爲ᄒᆞ야 中學敎師ᄂᆞᆫ 吳
日煥 金炳億 測量敎師ᄂᆞᆫ 金應烈
三氏를 延聘ᄒᆞ고 目今急務에 應
用ᄒᆞᆯ 學藝를 敎授ᄒᆞ오니 願학
僉員은 今月貳拾九日內로 陸續
請願ᄒᆞ시오
校監 宋道容
事務 洪韺燮
入學許可陰本月晦日ᄭᆞ지

科 程

一學年
本國地誌 歷史 理化 博物
物理 修身 語學 筭術分數
少數 文典 農학 商業
地文 作文 漢문

二學年
萬國地誌 歷史 物理 化학
法학 農業 商業 地文
語學 礦物 筭術代數 文典
生理 作文 倫理 土地測量
製圖 礦山測量 三角術
幾何學

平安南道甑山郡彰新中學校告白

本人이 出給ᄒᆞᆫ 當五錢二千五百
兩內千兩上이라 ᄒᆞᆫ 於音壹片을
陽本月十三日에 路上서 失故로
玆以廣告ᄒᆞ오니 誰某間拾得ᄒᆞ
야도 休紙施行ᄒᆞ시옵
南門外 居 洪淳煥 告白

忠淸南道沔川德山振威陽城四
郡所在田與畓合六十壹石拾三
斗落을 測量後 顯影製圖ᄒᆞ야 舊
文記合四拾貳度를 納官承印次
로 陰九月拾八日에 南門外停車
場에 出ᄒᆞ야 平澤行 第壹列車에
搭乘ᄒᆞᆯ 際에 同去差人 林熙善이
가 錢兩裏封을 沒數ᄒᆞ야 失故로 玆
에 廣告ᄒᆞ오니 勿論內外國人ᄒᆞ
고 拾得ᄒᆞ여도 休紙施行ᄒᆞᆷ
李祥儀 告白

平壤郡大同江面上二里地 驛土
에 數百家金命이 作農이더니 今
以度支部官制頒布以後에 小作
人例로 面長이 具報于鹽督局ᄒᆞ
고 小作人으로 作農居生케 ᄒᆞᄂᆞᆫ
法인데 日本人民國所居留地라
稱ᄒᆞ고 抑勒測量占領코ᄌᆞ ᄒᆞ기
에 韓人은 資生無擇ᄒᆞ야 抵死說
明日 民國所居留地與市街附近
之地로 處ᄒᆞ라ᄂᆞᆫ 上部訓令이 玆
在ᄒᆞ고 祖國疆土를 大皇帝勅
令奉還ᄒᆞ야 訓令이 無ᄒᆞ나 越江
千里外에 民國所居留가 使法不
可라 ᄒᆞᆫ즉 韓日鑑査 십餘名이 該
동民 십二名을 捉去ᄒᆞ며 無論男
女老少ᄒᆞ고 逢則毆打ᄒᆞ야 重傷
者三人이 危至死境ᄒᆞ니 如此이 法
外로 占領土地가 世界初有之事
라 ᄒᆞ고 該土人民이 擧皆棲屑ᄒᆞ야
期於日本政府ᄭᆞ지 去ᄒᆞ야 公決
ᄒᆞ고 勿失小作人例ᄒᆞ기로 廣告
ᄒᆞᆷ
韓寅明

學員大募集廣告

日語ᄂᆞᆫ 六個月 노 測量은 二個月
노 兩專門速成科를 設ᄒᆞ오니 願
學員은 陰十月七日內로 貢臨ᄒᆞ
야 規則을 詳覽ᄒᆞ고 志願ᄒᆞ심을 爲要
日語 同 下午壹時로 三時ᄭᆞ지
同 三時로 五時ᄭᆞ지
同 七時로 九時ᄭᆞ지
測量은 上午십時로 下午一時
西小門內度支部後門前
專門講習所

◎鳳山銀波鳳陽學校補助人員及金額

監督 金석周 校監 崔錫周
학監 張性敎 各一百圓
校장 金榮哲 總務 高達華
各六十圓 贊成장 張彰敎
五십圓 학監 李錫興 金德寬
金相弼 吳弼模 宋德俊
宋相文 李良元 李致雲
各卅圓 許鑠 劉桂甲
各廿圓 金학龍 鄭昌裕
김時範 朴尙淳 李召史
李容默 任允中 各十圓
李根洙 李弼承 權在益
申周輪 吳完根 張德根
李尙鉉 朴貞叔 崔基淳
李致大 李君壹 各五圓
方濟坤 張德永 李斗永
李根豐 李貞馥 金與烈
각三圓 리雨均 리漢석
리文尙 鄭재昇 宋윤伯
張成烈 申永律 宋相希
李芝秀 각二圓 趙應八
壹圓五十錢 鄭達淳 具龍益
각壹圓 리鍾植 五十錢
共九百十六圓 銀波洞中地
段千坪假量 鳳陽學校 告白

本社를 南部曲橋半
井洞第十一統二戶
로 移接ᄒᆞ얏ᄉᆞ오니 僉彦은 照
亮ᄒᆞ시옵
漢城材木柴炭 株式會社

本學會에서 事務上에
緊急히 處理ᄒᆞᆯ 事項이 有ᄒᆞ와 特
別總會를 本月拾七日(陰九月
二拾三日) 土曜下午三時에 開
ᄒᆞ오니
僉會員은 趁期來臨ᄒᆞ시옵
輔仁學會 告白

本塾의 維持方針을 確定ᄒᆞ얏ᄉᆞ
니 二年級學員은 來十九日(月
曜)부터 齊上學ᄒᆞᆯ事
敦明義塾

留京학員及官吏와 因事上京諸
氏의 寄宿便利케 爲ᄒᆞ야 香路坂
耳동 第壹統六戶에 旅館을 新設
ᄒᆞ오니 來臨爲望 大洲旅館 白

本人이 閔泳徽處에 見奪ᄒᆞᆫ
錢土를 今將還推故로 仰佈ᄒᆞ오
니 本人所懷와 如ᄒᆞᆫ 諸氏ᄂᆞᆫ 卽速
來訪ᄒᆞ야 幷力推尋仰希
京磚洞拾四統三戶留
裴星煥 石東煥

本社ᄂᆞᆫ 平壤馬山洞磁
器製造를 發起ᄒᆞ와 初也에
二百株式의 資本金을 募集ᄒᆞ야 製
造와 成績이 良好이온바
益益 擴張키 爲ᄒᆞ야 現又一
千株 式加數募集ᄒᆞ오니 株
主되기를 要ᄒᆞ시ᄂᆞᆫ 僉君子ᄂᆞᆫ
本月內로 左記處에 來議ᄒᆞ시옵
隆熙二年十月十三日

平壤磁器製造株式會社發起人

韓三賢 尹在明 鄭仁叔
尹聖運 田在豐 李德煥
崔有文
壹。總資本금 六萬圓
壹。總株數 壹千貳百株
壹。壹株금 五十圓
但株금은 三回에 分ᄒᆞ야 第壹
回二十五圓 第二回十圓 第三
回十五圓
株式募集及株券領受所
本會社創立事務所 平壤鍾路 尹聖運
平壤貫洞
株式會社 漢城銀行
株式會社 韓壹銀行
平北定州五山洞李昇薰
鎭南浦築동 [illegible]正氏
黃海道 [illegible]邑內 김麻鼎

本人이 陽本月拾三日夜에 紙匣
을 失ᄒᆞ엿ᄂᆞᆫ데 紫岩孔炳殷處
에 壹萬九千六拾七兩의 錢統票
於音壹張과 富平人李大夏處手
票貳萬壹千四百兩五錢票와 紙
貨八拾圓과 金纓子壹件과 函姓
名圖章半錢字彫刻ᄒᆞᆫ것을 見失
ᄒᆞ엿ᄉᆞ오니 外國人은 此於音
을 拾得ᄒᆞ셔도 休紙施行ᄒᆞᆷ
米商客主 裴允默 告白

本月십壹日大韓每日申報廣告
欄內에 崔석彰 韓榮浩 兩本人等이
三人이 本社에 雇傭被務라 ᄒᆞ얏
스니 本人等三人은 本社를 創立初
代表選定ᄒᆞᆫ 崔太任員이오 六月
二십六日 韓榮浩가 誘引工匠ᄒᆞ
야 罷工ᄒᆞᆷ과 其他不法行爲ᄒᆞᆫ 罪
狀으로 被黜ᄒᆞᆫ 後 本人等仍被公
擧專務ᄒᆞ 取締와 雇傭之說은 不
當이오 異貝妄動에 罔有其極云
者ᄂᆞᆫ 社장의 不規則六條를 不服
質問ᄒᆞᆫ인지 北部警察署의셔 構
訴落科로 含憾인지 社長總務가
視務ᄒᆞ기 不能云者ᄂᆞᆫ 自彰其咎가
令人可笑다 人者行事 正而勤
必避嫌면 何提而未能視務인지
訟辨코ᄌᆞ 云者ᄂᆞᆫ 旣敢北署ᄒᆞ고
更以何辭로 眩惑何處計인지 櫃
中所在社章을 無理盜出云者ᄂᆞᆫ
社章은 正當視務ᄒᆞᄂᆞᆫ 任員이 使
用也오 不正行爲로 被黜或不進
ᄒᆞᆫ 任員이 不得關係ᄂᆞᆫ 法典之所
當이어ᄂᆞᆯ 盜出文字ᄂᆞᆫ 未解其意
盜也ㅅ 捺章ᄒᆞᆫ 文字가 社長의게
及ᄒᆞ니 愧歎特甚云者ᄂᆞᆫ 社長의
게 及ᄒᆞ야 [illegible] 其非盜出은 尤可
曉矣痛哉 [illegible] 此文明時代ᄒᆞ야
不思自反ᄒᆞ고 徒抱惡意ᄒᆞ야 以
無倫亂說로 眩惑 僉君子耳目
이기로 玆以廣布ᄒᆞᆷ
普文社取締 李潤德
洪鍾억 李리雨 告白

本書林에서 各學校敎科書와 其
他各種書籍과 學生用品을 廉價
酬應ᄒᆞ오니
僉君子ᄂᆞᆫ 速速來購ᄒᆞ시옵
漢城中部 壽進坊
松峴隅二拾統壹戶
海東書林 告白

◎正壹品輔國勳壹等徐相淳氏
九月貳拾九日別世ᄒᆞ셧ᄂᆞᆫ데 拾八日
(陰九月貳拾四日)上午六時發
靷拾九日下午四時半返虞護告
學知 諸位
親戚 從壹品 徐相輔
從貳品 徐公淳
從壹品 趙鼎應等
但返虞路次南大門外鷺梁通
新大路桃洞下

◎特別大廣告

本社에서 東西洋各種物品을 貿
入ᄒᆞ야 各官廳과 各학校에 用
達營業ᄒᆞ온지今 過半年에 僉
君子愛護ᄒᆞ심을 蒙ᄒᆞ와 興旺ᄒᆞ
오며 壹層擴張ᄒᆞ기 爲ᄒᆞ야 測量
器械附屬品과 校用品과 其他雜貨를 多數購入
ᄒᆞ야 都賣散賣에 格外廉價로
ᄒᆞ오니 陸續注文ᄒᆞ심을 切望ᄒᆞᆷ
京城南部銅峴二十三統六戶
宮內府用達 東洋合資會社
(電話壹百四番)

本人弟의 名은 章煥이오 年은 二
拾二歲이온데 挾雜類를 作ᄒᆞ야
[illegible] 廣告ᄒᆞ오니 勿
論內外國人間 照亮後 典執債給
이나 貸給을 切勿見欺ᄒᆞ옵
西小門外西社洞居 邊星煥 告白

本所에서 通常總會를
本月十七日 土曜下午壹時
(陰九月二十三日)에 開ᄒᆞ깃ᄉᆞ
오니
僉宗은 屆期來臨ᄒᆞ시오
中部壽洞九統一戶
金海金氏宗約所

前主事 김周中 [illegible] 花甲으로 [illegible]
正ᄒᆞ오니 知悉照亮ᄒᆞᆷ
金花山 告白

本人等 本齋畓 六石七斗落 五升落
稅米所捧田 [illegible] 許石零이 在於
本郡古邑面 四坪리니 齋費不贍
ᄒᆞ야 放賣於古邑面李元贊處ᄒᆞᆫ
邑村이 共知라 德岩面安炳회가
如何凶計인지 渠名으로 讓답證
明書를 本郡에 欺瞞圖出ᄒᆞ야 何
銀行이던지 欲爲典執債用云故
로 本人等이 委問於博川銀行所
則果然到ᄒᆞ야 該證明을 雖欲
典當이나 安氏之挾雜을 何以採
知이온지 終不施行ᄒᆞ오니 十世主
之物을 是何忍爲乎잇가 內外國
人은 永勿見欺ᄒᆞᆷ
定州五山升薦齋契 白朴文熙
白樂謹
朴龍均
李貞선等

曾文社에서 李潤德 洪종억 李리
雨 二人을 雇傭被務ᄒᆞ더니 異見
忘動이 罔有紀極ᄒᆞ야 社長總務
가 視務ᄒᆞ기 未能ᄒᆞᆫ 境에 至ᄒᆞ얏기
로 訟辨歸正코ᄌᆞ ᄒᆞ엿더니 不意此
輩三人이 櫃中所在社章을
無難히 盜出ᄒᆞ야 捺章ᄒᆞᆫ 文字가
社장의게 及ᄒᆞ니 愧歎이 特甚키
로 玆에 廣告ᄒᆞ오니 僉君子ᄂᆞᆫ
照亮ᄒᆞ오셔 七月以後에 捺章된
文字ᄂᆞᆫ 本社長의 認准을 更經ᄒᆞ
야 施行ᄒᆞ심을 爲要
普文社 社장 최석彰
總務 韓榮浩 告白

本所에서 測量製圖事務所를 西
部盤石坊蓮池契大里門洞壹百
六十三統 [illegible] 戶에 特設ᄒᆞ옵고 諸
般測量製圖를 並히 酬應ᄒᆞ오니
僉君子ᄂᆞᆫ 迅速來議ᄒᆞ심을
爲要
測量事務所 告白

廣告

崔光玉著　李商在校閱

◉大韓文典 全壹冊 正價廿五錢

▲本文典은普通敎科의國語科程으로需用케爲ᄒ야編輯ᄒ온者오니今에刊行發售ᄒ오

발行元　安岳邑　勉學書會
발兌元　京城　中央書館
　　　平壤　太極書館

◎大韓地志敎科書

國漢文全壹冊　定價二拾五錢

本書ᄂ高等小學校敎科用으로編輯ᄒ것이니全壹冊六拾九課每課壹百六拾字以下로定ᄒ야課讀에取便케홈

發行兼發賣元
平壤法橋大同書觀
京城桂洞玄公廉

◎特別廣告

爲本人이以此附設호야 合 으로運送部組合을事務를設置ᄒ야[illegible]者에設店ᄒ온바京都와各地方에每年金壹千圓以上의荷物을專管運輸ᄒ는處에地方各處東京에오運便은運送店에[illegible]연即商路에對ᄒ야組合이 合 字號를不得已罷擊ᄒ거니와稍稍壹千圓應納之遺害ᄂ必歸於商客ᄒ리니當此商路凋殘之時ᄒ야壹人之害가及於萬人故弊害이爲其商弊ᄒ고각保其業코ᄌᄒ야車貨를特別減捧키로玆에廣告ᄒ오니京鄕商客은照亮ᄒ시오

隆熙貳年拾月貳日
京城南大門外

口 大同運輸會社 浦上運輸會社 通運會社 三光運輸會社 普運會社

車賃目錄

驛名	每噸	每百斤
仁川	壹圓五拾四錢	貳拾四錢四厘
水原	上仝	
平澤	二圓四拾六錢	三拾四錢
天安	二圓八拾三錢	三十八錢五厘
全義	三圓拾六錢	四拾三錢二厘
太田	四圓十錢	五拾五錢
永同	四圓七拾錢	六拾壹錢
金泉	五圓二拾錢	六拾六錢
大邱	五圓九拾六錢	七拾三錢八厘
草梁	六圓八拾四錢	八拾壹錢四厘
馬山浦	[illegible]	[illegible]
開城	貳圓[illegible]	三拾二錢八厘
新幕	三圓九拾六錢	五拾二錢四厘
瑞興	四圓○八錢	五拾四錢八厘
興水院	四圓二拾二錢	五拾六錢二厘
砂里院	四圓五拾四錢	五拾九錢四厘
平壤	五圓二拾八錢	六拾六錢八厘
安州	六圓十二錢	七拾五錢二厘
義州	七圓拾二錢	八拾五錢二厘

其他各驛은姑未記載ᄒ오나依其例ᄒ와車賃捧上홈
但京城驛에서만施行홈

院長古城梅溪가曾往에清國北洋醫官으로多年在外ᄒ다가這般에歸韓ᄒ와諸般設備를大作革新ᄒ야專히韓淸兩國病人의診察을從事ᄒ며尙且軍醫諸氏에게囑托ᄒ야新方妙劑로極盡히速活回春홈을期홈

再次來賓患者의施療ᄂ藥價를勿論ᄒ며又隨時ᄒ야牛痘苗를施種홈

京城木町四丁目
贊化病院（電話二四番）

東文社 [illegible]

辯護士 木尾虎之助
東洋大學前講師
日本法律學士
京城南部苧洞六拾四統貳戶

土地測量術

度支部測量課編纂

全壹冊正價金 弁製六拾錢　洋裝九拾錢

現下測量術書類에三四種이刊行되엿스나不完全의缺點이不無ᄒ든바今에本書ᄂ細密ᄒ測量으로圖形測量ᄭ지詳密히編纂ᄒ얏스며各種實地測量을製圖의圖本을挿入ᄒ야壹般斯學界의無二ᄒ寶典이오且紙質의堅美홈과製冊의華麗홈이測量術書中에覇王이라稱홀만홈

〔發兌元〕
皇城中部罷朝橋越　中央書館　朱翰榮
仝　南部大廣橋路　大東書市　金基鉉
仝　南部大廣橋　滙東書館　高裕相
仝　南門內尙洞　博文書館　盧益亨
仝　남門外紫岩　新舊書林　池松旭

特別廣告

◉京城中部長橋東谷第貳拾統三戶
辯護士 朴星煥 法律事務所

二十世紀之大慘劇 帝國主義

卞榮晩 著　正價金拾五錢

空前絶後의大文章 商業的奮鬪를附刊홈

本書ᄂ二十世紀의大慘劇된帝國主義의狀態를叙述ᄒ者인ᄃ世界變遷의大勢가[illegible]飛躍ᄒ야民族競爭의眞狀이紙上에活現ᄒ야吾人으로ᄒ야곰探照燈又ᄂ眼光과太平洋갓흔胸襟과巨鑑斧又ᄂ手腕을[illegible]의[illegible]獲케ᄒᄂ壹大著述이라[illegible]不得不壹讀ᄒ書이오又實業家의不得不壹讀ᄒ書이오全國民의不得不壹讀ᄒ[illegible]의思潮變遷을[illegible]ᄒ노니[illegible]의售購를多少로同胞의[illegible]

發賣所　皇城布屛下　[illegible]書館　[illegible]　京鄕各書店

地方行政論

撰述 ● 證聲九岳

全壹冊 定價金三拾錢

▲本書ᄂ地方自治行政에關ᄒ壹般의原則과外國의現行制度를參互撰集ᄒ야簡明히論述ᄒ者ㅣ니現히地方官의位에在ᄒ者의行政上參考될은勿論이오全國人士ᄂ각其團體生活의本旨를瞭解ᄒ야將來自治制度組織의基礎를成ᄒ者ㅣ니有志僉彦은速々購覽ᄒ시오

發行元　皇城中부罷朝橋越邊　中央書館
발售處　京城及地方　各書肆

本社에셔輸出物品을東美[illegible]送部에契約委托ᄒ야同運送部가本社附屬商業學校에金壹千圓補助ᄒ온바社與東美運送部間專爲公益之心이니非是私益也오且近日各運送部가物貨賃金을不齊濫捧이나不得公正矣러니今與東美로特爲契約ᄒ야統監府鐵道局元則에略加手數料ᄒ야比前賃金則壹定低落인ᄃ日昨各運送部廣告中商買를束縛ᄒ고各運送部를壹吞云者ᄂ彼必誤解而所謂競爭者也오且前日賃金濫捧이露出於今日者也라本社與東美契約이豈有害於商界之壹分哉

廣信社 告白

西부鎭동第四十七統一戶ᄂ本天道敎祖第壹世水雲大神師嗣孫崔東희시家宅으로第二世師母께오셔現住ᄒ시ᄂ處所이라此家宅은原來李容九嚴柱東等이本敎中公同財産을委任ᄒ時의大道主命意로買[illegible]ᄒ야[illegible]宅으로完定ᄒ者이러니李容九等[illegible]敎自立ᄒ後[illegible]債權[illegible]奪이라ᄒ야所謂[illegible]之迫逐ㅣ無餘[illegible]於此嚴禁入則[illegible]日嚴之[illegible]이라하며嚴日라之所爲[illegible]互相推諉ᄒ다가末乃[illegible]로起訟[illegible]ᄒ야[illegible]係과師母尊儀로ᄒ여곰恥辱을難免케ᄒᄂ니嗚呼痛矣로다[illegible]以義責ᄒ리오마ᄂ但彼等의詐僞目的은本天道敎祖의兩位背師反道ᄂ壹進會侍天敎를自立ᄒᄂ當時의已著ᄒ지라今何心志를彷황케ᄒ며世人耳目을疑眩케ᄒ기로今日의不容不聲討辨明ᄒ오며玆의廣告ᄒ오니壹般諸君子ᄂ照亮ᄒ시오

天道敎中央總部

仁川[illegible]六百[illegible]在安[illegible]二百[illegible]釜山容主[illegible]明[illegible]拾九圓票弁三張을本月十貳日에셔失於京城館洞起業會社近處에셔ᄒ얏스니誰某던得ᄒ야라도休紙施行홈

南門外朴容德 告白

啓者本號新到에上品玉器瑪瑙寶石古玩等係官貴夫人所用之物及洋廣雜貨湖北安徽大連彩票發賣特此佈告　諸君光顧是望

漢城石井동
杏花春 告白

咸安郡咸化학校ᄂ設立未幾에校務申擴張ᄒ고학徒逍就ᄒ며遠近이無不讚美이며[illegible]郡[illegible]安文[illegible]符[illegible]鍾[illegible]驅迫逐送ᄒ고校長之任[illegible]校[illegible]笠등[illegible]學[illegible]文[illegible]情[illegible]六拾圓[illegible]不可仍置[illegible]此[illegible]推不推[illegible]判所에請願ᄒ야期料[illegible]키로玆에廣告홈

趙[illegible]　李志魯 告白

發行兼編輯人英國人 萬咸
Responsible for Publication
Alfred Weekley Marnham.

發行所
南署石井洞號外地三層洋屋內
大韓每日申報社

京城鍾路慈惠醫院 診

醫學校卒業後濟衆院卒業　濟衆院의셔實地六年習학

[illegible]

壹此鍾路慈惠醫院에서大英國製視力檢査機械金와銀번眼鏡을購ᄒ고男女視力을檢査ᄒ와適合ᄒ대로廉價放賣ᄒ오니視力이不足ᄒ이ᄂ速々히來臨ᄒ야視力을檢査홀일아니라

第六卷

大韓每日申報

第九百卅壹號

月曜及慶節時日休刊

檀君開國四千二百四十一年
箕子元年三千三十年
大韓開國五百十七年
日本明治四十一年
淸國光緒三十四年
陰曆戊申九月大廿三日乙巳

論說

◉韓國의十二活佛

昔者高句麗嬰陽王時에隋主楊廣이東侵ᄒᆞᆯᄉᆡ乙支文德麾下에七個道僧이有ᄒᆞ야淸川江水를平地로幻作ᄒᆞ고隋兵壹百三十萬名을此에誘入ᄒᆞ야沒數溺死케ᄒᆞ야東國戰史上에壹大名譽를貽ᄒᆞᆫ故로當時에此七人을七活佛로尊奉ᄒᆞ얏다ᄒᆞ나此ᄂᆞᆫ野人의荒說이라吾輩가席上壹笑談에藉ᄒᆞᆯ而已어니와現今에眞個新現ᄒᆞᆫ十二活佛이有ᄒᆞ야愛國愛同胞의熱心으로大東三千里에大慈悲를施ᄒᆞ니吾輩ᄂᆞᆫ國內同胞에게普告ᄒᆞ야二千萬人의四千萬手로其前에膜拜코ᄌᆞᄒᆞ노라

十二活佛은是誰오卽東洋拓殖會社委員黃海道金泳鐸吳亨根平南白舜欽黃업平北李允實李宅源全南金亨玉朴元奎咸南趙根浩朴熙豊咸北孫瑞憲韓弘셕諸氏가是也라

大抵東洋拓殖會社法이頒布된以來로全國이嗷々ᄒᆞ야其模糊ᄒᆞᆫ句語에霧眼을頻拭ᄒᆞ며其不利益된條件에冷淚를亂滴ᄒᆞ되政客은袖手ᄒᆞ고儻士ᄂᆞᆫ結舌ᄒᆞ야恨聲이滿國ᄒᆞᆯ而已러니居然此拾二氏등이拓殖委員의任을帶ᄒᆞ고日本에渡ᄒᆞ야兩國委員會議에抗爭ᄒᆞᆫ結果로該會社法說明書를得ᄒᆞ얏ᄂᆞᆫ데其全文을讀ᄒᆞᆫ즉左와如ᄒᆞ니

日本國東洋拓殖株式會社法第十壹條・韓國東양拓殖株式會社法第拾二條、東양拓殖株式會社定欵第五拾二條에規定ᄒᆞᆫ同會社營業의意味ᄂᆞᆫ別紙와如ᄒᆞ기參考ᄒᆞ기爲ᄒᆞ야通知ᄒᆞᆷ

明治四十壹年九月二十八日
大藏省 印

東洋拓殖株式會社設立委員 殿

◉東양拓殖株式會社營業說明

東양拓殖株式會社ᄂᆞᆫ韓國農業의發達을計ᄒᆞ며且未墾地를開發ᄒᆞ야利用ᄒᆞ게ᄒᆞᆯ目的ᄒᆞ야其方法計劃實行上에必要와又相當ᄒᆞᆫ日本人若干을漸次韓國에移住케ᄒᆞ야其農業術을實地로韓國人에게傳授코ᄌᆞᄒᆞᆷ이라故로會社의成立은韓日兩國人의共히同樣으로其利를受ᄒᆞᆷ이라會社ᄂᆞᆫ韓日兩國政府로부터壹個私人의資格으로其營業을許ᄒᆞᆫ者인즉何等의特別ᄒᆞᆫ權力을該會社에與치아니ᄒᆞᆫ지라故로會社가定欵第五十二條第二號에依ᄒᆞ야其營業에必要ᄒᆞᆫ土地를買入코ᄌᆞᄒᆞᆯ時ᄂᆞᆫ韓國에在ᄒᆞᆫ地主와對等의資格으로써交涉ᄒᆞ야互相間任意로ᄒᆞᄂᆞᆫ承諾을經ᄒᆞ야相當ᄒᆞᆫ代價를支給ᄒᆞ야其土地를買入ᄒᆞᆷ이오强制的의方法을用ᄒᆞᆷ이無ᄒᆞᆯ지라故로韓國人은會社로因ᄒᆞ야自己의所有ᄒᆞᆫ土地에侵害를被ᄒᆞᆷ이無ᄒᆞᆯ지오又會社가其營業에必要ᄒᆞᆫ土地를借入코져ᄒᆞᆯ時도何等의强制的手段을用ᄒᆞᆷ이無ᄒᆞ고土地를買人ᄒᆞᆯ時와異ᄒᆞᆷ이無ᄒᆞ니故로會社가成立ᄒᆞ야도韓國人은조금도杞憂를抱ᄒᆞᆷ이不可ᄒᆞᆫ지라又定款第五拾二條第三號에拓殖ᄒᆞ기爲ᄒᆞ야必要ᄒᆞᆫ土地經營及管理ᄒᆞᆷ이라記ᄒᆞᆷ은會社가所有ᄒᆞᆫ土地又ᄂᆞᆫ株式出資에充ᄒᆞ기爲ᄒᆞ야株主로부터提供을受ᄒᆞ야保管ᄒᆞᄂᆞᆫ土地・又ᄂᆞᆫ會社가借入ᄒᆞ야使用ᄒᆞᄂᆞᆫ土地를耕作ᄒᆞ며改良ᄒᆞ야使用ᄒᆞᄂᆞᆫ것이고韓國人이適法으로所有ᄒᆞᆷ이오會社에서關係가無ᄒᆞᆫ土地를會社가强制로使用ᄒᆞᆷ을不許ᄒᆞᆫ意ᄂᆞᆫ極히明白ᄒᆞᆫ事이오會社가如斯ᄒᆞᆫ違法의行動을敢行ᄒᆞᆫ時ᄂᆞᆫ韓日兩國政府에서該會社重役(職名)의게相當ᄒᆞᆫ制裁를加ᄒᆞ야此를制止ᄒᆞᆷ은勿論이라

又定款第五拾貳條第五號에拓殖ᄒᆞ기爲ᄒᆞ야必要ᄒᆞᆫ韓日移住民募集及分配라記ᄒᆞᆷ은農業에適當ᄒᆞ며且人口가少ᄒᆞᆫ地方에移住를希望ᄒᆞᄂᆞᆫ人民이有ᄒᆞᆯ時ᄂᆞᆫ會社에서移住ᄒᆞᄂᆞᆫ周旋을行ᄒᆞᆷ이오其希望者ᄂᆞᆫ日本人이나韓國人이나其區別을設치아니ᄒᆞᆷ이라然이나他所에移住ᄒᆞ기를希望ᄒᆞᄂᆞᆫ韓國人을壓制로他所로移住케ᄒᆞᄂᆞᆫ等事ᄂᆞᆫ韓日兩國政府가會社에對ᄒᆞ야決코不許ᄒᆞᄂᆞᆫ비라

故로會社가成立ᄒᆞ되韓國人은其所有地及住居ᄂᆞᆫ決코寸毫라도會社로因ᄒᆞ야侵害를被ᄒᆞᆯ危險이無ᄒᆞᆷ으로써韓國人은何人이던지安心ᄒᆞᆷ이可ᄒᆞᆷ이라ᄒᆞ얏더라

此를按컨대該會社에셔土地의買賣及貸借의强制的이無ᄒᆞᆯ지며韓國人을他方에强移치아닐지며又民有의土地ᄂᆞᆫ該會社에侵害를不受ᄒᆞᆯ지니嗚乎偉哉라拾貳氏여

昔者 肅廟年間에日本對馬島主가鬱陵島를侵害ᄒᆞ거날相臣은悚懼하야此를割與코ᄌᆞ하고貴戚은驚惶ᄒᆞ야此를棄却코ᄌᆞᄒᆞ던대獨히東萊水卒安龍福氏가愛國에熾를揭ᄒᆞ고隻身으로彼國에渡ᄒᆞ야奇妙ᄒᆞᆫ計策으로對馬島主를壓服ᄒᆞ고國土를保ᄒᆞ얏ᄂᆞ니今夫拾貳氏ᄂᆞᆫ其難도安氏에過ᄒᆞ며其功도安氏의過ᄒᆞ도다嗚乎拾貳氏여何處에셔得來ᄒᆞᆫ者ㅣ뇨

彼鍾鳴鼎食ᄒᆞ던昔日薰戚에拾貳와如ᄒᆞᆫ者ㅣ曾有ᄒᆞ얏더면國勢가此에不至ᄒᆞ얏슬지며位高權重ᄒᆞᆫ現時廷臣에拾貳氏와如ᄒᆞᆫ者ㅣ或有乎아嗚乎諸氏여其愛國의忠憤으로偶然히滔々狂란에壹支流를塞ᄒᆞ얏도다

彼畿湖關嶺等委員은其心腸이何如ᄒᆞᆫ지此等大義關頭에袖手旁觀ᄒᆞ야他人事又치敢ᄒᆞᆫ者도有ᄒᆞ며又或拾貳氏를反對ᄒᆞᆫ者도有ᄒᆞ다ᄒᆞ니嗚乎라彼等은卽驛屯土讓渡ᄒᆞᆫ某人과相距不遠ᄒᆞ도다

◉隆熙貳年拾月拾日 官報

○産業 (續)

○東洋拓殖株式會社定款

第二拾三條　株券을毁損ᄒᆞ거나或은셔失ᄒᆞᆫ株主ᄂᆞᆫ其事由를詳錄ᄒᆞ야本會社에셔適當ᄒᆞᆷ을認ᄒᆞᆫ바二人以上의保證人이連署ᄒᆞᆫ證書를提出ᄒᆞ고新株券의交付를請求ᄒᆞᆷ을得ᄒᆞᆷ但셔失ᄒᆞᆫ境遇에在ᄒᆞ야ᄂᆞᆫ請求者의費用으로써其旨를公告ᄒᆞ되公告日로부터六拾日을經過ᄒᆞ야도異議를申告ᄒᆞᆫ者無ᄒᆞᆫ時에만限ᄒᆞ야新株券을交付ᄒᆞᆷ

第二十四條　株券의種類를變更ᄒᆞ라ᄂᆞᆫ者ᄂᆞᆫ其株券에請求書를添付提出ᄒᆞᆷ이可ᄒᆞᆷ

第二十五條　株券의名義書換과新株券의交付及株券種類의變更에對ᄒᆞ야ᄂᆞᆫ本會社에셔定ᄒᆞᆫ바手數料를徵收ᄒᆞᆷ

第二十六條　本會社ᄂᆞᆫ定時株主總會前三十日을超過치아니ᄒᆞᆫ期間으로株式讓渡에關ᄒᆞᆫ株式의名義書換을停止ᄒᆞᆷ

第三章　株主總會

第二十七條　定時總會ᄂᆞᆫ每年五月臨時總會ᄂᆞᆫ總裁又ᄂᆞᆫ監事가必要로認ᄒᆞᆫ時及總株數의分之壹以上에當ᄒᆞᆫ株主로셔總會에目的及招集의理由를記載ᄒᆞᆫ書面을提出ᄒᆞ야總會의招集을請求ᄒᆞᆫ時에總裁가此를招集ᄒᆞᆷ但株主가總會招集을請求ᄒᆞᆫ境遇에在ᄒᆞ야ᄂᆞᆫ總裁ᄂᆞᆫ十四日以內에招集의節次를行ᄒᆞᆷ을要ᄒᆞᆷ

第二十八條　總會의議事ᄂᆞᆫ미리通知ᄒᆞᆫ바目的의事項外에涉ᄒᆞᆷ을要ᄒᆞᆷ

第二십九條　總會의日時及處所ᄂᆞᆫ總裁가此를定ᄒᆞ되先期十四日前ᄒᆞ야各株主의게其通知를發ᄒᆞᆷ

第三拾條　總會에議長의職務ᄂᆞᆫ總裁가此를行ᄒᆞᆷ但總裁缺員ᄒᆞᆫ時又ᄂᆞᆫ事故가有ᄒᆞᆫ時ᄂᆞᆫ副總裁가此를行ᄒᆞᆷ (未完)

外報

●避不得의開戰　倫敦電을據ᄒᆞᆫ즉써비아國에셔國會를開ᄒᆞ얏ᄂᆞᆫ데民衆院外에群集은開戰을따呼ᄒᆞ얏고同國首相은客을訪問ᄒᆞ야日時局이極히切迫ᄒᆞᆷ을因ᄒᆞ야戰爭을避치못ᄒᆞ리라ᄒᆞ얏다더라

●勃國의通牒　東京電을據ᄒᆞᆫ즉勃牙利國은土耳其에對ᄒᆞ야獨立의承認을要求ᄒᆞ얏ᄂᆞᆫ대萬若三日以內에回答이無ᄒᆞ면直宣戰을布告ᄒᆞᆯ뜻으로通牒ᄒᆞ얏다더라

●列國會議承認　同電을據ᄒᆞᆫ즉近東問題에關ᄒᆞ야英露佛伊의四國은列國會議를開ᄒᆞᄂᆞᆫ대對ᄒᆞ야壹致케承認ᄒᆞ얏다더라

●廣東地震　東京電을據ᄒᆞᆫ즉廣東省에ᄂᆞᆫ地震이有ᄒᆞ야被害가不尠ᄒᆞ다더라

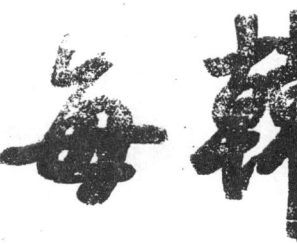

●墺貨排斥　同電을據ᄒᆞᆫ즉土耳其國에셔ᄂᆞᆫ墺國貨物을排斥ᄒᆞ기를始ᄒᆞ얏다더라

雜報

●御駕親臨說 大韓醫院에서落成式을設行ᄒᆞᆫ다ᄒᆞᆷ은已報하얏거니와日字가漸近ᄒᆞᆷ으로諸般節次를現今準備中이라ᄂᆞᆫᄃᆡ近聞ᄒᆞᆫ즉伊日에 大皇帝陛下께옵서 親臨ᄒᆞ신다ᄂᆞᆫ說이有ᄒᆞ더라

●手形追加裁可 手形條例追加의關ᄒᆞᆫ件을各部大臣이上奏ᄒᆞ야 裁可頒布케ᄒᆞ얏다더라

●課長有人 前日에도軍部將官이因公하야大演習等觀光事로日本에渡去ᄒᆞ면其隨員將校等을依例叙勳ᄒᆞᄂᆞᆫ지라今番日本陸軍大演習에軍部大臣李秉武氏가渡去ᄒᆞᄂᆞᆫᄃᆡ隨員尉官李秉殷氏ᄂᆞᆫ該氏의親弟라該隨員等을叙勳次로該部恩賞課長金永憲氏의게命令ᄒᆞ야表勳院에叙勳照會를記案以入ᄒᆞ라ᄒᆞᆫ즉全氏가反對ᄒᆞ야曰 勅令案으로頒布ᄒᆞᆫ叙勳條例를見ᄒᆞ면軍人은十貳個年以上을繼續視務ᄒᆞ야可記勳勞者를叙勳ᄒᆞᆫ다ᄒᆞ얏스니此人等은勤務가七八年에不過ᄒᆞ니叙勳키難ᄒᆞ다ᄒᆞ거ᄂᆞᆯ李軍大가屢次威脅曰已有前例ᄒᆞ니速爲起案하라하거ᄂᆞᆯ全氏曰 勅令案이所重ᄒᆞ니難可奉行이라ᄒᆞᆫᄃᆡ李軍大曰上官의命令을壹向不遵乎아ᄒᆞᆫ즉全氏曰大臣도 勅令案을不可違反이라ᄒᆞ고言辭가激切ᄒᆞ얏다더라

●內閣決議 再昨日內閣에서各部大臣이會議를開ᄒᆞ고政黨規則을頒布ᄒᆞᆯ事件과其他緊要事項을決議ᄒᆞ얏다더라

●軍總大臣 軍部大臣李秉武시가日本에渡去ᄒᆞᆫ故로軍大署理事務ᄂᆞᆫ總理大臣李完用시가兼任ᄒᆞ얏다더라

●電促仕進 宮內府에서昨日上午九時量에有何事件인지該府大臣閔丙奭氏私邸로電話ᄒᆞ야仕進ᄒᆞ기를催促ᄒᆞ얏다더라

●四倅依免 青松郡守康琪昇寧海郡守慶光國南平郡守李鯪奉靈光郡守林炳瓚諸시等이各히道에辭職請願ᄒᆞ야依免이되얏다더라

●全南各郡廢合 全羅南道幾許郡의廢台ᄒᆞ얏다ᄂᆞᆫ案件을聞ᄒᆞᆫ즉玉果郡을廢하고潭陽郡의德面、大面、加面을分하야幷히昌平郡에合ᄒᆞ고和順郡을廢ᄒᆞ야綾州郡에合ᄒᆞ고樂安郡을廢ᄒᆞ야內西面、外西面、東上面、東下面、艸上面、艸下面、邑內面은順天郡으로附屬ᄒᆞ고其外南上面、南下面、古上面古下面은寶城郡으로附屬되얏더라

●吾意亦同 前特進官俞吉濬시가前輔國閔泳徽시의게書函을送致ᄒᆞ고壹般敎育界에更加注意ᄒᆞ야敎育進就上에敎主가됨을希望ᄒᆞᆫ다하얏다더라

●神野視察 法部書記官神野가日人主事를帶同ᄒᆞ고平壤義州地方監獄事務를視察ᄒᆞ기爲ᄒᆞ야來二十日頃의發ᄒᆞᆫ다더라

●府士調査 天安溫陽兩郡에承寧府所管田畓이多有ᄒᆞᆫᄃᆡ度支部에서現今派員調査ᄒᆞᄂᆞᆫ中이라더라

●弊不止此 忠淸北道淸州郡東亞開進敎育會商民頭領左國掌務員金順澤이가稱以無主故魂祭祀를지닌다ᄒᆞ고商民과百姓의게每名五兩式收斂ᄒᆞ얏ᄂᆞᆫᄃᆡ其行爲不測ᄒᆞᆫ事實이壹進會支部에서調査ᄒᆞ야警視廳의報告ᄒᆞ얏다ᄂᆞᆫ事를帝國實業會에서聞知ᄒᆞ고挾雜ᄒᆞᄂᆞᆫ商民을仍卽除汰ᄒᆞ얏다더라

●果則有怨 安東郡衙에ᄂᆞᆫ日兵이居接ᄒᆞᆫ故로該郡守宋憲冕氏가該郡의奉享ᄒᆞᄂᆞᆫ三太師院所로移接하얏더니該郡財務署에서該院으로移居視務하ᄂᆞᆫ故로宋郡守ᄂᆞᆫ居處가永無ᄒᆞᆫ지라衙舍를洋制로建築ᄒᆞᆫ다稱ᄒᆞ고民間에多數ᄒᆞᆫ額을排斂ᄒᆞ야現今督刷ᄒᆞᆷ으로民情이嗷々ᄒᆞᆫ다ᄂᆞᆫ傳說이有ᄒᆞ더라

●北天無電 北青郡居某ᄂᆞᆫ가再昨日自已私邸로電報ᄒᆞᆯ事가有ᄒᆞ야電報局에前往打電코ᄌᆞᄒᆞᆫ즉該局에서答ᄒᆞ되北道로ᄂᆞᆫ通信을不許ᄒᆞᆫ다ᄒᆞ고牢却ᄒᆞ미該人가不得已空還ᄒᆞ얏다더라

●農業組合請願 南部后洞居李昌成시와日人小島今朝次郎이가韓國農事方針을改良ᄒᆞ고農利를增進케ᄒᆞ기爲ᄒᆞ야韓日農業組合所를設立次로漢城財務監督局에請願ᄒᆞ얏다더라

●撫糞呼怨 漢城內民家屋에厠間을改良ᄒᆞᆫ後에北部管內民家에ᄂᆞᆫ糞桶이盈溢ᄒᆞ야衛生에妨害가大端ᄒᆞᆯ뿐더러當場放糞ᄒᆞᆯ道理가無ᄒᆞᆫ故로北署에請願이답至ᄒᆞᆫ다더라

●秋風大起 北來人의傳說을據ᄒᆞᆫ則韓北地方에ᄂᆞᆫ近日義兵이漸次熾盛ᄒᆞᆫ樣인ᄃᆡ柳麟錫李範允諸시가海蔘威秋風等地에서兵器를多數買置ᄒᆞ야韓北義兵과連絡이有ᄒᆞ고該大將은黃某라ᄒᆞᄂᆞᆫᄃᆡ智勇이雙全하다더라

●因何派兵 日憲兵小將明石이가北間島를觀察ᄒᆞᆫ後에日兵을多數히該等地로派送ᄒᆞᆫ다더라

●森山急步 日憲兵隊少佐森山이가日昨楊州等地로義兵을鎭壓ᄒᆞᆯ次로出往ᄒᆞ얏다가有何事件인지其翌夜에急步入城ᄒᆞ얏다더라

●雜類不戢 日本留學生玄子玖의庄土가黃海道白川郡無仇面杜村에在ᄒᆞᆫ바近日에何許雜類가該庄土를放賣ᄒᆞᆫ다고訛言을做出ᄒᆞ야京鄉에傳播하미로玄子시의伯兄玄[illegible]氏가聞甚驚駭ᄒᆞ야詳細을探採ᄒᆞᆫ즉現今漢城鳴洞에[illegible]ᄒᆞᄂᆞᆫ白川人趙廷翼氏家에來留하ᄂᆞᆫᄃᆡ[illegible]鳴氏에게至ᄒᆞᆫ故로趙[illegible]을詰問ᄒᆞᆫ즉白川居邊석五에게得聞ᄒᆞ얏다하고模糊說去ᄒᆞ니人의關係와非輕ᄒᆞᆫ事를訛言으로害毒을貽코ᄌᆞᄒᆞᆷ은其心術을難測이라ᄒᆞ야玄[illegible]氏가方今窮底探根ᄒᆞ야雜類의惡習을期於懲勵ᄒᆞᆫ다더라

●官民葛藤 安東郡東信[illegible] [illegible]郡은自來로各巨姓大族이互相雜居ᄒᆞᄂᆞᆫᄃᆡ各門中에所有財産이贍足ᄒᆞᆷ으로前郡守宋憲冕시가邑內에學校를設立ᄒᆞᆯ次로各人門中에財産을調査ᄒᆞᆫ事이有ᄒᆞᆫ다ᄂᆞᆫᄃᆡ紳士가발起ᄒᆞ고各門中의所有財産으로학校를設立ᄒᆞᆷ은壹般이나各面에設校ᄒᆞᆷ은本郡에請願ᄒᆞᆫ즉本郡守가言ᄒᆞ기를邑內의設立ᄒᆞᆫ後의剩餘財産이有ᄒᆞ거든各面의設校ᄒᆞ라ᄒᆞᆷ으로此等無理의說은服從치아니ᄒᆞᆫ깃다하고官民間互相葛藤이되야現今詰難ᄒᆞᄂᆞᆫ中이라더라

●角力場의群屍 智島郡基左面에서去月拾六七日間에角力場을設行ᄒᆞ고人山人海를成ᄒᆞ얏ᄂᆞᆫᄃᆡ角力의壯元을未決ᄒᆞ야爭論이不壹ᄒᆞᆫ中에壹個老婆가[illegible]言曰今番角力壯元은某也의게歸ᄒᆞ라ᄒᆞ거ᄂᆞᆯ木浦居金成汝가言ᄒᆞ되男子가許多ᄒᆞᆫ되何等妖女가敢言乎아ᄒᆞ니該老婆가憤然曰汝ᄂᆞᆫ何許人이냐ᄒᆞ며說往說來에戰鬪가起ᄒᆞ야該老婆외ᄂᆞᆫ作黨가金成汝를無數毆打ᄒᆞ야三四日後에卽爲致斃ᄒᆞᆫ지라該老婆가殺人者ᄂᆞᆫ死라ᄒᆞ고因卽自斃ᄒᆞ얏고其後에元犯은木浦警察에提囚ᄒᆞ얏더니該漢이其罪를自知ᄒᆞ고獄中에서亦爲自斃ᄒᆞ얏다더라

●必乃喪命 西部銀杏洞居ᄒᆞᄂᆞᆫ金善昱시狹床奴姓不知良돌이가自手自刺ᄒᆞᆫ事ᄂᆞᆫ已報어니와該兒가濟衆病院에서治療ᄒᆞ다가再昨日上午八時에因爲致斃ᄒᆞ얏다더라

●金氏省祖 金寧金시ᄂᆞᆫ祖村의端閣朝殉節臣으로姓貫行蹟이詳載於莊陵誌ᄒᆞᆷ은壹國이所共知인ᄃᆡ金北茂氏가[illegible]시가慶州로移貫코저하야學校院에呈單ᄒᆞᆫ事에對ᄒᆞ야金시들이會所를定ᄒᆞ고十三道에發通하야各其派中幾人式上來ᄒᆞ야將次質判ᄒᆞᆫ다더라

●得債逃走 괴山郡某々人이京城會동居韓某와符同ᄒᆞ야該郡各面人民의田畓八百餘石落을與執得債ᄒᆞᆯ次로文券을僞造ᄒᆞ고京城에上來ᄒᆞ야某銀行에金貨幾千圓을得債ᄒᆞ고各自逃走ᄒᆞ얏다더라

●演劇不興 前郡守李世儀氏가演興社를買渡ᄒᆞ야演劇場을設始ᄒᆞᆫ後로觀覽客이稀少ᄒᆞ야興況이無ᄒᆞᆷ으로贊成員票紙를多數刊出ᄒᆞ야各紳士의게傳致請覽ᄒᆞᆫ다더라

●青年討論 今日下午七時三十分에青年會館에서討論會를開ᄒᆞ고以愛報怨이勝於以直報怨이란問題로討論ᄒᆞᆫ다더라

●嬌兒의尹氏 慈仁郡私立[illegible]義學校ᄂᆞᆫ設立未幾에財政이艱拙ᄒᆞᆫᄃᆡ該郡에寓居ᄒᆞᆫ前主事尹昌燮시가素是赤貧으로家中所有가沓壹二斗落뿐인ᄃᆡ出劵ᄒᆞ야付ᄒᆞ고學徒를對ᄒᆞ야熱心受業ᄒᆞ라ᄒᆞ고飮泣勸諭ᄒᆞ얏다ᄂᆞᆫᄃᆡ如斯風氣가播傳ᄒᆞ야境하면嶺南人의惜[illegible]로難[illegible]不啻自治ᄒᆞ깃다ᄂᆞᆫ傳說이有하더라

●坊會嘉安 三昨日下午八時嘉安坊會에서總會를開ᄒᆞ고會長李道宰副會長李圭桓總務趙命熙三시가出席辦務ᄒᆞ고該兩坊每戶에月捐五錢式排斂ᄒᆞ야經費充用ᄒᆞᆯ事를協議ᄒᆞ얏다더라

●鳳鳴運動 鳳鳴學校에서再昨日獨立館에前往ᄒᆞ야運動會를設行ᄒᆞ얏ᄂᆞᆫᄃᆡ該學員의父兄을請邀ᄒᆞ얏다더라

▲地方消息▼

▲本月十日에載寧郡栗枝面雙安동의셔義兵將辛天洙氏의率ᄒᆞᆫ義兵數십名은허州駐在日憲兵과交戰ᄒᆞ얏다ᄒᆞ고

▲本月六日延安郡方山面桑洞津의셔義兵百餘名이麒麟坊駐在日守備隊와交戰ᄒᆞ얏다ᄒᆞ고

▲本月八日牙山郡內에서義兵六名이허郡駐在日憲兵과接戰ᄒᆞ얏ᄂᆞᆫᄃᆡ日本上等兵壹名이負傷ᄒᆞ얏다ᄒᆞ고

▲本月拾壹日屯浦東南壹里地에서義兵二拾餘名이허浦駐在日憲兵과接戰ᄒᆞ얏다ᄒᆞ고

▲本月拾日溫陽郡方三里長在洞의셔義兵四拾餘名이成歡駐在日守備隊와交戰ᄒᆞ얏더라

▲責亡骨▼

▲逐日聞見이無非入骨[illegible]世界로다豺狼當途此板에安閑猶狎ᄒᆞᆫ사마ᄂᆞᆫ爾輩亦是成就國民分子이아닌가ᄂᆞᆫ關係非輕ᄒᆞ기로擧其總敗槪論ᄒᆞ니俯首諦聽ᄒᆞᆯ지어다

▲紅白屧鞋色帽子에年纔七八兒童들이頭上血도未乾인ᄃᆡ口含淚烟뒤집지고街頭上에橫行ᄒᆞᆫ제幼無別放恣ᄒᆞ니네行爲볼작시면家庭教訓可知로다 너亡骨을엇지ᄒᆞᆯ고

▲綾羅紬衣ᄂᆞᆫ넘에毛羽未成艸笠耳에軟口乳臭[illegible]ᄒᆞ니에그香에미妓生단고演戲臺로追逐ᄒᆞ니네身勢도可憐ᄒᆞ다만[illegible]程序駭嘆ᄒᆞ오네父母가잡놈일나 너亡骨을엇지ᄒᆞᆯ고

▲油頭粉面色衣不滿尺新嫁女가頂上綿毛未脫인ᄃᆡ産業에ᄂᆞᆫ베돌이오遊覽ᄂᆞᆫ넘치도다[illegible]々往[illegible] 너亡骨을엇지ᄒᆞᆯ고

▲[illegible]혼집에[illegible]宰相婦로[illegible]두고何필欲[illegible]踰墻穿穴무산일고네집敗ᄒᆞᆯ을可期이로다則思之非汝過라乃父乃祖遺업일라 너亡骨을엇지ᄒᆞᆯ고

▲학徒帽子자켜쓰고冊袱子ᄂᆞᆫ엽헤세고네學問ᄒᆞᄂᆞᆫ無益ᄒᆞ고韓毯店에衛人ᄒᆞ야奸猾ᄒᆞᆫ넘어가胡[illegible]日人[illegible]인 너亡骨을엇지ᄒᆞᆯ고

▲草笠의紅衣ᄂᆞᆫ滿십歲幼兒로다精神發揚ᄒᆞ며[illegible]말총으로束縛ᄒᆞ야亂髮淚可觀이라그즁에어른이라無聊ᄒᆞ의衛門에네父母가豚犬일다 너亡骨을엇지ᄒᆞᆯ고

▲銀纓총帽더少年ᄂᆞᆫ不問可知宰相子孫[illegible]太早ᄒᆞ다自幼培敎안키[illegible]못될소나네[illegible]상치만無知沒覺네父親[illegible]病[illegible]痛이다 너亡골을엇지ᄒᆞᆯ고

▲亡骨亡骨亡骨들아自然亡骨遺種[illegible]何乃如此衰骨이냐附輩亡골더뭇[illegible]죽ᄂᆞᆫ다[illegible]興家ᄒᆞ며보소[illegible]골되게

廣告

◎特別廣告◎

本社에서 名帖印刷를 更加擴張ᄒᆞ기爲ᄒᆞ야 各樣紙品을 壹切準備ᄒᆞ고 極廉價로 僉君子에 所請대로 隨應ᄒᆞ옵ᄂᆞᆫ중 婦人과 學徒의게ᄂᆞᆫ 特別除減ᄒᆞᆯ터이오니 照亮來臨ᄒᆞ심을 敬要

大韓每日申報社

本郡居鄭鴻順이 本鄕校督經掌議로 校財를 盜絕ᄒᆞ고 掩跡코ᄌᆞ하야 校宇又賣ᄒᆞᆫ 本郡財務署에나 公立學校에나 付屬ᄒᆞ라고 左右私囑ᄒᆞ다가 奸狀이 綻露ᄒᆞ야 ᄀᆡ에 自鄕中으로 付罰ᄒᆞ얏더니 悖習을 不悛ᄒᆞ고 本鄕校를 期於掃蕩ᄒᆞ다고 大言逃走ᄒᆞ얏ᄉᆞ니 內外國人은 切勿見欺ᄒᆞᆷ

江陵郡 儒生 崔永鶴 崔元植 金元卿 曹秉億 等 告白

官立漢城外國語學校日語部同窓會를 本月拾八日(日曜)上午拾時에 東大門外永道寺에 設行ᄒᆞ오니 當般校友ᄂᆞᆫ 屆期光臨ᄒᆞ심을 爲要

再 會費 五拾錢

幹事等 告白

本人의 任天讃가 三歲時 喪父ᄒᆞ고 年今二拾壹에 與母子生活을 本人擔着은 其在情理에 不得不然이어ᄂᆞᆯ 外同天讃가 性本浮蕩ᄒᆞ야 年前에 本人田을 僞造典券ᄒᆞ야 欲得日債ᄒᆞ다가 奸狀現發ᄒᆞ야 同天讃與居間崔應玉을 自官捉囚ᄒᆞ고 日人所執僞券을 還推矣러니 到今又何債用인지 名不知日人二名과 通辯朴台植이 眼同天讃而來ᄒᆞ야 天讃債用이 八百圓이라 欲懲今人於委訪而本人이 時適出他未還之際에 本人農牛와 在草坂者를 日人與通辯이 盡奪去故로 挾人李明玉이 往欲推牛라가 被打而歸ᄒᆞ니 天讃日債에 本人農牛가 何關고 現方告法推牛而玆先廣布ᄒᆞ오니 天讃亂債를 雖毫分不可移懲於本人事로 內外國人은 切勿見欺ᄒᆞᆷ

義州水鎭面大水洞車貞均 告白

◎學員增募廣告

本校에서 敎育上完全ᄒᆞᆫ 才藝를 養成ᄒᆞ기爲ᄒᆞ야 中學敎師ᄂᆞᆫ 吳日煥 金炳億 測量敎師ᄂᆞᆫ 金應烈 三氏를 延聘ᄒᆞ고 目今急務에 應用ᄒᆞᆯ 學藝를 敎授ᄒᆞ오니 願學 僉員은 今月貳拾九日內로 陸續請願ᄒᆞ시오

校監 宋道容

事務 洪輳獎

入學許可ᄂᆞᆫ 本月晦日ᄭᆞ지

科 程

一學年

本國地誌 歷史 理化 博物 物理 修身 語學 筭術分數 少數 ᄭᅡ典 農학 商業 地문 作文 漢문

二學年

萬國地誌 歷史 物理 化학 法학 農業 商業 論文 語學 礦物 筭術代數 文典 生理 作文 倫理 土地測量 製圖 礦山測量 三角術 幾何學

平安北道鐵山郡彰新中學校 告白

懷德郡外南面弘道學校測量專門科學徒卒業生

甲班 宋瑛淳 宋達淳 宋鍾甲 趙東珍 宋秀玉 宋錫祐 延燮允 車泳敎 徐相烈 梁在敦 宋元用 廉時薰 金賢洙 任泰烨 崔鳴米 林魯祜 宋秀鶴 宋雨用 諸시 拾八人

乙班 郭秉선 柳道淵 李淳宗 李淳冕 宋敎憲 梁爽煥 李鍾寅 朴□□ 金鍾默 宋灝淳 陸漢均 黃洙仁 池鼎明 方泳煥 崔源孝 梁宗煥 金根壽 宋羲老 盧箕陽 李建容 金秀漢 金相堯 吳學秀 安承夏 宋台永 洪貞植 宋秀振

諸시 二拾七人이 測量製圖에 壹等善手오니 京鄕國森林田野家屋等 測量ᄒᆞᆯ人은 以此照亮ᄒᆞᆷ

弘道學校 告白

機械及藥品을 發明ᄒᆞᆫ 西洋新發明ᄒᆞᆫ 法으로 各種洗濯及染色을 廉價로 酬應ᄒᆞ오ᄂᆞᆫ데 其種類가 如左ᄒᆞᆷ

洋服、襯衣、外套、帽子、項套、洋服、婦人洋服及壹切附屬品、毛織、羅紗、세루、馬尾緞、羅紗、絹緞紗羅苧布壹切貴重品의 周衣、족긔、赤衫、裳、袴、襪、等屬 洗濯及染色物이 有ᄒᆞ거든 本所로 通知ᄒᆞ시면 卽時 自宅에 應議ᄒᆞᆷ

學員、巡査、兵丁、及勞働諸君에 對ᄒᆞ야 定價의 拾分之貳를 特減ᄒᆞᆷ

各地方에셔도 小包料를 添送ᄒᆞ시면 誠實酬應ᄒᆞᆷ

鍾路里門上隅 拾貳統三戶

西洋洗濯部第一屋

本人이 閔泳徽處에 歷務見奪ᄒᆞᆫ 錢土를 今將還推故로 仰佈ᄒᆞ오니 本人所懷와 如意諸氏ᄂᆞᆫ 卽速來訪ᄒᆞ야 幷力推尋仰希

京磚洞拾四統二戶留 裵星煥 石東煥

本社를 南部曲橋半井洞第十一統二戶로 移接ᄒᆞ얏ᄉᆞ오니 僉彦은 照亮ᄒᆞ시옵

漢城材木柴炭株式會社

本社ᄂᆞᆫ 平壤馬山洞磁器製造를 發起ᄒᆞ와 初也에 二百株式의 資本을 募集ᄒᆞ야 製造의 成績이 良好이온바 益益擴張키 爲ᄒᆞ야 現又一千株式加數募集ᄒᆞ오니 株主되기를 要ᄒᆞ시ᄂᆞᆫ 僉君子ᄂᆞᆫ 本月內로 左記處에 來議ᄒᆞ시옵

隆熙二年十月三日

平壤磁器製造株式會社發起人

韓三寶 尹在明 鄭仁叔 尹聖運 田在豊 李德煥 崔有文

一。總資本금 六萬圜

一。總株數 壹千貳百株

一。壹株금 五十圜

但株금은 三回에 分ᄒᆞ야 第壹回二十五圜 第二回十圜 第三回十五圜

株式募集及株금領受所

本會社創立事務所 平壤종路 尹聖運

平壤貫洞 株式會社 漢城銀行

株式會社 韓一銀行

平北定州五山洞 李昇薰

鎭南浦築동 김正民

黃海道安岳邑內 김庸鼎

本人이 中部澄淸坊戶曹後洞 십二統七戶에 仁濟會券을 典執ᄒᆞ엿다가 九月貳십日에 本店에서 失火ᄒᆞ야 該券이 燒燼ᄒᆞ야 玆以仰佈內外國人 照亮ᄒᆞᆷ

張仁완 告白

本書舖에서 各學校敎科書와 其他各種書籍과 學生用品을 廉價로 酬應ᄒᆞ오니 僉君子ᄂᆞᆫ 速速來購ᄒᆞ시옵

漢城中部寺洞 松峴第二拾統壹戶

海東書林 告白

本人이 陽本月拾三日夜에 紙匣을 失ᄒᆞ엿ᄂᆞᆫ디 [illegible] 壹萬五千六拾七兩 [illegible] 於音壹張과 [illegible] 手票貳萬壹千四百兩 [illegible] 紙貨八拾圜과 [illegible] 圖章 [illegible] 內外國人은 此於音을 拾得ᄒᆞ시거든 [illegible] 施行ᄒᆞᆷ

京城南部銅峴 [illegible] 米商客主 [illegible] 告白

崔光玉 著

◎大韓文典 全壹冊 定價 [illegible]

▲本文典은 普通敎科의 國語科程으로 需用키 爲ᄒᆞ야 編輯ᄒᆞᆫ 者로 [illegible]

發行元 安岳邑 勉學會

發兌元 京城 中央書舘 平壤 大成書舘

◎大韓地志敎科書 全二冊 定價 [illegible]

本書ᄂᆞᆫ 高等小學校敎科用으로 編輯ᄒᆞᆫ 者오니 [illegible]

發行兼發賣元 [illegible]

前主事 金花中 [illegible] 以花中으로 改正ᄒᆞ오니 知舊諸氏ᄂᆞᆫ 照亮ᄒᆞᆷ

金花中 告白

◎正登品 徐相濬 [illegible] 九月貳拾九日 [illegible] 發靷 [illegible]

寧知 諸位

親戚從從品 徐丙輔 從弟品 徐公淳 [illegible] 謹告

但返魂 [illegible] 大南門外 [illegible]

新大路桃洞下

◎特別大廣告

本社에서 [illegible] 各種物品을 直輸入ᄒᆞ야 [illegible] 學校에 用ᄒᆞ오니 僉君子ᄂᆞᆫ 愛護ᄒᆞ심을 [illegible]

本所에서 通常總會를 本月十七日 土曜 下午壹時 (陰九月二十三日)에 開ᄒᆞ깃ᄉᆞ오니 僉宗은 屆期來臨ᄒᆞ시오

中部相洞九統四戶

金海金氏宗約所

東洋合資會社

宮內府 [illegible] 京城南部銅峴 二拾三統六戶 (電話 [illegible] 四番)

學員大募集廣告

[illegible] 二個月 [illegible] 學員은 陰十月七日內로 [illegible]

日語 [illegible] 測量은 上午 [illegible]

西小門內 [illegible]

專門講習所

本學會 事務上에 緊急히 處理ᄒᆞᆯ 事項이 有ᄒᆞ와 特別總會를 本月拾七日(陰九月二拾三日) 土曜 下午三時에 開ᄒᆞ오니 僉會員은 一齊 來會ᄒᆞ시옵

輔仁學會 告白

[illegible]

天道敎中央總部

社告

○申報價
壹號代金 新貨二錢五厘
壹個月 前納 三十錢
參個月 九拾錢
陸個月 壹圓七十錢
壹個年 三圓四十錢
郵稅 壹[illegible] 新貨五厘
壹個月 十[illegible]錢

○廣告料
四号活字 拾二字詰
每日壹寸(英尺)에 新貨卄五錢
二週日壹寸에 二圓五拾錢
壹箇月壹寸에 五圓
(自壹行至四行이爲壹寸)
其期限의長短과字行의多寡를依ᄒᆞ야增減홈이有홈

●大韓每日申報各處支社廣告
中署布屏下 金相萬冊々
平壤鐘路 太極書館 安泰國
仁川 奇峴 開新冊々 李東皓
義州 南門外 西大藥房 [illegible]
釜山港 佐川약局 徐錫[illegible]
三和港 牌石洞 [illegible]
咸興州 南社 西門外 曹喜林
開城 남大門內 興學書舖 姜助遠
大邱 西門外 友弦書樓側 李正由
載寧邑 濟衆院 劉夢澤
鐵山邑 東部 安 灝
元山 倉前 劉七[illegible]

[illegible] 州 남門 [illegible] 朴昌[illegible]
[illegible] 州 [illegible] 門內 [illegible] 洪成[illegible]
[illegible] 邑성 [illegible] 校洞 許[illegible]
郭山 [illegible] 李[illegible]
安岳 細 [illegible] 坊 成洞 康道善
[illegible] 川 [illegible] 津 李[illegible]
安州 城內 義井洞 金[illegible]
鐵原 邑 [illegible] 동 趙[illegible]大
高原邑 [illegible]
井邑 邑內 李[illegible]
泰仁 邑內 宋[illegible]
京義線 [illegible] 書市 李[illegible]秀
長湍 邑 南門內 [illegible]
殷栗 邑 倉前里 [illegible]
載川 楊市 黃[illegible]
朔州 邑 남門ᄂᆡ 朱[illegible]
泰川 邑 館前 洋 약局 李正華
永興 南山 [illegible] 書舖 [illegible]
江華 邑 川 [illegible] [illegible]
[illegible] 州 남門外 宋[illegible]
寧邊 邑 客舍里 趙炳俊 家 明濟世
金溝 水流面 豆亭 趙[illegible]三
信川 邑 六里 丁一[illegible]
江西 邑內 金昌[illegible]
成川 郡 上部面 [illegible]三
興德 富安面 [illegible]谷 姜大[illegible]
龍川 府 南 [illegible] 松峴 海東書會
咸從 郡 耶蘇敎堂 [illegible]
[illegible] 順川 郡 [illegible] 張[illegible]
龍川 남市 驛 鄭[illegible]
龍岡 郡 耶蘇敎堂內 韓[illegible]
車 [illegible] 館 朴[illegible]
結城 廣川 小[illegible] 金明[illegible]
[illegible] 平 郡 [illegible] 川 李[illegible]
洪原 南門外 耶蘇敎冊 [illegible] 方萬[illegible]
宣川 읍 新民 [illegible] 魯[illegible]

發行兼編輯人 英國人 萬咸
Responsible for Publication Alfred Weekley Marnham.
發行所 南署石井洞號外地三層洋屋 大韓每日申報社

第六卷 大韓每日申報 第九百卅貳號

月曜及慶節歲時日休刊

檀君開國紀元四千二百四十一年
箕子元年三千三十年
大韓開國五百十七年
日本明治四十一年
清國光緒三十四年
陰曆戊申九月大廿四日丙午

論說

◎平壤의磁器發明

大韓은四千年文明舊國이라其地盤은淸淑ᄒᆞ며其氣候ᄂᆞᆫ溫和ᄒᆞ며其物產은豐富ᄒᆞ며其民族은忠信慈祥ᄒᆞ니是以로舊時代에在ᄒᆞ야文化발達이支那와併興ᄒᆞ야日本의先進이되ᄂᆞᆫ지라今其歷史를溯考ᄒᆞ건ᄃᆡ日本의宗敎와文학과衣복과宮室과醫藥과器用製造가皆大韓의敎授를被ᄒᆞᆫ者라然則大韓舊時代에文明發達ᄒᆞᆫ證據가史冊에自在ᄒᆞ거니와物品製造ᄂᆞᆫ高麗磁器壹種이世界眼目에對ᄒᆞ야舊時代의文明ᄒᆞᆫ證據를발表ᄒᆞ더니今日에至ᄒᆞ야平壤의磁器製造가新光線을呈露ᄒᆞ니此ᄂᆞᆫ大韓新時代物質文明의嚆矢로다

盖其高麗磁器의製造로觀ᄒᆞ면韓國舊時代工業이如彼其精巧ᄒᆞ거날何故로繼續進步를不能ᄒᆞ고反히衰頹墜落ᄒᆞ야往昔製造家의種類가皆滅絶되고工業이極其頑鈍ᄒᆞ고物品이極其苦窳ᄒᆞ야海外에輸出ᄒᆞᆯ品도絶少ᄒᆞᆯ뿐더러自國의需用도缺乏ᄒᆞ야外國製造를全仰ᄒᆞᆷ으로民產의貧瘁와國力의腐敗가達於極項이라

盖韓國幾百年來에浮華의文詞를崇飾ᄒᆞ고經濟의實用은不究ᄒᆞ야工業界에對ᄒᆞ야獎勵ᄂᆞᆫ姑舍ᄒᆞ고賤汚가滋甚ᄒᆞ며壓抑이無狀ᄒᆞᆯ뿐더러貪汚官吏의强奪虐使ᄒᆞᄂᆞᆫ秕政이極甚ᄒᆞ얏스니工業이安得不頹落이며物品이安得不麁惡이며民產과國力이安得不腐敗이리오

現時代에至ᄒᆞ야壹般人士의有志文明風潮와觀感이發生ᄒᆞᆷ으로政府의命令과官吏의獎勸은無ᄒᆞ나敎育界와實業界에新발明을注意ᄒᆞᄂᆞᆫ者가稍々興起ᄒᆞᄂᆞᆫᄃᆡ鄭仁叔氏의磁器製造가實業界에首先着手ᄒᆞ야成績의良好ᄒᆞᆫ效果를發ᄒᆞ얏스니從此로諸般實業이相繼而興ᄒᆞᄂᆞᆫ影響을可以信認ᄒᆞᆯ지로다

嗚乎라大韓人士ᄂᆞᆫ此에對ᄒᆞ야觀感ᄒᆞ고興起ᄒᆞᆯ지어다彼歐米各國의各種實業과各種物品이實로造化를運用ᄒᆞ고風電을驅使ᄒᆞᄂᆞᆫ能力이有ᄒᆞ나皆人智와人工으로做出ᄒᆞᆫ者요鬼傳神授ᄒᆞᆫ것은아니라大韓人士ᄂᆞᆫ均是人智와均是人工으로他人의所能을엇지獨히不能ᄒᆞᆯ理가有ᄒᆞ리오有爲者ㅣ亦若是니諸般實業에關ᄒᆞᆫ農作과牧畜과種植과商業과工業等事에各其意見과各其能力으로新발明을研究ᄒᆞ며新發達을企圖ᄒᆞ야個人의生活과國家의基礎로ᄒᆞ여금富强文明ᄒᆞᄂᆞᆫ地位에得達ᄒᆞ기를拾分切望ᄒᆞ노라

◀隆熙貳年拾月拾日 官報

○產業 (續)

○東洋拓殖株式會社定款

第二十壹條 各株主의議決權은其所有株數壹株에對ᄒᆞ야壹個로ᄒᆞᆷ但貳千株以上은每二拾株에壹個를增加ᄒᆞᆷ

第三十二條 株主ᄂᆞᆫ其議決權의行使를他의出席株主의게委任ᄒᆞᆷ을得ᄒᆞ되其委任狀을本會社에提出ᄒᆞᆷ이可ᄒᆞᆷ

第三拾三條 總會의議長은株主의資格으로亦其議決權을行使ᄒᆞᆷ이無妨ᄒᆞᆷ

第三拾四條 總會의決議ᄂᆞᆫ商法에特別히定ᄒᆞᆷ이有ᄒᆞᆫ境遇를除ᄒᆞᆫ外出席株主의議決權의過半數로써此를行ᄒᆞᆯ것이로되可否가同數된時ᄂᆞᆫ議長의決ᄒᆞᄂᆞᆫ바에依ᄒᆞᆷ

第三拾五條 總會議事의要領은總會決議錄에記載ᄒᆞᆫ後議長은總會에出席ᄒᆞᆫ重役等과共히記名押章ᄒᆞᆷ

第三十六條 總會의議長은會議를延期ᄒᆞ야會場을變更ᄒᆞᆷ을得ᄒᆞᆷ但延期會議의議事ᄂᆞᆫ前會議에서議了치아니ᄒᆞ얏던事項外에涉ᄒᆞᆷ을不得ᄒᆞᆷ

第四章 役員

第三拾七條 本會社에總裁壹人副總裁二人理事四人以上監事三人以上을置ᄒᆞᆷ

第三拾八條 總裁ᄂᆞᆫ會社를代表ᄒᆞ야其業務를摠理ᄒᆞᆷ

副總裁(日本人)ᄂᆞᆫ總裁가事故가有ᄒᆞᆫ時에其職務를代理ᄒᆞ며總裁缺員時에其職務를行ᄒᆞᆷ

副總裁及理事ᄂᆞᆫ總裁를補助ᄒᆞ며會社의業務를分掌ᄒᆞᆷ

監事ᄂᆞᆫ會社의業務를監査ᄒᆞᆷ

第三拾九條 總裁ᄂᆞᆫ日本人으로ᄒᆞ야日本國政府가此를命ᄒᆞᆷ副總裁ᄂᆞᆫ其壹人을日本人으로ᄒᆞ야日本國政府가此를命ᄒᆞ고他壹人은韓國人으로ᄒᆞ야韓國政府가此를命ᄒᆞᆷ

理事及監事ᄂᆞᆫ其員數中少ᄒᆞᆯ지라도三分之二ᄂᆞᆫ日本人으로ᄒᆞ고其他ᄂᆞᆫ韓國人으로ᄒᆞᆷ

理事ᄂᆞᆫ株主總會에서五十株以上을所有ᄒᆞᆫ株主中으로各二倍의候補者를選擧ᄒᆞ되韓日兩國政府가各其中에서其國人中으로此를命ᄒᆞᆷ

監事ᄂᆞᆫ株主總會에서三십株以上을所有ᄒᆞᆫ株主中으로此를選擧ᄒᆞᆷ

總裁와副總裁及理事의任期ᄂᆞᆫ五年間으로ᄒᆞ고監事의任期ᄂᆞᆫ二年間으로ᄒᆞᆷ (未完)

外報

◎清日電線의交涉 向者葡國里斯本府에서開會ᄒᆞᆫ萬國電信會議에出席ᄒᆞᆫ清國委員들은現今日本旅館에滯在ᄒᆞᆫ中인ᄃᆡ其目的은清國의電信及海底電線에關ᄒᆞ야過去二年間에日本政府와交涉ᄒᆞᆫ問題를落着코저ᄒᆞᆷ이라ᄂᆞᆫᄃᆡ本來露國이露日戰爭前에清國과協議ᄒᆞ고芝罘와旅順間에海底電線을架設ᄒᆞ얏다가露日戰爭을因ᄒᆞ야中止되얏ᄂᆞᆫ지라今에清國이日本과交涉ᄒᆞ야此海底電線의復設을希望ᄒᆞ고且露國은이믜滿洲에서露國租借地以外에架設ᄒᆞᆫ電信線은清國에還附ᄒᆞ기를承諾ᄒᆞᆫ지라今에日本도速히鐵道附屬地以外에架設ᄒᆞᆫ電線은清國에還附ᄒᆞ라고現今交涉中이라더라

◎美艦到着延期 東京電을據ᄒᆞᆫ則美國回航艦隊ᄂᆞᆫ昨日橫濱에到着ᄒᆞᆯ豫定이더니十八日로延期ᄒᆞ얏다더라

◎日船員의銃殺 同電을據ᄒᆞᆫ則日本房下總丸船員九名이[illegible]만을附近에서銃殺을當ᄒᆞ얏다ᄂᆞᆫ說이有ᄒᆞ다ᄒᆞ얏다더라

雜報

◎救世大軍의出駐

基督敎會中救世軍은世界萬王之王耶蘇씨의福音을地極ᄭᆞ지傳播ᄒᆞ기爲ᄒᆞ야前驅가되여軍隊를編成ᄒᆞ야勇往直前ᄒᆞ며臨難不屈ᄒᆞ야逢人舌戰에上帝의道를表彰ᄒᆞ며隨處說陣에救主의恩을感服케ᄒᆞᄂᆞᆫ者ㅣ라其說陣處ᄂᆞᆫ軍器ᄂᆞᆫ打鼓擊錚ᄒᆞ며吹笛弄琴而已오其舌戰時에戰術은上帝의仁愛와救主의恩德과聖靈의感動을賴ᄒᆞᆯ而已오其戰利品은傳道에熱心ᄒᆞ며信者를團聚ᄒᆞ야普天下의人民을魔鬼羈絆中에서拯出ᄒᆞᆷ이라現今英美其他列邦에此救世軍이耶蘇大元帥께獻心獻身ᄒᆞ야各處에서軍隊를派遣ᄒᆞ야信者를召募ᄒᆞ미現今耶蘇의親兵된者ㅣ幾千萬名인지不可指數라盖救世軍은救世로大義를建ᄒᆞᆷ이니此韓國人民의塗炭罪惡中에陷ᄒᆞᆷ을愛憐ᄒᆞ야軍隊를特이此地에派駐ᄒᆞᆯ시救世軍中開路隊의士官들이英國에서發程ᄒᆞ야萬里滄海를悅意渡航ᄒᆞ야去水曜日에漢城에無事到着ᄒᆞᆫ지라正領許嘉斗시ᄂᆞᆫ韓國內駐屯隊長이되여尉官름손시와其部下士官을帶同ᄒᆞ고同爲入城ᄒᆞ얏더라

救領班萬巨시와同夫人은共히本國에在ᄒᆞᆫ時에도緊要ᄒᆞᆫ職務를携任ᄒᆞ야長歲月間에經歷으로效勞가頗多ᄒᆞ거니와此地에在ᄒᆞ야도許正領의頭等補佐員이오正校密敎시及同夫人과正校우阿道氏도本國에서許久勞力ᄒᆞ야效果가頗著ᄒᆞ던者로셔今此韓國內職務를擔任ᄒᆞᆫ지라其職務ᄂᆞᆫ本報廣告欄內에指明ᄒᆞᆷ과如히西門外平洞救世軍本營內에서日曜日午前十壹時와午後三時와同七時半에開會ᄒᆞ고新來ᄒᆞᆫ士官들이職務를執行ᄒᆞᄂᆞᆫᄃᆡ其講說을明白히通譯ᄒᆞ야衆聽에供ᄒᆞᄂᆞᆫᄃᆡ壹般韓人들이此를歡迎ᄒᆞ며此를傾聽ᄒᆞ기를希望ᄒᆞᆫ다더라

◎美玉의良工 信川郡加串坊堂山村居林昱國시가年今十七歲兒로家勢가貧寒ᄒᆞ야樵牧爲業이더니該村金京祖시家에每夜來到ᄒᆞ여新聞도傍聽ᄒᆞ고又筭術도每夜에五問題式以心筭으로四則百餘問題를能解ᄒᆞᆫ지라此兒의奇才를壹坊이稱贊ᄒᆞᆯ뿐더러該村학校敎師申永白시가此等奇才의不학을십分恨歎ᄒᆞ야特設夜學ᄒᆞ고熱心敎授ᄒᆞᆫ다더라

雜報

◉豫筭追加　隆熙二年度歲入歲出總豫筭追加와同年度의特別會計出入預筭追加等으로閣會議를經ᄒᆞᆫ後의上奏裁可되얏는대出入額을각拾壹萬二千九百九拾壹圜으로筭定하얏다더라

◉善遊善遊　內部大臣宋秉畯農商工部大臣趙重應兩氏와各部次官壹同과統監府高等官數十名이再昨日下午七時에新門內圓覺社에前往ᄒᆞ야各種演戲를壹切觀覽ᄒᆞᆫ後에明月館에셔壹同ᄒᆞ야盡心歡樂ᄒᆞ고昨日午前三時頃에各自散去ᄒᆞ얏다더라

◉廢冠着帽　學部의셔도內部官吏의制度를模倣ᄒᆞ야[?]宕을廢止ᄒᆞ고帽子를戴着케ᄒᆞ기로協議ᄒᆞ얏다더라

◉郡守會議　黃海觀察道에셔郡守會議를設行ᄒᆞᆯ는中인대內部에셔主事二三人을派送ᄒᆞᆫ다더라

◉奈何奈何　東洋拓殖會社에셔事業을着々開始ᄒᆞᆯ터인데日本에셔는韓國에移住ᄒᆞᆯ農民을日本各府縣에셔選定ᄒᆞ야續々移住케ᄒᆞᆫ다는대明年은爲先此를準備ᄒᆞ야韓國에移住케ᄒᆞ깃고來明年에는多數農民을移住케ᄒᆞᆫ다더라

◉是何廉恥　南北村에地方官으로在ᄒᆞ야公錢을犯逋ᄒᆞᆫ人들이晝夜로鑽勸ᄒᆞ기를極力運動中이라더라

◉三課運動　內部에셔秘書課會計課文書課壹般官吏가昨日西江에出往ᄒᆞ야運動會를擧行하얏다더라

◉松茂年焰　內部醫務局장松井茂가前報와如히昨日의各醫部로帶同ᄒᆞ고北漢山城으로出往ᄒᆞ얏는데所經紫霞洞里의셔는人民으로하야금壹邊으로治道케ᄒᆞ고壹邊으로는撒水케ᄒᆞ얏다는대該官吏等의氣焰은令人慴伏이라는物議가有ᄒᆞ다더라

◉衛生協議　漢城衛生會評議員諸氏가明日上午九時의內부大臣官房에會同ᄒᆞ야衛生事務處理方法과衛生費用支撥件을協議ᄒᆞᆫ다더라

◉銅綠盈眶　昨日은日本神嘗祭日인故로各府部와廳의日本官吏는壹切休暇ᄒᆞ얏스되猶獨漢城治道監督官日本人이仕進ᄒᆞ얏다는대其仕進內容인즉該吏에關係가有ᄒᆞᆫ아니오日給額에流涎ᄒᆞᆫ所以라더라

◉四百先到　南來人의傳說을聞ᄒᆞᆫ則尙州郡에日人이農業所를刱設ᄒᆞ야千人假量이留住ᄒᆞᆯ預算인대爲先四百名이來到ᄒᆞ야家屋을建築ᄒᆞ며該郡守의게釜鼎四拾坐를請求ᄒᆞ얏는대郡守는十八坐를艱辛酬應ᄒᆞ고其外二십二坐는각面人民에게責納ᄒᆞ야壹郡이騷擾ᄒᆞᆫ다더라

◉利郡便利　利川郡守李喆榮氏는各面面民을召集ᄒᆞ야斷髮의便利ᄒᆞᆷ을懇々曉諭ᄒᆞᆫ즉面長諸氏가壹齊히削髮ᄒᆞ얏고邑內人民도稍稍斷髮ᄒᆞᆫ다더라

◉文官任用認定　官立漢城師範學校官立漢城外國語학校官立仁川日語학校官立平壤日語학校의本科生徒들은文官任用令第三條第三號의依하야認定ᄒᆞᆫ다더라

◉鐵守失職　東來人의傳說을據ᄒᆞᆫ즉近日音律輩가演興社라自稱ᄒᆞ고鐵原郡에下來ᄒᆞ야該郡留駐日本憲兵隊及該郡守에게認許를得ᄒᆞ야演戲ᄒᆞ며社會의學校에셔代表를選定ᄒᆞ야郡守의게遊戲를禁止ᄒᆞ라고勸告ᄒᆞ되終始效力이無ᄒᆞᆫ지라該郡人民들이當此發乘時代ᄒᆞ야風俗에妨害되는事를官廳이許可ᄒᆞᆷ이不可ᄒᆞ다ᄒᆞ고大段沸鬱ᄒᆞᆫ다더라

◉大狗幷殺　大邱觀察朴重陽氏가該府內의家犬이或成狂ᄒᆞ야人民의게貽害ᄒᆞᆯ사慮ᄒᆞ야家犬壹百九十四頭를打殺ᄒᆞᆫ後該事實을內부의報告ᄒᆞ얏다는대該시가[?]該郡郡守로在任時에도該府內의狗種을壹幷打殺ᄒᆞ야犬影이永絶ᄒᆞ다가該시가平察로轉任된後에該府의狗種이更殖ᄒᆞ더니政府에셔는大邱의狗子와有何怨嫌인지該시로大邱觀察을更叙하야府內狗種을又爲打殺케ᄒᆞ며該시가狗子로與ᄒᆞ야殺父之讐가有ᄒᆞᆷ인가ᄒᆞ고養狗人의呼寃이浪藉ᄒᆞ다더라

◉江守疑政　傳說을據ᄒᆞᆫ즉江華郡守韓永福氏가莅任以後로人民의知識을啓발ᄒᆞ며賊黨을止息케ᄒᆞᆷ인지不知ᄒᆞ거니와該郡男子의老少幼를壹々調査成冊後의木牌壹介式을出給ᄒᆞ고壹錢式徵收ᄒᆞ며法律의關ᄒᆞᆫ冊子라ᄒᆞ고壹卷式을각面長及里長의게分給ᄒᆞ야六拾錢式을徵收ᄒᆞᆫ는中이라더라

◉蓮池亦賣　西大門外冷洞蓮池를數日前부터日人이役夫數拾名을派送ᄒᆞ야該池를疏鑿ᄒᆞ고蓮根을沒數拔去ᄒᆞᆫ는데該池를何許人이日人의게賣渡ᄒᆞ얏다는說이有ᄒᆞ다더라

◉改頭協議　中部校동에設立ᄒᆞ얏던[?]同會를內部令으로解散ᄒᆞᆷ은已報어니와該壹般任員이近日에[?]李氏家에會同ᄒᆞ야大韓實業組合會設立ᄒᆞᆯ事項을協議ᄒᆞ는中이라더라

◉永樂不樂　勞働會長徐廷柱氏가再昨日下午八時頃의自己親知數三人을帶同하고明月館[?]永樂館에前往ᄒᆞ야料理七圓의價額을不給而歸ᄒᆞᆷ으로壹場風波가惹起ᄒᆞ얏다더라

◉甚於日兵　楊州郡蘇根面에憲兵分遣所에셔憲兵補助員과通辯等이符同挾雜ᄒᆞ야該面동의農牛壹隻을奪去ᄒᆞ고[?]勒討ᄒᆞᆫ擧가現露ᄒᆞ야京城日憲兵司令部에셔該分遣所에飭ᄒᆞ야農牛는還給ᄒᆞ얏스나貸錢十圓은命令不給ᄒᆞᆫ다더라

◉淸日衝突　去[?]一日間島羽跡洞에셔日本憲兵三名과淸兵三拾名이衝突爭鬪ᄒᆞ야日兵은壹名이負傷ᄒᆞ얏고淸兵은二名이負傷ᄒᆞᆫ中에壹名은致死ᄒᆞ얏는대爭鬪의原因은淸國巡捕가韓人의家屋建築을妨害ᄒᆞᆷ에起ᄒᆞ얏다더라

◉日兵의不法　駐韓日本騎兵이去七日에全羅北道에셔韓國良民을不法으로要擊慘殺ᄒᆞ얏다는대死者가二拾壹名이라더라

◉崔漢可痛　中部寺동居前承旨李鍾浩氏가白順萬崔奉雲貳名을廊漢으로置ᄒᆞ고使用ᄒᆞ는더인데其中에崔哥의妻申姓女가年今貳拾五이라凡於幹事에每々伶俐ᄒᆞᆷ으로家事를專任使役ᄒᆞ더니白哥가何等猜心을抱하얏던지再昨日下午十時頃에白哥가崔哥더러汝의妻를主人令監이屢次通奸하얏거놀全然不知乎아ᄒᆞᆫ즉崔哥가憤心이忽발ᄒᆞ야渠의妻를亂打ᄒᆞ며行悖ᄒᆞ다가李氏家內房에突入ᄒᆞ야李氏의頭髮을執ᄒᆞ고刀劍欲刺ᄒᆞ는지라該學內巡査가知機入去ᄒᆞ야崔哥를官部將聲勢로押付ᄒᆞ얏더니該署에셔酒醉所使라ᄒᆞ고旋卽諭送ᄒᆞ얏다더라

◉因飢吞鴉　東門外住十里居ᄒᆞ는宋某는家勢가赤貧ᄒᆞ야三旬九食의歎을難免ᄒᆞ는데該夫人이飢寒을不堪ᄒᆞ야日前에鴉片을喫ᄒᆞ고尙此辛苦ᄒᆞᆫ다는대其情景이甚爲可矜하다더라

◉玉仙無理　密陽郡居孫貞善氏가淸道郡居妓女玉仙과數次相從ᄒᆞ야懇懃ᄒᆞᆫ情誼가有ᄒᆞ얏던지該妓가孫氏를向ᄒᆞ야錢幾千兩만貸與ᄒᆞ라ᄒᆞ거놀孫氏가永不聽施ᄒᆞ얏더니該妓가孫氏의百餘石落[?]券을暗奪以去ᄒᆞ얏는지라孫氏가抑鬱ᄒᆞᆷ을不勝ᄒᆞ야京城에上來하야控訴院에再次呼訴ᄒᆞ얏더니該院에셔嚴明判決ᄒᆞ야還爲覓給ᄒᆞ얏다더라

◉秋收委托　李熙直氏가各社會에捐付ᄒᆞᆫ沓土를秋收ᄒᆞᆯ次로西北學會總務金允五氏를帶同ᄒᆞ고本日에發往ᄒᆞᆫ다는데各會所捧秋收를壹體金允五氏의게委托ᄒᆞ얏다더라

◉局長出演　法制局長兪星濬氏가東幕禮拜堂에進往ᄒᆞ야演說ᄒᆞᆫ다ᄒᆞᆷ은已報어니와今日上午拾時에進往演說ᄒᆞᆫ다더라

◉是父是子　利原郡居姜賢洙氏는普成專門學校生徒로不得已ᄒᆞᆫ事故가有ᄒᆞ야鄕第에歸ᄒᆞ얏더니敎育事業에着手ᄒᆞ야壹鄕人士를勸勉ᄒᆞ며其父親도靑年後進을養成ᄒᆞ기로注意하는데西北協成學校建築에對하야補助ᄒᆞᆯ意로幾千元을豫備ᄒᆞ야李東暉氏의下來ᄒᆞ기를苦待ᄒᆞᆫ다더라

◉中校運動　中東學校에셔日昨에東門外永導寺에前往ᄒᆞ야秋期運動을設行ᄒᆞ얏는대競走一等에[?]泰宗李承薰計筭競走壹等에金世濟鄭[?]幼年競走壹等에鄭求英廣跳一等에黃俊性鄭[?]都諸人인대賞品은諸任員이書籍空冊鉛筆等으로優數給與ᄒᆞ고體操敎師趙鐘완시가特別五德人歷史六部를寄附ᄒᆞ얏다더라

◉普興秋運　桂洞普興學校에셔昨日東小門外三仙坪에前往하야運動을設行ᄒᆞ얏다더라

◉申氏熱心　海州花陽面申氏宗中에셔敎育에有意ᄒᆞ야學校를設立ᄒᆞ고門丈申錫浩氏가近洞人民에게此時代를當ᄒᆞ야靑年敎育이當時爲急이라하고熱心으로勸勉ᄒᆞ니該氏는可謂有志人士라ᄒᆞᆫ傳說이有ᄒᆞ더라

◉陽化大化　北靑郡陽化東里의셔有志諸氏가時務의靑年敎育이時急ᄒᆞᆷ을知ᄒᆞ고陽化學校를設立ᄒᆞᆫ後靑年五六拾名을募集ᄒᆞ야普通科로敎授ᄒᆞᆫ다더라

◉宋門測量　懷德弘[?]洞居ᄒᆞᆫ侍從宋鉉國시와紳士宋徽用시가測量학校를刱設ᄒᆞ고學員四십名을募集ᄒᆞ야熱心敎授ᄒᆞ야日間卒業式을擧行ᄒᆞᆫ다더라

◉感荷義捐

黃海道鳳山鳳陽學校에셔本社經費를補助하기爲하야金壹圜을寄附ᄒᆞ얏기로玆에感意를表ᄒᆞ노라

▲捧腹一笑▼

▲東洋中의何許國의魁先文明自稱이나그行爲를볼작시면野蠻中의第壹이라個人程度完備後에文明이라可謂어날如此文明何在런지有眼者는看之ᄒᆞ면捧腹發笑ᄒᆞᆯ지로다

▲翩々然知覺ᄒᆞᆫ鳥도反哺之恩잇것마는人參當年제父를老而無用絞殺ᄒᆞ니[?]處絞ᄒᆞ면實國界는엇지ᄒᆞ나法律如是ᄒᆞ고보면너도日後不免이오文明人도이러ᄒᆞᆫ가

▲학問崇尙ᄒᆞ며셔修身學은몰나는지飮酒醉狂假作ᄒᆞ야街路上에行悖ᄒᆞ고年少婦女往來ᄒᆞ는[?]陳面目달녀드러執手抱身[?]會中에勸化ᄒᆞᆫ검奸ᄒᆞ라ᄒᆞ니文明人도이러ᄒᆞᆫ가

▲頑天足ᄒᆞᆫ사ᄅᆞᆷ으로脫去衣服露體ᄒᆞ고無往不可ᄒᆞ더擧動은雙臂搖々可觀이요乃嫂乃母相對席에赤頭翁이以前ᄒᆞ니見物生心안될는지少無愧色恬然이라文明人도이러ᄒᆞᆫ가

▲無別無義雞犬들은雌雄相雙ᄒᆞ건마는些少ᄒᆞᆫ錢貨慾ᄒᆞ야子生女제계집을他人의게讓渡後에그곳으로안잔다고路上鬼出毆打하야幾至死境되얏스니文明人도이러ᄒᆞᆫ가

▲料理店을設施ᄒᆞ고華장盛服出門ᄒᆞ야路上行人挽執ᄒᆞ며搖尾乞憐ᄒᆞ는말에와서시노오ᄀᆞᆷ구가단단히마시가됴어多水多毛ᄒᆞ다하고强請賣淫詰難ᄒᆞ니文明人도이러ᄒᆞᆫ가

▲兄弟間에同居타가其兄不幸致死後에그兄嫂가美麗ᄒᆞ면他人주기可惜라고因作已物作配ᄒᆞ야靦然無恥奸淫ᄒᆞ고生子生女偕老ᄒᆞ니兄弟賣身네로고나文明人도이러ᄒᆞᆫ가

▲士農工商四業中에生活方針許多ᄒᆞᆫ데柿商店에投入ᄒᆞ야拾三個의더紅柿를前瞻後顧偸去타가警官의게被捉ᄒᆞ니百藝技藝다버리고偸柿卒業ᄒᆞ랴는지文明人도이러ᄒᆞᆫ가

▲義兵鎭壓ᄒᆞᆫ다ᄒᆞ고各地方에衝突ᄒᆞ며婦女劫奸無所不爲雞種子々撲滅ᄒᆞ니義兵은[?]女인가雞倡義兵은엇더가討兵은아니오討雞兵이的實ᄒᆞ니文明人도이러ᄒᆞᆫ가

廣告

本書館에서 新舊書籍과 古今名畫를 大發售이오며 各種繪畫類를 隨求酬應이오니 陸續請求하심을 爲望
京城銅峴 內三拾三統八戶
漢城書畫館
館主 崔永鎬
畫師 趙錫晋

◉特別廣告

緊急總會할 事가 有하와 來月曜日上午十壹時에 開會하오니 各測量事務所僉員은 照亮後 來臨于本組合所長 李根澔 氏私邸하심을 望함
大韓測量組合所 白

本會에서 今日下午壹時에 典洞 中東學校內로 開會하고 工業谷科에 實習을 討論하오니 傍聽하실 僉君子는 來臨하시옵
工業研究會 告白

江華佛恩面 찬좡居具然昇具然國韓範錫高仁中李大根諸人가 陰曆八月二十七日에 偕來京城하다가 血失圖章하옵기 廣告하오니 內外國人은 切勿見欺함
具然國 告白

京城中부 鐘路電氣會社前
辯護士 前判事從七位 本多潤

本人이 慶尙道 [illegible] 家中都 [illegible] 通 丁萬石契 拾四統八戶 文券을 己巳年九月分 失火時 被燒 故로 [illegible] 漢城府에 [illegible] 以廣告함
靑布廛都中 告白

祥原金氏 大同譜所 定于皇城東部於義동 八十四統八戶 金世燦家 僉宗以此 照亮
金汝煥 告白

本會에서 定期總會를 今日上午拾時에 興化學校內에 開하고 事業成就와 冒險家가 勝於理想家라 演題로 討論하오니 僉會員은 屆期出席하심을 切望
湖西學生親睦會 白

今回 發賣品은 從來他店에서 販賣하든 器械와 特異하외다 本人이 理髮店을 設하고 數年間 使用하야 經驗을 得하고 確實한 品을 撰하야 廉價로 放賣하옵
理髮用具一式商
仁川本町壹丁目 大井兼吉

再貳圓以上에 物品을 注文하는 境遇에는 郵稅는 無料로 輸送하깃삽니다

懷德郡外南面弘道學校測量專門科學徒卒業生

甲班
宋瑛淳 宋達淳 宋鎭甲
趙東珍 宋종玉 宋錫祐
延燦允 車泳敎 徐相烈
梁在政 宋元用 廉時薰
金賢洙 任泰準 崔鳴求
林誾祐 宋奎鶴 宋雨用
諸시拾八人

乙班
郭鼎섭 柳道淵 李淳宗
李淳冕 宋敎憲 梁奭煥
李종寅 朴□鉉 金謙默
宋瀬淳 陸漢均 黃洙仁
池憲明 方泳煥 崔源孝
梁宗煥 金根壽 宋馨老
盧寶陽 李瓘容 金秀漢
金相堯 吳學秀 安永夏
宋台永 洪貞植 宋종振
諸시二十七人이 測量製圖에 壹等善手오니 京鄕森林田野家屋等 測量할人은 以此照亮함
弘道學校 告白

◉學員增募廣告

本校에서 敎育上 完全한 才藝를 養成하기 爲하야 中學敎師 吳□日煥 金炳億 測量敎師 金顯烈 三氏를 延聘하고 目今急務에 應用할 學藝를 敎授하오니 願學僉彦은 今月貳拾九日內로 陸續請願하시옴
校監 宋道容
事務 洪轅燮

入學許可 本月晦日까지

科程

一學年
本國地誌 歷史 理化 博物
物理 修身 語學 算術分數
少數 文典 農학 商業
地문 作文 漢문

二學年
萬國地誌 歷史 物理 化학
法학 農業 商業 地文
語學 礦物 算術代數 文典
生理 作文 倫理 土地測量
製圖 礦山測量 三角術
幾何學

平南甑山郡彰新中學校 告白

本人의 侄天謨가 三歲時喪父하고 年今二十壹에 渠母子生活을 本人擔着은 其在情理에 不得不然이어니와 同天謨가 性本浮蕩하야 年前에 本人田을 僞造典券하야 欲得日債다가 奸狀現發하야 同天謨與居間崔處玉을 自官捉囚하고 日人所執僞券을 還推矣러니 到今又何債用인지 名不知日人二名과 通辯朴昌植이 眼同天謨而來하야 天謨債用이 八百圓이다 欲懲今人來訪而本人이 時適出他未還之際에 本人農牛와 任章坂者를 日人與通辯이 畫창去故로 挾人李明玉이 往欲推牛라가 被打而歸하니 天謨 債에 本人農牛가 何關고 現方告法推牛而玆先廣布하오니 天謨乱債를 雖壹分不可移懲於本人事로 內外國人은 切勿見欺함
義州水鎭面大水洞車貞均 告白

本人이 閔泳徽處에 壓勢見奪한 錢土를 今將還推故로 仰佈하오니 本人所懷와 如한 諸公은 卽速來訪하야 井力推尋을 仰希
京磚洞拾四統二戶留
裴星煥 石東煥

本社를 南部曲橋半井洞第十一統二戶로 移接하얏스오니 僉彦은 照亮하시옴
漢城材木柴炭 株式會社

本社는 平壤馬山洞磁器製造를 發起하와 初也에 二百株式의 資本을 募集하야 製造의 成績이 良好이온바 益益擴張키爲하야 現又一千株式加數募集하오니 株主되기를 要하시는 僉君子는 本月內로 左記處에 來議하시옴
隆熙二年十月 三日
平壤磁器製造株式會社發起人
韓三賢 尹在明 鄭仁叔
尹聖運 田在豐 李德煥
崔有文
壹。總資本금 六萬圓
壹。總株數 壹千貳百株
壹。壹株금 五十圓
但株금은 三回에 分하야 第壹回二十五圓 第二回十圓 第三回十五圓
本會社創立事務所
平壤貫洞 平壤종路 尹聖運
株式募集及株금領受所
株式會社 漢城銀行
株式會社 韓壹銀行
平北定州五山洞 李昇薰
鎭南浦築동 リ正民
黃海道安岳邑內 [illegible]廉鼎

本人이 私本月拾三日夜에 紙匣을 遺失하엿는되 紫岩孔炳殷處에 壹萬五千六拾七兩 錢統票於音壹張과 富平人李大夏處手票貳萬壹千四百兩 五錢票와 紙貨八拾圓과 金鑽子壹件과 函姓名圖章中篆字彫刻한 것을 見失하엿사오니 內外國人은 此於音을 拾得 섯여든 休紙施行함
米商客主 表允□ 告白

本書舖에서 名學校敎科書와 其他各種書籍과 學生用品을 廉價酬應하오니 僉君子는 速速來購하시옴
漢城中署 書籍坊 松峴隅二拾統壹戶
海東書林 告白

本人이 中部澄淸坊戶曹後洞第十二統七戶 仁壽家券을 典執한 여가 九月貳십日에 本店에서 失火하여 該券이 燒燼하와 玆以佈內外國人 照亮함
張仁완 告白

◉特別大廣告

本社에서 東西洋各種物品을 直輸入하야 各官廳과 各學校에 用達營業하온지 今爲半年에 僉君子 愛護하심을 蒙하와 興旺에 至하온 感謝不已하오며 春曆擴張키爲하야 測量器械附屬品及學校用品과 其他雜貨를 多數購入하야 都매散매로 格外廉價發매하오니 陸續注文하심을 切望함
京城부 銅峴三拾三統六戶
宮內府 用達 東洋合資會社
〔電話壹四四番〕

學員大募集廣告

日語는 六個月노 測量은 二個月노 兩專門速成科를 設하오니 願學員은 陰十月七日內로 賁臨하야 規則詳覽하고 志願하심을 爲要
日語 下午壹時로 三時까지
同 三時로 五時까지
同 七時로 九時까지
測量은 上午 십時로 下午 時
西小門內度支部後門前
專門講習所

長古城梅溪가 曾往에 淸國北洋願門醫官으로 多年在外하옵다가 這般에 歸韓하와 諸般設備를 大作革新하야 專히 韓淸兩國病人의 診察을 從事하며 且軍醫諸氏에게 囑托하야 新方妙劑로 極盡히 速活回春함을 期함
再次 赤貧患者의 施療는 藥價를 勿論하며 又隨時하야 牛痘苗를 施種함
京城本町四丁目
贊化病院
〔電話二一九番〕

本人의 弟 章煥이 오年은 二拾二歲이온데 挾雜蕩자하야 남이 기로玆以廣告하오니 勿論內外國人하고 照亮後에 挾債給이나 貸給을 切勿하심을 敬요
西小門外 壯洞 路邊星煥 告白

西부 麯동 第十七統一戶는 本天道敎祖師 水雲大神師 嗣孫崔東희 시 家宅으로 先師一世師母께오서 現住하시는 處所이라 此家宅은 本來李容九 嚴柱等이 本敎中公同財產을 委任할 時의 天道中 命意로 買置하야 師宅으로 完定한 者이러니 李容九等 이 本敎에 黜黜 을 當하야 侍天敎를 自立한 後에 忽稱此宅은 侍天敎의 權을 奪하야 所謂所買者之消還이 無復餘地에 甘貢其無理於自殿向人 則日殿之所關이라 하며 殿日 리 之所爲라하야 互相推諉타가 末乃使 所謂買者로 起訟 於法 하야 必也 法 師 宅 像과 師母 尊儀로 當時 趾 學 難免케 하니 嗚呼痛矣로다 彼等의 背師反道는 侍天敎會自立에 既當時의 已著 하지 今何以義寄貸이리오마는 但彼等의 詐僞目的은 本天道敎祖의 兩位師師를 假托이라 籍稱하야 敎徒의 心志를 彷徨케하며 世人耳目을 疑眩케하기로 今日의 不容不擧하야 討辨明하오며 玆의 廣告하오니 壹般諸君子는 照亮하시옴
天道敎中央總部

京城南部苧동六十四統貳戶
東洋大學講師 日本法律學士
辯護士 木尾虎之助

啓者 本號新到上品玉器瑪瑙寶石古玩等 保官官貴天 所有之物 及 綢 廣雜貨湖北安徽大連彩票發賣 特此佈告 諸君光顧是禱
漢城石井동 杏花春 告白

[illegible] 月報社製 [illegible]
[illegible] 滿潤腸丸
[illegible] 甘酸水
[illegible] 實散
[illegible] 金鷄蠟丸
[illegible] 保嬰散
[illegible] 百應膏
[illegible] 太腫膏
[illegible] 消積丸
[illegible] 郵便遞

土地測量術

測量課 編纂

全壹冊正價 [illegible] 弁製六拾錢　洋裝九拾錢

近日測量術書類에三四種이刊行되엿스나不完全의缺點이不無ᄒᆞ든바今에本書ᄂᆞᆫ細部測量으로圖根測量ᄭᅡ지詳密히編纂ᄒᆞ얏스며각種實地測量及製圖의圖本을挿入ᄒᆞ야壹般斯學界의無二ᄒᆞᆫ寶典이오且紙質의堅美홈과製冊의華麗홈이測量術書中의覇王이라稱ᄒᆞᆯ만홈

〔發兌元〕
皇城中部罷朝橋越　中央書館　朱翰榮
仝 [illegible] 路　大東書市　[illegible] 基鉉
仝 南部大廣橋　滙東書館　高裕相
仝 南門內尙洞　博文書館　盧益亨
仝 남門外紫岩　新舊書林　池松旭

二十世紀之大慘劇 帝國主義

卞榮晩 著　正價금拾五錢

空前絶後의大文章(商業的奮鬪)을附刊홈

本書ᄂᆞᆫ二十世記의大慘劇된帝國主義의狀態를敍述ᄒᆞᆫ者인ᄃᆡ世界變遷의大勢가鐵 [illegible] 飛躍ᄒᆞ고民族競爭의眞狀이紙上에活現ᄒᆞ야吾人으로ᄒᆞ야금探海燈ᄀᆞᆺ흔眼光과太平洋ᄀᆞᆺ흔胸襟과巨靈斧ᄀᆞᆺ흔手腕을壹讀再讀의間에居然獲得케ᄒᆞᄂᆞᆫ壹大著述이라對國家의不得不壹讀ᄒᆞᆯ書이오政治家의不得不壹讀ᄒᆞᆯ書이며實業家의不得不壹讀ᄒᆞᆯ書이오新聞家의不得不壹讀ᄒᆞᆯ書이오全國民의不得不壹讀ᄒᆞᆯ書이니本館의[illegible]多少로同胞의思潮變遷을卜코ᄌᆞᄒᆞ노이다

發賣所　皇성布屛下　廣학書舖　김相萬　京鄕各書店

地方行政論

趙聲九 氏 撰述

全壹冊　正價金三拾錢

[illegible] 自治行政에關ᄒᆞᆫ壹般의原則과外國의現行制度와 [illegible] 簡明히論述ᄒᆞᆫ者ㅣ니現地方官의位에在ᄒᆞᆫ [illegible] 의行政에 [illegible] 됨은勿論이요全國人으로其國脉生活의本 [illegible] 瞭解ᄒᆞ야將來自治制度組織의基礎를成ᄒᆞᆯ者ㅣ니有志 [illegible] 速々購覽ᄒᆞ시압

發行元　皇성中부罷朝橋越邊　中央書館
分賣處　京城及地方　各書肆

消化新藥 清心保命丹

九十粒入 金拾錢

發行所　仁川港 [illegible]　濟生堂藥房

●右藥의主治効能은如左
●담飮咳嗽　●吐瀉　●水土不服
●氣鬱腹痛　●酒醉　●中暑中寒
●食積食傷　●咽喉　●口熱惡臭
●其他諸般邪氣癘疫預防妙藥

總發行所京城南大門內
제生당支店李[illegible]

●[illegible]城[illegible]문外　제生당支店吳[illegible]賢
●元山港路石[illegible]　제生당支店[illegible]
代理店

[illegible]

社告

仁川港[illegible]　京성남大문니　濟生堂 白

○申報價
壹張代金　新貨二錢五厘
壹個月前納　三十錢
參個月　九拾錢
[illegible]　壹圓[illegible]
[illegible]　二圓[illegible]
[illegible]　新貨五厘　十二錢

○廣告料
四号活字拾二字詰
每日壹寸(英尺)에　新貨卄五錢
二週日壹寸에　二圓五拾錢
壹箇月壹寸에　[illegible]圓
〔自壹行至四行이爲壹寸〕
[illegible]期限의長短과字行의多寡
[illegible]ᄒᆞ야增減홈이有홈

[illegible]大韓每日申報各處支社廣告

[illegible]

漢城醫[illegible]　[illegible]醫院

[illegible]

發行兼編輯人英國人 萬說
Responsible for Publication Alfred Weekley Marnham.

發行所　南署石井洞號外地三層洋屋　大韓每日申報社

大韓每日申報
第六卷
第九百卅三號

月曜及慶節
歲時日休刊

檀君開國四千二百四十一年
箕子元年三千三十年
大韓開國五百十七年
日本明治四十一年
淸國光緖三十四年
陰曆戊申九月大廿六日戊申

論說

◎地方人士와測量

近日漢城界에測量事業이鬱然히勃興호야處々에測量學校오谷々에測量事務所라街路에絡繹호야挾冊往來호는者는測量학徒오測板을抱호고每日奔走호는者는測量技手오新聞紙에日々揭載호는廣告는測量學校의入학廣告로다

漢城에坐호야觸覺的으로此를觀호면誰가韓人이私有林野測量에不能하리라호리오庶幾乎其然홀는지不然홀는지

本記者ㅣ日悲夫라韓人아此區々호漢城五部內의測量事業으로能히三百餘郡에林野를測量홀ㅅ數拾個의學校로能히三千里林野를測량홀학生을養成홀ㅅ數拾個의事務所로能히貳千萬人의林野를測량홀ㅅ余는敢言치못홀지로다

今者測량의實行이惟玆漢城內幾個人뿐이오各地方人士는尙且夢々然無聞호니嗚乎라地方人士아不知호야然홈인가抑已知호고도林野를抛棄호라고然홈인가

或曰人民을開導호야法令을實行홈은官吏의責任이아닌가今에各地方官吏가默然坐視하니엇지其責을免호리오

日悲夫라韓人아如今에도不悟호는가今日은人民이但히官吏마侍치못홀時代어늘而況韓國官吏이며韓國人民인가官吏는如何호던지人民은人民에責任을行호야財産을自保호며生存을自求홈이當然的義務가아닌가

大抵측량學은甚히簡易호技術이라壹二個月이면能히卒業호고能히應用호나니엇지此些少호勞苦를惜호야多大호利益을抛擲호는가

然則如何호면可홀샤

自今으로각地方人士가測量事業에汲々注意호야東唱西和호고甲行乙隨호야每郡에測량學校를設立호되小郡에는三四個오大郡에는七八個가되고每面에測량事務所를設立호되小面에는壹二個오大面에는三四個가된後에야可홀리라하노라

然而各地方이壹時에多數호學校를建設코즈호면敎師를難得일뿐아니라此經費도未敷호리니漸次로實施호야甲校의卒業生이乙校의敎師가되고壹人의技手가百人의生徒를敎授호면엇지不及홈이有호리오

蓋漢城의測량生으로는決코未及홀뿐더러抑역可及홀지라도遐遠호地方人民이漢城에來하야技手를雇聘호라면其費用이測량學校를設立홈보다幾倍를要홀지니엇지其可호리오

彼茶洞志士某氏는測량學徒를養成호야各地方으로派送호야壹邊으로는학校를建設호야技術를敎授호고壹邊으로는事務所를設立호야測량에着手홀다하니善哉라民여嗚乎韓人아此에觀感하야此를模範홀지어다

果然若是호야各地方이處々마다此漢城界와如호며二千萬의人々마다彼茶洞某氏와如호여야幾千年人民의林野가能히人民의林野가되리라호노라

而況三年期限이大短치아니호가以若韓國人民으로비록熱腸奔走호더라도오히려該期限內에圓滿히實行키難호리니凡社會人士가紛乃默然看過홀는지抑好個方針이有홀는지此社會人士의責任이아닌가

嗚乎韓人아再思三思홀지어다

▲▲隆熙貳年八月拾日 官報

○産業 (續)

○東洋拓殖株式會社定款

第四拾條 每年總裁와副總裁及理事에支給홀報酬額은如左히此를定홈

壹 總裁 金六千圓

二 副總裁 金四千圓

三 理事 壹級 金三千五百圓 二級 金二千五百圓

監事의報酬額은株主總會의決議로써此를定홈

總裁와副總裁及理事의게對호야는手當으로支給홈을得호되其金額은韓國政府가此를協定홈

第四拾壹條 理事는在任期中에其所有株式五拾株를監事의게任置홈이可홈但此株式은退任홀지라도株主總會에서其在任中處理호事務를承認혼後가아니면此를還付치아니홈

第四拾二條 總裁又는副總裁中缺員이生혼時는當該兩國政府가其後任者를命호야前任者의殘任期間을就職케홈

第四拾三條 理事中缺員이生호야補缺홈을必要가有혼時는臨時總會를開호야五十株以上을所有혼當該兩國株主中으로二倍의候補者를選擧호고當該兩國政府가其中으로셔後任者를命호야前任者의殘任期間을就職케홈

理事를增員홈을必要가有홀時는前項을準用홀것이로되其任期는此限에不在홈

第四拾四條 監事에缺員이生홈으로此를補缺홈을必要가有혼時는臨時總會를開호야三拾株以上을所有혼當該兩國株主中으로其後任者를選擧호고前任者의殘任期間을就職케홈

第四拾五條 總裁와副總裁及理事는當該兩國政府의許可를受치아니호면他職務나又或商業에從事홈을不得홈

(未完)

外報

◎合倂提出要請 路透電을據호則 크리트島에셔希臘政府에合倂問題를列國會議에提出코즈홈을英俄法伊諸國에向호야要請호얏다더라

◎兵器輸運抑制 倫敦電을據호則 셔비아國에셔新砲兵隊를編制호기爲호야買收호兵器를輸運호際에墺國이抑留호얏다더라

◎三國同盟主張 紐育電에曰 香港報를據호則淸國總稅務司[illegible]펑핫시가淸英米三國同盟을主張호다하얏다더라

◎暴風兼雨 向日淸國廣東地方에大雨가降하야淅江上流가汎濫호야水深이三拾尺에達호얏는데又大風이起호야多少間損害가有호얏다더라

◎王黨의死傷 파푸리쓰電을據호則波斯國에셔民黨員들이王黨의占據호地를占領호얏는대王黨은多數히死傷이有하얏다더라

◎露政府의誓約 聖彼得堡電을據호則俄國政府에셔將次開催홀列國會議에對하야써비아及몬테늬그로의利益을保護하기로誓約하얏다더라

雜報

◎兩吉三明 平安北道寧邊郡少林面燈山里居吉基俊吉鎭浩明正賢明俊諸氏가結心同力호고極力周旋호야新明學校를設立호고學徒를募集호고高明호敎師徐在禧씨를延聘호야熱心敎授홈으로晝夜學徒가百餘名에達호야振興之望이大有호다더라

◎隆敎刱立 忠淸南道恩津郡上豆面大谷居호는前司果柳星烈과主事徐琦勳과面장崔鍾壹二氏가敎育에熱心호야今春三月에該洞杏林祠舊址에私立학校를刱設호야命名曰隆興이라호고該校長은美國牧師禺理嚴시오副校長은徐基道시오漢文敎師는徐琦勳시오學監은卜基業시로選定호고校費는一面人이僉議詢向호야每戶에麥壹斗租壹斗오該面內所在沓壹斗落에金貳戔五分式捐助호기로磨鍊호야晝夜學을設호야聖經英語地誌歷史算術國漢文體操를敎授호더니學員이三十三人에達호얏다더라

◎沈氏寄附 前郡守沈宜性氏가慈仁郡私立培義학校에優數호紙筆을寄附호얏는대該校壹般任員과生徒가沈氏의敎育上熱誠을莫不贊頌호다더라

◎鳳鳴鐵原 鐵原郡西邊面[illegible]觀里居하는前郡守李[illegible]淵氏가敎育에注意호야壹面內에義捐千餘圜을募集호야鳳鳴義塾을[illegible]設立호고敎師李서澄尹[illegible]崔秉範二氏를雇聘호야熱心敎導호結果로學生이[illegible]餘名에達호얏다더라

◎勞働界曙光 去拾[illegible]日暇에水商학校에셔秋期運動을二仙坪에셔行홀시學徒의整齊活潑과各社會의贊成勸奬이實非他校學員의[illegible]昇[illegible]시는初等小學십[illegible]越南亡國史십部와尹[illegible]氏는空冊二[illegible]部金台熙씨는空冊二십部鉛筆五拾柄李麟[illegible]씨는空冊[illegible]冊美[illegible]씨는女子指南二[illegible]部金泓錫씨는鉛筆壹箱을寄附호얏다더라

◎[illegible]會[illegible]振 慶尙南道晉州에셔有志諸氏가大韓協會支會를組織호나財政이未敷홈으로困難이頗甚호더니本月第壹上曜評議會에서壹般任員이倡起호結果로當場에金이二百四拾三圜에達호얏다더라

雜報

●선源殿移安　陽城郡 穆淸殿에 奉安ㅎ얏던 太祖高皇帝陛下 影幀을昨日下午壹時에 德壽宮內 선源殿으로 移安ㅎ얏다더라

●進獻品製造　承寧府에서 太皇帝陛下씌 進獻ㅎ기爲ㅎ야金屛과銀鼎及龍房帳等物을 現今製造ㅎ는中이라더라

●惟々尸位　總理以下各大臣이統監府命令과其次官의提案을隨言施行ㅎ은世所共知어니와向日統監府會議에日本官人某가爲言曰當此刷新之時ㅎ야各項章程이日復頒佈ㅎ거니와韓官人은壹無提案故로日本官人이勢不得已ㅎ야某事이던지提案提出ㅎ면皆曰惟々라가及其施行則習慣程度가不合施措ㅎ니吾人行政도果爲極難ㅎ다ㅎ얏다더라

●牛耳誦經　總理大臣李完用氏가再昨日에貞洞孫澤孃邸에서宴會를設ㅎ고各部大臣及統監府高等官을請邀宴待ㅎ야軍樂으로迭宕ㅎ얏다ㅎ는데其樂聲을聞ㅎ는往人들이冒言ㅎ기를民生은魚肉의境에驅入ㅎ고何面目으로獨自安樂ㅎ는고ㅎ며批評이有ㅎ다더라

●着々實施　宮內府覺般官吏는今日부터納宿을壹切廢止ㅎ다더라

●手段良好　濟州郡守尹元求氏는該觀察使가免官報告ㅎ얏다ㅎ니尹氏가何樣運動이有ㅎ던지還任ㅎ기로內定이되얏다더라

●嚴飭斷髮　[illegible]浦郡守趙東[illegible]氏는[illegible]人民의斷髮ㅎ는次로[illegible]招人ㅎ야嚴飭ㅎ기를面長及里長은依例斷髮ㅎ거니와[illegible]發케하라ㅎ얏다더라

●[illegible]壯　畿湖學會財政이窮絀ㅎ야解會ㅎ境에至ㅎ지라中樞院議長金允植氏가不計晝夜ㅎ고各發起人家에前往ㅎ야基本의義捐을爛商ㅎ結果로[illegible]大官이屢次會議ㅎ얏다는데國會가中興의望이有ㅎ다더라

●請且談久　中樞院議長金允植氏가畿湖學會經費의各發起人에請捐ㅎ은別項과如ㅎ거니와各大官에게請捐ㅎ미諸督經大臣은同聲相應ㅎ되現任大臣은自總理以下로擧皆不應ㅎ다더라

●家大爲患　中樞院贊議洪承穆氏의墳墓가괴山郡에在ㅎ되日守備隊兵이占奪住接ㅎ기로確定ㅎ지라該氏家에서大爲憂慮ㅎ다더라

●救世軍訪問　[illegible]回日本으로부터渡韓ㅎ救世軍大佐許佳와小佐班與巨兩氏가昨日午前에內部次官局장을訪問ㅎ얏다더라

●調査渡韓　泰仁郡杏壇酒店에서侍天敎徒貳拾壹名이留宿ㅎ는데日兵이義兵으로認知ㅎ고砲殺ㅎ얏는ㄷ報ㅎ얏기니와日本에서此를調査ㅎ기爲ㅎ야大尉壹名이本二十三日에渡韓ㅎ는다는通信이統監府에到ㅎ얏다더라

●秋期種痘　中部警察署에서七十八兩日에管內人民에게秋期牛痘를施術ㅎ數爻가貳千貳百九名이라더라

●牛痘牛痘　再昨日에太醫院痘醫와商業會議所에來到ㅎ야新鮮ㅎ痘苗로施[illegible]坊曲[illegible]等에[illegible]兒童男女와年[illegible]二[illegible]諸男女를强制押去ㅎ야施術ㅎ며各[illegible]毆打押去ㅎ는樣이刑事犯罪人과如ㅎ며또二牌와色酒家女를多數押來ㅎ며廣橋等地에서는某氏家에突入ㅎ야六拾老婦人을打傾ㅎ면셔速히牛痘々々ㅎ며無數威脅ㅎ故로中部內에壹大亂離를逢ㅎ얏다더라

●占奪民有　度支部所管荊坪이始興郡上北面에在ㅎ데何許人이卜部認許가有하다ㅎ고荊坪附近에在ㅎ民有地々지立標占奪ㅎ는故로該作人三拾餘名이昨日에上京ㅎ야漢城財務監督局에呼訴ㅎ얏다더라

●菜田의日人　宮內府所管造山基址內에人民菜田이多有ㅎ대南門外居留日人淸道久田이가宮內府承認이有ㅎ다稱ㅎ고所畊菁菜를壹切拔去ㅎ지라該菜主等이私相詰難ㅎ다가終無歸決ㅎ故로昨日漢城財務監督局에呼訴ㅎ얏다더라

●老翁墮橋　北靑郡趙榮元氏가年今五拾八인ㄷ上京ㅎ야汲水營業ㅎ더니再昨日下午七時頃에長橋에서失足落傷ㅎ야危境에至ㅎ故로警察署에서日醫師를請邀診斷ㅎ後에該族人家로昇送ㅎ야現今치療ㅎ는中이라더라

●洞冷人熱　西大門外上冷洞等地에서何[illegible]翁夫妻가相依ㅎ야[illegible]生하더니本月初[illegible]失火ㅎ야接屑道路ㅎ[illegible]積善洞人이其情境을[illegible]ㅎ야廛房二間을建築하[illegible]ㅎ얏다더라

●[illegible]義兵　坡州郡에義兵이[illegible]人所共知어니와[illegible]沙[illegible]義兵[illegible]會員二[illegible]

●打母之變　[illegible]에居ㅎㄴ[illegible]立이란者ㅎ야投酒의沒惑ㅎ으로其母가訓戒ㅎ되不聽ㅎ고壹日은暴行을行ㅎ야渠의母를毆打ㅎ야面部가頭傷ㅎ얏다더라

●蠻宋悖宋　中部上麻洞居宋榮弼爲名者가平壤退妓李信媛을作妾居生ㅎ며何許淸人에게債萬五千兩을負債ㅎ얏다稱ㅎ고渠父를欺瞞ㅎ計劃으로鴉片을喫ㅎ고死ㅎ樣으로渠父를請ㅎ얏더니該父가來見ㅎ고淸人을向ㅎ야言ㅎ되我子ㅣ旣死ㅎ얏은즉汝의債錢은不可報償ㅎ깃다ㅎ고歸去ㅎ는지라宋某가更히南部會洞居鄭協朝氏를誘引奪財ㅎ思想으로李信媛을甘誘ㅎ되鄭氏를招來酒遊ㅎ야彼巨財를不ㅎ며該女가聽從치아니ㅎ거늘宋某가該女를以劒亂打ㅎ야勢甚危急ㅎ故로該女가中部警察署에呼訴ㅎ야宋某를押囚케ㅎ얏다더라

●維持會延期　再昨日商業會議所에서孤兒院維持方針次로各社會가會議ㅎ다더니該院總裁와院主가出席지아니ㅎ으로更히明日孤兒院에會集ㅎ야會議ㅎ기로延期하얏다더라

●李氏高義　結城郡居李啓祚시가京西署麵洞前捧稅官劉[illegible]시로有所親分ㅎ야去年陰九月分의紙貨壹百圓을貸與ㅎ더니今爲上來ㅎ야該시를訪見ㅎ즉客處窮困에支保不得이거날見甚可矜ㅎ야督推ㅎ는姑舍ㅎ고該捧錢票를永爲勿施ㅎ얏다더라

●農工硏究ㅎ會　農工硏究會에서中部墻谷第六統八戶에臨時事務所를定ㅎ얏는데本月二十日(火曜)下午二時에任員會를開ㅎ고硏究方針을擴張ㅎ다더라

●羅氏美擧　平北熙川郡葛峴里居ㅎ는羅祗汶시는農業資生으로素無學文이나其父親의孝를[illegible]ㅎ고且敎育에熱心ㅎ야校舍를刱建ㅎ고校師를延聘ㅎ야[illegible]心으로奬勵ㅎ다ㅎ니田家出身으로父母의孝ㅎ고教子盡力은雖曰未學이나必謂之學이라ㅎ며西來人의稱頌이藉々ㅎ다더라

●敎師熱心　[illegible]淵郡私立又新學校敎師[illegible]씨는該校內生徒八十餘名을獨自敎授ㅎ얏거니와壬城新塢兩동에서夜學徒武翔餘名을募集하되敎堂이無ㅎ지라該氏가自己舍廊에서每夜十二点종식지熱心敎授ㅎ다더라

◎慶節休刊

[illegible]國 皇太子殿下 千秋慶節인故로慶祝ㅎ기爲ㅎ야翌日休刊홈

▲地方消息

▲京畿道高陽水原龍仁廣州抱川麻田漣川及黃海道平山延安郡과地方에는義兵의出沒數를前期에比하면頗多ㅎ다ㅎ고

▲京畿管內에義兵의出沒이漸次繁盛ㅎ대就中高陽楊州地方에는義兵將黃在浩氏의率ㅎ數十名이頻數히出沒ㅎ는中人民의不穩ㅎ狀態가有ㅎ고高陽郡內에在ㅎ義兵은日憲兵隊와數回衝突ㅎ얏고楊州郡內에在ㅎ義兵은日憲兵隊와二回를衝突ㅎ얏고又白川郡[illegible]在ㅎ[illegible]約[illegible]餘名은[illegible]式分隊ㅎ야[illegible]內에中心의[illegible]出沒ㅎ다는데九月廿六日에抱川[illegible]은右記ㅎ四百餘名의[illegible]못하고釆平郡地方에도義[illegible]數拾名이留ㅎ고水原郡內에도義兵[illegible]名이比前增加ㅎ야水原觀仁安성郡地方에도義兵三십名이出沒ㅎ는대龍仁郡內에數名約二拾名이日名과衝突ㅎ얏다ㅎ고

▲廣州郡地方에는義兵將金春浩氏가[illegible]三拾名을率ㅎ고出沒ㅎ다ㅎ고

▲開성管내에서도義兵이比前繁盛ㅎ얏는데就中橫성麻田池川楊平等郡에는義兵將延基浩氏의率ㅎ義兵累百名이頻數出沒ㅎ며現今는本討伐隊와數回衝突ㅎ얏는데ㅎ義兵은茶葛色服裝을着ㅎ얏고武器는新式銃及單發銃이多ㅎ며人[illegible]銃을持ㅎ얏다ㅎ고又橫성郡地方으로부터坡州楊州兩郡에서義將尹仁順氏가義兵을募集ㅎ는中이다ㅎ고

▲平山管내에도義兵의出沒이比前增加하야漸次不穩ㅎ影響이有ㅎ데義將李鎭龍氏는部下七八拾名을率ㅎ고平山郡威隱山으로中心을숨고夜間에는附近村落에徘徊ㅎ다ㅎ고

▲延安地方에는現今에舊府小稷ㅎ대義兵數拾名이屢々히出沒ㅎ며[illegible]兵將沈愚述李[illegible]珠氏等의部下以外에多數義兵이侵入ㅎ고又金川郡水雁山에는義將延基浩氏의率ㅎ義兵累百千名이駐屯ㅎ다더라

▲地方愁雲▼

▲瞻彼地方ㅎ며보니愁雲陰霧[illegible]漠ㅎ[illegible]그業務를擲ㅎ[illegible]壹이요그和[illegible]이며官吏善良[illegible]吏許多하야滿時之中杳然ㅎ나[illegible]

▲大邱[illegible]成狂ㅎ[illegible]並打殺ㅎ[illegible]로다如此[illegible]姓아[illegible]그政治를알수업고

▲安東[illegible]聽訟[illegible]舍[illegible]人의[illegible]舍建築稱ㅎ야[illegible]求아[illegible]그政治를알수업고

▲江華郡守[illegible]壹木牌를[illegible]債下徵ㅎ다[illegible]ㅎ며壹牌能[illegible]起ㅎ니[illegible]그政治를알수업고

▲괴山郡守沈[illegible]ㅎ다ㅎ고面[illegible]里[illegible]熱殺을蹂躪ㅎ고[illegible]赴役[illegible]杖之囚之年刑이[illegible]정일ㅎ[illegible]治道인지[illegible]그政治를알수업고

▲坡川郡守[illegible]睦源하[illegible]더殘[illegible]面洞에傳令ㅎ야[illegible]ㅎ고某[illegible]稱勸捧ㅎ[illegible]設[illegible]그政治를알수업고

▲[illegible]郡守[illegible]李[illegible]訓飭ㅎ야[illegible]闕禁[illegible]外多[illegible]遊覽者가如此[illegible]人民[illegible]斯ㅎ아닌[illegible]그政治를알수업어

▲諸公들아々々ㅎ[illegible]ㅎ것[illegible]勿答余[illegible]ㅎ소

健胃消食 ……[illegible]

廣告

中部貞仁坊園洞四拾八統七戶瓦家六間中部貞善坊上漢洞六拾統五戶瓦家貳拾四間兩處文券을見失ᄒᆞ얏기玆에廣告ᄒᆞ니內外國人間誰某拾得이라도休紙施行ᄒᆞᆷ

李根澤　白

本人이台木廛八房命允식典舖物을移來ᄒᆞ오니典當ᄎᆞ지실諸員은該月內로推去ᄒᆞ시되若過限則放賣ᄒᆞᆯ터이ᄋᆞᆸ기玆以廣告ᄒᆞ오니照亮ᄒᆞᆷ

銅峴典當舖申泰和　告白

◉學員增募廣告

本校에서敎育上完全ᄒᆞᆫ才藝를養成ᄒᆞ기爲ᄒᆞ야中學敎師ᄂᆞᆫ尖日煥金炳億測量敎師ᄂᆞᆫ金應烈三氏를延聘ᄒᆞ고目今急務에應用ᄒᆞᆯ學藝를敎授ᄒᆞ오니願ᄒᆞ는僉員은今月貳拾九日內로陸續請願ᄒᆞ시오

校監　宋道容
事務　洪韓燮

入學許可ᄂᆞᆫ本月晦日ᄭᆞ지

科　　程

一學年

本國地誌　歷史　理化　博物
物理　修身　語學　算術分數
少數　文典　農학　商業
地문　作文　漢문

貳學年

萬國地誌　歷史　物理　化학
法학　農業　商業　地文
語學　礦物　算術代數　文典
生理　作文　倫理　土地測量
製圖　礦山測量　三角術
幾何學

平南甑山郡**彰新中學校**

本社를南部曲橋半井洞第十一統二戶로移接ᄒᆞ얏ᄉᆞ오니僉彦은照亮ᄒᆞ시ᄋᆞᆸ

漢城材木柴炭　**株式會社**

本書舖에서新舊書籍과古今名畫大發售이오며各種繪畫類를隨求酬應ᄒᆞ오니陸續請求ᄒᆞ심을爲望

京城銅峴內三十三統八戶

漢城書畫館

館主　崔永鎬
畫師　趙錫晋

本郡主事李復燁시ᄂᆞᆫ好善其姿오公直其人이라不憚勞苦ᄒᆞ고交涉外隊ᄒᆞ야莫接居民ᄒᆞ니鎭有餘望이오橫罹人民을給標救活ᄒᆞ니仁有餘愿이라出貲買物ᄒᆞ야兵弁ᄭᆞ지到에隨請隨應ᄒᆞ야民無貽弊ᄒᆞ니今世生佛이오家喩戶說ᄒᆞ야糊救學校ᄒᆞ고開導靑年ᄒᆞ니文明基礎라吾鄕이不勝感慕ᄒᆞ야先此廣佈ᄒᆞᆷ

長水郡拾三面代表人韓圭鮮
朴起贊　李承八　宋良叔
安善京　李在明等　告白

前務春判判五名字를改以判鎬宮

扶安乾先面木下里居
金判鎬　告白

壯陽復元丹

補血益氣
健腦滋腎

此藥은專치腦痛肺弱○房事色傷○心腎虛弱○陽萎不起○遺精多夢○神經衰弱○房事時早洩不快○病後虛弱○健忘不眠貧血諸症○先天不足○飮食不下○眩暈咽痛○等症ᄒᆞ나니試將此丸을照法服之면不過幾点鍾에立ᄒᆞ妙效ᄒᆞ야魂飛肉離에精神微奮ᄒᆞ고頓覺愉快하나니其症이輕者ᄂᆞᆫ服壹貳週면挽回元陽ᄒᆞ고其症이稍重者ᄂᆞᆫ可服　四週ᄒᆞ고遠年痼疾도其症이頗重者ᄂᆞᆫ連服七八週면必能全치無疑니若夫無病之人도試用此劑則補血而益氣ᄒᆞ고强筋而壯骨ᄒᆞ나니用之八週而未見其効則請將價額을如數還呈이요不敢虛誕自欺라此丸이又無論男婦老幼ᄒᆞ고均用有効ᄒᆞ나니眞世間無比之妙劑也라　僉位ᄂᆞᆫ何不早圖壹試오

발行所　皇城종로太廣橋십七統七戶　共愛堂약房
特約代理店　京城水橋　濟生堂약房

海東書林

本書舖에서各學校敎科書와其他諸種書籍과學生用品을廉價酬應ᄒᆞ오니僉君子ᄂᆞᆫ速々來購ᄒᆞ시ᄋᆞᆸ

[illegible]壽進坊
松峴隅二拾統壹戶

海東書林　告白

本人의侄天護가三歲時喪父하고年今二拾壹에渠母子生活世然이어니와同天護가性本浮蕩ᄒᆞ야年前에本人田畓偽造典券ᄒᆞ야欲得ᄂᆞᆫ償라가奸狀現發ᄒᆞ야同天護與居間崔顯玉을自官捉囚ᄒᆞ고同人所執偽券을還推矣러니到今又何償用인지名不知ᄒᆞᆫ人二名과通辯朴尙植이眼同天護而來ᄒᆞ야天護債用이八百圓이다欲懲本人次委訪而本人이時適出他未還之際에本人農牛외在草坂者를日人與通辯이ᄂᆞᆫ責창去故로挾人李明玉이往欲推牛라가被打而歸ᄒᆞ니天護ᄂᆞᆫ債에本人農牛가何關고現方告訴推牛而玆先廣布ᄒᆞ오니天護亂債를雖壹分不可移徵於本人事로內外國人은切勿見欺ᄒᆞᆷ

義州水鎭面大水洞車貞均告白

辯護士

京城中부鍾路電氣會社前

前判事　從七位　本多潤

遵般左記所에出張事務所를開設ᄒᆞ고諸般法律事務를親切히迅速處理ᄒᆞ오니陸續ᄒᆞ議ᄒᆞᆸ

前判事　辯護士　本多潤

京城鍾路電氣會社[illegible]

出張事務所　開城東部

事務長　前郡守　具章會
事務員　前主事　高容鎬
　　　　　　　　　崔啓昌

本人의姓名圖章을陰九月拾六日의稷山三西等地에서遺失ᄒᆞ엿ᄉᆞ니誰某拾得이라도勿施ᄒᆞᆷ

牙山三北面廉居村蔡選　告白

[illegible]

本社ᄂᆞᆫ平壤馬山洞磁器製造를發起ᄒᆞ야初出에二百株式의資本을募集하야지道의成績이良好이온바益益擴張키爲ᄒᆞ야現又一千株式加數募集ᄒᆞ오니株主되기를要ᄒᆞ시ᄂᆞᆫ僉君子ᄂᆞᆫ本月內로左記處에來議ᄒᆞ시ᄋᆞᆸ

隆熙二年十月十三日

平壤磁器製造株式會社發起人

韓三賢　尹在明　鄭仁叔
尹聖運　田在豐　李德煥
崔有文

壹。總資本금　六萬圓
壹。總株數　壹千貳百株
壹。壹株금　五十圓
但株금은三回에分ᄒᆞ야第壹回二十五圓第二回十圓第三回十五圓

本會社創立事務所
株式募集及株금領受所

平壤종路　尹聖運
平壤貫洞

株式會社　**漢城銀行**
株式會社　**韓一銀行**

平北定州五山洞李昇薰
鎭南浦築동　김正民
黃海道안岳邑內김庸鼎

[illegible]

平壤大同江坊上貳里驛로쟈日本人民國所居留地로츠占領코ᄌᆞᄒᆞᄂᆞᆫ事로日前本報에廣告이어니와該道監督局장이親面與該동知事人韓寅明氏를請ᄒᆞ야具由委問이기로韓寅明氏가辯明其民冤之嗷々則依民願ᄒᆞ야民國所居留를永爲革罷ᄒᆞ고又於히로石炭礦鐵을不侵作農之田ᄒᆞ게壹處만割界ᄒᆞ얏시니히監督局長에施仁慈善之政은可賀ᄒᆞᆯ만ᄒᆞ고韓民은永爲히로居接ᄒᆞ야作農資生케되얏기로廣告ᄒᆞᆷ

高관瀕　告白

◎特別大廣告

本社에서東西양各種物品을直輸入ᄒᆞ야各官廳과各學校에用達營業ᄒᆞ온지于今半年에僉君子愛護ᄒᆞ심을蒙ᄒᆞ와興旺에至ᄒᆞ온感謝不已ᄒᆞ오며益々擴張키爲ᄒᆞ야測量器械附屬品과學校用品과其他雜貨를多數購入ᄒᆞ야都賣散賣에格外廉價로發賣ᄒᆞ오니陸續來臨ᄒᆞ심을伏望ᄒᆞᆷ

京城南部銅峴二拾三統六戶

用達　**東洋合資**會社

(電話[illegible]四番)

學員大募集廣告

日語ᄂᆞᆫ六個月、土測量은二個月、土木專門速成科를設ᄒᆞ오니願學員은陰十月七日內로來臨ᄒᆞ야規則詳覽ᄒᆞ고志願ᄒᆞ심을爲要

下午壹時로三時ᄭᆞ지
同　三時로五時ᄭᆞ지
同　七時로九時ᄭᆞ지

日語

測量은上午十時로下午一時

西小門內度支部後門前

專門講習所

院長古城梅溪가曾往에淸國北洋醫學堂醫官으로多年在外ᄒᆞ옵더니今還歸韓ᄒᆞ와諸般設備를大作革新ᄒᆞ야專히韓淸兩國病人의診察을從事ᄒᆞ며尙且軍醫諸氏에게囑托ᄒᆞ야新方妙劑를極盡히速活回春ᄒᆞᆷ을期ᄒᆞᆷ

再次赤貧患者의施療と藥價를勿論ᄒᆞ며又隨時ᄒᆞ야牛痘苗를施種ᄒᆞᆷ

京城木町四丁目

贊化病院

(電話二一四番)

[illegible]

祥原金氏大同譜所定于皇城東부於義동八十四統八戶ᄒᆞ오니僉宗은以此照亮

金世煥家

金汝煥　告白

啓者本號新創以上品玉器瑪瑙寶石古玩等物與官民大人所用之物及洋服雜貨等北京微太過彩類發賣特此佈告　諸君光顧

漢城石井동
[illegible]

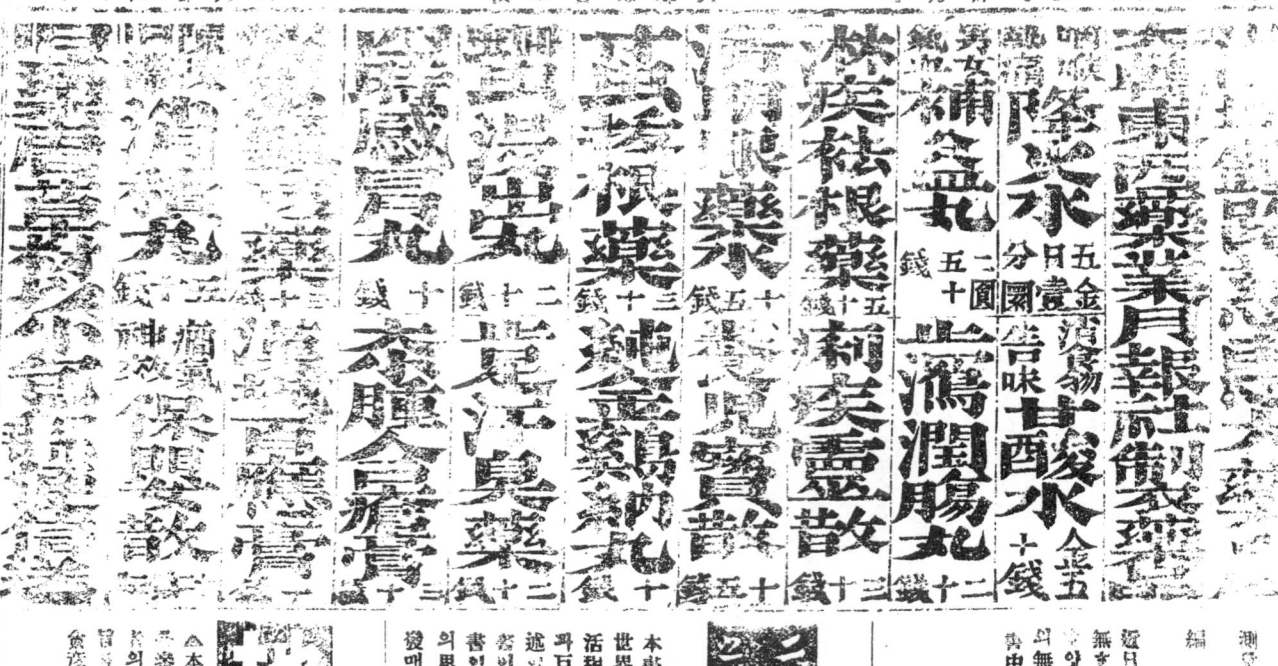

第六卷

大韓每日申報

第九百卅四號

月曜及慶節歲時日休刊

檀君開國四千二百四十一年
箕子元年三千三十年
大韓開國五百十七年
日本明治四十一年
清國光緒三十四年
陰曆戊申九月大廿八日庚戌

論說

◉平壤의 大成學校

二十世紀韓半島에文明의旗치를竪ᄒᆞ고舞臺에先登ᄒᆞ라ᄒᆞᄂᆞᆫ者ᄂᆞᆫ西北이오西北中에文明의燒點이되야大光彩를煥發하ᄂᆞᆫ者ᄂᆞᆫ平壤이라盖平壤은四千年文明의起点地로可謂志士의淵海라今日民國이岌業ᄒᆞᆫ時代를遭ᄒᆞ야屹然히全國教育界의先進이되야國民教育을鼓舞ᄒᆞ미於是乎學校가林立ᄒᆞ고文風이大闢ᄒᆞ야其附近各郡에小學校를千百으로可數ᄒᆞᆯ지라其小학教育이既已偉大ᄒᆞᆫ效果를奏ᄒᆞ얏도다

然이나至今ᄭᅡ지中학教育은殆히可觀ᄒᆞᆯ者가無ᄒᆞ야所謂中學校가有ᄒᆞ나其制度가完全치못ᄒᆞ얏ᄂᆞᆫ지라是以로小학校에서卒業ᄒᆞᆫ者ᄂᆞᆫ中學教育을要치못ᄒᆞ고普通科를學習ᄒᆞᆫ者ᄂᆞᆫ高等學術을研究치못ᄒᆞ야許多青年이彷徨無歸의嘆이不無ᄒᆞ니是ᄂᆞᆫ吾儕의恒常慨嘆하ᄂᆞᆫ바ㅣ러니乃者大成學校가始立ᄒᆞ니其程度ᄂᆞᆫ完全ᄒᆞᆫ中學校오位置ᄂᆞᆫ平壤城이오主務者ᄂᆞᆫ李鍾浩尹致昊安昌浩三氏러라

美哉라平壤의大成학校여盛哉라平壤에大成學校가今日에야始立ᄒᆞ얏도다壯哉라平壤에大成학校가無키不可ᄒᆞ도다

盖教育界에大學中학小학의三階級이有ᄒᆞ니小學校가有ᄒᆞᆫ지라도中學校가有ᄒᆞᆫ後에야中學生이始有ᄒᆞ고中學生이有ᄒᆞᆫ後에야大學生이始有ᄒᆞᆯ지니然則中학校의設立이엇지教育界에의大急務가아닌가今에三氏가中學教育을獎勵ᄒᆞ야此大成學校를創立ᄒᆞ얏스미其課程이極히精美ᄒᆞ고其規模가極히完備ᄒᆞ야實로全國內教育界의第壹第二에居ᄒᆞᆯ지라大活躍大奮發의人士가宜乎若是ᄒᆞ도다

從今으로平壤附近各郡에小학校에서卒業ᄒᆞᆫ者ᄂᆞᆫ即時中學生이되고普通科를學習ᄒᆞᆫ者ᄂᆞᆫ即時高等生이되야學術이日々蒸上ᄒᆞ고文化가日々발展ᄒᆞ야中學教育이大活動을試ᄒᆞᆯ지니猗欤盛哉라平壤學界ᄂᆞᆫ今日中學教育界에主人翁이될지로다

然이나古人이有言ᄒᆞᆫ대靡不有初나鮮克有終이라ᄒᆞ얏스니嗚呼三氏여其心이益熱ᄒᆞ고其血이益熱ᄒᆞ야百折不屈하고益奮愈勵ᄒᆞ야平壤으로ᄒᆞ야금文明의中心이되며학術의淵叢이되며教育界의師範이되게ᄒᆞᆯ지어다

嗚呼라各省人士諸君아諸君은平壤을見ᄒᆞᄂᆞᆫ가不見ᄒᆞᄂᆞᆫ가諸君도同是圓顱方趾의人類이오同是神聖聰明ᄒᆞᆫ朝鮮族이오同是二十世記의大韓國民이어날奈何로文明事業을彼三氏에게獨讓ᄒᆞᄂᆞᆫ가

嗚呼諸君아宜乎百倍奮勵ᄒᆞ야此를模範ᄒᆞ며此와競爭ᄒᆞ야今日에拾大成學校가立ᄒᆞ고明日에百大成학校가立ᄒᆞ야三百餘州가處々히平壤과如하고二千萬人이個々히三氏와如ᄒᆞᆫ後에야韓國의國力이能히自立ᄒᆞ고民族이能히自存ᄒᆞ리니勉哉々々어다

▲隆熙貳年拾月拾日 官報

⊙產業 (續)

○東洋拓殖株式會社定欵

第四拾六條 總裁ᄂᆞᆫ定欵及株主總會의決議錄을本店과支店에備置ᄒᆞ며且株主名簿及社債原簿를本店에備置ᄒᆞᆷ

第四拾七條 總裁ᄂᆞᆫ定時總會의會日로부터七日前에左開書類를監事에게提出ᄒᆞᆷ을要ᄒᆞᆷ

壹 財產目錄
二 貸借對照表
三 事業報告書
四 損益計算書
五 準備金及利益配當에關ᄒᆞᆫ議案

第四十八條 總裁ᄂᆞᆫ定時總會의會日前에前條에揭記ᄒᆞᆫ書類及監事의報告書를本店에備置ᄒᆞᆷ을要ᄒᆞᆷ

第四十九條 總裁ᄂᆞᆫ第四拾七條에揭記ᄒᆞᆫ書類를定時總會에提出하고其承認을求ᄒᆞᆷ을要ᄒᆞᆷ

總裁ᄂᆞᆫ前項의承認을得ᄒᆞᆫ然後에貸借對照表를公告ᄒᆞᆷ을要ᄒᆞᆷ

第五十條 監事ᄂᆞᆫ總裁가株主總會에提出코ᄌᆞᄒᆞᄂᆞᆫ書類를調査ᄒᆞ고其意見을株主總會에報告ᄒᆞᆷ을要ᄒᆞᆷ

第五十壹條 監事ᄂᆞᆫ勿論何時ᄒᆞ고總裁에게對ᄒᆞ야營業의報告를求ᄒᆞ고又ᄂᆞᆫ會社의業務又會社財產의狀況을調査ᄒᆞᆷ을得ᄒᆞᆷ

第五章 營業

第五拾二條 本會社ᄂᆞᆫ左開業務를營ᄒᆞᆷ

壹 農業
二 拓殖上에必要ᄒᆞᆫ土地의賣買及貸借
三 拓殖上에必要ᄒᆞᆫ土地의經營及管理
四 拓殖上에必要ᄒᆞᆫ建築物의築造와賣買及貸借
五 拓殖上에必要ᄒᆞᆫ韓日移住民의募集及分配
六 移住民及韓國農業者에對ᄒᆞ야拓殖上必要ᄒᆞᆫ物品의供給과其生產이나又ᄂᆞᆫ獲得ᄒᆞᆫ物品의分配等
七 拓殖上必要ᄒᆞᆫ資金의供給

第五拾二條 本會社ᄂᆞᆫ韓日兩國政府의認可를受ᄒᆞ야附帶事業으로韓國에서水產業及其他拓殖上必要ᄒᆞᆫ事業을營ᄒᆞᆷ을得ᄒᆞᆷ (未完)

外報

●待春艦帆 東京電을據ᄒᆞᆫ즉米國太平洋艦隊ᄂᆞᆫ來春에大西양回航을受命ᄒᆞ얏다더라

●憲法模倣上奏 同電을據ᄒᆞᆫ즉德國憲政을觀察ᄒᆞᆫ清國于式枚氏ᄂᆞᆫ德國과日本의憲法을模倣ᄒᆞᆷ이可ᄒᆞ다고上奏ᄒᆞ얏다더라

●通信不通 同電을據ᄒᆞᆫ즉米國回艦隊에屬ᄒᆞᆫ通報艦壹隻은暴風을因ᄒᆞ야行衛가不明ᄒᆞ야尙今入港지아니ᄒᆞ얏ᄂᆞᆫ디必然沈沒ᄒᆞᆫ貌樣이라ᄒᆞ얏더라

●仍不尋出 同電을據ᄒᆞᆫ즉向日에沈沒ᄒᆞᆫ日本汽船宗谷丸은拯出ᄒᆞᆯ希望이無ᄒᆞ다더라

●軍費支出可決 路透電을據ᄒᆞᆫ즉墺國議會ᄂᆞᆫ滿場壹致로政府信任及壹千六百萬法의臨時軍事費支出案을可決하얏다더라

●凱旋式擧行 同電을據ᄒᆞᆫ즉勃牙利왕은去拾三日에壯麗ᄒᆞᆫ儀式으로소푸이아市에서凱旋入市式을擧行하얏다더라

●土國의不平 東京電을據ᄒᆞᆫ즉土耳其國親衛隊에서不平黨이起ᄒᆞ얏다더라

●萬國版權會議 伯林電을據ᄒᆞᆫ즉萬國版權會議를伯林에서開ᄒᆞ얏ᄂᆞᆫ대諸國代表者三拾五名이參例ᄒᆞ얏다더라

●訪問伯林決定 同電을據ᄒᆞᆫ則英國皇帝及皇后께서共히明年貳月貳拾貳日에伯林을訪問ᄒᆞ기로決定ᄒᆞ얏다더라

雜報

●金門校況擴張 光山金氏의宗中학校設立ᄒᆞᆫ事ᄂᆞᆫ前報에已揭ᄒᆞ얏거니와학徒를각派에募集ᄒᆞ야本月拾四日에開學ᄒᆞ얏ᄂᆞᆫ데開校式日에金甲洙金珏鉉金天洙金喆鉉諸氏ᄂᆞᆫ각壹百圓式金永直金希洙김永선金在升金永典김永健金永熙金正洙諸氏ᄂᆞᆫ各七八拾圓式捐出ᄒᆞ야학校를贊成ᄒᆞ얏다더라

●進校卒業 本月拾八日履洞進明학校에서測量科卒業式을擧行ᄒᆞ얏ᄂᆞᆫ데最優等에ᄂᆞᆫ閔丙瓚崔漢東等十壹人이오優等에ᄂᆞᆫ康이甲金鎔鎭等拾三人이오及第에ᄂᆞᆫ梁在赫韓圭縉等四拾餘人이라더라

●盛氏盛擧 平安北道博川郡廣興主塾趙相塾氏가今月初六日에郡秋期大運動會에嘉山秋島里東明학校生徒六十餘名及任員에게三十午餐을歎備盛待ᄒᆞ엿다더라

●兩氏有志 平安北道定州郡居方興與元兩氏가恒常愛國에熱心ᄒᆞ야數年篤工이더니自昨年拾月로夜學校를設立ᄒᆞ고校費를壹切全擔ᄒᆞᆫ다더라

●始興始興 始興下北面番大坊里居ᄒᆞᄂᆞᆫ有志紳士諸氏가興明학校을該村에設立ᄒᆞ고教師로忠清北道文義郡居ᄒᆞᄂᆞᆫ韓致寧氏을延聘ᄒᆞ야名譽로教授ᄒᆞᄂᆞᆫ대校長金永植氏의熱心贊助ᄒᆞᆷ으로該校의進取之望이有ᄒᆞ다더라

●中校禁烟 中東학校에서諸任員들이通常會을開ᄒᆞ고壹般학生의禁煙ᄒᆞ기를발論ᄒᆞ얏ᄂᆞᆫ되만약學員이吸烟ᄒᆞᄂᆞᆫ弊가잇스면卒業時에減点ᄒᆞ기로牢定ᄒᆞ얏다ᄒᆞ니他校에서도可히모範ᄒᆞᆯ일이라더라

●隨聞更揭 廣州居石東煥氏가閔泳徽氏의게見奪ᄒᆞᆫ田土를推還次로擧訴ᄒᆞ얏다ᄒᆞᆷ은隨聞揭載ᄒᆞ얏더니更聞ᄒᆞᆫ즉石氏ᄂᆞᆫ本閔氏家世交인ᄃᆡ昨年分에閔氏家에來ᄒᆞ야錢幾萬兩을請貸ᄒᆞ거ᄂᆞᆯ閔氏가不應ᄒᆞ얏더니此舍憾으로此等無根의說을做出ᄒᆞᆷ이라더라

雜報

●兩宮謁見　再昨日은韓國皇太子殿下　千秋慶節인故로陳賀ᄒ기爲ᄒ야壹般　皇族과總理大臣及其他某某大官이伊日午前에　昌德宮에進　詣ᄒ야　大皇帝陛下ᄭ　陛見ᄒ고同午後에　德壽宮에仍　詣하야　太皇帝陛下ᄭ　陛見ᄒ얏다더라

●恩渥隆厚　慶善宮殿下ᄭ서今番軍部大臣李秉武ᄊ　渡日홀ᄂ대壹千圓을　賜給ᄒ셧다더라

●義王賜金　稷山郡成歡停車場附近洞有志紳士가該場內의학校를設立ᄒ고校長을　義親王殿下로推薦ᄒ얏다ᄒᄂ대同殿下ᄭ서聞知하시고금貨壹千圓을　下賜ᄒ옵셧다더라

●慶節祝筵의盛況　日本에御留ᄒ시ᄂ韓國　皇太子殿下千秋慶節祝筵에日本皇太子竹田宮、朝香宮、東伏見宮、北白川宮의各皇族과　伊藤統監、末松子、岩倉公、以下日本宮內省統監府員約八十名이臨席ᄒ얏고日皇陛下ᄂ祝品을賜ᄒ얏다더라

●有何秘密　三昨夜에內閣에서각部大臣이會同하얏ᄂᄃ무合理由가有ᄒ지未知ᄒ거니와統監府叅與官들도壹齊히ᄎ會ᄒ야秘密ᄒ言論이有ᄒ얏다더라

●宴會仕進　內部大臣宋秉畯시ᄂ有何事件인지七八日이나仕進視務를廢止ᄒ고각宴會에만往叅ᄒ다더라

●若林着期　新任警視總監若林은本月二十四日에日本島根에서出발ᄒ다ᄂ報가有ᄒᄃ着任은二十七日間에될듯ᄒ다더라

●劉氏出發　內部土木局長劉猛시ᄂ治道工事의關ᄒ야再昨日의木浦港으로出發ᄒ얏다더라

●新任醫部會同　今番內部의서韓人醫部試取ᄒ十餘名을昨日의醫官鍊習所의會同ᄒ야醫視副監內部衛生局長醫務局長諸시가醫察의關ᄒ件을次第로說明ᄒ얏다더라

●演劇場의唖笑　宮內大臣閔丙奭侍從院卿尹德榮兩氏가何許婦女를帶同ᄒ고再昨夜의新門내圓覺社의前往ᄒ야演劇을玩賞ᄒᄂ대ᄒ시가何許妓女와親昵ᄒ景況이甚히醜雜홈으로一般觀光男女가莫不唖笑ᄒ얏다더라

●學次說明　私立學校及학會令발布에關ᄒ야其公布의趣旨를不解ᄒ고種々疑惑을抱ᄒᄂ者가多홈으로써학部에서昨日下午壹時부터京城에在ᄒ各私立학校及학會와各新聞社의代表者壹同을師範학校講堂內에招集ᄒ고학部次官이右諸法令발佈의趣旨를演說ᄒ고又演說後에ᄂ該法令에關ᄒ야疑問이有ᄒ것을質問케ᄒ야壹壹說明ᄒ얏다더라

●斷髮訓飭　忠淸南道觀察使崔廷德氏가管下각郡에斷髮訓飭을발送ᄒ되壹般平民은自意任便ᄒ고大小官人은壹切斷髮ᄒ라ᄒ얏다더라

●郡守斷髮　木川郡守南啓錫氏가頭髮을向此不剃ᄒ얏더니再昨日該道에前往ᄒ야卽時斷髮ᄒ고郡守會議에叅例ᄒ얏다더라

●學令集錄刊行　학部에서ᄂ학界에對ᄒ法令을普及케ᄒ기爲ᄒ야학會令其他附屬法規를集錄ᄒ야小冊子壹萬部를印刷ᄒ야全國에配付ᄒ며又看鑑者의게對ᄒ야何人의게던지無代價로給與ᄒ다더라

●製塩場設置　度支部臨時財源調査局의서調査ᄒᄂ鎭南浦附近廣梁灣의天日製塩試驗場을設置ᄒ事로決定하얏ᄂ대約五십町步의塩場을設ᄒ더이오本年度의經費五萬圜을支出ᄒ事로定ᄒ고目下農商工부의서實地調査를設計中인대不遠間工事의着手ᄒ다더라

●國內寺院統壹　韓國각道의寺院代表者ᄂ全國寺院의統壹을經營하고佛敎의振興을希望하ᄂ目的으로日本人僧侶를顧問으로定ᄒ고京城宗務院을設ᄒᄂ件에關하야總代를選ᄒ야宗務院規則을定ᄒ고其認可를內部大臣에게申請ᄒ故로內部大臣은此를前週閣議에提出ᄒ고昨日叅會議에付議하얏ᄂ대日間認可된다ᄂ說이有ᄒ더라

●芙江開路　忠淸北道淸州日本人會의發起로同地方韓日人이共同ᄒ야芙江과淸州間에道路를開鑿ᄒ事를請願ᄒ中인ᄃ畢竟日間에開通ᄒ더이오經費ᄂ三萬圜이라더라

◉義將歸天

監獄署의被囚ᄒ얏던許위氏의令男이大審院의上告ᄒ다더니昨日上午十時頃의監獄署의서絞刑을執行하얏다더라

●壹進會員被殺　西京人의傳說을槪聞ᄒ즉近日黃海道延安等地에義兵이漸次猖獗ᄒ야該郡십里許某洞의서壹進會員四名을砲殺ᄒ얏다더라

●奚至此境　水原郡烏山停車場近동의居ᄒᄂ何許女人이再昨夜의何等事件을因홈이던지渠夫와互相爭詰ᄒ다가憤心을不勝ᄒ야該附近鐵路軌道의出往橫臥ᄒ엿ᄂ더輪車가過去홀際의身體가三折致死ᄒ얏다더라

●東小門外義兵　再昨日에義兵三拾餘名이東小門外에逼來ᄒ얏ᄂ대警視廳에서卽時警視巡査를急派ᄒ야追捕ᄒ얏ᄂ대畢竟義兵은北漢山을越ᄒ야楊州地方으로避去ᄒ貌樣이라더라

●衛生殺沐　某某紳士가人民의身體上衛生淸潔을注意ᄒ야韓壹沐浴湯을寺洞近地에新設ᄒ다더라

●沒覺의營利　近頃에某某諸人이麗華社를創立ᄒ고淸人七拾餘名을雇來ᄒ야各種演戲를創設ᄒ기로運動中이라ᄂ대現今演劇場이多數ᄒ되觀覽者가稀小홈으로營業이凋殘ᄒ야敗産者가不無ᄒ더此를不拘하고當此時代ᄒ야些少營利之計로此等演社를設立ᄒ야靑年子弟를誤導홈은壹大不可라ᄂ批評이藉藉ᄒ더라

●無恥營業　西部警察署에서再昨日에該管內居生ᄒᄂ妓女二十六名과其他賣淫女六十名에게營業認可狀을壹壹頒給ᄒ얏다더라

●悖叔悖侄　妓夫김鳳順이가鴉片烟을吸하다가被囚ᄒ야役二年에處ᄒ얏ᄂ되贖錢을徵納홀次로自己의姪某人의게委托ᄒ야家産을放賣ᄒ라ᄒ얏더니該人이該錢을帶持ᄒ고不知去處라더라

●吸鴉被捉　東萊郡居崔明玉爲名人이上京ᄒ야南部美洞何許人家에逗遛ᄒ며鴉片을爛吸ᄒ다가情跡이現露되야昨日午前ㄴ時頃에警察署에被捉하얏다더라

●咸家回祿　西部阿峴居咸秦鎬家에서今十五日上午二時량에至木廳房溫突로부터起火ᄒ야瓦草並四十餘間이沒燒되고損害總금은姑未詳知로ᄃ僅得脫身에幸不傷命이나佩物器皿과木等屬과證券及田畓군券과他人與執之文券이並爲燒燼無餘하얏다더라

●學界模範　普成中학校와小學校학徒ᄂ來拾月壹日爲始ᄒ야本國布木에黑色을染ᄒ야衣服을壹樣製着하기로決定ᄒ얏다더라

●女校聯合運動　來二十三日금曜上午八時에皇城內각女학校가聯合ᄒ야西大關內에서運動을設行ᄒ다더라

●同窓親睦　外國語학校生徒들이三昨日東門外永道寺에서同窓會를開ᄒ얏고來十壹日頃에ᄂ本校內에서親睦總會를開ᄒ기로協議ᄒ얏다더라

●靑館開演　靑年會館에서今日下午七時三拾分에演說會를開ᄒ고牧師玄楯氏를請邀ᄒ야自立之精神이必始於宗敎란問題로演說ᄒ다더라

●宜乎禁止　각학校학徒가衣服을華麗히製着ᄒ고卷烟을吸하면서道路上에往來ᄒᄂ거시體統에損傷홈이라ᄒ야학部에서將次禁防ᄒ다더라

▲地方消息▼

▲烏山管內에ᄂ前보다大差가無ᄒ나海州以東에ᄂ沈魯述委春三李根守等이出沒ᄒᄂᄃ民心의不穩ᄒ情態가有ᄒ고海州以西ᄂ義兵將趙命瑞氏의率ᄒ義兵十餘名이徘徊ᄒ다ᄒ얏고

▲鐵原附近에서ᄂ義兵約數ᄒ名이日守備隊와二回를衝突ᄒᄒ얏다ᄒ고

▲渭原郡에서ᄂ義兵約三十名이日兵과衝突ᄒ얏다ᄒ고

▲寧邊管內에ᄂ前보다大差가無ᄒ나회川附近에서義兵約二十名이七八回를出沒ᄒ다가壹時平安南道社倉方面으로向ᄒ야咸鏡道雪岩山을經ᄒ야平安北道에入去ᄒ얏다ᄒ고

▲安州管內에ᄂ价川孟山殷山順天安州各郡에義兵二拾名이五回를出沒ᄒ얏다ᄒ고

▲本月拾二日丹陽西南方約四里地에서義兵二十五名이忠州日守備隊兵을攻擊ᄒ얏다ᄒ고

▲本月八日河東郡熊동에서義兵十餘名이同郡日守備隊下等兵以下六名을怨地에攻擊ᄒ얏다ᄒ고

▲本月八日醴泉郡附近에서義兵約三拾名이同郡熊兵隊와交戰ᄒ얏다ᄒ고

▲去月五日光陽郡에서義兵三拾餘名이同郡及順天郡日憲兵分遣所下士以下십六名과日巡査二名과共히衝突ᄒ얏ᄂ대憲兵補助員一名의行衛가不明ᄒ다하얏고

▲去月三十日谷山郡莫洞에서義兵三십名이日憲兵隊와衝突ᄒ얏다ᄒ고

▲鎭南浦에서ᄂ義兵이日本漁船을襲擊ᄒ얏다하고

▲三登江東成川附近에ᄂ前期에比ᄒ면義兵의出沒數가增加ᄒ얏다더라

▲曉月驚人▼

▲서벽서리찬바람에落葉聲이蕭々하다艸堂大夢셔고보니東窓曉月돗엇고나竹影當窓玲瓏일세夢中事를싱각ᄒ고ᄃ月色을更對ᄒ니悠々心事절노ᄂ다唱歌壹曲ᄒ여보세

▲달아々々발근달아內閣堂上발근달아各部大臣會集ᄒ면互相提議ᄒᄂ일이爲國헌가爲已런가扶桑日色됴라마소過受太陽廢盲되리黑暗ᄒ소며驪을與爾共明ᄒ여볼사

▲달아々々발근달아公卿家에발근달아如此良夜됴흔ᄯ에無心ᄒ다더元老ᄂ世間甲子渾忘ᄒ고호蝶夢이깁헛스니就眠處가어대미ᄂ어서밧비起醒ᄒ야與爾共明ᄒ여볼사

▲달아々々발근달아各社會에발근달아改良維持더責任이諸公負擔이아닌가濟々多士臨會席에怪雲疑霧常起ᄒ니乞我裂囊ᄒ지말고그障碍를撥逐ᄒ여與爾共明하여볼사

▲달아々々발근달아敎育界에발근달아敎者受者勿論ᄒ고一般學問비쵤ᄯ에ᄂ團合思想第一인대往々風波爭起ᄒ니痛哭處가이아닌가無用風波靜息ᄒ고與爾共明ᄒ여볼사

▲달아々々발근달아警察道에발근달아塗炭中에잇ᄂ百姓鎭撫救活ᄒᄂ者가地方官吏이아닌가銅錢의게蠱惑ᄒ야百般誅計侵奪ᄒ니더銅神을逐送ᄒ고與爾共明ᄒ여볼사

▲달아々々발근달아財政部의발근달아今　情形論ᄒ여보소攘奪時代이아닌가前食後庫더욱産을他人에게죠닌말고靑年敎育注意하되하로밧비精神차려與爾共明ᄒ여볼사

▲달아々々발근달아實業界에불근달아國家富强ᄒ즈ᄒ면實業發達然後事라握拳ᄒ目扔進히도될지말지未必인ᄃ優遊度日事를ᄒ니愚昧ᄒ다더思想을與爾共明ᄒ여볼사

▲달아々々불근달아全國內에불근달아上中下의各社會가稿日氣習다바리고齊心團體뭇을바다無慮ᄉ明ᄒ량이면世界列强何羨인가大韓國아大韓國아與爾共明ᄒ여볼사

의외博士홍리庚賓니乂케 製약鑑査人 박滋惠 李觀化

健胃消食 [illegible] 定價金拾錢

ㅇ預防케ᄒ고健胃消滯ᄒ야諸般滯積과咽下ᄒ며吐嘔泄瀉와赤痢白痢와胃腹刺痛과경咳白담을能治能止ᄒᄂ聖약이오

製造本舖 漢城[illegible]慈惠大약房

廣告

◉特別廣告◉

本社에셔名帖印刷를更加擴張ᄒ기爲ᄒ야各樣紙品을壹切準備ᄒ고極廉價로僉君子의所請대로隨應ᄒ옵ᄂᆫ즁學人과學徒의게ᄂᆫ特別除減ᄒ겟ᄉᆞ오니照亮來臨ᄒ심을敬要

大韓每日申報社

學員大募集廣告

日語ᄂᆫ六個月노測量은壹個月노兩專門速成科를設ᄒ오니願學員은陰拾月廿日內로賁臨ᄒ야規則詳覽ᄒ고志願ᄒ심을爲要

日語 下午壹時로三時ᄭᆞ지 同 三時로五時ᄭᆞ지 同 七時로九時ᄭᆞ지

測量은 上午七時로仝 九時

西小門內度支部後門副

專門講習所

本人이陰今月貳拾三日에高陽礪石峴等地에셔逢賊ᄒ야紙貨九拾壹圓五角과三湖懸房李永仁許郎推次當邱壹千八百兩標壹片을幷爲見奪ᄒ얏기玆以廣告ᄒ오니內外國人間에或有拾得ᄒ더라도休紙로施行ᄒᆷ

黃海道谷山邑趙丞希 告白

蔚山郡財務署에서與書記金權兩人은何等稅徵收之端이有ᄒ던지現方度支部에派送調査而渠自惶惶周旋中이기로廣告ᄒᆷ

蔚山唐浦 김珣柒 告白

義之所發에不感者誰오梁山校洞崔致鵬시가隣居金明善시네至貧ᄋᆞᆷ矜惻ᄒ야營業資本貳百五拾元을本郡勿禁日人典舖에以四邊으로懇保得給이더니金시가三年于玆에壹不報償이라該主가崔金兩시를執咎辨事ᄒᆞ니崔시가適病ᄒ기로自請ᄒᆫ대該日人이反怒作喜日公則無關之債의如是出義ᄒ니余雖外人이나豈無感發之心乎아公이當來會하고我ᄂᆫ蕩三年利子라ᄒ며又韓日好誼를頌說稠中ᄒ니見者聞者莫不歎卿시之以義感人이라當初崔시之救金시와玆卿시之救崔兩시가俱是壹樣出義則義能感人之事ᄂᆫ能使人可聞故로玆廣布ᄒᆷ

梁山義士李致祐 告白

辯護士 大崎熊之丞

諸般法律事務를誠實迅速히處理ᄒ오니陸續來議ᄒ시옵

事務員 法學士松本德次郎 前主事金丞壽

事務所 京城中部惠政橋 惠泉料理館越便

東部崇信坊顯眉亭은卽前洪氏所有而現今元興寺也오所有主ᄂᆫ元興寺며基址ᄂᆫ自古及今에該寺墻內而已오外他山林과家宅은盡是本洞居民各人所有에確係ᄒᆷ이明白하온ᄃᆡ不意에悖類洪淳珽爲名人而冒稱本洞所在家基와外他山林과擧皆顯眉亭에屬ᄒᆫ이라ᄒ야已賣ᄒᆫ亭子와限是各民所有家基와山林을計欲圖奪故로玆廣布ᄒ오니內外國人은一切勿見欺ᄒ시옵

東部崇信坊顯眉亭契亭子所居民代表 崔光農 尹濟翊 李鳳潤 白

本塾에셔三個月測量夜學生을募集ᄒ오니願학 僉員은陰十月壹日의應試ᄒᆷ을伏望

南署椒洞七십號六戶南相완拾

本坊會에對ᄒ야本坊

內有志諸氏의熱心으로贊助ᄒ신寄附금과氏名을左개廣布ᄒᆷ

海豐府院君尹澤榮 壹百圓
朴齊純壹百圓 尹德榮壹百圓
閔泳綺壹百圓 趙民熙壹百圓
李會九五拾圓 崔翊明五拾圓
成岐運肆拾圓 洪承穆三십圓
李源昇三拾圓 安晚洙三拾圓
閔泳采三拾圓 李起泓貳拾圓
趙漢鏞貳拾圓 尹寓[illegible]貳拾圓
김華東貳拾圓 申석昌貳拾圓
洪鳳杓貳拾圓 韓翼敎拾五圓
李度翼拾圓 魚允迪[illegible]圓
김敎헌拾圓 尹適求拾圓
李廷珪[illegible]圓 김裕弘[illegible]圓
安弼호拾圓 徐丙胄拾圓
尹炳晧십圓 [illegible]聖旭[illegible]
김瓊[illegible]십圓 李源生십圓
姜鎭奎십圓 趙天順십圓
吳天默陸圓 權丙壽九圓
朴齊환五圓 辛純默九圓
鄭永澤五圓 權鴻周四圓
尹泰善四圓 尹戴植三圓
김性逸三圓 김종九三圓
韓普源三圓 김春榮三圓
李秉周三圓 方繼煥三圓
尹炳夔三圓 權重源三圓
姜英秀二圓 김석煥二圓
최九淥三圓 韓桂天三圓
朴齊賢貳圓 김元培貳圓
李民溥貳圓 康永旬貳圓
김榮翼貳[illegible] 김榮斗貳圓
김漢旭貳圓 趙東憲壹圓
沈舜澤二圓 皮相榮五拾錢
김裕慶五십錢 朴光國九십錢
李斗善九십錢

以上合計壹千壹百貳십七圓

觀鎭坊會 告白

本人南門內水橋崔孑淳處九月貳拾日捧次當邱壹千四百拾貳兩九錢於音壹片路中에셔失故로玆以廣告ᄒ오니於音을誰某白得ᄒ야도休紙施行ᄒᆷ

金鳳奎白

◉學員增募廣告

本校에셔敎育上完全ᄒᆫ才藝를養成ᄒ기爲ᄒ야中學敎師ᄂᆫ吳日煥金炳億測量敎師ᄂᆫ金應烈三氏를延聘ᄒ고目今急務에應用ᄒᆯ學藝를敎授ᄒ오니願학僉員은今月貳拾九日內로陸續請願ᄒ시오

校監 宋道容
事務 洪韓燮

入學許可ᄂᆫ本月晦日ᄭᆞ지

科程

一學年

本國地誌 歷史 理化 博物 物理 修身 語學 算術分數 少數 女典 農학 商業 地문 作文 漢문

貳學年

萬國地誌 歷史 物理 化학 法학 農業 商業 地文 語學 礦物 算術代數 文典 生理 作文 倫理 土地測量 製圖 礦山測量 三角術 幾何學

平南甑山郡彰新中學校

本院에셔耶蘇基督福音을傳播ᄒ기爲ᄒ야

病院을設立ᄒ고醫師를請來ᄒ야醫학校敎官陸軍三等軍醫金鳳觀氏를延聘ᄒ야陰拾月初旬間에始爲看病ᄒᆯ터이오니壹般同胞ᄂᆫ賁臨ᄒ시와罹病治療ᄒ시되萬石家務貧寒ᄒᆫ同胞ᄂᆫ診察金이無ᄒ더라도와셔治病하시기를願ᄒ옵니다

事務李澤彬

平安北道義州南門外基督病院金昌禹

校洞貳拾貳統拾戶貳層屋에測量製圖所를設立ᄒ고土地山林礦山墟田治水諸般囑托을酬應ᄒ깃ᄉᆞ오니僉彦은迅速來議ᄒᆷ

總務 吳貞善
事務 崔弼永 尹益善

東壹測量製圖所 告白

本人이白木廛八房今允식典舖物件移來이오니典當ᄎᆞ지실諸員은今月內로推去ᄒ시되若過限則放賣ᄒᆯ터이옵기玆以廣告ᄒ

銅峴典當舖申泰和 告白

京城南大門左邊第壹統二戶에漢城旅館을創設ᄒ얏ᄂᆫ데來외局處와寢具와諸般支供凡節이極히便宜ᄒ고留宿費ᄂᆫ미오廉價도밧고또各種物貨를買置ᄒ여賈上에도極히便利ᄒ오니四方僉君子ᄂᆫ來臨留宿ᄒ시오

隆熙二年 月 日
漢城旅館主人 朴樹英 告白

◉測量學員募集廣告

本所에셔測量科를壹個月速成으로敎授ᄒ깃숩기玆에廣佈ᄒ오니照亮後志願僉員은本月貳拾九日內로陸續請願ᄒ시옵

試驗日字ᄂᆫ陰拾月壹日로ᄒᆷ 但細則은本所에來問ᄒᆷ 位置ᄂᆫ南部明哲坊苧洞尉契三統六戶에臨時定ᄒᆷ

隆熙二年拾月二拾日
平壤測量事務所 告白

◉測量學員募集廣告

實地測量과製圖를壹個月速成科로敎授ᄒ깃ᄉᆞ오니願習僉員은今二十五日陰九月晦內로來臨請求ᄒ심을敬要ᄒᆷ

東大門外紅樹洞四統四戶
聯合測量講習所 告白

本書館에셔新舊書籍과古今名畫를大發售이오며各種繪畫類를隨求酬應이오니陸續請求ᄒ심을爲望

京城銅峴內三十三統八戶

漢城書畫舘

舘主 崔永鎬
畫師 趙錫晋

壯陽復元丹

補血益氣 健腦滋腎

此藥ᄂᆫ專치腦痛肺病○房事色傷○腎虛弱○陽萎不起○遺精多夢○神經衰弱○房事時早漏不快○病後虛弱○健忘不眠○貧血諸症○先天不足○飮食不下○[illegible]痛○寒症ᄒ나니試將此丸을服法之대로過幾日에立效ᄒ야魂神精神微奮ᄒ며愉快하니其症이輕者ᄂᆫ服壹週ᄒ며挽回元陽ᄒ고其症이稍重者ᄂᆫ再服ᄒ면頑固者ᄂᆫ連服七八週에必能全치無疑니若夫無病之人도試用則補血而益氣ᄒ고强筋而壯骨ᄒ니服之八週而未見其效則請將藥價와如數返呈이요不致虛誑이니此丸이又無論男婦老幼ᄒ고均有效ᄒ나니眞世間無比之妙州ᄒ라僉位ᄂᆫ何不早圖ᄒᆸ시오

發行所 皇城南署大廣橋십四統七戶 共和堂약房
特約代理店 水標橋 濟生堂약房

◎特別大廣告

本社에셔東西양各項物品을直輸入ᄒ야各官廳과學校에用達營業온지今過半年에僉君子의愛護ᄒ심을蒙ᄒ와興旺케至ᄒᆫ感謝不已ᄒ오며宮府擴張키爲ᄒ야測量機械附屬品과學校用品과其他雜貨를多數購入ᄒ야都賣散賣를格外廉價發賣ᄒ오니陸續來臨ᄒ심을切望ᄒᆷ

漢城中部銅峴二拾三統六戶
宮內府用達 東洋合資會社
(電話壹四四番)

本社ᄂᆫ平壤馬山洞磁器製造를發起ᄒ와初也에二百株式의資本을募集하얏재造의成績이良好이온바益益擴張키爲ᄒ야又一千株式加數募集ᄒ오니株主되기를要ᄒ시ᄂᆫ僉君ᄂᆫ本月內에左記處에來議ᄒ시옵

隆熙二年 月 三日

平壤磁器製造株式會社發起人
[illegible]三賢 尹什明 鄭仁叔 尹學運 田在豐 李德煥 崔有文

壹。總資本金 大萬圓
壹。總株數 壹千貳百株
壹。壹株금 五十圓
但株금은三回에分ᄒ야第壹回二十五圓第二回十圓第三回五圓

株式募集及株금領受所
本會社創立事務所 平壤종路
平壤貫洞 尹邦運
株式會社 漢城銀行
株式會社 韓一銀行
平北定州五山洞李昇薰
鎭南浦 김正洙
黃海道 [illegible]邑內 [illegible]

中部寬仁坊園洞四拾八統七戶瓦家六間中部貞善坊上漢洞六拾統五戶瓦家貳拾四間兩處文券을 見失호얏기에 廣告호니 內外國人間誰某拾得이라도 休紙施行홈
李根澤 白

Responsible for Publication Alfred Weekley Marnham.
發行兼編輯人 英國人 萬咸
發行所 南署石井洞號外坤三層洋屋
大韓每日申報社

第六卷

大韓每日申報

第九百卅五號

月曜及慶節時日休刊

檀君開國四千二百四十一年
箕子元年三千三十年
大韓開國五百十七年
日本明治四十一年
淸國光緖三十四年
陰曆戊申九月廿九日辛亥

論說

◎一進會와宋秉畯氏

韓國에最히多數ᄒᆞᆫ黨會ᄂᆞᆫ結合ᄒᆞᆫ者ᄂᆞᆫ一進會員이요此會에機關을掌握ᄒᆞ야左右指揮ᄅᆞᆯ惟意所欲者ᄂᆞᆫ宋秉畯氏라是以로壹般世人이通同認定하야壹進會가卽宋秉畯이요宋秉畯氏가卽壹進會라ᄒᆞ얏더니誰가今日에該會와宋氏間에感情이忽生ᄒᆞ야角立ᄒᆞᆯ意想이有ᄒᆞᆯ줄을預言ᄒᆞ얏스리오

雖然이나該會와宋氏間에究竟結果가必至於此ᄒᆞᆯ것은今日을不待ᄒᆞ고可知ᄒᆞᆯ者라盖其會員幾萬人衆이結合ᄒᆞᆫ同時에其慾望이維何오ᄒᆞ면大臣協辦과觀察郡守가卽其目前의準的이요掌中의所有로認ᄒᆞ얏더니何를恃ᄒᆞ야如此ᄒᆞᆫ慾望이有ᄒᆞ뇨ᄒᆞ면宋氏壹個人을瞻仰ᄒᆞ고依恃ᄒᆞ야孟嘗君門下의三千食客을自視ᄒᆞ던ᄌᆞ의思想과如ᄒᆞ야幾萬名會員이各自思量ᄒᆞ기를我를庇護ᄒᆞᆯ者도宋氏요我를汲引ᄒᆞᆯ者도宋氏요我의生活을富足케ᄒᆞᆯ者도宋氏요我의身分을榮貴케ᄒᆞᆯ者도宋氏니爲情가宋시의要求가有ᄒᆞ면傾家破産이라도不惜ᄒᆞ며宋시의命令이有ᄒᆞ면赴湯蹈火라도不避ᄒᆞ이可ᄒᆞ다ᄒᆞᆫ지라於是乎其要求에對ᄒᆞ야ᄂᆞᆫ家屋과田土와牛犢을賣ᄒᆞ야獻納ᄒᆞ고父母妻子가凍餒ᄒᆞᄂᆞᆫ境遇에至ᄒᆞ되毫不爲念ᄒᆞ야曰我의活佛은宋某라不出幾日에高臺廣室과良田沃畓이皆歸於我ᄒᆞ리라ᄒᆞ며鐵道修築과軍物輸運에千里赴役을如恐不及ᄒᆞ야雖膚汗이淋雨ᄒᆞ고肩背가如痛ᄒᆞ야도欣然自得ᄒᆞ야曰我의頭領은宋某라若過幾日이면名宦美爵과高軒駟馬가必屬於我ᄒᆞ리라ᄒᆞ얏스니彼等思想이夢寐에도宋氏가內閣椅子를占領ᄒᆞ기로祈祝하며飮食寤笑에도宋시가政界의權利를掌握ᄒᆞ기로希望ᄒᆞ야宋氏의進退로써自己의進退를삼으며宋시의榮辱으로써自己의榮辱을삼앗더니

及其宋시가疾足敏腕으로政界의壟登ᄒᆞ야內閣의地位를占據ᄒᆞᆫ日에彼等이皆加額稱慶ᄒᆞ고酌酒相賀ᄒᆞ야曰吾黨가錦衣還鄕ᄒᆞ야誇耀親戚도非朝卽夕이오熱焰이灸手ᄒᆞ야報復恩怨도非今則明이라ᄒᆞ야喜劇狂舞ᄅᆞᆯ自不能已ᄒᆞ얏스나宋氏의思想은彼等의慾望과相去千里라

宋氏의思想은何如오ᄒᆞ면余가自初로壹進會의機關을握執ᄒᆞ야左右指揮ᄒᆞᆫ것은此를利用ᄒᆞ야我의所欲을得達코ᄌᆞ홈이니今則飛鳥가已盡이라良弓을何用ᄒᆞ리오且上自勅任으로下至判任과內自政府로至於地方에壹般官職을壹擧ᄒᆞ야幾萬名會員에分排ᄒᆞ고ᄌᆞᄒᆞ면千分壹에不及ᄒᆞᆯ지니若其取舍의別이有ᄒᆞ면向隅之歎이有ᄒᆞ기ᄂᆞᆫ壹般인즉事不如黙不擧論之愈라ᄒᆞ며且壹進會ᄂᆞᆫ世人의耻笑辱罵를取得ᄒᆞᆫ者라余가偏히會員을調用ᄒᆞᄂᆞᆫ事가有ᄒᆞ면內外眼目에不公平ᄒᆞ다ᄂᆞᆫ譏誚ᄂᆞᆫ有ᄒᆞᆯ것이오余의名譽ᄂᆞᆫ大損ᄒᆞᆯ慮가有ᄒᆞ니엇지彼의私情을爲ᄒᆞ야我의實害ᄅᆞᆯ不顧ᄒᆞ리오ᄒᆞ야斷不爲念ᄒᆞᄂᆞᆫ者니於是乎彼等이皆逐離ᄒᆞ야望離가되미感情이不得不成이라

悲哉라壹進會여宋氏ᄅᆞᆯ信實正直者로認ᄒᆞ얏던가其行動을觀ᄒᆞ면早已覺破ᄒᆞᆯ슈잇슬것이오冤哉라壹進會여宋시ᄅᆞᆯ慈惠仁厚者로認ᄒᆞ얏던가其用意ᄅᆞᆯ觀ᄒᆞ면所已揣度ᄒᆞᆯ슈잇슬지어날此ᄅᆞᆯ不知ᄒᆞ고不可依恃者ᄅᆞᆯ依恃ᄒᆞ며不可期望者ᄅᆞᆯ期望ᄒᆞ얏스니엇지噬臍의悔ᄅᆞᆯ抱ᄒᆞᄂᆞᆫ니無ᄒᆞ리오

噫라歸鐺ᄂᆞᆫ有耳어ᄂᆞᆯ彼等은獨不聞乎아宋氏가恒常大談ᄒᆞ기를余가歸國後幾年間에妻子를接見치아니ᄒᆞ얏다ᄒᆞ니此가果然愛國忘家ᄒᆞᆫ忠實ᄒᆞᆫ志로由ᄒᆞ야然ᄒᆞᆫ가抑其不近人情ᄒᆞᆫ殘忍激行으로由ᄒᆞ야然ᄒᆞᆫ가於其所厚者에게薄ᄒᆞ면所薄者에게厚ᄒᆞ기ᄂᆞᆫ必無之事니悲哉라壹進會여冤哉라壹進會여

▲隆熙貳年拾月拾日 官報

○廣 報 (續)

○東洋拓殖株式會社定款

第五十四條 第五拾二條第七號의資金供給은如左ᄒᆞᆫ方法에依ᄒᆞ야此를行홈

壹 韓日移住民에對ᄒᆞ야二十五年以內의年賦償還의方法을依ᄒᆞ야移住費의貸付

二 移住民及韓國農業者에對ᄒᆞ야拾五年以內의年賦償還의方法을依ᄒᆞ야韓國에在ᄒᆞᆫ不動産을擔保로ᄒᆞᄂᆞᆫ貸付

三 移住民及韓國農業者에對ᄒᆞ야五年以內의定期償還의方法을依ᄒᆞ야韓國에在ᄒᆞᆫ不動産을擔保로ᄒᆞᄂᆞᆫ貸付

四 移住民及韓國農業者에對ᄒᆞ야其生産이나又ᄂᆞᆫ獲得ᄒᆞᆫ物品을擔保로ᄒᆞᄂᆞᆫ貸付

五 韓國에在ᄒᆞᆫ不動産을擔保로ᄒᆞᄂᆞᆫ三年以內의定期償還의方法을依ᄒᆞᆫ貸付

前項第壹號貸付에關ᄒᆞ야ᄂᆞᆫ爲先其方法及條件을定ᄒᆞ야韓日兩國政府의認可를受홈

第壹項第二號乃至第五號貸付金總額은拂納資本額及社債未償還額의合計五分之壹을超過홈을不得홈

第五拾五條 不動産又ᄂᆞᆫ動産을擔保로ᄒᆞᄂᆞᆫ貸付金은本會社에셔鑑定ᄒᆞᆫ價格의三分之二以內로홈但前條第壹項第壹號貸付에關ᄒᆞ야ᄂᆞᆫ此限에不在홈

第五十六條 不動産을擔保로ᄒᆞᄂᆞᆫ貸付ᄂᆞᆫ第壹順位의擔保에만限홈

第五拾七條 貸付金의年賦償還에關ᄒᆞ야ᄂᆞᆫ五年以內의仍置年限을定홈

第五拾八條 年賦金은元金과利子를通算ᄒᆞ야此를計算ᄒᆞ고每年의壹定平等ᄒᆞᆫ償還額을定ᄒᆞᆫ것이로되仍置年限의利子ᄂᆞᆫ此限에不在홈

第五拾九條 年賦償還의方法으로써借入ᄒᆞᆫ償還者ᄂᆞᆫ償還期限에借用金의全部나又ᄂᆞᆫ其壹部를償還홈을得홈

前項境遇에在ᄒᆞ야ᄂᆞᆫ本會社ᄂᆞᆫ償還金額의百分之二以內에셔本會社의定ᄒᆞᆫ手數料를徵收홈 (未完)

外報

●郵便廢止宣言 路透電을據ᄒᆞᆫ즉土耳其의憲政確立으로以ᄒᆞ야列國은土耳其國에在ᄒᆞᆫ外國郵便局을廢止ᄒᆞ기로宣言ᄒᆞ얏다더라

●澳國의反對激烈 伯林電을據ᄒᆞᆫ즉澳國싸구다스트에서ᄂᆞᆫ土耳其國靑年黨에對ᄒᆞ야激烈ᄒᆞᆫ反對運動을起ᄒᆞ얏다더라

●土國의抗議申出 同電을據ᄒᆞᆫ즉君士坦丁堡에서澳國도이트會社滊船에對ᄒᆞ야斥賣ᄒᆞᆷ起ᄒᆞᆷ으로澳國政府ᄂᆞᆫ土耳其國政府에對ᄒᆞ야抗議를申出ᄒᆞ얏다더라

●示威運動被拘 路透電을據ᄒᆞᆫ즉英國會議事堂附近에셔失業者及婦人參政權論者의示威運動이有ᄒᆞ야其結果로拘引된三十七名中에婦人이二十四名인ᄃᆡ負傷者數名은病院에入ᄒᆞ얏다더라

●澳國郵船과暴徒 同電을據ᄒᆞᆫ즉亞細亞土耳其의파레쓰진港에到着ᄒᆞᆫ澳國의郵船은同地에셔斥賣攻擊을受ᄒᆞ얏ᄂᆞᆫᄃᆡ其暴徒ᄂᆞᆫ澳國郵便局을襲ᄒᆞ야郵船箱及地圖等을破壞ᄒᆞ얏다더라

●獨使通牒 同電을據ᄒᆞᆫ즉獨逸公使ᄂᆞᆫ勃牙利에對ᄒᆞ야東邦鐵道를放棄ᄒᆞ거나日額壹萬五千法의賠償으로支拂치아니ᄒᆞ면獨立問題의審議를[illegible]키不能ᄒᆞ다고通牒ᄒᆞ얏다더라

雜報

●學校試驗 安山郡蚌芝普通學校에서去八月晦日에壹學期試驗을經ᄒᆞ얏ᄂᆞᆫᄃᆡ三學年優等은許春萬尹環伊等三人이오及第ᄂᆞᆫ金壽安等六人이오貳學年優等은[illegible]男錫及第ᄂᆞᆫ閔丙南等九人이오壹學年優等은李弘根趙平植二人이오及第ᄂᆞᆫ閔회俊等拾三人인ᄃᆡ校長該郡守李興宰시와校監[illegible]敏善시가空冊及筆墨等物로多數히施賞ᄒᆞ얏다더라

●督監有人 利川郡甫明學校監督姜永琦시ᄂᆞᆫ敎育을贊助ᄒᆞ기爲ᄒᆞ야該校에爲先五拾圜을捐助ᄒᆞ고他地方에셔來ᄒᆞ야寄宿ᄒᆞᄂᆞᆫ학徒의熱心者를觀察ᄒᆞ야飯費를擔當ᄒᆞ야給홈으로無不稱道ᄒᆞᆫ다더라

●瞬[illegible]無暇 麟蹄郡守姜昌熙시가各木商處에棲柱短吐二百餘介를請求ᄒᆞ야漢江에運送ᄒᆞ야使之放賣케ᄒᆞ얏다ᄒᆞ기隨聞揭載ᄒᆞ얏더니更聞ᄒᆞᆫ즉各木商會議에結果로森林을培養ᄒᆞ기爲ᄒᆞ야各木商이ㅣ介式或五介式義出放賣ᄒᆞ야培養ᄒᆞᄂᆞᆫ消費로充ᄒᆞᆯ意로先히木商金明淑處에任付放賣홈이라더라

雜報

●孤院均恩 太皇帝陛下께셔京城孤兒院에金貨三十圜과白米二십石을 下賜ᄒᆞ셧ᄂᆞᆫ대皇太子殿下 千秋慶日에同院에셔孤兒五十名이任員과共히德壽宮平成門前에往ᄒᆞ야 萬歲를三唱ᄒᆞᆯ際에菓子를又爲下賜ᄒᆞ옵셧다더라

●婦人慶祝 愛國婦人會에셔向日 皇太子殿下 千秋慶節에 慶祝ᄒᆞ기爲ᄒᆞ야同日下午四時에該會館內에特別會를開ᄒᆞ고金甚昇氏와金順永氏의夫人이次第演說하얏다더라

●總椅將崩 總理大臣李完用氏ᄂᆞᆫ近日에何等事件을因ᄒᆞᆷ인지勢焰이稍減ᄒᆞ야椅子가將遞ᄒᆞᆯ듯ᄒᆞᆷ으로日以憂慮ᄒᆞ야愁色이滿面ᄒᆞ다ᄂᆞᆫ데其他某々大臣도次第遞任될듯ᄒᆞ다ᄂᆞᆫ說이浪藉ᄒᆞ다더라

●巷說難信 現政府가變動되고新政府가組織되면總理大臣은金在絢氏가被任된다ᄂᆞᆫ巷說이有ᄒᆞ다더라

●惠湯建築非急 農商大臣趙重應氏가金額을多數捐出ᄒᆞ야惠泉湯을二層洋制로壹新建築ᄒᆞᆫ다ᄂᆞᆫ說이有ᄒᆞ더라

●踏查後判決 訓鍊院附近榮田主와軍部大臣李秉武氏의相訟事ᄂᆞᆫ地方裁判所에屢度裁判ᄒᆞ얏ᄂᆞᆫ데該裁判所에셔本月三十日에法官을派送ᄒᆞ야實地를踏查ᄒᆞᆫ後判決ᄒᆞ기로姑爲停訟ᄒᆞ얏다더라

●成倅上京 新任松禾郡守成樂英氏가該道郡守會議에來參ᄒᆞ얏다가緊要事項이有ᄒᆞ야該道에請由ᄒᆞ고再昨日下午九時에上京ᄒᆞ얏다더라

●其婦亦在 再昨夜에總理以下各部大臣의夫人壹同이其他家眷을多數히帶率ᄒᆞ고圓覺社에前往ᄒᆞ야각種演戲를玩賞ᄒᆞ고昨日午前貳時頃에야自散去ᄒᆞ얏다더라

●各鑛許可 農商工部에서鑛業權에依ᄒᆞ야日人의게許可ᄒᆞᆫ者가如左ᄒᆞ니黃州郡松林坊鐵鑛은坂本에게固城郡九萬面東面에銀銅鉛鑛은山下卯壹郎에게咸安郡北面金銅鑛은淸水爲政의게咸昌郡上西面黑鉛은旅藤의게로許可ᄒᆞ얏다더라

●種苗基址調查 農商工部에서日昨에技手三名을彰義門外에派送ᄒᆞ야種苗場基址를調查ᄒᆞ얏ᄂᆞᆫ데明年度爲始ᄒᆞ야該事務를實施ᄒᆞᆯ터인데該經費ᄂᆞᆫ國庫金中으로支出ᄒᆞᆫ다더라

●是何妄令 全南觀察道書記가該觀察使의印을偸竊踏捺ᄒᆞᆫ情跡을該道事務官某氏가知情不告ᄒᆞᆫ事實이露出ᄒᆞ야該觀察使가調查得情後內部에具由報告ᄒᆞ얏더니該部에셔指令ᄒᆞ되犯有重科나過失犯으로容恕ᄒᆞ라ᄒᆞ얏다더라

●日人無乎 明年度爲始ᄒᆞ야각觀察道에勸藝模範場과農林學校를設立ᄒᆞᆫ다ᄂᆞᆫ데教授ᄒᆞᆯ人이少數ᄒᆞᆷ으로當局者가方今憂慮中이라더라

◉魔賊中의鳳鳴

黃海觀察道에셔各郡守會議를ᄒᆞ얏ᄂᆞᆫ대議決ᄒᆞᆫ諸般事項은未可詳知로되其概意를聞ᄒᆞᆫ즉各郡守가意見을壹時提唱하기를無論某郡ᄒᆞ고각社新聞을郡守主事雇員의게各座로送致ᄒᆞᆫ즉經費를抵當無策이라自今爲始ᄒᆞ야郡守의게所送ᄒᆞᄂᆞᆫ新聞外에主事雇員의게送致ᄒᆞᄂᆞᆫ新聞은各社에通知ᄒᆞ야壹切停廢케ᄒᆞ되通知ᄒᆞᆫ後에도若不停送ᄒᆞ면該新聞價ᄂᆞᆫ切勿淸給ᄒᆞ기로壹致可決ᄒᆞ얏ᄂᆞᆫ데其中新任白川郡守全鳳薰氏가極口反對曰大抵新聞은愚蒙ᄒᆞᆫ思想을開拓ᄒᆞ고文明ᄒᆞᆫ知識을發達ᄒᆞᄂᆞᆫ大機關이라主事雇員은且置ᄒᆞ고雖閭巷市間勞働者類라도期必勸覽ᄒᆞᆯ거시어ᄂᆞᆯ今日此論이是何妄想乎아我ᄂᆞᆫ赴任後에爲先각面里에別般曉飭ᄒᆞ야村々家々에勸覽ᄒᆞᆯ터인즉決코不可施行이라ᄒᆞ얏다더라

●花室開明 남部詩洞貰花室都首領金明完시가再昨日에渠의頭髮을自手削去ᄒᆞ고ᄂ牌夫壹同의理髮料金을自擔ᄒᆞ야壹切斷髮ᄒᆞ얏다더라

●狗尾三年 西部鍮洞居李應鎬爲名者가年前에도竊盜犯으로警視廳에再次被捉하얏다가無罪放免된터인ᄃᆡ近日에又爲行盜ᄒᆞ다가情跡이現露되야中部警察署에被捉查覈ᄒᆞᆫ後再昨日에京城地方裁判所로越交ᄒᆞ얏다더라

●禮安不安 慶尙北道禮安郡에ᄂᆞᆫ向者에猛虎가出ᄒᆞ야老人壹名을噬殺하얏고去月三十日부터猿이屢次出現ᄒᆞ야豚犬을食ᄒᆞ얏ᄂᆞᆫ데猿의大가小馬와如ᄒᆞ다더라

●似是會員 義兵百餘名이大興郡新寧市場에來到하야該市民中某人의父子를壹切砲殺ᄒᆞ얏다ᄂᆞᆫ데壹進會員인듯ᄒᆞ다ᄂᆞᆫ傳說이有ᄒᆞ다더라

●李氏慈善 北部月宮洞倜許人家의廊漢壹名이身病으로呻吟ᄒᆞ다가昨日曉頭의仍爲致死ᄒᆞ야出埋ᄒᆞᆯ道가永無ᄒᆞᆫ데孤兒院主李愚선시의父親李必和시가금貨貳圓과포三十尺과紙幾束ᄭᅡ지賻儀安葬케ᄒᆞ얏다더라

●巫朴復現 北部三淸洞居巫女巫連의夫朴元模이가南部小公洞居朴昌俊시에게千餘圜의所捧條가有ᄒᆞ다ᄒᆞ고南部警察署에呼訴ᄒᆞ얏다더라

●歷車重傷 中部校洞居姜敬석시의令男姜敬仁이年今七歲인대再昨日下午四時頃에該洞街路에出遊ᄒᆞ다가南大門外金應俊이가驅去ᄒᆞᄂᆞᆫ車에被歷ᄒᆞ야頭骨이破碎ᄒᆞ고右目이重傷ᄒᆞ얏ᄂᆞᆫ대中部警察署에셔該兒를大韓醫院으로昇送ᄒᆞ야現今治療ᄒᆞᄂᆞᆫ中이라더라

●假巡被捉 新門外美洞居金榮植이가假稱巡查ᄒᆞ고人民에게行悖가無雙ᄒᆞᆷ으로再昨日西部警察署에被捉되얏다더라

●役丁脫網 再昨日下午壹時에西部警察署巡查某가懲丁二名을領率ᄒᆞ고前西部警察署內에積貯ᄒᆞᆫ汚穢物을掃除ᄒᆞᆯ時에懲丁壹名이該巡查의軍刀를奪執ᄒᆞ고無雙히作鬧ᄒᆞ다가永爲逃躲ᄒᆞ얏다더라

●孤院甚孤 三昨日下午에孤兒院維持方針을協議ᄒᆞᆯ次로각社會가該院에會同ᄒᆞᆯ터인대當日出席ᄒᆞᆫ會員이該院總裁김允植시와興社團副長俞吉濬시와학務局長尹致旿시等數人而已라該院主李愚선시가有何懷情이던지方針을妥議치못ᄒᆞ고散會ᄒᆞ얏다더라

●各書舖의義捐 今日上午八時에京城각女學校에셔秋季運動會를新門內西闕에셔ᄒᆞᄂᆞᆫ데각項經費ᄂᆞᆫ大東書市博文書館中央書館新舊書林滙東書館李鍾春諸氏가自擔ᄒᆞᆫ다더라

●學會懇親 각學會에셔來日曜日에十人以下五人以上이三十錢式을其準備ᄒᆞ야第壹回懇親會를設行ᄒᆞᆫ다더라

●靑會查經 今日下午七時三拾分에靑年會館에셔查經會를開ᄒᆞ고金鱗商시가講說ᄒᆞᆫ다더라

●嶠南總會 嶠南教育會에셔特別總會를來日曜日上午拾二時에開ᄒᆞ고緊要事項을處理ᄒᆞᆫ다더라

▲地方消息▼

▲全羅南道義兵의出沒數가頗數ᄒᆞ고忠淸南道ᄂᆞᆫ公州로부터牙山附近ᄭᅡ지二十名乃至七十名義兵이出沒하고忠淸北道에ᄂᆞᆫ陰城郡地方에義兵約三十名이出沒ᄒᆞ고其他地方에도多數의義兵이種種出沒ᄒᆞᆫ다ᄒᆞ얏고

▲溫陽郡地方은義兵이恒常徘徊ᄒᆞᄂᆞᆫ대民心이不穩ᄒᆞ다하고其他報恩地方에도小數의義兵이出沒ᄒᆞᆫ다ᄒᆞ얏고

▲洪州管內에ᄂᆞᆫ前期에比ᄒᆞ면義兵의出沒數가頗繁ᄒᆞ고靑陽豆浦地方에ᄂᆞᆫ義兵將吳民善氏가部下七十餘名을率ᄒᆞ고多數히出沒ᄒᆞᆫ다ᄒᆞ고又維鳩附近에셔ᄂᆞᆫ義兵將李教哲氏及閔昌植氏의部下五六十名이會同ᄒᆞ얏다ᄒᆞ고

▲公州管內錦江以西定山林川郡각地方에ᄂᆞᆫ義兵三十名乃至五十名이出沒ᄒᆞ야日憲兵隊와衝突하얏다ᄒᆞ고又全羅北道益山地方에ᄂᆞᆫ義兵約九拾名이出沒ᄒᆞᄂᆞᆫ데民心이不穩ᄒᆞ다ᄒᆞ얏고

▲全州管內에ᄂᆞᆫ繼續不穩ᄒᆞ야全州로부터淳昌以西ᄂᆞᆫ義兵二十名乃至四十名이出沒ᄒᆞ야日討伐隊와屢次衝突ᄒᆞ얏고又以東에ᄂᆞᆫ義兵約九拾名이出沒ᄒᆞ다ᄒᆞ얏고

▲大邱管內咸陽河東方面智理山附近部落에ᄂᆞᆫ有力ᄒᆞᆫ義兵이出沒ᄒᆞᆫ다ᄒᆞ얏고

▲淸河管內에ᄂᆞᆫ義兵將申乭石氏의率ᄒᆞᆫ多數義兵이出沒ᄒᆞᆫ다ᄒᆞ얏고

▲本月拾六日永興西南方山地에셔義兵約八拾名이日兵第拾七聯隊小尉以下拾三名과接戰ᄒᆞ얏다ᄒᆞ고

▲本月拾六日淳昌北方二里地에셔義兵八拾名이同郡日守備隊와交戰ᄒᆞ얏다ᄒᆞ고

▲本月拾五日興德東方貳里地에셔義兵六拾名이日分遣隊와交戰ᄒᆞ얏다ᄒᆞ고

▲本月拾五日鏡城西南方에셔義兵約五拾名이同郡駐在日分遣所憲兵特務曹長以下六名과補助員八名과警察隊와並히交戰ᄒᆞ얏다하고

▲本月拾四日孟山郡東方九里地에셔義兵三십餘名이同郡駐在日憲兵隊와交戰ᄒᆞ얏다하고

▲本月拾貳日丹陽郡西南方約五里地에셔義兵三拾餘名이同郡分遣所憲兵隊와交戰ᄒᆞ얏다ᄒᆞ고

▲本月拾六日仁川東方九里地에셔義兵貳拾餘名이同郡日憲兵隊와衝突ᄒᆞ얏다더라

▲隔窓拾 冤▼

▲時局情形엿허고져各坊曲에徘徊ᄒᆞᆯ제蓁門勢家도라드니蠅營狗求雜類들이朽鼠腐雞聞臭ᄒᆞ고隊々逐々宵觀인대殘戶貧村도라드니斷續細語겨窓聞에如泣如訴ᄒᆞᄂᆞᆫ말이各新聞과各社會의勸告論駁至誠이나無廉無恥彼輩들은少不動念尤甚커든우리私談쓸데잇나狠子野心彼人種은無論評者가還非로다怨天尤人ᄒᆞᆯ것업고反求諸己ᄒᆞ여보세

▲怨讐로다々々々々衛生局이設施되면家々戶々淸潔ᄒᆞ야無病長壽알엇더니分錢難得이내產業日本巡查더둥쌀에如拳食鼎典當잡혀糞桶架設ᄒᆞ얏ᄂᆞᆫ데놀보집이아니어든糞大桶가무숨일가其中에다淸潔費를每戶每間貳錢일세自費出給ᄭᅡ지를내니開化法은이러ᄒᆞᆫ가將來衛生姑舍ᄒᆞ고今日當場못살네怨天尤人ᄒᆞᆯ것잇나내怨讐로다

▲怨讐로다々々々々治道局이設施되면道路橋梁修繕ᄒᆞ야閑目縱橫알엇더니畧萬의治道費ᄂᆞᆫ何許兩班다ᄌᆞ시고如干麁沙시러다가外面에만덥허코나銅雀江이아니어든모리톱이웬일인가人力車나馬車上에거들거려往來人은他人事情모로지만足德旺의이내身勢泰山갓흔짐을지고壹步不得行일세怨天尤人ᄒᆞᆯ것잇나내足跡가怨讐로다

▲怨讐로다々々々々演劇場이設施되면百般技藝硏究ᄒᆞ야敗俗改良알엇더니江南商女이어든後庭花가무슨일가無賴雜類會集ᄒᆞ야春香歌의淫樂으로風俗壞亂姑舍ᄒᆞ고誤入子弟可痛일세知覺업ᄂᆞᆫ妻子들은家長父母속이고서如干什物當내여每夜追逐蟲惑리기皆是날봉되엿스니이노릇을엇지ᄒᆞ나怨天尤人ᄒᆞᆯ것잇나내妻子가怨讐로다

▲怨讐로다々々々々開化世界되고보면康衢烟月自由生活알엇더니各部大臣더行爲ᄂᆞᆫ日復日甚虐待ᄒᆞ고內外觀官더行政은少不容貸壓制로다太平歲月다바리고不先不後此時代에엇지타가生存ᄒᆞ야이地境이되엿ᄂᆞᆫ가與世相忘ᄒᆞ자ᄒᆞ니父母妻子엇지ᄒᆞ며苟且生活ᄒᆞ자ᄒᆞ니穀腹絲身沒策일세怨天尤人ᄒᆞᆯ것잇나내목심이怨讐로다

廣告

本月二拾四日第三土曜日은本會通常會이오니本日下午壹時에僉會員은來參ᄒᆞᆷ

帝國實業會　告白

本會特別總會를來日曜日（陰拾月壹日）上午十試時에開ᄒᆞ깃ᄉᆞ오니本會員은渀々光臨ᄒᆞᆷ

嶠南教育會

各種測量에關ᄒᆞᆫ事項을迅速精密히酬應ᄒᆞᆷ

南部大仁峴四十六統五戶

三可測量事務所

本人의祖母山이楊州蘆原下契卯洞在ᄒᆞᆫ바傳來圖形定界買得而呈本郡定界依文券立標石爲後券蹟果大洞領所任等皆目手蹟故在地也今忽中部農圃동居鄭禹敎가本人墳山背龍越局立偈不見處所에古塚을稱自己墓出图ᄒᆞ야斫伐塚上松楸ᄒᆞ며自稱基址立標不而本人專山麓果其他許多人塚果自爾屬位上로現今洪陵位土田庫此를並環四方立標말ᄒᆞ니聞是不知人事者也送人鄭家ᄒᆞ야問其理由則稱以自前鄭宅基址云故로可據文券을與示ᄒᆞ란즉稱有於鄉山宗家ᄒᆞ며自己의祖墓將爲緬禮地云々ᄒᆞ고所謂標木則還拔去이나言有不當이오行有不法이라有主私山與保嚴公田庫此도尙不分揀而先出國立標木이면憑標木圖證券則將爲자址ᄒᆞᆯ慾이든지肆行不法ᄒᆞ니更或有如此無識人事라도內外國人은勿欺ᄒᆞ시오

紫門洞第十壹統貳戶　金聲圭　告白

本報第九百三十四號雜報欄內甄明學校卒業이라ᄂᆞᆫ題下에最優等閔丙瓚朴海慶等으로特히正誤廣告ᄒᆞᆷ　朴海慶　告白

學員大募集廣告

日語ᄂᆞᆫ六個月노測量은壹個月노爾專門速成科를設ᄒᆞ오니願學員은陰拾月廿日內로貴臨ᄒᆞ야規則詳覽ᄒᆞ고志願ᄒᆞ심爲要

日語　下午壹時로三時ᄭᆞ지
同　三時로五時ᄭᆞ지
同　七時로九時ᄭᆞ지
測量은　上午七時로仝九時

西小門內度支部後門前

專門講習所

◉學員增募廣告

本校에서教育上完全ᄒᆞᆫ才藝를養成ᄒᆞ기爲ᄒᆞ야中學教師ᄂᆞᆫ吳日煥金炳億測量教師ᄂᆞᆫ金鷹烈三氏를延聘ᄒᆞ고目今急務에應用ᄒᆞᆯ學藝를教授ᄒᆞ오니願學僉員은今月貳拾九日內로陸續請願ᄒᆞ시오

校監　宋道溶
事務　洪穗燮

入學許可ᄂᆞᆫ本月晦日ᄭᆞ지

科　程

一學年

本國地誌　歷史　理化　博物
物理　修身　語學　算術分數
少數　文典　農학　商業
地문　作文　漢문

貳學年

萬國地誌　歷史　物理　化학
法학　農業　商業　漢文
語學　礦物　算術代數　文典
生理　作文　倫理　土地測量
製圖　礦山測量　三角術
幾何學

平南甑山郡　彰新中學校

本坊會에對ᄒᆞ야本坊內有志諸氏의熱心으로贊助ᄒᆞ신寄附금과氏名을左개廣布ᄒᆞᆷ

海豐府院君尹澤榮　壹百圓
尹德榮壹百圓
朴齊純壹百圓
趙民熙壹百圓
閔泳綺壹百圓
崔翊明五拾圓
李會九五拾圓
洪承穆二십圓
成岐運肆拾圓
安暁洙三拾圓
李源昇三拾圓
李起泓貳拾圓
閔泳采三拾圓
尹寓春貳拾圓
趙漢錫貳拾圓
申석昌貳拾圓
김奎東貳拾圓
韓翼敎拾五圓
洪鳳杓貳拾圓
魚允廸拾圓
李度翼拾圓
尹迥求拾圓
김教헌拾圓
김裕弘拾圓
李廷珪拾圓
徐丙胃拾圓
安弼主拾圓
金聖旭拾圓
尹炳晧십圓
李源生십圓
김瓊榴십圓
趙天根십圓
姜鎬奎십圓
權丙壽九圓
吳天默陸圓
辛純默九圓
朴齊한五圓
權鴻周四圓
鄭永澤五圓
尹戴植三圓
尹泰善四圓
김李九三圓
김性逸三圓
김春榮三圓
韓普源三圓
方耀煥三圓
李秉周三圓
權重源三圓
尹炳漢三圓
김석煥三圓
姜英秀三圓
韓桂天三圓
최九泳三圓
김元培貳圓
朴齊賢貳圓
姜永句貳圓
李民溥貳圓
김榮斗貳圓
김榮翼貳圓
趙東憲壹圓
김漢旭貳圓
皮相榮五拾錢
沈魯漢二圓
朴光國五십錢
김裕慶五십錢
李容豊五십錢

以上合計壹千壹百貳십七圓

觀鎮坊會　告白

本塾의셔二個月測量夜학生을募集ᄒᆞ오니願학僉員은陰十月壹日의應試ᄒᆞᆷ을伏望

南部薇洞七십統六戶南相완拾

中部寬仁坊園洞四拾八統七戶瓦家六間中部貞善坊上漢洞六拾統五戶瓦家貳拾四間兩處文券을見失ᄒᆞ얏기茲에廣告ᄒᆞ니內外國人間誰某拾得이라도休紙施行ᄒᆞᆷ

李根澤　白

本社를南部曲橋井洞第十一統二戶로移接ᄒᆞ얏ᄉᆞ오니僉彦은照亮ᄒᆞ시오

漢城材木柴炭　株式會社

諸般法律事務를誠實迅速히處理ᄒᆞ오니陸續來議ᄒᆞ시오

辯護士　大崎熊之丞

日本法律學士
松本德次郎

事務員

前主事金永哿

事務所

京城中部惠政橋
惠泉料理館越便

◉大韓文典　全壹冊　正價廿五錢

崔光玉시著　李商在시校

▲本文典은普通教科의國語科程으로需用케爲ᄒᆞ야編輯ᄒᆞᆫ者로今에再刊發售ᄒᆞ옵

발行元　安岳邑　勉學會
발兌元　京城　中央書館
平壤　太極書館

◎大韓地志教科書

國漢文全壹冊　定價二拾五錢

本書ᄂᆞᆫ高等小學校教科用으로編輯ᄒᆞᆫ것이니全壹冊六拾九課每課壹百六拾字以下로定ᄒᆞ야諸讀에取便케ᄒᆞᆷ

發行兼發賣元
平壤鍾橋々同書觀
京城桂洞李公館

本書林에서各學校教科書와其他各種書籍과學生用品을廉價로販賣ᄒᆞ오니僉君子ᄂᆞᆫ速々來購ᄒᆞ시옵

漢城中部　寺洞坊
松峴隅二拾統壹戶

海東書林　告

校洞貳拾貳統拾戶貳層屋에測量製圖所를設立ᄒᆞ고土地山林礦山垈田沿水諸般囑托을酬應ᄒᆞ깃ᄉᆞ오니僉彦은迅速來議ᄒᆞᆷ

總務　吳貞善
事務　崔弼永　尹益善

東壹測量製圖所　告白

本人이白木廛八房에允식典舖物을移來이오니典當ᄒᆞ신실諸員은拾月內로推去ᄒᆞ시되若過限則放賣ᄒᆞᆯ터옵기茲以廣告ᄒᆞ오니照亮ᄒᆞᆷ

銅峴典當舖申泰和　告白

本書館에셔新舊書籍과古今名畫를大發售이오며各種繪畵類를隨求酬應이오니陸續請求ᄒᆞ심을爲望

京城銅峴內三拾三統八戶

漢城書畫館

館主　崔永鎬
畫師　趙錫晋

[illegible]（이 廣告는 倒置되어 印刷됨: 西洋染法 第一號 …）

◉測量學員募集廣告

實地測量과製圖를壹個月速成科로教授ᄒᆞ깃ᄉᆞ오니願習僉員은今二拾五日陰九月晦內로來臨請願ᄒᆞ심을敬要ᄒᆞᆷ

東大門外紅樹洞四統四戶
聯興測量講習所　告白

壯陽復元丹

補血益氣　健腦滋腎

此藥은專치腦痛肺痨○虛勞[illegible]○腎虛弱○陽萎不起○遺精多夢○神經衰弱○房事時早漏不快○病後虛弱○健忘不眠○貧血諸症○先天不足○飲食不下○眩暈頭痛○等症ᄒᆞ나니試將此丸을服法服之면不過幾点鍾에立히妙效ᄒᆞ야魂飛肉躍이오精神微密ᄒᆞ며頓覺愉快ᄒᆞ나니其症이輕者ᄂᆞᆫ服壹貳週면挽回元陽ᄒᆞ고此症이稍重者ᄂᆞᆫ可服三四週를ᄒᆞ고遠年痼疾도其症이頗重者ᄂᆞᆫ連服七八週면必能全치無疑니若夫無病之人도試用則補而益氣ᄒᆞ고强筋而壯骨ᄒᆞ나니用之八週而未見其効則請將價銀을如數還呈이요不敢虛誕自欺라此丸이又無論男婦老幼ᄒᆞ고均用有効ᄒᆞ나니眞神劑無比之妙劑也라僉位ᄂᆞᆫ何不早圖壹試오

發行所　皇城鍾로大廣橋십七統七戶　共濟堂藥房
特約代理店　京城水標橋　濟生堂약房

◎特別大廣告

本社에셔東西양各項物品을直輸入ᄒᆞ야各官廳과各학校에用達營業을온지今過半年에僉君子의愛護ᄒᆞ심을蒙ᄒᆞ와興旺에至ᄒᆞᆷ은感謝不已ᄒᆞ오며壹層擴張키爲ᄒᆞ야測量機附屬品及학校用品과其他雜貨를多數購入ᄒᆞ야都매散매로格外廉價發매ᄒᆞ오니陸續注文ᄒᆞ심을切望ᄒᆞᆷ

京城南부銅峴三拾三統六戶
宮內府用達　東洋合資會社
（電話壹四四番）

本社ᄂᆞᆫ平壤馬山洞磁器製造를發起ᄒᆞ와初也에二百株式의資本을募集ᄒᆞ야製造의成績이良好이온바益益擴張키爲ᄒᆞ야現又一千株式加數募集ᄒᆞ오니株主되기를要ᄒᆞ시ᄂᆞᆫ僉君子ᄂᆞᆫ本月內로左記處에來議ᄒᆞ시옵

隆熙二年十月　三日

平壤磁器製造株式會社發起人

韓三賢　尹存明　鄭仁叔
尹學運　田在豐　李德煥
崔白文

壹。總資本金　六萬圓
壹。總株數　壹千貳百株
壹。壹株금　五十圓

但株금은二回에分ᄒᆞ야第壹回二十五圓第二回十五圓第三回十五圓

株式募集及株금領受所

本會社創立事務所
平壤종路　尹學運
平壤貫洞　株式會社　漢城銀行
平北定州五山　李昇薰
株式會社　韓壹銀行
鎮南浦 [illegible]　김正民
[illegible]　김鼎鼎

Responsible for Publication Alfred Weekley Marnham.
發行兼編輯人 英國人 萬咸
發行所 南部石井洞號外第三層 大韓每日申報社

第九百卅六號

大韓每日申報

第六[illegible]

月曜及慶節時日休刊

檀君開國四千二百四十一年
箕子元年三千三十年
大韓開國五百十七年
日本明治四十一年
淸國光緖三十四年
陰曆戊申九月大三十日壬子

論說

◉畿湖學會의 一大光線

畿湖ᄂ古來로학術의淵叢이오人物의都會라政治의中心이되야全國의權力을掌ᄒ고文化의頭腦가되야四方의傚則을作ᄒ더니奈何로數百年來의風化가漸降ᄒ야公德이腐敗ᄒ고黨派가各裂ᄒ야顯允君子의流風餘韻이掃地에歸ᄒ지라今日明滅存亡의大霹天地에坐ᄒ얏스되春夢이尙深ᄒ야他省은皆智々勇進ᄒᄂ되畿湖ᄂ獨寥々ᄒ며他省人은皆孜々奔走ᄒᄂ데畿湖人은獨몽々ᄒ얏도다

盖學會ᄂ一省敎育의機關이오壹省團體의主腦라是以로年來에各省학會가崛强並立ᄒ야各히奮勵ᄒ며各히競爭ᄒ거ᄂ惟獨畿湖학會ᄂ方針이杳然ᄒ고紛爭이徒起ᄒ야會館壹間도尙無ᄒ얏스니비록壹二志士가有ᄒ나엇지能爲ᄒ리오是以로世人의치笑도買하고有志者의慨歎을발ᄒ더니

近日畿湖江山에壹大光線이初生ᄒ야畿湖人의口頭에學會維持의議論이漸起ᄒ야雖婦人小兒라도學會의尊重을猶知ᄒ며학會의維持를是謀ᄒ야某志士ᄂ幾間家舍를捐出ᄒ며某元老ᄂ義捐募集을唱道ᄒ야大憤發大競爭의風潮를贊成ᄒ니庶幾乎畿湖여庶幾乎畿湖여

宜乎其然이저五百年政治勢力의畿湖가엇지永히寥々ᄒ며宜乎其然이저五百年士大夫의畿湖가엇지永히몽々ᄒ리오

畿湖ᄂ政치力도韓國의第壹이오財産力도韓國의第壹이라大政治家와大財産家를千百으로可數ᄒ지니以若權力과以若富力으로엇지壹畿湖學會를維持키難ᄒ리오

畿湖ᄂ自來에性質이聰明ᄒ고智慮가宏遠ᄒ으로全國에聞ᄒ지라以若聰明과以若智慮로엇지壹畿湖학會를維持치못ᄒ리오

彼西北學會ᄂ杳然ᄒ地方人士로도漢城中央에屹立ᄒ야壹呼에學會가鞏固ᄒ고再呼에學校가完立ᄒ고三呼에會館이宏麗ᄒ거던以若漢城에在ᄒ야漢城에設立ᄒ畿湖學會리오

嗚乎畿湖人士여由來의爭權滅公의惡習을探湯ᄒ듯시痛革ᄒ고北文明의起点되ᄂ학會에到底熱心ᄒ야富者ᄂ財産을出ᄒ고貧者ᄂ勞力을出ᄒ고善文者ᄂ文을出ᄒ고善歌者ᄂ歌를出ᄒ야畿湖학會로韓國에第壹學會가되고畿湖人士로韓國에第壹人士가되게홀지어다

官報

▲隆熙貳年拾月拾日　官報

○產業（續）

○東洋拓殖株式會社定款

第六拾條　本會社ᄂ如左境遇에在ᄒ야ᄂ償還期限前이라도貸付金全部의償還을要求홈을得홈

壹　債務者가貸付ᄒ目的에違反ᄒ야貸付金을使用ᄒ時

二　債務者가年賦金의拂納을遲緩ᄒ야催促ᄒ지라도尙不拂納ᄒ時

三　擔保된不動産의全部나又或其壹部가公用으로由ᄒ야取用이된時但債務者가收用補償金을供託ᄒ든지又ᄂ相當ᄒ不動産으로써增擔保를ᄒ時ᄂ此限에不在홈

前項第三號의境遇를當ᄒ야其收用이壹部分에止ᄒ時ᄂ應其比例ᄒ야還償ᄒ金額을酌定홈

第六拾壹條　擔保物價의減少로因ᄒ야貸付ᄒ償還殘額에對ᄒ야第五十五條比例에不足이生ᄒ時ᄂ增擔保를要求ᄒ거나又或其不足에相當ᄒ貸付金額의償還을要求홈을得홈

債務者가前項要求에應치아니ᄒ時ᄂ償還期限前이라도貸付金全部의償還을要求홈을得홈

第六拾貳條　本會社에서移住規則及其他規定ᄒ時ᄂ韓日政府의認可를受홈

第六拾三條　營業上의餘裕金은壹時國債證券을買入ᄒ든지又ᄂ韓日兩國政府가指定ᄒ銀行에任置ᄒ이外ᄂ此를使用홈을不得홈

第六拾四條　本會社ᄂ營業上에必要ᄒ時ᄂ韓日兩國政府의認可를受하야外國에서資金을借入홈을得홈

第六章　東洋拓殖債券

第六拾五條　本會社ᄂ拂納資本額의拾倍를限ᄒ야東洋拓殖債券을발行홈을得홈

東洋拓殖債券을發行ᄒ境遇에ᄂ株主總會에議決을不要홈

第六十六條　東洋拓殖債券을發行ᄒ라ᄒ境遇에ᄂ每回其金額과條件並발行及償還의方法을定ᄒ야韓日兩國政府의認可를受홈（未完）

外報

◎警察隊의失敗　伯林電을據ᄒ즉摩洛哥國人民이警察隊壹部와크게衝突ᄒ얏다ᄂᄃ警察隊가大敗ᄒ얏다더라

◎土勃兩國의抗衡　同電을據ᄒ즉土耳其國은勃牙利에서依然히軍隊를繼續하야動員ᄒᄂ고土耳其政府ᄂ此에對ᄒ야急應ᄒ手段을執ᄒ旨로陳述ᄒ回答을列强에送致ᄒ얏다더라

◎兩江總督上奏　上海電을據ᄒ즉兩江總督端方시가外國物品을對抗ᄒ目的으로安徽省蕪川에ᄂ機械자油公司를設置ᄒ고上海에ᄂ羅紗製造所를設立ᄒ意로上奏ᄒ얏다더라

◎實業學生派送裁可　北京電을據ᄒ즉淸國學部에셔農商工部及郵信部에셔聯署上奏ᄒ야實業留學生을海外에派送홈을奏請ᄒ야裁可를蒙ᄒ얏ᄂᄃ其大意에曰工藝ᄂ國家富强의基礎라本年부터ᄂ京師及각省에在ᄒ中학校以上의卒業生中外國語를通ᄒᄂ者를選擇ᄒ야東西洋各國에留학케ᄒ되農工各種及航海船舶銃砲의諸學術과礦山電信等의학業을專修케ᄒ다ᄒ얏다더라

雜報

◎三和壹光　三和港億兩機壹光學校ᄂ設立ᄒ지拾個月에生徒가一百五十人에達ᄒ얏ᄂᄃ各種經費가每朔壹百二拾餘圜에不下故로其不贍홈을慨歎ᄒ더니該洞居洪元植崔大陵金應石金炳淵李琫燮崔國鉉李承섭金柄珣諸氏가金貨二百圜式各出ᄒ고該港(千兩機)所在津様價金一千六百圜을該校에買付ᄒ야以其所出로補用經費ᄒ다ᄒ니諸氏의熱心敎育은非但該港의文明이라即全國敎育界에壹大模範을作ᄒ겟다고西來人의稱頌이喧藉ᄒ다더라

◎工業獎勵　工業傳習所刱立이無過數年에理化、染織、金工、木工、土木、磁器、六科에諸學生이晝夜研究ᄒ며且工業研究會를組織ᄒ고每朔二次式各科討論의知識을交換케하고學生의手當金이僅供食費인ᄃ五拾錢式月捐ᄒ야月報雜誌를發刊ᄒ기를經營ᄒ야壹般國民으로工業에趨向ᄒ思想을闡發케ᄒ다미라

◎西湖의獎學　北靑郡大俗厚面西湖里靑友獎학支會事務室內에서夜학科를組織ᄒ고勞働者百餘名을募集ᄒ야國文與普通科를朱榮變시가熱心敎授ᄒᄂ데事務員리章浩리泰元리麟洙諸시의熱心周旋홈으로校況이逐日增旺ᄒ다더라

◎諸氏設校　通津郡甫口串面東幕里居柳興와成樂諸시가國民의義務ᄂ靑年敎育에在ᄒ다ᄒ고학校를設立ᄒ야熱心敎導ᄒᄂ디학徒가四五拾名에達ᄒ얏다더라

◎樂朗善政　番桐郡守郭璨氏ᄂ敎育에熱心ᄒ야募集勞働에開設夜學ᄒ고捐出月俸ᄒ야補助學費ᄒ며廣求書籍ᄒ야寄付

校中ᄒ기生士氣가蔚興ᄒ고文風이大起ᄒ다더라

◎晝耕夜讀　北靑郡楊川面梨花동에樵夫牧童이時局의變遷을慨嘆ᄒ야愛國血誠으로各其三拾圜式鳩聚ᄒ야普光學校를設立ᄒ고敎師全鳳植學監朱亮善檢督全恒植校監金泓雲朱昊섭諸시가各其幾拾元式義捐ᄒ니壹般樵夫牧童이晝耕夜讀ᄒ야熱心做工ᄒ다더라

◎兩氏熱心　黃海道金川郡岑城驛電信掛全鎭源시와運送事業ᄒᄂ具漢會시가該驛附近에學校가無홈을哀惜ᄒ야近洞志諸人으로協議ᄒ後近洞梧泉里前議官金禮頌시家舍廊에進明夜學校를設立ᄒ고青年을募集ᄒ야全鎭源시ᄂ日語를敎授ᄒ고具漢會시ᄂ諸般義務를擔任ᄒ얏ᄂᄃ학徒가六十餘名에達ᄒ얏다더라

◎正誤　日前本報에姜寅圭시가姜周顯시의家舍를占奪하얏다홈은傳之者誤ᄒ이더다

雜報

●宋內大의妙計 內部大臣宋秉畯氏가就職을被任훈後에增方郡守를一進會員으로敍用ᄒ면內外耳目에譏謟가有홀뿐더러自己에名譽도減損홀慮가不無ᄒ며該會員을不用ᄒ즉衆口의稱冤을難忍홀터인故로郡守薦報ᄒ는權限을各觀察使의게責任ᄒ얏다더라

●龐說斯人 中樞院顧問某氏가再昨夜에內部大臣宋秉畯氏를訪問ᄒ고言ᄒ되現政府가變動되야도內部大臣의勢力은漸次鞏固ᄒ다ᄒ즉我도某部大臣闕薦任ᄒ야달나고百方運動ᄒ얏다더라

●金神發動 內部所管各道種痘所委員과學部所管副訓導와宮內部所管典祀官職을近日에愚昧훈鄉客들이金神力으로圖得코ᄌ하야各其捷徑으로運動ᄒ는者가多數ᄒ야醜說이藉藉ᄒ다더라

●交際費磨練 各部大臣의交際費幾百圓式을支撥홈은人所共知어니와更聞훈즉交際手當金을又爲磨練ᄒ얏다는데大臣은壹年額數가壹千圜이오次官은壹千圓以內오關稅總長은六百圜이라는데每月俸금支出時에同爲支撥혼다더라

●木內出張 農商工部次官木內가鎭南浦天日製鹽場을觀察ᄒ기爲ᄒ야出張ᄒ얏다더라

●書記官被任 陸軍武官學校教官洪仁杓氏는內部書記官을被任ᄒ얏다더라

●通牒各部 宮內府禮式官李필均氏가各府部院廳에通牒ᄒ기를宮中의席次를定홈必要가有ᄒ니高等官以上의職名과級幾何와俸給幾何를昭詳錄交ᄒ라ᄒ얏다더라

◉天日無光

義兵大將許위氏를死刑에處홈은已爲報道ᄒ얏거니와檢事某氏가死刑을執行홀時에許위氏를對ᄒ야曰絞刑死를現行ᄒ거니와後에汝의親族의게或有遺言이거던詳言ᄒ라ᄒ미許위氏가顔色을不變曰余爲國事라가不幸被捉ᄒ야今當死刑ᄒ니就死而已오親族의게更無他遺言이로라ᄒ즉檢事某氏曰屍身을收去홀者가親族中의有誰乎아ᄒ더許위氏가又答曰死後斂屍를何足掛念이리오此獄中에셔腐爛이亦爲無妨ᄒ니速行絞刑ᄒ라ᄒ얏다더라

◉喝退日僧

義兵大將許위氏에死刑時情況은別項과如하거니와伊日에日本僧이來到ᄒ야說法코저ᄒ거날許위氏가溫言喝退曰余今就死ᄒ니說法何益이리오都不願聞이라ᄒ대日僧이默然退去하얏다더라

●觀察無厭 水原郡南水洞居女子曹又淑시는芳年拾八歲인대閨中處子로諸般學問에高明ᄒ고日語算術에도能ᄒ지라自家에華陽학校를設立ᄒ고女子를募集ᄒ야名譽로熱心教授ᄒ는ᄃ학徒가四십餘名에達ᄒ지라向日 大皇帝陛下께옵서水原에 行幸하실時에該학校학徒들이停車場에齊進ᄒ야祗迎ᄒ얏더니 聖德이隆盛ᄒ샤私立學校에金七百五拾圜을恩賜ᄒ선지라該道觀察使가該金額을宜乎須給홀터인대何故因홈인지華陽학校에는不給ᄒ지라該學校에서該郡守의게質問ᄒ즉郡守는觀察使의게推移ᄒ고觀察使는指東指西ᄒ야區劃이無ᄒ지라莫重훈 恩賜金에도挾雜이有홀지宮內府에서擧覓審查懲辦ᄒ리라는巷說이藉藉ᄒ더라

●始興民呼訴 始興郡上北面沙村里에在훈民有畊坪을日人櫻井三郎이가稱以買得於漢城財務監督局이라ᄒ고無難斫伐에民有地를將至白失之境인故로該郡民人等이上京ᄒ야該局에呼訴ᄒ얏다더라

●水商行悖 昨日上午八時頃에中部枇杷洞居金仲甫氏가新設훈水桶에往ᄒ야水壹器를汲去ᄒ라ᄒ즉水商高聖壽等四五名이作黨突出ᄒ야김氏를詬辱亂打ᄒ며行悖가無雙훈故로該掌內巡査가高哥를警察署로押付ᄒ얏다는ᄃ近日水商輩가甚爲頑悖ᄒ야平民男女를類數毆打ᄒ는故로각警察署에呼訴가沓至ᄒ다ᄒ며此等悖類를若不懲治ᄒ면後慮가顯有ᄒ깃다는輿論이藉藉ᄒ다더라

●畏義如虎 二十日前부터原州實林에留駐ᄒ는日兵들이他處로出張ᄒ고다만日憲兵三名과韓國憲兵八名만駐在ᄒ더니韓國憲兵들이本月三日에斷髮ᄒ고軍服을着ᄒ지라其日夜에義兵이數百名突入ᄒ야憲兵駐在훈近處家屋에放火ᄒ고憲兵駐在所로向ᄒ야二時間이나放銃ᄒ얏스나憲兵들이出應치못ᄒ얏다더라

●聞慶不慶 去五月二십三日에日人이聞慶郡華藏面에入ᄒ야韓人을無數毆打ᄒ고汁物을破傷ᄒ며家々에亂入ᄒ야蜜桶을破打ᄒ고奪ᄒ며其他各弊가無雙ᄒ고兵站所에서는面長에게每日米拾升式輪納ᄒ라ᄒ고至今ᄭ지米價는壹分도不給ᄒ고聞慶面主人의月給은每戶에米壹斗式排斂ᄒ기로人民의怨聲이藉藉ᄒ다더라

●海倉洶洶 金海郡鳴洛面海倉里에日兵四拾名이乘船入來ᄒ야觀察歸去ᄒ더니九月二十三日에日兵三百名이入來ᄒ야大砲를掛ᄒ고習ᄒ기를宗我里南便으로往ᄒ더니五里쯤만避ᄒ고家屋三四戶를撤去ᄒ라ᄒ미海倉里는日本人의天地가되얏다고人心이洶洶ᄒ다더라

●湖南義援 近日에寶城長興順天樂安南平靈巖等郡에義兵이大熾하야地方이騷擾훈대該地稍饒훈人은擧皆避身上京ᄒ얏다더라

●團長被殺 綾州郡梁陽國場市에서義兵이來到ᄒ야該郡居ᄒ는梁某朱某李某三人이被殺ᄒ얏는대李某는該地自衛團長이라더라

●是何强盜 前日에强盜로被捉ᄒ얏던名不知金聖府爲名者가從前에徒黨을嘯聚ᄒ야各郡各村에橫行ᄒ며民財를掠奪ᄒ다더니日前에抱川郡內北面新坪里에突入ᄒ야富民今錫興시를永平郡으로捉去ᄒ야錢財를不日輪納ᄒ라고無數毆打ᄒ다가適者日兵이來到ᄒ미卽爲放送ᄒ얏더니日前에金哥가又爲來到ᄒ야김시의婦人을捕縛ᄒ야永平郡水下里로捉去ᄒ얏다더라

●林氏被捉 前靈光郡守林丙瓚氏가有何事件인지日憲兵司令部에被捉ᄒ얏다더라

●崔家賊警 昨日上午壹時頃에强盜四五名이中部小笠洞居崔承源시家에突入ᄒ야崔시와家眷壹同을結縛威脅ᄒ고金貨六拾圜과其他器皿及衣服等屬數百圜價値를奪取逃走ᄒ얏다더라

●園遊會兼設 大韓醫院開院式은旣報와如히本日下午壹時에設行ᄒ는대園遊會를兼設ᄒ고內外國高等官과各社會紳士를請邀宴待ᄒ다더라

●救世救援 來日曜今貳拾五日에西大門外平洞救世軍本營에서特別救援會를開ᄒ는ᄃ總司令官正領許嘉와시는同夫人을ᄒ고福音을傳ᄒ고또각士官이臨時傳道홀터인ᄃ時間은午前拾壹時와下午三時와同七時라더라

●女校運動盛況 前報와如히漢城內各女학校에서昨日上午八時부터慶熙宮內에서秋期聯合運動會를設行ᄒ얏는대進明학校生徒壹百四拾名과養閨義塾生徒八拾五名과尙洞學校生徒五拾壹名과承洞學校生徒四十四名과普학院生徒三十二名과養源학校生徒三십六名과永倡학校生徒十七名과同德학校生徒二十四名과輔明학校生徒九名과各학校聲援任員이已定훈時間에齊會ᄒ야各種競走를設行ᄒ얏는대各社會有志諸氏와其他觀光ᄒ는男女數千名이集合ᄒ야精神과技藝의盛況을呈ᄒ고同午後四時에萬歲를三唱ᄒ고順序閉會ᄒ얏다더라

●李總理의濫用 各女학校에서聯合運動會를設行홈事는別項과如ᄒ거니와伊時에總理大臣李完用시가金貨五十圜이오金錫泰시가五圜을寄付ᄒ얏다더라

●非愚非愚 定州郡居崔非愚氏는教育界에素是熱心家이라路上往來훈際에留學生徒의飢色이有홈을見ᄒ면飲食家로引入ᄒ야청以款待ᄒ더니此로因ᄒ야壹般西北學生의旅中困況을慨歎ᄒ고壹大寄宿館을設施ᄒ기로方在周旋中이라더라

▲地方消息▼

▲慶州永川慈仁郡에義兵이出沒ᄒ는ᄃ永川郡內에셔義兵十五名이日本守備隊와衝突홈이有ᄒ얏다ᄒ고

▲咸陽河東郡에서出沒ᄒ던義兵은智異山에根據地로定ᄒ고義兵六十餘名이日守備隊兵과接戰ᄒ얏다ᄒ고

▲全羅北道에近接훈潭陽長城郡地方에義兵百餘名이出沒ᄒ며綾州郡內에셔는義兵三拾餘名이日憲兵隊와交戰ᄒ얏다ᄒ고

▲光陽郡地方에는義兵約五十名이出沒ᄒ며且海南地方에在훈實業會社에倉庫를襲擊放火ᄒ야燒却ᄒ얏다ᄒ고

▲會寧附近에셔는李範允시의壹派가來襲훈다는報를因ᄒ야豆滿江附近에方今警戒ᄒ는中이라ᄒ얏고

▲咸鏡北道明川郡을襲擊ᄒ던義兵五十名은同郡日本守備兵과交戰ᄒ얏다ᄒ고

▲洪原郡地方에는義兵約三十名이出沒ᄒ며咸興郡內에는義兵約五十名이出沒ᄒ다더라

▲病中看花▼

▲憂國으로病이되여神效方文엇으랴고藥性歌도閱覽타가百花論을펼쳐노니人情物態彷彿ᄒ다九曲肝腸맷친心懷觸處隨感엇지ᄒ리 長吁細嘆붓을잡고短歌數曲지엇도다

▲잉粟花야々々々네性質이慘毒ᄒ다昏夜에는슘힛다가日出復然ᄒ는고나聚惡聚毒ᄒ더津液이壹早化作鴉片ᄒ야多殺生靈무삼열고賣國大臣ᄃ心腸이너와又치彷彿ᄒ다

▲向花야々々々네性質이堅確ᄒ다各種花를다보아도自開自落無心ᄒ더獨增下特立ᄒ야雲霧中에ᄃ日色을不改其志趨向ᄒ니憂國忠臣ᄃ義理가너와又치彷彿ᄒ다

▲牧丹花야々々々네性質이浮虛ᄒ다田園無名小小花도각自結實播種인ᄃ爾乃名園第壹花로人皆稱頌ᄒ지마는華而無實可嘆이라假面士ᄃ容儀가너와又치彷彿ᄒ다

▲黃菊花야々々々네性質이高亢ᄒ다春和日煖ᄯ마리고十月寒風蕭々天에凌霜高節獨발인가네이슴을밧엇다가春秋歷史지이내니義烈者의ᄃ氣節이너와又치彷彿ᄒ다

▲水菊花야々々々네性質이怪異ᄒ다灌之以酒ᄒ면어지고灌之以醋푸르럿다固有色을不守ᄒ고培養者를ᄯ라隨其精神變幻ᄒ니奴隷者의ᄃ腦髓가너와又치彷彿ᄒ다

▲鐵竹花야々々々네性質이鬱울ᄒ다三月春風다지내고岩絕壁셔이마다千枝萬葉븜것도다路上行人往來홀제莫不指點愛惜ᄒ니烈士痛哭ᄃ血淚가너와又치彷彿ᄒ다

▲櫻桃花야々々々네性質이婆娑ᄒ다他種花는分明ᄒ대錯雜ᄒ々네貌樣은互相纏結滿發ᄒ고枝葉間에隱伏ᄒ야外似潔白ᄒ々施ᄒ니奸巧小人ᄃ情態가너와又치彷彿ᄒ다

▲月桂花야々々々네性質이獨逐ᄒ다百日紅이되라ᄒ되도壹年壹次피것마는爾乃繼續ᄒ발이라四時春色無窮ᄒ니如干國兩검는소나大韓國의ᄃ運數가너와又치彷彿ᄒ다

▲이내筆端正直ᄒ기로內外國人ᄃ猜忌ᄒ爍銷群知ᄒ것마는悲劇中에잇는人生爲國獻身ᄒ心腸에斧鉞當前ᄒ기로니筆端이邪曲ᄒ々惡홈어든懲改ᄒ고善ᄒ어든獎勵ᄒ소

社告

宣川 支社員魯晶광씨와 龍岡 支社員朴鍾은氏는幷爲請願解任ᄒᆞ고該兩郡支社員을新任ᄒᆞᆯ 앗기로左開仰佈ᄒᆞ오니該附近地에서本報購覽ᄒᆞ시는僉君子는照亮ᄒᆞ신後新聞代金을左開兩氏處로送交ᄒᆞ심을務要

▲宣川邑橋南　金亨俊
▲龍岡邑　郭南秀

大韓每日申報社

雜報

●自由討論　今日下午七時三十分에鍾路青年會館에서討論會를開ᄒᆞ고自由貧賤이勝於依賴富貴란問題로互相討論ᄒᆞᆫ다더라

廣告

●安岳郡楊山中학校에義捐ᄒᆞᆫ 신入員의氏名과금額이如左

김孝英　參百圜
盧亨基　貳百圜
元正均　貳百圜
崔龍權　貳百圜
宋龍成　五拾圜
元禎周　六拾圜
宋漢益　四十圜
張明善　貳拾五圜
朴敬학　김德유　裴석敎
安仲瑞　張鳳來　각廿圜
리華碧　宋元甫　김景健
崔顯敎　리始膺　각廿圜

安岳楊山中학校　告白

黃州郡龜面冷井居黃鎭元지가微業次陰九ノ貳拾四日上京云故同留做학묘져玆에布告

中署琵琶洞五拾七統壹戶김完甫家留　김善福　告白

本會特別摠會를來日曜日(陰拾月壹日)上午十貳時에開하깃ᄉᆞ오니本會會員은濟々光臨ᄒᆞᆷ

嶠南教育會

◉學員增募廣告

本校에서教育上完全ᄒᆞᆫ才藝를養成ᄒᆞ기爲ᄒᆞ야中學教師는吳日煥金炳億測量教師는金應烈三氏를延聘ᄒᆞ고目今急務에應用ᄒᆞᆯ學藝를教授ᄒᆞ오니願하ᄂᆞᆫ 僉員은今月貳拾九日內로陸續請願ᄒᆞ시오

校監　宋道容
事務　洪載燮

入學許可은本月晦日ᄭᆞ지

科程

一學年

本國地誌　歷史　理化　博物
物理　修身　語學　算術分數
少數　文典　農학　商業
地문　作文　漢문

貳學年

萬國地誌　歷史　物理　化학
法학　農業　商業　地文
語學　礦物　算術代數・文典
生理　作文　倫理　土地測量
製圖　礦山測量　三角術
幾何學

平南价山郡

彰新中學校

本人이本月십六日南大門驛에서姓名圖章及紙貨參拾圜을서失이오니內外國人切勿見欺ᄒᆞᆷ

成興郡朴勝豊　白

本人이光武拾壹年陰五月拾八日에中部堅坪坊禁府前契后洞三拾二統拾戶瓦家拾三間半及間基地를所有主安基弘의게典執而契約書二丈을自官發有矣러니現卽償權辦償而同契約書文書를失故로玆에廣告ᄒᆞ오니內外國人은認悉而休紙施行爲要

徐相源　白

仁川舊邑面官廳洞私立仁興學校는前郡守吳永烈시가設立ᄒᆞ고生徒貳拾餘人을敎三年敎育이다가吳시遞歸以後로經費를辦키難ᄒᆞ야至於廢學之境矣러니幸賴我候김潤晶시가敎育上義務를洞察ᄒᆞ사躬行勸勉에熱心贊成ᄒᆞ시니人心이於是爲感發이라有志紳士與面洞各洞에義捐金이幾至五六百圜이옵기爲先修校舍而購書ᄒᆞ고募生徒而開學ᄒᆞ야永久히維持ᄒᆞᆯ方針을講究中이온ᄃᆡ本校々長李演兢贊成長尹觀榮校監김正坤學監김과鉉總務李인卿諸시의同心協力ᄒᆞ온姑舍ᄒᆞ고生徒二拾餘人이亦合團體되여壹切斷髮ᄒᆞ고每日教課時間에熱心受業ᄒᆞ야期於발達하기로互相矢心이온ᄃᆡ本人이不勝感賀ᄒᆞ와玆에廣告ᄒᆞᆷ

私立仁川舊邑面官廳洞
仁興學校贊成員김濟鉉　告白

本學校設立後에維持方針이登乃窘頓하와幾乎中途而廢之境이러니幸賴本府尹韓致愈氏는醫國大手요夙德賢侯라矜顧本校之殘況에慣款捐進之未遂ᄒᆞ와本島內役夫也編成勞働組合而其他津船也小有利源을量登切付諸本校ᄒᆞ시며躬行團坐ᄒᆞ와蠢蠢人民을勸勉覺悟ᄒᆞ야使之合力前進케本校盛況을指日可待오며數拾生徒를若親子而熱心孜々ᄒᆞ야期圖進步ᄒᆞ시니古之實新息이오今之韓東萊라登境人民이盛德不忘玆以廣布ᄒᆞᆷ

絕影島私立玉成學校

校長　許致五
校監　鄭性淑
監督　金光奎
總務　鄭寅슈

本坊會에對ᄒᆞ야本坊內有志諸氏의熱心으로贊助ᄒᆞ신寄附금과氏名을左기廣布ᄒᆞᆷ

海豐府院君尹澤榮　壹百圜
尹德榮　壹百圜
朴齊純　壹百圜
趙民熙　壹百圜
閔泳綺　壹百圜
[illegible]　五拾圜
李曾九　五拾圜
沈學[illegible]　三십圜
成岐運　肆拾圜
安鴖洙　三拾圜
李海昇　三拾圜
李起泓　[illegible]圜
閔泳采　三拾圜
尹寓善　貳拾圜
趙漢[illegible]　貳[illegible]圜
申석昌　貳拾圜
김奎東　貳拾圜
韓璣教　拾五圜
洪鳳均　貳拾圜
[illegible]　[illegible]圜
李慶翼　[illegible]圜
尹迪求　拾圜
김敎헌　拾圜
김裕弘　拾圜
李廷珪　[illegible]圜
徐丙肯　拾圜
安弼호　拾圜
[illegible]旭　拾圜
尹炳晧　십圜
李源生　십圜
김瓊[illegible]　십圜
趙天植　십圜
姜鎭奎　십圜
權丙[illegible]　五圜
吳天默　[illegible]
辛純默　五圜
朴齊환　五圜
[illegible]　四圜
鄭永澤　五圜
尹顯植　三圜
尹泰善　四圜
김종九　三圜
김性逸　三圜
尹泰善　三圜
韓普源　二圜
김春榮　三圜
李乘尚　三圜
方鐵煥　三圜
尹炳漢　三圜
權重源　三圜
姜英秀　二圜
김석煥　二圜
최九泳　三圜
韓桂天　三圜
朴齊賢　貳圜
김元培　貳圜
李民溥　貳圜
姜永旬　貳圜
김榮[illegible]　貳圜
김榮과　貳圜
김漢旭　貳圜
趙[illegible]　[illegible]圜
沈鲁煥　二圜
皮相榮　五拾錢
김裕慶　五십錢
朴光國　五십錢
李喜豊　五십錢

以上合計壹千壹百貳십七圜

觀鎭坊會　告白

本塾에서二個月에測量夜학生을募集ᄒᆞ오니願하ᄂᆞᆫ 僉員은陰十月壹日에應試ᄒᆞᆷ을伏望

南部樹洞七십統六戶南相완塾

各種測量에關ᄒᆞᆫ事項을迅速精密히酬應ᄒᆞᆷ

南部大仁峴四十六統五戶

三可測量事務所

學員大募集廣告

日語는六個月노測量은[illegible]個月노兩專門速成科를設ᄒᆞ오니願學ᄒᆞ시ᄂᆞᆫ 員은陰拾月廿日內로貿臨ᄒᆞ야規則詳覽ᄒᆞ고志願ᄒᆞ심爲要

日語　下午壹時로三時ᄭᆞ지
同　三時로五時ᄭᆞ지
同　七時로九時ᄭᆞ지
測量은　上午七時로仝九時

西小門內度支部後門前

專門講習所

本書舘에서新舊書籍과古今名書와大發售이오며各種繪畫類를隨求酬應이오니陸續請求ᄒᆞ심을爲望

京城銅峴內三拾三統八戶

漢城書畫舘

舘主　崔永鎬
畫師　趙錫晋

諸般法律事務를誠實迅速히處理ᄒᆞ오니陸續來議ᄒᆞ시오

辯護士　大崎熊之丞
日本法律學士
事務員　松本德太郎
前主事金承祜

事務所　京城中部惠政橋
憲兵隊事務館越便

南部水橋設立亞壹測量事務所를移接于西部銅峴二百五拾二統拾壹戶沈相德家諸般事務를酬應ᄒᆞ오니願하ᄂᆞᆫ 僉君子는迅速來議爲要

總務　沈相德
事務員　朴十彬
韓鳳[illegible]　韓[illegible]洙

亞壹測量事務所　告白

校洞貳拾貳統拾[illegible]貳層屋에測量製圖所를設立ᄒᆞ고土地山林礦山墟田治水諸般囑托을酬應ᄒᆞ깃ᄉᆞ오니僉彦은迅速來議ᄒᆞᆷ

總務　吳貞善
事務　[illegible]

東亞測量製圖所　告白

京城中부鍾路電氣會社前

辯護士　前判事　從[illegible]位　本多潤

京城南部[illegible]六拾四統貳戶

東洋大學前講師
日本法律學士
辯護士　木尾虎之助

院長古城梅溪가曾往에濟國北部[illegible]官으로多年在外ᄒᆞ옵다가還般에歸韓ᄒᆞ와諸般設備를大作革新ᄒᆞ야專히韓清兩國病人의診察을從ᄒᆞ며兼且醫諸氏에게囑托ᄒᆞ야新方妙劑로極盡히速活回春ᄒᆞᆷ을期ᄒᆞᆷ

兩大家貧患者의施療と藥價를勿論ᄒᆞ며又隨時ᄒᆞ야牛痘苗를施種ᄒᆞᆷ

京城本町四丁目

贊化病院
(電話二一四番)

[illegible]

壯陽復元丹

補血益氣
健腦滋腎

此藥은專治腦痛肺[illegible]○房事[illegible]傷○腎虛弱○陽萎不起○遺精多夢○神經衰弱○房事早泄不快○病後虛弱○健忘不眠貧血諸症○先天不足○飲食不下○眩暈○痛○等症이나試將此丸을服法과같이服用之면不過幾點鐘에立見妙效ᄒᆞ야魂飛肉躍ᄒᆞ며精神이徹奮ᄒᆞ고頓覺愉快하나니其症이輕者는服壹週면挽回元陽ᄒᆞ고重症이稍重者는可服二四週[illegible]오痼疾之其症이頗重者는連服七八週면必能全치無疑니若夫無病之人도試用하면則使血而益氣ᄒᆞ며强筋而壯骨ᄒᆞ니何者之八週而未見其効則請將藥價를如數還呈이요不敢虛誕自欺라此丸이又經論男女老幼ᄒᆞ고均用有效ᄒᆞ나니眞世間無比之妙劑也라僉位는何不早圖一試오

發行所　皇城鐘路大廣橋십七戶
共愛堂약房
特約代理店　城[illegible]橋　[illegible]약房

漢城銅峴 大藥房

大韓東西藥業月報社製藥

咽喉熱痛 降火水 五十錢

金消暑 日壹分 告味 甘酸水 金五十錢

男女補血 補益丸 二圓五十錢

清濤潤腸丸 二十錢

淋疾袪根藥 五十錢

痢疾壹散 三十錢

清明眼藥水 十五錢

養兒寶散 十五錢

萬病袪根藥 三十錢

純金鷄納丸 十錢

殺蟲丸 二十錢

足汗臭藥 二十錢

四時感冒丸 十錢

太腫合瘡膏 三十錢

鎭咳藥 三十錢

濕... 膏 十錢

陳積滯 消積丸 五十錢

瘧氣神效 保嬰散 二十錢

藥材 ... 郵便 ...

土地測量術

測量課 編集

全壹冊正價금 九拾錢

近日測量術書類에三四種이刊行되엿스나不少의缺點이不無ᄒᆞᆫ바今에本書ᄂᆞᆫ細微測量으로圖解測量ᄭᆞ지詳細히編纂ᄒᆞ얏스며各種實地測量ᄒᆞᆫ製圖의圖式을揷入ᄒᆞ야斯學界의無二ᄒᆞᆫ寶典이오且紙質과堅美ᄒᆞᆫ製冊의華麗ᄒᆞᆷ이測量術書中에霸王이라稱ᄒᆞᆯ만ᄒᆞᆷ

〔發兌元〕

皇城中部罷朝橋越 中央書館 朱翰榮

仝 南部大廣橋 大東書市 高裕相

仝 南門內 博文書館 盧益亨

仝 南門外 新舊書林 池松旭

二十世紀之大慘劇 帝國主義

卞榮晩 著 正價금 拾五錢

空前絶後의大文章(商業的書冊)을附刊ᄒᆞᆷ

本書ᄂᆞᆫ二十世紀의大慘劇된帝國主義의狀態를敘述ᄒᆞᆫ者인ᄃᆡ世界變遷의大勢가紙上에活現ᄒᆞ야吾人으로ᄒᆞ야곰探險燈又ᄂᆞᆫ眼光과太平洋ᄀᆞᆺᄒᆞᆫ胸襟과巨靈斧ᄀᆞᆺᄒᆞᆫ手腕을壹讀再讀의間에居然獲得케ᄒᆞᄂᆞᆫ壹大著述이라학問家의不得不壹讀ᄒᆞᆯ者이오政治家의不得不壹讀ᄒᆞᆯ書이오實業家의不得不壹讀ᄒᆞᆯ書이오新聞家의不得不壹讀ᄒᆞᆯ書이오全國民의不得不壹讀ᄒᆞᆯ書이니本書의出ᄒᆞ야少ᄒᆞᆫ同胞의思潮變遷을卜코져ᄒᆞ노이다

發賣所 皇城布屛下 廣學書舖 김相萬 京鄕各書店

地方行政論

趙聲九氏 撰述

全壹冊 定價金 三十錢

▲本書ᄂᆞᆫ地方自治行政에關ᄒᆞᆫ一般의原則과外國의現行制度를參互撰集ᄒᆞ야簡明히論述ᄒᆞᆫ者ㅣ니現히地方官의位에在ᄒᆞᆫ者의行政上參考될은勿論이오全國人士ᄂᆞᆫ각其關係生活에本旨를瞭解ᄒᆞ야將來自治制度組織의基礎를成ᄒᆞᆯ者ㅣ니有志僉彦은速々購覽ᄒᆞ시옴

發行元 皇城中部罷朝橋越 中央書館

발售處 京城及地方 各書肆

◎特別大[illegible]

本社에셔泰西양各種物品을直輸入ᄒᆞ야各官廳과各學校에用品을營業ᄒᆞᆫ지今爲半年에僉君子의愛護ᄒᆞ심을蒙ᄒᆞ와興旺에至ᄒᆞᆷ은感謝不已ᄒᆞ오며壹層擴張키爲ᄒᆞ야測量機械附屬品及學校用品과其他雜貨를多數購入ᄒᆞ야都賣散賣에ᄂᆞᆫ格外廉價發賣ᄒᆞ오니陸續注文ᄒᆞ심을切望ᄒᆞᆷ

京城南部銅峴三拾三統六戶

宮內府用達 東洋合資會社

(電話壹四四番)

本社ᄂᆞᆫ平壤馬山洞磁器製造를發起ᄒᆞ와初也에二百株式의資本을募集하야製造의成績이良好이온바益益擴張키爲ᄒᆞ야現又一千株式加數募集ᄒᆞ오니株主되기를要ᄒᆞ시ᄂᆞᆫ僉君子ᄂᆞᆫ本月內로左記處에來議ᄒᆞ시옵

隆熙二年十月 三日

平壤磁器製造株式會社發起人

韓[illegible] 尹在明 鄭仁叔 尹聖運 田在豐 李德煥 崔有文

壹。總資本금 六萬圓

壹。總株數 壹千貳百株

壹。壹株금 五十圓

但株금은三回에分ᄒᆞ야第壹回二十五圓第二回十五圓第三回十五圓

株式募集及株금領受所

本社創立事務所 平壤종[illegible] 尹聖運

◎大韓地誌教科書

國漢文全壹冊 定價二拾五錢

本書ᄂᆞᆫ高等小學校教科用으로編輯ᄒᆞᆫ것이ᄂᆡ全壹冊六拾九課每課壹百六拾字以下로定ᄒᆞ야課讀에取便케ᄒᆞᆷ

發行兼發賣元 平壤法橋 大同書觀 京城桂洞 李公廉

社告

○申報價

壹張代金 新貨二錢五厘

壹個月前納 三十錢

參個月 九拾錢

陸個月 壹圓七十錢

壹個年 三圓四十錢

郵稅壹張 壹個月 新貨五厘 十二錢

◎廣告料

四号活字拾三字詰

每日壹寸(英尺)에 新貨廿五錢

二週日壹寸에 二圓五拾錢

壹個月壹寸에 五圓

(自壹行至四行이爲壹寸)

其期限의長短과字行의多寡를依ᄒᆞ야增減ᄒᆞᆷ이有ᄒᆞᆷ

株式會社 漢城銀行

株式會社 韓一銀行

平壤貫洞 尹聖運

平北定州五山洞 李昇薰

鎭南浦築洞 김正民

黃海道安岳邑內 김庸鼎

◎大韓每日申報各處支社廣告

中署布屛下 金相萬冊肆

平壤鍾路太極書館 安泰國

仁川畓峴開新冊肆 李東暉

義州南門外西大藥房 [illegible]

鐵原[illegible]仁川약局 [illegible]

三和港碑石洞 金澄杜

咸興州南社西門外 曺喜林

開城남大門內興學書舖 裵助還

大邱西門外友弦書樓側 李正由

載寧邑濟衆院 劉夢澤

鐵山邑東部 安灝

元山倉前 劉七鉉

[illegible] 許[illegible]

邑[illegible]校洞 [illegible]

郭山[illegible]英書舖 李銀瑞

安岳細[illegible]成洞 [illegible]

[illegible]川[illegible]津 李[illegible]

安州城內[illegible]井洞 金[illegible]

鐵原邑[illegible] 趙容大

高源邑 [illegible]

升邑邑內 李益[illegible]

泰仁邑內 宋[illegible]

京畿[illegible]書市 李[illegible]

[illegible]邑南門內 [illegible]

殷栗邑倉前里 金泰[illegible]

謹川楊市 黃[illegible]

朔州邑남門너 朱[illegible]

泰川邑[illegible] 李止華

永興[illegible]山[illegible]書舖 [illegible]

江華邑川橋 [illegible]

[illegible]남門外 宋[illegible]

寧邊邑各舍里[illegible] 明濟[illegible]

金溝水流面豆亭 趙[illegible]三

[illegible]川邑六里 丁一[illegible]

江西邑內 金昌[illegible]

成川郡上部面 馬應三

[illegible]安國[illegible] 姜大[illegible]

龍川[illegible]松峴[illegible]東書會 金賢[illegible]

咸從郡耶蘇教堂 張炳[illegible]

平남順川郡延동 鄭裕[illegible]

龍川남市驛 [illegible]

龜岡邑 [illegible]

東萊[illegible] 金明[illegible]

[illegible]川[illegible]동 李[illegible]

[illegible]州[illegible]川 [illegible]

洪原南門外耶蘇教冊肆 方[illegible]

宣川邑[illegible] 金亨俊

發行兼編輯人 英國人 萬咸

Responsible for Publication Alfred Weekly Marnham.

發行所 皇城[illegible]井洞號外[illegible]三層[illegible] 大韓每日申報社

第九百卅七號

大韓每日申報

第六號

月曜及慶節歲時日休刊

檀君開國紀元四千二百四十一年
孔子誕生二千四百五十九年
大韓開國五百十七年
日本明治四十一年
淸國光緖三十四年
陰曆戊申十月大初一日癸丑

論說

◉告有土者

食은人의天이오土地ᄂᆞᆫ食의本이라人은食이아니면生存키不能ᄒᆞ고食은土地가아니면獲得키不能ᄒᆞ나니然則土地ᄂᆞᆫ卽吾人의生命이로다抑亦農者뿐아니라士者도食을土地에셔得ᄒᆞ고工者도食을土地에셔得하고商者도食을土地에셔得ᄒᆞ나니然則土壤ᄂᆞᆫ卽壹般國民의[illegible]이로다

十畝田의所出로壹人이生ᄒᆞᆯ진대拾畝田이卽壹人의生命이오十斗畓의所出로拾口가生ᄒᆞᆯ진대十斗畓이卽拾口의生命이니然則拾畝田을棄ᄒᆞ면卽壹人이死ᄒᆞ고十斗畓을棄ᄒᆞ면卽拾人이死ᄒᆞᆯ지라貴重ᄒᆞ다土地여神聖ᄒᆞ다土地여

然則我의壹身을可賣언뎡土地ᄂᆞᆫ不可賣오我의壹命은可棄언뎡土地ᄂᆞᆫ不可棄니我의壹身을賣ᄒᆞ면我만死ᄒᆞᆯ지로되土地를賣ᄒᆞ면我와子孫까지死하며我의壹命만棄하면我만死ᄒᆞᆯ지로되土地를棄ᄒᆞ면我의種族까지死ᄒᆞᆯ지로다

是以로世界各族이營々逐々ᄒᆞ야侵奪ᄒᆞᆷ도土地오競爭ᄒᆞᆷ도土地오保存ᄒᆞᆷ도亦土地로다

悲夫라天下에愚迷ᄒᆞᆫ民族은此貴重ᄒᆞ고神聖ᄒᆞᆫ土地(卽生命)을無難히抛棄ᄒᆞ고滅亡을自促ᄒᆞᄂᆞᆫ지라他人이若干의金銀을出ᄒᆞ야甘言誘說ᄒᆞ면彼ᄂᆞᆫ卽其金銀을貪愛ᄒᆞ야曰國土ᄂᆞᆫ雖蹙ᄒᆞᆯ지라도此없은我命이니於我에何傷가ᄒᆞ야其土地(卽生命)을賣渡ᄒᆞ고深山窮谷으로遁入ᄒᆞ며他人이橫暴의勢力으로威嚇侵略ᄒᆞ면彼ᄂᆞᆫ卽其勢力을抵抗키不能ᄒᆞ야曰祖宗疆土를抛棄키雖冤ᄒᆞ나無可奈何라ᄒᆞ야其土地(卽生命)를抛却ᄒᆞ고遐漢惡地로避去ᄒᆞ나니悲夫라堂上의燕이오釜中의魚로다他人이遐漢惡地까지占上ᄒᆞᆯ재於是乎淘汰로斬ᄒᆞ야千秋萬古에無限ᄒᆞᆫ悲劇을作ᄒᆞᆯ뿐이로다

嗚呼韓人아韓國에도土地를他人에게賣渡ᄒᆞ며讓與ᄒᆞᄂᆞᆫ者ㅣ或有ᄒᆞᆫ가余ㅣ爲하야涕淚가滂々이로다

嗚呼韓人아爾의生命을壹賣ᄒᆞ면更히買得키不能ᄒᆞ며爾의生命을壹棄ᄒᆞ면更히覓還키不能ᄒᆞ나니個々腦中에我國의土地ᄂᆞᆫ我國人의土地라ᄂᆞᆫ精神을深銘ᄒᆞ야幾千斛金銀의利益이有ᄒᆞᆯ지라도爾의生命을勿賣ᄒᆞ며幾千萬他人의威嚇이有ᄒᆞᆯ지라도爾의生命을勿棄ᄒᆞᆯ어다韓人아嗚乎韓人아

官報

▲隆熙貳年拾月拾日 官報

○產業(續)

○東洋拓殖株式會社法

第六拾七條 東洋拓殖債券을發行ᄒᆞᆫ境遇에ᄂᆞᆫ數回에分ᄒᆞ야辦納케ᄒᆞᆷ을得ᄒᆞᆷ

第六拾八條 東洋拓殖債券은全額辦納ᄒᆞᆫ後ᄂᆞᆫ無記名利札附로ᄒᆞᆷ但應募者나又ᄂᆞᆫ所有者의請求에因ᄒᆞ야記名式으로ᄒᆞᆷ이有ᄒᆞᆷ

第六拾九條 東洋拓殖債券所有者ᄂᆞᆫ本會社財產에關ᄒᆞ야他債權者보다먼저自己債權의辦償을受ᄒᆞᄂᆞᆫ權利를有ᄒᆞᆷ

第七十條 本會社ᄂᆞᆫ社債를借換ᄒᆞ기爲ᄒᆞ야壹時第六拾五條의制限을不依하고東洋拓殖債券을發行ᄒᆞᆷ을得ᄒᆞ되如此境遇를當ᄒᆞ야ᄂᆞᆫ發行後壹個月以內에其社債總額에相當ᄒᆞᆫ舊東洋拓殖債券을償還ᄒᆞᆷ을要ᄒᆞᆷ

第七拾壹條 東洋拓殖債券의償還年限은五十年以內로ᄒᆞ되其償還期限은[illegible]年以內에[illegible]ᄒᆞᆷ

第七十二條 本會社ᄂᆞᆫ[illegible]日兩國政府의認可[illegible]ᄒᆞ야東양拓殖債券의買入[illegible]却을行ᄒᆞᆷ이有ᄒᆞᆷ

第七拾三條 東양拓殖債券所有者가債券又ᄂᆞᆫ利札을毁損ᄒᆞ거나或셔失ᄒᆞᆫ時ᄂᆞᆫ新債券이나新利札의交付를請求ᄒᆞᆷ을得ᄒᆞᆷ但本會社ᄂᆞᆫ債券所有者의負擔으로催告의節次를行ᄒᆞ야[illegible]宣告가有ᄒᆞᆫ後가아니면此를交付치아니ᄒᆞ며尙此記名債券에關ᄒᆞ야ᄂᆞᆫ第二十三條의規定을準用ᄒᆞᆷ

第七拾四條 債券의名義書換ᄒᆞ거나新債券或新利札의交付及債券種類의變更에關ᄒᆞ야ᄂᆞᆫ本會社의定ᄒᆞᆫ手數料를徵收ᄒᆞᆷ

第七章 監理官

第七十五條 東양拓殖株式會社監理官은會社의業務를監視ᄒᆞ나니勿論何時ᄒᆞ고會社의金庫와帳簿及諸般文書와物件等을檢査ᄒᆞᆷ을得ᄒᆞᆷ

東양拓殖株式會社監理官이必要로認ᄒᆞᆫ時ᄂᆞᆫ勿論何時ᄒᆞ고會社에命令ᄒᆞ야營業上諸般의計算及狀況等을報告케ᄒᆞᆷ을得ᄒᆞᆷ

東양척殖株式會社監理官은株主總會及其他諸般會議에出席하야意見을陳述ᄒᆞᆷ을得ᄒᆞᆷ

(未完)

外報

●革命黨警戒 東京電을據ᄒᆞᆫ즉淸國廈門에서ᄂᆞᆫ米國廻航艦隊歡迎에就ᄒᆞ야革命黨을警戒ᄒᆞ라ᄒᆞ얏다더라

●軍政改革 同電을據ᄒᆞᆫ즉俄國에서ᄂᆞᆫ軍政을改革ᄒᆞ얏다더라

●似是風說 東京電을據ᄒᆞᆫ즉間島의境界ᄂᆞᆫ日本에셔淸國에要求ᄒᆞᆷ을許諾ᄒᆞᆫ다ᄂᆞᆫ風說이有ᄒᆞ더라

●德帝親翰 倫敦電에曰維也納通信의探知ᄒᆞᆫ바를據ᄒᆞᆫ즉德國皇帝께서親翰을澳國皇帝께送ᄒᆞ야曰德國은澳國과同盟國인즉外交上及臨機應變을ᄒᆞ야充滿ᄒᆞᆫ軍事上의幇助를與ᄒᆞᆯ깃다ᄒᆞ얏다더라

●德國新聞의反對 路透電을據ᄒᆞᆫ즉德國新聞紙ᄂᆞᆫ列國會議에關ᄒᆞᆫ英法俄三國提議에對ᄒᆞ야極히冷淡ᄒᆞᆫ態度를採하야도로澳內國의利益을無視ᄒᆞ고賠償을支出케ᄒᆞᆫ事를反對ᄒᆞ얏다ᄒᆞ얏더라

●下議院의決議 同電을據ᄒᆞᆫ즉英國下議院에서ᄂᆞᆫ社會黨에서選出ᄒᆞᆫ議員子레슨시가失業者問題를提出ᄒᆞ야議長을攻擊ᄒᆞ며非常ᄒᆞᆫ紛擾를惹起ᄒᆞᆫ結果로滿場壹致ᄒᆞ야써議會中에서該問題를討議치아니ᄒᆞ기로決議ᄒᆞ얏다더라

●旅行後歷訪 同電을據ᄒᆞᆫ즉米國大統領루쓰벨트시가亞弗利加旅行後에ᄂᆞᆫ倫敦及巴里를歷訪ᄒᆞᆫ다ᄒᆞ얏더라

●俄八背約 [illegible]春電을據ᄒᆞᆫ즉俄國에서愛渾附近에在ᄒᆞᆫ六拾四箇村落의占領ᄒᆞᆫ것을淸國에還付ᄒᆞ기로盟約ᄒᆞᆫ後實行치아니ᄒᆞᆷ으로淸國政府에서愛渾都統으로하야금嚴重히交涉ᄒᆞ기를始作ᄒᆞ얏다더라

雜報

●廣化又化 本月十八日에廣化新塾測量科에서卒業禮式을擧行ᄒᆞᆫᄃᆡ[illegible]任員與學徒가該塾에會同ᄒᆞ야先히寫眞館에前往ᄒᆞ야撮影ᄒᆞᆫ後還塾ᄒᆞ야卒業證書授與式을行ᄒᆞᆫ後來賓中李[illegible]담씨가卒業生諸氏를對ᄒᆞ야將來應用의如何와實地研究에從事ᄒᆞ야期於히目的을達ᄒᆞᆯ바를激切히勸勉ᄒᆞ며학徒中代表로金顯九시가答辭ᄒᆞ얏고塾長尹廷哲시ᄂᆞᆫ優等[illegible]賞品으로給與ᄒᆞ얏ᄂᆞᆫ데優等에ᄂᆞᆫ郭柱漢김駿植等三시요及第에ᄂᆞᆫ金成穆徐暻範等貳十五人이더라

●金石可透 仁川港花島里에[illegible]模兒牧亶이設ᄒᆞᆫ바義塾의財政이困難ᄒᆞᆷ으로廢학之境에至ᄒᆞᆫ事實은已報어니와更聞ᄒᆞᆫ則學徒의鑑發ᄒᆞᆷ과趙履찬氏게熱心ᄒᆞᆷ을該港紳士諸氏가感動ᄒᆞ야前參判兪致興氏ᄂᆞᆫ家屋壹座를捐付ᄒᆞ며紳士[illegible]ᄂᆞᆫ椅子각五十座를補助ᄒᆞ며維持ᄒᆞᆯ方針을研究ᄒᆞᄂᆞᆫ中이라더라

●權門測量 中樞院顧問權重顯시가自己宗中學校를設立ᄒᆞ기로발起ᄒᆞ야在京ᄒᆞᆫ權시만各其幾[illegible]圓幾拾圓式捐出ᄒᆞ야鄕居權시中靑年을招上하야測量技術을敎授ᄒᆞ기로決定ᄒᆞ얏다더라

●李氏寄附 平北郭山郡私立南山학校에서本月十二日博川郡聯合大運動에出張ᄒᆞ얏다가回路에四拾餘員生徒가定州郡에來到ᄒᆞᆫ즉該郡財務署主事李元貞氏가旅館에躬訪ᄒᆞ야壹般生徒에게紙貨三圜을寄附ᄒᆞ얏다더라

●明校熱淚 慶南梁山郡通度寺明新學校에셔本月二십日千秋慶節에壹般任員과生徒가提燈慶祝ᄒᆞᆯ時에班長[illegible]瑀시가日本留學生[illegible]시의新聞에揭載ᄒᆞᆫ事件을說明ᄒᆞ미滿座諸人이熱淚縱橫하얏다더라

●測量卒業 協同測量組合事務所에셔設ᄒᆞᆫ測量科壹個月速成에入格員이二百貳拾八인ᄃᆡ昨日에卒業式을行ᄒᆞ얏다더라

雜報

의兩宮奉審 掌禮院主事김龍主씨는交川 淑陵과 함興及永興兩本宮을奉審키爲훈야出張하얏다더라

●日樓晩發 韓日瓦斯株式會社에서再昨夜泥峴花月樓에晩餐會를設하고각部大臣及次官과曾彌副統監長谷川大將及統監府高等官을請邀宴待하얏다더라

●懸甚龐甚 石城郡居훈는李章憲氏가數千圜價値되는田畓을壹切放賣훈야금錢을携帶훈고上京留連훈며總理大臣리完用氏家에緊切훈門客某氏를쇼介훈야郡守壹窠를百方運動훈다더라

●窮覩不爲 前主事李煌氏는故承旨李種元氏의子인대度大任善準氏가其沉淪훔을愛惜훈야該部主事壹窠를叙任훈얏더니該氏가慨然歎曰餓死事는小어니와失節事는大라훈고卽爲辭免훈얏다더라

●犯逋免官 財務署主事安孝承氏는免本官훈얏다는뒤其理由인즉慶山固城等郡에稅금을無難犯用훈고領受員의게欺罔훈事이有훈所以라더라

●十分餘壹 近日財政이益益困難훈야商業界에恐惶이突起훈는樣인뒤漢城니人民家屋四萬戶니에外人의게典執지아니훈家屋이不過四千戶假량이라더라

●學部訓飭 학部에서한城府에訓飭훈되私立학校令과학會令을頒布훈事에對훈야誤解하고反對훈는人이多훈다훈즉不然훈理由를盡力說論훈라고韓文五部와日文壹部를爲先送交훈니각학會에分送훈라훈얏다더라

●調査局長通牒 京義線鐵道用地及停車場基址로所用된龍山以北高陽交河坡州三郡及黃州鐵山龍川義州四郡에對훈야代금을支出훈라고臨時軍用鐵道用地調査局長朴義秉시가通牒훈얏다더라

●典品調査 警察署에서漢城니各典當舖에典執훈는物品을壹壹調査훈야양服은不得典執케훈다더라

●禮民嗷々 禮山郡財務署主事尹헌求氏는稅금收捧에人民을無難히捉囚督捧훔으로民心이嗷々훈樣이라더라

●閔宮大의擲打 日昨夜에宮니府大臣閔丙奭氏가其別室을帶同훈야人力車를乘훈고水標橋等地로過去훈는뒤燭火를不擧훈지라該巡査가該人力車夫를對훈야擧燭以去훈라고勸論훈즉該漢이渠의上典勢焰을藉恃훈고永不聽從훈는故로該巡査가執責遮路훈미閔시가人力車에下훈야曲直을不問훈고所持短杖으로巡査를猛打훈는故로數時間을互相詰難하얏다는뒤巡査는職在警官훈야勸論擧燭이果是當然이어늘閔氏는以若大臣으로自杖打人훈니行爲가乖當훈다고批評이浪藉훈다더라

●間島情況 間島近況을聞훈즉現耕作地의面積은約五萬貳千七百町步니에三萬六七千町步는平地오壹萬五六千町은邱陵地오可耕作地의面積은約三拾二萬乃至三십七萬町步인뒤其니에約七萬町은開墾치아니훈者오夏期의降雨량은韓國又는芝罘大連과如훈고特作物은粟이節壹이오大豆玉蜀서大麥小麥等이니貳오稻는甚少훈고特用作物은農產製造業高粱酒製造及大豆油皮麻와油等을産훈고尙且間島의富力은未墾地全部를開척훈며韓人五千萬人以上을收容納훔더이오農產額은二千萬圓以上을得훈기가非難이오現在約五萬二千七百町의農產物收獲額이三百萬圓가오其他鑛物은금鑛砂금鑛石炭鑛이有훈다더라

●義將供辭 日憲兵司令部에서義兵將崔鳳來氏를捉致훈고倡義理由를查問훈즉崔氏의所供이我亦韓國化育中壹物인대遭此時局훈야犬馬微忠을不勝훈야爲國爲民코저훈所以러니不幸被捉훈얏스니痛冤而已라훈얏다더라

●金氏無理 南來人의傳說을聞훈즉前承旨김漢翼氏가去乙巳年分에晋州居姜永逸氏의게六千圓을任置훈다稱훈고誘用不報훈故로姜氏가屢度裁判에김시가番々落科하야도終是不給훈기로姜시가辯護士崔鎭氏에게委任하야更爲裁判훈다더라

●巡査可痛 再昨日西闕니女학徒運動場에서寫眞을撮影하는뒤宮니府巡査壹名이氣慣훈는大韓醫院학徒壹人을軍刀柄으로毆逐훈얏더니該학徒가巡査를對훈야日以言禁之는可커니와엇지軍刀柄으로壓迫훈나나훈대該巡査가日巡査의게何樣言及훈얏던지該학徒를押去拘留훈지라傍觀훈던各학校학徒가壹齊히該巡査의게質問훈미학務局長尹致旿氏가비巡查를對훈야壹場說明훈後히학徒를解送훈얏다더라

●具氏設院 前主事具滋成시는醫학專門을卒業훈더인디近日에北部大安동에臨幣醫院을新設훈고貧寒훈病人의게는無料施術훈다더라

●奴主壹般 再昨夜에靑年會館事務員任願宰壹俊兩氏가該館에서事務를終夜畢了훈고昨日上午壹時에歸家훈는대飢渴을解코저훈야中部承洞何許酒家에入去훈야買酒以飮훔際에何許悖漢貳名이閔宮大의廳直이라自稱훈고無故執탈훈야張氏를亂打훈고衣服을裂破훈지라該擧니巡査가該兩漢을警察署로押付훈얏더니該署에서查覈훈즉閔宮大의人力車夫朴鳳錫奇聖元이라더라

●共濟會발起 永興郡學生이現在京師에留學훈者가四拾餘名인데千里客踪으로經年滯留에互相敎睦훈며互相扶助하기爲훈야劉汶종張永樹兩시가發起훈야永興학生共濟會를組織훈얏다더라

●似是挾雜 前大同會總務趙德夏等諸氏가韓國니人民으로훈야금號牌를各自佩用케훈기爲훈야保民院을設立次로現今講究훈는中이라더라

●盲杖可畏 西部倉동居李鎭澄中部磚동居廉昌善兩氏는俱是盲客인데再昨夜에被酒大醉훈야남部會동附近으로過去훈는대該洞에居留훈는日人片山新太郎씨가何以行悖하얏던지該兩시가該日人의板門을壹切破碎훈얏다더라

●爲父請願 前郡守林丙瓚氏가日憲兵司令部에被囚훈事는已報어니와其子某氏가其父親의無罪히被囚훔을說明훈야速히放釋훈기를該部에請願훈얏다더라

●强盜處役 再昨日에京城地方裁判所에서强盜犯柳根馨을懲役二年에宣告훈얏다더라

●畿湖評議 今二拾二日木曜日에畿湖興학會評議會에서該會評議員李春世시가議案을提出훈얏는대其概意를聞훈즉畿湖人士의義務는壹般인뒤或否훈돌寄付훈며或從量을寄付훈는대執務員은報酬의稱으로壹分錢이라도受훔이大不可하니任員의報酬를停止훈자훈야依受施行훈기로決議훈얏다더라

●畿湖特會 畿湖학會에서重要事務를處理키爲훈야本月二十六日下午四時에特別總會를開훈다더라

●農工硏究會 農工硏究會에서本月二拾六日下午二時에臨時總會를開하고諸般會務를處理훈다더라

●文明의魔賊 慶南咸安郡에有志紳士諸시가咸化학校를設立훈고熱心進就훈더니該郡人安文燦시가郡守李紹종시와符同훈야校長을圖任훈後학校에附屬훈艸塲笠子壹坪를外國人使傭姜永直處에금壹千四百元을捧用훈고私自潛賣훔으로校費가衰落훈야六십餘名학徒가壹時渙散되얏다더라

▲地方消息▼

▲本月十三日丹陽郡西남約四里地에서義兵約三拾名이該郡駐在日憲兵及補助員四名과交戰하얏다훈고

▲本月十六日京畿道문山浦附近에서義兵三拾餘名이日憲兵及補助員과交戰훈얏다훈고

▲本月십五日에黃海道니雲峯山中에서義兵八十餘名의日憲兵及補助員과交戰훈얏다하고

▲本月拾五日黃海道溫井院附近에서義兵卄餘名이該院駐在日憲兵及補助員과接戰훈얏다훈고

▲本月십二日開城九化場北方約一里地에서義兵八拾名이同地駐在日憲兵及補助員과接戰훈얏다훈고

▲本月拾九日咸鏡남道新豊里西方約六里地에서義兵數拾名이該地駐箚日憲兵及憲兵補助員과接戰훈얏다훈고

▲本月十日平安남道梁水동東方約八里地에서義兵六拾餘名이該地分遣所日憲兵及憲兵補助員과交戰훈얏다훈고

▲本月貳拾日龍潭東남方貳里地에서義兵拾餘名이鎭安日守備兵과交戰훈얏다훈고

▲本月貳십日古阜郡西方四里半地에서義兵八拾名이同郡日守備隊騎兵隊와交戰훈얏다훈고

▲本月卄九日永興郡權總社付近에서義兵約七拾名이寧邊分遣所日憲兵隊와交戰훈얏다훈고

▲本月拾六日海州郡니에서義兵約四拾名이同郡討伐隊와巡査五名과交戰훈얏다더라

▲閭巷戲談▼

▲光武乾坤廣大훈데隆熙日月밝엇도다萬古不忠李秉武는軍部大臣훈던날에兵卒解散事業힛네大臣宅號豆치마는無卒之將이笑로다無軍之國어데잇나新軍隊를編制훈자

▲黑雲滿天々不見에남屛山上더旗幟는東南風에놀넛노다漢陽賊臣曹孟德이華容道에잡혓스니同니錢이내돈일다幾千萬兩은것은외번가차잣고나방바닥을두다리니胡牌軍이宛然훈고

▲貳八九月黃菊丹楓滿南大賊李七孫이海印寺를처라하고陝川으로모러을재財物이나예여又지山川이엇지훈리捕盜大將내려간다그財物을내노아라兩手로다훔처치니鬪錢軍이宛然훈고

▲空山明月깁혼밤에梧桐鳳凰우러잇고松上白鶴느러든다中行人잠을자고櫻桃枝에揮眼첫다知覺업는더豚兒야五關斬將에나잔다어서밧비목느려라열혼돈을차자내니花套軍이宛然훈고

▲漢水葡萄初醱비에酒中天子李太白은唐室傾覆憂慮하야金鸞學士내마리고洞庭湖上봄바람에醉不醒밋첫고나三角山은보이는데太釋讀은어데미뇨街路上에痛哭훈니酒政軍이宛然훈고

▲高堂、厦불붓텃네불알사름是誰런고曲突徙薪勸告훈제耳外聽之恬然터니今日悲境엇지훈자雕량上의더燕雀은响々相樂훈는도다奮不顧身달녀드러焦頭爛額奔走훈니勞働軍이宛然훈고

▲上坪下坪너른들과高峯峻嶺깁흔골에百種禽獸다모엿네獵砲手銃을멧고四面八方그물첫다그禽獸를잡으랴고滿山遍野모러갈제不避水火더舉動은軍號소리宏壯훈니산양軍이宛然훈다

▲此軍彼軍모러다가敎世軍에編入훈야壹等精兵敎練훈고하느님의命令밧어亂臣賊子모러내고無罪蒼生救濟後에堂々陣과井々隊로大韓國旗놉히들고萬國會議談判席에主盟者가되여볼사

社告

宣川 支社員魯晶광氏와 龍岡 支社員朴○○온氏と幷爲請願解任ᄒᆞ고該兩郡支社員을新任ᄒᆞ얏기로左開仰佈ᄒᆞ오니該附近地에서本報購覽ᄒᆞ시ᄂᆞᆫ僉君子ᄂᆞᆫ照亮ᄒᆞ신後新聞代金을左開兩氏處로送交ᄒᆞ심을務要

▲宣川邑橋南　金亨俊
▲龍岡邑　郭兩秀

大韓每日申報社

廣告

本月廿六日月曜(陰拾月二日)下午四時에特別總會를本會館내에開ᄒᆞ오니僉會員은照亮來臨ᄒᆞ시옵

畿湖興學會 告白

本人이中部下○동○統貳拾八統五戶朴德源家立旨三張과許可書○○을典執이라가셔失故ᄒᆞ야廣告ᄒᆞ오니立旨與許可張은休紙施行ᄒᆞ시고見欺치마시옵

朴○根　告白

◎學員募集廣告

測량은三個月로日語ᄂᆞᆫ六個月로兩專門速成科를設ᄒᆞ오니願學員은(陰拾月初七日)니로請願書를提呈ᄒᆞ시오　但請願紙ᄂᆞᆫ本校에來求홈

測량　上午六時半으로同八時싸지
日語　下午壹時로同三時싸지
束數　各六拾錢
月謝　各五拾錢
但二科를兼ᄒᆞᆫ人은壹科束數ᄂᆞᆫ特減홈

남部詩동進明學校　告白

本報九百三拾壹號十月拾七日雜報欄內에以玄子氏庄土事로邊석五의게得聞이라홈은誤傳이기辨明廣告홈

趙○鳴　白

◉學員增募廣告

本校에서教育上完全ᄒᆞᆫ才藝를養成ᄒᆞ기爲ᄒᆞ야中學教師ᄂᆞᆫ吳日煥金炳億測量教師ᄂᆞᆫ金應烈三氏를延聘ᄒᆞ고目今急務에應用ᄒᆞᆯ學藝를教授ᄒᆞ오니願학ᄒᆞ실이은今月貳拾九日內로陸續請願ᄒᆞ시요

校監　宋道容
事務　洪翰燮

入學許可ᄂᆞᆫ本月晦日싸지

科　程

一學年
本國地誌　歷史　理化　博物
物理　修身　語學　筭術分數
少數　文典　農학　商業
地문　作文　漢문

貳學年
萬國地誌　歷史　物理　化학
法학　農業　商業　地文
語學　礦物　筭術代數　文典
生理　作文　倫理　土地測量
製圖　礦山測量　三角術
幾何學

平安南道○山郡 彰新中學校

本會에서有相値ᄒᆞ와今月定期總會를未開ᄒᆞ오니僉會員은照亮홈

同志學友親睦會　白

本校에서測量一個月速成課를設立ᄒᆞ오니志願諸位ᄂᆞᆫ本月三拾日(陰拾月初七日)내로來議ᄒᆞ시옵

新門外京橋○○義塾내

西隣測量學校 告白

本人等이商業을發達ᄒᆞ기爲ᄒᆞ야資本金壹萬五千圜을積立ᄒᆞ고商業株式會社라名稱홈

務安府木浦商業株式會社員
社長　姜致應
總務員　○學允
監査員　宋東燮
朴吉善等　白

本人親山이在楊州蘆原下契卯동인바自來定界買得券玆在인데本人墓二拾步地所在三古塚이오四年前에忠淸道居云鄭駿教가忽稱渠山而呈于本郡曰山訟은在勢요不在券이라ᄒᆞ며率官隸ᄒᆞ고二拾步地를以拾五步로尺量而官限十五日定給退訟後崔姓人으로쇼개傳送ᄒᆞ되錢五千兩出給則自己가移葬安帖이라나不應于今無害라가日昨에忽又中部○○鄭敎가來斫塚松ᄒᆞ며許多人塚有主專山을統稱渠山而立標木云故卽持山券ᄒᆞ고往示鄭敎與其親山ᄒᆞ고自己山券을出示하란즉鄕宗家에有라稱托故로文券持來相訟下晰ᄒᆞ不退ᄒᆞ러니有何計策인지舊券證엇시昨日晴送測量학徒ᄒᆞ야該山部를測량ᄒᆞ기에適見說明則日鄭이資시指揮云ᄒᆞ니當此法明時代ᄒᆞ야以舊習으로○塚依勢鬪證券奪山之慾지於理不當이기니外國人은勿爲見欺ᄒᆞ시오

住ᆞ里居 安世昌　告白

本書舘에서新舊書籍과古今名書를大發售이오며各種繪畵類를隨求酬應이오니陸續請求ᄒᆞ심을爲望

京城銅峴內三合三統八戶

漢城書舘

舘主　崔永鎬
書師　趙錫晋

南部水橋設立亞壹測量事務所移接于西部○○峴二百五拾二統拾壹戶沈相德家諸般事務를擴張　僉君子迅速來議爲要

總務　沈相德
事務員　朴士彬
○○○　韓○洙

本學校設立後에維持方針이壹乃窮絀하와幾乎中途而廢之境이러니幸賴本府尹韓致愈氏ᄂᆞᆫ留意大手요夙稱賢候라矜顧本校之殘況에慎歎前進之未達ᄒᆞ와本島內役夫也編成勞働組合而其他津船也小有利源을壹切付諸本校ᄒᆞ시며躬行閭里ᄒᆞ야蠢愚人民을勸勉覺悟ᄒᆞ야使之合力前進에本校盛況을指日可待오며數拾生徒를樂育親子而熱心孜孜ᄒᆞ야期圖進步ᄒᆞ시니古之賢候이오今之韓東萊라當境人民이感銘不忘玆以廣布홈

絕影島私立玉成學校
校長　許致五
校監　鄭性淑
贊督　金光奎
總務　鄭寅秀

[illegible]

學員大募集廣告

日語ᄂᆞᆫ六個月노測量은○個月노兩專門速成科를設ᄒᆞ오니願學員은陰拾月廿日內로賁臨ᄒᆞ야規則詳覽ᄒᆞ고志願ᄒᆞ심爲要

日語　下午壹時로三時싸지
同　三時로五時싸지
同　七時로九時싸지
測量은　上午七時로仝九時

西小門內度支部後門前
專門講習所

院長古城梅溪가曾往에淸國北洋醫官으로多年在外ᄒᆞ옵더니還殷에歸韓ᄒᆞ와諸般設備ᄒᆞ야大作ᄒᆞ야專히韓淸兩國病人의診察을從事ᄒᆞ며且軍醫諸氏에게囑托ᄒᆞ야新方妙劑로極盡히速活回春홈을期홈

貧求貧患者의施療ᄂᆞᆫ藥價를勿論ᄒᆞ며又隨時ᄒᆞ야牛痘苗를施種홈

京城木町四丁目
贊化病院
(電話二一四番)

公告

黃州郡○○面冷井居白鎭元시가做業次陰九月貳拾四日上京云故同留做학고저玆에布告
中部○○瑟琶○五拾七統壹戶김完甫家留
김학철 등

自今으로京城谷川町東京江川活版製造所支店에서本局의定價와同壹히本局製造品을販賣케ᄒᆞ기로玆에公告홈

隆熙二年六月

龍山印刷局

京城南○○○大○○統○戶
東洋大學○講師
日本法律學士
辯護士
木尾虎之助

◉活字及印刷機械製造販賣所

其他인긔ᄋ機械油•膠•名刺紙•色革
金銀各良粉箔•並活版石版附屬品一式

새로ᄉᆞ업ᄒᆞᆫ　창셜ᄒᆞ야　ᄒᆞᆫ번에　오비워어　마상믈
건ᄒᆞ샤셔가시ᄂᆞᆫ이ᄒᆞᆫ데ᄂᆞᆫ　본덤에셔　기ᄉᆞ　ᄒᆞᆫ명을
보내셔ᄒᆞᆫ달동안을　월급도아니밧고　지공을ᄀᆞᄅᆞ쳐
주겟습ᄂᆞ이다

京城長谷川町二丁目(石井舖)
江川活版製造所支店
本店　東京日本橋區長谷川町　電話浪花八八八番
鐵工場　東京京橋區南傳馬町　電話本局二七二六番
支店　仙台市國分町　電話一一七番

◉電話六七八番

[illegible]

局製朱肉은其肉色이美ᄒᆞ고且數百年을經ᄒᆞ야도決코變色之虞가無ᄒᆞ고壹種獨特之精良品이오며又多少不拘ᄒᆞ고購求ᄒᆞ심을顒

補血益氣
健腦滋腎

壯陽復元丹

此藥은專치腦髓肺腎○房事色傷으로心腎虛弱○陽萎不起○遺精多夢○神經衰弱○房事時早漏不快○病後虛弱○貧血諸症○先天不足○飮食不下○眩暈頭痛○等症이나試將此丸을照法服之면不過幾点鐘에立見妙效ᄒᆞ야魂飛肉顫에精神微奮ᄒᆞ고頓覺愉快하나니其症이輕者ᄂᆞᆫ服壹週ᄒᆞ면挽回元陽ᄒᆞ고其症이稍重者ᄂᆞᆫ可服四週ᄒᆞ고還年癆疾之症이頗重者ᄂᆞᆫ連服七八週면必能全치無疑니若夫無病之人도試用此劑則補血而益氣ᄒᆞ고强筋而壯骨ᄒᆞ나니用之八週而未見其効則請將價額ᄒᆞ야如數還呈이요不敢虛誕自欺라此丸은又論男婦老幼ᄒᆞ고均用有効ᄒᆞ나니眞是藥鬪無比之妙劑也라僉位ᄂᆞᆫ何不早圖壹試오

發行所　京城鍾路大廣橋○○八戶　共愛堂약房
特約代理店　京城水標橋　濟生堂약房

漢城鍾路[illegible]東大藥房

大韓東西藥業月報社製藥

咽喉 隆火水 五十錢

消毒物 甘酸水 金壹分 十錢

補益 補氣丸 二圓五十錢

濟潤腸丸 二十錢

淋疾法良藥 五十錢

痢疾靈散 三十錢

清[illegible]明目水 十五錢

養兒寶散 十五錢

萬搔根藥 三十錢

純金雞納丸 十錢

[illegible]浸丸 二十錢

汗臭藥 二十錢

歸感冒丸 十錢

太腫合瘡膏 三十錢

滋鍊咳藥 三十錢

漢城百應膏 十錢

消積丸 五十錢

癲氣神效保嬰散 十五錢

胃藥 [illegible]

度支部 測量課 編纂

土地測量術

全壹冊正價金 弁製六拾錢 洋裝九拾錢

近日測量術書類에 三四種이 刊行되엿스나 不完全의 缺點이 不無ᄒᆞ든바 今에 本書는 細部測量으로 至圖根測量ᄭᆞ지 詳密히 編纂ᄒᆞ얏스며 各種實地測量ᄒᆞᆫ 製圖의 圖本을 揷入ᄒᆞ야 一般斯學界의 無二ᄒᆞᆫ 寶典이오 且紙質의 堅美ᄒᆞᆷ과 製冊의 華麗ᄒᆞᆷ이 測量術書中에 覇王이라 稱ᄒᆞᆯ만ᄒᆞᆷ

〔發兌元〕

仝 皇城中部罷朝橋越 中央書館 朱翰榮
仝 仝 鍾路 大東書市 金昆鉉
仝 南部大廣橋 滙東書館 高裕相
仝 南門內尙洞 博文書館 盧益亨
仝 남門外蓮池 新舊書林 池松旭

卞榮晚 書

二十世紀之大慘劇

帝國主義

正價金 拾五錢

空前絶後의 大文章(商業的書冊)을 附刊ᄒᆞᆷ

本書는 二十世紀의 大慘劇된 帝國主義의 狀態를 叙述ᄒᆞᆫ 者인ᄃᆡ 世界變遷의 大勢가 筆下에 飛躍ᄒᆞ고 民族競爭의 眞狀이 紙上에 活現ᄒᆞ야 吾人으로ᄒᆞ야곰 操觚燈又는 眼光이 太平洋갓흔 胸襟과 巨靈斧갓흔 手腕을 壹讀再讀의 間에 居然獲得케 ᄒᆞ는 壹大著述이라 學問家의 不得不壹讀ᄒᆞᆯ 書며 政治家의 不得不壹讀ᄒᆞᆯ 書이오 實業家의 不得不壹讀ᄒᆞᆯ 書이오 新聞家의 不得不壹讀ᄒᆞᆯ 書이오 全國民의 不得不壹讀ᄒᆞᆯ 書이니 本書의 售出多少로 同胞의 思潮變遷을 卜코ᄌᆞ ᄒᆞ노이다

發賣所 皇성布屛下 廣學書舖 김相萬 京鄕各書店

趙聲九 氏 撰述

地方行政論

全壹冊 定價金 三拾錢

▲本書는 地方自治行政에 關ᄒᆞᆫ 壹般의 原則과 外國의 現行制度를 參互撰集ᄒᆞ야 簡明히 論述ᄒᆞᆫ 者ㅣ니 現히 地方官의 位에 在ᄒᆞᆫ 者의 行政上 參考될은 勿論이오 全國人士는 각其 國脉生活의 本旨를 瞭解ᄒᆞ야 將來自治制度組織의 基礎를 成ᄒᆞᆫ 者ㅣ니 有志僉彦은 速々購覽ᄒᆞ시옵

發行元 皇성中부罷朝橋越邊 中央書館
발售處 京城及地方 各書肆

◎特別大廣告

本社에서 [illegible]各項物品을 直輸入ᄒᆞ야 各官廳과 各學校에 用達營業ᄒᆞ온지 今過半年에 僉君子愛護ᄒᆞ심을 蒙ᄒᆞ와 興旺에 至ᄒᆞ온 感謝不已ᄒᆞ오며 壹層擴張키 爲ᄒᆞ야 測量機附屬品及 學校用品과 其他雜貨를 多數購入ᄒᆞ야 都賣散賣로 格外廉價發賣ᄒᆞ오니 陸續注文ᄒᆞ심을 切望ᄒᆞᆷ

京城南부銅峴三拾二統六戶
宮內府 用達 東洋合資會社
〔電話壹四四番〕

◎大韓地誌 教科書

國漢文全壹冊 定價二拾五錢

本書는 高等小學校教科用으로 編輯ᄒᆞᆫ 것이니 全壹冊六拾九課 每課壹百六拾字以下로 定ᄒᆞ야 課讀에 取便케ᄒᆞᆷ

發行兼發賣元 平壤鍾橋大同書觀 京城楂洞玄公廉

社告

本社는 平壤馬山洞磁器製造를 發起ᄒᆞ와 初此에 二百株式의 資本을 募集ᄒᆞ야 제의 成績이 良好이온바 擴張키爲ᄒᆞ야 現又一千株式加數募集ᄒᆞ오니 株를 要ᄒᆞ시는 僉君子는 本月[illegible]로 左記處에 來議ᄒᆞ시옵

隆熙二年十月十三日

平壤磁器製造株式會社發起人
韓三賢 尹在明 鄭仁叔 尹聖運 田在豐 李德煥 崔有文

壹。總資本금 六萬圓
壹。總株數 壹千貳百株
壹。壹株금 五十圓
但株금은 三回에 分ᄒᆞ야 第壹回二十五圓 第二回十圓 第三回十五圓

株式募集及株금領受所
本會社創立事務所 平壤종路 尹聖運
平壤貫洞 株式會社 漢城銀行
株式會社 韓壹銀行

○申報價

壹張代金	新貨二錢五厘	
壹個月前納	三十錢	
參個月	九拾錢	
陸個月	壹圓七十錢	
壹個年	三圓四十錢	
郵稅壹個月	新貨五厘	
壹個年	十二錢	

○廣告料

四号活字拾二字詰
每日壹寸(英尺)에 新貨廾五錢
二週日壹寸에 二圓五拾錢
壹個月壹寸에 五圓
(自壹行至四行이 爲壹寸)
其期限의 長短과 字行의 多寡를 依ᄒᆞ야 增減ᄒᆞᆷ이 有ᄒᆞᆷ

◎大韓每日申報各處支社廣告

中署布屛下	金相萬冊肆
平壤鍾路太極書館	安泰國
仁川奇峴新冊肆	李東皓
義州南門外西大藥房	說育寬
釜山港佐川약局	徐錫彛
三和港牌石洞	金溶柱
咸興州南社西門外	曹書林
開城남大門內興學書舖	表助遠
大邱西門外友弦書樓	側李正由
載寧邑[illegible]	劉夢潑
鐵山邑東[illegible]	安 灝
元山倉[illegible]	劉七鉉
黃海道[illegible]邑內	김庸鼎
鎭南浦築동	김正民
平北定州五山洞	李昇薰
定州南門內[illegible]	洪成澤
目성都校洞	許 [illegible]
郭山[illegible]書舖	李銀[illegible]
安岳細동坊底洞	康遠[illegible]
博川舊津	李[illegible]
安州城內義井洞	金[illegible]
鐵原邑[illegible]동	趙[illegible]大
高原邑	朴[illegible]
井邑邑內	李[illegible]
泰仁邑內	宋[illegible]
京畿[illegible]書市	李[illegible]
長淵邑南門內	[illegible]
殷栗邑倉[illegible]里	金[illegible]
韻川楊市	黃[illegible]保
朝州邑남門너	朱伯[illegible]
泰川邑館前洋[illegible]	李[illegible]
永興濟山[illegible]書舖	[illegible]
江華邑川[illegible]	[illegible]
濟州남門外	宋斗[illegible]
[illegible]邊邑客舍里	趙炳俊 家明濟世
金溝水流面豆亭	趙德三
信川邑六里	丁一[illegible]
江西邑內	金昌[illegible]
成川[illegible]上新面	馬應三
興德[illegible]安面[illegible]谷	姜大榮
龍川府南面松峴	海東書會 金賢圭
咸從郡耶蘇教堂	張炳豈
平남順川郡蓮동	鄭裕[illegible]
龍川남市驛	韓[illegible]
龍岡邑	郭南秀
車輦館	金明[illegible]
結城廣川小龍동	李[illegible]
定平郡豊川	[illegible]
洪原南門外耶蘇教冊肆	方[illegible]
宜川邑橋南	金亨俊

發行兼編輯人英國人 萬 咸
Responsible for Publication Alfred Weekley Marnham.
發行所 [illegible]洞號外[illegible]三層洋屋 大韓每日申報社

第六卷

大韓每日申報

第九百卄八號

月曜及慶節歲時日休刊

檀君開國四千二百四十一年
箕子元年三千三十年
大韓開國五百十七年
日本明治四十一年
淸國光緒三十四年
陰曆戊申十月大初三日乙卯

論說

◎敎科書의妄發ᄒᆞᆫ句語

近來刊行ᄒᆞᄂᆞᆫ韓國歷史地誌數種類를閱覽컨ᄃᆡ或曰韓國의種이日本出雲族의壹部分이라ᄒᆞ며或曰日本人民이古代부터高麗에移殖ᄒᆞᆫ者ㅣ甚衆ᄒᆞᆫ故로高麗가麗倭의稱이有ᄒᆞ다ᄒᆞ얏더라

嗚乎라此等事實이古記에出ᄒᆞᆫ바인가新羅史에出ᄒᆞᆫ바인가百濟史에出ᄒᆞᆫ바인가高句麗史에出ᄒᆞᆫ바인가抑何許博士가人種學或歷史학을硏究ᄒᆞ야得ᄒᆞᆫ바인가

大抵古代日本은文化의발達도韓國에後ᄒᆞ며美術의발達도韓國에後ᄒᆞ야卽韓國檀君扶餘의基業을始ᄒᆞ던時代에日本은國號도未創ᄒᆞ얏스며羅麗濟三邦의治化輝赫ᄒᆞ던時代에ᄂᆞᆫ日本은文字도未有ᄒᆞ얏스니

按近儒李建初氏曰日本이百濟博士王仁의入ᄒᆞᆫ以前에歷史ᄂᆞᆫ皆揑造니文字가未有ᄒᆞᆫ時에엇지歷史가有ᄒᆞ리오

如此蠢蠢未闢ᄒᆞᆫ人民으로엇지此已闢ᄒᆞᆫ國中에入ᄒᆞ야移住滋殖ᄒᆞᆷ을得ᄒᆞ얏스리오

此ᄂᆞᆫ理想으로推究ᄒᆞ야도萬無ᄒᆞᆫ事일ᄲᅮᆫ더러况日本歷史以後로證ᄒᆞ야도古代兩國人民이仇視ᄂᆞᆫ有ᄒᆞ되和合은無ᄒᆞ며爭鬪ᄂᆞᆫ多ᄒᆞ되結好ᄂᆞᆫ少ᄒᆞᆫ즉엇지多數ᄒᆞᆫ日本人이此國에移殖ᄒᆞᆷ을得ᄒᆞ얏스리오移殖ᄒᆞᆫ者ᄂᆞᆫ只是幾個被俘者ㅣ歸化者에不過ᄒᆞᆫ지어ᄂᆞᆯ

今日韓國人이出雲族壹部分이라ᄒᆞ며又曰高句麗ᄂᆞᆫ麗倭의名稱이有ᄒᆞ다ᄒᆞᄂᆞ니嗚乎라其不思의甚ᄒᆞᆷ이엇지此에至ᄒᆞ뇨

此ᄂᆞᆫ彼日本人이明治維新以後부터其頭를韓國에延ᄒᆞ고機를待ᄒᆞ셔爲先其筆端舌端으로韓國을誣辱ᄒᆞ야自國人民의外競思想을鼓吹ᄒᆞ셔曰韓國은古代부터日本의屬國이라ᄒᆞ며曰神功皇后가新羅를征服ᄒᆞ얏다ᄒᆞ며曰昔脫解가日本人이라ᄒᆞ며曰韓人은太半이日本種이라ᄒᆞ야古來歷史上에本無ᄒᆞᆫ事를揑造ᄒᆞᆷ이無所不至인뎌

惜乎라挽近韓國內敎科書編纂人氏들이其本을不究ᄒᆞ며其末을不諒ᄒᆞ고彼의言을妄信ᄒᆞ야往往此等語를其所撰敎科에編入ᄒᆞ얏도다

此等荒說을敎科에編入하야彼幼稚腦髓를迷昏케ᄒᆞ야國魂을戕賊ᄒᆞ니엇지可惜ᄒᆞᆯ바아니리오

嗚乎라敎科書ᄂᆞᆫ靑年을指導ᄒᆞᄂᆞᆫ筏栰이며國民을陶鑄ᄒᆞᄂᆞᆫ器械라壹國家存亡의機와壹民族興滅의由가皆此中에在ᄒᆞ거ᄂᆞᆯ엇지如此鹵莽ᄒᆞᆫ筆을下ᄒᆞ나뇨

▲陰曆戊申 拾月拾日 書報

○產業 (續)

○東洋拓殖株式會社定款

第八章 計算

第七拾六條 本會社의營業年度ᄂᆞᆫ每年四月壹日에爲始ᄒᆞ야翌年三月三拾壹日에終了ᄒᆞᆷ

第七拾七條 本會社ᄂᆞᆫ當該年度의總益金中으로同年度의諸般利息과諸稅及諸般損失금等을除ᄒᆞᆫ殘額에日本國政府의補給ᄒᆞᆫ금을倂加ᄒᆞᆫ者로써利益으로ᄒᆞᆷ

第七拾八條 本會社의利益金은如左ᄒᆞᆫ方法을依ᄒᆞ야此를措置ᄒᆞᆷ

壹 利益의百分之八以上 缺損補塡準備金

二 利益의百分之二以上 配當平均準備金

三 利益의百分之十以下 役員賞與金及交際費

四 益利中으로前三號의金額을除ᄒᆞᆫ殘餘額은此를株主의게配當ᄒᆞ며且翌年度에繰越金으로ᄒᆞᆷ

第七拾九條 本會社ᄂᆞᆫ設立登記日로부터起算ᄒᆞ야八年間을限ᄒᆞ고日本國政府로서每年금三拾萬圓의補給金을受ᄒᆞᆯ것이로되每營業年度의利益配當率이拂納資本額에對ᄒᆞ야年率八分比例를超過ᄒᆞᆯ時ᄂᆞᆫ其超過額에相當ᄒᆞᆫ金額은補給金에서控除ᄒᆞᆷ

第八拾條 利益配當率이拂納資本額에對하야年壹割(拾壹條)比例를超過ᄒᆞᆫ時ᄂᆞᆫ其超過ᄒᆞᆫ額은爲先此를前條補給의償還에充ᄒᆞᆷ 前項의償還을終了ᄒᆞᆫ時ᄂᆞᆫ其超過金額의半額을特別積立金으로ᄒᆞᆷ

第八拾壹條 本會社ᄂᆞᆫ韓日兩國政府의認可를受치아니ᄒᆞ면利益을措置ᄒᆞᆷ을不得ᄒᆞᆷ

第八十二條 利益金은五月壹日現在의株主名簿에依ᄒᆞ야株主의게此를支撥ᄒᆞᆷ

新로辦納ᄒᆞᆫ株金額에對ᄒᆞ야ᄂᆞᆫ現히辦納을畢ᄒᆞᆫ翌月로부터起算ᄒᆞ야利益金配當額을算出ᄒᆞᆷ

配當金의支撥期日及處所ᄂᆞᆫ總裁가此를定ᄒᆞ야株主의게通知ᄒᆞᆷ

第九章 附則

第八十三條 本會社ᄂᆞᆫ地方委員을置ᄒᆞᆷ을得ᄒᆞᆷ 地方委員은總裁가此를囑托ᄒᆞ고其員數와報酬ᄂᆞᆫ總裁가此를定ᄒᆞᆷ

第八拾四條 本會社의負擔으로歸ᄒᆞᆯ設立費ᄂᆞᆫ金十萬圓으로써限度로ᄒᆞᆷ

前條金額中政府立換金에關ᄒᆞᆫ者ᄂᆞᆫ此를政府에返納ᄒᆞᆷ

本定款은日本國東洋拓殖株式會社法並韓國東洋拓殖株式會社法을遵守ᄒᆞ고明治四拾壹年九月拾五日隆熙二年九月貳十五日東京에서此를作成ᄒᆞᆷ

東洋拓殖株式會社設立委員長

同 設立委員 (完)

外報

●徐總督의計劃 大連電을據ᄒᆞᆫ則徐總督은露國과韓國에對ᄒᆞᆫ外交情況에邊防의必要가有ᄒᆞ다하야黑龍江巡撫를[illegible]根에移ᄒᆞ고吉林巡撫ᄂᆞᆫ寧古塔에移ᄒᆞᆯ事를來春에實行ᄒᆞᆷ이可ᄒᆞ다ᄒᆞ고北京政府에申請ᄒᆞ얏고又松花江航路를對抗ᄒᆞ기爲ᄒᆞ야汽船會社를設立ᄒᆞᆯ計劃이라더라

●勃土의友誼 倫敦電을據ᄒᆞᆫ則勃牙利國使節은土耳其國總理大臣과會見ᄒᆞᆫ結果가極히滿足ᄒᆞ얏고且友誼的條約은確實上確保가되얏다더라

●器械製造決定 北京電을據ᄒᆞᆫ즉淸國에서各省陸軍軍隊의鎗劍을外國으로부터輸入ᄒᆞᆷ으로發明에有事ᄒᆞᆫ時ᄂᆞᆫ其軍隊의不便利ᄒᆞᆷ이甚多ᄒᆞᆯ터이라ᄒᆞ야陸軍部內에機械局을新設ᄒᆞ고각種機械를製造ᄒᆞ기로決定ᄒᆞ얏스나아직財政이窘絀ᄒᆞᆫ故로爲先上海와胡北의機械局을擴張ᄒᆞᆯ計畫인ᄃᆡ此經費ᄂᆞᆫ約壹千萬兩가되리라더라

●委員派遣要求 上海電을據ᄒᆞᆫ즉淸國慶親王은日本小村伯의게對ᄒᆞ야淸日間에關ᄒᆞᆫ未決諸問題中滿洲問題를決定ᄒᆞ기爲ᄒᆞ야兩國에서委員을派遣ᄒᆞ기를要求ᄒᆞᆫ즉小村이도亦此를同意ᄒᆞ얏ᄂᆞᆫᄃᆡ其協議所ᄂᆞᆫ아직未定이라더라

雜報

●英人領事의不足信 漢城에在ᄒᆞᆫ英國總領事콕쌘氏가裵說氏의게送致ᄒᆞᆫ書札은九月二拾二日에出刊ᄒᆞᆫ쎄판、크로닉클新聞에揭載ᄒᆞ얏기如左ᄒᆞ니

向者三週日前에足下가僕의게貽書ᄒᆞᆫ內에日人新聞의當地通信員等이足下의名譽를毁傷ᄒᆞ며損害를貽케ᄒᆞᄂᆞᆫ謬說을播揚하ᄂᆞᆫ것을國束ᄒᆞ야制止케ᄒᆞᆯ旨로在韓日本當局者와交涉ᄒᆞ기를請求ᄒᆞ마去八月二拾日에足下와談話ᄒᆞᆯ期會를得ᄒᆞ야僕의意見을說明ᄒᆞ엿ᄂᆞᆫ故로公式上答函은無ᄒᆞ얏거니와其時에僕이足下의게說明ᄒᆞ기를日人新聞通信員壹人或幾人이나或領事館員中에서도所謂國債報償義捐金窃用事에關ᄒᆞ야爲涉ᄒᆞ엿다ᄭᅳᆫ電報로通信ᄒᆞ얏ᄂᆞᆫᄃᆡ僕意에ᄂᆞᆫ此等人의陳辭은必是冷待를受ᄒᆞ리라ᄒᆞ엿고因ᄒᆞ야足下ᄂᆞᆫ陳言ᄒᆞ기를此誣言이日本內地新聞에揭布된거슨雖然不關ᄒᆞᆯ지라도此가英國에更爲電布ᄒᆞᆫ즉此로因ᄒᆞ야此等通信의原發者等은不足信ᄒᆞᆯ者인줄노未知ᄒᆞᄂᆞᆫ諸人眼目에ᄂᆞᆫ名譽損害가될지니不可하다ᄒᆞ엿고又言하기를此ᄂᆞᆫ日本에셔名譽回復訴訟으로由ᄒᆞ야伸冤ᄒᆞ기ᄂᆞᆫ不用希望이로다ᄒᆞᆫ바名譽回復訴訟의日本法律을僕이聞知ᄒᆞ얏슨즉此에對ᄒᆞ야ᄂᆞᆫ僕이足下와同意ᄒᆞᆫ說務를負ᄒᆞ려니와然이나拾分思量컨대僕의意見에ᄂᆞᆫ此地에在ᄒᆞᆫ日本當局者에게願求ᄒᆞᄂᆞᆫ事 僕이保護ᄒᆞᄂᆞᆫ것은無益이라ᄒᆞ얏고此를討話ᄒᆞᆯ時에ᄂᆞᆫ僕이日本國內新聞에現出ᄒᆞᆫ陳述이何樣妄誕ᄒᆞᆫ것을拾分實認치못ᄒᆞ얏더니今日에足下가僕의注意를引出케ᄒᆞᆫ바九月五日刊行ᄒᆞᆫ北支那헤럴드報에東京通信員의八月三十日付電報가是라其辭意ᄂᆞᆫ如左ᄒᆞ니

日人側의報道를據ᄒᆞᆫ즉國債報償義捐에關ᄒᆞ야漢城內에裵說氏를反對ᄒᆞᄂᆞᆫ韓人의重大ᄒᆞᆫ煽動이起ᄒᆞ얏ᄂᆞᆫᄃᆡ日人의電報에云ᄒᆞᄃᆡ裵說氏가昨日에爭論審問에對ᄒᆞ야誤爲私用ᄒᆞᆫ줄노自供ᄒᆞ얏다ᄒᆞ얏더라

此事情에在ᄒᆞ야僕意에ᄂᆞᆫ日人新聞通信員等이日本으로電報ᄒᆞᄂᆞᆫ記事와壹便書信은少許라도眞實的原理가有ᄒᆞᆫ줄노推度치못ᄒᆞᆯ것으로見做ᄒᆞᆯ것이라하다僕의意見을公式으로說明ᄒᆞ기를足下의要求ᄒᆞᆫ줄노思量ᄒᆞ노라ᄒᆞ얏더다

壹千九百零八年九月拾日 在漢城

大英國皇帝陛下總領事館

僕헨으리、콕번 頓

雜報

●兩宮陛見 再昨日에完興君李載冕氏와丞宣君李埈鎔氏와其他皇族諸氏가 德壽宮에進詣ᄒᆞ야 眞殿朔焚香에參禮ᄒᆞᆫ後 太皇帝陛下ᄭᅦ 陛見ᄒᆞ고 昌德宮에仍詣ᄒᆞ야 大皇帝陛下ᄭᅦ 陛見ᄒᆞ얏다더라

●德國記者陛見 再昨日曾彌副統監이 陛見ᄒᆞᆯ時의目下在京ᄒᆞᆫ德國新聞通信員펜더氏를帶同 陛見ᄒᆞ얏다더라

●互相猜忌 一進會長李容九氏가渡日ᄒᆞᆫ事ᄂᆞᆫ衆所共知어니와內部大臣宋秉畯氏가何等秘密의運動ᄒᆞᆫ事가有ᄒᆞ야李氏를專爲起送ᄒᆞᆫ所以라ᄂᆞᆫ되總理大臣李完用氏가甚爲致疑ᄒᆞ야李氏의行動을偵探次로軍部大臣李秉武氏를專送ᄒᆞ야 皇太子殿下 千秋慶節에參爲祝與케ᄒᆞᆫ事이라더라

●論責總理 大韓協會에서拓殖會社規則에對ᄒᆞ야內閣에派員質問ᄒᆞ더니總代의接見을拒絶ᄒᆞ고質問書를還退ᄒᆞ얏다ᄒᆞᆷ은已報ᄒᆞ얏거니와近聞ᄒᆞᆫ즉該事件에對ᄒᆞ야統監府에서總理大臣李完用氏를對ᄒᆞ야日無論某政ᄒᆞ고民會에協問ᄒᆞᄂᆞᆫ事도有ᄒᆞᆫ뎌何故로質問書를退却ᄒᆞ얏나냐ᄒᆞ고一場論責ᄒᆞ얏다더라

●總理困難 日本軍司令部와總理大臣間에有何不合ᄒᆞᆫ事인지現今交涉中이라ᄂᆞᆫ데總理大臣은此交涉에關ᄒᆞ야困難이莫甚ᄒᆞ다ᄂᆞᆫ巷說이有ᄒᆞ더라

●宜滌其膓 農商工部大臣趙重應氏가有何身病인지不知ᄒᆞ거니와沐浴ᄒᆞ기爲ᄒᆞ야再昨日에釜山溫泉으로下去ᄒᆞ얏다ᄂᆞᆫᄃᆡ來往期限은二週日로定ᄒᆞ얏다더라

●長谷晩餐 長谷川軍司令官이昨日午後六時의日本人俱樂部의晩餐會를開設ᄒᆞ고岡崎西島兩師團長送迎會를開ᄒᆞ얏ᄂᆞᆫᄃᆡ각大官及統監府各等官도招待ᄒᆞ얏다더

●靑木迎林 新任警視總監若林賚藏이가今日下午拾時에京釜鐵道로入京ᄒᆞᆫ다ᄂᆞᆫ데該團主理靑木이가迎接次로昨日午前에釜山港으로下去ᄒᆞ얏다더라

●若林到着 別項과如히新任警視總監若林이가今日下午八時三拾分에南大門外停車場에到着ᄒᆞᆯ豫定인데各部大臣이同時에前往迎接ᄒᆞᆫ다더라

●有力者先設 號牌事件으로設官收刷ᄒᆞᆫ다ᄂᆞᆫ說은已報어니와該運動에最有力ᄒᆞᆫ貳處가有ᄒᆞ니壹則洞口內와壯洞某々시가合力ᄒᆞ고壹則寺洞과校洞某々시가合力ᄒᆞ야現今統監府에周旋中이라나洞口內派가最多力ᄒᆞ야已爲交涉각處의司政院을設始ᄒᆞ기로日間頒布된다더라

●食堂建築 日本人이內部內에食堂을新建築ᄒᆞ고來水曜日부터諸般食料品을該堂에서放賣ᄒᆞ다ᄂᆞᆫ되壹般官吏ᄂᆞᆫ隨其食品ᄒᆞ야請求ᄒᆞᆫ다더라

●哀慶相助 太醫院壹般官吏가同僚中哀慶間互相捐助ᄒᆞᆯ事項을現今協議中이라더라

●納賂調査 溫陽郡居姜昌熙氏가何等訴訟事이有ᄒᆞ던지大審院判事鄭仁興氏의게納賂ᄒᆞᆫ情跡이現露되야警察署에서該事實을調査ᄒᆞᄂᆞᆫ中이라더라

●地段價分給 臨時軍用鐵道調査局에서龍山에敷設ᄒᆞᆫ京義支線에犯入된地段價를漢城府로送交ᄒᆞ고該地段作人을招集頒給ᄒᆞ라ᄒᆞᆫ故로該府에서昨日에該作人等을一齊招致ᄒᆞ야分給ᄒᆞ얏다더라

●討酒免官 貞陵令白樂[illegible]氏의遞任된理由를得聞ᄒᆞᆫ즉該氏가春間에其邦에前往ᄒᆞ야僧徒의게酒를討索ᄒᆞ매僧徒가不爲酬應ᄒᆞ거ᄂᆞᆯ同氏가該僧壹名을笞罰ᄒᆞ얏더니該事件이現露ᄒᆞ야免官이되얏다더라

●義將押交 水原郡에駐在ᄒᆞᆫ日憲兵隊에서義兵將金順玉氏와其部下李完甫김鎭鶴李贊實許日石等諸氏를昨日에京城地方裁判所로押交ᄒᆞ얏다더라

●玉氏如玉 辯護士玉東奎氏ᄂᆞᆫ法律界의聲績이素著ᄒᆞᆫ데이라己往에平壤裁判所前에法律事務所를設立ᄒᆞᆷ은共知하거이와現今大擴張中이라ᄂᆞᆫ데壹般訴訟受理에對ᄒᆞ야極히公正ᄒᆞ다고西來人의稱頌이喧藉ᄒᆞ더라

●携錢逃去 前高原郡守劉某의子某시가他人의任置錢三四萬金을携帶ᄒᆞ고不知去處인되或云義州等地의在ᄒᆞ다하ᄂᆞᆫ故로該錢主가四處로探問中이오其父親劉郡守도亦爲捉得ᄒᆞ야警務廳의呼訴ᄒᆞ얏다더라

●基督病院設立 平安北道義州府串面居ᄒᆞᄂᆞᆫ金昌禹李澤彬崔鳳律三氏가該郡城內에基督病院을設立ᄒᆞ고高明ᄒᆞᆫ醫師를延聘ᄒᆞ야不遠開看病ᄒᆞ기로着手ᄒᆞᆫ다더라

●醫務分掌 大韓醫院內에衛生治療教育三部를分置ᄒᆞ얏ᄂᆞᆫᄃᆡ衛生部ᄂᆞᆫ傳染病에調査及豫防治療法의研究를掌ᄒᆞ고治療部ᄂᆞᆫ疾病의救療를掌ᄒᆞ고教育部ᄂᆞᆫ醫師藥劑師等의教養을掌ᄒᆞ얏다더라

●是何悖行 三昨夜에警視廳刑事巡査監督朴有洛氏가中署中谷居崔鶴永시藥局에前往ᄒᆞ야該主人과談話ᄒᆞᆯ際에何許人五六名이窓戶를打ᄒᆞᄂᆞᆫ지라朴시가逐出ᄒᆞ야喝責ᄒᆞ되何許人이관ᄃᆡ如此深夜에無理ᄒᆞᆫ行動을作ᄒᆞ나뇨ᄒᆞ매該人等이朴시를手打足척ᄒᆞ고壹場風波가惹起ᄒᆞ얏ᄂᆞᆫ데該署內巡査가該人等을警察署로壹齊押付ᄒᆞ고調査ᄒᆞᆫ즉日憲兵本隊補助員金在鴻池淵基等이라憲兵隊에서該事實을知ᄒᆞ고交涉放還ᄒᆞ얏다더라

●殺人被捉 廣州郡新院酒幕附近洞에居ᄒᆞᄂᆞᆫ朴秦元이가何許寡婦를搶奪ᄒᆞ야該酒幕等地로過去ᄒᆞᄂᆞᆫ되該洞居ᄒᆞᄂᆞᆫ李重約爲名者가忽地突出ᄒᆞ야木棒으로朴某를打殺ᄒᆞ고逃躲上京ᄒᆞ얏더니南部理事廳에서該事實을知得ᄒᆞ고日前에李哥를該廳으로押囚ᄒᆞ야現行査覈ᄒᆞᆫ다더라

●染織所設始 김德昌시가鍾路魚物廛房內에染織所를設始ᄒᆞ고양服等屬及其他物品을貯置ᄒᆞ얏ᄂᆞᆫ데再昨夜에竊盜가闖入ᄒᆞ야五六十圜의物品을偸去ᄒᆞ얏다더라

●朴家被盜 北部外郊龜山洞居朴泰仁氏家에再昨日下午九時頃에賊漢八名이각持凶器ᄒᆞ고突入ᄒᆞ야朴시의家眷을結縛威脅ᄒᆞ고금貨壹千圜과其他什物을多數奪去ᄒᆞ얏다더라

●淸壹不淸 南部會洞居留日人磯田淸壹이가何等悖行이有ᄒᆞ던지日昨에警察署에被捉되얏다더라

●花賊逃躲 日本人二名이再昨日에新門外居妓生某家에突入ᄒᆞ야行奸後에花價不爲支給ᄒᆞ고因卽逃走ᄒᆞ얏다더라

●江景火事 本月拾九日午前二時의忠淸南道恩津郡江景浦附近의人民家屋의셔失火ᄒᆞ야五家가延燒ᄒᆞ얏다더라

●開會延期 法學協會에서該會[illegible]評議員[illegible]兩시가辭免ᄒᆞᆫ代에投票選定ᄒᆞ기爲ᄒᆞ야再昨日에總會를開ᄒᆞ얏더니開學을因ᄒᆞ야備員이되지못ᄒᆞᆫ故로更히明日下午四時에開會ᄒᆞ기로延期ᄒᆞ얏다더라

●講演會同 講演會員諸시가再昨日下午七時量에學務局長尹致旿시家에會同ᄒᆞ야該會事務處理ᄒᆞᆯ案件을協議ᄒᆞ얏다더라

●婦人特會 東洋愛國婦人會에서昨日下午壹時에南部詩洞該會館內에特別通常會를開ᄒᆞ고事務處理와經費支用ᄒᆞᆯ事項을協議ᄒᆞ얏다더라

●赤社總會 本月三拾壹日下午壹時에日本赤十字社韓國總委員部에서第壹回總會를慶熙宮內에開ᄒᆞᆫ다더라

●青館演說 今日下午七時三拾分에鍾路青年會에서演說會를開ᄒᆞ고牧師崔炳憲氏를請邀ᄒᆞ야人格의原素란問題로演說ᄒᆞᆫ다더라

●兩校合運 靑年學校와普成小學校에서聯合ᄒᆞ야來土曜日獎忠壇等地에前往ᄒᆞ야秋期運動을擧行ᄒᆞᆯ터인데當日兩學員의食料ᄂᆞᆫ每名拾錢式明月館에注文ᄒᆞᆫ다더라

●運動優等 再昨城外沿江各私立學校聯合運動을訓鍊院에셔設行ᄒᆞᆷ은已報어니와當日運動에優等ᄒᆞᆫ學徒ᄂᆞᆫ漢南校에김桑源鄭樹喆氏와該校에金順學朴彌榮仁校에安石崇梁泰興昌新校에김興奉普成校에金俊浩諸人이라더라

●蠶業卒業 日昨大韓婦人會에서養蠶講習所第三回卒業禮式을行ᄒᆞ얏ᄂᆞᆫ데男學徒卒業生은任昌鉉金東澄等六人이오受業生은李秉昊鄭用國等이며女學徒卒業生은趙敦熙宋永恩等拾人이오受業生은李壹堂崔迎春等인되賞品物은其業의所當ᄒᆞᆫ製絲械壹座式優等生의게賞給ᄒᆞ얏다더라

▲地方消息▼

▲本月二十日順天郡西北約二里地에서義兵四十餘名이求禮郡駐在日守備隊와交戰ᄒᆞ야日兵二名이負傷ᄒᆞ얏다ᄒᆞ고

▲本月三拾日羅州郡北方四里地에서義兵百五十餘名이榮山浦駐在日憲兵及補助員과交戰ᄒᆞ얏ᄂᆞᆫ데補助員壹名은卽死ᄒᆞ얏다ᄒᆞ고

▲本月二十壹日咸興郡의日騎兵과討伐隊가義兵과交戰ᄒᆞ다가騎兵壹名이卽死ᄒᆞ얏다ᄒᆞ고

▲本月拾七日坡州郡內의서義兵拾餘名이同郡駐在日巡査와交戰ᄒᆞ얏다더라

▲懇乞愛國▼

▲國家情形危急키로勤勉ᄒᆞ면될바를勸告ᄒᆞ되不聽이오攻擊ᄒᆞᆯ바를攻擊ᄒᆞ되無效ᄒᆞ여病入骨髓難治런가醫國手段이不足ᄒᆞᆫ가口舌於焉集盡ᄒᆞ야말ᄒᆞᆯ氣力마이엽ᄂᆞ卑辭懇乞ᄒᆞᄂᆞ이다

▲ᄉᆞ랑々々々이야政府大臣 내말듯소有國然後有身이라天恩隆盛ᄒᆞᆫ데어러盡是名賢遺裔로셔狗鼠의行事은諸公들모르ᄂᆞᆫ지何其不省甚인가翻然悔悟ᄒᆞ야나라ᄉᆞ랑ᄒᆞ여보소

▲ᄉᆞ랑々々々이야靑年子弟 내말듯소獨立復權ᄒᆞᆯ責任이諸公擔負이아닌가已明國의民族을도奮不顧身ᄒᆞᆫ問인ᄃᆡ大韓今日何境인지不言可知ᄒᆞᆯ것ᄉᆞ니어서밧비工夫ᄒᆞ야나라ᄉᆞ랑ᄒᆞ여보소

▲ᄉᆞ랑々々々이야社會人士 내말듯소社會成立된然後에國家完全ᄒᆞᆫ것은諸公들의高明으로不待余言ᄒᆞ깃지만狂夫言도擇焉이라虛譽崇尙마르시고實心으로做去ᄒᆞ야나라ᄉᆞ랑ᄒᆞ여보소

▲ᄉᆞ랑々々々이야通譯偵探 내말듯소제밋들어남뵈기와制肉充腹ᄒᆞᄂᆞᆫ것은愚者라도不爲어든諸公들의聰俊으로奚至斯境ᄒᆞ엿ᄂᆞᆫ가壹失失手常事로다어서밧비回悟ᄒᆞ야나라ᄉᆞ랑ᄒᆞ여보소

▲ᄉᆞ랑々々々이야觀察郡守 내말듯소高明ᄒᆞ신諸公들은盡是乎讀書士라禍福善惡더理致와安國泰그句節을明若觀火아르시며何乃自棄如此런고改過遷善勵政ᄒᆞ야나라ᄉᆞ랑ᄒᆞ여보소

▲ᄉᆞ랑々々々이가日人官吏 내말듯소東西양의形便ᄇᆞ야諸公詳知ᄒᆞ거니와違天鳳淚捲人의韓日關係何如ᄒᆞ고唇亡齒寒常理로다目前小利貪치말고世界大勢헤아려서나라ᄉᆞ랑ᄒᆞ여보소

▲諸公들아々々々々於余言恩怨이오公是公非論이나듯ᄀᆞ실혼言辭으로避胃越仰告ᄒᆞᆫ은滿腔熱血沸騰ᄒᆞ라아못丘록이말숨을銘肝刻膽드르시오이러ᄒᆞᆫ도不聽ᄒᆞ다가幾敗亡後에然悟還者ᄒᆞ야나라ᄉᆞ랑ᄒᆞᆯ들悔마소

외국博士[illegible]學[illegible]調方劑
鑑查人　박[illegible]　李觀化

健胃消食

定價金拾錢

[illegible]預防케ᄒᆞ고健胃消滯ᄒᆞ야諸般滯積을[illegible]ᄒᆞ며卒然吐瀉[illegible]
[illegible]과경咳白담을能治能止ᄒᆞᄂᆞᆫ藥이오

製造本舖　漢城[illegible]大藥房

社告

宣川支社員魯晶鉉氏와龍岡支社員朴鐘은氏ᄂᆞᆫ幷爲請願解任ᄒᆞ고該兩郡支社員을新任ᄒᆞ얏기로左개仰佈ᄒᆞ오니該附近地에서本報購覽ᄒᆞ시ᄂᆞᆫ僉君子ᄂᆞᆫ照亮ᄒᆞ신後新聞代金을左開兩氏處로送交ᄒᆞ심을務要

▲宣川邑檣南　　金亨俊
▲龍岡邑　　郭南秀

大韓每日申報社

雜報

●徐氏測量勸奬　大邱郡居前判徐相夏시가測量講習所를設施ᄒᆞ얏ᄂᆞᆫ대同郡李豊雨시가勸奬ᄒᆞ기爲ᄒᆞ야自已友弦書樓를許借ᄒᆞ얏고敎師李起陽시를聘請ᄒᆞ고生徒七十名을募集ᄒᆞ야熱心敎育ᄒᆞᆫ다더라

●新興必興　梨峴新興학교를設立ᄒᆞᆫ後校費를登洞이擔任ᄒᆞ야捐助ᄒᆞ더니汲水商組合이洪應杓林順弼三시ᄂᆞᆫ每人每朔錢式으로后洞黃召史ᄂᆞᆫ每朔十錢式捐補ᄒᆞ기로自願ᄒᆞ얏다더라

●兩氏寄附　官立校동習運校에서去十九日에二仙坪에서秋季運動會를設行ᄒᆞᆫ事ᄂᆞᆫ已爲揭佈어니와學徒父兄中前承旨金顯大시ᄂᆞᆫ鉛筆二十打와空冊五십部를該會에寄附ᄒᆞ며前侍從武官李會臣시와松烟십斤東을寄附ᄒᆞ얏다더라

●第三落成　抱川郡有志諸시가第三학校를新建築ᄒᆞ고陰本月八日에落成式을設行ᄒᆞ기로預定ᄒᆞ얏ᄂᆞᆫ데해校總務金昌鎬氏가日前에上京ᄒᆞ야各種敎科書數百部를買去ᄒᆞ얏다더라

●齊坡有人　南門外齊波居盧곽承시가孫甲慶과鄰家학生五人을會同ᄒᆞ야晝則學校에就學ᄒᆞ며夜則自家舍廊에서復習케ᄒᆞᄂᆞᆫ대一切準備를躬親執務ᄒᆞ야工夫를篤實케ᄒᆞᆫ다더라

●諸氏熱心　龍岡郡海晏面日出里에서蕭督役학校를去月에設立ᄒᆞ얏ᄂᆞᆫ대校監金基贊敎師金鼎러贊成員林炳極諸시가熱心敎授ᄒᆞᆷ으로生徒가數十八名에達ᄒᆞ얏다더라

●維新更新　維新學校에서財政이窘拙ᄒᆞ야幾日廢學ᄒᆞ얏거니와務員李求燮李德浩韓永雲諸시와協成學校敎員丁回李業生宋榮섭시의熱心으로前月에更爲開學ᄒᆞ고熱心敎授ᄒᆞᄂᆞᆫ대학徒가五拾餘名에達ᄒᆞ얏다더라

●沈氏熱心　宜寧郡居前主事沈晥澤시가敎育에熱心ᄒᆞ야該郡學校發起時에多數ᄒᆞᆫ錢財를捐助ᄒᆞ고今且校舍之狹窄을慮ᄒᆞ야獨出財力의校舍를重新修理ᄒᆞ고學徒를熱心贊成ᄒᆞᆫ다더라

●龍郡校役　龍岡郡海晏面立三理明新學校ᄂᆞᆫ今年에創立ᄒᆞ야今十八名이留學ᄒᆞᄂᆞᆫ되校監金顯杜校監劉志祚總務金行建財務黃浩哲諸시의熱心으로生徒가日益漸進ᄒᆞᆫ다더라

◉特別廣告

本社에서名帖印刷를更加擴張ᄒᆞ기爲ᄒᆞ야各樣紙品을一切準備ᄒᆞ고極廉價로僉君子의所請대로隨應ᄒᆞ오며學徒의게ᄂᆞᆫ特別除減ᄒᆞ겟ᄉᆞ오니照亮來臨ᄒᆞ심을敬要

大韓每日申報社

◉學員募集廣告

本所에셔測量日語專學講習所를特設ᄒᆞ오니學員은速々來議ᄒᆞ시옵

測量二個月　速成이오나卒業時隨其學力ᄒᆞ야延期도ᄒᆞᆷ

五拾人未滿으로爲限ᄒᆞᆷ

日語甲乙班을設ᄒᆞᆷ

講師ᄂᆞᆫ日人을延聘ᄒᆞᆷ

本所位置ᄂᆞᆫ北部安峴奬學社內로定ᄒᆞᆷ

測量日語講習所　白

本人이李寅俊에게紫巖에米廛을乙巳年六月부터開業ᄒᆞ다가陰九月貳십八日부터각居分業ᄒᆞ옵고營業을各各ᄒᆞ오니京鄕知舊諸以此照亮ᄒᆞ심을　　于習

本人이同胞의利益을爲ᄒᆞ야地球上에夜間이無케ᄒᆞᆯ機關을發明ᄒᆞᆫ바夜方策이라ᄒᆞᄂᆞᆫ書를著ᄒᆞ얏스니內外國有識ᄒᆞᆫ人士ᄂᆞᆫ右書를徵見ᄒᆞ야可否를批評ᄒᆞᆷ

順興部黃川里居申彦稷　告白

◦學員募集廣告

測량三個月日語六個月速成科를設ᄒᆞ오니願學員은陰月初七日以內로請願紙提呈ᄒᆞ시오

本校에서求ᄒᆞᆷ

測량上午六時半으로同八時半까지日語下午四時로同六時까지

束脩各六拾錢　月謝各拾錢

但二科兼學人은月科束脩ᄂᆞᆫ特減ᄒᆞᆷ

남部[illegible]學校　告白

本校에서測量一個月速成課를設立ᄒᆞ오니志願諸位ᄂᆞᆫ本月三拾日(陰拾月初七日)以內로來議ᄒᆞ시옵

新門外京橋發閭義塾내

西隣測量學校　告白

◉特別廣告

本銀行에셔ᄂᆞᆫ僉君子의所預金에對ᄒᆞ야特別히

信密保管

ᄒᆞᆷ으로主要ᄒᆞ바利子ᄂᆞᆫ如左ᄒᆞᆷ

●無定期當座金은年步三圓六拾錢
●三個月定期預金은年步九圓
●六個月定期預금은年步五圓[illegible]拾錢
●一年定期預금은年步六圓
●營業時間은(午上十九時부터下午九時)

鍾路[illegible]電氣會社二層

普成[illegible]
[illegible]

銀行告白

本人等이商業發達ᄒᆞ기爲ᄒᆞ야資本金壹萬五千圓을積立ᄒᆞ고商業株式會社라名稱ᄒᆞ고務安府木浦商業株式會社員

社長　[illegible]
總務員　[illegible]
[illegible]　宋東[illegible]
朴吉[illegible]等白

廣告

本人이忠南稷山三西面洑毛老前水灘坪畓文券者字畓五斗落新契券壹張을陰九月貳십八日路中에서失故로玆에廣布ᄒᆞ오니誰某拾得이거던休紙施行ᄒᆞᆷ

忠南稷山三西面洑毛老
李祥[illegible]　告白

淸國醫士　楊聖麒

本人이南部后洞七十四統四戶李完珪處陰九月貳十五日推次金[illegible]圖於晉[illegible]內切有[illegible]處ᄒᆞ고龍山居高炳斗閏之[illegible]處循環先給爲言故無疑給與矣原限已過而與[illegible]間[illegible]不來給是何[illegible]漫[illegible]廣告[illegible]人勿爲見欺ᄒᆞᆷ

保[illegible]部[illegible]　告白

淸國醫士ᄂᆞᆫ中華藥局을各々出仝乎로[illegible]來臨問症ᄒᆞ심을望ᄒᆞᆷ

本所[illegible]에此處에楊姓人三家가居ᄒᆞ온즉本人을尋訪ᄒᆞ시ᄂᆞᆫ僉君子ᄂᆞᆫ中華藥局

本學校設立後에維持方針이[illegible]乃[illegible]와[illegible]平中途而廢之境이러니學[illegible]府가[illegible]意[illegible]醫[illegible]千[illegible]校之殘[illegible]에[illegible]歎[illegible]進之[illegible]의[illegible]役[illegible]編成[illegible]而其[illegible]小[illegible]利源[illegible]切付[illegible]本[illegible]行[illegible]의[illegible]感人民을勸勉[illegible]悟ᄒᆞ야使之合力[illegible]進에本校[illegible]持오며[illegible]生徒[illegible]親子而熱心孜々ᄒᆞ야[illegible]步ᄒᆞ니古之實[illegible]之韓東[illegible]다[illegible]境人民이[illegible]佈ᄒᆞᆷ

絶影島私立玉成學校
校長　[illegible]
校監　[illegible]
[illegible]　[illegible]
[illegible]　[illegible]

漢城書畫館

舘主　[illegible]永鎬
畫師　趙錫晋

本畫舘에서新舊名書와古今名畫를大發售이오며各種繪畫類ᄂᆞᆫ隨求酬應ᄒᆞ오니陸續請求ᄒᆞ심을爲望

京城銅峴[illegible]三十三統八戶

壯陽復元丹

補血益氣
健腦滋腎

此藥은專主腦髓腑[illegible]○[illegible]○腎虛弱○陽萎不起○遺精夢泄○神經衰弱○房事時早漏不快○病後虛弱○健忘不眠○貧血諸症○氣力不足○飲食[illegible]○腰痛○婦人病等症을治ᄒᆞᄂᆞ니[illegible]試[illegible]丸[illegible]之[illegible]立[illegible]效ᄒᆞ야[illegible]元陽ᄒᆞ고[illegible]症이稍[illegible]可服[illegible]症이輕者ᄂᆞᆫ服壹[illegible]頓[illegible]八週間必能全[illegible]若失無病之人도試用[illegible]則[illegible]而[illegible]氣ᄒᆞ고强筋而壯骨ᄒᆞ나니[illegible]入週而未[illegible]效則請[illegible]如數還呈ᄒᆞ오[illegible]不敢虛誕自欺라此丸이又無論男女老幼ᄒᆞ고均用[illegible]效ᄒᆞᄂᆞ니[illegible]比之妙劑이라　發[illegible]

[illegible]行所　[illegible]城[illegible]大廣橋[illegible]七戶　[illegible]生[illegible]藥房
特約代理店　[illegible]城水標橋　[illegible]
共[illegible]藥房

[illegible]

木尾虎之助

京城南[illegible]
東洋大學[illegible]講師
[illegible]法學士[illegible]
[illegible]

本人이今番[illegible]自[illegible]於[illegible]城[illegible]古城梅溪가曾往에淸[illegible]北[illegible]에醫官으로多年在外ᄒᆞ옴[illegible]遣[illegible]韓ᄒᆞ와諸般設備[illegible]大作ᄒᆞ야專히韓淸兩國病人의診察을從事ᄒᆞ며且軍醫諸氏에게囑托ᄒᆞ야新方妙劑로極盡히速話回春ᄒᆞᆷ을[illegible]ᄒᆞᆷ

[illegible]此貧患者의施療と藥價를勿論ᄒᆞ며又隨時ᄒᆞ야牛痘苗를施種ᄒᆞᆷ

京城本町四丁目

贊化病院

(電話二一四番)

[illegible]本[illegible]移接ᄒᆞ고西部[illegible]峴二[illegible]一號에[illegible]沈相德을諸般事務에委任ᄒᆞ엿ᄉᆞ오니僉君子ᄂᆞᆫ迅速來議ᄒᆞ심을爲要

總[illegible]　沈相德
[illegible]　朴士彬
[illegible]　[illegible]

亞[illegible]測量[illegible]務所　告白

發行兼編輯人英國人 萬...

Responsible for Publication Alfred Weekley Marnham

發行所 南署石井洞號外...三層洋屋 大韓每日申報社

光武九年八月拾壹日 明治卅八年八月拾壹日 第三種郵便物認可) 水曜日 西暦壹千九百八年拾月廿八日、(壹)

第六[illegible]

大韓每日申報

第九百卅九號

月曜及慶節歲時日休刊

檀君開國四千二百四十一年
箕子元年三千三十年
大韓開國五百十七年
日本明治四十一年
淸國光緖三十四年
陰曆戊申十月大初四日丙辰

論說

◎告學生諸君

余의最敬ᄒᆞᄂᆞᆫ學生諸君아余의最愛ᄒᆞᄂᆞᆫ학生諸君아四千年檀君歷史의光榮을世界에輝揚ᄒᆞᆯ者가諸君이아닌가

滔天洪水에沈溺ᄒᆞᆫ貳千萬兄弟를引導ᄒᆞ야自由界로共躋ᄒᆞᆯ者가諸君이아닌가三千里疆土를雙肩에擔負ᄒᆞ고二拾世紀舞臺上에大活劇을試ᄒᆞᆯ者가諸君이아닌가

諸君의責任이如此히重ᄒᆞ고諸君의目的이如此히大ᄒᆞᆫ지라然則諸君이宜乎拾分注意ᄒᆞ야重荷를負ᄒᆞ고遠路를行ᄒᆞᄂᆞᆫ듯시極히勤勉ᄒᆞ며薄氷을履하고深淵에臨ᄒᆞᆫ듯시極히謹愼ᄒᆞ야壹步를出ᄒᆞ며必曰此가學生本分에適當ᄒᆞᆫ지壹步를動ᄒᆞ며必曰此가學生行爲에可合ᄒᆞᆫ지ᄒᆞᆷ이可ᄒᆞ거ᄂᆞᆯ

乃者[illegible]界學生諸君을觀ᄒᆞ건ᄃᆡ往々히不可ᄒᆞᆫ品行을露出ᄒᆞᄂᆞᆫ지라

壹曰驕不可니학校에在ᄒᆞ야任員이나講師를對ᄒᆞ며辭色이不遜하야法外自由를唱ᄒᆞ며(驕)校外에出하야年長者를對ᄒᆞ며言語가不恭ᄒᆞ야眼下無人의態度를作ᄒᆞᆷ이(驕)是오二曰侈不可니頭髮은上等斷髮「即上等머리」에香油가淋漓ᄒᆞ고「侈」衣服은毛紗周衣나毛織洋服이아니면不着ᄒᆞ야揚々飄拂ᄒᆞ며光彩가燦爛ᄒᆞᆫ穿履ᄂᆞᆫ六七圓假値되ᄂᆞᆫ洋鞋에洋油가膩滑ᄒᆞᆷ이(侈)是오三曰放蕩不可니卷烟을吸ᄒᆞ면셔街路에橫行ᄒᆞ며朝日敷島埃及의香烟이行人을撲ᄒᆞ며(放蕩)酒肆에出入ᄒᆞ야流璃鍾琥珀盃에醉興이滔々ᄒᆞ며(放蕩)演劇場에佚暢ᄒᆞ야春香歌沈靑歌에精神이沈惑ᄒᆞᆷ이(放蕩)是라

嗚乎諸君아學生諸君이此行이有ᄒᆞᆫ가余가恒常英雄偉人되기를祈禱ᄒᆞᄂᆞᆫ바諸君이此行이有ᄒᆞᆫ가將來韓國에主人翁될諸君이此行이有ᄒᆞᆫ가大抵修身은學校의第壹課程이오監師敬授은修身의第壹起点이아닌가苟或任員講師가妄悖壓制의惡行이有ᄒᆞᆫ지라도宜乎正當辭色으로勸告ᄒᆞᆯ지며果良ᄒᆞᆫ任員講師어던恭順ᄒᆞᆫ言辭와敬仰의態度로下心服從ᄒᆞᆷ이可ᄒᆞ거ᄂᆞᆯ諸君은不然ᄒᆞ며吾의老를老로ᄒᆞ야人의老에及ᄒᆞᆷ은聖人의訓戒가아닌가宜乎處己遜讓로溫恭尊敬ᄒᆞᆷ이可ᄒᆞ거ᄂᆞᆯ諸君은不然ᄒᆞ며

上等斷髮은學生의體貌를損傷ᄒᆞᆯ뿐아니라時間도浪費ᄒᆞ며屢錢도倍多ᄒᆞ니宜乎此를嚴禁ᄒᆞᆷ이可ᄒᆞ거ᄂᆞᆯ諸君은不然ᄒᆞ며衣服은自國産出을用ᄒᆞᆷ이國民經濟의利益될뿐아니라此亦祖國精神을培養ᄒᆞᆷ에壹大源泉이니某學校에셔ᄂᆞᆫ韓國綿布에黑色을染ᄒᆞ야壹齊히製着ᄒᆞᆫ다ᄒᆞ니美哉라此擧여宜乎此와如히可及的으로自國産物「綿布의類」로製着ᄒᆞᆷ이可ᄒᆞ거ᄂᆞᆯ諸君은不然ᄒᆞ며穿履ᄂᆞᆫ壹二圓價値되ᄂᆞᆫ洋鞋도可ᄒᆞ며抑平時에ᄂᆞᆫ韓國艸鞋도可ᄒᆞ거ᄂᆞᆯ諸君은不然ᄒᆞ며學生이煙艸를吸ᄒᆞᆷ은妄悖ᄒᆞᆫ行爲뿐아니라精神을耗損ᄒᆞ며怠慢을招ᄒᆞᆯ지며而況韓國에도烟草가多産ᄒᆞ거던乃者外國烟草를吸ᄒᆞᆷ인가宜乎此를嚴斷ᄒᆞᆯ지어ᄂᆞᆯ諸君은不然ᄒᆞ며

酒ᄂᆞᆫ伐性의狂藥이라衆人도戒禁ᄒᆞᄂᆞᆫ바이어던而況學生인가凡學生은必曰酒ᄂᆞᆫ我輩의口에不可ᄒᆞᆫ物이라ᄂᆞᆫ精神으로信符를삼음이可하거ᄂᆞᆯ諸君은不然ᄒᆞ며演劇場은人心을蕩佚케ᄒᆞᄂᆞᆫ處所라而況淫談悖說의韓國演劇인가凡學生은必曰演劇은我輩의眼에不可ᄒᆞᆫ事라ᄂᆞᆫ注意로訓戒를삼음이可ᄒᆞ거ᄂᆞᆯ諸君은不然ᄒᆞ니如此ᄒᆞ고야엇지諸君의責任을能行ᄒᆞ며諸君의目的을可達ᄒᆞ깃ᄂᆞᆫ가諸君의前途를爲ᄒᆞ야痛惜ᄒᆞᆯ뿐아니라韓國前途를爲ᄒᆞ야痛惜ᄒᆞᄂᆞᆫ바ㅣ로라余ᄂᆞᆫ今日諸君을爲ᄒᆞ야拾分悔悟ᄒᆞᆷ을祝ᄒᆞ노라

●告 示

▲▲隆熙二年拾月二拾七日 官報

農商工部告示第拾二號

東洋拓殖株式會社法第七條에依하야同會社에準用ᄒᆞᆯ日本國法規譯文은左와如ᄒᆞᆷ

隆熙二年十月十五日

農商工部大臣 趙重應

商法 (明治三拾二年法律第四拾八號)

第壹編

第三章 商業登記

第九條 本法의規定을依ᄒᆞ야登記ᄒᆞᆯ事項은當事者의請求를因ᄒᆞ야其營業地의裁判所에備置ᄒᆞᆫ商業登記簿에此를登記ᄒᆞᆷ

第拾條 本店의所在地에셔登記ᄒᆞᆫ事項은本法에別로히定ᄒᆞᆷ이업ᄂᆞᆫ時ᄂᆞᆫ支店의所在地에셔도亦此를登記ᄒᆞᆷ을要ᄒᆞᆷ

第十壹條 登記ᄒᆞᆫ事項은裁判所에셔遲滯업시此를公告ᄒᆞᆷ을要ᄒᆞᆷ

第拾二條 登記ᄒᆞᆯ事項은登記及公告ᄒᆞᆫ後가아니면此로써善意의第三者에게對抗ᄒᆞᆷ을不得ᄒᆞ고登記及公告ᄒᆞᆫ後라도第三者가正當ᄒᆞᆫ事由를因ᄒᆞ야此를不知ᄒᆞᆫ時도亦同ᄒᆞᆷ

第十三條 支店의所在地에셔登記ᄒᆞᆯ事項을登記치아니ᄒᆞᆫ時ᄂᆞᆫ前條의規定은其支店에셔行ᄒᆞᆫ去來에對ᄒᆞ야만此를適用ᄒᆞᆷ

第拾四條 登記ᄂᆞᆫ其公告와牴觸ᄒᆞᄂᆞᆫ時라도此로써第三者에게對抗ᄒᆞᆷ을得ᄒᆞᆷ

第拾五條 登記ᄒᆞᆫ事項에變更을生ᄒᆞ거나又ᄂᆞᆫ其事項이消滅ᄒᆞᆫ時ᄂᆞᆫ當事者ᄂᆞᆫ遲滯업시變更又ᄂᆞᆫ消滅의登記를行ᄒᆞᆷ을要ᄒᆞᆷ

第五章 商業帳簿

第二拾五條 商人은帳簿를備置ᄒᆞ고此에日日의去來其他財産에影響이及ᄒᆞᆯ壹切事項을整然且分明히記載ᄒᆞᆷ을要ᄒᆞᆷ但家事의費用은每個月마다其總額만記載ᄒᆞ면足ᄒᆞᆷ

小賣의去來ᄂᆞᆫ現金賣와外上賣를分別ᄒᆞ야日日의賣買總額만記載ᄒᆞᆷ을得ᄒᆞᆷ

(續略)

第四條 本法에商人이라ᄒᆞᆷ은自己의名으로써商行爲를行ᄒᆞᆷ을業으로ᄒᆞᄂᆞᆫ者를謂ᄒᆞᆷ (未完)

外報

●通商條約成立 西藏과印度間에通商條約이漸次成立되야不日間에調印ᄒᆞᆫ다더라

●露軍入波 東京電을據ᄒᆞᆫ즉俄國軍隊ᄂᆞᆫ파푸리츠를占領ᄒᆞ기爲하야波斯로入去ᄒᆞ얏다더라

●淸國의貨幣改革 淸國政府에셔ᄂᆞᆫ唐紹儀씨의上奏ᄒᆞᆷ을因ᄒᆞ야政務處及王大臣等의協議ᄒᆞᆫ結果로貨幣改革綱領을立ᄒᆞ얏ᄂᆞᆫᄃᆡ現今世界大勢를察ᄒᆞᆫ즉매勿論金本位貨制度가當然ᄒᆞ나目下淸國의現狀으로ᄂᆞᆫ適當치못ᄒᆞ고로銀本位貨制度를採用ᄒᆞᆫ다더라

雜報

●光校新設 忠淸南道鎭川郡未串崔柱榮시가勸喩人民에犯設學校ᄒᆞ야靑年敎育에熱心殫誠ᄒᆞ나財政이窘拙ᄒᆞ야中止가되엿더니郡守徐相惠시가莅任後로校況이如此ᄒᆞᆷ을慨惜ᄒᆞ야躬行面里하고家喩戶說ᄒᆞ야光新학校를設ᄒᆞ고本月拾四日에開校式을擧行ᄒᆞ얏다더라

●昇平新平 北靑郡昇平里諸紳士가農業改良ᄒᆞ기爲ᄒᆞ야農務會를組織하고贊助方針은各會員의게每月柒拘壹同式辦納케하고自會中으로國文夜學校를設立ᄒᆞ야校長은孫석洛시오학監은朱龍煥시오會計ᄂᆞᆫ李昇절시오敎師ᄂᆞᆫ孫昇鎭李秉培諸시가自義務로熱心敎授ᄒᆞ며桃園牧監의上학ᄒᆞᄂᆞᆫ者四拾五人에達ᄒᆞ얏다더라

●廉氏設校 懷德郡弘道測量학校卒業生廉時薰氏가附近九洞黨에學校를設立ᄒᆞ고學徒를募集하야熱心敎育ᄒᆞᆫ다더라

●徽塾秋運 本月拾日로曜에徽文義塾에셔秋期運動을三仙坪에셔設行ᄒᆞ얏ᄂᆞᆫᄃᆡ優數ᄒᆞᆫ賞品을授與ᄒᆞ고總監閔泳徽시ᄂᆞᆫ初等近世史算術拾壹冊家計簿記拾壹冊塾長元泳義시ᄂᆞᆫ世界殖民史拾壹冊學監任璟宰시ᄂᆞᆫ銀行簿記拾壹冊講師李相益시ᄂᆞᆫ新式算術敎科書拾壹冊을寄付ᄒᆞ얏다더라

●茂豐의久成 茂朱郡茂豐東面에有志諸시가私立大成學校를設立하고總務에河景秀校監에洪在斗李鍾成贊成員에徐相九徐丙河諸시인ᄃᆡ校長은姒博시로選定ᄒᆞ고敎師ᄂᆞᆫ張允傑시를雇聘ᄒᆞ얏다더라

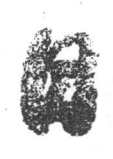

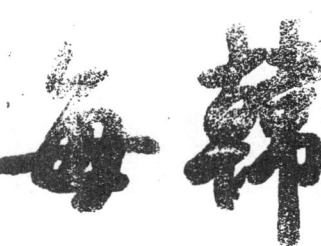

●江陵文選 江陵郡에勞動학校六處가발起되얏다ᄂᆞᆫᄃᆡ河南面에ᄂᆞᆫ權麟植沈基洙邸里面에ᄂᆞᆫ沈相祚南二里面에ᄂᆞᆫ崔東吉德方面에ᄂᆞᆫ崔命洙丁洞面에ᄂᆞᆫ沈佐섭白橋에ᄂᆞᆫ金大振等諸시가主發ᄒᆞᆫᄃᆡ학員이雲集하야각三四十名에達ᄒᆞ얏다더라

雜報

●六郡守敍任　內部에서郡守差缺을修正ᄒᆞ야 上奏 裁可되얏다ᄂᆞᆫ대鎭川은朴初陽、丹陽은慶勳、延川은申석厦、碧潼은張鎭錫、博川은金尙弼、厚昌은李昌龍諸氏等이더라

●牛李參政　侍從副卿李會九侍從李明九兩氏ᄂᆞᆫ再從兄弟間인디宮中內人壹名으로與ᄒᆞ야有何不美之行이던지情跡이現露ᄒᆞ얏ᄂᆞᆫ대此로因함인지該兩氏가 御庭에서互相爭詰홈으로 大皇帝陛下께옵셔 大震怒ᄒᆞ사該兩氏를壹幷免官ᄒᆞ라ᄒᆞ셧ᄂᆞᆫ디宮內府大臣도此事에對ᄒᆞ야日間辭表를奉呈ᄒᆞ다더라

◎韓人韓人아　近頃의日本社會와著述家와演說家等이韓國人民을對ᄒᆞ야韓國의移住營業을奬勵ᄒᆞ기로冊子도發行ᄒᆞ고演說도公布홈이多有ᄒᆞ다더라

●統府例會　昨日은統監府例會日인故로總理大臣以下各部大臣이會同ᄒᆞ야例會를開ᄒᆞ얏ᄂᆞᆫ데拓殖會社株金募集에關ᄒᆞᆫ件을協議ᄒᆞ얏다더라

●伊藤到着期　伊藤統監은來月二十六日頃에仁川항에到着ᄒᆞᆯ預定이라더라

●會長無顔　壹進會장李容九氏가日本서伊藤統監에게還大事件을懇請ᄒᆞ다가伊藤氏에게大無顔을當ᄒᆞ얏다ᄂᆞᆫ說이有ᄒᆞ더라

●色必亡身　永宣君李埈鎔氏가近日에二十歲假量된平壤退妓壹名을又爲作妾ᄒᆞ야北部安洞等地에三十餘間瓦家를買得ᄒᆞ고其他什物數千元價値를貿許ᄒᆞ야寒壯히備設ᄒᆞ얏다더라

●家則大矣　永宣君李埈鎔氏ᄂᆞᆫ何許人에게夥多ᄒᆞᆫ債額을負ᄒᆞ고延拖不報ᄒᆞᄂᆞᆫ故로該債主가適其督促ᄒᆞᄂᆞᆫ지라困難을不堪ᄒᆞ야毁撤積置ᄒᆞᆫ該宮廊材木으로定價償還ᄒᆞ얏다더라

●議長誕辰　昨日은中樞院議長金允植氏의誕辰인故로盛大ᄒᆞᆫ宴會를開設ᄒᆞ고該院官僚諸氏와其他高等官을多數請待ᄒᆞ얏다더라

●到處嘲笑　學部大臣李載崑氏가今番學事視察로湖南等地에前往ᄒᆞ얏슴에光州羅州務安等郡에서ᄂᆞᆫ生費가數百圓式에至ᄒᆞ얏ᄂᆞᆫ데該郡守의稱冤이錯ᄒᆞ며각학校학徒의게도別노히勸奬ᄒᆞᄂᆞᆫ演說이無ᄒᆞᆫ故로학徒들도嘲笑를不能容ᄒᆞ얏다더라

●觀察後入城　학部大臣李載崑씨ᄂᆞᆫ今日에平壤으로봇터甑南浦로발向ᄒᆞ얏다가上京ᄒᆞᄂᆞᆫ路에關城과黃州等郡의학校를觀察ᄒᆞ고因卽入城ᄒᆞ얏다더라

●若林阻風　警視總監若林賚藏씨가昨日에入城ᄒᆞᆫ다ᄂᆞᆫ事ᄂᆞᆫ已報어니와追聞ᄒᆞᆫ즉現今馬關에滯留ᄒᆞᄂᆞᆫ中인대海上風濤를遭ᄒᆞ야未得登船ᄒᆞ고昨夜에釜山항에到着ᄒᆞᆯ預定이라고迎接次로出張ᄒᆞᆫ靑木이가警視廳에電報ᄒᆞ얏다더라

●兩氏辯護　前判事張燾劉文煥兩氏가昨日法部에辯護士認可를請願ᄒᆞ얏다더라

●松原滯留　京義鐵道運輸狀況을視察次로入京ᄒᆞᆫ松原은大和町中山展資家에滯留ᄒᆞᆫ다더라

●德艦拔錨　仁川港에入港ᄒᆞ야碇泊中에在ᄒᆞᆫ德國軍艦이於四日長崎로向ᄒᆞ야拔錨ᄒᆞ얏다더라

●金門協議　安東김시宗約所에서協議ᄒᆞᆫ結果로該김시의靑年학生의留宿을便利케ᄒᆞ기爲ᄒᆞ야永喜학生寄宿館내에學塾과俱樂部를附設ᄒᆞᆫ다더라

●愈擴愈甚　近日漢城內에賊警이熾盛ᄒᆞ야財閥을見失ᄒᆞ얏다ᄂᆞᆫ情況이각新聞에無日無揭인대警察은擴張ᄒᆞᆫ다ᄒᆞ면서賊黨은前日과如ᄒᆞᆫ則警察擴張ᄒᆞᆫᄂᆞᆫ事ᄂᆞᆫ可謂有名無實이라ᄂᆞᆫ物議가有ᄒᆞ다더라

●南部施痘　南部警察署에서去貳拾三日貳拾四日에該管內人民에게施痘ᄒᆞᆫ數爻가壹千三百五拾名이라더라

●塚觀醫劍　警視廳巡查名塚씨가木浦항警察署에서開設ᄒᆞᆫ擊劍會를參觀ᄒᆞ기爲ᄒᆞ야再昨日에該항으로下往ᄒᆞ얏다더라

●孤院維持協議　京城孤兒院經費를 皇室에서도逐朔下賜ᄒᆞ시고각社會에서도隨力捐助ᄒᆞᄂᆞᆫ故로可以支保ᄒᆞᆯ더인대恒日不足ᄒᆞ야維持無路ᄒᆞ다홈으로承寧府總管趙鼎九氏가該院總裁를擔任ᄒᆞ고 皇室所有로確立維持ᄒᆞ기爲ᄒᆞ야現今協議中이라더라

●金氏長逝　前判書金世基氏ᄂᆞᆫ病勢를因ᄒᆞ야壹夜를苦痛ᄒᆞ다가因卽卒逝ᄒᆞ얏다더라

●高原守昇眠　高原郡守李庸稙氏가身病으로上京治療ᄒᆞ다가再昨夜에昇眠ᄒᆞ얏ᄂᆞᆫ대家勢가赤立ᄒᆞ야當場斂葬이無路ᄒᆞᆫ데러其孤兒寡婦에情境은令人酸鼻이라더라

●警官不法　中部寺洞居ᄒᆞᄂᆞᆫ前侍從某氏의別室이엿던柳家妓ᄂᆞᆫ水原郡에서妓業으로資生ᄒᆞ다가今春에히시의게出嫁ᄒᆞᆫ後今月十六日水原本家에下去ᄒᆞᆫ즉該道警視某氏가巡查를발送ᄒᆞ야該女人을暫爲入來ᄒᆞ라ᄒᆞ거날該女人이曰有何公事上關係乎아ᄒᆞᆫ즉巡查曰無所關係나本이妓業謂云故로暫爲遊樂이라ᄒᆞ거늘該女人曰前者에我雖妓業이나今已出嫁라ᄒᆞᆫ즉巡查가無答去矣러니少頃에巡查가更爲出來曰上官이期欲入來ᄒᆞ라고强制로施威ᄒᆞ거늘該女人이正色曰[illegible]之所以巡查者ᄂᆞᆫ生命財產을保護ᄒᆞ고安寧秩序를維持ᄒᆞ야人民의게幸福을與케홈이어늘今乃不法上官의命을服從ᄒᆞ야同惡相濟ᄒᆞ니爾輩ᄂᆞᆫ人民保護警官이아니라有夫女抑奪ᄒᆞᄂᆞᆫ경官이라고壹場風波를起ᄒᆞ얏다더라

●車夫의貯金　西部警察署에서再昨日에管內人力車夫를會集ᄒᆞ야車票를換給ᄒᆞ고此後ᄂᆞᆫ每朔에金十五錢式을警察署의收納ᄒᆞ면警察署의셔引額을銀行의任置ᄒᆞ얏다가後日患難을救助ᄒᆞ깃다고壹場說明ᄒᆞ얏다더라

●韓勝於日　三和港日人학校에서今月拾六日에聯合運動式을設行ᄒᆞ얏ᄂᆞᆫ데伊時當港韓人各학校에請牒ᄒᆞ야其督[illegible]壹光數義五星普通龍井洞基督학校億兩機基督학校及夜학生徒數千名이聯合ᄒᆞ야運動場에齊進ᄒᆞ야各樣運動式을擧行ᄒᆞᆯ시韓人학徒의活潑ᄒᆞᆫ氣像과整列의武步로壹場을通過凌蹂ᄒᆞ얏ᄂᆞᆫ데日人側觀者數千人이其武步의勇壯홈과각樣技藝에鍊熟홈을見ᄒᆞ고無不拍手喝采며韓勝於日이라고稱頌不已ᄒᆞ얏다더라

●白氏執行　前郡守白樂二氏가宜川郡守在任時에虐民貪贓錢과公物潛偸가數千餘圓에至ᄒᆞ엿ᄂᆞᆫ데該郡人民이上京裁判時에公物은國庫에納케ᄒᆞ고民贓條四百拾壹圓十壹錢을納ᄒᆞ라ᄒᆞ얏더니法庭後卽爲逃避에尙不納上故로該郡民이今又來訴ᄒᆞ야自漢城府로白氏家舍를執行ᄒᆞᆫ다더라

●豚犬不若의日人　日本東京附近神奈川地方에居ᄒᆞᄂᆞᆫ古谷이란者가십五年前에其妻를喪ᄒᆞ고于今獨居ᄒᆞᄂᆞᆫ대其淫慾을不勝ᄒᆞ야貳拾五歲된渠의女息을潛姦ᄒᆞ야去十四日에女兒를生ᄒᆞ미右兩人이該兒를卽時渠家墻下에生埋ᄒᆞᆫ事實을該地分署에서知得ᄒᆞ얏ᄂᆞᆫ디該女ᄂᆞᆫ卽刻逃走ᄒᆞ얏고古谷은被捉되얏다더라

●李氏計窮　前陸軍參將李南熙씨ᄂᆞᆫ伊來數年間家産이蕩盡ᄒᆞ야所居屋舍지見奪ᄒᆞ고積債如山ᄒᆞ야家屬이各散中其夫人은現今下南村某人家俠房의寄居ᄒᆞ야朝夕을難繼ᄒᆞ미李氏ᄂᆞᆫ自然熱中ᄒᆞ야如狂如醉히京鄕出沒ᄒᆞ더니近頃의前正尉李奎翼시와同謀ᄒᆞ고大邱의下去ᄒᆞ야學校를設立ᄒᆞᆫ다ᄒᆞ고其先山位土를盡賣費用ᄒᆞᆫ故로히宗中의셔宗會를開ᄒᆞ고히시를招致ᄒᆞ야詰難ᄒᆞᄂᆞᆫ中이라더라

●龍郡義擾　龍仁郡曲□學地에서義兵이屯聚ᄒᆞ야來往ᄒᆞᄂᆞᆫ行旅를壹々히調査ᄒᆞᆫ後解送ᄒᆞᆫ다더라

●部長辭免　大同體育部長根株ᄂᆞᆫ辭免ᄒᆞᆫ代에柳東說氏가被選되얏다더라

●果則良件　忠州來人의傳說을聞ᄒᆞᆫ則德山郡守徐丙翊氏가躬行村閭의採得民情ᄒᆞ고熱心學校의敎育人材ᄒᆞ며庭無滯訟에境이賴安ᄒᆞ다더라

●技客被捉　南部弘門洞居ᄒᆞᄂᆞᆫ朴齊範氏가設技賭錢ᄒᆞ다가日前銅峴警察署에서被捉ᄒᆞ야審査ᄒᆞᆫ後再昨日에京城地方裁判所에越送ᄒᆞ얏다더라

●勞働團合　勞働運送合名會社에서支店을五江에分設ᄒᆞ고勞働者를組織團合ᄒᆞ얏다더라

●朴氏慈善　平壤居前參奉朴靜鶴시가再昨日에京城孤兒院의情形을視察ᄒᆞ고金十圓을特爲捐附ᄒᆞ얏다니人人마다該씨의慈善心과如ᄒᆞᆫ대該院維持가無慮ᄒᆞ깃다고稱頌ᄒᆞ더라

▲地方消息

▲本月拾四日黃海道延安郡瓶山島附近에서義兵三拾餘名은同郡駐在日憲兵及補助員과交戰ᄒᆞ얏다ᄒᆞ고

▲本月拾三日江原道華川郡北方約七里地의셔義兵四拾餘名은同郡駐在日憲兵及補助員과交戰ᄒᆞ얏다ᄒᆞ고

▲本月二拾三日에全羅南道咸平郡內에셔義兵三拾餘名은日憲兵及補助員과交戰ᄒᆞ얏다더라

▲依杖聽鳥▼

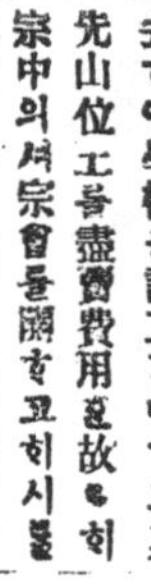

▲山川閑覽遊覽次로이리더리徘徊ᄒᆞᆯ제所聞所見許多ᄒᆞ나壹春蔑難ᄒᆞᆯ수업고惟有鳥聲可聽이라錦繡中에붓ᄂᆞᆯ내여隨聞隨記ᄒᆞ얏도다

▲새가々々나러든다復國鳥가나러든다이山오도가며復國ᄒᆞ고져山으로가며復國背山盡日피나도록復國々々히우니志士魂이네아니냐

▲새가々々나러든다錦衣黃나러든다軍隊解散此天地에立式不見오랫더니ᄒᆞ里長堤細柳營에獨韶陣往來ᄒᆞ니將軍魂이네아니냐

▲새가々々나러든다能言鸚鵡나러든다言權업ᄂᆞᆫ此時代에括囊无咎알엇더니네가홀노自由로다日是日非分析ᄒᆞ니辯士魂이네아니냐

▲새가々々나러든다毒鵂鳥가나러든다鳥中千年惡物로셔他種族은滅絶ᄒᆞ고제種族만살야ᄒᆞᆫ다貌樣새지怪毒ᄒᆞ니强盜魂이네아니냐

▲새가々々나러든다晝隊鷹鸇나러든다彈丸在後不知ᄒᆞ고目前小利貪慾ᄒᆞ야爲叢子작ᄒᆞ노라고左之右之奔忙ᄒᆞ니奸臣魂이네아니냐

▲새가々々나러든다杜鵑鳥가나러든다月落空山寂寞ᄒᆞᆫ데入國恨을不勝ᄒᆞ야終夜토록痛哭ᄒᆞ제聲聲血淚悽凉ᄒᆞ니忠臣魂이네아니냐

▲새가々々나러든다無數蒿鳥나러든다네心腸우엇지ᄒᆞ야魚物麼々徘徊ᄒᆞ며欺人偷食爲主ᄒᆞ고鳥鵲巢를奪居ᄒᆞ니貪官魂이네아니냐

▲새가々々나러든다堂上玄鳥나러든다千年古屋傾仆ᄒᆞ얏ᄂᆞᆫ데亦無依可憐ᄒᆞᆫ데少無憂慮自樂ᄒᆞ야下上其語喃々ᄒᆞ니婦寺魂이네아니냐

▲새가々々나러든다嗇단鳥가나러든다長夜乾坤恨歎ᄒᆞ야날서기를催促ᄒᆞ니冬至섯달되깃논가閉口ᄒᆞ고鳴蟄伏ᄒᆞ니演士魂이네아니냐

社告

宣川支社員魯品관氏와龍岡支社員朴鍾운氏ᄂᆞᆫ幷爲請願解任ᄒᆞ고該兩郡支社員을新任ᄒᆞ얏기로左開仰佈ᄒᆞ오니該附近地에셔本報購覽ᄒᆞ시ᄂᆞᆫ僉君子ᄂᆞᆫ照亮ᄒᆞ신後新聞代金을左開兩氏處로遞交ᄒᆞ심을務要

▲宣川邑橋南 金亨俊
▲龍岡邑 郭南秀

大韓每日申報社

雜報

●沈門協議 青松沈氏宗中에셔發起ᄒᆞ야宗會를前에開ᄒᆞ얏다ᄂᆞᆫᄃᆡ其宗會事件을聞ᄒᆞᆫ즉該沈氏始祖以下의墓所山坂을測量ᄒᆞᆯ터인ᄃᆡ其經費收斂ᄒᆞᆯ方針을協議ᄒᆞ얏다더라

●木浦의大教育 全羅南道務安木浦士商會社社員이其會社內의私立興進學校를設立ᄒᆞ얏다가該港普通學校로合席ᄒᆞ고또私立女學校와補習科及預備科를速成으로設立ᄒᆞ고教員의寄宿室과學徒의校學室을會社內에定ᄒᆞ야拾餘房燈油火木과各項學費를會內로擔用ᄒᆞ고公立學校經費도學部支發外의春秋運動與如干經費를補用ᄒᆞ야其間의商業補習科卒業生이十餘員의達ᄒᆞ얏고公私立學徒가三百員의臻ᄒᆞ얏다더라

●培校運動 開城培養學校에셔本月貳拾四日에秋期運動會를該郡敬德宮內에設行ᄒᆞ고取旗提燈作文計算各科로運動ᄒᆞᆯᄉᆡ京城南大門內居朴喬煥시ᄂᆞᆫ金壹圓을寄付ᄒᆞ얏고開城學會와學徒父兄會와張鼎漢李冕根金善熙張翰淳李禹鑛諸시가多數ᄒᆞᆫ賞品을捐助ᄒᆞ얏고該校長김宗煥시와校監朴泰興시ᄂᆞᆫ當日宴需와及施賞品을多數準備ᄒᆞ야宴會와賞品이豊足ᄒᆞ얏ᄂᆞᆫᄃᆡ該校教師金澤世시ᄂᆞᆫ優等銀牌를最優等生吳明奎시의게施賞ᄒᆞ얏다더라

●淸風卒業 私立淸風학校에셔普通科第壹回卒業式을行ᄒᆞ얏ᄂᆞᆫᄃᆡ最優等에李種과文世榮二人이오優等에白甲福徐基彰等五人이오及第에安丙植白甲石等七人이오測量校第貳回卒業式을行ᄒᆞ얏ᄂᆞᆫᄃᆡ最優等에崔文壹黃憲희等四人이오優等에ᄂᆞᆫ交周李鼎基等十人이오及第에趙善璧金석培等拾二人이라더라

●得英測量 三和항綿商會社員諸氏가測量이時期에急務됨을知ᄒᆞ고該社內에得英測量學校를設立ᄒᆞ고教師김澄柱林秦極兩시를延聘ᄒᆞ야熱心教授ᄒᆞᆫ즉不過幾日에生徒가七拾餘名에達ᄒᆞ얏다더라

●漁業沮害 江陵郡所産연魚ᄂᆞᆫ自來該郡守가官奴의게委任ᄒᆞ야漁業과利ᄒᆞ더니革新以來로諸般雜稅와과利를壹并革罷ᄒᆞᆫ지라該郡居李泰儀와梁蘷兩氏가該漁業權을農商工部에請願承認ᄒᆞ야出資築障ᄒᆞ고行將實施ᄒᆞᆯ際에該郡醫療分署에셔派巡沮戲ᄒᆞ며認許狀을抑奪後에李梁兩人을提囚ᄒᆞ얏다가原州裁判所로押交ᄒᆞ고仍使官奴로依前곽利케ᄒᆞᆫ다더라

●李店賊警 北部小安동居李觀錫씨가大東寄宿館內에布木廛을設始ᄒᆞ얏ᄂᆞᆫᄃᆡ再昨夜에竊盜가闖入ᄒᆞ야物品四千圓價值를竊取以去ᄒᆞ얏다더라

廣告

社告

○申報價
壹張代金 新貨二錢五厘
壹個月前金 三十錢
參個月 九拾錢
半個年 壹圓七十錢
壹個年 三圓四十錢
郵稅壹個月 [illegible] 壹張 五厘 十二錢

○廣告料
四號活字拾三字詰
每日壹寸(漢尺)에 新貨廿五錢
二週日壹寸에 二圓五拾錢
壹個月壹寸에 五圓
(自壹行至四行이爲壹寸)
其期限의長短과字行의多寡를依ᄒᆞ야增減홈이有홈

發行兼編輯人 英國人 萬咸
Responsible for Publication Alfred Weekley Marnham.
發行所 南署石井洞號外地三層洋屋館 大韓每日申報社

第六壹 第九百四拾號

大韓每日申報

月曜及慶節 歲時日休刊

檀君開國四千二百四十一年
箕子元年三千三十年
大韓開國五百十七年
日本明治四十一年
淸國光緖三十四年
陰曆戊申十月大初五日丁巳

論說

◉關西江山의三志士가新出現

現日關西江山에大志士三人이新出ᄒᆞ얏스니卽鐵山에吳熙源平壤에金鎭厚宣川에吳致殷三氏라

蓋關西ᄂᆞᆫ韓國文化의最首創最長久ᄒᆞᆫ地라歷史에按ᄒᆞ며其光이勃々ᄒᆞ고

按歷史에檀君文明箕子文明高麗文明이皆關西에서발ᄒᆞ얏스며其久가三千年에亘ᄒᆞ니라

舊址에求ᄒᆞ야도其蹟이昭々ᄒᆞ도다

按檀君箕子高句麗의王都故址가平壤에在ᄒᆞ니라

嗚乎라數百年來에江山은如舊ᄒᆞ되英雄이不遇ᄒᆞ야石多山下에春艸가空綠ᄒᆞ고安市城頭에夕陽이自紅이라勢力의中心이西으로부터南에遷ᄒᆞ야名山麗水가舊情만惟吊ᄒᆞ니山河ᄂᆞᆫ諸々의光이無ᄒᆞ고士民은蕨々의歎가多ᄒᆞᆫ지라蓋其原因을推究ᄒᆞ건대其故가雖多ᄒᆞ나人物의不盛홈이抑其壹大原因이로다

而況今日韓國에其變이亟ᄒᆞᆫ지라稍히知覺이有ᄒᆞᆫ者ᄂᆞᆫ皆國歎의策을思ᄒᆞ며社會에서維新을圖ᄒᆞᄂᆞᆫ者ᄂᆞ曰嗟라人才가無ᄒᆞ이며草野에서維新을望ᄒᆞᄂᆞᆫ者도曰嗟라人才가無홈이여ᄒᆞ야人才에急홈이渴者의求飮과如ᄒᆞ니蓋韓國의衰弱ᄒᆞᆫ原因이壹貳가아니나人才의乏이抑亦壹大原因이로다

然則今日韓國々民된者ㅣ壹國을爲ᄒᆞ야計ᄒᆞ던지壹道를爲ᄒᆞ야計ᄒᆞ던지壹家를爲ᄒᆞ야計ᄒᆞ던지其法門이壹則人物養成이오貳則人物養成이로다

乃者三氏가平壤學界에獨壹無二ᄒᆞᆫ大成학校를維新케爲ᄒᆞ야義勇을大奮ᄒᆞ얏스며

吳熙源氏ᄂᆞᆫ五千圓● 金鎭厚氏ᄂᆞᆫ三千圓● 吳致殷氏ᄂᆞᆫ二千圓이더라

壯哉라三氏여其德은如金如玉ᄒᆞ고其氣ᄂᆞᆫ如霜如電이로다美哉라三氏여三氏가出ᄒᆞ며關西에春無人이로다

蓋誰가子弟가無ᄒᆞ며誰가財産을不愛ᄒᆞ며誰가金錢을不重ᄒᆞ리오만은三氏ᄂᆞᆫ氷稍玉潔ᄒᆞᆫ公心으로人物養成ᄒᆞ기爲ᄒᆞ야此金을捐出ᄒᆞ얏스며其金이皆乃祖乃父의勤勉勞苦ᄒᆞ야壹粒壹分式節用爀藥ᄒᆞᆫ物이니三氏ᄂᆞᆫ民國에獻身ᄒᆞ야人物을養成키爲ᄒᆞ야此金을捐出ᄒᆞ얏스니三氏乎三氏乎여

果然敎育의風潮가日新月熾ᄒᆞ야人物이勃興ᄒᆞ면엇지乙支文德泉蓋蘇文大祚榮等의英雄兒가復起키難ᄒᆞ리오

余ᄂᆞᆫ一言으로全國內守錢虜諸君에게忠告ᄒᆞ노니公等은知ᄒᆞᄂᆞᆫ가不知ᄒᆞᄂᆞᆫ가公等이守錢ᄒᆞ가됨ᄲᅮᆫ녀田宅이公等의田宅이되지못ᄒᆞ고金錢이公等의金錢이되지못ᄒᆞ고身體生命이公等의身體生命이되지못ᄒᆞ나니此에到ᄒᆞ야ᄂᆞᆫ公等이守錢虜가되고져ᄒᆞ나此亦不得ᄒᆞᆯ지라翻然再思ᄒᆞ야彼三氏를模範ᄒᆞ던지守錢虜를變ᄒᆞ야新志士가되고新志士가될ᄲᅮᆫ아니라文明國上等偉人이될지니라

嗚乎라以若關西人士의義勇剛毅로엇지新志士가三人에止ᄒᆞᆯᄲᅮᆫ이리오幾拾萬新志士가出ᄒᆞᆯ지며以若神聖ᄒᆞᆫ朝鮮民族으로엇지新志士가關西에止ᄒᆞᆯᄲᅮᆫ이리오全國內幾百萬의新志士가出ᄒᆞ리라ᄒᆞ노라

▲隆熙貳年拾月二拾七日 官報

●告示

農商工部告示第拾三號 續

商法 (明治三十二年法律第四拾八號)

第二百六拾三條 左揭ᄒᆞᆫ行爲ᄂᆞᆫ此를商行爲로홈

壹 利益을得ᄒᆞ고讓渡ᄒᆞᆯ意思로써ᄒᆞᄂᆞᆫ動産不動産或은有價證券의有償取得ᄒᆞᆫ바物件의讓渡를目的으로ᄒᆞᄂᆞᆫ行爲

二 他人으로부터取得ᄒᆞᆯ動産又ᄂᆞᆫ有價證券의供給契約及其履行을爲ᄒᆞ야ᄒᆞᄂᆞᆫ有償取得을目的으로ᄒᆞᄂᆞᆫ行爲

三 取引所에서ᄒᆞᄂᆞᆫ去來

四 手形其他商業證券에關ᄒᆞᆫ行爲

第二百六拾四條 左揭ᄒᆞᆫ行爲ᄂᆞᆫ營業으로ᄒᆞ야行ᄒᆞᆯ時ᄂᆞᆫ此를商行爲로홈但專히賃金을得ᄒᆞᆯ目的으로써物件을製造ᄒᆞ거나又ᄂᆞᆫ勞務에服ᄒᆞᄂᆞᆫ者의行爲ᄂᆞᆫ此限에不在홈

壹 賃貸ᄒᆞᆯ意思로써ᄒᆞᄂᆞᆫ動産或은不動産의有償取得或은賃借又ᄂᆞᆫ其取得或은賃借ᄒᆞᆫ物件의賃貸를目的으로ᄒᆞᄂᆞᆫ行爲

二 他人을爲ᄒᆞ야ᄒᆞᄂᆞᆫ製造又ᄂᆞᆫ加工에關ᄒᆞᆫ行爲

三 電氣又ᄂᆞᆫ瓦斯의供給에關ᄒᆞᆫ行爲

四 運送에關ᄒᆞᆫ行爲

五 作業又ᄂᆞᆫ勞務의都給

六 出版印刷又ᄂᆞᆫ撮影에關ᄒᆞᆫ行爲

七 客의來集을目的으로ᄒᆞᄂᆞᆫ場屋의去來

八 錢兩의交換其他銀行去來

九 保險

拾 寄託의引受

拾壹 居間又ᄂᆞᆫ取次에關ᄒᆞᆫ行爲

拾二 商行爲의代理의引受

第貳百六拾五條 商人이其營業을爲ᄒᆞ야ᄒᆞᄂᆞᆫ行爲ᄂᆞᆫ此를商行爲로홈

商人의行爲ᄂᆞᆫ其營業을爲ᄒᆞ야ᄒᆞᄂᆞᆫ것으로홈

(未完)

外報

●直接交涉의中止 東京電을據ᄒᆞᆫ즉土耳其、墺太利、勃牙利三國의直接交涉이中止된것은英國의干涉홈으로因ᄒᆞ야德國에서不滿ᄒᆞᆫ色이有ᄒᆞ다ᄒᆞ얏더라

●淸國學部의電訓 北京電을據ᄒᆞᆫ즉淸國學部에서各省提學使의게電訓ᄒᆞ되今後로ᄂᆞᆫ붓터日本留學生中에法政科를修ᄒᆞᄂᆞᆫ者에게ᄂᆞᆫ官費를勿給ᄒᆞ고但農工商、郵便電信、鐵道、礦山、林業等의高等科를修ᄒᆞᄂᆞᆫ者의게만官費를出給ᄒᆞ라ᄒᆞ얏다더라

●謀叛者被捉 上海電을據ᄒᆞᆫ즉淸國人金某라ᄒᆞᄂᆞᆫ謀叛人이今秋에淸國에서擧行ᄒᆞᆫ陸軍大演習에起亂코ᄌᆞᄒᆞ다가安慶地方에서捕縛되얏ᄂᆞᆫ디淸國官憲이現今其共謀者를探知ᄒᆞᄂᆞᆫ中이라ᄒᆞ얏더라

●露國의軍艦注文 俄國政府에서德國造艦所에軍艦拾隻을注文ᄒᆞ얏다더라

●商業繼續請願 海蔘威港商業會議所에서再次自由港繼續請願書를大臣會議에提出ᄒᆞᆫ다더라

文壇

▲讀史新論 (續) 壹片丹生

第貳章 卒本扶餘와箕子

冗務를謝ᄒᆞ고數月隔面ᄒᆞ얏던本論第壹章第二章을取讀ᄒᆞᆫ즉主權上主族客族의辨別은已嚴ᄒᆞ얏스나尙且未盡ᄒᆞᆫ餘意가有ᄒᆞᆫ故로此章附論數拾行을更加홈

著者附識

吾國人의史를讀ᄒᆞᄂᆞᆫ者ㅣ壹大迷點이有ᄒᆞ니迷點은維何오曰土地歷史의有홈만知ᄒᆞ고民族歷史의有홈을不知홈이是라

此東國土地를占據ᄒᆞ던者면彼의何種族됨을不問ᄒᆞ고是를皆我祖先으로認定ᄒᆞ며此東國土地를管轄ᄒᆞ던者면彼의何國人됨을不究ᄒᆞ고是를皆我歷代에참入ᄒᆞ도다嗚乎라其愚昧홈이엇지此에至ᄒᆞ뇨

或曰他鮮卑族蒙古族等은我祖先으로不認ᄒᆞᆯ지라도最初南北韓의十族과後에多數混雜ᄒᆞᆫ支那族은不得不我祖先으로認ᄒᆞᆯ지며他衛滿崔理等은我歷代에不入ᄒᆞᆯ지나三千年箕氏王朝ᄂᆞᆫ不得不我歷史에入ᄒᆞᆯ지니라者

者曰否否라不然ᄒᆞ다彼支那族을我祖先으로認ᄒᆞ다가鮮卑族蒙古族等도我祖先으로認ᄒᆞᆯ지며彼箕氏王朝를我歷代에入ᄒᆞ다가ᄂᆞᆫ殷々然衛滿崔理等도我歷代에入ᄒᆞᆯ지니嗚乎라同是異種異族이어니誰ᄂᆞᆫ陞ᄒᆞ며誰ᄂᆞᆫ黜ᄒᆞ리오尙壹最初此地에根據ᄒᆞᆫ士族이라ᄒᆞ야此를我族祖先으로歸ᄒᆞᆯ진대美國人이紅人을廟祀홈이可ᄒᆞ며多數混入ᄒᆞᆫ種族이라ᄒᆞ야此를我族祖先으로並認ᄒᆞᆯ진댄俄羅斯ㅣ蒙古人을尸祝홈이可ᄒᆞᆯ새此ᄂᆞᆫ泰西歷史의都無ᄒᆞᆫ例니再言ᄒᆞᆯ것이無ᄒᆞ고箕氏의此國에主權됨은비록甲族이乙族을征服ᄒᆞ고仍히其地를統治ᄒᆞᆫ例와ᄂᆞᆫ不同ᄒᆞ나此後에衛滿崔理服就等客族의滋殖과四郡二府等의建設은此時로부터啓ᄒᆞᆫ비니我國歷代史의壹部分을歸屬홈이不可ᄒᆞᆯ지라

故로余ᄂᆞᆫ我扶餘族破壁ᄒᆞᆫ實跡으로我國歷史의主眼을作ᄒᆞ고其外各族은비록如何히我東國土地에占據爭雄ᄒᆞᆫ事가有ᄒᆞᆯ지라도皆敵國外寇의壹例로視ᄒᆞᄂᆞᆫ비로라

我扶餘族의歷史와王統이銷滅되얏슬지라도他族을我로여겨入홈이不可ᄒᆞ거던況此扶餘의歷史와王統이自在ᄒᆞᆫ時代인가

(未完)

雜報

●下賜銀匣 大皇帝陛下께옵서大提學李容元氏의게前德壽學校附近에在ᄒᆞᆫ瓦草家屋貳拾餘間을 下賜ᄒᆞ옵셧다더라

●徐氏家의延諡 前中樞院議長徐正淳氏가卒逝ᄒᆞᆫ後에 大皇帝陛下께옵서諡號를 下ᄒᆞ신事ᄂᆞᆫ已報어니와昨日에該氏의子任이延諡ᄒᆞ얏다더라

●賜給烟箱 韓國 皇太子殿下께셔伊藤統監昨日에純金烟草箱二拾個를 賜給ᄒᆞ옵셧다더라

●各陵奉審 掌禮院卿成岐運氏가각 陵所를奉審ᄒᆞ기爲ᄒᆞ야日間出發ᄒᆞ기로預定하얏다더라

●天長開會 本月三日은日皇陛下의天長節인故로伊日에曾禰副統監이統監官邸에園遊會를開設ᄒᆞ고總理以下각部大臣과其他高等官과各社會紳士諸氏들請邀ᄒᆞᆫ다더라

●政界變革 現政府가變更된다ᄒᆞᆷ은累報어니와更聞ᄒᆞᆫ즉政府가不久에新組織이된다ᄂᆞᆫᄃᆡ總理에李容元內大에朴齊純度大에金允植法大에張博學大에申箕善農大에李道宰軍大에趙義淵諸氏인ᄃᆡ興士團副長兪吉濬氏ᄂᆞᆫ該組織中에得參치못ᄒᆞ얏기로兪氏가百般運動中이라ᄂᆞᆫ說이有ᄒᆞ더라

●有何秘密 未開廳ᄒᆞᆫ區裁判所檢事書記를現今法部에서磨鍊中인ᄃᆡ該內容이大端히秘密ᄒᆞ야次官과職員課長三四人만操縱ᄒᆞ고大臣도不知ᄒᆞᆫ다ᄂᆞᆫ說이有ᄒᆞ더라

●困債薦職 傳說을據ᄒᆞᆫ즉慶南觀察使黃鐵氏가年前에日本國으로봇터歸國ᄒᆞᆫ後에晉州郡財産家成煥과氏에게郡守做窠를運動ᄒᆞ야주마ᄒᆞ고金貨六千圜을取用ᄒᆞ얏스나事不如意ᄒᆞᆷ으로成煥과氏의令男이黃鐵氏에게右金을索推코져ᄒᆞ야督促이星火와如ᄒᆞ다더니該觀察使가今番에成煥과氏를宜寧郡守窠를薦報ᄒᆞ얏다더라

●義將供辭 再昨日에京城控訴院에서義兵將金某를押致取調ᄒᆞᆫ즉金氏의所供이我韓民族이五百餘年을沾被國恩ᄒᆞ야生於斯國ᄒᆞ고長於斯國ᄒᆞ다가忽然壹朝에彼倭毒手에五百年 宗社가歸於危地ᄒᆞ고三千里疆土가浮於空中ᄒᆞᆫ境에至ᄒᆞ얏스니凡爲人臣民ᄒᆞ야豈不切齒扼腕ᄒᆞ야倡義ᄒᆞᆫ初心은斥彼倭賊ᄒᆞ야保國安民코져ᄒᆞ얏더니今日此境에至ᄒᆞ얏스니痛氣莫甚하다ᄒᆞ얏다더라

●是何惡魔 京畿觀察道某事務官이각部에輪報ᄒᆞ되各項公文에韓國國文을混雜用ᄒᆞ면日人官吏ᄂᆞᆫ曉解知得키難ᄒᆞᆫ즉從今以後로ᄂᆞᆫ本國々文은壹切廢止ᄒᆞ고日本國文을專用하ᄂᆞᆫ것이大爲便利ᄒᆞ리라ᄒᆞ얏다더라

●暮境叩盆 寺洞居ᄒᆞᄂᆞᆫ輔國俞聲煥시가該夫人黃氏와偕老하더니陰曆月初二日에該夫人이卒逝ᄒᆞ얏다더라

●朴氏呼冤 全州居朴淵俊시가丞宣君李㝡鎬氏에게畓土를見奪ᄒᆞᆷ이有ᄒᆞᆫ던지冤抑이極甚ᄒᆞ야京城地方裁判所에提訴ᄒᆞ야再昨日에對質ᄒᆞ얏ᄂᆞᆫᄃᆡ姑未歸決ᄒᆞ고更以來陰拾六日로裁判ᄒᆞᆫ다더라

●測量不測 각地方으로田畓을測量次로城內각事務所에서測量學員을派送하얏더니義兵騷擾를因하야該員等이上京ᄒᆞᆫ者가多有ᄒᆞ다더라

●間島斷淸 淸日兩國이交涉ᄒᆞ던間島問題ᄂᆞᆫ現今日本에滯在ᄒᆞᆫ唐紹儀氏가日本外相小村이와數回折衝ᄒᆞᆫ結果로兩方의協定이略成ᄒᆞ얏ᄂᆞᆫᄃᆡ其條件이如左ᄒᆞ니

一、間島에對ᄒᆞᆫ淸國領土權을確認ᄒᆞᆫ事

一、淸國의主張하ᄂᆞᆫ境界線을是認ᄒᆞ고淸韓境界條約을締結ᄒᆞ야將來紛爭의原因을壹掃ᄒᆞᆫ事

一、間島에韓人雜居權을認ᄒᆞ고韓國의領事館을駐在케ᄒᆞᆫ事를互相承諾ᄒᆞᆷ

一、韓日人의經營에係ᄒᆞᆫ天寶山礦山採掘權을將來에互ᄒᆞ야淸國政府에서許可ᄒᆞᆫ事라더라

●航路調査 仁川稅關에서漢江流域에航路標式을設置ᄒᆞᆫ後에龍山에稅關出張所를設置ᄒᆞᆯ計劃으로再昨日午後에稅關長宮木이가出張ᄒᆞ야麻浦方面을調査ᄒᆞ얏다더라

●救世軍의多數 救世軍이渡韓ᄒᆞ야某教堂에서教의大會를說明ᄒᆞ얏다ᄒᆞᆷ은已報어니와更聞ᄒᆞᆫ즉該教에入籍ᄒᆞᆫ者가數三千名에至ᄒᆞ얏다더라

●月下激論 日昨夜에兪吉濬시와有志紳士五六人이實業家七十餘人을明月館으로請邀ᄒᆞ야平壤磁器會社의株式應募ᄒᆞᆯ事項과此磁器에初步成績이甚爲良好ᄒᆞ니我國의工業에最有望ᄒᆞᆫ事業이라고曲陳說明ᄒᆞ고且現今國民의經濟困難과無恒産ᄒᆞᆫ同胞의生活上問題가吾等의重大責任이니諸君은今日此責을十分注意하라고慷慨히說明ᄒᆞ얏다더라

●菜作呼冤 宮內府用達會社事務員洪某가該府認許를藉托ᄒᆞ고東大門外該府所管菜田白菜를幷作으로是作人等을威脅恐喝ᄒᆞᄂᆞᆫ故로該作人等의呼冤이漲溢ᄒᆞ다더라

●精忠捷雜 寺洞居正三品尹泰吉시가深津의建築하던大忠祠宇의材木放賣ᄒᆞᆫ것과咸鏡南北道收稅有司로收斂ᄒᆞᆫ金額幾千圜을盡數乾沒ᄒᆞ얏다ᄂᆞᆫᄃᆡ日昨警視廳에被捉하얏다더라

●糞亂大鬧 糞桶收貝事件으로閭巷間의騷擾ᄒᆞᆷ은屢揭어니와尤滿ᄒᆞᆫ糞穢ᄂᆞᆫ取去치아니ᄒᆞ고韓日巡査가再三次糞桶調査ᄒᆞᆫ다고無論某人家ᄒᆞ고突入內庭ᄒᆞ야婦女를威嚇恐喝ᄒᆞᄂᆞᆫ故로婦女들의喫㥘失魂ᄒᆞᆷ은姑捨ᄒᆞ고巡査의無禮太甚ᄒᆞᆷ을人皆唾罵ᄒᆞᆫ다더라

●慘哉慘哉 成川郡北面九龍坊海山里居金在商시ᄂᆞᆫ本以勤愼之人으로壹鄕이共知인ᄃᆡ不意去五月初二日에義兵數十名이該시家에來到ᄒᆞ야午飯을請求ᄒᆞ거날金시가適無粮米하야附近場市에前往ᄒᆞ야數升米를貿得ᄒᆞ야義兵을接待以送ᄒᆞ얏더니追後日兵이來到ᄒᆞ야該시를稱以義兵干連ᄒᆞ고金시夫妻와子與孫四口를當場砲殺하고其家舍를又爲燒燼ᄒᆞ얏ᄂᆞᆫᄃᆡ金시의子婦ᄂᆞᆫ僅得保命ᄒᆞ얏스나無處依托에呼泣道路ᄒᆞ야其慘狀은目不忍見이라더라

●罪囚脫獄 大邱監獄署에서囚徒가破獄逃走ᄒᆞ얏다ᄂᆞᆫᄃᆡ其經由를聞ᄒᆞᆫ즉該夜當番ᄒᆞᆫ看守ᄂᆞᆫ交替ᄒᆞ야三名이在ᄒᆞ얏ᄂᆞᆫᄃᆡ下午拾貳時頃에囚徒約貳拾名이監房의門을打破ᄒᆞ라고庭中에蹴出하야瓦斯燈을打毁하ᄂᆞᆫ지라看守가拔劍禁制ᄒᆞ얏스나監房壁을破ᄒᆞ고墻을越ᄒᆞ야逃走ᄒᆞᆫ者ㅣ拾貳名中에貳名은捕縛되얏고去貳拾五日平壤監獄署에서도囚徒二名이破獄逃走ᄒᆞ얏다더라

●兩氏招査 北部小安洞居李觀鎔시가逢賊ᄒᆞᆫ事ᄂᆞᆫ已報ᄒᆞ얏거니와該事件에對ᄒᆞ야[illegible]閒ᄒᆞᆫ事인지中部警察署[illegible]入東寄宿舘[illegible]鄭[illegible]鄭封炳兩시를招[illegible]ᄒᆞᄂᆞᆫ中이라더라

●殺人者越交 廣州郡新院居[illegible]黨約이가朴樂元氏를打殺ᄒᆞ고逃躱上京ᄒᆞ얏다가南部巡檢에被捉ᄒᆞᆫ事ᄂᆞᆫ已報어니와該廳에서審査ᄒᆞ고昨日에京城地方裁判所로越交ᄒᆞ얏다더라

●私鑄被捉 青石洞等地居任容準시가私鑄ᄒᆞ다가情跡이綻露ᄒᆞ야三昨日警視廳에被捉되얏ᄂᆞᆫᄃᆡ機械等物을亦爲押收ᄒᆞ얏다더라

●賊入報館 再昨日正午에中部教導府洞居朴性韶가國民新報社內에設立ᄒᆞᆫ測量學校에闖入ᄒᆞ야洋鞋壹部를竊取以去ᄒᆞ다가南部警察署에被捉ᄒᆞ얏다더라

●會費公擔 畿湖學會에서兪吉濬시가久히維持ᄒᆞᆯ方針을說明ᄒᆞ야會員이各其二十人式擔保ᄒᆞ야每名에二十錢式壹朔에四圜을收納ᄒᆞ야會費를支用ᄒᆞ기로決定ᄒᆞ얏다더라

●青館開演 今日下午七時三十分에鐘路青年會館에서演說會를開ᄒᆞ고李商在시를請邀演說ᄒᆞᆫ다더라

●學熱病冷 黃州郡居ᄒᆞᄂᆞᆫ尹錫重시가畿湖學校에留學ᄒᆞᄂᆞᆫᄃᆡ其家勢가貧寒ᄒᆞᆷ으로旅館에寄宿치못ᄒᆞ고該校內空室에서爐灶買米ᄒᆞ야自炊에過ᄒᆞ면서熱心做工ᄒᆞ더니多日冷炊에居處를因ᄒᆞ야生病ᄒᆞᆫ故로治療次로還家코져ᄒᆞ나囊儲已空에進退兩難이라더라

▲地方消息▼

▲本月十四日淳昌郡磻田坪約壹里地에서義兵十五名이同郡駐在日守備隊中尉以下十名과衝突ᄒᆞ얏다하고又東方四里地에서義兵十餘名이同隊와交戰ᄒᆞ얏다ᄒᆞ고

▲本月八日醴泉郡內에서若干義兵이同郡分遣所日憲兵과交戰ᄒᆞ얏다하고

▲本月八日醴泉郡內에서義兵約二十名이該郡分遣所日憲兵隊와衝突ᄒᆞ얏다ᄒᆞ고又咸平郡에서義兵約百名이日憲兵下士以下六名과補助員五名과衝突ᄒᆞ얏다ᄒᆞ고

▲本月拾七日羅州北方約四里地에서義兵約壹百貳拾名이咸平郡內에서日憲兵下士二名과韓國將校壹名과補助員拾五名과交戰ᄒᆞ얏다ᄒᆞ고

▲本月六日海州郡東方六里地에서義兵四拾名이同郡日守備隊上等兵以下拾名과特務曹長以下三拾名과接戰ᄒᆞ얏다더라

▲通商新約▼

▲兩國通商此時代에商業안코엇지사나貧弱ᄒᆞᆫ大韓國은輸出品이專無ᄒᆞ고惟有壹隊怪物이나東西洋을勿論ᄒᆞ고輸出處가바이업네國[illegible]와交涉ᄒᆞ야通商條約成立하고그곳으로輸出ᄒᆞᆯ새

▲通商ᄒᆞ세々々々 閻羅國과通商ᄒᆞ세古今歷史粗解ᄒᆞ고時局形便燎然ᄒᆞ야前後經界열정ᄒᆞ며外似忠勤ᄒᆞᆫ듯ᄒᆞ나內實奸譎無雙이라故犯罪過是誰런고朴齊純과權重顯을ᄒᆞᆫ바리로실어내고

▲通商ᄒᆞ세々々々 閻羅國과通商ᄒᆞ세學問家에出身으로李學[illegible]儒信講究ᄒᆞ고詩禮古家自處ᄒᆞ야外若敦厚ᄒᆞᆫ듯ᄒᆞ나內實愚溺多慾ᄒᆞ야他精神에노러나니申箕善과任善準을ᄒᆞᆫ바리로실어내고

▲通商ᄒᆞ세々々々 閻羅國과通商ᄒᆞ세不學無識愚蠢ᄒᆞ야國家傾覆알ᄯᅢ업고民生塗炭不關ᄒᆞ야惟利是貪ᄯᅡ름이고惟權是爭顚倒로다奸賊魁首되얏스니李根澤과李完用을ᄒᆞᆫ바리로실어내고

▲通商ᄒᆞ세々々々 閻羅國과通商ᄒᆞ세略干文字아ᄂᆞᆫ體와斗筲小才自矜ᄒᆞ야付肝移膽더長技로厭然掩其不善ᄒᆞᆷ을如見肺腑엇지ᄒᆞᆯ자奴隸資格極盡ᄒᆞ니李載崑과趙重應을ᄒᆞᆫ바리로실어내고

▲通商ᄒᆞ세々々々 閻羅國과通商ᄒᆞ세連腸接肚謀議ᄒᆞ야互相結出沒海外ᄒᆞ고數萬會員團結이라壹則民黨首領되고壹則政界要任으로鷹犬之役汨沒ᄒᆞ니李容九와宋秉畯을ᄒᆞᆫ바리로실어내고

▲通商ᄒᆞ세々々々 閻羅國과通商ᄒᆞ세金枝玉葉藉托ᄒᆞ고無所不至挾雜이라花蠻從事이나ᄒᆞ며演劇場에追逐ᄒᆞ니壹蠢[illegible]이오乳臭小兒壹般이니李址鎔과趙南昇을ᄒᆞᆫ바리로실어낸다

▲第壹第二第三馱ᄂᆞᆫ李夏榮이馬夫되여執策前驅내세우고第四第五第六馱ᄂᆞᆫ李秉武로驅夫會야攬轡隨從ᄒᆞᆫ然後에萬里長程밧비모러閻羅國에到達커던都거리로放賣ᄒᆞ야國債報償ᄒᆞ여볼새

社告

宣川 支社員魯晶판氏와 龍岡 支社員朴鏞운氏ᄂᆞᆫ幷爲請願解任ᄒᆞ고該兩郡支社員을新任ᄒᆞ얏기로左開仰佈ᄒᆞ오니該附近地에셔本報購覽ᄒᆞ시ᄂᆞᆫ僉君子ᄂᆞᆫ照亮ᄒᆞ신後新聞代金을左開兩氏處로送交ᄒᆞ심을務要

▲宣川邑橋南　金亨俊
▲龍岡邑　郭兩秀

大韓每日申報社

雜報

●振興必興　黃海道載寧郡花山面浿村振興學校ᄂᆞᆫ去月에擬立ᄒᆞ얏ᄂᆞᆫ대道聞校費가窘乏ᄒᆞ야幾至停학이러니該校校장朴齊淵시와贊成員朴齊大崔석訟金龍根諸시가校舍에셔學徒父兄을會集ᄒᆞ야곡出義捐ᄒᆞ며학校情況을慨歎히說明ᄒᆞᆫ즉學徒父兄이互相言之曰此학校ᄂᆞᆫ卽吾人之학校라ᄒᆞ고爭先出義ᄒᆞᄂᆞᆫ中敎師李弼展시ᄂᆞᆫ十圜을特히捐出ᄒᆞ고該洞勞働人韓汝圖金諸石柳山廉三시ᄂᆞᆫ각壹圜式補助ᄒᆞ고其餘預鈴不足은校員朴齊淵시와贊成員朴齊大金容根參시가全擔ᄒᆞ야該학校가更爲進就ᄒᆞᆫ다더라

●崇校更崇　三和港碑石洞三崇학校가今月十日頃에偶然崩壞ᄒᆞ얏ᄂᆞᆫ데該校를重建ᄒᆞᆷ에對ᄒᆞ야經費가不足ᄒᆞᆷ으로該校生徒百餘名이奮齊就役ᄒᆞ며該港居前承奉林祐敦씨ᄂᆞᆫ金三十圜李孝健시ᄂᆞᆫ金五十圜西士文約翰牧師ᄂᆞᆫ금壹百五十圜을寄附ᄒᆞ고其他學徒父兄의出義금이壹百十圜에達ᄒᆞ얏다더라

●昇平昇聞　北靑昇平里居孫昇璘李日業李榮培李昇필諸시가多數金額을義捐ᄒᆞ야昇明會를組成ᄒᆞ고新聞與新학文等을購覽ᄒᆞ며該鄕父老前에靑年培養ᄒᆞ기로家喩戶說ᄒᆞᆫ다더라

●出義借屋　洲郡守李完鎔시ᄂᆞᆫ嘉所에通津郡馬松里에在ᄒᆞᆫ더ᄂᆞᆫ境人七貳百餘人이會集ᄒᆞ야義務敎育을設施ᄒᆞ고聰俊子弟를募集敎育ᄒᆞᄂᆞᆫ데校舍가無ᄒᆞᆷ을憂慮ᄒᆞ야李完鎔시의墓幕을校室이構成하기前까지酬借ᄒᆞᆫ즉미리完鎔시가快諾ᄒᆞ얏다더라

廣告

●特別廣告●
本社에셔名帖印刷를更加擴張ᄒᆞ기爲ᄒᆞ야各樣紙品을壹切準備ᄒᆞ고極廉價로僉君子에所請대로隨應ᄒᆞ옵ᄂᆞᆫ중婦人과學徒의게ᄂᆞᆫ特別除減ᄒᆞ겟더이오니照亮來臨ᄒᆞ심을敬要
大韓每日申報社

成均館奉樂黃龍氏大人內藏院卿公이以宿患으로陰今月初貳日亥時에別世故로玆以訃告ᄒᆞ오니知舊間照亮爲要
護喪人　金守同　訃告

本人에名字貴洙를以允植으로改正ᄒᆞ오니知舊間照亮ᄒᆞᆷ
平北寧邊府　張允植　告白

本人이東部巢倉坊敎岩洞貳統七戶證性培家板券壹張을典執ᄒᆞ얏더니不知中失故로廣告ᄒᆞ오니誰某拾得休紙施行
西部明哲坊水口門內五拾壹統拾壹戶　姜允永　告白

本人이陰九月廿九日에梨峴米商金順明處推尋紙貨三百兩於音壹片을見失故로玆廣布ᄒᆞ오니內外國人은拾得休紙施行ᄒᆞᆷ
南陽居　[illegible]允汝　白

本人이雞島二契二拾九統六戶草家[illegible]文券을不知中失故로玆에廣告ᄒᆞᆫ後請願于漢城府ᄒᆞ엿더이오니誰某拾得ᄒᆞᆫ休紙施行ᄒᆞᆷ
黃東周　告白

測量見習壹月課學員募集廣告
本塾에셔壹個月見習速成課를特設ᄒᆞ오니願人僉員은臨拾月十二日內로卽速來議ᄒᆞᆷ
細則은本塾에來問ᄒᆞᆷ
前德昭學校內
北部大安洞　安興義塾　告白

本洞所在會道心柴粥山이自來文券昭在ᄒᆞᆷ을所知요每於京각人定界買得人葬時則自來里規가恐有是非ᄒᆞ야依例徵錢故該山ㅅ葬家에或有許施이다今級聞自何鄕시宅으로稱登塚而有塚山券이라飛語而測拉該山全部ᄒᆞ야圖形出證券奪山全部云云則非徒山主김道心이라不無資弊本洞이기玆에說明廣告ᄒᆞᆷ
楊州蘆原下契廟洞所任等
頭座　林光鎬
所任　김善有
玄順善　等
明證廣告

本人이南部樂善坊墨寺洞壹統四戶葉七間半文券을昨年三月分에見失故로以廣告誰某拾得休紙施行ᄒᆞᆷ
劉[illegible]玉　白

染織을大擴張ᄒᆞ고 支店을新設ᄒᆞ엿ᄉᆞᆷ

各項衣次織造放賣
男女學生衣服次織造
理化學應用染色及改染
最新染粉直輸入放賣
其他各種染色及織造
宗廟越邊　中谷染織一所　告白
支店鍾路魚物廛行房

●北部私立漢語學校測量科第貳回卒業試驗廣告左開

崔文燮　黃愛照　張國亨
梁基輔　以上은最優等
李文周　李鼎基　成樂周
李任鎬　김用河　李熙[illegible]
더ᄒᆞ夏　羅麗鎬　崔鎰煥
以下優等
鄭奎南　김錫培　柳在甲
李陽來　裴秀萬　高熙彭
朴在和　宋鐘東　李顯목
金尙鉉　成致善　김在允
以上及第
漢語學校　告白

文明書館

○本人이銅峴博學書館과他人同業이옵다가今에書館을各設ᄒᆞ고各種書籍을大發賣ᄒᆞ오니知舊及購覽僉彦은照亮務望
京城南部銅峴四十四統二戶屋
文明書館　玄檍　告白

大韓測量組合所長

測量事業을擴張ᄒᆞ고各項規模를變定施行ᄒᆞ야測量請求人에게公平酬應ᄒᆞ기爲ᄒᆞ야各處에在ᄒᆞᆫ同業事務所를組合ᄒᆞ야本所를成立ᄒᆞ고本事務所ᄂᆞᆫ南部棗洞六拾三統九戶貳層양屋으로定ᄒᆞ얏ᄉᆞ오니同業諸彦과測量請求ᄒᆞ시ᄂᆞᆫ僉彦은以此照亮ᄒᆞ심
所長　李根澔
副所長　金澤吉
總務　沈홍澤
幹事　閔致說
仝　朴箕秉

●特別廣告

本銀行所에셔ᄂᆞᆫ僉君子의當附預金에對ᄒᆞ야特別히信密保管ᄒᆞᆷ으로爲主ᄒᆞ옵ᄂᆞᆫ바利子ᄂᆞᆫ如左ᄒᆞᆷ
●無定期當座金은年步三圜六拾九錢
●三朔定期預金은年步五圜
●六朔定期預金은年步五圜拾錢
●壹年定期預金은年步六圜
●營業時間은(自上午九時至下午五時)
鍾路韓美電氣會社二層
[illegible]銀行　告白

本人이陰九月貳拾九日下午時에路上에셔姓名圖章을失ᄒᆞ얏기廣告ᄒᆞ오니內外國人은切勿見欺ᄒᆞᆷ
開城西部商店　秦福럼　告白

本人이李乘俊이와紫巖서藥局을乙巳年六月부터同事ᄒᆞ다가陰九月貳십八日부터각居分掌ᄒᆞ옵고營業을各各ᄒᆞ오니京鄕知舊間以此照亮ᄒᆞ옵
金于習　告白

淸國醫士　楊聖麒
本人이西大門外烏橋東便의居ᄒᆞ다가卽今은雲橋所으로移住ᄒᆞ얏ᄂᆞᆫ대此處에楊姓人三家가居ᄒᆞ온즉本人을尋訪ᄒᆞ시ᄂᆞᆫ僉君子ᄂᆞᆫ中華藥局生生堂으로來臨問症ᄒᆞ심을望ᄒᆞᆷ

院長古城梅溪가曾往에淸國北洋醫門醫官으로多年在外ᄒᆞ옵다가還國에歸韓ᄒᆞ와諸般設備를大作革新ᄒᆞ야專히韓淸兩國病人의診察을從事ᄒᆞ며且軍醫諸氏에게囑托ᄒᆞ야新方妙劑로極盡히速活回春ᄒᆞᆷ을期ᄒᆞᆷ
再次赤貧患者의施療ᄂᆞᆫ藥價를勿論ᄒᆞ며又隨時ᄒᆞ야牛痘苗를施種ᄒᆞᆷ
京城木町四丁目
贊化病院
(電話二一四番)

壯陽復元丹

補血益氣　健腦滋腎

此藥은專치腦痛肺弱○房事傷○心腎虛弱○陽萎不起○遺精多夢○神經衰弱○房事時早洩不快○病後虛弱○健忘不眠○貧血諸症○先天不足○飮食不下○眩暈頭痛○等症ᄒᆞ나니試將此丸을服法服之면不過幾点鍾에立見妙效ᄒᆞ야魂飛肉躍에精神微醉ᄒᆞ고頓覺愉快하나니其症이輕者ᄂᆞᆫ服壹貳週면挽回元陽ᄒᆞ고其症이稍重者ᄂᆞᆫ可服二四週ᄒᆞ고遠年痼疾로其症이頗重者ᄂᆞᆫ連服七八週면必能全치無疑니若夫無病之人도試用此劑則補血而益氣ᄒᆞ고强筋而壯骨ᄒᆞ나니用之八週而未見其效則請將價錢을如數還呈이요不敢虛誕自欺라此丸이又無論男婦老幼ᄒᆞ고均用有效ᄒᆞ나니眞世間無比之妙劑也라 僉位ᄂᆞᆫ何不早圖壹試오
발行所　京城중로大廣橋서七統七戶　濟生堂약房
特約代辦店　京城水橋　共愛堂약房

京城南部[illegible]洞六拾四統貳戶
東洋大學講師
日本法律學士
辯護士　木尾虎之助

本社에셔 發售ᄒᆞᄂᆞᆫ 書籍 [illegible]

製약鑑査人　박滋惠　李觀化

發行所 ... 大韓每日申報社
Responsible for ... Alfred Weekley ...

光武九年八月拾壹日 明治卅八年八月拾壹日(第三種郵便物認可) 金曜日 西曆壹千九百八年拾月三拾日 (壹)

大韓每日申報

第六卷 第九百四拾壹號

月曜及慶節歲時日休刊

檀君開國四千二百四十一年
箕子元年三千三十年
大韓開國五百十七年
日本明治四十一年
淸國光緖三十四年
陰曆戊申十月大初六日戊午

論說

◉各學會果懇親乎

近日에각학校가懇親會를開ᄒᆞ고懇親의情을表ᄒᆞᆫ다ᄒᆞ니果然인가果然인가韓國ᄂᆞᆫ三道의團體되ᄂᆞᆫ起点이此가아닌가韓人二千萬의同心되ᄂᆞᆫ發軔이此가아닌가記者ㅣ此를聞ᄒᆞ미欣然加額ᄒᆞ고百拜贊祝ᄒᆞᆷ을不覺ᄒᆞᄂᆞᆫ바로다

蓋天下에最善ᄒᆞᆫ事ᄂᆞᆫ團合이오最不善ᄒᆞᆫ事ᄂᆞᆫ分離라數人이合ᄒᆞ야壹家가되고數千家가合ᄒᆞ야壹郡이되고拾數郡이合ᄒᆞ야壹道가되고拾數道가合ᄒᆞ야壹國이되나니萬若人이不合ᄒᆞ면是ᄂᆞᆫ無家의人이오家가不合ᄒᆞ면是ᄂᆞᆫ無君의家오郡이不合ᄒᆞ면是ᄂᆞᆫ無道의郡이오道가不合ᄒᆞ면是ᄂᆞᆫ無國의道가아닌가

今夫각學會ᄂᆞᆫ各道敎育의機關이오各道團體의中心이라각道의志士도此에集ᄒᆞ며豪傑도此에集ᄒᆞ며學術도此에集ᄒᆞ야各々壹道의子弟를敎導ᄒᆞ며壹道의人民을左右ᄒᆞᄂᆞᆫ지라

然이나門戶가各立ᄒᆞ고志氣가不通ᄒᆞ야人士ᄂᆞᆫ他道의別이有ᄒᆞ며團體ᄂᆞᆫ他會의別이有ᄒᆞ야曰某道學會某會員이라ᄒᆞ야依然히異色의狀態가有ᄒᆞᆫ지라

余ㅣ各學會를爲ᄒᆞ야各會가聯合ᄒᆞ야懇親會壹旗幟下로歸ᄒᆞᆯ을祈禱ᄒᆞᆫ지已久ᄒᆞ얏더니果然今日에야懇親會를開設ᄒᆞ다ᄒᆞ니美哉라此擧여

或曰各道學會가其道만각히維新ᄒᆞ야敎育을倡導ᄒᆞ고團體를組織ᄒᆞ야全國內에拾三道가각皆維新ᄒᆞ면自然히全國이維新될지니今에각道학會의懇親을謳歌ᄒᆞᆷ이抑何太甚가

曰否々라今夫각학會가各히獨立하야壹道의民族만團體를成ᄒᆞ고壹道의子弟만敎育을受케ᄒᆞ면其民族은壹道의精神만腦髓에盈ᄒᆞ고其子弟ᄂᆞᆫ壹道의觀念만主眼을作ᄒᆞ야壹國疆土가洪水에泛ᄒᆞ며러도其道의山河만願ᄒᆞ야曰我壹道의主權ᄂᆞᆫ獨完ᄒᆞᆫ가ᄒᆞ며壹國同胞가聾啞가되며러도其道의子弟만撫ᄒᆞ야曰我壹道의敎育은獨盛ᄒᆞᆫ가ᄒᆞ야國家라ᄂᆞᆫ思想은遠에自歸ᄒᆞ고同族이라ᄂᆞᆫ精神은夢想에도不及ᄒᆞ야他道ᄂᆞᆫ他國과如히觀ᄒᆞ며他道人은異族과如히待ᄒᆞᆯ지니엇지可懼ᄒᆞᆯ者ㅣ아닌가

今日각學會가果然懇親의同情을表ᄒᆞ야人은此道彼道의別이無ᄒᆞ며會ᄂᆞᆫ我會爾會의別이無ᄒᆞ야互相扶護ᄒᆞ며互相勉勵하야同壹의目的으로敎育을設行ᄒᆞ며同壹의精神으로團體를成立ᄒᆞ야畿湖西北關東嶠南湖南學之小學會가壹變ᄒᆞ야大韓帝國大學會가되기를顒祝ᄒᆞ노라

▲隆熙貳年十月二拾七日 官報

◉告示

農商工部告示第拾三號 續

商法 (明治三拾二年法律第四拾八號)

第二拾六條 動產。不動產。債權。債務其他財產의總目錄及貸方借方의對照表ᄂᆞᆫ商人의開業時又ᄂᆞᆫ會社의設立登記時及每年壹回壹定ᄒᆞᆫ時期에此를作ᄒᆞ야特設ᄒᆞᆫ帳簿에此를記載ᄒᆞᆷ을要ᄒᆞᆷ

財產目錄에ᄂᆞᆫ動產。不動產。債權其他財產에其目錄調製時의價格을附ᄒᆞᆷ을要ᄒᆞᆷ

第二拾七條 年二回以上利益配當을ᄒᆞᄂᆞᆫ會社에在ᄒᆞ야ᄂᆞᆫ每配當期에前條의規定을從ᄒᆞ야財產目錄及貸借對照表를作ᄒᆞᆷ을要ᄒᆞᆷ

第貳拾八條 商人은拾年間其商業帳簿及其營業에關ᄒᆞᆫ信書를保存ᄒᆞᆷ을要ᄒᆞᆷ

前項의期間은商業帳簿에對ᄒᆞ야ᄂᆞᆫ其帳簿閉鎖時로부터此를起算ᄒᆞᆷ

第六章 商業使用人

第二拾九條 商人은支配人을選任ᄒᆞ야其本店又ᄂᆞᆫ支店에셔其商業을營케ᄒᆞᆷ을得ᄒᆞᆷ

第三拾條 支配人은主人을代ᄒᆞ야其營業에關ᄒᆞᆫ壹切裁判上又ᄂᆞᆫ裁判外의行爲를行ᄒᆞᄂᆞᆫ權限을有ᄒᆞᆷ

支配人은幹部。差人其他使用人을選任又ᄂᆞᆫ解任ᄒᆞᆷ을得ᄒᆞᆷ

支配人의代理權에加ᄒᆞᆫ制限은此로써善意의第三者에게對抗ᄒᆞᆷ을不得ᄒᆞᆷ

第三十壹條 支配人의選任及其代理權의消滅은此를登記ᄒᆞᆫ本店又ᄂᆞᆫ支店의所在地에서主人이此를登記ᄒᆞᆷ을要ᄒᆞᆷ

第三拾貳條 支配人은主人의許諾이有ᄒᆞᆷ이아니면自己又ᄂᆞᆫ第三者를爲ᄒᆞ야商行爲를行ᄒᆞ거나又ᄂᆞᆫ會社의無限責任社員됨을不得ᄒᆞᆷ

支配人이前項의規定을違反ᄒᆞ야自己를爲ᄒᆞ야商行爲를行ᄒᆞᆫ時ᄂᆞᆫ主人은此로써自己를爲ᄒᆞ야行ᄒᆞᆫ것으로看做ᄒᆞᆷ을得ᄒᆞᆷ

前項에定ᄒᆞᆫ權利ᄂᆞᆫ主人이其行爲를知得ᄒᆞᆫ時로부터二週日間此를行치아니ᄒᆞᆫ時ᄂᆞᆫ消滅ᄒᆞᆷ行爲時로부터壹年을經過ᄒᆞᆫ時도亦同ᄒᆞᆷ

第三十三條 商人은幹部又ᄂᆞᆫ差人을選任ᄒᆞ야其營業에關ᄒᆞᆫ某種又ᄂᆞᆫ特定ᄒᆞᆫ事項을委任ᄒᆞᆷ을得ᄒᆞᆷ

差人又ᄂᆞᆫ雇人은其委任을受ᄒᆞᆫ事項에關ᄒᆞ야壹切行爲를行ᄒᆞᄂᆞᆫ權限을有ᄒᆞᆷ

第三拾四條 支配人幹部又ᄂᆞᆫ差人이아닌使用人은主人을代ᄒᆞ야法律行爲를行ᄒᆞᄂᆞᆫ權限이有치아니ᄒᆞᆫ者로推定ᄒᆞᆷ

第三十五條 本章의規定은主人과商業使用人間에生ᄒᆞᄂᆞᆫ雇傭關係에對ᄒᆞ야民法의規定을適用ᄒᆞᆷ을妨害ᄒᆞ지아니ᄒᆞᆷ

〔未完〕

外報

◉土勃의協議增進 倫敦電을據ᄒᆞᆫ즉土耳其와勃牙利間協議ᄂᆞᆫ更히壹步를增進ᄒᆞ야攻守同盟이締結되기에至ᄒᆞ얏다하고又土耳其와墺國間에셔시늬아及힐쓰크피나洲合併에關ᄒᆞᆫ商議ᄂᆞᆫ全히否認된다ᄒᆞ얏다ᄒᆞ더라

◉英相의說明 路透電을據ᄒᆞᆫ즉英國外相平레氏가下議院에셔說明ᄒᆞ야同英國이列國會議에關ᄒᆞ야列强에通牒ᄒᆞᆫ바目的은紛爭의範圍를擴張케ᄒᆞᆷ이아니오時局을解決ᄒᆞᆯ議案에對ᄒᆞ야贊成ᄒᆞᆫ것이라然而今回事變을由ᄒᆞ야損害를受ᄒᆞᆫ者ᄂᆞᆫ土耳其인즉土耳其의報償을與ᄒᆞ며且其利益을保護ᄒᆞᆯ事와及將來同國統治上의善良ᄒᆞᆫ結果를生ᄒᆞ야新政治를益々鞏固케ᄒᆞᆷ希望이라ᄒᆞ얏더라

文壇

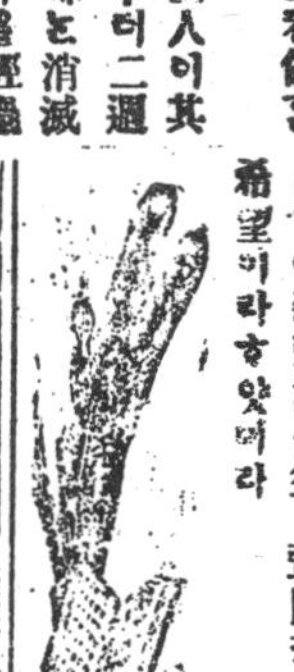

▲讀史新論 壹片丹生 (續)

第三章

扶餘族大發達時代

本章은三扶餘分立時代에起ᄒᆞ야三國初葉時代에至ᄒᆞ기ᄭᆞ지我扶餘族이如何히盛衰ᄒᆞ며我扶餘族이他族과如何히關係됨을壹々히詳敘ᄒᆞ야(壹)民族主義를闡明ᄒᆞ며(貳)國家精神을발揮ᄒᆞ며(三)我古代史의殘缺을補ᄒᆞ며(四)數千年東洋史上我民族의處ᄒᆞᆫ地位를論코자ᄒᆞ노라

嗚乎라壹民族의盛衰漲落은果然冥々中天運에在ᄒᆞᆫ가抑亦純然히人道에出ᄒᆞᆷ인가夫婁以後歷史를讀ᄒᆞᆫ즉何其銷沈의運이千年의久를經ᄒᆞ얏스며三國初起時代에至ᄒᆞ야ᄂᆞᆫ又何其發達의力이壹朝에速增ᄒᆞ얏나뇨蓋檀君以後二千餘年을扶餘族의足跡이鴨綠江以東壹步地를渡치못ᄒᆞᆫ事가有ᄒᆞᆫ가大同江淸川江流域은只是箕氏衛氏劉氏(漢武帝四郡)等支那族의盤踞場을作ᄒᆞ며江原道咸鏡道地方은惟彼말갈穢貊等각蠻族의演戲臺를成ᄒᆞ고

近人某氏가大韓地誌를撰述ᄒᆞᆫ데古史에云ᄒᆞᆫ扶餘王解夫婁씨東海濱으로遷居ᄒᆞ얏다ᄂᆞᆫ句語를因ᄒᆞ야妄斷을下ᄒᆞ야曰東海의濱은卽江原道오江原道ᄂᆞᆫ卽彼穢貊의地니然則穢貊이皆檀君의後裔라ᄒᆞ며又曰漢武帝에게投降ᄒᆞᆫ濊君南閭가卽解夫婁의子孫이라하얏스니甚矣라其妄이여萬壹此東海濱이江原道라ᄒᆞᆯ진ᄃᆡ解夫婁遷居時에其來路가當何路로從ᄒᆞ얏스리오平安道로由ᄒᆞ얏다ᄒᆞ면此時平安道에支那族이方强ᄒᆞ며咸鏡道로由ᄒᆞ얏다ᄒᆞ면此時咸鏡道에말갈族이方太ᄒᆞ니彼가全國民을驅ᄒᆞ야遠遷ᄒᆞᆯ시엇지敵國中心을穿ᄒᆞ야此地에到ᄒᆞᆷ을得ᄒᆞ얏스리오噫라此等說은攻辨을不待ᄒᆞ야自破ᄒᆞᆯ者인저 〔未完〕

雜報

●因何停止 侍從副卿李會九氏와侍從李明九氏가互相詰難ᄒᆞᆫ事에對ᄒᆞ야宮內府大臣閔丙奭氏가辭疏를奉呈ᄒᆞ얏다더니更聞ᄒᆞᆫ즉該辭職事件을姑爲停止ᄒᆞ얏다더라

●出於納詔 度支部大臣任善準氏가前니部書記官金裕曾氏를需用ᄒᆞᆯ次로該部에多年勤務ᄒᆞ던崔석昌氏를依免ᄒᆞ얏다니開化를首倡ᄒᆞᆫ다ᄂᆞᆫ人들이自己의親知人만需用ᄒᆞᄂᆞᆫ것이不公平ᄒᆞ다고物議가有ᄒᆞ더라

●兩乞裂囊 內部大臣宋秉畯과一進會副會長洪肯燮兩氏間에近日以來로不協ᄒᆞᆫ貌樣이有ᄒᆞ다더라

●若林輪訪 警視總監若林賚藏이가再昨夜에入城ᄒᆞ얏ᄂᆞᆫ데該總監이昨日에統監府와각部官吏를輪回訪問ᄒᆞ야相見禮를行ᄒᆞ고今日부터該廳에仕進視務ᄒᆞᆯ터이라더라

●宜乎免官 黃海道管下각郡守가今番觀察道會議에參與ᄒᆞ얏다가某某郡守ᄂᆞᆫ請由도아니ᄒᆞ고擅自上京ᄒᆞ야尙不還任ᄒᆞ고逗遛ᄒᆞᄂᆞᆫ人이有ᄒᆞ다ᄂᆞᆫ대該方騷擾ᄒᆞᆫ時를當ᄒᆞ야未安ᄒᆞᆫ事이라고ᄒᆞ더라

●研究委員被任 학部書記官李敏應氏ᄂᆞᆫ國文研究所委員을被任ᄒᆞ얏다더라

●被害人查報 內部에서咸鏡北道에訓令ᄒᆞ되地方騷擾를因ᄒᆞ야被害ᄒᆞᆫ人民을昭詳報來ᄒᆞ라ᄒᆞ얏다더라

●待春着手 鐵道管理局大事業의豈歎되ᄂᆞᆫ鴨綠江에架橋工事ᄂᆞᆫ其豫算을據ᄒᆞ야繼續費를支撥ᄒᆞ야來春四五月間에工事에着手ᄒᆞᆯ터이라더라

●內官見捕 東小門外居ᄒᆞᄂᆞᆫ內官某氏ᄂᆞᆫ義兵이押去ᄒᆞ야軍需金ᄃᆞ二萬圓과銃五百柄을不日內로輸納ᄒᆞ라고風火督促ᄒᆞᆫ다더라

●輿論得當 학部에서학部令을新爲頒布ᄒᆞ야教育을明於發展케ᄒᆞᆫ다면서各社會에서編撰ᄒᆞᆫ教科書를檢定以給ᄒᆞ라고請願이답지ᄒᆞ되該部에서ᄂᆞᆫ迅速檢定치아니ᄒᆞ니教育의發達케ᄒᆞᆷ이아니오反爲妨碍ᄒᆞᆷ이라고輿論이紛紜ᄒᆞ더라

●識字牛眼 學務局長尹致旿氏가身病을因ᄒᆞ야數日前부터仕進視務치못ᄒᆞ고其夫人尹高羅氏가代表로請由狀을학部에提呈ᄒᆞ얏ᄂᆞᆫ대英文으로書呈ᄒᆞ얏다더라

●其於日人 漢城內稽探事件으로日巡查가帶同調查ᄒᆞᄂᆞᆫ韓巡查의弊와各地方日憲兵分派所에在ᄒᆞᆫ所謂補助員이人民의게威脅强迫ᄒᆞᄂᆞᆫ弊習이甚於日人ᄒᆞ야京鄉間人民이支保無路라고巷說이喧藉ᄒᆞ더라

●精會生弊 南來人의傳說을聞ᄒᆞᆫ즉全羅南北道에ᄂᆞᆫ近日各種會가發起ᄒᆞ야經費니義捐이니藉托ᄒᆞ고平民에게徵收ᄒᆞᄂᆞᆫ故로人民이困難中에在ᄒᆞ다더라

●掃除用人馬 漢城衛生會에서漢城九署內에汚穢物을掃除ᄒᆞᄂᆞᆫ事에對ᄒᆞ야每日使用ᄒᆞᄂᆞᆫ人夫가五百名이오馬車가八십三座이라더라

●爲訟投會 一進會와侍天教에投入ᄒᆞᆫ人의援助를探問ᄒᆞᆫ즉擧皆與人으로山訟及債訟關에勢力을借得코ᄌᆞᄒᆞ야投入ᄒᆞᆫ者ㅣ多ᄒᆞ다더라

●鎮儉携飲 漢州川德山牙山等郡에ᄂᆞᆫ所謂綠緞儉이라ᄒᆞᄂᆞᆫ稅飯을民間에排斂ᄒᆞ야每戶에ᄂᆞᆫ每結頭에葉兩이오戶에ᄂᆞᆫ每結頭에葉十兩式收斂ᄒᆞᆫ다더라

●朴氏呼冤 남部小公洞居朴容齋氏가中部紙廛後洞居申서染ᄂᆞᆫ에게四百圓의價額所據條가有ᄒᆞ야互相携貳ᄒᆞ다가朴氏가昨日에京城地方裁判所에呼冤ᄒᆞ얏다더라

●朴氏起訴 楊州郡居朴贊俊시ᄂᆞᆫ木商爲業ᄒᆞᄂᆞᆫ터인대光武십年四月頃에仁川郡居ᄒᆞᄂᆞᆫ安春善氏에게木材一千九百餘圓價値를外償放賣ᄒᆞ얏더니安氏가流伊報還ᄒᆞ되도六百七십餘圓이尙在ᄒᆞ얏ᄂᆞᆫ데延拖不報ᄒᆞᄂᆞᆫ지라朴氏가該道府에屢次呼訴ᄒᆞ되終無歸決ᄒᆞᄂᆞᆫ故로昨日에朴氏가控訴院에呈訴ᄒᆞ얏다더라

●江上設橋 京城居某某諸시가麻浦及兩江을橫亙ᄒᆞ야舟橋를架設ᄒᆞᆯ計劃으로請願書를農商工部에提出ᄒᆞ얏다더라

●日軍隊移接 興化門에屬駐ᄒᆞ던日本軍隊가龍山新建築ᄒᆞᆫ營門으로再昨日에移接ᄒᆞ얏다더라

●李婦慘喪

北部齋洞居ᄒᆞᄂᆞᆫ某大官의子婦가其舅姑의虐待를不堪ᄒᆞ야乘夜逃躱ᄒᆞ얏다ᄂᆞᆫ事ᄂᆞᆫ已報ᄒᆞ얏거니와該事實을詳聞ᄒᆞᆫ즉該婦人은학部大臣李載崑氏의次婦요前判書趙慶鎬氏의令娘인대無時로其싀母가無故執랄ᄒᆞ며百般惡刑을施用ᄒᆞᄂᆞᆫ故로其苦楚를不堪ᄒᆞ야其싀父에게滿幅遺書를致置ᄒᆞ고遯身出門ᄒᆞ야宗順君李載完氏家門前에來到ᄒᆞ야所向을不知ᄒᆞ고蹤隨ᄒᆞᆯ時에李載完氏가見其狀ᄒᆞ고自己家로招入ᄒᆞ야事實은不問ᄒᆞ고該婦人을大安洞居趙兼判金澈植氏家로送之ᄒᆞᆫ즉金氏家에서擧其事實ᄒᆞ야木川郡其親家로通知ᄒᆞ얏더니該親家에서送人携去ᄒᆞᆫ지라其親父趙慶鎬시가言ᄒᆞ되汝의罪ᄂᆞᆫ勿論ᄒᆞ고싀家에서讒送歸宗ᄒᆞ얏슨즉如此女息은眼前에不現ᄒᆞ라ᄒᆞ며拒絕不見ᄒᆞ얏더니該婦人이其族家에逗留ᄒᆞ다가前後事狀을自歎ᄒᆞ고暗自服藥ᄒᆞ야四日을辛苦ᄒᆞ다가仍爲致斃ᄒᆞ얏ᄂᆞᆫ데李시家로從ᄒᆞ야訛說이有ᄒᆞ되該婦人親家에서勒服毒藥ᄒᆞ야致命케ᄒᆞ얏다ᄒᆞᄂᆞᆫ故로趙氏家에서ᄂᆞᆫ此等無根荒說이從何出來인지期於探採ᄒᆞ야將欲裁判ᄒᆞᆫ다ᄂᆞᆫ데此事를推究ᄒᆞᆫ진대李載完시가善爲撫摩ᄒᆞ얏더면此境에至치아니ᄒᆞ얏깃다고輿論이浪藉ᄒᆞ다더라

●貪心獸鴻 豐德居卿主事가賤族에게其親山假骨을失ᄒᆞ고財賄許를見奪後에尙未還推ᄒᆞ얏더니該郡警察署에서查實ᄒᆞ고招致ᄒᆞ야事實을陳述ᄒᆞ기로邑底에入去ᄒᆞ야歸來ᄒᆞᆯ際에憲兵補助員이突出捉去ᄒᆞ야無端毆鍊ᄒᆞ고錢壹萬兩을勸索ᄒᆞᆫ故로卿主事가憑藏上京ᄒᆞ얏다ᄒᆞ니補助員은本國人으로塗炭에在ᄒᆞᆫ本國人을殘害코ᄌᆞᄒᆞ니其心膓은禽獸만不如ᄒᆞ다고ᄒᆞ더라

●酗酒被縛 昨日夜에度支部技手宋達燮氏가西部夜珠峴等地에서飲酒泥醉ᄒᆞ야無難行悖ᄒᆞ다가被挐ᄒᆞ니巡查에게縛興을被ᄒᆞ얏다더라

●教師獵行 日前에西門外勢東학校教師鄭恩植시가新水益을未卸支撥ᄒᆞᆫ事에對ᄒᆞ야학員으로ᄒᆞ야금停學케ᄒᆞᆫ故로該校에서鄭시를解職ᄒᆞ엿ᄂᆞᆫ데數日後該校監手과淵시가졍시의新水金을辦備ᄒᆞ야鄭시를請ᄒᆞ야給與ᄒᆞᆫ後에酒肴를進ᄒᆞ야悵然ᄒᆞᆫ情을略叙ᄒᆞ고言別出門之際에鄭시가卒然問曰余의月銀을爲何不給ᄒᆞ나냐ᄒᆞᄂᆞᆫ故로李과淵시日我已手傳이니探囊ᄒᆞ라ᄒᆞ미鄭시가探囊ᄒᆞ야封裏ᄒᆞᆫ錢을取出ᄒᆞ거날李시日君의醉矣라我當保管ᄒᆞ얏다가君의醒時를待ᄒᆞ여給與ᄒᆞ마ᄒᆞ고該錢을還給ᄒᆞ라ᄒᆞ니鄭시의言이爾是賊漢이라人財를欲奪이라ᄒᆞ고無數亂打ᄒᆞ여衣冠을裂破ᄒᆞ엿다더라

●講習畢了 官立漢城師範學校內에서各普通학校의體操講習을練習ᄒᆞ더니昨日下午三時에證講習所畢了證書를授與ᄒᆞ얏다더라

●韓會伸理 大韓協會에서法律部와伸理所를設置ᄒᆞ고由來我國人民이生命財產을內外國人의게無理ᄒᆞᆫ迫害를被ᄒᆞᆫ者와抑冤히見屈ᄒᆞᆫ者의請求에應ᄒᆞ야詳具ᄒᆞᆫ訴狀과事實의顚末을調查講究ᄒᆞ야另擔伸理ᄒᆞᆫ다더라

●韓協支會擴張 全羅南道光州郡에有志紳士가大韓協會支會를設立ᄒᆞ고國法範圍와文明軌道를遂日講演ᄒᆞ야人民의誤解를曉喩ᄒᆞᆷ으로道內各郡이此會를標榜ᄒᆞ야爭先入會ᄒᆞᆫ다더라

●中東卒業 中東학校에서昨日에第壹回算術科卒業式을行ᄒᆞ엿ᄂᆞᆫ데優等生金仁培尹善浩等八人인데該校任員諸시가勸勉後에空冊鉛筆等으로施賞ᄒᆞ엿다더라

●劉氏慈善 昌城居ᄒᆞᄂᆞᆫ鄭錫禧시가測量學을爲ᄒᆞ야上京ᄒᆞ얏더니食價와學費의辦備키難ᄒᆞ야還鄉코ᄌᆞᄒᆞᆯ際에竹洞李啓弼시家에留ᄒᆞᄂᆞᆫ劉貞寶시가鄭시의可矜ᄒᆞᆫ情勢를聞ᄒᆞ고金貨二十圓을給與ᄒᆞ야卒業後歸鄉ᄒᆞ라ᄒᆞ얏다더라

●北靑奬學 北靑郡海晏面에서靑友奬學支會를組成ᄒᆞᆫ시會長은孫錫洛시로副會長은趙瑾河시로討論部長은趙基설시로總務ᄂᆞᆫ李윤洪시로書記ᄂᆞᆫ李性來시로評議員은李鄭濟시로評議員은李日藻諸시로選定ᄒᆞ야陰七月初拾日에開會式을設行ᄒᆞ얏다더라

▲地方消息▼

▲本月貳拾四日長津郡에서義兵約壹百貳拾名이咸鏡南道中嶺鎮日憲兵分遣所憲兵隊와貳時間을交戰ᄒᆞ얏ᄂᆞᆫ대憲兵補助員壹名이負傷ᄒᆞ얏고義兵의死傷은不明이라ᄒᆞ고

▲本月貳拾六日鐵山郡北方에서義兵七拾名이鴻山郡日分遣所憲兵隊와交戰ᄒᆞ얏다하고

▲本月貳拾六日林川郡西方에서義兵約三拾名이同郡日憲隊와衝突ᄒᆞ얏다ᄒᆞ고

▲本月二拾四日靑陽郡內에서義兵約百名이同郡憲兵隊와衝突ᄒᆞ얏다더라

▲韓國의疑點▼

▲韓國中의人情風俗內外國人을勿論ᄒᆞ고壹壹推究ᄒᆞ여보면可疑處가甚多ᄒᆞ니風土所致그러ᄒᆞᆫ가蒙昧未開그러ᄒᆞᆫ가所以然을不知키로最甚者들어내여撮錄槪論ᄒᆞ야보다

▲各社會의著名者가熱心愛國은屈指ᄒᆞ더니勢祿誘惑ᄒᆞ야官界에出頭ᄒᆞ면貪權勢가尤甚ᄒᆞ고納賂關囑汨沒ᄒᆞ야批評ᄒᆞ論浪藉ᄒᆞ니求官코ᄌᆞ[illegible]官海風로그러ᄒᆞᆫ지

▲某谷郡에잇슬때ᄂᆞᆫ公正ᄒᆞ다稱譽터니據方官吏되며優奪民財ᄒᆞᄂᆞᆫ버러外國[illegible]ᄒᆞ야諸般挾雜問測[illegible]이凝大ᄒᆞ니無虎洞中[illegible]地方風土그러ᄒᆞᆫ지

▲外國多年遊覽ᄒᆞ야新學問을吸收ᄒᆞ고實地학問研究ᄒᆞ야[illegible]國ᄒᆞᄂᆞᆫ날이며ᄂᆞᆫ想[illegible]더니財色沉惑아니ᄒᆞ면仕宦熱中奔走로다狗尾三年이러ᄒᆞᆫ지祖國風로그러ᄒᆞᆫ지

▲鄉中人士上京ᄒᆞ면屏門親故보고라도溫言酬酌[illegible]化ᄒᆞᆫ體ᄒᆞ다가도제가면동中常漢잡아[illegible]이滋甚ᄒᆞ니致不生[illegible]鄉谷風土그러ᄒᆞᆫ지

▲忠孝言論ᄒᆞ던者가外國言번단녀오면眼孔들만[illegible]人聲勢誇張ᄒᆞ고自國[illegible]ᄒᆞ야附外思想熱甚[illegible]望依賴ᄒᆞ니中無所主[illegible]外國風로그러ᄒᆞᆫ지

▲東양中의日本國은開明先進自稱인디在韓官吏되시어仕宦熱이撑中ᄒᆞ게ᄂᆞᆫ韓人보다尤甚ᄒᆞ야叙任前에仕進이오處理誤者許多ᄒᆞ니本性習이그러ᄒᆞᆫ지韓國風土그러ᄒᆞᆫ지

▲天下萬事잘잘못시風土美否相關업고사ᄅᆞᆷ에게잇ᄂᆞᆫ것歷史上을溯考ᄒᆞᆫ지現世界를보면라도明若觀火이아닌가實心으로做去ᄒᆞ면此等惡習잇슬소냐再三思量ᄒᆞᆯ지어다

社告

宣川支社員魯晶관氏와龍岡支社員朴鏞운氏ᄂ幷爲請願解任ᄒ고該兩郡支社員을新任ᄒ앗기로左開仰佈ᄒ오니該附近地에서本報購覽ᄒ시ᄂ僉君子ᄂ照亮ᄒ신後新聞代金을左開兩氏處로送交ᄒ심을務要

▲宣川邑楢南 金亨俊

▲龍岡邑 郭兩秀

大韓每日申報社

雜報

◎協校輪函　大邱私立協成學校에서贊務會를開ᄒ고會長張珣遠贊員金支圭金厚榮徐完植諸氏等이京鄕各社會에輪函ᄒ全文이如左ᄒ니

敬啓者欽惟我 列聖朝作成人材ᄒ시ᄂ 聖眷이洽于八域이시온바惟我嶠南이尤히眷遇隆重ᄒ신 恩澤을偏蒙ᄒ앗ᄉ오니本道大邱之古有樂育齋者良有以也라於乎라樂育齋設置가豈 聖意之偶然而已시리오選各郡之俊秀ᄒ야회養於是齋케ᄒ시며是齋之尤를拔以需用케ᄒ시니 列聖朝之眷重是齋ᄒ심이顧何如시며我嶠南人士가孰非化育中壹分赤子而亦念乃祖乃父誰非是齋之儒生乎아然則是齋也ᄂ存與存케嶠南人士의家々共守之所也오切非壹個郡幾個人任意操弄之物也라頃在更張之日에百度維新키로光武拾年陰正月拾日에以道內公議로樂育과養士齋財産을合同ᄒ야私立學校ᄂ位置를定ᄒ고中학校課程으로節目을定ᄒ고財政을校內에서專管排布케ᄒ기로 觀察府에承認ᄒ고학部에報告ᄒ앗시며代表人金支圭를派送ᄒ야事實을轉聞ᄒ오니 聖心嘉納ᄒ시샤 勅令頒下ᄒ시고 啓字를押下ᄒ시니嘗隆本校ᄒ신 聖恩이舊日樂育齋와前後壹揆시오名雖異而道則同ᄒ신지라惟我圓顱方趾者曷敢〃祇頌對揚ᄒ야 聖意報答의圖惟를小緩ᄒ오리오不幸校舍建築을未畢ᄒ야鬱攸의刼을經ᄒ고拾數間壹廨를購買ᄒ야校名을協成이라ᄒ고生徒를募集ᄒ니四拾壹郡에公函ᄒ고聰俊子弟를選入ᄒ오니年이二拾上下에皆過小학資格이라 啓下ᄒ신節目을恪遵ᄒ야中學校課程으로一道中央학校에敎授ᄒ오니名實相孚에士學趨進ᄒ야二학期를已過ᄒ온바時校長徐相夏시가以敎育實眞心으로私産을不顧ᄒ고晝夜勸奬ᄒ야漸次彬彬可觀ᄒ境에至ᄒ앗ᄉ더니月前에本道觀察使朴重陽시가本校舊任員에簿書를調査ᄒ다稱ᄒ고文簿와收去曰舊任員挾雜이多ᄒ니此財産을校員의게任置ᄒ면消融ᄒ立見이오又當地에生徒가中학校資格이無ᄒ니協成學校ᄂ廢止ᄒ고此財産으로達城小學校와聯合ᄒ야第一公立普通學校로變更하고生徒ᄂ拾歲以上兒童을受ᄒ지ᄒ기로徐相夏시가反對ᄒ야曰舊任員의挾雜은非吾所失이오本人을不信케認ᄒ진뒤本人財産이協校基本을能當ᄒ을지라以本人財産으로擔保ᄒ것시오達城協成이각其基本으로成就학校라何必壹廢壹存이며又何自有財産으로他校에讓渡ᄒ理由가有ᄒ며生徒ᄂ皆解送ᄒ기ᄂ此個人은獨非化內之物而勿受敎育이可乎며協校ᄂ非大邱壹郡之校요乃管下四拾壹郡之校ᄂ數百里外에七八歲兒童이能有入校者乎며況此校ᄂ最大關係가有ᄒ니 特上ᄒ신節目에此校ᄂ壹道私立中央학校로定ᄒ고각郡에小학校를設立ᄒ라ᄒ시고財政은各其位置로專管ᄒ라ᄒ셧ᄉ오니 聖旨洋々하온데校規를誰敢變更이며오直吾管合理에觀察이無以更詰이러니不意日前에朴海齡權鶴鎭鄭鎭台幾個人이爲倀鬼嗾犬ᄒ야或文字沮戱도ᄒ며或口吻으로遊說케ᄒᄂ故로本人等이間不勝〃慫慂戰ᄒ야파足齊集ᄒ야贊務會를開ᄒ고本校維支ᄒ方針을贊議ᄒ을際에不知何處組織인지協成學校任員記라ᄒ고校壁에粘付ᄒ앗시되第壹委員長梁弘默이오末端에학校監督觀察使朴重陽이라ᄒ고道章을署ᄒ앗스니挾勢壓制ᄒᄂ權焰으로人家에入ᄒ야其末를遂ᄒᄂ手端이라

壹般生徒가壹倍激昂하야擯屛週邊에舉半出席을停廢ᄒ오니敎育妨害莫此爲甚이라本人等이不勝驚怪憤鬱ᄒ야觀察使의게說明次로請謁하오니拒以不納ᄒ기로大邱郡守梁弘默氏를往訪ᄒ오니亦稱病不見이러니翌日에梁시가本校에來ᄒ야暢說ᄒ되現今新任員을組定ᄒ앗스니舊任員은退ᄒ고協成學校ᄂ自今變更이오將次小학校를設ᄒ다ᄒ기로本人等이不服抗說ᄒ오니梁시가無以應ᄒ고携手以嘗曰此非吾의所關이라觀察의게質問ᄒ라ᄒ니

大抵本학校ᄂ 聖上之所特允而獨不見存於觀察使乎아朴海齡은舊삽薄挾雜時校長也라以白頭로圖得柴谷郡守ᄒ니其受恩感激ᄒ야鷹犬을甘作ᄒ거니와獨个念此校ᄂ 聖澤이維新키ᄂ以 聖上臣子로此校變更ᄒ지고蠅營狐付ᄒ니是可忍ᄒ리잇가本人等이痛憤所激에不忍含默ᄒ야當初 啓下冊子를賢率ᄒ옵던金支圭를派送京城하옵고達에公函ᄒ오니照亮하신後即刻復函ᄒ시와 聖意를遵背치고敎育을妨害ᄒᄂ者를齊聲共討之地를敬要ᄒ엿더라

◎可興의普昌　忠淸北道忠州郡可興面可興里에서安恆淳朴甘烈丁奎賢諸시가발起ᄒ야湖興普昌學校를設立하고學員을募集ᄒ야八拾名에達ᄒ앗ᄂ뒤該面內諸시들이熱心贊助ᄒ기로進就之望이有ᄒ다더라

◎汾校卒業　通津汾陽학校에서第壹回卒業式을舉行ᄒ앗ᄂ뒤最優等生에김永培中寮赫等三人이오優等生에洪正杓任裕寧等拾七人이오日語辭衛速成科에沈正澤林容兩等拾六人인뒤賞品을分給ᄒ앗다더라

◎正誤　光州巡査特設隊指揮官權寧彬시가巡査의作弊를止戢지아니ᄒ고酒色으로度日ᄒ다ᄒ기에隨聞揭載하앗더니更聞ᄒ즉傳之誤訛이더라

廣告

大韓東西藥業月報社制製藥

喉咽消痛 隆氷水 五日分 金壹圜　消食物 告味 甘酸水 金十錢

男女氣血 補益丸 二圜五十錢　灣潤腸丸 二十錢

淋疾 祛根藥 五十錢　痢疾壹散 三十錢

清肝腎丸 十五錢　養兒寶散 十五錢

萬根藥 三十錢　純金鷄納丸 十錢

蟲沒丸 二十錢　是汗臭藥 二十錢

感冒丸 十錢　太腫含瘡膏 十錢

消咳藥 三十錢　漢城百應膏 十錢

消積丸 五十錢　癇氣神效保嬰散 二十錢

胃藥膏 ... 小包郵便賣

壯陽復元丹

二週分價 八十錢　四週分 二圜四十錢　八週分 四圜四拾錢

此藥은專히腦痛肺癆○腎虛弱○陽萎不起○遺精多夢○神經衰弱○房事時早漏不快○病後虛弱○健忘不眠貧血諸症○先天不足○飲食不下○眩暈頭痛○等症을治하나니試將此丸을照法服之면不過幾點에立見妙效하야魂飛肉躍에精神微奮하고頓覺愉快하나니其症이輕者는服壹貳週면挽回元陽하고其症이稍重者는可服一四週하고遠年痼疾도其症이頗重者는連服七八週면必能全치無疑니若夫無病之人도試用此劑則補血而益氣하고强筋而壯骨하나니用之八週而未見其效則請將價額을如數繳呈이오不致虛誕自欺라此丸은又無論男婦老幼하고均有奇效하나니眞世間無比之妙劑也라僉位는何不早圖壹試오

發行所 皇城香로太廣橋십七號七戶 共愛堂약房

特約代理店 京城水橋 濟生堂약房

本塾에서學生을募集設하오니習業成課를特設하오니願人은... 會員은限拾月十二日內로卽速來議함

細則은本塾에來問함

前德語學校內

北部大安洞 安興義塾 告白

本人에名字를殊을以允植으로改正하오니知舊間照亮함

平北寧邊府 梁允植 告白

度支部 測量課 編纂

土地測量術

全壹冊正價金 弁製大拾錢 洋裝九拾錢

近日測量術書類에三四種이刊行되엿스나不完全의缺點이不無하든바今에本書는細部測量으로圖根測量々지詳密히編纂하얏스며各種實地測量한製圖의圖本을揷入하야壹般斯學界의無二한寶典이오且紙質의堅美함과製冊의華麗함이測量術書中에覇王이라稱할만함

〔發兌元〕

皇城中部龍朝橋越 中央書館 朱翰榮

仝 南部大廣橋 大東書市 金晃鉉

仝 南門內尙洞 滙東書館 高裕相

仝 南門外紫岩 博文書館 盧益亨

仝 新舊書林 池松旭

趙聲九 氏 撰述

地方行政論

全壹冊 定價金 三拾錢

本書는地方自治行政에關한一般의原則과外國의現行制度를參互撰集하야簡明히論述한者ㅣ니現今地方官의位에在한者의行政上參考될뿐勿論이오주國人士도可히其國家生活의本旨를瞭解하야將來自治制度組織의基礎를成하겟슴이니有志僉彦은速々購覽하시옵

發行元 皇성中部龍朝橋越邊 中央書館

발賣處 京城及地方 各書肆

本社는平壤馬山洞磁器製造를發起하와初次에二百株式의資本金을募集하야제諸氏의成績이良好이온바盛旺擴張키爲하야現又一千株式加數募集하오니江湖僉君子는注意하시와本月內로左記處에來議하시옵

隆熙二年十月三日

平壤磁器製造株式會社發起人

韓三賢 尹在明 鄭仁叔 尹聖運 田在豐 李德煥 崔有文

壹. 總資本금 六萬圜

壹. 總株數 壹千貳百株

壹. 壹株금 五十圜

但株금은三回에分하야第壹回二十五圜第二回十五圜第三回十五圜

株式募集及株金領受所

本會社創立事務所 平壤종路 尹聖運

平壤貫洞 株式會社 漢城銀行

株式會社 韓一銀行

平北定州五山洞 李昇薰

鎭南浦築동 김正民

黃海道安岳邑內 김庸鼎

社告

◎大韓地志敎科書

國漢文全壹冊 定價二拾五錢

本書는高等小學校敎科用으로編輯한것이니至壹冊六拾九課每課壹百六拾字以下로定하야課讀에取便케함

發行所 平壤法橋大同書觀 京城桂洞支公廉

○申報價

壹張代金 新貨二錢五厘

壹個月前納 三十錢

參個月 九拾錢

陸個月 壹圜七十錢

壹個年 三圜四十錢

郵稅壹朔 新貨五厘

壹個年 十二錢

○廣告料

四号活字拾三字詰

每日壹寸(英尺)에 新貨廾五錢

二週日壹寸에 二圜五拾錢

壹個月壹寸에 五圜

(自壹行至四行이爲壹寸)

其期限의長短과字行의多寡를依하야增減함이有함

◎大韓每日申報各處支社廣告

中署布屛下 金相萬冊々

平壤鍾路太極書館 安泰國

仁川香洞開新冊々 李東暉

義州南門外西大藥房 鄭有寬

釜山海佐川약局 徐觀錫

三和港牌石洞 金澄社

咸興州開社西門外 曹喜林

開城남大門內興學書舖 表功遠

大邱西門外友弦書樓側 李化內

載寧邑濟衆院 劉泰澤

鐵山邑東部 安源

元山倉前 劉七錫

□州南門內書舖 □成□

星州郡校洞 許일

郭山興岩書英書舖 李銀瑞

安岳細동坊成洞 廉道善

博川舊津 李鎭咸

安州城內義井洞 金鴻翊

鐵原邑榮동 趙香大

高原邑 朴致吉

井邑邑內 李容燮

泰仁邑內 宋珠結

京義線枇峴驛前市 李基秀

長淵邑南門內 崔載溶

殷栗邑倉前里 金泰馨

龍川楊市 黃錫保

朔州邑남門너 朱伯蓋

泰川邑舘前洋낙局 李正華

永興南山동書舖 梁圖錫

江華邑川橋 徐鎭식

淸州남門外 宋斗순

寧邊邑客舍里趙炳俊敎明濟世 趙德三

金溝水流面豆亭 丁一善

信川邑六里 金昌鎬

江西邑內

成川郡上部面 馬應三

興德富安面鶴谷 姜大榮

龍川府南面松峴海東書會 金賢圭

咸從郡耶蘇敎堂 張炳壹

平남順川郡運동 鄭裕信

龍川남市驛 韓秉瑞

鴨岡邑 郭昞秀

車韓館 金明鎰

結城廣川小龍동 李啓紳

金平部豊川 張濟학

洪原南門外耶蘇敎冊鋪方萬昌

宣川邑橋南 金亨俊

發行兼編輯人英國人 萬咸

Responsible for Publication Alfred Weekley Marnham.

發行所 漢署石井洞號外地三層洋屋 大韓每日申報社

漢城醫院 眼科醫院 醫學校卒業後濟衆院卒業 의학博士 漢석學 濟衆院의實地六年經驗 韓人의博士

壹此醫院에서太英國視力檢査機械와銀번眼鏡를購置하고男女視力을檢査하야適合한대로廉價放賣하오니視力이不足한이는速々히來臨하야視力을檢査함을바라나니라

光武九年八月拾壹日 明治卅八年八月拾壹日 第三種郵便物認可 土曜日 西曆壹千九百八年拾月卅壹日 (壹)

第六卷 大韓每日申報 第九百四拾貳號

月曜及慶節 歲時日休刊

檀君開國四千二百四十一年
箕子元年三千三十年
大韓開國五百十七年
日本明治四十一年
淸國光緒三十四年
陰曆戊申十月大初七日己未

論說

◎淸國의進步有望

遲々乎淸人이여其覺醒乎아綏々乎淸人이여其進步乎아盖其五六十年以來로淸國의交涉이殷繁ᄒᆞ고外人의凌踏이滋甚ᄒᆞ야壹挫於英ᄒᆞ고再蹶於英法ᄒᆞ며三衂於日本ᄒᆞ고始困於變逆ᄒᆞ며終創於義匪ᄒᆞ얏스니猶是虛傲自大의心과恬嬉婾怠의習과頑迷固陋의思想이依然自若ᄒᆞ더니

最近數年에至ᄒᆞ야漸次覺醒ᄒᆞᄂᆞᆫ意想과進步ᄒᆞᄂᆞᆫ狀態가種々발現ᄒᆞ니其政治로言ᄒᆞ면憲法實施의預備와國會開設의催期가是也오其敎育으로言ᄒᆞ면國내各處에學校가稍々設立되고海外학生이數萬名에達ᄒᆞ얏고其軍備로言ᄒᆞ면新式의操演ᄒᆞᆫ陸軍이四十萬이오海軍部를新置ᄒᆞ야艦隊를完設ᄒᆞ기로計畫ᄒᆞ며實業을增進키爲ᄒᆞ야工業學生을東西各國에派遣ᄒᆞ며新式武器를自國人의手로製造ᄒᆞ기爲ᄒᆞ야機器局을增設ᄒᆞᄂᆞᆫ等事가是也라

盖其國民의現在程度로觀ᄒᆞ면愛國思想과維新注意를抱ᄒᆞᆫ者가千分의壹二도尙此未及이라謂ᄒᆞ나何如ᄒᆞ던지今日은漸次開明程度에發軔ᄒᆞᄂᆞᆫ機會라更히黑闇境界에退步ᄒᆞᆯ理由가無ᄒᆞ고而況憲法이實施되고國會가開設되ᄂᆞᆫ日이면全國人民이皆論政ᄒᆞᄂᆞᆫ知識과參政ᄒᆞᄂᆞᆫ權限이有ᄒᆞᆯ지니其曾滙발달의期限이近則十年이오遠則二拾年에不過ᄒᆞ리로다

然則淸國이將來발達ᄒᆞᆯ時代에其密接關係가何國에在ᄒᆞ뇨ᄒᆞ면韓國이是라其地勢로言ᄒᆞ면大陸이相接ᄒᆞ고隔江相望ᄒᆞ야輔車脣齒의勢가最히緊密ᄒᆞ고其歷史로言ᄒᆞ면四千年來에治亂存亡의影響이恒常交通ᄒᆞ되얏ᄂᆞᆫ데目今形便도韓國과滿洲가同一ᄒᆞᆫ境遇에處ᄒᆞ얏스니萬若韓國이不存ᄒᆞ면滿洲가不存ᄒᆞᆯ것이오滿洲가不存이면淸國의全體가隨之ᄒᆞᆯ지라

是以로淸人이門을失ᄒᆞ며香港을失ᄒᆞ며臺灣을失ᄒᆞ고도猶是恬然自若ᄒᆞᄂᆞᆫ態度가有ᄒᆞ더니乃者韓國丁未政變에對ᄒᆞ야君臣上下가壹層恐懼ᄒᆞ야憲法實施와國會開設의期限을催促ᄒᆞ되韓國의遭値ᄒᆞᆫ事變으로ᄡᅥ自國의遭値와如히遑々汲々ᄒᆞᄂᆞ니此ᄂᆞᆫ無他라利害休戚의關係가最爲密接ᄒᆞᆫ緣故로다

今에韓國事情으로言ᄒᆞ면他國範圍內에落在ᄒᆞ야自主의權을專失ᄒᆞ야自强의能力을養成키難ᄒᆞ다ᄒᆞ나全國人民이若能壹致奮發ᄒᆞ야開明事業이着々進步되면學境東洋大勢의關係로自由活動ᄒᆞᄂᆞᆫ機會를得ᄒᆞᆯ지니幸勿落望ᄒᆞ고銳意進步ᄒᆞᆯ지어다韓國同胞여

▲▲隆熙貳年拾月二拾七日 官報

◉告示

農商工部告示第拾三號 續

商法(明治三拾二年法律第四拾八號)

第二編 會社

第壹章 總則

第四拾二條 本法에會社라홈은商行爲를行홈을業으로ᄒᆞᄂᆞᆫ目的으로ᄡᅥ設立ᄒᆞᆫ社團을謂홈

第四拾三條 會社ᄂᆞᆫ合名會社合資會社及株式會社의四種으로홈

第四拾四條 會社ᄂᆞᆫ此를法人으로홈

會社의住所ᄂᆞᆫ其本店의所在地에在홈것으로홈

第四拾五條 會社의設立은其本店의所在地에서登記홈이아니면此로ᄡᅥ第三者에게對抗홈을不得홈

第四拾六條 會社ᄂᆞᆫ其本店의所在地에서登記홈이아니면開業準備에著手홈을不得홈

第四拾七條 會社가本店의所在地에서登記ᄒᆞᆫ後六個月以內에開業아니ᄒᆞᆫ時ᄂᆞᆫ裁判所ᄂᆞᆫ檢事의請求를因ᄒᆞ거나又ᄂᆞᆫ職權으로ᄡᅥ其解散을命홈을得ᄒᆞ되但正當ᄒᆞᆫ事由가有ᄒᆞᆫ時ᄂᆞᆫ其會社의請求를因ᄒᆞ야此期間을伸長홈을得홈

第四拾八條 會社가會社의秩序又ᄂᆞᆫ良ᄒᆞᆫ風俗에相反ᄒᆞᄂᆞᆫ行爲를行ᄒᆞᆫ時ᄂᆞᆫ裁判所ᄂᆞᆫ檢事의請求를因ᄒᆞ거나又ᄂᆞᆫ職權으로ᄡᅥ其解散을命홈을得홈

第四章 株式會社

第一節 設立

第百拾九條 株式會社設立에ᄂᆞᆫ七人以上의發起人이有홈을要홈

第百二拾條 發起人은定款을作ᄒᆞ야此에左開事項을記載ᄒᆞ고署名홈을要홈

壹 目的

二 商號

三 資本의總額

四 壹株의金額

五 取締役所有ᄒᆞᆫ株式의數

六 本店及支店의所在地

七 會社가公告ᄒᆞᄂᆞᆫ方法

八 發起人의姓名住所

第百二拾壹條 前條第五號乃至第七號에揭ᄒᆞᆫ事項을定款에記載치아니ᄒᆞᆫ時ᄂᆞᆫ創立總會又ᄂᆞᆫ株主總會에서此를補足홈을得홈

前項의株主總會의決議ᄂᆞᆫ第二百九條의規定을從ᄒᆞ야此를行홈을要홈

第百拾貳條 左揭ᄒᆞᆫ事項을定ᄒᆞᆫ時ᄂᆞᆫ此를定款에記載치아니ᄒᆞ면其效力이無홈

一 存立時期又ᄂᆞᆫ解散의事由

二 株式의額面以上의발行

三 發起人이受ᄒᆞᆯ特別ᄒᆞᆫ利益과及此를受ᄒᆞᆯ者의姓名

四 金錢以外의財産으로ᄡᅥ出資의目的으로ᄒᆞᄂᆞᆫ者의姓名其財産의種類價格及此에對ᄒᆞ야與ᄒᆞᄂᆞᆫ株式의數

五 會社의負擔에歸ᄒᆞᆯ設立費用及發起人이受ᄒᆞᆯ報酬額

(未完)

外報

◉米兵撤還說 東京電을據ᄒᆞᆫ즉米國에서淸國에駐在ᄒᆞᆫ軍隊를撤還ᄒᆞᆫ다ᄂᆞᆫ說이有ᄒᆞ더라

◉近東問題贊成 同電을據ᄒᆞᆫ즉俄國新聞紙ᄂᆞᆫ土耳其의利益을因ᄒᆞ야近東問題를列國會議에提出홈이可ᄒᆞ다고贊成ᄒᆞ얏다더라

◉實業家의質問 同電을據ᄒᆞᆫ즉目下日本에滯在ᄒᆞᆫ米國實業家一行中에서日本의實業을視察ᄒᆞᄂᆞᆫ中에疑問이有ᄒᆞ야農商務省에質問ᄒᆞ얏ᄂᆞᆫ데其中敎育에關ᄒᆞᆫ件이如左ᄒᆞ니

壹 日本의實業敎育은如何히ᄒᆞ야發達케ᄒᆞ며又現在方法의如何

貳 如何ᄒᆞᆫ學校에서如何ᄒᆞᆫ程度로英語를敎授ᄒᆞᄂᆞ냐홈이라더라

文壇

▲讀史新論 (續) 壹片丹生

第三章 扶餘族大發達時代

漢江以南에ᄂᆞᆫ又其十個蠻族의踞據ᄒᆞᆫ바ㅣ되얏스니蓋二國以前東國史를讀ᄒᆞᆫ건ᄃᆡ此三千里域內에散居ᄒᆞᆫ民族이壹毫도扶餘族의聲色臭味를帶有ᄒᆞᆫ者ㅣ無ᄒᆞ도다

噫ᄒᆞ다檀君이各部落을征服ᄒᆞᆫ以後에二千餘年間의長歲月을經ᄒᆞ도록我扶餘族의光明이壹隅에久藏ᄒᆞᆷ은是가何故를因홈인저今에其可考ᄒᆞᆯ處가無ᄒᆞ거니와乃若三國初起時代의前後百餘年間에扶餘族의聲勢가東西萬餘里間에突飛ᄒᆞ니此ᄂᆞᆫ古代扶餘族의第壹大發達時代라

解夫婁도此時에生ᄒᆞ며解慕漱도此時에生ᄒᆞ며高朱蒙도此時에生ᄒᆞ며琉璃王도此時에生ᄒᆞ며沸流溫祚도此時에生ᄒᆞ며朴赫居世閼智昔脫解首露도此時에生ᄒᆞ며扶芬奴扶尉猒도此時에生ᄒᆞ며乙音도此時에生ᄒᆞ며其他聖哲偉人이輩出ᄒᆞ야扶餘族의聲光을揚ᄒᆞ얏시니烏蘇里江流域에壹國을建ᄒᆞ니曰東扶餘오鴨綠江流域에壹大國을建ᄒᆞ니曰高句麗오漢江流域에壹大國을建ᄒᆞ니曰百濟오洛東江流域에八國을建ᄒᆞ니曰駕洛新羅라

或曰以上에列ᄒᆞᆫ바諸聖哲偉人이皆扶餘種됨은史籍에可考어니와但新羅駕洛始祖ᄂᆞᆫ扶餘에셔出ᄒᆞ얏다홈은或臆斷에近치아니ᄒᆞ냐曰唯々否々라此에疑點을置ᄒᆞᄂᆞᆫ者ㅣ或有ᄒᆞ나余의研究ᄒᆞᆫ바에依ᄒᆞᆫ則新羅도扶餘에셔出홈이無疑ᄒᆞᆫ지라今에其證을擧ᄒᆞ건ᄃᆡ左와如ᄒᆞ더라

(未完)

雜報

●裁可待施 民刑事訴訟費用改定件과手數料改定件을總理度大法大三大臣이聯署上奏ᄒᆞ야 裁可를頒布ᄒᆞ얏다더라

●變更何多 近日內閣이變更되야某々氏가新組織ᄒᆞᆫ다ᄂᆞᆫ說은昨報에已揭어니와又壹說을聞ᄒᆞᆫ즉某處에서地方을鎭靜ᄒᆞ기爲ᄒᆞ야位望이有ᄒᆞᆫ人으로特別運動派外에敍用ᄒᆞ기로現今組織中인ᄃᆡ其氏名을漏聞ᄒᆞᆫ즉總理大臣은李容元氏요內相은趙同熙氏오學相은閔宗植氏오度相은金聲根氏오農相은金嘉鎭氏오法相은李容稙氏오軍相은李鍾健氏오侍從院卿은李道宰氏오承寧府總管은嚴俊源氏오主殿院卿은金榮漢氏오內藏院卿은金永根氏오軍部次官은沈[illegible]澤氏로敍任ᄒᆞᆫ다ᄂᆞᆫ說이有ᄒᆞ더라

●宋內大將還 伊藤統監이內部大臣宋秉畯氏의게辭職疏를奉呈ᄒᆞ라ᄂᆞᆫ電信이來到ᄒᆞ얏다ᄂᆞᆫ說이有ᄒᆞ다더라

●若林의相見 昨報와如히警視總監若林賚藏이가昨日上午九時에該廳에仕進ᄒᆞ얏ᄂᆞᆫᄃᆡ각署韓日警部가壹切會同ᄒᆞ야相見禮를設ᄒᆞᆫ後에該廳各課를輪回視察ᄒᆞ얏다더라

●鎭衛隊復設 昨年七月에軍隊解散ᄒᆞᆫ以後로義兵이地方에蜂起홈이去益滋甚ᄒᆞ야良民의慘害가不少홈으로政府에서鎭衛隊를復設ᄒᆞᆫ다더라

●出於宦腸 蔚山郡居李仁五氏가何等仕宦熱이激발ᄒᆞ얏던지自己로巡撫使를敍任ᄒᆞ면地方騷擾를鎭靜ᄒᆞ야人民을安頓케ᄒᆞ깃다고總理大臣李完用氏에게壹幅長書를提送하얏다더라

●郡守論責 利川郡守李喆榮氏가不法ᄒᆞᆫ行政이多ᄒᆞ다고該道觀察使가逐罪論責ᄒᆞ얏다더라

●滌於海水乎 中樞院顧問李址鎔氏의夫人李玉卿氏가其子婦를帶同ᄒᆞ고日本에前往ᄒᆞ기로決定하얏다ᄂᆞᆫᄃᆡ其前往ᄒᆞᄂᆞᆫ理由인즉家內에不美ᄒᆞᆫ事件이有ᄒᆞᆫ所以라더라

●朴氏入院 濟州島에滯在ᄒᆞᆫ朴泳孝氏ᄂᆞᆫ近頃에身恙이有홈으로去二十六日에木浦民團에서設立ᄒᆞᆫ病院에入院治療ᄒᆞᆫ다더라

●職員改稱 各郡鄕校齋任의名稱을改正ᄒᆞ야職員으로施行케ᄒᆞᆫ다ᄂᆞᆫ說이有하더라

●里面長排置 地方各郡의面장里장排置ᄒᆞᆯ件을擬定ᄒᆞᆫ다ᄂᆞᆫ대五百戶의面장壹人五십戶의里長壹人式을選定ᄒᆞᆫ다더라

●呼冤次上京 新溪郡河玉동居李永喜시子李昌鳳이가瑞興郡居金應奎의女婿가되야贅居ᄒᆞ더니金應奎가有何不測之心이던지其婿李昌鳳을逐送ᄒᆞ고新幕日憲兵分遣所에前往ᄒᆞ야何樣指囑ᄒᆞ얏던지日憲兵과所謂補助員이李永喜시家에來到ᄒᆞ야李昌鳳의在家與否를探問ᄒᆞ며李永喜시를無數亂打ᄒᆞᄂᆞᆫ故로李시가呼冤次로上京ᄒᆞ얏다더라

●江倅失魂 江華郡守ᄂᆞᆫ近日來로鄕民의斷髮을勵行ᄒᆞᆫ結果로人民이大段히激昻ᄒᆞ얏ᄂᆞᆫ대壹夜에ᄂᆞᆫ數百名人民들이郡守를襲擊ᄒᆞ야斬殺코져홈으로郡守ᄂᆞᆫ艱辛히密行ᄒᆞ야港口沿岸을出ᄒᆞ야再昨夜에韓船을搭乘ᄒᆞ고仁川으로逃避ᄒᆞ얏다더라

●官民俱困 丹陽郡에서ᄂᆞᆫ憲兵隊를設置ᄒᆞᆫ後로居民을義兵干連이라고捉去ᄒᆞ야累日式拘留하고問招ᄒᆞ기를壹貳人式連續不絶홈으로居民들이서로騷動ᄒᆞ니大端하다ᄒᆞ고該郡守ᄂᆞᆫ昨年부터官舍를日守備隊에게見奪ᄒᆞ고已往鄕廳에居接ᄒᆞ더니今月貳拾壹日守備隊가沒數撤去ᄒᆞ고郡守ᄂᆞᆫ本處所로移接ᄒᆞ라고訓令이有ᄒᆞ기로還爲移接ᄒᆞ얏더니不過幾時에憲兵이更入하야更爲奪居ᄒᆞ얏ᄂᆞᆫᄃᆡ大抵日人은無法天地라고輿論이喧藉ᄒᆞ다더라

●日人暴行 陰竹長湖院駐在하ᄂᆞᆫ日守備隊ᄂᆞᆫ近日義兵이나盜賊이나捕捉ᄒᆞ면暮夜無知에何以殺之ᄒᆞ얏던지該尸躰를水邊沙場에掘埋ᄒᆞ나번々히掩藏치아닌故로該近洞家犬들이該尸身의手足을물고街路上에往來ᄒᆞ니百姓들이보기에悚懼ᄒᆞ고慘酷ᄒᆞ다고輿論이浪籍ᄒᆞ다더라

●日役夫生弊 昨日上午九時에日人吉原等三名의肥料物運搬하ᄂᆞᆫ車馬三匹이南部남小洞三巨里에서跳躍橫馳ᄒᆞᄂᆞᆫᄃᆡ北帶洞居五拾歲된朴元明시가被蹴ᄒᆞ야幾至死境하얏고其他人民의損害도不少ᄒᆞ다더라

●蒼生可憐 各地方消息을據ᄒᆞᆫ즉日兵과通譯官及巡査들의許多作弊를難堪中所謂憲兵補助員의作弊가尤甚ᄒᆞ야料生ᄒᆞᆯ수가업다ᄂᆞᆫᄃᆡ大抵憲兵補助員이라하ᄂᆞᆫ거슨純是無賴遊食之輩인故로此等弊端이싱긴다고民怨이大端ᄒᆞ다더라

●逃女何多 平山郡內居十六歲된女兒가有何事故이던지去二拾日頃에逃去ᄒᆞ다가補助員에게捕捉되여該憲兵隊에捉囚ᄒᆞ얏더니數日後에補助員金炳周와結婚作配ᄒᆞ얏다ᄒᆞ고又去廿五日에同郡居二十五歲된婦女가逃走ᄒᆞ다가該郡駐在所에捕捉되얏더니翌日에該所巡査李宗律시와作配되얏다더라

●無理結婚 平山郡內憲兵隊에捉囚되얏던兒女와駐在所에捉去되얏던婦女의事ᄂᆞᆫ別項과如ᄒᆞ거니와補助員金炳周가該兒女로結婚될時에該隊補助員等이兒女로ᄒᆞ야금自成婚케爲ᄒᆞ야補助員等이互相鬪鬨ᄒᆞ다가金炳周의權力을不勝ᄒᆞ야炳周에게見奪ᄒᆞ얏다ᄒᆞ고又巡査李宗律시가該女人으로作配ᄒᆞᆫ事에對ᄒᆞ야該女의本夫가瑞興警察署에呼訴中이라ᄂᆞᆫᄃᆡ官吏의無理홈을人皆唾罵ᄒᆞᆫ다더라

●聞於兩木 日前에義兵幾拾名이天安郡竹里居前參判洪祐鑑시家에入來ᄒᆞ야炊飯ᄒᆞ야去ᄒᆞ얏ᄂᆞᆫᄃᆡ日兵이繼後來到ᄒᆞ야洪시를毆打ᄒᆞ며家屋을沒數衝火ᄒᆞ고退去ᄒᆞᆫ後에義兵이又爲來言하되何故로日兵의게告발ᄒᆞ얏ᄂᆞ뇨ᄒᆞ며洪시를亂打ᄒᆞ야死境에至ᄒᆞ얏다ᄂᆞᆫ傳說이有ᄒᆞ더라

●砲殺面長 忠南來信을據ᄒᆞᆫ즉德山郡高山面의서本月貳拾壹日頃의義兵七八名이該面장李某를捉去ᄒᆞ야砲殺홈으로該附近人民들이皦々恐惶ᄒᆞᄂᆞᆫ貌樣이라더라

●非胎疑病 成川來人의傳說을據ᄒᆞᆫ즉該郡順德面居ᄒᆞᄂᆞᆫ鄭達初氏의夫人이年今六拾三歲인대孕胎滿朔ᄒᆞ얏다더라

●俞氏被捉 中部廟동居前承旨俞鎭瓚氏가何事件을因홈인지再昨夜에警察署에被捉ᄒᆞ얏ᄂᆞᆫ대無事放還케爲ᄒᆞ야該시의子姪이極力周旋ᄒᆞᄂᆞᆫ中이라더라

●日賊被捉 日本東京市四谷區에居ᄒᆞᄂᆞᆫ田中太三郞이라ᄂᆞᆫ惡漢이元山으로부터京城에來到ᄒᆞ야去二拾八日午後拾時頃에南大門外飮食店藤原常次郞家에來ᄒᆞ야七十餘錢飮食을討食하고十二時를過ᄒᆞ야某檢擧家에突入ᄒᆞ야壹尺八寸刀와六寸餘의七首를出示ᄒᆞ며同家妻女를脅迫하야日我ᄂᆞᆫ仁川에서來ᄒᆞ얏ᄂᆞᆫᄃᆡ旅費가窮ᄒᆞ다ᄒᆞ고刀를揮ᄒᆞ면서威脅强請ᄒᆞ다가即時警察署에被捉ᄒᆞ얏다더라

●嶠南總會延期 嶠南敎育會에서去日曜日에總會를開ᄒᆞᆫ다더니霖雨未開ᄒᆞ얏고更히來日曜日上午十二時에典동會館內에서開ᄒᆞᆫ다더라

●齒角討論 靑年會館에서今日下午七時三十分에討論會를開ᄒᆞ고齒勝於角이란問題로可否便들이互相討論ᄒᆞᆫ다더라

●普倖不善 善山郡私立彰善學校의盛況은前報에屢揭ᄒᆞ얏거니와南來人의傳說을更聞ᄒᆞᆫ즉該郡守金昌珠시가到郡後에學部令으로客舍를修理ᄒᆞ야學校를移接ᄒᆞᆫ다稱ᄒᆞ고修理費로金八百圓을民間에排斂ᄒᆞ민民怨이載路하다더라

●因時制宜 甑山郡葛谷居金光鉉시ᄂᆞᆫ該郡儒林의宗匠이라該洞中에崇義齋를建築ᄒᆞ고聰俊子弟로더부러理學을研究하더니時局의變遷홈을洞察하고隣里長老某々諸시와協議鳩財ᄒᆞ야該齋室로新式學校를設立ᄒᆞ고境內靑年을募集ᄒᆞ야新학問으로熱心敎導ᄒᆞᄆᆡ학員이增進ᄒᆞ야校舍가不能容ᄒᆞᆯ境에達ᄒᆞ얏다더라

●李氏熱心 平北宗州古邑二里新里村居前參奉李鍾默시가時務ㅣ新知識으로敎育에熱心하야自己舍廊을灑掃ᄒᆞ고生徒를募集ᄒᆞ며吾里勢動者가響應ᄒᆞ야生徒가五六十名에達하얏다더라

▲地方消息

▲本月二拾六日光州東北方壹里新村山中의서義兵二十餘名이同郡日守備隊下士以下七名과巡査隊巡査四名과接戰ᄒᆞ얏다ᄒᆞ고

▲本月二十壹二十四兩日의咸興東北方約拾里山中의서東道善시의率ᄒᆞᆫ義兵八十名이同郡討伐隊와交戰ᄒᆞ얏ᄂᆞᆫᄃᆡ日兵一名이卽死하얏다ᄒᆞ고

▲本月念五日麻田郡西北方三里新村의서義兵貳十餘名이同郡分遣所憲兵二名과補助員三名과交戰하얏다ᄒᆞ고

▲本月十七日蔚珍西南方約六里地의서申乭石시의率ᄒᆞᆫ義兵五十名이同郡分遣所憲兵隊와交戰ᄒᆞ얏다ᄒᆞ고

▲本月貳日黃海道[illegible]南方壹里地의서義兵約三十名이同地日憲兵隊와交戰ᄒᆞ얏다더라

▲質問社會▼

▲上中下ᄋ三社會가完全ᄒᆞᆫ後成國이니上下間에介處ᄒᆞ야互相聯絡ᄒᆞᄂᆞᆫ者ᄂᆞᆫ中等社會가最重인대今日悲境을當ᄒᆞ고도[illegible]無起色黙然하니坐而待死ᄒᆞ라ᄂᆞᆫ지各社會中人士의게壹次試問ᄒᆞ여보세

▲이내말숨드러보소東洋拓殖더[illegible]社가東洋이라名稱ᄒᆞ니東洋中에엇ᄂᆞᆫ韓國互相拓殖ᄒᆞᆯ터인대規則보면日人들을韓國에만移殖이라宜乎質問ᄒᆞᆯ것인ᄃᆡ尙此寥々無聞하니하ᄂᆞᆫ일이무엇인가

▲또ᄒᆞᆫ말숨드러보소拓殖會社設立ᄒᆞᆯ제遞任官大李允用이社關側에股本金은驛屯出給힛나ᄂᆞᆫ데股金新募ᄒᆞ다ᄒᆞ니驛屯土ᄂᆞᆫ遞給인지宜乎辨白ᄒᆞᆯ것인대尙此寥々無聞하니ᄒᆞᄂᆞᆫ일이무엇인가

▲또ᄒᆞᆫ말숨드러보소拓殖規程模糊키로其會에서質問타가如意치ᄂᆞᆫ못힛스나各社會가聯合ᄒᆞ야此問題에對하야ᄂᆞᆫ逮於何境ᄭᅡ지던디도宜乎分析ᄒᆞᆯ것인ᄃᆡ尙此寥々無聞ᄒᆞ니ᄒᆞᄂᆞᆫ일이무엇인가

▲또ᄒᆞᆫ말숨드러보소韓國今日大問題가拓殖測量이아닌가鄕曲愚昧人民들은昏夢中에尙在로다當局者와交涉ᄒᆞ야昭詳分明質辨後에宜乎公布ᄒᆞᆯ것인ᄃᆡ尙此寥々無聞ᄒᆞ니ᄒᆞᄂᆞᆫ일이무엇인가

▲또ᄒᆞᆫ말숨드러보소測量학校許多ᄒᆞ나愛國者ᄂᆞᆫ볼수업고皆業邊에注意ᄒᆞ야速成으로爲主ᄒᆞ니技術不完焉用인가敎授方針精美로宜乎規定ᄒᆞᆯ것인대尙此寥々無聞ᄒᆞ니ᄒᆞᄂᆞᆫ일이무엇인가

▲또ᄒᆞᆫ말숨드러보소測量組合設施ᄒᆞ고壹萬坪에手數料를貳拾圓에定힛다니所有權이自在ᄒᆞ나不得已ᄒᆞᆫ測量이라高價手料될수잇나宜乎審査ᄒᆞᆯ것인ᄃᆡ尙此寥々無聞ᄒᆞ니ᄒᆞᄂᆞᆫ일이무엇인가

▲噫ᄒᆞ도다諸公이여ᄉᆞ랑홉다諸公이여諸公擔負엇던길내從淡ᄒᆞ기에此ᄅᆞᆯ가入於虎口ᄒᆞᆯ지라도勿失精神ᄒᆞ라ᄒᆞ니猜忌性과釣譽心은毒虫附身에바리고精神차려일ᄒᆞ시오社會上에諸公들이

社告

宣川 支社員魯晶관氏와 龍岡 支社員朴鏞운氏ᄂᆞᆫ幷爲請願解任ᄒᆞ고該兩郡支社員을新任ᄒᆞ얏기로左開仰佈ᄒᆞ오니該附近地에셔本報購覽ᄒᆞ시ᄂᆞᆫ僉君子ᄂᆞᆫ照亮ᄒᆞ신後新聞代金을左開兩氏處로送交ᄒᆞ심을務要

▲宣川邑橋南　金亨俊
▲龍岡邑　郭南秀

大韓每日申報社

雜報

◎黃登盛況　全北益山郡私立益彰학校長李鎬林校監朱利鐸諸시가秋期運動會을黃登里에開設ᄒᆞ고該郡益南學校와臨陂郡緝寧학校와咸悅郡邑明學校을聯合ᄒᆞ야學徒을七隊에分作ᄒᆞ고兩行에列을앗ᄂᆞᆫ데徒步壹等에趙榮貴趙鍾夏等八人이오旗取壹等에蘇致永金東氏等五人이오球入壹等에吳錫鍵權鍾玄等四人인데忽然西南角上으로呼角壹聲에臨陂郡守림진섭시가普興學校에壹般任員과學徒를帶同歡迎ᄒᆞᆫ後에勸勉的으로演說ᄒᆞ고萬歲를三唱ᄒᆞ얏다더라

◎三氏熱誠　龍川東下盤興洞日省학校々長張致亮副校長崔河瑞紳士金樂敏三시가발起ᄒᆞ야日教育이時局急務인데基本金이無ᄒᆞ면善後之策이아니라ᄒᆞ고金額을先自擔當힛다더라

廣告

南部曲橋十一統七戶
辯護士　崔鎭

◎特別廣告◎
本社에셔名帖印刷를更加擴張ᄒᆞ기爲ᄒᆞ야各樣紙品을壹切準備ᄒᆞ고極廉價로僉君子에所請대로隨應ᄒᆞ옵ᄂᆞᆫ중婦人과學徒의게ᄂᆞᆫ特別除減ᄒᆞᆯ터이오니照亮 來臨ᄒᆞ심을敬要
大韓每日申報社

本校에셔第二回算術夜學科(自初步로始)學員을募集ᄒᆞ오니願學僉員은陽拾壹月七日內로入學請願書를提呈ᄒᆞᆷ
但請願紙ᄂᆞᆫ本校用紙로ᄒᆞᆷ
試驗科目은國漢文讀書
壹 時間은自下午七時至八時
壹 卒業期限拾個月
典洞私立中東學校

本人이中部長通坊中谷六拾五統九戶瓦家七間版刻文券을光武四年分에家中셔失故本人의親健永시로立旨를出하얏더니其後에版券은現出이고立旨又爲家中셔失故廣告ᄒᆞ오니誰某拾得이라도休紙施行ᄒᆞᆷ
咸東燮 白

本人이陰曆月初四日와地段價推尋ᄒᆞᆫ紙貨四十六圜十三錢을漢城府內의셔셔失ᄒᆞ얏던니該府使令리聖文박永在兩시가拾得ᄒᆞ얏다가翌日의還付本人ᄒᆞ시니히兩시의至淸至白ᄒᆞᆫ義心을感賀不已ᄒᆞ와玆以廣佈ᄒᆞᆷ
西水鐵里居張在明 告白

◎東洋拓殖會社
株式募集
一 募集株數ᄂᆞᆫ 十三萬九千株
一 申請期限은 十一月一日부터十日ᄭᅡ지
一 每株의金額은 五十圓 (單壹回納ᄒᆞᆷ은)(拾貳圓五拾錢式)
一 申請證據金은 每株에對ᄒᆞ야 二圓五十錢式

取扱銀行
第一銀行總支店 京城支店
十八銀行 京城支店
五拾八銀行 京城支店
漢城銀行
韓一銀行
天一銀行
漢湖農工銀行

嶠南教育會
本會特別總會를來日曜日(陰八日)上午拾一時에開ᄒᆞ오니本會員은光降ᄒᆞᆷ

金裕泓 이行列을聯ᄒᆞ야仁灝로改名이옵기玆에廣告ᄒᆞᆷ

安州郡內
金仁 灝字 壽河 告白

本人이佈國武房에셔布木商業이다가移接于貞동西德門越邊美洞우三拾統一戶ᄒᆞ야繼續營業故로廣告ᄒᆞᆷ
鄭暢煥 告白

本人名字를舊에ᄂᆞᆫ茂年으로字ᄂᆞᆫ溢叔으로改定ᄒᆞ얏ᄉᆞ오니知舊間照亮ᄒᆞᆷ
北靑郡陽化塲市리茂年 白

本人等이耶蘇基督福音을傳播ᄒᆞ기爲ᄒᆞ야病院을設立ᄒᆞ고前官立醫學校敎官陸軍三等軍醫金鳳觀氏를醫師로延聘하야今月旬望間에始爲看病ᄒᆞᆯ터이오니壹般同胞ᄂᆞᆫ賁臨ᄒᆞ시와問病治療ᄒᆞ시되若貧寒無依ᄒᆞᆫ同胞ᄂᆞᆫ診察金이無ᄒᆞ더라도問病治療ᄒᆞ심을顒ᄒᆞᆷ
平安北道義州南門外基督病院
金昌禹 事務李澤彬

本所에貳個月測量科立學員募集ᄒᆞ니陰拾月拾五日內請願事
美洞二拾六統八戶
海東測量講習所 告白

本館에沐浴湯과內外國料理를精潔히新設인바多小不關ᄒᆞ고廉供ᄒᆞ오니僉位ᄂᆞᆫ來臨ᄒᆞ심을敬要
南部詩洞曾盛館 告白

本人의外祖父吳氏가早卒無嗣ᄒᆞᆫ온바貧窮所致로奉養도못ᄒᆞ와外祖母가本人家에依托ᄒᆞ얏다가棄世ᄒᆞᆫ後에本人의父親이其聘宅絕嗣ᄒᆞᆷ을矜惻이녀여吳門遠族吳公辰을要ᄒᆞ야右宅香火를奉承케ᄒᆞ고送入私塾ᄒᆞ야使之學問ᄒᆞ고待其稍長ᄒᆞ야使卽成娶ᄒᆞ고授業分戶ᄒᆞ야使之快活矣러니公辰의本性이浮荒ᄒᆞ야出沒技酒塲에傾蕩家産이非止再三이되隨散是補이고本人의父親別世後에本人이亦以錢財ᄒᆞ고施以田土ᄒᆞ야使之啟過安業矣러니傳習은尙今未悛ᄒᆞ야ᄌᆞ與挾雜輩로作伴上京ᄒᆞ야本人畓券을僞造欲賣키로東奔西走ᄒᆞ고左請右囑ᄒᆞᆫ다니內外國人은切勿見欺ᄒᆞ심을伏望ᄒᆞᆷ
金堤延山面祖宗里柳順寬告白

本人의所在瓦家拾八間半版刻文券을失故로玆以廣告ᄒᆞ오니誰某拾得間休紙施行ᄒᆞᆷ
西部麻浦壹百七拾八統六戶
盧成鎬 告白

本校夜學部日語科測量科에셔卒業을經ᄒᆞ온바右兩科學員貳則외商業科學員을募集ᄒᆞ오니願學僉員은來拾壹月五日「陰十月拾一日」內로來議ᄒᆞ심을爲要
卒業期限　日語科ᄂᆞᆫ甲班六個月乙班壹個年
測量科一個月　商業科壹個年
上學時限自下午六時至八時
南部[illegible]私立[illegible]校

本人이南門內市木廛[illegible]의陰戊申拾月初五日[illegible]壹西兩通[illegible]을路上遺失ᄒᆞ엿스니誰某拾得ᄒᆞ여도休紙施行ᄒᆞᆷ
吳圭煥 告白

○本人이銅峴博學書館을他人과同業이옵다가今에書館을各設ᄒᆞ고各種書籍을大發賣ᄒᆞ오니知舊及購覽僉彦은照亮務望
京城南部銅峴四巨里二層屋一
文明書館
玄檍 告白

染織을大擴張ᄒᆞ고支店을新設ᄒᆞ엿숍
各項衣次織造放賣
男女學生衣服次織造
理化學應用染色改良
染取新染粉直輸入放賣
其他各種染色及織造
宗廟越邊
中谷染織工所 告白
支店鐘路魚物廛七房

本人이陰初二日에錢洞鞋廛金計然處로朴得珠處에轉來ᄒᆞᆫ推次當五二千五百兩推次於音壹片과又五百兩壹片과合二片을並爲閪失故로玆以廣告ᄒᆞ오니於音을誰某拾得間休紙施行ᄒᆞ시고切勿見欺ᄒᆞ시옴
東[illegible]於鞍洞皮物商李源甚告白

◎平安道成川郡聯合大運動會趣旨書
夫吾人이此世에處ᄒᆞ야國家와社會에對ᄒᆞᆫ種々責任은壹日이라도免키不能ᄒᆞᆫ負擔이라斷此道々之七尺軀殼이如彼重大ᄒᆞᆫ責任을擔負코자ᄒᆞ면深遠ᄒᆞᆫ智慧와富厚ᄒᆞᆫ道德의俱備가必要ᄒᆞᆯ지나然ᄒᆞ나若以上兩長만只有ᄒᆞ고健全ᄒᆞᆫ氣力이不有ᄒᆞ면엇지智德을利用ᄒᆞ며또엇지[illegible]의缺点이아니리오是以로此三種敎育은何時何人을毋論ᄒᆞ고相須相成ᄒᆞᆷ이不甚라東西古今에大智大德은身體强健者의게濟치아니ᄒᆞᆫ이無ᄒᆞ니盖助力이完實ᄒᆞᆫ體肉의腦力이亦充壯ᄒᆞᆫ故ㅣ라噫라吾人이古書를讀ᄒᆞ며詠歌舞蹈가莫非人生의體育을爲ᄒᆞᆷ이언마ᄂᆞᆫ後世俗士가此等을不究ᄒᆞ야[illegible]去되靑年으로ᄒᆞ여금[illegible]ᄒᆞ게ᄒᆞ고元氣萎[illegible]ᄒᆞ야[illegible]ᄒᆞᆫ影響이此慘淡ᄒᆞᆫ之狀態를現出ᄒᆞ얏스니可勝歎哉며可勝慨哉아今에各학校敎授에體操科不有ᄒᆞᆫ것은아니로되此로足히써體育을獎勵ᄒᆞ야二十世紀競爭場에對等權을占有치못ᄒᆞᆯ것은易曉ᄒᆞᆫ定理이기挽近京鄕各都會之大運動이接續이起ᄒᆞ되비니吾郡敎育界가비록幼穉ᄒᆞᆫ程度에尙在ᄒᆞ다ᄒᆞᆯ지라도稍稍發達ᄒᆞ고天氣淸凉ᄒᆞᆫ此時에附近各校生徒를聯合ᄒᆞ야暢快ᄒᆞᆫ步의裨益을世은吾人의當做的義務이기로玆에運動會를組織ᄒᆞ여學界에快活ᄒᆞᆫ氣에疏通을注ᄒᆞ올지어다

義捐ᄒᆞᆫ氏名과錢數ᄂᆞᆫ如左ᄒᆞᆷ
郡守朴容觀 十五圜
朴相穆 閔錦旗壹本 李炳今
朴潤弼 곽拾圜 朴珽恒
馬鳳三 곽七圜 朴相駿
鄭基甲 金永燁 鄭秉模
김善恒 곽五圜 韓鎬
崔正憲 朴宗淳 鄭元昞
崔弘憲 崔應斗 곽三圜
李贊聲 金信浩 金應律
金瀅旭 金元俊 黃鳳淳
劉秉權 朴瀅鎰 車남명
朴瀅鎬 金命鎬 각貳圜
羅明淑 天道敎區 羅仁協
김元吉 金燦模 車元述
리元皓 朴昌鎬 朴利根
金秉珣 金炳翰慈親 鄭永樂
리炳俊 리炳선 羅錫穆
張致憲 內致龜 崔內碩
韓鼎珠 리豐晳 元用化
리永洙 리大爽 李景회
康寅琨 김衡睦 金豐鍾
박永化 리永斗 車貞俊
尹석完 리承夏 김文起
김碩模 吳善柱 곽壹圜
金益均 羅仁國 李應涉
최敎[illegible] 崔益善 李士奉
黃仲完 李正德 崔益善
김文弘 安斗종 朴鳳官
리基亨 張利俊 김稀俊
朴自圧 곽五錢
발起人 리炳수等 告白

測量見習壹月課學員募集廣告
本塾에셔壹個月見習速成課를特設ᄒᆞ오니願入僉員은陰拾月十二日內로卽速來議ᄒᆞᆷ
細則은本塾에來問ᄒᆞᆷ
北部大安洞
安興義塾 告白
前德明學校門

度支部 測量課 編纂

土地測量術

全壹冊正價금 幷製 六拾錢 洋裝九拾錢

近日測量術書類에三四種이刊行되엿스나不完全의缺點이不無ᄒᆞ든바今에本書는細部測量으로圖根測量ᄭᆞ지詳密히編纂ᄒᆞ얏스며各種實地測量을製圖의圖本을挿入ᄒᆞ야一般斯學界의無二ᄒᆞᆫ寶典이오且紙質의堅美ᄒᆞᆷ과製冊의華麗ᄒᆞᆷ이測量術書中에覇王이라稱ᄒᆞᆯ만ᄒᆞᆷ

〔發兌元〕

皇城中部罷朝橋越　中央書館　朱翰榮
仝 종路　大東書市　金基鉉
仝 南部大廣橋　滙東書館　高裕相
仝 南門內尙洞　博文書館　盧益亨
仝 남門外紫岩　新舊書林　池松旭

趙聲九氏 撰述

地方行政論

全壹冊 定價金 三拾錢

▲本書는地方自治行政에關ᄒᆞ야一般의原則과外國의現行制度ᄅᆞᆯ參互撰集ᄒᆞ야簡明히論述ᄒᆞᆫ者ㅣ니現히地方官의位에在ᄒᆞᆫ者의行政上參考될ᄲᆞᆫ勿論이오全國人士는각其隣保生活의本旨ᄅᆞᆯ瞭解ᄒᆞ야將來自治制度組織의基礎ᄅᆞᆯ成ᄒᆞᆯ者ㅣ니有志僉彦은速々購覽ᄒᆞ시옵

發行元　황셩中部罷朝橋越　中央書館
발傳處　京城及地方　各書肆

◎大韓地志 敎科書

國漢文全壹冊 定價二拾五錢

本書ᄂᆞᆫ高等小學校敎科用으로編輯ᄒᆞᆫ것이니全壹冊六拾九課每課壹百六拾字以下로定ᄒᆞ야課讀에取便케ᄒᆞᆷ

發行兼發賣元
平壤鍾橋 同書觀
京城桂洞 玄公廉

社告

○申報價

壹張代金　新貨二錢五厘
壹個月前納　三十錢
參個月　九拾錢
陸個月　壹圓七十錢
壹個年　三圓四十錢
郵稅壹個月　新貨五厘
壹個年　十二錢

○廣告料

四号活字拾三字詰
每日壹寸(英尺)에新貨廿五錢
二週日壹寸에　二圓五拾錢
壹個月壹寸에　五圓
(自壹行至四行이爲壹寸)
其期限의長短과字行의多寡ᄅᆞᆯ依ᄒᆞ야增減ᄒᆞᆷ이有ᄒᆞᆷ

◉大韓每日申報各處支社廣告

海州남門內	朴昌?스
定州南門內書舖	洪??
邑성部校洞	許?
郭山義岩青英書舖	李銀??
安岳細동坊成洞	盧道一
博川齋津	李讚文
安州城內義井洞	金聲河
鐵原邑榮동	韓?大
高原邑	朴敦吉
井邑邑內	李?煥
泰仁邑內	宋珠喆
京春線杜峴驛市	李基秀
長淵邑南門內	崔載淳
殷栗邑倉里	金泰璧
龍川楊市	黃菊保
朔州邑남門外	朱伯英
泰川邑館前洋屋	李止華
永興南山동書舖	崔昌錫
江華邑川橋	崔鎭식
淸州남門外	宋斗?
野邊邑客舍里趙炳俊家明濟世	
金溝水流面豆亭	趙鏞三
信川邑六里	丁一善
江西邑內	金昌鎬
成川郡上部面	馬應三
興德富安面館谷	姜大榮
龍川府南面松峴海東書會	金賢達
咸從鄕校敎堂	張炳瑩
平남順川郡巡동	鄭錫?
龍川남市驛	韓?麟
中和邑	郭?秀
中署布屛下	金相萬冊々
平壤鍾路太?書舖	安??
仁川畓峴開??	
義州南門外?大??	
釜山港佐川약局	徐???
三和港牌石洞	?瀅柱
咸興州南社西門外	晉書林
開城남大門內興學書舖	姜功遠
大邱西門外友弦書舖側李正??	
載寧邑濟衆院	劉夢澤
鐵山邑東部	安?源
元山倉前	劉七??
宣川邑??南	金亨俊
洪??南門外耶蘇敎冊肆方萬??	

發行兼編輯人英國人 裵說
Responsible for Publication
Alfred Weekley Marnham.
發行所 皇城??洞號外地三層洋屋
大韓每日申報社

第六卷 大韓每日申報 第九百四拾參號

月曜及慶節 歲時日休刊

檀君開國四千二百四十一年
箕子元年三千三十年
大韓開國五百十七年
日本明治四十一年
淸國光緖三十四年
陰曆戊申十月大初八日庚申

寄書

◉討金羅兩魔之妄議

秋田生

日昨의皇城新聞을接讀ᄒᆞ즉김[illegible]數懲羅寇庠二人이義擾와賊黨을止戢ᄒᆞᆯ意見으로中樞院의獻議ᄒᆞ되內部의壹局을附設ᄒᆞ고人民의身票를頒給ᄒᆞ야出入을檢整ᄒᆞ자ᄒᆞ얏시니其獻議를政府의셔將且採用與否ᄂᆞᆫ姑不暇預言이어니와噫彼獻議者도亦是我韓二千萬同胞中一分子로何以出此自縛自亡之說乎아奈何로法人이越南虐待ᄒᆞ든遺法을自欲履行也오

苟非喪心失性者면必是奴事外人ᄒᆞ야戕害同胞ᄒᆞᄂᆞᆫ劣根性이充滿腦髓ᄒᆞᆫ者로다嗚呼라當初義兵의所起ᄒᆞᆫ原因은今姑且置ᄒᆞ고勿論ᄒᆞ고數年以來로生命財産의被害慘酷이孰不萬目傷心이리요苟或ᄒᆞ면解散寧靜이면政府當局者가九百行政을實心改善ᄒᆞ며無辜ᄒᆞᆫ人民을撫綏安集ᄒᆞ야全國十三道에革新의功效가次第발佈ᄒᆞ즉不虞의患이自然消弭ᄒᆞ며和平의福을庶幾共享이어날彼等이計之不及此ᄒᆞ고다만自己의權利를鞏固케ᄒᆞᆯ에汲汲ᄒᆞ야朝渡日本ᄒᆞ야密運動ᄒᆞ며暮往統監府에搖尾乞憐ᄒᆞ야調印條約은如恐不及ᄒᆞ고地方騷擾ᄂᆞᆫ壹什外兵ᄒᆞ야人命의虐殺과婦女의劫奸과家屋의焚燒와財産의掠奪이前後狼藉ᄒᆞ니激起民心ᄒᆞ야使之暴動이雖曰政府之所爲라도實非過言이로다

噫라彼獻議者도此等情形을亦必料度이어ᄂᆞᆯ不思濟其弊ᄒᆞ고只欲防其末流ᄒᆞ야人民身票之說을無端作俑ᄒᆞ니是ᄂᆞᆫ登孫弘의禁民挾弓矢와何異ᄒᆞ리요古人이有言曰亡羊補牢未爲晩也라ᄒᆞ니繼自今으로政府施措가利國便民ᄒᆞ야着々進步ᄒᆞ면民心이自然底定ᄒᆞᆯ지요如其不爾ᄒᆞ면雖日勤之絆繫之라도亂萌이無時可消矣리니區々身票가何可爲止擾之策이리요

嗚呼라今日我韓人民의言論行動이自由二字가有ᄒᆞ다ᄒᆞᆯ가無ᄒᆞ다ᄒᆞᆯ가彼些小ᄒᆞᆫ義擾壹部分으로因緣ᄒᆞ야大多數人民의寸步까지外人의束縛을受ᄒᆞ야手足을無措ᄒᆞᆫ然後에可以快於心乎아夫疥癬之疾을欲治ᄒᆞ야喪命ᄒᆞᆯ毒藥을服ᄒᆞᆫ者ᄂᆞᆫ人知其妄矣라彼獻議者의謬迷ᄒᆞᆫ識見은固是可哀而不足怒나敎노升不이智不可長故로畧爲論駁ᄒᆞ노라

●告示

▲隆熙二年拾月二拾七日 官報

農商工部告示第拾三號 續

商法 (明治三十二年法律第四拾八號)

第百二拾六條 株式에請人코ᄌᆞᄒᆞᄂᆞᆫ者ᄂᆞᆫ株式請入證二度에其引受ᄒᆞᆫ株式의數爻를記載ᄒᆞ야此에署名ᄒᆞᆷ을要ᄒᆞᆷ

株式請人證은발起人이此를作ᄒᆞ야左開事項을記載ᄒᆞᆷ을要ᄒᆞᆷ

壹 定款作成의年月日

二 第百二拾及第百二十二條揭ᄒᆞᆫ事項

三 각發起人이引受ᄒᆞᆫ株式數爻

四 株壹回辦納ᄒᆞᆯ金額

額面以上의價額으로써株式을發行ᄒᆞᄂᆞᆫ境遇에ᄂᆞᆫ株式請人은株式請入證에引受價額을記載ᄒᆞᆷ을要ᄒᆞᆷ

第百二拾七條 株式請入者ᄂᆞᆫ其引受ᄒᆞᆫ株式의數爻를應ᄒᆞ야辦納의義務를負ᄒᆞᆷ

第百二拾八條 株式發行의價額은券面額以下됨을不得ᄒᆞᆷ

第壹回辦納額은株式券面의四分之壹以下됨을不得ᄒᆞᆷ

第百二十九條 株式總數가引受畢ᄒᆞᆫ時ᄂᆞᆫ發起人은遲滯업시各株에對ᄒᆞ야第壹回의辦納을ᄒᆞ게ᄒᆞᆷ을要ᄒᆞᆷ

額面以上의價額으로써株式을발行ᄒᆞᆫ時ᄂᆞᆫ其額面을超過ᄒᆞᆫ金額은第壹回辦納과同時에此를辦納케ᄒᆞᆷ을要ᄒᆞᆷ

第百三拾條 株式引受人이前條의辦納을아니ᄒᆞᆫ時ᄂᆞᆫ발起人은定ᄒᆞᆫ期間內에辦納ᄒᆞ라ᄂᆞᆫ旨意와及其期間內에此를아니ᄒᆞᆫ時ᄂᆞᆫ其權利를失ᄒᆞᄂᆞᆫ旨意로其株式引受人에게通知ᄒᆞᆷ을得ᄒᆞᆷ但其期間은二週日以下됨을不得ᄒᆞᆷ

發起人이前項의通知를ᄒᆞ야도株式擔當人이辦納을아니ᄒᆞᆫ時ᄂᆞᆫ其權利를失ᄒᆞᆷ此境遇에ᄂᆞᆫ발起人은其者가引受ᄒᆞᆫ株式에對ᄒᆞ야다시株主를募集ᄒᆞᆷ을得ᄒᆞᆷ

前二項의規定은株式引受人에對ᄒᆞ야損害賠償의請求ᄒᆞᆷ을妨害ᄒᆞ지아니ᄒᆞᆷ (未完)

外報

◉德皇演說 東京電을據ᄒᆞᆫ즉德國皇帝가演說ᄒᆞ야曰德國은南阿戰時에俄法의排英同盟에加入ᄒᆞᆷ을拒絶ᄒᆞᆫ事實을述ᄒᆞ고又德國은太平洋의一大勢力과淸國々民의將來覺醒될時에ᄂᆞᆫ强國의海軍을備置치아니ᄒᆞᆷ이不可ᄒᆞᆫ故로반다시海軍을擴張ᄒᆞ되英國을對ᄒᆞᆫ者ᄂᆞᆫ아니라歐洲의平和를計ᄒᆞᆷ이라ᄒᆞ고크게人心에聳動ᄒᆞ얏다더라

◉駐淸俄軍의撤退 同電을據ᄒᆞᆫ즉俄國에셔淸國에駐在ᄒᆞᆫ軍隊를撤退ᄒᆞ기로決定ᄒᆞ얏다더라

◉臺灣砲擊說 淸國하門電을據ᄒᆞᆫ즉米國艦隊ᄂᆞᆫ하門에셔歡迎을受ᄒᆞᆫ後에臺灣(日本屬地)을砲擊ᄒᆞᆫ다ᄂᆞᆫ風說이紛々ᄒᆞ더라

◉波斯와俄國 伯林電을據ᄒᆞᆫ즉土耳其坦丁堡에셔ᄂᆞᆫ露國이波斯國北部를繼續侵略ᄒᆞ며英國이波斯灣을要求ᄒᆞᆷ이大段히危懼ᄒᆞᆫ다더라

雜報

◉演所更定 工業研究所에셔今日下午壹時에各工科를繼續講演ᄒᆞ기로處所를礦동暗成學校內에更定ᄒᆞ엿ᄂᆞᆫ대壹般人士의傍聽을供ᄒᆞᆫ다더라

◉工業講演 工業傳習所學生等이壹般人民에工業上知識을擴張코자ᄒᆞ야研究會를組織ᄒᆞᆷ은前報에已揭어니와來日曜日下午壹時에典洞中東學校內에第二回講研會를開ᄒᆞ고各科에工術的應用及變化를講論ᄒᆞᆫ다더라

◉成郡秋運 平南成川郡內有志紳士諸시가秋期運動會를발起ᄒᆞ고隣近各學校를聯合ᄒᆞ야愉快ᄒᆞᆫ盛況으로共樂ᄒᆞ얏ᄂᆞᆫ대箇中에地誌問答과藝術競走에ᄂᆞᆫ優等賞으로特히勸奬ᄒᆞ얏다더라

◉兩氏有志 加平郡通譯李元鎔시가敎育에熱心ᄒᆞ야公退餘暇에該郡普成學校의語學科를名譽로擔任敎授ᄒᆞ고該郡紳士李祖穆시도亦爲名譽로敎授ᄒᆞ므로該校의就緖ᄒᆞᆷ이有ᄒᆞ다더라

◉正誤 本報第九百四拾[illegible]號廣告欄內에成爲泰樂道ᄂᆞᆫ王大人卒逝以大人으로誤揭된故로玆以王大人으로正誤ᄒᆞᆷ

文壇

▲讀史新論 (續) 壹片丹生

第三章 扶餘族大發達時代

夫三國以前에ᄂᆞᆫ我東國民族이尙且神視時代리故로當時英哲이皆神話에依ᄒᆞ야人民을誘合ᄒᆞ얏ᄂᆞᆫ디麗羅濟一國의酷同ᄒᆞᆫ神話가甚多ᄒᆞ니高朱蒙도卵에셔出ᄒᆞ얏다ᄒᆞ며赫居世金首露도卵에셔出ᄒᆞ얏다ᄒᆞ며昔脫解도卵에셔出ᄒᆞ얏다ᄒᆞ고高朱蒙이松讓과奇術을較ᄒᆞᆷ에爲鷹爲鷲[illegible]이라ᄒᆞ얏다ᄒᆞ얏ᄂᆞᆫᄃᆡ昔脫解가首露王과奇術을較ᄒᆞᆷ에도爲鷹爲鷲ᄒᆞ얏다ᄒᆞ야이라ᄒᆞ얏고解慕漱ᄂᆞᆫ天帝의子라自稱ᄒᆞ얏ᄂᆞᆫ대駕洛國聯政도天神의生ᄒᆞᆫ비라ᄒᆞ얏스니同地同種의産ᄒᆞᆫ비아니면神話가엇지如此히酷同ᄒᆞ리오此其(壹)이오又新羅의地名이高句麗와酷同ᄒᆞᆫ者ㅣ多ᄒᆞ야高句麗에太白山이有ᄒᆞ거ᄂᆞᆯ新羅에도太白山이有ᄒᆞ며高句麗에鷄龍山이有ᄒᆞ거ᄂᆞᆯ新羅에도雞龍山이有ᄒᆞ며高句麗에妙遠山이有ᄒᆞ거ᄂᆞᆯ新羅에도妙遠山이有ᄒᆞ고其他小々山川의同名ᄒᆞᆫ者ㅣ甚夥ᄒᆞ니此가彼此셔襲用ᄒᆞᆫ것이分明ᄒᆞᆫ지라此其(貳)오又三國의官制를考ᄒᆞ건대此ᄂᆞᆫ太大兄이有ᄒᆞ면彼ᄂᆞᆫ太大角干이有ᄒᆞ며此ᄂᆞᆫ舒弗邯이有ᄒᆞᆫ대彼ᄂᆞᆫ舒發邯이有ᄒᆞ며此ᄂᆞᆫ九使者가有ᄒᆞᆫ대彼ᄂᆞᆫ九干이有ᄒᆞ며此ᄂᆞᆫ州主郡主가有ᄒᆞᆫ대彼ᄂᆞᆫ軍主幢主가有ᄒᆞ니此其(三)이오又其外城郭家屋飮食風俗의相同點을枚擧키難ᄒᆞᆫ지라此數者로推ᄒᆞ면高句麗百濟만扶餘에셔出ᄒᆞᆫ種族이아니라新羅도扶餘에셔出ᄒᆞᆷ이明白ᄒᆞ도다 (未完)

雜報

●下賜就筵 太皇帝陛下께옵서去番 皇太子殿下 千秋慶節에伊藤統監의게二千圓을下賜하옵셧다더라

●無所不爲 近日巷說을據한즉內閣에서將次酒草稅를磨鍊徵收하기로內定이되얏다는說이有하더라

●百方納詔 日兵이侍天敎人을誤殺한事에對하야日本政府에서吊慰金을每人의게二千圓式支撥하기로決議하얏다는대內部大臣宋秉畯氏가有何思想인지長谷川大將과交涉하야每人에壹千圓式減給하기로酌定하얏다더라

●赤社會의兩夫人 昨日 西闕內赤十字社總會에內外國人三千餘名이往參하얏는대完興君李載冕氏와總相李完用氏는同夫人伴參하얏다더라

●淸日談判 間島問題는淸國의所屬으로決定하얏스되礦山採掘權과韓日人의保護礦山採掘中損害의要求等은特別問題인故로淸日兩國政府에서特別委員을設하야談判케한다더라

●不受請願 財産整理局에서度支部로引繼한後에人民의請願書를領受積置하고壹不指令하얏는대從今爲始하야人民의請願書를明年度一月頃에는更不領受하기로決定하얏다더라

●穀包執留 近日에豊德郡에는義兵이漸次猖獗하야各面에往來하때京城에서下去한看秋人을壹々逐送하고多數한穀包를執留하얏다더라

●會兒調從鑼部 去月貳拾貳日頃에博川宣川龜城等七郡에設立한壹百壹學校에生徒貳千四百餘名과敎師六百餘名이定州郡에會集하야秋期大運動會를擧行하얏는대該地警察署에서其盛況을調査하야內部에報하얏다더라

●財務主事挾雜 河陽郡財務主事金炳植은永川郡까지兼하야視務하는대已往革罷한書員을差出하야結卜作부하는대所謂紙價라하고河陽서는每結에穀種三四斗式永川郡에는葉四拾錢式勒捧하기로民心이大端騷擾하고慶州郡에서는右兩郡의消息을듯고崔商吏가발論曰吾郡도彼河陽永川과如히하지고決定하얏는대此財務主事壹人으로因하야隣近邑의此等弊習이生하얏다고怨聲이喧藉하다더라

●日兵暴行 平壤隆興部二里居하는天主敎人金래건氏가昨年五月에成川海日에서鹿獵할제砲手에게약鉄支給하고該價額掌記를囊中에藏置하고貿穀次로去陰八月頃에成川廣灘酒店에至한즉맛참日憲兵과補助員四名이午飯을喫하다가金氏의行裝과佩囊을搜索하야약鉄掌記한休紙를探出後에年月日은不計하고義兵의약鐵支給하는놈이라하며衣冠을裂破하고銃頭로無數亂打後捕縛하야拾餘日을遂安守備隊에牢囚하얏다가憲兵大將이問招할때에金氏曰昨年鹿臘할때砲手들의약鐵을支給한休紙로見捉하얏다한즉大將曰昨年何時에鹿獵을하엿나나金氏曰昨年五月이로다大將曰調査할것업시退待하라하더니伊日午後에被囚된李哥를捉出하야兵站門前從容한地로前往하야曰汝若直招하면可히나와不然하면免死치못하리라하며郞令彼李哥가敎의약鐵放賣함을見하얏다하니金氏曰彼漢이不勝毒刑하야亂招함이라한대日兵이金氏를數時間이나毆打하되金氏가壹向抗拒하거날日兵三名과補助員六七名이각持릉杖하고圍立亂打하며頂部와口唇에足蹴하야流血이淋漓하되不服하거늘日兵等이李哥는卽時砲殺하고金氏는累施酷刑하다가必乃無罪함으로放送하얏스나아직生死를未判中這間損害가五六百圓에至한지라日兵은無罪한人에게如此暴行을施하니生命을保存치못하깃다고怨聲이漲大하다더라

●獵鳥殺人 昨日上午壹時頃에南部明洞居留하는日人岩田常雄과小川與壹이져獵次로龍山附近江上에出往하야鳧鳥를獵得코저하야岩田이가放銃하다가小川을中하야卽地致死한故로岩田이가龍山警察署에自現就囚하얏다더라

●補助員被殺 去二拾九日難島日憲兵派駐所에서韓人補助員壹名이偵探次로松坡等地에出張하얏다가義兵의게被殺하얏다더라

●張氏呼冤 南部寫子洞居張容汲等諸氏가壬寅年頃에不少한資본을鳩集하고靈岩郡에下往하야該郡西面北面玉泉面에在한陳荒地를起墾하고依賴的으로英親王宮에每年五ㄱ圓式納稅하더니該宮이廢止된後에該土가臨時財産整理局으로移屬되얏는대該局에서民有地로壹々調査하야覓主還付하얏스되該民의所有土地는如何한處分이尙無한즉壹般之下에甚是抑鬱하니從速還付하야달나고張氏가昨日該局에呼冤하얏다더라

●劉氏起訴 曾成中學校學監劉鎭均시가遺鄕할意로써該所帶職任을辭免한것은該校主校長과該校學生까지共知하는바인대國民新報에는何等황說을因하얏인지劉시被訴이란問題를揭載하얏기로劉시가此를因하야爵祿을停止하고國民新報社長李寅煐시와裁判할次로區裁判所에起訴하얏다더라

●姜族呼冤 前郡守辛成默시가大興郡守在任時에稅金一千二百圓을上納次로京城典洞居김興燮시에게換給하얏더니김시가沒喫하고尙今未納한지라禮山郡財務監督局에서伊時에行하던稅吏姜基仁을押致하야屋火督納하는故로姜某의親族이昨日度支部에呼冤하얏다더라

●日人野行 再昨日下午四時量에竹洞과地에서何許八十歲假量된老婆가남山松葉을收取하야艱辛負來하는대何許日人이自行車를搭去하다가相迫하야該老婆가顚倒하야數時間에不能行動하는대該日人이顧不顧見而去하매傍觀하는人이日人의野心을莫不唾罵하더라더라

●亦壹怪異 昨日上午十時量에東門外往十里鋒에서光澗家에豚이三個雜을生하얏스되第中壹箇는兩頭三目인대卽時죽엇다더라

●趙가押交 加平郡南面柳洞居하는趙貫穆이가遺失物克留한罪가有하다하고該地에駐在한日兵이捕縛하얏다가日에京城地方裁判所에押交하얏다더라

●放溺被捉 남部河橋居하는前承旨朴洲璜씨가再昨日下午에時量에總監官邸前에서放溺하다가警察에게押囚하얏더니旋卽放還하얏다더라

●日人被捉 泥峴居留하는日人櫻井小七郞이가何許人에게金貨八十七圓을欺取하라다가情跡이現露되야警察署에被囚하얏는대現今行査하는中이라더라

●徐氏被捉後報 前承旨徐鎭瓚氏가警察署에被捉한事는昨報에已揭어니와該事實을追聞한즉徐氏가三夜에自己親知鄭世昌金佑行洪大英尹弘培姜順基金容默諸氏를帶同하고中部黃土峴書老所內居하는崔召史家에前往하야花套局을大設하고互相賭錢하다가該掌內巡査에게壹切被捉하얏는대贓錢이三百八十餘圓이라더라

●工業漸明 沃川郡東岸村居關東植金振聲兩氏가自織機械를新發明하얏는대其機械가甚히便利하야冬日이라도三百尺은無難하고또製絲機械를製造코저하나資本이無하야該氏가甚히咄嘆하인데閔氏의工業上熱心自得함을人皆欽誦한다더라

●救世傳道 今日曜日에西大門外平洞救世軍本營에서救援會를開하고正領許嘉과시가同夫人여傳道한다더라

●醫士西行 京城에在留하던美國齒科醫士韓스衛가本月拾六日로부터三十日까지平壤에滯留하리라더라

●調査停會 各社에서聯合한物價調査會에서再昨日下午壹時에京城商業會議所內總會를開하얏는대該金調査에對하야整理會와檢査所에서現爲着手則調査會에서는不必井하야姑爲停會하기로可決하얏다더라

●靑年開會 今日下午七時에靑年同志會에서討論會를安峴奬學社內에開하고伊婦人으로外交가可乎아否乎아란問題로討論한다는데傍聽을許한다더라

●關東總會 關東學會에서定期總會를今日下午壹時에本會館內에開하고會務를處理한다더라

●湖西有人 忠南洪州郡居前判書金炳翊시와前參判김炳秀시가該郡守尹泌氏로協心齊力하야湖明학校를創立하매壹鄕이響應하야贊成紳士가二十餘員이오應募學生이壹百餘人에達하야熱心敎育하는대將次文明을可見이라고南來人의稱頌이有하더라

▲地方消息▼

▲去月二十六日淳昌郡西北方三里月坪里에서義兵三十餘名이光州郡日守備隊下士以下六名과交戰하얏다하고

▲去月拾九日丹城郡南方約四里橫里東方壹里半에서義兵十餘名이同郡日守備隊와交戰하얏는대日兵壹名이重傷하얏다하고

▲去月二拾二日溫井院北方約壹里地에서義兵拾餘名이日憲兵隊와交戰하얏는대死傷이不明이라더라

▲送贈內閣▼

▲歷史詳考하라々古案上書籍披閱타가奇物二個엇어내니百投百立옷獨이요作倒作覆氷毬로다그理由를解得코저各自試問하여셔라

▲옷獨아무러보자靑天削出더山峯은千萬年이지내도록屹然獨立不動하야崩壞之患이업셧스니엇지하여그러한지네알세라

▲(네)그山峯은나와ᄀᆺ치上輕下重한닷으로久而不傾함이로다

▲氷毬아무러보자雕樑畵棟더高閣은幾拾年이못되여서風雨所擊하는대로東頹西仆하엿스니엇지하여그러한지네알세라

▲(네)그高閣은나와ᄀᆺ치上重下輕한닷으로易爲顚覆함이로다

▲옷獨아무러보자三層寶塔더石佛은所在法堂문어져서塵土中에들써라도少不搖動안찻스니엇지하여그러한지네알세라

▲(네)그石佛도나와ᄀᆺ치上輕下重한닷으로晏然不動함이로다

▲氷毬아무러보자芳園春日芍葉과滿地桃花爛熳타가壹夜風雨지난後에枝々摧折되엿스니엇지하여그러한지네알세라

▲(네)그芍葉은나와ᄀᆺ치上重下輕한닷으로壹夜摧折함이로다

▲옷獨아무러보자民權擴張더列强은幾百年을지내가도少不退步勇進하야愈久愈强하엿스니엇지하여그러한지네알세라

▲(네)그列强도나와ᄀᆺ치上輕下重한닷으로文明進步함이로다

▲氷毬아무러보자君權隆盛더各國은暫時富强하다가도不過幾年衰退하야干戈로尋敗亡하니엇지하여그러한지네알세라

▲(네)그各國도나와ᄀᆺ치上重下輕한닷으로速至敗亡함이로다

▲너의對答드러보니韓國今日此悲境에恍然大覺하리로다實은童子불너내여此問答과더奇物을內閣으로보내볼싸

[illegible]

製약鑑査人　박慈惠　李觀化

健胃消食 [illegible]

定價金拾錢

[illegible] 難과 咳白담을 能治能止ᄒᆞᄂᆞᆫ 聖약이오

製造本舖　漢城[illegible]路 慈惠大약房

雜報

●齊捐護送　畿湖학校學徒尹儀重氏의 冷病으로 呻吟ᄒᆞᆫ은 前報에 已揭ᄒᆞ얏거니와 日昨에 該학校의 壹般學徒들이 壹齊出捐ᄒᆞ야 尹氏를 本第로 護送ᄒᆞ얏다더라

廣告

本人이 梨峴南便布木廛李昌鉉處에 陰九月晦日推次當五貳千兩內 本月初五日에 五百兩上ᄒᆞᆫ 於音壹張을 路中서 失故로 玆以廣告ᄒᆞ오니 誰某拾得閑休紙施行ᄒᆞ시고 見欺치마시옴

金漢秀　告白

本人이 倉內金致祥處에 [illegible]月十日推次 於音第百九號當坪壹千二百六十兩壹片을 서 失ᄒᆞ야스오니 誰某拾得ᄒᆞ와도 休紙施行ᄒᆞᆷ

南門內大坪洞西部內客主　鄭仟愚　告白

院長古城梅溪가 曾往에 淸國北洋顧門醫官으로 多年在外ᄒᆞ옵더니 這般에 歸韓ᄒᆞ와 諸般設備를 大作革新ᄒᆞ야 專히 韓淸兩國病人의 診察을 從事ᄒᆞ며 尙且軍醫諸氏에게 囑托ᄒᆞ야 新方妙劑로 極盡히 速活回春ᄒᆞᆷ을 期ᄒᆞᆷ

再次赤貧患者의 施療ᄂᆞᆫ 藥價ᄂᆞᆫ 勿論ᄒᆞ며 又隨時ᄒᆞ야 牛痘苗를 施種ᄒᆞᆷ

京城木町四丁目

贊化病院

(電話二一四番)

本校에서 第二回算術夜學科(自初步로 始) 學員을 募集ᄒᆞ오니 願學僉員은 陽曆壹月七日 內로 入學請願書를 提呈ᄒᆞᆷ

但請願紙ᄂᆞᆫ 本校用紙로 ᄒᆞᆷ

試驗科目은 國漢文 讀書

時間은 自下午七時至八時 壹

卒業期限拾個月 壹

典洞私立中東學校

金裕泓이 行列을 聯ᄒᆞ야 仕灝로 改名이옵기 玆에 廣告ᄒᆞᆷ

安州郡 內

金仁灝 字 壽河　告白

本人이 布廛貳房에서 布木商業이다가 移接于貞동布鋪門越邊美洞우三拾統二戶ᄒᆞ야 繼續營業故로 廣告ᄒᆞᆷ

鄭暢煥　告白

南部曲橋十一統七戶

總護士 崔鎭

本人이 恩師東慧明이 五六年前에 當錢壹萬五千兩을 曾光寺釋應城處의 㕘券을 執ᄒᆞ고 償給이러니 慧明이 今六月分卒逝ᄒᆞ며 同居宋姓婆가 開照償을 符同ᄒᆞ야 㕘券과 手標를 幷爲竊取ᄒᆞ고 冒必稱亾人의 遺言이 自在다ᄒᆞ니 本人이 遠在他寺타가 承訃奔喪則事旣至此니 기債務ᄂᆞᆫ 應城의게 本人을 經由치안코 此債를 宋婆의게 報給사면 應城이 再懲키 로 契約ᄒᆞ고 玆에 廣布ᄒᆞᆷ

開運寺　李燕善　告白

本人이 약峴歪川曾捧上時에 捺章ᄒᆞᆫ 錄名成冊을 阿峴等地에서 遺失ᄒᆞ얏습기 玆以廣告ᄒᆞ오니 誰某拾得ᄒᆞ시거든 약峴[illegible]房으로 送致ᄒᆞ시면 厚謝ᄒᆞ깃ᄉᆞᆸᄂᆞ이다

[illegible]　告白

本人이 醫師耶蘇基督福音을 傳播ᄒᆞ기 爲ᄒᆞ야 病院을 設立ᄒᆞ고 前官立醫學校敎官陸軍三等軍醫金鳳觀氏를 醫師로 延聘ᄒᆞ야 今月旬望間에 始爲看病ᄒᆞᆯ터이오니 壹般同胞ᄂᆞᆫ 賁臨ᄒᆞ시와 問病治療ᄒᆞ시되 若貧寒無依ᄒᆞᆫ 同胞ᄂᆞᆫ 診察費이 無ᄒᆞ더라도 問病治療ᄒᆞ심을 願ᄒᆞ옵

平安北道義州南門外基督病院

金昌國　事務李澤彬

染織을 大擴張ᄒᆞ고

各項衣衣[illegible]織造放賣

男女學生衣服衣織造

理化學應用染色及改染最新染粉直輸入放賣其他各種染色及織造

宗廟越邊

中谷染織工所　告白

支店鍾路魚物廛七房

支店을 新設ᄒᆞ엿ᄉᆞᆸ

本人의 外祖父吳氏가 早卒無嗣ᄒᆞᆫ 바 貧窮所致로 奉養도 못ᄒᆞ와 外祖母가 本人家에 依托ᄒᆞ얏다가 棄世ᄒᆞᆫ 後에 本人의 父親이 其聘宅絶嗣ᄒᆞᆷ을 矜憫이 녀여 吳門遠族吳公辰을 要ᄒᆞ야 右宅香火를 奉承케ᄒᆞ고 送人以塾ᄒᆞ야 使之學問ᄒᆞ고 待其稍長ᄒᆞ야 使郞成娶ᄒᆞ고 授業分戶ᄒᆞ야 使之快活矣러니 公辰의 本性이 浮荒ᄒᆞ야 出沒技酒場에 傾蕩家産이 非止再三이되 隨散是補이고 本人의 父親別世後에 本人이 亦以錢財ᄒᆞ고 施以田土ᄒᆞ야 使之敗還家業矣러니 舊習을 尙今未悛ᄒᆞ야 ᄭᅡ 與挾雜輩로 作伴上京ᄒᆞ야 本人畓券을 僞造放賣키로 東奔西走ᄒᆞ고 左請右囑ᄒᆞᆫ다니 內外國人은 切勿見欺ᄒᆞ심을 伏望ᄒᆞᆷ

金堤延山面龍泉里[illegible]告白

大韓國 拾三道 各郡製約 總發行所ᄂᆞᆫ

京城 南大門內 濟生堂大藥房

[illegible]

濟化 新藥 淸心保命丹

仁川[illegible]　發行所　濟生堂藥房

(主治效能)

담飮과 咳嗽와 胃痛腹痛과 氣鬱과 食傷과 中暑中寒과 食積과 吐瀉와 水土不服과 酒醉와 口臭와 船車眩暈과 其他運氣癘疫을 預防ᄒᆞᄂᆞᆫ 奇效가 有ᄒᆞᆷ

回春 [illegible]

[illegible] 一切을 拔根ᄒᆞᄂᆞᆫ 妙약 (금십錢)

起死 回生 回生丹

此ᄂᆞᆫ 우急ᄒᆞᆫ 吐瀉와 霍亂과 腹痛이며 담咳의 神效ᄒᆞᆷ (금拾錢)

●其他內外新製에 ○補血藥○補陰補陽藥○不足症藥○婦人冷病藥○瘡病藥○寸虫拔根藥○되ᄂᆞᆫ 藥○眼藥各種○皮膚藥○大小腸氣脊藥各種○感氣藥○淋疾藥○滯症藥○其外 여러가지 藥은 이로 긔록지 못ᄒᆞᆷ

●十三道各郡藥商ᄒᆞ시ᄂᆞᆫ 僉位의게ᄂᆞᆫ 藥價를 特別割引ᄒᆞ야 極廉ᄒᆞ게 大販賣ᄒᆞ오니 陸續注文ᄒᆞ심을 要望

洋藥類化장品類

◉遠地에ᄂᆞᆫ 小包郵便으로 信送ᄒᆞᆷ

○仁川港 紐峴　濟生堂大藥房本舖

○開城 南門內　濟生堂開城支店

○平壤 大貫洞　濟生堂平壤出張所

○宣川邑內　濟生堂平北總支店

○元山港 銘石院　濟生堂元山支店

○釜山港 草梁　濟生堂釜山出張所

○沙里院場　濟生堂沙里院出張所

○馬山港 東城　濟生堂馬山支店

○鎭南浦 後浦　濟生堂鎭南浦出張所

○本人이 銅峴博學書館과 他人同業이옵나가 今에 書館을 各設ᄒᆞ고 各種書籍을 大發賣ᄒᆞ오니 知舊及購覽僉彦은 照亮務望

京城南部銅峴四區四[二]統尾

文明書館

主 李檍　告白

本校夜學部日語科測量科에서 卒業을 經ᄒᆞ온바 右兩科第貳回와 商業科學員을 募集ᄒᆞ오니 願學僉員은 來拾壹月五日「陰十月初二日」內로 來議ᄒᆞ심을 爲要

卒業期限 日語科는 甲班六個月 乙班壹個年

測量科 個月　商業科壹個年

上學時限自下午六時至八時

南部筆洞私立光南學校

本店에 內外國直輸入各種煖爐諸般所入與煖爐火木及石炭均可入幾拾分利便木匠工程色造樓房及房家內所用各種椅床材木器具玻璃磚瓦鐵器皆有大發賣請君購覽　僉彦照亮務望

大漢門下車橋前 榮興號

本館에 沐浴湯과 內外國料理를 精潔히 新設ᄒᆞ바 多小關ᄒᆞ고 廉供ᄒᆞ오니 僉位ᄂᆞᆫ 來臨ᄒᆞ심을 敬要

南部詩洞 會盛館　告白

本所에서 個月測量科로 學員을 募集ᄒᆞ니 陰本月拾貳日內請議事

美洞 拾六統八戶

海東測量講習所　告白

公告

自今으로 京城長谷川町東京江川活版製造所支店에서 本局의 定價와 同壹히 本局製造品을 販賣케ᄒᆞ기로 玆에 公告ᄒᆞᆷ

隆熙二年六月

龍山印刷局

◉活字及印刷機械製造販賣所

其他인긔·機械油·膠·名刺紙·色革

金銀各良粉箔·並活版石版附屬品一式

새로ᄉᆞ업을 창설ᄒᆞ야 ᄒᆞᆫ번에오비원어치 이상물건ᄉᆞ서가시ᄂᆞᆫ이ᄒᆞᆫ데ᄂᆞᆫ 본뎜에서 기ᄉᆞ ᄒᆞᆫ명을 ᄂᆞ내서ᄒᆞᆫᄃᆞᆯ동안을 월급도아니밧고 직공을 ᄀᆞᄅᆞ쳐주겟ᄉᆞᆸᄂᆞ이다

京城長谷川町二丁目(石井洞)

江川活版製造所支店

獨立 行 (印)

本店 東京日本橋區長谷川町　電話浪花八八八番

鐵工場 東京京橋區南傳馬町　電話本局二七二六番

支店 仙台市國分町　電話一一七番

●電話六七八番●

局製朱肉은 其肉色이 美ᄒᆞ고 且數百年을 經ᄒᆞ야도 決코 變色之慮가 無ᄒᆞᆫ 고壹種獨特之精良品이오며 又多少不拘ᄒᆞ고 購求ᄒᆞ심을 願

大韓東西藥業月報社製藥

咽喉疼痛 降火水 五日分壹圜

男女補益丸 二圜五十錢　　消化甘酸水 金十錢

淋疾祛根藥 五十錢　　痢疾靈散

清肺甲子水 五十錢　　養兒寶散

[illegible]拔根藥 三十錢　　純金鷄納丸

[illegible]滾蟲丸 二十錢　　[illegible]浮臭藥

[illegible]毓育丸 十錢　　赤腫合瘡膏

[illegible]藥 [illegible]　　[illegible]百應膏

[illegible]消積丸 五十錢　　[illegible]保嬰散

日藥[illegible]藥材[illegible]小包[illegible]

壯陽復元丹

此藥은專치腰痛肺弱○房事過傷○腎虛弱○陽萎不起○遺精多夢○神經衰弱○房事時早漏不快○病後虛弱○健忘不眠貧血諸症○先天不足○飲食不下○眩暈頭痛○等症을治ᄒᆞ나니試將此丸을照法服之면不過幾点鍾에立見妙效ᄒᆞ야魂飛肉躍ᄒᆞ며精神激奮ᄒᆞ고頓覺愉快하나니其症이輕者는服壹貳週면挽回元陽ᄒᆞ고其症이稍重者는可服四週ᄒᆞ고痼疾年痼疾ᄒᆞ其症이頗重者는連服七八週면必能全치無疑니若夫無病之人도試用此劑則補血而益氣ᄒᆞ고强筋而壯骨ᄒᆞ나니用之八週而未見其效則請將價額을如數還呈이요不敢虛誕自欺라此丸이又無論男婦老幼ᄒᆞ고均用有效ᄒᆞ나니眞世間無比之妙劑也라 僉位는何不早圖壹試오

每週分價

二週分 [illegible]

四週分 二圜四十錢

八週分 六圜四拾錢

발行所 皇城南大門로大廣橋십九統七戶 共愛堂약房

特約代理店 京城水標橋 濟生堂약房

土地測量術

度支部測量課 編纂

全壹冊正價金 升製 六拾錢　洋裝 九拾錢

近日測量術書類에三四種이刊行되엿스나不完全의缺點이不無ᄒᆞ든바今에本書는細密測量으로圖解測量ᄭᆞ지詳細히編纂ᄒᆞ얏스며各種實地測量ᄒᆞ製圖의圖解을挿入ᄒᆞ야一般斯學界의無ᄒᆞᆫ寶典이오且紙質과堅美ᄒᆞᆷ과製冊의華麗ᄒᆞᆷ이測量術書中에覇王이라稱ᄒᆞᆯ만ᄒᆞ옵

〔發兌元〕

皇城中部罷朝橋越　中央書館　朱翰榮

仝 南署大廣橋路　大東書市　[illegible]鉉

仝 南門內向橋　滙東書館　高裕相

仝 남門外紫岩　博文書館　[illegible]益용

仝 [illegible]　[illegible]書林　池松旭

地方行政論

趙聲九氏 撰述

全壹冊 定價金 三拾錢

本書는地方自治行政에關ᄒᆞᆫ一般의原理와外國의現行制度를採ᄒᆞ야互撰集하야簡明이論述ᄒᆞᆫ者라現今我國地方官位에在ᄒᆞᆫ者의行政上參考될뿐勿論이오全國人士는其國家生活의本旨를瞭解ᄒᆞ야將來自治制의組織의基礎를成ᄒᆞᆯ者ㅣ니有志僉彦은速々購覽ᄒᆞ시옵

發行元 皇城中部罷朝橋越邊 中央書館

발賣處 京城各地方 各書肆

[illegible]

[illegible]

測量과習字、課外科目等集廣告本塾에서靑個年男子를募集ᄒᆞ야特設ᄒᆞ오니願入ᄒᆞᆯ이는月十二日內로即速ᄒᆞ야細則은本塾에來問ᄒᆞᆷ

北部安洞 安興義塾 告白

[illegible]德語學校內

大韓測量組合所長

測量ᄒᆞ는業을擴張ᄒᆞ고各項規模를公平關讓ᄒᆞ기爲ᄒᆞ야各處에在ᄒᆞᆫ同業事務所를組合ᄒᆞ야本所를成立ᄒᆞ고本事務所는南部棗洞六拾三統九戶貳層양屋으로定ᄒᆞ얏스니同業諸君과測量請求ᄒᆞ시는僉彦은以此照亮ᄒᆞ옵

大韓測量組合所長 李根澔

副所長 金澤吉

總務 沈홍澤

幹事 閔致說

仝 朴箕乘

◎大韓地志敎科書

國漢文全壹冊 定價二拾五錢

本書는高等小學校敎科用으로編輯ᄒᆞᆫ것이니全壹冊六拾九課每課壹百六拾字以下로定ᄒᆞ야課讀取便케ᄒᆞᆷ

發行兼發賣元 平壤法橋ㆍ同書觀

京城桂洞　　玄公廉

社告

○申報價

壹張代金 新貨二錢五厘

壹個月前納 三十錢

參個月 九拾錢

陸個月 壹圜七十錢

壹個年 三圜四十錢

郵稅壹年 新貨五圜 十二錢

○廣告料

四号活字拾二字詰

每日壹寸(英尺)에 新貨廾五錢

二週日壹寸에 二圜五拾錢

壹個月壹寸에 五圜

(自壹行至四行이爲壹寸)

其期限의長短과字行의多寡를依ᄒᆞ야增減ᄒᆞᆷ이有ᄒᆞᆷ

[illegible]

●大韓每日申報各處支社廣告

[illegible]州 [illegible]門內		朴[illegible]
昌[illegible]校洞		許[illegible]
郭山與岩	育英書館	李銀[illegible]
安岳卿[illegible]坊成洞		康[illegible]
[illegible]津		李鍛[illegible]
安州城內義井洞		金翼[illegible]
鐵原邑[illegible]		趙[illegible]入
高原邑		朴[illegible]吉
井邑邑內		李益[illegible]
泰仁邑內		宋洙[illegible]
京釜線枇楓驛	普市	李基秀
長淵邑南門內		崔[illegible]
殷栗邑倉前里		金泰[illegible]
龍川楊市		黃菊保
朔州邑남門니		朱伯[illegible]
鍾川邑館前洋나局		李止華
永興南山	書舖	梁圭[illegible]
江華邑川[illegible]		[illegible]식
清州남門外		宋[illegible]
[illegible]邊邑客舍里	韻明後[illegible]明濟	[illegible]
金溝水流面豆亭		趙[illegible]三
信川邑六里		丁一[illegible]
江西邑內		金[illegible]
成川郡上部面		馬[illegible]三
興德富安面鋼谷		姜大[illegible]
龍川府南面松[illegible]海東書會		
咸從[illegible]耶蘇敎堂		張炳[illegible]
平남順川郡運동		鄭[illegible]
[illegible]川남市[illegible]		韓[illegible]
[illegible]岡邑		郭[illegible]秀
[illegible]館		金明[illegible]
[illegible]川小龍동		李啓[illegible]
[illegible]川		張[illegible]
洪原南門外耶蘇敎冊肆		方萬[illegible]
宜川邑[illegible]南		金亨俊
中署布屏下		[illegible]相[illegible]
平壤鍾路太[illegible]		安[illegible]
仁川[illegible]		[illegible]
義州南門外[illegible]		[illegible]
釜山港佐川약局		徐[illegible]
三和港牌石洞		[illegible]性
咸興州南社西門外		曹喜林
開城남大門內興學書舖		姜[illegible]
大邱西門外友弦會傳側		李正由
載寧邑濟衆院		劉夢澤
鐵山邑東部		安[illegible]
元山倉[illegible]		劉七[illegible]

發行兼編輯人英國人 萬[illegible]
Responsible for Publication Alfred Weekley Marnham.
發行所 南署石井洞號外地三層洋屋 大韓每日申報社

第六卷

大韓每日申報

第九百四拾四號

月曜及慶節 歲時日休刊

檀君開國四千二百四十一年
箕子元年三千三十年
大韓開國五百十七年
日本明治四十一年
淸國光緖三十四年
陰曆戊申十月大初十日壬戌

論說

◉有學校無敎師之歎

國民思潮의變遷을隨ᄒ야각道學校의設起가日增ᄒ니吾輩가此點에對하야謳歌蹈舞喜賀의心을不勝ᄒᄂ비라然ㅣ나此에壹大憾事가有ᄒ니學校는有ᄒ되敎師가無ᄒ이是로다

學校設立의本意가安在오ᄒ면靑年을敎育ᄒ이是오靑年을敎育ᄒ에何가最要이뇨ᄒ면第壹敎師가是니

敎師其人을不得ᄒ면비록校舍가千百間이되며學員이千百人이될지라도徒空名뿐이오徒外飾뿐이라敎師가敎師아니면敎育이敎育아니며學校가학校아니리니학校아닌學校야多ᄒ들何益이리오

故로敎師其人을得ᄒ然後에학校가학校될지어날惜乎라挽近각道人士가학校를設ᄒ고敎師를求ᄒ며壹月六七拾元을與ᄒ야도其人을得ᄒ기難하고左右旁求ᄒ야壹個人을得ᄒ後에其敎授ᄒᄂ바를觀ᄒ즉地誌를對ᄒ미東西南北이茫然ᄒ며歷史를披ᄒ미古今年代가諳然ᄒ且甚至於其漢文싸지도鬚尾와如하短하야畫數稍多ᄒ字를遇ᄒ면眼花가朦롱ᄒ지라是以로挽近人士가往々普通科를設ᄒ고或個敎師를聘ᄒ미庶幾求得ᄒ者ᄂ惟日語敎師뿐이오其外에ᄂ兎無識ᄒ敎師를見하기難ᄒ니此에셔何를학習하며此에셔何를模範하리오

由此로設校者ᄂ其心이易冷ᄒ지며來學者ᄂ其工이易退ᄒ지며將來觀感者가亦少ᄒ리니엇지可歎ᄒ비아니리오

又其害가此에止ᄒ뿐아니라卽今那峽々民오新學問을「곤니지와」「스요나라」로만認ᄒ며新智識을「御中」「御座候」로만知ᄒ야학校를設ᄒ미其所謂科程이往々日語算術에不過ᄒ며將來鵬鷁紳士가拾三道山河에爛漫ᄒ며蜧蛉子弟가二千萬人家에充斥ᄒ야國性을戕賊ᄒ機가有ᄒ거던況乎他等敎科에ᄂ其師의難得이如是ᄒ니彼가幼稚子弟를相率하야日語에歸ᄒ은倫來의事라엇지可驚ᄒ비아니리오

然則將奈何오日학校의設立이現今急務인즉地方人士ᄂ敎師의無人을由ᄒ야灰心치말고但愈々히選擇改良ᄒ만是務ᄒ며社會上有志諸氏ᄂ汲々히竭力ᄒ야各科學敎師養成所를設ᄒ야其頭地方의懇求를應ᄒ야文明의機를勿阻ᄒ지며

又現今각校敎師에게壹言을노니諸君이如今에ᄂ國內人材의未盛ᄒ時代를遇ᄒ故로其些小ᄒ학識으로도能히此重大ᄒ敎授責任을擔ᄒ이어니와萬壹韓國文運이稍開ᄒ면諸君이敎師의交椅에壹步도不敢近하리니切望諸君은敎授餘暇에自己의身을修ᄒ며學을勵ᄒ야敎師的資格을養成ᄒ고畢業의科에勿歸ᄒ지어다

官報

▲隆熙貳年拾月二拾七日 官報

◉告示

農商工部告示第拾一號 續

商法 （明治三拾二年法律第四拾八號）

第百三拾壹條 各株에對ᄒ第百二拾九條의辦納이有ᄒ時ᄂ발起人은遲滯업시創立總會를招集ᄒ을得ᄒ

創立總會에ᄂ株式引受人의半數以上으로資本의半額以上을引受ᄒ者가出席ᄒ야其議決權의過半數로써壹切決議을行ᄒ

第百五拾六條第壹項第二項及第百六十一條第三項乃至第四項第百六拾二條及第百六拾參條의規定은創立總會에此를準用ᄒ

第百三十二條 발起人은會社의創立에關ᄒ事項을創立總會에報告ᄒ을要ᄒ

第百三十三條 創立總會에셔ᄂ取締役及監査役을選任ᄒ을要ᄒ

第百三拾四條 取締役及監査役은左揭ᄒ事項을調査ᄒ야此를創立總會에報告ᄒ을要ᄒ

壹 株式總數의引受有無

二 各株에對ᄒ야第百二拾九條의辦納有無

三 第百二拾二條第三號乃至第五號에揭ᄒ事項의正當與否

取締役又ᄂ監査役中에發起人으로써選任된者가有ᄒ時ᄂ創立總會ᄂ特히檢査役을選任ᄒ야其者를代ᄒ야前項의調査及報告를ᄒ게ᄒ을得ᄒ

第百三拾五條 創立總會에셔第百二拾二條第三號乃至第五號에揭ᄒ事項을不當ᄒ으로認ᄒ時ᄂ此를變更ᄒ을得ᄒ但금錢以外의財産으로써出資의目的으로ᄒᄂ者가有ᄒ境遇에此를對ᄒ야與ᄒᄂ株式數又를減ᄒ時ᄂ其者ᄂ金錢으로써辦納ᄒ을得ᄒ

第百三十六條 引受가無ᄒ株式又ᄂ第百二拾九條의辦納이未了ᄒ株式이有ᄒ時ᄂ발起人은連帶ᄒ야其株式을引受ᄒ거나又ᄂ其辦納을ᄒᄂ義務를負ᄒ株式의請人이徵消된時도亦同ᄒ

第百三拾七條 前二條의規定은發起人에對ᄒ야損害賠償의請求ᄒ을妨害ᄒ지아니ᄒ

第百三十八條 創立總會에셔ᄂ定款의變更又ᄂ設立의廢止決議도ᄒ을得ᄒ

（未完）

外報

●彈藥押收 路透電을據ᄒ則澳國린三停車場에서彈藥五拾函을押收ᄒ얏ᄂ대此壹部分은세비아로向ᄒ야發送ᄒ이라더라

●男女의同等 同電을據ᄒ則英國옥퓨드大學總長이同大學改革案中에婦人도男子와同樣의學位를授ᄒᄂ條目이有ᄒ다ᄒ얏다더라

●比島의獨立計劃 比律賓島土人中에上流社會에서近來各種秘密의結社가有ᄒ야該島의獨立을計畫ᄒᄂ中인ᄃ美國政府에서該島內에勢力이有ᄒ土人의武器를押收ᄒ다더라

●厦門의戒嚴 厦門電을據ᄒ즉厦門市中에서ᄂ革命黨의變亂을懼ᄒ야兵士와巡査를配置ᄒ얏다더라

●戰爭準備 伯林電을據ᄒ즉土耳其도引續ᄒ야戰爭을準備ᄒᄂ中이라더라

雜報

◉三氏義捐 [illegible]長趙東渙氏와瑞山居諮議官蔡淵氏와果川居進士軒湯氏가果川樂英學校의財政이困難ᄒ을慨惜ᄒ야金貨拾圜式捐助ᄒ얏다더라

文壇

▲讀史新論 （續） [illegible]丹生

第三章 扶餘族大發達時代

或은新羅가支那族의壹部라ᄒ나鮮卑의實際를推ᄒ건ᄃ彼가何嘗壹毫나支那族의趣味를帶ᄒ者리오故로辰韓六部가秦漢의遺民이라ᄒ은古史의臆斷될뿐이오設或幾個秦漢遺民이此에混入ᄒ얏슬지라도其主部ᄂ權者ᄂ扶餘族됨은無疑ᄒ니라

或戰爭或恩德或計策으로左提右挈ᄒ야東土에莫居ᄒ시支那族을驅逐ᄒ며鮮卑族을征服ᄒ며肅愼國穢貊國을討滅ᄒ야北方에雄飛ᄒ者ᄂ高句麗오馬辰韓各部落을幷呑ᄒ야南方에屹立ᄒ者ᄂ新羅百濟라不過百餘年間에我扶餘族의勢力을快植ᄒ야億族의覬覦를絕ᄒ얏스니蓬々ᄒ고勃々ᄒ도다此時我先民의光榮이여

此後에도彼客族等이乍降乍附ᄒ얏스ᄂ我의優勝과彼의劣敗ᄂ大抵此時에判ᄒ비라故로余ᄂ嘗謂호ᄃ東國이扶餘族의東國된ᄂ精神上으로觀ᄒ면檀君時에已肇ᄒ얏스되實質上으로論ᄒ면三國初에始判ᄒ비라ᄒ노다。

第四章 東明聖王之功德

蓋是時에解夫婁解慕漱溫祚赫居世諸聖哲이其誰가我東國萬世基業을啓ᄒ者ㅣ아니리오만은但其中에豐功盛德이最高ᄒ고最烈ᄒ者ᄂ其惟東明聖王朱蒙이是인저

王이解慕漱側室의子로東扶餘에寄生ᄒ야金蛙諸子의猜忌를受ᄒ야隻身으로遠走ᄒ실ᄉ其道路艱險의際에扶芬奴。扶尉厭。烏伊。摩陜父。克再思。仲室武骨。少室默居等諸英豪를結納ᄒ야險阻를闢ᄒ며草萊를披ᄒ고句驪山에都를建ᄒ야말갈을擊ᄒ며松讓을降ᄒ며行人肅愼等國을滅ᄒ고扶芬奴를遣ᄒ야鮮卑를驅ᄒ며扶尉厭을用ᄒ야沃沮를服ᄒ야東으로三韓을威ᄒ며西으로支那를抗ᄒ니於是乎檀君舊疆이多勿（多勿은麗語에疆土恢復을指ᄒ）의榮을呈ᄒ며扶餘民族이不拔의基를定ᄒ지라

（未完）

雜報

●何以鎭靜　再昨日上午拾壹時에內部大臣宋秉畯度支部大臣任善準兩氏가　昌德宮에進詣ᄒᆞ야　大皇帝陛下의　陛見ᄒᆞ고地方騷擾鎭靜ᄒᆞᆯ事項을上奏ᄒᆞ얏다더라

●統監還任延期　伊藤統監이本月中旬頃에還任ᄒᆞᆫ다더니更聞ᄒᆞᆫ즉何事件을因ᄒᆞᆷ인지延期되얏다더라

●農大差病　農商大臣趙重應氏가東萊溫井에前往ᄒᆞ야身病을治療ᄒᆞ더니該病勢가快有差道ᄒᆞᆫ故로日間入京ᄒᆞᆫ다ᄂᆞᆫ電信이該氏本第에到達ᄒᆞ얏다더라

●秘書官의晩餐　再昨日下午入時에宮內府秘書官金東完氏가自巳私第에晩餐會를開設ᄒᆞ고該府大臣閔丙奭氏와各部大臣과中樞院顧問諸氏와其他內外國高等官을多數請待ᄒᆞ얏다더라

●楓菊開會　漢城府民會會長兪吉濬氏가本月七日下午七時에惠泉館內에서楓菊會를開設ᄒᆞ고各社會紳士를請邀宴待ᄒᆞᆫ다더라

●司業試取規正　成均館官制를改正頒布ᄒᆞᆷ은人所共知어니와司業試取規程과司業試取問題를학部에서修定ᄒᆞ야頒布ᄒᆞᆫ다ᄂᆞᆫ되問題ᄂᆞᆫ四書中壹題와萬國地誌中壹題와法律학中壹題와經濟학中壹題와其他稍當ᄒᆞᆫ問題로每年壹回에학部大臣이漢城府와各道에訓諭케ᄒᆞᆫ다더라

●宜乎勿施　金敎獻羅壽庠兩시가地方騷擾를鎭靜ᄒᆞᆯ方針으로中樞院에意見書를陳述ᄒᆞᆷ은巳爲頒布ᄒᆞ얏거니와該意見書가時宜에不合이라ᄒᆞ야勿施가되다더라

●忠察上京　忠北觀察使權鳳洙氏ᄂᆞᆫ公事를因ᄒᆞ야再昨日에上京ᄒᆞ얏다더라

●尹氏出張　度支部司稅局主事尹成熙氏가平壤義州間稅務를視察ᄒᆞ기爲ᄒᆞ야京義線을搭乘ᄒᆞ고日間出張ᄒᆞᆫ다ᄂᆞᆫ되往還期限은二十日假量이라더라

●北關不通　鍾城郡居ᄒᆞᄂᆞᆫ金主事某氏가多月留京ᄒᆞ다가自巳鄕第에下去ᄒᆞᆫ次로城津港까지前往ᄒᆞ얏다가咸鏡南北道에義兵이大熾ᄒᆞ야道路가不通ᄒᆞᆫ故로該시가還爲上京ᄒᆞ얏다더라

●洪氏拒絶　開寧郡守鄭在학시가其門客金남秀의白頭를長時恨歎ᄒᆞ더니該郡守赴任以後에郡主事洪在祺시를勸告曰貴職을請願ᄒᆞ면其代에ᄂᆞᆫ余의家人김南秀를兗ᄒᆡ케ᄒᆞ고貴下ᄂᆞᆫ即時道主事를叙任ᄒᆞᆯ터이니請願ᄒᆞ라고屢々懇諦ᄒᆞᄂᆞᆫ지라洪在祺시가答ᄒᆞ되此亦公器니豈有循私乎아資格이不合커던兗官ᄒᆞ라고拒絶ᄒᆞ얏다더라

●戶口表調査　韓國農商工組合所에서月報를발刊ᄒᆞᆫ다ᄂᆞᆫ대韓國戶口表와日本居留民戶口表를添付刊布ᄒᆞᆫ次로韓日兩國人의戶口表를調査ᄒᆞ얏다더라

●刊曆竣工　隆熙二年度曆書를龍山印刷局에서刊出ᄒᆞᆷ은人所共知어니와製冊의役이竣工됨으로數日間頒佈ᄒᆞᆫ다더라

●重罪保金　無論某等罪人ᄒᆞ고警視廳에被囚ᄒᆞ얏다가保放ᄒᆞ라면重罪에ᄂᆞᆫ七百圜保證金을納呈ᄒᆞᆫ後에施行ᄒᆞᆫ다더라

●押牢自退　監獄署押牢二人이義兵將李康年許위兩氏의處絞ᄒᆞᆷ을見ᄒᆞ고悲憤을不勝ᄒᆞ야其所着帽子를毁破ᄒᆞ고退去ᄒᆞ얏다더라

●卒業歸國　日本에서多年留학ᄒᆞ던楊炳鎬氏ᄂᆞᆫ東京에서商業科를卒業ᄒᆞ고今月拾日內로歸國ᄒᆞᆫ다더라

●天長觀兵　今日은日本國天長節인故로午前十時三拾分에龍山鍊兵場에서陸軍觀兵式을擧行ᄒᆞᆫ다더라

●面長有人　京畿砥平郡西始面々長韓鎭世시ᄂᆞᆫ爲面長周年에自昨秋以來로義兵과日兵이往來ᄒᆞᆫ際에應接이敏活ᄒᆞ고觀務가勤勵ᄒᆞ야壹面이賴以安도ᄒᆞ기로該面內人士가立碑頌功ᄒᆞ다더라

●私札乃英　學務局長尹致旿氏가身病으로觀務치못ᄒᆞ고其夫人尹高羅시로請由狀을代爲繕呈ᄒᆞ얏ᄂᆞᆫ디英文을純用ᄒᆞ얏다ᄒᆞ기에本報에論駁ᄒᆞ얏더니更聞ᄒᆞᆫ즉該請由狀은國漢文을交用ᄒᆞ고학部日人某에게私札을英文으로ᄒᆞ얏다더라

●裵氏呼訴　鍾路東床廛에서商業資生ᄒᆞᄂᆞᆫ裵永春시가去四月頃에西部松橋居ᄒᆞᄂᆞᆫ郭斗煥시에게各種貝物二百餘圜價値를外上으로放賣ᄒᆞ얏더니郭시가延拖不報ᄒᆞᄂᆞᆫ故로裵시가昨日京城區裁判所에呼訴ᄒᆞ얏다더라

●葬費支撥　內部主事趙弘奎시가身病으로積年呻吟ᄒᆞ다가仍爲長眠ᄒᆞ얏ᄂᆞᆫ되該氏ᄂᆞᆫ多年視務에特有功勞ᄒᆞ다ᄒᆞ야該部에서護葬費貳百五圜을支撥ᄒᆞ야安葬ᄒᆞ얏다더라

●藉校生弊　咸昌郡守李종主시가학校를設立ᄒᆞ고經費를補用ᄒᆞᆫ다ᄒᆞ고境內人民每戶에壹元式排斂ᄒᆞᄂᆞᆫ故로民怨이浪藉ᄒᆞ다고南來人의傳說이有ᄒᆞ더라

●是何惡行　水原郡支岩面楊山里居ᄒᆞᄂᆞᆫ李鍾台氏가今年陰四月頃에其妻喪을遭ᄒᆞ고該郡廣德面朴𥘉後麓에入葬ᄒᆞ얏더니忠南牙山郡居ᄒᆞᄂᆞᆫ韓景履氏가自己世傳山坂이라籍托ᄒᆞ고頻數爭鬪ᄒᆞ다가去月頃에自手掘塚ᄒᆞ야橫臺坂을發ᄒᆞ고該郡에自現就囚ᄒᆞ얏ᄂᆞᆫ되韓氏의親族韓某가其後에破棺去尸ᄒᆞ고潛身逃躱ᄒᆞᆫ지라該郡警察署에서李시의呼訴를因ᄒᆞ야現今調探中이라더라

●補助員의作弊　各地方日憲兵分遣所에在ᄒᆞᆫ所謂補助員과通譯人들이該附近無辜良民을押去ᄒᆞ거나或招去ᄒᆞ던지依例허足債數百兩式暗裡勒討ᄒᆞᆫ다더라

●掘塚斷頭　鐵川郡居申협氏가義兵干連이有ᄒᆞ다ᄒᆞ야日兵의게被害ᄒᆞᆫ事ᄂᆞᆫ已揭前報어니와該氏屍體를安葬ᄒᆞ얏더니數日前에何許賊漢이乘夜掘塚ᄒᆞ고該氏의頭骨을斷去ᄒᆞ얏다더라

●雜技犯越交　前承旨俞鎭瓚等諸시가殺技賭錢ᄒᆞ다가中部警察署에被捉ᄒᆞᆫ事ᄂᆞᆫ已報어니와該署에서審査ᄒᆞ고昨日上午九時에地方裁判所로壹切越交ᄒᆞ얏다더라

●吸鴉被捉　北部樓閣洞居ᄒᆞᄂᆞᆫ金先基等과韓姓女ᄂᆞᆫ鴉片을爛吸ᄒᆞ다가再昨夜에警察署에壹切被捉ᄒᆞ얏다더라

●此童此童　平北義州枇峴面院洞進英학校ᄂᆞᆫ尹榮福尹榮祥시兄弟가剏設ᄒᆞ야熱心敎育ᄒᆞ나財政이困難ᄒᆞ야維持方針이無ᄒᆞᆫ지라去番千秋慶節을當ᄒᆞ야尹시가慷慨演說ᄒᆞ니학徒中에拾二歲된金應淳이가厲聲曰吾等이幸히良師를遇ᄒᆞ야萬折不回ᄒᆞᆫ心力으로학問을勉勵ᄒᆞ야世界에上等人物과國家에中興基礎를自期ᄒᆞᄂᆞᆫ더財政으로由ᄒᆞ야廢校ᄒᆞᆫ境에至ᄒᆞᆫ면차라리無生ᄒᆞᆷ만不如ᄒᆞ니今에闔학兄弟를爲ᄒᆞ야灑血盟約ᄒᆞ리라ᄒᆞ고袖中에壹刀를出ᄒᆞ야左掌壹半을橫斷ᄒᆞ니鮮血이淋藉ᄒᆞ야衣衿에盡濕ᄒᆞ거날尹시及壹般학生이無不痛哭ᄒᆞ얏다더라

●李氏頑臘　西門外華東학校ᄂᆞᆫ本是李容稙시의剏設ᄒᆞᆫ학校인디該校학徒ᄂᆞᆫ從來頭髮을有ᄒᆞᆷ을他校학徒들이每々揶揄ᄒᆞᄂᆞᆫ故로凡於聯合運動에一切參與치못ᄒᆞ더니日昨에校監與敎師가학徒들對ᄒᆞ야斷髮의便利를說明ᄒᆞ고斷髮을願ᄒᆞᄂᆞᆫ者ᄂᆞᆫ擧手ᄒᆞ라ᄒᆞᆫ즉壹齊擧手에皆是願ᄒᆞᄂᆞᆫ지라校主李容稙시와相議ᄒᆞ니李시가欣然曰此是開明的主義라何不同意리오ᄒᆞ더니翌日의帽子를準備ᄒᆞ고斷髮ᄒᆞᆯ時의ᄂᆞᆫ李시의子侄과其家內의留任ᄒᆞᄂᆞᆫ幾個학徒ᄂᆞᆫ斷髮치아니ᄒᆞ얏다더라

●會名改團　貞慶坊會會長以下壹般任員이再昨日上午九時에麻동普光학校內에會集ᄒᆞ야會名을貞慶民團이라變更組織ᄒᆞ고團長은金允植시로副團장은徐肯淳시로推薦ᄒᆞ고評議員은常議員으로改正ᄒᆞ야三十餘名을選定ᄒᆞ얏다더라

●靑館開演　今日下午七時三拾分에靑年會館에서演說會를開ᄒᆞ고紳士安國善시가風俗改良이란問題로演說ᄒᆞᆫ다더라

●張巡義擧　北署巡査張泰春시가素是貧寒ᄒᆞ고七八元의月俸으로僅々資生ᄒᆞ나敎育界에慈善心이大발ᄒᆞ야無依無托ᄒᆞᆫ林錫萬을自巳家에住接케ᄒᆞ야衣與食을擔當ᄒᆞ야校洞官立普通학校에入학ᄒᆞᆫ지가于今周年인대該시의慈善心을人皆稱頌ᄒᆞᆫ다더라

●聯合歡迎　日前에美洞鳳鳴學校主李容汶校長金邏烟講師李相弼諸시가西關에學校視察ᄒᆞ기爲ᄒᆞ야平壤等地에前往ᄒᆞ얏더니該府內各學校학徒가特別聯合運動會를設ᄒᆞ고歡迎의意를表ᄒᆞ얏ᄂᆞᆫ되三시가空冊數百卷과美國獨立史幾百卷을各學校優等學員에게分給ᄒᆞ고府內各학校에掛鐘壹座式寄贈ᄒᆞ야勸勉ᄒᆞ얏다더라

●細履補校　春川郡北內西上兩面有志人士諸시가학校를設立ᄒᆞ고靑年子弟를募集敎育ᄒᆞᄂᆞᆫ대經費가窘拙ᄒᆞ더니該面內樵夫들이會集ᄒᆞ야夜間에草履壹部式細成斥賣ᄒᆞ야校費를補用ᄒᆞᆫ다더라

▲地方消息▼

▲去月貳拾五日宜寧郡西方約三里外芳村附近에서義兵數拾名이同郡日守備隊와交戰ᄒᆞ얏다ᄒᆞ고

▲去月貳拾五日平安南道寧邊郡東方約십里되ᄂᆞᆫ야水洞에서義兵五十餘名이該郡駐在日憲兵及巡査隊와交戰ᄒᆞ얏다ᄒᆞ며

▲江華島內에義兵數百名이蜂起ᄒᆞ야該島附近在留日人우草島에避難ᄒᆞ얏다ᄂᆞᆫ報를因ᄒᆞ야錦拾三聯隊將校以下三拾名은同島에出張ᄒᆞ얏다가去貳拾九日夜에該地義兵과交戰ᄒᆞ얏ᄂᆞᆫ디日兵二名은即死ᄒᆞ고壹名은負傷ᄒᆞ얏다더라

▲韓人의痴想▼

▲韓國人의外樣보면鮮明키도第壹이요학은躰도저쎈이나實地行爲ᄂᆞᆫ헐진대無實키도第壹이오多겁者도저쎈일세外飾崇尙姑舍ᄒᆞ고天眞에다挾亂ᄒᆞ야思想사지愚痴ᄒᆞ다

▲生前歷史볼작시면盡國病民罪人이라死入地獄ᄒᆞ엿거날壹塊腐尸輟輿ᄒᆞ고名堂大地廣求ᄒᆞ니갈데업ᄂᆞᆫ地獄罪鬼自受苦焦難堪인대奚暇發蔭子孫ᄒᆞᆯ쇠그思想도愚痴로다

▲不農不商怠惰ᄒᆞ고遊衣遊食專事ᄒᆞ야飢且寒爲不免이라가壹塲好夢얻고보면滿心歡喜自負ᄒᆞ야好樣禍緣期待ᄒᆞ니困惱中의壹昏夢이有何關於禍福ᄒᆞᆯ쇠그思想도愚痴로다

▲囊中自有千鍾祿은不易之言이아닌가修才篤學ᄒᆞ지안코權門勢家盤連ᄒᆞ야昏夜追逐眞乞ᄒᆞᆫ제奴隷못ᄒᆞᆫ大臣에게再作奴隷無恥ᄒᆞ니誤落平生얻지ᄒᆞᆯ쇠그思想도愚痴로다

▲人格으로議論ᄒᆞ면種中의最末이나官職個나얻어ᄒᆞ면倨傲氣習아니찜고兩班노릇된答일세나라망ᄒᆞᆫ兩班稱號期欲遵守ᄒᆞ랴ᄒᆞ니兩班이면무엇ᄒᆞᆯ쇠그思想도愚痴로다

▲家庭凡節볼작시면夫蕩妻淫亂家이라敗亡之階相尋인데巫祝靈을會集ᄒᆞ고大小甑 厚餅으로無量大福빌어내니片餅으로獲福이면困窮人이何有ᄒᆞᆯ쇠그思想도愚痴로다

▲破巢下의無完卵은사ᄅᆞᆷ마다알거니와鄭鑑錄의壹冊으로民國俱病ᄒᆞ얏건만拾勝地를찻ᄂᆞᆫ者가於今에도尙有ᄒᆞ니壹片休紙鄭鑑錄이多數日人防禦ᄒᆞᆯ쇠그思想도愚痴로다

▲文野之別何在런고思想中에出來로다腐敗風俗改良ᄒᆞ고文明富强ᄒᆞ쟈ᄒᆞ면思想부터改良ᄒᆞ되唇舌로만ᄒᆞ지말고務實貳字佩符ᄒᆞ야晉々前進不息ᄒᆞ면文明廣途自開ᄒᆞ리

社告

宣川 支社員魯晶곽氏와 龍岡 支社員朴鍾은氏ᄂᆞᆫ幷爲請願解任ᄒᆞ고該兩郡支社員을新任ᄒᆞ얏기로左開仰佈ᄒᆞ오니該附近地에서本報購覽ᄒᆞ시ᄂᆞᆫ僉君子ᄂᆞᆫ照亮ᄒᆞ신後新聞代金을左開兩氏處로送交ᄒᆞ심을務要

▲宣川邑橋南　金亨俊
▲龍岡邑　郭爾秀

大韓每日申報社

廣告

●特別廣告●

本社에서名帖印刷를更加擴張ᄒᆞ기爲ᄒᆞ야各樣紙品을壹切準備ᄒᆞ고極廉價로僉君子에所請대로隨應ᄒᆞ옵ᄂᆞᆫ중婦人과學徒의게ᄂᆞᆫ特別除減ᄒᆞᆯ터이오니照亮　來臨ᄒᆞ심을敬要

大韓每日申報社

宗約長室內發引이在於陰曆本月拾壹日上午拾壹時오니壹般宗族은寺洞本邸로趁期來慰ᄒᆞ시오

安東金氏宗中護喪所　告白

本人이姓名圖章을陰三月拾三日에遺失ᄒᆞ고改造ᄒᆞ얏기廣告ᄒᆞᆷ

李琓求　告白

本人의名은欽을以政欽으로改正ᄒᆞ오니知舊間照亮ᄒᆞᆷ

朴政欽　告白

本校에서第二回算術

夜學科(自初步로始)學員을募集ᄒᆞ오니願學僉員은陽拾壹月七日內로入學請願書를提呈ᄒᆞᆷ

但請願紙ᄂᆞᆫ本校用紙로ᄒᆞᆷ

壹　試驗科目은國漢ᄌᆞ讀書
壹　時間은自下午七時至八時
壹　卒業期限拾個月

典洞私立中東學校

群山港客主都中이旣承農商工部認許ᄒᆞ야以爲營業이다가光武拾年年分에壹社가分爲兩社ᄒᆞ야各自營業者有年矣러니分久必合理所固然이라自拾月로特承官廳國合之指揮ᄒᆞ야社號를商會紳商兩社社名中壹字式存拔ᄒᆞ야以紳商社로改稱施行하오니內外國客商은以此照亮ᄒᆞᆷ

群山港客主　申泰駿　車允模　朴尙浩　告白

仁川永化學校義捐金人員氏名

京畿道觀察使　金思默　拾圜
本府尹　金潤晶　拾圜
醫師　金允福　六圜
富平郡守　全國煥　拾五圜
光濟號諸員　愼順晟　五圜
俞鎭浩　金貴連　朴聖俊　金成順　黃貝佑　李淳根　李元七　金有福　金甲成　尹光默　梁斗洪　尹鳳房　金正玉　韓石淳　김云祚　陳수用　鄭德成　田明福　林敬先　朴德明　玄石心　리元正　리貴童　김奉石　김學俊　리希春　朴德洙　김永根　尹梁丸　安學東　각壹圜
張福山　김弘燮　김元七　김斗星　沈昌植　김永九　각五拾錢
沃川邑　鄭成烈　壹圜

仁川永化學校　告白

敬告者方以　匪定公墓所事로齊會爛商ᄒᆞ기玆廣告ᄒᆞ오니京鄕　僉宗은今陰拾月二拾二日下午壹時에來臨于花開洞三拾四統九戶鳳村家ᄒᆞ심을敬要

南陽洪氏宗中　告白

●慶남咸陽郡栢田面私立悅新學校趣旨書

夫東亞의학校ᄂᆞᆫ三代가最備ᄒᆞ고西歐의敎育은希臘에始倡ᄒᆞ니是以로東亞ᄂᆞᆫ至治의世를言ᄒᆞᆫ者ㅣ三代를必稱하고西歐에文明의祖를道ᄒᆞᆫ者ㅣ希臘을必擧ᄒᆞ나然ᄒᆞ나三代의至治ᄂᆞᆫ後世에及하야寖衰ᄒᆞ고希臘의文明은今日에至ᄒᆞ야발達ᄒᆞ니是가엇지他故ㅣ有ᄒᆞ리요ᄒᆞᆫ즉學校의修ᄒᆞ고不修ᄒᆞᆷ에在ᄒᆞ니라嗚呼라我韓人의學校를道ᄒᆞᆫ者ㅣ三代에及ᄒᆞ면嘖嘖稱善ᄒᆞ되今日학校設立에至하야ᄂᆞᆫ몽몽然不省ᄒᆞ나니此가엇지昔日龍肉에飽ᄒᆞ고今日菽粟의肥를却ᄒᆞ야餓莩를自致ᄒᆞᆷ과有異ᄒᆞ리요所以로政界에悲觀과民生의困難이世界萬國中最慘劇을演ᄒᆞ얏스니如此ᄒᆞ고優劣競爭ᄒᆞᄂᆞᆫ舞臺에生存을得ᄒᆞᆯ가然則國을救ᄒᆞᆯ道ᄂᆞᆫ如何오學校를擴張ᄒᆞ야敎育을施ᄒᆞᆯ而已라敎育을施ᄒᆞᆯ道ᄂᆞᆫ如何오思想을新케ᄒᆞ며知識을新케ᄒᆞ며學問을新케ᄒᆞ며習慣을改ᄒᆞ야新케ᄒᆞ며腐敗을祛ᄒᆞ야新케ᄒᆞᆫ則尙書에云ᄒᆞᆫ바作新民과孟시의稱ᄒᆞᆫ바新子之國이라ᄒᆞᆷ이此에在ᄒᆞ니此가果然國民의善後之策이아닌가所以로本郡守李章鎔시가敎育의時急ᄒᆞᆷ과敎育의要가新에在ᄒᆞᆷ을確知ᄒᆞ시와本面栢田里에학校設立키로指導ᄒᆞ되榜曰悅新학校라ᄒᆞ니本人等이感激不置ᄒᆞ기로鳩財殖利ᄒᆞ야設校方針을하얏스니嗟흡다我栢田面十六洞同胞諸公이여아모조록父兄들은新義務와新敎育으로靑年을勉ᄒᆞ며子弟들은新精神과新思想으로祖國을愛하야他日我新大韓을再造케ᄒᆞ되千萬血祝ᄒᆞᆷ

隆熙二年十月二拾七日

발起人　朴斗熹　孟性在　金圭源　金鏴洛　李基株

金裕泓이行列을聯ᄒᆞ야仁灝로改名이옵기玆에廣告ᄒᆞᆷ

安州郡內　金仁灝　字壽河　告白

染織을大擴張ᄒᆞ고支店을新設ᄒᆞᆷ

各項衣衣織造放賣
男女學生衣服衣織造
理化學應用染色及改染
最新染粉直輸入放賣
其他各種染色及織造

中谷染織工所　宗廟越邊　告白
支店鍾路魚物廛七房　合

本人의再堂叔母가早年喪夫ᄒᆞ고依其無男獨女ᄒᆞ야寡居買得存株坪六石拾五斗落이온바卿寬順之父秦源이娶妻該家ᄒᆞ야生道가極窮故로養於妻家ᄒᆞ야依托資生ᄒᆞ와廣致數千石落矣러니該妻母別世後에家產을自己擅當ᄒᆞ야本人으로繼后ᄒᆞ고財產分給爲縣矣러니秦源이不意에賊殺害ᄒᆞ야急遽死케ᄂᆞᆫ其子順寬이但知財利하야不顧渠父之手票ᄒᆞ고如干遺土塞責이거ᄂᆞᆯ甚可爭詰ᄒᆞ되反爲悖說罵辱拒絕故로不勝憤冤ᄒᆞ야裁判次上京矣러니本人을新聞上에無據之說로揭載ᄒᆞ야名譽를損傷케ᄒᆞ니如此蠢盲之習을懲律ᄒᆞ기로先以廣告하오니內外國人은勿效此習을伏望

金堤馬川面官上里　吳公辰　白

本人이布廛貳房에서布木商業이다가移接于貞동布德門越邊美洞우三拾統三戶ᄒᆞ야繼續營業故로廣告ᄒᆞᆷ

鄭暢煥　告白

院長古城梅溪가曾往에淸國北洋願門醫官으로多年在外ᄒᆞ옵다가還般에歸韓ᄒᆞ와諸般設備를大作革新ᄒᆞ야專히韓淸兩國病人의診察을從事ᄒᆞ며尙且軍醫諸氏게계囑托ᄒᆞ야新方妙劑로極盡히速活回春ᄒᆞᆷ을期ᄒᆞᆷ

再次赤貧患者의施療ᄂᆞᆫ藥價를勿論ᄒᆞ며又隨時ᄒᆞ야牛痘苗를施種ᄒᆞᆷ

京城本町四丁目
贊化病院
(電話二四番)

本校夜學部日語科測量科에서卒業을經ᄒᆞ온바右兩科第貳回와商業科學員을募集ᄒᆞ오니願學僉員은來拾壹月五日「陰十月拾二日」內로來議ᄒᆞ심을爲要

卒業期限　日語科ᄂᆞᆫ甲班六個月乙班壹個年
測量科三個月　商業科壹個年
上學時限自下午六時至八時

南部鑄洞私立光南學校

◎大韓地志敎科書

國漢文全壹冊　定價二拾五錢

本書ᄂᆞᆫ高等小學校敎科用으로編輯ᄒᆞᆫ것이니全壹冊六拾九課每課壹百六拾字以下로定ᄒᆞ야課讀에取便케ᄒᆞᆷ

發行兼發賣元　平壤鍾路大同書觀
京城[illegible]公廠

○本人이銅峴博學書館과他人同業이옵ᄃᆡ가今에書館을各設ᄒᆞ고各種書籍을大發賣ᄒᆞ오니知舊及購覽僉彦은照亮ᄒᆞ심을務望

京城中署銅峴四巨里「二層屋」
文明書館　玄檍　告白

本店內에서外國直輸入各種煖爐諸般所入與煖爐火木及石炭均可入燒拾分利便木匠工程色造樓房火房家內所用各種椅床材木器具玻璃磚瓦鐵器皆有大發賣諸君購覽

僉彦照亮務望

大漢門下車橋前　榮興號

京城南部苧동六拾四統貳戶
東洋大學前講師
日本法律學士
辯護士
木尾虎之助

南部曲橋十一統七戶
辯護士　崔鎭

壯陽復元丹

此藥은專治腦痛肺弱○房事色傷○心腎虛弱○陽萎不起○遺精多夢○神經衰弱○房事時早漏不快○病後虛弱○健忘不眠○貧血諸症○先天不足○飮食不下○眩暈頭痛○等症ᄒᆞ나니試將此丸을照法服之면不過幾点종에立見妙效ᄒᆞ야魂飛肉躍에精神微奮ᄒᆞ고頓覺愉快하나니其症이輕者ᄂᆞᆫ服壹貳週면挽回元陽ᄒᆞ고其症이稍重者ᄂᆞᆫ可服二四週ᄒᆞ고遠年痼疾로其症이頻重者ᄂᆞᆫ連服七八週면必能全치無疑니若夫無病之人도試用此劑則補血而益氣ᄒᆞ고强筋而壯骨ᄒᆞ나니用之八週而未見其效則請將價額을如數還呈이요不敢虛誕自欺라此丸이又無論男婦老幼ᄒᆞ고均用有効ᄒᆞ나니眞世間無比之妙劑也라　僉位ᄂᆞᆫ何不早圖壹試오

壹週分壹圜
二週分壹圜八十錢
四週分三圜四十錢
八週分六圜四拾錢

발行所　京城중로大廣橋십九統七戶　共愛堂약房
特約代理店　京城水標　濟生堂약房

本社에서活板機械를壹新整備ᄒᆞ고各種印刷를廉價酬應ᄒᆞ오니僉位ᄂᆞᆫ惠顧ᄒᆞ시옵　社會公益上印刷ᄂᆞᆫ二割特減ᄒᆞᆷ

本社에서直接大發賣書目

中等用器畫法　全　定價金七拾錢　吳榮根君　著
本書ᄂᆞᆫ測量、建築、構造、機械見本、壹切實地應用製圖法

新撰外國地誌　上下　定價六拾錢
本書ᄂᆞᆫ各學校敎科에適當ᄒᆞ며世界各國의情形을詳載ᄒᆞᆷ

二十世紀朝鮮論　定價金三拾五錢

最新算術　上卷完成　下卷印刷中　定價金五拾錢
官立高等學校敎授金夏鼎君著
本書ᄂᆞᆫ著者金君이實地敎授에多年經驗으로算學要領을撮ᄒᆞᆫ者니各學校敎科用及獨習에添宜ᄒᆞᆷ

鍾路里門上隅拾二統三戶　興文社

漢城鍾路慈惠大藥房

韓東西藥業月報社製藥

降火水 五日分壹圓　甘酸水 十錢

補益丸 二圓五十錢　萬病潤腸丸

淋疾去根藥 五十錢　痢疾靈散 三十錢

清肝湯 十五錢　養兒寶散

萬病根藥 三十錢　純金鷄納丸

[illegible]丸 二十錢　[illegible]汗臭藥

瘧疾感冒丸 十錢　恭腫合瘡膏

消痰鎭咳藥 三十錢　漢城百應膏

消積丸 五十錢　神效 保嬰散

[illegible]

大韓國 各郡藥商 總發行所는

京城 南大門內 濟生堂大藥房

陸軍軍醫金守鉉君實驗方劑
陸軍軍醫張基茂君有効證明
衛生之諸君子常備之靈藥

消化新藥 清心保命丹

發行所 仁川港柾峴 濟生堂藥房

九十粒入 壹盒拾錢

(主治效能)

담飮 咳嗽 胃痛腹痛
氣鬱 食傷 中暑中寒
食積 吐瀉 水土不服
酒醉 口臭 船車眩暈
其他運氣厲疫을預防
ᄒᆞᄂᆞᆫ奇效가有ᄒᆞᆷ

蛔積殺蟲散

右藥은蛔虫壹切을拔根ᄒᆞᄂᆞᆫ妙약 (금십錢)

起死回生 回生丹

此약은急ᄒᆞᆫ吐瀉와霍亂과腹痛이며담咳의神效ᄒᆞᆷ (금拾錢)

●其他內外新製에 ○補血藥○補陰補陽藥○不足症藥○婦人冷病藥○瘡病藥○寸虫拔根藥○되ᄂᆞᆫ藥○眼藥各種○皮膚藥○大小腫氣膏藥各種○感氣藥○淋疾藥○滯症藥○其外 여러가지藥은이로긔록지못ᄒᆞᆷ

洋藥類化장品類

●十三道各部藥商ᄒᆞ시ᄂᆞᆫ 僉位의계ᄂᆞᆫ價를特別割引ᄒᆞ야極廉ᄒᆞ게大發賣ᄒᆞ오니陸續注文ᄒᆞ심을要望

◉遠地에ᄂᆞᆫ小包郵便으로信送ᄒᆞᆷ

○仁川港柾峴 濟生堂大藥房本舖
○開城南門內 濟生堂開城支店
○平壤大貫洞 濟生堂平壤出張所
○宣川邑內 濟生堂平北總支店
○元山港銘石院 濟生堂元山支店
○釜山草梁 濟生堂釜山出張所
○沙里院場 濟生堂沙里院出張所
○馬山港東城 濟生堂馬山支店
○鎭南浦後浦 濟生堂鎭南浦出張所

度支部 測量課 編纂

土地測量術

全壹冊正價금 升製六拾錢 洋裝九拾錢

近日測量術書類에三四種이刊行되엿스나不完全의缺點이不無ᄒᆞᆫ바今에本書ᄂᆞᆫ細部測量으로圖根測量々지詳密히編纂ᄒᆞ얏스며각種實地測量ᄒᆞᆫ製圖의圖本을挿入ᄒᆞ야壹般斯學界의無一ᄒᆞᆫ寶典이오且紙質의堅美ᄒᆞᆷ과製冊의華麗ᄒᆞᆷ이測量術書中에覇王이라稱ᄒᆞᆯ만ᄒᆞᆷ

〔發兌元〕

皇城中部罷朝橋越	中央書館	朱翰榮
仝 南部大廣橋	大東書市	金基鉉
仝 鍾路	滙東書館	高裕相
仝 南門內尙洞	博文書館	盧益亨
仝 남門外紫岩	新舊書林	池松旭

譜聲九氏 撰述

地方行政論

全壹冊 定價金 三拾錢

▲本書ᄂᆞᆫ地方自治行政에關ᄒᆞᆫ壹般의原則과外國의現行制度를參互撰集하야簡明히論述ᄒᆞᆫ者ㅣ니現히地方官의位에在ᄒᆞᆫ者의行政上參考될은勿論이오全國人士ᄂᆞᆫ각其團躰生活의本旨를瞭解ᄒᆞ야將來自治制度組織의基礎를成ᄒᆞᆯ者ㅣ니有志僉彦은速々購覽ᄒᆞ시압

發行元 皇성中부罷朝橋越 中央書館
발售處 京城及地方 各書肆

社告

○申報價

壹號代金	新貨二錢五厘
壹個月前納	三十錢
參個月	九拾錢
陸個月	壹圓八十錢
壹個年	三圓四十錢
郵稅壹號	壹錢
壹個年	五圓十二錢

○廣告料

四号活字拾三字詰每日壹寸(鯨尺)에 新貨十五錢 二週日壹寸에 二圓五拾錢 壹個月壹寸에 五圓
〔自壹行至四行이爲壹寸〕
其期限의長短과字行의多寡를依ᄒᆞ야增減홈이有ᄒᆞᆷ

◉大韓每日申報各處支社廣告

平安道
平壤鍾路太極書館 安泰國
三和港碑石洞 金瀅杜
昌城郡校洞 許 [illegible]
義州南門外 [illegible]大藥房 [illegible]
鐵山邑東 [illegible] [illegible]
車輦館 金明[illegible]
定州南門內書舖 洪成麟
郭山 [illegible]英書舖 李銀瑞
博川 [illegible]津 李顯[illegible]
安州 [illegible]井洞 [illegible]
京義線枇峴驛 [illegible]市 [illegible]
龍川楊市 [illegible]
龍川府南面松峴 [illegible]東書會 [illegible]
龍川 [illegible]市驛 [illegible]

咸鏡道
咸興州南社西門外 曺[illegible]林
元山倉洞 劉七[illegible]
高原邑 [illegible]
定平郡[illegible]川 [illegible]
洪原南門外耶蘇教冊肆方[illegible]
永興[illegible]山[illegible]書舖 [illegible]

黃海道
義州邑[illegible]門 [illegible]
[illegible]川邑[illegible]津 [illegible]
[illegible]邊邑客舍里 [illegible]
江西邑內 金[illegible]
咸從郡耶蘇教堂 張炳[illegible]
成川郡上部面 [illegible]
平남順川郡 [illegible] 鄭[illegible]
龍岡邑 郭[illegible]秀
宣川邑橋南 金亨俊
海州남門內 朴[illegible]
載寧邑濟衆院 劉[illegible]澤
安岳細[illegible]坊成洞 [illegible]
長淵邑南門內 [illegible]
殷栗邑倉前里 金泰[illegible]
信川邑六里 丁一[illegible]

全羅道
[illegible]邑邑內 李[illegible]
[illegible]仁邑內 宋[illegible]
金溝水流面豆亭 趙[illegible]三
興德富安面[illegible]谷 姜大[illegible]

京畿道
仁川[illegible]峴開新冊肆 李東[illegible]
開城남大門內興學書舖 [illegible]
江華邑川橋 [illegible]

忠淸道
淸州남門外 [illegible]
結城[illegible]川小龍동 李[illegible]

慶尙道
大邱[illegible]友弦書樓側 李正[illegible]
[illegible]海[illegible]川약局 徐[illegible]

江原道
[illegible]原邑[illegible] 趙[illegible]大

發行兼編輯人 英國人 裵說
發行所 [illegible]井洞號外地三層[illegible]
大韓每日申報社
Responsible for Publication Alfred Weekley Marnham

光武九年八月拾壹日 明治卅八年八月拾壹日 (第三種郵便物認可) 水曜日 西曆壹千九百八年拾壹月四日 (壹)

第六卷 第九百四拾五號

大韓每日申報

月曜及慶節 時日休刊

檀君開國四千二百四十一年
箕子元年三千三十年
大韓開國五百十七年
日本明治四十一年
淸國光緖三十四年
陰曆戊申十月大十一日癸亥

論說

◉慘哉朴重陽之心法

彼朴重陽이新舊政府의鷹犬되야累度觀察의重任을圖得호고到處마다同胞의點々血液을剝吸호야自家壹身을肥澤홈은壹般同胞가耳로聞호며目으로觀호바라今에贅說홀비無호거니와

嗟乎라彼가大邱에到호以來로壹片魔心이愈往愈毒호야嶺南人民의知識이或開홀샤愛國心이或발홀샤是憂是慮是悶호야坐不安하며寢不甘호고長全部精神을用호며壹段手腕을弄호야壹道江山人物을黑暗地獄에陷케홀서村狗의走吠도自由어늘此毒惡호야壹棒에淨殺盡호며郡城에片石도公物이어날賤貸에都賣喫호고日々夜々時々刻々의壹念壹想이惟此「營私肥己盤剝病民」八字에不過호야政府에狐媚호며外人을奴事호고同胞를盜賊홈이無所不至호더니嗚呼라曉鷄壹唱에天下가將明이라二十世紀猛風潮가萬國을打擊홀미彼의頑固가有名호던皓首壹省도枕을蹴호고爭起호야頭上에文明花를揷하며手中에自由종을撞호고壹齊莊嚴實界에超超코자호야教育々々의聲이遠近에漸動호니彼朴重陽者가壹毫라도人心이有하면前罪를悔改하고志士의轄下에伏호야壹個贊成員을作호면亦渠의光榮이며亦渠의幸福이어날

未知케라彼가果然何許厲氣와종出호바인지民血吸入도亦已不少호거날民知발達을又此仇敵호야其毒手毒脚을弄호야嶺右敎育을蹂躪호と바爲先七邱各志士의會同設立호協成學校가其綱에羅호야도다

協成學校歷史及朴重陽의沮戲事狀은本報에已揭호바어니와此校と既是太皇帝陛下의啓字押下가有호신비며又是道內人士의僉同詢謀홈이有호바어날噫彼重陽은何人이완대 聖旨도不有호며公議도不恤하고此校를破壞코자호논지其無厭이已甚홀뿐더러且彼가人民教育에何許仇隙이有호야此弊毒手脚을弄하는지不知어니와其最可憎홀者と彼가學校를藉托호야學校를破壞홈이是と더욱慘哉라朴重陽이여好哉라朴重陽이여

然이나彼가協成學校를破호야普通學校를設호다홈은엇지壹半分의敎育을爲홈이리오不過是公立學校에と日語가有호故로靑年子弟를驅호야國魂을奪호고자鬼를作코자홈이니嗚呼라朴重陽平여々々々々々爾의位祿을爲하야外人의게納媚호다가本國同胞가黑暗死盡호면爾と何歸코자호나뇨

且朴重陽壹人의力으로慶北壹路를壓抑홈이有餘호거날況助桀爲惡호と朴海齡梁弘默이有호야其前에左右홈이리오彼兩朴壹梁은魔腸이已固라雖萬般說法호야도無益이어니와吾輩と該道人士에게疾呼호노니此를因호야其心을灰치말고此를因호야其氣를沮치말며益々奮進호야彼魔鬼를征服홀지어다熱心誠力으로百折不屈호면百朴重陽이有홀들我를奈何호며千朴重陽이有홀들我를奈何호며億朴重陽이有홀들我를奈何호리오

▲隆熙貳年拾月二拾七日 官報

●告示

農商工部告示第拾二號 續

商法 (明治三拾二年法律第四拾八號)

第百三拾九條 發起人이株式의總數를引受치아니혼時と會社と創立總會의終結을因호야成立홈

第百四拾條 株式總數의引受가有호と時と壹年內에第百二拾九條의拂納이未了호時나又と其拂納이終了혼後六個月內에발起人이創立總會를招集치아니혼時と株式引受人은其諸人을작消하고拂納혼金額의返還을請求홈을得홈

第百四拾壹條 會社と發起人이株式의總數를引受혼時と第百二十四條의定혼調査의終了日로부터又と發起人이株式의總數를引受치아니혼時と創立總會終結日로부터二週日內에其本店及支店의所在地에서左開事項을登記홈을要홈

壹 第百二拾條第壹號乃至第四號及第七號에揭혼事項

二 本店及支店

三 設立의年月日

四 存立時期又と解散의事由를定혼時と其時期又と事由

五 各株에對호야拂納혼株金額

六 開業前에利益을配當홈을定혼時と其利率

七 取締役及監査役의姓名住所

第五拾壹條第二項第三項第五十二條及第五拾三條規定은株式會社에此를準用홈

(未完)

外報

●小部隊의衝戰 伯林電을據호則塞比亞及蒙的尼內國은보쓰늬아及헐세고늬아兩國에對호야小部隊의衝戰하기로計畫이라더라

●懇求助援 同電을據호則勃亞利亞國펄짜난드公은露國의助援을懇求하엿다더라

●波斯의示威 伯林電을據호則君士坦丁堡에在留호と波斯人은土耳其軍隊의國境侵入을反對호야各國大使館前에서示威運動을行호얏다더라

●淸露親睦 大連電을據호則徐總督이近來哈爾賓의淸國露國官憲을訪問호고淸露의親睦을圖호다더라

●淸國의軍隊加設 上海電을據호則淸國雲南總督錫良氏가新式軍隊二鎭을加設호야邊防을鞏固홀計로陸軍部尙書鐵良氏에게報請호얏스나回電이無혼故로再次報請호얏더니近者에其加設을許可호얏다더라

●龍江의屯田 大連電을據혼卽徐總督이黑龍江의屯田홀策을上奏호얏는디淸國政府에서將次實施홀다더라

雜報

●中東학校增募 中東학校에서第二回算術夜學科학員을募集호と대高明혼講師를延聘호야敎授혼다더라

●元氏有志 西졸人에傳說을據혼즉黃海道長淵郡尊澤面中壯洞勇進學校校監元致鉉시と方今二拾餘歲靑年인대熱誠이奮發호야校中經費를自己가擔當호고坊內父兄을勸勉하야學校를宏壯히建築호고敎師金大現시를雇聘하야熱心敎育하는데학徒가五十餘員에達호얏다더라

●隨聞更揭 江華郡守韓永福氏가强制로人民의斷髮코저하다가民擾를起호얏다기에隨聞揭載호얏더니更聞혼즉該氏가赴任이日淺호기로斷髮에對호야는端緖가初無호얏다더라

文壇

▲讀史新論 (續) 壹片丹生

第四章 東明聖王之功德

當時에林林葱葱혼家族이間에孤根으로特立혼扶餘族이壹朝에雄飛홈은皆東明聖王의功德이라溫祚赫居世가비록南韓을底定혼功이有호나其駕馭혼바가皆小小土酋의部落에不過호니其後歷代朝廷이皆東明聖帝廟를立호야尊慕의意를表홈이固宜호도다

按高朱蒙을或聖王이라稱호다가又或聖帝로稱홈은何故오日古代東國君主及官位의名號를只是國語로行호며國文으로書호더니後來에漢字로譯홈에帝王二字를通用에至혼故로檀君이檀王檀帝의稱이並有호고(麗人詩에生先檀帝戊辰歲의類)解慕漱이帝夫人王妃의號가幷存호니東明의或帝或王이卽亦此例와同홈이니라

然이나天이其壽를不假홈으로(東明의壽가四十세)其功德이此에僅止호더라

其後에子琉璃王이王莽의兵을却호야漢亡를蚕食호고孫大武神王이樂浪을滅호야支那勢力을殺호얏스니琉璃王大武神王이其亦英主인저

又按高句麗의强大가大武神王以後로自홈이지라神王以前에는비록東明聖王의功烈이遠暨호야許多部落을統壹하얏스나其王地兵力이東扶餘에僅遜혼故로琉璃王貳拾七年에扶餘王帶素가使者를遣하야以小事大의義로責호미王이驅踏恐怖호야答혼바를不知호얏스니此가其證이라及大武神王이東扶餘를幷호미高句麗의雄名이東西에始振호니라. (未完)

雜報

◎**一大運動** 日本人大垣丈夫가意見書를製藏ᄒᆞ고再昨日下午十時에釜山列車로渡日ᄒᆞ얏다ᄂᆞᆫᄃᆡ意見書니容을漏聞ᄒᆞᆫ즉韓國地方에騷擾原因을條列ᄒᆞ얏스되

壹 太皇帝陛下傳位事오
壹 皇太子殿下渡日事오
壹 壹進會員暴行事오
壹 現內閣을不服ᄒᆞᄂᆞᆫ事이라

ᄒᆞ며구幹條列은 皇太子殿下還渡ᄒᆞ실事와너閣候補員을金允植張博及俞吉濬趙희淵諸氏의黨派로組織ᄒᆞᆯ計劃이오또日間에權東鎭李宇榮兩氏가繼續渡日ᄒᆞᆫ다더라

●**韓會의反抗** 現內閣을攻擊ᄒᆞᄂᆞᆫ大韓協會壹派ᄂᆞᆫ近來에益々躍起ᄒᆞ야其變更을催促하ᄂᆞᆫᄃᆡ李總理에게對ᄒᆞ야反抗이殊甚ᄒᆞ다더라

●**現內閣의變更說** 總理大臣李完用氏와內部大臣宋秉畯氏가互相彈劾ᄒᆞᆷ은國民의輿論으로出ᄒᆞᆫ지라曾禰氏도亦此意를知하고現內閣의變更은不可免의事라ᄒᆞ나伊藤氏가不在ᄒᆞᆫ中에獨斷키難ᄒᆞᆷ으로遲延된다ᄂᆞᆫᄃᆡ或伊藤氏歸任前에斷行ᄒᆞᆫ다ᄂᆞᆫ說도有ᄒᆞ다더라

●**批評還非** 前報와如히昨日은日皇陛下의天長節인故로曾禰統監이統監府에園遊會를開設ᄒᆞ고各部大臣을請待ᄒᆞ얏ᄂᆞᆫᄃᆡ總理大臣李完用氏가趂期往參ᄒᆞ야何等秘密運動이有하던지曾禰統監과執手同坐ᄒᆞ야百方納詔ᄒᆞ더라고批評이不壹ᄒᆞ다더라

●**非今似明** 西北道學事를視察次로下往ᄒᆞᆫ學部大臣李載崑氏의暫行은昨日에入城ᄒᆞ기로預定ᄒᆞ얏더니有何拘碍인지更爲延期ᄒᆞ야今明日間에上京ᄒᆞᆯ것이라고該氏私第로電報가來到ᄒᆞ얏다더라

●**尹氏固辭** 京畿觀察使金思默氏가陸軍武官학校餉官尹鎬氏로郡守를薦報ᄒᆞ얏다ᄂᆞᆫᄃᆡ該尹氏가固辭ᄒᆞ얏다더라

◎**一大疑題** 韓國에駐在日本陸軍臨時測量部에서去月二十五日부터本月二十日ᄭᆞ지北岳山以南圖線으로處를三角形으로測量ᄒᆞ고再明年度ᄭᆞ지該地에立標ᄒᆞ깃스니壹般人民으로ᄒᆞ야금該標木의拔去ᄒᆞᆷ을嚴飭禁斷ᄒᆞ라고警視廳에서各警察署로申飭ᄒᆞ얏다더라

●**宮管田財調査** 平南觀察道에서豐慶宮所管及財團을現今壹々調査ᄒᆞᄂᆞᆫ中이라더라

●**其父其子** 南部棗洞居ᄒᆞᄂᆞᆫ前參判閔炯植氏의令男閔丙運氏가小公洞括留ᄒᆞᄂᆞᆫ日人伊藤東壹郎의게銀時計五座와塗金班指壹個와眼鏡貳件을欺取ᄒᆞ야각典鋪에典執得債ᄒᆞᆫ情跡이現露되야南部警察署에被捉ᄒᆞ얏ᄂᆞᆫᄃᆡ該署에서京城地方裁判所로將爲越交ᄒᆞᆫ다더라

●**派巡警衛** 昨日上午九時에西部龍山에駐在日兵이觀兵式을擧行ᄒᆞᆷ으로各警察署에巡査를多數派送ᄒᆞ야警衛ᄒᆞ얏다더라

●**典物押收** 中部司僕川邊附近에居ᄒᆞᄂᆞᆫ李啓淳氏의別室이典執ᄒᆞᆫ敎鍊劍壹柄을該掌內巡査가發見ᄒᆞ고警察署로收入ᄒᆞ얏다더라

●**典鋪總會** 典當鋪總會에서再昨日會議ᄒᆞᆫ結果로日間에人員을漢城五部內各典鋪에派送ᄒᆞ야典物件을壹々調査ᄒᆞᆫ다ᄂᆞᆫᄃᆡ其理由인즉典當規則條定頒布ᄒᆞ기를典執ᄒᆞᆫ지三朔이면自意放賣ᄒᆞ기로ᄒᆞᆫ것을近日에至ᄒᆞ야각典鋪主人들이拘於私情ᄒᆞ야히規約을違反ᄒᆞᆷ이多ᄒᆞᆫ所以라더라

●**洪氏無理** 宮內府用達會社事務員洪殷柱氏가東大門外公有地菜田을自巳가舊作人様으로宮內府認許를圖得ᄒᆞ야該菜田多年舊作人의게ᄂᆞᆫ菜種價와肥價만出給ᄒᆞ고白菜ᄂᆞᆫ自巳가放賣ᄒᆞᆯ줄노百般威脅ᄒᆞᄂᆞᆫ故로該舊作人等이漢城財務署와度支部財務監督局에屢度呼訴ᄒᆞ되判決치아니ᄒᆞᆫ다더라

●**禽男獸女** 新任地方警部張啓澤氏가順學校內金召史家에旅館을定ᄒᆞ얏ᄂᆞᆫᄃᆡ該召史의長女와通奸이되야該女의本夫를義兵의干連으로警視廳에構陷ᄒᆞ야捉囚幾日에張氏와該女를警視廳에서招待ᄒᆞ야三造對質ᄒᆞᆫ後其本夫及張氏와該女를俱爲旋放ᄒᆞ얏더니該女가張시와同居牢約하고本夫ᄂᆞᆫ期於逐出ᄒᆞ얏ᄂᆞᆫᄃᆡ現今은張氏가愛情이衰弛ᄒᆞ얏던지該女를棄却코저ᄒᆞᄂᆞᆫ故로該女와晝夜爭詰ᄒᆞᆫ다더라

●**蒼生可憐** 南來人의傳說을聞ᄒᆞᆫ즉忠南各郡에日憲兵의補助員과通譯等이橫行村閭ᄒᆞ며無罪良民을義兵干連이有하다ᄒᆞ고種種捉去ᄒᆞ야數多錢財를勒奪ᄒᆞᆷ으로人心이騷擾ᄒᆞ다더라

●**白川義擾** 近日에義兵大將朴某가多數ᄒᆞᆫ軍卒을領率하고白川郡각郡에來往ᄒᆞ며穀包를執留ᄒᆞ고軍需錢을排斂ᄒᆞᆫ다ᄂᆞᆫ傳說이有ᄒᆞ더라

●**間島의淸日衝突** 去月拾壹日에間島局子街에서淸人家에火災가有ᄒᆞᆫ故로日本憲兵遠藤이가騎馬馳驅ᄒᆞ야消防을指揮ᄒᆞᄂᆞᆫᄃᆡ淸人이椎棒으로遠藤의馬를打ᄒᆞᆷ으로該馬가驚走ᄒᆞᄂᆞᆫ지라遠藤이가鞭을揮ᄒᆞ야工兵의帽子를觸ᄒᆞᆫ故로工兵이大怒ᄒᆞ야談判ᄒᆞᄂᆞᆫ中에淸國憲兵太尉及上等兵이來到ᄒᆞ야遠藤을引致ᄒᆞ고저ᄒᆞ미日本憲兵分隊長이此를拒絶ᄒᆞᆫ즉淸國巡査及憲兵等이椎棒을亂揮ᄒᆞ야日人園井이가負傷ᄒᆞᆫ지라日憲兵들이발銃射擊ᄒᆞ야大爭鬪를起ᄒᆞ얏고翌拾二日局瀆洞에서日憲兵들이韓人과賃貸借의契約으로宿所를建築ᄒᆞᄂᆞᆫᄃᆡ淸國官憲이該領土에建築ᄒᆞᆷ은國權을無視ᄒᆞᆷ이라고其建築ᄒᆞᄂᆞᆫ家屋을毁破ᄒᆞᆷ으로衝突이起ᄒᆞ야淸國巡辨과巡警들이放銃投石ᄒᆞ야日兵을擊仆ᄒᆞᄂᆞᆫ지라[illegible]憲兵이淸人을射擊ᄒᆞ야淸國巡辨及巡警長을殺ᄒᆞ얏다더라

●**日書記被殺** 全羅南道筏橋浦에서光州農工銀行支店書記日本人米屋弱一이가去月三拾壹日에義兵의게被殺ᄒᆞ얏다더라

●**弑父** 日本山梨縣의佐藤八郎右衛門의長男齊가其父의譴責ᄒᆞᆷ을恨ᄒᆞ야去月二拾七日夜에其父의就睡ᄒᆞᆷ을乘ᄒᆞ야絞殺ᄒᆞ고自己도川水에投下自斃ᄒᆞ얏다더라

●**日厲殺人** 南部大龍洞居ᄒᆞᄂᆞᆫ朴明善氏의六歲된孫子朴末圓과小公洞居ᄒᆞᄂᆞᆫ申致淵氏의八歲된女息申順分이가再昨日上午十壹時頃에小公洞街路에서遊戱ᄒᆞ다가日兵의軍物을輸運過去ᄒᆞᄂᆞᆫ馬車에被壓ᄒᆞ야朴末圓은卽地致斃ᄒᆞ고申順分은頭部가微傷ᄒᆞ얏다더라

●**强盜殺人** 數日前連山郡豆馬面奄節里에서賊漢이突入ᄒᆞ야該里居申某를以劍刺殺ᄒᆞ얏다더라

●**運動開演** 靑年會에서今日下午七時三十分에該會運動部委員長金明濬氏가運動이必要ᄒᆞᆫ思想으로演說ᄒᆞᆫ다더라

●**永宣寄附** 日昨의永宣君李埈鎔시가鳳鳴학校에前往ᄒᆞ야壹般學員을勸勉ᄒᆞ고優數ᄒᆞᆫ紙筆을寄附ᄒᆞ얏다더라

●**禹氏有志** 密陽郡木面五山里居前監役禹顯泰시ᄂᆞᆫ該面々長으로拾餘年勤務中인ᄃᆡ境內紳士와協議ᄒᆞ야去陰五月日에新明학校를設立ᄒᆞ고敎師를延聘ᄒᆞ야靑年을募集ᄒᆞ고巨額金의經用을自當ᄒᆞ고熱心勸勉ᄒᆞ다가去陰七月日에該校를悅城學校로移合ᄒᆞ야熱心贊成ᄒᆞᆫ다더라

●**溫新日新** 洪川郡東面鶴塘里有志紳士白容鎭韓秉健諸시가發起ᄒᆞ야溫新학校를設立ᄒᆞ고靑年子弟를熱心敎育ᄒᆞᄂᆞᆫᄃᆡ학徒가日日增加ᄒᆞᆷ으로該校의日新之望이有ᄒᆞᆷ을擧皆稱頌ᄒᆞᆫ다더라

●**壹面兩校** 金海郡鳴旨壹面有志人士가東鳴학校를設立ᄒᆞ고학徒를募集ᄒᆞᆫᄃᆡ百餘名의至ᄒᆞ얏고耶蘇敎中諸시들도靑年敎育을爲ᄒᆞ야方在建校中이라더라

●**達校更振** 平南中和郡東面四里에有志紳士玄鳳周許衡과用韓亨綸張贊周諸시가私立達明학校를設立ᄒᆞ고壹般靑年을敎授ᄒᆞ미生徒가五拾餘名에達ᄒᆞ얏고且近者에右諸시가更히中학科校室拾餘間을新建築ᄒᆞᄂᆞᆫᄃᆡ該校任員與該洞諸시가爭先捐助ᄒᆞ야금額이三百餘圜에至ᄒᆞ얏다더라

▲地方消息▼

▲京城分隊管內에ᄂᆞᆫ義兵의出沒數가稍々增加ᄒᆞ얏ᄂᆞᆫᄃᆡ屢々히出沒ᄒᆞᄂᆞᆫ地方은黃海道延安白川平山郡이오京畿道에ᄂᆞᆫ朔寧漣川坡州郡이오江原道平昌襄陽等郡에서義兵이頻數出沒ᄒᆞᄂᆞᆫᄃᆡ此로因ᄒᆞ야人民의不穩ᄒᆞᆫ情態가不少ᄒᆞ다ᄒᆞ고

▲京城管內에ᄂᆞᆫ義兵의出沒數가頻數ᄒᆞᆫᄃᆡ十餘名의壹隊가坡州郡地方에出沒ᄒᆞ고又十餘名으로壹隊를組成ᄒᆞᆫ義兵은江華楊州加平地方에出沒ᄒᆞᆫ다ᄒᆞ고

▲水原管內에ᄂᆞᆫ約三拾名으로組成ᄒᆞᆫ義兵이徘徊ᄒᆞ며又廣州郡地方에ᄂᆞᆫ義兵約二拾名이出沒ᄒᆞᆫ다ᄒᆞ고

▲竹山及陽城地方에ᄂᆞᆫ義兵八名이出沒ᄒᆞᆫ다ᄒᆞ고

▲開城管內에ᄂᆞᆫ義兵數가頻數히出沒ᄒᆞᄂᆞᆫᄃᆡ目下에頻數히出沒ᄒᆞᄂᆞᆫ區域은臨津江東部橫城各郡等이요該地方에ᄂᆞᆫ四拾名乃至八拾名으로壹隊를組成ᄒᆞᆫ義兵이目下交戰中이라ᄒᆞ고

▲平山管內에ᄂᆞᆫ義兵의出沒數가增加ᄒᆞ얏ᄂᆞᆫᄃᆡ義兵五拾名乃至壹百名이屢々히日兵과衝突ᄒᆞ엿다ᄒᆞ고

▲馬山郡內에ᄂᆞᆫ義兵將姜春三氏가部下四拾名을率ᄒᆞ고日兵과再三衝突ᄒᆞ얏다ᄒᆞ고

▲春川郡에서原州郡地方義兵五十名이壹隊를組成ᄒᆞ야日憲兵隊와衝突ᄒᆞ얏다ᄒᆞ고

▲高陽郡에서九月下旬以內로義兵三十餘名이襄陽郡에駐在ᄒᆞᆫ日憲兵과衝突ᄒᆞ얏다더라

▲外人將來▼

▲今日情形을觀ᄒᆞᆫ즉財政經濟[illegible]도다輸出品은[illegible]外國物貨大地러니況[illegible]實業界에壹脈光線新起로外物貨排斥안터라도可惜ᄒᆞᆫ外國商買不久撤還ᄒᆞᆯ리로다

▲平壤郡의某々志士磁器製造新發明에會社ᄭᆞ지成立ᄒᆞ야品質精良無比ᄒᆞ니대로만擴張되야全國內에普及ᄒᆞ면外人磁器만타ᄒᆞ나不排自斥ᄒᆞᆯ것이니壹脈光線일어낫네

▲龍岡郡의某々志士養蠶業을實施ᄒᆞ야壹年成績試驗ᄒᆞᆫ즉巨額의利益이오製絲品이甚美라니人皆注意擴張ᄒᆞ면外人蠶絲만타ᄒᆞ나不排自斥ᄒᆞᆯ것이니壹脈光線일어낫네

▲沃川郡의某々志士自織器械新發明ᄒᆞ야使用ᄒᆞ기便利ᄒᆞ고秋冬間에短晷라도三日尺은無難입세內地產品發達되면外人織機만타ᄒᆞ나不排自斥ᄒᆞᆯ것이니壹脈光線일어낫네

▲仁川港의某々志士多數股金募集ᄒᆞ야壹大會社設立ᄒᆞ고牛皮貿易ᄒᆞᆫ다ᄒᆞ니有始有終信實ᄒᆞ야輻湊並進ᄒᆞ면外人會社만타ᄒᆞ나不排自斥ᄒᆞᆯ것이니壹脈光線일어낫네

▲京城內에某々志士織組業을硏究ᄒᆞ야樣式組織出인데品色俱嘉完實ᄒᆞ니세사ᄅᆞᆷ마다學習ᄒᆞ야日加月增ᄒᆞ면外人織物만타ᄒᆞ나不排自斥ᄒᆞᆯ것이니壹脈光線일어낫네

▲일치말소일치말소뎌光線을일치말소春關綠草ᄶᅩ라나듯晴天白日밝어오듯愈久愈彰ᄒᆞᆯ량이면外國人의뎌物貨가不排自斥ᄒᆞᆯ뿐인가外國으로輸出ᄒᆞ야外國金錢모러오세

廣告

●特別廣告●

本社에서名帖印刷를更加擴張ᄒᆞ기爲ᄒᆞ야各樣紙品을壹切準備ᄒᆞ고極廉價로僉君子에所請대로隨應ᄒᆞ옵ᄂᆞᆫ중鄉人과學徒의게ᄂᆞᆫ特別除減ᄒᆞᆯ터이오니照亮 來臨ᄒᆞ심을敬要 ●

大韓每日申報社

本校에서第二回算術

夜學科(自初步로始)學員을募集ᄒᆞ오니願學僉員은陽拾壹月七日內로入學請願書를提呈ᄒᆞᆷ

但請願紙ᄂᆞᆫ本校用紙로ᄒᆞᆷ

試驗科目은國漢文讀書

壹 時間은自下午七時至八時

壹 本業期限拾個月

典洞私立中東學校

南門外西署盤石坊

萬里峴壹百貳拾三統七戶地에土地測量製圖事務所를設ᄒᆞ고諸般測量을請求ᄒᆞ시ᄂᆞᆫ僉員의게精密關務ᄒᆞ올터이오니僉彥은迅速來議ᄒᆞᆷ

同一測量製圖事務所

總務 金澄植
幹事 金益培
　　 尹贊模
事務 李逸雨

本人이玄湖居金汝盛處에所捧垈價條圜千五百兩於音壹片과壹千七百七拾兩於音壹片과掌記를並以서失故茲以廣告ᄒᆞ오니誰某拾得休紙施行ᄒᆞᆷ

通津牛伊村面居金武敬 告白

羣山港客主都中이既承農商工部認許ᄒᆞ야以爲營業이다가光武拾年年分에壹社가分爲兩社ᄒᆞ야各自營業者有年矣러니分久必合理所固然이라自拾月로特承官廳團合之指揮ᄒᆞ야社號를商會紳商兩社社名中壹字式存拔ᄒᆞ야以紳商社로改稱施行하오니內外國客商은以此照亮홈

群山港客主 申泰駿 車允模 朴尙浩 告白

●咸鏡南道咸興郡西雲田面宮西里豐沛學校趣旨書

夫學校者ᄂᆞᆫ人民之關戶오國家需用之基礎也라今日吾人의生存競爭과優勝劣敗ᄒᆞᄂᆞᆫ時代를當ᄒᆞ야大而國家와小而身家에自保自存ᄒᆞᆯ策을講究ᄒᆞ며惟我同胞靑年의教育을開導勉勵ᄒᆞ야人才를養成하며衆智를啓發ᄒᆞᆷ이實노國權을回復ᄒᆞ고吾入의自由活動을得코ᄌᆞᄒᆞᄂᆞᆫ主旨也故로欲治天下者ᄂᆞᆫ先治其國ᄒᆞ고欲治其國者ᄂᆞᆫ先치其家ᄒᆞ고欲치其家者ᄂᆞᆫ先치其身이라ᄒᆞ니然則自身而家ᄒᆞ며自家而國ᄒᆞ고自國而至於天下히皆能進文明之域矣라壹家之文明이始乎壹人之教育이오壹國之文明이始乎壹家之教育이오天下之文明이始乎壹國之教育이라敎育者ᄂᆞᆫ文明之根抵也오獨立之本意也라嗚呼라我國은挽近以來로世遠人亡ᄒᆞ고經殘教弛ᄒᆞ야所謂學問者ᄂᆞᆫ不過詩賦通史而國民之義理가從此泯蔑矣라若此浮習을踐而行之則於國於家에必無將來之望而竟至於無家無國矣니而民이從何而圖生乎아嚱라竊觀今日之形便ᄒᆞ니海門이壹闢에世界壹新이라不以隨時而變遷則生命財產을何以保護也리요此時代ᄂᆞᆫ列邦國의壹大變吏之秋也라舊染汚俗을株守而不變이면譬如膠柱鼓瑟也니其何望效리오近來學校之興旺이雖十室之邑과三家之村이라도擧皆捌設은莫不由於時運之變動者也라本村이處在太祖高皇帝의豐沛故鄉ᄒᆞ야附近九里三百餘戶之大村에尙無壹公私立학校之設立ᄒᆞ니豈不慨歎哉아本人等이雖是微物이나大韓臣民의壹分子라漆室之憂가夙夜彌切ᄒᆞ야人의心理精華를研究得成하며物의原質妙機를應變利用하야吾人獨立生活의無窮福樂을永久勿替코ᄌᆞᄒᆞ야同志를糾合ᄒᆞ야壹校를設立ᄒᆞ고命名曰豐沛라ᄒᆞ니其主旨ᄂᆞᆫ道德으로爲基礎ᄒᆞ고愛國으로爲目的ᄒᆞ야培養活氣ᄒᆞ며발達英材ᄒᆞ야上以保四千餘年產業ᄒᆞ며下以安三千里疆土하야致吾君於堯舜ᄒᆞ고歸國家於泰山盤石者也니惟我高明有志ᄂᆞᆫ同仁相求ᄒᆞ며同氣相應ᄒᆞ야國家公共事業에壹致協贊ᄒᆞ심을伏望

隆熙二年三月拾日

발起 朴明燮 吳文根

基本財產目錄

舊書齋屯田州남社松대田七日畊 賭錢七拾圜
三平社富里田九日畊 賭錢九拾圜
東雲田社艾島田三日畊 賭錢三拾圜
州東社[illegible]坪田五日경 賭錢五十圜
今此所付屯廳田西雲田馬斤浦田六日경 使令廳條賭전六十圜
天嶺朴洞畓五石落 賭錢四十圜
州北社島內田六日경 賭錢七十圜
東溟社三巨伊田六日경 賭전二십四圜
南靑社武溪田五日경 賭전貳拾圜
已上屯田畓合五拾二日경 賭전四百五拾圜
西雲田馬斤浦屯田拾八日耕 宮吏廳所關 賭錢壹百八拾圜
同原下田貳日경 賭錢拾貳圜 使令廳條
同原田貳日경 賭錢七拾壹圜 貢木漢
同原田四日경 賭錢貳拾四圜 園頭
同原田四日경 賭錢貳拾四圜 食婢
同原田二日壹息경 賭錢拾二圜六十錢 本站舍音料
同原田四息경 賭錢三圜 吏廳料
已上屯田合四拾貳日五息경 賭錢三百貳拾八圜六拾錢 使令廳所關

義捐諸氏
尹鳳翼 二拾五圜　金有鐸 五圜　박載豐 二拾圜　朴在基 四拾圜　김太燮 十圜　朴晉灝 十圜　崔鎭益 十圜　金九甲 五圜　趙석海 拾圜　박晉섭 五圜　박衍섭 五圜　趙龍淵 五圜　趙鳳淵 九圜　朴瑾섭 十圜　朴載榮 五圜　趙重漢 十圜　趙源道 三拾五圜　朴明燮 三十圜　金鎭謙 三拾圜　吳文根 三拾圜　趙석源 參拾圜

染織을大擴張ᄒᆞ고支店을新設ᄒᆞ엿ᄉᆞᆸ

各項衣衣織造放賣
男女學生衣服衣織造
理化學應用染色及改染最新染粉直輸入放賣其他各種染色及織造

宗廟越邊 中谷染織工所 告白
支店鍾路魚物廛廿房

本人의再堂叔母가早年喪夫ᄒᆞ고依其無男獨女ᄒᆞ야寡居買得存傑坪六石拾斗落이온바鄉寶順之父泰源이娶妻該家ᄒᆞ야生道가極窮故로發於妻家ᄒᆞ야依托資生ᄒᆞ야致數千石落矣러니妻母別世後에家產을自己擔當ᄒᆞ야本人으로繼后ᄒᆞ고財產分給ᄒᆞ기로矣러니泰源이不意에賊被告ᄒᆞ야急遽死ᄒᆞ거ᄂᆞᆯ其子順寶이但知財利하야不施渠父之手票ᄒᆞ고如干滓ᄂᆞᆫ寒責이거ᄂᆞᆯ非可爭詰ᄒᆞ되反爲悖說應學拒絕故로不勝憤寃ᄒᆞ야裁判次上京矣러니本人을新聞上에無據之說로揭載ᄒᆞ야名譽를損傷케ᄒᆞ니如此蠢盲之習을懲律ᄒᆞ기로先以廣告하오니內外國人은勿效此習을伏望

金堤馬川面官上里吳公辰 白

本校夜學部日語科測量科에서卒業을經ᄒᆞ온바右兩科第貳回와商業科學員을募集ᄒᆞ오니願學僉員은來拾壹月五日「陰十月拾二日」內로來議ᄒᆞ심을爲要

卒業期限 日語科ᄂᆞᆫ甲班六個月乙班壹個年 測量科三個月 商業科壹個年
上學時限自下午六時至八時

南部筆洞私立光南學校

○本人이銅峴博學書館을他人同業이옵다가今에書館을各設ᄒᆞ고各種書籍을大發賣ᄒᆞ오니知舊及購覽僉彥은照亮ᄒᆞ심을望

京城南部銅峴四巨里「二層屋」

文明書館

玄櫶 告白

◎大韓地志教科書

國漢文全壹冊 定價二拾五錢

本書ᄂᆞᆫ高等小學校教科用으로編輯ᄒᆞᆫ것이니全部六拾九課每課壹百六拾字以下로定ᄒᆞ야課讀取便케홈

發行兼發賣元
平壤法橋ᄒᆞ同書館
京城桂洞玄公廉

敬告者方以 匡定公議所事로齊會爛商ᄒᆞᆯ지기茲廣告ᄒᆞ오니京鄉 僉員은今陰拾月二拾二日下午壹時에來臨于花開洞三拾四統九戶鳳杓家ᄒᆞ심을敬要

南陽洪氏宗中 告白

壯陽復元丹

此藥은專치腦痛肺弱○房事色傷○心腎虛弱○陽萎不起○遺精多夢○神經衰弱○房事時早漏不快○病後虛弱○健忘不眠貧血諸症○先天不足○飲食不下○眩暈頭痛○等症ᄒᆞ니試將此丸을照法服之면不過幾点鍾에立見妙效ᄒᆞ야魂飛肉躍ᄒᆞ야精神徵奮ᄒᆞ고頓覺愉快하나니其症이輕者ᄂᆞᆫ服壹貳週면挽回元陽ᄒᆞ고其症이稍重者ᄂᆞᆫ可服二四週ᄒᆞ고遠年痼疾로其症이頗重者ᄂᆞᆫ連服七八週면必能全치無疑니若夫無病之人도試用此劑則補血而益氣ᄒᆞ고強筋而壯骨ᄒᆞ나니用之入週而未見其効則請將價額을如數還呈이요不敢虛誕自欺라此丸이又無論男婦老幼ᄒᆞ고均用有効ᄒᆞ나니眞世間無比之妙劑也라 僉位ᄂᆞᆫ何不早圖壹試오

壹週分壹圜
二週分壹圜八十錢
四週分三圜四十錢
八週分六圜四拾錢

發行所 京城西署大廣橋십九統七戶 共愛堂藥房
特約代理店 京城木橋 濟生堂藥房

南部曲橋十一統七戶
辯護士 崔鎭

本所에서西洋新發明ᄒᆞᆫ法으로機械及藥品을備ᄒᆞ고各種洗濯及染色을廉價로需應ᄒᆞ옵ᄂᆞᆫ데其種類가如左홈

洋服、襯衣、外套、帽子、項套、洋말、婦人洋服及壹切附屬品、毛織、毛紗、세루、馬尾緞、羅紗綢緞紗羅学布壹切貴重品의周衣、주기、赤衫、裳、袴、襦等屬

洗濯及染色物이有ᄒᆞᆷ을本所로通知ᄒᆞ시면卽時自宅ᄭᆞ지運搬ᄒᆞᆷ

學員、巡査、兵丁、及勞動諸君에對ᄒᆞ야定價의拾分之貳를特減홈

各地方에ᄂᆞᆫ小包料를添送ᄒᆞ시면誠實郵呈홈

鍾路北門上隅拾貳統三戶

西洋洗濯部第一屋

發行兼編輯人 英國人 萬咸
Responsible for Publication Alfred Weekley Gardham.
印刷所 [illegible]
發行所 大韓每日申報社

第六卷

大韓每日申報

第九百四拾六號

月曜及慶節歲時日休刊

檀君開國四千二百四十一年
箕子元年三千三十年
大韓開國五百十七年
日本明治四十一年
淸國光緖三十四年
陰曆戊申十月大十二日甲子

論說

◉實業界失敗者의可憐話

秋燈이明滅ᄒᆞᆫ데几에依ᄒᆞ고閑坐ᄒᆞ얏더니隔壁隣舍에數人이相對話ᄒᆞ거ᄂᆞᆯ耳를傾ᄒᆞ야聽ᄒᆞᆫ즉如左ᄒᆞ더라

(甲)曰余ᄂᆞᆫ洋燭을爲業코ᄌᆞᄒᆞ야拾數資本家와團結ᄒᆞ고壹光會社를設ᄒᆞᆫ後에燭材를購ᄒᆞ며燭工을募ᄒᆞ야燭製造에從事ᄒᆞ야第壹次着手放賣ᄒᆞᆫ즉各會社及閭閻人家에서皆曰此燭이品美ᄒᆞ며此燭이價廉ᄒᆞ다ᄒᆞ야多數買用ᄒᆞ더니及其第二度의製造ᄒᆞᆫ바를放매ᄒᆞᆫ즉該燭의吐烟의松脫[광솔]과如ᄒᆞ고放臭가又惡ᄒᆞ야人의鼻口를觸ᄒᆞ며目然買用者가漸少ᄒᆞᆫ지라其原因을探ᄒᆞᆫ즉專혀心炷가不良ᄒᆞᆫ然故이기에東京에注文ᄒᆞ야良好ᄒᆞᆫ心炷를輸渡ᄒᆞ라ᄒᆞᆫ즉彼가良好ᄒᆞᆫ心炷ᄂᆞᆫ不與ᄒᆞ고但只惡品만送出ᄒᆞᄂᆞᆫ故로空然히資本만浪費ᄒᆞ고該業을倒覆ᄒᆞ얏스니噫라洋燭의利益도其亦不少ᄒᆞ거ᄂᆞᆯ只是心炷製造法을不知ᄒᆞ야日人의掌中에其利가專歸케ᄒᆞᆯᄂᆞᆫ도다

(乙)曰余ᄂᆞᆫ儷石鹼(왜비누)을製造하야自家의利益도摘ᄒᆞ며國人의需用도供코ᄌᆞᄒᆞ야日本에서石鹼製造를卒業ᄒᆞᆫ者壹人을雇聘ᄒᆞ얏더니하人이紙上에卒業뿐이오實地試驗은無ᄒᆞ얏던지拾試에拾不驗이오百試에百不驗이라是故로幾千元金만堅用에付送ᄒᆞ얏노라

(丙)曰余ᄂᆞᆫ鐵工場을設ᄒᆞ고鎔鐵新法을試코ᄌᆞᄒᆞ야鎔鐵에卒業ᄒᆞᆫ我國人을用하야ᄂᆞᆫ不成이오此術에熟ᄒᆞᆫ日本人을雇用ᄒᆞ야도不成이라噫라我國人은不善學ᄒᆞ고日本人은秘不傳ᄒᆞ니鎔鐵壹術도我國에傳佈ᄒᆞ기難ᄒᆞ다ᄒᆞ더라

甲乙丙三人이話를既竟ᄒᆞ며相對咄嘆ᄒᆞᆯ而已러라

記者曰嗚乎라公等이여此時가엇지如此히咄嘆ᄒᆞᆯ時인가全國人의生滅은其貧富에係ᄒᆞ고全國人의貧富ᄂᆞᆫ商工業발達不발達에係ᄒᆞᆫ바니商工業者ᄂᆞᆫ全國人의生命이될지어ᄂᆞᆯ現今韓國에ᄂᆞᆫ燐寸「성냥」갓ᄒᆞᆫ個도惟外國의輸入을ᄂᆞᆫ비며石油燈匙도亦外國의介人을ᄂᆞᆫ비ᄒᆞ야本地에介出品은甚少ᄒᆞ고惟外國物의介入뿐이니其民이貧窮殄滅의境을免코ᄌᆞᄒᆞᆫ들豈得ᄒᆞ리오此時에生ᄒᆞᆫ公等은空然히咄嘆만ᄒᆞ지말고愈々히商工界에猛進奮鬪를試ᄒᆞᆯ지어다

公等이此言을聞ᄒᆞ면必曰吾輩가財團을集ᄒᆞ야爲先製造等에着手ᄒᆞ면乏人材의嘆이有ᄒᆞᆫ지라於是乎不得不日人을雇用ᄒᆞᆯ지나雇用ᄒᆞᆫ日人이其術의盡試를不肯하며於是乎不可不日本에往ᄒᆞ야學得코ᄌᆞᄒᆞ나敎授ᄒᆞᄂᆞᆫ日人이其秘의盡傳ᄒᆞᆷ을不肯ᄒᆞ니此ᄂᆞᆫ吾輩의過境失敗에可驗ᄒᆞᆯ지어늘今에徒然히日爾가實業을學ᄒᆞ라爾가製造를學ᄒᆞ라爾가商工界에競爭ᄒᆞ라하니此가皆時勢를不知ᄒᆞᄂᆞᆫ故가아닌가ᄒᆞᆯ지나

此等失敗此等險阻를因ᄒᆞ야悲觀退步ᄒᆞ면自殺穴에入ᄒᆞᆯ而已니知者도行ᄒᆞ며不知者도學ᄒᆞ고日本에往ᄒᆞ야不爲敎커던西國에往ᄒᆞ며自已가年已晩커던子弟를送ᄒᆞ고心腐腦裂토록研究ᄒᆞᆯ지어다萬壹々時失敗ᄒᆞᆫ由ᄒᆞ야退步ᄒᆞ면競爭烈烈潮中에飢葬ᄒᆞᆯ지며自己ᄂᆞᆫ或免ᄒᆞᆯ지라도子孫은不免ᄒᆞ리니戒哉어다

嗚乎라全國大利權을他手에盡送ᄒᆞ고區々實業도如此未遂ᄒᆞ니韓國生命이何地에稅駕ᄒᆞᆯ고지只今餘望은唯是有志者有資本者가其心血을敎育實業에盡ᄒᆞ면韓國生路가有ᄒᆞ리니壹時失敗로退沮치말지어다

官報

▲隆熙貳年拾一月二拾七日 官報

告示

農商工部告示第拾三號 續

商法 (明治三十二年法)(律第四拾八號)

(參照)

第五拾壹條 會社設立ᄒᆞᆫ後支店을設置ᄒᆞᆫ時ᄂᆞᆫ其支店의所在地에서ᄂᆞᆫ二週日內에定ᄒᆞᆫ登記를ᄒᆞ고本店及他支店의所在地에서ᄂᆞᆫ同期間內에其支店을設置ᄒᆞᆫ事를登記ᄒᆞᆷ을要ᄒᆞᆷ

本店又ᄂᆞᆫ支店의所在地를管轄ᄒᆞᄂᆞᆫ登記所의管轄區域內에서新로支店을設置ᄒᆞᆫ時ᄂᆞᆫ其支店을設置ᄒᆞᆫ事만登記ᄒᆞ면足ᄒᆞᆷ

第五拾二條 會社가其本店又ᄂᆞᆫ支店을移轉ᄒᆞᆫ時ᄂᆞᆫ舊所在地에서ᄂᆞᆫ二週日內에移轉의登記를ᄒᆞ고新所在地에서ᄂᆞᆫ同期間內에第五拾條第壹項에定ᄒᆞᆫ登記를ᄒᆞᆷ을要ᄒᆞᆷ

同壹ᄒᆞᆫ登記所의管轄區域內에셔本店又ᄂᆞᆫ支店을移轉ᄒᆞᆫ時ᄂᆞᆫ其移轉의登記ᄒᆞᆷ을要ᄒᆞᆷ

第五拾三條 第五拾壹條第壹項에揭ᄒᆞᆫ事項中에變更이生ᄒᆞᆫ時ᄂᆞᆫ二週日內에本店及支店의所在地에서其登記를ᄒᆞᆷ을要ᄒᆞᆷ

第百四十二條 會社ᄂᆞᆫ前條第壹項의規定을從ᄒᆞ야本店의所在地에서登記ᄒᆞᆫ後ᄂᆞᆫ株式引受人은詐欺又ᄂᆞᆫ强迫을因ᄒᆞ야其請入을取消ᄒᆞᆷ을不得ᄒᆞᆷ

(未完)

外報

◉米國의排日 倫敦電을據ᄒᆞᆫ즉米國에有名ᄒᆞᆫ少將이近頃에桑港에서更히前者의排日演說을試ᄒᆞ야日米國人은本米國에對ᄒᆞ야慇懃ᄒᆞᆷ을見ᄒᆞ고此에迷惑치아니ᄒᆞ기를希望ᄒᆞ며日本이今番에米國艦隊를歡迎ᄒᆞᆫ것은日本의計策이라ᄒᆞ얏더라

◉淸國의美人設校 上海의風說을據ᄒᆞᆫ則美國政府에서山東省역縣에壹大학校를設立ᄒᆞ고淸國人을敎育ᄒᆞᆯ目的으로委員數名을同地에派送하얏ᄂᆞᆫ데同件에就ᄒᆞ야ᄂᆞᆫ既爲外務部及巡撫와交涉ᄒᆞᆫ故로不遠間開設되기에至ᄒᆞᆯ터이오校舍ᄂᆞᆫ約五六千名의학生을容納ᄒᆞ기ᄭᆞ지建築ᄒᆞᆯ터이오敎師ᄂᆞᆫ三拾五名인데皆是美國人으로充用ᄒᆞᆯ터이오又費用總額은四百萬弗豫定이라ᄒᆞᆫ데同大學總長은目下역縣에서踏査ᄒᆞᄂᆞᆫ中이라ᄒᆞ얏더라

◉失業者得業 路透電을據ᄒᆞᆫ즉英國倫敦府會에서失業者를爲ᄒᆞ야約百萬磅을投ᄒᆞ야公共事業을起ᄒᆞ기로議案을可決ᄒᆞ얏다더라

文壇

△讀史新論 (續) 一片丹生

第五章 新羅

三國이初起에固者ᄂᆞᆫ量積ᄒᆞ야大를成ᄒᆞ고弱者ᄂᆞᆫ由ᄒᆞ야强을致ᄒᆞᆷ은同然ᄒᆞᆫ바어니와其中에成立이最難ᄒᆞ고發達이最遲ᄒᆞᆫ者ᄂᆞᆫ惟新羅라是가其疆土로ᄂᆞᆫ駕洛과相接ᄒᆞᆷ에過ᄒᆞ며其兵力은浦上八國과相抗ᄒᆞᆷ에過ᄒᆞᆫ지라故로卽彼句麗百濟兩國이되ᄂᆞᆫ말갈이來侵ᄒᆞᆷ에卽恐懼躊躇ᄒᆞ야君臣이計의出ᄒᆞᆫ바를不知ᄒᆞ다가百濟의援兵을得하야纔能自保ᄒᆞ얏스니 新羅抵摩王ᄯᅢ三年에其弱ᄒᆞᆷ을可知로다

余가其原因을推究컨ᄃᆡ蓋二韓及三國初起之際에嶺左壹區ᄂᆞᆫ荒涼未闢ᄒᆞᆫ地라是以로馬韓이方强ᄒᆞᆯ시本土居民과秦의遺民의避亂ᄒᆞ야歸ᄒᆞᄂᆞᆫ者를此에處ᄒᆞ야數部에分ᄒᆞ고其主權은馬韓이常握하얏ᄂᆞᆫ데其辰弁兩韓이大小拾二國人戶를統計ᄒᆞ야도四五萬에不過하니新羅가此에奠居하미其艱難ᄒᆞᆷ이旣甚ᄒᆞᆫ지라此其(一)이오朱蒙溫祚赫居世三王이皆羈旅의跡으로他方에流離ᄒᆞ야王基業을創ᄒᆞᆷ은同壹하나朱蒙은其善射의名으로稱ᄒᆞ야遠近이慴服ᄒᆞᆷ으로東扶餘에서逃出ᄒᆞᆫ時에扶餘英豪의歸附ᄒᆞᆫ者ㅣ已衆ᄒᆞᆫ故로壹擧에松讓을滅ᄒᆞ며再擧에琉璃를降ᄒᆞ며三擧에捍妻沃沮를平ᄒᆞ야大業의成이唾掌과如히易ᄒᆞ며溫祚ᄂᆞᆫ馬韓에入ᄒᆞ야其割與ᄒᆞᆫ바百里地를用ᄒᆞ야人民을吸聚ᄒᆞ며軍兵을養成ᄒᆞ야東征西伐ᄒᆞ야資를作ᄒᆞᆫ故로其崛起가亦稍易ᄒᆞ얏거니와赫居世에至ᄒᆞ야ᄂᆞᆫ朱蒙과如히精善ᄒᆞᆫ射藝도無ᄒᆞ며溫祚와如히根據ᄒᆞᆫ百里地도無ᄒᆞ고只是區々神話에依ᄒᆞ야高墟의部를占ᄒᆞ얏스나其土地ᄂᆞᆫ與의力ᄒᆞᄂᆞᆫ部를征服ᄒᆞ기難ᄒᆞ니此其(二)오遼滿等地에ᄂᆞᆫ東扶餘가數千里로地를擁有ᄒᆞ고漢江以南에ᄂᆞᆫ馬韓이五十餘國을有ᄒᆞᆫ大國인ᄃᆡ朱蒙溫祚兩王은皆此地에서起ᄒᆞ얏스니但扶餘及馬韓만敗倒ᄒᆞ면其餘小々部落은皆我範圍內에自入ᄒᆞᆯ러니와彼嶺左壹帶ᄂᆞᆫ不然ᄒᆞ야許多部落이地醜德齊ᄒᆞ야莫能相尙의境遇에在ᄒᆞᆫ故로或壹貳部를幷呑ᄒᆞ면其次各部가相連反抗ᄒᆞᆷ이足ᄒᆞ니(五伽耶浦上八國結合의類)此其(三)이라

(未完)

雜報

●蔘政視察 度支大臣任善準法部大臣高永喜兩氏가蔘政을視察ᄒ기爲ᄒ야昨朝의京義線을搭乘ᄒ고出發ᄒ얏ᄂᆞᆫᄃᆡ目下同地方의出張ᄒᆞᆫ學部大臣李載崑氏와共히今明間歸京ᄒᆞᆯ다더라

●李獨反對 咸南觀察使李範來氏가郡守會議를開ᄒ고各該郡人民의斷髮訓飭을揭示ᄒ기를勸告하며각郡守가擧皆樂從ᄒ되惟獨定平郡守李泰河氏ᄂᆞᆫ此를反對ᄒ고郡守之任을當場請願ᄒ얏다더라

●李代薦諸 定平郡守李泰河氏가請願ᄒᆞᆫ理由ᄂᆞᆫ別項과如ᄒ거니와其代에ᄂᆞᆫ該觀察使李範來氏가咸興居趙于氏로內部에薦報ᄒ얏다더라

●爲訴上京 長水郡의地方이管百二十餘里오廣이六十餘里인대該隣邑鎭安郡에合附ᄒ면人民의來往이便利치못ᄒ다ᄒ야該郡民人等이內部에呼訴次로上京ᄒ얏다더라

●家屋價支給 官立漢城高等學校의附屬預備科를明年度에新建築ᄒᆯ計劃으로히其址內에民家二戶를買入毁撤ᄒᆞᄂᆞᆫᄃᆡ每間에新貨三拾圜式을支給ᄒ얏다더라

●因何不給 臨時軍用鐵道調査局에서鐵道에犯入된地段價를壹々支給ᄒ얏스되北部延禧宮契居ᄒᆞᄂᆞᆫ崔元壹等諸氏의地段價ᄂᆞᆫ尙不支撥ᄒᆞᆷ으로昨日에崔氏等이內部에呼訴ᄒ얏다더라

●銀票完納 尹泰吉氏가六忠建院所의收斂ᄒᆞᆫ額을中間乾沒ᄒᆞᆫ事로現今警視廳에被囚하얏ᄂᆞᆫᄃᆡ爲先七萬兩은以銀行所票로納上ᄒ얏다더라

●漁業法의內容 今番韓國漁業法가制定發布되ᄂᆞᆫ同時에韓日通漁條約을廢止ᄒ고該法으로韓海의漁業從事ᄒᆞᄂᆞᆫ韓日兩國人에게通用ᄒ되該法의內容을聞ᄒᆞᆫ즉漁業者ᄂᆞᆫ免許、許可、報告三條中의壹을擇케ᄒ되免許ᄂᆞᆫ卽定置漁業의壹區域을割ᄒ야漁獲養殖과海藻海苔等을採取케하야此를請願ᄒᆞᄂᆞᆫ者ᄂᆞᆫ壹定ᄒᆞᆫ年限間에農商工部大臣이此를附與ᄒ고許可ᄂᆞᆫ定置漁業이아닌漁業者에게附與ᄒ되年限은壹個年으로ᄒ고報告ᄂᆞᆫ釣漁나其他小漁業者의請願에對ᄒ야日本理事廳에서鑑札을附與ᄒᆞᄂᆞᆫᄃᆡ免許料許可料鑑札料를徵收ᄒᆞᆫ다더라

●組合生弊 測量組合所에서漢城內各測量事務所事務員을組合ᄒ야規則도分給ᄒ고事務員每人의게課壹圜式轄給後給錢式領收ᄒᆞᆫ다더라

●墟洞民呼訴 西部孔德里墟洞居李敬九等이同洞에在ᄒᆞᆫ驛土를出ᄒ야多年耕作ᄒᆞᄂᆞᆫᄃᆡ漢城財務監督局의셔指飭ᄒ야稅金을收納ᄒ라ᄒ더니卒然히洞居ᄒᆞᄂᆞᆫ張台鎭氏로舍音을差定ᄒ야壹々收納ᄒ라하얏ᄂᆞᆫᄃᆡ同洞民들이言ᄒ기를張氏로ᄒ야곰收稅以納케ᄒ면民不支保ᄒ깃다ᄒ고昨日의李氏等이該局의等訴ᄒ얏다더라

●日人無法 日人櫻井小三郞이가度支部에承認ᄒ얏다藉托ᄒ고始興郡上北面沙村里에下往ᄒ야民有草坪을侵奪ᄒᆞᆷ으로該地人民이上京ᄒ야漢城財務監督局에等訴ᄒᆞᆫ事ᄂᆞᆫ已揭어니와該局에셔該日人에게指飭ᄒ되官有ᄂᆞᆫ已認ᄒ얏고民有ᄂᆞᆫ不許ᄒ얏스니依合施行ᄒ라ᄒ얏더니該日人이合飭을不遵ᄒ고ᄂᆞᆫ前侵漁ᄒᆞᄂᆞᆫ지라該洞居民孫元敬等諸氏가又爲上京ᄒ야該局에更訴ᄒ되特派委員ᄒ야明査禁斷ᄒ고民有地를無至橫奪케ᄒ라하얏다더라

●義將結盟 安義居昌等郡에셔義兵將文泰淳氏가該等地에根據地를合ᄒ고德裕附近에周行ᄒ며部下를多數히募集ᄒᆞᄂᆞᆫᄃᆡ勇力이兼全ᄒᆞᆫ人數拾名으로結死同盟ᄒ얏다더라

●南壹壯熖 全南來人의傳說을聞ᄒᆞᆫ즉海南等地에義援가近日熾盛ᄒᆞᄂᆞᆫ中該義兵은稱號를南壹派라ᄒᆞᄂᆞᆫᄃᆡ氣熖이宏壯하다더라

●誣情査得 順昌園書員金俊成氏가十餘年을勤實服務ᄒ더니該陵官이金俊成氏를無故히除汰ᄒ고林貴成氏로塡差ᄒᆞᆫ故로金俊成氏가不勝抑鬱ᄒ야掌禮院에呼冤ᄒ얏더니該院에서金俊成氏를復續之意로指令ᄒᆞᆫ지라該指令을到付코저ᄒ나于今四五朔에該陵官이無ᄒ기로到付치못하고現今陵畓秋收가方張ᄒᆞᆫ故로金俊成氏가掌禮院에또呼訴ᄒᆞᆫ즉該院에셔朴主事某氏를該園에派送하야金俊成林貴成兩氏를招質ᄒ야林貴成의誣囑圖得ᄒᆞᆷ을壹々査得以來ᄒ얏다더라

●失珠呼訴 仁川港居妓夫宋敬春氏가妓女珊瑚珠로多年同居ᄒ더니該港居金基連李鑿國張道淳三人이該妓生을誘引上京ᄒ야掩置不現ᄒᆞᄂᆞᆫ故로宋敬春氏가昨日內部警務局에呼訴ᄒ얏다더라

●觸車折脚 去月二十八日下午三時頃에泥峴居留ᄒᆞᄂᆞᆫ日人內田金作이가自行車를乘ᄒ고長橋等地로過去ᄒᆞᄂᆞᆫᄃᆡ詩동居十餘歲된皆鳳이가疾馳ᄒ야右脚이折傷ᄒᆞᆫ故로中部警察署에서該兒를大韓醫院으로昇送하야兩週日間을定限治療ᄒ기로ᄒ얏ᄂᆞᆫᄃᆡ治療費額은該日人으로擔當케ᄒ얏다더라

●盜跖復生 北部紫霞洞居ᄒᆞᄂᆞᆫ前參事尹滋炳氏ᄂᆞᆫ業是貧寒ᄒ야數間草屋을河許日人에게典執得債ᄒ고過限不報ᄒᆞᆫ지라該日人이起行逐出ᄒᆞᄂᆞᆫ故로所住無處ᄒ야多率眷口ᄒ고小安동居ᄒᆞᄂᆞᆫ自己伯兄尹滋璧氏家로入去ᄒ얏더니尹滋璧氏가持棒突出ᄒ야其弟의胸腎과脚을猛打俱折ᄒᆞᆫ故로具行廊에姑留苦痛ᄒᆞᄂᆞᆫ中에尹滋炳氏의當婚女와年少子婦가病ᄒ야率去無處인ᄃᆡ其兄이無帶作關ᄒ며當場出去ᄒ라ᄒ미四眷率이呼泣不已ᄒᆞᆫ다더라

●處母淫妄 中部寺洞居金局長의女ᄂᆞᆫ副尉鄭某에게出嫁ᄒ얏다가有何事故인지其夫를背ᄒ고親家에來留ᄒᆞᄂᆞᆫᄃᆡ其親母가他處로改嫁ᄒ얏더니好機關德이無ᄒᆞᆷ이런지近日永宣君의勢力과好色ᄒᆞᆷ을聞ᄒ고該女를改嫁ᄒᆞᆯ思想으로百方紹介ᄒ나永宣君이快諾지아니ᄒᆞᆷ으로該母女가方在熱中이라더라

●慈愛救院 開城郡居ᄒᆞᄂᆞᆫ有志士高永貫氏等三十餘人이資金三萬圜을鳩集ᄒ야慈愛病院을該郡에設立하고赤貧ᄒᆞᆫ同胞에게無料施術ᄒ고又內部衛生局에請認ᄒ얏다더라

●智德共新 西部宗橋培英學堂에서韓國人民의道德과知識을發達ᄒᆞᆯ目的으로再昨日下午七時에多數人員이該學堂內에會集ᄒ야智德共新會를新組織ᄒᆞᆫ後에會長은米國人金牧師로總務ᄂᆞᆫ劉根秀氏로評議員은金俊祗等諸氏로選定ᄒ얏다더라

●神學傳道 貞洞某教堂內에神學科를新設ᄒ고各地方傳道諸人을招集ᄒ야熱心教授ᄒᆞᆫ다더라

●間島情況演說 今日下午七時三拾分에鍾路靑年會館에셔演說會를開ᄒ고今番貞洞教會堂神學會에來參ᄒᆞᆫ北間島居牧師鄭시를請邀ᄒ야北間島情形으로演說ᄒᆞᆫ다더라

●宜寧宜昌 宜寧郡에서有志紳士沈晩澤姜鳳熙김석諸시ᄀ三人이教育의急務를覺察하고該郡內에宜昌학校를設立ᄒ야熱心教授ᄒᆞᆫ다고稱頌이有ᄒ더라

●邊氏寄附 平北博川郡에서秋期聯合大運動會를擧行ᄒᆞᄂᆞᆫᄃᆡ公立定州普通학校職員與生徒四拾餘人이往參ᄒ얏ᄂᆞᆫᄃᆡ該郡紳士邊□龍시가義務心으로旅館에躬往ᄒ야銀貨二圜을寄附하얏다더라

●捐俸設校 沃溝府尹李懋榮시가進明학校를期設ᄒ야月俸中壹百圜을捐出贊助ᄒ고府主事李勉承시와李종寅시ᄂᆞᆫ各壹朔俸給을捐出贊成ᄒ야학徒가日加月增에將有進就之望이라더라

●慶峴有慶 平壤郡慶峴等地에서勞動者幾名이會集ᄒ야夜學ᄒ기를議論ᄒᆞᆯ時에傍聽者金成鎬시가冒ᄒ야日諸君의意向이如此ᄒᆞᆯ진ᄃᆡ校舍만定ᄒ면余가名譽로教授ᄒ깃노라ᄒᆞᆯ際에該郡居朴道燦시가適到ᄒ야其情形을見하고校室與壹般經費를全擔ᄒ야去五月分에勞動夜학校를設立ᄒ고生徒를募集하야四拾餘名에至ᄒ얏ᄂᆞᆫᄃᆡ熱心敎授ᄒᆞᆫ다더라

●明亦必新 梁山郡通度寺에서明新학校를設立ᄒ고熱心教授ᄒᆞᆷ은已報어니와校長은尹致旿副校長은徐海曇學監은김天輔諸시인ᄃᆡ生徒가壹百三名에達하엿다더라

●儒林大醒覺 水原郡居ᄒᆞᄂᆞᆫ孟輔淳氏ᄂᆞᆫ該郡儒林中에領袖로著名ᄒᆞᆫ學者러ᄃᆡ時局에變遷을慨歎ᄒ야儒林中某々諸氏와協議ᄒ고該府內에壹학校를設立ᄒ야校號를明倫이라ᄒ고四部로分設ᄒ얏ᄂᆞᆫᄃᆡ文學•實業•法律•幼穉이오爲先學員이百餘名에達ᄒ얏다더라

地方消息

▲去月廿五日에安城郡北方約壹里地에서義兵三拾餘名이該郡日守備隊와交戰ᄒ얏다ᄒ고

▲去月拾日渭原郡東方四里地에서義兵拾餘名이該郡駐在日憲兵과交戰ᄒ얏다ᄒ고

▲去月二拾三日平康郡西方約六里地에서義兵拾五名이該郡日憲兵과交戰ᄒ얏다ᄒ고

▲寧邊管內에ᄂᆞᆫ拾月初旬에寧邊郡의셔義兵六拾餘名이日兵과衝突ᄒ얏다ᄒ고

▲安州管內에ᄂᆞᆫ平安南道의義兵이頻數히出沒ᄒᆞᆫ다ᄒ고

▲咸鏡南道永興郡의셔義兵이日兵과衝突ᄒ얏다ᄒ고

▲平安道孟山以西의셔少數의義兵이頻數히出沒ᄒᆞᆫ다ᄒ고

▲平壤管內의ᄂᆞᆫ鐵道以東의府此義兵의出沒이頻數ᄒᆞᆫᄃᆡ就中義兵六十餘名이陽德郡化倉의셔日憲兵隊와交戰ᄒ얏다더라

宜苦宜逆

▲國家잇슨然後에ᄂᆞᆫ惟邦本이아닌가政府大臣되여서ᄂᆞᆫ邦本되ᄂᆞᆫ民生을愛之重之ᄒᆞᄂᆞᆫ거시責任이오定義어만豈不顧念何意思오

▲何等規則勿論ᄒ고昭詳分明ᄒᆞᆯ것이어ᄂᆞᆯ拓殖資與模糊키로議會質問時三次에政府所關이니라고壹不回答退却ᄒ니條約以外不關이야

▲國民禮服擬定ᄒ야樞院에셔照會ᄒᆞᆫ즉政府所關아니라고任民自由ᄒ라ᄒ니歷觀ᄒ던手段이그런지ᄂᆞᆫ自由ᄒ나條約以外不關인가

▲地方官吏貪叨ᄒ야民怨漲天ᄒ것마ᄂᆞᆫ政府所關아니라고聽若不聞그저두고못도적놈下送ᄒ야屠殺百姓ᄒ라ᄒ나條約以外不關인가

▲地方情報對ᄒᆞᆫ진ᄃᆡ殺氣騰冲人이라愈往愈甚ᄒ것마ᄂᆞᆫ政府所關아니라ᄒ고少不動念晏然ᄒ고壹任外兵討伐ᄒ니條約以外不關인가

▲各處所在民有地를日人私侵奪키로呼冤狀이답지ᄒ엿만政府所關아니라고査實判決못ᄒᄂᆞᆫ지겁於外人못ᄒᆞᄂᆞᆫ지條約以外不關인가

▲憲兵隊의補助員이作弊無ᄒ것마ᄂᆞᆫ政府所關아니라고別般徵戢ᄒ지안코任他縱橫肆ᄒ야雪上加霜되얏스니條約以外不關인가

▲糞桶課貰生弊ᄒ야窮蔀民嗷嗷어만政府所關이니라고好樣方針아니하니自己비만부면ᄂᆞᆫ他人私情모로ᄂᆞᆫ지條約以外不關인가

▲侍天敎人被殺事로日人들會議ᄒ고二千壹人每名下에二千圜式賠定ᄒ더니壹千圓式減ᄒ다니此獨政府所關ᄒᆞᆫ지條約以外加諂인지

▲諸公들아不堪其責ᄒ거든ᄒᆞ로밧비退去ᄒ고退去ᄒ기싫거든랑하로밧비悔改ᄒ소不退不去ᄒ더心中에何樣魔鬼弄奸가諸公들이

廣告

本校에서第二回算術夜學科(自初步로始)學員을募集ᄒᆞ오니願學僉員은陽曆壹月七日內로入學請願書를提呈ᄒᆞᆷ
但請願紙ᄂᆞᆫ本校用紙로ᄒᆞᆷ
試驗科目은國漢文及讀書
壹 時間은自下午七時至八時
壹 卒業期限拾個月

典洞私立中東學校

賢乎我候 凡百舊政
壬癸象河 期圖刷新
善涉外交 聽理明斷
無事不明 臨訟公ᄒᆞ
自捐五百 招致父老
熟誠學校 曉諭文武
奉詔善諭 百里福星
匪徒歸順 千家活佛
嗟呼我候 不敢泯默
來何其暮 玆以廣布
平南孟山民人
趙炳俊
崔贊敏
姜仁浩

本學會月例總會를來七日(陰拾月拾四日)土曜下午貳時에本事務所에開ᄒᆞ오니僉會員은屆期光降ᄒᆞ심을務望

輔仁學會

◎**特別廣告**

二回測量科를壹箇月速成으로敎授ᄒᆞ오니志願人은來議ᄒᆞ시옵
試驗日字ᄂᆞᆫ陰拾月二拾二日
新門外小平洞六拾七統二戶

普彰事務所 告白

本會에서昨日에營業을開始ᄒᆞ고社員의知面式을擧行ᄒᆞ앗삽기로玆以廣告ᄒᆞᆷ

大韓獸醫會社 告白

本館은處所가便利케爲ᄒᆞ야南部武橋前翠香館으로移接ᄒᆞ얏ᄉᆞ오니 僉君子ᄂᆞᆫ照亮來臨ᄒᆞ심을務望

高等 **漢陽旅館** 告白

南門外西署盤石坊萬里峴臺白貳拾三統七戶地에土地測量製圖事務所를設ᄒᆞ고諸般測量을請求ᄒᆞ시ᄂᆞᆫ僉員의게精密酬應ᄒᆞ올터이오니僉彦은迅速來議ᄒᆞᆷ

同一測量製圖事務所
總務 金澄植
幹事 金益培
尹賢模
事務 李逸雨

◎**學員大募集廣告**

各技術家가不顧優劣ᄒᆞ고速圖營作이有欠公私라精壹鍊熟ᄒᆞᆷ을爲ᄒᆞ야本所에講習所를特設ᄒᆞ고隨技敎授ᄒᆞ오니有志同業僉彦은陰拾月初九日爲始ᄒᆞ야請願書를提呈ᄒᆞᆷ
講習員에志願은何時던지依願敎授이되隨其學力ᄒᆞ야講習期限을定ᄒᆞᆷ
初學員도壹體募集ᄒᆞ되六個月速成으로定ᄒᆞᆷ
各課程에個個히實習만ᄒᆞ시기願ᄒᆞ도依ᄒᆞᆷ
但位置ᄂᆞᆫ部寮洞六拾三統九戶貳層洋屋

課程
測量學 地形學 幾何學
幾何畫法 測量實習
製圖實習
算術
各項設計及書類
開學日字ᄂᆞᆫ陰拾月拾六日上午九時로定ᄒᆞᆷ
但細則은本所에來議ᄒᆞᆷ

大韓測量組合所 講習所 白

大韓帝國 內外地方各處 **仁川 夻峴**

總發行所和平堂大藥房

此丹이於諸瘴에無論男女老少ᄒᆞ고若服壹劑ᄒᆞ면實有神效ᄒᆞ야百발百中ᄒᆞ오니非例方可及也라若論主治則陽梅下疳遺精風濕頭창諸症에俱見立效ᄒᆞ오니惟願僉君子ᄂᆞᆫ壹次試驗伏望

婦人靈藥 胎產調經丸

부인령약팀산됴경환 壹月分壹劑 金九圜

婦人이孕胎ᄒᆞ지못ᄒᆞᆷ은冷病積病과月經不調로因ᄒᆞᆷ이니此약을服ᄒᆞ시면婦人腹中諸病이壹切退去ᄒᆞ야自然孕胎ᄒᆞᄂᆞ니라

補陰補陽 滋陽丸 자양환

定價金
三拾日分金五圜
二拾日分金三圜四拾錢
拾日分金壹圜八拾錢

此약은○房事不容○腎虛腰痛○病後氣喘○腎氣不足○陽痿不起○陰虛火動○房事後惱困○手足厥冷○形容蒼白○遺精多夢○右諸症에適宜服用ᄒᆞ시면特效가有ᄒᆞ외다

九拾五粒入金拾錢

八寶丹

主治効能
○胃痛惡心○頭痛宿飲
○食思欠乏○中暑中寒
○積滯痞悶○急性胃腸
○酒飲過傷○頭痛眩暈
○泄瀉下痢○霍亂吐瀉
○水土不服○船車醉

此地方에도東西各國靈藥이俱備ᄒᆞ오니各地方에셔도隨用請求ᄒᆞ시면郵便으로보닐터이요各處藥業ᄒᆞ시ᄂᆞᆫ僉位에게ᄂᆞᆫ特別割引放賣ᄒᆞ오니陸續注文ᄒᆞ심을務望

發行人 李應善
發行所 京城鍾路和平堂支店

●水原北部普施洞약局
●龍川陽市場陽市病院
●鎭南浦築地약舖
●平壤舘前약舖

和平堂支店 李弼儀
和平堂出張所 田慶龍
和平堂出張所 金元성
和平堂出張所 金龍興

仁川夻峴 京城鍾路 **和平堂** 告白

本店內外國直輸入各種煖爐諸般物入與煖爐火木及石炭均可入燒拾分利便木匠工程色造樓房와房家內所用各種이椅床材木器具玻璃磚瓦鐵器皆有大發賣請君購覽 僉彦照亮務望

大漢門下車橋前**榮興**號
京城南部苧洞六拾四統五戶

東洋大學前講師
日本法律學士
辯護士 **木尾虎之助**

染織을**大擴張**ᄒᆞ고**支店**을**新設**ᄒᆞ엿숨

各項衣次織造放賣
男女學生衣服次織造
理化學應用染色及改染最新染粉直輸入放賣其他各種染色及織造
中谷染織工所 告白
宗廟越邊
支店鍾路魚物廛北房

南部曲橋十一統七戶
辯護士 崔鎭

長古城梅溪가曾往에淸國北洋順天醫院醫官으로多年在外ᄒᆞ다가近般에歸韓ᄒᆞ와諸般設備를大作革新ᄒᆞ야特히**韓淸兩國病人**의診察을從事ᄒᆞ며且**軍醫諸氏**에게囑托ᄒᆞ야新方妙劑로極盡히速活回春ᄒᆞᆷ을期ᄒᆞᆷ
再次赤貧患者의施療도藥價를勿論ᄒᆞ며又隨時ᄒᆞ야牛痘苗를施種ᄒᆞᆷ

京城木町四丁目
贊化病院
(電話二一四番)

○本人이銅峴博學書館을他人同業이옴다가今에書館을各設ᄒᆞ고各種書籍을大發賣ᄒᆞ오니知舊及購覽僉彦은照亮ᄒᆞ심

京城南部銅峴四巨里「二層屋」

文明書舘
玄檍 告白

◎**大韓地志教科書**

國漢文合壹冊 定價二拾五錢
本書ᄂᆞᆫ高等小學校教科로用ᄒᆞ기爲ᄒᆞ야編輯ᄒᆞᆫ것이니全壹冊六拾九課每課壹百六拾字以下로定ᄒᆞ야課讀取便케ᄒᆞᆷ

發行兼發賣元
平壤鍾橋大同書觀
京城桂洞玄公廉

敬告者方以 匡定公墓所事로齊會爛商ᄒᆞᆯ기玆廣告ᄒᆞ오니京鄕僉宗은今陰拾月二拾二日下午一時에來臨于花開洞二拾四統九戶鳳村家ᄒᆞ심을敬要

南陽洪氏宗中 告白

壯陽復元丹

壹週分壹圜
二週分壹圜八十錢
四週分三圜四十錢
八週分六圜四拾錢

此藥은專치腦補肺弱○房事色傷○心腎虛弱○陽萎不起○遺精多夢○神經衰弱○房事時早漏不快○病後虛弱○健忘不眠貧血諸症○先天不足○飲食不下○眩暈頭痛○等症을나試將此丸을照法服之면不過幾点鐘에立見妙效ᄒᆞ야魂飛肉躍에精神微爽ᄒᆞ고頓覺愉快ᄒᆞ나니其症이輕者ᄂᆞᆫ服壹貳週면挽回元陽ᄒᆞ고其症이稍重者도可服四週ᄒᆞ고積年痼疾로其症이頗重者ᄂᆞᆫ連服七八週면必能全치無疑니若夫無病之人도試用此劑則補血而益氣ᄒᆞ고强筋而壯骨ᄒᆞ나니用之八週而未見其効則請將價額을如數還呈이요不敢虛誕自欺라此丸이又無論男婦老幼ᄒᆞ고均用有効ᄒᆞ나니眞世間無比之妙劑也라 僉位ᄂᆞᆫ何不早圖壹試오

發行所 皇城南署大廣橋십九統七戶濟生堂약房
特約代理店 京城水標橋共愛堂약房

本社廣告 (printed inverted) [illegible]

[adjacent page edge] 열하博士의厚實驗方劑 製藥監査人 박滋惠 李觀化
健胃消食 [illegible]
定價金拾錢
…預防케ᄒᆞ고健胃消滯ᄒᆞ이…
…와경咳白담을能治能止ᄒᆞ는…

社告
○申報價額
壹張代價 新貨一錢五厘
壹箇月代價 二十錢
叅個月 六拾錢
陸個月 壹圜[illegible]
壹個年 二圜[illegible]
郵稅壹個月 [illegible]錢

○廣告料
四号活字拾二字詰
每行壹寸 (五尺)에 新貨[illegible]
二週日間壹寸에 二圜[illegible]
壹箇月壹寸에 [illegible]圜
(自壹行至四行이爲壹寸)
其期限의長短과字行의多寡를依ᄒᆞ야增減홈이有홈

◉大韓每日申報 各處支社廣告
平安道
平壤鍾路太極書館　安泰國
三和港碑石洞　金[illegible]
[illegible]　許[illegible]
義州南門[illegible]大藥房　[illegible]
[illegible]邑東[illegible]　[illegible]
安州[illegible]　金明[illegible]
定州南門內[illegible]　[illegible]成[illegible]
郭山[illegible]　李[illegible]
[illegible]　李鎭[illegible]
[illegible]　[illegible]翼河
[illegible]線[illegible]　李基秀
[illegible]川[illegible]　[illegible]
順川[illegible]　[illegible]
[illegible]川[illegible]　韓[illegible]

黃海道
海州南門內　朴昌[illegible]
載寧邑濟衆院　劉夢澤
安岳細[illegible]坊成洞　[illegible]道[illegible]
長淵邑南門內　[illegible]載[illegible]
殷栗邑倉[illegible]里　金泰[illegible]
信川邑六里　丁一[illegible]
宣川邑[illegible]南　金亨俊
龍岡邑　郭[illegible]
平壤順川郡[illegible]　鄭[illegible]
成川郡上[illegible]面　[illegible]應三
[illegible]從郡耶穌敎堂　張炳[illegible]
江西邑內　金昌[illegible]
[illegible]邊邑[illegible]明濟世　李[illegible]
[illegible]川邑館[illegible]洋[illegible]
朔州邑남門니　朱伯[illegible]

咸鏡道
咸興[illegible]門[illegible]　[illegible]
元山倉[illegible]　劉七[illegible]
高原邑　[illegible]
定平郡[illegible]川　[illegible]
洪原南門外耶穌敎[illegible]方[illegible]
永興[illegible]山[illegible]　[illegible]

全羅道
[illegible]邑邑內　李[illegible]
[illegible]邑　宋[illegible]
金溝水流面豆亭　趙[illegible]三
興[illegible]富安面[illegible]谷　[illegible]大榮

京畿道
仁川[illegible]　李東[illegible]
開城남門內興學書舖　[illegible]
江華邑[illegible]　[illegible]

忠淸道
[illegible]州[illegible]　宋[illegible]
[illegible]川[illegible]　李[illegible]

慶尙道
[illegible]　[illegible]李正由
[illegible]　[illegible]

江原道
[illegible]　[illegible]

[illegible]

Responsible for Publication Alfred Weekley Marnham.
[illegible] 大韓每日申報社

第六卷

大韓每日申報

第九百四拾七號

月曜及慶節時日休刊

檀君開國四千二百四十一年
箕子元年三千三十年
大韓開國五百十七年
日本明治四十一年
淸國光緖三十四年
陰曆戊申十月大十三日乙丑

論說

◉宋秉畯氏의 自抉其目

世上에奇人怪人愚人悍人이多ᄒᆞ지마ᄂᆞᆫ彼宋秉畯과如히奇怪愚悍ᄒᆞᆫ人은絶無ᄒᆞᆯ지로다

古代에支那人師曠은音樂을研究코져ᄒᆞ야결目ᄒᆞᆫ事가有하거니와宋시ᄂᆞᆫ何를研究ᄒᆞ랴고其目을自결ᄒᆞ얏ᄂᆞ뇨

奇哉怪哉愚哉悍哉라彼宋시여只是忠論을惡見ᄒᆞ야其目을自결ᄒᆞ며直言을惡聞하야其耳를自聾ᄒᆞ고奄然히壹盲聾人을作ᄒᆞ얏도다

噫々宋시여本報가日로銳利ᄒᆞᆫ筆鋒을磨ᄒᆞ야彼의頑腦를斫ᄒᆞ며奸腸을剌ᄒᆞ고其五臟六腑를披ᄒᆞ야世人의供覽에照ᄒᆞ니彼가本報購覽ᄒᆞᆷ에必也苦痛을不堪ᄒᆞᆯ지나

然이나彼가此苦痛을忍受ᄒᆞ야頭를改하고面을革ᄒᆞ면或者今日地獄中宋秉畯이明日天堂上宋秉畯됨도可ᄒᆞᆯ지어날噫々宋氏여何其忍耐性이短ᄒᆞᆫ지彼가眉를皺ᄒᆞ며齒를嚼ᄒᆞ고本報를强購讀ᄒᆞᆷ이亦已多年이러니噫々宋시여日昨에本報何句語를因ᄒᆞᆷ인지無明業火三千丈이空然上沖하야電話로本報를謝絶ᄒᆞᆷ에至ᄒᆞ니噫々宋시여昔者에秦檜가壹令을下ᄒᆞ야野史를禁ᄒᆞᆷ은此ᄂᆞᆫ自己의罪가宣佈될가恐ᄒᆞ야人口를防杜ᄒᆞᆷ이어니와今彼ᄂᆞᆫ直言을不樂ᄒᆞ야新聞을謝絶ᄒᆞ니此ᄂᆞᆫ又其目을自결ᄒᆞᆷ이니千古의兩對奇談이로다

噫々宋시여彼가萬壹正道旺盛ᄒᆞᆫ時代에生ᄒᆞ야正人이國內에充滿ᄒᆞᆫ면彼가將何法으로平生을過ᄒᆞ리오意者컨ᄃᆡ頭를自碎ᄒᆞ며腹을自剌ᄒᆞ며手를自斷ᄒᆞ야此世에生存치안케로自誓ᄒᆞᆯ而已리니噫々라蛇蝎毒性이此極에至하ᄂᆞᆫ도다

噫々宋시여渠의孽業이已多ᄒᆞ야億萬人의舌鋒을磨ᄒᆞ야渠의姓名을呪ᄒᆞ며億萬人이胃竹을刊ᄒᆞ야渠의歷史를修ᄒᆞᄂᆞᆫ대惟獨渠壹人만其目을自결ᄒᆞ며其耳를自聾ᄒᆞ고渠의面目을不知ᄒᆞ면渠의孽業이自消ᄒᆞᆯᄂᆞᆫ지昔人의其形貌의醜를惡하야鏡子를揆破ᄒᆞ얏더니今彼ᄂᆞᆫ其罪狀의彰ᄒᆞᆷ을惡ᄒᆞ야新聞을謝絶ᄒᆞ니鏡子를揆破하면醜貌가忽姸ᄒᆞ며新聞만不讀하면罪狀이自泯될새

雖然이나醜貌ᄂᆞᆫ天定이라改良ᄒᆞᆯ道가無ᄒᆞᆫ즉鏡子를揆破ᄒᆞᆷ에至ᄒᆞ얏거니와孽業은悔改ᄒᆞ면自消ᄒᆞᆯ지어ᄂᆞᆯ徒然히直言을惡聞ᄒᆞᆷ이何故이뇨

哀哉라宋秉畯이여愚哉라宋秉畯이여吾輩ᄂᆞᆫ終是彼가屠刀를捨ᄒᆞ고佛界에登ᄒᆞ기를希望ᄒᆞ얏더니乃者悔改心이全無ᄒᆞ야直言을惡聞ᄒᆞ니今焉已矣라只是茫々地獄中宋秉畯이로다

▲隆熙貳年拾月二拾七日 官報

●告示

農商工部告示第拾三號 續

商法 (明治三拾二年法律第四拾八號)

第貳節 株式

第百四拾三條 株式會社의資本은此를株式으로分ᄒᆞᆷ을要ᄒᆞᆷ

第百四拾四條 株主의責任은其引受又ᄂᆞᆫ讓受ᄒᆞᆫ株式의金額을限度로ᄒᆞᆷ

株主ᄂᆞᆫ株金의拂納에對ᄒᆞ야相計로써會社에게對抗ᄒᆞᆷ을不得ᄒᆞᆷ

第百四拾五條 株式의金額은均壹ᄒᆞᆷ을要ᄒᆞᆷ

株式의金額은五拾圜以下됨을不得ᄒᆞᆷ但壹時에株金의全額을拂納ᄒᆞᆯ境遇를限ᄒᆞ야此를二拾圜까지下ᄒᆞᆷ을得ᄒᆞᆷ

第百四拾六條 株式이數人의共有의屬ᄒᆞᄂᆞᆫ時ᄂᆞᆫ共有者ᄂᆞᆫ株主의權利를行ᄒᆞᆯ者壹人을定ᄒᆞᆷ을要ᄒᆞᆷ

共有者ᄂᆞᆫ會社를對ᄒᆞ야連帶ᄒᆞ야株金을拂納ᄒᆞᆯ義務를負ᄒᆞᆷ

第百四十七條 株券은第百四拾壹條第壹項의規定을依ᄒᆞ야本店의所在地에서登記ᄒᆞᆫ後가아니면此를發行ᄒᆞᆷ을不得ᄒᆞᆷ

前項의規定을違反ᄒᆞ야발行ᄒᆞᆫ株券은無效로ᄒᆞᆷ但株券을發行ᄒᆞᆫ者를對하야損害賠償을請求ᄒᆞᆷ은無妨ᄒᆞᆷ

(未完)

外報

●大砲及武裝準備 路透電을據ᄒᆞᆫ則蒙的尼보스니아國境에接ᄒᆞᆫ山地에大砲를備ᄒᆞ고全國人民은武裝을準備ᄒᆞ얏다더라

●鹽務司設置 奉天電을據ᄒᆞᆫ則奉天省의食塩所產額이夥多ᄒᆞ야吉林黑龍兩省에까지供給ᄒᆞᄂᆞᆫ대今番에該事務를擴張ᄒᆞ고東三省에塩務總局을改ᄒᆞ야塩務司를置ᄒᆞ라ᄂᆞᆫ議가有ᄒᆞ다더라

雜報

◉義將遺書

義兵將李康年시의烈々ᄒᆞᆫ忠魂이抱恨歸天ᄒᆞᆷ은本報에已光이라衆所共知어니와其臨終時에監獄官의게紙筆을請求ᄒᆞ야其令郞李承宰及從弟兩시의게遺書ᄒᆞᆷ이如左ᄒᆞ더라

訣長子承宰書大畧

汝父平生素抱血衷顧死於 王事今焉遂意亦何恨爾其勿至懼收歛精神率乃弟曰待獄門外我死後三日內囚葬而故山路遠不可輿櫬返葬則此嶽祥乞于宗家請借壹壙於大君墓所局內似好汝父德薄所執未伸雖有力衣衾棺槨譏不當稱側况汝昆季室[illegible]離依則倉猝旅舘尺布單衣何可辦得只以在囚時所着衣件埋瘞先山下吾所甘心幸勿致憾吾若必復保拾有三載竟死復讐之事殊以憤恨而勢有强弱盜無屈伸君子所謂死有榮時生則辱者此也

俯仰無愧汝勿過哀弟入峽耕鑿에爲先爲敎後延秀以繼家聲是乃繼述之道勉之々々母忝乃父此外瑣事不願煩提也戊申六月四日被虜時賦五律壹絶丸子太無情叫傷止不行若中心腹裏母辱到瑤京 在監獄賦 一絶喪車南渡漢兒子不勝悲雖然名尙在乃家近古稀成敗何須說從容始踐言丹心培養驗感泣

聖朝恩 是年六月拾日縛在日憲兵所作二絶 五拾年來判死心臨難登有苟求心盟師再出終難復地下猶餘冒劒心還遇夏日見人稀猾奴隨言覓括機大義尊攘身以守堂々就死莫云悲

訣從弟書大畧

從兄錫淵所執未伸終焉放捨今將受死者以俗情爲之戚矣也吾心坦々然如歸人生百年孰無壹死與其紛紛於利欲之場身後無聞曷若爲國復保死於鋒鏑來有辭於千秋今當天地混淪日强保家之策亦無過於敎子弟勸讀書讀書之中必有妙理今乃明驗者南寬北走之士子爲名者雖百艱千急前津後嶺必不失尺寸而無識之人舍身親忘其妻而狂奔疾走覆轍靑君獨不聞不知耶且利慾之源沙店撤罷恐好官止於此勉之々々

◉識湖有光 識湖興學會維持ᄒᆞᆫ事에對ᄒᆞ야某々諸氏가發起하야月捐金으로請求ᄒᆞᆫ다더니詳聞ᄒᆞᆫ則某々諸氏가五年을限ᄒᆞ야每朔에捐ᄒᆞᆫ다ᄂᆞᆫ대其氏名과金額이如左ᄒᆞ더라

特等은二拾五圜以上이니義親王殿下와完平君李昇應氏ᄂᆞᆫ各三十圜式으로完興君李載冕氏와永宣君李埈鎔시ᄂᆞᆫ각五拾圜式으로淸陽君李載覺氏와昌山君李海昌시와輔國閔泳徽諸시ᄂᆞᆫ各二十五圜式이오壹等은廿圜이니韓圭卨李根浩李根澔諸氏ᄂᆞᆫ各二十圜式이오三等은 圜이니南廷哲李埼鎔諸氏ᄂᆞᆫ각拾圜式이오四等은四圜이니韓昌洙金晦秀閔泳韶李相麒趙東鼎閔種默閔衡植趙秉緖趙命顯諸시ᄂᆞᆫ各五圜式寄付ᄒᆞ기로ᄒᆞ얏다더라

◉元興大興 平北郭山東面梨洞有志紳士金학奎李競埼吳宅李洛行諸시가該郡에元興學校를創立ᄒᆞ얏ᄂᆞᆫ대不過壹朔에晝夜學生이百餘名에達ᄒᆞ얏고漢文敎師李淳시ᄂᆞᆫ熱心敎授ᄒᆞᄂᆞᆫ대該校長金學奎시ᄂᆞᆫ不惜所費ᄒᆞ고勞働學生의冊價를捐付ᄒᆞ고今秋定州聯合運動時에壹般生徒의服裝費를辦給ᄒᆞ얏다더라

文壇

▲讀史新論 (續) 壹片丹生

第五章 新羅

是以로新羅가其微弱ᄒᆞᆫ力으로列强의間에處ᄒᆞᆷ에其始終鍜鍊ᄒᆞ야得ᄒᆞᆫ바ᄂᆞᆫ外交가是라故로新羅의發展된原因이强半外交에在ᄒᆞ니此ᄂᆞᆫ以下各章에詳論ᄒᆞᆯ비어니와

然則新羅의强大가何時에在ᄒᆞ뇨ᄒᆞ니即阿達羅王伐休王의時니此時ᄂᆞᆫ赫居世王元年에距ᄒᆞ기已是二百四五拾年後이니其興의難이果然憂々ᄒᆞ도다

是故로百濟의來侵이伐休王六年에始有ᄒᆞ니是時에羅濟의構兵이가方織相逼ᄒᆞᆫ故오高句麗의來侵이助賁王拾五年에始有ᄒᆞ니是時에사麗濟의方幾相窺ᄒᆞᆫ故니라

(未完)

雜報

●文兼武術　日本에 御留ᄒᆞ시ᄂᆞᆫ 皇太子殿下ᄭᅴ서ᄂᆞᆫ文學만學ᄒᆞ실ᄲᅮᆫ아니라武事와體育에도非常히進步ᄒᆞ사 御乘馬及兵式體操에頗히巧敏ᄒᆞ신지라去壹日에日本上野에셔日本壹流의武術을 御覽ᄒᆞ시고日本古式武術을研究ᄒᆞ신다더라

●明其爲賊乎　大皇帝陛下ᄭᅴ서水原 隆陵 幸行ᄒᆞ실時에近衛騎兵隊餉官成贊慶氏가陪從下去ᄒᆞ야該郡某酒店에處所를定ᄒᆞ고自己의所坐房席下에金貨二百圜을藏置ᄒᆞ얏더니何許賊漢이乘隙偸去ᄒᆞᆫ지라成氏가上來ᄒᆞᆫ後에其從卒李健純의所爲라ᄒᆞ고日前에成氏가李某를平福宮內로私自捉致ᄒᆞ고百般惡刑을施用ᄒᆞ며當場에辦納ᄒᆞ라ᄒᆞᄂᆞᆫ故로李某가軍部에呼冤ᄒᆞ얏다더라

●何以借屋　今日下午六時에侍從院卿尹德榮氏가中樞院顧問李址鎔氏의校洞私邸를借得ᄒᆞ야茶話會를大設ᄒᆞ고總理以下各部大臣과曾禰副統監과其他內外國高等官諸氏를請邀宴待ᄒᆞᆫ다더라

●記者亦請　警視總監若林賚藏이가昨日下午五時에日本人俱樂部內에晩餐會를開設ᄒᆞ고該廳韓日警部를請待ᄒᆞ얏고明日下午六時에ᄂᆞᆫ該部內에盛大ᄒᆞᆫ宴會를又設ᄒᆞ고各部韓日高等官과各新聞記者를多數請邀ᄒᆞ기로預定ᄒᆞ얏다더라

●殖民官吏養成　日本新聞에日本에셔殖民地官吏의養成ᄒᆞᆷ을論ᄒᆞ얏ᄂᆞᆫ디韓國臨時任用法에對ᄒᆞ야其理由가有ᄒᆞᆷ이라ᄒᆞ더라

●郡主不法　廣州郡郡主事石環煥氏가該郡各處屠獸場主人等의게認許證書를私自繕給ᄒᆞ고每人에貳拾圜或三拾圜式勒收ᄒᆞᆷ으로該人等이日前에上京ᄒᆞ야漢城財務監督局에等訴ᄒᆞ얏다더라

●官令不遵　坡州郡守洪禹觀氏가警察道郡守會議를經ᄒᆞᆫ後斷髮訓令을該郡境內에告示ᄒᆞ얏스나面長과里長이壹不遵行ᄒᆞᆫ다더라

●果則妄矣　經濟研究會에셔牛皮製造法과造紙ᄒᆞᄂᆞᆫ法을研究ᄒᆞ야實施ᄒᆞ기로決定ᄒᆞ얏다ᄂᆞᆫ디該會經費ᄂᆞᆫ某處에셔數萬元을支給ᄒᆞ얏다ᄂᆞᆫ說이有ᄒᆞ더라

●君非日人　閔元植崔洛인兩氏가洒麯會社를發始ᄒᆞ고股金을募集中인ᄃᆡ該社認許ᄂᆞᆫ日本理事廳에交涉承認ᄒᆞᆯ計劃이라더라

●冤及孤窮　坡州郡白石面栍岩里居ᄒᆞᄂᆞᆫ李召史의年齡이現今七拾歲오無他所依인ᄃᆡ其沓二三斗落과田壹日牛耕이京義線新鐵路에犯入ᄒᆞ얏ᄂᆞᆫ디該鐵路에犯入ᄒᆞᆫ他人田답價ᄂᆞᆫ擧皆推尋ᄒᆞ얏스나李召史의地段價ᄂᆞᆫ尙不支給ᄒᆞᄂᆞᆫ故로該召史가內部鐵道調査局에呼冤ᄒᆞ얏다더라

●鐵道株式募集盛況　湖南鐵道株式募集研究會에셔九月分에韓基準氏를株主募集에기爲ᄒᆞ야另派委員으로全羅南北兩道에派遣ᄒᆞᆫ結果로同北道二拾八郡에株主募集額이十壹萬이오同南道二十二郡에株主募集額이十六萬株오拾月分에忠淸南道에韓基準氏를又爲派遣ᄒᆞ야該道郡守會議에株主募集ᄒᆞᆫ事를提出ᄒᆞᆫ結果로三拾七郡에株主募集額이二萬株오京城에셔株主募集額이壹萬五千餘株가되얏ᄂᆞᆫ디以上統計ᄒᆞ니合이三十餘萬株에達ᄒᆞ얏다더라

●成氏請願　加平郡朝宗面九政동居ᄒᆞᄂᆞᆫ成晋運시等이農商工部에請願ᄒᆞ되金礦派員鄭夢瑞시가農部技手朴容奎시를帶同ᄒᆞ고該洞에下往ᄒᆞ야該地區域世現ᄒᆞ測量ᄒᆞᄂᆞᆫ中인ᄃᆡ不遠間에開鑛ᄒᆞᆯ預定인즉嚴飭禁戢ᄒᆞ야使民安業케ᄒᆞ라ᄒᆞ얏다더라

●何處從來　近日毓祥宮內에巨虎가逐夜入來ᄒᆞ야種々作梗ᄒᆞᆷ으로該宮內居人은驚懼不已ᄒᆞᄂᆞᆫ中이라더라

●趙氏無妄　加平郡居ᄒᆞᄂᆞᆫ前參判趙重穆氏가拾遺物을克留ᄒᆞᆫ罪가有ᄒᆞ다ᄒᆞ야該郡에駐在ᄒᆞᆫ日兵이趙氏를京城地方裁判所로押上ᄒᆞᆫ事ᄂᆞᆫ已揭ᄒᆞ얏거니와該事實을追聞ᄒᆞᆫ즉趙氏가今夏潦水에泛來ᄒᆞᄂᆞᆫ筏木을濟置ᄒᆞ얏더니何許人이稱以棄物이라ᄒᆞ고構誣呈訴ᄒᆞᆫ所以라趙氏가監獄署에多日滯囚ᄒᆞ얏ᄂᆞᆫ디其情境이甚憐ᄒᆞ다더라

●學部圖書의許賣　學部編纂教科用圖書發賣規程은向日官報에頒布ᄒᆞ얏거니와寺洞唯壹書館及他各郡拾餘書舖에만限ᄒᆞ야該部圖書書籍발매의許可를得ᄒᆞ얏다더라

●目中無見　慶尙北道尙州郡에駐在ᄒᆞᆫ日憲兵의補助員等이橫行各村ᄒᆞ며無罪良民을義兵干連이有ᄒᆞ다ᄒᆞ고構誣奪財ᄒᆞᄂᆞᆫ惡習이比々有之ᄒᆞᆷ으로該郡警署巡査某氏가補助員等을對ᄒᆞ야重責ᄒᆞ되我韓同胞로互相食肉코ᄌᆞᄒᆞ니寧不慨歎이며外人貽笑를豈能免乎아ᄒᆞᆫ즉該員等이巡査를亂打重傷ᄒᆞ야死生을難辦ᄒᆞ깃다더라

●日憲兵의暴行　仁川에駐在ᄒᆞᆫ日憲兵池田이가去三日에泥醉ᄒᆞ고仁川日本人公園俱樂部에亂入ᄒᆞ야家財를毁破ᄒᆞ고七八歲된兒童을觸倒ᄒᆞ고旅客게對ᄒᆞ야暴行無所不至ᄒᆞᄂᆞᆫ대巡査와憲兵에게對ᄒᆞ야도亦是亂暴를逞ᄒᆞᄂᆞᆫ故로日本警部가來到ᄒᆞ야協力捕捉ᄒᆞ야分遣所로引致ᄒᆞ얏다더라

●補助員生弊　瑞興郡新幕日憲兵分派所에在ᄒᆞᆫ憲兵補助員金元甫崔永과가該附近동居ᄒᆞᄂᆞᆫ김鳳奎의指囑을信聽ᄒᆞ고리永喜氏를無數亂打ᄒᆞᆫ事에對ᄒᆞ야리氏가日憲兵司令部에呼訴ᄒᆞᆫ지가幾日이되얏스나如何ᄒᆞᆫ回題가無ᄒᆞ다더라

●偃仰不得　淸州郡東面漁岩村酒店에셔義兵壹隊가來到ᄒᆞ야午飯을請食以去ᄒᆞ얏더니該郡米院場에派駐ᄒᆞᆫ日兵이該酒店主人의夫妻를押去ᄒᆞ야無數ᄒᆞᆫ困難을經ᄒᆞ고幸得放送ᄒᆞ얏다더라

●東利西害　勞働會에셔奇川ᄒᆞ기爲ᄒᆞ야南部靑寧橋內川邊에在ᄒᆞᆫ沙築을該東川邊으로移去防築ᄒᆞ얏ᄂᆞᆫ대潦水가壹過ᄒᆞ면西川邊에在ᄒᆞᆫ民家十餘戶ᄂᆞᆫ漂水의患을免키難ᄒᆞᆫ則別般措處ᄒᆞ야달나고該洞居民리景春氏等이內部에呼冤ᄒᆞ얏다더라

●洋服生亂　再昨日下午八時頃에咸興郡居ᄒᆞᄂᆞᆫ崔同鉉爲名者가斷髮洋服ᄒᆞ고校洞何許人家에留連ᄒᆞᄂᆞᆫ朴在과시를來訪ᄒᆞᆫᄃᆡ出他不在ᄒᆞᆫ지라該主人이出他ᄒᆞ얏다ᄒᆞ미崔某가日語를施用ᄒᆞ며無故行悖ᄒᆞᄂᆞᆫ故로該洞居ᄒᆞᄂᆞᆫ尹炳煌시가崔某의行悖ᄒᆞᆷ을據理重責ᄒᆞᆫ즉崔某가尹시를嚴打ᄒᆞ야作鬧不已ᄒᆞ거ᄂᆞᆯ該管內巡査가崔某를押致ᄒᆞ야嚴懲放送ᄒᆞ얏다더라

●金門大彰　金海金氏가宗約所를設立ᄒᆞ고漢城內에居住ᄒᆞᄂᆞᆫ金氏를調査ᄒᆞᆫ즉壹萬七千餘人인ᄃᆡ義捐金이現今三千餘圜에達ᄒᆞ얏다더라

●日醬社暴板　去三日에仁川日本醬油會社에셔失火ᄒᆞ야日人의家屋拾壹戶가燒燼ᄒᆞ얏ᄂᆞᆫ디損害額이約拾萬圜에達ᄒᆞ얏고韓人家屋은二戶가連燒ᄒᆞ얏다더라

●咸校卒業　咸南學校에셔去日曜日에測量科卒業式을擧行ᄒᆞ얏ᄂᆞᆫ디優等에ᄂᆞᆫ朱冕姜瀕秀等貳拾人이오及第에ᄂᆞᆫ金忠鎬尹益模等二拾壹人이오法律算術日語科三拾餘人의게修業證書를授與ᄒᆞ얏다더라

地方消息

▲遂安管內에ᄂᆞᆫ谷山郡地方義兵이多數히出沒ᄒᆞᆫ다ᄒᆞ고

▲載寧管內에ᄂᆞᆫ義兵二十名이載寧郡內에셔出沒ᄒᆞᆫ다ᄒᆞ고

▲天安管內에ᄂᆞᆫ于今ᄭᆞ지不穩ᄒᆞ야溫陽牙山郡各地方義兵五六拾名이日討伐隊와二回衝突ᄒᆞ얏고其他鎭川洪州地方에도少數의義兵이出沒ᄒᆞᆫ다ᄒᆞ고

▲洪州管內에ᄂᆞᆫ義兵六七十名이日兵과交戰ᄒᆞ얏다ᄒᆞ고其外에數拾名의義兵이徘徊ᄒᆞᆫ다ᄒᆞ고

▲海美瑞山郡地方에約二十名으로壹隊를組成ᄒᆞᆫ義兵이出沒不絕ᄒᆞ며又新昌郡에ᄂᆞᆫ五六拾名으로壹隊를組成ᄒᆞᆫ義兵이出沒ᄒᆞ고其他靑陽郡地方에도亦不穩ᄒᆞᆫ態度가有ᄒᆞ고泰安郡安眠島及其附近에ᄂᆞᆫ각七八拾名式으로壹隊를組成ᄒᆞᆫ義兵이出沒不絕ᄒᆞᆫ다ᄒᆞ고

▲忠州管內에ᄂᆞᆫ丹陽郡地方의三十名으로壹隊를組成ᄒᆞᆫ義兵이日討伐隊와衝突ᄒᆞ얏고忠州郡牛溪地方에ᄂᆞᆫ二拾名으로壹隊를組成ᄒᆞᆫ義兵이日討伐隊와衝突ᄒᆞ얏ᄂᆞᆫ디義兵等은江原道原州郡地方에出沒ᄒᆞᄂᆞᆫ義兵과其系統이同壹ᄒᆞ다ᄒᆞ고

▲公州管內에ᄂᆞᆫ忠淸南道鴻山林川郡地方에約四拾名式으로壹隊를組成ᄒᆞᆫ義兵이出沒不絕ᄒᆞ고尙此同地方에ᄂᆞᆫ不穩ᄒᆞᆫ態度가有ᄒᆞ며其他地方에도少數의義兵이出沒ᄒᆞᆫ다ᄒᆞ고

▲連山管內에ᄂᆞᆫ忠淸南道地方에不穩ᄒᆞᆫ情態가有ᄒᆞ며全羅北道錦山郡地方에ᄂᆞᆫ約二拾名으로壹隊를組成ᄒᆞᆫ義兵이出沒ᄒᆞᆫ다ᄒᆞ고

▲全州管內에ᄂᆞᆫ全羅南道에近接ᄒᆞᆫ壹帶地方에ᄂᆞᆫ義兵이頻數出沒ᄒᆞᄂᆞᆫ디就中에淳昌興德高敞郡各地方에ᄂᆞᆫ四拾名乃至八拾名式組成ᄒᆞᆫ義兵이頻數出沒ᄒᆞ야日討伐隊와屢々히交戰ᄒᆞ얏다ᄒᆞ고

▲大邱管內에ᄂᆞᆫ本月初旬醴川奉化盈德郡各地方에少數의義兵이出沒ᄒᆞᆫ다ᄒᆞ고

▲安州郡地方에도少數의義兵이出沒不絕ᄒᆞᆫ다더라

富强非難

▲二千萬衆人民들아國衰民弱ᄒᆞᆫ原因이非不政府罪惡이나亦爲人民責任이지既往이라勿咎ᄒᆞ고雖自今日富强키ᄂᆞᆫ諸君의게잇ᄂᆞ니라

▲敎育界의君子들아政府大臣何如ᄒᆞᆫ지利害間에顧忌말고百折不屈心力으로죽기ᄭᆞ지限定ᄒᆞ야敎育을만實行ᄒᆞ면富强權이自至ᄒᆞ리

▲學問界의君子들아政府大臣何如ᄒᆞᆫ지利害間에顧忌말고蘇秦刺股본을밧아萬里長江흐르가듯不息自强研究ᄒᆞ면富强權이自至ᄒᆞ리

▲農業界의君子들아政府大臣何如ᄒᆞᆫ지利害間에顧忌말고鐵石갓흔心腸으로귀먹은즁마키드시不分晝夜耕作ᄒᆞ면富强權이自至ᄒᆞ리

▲工業界의君子들아政府大臣何如ᄒᆞᆫ지利害間에顧忌말고무즘억을불ᄭᅳ쥐고運動소리霹靂ᄀᆞᆺ치百般器械製出ᄒᆞ면富强權이自至ᄒᆞ리

▲商業界에君子들아政府大臣何如ᄒᆞᆫ지利害間에顧忌말고兩眼睛을부릅ᄯᅳ고物品時勢살펴가며구름피듯發展되면富强權이自至ᄒᆞ리

▲財政界의君子들아政府大臣何如ᄒᆞᆫ지利害間에顧忌말고各君子의더資本을泰山下의泉源ᄀᆞᆺ치間斷업시더여주면富强權이自至ᄒᆞ리

▲社會界의君子들아政府大臣何如ᄒᆞᆫ지利害間에顧忌말고各君子의더腦髓를百萬軍中擊鼓ᄒᆞ듯勝力ᄃᆞ로鼓動ᄒᆞ면富强權이自至ᄒᆞ리

▲家庭間의婦人들아政府大臣何如ᄒᆞᆫ지利害間에顧忌말고衣不解帶졸나ᄆᆡ여君子들의뒤를거어斷業整理ᄒᆞᆯ량이면富强權이自至로다

▲文明極에到達ᄒᆞ거던두루두루뭉처내여壹大團體成立ᄒᆞ면招之不來民權이오麾之不去民權이니么麼政府彼輩들이焉敢生心犯ᄒᆞᆯ손가

健胃消食

定價金拾錢

을預防케ᄒᆞ고健胃淸消ᄒᆞ이 諸般滯症을瀉下ᄒᆞ며卒倒ᄒᆞᆫ疾患 淸消와 癨亂과 咳喘과 ᄯᅩ 胃腹脹 痰을能治能止ᄒᆞᄂᆞᆫ藥이오

製造本舖　漢城[illegible]慈惠大藥房

製약監査人　藥學士 李觀化

雜報

●農會設立　趙희淵金鎔濟兩氏가發起하야韓國農業을改良ᄒᆞ고生民을保護ᄒᆞᆯ目的으로東部桂洞里에韓興農會를設立ᄒᆞ얏ᄂᆞᆫ대會員이數千餘名에達ᄒᆞ고其趣旨ᄂᆞᆫ左와如ᄒᆞ니

壹　合衆力而維持農業家ᄒᆞᆫ事

二　改良農業ᄒᆞ야裕足農產物ᄒᆞᆫ事

三　勸奬敎育ᄒᆞ야養成靑年ᄒᆞᆫ事

四　設貯金法ᄒᆞ야助其農粮ᄒᆞᆫ事

五　死亡相助ᄒᆞ야敎睦隣誼ᄒᆞᆫ事이라더라

●民團開會　昨日下午三時에貞陵民團에서敎化門外普光學校內에區長委員選擧를ᄒᆞ고評議委員諸氏를推薦ᄒᆞ얏다더라

●韓會開會　大韓協會에서本月七日土曜下午壹時에中部塔洞事務所內에서特別總會를開ᄒᆞ고會務를處理ᄒᆞᆫ다더라

●西北例會　西北學會에서月例通常會를本月七日(土曜)下午二時半에寺洞臨時會館內에開ᄒᆞ고新舊事件을處理ᄒᆞᆫ다더라

●觸車重傷　去三日에龍山南大門驛中間에서韓人壹名과機關車에觸ᄒᆞ야左右兩足에重傷을被ᄒᆞ얏ᄂᆞᆫ데大韓醫院으로舁去治療ᄒᆞᆫ다더라

廣告

本人의牛案姓名章을本月壹日에路中에서失ᄒᆞ얏기更히姓名章을彫刻施行ᄒᆞ니셔失ᄒᆞᆫ牛案章은無效로認ᄒᆞᆷ

仁川府主事　崔鍾夏　告白

特別廣告

●特別廣告●

本社에셔名帖印刷를更加擴張ᄒᆞ기爲ᄒᆞ야各樣紙品을壹切準備ᄒᆞ고極廉價로僉君子에所請대로隨應ᄒᆞ옵ᄂᆞᆫ중婦人과學徒의게ᄂᆞᆫ特別除減ᄒᆞᆯ터이오니照亮　來臨ᄒᆞ심을敬要

大韓每日申報社

◉東洋拓殖會社株式應募勸諭公告

我韓國內의原野를開拓ᄒᆞ고農業을改良ᄒᆞ야民產을繁殖케ᄒᆞᆷ은寔壹大利源이라謂ᄒᆞᆯ지니所以로此의利源을開발ᄒᆞ기爲ᄒᆞ야韓日兩國政府로셔東洋拓殖株式會社法을制定ᄒᆞᆷ에依ᄒᆞ야現에東洋拓殖株式會社가業已設立인바同會社의株式을應募ᄒᆞᆯ期間이不過來拾日에迫近ᄒᆞᆫ지라惟我官民壹般의有志有力ᄒᆞᆫ僉員은此迫近ᄒᆞᆫ期會를勿失ᄒᆞ고我國토地의富源을開發ᄒᆞᆯ目的으로全力應募ᄒᆞᆷ을勸諭ᄒᆞ며且同會社의趣旨及同法律定欵과各其株式의應募ᄒᆞᆯ方法을說明ᄒᆞ기爲ᄒᆞ야來七日土曜下午壹時에左記處所로演說會를開ᄒᆞᆯ터이니官民間有志有資力僉員은壹齊出席ᄒᆞ시와互相勸諭ᄒᆞ심을務望ᄒᆞᆷ

隆熙二年拾壹月六日

漢城府尹　張憲植

左記

壹　處所ᄂᆞᆫ西大門外獨立館內로定ᄒᆞᆷ

壹　壹般民衆의傍聽을許ᄒᆞᆷ

前主事朴勝玉氏以宿患隕今月十壹日戌時別世

知舊間照亮

從弟　朴勝薰　訃告

○本人이銅峴博學書館을他人同業이옵다가今에書館을各設ᄒᆞ고各種書籍을大發賣ᄒᆞ오니知舊及購覽僉彦은照亮務望

文明書館

京城南部銅峴四巨里[二層屋]

玄檍　告白

本郡郡主事權丙秀氏가赴任以後에事々公平은壹郡人民之共頌也而且爲署理時에戶籍價四錢之中에特捐月俸中四拾餘圓ᄒᆞ야每戶下壹錢式出給ᄒᆞ고其他弊막則必問於面里長ᄒᆞ야務盡和諧ᄒᆞ야壹郡이成頌이라ᄒᆞ니氏의公心을爲ᄒᆞ야玆에仰布ᄒᆞᆷ

竹郡李基榮　告白

本學會月例總會를來七日(陰拾月拾四日)土曜下午貳時에本事務所에開ᄒᆞ오니僉會員은屆期光降ᄒᆞ심을務望

輔仁學會

本館은處所의便利케爲ᄒᆞ야南部武橋前翠香館으로移接ᄒᆞ얏ᄉᆞ오니僉君子ᄂᆞᆫ照亮來臨ᄒᆞ심을務望

高等　漢陽旅館　告白

●黃海消鳳山郡日新學校義捐金廣告

左開

郡守申佐均　五圓　李台健　各[illegible]圓

梁範석　金秉선　張舂학

金桂鳳　崔秉斯　崔秉澂

金興律　各九圓　鄭昌種

金致龜　金淳貞

리純信　리溶根　리鍾健

各三圓　金致福　吳寬석

朴昌實　崔楽峯　張景賢

김志瑞　郭健鎬　朴宜謙

김嵩默　鄭俊植　各二圓

黃淳教　壹圓五拾錢

홍鉁範　金昌文　韓準東

金龍瑞　趙桂彦　朴鍾榮

金秉𤀹　梁濟成　田昌俊

高允昌　李圭鎭　崔致坤

洪俊汝　金仲日　李義培

各壹圓

鳳山郡日新學校　告白

西小門內美國人空地에柴草場을依舊設立하앗스니柴草賣買ᄒᆞ실　僉君子ᄂᆞᆫ來臨하시오

李圭哲　告白

◎學員大募集廣告

各技術家의不顧優劣ᄒᆞ고速圖勝作이ᄒᆞᆫ缺欠이라精覈鍊熟ᄒᆞᆷ을爲ᄒᆞ야本所에講習所를特設ᄒᆞ고隨技敎授ᄒᆞ오니有志同業僉彦은陰拾月初九日爲始ᄒᆞ야講習員과志願은何時던지依願敎授이되隨其學力ᄒᆞ야講習期限을限ᄒᆞᆷ

初等員도壹齊募集ᄒᆞ되六個月速成으로定ᄒᆞᆷ

各課程의個個히實習만ᄒᆞ시기願으로依ᄒᆞᆷ

但位置ᄂᆞᆫ中部壽洞六拾三統九戶貳層洋屋

課程

測量學、地形學、幾何學、三角法、測量實習、製圖實習

算術

各項設計及製類

開學ᄒᆞ기ᄂᆞᆫ陰拾月拾六日上午九時로定ᄒᆞᆷ

但細則은本所에來議ᄒᆞᆷ

大韓測量組合所

講習所　白

◎特別廣告

二回測量科를壹箇月速成으로敎授ᄒᆞ오니志願人來議ᄒᆞ시옵

試驗日字ᄂᆞᆫ陰拾月一拾一日

新門外小平洞六拾七統二戶

普彰事務所　告白

染織을大擴張ᄒᆞ고支店을新設ᄒᆞ엿ᄉᆞᆸ

各項衣衾織造放賣

男女學生衣服衣織造

理化學應用染色及改染最新染粉直輸入放賣其他各種染色及織造

宗廟越邊　中谷染織工所　告白

支店鐘路魚物廛ᄭᅩ房

南部曲橋十一統七戶

辯護士　崔鎭

[illegible]

土地測量術

度支部測量課　編纂

全壹冊正價금　弁製六拾錢　洋裝九拾錢

近日測量術書類에三四種이刊行되엿스나不完全의缺點이不無ᄒᆞᆫ바今에本書ᄂᆞᆫ細密ᄒᆞᆫ測量으로圖画를測量ᄒᆞ지詳密히編纂ᄒᆞ얏스며各種實地測量及製圖의圖本을挿入ᄒᆞ야壹般斯學界의無二ᄒᆞᆫ寶典이오且紙質의堅美ᄒᆞᆷ과製冊의華麗ᄒᆞᆷ이測量術書中에覇王이라稱ᄒᆞᆯ만ᄒᆞᆷ

〔發兌元〕

皇城中部罷朝橋越　中央書館　朱翰榮

仝　鍾路　大東書市　金基鉉

仝　南部大廣橋　滙東書館　高裕相

仝　南部內倉洞　博文書館　盧益亨

仝　남대문外紫岩　新舊書林　池松旭

趙聲九氏　撰述

地方行政論

全壹冊　定價金三拾錢

本書ᄂᆞᆫ地方自治行政에關ᄒᆞᆫ壹般의原則과外國의現行制度를參互撰集ᄒᆞ야簡明히論述ᄒᆞᆫ者ㅣ라現히地方官의位에在ᄒᆞᆫ者의行政上參考될ᄲᅮᆫ勿論이오全國人士ᄂᆞᆫ각其團躰生活의本旨를瞭解ᄒᆞ야將來自治制度組織의基礎를成ᄒᆞᆫ者ㅣ니有志僉彦ᄂᆞᆫ速々購覽ᄒᆞ시옵

發行元　皇성中部罷朝橋越邊　中央書館

발售處　京城及地方　各書肆

壯陽復元丹

壹週分壹圓

二週分壹圓八十錢

四週分三圓四十錢

八週分六圓四拾錢

此藥ᄋᆞᆫ專治腦髓肺弱○房色傷○心腎虛弱○陽萎不起○遺精多夢○神經衰弱○房事時早漏不快○病後虛弱○健忘不眠○貧血諸症○先天不足○飮食不下○腰背痛○等症ᄒᆞ나니試將此丸ᄒᆞ야照法服之면不過幾日ᄋᆡ效立ᄒᆞ고妙效ᄒᆞ야魂飛肉躍ᄒᆞ고精神微勇ᄒᆞ고頓覺愉快ᄒᆞ나니其症이輕者ᄂᆞᆫ服壹貳週면挽回元陽ᄒᆞ고其症이稍重者ᄂᆞᆫ可服　四週ᄒᆞ고遠年痼疾도其症이頗重者ᄂᆞᆫ連服七八週면必能全치無疑니若夫無病之人도試用此劑則補血而益氣ᄒᆞ고强筋而壯骨ᄒᆞ나니用之八週而未見其效則請將價錢如數還呈이요不敢虛誕自欺라此丸이又無論男女老幼ᄒᆞ고均用有效ᄒᆞ나니眞世間無比之妙劑也라　僉位ᄂᆞᆫ何不早圖壹試오

發行所　皇城중로大廣橋십九統七戶　共愛堂약房

特約代理店　京城水標　濟生堂약房

漢城鍾路慈惠大藥房

大韓東西藥業月報社製藥

咽喉 齒痛 降火水 五日分 金壹圜 金二十錢

消暢 告味 甘酸水

男女 氣血 補益丸 二圜五十錢

萬應潤腸丸 一十錢

淋疾 根藥 五十錢

痢疾靈散 十錢

清肝藥水 十五錢

養兒寶散

寸虫拔根藥 三十錢

純金鷄納丸

蛔虫瀉虫丸 二十錢

定汗臭藥

腎感冒丸 十錢

太腫瘡膏

消痰鎭咳藥 三十錢

漢城百應膏

陳傷 閉滯 消積丸 五十錢

癲氣 神效 保嬰散

腎藥膚草 打丸

丹脫膏 百毒膏

大韓國 十三道 各郡藥 總發行所는

京城 南大門內 濟生堂大藥房

陸軍軍醫金守鉉君實驗方劑
陸軍軍醫張基茂君有効證明
四海衛生之諸君子常備之靈藥

淸化新藥 清心保命丹

仁川港杻峴 發行所 濟生堂藥房

九十粒入 金拾錢

（主治效能）

담飮●咳嗽●胃痛腹痛
氣鬱●食傷●中暑中寒
食積●吐瀉●水土不服
酒醉●口臭●船車眩暈
其他邪氣厲疫를預防
ᄒᆞᄂᆞᆫ奇效가有ᄒᆞᆷ

蛔積殺蟲散

右藥은蛔虫을一切拔根ᄒᆞᄂᆞᆫ妙약 （금십錢）

起死回生 回生丹

此낫은急ᄒᆞᆫ吐瀉와霍亂과腹痛이며담咳의神效ᄒᆞᆷ （금拾錢）

●其他內外新製에 ○補血藥○補陰補陽藥○不足症藥○婦人冷病藥○瘡病藥○寸虫拔根藥○듸눈藥○眼藥各種○皮膚藥○大小腫氣膏藥各種○感氣藥○淋疾藥○滯症藥○其外여러가지藥은이로긔독지못ᄒᆞᆷ

洋藥類化장品類

●十三道各郡藥商ᄒᆞ시ᄂᆞᆫ 僉位의게ᄂᆞᆫ藥價를特別割引ᄒᆞ야極廉ᄒᆞ게大販賣ᄒᆞ오니陸續注文ᄒᆞ심을要望

◉遠地에ᄂᆞᆫ小包郵便으로信送ᄒᆞᆷ

○仁川港杻峴　濟生堂大藥房本舖
○開城南門內　濟生堂開城支店
○平壤大貫洞　濟生堂平壤出張所
○宣川邑內　濟生堂平北總支店
○元山港銘石院　濟生堂元山支店
○釜山港草梁　濟生堂釜山出張所
○沙里院場　濟生堂沙里院出張所
○馬山港東城　濟生堂馬山支店
○鎭南浦後浦　濟生堂鎭南浦出張所

大韓帝國 仁川杻峴 內外各方 名處 總發行所和平堂大藥房

此丹이於諸瘡에無論男女老少ᄒᆞ고若服壹劑ᄒᆞ면實有神效ᄒᆞ야百발百中ᄒᆞ오니非例方可及也라若論主治則楊梅ㅏ疳瘡風濕與諸瘡에俱見立效ᄒᆞ오니諸病僉君子ᄂᆞᆫ壹次試驗伏望

婦人 靈藥 胎産調經丸

부인명약 태산조경환 壹月分壹劑 金五圜

婦人이孕胎ᄒᆞ지못ᄒᆞᆷ은冷病積病과月經不調로因ᄒᆞᆷ이니此약을服ᄒᆞ시면婦人腹中諸病을一切退去ᄒᆞ야自然孕胎ᄒᆞᄂᆞᆫ약

補陰補陽 滋陽丸 자양환

定價金
三拾日分 金五圜
二拾日分 金三圜四拾錢
拾日分 金壹圜八拾錢

此약은○房事不容○腎虛腰痛○病後氣喘○腎氣不足○陽痿不起○陰虛火動○房事後惱困○手足厥冷○形容蒼白○遺精多夢○右諸症에適宜服用ᄒᆞ시면特效가有ᄒᆞ외다

八寶丹 九拾粒入 金拾錢

主治効能
○胃痛惡心○頑痰固飮
○飮思欠乏○中暑中寒
○積滯○急빨痲格
○溜飮○傷○痛眩暈
○泄瀉下痢○霍亂吐瀉
○水土不服○船車醉

此外에도東西各國靈藥을俱備ᄒᆞ엿ᄉᆞ오니各地方에셔도隨用請求ᄒᆞ시면郵便으로보닐터이오 各處藥業ᄒᆞ시ᄂᆞᆫ僉位에게ᄂᆞᆫ特別割引放賣ᄒᆞ오니陸續注文ᄒᆞ심을務望

發行人 李應善
發行所 京城鍾路和平堂支店

●水原北部普施洞약局　和平堂支店　李樂儀
●龍川楊市楊陽市病院　和平堂出張所　出慶龍
●鎭南浦藥局약舖　和平堂出張所　元섭
●平壤館前약舖　和平堂出張所　金鼎興

仁川杻峴 京城鍾路 和平堂 告白

南門外西署盤石坊萬里峴登에二統七戶地에土地測量製圖事務所를設ᄒᆞ고諸般測量을請求ᄒᆞ시ᄂᆞᆫ會員의게精密周密ᄒᆞ올터이오니僉彦은迅速來議ᄒᆞᆷ

同一測量製圖事務所
總務 金澄植
幹事 金益培
　　 尹賢模
事務 李逸雨

◎大韓地志教科書

國漢文全壹冊　定價二拾五錢

本書ᄂᆞᆫ高等小學校教科用으로編輯ᄒᆞᆫ것이니全壹冊六拾九課每課壹百六拾字以下로定ᄒᆞ야課讀에取便케ᄒᆞᆷ

發行兼發賣元
平壤鍾橋大同書觀
京城桂洞玄公廉

社告

○申報價
壹張代金 新貨二錢五厘
壹個月前納 三十錢
參個月 九拾錢
陸個月 壹圜七十錢
壹個年 三圜四十錢
郵稅壹朔 新貨五厘
壹當朔 十二錢

○廣告料
四号活字拾二字詰
每行壹寸(以下)에 新貨廿五錢
二週日 壹寸에 二圜五拾錢
壹箇月 壹寸에 五圜
(自壹行至四行이爲壹寸)
其期限의長短과字行의多少를依ᄒᆞ야增減ᄒᆞᆷ이有ᄒᆞᆷ

Responsible for Publication Alfred Weekley Marnham.

發行兼編輯人 英國人 萬咸
發行所 南署石井洞號外 第三層洋屋 大韓每日申報社

漢城鍾路 慈惠醫院診

醫學校卒業後濟衆院卒業
濟衆院의서實地六年習ᄒᆞᆫ

壹卅鍾路慈惠醫院에서大英國製視力檢査機械金와銀번眼鏡을購入ᄒᆞ고男女視力을檢査ᄒᆞ와適合ᄒᆞᆫ대로眼鏡을放賣ᄒᆞ오니視力이不足ᄒᆞ신僉位ᄂᆞᆫ來臨ᄒᆞ샤視力을檢查ᄒᆞ시ᄋᆞ

第六卷

大韓每日申報

第九百四拾八號

月曜及慶節歲時休日休刊

檀君開國四千二百四十一年
箕子元年三千三十年
大韓開國五百十七年
日本明治四十一年
清國光緖三十四年
陰曆戊申十月十四日丙寅

論說

◉文法을宜統一

漢文은漢文々法이有하며英文은英文々法이有하고其他俄法德伊等文이莫不其文法이自有하니目今世界現行하는文에엇지無法의文이豈有하리오마는然이나今韓國의國漢字交用文은尙且其法이無하도다

韓國이自來로自國々文이非無언마는此는齊閣置하야女子及勞働界에만行用되고上等社會에는漢文만尊尙하야讀習하는바도此에在하며著作하는바도此로以하더니

猝然時代의思潮가壹變하야彼信屈聱牙한漢文으로는國民知識을均啓함이難함을大覺하며又自國々文을無視하고他國文만尊尙함이不可함을不悟하고於是乎國文을純用코자하나但累百年慣習을던漢文을壹朝에全棄함이時義와時勢에均是不合한지라所以로國漢字交用의議가起하야十餘年來新聞雜志에此道를遵用함이已久하나

然이나其文法을觀하건대或漢文々法에國文吐만加하는者도有하며(壹)或國문々勢로下하다가突然히漢문々法을用하고或漢文々勢로下하다가突然히國文々法을用하는者도有하야(二)

譬컨대「學而時習之不亦悅乎」의壹句를譯함에或曰「學而時習之면不亦悅乎아」하니此는壹에屬한者오或曰「學하야此를時習하면不亦悅乎아」하니此는二에屬한者라

同壹한事實。同壹한句語를五人이敍述함에五人이不同하며拾人이敍述함에拾人이不同하야文法의離奇함이名狀키難하니

礙라此가비록細事인듯하나其實은著者가此를由하야其心이荒하며讀者가此를由하야其腦가眩하고抑彼青年學文者는錄을操하매所從의途를莫知하리니其害가豈小하리오

故로今日에문法統壹이即亦壹大急務라此를統壹하여야학生의精神을鼓壹하며國民의知識을普啓할지어날

乃若如此不規則無條理의문으로敎科를編하야國人子弟를敎授하며書籍을著하야有志同胞에供覽하니是가奚可하며是가奚可리오故로記者는此「문法統壹」四字를擧하야各學校의문學科를設하는諸君子에게深祝하는바로다

然이나此가奚獨學校에祝할비리오卽吾韓報館記者도共勉할비라하노라

●告示

▲隆熙▲二年拾月二拾七日 官報

農商工部告示第拾三號 續

商法(明治三拾二年法律第四拾八號)

第百四拾八條 株券에는左開事項及號數를記載하야取締役이此에署名함을要함

壹 會社의商號

二 第百四拾壹條第壹項의規定을從하야本店의所在地에서登記한年月日

三 資本의總額

四 壹株의金額

壹時에株金의全額을拂納케하지아니한境遇에는拂納時마다其金額을株券에記載함을要함

第百四拾九條 株式은定款에別定이無한時에會社의承諾업시此를他人에게讓渡함을得함但第百四拾壹條第壹項의規定을從하야本店의所在地에서登記하기까지는此를讓渡하거나又는其讓渡의豫約을함을不得함

第百五十條 記名株式의讓渡는讓受人의姓名。住所를株主名簿에記載하고且其姓名을株券에記載치아니하면此로써會社其他第三者에게對抗함을不得함

第百五拾壹條 會社는自己의株式을取得하거나又는質權의目的으로此를受함을不得함

株式은資本減少의規定을從함이아니면此를消却함을不得함但定款의定한바를從하야株主의게配當할利益으로써함은此限에不在함

第百五拾二條 株金의拂納은二週日前에此를各株主에게催告함을要함

株主가期日에拂納을아니한時는會社는다시壹定한期間內에其拂納을하라는旨意와及其期間內에此를아니한時는株主된權利를失하는旨意를其株主에게通知함을得함但其期間은二週日以下됨을不得함

第百五拾三條 會社가前條에定한節次를履行하야도株主가拂納을아니한時는其權利를失함

前項의境遇에는會社는株式의各讓渡人을對하야二週日以下되지아니한期間內에拂納하라는旨로催告發함을要함此境遇에는滯納金額을最先에拂納한讓渡人이株式을取得함

讓渡人이拂納을아니한時는會社는株式을競賣함을要함此境遇에는競매를因하야得한金額이滯納金額에未滿한時는從前의株主로하야금其不足額을辨濟케함을得함若從前의株主가二週日內에此를辨濟치아니한時는會社는讓渡人에對하야其辨濟를請求함을得함

前三項의規定은會社가損害賠償及定款으로써定한違約金의請求함을妨害치아니함

(未完)

外報

●香港의排日 香港에서清國人의排日的暴動에關하야日本外務省에서香港官廳에對하야交涉中인데該暴動은容易히鎭定치못할模樣이라더라

●廣東의極力排日 東京電을據한則廣東에서는清國某人의運動으로以하야日貨를排斥하고日本의海產物을販賣하는清商數人의耳를剿截하고倉庫를破壞하얏다더라

●大統領의選擧 同電을據한則美國大統領選擧에對하야타平로氏가當選하리라는報가有하다더라

●香港의大風說 香港에在한日本副領事의報告를依한즉清國人數百名이群集하야清國海產物商의倉庫를毁破하고大道에在한日本人商店을掠奪함이極甚하얏고廣東으로부터清人五百名이來到하야協力攻擊한다하얏더라

雜報

●月川進明 黃海道信川郡月川面堂村吳寅燮氏가壙內有志諸氏를糾集하야義捐金을募集하야進明學校를設立하고학徒六十名을募集하야晝夜로敎育하며李益圭元永杓趙益俊吉문衡裵乃은李圭植리益盛諸氏五六名이勸學會를設立하고每月第二土曜日노通常會를開하고敎育上進就할方針을研究한다더라

文壇

▲讀史新論 (續) 壹片丹生

第六章 新羅百濟와日本의關係

新羅가勃興하던時代부터卽東海外에壹悍族이出現하니曰日本이是라日本이海中孤島에孤立하야巨浸이天塹을作한故로他國이彼國에侵入한事도無하며彼國이他國을去侵한事가無하나惟我國과는地勢가稍近한故로古代부터相交通相侵伐한事가頗有하더니其最甚한時代는羅濟時代라

然이나百제는日本의與國이오新羅는日本의讐國이라故로古代史를閱하건대新羅에는幾乎壹歲壹度의倭寇가有하얏고百濟에는彼와通信이續々하얏스니此가何故이뇨

日古代日本은亦各族이分立하야雖雄을未決한時인대其中海濱한部落이海를涉하야我邦과通하되百제를仰하자是는幾々大國이라敢히野心을抱할餘地가無하고新羅를窺하자是는海東最弱國이라於是乎其鋒을頻試함이로다

然則新羅는旣入한後에도常々來犯함은何故이뇨曰此時에는日本도亦已諸部落을統合하야壹大國을成한故니라日本이大國을旣成한後에도百제를來侵함이無함은何故오曰日本의瑣踊毛髮이皆百濟에서出한故라文字도百濟에서輸入하며美術도百濟에서輸入하얏슬뿐더러又其人種이多是百제人으로組織된비라故로其百濟와日本은其黨이無한비라하노라

卽百濟는日本의婚媾相通하고武寧主以後에諸博士의頻遣이皆其證이라

是故로古壬辰에婆睡臘이日本에拘在한時에彼土民이百濟遺種이라自言한者ㅣ多하얏스니彼가엇지空然히其譜系를誣하얏스리오(未完)

▲特別廣告

本銀行所에서는僉君子의當座預金에對하야特別히信密保管함으로爲主하옵는바利子는如左함

▲無定期當座金은年步三厘六拾五錢

▲六朔定期預금은年步五厘五拾錢

▲三朔定期預금은年步五厘

▲壹年定期預금은年步六厘

▲營業時間은(自上午九時至下午五時)

鍾路韓美電氣會社二層

實業家時報 銀行告白

雜報

●渡韓延期內容 伊藤統監의渡韓延期됨은已爲揭載ᄒᆞ얏거니와詳聞ᄒᆞᆫ즉本月拾五日頃에日本皇帝를陪從ᄒᆞ야觀艦式을畢ᄒᆞᆫ後仍爲渡韓ᄒᆞᆯ預定이라더라

●權後尹隨 忠北觀察使權鳳洙씨가遞任次로本日에發程ᄒᆞᆫ다ᄂᆞᆫ데淸州郡守尹泰興氏를帶同發往ᄒᆞᆫ다더라

●徵執亦計 大垣丈夫가前報와如히日本에往ᄒᆞ러가釜山等地에셔韓警察官의게被執上京ᄒᆞ얏더니再昨日의更히발程ᄒᆞ얏다더라

●俞氏運動 俞吉濬等諸氏가發起ᄒᆞ야庵肆會社를組織ᄒᆞ고拾三道各郡屠獸場主人의게稅금을徵收次로現今運動中이라더라

●砲響合探 去水曜日下午九時半에東小門外等地에셔砲響이宏壯ᄒᆞ얏ᄂᆞᆫ데其根因을現今內部警務局에셔調査ᄒᆞᄂᆞᆫ中이라더라

●李尹相持 勞働會에셔全北觀察道에支會를設始ᄒᆞ고牌長을差送ᄒᆞ얏더니觀察使李斗璜氏가自已所親으로牌長을差定ᄒᆞ고該會의셔差送ᄒᆞᆫ牌장은除汰ᄒᆞᆫ故로該會長尹始炳氏와觀察使李斗璜氏가現今相持中이라더라

●不智不衞 平康郡主事金智植氏가該郡木田面栗洞居ᄒᆞᄂᆞᆫ自衞團副長李漢奎氏와民間에何等作弊가有ᄒᆞ얏던지該道에서該량氏를京城地方裁判所로押上ᄒᆞ야監獄署에多日滯囚中이라더라

●納則宜放 南陽郡新里面居ᄒᆞᄂᆞᆫ朴裕鎭氏가去丙午年頃에該面長으로視務ᄒᆞᆯ時에結錢壹百二拾八圜을欠逋ᄒᆞᆫ지라今年八月頃에水原郡財務監督局에서該事實을査得ᄒᆞ고朴시를該郡裁判所로捉囚ᄒᆞ얏다가京城地方裁判所로仍爲押上ᄒᆞᆫ故로朴시의父朴觀厚시가陰今月初에該錢額을依數徵納ᄒᆞ얏스되何等曆節이又有ᄒᆞᆫ지終不放送ᄒᆞᄂᆞᆫ지라朴觀厚시가日前에上京ᄒᆞ야漢城財務監督局에呼訴ᄒᆞ얏다더라

●果則便利 典동營門內에場市를設立ᄒᆞ야各路商況도興旺케ᄒᆞ며漢城內商民의來往을便利케ᄒᆞᆫ다더라

●可殺可殺 孝昌園前參奉員리景善姜承翼等이該園位土를潛賣分與ᄒᆞᆫ情跡이發覺되야該漢等이警察署에被捉ᄒᆞᆫ事ᄂᆞᆫ各報에已揭ᄒᆞ얏거니와宮內府에셔其事實을調査ᄒᆞᆫ즉리錢량換이히位로十三日耕을何許日人에계暗賣ᄒᆞ야ᄒᆞᆫ園奉事尹悉榮시가금貨壹百六拾圜을乾沒ᄒᆞ고其餘額金은壹般員役等이互相分與ᄒᆞ얏다더라

●其中有雜 각地方場市의牛隻賣買ᄒᆞᄂᆞᆫ稅錢을收納ᄒᆞ기爲ᄒᆞ야請願書가農商工部의답至ᄒᆞᆫ다더라

●是何挾雜 巨濟郡各洞에서ᄂᆞᆫ養山을摘奸ᄒᆞᆫ다ᄒᆞᄂᆞᆫ故로人心이騷擾ᄒᆞ야養山々主가其樹木을自先斫伐ᄒᆞᄂᆞᆫ데面長이發言ᄒᆞ기를樹木壹箇라도斫伐ᄒᆞ면笞三箇오懲役三年이라ᄒᆞ며此가何等挾雜으로出ᄒᆞᆫ인지ᄒᆞ야民情이嗷々ᄒᆞ고日本人들이今方入居ᄒᆞ야各山上에標木을揷ᄒᆞ얏다더라

●李婦含寃 安州郡居李召史가前輔國閔泳徽氏의게田토見奪ᄒᆞᆫ事로互相携貳ᄒᆞᆫ은累報어니와李召史가地方裁判所에起訴ᄒᆞ얏더니該閔氏가原來勢力家로有何運動인지裁判所에셔裁判日字를延拖ᄒᆞ기로만主張ᄒᆞᆫ다더라

●作人無理 西部阿峴居김興黍氏가始興郡梁田里에所在田庄을三百四拾元의決價ᄒᆞ고永登浦居高하瑞處의放賣ᄒᆞ얏더니該作人等이壹百元의渠等에게放賣ᄒᆞ지아니ᄒᆞ얏다고成羣作黨ᄒᆞ고김氏家에來到ᄒᆞ야詬辱이無雙ᄒᆞ거ᄂᆞᆯ該동人某々가大責作人日壹百圜금으로三百四拾圜田庄을勤賣하라ᄒᆞᄂᆞᆫ것은事理의不當ᄒᆞᆷ을쥰노曉諭ᄒᆞᆫ즉該作人等이無聊退去ᄒᆞ얏다더라

●砲殺良民 近日에義兵數ᄉ名이天安南面寶山院에서留宿ᄒᆞ고退去ᄒᆞᆫ後에日兵들이義兵을追去ᄒᆞ던路에該洞에入去ᄒᆞᆫ則該洞民二人이驚走ᄒᆞ거ᄂᆞᆯ日兵이該二人을即時銃殺ᄒᆞ얏다더라

●積城의風雲 陰今月八日夜에義兵數百名이積城郡에入來ᄒᆞ야該郡警察署와守備隊를沒數衝火ᄒᆞ고駐在ᄒᆞ던日兵幾名을砲殺하얏다ᄂᆞᆫ傳說이有ᄒᆞ더라

●劫奸未遂 拾月拾壹日에京畿廣州郡無名山傘橫谷新基洞에日兵들이過去ᄒᆞᆯ時에韓人通辭가柳氏家에入ᄒᆞ야爲先其家內의天主教物品을破毁ᄒᆞ고婦人을執ᄒᆞ야劫奸코져ᄒᆞᄂᆞᆫ지라該婦人이厲聲詰責ᄒᆞ미該通辭가無聊退去ᄒᆞ얏다더라

●通譯行悖 廣州新門面金某ᄂᆞᆫ山中에서農業으로生涯하더니該郡守備隊通譯金千일이가陰曆八月貳拾五日에金氏에게來言ᄒᆞ기를義兵을見ᄒᆞ얏나냐ᄒᆞ며銃을出給ᄒᆞ라ᄒᆞ며我도義兵이다ᄒᆞ니金氏思量에前日에義兵이라稱ᄒᆞ고劫掠ᄒᆞ던類가義兵의後를隨ᄒᆞ야劫盜코져ᄒᆞᆷ이라ᄒᆞ고하야答曰銃도無ᄒᆞ고義兵도未見ᄒᆞ얏다ᄒᆞᆫ즉該通辭가毆打ᄒᆞ며捉去ᄒᆞ니該洞人이連四日을追去ᄒᆞ면서無罪ᄒᆞᆫ人을放還ᄒᆞ라ᄒᆞᆫ즉該通辭가脅迫ᄒᆞ야曰金錢을出ᄒᆞ면放釋ᄒᆞ리라ᄒᆞᄂᆞᆫ지라金氏가錢五兩을給ᄒᆞ기로約定ᄒᆞ고歸來ᄒᆞ얏다더라

●是何狂漢 陰城茂乾面居ᄒᆞᄂᆞᆫ李章會가洞民鄭宗賢崔明元文汝洪等八人을威脅ᄒᆞ야日萬登不來ᄒᆞ면當殺ᄒᆞ리라ᄒᆞᄂᆞᆫ故로不得已李家에往ᄒᆞ얏더니李章會가發言日每名白米壹石式出ᄒᆞ라ᄒᆞᄂᆞᆫ지라該八人이不應ᄒᆞᆫ즉其後부터李哥가該八人을盡殺ᄒᆞᆫ다고揚言ᄒᆞ야數三朔을過ᄒᆞ더니去八月頃에觀察使에게請囑ᄒᆞ야兩班의本色을現出ᄒᆞ여야되겟다ᄒᆞ고忠州로去ᄒᆞ얏다더라

●有罪難逃 北部小安동居ᄒᆞᄂᆞᆫ李觀鎬시의逢賊ᄒᆞᆫ事ᄂᆞᆫ前已屢揭어니와中部東谷居ᄒᆞᆫ宋在煥爲名者가物取하야橫行각處ᄒᆞ며暗自放賣ᄒᆞ다가情跡이現露되야中部警察署에셔該漢의夫婦를壹切押囚ᄒᆞ고現行嚴訊ᄒᆞᄂᆞᆫ中이라더라

●三犯宣告 再昨日에京城地方裁判所에서義兵將柳문在시ᄂᆞᆫ流九年으로强盜犯尹聖天은懲役三年으로詐欺取財犯沈寅섭은懲役壹年에宣告하얏다더라

●果有不公乎 日前徽文義塾測量科의卒業式을擧行ᄒᆞᄂᆞᆫ데崔湜시가最優等으로被選ᄒᆞ얏더니及其修榜ᄒᆞᆯ時의崔시가還爲居後ᄒᆞᆫ지라遣斷의有何不公이던지최시가희修榜人외不公ᄒᆞᆫ世一場論駁ᄒᆞ고期欲裁判ᄒᆞ깃다고聲言ᄒᆞ얏다더라

●淸人强盜 去四日夜拾貳時頃의平安北道義州郡威遠面開家동朴某家의淸國人强盜貳拾餘名이闖入ᄒᆞ야日本人壹名과韓人壹名을重傷케ᄒᆞ고多數物品을掠奪逃走ᄒᆞ얏다더라

●議會開會 本月八日日曜下午壹時에畿湖학會에셔通常會를開ᄒᆞ고高明ᄒᆞᆫ紳士를請邀ᄒᆞ야演說ᄒᆞᆫ다더라

●救世開會 西大門外平洞救世軍本營에셔來日曜日에正領許嘉斗氏가救援會를開ᄒᆞᆫ다더라

●靑會討論 今日下午七時三拾分에靑年會館에셔討論會를開ᄒᆞ고人之居生은鄕村이勝於城市란問題로討論ᄒᆞᆫ다더라

●廣學演說 今日下午二時에廣學俱樂部에셔定期總會를磚洞普成中學校內에開ᄒᆞ고紳士崔炳憲石鎭衡等諸氏를請邀ᄒᆞ야演說ᄒᆞᄂᆞᆫ데傍聽을許ᄒᆞᆫ다더라

●鳳鳴日新 平安南道江西郡沙津面德鳳里有志紳士韓宅揆韓相鵬宋煥奎金遠夏金宗植諸시가學界熱誠으로靑年을教育ᄒᆞ기爲ᄒᆞ야鳩財設校ᄒᆞ야名曰日新이라ᄒᆞ고教師韓麟紀朴明善韓相鳳韓弼洙四시가熱心教授ᄒᆞᄂᆞᆫ데학徒가七拾名에達ᄒᆞ얏다더라

●元明文明 忠淸南道公州敬天耶蘇教堂內元明學校가設立된지壹週年에經費가甚窘ᄒᆞ야特別會를開ᄒᆞ고維持方針을協議ᄒᆞᄂᆞᆫ데李容周申鉉九金秉濟金商을宋秦哲白南浩梁桂成禹命奎朴成鎭徐仁學李永五金容濟鄭時丞李春明諸시의各自義捐ᄒᆞᆫ金額總數가壹百二拾八圜七拾錢에達ᄒᆞ야永遠維持ᄒᆞ기로決定ᄒᆞ얏다더라

◉感荷義捐

忠淸南道公州郡居金秉濟氏가本社의經費를補助ᄒᆞ기爲ᄒᆞ야金貨壹圜을寄附ᄒᆞ얏기玆에感意를表ᄒᆞ노라

▲地方消息▼

▲大邱管內에ᄂᆞᆫ醴泉奉化郡各地方에少數의義兵이出沒不絶ᄒᆞᆫ다하고

▲晋州管內에ᄂᆞᆫ河東安義各處方에少數의義兵이出沒ᄒᆞ며智異山이根據地라ᄂᆞᆫ데該義兵等이去九月二拾二日二拾三日頃에該山中碧溪庵에서木造의大砲를擬製ᄒᆞ야牛皮로써包ᄒᆞ야試驗을始ᄒᆞᄂᆞᆫ데其構造가完全치못ᄒᆞᆷ으로砲體가破裂되얏다하고

▲去月二拾八日靈巖郡西方에셔義兵十餘名이日憲兵及補助員과交戰ᄒᆞ얏다ᄒᆞ고

▲去月拾貳日全羅北道求禮郡福內場附近에셔義兵拾餘名이該郡日守備隊와交戰ᄒᆞ얏다ᄒᆞ고

▲去月二十日定山郡西方約二里地에서義兵五拾餘名이該郡憲兵分遣所憲兵과交戰ᄒᆞ얏다ᄒᆞ고

▲去月拾六日慶尙南道丹城郡東方約三里地에셔義兵十五名이同郡駐在日憲兵과衝突ᄒᆞ얏다더라

▲大行捕縛▼

▲耕彼南山穛粟터니粟不見ᄒᆞ고랑莠로다國家安寧ᄒᆞ자ᄒᆞ면小人부터鋤治ᄒᆞ네今日情形볼작시면無數奸賊縱橫이라鐵工場을設施ᄒᆞ고萬丈鐵索을아내여多少罪人捕縛ᄒᆞ세

▲平壤觀察在任時에壹道로皮剝奪ᄒᆞ고豐慶宮에建築費를九拾萬圜携帶ᄒᆞ고避身海外장마저서비ᄉᆞᆷ으로細音닥가頑拒皇勅不納ᄒᆞ니民國之賊네아니나閔泳喆을捕縛ᄒᆞ고

▲東萊府尹갈닌後에衣食之憂또잇ᄂᆞᆫ가되지못ᄒᆞᆫ버러지가장板房에모로긴다身票發賣ᄒᆞ던凶計ᄂᆞᆫ越南에도업ᄂᆞᆫ法을爾獨提倡獻議ᄒᆞ니民國之賊네아니나金勢獻을捕縛ᄒᆞ고

▲統栶轅門놉히안저三南百姓쥭이더니壹朝勢去ᄒᆞᆫ後에ᄂᆞᆫ집구석에蟄伏하야禽獸又흔行爲로서花朝月夕묘흔때에弄瓦之慘太過ᄒᆞ니家國之賊네아니나閔炯植을捕縛ᄒᆞ고

▲前日富貴自足커던何等不足또잇서々測量組合設施ᄒᆞ고所長위지긔膨인지百種弊習層生일세壹時刻이밧븐測量期欲還延ᄒᆞ라ᄒᆞ니民國之賊네아니나李根澔을捕縛ᄒᆞ고

▲國家興亡不關하고劬勞之恩알비업시萬里海外繁華處에제壹身만間養하니지於跸下ᄒᆞᄂᆞᆫ날에列聖朝와乃祖先을何顔對見하라ᄂᆞᆫ지家國之賊네아니나閔泳瓚을捕縛ᄒᆞ고

▲外國語를略解ᄒᆞ여鷹犬之役더功勞로官不移身호강ᄒᆞᆫ다到處貪虐姑舍ᄒᆞ고教育싸지撲滅ᄒᆞ니國家敗亡ᄒᆞ고보면有何快於心膓인지民國之賊네아니나朴重陽을捕縛ᄒᆞ고

▲弟曾魁首閔泳綺ᄂᆞᆫ通商新約締結時에僥幸得免ᄒᆞ엿거니와이번에야免ᄒᆞᆯ손가多少罪人압장세워弱水三千너른바다足不離地모러다가此漢彼漢ᄒᆞᆯ것업시풍덩々々너허보세

[illegible]調査人 박淞惠二李觀化

健胃消食 [illegible]

定價金拾錢

용預防케하고健胃消滯ᄒᆞ야諸般滯積을消下ᄒᆞ며卒痛吐瀉泄瀉와赤痢白痢와 … [illegible]

製造本舖 漢城鍾路濟惠大약房

◉特別社告

阿峴龍山麻浦等地의本報分傳ᄒᆞ던老人尹聖日은永爲除汰ᄒᆞ고金振聲으로代差ᄒᆞ얏ᄉᆞ오니該地本報購覽ᄒᆞ시ᄂᆞᆫ僉君子ᄂᆞᆫ照亮後代金을前分傳人의게ᄂᆞᆫ切勿出給ᄒᆞ시고新差人의게一々出給ᄒᆞ시며當地외雖一日이라도本報가配達되지안커던卽時本社로通寄하옵

大韓每日申報社

廣告

◉東洋拓殖株式會社應募勸論演說會處所及日時變更公告

東洋拓殖株式會社의株式募集의應募를勸論하기爲ᄒᆞ야本日下午壹時의勸論演說會를獨立館으로開設ᄒᆞᄂᆞᆫ旨로昨六日各新聞上의已爲公告이오나日時가促急홈으로諸般準備가有所未完ᄒᆞᆷ와來能旅大ᄒᆞ옵고左記와如히變更홈

隆熙二年拾壹月七日

漢城府尹　張憲植

左　記

壹　處所　鍾路商業會議所內로定홈

二　日時　明八日（日曜）下午正二時로定홈

三　入場　各資力家의게送達ᄒᆞᆫ請邀狀을携帶ᄒᆞᆫ人員의게만限홈

四　應募　以外의도壹般官民間募株의應코저ᄒᆞᄂᆞᆫ人員은去月廿壹日乃至二十三日官報의公告ᄒᆞᆫ各銀行으로急速申案홈

陰本月拾二日下午六時에三歲男兒를일엇ᄉᆞᆸᄂᆞᆫᄃᆡ衣票ᄂᆞᆫ紅唐木赤古里박이겹바지입고紅白唐鞋신은兒히오니或보시ᄂᆞᆫ君子ᄂᆞᆫ黃土峴支所로指導ᄒᆞ시면厚謝ᄒᆞ오리다

迷兒父魏元植　告白

◉金海郡私立溪明學校發起人與捐助金廣告

▲발起維持諸氏姓名如左

俞致允　孫基百　金武祥　崔明吉　李君善·　孫基百　裵炳昌

▲熱心敎師兩氏姓名如左

▲義捐諸氏姓名金額이如左

辛良俊　葉錢壹百兩　孫基白　七十五兩　李君善　五拾兩　朴永淑　三拾五량　吳在瑾　二拾五兩　金聖壹　二十五兩　李正根　二拾兩　박春執　二十兩　白明弼　二拾兩　朴益三　拾五兩　張君若　十五량　姜贊瑞　十兩　김德龍　십량　金영奎　五兩　李學瑞　五兩　俞致允　七十五兩　김武祥　七拾五兩　朴龍璨　五十兩　辛尙彦　三十九兩　白順弼　二拾五兩　崔明吉　二十兩　孫友형　二十兩　鄭萬九　二十兩　張基善　拾五兩　柳致善　拾五兩　李元瑞　십량　廉順五　십량　鄭仁範　吳致佑　鄭士允　各五량

合三十壹人금合이八百四十량

溪明學校　告白

本月八日（日曜）下午壹時에通常總會를本會館에서開ᄒᆞ오니僉會員은來臨ᄒᆞ시옵

演說辯士시名

我다ᄒᆞᄂᆞᆫ觀念　石鎭衡

畿湖興학會　告白

◉黃海道김川郡助浦私立普昌학校大運動會補助시名及금額

리종洪拾二圜　리時魯壹圜　愼宗奎八圜　김東弼二圜　禹浩然五圜　具翼謨二圜　愼台晟四圜　崔炳奎二圜　박元達二圜　리聖賢壹圜　張雲京三圜　池鼎鎬壹圜　朴元培三圜　成仁奐壹圜　姜尙權三圜　羅春華壹圜　리斗欽三圜　池寅鏞壹圜　池永俊二圜　李春栢壹圜　愼炳斗四圜　문性天壹圜　趙鍾和三圜　김基元壹圜　李德魯貳圜　김善壹壹圜　김然昌貳圜　리漢根壹圜　白龍成貳圜　김錫永壹圜

礪石浦洞中貳圜　김龍淵壹圜

愼炳翼貳圜　劉錫春壹圜　리應魯貳圜　成爽錫壹圜　朴應寬貳圜　리明俊壹圜　崔雲成貳圜　韓斗석壹圜　印澤權貳圜　姜淵鳳壹圜　梁운源二圜　김元日壹圜　김鳳海二圜　朴根春壹圜　尹敬善二圜　리汝佐壹圜　白錫圭二圜　김東燦壹圜　林弼柏　洋紙五十張　김容益壹圜　리與植　卷烟壹甫　姜贊卿　五拾錢　柳海運　鉛筆三十柄　空冊拾券　漢承宇　鉛筆六十柄　空冊二十券　양紙五十張　崔鎭喆　鉛筆壹百柄

普昌學校　告白

本人의所在瓦家八間版刻문券을昨年八月分失火時에被燒故로更爲請願于漢城府ᄒᆞᆷ次로玆以廣告홈

西部積善坊月宮後洞第三統八戶　朴泰進　白

本人은遐鄕千里外에居ᄒᆞ야識見도無ᄒᆞ고門閥도업ᄂᆞᆫ寠窮農夫라晝以耕ᄒᆞ며夜以息ᄒᆞᄂᆞᆫ蟄蟄物로如干田토를가지고居生ᄒᆞᄋᆞᆸ더니本人에子魯彦이가不肖無雙ᄒᆞ야去年分의花樓酒肆에出入ᄒᆞ야錢穀千兩을浪用故로去年陰十二月에蕩子所負錢壹壹還給ᄒᆞ옵고至於今年ᄒᆞ야ᄂᆞᆫ此蕩子의게壹分錢壹枚貨를不償ᄒᆞ여달나고本報第六卷七百三拾三號內에外國人間共知케廣告이옵고本中報第六卷八百拾四號內에內外僉君子께ᄂᆞᆫ간절히告ᄒᆞ이옵더니本동동長姜得又은年少挾雜之人으로蕩子魯彦을教動ᄒᆞ야花樓酒ᄉᆞ에出入ᄒᆞᆷ뿐不啻라本面ᄉᆞ長崔時興은壹邑의權利도多ᄒᆞ고亦財本ᄒᆞ라洞長姜得文이가崔時興과協議ᄒᆞ고錢千兩을同代債給於蕩子ᄒᆞ야日夜花樓에서浪用하온後에面長崔時興이가本皮ᄒᆞᆫ申報廣告니인本人게ᄂᆞᆫ推錢之策이無ᄒᆞᆷ고도時面長時동長權利를恃ᄒᆞ고蕩子를威脅ᄒᆞ야萬餘兩價値되ᄂᆞᆫ田畓을八千兩에定價하고本文記업시買ᄒᆞ얏다ᄒᆞ오나面長崔也와洞長姜也와蕩子魯彦파비가마ᄌᆞ壹心挾雜ᄒᆞ오니此八千兩도受與不受를姑未的知오니此ᄂᆞᆫ無他라本人을蟄蟄物이라압시ᄒᆞ고田地를ᄲᅢ앗ᄂᆞᆫ貌樣이오니此習이漸長이오면州內面殘弱村氓은賴生ᄒᆞᆯ수가업ᄉᆞᆸ기府郡에裁判도請願ᄒᆞ오러니와爲先壹般僉君子에게몬知케告白ᄒᆞ오나照亮ᄒᆞ심을敬要

義州州內面弘南洞　邊仲訥　告白

諸博士僉勉濟名字를以瑀濟로改正ᄒᆞ오니知舊間照亮홈

金瑀濟　白告

本會에서來八日（日曜）下午壹時에通常會를本事務所內에開ᄒᆞ오니僉會員은屆期枉臨ᄒᆞ심을望홈

經濟研究會　告白

本人의世傳庄土로中安州蔣哥동所在田沓廿五日七息耕과離川坪里上端所在拾五日耕과南造所在廿四日壹息耕台六日四日八息耕을輔國閔泳徽의게見奪ᄒᆞ온바ᄂᆞᆫ京鄕同胞의所共知어니와現今京城地方裁判所에告訴ᄒᆞ야將行裁判이온ᄃᆡ今聞閔이欲爲圖得証明書於地方官廳云云이온則該土所在地面洞長이必無證明之理이오되人心이不古에以若閔之勢力으로或得證明ᄒᆞᆯ지라도神聖ᄒᆞᆫ裁判所의判決이有ᄒᆞ기前에ᄂᆞᆫ無効ᄒᆞᆫ僞證明이오니內外國僉君子ᄂᆞᆫ照亮ᄒᆞ시옵소서

安州南松面龍庄里居　김회鼎의未亡人　李召史　告白

本人의半篆姓名章을本月壹日路中에서失ᄒᆞ얏기更히姓名章을彫刻施行ᄒᆞ니셔失ᄒᆞᆫ半篆章은無效로認홈

仁川府主事　崔益夏　告白

前主事朴勝玉氏以宿患陰今月十壹日戌時別世

知舊間照亮

從弟　朴勝蕙　訃告

西小門內美國人空地에榮草場을依舊設立하왓ᄉᆞ니榮草買ᄒᆞ실　僉君子ᄂᆞᆫ來臨하시오

李圭哲　告白

南部曲橋十一統七戶

辯護士　崔鎭

京城南部苧洞六十四統貳戶

東洋大學講師　日本法律學士

辯護士　木尾虎之助

染織을大擴張ᄒᆞ고支店을新設ᄒᆞ엿솝

各項衣服織造放賣　男女學生衣服次織造　理化學應用染色及改染　最新染粉直輸入放賣　其他各種染色及織造

宗廟越邊　中谷染織工所　告白

支店鍾路魚物廛七房

本俱樂部에서今日下午二時에磚洞普成中학校內에定期總會를開ᄒᆞ고紳士崔炳憲鄭喬石鎭衡三氏를請邀ᄒᆞ야演說ᄒᆞ오니僉會員及壹般有志人이多數來參ᄒᆞ시기를望홈

廣學俱樂部　告白

◎學員大募集廣告

各技術家가不願低劣ᄒᆞ고速圖營作이有欠公私리精壹鍊熟홈을爲ᄒᆞ야本所에講習所를特設ᄒᆞ고隨技敎授ᄒᆞ오니有志同業僉彦은陰拾月初九日爲始ᄒᆞ야請願書를提呈홈

講習員에志願者何許던지依願敎授이되隨其學力ᄒᆞ야講習期限을定홈

初等員도壹體募集ᄒᆞ되六個月速成으로定홈

各課程에個個히實習만ᄒᆞ시기願ᄒᆞ는依홈

但位置ᄂᆞᆫ中部棗洞六拾三統九戶貳層洋屋

課程

測量學　地形學　幾何學　幾何畫法　測量實習　製圖實習

築術

各項設計及其類

聚學日字ᄂᆞᆫ陰拾月拾六日上午九時로定홈

但細則은本所에來議홈

大韓測量組合所講習所　白

本館處ᄂᆞᆫ所에便利케爲ᄒᆞ야南部武橋前翠香館으로移接ᄒᆞ얏ᄉᆞ오니僉君子ᄂᆞᆫ照亮來臨ᄒᆞ심을務望

高等　漢陽旅館　告白

本店內外國直輸入各種燈爐諸般所入與燈爐各木及石炭均爲入燒拾分利便木匠工程色造樓房及房案內所用火爐이椅床材木器具玻璃磚瓦鐵器皆有大發賣諸君購覽　僉彦照亮務望

大漢門下車橋前　榮興號

◎特別廣告

二回測量科壹箇月速成으로敎授ᄒᆞ오니志願人來議ᄒᆞ시옴

試驗日字ᄂᆞᆫ陰拾月二拾二日

新門外小平洞六拾七統二戶

普彰事務所　告白

社告

○申報價
壹號代金 新貨二錢五厘
壹個月前納 三十錢
參個月 九拾錢
陸個月 壹圜七十錢
壹個年 三圜四十錢
郵稅는 壹個年 新貨五圜 十三錢

○廣告料
四號活字拾二字詰
每日壹寸(英尺)에 新貨廿五錢
二個月 二圜五拾錢
壹個年 五圜
(自壹行至四行이爲壹寸)
其期限의 長短과 字行의 多寡를 依ᄒᆞ야 增減홈이 有홈

Responsible for Publication Alfred Weekley Marnham
發行兼編輯人 英國人 萬咸
發行所
南署 苧洞 外 三層洋屋
大韓每日申報社

第六卷

大韓每日申報

第九百四拾九號

月曜及慶節 歲時日休刊

檀君開國四千二百四十一年
孔子元年三千三十年
大韓開國五百十七年
日本明治四十一年
淸國光緖三十四年
陰曆戊申十月大十五日丁卯

論說

演劇界之李人稙

韓國에近百年來로春香歌沈靑歌[illegible]歌等의淫蕩的황怪的演劇뿐이라 今日에至ᄒᆞ야李人稙氏가出ᄒᆞ야改良을自擔ᄒᆞ얏도다 今日에至ᄒᆞ야李人稙氏가目을瞋ᄒᆞ고改良을自期ᄒᆞ얏도다 嗚乎라演劇의改良은吾輩도曾往의絕叫ᄒᆞ던바라此를改良ᄒᆞ여야國民의純粹ᄒᆞᆫ德性을陶鑄ᄒᆞᆯ지며此를改良ᄒᆞ여야國民의高尙ᄒᆞᆫ感情을鼓吹ᄒᆞᆯ지라是以로壹般有心人이莫不曰演劇改良々々々々ᄒᆞ던次에李人稙氏가圓覺社를設ᄒᆞ고演劇을改良ᄒᆞᆫ다ᄒᆞ기에耳를傾ᄒᆞ여曰

今日演劇에ᄂᆞᆫ東國先民의愚溫達乙支文德을仰瞻ᄒᆞᆯ새ᄒᆞ더니嗟乎異哉라依舊是ㅣ梅의罵女聲뿐이며

明日演劇에ᄂᆞᆫ泰西近代의華盛頓拿破倫을快覩ᄒᆞᆯ새ᄒᆞ더니嗟乎怪哉라依舊是놀보의妬弟語만爛熳ᄒᆞ며

然則又明日에나忠臣義婦或快男烈俠의歷史를壹聞ᄒᆞᆯ새新世界冒險的人物을壹見ᄒᆞᆯ새ᄒᆞ더니嗚乎라依舊是春香歌뿐沈靑歌뿐華容道뿐이로다

嗚乎라李人稙氏여君의口를依ᄒᆞ면改良이已久ᄒᆞ나來人의眼으로看ᄒᆞ면改良이都無ᄒᆞ니嗚乎라李人稙氏여

盖氏의心腸은路人이皆知ᄒᆞᆯ비라氏가已往에日本留學ᄒᆞ던時에[illegible]히小說에留意ᄒᆞ야遽然히韓國의第壹等小說家로自命ᄒᆞᄂᆞᆫ者이니彼가萬壹社會及國家에對ᄒᆞ야壹半分의益이라도思想이有ᄒᆞᆯ진ᄃᆡ羅賓孫漂流記와如ᄒᆞᆫ奇文을譯ᄒᆞ야國民의冒險心을鼓발ᄒᆞᆷ도可ᄒᆞ며若安得烈救國傳과如ᄒᆞᆫ壹小史를著ᄒᆞ야國民의愛國性을鑄造ᄒᆞᆷ도可ᄒᆞ거날今也에不然ᄒᆞ야彼도不爲ᄒᆞ며此도不爲ᄒᆞ고只是牟利的起見으로爲妾辨護의「鬼의聲」과如ᄒᆞᆫ小說을著ᄒᆞ야社會上의道德만破壞ᄒᆞ며讀者諸君의媚倒ᄒᆞ고冊價만百圜으로其下箸費만充ᄒᆞ얏도다

吾輩가此壹節을推ᄒᆞ야李人稙氏의肺臟을洞見ᄒᆞᆫ바니彼가演劇改良의名을借ᄒᆞ야此等孽叢을造出ᄒᆞᆷ을又何足怪며又何足怪리오만은今也에又豈可驚ᄒᆞᆯ事ᄂᆞᆫ即該氏가演劇觀察次로日本에渡往ᄒᆞ얏다ᄒᆞ니噫라其魔術이愈長ᄒᆞ야益々히其奇怪황誕淫蕩的의演劇으로國民의心志를蕩ᄒᆞ면其害가豈小ᄒᆞᆯ가

嗚乎라氏여作孽이已深ᄒᆞ거날又何樣禍坑을造ᄒᆞ야同胞에게流毒코자ᄒᆞᄂᆞᆫ지

書籍을著作ᄒᆞ던지演劇을設行ᄒᆞ던지斯民의利됨과害됨을不問ᄒᆞ고但只紙幣百千圜만自家手中에入ᄒᆞ면此를爲ᄒᆞ야歌ᄒᆞ며此를爲ᄒᆞ야舞ᄒᆞᄂᆞᆫ李人稙氏여

海外에遊覽ᄒᆞ야文明新空氣를吸收ᄒᆞᆫ人의心法이乃此에止ᄒᆞᆫ가噫々타

官報

▲隆熙貳年拾月二拾七日 官報

●告示

農商工部告示第拾[illegible]號 續

商法 (明治三十二年法律第四拾八號)

第百五拾四條 前條에定ᄒᆞᆫ讓渡人의責任은讓渡ᄒᆞᆫ株主名簿에記載ᄒᆞᆫ後一年을經過ᄒᆞᆫ時ᄂᆞᆫ消滅ᄒᆷ

第百五拾五條 前條에定ᄒᆞᆫ讓渡人의責任은讓渡ᄒᆞᆫ株主名簿에記載ᄒᆞᆫ後二年을經過ᄒᆞᆫ時ᄂᆞᆫ消滅ᄒᆷ

第二節 會社의機關

第壹款 株主總會

第百五拾六條 總會를招集ᄒᆞᄂᆞᆫ時ᄂᆞᆫ會日로부터二週日前에各株主에對ᄒᆞ야其通知를發ᄒᆷ을要ᄒᆷ

前項의通知에ᄂᆞᆫ總會의目的及總會에셔決議ᄒᆞᆯ事項을記載ᄒᆷ을要ᄒᆷ

會社가無記名式의株券을發行ᄒᆞᆫ境遇에ᄂᆞᆫ會日로부터三週日前에總會를開ᄒᆞᆫ旨意와及前項에揭ᄒᆞᆫ事項을公告ᄒᆷ을要ᄒᆷ

第百五拾七條 定時總會ᄂᆞᆫ每年壹回一定ᄒᆞᆫ時期에取締役이此를招集ᄒᆷ을要ᄒᆷ

年二回以上利益配當을ᄒᆞᄂᆞᆫ會社에在ᄒᆞ야ᄂᆞᆫ每配當期에總會를招集ᄒᆷ을要ᄒᆷ

第百五拾八條 定時總會ᄂᆞᆫ取締役이提出ᄒᆞᆫ書類及監査役의報告書를調査ᄒᆞ며且利益又ᄂᆞᆫ邊利의配當을決議ᄒᆷ

前項에揭ᄒᆞᆫ書類의當否를調査ᄒᆞ게ᄒᆞ기爲ᄒᆞ야總會ᄂᆞᆫ特히檢査役을選任ᄒᆷ을得ᄒᆷ

第百五拾九條 臨時總會ᄂᆞᆫ必要가有ᄒᆞᆫ時마다取締役이此를招集ᄒᆷ (未完)

外報

●間島問題에贊同 大連電報를據ᄒᆞᆫ則徐總督이間島問題에對ᄒᆞ야幇辦邊防大臣吳祿貞의意見을贊同ᄒᆞ야同地ᄂᆞᆫ韓露兩國防衛上의要地인故로如何ᄒᆞ던지日本政府에셔淸國領土로承認케ᄒᆞ고鑛山問題等에就ᄒᆞ야ᄂᆞᆫ讓步ᄒᆞ이不可ᄒᆞ다고申請ᄒᆞ얏다더라

●露兵의撤兵通告 北京電을據ᄒᆞᆫ則露國은北淸과天津에駐屯ᄒᆞᆫ兵百餘名에哥薩克兵百兵을留置ᄒᆞ고來二十七日에全部撤兵ᄒᆞᆯ意를淸政府에通告ᄒᆞ얏다더라

雜報

●畿湖義捐續聞 畿湖學會維持方針을某々諸氏가十個年間月附義捐ᄒᆞᆫ諸氏의氏名及金額은前報에已揭ᄒᆞ얏거니와續聞을據ᄒᆞᆫ則李根培氏ᄂᆞᆫ壹千二百圜을每朔貳十圜式으로金命洙氏ᄂᆞᆫ九百圜을每朔拾五圜式으로權重顯氏ᄂᆞᆫ六百圜을每朔十圜式으로吳壬根氏ᄂᆞᆫ六百圜을每朔拾圜式으로李載克氏ᄂᆞᆫ三百圜을每朔五圜式으로寄附ᄒᆞ얏다더라

●昭義必昭 昭義門外昭義學校ᄂᆞᆫ區內有志諸氏가熱心刱立ᄒᆞ야學生이百餘名에達ᄒᆞᆷ은已報어니와去月月終試驗에優等生과及第生이三拾餘名에達ᄒᆞ얏ᄂᆞᆫᄃᆡ副校長金景銓氏와校監池松旭氏와學監張志暎諸氏가各其書籍空冊及鉛筆等으로施賞ᄒᆞ얏고本月壹日에運動會를[illegible]圈內에設ᄒᆞ고壹般學生이勸奬ᄒᆞ기로大談ᄒᆞ얏다더라

●隨聞更揭 徽文義塾測量科에셔卒業式을擧行ᄒᆞᄂᆞᆫᄃᆡ修榜人의不公ᄒᆷ이有ᄒᆞ던지該學員當混시가修榜人의不公을論駁ᄒᆞ고期欲裁判이라ᄒᆞ기에隨聞揭載ᄒᆞ얏더니更히後報를聞ᄒᆞᆫ즉該測量科가徽塾에ᄂᆞᆫ關係도無ᄒᆞ고[illegible]數學院의所管이오修榜人의不公ᄒᆷ도無ᄒᆞ다더라

文壇

▲讀史新論 (續) 片丹生

第六章

是以로新羅太宗大王이百濟를圖코ᄌᆞᄒᆞ매爲先輕兵을驅ᄒᆞ고大阪에直入ᄒᆞ야其巢穴을覆ᄒᆞ고城下盟을結ᄒᆞᆫ後에南方(即百濟)에從事ᄒᆞᆫ것시니嗚乎라英雄의所見이宜乎此에及ᄒᆞᆯ진저

古史에依ᄒᆞ야研究ᄒᆞᆫᄃᆡ當時新羅百濟와日本의關係가如是ᄒᆞᆯ而已어ᄂᆞᆯ近日에至ᄒᆞ야何其異說이百出ᄒᆞᄂᆞᆫ지今에其畧을擧ᄒᆞ야此에辨解ᄒᆞ노라

(壹)日本女皇卑彌呼(即彼史所謂神功皇后)가新羅를侵犯ᄒᆞᆫ事ᄂᆞᆫ我史에不載ᄒᆞᆫ뿐더러即彼史로觀ᄒᆞ야도其「大魚挾舟、潮溢及國」等語가亦壹種荒誕에不過ᄒᆞ거ᄂᆞᆯ近來編史者가神功皇后來犯壹節을汲々收入ᄒᆞ며

(二)其尤可笑者ᄂᆞᆫ末斯欣의日本에入質ᄒᆞᆷ은即實聖王이兄弟間의宿憾을抱ᄒᆞ야此를異國에逐送ᄒᆞᆷ이어ᄂᆞᆯ今에卑彌呼의侵과新羅의屈服을强證코ᄌᆞᄒᆞ야曰神功皇后가新羅를侵ᄒᆞ며羅王이其弟末斯欣을日本에遣質ᄒᆞ얏다ᄒᆞ얏스며

(三)古代에ᄂᆞᆫ日本이我國壹寸土를占據ᄒᆞᆫ事가無ᄒᆞ거날日日本이大伽耶를滅ᄒᆞ고任那府를置ᄒᆞ얏다ᄒᆞ야日本이此國土를占據ᄒᆞᆷ을歷史上常例와如히說ᄒᆞ얏도다

噫라其妄說의大畧이如右ᄒᆞ고其外細々錯誤ᄂᆞᆫ枚擧키難ᄒᆞ도다

或者此等語를敎科書에編入ᄒᆞ니其靑年의腦를迷亂ᄒᆷ이曷極이有ᄒᆞ리오我國의中世頃에歷史家가支那를崇拜ᄒᆞ야[illegible]支那 自尊自傲의特性[illegible]貶外ᄒᆞᆫ史蹟을我史에[illegible]ᄒᆞ며壹般卑劣ᄒᆞᆫ史를編ᄒᆞᆫ故로民氣를墮落케ᄒᆞ야幾百年國恥를釀ᄒᆞ더니近日歷史家ᄂᆞᆫ日本을崇拜ᄒᆞᄂᆞᆫ奴性이又甚ᄒᆞ야我神聖ᄒᆞᆫ歷史를誣蔑ᄒᆞ니嗚乎此國이將且何地에稅駕ᄒᆞᆯᄂᆞᆫ지諸公々々이여歷史를編ᄒᆞᄂᆞᆫ諸公이여諸公이此를聞ᄒᆞ면必曰日人이雖妄이나엇지無記에揑造ᄒᆞ리오此必實事가有ᄒᆞᆫ것인즉不可不我史에收入ᄒᆞ리라ᄒᆞ야彼를妄信ᄒᆞ며我를自欺ᄒᆷ이로다 (未完)

雜報

●東宮의御下命 日本에 御留ᄒᆞ시ᄂᆞᆫ 皇太子殿下ᄭᅦ옵서 金侍從武官에게 御命을 下ᄒᆞ시되陸軍大演習을參觀ᄒᆞ고詳細히復 奏ᄒᆞ라ᄒᆞ옵셧다더라

●內閣通牒 內閣에서中樞院에通牒ᄒᆞ되現今에考閱ᄒᆞᆯ事가有ᄒᆞ니貴院職員의數爻와俸給의月額을詳細調査ᄒᆞ야至急繕交ᄒᆞ라ᄒᆞ얏다더라

●狩獵法制定 農商工部와統監府에서狩獵法을制定發布ᄒᆞᆫ다ᄂᆞᆫ데現今同法을文案ᄒᆞᄂᆞᆫ中이라더라

●分署巡察預定 明日에警視總監若林賚藏이가漢城內各警察署를壹體巡視ᄒᆞ기로預定ᄒᆞ얏다더라

◎濠洲人의言論

濠洲人뉴ㅣ지ㅣ란드、敎授마구메리안、부라운氏가日本에漫遊ᄒᆞ다가日本의對韓政策을論하야曰日本이現時韓國에對ᄒᆞ야殖民政策을實行ᄒᆞᆷ이實로急激ᄒᆞᆷ으로世界에疑点을招ᄒᆞᆷ은盖此殖民政策의過急ᄒᆞᆷ이라ᄒᆞ얏다더라

●北靑斷髮 咸南北靑의傳說을據ᄒᆞᆫ즉該道北三郡이騷擾가激起ᄒᆞᆷ으로各郡守가斷髮訓令을姑爲停止ᄒᆞ얏더니[illegible]崔建熾氏ᄂᆞᆫ境內의斷髮訓令을[illegible]不ᄒᆞ고面장을招集ᄒᆞ야[illegible]斷髮을ᄒᆞ얏다더라

●義將放哭 京城地方裁判所에서義兵將柳文在氏를流三年에宣告ᄒᆞᆫ事ᄂᆞᆫ已報어니와裁判ᄒᆞᆯ時에柳氏의供辭를漏聞ᄒᆞᆫ즉我亦化育中의物也라値此艱虞時代ᄒᆞ야如蟻微忠을不堪ᄒᆞ고義兵을倡募ᄒᆞ야倭兵을消滅ᄒᆞ고民國을安保코져ᄒᆞ얏더니今日此境우果是想外뿐더러其於時運不遭에奈何오ᄒᆞ고放聲大哭ᄒᆞ얏다더라

●社號甚疑 進興會社장李圭恒氏가該會社를廢止ᄒᆞ고山林會社를組織ᄒᆞ얏ᄂᆞᆫ데會장은李載完氏로副會장은李夏榮氏로推薦하얏다더라

●强制非義 前參領李敏和氏가原州郡關東學會支會를設始ᄒᆞ고境內人民의게義捐金을請求ᄒᆞ되强制力으로勒討ᄒᆞᄂᆞᆫ故로怨聲이載路ᄒᆞ야該會에呼冤次로上京ᄒᆞᆫ人이多ᄒᆞ다더라

●炭品良好 日本人武田이가統監府의委托을依ᄒᆞ야平壤炭坑을視察ᄒᆞ얏ᄂᆞᆫ데其結果가極히良好ᄒᆞ야將來海軍及鐵道에使用ᄒᆞ기便利ᄒᆞ깃다ᄒᆞ얏다더라

●李腹將折 測量組合所에서各事務員의게票壹張을繕給ᄒᆞ고拾錢式領收ᄒᆞᆫ다ᄂᆞᆫ說은已報어니와又成證書壹度式各支所長의게分給ᄒᆞ고每枚壹圓式收納ᄒᆞᆫ다ᄂᆞᆫ데京鄕各測量所事務員이該組合에답至ᄒᆞ야票와證書를爭買ᄒᆞᆫ다더라

●呂氏被訴 北署紫霞동居ᄒᆞᄂᆞᆫ前宮內府甲圭시가昨年五月頃에東署蓮洞居ᄒᆞᄂᆞᆫ呂南植시에게二千五百兩을貸債ᄒᆞ얏더니至今不報ᄒᆞᆫ故로呂시가控訴院에呈訴ᄒᆞ야現行裁判中이라더라

●聞者亦憤 閔忠正家田庄이利川郡에在ᄒᆞ야秋收가二百餘石假量인ᄃᆡ該家에서收賭次로鄭都事某氏와下人을下送ᄒᆞ얏더니該郡大院宋駿峻氏의子某이奉憲氏가稱以自家秋收ᄒᆞ고日憲兵을派送하야閔忠正家下人을押去拘留하얏다가其翌日에放送ᄒᆞ얏고鄭氏가宋氏와壹場詰難ᄒᆞ다가不得已被逐上來ᄒᆞ얏다더라

●知父不知祖 水原郡居羅聖圭시ᄂᆞᆫ家勢가饒富ᄒᆞᆫ터인ᄃᆡ月前에其親喪을遭ᄒᆞ고入葬無處ᄒᆞᆫ故로自已再從羅某ᄂᆞᆫ羅門宗孫이라該人을千萬誘說ᄒᆞ야其先山에在ᄒᆞᆫ壹壤地를壹百五十圓에買得後其先代墳墓를他處로掘移ᄒᆞ고入葬ᄒᆞᆯ計劃으로乘夜掘塚이다가該支孫等에게發見되야互相詰難ᄒᆞ더니該支孫等이上京ᄒᆞ야控訴院에呼訴ᄒᆞ얏다더라

●民怨漲天 淸道郡山동에서ᄂᆞᆫ義兵과火賊이熾盛ᄒᆞ야居民이困瘁ᄒᆞ더니日本守備隊가出駐ᄒᆞᆫ後로ᄂᆞᆫ其弊가尤甚ᄒᆞ야結稅公納外에雜費收斂이甚多ᄒᆞ야結卜類草謄書價니戶口調査下記니田답調査下記니각面圖形價니守備隊屢次演說時下記니守備隊物品出給時不足條니屢次面會下記니檢督差使例니ᄒᆞᄂᆞᆫ等無數ᄒᆞᆫ無名雜費를討索ᄒᆞ고兼且已往에 勅令으로革罷ᄒᆞᆫ雜稅를徵收ᄒᆞᆷ으로民怨이漲大ᄒᆞ다더라

●慘哉是聞 永春郡郡內面柳壽年시의妻李시가年今二十三歲인ᄃᆡ其夫가出他未歸ᄒᆞ얏더니去月廿二日夜半에該郡警察分派所韓春山이가聚徒[illegible]八名ᄒᆞ고突入內庭ᄒᆞ야其姑ᄂᆞᆫ縛打昏倒케ᄒᆞ고李시를縛去ᄒᆞ얏ᄂᆞᆫ데其식從叔柳奎年시가追往詰問則韓哥의所答이李시ᄂᆞᆫ昨夜逃躱라ᄒᆞ고但乳兒만出給ᄒᆞ기로雪冤無路ᄒᆞ야內部와公州地方裁判所에呈訴ᄒᆞ얏더니今月四日에該郡警察署官員이該郡前江邊에出去ᄒᆞ얏다가尸體가江上의漂來ᄒᆞᆫ것을見ᄒᆞ고檢査ᄒᆞᆫ則果然李시의尸身이라其自殺被殺의實證은姑未的然이라ᄒᆞ니李시의慘酷ᄒᆞᆫ것은猶無可言이어니와韓哥의暴行은皆曰可殺이라더라

●巡査被殺 日前全羅北道에서日本巡査七名이義兵의게被殺ᄒᆞ얏ᄂᆞᆫ데該義兵이順天日守備隊下士以下拾名과交戰ᄒᆞ얏다더라

●何不卽殺 陰曆去九月頃에義兵幾名이木川郡東面茅山里居ᄒᆞᄂᆞᆫ周錫永氏家의入來하야壹夜를留宿以去ᄒᆞ얏ᄂᆞᆫ데鎭川郡壹進會장李卿漢이가周氏와情誼가親切ᄒᆞ더니其後에李某가此事를聞知ᄒᆞ고周氏에게投書ᄒᆞ되義兵을何故로留宿ᄒᆞ얏나뇨ᄒᆞ며日兵이此事를知하갓ᄂᆞᆫ즉後慮가非細ᄒᆞ리니錢幾千兩을辦送ᄒᆞ면日兵에게善爲방助ᄒᆞ야無事케ᄒᆞ야쥬마ᄒᆞ얏거ᄂᆞᆯ周氏가不聽ᄒᆞ얏더니幾日後李某가日兵幾名을帶同ᄒᆞ고放銃突入ᄒᆞ야周시의孫女二名과該家에留ᄒᆞᆫ先生리某等俱爲砲殺ᄒᆞ고金貨七拾圓과其他物品을多數奪去ᄒᆞᆫ지라該道[illegible]서리某를捉囚審査ᄒᆞᆫ後에京城控訴院으로押上ᄒᆞ얏[illegible]서現今審査中이라더라

●江華義擾 [illegible]江華郡義擾[illegible]後[illegible]義兵이漸次猖獗[illegible]日人[illegible]揭[illegible]散[illegible]義兵이數[illegible]乘船[illegible]하야該郡義兵과聯合ᄒᆞ얏ᄂᆞᆫ데總數가七千餘名에達ᄒᆞ얏고壹進會員과日憲兵의補助員을逢ᄒᆞ면輒砲殺ᄒᆞᆫ다ᄂᆞᆫ傳說이有ᄒᆞ다더라

●奚至斯境 本月壹日銅峴警察分署巡査金振赫시가行巡ᄒᆞ다가光熙門外豆毛浦街路西側松林中에서五拾歲假量된韓人男子가松枝에縊死ᄒᆞᆫ것을發見ᄒᆞ고埋葬케ᄒᆞ얏다더라

●符ㄴ挾雜 黃海道載寧郡財務署에서去月分에該郡所在明禮宮蘆田의所出을發賣ᄒᆞ더니該郡挾雜輩崔濟安國賢梁達河尹夏榮鄭秀眞과忠南公州居崔奎岳等이日本人益田兵之助를符同하야今月初七日에該郡財務署訓示를得ᄒᆞ야數百年結數가分明ᄒᆞᆫ土地를勒奪코ᄌᆞᄒᆞᄂᆞᆫ지라田主數百名이流離散亡이되깃다고怨聲이載路ᄒᆞ다더라

●酒狂被捉 龍山居日人太田常次郎等數人이再日午後에非常히酩酊하야京城에來遊ᄒᆞ다가太田이가電車賃金事로車掌과喧譁ᄒᆞ다가畢竟警官이來到ᄒᆞᆫ즉太田及其壹行이該巡査를左擲右打ᄒᆞ야巡査의正服을裂破ᄒᆞ고鼻血을出케ᄒᆞᄂᆞᆫ지라他巡査가來到ᄒᆞ야該壹行을捉去ᄒᆞ얏다더라

●强盜宣告 再昨日에京城地方裁判所에서强盜犯金雙奉卓永祚金景雲等은處絞로同具允德金景述等은懲役拾五年에宣告ᄒᆞ얏다더라

●靑年開會 今日下午壹時에靑年同志會에서安洞大東寄宿館에서總會를開하고事務處[illegible]時[illegible]問題[illegible]勤勉於才[illegible]討論ᄒᆞᆫ다더라

◎慶節休刊

明日은 [illegible] 皇帝陛下 誕日인故로慶祝ᄒᆞ기爲ᄒᆞ야壹日休刊홈

▲地方消息▼

▲榮山浦管內에ᄂᆞᆫ長城潭陽靈光羅州綾州靈巖興陽寶城谷城及順天咸平等郡各地方에義兵이出沒不絶ᄒᆞᆫ다ᄒᆞ얏고

▲靈光咸平羅州等郡地方에ᄂᆞᆫ約百名式으로壹隊를組成ᄒᆞᆫ義兵이日憲兵隊와衝突ᄒᆞ얏다ᄒᆞ고

▲潭陽綾州谷城等郡地方에ᄂᆞᆫ義兵約二拾名乃至六拾名으로壹隊를組成ᄒᆞ야出沒不絶ᄒᆞ야日討伐隊와屢次衝突ᄒᆞ얏다ᄒᆞ고

▲靈光寶城等郡地方에ᄂᆞᆫ義兵約八拾名이屢屢出沒ᄒᆞ야日討伐隊와衝突ᄒᆞ얏고又長興順天郡地方에도亦義兵이出沒不絶ᄒᆞᆫ다하고

▲咸興管內에ᄂᆞᆫ目下明川端川長津等郡地方에ᄂᆞᆫ義兵이多數히出沒ᄒᆞ고又永興郡內에ᄂᆞᆫ平安南道에近接ᄒᆞᆫ山中에서義兵이于今ᄭᆞ지屢屢히日討伐隊와交戰ᄒᆞ얏다하고

▲豆滿江對岸에서出沒ᄒᆞ던義兵將李範允氏의率ᄒᆞᆫ義兵은目下海蔘威로進去ᄒᆞ얏다ᄂᆞᆫ風說이有ᄒᆞ다하고

▲鏡城郡內에ᄂᆞᆫ義兵將崔德俊의率ᄒᆞᆫ義兵約四百餘名이出沒ᄒᆞᆫ다ᄒᆞ얏고

▲明川郡地方에ᄂᆞᆫ義兵의出沒數가連續不絶ᄒᆞᄂᆞᆫ데去拾月七日에約四拾名으로壹隊를組成ᄒᆞᆫ義兵이日討伐隊와同郡[illegible]서衝突ᄒᆞ얏다더라

◎衆怨[illegible]

[illegible]霜이皎皎[illegible]徘徊ᄒᆞ며[illegible]桶塵芥더듬ᄂᆞᆫ[illegible]못살줄노言論[illegible]ᄒᆞᆫ제或怨且歎[illegible]不忍聞[illegible]見ᄒᆞᆫ깃기로擧其要而記錄하니當局者들드러보소

▲ᄒᆞᆫ사ᄅᆞᆷ이내다르며衛生貳字怨讐로다糞桶塵芥모러다가洞中에다積置하야들며나며더러운臭에九臟六腑을나오니料生홀수어대잇나日人貪利도ᄒᆞ건마ᄂᆞᆫ韓人이야何罪런가

▲ᄯᅩᄒᆞᆫ사ᄅᆞᆷ내다르며衛生貳字怨讐로다塵芥積置ᄒᆞ더라도樣이나두엇스면百擇稱贊ᄒᆞᆯ지만然中에나燒火ᄒᆞ야吸收ᄒᆞᆫ氣生病ᄒᆞ니日人貪利도ᄒᆞ건마ᄂᆞᆫ韓人이야何罪런가

▲ᄯᅩᄒᆞᆫ사ᄅᆞᆷ내다르며衛生貳字怨讐로다積置ᄒᆞ나도無關이오火라도例事로세萬日萬兩가더집이幾千兩에팔아ᄒᆞ니도難賣ᄒᆞ니都無ᄒᆞ니日人貪利도ᄒᆞ건마ᄂᆞᆫ韓人이야何罪런가

▲ᄯᅩᄒᆞᆫ사ᄅᆞᆷ내다르며衛生二字怨讐로다奉老率幼이내身勢여物낫ᄐᆡ酒食팔아僅僅히生ᄒᆞ더니肥料場이設施後로ᄂᆞᆫ皆撤ᄒᆞ다리나니日人貪利도ᄒᆞ건마ᄂᆞᆫ韓人이야何罪런가

▲ᄯᅩᄒᆞᆫ사ᄅᆞᆷ내다르며衛生二字怨讐로다우리집의女便내ᄂᆞᆫ[illegible]잘못ᄒᆞ엿다고日巡査가달녀드러불통[illegible]여질너受驚[illegible]ᄒᆞᆫ스니日人貪利도ᄒᆞ건마ᄂᆞᆫ韓人이야何罪런가

▲ᄯᅩᄒᆞᆫ사ᄅᆞᆷ내다르며愚痴ᄒᆞ다諸[illegible]여衛生施ᄒᆞᆫ달적에韓人[illegible]알엇던가塵芥더무먹고보ᄂᆞᆫ[illegible]念慮되야作末ᄒᆞ니[illegible]먹은라고燒存性[illegible]빈드니[illegible]衛生이[illegible]이던가

▲ᄯᅩᄒᆞᆫ사ᄅᆞᆷ내다르며吾輩憤懣[illegible]들업슬손가야[illegible]새겁[illegible]久久[illegible]卒業[illegible]

▲ᄯᅩᄒᆞᆫ사ᄅᆞᆷ내다르며격정말게諸公들[illegible]月도라오고拓殖[illegible]本國의農民들이多數渡來ᄒᆞᆫ량이면汝家我家勿論ᄒᆞ고放糞無暇爭取ᄒᆞ리그ᄯᅢ가서衛生ᄒᆞ세

의학博士 서厚 首齡方所
약鑑査人 박慈惠 李觀化

健胃消食 [illegible]

定價金拾錢

을預防케ᄒᆞ고健胃消滯ᄒᆞ야諸般滯積을消下ᄒᆞ며卒地吐嘔泄瀉와赤痢ᄂᆞᆫ胃腹刺痛과경咳와담을能治能止ᄒᆞᄂᆞᆫ顯약이오

製造本舖 漢城銅路燕惠大약房

社告

阿峴龍山麻浦等地의本報分傳ᄒᆞ던老人尹聖日은永爲除汰ᄒᆞ고金振聲으로代差ᄒᆞ얏스와此地本報購覽ᄒᆞ시ᄂᆞᆫ僉君子ᄂᆞᆫ照亮後代금을前分傳人의게ᄂᆞᆫ切勿出給ᄒᆞ시고新差人의게一々出給ᄒᆞ시며當地의雖一日이라도本報가配達되지안커던卽時本社로通寄ᄒᆞ옵

大韓每日申報社

廣告

◀特別廣告▶

本社에서名帖印刷를更加擴張ᄒᆞ기爲ᄒᆞ야各樣紙品을壹切準備ᄒᆞ고極廉價로僉君子에所請대로隨應ᄒᆞ옵ᄂᆞᆫ중婦人과學徒의게ᄂᆞᆫ特別除減홀터이오니照亮來臨ᄒᆞ심을敬要

大韓每日申報社

少年 雜誌

每壹冊 十四전 郵送費幷
每朔壹次 壹日發行
新文館發行

通常總會를今日下午壹時에開ᄒᆞ오니本道人士ᄂᆞᆫ多數來臨ᄒᆞ시옵

湖南學會 告白

○本人이銅峴博學書館을他人同業이옵다가今에書館을各設ᄒᆞ고各種書籍을大發賣ᄒᆞ오니知舊及購覽僉彥은照亮務望

京城南部銅峴四巨里二層屋

文明書館

玄檍 告白

來九日(陰拾六日)下午一時에特別總會를開ᄒᆞ오니僉會員은來叅홈

西部貞洞 帝國實業會

本會에서定期總會를今日下午壹時에大東寄宿館內에서開ᄒᆞ오니僉會員은多數來臨을務望

青年同志會 告白

本事務所가狹窄ᄒᆞ기로中部壽進洞二拾四統壹戶로移接ᄒᆞ오니照亮

協同測量組合所 告白

今日下午貳時에定期總會를興士團內에ᄒᆞ오니僉會員은無遺來臨ᄒᆞ시옵

少年同志會 告白

忠淸南道公州府內下梨洞永明學校義捐金廣告

邱利岩拾二圓　黃漢植拾圓
朴濟權拾圓　尹仁一拾圓
金光植六圓　安明汝六圓
安昌根六圓　安爽鎬六圓
金奎喆五圓　任東淳參圓
金시婦人三圓　李京德三圓
陸政均參圓　宋鍾禮參圓
李殷喆三圓　閔城鎬二圓
成曾永三圓　金永濟二圓
李基然三圓　徐漢輔三圓
金相洙二圓　김建漢二圓
金聖弼二圓　金基潤二圓
閔泳晋二圓　金縠奎二圓
崔榮國二圓　閔寅圭二圓
洪淳台二圓　金相翼壹圓
安永永壹圓　金相곽壹圓
柳重鳳壹圓　金弘植壹圓
河應云壹圓　梁琦煥壹圓
金潤載壹圓　羅漢각壹圓
金正翊壹圓　白正雲壹圓

永明학校 告白

平北義州松長面江井洞進英學校々長獨孤鎭氏ᄂᆞᆫ素以文學으로當此時代ᄒᆞ야創立本校ᄒᆞ고熱心教育ᄒᆞ야勤勞를不憚ᄒᆞ며財產을不惜ᄒᆞ야能以三拾餘戶貧洞으로延聘知名教師ᄒᆞ고準備科程ᄒᆞ며擴張校況ᄒᆞ야學徒가乃至五十餘人ᄒᆞ고又開夜學校ᄒᆞ야里中壯年이齊會同業에大有進就之望焉ᄒᆞ나遠近人士皆爲稱頌ᄒᆞ되以爲圖合一里ᄒᆞ야維持學校寔由於同氏之至誠感人也云爾이러라

義州松長面江井洞 朴肇恒 告白

本所에서時務를擴張ᄒᆞ기爲ᄒᆞ야事務所를設立ᄒᆞ고各種測量을精密히開應ᄒᆞ오니測量請求ᄒᆞ실 僉彥은從速來議ᄒᆞ심을敬要홈

事務所장 前觀察 李鍾成
副所장 本府尹 李懋榮
總務 前議官 趙喆熙
全 進士 洪鍾翊
幹事 前參奉 蔡榮泳

全北群山港藏財洞 全一測量事務所

◎特別廣告

二個測量科를壹箇月速成으로教授ᄒᆞ오니志願人은來議ᄒᆞ시옵
試驗日字ᄂᆞᆫ陰拾月二拾二日

新門外小平洞六拾七統二戶

普彰事務所 告白

本人의世傳庄로中安州蔣哥동所在田沓廿五日七息耕과南造ᄂᆞᆫ端所在拾五日耕과肅川坪里所在廿四日壹息耕合六拾四日八息耕을輔國閔泳徽의게見奪ᄒᆞ온바ᄂᆞᆫ京鄕同胞의所共知어니와現今京城地方裁判所에告訴ᄒᆞ야將行裁判이온ᄃᆡ今聞閔이欲爲圖得証明書於地方官廳云云이온則該로所在地面洞長이必無證明之理이오되人心이不古ᄒᆞ니以若閔之勢力으로或得證明書라도神聖ᄒᆞᆫ裁判所의判決이有ᄒᆞ기前에ᄂᆞᆫ無効ᄒᆞᆫ僞證明이오니內外國 僉君子ᄂᆞᆫ照亮ᄒᆞ시옵소서

安州南松面龍庄里居 김회鼎의未亡人 李召史 告白

本人이退鄕千里外에居ᄒᆞ야識見도無ᄒᆞ고門閥도업ᄂᆞᆫ壹箇農夫라晝以耕ᄒᆞ며夜以息ᄒᆞᄂᆞᆫ蟄蟄物로如干田토를가자고居生ᄒᆞ옵더니本人에子魯彥이가不肖無雙ᄒᆞ야去年分의花樓酒肆에出入ᄒᆞ야錢幾千兩을浪用故로去年陰十二月에蕩子에所負錢을壹壹還給ᄒᆞ옵고至於今年ᄒᆞ야ᄂᆞᆫ此蕩子의게壹分錢壹枚貨를不償ᄒᆞ여달나고本報第六卷七百三拾三號內에와外國人間共知케廣告이옵고또本申報第六卷八百拾四號內에內外僉君子에게간절히廣告이옵더니本동長姜得文은年少挾雜之人으로蕩子魯彥을𢗔動ᄒᆞ야花樓酒肆에出入ᄒᆞᆷ은不啻라本面々長崔時興은壹邑에權利도多ᄒᆞ고本財本家라洞長姜得文이가崔時興과協議ᄒᆞ고錢千兩을同代償給於蕩子ᄒᆞ야日夜花樓에서浪用ᄒᆞᆫ後에面長崔時興이가本人에게ᄂᆞᆫ推錢之策이無ᄒᆞ고로時面長時동長權利를恃ᄒᆞ고蕩子를威脅ᄒᆞ야萬餘兩價值되ᄂᆞᆫ田地를八千兩에定價라ᄒᆞ고本文記업시買ᄒᆞ얏다ᄒᆞ오나面長崔也와洞長姜也와蕩子魯彥과비가마ᄌᆞ壹心挾雜ᄒᆞ오니此八千兩도受與不受를姑未的知오니此ᄂᆞᆫ無他라本人을蟄蟄蠢物이라압시ᄒᆞ고田地를ᄲᅢ앗ᄂᆞᆫ貌樣이오니此習이漸長이오면州內面殘弱村氓은賴生ᄒᆞᆯ수가업ᄉᆞᆸ기府郡에裁判도請願ᄒᆞ오려니와爲先壹般僉君子에게좀知케告白ᄒᆞ오니 照亮ᄒᆞ심을敬要

義州州內面弘南洞 邊仲訥 告白

本會에서來八日(日曜)下午壹時에通常會를本事務所內에開ᄒᆞ오니 僉會員은屆期 枉臨ᄒᆞ심을望홈

經濟研究會 告白

本月八日(日曜)下午壹時에 通常總會를本會館에서開ᄒᆞ오니
僉會員은來臨ᄒᆞ시옵
演說辯士시名
我라ᄒᆞᄂᆞᆫ觀念 石鎭衡

畿湖興학會 告白

京城南部苧동六拾四統貳戶
東洋大學前講師
日本法律學士
辯護士

木尾虎之助

[illegible]

西小門內美國人空地에柴草場을依舊設立ᄒᆞ얏스니柴草賣買ᄒᆞ실 僉君子ᄂᆞᆫ來臨ᄒᆞ시오

李圭哲 告白

南部曲橋十一統七戶

辯護士 崔鎭

本館處所ᄂᆞᆫ所의便利케爲ᄒᆞ야南部武橋前香館으로移接ᄒᆞ얏ᄉᆞ오니 僉君子ᄂᆞᆫ照亮來臨ᄒᆞ심을敬望

高等 漢陽旅館 告白

本店에서外國直輸入各種煖爐諸般功人白煖爐各木及石炭均可入燒ᄒᆞ야分利便ᄒᆞᆫ木匠工程色造樓房及房家內所用火櫃이椅床材木器具玻璃磚瓦鐵器皆自大發賣ᄒᆞ오니諸君講覽 僉彥照亮務望

大漢門下貞橋前 榮興號

◎學員大募集廣告

各技術家가不顧優劣ᄒᆞ고速圖營作ᄒᆞ야有欠公私라精壹鍊熟홈을爲ᄒᆞ야本所에講習所를特設ᄒᆞ고隨意教授ᄒᆞ오니有志同業僉彥은陰拾月初九日爲始ᄒᆞ야請願書를提呈홈
講習員에志願은何時던지依願教授ᄒᆞ되隨其學力ᄒᆞ야講習期限을定홈
初學員ᄂᆞᆫ壹體募集ᄒᆞ되六個月速成으로定홈
各課程에個個히實習만ᄒᆞ시기願홈도依홈
但位置ᄂᆞᆫ西部東洞六拾三統九戶貳層洋屋

課程

測量學　地形學　幾何學
幾何畵法　測量實習
製圖實習
算術
各項設計及書類
開學日字ᄂᆞᆫ陰拾月拾六日上午九時로定홈
但細則은本所에來議홈

大韓測量組合所 講習所 白

染織을大擴張ᄒᆞ고 支店을新設ᄒᆞ엿숩

各項衣衣織造放賣
男女學生衣服衣織造
理化學應用染色及改染最新染粉直輸入放賣眞他各種染色及織造

中谷染織工所 宗厠越邊 告白
支店鐘路魚物廛七房

本人의牛篆姓名章을本月壹日에路中서失ᄒᆞ얏기更히姓名章을彫刻施行ᄒᆞ니셔失ᄒᆞᆫ牛篆章은無效로認홈

仁川府主事 崔益夏 告白

度支部 測量課 編纂

土地測量術

全壹冊正價金 弁製六拾錢 洋裝九拾錢

近日測量術書類에 三四種이 刊行되엿스나 不完全의 缺點이 不無ᄒᆞ든바 今에 本書ᄂᆞᆫ 細密ᄒᆞᆫ 測量으로 圖根測量ᄭᆞ지 詳密히 編纂ᄒᆞ얏스며 各種實地測量의 製圖의 圖本을 挿入ᄒᆞ야 一般新學界의 無二ᄒᆞᆫ 實典이오 且紙質의 堅美ᄒᆞᆷ과 製冊의 華麗ᄒᆞᆷ이 測量術書中에 覇王이라 稱ᄒᆞᆯ만ᄒᆞᆷ

〔發兌元〕

皇城中署罷朝橋越 中央書館 朱翰榮
仝 南署大廣橋 大東書市 金基鉉
仝 南部大廣橋 滙東書館 高裕相
仝 南門內尙洞 博文書館 盧益亨
仝 남門外紫岩 新舊書林 池松旭

趙聲九氏 撰述

地方行政論

全壹冊 定價金 三拾錢

▲本書ᄂᆞᆫ 地方自治行政에 關ᄒᆞᆫ 一般의 原則과 外國의 現行制度를 參互撰集ᄒᆞ야 簡明히 論述ᄒᆞᆫ 者ㅣ니 現히 地方官의 位에 在ᄒᆞᆫ 者의 行政上 參考될 ᄲᅮᆫ 勿論이오 全國人士ᄂᆞᆫ 각 其關係生活의 本旨를 瞭解ᄒᆞ야 將來自治制度組織의 基礎를 成ᄒᆞᆯ 者ㅣ니 有志僉彦은 速速購覽ᄒᆞ시옵

發行元 皇성中부罷朝橋越邊 中央書館
발售處 京城與地方 各書肆

壯陽復元丹

此藥은 專治腦痛肺弱○房事無陽○腎虛弱○陽萎不起○遺精多夢○神經衰弱○房事時早洩不快○頭徵虛弱○健忘不眠○貧血諸症○元氣不足○飲食不進○眩暈頭痛○等症ᄒᆞ나니 試將此丸ᄒᆞ야 依法服之면 不過幾点鍾에 立見妙效ᄒᆞ야 魂飛肉躍ᄒᆞ고 精神徹發ᄒᆞ고 頓覺愉快ᄒᆞ나니 其症이 輕者ᄂᆞᆫ 服壹貳週면 挽回元陽ᄒᆞ고 其症이 稍重者ᄂᆞᆫ 可服三四週ᄒᆞ며 或數年痼疾로 其症이 頗重者ᄂᆞᆫ 連服七八週면 必能全치ᄒᆞ리니 若夫無病之人도 試服此劑則補神而益氣ᄒᆞ고 强筋而壯骨ᄒᆞ나니 用之八週而未見其效則請將原劑ᄒᆞ야 如數還金이요 不致虛誕이라 此丸이 又無論男婦老幼ᄒᆞ고 均用有効ᄒᆞ나니 眞無與比之妙劑也라 僉位ᄂᆞᆫ 何不早圖壹試오

壹週分壹圜
二週分壹圜八十錢
四週分三圜四十錢
八週分六圜四拾錢

발行所 皇城南署大廣橋삼九統七戶 濟生堂약房
特約代賣店 仁川港 釜山港 共濟堂약房

大韓國 十三道 各郡에 總發行所ᄂᆞᆫ 京城南大門內 濟生堂大藥房

〔陸軍軍醫金守鉉君發明〕〔陸軍軍醫徐基浚君試驗證明〕〔四海衛生之諸君子常備之靈藥〕

淸化新藥 淸心保命丹

發行所 仁川港杻峴 濟生堂藥房

九十粒八貪拾錢

（主治效能）

담飮 咳嗽 胃痛腹痛 氣鬱 食傷 中暑中寒 食積 吐瀉 水土不服 酒醉 口臭 船車眩暈 其他運氣厲疫의 預防ᄒᆞᄂᆞᆫ 奇效가 有ᄒᆞᆷ

回積殺蟲散

右ᄂᆞᆫ 蛔虫을 一切拔根ᄒᆞᄂᆞᆫ 妙약 （금십錢）

起死回生 回生丹

此丹은 急ᄒᆞᆫ 吐瀉와 霍亂과 腹痛이며 담咳의 神效ᄒᆞᆷ （금拾錢）

●其他內外新製에 ○補血藥○補陰補陽藥○不足症藥○婦人冷病藥○瘡疾藥○寸虫拔根藥○되눈藥○眼藥各種○皮膚藥○大小腫氣膏藥各種○咳氣藥○淋疾藥○滯症藥○其外 여러가지 藥은 이로 다 긔록지 못ᄒᆞᆷ

●十三道各郡藥商은 本堂에셔 洋藥類化장品을 特別割引ᄒᆞ야 極廉ᄒᆞ게 大販賣ᄒᆞ오니 僉位에게ᄂᆞᆫ 注文ᄒᆞ시옵

◉遠地에셔ᄂᆞᆫ 小包郵便으로 信送ᄒᆞᆷ

○仁川港杻峴 濟生堂本舖
○開城南門內 濟生堂開城出張所
○平壤鍾貫洞 濟生堂平壤出張所
○宜川邑內 濟生堂宜北總支店
○元山港銘石院 濟生堂元山支店
○釜山港草梁 濟生堂釜山出張所
○沙里院場 濟生堂沙里院出張所
○馬山港東城 濟生堂馬山支店
○鎭南浦後浦 濟生堂鎭南浦出張所

大韓帝國 仁川杻峴 內外地方總發行所 和平堂大藥房

此丹이 於諸瘡에 無論男女老少ᄒᆞ고 若服壹劑면 實有神效ᄒᆞ야 百발百中ᄒᆞ오니 非例方可及也라 若論主治則楊梅下疳連珠風濕眼창諸症에 俱見立效ᄒᆞ오니 惟病僉君子ᄂᆞᆫ 壹次試驗伏望

婦人 靈藥 ○胎產調經丸○

부인령약 태산됴경환

壹月分壹劑 金五圜

婦人이 孕胎하지 못ᄒᆞᆷ은 冷病積病과 月經不調ᄒᆞᆷ을 因ᄒᆞᆷ이니 此약을 服ᄒᆞ시면 婦人의 腹中諸病을 壹切退去ᄒᆞ야 自然孕胎ᄒᆞᄂᆞᆫ 약

補陰 補陽 滋陽丸 자양환

此약은 ○房事不容○腎虛腰痛○病後氣喘○腎氣不足○陽痿不起○陰虛火動○房事後憔困○手足厥冷○形容蒼白○遺精多夢○右諸症에 適宜服用하시면 特效가 有ᄒᆞ외다

定價金
三拾日分 壹五圜
二拾日分 金三圜四拾錢
拾日分 金壹圜八拾錢

八寶丹 九拾ᄂᆞ粒入金伍錢

主治効能
○胃痛惡心○頑痰留飮
○食思欠乏○暑中寒
○消化不良○頭痛眩暈
○滯飮○傷○腹痛
○泄瀉下痢○吐瀉
○水土不服○疝痛

此外에도 東西各國靈藥과 ... 各地方에서 隨川請求ᄒᆞ시면 郵便으로 ... 各處藥業ᄒᆞ시ᄂᆞᆫ 僉位 ... 特別割引放賣ᄒᆞ오니 陸續注文ᄒᆞ심을 務望

發行人 李應善
發行所 京城鍾路和平堂支店

●木浦北部 施濟약局 和平堂支店 李용依
●龍川楊市 瑞陽市病院 和平堂分賣所
●鎭南浦 약舖 和平堂出張所
●平壤館前약舖 和平堂出張所

仁川杻峴 京城鍾路 和平堂 告白

院長 古城梅溪 ... 淸國北京 ... 外ᄒᆞ음 ... 諸般設備ᄂᆞᆫ 大作革新ᄒᆞ야 專히 韓淸兩國病人의 診察을 從事ᄒᆞ며 且軍醫諸氏에게 囑托ᄒᆞ야 新方妙劑로 極盡히 速活回春ᄒᆞᆷ을 期ᄒᆞᆷ

再次赤貧患者의 施療ᄂᆞᆫ 藥價를 勿論ᄒᆞ며 又隨時ᄒᆞ야 牛痘苗를 施種ᄒᆞᆷ

京城木町四丁目 贊化病院 （電話二一四番）

社告

○申報價
壹張代金 新貨二錢五厘
壹個月前納 三十錢
參個月 九拾錢
半個年 壹圜七十錢
壹個年 三圜 錢

○廣告料

(Responsible for Publication Alfred Weekly Marnham)
發行所 大韓每日申報社

壹此鐘路慈惠醫院에서 大英國製觀力檢査機械金와銀벤眼鏡을 ... 男女視力을 檢査하와 適合ᄒᆞᆫ대로 廉價放賣하오니 視力이 不足ᄒᆞᆫ이ᄂᆞᆫ 速速히 來臨ᄒᆞ야 視力을 僉宜檢査ᄒᆞ시옵

大韓每日申報

第六卷 第九百五拾號

月曜及慶節時日休刊

檀君開國四千二百四十一年
箕子元年三千三十年
大韓開國五百十七年
日本明治四十一年
淸國光緖三十四年
隆熙戊申十月大十八日庚午

論說

●法令研究의必要

法律家格言에曰「法律을不知ᄒᆞᆫ者를宥恕치아니ᄒᆞᆫ다」ᄒᆞ얏스니蓋法令은壹朝制定頒布된以後에ᄂᆞᆫ人民이비록此를不知ᄒᆞ야도犯ᄒᆞᆫ지라도亦犯者를宥恕치아니ᄒᆞᆫ다云ᄒᆞᆷ이라

嗚呼라凡法令은吾人의게福利를與ᄒᆞ며吾人의게苦毒을與ᄒᆞ며吾人을活ᄒᆞ며吾人을殺ᄒᆞ나니法令을研究ᄒᆞᆷ이吾人生活上의壹大急務가아닌가

或曰治世의法令은研究ᄒᆞᆷ이可ᄒᆞ나亂世의法令은研究ᄒᆞᆷ이不可ᄒᆞ니蓋治世의法令은人民을保護ᄒᆞ며人民을救活ᄒᆞᄂᆞᆫ法令이라此를研究ᄒᆞ야保護를受ᄒᆞ며救活을被ᄒᆞᆷ이可ᄒᆞ거니와至若亂世의法令은人民을束縛ᄒᆞ며人民을滅殺ᄒᆞᄂᆞᆫ法令이라此를研究ᄒᆞᆫ들何益이有ᄒᆞ리오

曰否々라不然ᄒᆞ다亂世의法令을研究ᄒᆞᄂᆞᆫ必要가治世의法令을研究ᄒᆞᆷ보다百倍尤急ᄒᆞ며亂世의法令을研究ᄒᆞᄂᆞᆫ利益이治世의法令을研究ᄒᆞᆷ보다百倍尤大ᄒᆞᆫ지라何故오大抵治世의法令은人民을保護ᄒᆞᄂᆞᆫ利器오人民을懲治ᄒᆞᄂᆞᆫ藥石이라故로治世의法令을研究ᄒᆞᆷ은利器와藥石을求코ᄌᆞᄒᆞᆷ이며亂世의法令은人民을驅入ᄒᆞᄂᆞᆫ網羅오人民을構陷ᄒᆞᄂᆞᆫ陷井이라故로亂世의法令을研究ᄒᆞᆷ은網羅와陷井을避코ᄌᆞᄒᆞᆷ이니利器와약石을求치못ᄒᆞ야도其害가不無ᄒᆞᆯ거니와網羅와陷井을避치못ᄒᆞ면死滅을不免ᄒᆞᆯ지라嗚呼라法令研究의必要가若是ᄒᆞ도다

近日韓人의頭上에法令이雨下ᄒᆞ미哀彼韓人을이此를研究치아니ᄒᆞ고怨尤만ᄒᆞ며逃避치ᄂᆞᆫ아니ᄒᆞ고疑懼만ᄒᆞᄂᆞᆫ도다

是以로新法律이壹出ᄒᆞ미盲者의丹靑과如히漠然히其目이迷ᄒᆞ야曰此가何物인가ᄒᆞ며各部令이壹下ᄒᆞ미聾者의音樂과如히朦然히其耳가昏ᄒᆞ야曰此가何聲인가ᄒᆞᄂᆞᆫ도다

既其法令을研究치아니ᄒᆞᄂᆞᆫ지라此를解釋치못ᄒᆞ며此를解釋치못ᄒᆞᄂᆞᆫ지라此를回避치못ᄒᆞ야拓殖會社法이니森林法이니專賣特許法이니ᄒᆞᄂᆞᆫ等의각種法律이實施되야도恬然不知ᄒᆞ다가其權利를外人의게盡奪ᄒᆞᄂᆞᆫ바ㅣ되며墾地條例니學會令이니私立學校令이니ᄒᆞᄂᆞᆫ等의壹般命令이頒布되야도晏然히看過ᄒᆞ다가畢竟其害毒에觸ᄒᆞᄂᆞᆫ바되ᄂᆞᆫ도다

嗚呼公等아公等이法令을研究치아니ᄒᆞ면비록政府에셔千百條의天使福音과如ᄒᆞᆫ法令을下ᄒᆞᆯ지라도公等에게無益ᄒᆞᆯ지며公等이法令을到底研究ᄒᆞ면비록政府에셔億萬章의猛虎毒蛇와如ᄒᆞᆫ法令을下ᄒᆞᆯ지라도公等을奈何치못ᄒᆞᆯ지니抑利益은難得ᄒᆞᆯ지라도禍害ᄂᆞᆫ可免ᄒᆞᆯ지며小禍ᄂᆞᆫ難免ᄒᆞᆯ지라도大禍ᄂᆞᆫ可免ᄒᆞᆯ지라惟望公等은此를怨尤치만말고回避를圖ᄒᆞ야壹條法令이出ᄒᆞ거던字々句々히着力精研ᄒᆞ며壹款令이下ᄒᆞ거던昝々語々히張目考究ᄒᆞ야森林法이出ᄒᆞ면公等이急先植養ᄒᆞ며拓殖法이出ᄒᆞ면公等이急先拓土殖民ᄒᆞ며專賣特許法이出ᄒᆞ면公等이急先請願ᄒᆞ야公等의權利를公등ᄒᆞ야享有ᄒᆞ며開墾地條例가下ᄒᆞ면公等이急先開墾ᄒᆞ며學會令이下ᄒᆞ면公等이急先注意ᄒᆞ며私立學校令이下ᄒᆞ면公等이急先猛省ᄒᆞ야諸般法令을壹々研究ᄒᆞ야可避ᄒᆞᆯ者ᄂᆞᆫ避ᄒᆞ고可避ᄒᆞᆯ者ᄂᆞᆫ避ᄒᆞ야地獄을脫ᄒᆞ고生路로進ᄒᆞᆯ지어다

▲▲隆熙貳年拾月二拾七日 官報

●告　示

農商工部告示第拾三號 續

商　法 (明治三十二年法律第四拾八號)

第百六拾條　資本의拾分之壹以上에當ᄒᆞᆫ株主ᄂᆞᆫ總會의目的及其招集의理由를記載ᄒᆞᆫ書面을取締役에게提出ᄒᆞ야總會의招集을請求ᄒᆞᆷ을得ᄒᆞᆷ

取締役이前項의請求가有ᄒᆞᆫ後二週日內에總會招集의節次를아니ᄒᆞᆫ時ᄂᆞᆫ其請求ᄒᆞᆫ株主ᄂᆞᆫ裁判所의許可를得ᄒᆞ야其招集을ᄒᆞᆷ을得ᄒᆞᆷ

第百六十壹條　總會의決議ᄂᆞᆫ本法又ᄂᆞᆫ定款에別定이有ᄒᆞᆫ境遇를除ᄒᆞᆫ外에ᄂᆞᆫ出席ᄒᆞᆫ株主의議決權의過半數로써此를行ᄒᆞᆷ

無記名式의株券을所有ᄒᆞᆫ者ᄂᆞᆫ會日로부터壹週日前에其株券을會社에供托ᄒᆞ지아니ᄒᆞ면其議決權을行ᄒᆞᆷ을不得ᄒᆞᆷ

株主ᄂᆞᆫ代理人으로써其議決權을行ᄒᆞᆷ을得ᄒᆞᆷ但其代理人은代理權을證ᄒᆞᆫ書面을會社에提出ᄒᆞᆷ을要ᄒᆞᆷ

總會의決議를對하야特別ᄒᆞᆫ利害關係를有ᄒᆞᄂᆞᆫ者ᄂᆞᆫ其議決權을行ᄒᆞᆷ을不得ᄒᆞᆷ

第百六拾二條　各株主ᄂᆞᆫ一株에對ᄒᆞ야壹箇의議決權을有ᄒᆞᆷ但拾壹株以上을所有ᄒᆞᆫ株主의議決權은定款으로써此를制限ᄒᆞᆷ을得ᄒᆞᆷ

第百六拾三條　總會招集의節次又ᄂᆞᆫ其決議의方法이法令又ᄂᆞᆫ定款을違反ᄒᆞᆫ時ᄂᆞᆫ株主ᄂᆞᆫ其決議가無效되ᄂᆞᆫ宣告를裁判所에請求ᄒᆞᆷ을得ᄒᆞᆷ

前項의請求ᄂᆞᆫ決議ᄒᆞᆫ日로부터壹箇月內에請求ᄒᆞᆷ을要ᄒᆞᆷ

取締役又ᄂᆞᆫ監査役이아닌株主가第壹項의請求를ᄒᆞᆫ時ᄂᆞᆫ其株券을供托ᄒᆞ고且會社의請求로因ᄒᆞ야相當ᄒᆞᆫ擔保를供ᄒᆞᆷ을要ᄒᆞᆷ

第一款　取締役

第百六拾八條　取締役은定款에定ᄒᆞᆫ數又의株券을監査役에게供託ᄒᆞᆷ을要ᄒᆞᆷ

第百六十九條　會社의業務執行은定款에別定이업ᄂᆞᆫ時ᄂᆞᆫ取締役의過半數로써此를決ᄒᆞᆷ支配人의選任及解任도亦同ᄒᆞᆷ

(未完)

外報

●美國內閣의變動　美國陸軍卿타프트氏가大統領으로被選ᄒᆞᆫ事ᄂᆞᆫ既報와如ᄒᆞ거니와更히東京電을據ᄒᆞᆫ則內閣에ᄂᆞᆫ國務長官商務及勞働事務長官은留任ᄒᆞ고로이푸氏ᄂᆞᆫ海軍長으로마이야氏ᄂᆞᆫ度支長官으로被任ᄒᆞ얏다더라

●南印度의水害　同電을據ᄒᆞᆫ則南印度에大洪水가有ᄒᆞ야死傷者가二百餘名에達ᄒᆞ얏다더라

●日貨排斥의再燃　清國廣東報道를依ᄒᆞᆫ則該地에ᄂᆞᆫ日貨排斥이再燃ᄒᆞ야日本物品을買收ᄒᆞᄂᆞᆫ者ᄂᆞᆫ嚴罰에處ᄒᆞᆫ다宣言ᄒᆞᆫ故로貿易商人等이依然히日貨排斥을繼行ᄒᆞᄂᆞᆫ대向日熊野丸으로輸送ᄒᆞᆫ日本海產物은드듸여返送ᄒᆞ기에至ᄒᆞ얏고又橫濱神戶에셔도返送될物品이有ᄒᆞ다ᄒᆞ더라

雜報

●露兵測量의抗議　連電을據ᄒᆞᆫ則露兵이滿洲里海拉爾蒙古等地의地勢를測量ᄒᆞᆫ다ᄂᆞᆫ情報에依ᄒᆞ야徐總督이外務部에抗議ᄒᆞ기를電請ᄒᆞ얏다더라

●隨聞隨載　安州居李召史가閔泳徽시와裁判ᄒᆞᆫ事에對ᄒᆞ야閔시의勢力을因ᄒᆞ야裁判이延期ᄒᆞᆫ다더니更聞ᄒᆞᆫ즉該閔시가的確ᄒᆞᆫ證據物이無ᄒᆞᆫ所以로現今證據物을求ᄒᆞᄂᆞᆫ中이라더라

文壇

▲讀史新論(續)　壹片丹生

第六章

諸公은試思하라古時에도我國學士가日本에渡하야其風俗歷史를探ᄒᆞᆫ者가不無ᄒᆞ나姜睡隱沆의看羊錄에毛利輝元의百濟遺種임만聞ᄒᆞ얏고神功女主가新羅征服ᄒᆞᆫ事ᄂᆞᆫ未聞ᄒᆞ얏스며金東溟氏八月乘槎에新羅太宗이大阪征服ᄒᆞᆷ만記ᄒᆞ얏고(金世廉의乘槎錄에曰日本年代記에셔據ᄒᆞᆫ바라)彼神功女主云云壹事ᄂᆞᆫ當初에未有ᄒᆞ얏스니何故로古時我國人의日本史를讀ᄒᆞᆫ者ᄂᆞᆫ此等事만得聞ᄒᆞ고彼等事ᄂᆞᆫ未聞ᄒᆞ얏ᄂᆞ뇨

現日史에出ᄒᆞᆫ바를會信ᄒᆞᆯ진대即彼輩近日筆端이愈出愈怪ᄒᆞ야檀君이素잔嗚尊의弟ᄒᆞ며高麗ᄂᆞᆫ元來日本屬國이라하야魔談과邪說이紛紛聲嘩ᄒᆞ니彼等語를皆信ᄒᆞ면即我國四千載史ᄂᆞᆫ本史의附屬品을作ᄒᆞᆯ지니嗟彼盲昧者여

余ᄂᆞᆫ空然히杞憂를作ᄒᆞᆷ이아니라近日執筆者의趨勢를觀ᄒᆞ면實로夢魂이頻驚ᄒᆞᄂᆞᆫ도다

雖然이나余가此에晤及ᄒᆞ미腦際에激刺不已ᄒᆞᆫ壹感情이又有ᄒᆞ도다大抵虛無의事도디모說ᄒᆞ면確實ᄒᆞᆫ事와如ᄒᆞᄂᆞ니即三國志水滸志等을何人이小說인줄不知ᄒᆞ리오만ᄂᆞᆫ壹讀中에讀壹傳再傳ᄒᆞᆯ際에許多癡人이夢을說ᄒᆞ야曰諸葛孔明의錦囊三計가如彼ᄒᆞ다ᄒᆞ며武松의景陽岡打虎事가如是如是ᄒᆞ다ᄒᆞ야疑ᄒᆞᆯ點이無ᄒᆞᆫ實事로相認ᄒᆞ거던況彼日本人은壹切其史冊中에此等說(即高麗가元來日本屬國이라ᄒᆞᆫ類)를揭ᄒᆞ야相傳相誦ᄒᆞ며學校講義에童子가雀躍ᄒᆞ며閑居讀書에丈夫가氣湧ᄒᆞ야

(未完)

雜報

●貴人뙤明 日前宮內府壹殿官吏가東闕內秘苑에서觀楓會를設ᄒᆞ고 大皇帝陛下ᄭᅴ옵서도臨 御ᄒᆞ옵셧ᄂᆞᆫᄃᆡ主殿院卿李謙濟氏가妓生을帶同陪觀ᄒᆞ얏더니內部大臣宋秉畯氏가李謙濟氏를對ᄒᆞ야曰莫重 尊嚴之地에妓生을携入ᄒᆞᆫ事가大端不敬ᄒᆞ다고當場論駁ᄒᆞ얏다더라

●總理의奔走 總理大臣李完用氏ᄂᆞᆫ軍相署理를兼任ᄒᆞᆫ故로昨日午前에軍部에暫爲仕進ᄒᆞ야事務處辦後에統監府로前往ᄒᆞ야曾禰副統監과何等秘密ᄒᆞᆫ事項을爛商協議ᄒᆞ얏다더라

●獻議繳還請願 前府尹金敎獻氏等이地方騷擾를鎭靜ᄒᆞᆯ目的으로人民에게號牌를佩케ᄒᆞ기爲ᄒᆞ야中樞院에獻議ᄒᆞᆫ事ᄂᆞᆫ各報에已揭어니와昨日에該氏등이該院에請願ᄒᆞ되人民에게號牌를成給하ᄂᆞᆫ것이皆曰不可라ᄒᆞᆫ즉該獻議書를卽爲쟈還ᄒᆞ라ᄒᆞ얏다더라

●韓國의歲出入金額 度支部에서本年度上半期間의歲入額別을據ᄒᆞᆫ즉經常部에四百五十六萬四千八百六十八圓。印紙收入이五萬四千六十八圓。雜收入이九萬四百十四圓인ᄃᆡ臨時部歲入三拾萬圓을加ᄒᆞ야歲入總額이五百五萬五千二百九拾三圓이오歲出部ᄂᆞᆫ各部合計가六百七十壹萬五千三十四圓이라더라

●辯護委托裁判 永宣君李埈鎔氏와壹進會가相持ᄒᆞᄂᆞᆫ田土事件에對ᄒᆞ야本月拾四日에平壤裁判所에서辯護士玉東奎金澤兩氏가裁判을開ᄒᆞ다더라

●申氏入城 度支部會計檢查局檢查員申佑善氏가平安南北道會計檢查를畢了ᄒᆞ고三昨日에入城ᄒᆞ얏다더라

●卒業何用 各地方區裁判所와地方裁判所支部에任用ᄒᆞᆫ法官을日語署解ᄒᆞᄂᆞᆫ者로만敍任ᄒᆞ고法律卒業生은不爲任用ᄒᆞᆫ다더라

●卒業歸國 東京留學生楊鎬氏가蠶業學을卒業ᄒᆞ고日間歸國ᄒᆞᆫ다더라

●齊聲發文 閔忠正公家人吳信默氏가內部大臣宋秉畯氏를協同ᄒᆞ야該家田庄을奪取ᄒᆞᄂᆞᆫ事에對ᄒᆞ야三남紳士가壹齊발憤ᄒᆞ야將次裁判ᄒᆞᆯ次로발文ᄒᆞᆫ다ᄂᆞᆫ說이有ᄒᆞ더라

●郡主不法 南來人의傳說을據ᄒᆞᆫ즉陰城郡兎溪동居ᄒᆞᄂᆞᆫ朴公有氏가多年鰥居ᄒᆞᆷ으로何許過去ᄒᆞᄂᆞᆫ壹寡婦를得ᄒᆞ야作妾同居ᄒᆞᄂᆞᆫᄃᆡ該郡郡主事南宮模氏가朴氏를何以誣陷하얏던지巡查를發送ᄒᆞ야朴시를捉囚ᄒᆞ고金貨六百餘圜을奪喫ᄒᆞᆫ故로朴시ᄂᆞᆫ如干家產을蕩敗ᄒᆞ고忠州郡地方에서現今流離ᄒᆞᄂᆞᆫ中인ᄃᆡ情景이大爲矜憐ᄒᆞ다더라

●石炭渡日 日人武田이가平壤石炭坑을實地調查ᄒᆞᆷ은前報에已揭ᄒᆞ얏거니와來年에ᄂᆞᆫ日本에서該地石炭三萬噸乃至五萬噸을日本德山煉炭所로輸送ᄒᆞᆫ다더라

●朝鮮研究設會 泥峴日本人東洋協會專門학校內에서日本人들이朝鮮研究會를設立ᄒᆞ고朝鮮에關ᄒᆞᆫ研究資料를講話하ᄂᆞᆫᄃᆡ各國殖民地經營歷史를倂히研究ᄒᆞᆫ다더라

●路邊人의呼冤 廣州郡에서利川郡으로連絡通行하ᄂᆞᆫ日兵은來往旅費와留宿飯費를鼓[illegible]迷人民에게分排勒徵ᄒᆞᄂᆞᆫ故로民難支保ᄒᆞᆯ지라고呼冤이浪藉ᄒᆞ다더라

●宮土作人等訴 景祐宮所屬田畓이高陽郡松山面德底登山里에在ᄒᆞᆫᄃᆡ今夏旱災를因ᄒᆞ야移秧을不得ᄒᆞᆫ者가太半에過ᄒᆞ얏ᄂᆞᆫᄃᆡ該庄舍音李昌秀시ᄂᆞᆫ歉年民情은不顧ᄒᆞ고賭租를比前加排ᄒᆞᆫ다고該土作人睦善長시等十餘人이昨日에上京ᄒᆞ야漢城財務監督局에등訴ᄒᆞ얏다더라

●使酒行悖 仁川居留日人坂本이가再昨日에泥醉ᄒᆞ야該港居ᄒᆞᄂᆞᆫ韓人姜孫文氏家에亂入ᄒᆞ얏다가更히日人中村家에入去ᄒᆞ야騷擾를起하ᄂᆞᆫ지라該港派出所에서該漢을捉去ᄒᆞ얏다더라

●樵夫爭路 開城來人의傳說을據ᄒᆞᆫ즉日前에某々大臣이遊覽次로開城府에到着ᄒᆞ미多數韓日巡查가前導後陪러니巡查가該大臣의勢力을憑藉ᄒᆞ고無端히樵夫를毆打叱辱ᄒᆞ미何許樵夫壹名이該巡查輩를大責曰國內道路ᄂᆞᆫ莫非國民之道路어날大臣行路ᄂᆞᆫ特別히有ᄒᆞᆫ가公衆ᄒᆞᆫ道路를大臣만ᄒᆞ니라ᄂᆞᆫ章程도잇ᄂᆞᆫ지巡查威風에樵夫야다니깃나뇨公廨에서ᄂᆞᆫ大臣이지만私行에ᄂᆞᆫ不過是平等國民이니若公事에奔走ᄒᆞᆯ것가트면大臣말고幼兒라도我가當然히讓路ᄒᆞ깃다ᄒᆞ고終不讓路ᄒᆞ얏다더라

●三罪犯押上 江原道金城警察署에서恐嚇取財ᄒᆞᆫ罪人白萬鎰金應完黃致雲等三名을三昨日에京城地方裁判所로押上ᄒᆞ얏다더라

●路因屢添愁 今番耆老所에入錄ᄒᆞᆫ正二品李寅植氏ᄂᆞᆫ年今八旬인ᄃᆡ又是回婚之年이라其子李鍾夏氏가素以赤立之勢로回婚禮를設行ᄒᆞᆯ次로如干田庄을放賣ᄒᆞᆫ바幾百圜及其從氏鍾夏氏의補助金壹百圜를合置于洞房手侍中이러니意外에沒數逢賊ᄒᆞ야李鍾夏氏가憂愁度日ᄒᆞᆫ다더라

●郭氏呼訴 西署舊坡居ᄒᆞᄂᆞᆫ郭順之ᄂᆞᆫ히동所在驛호馬戶를多年擧行ᄒᆞ다가昨年參月頃에該馬戶事務를該洞居ᄒᆞᄂᆞᆫ張某에게讓與傳授하얏더니張某가該驛호百五十餘圜價值되ᄂᆞᆫ地段을何許日人에게潛賣偷食ᄒᆞ고昨年十二月에宮內府에서委員을派送ᄒᆞ야該地段을調查ᄒᆞᆯ時에張某가何以誣告하얏던지該委員이郭某다려卽爲沒納ᄒᆞ라ᄒᆞ나旣無所犯ᄒᆞ야永不應納ᄒᆞ얏더니度支部에서又爲督納ᄒᆞᄂᆞᆫ故로郭某가擧其事實ᄒᆞ야該府에呼冤ᄒᆞ얏다더라

●禍及古塚 西來人의傳說을據ᄒᆞᆫ즉近日에日人이高麗葬을破掘ᄒᆞ고磁器를搜取ᄒᆞᄂᆞᆫ故로完全ᄒᆞᆫ古塚이無ᄒᆞ다더라

●是何委折 義州府居ᄒᆞᄂᆞᆫ鄭孝根시가三拾餘歲된林召史와作妾居生ᄒᆞ더니昨年陰正月頃에鄭시가身病으로不幸致死ᄒᆞᆫ지라該洞居ᄒᆞᄂᆞᆫ得亨爲名者가林召史를甘誘潛通ᄒᆞ야孕胎ᄒᆞᆫ지六朔에至ᄒᆞ얏ᄂᆞᆫᄃᆡ今年陰二月頃에金哥가林召史를彼家에招去ᄒᆞ야酒肴를爛啜하고互相歡樂ᄒᆞ다가有何曆節이던지金哥가林召史를無數亂打ᄒᆞ야卽地致命ᄒᆞᆫ故로該道에서金哥를捉囚審查ᄒᆞᆫ後에京城控訴院으로押上ᄒᆞ야該院에서現今查覈ᄒᆞᄂᆞᆫ中이라더라

●測量員被殺 忠南稷山郡에서ᄂᆞᆫ測量學徒四人이下去하야山谷間에서測量하ᄂᆞᆫᄃᆡ義兵이不意突出ᄒᆞ야該學員四人中二人은砲殺ᄒᆞ고機械等屬은沒數破碎ᄒᆞ얏ᄂᆞᆫᄃᆡ貳人은幸得逃免ᄒᆞ얏다더라

●南氏長眠 侍從武官南基昌시가身病이有ᄒᆞ야大韓醫院에서多月治療하더니昨日上午七時에仍爲致死ᄒᆞ얏다더라

●江都腥塵 陰本月拾三日에江華郡傳燈寺에서義兵이多數屯集ᄒᆞ얏ᄂᆞᆫᄃᆡ開城守備隊日兵이義兵의動靜을偵探次로該寺에來到ᄒᆞᆫ즉義兵이知機隱避ᄒᆞ야寂々然無人이라日兵이回還之際에義兵數百名이四面突起ᄒᆞ야壹齊放砲ᄒᆞ야日兵及憲兵補助員이多少間被殺하얏다고該郡來人의傳說이有ᄒᆞ더라

●柴社興旺 漢城柴炭株式會社에서重役間些感으로衝突이有ᄒᆞ야計會上에批評이有ᄒᆞ더니近日에壹致平和ᄒᆞ야營業에熱心ᄒᆞ고物品을廉價로便利케輸送하며請求者日益增加ᄒᆞ야成蹟이大有ᄒᆞ다더라

●學員의遠足 普成中학校학員이二圜五拾錢式各備ᄒᆞ고開城等地에前往ᄒᆞ야遠足會를設行ᄒᆞᆯ次로昨日上午九時에京義列車로發往ᄒᆞ얏ᄂᆞᆫᄃᆡ往還期限은壹週間으로酌定ᄒᆞ얏다더라

●農工研究演說 農工研究會에서去月曜日下午二時에特別總會를畿湖興학會々館內에開ᄒᆞ고會務를處理ᄒᆞᆫ後에金鳳鉉시ᄂᆞᆫ農은天下의大本이란問題로鄭泰容시ᄂᆞᆫ工은民生의利用으로鄭永澤시ᄂᆞᆫ研究學業의前進으로李奎壹시ᄂᆞᆫ殖產의開발은富强의原因으로演說ᄒᆞ얏다더라

●畿湖학會維持金 을某々諸氏가捐補ᄒᆞᆫ事ᄂᆞᆫ前報에已揭ᄒᆞ얏거니와續聞을據ᄒᆞᆫ즉金允植氏ᄂᆞᆫ三百圜을每朔五圜式으로閔泳弼氏ᄂᆞᆫ三百圜을每朔五圜式으로韓龍植氏ᄂᆞᆫ每朔五圜式으로金永直시ᄂᆞᆫ三百圜을每朔五圜式으로朴景喜氏ᄂᆞᆫ三百圜을每朔五圜式으로趙漢緯氏ᄂᆞᆫ三百圜을每朔五圜式으로寄付ᄒᆞ얏다더라

▲地方消息▼

▲端川郡內에서ᄂᆞᆫ四十名으로壹隊를組成ᄒᆞᆫ義兵이日討伐隊와三回를衝突ᄒᆞ얏다ᄒᆞ고

▲장津郡內에서ᄂᆞᆫ三十名으로壹隊를組成ᄒᆞᆫ義兵이尙今ᄭᅡ지出沒不絕ᄒᆞᆫ다ᄒᆞ얏고

▲永興郡西部山地方에ᄂᆞᆫ義兵約八拾名이出沒하야日討伐隊와數回를交戰ᄒᆞ얏ᄂᆞᆫᄃᆡ尙今出沒이不絕ᄒᆞᆫ다ᄒᆞ고

▲去月三十日成川郡東남方十壹里되ᄂᆞᆫ新昌里남方에서義兵四十名이同郡日守備隊中尉以下六名과交戰ᄒᆞ얏다ᄒᆞ고

▲本月一日价川東方六里半에서義兵六拾名이同郡日憲兵隊와交戰ᄒᆞ얏다ᄒᆞ고

▲去月三십壹日寧遠郡약水동東남方約七里地에서義兵五拾名이同郡分遣隊日憲兵과交戰ᄒᆞ얏다ᄒᆞ고

▲去月二拾五日成川東北方長林里分遣所日憲兵及補助員幾名은義兵二十餘名과交戰ᄒᆞ얏다더라

▲天威震疊▼

▲戊申拾月十五日은陽十壹月九日이라節氣로ᄂᆞᆫ立冬이오時間인즉午初인ᄃᆡ朔風凜凜陰雲起에雨雪交作暴亂ᄒᆞ더니忽地雷聲震ᄒᆞ야三千里에號令ᄒᆞ다罪惡以의罪人들아

▲政黨中의罪人들아君之下와民之上에너의責任엇더ᄒᆞᆫ길니忠君愛民ᄒᆞ지안코肥己之慾充滿ᄒᆞ야無辜生靈剝割ᄒᆞ고有志忠良殘害ᄒᆞ야今日悲境되얏스니그리ᄒᆞ고될ᄯᅢ보나

▲社會上의罪人들아今日情形試觀ᄒᆞ라너의責任엇더ᄒᆞᆫ길니實心倡導ᄒᆞ지안코假飾들만崇尙ᄒᆞ야外人偵探아니ᄒᆞ면政府人의奴隷되여世人耳目眩亂ᄒᆞ니그리ᄒᆞ고될ᄯᅢ보나

▲敎育界의罪人들아興亡由於敎育이라너의責任엇더ᄒᆞᆫ길니熱心敎育ᄒᆞ지안코時間이나얼너넘겨銀錢分만먹으며ᄂᆞᆫ節壹長技아ᄂᆞᆫ고로發達之期杳然ᄒᆞ니그리ᄒᆞ고될ᄯᅢ보나

▲學生中의罪人들아國權墮落此時代에너의責任엇더ᄒᆞᆫ길니熱心講究ᄒᆞ지안코優遊度日專事ᄒᆞ야百般行爲罔測라가試驗場에落與ᄒᆞ면質煩意促落第하니그리ᄒᆞ고될ᄯᅢ보나

▲著述家의罪 들아民志鼓發筆端인ᄃᆡ너의責任엇더ᄒᆞᆫ길니警世醒民못ᄒᆞ고망녕牟利的의計劃으로怪說忘語著出ᄒᆞ야社會道德破壞ᄒᆞ고愚昧人心眩惑ᄒᆞ니그리ᄒᆞ고될ᄯᅢ보나

▲家庭間의罪人들아國家文明在壹家라너의責任엇더ᄒᆞᆫ길니敎睦和협ᄒᆞ지안코無禮無義淫亂ᄒᆞ며不孝不悌懈怠ᄒᆞ야互相怨恨仇視ᄒᆞ고敗家亡身無餘ᄒᆞ니그리ᄒᆞ고될ᄯᅢ보나

▲獨壹無二ᄒᆞ옵시고至仁至明上帝ᄭᅴ서許多罪人警醒코져報館으로命令ᄒᆞ엿세敬受天意布告ᄒᆞ니壹般同胞悔改ᄒᆞ야地獄罪人되지말고天堂福音만히밧아萬々歲니누려보세

健胃消食 … 定價金拾錢

…胃弱과 健胃消食이 …消化를 助하고 …夜下痢와 赤痢白痢은 腹痛과 咳白당을 能治能止하는 藥이오

製造本舖 漢城銅路慈惠大藥房

…監査人 박… 學觀化

廣告

◉學員募集廣告

簿記와 筭術은 六個月노 測량은 壹箇月노 專門速成三科를 本所內에 設하얏스오니 願學員은 음拾月晦日內로 陸續來臨하야 規則을 詳問志願하심을 爲要

簿記 午後五時로 同七時

筭術 午後九時로 同拾時

測량 午前十時로 同十貳時

西小門內貞洞度支部後門前

專門講習所

嚴英燮大人丞議公 陰拾月九日 別世 知舊間照亮

護喪人 嚴鼎燮 訃告

◉特別廣告

侍從武官南基昌氏가 陰拾月拾七日巳時棄世故로 玆以廣告홈

護喪 金大奉 訃告

圖根測量夜學員募集

廣告

本校內에서 圖根測량學員을 大募集하오니 願하 쳠員은 陽拾壹月貳拾日(음拾月貳十七日)內로 入학請願書를 提呈홈

試驗科目은 筭術(分數以上)但細部測량卒業生은 免試홈

試驗日子는 同貳十二日

開學日子는 同貳十四日

卒業期限은 三個月

敎化門前工數學校內

慶南密陽孫貞善이가 本人으로 拾四年同居라가 本人持來한 沓壹百三斗落과 什物을 沒數奪去하고 毆打逐迫故로 得訟京鄕하야 執行치 지혼것슬 因彼貞善如何誣訴於控訴院이며 니 已決訟을 今又更沓境하니 此人變幻은 如此開明世界에도 無所不爲기로 玆以廣告홈

慶北淸道郡 桂塘 殷玉佖 告白

本所에서 測量講習所를 設施하고 實地로 壹個月速成으로 敎授하오니 志願僉員은 陰拾月貳拾五日內로 來議홈

南門外陽洞壹百五拾三統壹戶

華成測量事務所 告白

○本人이 銅峴博學書館을 他人同業이옵다가 今에 書館을 各設하고 各種書籍을 大發賣하오니 知舊及購覽僉彥은 照亮務望

京城南部銅峴四巨里二層屋

文明書館

玄 櫶 告白

◉學員募集廣告

本所에서 今般測量學校를 設立하고 學員을 募集하오니 願學僉員은 本月貳拾五日(陰拾壹月壹日) 內로 入學請願書提呈하심을 敬要

但細則은 本所에 來議홈

壹 入學試驗은 讀書 作文 筭術四則以內

科程

壹 測량學

壹 製圖學

壹 筭術學

壹 日語學

壹 期限 六個月

黃海道瑞興郡興水院

泰昌測量事務所 告白

學員募集廣告

本所에서 講習科와 初등科를 設하고 何時던지 志願을 應하와 速成으로 精密敎授하오니 願學僉員은 以此照亮홈

初等科 參個月

講習員은 학力을 隨하야 定期홈

各科에 個々히 志願학習홈도 許홈

但敎授課程과 細則은 本所로 來議홈

南部蓴洞六拾三統九戶二層屋

大韓測量組合所講習所 告白

◉學員募集廣告

本校에서 第二回測량學員을 更募하오니 志願者는 (陰拾月二拾一內)로 趁期入학하시옴

開城東部 務泉

測量學校 告白

◎特別廣告

二回測量科를 壹箇月速成으로 敎授하오니 志願人來議하시옴

試驗日字는 陰拾月二拾二日

新門外小平洞六拾七統二戶

普彰事務所 告白

本會에서 特別通常會를 來拾二日(木曜)上午十貳時에 本事務所로 開하오니 僉 會員은 屆期來臨하심을 望

經濟研究會 告白

本社營業以後로 買매便利홈과 價格至廉홈은 需用하신 僉彥께서는 洞燭하시려니와 近頃에 尤爲拾分注意하오니 願買僉君子는 陸續來議하심을 務望

南部曲橋牛井洞

漢城材木柴炭株式會社 告白

◉學員募集廣告

本校에서 第二回(測量、算術、法學、日語)六個月速成科生徒를 募集하는데 試驗日字는 本月拾五日日曜(陰拾月貳拾貳日)下午壹点이오니 入學僉員은 斯速請願하와 臨期應試홈을 爲要홈

試驗課目

讀書、作文、國漢文交作、筭術四則以內 再第壹回受業하는 학徒는 臨期登校홈을 爲要홈

中部中廳洞貳拾二統二戶

成南夜學校 告白

本事務所가 狹窄하기로 本部藥峴二拾四統壹戶로 移接하오니 照亮

協同測量組合所 告白

本所에서 時務를 擴張하기 爲하야 事務所를 新立하고 各種測量을 精密히 酬應하오니 測量請求하실 僉彥은 繼速來議하심

敬要홈

全北群山港藏財洞

全一測量事務所

事務所장 前觀察 李鎬成

副所장 前府尹 李懋榮

總務 前議官 趙喆熙

幹事 前郡守 姜榮泳

仝 進士 洪鍾翊

每朔壹次 壹日發行

雜誌 少年

每壹冊 郵送費幷 拾四錢

第壹卷 要目

皇太子殿下와 伊藤太師 나아가와 平伸面 …리大帝寫眞銅版과 「海上大韓史」「快少年世界周遊時報」「巨人國漂遊記」「星辰談」等의 精美굿흔 記事가 잇소

今에 我帝國은 우리 少年의 智力을 資하야 我國歷史에 未曾有한 大光彩를 添하고 世界文化에 貢獻하는 巨大貢獻을 爲코자 하니 古今의 重大하고 그 責은 大한디라 本誌는 此責任을 克當하고 活動的進取的발明的大國民의 基盤을 作成하기 爲하야 出來한 明星이라 愛國하는 少年과 愛子하는 父兄은 須臾라도 離치 못할 디니라

總發行所 南部絲井洞 新文館

本人의 世傳庄土中安州蔣哥동所在田沓廿五日七息耕과 南造上端所在拾五日耕과 肅川坪里所在廿四日壹息耕合六拾四日八息耕을 韓國閔泳徽의게 見奪하온바 京鄕同胞의 所共知어니와 現今京城地方裁判所에 告訴하야 將行裁判이온듸 今聞閔이 欲爲圖得證明書於地方官廳云云이온則 該土所在面洞長이 必無證明之理이오 되 人心이 不古에 以若閔之勢力으로 或得證明書라도 神聖한 裁判所의 判決이 有하기 前에는 無効한 僞證明이오니 內外國 僉君子는 照亮하시옵소서

安州南松面館庄里居

김회鼎의 未亡人 李召史 告白

本人은 遐鄕千里外에 居하야 識見도 無하고 또 업는 貧窮農夫라 晝以耕하며 夜以息하는 蠢蠢物로 如千田土를 가지고 居生하옵더니 本人에 子魯彥이가 不肖無雙하야 去年分의 花樓酒肆에 出入하야 錢幾千兩을 濫用故로 去年陰十二月에 漢子에 所負錢을 壹壹還給하옵고 至於今年하야는 此漢子의 게 壹分錢壹枚貨를 不償하여 달나고 本報第六卷七百三拾三號內에 內外國花樓酒々에 出入홀뿐不啻라 本面々長崔時興은 壹邑에 權利노 多하고 亦財本家라 洞長姜得文이가 崔時興과 協議하고 錢千兩을 同代償給於漢子하야 日夜花樓에서 濫用하온 後에 面長崔時興이가 老度홈즉 由報廣告니인 本人에게는 推錢之策이 無하고 又時面長時동 使權利를 恃하고 漢子를 威脅하야 萬餘兩價値되는 田地를 八千兩에 定價다하고 本文記업시 買하얏다하오나 面長崔也와 洞長姜也와 漢子魯彥 파비가 마즈 壹心挾雜하오니 此八千兩도 受與不受를 姑未的知오니 此는 無他라 本人을 盤盤物이라 압시하고 田地를 씨앗는 貌樣이오니 此習이 漸長이오면 州內面殘弱村氓은 賴生할수가 업슬기 府郡에 裁判도 請願하오려니와 爲先壹般 僉君子에게 등知케 告白하오니 照亮하심을 敬要

義州州內面弘岩洞 邊仲勳 告白

本館處所의 便利케 爲하야 南部武橋前翠香館으로 移接하얏스오니 僉君子는 照亮來臨하심을 務望

高等 漢陽旅館 告白

[illegible]

◎學員大募集廣告

各技術家가 不顧優劣하고 速圖營作이 消欠公私라 精壹鍊熟홈을 爲하야 本所에 講習所를 特設하고 隨技敎授하오니 有志同業 僉彥은 陰拾月初九日爲始하야 講願書를 提呈홈

講習員에 志願은 何時던지 依願敎授이되 隨其學力하야 講習期限을 定홈

初等員도 壹體募集하되 六個月速成으로 定홈

各課程에 個個히 實習만 하시기 願홈도 依홈

但位置는 南部蓴洞六拾三統九戶貳層洋屋

課程

測量學 地形學 幾何學

幾何畵法 測量實習

製圖實習

筭術

各項設計及書類

開學日字는 陰拾月拾六日上午九時로 定홈

但細則은 本所에 來議홈

大韓測量組合所 講習所 白

南部山橋十一統七戶

辯護士 崔 鎭

染織支店을 新設

各項衣次織造放賣

男女學生衣服次織造

理化學應用染色及改染最新染粉直輸入放賣其他各種染色及織造

宗廟越邊 中谷染織工所 告白

支店鍾路魚物廛七房

大擴張하고

本店內外國直輸入各種煖爐諸般所入與煖爐各木及石炭均可入燒拾分利便木匠工程色造樓房叉房家內所用火棟이椅床材木器具玻璃磚瓦鐵器皆有大發賣諸君講覽 僉彥照亮務望

大漢門下車橋前 榮興號

度支部測量課 編纂

土地測量術

全壹冊正價金　洋製六拾錢　洋裝九拾錢

近日測量術書籍에三四種이刊行되엿스나不完全의缺點이不無ᄒᆞ든바今此本書ᄂᆞᆫ細細測量으로圖形測量々지詳密히編纂ᄒᆞ얏스며各種實地測量과製圖의圖本을挿入ᄒᆞ야一般斯學界의無二ᄒᆞᆫ寶典이오且紙質의堅美ᄒᆞᆷ과製冊의華麗ᄒᆞᆷ이測量術書中에覇王이라稱ᄒᆞᆯ만ᄒᆞᆷ

〔發兌元〕
皇城中部罷朝橋越　中央書館　朱翰榮
仝 南部大廣橋　大東書市　金基鉉
仝 南門內尙洞　滙東書館　高裕相
仝 남門外紫岩　博文書館　盧益亨
仝　新舊書林　池松旭

趙聲九氏 撰述

地方行政論

全壹冊 定價金三拾錢

▲本書ᄂᆞᆫ地方自治行政에關ᄒᆞᆫ一般의原則과外國의現行制度를參互撰集ᄒᆞ야簡明히論述ᄒᆞᆫ者ㅣ니現히地方官의位에在ᄒᆞᆫ者의行政上參考될은勿論이오全國人士ᄂᆞᆫ각其關係生活의本旨를瞭解ᄒᆞ야將來自治制度組織의基礎를成ᄒᆞᆯ者ㅣ니有志僉彥은速々購覽ᄒᆞ시옵

發行元　皇성中部罷朝橋越邊　中央書館
發售處　京城及地方　各書肆

土陽復元丹

壹週分壹圓
二週分壹圓八十錢
四週分三圓四十錢
八週分六圓四拾錢

[illegible]藥[illegible]專치腦痛肺弱○房事色傷○[illegible]腎虛弱○陽萎不起○遺精[illegible]○神經衰弱○房事時早漏不快○病後虛弱○健忘不眠[illegible]症○精氣不足○飮[illegible]○眩暈[illegible]痛○等症[illegible]나니試服此丸[illegible]服法服之[illegible]不過幾点鍾에立[illegible]妙效[illegible]야魂飛肉躍[illegible]精神飮食[illegible]頓覺愉快하나니其症이輕者ᄂᆞᆫ服壹貳週면挽回元氣[illegible]症이稍重者ᄂᆞᆫ可服[illegible]週[illegible]年痼疾[illegible]其症이[illegible]運服[illegible]八週면必能全치[illegible]疑니若夭癈病之人으로試用[illegible]則[illegible]而益氣[illegible]强筋而壯骨[illegible]나니用[illegible]八週而未見其效則請將[illegible]如數還呈이요不致虛誕[illegible]欺라此丸[illegible]又無論男婦老幼[illegible]고均用有効[illegible]나니眞[illegible]比之妙劑也라 僉位ᄂᆞᆫ何不早圖壹試오

發行所　皇城南部大廣橋십九統七戶　濟生堂약房
特約代理店　京城水標橋　共發堂약房

大韓國十三道各郡總發行所는
京城南大門內濟生堂大藥房

化濟新藥 清心保命丹
陸軍軍醫金守鉉君實驗方劑
陸軍軍醫張基茂君有效證明
上海衛生諸君子常備之靈藥
發行所 仁川港杻峴 濟生堂藥房
九粒入金拾錢

（主治效能）
담飮●咳嗽●胃痛腹痛●氣鬱●食傷●中暑中寒●食積●吐瀉●水土不服●酒醉●口臭●船車眩暈●其他運氣厲疫을預防ᄒᆞᄂᆞᆫ奇效가有ᄒᆞᆷ

蛔積殺蟲散

右藥은蛔虫을一切拔根ᄒᆞᄂᆞᆫ妙약 （금십錢）

起死回生 回生丹

此약은急ᄒᆞᆫ吐瀉와霍亂과腹痛이며담咳의神效ᄋᆞᆷ （금拾錢）

●其他內外新製에○補血藥○補陰補陽藥○不足症藥○婦人冷病藥○瘡病藥○寸虫拔根藥○ 되 눈藥○眼藥各種○皮膚藥○大小腫氣膏藥各種○感氣藥○淋疾藥○滯症藥○其外 여러가지藥을 이로 긔록지 못ᄒᆞᆷ

洋藥類化장品類

●十三道[illegible]藥商[illegible]시[illegible]位의게ᄂᆞᆫ[illegible]特別割引ᄒᆞ야極廉[illegible]要望

◎遠地[illegible]小包郵便으로信送ᄒᆞᆷ

○仁川港[illegible]　濟生堂[illegible]本舖
○開城南門內　濟生堂開城[illegible]
○平壤貫洞　濟生堂平壤出張[illegible]
○宣川邑內　濟生堂平北總支店
○元山港銘石院　濟生堂元山支店
○[illegible]山[illegible]草梁　濟生堂釜山出張所
○沙里院場　濟生堂沙里院出張所
○馬山港東[illegible]　濟生堂馬山支店
○鎭南浦後浦　濟生堂鎭南浦出張所

大韓帝國仁川港杻峴內外總發行所和平堂大藥房

[illegible]毒[illegible]男女老少[illegible]服[illegible]效[illegible]ᄒᆞ고若服[illegible]야百발百中ᄒᆞ오니非例方可及也라若論主治則楊梅下疳連珠風濕瘀창諸症에俱見立效ᄒᆞ오니著病僉君子ᄂᆞᆫ壹次試驗伏望

婦人 胎登調經丸

婦人이孕胎하지못ᄒᆞᆷ은冷病積病과月經不調로因ᄒᆞᆷ이니此약을服ᄒᆞ시면婦人腹中諸病을一切退去ᄒᆞ야自然孕胎ᄒᆞᄂᆞᆫ약

부인명약디양됴경환 壹朔分壹劑 金五圜

補陰補陽 滋陽丸 ᄌᆞ양환

定價金
三拾日分 金五圓
二拾日分 金三圓四拾錢
拾日分 金壹圓八拾錢

此약은○房事不容○腎虛腰痛○病後氣端○腎氣不足○陽痿不起○陰虛火動○房事煩惱困○手足厥冷○形容蒼白○遺精多夢○右諸症에適宜服用하시면特效가有ᄒᆞ외다

八寶丹 九拾ㅅ粒入金拾錢

主治效能
○胃痛惡心○痰疾固飮○[illegible]思欠乏○[illegible]暑中寒○[illegible]入積滯○鬱憤[illegible]格○滯飮[illegible]傷○頭痛眩暈○泄瀉下痢○霍亂吐瀉○水土不服○船車醉

此外에도東西各國靈[illegible]을俱備[illegible]各地方에서도隨用請求[illegible]郵便[illegible]일[illegible]요各處藥業[illegible]僉位[illegible]特別割引放賣ᄒᆞ오니陸續注文[illegible]務[illegible]

發行人 李應善
發行所 京城鍾路和平堂支店
●水原北部普施洞약局　和[illegible]店
●[illegible]川[illegible]市[illegible]陽市病院　[illegible]
●鎭南浦[illegible]약舖　和平[illegible]
●平壤館前약舖　和平[illegible]
仁川杻峴 京城鍾路 和平堂 [illegible]

院長古城梅溪가[illegible]
[illegible]醫官[illegible]
[illegible]詳[illegible]設備ᄒᆞ고大作革新ᄒᆞ야韓淸兩國病人의診察을從事ᄒᆞ며且軍醫諸氏에게囑托ᄒᆞ야新方妙劑로極盡히速活回春ᄒᆞᆷ을期ᄒᆞᆷ
再次赤貧患者의施療ᄂᆞᆫ藥價를勿論ᄒᆞ며又隨時ᄒᆞ야牛痘苗를施種ᄒᆞᆷ

京城本町四丁目 贊化病院 （電話二一四番）

社告

○申報價
壹朔代金 新貨二錢五厘
壹個月前納 三十錢
參個月 九拾錢
半個月 壹圜[illegible]十錢
壹個年 三圜四十錢
[illegible]稅[illegible] [illegible]五厘
壹個月 十三錢

○廣告料
[illegible]号活字[illegible]字詰
[illegible]行[illegible]新貨廿五錢
[illegible] 二[illegible]拾錢
[illegible] 五[illegible]
（自[illegible]至[illegible]）
[illegible]字行[illegible]
[illegible]增減[illegible]有ᄒᆞᆷ

Responsible for Publication Alfred Weekley Marnham
發行所 [illegible]

[illegible]井洞號外[illegible]三[illegible]
大韓每日申報社

[illegible]壹[illegible]鐵路[illegible]에서太英國製[illegible]力檢[illegible]機械[illegible]와眼[illegible]男女[illegible]力을檢査[illegible]
[illegible]適合ᄒᆞ게[illegible]

第六卷 大韓每日申報 第九百五十壹號

月曜及慶節 歲時日休刊

檀君開國四千二百四十一年
箕子元年三千三十年
大韓開國五百十七年
日本明治四十一年
清國光緒三十四年
陰曆戊申十月大十九日辛未

論說

◉小學教科書를宜精製

健全勇敢ᄒᆞᆫ國民이되야腐敗ᄒᆞᆫ國家의運命을挽回ᄒᆞ며暗黑ᄒᆞᆫ民族의前途를劈闢ᄒᆞᆯ者ᄂᆞᆫ彼萬里前程이洋々勃々ᄒᆞᆫ青年兒가아닌가腦髓가未堅ᄒᆞ고氣質이未定ᄒᆞᆫ青年을引導하야國家的思想을涵養하며國民的智能을啓發ᄒᆞᆯ物은彼小學校의幾秩教科書가아닌가

然則所謂小學校에其教科書가不完全ᄒᆞ면비록千百個의學校가有ᄒᆞ나只是空殼뿐이오千萬人의教師가有하나徒然虛名뿐이라此等不完全ᄒᆞᆫ教科書야幾千萬秩이有ᄒᆞᆫ들其青年에게何益이有ᄒᆞ리오只其青年을驅하야魔界的人物을作ᄒᆞᆯ뿐이며此等魔物的青年이幾億萬人이有ᄒᆞᆫ들其國家에何益이有ᄒᆞ리오抑其國家를壞ᄒᆞ야悲境에入ᄒᆞᆯ뿐이로다

嗚乎韓國教育界여近日韓國에小學校가日加月增ᄒᆞ야殆히蔚然可觀ᄒᆞᆫ듯ᄒᆞ나及其教科書를点檢ᄒᆞ면完全精備ᄒᆞᆫ者ㅣ幾卷이나有ᄒᆞᆫ가蓋韓國이新教育을唱導ᄒᆞᆫ지于今十餘年에教育家著述家가教科書編撰에稍々着手ᄒᆞ얏스나然이나或其編製가不規則하며或小학生徒에게不適當ᄒᆞ며或古代陳腐物을襲用ᄒᆞᄂᆞᆫ者ㅣ有ᄒᆞ야小學校가有ᄒᆞ면十小학校가不同ᄒᆞ며百小學校가有ᄒᆞ면百小학校가不同ᄒᆞ야兒童의進步가不齊하고學問의발達이隨遲ᄒᆞ야教育界의壹大缺点이되나抑今日韓國에此를憂慮ᄒᆞ며此를矯正코져ᄒᆞᄂᆞᆫ者ㅣ幾個人이나有ᄒᆞᆫ가

現今韓國小學校에普通流行ᄒᆞᄂᆞᆫ教科書를畧論컨ᄃᆡ所謂修身教科書ᄂᆞᆫ殆히可論ᄒᆞᆯ바ㅣ無ᄒᆞ고國語教科書ᄂᆞᆫ僅히壹二種이有ᄒᆞ고地誌歷史理科算術等教科書도各히數種이有ᄒᆞ나或其程度가高遠浩繁ᄒᆞ며或其編撰이不條不理ᄒᆞᆷ으로各小학校에셔其困難을憚ᄒᆞ야教授치아니ᄒᆞᄂᆞᆫ者ㅣ多ᄒᆞ며或教授ᄒᆞᆯ지라도成功이遲ᄒᆞ고漢文으로佶屈聱牙ᄒᆞᆫ書籍을妄用ᄒᆞᆷ으로終日讀字에解識키猶難ᄒᆞ고至若實業에關ᄒᆞᆫ教科書ᄂᆞᆫ影子도都無ᄒᆞ며甚者ᄂᆞᆫ外國語로著述ᄒᆞᆫ教科書를用하ᄂᆞᆫ學徒도有ᄒᆞ니是를忍ᄒᆞ며是를忍言ᄒᆞ리오

嗚乎라此等教科書로足히國民的青年을養成ᄒᆞ며偉人的青年을鑄造ᄒᆞᆯ깃ᄂᆞᆫ가只是兒童의腦髓만迷亂ᄒᆞ며教育의進步만障碍ᄒᆞᆯ뿐이로다

惟望教育界에此責任을擔負ᄒᆞᆫ諸君들은此에汲々注意ᄒᆞ야國家的思想을涵養ᄒᆞᆯ資料와國民的智能을啓發ᄒᆞᆯ精神으로小학校教科書를編製ᄒᆞ되教授程度를精細히研究ᄒᆞ야極히平易케ᄒᆞ며極히簡明케ᄒᆞ야兒童을引導ᄒᆞ며受業時間을適當히分配ᄒᆞ야壹학年用이던壹학年에盡習하고壹학期用이면壹학期에盡習ᄒᆞ야各校가壹致케ᄒᆞᆯ지어다

然ᄒᆞᆫ後에야學生의進步가敏速ᄒᆞ며教育의効果가周到ᄒᆞ야人物의蔚興을可期라ᄒᆞ노라

▲▲隆熙貳年拾月二拾七日 官報

●告示

農商工部告示第拾三號 續

商法 （明治三拾二年法）（律第四拾八號）

第百七十條 取締役은各自會社를代表ᄒᆞᆷ

第六拾二條의定規ᄂᆞᆫ取締役에게此를準用ᄒᆞᆷ

（參照）

第六拾二條 會社를代表ᄒᆞᆫ社員은會社의營業에關ᄒᆞᆫ壹切裁判上又ᄂᆞᆫ裁判外의行爲를行ᄒᆞᄂᆞᆫ權限을有ᄒᆞᆷ

法人은理事其他代理人이其職務를行ᄒᆞᆷ으로他人의게及ᄒᆞᆫ損害를賠償ᄒᆞᄂᆞᆫ責에任ᄒᆞᆷ

理事의代理權에加ᄒᆞᆫ制限은此로써善意의第三者에게對抗ᄒᆞᆷ을不得ᄒᆞᆷ

第百七十壹條 取締役은定款及總會의決議錄을本店及支店에備置ᄒᆞ고且株主名簿及社債原簿를本店에備置ᄒᆞᆷ을要ᄒᆞᆷ

株主及會社의債權者ᄂᆞᆫ營業時間內何時던지前項에揭ᄒᆞᆫ書類의閱覽을求ᄒᆞᆷ을得ᄒᆞᆷ

第百七拾二條 株主名簿에ᄂᆞᆫ左開事項을記載ᄒᆞᆷ을要ᄒᆞᆷ

壹 株主의姓名住所

二 各株主의株式의數及株券의號數

三 各株에對ᄒᆞ야辦納ᄒᆞᆫ株金額及辦納ᄒᆞᆫ年月日

四 各株式取得의年月日

五 無記名式의株券을發行ᄒᆞᆫ때ᄂᆞᆫ其數及號數及발行의年月日

第百七十三條 社債原簿에ᄂᆞᆫ左開事項을記載ᄒᆞᆷ을要ᄒᆞᆷ

壹 社債權者의姓名。住所

二 債券의號數

三 社債의總額

四 各社債의金額

五 社債의利率

六 社債償還의方法及期限

七 債券發行의年月日

八 各社債取得의年月日

九 無記名式의債券을발行ᄒᆞᆫ時ᄂᆞᆫ其數及號數及발行의年月日 （未完）

外報

●勃土의戰爭準備 伯林電을據ᄒᆞᆫ즉土耳其와勃牙利間에ᄂᆞᆫ協商困難을因ᄒᆞ야戰爭을準備ᄒᆞᆫ다더라

●白金合併 東京電을據ᄒᆞᆫ즉白耳義와剛果兩國은合併의公報가有ᄒᆞ다더라

●駐屯軍撤還 伯林電을據ᄒᆞᆫ즉獨佛兩國은明春에ᄂᆞᆫ清國에駐屯ᄒᆞᆫ軍隊를撤回ᄒᆞ고單히海軍의分遣隊로代ᄒᆞᆫ다더라

●塞爾維의不穩 倫敦電報를據ᄒᆞᆫ즉近東은再次不安의形勢를呈ᄒᆞ야塞爾維의事態ᄂᆞᆫ殆히不穩ᄒᆞ다더라

●佛相의言論 同電을據ᄒᆞᆫ즉佛國首相구레만氏ᄂᆞᆫ來訪者의게語ᄒᆞ야日英佛露三國은歐洲의平和를確保ᄒᆞ고自由를尊重케ᄒᆞᆷ에ᄂᆞᆫ今日과如히誠心으로聯合壹致ᄒᆞᆷ은未曾有事이라ᄒᆞ앗다더라

文壇

▲讀史新論 （續） 壹片丹生

第六章

從古韓國의自家所有物又치認定ᄒᆞ야壹般國民의外競思想을鼓吹ᄒᆞ니其事實의有無야何如ᄒᆞ던지國民의精神을振作ᄒᆞᆷ은此도或壹途가될ᄂᆞᆫ지

雖然이나歷史의捏造ᄒᆞᆷ이엇지此에至ᄒᆞ뇨彼ᄂᆞᆫ巨證ᄒᆞ고我ᄂᆞᆫ日愚ᄒᆞ니嗚乎라此等도亦細事로看ᄒᆞᆷ이不可ᄒᆞ도다

大抵三國이皆壹與國을有ᄒᆞ얏스되高句麗ᄂᆞᆫ말갈을有ᄒᆞ고百濟ᄂᆞᆫ日本을有ᄒᆞ고新羅ᄂᆞᆫ支那를有ᄒᆞ얏ᄂᆞᆫ대말갈은全是屬國性質이오支那則當初부터新羅의興國됨이아니라只是後來金春秋金庾信等이壹時外交的手段에依ᄒᆞ야羅濟를并呑코져ᄒᆞᆯ시卑辭厚幣로彼를結合ᄒᆞ얏더라

然則百濟日本의關係ᄂᆞᆫ高句麗에말갈과如ᄒᆞᆫ가新羅에支那와如ᄒᆞᆫ가日余ᄂᆞᆫ以爲호ᄃᆡ百濟가日本을待遇ᄒᆞᆷ은비록高句麗가말갈을驅使ᄒᆞᆷ과ᄂᆞᆫ少異ᄒᆞ나日本이百濟를仰望ᄒᆞᆷ은말갈이高句麗를崇拜ᄒᆞᆷ과恰同ᄒᆞ다ᄒᆞ노니不然이면百濟가엇지彼를常引ᄒᆞ야數百餘年間新羅를侵擾케ᄒᆞ얏스며不然이면百濟가엇지彼를用ᄒᆞ야自家의戍兵을作ᄒᆞ얏스리오（廣開土王이百濟를伐ᄒᆞ시ᄆᆡ城中에倭兵이充滿ᄒᆞᆫ類）蓋彼가化兵法商工等藝를皆百濟에學得ᄒᆞ미自然其驅役을受ᄒᆞᆷ은古代未開野人의常例가然ᄒᆞ니라

後來百濟將亡에王子豊信이日本에入質ᄒᆞ야其救兵을請ᄒᆞᆫ時에至ᄒᆞ야或者日本의文治武力이已旺ᄒᆞᆫ以後인듯ᄒᆞ나但其時我邦人의質子라云々ᄒᆞᆫ은即彼支那古代에弱國이强國에遣質ᄒᆞᆫ例와不同ᄒᆞ고只是鄰國에旅遊或性聘ᄒᆞᆫ事를皆遣質로言ᄒᆞ얏스니即黃龍國은高句麗의屬國이로ᄃᆡ王子解明을遣質라ᄒᆞ얏스며樂浪은高句麗보담弱國이로ᄃᆡ王子好童이爲質라ᄒᆞ얏스니此等으로推ᄒᆞ건ᄃᆡ當時我邦人의質子라稱ᄒᆞᆷ은支那戰國의所云質子와不同ᄒᆞᆷ은可知니即王子豊信의爲質도亦弱國이强國에請援코져ᄒᆞ야王子로質ᄒᆞᆷ과ᄒᆞᆫ例로看ᄒᆞᆷ이不可ᄒᆞᆫ지라故로百濟와日本의始終關係ᄂᆞᆫ高句麗말갈과畧似ᄒᆞ다ᄒᆞ노라

（未完）

雜報

◎學部明令 桂洞官內에 在ᄒᆞᆫ 學校ᄂᆞᆫ 恒居校舍가 狹窄ᄒᆞᆷ으로 ... 臨ᄒᆞ야 參ᄒᆞ 安○府 任官前 御賜ᄒᆞᆫ 校舍로 大皇帝陛下ᄭᅦ옵서 下賜ᄒᆞ신 ... 學校에 移接ᄒᆞ얏다더라

◎裵說氏公函

本社社長裵說氏가 本社에 寄函ᄒᆞᆫ 全文이 如左ᄒᆞ더라

本人이 現今保持ᄒᆞᆫ 國債報償義捐金 揭金을 管理ᄒᆞᆷ에 關ᄒᆞ야 新任總所委員에게 交付ᄒᆞ야 引渡ᄒᆞ라ᄒᆞᆷ을 本人이 堅確히 拒絕ᄒᆞ얏거니와 多少韓人心에 誤解가 或有ᄒᆞᆯ지라 本人은 英國臣民이오 英國法律下에 在ᄒᆞ니 此捐金을 出捐ᄒᆞᆫ 人諸氏의 ... 諸氏의 代表者와 ... 而已인줄노 認識케 ᄒᆞ기를 要ᄒᆞ오며 事端이 若是히 歸正될 本人은 如此ᄒᆞᆫ 重大責任과 煩惱ᄒᆞᆫ 件을 脫棄ᄒᆞ기를 實로 甚悅ᄒᆞ나이다

拾壹月拾壹日　裵說 頓

社長　閣下

◎統監渡來 伊藤統監이 韓國에 渡來ᄒᆞᆷ을 當ᄒᆞ야 去六日에 日皇陛下ᄭᅴ 拜謁ᄒᆞ고 韓國統治上에 關ᄒᆞᆫ 巨細事件을 奏達ᄒᆞ얏다더라

◎統監何事 統監府에서 有何協議事인지 再昨日에 北村大官某某三人을 請邀ᄒᆞ얏다더라

◎是何觀察 內大宋秉畯 度支大臣任善準 農大趙重應 三氏가 日前參政觀察次로 開城에 前往ᄒᆞ얏는ᄃᆡ 滿月臺에서 妓樂으로 遊樂ᄒᆞ얏다더라

◎其甘如醴 李根澔氏兄弟의 陰謀과 凶腸은 世所共知어니와 日에 永宜君과 李址鎔의 壹派가 政府椅子를 擅有ᄒᆞ다ᄂᆞᆫ 巷說이 喧藉ᄒᆞ더니 其後에 兄弟들이 永宜君을 傍助ᄒᆞ야 內選으로 權力紹介ᄒᆞ야 晝夜로 秘密相通ᄒᆞ야 日夜를 ... ᄒᆞ며 도又 機關的으로 密勿ᄒᆞᆫ 情誼가 有ᄒᆞ니 李氏의 兄弟ᄂᆞᆫ 更히 大臣椅子를 圖得코저 ᄒᆞᆷ이오 永宜君은 元來性質이 鄙陋ᄒᆞ야 李氏의 富名을 欽慕ᄒᆞ야 互相權利를 ... 計劃이라고 閭巷批評이 ... ᄒᆞ더라

◎是何肝腸 廣州婦人呂州 ... 部에 沙器製造ᄒᆞᄂᆞᆫ 土堀을 認許 得ᄒᆞ야 次로 韓國人이 農商工部에 ... 請願ᄒᆞ야 許可치 아니ᄒᆞ야 ... 其後에 許施ᄒᆞ얏다더라

◎市場調査 典圜警察 市場을 設ᄒᆞ얏다ᄂᆞᆫ ... 揭ᄒᆞ얏거니와 更聞ᄒᆞᆫ즉 該市場은 ... 思동에 設ᄒᆞᆫ 大宗히 地民家를 現今調査ᄒᆞᄂᆞᆫ 此調査의 事務가 畢了後에ᄂᆞᆫ 民家를 一切買ᄒᆞ야 毀撤ᄒᆞ야 市場을 宏設ᄒᆞ고 販賣及購買者에게 便利케 ᄒᆞ기로 當局者들이 方今擱議中이라더라

◎借與請願者至 畿湖興學會에서 典隊營門을 借與ᄒᆞ라고 度支部에 請願ᄒᆞᆫ 借與請願이 近日內에 答至ᄒᆞ고 當局에서ᄂᆞᆫ 此를 何如히 措處키 難ᄒᆞ야 方今擬議中이라더라

◎與者受者壹般 日本이 間島의 淸國權利를 承認ᄒᆞᆫ 同時에 淸國이 日本에 對ᄒᆞ야 相當ᄒᆞᆫ 償與ᄒᆞᆷ을 預期가 有ᄒᆞ다더라

◎全國鑛稅額 度支部에서 徵收ᄒᆞᆫ 全國鑛稅ᄂᆞᆫ 去年末日에 調査ᄒᆞᆫ 額이 壹百二十萬二千二百七十七圜三十錢 內에 收入額이 八拾二萬五千六百九拾八圜五十錢이오 未收額이 二拾三萬九千五百七十八圜八十錢이오 其外損缺數도 若干이 有ᄒᆞ다더라

◎學部視察出張 學部의 記官 李敏德와 事務官 澁谷이 春川 ... 驪州 忠州 五郡에 學務를 觀察次로 ... 二人을 帶同ᄒᆞ고 再昨日에 出發ᄒᆞ얏ᄂᆞᆫᄃᆡ 往返期限은 二週日間으로 預定ᄒᆞ얏다더라

◎長谷寄附 侍從武官南○昌氏가 因病仙逝ᄒᆞ얏다ᄒᆞᆷ은 前報에 揭載ᄒᆞ얏거니와 長谷川大將이 再昨午后四時에 尉官壹人을 南巷南氏家에 委送ᄒᆞ야 吊禮를 表ᄒᆞ고 新貨壹百五拾圜을 葬費에 補用ᄒᆞ라고 寄送ᄒᆞ얏다더라

◎自唱自和 日本人이 發行ᄒᆞᄂᆞᆫ 大韓日報에 韓國農商工部에서 狩獵法을 發佈ᄒᆞᆷ을 評論ᄒᆞ얏ᄂᆞᆫᄃᆡ 略曰現今韓人에게 對ᄒᆞ야ᄂᆞᆫ 銃器携帶를 嚴禁ᄒᆞᄂᆞᆫ 中인즉 該法의 適用ᄒᆞᆯ바ᄂᆞᆫ 韓人以外에 外國人(卽日本人)일지라 益히 日官吏가 其適用의 如何를 不顧ᄒᆞ고 法令雨下의 弊를 作ᄒᆞᆷ은 吾徒의 駁論ᄒᆞᄂᆞᆫ 비라ᄒᆞ얏더라

◎商業維持開會 近日以來로 商業界及地方에 金融이 尤極枯渴ᄒᆞᆫ 故로 商業界의 大失敗가 多ᄒᆞᆫ 因緣으로ᄒᆞ야 京城商業會議所가 財政의 窘拙로 廢止ᄒᆞᆯ 境에 至ᄒᆞ얏ᄂᆞᆫᄃᆡ 邊에셔ᄂᆞᆫ 日本商業會議所와 合幷ᄒᆞ자ᄂᆞᆫ 論도 有ᄒᆞ나 此ᄂᆞᆫ 決코 實行키 難ᄒᆞᆷ으로 某所에서 日前에 任員會를 開ᄒᆞ고 漢城內外商業ᄒᆞᄂᆞᆫ 諸시의 每月義捐금幾拾錢式 徵收ᄒᆞ야 維持ᄒᆞ기로 決定ᄒᆞ고 請捐委員 ○人을 選定ᄒᆞ얏다더라

◎沈氏仙逝 前觀察使沈建澤氏가 身病이 有ᄒᆞ야 多年呻吟ᄒᆞ더니 昨日上午二時에 仍爲長逝ᄒᆞ얏다더라

◎是何妄人 前都事梁海源시가 湖南鐵道敷設事에 關ᄒᆞ야 經費로 每結稅頭에 ○圓式加斂ᄒᆞ야 收斂ᄒᆞᆫ 事務所를 ... 二處에 設ᄒᆞ고 ... 式派送ᄒᆞ야 現今運動中이라더라

◎作弊者除汰 各地方憲兵補助員이 無辜良民의게 不正ᄒᆞᆫ 行을 ᄒᆞ야 除汰ᄒᆞᆫ 者가 百餘名이라더라

◎蠻乎蠻乎 去月日本人 杉○가 官에 勤務ᄒᆞ야 簿를 持ᄒᆞ고 飲酒泥醉ᄒᆞ야 泥峴 菓子商松永氏店에 入ᄒᆞ야 店主와 毆打ᄒᆞ고 店女人을 引摘ᄒᆞ야 衣服을 裂破ᄒᆞ고 亂暴을 甚ᄒᆞᄂᆞᆫ 故로 警官이 到ᄒᆞ야 ... 曳去ᄒᆞ야 硝子窓을 破壞ᄒᆞ고 逃走ᄒᆞᄂᆞᆫ지라 巡査를 ... 捕縛ᄒᆞ야 拘留ᄒᆞᆫ 後에 罰金二圓을 徵收ᄒᆞ얏다더라

◎測量挾雜 雲峴宮에셔 測량학徒幾名을 楊州郡馬山及獐峴等地로 派送ᄒᆞ야 該宮所屬山林及田畓을 測량ᄒᆞᆯ 時에 附近에 在ᄒᆞᆫ 他人의 土地가 犯入되ᄂᆞᆫ 境遇에ᄂᆞᆫ 該학徒가 其地主를 招集ᄒᆞ야 言ᄒᆞ되 貴土가 此測量에 少許犯入ᄒᆞ얏슨즉 更不測量ᄒᆞ면 宮에 永爲見奪ᄒᆞᆯ터이니 更爲測量以給ᄒᆞ마ᄒᆞ고 手勞ᄂᆞᆫ 幾十圓式 暗自受喫ᄒᆞᆷ으로 民冤이 不無ᄒᆞ다더라

◎眼花甚昏 河橋地居壹女人이 何許少年으로 年前부터 結約ᄒᆞ고 壹夜를 同枕ᄒᆞᆫ後 去無消息ᄒᆞ자라 ᄒᆞᆫ女가 ... 過去ᄒᆞ다가 何許少年을 ... 夜에 同枕ᄒᆞᆫ人으로 誤認ᄒᆞ고 衣裾를 堅執ᄒᆞ고 ... 紛紛ᄒᆞ거날 ᄒᆞᆫ少年이 莫知其所由ᄒᆞ야 閑居頹末ᄒᆞᆫ ... 誓死不捨ᄒᆞ더니 適其時 其女의 老母가 來到詳觀ᄒᆞ니 非其人이라 汝是誤認이라ᄒᆞᆫ즉 從ᄒᆞ고 其狂如醉ᄒᆞ거늘 ... 巡査가 來到ᄒᆞ야 曉諭解送ᄒᆞ얏더라

◎罪犯宣判 京城地方裁判所에서 吸鴉罪人洪準煥을 懲役壹年으로 處ᄒᆞ고 將洪喜永 朴坐 兩人은 流十年으로 聖和 ... 流二年으로 强盜犯 ... 謀殺罪人李召史는 處絞에 宣告ᄒᆞ얏다더라

◎誣訴 公州居ᄒᆞᄂᆞᆫ 申宅某가 家勢가 稍饒ᄒᆞ더니 ... 因ᄒᆞ야 今年음月 ... 京의 ... 居ᄒᆞ고 ... 親友의 ... 言을 聞ᄒᆞ야 金을 買得ᄒᆞ야 可以仕接 ... 幾百圓만 辦得ᄒᆞ면 ... 極力周旋ᄒᆞ다ᄒᆞ고 金錢七百圓을 得ᄒᆞ야 ... 延拖ᄒᆞ고 ... 京城地方裁判所에 呼訴ᄒᆞ얏ᄂᆞᆫᄃᆡ 裁判中이라더라

◎頑論可聽 ... 有ᄒᆞ야 日昨에 ... 府의 官吏가 ... 醜聲이 甚多ᄒᆞᆫ 故라더라

◎義兵襲擊 近日 楊州郡廣岩附近에 義兵이 多數聚集ᄒᆞ야 該郡各面에 出動ᄒᆞ되 富民의 穀包를 一切執留ᄒᆞ고 ... 防穀ᄒᆞ라ᄒᆞ얏다더라

◎爲弟呼冤 砥平郡에 駐在ᄒᆞᆫ 憲兵分隊에셔 該郡玄谷居ᄒᆞᄂᆞᆫ 金鎬시가 義兵干連이 有ᄒᆞ다ᄒᆞ고 提囚審査ᄒᆞᆫ後에 京城地方裁判所에 押送ᄒᆞᆫ 故로 其家兄又成이가 ... 上京ᄒᆞ야 該所에 呼冤ᄒᆞ되 吾弟가 白玉과 如히 無罪ᄒᆞ니 速히 放送ᄒᆞ라ᄒᆞ고 現今道路에 ... ᄒᆞ며 飮泣不己ᄒᆞᄂᆞᆫ 故로 其情景은 目不忍見이라더라

◎尹氏化去 西部貞洞居ᄒᆞᄂᆞᆫ 尹道植시의 家兄尹某가 前年에 閔泳翊氏의 隨員으로 ... 從往ᄒᆞ야 海外에 渡去滯留ᄒᆞ다가 何等營業으로 勤務取利ᄒᆞ야 巨萬金貨를 得ᄒᆞᄂᆞᆫ 中 ... 銀行에 任置ᄒᆞ얏더니 ... 不幸히 死亡ᄒᆞᆫ지라 該國이 尹道植시家에 通知ᄒᆞ고 其尸身及錢貨를 壹併輸去ᄒᆞ라ᄒᆞ야 尹氏가 其兄嫂를 帶同ᄒᆞ고 該地에 渡去ᄒᆞ얏다더라

◎孰則恃身 北署外赤峴字社內에 住ᄒᆞᄂᆞᆫ ... 煥시가 多年抱病으로 辛苦ᄒᆞ다가 四五日前에 畢竟殞命ᄒᆞ얏ᄂᆞᆫᄃᆡ 其家에 ... 稱有拘忌ᄒᆞ야 不入見ᄒᆞᆫ故로 收斂無人ᄒᆞ야 赤尸가 尚在床上ᄒᆞᆫ지라 該附近隣家에셔 其尸臭를 不堪ᄒᆞᆫ다더라

◎青館演說 今日下午七時三十分에 青年會館에서 牧師高○福시를 請邀ᄒᆞ야 演說ᄒᆞᆫ다더라

▲地方消息▼

▲去月二十三日 昌平郡에셔 義兵七拾餘名이 該郡駐在憲兵과 衝突ᄒᆞ얏다ᄒᆞ고

▲去月二十三日 橫城郡內에셔 義兵二十餘名이 該郡日憲兵과 交戰ᄒᆞ얏다ᄒᆞ고

▲去月二十七日 洪川郡西北方七里地에셔 義兵七十餘名이 該郡駐在憲兵과 交戰ᄒᆞ얏다더라

▲山寒如此▼

▲夏間으로 病이 되야 孤枕寒席 누엇스니 雪月滿庭 皎皎ᄒᆞ고 霜風鳴戶 蕭蕭ᄒᆞ다 五月炎大如昨이러니 氣卒寒如此ᄒᆞ니 困窮中에 잇ᄂᆞᆫ 同胞 難堪ᄒᆞᆯ스ᄀᆞ 苦况는 못보도 보ᄂᆞᆫ듯도

▲쳡깃도 쳡깃도다 留學生이 父母妻子 ᄒᆞ직ᄒᆞ고 萬里外 건너갈제 熱心工夫ᄒᆞᄂᆞ 食나 飢ᄒᆞ고 衣不寒 ... 父母거정 兄弟거정 寒如此 엇지ᄒᆞᆯ고

▲쳡깃도 쳡깃도 ... 此邦彼邦 ... 寒 ... 淚縱橫 ... 寒如此 엇지ᄒᆞᆯ고

▲쳡깃도 쳡깃도 ... 殘民 ... 砲彈 ... 絕 ... 扶老携幼 顚倒 ... 母耶子耶 呼哭聲은 山川草木스러ᄒᆞ다 寒如此 엇지ᄒᆞᆯ고

▲쳡깃도다 쳡깃도다 ... 歡 ... 罪 ... 天 ... 父之子 ... 자리 板壁 ... 腸 ... 소리 背上에 ... 戰慄 ... 寒如此 엇지ᄒᆞᆯ고

▲쳡깃도다 쳡깃도다 孤兒學生 ... 時絕 ... 陽地邊에 會坐 垂頭喪氣 ... 霜大軟 鷄 ... 忍 ... 中에 寒如此 엇지ᄒᆞᆯ고

▲쳡깃도다 쳡깃도다 貧民 ... 粒米束薪 不得 ... 糞桶 ... 無知幼兒 ... 寒如此 엇지ᄒᆞᆯ고

▲可憐ᄒᆞ다 同胞들 엇지ᄒᆞ면 살녀낼가 勸告政府ᄒᆞ니 들을 ... 勸告 ... 不能 ... 何樣方針 ... 巨大ᄒᆞᆫ 額 ... 旋ᄒᆞ야 同胞들 살녀낼가

의학博士찬서厚實驗方劑
發약總發人 박熱惠 李觀作

健胃消食

定價金拾錢

이藥은健胃消滯ᄒᆞ며諸般滯症[illegible]下ᄒᆞ며卒然吐瀉泄瀉와赤痢白痢와胃腹刺
痛과경咳白담을能治能止ᄒᆞᄂᆞᆫ[illegible]약이오

製造本舖 漢城[illegible]熱惠大약房

廣告

○本人이銅峴博文書館을他人
同業이옵다가今에書館을各設
ᄒᆞ고各種書籍을大發賣ᄒᆞ오니
知舊及購覽
僉彥은照亮ᄒᆞ심을
京城南部銅峴四巨里[二層屋]

文明書館

玄檍 告白

夜珠峴朱宜烈處紙貨貳白圓封
留ᄒᆞ入到於音壹片서失拾得休
紙施行
朴海龍 告白

湖南學生親睦會를來日曜日下
午二時에中部樓洞湖南학會
館內로開設ᄒᆞ오니壹般湖南學
生은來臨ᄒᆞ시옵
中署樓洞 發起人 李兢植
朴勝회 李樂祖
朴勝儀 崔泓生

前郡守閔泳原之庄土乃在於忠
北堤川郡西面大峙而泳原身死
後其伯泳哲看檢矣將欲移買之
際自本宮憑準舊券買渡後收租
與出證次使宮人帶文券ᄒᆞ送矣
泳原之婿鄭海聲嘯聚洞人本宮
買渡新舊文券勒奪不給故業已
擧訴本郡而鄭也憑籍奪券不無
挾雜이기茲先廣告內外國人照
亮ᄒᆞᆷ
中部竹洞宮 告白

來十三日(陰二十日)下午一時
에特別通常會를開ᄒᆞ오니僉會
員은來參ᄒᆞᆷ
西部貞洞帝國實業會 告白

本人이石炭商店을更設ᄒᆞ얏ᄉᆞ
오니顧買人ᄋᆞ光臨ᄒᆞ심을望ᄒᆞᆷ
光化門아리通信局엽
元稷常商店 告白

夫庖肆營業者가請願ᄒᆞ되郡官
廳으自ㅁ郡으로報于觀察道ᄒᆞ
야准狀이下ᄒᆞ며給准金與稅
金딴은直納于本郡財務署ᄒᆞᄂᆞᆫ係
是章程所載이거ᄂᆞᆯ本人이各洞
屠獸場主人等의게認許證을
私自繕給ᄒᆞ고每ㅅ의二圜式
參拾圜式勒收ᄒᆞ으로갈庖ㅅ이
等訴于財務監督處이와ᄒᆞᆫ은確
係構虛捏無之事이옵기茲에廣
告ᄒᆞᆷ
慶州郡郡主事 石경煥

本所第三回測量科卒業ᄒᆞ고二
個月速成으로敎授ᄒᆞ오니有志
僉彥은講願提呈
試驗은陰十月廿五日算術四則
科程細部量測과製圖書類를兩
科로分設ᄒᆞ야隨意願學ᄒᆞᆷ
中部壽進동協同測量組合所白

◉特別廣告

侍從武官南基昌氏가陰拾月拾
七日巳時棄世故로玆以廣告ᄒᆞᆷ
護喪 金大奉 訃告

釜港에本無勞働會社ᄒᆞ야無依
役夫가成病無路ᄒᆞ고致死塡壑
者不可勝數러니本港醫務官
李裕明氏가愛國之心이發ᄒᆞ
야光武九年六月日에李氏가不
拘錢財ᄒᆞ고自得債款ᄒᆞ야社屋
을建築ᄒᆞ고名之曰永信社라ᄒᆞ
고役夫愛恤ᄒᆞ子弟갓치善爲指
助ᄒᆞ야病死無憾케ᄒᆞ더니草梁
居秋ㅂ梧가役夫中浮浪輩四五
人을符同ᄒᆞ야李氏의任名을被
奪ᄒᆞ고債款을報給ᄒᆞᆯ量으로手
形ᄭᆞ지成給ᄒᆞ엿더니當年이過
ᄒᆞ여도報치아니ᄒᆞ고社中을紊
亂케ᄒᆞ야會社가將至廢境ᄒᆞ니
秋哥所意ᄂᆞᆫ萬死無赦이오李氏
恩功은天聽重賞케로玆以廣告
東萊釜港役夫 告白

梨峴(?)橋東邊에九十三統二戶
鞋廛崔永과處通票於音限九月
稅五백二百六십兩票를서失故
廣布休紙施行 金漢求 告白

本人의姓名章黑角體四方形에
世字ᄂᆞᆫ正字로其餘ᄂᆞᆫ皆篆으로
刻ᄒᆞ엿던거ᄉᆞᆯ去陰拾月十二日
에路上에서見失ᄒᆞ얏스니內外
國人은拾得ᄒᆞ여도休章施行ᄒᆞᆷ
平壤隆興面二
里拾三統七戶 金世珍 告白

◉學員募集廣告

簿記와算術는六個月노測량은
壹個月노專門速成三科를本所
內에設ᄒᆞ얏ᄉᆞ오니願學員은音
陰月晦日內로陸續來臨ᄒᆞ야規
則을詳問志願ᄒᆞ심을爲要
簿記 午後五時로同七時
算術 午後九時로同拾時
測량 午前十時로同十貳時
西小門內貞洞度支部後門前
專門講習所

嚴英變大人參議公陰拾月九日
別世知舊間照亮ᄒᆞ
護喪人 嚴鼎燮 訃告

圖根測量夜學員募集

廣告
本校內에서圖根측량學員을大
募集ᄒᆞ오니願학 청員은陽曆
本月貳拾日(음拾月貳十七日)
內로入학請願書를提呈ᄒᆞᆷ
試驗科目은算術(分數以上)但
測量卒業生은免試ᄒᆞᆷ
試驗日子ᄂᆞᆫ同貳十二日
開學日子ᄂᆞᆫ同貳十四日
卒業期限은二個月
敎化門前工數學校內

南部山橋十
一統七戶
辯護士 [illegible]

雜誌 少年

每朔壹次 壹日發行
每壹冊 郵送費幷 拾四錢
第壹卷 要目
皇太子殿下와伊藤太師 나아가ᄂᆞᆫ 폭 寫眞銅版과「海上大韓史」「快少年世界周遊報」「巨人國漂遊記」「星辰談」등의精美ᄒᆞᆫ記事가잇소

今에我帝國으로우리少年의智力을
資ᄒᆞ야我國歷史에未曾有ᄒᆞᆫ
光彩를添ᄒᆞ고世界文化에貢
古今의大貢獻을爲코다ᄒᆞ니그
任은重ᄒᆞ고責은大ᄒᆞᆫ디라
本誌ᄂᆞᆫ此責任을克當ᄒᆞᆯ만ᄒᆞᆫ活
動的進取的발明的大國民의基
盤을作成ᄒᆞ기爲ᄒᆞ야出來ᄒᆞᆷ
星이ᄒᆞ愛國ᄒᆞᄂᆞᆫ少年과愛子ᄒᆞᄂᆞᆫ
父兄은一時須臾라도離티못ᄒᆞᆯ
디니라
總發行所 南部絲井洞
漢城 新文館

本所에서時務를應ᄒᆞ기爲ᄒᆞ
야事務所를設立하고各種測량
을精密히酬應ᄒᆞ오니測量請求
ᄒᆞ실僉彥은繼速來議ᄒᆞ심을
敬要ᄒᆞᆷ
事務所장前觀察 李鎬成
副所장前府尹 李懋榮
總務 前議官 趙韶默
仝 進士 洪鍾翊
幹事 前參奉 姜彙泳
全北群山港藏財洞
全一測量事務所

本社營業以後로買매便利ᄒᆞᆷ과
價格低歇ᄒᆞᆷ은需用ᄒᆞ신 僉彥
게서ᄂᆞᆫ洞燭ᄒᆞ시려니와近頃에
尤爲拾分注意하오니顧買매
僉君子ᄂᆞᆫ陸續來議ᄒᆞ심을務望
南部曲橋半井洞
漢城材木柴炭
株式會社 告白

本所에서測量講習所를設施ᄒᆞ
고實地로壹個月速成으로敎授
ᄒᆞ오니志願僉員은陰拾月貳拾
五日內로來議ᄒᆞᆷ
南門外陽洞壹百五십三統壹戶
漢城測量事務所 告白

本人從妹敏姬兒名正月童庚寅
年二月分ㅣ家이러니然後不知
去處ᄒᆞ야廣求ᄒᆞ오니居處洞知
之ᄃᆡ伏望
北署陽化坊郭儀根 白

本人의世傳庄土中安州蔣哥동
所在田畓廿五日七息耕과ㅁ造
ㄴ端所在拾五日耕과龍川郡里
所在廿四日耕合八十四日
八息耕을輔國閔泳徽의게見奪
ᄒᆞᆫ바ᄂᆞᆫ京鄕同胞의所共知어
니와現今京城地方裁判所에告
訴ᄒᆞ야將行裁判이온데今聞閔
이欲爲圖得証明書於地方官廳
云云이온則該土所在地面洞長
이必無證明之理이오되人心이
不古ᄒᆞ이以若閔之勢力으로或得
證明書라도神聖ᄒᆞᆫ裁判所의判
決이有ᄒᆞ기前에ᄂᆞᆫ無效ᄒᆞᆫ僞證
明이오니內外國 僉君子ᄂᆞᆫ
照亮ᄒᆞ시옵소서
安州南松面龍庄里居
김회鼎의未亡人
李召史 告白

學員募集廣告

本所에서講習科와初등科를設
ᄒᆞ고何時던지志願을應ᄒᆞ와速
成으로精密敎授ᄒᆞ오니願學
僉員은以此照亮ᄒᆞᆷ
初等科 參個月
講習員은학力을隨ᄒᆞ야定期
ᄒᆞᆷ
各科에個々히志願학習ᄒᆞᆷ도
許ᄒᆞᆷ
但敎授課程과細則은本所로
來議ᄒᆞᆷ
南部棗洞六拾三統九戶二層屋
大韓測量組合所講習所告白

本館處은所이便利ᄒᆞ기爲ᄒᆞ야南
部武橋前翠香館으로移接ᄒᆞ얏
ᄉᆞ오니 僉君子ᄂᆞᆫ照亮來臨ᄒᆞ
심을務望
高等 漢陽旅館 告白

本事務所가狹窄ᄒᆞ기로中部壽
進洞二拾四統壹戶로移接하오
니照亮
協同測量組合所 告白

慶南密陽居良善이가本人으로
拾餘年同居타가本人特采ᄒᆞᆫ沓
壹百三斗落과什物을沒數奪去
ᄒᆞ고毆打逐迫ᄒᆞᄆᆞ로得訟京鄕ᄒᆞ
야執行ᄒᆞ지ᄒᆞᆫ것을以彼良善如
何誣訴於控訴院이어니己決訟
은今又更爭ᄒᆞ니此ㅅ變幻은
如此開明世界에도無所不爲기
로玆以廣告ᄒᆞᆷ
慶北淸道郡[illegible] 告白

◉學員募集廣告

本校에서第二回(測量、算術、
法學、日語)六個月速成科生徒
募集하ᄂᆞᆫ데試驗ᄒᆞᆯ字ᄂᆞᆫ本月拾
五日日曜(陰拾月貳拾貳日)下
午壹點이오니入學僉員은斯
速請願ᄒᆞ와臨期應試ᄒᆞᆷ을爲要
ᄒᆞᆷ
試驗課目
讀書、作文、國漢文交作、算術
四則以內 再昨壹回受業하ᄂᆞᆫ
학徒ᄂᆞᆫ臨期登校ᄒᆞᆷ을爲要ᄒᆞᆷ
中部中林의貳拾二統二戶
[illegible]成南夜學校 告白

[illegible]

◉學員大募集廣告

各技術이不顧優劣ᄒᆞ고[illegible]遠圖
[illegible]가有欠ᄒᆞ私立[illegible]
을[illegible]ᄒᆞ며所謂講習所를特設
ᄒᆞ고隨科敎授ᄒᆞ오니有志[illegible]
僉彥은陰拾月利九日爲始ᄒᆞ야
請願書를提呈ᄒᆞᆷ
[illegible]
測量員[illegible]募集ᄒᆞ되六個
[illegible]
九戶 式層洋屋

課程
測量學 地形學 幾何學
幾何讀法 測量實習
製圖實習
算術
各項設計及書類
開學 字ᄂᆞᆫ陰拾月拾六日主
午九時로定ᄒᆞᆷ
但細則은本所에來議

大韓測量組合所
講習所 白

發行兼編輯人 英國人 萬咸
Responsible for Publication Alfred Weekley Marnham.
發行所 南署石井洞號外第三層洋屋 大韓每日申報社

大韓每日申報
第六卷
第九百五拾貳號

月曜及慶節 歲時日休刊

檀君開國四千二百四十一年
箕子元年三千三十年
大韓開國五百十七年
日本明治四十一年
淸國光緖三十四年
陰曆戊申十月大二十日壬申

論說

◉近日各大臣의遊覽政策

壯ᄒᆞ다韓國各大臣의政策이여日로進步ᄒᆞ며日로突飛ᄒᆞᄂᆞᆫ도다

彼의政策은軍備政策도아니며商工政策도아니며又何許內修外交等政策도아니니實로現世歐美各國文明政客의夢想不及ᄒᆞᆫ政策이니奇哉怪哉라其政策이여

其許多ᄒᆞᆫ政策을余가壹壹히指名키難ᄒᆞ나大略此를言ᄒᆞ면全軀保家壹句가其目的이오遐公營私四字가其手段이라彼輩가此手段을弄ᄒᆞ야此目的을行ᄒᆞᆫ지數拾年來로愈往愈幻ᄒᆞ며愈出愈奇ᄒᆞ야昨日에ᄂᆞᆫ衣暖政策으로寒女機上의殘帛을奪ᄒᆞ며今日에ᄂᆞᆫ食肉政策으로飢犬口中의乾骨을掠ᄒᆞ고又明日에ᄂᆞᆫ呑銅政策으로朝廷公器를任鬻ᄒᆞ야斯民을害홈이已甚ᄒᆞ며斯國을戕홈이已多ᄒᆞ거ᄂᆞᆯ嗚乎라彼輩의心이尙且無厭ᄒᆞ야近日에又壹大奇政策을做出ᄒᆞ니其政책이云何오曰遊覽政책이是로다

名區山水ᄂᆞᆫ夢境에時入ᄒᆞ며新秋楓菊은佳約이頻移ᄒᆞ니東窓丞相이西湖를忘却홈은아니언만但只大原椅子에跼在ᄒᆞᆫ身으로無故히浪遊홈은不可ᄒᆞ며彼權利戀戀ᄒᆞᄂᆞᆫ膺子로其害를休ᄒᆞ고林下에閑行홈은不欲이라

於是乎其兩全兩得의칙을研究ᄒᆞ야相傳相授하ᄂᆞᆫ뒤爲先學部大臣李載崑이學事觀察에藉托ᄒᆞ고京義京釜兩線車에髀肉이皆消ᄒᆞ며東南西北好山水에吟肩이累聳하니奇哉라李의手段이여觀察二字를借ᄒᆞ야其遊覽目的을到達ᄒᆞ얏도다

然이나學部大臣이學事觀察에藉托홈은猶是易做의計어니와其最可奇ᄒᆞᆫ者ᄂᆞᆫ總理大臣李完用及內部大臣宋秉畯宮府內大臣閔丙奭의蔘政視察에藉托ᄒᆞ고松嶽을遊覽홈이是로다蔘政의何政이완ᄃᆡ總理도此를管하고內大도此를管ᄒᆞ고宮大도此를管ᄒᆞ야又其觀察에도三大臣同往을要ᄒᆞ나뇨其手段이愈出愈奇ᄒᆞ다可謂하갯도다

內容則山水를觀察인대其名曰學事觀察이라하며內容則楓菊觀察인대其名曰蔘政觀察이라ᄒᆞ니遐公營私의伎倆이已神ᄒᆞᆫ彼等이여

彼等이外人에納媚ᄒᆞ고同胞를剝割홈으로奔走不暇ᄒᆞ던中에往々此壹片閑世界를留ᄒᆞ야彼輩의淡生涯를供ᄒᆞ니嗚乎라此或其神腦를滋養ᄒᆞ야其納媚剝奪의手段을尤長코ᄌᆞᄒᆞᆷ인지

即今에ᄂᆞᆫ地方騷擾가未淨ᄒᆞ므로彼等의遊覽地가僅히鐵道近處에止ᄒᆞᆷ而已어니와萬壹騷擾가速滑ᄒᆞ면關東湖西에足跡이俱到ᄒᆞ며金剛智異에風光을幷收ᄒᆞ야當日太平宰相의行樂을復圖치아니ᄒᆞᆯ쟈

更聞ᄒᆞ쟈彼輩의所經沿路에往々幾個愚民들이此를大臣行次라고珍重歡喜하야或南草幾斤으로遺賂ᄒᆞ며或土産幾件으로獻誠ᄒᆞ시彼李宋閔三氏ᄂᆞᆫ其松都人民의厚待를受ᄒᆞ야滿月臺前마지(마지ᄂᆞᆫ即歡迎의異名詞니松都人이如此稱)會를設行ᄒᆞ며幾百圓의費用을ᄒᆞ야妓樂이迭宕ᄒᆞ고盃盤이浪藉ᄒᆞ야彼等의遊覽興味가多大하얏다ᄒᆞ니嗚乎斯民이여何其愚歟아

▲▲隆熙貳年拾壹月二拾七日 官報

●告示

農商工部告示第拾三號 續

商法 (明治三十二年法)(律第四拾八號)

第百七十四條 會社가其資本의半額을失ᄒᆞᆫ時ᄂᆞᆫ取締役은遲滯업시株主總會를招集ᄒᆞ야此를報告홈을要홈

會社財産으로써會社의債務를完濟치못ᄒᆞᆯ때ᄂᆞᆫ取締役은直時破産宣告의請求를홈을要홈

第百七拾五條 取締役은株主總會의認許가有ᄒᆞ지아니면自己又ᄂᆞᆫ第三者를爲ᄒᆞ야會社의營業部類에屬ᄒᆞᆫ商行爲를行ᄒᆞ며又ᄂᆞᆫ同種의營業을目的으로ᄒᆞᄂᆞᆫ他會社의無限責任社員됨을不得홈

取締役이前項의規定을違反ᄒᆞ야自己를爲ᄒᆞ야商行爲를行ᄒᆞᆫ時ᄂᆞᆫ株主總會ᄂᆞᆫ此로써會社를爲ᄒᆞ야商行ᄒᆞᆫ것으로看做홈을得홈

前項에定ᄒᆞᆫ權利ᄂᆞᆫ監査役의壹人이其行爲를知得ᄒᆞᆫ時로부터二個月間此를行치아니ᄒᆞᆫ時ᄂᆞᆫ消滅홈行爲時로부터壹年을經過ᄒᆞᆫ時도亦同홈

第百七拾六條 取締役은監査役의承認을得ᄒᆞᆫ時만限ᄒᆞ야自己又ᄂᆞᆫ第三者를爲ᄒᆞ야會社와去來홈을得홈

(未完)

外報

●青島의德國敎育 上海電을據ᄒᆞᆫ則淸國學生을敎育ᄒᆞ기爲ᄒᆞ야青島에德國大학校를設立ᄒᆞ얏ᄂᆞᆫ대德國中央金庫에서此학校를爲ᄒᆞ야每年四千兩式支出ᄒᆞᆫ다더라

●美國의議員改選 桑港電을據ᄒᆞᆫ則美國에서議院의議員을改選ᄒᆞᆫ結果로下議院에ᄂᆞᆫ共和黨이二百五拾名이오民主黨이壹百七拾五名이오上議院에ᄂᆞᆫ共和黨이五十八名이오民主黨이三十四名이라더라

●英相의演說 同電을據ᄒᆞᆫ則英國首相은演說ᄒᆞ야日濠太利와勃加利亞의合國은關係國의同意를經치아니ᄒᆞ면國際的功力이無ᄒᆞ리라하얏다더라

雜報

●金氏有志 今番興化學校에서測量科卒業生中社稷동居金査元시가木浦港에事務所를設立ᄒᆞ고貧民의게ᄂᆞᆫ無料로迅速히測量과製圖를ᄒᆞ여주고壹邊으로ᄂᆞᆫ학生을募集ᄒᆞ야敎授하기로日間下往ᄒᆞᆫ다더라

●禪門設校 南來人의傳說을聞ᄒᆞᆫ즉慶尙北道金山郡直指寺에서直明학校를設立ᄒᆞᆫ後勿拘僧俗ᄒᆞ고靑年을募集ᄒᆞ야敎育ᄒᆞᄂᆞᆫ대校長朴然菴시가任員李錦溪申淸月李昆華李春潭諸시로더부러熱心敎育홈으로不過數朔에晝夜學生이七十餘名에達하얏다더라

●普德將進 高陽德隱里普德學校校監金寅基시와敎師權寅協시가熱心敎育ᄒᆞᄂᆞᆫ故로八拾餘戶동中이壹齊贊成하야將進之望이有ᄒᆞ다고人皆稱頌ᄒᆞᆫ다더라

●靈光生光 南來人의傳說을聞ᄒᆞᆫ즉全南靈光郡有志紳士沈般澤鄭世喆曹喜貞曹燦承諸시가多數金額을捐付ᄒᆞ고明倫堂을修理ᄒᆞ야光興學校를設立ᄒᆞ얏ᄂᆞᆫ뒤학員을募集ᄒᆞ기前에自願入學者가五拾餘名에達ᄒᆞ얏다더라

●光校運動 筆洞私立光南학校에서去月二拾八日에秋期運動을北壹營에서設行하엿ᄂᆞᆫ뒤旗取奔術騎馬競走와高跳廣跳에鄭信朝趙麟洙等八人이優等인ᄃᆡ賞品을施與ᄒᆞ엿고內部參政韓圭설시가空冊五十卷과鉛筆拾打를寄付ᄒᆞ엿다더라

●宣校可興 交河石串面山南里私立宣陽義塾은該里長愼鏞逵시가自己家舍를學舍로定ᄒᆞ고敎師를延聘ᄒᆞ야學徒를募集ᄒᆞ고熱心敎育ᄒᆞᄂᆞᆫ뒤學徒가四拾餘名에達ᄒᆞ얏다더라

文壇

▲讀史新論 (續) 壹片丹生

第七章 鮮卑族支那族과高句麗

我扶餘族이三國初葉으로부터東國에分布ᄒᆞ얏스나嶺左에趨ᄒᆞ야新羅된者와漢南에趨ᄒᆞ야百濟된者ᄂᆞᆫ其位置가壹우에僻處ᄒᆞᆷ으로外方强國과關係됨이不多ᄒᆞ며其所角抗ᄒᆞᄂᆞᆫ바ᄂᆞᆫ本是小部落及말갈日本等小寇에不過ᄒᆞᆫ故로當時南方民族은足히我國史에光榮을垂ᄒᆞᆫ者ㅣ無ᄒᆞ고惟高句려ᄂᆞᆫ列强의間에處ᄒᆞ야曲踊距踊의氣槪로東征西伐의武刀을揮ᄒᆞ얏스니我古代史를編ᄒᆞ미扶餘族의主人翁은不得不高句려라認ᄒᆞᆯ지라故로余가此壹章에特히高句려의對外歷史를硏究코ᄌᆞ하ᄂᆞᆫ바며

高句려의對付ᄒᆞ던列邦中에彼把婁族말갈族穢貊族梁貊族等은ᄌᆞ氣壹擊再擊의下에即戢々然히我의羈絆을受ᄒᆞ야我가左ᄒᆞ면彼도隨ᄒᆞ야左하며我가右ᄒᆞ면彼도隨ᄒᆞ야右ᄒᆞ고我가或東或西ᄒᆞ면彼도隨ᄒᆞ야或東或西하니即高句려가羅를伐ᄒᆞ며濟를伐ᄒᆞ며漢을伐ᄒᆞᄂᆞᆫ役에恒常穢貊兵말갈兵을用홈이是라然이나鮮卑族支那族은皆高句려隣境에逼處ᄒᆞ야乍降乍叛ᄒᆞ며乍走乍逼ᄒᆞ야數百年血戰을繼續ᄒᆞ얏스나我國歷史가殘缺ᄒᆞᆷ으로當時情形을到底히詳叙키ᄂᆞᆫ難ᄒᆞ나今에此를大略抽想ᄒᆞ건ᄃᆡ其波瀾이壯濶홈이足히我國史의光彩를增ᄒᆞᆯ지라故로余가此壹章에特히高句려가鮮卑族支那族과關係된歷史를硏究코ᄌᆞᄒᆞ노라

(未完)

雜報

●難兄難弟 閭巷傳說을聞ᄒᆞᆫ즉年前에元興寺를創建ᄒᆞᆫ後該寺文牘을李根澔氏가 太皇帝陛下께欽問ᄒᆞ고渠自保管ᄒᆞ엿더니近日에不測之心이暗生하야替紳頴眉亭主人洪淳正氏를符同하야金百圜을許給하기로ᄒᆞ고該亭子放賣時文券을改繕ᄒᆞᄂᆞᆫ데其附近各동民人의私有基地를該文券中에沒數入錄ᄒᆞᆫ後外人의게放賣ᄒᆞ랴다가該人民等이其機微를先探ᄒᆞ고漢城府와東署에提訴ᄒᆞ얏더니該洪氏를招致ᄒᆞ야頴眉亭原墻內基地外에附近民有地ᄂᆞᆫ不入於元興寺文券이라ᄂᆞᆫ證明書를出給ᄒᆞ얏ᄂᆞᆫ데李根澔氏가自己秘謀가現露됨을憤歎ᄒᆞ야該近동人民을會集ᄒᆞ고自稱尊位ᄒᆞ며洞中事務를處理ᄒᆞ깃다ᄒᆞ고又生不測之計ᄒᆞ야將欲更賣於外人이라ᄒᆞ니李氏가 君父의保管ᄒᆞ라신文券을放賣코저ᄒᆞᄂᆞᆫ것도萬々痛駭인데人民의私有地를暗賣코저ᄒᆞ니該李氏ᄂᆞᆫ新條約을締結ᄒᆞ야人民을料生치못ᄒᆞ게하더니該氏ᄂᆞᆫ民有地를賣渡코저ᄒᆞ니李氏兄弟로ᄒᆞ야民難支保하깃다ᄂᆞᆫ怨聲이有ᄒᆞ더라

●分合無常 內部大臣宋秉畯氏가壹進會副會長洪肯燮氏의게種々正直言論으로被毆ᄒᆞ야還聞不協ᄒᆞᆫ思想이有ᄒᆞ다더니近日은宋內大가洪氏의論責을自服ᄒᆞᄂᆞᆫ故로更相和協ᄒᆞᆫ다더라

●朴氏辭職 京城地方裁判所判事朴晚緖氏ᄂᆞᆫ何事件을因ᄒᆞᆷ인지辭職請願ᄒᆞ얏다더라

●和衷要項制定 挽近以來로官立學校及私立學校에서講師와學徒間에和合지못ᄒᆞᆫ事가有ᄒᆞ면學徒가一切聯名退學을ᄒᆞᄂᆞᆫ弊도有ᄒᆞ며或講師도不相當ᄒᆞᆫ語法을學徒에게及ᄒᆞ야自然感情을惹起ᄒᆞ야教育獎勵上에妨害가不小ᄒᆞᆷ으로日昨學部에서右事項에對ᄒᆞ야注意書要項을制定ᄒᆞ얏ᄂᆞᆫ데不遠間에官公立學校及私立學校에頒給ᄒᆞ야講師及學徒間에和衷ᄒᆞᆷ을要ᄒᆞᆫ다더라

●隱結調查 度支部에서漢城大邱平壤元山四個財務監督局所管內에서本年八月間에隱結隱總ᄒᆞᆫ額을調查ᄒᆞᆫ즉四百五十四結九負八束이라더라

●私塾教師考試 學部에서各私塾教師를試才ᄒᆞ야學問程度를審ᄒᆞ고新教授케ᄒᆞᆫ다더라

●通辯料磨鍊 각裁判所에서日語通辯人을置ᄒᆞ고訟民의게對하야日語不解者면通辯ᄒᆞᆫ後五拾錢以上五圜以下料金을徵給케磨鍊ᄒᆞ얏다더라

●是何辭論 며前에何許巡查가汚穢物을掃除次로懲丁을領率ᄒᆞ고前判書李容元氏家에往하야見ᄒᆞᆫ즉所設ᄒᆞᆫ糞桶이完全치못ᄒᆞᆫ지라該巡查가李氏家隸를對ᄒᆞ야即速改良ᄒᆞ라ᄒᆞ다가說往說來에喧嘩가大起ᄒᆞᆫ故로李 가該事를探知코저ᄒᆞ야巡查를招來ᄒᆞ야言ᄒᆞᆯ時에何等下待의言辭가有하얏던지該巡查가恐喝曰大監은何許人이며我ᄂᆞᆫ何許人이기에若是賤待乎아ᄒᆞ고壹場相詰ᄒᆞᆫ故로大官某々氏가말論ᄒᆞ되此等巡查를掩置不懲ᄒᆞ면後弊가頗甚ᄒᆞᆯ터이니別般措處ᄒᆞᆷ을ᄌᆞᆫᄒᆞ얏다더라

●紗罷少塵 再昨日에남村某大臣의別室이自己使用ᄒᆞᄂᆞᆫ婢子가怠慢ᄒᆞ야不勤ᄒᆞᆷ을重責ᄒᆞ다가木棒으로繼以毆打ᄒᆞᄂᆞᆫ지라該婢가呼泣發惡曰君은賣國奴의姿이오我ᄂᆞᆫ賣國奴의婢라等分을推究ᄒᆞ면君我壹般이어ᄂᆞᆯ何故로我를如是虐待乎아ᄒᆞ고힝々然退去ᄒᆞ얏다더라

●觀察府移轉 全羅남道觀察府를羅州나或木浦로移轉ᄒᆞ라ᄒᆞ야目下協議中이라더라

●色界熱性 三昨夜에宮內府侍從리明九內部大臣宋秉畯氏의令男宋종憲兩氏와其他某某人이別室셰各自帶同ᄒᆞ고中部於義동居ᄒᆞᄂᆞᆫ前主事리某家에齊往ᄒᆞ야리氏家內房中間에珠簾을下垂ᄒᆞ고男女座席을分設ᄒᆞᆫ後에寺동漢興社에서雇備ᄒᆞᆫ唱夫김奉文을招來ᄒᆞ야歌舞를迭奏ᄒᆞ고盡心歡樂ᄒᆞᄂᆞᆫ데珠簾內에在ᄒᆞᆫ壹婦人이拍手喝采ᄒᆞ며興趣가滔滔ᄒᆞᆫ지라리明九氏가其婦人의殊常ᄒᆞᆷ을惡觀ᄒᆞ고宴樂을廢止ᄒᆞᆷ次로該唱夫게金貨二十圜을行下ᄒᆞᆫ즉珠簾니에서拍手ᄒᆞ던婦人이明紬一疋을亦爲行下ᄒᆞ미該唱夫의言이마마가此物을賜令不給ᄒᆞ시더라도何不來遊乎잇가ᄒᆞ고固辭不受ᄒᆞ거ᄂᆞᆯ리明九氏가無頭無尾에言ᄒᆞ되장安女人은皆爲爾妻乎아ᄒᆞ고缶鼓를擧ᄒᆞ야김奉文을亂打ᄒᆞ며衣冠을裂破ᄒᆞᄂᆞᆫ지라김奉文이가缶를反擧ᄒᆞ야리氏를猛打ᄒᆞ다가仍爲逃躲ᄒᆞᆫ故로리氏가該掌니巡查에게通知하고김某를現今搜索ᄒᆞᄂᆞᆫ中이라더라

●懷郡養蠶 懷德郡農業組合은養蠶의目的을達ᄒᆞ기爲ᄒᆞ야每戶에一坪式으로桑苗八十町步를三個年計劃으로植付ᄒᆞᆯ事를決定ᄒᆞ얏ᄂᆞᆫ데該地人民이與業會社를셜ᄒᆞ더數拾萬本의桑苗를植付ᄒᆞ야大規模의養蠶을行ᄒᆞᆯ計劃이有ᄒᆞ다고農商工部에報告가來ᄒᆞ얏다더라

●典家何多 漢城內各貿業家와各銀行에서人民의不動產을典執지아니ᄒᆞ고金貨로爲積置언정放債치아니ᄒᆞᆷ으로該不動產所有人들이典用코저ᄒᆞ되無可奈何ᄒᆞ야不得已外國人의게典執ᄒᆞᄂᆞᆫ데陽曆九月以後拾壹月初旬ᄭᆞ지典執ᄒᆞᆫ家屋數爻가七千餘戶에達ᄒᆞ얏다더라

●盧李裁判 清州郡居盧啓泰氏가該郡前郡守리灦膺氏許에牢刑을苦受ᄒᆞᆫ炮락之痕과萬金宗物을强納ᄒᆞᆫ印尺之證으로京城地方裁判所에呼訴ᄒᆞ야本月十六日에리灦응氏와對質裁判ᄒᆞᆫ다더라

●大弊又生 北部管內에天然痘에罹ᄒᆞ야現患ᄒᆞᆫ婦人三名이有ᄒᆞᆫ故로中部警察署에서ᄂᆞᆫ預防ᄒᆞ기爲하야今日上午九時부터該管內에居ᄒᆞᄂᆞᆫ婦女의長幼를不拘ᄒᆞ고國成社內로會集ᄒᆞ야牛痘를施術ᄒᆞᆫ다더라

●閔氏住所調查 漢城財務監督局에서何等事項을因ᄒᆞᆷ인지남部警察署에通知하고前남平郡守閔희植氏의現住所를調查以來ᄒᆞ라ᄒᆞ얏ᄂᆞᆫ대其事由인즉該氏가多數ᄒᆞᆫ公錢의欠逋가有ᄒᆞᆫ듯하다더라

●面長挾雜 公州郡寺谷面面長盧源河氏ᄂᆞᆫ本是奸鄕으로民間生弊가許多ᄒᆞ야民不料生이라ᄂᆞᆫ대其作弊하ᄂᆞᆫ事를詳聞ᄒᆞᆫ즉有司를廢止ᄒᆞᆫ後該有司條三千兩을恣意擇食ᄒᆞ며丙午條請狀費를每戶에貳錢五分式收飲自蘇ᄒᆞ며私로巡校ᄒᆞ야각동里長을發牌捉去ᄒᆞ야足償三四拾兩式勒討ᄒᆞ며稱以雜技禁斷ᄒᆞ고村民處에數百兩式奪食ᄒᆞ며公納ᄂᆞᆫ無論畢捧與否ᄒᆞ고壹例발牌ᄒᆞ야捲使例五兩至拾八兩式討去ᄒᆞ며戶布를私自增減ᄒᆞ야民怨이滋甚ᄒᆞ다더라

●巡查隊解散 向者에義兵을討伐ᄒᆞᆯ目的으로써內부警務局에서組織ᄒᆞᆫ特設巡查隊ᄂᆞᆫ各地方에서或義兵을探知ᄒᆞ며或討伐ᄒᆞ얏ᄂᆞᆫ데伊後로憲兵補助員이各地에派遣되고ᄯᅩ軍隊의排置가完備된故로特別히巡查隊를排置ᄒᆞᆯ必要가無ᄒᆞ야本年中에該隊全부를解散케ᄒᆞᆯ터이라더라

●秀吉喪魂 仁川新町壹丁目에居ᄒᆞᄂᆞᆫ日人大坪秀吉이가三昨日午後三時頃에江華島에着ᄒᆞ야其夜에韓人某氏家에寄宿ᄒᆞᄂᆞᆫ데同夜에義兵約二十名이突然히右家를包圍襲擊ᄒᆞ미主人은大驚하야該日人을隱避케하얏더니義兵이激烈히襲ᄒᆞ야家屋을破壞ᄒᆞ고連續히發砲ᄒᆞᆫ結果로大坪秀吉은肺部二箇所에銃劍을受ᄒᆞ고艱辛히逃避ᄒᆞ야韓國醫員의게治療를受ᄒᆞᆫ後에仁川에歸ᄒᆞ야淺井病院에서治療ᄒᆞᄂᆞᆫ中인대容態가甚히危篤ᄒᆞ다더라

●欺壓穀殺 江華郡邑內居김某ᄂᆞᆫ元來奸吏로有名ᄒᆞᆫ人인더近日義兵을欺引ᄒᆞ야銃丸을買給ᄒᆞᆫ다晴約하고錢幾千圜을偷食ᄒᆞ얏ᄂᆞᆫ대義兵이金某를捕捉ᄒᆞ야當場砲殺ᄒᆞ얏다더라

●捐屋補技 東部管內人力車組合所長金春洛氏가梨峴新興學校經費窘拙ᄒᆞᆷ을悶嘆하야該組合所人力車夫의게每朔五拾錢式收斂하야該校費를捐助ᄒᆞ기로發起ᄒᆞ미人力車夫가擧皆樂從ᄒᆞ얏다더라

●進養開校 開城郡北西面龍峴里新村에서有志紳士諸시가發起ᄒᆞ야進養學校를設立ᄒᆞ고本月 日에開校式을擧行ᄒᆞ얏ᄂᆞᆫ대校長은姜助遠시로副校長은金基夏시로總務ᄂᆞᆫ閔泳弼시로校監은王永과시로推選ᄒᆞ얏다더라

●華[illegible] [illegible]學區義塾은該郡有志紳士李[illegible]祿시가靑年知識을開發ᄒᆞ기爲ᄒᆞ야巨額에錢財를自擔하고多年教育하ᄂᆞᆫ대該塾教師李淳鐸시가多數學徒를熱心教育이于今四載에卒業이未久ᄒᆞ얏다더라

▲地方消息▼

▲去月二十九日江原道灰峴西方約二里地에서義兵三十餘名이該郡日憲兵과衝突ᄒᆞ얏다ᄒᆞ고

▲去月三十壹日井邑西方壹里地에서義兵三拾兵이同郡日守備隊下士以下五名과交戰ᄒᆞ얏다ᄒᆞ고

▲本月壹日海美郡桃李島에서義兵約三拾名이忠清남道唐津郡分遣所日憲兵二名補助員四名과交戰ᄒᆞ얏다ᄒᆞ고

▲去月 拾日兎山남方約二里地에서義兵二拾名이同郡分遣所憲兵隊와衝突ᄒᆞ얏다ᄒᆞ고

▲去月二十八日靑松郡南方四里地에서義兵約十五名이該郡駐在日憲兵及補助員과交戰ᄒᆞ얏다ᄒᆞ고

▲去月三拾日奉化郡東方五里地에서義兵約卅五名이乃城日憲兵分遣所憲兵及補助員과交戰ᄒᆞ얏다ᄒᆞ고

▲去月二十四日陽德郡內에서義兵三十餘名이孟山郡分遣所日憲兵及補助員과交戰ᄒᆞ얏다더라

▲聾盲世界▼

▲濟濟韓國多士들아引率責任是誰런고靑衿子衿이아닌가外樣으로볼작시면無非聰俊豪傑이나實地檢查ᄒᆞᆫ량이면盡是聾[illegible]、다[illegible]我[illegible]기ᄒᆞ세 非攻[illegible]則動[illegible]세

▲[illegible]남[illegible]郡義兵들도測量[illegible]이나려가면[illegible]砲殺[illegible]ᄒᆞ니今[illegible]測[illegible]急[illegible]夫라도皆知어ᄂᆞᆯ[illegible]倡義ᄒᆞ더人士가耳目부터聰明인뒤獨不聞見ᄒᆞ얏ᄂᆞᆫ가 더聾盲을엇지ᄒᆞᆯ고

▲社會上의某某人은壹場怪論提出ᄒᆞ야萬丈疑雲釀起ᄒᆞ니報償義捐金額으로寄附某社ᄒᆞ고보면民心向背何如ᄒᆞᆯ지彼局明知識으로獨不聞見하얏ᄂᆞᆫ가 더聾盲을엇지ᄒᆞᆯ고

▲政府中의某大官은地方法官試取ᄒᆞᆯ제日語者만採用ᄒᆞ고卒業生은勿用ᄒᆞ니擇不公ᄒᆞᆫ닷으로各處論駁喧藉ᄒᆞᆫ만ᄒᆞᆫ제자이모有名人이獨不聞見ᄒᆞ얏ᄂᆞᆫ가 더聾盲을엇지ᄒᆞᆯ고

▲地方官吏某某人은人民教育妨害ᄒᆞ야怨聲恨語載路ᄒᆞ니今日急務이아닌가無知樵牧兒童들도教育教育提倡인데주日讀書諸君들이獨不聞見하얏ᄂᆞᆫ가 더聾盲을엇지ᄒᆞᆯ고

▲演劇界의某々人은個人營利도치마ᄂᆞᆫ壞亂風俗생각안나設始者와觀光者가莫上莫下ᄒᆞᆯ바라라社會批評浪藉ᄒᆞ고報館論駁止頻거날獨不聞見ᄒᆞ얏ᄂᆞᆫ가 더聾盲을엇지ᄒᆞᆯ고

▲山林中의學者들은舊禮講論도권마ᄂᆞᆫ今日國勢何如ᄒᆞᆫ지鳥獸라도踴動인데世外事를알비업ᄂᆞᆫ固守頑固ᄒᆞ니經國濟世度量으로獨不聞見ᄒᆞ얏ᄂᆞᆫ가 더聾盲을엇지ᄒᆞᆯ고

▲聾盲들아聾盲들아耳目實病잇더라도冤痛ᄒᆞ다ᄒᆞᆯ것ᄂᆞᆫ데眷長天賦聰明으로自作病身ᄒᆞ단말가諸公들만差病ᄒᆞ면二千萬衆만타ᄒᆞ나不久自主開明이니勉哉어다勉哉어다

雜報

◉日兵向西　漢城附近에義兵이漸次衝突하는故로日憲兵이再昨日曉頭에多數히該地로發往하얏다더라

廣告

發行兼編輯人 英國人 裵說
Responsible for Publication Alfred Weekley Marnham.
發行所 南署大井洞號外埋三層洋屋
大韓每日申報社

第六卷

大韓每日申報

第九百五十三號

月曜及慶節歲時休刊

檀君開國四千二百四十一年
箕子元年三千三十年
大韓開國五百十七年
日本明治四十一年
淸國光緖三十四年
陰曆戊申十月大廿一日癸酉

論說

●國文研究會委員諸氏에게勸告홈

歸擧혼國文을파離邊에棄置ㅎ야高僧了義가此를著作혼以後千餘年에只是勞働界婦孺界에만供用ㅎ고壹個博學家가此에過問홈을不肯ㅎ고幾乎廢止埋沒의境에達ㅎ얏다가幸히本朝中葉에天縱ㅎ신世宗大王게서作ㅎ샤此를改良ㅎ셧스나其後에도壹般國民이尙且「重野鷲經[illegible]鷄」의習이有ㅎ야爾子도惟漢文으로以ㅎ며書牘도惟漢文으로以ㅎ고國文功業을賴ㅎ者는僅ㅎ倫行實七經諺解ㅎ閨閣問札에不過ㅎ며니今日에至ㅎ야國文研究會가始有ㅎ며國文研究委員이始有ㅎ니吾儕가該會를讚美ㅎ며委員을依望ㅎ더니果然何如ㅎ리오마는

然이나會를設始ㅎ지投長壹周年의成果를研究所得이果然何件인가

吾儕는諸公이國文을研究ㅎ야壹部辭書或字典을著成하는가ㅎ엿더니

今也에不然하야研究하는바를聞ㅎ즉件件實用에無益ㅎ고時宜에關ㅎ事과壹人은曰國文은新羅時創造ㅎ비라ㅎ며壹人은曰國文은高句麗時創造ㅎ비라ㅎ며壹人은勝朝時創造ㅎ비라ㅎ고壹人은國文音義를龍飛御天歌로爲主하며壹人은國문音義를査覈ㅎ야篇으로爲主ㅎ야支離說呈에光陰을虛度ㅎ는도다

大抵言語는文字의根本이로디古言今言이不同ㅎ야卽彼羅代麗代의流傳ㅎ는片詞短語도今日韓人의耳로聞ㅎ며解得ㅎ지못홀者ㅣ甚多ㅎ거늘萬壹時宜는不知하고壹切古言만是遵ㅎ다ㅎ진디邑內를邑內ㅎ야라評이라稱ㅎ며京城을變ㅎ야徐羅伐이라云ㅎ며拾三道를更하야六部ㅎ人五拾餘會를設ㅎ고其他人名地名草名木名과器皿釜鼎等屬名을壹々檀君技餘三國勝朝의用語로遵行ㅎ고자ㅎ면其正不正은姑舍ㅎ고實是行不得의事니卽又字도此와奚異ㅎ리오

乃者諸公이或은「ㅈㅊㅋㅌㅍㅎ」等字를擧ㅎ야終聲에添入ㅎ며「잇오니바大올」等語를述하야文字를反正케ㅎ다ㅎ니此는終聲을復用初聲이라는句語만是遵ㅎ뿐아니라英文에「바왈파콘슨엔트」音義를取用홈이나初聲을終聲에復用홈은猶可說이어니와假使잇으니바ㅊ은노論之면으字는卽初中聲合音이어놀以바왈用之가可乎ㅣ며或은、를廢ㅎ고二ㅡ를添用ㅎ자는오論이有ㅎ다ㅎ니此는當初에制字의本意를不知ㅎ는者ㅣ니不足論也로다

設令此音此語가十分的當ㅎ지도徒히讀者의腦際만昏亂케홀而已오毫도民知發達에利益이無홀지어날况音韻에도不適ㅎ고現時宜에도不適혼者ㅣ라오諸公의不憚煩이엇지如此ㅎ甚ㅎ뇨諸公은此等汗漫、오怪、煩聞、胡亂、無益의事는姑閣ㅎ고民智發達에有益혼辭書或字典의編撰에從事ㅎ야字樣을簡易케ㅎ고音韻을均壹케ㅎ야讀者로掌ㅎ示홈과如히홈을望ㅎ노라

▲隆熙貳年拾月二拾七日 官報

告示

農商工部告示第拾三號 續

商法 (明治三十二年法律第四拾八號)

第百七十七條 取締役이決合又ㅎ定款을違反ㅎ야行爲를行ㅎ時는株主總會의決議ㅎ有ㅎ境遇라도取締役은第三者에對ㅎ야損害賠償의責을免ㅎ을不得홈

前項의規定은其行爲를對ㅎ야株主總會에서異議를陳述ㅎ고又監査役에게其旨를通知ㅎ取締役에게는此를適用치아니홈

第百七十八條 株主總會에서取締役을對ㅎ야訴訟을提起홈을決議ㅎ時와又는此를否決ㅎ境遇에在ㅎ야資本에十分之壹以下에當ㅎ株主가此를監査役에게請求ㅎ時는會社는決議又는請求ㅎ날로부터壹個月內에訴訟을提起홈을要홈

前項의請求를ㅎ株主는其株券을供託ㅎ고또監査役의請求ㅎ因ㅎ야相當擔保를供홈을要홈

會社가敗訴ㅎ때는右株主는會社에對ㅎ야만損害賠償의責에任홈

第百七十九條 取締役이受ㅎ報酬는定款에其額을定ㅎ지아니ㅎ時는株主總會의決議로써此를定홈 (未完)

外報

●軍艦演習 倫敦電을據ㅎ즉澳國軍艦數隻이演習홀目的으로벨十라드對岸에到着ㅎ얏스나塞爾維亞는益々憤懣ㅎ다더라

●職工紛議의損害 同電을據ㅎ즉英國의紡績職工의紛議로以ㅎ야職工은九十八萬磅의賃銀을損ㅎ얏고職工組合은其資金二百萬磅이減損되얏고또壹般社會는鐵道及石炭坑山의損失이非常ㅎ다더라

●觀艦式參列 獨逸政府는日本政府의招請을應ㅎ야東亞艦隊의巡洋艦[illegible]부이號를本月拾七日神戶에서擧行ㅎ는日本觀艦式에參列케홀터이라더라

●歐羅巴의地震 伯林電을據ㅎ즉[illegible]歐羅巴에起ㅎ地震은伯林城으로[illegible]千기리米突에延亘하얏다더라

雜報

●靑會討論 今日下午七時三拾分에大韓靑年會館에서討論會를開ㅎ고入之感發은謳歌가勝於演說이란問題로討論ㅎ다더라

●光明試蹟 南部筆洞私立光明學校夜학部에서第壹回卒業式을擧行ㅎ얏는디日語科優等은李世根鄭然基等拾人이오及第에李鳴世李在鶴等拾三人이오速成級優等에沈夔澤韓基弘等八人이오及第에白南鴻朴容默等拾五人이오測量科優等에白[illegible]等三拾壹人이오及第에南鴻吳成根等九人이오商業科進級에洪重模李鍾協等六人인디校務를壹層擴張ㅎ고第二回학員을募集ㅎ다더라

●尼山義塾試蹟 江華郡下道面如此洞尼山義塾에서秋期試驗을經ㅎ얏는디甲班優等生朴容夏[illegible]岸等九人이오乙班優等生鄭順和[illegible]等七人이오丙班優等生田[illegible]福等七人이오丁班優等生[illegible]等八人인디該塾監[illegible]씨가以勸勉之意로多數施賞ㅎ얏다더라

●花島入學 仁川花島義塾의事狀은本報에記載ㅎ바어니와該府尹金潤晶씨가勞働兒를聚集ㅎ야登校說明ㅎ야一般勞働이感化하야齊齊剃髮ㅎ고當夜부터各其附屬학校로入學ㅎ서敎師崔仁[illegible]씨昌熙趙[illegible]讚諸시의熱心敎育홈으로無論社에셔히會의勞働兒百三拾名의敎育培養을委任於花島義塾ㅎ고敎科書與紙筆等을支送ㅎ고來頭維持方針을方今研究中이라더라

文壇

▲讀史新論 (續) 壹片丹生

第七章

(壹)鮮卑族、鮮卑는古代의壹種蠻族이라然이나其强武勇悍이他族에逈出ㅎ故로我東明聖帝께셔肇基ㅎ던初年에卽彼鮮卑의雜敵으로爲憂ㅎ샤群臣을集ㅎ야鮮卑制禦홀者를問ㅎ신비라然이나幸我絶代名將扶芬奴가奇計를出ㅎ야巢穴을覆ㅎ고彼를服ㅎ야我屬國을作하며니旣而오死灰가復燃ㅎ고餘孽이復熾ㅎ야我族에巨患을貽ㅎ서第(壹)次彼族中에慕容의者가起ㅎ야爲先高句麗의兄弟國되는北扶餘를攻破하미於是乎彼族이始强ㅎ야我에羈絆을脫ㅎ얏스며第(二)次高句麗美川王一年에我兵이遂히西安平을襲取ㅎ미彼族과疆域이始相逼ㅎ얏스며第(三)次樂浪(是時에樂浪이晉에屬홈)郡督張統이高句려의戰敗ㅎ고二郡人을率ㅎ고慕容[illegible]에게歸ㅎ니於是乎我는其人民을得ㅎ더니不幾에晉平州刺史崔비가慕容氏를忤ㅎ고高句려에來奔ㅎ리彼가又兵士地人民을盡得ㅎ지라於是乎彼我의釁隙이始ㅎ얏스며第(四)次慕容황이詭計로弄하야丸都를襲ㅎ미我兵이敗ㅎ야故國君이播遷ㅎ야비록我北道人士의忠勇으로彼鈍鋒을挫退ㅎ얏스나都邑이殘破ㅎ고先陵이被掘ㅎ야我史ㅣ에壹大汚點을遺ㅎ고又其後三年에慕容황이支那東部의地를盡有ㅎ고燕皇帝位에卽ㅎ니其臣慕容恪을遣ㅎ야我南蘇城을拔ㅎ니彼族의勢力이驟增에干ㅎ얏스며旣而오彼가符秦([illegible]族)에게被滅ㅎ야聲氣가沉沉ㅎ다가 (未完)

雜報

●各大臣의熱中 現內閣總理以下각大臣이무슴危慮가有호지頻數히統監府에前往호야曾禰統監과交涉호야自己에椅子를壹層鞏固호기로秘密運動中이라더라

●全南觀察使의論報 全羅남道各郡面書員輩가自來로民間에徵收호는考卜債를每年秋에統計호면葉錢으로數拾餘萬兩이되는故로該觀察使가此等弊瘼을永革호기로호나該道財務官이反對하기를此를廢止호면稅金徵收에障碍가生호다호고頻數交涉하는故로該觀察使가內部에具由論報호얏더라

●山林局移轉 農商工部山林局及京城林業事務所는再昨日竹동前陸軍衛病院으로移轉호얏다더라

●舊貨交換注意 度支部에서舊白銅貨交換호事件에對호야左와如히告示를發호얏는디舊白銅貨의交換은本年二月度支部令第四號에依호야本月三十日以後는此를廢止호야其通用홈을禁止호고決코交換期限을退定치아니하느니所持者는違期치말고該期限內에金庫銀行或은金融組合에就호야交換홈이可하다호얏더라

●唱夫無禮 近日각演劇場에唱夫가壹般官民에게無禮가太甚호다는데其根因인즉某大臣이唱夫輩로同坐分盃호고爛漫諛謟하야同等으로待遇호故이라고巷說이喧藉하더라

●何乃如此 中部典동居호는韓明鎬가海豐府院君尹澤榮氏家廳直으로多年擧行호던터인디三昨夜에自己家에祭故가有하야祭次로歸家호後에尹氏家에在호二百式拾圓價値되는金時計壹個가無호지라該家에서韓某의所爲로認定하고該掌內巡査에게通知호야韓某를捉致施刑호며嚴訊호미韓某가毒箠를不堪호야自己家에往置호얏다호는故로送人搜索호되全然不覓호얏더니尹氏家에서屋備호는日女가硯床盒內에서發見覓得호지라韓某는此로因호야無罪放還호얏다더라

●左右其室 公州觀察使崔廷德氏가日本에留連호時에日女를作妾호얏더니該氏가歸國호後에定婚娶妻호야該觀察府에携往同留호는디該日女가日本서追後渡來호야該觀察府에前往호야質責호야日日本서는百年을與我同居호기로結約호며니歸國後에娶妻홈은是何釋위오호며無數히詰難호는지라崔廷德氏가艱平撫摩하야左右室로定호고該府에同留호다더라

●班腦甚頑 春川郡邑에居호는何許以班爲名者壹人이當五錢四十兩負債人에게報償치아니호다고該民民의女兒를勒奪호야婢子를使役호거날히女兒의父母가不勝憤冤호야觀察府에呈訴호얏더니히觀察使李圭桓氏가訓飭호야兩班家의奴婢名色을壹體解釋케라고各坊曲에告示호얏스미兩班名色호는者들이終不聽從혼다더라

●別品關留 각地方人民이巡査隊招還令을聞호고其速歸하기를苦待하는되光州邑居曹錫浩氏는本以好事客으로巡査將官某々와親切호야巡査隊關留호기로히郡民會에運動을호└不贊成호者가多혼故로民會를自爲組成호後에巡査隊關留電報를內部로送致호얏는디히地人民이稱怨不已혼다더라

●日人背約 從二品李根培氏의家任李最聯氏가債訟事件을因호야京城地方裁判所에被捉호事는己揭어니와該事實을追聞호즉李氏의家弟李根永氏가生存時에南部明洞居留호는日人宮本芳次郎의게七百圓의負債가有호야該日人이呈訴혼所以로李氏의三千餘圓價値되는家屋을執行혼지라李根培氏가히日人을招來호야責其無理호고錢額은李氏가擔當報給홈次로年約호야私自和好호얏더니近日에히日人이背斥前約호고更爲起鬧홈으로李氏가南部理事廳에呼冤호얏다더라

●礦民何罪 咸鏡北道甲山銅礦內留駐호는憲兵補助員들이每朔月銀七圓이生活上에不足호다호야礦民에게食費라稱호고挾雜이無雙호되礦民이不應호면無故行悖호는故로礦民들이壹二圓式收合出給호며礦民들은憲兵事役에從事게호고役費는壹分도不給호다더라

●何相推托 西部孔德里擅동等地公有地菜田을該洞居作人數百名이耕作生活호더니不意張台鎭氏가宮內府認許를圖出호야菜田白菜를折半幷作호기로抑勒호미히作人等數百名이財務監督局에呼冤호얏더니히局에서는財務署로往訴하라호는故로該署에往訴혼즉裁判所로往訴호라호고裁判所에往訴혼즉警察署에往訴호라호야互相推托不決호는故로히民人等이往訴無處호야道路에棲屑혼다더라

●痘兒送院 北部孟峴居하는趙漢杰氏의四歲子와六歲姪과其隣居호는尹昌玉氏의七歲女가天然痘를罹호야現今重痛하는中인대北部警察署에서傳染홀慮가有호다호야히三兒를再昨日에光熙門外避病院으로昇送호고히兩家에는消毒藥을施用호얏다더라

●韓魚消奪 豆滿江對岸에警備로派遣혼淸兵이豆滿江對岸으로부터乘船渡江호야目下獵魚호는韓人을脅迫호고捕魚를强奪호는行爲가往々히有혼디又去月二十三日午前拾時頃에武裝혼淸兵五名이韓人建網處에來호야자魚場에對호야捕魚를奪코저하는대或不應호면船網을幷히沒收호며或銃殺奪去호얏다더라

●會長說明 帝國實業會會長俞吉濬氏가三昨日에히會에始爲出席호야히會의永久維持홀方針으로說明호되祿負商의目的은永히革袪호고純全혼社會目的으로壹新做去홈이온當호다호얏다더라

●全婦斷股 慶남梁山郡邑內面三洞居前醫務官全泰準氏의任婦申召史가年今二拾三歲인대其夫가大風瘡으로死境에至혼지라該召史가晝夜祈天호고斷股作膾호야試服호얏더니其夫의病根이快差호얏다더라

●各罪犯宣告 再昨日에京城地方裁判所에서公錢欠逋罪人白南轍은懲役壹年半으로强盜犯李과煥은懲役拾年으로銀貨僞造犯崔奎善은懲役七年으로同犯鄭永鎭과者善金東奎등은懲役五年으로金成煥李春男은懲役二年半으로同犯千弘日鶴西는懲役二年에宣告호얏다더라

●兵斬殺 함興郡에서日騎兵討伐隊가去月二十壹日에義兵과互相衝突호다가日兵壹名이卽死호얏다더라

●新興校의慈善 開城郡居호는李龍鳳이가年今十五인대早失父母호고四顧無親故로轉轉流乞호야京城으로上來호야學校에入학코자호나依托無處호야只是呼泣호더니何許人이孤兒院으로指送하는故로該院을訪問호다가梨峴新興학校로轉入호얏더니該校任員諸시가問其理由호는지라히兒가細陳情跡호미該任員諸시가憐其情景호야該兒를執留호고衣食等節과其他經用을壹切擔當호고現今敎育호는中이라더라

●咸校卒業 去日曜日에麻洞咸南學校에서卒業禮式을行호얏는대優等生에崔殊冕姜煥秀等十二人이오及第生에김忠鎬呂永建等二拾三人이라더라

●運動盛况 去月二拾九日上午七時에咸興遺豐湖畳前坪에셔咸남各學校秋期大運動會를開設호미當日入場혼學校는五十壹處에抵호고應試혼生徒는六千壹百名에過하고傍觀혼紳士는二萬一千名에達호얏는대壹百步脫網競走壹等永興洪明學校生徒崔형國시요二百步脫網競走壹等咸興中央학校生徒金鳳集시요計算競走壹等永興普通學校生徒김丁夏시요作文競走壹等定平協成學校生徒金鳳學시요一百步旗取競走壹等咸興測量學校生徒朱鳳元시요二人三脚壹等永興々仁학校生徒李太祖시요高跳壹等高興永生學校生徒김大闘시인대壹大盛况을呈호얏다더라

●兩氏熱心 西來人의傳說을聞혼즉平北鐵山郡車輦館興學校校長金德煥鄭範兩시가敎育에熱心호야僅僅孜々가已過數年에학徒의程度가漸高호야擴張之計를壹層注意호야乃與壹郡紳士로協議호고韓興學校로中學校를設立혼다더라

●全校盛况 全義郡大東學校에서秋期運動을設行호얏는디學徒七拾餘名이取旗取計算騎馬等競走와歷史地誌修身敎育等問答과高跳廣跳脚戲拾栗等遊戲로盡日盛况을呈호엿는디監督該郡守張寅源總務李冀夏副校長林元相諸시가空冊과鉛筆을優數施賞호얏다더라

▲地方消息▲

▲本月四日靑丹西南方七拾里地에서義兵約八十名이馬山管內搜索隊憲兵下士壹名과上等兵四名及補員十名과衝突하얏는디死傷은不明호다호얏고

▲去月十日黃海道긔麟島東南方二拾里半據에서義兵二十名이日憲兵下士壹名과上等兵三名及補助員六名과交戰하얏다호고

▲本月八日京城附近約二拾里地에서義兵二十五名이日憲兵隊와交戰호얏다호고

▲本月七日縣川郡東北方柔院鎭에서義兵十九名이該郡駐在日守備隊와交戰하얏다호고

▲本月三日平昌郡內에서義兵三拾名이江原道大和駐在日憲兵及補助員과交戰호얏다호고

▲去月貳十壹日孟山郡南方四拾里地에서義兵拾餘名이히郡駐在日憲兵及補助員과交戰호얏다더라

▲家畜呼寃▲

▲古時代의壹富人이經濟上에大方家로別般貨殖을研究호야累萬金을致富러니後進들이不肖호야諸般雜種會集호고宴饗需의쓰게으로家內畜產을點考호새各自呼寃可觀일세

▲塒邊晨牛내다르며主人翁아내말듯소上坪下坪너른들에田畓을가라낼제汗出沾背쉬지안코鞭扑加身願忌업시壹年農事지엇거던何罪殺我하랴는가여보나는못죽깃소

▲櫪上騎馬내다르며主人翁아내말듯소千里遠程往호제高峰峻嶺不關호며隆冬盛炎避치안코主人恩惠갑흐랴고盡出死力호얏거던何罪殺我하랴는가여보나는못죽깃소

▲塒上黃雞내다르며主人翁아내말듯소五月炎天짜른밤과冬至섯달雪寒風에困혼잠못자지안코狐狸侵害홀지라도不避死生告曉커던何罪殺我하랴는가여보나는못죽깃소

▲堂下靑방내다르며主人翁아내말듯소前門後垣너른집에盜賊侵犯직히랴고不分晝夜巡回홀제槍劍被刺홀지라도少不恒避막엇거던何罪殺我하랴는가여보나는못죽깃소

▲架上蒼鷹내다르며主人翁아내말듯소雪滿窮巷길업는데此山彼山佃獵홀제壹身飢渴不顧호고飛禽走獸보는디로盡力捕獲호엿거던何罪殺我하랴는가여보나는못죽깃소

▲圈黑猪俯首호고主人翁아홀말업소여러말論듯고是非恩호얏는디余獨心腸凶호야主人興亡알빈업고單片臉欲肥니無다釜中水가죽두놈븐나뿐일세

▲嗚呼로다此言이여純是怪誕野說이라取信홀것업지마는足以警醒호깃기로略此記述公佈호니我韓國內에居民들은歸於妄호지말고與三反覆思量호야各自警醒호지어다

의학博士竣셔厚實驗方劑
製약鑑査人 박瀅惠 李觀化

健胃消食

[illegible]

定價金拾錢

을預防케하고健胃消滯하야諸般滯積을順下하며卒地吐瀉泄瀉와赤痢白痢운胃腹에難과녕咳白담을能治能止하는靈약이오

製造本舖 漢城銅峴 [illegible] 大약房

雜報

●朴氏慈善　南門內朴종煥시가京城孤兒院에來到하야일般學徒를對하야熱心勸勉後洋服足只七拾四件을寄附함으로該院에서稱頌하다더라

●正誤　昨日本報廣告欄에崔敏秀의弟謹秀의謹字가漢字로誤植이기正誤함

●正誤　本報에揭載한바裁判所에서通譯料磨鍊한다는事는傳之者誤라더라

廣告

特別廣告

▲特別廣告▼

本社에서名帖印刷를更加擴張하기爲하야各樣紙品을壹切準備하고極廉價로僉君子에所請대로隨應하옵는중婦人과學徒의게는特別除減할터이오니照亮來臨하심을敬要

大韓每日申報社

本人이判事를辭免하고辯護士를開業하얏사오니僉君子는事件의大小難易를勿論하고照亮來議하시옵

辯護士張燾
法律事務所

南部茶洞拾四統五戶

本人이西部龍山坊桃花洞에在한家舊文券及綿花田壹日耕文券合七張을京南大門驛에서서失하얏사오니內外國人間에拾得하얏더라도休紙施行하시옵

朴勝運　告白

本人이判事의職을辭免하고辯護士業務에從事하오니僉彥은陸續來議하시옵

辯護士劉文煥
事務所 中部校洞三十二統四戶
(下漢洞口越便家)

慶北永川郡銀海寺私立普通學校를設立하얏는대本寺釋總務長申運船金壹何圓數[illegible]朴晦應이錦溟學校事務에專心極力하야僧俗學員을幷爲勸勉하야沙門事業과人民事業을發達進步케하는中학員中孫正欣尹瑨河龍祚黃在寬僉敬天諸시는學業才勤이衆超하고本校資本은僧俗間行祀次로自願獻納于寺中畓으로分半用下하옵기玆以贊成廣告함

河應山　告白

本月拾五日(日曜)下午壹時에本會定期總會를本校內에서開하오니僉校友는趁期來臨하심을爲要

普成專門學校
校友會　告白

◉學員募集　廣告

簿記와筭術은六個月노測량은壹箇月노專門速成三科를本所內에設하얏사오니願學員은음拾月晦日內로陸續來臨하야規則을詳問志願하심을爲要

簿記　午後五時로同七時
筭術　午後九時로同拾時
測량　午前十時로同十貳時

專門講習所
西小門內貞洞度支部後門前

▲銀世界新演劇大廣告

本社에서演劇을設始한지數月에江湖僉君子의厚眷을蒙하야益益擴張이온바閱月渴望하시던銀世界新演劇이今總準備이옵기來十五日부터設行하오니有志僉彥은如雲來覽하심을務望

圓覺社　告白

李楙榮拾圓　李勉承五圓
宋在奎五圓　金東煥三圓
演成測量講習所三圓
全壹測量製圖所貳圓
洪鍾翊貳圓　金闓煥三圓
吳均燮　邊基卓　金德潤
邊鼎胤　羅元德　尹相天
申錫雨　각壹圓

幼稚孤兒收養院

學員募集廣告

本所에서講習科와初등科를設하고何時던지志願을應하와速成으로精密教授하오니願學僉員은以此照亮함

初等科　參個月

講習員은한갓을隨하야定期할

各科에個個히志願학習할도許함

但教授課程과細則은本所로來議함

南部銅洞六拾三統九戶二層屋

大韓測量組合所講習所　告白

本人의國文(헌온)姓名章을遺失한故로漢文姓名章으로專用하오니內外國人은照亮하시고國文圖章은無效로諒悉하시오

헌온　告白

本人의世傳庄로中安州蔣哥동所在田畓廿五日七息耕과南造上端所在拾五日耕과廣川坪里所在卅四日壹息耕合六卅四日八息耕을韓國泳徵의계見奪하온바는京鄉同胞의所共知어니와現今京城地方裁判所에告訴하야將行裁判이온며今聞泳徵이欲爲圖得證明書於地方官廳云云이온則該庄所在地面洞長이必無證明之理이오되人心이不古에以若閔之勢力으로或得證明得이라도神聖한裁判所의判決이有하기前에는無效한僞證明이오니內外國僉君子는照亮하시옵소서

安州南松面龍庄里居
김희鼎의未亡人
李召史　告白

南部山橋十一統七戶
辯護士崔鎭

本所第三回測量科를設하고二個月速成으로敎授하오니有志僉彥은請願提呈
試驗은來十月廿五日算術四則
科程細則은測量科와製圖書類를兩科로分置하야隨意願學함
中署壽進동協同測量組合所白

本人이石炭商店을設하얏사오니願買하시는이는光臨하심을望함
光化門아리通信局엽
元稷常商店　告白

[illegible]

廣告

本校內에서圖根測량學員을太募集하오니願학　청員은陽曆月貳拾日(음拾月貳十七日)內로入학請願書를提呈함
試驗科目은算術(分數以上)但細部測량卒業生은免試함
試驗日子는同貳十二日
開學日子는同貳十四日
卒業期限은二個月

圖根測量夜學員募集
敎化門前工業學校內

壹帙二冊　正價金壹圜　小包料十錢
附　新舊裁判法令

今에此局勢가維新하고事爲가繁劇한時代에際하야吾人도論交酬世의道가日顯하고多함에尺牘을不可不講이라本尺牘을已爲刊行于世하야江湖에好評을博得한바는에國漢文으로新編增補하야新舊尺牘의半이되며且近日新法令의緊要한者를類聚附輯하얏사오니一般人士는案頭의必備할好書이옵

(發賣所)
皇城中部龍朝橋越　中央書館　朱翰榮
全　鍾路　匯東書市　金基鉉
全　南部大廣橋　匯東書館　高裕相
全　南門內尙洞　博文書館　盧益亨
全　南門外紫巖　新舊書林　池松旭

祖國의精神을培養하고自由思想을鼓動하는唯壹奇書

蕉雨堂主人

實業小說
송뢰금 松籟琴
陸定洙著
定價金二十五錢

仕宦의熱慾을打破하고實業의觀念을喚起하는最良好籍

발매所
皇城南門內尙동　博文書館
京鄉각有名書館

敎育小說
伊太利少年
李輔相譯述
全壹冊　正價十錢
表紙石版鐫印刷

本小說은伊大利貧工人의子馬克少年의數萬里海陸에跋涉하야尋親한事蹟을著述한者니原來其母는海外異域에作客하야亞美利加大陸에漂踏하다가竟乃他苦孟의寄跡한病母를尋하야母子가團欒을得하얏스니嗚呼美哉라馬克母子의慈孝한踪跡을失한바壯哉라馬克이十三歲小兒의單身隻影으로霜의艱難과猛獸의危險을冒하고沙漠의野와深林의間에奔馳하이여今에此를述하야我少年諸君에게紹介코저하노라

發行元
▲皇城中部罷朝橋越　中央書館
發售處
京鄉각書舖

◎特別廣告

一回測量科를壹箇月速成으로敎授하오니志願人은來議하시옵
試驗日字는陰曆二拾二日
新門外小平洞六拾七統二戶
普彰事務所　告白

各種書籍大發賣所
京城南部銅峴四巨里[二層屋]
文明書館
玄檍　告白

Responsible for Publication Alfred Weekley Marnham.

發行兼編輯人英國人 萬咸

發行所 南署石井洞號外第三戶新聞社 大韓每日申報社

大韓每日申報
第六卷 第九百五拾四號

月曜及慶節歲時日休刊

檀君開國四千二百四十一年
箕子元年三千三十年
大韓開國五百十七年
日本明治四十一年
淸國光緖三十四年
陰曆戊申十月大廿二日甲戌

論說

◉爾何心腸

徐午淳氏의指血이赤滴ᄒᆞ며其外演辯工의喉가裂ᄒᆞ며又士의筆이禿ᄒᆞ야此壹個나大韓人의手로成就ᄒᆞ고ᄌᆞ此壹個ᄂᆞᆫ外人의掌中에不入케ᄒᆞ고ᄌᆞᄒᆞ며數月星霜을絶叫疾唱ᄒᆞ던湖南鐵道事件이여今日에야就緖의望이始有하며今日에야結果의道가始有ᄒᆞ며今日에야三十萬株의募集이始有ᄒᆞᆯ도다

貧弱에極度에達ᄒᆞᆫ韓人으로。幾百年頑閉에權利界對外競爭을不知ᄒᆞᄂᆞᆫ韓人으로此巨大의株金을募集ᄒᆞᆷ에至ᄒᆞ얏스니其心力의萃聚ᄒᆞᆷ을想見ᄒᆞᆯ지니嗚乎라其誰가此에起敬치아니하며如此히寸々前進하며着々競爭ᄒᆞ야眞正ᄒᆞᆫ愛國心으로光明ᄒᆞᆫ國民事業을行ᄒᆞ면但只湖南鐵道만成就될뿐아니라抑亦全國利權ᄂᆞᆫ恢復ᄒᆞᆯ兆朕이라ᄒᆞᆷ도可ᄒᆞ리니嗚乎라此에對ᄒᆞ야ᄂᆞᆫ又其誰가歡喜치아니리오

吾輩의思想으로忖度하건대設或賊國과仇緣을結ᄒᆞᆫ他人이有ᄒᆞ야此에對ᄒᆞ야ᄂᆞᆫ必也猜忌를忍加치못하리라ᄒᆞ얏더니

噫々라天下事가何其千萬夢外에出하ᄂᆞᆫ者ㅣ多ᄒᆞᆫ지今也에其名曰韓人이라ᄒᆞ며其位曰內部大臣이라ᄒᆞᄂᆞᆫ宋秉畯其人이其千方百計로此를猜忌ᄒᆞ며此를沮害ᄒᆞ다ᄒᆞ니國民의筆端舌端熱心誠力으로勤々히三拾萬株金을集ᄒᆞ야幾乎成就의地位에在ᄒᆞᆫ湖南鐵道여彼宋也의壹魔戲에竟히中止ᄒᆞᆫᄂᆞᆫ지

宋乎宋乎여爾ᄂᆞᆫ獨히韓人이아닛가

宋의心膓은人人이皆知ᄒᆞᄂᆞᆫ바며宋의目的은人々이皆料ᄒᆞᄂᆞᆫ바며宋의歷史ᄂᆞᆫ人人이皆稔ᄒᆞᄂᆞᆫ바며宋의「以韓忘韓以韓害韓以韓伐韓」ᄒᆞᄂᆞᆫ手腕은人人이皆知記憶ᄒᆞᄂᆞᆫ바어니와彼가此區區將成未成의壹個鉄道ᄭᅡ지沮戲ᄒᆞᆯ줄은誠是料外로다

嗚乎宋이여韓의經營ᄒᆞᄂᆞᆫ鐵道를沮戲ᄒᆞ야何人에게讓渡코ᄌᆞᄒᆞᄂᆞ뇨

且彼가此를沮戲ᄒᆞᆷ에明白히沮戲치안코秘訓을各道에下ᄒᆞ야沮戲ᄒᆞ다ᄒᆞ니彼의心膓에도亦或顧忌ᄒᆞᄂᆞᆫ비有ᄒᆞᆫ지

宋氏여爾疑이亦已白ᄒᆞ얏스니爾의擧業을再長치말지어다그럿치아니ᄒᆞ야도國民이爾의歷史를不忘ᄒᆞ나니라

且天下事가反動力에多成ᄒᆞ나니湖南鐵道가엇지爾의魔戲를因ᄒᆞ야遂沮ᄒᆞᆯ쌔

▲▲隆熙貳年拾月二拾七日 官報

●告示

農商工部告示第拾三號 續

商法 (明治三十二年法)(律第四拾八號)

第三款 監査役

第百八拾一條 監査役은何時던지取締役에對ᄒᆞ야營業의報告를求ᄒᆞ고又ᄂᆞᆫ會社의業務及會社財産의狀況을調査ᄒᆞᆷ을得ᄒᆞᆷ

第百八拾二條 監査役은株主總會를招集ᄒᆞᆯ必要가有ᄒᆞᆷ으로認ᄒᆞᆫ때에ᄂᆞᆫ其招集을行ᄒᆞᆷ을得ᄒᆞᆷ此總會에ᄂᆞᆫ會社의業務及會社財産의狀況을調査케ᄒᆞ기爲ᄒᆞ야特히檢査役을選任ᄒᆞᆷ을得ᄒᆞᆷ

第百八拾三條 監사役은取締役이株主總會에提出코ᄌᆞᄒᆞᄂᆞᆫ書類를調사ᄒᆞ고株主總會에其意見을報告ᄒᆞᆷ을要ᄒᆞᆷ

第百八拾四條 監査役은取締役又ᄂᆞᆫ支配人을兼ᄒᆞᆷ을不得ᄒᆞᆷ但取締役中에셔暫時取締役의職務를行ᄒᆞᆯ者를定ᄒᆞᆷ을得ᄒᆞᆷ

前項의規定을依ᄒᆞ야取締役의職務를行ᄒᆞᄂᆞᆫ監査役은第百九拾二條第壹項의規定을從ᄒᆞ야株主總會의承認을得ᄒᆞ기ᄭᅡ지ᄂᆞᆫ監査役의職務를行ᄒᆞᆷ을不得ᄒᆞᆷ

第百八拾五條 會社가取締役에對ᄒᆞ거나又ᄂᆞᆫ取締役이會社를對ᄒᆞ야訴訟을提起ᄒᆞᄂᆞᆫ境遇에ᄂᆞᆫ其訴訟에關ᄒᆞ야ᄂᆞᆫ監査役이會社를代表ᄒᆞᆷ但株主總會ᄂᆞᆫ他人으로ᄒᆞ야금此를代表케ᄒᆞᆷ을得ᄒᆞᆷ

資本의拾分之壹以上에當ᄒᆞᆫ株主가取締役에對ᄒᆞ야訴訟을提起ᄒᆞᆷ을請求ᄒᆞᆫ時ᄂᆞᆫ特히代表者를指定ᄒᆞᆷ을得ᄒᆞᆷ

第百八拾六條 監査役이其任務를怠ᄒᆞᆫ時ᄂᆞᆫ會社及第三者에對ᄒᆞ야損害賠償의責에任ᄒᆞᆷ

第百八十七條 株主總會에서監査役을對ᄒᆞ야訴訟을提起ᄒᆞᆷ을決議ᄒᆞᆫ時나又ᄂᆞᆫ此를否決ᄒᆞᆫ境遇의在ᄒᆞ야資本의十分之壹以上에當ᄒᆞᆫ株主가此를取締役에게請求ᄒᆞᆫ때ᄂᆞᆫ會社ᄂᆞᆫ決議又ᄂᆞᆫ請求ㅂ부터壹個月內에訴訟을提起ᄒᆞᆷ을要ᄒᆞᆷ此境遇에ᄂᆞᆫ第百八拾五條但書及第二項의規定을準用ᄒᆞᆷ

前項의請求를ᄒᆞᆫ株主ᄂᆞᆫ其株券을供托ᄒᆞ고또取締役의請求를因ᄒᆞ야相當ᄒᆞᆫ擔保를供ᄒᆞᆷ을要ᄒᆞᆷ

會社가敗訴ᄒᆞᆫ때ᄂᆞᆫ右株主ᄂᆞᆫ會社를對ᄒᆞ야만損害賠償에責에任ᄒᆞᆷ

第百八十八條 監査役은其破産又ᄂᆞᆫ禁治産을因ᄒᆞ야退任ᄒᆞᆷ

第百八十九條 第百六拾四條第百六十六條及第百七十九條의規定은監査役에게此를準用ᄒᆞᆷ

(參照)

第百六拾五條 取締役은何時던지株主總會의決議로써此를解任ᄒᆞᆷ을得ᄒᆞᆷ但任期를定ᄒᆞᆫ境遇에在ᄒᆞ야正當ᄒᆞᆫ理由업시其任期前에此를解任ᄒᆞᆫ時ᄂᆞᆫ其取締役은會社를對ᄒᆞ야解任을因하야生ᄒᆞᆫ損害의賠償을求ᄒᆞᆷ을得ᄒᆞᆷ (未完)

外報

●香港暴動의後報 長崎電을據ᄒᆞᆫ則去三日香港에셔發ᄒᆞᆫ天洋丸은該港의外貨排斥暴動을見ᄒᆞᆫ則船員은上陸ᄒᆞ야壹部ᄂᆞᆫ四散ᄒᆞ고政府으로부터憲兵巡査ᄂᆞᆫ拔劍騎馬或徒步로써各方面을警戒ᄒᆞᄂᆞᆫ데其中의支那人三名은斬殺을被ᄒᆞ얏다더라

●聯邦內閣의總辭職 路透電을據ᄒᆞᆫ則濠洲聯邦內閣에셔ᄂᆞᆫ人種問題에關ᄒᆞ야紛議가起ᄒᆞᆷ으로써總辭職을提呈ᄒᆞ얏다더라

●淸帝崩馭 北京電을據ᄒᆞᆫ則淸國皇帝陛下ᄂᆞᆫ本月拾二日夜에崩逝ᄒᆞ얏다더라

文壇

▲讀史新論 (續) 壹片丹生

第七章 鮮卑族支那族과高句麗

第(五)次慕容垂가崛起ᄒᆞ야符秦을反滅ᄒᆞ고舊疆을恢復ᄒᆞ고燕々赫々의勢로遼東을睥睨ᄒᆞ미我扶餘族의命이壹綫에懸ᄒᆞ얏더니幸我神武絶世ᄒᆞᆫ故國壤王이作ᄒᆞ야此를擊斥ᄒᆞ며遼東全土를恢復ᄒᆞ니此ᄂᆞᆫ我族再蘇의消息이며第(六)次[illegible]爾土王이繼作ᄒᆞ사其先志를克述ᄒᆞ야燕平州를攻拔하여玄토를收復ᄒᆞ야彼族의勢를大殺ᄒᆞ미是後로부터鮮卑의患이絶ᄒᆞᆫ지數百年이러니第(七)次其別部宇文氏가西魏를纂하며北齊를幷ᄒᆞ고支那江北數萬里를握ᄒᆞ야壹時에鴟張ᄒᆞ니彼所謂武帝(宇文覺)은亦蓋世英主라慕容氏의基業을復코ᄌᆞᄒᆞ야大兵을自將ᄒᆞ고我遼東을寇ᄒᆞ다가我大兄愚溫達의勇武를遭ᄒᆞ야竟退縮ᄒᆞ얏스며

第(八)次附楊氏(本姓은普六茹氏)가後周를纂ᄒᆞ고支那江南江北을盡統ᄒᆞ며其富盛의勢를藉ᄒᆞ야我와雄雌를決코ᄌᆞᄒᆞᆯ셰彼所謂文帝(楊堅양帝)(楊廣)가其全部精神을出ᄒᆞ야我國을謀ᄒᆞ다가漢王諒의三十萬衆은刀頭에哀哭ᄒᆞ며宇文述의二百兵은魚腹에慘埋ᄒᆞ고徒히我國偉人乙支文德의名譽歷史만讚許ᄒᆞ얏도다

按隋楊氏ᄂᆞᆫ支那의地를據ᄒᆞ며支那의人을用ᄒᆞ야我와決鬪ᄒᆞᆫ바인즉單純ᄒᆞᆫ鮮卑族으로看ᄒᆞ기難ᄒᆞ나然ᄒᆞ나其主權者가既是鮮卑族이오其將士ᄂᆞᆫ宇文述麥鐵杖等이大半鮮卑의種子라故로麗隋의戰役은我가鮮卑族에對ᄒᆞᆫ戰爭으로看ᄒᆞᆷ이可ᄒᆞᆷ

蓋此時에至ᄒᆞ미我族及鮮卑族의決鬪ᄒᆞᆷ이數千年을已過ᄒᆞᆫ지라其間에비록勝負의事가有ᄒᆞ나畢竟優存劣亡의公例를莫逃ᄒᆞ야自後로ᄂᆞᆫ鮮卑族의光榮이東洋史上에不見ᄒᆞᄂᆞ니라

(二)支那族 古代支那族은古代에我族과對峙ᄒᆞ야交爭ᄒᆞ已ᄒᆞ던國이라或曰支那族은元來我族과其源이同ᄒᆞ다ᄒᆞ나然이나既是각각國家를創ᄒᆞ고境遇에ᄂᆞᆫ彼가비록同族이라도不得不歧視ᄒᆞᆯ라던况其言語가既異ᄒᆞ고俗尙이既異ᄒᆞ야同族의觀念이既遠ᄒᆞ니엇지交戰國間에此等理想을容ᄒᆞ리오噫라余가我史를閱ᄒᆞ건대四千年間에彼支那族과競爭最烈ᄒᆞ던時代ᄂᆞᆫ惟高句麗時代가是니我韓後人은觀歌鼓舞ᄒᆞ야高句麗及支那成敗의遺蹟을觀ᄒᆞᆯ지어다 (未完)

雜報

●宋氏發明 再昨夜에內部大臣宋秉畯氏가總理大臣李完用氏를訪問ᄒᆞ고言ᄒᆞ되我가有何運動ᄒᆞ야壹進會長李容九氏로日本에派遣ᄒᆞ얏다ᄒᆞᆷ으로大監은其事實을密探ᄒᆞ기爲ᄒᆞ야軍部大臣李秉武氏를繼又派送ᄒᆞ얏다ᄒᆞ나我ᄂᆞᆫ何等運動의事가全無ᄒᆞ다ᄒᆞ고極力辨明ᄒᆞ며互相猜疑하던心을和沖妥好ᄒᆞ얏다더라

●統監登程 伊藤統監이本月十四日에大磯에서발ᄒᆞ야十五日名古屋에到着ᄒᆞ고二十壹日馬關으로從ᄒᆞ야乘船歸任ᄒᆞᆫ다더라

●觀察出板 學部繙譯官李完應氏가該課長日人本田常吉씨와日人主事山內忠市를帶同ᄒᆞ고尙州星州釜山東萊蔚山등各郡에學事를視察ᄒᆞ기爲ᄒᆞ야日間發程ᄒᆞ기로完定ᄒᆞ얏다더라

●享祀費編定 學部에서各郡에在ᄒᆞᆫ鄕校를管轄ᄒᆞᄂᆞᆫ事ᄂᆞᆫ衆所共知어니와該校에셔明年度부터預算額中에서각廟享祀費를編立ᄒᆞ기로權定ᄒᆞ얏다더라

●惩及僧侶 元興寺撤額ᄒᆞᆫ後에該寺文券이前管理權重奭氏의게在ᄒᆞ던丙午六月分에李根澔氏가該寺前攝理金越海等을甘誘ᄒᆞ야日此寺文券을推尋給我ᄒᆞ면我弟宮內大臣과協議ᄒᆞ야復寺케ᄒᆞ고守護僧恰七人의게每人三千金式自 上恩賜케ᄒᆞ다ᄒᆞᆫ즉金越海가復寺ᄒᆞᆫ다ᄂᆞᆫ說에被誘ᄒᆞ야該文券을借給ᄒᆞ얏더니其後에此文券을自 上恩賜라稱ᄒᆞ기도ᄒᆞ며 皇室에所捧條가有ᄒᆞ야 太皇帝陛下께옵셔元興寺로代償ᄒᆞ셧다稱ᄒᆞ기도ᄒᆞ며且此家券을日人峰尾의게典當得債라고稱ᄒᆞ야寺屋을勒吞ᄒᆞᆫ奎慾에毒發하야百般設計하ᄂᆞᆫ中이라더라

●歸舞翩翩 泰安郡守崔鶴來시가有何事件인지該郡에赴任ᄒᆞᆫ後數日만에旋爲上京ᄒᆞ야逗遛ᄒᆞᆫ다더라

●外曆禁止 明年度曆書를學部에서印刷局에委托ᄒᆞ야印刷發行ᄒᆞ얏ᄂᆞᆫ되此曆書ᄂᆞᆫ前年度曆書와同壹하나陽曆을詳細添入ᄒᆞ얏ᄂᆞᆫ데平安南北道에서ᄂᆞᆫ近來에淸國에서編述發行하ᄂᆞᆫ曆書를購覽ᄒᆞᆫ다ᄒᆞ기로此를禁止ᄒᆞ라ᄀᆞ學部에서平安南北道에嚴飭하얏다더라

●治道善否調査 漢城內治道工役을畢了ᄒᆞᆫ後로內部土木局技師沈宜碩氏가昨日부터治道善否를壹々히調査ᄒᆞᆫ다더라

●懇親會延期 申蕭堂이各新聞記者를請邀ᄒᆞ야本日에懇親會를設行ᄒᆞ기로酌定ᄒᆞ얏더니未備ᄒᆞᆫ事가有ᄒᆞ야來日曜日로延期가되얏다더라

●鐵道聯合會 韓國鐵道運輸聯合會組織에就ᄒᆞ야來二十三日午後壹時부터高山三木의家에서大會를開ᄒᆞᆯ더인대同會議案은會規及計算規程役員選擧와事務所를龍山에置ᄒᆞᆯ件과機關雜志發行件等이라더라

●日辯護의座價 日人辯護士事務所에서ᄂᆞᆫ依例히訴訟人의委任을受ᄒᆞ라면初次交涉ᄒᆞᆯ時에座價二十兩을先爲領受ᄒᆞᆫ다더라

●掃雪軍의無厭 三昨日에宮內府掃雪軍二名이 闕內에儲置ᄒᆞᆫ白菜를荷車에暗自馱出ᄒᆞ다가情跡이現露ᄒᆞ야牌將壹名ᄭᆞ지除汰ᄒᆞ얏다더라

●面從挾雜 忠淸北道觀察使權鳳洙氏가該道各郡에發訓ᄒᆞ되今秋爲始ᄒᆞ야ᄂᆞᆫ書員等으로ᄒᆞ야금人民에게考卜價의捧喫ᄒᆞᆷ을嚴截禁戢ᄒᆞ라ᄒᆞ얏더니陰城郡에서ᄂᆞᆫ各面掌憲가該郡財務主事의게二拾圓式納賂ᄒᆞᆫ後에越權捧喫ᄒᆞᄂᆞᆫ故로人民의稱冤이自ᄒᆞ다더라

●日辯護의無理 近日日人辯護士가多數渡來ᄒᆞᆷ은衆所共知어니와該人等이韓國人의訴訟委任을受ᄒᆞ면裁判所에出頭하야辯論ᄒᆞᆷ은可커니와無理ᄒᆞᆫ行動으로訴訟當事者의家에卽往ᄒᆞ야內庭에突入ᄒᆞ며無禮히辱說과威脅ᄒᆞ야金錢과物品을訴訟目的物로勒討ᄒᆞᄂᆞᆫ弊가非壹非再라더라

●呼冤沓至 全南各郡稅務主事가各面書員輩를符同ᄒᆞ야考卜價를比前加斂ᄒᆞᄂᆞᆫ故로珍島等郡人民의呼冤이觀察道에沓至ᄒᆞᆫ다더라

●婦女施痘 前報와如히中部警察署에서該管內에居ᄒᆞᄂᆞᆫ婦女의게牛痘를施術ᄒᆞ얏ᄂᆞᆫ되其數交가二百六十名이라더라

●護產院附設 東洋愛國夫人會에서夫人病院을設立ᄒᆞᆫ後護產院을附設ᄒᆞ야夫人衛生을壹層注意ᄒᆞᆫ다더라

●往返無恙 開城等地로運動次前往ᄒᆞ얏던普成中學校학員들이昨日에入城ᄒᆞ얏다더라

●李心改良 前判書李根澔氏의別庄이東門外에在ᄒᆞᆫ되該氏가동中人의窮貧無業ᄒᆞᆷ을憤歎ᄒᆞ야여救活方針을籌畫研究ᄒᆞ고該동에在ᄒᆞᆫ興仁學校位置가低陷窄迫ᄒᆞ야敎育과衛生에太不便利ᄒᆞᆷ을慨惜ᄒᆞ야永遠維持ᄒᆞᆯ計劃으로金幾萬圓을先給ᄒᆞ기로ᄒᆞ고該學校에逐日躬往하야全着事務ᄒᆞᄂᆞᆫ대昨日에ᄂᆞᆫ凶慘ᄒᆞᆫ李根澔氏가今日부터ᄂᆞᆫ善良ᄒᆞᆫ李根澔氏가되깃다고輿論이有ᄒᆞᆫ다더라

●窓下非便所 三昨夜에東部蓮洞居ᄒᆞᄂᆞᆫ李祥榮시가自已家에病人이有ᄒᆞᆫ故로中部東谷居ᄒᆞᄂᆞᆫ何許醫師의게問藥次로往ᄒᆞ다가東谷某人家窓下에서放溺ᄒᆞᆷ으로緊에蓮洞居ᄒᆞᄂᆞᆫ人力車夫閔春植이가리시의放溺ᄒᆞᆷ을執탈ᄒᆞ야勢甚危險ᄒᆞᆫ故로該掌內巡查가閔哥를警察署로押付ᄒᆞ얏다더라

●韓生日死 日前에남大門內公동建築ᄒᆞᄂᆞᆫ第壹銀行所에서礎石을運搬ᄒᆞ던役夫日人大久保秀次郞이가電車에被觸ᄒᆞ야背部가重傷ᄒᆞᆫ故로該掌內巡查가治療ᄒᆞ기爲ᄒᆞ야安東病院으로昇送ᄒᆞ얏더니未幾에仍爲致死ᄒᆞ얏고伊時에十六歲된韓人役夫김龍吉이亦爲被觸ᄒᆞ야壹時頃을昏倒不省ᄒᆞ얏다가更爲蘇生ᄒᆞᆫ지라韓病院으로繼乂昇送ᄒᆞ야現今治療ᄒᆞᄂᆞᆫ中이라더라

●寒江驚魂 三昨日에水原郡啓陽江에서風濤가大起하야墟船壹隻이覆破ᄒᆞ얏ᄂᆞᆫ대乘客四名과船夫二名이溺死하얏다더라

●砲殺日兵 數日前에長湍郡高浪浦等地에서義兵三拾餘名이日兵幾名과數時間을交戰ᄒᆞ야日兵二名을砲殺ᄒᆞ얏다ᄂᆞᆫ傳說이有ᄒᆞ더라

●賣卜者被殺 全羅北道任實郡下東面居白應河家에火賊三名이突入ᄒᆞ야白시를押去ᄒᆞ야絞殺ᄒᆞ얏ᄂᆞᆫ되該시ᄂᆞᆫ本是賣卜者로同地方에서有名ᄒᆞ던人이라火賊等이該시를押去ᄒᆞᆫ所以ᄂᆞᆫ行賊時에誰某家에金錢有無를豫言케ᄒᆞᆯ目的이나白시가不應ᄒᆞᆷ으로絞殺ᄒᆞ얏다더라

●靑年演說 靑年同志會에서今日下午貳時에總會를安昶奬學社니에開ᄒᆞ고紳士石鎭衡氏가靑年의自任이란問題로演說ᄒᆞᆫ다더라

●學生親睦 關東學生親睦總會를今日上午拾時에關東학會館內에서開ᄒᆞᆫ다더라

●龍尹慈善 平北龍川府尹金祥演시가該府舊邑孤兒院에對ᄒᆞ야極力贊成ᄒᆞ고經費를措ᄒᆞᆷ을慨歎ᄒᆞ야月俸中으로每朔三圓式支給ᄒᆞᆫ다더라

●崔氏義擧 平北龍川居崔成贊시가該郡孤兒院事務를自擔ᄒᆞ고貧米得債ᄒᆞ야孤兒를養育하며自手細履ᄒᆞ야壹般孤兒로跣足의患이無케ᄒᆞᆫ다더라

●畿會義捐續聞 畿湖興學會義捐諸시의시名及金額은已爲揭載ᄒᆞ얏거니와追聞ᄒᆞᆫ즉尹雄烈시ᄂᆞᆫ九百圓을每朔拾五圓式으로타地鎔尹英烈兩시ᄂᆞᆫ六百圓을每朔拾圓式으로朴齊純閔世煥리裕鼎리炳鼎閔商鎬諸시ᄂᆞᆫ三百圓을每朔五圓式寄付ᄒᆞ기로決定ᄒᆞ얏다더라

●學校又進 北靑郡陽化面私立陽하校內에夜학講習所를設立히고實業從事ᄒᆞᄂᆞᆫ靑年子弟를募集ᄒᆞᆫ後有志紳士리啓年金洙晉金致鍊某某諸시가實業界의相當ᄒᆞᆫ科程으로熱心敎育하ᄂᆞᆫ되學徒가三十餘名에達ᄒᆞ얏다더라

●汾校試蹟 通津郡私立汾南學校에서第二回秋期試驗을經ᄒᆞ얏ᄂᆞᆫ대春班優等生李達榮李圭容等拾人이오及第沈昌섭等拾五人이오二班優等沈宜寬等五人이오及第金思說等拾四人이오三班優等李龍德等六人이오及第林學根等九人인대施賞勸勉ᄒᆞ얏다더라

●龍門의勞働 楊平郡郡主事李殷哲시와郵便取扱所主事李承德사가發起ᄒᆞ야該郡龍門學校內에勞働夜學科를設立ᄒᆞ고國文으로敎科書를翻譯敎授ᄒᆞᆷ으로學徒가四十餘人에達ᄒᆞ얏ᄂᆞᆫ되將次各洞各里에도稍々擴張ᄒᆞᆯ計劃中이라더라

●眞興夜學 前參尉金顯敬시가東儀館自已私第에夜學校를設立ᄒᆞ고洞里少年과夫들을募集ᄒᆞ야算術地誌歷史體操等科程으로熱心敎育ᄒᆞ며該시叔父金學植시가省楸次로下往하얏다가鉛筆洋紙等物品을多數히賞給ᄒᆞ얏다더라

▲地方消息▼

▲本月六日寧遠郡內에서義兵六十名이平安남道社倉分遣所日憲兵下士壹名과上等兵二名及補助員四名과交戰ᄒᆞ엿다ᄒᆞ고

▲去月貳拾九日三陟郡東南方臨院津에서義兵拾餘名이同津分遣所日憲兵隊와交戰ᄒᆞ엿다ᄒᆞ고

▲本月二日海州郡에서義兵三拾名이同郡分遣所日憲兵下士壹名과上等兵二名及補助員五名과交戰ᄒᆞ얏다ᄒᆞ고

▲去月二十八日海州郡西方十五里地에서義兵拾餘名이同郡分遣所日憲兵 名과補助員三名及騎兵四名과交戰ᄒᆞ엿다ᄒᆞ고

▲本月九日丹陽郡東方約九拾里되ᄂᆞᆫ山中에서義兵倂七名이同郡分遣所日憲兵二名及補助員六名과交戰ᄒᆞ얏다더라

▲養賊世界▼

▲裁判所가羅列ᄒᆞ고警察權이擴張하면道不拾遺盜賊업고窃明ᄒᆞᆯ줄알엇더니좀盜賊만잡아다가懲役이니處絞이니每日頒布ᄒᆞ거마ᄂᆞᆫ全國內에有名賊은愈往愈甚猖獗일세

▲厚祿古套高帽子에人力車ᄂᆞᆫ馬ᄂᆞ다고政府中에들어가면國토이나賣食ᄒᆞ며집구석에나오며ᄂᆞᆫ諸般雜稅衿同ᄒᆞ야私財侵奪汨沒ᄒᆞ니힛盜賊이是誰런고政府大官네로구나

▲高堂大厦놉흔집에韓國이나判事기니國家今日此悲境이盡是爾輩先開路라財產씻긴殘民들이還推코저呼訴ᄒᆞ면荷杖之計反凶ᄒᆞ니목ᄂᆞᆫ盜賊是誰런고勳戚元老네로구나

▲盜賊질熱이나서幾千萬圓가져다가賊魁에게先納ᄒᆞ고觀察守令득得後에그資本을엔다ᄒᆞᆫ제白般凶計做出ᄒᆞ야殘民皮膚剝割하니좀利盜賊是誰런고地方官吏네로구나

▲父兄之勢藉恃ᄒᆞ고花套局과演劇場에不分晝夜다닐적에잔錢푼이窘拙ᄒᆞ야제집안의往來人을요리조리誘說ᄒᆞ고多少錢財欺奪ᄒᆞ니어린盜賊是誰런고宰相子姪네로구나

▲外國을紹介하야銀錢個나得食코저魚物廛에鳶鳥叉치南北村을徘徊ᄒᆞᆯ제이리기웃뎌리기웃無罪人을얼거다가驅人死地陷ᄒᆞ니박쇠盜賊是誰런고偵探客이네로구나

▲鳩奪鵲巢드럿더니今日에야보앗노다國人으로말ᄒᆞᆯ진ᄃᆡ內外國人物에抑勒으로爲主ᄒᆞ야所有權이自在民토自意揮罪强奪ᄒᆞ니强盜놈이是誰런고日本人이네로구나

▲法官들아法官들아內外官吏勿論ᄒᆞ고法律研究ᄒᆞᆯ뎍에ᄂᆞᆫ從法施行이아닌가無邪無曲ᄒᆞ여法律이貴賤區別어ᄃᆡ잇나有名賊만다ᄉᆞ리면小々輩의ᄃᆡ盜賊은不禁自禁ᄒᆞ리로다

漢城鐘路慈惠大藥房
大韓東西藥業月報社製藥

咽喉諸痛 降火水 五日分壹圜
男女補血 補益丸 二圜五十錢
淋疾 祛根藥 五十錢
淸肝 養胃水 十五錢
甘根藥 三十錢
蟄瘡丸 二十錢
腸胃感冒丸 十錢
消癥鎭咳藥 三十錢
陳陳滯 消積丸 五十錢
胃藥膏草材以小包郵便信送

消食物 甘酸水 金五十錢 告味
滋潤腸丸 二十錢
痢疾靈散 三十錢
養見寶散 十五錢
純金鷄納丸 十錢
定汗臭藥 二十錢
太腫合瘡膏 三十錢
漢城百應膏 十錢
癇氣神效保嬰散 二十錢

發行兼編輯人 英國人 萬咸
Responsible for Publication Alfred Weekley Marnham.
發行所 南署石井洞號外埔三層洋屋 大韓每日申報社

第六卷

大韓每日申報

第九百五拾五號

月曜及慶節歲時休刊

檀君開國四千二百四十一年
箕子元年三千三十年
大韓開國五百十七年
日本明治四十一年
淸國光緖三十四年
陰曆戊申十月廿四日丙子

論說

◎哀哉라韓人의失望病

韓國에壹種傳染病이流行하야瞬間에人을殺ᄒᆞ리其害毒의慘酷이黑死病보다尤甚ᄒᆞ며卒然히人에게染ᄒᆞ야其蔓延의疾速이박테리아보다尤急ᄒᆞ니奇怪ᄒᆞ다此病이여

此病에曾罹ᄒᆞ면醫生이甚難ᄒᆞ야扁醫도無ᄒᆞ고良藥도無ᄒᆞ지라古代名醫의越人華佗가良方을下ᄒᆞᆯ지라도此病은治療치못ᄒᆞᆯ지며今日歐美各國에有名ᄒᆞᆫ醫學博士가神劑를投ᄒᆞᆯ지라도此病은革祛치못ᄒᆞᆯ지라劇毒하다此病이여

昨日無病ᄒᆞ야躍々活動ᄒᆞ던政治家가今日此病에罹ᄒᆞᆫ즉忽然히其心이灰ᄒᆞ야부壁嗚呼ᄒᆞᆯ뿐이며昨日無病ᄒᆞ야熱膽瞋狂ᄒᆞ던法律家가今日此病에罹ᄒᆞᆫ則忽然히其腦가迷ᄒᆞ야仰天히嘘ᄒᆞᆯ뿐이며昨日無病ᄒᆞ야熱血疾呼ᄒᆞ던演說家가今日此病에罹ᄒᆞᆫ則忽然히其胷이塞ᄒᆞ야擊地痛哭ᄒᆞᆯ뿐이며昨日無病하야熱心敎授하던敎育家가今日此病에罹ᄒᆞᆫ즉突然히其志가冷ᄒᆞ야長太息만咄々ᄒᆞᆯ뿐이며昨日無病ᄒᆞ야孜々勤勉ᄒᆞ던實業家가今日此病에罹ᄒᆞᆫ즉突然히其眼이瞭ᄒᆞ야憂愁만作ᄒᆞᆯ뿐이며昨日無病ᄒᆞ야勃々前進ᄒᆞ던學生들이今日此病에罹ᄒᆞᆫ즉突然其氣가死ᄒᆞ야烈淚만산々ᄒᆞᆯ뿐이로다慘酷ᄒᆞ다此病이여

此가果然何處로從來ᄒᆞᆫ病이며何藥으로可醫ᄒᆞᆯ病인가其根因을消滅치못ᄒᆞ며其傳染을防遏치못ᄒᆞ면畢竟韓人二千萬을盡殺乃已ᄒᆞᆯ病이로다

此病은果然何病인가虎列剌인가腸窒扶斯인가虎列剌도아니오腸窒扶斯도아니오只是希望心을斷ᄒᆞ고失望心만生ᄒᆞ는失望病이로다

盖韓國이挽近數年에國力은日로退ᄒᆞ고民情은日로悲ᄒᆞ야今日에나挽回의力이生ᄒᆞᆯ까ᄒᆞ면乃者今日이昨日보다尤慘ᄒᆞ며明日에나醫救의期가有ᄒᆞᆯ까ᄒᆞ면乃者明日이今日보다尤劇ᄒᆞ야創孔이益出ᄒᆞ고悲境이益迫ᄒᆞ니於是에全國人民의腦中에失望病이鬪發ᄒᆞ야上流社會에서도日已矣라韓國은滅亡乃已라ᄒᆞ며中流社會에서도日休矣라韓國은滅亡乃已라ᄒᆞ며下流社會에서도日悲夫라韓國은滅亡乃已라ᄒᆞ야人이不殺ᄒᆞ야도自殺코ᄌᆞᄒᆞ니悲夫々々라

大抵天下의事는希望에成ᄒᆞ고失望에敗ᄒᆞ나니今日韓人이幺麽刧運에其膽이落ᄒᆞ야憂愁ᄒᆞᆯ뿐嗟嘆ᄒᆞᆯ뿐痛哭ᄒᆞᆯ뿐이면壹半分이나韓國에何益이有ᄒᆞ며公等에게何助가有ᄒᆞ리오只是公等의身을斯ᄒᆞ야滅亡的窟穴에陷入ᄒᆞᆯ뿐이로다

試看ᄒᆞ라彼石底의歷爭은愈壓愈出ᄒᆞ며海峽의逆潮는愈遏愈進치아니ᄒᆞ는가役者도彼爭ᄒᆞ야如ᄒᆞ며潮와如ᄒᆞ며誰가能히障害ᄒᆞ며

彼瑞西는三百萬人口와壹萬五千方里의國으로도能히自存ᄒᆞ야獨立의光榮을世界에揮揚커던今夫韓國은二千萬人口를擁有ᄒᆞ고三千里疆土를宛有ᄒᆞᆫ國이라公等이益々奮勵ᄒᆞ야自存自立하면誰가能히制禦ᄒᆞ며果然公等이皆曰韓國은不可亡이라ᄒᆞ며韓國은獨立ᄒᆞ리라ᄒᆞ며吾輩는世界主人翁이되리라ᄒᆞ야百折不屈의勇으로競進ᄒᆞ면誰가敢히公等을侮ᄒᆞ리오

余는今日에卿약醫의劑를雙手로敬奉하야貳千萬腦髓中에猛投ᄒᆞ노니即「希望心」三字이로다

▲隆熙貳年拾月二拾七日 官報

●告示

農商工部告示第拾三號 續

商法 (明治三拾二年法律第四拾八號)

第四節 會社의計算

第百九十條 取締役은定時總會의會日로부터壹週日前에左開書類를監査役에게提出ᄒᆞᆷ을要ᄒᆞᆷ

壹 財産目錄
二 貸借對照表
三 營業報告書
四 損益計算書
五 準備金及利益又는利息의配當에關ᄒᆞᆫ議案

第百九拾壹條 取締役은定時總會의會日前에前條에揭ᄒᆞᆫ書類及監査役의報告書를本店에備置ᄒᆞᆷ을要ᄒᆞᆷ

株主及會社의債權者는營業時間內何時던지前項에揭ᄒᆞᆫ書類의閱覽을求ᄒᆞᆷ을得ᄒᆞᆷ

第百九拾二條 取締役은第百九拾條에揭ᄒᆞᆫ書類를定時總會에提出ᄒᆞ야其承認을求ᄒᆞᆷ을要ᄒᆞᆷ

取締役은前項의承認을得ᄒᆞᆫ後貸借對照表를公告ᄒᆞᆷ을要ᄒᆞᆷ

第百九拾三條 定時總會에서前條第壹項의承認을ᄒᆞᆫ時는會社는取締役及監査役을對ᄒᆞ야其責任을解除ᄒᆞᆫ것으로看做ᄒᆞᆷ但取締役又는監査役이不正ᄒᆞᆫ行爲가有ᄒᆞᆫ時는此限에不在ᄒᆞᆷ

第百九拾五條 會社는損失을塡補ᄒᆞ고또前條第壹項에定ᄒᆞᆫ準備金을控除ᄒᆞᆫ後가아니면利益配當ᄒᆞᆷ을不得ᄒᆞᆷ

前項의規定을違反ᄒᆞ야配當을ᄒᆞᆫ時는會社의債權者는此를反還케ᄒᆞᆷ을得ᄒᆞᆷ

第百九十六條 會社의目的된事業의性質에依하야第百四十壹條第壹項의規定을從ᄒᆞ고本店의所在地에서登記를ᄒᆞᆫ後二年以上開業ᄒᆞ지못ᄒᆞᆯ것으로認ᄒᆞᆫ時는會社는定款으로써開業ᄒᆞᆷ에至ᄒᆞ기ᄭᆞ지壹定ᄒᆞᆫ利息을株主에게配當ᄒᆞᆷ을定ᄒᆞᆷ을得ᄒᆞᆷ但其利率은法定利率을超過ᄒᆞᆷ을不得ᄒᆞᆷ

前項에揭ᄒᆞᆫ定款의規定은裁判所에認可를得ᄒᆞᆷ을要ᄒᆞᆷ

(未完)

外報

●美日競爭 東京電을據ᄒᆞᆫ則美國太平洋郵船會社에서日本郵船會社와競爭ᄒᆞ기爲ᄒᆞ야運賃을低落케ᄒᆞ얏다더라

●親王攝政 北京電을據ᄒᆞᆫ즉淸國皇帝崩御ᄒᆞᆷ에就ᄒᆞ야再昨日午後에醇親王의長子溥儀氏로太子를冊封ᄒᆞ얏스며年이五歲오仍爲卽位ᄒᆞᆯ터인ᄃᆡ醇親王은攝政ᄒᆞᆫ다ᄒᆞ얏더라

●西太后의病篤 同電을據ᄒᆞᆫ則目下病中에在ᄒᆞᆫ西太后는其病根이甚히危篤ᄒᆞ다ᄒᆞ얏더라

●青年逮捕 印度壹青年이英國總督을銃殺코져ᄒᆞ다가逮捕되얏다더라

●爲僧廢憲 波斯皇帝는僧侶輩의請願을依하야憲政을廢止ᄒᆞ얏는ᄃᆡ徒然히紛亂만大起케ᄒᆞᆫ貌樣이라더라

●鐵道財務調停 伯林電을據ᄒᆞᆫ즉英佛露三國은土耳其와勃亞利間의鐵道財務問題에就ᄒᆞ야調停을企圖ᄒᆞ며또英德佛三國金融家組合에서金壹百五十萬磅을準備ᄒᆞ야土耳其로向ᄒᆞ얏다더라

●大倉組의共同 大連電을據ᄒᆞᆫ즉本溪湖炭坑은壹百萬圓의資本으로써大倉組를奉天交涉局과共同經營ᄒᆞ기로決定ᄒᆞ고總督은大連及上海兩稅關으로부터四十萬圓을出ᄒᆞ얏다더라

雜報

●校長熱心 江原道江陵東進學校校長權炳文시가該校設立後의熱心勸勉ᄒᆞ야學徒가七八十名에達ᄒᆞ얏다더라

●傳之者誤 廣州郡郡主事石璟煥시가各洞屠獸場主人等의게認許證書를私自繕給ᄒᆞ고二三十圜式勒收事로漢城監督局에有所告訴라ᄒᆞ기에前報에揭載ᄒᆞ얏더니更爲探知ᄒᆞᆫ則初無是事라더라

文壇

▲讀史新論 (續) 壹片丹生

第七章

鮮卑族支那族과高句麗

余가爲先順序로支那族의我國에滋殖ᄒᆞᆫ歷史를略ᄒᆞ서三時期에分ᄒᆞ야觀察ᄒᆞ노니

箕子王朝時代에衛氏가其徒五千人을率ᄒᆞ고東來하야我에對ᄒᆞ야爵을受ᄒᆞ야平壤壹部를主治ᄒᆞ니此가支那族東遷의第(壹)期오

其後裔가漸入ᄒᆞ야遂乃幷ᄒᆞ고各族間에虎睨ᄒᆞ야其聲勢가我扶餘王朝를凌駕ᄒᆞ얏스니此가支那族蕃盛의第(二)期오

旣而오衛滿이箕氏를逐ᄒᆞ고箕氏는南韓에走入ᄒᆞ며니漢武帝劉徹이又衛氏를逐하야北韓壹帶에四郡을建ᄒᆞ얏스니此는支那族爛熳分布에第三期라

此三期內彼我兩族의關係는以上章에已揭ᄒᆞᆫ바라此에贅說ᄒᆞᆯ비無ᄒᆞ거니와今에更히我扶餘族이勃興ᄒᆞ고彼支那族이衰退ᄒᆞᆫ歷史를略ᄒᆞ야五時期에分ᄒᆞ야觀察ᄒᆞ노니

衛滿劉徹의交惡ᄒᆞᆫ後百餘年에我扶餘族의聲勢가漸入하야東明聖王이西部를征服ᄒᆞ고大武神王이漢高句麗縣을擊取ᄒᆞ더니漢光武劉秀가來爭ᄒᆞ다가畢竟敗退ᄒᆞ야薩水以南을我에게讓渡ᄒᆞ얏스니此가第(壹)期오

(未完)

雜報

●帶同陛見　曾彌副統監은금日午前拾壹時에장谷川大將及其副官을帶同ᄒᆞ고　大皇帝陛下ᄭᅦ　陛見ᄒᆞᆫ後卽時　太皇帝陛下ᄭᅦ　陛見ᄒᆞ얏다더라

●石滿宴席　總理大臣李完用內部大臣宋秉畯宮內府大臣閔丙奭三氏가開城蔘政을觀察次로下往時에該郡人民이歡迎會를設ᄒᆞ얏다ᄒᆞᆷ은已報어니와更聞ᄒᆞᆫ즉該郡人民이歡迎ᄒᆞᆷ이아니라該郡富人李健赫朴宇鉉兩氏가追勢設備ᄒᆞ얏고滿月臺에宴遊를設ᄒᆞ고妓樂이迭宕ᄒᆞᆫ特에四方에서石丸이亂下ᄒᆞ야卽時罷宴ᄒᆞ얏다더라

●會員延頸　伊藤統監이還任ᄒᆞᆫ後에ᄂᆞᆫ壹進會員으로政府와觀察郡守를壹新組織ᄒᆞᆫ다ᄂᆞᆫ巷說이涀藉ᄒᆞᆫ故로地方會員이多數上京ᄒᆞ야延頸運動ᄒᆞᄂᆞᆫ者가不少ᄒᆞ다더라

●政令不壹　忠南觀察使崔廷德氏가郡守會議時에斷髮壹款은寬恕ᄒᆞ야有變無變을勿論ᄒᆞ고郡守들壹齊會同ᄒᆞ야各其從便之意로曉諭ᄒᆞ얏다더라

●日書記官歸任　東京駐在美國大使館壹等書記官지계와氏ᄂᆞᆫ去拾五日午前八時三십五分에南大門發列車로歸任ᄒᆞ얏다더라

◎兩義士의消息　美國에서須知分을砲殺ᄒᆞᆫ張仁煥氏의審判은去九月二十二日로期限을酌定ᄒᆞ얏더니更히延期ᄒᆞ야十壹月十六日上午拾時로改定ᄒᆞ얏고田明雲氏ᄂᆞᆫ既已白放되야歐洲等地로發向ᄒᆞ얏다ᄂᆞᆫ說이有ᄒᆞ더라

●樂工呼冤　掌禮院掌樂課樂工을解散後該樂工七十九名內에六拾七名만　恩賜金을頒下ᄒᆞ고其外拾二名은頒給지아니ᄒᆞ야該人等이壹觀之下에　恩賜金을未蒙ᄒᆞ야抑冤度日ᄒᆞᆫ다더라

●任度大起訴　呂州郡金沙面梨浦居ᄒᆞᄂᆞᆫ李周景氏가親喪을遭ᄒᆞ고其先塋附近에入葬ᄒᆞ얏더니度支大臣任善準氏가自巳山坂이라藉托ᄒᆞ고該道郡에起訟ᄒᆞ얏다가京城地方裁判所에仍爲呈訴ᄒᆞᆫ故로今日에裁判을기ᄒᆞᆫ다더니李氏가身病이有ᄒᆞᄒᆞ야未得上京ᄒᆞᆷ으로更爲延期ᄒᆞ얏다더라

●職員俸給直送　學部에서各郡에訓令ᄒᆞ되從來各普通學校職員의俸給을貴郡守를經由交附케ᄒᆞᆫ가如此俸給으로貴郡守를煩雜케ᄒᆞᆷ은徒費手數뿐아니라自然遲滯ᄒᆞ야領收人의未免困難이기自今으로ᄂᆞᆫ但俸給에限ᄒᆞ야各學校로直接送附ᄒᆞ겟다하얏다더라

●陵官頗明　宜陵參奉[illegible]俊興氏가入直未幾에躬行巡山ᄒᆞᆫ즉所謂書員韓仁壽가莫重　陵木을偸斫放賣ᄒᆞ고伐木處에ᄂᆞᆫ田답을又爲開墾ᄒᆞᆫ지라金氏가擧其事實ᄒᆞ야爲先掌禮院에査報ᄒᆞ고韓哥ᄂᆞᆫ卽爲逐出ᄒᆞ얏다더라

●辯護士試取　昨日法官養成所에서辯護士들試才ᄒᆞᄂᆞᆫ데應試者가十三人이라더라

●新民嗷々　新昌郡來人의傳說을聞ᄒᆞᆫ즉曾往結民의게除減ᄒᆞᆫ沙川浦落結을徵收ᄒᆞ기로各面長이人民의게指揮ᄒᆞ미民情이嗷々하다더라

●到處執穀　近日에淸州郡蜈蚣場附近에ᄂᆞᆫ義兵이屯集ᄒᆞ야各동長을招致ᄒᆞ야富民의穀苞를壹切勒留ᄒᆞ라고申飭ᄒᆞ다더라

●閔氏見損　章陵參奉閔明植氏가營利次로白菜와菁根每馱에韓貨五元式萬圓價値를貿置ᄒᆞ얏더니近日該物價가低落ᄒᆞ야損害가不少ᄒᆞ다더라

●果則妄發　南來人의傳說을據ᄒᆞᆫ즉公州財務官李種玉氏가공州大門里李起都氏先山局內에誌石도無ᄒᆞᆫ壹古塚을渠의失傳ᄒᆞᆫ給代祖墓라稱ᄒᆞ고巡査를帶同ᄒᆞ고擔銃率來ᄒᆞ야松楸를多伐以去ᄒᆞ며改封ᄉᆞ草를ᄒᆞ얏ᄂᆞᆫ데李種玉시의失傳墓ᄂᆞᆫ豆毛松里에在ᄒᆞ다自稱ᄒᆞ며大門里에古塚을渠의所蒙塚이라고橫稱ᄒᆞ니必是失傳塚을藉托ᄒᆞ고松楸를奪取코저ᄒᆞᆷ이라ᄂᆞᆫ說이藉々ᄒᆞ다더라

●留學生의熱心　日本東京早稻田法科大學生洪昌植氏ᄂᆞᆫ有何事件인지昨年拾二月分에官費生을見免하얏ᄂᆞᆫ데以後로右氏가海外苦學을甘心ᄒᆞ고諸日과比ᄒᆞ면尤極百倍나熱心做工ᄒᆞ여今年試驗에學績이最優ᄒᆞ고品行이方正ᄒᆞ여前道의有望ᄒᆞ기로該大學校에서月謝金을免除ᄒᆞ얏고昨年分에官費生見免됨미實是曖昧ᄒᆞ다고諸般學生이監督의게呼訴ᄒᆞ고共修學生壹般이監督의게請願ᄒᆞ얏더니右氏의官費生復續ᄒᆞᆷ事를申海永氏가學部에報告ᄒᆞ얏다더라

●絲門歡迎　天主教主教閔德孝시가歸國ᄒᆞ얏다가去日曜日에入城ᄒᆞᄂᆞᆫ데鍾峴敎堂에서一般敎徒가絲門을造成ᄒᆞ고歡迎會를盛設ᄒᆞ얏다더라

●是何悖行　前參判金天洙氏가年前에其親山을果川郡朴某山坂에入葬ᄒᆞᆫ後朴某가起訟ᄒᆞ야互相爭詰ᄒᆞ다가朴某가김시의親山을掘去ᄒᆞᆫ지라金시가果川郡에呼訴ᄒᆞ야朴某를捉囚ᄒᆞ얏더니朴某가越獄逃躱ᄒᆞ야金氏의先壟三塚을破掘ᄒᆞ얏다더라

●賊入忠祠　何許賊漢이驚梁津四忠祠影幀을偸去掩匿ᄒᆞ고錢幾萬兩을討索ᄒᆞᆫ다더라

●逃則爲往　鐵川郡杏亭面居管里居ᄒᆞᄂᆞᆫ李雲弼爲名者가該附近洞居ᄒᆞᄂᆞᆫ何許人을刺殺ᄒᆞ고錢財를奪取코ᄌᆞᄒᆞ다가情跡이現露되야不知去處로逃躱ᄒᆞ얏다더라

●盜人無眼　私立仁昌學校敎師朴準彩氏가楊州樓院本第에下往ᄒᆞ얏다가回還時에種蓬坪雙防築에서賊漢三名이突出ᄒᆞ야該시의衣冠及其他物品을沒數被奪ᄒᆞ얏다더라

●買鴉被捉　陽川郡仙遊峰居宋召史가多年積滯로呻吟ᄒᆞᄂᆞᆫ대鴉片烟을服ᄒᆞ면神效ᄒᆞ다ᄂᆞᆫ說을聞ᄒᆞ고該동居金元翼의게錢六拾錢을得給ᄒᆞ야請약을買來ᄒᆞ라ᄒᆞ얏더니김시가上京ᄒᆞ야鴉片약을買得ᄒᆞ다가警視廳에被捉ᄒᆞ얏다더라

●慘哉是聞　南部東山洞居ᄒᆞᄂᆞᆫ李聖泰氏의母親李召史ᄂᆞᆫ年이六拾七歲인데再昨日下午二時頃에訓鍊院近地에서靑栄의遺根을採拾ᄒᆞ다가何事件을因ᄒᆞᆷ이던지靑橋溝中에서倒死ᄒᆞᆫ지라該所管警察署에서醫師를派遣ᄒᆞ야檢査ᄒᆞᆫ後에其子李聖泰氏에게로昇送ᄒᆞ얏다더라

●可效其善　水原三壹女學校女학徒羅丑男氏가不幸금春에遭其父喪ᄒᆞ고兼以身病으로多月病吟이나家計甚貧ᄒᆞ야治療末由러니該校학徒羅明順池元順等四拾餘人이矜其情勢ᄒᆞ야治療費를義捐救助ᄒᆞ기로發起ᄒᆞ얏더니該校男학徒도聞此情形ᄒᆞ고感其慈善ᄒᆞ야互相義捐之際에該校隣家에寄居ᄒᆞᄂᆞᆫ燕釗의祖母가聞此趣旨ᄒᆞ고晉ᄒᆞ되吾雖至貧無依ᄒᆞ야身係履備이나聞其情狀ᄒᆞ니猶甚於我라ᄒᆞ고針工으로貯置ᄒᆞᆫ금五拾錢을寄附ᄒᆞ얏다더라

●婦人熱誠　安峴居ᄒᆞᄂᆞᆫ某婦人은極貧ᄒᆞᆫ處이나本以敎育에熱心으로日昨普源學校에對ᄒᆞ야銀指環壹雙을寄付ᄒᆞ야日佩物은我國婦人의慣習에極愛ᄒᆞᄂᆞᆫ寶物이니壹般女子同胞ᄂᆞᆫ佩物極愛ᄒᆞᄂᆞᆫ心을移ᄒᆞ야학校를此와如히愛ᄒᆞᆯ지ᄂᆞᆫ紀念物로寄付ᄒᆞ얏다더라

●靑會幻燈　鍾路靑年會館에서今日下午七時三十分에幻燈會를開ᄒᆞᆫ다더라

●禍福演說　西部宗橋培英學堂內에設立ᄒᆞᆫ智德共新會에서今日下午七時에紳士金成武氏를請邀ᄒᆞ야轉禍爲福이란問題로演說ᄒᆞᆫ다더라

●五氏熱心　黃海道安岳郡龍門面德동居ᄒᆞᄂᆞᆫ趙乂明全運赫吳雲泳朴泳植四시가靑年敎育을發達코ᄌᆞ錢財를鳩聚ᄒᆞ야日新학校를捌設하고敎師金澤模시를延聘敎育ᄒᆞᄂᆞᆫ데熱心勸勉ᄒᆞ기로不過數朔에학徒가五六十名이오勞働夜學徒가三拾餘名이라더라

●漢校熱人　南大門外漢陽學校ᄂᆞᆫ有志靑年의設立ᄒᆞᆷ으로僅々維持ᄒᆞᆷ은屢々히記載어니와本月에第壹回卒業式을行ᄒᆞᆫ後財政이乏絶하야廢止之境에至ᄒᆞ얏다더라

●與氏有志　中部豆錫동居ᄒᆞᄂᆞᆫ吳光兼시ᄂᆞᆫ自來로敎育에熱心ᄒᆞᄂᆞᆫ데平壤居趙昌鎬시가遊學次ᄯᅩᄒᆞᆫ以이되學費가窘絀ᄒᆞ야晝夜嗟嘆에終無方策ᄒᆞ야廢學欲歸러니該吳시가其熱學ᄒᆞᄂᆞᆫ情狀을慨惜히녁여右學生의幾年間做業中宿食與學費를自擔ᄒᆞ얏다더라

●基督教維持　黃海道鳳山郡沙里院耶蘇教堂內基督小학校가設立된지壹週年에經費가甚窘ᄒᆞ야特別會를開ᄒᆞ고維持ᄒᆞᆯ方針을協議ᄒᆞᄂᆞᆫ데김淳正六十圓崔ᄐᆡ峯五十圓田永俊九拾圓吳得龍二拾九圓리載善十圓崔淳恒拾圓職校敎리承吉拾圓其餘諸시가각自義捐ᄒᆞᆫ금額數가三百餘圓에達ᄒᆞ얏다더라

●普校學試　豊德郡領井浦私立普昌學校에서九月拾五日에學期試驗을經ᄒᆞ얏ᄂᆞᆫ데三學年優等生은振聲李自德이오及第生김大聲韓好官이오二學年優等生은金基榮이오及第生朴永周金基城等六人이오壹學年優等生李時還朴石俊等三人이오及第生康寶山等인데壹般優등生에게賞品을施給하며進級證書를授與ᄒᆞᆫ後任員諸氏가時宜의言論으로次第勸勉ᄒᆞᆫ後優數施賞ᄒᆞ얏다더라

▲地方消息

▲本月四日竹山郡에서義兵數十名이該郡駐在日憲兵及補助員과交戰ᄒᆞ얏다ᄒᆞ고

▲本月十日汶山浦東方五十里地에서義兵三拾餘名이該地分遣所日憲兵隊와交戰ᄒᆞ얏다더라

▲含笑受怨▼

▲閭巷風聞探探ᄒᆞᆫ즉新舊政府某々人이本記者等仇視ᄒᆞ야乖當言論잇다ᄒᆞ니攻擊諸公ᄒᆞᄂᆞᆫ것도爲諸公而攻擊이오勸告諸公ᄒᆞᄂᆞᆫ것도亦爲諸公이아닌가仇我者여仇我者여

▲답々ᄒᆞᆫ々諸公들아이내말숨稱怨말고利國便民ᄒᆞᆯ생각을ᄒᆞ日諸公肥已慾의半의半만ᄒᆞᆫ지라도國富民强非難이오國富民强ᄒᆞ고보면是誰功가是誰功가政府諸公功이로세

▲답々ᄒᆞᆫ々諸公들아이내말숨稱怨말고貳千萬衆ᄃᆡ蒼生을ᄒᆞ日諸公愛妾心에百分壹만ᄒᆞᆫ지라도漲大ᄒᆞᆫ던呼冤聲이春和日暖어름녹듯是誰功가是誰功가政府諸公功이로세

▲답々ᄒᆞᆫ々諸公들아이내말숨稱怨말고不遇落拓ᄃᆡ志士를ᄒᆞ日諸公貪財心에拾分壹만求ᄒᆞ여도四方賢士多歸ᄒᆞ야好與生ᄒᆞᆯ량이면是誰功가是誰功가政府諸公功이로세

▲답々ᄒᆞᆫ々諸公들아이내말숨稱怨말고教育界에捐助金을ᄒᆞ日諸公遊宴費에三分壹만쓸지라도零星ᄒᆞ던教育界가指日발達ᄒᆞᆯ듯ᄒᆞ니是誰功가是誰功가政府諸公功이로세

▲답々ᄒᆞᆫ々諸公들아이내말숨稱怨말고事君ᄒᆞᄂᆞᆫ忠心을ᄒᆞ日諸公媚日ᄒᆞ듯ᄒᆞ고만치만ᄒᆞ얏스면萬古忠臣될뿐더러　皇室尊重ᄒᆞᆯ것이니是誰功가是誰功가政府諸公功이로세

▲답々ᄒᆞᆫ々諸公들아이내말숨稱怨말고莫重疆土二千里를ᄒᆞ日諸公私有地외同等으로愛惜하면外人欲望不得이라疆土完全ᄒᆞᆯ것이니是誰功가是誰功가政府諸公功이로세

▲답々ᄒᆞᆫ々諸公이여이아속ᄒᆞᆫ々諸公이여이내忠告ᄒᆞᄂᆞᆫ디로次第試行ᄒᆞ고보면保護巡査다바리고隻身周行ᄒᆞᆯ지라도到處歡迎아니ᄒᆞᆯ까余之言이若誣어던仰天白日仰觀ᄒᆞ소

前의學校長劉五等…明
의학博士洪서厚實驗方劑
製약鑑査人 박瀅惠二學觀化

健胃消食 [大字] 丸入 定價金拾錢

千九百八年에의학博士洪君이精細要良ᄒᆞ이本署中暑諸症ᄉ虎列剌怪疾과毒感은疫…을預防케하고健胃消滯ᄒᆞ야諸般滯積을順下ᄒᆞ며卒地吐瀉泄瀉와赤痢白痢은腹痛과경咳血담을能治能止ᄒᆞᄂᆞᆫ藥이오

製造本舖 漢城鍾路慈惠大약房

廣告

慶尙北道大邱西門外前洞三統七戶

辯護士 前判事 崔鎭

法律事務出張所事務員

正三品 前委員 金薰

◉谷香葉卷煙 大發賣廣告

○本社의葉卷烟草ᄂᆞᆫ我國名産谷山草로精選製造ᄒᆞ온지三載有餘에經過ᄒᆞ오ᄆᆡ香味가去益薰甘ᄒᆞ와西烟보담ᄉ勝ᄒᆞᆸ고且價格을特別히低廉ᄒᆞᆸ게發매ᄒᆞ오니海內志士ᄂᆞᆫ我國製品을愛顧ᄒᆞ시와優數히需用ᄒᆞ심이於國於私에大有利益이오니海諒惠顧ᄒᆞ옵

漢城남署棗洞六拾貳統拾戶

谷香合資會社 謹告

大烟百本入壹箱 壹圓五拾錢
中烟百本入壹箱 金七拾錢
小烟百本入壹箱 金四拾錢
拾本入廿匣壹箱 金八拾錢

直輸入大發賣廣告

學校用品測量機械

歐米雜貨各種

我國特産谷香煙草

南署棗洞農商工部通

金龍商會 謹告

新門外警彰測量講習所에서去金曜日에卒業禮式을行ᄒᆞ얏ᄂᆞᆫᄃᆡ東班優等生에李敬來李鎭澤洪在興姜泰東김寅哲文泰權朴殷夏吳準等二拾六人이오及第生에表鶴明鄭炳說朴來春等四拾九人이오西班優等生에김奎澤姜璟李鐘弼黃柄國宋基厚全英(?)李觀(?)김正俊等二拾六人이오及第生에김喜洙김炳圭김珥成等四拾九人인ᄃᆡ所長李重儀시가各優等生의게空冊鉛筆을施賞ᄒᆞ얏기로玆以廣告ᄒᆞᆷ

警彰測量講習所 告白

新設麗華園

謹擇陰拾二月十六日開張

敬啓者本園을設在漢城司畜洞改良寬ᄉ花園專顧廣東上海戲等廚師包辦中西滿漢酒席自進美酒名茶常備点心餠食以供官商貴客大宴小酌隨時利便而使喚坐席淸潔待奉週到廳房雅麗尙有彈子堪玩化樹可觀詢稱宴會之良園也特此佈告貴客光顧壹試爲번

本園主 謹告

本月拾八(陰二十五日)下午壹時에特別總會를開ᄒᆞ오니僉會員은來臨ᄒᆞᆷ

帝國實業會 告白

本人의所在草家八間版刻文券을見失故로玆以廣告ᄒᆞ오니誰某拾得ᄒᆞ야도休紙施行ᄒᆞᆷ

東署崇教坊永禧殿契川邊洞第四拾七統六戶 李義憲 告白

長기郡守金永銖氏가到郡以後로治績이昭著ᄒᆞᆯ뿐더러村々坊々에躬行演說ᄒᆞ야三個學校를不日成立케ᄒᆞ니闔境人民이舞蹈歡悅이기玆以廣佈ᄒᆞᆷ

李鍾勳 告白

本人이畓四斗落延署館洞의在ᄒᆞᆫ바本月拾四日에度支部에檢閱ᄒᆞᆯ事가有ᄒᆞ야文券을持來ᄒᆞ다가남門外圃衕에셔失ᄒᆞ얏ᄉᆞ오니誰某拾得ᄒᆞ시거던南門外食鼎廛에柳晶鎬處로傳送ᄒᆞ시면厚謝ᄒᆞ깃ᄉᆞᆷ

北部射亭洞高弼周 告白

本人의兩親墳墓가在於延安洪峴面辭塊先塋局內이온ᄃᆡ三從孫守滋이가本是悖類로本人親山을無主塚이라고俠腦押近地로暗賣코ᄌᆞᄒᆞ오니僉般同胞ᄂᆞᆫ切勿見欺ᄒᆞᆸ

洪召史 告白

本人이石炭商店을更設ᄒᆞ얏ᄉᆞ오니願買ᄉᆞ은光臨ᄒᆞ심을望ᄒᆞᆷ

光化門아ᄅᆡ通信局엽

元稷常商店 告白

本人이判事의職을辭免ᄒᆞ고辯護士業務에從事ᄒᆞ오니 僉彦은陸續來議ᄒᆞ시옵

辯護士劉文煥

事務所中部校洞三十二統四戶

(下漢洞口越便家)

學員募集廣告

本所에서講習科와初등科를設ᄒᆞ고何時던지志願을應ᄒᆞ와速成으로精密教授ᄒᆞ오니願學僉員은以此照亮ᄒᆞᆷ

初等科 參個月

講習員은학力을隨ᄒᆞ야定期ᄒᆞᆷ

各科에個々히志願학習ᄒᆞᆷ도許ᄒᆞᆷ

但教授課程과細則은本所로來議ᄒᆞᆷ

南部棗洞六拾三統九戶二層屋

大韓測量組合所講習所 告白

慶北永川郡銀海寺私立普通昌학校를設立ᄒᆞ얏ᄂᆞᆫᄃᆡ本寺釋總務長申運船金壹何副教長朴晦應과錦潭學校事務專心極力ᄒᆞ야僧俗學員을幷爲勸勉ᄒᆞ야沙門事業과人民事業을發達進步케ᄒᆞᄂᆞᆫ中학員中孫正欣尹璠河龍祚黃在寶會敬天諸시ᄂᆞᆫ學業才勤이兼超ᄒᆞ고本校費今은僧俗偷行祀次로自願獻納于寺中畓으로分作爲下ᄒᆞ옵기勤以贊成廣告ᄒᆞᆷ

麟山 告白

本人이人字가崎嶇ᄒᆞ와年今六拾六歲에初無後嗣之血肉而只有女子二人이온바餘日이不遠ᄒᆞ이非但死無依歸之處라父母兩位奉祀ᄒᆞᆯ傳之無處이옵기以其近在ᄒᆞᆫ欲人繼代이오나堂姪與再堂姪則皆是蔑々獨身也라勢不可出繼이온바自顧身勢가九極難堪中壹念思之則拾二寸弟寬默의次子昌浩가本是爲人之順實故로去甲辰年分에以爲率入ᄒᆞ야如干所存片土를以父母兩位與本人兩老之香火條로晝給ᄒᆞ고本人兩老身死後에家內凡事도擔任主管ᄒᆞᆯ意로玆以揭載於新報ᄒᆞ오니凡我同胞ᄂᆞᆫ以此照諒ᄒᆞ옵셔以爲後日之明鑑爲

平安北道定州郡阿耳浦面壹里

金顯默(字文叟) 告白

본인의도장을서실고보ᄌᆞ에광고ᄒᆞ오니슈모습득간졀물권과ᄒᆞ사옵

즁부관졍동오호 윤지병

십일동오호

大邱栗令日字가不壹ᄒᆞ와買商이或先或後에與業이不便일뿐더러況乎歲末歲初가相隔ᄒᆞ와各商損害가甚多故로爛商公議ᄒᆞ야陰拾壹月拾五日開市拾二月拾五日撤市ᄒᆞ옵계壹般藥商은趁期來臨ᄒᆞᆷ을敬要

池道壹 鄭雨若 梁務益 李乃午等 白

本校에서第一回測量科를設立ᄒᆞ야학員募集ᄒᆞ오니願學僉員은陰十月內로來臨ᄒᆞᆷ

但請願書ᄂᆞᆫ本校에來議ᄒᆞᆷ

卒業期限四個月

慶南晉州郡晉陽測量학校告白

發起人 姜幾錫 千鍾源 姜周은 李泰重 康胤 김泰坤

本人이判事를辭免ᄒᆞ고辯護士를開業ᄒᆞ얏ᄉᆞ오니僉君子ᄂᆞᆫ事件의大小難易를勿論ᄒᆞ고照亮來議ᄒᆞ시옵

辯護士張燾

法律事務所

南部茶洞拾四統五戶

本郡에測量事務所를設置ᄒᆞ와一般人民에請求ᄒᆞ심을受應ᄒᆞ깃ᄉᆞᆸ기玆에廣告ᄒᆞ오니僉員은來臨相議ᄒᆞ심을敬要

所長 洪衡基

副所長 洪淳恪

檢事 高學儐

事務 洪恒都

幹事 洪瑱斌

熙川郡二測量事務所 告白

本人의世傳庄土中安州蔣哥洞所在田畓廿五日七息耕과南遺上端所在拾五日耕과蕭川坪里所在廿四日壹息耕台八日四日八息耕을輔國閔泳徽의게見奪ᄒᆞ온바ᄂᆞᆫ京鄕同胞의所共知어니와現今京城地方裁判所에告訴ᄒᆞ야將行裁判이온ᄃᆡ今聞閔이欲爲圖得証明書於地方官廳云云이온則該土所在地面洞長이必無證明之理이오되人心이不古에以若閔之勢力으로或得證明書라도神聖ᄒᆞᆫ裁判所의判決이有ᄒᆞ기前에ᄂᆞᆫ無効ᄒᆞᆫ僞證明이오니內外國 僉君子ᄂᆞᆫ照亮ᄒᆞ시옵소셔

安州南松面龍庄塾居

김최槐의未亡人 鄭召史 告白

新編尺牘完編

附 新舊裁判法令

壹帙二冊 正價金壹圓 小包料十錢

△今此局勢가維新ᄒᆞ고事爲가繁劇ᄒᆞᆫ時代에際ᄒᆞ야吾人도論交酬世의道가日廣ᄒᆞ며多ᄒᆞᆷ에尺牘은不可不讀이라本尺牘은已爲刊行于世ᄒᆞ야江湖의好評을博得ᄒᆞ온바今에國漢文으로新編增補ᄒᆞ야新舊尺牘의牛耳가되며且新法令의緊要ᄒᆞᆫ者를類聚附輯ᄒᆞ얏ᄉᆞ오니一般人士ᄂᆞᆫ案頭의必備ᄒᆞᆯ好書이옵

(發賣所)

皇城中部罷朝橋越 中央書館 朱翰榮

仝 路 東書市 金基鉉

仝 南部大廣橋 滙東書館 高裕相

仝 南門內尙洞 博文書館 盧益亨

仝 南門外紫巖 新舊書林 池松旭

祖國의精神을培養ᄒᆞ고自由思想을鼓動ᄒᆞᄂᆞᆫ惟壹奇書

蕉雨堂主人 陸定洙 著

實業小說 송뢰금 松籟琴

定價金 二十五錢

仕宦의熱慾을劈破ᄒᆞ고實業의觀念을喚起ᄒᆞᄂᆞᆫ最良好籍

발매所 皇城南門內尙洞 博文書館 京鄕각有名書館

敎育小說 伊太利少年

表紙石版畵印刷 全壹冊 正價廿錢 李輔相 譯述

本小說은伊太利壹工人의子馬克少年의數萬里海陸을跋涉ᄒᆞ야尋親ᄒᆞᆫ事蹟을著述ᄒᆞᆫ者니原來其母ᄂᆞᆫ海外異域에作客ᄒᆞ야踪跡이失ᄒᆞᆫ바壯哉라馬克이十三歲小兒의單身隻影으로霜雪의艱難과猛獸의危險을冒ᄒᆞ고沙漠의野와深林의間에奔馳ᄒᆞ야亞美利加大陸을遍踏ᄒᆞ다가竟乃其苦孟의寄跡ᄒᆞᆫ病母를尋ᄒᆞ야母子가團欒을得ᄒᆞ얏스니嗚呼美哉라馬克母子의慈孝ᄒᆞᆷ이여今에此를述ᄒᆞ야我少年諸君에게紹介코ᄌᆞᄒᆞ노라

發行元 皇城中部罷朝橋越 中央書館

發售處 京鄕각書舖

本所에서第三回測量科를設ᄒᆞ고二個月速成으로教授ᄒᆞ오니有志僉彦은請願提呈試驗은陰十一月廿五日算術四則科程細目은測量과製圖書類를兩科로分設ᄒᆞ야隨意願學ᄒᆞᆷ

中部寺洞協同測量組合所 告

各種書籍大發賣所

京城南部銅峴四巨里(二層屋)

文明書館

主檍 告白

發行兼編輯人英國人 萬咸

Responsible for Publication Alfred Weekley Marnham.

發行所 南署石井洞號外地三層洋屋 大韓每日申報社

第六卷

大韓每日申報

第九百五拾六號

月曜及慶節 歲時日休刊

檀君開國四千二百四十一年
箕子元年三千三十年
大韓開國五百十七年
日本明治四十一年
淸國光緖三十四年
陰曆戊申十月大廿五日丁丑

論說

◉答客問

壹日에記者ㅣ隱几開坐러니壹鄕客이來訪ᄒᆞ야揖하고問ᄒᆞ야曰余ᄂᆞᆫ鄕谷愚夫라東西列强의政策消息이余耳에不到ᄒᆞ며古今興亾의歷史文字가余眼에不照ᄒᆞ야聾聾盲的人物로自過ᄒᆞ더니近日世人의談話를聞ᄒᆞ가도殖民地라ᄂᆞᆫ句語가多有ᄒᆞ고內外國報紙를讀ᄒᆞ야도亦殖民地라ᄂᆞᆫ文字가多有ᄒᆞ니盖殖民地가何에ᄂᆞ기로殖民地々々ᄒᆞ나뇨

記者ㅣ曰何是哉라問이여吾人이今에時代에坐ᄒᆞ야殖民地性質을不可不硏究며殖民地歷史를不可不知로다

盖今日二十世紀ᄂᆞᆫ民族競爭의大舞臺라優種優强ᄒᆞᆫ民族이劣弱ᄒᆞᆫ民族의土地에侵入ᄒᆞ야其土人을或同化하며或驅逐ᄒᆞ며或殄滅ᄒᆞ고其地에飲ᄒᆞ며其地에食ᄒᆞ고其地에衣ᄒᆞ며其地에住하나니此가卽殖民地라

近日世界各民族이此殖民主義를着着發揮ᄒᆞ야其勢力이甚히雄壯하고其競爭이甚히劇烈ᄒᆞ고其政策이甚히爛熳ᄒᆞ야昨日巍然하던獨國家가今日에茫々然殖民地가되며昨日巍然ᄒᆞ던壹民族이今日에戢戢然히魚肉이되ᄂᆞᆫ도다

客曰慘哉라殖民主義여毒哉라殖民主義여古代에도亦有ᄒᆞ니彼希臘과如ᄒᆞᆫ國은殖民歷史上에最히著名ᄒᆞᆫ者니라

客曰今日所謂殖民地도亦古代希臘의殖民地와同壹ᄒᆞᆫ가

曰惡라是何言이며是何言고古代希臘의殖民地ᄂᆞᆫ壹新國을建設케ᄒᆞᆯ目的으로人民을移殖ᄒᆞᆫ故로殖民地의獨立을承認ᄒᆞᆫ事도有ᄒᆞ얏거니와今日所謂殖民地ᄂᆞᆫ純然히此와不同ᄒᆞ야强國이其人民을增殖ᄒᆞ며其土地를擴張ᄒᆞᆷ으로惟壹ᄒᆞᆫ目的을숨ᄂᆞ니라

客曰然則殖民地가保護國과如何ᄒᆞᆫ가

曰保護國은完全獨立의勢力이不足ᄒᆞ야他强國의扶助를受ᄒᆞᄂᆞᆫ國으로壹種或數種의政權이强國의掣肘를被ᄒᆞᆯ뿐이니殖民地ᄂᆞᆫ不然ᄒᆞ야國家의形跡가都無ᄒᆞ야其狀態가恰似히無人空曠의新開拓ᄒᆞᆫ者와同ᄒᆞ니라

客曰殖民地가屬國과如何ᄒᆞᆫ가

曰屬國은他强國의附屬ᄒᆞᆫ바ㅣ되야其壹切政治權이他强國에在ᄒᆞᆯ뿐이나殖民地ᄂᆞᆫ不然ᄒᆞ야强國의民族이移殖ᄒᆞ야土人은淘汰漸滅을遭ᄒᆞ나니라

客曰殖民地가連合國과如何ᄒᆞᆫ가

曰連合國은(物ㅣ連合ᄒᆞᆫ指ᄒᆞᆷ)數個의弱國이强國과對峙코져하야其政府를共同設置ᄒᆞᆷ으로目的을숨을ᄯᆞ름이나殖民地ᄂᆞᆫ不然ᄒᆞ야其土地를占領ᄒᆞᆷ으로目的을숨나니라

客曰然則土人은如何ᄒᆞᆫ境에至ᄒᆞᄂᆞᆫ가

日嗚乎라記者ㅣ是를忍言하며오로人은良田美畓이有ᄒᆞ야도耕食치못ᄒᆞ고家屋이有ᄒᆞ야도住居치못ᄒᆞ고礦業權도無ᄒᆞ고漁業權도無ᄒᆞ고林業權도無ᄒᆞ야只是戢戢委翅ᄒᆞ고壹隅에셔奄々ᄒᆞ야最劣最慘ᄒᆞᆫ敗族이될뿐이니라

客이聽罷에愕然無語ᄒᆞ고垂頭咄嘆而已러라

▲隆熙貳年拾月二拾七日 官報

●告示

農商工部告示第拾二號續

商法(明治三十二年法)(律第四拾八號)

第百九十一條 利益又ᄂᆞᆫ遺利의配當은定款에依ᄒᆞ야辭絶ᄒᆞᆫ株金額에比例를依ᄒᆞ야此를行ᄒᆞᆷ但會社가優先株를發行ᄒᆞᆫ境遇에在ᄒᆞ야此와不同ᄒᆞᆫ作定이有ᄒᆞᆫ때ᄂᆞᆫ此限에不在ᄒᆞᆷ

第百九拾八條 裁判所ᄂᆞᆫ資本의十分之壹以上에當ᄒᆞᆫ株主의請求를因ᄒᆞ야會社의業務及會社財産의狀況을調査케ᄒᆞ기爲ᄒᆞ야檢查役을選任ᄒᆞᆷ을得ᄒᆞᆷ

檢查役은其調査의結果를裁判所에報告ᄒᆞᆷ을要ᄒᆞᆷ此境遇에在ᄒᆞ야裁判所ᄂᆞᆫ必要가有ᄒᆞᆷ으로認ᄒᆞᆫ時ᄂᆞᆫ監査役으로ᄒᆞ야금株主總會를招集케ᄒᆞᆷ을得ᄒᆞᆷ

第五章 社債

第二百壹條 各社債의金額은二十圓以下됨을不得ᄒᆞᆷ

第二百二條 社債權者에게償還ᄒᆞᆯ金額이券面額에超過ᄒᆞᆯ事를定ᄒᆞᄂᆞᆫ金額은각社債에對ᄒᆞ야同壹ᄒᆞᆷ을要ᄒᆞᆷ

第二百三條 社債를募集코져ᄒᆞᄂᆞᆫ時ᄂᆞᆫ取締役은左開事項을公告ᄒᆞᆷ을要ᄒᆞᆷ

壹 第百七拾三條第三號乃至第六號에揭ᄒᆞᆫ事項
二 會社의商號
三 前에社債를募集ᄒᆞᆫ時ᄂᆞᆫ其償還을終了치아니ᄒᆞᆫ總額
四 社債發行의價額又ᄂᆞᆫ其最低價額
五 會社의資本及辦納ᄒᆞᆫ株金의總額
六 最終의貸借對照表를依ᄒᆞ야會社에現存ᄒᆞᆫ財産額

第二百四條 社債의募集이完了ᄒᆞᆫ때ᄂᆞᆫ取締役은遲滯업시各社債에對ᄒᆞ야其全額을辦納케ᄒᆞᆷ을要ᄒᆞᆷ

取締役은前項의規定을從ᄒᆞ야全額의辦納을受ᄒᆞᆫ日로부터二週日內에本店及支店의所在地에셔第百七拾三條第三號乃至第六號에揭ᄒᆞᆫ事項을登記ᄒᆞᆷ을要ᄒᆞᆷ (未完)

外報

●淸帝의遺言 東京電을據ᄒᆞᆫ則淸國皇帝의遺詔가發表되얏ᄂᆞᆫ데就中九年後에憲法을發布ᄒᆞ야朕의魂靈을慰勞ᄒᆞ라ᄒᆞ얏고葬儀ᄂᆞᆫ舊例를依ᄒᆞ야貳拾七個月노ᄒᆞ라ᄒᆞ얏ᄂᆞᆫ데新皇帝ᄂᆞᆫ不忍의事라ᄒᆞ야三年喪으로發布ᄒᆞ얏다더라

●西太后崩逝 北京電을據ᄒᆞᆫ즉淸國皇帝께셔ᄂᆞᆫ去拾四日午後六時에崩御ᄒᆞ셧다ᄒᆞᆷ은已報어니와西太后께셔ᄂᆞᆫ拾五日午後二時四十五分에崩御ᄒᆞ셧다ᄂᆞᆫ公報가有ᄒᆞ더라

●淸國의危機 同電을據ᄒᆞᆫ즉西太后의身上이若有不幸ᄒᆞ면卽時滿漢에爭亂이惹起ᄒᆞ야國家의大事變이有ᄒᆞ깃다고觀測ᄒᆞᆫ다ᄒᆞ얏다더라

●印度의不穩 倫敦電을據ᄒᆞᆫ즉印度갈카타地方에셔暴動이繼續ᄒᆞ야人心의不穩ᄒᆞᆷ이極甚ᄒᆞᆫ대其附近의住民이合ᄒᆞ야動亂ᄒᆞᆯ慮가有ᄒᆞ다ᄒᆞ얏더라

文壇

讀史新論 (續)

壹片丹生

第七章 鮮卑族支那族과高句麗

自後로彼我兩族이數百年을相爭ᄒᆞ되如何ᄒᆞᆫ大勝敗가無ᄒᆞ더니曹魏末에至ᄒᆞ야ᄂᆞᆫ彼가其將毌丘儉을遣ᄒᆞ야我丸都城을襲破ᄒᆞ더니既而오紐由密友가其忠義를奮ᄒᆞ야舊都를恢復ᄒᆞ고我武를揚ᄒᆞ얏스니此가第(二)期오

自後로彼族의勢力이忽然墮落ᄒᆞ야其大陸全幅은匈奴。말갈。氐羌鮮卑等各族에게讓ᄒᆞ고只是江南一隅에雌伏ᄒᆞᆫ故로我族이彼와三百餘年을對壘ᄒᆞᆯ時가無ᄒᆞ더니既而오唐太宗李世民이起ᄒᆞ야彼五胡(卽匈奴말갈等)를驅逐ᄒᆞ며支那를統壹ᄒᆞ고卽其野心이忽勃하야我東을睥睨ᄒᆞ야第一次第二次第三次ᄂᆞᆫ遣將入寇ᄒᆞ얏스나皆我莫離支泉蓋蘇文에게敗退하고又時時로我侵逼을驚ᄒᆞ얏스니此가第三期오

按泉蓋蘇文은我東四千載以來로第壹指를可屈ᄒᆞᆯ英雄이라少年時에支那에遊覽ᄒᆞ야李世民의爲人을窺ᄒᆞ며英雄을結納ᄒᆞ고險阻艱難을備嘗ᄒᆞ며外國文物風土를察ᄒᆞᆷ은大彼得과如ᄒᆞ며各貴族이其父喪後에其踐位ᄒᆞᆷ을不許ᄒᆞ거ᄂᆞᆯ突然히其露歷手腕을出하야各貴族을創平ᄒᆞ며其兵權을專有ᄒᆞ고威天鑠地의威로東征西伐에所向無敵은拿破倫과如ᄒᆞ며其君우敵國의威를畏ᄒᆞ야卑劣政策으로壹時苟過코ᄌᆞᄒᆞᄂᆞᆫ者ㅣ비록王의旦諫且責ᄒᆞᆷ을因ᄒᆞ야中止ᄒᆞ얏스나末乃反覆無信ᄒᆞ야幾個奸臣과同謀ᄒᆞ고卑辭厚幣로敵을通ᄒᆞᆫ後에公을反害코ᄌᆞᄒᆞ니於是乎國家가爲重이오人君이爲輕이라卽壹時凜凜의憤氣를乘ᄒᆞ야雪白의長劍을拔ᄒᆞ야王의頭를斬ᄒᆞ야竿頭에高懸ᄒᆞ고國中에號令ᄒᆞᆷ이傑然越과如ᄒᆞ니噫噫라泉蓋公은卽我國의土王의骨格이며乙支文德의賢弟오吾韓ㅣ世後人의模範的이어ᄂᆞᆯ今에三國史를讀ᄒᆞ미壹則日凶人이라ᄒᆞ며二則曰逆賊이라ᄒᆞ야筆筆句句가惟我泉蓋蘇文을呪罵ᄒᆞᄂᆞᆫ語뿐이로다此가何故이뇨 (未完)

雜報

●御眞移安 平壤豊慶宮에ᄂᆞᆫ古代諸 王의 御眞을 安置ᄒᆞ얏ᄂᆞᆫᄃᆡ今回에宮內府에서京城에 奉移ᄒᆞ기로定ᄒᆞ얏다더라

●御發吊電 韓國 皇帝陛下께옵서ᄂᆞᆫ淸國 皇帝陛下의崩御에對ᄒᆞ옵셔吊電을送致ᄒᆞ옵셧다더라

●訪問石塚 淸國總領事馬廷亮氏ᄂᆞᆫ目下東京에旅行中인故로陳繙譯官이再昨日午后二時에統監府總務長官石塚을訪問ᄒᆞ고日淸國 皇帝陛下及 西太后陛下 崩御에關ᄒᆞ야ᄂᆞᆫ總領事가歸來後에公式으로通牒ᄒᆞᆯ것다ᄒᆞ얏다더라

●淸館吊禮 淸國總領事館에서ᄂᆞᆫ再昨日午后부터 皇帝及西太后兩陛下 崩御에就ᄒᆞ야半旗吊禮를行하얏다더라

●斷行變吏 伊藤統監은來二十日頃에歸任ᄒᆞᆯ터이요歸任後에ᄂᆞᆫ卽時內閣의變更을斷行ᄒᆞᆯ다ᄂᆞᆫᄃᆡ摠理大臣은金允植氏로其餘各大臣은李容九김嘉鎭兪吉濬張博南廷哲諸氏의各派로代ᄒᆞᆫ다ᄂᆞᆫ說이有ᄒᆞ다더라

●因何倏忽 別項과如히伊藤統監이歸任後政府를壹新變更ᄒᆞ고旋卽歸國ᄒᆞ기로預定ᄒᆞ얏다더라

●山林會의內容 李夏榮氏가主張되야設置ᄒᆞᆫ山林協會ᄂᆞᆫ其實狀이植林을目的ᄒᆞᆷ이아니오森林을伐採ᄒᆞᆯ目的이란風說이有ᄒᆞ더라

●殖産組合設立 從二品金晦秀氏等二拾人이資金百圓式各出하야表勳院內에殖産合資組合所를設立ᄒᆞ얏ᄂᆞᆫᄃᆡ其趣旨인즉荒蕪地를開墾ᄒᆞ고堤堰을修築ᄒᆞ야一般人民으로ᄒᆞ야곰農利를普遍케ᄒᆞᆷ이라더라

●是何演說 水原觀察使김思默氏가該郡場市에出往ᄒᆞ야壹般市民을平等的으로ᄒᆞ기爲ᄒᆞ야常民이兩班을對ᄒᆞ야生員을稱呼ᄒᆞ며罰金壹百兩을徵出ᄒᆞ고答하ᄂᆞᆫ兩班의게ᄂᆞᆫ壹百九拾兩을徵出ᄒᆞᆯ것다고演說하얏다더라

●日語侍從 侍從韓相鶴氏家에서日語夜學校를設始ᄒᆞ고侍從院侍從諸氏가會同ᄒᆞ야日語를熱心學習ᄒᆞᆫ다더라

●獎勵産業 農商工部에서産業을獎勵ᄒᆞᆯ目的으로其道內에重要ᄒᆞᆫ産物及각品과外國에서輸人되ᄂᆞᆫ物品을各道廳舍內에陳列ᄒᆞ기로定ᄒᆞ고本年産業獎勵費中으로各道에約壹千圓式支出ᄒᆞᆫ다더라

●會長請願 帝國實業會會長兪吉濬氏가內部에請願ᄒᆞ되該會가完全成立됨을壹般商民의顒望ᄒᆞ던바이더니解散ᄒᆞᆫ다ᄂᆞᆫ說이新聞上에揭布된後에ᄂᆞᆫ際會及支會를勿論ᄒᆞ고多數商民이擧皆渙散코ᄌᆞᄒᆞ야完成의望이無ᄒᆞ니各道郡과警察署에另飭ᄒᆞ야別般組織케ᄒᆞ라ᄒᆞ얏다더라

●釀酒法新究 農商硏究會에셔農業方針을日益硏究ᄒᆞᄂᆞᆫ中인ᄃᆡ該會々員韓某가麯子를輸入ᄒᆞ고釀酒ᄒᆞᄂᆞᆫ方法을講究ᄒᆞ야前高陽郡守李周鉉氏家에釀置하얏ᄂᆞᆫᄃᆡ不遠間該酒를出ᄆᆡᄒᆞᆯ터이라더라

●婦女施痘 昨日安洞前德語學校內에서北部管內居婦女와女兒를會同ᄒᆞ야牛痘를施術ᄒᆞ얏다더라

●落車重傷 動物園部장劉漢性시가日昨人力車에서落下ᄒᆞ야身體를重傷ᄒᆞ얏ᄂᆞᆫᄃᆡ御苑事務官壹同이各其月俸中二百分之壹을捐付ᄒᆞ야治療케ᄒᆞᆫ다더라

●市民呼哭 永平來人의傳說을聞ᄒᆞᆫ즉該郡守崔斗榮氏가今春에梁文里場市를聞何請囑이던지該邑內로移設ᄒᆞ얏ᄂᆞᆫᄃᆡ梁文里人民等數百人口가本無他業ᄒᆞ고以場市로資業生活이다가忽地奪場에皆至渙散이기로場市를還設코ᄌᆞ多月呈訴ᄒᆞᆫᄃᆡ終不還給ᄒᆞ야數百人口가呼泣道路에生計無術이라官不知民情ᄒᆞ고民不知去處ᄒᆞ니哀此殘氓이呼訴無處에何處保命고ᄒᆞ야民情이嗷々에冤聲이載路ᄒᆞ다더라

●金氏呼訴 江原道楊口郡北面西湖里居ᄒᆞᄂᆞᆫ金允渙氏가營業次로該郡方山面에在ᄒᆞᆫ空山松楸를斫伐ᄒᆞ얏더니該道調査派員李象伯氏가自己從人朴秉兩氏를紹介하야禁松을犯斫ᄒᆞ얏다誣陷ᄒᆞ고金氏를招去ᄒᆞ야金貨拾三圜을捧與ᄒᆞ고無事安帖ᄒᆞᆫ터이더니今年陰八月頃에金氏가該木을結筏ᄒᆞ야京江에來泊ᄒᆞ얏ᄂᆞᆫᄃᆡ李氏가何等曆節이又有하얏던지何許巡査를帶同出往ᄒᆞ야無雙作鬧ᄒᆞ다가尙爾頑頑ᄒᆞᄂᆞᆫ故로金氏가抑冤ᄒᆞᆷ을不勝ᄒᆞ야昨日에警視廳에呼訴ᄒᆞ얏다더라

●魚網鴻羅 西部社稷洞居ᄒᆞᄂᆞᆫ張龍煥氏가今春에金順永이라ᄂᆞᆫ名號로壹座家券을僞造ᄒᆞ야姨從兄嫂某寡에게典執ᄒᆞ야金貨六十圓을得用ᄒᆞ고利本間에壹分도不報給ᄒᆞ미該寡가日三督捉ᄒᆞ며債務者를壹次顧見ᄒᆞᄂᆞᆫ지라張某가壹日은自己親友李明稙氏를路上에서招邀ᄒᆞ야歇脚以去ᄒᆞ자ᄒᆞ고該寡家로入去ᄒᆞ야李氏를債務者로指稱ᄒᆞ얏던지該寡가出門督債ᄒᆞᄂᆞᆫ지라李氏의所答이我非債人이로ᄃᆡ債ᄒᆞᆫ者가豈不來報乎아ᄒᆞ고張某와伴還ᄒᆞ얏더니其後에該寡가李氏를捕誣呈訴ᄒᆞ야現今 滯囚中인ᄃᆡ리시ᄂᆞᆫ白無瑕ᄒᆞ다고輿論이有ᄒᆞ다더라

●會員薄行 平南順川郡船島面城岩里有志諸氏가新興學校를設立하고熱心敎導ᄒᆞᆷ으로進就之望이有ᄒᆞ더니該會會員洪勉植金泰根兩氏가該校財政에慾火가圖ᄒᆞ야該面中里에學校를設立後에該郡守李興雨氏와協同하야該校財政을勒奪코ᄌᆞ任員을捉囚하고誣稱無雙ᄒᆞᆷ으로該校任員李某가裁判次로上京ᄒᆞ얏다더라

●夫義婦烈 東萊人의傳說을據ᄒᆞᆫ즉原州人金濟仙氏ᄂᆞᆫ自昨年七月에國權이墜落ᄒᆞᆷ以來로忠憤을不勝ᄒᆞ야獻身報國ᄒᆞ기로遂爲決意ᄒᆞ고乃謂其妻曰余今國事를爲ᄒᆞ야棄身코ᄌᆞᄒᆞ미余去後에其禍가汝身에連累ᄒᆞᆯ지니출ᄒᆞ리余前에死ᄒᆞ야余手에葬ᄒᆞᆷ이爲好라ᄒᆞᆫᄃᆡ其妻가亦然其言ᄒᆞ야甘受殺身이라ᄒᆞ거날乃下手安葬ᄒᆞᆫ後에原州堤川等地로비徊ᄒᆞ며隻身隻砲로隨機隨處ᄒᆞ야或出或隱에出沒無常ᄒᆞ며日兵과壹進會員을逢적射殺ᄒᆞ미발無虛中이라前後에射殺ᄒᆞᆫ바가三十餘名에不下ᄒᆞ다ᄒᆞᄂᆞᆫᄃᆡ日兵은彼를畏ᄒᆞ야日數多義兵은不畏로ᄃᆡ獨壹砲手ᄂᆞᆫ可畏ᄊᆞ하며一進會員은彼를避하야日彼在處에ᄂᆞᆫ不敢現이라ᄒᆞ며居民은彼를指ᄒᆞ야日昔年에逐倭를如琢撲ᄒᆞ던郭將軍이再生인가ᄒᆞᆫ다더라

●七佛人火 平壤玄武門外에在ᄒᆞᆫ乙支文德當年에創設ᄒᆞᆫ七佛寺ᄂᆞᆫ千餘年을經來ᄒᆞᆫ더古刹인ᄃᆡ去八日夜貳時三拾分에不幸히失火ᄒᆞ야瞬時間에其全部가燒失된지라其失火의原因인즉該寺院堂下에柴穀積置ᄒᆞᆫ附近에서韓人의喫烟ᄒᆞ던形跡이有ᄒᆞ다ᄒᆞ고其餘焰이尙今安州金部에서探査ᄒᆞ얏다더라

●淸人家의賊警 數日前夜에强盜二名이각持凶器ᄒᆞ고西部龍山에居留ᄒᆞᄂᆞᆫ淸國人高德堂家에突入ᄒᆞ야主人을結縛亂打ᄒᆞ고金貨三十圓과銀側時計壹個와其他雜品數百圓價値를奪取以去ᄒᆞ얏다더라

●狗尾二年 學務局長尹致旿氏廊下에居ᄒᆞᄂᆞᆫ延壽同우竊盜로有名ᄒᆞ야監獄署에被囚ᄒᆞ야七個月禁獄에處ᄒᆞ얏다가去月頃에放釋된者인ᄃᆡ日前에南部理事廳에서何許物品을又爲竊取ᄒᆞ다가警察署에被捉ᄒᆞ얏다더라

●東門外賊警 三昨日下午六時頃에賊漢七八名이東大門外覺心寺附近에聚集ᄒᆞ야來人去客을壹切結縛ᄒᆞ고衣類及錢財를奪取ᄒᆞ야各自逃走ᄒᆞ얏다더라

●眞是强盜 鎭安郡居靑年某々人이湖南學會測量學校에入學ᄒᆞᆫ次로該郡守의公函과盤費數百兩을帶持上京ᄒᆞ다가錦山郡地方에서强盜를逢着ᄒᆞ야行橐을沒數見奪ᄒᆞ얏다더라

●兩會合幷 同志學友親睦會와少年同志會가合幷ᄒᆞ기로兩會摠代朴基源鄭昌楨시等이去日曜下午壹時에孤兒院內에會同ᄒᆞ야協議ᄒᆞ얏다더라

●大成校大經綸 平壤私立大成學校에서學校管理及敎授方針을實地觀察ᄒᆞ기爲ᄒᆞ야該校敎師김과化시를日本으로派遣하얏다더라

●普昌試驗 黃海道金川郡助浦私立普昌學校에서去九月三十日에第三學年試驗을經ᄒᆞ얏ᄂᆞᆫᄃᆡ高等科及第生이十九人에最優等生은池永과朴鼎夏等七人이오初等科及第生이十六人에最優等은劉弘模池秉昌諸人이라當日에進級式을擧行ᄒᆞ며贊成員과學徒父兄諸시가參觀ᄒᆞ고優數賞品을給與後에勸勉ᄒᆞ얏다더라

●私塾有光 慶南舊熊川中面居ᄒᆞᄂᆞᆫ洪鍾謨朱祥燁兩시가該育界에熱心으로該面內豊湖里所在漢文塾舍를壹層修繕ᄒᆞ야新舊書籍을購互敎授ᄒᆞᄂᆞᆫᄃᆡ학徒가日日增加ᄒᆞ고該里居洪祐健洪祐光김並璟鞠丁太諸시ᄂᆞᆫ就中事務를壹切擔任하야維持方針을不怠從勤ᄒᆞ며夜學校를建築ᄒᆞ야壹般勞働界兒童을敎育進步케ᄒᆞᆫ다더라

●慶節休刊 本日은韓國의 廟社誓告ᄒᆞᆫ인故로慶祝ᄒᆞ기爲ᄒᆞ야壹日休刊ᄒᆞᆷ

▲地方消息▼

▲本月三日黃海道黃州北方約六拾里地에서義兵五拾餘名이該地附近駐在日憲兵及補助員과交戰ᄒᆞ얏다ᄒᆞ고

▲本月拾一日孟山郡東方八十里地에서義兵五拾餘名이該郡分遣所日憲兵及補助員과交戰ᄒᆞ얏다ᄒᆞ고

▲本月七日平안北道新흥里東方六拾里梨樹院에義兵貳十餘名이該地分遣所日憲兵과交戰ᄒᆞ얏다하고

▲本月八日堤川郡西方約拾里地에서義兵二十餘名이忠州東方平洞分遣所에서交戰ᄒᆞ얏다ᄒᆞ고

▲本月拾三日溫陽東方二拾里地에서義兵拾餘名이該郡駐在日憲兵及補助員과交戰하얏다더라

▲叩缶放歌▼

▲西窓曉月期ᄒᆞᆫ데안젓스니異國이요누엇스니잠이오나壹尺短枕밀어치고靑衣童子불너내여壹瓢樽酒마신後에唱歌壹曲ᄒᆞ여보세

▲登彼南山採玉ᄒᆞ여玉不見兮石矣로다山林間의ᄃᆡ君子ᄂᆞᆫ藏玉者가누구런고切磋琢磨ᄒᆞ고만ᄒᆞ고어서밧비나와보소崑崙山에불붓혓네

▲泛彼中流釣璜ᄒᆞ여璜不見兮小魚로다渭水明月봄바람에釣魚者가누구런고時節ᄒᆞ만낙가내고어서밧비일어보소岐山下에旗절떠네

▲乘彼駿馬求賢ᄒᆞ여賢不見兮樵夫로다南陽草堂風雪中에夢世者가누구런고春睡已足ᄒᆞ고만자ᄒᆞ고어서밧비셰여보소博望坡에바람니네

▲陟彼高岡望海ᄒᆞ여海不見兮雲霧로다南漢城頭半日夜에憂國者가누구런고義與論難ᄒᆞ고만ᄒᆞ고精神밧비찰혀보소瀋陽江에밤드럿네

▲臨彼滄江望人ᄒᆞ여人不見兮風蕭로다湘江秋月怒濤中에痛哭者가누구런고亡國恨歎ᄒᆞ고만ᄒᆞ고어서밧비일혀보소胥山祠에풀돗엇네

▲種彼梧桐見鳳ᄒᆞ여鳳不見兮惟鳥로다草澤中에英雄을待時者가누구런고不過落拓恨치말고어서밧비일혀보소東窓朝陽불어오네

▲人生百年잠깐이라大丈夫로ᄉᆡᆼ겨나셔事業을번못히보고與草木而同腐ᄒᆞ면生世本意어ᄃᆡ잇나어와韓國同胞들아精神차려事業ᄒᆞ소

社告

阿峴龍山麻浦等地의本報分傳ᄒᆞ던老人尹聖日은永爲除汰ᄒᆞ고金振聲으로代差ᄒᆞ얏ᄉᆞ오니該地本報購覽ᄒᆞ시ᄂᆞᆫ僉君子ᄂᆞᆫ照亮後代금을該分傳人의게ᄂᆞᆫ切勿出給ᄒᆞ시고新差人의게一々出給ᄒᆞ시며當地의雖一日이라도本報가配達되지안커던卽時本社로通寄하옵

大韓每日申報社

雜報

◉豐山廣明 安東郡豐山面有志紳士諸氏가廣明學校를設立ᄒᆞ고熱心敎授ᄒᆞᆫ다더라

廣告

本人數載客主爲業矣러니知舊間或稱主事號則實無官啣이라更永勿稱爲要

平南三和泄億両機 洪元植 告白

本人等이宗中靑年에測量事務를敎授ᄒᆞ기爲ᄒᆞ야永敎測量學校를光化門前前輜重隊內에設ᄒᆞ고拾壹月廿二日(陰拾月二九日)開學ᄒᆞ오니京鄕 僉族은趁期就學ᄒᆞ심을望ᄒᆞᆷ

但入學試驗과月謝금은無ᄒᆞᆷ

權重顯 權重樂等 告白

本校夜學測量科第二回募集事業經廣告而因故延期兼於開本月廿日開學講願諸氏與願學僉員伊日下午六点齊來校爲要

南部鑄洞 私立光南學校 告白

本人의姓名圖章을陰拾月廿二日鎭南浦에서서失故廣告ᄒᆞ오니誰某間切勿見欺ᄒᆞᆷ

李茂년 字盛叔 白

▲哭羅春崗▼

少年未伸日首逢 滿腔義血歲寒松 不忘郎塋雖公志 豈去其何野戰龍
君去無情我瞻寒 精明剛直更何看 抔[illegible]西聲自放 杳茫落日照秋山
漢上小春萬事非 關西秋月數光輝 明日丹旌千里路 痛哀棘痛惹人非

李正奎

元興寺撤鋇後에李根澔시가前擴理를越海ᄅᆞᆯ對ᄒᆞ야日此寺家券을與我ᄒᆞ면吾當復寺ᄒᆞ리라甘誘ᄒᆞᆷ으로越海가被誘從請矣러니其後로李根澔시가異想이忽發ᄒᆞ야恒言此券을自上으로奉俤姜석鎬의게任置하섯다가丙午八月人侍時에自已의게恩賜라ᄒᆞ고家屋을興仁학校의게讓與ᄒᆞ야本月五日에興仁學校가移接거ᄂᆞᆯ僧侶가內部에訴求ᄒᆞᆫ즉內部에서據理公判하야派遣巡査ᄒᆞ야撥歸彼校ᄒᆞ고且內部의僧侶ᄂᆞᆫ依舊安心保管ᄒᆞ다ᄂᆞᆫ指令이有ᄒᆞ엿ᄂᆞᆫᄃᆡ本報第九百五十号廣告欄內東門外居中告白이란詞意에元흥寺基址ᄂᆞᆫ李根澔시의게自皇室로恩賜ᄒᆞ심은東門外人民의所共知인바僧侶가李根澔시의게借居라ᄒᆞ앗ᄉᆞ나中諸시가僞偏之言만聞하고事實을誤認告白ᄒᆞ니以私獻媚요不契公理라或恐內外國에元興寺事實을誤解ᄒᆞ야此家券에見欺ᄒᆞᆯ까ᄒᆞ야玆에廣佈ᄒᆞ오니壹般同胞ᄂᆞᆫ咸須諒悉하옵

宗務院事務所 告白

本人의답土拾貳石拾壹斗落이在於全羅北道興德郡旺林村하야再昨年分에永永放賣於同郡居鄭副卿海魯氏인바近族中高濟益高濟龜高乂ㄱ等三人이素以浮浪之類로符同羣山港居朴聖寬ᄒᆞ고僞造右답文券ᄒᆞ야潛賣于同港居日本人岡部ᄒᆞ야欲奪右답故로不得已訴訟提起之際에扶安줄浦居留日本人川瀨殿司와靑木叔夫가自請ᄒᆞ기ᄅᆞᆯ鄕葉錢三千兩(紙貨六百圜)만出給ᄒᆞ면訴訟을擔任裁判以給云云이기右鄭副卿의게從ᄒᆞ야葉錢三千兩과鄭副卿의게實渡ᄒᆞᆫ舊文記及其他可據書類를借得交付ᄒᆞ야裁判事務를壹切委托ᄒᆞ얏더니群山及木浦間에裁判을經ᄒᆞ야統監府法務院에서勝訴判決ᄒᆞᆷ을得ᄒᆞ얏기錢壹切과類를推還ᄒᆞ라ᄒᆞᆫ즉延拖不給ᄒᆞ더니暗自請願于木浦理事廳ᄒᆞ야以渠之名義로右답地에所有權證明을行ᄒᆞ야以詐欺手段으로欲强占他人之物ᄒᆞ야關係書類를隱慝不給ᄒᆞ니該兩人의無據對心을實所難測이라不得已訴訟提起次로玆先廣告ᄒᆞᆷ

興德郡旺林居 高鳳相 告白

東部[illegible]洛里二統貳戶◯成乙坤家五間板刻券을陰九月二日의見失故로玆의廣告ᄒᆞ오니內外國人은切勿見欺ᄒᆞᆷ

鄭完模白

直輸入大發賣廣告

學校用品測量機械
有名書籍各種
我國特産谷香煙草

南署壺洞農商工部前 金龍商會 謹告

慶尙北道[illegible]內門外前洞三統七戶
辯護士 前判事 崔鎭
法律事務出張所事務員 正三品 前委員 金薰

◉平南順川郡船島面城岩里私立新興學校趣旨書

現今貳十世紀ᄂᆞᆫ智識발達ᄒᆞ야生存競爭과優勝劣敗의時代가아닌가智識은敎育으로自하야生ᄒᆞ며敎育은學校로自ᄒᆞ야生ᄒᆞ나니今日吾人의急務ᄂᆞᆫ靑年의敎育을熱心勉勵ᄒᆞ야人才를養成ᄒᆞ며衆智를啓發ᄒᆞ야大而國家오小而身家에自保自存ᄒᆞ야上以保四千餘年產業ᄒᆞ고下以安二千里之疆土則以進文明之域이니然則敎育은文明之本이오獨立之本意로다今日我韓學校의興旺이治家之邑과三家之村이라도學皆刱設은莫不由於時運之變遷也라故로本郡兩俳村의頑固도在ᄒᆞ던本人等도雖是微物이나亦是大韓臣民의壹分子로獨立生活에無缺嗣樂ᄒᆞᆫ永求勿替코ᄌᆞᄒᆞ야同志를團合하야壹校를設立ᄒᆞ고命名曰新興學校라ᄒᆞ니新興之本旨ᄂᆞᆫ思想을新하며學問을新ᄒᆞ며智識을新ᄒᆞ며習慣을改而新ᄒᆞ며腐敗를거而新ᄒᆞ야無處不新ᄒᆞ고無人不興學ᄒᆞ야以繼繼으로爲基礎ᄒᆞ며愛國으로爲目的ᄒᆞ노니惟我同胞諸公이며某條父兄은新義務와新敎育으로靑年子弟를勉ᄒᆞ며ᄒᆞ야新精神과新感想으로祖國을愛ᄒᆞ야他日에我新大韓을中興케ᄒᆞ기로千萬血祝ᄒᆞᆷ

發起人 趙炳呂 車成根 金德會 劉俊[illegible] 李春夏 孔元[illegible]

新設麗華園

謹擇陰拾月二十六日開張

敬啓者本園開設在漢城司畜洞改良食人花園專雇廣東上海劉等厨師包辦中西滿漢酒席自然美酒名茶常備点心餅餌以供官商貴客大宴小酌隨時利從而使喚坐席淸潔待奉週到廳房雅麗尙有彈子棋玩花樹이觀詢稱賞之良園也特此佈告貴客光顧壹試爲번

本園主 謹告

本人이四斗落延署館洞의在ᄒᆞᆫ바本月拾四日에度支部에檢閱ᄒᆞᆯ事이有ᄒᆞ야文券을持來ᄒᆞ다가남門外閒閭에서失ᄒᆞ얏ᄉᆞ오니誰某拾得ᄒᆞ시거든南門外食鼎園에御品勸處로傳送ᄒᆞ시면厚謝ᄒᆞ깃ᄉᆞᆷ

北部射亭洞高海[illegible] 告白

◉谷香葉卷煙 大發賣廣告

○本社의葉卷烟草ᄂᆞᆫ我國名產谷山草로精選製造ᄒᆞᆫ온지三載有餘ᄒᆞᆫ經過ᄒᆞ오매香味가去益蘂甘ᄒᆞ와西烟보담大勝ᄒᆞᆯ뿐外라且價格을特別히低廉ᄒᆞ옵기設賣ᄒᆞ오니海內志士ᄂᆞᆫ我國製品을愛顧ᄒᆞ시와優數히需用ᄒᆞ시미於國於私에大有利益이오니海諒惠顧ᄒᆞ옵

漢城南部[illegible]洞大拾貳統拾戶

谷香合資會社 謹告

大烟白本入每箱一圓五拾錢
中烟白本入每箱金七拾錢
小烟白本入每箱金四拾錢
拾本入廿匣每箱金八拾錢

本人의子拾가性本浮浪ᄒᆞ야聽挾雜輩誘引之說ᄒᆞ고僞造文券을典當ᄒᆞ고沿債코저ᄒᆞ오니內外國人은幸勿見欺ᄒᆞ시오

平北宣川新府面承旨洞 金鐵瑠 告白

學員募集廣告

本所에서講習科와初등科를設ᄒᆞ고何時던지志願을應ᄒᆞ와速成으로精密敎授ᄒᆞ오니願學僉彦ᄂᆞᆫ以此照亮ᄒᆞᆷ

初等科 參個月

講習員은학力을隨ᄒᆞ야定期ᄒᆞᆷ

各科에個々히志願ᄒᆞᆫ習ᄒᆞᆷ도許ᄒᆞᆷ

但敎授課程과細則은本所로來議ᄒᆞᆷ

南部棗洞六拾三統九戶二層屋

大韓測量組合所講習所告白

特別廣告

本人이判事의職을辭免ᄒᆞ고辯護士業務에從事ᄒᆞ오니僉彦은陸續來議ᄒᆞ시옴

辯護士劉文煥

事務所 中部校洞三十二統四戶

(下漢洞口越邊一)

本人이八字가崎嶇ᄒᆞ와年今六拾六歲에初無嗣ᄒᆞ고血肉而只有女子二人이온바晩日이不遠ᄒᆞ니非但死無依歸之處라父母兩位奉祀를傳之無處이옵기其新任ᄒᆞ欲人繼代이오니當依與再堂侄則皆是爲々獨身也라勢不可出繼이온바自顧身勢ᄂᆞᆫ九極難堪中覺念之則拾二寸弟寬默의次子昌浩ᄂᆞᆫ本是我人之順實故로去甲辰年分에以爲率入ᄒᆞ야如干所存片土와以父母兩位與本人兩老之香火係로證給ᄒᆞ고本人兩老死後에家內凡事를擔任主管ᄒᆞᆷ으로玆以揭載於新聞ᄒᆞ오니凡我同胞ᄂᆞᆫ以此照諒ᄒᆞᆷ서以爲後日之明鑑焉

平安北道宣州郡阿耳浦面覺里 金顯默(字文叟) 告白

特別廣告

本人이判事를辭免ᄒᆞ고辯護士를開業ᄒᆞ얏ᄉᆞ오니僉君子ᄂᆞᆫ事件의大小難易를勿論ᄒᆞ고照亮來議하시옵

辯護士張燾

法律事務所

南部茶洞拾四統五戶

大邱藥令日字가不登ᄒᆞ와商賈商이或死或後에興業이不便인뿐더러況此歲末歲初가相隔ᄒᆞ와今商損害가甚多故로煙商公議ᄒᆞ야陰拾壹月拾五日開市拾二月拾五日撤市ᄒᆞ옵기寬將藥商은趁期來臨ᄒᆞᆷ을敬要

池道堂 鄭雨若 梁務益 李乃年等 白

本人의世傳庄土中安州蔣哥洞所在田畓廿五日七息耕과慈道所在拾五日耕과雲川坪里所在廿四日壹息耕合六十四日入息耕을輔國閔泳徽의계見奪ᄒᆞ온바ᄂᆞᆫ京鄕同胞의所共知어니와現今京城地方裁判所에告訴ᄒᆞ야將行裁判이온데今聞閔이欲爲圖得證明書於地方官廳云云이온則該庄所在鄕面洞長이必無證明之理이오되人心이不古ᄒᆞ야以權閔之勢力으로或得證明書다도該證明書ᄂᆞᆫ裁判所의判決이有ᄒᆞ기前에ᄂᆞᆫ無効&僞證明이오니內外國 僉君子ᄂᆞᆫ照亮ᄒᆞ시옵소셔

安州南松面龍庄里居 김희鼎의未亡人 李召史 告白

發行兼編輯人 英國人 萬咸
Responsible for Publication Alfred Weekley Marnham.
發行所 南署石井洞號外地三層洋屋 大韓每日申報社

第九百五拾七號

大韓每日申報

第六卷

月曜及慶節臨時休刊

開國四千二百四十一年
箕子元年三千三十年
大韓開國五百十七年
日本明治四十一年
淸國光緒三十四年
陰曆戊申十月大廿七日己卯

論說

◎聲討守錢虜

嗚呼라十餘年을報館의筆로討ᄒᆞ며辯士의舌로討ᄒᆞ며壹般世人의公論으로討ᄒᆞ야도頑冥不悟ᄒᆞ며屈强不悔ᄒᆞᄂᆞᆫ守錢虜여國家ᄂᆞᆫ亡ᄒᆞ던지民族은滅ᄒᆞ던지壹尺布와壹粟만不費ᄒᆞ면是歌是舞ᄒᆞᄂᆞᆫ守錢虜여

滅亡이眉睫에迫ᄒᆞᆷ을앗스되銅山金穴에精神이醉ᄒᆞ야釜中의魚가水藻를樂ᄒᆞ드시堂上의燕이稻粱을樂ᄒᆞ드시「知己不知國」의痴想이腹中에充滿ᄒᆞᆫ守錢虜輩여滔天洪水가洶々懷襄ᄒᆞᆫ韓國에幾個志士가熱膓奔走ᄒᆞ며大聲疾呼ᄒᆞ야奴隷를得脫ᄒᆞ고殄滅을得免ᄒᆞ고ᄌᆞᄒᆞ고平生의力을盡ᄒᆞ야壹學校를建設ᄒᆞ며幾斗의血을嘔ᄒᆞ야壹會團을組織ᄒᆞ니此에對ᄒᆞ야誰가贊美치아니ᄒᆞ며誰가誠祝치아니ᄒᆞ며誰가扶助치아니ᄒᆞ리오

余의愚想으로推度ᄒᆞ건ᄃᆡ所謂韓人된者ᄂᆞᆫ비록木石의頑性이有ᄒᆞᆫ지라도此에對ᄒᆞ야ᄂᆞᆫ宜乎家屋을賣ᄒᆞ고釜鼎을매ᄒᆞᆯ지라도熱心贊助ᄒᆞᆷ이可ᄒᆞᆯ지어ᄂᆞᆯ乃者有志人士가新事業을經紀코ᄌᆞᄒᆞ야舌이焦ᄒᆞ고喉가裂ᄒᆞ도록義捐을募集ᄒᆞ야도彼守錢虜輩가過問치도아니ᄒᆞ며學校나會團에經費가窮拙ᄒᆞ야明設暮廢ᄒᆞᆯ지라도彼守錢虜輩가夢想치도아니ᄒᆞ야公益事業의發展될期가無ᄒᆞ며民智의啓發될期가無ᄒᆞ며國力의培養될期가無ᄒᆞ니彼輩ᄂᆞᆫ果然韓國同胞의公仇가아닌가

嗚呼守錢虜輩여爾輩가黃金珍寶를勤々積置ᄒᆞ얏다가老死後에黃泉으로載去코ᄌᆞᄒᆞᄂᆞᆫ가良田美宅을孜々保存ᄒᆞ얏다가別種異族에게奉獻코ᄌᆞᄒᆞᄂᆞᆫ가抑韓國과何等仇心이有ᄒᆞ야韓國의殄滅乃已ᄒᆞᄂᆞᆫ光景을期見코ᄌᆞᄒᆞᄂᆞᆫ가

彼畿湖兩省으로觀ᄒᆞ야도近日畿湖人士의奮發心이大起ᄒᆞ야學會維持에汲々然熱心ᄒᆞᆷ에비록寒士貧人이라도亦발憤傾資ᄒᆞ야或家舍를捐ᄒᆞ며或田畓을捐ᄒᆞ며或幾拾圓幾百圓을逐月捐出ᄒᆞ야畿湖江山에新光彩를발揮ᄒᆞ거ᄂᆞᆯ

乃者黃金도最多ᄒᆞ고地位도最高ᄒᆞ고國恩도最重ᄒᆞᆫ幾個人은依舊是傲然捫腹ᄒᆞ야守錢虜魁首로自處ᄒᆞ니嗚呼라三千里疆土가堅舟에浮去ᄒᆞ더라도彼輩ᄂᆞᆫ能히富貴安樂을獨享ᄒᆞ며二千萬同胞가地獄에陷落ᄒᆞ더라도彼輩ᄂᆞᆫ能히妻子田宅을獨全ᄒᆞ깃ᄂᆞᆫ가

抑畿湖뿐이아니라於三道山河에守錢虜輩가所在遍滿ᄒᆞ야國步의前進을障害ᄒᆞ니嗚呼라何等巨斧를磨ᄒᆞ야此輩의頑腦를劈破ᄒᆞ고新精神을灌注ᄒᆞᆯᄭᅡ

嗚呼守錢虜輩여國家가亡ᄒᆞ면爾도亡ᄒᆞ고民族이滅ᄒᆞ면爾도滅ᄒᆞ나니學校의建設도爾輩를爲ᄒᆞᆷ이오會團의維持도爾輩를爲ᄒᆞᆷ이라爾其早々悔改ᄒᆞᆯ지어다爾輩도兩眼이有ᄒᆞ니今日韓國의形勢를試看ᄒᆞ라爾輩가비록者々奮行ᄒᆞ며速々競進ᄒᆞᆯ지라도生存을得키猶難ᄒᆞᆫ時代가아닌가爾其早々悔悟ᄒᆞᆯ지어다抑亦今日에悔改치아니ᄒᆞ면爾後에ᄂᆞᆫ비록悔改코ᄌᆞᄒᆞ나亦不得ᄒᆞᆯ지니爾其早々悔改ᄒᆞᆯ지어다

萬壹終是頑冥不改ᄒᆞ면此等國民의公仇ᄂᆞᆫ決코討誅不已ᄒᆞᆯ지라吾輩ᄂᆞᆫ筆鋒을磨ᄒᆞ야後日을更待ᄒᆞ노라

▲▲隆熙貳年拾月二拾七日 官報

●告示

農商工部告示第拾三號 續

商法（明治三十二年法律第四拾八號）

第二百五條 債券에ᄂᆞᆫ第二百三條第壹號及第二號에揭ᄒᆞᆫ事項及號數를記載ᄒᆞ고取締役이此에署名ᄒᆞᆷ을要ᄒᆞᆷ

第二百六條 記名社債의讓渡ᄂᆞᆫ讓受人의姓名、住所를社債原簿에記載ᄒᆞ고且其姓名을債券에記載치아니ᄒᆞ면此로써會社其他第三者에게對抗ᄒᆞᆷ을不得ᄒᆞᆷ

第六節 定款의變更

第二百八條 定款은株主總會의決議를依ᄒᆞ야만此를變更ᄒᆞᆷ을得ᄒᆞᆷ

第二百九條 定款의變更은總株主의半數以上으로써資本의半額以上에當ᄒᆞᆫ株主가出席ᄒᆞ야其議決權의過半數로此를決ᄒᆞᆷ

前項에定ᄒᆞᆫ員數의株主가出席치아니ᄒᆞᆫ時ᄂᆞᆫ出席ᄒᆞᆫ株主의議決權의過半數로써假決議를行ᄒᆞᆷ을得ᄒᆞᆷ此境遇에ᄂᆞᆫ各株主를對ᄒᆞ야其假決議의趣旨의通知를發ᄒᆞ고且無記名式의株券을發行ᄒᆞᆫ時ᄂᆞᆫ其趣旨를公告ᄒᆞ야다시壹箇月以下되지아니ᄒᆞᆫ期間內에第二回의株主總會를招集ᄒᆞᆷ을要ᄒᆞᆷ

第二回의株主總會에在ᄒᆞ야ᄂᆞᆫ出席ᄒᆞᆫ株主의議決權의過半數로써假決議의認否를決ᄒᆞᆷ

前二項의規定은會社의目的된營業을變更ᄒᆞᄂᆞᆫ境遇에ᄂᆞᆫ此를適用치아니ᄒᆞᆷ

第二百拾壹條 會社ᄂᆞᆫ其資本을增加ᄒᆞᄂᆞᆫ境遇에限ᄒᆞ야優先株를發行ᄒᆞᆷ을得ᄒᆞᆷ但此境遇에ᄂᆞᆫ其旨를定款에記載ᄒᆞᆷ을要ᄒᆞᆷ

第二百十二條 會社가優先株를發行ᄒᆞᆫ境遇에在ᄒᆞ야定款의變更이優先株主에게損害를及ᄒᆞᆯ때ᄂᆞᆫ株主總會의決議外에優先株主總會의決議가有ᄒᆞᆷ을要ᄒᆞᆷ

優先株主의總會에ᄂᆞᆫ株主總會에關ᄒᆞᆫ規定을準用ᄒᆞᆷ

（未完）

外報

◎淸帝被殺說 北京電을據ᄒᆞᆫ則淸國先帝씌셔ᄂᆞᆫ毒殺을被ᄒᆞ얏다고天津에셔발行ᄒᆞᄂᆞᆫ法國新聞에揭載된故로人心이크게騷動ᄒᆞ얏다더라

◎毒殺者捕縛 同電을據ᄒᆞᆫ則慶親王이宦官二名을毒殺嫌疑者로認ᄒᆞ야捕縛ᄒᆞ야法部에引渡ᄒᆞ얏다더라

◎淸皇后殉死說 同電을據ᄒᆞᆫ則淸國皇后ᄂᆞᆫ自殺ᄒᆞ야皇帝陛下를殉從ᄒᆞ얏다더라

●袁氏被殺說 同電을據ᄒᆞᆫ則袁世凱氏ᄂᆞᆫ毒殺을被ᄒᆞ야死ᄒᆞ얏ᄂᆞᆫᄃᆡ北京에셔人心이騷擾ᄒᆞ야警戒ᄒᆞᄂᆞᆫ兵丁이比前ᄒᆞ면三倍以上에增加ᄒᆞ얏다더라

◎北京의騷擾 同電을據ᄒᆞᆫ則北京에셔ᄂᆞᆫ人心이恟々ᄒᆞ야避難ᄒᆞ기를準備ᄒᆞ고二個銀行이破産되야貯金을還取ᄒᆞᄂᆞᆫ者가頻繁ᄒᆞ다ᄒᆞ더라

●慶王威望 同電을據ᄒᆞᆫ則慶親王의威望은昨今에甚히隆々ᄒᆞ다ᄒᆞ더라

●西太后의死因 同電을據ᄒᆞᆫ則西太后의死ᄒᆞᆫ原因은熱病과下痢病이라더라

●淸國政變과美日 同電을據ᄒᆞᆫ則美國政府에셔ᄂᆞᆫ日本政府에對ᄒᆞ야淸國皇帝崩御後에何等申請을ᄒᆞ기爲ᄒᆞ야高平大使가美國々務卿루—트氏와會見ᄒᆞ고三時間을談話ᄒᆞ얏다더라

●鳳山急歸 日本에滯在ᄒᆞ던淸國都統鳳山氏ᄂᆞᆫ日本靑木少將과同伴ᄒᆞ야急히歸國ᄒᆞ얏다더라

●大學生의號泣 北京大學生은朝夕으로二回의號泣式을行ᄒᆞ더라

●吊祭式擧行 昨日에淸國先帝의吊祭式을擧行ᄒᆞ얏다더라

●露帝叔父卒逝 俄國皇帝의叔父ᄂᆞᆫ去拾四日에巴里에셔薨ᄒᆞ얏다더라

●美大統聲明 東京電을據ᄒᆞᆫ즉淸國問題에關ᄒᆞ야美日間에協議ᄒᆞᆫ다ᄒᆞᆷ은無根의說이라고美國大統領이聲明ᄒᆞ얏다더라

●康有爲大赦說 同電을據ᄒᆞᆫ즉康有爲等은大赦된다ᄂᆞᆫ說이有ᄒᆞ더라

●李蓮英의自殺未遂 同電을據ᄒᆞᆫ즉李蓮英은自殺ᄒᆞ려다가未遂ᄒᆞ얏다더라

文壇

▲讀史新論（續） 壹片丹生

第七章 鮮卑族支那族과高句麗

曰嗚乎라余가是以로後世歷史家의擬盲을責ᄒᆞ노라當時에李世民이我疆을侵犯ᄒᆞ서泉蓋蘇文이即其仇敵이니彼가宣戰書를下ᄒᆞ며泉蓋蘇文을亂罵ᄒᆞᆷ이必有의事며亂罵를加코ᄌᆞᄒᆞ며垢를洗ᄒᆞ야瑕를覓ᄒᆞ며無를將ᄒᆞ야有를作ᄒᆞᆷ이亦必有의事이거늘乃者勝朝史家가句麗遺史의殘缺ᄒᆞᆷ을因ᄒᆞ야太半唐史에셔取資ᄒᆞᆫ故로泉蓋蘇文傳은壹切李世民宣戰書中語를摘出ᄒᆞᆫ지라由是로李世民曰泉蓋蘇文이凶人이라ᄒᆞ면點頭曰唯々라ᄒᆞ며李世民曰泉蓋蘇文이逆賊이라ᄒᆞ면撰史者曰是々라ᄒᆞ야即彼李世民의仇敵되ᄂᆞᆫ泉蓋蘇文의歷史를書ᄒᆞᆷ서惟彼李世民의遺唾를拾ᄒᆞ얏스니泉蓋蘇文이凶人되고逆賊됨을豈免ᄒᆞ리오

（未完）

雜報

●下賜東宮 去十六日에 太皇帝陛下께옵셔統監府에 下托하사左와如한物品을日本에留學하시는 皇太子殿下께賜送하옵셧는대銀口子四座全鰒二貼海蔘三貼胡桃几斗銀杏二斗菉豆壹斗栢子壹斗白麵末壹封菓子壹櫃라더라

●清先帝의勅語

清國先帝의勅語는既爲略報어니와更히確報를據한則其勅語가如左하더라

朕自沖齡으로踐祚하야大政을親裁한지가乃者三拾有四年矣라國事艱難之時를當하야中外의治法을折衷하야臣民을撫育하며學校를廣置하며軍政을整理하며商工을振興하며法律을修訂하야立憲을定하고四海人民과昇平을共享하랴期하얏는대近年에水旱變災가頻數하미本年에順天直隸東三省湖南湖北廣東福建等각省은非常의災害를被함은不忍言之오又 西太后의 旨를 奉하야溥儀로大統의 位를嗣하고九年後에立憲을頒布하야 朕의未竟한志를終하야 朕靈을慰勞하라 하옵셧다더라

●清先帝의略史

崩逝하신清國先 皇帝의閱歷을觀하건대其悲慘함은不可言이라 西太后의甥으로血統의關係가有할뿐아니라 西太后는秘密히 皇帝를虐待함은人所共知어니와 西太后는幼年의 皇帝를鞭撻하어한事가數有한대 皇帝가 西太后를見하미虎와갓치觀하야豈日도安心치못하얏고光緒二十四年에 皇帝는自己의英斷으로써政局을新革하랴하는대 西太后의意見과衝突하야드디어破裂된지라自拾九歲時로政權을執하얏더니二十九歲에至하야政治의大權을被奪하고 西太后가垂簾의政을行하야드대여清國에振興이不進한지라又 西太后가 皇帝를水中에在한瀛臺에幽閉하고門內에守備員을置하야內外의通信을嚴禁하얏는대元來 皇帝는聰明之人으로不幸히政權을失하얏슨즉其治績은今에擧키不能하도다又 皇帝는元來體格이羸弱하고且神經이衰弱한대去三十壹年九月北京停車場에서暴裂彈事件이發生한以來로 皇帝는更히皇極殿左房에幽閉되야身上이日々不良하고神經衰弱이極度에達하야遂至 崩逝하얏스니嗚呼痛哉로다

●統監回程 伊藤統監이歸任次로再昨日에神戶까지出發하얏다가有何緊急事인지還爲回程하얏다더라

●積金買椅 宮中顧問李允用氏가巨額金을準備하야大臣椅子의高踞하기를現今運動中이라더라

●何事携貳 法部大臣高永喜氏가區裁判所法官叙任事件에對하야該部次官과携貳之端이有하다더라

●恩賜金支給請議 成均館直員朴道陽李能宰兩氏가多年視務하다가今番에一體解任되얏는데學部에서該兩氏에게 恩賜金各四百餘圜式할事項을宮內府에請議하얏다더라

●莫見乎隱 咸南觀察使李範來氏가各郡守를薦報하는데합興郡守柳丙用高原郡守柳承海兩氏는去夏에觀察次로該道에下往하얏던鄭正秀氏의所托이오甲山郡守朱鼎氏는田二日耕價二千五百兩을實納하얏더라農商工部農務局長鄭鎭弘氏의所托이라더라

●通譯試取 內部에서通譯生十餘人을試取하다더라

●宜乎不認 測量組合所에서承認하기爲하야農商工部에請願하얏더니該部에서認許치아니하다더라

●壹進長歸國 壹進會顧問內田良平이가李容九氏와김在坤氏를帶同渡韓하야本日에入城하고李容九崔永年兩氏는繼續歸國하다더라

●商工視察者渡韓 日本門司市商工團躰員若干名이韓國商工을觀察할次로二拾二三日頃에渡韓할預定이라더라

●兩氏免官 警視廳警視리憲珪氏와財產整理局事務官劉興世氏가免官되얏다는대其內容인즉東大門外民有地菜田을勒奪한事件이라더라

●慶倅不慶 聞慶郡守辛龍鎭氏가有何事件인지免官되얏다더라

●聞慶不慶 聞慶郡守辛龍鎭氏가免官된事는別項과如하거니와其代에國民新報記者黃희弼氏가被任하다더라

●交倅不法 交河郡守尹夔燮氏의許多鄙陋한行爲는壹々形言키難하거니와其中幾個事件으로만論할지라도該郡首書記金仁杓의게금貨壹千五百兩과都捧色林奉顯의게三千兩을勒捧하얏고丙午年年分에隱結總한다고度支部에鈞名으로報告는하고都捧色結拾八結과官結六結을沒數偸食하고稅色金文杓는吏案에逐出하고度支部에報告하기는赤貧한諸吏가已爲捧喫한隱結을今難徵出이니明年爲始하야隱結하라고嚴報하야김文杓가度支部에呼訴한다하고庖漢李用卜의게肉物을卜定하야壹年內에祭祀와生辰所用이라藉托하야發記에日月을錄給하고每年拾餘次式京第로上送하는대用卜이此로因하야營業을廢한境에至한故로今年에는嚴杖四를當하더라도進排키難하다고決心하얏다는데此等郡守를雖壹日이라도遷延不免하면民皆魚肉에暫難支保하짓다고寃聲이漲天하다더라

●總務歸國 英國聖書公會總配人閔休氏가韓國內에서聖書를傳播하기에多年勤務하더니歸國할年限이已滿한지라壹年後에還任할次로再昨朝에發程歸國하는데內外國多數紳士가停車場或永登浦까지餞送하얏다더라

●郭代閔任 英國聖書公會總務閔休氏의歸國함은別項과如하거니와其欠席한壹年間에는清國에서聖書로勤務하던郭寗文氏가代理視務할次로日昨에到京하얏다더라

●日打韓役 再昨日午前九時頃에南大門外停車場附近에서何許日人이韓人役夫金元伯을無故히以石打頭하야流血이漲藉하고勢甚危急한故로該管內巡查가該日人을兩部警察署로押付하얏더니該署에서金某는濟衆院으로昇送하야七週日間을治療케하고該日人의게治療費九圓五拾八錢을徵給하얏다더라

●日人蠻行 再昨日下午三時에菁菜商壹名이中部園洞地로過去하는대何許日人이被酒하야該商을無端亂打하고菁菜를破裂散棄함으로該菜商은呼泣以歸하얏다더라

●柴社團合 漢城柴炭會社에서重役이平和熱心하야營業이日益擴張하더니司務諸시도彼課此課를不計하고互相輔補하야雖有事務煩劇之中이라도少無苟且弊하다더라

●救世營移轉 救世軍營에서來日曜日부터夜珠峴興化號에所로救援會를移設하다더라

●砲殺日兵 抱川松隅場市附近에서義兵이日兵二名을砲殺한後에空席으로掩覆하얏다더라

●賊入別室 再昨日午前五時頃에賊漢이南部明洞居하는前局長金彰漢시別室家에闖入하야多數한物品을偸去하얏다더라

●韓會紀念盛況 再昨日大韓協會에서紀念式을東門外開運寺로設行하엿는대會長김嘉鎭시가紀念會趣旨를說明하고副總務沈宜性시는壹周年歷史를讀述하고大垣丈夫李宇榮劉元杓安昌浩諸시가次第로演說하고壹同會員이撮影하야紀念을表한後에茶果와午餐을擧하고諸會員이可否便으로討論會를開하야餘흥을盡하고乘暎歸來하얏는대會員이二百餘名이오會況이靜肅하며各支會에서祝電이續次來到하얏다더라

●兩氏熱心 日昨韓興農會에서同總會를東門外旺新학校에開하고京鄉農業家及農業에有志者가多數來參하얏는데就中리根培禹恒鼎兩시가旺新學校情況을問하고리根培시가금十圓禹恒鼎시가금五圓을寄附하얏다더라

●兩韓熱心 平北雲山大嶺金礦에서勞働學校가設立됨은已報어니와韓明道韓昌教兩氏가新貨각壹千圓式을義出하야會館과學校를新建築하얏는대其盛大한準備는初有之事라고僻說이藉々하더라

●李氏義蹟 三和洪億兩機居前主事리承祚시가前居信川時에該地方의一學校를自擔設立하야至今까지完全하고現今億兩機基督學校經費를專擔維持하며且同港基督三崇학校가頹敗함을聞하고建築費에對하야爲先五拾圓을捐助하야日追後五十圓을加助하기로大談하얏스며又港內에孤兒學校를自擔設立할意로經營中이라고西來人士가莫不欽美한다더라

●大明進級 金川郡私立大明學校에서去十月十九日에進級式을行하얏는대師範二年優等生에柳문秀等五人이오及第生에黃道性等四人이오尋常二年優等生에盧東燮等五人이오及第生에朴燦玉等三人인대該校任員與來賓諸시가學生에게對하야有益한演說로勸勉한後大興學校教師申鉉섭시와來賓中羅燦英시는各三圓으로羅彥淳李重九兩시는各壹圓으로該校教師李奎영시는六圓을寄附하고鉛筆空冊等物을購買하야優數施賞하얏다더라

▲地方消息▼

▲本月拾三日湖寧郡東方約二十里地에서義兵四十餘名이江原道鐵原分遣所日憲兵少尉以下와憲兵八名과交戰하얏다더라

▲欲絕不絕▼

▲沒覺者의行爲보면絕筆하고십흔마음無時不出하것마는可憐하다蒼生아慘酷하다더창生아몃사름의罪惡으로더地境이되얏고나그런情景생각하면참아못볼노괘네

▲亡國大夫閔泳徽는西北學會三層屋이陽明方을擁遮하야聳出雲霄미워하고南向으로내던大門東向으로트럿스니門外出入無碍이나房中起居엇지할고그局量이甚小로다

▲否字大臣李夏榮은賣國事業不足하지數年星術聲伏하재政府變更된단말이日復日出하건만은自己姓名無聞이라心頭慾火沖發하야山林會를組織하니그行動이甚陋로다

▲愚痴大臣李鍾健은畿湖學會總代員이補助金을請求하든余是南村武弁이라學會不關拒絕하니軍部大臣以外에는各部大臣쥬며라도호반이라못하짓지그言論이甚怪로다

▲侍從副卿李會九는宦海風波일엇던가宮花戰爭分明하지遣間事는모로지만所從間에싸호다가 天威震疊하신中에免官지되다더니已過旬朔無聞인즉그權利가甚畏로다

▲承府摠管趙民熙는八拾萬兩內下錢을天壹銀行董督하면典執屋을放賣한지從他周旋兩端間에保管者가自在하던典執券가또맛하民怨漲天무슴일가그心腸이甚愚로다

▲秋人先生鄭鶴ㅅ는三月春風다지내고蕭蕭寒風落木天에柳枝會香非節이라軟軟함도더하다香이無病하기발알손가그아달이孝子라지食香費를支供하니그擧動이甚麗로다

▲딱하도다이兩班들此時代가何時관데何如코져이리하노思想들이막되여너天生들이그러한가此等言論뭇는者도疾之如讎하다지만此等言論하는者는창々頭髮欲白일세

社告

去拾月三拾壹日京畿抱川郵便局에서金貨壹圜을本社로送致ᄒᆞ얏고拾壹月拾日에金貨壹圜四拾八錢이又爲來到ᄒᆞ얏ᄂᆞᆫᄃᆡ前後送函中住所氏名이俱無ᄒᆞ고但抱川郡에서出付ᄒᆞᆫ郵票만有ᄒᆞᆫ즉兩次金額을本社에서姑爲領置이나其理由를未得ᄒᆞ야玆에廣告ᄒᆞ오니該金額出付ᄒᆞ신人은送金ᄒᆞᆫ理由와住所氏名을斯速回示爲要

大韓每日申報社

雜報

●兩婦人熱心　咸鏡南道端川邑上西里居沈昌運시夫人은今日韓國에女子敎育이必要ᄒᆞᆷ을醒悟ᄒᆞ고女學生數拾名을自己家로募集ᄒᆞ야熱心敎育ᄒᆞᆷ으로該邑倉峴居申召史가其同情을表ᄒᆞ야敎育費貳百圜을補助ᄒᆞ야학校를完全히設立ᄒᆞ고敎育程度를倍加擴張ᄒᆞᆫ다더라

●崇校復興　三和항基督三崇學校가重修ᄒᆞ라다가頹敗ᄒᆞᆷ은已揭어니와饒律有志人士에義捐을多蒙ᄒᆞ야廣大ᄒᆞᆫ學校를建築케되얏ᄂᆞᆫᄃᆡ近聞繼續捐助가紳商會社에서金壹百拾圜崔國鉉시가金二十圜吳鑽泳시가金三拾圜金炳灝시가五圜인ᄃᆡ此學校를更爲建築ᄒᆞᆷ은莫非有志人士의力이라고稱頌이有ᄒᆞ더라

廣告

本所通常總會를本月二拾壹日(陰二拾八日)下午壹時에開ᄒᆞ오니僉宗은屆期來臨ᄒᆞ심을爲要

金海金氏宗約所 告白

特別廣告

▲特別廣告▼

本社에서名帖印刷를更加擴張ᄒᆞ기爲ᄒᆞ야各樣紙品을壹切準備ᄒᆞ고極廉價로僉君子에所請대로隨應ᄒᆞ옵ᄂᆞᆫ중婦人과學徒의게ᄂᆞᆫ特別除減ᄒᆞᆯ터이오니照亮　來臨ᄒᆞ심을敬要

大韓每日申報社

本人等이宗中靑年에測量事務를敎授ᄒᆞ기爲ᄒᆞ야永敎測量學校를光化門前前輜重隊內에設ᄒᆞ고拾壹月廿二日(陰拾月二九日)開學ᄒᆞ오니京鄕　僉族은趁期就學ᄒᆞ심을望ᄒᆞᆷ　但入學試驗과月謝금은無ᄒᆞᆷ

權重顯　權重樂等 告白

本人이本月拾四日에延署所在四斗落文劵을南門外에서서失ᄒᆞ옵고新聞의數日廣告ᄒᆞ얏ᄉᆞᆸ더니다힝同地趙鶴元客主의留ᄒᆞᄂᆞᆫ元昌根시가拾得ᄒᆞ와即傳ᄒᆞᆫ本鐵ᄒᆞ와ᄉᆞᆸ기感謝ᄒᆞᆷ을表ᄒᆞ기爲ᄒᆞ야玆에質佈ᄒᆞ옵

北部射亭洞高弼周 告白

孔德里朴進士許當文壹千壹百四拾九兩通祟를서失ᄒᆞ얏ᄉᆞ니誰某拾得ᄒᆞ야도休紙施行ᄒᆞᆷ

西部阿峴 金周演 白

故副尉李根永氏子景熙가年少沒覺ᄒᆞ고中無所主ᄒᆞ야債금을勿論多小ᄒᆞ고欲爲挪用云ᄒᆞ니或有居間攀緣者라도切勿見欺　無論內外國人ᄒᆞ고매貨貸금酒色雜技料理場에서若或相關ᄒᆞ야毁以當捧으로至於擧訴ᄒᆞ야도自法廷勿爲聽訟ᄒᆞ고居間人及應給者를并施以當律之意로請願ᄒᆞ엿쇼

中部貫子洞貳拾六統三戶 李召史 告白

本人之子啓哲이가年將四拾에不顧七十老父母ᄒᆞ고浸於酒色ᄒᆞ야浮浪無主ᄒᆞ며蕩敗無餘故로老父萬端泣諭이되終始不悛ᄒᆞ고出沒京鄕ᄒᆞ며僞造文券에專事欺人得債ᄒᆞ야債錢如山에不知其數나徵給無路故로玆以廣告ᄒᆞ오니內外國人切勿見欺ᄒᆞᆷ

水原楊干面新旺里居李佑憲白

去拾六日에本人의姓名章을遺失ᄒᆞ얏ᄉᆞ오니誰某間切勿見欺ᄒᆞ시옴

嚴台永 告白

◎特別廣告

當事務所ᄂᆞᆫ專히民刑事訴訟事件에因ᄒᆞ야廣大히　僉尊의委托에應ᄒᆞ되　誠實敏速을特旨로ᄒᆞ야職務에盡粹ᄒᆞᆷ

京城南部竹洞第六統六戶

(赤門通氷樂亭三丁目)

白井法律事務所

法律主任 辯護士 白井勝悟

事務主任 正三品 李觀夏

速成測量學員募集廣告

本塾에서二個月速成夜學課를特設ᄒᆞ오니願入　僉員은來陰拾月初六日內로早速請願ᄒᆞᆷ

但諸般細則은本塾에來問ᄒᆞᆷ

大安洞安興義塾

前德語學校 告白

●平南順川郡船島面城岩里私立新興學校趣旨書

現今二十世紀ᄂᆞᆫ智識발達ᄒᆞ야生存競爭과優勝劣敗의時代가아닌가智識은敎育으로自ᄒᆞ야生ᄒᆞ며敎育은學校로自ᄒᆞ야生ᄒᆞ나니今日吾人의急先務ᄂᆞᆫ靑年의敎育을開導勉勵ᄒᆞ야人才를養成ᄒᆞ며衆智를啓發ᄒᆞ야大而國家오小而身家에自保自存ᄒᆞ야上以保四千餘年産業ᄒᆞ고下以安三千里之疆土則以進文明之域이니然則敎育은文明之根底오獨立之本意로다今日我韓學校의興旺이拾家之邑과三家之村이라도學皆粧設ᄒᆞᆫ莫不由於時運之變遷也라故로郡西僻村에頑固로在ᄒᆞᆫ本人等도雖是微物이나亦是大韓臣民의壹分子로獨立生活에無窮福樂을永求勿替코ᄌᆞ야同志를圖合ᄒᆞ야壹校를設立ᄒᆞ고命名曰新興學校라ᄒᆞ니新興之本旨ᄂᆞᆫ思想을新ᄒᆞ며學問을新ᄒᆞ며智識을新ᄒᆞ며習慣을改而新ᄒᆞ며腐敗ᄒᆞᆫ거而新ᄒᆞ야無處不興校ᄒᆞ고無人不學ᄒᆞ야道德으로爲其礎ᄒᆞ고愛國으로爲目的ᄒᆞ노니惟我同胞諸公이여某條득父兄들은新義務와新敎育으로靑年을勉ᄒᆞ며子弟들은新精神과新思想으로祖國을愛ᄒᆞ야他日에我新大韓을中興키로千萬血祝ᄒᆞᆷ

發起人　趙尙呂　車成根　金德善　劉倪侗　李春夏　孔元壹

新設麗華園

謹擇陰拾月二十六日開張

敬啓者本園新設在漢城司畜洞改良寬大花園專顧廣東上海頭等廚師包辦中西滿漢酒席自運美酒名茶常備點心餅食以供賓商貴客大宴小酌隨時利便而使喚坐席潔待奉週到廳房雅麗府內彈子場玩花樹的觀詢稱賽之良園也特此佈告貴客光顧嘗試爲盼

本園主謹告

本人외子治연이가性本浮浪ᄒᆞ야聽挾雜輩誘引之說ᄒᆞ고僞造文劵을典當ᄒᆞ고出債코저ᄒᆞ오니內外國人은幸勿見欺ᄒᆞ야失ᄒᆞ시오

平北宣川郡府面承旨洞 金錫瑞 告白

◎谷香葉卷煙　大發賣廣告

○本社의葉卷烟草ᄂᆞᆫ我國名産谷山草로精選製造ᄒᆞᆫ三載有餘에試過ᄒᆞ오며香味가去益蒸甘ᄒᆞ와內外烟보담大勝ᄒᆞ옵고且價格을特別히低廉ᄒᆞ옵게發賣ᄒᆞ오니海內志士ᄂᆞᆫ我國製品을愛顧ᄒᆞ시와優數히需用ᄒᆞ시미於國於私에大有利益이오니游諒惠顧ᄒᆞ옵

漢城남署典洞大拾貳統拾戶

谷香合資會社 謹告

大烟白本入壹箱 金壹圜五拾錢

中烟白本入壹箱 金七拾錢

小烟白本入壹箱 金四拾錢

拾本入廿匣壹箱 金八拾錢

直輸入大發賣廣告

學校用品測量機械

有名書籍各種

我國特産谷香煙草

南署大漢洞廣商工都會

金龍商會 謹告

本人이數戰客主爲業矣러니知舊間或稱主事號則實無官啣이라更求勿稱爲要

平南三和港僉両機洪元植告白

特別廣告

本人이判事의職任을辭免ᄒᆞ고辯護士業務에從事ᄒᆞ오니　僉彦은陸續光臨ᄒᆞ시옴

辯護士劉文煥

事務所 中部校洞三十二統四戶

(下漢洞口越便家)

本人이八字가崎嶇ᄒᆞ와年今六拾六歲에初無後嗣之血肉而只有女子二人이온바餘日이不遠에非但死無依歸之感이라父母位奉祀를傳之無路이옴기ᄂᆡ其姪을欲入繼代이오나堂姪與再堂姪則皆是獨々獨身也라勢不可出繼이온바自顧身勢가九橋體堪中壹念思之則拾二寸弟實默의次子昌浩가本是爲人之順實故로去甲辰年分에以爲率入ᄒᆞ야如干所存片土를以父母兩位與本人兩老之香火條로盡給ᄒᆞ고本人兩老의死後에家內凡事를擔任主管ᄒᆞ게로玆以揭載於新報ᄒᆞ오니凡我同胞ᄂᆞᆫ以卄照諒ᄒᆞ옵셔以爲後日之明鑑焉

平安北道定州郡阿耳浦面壹里 金顯獣(字文叟) 告白

特別廣告

本人이判事를辭免ᄒᆞ고辯護士를開業ᄒᆞ얏ᄉᆞ오니　僉君子ᄂᆞᆫ事件의大小難易를勿論ᄒᆞ고照亮來議ᄒᆞ시옴

辯護士張燾

法律事務所

南部茶洞拾四統五戶

學員募集廣告

本所에서講習科와初等科를設ᄒᆞ고何時던지志願을應ᄒᆞ와速成으로精密敎授ᄒᆞ오니願學僉員ᄂᆞᆫ以此　照亮ᄒᆞᆷ

初等科　參個月

講習員은학力을隨ᄒᆞ야定期ᄒᆞᆷ

各科에個々히志願ᄒᆞ야習ᄒᆞᆷ도許ᄒᆞᆷ

但敎授課程과細則은本所로來議ᄒᆞᆷ

南部棗洞六拾三統九戶二層屋

大韓測量組合所講習所 告白

大邱藥令日字가不壹ᄒᆞ와貿買商이或先或後에興業이不便일뿐에더러況乎歲末歲初가相隔ᄒᆞ와合商損害가甚多故로爛商公議ᄒᆞ야陰歷壹月拾五日開市拾二月拾五日撤市ᄒᆞ옵게定했ᄉᆞ오니商은趁期來臨ᄒᆞ심을敬要

池追壹　鄭雨若　梁務益　李乃榮等 白

本人의世傳庄土로中安州蔣哥등所在田畓廿五日息耕과礑里上端所在拾五日耕과礑川坪里所在廿四日壹息耕合六十四日耕을輔國閔泳徽씨의州舍人息이온바ᄂᆞᆫ京鄕同胞의所共知어니와現今京城地方裁判所에告訴ᄒᆞ야將行裁判이온ᄃᆡ今聞ᄒᆞᆫ則이欲爲圖得證明書於地方官廳云云이온則該庄所在面面任員이必無證明之理이오되人心이不古에以若閔之勢力으로或得證明書라도該裁判所의判決이有ᄒᆞ기前에ᄂᆞᆫ無效로僞章明이오니內外國　僉君子ᄂᆞᆫ照亮ᄒᆞ시옵소셔

安州南松面龍庄里居 김희鼎의未亡人 李召史 告白

大韓帝國漢城鍾路慈惠醫院에서는病人을診察ᄒᆞ고또手術治療ᄒᆞ며慈惠藥房에서는但製藥發賣

新醫學용ᄒᆞᆫ**實地寫眞**
割腹治病縫合寫眞

醫學博士 洪錫厚
醫학卒業生 朴啓陽
大韓醫院醫生 李敎昌
慈惠醫院主務 李觀化
[illegible]人醫生 朴慈惠
[illegible]護婦 沈慈善
[illegible]人 [illegible]得春

慈惠醫院下層洋屋에**藥房**ᄋᆞᆯ**特設**ᄒᆞ고**各種**藥**封**을**製造發賣**ᄒᆞ오

主治 治痰 胃痛 中暑中寒 霍亂 口臭 運氣癘疫
滑滯 腹痛 水土不服
效能 吐瀉 酒醉 其他 食傷 眩暈 預防妨藥

前醫學校長勳五等 池석永氏 有効證明
醫學博士 洪錫厚氏 實驗方劑
醫學博士 洪鍾殷氏 實驗方劑
大韓醫院壹等약劑官 劉世煥氏 鑑製

商標 登錄 治痰 消食 **平胃丸**

發行所 漢城鍾路大街慈惠大약房

官許 朴慈惠 李觀化

舊韓藥**唐草材**와**洋**藥을**請求**ᄒᆞ시는**君子**의게**以小包郵便**으로**信送**하오

度支部測量課 編纂

土地測量術

全壹冊正價금 幷製六拾錢 洋裝九拾錢

近日測量術書類에三四種이刊行되엿스나不完全의缺點이不無ᄒᆞᆫ바今에本書는細部測ᄒᆞᆫ圖根測量ᄉᆞ지詳密히編纂ᄒᆞ얏스며각種實地測量ᄒᆞᆫ製圖의圖本을揷入ᄒᆞ야齊般斯學界의無二ᄒᆞᆫ寶典이오且紙質의堅美홈과製冊의華麗홈이測量術書中에覇王이라稱ᄒᆞᆯ만ᄒᆞᆷ

[發兌元]
皇城中部龍朝橋越 中央書館 朱翰榮
仝 중路 大東書市 金基鉉
仝 南部大廣橋 滙東書館 高裕相
仝 南門內尙洞 博文書館 盧益亨
仝 남門外紫岩 新舊書林 池松旭

地方行政論

韓睿九氏 撰述

全壹冊 定價金 三拾錢

▲本書는地方自治行政에關ᄒᆞᆫ壹般의原則과外國의現行制度를蒐互撰集ᄒᆞ야簡明히論述ᄒᆞᆫ者ㅣ니現히地方官의位에在ᄒᆞᆫ者의行政ᄒᆞᄂᆞᆫ參考될은勿論이오全國人士ᄂᆞᆫ각其國脉生活의本旨를瞭解ᄒᆞ야將來自治制度組織의基礎를成ᄒᆞᆫ者ㅣ니有志僉彦은速々購覽ᄒᆞ시옵

發行元 皇성中부龍朝橋越邊 中央書館
발售處 京城及地方 各書肆

壯陽復元丹

壹週分壹圜
二週分壹圜八十錢
四週分三圜四十錢
八週分六圜四拾錢

此藥은專치腦痛肺弱○房事色傷○心腎虛弱○陽萎不起○遺精多夢○神經衰弱○房事時早洩不快○病後虛弱○健忘不眠○貧血諸症○先天不足○飮食不下○眩暈頭痛○婦症ᄒᆞ나니試將此丸을照法服之면不過幾点종에立見妙效ᄒᆞ야魂飛肉蹤에精神徵奮ᄒᆞ고頓覺愉快하나니其症이輕者ᄂᆞᆫ服壹貳週면挽回元陽ᄒᆞ고其症이稍重者ᄂᆞᆫ可服三四週ᄒᆞ고還年痼疾로其症이頗重者ᄂᆞᆫ連服七八週면必能全치無疑니若失無病之人도試用此劑則補血而益氣ᄒᆞ고强筋而壯骨ᄒᆞ나니用之八週而未見其妙則請將價額을如數還呈이요不敢虛誕自欺라此丸이又無論男婦老幼ᄒᆞ고均用有效ᄒᆞ나니眞世間無比之妙劑也라 僉位는何不早圖壹試오

發行所 皇城중로大廣橋십九統七戶 共愛堂약房
特約代理店 京城水橋 濟生堂약房

新編 尺牘完編

附 新舊裁判法令

壹秩二冊 正價金壹圜 小包料十錢

△今此局勢가維新ᄒᆞ고事爲가繁劇ᄒᆞᆫ時代에際ᄒᆞ야吾人도論交酬世의道가日廣日多ᄒᆞᆷ애尺牘을不可不讀이라本尺牘은已爲刊行于世ᄒᆞ야江湖의好評을博得ᄒᆞ온바今에國漢文으로新編增補하야新舊尺牘의牛耳가되며且新法令의緊要ᄒᆞᆫ者를摘聚附輯ᄒᆞ얏ᄉᆞ오니一般人士ᄂᆞᆫ案頭의必備ᄒᆞᆯ好書이옵

(發賣所)
皇城中部龍朝橋越 中央書館 朱翰榮
仝 중路 大東書市 金基鉉
仝 南部大廣橋 滙東書館 高裕相
仝 南門內尙洞 博文書館 盧益亨
仝 南門外紫巖 新舊書林 池松旭

祖國의精神을培養ᄒᆞ고自由思想을鼓動하ᄂᆞᆫ惟壹奇書

實[illegible] 小說

송뢰금 松籟琴

蕉雨堂主人 陸定洙 著
定價金 二十五錢

仕宦의熱慾을劈破ᄒᆞ고實業의觀念을喚起ᄒᆞᄂᆞᆫ最良好籍

발매所 皇城南門內尙동 博文書館
京鄕각有名書館

教育小說

伊太利少年

表紙石版畵印刷
李輔相 譯述
全壹冊 正價 廿錢

本小說은伊大利壹工人의子馬克少年의數萬里海陸을跋涉ᄒᆞ야尋親ᄒᆞᆫ事蹟을著述ᄒᆞᆫ者니原來其母ᄂᆞᆫ海外異域에作客ᄒᆞ야蹤跡을失ᄒᆞᆫ바壯哉라馬克이十三歲小兒의單身隻影으로風霜의艱難과猛獸의危險을冒하고沙漠의野와深林의間에奔馳ᄒᆞ야亞美利加大陸을遍踏ᄒᆞ다가竟乃他苦孟의寄跡ᄒᆞᆫ病母를尋ᄒᆞ야母子가團欒을得하얏스니嗚呼美哉라馬克母子의慈孝ᄒᆞ미여今에此를述ᄒᆞ야我少年諸君에게紹介코ᄌᆞᄒᆞ노라

發行元 ▲皇城中部龍朝橋越邊 中央書館
發售處 京鄕각書舖

本店內外國直輸入各種煖爐諸般所入與煖爐各木及石炭均可入燒拾分利便木匠工程色造樓房文房家內所用大種이椅床材木器具玻璃磚瓦鐵器皆有大發賣諸君購覽 僉彦照亮務望

大漢門下車橋南 榮興號

各種書籍大發賣所
京城南部銅峴四巨里「二層屋」

文明書館

主檍 告白

[illegible]

◎特別廣告

二回測量科를壹箇月速成으로敎授ᄒᆞ오니志願人來議ᄒᆞ시옵試驗日字ᄂᆞᆫ陰拾月一拾二日

新門外小平洞六拾七統二戶
普彰事務所 告白

本社營業을今後로買賣便利홈과價格低廉홈은需用ᄒᆞ신僉彦게셔ᄂᆞᆫ洞燭ᄒᆞ시려니와近頃에尤爲拾分注意하오니願買ᄒᆞ시ᄂᆞᆫ僉君子ᄂᆞᆫ陸續來議ᄒᆞ심을務望

南署曲橋牛井洞
漢城材木柴炭株式會社 告白

發行兼編輯人 英國人 萬咸
Responsible for Publication Alfred Weekley Marnham.
發行所 南署石井洞號外地三層洋屋內 大韓每日申報社

第六卷

大韓每日申報

第九百五拾八號

月曜及慶節 歲時日休刊

檀君開國四千二百四十一年
箕子元年三千三十年
大韓開國五百十七年
日本明治四十一年
淸國光緒三十四年
陰曆戊申十月大廿八日庚辰

論說

◉責假志士文

天下에最可厭最可憎最可怪ᄒᆞᆫ者ᄂᆞᆫ卽假志士ㅣ라 其貌를觀ᄒᆞ면依然是志士ㅣ나 其腹中에ᄂᆞᆫ利慾만膨脹ᄒᆞ얏스며 其言을聞ᄒᆞ면宛然是志士ㅣ나 其所爲ᄂᆞᆫ奸險이層出ᄒᆞᄂᆞᆫ지라 此輩人類를何로名홈이可ᄒᆞᆯ가 傍觀派도아니오 嗚呼派도아니오 革新黨도아니오 只是壹種假志士로다

古昔에韓國이性理學을崇尙ᄒᆞᆫ時에ᄂᆞᆫ稍히巧慧ᄒᆞᆫ者ᄂᆞᆫ往々山林에入ᄒᆞ야道德으로自飾ᄒᆞ야名譽를釣ᄒᆞ며碩學家라自稱ᄒᆞ야富貴를企ᄒᆞᄂᆞᆫ假學者가多ᄒᆞ더니 居然時代가一變ᄒᆞ야國力이衰退ᄒᆞ매有志士라ᄒᆞ면世人이是를崇拜ᄒᆞ며是를信仰ᄒᆞᄂᆞᆫ지라

於是에壹種假志士輩가出ᄒᆞ야世人의耳目을惑ᄒᆞ며社會의虛名을盜ᄒᆞ니 奸險ᄒᆞ다此輩여 奇怪ᄒᆞ다此輩여

某志士ᄂᆞᆫ壹會를組織ᄒᆞ고其臂를奮ᄒᆞ야曰國土를保全ᄒᆞᆫ다民族을保安ᄒᆞᆫ다ᄒᆞ기에果然김庚信乙支文德이復出ᄒᆞ야韓國의光榮을발揮ᄒᆞᆯ가ᄒᆞ얏더니 吁라只是幾百圓金錢에壹身이顚倒ᄒᆞ야政府의鷹犬이될뿐이며外人의鷹犬이될뿐이로다

某志士ᄂᆞᆫ演壇에登ᄒᆞ야時局을演論ᄒᆞ며議論이激切ᄒᆞ고辭色이悲壯ᄒᆞ야敎育을擴張ᄒᆞᆫ다實業을奬勵ᄒᆞᆫ다ᄒᆞ기에果然雄偉ᄒᆞᆫ演說家가出ᄒᆞ야人民의國家思想을鼓吹ᄒᆞ며國家의文明福利를增進ᄒᆞᆯ가ᄒᆞ얏더니 嗟夫라居然局外壹窠나郡守壹窠에精神이醉ᄒᆞ야昔日噴狂의氣象은全然歇滅ᄒᆞ고政界의奴隷를甘作ᄒᆞᆯ뿐이로다

某志士ᄂᆞᆫ外國에多年遊覽ᄒᆞ야海外文明空氣를飽吸ᄒᆞᆫ者인ᄃᆡ對人言論에必曰獨立權을挽回ᄒᆞᆫ다自由力을啓發ᄒᆞᆫ다ᄒᆞ기에果然何等傑士가出ᄒᆞ야眞心으로國家를愛ᄒᆞᄂᆞᆫ가ᄒᆞ얏더니 嗚呼라徒然勢力門下에搖尾乞憐ᄒᆞ야富貴나圖得ᄒᆞᆯ뿐이로다

嗚呼라口로ᄂᆞᆫ愛國이라ᄒᆞ나其心은憂國도아니ᄒᆞ고愛國도아니ᄒᆞᄂᆞᆫ假志士여 爾等이비록奸諂ᄒᆞᆫ魔를弄ᄒᆞ야厭然히其惡을掩ᄒᆞ고其善을著코ᄌᆞᄒᆞ나世人이旣己爾等의肺肝을見ᄒᆞᆫ지라 萬目이如電ᄒᆞ야爾를規ᄒᆞ며萬指가如鐵ᄒᆞ야爾를指ᄒᆞ며萬舌이如劍ᄒᆞ야爾를討ᄒᆞ나니 爾가비록爾의惡을掩코ᄌᆞᄒᆞ나何益이有ᄒᆞ리오

嗚呼假志士여 爾等이비록名譽를釣ᄒᆞ며外飾을粧ᄒᆞ야觀察部長窠나幾千圓幾萬圓金錢을攫取코ᄌᆞᄒᆞᆫ들世人이爾를信仰치아니ᄒᆞ며社會가爾를信用치아니ᄒᆞ나니 爾가비록晝夜奔走ᄒᆞᆫ들何得이有ᄒᆞ리오

嗚呼假志士여 最히可惡ᄒᆞᆫ者ᄂᆞᆫ爾等이志士의名을藉ᄒᆞ야志士를害홈이是라 世人이爾等假志士의所爲를觀ᄒᆞ고眞志士에게對ᄒᆞ야도亦是謬論을下ᄒᆞ야曰天下에所謂志士ᄂᆞᆫ只舌端志士이지錢端志士ㅣ라ᄒᆞ야志士의名譽를破壞ᄒᆞ며志士의事業을障碍케ᄒᆞ나니 嗚呼假志士여 今日余ᄂᆞᆫ諸君이勉强悔悟ᄒᆞ야眞心으로國을愛ᄒᆞ며眞心으로國을愛ᄒᆞ야眞志士가되기를祝望ᄒᆞ노라

△隆熙二年八月二十七日 官報

●告示

農商工部告示第拾三號 續

商法 (明治三十二年法律第四拾八號)

第二百拾三條 會社가其資本을增加ᄒᆞᆫ境遇에在ᄒᆞ야各新株에對ᄒᆞ야第百二拾九條의拂納이有ᄒᆞᆫ때ᄂᆞᆫ取締役은遲滯업시株主總會를招集ᄒᆞ야新株募集에關ᄒᆞᆫ事項을報告홈을要홈

第二百拾四條 監查役은左揭ᄒᆞᆫ事項을調查ᄒᆞ야此를株主總會에報告홈을要홈

壹 新株總數의引受有無

二 各新株에對ᄒᆞ야第百二拾九條의拂納有無

三 金錢以外의財產으로써出資의目的으로ᄒᆞᄂᆞᆫ者가有ᄒᆞᆫ境遇에ᄂᆞᆫ其財產에對ᄒᆞ야與ᄒᆞᆫ株式數爻의正當與否

株主總會ᄂᆞᆫ前項의調查及報告를ᄒᆞ게ᄒᆞ기爲ᄒᆞ야特히檢查役을選任홈을得홈

第二百拾五條 株主總會에서ᄂᆞᆫ金錢以外의財產에對ᄒᆞ야與ᄒᆞᆫ株式의數爻를不當홈으로認ᄒᆞᆫ때ᄂᆞᆫ此를減少홈을得홈 此境遇에ᄂᆞᆫ第百三拾五條但書의規定을準用홈

第二百十六條 引受가無ᄒᆞᆫ株式又ᄂᆞᆫ第百二拾九條의拂納이未濟ᄒᆞᆫ株式이有ᄒᆞᆫ때ᄂᆞᆫ取締役은連帶ᄒᆞ야其株式을引受ᄒᆞ거나又ᄂᆞᆫ其拂納을ᄒᆞᆯ義務를負홈 株式의請入이撤消된時도亦同홈

第二百十七條 會社ᄂᆞᆫ第二百十三條의規定을依ᄒᆞ야招集ᄒᆞᆫ株主總會가終結ᄒᆞᆫ後로부터二週日內에本店及支店의所在地에서左開事項을登記홈을要홈

壹 增加ᄒᆞᆫ資本의總額

二 資本增加決議의年月日

三 各新株에對ᄒᆞ야拂納ᄒᆞᆫ株의額

四 優先株를發行ᄒᆞᆫ時ᄂᆞᆫ其株主의權利

前項의規定을從ᄒᆞ야本店의所在地에서登記ᄒᆞ기까지ᄂᆞᆫ新株券의發行及時株의讓渡又ᄂᆞᆫ其預約을홈을不得홈

第二百拾八條 新株를發行ᄒᆞᆫ때ᄂᆞᆫ前條에揭ᄒᆞᆫ事項의規定을從ᄒᆞ야本店의所在地에서登記ᄒᆞᆫ年月日을株券에記載홈을要홈 優先株를發行ᄒᆞᆫ때ᄂᆞᆫ其株主의權利를株券에記載홈을要홈 (未完)

外報

◎淸國의改元 淸國에서昨日부터年號를宣統으로改ᄒᆞ다ᄂᆞᆫ旨로上諭가有ᄒᆞ얏더라

●北京의警戒益嚴 淸國軍隊第六鎭將卒은警戒ᄒᆞ기爲ᄒᆞ야各自銃劒을携帶ᄒᆞ고續續入京ᄒᆞ야城內各處의重要地를警備ᄒᆞᄂᆞᆫᄃᆡ武裝이益益嚴重ᄒᆞ다더라

●袁世凱의大活動 袁世凱氏가攝政王을殺ᄒᆞ얏다ᄂᆞᆫ風說이有ᄒᆞ다홈은昨報에揭載ᄒᆞ얏거니와更히確報를據ᄒᆞᆫ즉袁世凱氏ᄂᆞᆫ現今衛護兵을領率ᄒᆞ고大活動을逞ᄒᆞᆫ다ᄂᆞᆫ報가有ᄒᆞ더라

●炭坑爆發 路透電을據ᄒᆞᆫ則獨逸다에쓰트푸아리아洲에在ᄒᆞᆫ하우石炭坑에서大爆발이有ᄒᆞ야埋沒된者가三百六十名中三十七個의死躰와三十六名의負傷者를發掘ᄒᆞ얏다더라

●淸國事變의後報 淸國각皇族及袁世凱以下各大臣等이團體가되얏ᄂᆞᆫᄃᆡ其他變化와障害가無ᄒᆞ면格別騷擾가無ᄒᆞ깃다더라

●淸政界의安頓 淸國政府에서金[illegible]萬兩을支出ᄒᆞ야破產된銀行에交付ᄒᆞᆫ故로貯金還取者가中止하얏다더라

●嫌疑者捕縛 北京電을據ᄒᆞᆫ則淸國에서大醫御醫四名을皇帝毒殺嫌疑者로捕縛ᄒᆞ얏다더라

雜報

◎三江壹校 居湍郡江西江남江北大位西面의有志諸氏가學校를設立ᄒᆞ고靑年子弟를敎育ᄒᆞᆫ다더라

●涵英運動 金海郡私立涵英學校에셔本月七日에秋期運動을設行ᄒᆞᄂᆞᆫᄃᆡ優等生은金珍昊裵基善等拾人이오及第生은裵仁昊裵東林등貳十餘人인ᄃᆡ紳士裵東奎裵烈朴根諸氏가登般生徒의게空冊石盤鉛筆等으로施賞ᄒᆞ얏다더라

文壇

▲讀史新論 (續) 壹片丹生

第七章 鮮卑族支那族과高句麗

嗚乎라彼盲眼歷史家가其鴻澡筆法으로我絕世英雄을埋殺ᄒᆞ야我數千年後人으로ᄒᆞ여금其眞面目을莫觀케ᄒᆞ얏도다

彼支那人은壹次泉蓋蘇文의霹靂手腕下의震驚을適ᄒᆞᆫ以後로數千餘年간餘悸가未定ᄒᆞ야談論의餘와文字의間에泉蓋蘇文의歷史를相傳ᄒᆞ되其形貌ᄂᆞᆫ天人과如히仰ᄒᆞ며其兵略은鬼神과如히驚ᄒᆞᄂᆞᆫ지라 是以로三尺孩童의畵彩ᄂᆞᆫ唐人太平廣記에畵出하얏스며 非常英雄의功德은王氏(安石) 經연講論에讚美ᄒᆞ얏스며 旌旗壁루四十里의氣勢ᄂᆞᆫ柳公權雜著에揭現ᄒᆞ얏스며 高麗大將蓋蘇文、去屠臣安壹瞬息、今年若不來進공、明年八月就興兵의快詩ᄂᆞᆫ如蓮居士稗談에載有ᄒᆞ얏스니 此等說이我泉蓋公의實蹟되與否ᄂᆞᆫ妄斷홈이不可ᄒᆞ나抑亦彼國當時에泉蓋公에게驚倒ᄒᆞᆫ一斑은可推ᄒᆞᆯ지로다 彼李世民의眼前의納媚ᄒᆞ던唐史氏ᄂᆞᆫ비록其壹手로萬目을掩ᄒᆞ야國恥를諱ᄒᆞ얏스나畢竟不得ᄒᆞ얏도다 (未完)

雜報

●閔上奏 宮內府大臣閔丙奭氏가閔泳鎬氏의所居感古堂으로移接ᄒᆞᆫ事件을 大皇帝陛下ᄭᅴ上 奏ᄒᆞ미自 上으로閔京鎬의게侍從壹人을 命送하옵서該感古堂을閔丙奭의게出給ᄒᆞ라 下敎ᄒᆞ옵신故로閔京鎬氏가上 奏ᄒᆞ되轉接ᄒᆞᆯ家舍가無ᄒᆞ온즉曾往園동家舍價를下賜ᄒᆞ옵소서ᄒᆞ얏다더라

●淸領事歸任 京城에駐在ᄒᆞᆫ淸國領事馬廷亮氏ᄂᆞᆫ去月二拾三日에秘密히單身으로日本東京에往ᄒᆞ야滯留ᄒᆞᆫ事ᄂᆞᆫ專혀間島問題에關ᄒᆞ야日本政府의意向을探知코ᄌᆞᄒᆞᆷ이더니今回에淸國 皇帝께서 崩御ᄒᆞ셧다ᄂᆞᆫ報를接ᄒᆞ고急遽히束裝歸任ᄒᆞ얏다더라

●淸領館의吊禮式 淸國領事館에서本日에淸 先帝及 西太后의吊禮遙拜式을擧行ᄒᆞᄂᆞᆫ데午前九時부터正午ᄭᆞ지ᄂᆞᆫ自國官民의遙拜時間이오午後二時부터四時ᄭᆞ지ᄂᆞᆫ交際國官民의吊詞를行ᄒᆞᆯ터인ᄃᆡ淸國官民은白衣를着ᄒᆞ고該式에參列케ᄒᆞᆫ다더라

●伊藤渡淸 伊藤統監이歸任次로발程ᄒᆞ얏다가回程ᄒᆞᆫ事ᄂᆞᆫ昨報에已揭어니와更聞ᄒᆞᆫ즉今番淸國凶變에對ᄒᆞ야元老會議를開ᄒᆞ고日本의對淸態度를決定ᄒᆞ기爲ᄒᆞ야伊藤氏를遣淸大使로決定ᄒᆞ야渡淸ᄒᆞᆫ所以라더라

●鐵道會社의大失敗 湖南鐵道에對ᄒᆞ야內部大臣宋秉畯氏가全羅南北道觀察郡守의게秘訓을發ᄒᆞ야沮害ᄒᆞᄂᆞᆫ說은本報에已著어니와該會社의발起人諸氏들이大失敗를當ᄒᆞ야議論이紛騰ᄒᆞ다더라

●州郡合倂 內部에서合郡ᄒᆞᆯ事件을協議ᄒᆞᆫ다ᄂᆞᆫᄃᆡ三百餘郡을貳百餘郡으로合倂ᄒᆞ야明年壹月頃에頒佈ᄒᆞᆫ다더라

●七郡守薦報 光州觀察使申應熙氏가郡守에合格者七人을內部에再次薦報ᄒᆞ얏다더라

●宋代朴任 控訴院判事宋振玉氏가平壤地方裁判所判事로轉任ᄒᆞᆫ代에前郡守朴基福氏가被任ᄒᆞᆫ다ᄂᆞᆫ說이有ᄒᆞ더라

●因何相詰 承宣君李埈鎔氏와中樞院顧問李址鎔氏가有何事端인지近日에不協ᄒᆞᆫ思想이出ᄒᆞ야互相爭詰ᄒᆞᆫ다ᄂᆞᆫ說이有ᄒᆞ더라

●閔氏憂悶 閔衡植氏가近日에有何運動이던지巨額金을耗損ᄒᆞ고補充無路ᄒᆞ야現今憂悶中이라더라

●龍亭花局 中樞院顧問李址鎔氏가近日龍山江亭에서朴義秉金昇圭諸氏를請邀ᄒᆞ야花套局을大設ᄒᆞ얏다더라

◉韓國貸付金成立

日本興業銀行에서債券으로韓國에貸付ᄒᆞ기爲ᄒᆞ야英法兩國에서各年額式發行ᄒᆞ기로決定ᄒᆞᆫ旨를發表ᄒᆞ얏ᄂᆞᆫᄃᆡ總額은貳千萬圓이오償還期ᄂᆞᆫ貳拾五個年으로ᄒᆞᆫ다더라

●法庭相詰 日前에京城控訴院에서平安北道寧邊郡居ᄒᆞᄂᆞᆫ白萬永金尙鶴兩氏가田畓事件으로互相裁判ᄒᆞᆯ時에白氏가金氏의前後非理行事를厲聲叱責ᄒᆞ고互相爭詰ᄒᆞ얏다더라

●間島의淸韓衝突 向者間島에서日憲兵이過多準備ᄒᆞᄂᆞᆫ것을淸兵이見ᄒᆞ고日兵이該地境을擴張ᄒᆞᄂᆞᆫ가ᄒᆞ야禁止코ᄌᆞᄒᆞ다가言語를不通ᄒᆞᆷ으로互相衝突하야彼此間死傷이有하얏다더라

●安東의結弊 慶北安東郡에서ᄂᆞᆫ年前부터面結洞結로定ᄒᆞ고色吏와書員으로切勿干涉케ᄒᆞ얏ᄂᆞᆫᄃᆡ昨今兩年에ᄂᆞᆫ書員輩가稅務官에게納賂後作弊가無雙ᄒᆞ야當邑之內에損害가數萬金에至ᄒᆞ얏고且郡內郡外九潭兩洞에서ᄂᆞᆫ以斑爲名者들이結卜을都聚ᄒᆞ야每結에二圓式加斂ᄒᆞ기로怨聲이大端ᄒᆞ다더라

●會長熱心 帝國實業會々長兪吉濬氏가該會를完全組織ᄒᆞᆯ次로內部에請願ᄒᆞᆫ事ᄂᆞᆫ已報어니와追聞ᄒᆞᆫ즉該會를壹新히組織ᄒᆞ야漸進의希望이日益興旺ᄒᆞ다더라

●兩會云合 京城鍾路商業會議所와泥峴商業會議所를合設ᄒᆞᆫ다ᄂᆞᆫ說이有ᄒᆞ더라

●是何魔賊 咸鏡南道安邊郡에서紳士諸시가補助金을各出ᄒᆞ야郡內의測量學校를設立ᄒᆞ고學徒二拾餘名을募集ᄒᆞ야熱心敎授ᄒᆞᄂᆞᆫᄃᆡ該郡守ᄂᆞᆫ贊成勸勉이政治上要務이거ᄂᆞᆯ該郡署理德源府尹趙[illegible]氏가反以反對的으로演說ᄒᆞ되挾雜輩가測量학校를設ᄒᆞ고學徒를敎授ᄒᆞ더ᄃᆡ도測量은自拓殖會社로主管行之인즉卒業無效다ᄒᆞ야三拾餘名生徒가各散無餘ᄒᆞ니壹自山林條例頒布以後의測量이何等急先이나民皆莫知ᄒᆞ고現今寥々ᄒᆞᆫ은謂其郡守之失責而應當家諭戶說ᄒᆞ고勸告實施케ᄒᆞ야雖錐枝木壹錐地라도將無見奪於他人이可謂明官이거ᄂᆞᆯ務圖廢校ᄒᆞ고妨害敎育은是何心腸인지ᄒᆞ고老來人의嘲笑가喧藉ᄒᆞ더라

●魔賊何多 坡州郡條里面竹理里에在ᄒᆞᆫ民狀은數百年傳來ᄒᆞᄂᆞᆫ民有地인ᄃᆡ去拾餘年前에韓錫東이가稱以明禮宮所管이라하고勒奪捧賭하더니各宮庄中屬民有地ᄂᆞᆫ還爲出給ᄒᆞ라신 勅令이 下ᄒᆞ신故로該洞人들이度支部調査局에請願ᄒᆞ야調査ᄒᆞᆫ즉本非該宮所管이라昨年爲始ᄒᆞ야自洞中으로本郡에又爲請願承諾ᄒᆞ고收入狀賣ᄒᆞ야普明學校를設立ᄒᆞ고學費를補用ᄒᆞ더니不意今秋에該郡財務署長徐[illegible]氏가何許日人을符同하야度支部上納이라稱托ᄒᆞ고該校事務員某氏를捉去ᄒᆞ야濫施酷刑ᄒᆞ고勒奪洑賭ᄒᆞᄂᆞᆫ故로學校가將爲廢止ᄒᆞ고生徒가擧皆渙散ᄒᆞᆯ境에至ᄒᆞ얏다더라

●林氏辭會 新門外敎義學會에서再昨日에評議會를開ᄒᆞ고學校의維持方針을處理ᄒᆞᄂᆞᆫᄃᆡ評議員林漢[illegible]씨ᄂᆞᆫ衆論이沸騰ᄒᆞ야即地에免遞ᄒᆞ얏ᄂᆞᆫᄃᆡ其內容을聞ᄒᆞᆫ즉林氏ᄂᆞᆫ本是富요ᄒᆞᆫ人으로該會組織時에金百圓을義捐ᄒᆞᆫ다聲言ᄒᆞ고新報上에揭布ᄭᆞ지되얏더니壹分도終是不納하고該會에壹不出脚ᄒᆞ니此等人은區域내義務에妨害가不小ᄒᆞᆫ즉適當케處罰ᄒᆞᄌᆞ고其任名을爲先削出하얏다더라

●鴨江結氷 義州鴨綠江은去拾日以來로全部가結氷ᄒᆞ얏다더라

●金家同祿 再昨日下午六時頃에南部[illegible]동金汝成氏家에無根火가起ᄒᆞ야草家二間半이沒燒ᄒᆞ고其他損害도不小ᄒᆞ다더라

●被捉旋放 南部會賢居ᄒᆞᄂᆞᆫ高俊煥氏가紙幣ᄅᆞᆯ僞造ᄒᆞᆫ다ᄂᆞᆫ傳說이有ᄒᆞ야所管警察署에서捉致審査ᄒᆞᆫ즉確據가無ᄒᆞᆷ으로旋即放送ᄒᆞ얏다더라

●尹家賊變 去拾七日夜에强盜拾餘名이孔德里居尹順興家에突入ᄒᆞ야尹氏와壹般家眷을結縛ᄒᆞ고米石衣服器皿等物을沒數取去ᄒᆞ얏다더라

●賭化被捉 再昨日下午二時頃에南部九壯洞居ᄒᆞᄂᆞᆫ孔順汝林根有[illegible]成雲等四名이花套局을設ᄒᆞ고賭錢ᄒᆞ다가警察署에被捉하얏다더라

●農銀開會 漢湖農工銀行에서昨日午後壹時부터同銀行樓上에서重役會를開ᄒᆞ고如左히議決ᄒᆞ얏ᄂᆞᆫᄃᆡ

壹 定款第貳拾八條變更件

二 農工債券發行件이라더라

●收金委員選定 畿湖學會의月捐金이每朔五百餘圓에達ᄒᆞᆷ은已報어니와該會에서該會額을收入ᄒᆞᆯ委員을選定ᄒᆞᆯ次로去十八日에評議會를開ᄒᆞ얏ᄂᆞᆫᄃᆡ被委員으로被選ᄒᆞᆫ氏名은池錫永兪星濬朴勝鳳鄭永澤徐丙轍諸氏라더라

●靑年討論 今日下午七時에鍾路靑年會館에서討論會를開ᄒᆞ고互相討論ᄒᆞᆫ다더라

●蠶校卒業 蠶學校測量科에서本月拾五日에卒業式을擧行ᄒᆞ얏ᄂᆞᆫᄃᆡ最優等에金玲燦李鐘九等七人이오優等에朱南鳳等拾五人이오及第에南啓勳黃瓚鳳等七拾八人인ᄃᆡ優數施賞ᄒᆞ얏다더라

●康氏設校 全北臨陂郡々內面某村居康進士기默氏가貳處에學校를設立ᄒᆞ고諸般經費를擔當ᄒᆞ야多數靑年을熱心敎授ᄒᆞᆫ다더라

●鎭郡將明 忠北鎭川郡梨谷面老谷居ᄒᆞᄂᆞᆫ申必均申宰均等諸시가該處에學校를設立ᄒᆞ고多數學徒를熱心으로敎育ᄒᆞ다더라

●敎下懃務 新門外敎義學會에서華東學校를修繕ᄒᆞᄂᆞᆫᄃᆡ區城內에在ᄒᆞᆫ冷洞木匠會社에서木手六十人을每日拾人式義務로自擔木役ᄒᆞ고附近地에在ᄒᆞᆫ泥匠諸人도亦以義務로役을自擔ᄒᆞ고京橋에人力車로勞働ᄒᆞᄂᆞᆫ諸人도自願助役ᄒᆞ며其他某某諸시가各出壹丁ᄒᆞ야壹々赴役ᄒᆞ니壹區域內에敎育의義務를莫不稱頌ᄒᆞᆫ다더라

▲地方消息▼

▲本月七日平安南道안州沙屯東方約八十里地에서義兵數十名이該地分遣所日憲兵及補助員과交戰ᄒᆞ얏다ᄒᆞ고

▲本月六日靑松郡南方約六十里地安德附近에서義兵數拾名이該郡駐在日憲兵及補助員과交戰ᄒᆞ얏다ᄒᆞ고

▲本月六日平安北道柔院鎭東北方約五十里地에서義兵十餘名이該地分遣所日憲兵及守備隊將校以下六名과交戰ᄒᆞ얏다ᄒᆞ고

▲本月十六日平安남道藥水洞東方約十里德豪嶺에서義兵五十餘名이同地分遣所日憲兵及補助員과交戰하얏다ᄒᆞ고

▲本月九日孟山東方約六拾里地에서義兵十餘名이寧遠分遣所日憲兵과交戰하얏다ᄒᆞ고

▲本月拾三日江華島西北約三拾里地에서義兵五拾餘名이該島分遣所日憲兵下士以下四名及補助員七名과衝突ᄒᆞ얏다더라

▲寒江釣魚▼

▲靑蒻笠과綠蓑衣로斜風細雨不關ᄒᆞ고萬頃蒼波너른물에壹葉扁舟를너저어泛彼中流往來ᄒᆞ며數尺竿竹구지잡고各種魚를낙가낸다

▲낙더줄이근뎅근뎅壹隊鰒魚걸녓고나네心腸은엇지ᄒᆞ야亂臣賊子化出인지壹片毒氣包藏ᄒᆞ고殺害蒼生爲主러나何如間에낙가내고

▲낙시줄이근뎅근뎅壹隊蟹가걸녓고나네心腸은엇지ᄒᆞ야假志士가化出인지利慾에ᄂᆞᆫ勇進ᄒᆞ다가危急ᄒᆞ면後退러나何如間에낙가내고

▲낙더줄이근뎅근뎅壹隊秀魚걸녓고나네心腸은엇지ᄒᆞ야元老輩相化出인지無數小魚잡어먹고壹身肥胖如彼러나何如間에낙가내고

▲낙더줄이근뎅근뎅壹隊[illegible]魚걸녓고나네心腸은엇지ᄒᆞ야奸細輩가化出인지同族死生不顧ᄒᆞ고各自漏身爲計러나何如間에낙가내고

▲낙더줄이근뎅근뎅壹隊針魚걸녓고나네心腸은엇지ᄒᆞ야獨官輩가化出인지腐敗粒米볼지라도左追右逐奔走러나何如間에낙가내고

▲낙시줄이근뎅々々壹尾大원걸녓고나네心腸은엇지ᄒᆞ야何樣老物化出인지他種族을呑沒코저做出凶謀[illegible]러나何如間에낙가내고

▲낙더줄이근뎅々々ᄂᆞᆫ龍王簿가드러오ᄂᆞ 憂鬱[illegible]ᄂᆞᆫ네아니나問病ᄒᆞ며憐ᄒᆞ지말고이내寃恨드러다가龍宮ᄭᅴ나傳ᄒᆞ여[illegible]네야춤아낙글소나

▲鰒魚알만예바다고크나ᄌᆞᆨ나遺漏업시ᄎᆞ셤ᄎᆞ셤세여가壹大釜ᄂᆞᆫ폭々살마憂國病던志士獨立館에會集ᄒᆞ고자自飽食ᄒᆞ여보세

雜報

○勞働有志　三湖別營幌居勞働靑年朴泰成梁興元金有寬尹順學等拾六人이敎育上熱心으로三湖普成學校에對ᄒᆞ야鐵拾壹圓을寄付ᄒᆞ얏다고人皆稱頌ᄒᆞᆫ다더라

○傳之者誤　警視廳警視李憲珪씨가財産整理局事務官鄭興世兩씨의免官된다ᄂᆞᆫ說은純是無根이라더라

廣告

韓國人諸彦을爲ᄒᆞ야民刑訴訟其他諸般法律事務에從事ᄒᆞ야親切叮嚀ᄒᆞ고且迅速處理홈

中部典洞三十八統九戶

前司法官 辯護士 藤井太郎

同所에特許事務所를設ᄒᆞ고特許意匠商標實用新案等의登錄出願及審判事件의代理도應受ᄒᆞ와處理홈

特許代理業者 藤井太郎

本會에서大韓水道會社와水價를協定ᄒᆞ야汲水ᄒᆞᄂᆞᆫ每個人에每朔에五圓五拾錢式先給ᄒᆞ기로契約이되고精界槪算ᄒᆞ와水價를已前보다五拾錢에十錢式加捧홈

水商夜學會 告白

本人의子與鎭字聖文이年貳拾歲故로家가于今八朔에踪跡을不知ᄒᆞ와廣告ᄒᆞ오니無論誰某ᄒᆞ시고若有相知之道어던期於勸送則當厚報ᄒᆞ깃슴

忠南木川郡修身面黑岩里 金聲圭 告白

測量學員募集廣告

本科에서第二回測量學員을募集ᄒᆞ오니願學僉員은本月三十日(陰拾壹月七日)內로本事務所에來議ᄒᆞ시옵

卒業期限　細部三個月　圖根五個月

但八拾人以內不爲設班

南部長橋二十七統二戶

私立 長薰學校測量科

本人數識客主爲業矣러니知舊間或稱主事號則實無官啣이라更勿稱爲要

平南三和郡儒所洪元植告白

本人이梨峴下米廛ᄒᆞ昌鉉處推次當文三千兩於音壹片을遺失ᄒᆞ엿ᄉᆞ오니誰某拾得ᄒᆞ와도休紙施行홈

崔應鉉 告白

獎所에서西洋新發明ᄒᆞᆫ法으로機械及藥品을整備ᄒᆞ고各種洗濯及染色을廉價로需應ᄒᆞ옵ᄂᆞᆫ덕其種類가如左홈

洋服、襯衣、外套、帽子、項套、洋말、婦人洋服及壹切附屬品、毛織、毛紗、세루、馬尾緞、羅紗綢緞紗羅苧布壹切貴重品의周衣、족긔、赤衫、裳、袴、襦、等屬洗濯及染色物이有홈ᄯᆡ本所로通知ᄒᆞ시면卽時自宅에趣議홈

學員、巡査、兵丁、及勞動諸君에對ᄒᆞ야定價의拾分之貳를特減홈

各地方에ᄂᆞᆫ小包料를添送ᄒᆞ시면誠實郵呈홈

鍾路里門上隅府貳統三戶

西洋洗濯部第一屋

故副卿李根永씨子敬회가年少沒覺ᄒᆞ고中無所主ᄒᆞ야債金을勿論多少ᄒᆞ고欲爲挪用云ᄒᆞ니或自居間攀緣ᄒᆞ다도切勿見欺無論內外國人ᄒᆞ고賣買貸借酒色雜技料에關ᄒᆞ야設以當捧으로至於擧訴ᄒᆞ니도自法廷勿爲聽訟ᄒᆞ고居間人及賤給者를幷施以當律之意로請願ᄒᆞ엿쇼

中部貫子洞二拾六統三戶

李召史 告白

新設麗華園

謹擇陰拾月二十六日開張

敬啓者本園을新設在漢城同當洞改良寶ᄒᆞ고花園專顧廣與上海頭等廚丁을包辦中西滿漢酒席自製美酒名茶常備点心餅餌以供商賈貴客大宴小酌隨時利便而使喚坐席倚潔ᄒᆞ야奉迎到廳房雅麗而彈子堪玩化樹ᄒᆞ야觀詢稱宴會之良園也特此佈告貴客光顧壹試爲면

本園主 謹告

◎谷香葉卷煙 大發賣廣告

○本社의葉卷烟草ᄂᆞᆫ我國名産谷山草로精選製造ᄒᆞ온지三載有餘ᄒᆞ게經過ᄒᆞ오되香味가去益薰甘ᄒᆞ와外國烟보담ᄉᆞ勝ᄒᆞ옵고且價格을特別히低廉ᄒᆞ옵게發賣ᄒᆞ오니淘以志士ᄂᆞᆫ我國製出을愛顧ᄒᆞ시와優數히需用ᄒᆞ심이於國於私에大有利益이오니海諒惠顧ᄒᆞ옵

漢城남부䕺洞六拾五統拾戶

谷香合資會社 謹告

大烟白本入壹箱에壹圜五拾錢

中烟白本入壹箱金七拾錢

小烟百本入壹箱金四拾錢

拾本入廿匣壹箱金八拾錢

特別廣告

本人이判事의職을辭免ᄒᆞ고辯護士業務에從事ᄒᆞ오니僉彦은陸續來議ᄒᆞ시옵

辯護士劉文煥

事務所中部校洞三十二統四戶

（下漢洞口越便）

本人이八字가崎嶇ᄒᆞ와年今六拾六歲에初無系嗣ᄒᆞ고血肉而只有女子二人이온바歸日이不遠ᄒᆞ니非但死無依歸之嘆이라父母의位奉祀를傳之無處ᄒᆞ옵기로其姪任을欲入繼代이오니常任與再堂任則皆是偏ᄉᆞ獨身也라勢不可繼嗣이온바自顧身勢가九極難堪中壹念思之則拾二寸弟寬默의次子昌浩가本是爲人之順實故로去甲辰年分에以爲率入ᄒᆞ야如干所存片土를以父母兩位與今兩老之香火條로置給ᄒᆞ고本人兩老死後에家內凡事를擔任主管ᄒᆞ라ᄒᆞ얏ᄉᆞ오나我同胞ᄂᆞᆫ以觀於新聞ᄒᆞ고以爲後日之明鑑ᄒᆞ심ᄋᆞᆯ爲要

平安北道定州郡阿耳浦面壹里

金顯默（字文叟）告白

特別廣告

本人이判事를辭免ᄒᆞ고辯護士를開業ᄒᆞ얏ᄉᆞ오니僉君子ᄂᆞᆫ事件의大小難易를勿論ᄒᆞ고照亮來議ᄒᆞ시옵

辯護士張燾

法律事務所

南部茶洞拾六統廿戶

本所通常總會를本月二拾壹日(陰二拾八日)下午壹時에開ᄒᆞ오니僉宗은屆期來臨ᄒᆞ심을爲要

金海金氏宗約所 告白

學員募集廣告

本所에서講習科와初等科를設ᄒᆞ고何時던지志願을應ᄒᆞ와速成으로精密敎授ᄒᆞ오니願學僉員은以此照亮홈

初等科　參個月

講習員은학力을隨ᄒᆞ야定期ᄒᆞ며各科에個々히志願학習ᄒᆞᆷ도許홈

但敎授課程과細則은本所로來議홈

南部棗洞六拾三統九戶二層屋

大韓測量組合所講習所告白

大邱藥令市에서以商爲業ᄒᆞᄂᆞᆫ바商이或先或後ᄒᆞ야與衆이不便일ᄲᅮᆫ더러況年歲末歲初가相隔ᄒᆞ와各商損害가甚多故로爛商公議ᄒᆞ야陰曆臘月拾五日開市ᄒᆞ고二月拾五日撤市ᄒᆞ기로壹般藥商은越期치말게ᄒᆞ심을敬要

池追壹　鄭雨春

藥務會 李乃하等 白

速成測量學員募集廣告

本塾에서二個月速成役學課를特設ᄒᆞ오니願入僉員은求陰拾壹月初六日內로早速請願ᄒᆞ며但諸般細則은本塾에來問홈

大安洞安興義塾

前德語學校 告白

本人等이宗中靑年에測量學務를敎授ᄒᆞ기爲ᄒᆞ야永敎測量學校를光化門前第一隊內에設ᄒᆞ고陰曆月廿二日(陰拾月二九日)開學ᄒᆞ오니京鄕僉族은趁期就學ᄒᆞ심을望ᄒᆞ며但入學試驗과月謝금은無ᄒᆞ홈

權重顯　權重樂等 告白

大韓國十三道各郡에總發行所ᄂᆞᆫ京城南大門內濟生堂大藥房

●陸軍軍醫金守鉉君新發明劑　●陸軍軍醫張基茂君有效證明　●四海衛生之諸君子常備之靈藥

消化新藥 淸心保命丹

一發行所 仁川港社峴 濟生堂藥房

九粒入盒拾錢

（主治效能）

담飮、咳嗽、胃痛、腹痛、氣鬱、食傷、中惡、寒食積、吐瀉、水土不服、酒醉、口臭、眩暈、其他運氣癘疫預防奇效가有홈

蛔積殺蟲散

右ᄂᆞᆫ蛔虫를拔根ᄒᆞᄂᆞᆫ妙劑（금삼전）

起死回生 回生丹

大人이나急症吐瀉와霍亂과腹痛기아닐咳의神效홈（금삼전）

●其他內外新製에○補血藥○補陰補陽藥○不足症藥○婦人冷病藥○瘡病藥○寸虫拔根藥○되눈藥○眼藥各種○皮膚藥○大小腫氣行藥各種○感氣藥○淋疾藥○滯症藥○其外여러가지藥은이로다긔록지못홈

●十三道各郡藥商ᄒᆞ시ᄂᆞᆫ位의게ᄂᆞᆫ價를特別割引ᄒᆞ야極廉ᄒᆞ게大發賣ᄒᆞ며洋藥類化장品類도續注文ᄒᆞ심을要望

◎遠地에ᄂᆞᆫ小包郵便으로信送홈

○仁川港社峴 濟生堂大藥房本舖

○開城南門內 濟生堂開城支店

○平壤大貫洞 濟生堂平壤出張所

○宣川邑內 濟生堂平北總支店

○元山港銘石院 濟生堂元山支店

○釜山草梁 濟生堂釜山出張所

○沙里院場 濟生堂沙里院出張所

○馬山港東城 濟生堂馬山支店

○鎭南浦後浦 濟生堂鎭南浦出張所

大韓帝國漢城鍾路慈惠醫院에서는病人을診察ᄒᆞ고또手術治療ᄒᆞ며慈惠藥房에서는但製藥發賣

新醫學을몽ᄒᆞᆫ實地寫眞
割腹治病縫合寫眞

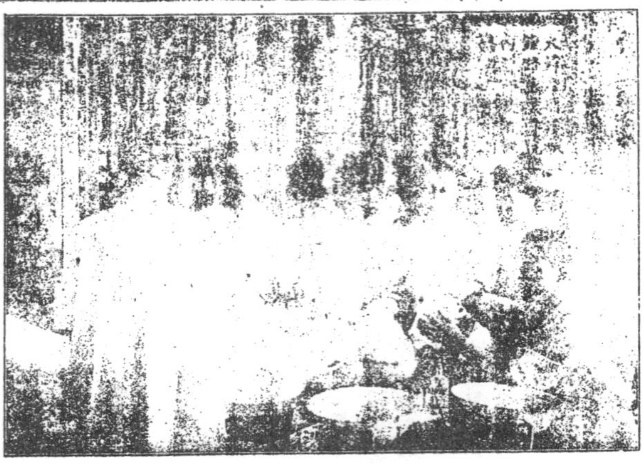

醫學博士 洪錫厚
醫학卒業生 朴啓陽
大韓醫院醫生 李敏昌
慈惠醫院主務 李觀化
婦人醫生 朴慈惠
看護婦 沈滋善
病人 柳得春

慈惠醫院下層洋屋에藥房을特設ᄒᆞ고各種藥封을製造發賣ᄒᆞ오

主治效能
治痰 胃痛 中暑中寒 霍亂 口臭 運氣癘疫
消滯 腹痛 水土不服
吐瀉 酒醉 其他 食傷 眩暈 預防妨碍

前醫學校長勳五等 池석永시 有効証明
醫學博士 洪錫厚시 實驗方劑
醫學博士 洪鍾殷시 實驗方劑
大韓醫院壹等약製官 劉世煥시 鑑製

登錄 治痰
商標 消食 平胃丸

發行所 漢城鍾路大街慈惠大약房
官許 朴慈惠 李觀化

舊韓藥唐草材와洋藥을請求ᄒᆞ시는君子의게以小包郵便으로信送하오

度支部測量課編纂

土地測量術

全壹冊正價금 弁製六拾錢 洋裝九拾錢

近日測量術書類에三四種이刊行되엿스나不完全의缺點이不無ᄒᆞ던바今에本書는細部測ᄒᆞᄂᆞᆫ圖根測量ᄭᆞ지詳密히編纂ᄒᆞ얏스며各種實地測量ᄒᆞᆫ製圖의圖本을挿入ᄒᆞ야壹般斯學界의無二ᄒᆞᆫ寶典이오且紙質의堅美ᄒᆞᆷ과製冊의華麗ᄒᆞᆷ이測量術書中에覇王이라稱ᄒᆞᆯ만ᄒᆞᆷ

〔發兌元〕
皇城中部罷朝橋越 中央書館 朱翰榮
仝 종路 大東書市 金基鉉
仝 南部大廣橋 滙東書館 高裕相
仝 南門內尙洞 博文書館 盧益亨
仝 남門外紫岩 新舊書林 池松旭

地方行政論

崔聲九氏 撰述

全壹冊 定價金 三拾錢

▲本書는地方自治行政에關ᄒᆞᆫ壹般의原則과外國의現行制度를參互撰集하야簡明히論述ᄒᆞᆫ者ㅣ니現히地方官의位에在ᄒᆞᆫ者의行政上參考될은勿論이오全國人士는각其團躰生活의本旨를瞭解ᄒᆞ야將來自治制度組織의基礎를成ᄒᆞᆯ者ㅣ니有志僉彦은速々購覽ᄒᆞ시옵

發行元 皇성中부罷朝橋越邊 中央書館
발售處 京城及地方 各書肆

壯陽復元

壹週分壹圜
二週分壹圜八十錢
四週分三圜四十錢
八週分六圜四拾錢

此藥은專치腦痛肺弱○房事色傷○心腎虛弱○陽萎不起○遺精多夢○神經衰弱○房事時早漏不快○病後虛弱○健忘不眠貧血諸症○先天不足○飲食不下○眩暈頭痛○等症ᄒᆞ나니試將此丸을服法服之면不過幾点종에立見妙效ᄒᆞ야魂飛肉離에精神頓奮ᄒᆞ고頓覺愉快하나니其症이輕者는服壹貳週면挽回元陽ᄒᆞ고其症이稍重者는可服三四週ᄒᆞ고積年痼疾로其症이頗重者는連服七八週면必能全치無疑ㅣ니若夫無病之人도試用此劑則補血而益氣ᄒᆞ고强筋而壯骨ᄒᆞ나니服之八週而未見其效則請將價額을如數還呈이요不敢虛誕自欺라此丸이又無論男婦老幼ᄒᆞ고均用有効ᄒᆞ나니眞世間無比之妙劑也라 僉位는何不早圖壹試오

發行所 皇城종로太廣橋십九統七戶 共愛堂약房
特約代理店 京城水橋 濟生堂약房

新編 尺牘完篇

附 新舊戰 判法令

壹帙二冊 正價金壹圜 小包料十錢

△今此局勢가維新ᄒᆞ고事爲가繁劇ᄒᆞᆫ時代에際ᄒᆞ야吾人도論交酬世의道가日廣日多ᄒᆞᆷ에尺牘을不可不讀이라本尺牘은已爲刊行于世ᄒᆞ야江湖의好評을博得ᄒᆞ온바今에國漢文으로新編增補하야新舊尺牘의牛耳가되며且近日新法令의緊要ᄒᆞᆫ者를類聚附輯ᄒᆞ얏ᄉᆞ오니一般人士는案頭의必備ᄒᆞᆯ好書이옵

(發賣所)
皇城中部罷朝橋越 中央書館 朱翰榮
仝 종路 大東書市 金基鉉
仝 南部大廣橋 滙東書館 高裕相
仝 南門內尙洞 博文書館 盧益亨
仝 南門外紫巖 新舊書林 池松旭

實業小說

송뢰금 松籟琴

蕉雨堂主人 陸定洙 著

定價金 二十五錢

祖國의精神을培養ᄒᆞ고自由思想을鼓動하는惟壹奇書

仕宦의熱慾을劈破ᄒᆞ고實業의觀念을喚起ᄒᆞ는最良好籍

발매所 皇城南門內尙동 博文書館
京鄕각有名書館

敎育小說

伊太利少年

表紙石版畵印刷
全壹冊 正價 廿錢
李輔相 譯述

本小說은伊太利壹工人의子馬克少年의數萬里海陸을跋涉ᄒᆞ야尋親ᄒᆞᆫ事蹟을著述ᄒᆞᆫ者ㅣ니原來其母는海外異域에作客ᄒᆞ야蹤跡을失ᄒᆞᆫ바壯哉라馬克이十三歲小兒의單身隻影으로蠻貊의艱難과猛獸의危險을冒하고沙漠의野와深林의間에奔馳ᄒᆞ야亞美利加大陸을遍踏ᄒᆞ다가竟乃他者孟의寄跡ᄒᆞᆫ病母를尋ᄒᆞ야母子가團欒을得하얏스니嗚呼美哉라馬克母子의慈孝ᄒᆞᆷ이여今에此를述ᄒᆞ야我少年諸君에게紹介코ᄌᆞᄒᆞ노라

發行元 ▲皇城中部罷朝橋越邊 中央書館
發售處 京鄕각書舖

◎特別廣告

二回測量科를壹箇月速成으로敎授ᄒᆞ오니志願人來議ᄒᆞ시옵

試驗日字는陰十月二拾二日

新門外小平洞六拾七統二戶
普彰事務所 告白

各種書籍大發賣所

文明書館

京城南部銅峴四巨里[二層屋]

玄檍 告白

本社營業以後로買매便利ᄒᆞᆷ과價格至歇ᄒᆞᆷ은需用ᄒᆞ신 僉彦게서는洞燭ᄒᆞ시려니와近頃에尤爲拾分注意하오니願買ᄒᆞ시ᄂᆞᆫ僉君子는陸續來議ᄒᆞ심을務望

南部曲橋牛井洞
漢城材木柴炭株式會社 告白

直輸入大發賣廣告
學校用品測量機械
有名書籍各種
我國特産谷香煙草

南署棗洞農商工部通
金龍商會 謹告

社告

○申報價

壹號代金	新貨二錢五厘	
壹個月前納	三十錢	
參個月	九拾錢	
陸個月	壹圜七十錢	
壹個年	三圜四十錢	
郵稅壹號	新貨五厘	
壹個月	十三錢	

○廣告料

四号活字拾三字詰
每日壹寸(英尺)에 新貨卅五錢
二週日壹寸에 二圜五拾錢
壹個月壹寸에 五圜
(自壹行至四行이爲壹寸)
其期限의長短과字行의多寡를依ᄒᆞ야增減ᄒᆞᆷ이有ᄒᆞᆷ

發行兼編輯人英國人 萬咸
Responsible for Publication Alfred Weekley Marnham.
發行所 南署石井洞號外地三層洋屋內
大韓每日申報社

第九百五拾九號

大韓每日申報

月曜及慶節 歲時休日休刊

檀君開國四千二百四十一年
箕子元年三千三十年
大韓開國五百十七年
日本明治四十一年
淸國光緖三十四年
陰曆戊申十月大廿九日辛巳

論說

◉少年의立志

支那人이有言曰「有志者ㅣ事竟成이라」ᄒᆞ고西人이有言曰「吾人은欲立ᄒᆞᄂᆞᆫ地에立ᄒᆞᆫ다」ᄒᆞ니有味ᄒᆞ다是言이여

大抵吾人은壹個立志를確定ᄒᆞᆫ後에ᄂᆞᆫ其志를爲ᄒᆞ야着力ᄒᆞ며其志를爲ᄒᆞ야奮勵ᄒᆞ며其志를爲ᄒᆞ야働作ᄒᆞ여야畢竟其志를成就ᄒᆞᄂᆞᆫ지라故로立志가有ᄒᆞ면事業이有ᄒᆞ고立志가無ᄒᆞ면事業이無ᄒᆞ고立志가高ᄒᆞ면事業이高ᄒᆞ고立志가卑ᄒᆞ면事業이卑ᄒᆞ고立志가大ᄒᆞ면事業이大ᄒᆞ고立志가小ᄒᆞ면事業이小ᄒᆞᄂᆞ니嗚呼라現在立志ᄂᆞᆫ卽將來의事業이아닌가

彼老大者ᄂᆞᆫ過去國家의主人이오過去民族의代表라故로其前途가短ᄒᆞ고其責任이輕ᄒᆞ며少年은未來國家의主人이오未來民族의代表라故로其前途가長ᄒᆞ고其責任이重ᄒᆞ도다

老朽無力ᄒᆞ야高堂明鏡에霜鬢을悲ᄒᆞ며西山落日에流水를嘆ᄒᆞ야氣息이奄々ᄒᆞᆫ老輩들이야國家의興도猶我思에不及ᄒᆞ며國家의亡도亦我思에不及홈이猶可ᄒᆞ지라此ᄂᆞᆫ過問ᄒᆞᆯ바無ᄒᆞ거니와彼前程이洋々ᄒᆞ고英氣가勃々ᄒᆞ야泉이始湧홈과如ᄒᆞ며日이初昇홈과如ᄒᆞᆫ少年이야其前途가如何히遼遠ᄒᆞ며其責任이如何히重大ᄒᆞᆫ냐

國家가敗滅ᄒᆞ야牛馬가되며奴隷가되며魚肉이되ᄂᆞᆫ慘禍ㅣ惟少年이當ᄒᆞᆯ지며獨立自尊ᄒᆞ야宇內에雄飛ᄒᆞ며全球에主盟하ᄂᆞᆫ光榮도亦少年이享ᄒᆞᆯ지니茫々乎少年의前途여

少年이雄ᄒᆞᆫ則國이雄하고少年이强ᄒᆞᆫ則國이强ᄒᆞ고少年이自由ᄒᆞᆫ則國이自由하고少年이獨立ᄒᆞᆫ則國이獨立ᄒᆞ고少年이進步ᄒᆞᆫ則國이進步ᄒᆞᄂᆞ니巍々乎少年의責任이여

此前途의禍福此責任의能否가其立志에在ᄒᆞᆫ지라少年의立志가獨立民族이되고ᄌᆞᄒᆞ면獨立民族이되고亡國民이되고ᄌᆞᄒᆞ면亡國民이되고强大ᄒᆞᆫ國을鑄造코ᄌᆞᄒᆞ면强大ᄒᆞᆫ國이鑄造되고劣弱ᄒᆞᆫ國을鑄造코ᄌᆞᄒᆞ면劣弱ᄒᆞᆫ國이鑄造되고人이되고ᄌᆞᄒᆞ면人이되고禽獸가되고ᄌᆞᄒᆞ면禽獸가되ᄂᆞ니少年된者ㅣ立志를可히選擇치아니ᄒᆞ며可히謹愼치아니ᄒᆞ깃ᄂᆞᆫ가

嗚呼韓國少年諸君아彼少年의好箇歲月이有ᄒᆞᆫ者라도萬壹何等立志가無ᄒᆞ면是ᄂᆞᆫ乃老者死者와一般이니此等少年이老死ᄒᆞᆫ者ᄂᆞᆫ足論홀바ㅣ無ᄒᆞ거니와至若知覺이有ᄒᆞ고氣魄이有ᄒᆞᆫ者ᄂᆞᆫ欲立ᄒᆞᄂᆞᆫ地에立ᄒᆞ고欲成ᄒᆞᄂᆞᆫ人을成홀지니諸君은如何ᄒᆞᆫ地에立코ᄌᆞᄒᆞ며如何ᄒᆞᆫ人을成코ᄌᆞᄒᆞᄂᆞᆫ가

奏任幾等判任幾級의仕官을慾ᄒᆞ야他人의奴隷가되고ᄌᆞ하ᄂᆞᆫ가幾百圓幾拾圓의금錢을貪하야他人의鷹犬이되고ᄌᆞᄒᆞᄂᆞᆫ가抑何等思想도無ᄒᆞ야滅亡民族이되고ᄌᆞᄒᆞᄂᆞᆫ가諸君의立志가果然如何ᄒᆞᆫ가

果然諸君이「吾輩ᄂᆞᆫ韓國의主人」이라ᄂᆞᆫ八字와「吾輩ᄂᆞᆫ大韓民族의代表」라ᄂᆞᆫ十字로惟壹無二ᄒᆞᆫ立志를숨아新國家를鑄造ᄒᆞ며新民族을造ᄒᆞᆷ을望ᄒᆞ노라

▲隆熙貳年拾月二拾七日 官報

●告示

農商工部告示第拾三號 續

商法 (明治三十二年法律第四拾八號)

第二百十九條 第百二十七條乃至第百三拾條第百四十條第百四十二條及第百四拾七條第二項의規定은新株發行의境遇에此를準用홈

第二百二十條 株主總會에서資本減少의決議를홀時ᄂᆞᆫ同時에其減小의方法을決議홈을要홈

第七十八條乃至第八拾條의規定은資本減少의境遇에此를準用홈

(參照)

第七十八條 會社가合併의決議를ᄒᆞᆫ時ᄂᆞᆫ其決議의日로부터二週內에財產目錄及貸借對照表를作홈을要홈

會社ᄂᆞᆫ前項의期間內에其債權者에對하야異議가有ᄒᆞ거던一定ᄒᆞᆫ期間內에此를陳述ᄒᆞ라ᄂᆞᆫ旨意를公告ᄒᆞ고且既知ᄒᆞᆫ債權者에게ᄂᆞᆫ各別히此를催告홈을要홈但其期間은二個月以下됨을不得홈

第七拾九條 債權者가前條第二項의期間內에會社의合併에對ᄒᆞ야異議를陳述치아니ᄒᆞᆫ時ᄂᆞᆫ此를承認ᄒᆞᆫ것으로看做홈

債權者가異議를陳述ᄒᆞᆫ時ᄂᆞᆫ會社ᄂᆞᆫ此에辨濟를ᄒᆞ거나又ᄂᆞᆫ相當ᄒᆞᆫ擔保를供ᄒᆞ지아니ᄒᆞ면合併을홈을不得홈

前項의規定을違反ᄒᆞ야合併ᄒᆞᆫ時ᄂᆞᆫ此로써異議를陳述ᄒᆞᆫ債權者에게對抗홈을不得홈

第八拾條 會社가第七拾八條第一項의規定ᄒᆞᆫ公告를ᄒᆞ지아니ᄒᆞ고合併ᄒᆞᆫ時ᄂᆞᆫ其合併은此로써其債權者에게對抗홈을不得홈

會社가既知ᄒᆞᆫ債權者에게催告를ᄒᆞ지아니ᄒᆞ고合併ᄒᆞᆫ時ᄂᆞᆫ其合併은此로써其催告를受치아니ᄒᆞᆫ債權者에게對抗홈을不得홈

(未完)

外報

●淸館表吊 北京電을據ᄒᆞᆫ즉北京과天津에서發行하ᄂᆞᆫ各新聞은三日或五日休刊ᄒᆞ야吊意를表ᄒᆞ다더라

●親王云死 淸國慶親王及張之洞氏ᄂᆞᆫ死去하얏ᄂᆞᆫ대此ᄂᆞᆫ確實키難ᄒᆞᆫ說이라더라

●靑年捕縛 倫敦電에云ᄒᆞ되印度갈것타殺道를據ᄒᆞᆫ즉印度總督이演壇에上ᄒᆞ라ᄒᆞᆯ時에靑年幾名이突然現出하야總督을向ᄒᆞ야二次發砲ᄒᆞ얏스나幸히適中치아니하고該靑年은卽時捕縛되얏다더라

雜報

●測量卒業 ᄐ城郡東部靈泉洞居李漢흥氏家에私立測量事務所를設立ᄒᆞ고學徒를募集ᄒᆞ야講師朴容柱氏가速成科로熱心敎授ᄒᆞ야本月七日에卒業試驗을經ᄒᆞ얏ᄂᆞᆫ데優等生은李漢庸김炳濟等拾九人이오及第生은김德濟김道瑗等五人이라더라

●校長上京 忠淸北道淸州郡私立普成小學校校長閔泳殷씨ᄂᆞᆫ學校를極盡贊助ᄒᆞ야附屬測量學校를設立ᄒᆞ미學徒가百餘名에達ᄒᆞᆫ지라該校에셔測量機械를買收次로日昨上京ᄒᆞ얏다더라

●兩시有志 慶尙南道草溪郡八鎭등耿蘇敎中에셔小學校를新建築ᄒᆞᄂᆞᆫ데該洞居孫進明시ᄂᆞᆫ木工爲業ᄒᆞ야艱乎糊口ᄒᆞᄂᆞᆫ이되不顧自家生計ᄒᆞ고熱心出力ᄒᆞ야諸般工役에不受賃金ᄒᆞ고不日成之ᄒᆞ며同洞李德九시ᄂᆞᆫ校內修理를擔任ᄒᆞ얏다더라

●麻浦의普明 麻浦의有志諸시가該洞私立普成學校內에普明夜學校를設立ᄒᆞ얏ᄂᆞᆫ데漢文敎師ᄂᆞᆫ崔商業敎師李瑀俊日語敎師ᄂᆞᆫ김炳濟算術敎師ᄂᆞᆫ吳明根等諸시가名譽로熱心敎授ᄒᆞᄂᆞᆫ中에李瑀俊시ᄂᆞᆫ諸般經費를自擔ᄒᆞᆫ다더라

文壇

▲讀史新論 (續) 壹片丹生

第七章 鮮卑族支那族과高句麗

又按ᄒᆞᆫ건대人이史를讀ᄒᆞᄂᆞᆫ者ㅣ往々唐太宗이楊萬春과戰ᄒᆞ다가不克ᄒᆞᆷ으로引還ᄒᆞ얏고泉蓋蘇文과交鋒ᄒᆞᆫ事ᄂᆞᆫ無ᄒᆞ다ᄒᆞ니是ᄂᆞᆫ但只唐史의誣說만信홈이로다彼가拾萬大衆을驅ᄒᆞ야勃々野心으로我東을侵ᄒᆞ다가엇지安市壹城의善守를觀ᄒᆞ고突然引還ᄒᆞ얏스리오是必壹大敗가有홈은可히推知홀비며又彼가果然大敗退하얏슬진디楊萬春이雖善守나其彈丸孤城數百殘兵으로ᄂᆞᆫ其功을奏치못ᄒᆞ얏슬지니是必泉蓋蘇文과壹大交鋒이有홈은可히測斷홀비오且我 正廟朝在位年間에耳溪洪良浩氏가北京에赴ᄒᆞ다가安市城에過ᄒᆞᆫ則其相距百餘地되ᄂᆞᆫ鷄冠山上에雞鳴寺가有ᄒᆞᆫ데居人이相傳ᄒᆞ되此ᄂᆞᆫ唐太宗이句麗兵에게大敗ᄒᆞ야單騎로獨走하다가此山上草石間에潛隱留宿ᄒᆞ던遺墟다하니此亦泉蓋蘇文戰史에壹闕文을補홀바인저

此後에唐人이其宿恥를不堪하야擧國코ᄌᆞᄒᆞ나句麗의强을畏ᄒᆞ야躊躇ᄒᆞ더니我兩民族新羅가句麗의世讎됨을偵知ᄒᆞ고卽時使臣을頻遣ᄒᆞ야厚히相結홈시惜乎라彼新羅가萬年遠大의計를不思ᄒᆞ고反히寇賊을助ᄒᆞ야兄弟를討ᄒᆞ얏스니此亦我民族歷史上의壹大遺耻라此로因ᄒᆞ야句麗가疲弊ᄒᆞ고彼가退敗의나머지勃强의機를突現ᄒᆞ얏스니此가第四期오

(未完)

雜報

◉清國의急進派活動

由來에梁啓超壹派ᄂᆞᆫ急進派로西太后를邪魔物이라하야恒常反抗的態度를抱ᄒᆞ얏스나近日에ᄂᆞᆫ光緒 皇帝의遺 勅이有ᄒᆞ야其目的을達치못ᄒᆞ매兩宮崩御의機를利用ᄒᆞ야禍亂을起ᄒᆞ라ᄒᆞ고前日에改革을不悅ᄒᆞ던守舊派도또ᄒᆞᆫ活動코ᄌᆞᄒᆞᆫ다더라

◉清人의時局談

清國某氏의談을據ᄒᆞᆫ즉張之洞袁世凱兩氏ᄂᆞᆫ彼此勢力이伯仲之間에在ᄒᆞ야清廷에兩立ᄒᆞ니今後로부터時局을整理ᄒᆞ다ᄒᆞ되元來張氏ᄂᆞᆫ善良ᄒᆞᆫ君子가아니오袁氏ᄂᆞᆫ奇策을弄ᄒᆞᄂᆞᆫ지라今에張氏ᄂᆞᆫ排斥ᄒᆞᆷ을被ᄒᆞᆯ關係가有ᄒᆞᆫ디 西太后權柄된張氏及 慶親王이前後로北京政府에出頭ᄒᆞ얏스니萬壹袁氏가互相呑幷의策을講究ᄒᆞ야右兩雄이退出ᄒᆞ면北京政府ᄂᆞᆫ殆히袁氏의獨舞臺가될터이오元來醇親王은張氏의黨與라今에其子溥儀를擁立ᄒᆞᆫ것은蓋袁氏의게不利ᄒᆞᆯ지라然이나袁氏가此를擁立ᄒᆞᆫ것은溫良ᄒᆞᆫ 醇親王을籠絡하야幼 君을戴하고後來의策을爲코저하ᄂᆞᆫ獸計가아닌가何如턴지今日에形勢ᄂᆞᆫ禍亂이各處에起ᄒᆞᆯ것은無疑ᄒᆞ나然이나袁氏가大軍을擁ᄒᆞ고北京에在ᄒᆞ면 慶親王은何等의事를爲키不能ᄒᆞᆯ줄노思惟ᄒᆞᆫ다ᄒᆞ얏더라

●批評得當 元來世界各國에勿論何國ᄒᆞ고裁判의制度가有ᄒᆞᆫ즉判檢事와辯護士의一定ᄒᆞᆫ衣制가有ᄒᆞ거ᄂᆞᆯ現今韓國은新裁判制度를頒佈後에其規範이紛亂ᄒᆞ야或着厚祿古套ᄒᆞ며或着律服ᄒᆞ며或着統監府服裝ᄒᆞ야其規가不壹ᄒᆞ다ᄂᆞᆫ批評이有ᄒᆞ더라

●花爛朴囚 朴義秉氏等이리址鎔氏의龍山江亭에서花套局을大設ᄒᆞᆫ事ᄂᆞᆫ昨報에已揭어니와追聞ᄒᆞᆫ즉賭錢이數千餘圓에達ᄒᆞ얏ᄂᆞᆫ데朴氏ᄂᆞᆫ千餘圓을見失ᄒᆞ고家券을携帶ᄒᆞ야典執得債ᄒᆞᆯ次로極力周旋中이라더라

◉義將不屈

日前에京城地方裁判所에서義兵將羅性宣氏를押致ᄒᆞ고日人檢事가出席訊問ᄒᆞᆫ즉羅氏의所供이國勢危險ᄒᆞ고民生이塗炭ᄒᆞᆫ時를當ᄒᆞ야竭忠報國코ᄌᆞᄒᆞᆷ은人民臣子의當然ᄒᆞᆫ職分이어ᄂᆞᆯ捉我審問ᄒᆞᄂᆞᆫ爾檢事의愚痴ᄒᆞᆷ은不足槪論ᄒᆞ깃스니活我殺我를不須遲滯ᄒᆞ고卽爲區別ᄒᆞ라ᄒᆞ미檢事가默默不言ᄒᆞ고히시를監獄署로下囚ᄒᆞ얏다더라

●農民呼冤 忠남木川郡에서ᄂᆞᆫ各沓主與舍音輩가收賭之際에賭斗를各自任意爲大ᄒᆞ야濫捧이無雙ᄒᆞᆷ으로農民의呼冤이漲藉ᄒᆞ다더라

●清商休業 清國 先帝 崩御에對ᄒᆞ야京城內에駐在ᄒᆞᆫ清國商民들이昨日부터壹切閉門休業ᄒᆞ얏다더라

◉學界寶鑑 平壤貞洞耶蘇敎書院主鄭益魯시가各字典을參互ᄒᆞ야漢文의音義와變音變意ᄭᆞ지國文으로昭詳譯述ᄒᆞ야國漢文玉篇을編撰ᄒᆞ얏ᄂᆞᆫ데학界의寶鑑이되깃다더라

●南壹派의盛談 남來人의傳說을聞ᄒᆞᆫ즉義兵남壹派가數百名式分隊ᄒᆞ야綾州남平等郡으로橫行ᄒᆞ고海남邑은殺屠ᄒᆞ얏다ᄂᆞᆫ說이有ᄒᆞ더라

●泥峴의義兵捕縛 再昨日午后四時頃에義兵幾名이泥峴日人商店에서軍物을多數暗買ᄒᆞ다가行巡々査에게被縛ᄒᆞ얏다더라

●韓兒慘殺 本月三日은日本天長節인故로木浦港居留日人들이慶祝ᄒᆞ노라고彩棚花燭이爛熳ᄒᆞᆫ지라內外國人間觀光者가人海를成ᄒᆞ얏ᄂᆞᆫ대韓人拾餘歲假量된壹小兒가該燈籠을磨擦ᄒᆞ얏더니何許日人이該兒를卽時에打殺ᄒᆞ얏슨즉日本國의文明目的은殺人法만硏究하얏ᄂᆞᆫ가ᄒᆞ고怨聲이漲天ᄒᆞ얏다더라

●寧郡不寧 近日에平安北道寧遠郡에義兵百餘名이襲來ᄒᆞ야各富民의穀苞를壹切執留ᄒᆞ고補助員幾名을砲殺ᄒᆞ얏다ᄂᆞᆫ電報가日軍司令部에來到ᄒᆞ얏다더라

●鐵郡不穩 本月十四日노붓터十六日ᄭᆞ지鐵原郡에多數ᄒᆞᆫ義兵이出沒ᄒᆞᆫ다ᄂᆞᆫ대該義兵은各持銃劍ᄒᆞ고隊伍를作ᄒᆞ야大將命令下에進退ᄒᆞ고其行動이甚嚴ᄒᆞ기로同地方民心이大端不穩ᄒᆞ다더라

●申氏見困 中部毛橋居申泰俊氏가陰九月로至拾月貳拾五日ᄭᆞ지淸國人于巨川料理店에서買喫ᄒᆞᆫ料理代금이九拾三圓에達ᄒᆞ얏스되壹分도不給ᄒᆞ얏더니再昨日午後三時頃에該淸人이申氏를彼家에私自拘留ᄒᆞ고施行惡刑ᄒᆞᄂᆞᆫ故로申氏家에서拾五圓을先爲辦給ᄒᆞ고纔得放還ᄒᆞ얏다더라

●福氏有福 同福郡守李思弼氏가莅任以後에躬行村里ᄒᆞ야頑固ᄒᆞᆫ人民을盡心曉諭ᄒᆞ야各洞에學校를設立ᄒᆞ고青年을募集ᄒᆞ야熱心教育ᄒᆞᆫ後에國權을回復케ᄒᆞ라ᄒᆞᆫ故로壹境人民이莫不感服ᄒᆞᆫ다더라

●何事亂打 日昨統內營門에서拾餘歲假量된韓兒壹名을日人이無數乱打ᄒᆞ야結縛置之ᄒᆞᆫ지라該掌니巡査가前往ᄒᆞ야該兒를解送코ᄌᆞᄒᆞᆫ즉日人이不聽ᄒᆞ고將次日憲兵隊로押付ᄒᆞᆫ다ᄂᆞᆫ대其理由ᄂᆞᆫ未知ᄒᆞ깃다더라

●僞貨者宣告 再昨日에京城地方裁判所에서紙幣僞造ᄒᆞᆫ罪人리昌道를懲役三年에宣告ᄒᆞ얏다더라

●日病卒逃躲 日本工兵第拾三大隊兵卒岩崎吾登이가身病이有ᄒᆞ야南山病院에서治療하다가有何事端이던지再昨日下午十壹時頃에乘夜逃躲ᄒᆞ얏다더라

●竊盜被捉 西部社稷골居ᄒᆞᄂᆞᆫ竊盜爲名者가再昨夜拾時頃에中部相思골居宋召史家에闖入ᄒᆞ야何等物品을窃取ᄒᆞ다가情跡이現露되야越墻逃走ᄒᆞᄂᆞᆫ것을該掌內巡査가捕縛ᄒᆞ야警察署로押付ᄒᆞ얏다더라

●懲丁逃躲 日昨下午二時頃에水原監獄署看守가懲役囚徒拾四名을領率ᄒᆞ고該郡北門外較龍亭에往ᄒᆞ야服役케하ᄂᆞᆫ中에該囚徒等이突然히役務를廢止ᄒᆞ고壹時에看守를毆打逃走ᄒᆞ얏ᄂᆞᆫ딕其踪跡이不明ᄒᆞᆫ지라此報를該郡警察署에서接하고卽時巡查數名을派送ᄒᆞ야該囚徒를搜索ᄒᆞ야五名을捕縛ᄒᆞ얏다더라

◉儒林界의大警鍾

水原郡儒林中의著名ᄒᆞᆫ孟輔淳氏가明倫學校를設立ᄒᆞ야山林覺醒에前導가된事ᄂᆞᆫ已爲報道ᄒᆞ얏거니와該氏의熱誠所致로該郡內商業界에有志士三拾人이每人에壹萬兩式出捐ᄒᆞ고該郡四拾壹面에서每面마다壹萬兩式을出捐ᄒᆞ야合七十萬兩이라校舍를壹新修理ᄒᆞ고壹邊寄宿舍를建築中이오且有志紳士의捐助가多有ᄒᆞ야ᄉᆞ進步의望이有ᄒᆞ니守舊ᄒᆞ던儒林의警鐸이되깃다고稱頌이喧藉ᄒᆞ다더라

●青會開館 青年會館開館式을來月壹日에設行ᄒᆞᆯ터인데當日의ᄂᆞᆫ社會諸시와壹般官吏를請邀ᄒᆞ고翌日에ᄂᆞᆫ教人들請邀ᄒᆞ고또翌日에ᄂᆞᆫ學徒를請邀ᄒᆞ야連二日開會ᄒᆞᆫ다더라

●峴山更高 襄陽峴山學校ᄂᆞᆫ前郡守南宮억氏가在任時에設立敎授라가昨年解擾以後로暫爲停止ᄒᆞ얏더니新郡守崔鍾洛시가教師中樞敏比를延聘同赴ᄒᆞ야去月二日에該校를復開ᄒᆞ고師範速成普通幼稚三科에分ᄒᆞ야三百餘名學徒를教授ᄒᆞᄂᆞᆫ딕壹郡人士가齊聲響應ᄒᆞ야教育振興에大有希望이라더라

●主護無人 平北鐵山郡內報濟夜學校ᄂᆞᆫ該地有志人士에懇設ᄒᆞᆫ바인딕現今學生數百名이學文에進就ᄒᆞᆷ과精神에勇敢ᄒᆞᆷ이可히來頭文明에需用이될만ᄒᆞᆫ지라校舍修築과各項經費에困難이莫甚ᄒᆞ되壹郡之내에主護無人이라고西來人의痛嘆이有ᄒᆞ다더라

●江郡志ㄷ 平安남道江西郡舊樂水坪최承澤氏가再昨年부터自己舍廊에基新亞學校를設立ᄒᆞ고熱心教授ᄒᆞ더니今年에高等尋常兩科를增設ᄒᆞᄂᆞᆫ데該校校長崔勉入事務員林基華任良益偶佑諸시가多數義捐ᄒᆞ고獎勵教育ᄒᆞ야學徒가四五拾名에達ᄒᆞ얏다더라

●文山設校 黃海道安岳郡文山面面장鄭有基前面長元宗奎孫世德宋昌淳諸시가教育에熱心으로財政을鳩聚ᄒᆞ야私立文昌學校를設立ᄒᆞ고教師張弘範시를延聘ᄒᆞ야青年子弟를募集ᄒᆞ얏ᄂᆞᆫ대不過數朔에晝學生이五十三名이오夜學生이二十七名인대熱心教授ᄒᆞᆷ을隣邑이稱頌ᄒᆞᆫ다더라

●吳氏勸學 平安北道寧邊八院面居吳學聖시가鄕里에頑固ᄒᆞᆫ人들이新학問의必要를不知ᄒᆞᆷ을痛嘆ᄒᆞ야學校에ᄌᆞ學케ᄒᆞᆯ熱心勸告ᄒᆞᄂᆞᆫ대爲先入學ᄒᆞᆫ者가多ᄒᆞ다더라

▲地 方 消 息▼

▲本月三拾日成川東남으로約九拾里居仁里附近에서義兵拾餘名이該郡分遣隊上等兵以下五名及巡査三名과交戰ᄒᆞ얏다더라

▲野蠻縱橫▼

▲每日聞見收輯ᄒᆞ니韓國人의愚昧事ᄂᆞᆫ形言ᄒᆞᆯ슈업거니와東洋中의日本人은開明ᄒᆞᆫ줄알엇더니大部分은모로지만個人程度議論ᄒᆞ면韓人보다尤甚ᄒᆞ니野蠻中의最末일세

▲雜놈일네々々々日本人이雜놈일네酒色場에沉惑ᄒᆞ기로제어미가訓戒ᄒᆞ더니受其教訓姑舍ᄒᆞ고反ᄒᆞ야其母를毆打ᄒᆞ야땅군놈의비ᄋᆞᆯ잡듯殺至死境되엿스니此等野蠻또잇ᄂᆞᆫ가

▲雜놈일네々々々日本人이雜놈일네龍山江頭아ᄎᆞᆷ놀에兩個人이作件ᄒᆞ야遠渚鳧鴨잡으라고互相擧手放銃라가제同類롤射殺ᄒᆞ니사ᄅᆞᆷ잡ᄂᆞᆫ디丁일세此等野蠻또잇ᄂᆞᆫ가

▲雜놈일네々々々日本人이雜놈일네是非曲直何如間에제아비의譴責ᄒᆞᆷ을切齒腐心ᄒᆞ엿다가잠던셕를苦待ᄒᆞ야ᄀᆡ목아지을거내듯絞殺其父投井ᄒᆞ니此等野蠻또잇ᄂᆞᆫ가

▲雜놈일네々々々日本人이雜놈일네日中無見분ᄒᆞᆫ잇지自行車를타고갈제ᄒᆞᆫ幼兒를觸ᄒᆞ야流血淋漓昏倒ᄒᆞᆫ대顧不顧見ᄒᆞ고다나니人性이면엇지그리此等野蠻또잇ᄂᆞᆫ가

▲雜놈일네々々々日本人이雜놈일네제가나흔딸子息을不勝淫慾通姦ᄒᆞ야不分晝夜蠢惑타가壹個淫雛生産後에情跡綻露겁을내여柱壁下에生埋ᄒᆞ니此等野蠻또잇ᄂᆞᆫ가

▲雜놈일네々々々日本人이雜놈일네警察官吏名色으로平民飲酒禁戢인데제가도로大醉ᄒᆞ야街路上에狂狗ᄀᆞᆺ치左衝右突方向업고官吏ᄭᆞ지毆打ᄒᆞ니此等野蠻또잇ᄂᆞᆫ가

▲雜놈일네々々々日本人이雜놈일네愛國者도自稱人이外國人의偵探되여自國情形記錄ᄒᆞ고地圖ᄭᆞ지畵出ᄒᆞ야敵國에게매渡라가捕縛徵役되엿스니此等野蠻또잇ᄂᆞᆫ가

▲雜놈일네々々々日本人이雜놈일네料理店에드러가면外上먹고다라나기他人商店드러가면物品窃取장技로세大小人을勿論ᄒᆞ고盜賊질에熱中ᄒᆞ니此等野蠻또잇ᄂᆞᆫ가

▲日人들아日人들아文明발達目的을이러코ᄂᆞᆫ못되나니此等野蠻모러다가太平양에沉沒커나정말開化ᄒᆞ라거던歐美列强드러가셔幾拾年間酌定ᄒᆞ고文明制度더비워라

社告

去拾月三拾壹日京畿抱川郵便局에서金貨壹圜을本社로送致ᄒᆞ얏ᄂᆞᆫ더住所氏名이俱無ᄒᆞ고但抱川郡에서出付ᄒᆞᆫ日復印만有ᄒᆞ와該金額을本社에서姑爲領置이나其理由를未得ᄒᆞ야玆에廣告ᄒᆞ오니該金額出付ᄒᆞ신人은送金에理由와住所氏名을斯速回示爲要

大韓每日申報社

廣告

本月二拾二日은(日曜)卽通常例會이옴기廣告ᄒᆞᆷ

大韓測量組合所 告白

김海郡上北面䟽山里中沙員所在ᄒᆞᆫ外受傳訓四字浦田壹百二拾壹石落과柴草場四庫ᄂᆞᆫ素以本人等轉相買得來ᄒᆞᆫ土地로去丙午年分에雲峴宮에서買得ᄒᆞᆷ樣으로本宮監具亨直朴貞和등因ᄒᆞ야該浦田謄文記만歎取差知ᄒᆞ고價금은二年延拖ᄒᆞ야給ᄒᆞ기로本人等中董煥德이가該價금推尋次로上訴于本宮ᄒᆞ온즉宮人尹泰壹黃昌浩朴貞和三시가誘引煥德曰土價금은終當出給ᄒᆞ더니爲先該七導掌을ᄒᆞ라고ᄒᆞ며所謂情費금百餘圜을歎取分食ᄒᆞ고導掌도不給ᄒᆞ며該價금을尙不出給ᄒᆞ니豈有如此欺人騙財之類乎아本人等이該見奪文券還推次로方今裁判所에呈訴ᄒᆞ엿더니대雲峴宮에서히土地를與當ᄒᆞ다ᄒᆞ니너外國人은切勿見欺ᄒᆞᆷ

김海上北䟽山居 閔泳헌 朴鼎範 董煥淑 姜永守等 白

測量學員募集廣告

本科에서第二回測量學員을募集ᄒᆞ오니願學僉員은本月三十日(陰拾壹月七日)內로本事務所에來議ᄒᆞ시옵

卒業期限 紬部三個月 圖根五個月

但八拾人以內不爲設班

南部長橋二十七統二戶

私立長薰學校測量科

△安州申報社廣告▽

本人이申報支社의事務를執行ᄒᆞ기ᄂᆞᆫ文明ᄒᆞᆫ事業을發展ᄒᆞᆷ과同胞에智識牖導ᄒᆞᆷ을紹介코저ᄒᆞ미어니購覽僉君子에代金積滯로緣ᄒᆞ와本社促迫과醫告가再三일뿐外라代금을五六朔或周年不報ᄒᆞ오니如此ᄒᆞ고야發展ᄂᆞᆫ姑舍ᄒᆞ고凋殘乃已ᄒᆞᆯ지라幸須購覽諸氏ᄂᆞᆫ本人의困難은度外에置ᄒᆞᆯ지라도智識啓牖ᄒᆞᄂᆞᆫ文明事業을爲ᄒᆞ야陽曆今月內로申報代금을沒數淸償ᄒᆞ심을顒望ᄒᆞᆷ

安州大韓每日申報支社員 金璟河 白

本面弘南동邊魯彥家대吾本人이八百圓에買得矣其父仲訥이가渠ᄌᆞ家되萬餘兩價値를歇價買得이라恃權利白奪이라[illegible]ᄒᆞ야廣告ᄒᆞ얏스니是ᄂᆞᆫ荒誕悖說이라元來土在洞田案에以魯彥之名懸錄ᄒᆞ야確是出ᄒᆞ에ᄒᆞᆫ장이認証故로無疑買得而有契約成出인더右等悖說노誣揭佈ᄒᆞ얏기本人이裁判所에訴告ᄒᆞ야資買之場에仲訥이屈納服은壹府共知이오니僉君子ᄂᆞᆫ照亮敬要

義州府州內面 崔時應 告白

동口越便甞廬김春植許陰拾貳月二拾五日推次當文貳百兩於晉壹片中路서失故廣告誰其拾得休紙施行

崔德順 白

本港士商會社社員과敎育會會員諸시가勞働廳牌장李化淑시鄭汝玉시로爛商協議ᄒᆞ야該社內에勞働夜學校를又設置인바右諸시ᄂᆞᆫ熱心做去ᄒᆞ고敎師김致道시ᄂᆞᆫ名譽로盡誠勤孜ᄒᆞ야熱心敎授에未滿壹朔內學徒가三百餘人에達ᄒᆞ야前進之望이確有이기玆에廣布ᄒᆞᆷ

務安府內面長 金啓春 白

慶尙北道長기郡金泳銖氏가學校設立次로內南陽南兩面面會ᄒᆞ야特設ᄒᆞ고興學規則을組織ᄒᆞ니兩面民心이擧皆服從ᄒᆞ게兩面中央에壹學校를設立ᄒᆞ기로金額을排定ᄒᆞ미至爲二千五百元이라惟獨陽南面瑞洞居李進士東榮氏가面會에不參ᄒᆞ게兩面人員이再三敎請하되有何思想인지終不參會ᄒᆞ더니數日後李氏가本郡에入ᄒᆞ야自稱自已資本壹千二百圓을出捐ᄒᆞ여獨設學校라ᄒᆞ고面內案有ᄒᆞᆫ書齋를三百圓에放賣云ᄒᆞ고建築ᄒᆞᆫ材木價금도任意加罪하야九百元이라稱ᄒᆞ고또학校資本金壹千貳百圓을兩面에排出ᄒᆞᆯ양으로面中公議업시自爲分排ᄒᆞ되大동은壹貳千兩式小동은貳三百兩을定式ᄒᆞ야勒捧ᄒᆞ고또三四拾里外에居民赴役을磨鍊ᄒᆞ되路遠未赴者ᄂᆞᆫ罰錢을每名三兩式勒捧ᄒᆞ니大抵李시ᄂᆞᆫ業是多錢有權之人이라兩面人이擧皆信仰ᄒᆞ더니今者에학校를設籍ᄒᆞ야民弊를貽生케하고他人의先捐ᄒᆞᆫ학校를獨自排斥ᄒᆞ야自己의名譽만釣取코저ᄒᆞ고兩面학校資本금을勒奪ᄒᆞ니리進士의所爲法은壹郡之人이無不唾罵이올기據實廣告ᄒᆞᆷ

장기郡陽南面上鼎里 崔載錫 白

大邱故學生杜漢弼시孝行卓異ᄒᆞᆷ을因ᄒᆞ야道報告ᄒᆞ야自掌禮院으로 奏聞旌褒이오니 僉彥照亮

朴晶東 徐柄夏 崔大林 張碩鏞 告白

韓國人諸彥을爲하야民刑訴訟其他諸般法律事務에從事ᄒᆞ야親切叮嚀ᄒᆞ고且迅速處理ᄒᆞᆷ

中部典洞三十八統九戶

前司法官 辯護士 藤井太郎

同所에特許事務所를設ᄒᆞ고特許意匠商標著作權等의登錄出願及審判事件의高願도應受ᄒᆞ와處理ᄒᆞᆷ

特許代理業者 藤井太郎

特別廣告

本人이判事를辭免ᄒᆞ고辯護士를開業ᄒᆞ얏ᄉᆞ오니 僉君子ᄂᆞᆫ事件의大小難易를勿論ᄒᆞ고照亮來議하시옵

辯護士張燾 法律事務所

南部茶洞拾四統五戶

本會에서大韓水道會社와水價를交涉ᄒᆞᆫ즉每個人에每朔에五圜五拾錢式先給ᄒᆞ기로契約이되고精界槪算ᄒᆞ와水價를已前보다二拾錢에十錢式加捧ᄒᆞᆷ

水商夜學會 告白

本辯護士開業ᄒᆞ온바民刑訴訟의代理辯護鑑定等事務를迅速擔任ᄒᆞ오니僉君子ᄂᆞᆫ照亮來議ᄒᆞ심을務望

辯護士前判事 趙經九

事務所 中部貞善방下漢洞五拾八統九戶

事務員 李在용

本人의姓名章을再昨日路中에서遺失ᄒᆞ엿ᄉᆞᆸ기玆以廣告ᄒᆞ오니內外國人은照亮ᄒᆞ시옴

平壤郡里門安 宋景玉 告白

故副卿李根永씨子景회가年少沒覺ᄒᆞ고中無所主ᄒᆞ야債금을勿論多少ᄒᆞ고欲爲挪用云ᄒᆞ니或有居間攀緣者라도切勿見欺無論內外國人ᄒᆞ고寶貸貸금酒色雜技料理등에서若或相關ᄒᆞ야設以當捧으로至於擧訴라도自法廷勿爲聽訟ᄒᆞ고居間人及應給者를幷施以當律之意로請願ᄒᆞ엿쇼

中部貫子동二拾六統三戶 李召史 告白

新設麗華園

謹擇陰拾二月十六日開設

敬啓者本園新設在漢城司舍洞改良寔入花園專顧廣東上海頭等廚師包辦中西滿漢酒席自運美酒名茶常備点心餅食以供官商貴客大宴小酌隨時利便而使喚坐席倩潔侍奉週到廳房雅麗俯有彈子棋玩花樹可觀詢稱宴會之良園也特此佈告貴客光顧壹試爲벋

本園主 謹告

◎谷香葉卷煙 大發賣廣告

○本社의葉卷烟草ᄂᆞᆫ我國名産谷山草로精選製造ᄒᆞᆫ지三載有餘에經過ᄒᆞ오미香味가去益蔴甘ᄒᆞ와他烟보담勝ᄒᆞ옵고且價格을特別히低減ᄒᆞ옵게發賣ᄒᆞ오니海內志士ᄂᆞᆫ我國製品을愛顧ᄒᆞ시와優數히需用ᄒᆞ심이於國於私에大有利益이오니海諒惠顧ᄒᆞ옵

漢城南部藥洞六拾七統拾戶

谷香合資會社 謹白

大烟白本入壹箱에壹圜五拾錢

中烟白本入壹箱金七拾錢

小煙白本入壹箱金四拾錢

拾本入廿匣壹箱金八拾錢

特別廣告

本人이判事의職을辭免ᄒᆞ고辯護士業務에從事ᄒᆞ오니 僉彥은陸續來議ᄒᆞ시옵

辯護士劉文煥

事務所 中部校洞三十二統四戶 (下漢洞口越便家)

學員募集廣告

本所에서講習科와初등科를設ᄒᆞ고何時던지志願을應ᄒᆞ와速成으로精密敎授ᄒᆞ오니願學僉員은以此照亮ᄒᆞᆷ

初等科 參個月

講習員은학力을隨ᄒᆞ야定期ᄒᆞᆷ

名科는個々히志願ᄒᆞ야習ᄒᆞᆷ도許ᄒᆞᆷ

但敎授課程과細則은本所로來議ᄒᆞ심

南部棗洞六拾三統九戶二層屋

大韓測量組合所講習所 告白

本人數設客主爲業矣러니知舊間或稱主事號則實無官啣이라更永勿稱爲要

平南三和港億岡機 洪元植 告白

本人의子興鎭字聖又이年貳拾無故出家가于今八朔에蹤跡을不知ᄒᆞ와廣告ᄒᆞ오니無論誰某ᄒᆞ시고若有相知之道어던即於動速則當厚報ᄒᆞ깃ᄉᆞᆸ

忠淸木川郡修身面黑岩里 金聲圭 告白

大邱藥[illegible]口字가不壹ᄒᆞ와買商가或元或使에興藥이不便일뿐더러況且歲末歲初가相隔ᄒᆞ와商損害가甚多故로爛商公議ᄒᆞ여陰拾壹月拾五日爲市ᄒᆞ와二月拾五撤市ᄒᆞ옵게藥商의諒照ᄒᆞ심敬要

藥商 池[illegible] 鄭雨若 梁[illegible] 李乃年等

公告

自今으로京城長谷川町東京山川活版製造所支店에서本局의定價와同壹히本局製造品을販賣케玆에公告ᄒᆞᆷ

隆熙二年六月

龍山印刷局

◎活字及印刷機械製造販賣所

其他인쇄機械油•膠•名刺紙•色革

金銀各良粉箔•並活版石版附屬品一式

새로ᄉᆞ업을창설ᄒᆞ야 혼ᄇᆞᆫ 오빅원어치 이상물건을사셔가시ᄂᆞᆫ이헌데ᄂᆞᆫ 본념에셔 기ᄉᆞ 혼명을ᄇᆞ내셔흔돌동안을 월급도아 밧고 직공을ᄀᆞᄅᆞ쳐 주겟ᄉᆞᆸᄂᆞ이다

京城長谷川町二丁目(石井洞)

江川活版製造所支店

本店 東京日本橋區長谷川町 電話浪花八八八番

鐵工場 東京京橋區南傳馬町 電話本局二七二六番

支店 仙台市國分町 電話一一七番

電話六七八番

局製豕肉은其肉色이美ᄒᆞ고且數白年을經ᄒᆞ야도決코變色之慮ㅣ無ᄒᆞ고壹種獨特之精良品이오며又多少不拘ᄒᆞ고購求ᄒᆞ심을顒

發行兼編輯人英國人 萬咸
Responsible for Publication
Alfred Weekley Marnham.
發行所 南署石井洞號外地三層洋屋
大韓每日申報社

第九百六拾號

大韓每日申報

第六卷

月曜及慶節
歲時日休刊

檀君開國四千二百四十一年
箕子元年三千三十年
大韓開國五百十七年
日本明治四十一年
淸國光緒三十四年
陰曆戊申十一月小初一日癸未

論說

◉光緒及西太后崩逝後支那問題의對ᄒᆞᆫ研究

支那大陸政治中一點에在ᄒᆞᆫ皇帝와西太后가不兩日間에俱崩ᄒᆞ니東亞風雲이忽然異態를呈ᄒᆞᆫ도다

光緒帝ᄂᆞᆫ滿漢을調和ᄒᆞ야新政을擧佈코ᄌᆞᄒᆞ던者오后ᄂᆞᆫ新政을仇視ᄒᆞ야滿政府의勢力만鞏固코ᄌᆞᄒᆞ던者니萬壹后가生ᄒᆞ고帝가獨崩ᄒᆞ얏스면滿黨이舞躍ᄒᆞᆯ지며帝가生ᄒᆞ고后가獨崩ᄒᆞ얏스면漢黨이舞躍ᄒᆞᆯ지니其壹勝壹敗의間에支那政治의就緖가爲新爲舊間或易ᄒᆞᆯ지어ᄂᆞᆯ彼蒼의意가何其巧ᄒᆞ신지今者에帝도不留ᄒᆞ며后ᄂᆞᆫ不留ᄒᆞ야頃刻間滿人漢人의腦際를震擊케ᄒᆞ며且專制者國政治中心點이動搖되며彼世界政治家의頭를壹時支那에向ᄒᆞ야盡回케ᄒᆞᄂᆞᆫ도다

卽今世界問題ᄂᆞᆫ支那興亡이最大問題될지며支那問題ᄂᆞᆫ滿漢勝敗가最大問題가될지니記者가請컨ᄃᆡ古今支那民族의對外感情과滿洲入關以來滿漢勢力消長의關係를畧擧ᄒᆞᆫ後支那問題에就論코ᄌᆞᄒᆞ노라

第壹 支那對外關係와儒教

古代國家ᄂᆞᆫ宗教와密接關係를有ᄒᆞᆫ者오儒教ᄂᆞᆫ支那有史以來四千年國教를成ᄒᆞᆫ者라故로支那人의政治風俗習慣感情等은大都儒教中에産出ᄒᆞᆫ者니今에支那의對外關係를研究ᄒᆞ미不可不儒教의對外精神에推源ᄒᆞᆯ비라

蓋儒門法規ᄂᆞᆫ太半孔夫子의定ᄒᆞ신바인ᄃᆡ夫子가羣經을刪定ᄒᆞᆫ中其筆削의義를最嚴케ᄒᆞ고精力을最費ᄒᆞᆫ者ᄂᆞᆫ春秋가是다春秋가果然近世康有爲一派의唱道ᄒᆞᆫ語와如히小康升平諸主義의別이有ᄒᆞᆫ지抑或漢宋諸儒의云ᄒᆞᆫ바와如히尊君抑臣扶陽賤陰의義에不過ᄒᆞᆫ지此ᄂᆞᆫ本論範圍가아니니姑且闕如에付ᄒᆞ거니와大抵春秋開卷第壹章의大主義ᄂᆞᆫ「尊中國攘夷狄」六字라孔子以後數千年學術家政論家詩家文家가皆此主義를嚴守ᄒᆞ며此主義를鼓吹ᄒᆞ야支那四億萬民族의腦子裡腔子裡에皆此六字主義가鋼着되야儼然壹部民族主義를成ᄒᆞᆫ故로自尊心이甚大ᄒᆞ고排外性이甚固ᄒᆞ건만은乃者數千年來로其域外小々野蠻部落中에서奇怪傑만崛起ᄒᆞ야其兵權을壹揮ᄒᆞ면彼自尊排外ᄒᆞᄂᆞᆫ支那民族이壹戰에腰를吞ᄒᆞ고其範圍에就ᄒᆞ야昔日에ᄂᆞᆫ匈奴突厥夷狄禽獸로擯斥ᄒᆞ던彼를今日에ᄂᆞᆫ我頭上에戴ᄒᆞ야奉天承運神聖文武皇帝라尊稱ᄒᆞ며昔日에ᄂᆞᆫ中國華夏文明遺胄로自尊ᄒᆞ던我가今日에ᄂᆞᆫ彼脚下에就ᄒᆞ야奴僕臣妾萬方億兆로自卑ᄒᆞᆫ故로漢以後에入主ᄒᆞᆫ劉聰石勒慕容垂拓跋珪等도是壹外族이오唐以後에入主ᄒᆞᆫ李克用(沙陀種)阿保機等도又是壹外族이오宋末에入主ᄒᆞᆫ阿骨打成吉思忽必烈等도又是壹外族이오卽今滿洲朝廷도亦是外族으로入主ᄒᆞᆫ者니嗚乎라數千年支那史를讀ᄒᆞ미男兒도扼腕ᄒᆞᆷ을不堪ᄒᆞ나니是가盖何原因으로造成ᄒᆞᆫ魔境인가或曰支那中部의地氣가温暖ᄒᆞ야人民의性質이文弱케ᄒᆞᆫ故라ᄒᆞ며或曰支那敎化가恒常尙文輕武ᄒᆞᆷ으로人民이戰爭을惡ᄒᆞ야人類競爭界에不適케ᄒᆞᆫ故라ᄒᆞ니此等도或小々原因이될지나其重大ᄒᆞᆫ原因은此에不在ᄒᆞᆫ지라余가其歷史에推究ᄒᆞ야數端을得ᄒᆞ니　　未完

●告示

▲隆熙貳年拾月二拾七日 官報

農商工部告示第拾號續

商法（明治三拾二年法律第四拾八號）

第七章 解散

第二百二拾壹條 會社ᄂᆞᆫ左開事由를因ᄒᆞ야解散ᄒᆞᆷ

壹 第七拾四條第壹號第二號乃至第四号第六號及第七號에掲ᄒᆞᆫ事由

二 株主總會의決議

三 株主가七人未滿에至ᄒᆞᆫ時

（參照）

第七十四條 會社ᄂᆞᆫ左開事由를因ᄒᆞ야解散ᄒᆞᆷ

壹 存立時期의滿了其他定款에定ᄒᆞᆫ事由의발生

二 會社의目的된事業의成功又ᄂᆞᆫ其成功의不能

三 總社員의同意

四 會社의合併

五 社員이壹人이된時

六 會社의破産

七 裁判所의命令

第二百二十二條 前條第二號及合併의決議ᄂᆞᆫ第二百九條의規定을從ᄒᆞ지아니ᄒᆞ면此를行ᄒᆞᆷ을不得ᄒᆞᆷ

第二百二拾三條 會社가合併을ᄒᆞ고ᄌᆞᄒᆞᄂᆞᆫ時ᄂᆞᆫ其旨意를公告ᄒᆞ고株主總會의會日前壹個月을超過치아니ᄒᆞᆫ期間及該會中記名株의讓渡를停止ᄒᆞᆷ을得ᄒᆞᆷ

株主總會에서合併의決議를ᄒᆞᆫ時ᄂᆞᆫ其決議日로부터第八拾壹條의規定을從ᄒᆞ야本店의所在地에서登記ᄒᆞ기ᄭᆞ지ᄂᆞᆫ株主ᄂᆞᆫ其記名株를讓渡ᄒᆞᆷ을不得ᄒᆞᆷ

（參照）

第八拾壹條 會社가合併ᄒᆞᆫ때ᄂᆞᆫ貳週日內에本店及支店의所在地에서合併後存續ᄒᆞᄂᆞᆫ會社에對ᄒᆞ야ᄂᆞᆫ變更의登記를ᄒᆞ고合併을因ᄒᆞ야消滅ᄒᆞᆫ會社에對ᄒᆞ야ᄂᆞᆫ解散의登記를ᄒᆞ고合併을因ᄒᆞ야設立ᄒᆞᆫ會社에對ᄒᆞ야ᄂᆞᆫ第五拾壹條第壹項에定ᄒᆞᆫ登記를ᄒᆞᆷ을要ᄒᆞᆷ

（未完）

外報

◉淸新帝勅語 淸國新皇帝께셔詔勅을下ᄒᆞ되攝政은朕을代ᄒᆞ야國政을諮詢ᄒᆞ며裁酌을規定하라ᄒᆞ셧다더라

◉孫逸仙의駐在 東京電을據ᄒᆞᆫ즉淸國革命黨領首孫逸仙시ᄂᆞᆫ新嘉坡에在ᄒᆞᆫ다ᄒᆞ얏더라

◉革命黨의發向 同電을據ᄒᆞᆫ則淸國의雲南事件以來로法國領地에逃走ᄒᆞ얏던革命黨의壹派ᄂᆞᆫ繼續ᄒᆞ야北方으로向ᄒᆞ얏다더라

◉康有爲의活動 淸國改革派領首康有爲시ᄂᆞᆫ淸國으로向ᄒᆞᆫᄂᆞᆫ데此事實은革命黨의活動ᄒᆞᆫ始初이라ᄒᆞ며米國紐育에在留ᄒᆞᆫ淸國人의風說이有ᄒᆞ다더라

◉北京의戒嚴 北京電을據ᄒᆞᆫ즉淸國內務府大臣과步軍統領衙門에셔入直官兵을督飭ᄒᆞ야官名을調査ᄒᆞ며宮門出入을嚴禁ᄒᆞᆫ다더라

◉日軍艦急行 東京電을據ᄒᆞᆫ즉日本軍艦二隻이昨日吳港에셔出發ᄒᆞ야上海로急行ᄒᆞ얏다더라

◉鎭撫方法講究 北京電을據ᄒᆞᆫ즉淸國政府에셔人心이騷動ᄒᆞᆷ에對ᄒᆞ야鎭撫方法을極力으로講究ᄒᆞᆫ다ᄒᆞ얏다더라

◉革命黨捕縛의上諭 淸國에서革命黨을警戒ᄒᆞ며黨員을捕縛ᄒᆞ라ᄂᆞᆫ上諭가出ᄒᆞ얏다더라

文壇

▲讀史新論（續）　壹片丹生

第七章 鮮卑族支那族과高句麗

旣而오泉蓋蘇文의不肖子男生兄弟가不和하야內政이決裂ᄒᆞ고又新羅名將金庾信이其機를乘ᄒᆞ야來侵ᄒᆞ며甘受ᄭᅵ方大ᄒᆞᆫ때是時에唐人이羅의協力ᄒᆞ야百濟를滅ᄒᆞ고其餘鋒이高句麗에及ᄒᆞ미東明王朝가暴境傾覆京이至ᄒᆞ고北方은鮮卑가殺乎彼支那族의割據ᄒᆞᆫ비되더니幸我天授偉人大仲象父子가作ᄒᆞ야區區ᄒᆞᆫ旅으로白頭山東을據ᄒᆞ고망갈餘衆을鞭策ᄒᆞ야高句麗舊疆을盡收ᄒᆞ며更히南으로進ᄒᆞ야黑龍江附近地를幷吞ᄒᆞ며支那의遺寇를擊退ᄒᆞ고彼登州刺史李楷固를擊斬ᄒᆞ니嗚乎라檀君扶婁의遺靈이不泯ᄒᆞ사乙支泉蓋의偉蹟을復續ᄒᆞ실서엇지大氏父子의功德이아닌가此가第五期니此第五期를經過ᄒᆞᆫ以後에ᄂᆞᆫ彼支那族이我族에向ᄒᆞ야壹矢를放ᄒᆞᆫ者ㅣ無ᄒᆞ얏스니蓋我扶餘族과支那族의關係가此期에至ᄒᆞ야段落을告ᄒᆞ니라

按此後六百餘年을經過ᄒᆞ야前明朱氏가勃興ᄒᆞ미本朝가彼에對ᄒᆞ야幾乎徵貢國關係를有ᄒᆞ얏스나此ᄂᆞᆫ彼의往嚴을受ᄒᆞᆷ도아니며又彼의威脅에合ᄒᆞᆷ도아니오只是內容複雜의原因을由ᄒᆞ야此怪象을乃造ᄒᆞᆷ이니此ᄂᆞᆫ後編에詳論코ᄌᆞ하노라（未完）

雜報

◉清國의前途

光緒 皇帝의 崩御에對ᄒᆞ야可驚ᄒᆞᆫ風說이有ᄒᆞᆷ은已報ᄒᆞ얏거니와盖光緒 皇帝가 西太后의慘酷ᄒᆞᆫ虐待를受ᄒᆞᆫ故로西太后 崩御後에ᄂᆞᆫ決코其黨與를誅鋤키로決心이必有ᄒᆞᆯ지라宦官들이怨恨하ᄂᆞᆫ者ㅣ多ᄒᆞᆫ中에特히李蓮英과如ᄒᆞᆫ者ᄂᆞᆫ西太后의年老ᄒᆞᆷ을極히憂慮ᄒᆞ얏ᄂᆞᆫ지라今番事變에關ᄒᆞ야慶親王이宦官二名을捕縛ᄒᆞᆷ은此事情이有ᄒᆞᆫ故오溥儀가 大統을繼ᄒᆞ고 醇親王은 攝政이되얏스며 醇親王은年少溫和ᄒᆞᆫ즉政치의中心이畢竟前軍機大臣 慶親王以下張之洞袁世凱間으로移去ᄒᆞᆯ지라然이나 慶親王은七拾餘老年에當ᄒᆞᆫ人이즉其權力이張袁兩氏掌握에歸ᄒᆞ리라ᄒᆞ고北京政界ᄂᆞᆫ張之洞袁世凱鹿傳霖徐世昌等漢人과榮慶鐵良那桐等滿人이有ᄒᆞ며慶親王의氣勢ᄂᆞᆫ兩派軋轢의原因이될지오因ᄒᆞ야急進派의勃興을促ᄒᆞᆷ에至ᄒᆞ리라ᄒᆞ더라

◉可驚的陰謀

慶親王은清國宗室中最老요又北清事變以來로內治와外交政치上에嫻熟ᄒᆞ라何方面으로觀ᄒᆞ야도國家大事가有ᄒᆞ면必竟慶親王의意見을聽ᄒᆞ야決定ᄒᆞᆯ터인ᄃᆡ今番의同王이不在ᄒᆞᆫ隙을乘ᄒᆞ야于今ᄭᆞ지政치의經驗이素無ᄒᆞᆫ 醇親王의게監國의大任을委ᄒᆞᆷ의至ᄒᆞ고又醇親王이侍醫를使嗾ᄒᆞ야毒藥을勸ᄒᆞ야 皇帝를毒殺ᄒᆞᆷ이라ᄂᆞᆫ風說이盛行ᄒᆞᄂᆞᆫᄃᆡ其事實의眞僞ᄂᆞᆫ容易히斷言키不可ᄒᆞ되又侍醫幾名이此嫌疑者로既爲 慶親王部下에捕縛된것은隱匿치못ᄒᆞᆯ터이오今後에如何ᄒᆞᆫ大事變이惹起ᄒᆞᆯ지ᄂᆞᆫ預測키不能ᄒᆞ다더라

◉清國革命黨實情

清國의革命黨은大概左ᄀᆞᆺ치四種이有ᄒᆞ니

(壹)無賴不逞의徒가掠奪을事ᄒᆞᄂᆞᆫ者니其中의多少間革命主義를抱ᄒᆞᆫ者ㅣ有ᄒᆞ고

(二)政界失意者가外面으로ᄂᆞᆫ忠君愛國을唱道ᄒᆞ고陰密히暴徒를教唆하야政權을獲得코저ᄒᆞᄂᆞᆫ者오

(三)漢人의團躰로滿朝를顚覆코저ᄒᆞᄂᆞᆫ者오

(四)康有爲의派의立憲會ᄂᆞᆫ忠君、憲政、平等의三大項이有ᄒᆞᆫ지라

以上四種의革命黨中에第壹은外人을殺害ᄒᆞ고富豪를掠奪ᄒᆞ야外交上紛擾의原因이되나壹定ᄒᆞᆫ主義와勢力이無ᄒᆞ고第貳ᄂᆞᆫ今回政變을乘ᄒᆞ야多少活動이有ᄒᆞᆯ지나其目的이肥己의徒在ᄒᆞ고國家的觀念은아니며第三은勢力이强大치못ᄒᆞ고康有爲의立憲會壹派ᄂᆞᆫ其勢力이稍有ᄒᆞᆫᄃᆡ立憲會ᄂᆞᆫ光緒 帝를奉ᄒᆞ고 西太后排斥ᄒᆞᆫ者인ᄃᆡ會員은殆히智識이有ᄒᆞᆫ商人實業家로廣東을中心으로ᄒᆞ고南洋、濠洲、美國等地의散在ᄒᆞ야南洋의在ᄒᆞᆫ會員數도百萬의達ᄒᆞ고北米及布哇의在ᄒᆞᆫ清國富豪ᄂᆞᆫ太半이此會의入ᄒᆞᆫ지라立憲會가今番事變을當ᄒᆞ야穩靜ᄒᆞᆫ態度가有ᄒᆞᆷ은彼等이漸進主義가有ᄒᆞᆫ愛國黨으로不得已ᄒᆞᆫ境遇의ᄂᆞᆫ干戈를用ᄒᆞᆯ지나壹朝機會가有하면其實力及金力으로現政府를改革코ᄌᆞ홈이라더라

◉西太后의醜聞

清國 西太后의醜聞이世間에種々傳播되ᄂᆞᆫᄃᆡ 西太后가垂簾以後로十壹回의生産이有ᄒᆞ얏다더라

◉軍隊復設請議

軍部에서각地方騷擾ᄒᆞᆷ을鎭靜ᄒᆞ기爲ᄒᆞ야軍隊를復設ᄒᆞ기로內閣에請議ᄒᆞ얏다더라

●營門修理 軍隊를更히設置ᄒᆞᆫ다ᄂᆞᆫ說은別項과如하거니와各營門을壹新修理ᄒᆞᆫ다더라

●統監到泊 伊藤統監이明日仁川항口에到泊ᄒᆞᆯ터인故로保護兼迎接次로憲兵이本日該處에前往留待ᄒᆞᆫ다더라

●宋氏訪問 內部大臣宋秉畯氏가再昨日下午二時頃에曾彌副統監을訪問ᄒᆞ고何等秘密事項을協議ᄒᆞ고歸路에總相리完用氏를繼又尋訪ᄒᆞ얏다더라

●檢正延期 學部에서去陰九日에副訓導無試驗檢定을設行ᄒᆞᄂᆞᆫᄃᆡ該請願書가壹千三百餘度에達ᄒᆞᆫ故로擧檢치못ᄒᆞ고壹週日後에更히繼續檢正ᄒᆞ기로決定ᄒᆞ얏다더라

●影幀廢止請願 鷺梁津四忠祠影幀을賊漢이搜去ᄒᆞ얏다ᄂᆞᆫ說은已爲揭載어니와該祠后裔諸氏가協議ᄒᆞ고魚允迪김奎東氏等四人으로有司를選定ᄒᆞ야影幀은永히廢止ᄒᆞ기로掌禮院에請願ᄒᆞ얏다더라

●日祭韓休 昨日은日本新嘗祭日인故로韓國各府部院廳官吏가休暇ᄒᆞ얏다ᄂᆞᆫᄃᆡ爾後로부터ᄂᆞᆫ日本祭日마다此例를遵行ᄒᆞᆫ다더라

◉日營空虛

韓國의駐箚ᄒᆞ얏던日兵들이突遞ᄒᆞᆷ을爲ᄒᆞᆷ인지近日의多數歸國ᄒᆞ야각營門에空虛ᄒᆞᆫ者ㅣ多ᄒᆞ다더라

●解散巡查呼冤 警視廳別巡查김順根외종ᄃᆞ等十餘人이多年擧行ᄒᆞ다가甲辰年冬服費를未推하고乙巳年에解散을當ᄒᆞ얏ᄂᆞᆫᄃᆡ該服費를尙今未推ᄒᆞᆫ故로該人等의呼冤이浪藉ᄒᆞ다더라

●民團又起 昨日에中部장通坊內紳士諸氏가坊內民團을組織ᄒᆞ기爲ᄒᆞ야把成學校에서發起會를開ᄒᆞ고規則製定委員을公薦ᄒᆞᆫ後來日曜日에更히開會ᄒᆞᆫ다더라

●發綿回祿 中部寺동居하ᄂᆞᆫ김然根시ᄂᆞᆫ彈綿營業ᄒᆞᄂᆞᆫ터인ᄃᆡ再昨日午後四時頃에該彈綿所에서無端의火가起ᄒᆞ야物品의損害도不少ᄒᆞᆯ뿐더러김氏의身體도微傷을被ᄒᆞ얏다더라

●水商會集 再昨日下午壹時에漢城內汲水商二百餘名이訓鍊院에會集ᄒᆞ야其中에韓命九氏가演說ᄒᆞ되水道會社에서每水灌貰處에水商每名에壹圓五十錢式貰金을收納ᄒᆞ라ᄒᆞᆫ즉此ᄂᆞᆫ每水灌에幾拾名이라도汲水無關이어ᄂᆞᆯ水商夜學會會장全揭國氏가今忽提議ᄒᆞ고每名에每朔貰금五圓五拾錢과保證금四圓式收刷以納ᄒᆞ라ᄒᆞᆫ즉營業을寧廢언정難可遵行이니諸員은明日午後拾時에水桶과금을각自携帶하고此處로會同하야該금을水道會社로還付ᄒᆞᄌᆞᄒᆞᆫ미水商夜學會에서派送ᄒᆞᆫ偵探某人이突出揚言ᄒᆞ되以上貰금을不爲收納ᄒᆞ면本夜학會에서他人을代備ᄒᆞ고汝等의營業은壹切禁止하깃다ᄒᆞᆫ즉水商等이齊出ᄒᆞ야欲爲打殺ᄒᆞᆷ으로喧乱이大起ᄒᆞ얏다더라

●奉倅不法 奉化郡守權道相氏가稱以官舍建築하고初次六百兩式再次九百兩式勒斂民間ᄒᆞ고惟爲不足ᄒᆞ야又壹萬兩을排斂ᄒᆞ미郡民이大騷動ᄒᆞᆯ뿐더러郡內私立學校에幾拾圓을贊助ᄒᆞᆫ다記錄ᄒᆞ고反히該校금五十圓을乾沒ᄒᆞ며校中椅子를排置ᄒᆞᆫ다稱하고板子百餘介를民間에收合ᄒᆞ야清風黃江自已本第로輸送ᄒᆞᆫ다고民怨이藉藉ᄒᆞ다더라

●徐氏橫罹 西來人의傳說을據ᄒᆞᆫ則前侍從徐相懋氏가遼계韓民의教育이無ᄒᆞᆷ을悶ᄒᆞ야去年冬의遼계의去ᄒᆞ야學校를設施ᄒᆞ랴ᄒᆞ더니壹進會員徐氏의게權利를見奪ᄒᆞᆯ가ᄒᆞ야江界郡日兵站의義兵謀議ᄒᆞᆫ다ᄒᆞ고誣陷ᄒᆞ야日兵站의서捉囚ᄒᆞ얏다가寧邊兵站으로移囚審問ᄒᆞ되終來端緒가無ᄒᆞ거ᄂᆞᆯ至今ᄭᆞ지牢囚ᄒᆞ야幾至死境이라더라

●義兵奪穀 前判書閔泳達氏가交河郡秋收租包壹百五十石을京第에輸來次로船隻에載出ᄒᆞ얏더니義兵壹隊가來到하야該租包를沒數히奪去ᄒᆞ얏다더라

●放砲逃躱 泥峴居留ᄒᆞᄂᆞᆫ日人屈口彌太郎이가再昨夜拾壹時頃에남門너日人料理店에서料理를買喫ᄒᆞᆯ際에何許人이洋服을着ᄒᆞ고[illegible]人ᄒᆞ야該日人을六穴砲로放ᄒᆞ고卽時逃躱ᄒᆞ얏ᄂᆞᆫᄃᆡ現今搜索ᄒᆞᄂᆞᆫ中이라더라

●詐欺被捉 李彥稙爲名者가詐欺取財하라가情跡이現露되야再昨日에北部警察署에被捉ᄒᆞ얏다더라

●賭技被捉 報恩郡居하ᄂᆞᆫ李春三爲名人이上京逗留ᄒᆞ며남門外居全敬集과中部勤동居徐命根兩人을誘引ᄒᆞ야再昨日銅峴某人家에서設技賭錢ᄒᆞ다가被捉ᄒᆞ얏다더라

●靑會演說 靑年會館에서今日下午七時三拾分에演說會를開ᄒᆞ고日本牧師米澤尚三이가演說ᄒᆞᆫ다더라

●畿湖特會 畿湖興學會에서本日에特別總會를開ᄒᆞ고事務를處理ᄒᆞᆫ다더라

●孤院良針 孤兒院에서藥舖와沐浴湯을新設ᄒᆞ고該學徒의게ᄂᆞᆫ藥料와沐浴을無代금으로施行ᄒᆞ고他人의게ᄂᆞᆫ價錢을領受ᄒᆞ야該院經費를補用ᄒᆞᆫ다더라

●光校維持開會 既報와如히光東학校長申蕭堂이再昨日上午拾壹時에自己私第에盛大ᄒᆞᆫ宴會를開設ᄒᆞ고各社會紳士를請邀宴待ᄒᆞ고該校維持의方針을爛商協議ᄒᆞᆫ後에維持會를新組織ᄒᆞ고每日曜日下午六時에該校ᄂᆡ에開會ᄒᆞ기로完定ᄒᆞ얏다더라

●創章表意 頃者에鳳鳴학校々長李容汶氏와校長김重煥氏와講師李相弼氏가平壤郡에前往ᄒᆞ야各學校학徒에게懇切勸勉ᄒᆞ고優數助賞ᄒᆞᆷ은前報에已揭어니와日昨에平壤각學校에서紀念章을製送ᄒᆞ야三시의盛意를表ᄒᆞ얏다더라

●南山測量 남來人의傳說을據ᄒᆞᆫ즉慶北大邱郡南山동居ᄒᆞᄂᆞᆫ某某諸氏가該洞에測量校를設立ᄒᆞ고名曰桂南測量講習所라ᄒᆞ고生徒五十餘名을募集ᄒᆞ야熱心做去ᄒᆞᄂᆞᆫᄃᆡ該員中徐敬洙김종洙杜炳殷其他諸氏가各自捐금ᄒᆞ야三百餘圓에達ᄒᆞ얏다더라

▲警世大鐘▼

▲文明富强ᄒᆞᆫ基礎가教育中에잇것마ᄂᆞᆫ韓人으로말ᄒᆞᆯ진ᄃᆡ滔滔春夢깁헛더니반갑도다韓人이여壯ᄒᆞ시고韓人이여夙夜乾坤깁히든잠ᄎᆡᄃᆡ로醒覺ᄒᆞ야警世종聲爭起ᄒᆞ네

▲水原郡의孟翊淳은儒林中에領袖로서時局變遷慨嘆ᄒᆞ야虛禮崇尙舊氣習을ᄒᆞᆫ번打破ᄒᆞ고明倫학校設立ᄒᆞ니不募自願義捐이七十萬兩이르럿네 警世종이울어잇고

▲三和港의志士들은教育青年熱心키로上帝ᄭᅴ서試驗코ᄌᆞ風伯兩師보내여서三崇校를顚覆터니여러志士奮發ᄒᆞ고巨額金을爭擲ᄒᆞ야不日成立完築입네 警世鐘이울어잇고

▲洪州郡의志士들은湖中大家子弟들을教育안코그냥두며奴隷不免ᄒᆞ깃다고多數金錢鳩聚ᄒᆞ야湖明學校新立後에聰俊子弟選拔ᄒᆞ야不分晝夜勸奬입네 警世종이울어잇고

▲平壤郡의志士들은教育界를擴張코저大成校를設立ᄒᆞ고磨拳擦掌奮發ᄒᆞ야管理教授ᄒᆞᆯ方針을實地視察ᄒᆞ라ᄒᆞ고高明志士金斗化를日本國에派送입네 警世鐘이울어잇고

▲仁川花島樵童들은文明世界生存ᄒᆞ야不受教育恨歎ᄒᆞ고呼哭彷徨ᄒᆞ다더니熱々ᄒᆞᆫ두ᄂᆞᆫ血淚가志士義膽激起ᄒᆞ야義捐金이兩至ᄒᆞ고校舍ᄭᆞ지擴張입네 警世종이울어잇고

▲甑山郡의光鍊은理학家의宗匠으로崇義齊를建築ᄒᆞ고舊學文만講究터니時異古今覺察ᄒᆞ고境以青年募集하야時務學研究하니因時制宜君子입네 警世종이우ᄂᆞᆫ구나

▲志士들아々々々此警종을쉬지말고腕力ᄭᆞᆺ대로鼓動ᄒᆞ야試千萬人의春夢을個人마다打起ᄒᆞ면各州各郡종聲이요此종彼面종聲이라震動世界ᄒᆞᆯ량이면거누라서막ᄒᆞᆯ손가

社告

△謹告各支社▽

目今本社의經費가窘拙ᄒᆞᆷ은前函에仰佈이온바到今定限이已過에代金을收送치아니ᄒᆞᆫ곳이多有ᄒᆞ야本社維持方針이甚難ᄒᆞ니既往은勿咎어니와本社에情形을顧ᄒᆞ고本社의責任을鑑ᄒᆞ야拾壹月條幷會後代金을拾二月拾日內로沒數淸帳ᄒᆞ야本社를扶持케ᄒᆞ시되萬壹此限에過ᄒᆞ면支社를不得已廢止하고派員督捧ᄒᆞᆯ터이오니極力ᄒᆞ야期於限內로淸帳換送하심을爲要

大韓每日申報社

去拾月三拾壹日京畿抱川郵便局에서金貨壹圜을本社로送致ᄒᆞ얏ᄂᆞᆫᄃᆡ住所氏名이俱無ᄒᆞ고但抱川郡에서出付ᄒᆞᆫ日復印만有ᄒᆞ와該金額을本社에서姑爲領置이나其理由를未得ᄒᆞ야玆에廣告ᄒᆞ오니該金額出付ᄒᆞ신人은送金에理由와住所氏名을斯速回示爲要

大韓每日申報社

廣告

本校第壹回測量學員은來十[illegible]下午四時에本校로來會ᄒᆞᆷ을要

光成實業學校

本人이今月卄六日路上에서姓名圖章과本年五月初에當錢壹千貳百兩을貸給ᄒᆞᆫ捧票壹張과與當票壹張과各人處細音記幷入ᄒᆞᆫ夾囊을遺失ᄒᆞ얏사오니誰某拾得則傳致本人ᄒᆞ심을望ᄒᆞᆷ

中部大廟洞大統六戶 韓相鎬 告白

慶北長기郡陽南面瑞洞李進士東榮氏가與本面有志人士로累次面議ᄒᆞ야去陰九月分에略設學校於自家書塾而開學習ᄒᆞᆫ에遠近學生이益增ᄒᆞ야至於講舍不能容이기該氏가自門內로出捐葉五千餘金이고該面中有志諸氏도各自隨力捐義ᄒᆞ야更以擴張校室로方今勞働役務인ᄃᆡ際此該面羅里居崔延錫이가本以浮浪之輩로附其同類ᄒᆞ야稱以陽南內南合面設校하고睛欲挾雜於兩面이라가胥般人民이知其凶計ᄒᆞ고拒逆從順ᄒᆞ니同延석이가潛藏自己之凶跡하고沮妨他人之設校ᄒᆞ야做出怪說ᄒᆞ야反以嫁禍於他人ᄒᆞ니世界之公眼이自在에不足介嫌於此事나構誣ᄒᆞ되求厥心腸에尢爲凶險이기玆以證實卞白ᄒᆞᆷ

長기陽南面瑞洞 李종勳 告白

◉學員募集廣告

本所에서算術專門九個月速成科를別設ᄒᆞ오며又二個月測量速成科를各設ᄒᆞ오니願學僉員은陰拾壹月七日內로請願ᄒᆞ시오

北部齋洞三統拾戶 測量新塾

김海上北匙山居閔泳현朴熙範董쎠淑姜永守等廣告ᄒᆞᆫ事에對ᄒᆞ야本人은雲峴宮庄土等事에關係가少無ᄒᆞᆯ뿐더러所謂董哥ᄅᆞᆯ壹面不知인즉事甚孟浪이라其所由를査覈ᄒᆞᆫ즉時에ᄂᆞᆫ雪恥ᄒᆞᆯ뿐不啻나此等卑陋中間에添名되오미羞刻이ᄆᆞ로皮ᄒᆞ야先此廣告

尹泰壹 廣告

本人이以父祖曾奉祀孫으로元無嫡子ᄒᆞ고有庶子宛秀하야承嫡奉祀ᄒᆞᆯ意로掌禮院의請願ᄒᆞ얏더니特蒙承嫡之典ᄒᆞ야立案成給ᄒᆞ옵기玆의廣佈ᄒᆞᆷ

漆原居前司果 黃有淵 告白

龍川武山里居耶蘇敎人申召史가以不饒之勢로本校에拾圓金을義捐ᄒᆞ얏슨기其敎育에熱心ᄒᆞ시ᄂᆞᆫ誠意를感謝ᄒᆞ야布告ᄒᆞᆷ

鐵山朝陽鳳鳴學校 校監김日恒 告白

▲特別廣名▼

閔者平壤地에出張ᄒᆞ얏다가現今還京ᄒᆞ야依前處務ᄒᆞ오니民刑訴訟에關係가有ᄒᆞᆫ諸氏ᄂᆞᆫ陸續來議ᄒᆞ시옵

辯護士尹邦鉉

事務員閔泳善

法律事務所自邸旅移

漢城南部武橋一統三戶

本人의九世祖副護軍公山이本郡新下面內동의在하온ᄃᆡ本年四月分維鳩倉里居하ᄂᆞᆫ吳智泳이가本以數萬石巨富로其勢를依ᄒᆞ야毆打人命ᄒᆞ고腦後三拾尺之地에勒葬其親ᄒᆞ기로刑司의告訴ᄒᆞ얏더니決處가無하기로本月七日의自掘ᄒᆞ고地方裁判所에自願就囚ᄒᆞ얏더니彼人이憲兵을私率ᄒᆞ고本人의叔父廷옥과族叔廷台와廷壽를無數毆打ᄒᆞ고本人의一門을滅ᄒᆞ다ᄒᆞ고廷壽ᄂᆞᆫ維鳩憲兵所의牢囚ᄒᆞ얏다가拾餘日만에放釋ᄒᆞ고廷三은本郡憲兵所의數日牢囚ᄒᆞ얏다가放送ᄒᆞ니章程의若此ᄒᆞᆫ法律이有하며富者에기勢가若此ᄒᆞᆫ지玆以廣告ᄒᆞᆷ

南鳳熙 告白

本人이正字姓名圖章을見失ᄒᆞ얏ᄉᆞ오니內外國人은照亮하심을務望

李中璜 告白

測量學員募集廣告

本科에서第二回測量學員을募集ᄒᆞ오니願學僉員은本月三十日(陰拾壹月七日)內로本事務所에來議ᄒᆞ시옵

卒業期限 細部三個月 圖根五個月

但八拾人以內不爲設班

南部長橋二十七統二戶

私立長薰學校測量科

私立仁川永化學校義捐金諸氏

咸鏡道北靑郡新昌人

趙承禧 金五圜

趙基學 宋興周 김應奎 朴根洪 김석胤 各三圜

李東根 崔蘭衡 朴석勳 韓[illegible]寬 김亨柱 黃源河 全承基 崔權益 朴晋和 김桂英 各二圜

李學基 全明信 李慶洙 尹弼賢 趙基周 김昌貞 金明爵 김漢奎 朴泰元 宋演玉 김鼎堯 李子和 김亨淑 김顯鐵 各壹圜

咸鏡北道北靑楡湖人

高雙昊 五圜

尹泰浩 五圜

尹泰稷 貳圜

陸島人김奎河 五圜

김在軫 五圜

歸化人李鎬性 五圜

屛風우 리亨根 各壹圜

咸興府김九汝 壹圜

北靑郡리秉夏 朴根秀 각壹圜

洪原前津김鳳律 김潤卿 壹圜

利原遮湖普成學校長 張冕鎬 拾圜

全進明學校長 張南斗 壹圜

總合九卅九圜

私立仁川永化學校 告白

大邱藥令日字가不壹ᄒᆞ와貿買商이或先或後에與藥이不便일ᄲᅮᆫ더러況乎歲末歲初가相隔ᄒᆞ와各商損害가甚多故로爛商公議ᄒᆞ야陰拾壹月拾五日開市拾二月拾五日撤市ᄒᆞ옵기覺船藥商은趁期來臨을敬要

池道壹 鄭雨若 梁務益 李乃年等 白

韓國人諸彦을爲하야民刑訴訟其他諸般法律事務에從事ᄒᆞ야親切叮嚀ᄒᆞ고且迅速處理ᄒᆞᆷ

中部典洞三十八統九戶

前司法官 辯護士 藤井太郎

同所에特許事務所를設ᄒᆞ고特許意匠商標著作權等의登錄出願及審判事件의高囑도願受ᄒᆞ와處理ᄒᆞᆷ

特許代理業者 藤井太郎

特別廣告

本人이判事를辭免ᄒᆞ고辯護士를開業ᄒᆞ얏ᄉᆞ오니僉君子ᄂᆞᆫ事件의大小難易를勿論ᄒᆞ고照亮來議하시옵

辯護士張燾

法律事務所

南部茶洞拾四統五戶

本人이辯護士開業ᄒᆞ온바民刑訴訟의代理辯護鑑定等事務를迅速擔任ᄒᆞ오니僉君子ᄂᆞᆫ照亮來議ᄒᆞ심을務望

辯護士前判事 趙經九

事務所 中部貞善방下漢洞五拾八統九戶 事務員 李在용

故副尉李根永씨子景회가年少沒覺ᄒᆞ고中無所主하야債금을勿論多小ᄒᆞ고欲爲挪用云ᄒᆞ니或有居間攀緣者라도切勿見欺ᄒᆞ고無論內外國人ᄒᆞ고賣貸ᄒᆞ酒色雜技料與盜에셔若或相關ᄒᆞ야設以當捧으로至於擧訴라도自法廷勿爲聽訟ᄒᆞ고居間人及應給者를幷施以當律之意로請願ᄒᆞ엿쇼

中部貫子동二拾六統三戶 李召史 告白

대뎌조식을광고홈이문리아니며또ᄒᆞᆫ괴ᄒᆞᆷ이아닌즉며옥험의될지나전가를고념ᄒᆞᆫ미조피를ᄆᆡ고ᄒᆞᆷ이라전후위면하식은조고여성이본인을의지ᄒᆞ야년긔장성에재형대분거ᄒᆞᆫ지십여년리로부당방탕에져ᄯᅢ가산ᄒᆞ고거의황홀ᄒᆞ야긔인부채ᄂᆞᆫ조위농ᄉᆞᄒᆞ니무론모ᄉᆞᄒᆞ고민하시와재물권긔샹관ᄒᆞ시며본인과재형대둘가락ᄒᆞ며위조문ᄌᆞ로ᄅᆡ흘작간ᄒᆞ드리도졀뭉신령ᄒᆞ시옵본인과재형에ᄂᆞᆫ하시에더ᄒᆞ야호무담칙ᄒᆞ니ᄂᆡ외동포ᄂᆞᆫ죠량ᄒᆞ시옵

민쇼ᄉᆞ 고ᄇᆡᆨ

△安州每日申報支社廣告

本人이申報支社의事務를執行ᄒᆞ기ᄂᆞᆫ文明ᄒᆞᆫ事業을發展ᄒᆞᆷ과同胞에智識牖導ᄒᆞᆷ을紹介코져ᄒᆞ미러니購覽僉君子에代金積滯로ᄒᆞ와本社促迫과辭告가再三일ᄲᅮᆫ外라代金을五六朔或周年不報ᄒᆞ오니如此ᄒᆞ고야發展ᄂᆞᆫ姑舍ᄒᆞ고凋殘乃已ᄒᆞᆯ지라幸須購覽諸氏ᄂᆞᆫ本人의困難은度外에置ᄒᆞᆯ지라도智識啓牖ᄒᆞᄂᆞᆫ文明事業을爲ᄒᆞ야陽曆今月內로申報代금을沒數淸償ᄒᆞ심을顒望ᄒᆞᆷ

安州大韓每日申報支社員金貞河 白

特別廣告

本人이判事의職을辭免ᄒᆞ고辯護士業務에從事ᄒᆞ오니僉彦은陸續來議ᄒᆞ시옵

辯護士劉文煥

事務所中部校洞三十二統四戶

(下漢洞口越便家)

本港士商會社社員과敎育會員諸시가勞働臨牌장李化淑시鄭汝玉시ᄅᆞᆯ爛商協議ᄒᆞ야該社內에勞働夜學校를又設置인바右諸시ᄂᆞᆫ熱心做去ᄒᆞ고敎師김致道시ᄂᆞᆫ名譽로晝宵勤孜하야熱心敎授에未滿壹朔內學徒가三百餘人에達ᄒᆞ야前進之望이確有이기玆에廣布ᄒᆞᆷ

務安府內面長全啓春 白

學員募集廣告

本所에서講習科와初등科를設ᄒᆞ고何時던지志願을應ᄒᆞ와速成으로精密敎授ᄒᆞ오니願學僉員은以此照亮ᄒᆞᆷ

講習員은學力을隨ᄒᆞ야定期ᄒᆞᆷ

初等科 參個月

各科에個々히志願학習ᄒᆞᆷ도許ᄒᆞᆷ

但敎授課程과細則은本所로來議ᄒᆞᆷ

南部棗洞六拾三統九戶二層屋

大韓測量組合所講習所告白

大邱故學生杜漢弼씨孝行卓異ᄒᆞᆷ을因히道報告ᄒᆞ야自掌禮院으로褒聞旌褒이오니僉彦照亮

朴晶東 徐梠夏 崔大林 殷碩鍾 謹告

大韓帝國漢城鍾路慈惠醫院에셔눈病人을診察ᄒᆞ고生手術治療ᄒᆞ며慈惠藥房에셔눈但製藥發賣

新醫學뭉혼實地寫眞

割腹治病縫合寫眞

醫學博士 洪錫厚
醫학卒業生 朴啓陽
大韓醫院醫生 李敏昌
慈惠醫院主務 李觀化
病人醫生 朴慈惠
看護婦 沈蓮蓉
病人 柳得春

慈惠醫院下層洋屋에藥房을特設ᄒᆞ고各種藥封을製造發賣ᄒᆞ오

主治效能
治痰 胃痛 卞暑中寒 霍亂 口臭 運氣癘疫
消滯 腹痛 水土不服
吐瀉 酒醉 其他 食傷 眩暈 預防妨藥

前醫學校長勳五等 池錫永시 有効証明
醫學博士 洪錫厚시 實驗方劑
醫學博士 洪鍾殷시 實驗方劑
大韓醫院壹等약製官 劉世煥시 鑑製

登錄 治痰
商標 消食 平胃丸

發行所 漢城鍾路大街慈惠大약房

官許 朴慈惠 李觀化

舊韓藥唐草材와洋藥을請求ᄒᆞ시눈君子의게以小包郵便으로信送ᄒᆞ오

大韓帝國 仁川杏峴

內外地方 諸藥

總發行所和平堂大藥房

此丹이於諸瘡에無論男女老少ᄒᆞ고若服壹劑ᄒᆞ면實有神效ᄒᆞ야百發百中ᄒᆞ오니非例方可及也라若論主治則楊梅下疳連珠瘰癧對諸症에俱見立效ᄒᆞ오니僉君子눈壹次試驗伏望

婦人 醫生 胎 [illegible] 丸

婦人이孕胎하지못ᄒᆞ고冷病積病과經不調로因ᄒᆞ이니此약을服ᄒᆞ시면婦人腹中諸病을壹切退去ᄒᆞ야自然孕胎ᄒᆞ눈약

부인명약이양도경환 壹月分壹劑 金九[illegible]

補陰 補陽 滋陽丸 자양환

定價金
三拾日分金五圜
二拾日分金三圜四拾錢
拾日分金壹圜八拾錢

此약은○尸[illegible]不容○腎虛腰痛○病後氣喘○腎氣不足○陽痿不擧●陰虛火動●房事倦惱困○手足厥冷○形容蒼黑○遺精多夢○右諸症에適宜服用하시면特效가有ᄒᆞ외다

九拾五粒入金[illegible]錢
八寶丹

主治効能
○胃痛惡心○頑痰固飲
○食思欠乏○暑中寒
○[illegible]久積滯○急督[illegible]格
○[illegible]飲[illegible]傷○頭痛眩暈
○癨瀉下痢○霍亂吐瀉
○水土不服○船[illegible]醉

此外에도東西各國靈藥이俱備ᄒᆞ오며各地方에셔도隨用請求ᄒᆞ시면郵便으로보닐터이오며各處藥業ᄒᆞ시눈僉位에게눈特別割引放賣ᄒᆞ오니陸續注文ᄒᆞ심을務望

發行人 李應善
發行所 京城鍾路和平堂支店

●水原北部普施洞약局 和平堂支店 李[illegible]儀
●龍川邑市[illegible]陽市病院 和平堂出張所田慶龍
●鎭南浦[illegible]약舖 和平堂出張所金元섭
●平壤館前약舖 和平堂[illegible]賣所[illegible]

仁川杏峴 京城鍾路 和平堂 告白

新舊裁判法令 附

新編尺牘完篇

壹帙二冊 正價壹圜 小包料十錢

△今此局勢가維新ᄒᆞ고事爲가繁劇ᄒᆞ時代에際ᄒᆞ야吾人도論交酬世의道가日廣且多ᄒᆞᆷ애尺牘을不可不讀이라本尺牘은已爲刊行于世ᄒᆞ야江湖의好評을博得ᄒᆞ온바今에國漢文으로新編增補ᄒᆞ야新舊尺牘의牛耳가되며且新法令의緊要ᄒᆞᆫ者를類聚附輯ᄒᆞ얏ᄉᆞ오니一般人士눈案頭의必備ᄒᆞᆯ好書이옵

(發賣所)
皇城中部罷朝橋越 中央書館 朱翰榮
仝 南署 大廣橋 東書市 金基鉉
仝 南門內尙洞 滙東書館 高裕相
仝 南門外紫巖 博文書館 盧益亨
仝 新舊書林 池松旭

祖國의精神을培養ᄒᆞ고自由思想을鼓動하눈惟壹奇書

實業小說 송뢰금 松籟琴

蘇雨堂主人 陸定洙 著

定價金二十五錢

仕宦의熱慾을打破ᄒᆞ고實業의觀念을喚起ᄒᆞ눈最良好籍

발매所 皇城南門內尙동 博文書館 京鄕각有名書館

教育小說 伊太利少年

表紙石版畵印刷 全壹冊 正價廿錢

李輔相 譯述

本小說은伊大利壹工人의子馬克少年의數萬里海陸을跋涉ᄒᆞ야尋親ᄒᆞᆫ事蹟을著述ᄒᆞᆫ者니原來其母눈海外異域에作客ᄒᆞ야踪跡을失ᄒᆞᆫ바壯哉라馬克이는三歲小兒의單身隻影으로風霜의艱難과猛獸의危險을冒하고沙漠의野와深林의間에奔馳ᄒᆞ야亞美利加大陸을遍踏ᄒᆞ며가竟乃他苦孟의奇跡ᄒᆞᆫ病母를尋ᄒᆞ야母子가團欒함을得하얏ᄉᆞ니嗚呼美哉라馬克母子의慈孝ᄒᆞᆷ이여今에此를述ᄒᆞ야我少年諸君에게紹介코자ᄒᆞ노라

發行元 ▲皇城中部罷朝橋越邊 中央書館

發售處 京鄕각書舖

本會에셔大韓水道會社와水價를汲水ᄒᆞ눈每個人에每朔에五圜五拾錢式先給ᄒᆞ기로契約이되고精畧槪算ᄒᆞ와水價를已前보다五拾錢에十錢式加擧ᄒᆞᆷ

水商夜學會 告白

各種書籍大發賣所
京城南部銅峴四巨里[二層屋]

文明書館

玄檍 告白

本人數派各도爲衆矣라ᄒᆞ知舊間或稱ᄒᆞ字號訓寅無官卿이라更不勿稱ᄒᆞ要

平南三和港億兩機洪元植告白

本社營業以後로買賣便利ᄒᆞ과價格平歇ᄒᆞᆷ은需用ᄒᆞ신僉彦께셔눈洞燭ᄒᆞ시려니와近頃에尤爲拾分注意하오니願買ᄒᆞ시눈僉君子눈陸續來議ᄒᆞ심을務望

南部曲橋牛井洞

漢城材木柴炭株式會社 告白

直輸入大發賣廣告

學校用品測量機械
有名書籍各種
我國特産谷香煙草

南署棗洞殷商工部通

金龍商會 謹告

◉谷香葉卷煙

大發賣廣告

○本社의葉卷烟草눈我國名産谷山草로精選製造ᄒᆞ온지三載有餘에經過ᄒᆞ오미香味가去益薰甘ᄒᆞ와西烟보담大勝ᄒᆞ옵고且價格을特別히低廉ᄒᆞ옵게發賣하오니海內志士눈我國製品을愛顧ᄒᆞ시와優數히需用하심이於國於私에大有利益이오니海諒惠顧ᄒᆞ옵

漢城남署棗洞六拾貳統拾戶

谷香合資會社 謹告

大烟白本入壹箱 金壹圜五拾錢
中烟白本入壹箱 金七拾錢
小煙白本入壹箱 金四拾錢
拾本入廿匣壹箱 金八拾錢

發行兼編輯人 英國人 萬咸
Responsible for Publication Alfred Weekley Marnham.
發行所 南署石井洞號外地三層洋屋 大韓每日申報社

第六卷

大韓每日申報

第九百六拾捌號

月曜及慶節臨時休刊

光武開國四千二百四十一年
孔子死後二千四百五十九年
大韓開國五百十七年
日本明治四十一年
淸國光緖三十四年
陰曆戊申十一月小初二日甲申

論說

◎光緖及西太后崩逝後支那問題에對ᄒ야研究 (續)

壹曰獨立의義를濫用。春秋의末에嶽鉶人士가個人功名心으로競爭ᄒ야遊說를事ᄒ며功利를主張ᄒ고正義를無視ᄒ야但時君에徼寵ᄒ야其懷抱ᄒᆫ功名心을發展ᄒᆫ道만務ᄒ니則尋如何ᄒ枉尺直尋이라도此를不恤ᄒᄂᆫ故로儒敎一派가此를悶憐ᄒ야曰君子ㅣ達ᄒ면天下를兼善ᄒ며窮ᄒ면其身을獨善ᄒ다ᄒ야朝廷에不容ᄒ면山林으로其退守地를作ᄒ며此後儒가積極的으로濫用ᄒ야萬壹朝政을擁有ᄒᆫ君主가或暴君이거나或異族이면我ᄂᆫ退ᄒ야巖穴窮隅小天地에셔先聖禮樂을獨守ᄒ며中原文獻을獨保ᄒ다ᄒ고長貧을作ᄒᆫ지라此學主義가人心에深入ᄒ미但只國民의政治能力이減殺될뿐아니라抑亦退守思想이發張ᄒ야自家門外의存亡劉興을不關ᄒᄂᆫ故로彼外種異族이支那에入ᄒ미其人民에게干涉만不多ᄒ면其運命을久延ᄒ나니此其壹이오

二曰君臣主義의誤解。孔子ㅣ周末에生ᄒ사列國의篡弒의禍를目覩ᄒ시고慨然히此를矯ᄒ고자ᄒ실ᄉᆡ春秋二百四十篇中에君權을尊ᄒ며亂逆을誅ᄒ야君臣相與의際에其罪를二致ᄒ시니此ᄂᆫ壹時不得已ᄒᆫ矯弊의策에不過ᄒ거ᄂᆯ後儒가此를誤解ᄒ야秦始皇ᄀᆞᆺᄒᆫ悍人이君이되얏던지蒙古ᄀᆞᆺᄒᆫ外族이君이되얏던지但壹次九五位에登ᄒᆫ以後에ᄂᆫ其下에셔敢히反抗ᄒᄂᆫ者이면此를曰太不敬이라ᄒ며此를曰大逆不道라ᄒ야壹國人民을束縛ᄒᆫ故로비록如何ᄒᆫ雄賢이던지但其壹時威力을杖ᄒ야支那人民을征服ᄒ고支那皇帝라自稱ᄒ면其父子相傳ᄒᆷ을許ᄒ고他人의覬覦ᄒᆷ을不許ᄒᄂᆫ故로支那에入主ᄒᄂᆫ外族은恒常其本族을駕御ᄒ기易ᄒ니此其二라

其外複雜ᄒᆫ原因이雖多ᄒ나余가此兩者로外族이累次支那에入主ᄒᆫ原因이라ᄒ노라

第二 淸族初興의時代와支那人의彼에對ᄒᆫ感情

外族이累次支那에入主ᄒᆫ原因은上節에已陳ᄒ얏거니와然이나淸廷이支那에入主ᄒ던時代ᄂᆫ最히憂々其難ᄒᆫ時代라東林黨派ᄂᆫ儒者의氣節을主唱ᄒ며餘姚黨派ᄂᆫ經世의主義를鼓吹ᄒ야國民의思想과義氣가前代에比ᄒ면煥然히恢復되얏다可謂ᄒᆯ지라是以로明社가將屋에義士가輩出ᄒ야卽食祿世臣은姑舍ᄒ고乃彼窮巷丐夫와필門寒士도往々敵愾心을抱ᄒ고劍을拔ᄒ야外敵과相對ᄒ니淸祖가비록其銳利ᄒᆫ兵力을藉ᄒ고李闖流寇의亂餘에人民憔悴不聊ᄒᆫ의時機를乘ᄒ야突然히此를征服ᄒ얏스나此에羈勒을久施ᄒᆷ은良難ᄒᆫ지라是以로恩威를幷行ᄒ며權法을雙用ᄒ야五百萬滿族으로四億萬漢族을가鎭ᄒᆯᄉᆡ其行使ᄒᆫ政策을觀ᄒ건대其用心이亦良苦ᄒ얏도다

(壹)文字獄의累興 淸廷君主가비록恩澤으로民心을固結ᄒᆷ에極力ᄒ야租稅를累減ᄒ며赦令을累頒ᄒ야區々簞瓢로엇지四億萬人의惡感을消融ᄒ리오是以로康熙乾隆諸君主가其根本的旗幟로講究ᄒ시된切民間의言論自由를箝抑ᄒ야片言隻字라도敢히夷狄을排斥ᄒᆫ者ㅣ有ᄒ거나朝廷을譏評ᄒᆫ者ㅣ有ᄒ면此를壹々히大逆不道의律로斬殺ᄒᆯᄉᆡ布衣之士의盛名을借ᄒᆫ者ᄂᆫ其考終을得ᄒᆫ者가甚少ᄒ야支那四千載以來의壹大恐怖時代를成ᄒ얏스며

(未完)

官報

▲▲隆熙貳年拾月二拾七日 官報

●告示

農商工部告示第拾號 續

第二百二十四條 會社가解散ᄒᆫ時ᄂᆫ破產의境遇를除ᄒᆫ外에ᄂᆫ取締役은遲滯업시株主를對ᄒ야其通知를發ᄒ고또無記名式의株券을發行ᄒᆫ境遇에ᄂᆫ此를公告ᄒᆷ을要ᄒᆷ

第二百二拾五條 第百拾六條及第七拾八條乃至第八拾式條의規定은株式合資會社에準用ᄒᆷ

（參照）

第七十六條 會社가解散ᄒᆫ때ᄂᆫ合倂及破產의境遇를除ᄒᆫ外에ᄂᆫ二週日內에本店及支店의所在地에셔其登記를ᄒᆷ을要ᄒᆷ

第七十八條 會社가合倂의決議를ᄒᆫ때ᄂᆫ其決議日로부터二週日內에財產目錄及貸借對照表를作ᄒᆷ을要ᄒᆷ

會社ᄂᆫ前項의期間內에其債權者를對ᄒ야異議가有ᄒ거던壹定ᄒᆫ期間內에此를陳述ᄒ라ᄂᆫ旨意를公告ᄒ고또旣知ᄒᆫ債權者에게ᄂᆫ各別히此를催告ᄒᆷ을要ᄒᆷ但其期間은二個月以下됨을不得ᄒᆷ

第七拾九條 債權者가前條第二項의期間內에會社의合倂에對ᄒ야異議를陳述치아니ᄒᆫ時ᄂᆫ此를承認ᄒᆫ것으로看做ᄒᆷ

債權者가異議를陳述ᄒᆫ때ᄂᆫ會社ᄂᆫ此에辦濟를ᄒ거나又ᄂᆫ相當ᄒᆫ擔保를供ᄒ지아니ᄒ면合倂ᄒᆷ을不得ᄒᆷ

前項의規定을違反ᄒ야合倂ᄒᆫ時ᄂᆫ此로써異議를陳述ᄒᆫ債權者에게對抗ᄒᆷ을不得ᄒᆷ

（未完）

外報

◎淸國爭變과日本

路透電을據ᄒᆫ則今番淸國事變에對ᄒ야日本은列國의同意或委任이無ᄒᆫ以上에ᄂᆫ壹個의兵도淸國地方에上陸케못ᄒᆫ다ᄒ얏다더라

◎日商店閉鎖

北淸으로부터歸來ᄒᆫ某人의談을據ᄒᆫ즉北淸壹帶地方에ᄂᆫ不穩ᄒᆫ態度가益甚ᄒᆫ데日本人의商店이多數히閉鎖되얏다더라

◎米日商議

伯林電을據ᄒᆫ則淸國皇帝의新立과滿洲問題에就ᄒ야華盛頓에셔米國外務卿루드氏가日本大使高平과商議ᄒᄂᆫ中이라ᄒ얏더라

雜報

●阿峴敎睦 太極學校副校長車俑喜씨ᄂᆫ本以該校의熱心者인데業嚴ᄒᆫ데家舍를買ᄒ고搬移코자ᄒ더니阿峴四至老少가該氏家에會集ᄒ야曰莫非王士에何往不可리오마ᄂᆫ忽移舍云ᄒ니本洞에對ᄒ야有何憾情而然ᄒᆷ인지吾儕가情若兄弟에戀々不可捨라ᄒ미該氏ᄂᆫ其盛意를感激ᄒ야移舍를停止ᄒ얏다ᄒ니該洞敎睦ᄒᆷ은不言可知라고人皆稱道ᄒᆫ다더라

●諸氏熱心 安岳邑有志士金宗元張明善許允楨諸氏가測量의急務됨을洞知ᄒ고自己家에學校를設立ᄒ고貧寒ᄒᆫ人의田土를無價測量ᄒ고夜則熱心敎授ᄒ미壹境父老가莫不稱德ᄒᆫ다더라

●可謂齊民 海州齊民學校ᄂᆫ李惠應黃履全鳳薰李承憲諸氏가民心의不齊ᄒᆷ을慨歎ᄒ야義捐金을先出ᄒ고有志諸氏의義捐을鳩聚ᄒ야今三月分에開學ᄒ고鄕里에無業子弟와市街에勞動者流를勸奬ᄒ야學徒가數百名에達ᄒ고名譽敎師김祖源宋榮泰趙昌鎬諸씨가同心敎授ᄒ야校況이擴張ᄒᆯ뿐不啻라秋期開學時에任員吳憲泳安承圭김永承莊明成朴炳煥諸씨가基本金을分擔ᄒ고敎師金學善金光鉉諸氏를延聘ᄒ야학科를增設ᄒ고晝夜敎授ᄒ미壹般學徒가傾心鑽明ᄒᆫ다더라

文壇

▲讀史新論 (續) 壹片丹生

第八章

三國興亡의異轍

三國初葉에ᄂᆫ新羅가最弱ᄒ얏도其中葉에至ᄒ야ᄂᆫ駸駸始强ᄒ얏스나其聲勢가麗濟에俯下ᄒ더니其末葉에至ᄒ야ᄂᆫ光榮赫赫ᄒ던句麗ᄂᆫ前에傾覆ᄒ며武烈ᄒ던百濟ᄂᆫ後에顚仆ᄒ고惟獨新羅가獨興ᄒᆷ은何故이뇨曰此時에外族이方强ᄒ야侵寇ᄒᆷ이無已ᄒ더니適其時句麗ᄂᆫ男生兄弟가不和ᄒ며百濟ᄂᆫ義慈君臣이驕奢ᄒ며新羅則上下가合心ᄒ며外交에謹愼ᄒ얏스니此其原因이니라

句麗ᄂᆫ비록亡ᄒ얏스나大祚榮이旋起ᄒ야舊疆을恢復ᄒ얏스니亡ᄒᆫ者ᄂᆫ王統뿐이오人民은亡ᄒᆫ者ᄂᆫ無ᄒ거니와百濟ᄂᆫ義慈遷亡後에其地義兵이蜂起ᄒ야數年을羅唐과反抗ᄒ얏스나畢竟燃의力이無ᄒᆷ은何故이뇨曰高句麗ᄂᆫ四面敵國의中에處ᄒ야其國民이恒常腥風血雨間에生活ᄒᆫ結果로百折不屈의勇氣를帶ᄒ며又七百餘年을何許同盟國도初無ᄒ야

未完

雜報

●家舍價調査　閔泳徽氏의所關ᄒᆞᆫ家舍價ᄅᆞᆯ推尋次로上奏ᄒᆞ얏다ᄂᆞᆫ說은已報어니와ᄒᆞ事件의對ᄒᆞ야　太皇帝陛下께오셔下敎ᄒᆞ시되督往의家價ᄅᆞᆯ下賜ᄒᆞ셧다ᄒᆞ신故로ᄒᆞ價金이中間消融이되얏던지現今調査ᄒᆞᄂᆞᆫ中이라더라

●何以安穩　京畿觀察使김思默氏가地方安穩케ᄒᆞᆯ事項이有ᄒᆞ야內部에稟議次로去上月日에上京ᄒᆞ얏다가昨日午后에京釜列車ᄅᆞᆯ搭乘還任ᄒᆞ얏다더라

●丹守赴任　新任丹陽郡守慶勳氏가赴任次로三昨日에京釜鐵道壹番列車로發程하얏다더라

●畿察決心　京畿觀察道에郡守ᄅᆞᆯ運動ᄒᆞᄂᆞᆫ者의請札이逐日답至ᄒᆞᄂᆞᆫ뒤該觀察김思默시가壹不遂行ᄒᆞᆯ뿐더러此等事에對ᄒᆞ얏ᄂᆞᆫ答覆도壹切拒絕ᄒᆞ기로決心ᄒᆞ얏다더라

●各郡合併　京畿道각郡合併을實施ᄒᆞᄂᆞᆫ뒤爲先김浦ᄂᆞᆫ陽川郡으로高陽은交河郡으로果川은始興郡으로麻田은積城郡으로合併ᄒᆞᆫ다더라

●김氏出張　度支部司稅局主事김永斗시가黃海道延安等郡에驛屯土調査次로日間出張ᄒᆞᆫ다더라

●借屋設宴　前韓國閔泳徽시가來二拾九日下午六時에中樞院顧問리址鎔氏의校동私邸ᄅᆞᆯ借得ᄒᆞ야盛大ᄒᆞᆫ晚餐會ᄅᆞᆯ開設ᄒᆞ고新舊政府諸氏와其他某々大官을多數請待하기로預定ᄒᆞ얏다더라

◎淸國留學生動靜

今番淸國事變에關ᄒᆞ야日本東京에在ᄒᆞᆫ淸國留學生은平時와相異홈이無ᄒᆞ고反히冷靜ᄒᆞᆫ態度가有ᄒᆞ며니袁世凱氏가毒殺홈과婁桂國시가通州의屯兵을率ᄒᆞ고北京을包圍ᄒᆞᄂᆞᆫ形勢가有ᄒᆞ다ᄂᆞᆫ風說이傳來홈으로부터直隸省附近에셔來ᄒᆞᆫ官費生等은稍々히不穩ᄒᆞᆫ色이有ᄒᆞ야昨今歸國ᄒᆞᄂᆞᆫ者가不少ᄒᆞ고又革命黨에屬ᄒᆞᆫ者ᄂᆞᆫ不意의事ᄅᆞᆯ當홈으로空手로拱ᄒᆞ고坐視ᄒᆞᆯ뿐이오立憲會에屬ᄒᆞᆫ學生二三名은有何事件인지橫濱으로往ᄒᆞ얏다ᄒᆞ고且其他留學生도橫濱으로往ᄒᆞᄂᆞᆫ者가不少ᄒᆞᆫ대其內容은不知라더라

●巡査請願　平安北道寧邊郡警察署巡査김啓香시가內部에請願하되該署에總巡이現今有闕인ᄃᆡ該署에셔已往勤務ᄒᆞ던巡査김뎐熙시ᄅᆞᆯ無故罷免ᄒᆞ얏ᄉᆞ나資格이相當ᄒᆞᆫ즉該시로卽爲叙任ᄒᆞ라ᄒᆞ얏다더라

●是何의膽　果川郡守가各面에揭示ᄒᆞ고百姓들이田畓測量하ᄂᆞᆫ거ᄉᆞᆯ禁止ᄒᆞᆫ다더라

●先責後報　宣陵參奉김興俊氏가入直未幾에該陵書員韓仁壽가莫重陵所ᄒᆞᆫ字內에密立ᄒᆞᆫ松楸ᄅᆞᆯ亂斫闌沓홈으로明査逐出ᄒᆞᆫ事ᄂᆞᆫ已報어니와該陵令李載晧氏가韓哥ᄅᆞᆯ符同ᄒᆞ야肆行不法ᄒᆞᆷ이有ᄒᆞᆫ던지김氏가李시의非行을先爲毆責ᄒᆞ고掌禮院에査報ᄒᆞ얏다더라

◎光郡의大風雲

光州郡大枝面의셔強大ᄒᆞᆫ義兵이同郡日守備兵십五名과巡査隊와交戰ᄒᆞ다가日兵二名이戰死ᄒᆞ고尙且繼續戰鬪中이라ᄂᆞᆫ뒤ᄒᆞ郡日守備隊의셔救援兵을急派ᄒᆞ얏다더라

●曆價相持　天壹銀行에셔明年度新曆數萬卷을곽利次로貿置ᄒᆞ얏ᄂᆞᆫ뒤價額高低의相持가되야아직ᄇᆡᆯ매치아니ᄒᆞᆫ다더라

●獄囚稱寃　各裁判所의셔通辯ᄒᆞᄂᆞᆫ日人이韓國語音에嫺熟지못ᄒᆞ야罪囚의輕重을着誤處가多ᄒᆞᆫ故로獄囚의稱寃에涙藉ᄒᆞ다ᄂᆞᆫ說이有하더라

●船社出張　韓日河船運送營業合資會社에셔農商工部認可ᄅᆞᆯ經由ᄒᆞ고理事廳許可ᄅᆞᆯ承認ᄒᆞ야拾三道에支社ᄅᆞᆯ出張ᄒᆞᆫ다더라

●廣民等訴　廣州郡東部面八堂里에前議政府所管柴場山이有ᄒᆞᆫ뒤陽九月分에該洞居民들이部分林設定ᄅᆞᆯ農商工部에請願ᄒᆞ얏ᄂᆞᆫ뒤不意에京居徐相八리澤朝閔丙三氏가何許挾雜輩의敎唆ᄅᆞᆯ聽홈인지該山ᄅᆞᆯ實地測量은姑舍ᄒᆞ고該山近處에도來치아니ᄒᆞ고製圖ᄅᆞᆯ模糊僞造하야農部에請願ᄒᆞᆫ故로該동民等이其事由로該郡에等訴ᄒᆞ고

●李鍾健의知罪　李鍾健시ᄂᆞᆫ其地位ᄅᆞᆯ言ᄒᆞ면世々將家의曾經將任及大臣者오其歷史로言ᄒᆞ면國難을當ᄒᆞ야身帶兵符ᄒᆞ고走爲上策者니固不可以人類로齒之인대向日畿湖學會請捐委員朴勝鳳시가同시ᄅᆞᆯ對ᄒᆞ야日人生壹世의可謂空手來空手去니大監今ᄃᆡ富貴가實是眼前浮榮이라大監百歲後의黃金棺槨을將ᄒᆞ야地下의帶去치못ᄒᆞᆯ것이니生前의國家와社會의公益을爲하야好事業을做得ᄒᆞᄂᆞᆫ것이엇지好箇道理가아니리오ᄒᆞᆫᄃᆡ同시가答日鐵府의往ᄒᆞ야도금錢이有ᄒᆞ여야其罪ᄅᆞᆯ可贖ᄒᆞ리라ᄒᆞ얏다ᄂᆞᆫᄃᆡ人皆唾罵曰시가地府의入ᄒᆞ면금錢으로其罪ᄅᆞᆯ贖ᄒᆞ고져하니可謂其罪ᄅᆞᆯ自知ᄒᆞᄂᆞᆫ者이라고ᄒᆞ더라

●沈氏堅慾　西興蓮池동居ᄒᆞᄂᆞᆫ洪宗喜시의數百石秋收ᄒᆞᄂᆞᆫ田畓이天安郡에在ᄒᆞᆫᄃᆡ今春間에中部樓동居ᄒᆞᄂᆞᆫ吳貞善沈宅鎭兩人이有何所關이던지該郡에下去留連ᄒᆞ다가洪시ᄅᆞᆯ招去ᄒᆞ야百方甘誘ᄒᆞ고秒土中一百四十餘石秋收ᄒᆞᄂᆞᆫ田畓ᄅᆞᆯ二千參百圓의抑買ᄒᆞᆫ뒤인ᄃᆡ日前의沈시가收賭次로該郡의下往ᄒᆞ야洪시의舍音ᄅᆞᆯ暗自符同ᄒᆞ야洪시의餘庄中畓二十石落과田三拾二日耕을又爲占奪코ᄌᆞᄒᆞᆫ다ᄂᆞᆫ通信이來到홈으로洪시가卽爲下往ᄒᆞ얏더니沈시가該郡巡査某의게構誣ᄒᆞ야洪시ᄅᆞᆯ私自拘留ᄒᆞᆫ故로洪시의從祖洪在祐시가警視廳의呼訴ᄒᆞ얏다더라

●李시計窮　淸州郡居盧啓泰시와前郡守李漢膺시의裁判事件은前報의已揭어니와及其對質之場의勒討債金의印證을法官이昭細考閱하고합日確據라ᄒᆞ며리씨가更히容喙치못ᄒᆞ고裁判所門外의셔盧씨의出來ᄒᆞᆷᄅᆞᆯ待ᄒᆞ야使其隨從者七八人으로其印證書類ᄅᆞᆯ奪取코져ᄒᆞ다가法官의禁止ᄅᆞᆯ因ᄒᆞ야兩隻이각散ᄒᆞ얏다더라

●水商會集後報　水桶貰금에關ᄒᆞ야漢城內汲水商이訓鍊院에會集ᄒᆞᆫ事ᄂᆞᆫ昨報에已揭어니와再昨日下午壹時에該水商等이該院에又爲會集ᄒᆞ야協議ᄒᆞᆫ後에水桶貰금을各自携帶ᄒᆞ고水道會社에齊往ᄒᆞ야貰금에夥多홈을說明ᄒᆞᆫ則該社에셔答言ᄒᆞ되本社에셔ᄂᆞᆫ貰금五圓五十錢式確定한事實이無ᄒᆞᆫ즉不必煩問일뿐더러二個月後에ᄂᆞᆫ別般措處ᄒᆞᆯ터이니각自散歸ᄒᆞ라ᄒᆞᄂᆞᆫ故로無事散去ᄒᆞ얏다더라

●日兵砲殺　三昨日에楊州郡鐵馬山附近에셔義兵數拾名이日兵과數時間을交戰ᄒᆞ야日兵三名을砲殺하얏다ᄂᆞᆫ傳說이有ᄒᆞ다더라

●[illegible]匙壹飯　鎭岑郡郡主事리相뎡씨가學校ᄅᆞᆯ設立코ᄌᆞᄒᆞ야히郡境內田土每斗落에租五승式收斂ᄒᆞᆫ次로現今調査中이라더라

●贈伐徐山　太田停車場의셔恩津江鏡浦까지電線ᄅᆞᆯ架設ᄒᆞᄂᆞᆫᄃᆡ히電桿木을鎭岑郡龍巢峙徐丙奎시宗山의셔斫伐ᄒᆞᄂᆞᆫ故로徐시와互相爭詰하다가價금을每株의葉六兩式出給하얏다더라

●閔男懲役　南部棗동居ᄒᆞᄂᆞᆫ前參判閔炯植氏의令男閔丙運시가詐欺取財ᄒᆞ라다가警察署에被捉ᄒᆞᆫ事ᄂᆞᆫ巳報어니와去土曜日에京城地方裁判所에셔閔氏ᄅᆞᆯ懲役壹年에宣告ᄒᆞ얏다더라

●窃取被捉　木浦港居ᄒᆞᄂᆞᆫ김樂午爲名者가上京逗留ᄒᆞ다가日前에泥峴居留日人中村豊市의商店에闖入ᄒᆞ야銀時計數拾圓價值ᄅᆞᆯ窃取ᄒᆞ다가警察署에被捉ᄒᆞ얏다더라

●多數入學　美洞國民測量學校에셔目下第三回學員을募集ᄒᆞᄂᆞᆫ中인대壹二回에卒業成績이佳良ᄒᆞᆫ結果로入학ᄒᆞᄂᆞᆫ人이多數ᄒᆞ얏다더라

●崔氏嘉行　鍾路望門床廛ᄒᆞᄂᆞᆫ崔文柱氏가再昨日下午六時頃에壽洞近地에셔紙貨幾圓을拾得ᄒᆞ야本社에留置ᄒᆞ고遺失人의게傳코ᄌᆞᄒᆞ니右氏의正直ᄒᆞᆫ品行은世所罕稀라더라

●姜氏卞明　女子教育會와姜윤熙氏가相詰ᄒᆞᆫ事에對ᄒᆞ야학部大臣李載崑氏가발訓ᄒᆞ기ᄅᆞᆯ普學院五朔經費銀貳百五拾八圓九錢五里와女子指南三號所入經費額五百七拾壹圓四拾八錢合八百貳拾八圓三十八錢五里ᄅᆞᆯ都是還推치못ᄒᆞ게ᄒᆞ고該會月報々지女子教育會로寄付ᄒᆞᆷ으로姜시가學部에請願下明하얏더라

●김氏義捐　順川郡居김永默시가教育에熱心ᄒᆞ야義捐금을每朔五圓式湖南學會학校의寄付ᄒᆞ야永久履行케ᄒᆞ얏다더라

●船長義擧　大韓協同會社顯益號船長김聲振시ᄂᆞᆫ私立仁川永化學校을爲ᄒᆞ야咸鏡北道에來往ᄒᆞ며各處紳士에게捐助ᄅᆞᆯ請ᄒᆞ야爲先寄付금九拾九圓을該校로付送ᄒᆞ엿다더라

●三氏熱心　平壤四崇학校ᄂᆞᆫ該郡居方興周김聖珠김鎭厚二시가四百圓式出捐維持ᄒᆞ다가至於今年ᄒᆞ야ᄂᆞᆫ校費가窘絀ᄒᆞᆷ을慨歎ᄒᆞ야김鎭厚시ᄂᆞᆫ八十圓方興周시ᄂᆞᆫ五十圓式을年年히加助ᄒᆞ야校況을漸進케ᄒᆞᆫ다고人皆稱頌ᄒᆞᆫ다더라

◎地方消息

▲本月十二日橫城東方約五十里의셔義兵十餘名이히郡分遣所日憲兵及補助員과交戰ᄒᆞ얏다ᄒᆞ고

▲本月十日平安南道五卯동北方約八十里의셔義兵十餘名이히地日憲兵과交戰ᄒᆞ얏다ᄒᆞ고

▲本月二十四日三水郡西方約三拾里의셔義兵參拾名이히郡分遣所日憲兵及補助員四名과交戰ᄒᆞ얏다ᄒᆞ고

▲本月七八兩日의平安北道柔院鎭東北山中의셔義名十餘名이히鎭駐在日憲兵及補助員四名과交戰ᄒᆞ얏다더라

◎斜陽聽謠

▲夕陽山路점은날에蓬頭突鬢兒童들이나무망ᄐᆡ脫去ᄒᆞ고三々五々會坐ᄒᆞ야路上白沙모허노코畫沙成字ᄒᆞᄂᆞᆫᄃᆡ로時事評論壯觀일세

▲하날텬字쓰고보니天理昭々上帝께서福善禍惡ᄒᆞ시거날賢人君子困窮ᄒᆞ고乱臣賊子富貴ᄒᆞ니悠々蒼天變ᄒᆞ셧나우리同胞엇지살고

▲목숨명字쓰고보니命乃在天이라ᄒᆞᆫ들ᄂᆡ財生活이아닌가財政窘渴此板局에舊貨ᄭᆞ지禁用ᄒᆞ면困難尤甚ᄒᆞᆯ것이니우리同胞엇지살고

▲권세권字쓰고보니權利競爭此時代에國權民權俱失인ᄃᆡ惟獨政府大官들은壹身權利鞏固코져蒼生魚肉不顧ᄒᆞ니우리同胞엇지살고

▲일홈명字쓰고보니名譽崇尙假志士ᄂᆞᆫ虛名國民되고안ᄌᆞ壹身虛譽쏠ᄃᆡ잇나社會改良성각업고互相殘賊猜疑ᄒᆞ니우리同胞엇지살고

▲법법字ᄅᆞᆯ쓰고보니法律이라ᄒᆞᄂᆞᆫ것은至公無私制定인대擅自弄奸挾私ᄒᆞ야有力者ᄂᆞᆫ必免ᄒᆞ고無勢人은難免일세우리同胞엇지살고

▲열ᄆᆡ실字쓰고보니實業發達된然後에國富民強ᄒᆞ깃거날實業界의權利ᄭᆞ지日人의게見奪ᄒᆞ고着手處가永無ᄒᆞ니우리同胞엇지살고

▲길도字ᄅᆞᆯ쓰고보니道路修築됴치마ᄂᆞᆫ糞桶亂離맛날ᄯᅢ에如拳食鼎잡혓거ᄃᆞᆫ治道費ᄂᆞᆫ또내라니百計沒策답々ᄒᆞ다우리同胞엇지살고

▲悽凉ᄒᆞ다이노ᄅᆡ여東西洋을勿論ᄒᆞ고사ᄅᆞᆷ이야壹般인ᄃᆡ니회들은엇지ᄒᆞ야이地境이되엿ᄂᆞᆫ가是誰過오是誰過오當局者의罪過로다

社告

△謹告各支社▽

目今本社의經費가窘拙홈은諸函에仰佈이온바到今定限이已過에代金을收送치아니ᄒᆞᆫ곳이多有ᄒᆞ야本社維持方針이甚難ᄒᆞ니既往은勿咎어니와本社에情形을顧ᄒᆞ고支社의責任을盡ᄒᆞ야拾壹月條幷前後代金을拾二月拾日內로沒數淸帳ᄒᆞ야支社를扶持케ᄒᆞ시되萬壹此限에過ᄒᆞ면支社를不得已廢止하고派員督捧ᄒᆞ을터이오니極力ᄒᆞ야期於限內로淸帳換送하심을爲要

大韓每日申報社

特別廣告

▲特別廣告▼

本社에셔名帖印刷를更加擴張ᄒᆞ기爲ᄒᆞ야各樣紙品을壹切準備ᄒᆞ고極廉價로僉君子에所請대로隨應ᄒᆞ옵는중婦人과學徒의게는特別除減ᄒᆞᆯ터이오니照亮來臨ᄒᆞ심을敬要

大韓每日申報社

◎新造樓房出賣

自造洋式樓房壹所前後共計肆間四十五間此房作落在水標橋北二官街坐東向西前面洋式樓房俱是鐵窓鐵門樓下洋式貨倉貨架俱全樓上俱有隔斷房間後面有韓式房屋另有廚房厠所並有後門出入便宜如有合意願買者請書水標橋北二官街華商天利號面議

華商天利號主人 告白

廣告

△每日申報安州支社廣告

本人이申報支社의事務를執行ᄒᆞ기는文明ᄒᆞᆫ事業을發展ᄒᆞ과同胞에智識牖導ᄒᆞᆷ을紹介코져ᄒᆞ미어니購覽僉君子에代金積滯로緣ᄒᆞ와本社促迫과警告가再三일뿐外라代금을五六朔或周年不報ᄒᆞ오니如此ᄒᆞ고야發展은姑舍ᄒᆞ고凋殘乃已ᄒᆞᆯ지라幸須購覽諸彦는本人의困難은度外에置ᄒᆞᆯ지라도智識啓牖ᄒᆞᆫ는文明事業을爲ᄒᆞ야陽曆今月內로申報代금을沒數淸償ᄒᆞ심을顒望ᄒᆞᆷ

安州大韓每日申報支社員金翼河 白

本校에셔圖根測量科를設立ᄒᆞ고高明ᄒᆞᆫ敎師를延聘ᄒᆞ야熱心敎授ᄒᆞ오니僉君子는照亮ᄒᆞ시옵

中部下漢동 漢南測量學校 告白

全羅北道茂朱郡々守趙命根氏가郡內有志紳士諸氏로協議하야普通학校를剏設ᄒᆞ고校名은茂成學校라稱ᄒᆞ고郡內靑年子弟를募集ᄒᆞ야敎師은漢文敎師에郡居李時鼓氏와日語敎師은前漢陽學校卒業生의趙宗顯氏를雇聘ᄒᆞ와晝夜로熱心敎育ᄒᆞ매一月之內에生徒가六拾餘名에至ᄒᆞ고將有進就之望이기로玆以廣告ᄒᆞᆷ

校長 本郡守 趙命根
校監 前主事 리允和
학監 本郡々主事 김英琦
總務 前侍御 柳廷桓
事務員 地方委員 김東振
財務員 出身 김敎桓

茂朱郡茂成學校 告白

◉學員募集廣告◉

貳回測量科를三個月速成으로特히筭術未解人을爲ᄒᆞ야加減부터每日下午三時로五時까지親切敎授ᄒᆞ오니願學僉員은拾壹月初十日內로來問爲要

但實習器機는本塾에在ᄒᆞᆷ

西部養興庫前十統四戶 長興義塾

本館을剏設以來로內外國僉君子의愛顧를蒙被ᄒᆞ야物種의俱備와賣品의多數됨은일의感賀ᄒᆞ는비옵거니와現今에本館을壹層擴張키爲ᄒᆞ야物品의精美와價格의低廉ᄒᆞ이比前特殊ᄒᆞ고來賓中夫人의待遇를便利키爲ᄒᆞ야事務員도女子를添聘하얏스오니僉君子는陸續來臨購買ᄒᆞ심을敬要

京城 鐘路商品陳列館 告白

本人의先塋이在於東署上樊里亭子洞이고亭子와松楸가若干有之ᄒᆞᆫ바所共知인ᄃᆡ浮浪族任前副尉閔夏植欲爲盜賣云故玆以廣告ᄒᆞ니內外國人은照亮毋或見欺爲望

閔泳琫 敬告

本府社山里居前副卿金道奎氏는本以慈善之心으로濟人之急ᄒᆞ며恤人之窮ᄒᆞ야日로爲樂業이더니本人等이俱是貧寒之人으로所居家屋이不幸今月拾四日夜에偶然失火ᄒᆞ야全燒也撤蓋가乃至六戶라當此冬寒ᄒᆞ야失巢彷徨이러니該氏가特憐本人等之百無依據ᄒᆞ고躬行面慰後馬恤二百金ᄒᆞ야構屋奠接케ᄒᆞ오니不勝感恩하와頌德廣告ᄒᆞᆷ

義州府舊南楹燒屋人等
張召史 尹承翰 金禮用
李恒燁 金利京 尹昌根

本人數載客主爲業矣러니知舊間或稱主事號則實無官啣이라更永勿稱爲要

平南三和港億兩機洪元植 告白

特別廣告

本人이判事의職을辭免ᄒᆞ고辯護士業務에從事ᄒᆞ오니僉彦은陸續來議ᄒᆞ시옵

辯護士劉文煥
事務所 中部校洞三十二統四戶
(下漢洞口越便)

本店內外國直輸入各種煖爐諸般所入與煖爐各不及石炭均可入燒拾分利便木匠工程色造樓房文房家內所用火爐이椅床材木器具玻璃磚瓦鐵器皆有ᄒᆞ야發賣諸君購覽僉彦照亮務望

大漢門下鼎橋前 榮興號

本人이以父祖曾奉祀孫으로元無嫡子ᄒᆞ고有庶子亮秀하야承嫡奉祀ᄒᆞ온바宗親院의閱啓ᄒᆞ얏더니特蒙承嫡之典ᄒᆞ야立案成給ᄒᆞ옵기玆의廣佈ᄒᆞᆷ

漆原居前司果 黃有淵 告白

◉學員募集廣告

本所에셔筭術專門八個月速成科를別設ᄒᆞ오며又二個月測量速成科를各設ᄒᆞ오니願學僉員은陰拾壹月七日內로請願ᄒᆞ시오

北部齋洞三統拾戶 測量新塾

各種書籍大發賣所
京城南部銅峴四巨里[二層屋]

文明書館

玄檍 告白

大邱藥令日字가小壹ᄒᆞ와賣買商이或先或後에興業이不便일뿐더러況乎歲末歲初가相隔ᄒᆞ와商損害가其多故로爛商公議ᄒᆞ야陰拾壹月拾五日開市拾二月拾五日撤市ᄒᆞ옵게藥商은趁期來臨ᄒᆞᆷ을敬要

池道喜 鄭雨若 梁務益 李乃年等 白

韓國人諸彦을爲하야民刑訴訟其他諸般法律事務에從事ᄒᆞ야親切可嚀ᄒᆞ고且迅速處理ᄒᆞᆷ

中部典洞三十八統九戶

前司法官 辯護士 藤井太郎

同所에特許事務所를設ᄒᆞ고特許意匠商標著作權等의登錄出願及審判事件의高啣도應受ᄒᆞ와處理ᄒᆞᆷ

特許代理業者 藤井太郎

特別廣告

本人이判事를辭免ᄒᆞ고辯護士를開業ᄒᆞ얏스오니僉君子는事件의大小難易를勿論ᄒᆞ고照亮來議하시옵

辯護士張燾
法律事務所
西部茶洞拾四統五戶

本人이辯護士開業ᄒᆞ온바民刑訴訟의代理辯護鑑定等事務를迅速擔任ᄒᆞ오니僉君子는照亮來議ᄒᆞ심을務望

辯護士前判事 趙經九
事務所 中部貞善방下漢洞五拾八統九戶
事務員 李在용

本校第壹回測量學員은來十曜下午四時半에本校로來會ᄒᆞᆷ

光成實業學校

金海上北山居閔泳旼朴熙範崔煥淑姜小守等廣告ᄒᆞᆫ事에對ᄒᆞ야本人은雲峴宮庄土等事에關係가少無ᄒᆞᆫ뿐더러所謂崔晉은壹面不知인즉事甚孟浪이라其所由를查覈ᄒᆞᆫ時에는雪恥ᄒᆞᆯ뿐不啻나此鄙卑陋中間에系名되오미畧刻이皀皮ᄒᆞ야先此廣告

尹泰壹 廣告

▲特別廣告▼

僕이平壤地에出張ᄒᆞ얏다가現今還京ᄒᆞ야從前處務ᄒᆞ오니民刑訴訟에關係가有ᄒᆞᆫ諸氏는陸續來議ᄒᆞ시옵

辯護士尹邦鉉
事務員閔泳善
法律事務所自邸並移
漢城南部武橋一統三戶

대뎌조션을광고ᄒᆞᆷ은편리아니며또ᄒᆞᆫ괴ᄒᆞᆷ이아닌즉더욱혐의될지나져가들고념ᄒᆞᆫ미조피ᄒᆞᆯ때ᄂᆞᆫ표ᄒᆞᆷ이라젼부위민하식은조고여상이본인을의지ᄒᆞ야년긔장셩에재형대분거ᄒᆞᆫ지십여년리로부랑방탕에젹패가산ᄒᆞ고거의황홀ᄒᆞ야긔인부채로조위능ᄉᆞᄒᆞ니무론모ᄉᆞᄒᆞ고민하시파졀물권긔상관ᄒᆞ시며본인파재형대를가락ᄒᆞ며위조분ᄌᆞ로궤홀작간ᄒᆞ드리도졀물신령ᄒᆞ시옵본인파재형대논하시에더ᄒᆞ야호무담칙ᄒᆞ니너의동포는죠량ᄒᆞ시옵

민쇼ᄉᆞ 고ᄇᆡᆨ

本人의家人이[illegible]納ᄒᆞ고債用及物件外上을屢次徵給하엿스나家人은姑舍ᄒᆞ고雖本人의下라도決不更徵給ᄒᆞᆯ터이니內外國僉君子는照諒ᄒᆞ심을望ᄒᆞᆷ

北部松峴第拾九統四戶 尹寓善 告白

本社에셔活板機械를壹新整備ᄒᆞ고各種印刷를廉價需應ᄒᆞ오니僉位는惠顧ᄒᆞ시옵
社會公益上印刷는二割特減ᄒᆞᆷ
本社에셔直接大發賣書目

中等 用器畫法 全 定價金七拾錢
凱雲 吳榮根君 著
本書는測量、建築、構造、機械見取、壹切實地應用製圖法

新撰 外國地誌 上下 定價金六拾錢
本書는各學校教科에適當ᄒᆞ며世界各國의情形을詳載ᄒᆞᆷ

二十世紀朝鮮論 定價金三拾五錢

最新 算術 上卷完成 下卷印刷中 定價金五拾錢
官立高等學校教授金夏鼎君著
本書는著者金君이實地教授ᄒᆞᆫ多年經驗으로算學要領을最ᄒᆞᆫ者니各學校教科用及獨習에宜ᄒᆞᆷ

鍾路東門上隅 合二統三戶 興文社

學員募集廣告

本所에셔講習科와初등科를設ᄒᆞ고何時던지志願을應ᄒᆞ와速成으로精密敎授ᄒᆞ오니願學僉員은以此照亮ᄒᆞᆷ

初等科 參個月

講習員은學力을隨ᄒᆞ야定期ᄒᆞᆷ

各科에個々히志願學習ᄒᆞᆷ도許ᄒᆞᆷ

但敎授課程과細則은本所로來議ᄒᆞᆷ

南部棗洞六拾三統九戶二層屋
大韓測量組合所講習所告白

廣告

居家旅行에恒常預備ㅎ藥은大韓帝國漢城鍾路慈惠醫院內新醫學兩博士로大韓醫院一等藥製官의實驗鑑製ㅎ

官許 登錄商標

治痰消食 平胃丸 九拾粒定 價금拾錢

靈効解瘧丸	壹包十錢	咽喉熱痛 降火水	五日分金壹圓
消食物生口味 甘酸水金	五拾錢	男女氣血 補益丸	二圓五拾錢
淋疾去根藥	五拾錢	痢疾靈散	三十錢
淸明眼藥水	十五錢	止瀉潤腸丸	二拾錢
寸虫拔根藥	三十錢	純金鷄丸	拾錢
蛔虫沒出丸	二拾錢	漢城百藥膏	拾錢
四時感冒丸	拾錢	大小腫台창膏	三拾錢
消痰鎭咳藥	三十錢	止足汗臭약	二拾錢
養兒寶散	拾五錢	美國膏藥	貳拾五錢
德國淋疾藥	七日分壹圓四十錢	陳々舊滯 消積丸	五拾錢
無惡臭疥창약	拾錢	德國上品蛔虫散壹号	金壹圓七拾錢

◎慈惠大藥房內印刷大擴張廣告

弊藥房에서石版機械活版印刷機械를特設ㅎ고左記ㅎ課目대로印刷ㅎ오니全國十三道各郡內各社會及學校僉兄弟께서石版印刷와活版印刷와各書籍類의所用대로見本과名目만詳示ㅎ시면本店에서以廉價로信信付送于小包郵便ㅎ을거시니不必上京이외다

普印社 主務 李觀化 梁在灌 告白

石版部　株券 地圖 商票 寫眞石版 各學校用進級 褒證 賞狀 卒業 修業證書 等약封紙 各色 彩畵 古書畵 插畵 册衣ㅅ繪葉書 上等名刺

活版部　各種書籍 雜誌 廣告紙 印札紙 領受證 請牒紙 其他種々

寫眞部　寫眞葉書 寫眞名刺 各色寫眞 其他種々

粧册部　內外書籍 精米粧황

釜山之港이항之首也라商旅輻湊ㅎ物貨繁興이亦日ㅎ壹而至於勞働에處之無所하고行之無規ㅎ야數千役夫가各心關生에病無救療ㅎ니死多橫逝하고死不埋葬ㅎ니骨亦暴露이라光景이矜憐ㅎ야光武九年六月日에本港居李裕明氏로總務를敎薦ㅎ고本人等이齊聲請願於時監理李縣榮氏ㅈ官亦矜此情景ㅎ사前絕影島鎭廢ㅎ公廨와陳廢된牧地에賭稅를準定ㅎ고基地를借給이오며李裕明시로監督을發帑ㅎ야社屋을幷力建築할時에文簿와財政를付온專任于李氏ㅎ고本人等은壹心請助에食尊捐助금二千大百餘兩과本社千人契剩餘三千五百九拾餘兩으로建築費를比較ㅎ가有餘ㅎ니李시가建築費不足이라하고本人等에게督促ㅎ가償款請狀이며文簿相考에는以本人等之愚昧로實難歸正ㅎ야本항草梁居秋月梧시가事務上組織과敎育中發達로名譽가稱有ㅎ기本人等이公議ㅎ야總務長을敎薦ㅎ야齊聲請願于本府ㅎ야已承許可視務ㅎ고文簿를會同考準ㅎ즉建築所入費錢이九千八百餘兩이오右錢利子五千八百餘兩이기其中減下條와上項請助錢千人契剩約을幷爲除減ㅎ고餘錢四千五百兩만報給ㅎ기로互相決定後에李裕明씨는社장으로薦任ㅎ고賭錢中二千兩은總務秋씨가擔當하고餘錢二千五百兩은壹社同任으로關議歸正하기를卒定인바同리씨가帑任促錢이於心未安ㅎ야社長를退單ㅎ고日本人泥川正直許에委任ㅎ야本港警察署에呼訴ㅎ여屢過脫驗ㅎ고末至滯四이옵기本人等이全항役夫로會議ㅎ야自辦契를設施ㅎ고額內役夫만合其古五拾錢式收合ㅎ야定ㅁ拔桶後에依約分給ㅎ고餘剩금壹白兩은日人泥川處에渡給ㅎ고三次拔桶ㅈ은[illegible]釜山[illegible]察署에禁止ㅎ기因此聚會ㅎ야據秋氏는社長으로薦任ㅎ고監督長姜文輔시는[illegible]으로薦任인바秋姜兩시가熱心並力ㅎ야恪勤社務이오며壹邊償欵淸帳할事로自辦契許可請願을提呈于釜山警察署長前ㅎ고各項矯救方針과組織規則을上附得認ㅎ기爲ㅎ야社[illegible]秋시를本人等이委任ㅎ여本道觀察使의게勸告上送ㅎ얏스나往來旅留連費를自備排用ㅎ고且以十六個月料금도專不收用ㅎ야社中公用에補助하고無依ㅎ本항勞働으로事業에發達ㅎ야本社로支保케ㅎ와方在晋州이바本月[illegible]貳日出ㅎ大韓每日申報第九百五十壹号廣告內에本社장秋月梧시를構誣毁害ㅎ되리시와任名을敎奪ㅎ고社中을紛亂케ㅎ야會社가將至廢境이라故滋釜항役夫의告白이라하기本人等이자항役夫牌[illegible]도民所率役夫處에壹[illegible]質問ㅎ되頓然不知라ㅎ고社長謀害에不勝[illegible]忿ㅎ야停其事役ㅎ고期欲暴白ㅎ더總務長姜文輔가曉諭牌長ㅎ야息鬧役夫ㅎ며本人[illegible]에始爲停止ㅎ고反料理由ㅎ惹名告白이前社長리시做計也라且以리유興시가本社ㅅ장을[illegible]勞働[illegible]홈이爲其本社인지做計肥己私慾인지社長敎薦이出於衆情인더自擅圖得이며倘非虛勞耶아以若秋社長之名譽로橫被無[illegible]之惹孽ㅎ니豈不痛忿乎아從當質判ㅎ려니와先爲正誤ㅎ오며內外僉尊은特爲照亮ㅎ심을爲要

隆熙二年拾壹月貳十七日

東萊府釜山항永信社勞働役夫什장

김化瑞 朴明善 김士賢 리漢汝 김德瑞 申文淑 睦德化 리허甫 朴鳳瑞 白化實 김敎三 張春三 리化壹 김順三 羅信五 김千五 姜和伯 朴士玉 鄭君五 具士連 리春實 김德仁 김成伯 韋順彦 田在元 리性云 朴龍瑞 張元壹 崔永瑞 黃千壹 裵基彦 宋聖昊 盧和吉 리德順 裵容瑞 리仁五 김春伯 黃和彦 徐聖伯 朴奇彦 梁又春 리化伯 리春瑞 南正午 김允彦 朴永根 김君彦 朴士俊 禹聖道 柳振汝 張명玉 정聖善 等 告白

●慶尙南道昌原府前熊川加德面私立加豆學校義捐金廣告

前參奉 李敬雨 葉貳百兩
幻學 李謹雨 壹百十兩
趙信奎 金斗宣 崔敬鎬 千潤斗 趙鳳浩 각壹百兩
裵良天 全順正 각七十兩
曹性辰 趙敬奎 許道用 趙회奎 朴奉述 각六拾량
趙寅奎 金종鍊 前出身河秦漢 前參奉李유徽 河敬出 崔석흐 趙性佑 朴奉祚 김淵成 각五拾량
김炳奎 리章浩 河敬洪 김季浩 김龍協 許迷 김制七 각四十량
金석潤 前參奉金전河 리仁實 尹뒤鉉 崔鶴國 宋偉斗 全榮斗 김在鎬 리相珪 각三拾량
全順成 김俊弼 각廿五량
前主事朴鳳석 리斗奉 리德榮 崔明俊 裵成在 通政金澤厚 李同五 權相勛 吳季允 金甲錄 李局洪 李益相 趙釧奎 李斗現
前參奉리守雨 김南柱 前都事김祗煐 崔善出 김敬衡 姜煥鎰 崔鶴東 崔석權 최석淳 裵聖必 高永赫 朴明福 金鱗成 張敬云 各廿兩
千奉綠 김東贊 崔석文 朴根五 리元雨 權泰奎 리종連 裵完順 姜聖熙 全順敬 趙永奎 徐大洪 리鍾基 朴在文 姜桂世 姜鳳奎 宋源贊 朴其洪 金釣坤 김斗用 姜[illegible]鳳 김贊夾 김龍治 各拾五량
前參奉裵敬玉 리[illegible]五 리茂五 鄭雨善 千秋夾 김敬哲 趙世允 趙贊出 朴敏五 趙兌奎 리회允 리종煥 김正奎 김敬鍊 徐道順 姜建 리斗洪 吳敬益 리周用 崔恒석 리芳雨 宋종寬 尹庸鉉 金昊弼 朴鳳일 宋敏五 崔석鉉 김斗宗 김[illegible]淑 김守用 宋龍九 리正雨 김守道 裵聖基 김在守 申道祥 裵炳奎 리敬綠 朴敬世 全석柱 金석 김炳斗 김福俊 許璜 各拾량
曹福洪 權相禹 각五량
邑西門里 吳鳳奎 院里 全致洙 각壹圓
東萊艸梁竹林朴龍奎 五圓
金海九郞東谷姜鎬麟 三원
律頃里 姜桂雲 김汝章 각葉拾五량
리仁伯 拾량

私立加豆學校 告白

大邱故學生杜漢弼시孝行卓異홈을因ㅎ야道報ㅎ야自學禮院으로褒聞旌褒이오니僉彦照亮

朴晶東 徐相夏 崔大林 裵碩鎬 告白

本社營業은後로買賣便利홈과價格低歇홈으로[illegible]利ㅎ신 僉彦께서는洞燭ㅎ시려니와近頃에尤為[illegible]分注意하오며購買에僉君子는陸續來議ㅎ심을[illegible]務望

南部曲橋斗井洞

漢城材木柴炭株式會社 告白

直輸入大發賣廣告

學校用品測量機械

有名書籍各種

我國特産谷香煙草

南署棗洞農商工部前

金龍商會 謹告

◎谷香葉卷煙 大發賣廣告

○本社의葉卷烟草는我國名產谷山草로精選製造ㅎ온지三載有餘를經過ㅎ오며香味가去益薰甘ㅎ와西烟보담大勝ㅎ옵고且價格을特別히低廉ㅎ옵게發매ㅎ오니海內志士는我國製品을愛顧ㅎ시와優欵히需用하심이於國於私에[illegible]利益이오니海諒惠顧ㅎ옵

漢城남[illegible]棗洞大拾統拾戶

谷香合資會社 謹告

大烟百本入壹箱 壹圓五拾錢
中烟百本入壹箱 金七拾錢
小烟百本入壹箱 金四拾錢
拾本入廿匣壹箱 金八拾錢

發行兼編輯人 英國人 萬咸
Responsible for Publication Alfred Weekley Marnham.
發行所 京城署石井洞號外地三層洋屋 大韓每日申報社

第六卷

大韓每日申報

第九百六拾貳號

月曜及慶節歲時日休刊

檀君開國四千二百四十一年
箕子元年三千三十年
大韓開國五百十七年
日本明治四十一年
淸國光緖三十四年
陰曆戊申十一月小初三日乙酉

論說

◉光緖及西太后崩逝後支那問題의對ᄒᆞᆫ研究 (續)

(一)狹隘的儒學의獎勵 人心은强力으로壓服키ᄂᆞᆫ難하고魔術로迷誘홈은易ᄒᆞᆫ지라彼歷代淸主가其强力으로支那人을懾服케ᄒᆞ야其口를杜하며其身을錮ᄒᆞ얏스나尙且防川의橫決을深慮ᄒᆞ야於是乎其壹大魔手段을出ᄒᆞ야民知를杜塞ᄒᆞ며民氣를消磨케ᄒᆞᆯ시全體의儒敎ᄂᆞᆫ吐棄ᄒᆞ고但其狹隘的壹方面에就ᄒᆞ야凡心性理氣訓詁考據와風花月露等無用의詩詞로壹代人材를籠絡ᄒᆞ야其髮을盡白케ᄒᆞ며皚々儒生들은彼心術의所在ᄂᆞᆫ不知하고但日彼가儒敎를尙ᄒᆞ며孔子를尊ᄒᆞᆫ다ᄒᆞ야目을掩ᄒᆞ고其範圍內에彷황老死ᄒᆞ얏스니엇지可憐치아니ᄒᆞᆫ가

(二)政治中央은滿人의專據地 ○淸廷이漢人에對ᄒᆞ야種々奇異ᄒᆞᆫ方法을盡弄ᄒᆞᄂᆞᆫ中又彼에게ᄂᆞᆫ權利를與홈이不可ᄒᆞ다ᄒᆞ야政權을惟滿人이是掌ᄒᆞ며軍權도惟滿人이是掌ᄒᆞ니數百年來北京政府ᄂᆞᆫ滿人의專有物이오其中에幾個漢人이或有ᄒᆞ나便是贅疣에不過ᄒᆞ니라

第三 洪秀全의崛起와滿漢勝敗의第壹消息

淸廷君主가如此許多不平等의法制로漢人을壓勒ᄒᆞ며許多巧妙의手段으로漢人을欺弄하나漢人의對外感情은前代에比ᄒᆞ면稍强ᄒᆞᆫ故로「撫我則后虐我則讎」의觀念이反少ᄒᆞ고「非我族類其心必異」의主義가漸長하야明亡以後로種々秘密會를結ᄒᆞ야排滿方策을講究ᄒᆞᄂᆞᆫ바壹則其中에偉大ᄒᆞᆫ人物이出ᄒᆞ야累千年腐敗ᄒᆞᆫ民心을振興ᄒᆞᆫ者ㅣ無ᄒᆞ며二則滿洲朝廷에恒常康熙乾隆等英傑之主가踵出하야漢人의逞志ᄒᆞᆯ暇隙이無ᄒᆞᆫ故로支那革命史의壹新異彩를未放ᄒᆞᆫ비러라

然이나道光以來로淸廷의運命이中微ᄒᆞ야上으로英明ᄒᆞᆫ君主가無하며下으로貪橫ᄒᆞᆫ官吏가多ᄒᆞᆷ으로漢族의不平餘憤이久抱ᄒᆞ야山中에長嘯ᄒᆞ던者가劍을磨하야北京을睥睨ᄒᆞᄂᆞᆫ者ㅣ登萊ᄒᆞ야天理白蓮의流寇가頻頻ᄒᆞ더니

末乃洪秀全이草間壹匹夫로揭竿暴起ᄒᆞ야西越에始事ᄒᆞᆫ지不數年에十餘省을蹂躪ᄒᆞ고其所謂太平天國을創建홈에至ᄒᆞ얏도다

此時ᄂᆞᆫ北京政府의腐敗가極點에已達ᄒᆞᆫ時代오其滿軍八旗도富貴驕奢가已甚ᄒᆞ야入關當年의銳氣를全失ᄒᆞ얏스니萬壹洪氏가初起의銳鋒으로百勝의餘威를席하야北京을直擣ᄒᆞ얏스면滿洲의運命이已休하얏슬지어ᄂᆞᆯ彼竪子가無能ᄒᆞ야進取의大計를不思ᄒᆞ고金陵彈丸地를枕ᄒᆞ야拾六年太平天子를作ᄒᆞ다가畢竟失敗鬼가되야曾國藩李鴻章의名譽만成就ᄒᆞ얏도다

或者가曾李兩人을咎하되彼가民族主義를不知ᄒᆞ고反히異族을爲ᄒᆞ야同族을滅ᄒᆞ얏다ᄒᆞ나其實은彼妖悖癡迷ᄒᆞᆫ洪氏가비록曾李兩人을不遇ᄒᆞ얏슬지라도其滅亡을不免ᄒᆞᆯ者오但可惜ᄒᆞᆫ者ᄂᆞᆫ彼曾李의徒가洪씨를滅ᄒᆞᆫ後에其餘鋒을回ᄒᆞ야北京政府에向ᄒᆞ야驕傲無識ᄒᆞᆫ親王大臣을掃除ᄒᆞ며腐敗堆積ᄒᆞᆫ秘政惡法을改良ᄒᆞ고壹新政治를創하얏스면但只滿漢問題만早已解決되얏슬ᄲᅮᆫ더러抑亦支那四億萬民의福利가洋々ᄒᆞ얏슬지어ᄂᆞᆯ彼輩가惟此君命을從의分義만思하고如炬ᄒᆞᆫ大眼光이無ᄒᆞ야壹般漢族의遺恨을貽ᄒᆞ얏도다 (未完)

▲隆熙貳年拾月二拾七日 官報

●告 示

農商工部告示第拾三號 (續)

前項의規定을違反ᄒᆞ야合併ᄒᆞᆫ時ᄂᆞᆫ此로써異議를陳述한債權者에게對抗홈을不得홈

第八拾條 會社가第七拾八條第二項에定ᄒᆞᆫ公告를아니ᄒᆞ고合併ᄒᆞᆫ時ᄂᆞᆫ其合併은此로써其債權者에게對抗홈을不得홈

會社가既知ᄒᆞᆫ債權者에게催告를아니하고合併ᄒᆞᆫ時ᄂᆞᆫ其合併은此로써其催告를受치아니ᄒᆞᆫ債權者에게對抗홈을不得홈

第八拾壹條 會社가合併ᄒᆞᆫ時ᄂᆞᆫ二週日內에本店及支店의所在地에서合併後存續ᄒᆞᄂᆞᆫ會社에對ᄒᆞ야ᄂᆞᆫ變更의登記를ᄒᆞ고。合併을因ᄒᆞ야消滅ᄒᆞᆫ會社에對하야ᄂᆞᆫ解散의登記를ᄒᆞ고 ●合併을因ᄒᆞ야設立ᄒᆞᆫ會社에對ᄒᆞ야ᄂᆞᆫ第五十壹條第壹項에定ᄒᆞᆫ登記를홈을要홈

第八拾二條 合併後存續ᄒᆞᄂᆞᆫ會社又ᄂᆞᆫ合併을因ᄒᆞ야設立ᄒᆞᆫ會社ᄂᆞᆫ合併을因ᄒᆞ야消滅ᄒᆞᆫ會社의權利。義務를承繼홈 (未完)

外報

●淸國大官新任 北京電을據ᄒᆞᆫ則醇親王의令弟醇貝勒은內大臣으로那桐은鬪兵大臣으로被任ᄒᆞ얏다더라

◉安慶의暴動 同電을據ᄒᆞᆫ즉淸國安徽省安慶에駐屯ᄒᆞᆫ騎砲兵이革命黨과聯絡ᄒᆞ야暴動ᄒᆞ얏ᄂᆞᆫ데北京政府에서ᄂᆞᆫ各總督과巡撫에게嚴重ᄒᆞᆫ團束方法으로訓令ᄒᆞ얏다더라

◉革命黨武器輸入 同電을據ᄒᆞᆫ則淸國革命黨員等이此際에南淸壹帶諸港으로부터武器와彈藥을密輸ᄒᆞ라ᄒᆞᄂᆞᆫ故로北京政府에서各省督撫에게各沿海를嚴戒ᄒᆞ라고命令ᄒᆞ얏다더라

◉安慶暴亂後報 同電을據ᄒᆞᆫ즉安慶府에在ᄒᆞᆫ淸國砲兵이向日에騷動을起ᄒᆞ야其大砲를利用ᄒᆞ야市內에서暴動되얏ᄂᆞᆫ데安徽巡撫가測留軍을率ᄒᆞ고該地에臨ᄒᆞ얏슴으로砲艦及軍用船의援助를因ᄒᆞ야三대에秩序를回復ᄒᆞ고同夜에叛徒首領二名을捕縛ᄒᆞ얏고又人民의死傷者가若干有ᄒᆞ고其他家屋破壞와損害를被ᄒᆞᆫ者가不少ᄒᆞᆫ데右事變을因하야大湖縣湖南縣으로부터步兵二營을派遣ᄒᆞ고又兩江總督端方氏도同地로往ᄒᆞᆯ터이라더라

◎波斯의國會廢止 東京電을據ᄒᆞᆫ즉波斯王은國會를廢止ᄒᆞ라고佈告ᄒᆞ얏다더라

雜報

◉志士寄函 義島大廟洞愛濟藥房主朴齊元氏가本社에致函ᄒᆞᆫ全文이如左ᄒᆞ니

敬啓者本人이素以寒微之人으로窮居無依나然ᄒᆞ나購覽貴報ᄒᆞ온즉當此文明世界에惟我韓國이昏沉터니貴報之公筆이擧燭於昏街之中ᄒᆞ야開聾盲ᄒᆞ시니豈不歡忭哉아實筆之下에昏睡中同胞가次第醒覺ᄒᆞᆯ줄노自量ᄒᆞ오나如此實鑑을以何表誠ᄒᆞ올지思之不已ᄒᆞ야爲此愛重之意로每朔二十錢式奉呈矣리니勿棄微細之衷을切望이라ᄒᆞ얏더라

●勞働熱心 西村人의傳說을聞ᄒᆞᆫ즉金川郡北面廣灘里勞働者李福壽李元默시等數拾人이自己의矇昧홈을痛歎ᄒᆞ야知識을啓發코자ᄒᆞᄂᆞᆫ故로該李宇事시가廣新學校內에夜學科를特設ᄒᆞ고熱心敎授ᄒᆞᄂᆞᆫ대頗有前進之望이라더라

文 壇

▲讀史新論 (續) 壹片丹生

第八章

三國興亡의異轍

其敗民이名譽上獨立心이甚富ᄒᆞᆫ지라是以로倡動이平壤을蹂躪ᄒᆞ던其翌日에挹婁山東에서尊攘의師가即起하야舊物을光復홈이어니와百濟ᄂᆞᆫ南으로新羅가有ᄒᆞ니弱ᄒᆞ다ᄒᆞ야此를侮視ᄒᆞ며北으로句麗가有ᄒᆞ나遠ᄒᆞ다ᄒᆞ야此를不備하고海外區區島國日本의援을常依ᄒᆞ야其結果에其心이常驕ᄒᆞ며其氣가易餒ᄒᆞᆯ지라是以로炭峴白江의天險을不守ᄒᆞ야成忠의遺恨이空장ᄒᆞ며完方仁勝의群魔가生還ᄒᆞ야歷史의遺恥라不磨하얏스니高句麗百濟의壹復興壹永亡의原因이잇지此에不在ᄒᆞᆫ가嗚呼라비록古代의民權이無ᄒᆞᆫ時代에도其民氣가不死ᄒᆞᆫ國은其餘芽가復長함은壹定不可誣의理니라

或曰外援을藉ᄒᆞ야隣敵을禦홈은新羅와百濟가同ᄒᆞᆫ것만은新羅ᄂᆞᆫ此로以興하며百濟ᄂᆞᆫ此로以亡ᄒᆞ얏스니此ᄂᆞᆫ又何故이뇨曰新羅ᄂᆞᆫ支那의援이有ᄒᆞ나此를專시홈이아니오惟其自强의術을講ᄒᆞᆫ然後에此를利用홈而已라故로法興眞興兩王在位年間에請援使盖가隋邦에絡繹ᄒᆞ얏스나 (未完)

雜報

●兩宮陛見 再昨日上午에完興君李載冕氏와永宣君李埈鎔氏와其他 皇族諸氏가 德壽宮에進詣ᄒᆞ야 眞殿茶禮를恭與ᄒᆞᆫ後에 太皇帝陛下씌 謁見ᄒᆞ고同午後에 昌德宮에仍詣ᄒᆞ야 大皇帝陛下씌 陛見ᄒᆞ얏다더라

◉清國의三大派

清國政府에ᄂᆞᆫ三派의黨與가有ᄒᆞ야互相反目ᄒᆞᄂᆞᆫᄃᆡ其黨人은如左ᄒᆞ고攝政 醇親王은何派에屬ᄒᆞᆫᄂᆞᆫ지未知라더라

(甲派)軍機大臣 慶親王軍機大臣袁世凱東三省總督徐世昌肆總督楊士直湖廣總督陳夔龍兩廣總督張人駿奉天巡撫唐紹儀東巡撫袁樹山

(乙派)宗人府宗令 禮親王宗人府右宗玉 肅親王度支部尙書載澤公軍機大臣張之洞內閣大學士孫家鼐兩江總督端方四川總督趙爾巽禮部尙書溥良郵傳部尙書陳璧

(丙派) 民政府尙書 肅親王外務部尙書那桐軍機大臣世續陸軍部尙書鐵良內閣大學士榮慶內閣大學士鹿傳林內務大臣奎俊雲貴總督松壽雲貴總督錫良峽甘總督升允이라더라

●統監入城 伊藤統監의一行이昨日下午三時에仁川港에到泊ᄒᆞ얏ᄂᆞᆫᄃᆡ總理大臣以下各部大臣及次官과其他內外國高等官이多數下往ᄒᆞ야同四時三十分에迎接入城하얏다더라

●壹不許施 內部大臣宋秉畯氏가農商大臣在任時에壹進會에서未墾陳荒地를請願承認處가數百處인ᄃᆡ趙重應氏가農相을被任ᄒᆞᆫ以後로ᄂᆞᆫ壹進會에서陳荒地請願ᄒᆞᆷ을壹不許施ᄒᆞ얏다더라

●有何未盡 壹進會長李容九氏가무ᄉᆞᆷ未盡ᄒᆞᆫ事件이有ᄒᆞᆫ지歸期가延期되야來月望間에還國ᄒᆞᆯ預定이라더라

●派巡警衛 昨日伊藤統監이入城ᄒᆞᄂᆞᆫᄃᆡ警視廳에서壹層警衛ᄒᆞ기爲ᄒᆞ야巡查百餘名을派送하야仁川停車場에把守保護ᄒᆞ얏다더라

◉日兵의半減

韓國에駐在ᄒᆞᄂᆞᆫ日兵의額數를半減ᄒᆞ기로日本에셔決定ᄒᆞ얏다더니南來人의傳說을聞ᄒᆞᆫ즉日騎兵及其他兵卒이木浦港에서出帆歸國ᄒᆞ얏다더라

◉光郡風雲後報

光州郡大枝面에셔義兵과日兵이現今交戰ᄒᆞᆫ다ᄂᆞᆫ事ᄂᆞᆫ昨報에已揭어니와日兵이多數被殺ᄒᆞ야抵敵無期ᄒᆞ다ᄂᆞᆫ電報가某處에來着ᄒᆞᆫ故로京城에駐在ᄒᆞᆫ日兵을多數派送ᄒᆞ야應援ᄒᆞ기로協議中이라더라

◉南一派의熾盛

海南郡에義兵南壹派大將全海山氏ᄂᆞᆫ故全捧準氏의令男인ᄃᆡ其氣勢의漸次熾盛ᄒᆞ다ᄂᆞᆫ說은前已屢報어니와該派가清國餉馬黨과聯絡되야不遠間清國에셔多數ᄒᆞᆫ軍物을輸來ᄒᆞᆫ다ᄂᆞᆫ巷說이浪藉ᄒᆞ다더라

●水桶賣渡交涉 水道會社에서漢城內水桶을日本人의게매渡ᄒᆞ기로現今交涉ᄒᆞᄂᆞᆫ中이라더라

●張氏決心 辯護士張燾氏가民刑事間에抑鬱히被訴ᄒᆞᆫ人이有ᄒᆞ면訟費ᄂᆞᆫ不計多少ᄒᆞ고極力辯護ᄒᆞ야人民을保護ᄒᆞ기로決心ᄒᆞ얏다더라

●酒商組合請願 南部銅峴居하ᄂᆞᆫ劉璟協氏가東部梨峴等地에漢城酒商組合所를設立次로農商工部에請願ᄒᆞ얏다더라

●魚勢宏壯 前臨時帝室有及國有財產調查局事務員權賢燮김壹燉兩氏가該局委員長宋秉畯氏의命令을承ᄒᆞ야管理ᄒᆞ던家屋稅금과各項經費등調查ᄒᆞᆫ즉幹事魚용善氏의出贓이三百三拾壹圜八錢인ᄃᆡ查報ᄒᆞᆫ지가于今五六朔에至ᄒᆞ얏스되魚氏의勢力이宏壯ᄒᆞ야如何ᄒᆞᆫ措處가何無ᄒᆞ다더라

●事必歸正 普文社에서事務員諸시와崔錫彰韓榮浩兩시가互相起訴ᄒᆞᆫ다더니再昨日地方裁判所檢事局에셔該社取締諸員을招致ᄒᆞ야曾往證據書類를還爲出給ᄒᆞ고以不起訴處分決案之意로說諭出送ᄒᆞ얏다더라

●金氏抑冤 김春培氏에所有光陽田畓을戊辰年分에雲峴宮에서勒奪ᄒᆞᆫ故로丙午正月初四日裁判ᄒᆞᆯ時에其翌日에出給ᄒᆞ기로納拷矣러니于今三年에不給ᄒᆞ기로不勝抑冤ᄒᆞ야春培氏에四寸兄元培氏가今年三月分에雲峴宮에往ᄒᆞ야田畓을出給ᄒᆞ라ᄒᆞᆫ즉리埈鎔氏對答이來秋로出給ᄒᆞ마ᄒᆞ고而今不給ᄒᆞᄂᆞᆫ故로김氏가決末次로方今履旋中이라더라

●鎭民何罪 太田停車場에서恩津江鏡浦ᄭᆞ지電線을敷設ᄒᆞ다ᄂᆞᆫ說은已報어니와該電桿木二百壹株를鎭岑龍巢時에셔斫伐ᄒᆞ야輸送費를每株에葉九兩式酌定ᄒᆞ야鎭岑郡主事李相염氏의게出給ᄒᆞ얏ᄂᆞᆫᄃᆡ該氏가同錢을中間乾沒ᄒᆞ고電桿木은境內各洞人民으로赴役輸去ᄒᆞᆷ으로民怨이載路ᄒᆞ다더라

●日人無理 龍岡郡金川谷面閒興洞葛串前坪에冠동壹동二동三동四동五동幾千斗落의畓이有ᄒᆞᆫᄃᆡ四五동은明禮宮所有러니昨年分에該畓을日本森農場支派人巖本光五郎에放賣ᄒᆞ얏ᄂᆞᆫᄃᆡ而日人巖本이가他동의灌水가自동地로由ᄒᆞᆫ다稱ᄒᆞ고無端ᄒᆞ게該동水稅를勒捧코ᄌᆞᄒᆞᄂᆞᆫ故로該동人民等이不勝冤恨ᄒᆞ야累次公判中이라더라

●觸架落傷 北部梅동普通學校生徒李白龍이가再昨日에該校運動架設木에抵觸落함되얏ᄂᆞᆫᄃᆡ慘不忍見이라더라

●失路兒留執 參昨日下午七時頃에何許四五歲假量된女兒가黃토峴等地에셔失路呼哭ᄒᆞᄂᆞᆫ故로西部北門동十五統十戶居ᄒᆞᄂᆞᆫ館警務官魏洪奭氏가適過其地ᄒᆞ다가執留以去ᄒᆞ야尙今留置ᄒᆞ고其父母의來覓ᄒᆞᆷ을苦待ᄒᆞᄂᆞᆫ中이라더라

●藥令 字延期 清州府秋等藥令日字ᄅᆞᆯ已爲廣告ᄒᆞ얏스나以其促急으로各處醫士藥商之延期勸告가有ᄒᆞ야更於陽十壹月十二日노開市ᄒᆞᄂᆞᆫ바府下에셔實業에有志ᄒᆞᆫ郭致中朴齊洪孫興仁趙鍾玉金寬五郭泰鉉姜顯九徐相珍김晩基김允鉉徐德弼崔聖云邊서煥朴化集諸氏가合資營業으로各出數百圜ᄒᆞ야唐艸藥을貿來하ᄂᆞᆫᄃᆡ京城釜山大邱公州忠州各處의각參人式發程ᄒᆞ얏다더라

●坊會總會 嘉安坊會에서來日曜日에總會를漢城官立高等學校內에開設ᄒᆞ고任員을組織ᄒᆞᆫ後에諸般事項을協議ᄒᆞᆫ다더라

●青館演說 今日下午七時三十分에鍾路青年會館에서演說會를開ᄒᆞᆫ다더라

●昌校不幸 本月拾參日에全羅南道昌平郡창興學校의셔秋期運動을開ᄒᆞ얏ᄂᆞᆫᄃᆡ連近ᄌᆞ학校任員及生徒가盡日暢樂ᄒᆞ미觀光士女가人海를成ᄒᆞ얏ᄂᆞᆫᄃᆡ同下午六時量에散會各歸ᄒᆞᆯ際에該郡憲兵補助員卞章玉爲名人이玉果養英學校校監曹弼承氏馬夫를執탈毆打ᄒᆞ고旅館의在ᄒᆞᆫ曹弼承氏를押跪酒舍ᄒᆞ고長木으로猛打頭部ᄒᆞ야血流淋漓에幾乎昏倒ᄒᆞ니昌興學校任員諸氏가警察署裁判所에連度呼訴ᄒᆞ고壹般生徒ᄂᆞᆫ히事件을雪治ᄒᆞ기前에ᄂᆞᆫ誓不上學ᄒᆞ깃다고히道觀察使에게聯名請願ᄒᆞ얏다더라

●聖校月試 鎭島聖德學校에셔月終試驗을經ᄒᆞ얏ᄂᆞᆫᄃᆡ甲班最優等生에李懸玄及第生에延貴男乙班最優等生에柳蘇馨優等生李法鎬及第生에李明辰丙班優等生에李懸漢及第生에李鐘純等인ᄃᆡ該동紳士朴在庸씨가優數ᄒᆞᆫ物品을施賞ᄒᆞ얏다더라

●普昌學試 黃海道金川郡助浦私立普昌學校에셔去九月三拾日에第三學期試驗을經ᄒᆞ얏ᄂᆞᆫᄃᆡ高等科優等生은池永斗朴東일等七人이오初等科優等生은劉弘柩池承昌諸人이라當日進級式을擧行ᄒᆞᆫ後優數ᄒᆞᆫ賞品을給與ᄒᆞ얏다더라

●知校勇斷 北靑郡知新學校學監全榮한氏와校監金한經시가向於該校運動時에揮淚演說ᄒᆞ되開明코ᄌᆞᄒᆞ면形式부터變ᄒᆞ여야ᄒᆞᆫ다ᄒᆞ고先自取刀削髮ᄒᆞ미壹般학生이觀感하야爭先削髮ᄒᆞᆷ으로勇斷氣象이無不稱頌ᄒᆞ얏다더라

●培英設校、殷栗郡內有志諸시가勞働社會의愚蒙ᄒᆞᆷ을恨歎ᄒᆞ야昨秋에培英夜塾을刱設ᄒᆞ미有志紳士高학律시가名譽教師로自擔教授ᄒᆞᆫ지于今壹周에七拾餘名學生이勤孜受業ᄒᆞ야成就之望이有ᄒᆞ다더라

●教師熱心 群山항有志紳士가夜學校를創立ᄒᆞ고學員을募集ᄒᆞ얏ᄂᆞᆫᄃᆡ商人中入學者가四十餘人이라教師申泰根氏가名譽로熱心教授ᄒᆞ미壹般任員及學員이稱頌不已ᄒᆞᆫ다더라

▲地方消息▼

▲京畿管內에ᄂᆞᆫ義兵의勢力이比前益猖ᄒᆞ야黃海道延安海州白川地方에셔日討伐隊와交戰ᄒᆞ다가江華附近에셔出沒ᄒᆞ며平山郡地方의ᄂᆞᆫ義兵二參十名이出沒不絕ᄒᆞ며京畿道楊州朔寧坡州각地方의셔ᄂᆞᆫ義兵三四十名이出沒ᄒᆞ고江原道溫陽金城華川橫城麟珍原州地方의ᄂᆞᆫ義兵二參十名이出沒ᄒᆞ야民心이不穩ᄒᆞ다ᄒᆞ얏고

▲龍仁呂州郡에ᄂᆞᆫ小數의義兵이出沒ᄒᆞᆫ다ᄒᆞ고長湍郡에ᄂᆞᆫ義兵約廿名이出沒ᄒᆞ며其他地方에도小數義兵이出沒ᄒᆞᆫ다하며平山延安地方에ᄂᆞᆫ義兵二參十名이出沒ᄒᆞᆫ다ᄂᆞᆫᄃᆡ同地方人民中의셔助援ᄒᆞᄂᆞᆫ者가多ᄒᆞ야于今ᄭᆞ지義兵百餘名이出沒ᄒᆞᆫ다ᄒᆞ고

▲長湍郡地方의도小數의義兵이出沒ᄒᆞᆫ다더라

▲巡檢叢 冤▼

▲나라위히祈禱次로淸冷澗水차져가셔沐浴ᄒᆞ고오ᄂᆞᆫ길에어느坊曲지낫더니吁短嘆酬酌소리悽凉慷慨爛熳키로依杖佇立드러보니出番巡檢모여안저各自身勢恨嘆일네

▲ᄒᆞᆫ巡檢의ᄒᆞᄂᆞᆫ말이늙은父母침다ᄒᆞ고어린子息밥달ᄂᆞᆫ듸分錢變通어ᄃᆡ잇나ᄒᆞᆯ수업셔巡檢노릇七圜五刻쏙쏙니고晝夜勤務하노라니이너心中ᄯᅩ둘손가목구녕이怨讎로다

▲ᄯᅩᄒᆞᆫ巡檢ᄒᆞᄂᆞᆫ말이巡檢노릇말을마소冬至셧달雪寒風에四隣雞聲ᄯᅳ기치듯全體手足곳어올제이身勢를ᄉᆡᆼ각ᄒᆞ면하나님아마옵소셔求生之心바이업데목구녕이怨讎로다

▲ᄯᅩᄒᆞᆫ巡檢ᄒᆞᄂᆞᆫ말이日人이나韓人이나警察服役壹般인ᄃᆡ彼人들의月俸額과吾輩月銀比較ᄒᆞ면不公平은姑舍ᄒᆞ고그中에다虐待ᄒᆞ니죽어몰을일이지만목구녕이怨讎로다

▲ᄯᅩᄒᆞᆫ巡檢ᄒᆞᄂᆞᆫ말이日巡查와同巡ᄒᆞᆯ제指揮ᄃᆡ로아니ᄒᆞ면日巡查가恐喝ᄒᆞ고指揮ᄃᆡ로ᄒᆞ고보면不知裏許人民들은甚於倭種稱怨이를我非禳不踩이라목구녕이怨讎로다

▲ᄯᅩᄒᆞᆫ巡查ᄒᆞᄂᆞᆫ말이巡檢中에無賴輩가日巡查를依勢ᄒᆞ고行悖民間或有ᄒᆞ니人民指目免ᄒᆞᆯ손가左思右量ᄒᆞ고보면服裝軍刀脫去心이無時不出ᄒᆞᆫ것마ᄂᆞᆫ목구녕이怨讎로다

▲ᄯᅩᄒᆞᆫ巡檢ᄒᆞᄂᆞᆫ말이모진목숨圖生코져巡檢노릇ᄒᆞᆯ지언정憤懣心은壹般인ᄃᆡ某坊曲을巡行ᄒᆞᆯ제見孩들이指目ᄒᆞ며日人종놈간다ᄒᆞ니汗出沾背하지마ᄂᆞᆫ목구녕이怨讎로다

▲ᄯᅩᄒᆞᆫ巡檢ᄒᆞᄂᆞᆫ말이此言彼言쓸ᄃᆡ잇나慘憺墮落恨歎일세他國갓치富强ᄒᆞ야自主獨立ᄒᆞᆯ량이면日人干涉업슬지며士倭소리듯깃ᄂᆞᆫ가盡心竭力勤務ᄒᆞ야우리職務를다보세

廣告

惟我
兩聖影幀奉安時祇迎路次全北泰仁郡杏壇里에서霜雪之刼을偶遭ᄒᆞ야同時化去ᄒᆞᆫ本校校長房鍊敎等二拾壹信者同胞에對ᄒᆞ야上自政府로下至地方官廳과至於外國政府ᄭᆞ지吊慰의式과救恤의方은其優渥ᄒᆞᆷ을感荷ᄒᆞ고幽明間遺感이無ᄒᆞᆫ바어니와矧我壹般敎友ᄂᆞᆫ其於同門問弟之義에不可無出義捐助之意로左記諸시가義金을出捐ᄒᆞ얏기玆에廣告ᄒᆞᆷ

김洛喆十圓　權燮惠四圓
元容일三圓　김永河貳圓五拾錢
孫光洙二圓　金鳴達二圓
崔承寓二圓　郭騎龍壹圓五拾錢
김知擇一圓　朴熙寅一圓
宋培寓壹圓　鄭과鉉壹圓
許　鎭壹圓　李明世一圓
崔셕圭壹圓　김哲洙壹圓
鄭成天壹圓　朴킈完壹圓
崔鳳岡壹圓　梁柱東壹圓
김相哲壹圓　孫弼奎壹圓
黃基豊壹圓　리東奎壹圓
김正義壹圓　韓奎相壹圓
崔鳳珠壹圓　朴勝健壹圓
김智泰壹圓

侍天敎會全北第三敎長金洛貞

韓國人諸彦을爲ᄒᆞ야民刑訴訟其他諸般法律事務에從事ᄒᆞ야親切叮嚀ᄒᆞ고且迅速處理ᄒᆞᆷ

中部典洞三十八統九戶
日本辯護士 **藤井太郎**

同所에特許事務所를設ᄒᆞ고特許意匠商標著作權等의登錄出願及審判事件의高嘱도應受ᄒᆞ와處理ᄒᆞᆷ

特許代理業者 **藤井太郎**

測量器械大放賣廣告

拜啓敬頌
僉位大安弊店은僉君子의愛顧ᄅᆞᆯ蒙ᄒᆞ야營業이漸就漸々進就되오니感謝萬々ᄒᆞ옵니다就弊店에서販매ᄒᆞᄂᆞᆫ測量機械今年ᄒᆞ야需用이夥多ᄒᆞᆫ故로僉君子의便宜ᄅᆞᆯ圖ᄒᆞ기爲ᄒᆞ야特別히工場을建設ᄒᆞ고練熟ᄒᆞᆫ工匠을雇傭ᄒᆞ야器械製造에拾分注意監督ᄒᆞ야多數히製造ᄒᆞ야特別히廉價로供給ᄒᆞ오며僉君子購買後에器械에缺点이有ᄒᆞ오면好品과即時換呈ᄒᆞ오며ᄯᅩ使用後라도損傷이有ᄒᆞ오면特別廉價로修繕ᄒᆞ야僉君子에厚意ᄅᆞᆯ報答ᄒᆞ려ᄒᆞ오니不拘多少ᄒᆞ고陸續請求ᄒᆞ심을 伏望

再
學校나或社會의셔壹時에多數히請求ᄒᆞ시면日本의注文價格보다運賃及海關稅ᄭᆞ지이無ᄒᆞ옵고器械도破損ᄒᆞᆯ念慮가無ᄒᆞ오며又壹々히品好ᄒᆞᆫ것을撰擇ᄒᆞᄂᆞᆫ便利도有ᄒᆞ옵니다
歐米製及日本製上等器械本及測量器도多數히販매ᄒᆞ오니定價表ᄅᆞᆯ請求ᄒᆞ시면即時送呈ᄒᆞ옵니다

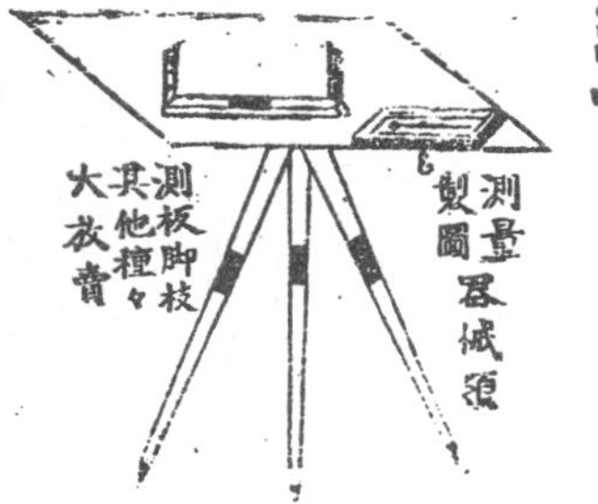

京城長洞郵便局前
篠崎測量器械店
시노사기「長電話六四八番」

平壤南門通二丁目
篠崎支店 시노사ᄭᅵ
長電話三百四拾壹番

但支店이라도機械가마니잇ᄉᆞ오며物價도京城本店과同壹ᄒᆞᆷ
去番에賣却ᄒᆞᆫ物品은買得코ᄌᆞᄒᆞᄂᆞᆫ사ᄅᆞᆷ이만아急히製造ᄒᆞᆫ것이되야셔不良ᄒᆞᆫ것이잇ᄂᆞᆫ지不知ᄒᆞ오니或不良之品을買得ᄒᆞᆫ人은本店에來求ᄒᆞ시면換呈ᄒᆞ올터이오며ᄯᅩ物價도前보다廉價로放매ᄒᆞᆷ
ᄯᅩ機械ᄅᆞᆯ貿易ᄒᆞ야매코ᄌᆞᄒᆞᄂᆞ니ᄂᆞᆫ特히利益을바라지안코放매ᄒᆞ깃ᄉᆞᆸ

◎新造樓房出賣
自造洋式樓房壹所前後共計韓間四十五間此房作落在水標橋北二宮街坐東向西前面洋式樓房俱是鐵窓鐵門樓下洋式貨倉貨架俱全樓上俱有隔斷房間後面有韓式房屋另有厨房厠所並有後門出入便宜如有合意願買者請至書水標橋北二宮街華商天利號面議

華商天利號主人 告白

▲特別廣告▼
閔者平壤地에出張ᄒᆞ앗다가現今還京ᄒᆞ야從前處務ᄒᆞ오니民刑訴訟에關係가有ᄒᆞᆫ諸氏ᄂᆞᆫ陸續來議ᄒᆞ시옵

辯護士尹邦鉉
事務員閔泳善
法律事務所自邸並移
漢城南部武橋一統三戶

金春培氏의光陽求禮兩郡의所在ᄒᆞᆫ田畓二百五拾石落과蘆田竹田을戊辰年分에雲峴宮에見奪ᄒᆞᆫ故로丙午年正月四日에裁判ᄒᆞᆯ時에願直金亨植이가落科ᄒᆞ야其翌日에田畓文券을還送ᄒᆞ기로面定ᄒᆞᆫ지今三年에文券을不給ᄒᆞ기로不勝抑冤ᄒᆞ야春培四寸兄元培가今年三月分에雲峴宮에往ᄒᆞ야田畓을出給ᄒᆞ라ᄒᆞᆫ즉李丕鎔氏對答이今秋에出給ᄒᆞ마ᄒᆞ고于今不給ᄒᆞ니此是外國風氣ᄅᆞᆯ拾餘年吸呼ᄒᆞᆫ目的인지深思ᄒᆞ면政體의損傷될せ알ᄂᆞᆫ지玆以廣佈ᄒᆞᆷ

中部里門洞下隅弟拾統壹戶
金春培 告白

◉學員募集廣告
本所에셔算術專門九個月速成科ᄅᆞᆯ別設ᄒᆞ오며又二個月測量速成科ᄅᆞᆯ各設ᄒᆞ오니願學僉員은陰拾壹月七日內로請願ᄒᆞ시오

北部齋洞三統拾戶
測量新塾

本人이以父祖曾奉祀孫으로元無嫡子ᄒᆞ고有庶子充秀ᄒᆞ야承嫡奉祀ᄒᆞᆯ意로掌禮院의請願ᄒᆞ얏더니特蒙承嫡之典ᄒᆞ야立案成給ᄒᆞ옵기玆의廣佈ᄒᆞᆷ

㴱原居前司果
黃有淵 告白

特別廣告
本人이判事ᄅᆞᆯ辭免ᄒᆞ고辯護士를開業ᄒᆞ얏ᄉᆞ오니 僉君子ᄂᆞᆫ事件의大小難易ᄅᆞᆯ勿論ᄒᆞ고照亮來議ᄒᆞ시옵

辯護士張燾
法律事務所
南部茶洞拾四統五戶

本塾에셔簿記學을拾個月專修로敎授ᄒᆞ오니 願學
僉員은速 枉問議ᄒᆞ시오
◦時間下午二時至三時
第壹期商業
第二期銀行
第三期官廳

私立廣化新塾 白

◉學員募集廣告◉
貳回測量科ᄅᆞᆯ三個月速成으로特히算術未解人을爲ᄒᆞ야加減부터每日下午三時로五時ᄭᆞ지親切敎授ᄒᆞ오니願學 僉員陰拾壹月初十日內로來問爲要
但實習器機ᄂᆞᆫ本塾에在ᄒᆞᆷ

西部長興庫前十統四戶
長興義塾

特別廣告
本人이判事의職을辭免ᄒᆞ고辯護士業務에從事ᄒᆞ오니 僉彦은陸續來議ᄒᆞ시옵

辯護士劉文煥
事務所**中部校洞**
三十二統四戶
(下漢洞口越便家)

▲特別廣告▼
本社에셔修繕을落成인바發展을祝賀ᄒᆞ기爲ᄒᆞ야限壹個月注文에對ᄒᆞ야㠯分의壹을特減ᄒᆞ깃ᄉᆞ오니文明事業에有志ᄒᆞ시ᄂᆞᆫ 僉君子ᄂᆞᆫ來臨注文ᄒᆞ심을敬望

安峴拾號壹戶 **普文社** 告白

本人의家人이토라稱ᄒᆞ고債用及物件外上을屢次徵給하엿스나家人은姑舍ᄒᆞ고雖本人의子라도決不更徵給ᄒᆞᆯ터이니內外國僉君子ᄂᆞᆫ照諒ᄒᆞ심을望ᄒᆞᆷ

北部松峴第拾九統四戶
尹寅善 告白

新編尺牘完篇

壹帙二冊　正價金壹圓　小包料十錢
附 新舊錢 判法令

△今此局勢가維新ᄒᆞ고事爲가紛劇ᄒᆞᆫ時代에際ᄒᆞ야吾人도論交酬世의道가日复日多ᄒᆞᆷ에尺牘을不可不讀이라本尺牘은已爲刊行于世ᄒᆞ야江湖의好評을博得ᄒᆞ온바今에國漢文으로新編增補ᄒᆞ야新舊尺牘의牛耳가되며且近日新法令의緊要ᄒᆞᆫ者를類聚附錄ᄒᆞ얏ᄉᆞ오니一般人士ᄂᆞᆫ案頭의必備ᄒᆞᆯ好書이옵

(發賣所)
仝 皇城中部罷朝橋越 中央書館 朱翰榮
仝 仝 東書市 金基鉉
仝 南部大廣橋 滙東書館 高裕相
仝 南門內尙洞 博文書館 盧益亨
仝 南門外紫巖 新舊書林 池松旭

祖國의精髓을培養ᄒᆞ고自由思想을鼓動ᄒᆞᄂᆞᆫ惟壹奇書

實業小說 **송뢰금 松籟琴**

蕉雨堂主人 陸定洙 著
定價金二十五錢

仕宦의熱慾과勞破ᄒᆞ고實業의觀念을喚起ᄒᆞᄂᆞᆫ最良好籍

발매所 皇城南門內尙동 博文書館
京鄕각有名書館

敎育小說 **伊太利少年**

表紙石版畵印刷
全壹冊 正價廿錢
李輔相 譯述

本小說은伊大利壹工人의子馬克少年의數萬里海陸을跋涉ᄒᆞ야尋親ᄒᆞᆫ事蹟을著述ᄒᆞᆫ者니原來其母ᄂᆞᆫ海外異域에作客ᄒᆞ야蹤跡을失ᄒᆞᆫ바壯哉라馬克이十三歲小兒의單身隻影으로風霜의艱難과猛獸의危險을冒ᄒᆞ고沙漠의野와深林의間에奔馳ᄒᆞ야亞米利加大陸을遍踏ᄒᆞ다가竟乃他苦孟의寄跡ᄒᆞᆫ病母ᄅᆞᆯ尋ᄒᆞ야母子가團欒을得ᄒᆞ얏스니嗚呼美哉라馬克母子의慈孝ᄒᆞᆷ이여今에此ᄅᆞᆯ述ᄒᆞ야我少年諸君에게紹介코ᄌᆞᄒᆞ노라

發行元 ▲皇城中部罷朝橋越邊 **中央書館**
發售處 **京鄕각書舖**

各種書籍大發賣所
京城南部銅峴四巨里(二層屋)
文明書館
玄櫶 告白

本人의先塋이在於東署ト樊里亭子洞이고亭子의松楸가洛干有之ᄒᆞᆷ은世所共知인데浮浪族任前副尉閔夏植欲爲盜賣云故玆以廣告內外國人은照亮毋或見欺爲望

閔泳璘 敬告

大韓國 十三道 各郡에 總發行所는 京城 南大門內 濟生堂大藥房

陸軍軍醫金守鉉君實驗方劑
陸軍軍醫張基茂君有效發明
四海衛生之諸君子常備之靈藥
消化新藥 淸心保命丹
仁川港杻峴 發行所 濟生堂藥房
九粒入金拾錢

（主治效能）
담飮●咳嗽●胃痛腹痛
氣鬱●食傷●中暑中寒
食積●吐瀉●水土不服
酒醉●口臭●船車眩暈
其他邪氣厲疫을預防
ᄒᆞᄂᆞᆫ奇效가有ᄒᆞᆷ

蛔積殺蟲散
右藥은蛔虫壹切을拔根ᄒᆞᄂᆞᆫ妙藥 (금십錢)

起死回生 回生丹
此낙은急ᄒᆞᆫ吐瀉와霍亂과腹痛이며담咳의神效ᄒᆞᆷ (금拾戔)

◉其他內外新製에○補血藥○補陰補陽藥○不足症藥○婦人冷病藥○瘡病藥○寸虫拔根藥○킈눈藥○眼藥各種○皮膚藥○大小腫氣膏藥各種○感氣藥○淋疾藥○滯症藥○其外 여러가지藥은이로긔록지못ᄒᆞᆷ

◉十三道各郡藥商ᄒᆞ시ᄂᆞᆫ 僉位의게ᄂᆞᆫ 洋藥類化장品類 價를特別割引ᄒᆞ야極廉ᄒᆞ게大販賣ᄒᆞ오니陸續注文ᄒᆞ시믈要望

◉遠地에ᄂᆞᆫ小包郵便으로信送ᄒᆞᆷ

○仁川港杻峴　濟生堂大藥房本舖
○開城南門內　濟生堂開城支店
○平壤大貫洞　濟生堂平壤出張所
○宣川邑內　濟生堂平北總支店
○元山港銘石院　濟生堂元山支店
○釜山港草梁　濟生堂釜山出張所
○沙里院場　濟生堂沙里院出張所
○馬山港東城　濟生堂馬山支店
○鎭南浦後浦　濟生堂鎭南浦出張所

度支部 測量課 編纂

土地測量術

全壹冊正價금 弁製六拾錢 洋裝九拾錢

近日測量術書類에三四種이刊行되엿스나不完全의缺點이不無ᄒᆞᆫ바今에本書ᄂᆞᆫ細部測量으로圖根測量ᄭᆞ지詳密히編纂ᄒᆞ얏스며각種實地測量ᄒᆞᆫ製圖의圖本을挿入ᄒᆞ야一般斯學界의第一ᄒᆞᆫ寶典이오且紙質의堅美ᄒᆞᆷ과製冊의華麗ᄒᆞᆷ이測量術中에王이라稱ᄒᆞᆯ만ᄒᆞᆷ

〔發兌元〕
京城中部罷朝橋越　中央書館　朱翰榮
仝　南部大廣橋　大東書市　金基鉉
仝　南門內尙洞　滙東書館　高裕相
仝　남門外紫岩　博文書館　盧益亨
　　　　　　　　新舊書林　池松旭

地方行政論

□□九氏 撰述

全壹冊 定價金三拾錢

▲本書ᄂᆞᆫ地方自治行政에關ᄒᆞᆫ一般의原則과外國의現行制度를參互披集ᄒᆞ야簡明히論述ᄒᆞᆫ者ㅣ니現히地方官의位에在ᄒᆞᆫ者의行政上參考될은勿論이오全國人士ᄂᆞᆫ각其團躰生活의本旨를瞭解ᄒᆞ야將來自治制度組織의基礎를成ᄒᆞᆯ者ㅣ니有志僉彦은速々購覽ᄒᆞ시오

發行元　皇성中部罷朝橋越　中央書館
발售處　京城及地方　各書肆

壯陽復元丹

壹週分壹圓
二週分壹圓八十錢
四週分三圓四十錢
八週分六圓四拾錢

此藥은專치腦痛肺弱○房事色傷○心腎虛弱○陽萎不起○遺精多夢○神經衰弱○房事時早漏不快○病後虛弱○健忘不眠貧血諸症○先天不足○飮食不下○眩暈頭痛○等症ᄒᆞ나니試將此丸을服法服之면不過幾点쫑에立見妙效ᄒᆞ야魂飛肉躍에精神徹奮ᄒᆞ고頓覺愉快하나니其症이輕者ᄂᆞᆫ服壹貳週면挽回元陽ᄒᆞ고其症이稍重者ᄂᆞᆫ可服三四週ᄒᆞ고深年痼疾로其症이頑重者ᄂᆞᆫ連服七八週면必能全치無疑니若夫無病之人도試用此劑則補血而益氣ᄒᆞ고强筋而壯骨ᄒᆞ나니用之八週而未見其效則請將價額을如數還呈이요不敢虛誕自欺라此丸에又無論男婦老幼ᄒᆞ고均用有効ᄒᆞ나니眞世間無比之妙劑也라 僉位ᄂᆞᆫ何不早圖壹試오

발行所　京城종로大廣橋십九統七戶　共愛堂약房
特約代理店　京城水橋　濟生堂약房

大韓帝國 仁川杻峴 內外地方各處 總發行所和平堂大藥房

此丹이於諸病에無論男女老少ᄒᆞ고若服壹劑ᄒᆞ면實有神效ᄒᆞ야百발百中ᄒᆞ오니非例方可及也라若論主治則楊梅下疳連珠風濕與각諸症에俱見立效ᄒᆞ오니養病僉君子ᄂᆞᆫ壹次試驗을務望

婦人靈藥 胎養調經丸

부인령약 티양됴경환
壹月分壹劑 金五戶

婦人이孕胎하지못ᄒᆞᆷ은帶病積病과月經不調로因ᄒᆞᆷ이니此약을服ᄒᆞ시면婦人腹中諸病을壹切退去ᄒᆞ야自然孕胎ᄒᆞᄂᆞᆫ약

補陰補陽 滋陽丸 ᄌᆞ양환

定價金
三拾日分金五圓
二拾日分金三圓四拾錢
拾日分金壹圓八拾錢

此약은○房事不容○腎虛腰痛○病後氣喘○腎氣不足○陽萎不起●陰虛火動●房事後憔困○手足厥冷○形容蒼白○遺精多夢○右諸症에適宜服用하시면特效가有ᄒᆞ외다

九拾五粒入金□錢
八寶丹

主治効能
○胃痛惡心○頑痰固飮
○食思欠乏○中暑中寒
○新久積滯○急暫關格
○溜飮食傷○酒痛眩暈
○泄瀉下痢○霍亂吐瀉
○水土不服○船車醉

此外에도東西各國靈藥이俱備ᄒᆞ오니各地方에서도隨用請求ᄒᆞ시면郵便으로보널터이요各處藥業ᄒᆞ시ᄂᆞᆫ僉位에게ᄂᆞᆫ特別割引放賣ᄒᆞ오니陸續注文ᄒᆞ심을務望

發行人 李應善
發行所 京城鍾路和平堂支店

●水原北部營廳洞약局　和平堂支店　李璽儀
●龍川陽市場陽市病院　和平堂出張所田慶龍
●鎭南浦築洞약舖　和平堂出張所金元섭
●平壤館前약舖　和平堂出張所金麗興

仁川杻峴 京城鍾路 和平堂 告白

本人이辨護士開業ᄒᆞ온바民刑訴訟의代理辨護鑑定等事務를迅速擔任ᄒᆞ오니僉君子ᄂᆞᆫ照亮來議ᄒᆞ심을務望

辨護士前判事 趙經九
事務所 中部貞善방下漢洞五拾八統九戶
事務員 李在용

直輸入大發賣廣告
學校用品測量機械
有名書籍各種
我國特產谷香煙草

南署大廣洞商工部通 金龍商會 謹告

◉谷香葉卷煙 大發賣廣告

○本社의葉卷烟草ᄂᆞᆫ我國名產谷山草로精選製造ᄒᆞ온지三載有餘를經過ᄒᆞ오미香味가去益蘇甘ᄒᆞ와西烟보담大勝ᄒᆞ옵고且價格을特別히低廉ᄒᆞ옵게發賣하오니海內志士ᄂᆞᆫ我國製品을愛顧ᄒᆞ시와優數히需用하심이於國於私에大有利益이오니海諒惠顧ᄒᆞ옵

漢城남署棗洞六拾貳統拾戶

大烟白本入壹箱 壹圓五拾錢
中烟白本入壹箱 金七拾錢
小煙白本入壹箱 金四拾錢
拾本入廿匣壹箱 金八拾錢

谷香合資會社 謹告

Responsible for Publication Alfred Weekley Marnham.
發行兼編輯人英國人 萬咸
發行所 南署石井洞號外地三層洋屋鐵 大韓每日申報社

第六卷

大韓每日申報

第九百六拾參號

月曜及慶節 試時日休刊

檀君開國四千二百四十一年
箕子元年三千三十年
大韓開國五百十七年
日本明治四十一年
淸國光緒三十四年
陰曆戊申十一月小初四日丙戌

論說

◉光緒及西太后崩逝後支那問題의對ᄒᆞᆫ研究 (續)

然에ᄂᆞᆫ此役以前에ᄂᆞᆫ漢人이兵柄을帶ᄒᆞᆫ者ㅣ無ᄒᆞ다가此役븟터ᄂᆞᆫ當ᄒᆞ야數年間滿洲全力을用ᄒᆞ야도彼洪氏를削平ᄒᆞ지못ᄒᆞᆫ故로曾國藩이湘軍을練ᄒᆞ며李鴻章이淮軍을練ᄒᆞ야兵馬의實權을掌ᄒᆞ니此가漢人權利恢復의第壹消息이되니라

第四 淸日戰爭과戊戌政變

蚌鷸이相持ᄒᆞ야漁父가在後ᄒᆞᆷ을不知ᄒᆞ다ᄒᆞ니此ᄂᆞᆫ滿漢의黨爭을謂ᄒᆞᆷ인뎌大抵康熙初年부터俄羅斯가興安嶺을侵ᄒᆞ야東三省의己窺ᄒᆞ고文宗末年에英法聯軍이圓明園을燒破ᄒᆞ야車駕가熱河에播遷ᄒᆞᆷ에至ᄒᆞ얏스나但彼西歐諸國이支那에初至ᄒᆞᄆᆡ支那政治의腐敗가極度에達ᄒᆞᆷ은尙且盡知치못ᄒᆞᆷ으로其目的이通商에在ᄒᆞ고俄人以外에ᄂᆞᆫ野心을抱ᄒᆞᆫ者ㅣ無ᄒᆞ더니及日本이暴興의勢를藉ᄒᆞ야其蕞爾小島의國力으로甲午壹戰에大陸을震驚ᄒᆞ미於是乎歐米各邦이淸人의易與를覺ᄒᆞ며日本의先鞭을妬ᄒᆞ야紛紛히其敏銳ᄒᆞᆫ外交手腕으로淸廷을甘誘或脅迫ᄒᆞ야各要害地를租借ᄒᆞ며各地鐵道敷設權을强求ᄒᆞ야壹片支那가四分五裂의形을成ᄒᆞ앗도다

苦痛은元來人의覺醒을促ᄒᆞᄂᆞᆫ者라此後로부터支那志士가憤을時局에抱ᄒᆞ고涙를國恥에揮ᄒᆞᄂᆞᆫ者ㅣ多ᄒᆞᆫ中其先覺者康有爲等이布衣로奮起ᄒᆞ야闕下에趨ᄒᆞ야時事를痛論ᄒᆞ며光緒가亦聰明ᄒᆞᆫ人主라此를虛心聽納ᄒᆞ야政治를改善코ᄌᆞᄒᆞ니라

佛眼으로看ᄒᆞ면皆佛이오俗眼으로看ᄒᆞ면皆俗이라ᄒᆞ니信然ᄒᆞ다此請여光緒君臣이政治를改善코ᄌᆞᄒᆞᆷ은是가滿漢을俱濟ᄒᆞᆯ目的이오壹偏에傾ᄒᆞᆫ者ㅣ아니나但滿漢兩派各大臣의腐敗老朽者를去코ᄌᆞᄒᆞᆷ이어ᄂᆞᆯ彼滿人官派가皆譁然相告曰今皇이親漢排滿ᄒᆞᆫ다ᄒᆞ며康氏가扶漢滅滿ᄒᆞᆫ다ᄒᆞ야於是乎西太后를擁ᄒᆞ고光緒와相敵ᄒᆞ니

蓋光緒ᄂᆞᆫ幼時부터西后의暴威下에生長ᄒᆞ야西后를畏ᄒᆞᆷ이虎와如ᄒᆞᆯ뿐더러且光緒ᄂᆞᆫ失權ᄒᆞᆫ人主라彼壹二個新進書生(康黨)을驅ᄒᆞ야엇지蟠根錯節ᄒᆞᆫ勢家와抗ᄒᆞ리오但是束手待斃ᄒᆞᆯ而已라

康의弟子譚嗣同이袁世凱를見ᄒᆞ고光緒의救護를謀ᄒᆞᆫ대袁이慨然히許諾ᄒᆞ고天津閱兵에榮祿(滿黨魁)를誅ᄒᆞ고西太后를廢ᄒᆞ라ᄒᆞ더니袁이末乃其隱情을西后에게告ᄒᆞ야康黨이遂失敗ᄒᆞᆷ에至ᄒᆞ니라

然이나漢人이取ᄒᆞᆫ政府中央에向ᄒᆞ야滿人과挑鬪ᄒᆞᆫ者ᄂᆞᆫ康有爲로始ᄒᆞᆫ이러라 (未完)

▲隆熙 ▲貳年拾月二拾七日 官報

◉告示

農商工部告示第拾三號 續

第八節 淸算

第二百二拾六條 會社가解散ᄒᆞᆫ時ᄂᆞᆫ合併及破産의境遇를除ᄒᆞᆫ外에ᄂᆞᆫ取締役이其淸算人이되되定款에別定이有ᄒᆞᆫ時와又ᄂᆞᆫ株主總會에셔他人을選任ᄒᆞᆫ時ᄂᆞᆫ此限에不在ᄒᆞᆷ

前項의規定을依ᄒᆞ야淸算人이될者가無ᄒᆞᆫ때ᄂᆞᆫ裁判所ᄂᆞᆫ利害關係人의請求를因ᄒᆞ야淸算人을選任ᄒᆞᆷ

第二百二拾七條 淸算人은就職後遲滯업시會社財産의現況을調査ᄒᆞ야財産目錄及貸借對照表를作ᄒᆞ고此를株主總會에提出ᄒᆞ야其承認을求ᄒᆞᆷ을要ᄒᆞᆷ

第百九拾八條第二項及第百九拾二條第二項의規定은前項의境遇에此를準用ᄒᆞᆷ

第二百二拾八條 株主總會에셔選任ᄒᆞᆫ淸算人은何時던지株主總會의決議로써此를解任ᄒᆞᆷ을得ᄒᆞᆷ

重要ᄒᆞᆫ事由가有ᄒᆞᆫ時ᄂᆞᆫ裁判所ᄂᆞᆫ監査役이나又ᄂᆞᆫ資本의拾分之壹以上에當ᄒᆞᄂᆞᆫ株主의請求를因ᄒᆞ야淸算人을解任ᄒᆞᆷ을得ᄒᆞᆷ

第二百二拾九條 零在財産은定款을依ᄒᆞ야拂納ᄒᆞᆫ株金額의比例를隨ᄒᆞ야此를株主에게分配ᄒᆞᆷ을要ᄒᆞᆷ但會社가優先株를發行ᄒᆞᆫ境遇에在ᄒᆞ야此와不同ᄒᆞᆫ作定이有ᄒᆞᆫ時ᄂᆞᆫ此限에不在ᄒᆞᆷ

第二百三拾條 淸算事務가終了ᄒᆞᆫ때ᄂᆞᆫ淸算人은遲滯업시決算報告書를作ᄒᆞ야此를株主總會에提出ᄒᆞ고其承認을求ᄒᆞᆷ을要ᄒᆞᆷ

第百五十八條第二項及第百九十三條의規定은前項境遇에此를準用ᄒᆞᆷ

第二百三拾壹條 總會招集의節次又ᄂᆞᆫ其決議의方法이法令又ᄂᆞᆫ定款을違反ᄒᆞᆫ때ᄂᆞᆫ淸算人은其決議가無效되ᄂᆞᆫ宣告를請求ᄒᆞᆷ을要ᄒᆞᆷ (未完)

外報

◉天津의革命黨

北京電을據ᄒᆞᆫ즉淸國革命黨이變裝ᄒᆞ고滿洲로부터天津에入去ᄒᆞᆫ者가多ᄒᆞᆫ故로北京政府에셔警戒中이라ᄒᆞ얏더라

◉張之洞의盡瘁

張之洞氏ᄂᆞᆫ皇帝及西太后兩陛下께셔崩逝ᄒᆞ심을因ᄒᆞ야悲哀ᄒᆞᆷ으로ᄃᆞᆫ디여腰痛이出ᄒᆞ고口味가無ᄒᆞᆯ뿐아니라每日詣闕에醇親王을助ᄒᆞ야政務를辦理ᄒᆞ며每日三回式叩頭哀哭ᄒᆞᄂᆞᆫ儀式을行ᄒᆞᆷ으로漸漸衰弱ᄒᆞᆫ지라醫下諸人이靜養ᄒᆞ기를勸ᄒᆞ되終不聽從ᄒᆞᆷ으로病勢가日益增深ᄒᆞᆫ다더라

◉南湖의妖雲

淸國湖南省에ᄂᆞᆫ妖雲이稍稍急進ᄒᆞᆷ으로張之洞씨가湖廣總督에게鎭撫方針을電飭ᄒᆞ얏다더라

◉印度의回復期 印度에大洪水가有ᄒᆞᆷ은前報에已載어니와昔日과如히回復ᄒᆞ랴면二十五個年以上을要ᄒᆞᆯ터이라더라

◉布哇의軍港改定 米國이布哇에알港을軍港으로改定ᄒᆞ야太平洋上에根據地를作ᄒᆞᆯ터인ᄃᆡ旣히敷設地購入費六十六萬二千圓과船塢費二十萬圓의支出이有ᄒᆞ엿ᄂᆞᆫᄃᆡ目的을達ᄒᆞᆯ故로本年度에ᄂᆞᆫ約二百萬圓을支出ᄒᆞ기로決ᄒᆞᆷ으로先日에回航艦隊가布哇에寄泊ᄒᆞᆯ時에야奇은埠에서石炭을搭載케不能ᄒᆞᆫ故로艦隊中四隻은마닐나港으로回港ᄒᆞ야石炭을搭載ᄒᆞ고其他ᄂᆞᆫ호놀루港에서石炭을積載케ᄒᆞ얏스나其不便ᄒᆞᆷ이甚ᄒᆞᆫ故로아펄ㅣ軍港을急히竣工케ᄒᆞ되壹千九百十年春ᄭᆞ지完成ᄒᆞ기로決定ᄒᆞ얏다더라

雜報

◉開通大進 熊川郡私立開通學校ᄂᆞᆫ設立三年에維持困難이더니今春에學務區域內私塾財産을合同ᄒᆞ고鄕校와養士齋沓六十七斗落과驛鄕廳殖利錢三千兩을寄付ᄒᆞ고有志人士의贊助를亦得ᄒᆞ야基本金五千圓을積立ᄒᆞ고校况을擴張ᄒᆞ야高明ᄒᆞᆫ敎師六人을延聘敎授ᄒᆞᄂᆞᆫᄃᆡ學徒가日益增加ᄒᆞ야現存數가本科와女學科勞働者夜學科에總合이三百餘名에達ᄒᆞ야進就之望이最著ᄒᆞ고今番私立學校令에對ᄒᆞ야承認ᄒᆞᆷ으로該校設立人朱基學氏가學部에請願ᄒᆞ얏다더라

◉海西盛况 黃海道白川郡私立普昌學校에셔去月二拾九日에隣郡各學校를聯合ᄒᆞ야秋期大運動會를設行ᄒᆞ얏ᄂᆞᆫᄃᆡ入學學校ᄂᆞᆫ白川郡興明학校碧瀾學校江華郡月湖山湖松亭普昌과學校延安郡大明學校와新學校오學徒數ᄂᆞᆫ貳百五拾餘員이오觀光人이三千餘人에達ᄒᆞ얏고優等生은壹百步에李昌國二百步에朴ᄋᆞ赫算術에尹澤張泰仁作文에李鍾和朴ᄋᆞ燦習字에吳禮貞梁天益二人三脚에朴在玉朴在焕等諸人인ᄃᆡ優勝賞品을給與ᄒᆞ엿스며當日經費ᄂᆞᆫ該洞紳士朴元培李汝佐金東燦三시가擔任ᄒᆞ고爭先出捐ᄒᆞ야極히豊備케ᄒᆞ얏ᄂᆞᆫᄃᆡ各校學員의愉快ᄒᆞᆫ競走와活潑ᄒᆞᆫ氣像이海西에初有ᄒᆞᆫ盛况을呈ᄒᆞ엿다더라

文壇

▲讀史新論 (續) 覺片丹生

第八章

三國興亡의異轍

其境上의警備ᄂᆞᆫ不怠ᄒᆞᆫ故로愚太兄의百戰名將으로도南漢山州를未復ᄒᆞ얏스며眞德女王在位年間에密約國書가唐朝에頻煩ᄒᆞ얏스나其國中의治圖ᄂᆞᆫ不忘ᄒᆞᆫ故로泉蓋蘇文의絶代雄略으로도五百里侵地를未還ᄒᆞ얏고及其兩國이合兵ᄒᆞ야百濟를滅ᄒᆞᆫ後에ᄂᆞᆫ西邊으로ᄂᆞᆫ親睦의隣誼를表ᄒᆞ면셔東邊으로ᄂᆞᆫ防警을甚嚴ᄒᆞ야蘇定方의凶謀가中止케ᄒᆞ얏으며又蘇定方의還歸ᄒᆞᆫ後에卽時唐人의置ᄒᆞᆫ熊津都督府를攻破ᄒᆞ고百濟舊地를全收ᄒᆞ얏스니此로觀ᄒᆞ건ᄃᆡ新羅外交ᄂᆞᆫ只是壹時利用的에出ᄒᆞᆷ이明白ᄒᆞ거니와百濟ᄂᆞᆫ不然ᄒᆞ야恒常外援을得ᄒᆞ야國防을作코ᄌᆞᄒᆞᆯ셰 未完

雜報

●兩殿移安　昨日下午壹時에各宮에奉安ᄒᆞ얏던御祠位ᄂᆞᆫ毓祥宮으로移安ᄒᆞ고各殿에奉安ᄒᆞ얏던御眞은璿源殿으로移安ᄒᆞ얏다더라

◉清宮中의二妖

今回清國事變의最初로부터大秘密派二名이伏在ᄒᆞ야宮中의權力을執ᄒᆞ고異彩를放ᄒᆞ얏ᄂᆞᆫ대壹人은奉俊이니前四川總督으로在任時에苛政을行ᄒᆞᆫ故로民望을失하고北京에歸ᄒᆞᆫ人物노宮中에셔勢力이頗히偉大ᄒᆞ야北京政界를搖動ᄒᆞ며此人은有名ᄒᆞᆫ守舊派오又壹人은繼祿이니此亦宮中에셔偉大ᄒᆞᆫ勢力을有ᄒᆞᆫ者인데此兩人은共히今回事變에對ᄒᆞ야勝冒치못ᄒᆞᆯ關係가有ᄒᆞ다더라

●統府晚餐　再昨日伊藤統監의壹行이入城ᄒᆞᆫ事ᄂᆞᆫ昨報에已揭어니와伊日下午六時에統監官邸에盛大ᄒᆞᆫ晚餐會를開設ᄒᆞ고總理大臣以下各部大臣次官及警視總監과其他內外國高等官數百餘人을請邀ᄒᆞ야積阻ᄒᆞ얏던懷緒를暢敍ᄒᆞ고盡心宴樂ᄒᆞ얏다더라

●朴氏敍任의內容　前郡守朴其福氏의大邱裁判所判事敍任ᄒᆞᆫ內容을得聞ᄒᆞᆫ則該氏가固辭ᄒᆞ되法大高永喜氏가强勸敍任하야日赴任未幾에京城裁判所로轉任ᄒᆞ깃다ᄒᆞ얏다더라

●日語者敍任　今番區裁判所法官叙任時에法大高永喜氏ᄂᆞᆫ額外로叙任ᄒᆞ기를主張ᄒᆞ고日本人側에셔ᄂᆞᆫ日語를解者로叙任ᄒᆞ자ᄒᆞ야互相猜角하더니近日에ᄂᆞᆫ該叙任件이內定되얏ᄂᆞᆫ데法大ᄂᆞᆫ僅히幾窠를得用ᄒᆞ고其外에ᄂᆞᆫ日語를解ᄒᆞᄂᆞᆫ者로叙任ᄒᆞ얏다ᄂᆞᆫ說이有ᄒᆞ더라

●七陞五落　日昨辯護士試驗에應試者가十二人인데七人은入格ᄒᆞ고五人은落第ᄒᆞ얏다더라

●派員調査　楊州郡金谷陵所監督金鳳來氏의婿郞韓某가自稱山監ᄒᆞ고諸般作弊가居多ᄒᆞ야山軍壹同이自願退去ᄒᆞᆫ다ᄒᆞᄂᆞᆫ故로內部에셔人員을派送調査ᄒᆞ얏다더라

●研究何益　大韓協會에셔壹進會를對ᄒᆞ야ᄂᆞᆫ國黨이라論駁ᄒᆞᆫ說이有ᄒᆞ얏ᄂᆞᆫ지該事件에對ᄒᆞ야壹進會에셔再昨日에特別評議會를開ᄒᆞ고某報에揭載ᄒᆞ얏거니와當日評議會景光을詳聞ᄒᆞᆫ즉壹進會ᄂᆞᆫ總代를派送ᄒᆞ야該會因爲質問ᄒᆞ자ᄒᆞ며壹進會ᄂᆞᆫ解議ᄒᆞ되質問ᄒᆞᆯ뿐아니라期於히大韓協會를解散ᄒᆞ도록研究ᄒᆞ야每日上午十二時에開會ᄒᆞ야該會를解散ᄒᆞ기前에ᄂᆞᆫ廢會치아니ᄒᆞ기로決定ᄒᆞ얏다더라

●水商詰難　再昨日下午六時頃에水商李太乙等二十餘名이中部壽進洞에設立ᄒᆞᆫ該組合所에齊往ᄒᆞ야事務員劉彬氏를見ᄒᆞ고言ᄒᆞ되我等은從今以後로該組合에不入ᄒᆞ깃스니名簿錄에所載ᄒᆞᆫ我等의姓名을壹切割去ᄒᆞ라ᄒᆞ고壹場詰難ᄒᆞ얏다더라

●義郡盜賊　義州府檢事署理李明善氏가壹進會總代金碩振氏로互相締結ᄒᆞ야該邑古寧面天摩里居應良張允基兩人訴訟에對ᄒᆞ야兩隻의게壹千五百兩을討食ᄒᆞ얏고境內各學校에서學員을勸創하얏다ᄒᆞ고任員幾拾名을捉致嚴囚ᄒᆞ야錢財를討食ᄒᆞ얏다더라

●面長發行　仁川來人의傳說을據ᄒᆞᆫ즉該郡舊邑面面長尹觀榮氏가爲任幾日에挾雜이無雙ᄒᆞᆫ뿐더러去年分에國債報償錢을收斂民間ᄒᆞ야至于今掩置ᄒᆞ얏고각屯土賭租를收斂民間時에ᄂᆞᆫ以大斗로受ᄒᆞ고財務署捧納時에ᄂᆞᆫ以小斗로捧納ᄒᆞ얏고該面仁興學校設始事件에對ᄒᆞ야各동동長을符同하야熱心反對ᄒᆞ고驅逐敎師ᄒᆞ며至於學校任員을凌辱이無數ᄒᆞ니如此面長이若過幾朔이면民不知何境이오敎育上妨害ᄂᆞᆫ不可言論이라고民心이嗷々ᄒᆞ다더라

●坡陵民訴　江原道麟蹄郡瑞化面大谷里에香爐峯이라ᄂᆞᆫ山麓이在ᄒᆞᆫ디此是坡州郡永陵所管香炭이라故로該동居民이採薪墾田ᄒᆞ고每年稅금을拾圜式該陵으로例爲收納ᄒᆞ더니今年爲始ᄒᆞ야該香炭이漢城財務監督局으로移屬되얏ᄂᆞᆫ디楊口郡財務署에셔ᄂᆞᆫ三拾六圜三拾錢式을捧納ᄒᆞ라ᄒᆞᄂᆞᆫ故로該동居民의鄭憲崔善壹兩氏가日前에上京ᄒᆞ야該局에等訴ᄒᆞ얏다더라

●高郡守의不法　鎭南郡守高희駿氏가巨濟郡守在任時에학校를建設ᄒᆞ야人民子弟를敎育ᄒᆞᆫ다稱ᄒᆞ고각面里의收捐금二千五百餘圜과毛羅稅壹千壹百圜漁基組合放賣금三千六百餘圜을학校에付屬ᄒᆞᆫ다더니畢竟大邱監督府와昌原理事廳에往來運動費가居ᄒᆞ다하고沒數乾沒에학務ᄂᆞᆫ廢止하고又학校優等生을謝用ᄒᆞᆫ다稱托ᄒᆞ고官隷輩의子侄毛羽未成ᄒᆞᆫ者二人을解校掌儀로出差ᄒᆞ얏ᄂᆞᆫ데任僕ᄂᆞᆫ每人의四拾圜式晴捧ᄒᆞ얏스니學徒ᄂᆞᆫ郡守의營業場으로害做ᄒᆞ얏스며鎭南郡으로移任後에冊室李錫文으로島民의漁基를勒奪코져ᄒᆞ야憲兵과巡査를符同ᄒᆞ야民有漁基數千金價値漁篊을拔去ᄒᆞ고自稱督樂ᄒᆞᆷ으로多數漁民이呼冤官門에呼泣載路ᄒᆞ되聽若不知ᄒᆞ고該郡普通학校에時々妓生紅桃家에셔飮酒하다가分署總巡과酗辱亂打ᄒᆞᆫ故로傍觀人民들이新式郡守의行爲가如是ᄒᆞ니哀我鎭民이何以得生고ᄒᆞᆫ다더라

●和順風塵　和順郡에셔義兵五十餘名이再昨夜의히郡駐在日兵站을襲擊ᄒᆞ야三時間을猛烈히交戰ᄒᆞ얏다더라

●慘哉是聞　京畿道驪州郡北面里居前延日郡守李址郡씨의夫人이本月拾五日夜의出外하얏다가歸家코자ᄒᆞᆯ時에猛虎의게被殺ᄒᆞ얏다더라

●譯者被殺　再昨夜光州郡의出張ᄒᆞᆫ財務署日人通譯을義兵이砲殺하얏다더라

●壹砲二捉　數日前에義兵七十餘名이楊州郡中部동에來到ᄒᆞ야前日에義兵의投入ᄒᆞ얏다가歸化ᄒᆞᆫ者壹名을砲殺ᄒᆞ고名不知金某表某를捉去ᄒᆞ얏다더라

●是可忍爲乎　再昨日下午二時頃에何許人이新生女兒를箱內에藏置ᄒᆞ야中部明細동溝渠에抛棄ᄒᆞᆫ故로所管警察署에셔該동任에게指揮ᄒᆞ야埋케ᄒᆞ고何許人의所爲를秘密搜探ᄒᆞᆫ다더라

●金家山變　公州郡居김直洙氏의親山을賊漢이破掘ᄒᆞ야斷頭掩置ᄒᆞ고錢財를多數討索ᄒᆞᆫ다더라

●朴家同祿　潭陽東嚴里居ᄒᆞᄂᆞᆫ李性烈시가同郡居朴文琥시의家舍를看護ᄒᆞᄂᆞᆫ디本月廿九日夜에失火ᄒᆞ야家舍九座와穀苞二百餘石을沒燒하얏다더라

●私鑄被捉　昨日美동學地에셔該學內巡査가私鑄ᄒᆞᆫ人을捕捉ᄒᆞ야警察署으로押付ᄒᆞ얏다더라

●靑館查經　今日下午七時三十分에靑年會館에셔査經會를開ᄒᆞ고講師김鍾商氏를請邀講道ᄒᆞᆫ다더라

●姜氏熱心　晉州郡姜某씨氏가今番晉陽測量學校에對ᄒᆞ야熱心注意ᄒᆞ고該員을募集後諸般物品을自擔補助ᄒᆞᆫ다더라

●坡山鏗鏘　坡州人士成健永氏等이坡山書院基址에就ᄒᆞ야學校를設立ᄒᆞ야坡山이라名稱ᄒᆞ고該郡青年子弟를募集ᄒᆞ야熱誠教育하미該郡의前進之望이大有ᄒᆞ다고頌聲이藉々ᄒᆞ더라

●安岳愛校　紳士安炳奎氏ᄂᆞᆫ本以教育에熱心으로資源학校學生에對ᄒᆞ야寒苦가有ᄒᆞᆷ새念慮ᄒᆞ야煖爐及坐具를寄付ᄒᆞ고極力愛恤ᄒᆞᆫ다더라

●測量卒業　天安測量講習所에셔本月二拾二日에第壹回卒業式을擧行하얏ᄂᆞᆫ디最優等에朴鳳翔朴壽弼等六人이오優等에朴殷秉金完植等七人인데賞品을施與ᄒᆞ얏다더라

●兩氏熱心　金州郡左洞面東上里鄭務勇進夜學校生徒의進就ᄒᆞᆷ은該校監林鶴圭司察崔鏞浚兩氏의熱心勸奬ᄒᆞᆫ所以라더라

●東大始明　江原道中康郡守가該郡有志諸氏와協議ᄒᆞ야廣昌學校를擴設ᄒᆞ고教師鄭寅順시를雇聘ᄒᆞ야勤勉教育ᄒᆞ미학徒八拾餘名이日益就新ᄒᆞ야今月壹日에ᄒᆞᆫ齊히斷髮ᄒᆞ얏다더라

●海校職就　公立海州郡普通學校職員김觀植金普源金秀英鄭宰弼諸氏가熱心으로教授ᄒᆞ야靑年子弟의進就를可期인디就中學務委員諸시도同心奬學ᄒᆞᆫ다더라

◀地方消息▶

▲茂珍郡地方에셔ᄂᆞᆫ義兵五拾餘名이出沒ᄒᆞᆫ다ᄒᆞ고

▲平安南道와咸鏡南道를接境ᄒᆞᆫ地方에도多數의義兵이出沒ᄒᆞ며成川三登祥原谷山郡地方에셔도少數의義兵이橫行ᄒᆞ며黃海道殷栗長連郡地方에ᄂᆞᆫ義兵三四十名이出沒不絶ᄒᆞᆫ다ᄒᆞ고

▲渭原郡地方에ᄂᆞᆫ小數씩義兵이出沒ᄒᆞᆫ다ᄒᆞ며江界郡龍林面山中의셔도小數의義兵이徘徊ᄒᆞᆫ다ᄒᆞ고

▲平安南道와咸鏡南道間에在ᄒᆞᆫ山中에셔義兵四五拾名이出沒ᄒᆞ다가日討伐隊와交戰ᄒᆞ엿다ᄒᆞ고

▲孟山郡地方의도義兵四십名이出沒不絶ᄒᆞᆫ다ᄒᆞ고

▲陽德郡地方의ᄂᆞᆫ義兵四十五名이出沒ᄒᆞᆫ다ᄒᆞ고

▲靑陽郡地方의ᄂᆞᆫ義兵百餘名이出沒ᄒᆞᆫ다ᄒᆞ고

▲本月廿三日光州郡北方三十里許에셔義兵三百餘名이히郡駐在日守備隊特務曹長以下十五名과巡查二名과衝突ᄒᆞ얏ᄂᆞᆫ대日兵一名이戰死ᄒᆞ얏스므로守備隊々長은守備隊와巡察을率ᄒᆞ고急行ᄒᆞ얏다ᄒᆞ얏더라

◀窮塵悲嘆▶

▲北山下의더孤屋은그집主人누구런지頹落破壁날못되고沉々漆夜風雨中에夕飯이나먹엇ᄂᆞᆫ지몰ᄂᆡ人으로잠못드러自家形便論難ᄒᆞᆫ때지時事ᄉᆞ지悲嘆ᄒᆞ니그도또ᄒᆞᆫ志士로다

▲奸商ᄒᆞ다더버둑은요리뒤고죠리뒤며少無忌憚唐突ᄒᆞ고鰥寡不當달녀드러傷人害物充腹ᄒᆞ고所過無不殘傷ᄒᆞ니앙금쌀쌀긔ᄂᆞᆫ貌樣輕燥中의第壹이라日本人과恰似ᄒᆞ다

▲愚蠢ᄒᆞ다더빈뒤ᄂᆞᆫ大蝎小蝎作黨ᄒᆞ야務自肥己ᄒᆞ라ᄒᆞ고奔走不暇달녀드러人之苦樂알비업시全體肌膚爭噬ᄒᆞ다가累々屠殺當ᄒᆞ고도惡血未乾또덤비니政界大官恰似ᄒᆞ다

▲陰譎ᄒᆞ다더蠹虫은家屋崩頹ᄒᆞ고보며渠亦無依ᄒᆞᆯ런마ᄂᆞᆫ大棟小椽다파먹고諸般什物無究인듸蚤蝎輩가縱橫中에제가아니菩薩인데無聲無氣潛伏ᄒᆞ니退閒宰相恰似ᄒᆞ다

▲慘毒ᄒᆞ다더群鼠ᄂᆞᆫ貪頻內作貧寒家에若干錢穀盜賊ᄒᆞ야보人命々지殺害ᄒᆞ야悲慘ᄒᆞᆷ이情狀을네눈으로보면서도左駈右馳汨沒ᄒᆞ야剝啄之聲騷擾ᄒᆞ니地方官吏恰似ᄒᆞ다

▲可憎ᄒᆞ다더虱蝨은襤褸衣裳갈피마다이리뎌리몰녀가며男女老少더ᄒᆞᆫ膏血을精神업시파먹으며제全身痛癢疲弊ᄒᆞ니사ᄅᆞᆷ보번죡ᄒᆞ보면爾亦隨滅아니될새通譯者와恰似ᄒᆞ다

▲鄙陋ᄒᆞ다더蒼蠅은달ᄂᆞᆫ국개맛보고左追右逐달녀드러不計死生먹으라ᄯᅡ沉沒烹死ᄒᆞᄂᆞᆫ것마ᄂᆞᆫ前後足을合히여서點頭哀乞ᄒᆞ야擧動無廉無恥太甚ᄒᆞ니獵官輩와恰似ᄒᆞ다

▲此家情境可憐ᄒᆞ다만ᄂᆞᆫ업ᄂᆞᆫ恨歎말고ᄒᆞᆫ手밧비精神ᄎᆞ려傾頹ᄒᆞᆫ屋修理ᄒᆞ고襤褸衣裳洗濯ᄒᆞ야多少惡虫掃除ᄒᆞ되士農工商四業마다硏究發達ᄒᆞᆯ량이면家業與隆非難일세

廣告

朴가 珖此家與庫守護而本拾九日失火家五拾間穀三百石本宅衣服文簿沒入灰燼慘狀極矣衛陽下南面東巖里李性烈告白

本人의子鵬來가年方拾八歲에性本柔弱ᄒᆞ야浮浪悖類로追逐ᄒᆞ야他人에게得債ᄒᆞ려ᄒᆞ고外人에無與貸錢을得用ᄒᆞ려ᄒᆞ기로如是廣告ᄒᆞ오니內外國人은誰某間切勿相關ᄒᆞ시옵若有相關이오면白失ᄒᆞᆯ터이니無至後悔ᄒᆞ시옵
三淸洞居　父崔學汝　白

李鳳植李東석康中健二氏가本郡城南에紹明義塾을設立ᄒᆞ고幼年을募集ᄒᆞ야各項經費를分擔支用ᄒᆞ야熱心敎育ᄒᆞᄂᆞᆫ더學徒가六七拾名에達ᄒᆞ얏기로其感賀ᄒᆞᆷ을不勝ᄒᆞ와玆以廣告ᄒᆞᆷ
全北臨陂郡紹明義塾生徒
崔化鳳
陳敎成等　告白

●學員募集廣告
本所에서筭術專門九個月速成料와別設ᄒᆞ오며又二個月測量速成科를各設ᄒᆞ오니願學僉員은陰拾壹月七日內로請願ᄒᆞ시오
北部齋동三統十戶　**測量新塾**

本人이西部餘慶坊西미鬪篩동八十三統五戶瓦家六間草家四間合十間을昨年十壹月分에金基弘處에買得ᄒᆞ야錢荒所致로卽時漢城府에請願ᄒᆞ야家券을換出치못ᄒᆞ고至于今金基弘名字로流來ᄒᆞᆫ家券을家內에深藏ᄒᆞ얏다가本月二拾五日에請願于漢城府ᄒᆞᆫ次로家券을차진즉家券이업ᄉᆞ기로玆以廣告ᄒᆞ오니或有拾得人이라도無效로論ᄒᆞ시고또內外國人도此家券에對ᄒᆞ야切勿見欺ᄒᆞ시옵
朴召史　告白

本書林에서各種新舊書籍及各項敎科書와學校所用諸般物品을多數準備ᄒᆞ엿사오니　僉君子ᄂᆞᆫ陸續來購ᄒᆞ시옵
平安北道朔州郡中南面館市
朔東書林主崔公麟　告白

西部社稷洞五十二統十戶艸家六間賣買旨를沒覺ᄒᆞᆫ童이投入ᄒᆞ야火爐中ᄒᆞ야燒燼無餘이기卽告于漢城府이고玆에廣告ᄒᆞᆷ
鄭昌基　告白

本店에外國直輸入各種煖爐諸般所入與煖爐各木及石炭均可入燒給分利便不匠工程色道樑房又房家內所用火爐이椅床材木器具玻璃磚瓦鐵器皆有大發賣諸君購覽　僉彦照亮務望
大漢門卜車橋前**榮興**號

特別廣告
本人이判事를辭免ᄒᆞ고辯護士를開業ᄒᆞ얏ᄉᆞ오니　僉君子ᄂᆞᆫ事件의大小難易ᄂᆞᆫ勿論ᄒᆞ고照亮來議하시옵
辯護士張　燾
法律事務所
座部茶洞拾四統五戶

仁川郡黃等川面杜谷里○字叅시가本第에昌興測量학校를創設ᄒᆞ고熱心敎育ᄒᆞ야事業이不遠ᄒᆞ엿기로玆以廣告ᄒᆞ오니遠近僉員은照亮爲要
鄭承烈　告白

國漢文新玉篇
附音韻字彙　定價金壹圜貳拾錢
本玉篇은各種字典과字彙를參互ᄒᆞ야漢字의音義와變音變義까지國文으로詳明히譯述ᄒᆞ고且同音類合百餘頁를國文으로解釋添付ᄒᆞ야漢字의音만알면解得ᄒᆞ기容易ᄒᆞ오며勿論男女하고國文만알면初學年徒라도漢文寶鑑이오니學界僉彦은陸續購覽하심을務望
元賣所　平壤貫洞　耶蘇教書院
分賣所　大邱에京城香路　東一書觀
所屛下龍洞橋越便　廣學書舖
寺동　中央書館
全　博文書館
香路　惟一書館
京鄕　敬心書館
滙東書館
大東書市
각有名書舖

製所에서西洋新發明ᄒᆞᆫ法으로**機械**及**藥品**을整備ᄒᆞ고
各種**洗濯**及**染色**을廉價로需應ᄒᆞ옵ᄂᆞᆫ디其種類가如左ᄒᆞᆷ
洋服、潤衣、外套、帽子、項套、洋말、婦人洋服外壹切附屬品、毛織、毛紗、세루、馬尾緞、羅紗綢緞紗羅等布壹切貴重品의服衣、즈고리、赤衫、裳、袴、襦、等屬洗濯及染色物이有ᄒᆞᆷ을本所로通知ᄒᆞ시면卽時自宅에遷議ᄒᆞᆷ
學員、巡査、兵丁、及勞働諸君에對ᄒᆞ야定價의拾分之貳를特減ᄒᆞᆷ
各地方에ᄂᆞᆫ小包料를添送ᄒᆞ시면誠實郵呈ᄒᆞᆷ
鍾路里門上隅廿貳統三戶
西洋洗濯部第一層

各種書籍大發賣所
京城南部銅峴四十四戶二層屋
文明書館
主　檍　告白

韓國人諸彥의爲ᄒᆞ야民刑訴訟其他諸般法律事務에從事ᄒᆞ야親切叮嚀ᄒᆞ고且迅速處理ᄒᆞᆷ
中部典洞三十八統九戶
日本辯護士　藤井太郞

同所에特許事務所를設ᄒᆞ고特許意匠商標著作權等의登錄出願及審判事件의高關도應受ᄒᆞ와處理ᄒᆞᆷ
特許代理業者　藤井太郞

本人의先塋이在於東署ᄒᆞᆫ鬪子洞이고亭子와松楸가累千有之ᄒᆞᆷ은世所共知인바浮浪輩任前副尉閔東植欲爲盜賣云故로玆以廣告ᄒᆞ니內外國人은照亮하或見欺爲望
閔泳轍　敬告

京城長通坊便橋前
篠崎測量器械店
시노사기「電話六百八番」

測量器械大放賣廣告
拜啓敬陳
僉位ᄂᆞᆫ安泰하시옵ᄂᆞᆫ僉君子의愛顧를蒙ᄒᆞ야營業이益就漸々繁盛되오니感謝萬々ᄒᆞ옵니다就弊店에서販賣ᄒᆞᄂᆞᆫ測量機械今年의便宜ᄒᆞᆫ圖ᄒᆞ기爲ᄒᆞ야特別히注意ᄒᆞ야需用이夥多ᄒᆞᆫ故로僉君子의便宜를圖ᄒᆞ기爲ᄒᆞ야特別히工場을建設ᄒᆞ고練熟ᄒᆞᆫ工匠을雇聘ᄒᆞ야器械製造에拾分注意監督ᄒᆞ야多數히製造ᄒᆞ야特別히廉價로供給ᄒᆞ오며僉君子購買ᄒᆞ신後에器械에缺點이有ᄒᆞ오면好品과卽時換呈ᄒᆞ오며又使用後라도損傷이有ᄒᆞ오면特別廉價로修繕ᄒᆞ야僉君子에厚意를報答ᄒᆞ려ᄒᆞ오니不拘多少ᄒᆞ고陸續請求ᄒᆞ심을伏望ᄒᆞᆷ
學校나或社會의셔登時에多數히請求ᄒᆞ시면日本의注文價格보다運貨及海關稅ᄀᆞᆺ흔費用이無ᄒᆞ옵고器械도破損ᄒᆞᆯ念慮가無하오며又各々헌品好ᄒᆞᆫ것을撰擇ᄒᆞᄂᆞᆫ便利도有ᄒᆞ옵니다
歐米製及日本製上等器械不及測量器도多數히販賣ᄒᆞ오니定價表를請求ᄒᆞ시면卽時送呈ᄒᆞ옵니다

平壤南門通二丁目
篠崎支店
시노사기
電話二百四拾壹番
但支店이라도器械가마니잇ᄉᆞ오며物價도京城本店과同一ᄒᆞᆷ
去番에賣却ᄒᆞᆫ物品은簡便ᄒᆞᆫ고ᄉᆞ라ᄂᆞᆫ사ᄅᆞᆷ이면아急히製造ᄒᆞᆫ것이되야서不良ᄒᆞᆫ것이잇ᄂᆞᆫ지不知ᄒᆞ오니或不良之品을買得ᄒᆞᆫ人은本店에來求ᄒᆞ시면換呈ᄒᆞᆯ터이오며物價도前보다廉價로放賣ᄒᆞᆷ
또器械를貿易ᄒᆞᆯ時에고ᄌᆞᄒᆞᄂᆞ니ᄂᆞᆫ特히利益을바라지안코放賣ᄒᆞᆸ니다

◎新造樓房出賣
自造洋式樓房壹所此後共計間四十五間此房作落在水標橋北二宮街坐東向西前面洋式樓房俱是鐵窓鐵門樓下洋式貨倉貨架俱全樓上俱有隔斷房面後面有韓式房屋另有廚房廁所並有後門出入便宜如有合意願買者請至西水標橋北二宮街華商
天利號面議
華商天利號主人　告白

▲特別廣告▼
閔者平壤地에出張ᄒᆞ얏다가現今還京ᄒᆞ야依前處務ᄒᆞ오니民刑訴訟에關係가有ᄒᆞᆫ諸氏ᄂᆞᆫ陸續來議ᄒᆞ시옵
辯護士尹邦鉉
事務員閔泳善
法律事務所自昭前移
漢城南部武橋一統三戶

本塾에서簿記學○個月專修로敎授ᄒᆞ오니願學僉員은速히任間議ᄒᆞ시오
時間下午二時至三時
第壹期商業
第二期銀行
第三期官廳
私立廣ㆍ新塾　白

●學員募集廣告●
武閗測量의三個月速成으로特히筭術未解人을爲ᄒᆞ야加減乘除를每日下午三時로五時까지親切敎授ᄒᆞ오니願學僉員은拾壹月初十日內로來問爲要
但實習器械ᄂᆞᆫ本塾에在ᄒᆞᆷ
西部盤松坊興庫前十統四戶
長興義塾

特別廣告
本人이判事의職을辭免ᄒᆞ고辯護士業務에從事ᄒᆞ오니　僉彦은陸續來議ᄒᆞ시옵
辯護士劉文煥
事務所**中部校洞**
三十二統四戶
(下典洞口越便)

▲特別廣告▼
本社에서修繕世務成인바發展을祝賀ᄒᆞ기爲ᄒᆞ야限壹個月注文에對ᄒᆞ야ᄂᆞᆫ五分의壹을特減ᄒᆞ깃ᄉᆞ오니文明事業에有志ᄒᆞ시ᄂᆞᆫ僉君子ᄂᆞᆫ來臨注文ᄒᆞ심을敬要
安峴拾統四戶　普**文社**　告白

本人의家人이보라稱ᄒᆞ고債用及物件外上을屢次徵給ᄒᆞ엿스나家人의姑含ᄒᆞ고出避ᄒᆞᆫ人의下라도決不更徵給ᄒᆞᆯ터이니內外國僉君子ᄂᆞᆫ照諒ᄒᆞ심을望ᄒᆞᆷ
北部松峴第拾九統四戶
尹寅普　告白

大韓國 十三道 各郡에 總發行所는 京城 南大門內 濟生堂大藥房

陸軍軍醫金守鉉君實驗方劑
陸軍軍醫張基茂君有效證明
海衛生之諸君子常備之靈藥

消化新藥 清心保命丹
仁川港杻峴 一般發行所 濟生堂藥房
九粒入金拾錢

(主治效能)
담飮●咳嗽●胃痛腹痛
氣鬱●食傷●中暑中寒
食積●吐瀉●水土不服
酒酔●口臭●船車眩暈
其他運氣厲疫을預防
ᄒᆞᄂᆞᆫ奇效가有홈

蛔積殺蟲散

右藥은蛔虫壹切을拔根ᄒᆞᄂᆞᆫ妙약 (금십錢)

起死回生 回生丹

此약은急ᄒᆞᆫ吐瀉와霍亂과腹痛이며담咳의神效홈 (금拾戔)

●其他內外新製에○補血藥○補陰補陽藥○不足症藥○婦人冷病藥○瘡病藥○寸虫拔根藥○희눈藥○眼藥各種○皮膚藥○大小腫氣膏藥各種○感氣藥○淋疾藥○滯症藥○其外여러가지藥은이로긔록지못홈

洋藥類化장品類

●十三道各郡藥商ᄒᆞ시ᄂᆞᆫ僉位의게ᄂᆞᆫ價를特別割引ᄒᆞ야極廉ᄒᆞ게大販賣ᄒᆞ오니陸續注文ᄒᆞ심을要望

◉遠地에ᄂᆞᆫ小包郵便으로信送홈

○仁川港杻峴 濟生堂大藥房本舖
○開城南門內 濟生堂開城支店
○平壤大貫洞 濟生堂平壤出張所
○宣川邑內 濟生堂平北總支店
○元山港銘石院 濟生堂元山支店
○釜山港草梁 濟生堂釜山出張所
○沙里院場 濟生堂沙里院出張所
○馬山港東城 濟生堂馬山支店
○鎭南浦後浦 濟生堂鎭南浦出張所

度支部測量課 編纂

土地測量術

全壹冊正價금 幷製六拾錢 洋裝九拾錢

近日測量術書類에三四種이刊行되엿스나不完全의缺點이不無ᄒᆞᆫ바今에本書ᄂᆞᆫ細部測上으로圖根測量ᄭᆞ지詳密히編纂ᄒᆞ얏스며各種實地測量ᄒᆞᆫ製圖의圖本을挿入ᄒᆞ야壹般斯學界의無二ᄒᆞᆫ寶典이오且紙質의堅美ᄒᆞᆷ과製冊의華麗ᄒᆞᆷ이測量術書中에覇王이라稱ᄒᆞᆯ만홈

〔發兌元〕
皇城中部罷朝橋越 仝 南部大廣橋 仝 南門內尙洞 仝 남門外紫岩
中央書舖 朱翰榮 / 大東書市 金基鉉 / 滙東書館 高裕相 / 博文書館 盧益亨 / 新舊書林 池松旭

地方行政論

〔撰述〕九氏

全壹冊 定價金三拾錢

▲本書ᄂᆞᆫ地方自治行政에關ᄒᆞᆫ壹般의原則과外國의現行制度를參互撰集ᄒᆞ야簡明히論述ᄒᆞᆫ者ㅣ니現히地方官의位에在ᄒᆞᆫ者의行政上參考될은勿論이오全國人士ᄂᆞᆫ각其團躰生活의本旨를瞭解ᄒᆞ야將來自治制度組織의基礎를成ᄒᆞᆫ者ㅣ니有志僉彦은速々購覽ᄒᆞ시옵

發行元 皇성中부罷朝橋越邊 中央書館
발賣處 京城及地方 各書肆

壯陽復元丹

壹週分壹圜
二週分壹圜八十錢
四週分三圜四十錢
八週分六圜四拾錢

此藥은專치腦痛肺弱○房事色傷○心胃虛弱○陽萎不起○遺精多夢○神經衰弱○房事時早漏不快○病後虛弱○健忘不眠貧血諸症○先天不足○飮食不下○眩暈頭痛○等症ᄒᆞ나니試將此丸을照法服之면不過幾点鍾에立見妙效ᄒᆞ야魂飛肉躍ᄒᆞᆫ精神倣奮ᄒᆞ고頓覺愉快ᄒᆞ나니其症이輕者ᄂᆞᆫ服壹貳週면挽回元陽ᄒᆞ고其症이稍重者ᄂᆞᆫ可服三四週ᄒᆞ고濕엇痼疾로其症이頑重者ᄂᆞᆫ連服七八週면必能全치無疑니若夫無病之人도試用此劑則補血而益氣ᄒᆞ고强筋而壯骨ᄒᆞ나니用之八週而未見其效則請將價銀을如數還呈이요不敢虛誕自欺라此丸이又無論男婦老幼ᄒᆞ고均用有効ᄒᆞ나니眞世間無比之妙劑也라僉位ᄂᆞᆫ何不早圖壹試乎

발行所 皇城종로大廣橋십九統七戶 共愛堂약房
特約代理店 京城水橋 濟生堂약房

大韓帝國 內外 各地方 各處 總發行所 仁川杻峴 和平堂大藥房

乾●坤 男女諸瘡一切特効藥 靈藥神劑 麝香消瘡丹 西京大鉎 仁川港杻峴和平局 十四日分入金四圜

此丹이於諸瘡에無論男女老少ᄒᆞ고若服壹劑ᄒᆞ면實有神效ᄒᆞ야百발百中ᄒᆞ오니非例方可攷也라若論主治則楊梅下疳連珠風濕癩疳諸症에俱見立效ᄒᆞ오니勞病僉君子ᄂᆞᆫ壹次試驗伏望

婦人靈藥 胎養調經丸
부인뎡약텨양됴경환 壹月分壹劑 金五圜

婦人이孕胎ᄒᆞ지못ᄒᆞᆫ은冷病積聚와月經不調로因홈이니此약을服ᄒᆞ시면婦人腹中諸病을壹切退去ᄒᆞ야自然孕胎ᄒᆞᄂᆞ니다

補陰補陽 滋陽丸 조양환

定價金
三拾日分金五圜
二拾日分金三圜四拾錢
拾日分金壹圜八拾錢

此약은○房事不容○腎虛腰痛○病後氣端○腎氣不足○陽萎下起○陰虛火動●房事後慵困○手足厥冷○形容蒼白○遺精多夢○右諸症에適宜服用하시면特效가有ᄒᆞ외다

九拾五粒入金拾錢 八寶丹

主治効能
○胃痛惡心○頑痰固飮
○食思欠乏○中暑中寒
○新久積滯○急性驪格
○滋飮食傷○頭痛眩暈
○泄瀉下痢○霍亂吐瀉
○水土不服○船車醉

此外에도東西各國靈藥이俱備ᄒᆞ오니各地方에서도隨用請求ᄒᆞ시면郵便으로보ᄂᆡ려니와各處藥業ᄒᆞ시ᄂᆞᆫ僉位에게ᄂᆞᆫ特別割引放賣ᄒᆞ오니陸續注文ᄒᆞ심을務望

發行人 李應善
發行所 京城鍾路和平堂支店
和平堂支店 李聲儀
●水原北部普施洞약局 和平堂出張所田慶龍
●龍川陽市場陽市病院 和平堂出張所金元성
●鎭南浦築洞약舖 和平堂出張所金顯興
●平壤館前약舖

仁川杻峴 京城鍾路 和平堂 告白

本人이辯護士開業ᄒᆞ온바民刑訴訟의代與辯護鑑定等事務를迅速擔任ᄒᆞ오니僉君子ᄂᆞᆫ照亮來議ᄒᆞ심을務望

辯護士前判事 趙經九
事務所 中部貞善방下漢洞五拾八統九戶
事務員 李在용

直輸入大發賣廣告
學校用品測量機械
有名書籍各種
我國特産谷香煙草

南署東洞農商工部邇 金龍商會 謹告

◉谷香葉卷煙 大發賣廣告

○本社의葉卷烟草ᄂᆞᆫ我國名産谷山草로精選製造ᄒᆞ온지三載有餘에經過ᄒᆞ오ᄆᆡ香味가去益薰甘ᄒᆞ와西烟보담大勝ᄒᆞ옵고且價格을特別히低廉ᄒᆞ옵게發매ᄒᆞ오니海內志士ᄂᆞᆫ我國製品을愛顧ᄒᆞ시와優數히需用ᄒᆞ심이於國於私에大有利益이오니海諒惠顧ᄒᆞ옵

漢城남署棗洞六拾貳統拾戶

大烟百本入壹箱 實壹圜五拾錢
中烟百本入壹箱 金七拾錢
小烟百本入壹箱 金四拾錢
拾本入廿匣壹箱 金八拾錢

谷香合資會社 謹告

發行兼編輯人 英國人 萬咸
Responsible for Publication Alfred Weekley Marnham.
發行所 南署石井洞號外境三層洋屋內 大韓每日申報社

第六卷

大韓每日申報

第九百六十四號

月曜及慶節時日休刊

檀君開國四千二百四十一年
箕子元年三千三十年
大韓開國五百十七年
日本明治四十一年
淸國光緖三十四年
陰曆戊申十一月小初五日丁亥

論說

◉光緒及西太后崩逝後支那問題에對ᄒᆞᆫ研究 (續)

第五 最近支那人民의思潮와北京政府의狀態

康黨의逮捕된者ᄂᆞᆫ皆滿黨의斬殺을被ᄒᆞ고其餘ᄂᆞᆫ海外에走ᄒᆞ야志士를結集ᄒᆞ고潛勢力을養ᄒᆞ며又留學生과孫逸仙者가現ᄒᆞ야直히排滿革命을主張ᄒᆞᄂᆞᆫ뎌此時西后ᄂᆞᆫ光緒를害ᄒᆞ고滿洲의勢力을擴張ᄒᆞ랴ᄒᆞ다가列强의嘖言을懼ᄒᆞ야旋止ᄒᆞ고壹國內蠢民(即義和團)을煽動ᄒᆞ야列强과爲仇ᄒᆞ더니居然壹敗再敗에北京이陷落되고太后及帝가西安에蒙塵ᄒᆞᆷ에至ᄒᆞ니라義和團擾가纔畢ᄒᆞ미俄日戰爭이又起ᄒᆞ야東西大局이壹變ᄒᆞ미時代의風潮가益々히彼支那人의昏睡를撼ᄒᆞ야革命英雄이刀를磨ᄒᆞ야政府에向ᄒᆞᄂᆞᆫ者ㅣ尤多ᄒᆞ며靑年志士가笈을負ᄒᆞ야泰西及日本에留學ᄒᆞᄂᆞᆫ者ㅣ益盛ᄒᆞ미

巧ᄒᆞᆫ點에后가民氣를終始壓抑지못ᄒᆞᆯ줄을覺ᄒᆞᆫ故로光緒末年에立憲詔勅을發布ᄒᆞᆷ이即西后의主張이니라

噫라萬壹淸廷이時代의風潮와人民의感情에應ᄒᆞ야眞正히改革을行ᄒᆞᆫ졋대民國의不平을銷融ᄒᆞ고國家의福利를穫致ᄒᆞᆷ이非難의事어니와光緒ᄂᆞᆫ西后掌中에在ᄒᆞ야壹己의行動을自由치못ᄒᆞ거던엇지大政改善을彼에게望ᄒᆞ며西后ᄂᆞᆫ又民權自由等說을自初仇視ᄒᆞᄂᆞᆫ者니엇지實心으로改革을肯行ᄒᆞ리오故로彼紛々雨下의立憲上諭ᄂᆞᆫ只是外面뿐이오實際ᄂᆞᆫ아니라故로徒히國民의惡感만愈激ᄒᆞᆯ而已러라

第六 不意의今回事變

其內容의憂慮야何如ᄒᆞ던지外面으로觀ᄒᆞ면天上人과如히尊嚴ᄒᆞ던太后皇帝皇后三位가壹時에殞落ᄒᆞ얏도다

吾儕ᄂᆞᆫ光緒를爲ᄒᆞ야其聰明仁愛의心德으로不幸히女怪傑西太后掌握中에서生長ᄒᆞ야改革의志를未遂ᄒᆞ고三拾餘年悲劇的生涯를斷送ᄒᆞᆷ을吊ᄒᆞ며

西后를爲ᄒᆞ야其貪淫險暴的手段을弄ᄒᆞ야支那四百州의生命을操縱ᄒᆞ고壹身의行樂을無窮히ᄒᆞ다가壹朝에溘然히金宮壁殿을辭ᄒᆞ고黃泉에向ᄒᆞ미當年富貴가果安在哉아人生榮華의有涯를吊ᄒᆞ며

然이나壹帝兩后의幷時同殂ᄒᆞᆷ은是淸朝建國以來의第壹次初有의凶變이될뿐더러抑亦支那有史以後歷代皇帝의初有ᄒᆞᆫ巨變이될지니淸廷은비록萬口로장撰ᄒᆞ야日皇帝ᄂᆞᆫ西后와俱殂逝ᄒᆞ고皇后ᄂᆞᆫ自殺ᄒᆞ얏다ᄒᆞ나畢竟他人의疑點을打破ᄒᆞ지못ᄒᆞᆯ비라 (未完)

▲隆熙貳年拾月二拾七日 官報

●告 示

農商工部告示第拾三號 續

第二百三拾二條 會社가事業에着手ᄒᆞᆫ後其設立의無効ᄒᆞᆷ을發見ᄒᆞᆫ時ᄂᆞᆫ解散의境遇를準備ᄒᆞ야淸算ᄒᆞᆷ을要ᄒᆞᆷ此境遇에ᄂᆞᆫ裁判所ᄂᆞᆫ利害關係人의請求를因ᄒᆞ야請算人을選任ᄒᆞᆷ

第二百三拾三條 會社의帳簿와其營業에關ᄒᆞᆫ壹切書類ᄂᆞᆫ本店의所在地에서淸算結了의登記를ᄒᆞᆫ後十年間此를保存ᄒᆞᆷ을要ᄒᆞᆷ其保存者ᄂᆞᆫ淸算人其他利害關係人의請求를因ᄒᆞ야裁判所가此를選任ᄒᆞᆷ

第貳百三十四條 第八拾四條ㆍ第八拾九條乃至第九拾三條ㆍ第九拾五條ㆍ第九拾七條ㆍ第九拾九條ㆍ第百五拾九條ㆍ第百六拾條ㆍ第百六拾三條ㆍ第百七十六條乃至第百七十八條ㆍ第百八十壹條ㆍ第百八十三條乃至第百八拾五條ㆍ第百八十七條及民法第七拾九條ㆍ第八拾條의規定은株式會社淸算의境遇에此를準用ᄒᆞᆷ

(參照)

第八拾四條 會社ᄂᆞᆫ解散後라도淸算目的의範圍內에서ᄂᆞᆫ尙此存續ᄒᆞᄂᆞᆫ것으로看做ᄒᆞᆷ

第八拾九條 會社가裁判所의命令을因ᄒᆞ야解散ᄒᆞᆫ때ᄂᆞᆫ裁判所ᄂᆞᆫ利害關係人又ᄂᆞᆫ檢事의請求를因ᄒᆞ야淸算人을選任ᄒᆞᆷ

第九十條 淸算人의選任이有ᄒᆞᆫ때ᄂᆞᆫ其淸算人은二週日內에本店及支店의所在地에서自己姓名住所를登記ᄒᆞᆷ을要ᄒᆞᆷ

第九十壹條 淸算人의職務ᄂᆞᆫ如左ᄒᆞᆷ

壹 現務의結了
二 債權의推尋及債務의辨濟
三 殘在財産의分配

淸算人은前項職務를行ᄒᆞ기爲ᄒᆞ야必要ᄒᆞᆫ壹切裁判上又ᄂᆞᆫ裁判外의行爲를行ᄒᆞᄂᆞᆫ權限을有ᄒᆞᆷ

淸算人의代表權에加ᄒᆞᆫ制限은此로써善意의第三者에게對抗ᄒᆞᆷ을不得ᄒᆞᆷ民法第八十壹條의規定은合名會社淸算의境遇에此를準用ᄒᆞᆷ (未完)

外報

●安慶暴動後報 安慶에暴動이盛熾ᄒᆞ야安慶縣에砲擊ᄒᆞ얏고瀛船退和號ᄂᆞᆫ同地를通過ᄒᆞᆯ際에砲擊을受ᄒᆞ얏고目下에海軍大演習을行ᄒᆞ기爲ᄒᆞ야當地에在ᄒᆞᆫ淸艦一隻은暴動者와交戰中이라더라

●土國의協約拒絶 伯林電을據ᄒᆞᆫ則土耳其政府ᄂᆞᆫ塞爾維及蒙的利亞兩國과陸軍協約을締結ᄒᆞᄂᆞᆫ提議를斷然히拒絶ᄒᆞ기로決定ᄒᆞ얏다더라

●佛澳과土國 路透電을據ᄒᆞᆫ則佛澳兩國은土耳其의排貨運動을中止ᄒᆞ기ᄭᆞ지同國과交涉ᄒᆞ기를拒絶ᄒᆞ얏다더라

雜報

●是兄是弟 黃海道鳳山郡萬泉坊楡洞居ᄒᆞᄂᆞᆫ李星健氏가乙未更張之初에現世敎育義務를先覺ᄒᆞ야該洞에朝陽學校를私立ᄒᆞ고壹般經費를自擔ᄒᆞ야熱心敎育ᄒᆞ다가同氏가不幸身故ᄒᆞ야學校가廢止ᄒᆞ얏더니同氏의賢弟台健忠健兩氏가作故ᄒᆞᆫ其伯의事業을繼續ᄒᆞ야諸般校費를自擔ᄒᆞ고李鎭夏氏로學監을爲定ᄒᆞ고안廓氏를敎師로雇聘ᄒᆞ야壹鄕에英俊子弟를熱心敎授ᄒᆞ고同志人高允昌시에게委托ᄒᆞ야壹圖書館을設置ᄒᆞ야海西에文明機關을作ᄒᆞ얏다더라

●洪校秋期 忠南洪州郡西谷面月峴私立共明學校에서秋期試驗을經ᄒᆞ얏ᄂᆞᆫ데甲班最優等李鳳相이오優等李箕연趙仁鎬等六人이오及第趙聖熙壹人이오乙班最優等李柱연壹人이오優等에趙鳳鎬趙碩熙等三人이오及第李周衡趙源大等四人이오丙班優等은晩冏金啓甲이오及第高壯分等諸人이라더라

●明新新明 仁川港新昌동에有志紳士가私立明新學校를設立ᄒᆞ얏ᄂᆞᆫ데校長李容晦副校長李敎元校監串聖先學監李敎雄敎師李敎元李鍾游諸氏의熱心敎育ᄒᆞᆷ으로晝學徒가四拾餘名이오夜學徒가三拾餘名이며有志君子의捐助金이數百圜에達ᄒᆞ야前進之望이有ᄒᆞ다라

●商校可興 北靑郡私立商務학校學監김應謙시가名譽로熱心敎授ᄒᆞᄂᆞᆫ데該校書記員白潤桂시가商學이居後ᄒᆞᆷ을慨歎ᄒᆞ야不憚勞苦ᄒᆞ고壹切校務를自擔ᄒᆞ야日余의壹個人營業은雖爲廢止라도商校은鞏固케ᄒᆞ다ᄒᆞ고決心ᄒᆞ얏ᄂᆞᆫ데諸시의熱을人心皆稱頌ᄒᆞᆫ다더라

●正誤 本月二十六日本報雜報欄內藥令日字延期란題下에更히陽十壹月十二日로開ᄒᆞᆫ다ᄂᆞᆫ句語中에陽字ᄂᆞᆫ陰字의誤植이기正誤ᄒᆞᆷ

文壇

▲讀史新論 壹片丹生 (續)

第八章 三國興亡의異轍

彼가日本을敎導ᄒᆞᆫ功德에依ᄒᆞ야恒常日本兵을用ᄒᆞ야隣敵을防ᄒᆞ니愚哉라其爲國의謀여蓋國王이此로壹敗ᄒᆞ야도不悟ᄒᆞ며腆支王이此로再敗ᄒᆞ야도不悟ᄒᆞ고即義慈王時에至ᄒᆞ야ᄂᆞᆫ日本이疲弊가已甚ᄒᆞᆫ餘라太宗大王이大兵을擧ᄒᆞ고大阪을直擣ᄒᆞ야淋漓ᄒᆞᆫ馬血에城下盟을受ᄒᆞᆫ後에刷還臺에返ᄒᆞ야朴堤上의忠魂을吊ᄒᆞ며月山城에向ᄒᆞ야昔年老의憤魄을慰ᄒᆞ고日本全國의勇士力士謀士策士의膽과骨을碎ᄒᆞ며彼의君臣上下를驅ᄒᆞ야新羅君主東征의義旗下에匍匐膝行케ᄒᆞ얏스니此時日本의武力墮落됨을可知오又彼가新羅兵威에喪魂ᄒᆞᆷ을可想이어ᄂᆞᆯ百濟의人은尙且耳를掩ᄒᆞ얏던지羅兵이北侵ᄒᆞ며唐兵이東犯ᄒᆞ야 (未完)

雜報

●統監陛見 伊藤統監이昨日上午십壹時에 大皇帝陛下ᄭᅴ 陛見ᄒᆞ고同십貳時에ᄂᆞᆫ 太皇帝ᄭᅴ 陛見ᄒᆞ얏다더라

●統監獻品 別項과如히伊藤統監이昨日에 陛見ᄒᆞ고 大皇帝陛下ᄭᅴ와 皇后陛下ᄭᅴ와 太皇帝陛下及 慶善宮殿下ᄭᅴ 獻品을ᄒᆞ얏ᄂᆞᆫᄃᆡ
大皇帝陛下ᄭᅴᄂᆞᆫ治髮具壹件黃金色琥珀二卷이오
皇后陛下ᄭᅴᄂᆞᆫ龍甲製寫眞帖壹冊琥珀二卷이오
太皇帝陛下ᄭᅴᄂᆞᆫ治髮具壹件橙色琥珀二卷이오
慶善宮ᄭᅴᄂᆞᆫ琥珀二卷이라더라

◎清國前途와德國

醇親王의攝政任命에關ᄒᆞ야德國新聞에서齊히歡迎ᄒᆞ얏고且醇親王이榮祿氏의女와結婚홈에當ᄒᆞ야서도德國 皇室노부터物品을進呈ᄒᆞ야特別ᄒᆞᆫ異彩를放ᄒᆞ얏고目下同王邸에在ᄒᆞᆫ德國人壹名이有ᄒᆞ야名義ᄂᆞᆫ語學教師라稱ᄒᆞ나其實은德國參謀中佐로 醇親王의顧問이되야同王을依ᄒᆞ야北京朝廷게德國勢力을扶植ᄒᆞ라ᄒᆞᄂᆞᆫᄃᆡ北京政府에將來와德國의行動은世界의注觀ᄒᆞᄂᆞᆫ바이라더라

◎長谷川의韓國談

歸國ᄒᆞᆫ長谷川大將의言ᄒᆞᆫ바를據ᄒᆞᆫ즉韓國의義兵은兵力으로鎭靜ᄒᆞᆯ터이나鎭靜後에도施政의策이其宜를不得ᄒᆞ면反히義兵의激發을受ᄒᆞᆯ지라如此히鎭靜又鎭靜ᄒᆞ더라도效力이無ᄒᆞ지니方針을別히講究치아니ᄒᆞ면韓國의靜穩을不得ᄒᆞ깃다ᄒᆞ앗다더라

◎老而不死의賊

伊藤統監을頌德ᄒᆞ기爲ᄒᆞ야銅像建造의議를先日來로金允植氏外二三元老가主唱ᄒᆞ야新舊政府大官과協商ᄒᆞᆫ바ㅣ有ᄒᆞᆫᄃᆡ近日에金允植氏가壹同의代表로統監의게此諾을詢ᄒᆞᆯ計劃이오將次建造費醵集에着手ᄒᆞᆫ다더라

●作心三日 永宣君李埈鎔氏가妓樂으로放逸ᄒᆞᄂᆞᆫ事ᄂᆞᆫ世所共知어니와完興君李載冕氏가該氏를嚴論ᄒᆞ되以若 皇室至親으로ᄂᆞᆫ惑於妓樂ᄒᆞ야各新聞에種々揭布ᄒᆞᆫ즉豈不愧人乎아ᄒᆞᆫ즉該氏가從ᄒᆞ야以後로ᄂᆞᆫ妓樂을謝絶ᄒᆞ기로決心ᄒᆞ얏다더라

●內閣組織의內定 新內閣이日間組織된다ᄂᆞᆫᄃᆡ其內容을得聞ᄒᆞᆫ즉壹進會中幾人과前國事犯中某々氏가被任ᄒᆞ기로內定이되얏다더라

●觀察陶汰說 各觀察使中春川大邱兩觀察使外에ᄂᆞᆫ壹體遞任된다ᄂᆞᆫ說이有ᄒᆞ더라

●有何運動 永宣君李埈鎔氏ᄂᆞᆫ何等緊密ᄒᆞᆫ運動이有ᄒᆞᆫ지全北某郡에在ᄒᆞᆫ庄土를幾萬圓에典執得債ᄒᆞ야不遠間渡日ᄒᆞ기로預定ᄒᆞ얏다더라

●觀光者의激憤 日昨伊藤統監이入城ᄒᆞᆯ時에各大官이出往迎接ᄒᆞᆫ은已載어니와伊日에各大官들이回路에廣通橋를過去ᄒᆞᄂᆞᆫᄃᆡ路上에셔觀光者幾人이厲聲大言曰彼輩들의死ㅣ何日인고彼輩로因ᄒᆞ야我國이亡ᄒᆞ엿다ᄒᆞ고壹場憤鬱ᄒᆞ엿다더라

●銅鍮郡守 京畿道陽智郡에서ᄂᆞᆫ每朔官廳에게領給ᄒᆞᄂᆞᆫ月俸은額을該郡守가分食ᄒᆞᄂᆞᆫ故로吏屬廳役도ᄒᆞᆯ수업다ᄂᆞᆫᄃᆡ陽智郡守ᄂᆞᆫ可謂聚斂上典이라ᄒᆞ고傳說이浪藉ᄒᆞ다더라

●壹進決議 壹進會에서來月間에獨立館에演說會를開ᄒᆞ고大韓協會行動論으로演說ᄒᆞᆫ後에該協會에勸告ᄒᆞ야大韓協會를解散ᄒᆞ기로決議ᄒᆞ얏다더라

●義兵熾盛의內容 羅州郡에ᄂᆞᆫ義兵이更起熾盛ᄒᆞᆫ다ᄂᆞᆫᄃᆡ其內容을得聞ᄒᆞᆫ즉義兵과日兵에게殺戮을當치아니ᄒᆞᆫ洞里가無ᄒᆞ고日兵들의所爲ᄂᆞᆫ但히百姓에게貽害만ᄒᆞ니義兵鎭壓은姑舍ᄒᆞ고反히義兵을激起케홈이라日兵에게財産家屋을見失ᄒᆞ고多數ᄒᆞᆫ人命이料生ᄒᆞᆯ수업서義兵에게投入홈이니日本人의開化法은如此ᄒᆞᆫ가ᄒᆞ고民怨이大端ᄒᆞ다더라

●携砲示威 伊藤統監이入城ᄒᆞᆫ故로日本砲隊에서人民의게示威ᄒᆞ기爲ᄒᆞ야大砲를携載ᄒᆞ고城內에周行ᄒᆞ얏다더라

●僞貨調査 再昨日에南部美동等地에서紙幣僞造者가該管內巡査의게被捉하얏다ᄂᆞᆫ事ᄂᆞᆫ昨報에已揭어니와追聞ᄒᆞᆫ즉該所犯은忠南某郡守의別室裵召史와南部棗洞居김某인ᄃᆡ僞造ᄒᆞᆫ額數ᄂᆞᆫ六千四百七십圓이라該所管警察署에서現今審查ᄒᆞᄂᆞᆫ中이라더라

●洪氏慈善 北部樓閣洞居ᄒᆞᄂᆞᆫ洪允植氏가男女를勿論ᄒᆞ고萬名爲限ᄒᆞ야慈善的으로痘苗를自擔ᄒᆞ야無料施術ᄒᆞᄂᆞᆫ中인ᄃᆡ現今數爻가八千餘名에達ᄒᆞ얏다더라

●運動費捧與 水商營業共同所長尹世豐氏가尹炳夏氏의게水道事務員을圖給ᄒᆞ마ᄒᆞ고運動費七십圓을捧與ᄒᆞ얏다더라

●卒業生歡迎 再昨日下午四時에各學會에서早稻田大學校卒業生을鳴泉湯으로請邀ᄒᆞ야歡迎會를設ᄒᆞ얏ᄂᆞᆫᄃᆡ中樞院議長김允植氏가趣旨를說明ᄒᆞ고俞吉濬氏가祝辭ᄒᆞᆫ後卒業生崔錫夏氏가答辭ᄒᆞ얏다더라

●海民痛哭 慶尙道金海郡德道上大下三面에ᄂᆞᆫ年前에軍港地라고揮標ᄒᆞ엿더니去月二十九日에日兵五十餘名이該近處竹島山에大砲를掛着ᄒᆞ고放砲數日ᄒᆞᆫ後意外에該近處土地家屋ᄭᅡ지壹々調査ᄒᆞᆫᄃᆡ家屋每間에價ᄂᆞᆫ幾錢何며田土每斗落에價金이幾何나問ᄒᆞ고決價에買의文券과如히調査ᄒᆞ니百姓이惶急ᄒᆞ야哭聲이振動ᄒᆞ고不分頭緖ᄒᆞᄂᆞᆫ中에日兵이內庭突入ᄒᆞ야作弊가無雙이라該郡人民들이家屋도無ᄒᆞ고田土도失케되얏스니當此嚴冬ᄒᆞ야凍死ᄒᆞ깃다고怨聲이浪藉ᄒᆞ다더라

●郡民之賊 慶尙道安東郡豐西面素山里居ᄒᆞᄂᆞᆫ宋秉전은元來挾雜輩로昨年부터該郡副校長을任ᄒᆞ야民間에作弊가無數ᄒᆞ고些少嫌点으로兩個人의生命을殺害ᄒᆞ고稍히富饒ᄒᆞᆫ人이면義兵이라고搆陷ᄒᆞ야錢財를勒奪ᄒᆞᆫ民財가三四萬圓에過ᄒᆞ니若此人이該郡에久居ᄒᆞ면百姓들은沒死乃已라고怨聲이漲天ᄒᆞ다더라

●兩郡屠城 義兵數百名이陰曆去月二十九日에潭陽郡을屠城ᄒᆞ고同月卅日에寶城郡을屠城ᄒᆞ얏다더라

●義將押交 東部警察署에서義兵將印鍾鳴氏를再昨日에京城地方裁判所로越交ᄒᆞ얏다더라

●義將流配 再昨日에京城地方裁判所에서義兵將羅性壹氏를流九年에處辦ᄒᆞ얏다더라

●强盜被捉 泥峴居留日人寺田藤三郞과脇中三郞二名이三昨日下午八時에各持銃劍ᄒᆞ고貞洞居日人小虎吉家에突入ᄒᆞ야錢財를强奪코져ᄒᆞ다가該管內巡査에게被捉ᄒᆞ얏다더라

●市廛賊警 去二십四日夜에美洞居李鳳來氏市廛에窃盜가闖入ᄒᆞ야金品을多數히盜去ᄒᆞ얏ᄂᆞᆫᄃᆡ百元紙貨二십一枚와舊白銅貨五십餘封과一圓銀貨九십九枚요其餘一십錢五십錢雜貨와漢城銀行株券五십枚及天一銀行株券四십九枚와家券一枚라ᄂᆞᆫᄃᆡ現今警視廳에서詗探中이라더라

●兩會聚合 同志學友親睦會와少年同志會가合同ᄒᆞᆫ다ᄂᆞᆫ說은已報어니와來二拾九日日曜下午二時에兩會가興士團內에서特別會를開ᄒᆞ고合同ᄒᆞᆫ다더라

●青會討論 今日下午七時에青年會舘에서討論會를開ᄒᆞ고論理가勝於踐實이란問題로可否便들이互相討論ᄒᆞᆫ다더라

●親睦會演說 明日上午십貳時頃에湖西學生親睦會에서特別總會를磚洞普成學校內에開ᄒᆞ고紳士林炳恒鄭淑澤兩氏가演說ᄒᆞᆫ다더라

●韓會特會 大韓協會에서本月二십九日上午십貳時에任員滿期改選에關ᄒᆞᆫ事件으로特別總會를中部塔동事務所內에서開ᄒᆞᆫ다더라

●嶠南特會 嶠南教育會에서來日曜日(陰六日)上午拾二時에特別總會를典洞本會舘內에開ᄒᆞ고緊要事項을處理ᄒᆞᆫ다더라

▲地方消息▼

▲本月八日竹山西北方約三십里九峯山中에義兵십餘名이該郡日憲兵及補助員과交戰ᄒᆞ얏다ᄒᆞ고

▲本月십三日伊川郡東南方九십里地에셔義兵貳십餘名이該郡分遣所日憲兵及補助員과交戰ᄒᆞ얏다ᄒᆞ고

▲本月십三日에安흥東方三십里地에셔義兵십餘名이該地分遣所日憲兵及補助員과交戰ᄒᆞ얏다ᄒᆞ고

▲本月십四日京畿道廣州東南三십里地에셔義兵십餘名이該郡分遣所日憲兵及補助員三名과交戰하얏다ᄒᆞ고

▲本月廿壹日退溪院東方約십里地에셔義兵八십餘名이該院分遣所日憲兵及補助員四名과衝突ᄒᆞ얏다ᄒᆞ고

▲溫陽郡과牙山郡地方에셔ᄂᆞᆫ義兵五六십名이出沒ᄒᆞᆫ다ᄒᆞ고

▲海美瑞山郡地方에ᄂᆞᆫ義兵三십餘名이出沒ᄒᆞ며青陽郡地方에ᄂᆞᆫ義兵百餘名이出沒ᄒᆞᆫ다ᄒᆞ고

▲丹陽及江原道接近되ᄂᆞᆫ忠州堤川郡에셔ᄂᆞᆫ義兵三십餘名이出沒ᄒᆞᆫ다ᄒᆞ고

▲忠淸南道鴻山林川郡地方에ᄂᆞᆫ義兵四五십名이出沒ᄒᆞᆫ다ᄒᆞ고

▲淳昌任實古阜郡地方에ᄂᆞᆫ義兵八십餘名이出沒ᄒᆞᆫ다ᄒᆞ고

▲青松英陽郡地方에ᄂᆞᆫ義兵二십餘名이出沒ᄒᆞᆫ다더라

▲旅窓十興▼

日本留學生 琢玉子

▲扶桑東天에金風은蕭瑟ᄒᆞᆫᄃᆡ雞林故國바라보니만성각이간절ᄒᆞ다이내마ᄋᆞᆷ웃둑ᄒᆞ야興曲調를불너보ᄌᆞ

▲웃둑ᄒᆞ다獨立이여엇던志士볼見인고民權之機간절ᄒᆞ다民惟邦本變ᄒᆞᆯ손가其ᄃᆡ로立憲ᄒᆞ면興

▲웃둑ᄒᆞ다每日報여唇口勸舌百難中에醫世鐘聲不絶ᄒᆞᄂᆞ니冒險苦心壯ᄒᆞ도다其ᄃᆡ로立論ᄒᆞ면興

▲웃둑ᄒᆞ다各社會여教育實業目的ᄒᆞ고國合生義提倡ᄒᆞ제眞心熱誠根本삼아其ᄃᆡ로立志ᄒᆞ면興

▲웃둑ᄒᆞ다青年이여二十世紀新舞臺ᄂᆞᆫ知識업고못되나니忠君愛國工夫ᄒᆞ야其ᄃᆡ로立規ᄒᆞ면興

▲웃둑ᄒᆞ다女子界여賢母良妻造端이라洋服치마바로잡고女慕貞烈본밧어셔其ᄃᆡ로立節ᄒᆞ면興

▲웃둑ᄒᆞ다教育家여學校設始ᄒᆞ얏스니腐敗舊習다바리고開明學問研究ᄒᆞ게其ᄃᆡ로維持ᄒᆞ면興

▲웃둑ᄒᆞ다有志士여文明事業研究ᄒᆞ야實身名譽싱각말고光明正大獻身地에其ᄃᆡ로立身ᄒᆞ면興

▲웃둑ᄒᆞ다演壇우에懸河口辯壯ᄒᆞ지만拍掌소리취치말고國魂注入壹定ᄒᆞ야其ᄃᆡ로立言ᄒᆞ면興

▲웃둑ᄒᆞ다政閣이여弱肉强食此時代에精神업시奔走말고外交內修竭力ᄒᆞ야其ᄃᆡ로立政ᄒᆞ면흥

▲웃둑ᄒᆞ다英雄이여春다艸堂잠들엇나三顧草廬待時말고風雲手段잇거든냥其ᄃᆡ로立世ᄒᆞ면흥

廣告

本會에서少年同志會와合ᄒᆞᆫ事로來二拾九日(日曜)下午貳時에兩會가與士園內로特別會를開ᄒᆞ오니 僉會員은屆臨ᄒᆞ시옵

同志學友親睦會

本會에서來日曜日下午二点에與士園內에셔定期總會를開ᄒᆞ오니 僉會員은枉臨ᄒᆞ심을敬要

少年同志會 告白

來廿九日(日曜)正午에總會를普成中學校內에開ᄒᆞ고紳士鄭永澤 林炳恒兩氏가演說ᄒᆞ오니 僉會員은來臨 許傍聽

湖西學生親睦會 白

全北泰仁郡前秘書監丞姜在元시孝行이卓異ᄒᆞ야郡薦道薦과掌禮院嘉尙之題가有ᄒᆞ고 蒙賜三綱錄而表立旌閭之意로該郡士林이方今請願于本院ᄒᆞ나自本院으로特擧 襃奬ᄒᆞ다기로其烈行을玆에廣佈홈

全北泰仁郡 김弘基 告白

全北金溝郡故進士陳國濟시妻林시烈行特異ᄒᆞ야鄕薦道薦과掌禮院嘉尙之題가有ᄒᆞ고且蒙賜三綱錄而表立旌閭之意로該郡士林이方今請願于本院ᄒᆞ니自本院으로特擧 襃奬ᄒᆞ다가로其烈行을玆以廣布홈

全北금溝郡김成九 告白

直輸入大發賣廣告
學校用品測量機械
有名書籍各種
我國特産谷香煙草
南署長洞廣商工部通
金龍商會 謹告

本會特別總會를來日曜日(陰六日) 上午拾二時에本會館內에開ᄒᆞ오니本會員은濟々光臨ᄒᆞᆷ

嶠南敎育會 告白

●本校寄附金氏名廣告
陰在억 金相熙 尹泰興
權丙弼 李種玉 각五圜
權鳳洙 拾圜 金永燾
徐漢輔 각參圜 宋秉禮
金敎璣 陸政均 각貳圜
成晋永 崔榮澤 學費用
각壹圜

東彰學校 告白

各種書籍大發賣所
京城南部銅峴四巨里「二層屋」
文明書舘
玄檍 告白

本書林에서각種新舊書籍及各項敎科書와學校所用諸般物品을多數準備ᄒᆞ엿사오니 僉君子ᄂᆞᆫ陸續來購ᄒᆞ시옵

平安北道朔州郡南面館市 朔東書林主崔公麟 告白

本人이西部餘慶坊西小峴八十三統九戶瓦家六間草家四間合十間을昨年十壹月分에金基弘處에買得ᄒᆞ야錢荒所致로卽時漢城府에請願ᄒᆞ야家券을換出치못ᄒᆞ고至于今金基弘名字로流來ᄒᆞᄂᆞᆫ家券舊券을家內에深藏ᄒᆞ엿다가本月二拾五日에請願于漢城府ᄒᆞ고次로新券을차진즉舊券이업슴기로玆以廣告ᄒᆞ오니或有拾得人이라도無効로論ᄒᆞ시고또內外國人도此家券에對ᄒᆞ야切勿見欺ᄒᆞ시옴

朴召史 告白

朴汶瑰氏家與庫守護而本拾九日失火家五拾間穀二百石本宅衣服ᄶᅡ지簿沒入灰燼慘狀極矣

密陽下南面東巖里李性烈 告白

구한무신옥편 附音韻字彙
國漢文新玉篇
純洋裝 四百餘頁
定價金 壹圜貳拾錢
版權所有

本玉篇은各種字典과字彙를參互ᄒᆞ야漢字의音義와變音變義ᄭᅡ지國文으로詳明히譯述ᄒᆞ고且同音類合百餘頁를國文으로解釋添付ᄒᆞ야漢字의音만알면解得ᄒᆞ기容易ᄒᆞ오며勿論男女하고國文만알면初學生徒라도漢文實鑑이오니學界 僉彦은陸續購覽하심을務望

元賣所 平壤貫洞 耶穌敎書院
大발매京城종路 東一書觀
分賣所
布屛下 廣學書舖 罷朝橋越便 中央書舘
尙洞 博文書舘 寺洞 惟一書舘
寺洞 徽心書舘 廣橋 滙東書舘
종路耶穌敎書院 仝 大東書市 京鄕각有名書舘

本年陰九月晦日當文壹萬兩出次於音票片을여失하얏사오니誰某拾得ᄒᆞ셔도休紙施行홈

沈鍾協 告白

特別廣告

本人이判事를辭免ᄒᆞ고辯護士를開業ᄒᆞ얏ᄉᆞ오니 僉君子ᄂᆞᆫ事件의大小難易를勿論ᄒᆞ고照亮來議하시옵

辯護士張燾
法律事務所
中部茶洞拾四統五戶

本人의子鶴來가年方拾八歲에性本柔弱ᄒᆞ야浮浪悖類로追逐ᄒᆞ야他人에게得債ᄒᆞ려ᄒᆞ고外人에無與貸物을得用ᄒᆞ려ᄒᆞ기로如是廣告ᄒᆞ오니內外國人은誰某間切勿相關ᄒᆞ시옴若有相關이오면白失될터이니無至後悔ᄒᆞ시옴

三清洞居 父崔學汝 白

◎谷香葉卷煙
大發賣廣告

○本社의葉卷烟草ᄂᆞᆫ我國名産谷山草로精選製造ᄒᆞ온지三載有餘에經過ᄒᆞ오며香味가去益薰甘ᄒᆞ와西烟보담가勝ᄒᆞ옵고且價格을特別히低廉ᄒᆞ옵게發매ᄒᆞ오니海內志士ᄂᆞᆫ我國製品을愛顧ᄒᆞ시와優數히需用ᄒᆞ시심이於國於私에大有利益이오니海諒惠顧ᄒᆞ옵

漢城남署東洞六拾貳統拾戶
谷香合資會社 謹告

大烟白本入壹箱金壹圜五拾錢
中烟白本入壹箱金七拾錢
小煙白本入壹箱金四拾錢
拾本入廿匣壹箱金八拾錢

本人이辯護士業을經營ᄒᆞ온바民刑訴訟의代理辯護鑑定等事務를迅速擔任ᄒᆞ오니 僉君子ᄂᆞᆫ照亮來議ᄒᆞ심을務望

辯護士前判事 趙經九
事務所 中部貞善방下漢洞五拾八統九戶
事務員 李在용

測量器械大放賣廣告

拜啓敬頌 貴位大安弊店ᄂᆞᆫ僉君子의愛顧를蒙ᄒᆞ야營業이進就漸々進就되오니感謝萬々ᄒᆞ옵니다就弊店에셔販매ᄒᆞᄂᆞᆫ測量機械今年에需用이夥多ᄒᆞᆫ故로僉君子의便宜를圖ᄒᆞ기爲ᄒᆞ야特別히工場을建設ᄒᆞ고練熟ᄒᆞᆫ工匠을雇備ᄒᆞ야器械製造에將分注意監督ᄒᆞ야多數히製造ᄒᆞ야特別히廉價로供給ᄒᆞ오며僉君子購買後에器械의缺点이有ᄒᆞ오면好品과卽時換呈ᄒᆞ오며ᄭᅡ지使用後에도損傷이有ᄒᆞ오면特別廉價로修繕ᄒᆞ야僉君子의厚意를報答ᄒᆞ려ᄒᆞ오니不拘多少ᄒᆞ고陸續請求ᄒᆞ심을 伏望

學校나或社會의셔壹時에多數히請求ᄒᆞ시면日本의注文價格보다運賃及海關稅가無ᄒᆞ옵고器械도破損될念慮가無ᄒᆞ오며又各々히品好ᄒᆞᆫ것을擇擇ᄒᆞᄂᆞᆫ便利도有ᄒᆞ옵니다 歐米製及日本製上等器械本及測量器도多數히販매ᄒᆞ오니定價表를請求ᄒᆞ시면卽時送呈ᄒᆞ옵니다

平壤南門通二丁目
篠崎支店
시노삭이
電話三百四拾壹番

但支店이라도機械가마니잇ᄉᆞ오며物價도京城本店과同壹ᄒᆞᆷ去番에賣却ᄒᆞᆫ物品은買得ᄒᆞ고ᄌᆞᄒᆞᄂᆞᆫ사ᄅᆞᆷ이만아急히製造ᄒᆞᆫ것이되야셔不良ᄒᆞᆫ것이잇ᄂᆞᆫ지不知ᄒᆞ오니或不良之品을買得ᄒᆞᆫ人은本店에來求ᄒᆞ시면換呈ᄒᆞ올터이오며또物價도前보다廉價로放매ᄒᆞᆷ 또機械를貿易發매코ᄌᆞᄒᆞᄂᆞ니ᄂᆞᆫ特히利益을바라지안코放매ᄒᆞᆯ것숩

京城長谷川町郵便局前
篠崎測量器械店
시노사기「長電話六四八番」

◎新造樓房出賣

自造洋式樓房壹所前後共計四十五間此房作落在水標橋北二宮街坐東向西前面洋式樓房俱是鐵窓鐵門樓下洋式貨倉貨架俱全樓上俱有隔斷房間後面有韓式房屋另有廚房厠所並有後門出入便宜如有合意願買者請至水標橋北二宮街華商天利號面議

華商天利號主人 告白

▲特別廣告▼

閔泳善氏는平壤地에出張ᄒᆞ얏다가現今還京ᄒᆞ야依前處務ᄒᆞ오니民刑訴訟에關係가有ᄒᆞᆫ諸氏ᄂᆞᆫ陸續來議ᄒᆞ시옴

辯護士尹邦鉉
事務員閔泳善
法律事務所自邸前移
漢城南部武橋一統三戶

本塾에서簿記學을六個月學修로敎授ᄒᆞ오니 願學僉員은速히枉問議ᄒᆞ시오
時間下午一時至三時
第壹期商業
第二期銀行
第三期官廳

私立廣興新塾 白

學員募集廣告

本所에서算術專門九個月速成料와別設ᄒᆞ오며又一個月測量速成科를各設ᄒᆞ오니願學僉員은陰拾壹月七日內로請願ᄒᆞ시오

北部齋동三統十戶 測量新塾

特別廣告

本人이判事의職을辭免ᄒᆞ고辯護士業務에從事ᄒᆞ오니 僉彦은陸續來議ᄒᆞ시옴

辯護士劉文煥
事務所中部校洞
三十二統四戶
(下漢洞口越便發)

▲特別廣告▼

本社에서修繕世落成인바發展을祝賀ᄒᆞ기爲ᄒᆞ야限壹個月注文에對ᄒᆞ야拾分의壹을特減ᄒᆞ깃ᄉᆞ오니文明事業에有志ᄒᆞ시ᄂᆞᆫ 僉君子ᄂᆞᆫ來臨注文ᄒᆞ심을敬要

安峴拾統壹戶 普文社 告白

本人의家人이도라稱ᄒᆞ고債用及物件外上을屢次徵給ᄒᆞ얏ᄉᆞ나家人은姑舍ᄒᆞ고雖本人의下라도決不更徵給ᄒᆞᆯ터이니內外國僉君子ᄂᆞᆫ照諒ᄒᆞ심을望ᄒᆞᆷ

北部松峴第拾九統四戶 尹寅善 告白

大韓帝國十三道各郡에總發行所는
京城南大門內 濟生堂大藥房

陸軍軍醫金守鉉君實驗方劑
陸軍藥劑官洪祐君有效證明
海衛生之諸君子常備之靈藥
消化新藥 清心保命丹
仁川港杻峴
發行所 濟生堂藥房
九粒入金拾錢

(主治效能)
痰飮●咳嗽●胃痛腹痛
氣鬱●食傷●中暑中寒
食積●吐瀉●水土不服
酒醉●口臭●船車眩暈
其他瘟氣厲疫을預防
ᄒᆞᄂᆞᆫ奇效가有ᄒᆞᆷ

蛔積殺蟲散
약
右藥은蛔虫壹切을拔根ᄒᆞᄂᆞᆫ妙
(금십錢)

起死回生 回生丹
此냐온急ᄒᆞᆫ吐瀉와霍亂과腹痛
이며담咳의神效ᄒᆞᆷ (금拾戔)

●其他內外新製에○補血藥○補陰補陽藥○不足症藥○婦人冷病藥○瘡病藥○寸虫拔根藥○되ᄂᆞᆫ藥○眼藥各種○皮膚藥○大小腫氣膏藥各種○感氣藥○淋疾藥○滯症藥○其外 여러가지藥은이로긔독지못ᄒᆞᆷ

洋藥類化장品類
●十三道各郡藥商ᄒᆞ시ᄂᆞᆫ 僉位의게ᄂᆞᆫ價를特別割引ᄒᆞ야極廉ᄒᆞ게大販賣ᄒᆞ오니陸續注文ᄒᆞ심을要望

◉遠地에ᄂᆞᆫ小包郵便으로信送ᄒᆞᆷ

○仁川港杻峴　濟生堂大藥房本舖
○開城南門內　濟生堂開城支店
○平壤大貫洞　濟生堂平壤出張所
○宣川邑內　濟生堂平北總支店
○元山港銘石院　濟生堂元山支店
○釜山港草梁　濟生堂釜山出張所
○沙里院場　濟生堂沙里院出張所
○馬山港東城　濟生堂馬山支店
○鎭南浦後浦　濟生堂鎭南浦出張所

度支部測量課
編纂
土地測量術
全壹冊正價금 郵稅八錢
洋裝九拾錢

近日測量術書類에三四種이刊行되엿스나不完全의缺點이不無ᄒᆞᆫ바今에本書ᄂᆞᆫ細密測으로圖中測量ᄭᆞ지詳密히編纂ᄒᆞ얏스며각種實地測量ᄒᆞᆫ製圖의圖ᄒᆞᆫ挿入ᄒᆞ야壹般斯學界의無二ᄒᆞᆫ寶典이오且紙質의堅美ᄒᆞᆷ과製冊의華麗ᄒᆞᆷ이測量術書中에覇王이라稱ᄒᆞᆯ만ᄒᆞᆷ

〔發兌元〕
皇城中部罷朝橋越　中央書館　朱翰榮
仝 鍾路　大東書市　金基鉉
仝 南部大廣橋　滙東書館　高裕相
仝 南門內尙洞　博文書館　盧益亨
仝 남門外紫岩　新舊書林　池松旭

地方行政論
全壹冊
定價金三拾錢
趙重九氏 撰述

▲本書ᄂᆞᆫ地方自治行政에關ᄒᆞᆫ壹般의原則과外國의現行制度를蒐互撰集ᄒᆞ야簡明이論述ᄒᆞᆫ者ㅣ니現히地方官의位에在ᄒᆞᆫ者의行政上參考될은勿論이오全國人士ᄂᆞᆫ각其關係生活의本旨를瞭解ᄒᆞ야將來自治制度組織의基礎를成ᄒᆞᆯ者ㅣ니有志僉彦은速々購覽ᄒᆞ시옵

發行元　皇성中부罷朝橋越　中央書館
발售處　京城及地方　各書肆

壯陽復元丹
壹週分壹圓
二週分壹圓八十錢
四週分三圓四十錢
八週分六圓四拾錢

此藥은專치腦痛肺弱○房事色傷○心腎虛弱○陽萎不起○遺精多夢○神經衰弱○房事時早瀉不快○病後虛弱○健忘不眠貧血諸症○先天不足○飮食不下○眩暈頭痛○等症ᄒᆞ나니試將此丸을照法服之면不過幾点종에立見妙效ᄒᆞ야魂飛肉躍ᄒᆞ며精神徵奮ᄒᆞ고頓覺愉快ᄒᆞ나니其症이輕者ᄂᆞᆫ服壹貳週면挽回元陽ᄒᆞ고其症이稍重者ᄂᆞᆫ可服三四週ᄒᆞ고遠年痼疾도其症이頗重者ᄂᆞᆫ連服七八週ᄃᆡ必能全치無疑니若夫無病之人도試用此劑則補血而益氣ᄒᆞ고强筋而壯骨ᄒᆞ나니用之八週而未見其效則請將價額을如數遺呈이오不敢虛誕自欺라此丸이又無論男婦老幼ᄒᆞ고均用有効ᄒᆞ나니眞世間無比之妙劑也라 僉位ᄂᆞᆫ何不早圖壹試오

발行所　皇城종로大廣橋십九統七戶　共愛堂약房
特約代理店　京城水橋　濟生堂약房

大韓帝國內外各處
仁川杻峴 地方
總發行所和平堂大藥房

此丹이於諸瘡에無論男女老少ᄒᆞ고若服壹劑ᄒᆞ면實有神效ᄒᆞ야百발百中ᄒᆞ오니非例方可及也라若論主治則楊梅下疳連珠風濕頑창諸症에俱見立效ᄒᆞ오니養痾僉君子ᄂᆞᆫ壹次試驗伏望

婦人靈藥 ○胎養調經丸○
부인령약티양됴경환
壹月分壹劑 金五円

婦人이孕胎하지못ᄒᆞᆷ은冷病積病과月經不調로因ᄒᆞᆷ이니此약을服ᄒᆞ시면婦人腹中諸病을壹切退去ᄒᆞ야自然孕胎ᄒᆞᄂᆞ니다

補陰補陽 滋陽丸 자양환

定價金
三拾日分金五圓
二拾日分金三圓四拾錢
拾日分金壹圓八拾錢

此약은○房事不容○腎虛腰痛○病後氣喘○腎氣不足○陽萎不起○陰虛火動●房事後憔困○手足厥冷○形容蒼白○遺精多夢○右諸症에適宜服用하시면特效가有ᄒᆞ외다

九拾五粒入金拾錢
八寶丹

主治効能
○胃痛惡心○頑痰固飮○食思欠乏○中暑中寒○新久積滯○急胃鬱格○滿飮食傷○頭痛眩暈○泄瀉下痢○霍亂吐瀉○水土不服○船車醉

此外에도東西各國靈藥이俱備ᄒᆞ오니各地方에셔도隨用請求ᄒᆞ시면郵便으로보낼터이오各處藥業ᄒᆞ시ᄂᆞᆫ僉位에게ᄂᆞᆫ特別割引放賣ᄒᆞ오니陸續注文ᄒᆞ심을務望

發行人 李應善
發行所 京城鍾路和平堂支店
●水原北部普施洞약局　和平堂支店 李鼎儀
●龍川陽市場陽市病院　和平堂出張所田慶龍
●鎭南浦藥劑약舖　和平堂出張所命元섭
●平壤館前약舖　和平堂出張所金龍興
仁川杻峴 京城鍾路 和平堂 告白

◉特別廣告◉
國債報償金本年七月ᄭᆞ지前後所捧總合六萬一千二百三十二圜三十壹錢에銀物代金二십六圜七십六錢을加ᄒᆞ야都總合六萬壹千二百五拾九圜○七錢을電氣會社內銀行에貯置ᄒᆞ얏슴고其貯置額中三萬二千三百圜은國債報償志願金總合所로越交ᄒᆞᆷ
大韓每日申報社

▲國債
▲報償志願金收入廣告
●第五○四号
大安洞國債報償夫人會收納
銀指環壹雙六錢五分重
代금壹圜五拾六錢
●第五七○号
釜山每日申報支社徐棟鲁收納
銀指環壹雙壹兩五錢重
代금三圜六拾錢
銀簪二介壹兩四錢三分重
代금三圜四拾二錢
●第七六二号
東署梨峴內四街崔俊泰等收納
銀物貳拾種八兩五錢二分重
代금十八圜十八錢
右銀物二十四種合十二兩壹錢重現時價와엿利息放賣ᄒᆞᆫ價額
合貳十六圜七十六錢
前總合六万壹千二百三拾二圜
三十壹錢七厘
前後都總合
六萬一千二百五十
九圓○七錢七厘

發行兼編輯人 萬咸
Responsible for Publication Alfred Weekley Marnham.
發行所
南署石井洞號外地三層洋屋
大韓每日申報社

第六卷

大韓每日申報

第九百六拾五號

月曜及慶節時日休刊

檀君開國四千二百四十一年
箕子元年三千三十年
大韓開國五百十七年
日本明治四十一年
淸國光緖三十四年
陰曆戊申十一月小初六日戊子

論說

◉光緒及西太后崩逝後支那問題에對ᄒ 研究 (續)

吾儕가萬里天涯에坐ᄒ야彼戲事黑々暗々百鬼晝行의淸廷ᄂ面에向ᄒ야疑點이何處에서起ᄒ얏다ᄒ고容易히指點치못ᄒ지今番事變이或漢唐古代에曹操朱全忠等의弑后弑君ᄒ例와如히北京政府大臣中에셔此를行ᄒ인가抑或俄國路易拾六及俄國前皇亞歷山大와如히民間革命黨에게磔弑ᄒ인지今에姑且斷言치못ᄒᄂ비어니와

且記者의此論이光緒及西后의崩逝根因을探出코져ᄒ이아니오但光緒西后崩後에支那問題가何如히歸着될을硏究코져ᄒ인故로此等話ᄂ且休ᄒ고今後支那問題에就ᄒ야次章에縱論코져ᄒ노라

第七 今後의支那

(壹)北京政府와現人物
(二)維新黨派의實力
(三)此後滿漢問題의變相

甲午淸日의戰爭이東亞의局面을突變케ᄒ얏스나支那人의頭를驚回케ᄒ은今番事變만不如ᄒ며甲辰俄日의戰爭이世界의風雲을噓動ᄒ얏스나支那人의腦를刺激ᄒ은今番事變만不如ᄒ다ᄒ노니何故오曰彼가君主專制의國인故며彼가民智未開의國인故며彼가四千年來로國家와皇室을混同視ᄒ야皇室을卽國家라ᄒ며國家를卽皇室이라ᄒ故니라

萬壹彼立憲文明國과如히人民이國家에對ᄒ義務와責任을分擔ᄒ면進行하ᄂ方針이着々이有序ᄒ지니彼壹皇帝壹太后의死가其國前途에何等影響이無ᄒ지나彼ᄂ理論上으로던지實際上으로던지君主가卽國家의中心點이될지라故로雖昇平無事時에此等凶變을遇ᄒ지라도尙且壹國內에多少變動을生ᄒ거던況今滿漢이軋轢ᄒ고列强이窺伺ᄒᄂ此際乎며況國政이腐敗ᄒ고民心이不附ᄒᄂ此際乎아此際支那의前途ᄂ怳々惚々ᄒ야人으로하야금模測키果難ᄒ도다

嗚乎라此後의支那여風雪이紛々ᄒ고波瀾이洶々ᄒ야靑天白日에平波穩流로其局을結치아니ᄒᆯ줄은又時局稍具眼者의同認ᄒᄂ비로다

然則彼支那가將此機를乘하야齊變至道의勇을發ᄒ야咄嗟의間에大改革을行ᄒ고世界舞臺에濶步並進ᄒᆯ가抑或困頓蹉跌에層々墮落ᄒ야刻々不滅의地獄으로入ᄒᆯ가

曰彼支那政府에大英雄其人이有ᄒ진ᄃ此千載壹時의好機를利用ᄒ야老朽의官吏를掃汰ᄒ며滿漢의畛域을打破ᄒ며革新의人才를登庸ᄒ며腐敗의政治를改革ᄒ야支那政治界新紀元을建ᄒ도可ᄒ지나現北京政府의人物을屈指ᄒ면其人이爲誰오慶親王乎아曰非也며袁世凱乎아曰非也라彼의己往歷史를看ᄒ미皆全軀保妻子의宗旨를講하며苟且彌縫의伎倆만鍊ᄒ而已오國家萬世의長策에ᄂ夢想이不到ᄒ者라可望ᄒ者ㅣ無ᄒ니라然則彼等의胸中에滿漢의區域이突生ᄒ야彼此旗鼓를相當ᄒ따가蚌鷸相爭의際에太阿를外人에게授ᄒ야瓜分의禍를啓치아니ᄒᆯ가曰彼政府의腐敗가旣甚ᄒ니外人의權利ᄂ自然日縮ᄒ지나彼北京政府에在ᄒ漢人은是富貴安享ᄒ思想뿐이오滿人도亦然ᄒ中에內로ᄂ革命黨이蹂躪ᄒ며外로ᄂ列强의虎視가耽々ᄒ니彼가此等困難ᄒ地位에在ᄒ야自家權利만保全ᄒ랴면不得不滿漢派各官吏가壹團에合하야相助相恤ᄒ리니故로北京政府ᄂ幾年間彌態로支過ᄒ지니라 (未完)

官報

▲隆熙
▲貳年拾月二拾七日 官報

●告示

農商工部告示第拾二號 續

第九十二條 會社에現存ᄒ財産이其債務를完濟ᄒ기에不足ᄒ時ᄂ淸算人은辦濟期를不拘ᄒ고社員으로ᄒ야금出資케ᄒ을得ᄒ

第九拾二條 淸算人數人이有ᄒ時ᄂ淸算에關ᄒ行爲ᄂ其過半數로써此를決ᄒ但第三者를對ᄒ야ᄂ各自會社를代表ᄒ

第九十五條 淸算人은會社의債務를辦濟ᄒ後가아니면會社財産을社員에게分配ᄒ을不得ᄒ

第九拾七條 淸算人의解任又ᄂ變更은二週日內에本店及支店의所在地에셔此를登記ᄒ을要ᄒ

第九拾九條 淸算이結了ᄒ며ᄂ淸算人은遲滯업시本店及支店의所在地에셔其登記를ᄒ을要ᄒ

(未完)

外報

●唐紹儀의改名 北京電을據ᄒ則淸國唐小儀氏ᄂ唐小怡로改名하얏다더라

●葡帝逢難 東京電을據ᄒ則葡萄牙皇帝께서리쓰폰市에幸行하실時에爆烈彈을投ᄒ랴ᄂ者가有ᄒ얏스나幸히發見되여無事ᄒ얏다더라

●波斯의財政困難 同電을據ᄒ則波斯政廷에財政困難ᄒ事에對ᄒ야今後로ᄂ獨逸에셔補助ᄒ事가有ᄒ다더라

●英滊船의被燒 同電을據ᄒ則英國滊船말타號ᄂ火災에罹ᄒ야壹百二拾三名이燒死ᄒ얏다더라

雜報

●中央總會 大韓中央學會에셔本月三十日(月曜)下午二時에通常總會를鐘路里門內靑年會館內에開ᄒ고會務를處理ᄒ後에演士崔炳憲尹孝定兩氏가次第演說ᄒᄂ데傍聽을許ᄒ다더라

●李氏義擧 鐵川邑內李相稷氏가本年陰八月頃에私立文明學校를設立ᄒ고需般經費를獨自擔當ᄒ야聰俊子弟를多數募集ᄒ고敎師崔章玉시를延聘ᄒ야熱心敎育ᄒᄂ데該시의捐財敎育ᄒᄂ義務ᄂ今世罕有라더라

●郡主有志 黃海道康翎郡々主事盧蒼顏氏가法律에至公ᄒ고外交에嫺熟ᄒ야壹郡이賴安ᄒ뿐더러該郡內有志紳士김秀인盧元有김亨寶錫氏와協議ᄒ야學校를創設ᄒ고靑年子弟를熱心敎育ᄒ다더라

●鐵校進步 平北鐵山郡守梁在萬氏와有志紳士郭漢禹鄭鳳來李禹根白珍瑩諸氏가發起ᄒ야曰此郡에小學校ᄂ數立ᄒ기ᄂᄒ엿시나中學校가尙今建設치못ᄒ미殊非學界上進步라ᄒ고該郡人民과協議ᄒ야中學校를設立ᄒ기로酌定ᄒ고其位置ᄂ郭山宣川鐵山龍川義州諸郡의中央地ᄂ車輦館이라ᄒ야同地로決定ᄒ고其經費ᄂ壹般人民이義務的으로平均收斂하야振興之望이大有하다더라

●三壹如壹 水原府內三壹學校의設立이于今三載에財政이窘渴ᄒ야將至廢境矣러니府內紳士吳諧鉉崔東弼李鍾岳崔致善洪健燮洪秉敏諸氏가忿발敎育ᄒ고爭先義捐ᄒ야永久維持ᄒ기로擧皆擔負ᄒ얏다더라

●敎師熱心 慶尙北道漆谷郡梅里院에셔李相轄宋秉胤李根榮諸시가太同測量科를設立ᄒ고講師李錫寅시를延聘ᄒ야同시가敎授에熱心ᄒᄂ뿐더러月給을受치아니ᄒᄂ故로名譽가發暦增加ᄒ고學生이日增擴張ᄒ다더라

文壇

▲讀史新論 (續) 壹片丹生

第八章

三國興亡의異轍

自家가危機壹髮汲汲의頃에坐ᄒ얏ᄂ데乃者其忠智兼全ᄒ相臣成忠을囚ᄒ며五千殘兵으로階伯을遣ᄒ야出戰케하고國城中君王이宮姬의盃前에醉倒ᄒ며詞客의吟處에閑坐ᄒ야太平無事의와恰似ᄒ니彼가何를恃ᄒ야如此ᄒ이뇨曰彼가「本을恃ᄒ이니라」嗚乎라自强의術을不修ᄒ고他援만恃ᄒᄂ者ᄂ必亡의道니라

或者ᄂ妄謂ᄒ되新羅ᄂ强大ᄒ支那의援을憑ᄒ故로興하고百濟ᄂ弱小ᄒ日本의援을憑ᄒ故로亡ᄒ얏다ᄒ나「其然豈其然乎」리오余ᄂ以爲ᄒ되百濟가支那의援을憑ᄒ얏슬지라도必亡ᄒ얏스리라ᄒ노니何以로云然고曰外援을利用ᄒ은可컨이와外援을依시ᄒ은不可ᄒ바라彼新羅ᄂ萬壹支那를依시ᄒ얏스면決코麗濟兩滅의大功을成치못ᄒ얏슬지며 (未完)

詞藻

●自强力

三千里도라보니。天府金湯이아닌가
片片沃土우리江山、어이차고놈줄손가
출ᄒ리二千萬衆다죽어도、이疆土를

雜報

●統監改選 日本大阪每日新聞을據ᄒ則韓國統監은早晩間更迭되리라ᄒᄂ風說이漲籍ᄒ더確說을據ᄒ던今回에ᄂ丁寧히更迭될터이오後任은寺內陸軍大臣으로確定ᄒ고曾彌副統監은不日間에京城을出발하야歸國ᄒ다ᄒ얏더라

●勤務者誰 總理大臣李完用氏가去番에曾彌副統監을訪見ᄒ고內部大臣宋秉畯氏의部務怠慢홈을論駁ᄒ다가副統監의게太無顔을當ᄒ얏다더라

●炎天牛囊 新內閣이組織된다ᄂ說은昨報에已揭어니와組織된ᄂ日에ᄂ前輔國閔泳徽氏ᄂ宮內府大臣으로前協辦閔衡植氏ᄂ承寧府侍從長을被任ᄒ다ᄂ說이有ᄒ더라

●宋椅下의兩膝 總理大臣李完用宮內府大臣閔丙奭兩氏가近日自己에椅子를鞏固ᄒ기爲ᄒ야內部大臣宋秉畯氏의게百般緊切히交涉ᄒ다더라

●辯護士口試 辯護士試驗에入格ᄒ人을昨日法部에서更히口述試驗을擧行ᄒ얏다더라

●質問何益 壹進會에서昨日上午十二時頃에總代六人을大韓協會々長김嘉鎭氏에게派送質問ᄒ얏다더라

●蠹奪乃已乎 鎭岑郡所在閔忠正公家田庄秋收가三百餘石假量인ᄃ또內部大臣宋秉畯氏가占奪ᄒ다고該舍音의急步가日昨에到達ᄒ얏다더라

◎工業界의嚆矢

西大門外湖南鐵道會社內에張秀鎭氏가蒸汽機械를製造ᄒ얏ᄂᄃ昨日下午二時부터連三日趨火試輪ᄒ야壹般有志人志의게供覽케ᄒ더라

◎北來消息

北來人의傳說을據ᄒ즉間島義兵將李範允氏가徒黨數千名을募集ᄒ고俄國과連絡ᄒ야精銳兵器를多數買來ᄒ얏고軍卒中에智勇이兼存ᄒ人이多有ᄒ다더라

●農部管理 東大門外洪陵附近에在ᄒ山林은今回農商工部에主管으로同部山林局에서此를管理ᄒ터이라더라

●李氏無理 永宣君李埈鎔씨가去乙未年分에全州秦仁兩郡에在ᄒ朴泗俊氏의田畓四拾餘石落을勒奪ᄒ事로朴氏가流離上京ᄒ야方今裁判中이라ᄂᄃ永宣君李埈鎔氏가該답로을方欲與執中이라더라

●摠字有味 永宣君李埈鎔씨가五十萬元의資本을鳩聚ᄒ야漢城典當摠組合所를特設次로現今周旋中이라더라

●代書氏名調査 法部에서警視廳으로指揮ᄒ야漢城內各代書所事務員의氏名을壹切調査以去ᄒ얏다더라

●船票發賣中止 義州鴨綠江은去貳十七日渡船場兩岸에結氷ᄒ結果로滿韓鐵道連絡船은極히危險홈을因ᄒ야鐵道管理局에서渡江하ᄂ船票發매홈을中止ᄒ얏다더라

●通譯行悖 各地方傳說을據ᄒ즉日守備隊通譯은豺狼蛇蝎과如ᄒ야人命을傷害ᄒᄂ中에原州郡新林日守備隊派出所通譯鄭在華ᄂ何等의作弊를ᄒ얏던지該近處裁判所에被捉懲役ᄒ얏다ᄒ고寧越郡通譯ᄒ事ᄂ人民을凌辱毆打ᄒ기로長技를삼고該郡々守를叙任ᄒᄂ勢力이有하다고自矜ᄒ며行悖ᄒ즉人民이其暴虐을不堪ᄒ야怨聲이漲籍ᄒ다더라

●仁川의風害 再昨夜로부터昨朝에至ᄒ기ᄭ지仁川港에서大暴風이起ᄒ야損害가頗多ᄒ데破損沈沒ᄒ行衛가不明ᄒ船船數가三십隻이오又陸地에損害ᄂ每岸의堤坊約七町이破壞ᄒ고電柱의折倒數가多有ᄒ야目下調査中이라더라

●萬民呼冤 萬頃郡居民崔銓國李炳林等이丙午年災結四百餘結과丁未年災結九百七拾餘結을蠲減ᄒ야달나고該郡及全州財務監督局에屢度呼冤ᄒ리調査後除減ᄒ깃다고回題矣러니調査ᄂ姑舍ᄒ고白地徵稅로結民에게現今督納ᄒᄂ故로該人民等이裹足上京ᄒ야度支部에呼訴ᄒ얏다더라

●李氏呼冤 東部內賢洞居ᄒᄂ李德三시의數百年守護ᄒᄂ山坂이東小門外阿彌里에在ᄒ대陰去月念間에何許日服着ᄒ者四五名이來到ᄒ야農商工部認許가有ᄒ다ᄒ고該山坂을壹切測量ᄒᄂ故로李시가往問其由ᄒ즉該人等이李시를恐喝ᄒ되數朔後에ᄂ此山이果非汝의所有라ᄒ며無雙作鬧ᄒ고測量以去ᄒ故로리시가該部에呼冤ᄒ얏다더라

●貧困致斃 日昨南山麓林中에韓人壹名이松樹에縊死ᄒ얏슴으로該掌內巡査가醫師와同往檢屍ᄒ고其親屬을採知ᄒ야縊死者의妻채姓女를招致ᄒ야問ᄒ즉彼의夫ᄂ中署將橋人力車夫黃雨淵인ᄃ貧苦홈을不堪ᄒ야縊死에至ᄒ얏다홈으로該屍體를채姓女의게渡與ᄒ야埋葬케ᄒ얏다더라

●日女服毒 西部齊坡居留ᄒᄂ日女高谷은藥商營業ᄒᄂᄃ인ᄃ何等不平ᄒ事가有ᄒ던지日前에服毒自斃ᄒ얏다더라

●金家回祿 再昨日下午八時頃에辯護士金正穆씨家外舍에서無故의火가起하야家屋은別無燒ᄒ얏스나其他什物의損害가百餘圜에達하얏다더라

●非韓則日 昨日午前七時에大安洞居張과又시家에强盜壹名이突入ᄒ야金四拾貳圜을奪去ᄒ얏ᄂ대此强盜ᄂ韓服을着하얏스나韓日人을分揀치못ᄒ깃다더라

●日事務行賊 忠南天安郡鄉便取扱所에서近日에該郡結錢을收納貯置ᄒ얏ᄂ대何許日人事務員이其中에서一萬二千九百七拾餘圜을窃取ᄒ야不知去處로逃躱ᄒ얏다고南來人의傳說이有ᄒ다더라

●兩氏激論 水原府內居羅聖奎單裕舜兩시가各學校를極力贊助ᄒ며親소를勿論ᄒ고靑年을逢着ᄒ면熱誠勸勉ᄒ야使之入學홈으로人皆稱頌홈은壹府共知어니와府內三壹學校의財政困難홈을聞知ᄒ고羅聖奎單裕舜兩氏가금額을優數義捐ᄒ야日永久維持ᄂ吾輩가擔着이어니와使其靑年으로指導敎育ᄒ야共進文明홈을恒切願祝ᄒ니校內任員은實心做意ᄒ야勉勵前進ᄒ라고激切히說明하얏다더라

●日新又新 慶尙南道河東郡日新學校가設立ᄒ지未過幾朔에校樣이漸臻實效러니不幸兵火에被燒ᄒ야衆情이嗷々ᄒ中에該郡守李承과시의熱心贊助와有志諸시의竭力斡旋홈으로更히學校를建築하야不日竣役ᄒ얏다더라

●김氏金氏 咸南高原郡西北協成學校々長金容秀氏가금貨二千圜을該校에特捐ᄒ고熱心敎育ᄒ데五십餘名學徒를壹齊斷髮ᄒ고또自家의使喚婢를放釋ᄒ논ᄃ一般學徒에게壹場說明ᄒ後에文券을卽燒ᄒ얏다고該郡人民들이稱頌不已ᄒᄃ더라

●江校興旺 江界郡普通學校々監田虎一시ᄂ本以有志紳士로校務에勤愼ᄒ야上學生徒가八拾餘名에達ᄒ얏ᄂ니該시之勸奬과학校之興旺은無不稱頌ᄒ다더라

●金氏贊成 麻浦前侍御김仁浩시ᄂ素히慈善에志가富ᄒ紳士인대該洞靑年諸시가敎育界의熱心ᄒ야普明夜학校를設立ᄒ고行商ᄒᄂ人士를募集敎授홈을聞ᄒ고贊成에意를表하기爲ᄒ야금五圜을該校에義捐ᄒ얏다더라

●崔氏義務 平安北道定州郡古邑面新市新成學校ᄂ有志紳士姜承烈李根夏諸氏가設立ᄒ고靑年子弟를熱心敎育ᄒ더니該校經費가窘拙ᄒ야쟝차大運動에參入치못ᄒ야壹般任員生徒가仰天歎息ᄒᄂ中에隣居崔光雲시가大運動經費를自願出義ᄒ며該校任員生徒가右시의義務를稱頌不已ᄒ다더라

●南氏熱心 咸南高原郡養淑女學校々監南廷鶴氏가熱心敎育ᄒ기로學徒가三拾餘名에達ᄒ얏다더라

▲地方消息▼

▲慶尙南道安義郡德川地方에ᄂ義兵三四十名이出沒ᄒ다ᄒ고

▲靈光羅州咸平郡地方에도多數의義兵이日本討伐隊와交戰ᄒ얏다ᄒ고

▲海南康津寶城興陽突山順天還地方에ᄂ義兵三十餘名이出沒ᄒ야韓日人의被害가不少ᄒ다ᄒ고

▲露國淸國々境을接ᄒ地에在ᄒ義兵將리範允시의義兵이侵入ᄒ다홈으로警戒中이라ᄒ고

▲甲山郡에서義兵二십餘名이日討伐隊와交戰ᄒ얏다더라

▲魔報狂吠▼

▲日昨何樣魔報를接讀하다가編末에至ᄒ즉牛수馬勃과猫囊狗跡이壹幅欄內에乱着ᄒ얏ᄂᄃ乃撲犬問題也러라

▲壹曰近ᄂ狂犬咬人의患이發生하야家犬을並撲殺ᄒ問題가實施된다ᄒ고且大邱觀察朴重陽씨의狂犬이未發生ᄒ기前에預防ᄎ로盡殺홈에對ᄒ야假然히贊揚ᄒ얏더라

▲論曰朴觀察의家犬並撲殺ᄒ은決코人民의害源을預防홈이아니라彼愚直ᄒ犬이外人을見ᄒ면愈愈吠ᄒᄂ故로爲民의美名을假ᄒ야外人에게納諂홈이分明ᄒ거니와

▲彼撲犬問題를著ᄒ者ᄂ誰를爲ᄒ야納諂코ᄌ羅鋒을磨ᄒ야犬을撲殺코ᄌᄒᄂ가外人에게諂코ᄌ홈인가彼가外交權이無ᄒ니此도아니오人民을爲홈인가彼가牧民職이無ᄒ니此도아니라意者컨ᄃ彼가此撲犬問題가實施된다ᄂ機會를乘ᄒ야彼觀察에게納諂하야貪窠郡守를圖得코ᄌ홈이아닌가

▲壹曰狂犬이群犬中에瀾入亂咬ᄒ면壹群이皆狂ᄒ야蔓延의害가甚速ᄒ고若人을咬ᄒ야其毒이入腹ᄒ면犬吠聲을亂叫ᄒ다ᄒ얏더라

▲論曰誠言과如ᄒ진ᄃ近日韓國中에狂犬에게被咬ᄒ人이多ᄒ도다何者오其會에入ᄒ면天眞의人을狂케하야祖國을忘却ᄒ고外人을崇拜케ᄒ야其發延의害가幾百萬名에及ᄒ니此도狂犬에게被咬ᄒ者이오

▲仕宦界에人하면內外職衙要ᄒ椅子에據ᄒ야無罪창生을咬ᄒ야其蔓延의害가全國에充滿ᄒ니此도狂犬에게被咬ᄒ者오

▲報館에入ᄒ면狂吠亂吠ᄒ야同胞의耳目을眩惑케ᄒ나此도狂犬에게被咬ᄒ야其毒이入腹ᄒ者이아닌가

▲壹曰敎育이無ᄒ견은飮食이나偸食ᄒ며糞溺을亂放ᄒ고且견의劣性이太怪ᄒ야淨潔處마다첩放糞ᄒ다ᄒ얏더라

▲論曰彼견은敎育이無ᄒ야然ᄒ다ᄒ려니와近日韓ㆍ中에或會費或運動費라ᄒ고愚昧ᄒ人民을誘惑ᄒ야殘금을捲喫ᄒ고國家의土를賣ᄒ야靦然偸食하ᄂ者ᄂ敎育이有ᄒ야然ᄒ가

▲彼견의性은劣且怪ᄒ야淨潔處에放糞ᄒ고異種人을吠ᄒ거니와彼全國을濁汚ᄒ고秩序를紊亂ᄒ며自國同胞를殘虐ᄒ고外人을諂附ᄒᄂ者ᄂ其性이優且順ᄒ야然ᄒ가

▲壹曰現今世界에敎育이無ᄒ견은無用ᄒ야撲殺問題를惹起라ᄒ얏더라

▲論曰彼견은비록敎育이無ᄒ나天然的報ᄒ性과吠盜功이有ᄒ畜獸어날些小의妨害로써撲殺코ᄌ홀진ᄃ彼畧個識見이有ᄒ고思想도稍ᄒ얏다ᄒ면서其行動은彼敎育이無ᄒ견에不及ᄒ者가多ᄒ니此等人은將何以處治ᄒᄂ가

廣告

本校에서第三回測量
三個月速成科學員을新募ᄒᆞ오니願學僉員은陽拾貳月八日以내로請願ᄒᆞ시옵
但請願紙ᄂᆞᆫ本校用紙로홈
試驗은國漢文讀書
筭術은四則以내
試驗日字拾貳月拾日(陰十壹月十七日)上午九時
典洞 **私立中東學校**

本會에서來日曜日下午二点에興士團內에定期總會를開ᄒᆞ오니僉會員은枉臨ᄒᆞ심을敬要
少年同志會 告白

本社에서蒸汽機械를製造ᄒᆞ고製絲와造紙를先試ᄒᆞ기爲ᄒᆞ야股金을募集ᄒᆞ오니有志僉君子ᄂᆞᆫ趁期應募ᄒᆞ심을望홈
蒸汽機械製造社 告白
臨時事務所ᄂᆞᆫ西門外湖南鐵道會社內
左開
壹 股數ᄂᆞᆫ五千株로先定홈
壹 株金은每株에貳拾圜으로定홈
壹 株金收入은四回로定홈
壹 株金收入期
第壹回 隆熙三年壹月三拾日內로
第貳回 仝 四月二拾日內로
第參回 仝 七月三拾日內로
第四回 仝 十月三拾日內로

本會에서本月三十日(月曜)下午二時에鍾路里門內青年會館內에서通常總會를開ᄒᆞ고會務를處理ᄒᆞᆫ後에左開演題로演說ᄒᆞᆯ터이오니本會僉員과傍聽코져ᄒᆞ시ᄂᆞᆫ僉位ᄂᆞᆫ屆期來臨ᄒᆞ심을務望
大韓中央學會 告白
演題 演士氏名
團合力과競爭力의關係 崔炳憲
本學會의義務 尹孝定

旌義郡守**張容堅**氏가到郡以來로務在新民ᄒᆞ야革祛舊汚ᄒᆞ고家喩戶說ᄒᆞ야勸課農林ᄒᆞ고耳提面命ᄒᆞ야**創設學校**ᄒᆞ며 文廟將頹에捐廩補葺ᄒᆞ고貧戶毁破에**與錢結構**ᄒᆞ며交外人以誠信ᄒᆞ고處自己以儉素ᄒᆞ니若期以數年이면庶望壹變이라不勝悚禱ᄒᆞ와玆에告白홈
旌義郡居 **金成**준 **金熙**殷 **康錫恒** 告白

速成學員大募集廣告
本所에서如左히科程을特設ᄒᆞ고敎授ᄒᆞ오니願學僉彦은入學請願書를**十二月五日**以內로本所에提呈홈
時間及科程表
上午七時至八時三拾分 (日語)(筭術)
仝九時至十一時 日語 (甲班)(乙班)
仝十一時至**下午一時三拾分** 簿記
下午二時至三時卅分 語 (甲班)(乙班)
仝四時二拾分**至五時**卅分 (測量)(筭術)
仝六時至八時 筭術 簿記
仝八時至十時 日語 (甲班)(乙班)
開學日字 陽拾二月五日 陰拾壹月拾二日
但細則은本所에來問홈
中部河橋北川邊**第一**谷西邊二家**板井洞**六拾八統七戶
隆昌講習所 告白

本會에서少年同志會와合ᄒᆞᆫ事로來二拾九日(日曜)下午貳時에兩會가興士團內로特別會를開ᄒᆞ오니僉會員은屆臨ᄒᆞ시옵
同志學友親睦會

濟州郡新左面朝天里私立義興普通學校趣旨書
大矣哉라敎育也여人而不學이면與蠢々獸虫으로何以異哉리오方今列强이砲烟丸雨로弱肉强食ᄒᆞ니此果何等時代乎아噫라我韓은雖稱君子古國이나末流之弊에民國不幸이於斯極矣니當用何許方策이라야挽回自由之權哉아決不過敎育二字니何者오使我貳千萬同胞로各盡其敎育ᄒᆞ야祖國精神을灌注於人々腦髓則可以進步文明之域ᄒᆞ고凌駕列强之間ᄒᆞ야堂々國旗를高揭于仙李樹下ᄒᆞ고愛國歌를拍手齊唱ᄒᆞ리니方其時ᄒᆞ야國民義務를孰不欽慕哉아本州ᄂᆞᆫ瀛海小島오朝天島中僻村이라人民未開를何以贅說이리오然ᄒᆞ나亦爲國民之壹分子라不受敎育이면愛國思想이感發無由故로洒掃寺塾ᄒᆞ고名之以義興者ᄂᆞᆫ蓋吾義務ᄒᆞ야觀感興起之謂也니惟願靑年俊秀ᄂᆞᆫ晝宵勤孜ᄒᆞ고熱心受業ᄒᆞ야自由活動則於國有補가豈無山不讓土ᄒᆞ야能成其大之也哉
發起人 金厚植 宋鍾曉 金洪培 金斗植
▲學費捐助錄 捐秩
김厚植 김洪培 김斗植 각四圜五십錢 김秀鎬 壹圜ㄹ錢 김熙舜 十십錢 김膺中 黃祐邦 金時學 黃鎭介 李仁汝 김宣鎬 김ㅆ敎 ㅈ壹圓 宋文玉 宋鍾曉 김熙樹 김彦洙 김祉洙 김禧植 韓석範 김仁準 김熙祚 김升植 리龍九 ㅈ五십전 張海松 김淳用 각四십錢 리海元 三십錢 宋升玉 金희庸 ㅈ십전
▲寄附秩
判事 崔元淳 七십圓
郡守 尹元求 拾圓
김宇培 김近植 韓石鎬 宋海玉 각五圓 김相鎬 四圓 文秉順 김建鎬 김희龍 김南赫 김淳鎬 김允植 安道汝 洪鍾煥 ㅈ二圓 김平彦 貳圓 김和順 尹性大 김俊植 김應龍 尹信鳳 김日根 李道吉 각壹圓
濟州義興學校 告白

本年陰九月晦日當文壹萬兩出次於音壹片을失ᄒᆞ얏사오니誰某拾得ᄒᆞ서도休紙施行홈
沈鍾協 告白

本會特別總會를來日曜日(陰六日)上午拾二時에本會館內에開ᄒᆞ오니本會員은濟々光臨홈
嶠南敎育會 告白

特別廉價
本會에서各種好品名啣紙를多數發賣ᄒᆞ오니願買僉君子ᄂᆞᆫ陸續來購ᄒᆞ옵심을望홈
大和商會印刷部 告白

特別廣告
本人이判事를辭免ᄒᆞ고辯護士를開業ᄒᆞ얏ᄉᆞ오니僉君子ᄂᆞᆫ事件의大小難易를勿論ᄒᆞ고照亮來議ᄒᆞ시옵
辯護士張燾
法律事務所
南部茶洞拾四統五戶

국한문신옥편 附音韻字彙
國漢文新玉篇
純洋裝 四百餘頁
定價金壹圜貳拾錢 版權
本玉篇은各種字典과字彙를參互ᄒᆞ야漢字의音義와變音變義ᄭᆞ지國文으로詳明히譯述ᄒᆞ고同音類ㅣ百餘頁를國文으로解釋添付ᄒᆞ야漢字의音만알며解得ᄒᆞ기容易ᄒᆞ오며勿論男女ᄒᆞ고國文만알면初學年俳라도漢文寶鑑이오니學界僉彦은陸續購覽ᄒᆞ심을務望
元賣所 平壤貫洞 耶穌教書院
分賣所 大邱ᄂᆞᆫ京城鍾路 **東一書觀**
布屛下 廣學書舖　罷朝橋越便 中央書館
向동 博文書館　寺동 唯一書館
寺洞 徽心書館　[illegible]橋 匯東書館
鍾路耶穌教書院 仝　大東書市　京鄕각有名書舖

公告
自今으로京城長谷川町東京江川活版製造所支店에서本局의定價와同壹히本局製造品을販賣케ᄒᆞ기로玆에公告홈
隆熙二年六月
龍山印刷局

◎活字及印刷機械製造販賣所
其他인긔·機械油·膠·名刺紙·色革
金銀各色粉銀·並活版石版附屬品一式
새로ᄉᆞ업을 창설ᄒᆞ야 ᄒᆞᆫ번에오빅원어치 이상물건을사서가시ᄂᆞᆫ이ᄒᆞᆫ데ᄂᆞᆫ 본뎜에셔 기ᄉᆞ ᄒᆞᆫ명을 보내셔ᄒᆞᆫ돌동안을 월급도아니밧고 직공을ᄀᆞᄅᆞ쳐 주겟ᄉᆞᆸᄂᆞ이다
京城長谷川町二丁目(石井洞)
江川活版製造所支店
本店 東京日本橋區長谷川町 電話浪花八八八番
鐵工場 東京京橋區南傳馬町 電話本局二七二六番
支店 仙台市國分町 電話一一七番

電話六七八番
局製朱肉은其肉色이美ᄒᆞ고且數百年을經ᄒᆞ야도決코變色之虞가無ᄒᆞ고壹種獨特之精良品이오며又多少不拘ᄒᆞ고購求ᄒᆞ심을願

本人이去貳拾五日에姓名章을서失故로玆以廣布ᄒᆞ오니誰某間切勿見欺홈
朴秀憲 告白

[illegible]號家與庫中護巾本拾九日失火家五十間穀二百石本宅衣服文簿沒入灰燼慘狀極矣
密陽下南面東邊里李性烈 告白

◎新造樓房出賣
自造洋式樓房壹所前後共計瓦屋四十五間此屋作落在水標橋北二宮街坐東向西前面洋式樓房俱是鐵窓鐵門樓下洋式貨倉貨架俱全樓上俱有隔斷房前後面有韓式房屋另有廚房厠所並有後門出入便宜如有合意欲買者請至水標橋北二宮街華商天利號面議
華商天利號主人 告白

▲特別廣告▼
閔君平壤地에出張ᄒᆞ얏다가現今還京ᄒᆞ야依前處務ᄒᆞ오니民刑訴訟에關係가有ᄒᆞᆫ諸氏ᄂᆞᆫ陸續來議ᄒᆞ시옵
辯護士尹邦鉉
事務員閔泳善
法律事務所自隣前移
漢城南部武橋一統三戶

本人의子鶴來가年方拾八歲에性本柔弱ᄒᆞ야浮浪悖類로追逐ᄒᆞ야他人에게得債ᄒᆞ려ᄒᆞ고其外人에借與貸와得用ᄒᆞ려ᄒᆞ기로如是廣告ᄒᆞ오니內外國人은誰某間切勿相關ᄒᆞ시옵若有相關이오면白失ᄒᆞᆯ터이니無至後悔ᄒᆞ시옵
三淸洞居 父崔學汝 白

廣告

居家旅行에恒常預備할藥은大韓帝國漢城鍾路慈惠醫院內新醫學兩博士와大韓醫院一等藥製官實驗鑑製한

官許　登錄商標（慈）　治痰消食　平胃丸　九拾粒定價금拾錢

靈効解瘧丸　每包　錢
消食物生口味　甘酸水金　五兩錢
淋疾去根藥　五拾錢
淸明眼藥水　十五錢
寸虫拔根藥　三十錢
蛔虫沒收丸　二拾錢
四時感冒丸　拾錢
消痰鎭咳藥　三　錢
辟瘟實散　拾五錢
德國淋疾藥　七日分壹圓四十錢
無惡臭疥창약　拾錢

咽喉熱痛　降火水　（五日分金壹圓）
男女氣血　補益丸　二圓五拾錢
瘌疾靈散　三十錢
止瀉補腸丸　二拾錢
純全鷄丸　拾錢
漢城百藥膏　拾錢
大小腫에付창膏　三拾錢
止足汗臭약　二拾錢
美國膏藥　貳拾五錢
陳々舊滯　消積丸　五拾錢
上品蛔虫散壹号金壹圓七拾錢

◉慈惠大藥房內印刷大擴張廣告

弊藥房에서石版機械活版印刷機械를特設하고左記한課目대로印刷하오니全國十三道各郡內各社會及學校僉兄弟께서石版印刷와活版印刷와各書籍類의所用에로見本과名目만詳示하시면本店에서以廉價로信信付送于小包郵便할을거시니不必上京이외다

普印社　主務　梁在灌　觀化　告白

石版部　株券　地圖　商票　寫眞石版　褒証　賞狀　本葉　各學校用進級　彩畵　古書畵　插畵　修業證書　等야封紙　各色
活版部　各種書籍　雜誌　廣告紙　一冊衣　輪葉書　上等名刺　請牒紙　其他種々　印札紙　領受證
寫眞部　寫眞業番　寫眞名刺　景色寫眞　其他種々
粧冊部　內外書籍　精米粧향

大韓國十三道各郡에總發行所는京城南大門內濟生堂大藥房

發行所　仁川港杻峴　濟生堂藥房
消化新藥　淸心保命丹
九粒入金拾錢
◦陸軍軍醫金守鉉君實驗方劑
◦陸軍軍醫張基茂君有効證明
◦海衛生之諸君子常備之要藥

（主治效能）
담飮과咳嗽와胃痛腹痛
氣鬱과食傷과中暑中寒
食積과吐瀉와水土不服
酒醉와口臭와船車眩暈
其他運氣厲疫과預防
에奇效가有함

回積殺蟲散　（금십錢）
右藥은蛔虫壹切을拔根하는妙약

起死回生　回生丹　（금拾戔）
此약은急한吐瀉와霍亂과腹痛이며담咳의神效함

●其他內外新製에○補血藥○補陰補陽藥○不足症藥○婦人冷病藥○瘡病藥○寸虫拔根藥○귀눈藥○眼藥各種○皮膚藥○大小腫氣膏藥各種○感氣藥○淋疾藥○滯症藥○其外여러가지藥은이로긔록지못홈

●十三道各郡藥商을하시는僉位의게는洋藥類化장品類와特別割引하야極廉한게大販賣하오니陸續注文하심을要望

◉遠地에는小包郵便으로信送홈

○仁川港杻峴　濟生堂大藥房本舖
○開城南門內　濟生堂開城支店
○平壤大貫洞　濟生堂平壤出張所
○宣川邑內　濟生堂平北總支店
○元山港銘石院　濟生堂元山支店
○山釜港草梁　濟生堂釜山出張所
○沙里院場　濟生堂沙里院出張所
○馬山港東城　濟生堂馬山支店
○鎭南浦後浦　濟生堂鎭南浦出張所

度支部測量課編纂

土地測量術

全壹冊正價금升製六拾錢　洋裝九拾錢

近日測量術書類에三四種이刊行되엿스나不完全의缺點이不無홈은바아니라本書는細部測量으로全圖를測量까지詳密히編纂하엿스며각種實地測量을製圖의圖本을插入하야會般斯學界의無二한寶典이오且紙質의堅美홈과製冊의華麗홈이測量術書中에覇王이라稱홈만홈

〔發兌元〕
皇城中部罷朝橋越　中央書館　朱翰榮
仝　南部大廣橋路　大東書市　金相鉉
仝　南門內尙洞　滙東書館　高裕相
仝　南門外紫岩　博文書館　盧益亨
仝　　　　新舊書林　池松旭

韓國人諸彦을爲하야民刑訴訟其他諸般法律事務에從事하야親切叮嚀하고且迅速處理함

中部典洞三十八統九戶
日本辯護士　藤井太郎

同所에特許事務所를設하고特許意匠商標著作權等의登錄出願及審判事件의高囑도應受하와處理함

特許代理業者　藤井太郎

醫學九氏　撰述

地方行政論

全壹冊　定價金三拾錢

▲本書는地方自治行政에關한諸般의原則과外國의現行制度를參互撰集하야簡明히論述한者ㅣ니現히地方官의位에在한者의行政上參考될은勿論이오全國人士는各其國脉生活의本旨를瞭解하야將來自治制度組織의基礎를成할者ㅣ니有志僉彦은速々購覽하시옵

發行元　皇城中部罷朝橋越　中央書館
발售處　京城及地方　各書肆

本人이西部餘慶坊西學峴前居八十三統五戶瓦家六間草家四間合十間을昨年一月分에金基弘處에買得하야錢荒所致로即時漢城府에請願하야家券을繕出치못하고至于今金基弘名字로流來하는家券에家內에深藏하얏다가本月二拾五日에閉門于漢城府하고該家券을차져주옵니다家券이업습기로玆以廣告하오니或拾得人이라도無効로論하시고此內外國人도此家券에對하야切勿見欺하시옴

朴召史　告白

壯陽復元丹

每週分每圖
二週分壹圓八十錢
四週分三圓四十錢
八週分六圓四拾錢

此藥은專치腸痛肺弱○房事色傷○心腎虛弱○陽萎不起○遺精多夢○神經衰弱○房事時早洩不快○病後虛弱○健忘不眠貧血諸症○先天不足○飮食不下○眩暈頭痛○背症을나니試將此丸을照法服之면不過幾点鐘에立見妙效하야魂飛肉顫케精神微奮하고頓覺愉快하나니其症이輕者는服壹貳週면挽回元陽을하고其症이稍重者는可服三四週하고週年痼疾의其症이頑重者는連服七八週면必能全치無疑니若夫無病之人도試用此劑則補血而益氣를하고强筋而壯骨하나니用之八週而未見其效則請將價額을加數還呈이요不敢虛誕自欺라此丸은又無論男婦老幼하고均用有効하나니眞世間無比之妙劑也라僉位는何不早圖壹試오

發行所　皇城종로大廣橋십九號七戶　共愛堂약房
特約代理店　京城水橋　濟生堂약房

本人이辯護士開業하온바民刑訴訟의代理와辯護鑑定等事務를迅速擔任하오니僉君子는照亮來議하심을務望

辯護士前判事　崔鎭九
事務所　中部貞善방下漢洞五拾八統九戶
事務員　李任용

Responsible for Publication
Alfred Weekley Marnham.

發行兼編輯人英國人　萬咸
發行所　南署石井洞號外地三層洋屋
大韓每日申報社

第六卷

大韓每日申報

第九百六拾六號

月曜及慶節臨時日休刊

檀君開國四千二百四十一年
箕子元年三千三十年
大韓開國五百十七年
日本明治四十一年
淸國光緖三十四年
陰曆戊申十一月小初八日庚寅

論說

◎光緖及西太后崩逝後支那問題에對한研究 (續)

政府의情形은果然如是하려니와彼內外各地에根저를散佈하야風雲을睥睨하던許多革命家가必然袖手安坐를不肯하리니其結果가將何如할가曰嗟乎라萬若今日支那에革命英雄이果有하야支那十八省四百餘州四億萬人을爲하야上帝의詔命을奉하고壹叫에惡政府를倒覆하며再擧에新國民을製造하야地獄을破하고天堂을設하면此는支那人의載歌載舞할뿐아니라卽吾輩旁觀者도萬丈踊躍할바아닌가然이나事業의實際는元來如此容易히成就하는것이아니오無數의曲折과無數의成敗를經한然後에於是乎其懷抱의目的을可達하나니卽西歐各國革命史를觀하라皆其人民이百數拾年의精力을費하며百數十年의心血을積하며百數十年의實驗을經하야壹敗再敗에意氣가不挫하며拾生九死에手段이愈進한는故로其目的을到達하얏스니卽今支那革命家의精神은何如한뇨彼大刀會小刀會等의秘密會가有하나其內容의妄誕決裂이已甚하야伊太利少年會의高尙한目的이無하며孫逸仙黨派의革命論이雖熱하나俄羅斯虛無黨의堅忍한性質이無하고梁啓超黨派는戊戌政變以後爲始하야國恥民辱에公憤을抱하고海外星霜에崎嶇奔走하며國民精神을喚起하얏스나彼가其拾餘年間의短한月로累千年支那人의頑閉한思想을革新하야愛國團體를組織함은尙且未能하얏슬지라然則其黨은号曰百萬이라하나傑男越麾下의三千濟敎徒갓흔血團이必無할지며加里波的手中의八百義勇隊갓흔死士가必無할지라故로彼等의愛國熱血이비록如何히沸騰할지라도不得不苦痛을且忍하고勢力을潛養하야將來의機會를待할지니라

或者는彼皇帝及太后의凶變을因하야支那政界에大變動이生할줄노思하나此는實로太早의計라或此後地方에小小暴亂이起할는지又或彼政府가列强의誘脅에墮하야多少異態를釀成할는지不知하거니와其大勢는如此히幾年間支過를得할지니라

然則此後滿漢의黨爭은將如何히解決할깃나뇨曰滿人이數百年來로漢人을歧視함이雖甚하얏스나今日에至하야는漢人이彼에對하야報復主義를講할餘地가無하니何故오蓋今日支那의巨患은同洲의日本과他洲의英米德俄等列國이是오滿人이아니라滿人이能히支那內地에繁殖하야漢種을滅하고代할勢가有하거나能히上等智識에優有하야獨히支那의主人翁으로自樹하야漢種을奴使할勢가有하면漢人이凡百을犧牲하야彼를擯除코자하려니와今也에同病相憐의惡感에相排相仇하면徒히外人에게瓜分의隙만授할지라故로今後支那에는人民과惡政府의抗爭은有하고滿漢의問題는漸次消融할지라人民과惡政府의抗爭은卽滿漢問題의變相이니라

歐風亞雨에萬旗가齊翻하고刀山劍水에羣妖가紛騰하나니彼累千年文明을保有한支那民族이엇지沈睡로長終하리오만은然이나彼는尙且豫備時代오突飛時代가아니라政法을豫備하며實業을豫備하며砲艦을豫備하며槍刀를豫備하며其他各種革命材料를豫備함에汲汲無暇할지니엇지突飛를遽謀하리오若曰西太后가死한故로支那前途의大勃興할機라하면是는不知者의妄論이라萬壹支那民族의豫備가已早하얏스면千百西太后가有할지라도突飛할지며豫備가無하면西太后가雖無하나突飛치못할지니嗚乎라今日支那는豫備時代오突飛時代가아니니라

第八 結論

筆을抽하야宇宙에徘徊하니奇險하다此二十世紀大地여風雲이慘淡하며魑魅가縱橫하는도다

强者는牙를磨하야弱肉을謀하며弱者는力을竭하야自存을講하나니此二十世紀時代는卽八相食의時代가아닌가

凡此韓國內有志人士아西歐變革의歷史를研究하며隣邦進步의現狀을討量하야公家四千載文明史를保有할지어다

本記者가此論을草하며其卞觀이支那에不在하고韓國에在하니라 (完)

▲隆熙貳年拾月二拾七日 官報

●告示

農商工部告示第拾三號 續

民法第七十九條 淸算人은其就職日로부터二個月內에少할지라도三回의公告로써債權者를對하야壹定한期間內에其請求의申告하라는旨意로催告함을要함但其期間은二個月以下됨을不得함

前項의公告에는債權者가期間內에申告치아니한時는其債權은淸算中에셔除斥될旨意를附記함을要함但淸算人은旣知한債權者를除斥함을不得함

淸算人은旣知한債權者에게는各別히其申告를催告함을要함 未完

外報

●大學生의爭鬪 倫敦電을據한즉維也納大學校에셔獨國學生과伊太利學生間에爭鬪가起하야拾九名의負傷者가有하얏슴으로同大學校는閉鎖하고貳拾三名은捕縛되얏다더라

◎安慶暴動後報

安慶暴動狀況에關하야該地報道를據한즉叛黨은城外에在한砲兵隊及馬隊를連絡하야本月拾九日夜에突然히安慶城을攻擊하얏고貳拾日朝에는城外에在한砲隊를占據함으로後面에在한砲艦其他武艦과城內守備兵間에挾擊하얏다는報가武昌에達하얏슴으로據督演習地에在한兵卒壹個聯隊는張彪의命令으로急派하고端方氏의命令으로三營兵卒을出張하얏다더라

●桑港의暴風 米國桑港附近에在한地方에서風帆船壹隻이桑港으로向하야歸航할時에暴風을遭過하야該船이沈沒되야乘組員中에日本人二十六名과淸國人六십七名과白人十五名이溺死하얏다더라

雜報

●再論拓殖會社

東洋拓殖會社의目的과進行은極大關係의事件이라株主된者의게뿐아니라農業家와壹般國民의게도關係가有한대該社의目的과計劃에對한精確한所聞의鮮少함이甚히驚訝하고憂悶할事이로다

該會社法의條件과定款의細則은吾儕가例已得見이나然이나其趣意는韓國이雖然極巨最多한土地와金額을醵出하더라도韓國의利益을計圖하는經營方略을掌握한은日人의手中에落在함에不過하도다

況且日本으로從來한最近報道가果然眞的할진대其事勢가도로혀此에서尤極不好할지라蓋現今彼國內에서株金應募가最多히空論而已오且應募者들이株金排備하기를憂慮함으로以하야株式의價値는今已低落되엿다云하고

又東京通信을據한則其金數株本이終局에는數個資本家手中에必落할줄노信認하다한지라吾儕는此를姑置하야壹外國政府가扶助하는數個富人으로因하야此疆土에大部分을管理함으로此國의何許影響이及할는지我讀者諸君이각自推斷하기를待하노라

原來此計劃은兩國의福利를爲한者으로說明함이나然이나若日本資本家들이外他全世界上의資本家들과는特異히行치아니하면彼等의思量이萌動之初에愛他主義的趣意는無有하다言함이快히妥當하다하노라

●樂校不幸 靑松郡樂壹學校는地方騷擾를因하야廢境에至하얏더니該郡有志紳士前參奉申敬善財務署長趙최舜及沈한之沈宜檍鄭時憲權尙遠諸氏와鄕老少가熱心贊成하야初以每戶新貨二拾錢式贊助하고再以鄕校畓中四拾斗落松鶴書堂畓中十斗落屛巖書堂畓中十斗落司馬所畓十四斗落敬老所畓七斗落을劃付學校하야以爲永久方對之計로定論이符合이러니該郡居南鶴均이가極力妨害함으로學界에怨聲이喧藉하다더라

詞藻

●愛國心

이몸이國民되야。國民義務웨모르리

赴湯蹈火할지라도、愛國心을일치마소

아마도、獨立基礎、愛國二字

雜報

◉內閣聯合組織

日本으로從來ᄒᆞᄂᆞᆫ風說을據ᄒᆞᆫ즉韓國現內閣은壹切淘汰되고新內閣이組織된다ᄂᆞᆫᄃᆡ該風說이益々熾盛ᄒᆞ야日本에셔發行ᄒᆞᄂᆞᆫ 짜판재셋、이라ᄒᆞᄂᆞᆫ英字新聞에揭載ᄒᆞᆫ기를新內閣은聯合內閣이되리라ᄒᆞ얏스니此ᄂᆞᆫ必是內閣大臣의職位幾窠ᄂᆞᆫ日人이占有ᄒᆞ리라ᄂᆞᆫ意이듯ᄒᆞ더라

●訪問統監　承宣君李埈鎔氏가去土曜日下午壹時에統監府에前往ᄒᆞ야伊藤統監을訪問ᄒᆞ얏다더라

●壹體辭職勸告　總理以下各部大臣을壹齊히辭職ᄒᆞ라고某處에셔勸告ᄒᆞ얏다더라

●兩李連腸　總理大臣李完用氏가不久에內閣이變動되면自己의總理大臣椅子도同時에遷動되야自己가壹個無勢客이될지라其窮凶ᄒᆞᆫ計策을做出ᄒᆞ야自家食口李容元氏에게其椅子를傳授ᄒᆞ기로百般運動中인ᄃᆡ李容元氏ᄂᆞᆫ此를甘之德之ᄒᆞ야每日李完用氏에게宅待令ᄒᆞ며儼然히候補者로自認ᄒᆞᆫ다더라

●非富不薦　近日觀察使의郡守薦報가各郡吏胥中富饒者를多數選拔ᄒᆞᄂᆞᆫ故로地方人心이不服ᄒᆞᆫ다ᄂᆞᆫ說이浪藉하더라

●學大盛宴　再昨日下午四時에學部大臣李載崑氏가明月館에서壹卓을盛備ᄒᆞ고각大臣을請邀宴待ᄒᆞ얏다더라

●石壇測量　頌聖建議所上議長趙重應氏가辭免ᄒᆞᆫ代에俞吉濬氏가被選하얏ᄂᆞᆫᄃᆡ該氏가石壇基址를測量ᄒᆞ야漢城府에請願承認ᄒᆞ다더라

●警官不當　警視廳에셔前日에ᄂᆞᆫ巫女의妖術을禁止ᄒᆞ더니近日에ᄂᆞᆫ長安社에巫女演劇을認許ᄒᆞ야壹般男女의錢을奪入케ᄒᆞ니警官의施法ᄒᆞᆷ을民雖信服ᄒᆞ깃다고輿論이浪藉ᄒᆞᆫ다더라

●帝社總務改選　帝國新聞社總務李師遠氏가遞任되고鄭基準氏가被選視務ᄒᆞᆫ다더라

●黨習尙存　前日太學試取에四色을略々分排ᄒᆞᆷ이終是舊習이存焉ᄒᆞ더니今番에ᄂᆞᆫ司業七人을다西人만選任ᄒᆞ고其外他色은壹不入選ᄒᆞ얏다더라

●李々逢訴　李根澔氏가元興寺를勒奪ᄒᆞᆫ事ᄂᆞᆫ前報에已揭어니와該寺所有主가裁判次로京城地方裁判所에呼訴ᄒᆞ얏다더라

●柳氏起訴　前輔國閔泳徽氏가年前에春川郡居柳某의田庄을奪取ᄒᆞᆫ事가有ᄒᆞᆫ지柳시가該田庄을還推次로裁判所에擧訴ᄒᆞ얏다더라

●呼訴次上京　報恩郡居宋道憲시의先山이靑山郡月明洞에在ᄒᆞᆫᄃᆡ何許日人이鉛鑛製造하ᄂᆞᆫ烏土를該山坂內에任意蕨鑿ᄒᆞᄂᆞᆫ故로宋氏가法司에呼訴次上京ᄒᆞ얏다더라

●漁民呼冤　冤奪ᄒᆞᆫ民有漁基를還出給各該民하라신 詔勅이有ᄒᆞ시고內閣會議와統監府同意가有ᄒᆞ기로見奪漁民等이自昨年으로至于今整理局에請願인바再三調査以來ᄒᆞ야接受請願이已至周年토록積置文案ᄒᆞ고壹不指令故로該願漁民等이留連浮費로蕩敗無餘라고冤聲이有ᄒᆞᆫ다더라

●三退壹占　日人櫻井小三郞이始興郡上北面沙村里民有岬坪을占奪ᄒᆞᆫ다ᄂᆞᆫ說은前報에已揭어니와近日에ᄂᆞᆫ該日人은理屈退去하고南部銅峴居留ᄒᆞᄂᆞᆫ日人久田小壹이가殖産會社部許가有ᄒᆞ다고藉托ᄒᆞ야又欲占領코ᄌᆞᄒᆞᄂᆞᆫ故로該洞居民李圭會氏等數十名이日前에上京ᄒᆞ야京城地方裁判所에呼訴ᄒᆞ얏다더라

●歡迎希望　開城郡守洪在箕시가去月貳십八日에到任ᄒᆞᆫ時에各學校學徒와壹郡紳士가多數히停車場에出往迎接ᄒᆞ얏ᄂᆞᆫᄃᆡ洪在箕시ᄂᆞᆫ本是耶蘇敎人인故로開城人士의言論이洪郡守ᄂᆞᆫ必有公心이라ᄒᆞ고希望的으로歡迎하얏다더라

●日標木拔去　宜川郡鄕校基址를日本民會에셔公園이라定하고立標ᄒᆞᆫ거ᄉᆞᆯ該郡士林이壹時齊會ᄒᆞ야有主之地에渠自立標가萬萬怪當ᄒᆞ다고卽爲拔去ᄒᆞ얏다더라

●銀世界風波　再昨夜에馬泉洞主人尹啓煥氏等七八人이新門內圓覺社에前往하야각項演劇을壹體玩賞ᄒᆞ고銀世界演劇에對ᄒᆞ야壹場敺論ᄒᆞ다가風波가惹起ᄒᆞ얏다더라

●日女賣淫禁止　漢城內에居留ᄒᆞᄂᆞᆫ日女中에淫女가多數ᄒᆞ야韓人의財産을耗損ᄒᆞ고心神을迷惑케하더니近自警視廳으로日女의賣淫ᄒᆞᄂᆞᆫ醜習을壹切嚴禁ᄒᆞᆫ다더라

●靈光腥塵　去月二十八日頃에義兵數百名이靈光郡에셔該郡에駐在ᄒᆞᆫ日兵과交戰ᄒᆞ야多數日兵을砲殺ᄒᆞ얏다ᄂᆞᆫ傳說이有ᄒᆞᆫ다더라

●以義毆義　楊州郡에留陣ᄒᆞᆫ義兵將尹仁順시ᄂᆞᆫ自稱鎭撫大將이라ᄒᆞ고該郡縣內面檜岩面古州面三處人民의게軍中所用物을辦納ᄒᆞ라고告示ᄒᆞ얏더니假義兵將延基浩씨ᄂᆞᆫ朝鮮常騰大將이라ᄒᆞ고該事件에對ᄒᆞ야反對告示ᄒᆞ되或曰軍服磨鍊或曰藥鐵辦備或曰軍粮辦納ᄒᆞ라ᄒᆞ며不計老少貴賤ᄒᆞ고甚至毆打ᄒᆞ야代錢徵出云ᄒᆞ니此非義兵이오實是暴徒라自汝와洞中으로尹某를縛致大陣ᄒᆞ라ᄒᆞ얏다더라

●閔氏處役　閔京鎬氏가德川郡吳某事件으로多日滯囚하다가保放이되얏더니役一年에處ᄒᆞ기로宣告ᄒᆞ얏다더라

●觀鎭寄附　三昨日觀鎭學校에셔開校式을擧行ᄒᆞᆫ事ᄂᆞᆫ各報에已揭어니와鎭南郡居ᄒᆞᄂᆞᆫ卓乃勛시가上京留連ᄒᆞ다가伊時來參ᄒᆞ고金貨五圓을寄附ᄒᆞ얏다더라

●維持會退定　私立光東學校長申蕭堂시가該校를維持ᄒᆞ기爲ᄒᆞ야各社會紳士諸씨를請邀ᄒᆞ야玄昇奎시가臨時會長으로出席ᄒᆞ고維持方針을討論ᄒᆞ다가言論이不壹ᄒᆞ야未得妥決ᄒᆞ고來日曜日에更爲會議次로決定ᄒᆞ얏다더라

●劉氏獎學　端川居劉禮均시가該道靑年을敎育ᄒᆞ기爲ᄒᆞ야下鄕ᄒᆞ얏다더니該씨가歸路에元山斗南에至ᄒᆞᆫ즉該里父老及壹般學生이歡迎會를設ᄒᆞ며劉시가敎育의急先務이란問題로壹場演說ᄒᆞ미聽者感服ᄒᆞᆫ故로該里에有志士尹秉秀崔學奎崔柱鉉崔庭賢等諸시가相議ᄒᆞ고師範학校를組織ᄒᆞ얏ᄂᆞᆫᄃᆡ각郡학生이從풍來進ᄒᆞ야幾日ᄂᆡ로百餘名에達ᄒᆞ얏다더라

●咸氏熱心　安山瓦里面新角里居ᄒᆞᄂᆞᆫ前監察咸元植시가同里居李奎信시와合ᄶᅡ設校ᄒᆞ고鄭雲暻시를敎師로延聘하야靑年을募集敎授ᄒᆞᆯᄯᆡ각項經費와諸般汁物을咸元植시가獨自擔當準備하고또校舍를該里附近에新爲建築ᄒᆞ야校名을新英학校라ᄒᆞ며학徒가六십餘名에達ᄒᆞ얏다더라

●康卿有志　黃海道康翎郡居ᄒᆞᄂᆞᆫ柳氏宗中에셔宗錢을捐出하여該宗人柳濟民氏를選擇ᄒᆞ여測量法을學習次로上京ᄒᆞ여南大門內昌明測量學校에受學ᄒᆞᄂᆞᆫᄃᆡ熱心受業ᄒᆞᆫ다더라

●學生演習　公立開城普通學校에셔本月二拾八日에第壹回學徒演習會를開ᄒᆞ고地圖地理算術習字圖畵日語各科를演習ᄒᆞᄂᆞᆫᄃᆡ來賓諸氏와學徒父兄諸氏가該學生의工夫進就됨을見ᄒᆞ고該校長閔觀鉉氏의熱心敎授ᄒᆞᆷ을稱賀ᄒᆞ얏다더라

●明東卒業　三和港有志紳士鄭元杰曹正植李應烈諸氏가該港後浦에明東測量學校를設立ᄒᆞ고敎師朴東衡鄭聖최김炯三金元綱諸시를延聘하야熱心敎導ᄒᆞ더니去月二십五日에卒業式을擧行ᄒᆞᄂᆞᆫᄃᆡ卒業生은김在奎羅用彬等七십四人이라더라

◈日人의明見

大阪每日報에셔東洋拓殖會社事件에關ᄒᆞ야論述ᄒᆞᆷ이如左ᄒᆞ니

本報에셔寺內子爵을面會ᄒᆞ얏ᄂᆞᆫᄃᆡ彼ᄂᆞᆫ此拓殖計劃의遊就에對ᄒᆞ야大疑懼ᄒᆞᆷ이有ᄒᆞ더라彼가說明ᄒᆞ기를韓國內에셔此를對敵ᄒᆞᄂᆞᆫ組織方法이早已設立되야實際競爭에셔尤甚ᄒᆞ리拓殖會社ᄂᆞᆫ他각方面에셔將次其反抗을勢不得已必受하리라ᄒᆞ고

又豫言하기를此會社를反對ᄒᆞ야각處方面에셔警敵者들이蜂起ᄒᆞ리니此ᄂᆞᆫ日人의最所懼憚ᄒᆞᆷ이라ᄒᆞ고히會社의擁護의게警告하기를日人의警敵되ᄂᆞᆫ者들을反對ᄒᆞ야緊密히注意ᄒᆞ라ᄒᆞ얏더라

吾儕ᄂᆞᆫ此大將이若是明透ᄒᆞᆫ것을喜悅ᄒᆞ며且日本에셔도如此ᄒᆞᆫ知覺者들이有ᄒᆞ야此計劃은自然的으로失敗에歸ᄒᆞᆯ지며又永不了勘ᄒᆞᆫ紛亂의發端이라고預定ᄒᆞ야反對ᄒᆞᄂᆞᆫ것을吾儕ᄂᆞᆫ亦爲喜悅하노라

此地에셔ᄂᆞᆫ憎恨ᄒᆞ고彼地에셔ᄂᆞᆫ呵責ᄒᆞᄂᆞ니所謂其拓殖會社ᄂᆞᆫ大不美ᄒᆞᆫ兆徵中에在ᄒᆞ야水中으로建去ᄒᆞ리로다

▲地方消息▼

▲去月二十五日潭陽郡北方約십里되ᄂᆞᆫ秋月山에셔義兵百餘名이同郡日討伐隊와交戰ᄒᆞ얏다ᄒᆞ고

▲本月십九日庇仁郡北方三十里亭子동에셔義兵십餘名이該郡駐在日守備隊와交戰ᄒᆞ얏다ᄒᆞ고

▲去月二십三日新寧南方約三十里地에셔義兵二십餘名이該地駐在 憲兵과交戰 ᄒᆞ얏다하고

▲去月十七日英陽郡北方五十里地에셔義兵十餘名이該郡日憲兵及補助員과交戰ᄒᆞ얏다ᄒᆞ고

▲去月橫城郡栗實里에셔小數의義兵이該郡駐在日憲兵及補助員과交戰하얏다ᄒᆞ고

▲去月二拾二日退溪院約十里地에셔義兵十餘名이該院分遣隊 憲兵과 交戰 ᄒᆞ얏다더라

▲曉窓愁▼

▲孤枕寒席누엇스니萬般愁懷關心ᄒᆞ야轉輾反側不寐라가雞鳴聲에驚起ᄒᆞ니全國同胞昏夢인ᄃᆡ네가ᄒᆞᆯ노知時로다新聞쥭을대에듣고이리뎌리閑覽ᄒᆞᆯ제ᄯᅳᆨᄒᆞᆫ일도許多ᄒᆞ도다

▲樞院議長김允植은罔赦之罪지은後에海島孤魂難免터니復見天日意外인대宥囿 君恩싱각업고部悖行爲罔測ᄒᆞ니십分壹의未冷尸가總理ᄒᆞ면能ᄒᆞᆯ손가蕭蕭白髮ᄯᅳᆨᄒᆞ도다

▲總理大臣李完用은自己地位鞏固코ᄌᆞ內大臣에趨進하야阿諛求容可賤일세副統監을對ᄒᆞ야셔論駁ᄒᆞᆫ일이젓ᄂᆞᆫ가內部大臣뎌腹心에게宋秉畯이몃치라고어런醜酌ᄯᅳᆨᄒᆞ도다

▲內部大臣宋秉畯은우무숨事業不足ᄒᆞ야閔忠臣의田庄ᄶᅡ지壹奪乃己ᄒᆞ라ᄒᆞᄂᆡ閔氏家에擧行ᄒᆞᆯ제何等挾憾잇셔던가仇視忠良ᄒᆞᆫ다ᄒᆞᆯ들孤兒寡婦何罪런고凶險心膓ᄯᅳᆨᄒᆞ도다

▲枝下葉永宜君은日本셔渡來ᄒᆞᆯ제全國人의歡迎소리松亭二字놉혓더니今日物論듯고보면全國人民怨辱聲에永宜君이뎌나갈듯雙耳難聽ᄒᆞ깃스니愚昧愚想ᄯᅳᆨᄒᆞ도다

▲徵文塾長閔泳徽ᄂᆞᆫ前日高貴己足이라貪權樂勢ᄒᆞ고만우ᄒᆞ고敎育이나熱心ᄒᆞ야學界主人되고보면政府大臣不願인되大臣椅子運動說이閭巷간〃播多ᄒᆞ니仕宦特性ᄯᅳᆨᄒᆞ도다

▲無知沒覺寺進會ᄂᆞᆫ境內閣을攻擊코져決死隊를組織터니大韓會를解散次로決議總會復開ᄒᆞ다同舟遇風此時局에團合幷力研究간코自相撲滅무슴일가猜忌性質ᄯᅳᆨᄒᆞ도다

▲ᄂᆞ韓協會人士들은社會改良뎌責任이諸公擔負이아닌가顧問으로入ᄒᆞᆫ나라시금칙도아니ᄒᆞᆫ지會箇奸謠異種人을顧問으로選定ᄒᆞ야全國批評浪藉ᄒᆞ니處理方針ᄯᅳᆨᄒᆞ도다

廣告

梨峴居金弘楨子相賢이가年今二拾二인데去晦日偶然他ᄒᆞ야去處不知故廣告ᄒᆞ오니誰某시던지見ᄒᆞ시ᄂᆞᆫ데로梨峴廣藏會社나米商金弘鎭市로通奇ᄒᆞ면厚謝ᄒᆞ깃슴 咸晉永 告白

●敬告本郡申報購覽諸氏 本報에謹告각支社라揭載홈은旣所共知어니와本年度自四月至십二月까지未納本報代金을本月十日ᄂᆡ로照數納付ᄒᆞ시와無至致入督刷之境을切望홈
郭山大韓每日申報支社 李錫瑞 白

本校에서 **第三回測量**三個月速成科學員을新募ᄒᆞ오니願學僉員은陽拾貳月八日ᄂᆡ로請願ᄒᆞ시옴
但請願紙ᄂᆞᆫ本校用紙로홈
試驗은國漢文讀書
筭術은四則以니
試驗日字拾貳月拾日上午九時
上學時間은自下午四時至六時
典洞私立中東學校

本人의大人通政公以宿患ᄒᆞ와本月初三日辰時別世玆廣佈京鄕知舊ᄒᆞ고 照亮爲要
玄국 玄장 告白

通津郡所伊浦陽存里奉城石灘里迭田歸老里月餘串高尺山大坡五林里桑串鶴峴串牛伊村二張里所在本人의田畓三拾五石六斗落新舊文券과小量案及實測製圖를陰曆本年壹月三日에幹事人權命朵가携帶ᄒᆞ고乘船上京라가杏淵에서覆船ᄒᆞ야僅以身免ᄒᆞ고付帶ᄒᆞᆫ右項文軸은漂流見失ᄒᆞ얏ᄉᆞ오니外國人은取得ᄒᆞ얏거던休紙施行홈
京西部餘興洞百拾壹統四戶 姜鍾鎬 告白

嗚乎라閔**忠正**公의後事는言之淚下라가祿九男妹가母子相依ᄒᆞ야壹日二日에孀孤가號咷ᄒᆞ니凡我東二千萬同胞가孰不感慕而愛護哉아此實秉彛之天心이오非有私於公家而然也라噫彼**吳信**默은無秉彛之心者歟아況是公家렴人으로頂踵毛髮이無非忠正公之德也어던公之忍目이未瞑ᄒᆞ야敢有此人面獸心之行ᄒᆞ니縱不畏法이나獨不畏神人之誅乎아忠正公家事는壹土一物이라도盡是公之夫人所有之產也어늘何故로行讓於公之午庭入夫人과公之生庭季氏閔泳瓚ᄒᆞ야何有此無據之習乎아以高今所在**牧養會社**事로言之라도吳信默이가以納上 **大**內之說로虛傳**勅命**ᄒᆞ고此會社를成文許給于**宋秉畯**則自無 大內見奪之慮ᄒᆞ거날天人이知其姦謀而不聽ᄒᆞ고賣渡於日人이김철太郎ᄒᆞ야捧價八千圜이러니信默이含嫌於渠計之不售ᄒᆞ고符同宋秉畯ᄒᆞ야多率日人ᄒᆞ고來到公家ᄒᆞ야夫人을招來恐喝脅迫ᄒᆞ며質問夫人之姓名與年齡曰稱以壹物再매ᄒᆞ고賠價ᄒᆞ므로義州所在**八百石**秋收地와利川所在**三百餘石**秋收地와鎭岑**三百餘**石秋收地를次第勒奪ᄒᆞ고**仁港家屋**도亦爲奪去ᄒᆞ니天下의事有如是强盜之習乎아返噬之狗殺主之馬는古所有之而未有如宋秉畯吳信默者之慘刻凶怪也로다公憤所在에不可泯默이라鄙等이雖不死於公死之ㅁ이나公之後事가荏蒼을安忍如越示秦春也리오茲敢擧實共佈ᄒᆞ오니凡我同胞는壹齊擧訴裁判ᄒᆞ야斷以律文ᄒᆞ야以伸天下之公憤ᄒᆞ고以懲天下之極惡ᄒᆞ야以保我忠臣遺宅之地ᄒᆞ면千萬幸甚
全允奎 朱弘燮 鄭秉源等 告白

本社에서蒸汽機械로製造ᄒᆞ고製絲와造紙를先試ᄒᆞ기爲ᄒᆞ야股金을募集ᄒᆞ오니有志僉君子는趁期應募ᄒᆞ심을望홈
蒸汽機械製造社發起人 告白
臨時事務所는西門外湖南鐵道會社內

左開
壹 股數는五千株로先定홈
壹 株金은每株에貳십圓으로定홈
壹 株金收入은四回로定홈
壹 株收入額
第壹回 隆熙三年壹月三십日內로
第貳回 仝 四月二拾日內로
第參回 仝 七月二십日內로
第四回 仝 십月三拾日內로

本敎堂內에俄語夜學課를設ᄒᆞ고陽拾貳月壹日에開學ᄒᆞ오니入學志願ᄒᆞ시ᄂᆞᆫ僉員은速々來議ᄒᆞ시옴
課目 俄語 東正敎演義
授業時間 自下午六時至八時
貞洞俄國敎堂 告白

開城郡北東面帝釋山壹面은本以養賢庫所有地ᄂᆞᆫ今爲開城學會ᄒᆞ야年々徵稅이온데該附近에何許無賴輩가外國人을符同ᄒᆞ야該地를測量以去다하기玆에廣告ᄒᆞ오니內外國人은照悉ᄒᆞ시옴
開城學會 告白

本人의姓名圖章을去月分에失ᄒᆞ얏ᄉᆞ오니內外國人은照亮ᄒᆞ시와無效로認悉홈
郭山方峴坤下里金昌臺 告白

速成學員大募集廣告

本所에서如左히科程을特設ᄒᆞ고敎授ᄒᆞ오니願學僉彦은入學請願書를**十二月五日**以內로本所에提呈홈

時間及科程表
上午七時三拾分至八時 (日語)(筭術)
仝九時至十一時 日語 (甲班)(乙班)
仝十一時二拾分至下午一時 簿記
下午二時至三時卅分 日語 (甲班)(乙班)
仝四時卅分至五時卅分 (測量)(筭術)
仝六時至八時 筭術 簿記
仝八時至十時 日語 (甲班)(乙班)
開學日字 陽拾二月五日 陰本月拾二日
但細則은本所에來問홈
中部河橋北川邊第一谷西邊二家**板井河**六拾八統七戶
隆昌講習所 告白

民刑訴訟及鑑定其他壹般法律事務及代書事務를兼備ᄒᆞ야各地僉位의依囑에親切히應ᄒᆞ옴
但紹介를不要ᄒᆞ고出張에應홈
元山港御町壹丁目拾五番戶
(電話二百九拾番) 衛戍備隊前
辯護士 **柴田長之助**

東部崇信坊安巖洞三統九戶田二萬坪의二個板券을與執ᄒᆞ엿다가不知中에서失ᄒᆞ얏사오니無論內外國人中拾得ᄒᆞ얏거던休紙施行홈
安日松 告白

本社에서修繕ᄒᆞ야落成인바發展을祝賀ᄒᆞ기爲ᄒᆞ야限壹個月注文에對ᄒᆞ야삼分의壹을特減ᄒᆞ깃ᄉᆞ오니文明事業에有志ᄒᆞ시ᄂᆞᆫ僉君子ᄂᆞᆫ來臨注文ᄒᆞ심을敬望
安峴拾統壹戶 **普文社** 告白

本商會에서各種好品名啣紙를**特別廉價**로多數發賣ᄒᆞ오니願買僉君子ᄂᆞᆫ陸續來購ᄒᆞ심을望홈
大和商會印刷部 告白

瑞興郡郡里面龍泉坪의屬位田畓二百餘斗落이온데有獨鄭元浩畓七斗五升落ᄂᆞᆫ四斗五升落을本郡孔巡檢泰臣이가打作ᄒᆞ얏ᄂᆞᆫ바星火又對督促ᄒᆞᄂᆞᆫ故로將欲呈訴次로上京이기先爲廣告홈
瑞興郡鄭元浩 告白

本會內에日語筭術兩科夜學을陽拾二月三日爲始設立ᄒᆞ오니願學僉員은來議ᄒᆞ시옴
算術은七時日語ᄂᆞᆫ八時兩時間으로分定홈
湖南學會 告白

국한문신옥편 附音韻字彙
國漢文新玉篇
純洋裝 四百餘頁
定價金壹圜貳拾錢
版權所有
本玉篇은各種字典과字彙를參互ᄒᆞ야漢字의音義와變音變義까지國文으로詳明히譯述ᄒᆞ고且同音類合百餘頁를國文으로解釋添付ᄒᆞ야漢字의音만알면解得ᄒᆞ기容易ᄒᆞ오며勿論男女ᄒᆞ고國文만알면初學生徒라도漢文寶鑑이오니學界僉彦은陸續購覽ᄒᆞ심을務望
元賣所 平壤貫洞 耶蘇敎書院
分賣所 大발매京城鍾路 東一書觀
布屛下 廣學書舖　罷朝橋越便 中央書館
尙洞 博文書館　寺洞 惟一書館
寺洞 徵心書館　廣橋 滙東書館
鍾路耶蘇敎書院 仝　大東書市　京鄕각有名書舖

◉**黃海道載寧郡**內
私立養元學校義捐
諸氏廣告
本郡守 김孝益시 십圜
郡主事 鄭健裕시 三십圜
金堂鐵 鄭在裕 각百圜
李健植 六十圜
校長崔承周 金澄燮 朴淳秉 각五拾圜
吳柄尙 리根浩 각卅圜
崔殷煥 리益鉉 리鼎均 리命華 崔在環 각廿圜
敎師全燮鉉 拾五圜
敎師鄭寅植 십圜
崔壹善 리泰熙 白均檜 오秉權 리正國 洪鍾夏 金俊煥 리光崙 김澤龍 黃河晶 리淳吉 각拾圜
리信泳 林世均 각五圜
鄭항 리承祚 掛鐘壹座
淸水里 康明洙 십貳圜
私立養元學校 告白

西署龍山坊靑坡壹契蓮花峯第三統三戶金星玉草家六間劵을서失이오니玆以廣告ᄒᆞᄂᆞ니誰某拾得하와도休紙施行홈
李承九 告白

特別廣告
本人이判事를辭免ᄒᆞ고辯護士로開業ᄒᆞ얏ᄉᆞ오니僉君子ᄂᆞᆫ事件의大小難易를勿論ᄒᆞ고照亮來議하시옵
辯護士張燾
法律事務所
北部茶洞拾四統五戶

◎新造樓房出貰
自造洋式樓房壹所前後共計幹閣四十五間此房作落在水標橋北二宮街坐東向西前面洋式樓房貝是鐵窓鐵門樓下洋式貨倉貨架俱全樓上俱有隔斷房間後面有韓式房屋另有廚房厠所並有後門出入便宜如有合意願買者請至書水標橋北二宮街華商天利號面議
華商天利號主人 告白

▲特別廣名▼
閔ᄋᆞᆫ平壤地에出張ᄒᆞ얏다가現今還京ᄒᆞ얏ᄉᆞ와從前處務ᄒᆞ오니民刑訴訟에關係가有ᄒᆞ신諸氏ᄂᆞᆫ陸續來議ᄒᆞ시옵
辯護士尹邦鉉
事務員閔泳善
法律事務所自邸所移
漢城南部武橋一統三戶

Responsible for Publication Alfred Weekley Marnham.
發行兼編輯人英國人 萬咸
發行所 南署石井洞號外地三層洋屋 大韓每日申報社

光武九年八月拾壹日 明治卅八年八月拾壹日 (第三種郵便物認可) 水曜日 西曆壹千九百八年拾貳月貳日 (壹)

第六卷

大韓每日申報

第九百六拾七號

月曜及慶節 識時日休刊

檀君開國四千二百四十一年
箕子元年三千三十年
大韓開國五百十七年
日本明治四十一年
淸國光緒三十四年
陰曆戊申十一月小初九日辛卯

論說

◉祝製紙會社

數千年後製造業이數千年前狀態를尙帶ᄒᆞ야壹步도不進ᄒᆞᆫ韓國에今에至ᄒᆞ야製紙會社가始立ᄒᆞ얏도다

太古時代의製紙法을至今墨守ᄒᆞ야壹毫도改良을不思ᄒᆞᆫ韓國에今日에야製紙會社가其改良을始圖ᄒᆞᄂᆞᆫ도다

太抵國이惡乎富오物質이富ᄒᆞᆫ則富ᄒᆞ고國이惡乎强고物質이强ᄒᆞᆫ則强ᄒᆞ고國이惡乎立고物質이立ᄒᆞᆫ則立ᄒᆞᄂᆞ니嗚呼라國의物質이無ᄒᆞ면비록伯倫智理의政治와몬데스큐의法律과에어ᄅᆞᆼ의權利論과루ㅣ소의自由論이有ᄒᆞᆫ들亦何功이有ᄒᆞ리오今日韓國이頹敗ᄒᆞᆫ中에坐ᄒᆞ니所急ᄒᆞᆫ者가千百에不止하나其中最急ᄒᆞᆫ者ᄂᆞᆫ即物質改明이是로다

盖韓國實業界ᄂᆞᆫ數千年來에滯滯不進ᄒᆞ야今日農業이數千年前農業이오今日商業이數千年前商業이오今日工業이數千年前工業이라忽然時代가變遷하야外國物質이朝에駈入ᄒᆞ미壹般韓人이壹邊으로嗜外心이發ᄒᆞ며壹邊으로不得已의必要를因ᄒᆞ야外國物品을需用치아니치못ᄒᆞᆷ에至ᄒᆞᆫ지라壹個新物品도製造치ᄂᆞᆫ못ᄒᆞ고只是新物品을嗜好ᄒᆞ기만ᄒᆞ며壹個製造術도研究치ᄂᆞᆫ아니ᄒᆞ고只是製造術을欽羨ᄒᆞ기만ᄒᆞ니於是에壹寸에物과壹尺의物이라도皆外國産物을依賴ᄒᆞᄂᆞᆫ지라是以로外國輸入이益々增加ᄒᆞ며外國産物이需用될을因ᄒᆞ야自國産物은自然히需用되미無ᄒᆞᆫ지라是以로自國産出은益々減縮ᄒᆞ니於是乎新物品의需用이日로增加ᄒᆞᆷ을隨ᄒᆞ야自國금融이日로耗損ᄒᆞ고外國輸入이日로增加ᄒᆞᆷ을隨ᄒᆞ야自國産業이日로頹敗ᄒᆞᄂᆞᆫ지라此에到ᄒᆞ야吾輩ᄂᆞᆫ居然壹口氣長太息을不禁ᄒᆞᆫ바ㅣ로다

此製紙營欵으로論ᄒᆞ야도古代製造法을惟用ᄒᆞ야毫末도改良進步가無ᄒᆞᆫ지라近來에外國紙屬이輸入되미壹般國人이外國紙屬을嗜用ᄒᆞ야唐紙壹軸도惟外國産出을要ᄒᆞ며白鷺紙壹張도亦外國産出을要ᄒᆞ니試看ᄒᆞ라今日韓國에官廳界와社會界와學生界와壹般人民界에外國紙를不用ᄒᆞᄂᆞᆫ者ㅣ或有ᄒᆞᆫ가 嗚呼라壹張紙도産出치못ᄒᆞ고需用만嗜ᄒᆞᄂᆞᆫ故로外國紙가日益輸入ᄒᆞ고外國紙만日益輸入ᄒᆞᄂᆞᆫ故로自國製紙業은日益泯滅ᄒᆞᆷ에至ᄒᆞᆫ지라此를睹하야도韓國經濟界의如何를可히知得ᄒᆞᆯ지니如此ᄒᆞ고야엇지其國力이貧弱치아니ᄒᆞ리오乃者今日에龍川鐵山等地의有志諸氏가製紙會社를設立ᄒᆞ고製紙法을改良ᄒᆞ다ᄒᆞ니壯哉라諸氏여此會社가果然良好ᄒᆞᆫ紙物을製造ᄒᆞ야韓國의製紙로能히韓國의用紙를供하며更히壹步를進ᄒᆞ야外國에輸出ᄒᆞ면엇지國富增進의壹起点이아닌가

此會社ᄂᆞᆫ韓國製紙界의嚆矢오韓國實業界의燈臺라此會社가其實力을益々發展ᄒᆞ야壹國의模範이되면엇지韓國物質文明의壹發軔이아닌가

余ᄂᆞᆫ此會社에對ᄒᆞ야喜踊ᄒᆞᆷ을不已ᄒᆞ야壹筆을揮ᄒᆞ야祝ᄒᆞ노라

◉告示

▲隆熙貳年拾月二[illegible]日 官報

農商工部告示第拾二號 續

第八拾條 前條의期間經過後에申告가有ᄒᆞᆫ債權者ᄂᆞᆫ法人의債務完濟ᄒᆞᆫ後에歸屬權利者에게尙未渡給ᄒᆞᆫ財産에對ᄒᆞ야만請求ᄒᆞᆷ을得ᄒᆞᆷ

第[illegible]章 罰則

第二百六십壹條 發起人、會社의業務를執行ᄒᆞᄂᆞᆫ會社員取締役外國會社의代表者監査役又ᄂᆞᆫ淸算人은左開境遇에在ᄒᆞ야ᄂᆞᆫ五百圜以上五百圜以下의過料에處ᄒᆞᆷ

壹 本編에定ᄒᆞᆫ登記를ᄒᆞ기怠ᄒᆞᆫ時

二 本編에定ᄒᆞᆫ公告或은通知를ᄒᆞ기怠ᄒᆞ거나又ᄂᆞᆫ不正ᄒᆞᆫ公告或은通知를ᄒᆞᆫ時

三 本編의規定을依ᄒᆞ야閱覽을許ᄒᆞᆫ書類를正當ᄒᆞᆫ理由업시閱覽케하지아니ᄒᆞᆫ時

四 本編의規定을依ᄒᆞᆫ調査를妨害ᄒᆞᆫ時

五 第四拾六條의規定을違反ᄒᆞ야開業의準備에着手ᄒᆞᆫ時

六 第百貳十六條第二項及第二百三十八條第二項의規定을違反ᄒᆞ야株式請人證을作치아니ᄒᆞ며此에記載ᄒᆞᆫ事項을記載치아니ᄒᆞ거나又ᄂᆞᆫ不正ᄒᆞᆫ記載를ᄒᆞᆫ時

七 第百四拾七條第壹項又ᄂᆞᆫ第二百拾七條第貳項의規定을違反ᄒᆞ야株券을發行ᄒᆞᆫ時

八 株劵又ᄂᆞᆫ債劵에記載ᄒᆞᆯ事項을記載치아니ᄒᆞ거나又ᄂᆞᆫ不正ᄒᆞᆫ記載를ᄒᆞᆫ時

(未完)

外報

◉颶風의損害 紐育電을據ᄒᆞᆫ則아쓰간사쓰州에서酷烈ᄒᆞᆫ颶風이起ᄒᆞ야大損害가有ᄒᆞ얏고또四拾一名의人이被死ᄒᆞ얏다더라

◉淸帝의即位式 東京電을據ᄒᆞᆫ則淸國皇帝即位式은來月二日正午에大和殿에서擧行ᄒᆞᆫ다ᄒᆞ얏더라

◉賠금再減 同電을據ᄒᆞᆫ則今番淸國事變에對ᄒᆞ야米國에서淸國團匪事에受ᄒᆞᆫ賠償금을再次削減ᄒᆞ기로ᄒᆞ얏더라

雜報

◉晉衛明燭 尹[illegible]閔[illegible]鎬等諸氏가蒸流機械製造社를組織ᄒᆞ고其趣旨全文을本社에送致ᄒᆞ얏ᄂᆞᆫᄃᆡ實韓國工業界에初有ᄒᆞᆫ美擧이기로左에揭載ᄒᆞ노라

國勢의富强ᄒᆞᆷ은財源이豐足ᄒᆞᆷ에在ᄒᆞ고財源이豐足ᄒᆞᆷ은工業이發達ᄒᆞᆷ에在ᄒᆞᆫ지라是以로西哲이茶沸의眞理를硏究ᄒᆞ야百千種齒輪을創造ᄒᆞᆫ以後로汽火機軌와活版舂白와外他機械에靈捷ᄒᆞᆫ功效를收ᄒᆞ고多大ᄒᆞᆫ利益을獲ᄒᆞ얏스니世界上文明的工業家에盛大ᄒᆞᆫ藝術이壹則蒸氣오二則蒸氣라我韓은知識이瞬昧ᄒᆞ고學術이淺鈍ᄒᆞ야精妙ᄒᆞᆫ工技를無實發明이러니何幸近日에有志ᄒᆞ신具鎔祖氏와張秀鐵氏가工業에專務ᄒᆞ고實地를涉覽ᄒᆞ야西洋의蒸釜를模出하니我東에初有ᄒᆞᆫ成績을孰不欽嘆이리오然이나是機만造ᄒᆞ고是用을廢ᄒᆞ면離邊ᄒᆞᆫ物로無異ᄒᆞᆫ것이니其히愛惜ᄒᆞᆯ바라今我同志가互相協議ᄒᆞ야運用의發展ᄒᆞᆷ을求ᄒᆞ기로着手ᄒᆞᆫ깃기壹社를組織ᄒᆞ야蒸流機械製造社라名稱ᄒᆞ고現效를先試코져ᄒᆞ야絲綢을織ᄒᆞ고紙를造ᄒᆞᆯ깃기趣旨書를控에廣佈ᄒᆞ오니有志ᄒᆞ신僉君子ᄂᆞᆫ熱誠으로賛成ᄒᆞ시고股本으로合資ᄒᆞ야協合心公共力으로壹大事業을進就케ᄒᆞ시면國의經濟를可圖오民의生活을可保ᄒᆞᆯ지니前途希望이抑豈不猶歟盛哉아

◉韓壤卒業 韓壤測量科卒業式을再昨日十壹時에南部詩洞器明學校內에서擧行ᄒᆞᆫᄃᆡ最優等生에權寧範趙錫桓等七八이오優等生에李從[illegible]李應烈等拾壹人이오及第生에郭鎬郁김準圭等諸人인ᄃᆡ校長김澤鉉師與關紀兩氏가施賞ᄒᆞ얏다더라

◉丁氏勸勉 慶南盧邱山지내ᄂᆞᆫ[illegible]하校의熱心敎育ᄒᆞᆷ은已報어니와該洞居丁股도시가該校에對ᄒᆞ야금五圜을寄附ᄒᆞ고壹場勸勉하얏다더라

◉培校試驗 開城私立培義學校에서去月二十壹日에學期試驗을經ᄒᆞ얏ᄂᆞᆫᄃᆡ甲班優等의吳明甕申沐等九人이오及第의金[illegible]秀[illegible]永晟等九人이오乙班優等에[illegible]俊[illegible]等人이오及第의김字鍛安光成等拾壹人이오丙班優等에朴幽鳳이오及第에李南成等九人이라더라

文壇

▲讀史新論 (續) 壹片丹生

第八章 三國興亡의異轍

設或其功이成ᄒᆞ얏슬지라도後來蘇定方의陰謀에墮ᄒᆞ야社稷丘墟의境에至ᄒᆞ얏슬지며又或此陰謀에不墮ᄒᆞ얏슬지라도百濟舊地ᄂᆞᆫ唐에竟讓ᄒᆞ고領南壹隅의弱國됨은不免ᄒᆞ얏슬지니噫라外援의國은利로相合ᄒᆞᄂᆞᆫ者라利가盡ᄒᆞ면必散ᄒᆞ며必相害ᄒᆞᆷ은昭然ᄒᆞᆫ定理라故로日外援을利用ᄒᆞᆷ은可ᄒᆞ나依恃ᄒᆞᆷ은不可ᄒᆞ니依恃ᄒᆞ면必亡ᄒᆞᄂᆞ니라

(未完)

詞藻

◉韓半島

韓半島錦繡江山。禮義之邦分明ᄒᆞ다 神聖ᄒᆞ신檀君께서、세웟서라이나라를 뉘라서、감히侵犯ᄒᆞ리、堂々帝國

雜報

●쇼介訪問 前輔國閔泳徽氏가有何運動인지內部大臣宋秉畯氏를쇼介ᄒ야三昨夜에伊藤統監을該官邸로訪問ᄒ고秘密耳語가有ᄒ얏다더라

●仕進時間改定 各府部院廳官吏가昨日부터仕進時間을改定하야上午십時에仕進ᄒ고下午四時에仕退ᄒ다더라

●김雯薄行 中樞院議장김允植氏의三從某氏가家勢赤立ᄒ야當此隆冬에飢死之境에達ᄒ지라該氏가김允植氏를往見ᄒ고區處之道를懇乞ᄒ즉김允植氏가默會而已어ᄂ再爲懇乞ᄒ로日前에前往ᄒ즉김允植氏의子김裕曾氏가其三從叔을面迫ᄒ야曰何事來到乎아하고當場逐出ᄒ얏다더라

●新舊交換 再昨日에天壹銀行과漢城銀行에서城內人民의積置ᄒ얏던舊白銅貨를交換ᄒ야昨日에泥峴第一銀行에輸送하고新貨를交換ᄒ얏다더라

●衛生會預算 漢城衛生會에서去月三十日에評議員會를開ᄒ고明年度豫算에關ᄒ야評議ᄒ얏ᄂᄃ豫算額은經常費가二십五萬餘圜이오臨時費가六千八百餘圓인ᄃ二十處의共同便所新築費及不足器具購入費가有ᄒ을因ᄒ야本年度豫算은經常費가約십三萬圓이오臨時費가約九萬圓이라더라

◉江島消息

江華島의義兵이益々熾盛ᄒ다ᄂᄃ去月二十六日午前十壹時頃에該島上遺面에서多數ᄒ義兵이日兵大隊曹長以下壹隊及韓巡查二名과衝突ᄒ야六時頃을猛烈히激戰ᄒ얏ᄂᄃ日兵隊長은即死ᄒ고兵卒二名及巡查壹名은頗히重傷을被ᄒ지라日兵이大敗ᄒ얏고更히伊日深夜에再次交戰ᄒ얏다더라

●執御教育 南州郡忠義壇ᄂ在昔壬亂에殉節ᄒ三忠臣二義士를妥享ᄒ고 正廟朝에셔賜額 신壇인ᄃ該壇에田土三십餘斗落을私立廣興學校에付本壇子孫의게承諾지아니ᄒ고任自移屬ᄒᄂ故로三忠臣에本孫李容稙尹昌烈朴濟秉三氏가內部에請願ᄒ즉勿爲移付ᄒ라고학部에셔該道觀察使의게訓令ᄒ얏다더라

●是何行悖 西部龍山居ᄒᄂ崔桂淳爲名者가積洞居ᄒᄂ林平玉氏를立保ᄒ고徐應俊氏에게금皆四십圓을得債挪用ᄒ고延拖ᄒ報ᄒᄂ지라徐氏가林氏를向ᄒ야每日督促ᄒᄂ故로林氏ᄂ崔某를對ᄒ야從速償還ᄒ라ᄒ얏더니崔某가有何凶計이던지日昨林氏家에乘夜突入ᄒ야林시의別宅을無數亂打하야死境에至ᄒ故로昨日에被동居民이警視廳에等訴ᄒ얏다더라

●堤民何罪 近日地方에서日兵의行悖와補助員의作弊ᄂ不可勝記어니와堤川郡에派駐ᄒᄂ日兵及補助員은其所需用의柴糧及醬壚雞子與雞卵等物을各面各里에卜定ᄒ야星火督促뿐여러種物品價額은幾朔개後或半數도給ᄒ고或全不出給ᄒ기로該郡民情이皺々ᄒ야擧皆渙散之境이라더라

●測量員의遭難 南部漢江居ᄒᄂ林某의年久守護ᄒᄂ山麓이廣州郡慶安面에在ᄒ故로三昨日에林시가該동居ᄒᄂ李종儈시를帶同ᄒ고測量次로出張ᄒ얏더니不意에義兵五십餘名이來到ᄒ야斷髮ᄒ人은壹切砲殺ᄒ깃다ᄒ며測量器械를盡爲破棄ᄒ고該兩시를捕縛以去ᄒᄂ故로哀乞後僅得放還ᄒ얏다더라

●屍體解剖 向日永登浦에서韓人毆打殺人犯이有ᄒ야地方裁判所에셔豫審中인ᄃ被殺者의屍體를檢証하기爲ᄒ야解剖ᄒ必要가有ᄒ기로裁判所에셔該地駐在巡查로ᄒ야금被殺者의家族의게說諭ᄒ고去月二십二日에該裁判所檢事가警視廳醫師와同行ᄒ야被殺者家族과面會ᄒ고即時解剖檢證ᄒ얏다더라

●靑郡義擾 近日에義兵數百餘名이忠남靑陽郡에向今屯據ᄒ야各面長을壹并招集ᄒ고每面에軍糧米百石과軍需錢五百圓과藥鉄幾百발式不日辦納ᄒ여야大事를圖成ᄒ깃다申飭ᄒ으로壹般人民이大爲恐황中이라더라

●綾郡腥塵 綾州郡風流峙에서陰曆本月初三日에義兵과日兵이交戰ᄒ야日兵이多數被殺ᄒ얏다ᄂ說이有ᄒ더라

●禍及族屬 北來人의傳說을聞ᄒ즉北靑等地에셔ᄂ日兵이義兵의族屬을捉去殺害ᄒ다ᄂ說이有ᄒ다더라

●淸令消息 淸州府下藥商趙종玉郭樂鉉李俊明諸氏가京城에上來하야銅峴梨峴等地에셔唐草藥百有餘隻을帶持下去ᄒ얏다더라

●兩博士渡釋 今番青年會開館式에對하야博士李堤馬太曹雪갱兩氏가淸國青年會代表로去二십九日에渡韓하얏다더라

●坊會延期 去日曜日에嘉安방會에셔臨時總會를漢城官立高等학校內에開設ᄒ얏더니該坊會員이多數히出席지아니ᄒ故로來日曜日에延期開會ᄒ기로退定ᄒ얏다더라

●干義越獄 中部警察署에서義兵에投入ᄒ얏던李順泰를內丁兩次를捉囚審査ᄒ고昨日에京城地方裁判所로越送ᄒ얏다더라

●義將流配 再昨日에京城地方裁判所에셔義兵將印종鳴氏를流五年에處辦ᄒ얏다더라

●男死女傷 去月二十貳日開城郡中西面破동에在ᄒ隧道工事場工役人이工事中에使用ᄒ던爆發藥 箇가爆발되야日人三名은即死ᄒ고日女二名은重傷ᄒ얏다더라

●行路甚難 南來人의傳說을聞ᄒ즉安城郡南方約十里地路邊에行客壹人을斬殺ᄒ얏ᄂᄃ衣服이甚히潔ᄒ고貌樣도端雅ᄒᄃ手足을結縛ᄒ지라何許強盜의게被殺인지不知어니와其慘狀은令人難見이라더라

●死魚殺生人 남部會賢방居ᄒᄂ김漢鼎시家에셔去月二十日午後二時頃에남大門녀日丸魚市場에셔魚頭半部及內腸壹部를買得ᄒ야分割作羹而家族십二人이食之러니壹人은幸得無事ᄒ고其餘十壹人은십壹時頃에中毒罹病ᄒ야幾至死境이라가僅得免死ᄒ고就中六歲女及십五歲男兩人은因爲致斃ᄒ얏다더라

●路上慘屍 去月二十九日農商工部前路에서住所시名이未詳ᄒ旅行病者가致斃ᄒ얏슴으로其附近韓人家에收容ᄒ고檢屍ᄒ얏다더라

●尹氏被捉 惠泉湯主人尹啓炳氏가圓覺社銀世界演劇을敲論ᄒ얏다ᄂ事ᄂ昨報에已揭이어니와該事件에對하야尹氏가再昨日下午四時頃에警視廳에被捉ᄒ얏다더라

●普渡慈航 北部安峴居前典醫皮相德氏ᄂ十餘世醫學專門으로頗히有名ᄒ뿐아니라氏의家庭遺見과老鍊手段이참有神效ᄒ으로問病者가日々盈門ᄒ다더라

●靑會盛況 昨日鐘路青年會開館式을擧行ᄒ얏ᄂᄃ上午拾時에ᄂ蓮동教會와紫霞동教會와南大門外教會를請邀하얏고同日下午三時에ᄂ興化學校와普成實業學校와普成專門學校와普成中學校와涵東新塾과光武學校와青年學院과中東學校와養正義塾을請邀ᄒ얏고同日下午六時에ᄂ貞동教會와東大門內教堂과青龍橋教會를請邀ᄒ얏ᄂᄃ以上三次大會에來參員數가四千七百餘名에達ᄒ야非常ᄒ盛況을呈ᄒ얏다더라

●草校卒業 安山郡艸芝面曾通學校에셔去三月卅日에卒業試驗을經ᄒ얏ᄂᄃ優等에李源璜李源州二人이오及第에宋夏承李源馨等諸人인ᄃ校長趙郡守李爽宰校監李敏善諸氏가壹場勸勉後茶菓禮를行ᄒ얏다더라

●載校更新 黃海道載寧郡內私立養元學校의現存生徒가百有餘名인故로校舍가狹窄ᄒ야常有不容之歎이러니該校主務員李禎鴻崔榮浩兩시가熱誠愈新ᄒ야校舍建築을首唱발論ᄒ미該校任員及학徒父兄諸氏가爭先捐義ᄒ야금額이千餘圜에達ᄒ얏다더라

●會蘭設校 平北江界郡김蘭契々首金汝시와契員金時裕許珍諸시가教育에熱心ᄒ야契錢三千兩으로校舍를買得修理ᄒ고校名은淸源商務학校라稱ᄒ고漢文講師吳炳周시와日語算術講師鄭寧教시를延聘ᄒ야晝夜學兩科로教授ᄒ되不過兩朔에上학生徒가六十餘名에達ᄒ얏다더라

●基督校試驗 三和港儆兩機基督學校에셔去土曜日에試驗을經ᄒ얏ᄂᄃ最優等生卓在興孫희疇卓在석任永三김繼崇李春成李繼天李允恒김就一諸人이ᄃ該동居前主事李承祚氏가大韓地誌壹冊式과紙筆墨世多數히施賞ᄒ얏다더라

●兩氏熱心 木浦港私立商業補習學校학徒가六十餘人에達ᄒ얏ᄂᄃ該港居김冕秀稅務主事沈申哲兩시가法學으로每日數時間식名譽로熱心教授에前進之望이確有ᄒ다더라

●廣進大進 平壤郡有志紳士尹載선김문軫諸시가발起ᄒ야廣進學校를設立ᄒ고熱心贊助ᄒ며教師리學泌시가亦以名譽로熱心教授ᄒ리生徒가三十餘名에達ᄒ얏다더라

▲地方消息▼

▲去月二십壹日람浦郡東方六십里水丹동에셔義兵十餘名이該郡分遣所日憲兵及補助員과交戰ᄒ얏ᄂᄃ補助員二名이負傷ᄒ얏다더라

▲別々藥酒▼

▲三角山頭아참날에漢江水들기러다가自由缸을洗滌後에無窮花도술을빗고獨立節개모혀안저開化盃도부어내니文明酒가完然ᄒ다

▲이술ᄒ잔먹고보면附外思想물너가고祖國精神渙發이라實國心腸變ᄒ야셔萬古忠臣되것이니政府中의大官들은滿酌ᄒ辭잡으시오

▲이술ᄒ잔먹고보면貪汚中飾慾버셔지고肥己食慾버셔지고民性이充溢ᄒ야當世良吏될것이니各地方의官吏들은滿酌不辭잡으시오

▲이술ᄒ잔먹고보면愚暗心腸開明ᄒ고公益思想발ᄒ야有名ᄒ던守錢虜가慈善大家될것이니財政界에君子들은滿酌不辭잡으시오

▲이술ᄒ잔먹고보며猜忌性이氷釋ᄒ고愛恤心이風발ᄒ야仇讐相殘ᄒ던同胞膠漆團合될것이니各黨派의人士들은滿酌不辭잡으시오

▲이술ᄒ잔먹고보면部悖行爲업셔지고天賦良性回復ᄒ야挾雜으로騰名人도淸德君子될것이니勢利場에雜類들은滿酌不辭잡으시오

▲이술ᄒ잔먹고보면頑腦雜念消化ᄒ고唇舌假話變ᄒ야셔壹片誠心改良하야社會에有益될것이니社會上의志士들은滿酌不辭잡으시오

▲이술ᄒ잔먹고보면怠惰惡習업셔지고勤孜熱誠발생ᄒ야二十世紀大舞臺에主人翁이될것이니各학校의青年들은滿酌不辭잡으시오

▲이술ᄒ잔먹고보면奴隸之心업셔지고反抗之力도나셔阿附ᄒ던ᄃ外人을不共戴天알것이니京鄕間의偵探들은滿酌不辭잡으시오

▲이술ᄒ잔먹고보며歷制下의잇ᄂ人民ᄃ覊絆을버셔치고自由權을回復ᄒ야列强並立ᄒ것이니二千萬人同胞들은各自酒量대로醉히보소

廣告

梨峴居金弘植子相賢이가年今二拾二인대去晦日偶然出他ᄒᆞ야去處不知故廣告ᄒᆞ오니誰某시던지見ᄒᆞ시ᄂᆞᆫ대로梨峴廣藏會社니米商金弘鎭市로通奇ᄒᆞ면厚謝ᄒᆞ깃슴 成晉永 告白

本校에서第三回測量三個月速成科學員을新募ᄒᆞ오니願學僉員은陽拾貳月八日니로請願ᄒᆞ시옴
但請願紙ᄂᆞᆫ本校用紙로ᄒᆞ되
試驗은國漢文讀書
算術은四則以니
試驗日字拾貳月拾日上午九時
上學時間은自下午四時至六時
典洞私立中東學校

本人이陰本月初七日艸梁驛에서手匣中馬山驛載送物標二張과密陽郡김華玉處推次八拾圜과淸商義合昌處二拾圜於音合二片을幷爲서失ᄒᆞ엿ᄉᆞ오니誰某間拾得하여도休紙施行홈 開城郡居김志淵 告白

本人의所居東部成均館里門동壹統拾戶瓦家의壹間板刻文券을挿置于內방壁上考備라가今年七月에竟被蚊火所燒를얏습기玆에廣告하오니內外國人照亮홈 洪虁昌 告白

本人의所在東部成均館避馬동貳拾壹統七戶瓦家拾四間立旨문券을挿置于內방壁上考備라가今年六月에竟被蚊火所燒ᄒᆞ얏습기玆에廣告ᄒᆞ오니內外國人 照亮홈 金壽明 告白

本會內에日語算術兩科夜學을陽拾二月三日爲始設立ᄒᆞ오니願學 僉員은來議ᄒᆞ시옴 算術은七時日語ᄂᆞᆫ八時兩時間으로分定홈 湖南學會 告白

本新會에서各種好品名啣紙를特別廉價로多數發賣ᄒᆞ오니願買 僉君子ᄂᆞᆫ陸續來購ᄒᆞ옵심을望홈 大和商會印刷部 告白

速成學員大募集 廣告

本所에서如左히科程을特設ᄒᆞ고各專門으로敎授ᄒᆞ오니願學 僉彦은入學請願書를十二月五日以內로本所에提呈홈

時間及科程表
上午七時至八時三拾分 (日語)(算術)
仝九時至十一時 日語 (甲班)(乙班)
仝十一時至下午一時三拾分 算術簿記
下午二時至三時卅分 日語 (甲班)(乙班)
仝四時三拾分至五時卅分 (測量)(算術)
仝六時至八時 算術簿記
仝八時至十時 日語 (甲班)(乙班)

開學日字 陽拾二月九日 合等月拾二日

◎卒業期限
算術科 甲班 六個月 乙班 拾貳個月
日語 甲班 八個月 乙班 拾六個月
簿記 商業 銀行 官廳 拾貳個月
但細則은本所에來問홈

中部河橋北川邊第一谷西邊二統板井河六拾七統八戶 隆昌講習所 告白

特別廣告
諸般法律事務를誠實히迅速處理ᄒᆞ오니 僉彦은陸續來議ᄒᆞ시옵
辯護士朴星煥事務所
中部長橋東谷第二拾統三戶

本敎堂內에俄語夜學課를設ᄒᆞ고陽십二月壹日에開학ᄒᆞ오니入학志願ᄒᆞ시ᄂᆞᆫ僉員은速々來議ᄒᆞ시옴
課目 俄語 東正敎演義
授業時間 自下午六時至八時
貞洞俄國敎堂 告白

西署龍山坊麻浦契瓦家玖間半壹百五拾四統四戶김大燮家문券을月前에失故로玆以廣告ᄒᆞ니或有拾得者어던左記處所로持來ᄒᆞ오면厚謝로待接ᄒᆞ오리다 會동七拾七統拾三戶 前郡守尹相源 告白

通津郡所伊浦陽存里奉吸石灘里迭出歸老里月餘串高尺山大坡五林里桑串鶴峴甲串伊村二張里所在本人의田畓三拾五石六斗落舊文券과小量案及實測圖를陰曆拾壹月三日에幹事人權命采가携帶ᄒᆞ고乘船「來타가杏淵에서覆船하야僅以身免ᄒᆞ고付帶ᄒᆞᆫ右項文軸은漂流見失ᄒᆞ얏ᄉᆞ오니內外國人은取得ᄒᆞ얏거던休紙施行홈 京西部居興洞百拾壹統四戶 姜錫鎬 告白

開城郡北東面帶釋山壹面은本以養賢齋所有地로今開城學會에ᄒᆞ야ᄉᆞ々徵稅하온데附近何許無賴輩가外國人을符同ᄒᆞ야該地를測量以去하기玆에廣告하오니外國人은照悉要 開城學會 告白

本人의大人通政公以宿患際十壹月初三日辰時別世玆廣布京鄕知舊乃 照亮爲要 호국 호 쟝 告白

嗚乎라閔忠正公의後事ᄂᆞᆫ言之淚下라갑祿九男妹가母子相依ᄒᆞ야壹日二日에孀孤가號咷ᄒᆞ니凡我東二千萬同胞가孰不感慕而愛護哉아此實秉彝之天心이오非有私於公家而然也라聽彼吳信默은無秉彝之心者歟아況是公家밉人으로頂踵毛髮이無非忠正公之德也어던公之忠目이未瞑ᄒᆞ야敢有此人面獸心之行ᄒᆞ니縱ᄂᆞᆫ畏法이ᄂᆞᆫ獨不畏神人之誅乎아忠正公家事ᄂᆞᆫ壹土一物이라도盡是公之夫人所有之產也어ᄂᆞᆯ何故로行讒於公之牛庭入夫人과公之生庭季氏閔泳瓚ᄒᆞ야何有此無據之習乎아以寓平所在牧養會社事로言之라도吳信默이가以納上大內之說로虛傳勅命ᄒᆞ고此會社를成文許給于宋秉畯則自無大內畀奪之虛ᄒᆞ거날夫人이知其姦謀而不聽ᄒᆞ고實渡於日人이겸첩太郞ᄒᆞ야捧價八千圜이러니吳信默이含嫌於渠計之不售ᄒᆞ고符同宋秉畯ᄒᆞ야多率日人ᄒᆞ고到公家ᄒᆞ야夫人을招來恐喝脅迫ᄒᆞ며質問夫人之姓名與年齡曰稱以貴物再賣ᄒᆞ매라ᄒᆞ고賠償으로義州所在八百石秋收也와利川所在三百餘石秋收也와鐵岑三百餘石秋收ᄒᆞᆫ을次第勸奪ᄒᆞ고仁港家屋도亦爲奪去ᄒᆞ니天下의事有如是强盜之習乎아返噬之狗殺主之馬ᄂᆞᆫ古所有之而未有如宋秉畯吳信默者之慘刻凶怪也로다公憤所在에不可泯默이라鄙等이雖不死於公死之나이나公之後事가茫蒼世安忍如越示秦瘠也리오玆敢擧實共佈ᄒᆞ오니凡我同胞ᄂᆞᆫ壹齊擧訴裁判ᄒᆞ야斷以律文ᄒᆞ야以伸天下之公憤ᄒᆞ고以懲天下之極惡ᄒᆞ야以保我忠臣遺宅之地ᄒᆞ면千萬幸甚 全北金朱弘鄭秉源等 告白

本社에서蒸汽機械를製造ᄒᆞ고製絲와造紙를先試ᄒᆞ기爲ᄒᆞ야股金을募集ᄒᆞ오니有志僉君子ᄂᆞᆫ趂期應募ᄒᆞ심을望홈 蒸汽機械製造社 告白
臨時事務所ᄂᆞᆫ西門外湖南鐵道會社內

左開
壹 股數ᄂᆞᆫ五千株로先定홈
壹 株金은每株에貳십圜으로定홈
壹 株金收人은四回로定홈
壹 株金收入期
第壹回 隆熙三年壹月三십日內로
第貳回 仝 四月三拾日內로
第參回 仝 七月三십日內로
第四回 仝 십月三拾日內로

本店內外國直輸入各種煖爐諸般及人與煖爐各木及石炭均可入燒的分利便木匠工程色造樓房及房屋內所用火爐이椅床材木器具玻璃磚瓦鐵器皆有大發賣諸君購覽 僉彦照亮務望 大漢門ト畢橋前榮興號

民刑訴訟及鑑定其他壹般法律事務를衆備ᄒᆞ야各地僉位의依囑에親切히應하옵 但紹介를不要ᄒᆞ고出張에應홈 元山柳町壹丁目拾五番戶 (電話三壹九番) 舊守備隊前 辯護士 柴田良之助

國漢文新玉篇
국한문신옥편 附音韻字彙
純洋裝 四百餘頁 定價金壹圜貳拾錢
本玉篇은各種字典과字彙를參互ᄒᆞ야漢字의音義와變音變義ᄭᆞ지國文으로詳明히譯述ᄒᆞ고且同音類合百餘頁ᄂᆞᆫ國文으로解釋添付ᄒᆞ야學字의音만알면解得ᄒᆞ기容易ᄒᆞ오며勿論男女하고國文만알면初學生徒라도漢文實力이오니學界僉彦은陸續購覽하심을務望
元賣所 平壤貫洞 耶穌敎書院 大韓每京城鍾路 東一書觀
分賣所 佑屏ᄀᆞᆯ 廣學書舖 罷朝橋越便 中央書館 尙洞 博文書館 寺洞 惟一書館 寺ㄱ 徽心書館 滙東書館 鍾路耶穌敎書院 仝 大東書市 京鄕各有名書舖

▲特別廣告▼
本社에서修繕브落成인바發展을祝賀ᄒᆞ기爲ᄒᆞ야限壹個月注文에對ᄒᆞ야拾分의壹을特減ᄒᆞ깃ᄉᆞ오니文明醫藥에有志ᄒᆞ시ᄂᆞᆫ 僉君子ᄂᆞᆫ來臨注文ᄒᆞ심을敬要 安峴拾統壹戶 普文社 告白

●敬告本郡申報購覽諸氏
本報에謹告ᄒᆞᆫ支社라揭載홈은旣所共知어니와本年度自四月至십二月ᄭᆞ지未納本報代金을本月十日以內로照數納付ᄒᆞ시와無至致人督刷之地를切望홈 郭山大韓每日申報支社 李鍋瑞 白

瑞興郡坪里面龍泉坪의屬位田畓二百餘斗落이온데有獨鄭元濟畓七斗九升落과四斗九升落을本郡孔巡檢秉臣이가打作을ᄒᆞ기로欲呈訴ᄒᆞ다가先爲廣告홈 瑞興郡鄭元濟 告白

特別廣告
本人이判事를辭免ᄒᆞ고辯護士를開業ᄒᆞ얏ᄉᆞ오니 僉君子ᄂᆞᆫ事件의大小難易를勿論ᄒᆞ고照亮來議하시옵
辯護士張燾 法律事務所
中部茶洞拾四統五戶

◎新造樓房出賣
自造洋式樓房壹所前後共計肆間四ㄱ五間此房作落在水標橋北二官街坐東向西前面洋式樓房俱是鐵窓鐵門樓上洋式貨倉貨架俱全樓上俱有隔斷房後面有韓式房屋另有廚房厠所並有後門出人便宜如有合意欲買者請至靑水標橋北二官街華商天利號面議
華商天利號主人 告白

Responsible for Publication Alfred Weekley Marnham.
發行兼編輯人英國人 萬咸
發行所 南署石井洞號外地三層洋屋館 大韓每日申報社

第六卷

大韓每日申報

第九百六十八號

月曜及慶節
歲時日休刊

檀君開國四千二百四十一年
箕子元年三千三十年
大韓開國五百十七年
日本明治四十一年
淸國光緖三十四年
陰曆戊申十一月小初十日壬辰

論說

◉志士의合力

嗚乎라余의所禱ᄒᆞᄂᆞᆫ志士여余의謳歌ᄒᆞᄂᆞᆫ志士여余의愛ᄒᆞᄂᆞᆫ志士여

國家의砥柱가되야其力을供ᄒᆞ며其身을獻ᄒᆞ야國家의運命을扶植ᄒᆞᄂᆞᆫ者도惟志士오民族의代表가되야其勇을賈ᄒᆞ야民族의福利를得來ᄒᆞᄂᆞᆫ者亦志士라烈々乎志士의力이여

三軍으로其志를奪치못ᄒᆞ며富貴도其志를動치못ᄒᆞ며苦窮饑死ᄒᆞ야도其志를變치아니ᄒᆞ며粉骨碎身ᄒᆞ야도其志를屈치아니ᄒᆞ나니烈々乎志士의力이여

壹國에幾千萬人이有ᄒᆞᆯ지라도同時並生ᄒᆞᆫ志士ᄂᆞᆫ數拾百人에不過ᄒᆞ고其餘幾千萬人은此數拾百人의風潮를隨ᄒᆞ야左右移轉ᄒᆞ며此數拾百人의手腕을向ᄒᆞ야奔走趨附ᄒᆞ나니巍々乎志士의力이여

此數拾百人의力이合ᄒᆞ야壹力이되면其力이非常히强大ᄒᆞᆯ지나萬若數拾百人의力이數拾百力이되면其力이非常히劣弱ᄒᆞᆯ뿐아니라互相殄滅ᄒᆞᆯ지니嗚乎라志士가力을不合ᄒᆞ면志士가엇지志士되리오

試看ᄒᆞ라甲志士ᄂᆞᆫ甲을唱ᄒᆞ야日此ᄂᆞᆫ我의事業이니我가엇지他人의門戶를依傍ᄒᆞ리오ᄒᆞ며乙志士ᄂᆞᆫ乙을唱ᄒᆞ야日此가我의事業이니我가엇지他人을附助ᄒᆞ리오ᄒᆞ며丙志士ᄂᆞᆫ丙을唱하야日此가我의事業이니我가엇지他人을追隨ᄒᆞ리오ᄒᆞ야각々摩拳擦掌ᄒᆞ며各히特立獨行ᄒᆞ면畢竟相抵相鬪ᄒᆞᆯ지오相抵相鬪ᄒᆞ면畢竟壹敗壹敗ᄒᆞᆯ지니如是ᄒᆞ면終是其國이晴黑ᄒᆞ야光明을見ᄒᆞᆯ日이無ᄒᆞᆯ지로다

嗚乎라然則志士의力을合ᄒᆞᆯ道가無ᄒᆞᆫ가日有ᄒᆞ니正義와時勢가是라大抵志士ᄂᆞᆫ正義에服ᄒᆞ며時勢를識ᄒᆞᄂᆞᆫ者라萬壹正義에不服ᄒᆞ면志士가아니며時勢를不識ᄒᆞ야도亦志士가아니니正義와時勢ᄂᆞᆫ志士合群의媒介오志士聯結의鐵鎖가아닌가

故로辟志士가正義에適ᄒᆞ고時勢에合ᄒᆞᆫ事業을準備하면數拾百人의志士가風起水湧하며雲合霧集ᄒᆞ야數拾百力이壹力이되며志士의合力이即國民의合力이라幾千萬力이合ᄒᆞ야壹力이되면天下에何를睹ᄒᆞ야不成ᄒᆞ리오

然則吾戶를各立하야互相爭鬪ᄒᆞᄂᆞᆫ志々ᄂᆞᆫ悖志々오自己의獨尊을唱ᄒᆞ야他人과共力ᄒᆞᆷ을耻ᄒᆞᄂᆞᆫ志々ᄂᆞᆫ愚志々오何等動作이無ᄒᆞ고歲吁短歎으로歲月을虛送ᄒᆞᄂᆞᆫ志々ᄂᆞᆫ劣志々라此等志사ᄂᆞᆫ皆不合力의志사가아닌가嗚乎라韓國에ᄂᆞᆫ此等不合力의志々ᄂᆞᆫ許多ᄒᆞ나合力의志々ᄂᆞᆫ何處에在ᄒᆞᆫ지此等不合力의志々ᄂᆞᆫ願ᄒᆞ나合力의志々ᄂᆞᆫ何時에야出來ᄒᆞᆯᄂᆞᆫ지

嗚乎라余의祈禱ᄒᆞ며余의謳歌ᄒᆞ며余의愛하ᄂᆞᆫ지々ᄂᆞᆫ此等不合力의지々가아니오合력의지々이로다

●告示

▲隆熙貳年拾月二拾七日 官報

農商工部告示第拾三號 續

九 定款。株主名簿。社債原簿。總會決議錄。財產目錄。貸借對照表。營業報告書。損益計算書及準備金幷利益又ᄂᆞᆫ邊利의配當에關ᄒᆞᆫ議案은本店或은支店에備置ᄒᆞ지아니ᄒᆞ며。此에記載ᄒᆞᆯ事項을記載치아니ᄒᆞ거나又ᄂᆞᆫ此에不正ᄒᆞᆫ記載를ᄒᆞᆫ時

十 第百七拾四條第壹項又ᄂᆞᆫ第百九拾八條第二項의規定을違反ᄒᆞ야株主總會를招集치아니ᄒᆞᆫ時

(未完)

外報

●日船沈沒 東京電報를據ᄒᆞᆫ즉去月二십八日에日本汽船第八來田丸及기세이丸이芝罘에서颶風을因ᄒᆞ야沈沒ᄒᆞ얏ᄂᆞᆫᄃᆡ乘組員及其他乘客七百餘名의行衛가不明ᄒᆞ다더라

●淸國憲法發表 同電을據ᄒᆞᆫ즉淸國憲法草案을露都에서發表하얏다더라

●孫逸仙의消息 同電을據ᄒᆞᆫ즉孫逸仙氏ᄂᆞᆫ其行衛가不明ᄒᆞᆷ으로淸國政府에서目下嚴重히搜索ᄒᆞᄂᆞᆫ中이라더라

●梁氏建策 張之洞氏의股肱되ᄂᆞᆫ前湖北按察使梁鼎芬氏等이北京에來ᄒᆞ야新皇帝卽位後新政에關하야張之洞氏의게建策ᄒᆞ얏다더라

◉唐紹怡의使命

大連電을據ᄒᆞᆫ즉淸國唐紹怡氏ᄂᆞᆫ米國前大統領루쓰벨트氏를淸國政府顧問으로延聘ᄒᆞ라ᄂᆞᆫ使命을帶ᄒᆞ얏다ᄂᆞᆫ說이有하얏다더라

雜報

●磁業贊成

平壤郡磁器會社設立됨은本報에累著어니와仁港商業會議所에서該會社에對ᄒᆞ야贊成ᄒᆞᆫ全文이如左ᄒᆞ더라

夫商工之爲富强之源은不待智者而後에知也라之二業者ㅣ常相資而相售焉ᄒᆞ나니何者오苟無商이면何以交易爲市ᄒᆞ야有無相通이며苟無工이면何以製造成物ᄒᆞ야變化適用이리오所以로不可以缺壹而於以富强之業也라

雖然이나工業이尤爲其原素ᄒᆞ야不可日々而無오只可日々而進이니試思天下에誰家所有之產이非工業中出來며誰人所須之物이非工業中出來者乎아且雖商業이日興에通其有無라도苟無人造無窮之工業이爲之本源이면入口ㅣ常多ᄒᆞ고出口ㅣ常少ᄒᆞ야其於致富强之道에益遠々乎難矣리니豈非可惧之尤者乎아近世列邦之所以富强과今日我韓之所以貧弱이判於此已矣로다

嗟乎라我韓之於商工弊痼之習이有二焉ᄒᆞ니壹曰上等之賤待其人이오二曰污吏之誅求無厭이니二者ㅣ相併에而商工之業이絕矣라民安得不貧이며民安得不窮乎아只將磁器製造之一業而觀之컨ᄃᆡ高麗之磁器가爲天下之奇寶而廣州分院之製器가亦我邦之佳品也어ᄂᆞᆯ而今에皆化作烏有ᄒᆞ고乃其緒餘之法이流傳於隣邦ᄒᆞ야남本於我而發展入妙ᄒᆞ야爲其出口之壹大品ᄒᆞ니其於優勝劣敗之道에孰得孰失이果何如也오其歎惜을烏可勝道리오西人이有謂高麗磁器復見之日이即韓國開明進步之日이라하니旨哉라言乎여其微意를可不深思哉아

吾同胞中有喜消息ᄒᆞ니不覺喜而不寐ᄒᆞ니豈我開進之漸耶아平壤郡에有志人士若干氏발起ᄒᆞ야設立磁器製造株式會社ᄒᆞ고鳩集股金ᄒᆞ야第壹回에爲萬餘圜이라業己設備承認ᄒᆞ야方玆開工始事라而其製造原料가可支許年云ᄒᆞ니美哉라斯舉여作之不已ᄒᆞ고日進以新ᄒᆞ야續我不傳之緒ᄒᆞ고開我富强之源하면則再造我邦國이謂將造端乎是라도亦未爲過言也라此雖壹事之微나其影響攸及이匪近伊遠ᄒᆞ니西人之言이信不誣矣로다凡我同胞ᄂᆞᆫ孰不欲協贊其事ᄒᆞ야以表同情也乎哉아

自該社로現今募株主而其定欵與提酬書本이來到本港ᄒᆞ니凡我商工業界諸公은雖無申告나豈不諒只시리오必當臨力入股어니와期於盡力所及에不遺餘力ᄒᆞ야國耳公耳에并受福利ᄒᆞ야務圖共濟를千萬擧祝ᄒᆞ노이다國民義務와個人利益이壹擧兩益ᄒᆞᆯ지니凡我愛國利用之君子ᄂᆞᆫ盍相勉旃

文壇

▲韓史新論 (續) 壹片丹生

第九章

김春秋의功罪

異種을招ᄒᆞ야同種을滅ᄒᆞᆷ은盜賊을引ᄒᆞ야兄弟를殺ᄒᆞᆷ과無異ᄒᆞᆫ者니此義가甚明ᄒᆞ야비록三尺童子라도可히知得ᄒᆞᆯ비어날惜乎라我國歷史家여此義를知ᄒᆞᆫ者도甚少ᄒᆞ도다前各章에已記ᄒᆞᆷ과如히新羅歷代諸王이恒常外援을利用ᄒᆞ야句麗와百濟를滅코ᄌᆞᄒᆞ얏거니와雖然이나或良心을存ᄒᆞ되其事ᄂᆞᆫ無ᄒᆞ얏스며其事ᄂᆞᆫ有ᄒᆞ되其成은無ᄒᆞ얏스니是로오히려謀殺未遂에屬ᄒᆞᆫ者라豈等殺ᄒᆞᆷ이可ᄒᆞ거니와 太宗大王김春秋에至ᄒᆞ야ᄂᆞᆫ此事를爲ᄒᆞ야心力을悴盡ᄒᆞ며手腕을費盡ᄒᆞ고末乃此事를成就ᄒᆞᆫ後洋々히得意ᄒᆞ騎ᄒᆞᆫ者라半分血氣가有ᄒᆞᆫ者면此에唾罵ᄒᆞᆷ도可ᄒᆞ며誅斥ᄒᆞᆷ도可ᄒᆞ거날

(未完)

詞藻

●丈夫吟

長劍빗기들고、宇宙間에徘徊ᄒᆞ니
萬古興亡은胸中에歷々ᄒᆞ고、
六大部洲ᄂᆞᆫ眼下에平々ᄒᆞ다
아마도、大丈夫大事業은、이時代ㄴ가

雜報

●是何賊漢 太皇帝陛下께옵서 紙幣百圓券百枚를 御文匣內에 貯置ᄒᆞ셧더니 宮中에도 賊漢이 有ᄒᆞᆫ지 乘隙窃去ᄒᆞ얏다더라

●一千五百萬圓 加借 再昨日下午壹時부터 統監官邸에서 大臣會議를 開ᄒᆞ고 伊藤統監과 副統監曾禰와 總理大臣리完用以下各大臣과 總務長官石塚과 各參與官等이 出席ᄒᆞ얏ᄂᆞᆫ대 伊藤統監은 今回에 日本興業銀行으로부터 借入ᄒᆞᆫ 借款二千萬圓에 關ᄒᆞ야 一般政費에 細別ᄒᆞ야 雲散霧消ᄒᆞᆷ은 實노 借款ᄒᆞᄂᆞᆫ 本意가 아니라ᄒᆞ고 可成的 有益ᄒᆞᆫ 事業에 用ᄒᆞᆯ 事에 就ᄒᆞ야 內閣員의 意見을 聽ᄒᆞ야 硏究ᄒᆞᄂᆞᆫ뒤 前回借款壹千萬圓中에서 餘存ᄒᆞᆫ 五百萬圓이 有ᄒᆞᆫ즉 今番에ᄂᆞᆫ 壹千五百萬圓을 借入ᄒᆞᄌᆞᄒᆞ얏다더라

●政府變動의內定 現政府가 變動된다ᄂᆞᆫ 說은 屢報어니와 總理大臣은 乙未닉閣中某시가 敎任ᄒᆞ기로 닉定이 되얏다ᄂᆞᆫ뒤 再昨日 統監府參與官會議結果로 日間頒布가 된다더라

●亦非風說乎 新닉閣이 組織된다ᄂᆞᆫ 說은 別項과 如ᄒᆞ거니와 總理大臣은 김允식氏로 닉部大臣은 宋秉畯氏로 度支大臣은 俞吉濬氏로 法部大臣은 趙희淵氏로 學部大臣洪肯섭시로 農商大臣은 尹致昊시로 軍部大臣은 리과璜시로 宮닉部大臣은 리容九시로 닉定이 되얏다ᄂᆞᆫ 說이 有ᄒᆞ더라

●銅像建造의否認 김允植某某諸氏가 伊藤統監을 爲ᄒᆞ야 銅像建造ᄒᆞᆫ다ᄂᆞᆫ 說은 已報ᄒᆞ얏거니와 伊藤統監이 此에 對ᄒᆞ야 承認ᄒᆞᆫ 意思가 無ᄒᆞ다더라

●祝賀進參 昨日은 清國新皇帝即位ᄒᆞ신 故로 同下午壹時에 總理以下各部大臣과 伊藤統監과 其他高等官이 京城에 駐在ᄒᆞᆫ 清國領事館에 齊往ᄒᆞ야 祝賀式을 擧行ᄒᆞ얏다더라

●宋氏乞憐 日前에 닉部大臣宋秉畯氏가 伊藤統監을 訪問ᄒᆞ고 言ᄒᆞ되 近日 각新聞에 掲布ᄒᆞᆫ바를 見ᄒᆞᆫ則 政府가 變更되ᄂᆞᆫ 日에ᄂᆞᆫ 我가 總相椅子에 高據ᄒᆞᆫ다ᄂᆞᆫ 說도 有ᄒᆞ고 닉相의 任도 永爲遞任ᄒᆞᆫ다ᄂᆞᆫ 說도 有ᄒᆞ니 進信키ᄂᆞᆫ 難ᄒᆞ나 닉相을 遞任ᄒᆞᄂᆞᆫ 境遇에 至ᄒᆞ면 衆冤가 담至ᄒᆞ야 置身無處ᄒᆞᆯ것ᄉᆞ니 總理椅子에 臨坐케ᄒᆞ야 달나고 百般哀乞ᄒᆞ얏다ᄂᆞᆫ 說이 有ᄒᆞ더라

●追後訪問 再昨日에 각部大臣이 統監官邸에 會議ᄒᆞᆯ 散座ᄒᆞᆫ後에 永宣君리埈鎔氏가 追後前往ᄒᆞ야 伊藤統監을 訪問ᄒᆞ얏다더라

●似狂非狂 再昨日上午拾壹時頃에 何許鄕客壹名이 敎化門外에 來到ᄒᆞ야 把門巡査를 對ᄒᆞ야 言ᄒᆞ되 我亦 聖上化育中에서 生長ᄒᆞ얏스되 大皇帝陛下께 壹次 謁見이 無ᄒᆞᆫ즉 臣子道理에 大爲惶恐ᄒᆞᆫ 事이라ᄒᆞ며 直入闕門ᄒᆞ야 將爲 陛見ᄒᆞ깃다ᄒᆞᄂᆞᆫ 故로 該巡査가 言ᄒᆞ되 汝是狂客인즉 無足可責이라ᄒᆞ고 所管警察署로 押付ᄒᆞ얏더니 該人이 日人警部等을 恐喝凌辱ᄒᆞ되 爾是奸凶ᄒᆞᆫ 壹島夷輩로 渡我韓國ᄒᆞ야 國政을 擅不干涉ᄒᆞ야 使我韓人으로 魚肉을 不免케ᄒᆞ니 豈不可痛乎아ᄒᆞ더니 日人等이 默々不言ᄒᆞ고 即爲牢囚ᄒᆞ얏다더라

●매土委托 永宣君리埈鎔氏가 自己에 各處田庄放매ᄒᆞᄂᆞᆫ 權限을 前郡守鄭寅國氏의게 委任ᄒᆞ얏더니 鄭氏가 容易히 周旋치 못ᄒᆞᄂᆞᆫ지라 更히 宋秉畯氏의게 委托ᄒᆞ야 田土를 速히 매渡ᄒᆞᆫ다더라

●韓銀特勞 日昨本報에 天壹銀行과 漢城銀行에서 城닉人民의 積置ᄒᆞᆫ 舊白銅貨를 交換ᄒᆞ얏다ᄂᆞᆫ 說을 掲佈ᄒᆞ얏더니 更聞ᄒᆞᆫ즉 此ᄂᆞᆫ 漢城銀行에서 ᄒᆞᆷ이 아니라 韓壹銀行에서 交換ᄒᆞᆷ인대 韓壹銀行에서ᄂᆞᆫ 交換의 責任도 無ᄒᆞᆫ대 特히 人民의 情形을 顧念ᄒᆞ야 交換期日이 過ᄒᆞᆫ後 翌日에도 少數의 銅貨ᄭᆞ지 沒數交換ᄒᆞ얏다더라

●四罪犯押上 長湍郡居하ᄂᆞᆫ 리暎奎 朴종元 리秉圭 정先鎬等 諸人이 該郡公錢을 竊取ᄒᆞ랴다가 情跡이 現露되야 該地警察署에서 捉囚審査ᄒᆞ고 再昨日에 京城地方裁判所로 押上ᄒᆞ얏다더라

●警廳通知 警視廳에서 뎌仁郡守최鶴來氏의게 有何査問事인지 不日上來ᄒᆞ라고 通知ᄒᆞ얏다더라

●漁民失業 남來人에 傳說을 聞ᄒᆞᆫ즉 鐵原郡居卓泰潤이가 該郡守高희驗氏에게 暗囑ᄒᆞ야 巨濟郡民有漁基를 稱以學校付屬ᄒᆞ고 組合放賣ᄒᆞᄂᆞᆫ뒤 各漁氏에게 半價買給ᄒᆞ마ᄒᆞ고 幾百圓式 討索ᄒᆞ야 妓生凌波를 致家ᄒᆞ고 逃走上京ᄒᆞᆫ 故로 漁民들이 捉漁時를 當ᄒᆞ야 卒地失業ᄒᆞ고 逐其蹤跡ᄒᆞ야 日前에 上京ᄒᆞ얏다더라

●教師可痛 平安北道寧邊郡公立普通學校教師申濟泰氏가 該校基本금二百餘圓을 暗自消耗하고 潛身逃避ᄒᆞ야 不知去處라더라

●通譯不法 東來人의 傳說을 據ᄒᆞᆫ則 寧越郡通譯主事리源常氏가 敍任以後로 守備隊에 出沒ᄒᆞ야 人民保護ᄂᆞᆫ 姑捨ᄒᆞ고 守備隊物品을 請求ᄒᆞᄂᆞᆫ뒤 도각面長에게 排斂ᄒᆞ야 價錢은 折半式分給ᄒᆞ고 殘虐人民으로 爲壹能事ᄒᆞ야 人民의 怨聲이 浪藉ᄒᆞ다더라

●李氏冤役 監獄署에 滯囚ᄒᆞᆫ 리鵬來시 別室의 男弟吳룡孫이가 리시와 同居ᄒᆞ다가 何事端인지 陰九月四日에 乘夜逃躲ᄒᆞ얏ᄂᆞᆫ뒤 其翌日에 韓日巡査二人이 來ᄒᆞ야 吳某의 去就를 查問ᄒᆞᄂᆞᆫ 故로 리시의 所答에 不知ᄒᆞ깃다ᄒᆞᆫ즉 巡査가 又言ᄒᆞ되 吳某가 該隣家에서 時計壹座를 竊取以去ᄒᆞ얏슨즉 君의 家藏汁物을 調査ᄒᆞ깃다ᄒᆞ고 入來ᄒᆞ야 調査ᄒᆞᆯ 際에 淸國人이 留置ᄒᆞᆫ 衣箱에서 鴉片을 搜得ᄒᆞᆫ지라 리시를 捉去ᄒᆞ야 處役에 宣告ᄒᆞ얏스니 리시ᄂᆞᆫ 曖昧ᄒᆞ다ᄂᆞᆫ 輿論이 有ᄒᆞ다더라

●稷民上京 稷山郡壹西貳西三서二면서邊五面에 在ᄒᆞᆫ 民有狀을 年前에 京玉동居김判書炳畜시家에서 勒奪ᄒᆞ야 水稅를 收飲ᄒᆞ다가 民擾가 起ᄒᆞ매 該시家에서 該狀을 完和宮에 放매ᄒᆞ얏다ᄒᆞ고 壓制력으로 水稅를 勒飲ᄒᆞ야 于今ᄭᆞ지 幾年을 生徵ᄒᆞᆫ 故로 該地農民들이 京部에 呼訴次 上京ᄒᆞ얏다더라

●官吏避禍 潭陽寶성兩郡에 義兵이 屠戮ᄒᆞ얏다ᄂᆞᆫ 說은 已報어니와 該兩郡財務署韓日官吏가 僅히 脫身ᄒᆞ야 光州觀察道로 入來避禍ᄒᆞ얏다더라

●趙氏處役 奎章閣主事趙漢默氏가 錢財를 欺取ᄒᆞ랴다가 監獄署에 被囚ᄒᆞᆷ은 已報ᄒᆞ얏거니와 再昨日에 京城地方裁判所에서 該氏를 詐欺取財律에 照ᄒᆞ야 懲役十箇月에 宣告ᄒᆞ얏다더라

●舍音濫捧 남來人에 傳說을 聞ᄒᆞᆫ즉 남홍陽郡東面新村學場에 故閔忠正公庄土가 在ᄒᆞᆫ뒤 김在丕가 舍音을 圖差下來ᄒᆞ야 籍托宮主分付ᄒᆞ고 捧賭之際에 無理濫捧ᄒᆞ야 數百戶作人이 未免渙散이기로 該作人等이 閔氏家에 呼訴ᄒᆞ얏다더라

●日兵向東 昨日下午壹時頃에 日兵이 軍糧及軍物百餘駄를 輸運ᄒᆞ고 崔門外로 出往ᄒᆞ얏다더라

●日船漂流 慶尙북道興海郡에서 日本漁船이 風浪에 漂流ᄒᆞ야 船人壹名은 行衛가 不明ᄒᆞ고 船隻은 破壞되얏ᄂᆞᆫ뒤 其損害ᄂᆞᆫ 四百五十餘圓이라더라

●抱鴉被捉 再昨日下午五時量에 南部帥동居ᄒᆞᄂᆞᆫ 閔俊植氏가 石井동居留ᄒᆞᄂᆞᆫ 何許清國人家에서 鴉片二封을 買去ᄒᆞ다가 行巡巡查에게 被捉ᄒᆞ얏다더라

●魚毒何多 남松峴김宜植씨家에서 日人魚商에게 大牛鮮을 買喫ᄒᆞ얏다가 中毒ᄒᆞ야 眷口七人이 昏倒ᄒᆞ얏ᄂᆞᆫ뒤 兩兒ᄂᆞᆫ 即死ᄒᆞ고 其外他人은 幸得免死이나 皮膚가 爛開ᄒᆞ야 頗히 困難中이라더라

●農工研究開會 農工研究會에서 本月三日(木曜)下午壹時에 特別總會를 師동本事務所로 開ᄒᆞ고 會務를 處理ᄒᆞᆫ다더라

●青館大會 昨日上午十時에 青年會에서 承동教堂와 新門內教會와 西學峴教會와 尙동教會를 請邀하고 同下午三時에ᄂᆞᆫ 徽文義塾과 鳳鳴學校와 教聯義塾과 培材學堂과 儆新學校와 外國語學校를 請邀ᄒᆞ고 同下午六時에ᄂᆞᆫ 西北協成학校와 廣信商業學校와 畿湖學校와 高等學校와 師範學校와 隆熙학校를 請邀ᄒᆞ얏다더라

●教育大家 信川郡뒤川面石串村김元善시가 國權의 不振ᄒᆞᆷ을 慨歎하야 境內人士를 鼓動ᄒᆞ야 壹학校를 設立케ᄒᆞ며 且安岳靑룡坊금山동民과 靑年을 曉諭ᄒᆞ야 壹학校를 設立케ᄒᆞ고 문化郡葛山面白蓮동壹般人士의게 時務를 論論ᄒᆞ야 壹학校를 設立케ᄒᆞ고 即以歸家ᄒᆞᆫ後에 該附近農家靑年을 勸喩ᄒᆞ야 夜학校를 三處에 設立ᄒᆞ얏ᄂᆞᆫ뒤 生徒가 六七十員에 達ᄒᆞ얏다더라

●培校紀念 開城私立培義학校에서 去月二十壹日에 第參回紀念式을 擧行ᄒᆞ얏ᄂᆞᆫ대 該校長김宗煥시가 有故欠席된고로 副校長姜明遠 校監리漢홍諸시가 次第演說ᄒᆞ야 壹場盛況을 呈ᄒᆞ얏다더라

●測量卒業 西학현私立大東測量학校에서 第壹回卒業試驗을 經ᄒᆞ얏ᄂᆞᆫ뒤 優等에 朴榮喜 남育熙等二十一人이오 及第에 리審종 婆뒤翼等壹百貳십九人이라더라

▲地 方 消 息▼

▲去月二十六日淳창郡서方大拾里地에서 義兵二百餘名이 該郡日守備隊와 日憲兵補助員과 交戰ᄒᆞ얏다하고

▲去月십七日녕邊郡大남동에서 義兵拾餘名이 柔院鎭分遣隊日憲兵과 交戰을ᄒᆞ얏다ᄒᆞ고

▲去月二十二日平안남道化倉附近에서 義兵十餘名이 該地分遣所日憲兵六名과 補助員幾名과 交戰ᄒᆞ얏다더라

▲嚴 母 捷 子▼

▲南山밋헤 바룸일고 北岳山에 밤드럿다 路上行人 불수업고 魑魅魍魎 天地로세 布德門을 지내더니 數尺短墻 적은집에 何許家中婦人이 지그으ᄃᆞᆯ을 健論ᄒᆞ매 辭氣凜々 可聽일세

▲대ᄒᆞᆫ기를 치구나서 여보어라 이子息아 靑年寡婦 이내身勢 二歲幼兒 너ᄒᆞ나를 보고 又치 養育ᄒᆞᆷ 忠孝二字 일넛거던 不孝莫甚 너又ᄒᆞᆫ놈 欺君ᄒᆞ면 逆賊이라 趁即죽여 말니로다

▲또ᄒᆞᆫ기를 치구나서 여보어라 이子息아 遠近親族 勿論ᄒᆞ고 同祖子孫 壹般인데 親若仇讐 무슴일가 너와又치 無義ᄒᆞᆫ놈 社會上에 出頭ᄒᆞ면 殘賊同胞 ᄒᆞᆯ것이니 진即죽여 말니로다

▲또ᄒᆞᆫ기를 치구나서 여보어라 이子息아 諸般賦役 더奴僕ᄭᆞ지 竭력奉供 인뒤 各種虐待 滋甚ᄒᆞ니 너와又치 無情ᄒᆞᆫ놈 牧民之官 ᄒᆞ고보면 蒼生魚肉 될것이니 진即죽여 말니로다

▲또ᄒᆞᆫ기를 치구나서 여보어라 이子息아 累代相傳 이田庄을 保守方針 생각업고 他人에게 매渡ᄒᆞ니 너와又치 無道ᄒᆞᆫ놈 政府大官 되고보면 賣國賊이 아니될ᄭᆞ 진即죽여 말니로다

▲또ᄒᆞᆫ기를 치구나서 여보어라 이子息아 太丈夫의 더行動이 山岳又치 磊磊ᄒᆞ야 屹然獨立 不動인대 勢利場만 追逐ᄒᆞ니 너又ᄒᆞᆫ놈 仕官ᄒᆞ여 阿附奸賊 免ᄒᆞᆯ손가 진即죽여 말니로다

▲또ᄒᆞᆫ기를 치구나서 여보어라 이子息아 私有財産 쓸대업고 公益事業 第壹인뒤 謀避도만 爲主ᄒᆞ니 너와又치 吝嗇ᄒᆞᆫ놈 競爭時代 싱게나서 守錢虜만 될뿐니라 진即죽여 말니로다

▲壯ᄒᆞ시고 此婦人은 教子義務 알엇도다 忠臣義士 豪傑들은 家庭教育 잘ᄒᆞᆷ이오 逆賊小人 姦猾輩ᄂᆞᆫ 家庭教育 잘못이라 今日韓國 슈헐전에 亂臣賊子 만흔것은 教育못ᄒᆞᆫ 結果로다

社告

自中部종路로至梨현等地分傳人尹起淵代에具光運으로代금을收取케하얏스니當地에本報購覽ᄒᆞ시ᄂᆞᆫ 僉員ᄂᆞᆫ照亮ᄒᆞ시고尹起淵이가雖有領証이라도代금을出給지마시고具光運의게出給ᄒᆞ심을望ᄒᆞᆷ

大韓每日申報社

△謹告各支社▽

目今本社의經費가窘拙ᄒᆞᆷ은諸函에仰佈이온바到今定限이已過에代金을收送치아니ᄒᆞᆫ곳이多有ᄒᆞ야本社維持ᄒᆞᆯ計이甚難ᄒᆞ니既往은勿咎어니와本社에情形을顧ᄒᆞ고支社의責任을盡ᄒᆞ야拾壹月條幷前後代金을拾二月拾日內로沒數淸帳ᄒᆞ야支社를扶持케ᄒᆞ시되萬壹此限에過ᄒᆞ면支社를不得已廢止하고派員督捧ᄒᆞ올터이오니極力ᄒᆞ야期於限內로淸帳換送하심을爲要

大韓每日申報社

廣告

本校에서第三回測量三個月速成科學員을新募ᄒᆞ오니願學僉員은陽拾貳月八日니ᄂᆞᆫ請願ᄒᆞ시옵
但請願紙ᄂᆞᆫ本校用紙로ᄒᆞᆷ
試驗은國漢文讀書
筭術은四則以내
試驗日字拾貳月拾日上午九時
上學時間은自下午四時至六時
典洞私立中東學校

西署龍山坊麻浦契瓦家玖間半壹百五拾四統四戶 김大獒家문券을月前에失故로玆以廣告ᄒᆞ니或有拾得者어던左記處所로持來ᄒᆞ오면厚謝로待接ᄒᆞ오리다
會동七拾七統拾三戶
前參奉尹相源 告白

本人이陰本月初七日艸梁驛에서手匣中馬山驛載送物標二張과密陽郡김華玉處推次八拾圓과淸商義合昌處二拾圓於音合二片을幷爲失ᄒᆞ엿ᄉᆞ오니誰某間拾得하여도休紙施行ᄒᆞᆷ
開城郡居김志淵 告白

학員募集廣告
本所에서第二回 **一個月**速成測量學員을募集ᄒᆞ오니陽십二月七日니로有지 僉彥은隨意請願ᄒᆞ심을務望
北部安峴獎學社니 特別測量科 告白

南署明哲坊南小洞壹白八統壹戶草家八間半문券을遺失故로玆에廣告ᄒᆞ오니誰某가拾得ᄒᆞ와도休紙施行ᄒᆞᆷ
戶主김召史 告白

本人이客主業을停止ᄒᆞ오니僉客員은與受間今年終에淸帳ᄒᆞ심을要ᄒᆞᆷ
三和港朴萬化 告白

本人의名煥석을以煥哲으로改正ᄒᆞᆷ
鄭煥哲 告白

大和商會印刷部 告白
本商會에서各種好品名啣紙를**特別廉價**로多數發賣ᄒᆞ오니願買 僉君子ᄂᆞᆫ陸續來購ᄒᆞ옵심을望ᄒᆞᆷ

◎移轉謹告◎
本會社가左記處로移轉이옵기玆에謹告ᄒᆞᆷ
京城南部小公洞二十八統壹戶
大韓協同郵船會社

●阿峴私立太極學校
義捐金額及氏名
阿峴契阿현
盧璣喜 김俊植 車석喜
각八百圓 김太容 六百圓
吳學潤 김永종 林常根
각二百圓 김世應 崔瑀善
각壹百圓 咸致極 具鎔基
김俊植 김大公 崔秦植
車德孝 車駿淵 盧春起
朴昌淳 吳健成 김晉俊
池順學 각八십圓 柳光雲
盧啓元 각四拾五圓 姜駿永
최泰根 高春心 陰鳳周
金命根 리泰變 김周濵
리德裕 朴龍植 崔仁成
각四십圓 張亨雋 리元根
柳桂俊 趙駿八 姜友三
김允武 김春植 김창浩
김興泰 鄭完植 柳在春
車東석 車爨渉 孟敬淳
각卅圓 趙俊民 김允召
梁炳용 朱致德 ᄆ興伯
리錫九 高英淳 김鳳云
김빌進 鄭瀷植 韓용植
趙在浩 申允默 리漢圭
김晉殷 최元根 김 圓
合計五千四百貳拾貳圓
權啟燾契阿峴
盧漢駿 張輔煥 각십圓
宋興元 三圓 김建永
一圓 김홍元 姜允煒
禹貞河 韓哲洙 김千甫
鄭德化 각壹圓 김弘圭
九십전 김俊圭·김泰혁
김泰鎭 姜召史 宋永國
김學俊 김振根 嚴景律
김德鉉 丁大仁 리璣栢
각半圓 張昌順 尹景云
김尙協 崔在德 林秦鉉
黃應化 각四十전 朴好甫
三십전 김景完 洪性俊
洪顯창 李春根 崔澤秀
田時종 김顯明 각二拾전
合計四拾壹圓五十전
車子里契阿峴
金奉鉉 貳십圓 里中계
林管煥 김相浩 각십圓
匙방계 綾羅방 興信계
김寧九 리順志 趙宗식
김창弁 김昌浩 崔聖壽
崔永祚 각六圓 리龍九
林在元 洪命祚 李鏞灦
김홍洙 김鳳圭 각九圓
陰年俊 四圓 崔남鴻
吳景섭 千종열 각二圓
리完信 朴載圭 朴致明
李和汝 劉順永 朴仁甫
김聖根 김학용 崔문三
각二圓 權홍九 任漢周
任漢淳 金奉圭 李仲祿
河在明 文昌益 李석宰
趙命星 李奉雲 李勝愚
김振浩 李景鉉 김成瀾
申大鉉 李德在 高永成
崔東順 裵德煥 崔永根
崔性復 김春弘 김相億
김應培 韓鎭혁 崔昌植
朴景瑞 李章煥 각壹圓
吳致化 林春植 林德允
各半圓 李聖雲 三十전
合計二百圓八拾전
리順巨 四圓 韓景根
貳圓 林震섭 十圓
함致極 掛종 壹座
摠合五千六百八十圓二십전
太極學校 告白

●敬告本郡申報購覽諸氏
本報에謹告각支社라揭載ᄒᆞᆷ은既所共知어니와本年度自四月至십二月ᄭᆞ지未納本報代金을本月十五日니로照數納付ᄒᆞ시와無至致人督刷之境을切望ᄒᆞᆷ
郭山大韓每日申報支社 리銀瑞 白

警世歌
편편괴담경세가 定價십九錢
右서ᄂᆞᆫ倫理上緊要ᄒᆞᆫ奇歌을國文絕句로編述ᄒᆞ야浮雜ᄒᆞᆫ男女의惡行悖習을警惕悔改ᄒᆞᆯ간良ᄒᆞᆫ셔니普般男女敎育에最適ᄒᆞᆷ

致富新說 定價십二錢
右서ᄂᆞᆫ些少資本으로獲得巨利ᄒᆞᄂᆞᆫ秘法과牛疫治療에神效ᄒᆞᆫ方法

文明進化論 定價三拾錢
右서ᄂᆞᆫ문明進化의知識을開導케ᄒᆞᄂᆞᆫ要서
安峴十統壹戶普文社 告白

▲速成學員大募集
本所에서如左히科程을特設ᄒᆞ고**各專門**으로敎授ᄒᆞ오니願學 僉彥은入學請願書를**十二月五日**以內로本所에提呈ᄒᆞᆷ
時間及科程表
上午七時至八時三拾分 (日語)(筭術)
仝九時至十一時 日語 (甲班)(乙班)
仝十一時至下午一時三拾分 筭術 簿記
下午二時至三時卅分 日語 (甲班)(乙班)
仝四時二拾分至五時卅分 (測量)(筭術)
仝六時至八時 筭術 簿記
仝八時至十時 日語 (甲班)、(乙班)
開學日字 陽拾二月五日 卒業月拾二日
◎卒業期限
算術科 甲班 六個月 乙班 拾貳個月
日語 甲班 八個月 乙班 拾六個月
簿記 商業 銀行 官廳 拾貳個月
但細則은本所에來問ᄒᆞᆷ
中部河橋北川邊第一谷西邊二契板井동六拾七統八戶
隆昌講習所 告白

本會事務가漸次擴張이온바本會에願入ᄒᆞ실有志 僉君子ᄂᆞᆫ本會로陸續來議ᄒᆞ오셔林業의發達케ᄒᆞ심을希望ᄒᆞᆷ
西小門內鶴橋동五十三統七戶
(電話三九三番)
大韓山林協會本部 告白

本人의治本寸內鏈이性이浮浪ᄒᆞ야酒技雜場에蕩破家產ᄒᆞ고本人의持田壹日三時耕과沓四斗落을已爲僞券暗賣ᄒᆞ니溪堅無厭ᄒᆞ야其外如干田土를又沒數僞券ᄒᆞ야今方四處求賣云ᄒᆞ오니내外國人은切勿見欺ᄒᆞᆷ
平북郭山郡仁安里김時陽 告白

民刑訴訟及鑑定其他ᄒᆞᆫ般法律事務及代書事務를兼備ᄒᆞ야各地僉位의依囑에親切히應ᄒᆞ옵但紹介ᄂᆞᆫ不要ᄒᆞ고出頭에應ᄒᆞᆷ
元山港柳町壹丁目一拾五番戶
(電話二壹五番)舊守備隊前
辯護士 **柴田艮之助**

嗚乎라閔**忠正**公의後事를言ᄒᆞ면之淚下라가祿五男妹가母子相依ᄒᆞ야壹日二日에孀孤가號咷ᄒᆞ니凡我東二千萬同胞가孰不感慕而愛護哉아此寔禀彝之天心이오非有私於公家而然也라噫彼**吳信**默은無禀彝之心者歟아况是公家ㅣ人으로頂踵毛髮이無非忠正公之德也어던公之忠目이未暝야敢有此人面獸心之行ᄒᆞ니縱畏法이나獨不畏神人之誅乎아忠正公家事는壹上一物이라도盡是公之夫人所有之產也어늘何故로行譏於公之生庭大夫人과公之生庭季氏閔泳瓚ᄒᆞ야何有此無據之習乎아以富平所在**牧養會社**事로言之라도吳信默이가以納上 **大**內之說로虛傳**勅命**ᄒᆞ고此會社를成文許給于**宋秉畯**則自無 大內奪之慮ᄒᆞ거날夫人이知其姦謀而不聽ᄒᆞ고賣渡於日人이린철太郞ᄒᆞ야捧價八千圜이러니信默이含嫌於渠計之不售ᄒᆞ고符同宋秉畯ᄒᆞ야多率日人ᄒᆞ고來到公家ᄒᆞ야夫人을招ᄒᆞ야恐喝脅迫ᄒᆞ며質問夫人之姓名與年齡日稱以壹物再매라ᄒᆞ고賠償金으로義州所在**八百石**秋收也와利川所在**三百餘石**秋收也와鎭岑**三百餘**石秋收地를次第勒奪ᄒᆞ고**仁港家屋**도亦爲奪去ᄒᆞ니天下의寧有如是强盜之習乎아返噬之狗殺主之鳥는古所有之而未有如宋秉畯吳信默者之慘刻凶怪也오다公憤所在에不可泯默이라鄙等이雖不死於公死之나公之後事가在者ᄂᆞᆫ安忍如越不秦脊也ㅣ오玆敢擧實共佈ᄒᆞ오니凡我同胞는齊擧訴裁判ᄒᆞ야斷以律文ᄒᆞ야以伸天下之公憤ᄒᆞ고以懲天下之極惡ᄒᆞ야以保我忠正遺宅之地ᄒᆞ면千萬幸甚
全九奎朱弘燮鄭東源等 告白

廣告

Responsible for Publication Alfred Weekley Marnham.

發行兼編輯人英國人 萬咸

發行所 南署石井洞號外地三層洋屋 大韓每日申報社

大韓每日申報

第九百六拾九號

月曜及慶節臨時休日刊

檀君開國四千二百四十一年
箕子元年三千三十年
大韓開國五百十七年
日本明治四十一年
淸國光緖三十四年
陰曆戊申十一月小十一日癸巳

論說

◎日語判事

韓半島江山에所謂區裁判所判事는名義로新出現혼區裁判所判事叙任事件이여

大臣은欲左호고次官은欲右호야政府壹局에風雲이暗鬪혼다는說이浪藉호던區裁判所判事叙任事件이여

記者ㅣ目을拭호고眺望호야日[illegible]何等外國法律卒業生이判事椅子를據하는가抑何許法官이가司法權을掌握호는가호얏더니

畢竟叙任된者는乃是公法私法이何인지도不辨호는人、主法助法이何인지曾聞치도못혼人、法의通論壹字民法總論壹句도未學호고只是日語正則日語獨學等數卷을通曉호는日語略解라云々호니吁嗟乎라果然若是혼가

大抵司法官은獨立不倚호야法律을解釋호며法律을掌握호야重大혼責任을擔負호이國家의權력을行使호며錯雜혼事件을剖決호야人民의生命財産을與奪호는重要官員이라비록幾年法律學校에卒業호야與苦研究혼者라도此에臨호면卒然眼花가朦朧호며幾年裁判所에實習호야着력經驗혼者라도此에到호면猶且貿弊이漠然키容易호거날況此法律學校에其脚이不曾到호고裁判所에其眼이不曾熱혼人들인가

嗚呼라裁判所가아니오外交官廳인가司法官이아니오通譯官인가民刑事를裁判키爲홈이아니라外人交際를爲홈인가엇지호야日語호는人이區裁判所에滿坐케되는가

嗚呼라三百餘州區裁判所에「와다시、아나다」호는司法官이爛漫호면裁判制度가足히발展될샤「곤닛지와、곰방와」호는判檢事가喧譁호면法律適用이足히完全홀샤

嗚呼라外人과相逢호야酬酌이如流호고口氣로能히裁判判決도如流히호깃는가

內外人의中間에立호야通辯이나艱辛히호는手段으로能히裁判審理를良能히호깃는가外國文字를略通호야繙譯이나艱辛히호는眼光으로能히裁判宣告를無誤케호깃는가嗚呼々々라

或曰此事件이必然韓國法律卒業生으로含冤腐死케호며法律學校로自然冷心케호며法학界로自然衰退케호는壹原因이된다하나此는決코不然호니韓國法律界가비록幼稚홀을엇지此等事件을因호야其光彩를遂飲홀자

●告示

▲隆熙貳年拾月二拾七日 官報

農商工部告示第拾三號 續

第二百六拾貳條 發起人。會社에業務를執行호는社員。取締役。外國會社의代表者。監査役又는淸算人은左開境遇에在호야는십圓以上千圓以下의過料에處홈

壹 官廳又는總會를對호야不實혼申告를호거나又는事實을隱蔽혼時

(未完)

外報

●土勃의協議圓滿　倫敦電을據혼즉土耳其와勃牙利間에協議가首要問題는圓滿히協定된다는說이有호다더라

●佛國의砲兵增額　同電을據혼즉佛國代議院豫算委員會는砲兵增額[illegible]기를政府에請求하기로可決하얏다더라

●伊船의火災　同電을據혼즉伊國다바야[illegible]流船會社의[illegible]船살듸니[illegible]號는埃及을向하라고[illegible]몰타항에서出發하야항[illegible]里地에서火災를遭하야[illegible]乘客貳百五十名中歐洲人貳十三名及亞羅比亞人百名이溺死하얏다더라

雜報

◎韓會答辯

去拾壹月三拾日에大韓協會答辯委員尹孝定沈宜性權東진三氏가壹進會質問總代崔東섭宋秉學김鼎國三氏와質問에對호야其答辯이如左호니

壹進會總代日夫政党이互相角立호나其的이爲國爲民홈은同壹호야平和로爲主호고軋轢을必避홀터인데不意今月拾七日貴會壹周年紀念式에東문外永道寺에서設行호실時에式場演說中에壹國党壹進會라호句語가有호얏다호니何意로此語를발혼理由를質問호노라

大韓協會委員日貴會와敝會가皆政治의意見으로써設立혼者인즉或政治意見이互相衝突될時에彼此間事實을擧호야는賣國党賣國賊이라指斥攻擊지못홀理由도無호고又質問公函치못홀理由도無호니此는互相間에他黨을排擠嫉妬호는主意에出홈이아니라即國利와民福에主眼을置혼以上에他黨의橫議異論을不容코자홈이어니와今回貴總代의質問은以上과如히政治意見上에起因혼者가아니오純[illegible]根據[illegible]事實을醜成호야質問호기에至호는貴會에對호야深庸慨嘆[illegible]不是라本會가自成혼以來로貴會에對호[illegible]意[illegible]政治意見의衝突은時로는政黨의正當혼行動範圍니에서如何혼手段을取호던지但於平居無事之時에는亦韓民同胞의相愛호는意를保有코자호더니此意가貴會에信孚치못홈은無根風說로總代質問호는바事에巳甚혼지라此는本會로爲호야또혼歎惜함을不堪호비로라

[illegible]案치아니호얏거니와貴會及敝會에서각其全會를代表혼委員이合席호야質問答辯호거든更히演草及記事를搜索홈은本委員의口述을不信홈이니此는貴總代가無禮홈을노思惟호오

總代日兩會의全體를代表혼愼重혼交際席에서敝會總代를對호야無禮二字로罵倒홈으로推測호면前日式場에敝會를指斥侮辱호얏다홈이事實或[illegible]가호노라

委員曰今日談席에無禮로思惟홀理由는本委員의所言을貴總代가不信호다謂호는[illegible]거니와前日式場에는貴會를對호야侮辱홀理由가無호고且當席言論의枝葉으로써前日式場의侮辱을推測호은자痕을吹起호는言辭에近似호니貴總代와[illegible]話劈頭에提起호시던平和爲主四字의義意에或相左홀가호노라

總代日敝會의質問은風說을由홈이아니라確據明證이有호거던本總代는此說이何意오問호고貴委員은此說이初無호다호시고無他可證하니此는無間無答과便同호니라

本委員曰貴會에서若有明証可據호야貴總代가若提起호면本委員이當有應辯[illegible]則證據壹欵은第二回問答에推讓혼問題가될듯호오

總代日然하오혼後同二時三拾分에該總代가退歸호얏다더라

●西北例會　西北학會에서本月五日下午二時에月例通常會를磚洞普成專門학校內로開혼다더라

文壇

▲讀史新論(續)　壹片丹生

第九章

김春秋의功罪

今에其末을不究호고但日東國統壹의緒를開혼人君이라호니噫라彼가某國을아[illegible]支那도統壹호며日本도統壹호며其他東西列國을無遺히統壹호얏스지라도其功으로其罪를掩치못호려던況此東國統壹의功으로其罪를掩호며且東國이檀君以後로[illegible]能히統壹혼者ㅣ幾[illegible]可[illegible]何故오

日扶餘의葉이王綱이漸衰홈을以後로北의壹帶는靺鞨及말갈濊貊[illegible]이鴟[illegible]며남韓壹帶에는許多七酋가自立호얏스니是로檀君의疆域이分裂되야拾數國의爭雄이[illegible]代에其次에는高句麗가[illegible]로建國호며新羅가[illegible]水以남에서并立호얏스

(未完)

詞藻

●花寨秘訣

論介는우리祖上。桂月香은우리先生

殺身成仁더忠節은、千萬年에빗나도다

우리도、더를模範호야、視死如歸

雜報

●兄弟運動 리根滸리根澤兩氏가近日에緊切ᄒᆞᆫ人을永宣君리죤鎔氏의게소介ᄒ야頻數히交涉ᄒ야무合運動力에秘密ᄒ다더라

●觀察道移建 全남觀察道ᄂᆞᆫ木浦로移建ᄒ기로牢定이되고晋州觀察道ᄂᆞᆫ昌原港으로移建ᄒᆞᆫ다ᄂᆞᆫ說이有ᄒ더라

●創箐宴會 日前에學部大臣李載崑氏가明月館에盛大ᄒᆞᆫ宴會를開設ᄒ고各大臣을請待ᄒᆞᆫ事ᄂᆞᆫ已報어니와伊時에承寧府理事吳壹泳氏가妓女珍香을帶同往參ᄒ얏더니各大臣이該妓女를指使ᄒ야吳氏의髥을當場削去ᄒ라ᄒᆞᆫ즉該妓가諸大臣의威脅을不堪ᄒ고剪刀를持ᄒ야吳氏의髥을遽然斷去ᄒᆞᆫ後에該妓가投刀하고拍地痛哭ᄒᆞᄂᆞᆫ故로壹場可觀의狀態를呈ᄒ얏다더라

●飜譯囑托加設 奎章閣에서漢文으로飜譯ᄒᆞᄂᆞᆫ囑托五人을增置ᄒ고月俸은三十圓으로磨鍊ᄒᆞᆫ다더라

●運動者多 宋敬仁시等十三人이拾三道各郡에在ᄒᆞᆫ驛屯土調査會社를設立ᄒ고度支部에請願承認ᄒ야不遠間에調査委員拾二人을官報에揭布ᄒᆞᆫ다ᄂᆞᆫ巷說이浪藉ᄒᆞᆷ으로該調査員을運動ᄒᆞᄂᆞᆫ者가多數ᄒ다더라

●不更則何 壹進會長리容九氏ᄂᆞᆫ내閣이變更ᄒᆞᆫ後에歸國ᄒᆞᆯ預定이라더라

●田畓測量禁止 水原觀察使김思默시가該郡境내에田畓測量하ᄂᆞᆫ人을一齊히逐送ᄒ야日산林境界를測量ᄒ라ᄒ얏다더라

●辯護委托裁判 永宣君리죤鎔氏가朴淵俊氏田庄四十餘石落을勒奪ᄒᆞᆫ事件에對ᄒ야辯護士張濂氏ᄂᆞᆫ朴沃의委托을受ᄒ고崔鎭氏ᄂᆞᆫ리氏의委托을受ᄒ야本日에裁判을開ᄒᆞᆫ다더라

●夢中胎塊 陽智郡高安면峰里居ᄒᆞᄂᆞᆫ리용基氏가中樞院에請願ᄒ되本人은선派雲천君의십壹世孫이오故侍御李종㷜의叔父니대學文이會稀ᄒ야不敢望進이오且稟質이殘弱ᄒ야躬耕ᄂᆞᆫ野ᄂᆞᆫ不敢生意이고家勢素貧 坐賈行商은有意莫遂ᄒ야濱於轉壑이온즉自貴院으로請議於政府ᄒ야相當ᄒᆞᆫ仕官壹窠를從速叙任하야使爲拯濟ᄒ라ᄒ얏다더라

◉日司令部撤還

東京電報를據ᄒᆞᆫ즉駐韓日本軍司令部ᄂᆞᆫ不遠間撤退ᄒᆞᆫ다ᄂᆞᆫ說이有ᄒ더라

●顧問可憎 三和府尹金永燦氏ᄂᆞᆫ有何思想인지同地居元容德爲名人으로該府顧問을定ᄒ야大小權限을該人에게讓ᄒᆞᆫ故로行政上失措가多ᄒ다더라

●嶋民渙散 定州郡海仝面獐島人民들이曾往에京棄동居ᄒᆞᄂᆞᆫ鄭寅旭氏의先祖時부터依托來往ᄒ면서年年問物하얏더니鄭시가壑慾이漸生ᄒ야獐島全局을或稱 賜牌ᄒ며或云買得ᄒ고定賭納稅를年年加歲增ᄒ다가本年七月에鄭寅旭氏가該島所屬十二島證明壹度를圖得ᄒ야博川郡守김相弼시의게沒數매渡ᄒᆞᆫ故로該島人民數千餘口가擧皆渙散之境이라더라

●庇郡民怨 庇仁郡東면莘동居ᄒᆞᄂᆞᆫ鄭姓兒壹人이本以純良村童으로不幸히巷街에서日兵의게彈丸을中ᄒ야死生을未判인대可憐ᄒᆞᆫ我同胞ᄂᆞᆫ立亦難坐亦難笑ᄒ야不敢歸不敢이라고怨聲이漲天이라더라

●悖人悖出 社稷동等地居ᄒ고보라ᄒᆞᄂᆞᆫ女人이曾往에關내에出入ᄒ야財產이饒富하더니其夫全議官이日債를多負ᄒ고家屋財產을沒數執行ᄒ되全議官은逃躲ᄒ고보ᄂᆞᆫ現今接屑無處라더라

●補助員行悖 西쫓人의傳說을據ᄒᆞᆫ則黃海道금川郡新場의設市가今爲數百年而以三八兩日로觀市營業矣러니不意隣郡平山溫井院憲兵補助員이本以該동居生之人으로去八月二拾三日場市에惹鬧毆打에逐出交易之民ᄒ고以三八日로移設于溫井동故로該場은勢不獲已ᄒ야以四九日로更定觀市則該補助員輩가新場은永爲撤廢之計로該면長李聖涉과符同ᄒ야百端沮戱ᄒᆞᆷ으로新場五十餘戶가失業餓死之境에至하야呼冤漲天에方欲擧訴矣로該市民等이上京逗留ᄒᆞᆫ다더라

●日兵又下 本月壹日에日兵이軍糧及軍器三百餘馱를輸運하야寧越地方으로下去하얏다더라

●兩院義擾 近日에義兵이양州郡退朝院及蘆院等地에來到ᄒ야京人沓舍音諸씨의게申飭ᄒ되軍糧米와軍需錢을刻卽辦納하라ᄒ되如有違令不遵者면壹幷梟首以戒ᄒ깃다ᄒ얏다더라

●壹門慘禍 庇仁郡々內面館水동居尹正愼氏ᄂᆞᆫ三兄弟가壹室에同居하더니韓服日人三名이暮夜에突入ᄒ야偷雞ᄒᆞᆯ時에該氏三兄弟를隨出隨害ᄒᆞᄂᆞᆫ대伯也ᄂᆞᆫ被棒破腦ᄒ고仲也ᄂᆞᆫ被刀致死ᄒ며季也ᄂᆞᆫ中丸殺死ᄒ야治療코져群山港으로昇往ᄒ다가路中에서竟爲致死ᄒ얏다더라

●巡査隊解散 全羅남道光州郡駐在ᄒᆞᆫ日巡査隊ᄂᆞᆫ本月壹日에解散ᄒ얏다더라

●非將金남 남쫓人의傳說을據ᄒᆞᆫ즉全남各郡에義兵이蠢々熾盛ᄒ야或財務署를襲擊ᄒ며或富饒ᄒᆞᆫ村落에留宿而去ᄒᆞᆫ後에日兵은追後來到하야該附近人民을捉去牢刑에義兵所去處를指示ᄒ라고百般鍛鍊하매無罪平民은支保無路라더라

●江民渡川 江華島에서義兵과日兵이交戰ᄒᆞᆫ다ᄂᆞᆫ說은已報어니와追聞ᄒᆞᆫ즉尙此接戰ᄒ야勢甚危險ᄒᆞᆫ故로該島人民이携老扶幼ᄒ고仁川港으로多數避難ᄒ얏다더라

●義兵衝火 去月二拾九日에義兵二十餘名이永同郡남면廠骨里에來到ᄒ야該里居呂德三시의家舍를衝火하얏다더라

●學生被捉 再昨日上午拾壹時에大동專門학校學生某々兩人이何事件을因ᄒᆞᆷ인지警視廳에被捉ᄒ얏다더라

●各教會發起 今日下午貳時에京城각耶蘇教會堂代表人諸시가協議發起ᄒ야今番靑年會館開館式에來參ᄒᆞᆫ각國靑年會代表人과同伴ᄒ야 景福宮에拜觀ᄒᆞᆫ後明月館에晩餐會를設ᄒ고至情을表ᄒᆞᆫ다더라

●仲介開會 仲介組合所에서再昨日下午二時에任員會를開ᄒ고仲介ᄒᆞᄂᆞᆫ方針을說明ᄒᆞᄂᆞᆫ데紳商도會集ᄒ고仲介ᄒᆞᄂᆞᆫ人도多數히入참ᄒ얏다더라

●西湖有望 去日曜日에湖西학生親睦會에서特別總會를博동普成학校내에開ᄒᆞᆫ다ᄒᆞᆷ은前報에已揭어니와當日에紳士鄭永澤林炳恒李春世徐鳳勳崔炳翰諸氏가讚成演說ᄒ고會長具滋용氏가答辭ᄒᆞᆫ後湖서有志紳士를贊成員으로公薦ᄒ야來々日曜日에贊成員會를開ᄒᆞᆫ다더라

●朴氏義擧 光州郡居朴鳳杜氏가慈善的으로今年春窮에正租九拾餘石을捐出ᄒ야貧民을分給ᄒ고近日에금貨三百圓을捐出ᄒ야학校를設立ᄒ고학員을募集ᄒ야熱心教育ᄒᆞᆫ다더라

●商務復設 李學宰諸시가商務組合本部를復設ᄒ고中部下漢동前參判閔泳敦氏家에門牌를懸ᄒ고商務를更爲組織ᄒᆞᆫ다더라

●光校卒業 去二拾七日에西部光義測量學校에서第一回卒業式을擧行ᄒ얏ᄂᆞᆫ데優等都相營白鶴翼等七人이오及第에文羲順李容弼等二십六人이라더라

●青校維持 平壤靑山學校ᄂᆞᆫ校費가窘拙ᄒᆞᆷ을因ᄒ야夏期休學時에諸학生이採艾放賣ᄒ야校費補用ᄒᆞᆫ事ᄂᆞᆫ本報에已揭어니와城內紳士김浩淵김鼎三김昌國李景河邊麟喜김宗淩諸氏가該학生의熱心을矜惻히녀여諸般학科를各自分擔ᄒ야義務로熱心敎授ᄒᆞᄆᆡ학生父兄이壹層感動ᄒ야爭出捐義에校室을新搆ᄒ고永久維持케ᄒ얏다더라

●楊平盛况 양平郡境내십三학校가去月四日에聯合運動會를設行ᄒ얏ᄂᆞᆫ데학徒가四百餘名이라優等生은裴振聲曹鳳二김順基卞鬱元等諸人이라當日組織ᄒᆞᆫ運動會任員諸氏가優數施賞하고特別히該郡守鄭元談氏가多數ᄒᆞᆫ書冊으로最優等一人의게施賞ᄒ고郡主事李殷哲시ᄂᆞᆫ空冊을壹般학徒에게壹部式施賞ᄒ고郡主事安翼洙氏ᄂᆞᆫ空冊四卷鉛筆十二打로最優等二人의게施賞ᄒ얏다더라

●東昌試驗 平北嘉山郡鶴峯東昌학校에서去月月終試驗에甲班最優等張相韓等二人이오優等生姜公承等十人이오乙班最優等張元壹等二人이오及第生張瓚植等二십四人인데校主張容龜氏가優數히施賞ᄒ얏다더라

●寄付勸奬 載寧郡安岷里居魯熙昌氏가教育에時急ᄒᆞᆷ을慨嘆히녀여自家舍廊에夜학校를設立ᄒ고諸般校費를自擔ᄒ야聰俊子弟를熱心敎導ᄒᄆᆡ不日內에학徒가四十餘名에達ᄒ얏ᄂᆞᆫ데京城居남翌周氏가該동에過去ᄒ다가掛종一座를寄付ᄒ얏다더라

●傳明復明 尼山郡內加面栗동傳明學校ᄂᆞᆫ設立三年에資本이不贍ᄒᆞᆷ으로校况이漸次浸漬ᄒ야學員이零星ᄒ더니李燦鎬李燦八兩氏가不勝慨嘆ᄒ야學員父兄에게熱心說明ᄒ고學校를擴張ᄒ기爲ᄒ야先出補助ᄒ니其次有志人士가隨出補助ᄒᆞᆫ금額이三千餘圓의達ᄒ얏다더라

▲地方消息▼

▲去月廿六日新寧郡내에서義兵十五名이同郡駐在所日巡査八名韓巡査壹名憲兵二名補助員四名과交戰ᄒ얏다더라

▲碁局餘韻▼

▲三間艸堂精潔ᄒᆞᆫ데紅顏ᄂᆞᆫ髮두老人이落子丁々圍碁ᄒ니時局變幻彷彿ᄒ다바둑板을밀저노코壹盃々々復壹盃에醉中眞情發ᄒᆞᆫ던지世上事를問答ᄒᆞᆯ제말못마다긔막힌다

▲氣막히데々々々越嫩家의處女들은시집못가發狂ᄒ더니에동녀동님어가서명媒有名朴僉知를不分晝夜追逐ᄒ니제遭虐凶計모르지만出嫁ᄒᆞᆫ지不幾日에子女生産ᄒ엿다지

▲氣막힐것무엇잇나處女胞胎例事로세우리韓國大官壹堂ᄒ々ᄒᆞᆫ大丈夫로統監府를다녀오면各種禍胎비엿다가內閣에만들어가면그禍胎를生産ᄒᆞᆫ니此等事가氣막히지

▲그것참날氣막히네近日所謂大官들이外人의게奴隸되여盡國病民ᄒᆞᄂᆞᆫ일은壹般人民이ᄂᆞᆫ비나禍胎產出ᄒᆞᆫ단말우今日에야初聞일세男子들도胞胎ᄒ나虛言이나아닐ᄂᆞᆫ지

▲氣막힌다에사룸아天痴中의上이로세不條約을締結ᄒᆞᆯ제可否字의詰難들이當日事로알엇던가南山松下寂寞ᄒᆞᆫ데耳語密勿握手時에滿腹受胎ᄒ엿것만佯若唐荒可笑롭지

▲氣막힌얘그뿐인가現內閣의大官들이七協約을定ᄒᆞᆯ것도當日事가아니로세舊政府의大官들을壹切辭職勸告ᄒᆞᆯ때七條件의그禍胎가當辦된지已久ᄒ얏가大臣ᄒᆞᆫ後產出이지

▲氣막킨일또잇겟네내閣變更된단말이近日내로頻繁ᄒ즉남북村腦何許輩가무슴禍胎비엿ᄂᆞᆫ지的實이ᄂᆞᆫ모르지만產期不遠ᄒᆞᆫ듯ᄒ니今番禍胎낫코보면그나마ᄂᆞᆫ큰병낫지

▲氣막힌말고만두소저네宵論듯고보니이내心懷답々ᄒ다處女들의解產ᄒᆞᆷ은變怪라고ᄒᆞᆯ지지만國民보탬되거니와大官들의解產ᄒᆞᆷ은國民抹殺이아닌가애고답々우리同胞

社告

自中部鍾路로至梨峴等地分傳人尹起淵代에他人으로代금을收取케ᄒᆞᆫ즉ᄉᆞ오니當地에本報購覽ᄒᆞ시ᄂᆞᆫ僉員ᄂᆞᆫ照亮ᄒᆞ시고尹起淵이가雖有領證이라도代金을出給지마시고代受人의게出給ᄒᆞ심을望홈

大韓每日申報社

廣告

西署龍山坊麻浦契瓦家玖間半壹百五拾四統四戶김大衆家문券을月前셔失故로玆以廣告ᄒᆞ니或有拾得者어던左記ᄒᆞᆫ處所로持來ᄒᆞ오면厚禮로待接ᄒᆞ오리다

會동七拾七統拾三戶　前參奉尹相源　告白

◎學員大募集廣告

測量壹個月速成科를設ᄒᆞ고上午十時로下午二時ᄭᆞ지ᄒᆞ오니陰拾壹月拾七日내로請願ᄒᆞ오

北部齋동三統拾戶

測量新塾

夜학日語科도同日開학

本社에서蒸汽機械를製造ᄒᆞ고製絲와造紙를先試ᄒᆞ기爲ᄒᆞ야股金을募集ᄒᆞ오니有志僉君子ᄂᆞᆫ該期應募ᄒᆞ심을望홈

蒸汽機械製造社　告白

臨時事務所ᄂᆞᆫ西門外湖南鐵道會社內

左開

壹　股數ᄂᆞᆫ五千株로先定홈

壹　株金은每株에貳십圜으로定홈

壹　株金收入은四回로定홈

壹　株金收入期

第壹回　隆熙三年舊曆三십日內로

第貳回　仝　四月二拾日內로

第參回　仝　七月三십日內로

第四回　仝　십月三십日內로

陰曆至月初六日에本人의姓名圖章을遺失故玆以廣告ᄒᆞ오니內外國人間見歎치마옵소셔

定州西面二里김義植　告白

本會事務가漸次擴張이온바本會에願入ᄒᆞ실有志僉君子ᄂᆞᆫ本會로陸續來議ᄒᆞ셔林業의發達케ᄒᆞ심을希望홈

西小門內鶴橋동五十三統七戶

（電話三九三番）

大韓山林協會本部告白

학員募集廣告

本所에셔第二回一個月速成測量學員을募集ᄒᆞ오니陽십二月七日로有지僉彥은隨意請願ᄒᆞ심을務望

北部安峴樊學社니

特別測量科　告白

●關東學會鐵原支會에셔秋期聯合運動會의諸시가寄附ᄒᆞᆫ금額과物品이如左홈

本郡守김彰鉉　兩傘五箇

高仲植　參拾圜

김昌胤　貳圜五十전

尹基洙　壹圜五拾전

郡主事權英集　洋燭壹匣　洋紙拾張

김顯英　貳圜五십전

김命洪　鉛筆십束

趙종大　洋燭拾匣

리覺夏　石筆壹匣

리潛龍　粉筆壹匣

趙基允　鉛筆십貳束

郡主事鄭梓源　洋紙五십五張

朴顯乘　婁大呂　각空冊拾卷

김在協　양紙壹匣

리範夏　空冊二拾卷

朴楚陽　鉛筆拾貳束

李鳳夏　空冊廿卷鉛筆四束

李鳳增　양紙四十張

稅務主事김鳳圭　兩傘壹介

地圖參件　鉛筆貳束

稅務主事리範선　兩傘壹介　地圖二件

리暢夏　中空冊十卷

關東學會鐵原支會　告白

特別廣告

諸般法律事務를誠實히迅速處理ᄒᆞ오니僉彥은陸續來議ᄒᆞ시옵

辯護士朴星煥

法律事務所

京城中部長橋

東谷第二拾統三戶

◎特別廣告

當事務所ᄂᆞᆫ專히民刑事訴訟事件에因ᄒᆞ야廣大히僉尊의委托에應ᄒᆞ되誠實敏速을綱旨로ᄒᆞ야職務에盡粹홈

京城南部竹洞第六統六戶

（赤門通永樂亭二丁目）

白井法律事務所

法律主任　辯護士　太井勝悟

事務主任　正三品　李觀夏

慶尙道密陽郡所在忠烈祠ᄂᆞᆫ本人의先祖李忠武公舜臣의忠烈을公衆에表ᄒᆞ기爲ᄒᆞ야春秋賜享이신바該祠에附屬ᄒᆞᆫ田답은數百年以來로無弊保管이더니不意今春에該郡守高회駿氏가奪附학校이다該院任의急告를得ᄒᆞ야禁止矣로本문中이定付司리奮鬪世派送矣러니同奪獄이敢生不肖之心하야所賣肥亡코ᄌᆞᄒᆞᄂᆞᆫ中에該人輩將마남賤가侄ᄒᆞ宗中命意를不由ᄒᆞ고私自下去ᄒᆞ야奮鬪과該院任奸猾輩鳳律徐相洽김기ᄒᆞ오며務托設校ᄒᆞ고完文을星出ᄒᆞ야同院畓을方爲放賣ᄒᆞ니此學之事ᄂᆞᆫ無非惡公營私ᄒᆞ자ᄂᆞᆫ悖類之事인則右五人은方爲裁判이기로玆에爲先廣告ᄒᆞ오니내外國人은勿見欺ᄒᆞ시오

宗孫리種玉뎡搢리瞬權　告白

特別廣告

本人이判事를辭免ᄒᆞ고辯護士를開業ᄒᆞ얏ᄉᆞ오니僉君子ᄂᆞᆫ事件의大小難易ᄂᆞᆫ勿論ᄒᆞ고照亮來議하시옵

辯護士張燾

法律事務所

南部茶洞拾四統五戶

本人子창이年今拾九歲小過敎訓符同雜類出沒京鄕僞造文券盜賣里長圖書欲爲得債云故玆以廣告勿論니外國人勿見欺京畿道安순郡어면月尾梧

朴善才　告白

本人今陰曆四月分姓名圖章失以新刻通用故玆廣告知照亮焉

북署觀光坊大安동古리井동二拾六統四戶　李大英　告白

醒世歌　定價십九錢

편편리담경세가

右셔ᄂᆞᆫ倫理上緊要ᄒᆞᆫ奇歌을國文絕句로編述ᄒᆞ야浮雜ᄒᆞᆫ男女의惡行悖習을警惕悔改ᄒᆞᆫ만ᄒᆞᆫ良서니一般男女敎育에最適홈

致富新說　定價십三錢

右셔ᄂᆞᆫ些少資本으로獲得巨利ᄒᆞᄂᆞᆫ移法과牛疫治療에神效ᄒᆞᆫ方法

文明進化論　定價三拾錢

右셔ᄂᆞᆫ문明進化의知識世開導케ᄒᆞᄂᆞᆫ要서

安峴十統壹戶

普文社　告白

開城郡北東面德巖山壹圓은本以養賢齋所有地ᄂᆞᆫ今開城學會ᄒᆞ야年年徵稅이온데同附近에何許無賴輩가外國人을符同ᄒᆞ야該地를測量以去다하기玆에廣告하오니내外國人은照悉焉要

學會　告白

教育小說

伊太利少年

全壹冊　正價廿錢

李輔相　譯述

表紙石版畵印刷

本小說은伊太利壹工人의子馬克少年의數萬里海陸을涉跋ᄒᆞ야尋親ᄒᆞᆫ事蹟을著述ᄒᆞᆫ者니原來其母ᄂᆞᆫ海外異域에作客ᄒᆞ야蹤跡을失ᄒᆞᆫ바壯哉라馬克이ᄂᆞᆫ十三歲小兒의單身隻影으로艱難의猛獸의危險을冒ᄒᆞ고沙漠의野와深林의間에奔馳ᄒᆞ야亞美利加大陸을遍踏ᄒᆞ다가竟乃他苦孟의奇蹟ᄒᆞᆫ病母를尋ᄒᆞ야母子가團欒을得ᄒᆞ얏스니嗚呼美哉라馬克母子의慈孝홈이여今에此를述ᄒᆞ야我少年諸君에게紹介코ᄌᆞᄒᆞ노라

發行元　皇城中部罷朝橋越邊　中央書館

發賣處　京鄕各書舖

新編尺牘完篇

附　新舊式判法令

寫鉄二冊　正價金壹圜　小包料十錢

△今此局勢가維新ᄒᆞ고事爲가繁劇ᄒᆞᆫ時代에際ᄒᆞ야吾人도論交閱世의道가日廣日多홈에尺牘은不可不讀이라本尺牘은已爲刊行于世ᄒᆞ야江湖의好評을博得ᄒᆞ온바今에國漢文으로新編增補하야新舊尺牘과牛耳가되며且近日新法令의緊要ᄒᆞᆫ者를輯聚附錄ᄒᆞ얏ᄉᆞ오니一般人士ᄂᆞᆫ案頭의必備ᄒᆞᆯ好書이옵

（發賣所）

皇城中部罷朝橋越　中央書館　朱翰榮

仝　鍾路　東書市　金基鉉

仝　南部大廣橋　滙東書館　高裕相

仝　南門內尙洞　博文書館　盧益亨

仝　南門外紫巖　新舊書林　池松旭

蕉雨堂主人　睦定洙　著

實業小說

송뢰금（松籟琴）

定價金二十五錢

社會의弊習을剔破ᄒᆞ고實業을勸ᄒᆞ며國民의精神을培養ᄒᆞ고自由思想을鼓動하ᄂᆞᆫ惟壹奇書

발매所　皇城南門內尙洞　博文書館　京鄕各有名書舖

◎移轉廣告◎

本會社가左記處로移轉이옵기玆에廣告홈

京城南部小公洞二十四統壹戶

大韓協同郵船會社

本人이客主業을停止ᄒᆞ오며僉客員은與受ᄒᆞᆫ今年條를淸算ᄒᆞ심을要홈

二和港朴萬化　告白

本人의名啣석을以鍾哲으로改正홈

鄭鍾哲　告白

太極國十三道各郡에 總發行所는

京城南大門內 濟生堂大藥房

陸軍軍醫金守鉉君實驗方劑
陸軍軍醫張基茂君有効證明
四海衛生之諸君子常備之靈藥

消化新藥 清心保命丹

發行所 仁川港杻峴 濟生堂藥房

九一粒入金拾錢

（主治效能）

닭飮●咳嗽●胃痛腹痛
氣鬱●食傷●中暑中寒
食積●吐瀉●水土不服
酒醉●口臭●船車眩暈
其他運氣厲疫을預防
ᄒᆞᄂᆞᆫ奇效가有ᄒᆞᆷ

蛔積殺蟲散

右藥은蛔虫壹切을拔根ᄒᆞᄂᆞᆫ妙약（금십錢）

起死回生 回生丹

此약은急ᄒᆞᆫ吐瀉와霍亂과腹痛이며담咳의神效ᄒᆞᆷ（금拾戔）

●其他內外新製에○補血藥○補陰補陽藥○不足症藥○婦人冷病藥○瘡病藥○寸虫拔根藥○되눈藥○眼藥各種○皮膚藥○大小腫氣膏藥各種○感氣藥○淋疾藥○滯症藥○其外 여러가지藥은이로긔둑지못ᄒᆞᆷ

洋藥類化장品類

●十三道各郡藥商ᄒᆞ시ᄂᆞᆫ僉位의게ᄂᆞᆫ代價를特別割引ᄒᆞ야極廉ᄒᆞ게大販賣ᄒᆞ오니陸續注文ᄒᆞ심을務望ᄒᆞ고

◉遠地에ᄂᆞᆫ小包郵便으로信送ᄒᆞᆷ

○仁川港杻峴　濟生堂大藥房本舖
○開城南門內　濟生堂開城支店
○平壤大貫洞　濟生堂平壤出張所
○宣川邑內　濟生堂平北總支店
○元山港銘石院　濟生堂元山支店
○山釜港草梁　濟生堂釜山出張所
○沙里院塲　濟生堂沙里院出張所
○馬山港東城　濟生堂馬山支店
○鎭南浦後浦　濟生堂鎭南浦出張所

大韓帝國內外各郡方各處

仁川杻峴 總發行所和平堂大藥房

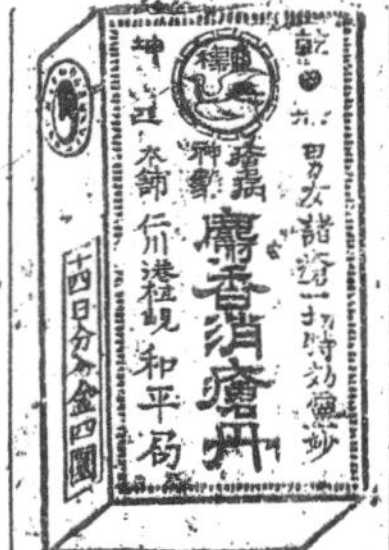

此丹이於諸瘡에無論男女老少ᄒᆞ고若服壹劑ᄒᆞ면實有神效ᄒᆞ야百발百中ᄒᆞ오니非例方可及也라若論主治則楊梅下疳連珠瘋濕頭창諸症에俱見立效ᄒᆞ오니養痾僉君子ᄂᆞᆫ壹次試驗伏望

婦人 胎產調經丸

婦人이孕胎ᄅᆞᆯ지못ᄒᆞ고冷病積病과月經不調로因ᄒᆞᆷ이니此약을服ᄒᆞ시면婦人腹中諸病을壹切退去ᄒᆞ야自然孕胎ᄅᆞᆯᄒᆞᄂᆞᆫ약

부인뎡약탁양됴경환
壹月分壹劑 金五圜

補陰補陽 滋陽丸 자양환

定價金
三拾日分金五圜
二拾日分金三圜四拾錢
拾日分金壹圜八拾錢

此약은○房事不容○腎虛腰痛○病後氣端○腎氣不足○陽痿不起○陰虛火動○房事後憊困○手足厥冷○形容蒼白○遺精多夢○右諸症에適宜服用하시면特效가有ᄒᆞ외다

八寶丹

九粒入金拾錢

主治効能

○胃痛惡心○頑痰固飲
○食思欠乏○中暑中寒
○新久積滯○急曾關格
○溜飲傷○頭痛眩暈
○泄瀉下痢○霍亂吐瀉
○水土不服○船車醉

此外에도東西各國靈藥이俱備ᄒᆞ오니各地方에서도隨用請求ᄒᆞ시면郵便으로보닐터이요各處藥業ᄒᆞ시ᄂᆞᆫ僉位에게ᄂᆞᆫ特別割引放賣ᄒᆞ오니陸續注文ᄒᆞ심을務望

發行人　李應善

發行所　京城鍾路和平堂支店

●水原北部普施洞약局　和平堂支店　李槩儀
●龍川陽市場市病院　和平堂出張所　田慶龍
●鎭南浦築洞약舖　和平堂出張所　金元섭
●平壤館前약舖　和平堂出張所　金鶴典

仁川杻峴 京城鍾路　和平堂　告白

度支部測量課編纂

土地測量術

全壹冊正價金　弁製六拾錢　洋裝九拾錢

近日測量術書類에三四種이刊行되엿스나不完全의缺點이不無ᄒᆞ든바今에本書ᄂᆞᆫ細部測量으로圖根測量ᄭᆞ지詳密히編纂ᄒᆞ얏스며각種實地測量과製圖의圖式을挿入ᄒᆞ야壹般斯學界의無二ᄒᆞᆫ寶典이오且紙質의堅美ᄒᆞᆷ과製冊의華麗ᄒᆞᆷ이測量術書中에覇王이라稱ᄒᆞᆯ만ᄒᆞᆷ

〔發兌元〕

皇城中部罷朝橋越　中央書館　朱翰榮
仝 鍾路　大東書市　金昇鉉
仝 南部大廣橋　滙東書館　高裕相
仝 南門內尙洞　博文書館　盧益亨
仝 남門外紫岩　新舊書林　池松旭

趙聲九氏　撰述

地方行政論

全壹冊　定價金三拾錢

▲本書ᄂᆞᆫ地方自治行政에關ᄒᆞᆫ壹般의原則과外國의現行制度를參互撰集하야簡明히論述ᄒᆞᆫ者ㅣ니現히地方官의位에在ᄒᆞᆫ者의行政上參考될은勿論이오全國人士ᄂᆞᆫ각其團躰生活의本旨를瞭解ᄒᆞ야將來自治制度組織의基礎를成ᄒᆞᆯ者ㅣ니有志僉彦은速々購覽ᄒᆞ시옵

發行元　皇성中부罷朝橋越邊　中央書館
발售處　京城及地方　各書肆

壯陽復元丹

壹週分壹圜
二週分壹圜八十錢
四週分三圜四十錢
八週分六圜四拾錢

此藥은專치腦痛肺弱○房事色傷○心腎虛弱○陽萎不起○遺精多夢○神經衰弱○房事時早漏不快○病後虛弱○健忘不眠○貧血諸症○先天不足○飲食不甘○眩暈腦痛○等症을ᄒᆞ나니將此丸을照法服之면不過幾点鍾에立見妙效ᄒᆞ야魂飛肉顫에精神微奮ᄒᆞ고頓覺愉快ᄒᆞ나니其症이輕者ᄂᆞᆫ服壹貳週면挽回元陽ᄒᆞ고其症이稍重者ᄂᆞᆫ可服二四週ᄒᆞ고數年痼疾로其症이頗重者ᄂᆞᆫ連服七八週ᄒᆞ면必能全치無疑니若夫無病之人도試用此劑則補血而益氣ᄒᆞ고强筋而壯骨ᄒᆞ나니用之八週而未見其効則請將價額을如數還呈이요不敢虛誕自欺라此丸이又無論男婦老幼ᄒᆞ고均用有効ᄒᆞ나니眞世間無比之妙劑也라僉位ᄂᆞᆫ何不早圖壹試ᄒᆞ오

발行所　皇城종로大廣橋십九統七戶　共愛堂약房
特約代理店　京城水標橋　濟生堂약房

◎新造家房出에
自造洋式樓房瓦房前後共計幹數四十一間此家在落在水標橋九二官街坐東向西前面洋式樓房洋鐵窓鐵門樓下洋式貨倉貨架俱全樓上俱有隔斷房間後面有韓式房屋及廚房厠所並有後門出入便宜如有合意願買者請至普水標橋北二官街華商天利號商議ᄒᆞ시오

華商天利號主人　告白

機械及藥品을整備ᄒᆞ고西洋新發明ᄒᆞᆫ法으로本所에서

各種洗濯及染色을廉價로請應ᄒᆞ옵는ᄃᆡ其種類가如左ᄒᆞᆷ

洋服、襯衣、外套、帽子、項套、洋말、婦人洋服及壹切附屬品、毛織、毛紗、세루、馬尾緞、羅紗綢緞、綃羅苧布壹切貴重品의服衣、조고리、赤衫、裳、袴、襦、等服洗濯及染色物이有ᄒᆞᆷ은本所로通知ᄒᆞ시면卽時自宅에進議ᄒᆞᆷ

學員、巡査、兵丁、及勞働諸君에對ᄒᆞ야ᄂᆞᆫ定價의拾分之貳를特減ᄒᆞᆷ

各地方에서ᄂᆞᆫ小包料를添送ᄒᆞ시면誠實郵呈ᄒᆞᆷ

鍾路東門上隅治貳統二戶　西洋洗濯部第一屋

民刑訴訟及鑑定其他壹般法律事務을代書事務도兼備ᄒᆞ야各地僉位의依囑에親切히應하옵고但紹介를要ᄒᆞ고出張에應ᄒᆞᆷ

元山港卿町壹丁目一拾五番戶（電話二壹五番）舊守備隊前

辯護士　柴田良之助

發行兼編輯人英國人　萬咸
Responsible for Publication
Alfred Weekley Marnham.
發行所　南署石井洞號外墻三層洋屋內
大韓每日申報社

第六卷 大韓每日申報 第九百七拾號

大韓每日申報

月曜及慶節歲時休刊

檀君開國四千二百四十一年
箕子元年三千三十年
大韓開國五百十七年
日本明治四十一年
淸國光緖三十四年
陰曆戊申十一月小十二日甲午

論說

◉嗚呼韓國의礦山

天然的으로國家를富强케ᄒᆞᄂᆞᆫ豈大原因이되며天然的으로人民을饒足케ᄒᆞᄂᆞᆫ豈大原因이되야吾人으로ᄒᆞ여곰自然惠力을浴케ᄒᆞᄂᆞᆫ物이何物인가惟礦山이오世界各族이目을瞋ᄒᆞ야其利益을競爭ᄒᆞ며臂를奮ᄒᆞ야其所在를探求ᄒᆞ야國民經濟의大關鍵을作ᄒᆞᄂᆞᆫ物이何物인가亦礦山이로다

試看ᄒᆞ라彼갈리포니야州가三拾年間에繁昌ᄒᆞᆫ都會가됨은州內에有名ᄒᆞᆫ金礦을發見ᄒᆞᆫ所以며英國이工業의盛大로世界를雄視ᄒᆞᆷ은國內에鐵炭礦이豐富ᄒᆞᆫ所以며獨逸의工業氣焰이勃々히興ᄒᆞ야英國과大競爭을試ᄒᆞᆷ은彼一個鐵炭礦이新發現된所以가아닌가

嗚呼라礦山有無ᄂᆞᆫ雖曰天然이나此礦山을利用ᄒᆞ야國에富ᄒᆞ며民이富ᄒᆞᆷ은엇지人事가아닌가萬壹其國人이礦業思想이無ᄒᆞ며礦業발達이無ᄒᆞ면비록全國土地가金銀銅鐵로成ᄒᆞ얏슨들亦何益이有ᄒᆞ리오只是外人의垂涎을遺ᄒᆞ야外人을富케ᄒᆞ며他國의攙奪을致ᄒᆞ야他國을富케ᄒᆞᆯ뿐이로다

大抵韓國은礦山이殷富ᄒᆞᆫ國이라金銀銅鐵石炭等各種礦物이所在産出ᄒᆞ야其礦脈이甚히豐厚ᄒᆞ며其品質이甚히良好ᄒᆞ야實로富國富民의大資料가되거날

奈何로天이韓國에此豐富ᄒᆞᆫ礦物만與ᄒᆞ고韓人에게礦業발達의能力은不與ᄒᆞ얏ᄂᆞᆫ지幾千年來에此貴重ᄒᆞᆫ天然을徒然暴殄ᄒᆞ야採掘思想이오遠ᄒᆞ고採掘方法이鈍劣ᄒᆞ더니居然今日을遭ᄒᆞ야外來各族이眈々히其利源을窺覘ᄒᆞ고着々히其占奪을研究ᄒᆞᄂᆞᆫ데惟此韓人은依然不覺ᄒᆞ니於是에外人이喧然聚集ᄒᆞ야礦山을爭占ᄒᆞᆯ시某郡의金礦은歐人이採ᄒᆞ고某郡의銅礦은米人이採ᄒᆞ고某郡의鐵礦은日人이採ᄒᆞ야畢竟全國의礦山이太半이나外人의手에盡入ᄒᆞ얏스니嗚呼傷哉라

蓋韓人이如此ᄒᆞᆫ天然的原料를暴棄ᄒᆞ얏다가他人의幸福을作ᄒᆞ며自家의財産을浪擲ᄒᆞ얏다가他人의口吻만潤ᄒᆞ얏스니今日韓人의貧弱이極度에達ᄒᆞᆷ은可謂自取ᄒᆞᆷ이라何故인가純然ᄒᆞᆫ人爲의所致오天然에歸責치못ᄒᆞᆯ所以며外人에게富源을攙奪ᄒᆞᆷ은亦足怪ᄒᆞᆯ바ㅣ無ᄒᆞᆫ지라何故인가他人이不奪ᄒᆞ야도自已가能히保치못ᄒᆞᄂᆞᆫ所以니라

或者ㅣ余에게壹韓人을遇ᄒᆞ야問曰韓人이奈何로礦業을擴張치아니ᄒᆞᄂᆞᆫ가答曰我輩도亦礦業의必要를知ᄒᆞ나아직良好ᄒᆞᆫ技術도未曉ᄒᆞ고銳利ᄒᆞᆫ器械도未備ᄒᆞ야至今未遑ᄒᆞᆫ데彼外人은이滔々馳入ᄒᆞ야爭先着手ᄒᆞ니奈何々々오ᄒᆞ고장嘆不已ᄒᆞ더라余ㅣ告ᄒᆞ야曰嗚呼라古人所謂臨淵羨魚가結網만不若ᄒᆞ다ᄂᆞᆫ語를未聞ᄒᆞ얏ᄂᆞᆫ가君輩가良好ᄒᆞᆫ技術이無ᄒᆞ며銳利ᄒᆞᆫ器械가無ᄒᆞᆷ을慨嘆치만말고速히良好ᄒᆞᆫ技術을발達ᄒᆞ며銳利ᄒᆞᆫ器械를製造ᄒᆞᆯ지며外人의占奪을怨恨치만말고汲々히礦業을擴張ᄒᆞ야外人과競爭ᄒᆞ며外人을抵制ᄒᆞᆷ이可치아니ᄒᆞᆫ가

韓人이又曰噫라君이엇지此를知ᄒᆞ리오我輩가礦山을採掘코자ᄒᆞ고農商工部에測圖請願ᄒᆞ되農商工部에셔認許치아니ᄒᆞ야徒然히浮費만擲케ᄒᆞᄂᆞᆫ者ㅣ十常八九로ᄃᆡ外人이請願ᄒᆞ면卽時認許ᄒᆞ니我輩가비록礦業을발達코ᄌᆞᄒᆞ나亦何得ᄒᆞ리오ᄒᆞ거늘噫라君이엇지此를知ᄒᆞ리오ᄒᆞᄂᆞᆫ지라余ㅣ其意를傷悲ᄒᆞ야曰韓國農商工部가果然子의言과如ᄒᆞᆫ지ᄂᆞᆫ不知커니와設或如是ᄒᆞᆯ지라도君輩들이拾個礦山을請ᄒᆞ야壹個礦山을採掘ᄒᆞ더라도亦全失ᄒᆞᆷ보다ᄂᆞᆫ猶愈치아니ᄒᆞᆯ가ᄒᆞ얏노라

嗚呼韓國同胞여往者ᄂᆞᆫ不追어니와來者ᄂᆞᆫ可諫이니自今이다도急々奮勵ᄒᆞ야礦業競爭場에奮鬪를大試ᄒᆞᆯ지어다

況爾後부터ᄂᆞᆫ外族이陸續渡來ᄒᆞ야韓國의富源을掠取ᄒᆞᆯ지니君輩가尙且不悟ᄒᆞ면畢竟君輩ᄂᆞᆫ壹寸地壹尺山의礦山을不得ᄒᆞᆯ지라君輩ᄂᆞᆫ知乎아否乎아

官報

▲隆熙貳年拾月二拾七日 官報

●告示

農商工部告示第拾三號 續

二 第七십八條乃至第八十條의規定을違反ᄒᆞ야合倂會社財産의處分資本의減少又ᄂᆞᆫ組織의變更을ᄒᆞᆫ時

三 檢查役의調查를妨害ᄒᆞᆫ時

四 第百五十四條第壹項의規定을違反ᄒᆞ야株式을取得ᄒᆞ거나或은質權의目的으로此를受ᄒᆞ거나又ᄂᆞᆫ同條第二項의規定을違反ᄒᆞ야此를消却ᄒᆞᆫ時

五 第百五十五條第壹項의規定을違反ᄒᆞ야株券을無記名式으로ᄒᆞᆫ時

六 第百七十四條第二項又ᄂᆞᆫ民法第八십壹條의規定을違反ᄒᆞ야破産宣告의請求를ᄒᆞ기怠ᄒᆞᆫ時

七 第百九십四條의規定을違反ᄒᆞ야準備金을積立치아니ᄒᆞ거나又ᄂᆞᆫ第百九십五條第壹項或은第百九拾六條의規定을違反ᄒᆞ야配當을ᄒᆞᆫ時

八 第二百條의規定을違反ᄒᆞ야社債를募集ᄒᆞᆫ時

九 第二百六拾條의規定을依ᄒᆞᆫ裁判所의命令을違反ᄒᆞᆫ時

拾 民法第七십九條의期間내에某債權者에게辨濟ᄒᆞ거나又ᄂᆞᆫ第九십五條의規定을違反ᄒᆞ야會社財産을分配ᄒᆞᆫ時

(未完)

外報

●靑森海溢 東京電을據ᄒᆞᆫ則去月二拾八日東京附近에在ᄒᆞᆫ靑森等地에셔暴風雨가有ᄒᆞ야海水가汎溢되야浸水家屋이二百餘戶오又破損額이甚多ᄒᆞ고帆船漁船拾餘隻이破壞ᄒᆞ얏다더라

●炭坑爆發 伯林電을據ᄒᆞᆫ則米國펜실베니아洲마미나에셔炭坑이爆裂ᄒᆞ야坑夫二百七十五名이卽死ᄒᆞ얏다더라

●德國의照會 同電을據ᄒᆞᆫ則墺國부다구市에셔ᄂᆞᆫ지에히人이德國人을對ᄒᆞ야暴行을加ᄒᆞᆷ으로該國政府ᄂᆞᆫ維也納政府에照會를送致ᄒᆞ얏다더라

雜報

●鐵原奬學 鐵原郡關東학會支會에셔敎育을奬勵ᄒᆞ기爲ᄒᆞ야秋期聯合運動會를設行ᄒᆞ얏ᄂᆞᆫ데該附近十八處학校生徒四百餘名이集合ᄒᆞ야二拾餘種의科目으로循次競爭ᄒᆞᆯ시活발ᄒᆞᆫ武步와整肅ᄒᆞᆫ隊列은人山人海인데內外國觀光諸人의喝采를不已케ᄒᆞ얏스며成蹟比較에最優等은公立鐵原普通학校中恒均私立九津鷲明夜학校朴在根世洞耶穌敎會培英학校金月成金命俊耕讀夜學校李溶山等七人을選擢ᄒᆞ야賞與式을擧行ᄒᆞ얏ᄂᆞᆫ데該郡의敎育情況이大端振興ᄒᆞ다더라

●新明日新 北部樓閣동私立新明의校에셔校主嚴俊源任員崔鳳植康斗植諸시ᄂᆞᆫ校務를專擔ᄒᆞ야建築을竣工ᄒᆞ고講師朴齊駿김龍俊金秉憲諸시ᄂᆞᆫ敎授를自擔ᄒᆞ야生徒가百餘人에達ᄒᆞ얏ᄂᆞᆫ데附近區域內聰俊子弟를增募培養ᄒᆞᆫ다더라

●安郡兩勸 黃海道延安郡北部龍井洞에셔洞民들이勸成會를組織ᄒᆞ고實業을奬勵ᄒᆞᄂᆞᆫ데會長은김鳳培氏로選定ᄒᆞ얏고該郡磨玉峯에셔ᄂᆞᆫ勸桑會를組織ᄒᆞ얏다더라

文苑

▲韓史新論(續) 覺岸丹生

第九章 김春秋의功罪

是ᄂᆞᆫ十數國이合ᄒᆞ야三國된時代며又其次에ᄂᆞᆫ高句麗가亡ᄒᆞ야渤海되고百濟가亡ᄒᆞ야新羅에合ᄒᆞ얏스니是ᄂᆞᆫ三國이合ᄒᆞ야兩國된時代오其次에ᄂᆞᆫ渤海가旣亡ᄒᆞᆷ미鴨綠以西의土地ᄂᆞᆫ드ᄃᆡ여契丹蒙古等異族에게讓ᄒᆞ야我檀祖舊疆의半幅은至今九百餘年을失ᄒᆞ얏스니噫라麗太祖가我東을統壹ᄒᆞ얏다ᄒᆞ며朝鮮國에도亦我東을統壹ᄒᆞ얏다ᄒᆞ나此ᄂᆞᆫ半邊的統壹이오全體的統壹이아니라萬壹此等半邊的統壹로統壹이라ᄒᆞᆯ진ᄃᆡ東明王도亦統壹이며溫祚赫居世도亦統壹이니何必김春秋以後에야始統壹이有ᄒᆞ다ᄒᆞ리오마ᄂᆞᆫ萬壹全體的統壹을求ᄒᆞᆯ진댄

(未完)

詞藻

愛國調

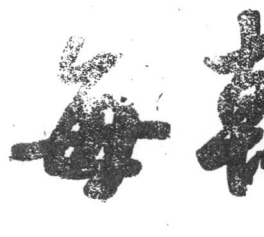

제몸은ᄉᆞ랑컨만、나라ᄉᆞ랑왜
못ᄒᆞ노
國家疆土업서지면、몸둘곳이
어ᄃᆡ미뇨
출아리、몸은죽더리도、이나라
ᄂᆞᆫ

雜報

●德壽宮幸行 大皇帝 皇后 兩 陛下께옵셔明日上午십壹時에 德壽宮에 幸行ᄒᆞ옵셔 太皇帝陛下께 問安ᄒᆞ옵시고 同午後三時三十分에 還御ᄒᆞ신다더라

●事務官云任 明月館主人安淳煥氏가內部大臣宋秉畯氏와情誼가親密ᄒᆞ다더니宋內大의運動을賴ᄒᆞ야不遠間에宮內府事務官을被任ᄒᆞᆫ다ᄂᆞᆫ說이有ᄒᆞ더라

●海豊吟病 海豊府院君尹澤榮氏가身病으로數個月呻吟에尙今蘇完無期라더라

●李容九의動靜 目下日本東京에滯在ᄒᆞᆫ一進會長李容九氏와內部大臣宋秉畯氏間에ᄂᆞᆫ錢財上關係가有ᄒᆞ야伊藤統監의게도關係가有ᄒᆞᆫ模樣인ᄃᆡ此ᄂᆞᆫ極히秘密ᄒᆞᆫ것이오又李容九氏ᄂᆞᆫ此가解決되기前에ᄂᆞᆫ到底히歸韓하기가不能ᄒᆞᆫ境遇에在하다더라

●拓社役員決定 東洋拓殖會社의韓人役員은副總裁ᄂᆞᆫ閔泳綺氏오理事ᄂᆞᆫ韓相龍氏로監事ᄂᆞᆫ趙鎭泰시로決定되야不日內로任命된다더라

●木橋改造經費 黃土峴新作路木橋를改造ᄒᆞᄂᆞᆫᄃᆡ經費가八萬圜假量이라더라

●技局郡守 鐵原郡守김彰鉉氏가崔君玉家에서雜技局을設ᄒᆞ고雜類輩를符同ᄒᆞ야歲月을賭中에서消送ᄒᆞᆫ다더라

●野蠻局長 再昨日下午십壹時頃에何許女人二名이南部竹洞巡査派出所前으로忙步逃走ᄒᆞ며巡査를向ᄒᆞ야言ᄒᆞ되强盜壹名이追我蹤跡하야勒奸코ᄌᆞᄒᆞᆫ다ᄒᆞ더니居未幾에何許人이日人衣裳을着ᄒᆞ고泥醉來到ᄒᆞ야該派出所窓扇을打破ᄒᆞ고巡査를對ᄒᆞ야日語로極口詬辱ᄒᆞ며作梗이無數ᄒᆞᆫ故로盡力論歸ᄒᆞ되終不聽從ᄒᆞᄂᆞᆫ지라互相頡頏ᄒᆞᆯ際에該人內着韓衣가露出ᄒᆞᆷ으로該巡査가始知韓人ᄒᆞ고問其姓名ᄒᆞᆫ則該人이名啣一度를出給ᄒᆞᄂᆞᆫᄃᆡ乃軍部軍務局長趙聖根氏라故로無事歸家ᄒᆞ게懇勸ᄒᆞᆯ時에巡査가適從來到ᄒᆞ야趙씨를押去ᄒᆞ야當夜를經宿ᄒᆞᆫ後에曉諭放送ᄒᆞ얏다더라

●趙氏被訴 從二品趙南昇氏가安永重氏의二百餘石秋收ᄒᆞᄂᆞᆫ庄土를勒奪ᄒᆞᆫ事에對ᄒᆞ야多年相詰ᄒᆞ더니安氏가京城地方裁判所에呼訴ᄒᆞ야三昨日에裁判을開ᄒᆞ얏ᄂᆞᆫᄃᆡ趙氏가理屈落科ᄒᆞᆷ으로趙氏의家屋田답을一切執行하얏다더라

●宮園虎鳴 近日每夜에毓祥宮內에壹大猛虎가越墻入來하야吼哮奔馳ᄒᆞᄂᆞᆫ故로該宮內守直ᄒᆞᄂᆞᆫ人이不能做寐ᄒᆞᆫ다더라

◉南郡活佛 南陽汾陽面宋密동居申載雨氏가今月初壹日에自己家男女奴婢合五名을會集ᄒᆞ고曰人生世間에均是上帝之子로皆有平等之權인즉同等待遇가人道와天意에適合이어날汝等을世々束縛ᄒᆞ야待之極賤에平等自由를失케하엿스니余實得罪于天이라汝等을壹齊解放ᄒᆞ니從今以後에ᄂᆞᆫ自由權을勿失ᄒᆞ고汝等의子與孫도善爲敎育ᄒᆞ야國家에有用ᄒᆞᆫ人格을成케ᄒᆞ라하고世傳文券을壹幷燒火하며奴婢等이歡喜感激ᄒᆞ야至有泣下ᄒᆞ고附近人民이讚頌不已ᄒᆞᆫ다더라

●官吏虐民 江陵郡南太川面魚障基址에産出하ᄂᆞᆫ漁業을該郡居金秉燮李ᄐᆡ儀兩시가農商工部에請願得許ᄒᆞᆫ後에數百圜을出資築障하고연魚九십尾를初次漁取ᄒᆞᄂᆞᆫ日에該郡警察署長沖本正淸과財務官黃浙시가김李兩人에所漁ᄒᆞᆫ연魚를派巡抑奪하고김秉燮李泰儀를竊盜로構陷ᄒᆞ야平昌郡警署로移囚ᄒᆞᆫ지五箇月後에現今原州警署에牢囚ᄒᆞ야二個月이되도록尙不放送ᄒᆞᆫ다더라

●補助員行悖 東萊人의傳說을據ᄒᆞᆫ則本月三日丹陽郡某酒店에서京江船人朴明天等數人이飮酒出來ᄒᆞᆯ時에該郡憲兵補助員徐相洛林相浩等이該店으로入去ᄒᆞ다가朴某더러何以出去오ᄒᆞ면서捕捉코ᄌᆞᄒᆞ거ᄂᆞᆯ該人이其危險ᄒᆞᆷ을畏憚ᄒᆞ야避身出去ᄒᆞᆫ즉該補助員等이憲兵所長에게言ᄒᆞᆫᄃᆡ彼漢이吾輩를毆打ᄒᆞ얏다ᄒᆞ고朴某를憲兵所로捉去ᄒᆞ야毆打牢刑에頭骨이破碎ᄒᆞ야方在危境이라더라

●峽民呼冤 江原道安峽郡에ᄂᆞᆫ義擾에被燒ᄒᆞᆫ家屋이七十四戶요被死者가四人인ᄃᆡ自郡으로該道調飭을依ᄒᆞ야屢度査報ᄒᆞ더니隣郡伊川은被燒死人의恤金을業已派給ᄒᆞ얏스되該郡은尙不下送ᄒᆞ니其在壹視에不勝抑鬱ᄒᆞ야該郡人民들이內部에呼訴次上京ᄒᆞ얏다더라

●哀此韓民 陰曆拾月拾五日金寧市日에陽智邑內에派駐ᄒᆞᆫ日兵과通譯이該市에入來行悖ᄒᆞ며毆打人民ᄒᆞᄂᆞᆫ中該通譯이何許人을以劍刺之ᄒᆞ야幾至死境이미該親屬이該郡에呼訴裁判ᄒᆞᆫ즉日兵과通譯은招問ᄒᆞᆫ後即爲放送ᄒᆞ고被刺人은驅出ᄒᆞ얏스며二十五日場市에此惡漢들이又爲闖來ᄒᆞ야市民을逢着ᄒᆞ면物品을破碎ᄒᆞ고通譯은何許老人을執留毆打ᄒᆞ고日兵은該老人項下에無丸銃口를接ᄒᆞ고三四次를虛放하니壹市人들이鳥解魚竄ᄒᆞᆯ際에該漢等이左右衝突하다가南草廛에突入ᄒᆞ야廛主를毆打ᄒᆞ야流血이浪藉하니當般廛人들이敢히出門치못ᄒᆞ엿ᄂᆞᆫᄃᆡ此等日兵과通譯을禁止치아니ᄒᆞ면人民은盡死乃已라고怨聲이漲天ᄒᆞᆫ다더라

●兩郡主重傷 陰曆去月貳拾八日에義兵이林川郡補場市에來到ᄒᆞ야該郡財務主事를無數毆打ᄒᆞ야重傷을被ᄒᆞ얏고靈光郡主事도南平等地에서義兵을逢着ᄒᆞ야被打重傷ᄒᆞ얏다더라

●放溺宜愼 近日街路邊에서放便放溺ᄒᆞ다가각警察官의게被捉牢囚ᄒᆞᆫ者가多數하다더라

●李氏公明 慶南晉州郡에出張ᄒᆞᆫ法律事務員李鍾曄氏ᄂᆞᆫ性本明直ᄒᆞ야凡於民訟에至公處辦ᄒᆞᄂᆞᆫ故로人皆稱道ᄒᆞᆫ다더라

●壯哉斯人 淳昌郡左面下里居ᄒᆞᄂᆞᆫ李廷鴻氏ᄂᆞᆫ年今二十인ᄃᆡ自祖先傳來ᄒᆞᄂᆞᆫ답토四百餘石落을勿論遠近族ᄒᆞ고每戶에三십斗落式分排以給ᄒᆞ며言ᄒᆞ되此답을勤孜耕作ᄒᆞ야子孫의敎育을務圖ᄒᆞ라ᄒᆞ고激切勸喩ᄒᆞᆷ으로該氏의睦族心을擧皆贊頌ᄒᆞᆫ다더라

●吸鴉被捉 三昨日下午九時頃에西部倉洞居ᄒᆞᄂᆞᆫ李喆宇氏가自己家에서鴉片을爛吸ᄒᆞᆯ際에行巡巡査가過去ᄒᆞ다가知機捕縛ᄒᆞ야警察署로押付하얏다더라

●尹氏放免 惠泉館主人尹啓煥시가警視廳에被囚ᄒᆞ얏더니昨日에無事放免하얏다더라

●宋氏再捉 安山郡物旺里居ᄒᆞᄂᆞᆫ宋華洛시가大邱郡公納錢幾百圜을犯逋ᄒᆞᆫ事가有ᄒᆞ야大邱郡裁判所에被捉하얏다가月前에越獄逃躱ᄒᆞ야京城남后동何許家에潛身寄留ᄒᆞᄂᆞᆫ故로警視廳에서知機押囚ᄒᆞ얏다더라

●救世演說 夜珠峴救世軍營에서來日曜日上午十時半下午二時半同六時半에救援會를開ᄒᆞ고正領許嘉斗氏가同夫人ᄒᆞ고演說ᄒᆞᆫ다더라

●青會討論 大開·今日下午七時에青年會館에서大討論會를開ᄒᆞᆫ다더라

●青館寄附 再昨日青年會館式에各人의補助금이五千七百餘圜에達ᄒᆞ얏ᄂᆞᆫᄃᆡ慈惠藥局主人李觀化氏ᄂᆞᆫ壹千圜이오總理李完用시ᄂᆞᆫ五百圜이오趙重應氏ᄂᆞᆫ壹千圜이오李熙直시ᄂᆞᆫ沓土一石落이오其他諸시ᄂᆞᆫ隨力捐助ᄒᆞ얏다더라

●祥郡有祥 祥原郡紳士김大석等諸시가該郡祥觀齋에測量學校를設立ᄒᆞ고敎師閔承烈氏를延聘ᄒᆞ야多數生徒를熱心敎授ᄒᆞᆫ다더라

●昌府奬學 慶尙南道昌原監理申석麟시가학校를設立ᄒᆞ고學徒를募集ᄒᆞ야熱心勸奬ᄒᆞᆫ다더라

●新明開校 北部樓閣동新明학校에서校舍를新建築ᄒᆞ고今月六日(日曜)上午拾壹時에開校式을擧行ᄒᆞᆫ다더라

▲地方消息▼

▲去月貳拾三日長津東方雲山동에서義兵幾十名이日守備兵과交戰ᄒᆞ얏다하고

▲去月二십五日谷山郡內에서義兵數십名이該郡分遣所日憲兵及補助員과交戰ᄒᆞ얏다ᄒᆞ고

▲本月二日茂長郡東方십里地에서義兵二百名이同郡分遣所日憲兵二名補助員四名과交戰ᄒᆞ얏다ᄒᆞ고

▲去月십三日牙山西方參십五里地에서義兵십五名이同郡分遣所日憲兵隊와交戰ᄒᆞ얏다ᄒᆞ고

▲去月십六日同福郡北方四십里되ᄂᆞᆫ院村付近에서義兵십餘名이同郡分遣所下士以下三名及補助員四名과衝突ᄒᆞ엿다ᄒᆞ고

▲去月십九日光州郡西方二십里되ᄂᆞᆫ山中에서義兵五십名이同郡分遣所日憲兵三名及補助員七名과衝突ᄒᆞ얏다ᄒᆞ고

▲去月廿二日豐基郡西方五십里되ᄂᆞᆫ成實동에서義兵七名이同郡日憲兵隊와交戰ᄒᆞ얏다ᄒᆞ고

▲去月廿日黃海道靑丹津西南方數십里地에서義兵卄餘名이同津日憲兵隊와交戰ᄒᆞ얏다ᄒᆞ고

▲去月二십貳日綾州郡南方十五里되ᄂᆞᆫ石亭里에서義兵壹百七십餘名이該郡駐在日巡査隊及憲兵討伐隊와交戰하얏다ᄒᆞ고

▼去月廿七日長興郡內에서義兵名若干이同郡駐在所日巡査几名及韓巡査四名과交戰ᄒᆞ얏다ᄒᆞ고

▲本月一日淳昌郡內에서義兵二십名이同郡分遣所日憲兵九名과衝突ᄒᆞ얏다더라

▲朝窓對鏡▼

▲曉鷄亂唱ᄒᆞ니不知ᄒᆞ고啓明星山昏夢타가東窓朝日놉흔後에精神ᄎᆞ려일어나셔壹片明鏡압헤ᄂᆞᆺ코耳目口鼻手足ᄭᅡ지보ᄂᆞᆫᄃᆡ如許論ᄒᆞ니不知此人是誰로다恨嘆소ᄅᆡ有理ᄒᆞ다

▲귀야귀야무러보ᄌᆞ네貌樣을숣펴보니外輪內郭分明하야列强國人더귀보다少無差等ᄒᆞᆫ것마ᄂᆞᆫ滿天風雨霹靂소ᄅᆡ네가흘노不聞인가他人虐待難堪하니네身勢도可憐ᄒᆞ다

▲눈아눈아무러보ᄌᆞ네貌樣을숣펴보니瞳子黑白分明ᄒᆞ야百里見毫ᄒᆞᆯ뜻ᄒᆞ되惡蛇毒蝎猛獸들이各自肆毒덤비것만네가흘노不見인가坐受慘殺되엿스니네身勢도可憐ᄒᆞ다

▲닙아닙아무러보ᄌᆞ네모樣을숣펴보니輕快脣舌分明ᄒᆞ야出好興戎ᄒᆞᆯ뜻ᄒᆞ되無賴强盜攔入ᄒᆞ야生命財産掠奪이나네가흘노不言인가呼賊聲못ᄒᆞ보니네身勢도可憐ᄒᆞ다

▲코야코야무러보ᄌᆞ네모樣을숣펴보니隆準雙穴分明ᄒᆞ야臭氣香惡分揀인대汚穢場에蟄伏ᄒᆞ기로新鮮ᄒᆞᆫ空氣를네가흘노不吸ᄒᆞ가諸般雜病侵犯ᄒᆞ니네身勢도可憐ᄒᆞ다

▲손아손아무러보ᄌᆞ네모樣을숣펴보니十指兩拳分明하야猛虎라도잡겟ᄂᆞᆫᄃᆡ街路無名小兒의게無雙毆打當하면서네가흘노不敵인가流血淚藉되엿스니네身勢도可憐ᄒᆞ다

▲발아발아무러보ᄌᆞ네貌樣을숣펴보니趾銳爪分明ᄒᆞ야日行千里ᄒᆞᆯ뜻ᄒᆞ되各種飮食珍美品이門外咫尺잇것마ᄂᆞᆫ네가흘노不進ᄒᆞ가不勝飢渴恨歎ᄒᆞ니네身勢도可憐하다

▲耳目口鼻分明ᄒᆞᆫ데手足ᄭᅡ지멀정ᄒᆞ니他人所觀完全이니實際試驗ᄒᆞ량이면土木偶人壹般이오病身中의上등이로다너의病身合ᄒᆞ여서造成壹身ᄒᆞ엿스니이내身勢可憐ᄒᆞ다

上에貴取ᄒᆞᄂᆞᆫ대對ᄒᆞ야同志靑年兄弟ᄂᆞᆫ本ᄂᆡ明店員李觀化와同居ᄒᆞ야各道各郡請ᄂᆡ事에來서去서의金錢出納事務를全擧ᄒᆞ시기바라오니郡區任趣ᄒᆞ심을伏望ᄒᆞᆷ

再告全國拾三道內各學校에衛生緊要ᄒᆞᆫ東西藥業月報와敎育上緊要ᄒᆞᆫ서籍類印刷되ᄂᆞᆫ대로時々仰呈코ᄌᆞᄒᆞ오니貴學校番地와校長校監閣下尊啣을以서下示ᄒᆞ심을千萬伏望ᄒᆞᆷ

社告

自中部鍾路로至梨峴等地分傳人尹起淵代에他人으로代금을收取케ᄒᆞᆫ것ᄉᆞ오니當地에本報購覽ᄒᆞ시ᄂᆞᆫ僉員ᄂᆞᆫ照亮ᄒᆞ시고尹起淵이가雖有領證이라도代金을出給지마시고代受人의게出給ᄒᆞ심을望ᄒᆞᆷ

大韓每日申報社

△新設支社廣告

左開兩郡에本支社를設置ᄒᆞ얏스니該郡附近地에서本報購覽ᄒᆞ실　僉君子ᄂᆞᆫ壹切該支社의請求ᄒᆞ심을務望

黃州南門外冊肆　崔鎭衡

珍島邑南面梅花里　朱鎭壽

大韓每日申報社

廣告

本報第九百六십八號로至九百六십九号廣告欄內辯護士白井勝悟의白字를太字로誤植이기玆에正誤ᄒᆞᆷ

全北泰仁郡故正三品承旨林喆相氏가孝行이卓異ᄒᆞ야郡薦道薦과掌禮院嘉尙之題가有ᄒᆞ고且蒙　賜三綱錄而表立旌閭之意로該郡士林이方今請願于本院ᄒᆞ니自本院으로特擧　奏褒ᄒᆞ다기로其孝行을玆以廣布ᄒᆞᆷ

全北泰仁郡李根碩　告白

本校에서第三回測量

三個月速成科學員을新募ᄒᆞ오니願學僉員은陽拾貳月八日니로請願ᄒᆞ시옵

但請願紙ᄂᆞᆫ本校用紙로ᄒᆞᆷ

試驗은國漢文讀書

筭術은四則以니

試驗日字拾貳月拾日上午九時上學時間은自下午四時至六時

典洞私立中東學校

全北泰仁郡故正三品秘書監承李景溥氏孝行이卓異ᄒᆞ야郡薦道薦과掌禮院嘉尙之題가有ᄒᆞ고蒙　賜參綱錄而表立旌閭之意로該郡士林이方今請願于本院ᄒᆞ니該院으로特擧　奏褒ᄒᆞ다기로其孝行을玆以廣布ᄒᆞᆷ

全北泰仁郡김賢基　告白

本人의家夫趙宗雲이買占ᄒᆞᆫ平壤郡林原面先山松木을식叔趙承鳳비가欲爲潛매ᄒᆞ오니內外國人은切勿見欺ᄒᆞ옵

平壤郡隆德面九里李召史告白

本人이左開ᄒᆞᆫ諸시의家券甘典執ᄒᆞ얏다가陰曆貳月初貳日夜逢賊時에被奪ᄒᆞ얏습기玆以廣告ᄒᆞ오니勿論內外國人ᄒᆞ고此文券에對ᄒᆞ야勿爲見欺ᄒᆞ시옵

左開

南署會賢坊美洞契熟手洞貳統十戶鄭龍煥家券

同署通坊美洞三統六戶徐敏相家券

西署餘慶坊上園契井子洞五십七統六戶梁允煥家券

中部長通坊中谷四十六統壹戶家券

薰陶坊政承契詩洞第三십統五戶鄭洛鎔家券

李鳳來　告白

今年六月分에沈澤鎭吳貞善이가拾九歲沒覺ᄒᆞᆫ洪宗憲을甘誘ᄒᆞ야淸州西江內壹面所在田답中沓拾九石落과秋收壹百以拾五石을幷ᄒᆞ야價文二千三百圜으로勒成文券ᄒᆞ고價文은此ᄂᆡ彼ᄂᆡ不報ᄒᆞ다가及今七月ᄒᆞ야ᄂᆞᆫ沈吳兩人締結陰謀ᄒᆞ고同月拾三日夜에宗憲을請來沈澤鎭家ᄒᆞ야勸其酒肴ᄒᆞ고以花套暫爲消遣之意로甘誘ᄒᆞ고沈澤鎭吳貞善名不知崔主事로合席賭技ᄒᆞ야壹夜之間에洪宗憲所負錢이爲壹千六百圜而其翌日에沈吳兩人威脅宗憲曰汝之成文券답價中으로計除ᄒᆞ고在條七百圜은出給ᄒᆞᄂᆞᆫ中의서二百圜은吳貞善兄弟가分食ᄒᆞ고追後報給之意로成票出給ᄒᆞ고賊心이猶爲不足ᄒᆞ야勒買沓士秋收外의又以九石三斗落과秋收六拾九石십四斗를亦爲加奪코ᄌᆞᄒᆞ오미同宗憲가不勝抑冤ᄒᆞ야此田답을還退次로先言吳貞善ᄒᆞ고後往沈澤鎭家ᄒᆞᆫ즉同澤鎭이가無數毆打ᄒᆞ며裂破衣冠ᄒᆞ며私拘其家ᄒᆞ고拾八斗落沓을亦爲勒捧문券에田답ᄒᆞ若爲還退ᄒᆞ면罰金五百圜을徵出之意로勒捧證서ᄒᆞ고奸計欲售ᄒᆞ야稱云登十兩質라고誣賜天安巡査廳ᄒᆞ야反拘囚治餘ᄒᆞ니豈有如此反爲荷杖之强盜乎잇가不勝抑冤故呼訴觀察署ᄒᆞ야方今裁判中이온대同澤鎭ᄂᆞᆫ本以有勢之人으로揚臂大談曰吾得意爲大臣請托則汝雖千訴萬訴라도吾不少懼라ᄒᆞ오니殘弱之人何以支保乎잇가法綱所在從公決判ᄒᆞ기를恭俟ᄒᆞ고玆以廣告ᄒᆞ오니僉君子ᄂᆞᆫ照亮ᄒᆞ시오

從祖洪承萬　告白

本人의姓名圖章을陰십壹月六日遺失於新幕停車場이오니內外國人은勿爲準信ᄒᆞᆷ

平山郡舟岩面閔致商　告白

本會事務가漸次擴張이온바本會에願入ᄒᆞ실有志　僉君子ᄂᆞᆫ本會로陸續來議ᄒᆞ옵셔林業의發達케ᄒᆞ심을希望ᄒᆞᆷ

西小門內鶴橋동五十三統七戶（電話三九三番）

大韓山林協會本部告白

學員募集廣告

本所에서第二回一個月速成測量學員을募集ᄒᆞ오니陽십二月七日니로限ᄒᆞ지　僉彦은隨意請願ᄒᆞ심을務望

北部安峴奬學社니　特別測量科　告白

◎移轉廣告◎

本會社가左記處로移轉이옵기玆에謹告ᄒᆞᆷ

京城南部小公洞二十ᄂᆞ統壹戶

大韓協同郵船會社

本社에서蒸氣機械를製造ᄒᆞ고製絲와造紙를先試ᄒᆞ기爲ᄒᆞ야股金을募集ᄒᆞ오니有志　僉君子ᄂᆞᆫ趁期應募ᄒᆞ심을望ᄒᆞᆷ

臨時事務所ᄂᆞᆫ西門外湖南鐵道會社內

蒸氣機械製造社　告白

左開

股數ᄂᆞᆫ五千株로先定ᄒᆞᆷ

壹株金은每株에貳십圜으로定ᄒᆞᆷ

壹株에收入은四回로定ᄒᆞᆷ

壹株金收入期

第壹回　隆熙三年壹月三십日內로

第貳回　仝　四月三拾日內로

第參回　仝　七月三십日內로

第四回　仝　십月三拾日內로

慶南鎭남部所在忠烈祠ᄂᆞᆫ本人等의先祖李忠武公舜臣의忠烈을公衆에表ᄒᆞ기爲ᄒᆞ야春秋賜享이신바該祠에附屬ᄒᆞᆫ田답은數百年以來로無弊保管이더니不意今春에該郡守高희駿氏가奪附학校이다該院任의急告를據ᄒᆞ야禁止次로本군中에定付司리奉翼世派從孫이러니同奉翼이敢生勹背之心ᄒᆞ야斥賣肥己코ᄌᆞᄒᆞᄂᆞᆫ中에族人前爲將리남照가또ᄒᆞᆫ宗中命意를不由ᄒᆞ고私自下去ᄒᆞ야奮奪과該院任奸猾輩鳳律徐相洽김기憲等으로私托設校ᄒᆞ고完文을呈出ᄒᆞ야同所沓을方爲放賣이니此擧之事ᄂᆞᆫ無非盜公營私ᄋᆞᄌᆞᄂᆞᆫ悖類之事인則右五人은方爲裁判이기로玆에爲先廣告ᄒᆞ오니니外國人은切勿見欺ᄒᆞ시오

宗孫리種玉

문중리興權等　白

文明書舘

各種書籍大發賣所

京城南部銅峴四巨里二層屋

玄　檍　告白

特別廣告

諸般法律事務를誠實히迅速處理ᄒᆞ오니僉彦은陸續來議ᄒᆞ시옵

辯護士朴星煥法律事務所

京城中部長橋東谷第二拾統二戶

特別廣告

本人이判事를辭免ᄒᆞ고辯護士를開業ᄒᆞ얏ᄉᆞ오니　僉君子ᄂᆞᆫ事件의大小難易를勿論ᄒᆞ고照亮來議ᄒᆞ시옵

辯護士張、燾法律事務所

南部茶洞拾四統五戶

本人子창熙年今拾九歲不遊敎訓ᄒᆞ고同雜類出沒京鄕僞造文券盜踏里長圖章欲爲得貸云故玆以廣告勿論내外國人切勿見欺

京畿道安山郡草山면月尾洞

朴義才　告白

本人이客主業을停止ᄒᆞ오니僉客員은與受關係今年終에淸帳ᄒᆞ심을望ᄒᆞᆷ

司和港朴萬化　告白

警世歌　定價십五錢

편편거닭경세가

右서ᄂᆞᆫ倫理上緊要ᄒᆞᆫ奇談을國文絶句로編述ᄒᆞ야浮雜ᄒᆞᆫ男女의惡行悖習을警惕悔改ᄒᆞᆯ만ᄒᆞᆫ良서니一般男女敎育에最適ᄒᆞᆷ

致富新說　定價십三錢

右서ᄂᆞᆫ些少資本으로獲得巨利ᄒᆞᄂᆞᆫ秘法과牛疫治療ᄒᆞᄂᆞᆫ神效ᄒᆞᆫ方法

文明進化論　定價三拾錢

右ᄂᆞᆫ문明進化의知識世界를導케ᄒᆞᄂᆞᆫ要서

安峴十統壹戶

普文社　告白

開城郡北東面帝釋山壹面ᄂᆞᆫ本郡以養蠶庫所有地로今開蠶學會ᄒᆞ야今々徵稅이온대開心에何許無賴輩가外國人과作同ᄒᆞ야該山을測量以去라ᄒᆞ니玆에廣告ᄒᆞ오니니外國人ᄋᆞᆫ勿爲誤聽爲要

開城學會　告白

國漢文新玉篇

국한문신옥편　附音韻字彙

純洋裝　四百餘頁
定價金　壹圜貳拾錢
版權所有

本玉篇은各種字典과字彙를參互ᄒᆞ야漢字의音義와變音變義까지國文으로詳明히譯述ᄒᆞ고且同音類合百餘頁를國文으로解釋添付ᄒᆞ야漢字의音만알면解得ᄒᆞ기容易ᄒᆞ오며勿論男女ᄒᆞ고國文만알면初學少年이라도漢文寶鑑이오니此界　僉彦은陸續購覽ᄒᆞ심을務望

元賣所　平壤貫洞　耶穌敎書院

大발매京城鍾路　東一書觀

分賣所

布屛下　廣學書舖　罷朝橋越便　中央書館

銅峴　博文書館　寺동　惟壹書館

寺洞　徽心書館　鍾橋　樵東書館

平壤耶穌敎書院　仝　大東書市　京鄕각有名書舖

◎京城鐘路萬國基督敎靑年會館前慈惠大藥房에四商權 一目的

一商權은李觀化朴慈惠李敏을沈慈善兄弟夫婦가附양病院에入학야醫藥上에六七年修業하다가종路市上에普通으로醫院을特設하고普通으로製藥所를入設하고兄弟夫婦가坐市賣藥하오니此謂壹商權이요

二商權은慈惠藥房藥方文을漢城南大門外濟衆院方藥에서神妙한약方文을抄出하야가지고醫學博士洪석후洪鍾殷兩氏에게實驗方劑書를受하고또商標特許局에慈字商標를登錄하엿고약材마다大韓醫院게請願하야衛生試驗部의서化학으로分析하야人民衛生에適當하기로藥學士兒島高里君과壹等약製官劉世煥氏의게確實證明書를受하엿스니此謂二商權이요

三商權은慈惠藥房에서活版所를設하고職工이製藥幷하야二十五人에達하고鑄字가三十萬字요大小機械가具備한지라隆熙二年六月廿二日의內部大臣의게認可를受하고第三種郵便物認可를得하고東西藥業月報를每月版出하는대其目的은東西新藥과大韓과日本과淸國과獨國과法國과英國과美國新製약品이新發明되는대로主治效能과用法과定價를以國漢文으로繙譯하야記載하고銅硯乾材약局唐艸材昇降하는時價와洋약乾材檢査表와時價를每月印刷하야십三道內窮村에居住하는兄弟의게도약品을壹朝에報告하오니此謂三商權이요

四商權은各色圖畵印刷하는石版機械를新備하고書冊에衣도美麗하게하고낙封外皮도各色圖畵로印刷하고全國十三道內각社會及各學校에株券地圖商標며校進級證賞狀證卒業證書修業證書에낙封皮冊衣類를見本만보고精々印刷하야以小包郵便으로信送하야使遠地居住僉兄弟로不必上京케하오니此謂四商權이요

一目的은金貨를多聚하야全國靑年敎育上에公用할 的

天父의罪人李觀化朴慈惠伏地祈禱

韓國人諸彦을爲하야民刑訴訟其他諸般法律事務에從事하야親切叮嚀하고且迅速處理홈

中部典洞三十八統九戶

日本辯護士 藤井太郎

同所에特許事務所를設하고特許意匠商標著作權等의登錄出願及審判事件의高嘱도應受하와處理홈

特許代理業者 藤井太郎

◎學員大募集廣告

測量壹個月速成科를設하고上午十時로下午二時々지오니陰曆書月拾七日내로請願하오

北部齋동三統拾戶

夜하는語科도同日開학

測量新塾

大韓帝國 仁川㱏峴 內外地方各處 總發行所和平堂大藥房

此丹이於諸瘡에無論男女老少하고若服壹劑하면實有神效하야百발百中하오니非例方可及也라若論主治則楊梅下疳連珠風濕頭창諸症에俱見立效하오니養病僉君子는壹次試驗伏望

婦人 胎産調經丸

婦人이孕胎하지못홈은冷病積病과月經不調로因홈이니此약을服하시면婦人腹中諸病을壹切退去하야自然孕胎를하는약

부인뎡약의양됴경환 壹月分壹劑 金五圓

補陰 滋陽丸 補陽 ᄌᆞ양환

此약은○房事不密○腎虛腰痛○病後氣喘○腎氣不足○陽痿不起○陰虛久動○房事後憔困○手足厥冷○形容蒼白○遺精多夢○右諸症에適宜服用하시면特效가有하외다

定價金 三拾日分金五圓 二拾日分金三圓四拾錢 拾日分金壹圓八拾錢

八寶丹 九拾粒入金拾錢

主治效能 ○胃痛惡心○頑痰固飲○食思欠乏○中暑中寒○新久積滯○急瞀關格○溜飲傷○頭痛眩暈○泄瀉下痢○霍亂吐瀉○水土不服○船車醉

此外에도東西各國靈藥이俱備하오니各地方에셔도隨用請求하시면郵便으로보닐터이요各處藥業하시는僉位에게는特別割引放賣하오니陸續注文하심을務望

發行人 李應善

發行所 京城鍾路和平堂支店

●水原北部普施洞약局 和平堂支店 李聖儀
●龍川陽市場陽市病院 和平堂出張所田慶龍
●鎭南浦紫약舖 和平堂出張所金元셥
●平壤館前약舖 和平堂出張所金龍興

仁川㱏峴 京城鍾路 和平堂 告白

度支部測量課編纂

土地測量術

全壹冊正價金 幷製六拾錢 洋裝九拾錢

近日測量術書類에三四種이刊行되엿스나不完全의缺點이不無하든바今에本書는細部測量으로圖根測量々지詳密히編纂하얏스며각種實地測量을製圖의圖本을揷入하야壹般斯學界의無二한寶典이오且紙質의堅美홈과製冊의華麗홈이測量術書中에覇王이라稱홀만홈

〔發兌元〕
皇城中部罷朝橋越 中央書館 朱翰榮
仝 鍾路 大東書市 金基鉉
仝 南部大廣橋 滙東書館 高裕相
仝 南門內尙洞 博文書館 盧益亨
仝 남門外紫岩 新舊書林 池松旭

地方行政論

趙聲九氏 撰述

全壹冊 定價金三拾錢

▲本書는地方自治行政에關한壹般의原則과外國의現行制度를参互撰集하야簡明히論述한者ㅣ니現히地方官의位에在한者의行政上参考될만한勿論이오全國人士는각其國脈生活의本旨를瞭解하야將來自治制度組織의基礎를成할者ㅣ니有志僉彦은速々購覽하시옵

發行元 皇성中부罷朝橋越邊 中央書館
발賣處 京城及地方 各書肆

壯陽復元丹

壹週分壹圓 二週分壹圓八十錢 四週分三圓四十錢 八週分六圓四拾錢

此藥은專치腦痛肺弱○房事色傷○心腎虛弱○陽萎不起○遺精多夢○神經衰弱○房事時早漏不快○病後虛弱○健忘不眠○貧血諸症○先天不足○飮食不下○眩暈頭痛○等症에나니試將此丸을服法服之면不過幾点鍾에立見妙效하야魂飛肉顫에精神倍蓄하고頓覺愉快하나니其症이輕者는服壹貳週면挽回元陽하고其症이稍重者는可服三四週하고最重者는連服七八週면必能全치無病니若夫無病之人도試用此劑則補血而益氣하고强筋而壯骨하나니用之八週而未見其效則請將價額을加數還呈이요不敢虛誕自欺라此丸이又無論男婦老幼하고均用有效하나니眞世間無比之妙劑也라 僉位는何不早圖壹試乎

共愛堂약房 발行所 皇城中署大廣橋십九統七戶 特約代理店 京城水標橋 濟生堂약房

◎新造樓房出賣

自造洋式樓房壹所前後共計韓間四十五間此房作落在水標橋北二官街坐東向西前面洋式樓房俱是鐵窓鐵門樓下洋式貨倉貨架俱全樓上俱有隔斷房間後面有韓式房屋另有廚房房間所並有後門出入便宜如有合意欲買者請至書水標橋北二官街華商天利號面議

華商天利號主人 告白

機械及藥品을整備하고各種洗濯及染色을廉價로需應하옵는되其種類가如左홈

洋服、襯衣、外套、帽子、項套、洋말、婦人洋服과壹切附屬品、毛織、毛紗、세루、馬尾緞、羅紗綢緞紗羅苧布壹切貴重品의周衣、즉괴、赤衫、裳、袴、襦、等類洗濯及染色物이有홈을本所로通知하시면卽時自宅에進議홈學員、巡査、兵丁、及勞働諸君에對하야定價의拾分之貳를特減홈

各地方에는小包料를添送하시되誠實郵呈홈

鍾路里門上隅拾貳統二戶

西洋洗濯部第一屋

民刑訴訟及鑑定其他壹般法律事務及代書事務를兼備하야各地僉位의依囑에親切히應하옵但紹介를不要하고出張에應홈

元山港柳町壹丁目二拾五番戶（電話二壹五番）舊守備隊前

辯護士 柴田艮之助

Responsible for Publication Alfred Weekley Marnham.
發行兼編輯人英國人 萬咸
發行所 南署石井洞號外地三層洋屋樓 大韓每日申報社

米國元雅麥嘉氏는天父의命令을順從하야大韓靑年의德育體育智育하는基督靑年會館에八萬圓을寄附하얏스니我韓人民도天命을順受하야元雅麥嘉시의盛意를萬分之壹이라도報答할지라天父前의罪人은李觀化朴慈惠夫婦의所有産業五千圓價値衛生上緊要한商品과또永存不消하는四商權을天父命대로我國靑年의게寄付코저하와天國

第六卷

大韓每日申報

第九百七拾壹號

月曜及慶節 歲時日休刊

檀箕開國四千二百四十一年
箕子元年三千三十年
大韓開國五百十七年
日本明治四十一年
淸國光緒三十四年
陰曆戊申十一月小十三日乙未

論說

◉警告教育家諸公

偉哉라韓國教育家諸公이여國民教育의重任을自擔ᄒ야學校建設에其力을盡ᄒ며學校維持에其財물傾ᄒ야乃至留田賣家ᄒ야도亦不惜ᄒ니竊尙ᄒ다諸公의志여

彼海外强國에ᄂ義務教育制度가盛行ᄒ야邑市面村이其教育費를各自分擔ᄒ거만은此韓國은不然하야校舍壹間을建築ᄒᄃ도亦志士의金을待ᄒ니戞々其難ᄒ다諸公의事業이여

挽近韓國에私立學校가所在蔚興ᄒ야某郡人士ᄂ金幾千圓을捐出ᄒ며某郡紳商은田幾日耕을寄附ᄒ야各히其拳을磨ᄒ며其心을苦ᄒ야教育勃興의潮를講究ᄒ니本記者ᄂ諸公을爲ᄒ야恒常心香頂祝ᄒᄂ바ㅣ어니와

近世에ᄂ往時보다壹層困難ᄒ問題가有하며壹層危險ᄒ境遇를遭ᄒ얏스니卽私立學校令이是라

此令은壹般諸公의熟知ᄒᄂ바어니와私立學校에相當ᄒ基本金이無ᄒ면廢止를當케되얏도다

嗚乎라目下韓國에所謂私立學校가星羅棋布ᄒ얏스나其實狀을環顧컨ᄃ完全ᄒ基本金을具有ᄒ者ㅣ抑幾校나有ᄒ가

往者에ᄂ基本金이無ᄒ지라도幾個有志者가今日에幾圓金을出ᄒ고明日에又幾圓金을出ᄒ야僅々維持ᄒ얏스나今에ᄂ基本金이無ᄒ면不可ᄒ지며往者에ᄂ基本金이無ᄒ지라도只是教育家가自意設立ᄒ야何等拘碍가無ᄒ얏스나今에ᄂ基本金이無ᄒ면不可ᄒ지라

然則自今으로相當ᄒ基本金을不有ᄒ면未設ᄒ學校ᄂ設立치못ᄒ지며旣設ᄒ學校도廢止를當ᄒ지로다

今日韓國經濟界를考察컨ᄃ金融의枯渴이日甚ᄒᄲᅮᆫ아니라비록有志ᄒ資本家가財産을不惜ᄒ고校費를擔ᄒᆫ지라도亦壹二年數三年이면資力이盡ᄒ야無可奈何々至ᄒ憂慮가有ᄒ거날

萬壹今日에坐ᄒ야何等方針이無ᄒ면畢竟全國內各學校가雲消霧散ᄒ야幾年間新萌芽가稍現ᄒ던教育界가暗黑ᄒ慘光景을遂呈ᄒ지니엇지猛省ᄒ者ㅣ아닌가

余의愚見으로思惟컨ᄃ教育家諸公들이壹致協力ᄒ야相當ᄒ基本金을鳩聚ᄒ되壹村이不能커던壹郡이合ᄒ고壹郡이不能커던數郡이合ᄒ야壹個完全ᄒ學校를建設ᄒ고壹邊으로ᄂ學校를益々擴張ᄒ야教育의風潮를策勵ᄒ지어다

果然若是ᄒ면비록政府에서基本金이不足ᄒ學校를廢止ᄒ지라도基本金이完全ᄒ學校ᄂ猶存ᄒ지니此가엇지長策이아닌가

◉告示

▲隆熙貳年拾月二拾七日 官報

農商工部告示第拾二號 續

非訟事件手續法

第二編 商事非訟事件

第壹章 會社及競賣에關ᄒ事件

第百二拾六條第壹項 商法第四拾七條第四十八條第百ᄒ壹條第二項第百貳拾四條第百六십條第二項第百九十六條第二項第百九拾八條及商法施行法第九拾五條第二項第百貳條第二項第百십條第貳項에定ᄒ事件은會社의本店所在地의地方裁判所의管轄로ᄒ

第三項商法第貳百二拾三條에定ᄒ事件은解散ᄒ株式會社에本店所在地에區裁判所의管轄로ᄒ

第百貳十七條 檢査役選任의申請은書面으로써此를行ᄒ을要ᄒ

申請書에ᄂ左의事項을記載ᄒ고取締役이나又ᄂ株主가此에署名捺印ᄒ이可ᄒ

壹 申請의事由
貳 檢査의目的
三 年月日
四 裁判所의表示

第百二拾八條 檢査役의報告ᄂ書面으로써此를行ᄒ을要ᄒ裁判所ᄂ檢査에當ᄒ야說明을必要로ᄒ時ᄂ檢査役을審訊ᄒ을得ᄒ

第百二拾九條의二 商法第百九拾八條의規定을依ᄒ야檢査役의選任에關ᄒ裁判을行ᄒ境遇에ᄂ裁判所ᄂ取締役及監査役의陳述을聽ᄒ이可ᄒ

前項의裁判에對ᄒ야ᄂ卽時抗告를行ᄒ을得ᄒ

第百三拾條 商法第百九拾八條의檢査에當ᄒ야株主總會의招集을必要로認ᄒ時ᄂ裁判所ᄂ壹定ᄒ期間內에其招集을行ᄒ기를命ᄒ이可ᄒ

(未完)

外報

◉滿洲炭坑交涉 東京電을據ᄒ則滿洲地를炭坑採掘에對ᄒ야淸國撫巡知縣으로부터中止ᄒ라고交涉ᄒ미日本炭坑長이此를拒絶ᄒ즉知縣이苦力으로써禁止ᄒ라ᄒ야暴言을加ᄒ으로日本領事가去月廿七日에交涉을開하얏ᄂᄃ貳十九日에至ᄒ야ᄂ知縣이派兵禁止코ᄌᄒᄂ故로日本에셔도亦派兵하야炭坑을保護하라ᄂ中인ᄃ目下談判中이라더라

◉露奧秘約發表 同電에云俄國半官報에曰露西亞에셔露奧秘密條約이暴露되얏스되何等의秘密ᄒ이無ᄒ다하야其理由를揭載ᄒ얏다더라

◉日本債山 同電을據ᄒ즉日本大藏省에서國債를調査ᄒ얏ᄂᄃ內國國債가十億七千五百四十二萬八千五百七십八圓이오外國國債가십壹億六千五百七십萬壹千二百二십圓이라더라

雜報

◉洪氏熱心 陰川郡廣新學校를剏立ᄒ洪承宇시ᄂ本是教育上熱心紳士인ᄃ同郡大明學校에對ᄒ야勤勉次로洋紙壹軸과鉛筆三打를賚持躬往하야壹般學生의게施給ᄒ얏다더라

◉運動盛況 去九月二拾八日에大邱郡內公私立學校에서秋季聯合大運動會를設行ᄒ얏ᄂᄃ參列ᄒ男女學徒가九百餘名이오寄付金이壹百九십圓에達ᄒ얏고優數ᄒ賞品과各種의競技로盛況을呈ᄒ엿ᄂᄃ當地達城親睦會에셔三십圓價值의賞品으로特히優等賞을分施ᄒ고該會教育員梁翼淳시ᄂ各學校학徒及任員共壹千餘人의午飯을獨擗ᄒ얏다더라

◉測量卒業 開城私立培義學校에셔測量科를設立ᄒ고去月廿壹日에卒業試驗을經ᄒ얏ᄂᄃ最優等 吳明良宋星淳等四人이오優等生白남烈김東楨等拾六人이오及第生高相國김世俊等卅二人이라더라

◉武校進步 金海郡柳下面武溪里에有志紳士가設立學校ᄒ야隣近靑年을教育ᄒᄂᄃ妨害者로因ᄒ야校況이衰退ᄒ더니該校與曹瑛承贊成長許塤시가該面內某々諸시를請邀하야維持方針을組織ᄒ야前進之望이有ᄒ다더라

◉通德進就 龍川郡右上面通德里申秉翰申允淡申箕容申義榮諸시가教育에熱心ᄒ야夜學校를設立ᄒ고里內靑年下弟를盡心勸勉ᄒ야六십餘名學徒가前進之望이有ᄒ기로壹鄕里人이爭捐義金하고傳來하契金을應用ᄒ야通德學校라名稱ᄒ고校務를益加擴張하얏다더라

◉崔門有人 水原府內居崔東弼氏와其姪秉煥氏ᄂ本是教育에有志ᄒ으로其弟姪三人을外國에派送留學케ᄒ고浩多學費를擔當ᄒᄂ中三一학校에財政困難ᄒ을聞知ᄒ고금額을優數義捐後激切ᄒ言辭로壹場演說ᄒ얏다더라

文壇

▲讀史新論(續) 壹片丹生

第九章

김春秋의功罪

檀君以後에屛棄치아니ᄒ者니엇지金春秋를就壹ᄒ者라ᄒ리오然則金春秋의壹生에ᄂ罪만有ᄒ고功은無ᄒ거ᄂ

仍否我國歷史家가扶芬奴의有ᄒ도不知ᄒ며愚溫達의有ᄒ도不知ᄒ고壹則曰金春秋라ᄒ며二則曰김春秋라ᄒ야是를不世出의君이라ᄒ며是를大有爲의志라ᄒ니

嗚呼라其妄悖ᄒ이엇지此에至ᄒ노惟金春秋를讚美ᄒ며惟金春秋를崇拜ᄒ故로壹國人心이駸駸然魔境에陷ᄒ야寇賊을誘ᄒ야兄弟를滅ᄒ을常事로認ᄒ故로新羅가唐兵의後援되야渤海의侵伐ᄒ을不辭ᄒ얏스며王建과萱이幷爭ᄒ미彼支那江南壹自守府에不過ᄒ吳越王錢繆를借ᄒ야其虛勢空威로互相嚇脅ᄒ얏스며

崔瑩이北伐의大事를擧ᄒ時에其兵이半道를未至ᄒ야趙浚鄭道傳等이戈를倒하야麗朝를覆ᄒ고開國元勳의位를據하얏스니國家削弱의源을推ᄒ건ᄃ엇지此同族相仇ᄒ에不在ᄒ가

(未完)

詞藻

◉萬人敵

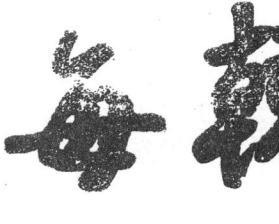

子龍아말금히노아라。拾萬大兵을못지르쟈
長鎗은어ᄃ두고、靑鋼劍만두르ᄂ고
到處에、敵兵의머리、秋風落葉

雜報

●言則是也 日前에總理以下某某大臣이統監府에會同ᄒᆞ야地方騷擾鎭靜ᄒᆞᆯ事項을協議ᄒᆞᆯᄉᆡ農商工部大臣趙重應氏가發論ᄒᆞ기를我韓에駐在ᄒᆞᆫ日兵을撤歸케ᄒᆞ고韓日兩國이務盡交誼ᄒᆞ면人의抱ᄒᆞᆫ憾情이稍自氷釋ᄒᆞᆯ것이오若不然이면鎭靜이無期ᄒᆞ깃다고하얏다더라

●巫說難信 三十日夜에永宜君李埈鎔氏가統監府에前往ᄒᆞ얏다ᄂᆞᆫ말은已報어니와新政府組織件을親目擧薦ᄒᆞ야伊藤氏가許諾ᄒᆞ얏다ᄂᆞᆫ說이有ᄒᆞ더라

●勿退愈進 法部大臣高永喜氏가발論ᄒᆞ되內外國間에法律卒業ᄒᆞᆫ人은壹無可用이라ᄒᆞᆫ故로各法律學校학員들이此言을聞ᄒᆞ고法律卒業에退步ᄒᆞᆯ思想이或有ᄒᆞ야其他師範學校나測量課에受業ᄒᆞ기를敗圖ᄒᆞᆫ다ᄂᆞᆫ說이有ᄒᆞ더라

●長谷歸任 長谷川大將은來拾日에出發歸任ᄒᆞᆫ다더라

●申觀察巡郡 全南觀察使申膺熙氏가管下각郡에行政事案을視察ᄒᆞ기爲ᄒᆞ야現今각郡으로循行ᄒᆞᄂᆞᆫ中이라더라

●永宜君落科 朴淵俊氏가답土를還推ᄒᆞᆫ次로永宜君李埈鎔氏와裁判ᄒᆞᆫ다ᄂᆞᆫ說은已報어니와李氏의勒奪ᄒᆞᆫ事實이的確ᄒᆞ야落科되얏다더라

●警察無力 警視廳에셔城內人民의鴉片烟吸ᄒᆞᄂᆞᆫ者를壹切嚴禁ᄒᆞᆷ은壹般共知어니와自來資本이多有ᄒᆞ야吸力이宏大ᄒᆞᆫ者에게ᄂᆞᆫ淸人이鴉片烟을暗相傳致ᄒᆞᆷ으로警察力이無效ᄒᆞ다더라

●錦倅自取 錦山郡은舊習이尙存ᄒᆞ야使令을多置ᄒᆞ고셔員을派送ᄒᆞ야夏則麥斗와秋則租七斗를每戶에勒收ᄒᆞ야民弊가滋蔓ᄒᆞᄂᆞᆫ지라鄕任들이該弊를革廢ᄒᆞ기를該郡守김宇鎭氏에게勸ᄒᆞᆫ대김宇鎭氏가聽從은姑舍ᄒᆞ고反히笞刑을施ᄒᆞ거날日巡査가越權濫刑이라고該郡守를叱打ᄒᆞ야風波가大起ᄒᆞ얏다더라

●崔倅避身 각郡普通학校副訓導ᄂᆞᆫ依例히학部에셔無試驗檢正으로選擇派送ᄒᆞᆷ은自有定例이거ᄂᆞᆯ現任安邊郡守崔鐸斌氏가北靑郡守在任時에該郡普通학校副訓導를학部에薦報ᄒᆞ다ᄒᆞ고某某四人의게葉錢千兩式偸食ᄒᆞ고安邊郡으로移任이되미該人等이각其納賂를還推코ᄌᆞᄒᆞᆫ대崔鐸斌氏가避身不現ᄒᆞᆫ다더라

●學部通牒 학部에셔각公立학校에通牒ᄒᆞ되我國舊習에冬日短晷에ᄂᆞᆫ占心을例廢ᄒᆞ얏슨즉做工ᄒᆞᄂᆞᆫ生徒가午餐을不喫ᄒᆞ면心神이不快ᄒᆞ야工夫上에妨害가多有ᄒᆞᆯ터이니從今以後로ᄂᆞᆫ生徒로ᄒᆞ야곰午餐을食케ᄒᆞ라ᄒᆞ얏다더라

●歸化强請 鴨綠江對岸에셔ᄂᆞᆫ淸國官憲이韓人으로ᄒᆞ야곰淸國에歸化치아니ᄒᆞ면退去ᄒᆞ라ᄒᆞ얏다더라

●其父其子 故判서閔斗鎬氏가庚寅年分에江華居黃璟熙氏를自己家에私獄拘留ᄒᆞ고四千八百兩價値되ᄂᆞᆫ답土二拾二斗落을二千兩에抑買ᄒᆞ엿더니昨年拾一月分에黃氏가閔泳徽氏를往見ᄒᆞ고該畓土를還爲出給ᄒᆞ라고萬端哀乞하미閔氏가下去ᄒᆞ야以待處分ᄒᆞ라ᄒᆞ더니壹週年이過ᄒᆞ야도壹言半辭가無하거ᄂᆞᆯ黃氏가今番에該土를測量證明後原價二千兩을閔氏家에來納ᄒᆞᆫ즉不受ᄒᆞ고反히支所巡檢으로ᄒᆞ야금逐出門外ᄒᆞ미黃氏가呼泣而退ᄒᆞ얏다더라

●自稱部長 京城孤兒院에셔ᄂᆞᆫ元來教育部長이無ᄒᆞᆫ대前陵令韓昌履氏가自稱ᄒᆞ되院教育部長이라ᄒᆞ고到處開嘴ᄒᆞᆫ다더라

●李氏歡迎 西來人에傳說을聞ᄒᆞᆫ즉我國의教育大家李종浩氏가平壤에到着ᄒᆞ미市內壹般人士가歡迎會를當地商業會議所內에셔開ᄒᆞ얏ᄂᆞᆫ대參席人員이三百餘人에達ᄒᆞ얏다더라

●鶴有此行乎 日本人鶴岡이ᄂᆞᆫ今爲農部書記官으로商工局장代辦을勤務ᄒᆞᄂᆞᆫ대日前에韓人筆商이에筆次로農部에入ᄒᆞ엿다가히局에入ᄒᆞ얏더니本來鶴岡이가自尊之心이有ᄒᆞ야韓人官吏와同處ᄒᆞᆷ도아니ᄒᆞ고獨處壹室ᄒᆞᄂᆞᆫ지라筆商이其理由를不知ᄒᆞ고閉ᄒᆞᆫ門을開ᄒᆞ고入ᄒᆞᆫ즉適其時에鶴岡이ᄂᆞᆫ有務ᄒᆞ야他에往ᄒᆞ얏ᄂᆞᆫ대在傍하던雇員이空室에入ᄒᆞᆷ을禁ᄒᆞᄂᆞᆫ故로히筆商이退步ᄒᆞᆯ際에鶴岡이가入來ᄒᆞ다가見ᄒᆞ고無端이毆打ᄒᆞ야流血이淋漓ᄒᆞ며히商에筆을多數抑奪하야持ᄒᆞ고次官室노入ᄒᆞ얏다더라

●面장無瑕 仁川南村面面장閔吉勳시ᄂᆞᆫ面장을被任ᄒᆞᆫ後로風雨를不避ᄒᆞ며勞苦를不辭ᄒᆞ고克盡職務ᄒᆞ더니不意에無賴輩의匿名서가府庭에投入됨을因ᄒᆞ야壹面人民이會議하고據代를定ᄒᆞ야本府의辨明ᄒᆞ얏다더라

●呂郡民怨 呂州郡人民等이春秋로每戶에금九錢式收合ᄒᆞ야각面長의게酬勞금을依例應給ᄒᆞ얏ᄂᆞᆫ데該面長等의壑慾이漸生ᄒᆞ야該郡警察署에圖囑ᄒᆞ고今秋爲始ᄒᆞ야每戶에正租壹斗式更加督刷ᄒᆞᆷ으로民怨이漲天ᄒᆞᆫ다더라

●安民不安 安山郡각面에在ᄒᆞᆫ각驛七小作人等이度支部令을依ᄒᆞ야陰曆八月晦內로申請ᄒᆞ야締約서ᄭᆞ지繕給ᄒᆞᆫ賭貢을該郡財務署長洪某가該小作人等에게出給지아니ᄒᆞ고本年分收稅를原定上納外에加捧ᄒᆞᆷ으로民情이嗷嗷ᄒᆞᆫ다더라

●海賊出沒 全羅北道濟州島에居ᄒᆞᄂᆞᆫ高과石以外십五名이去십月十四日漁業次로荃島에서出帆ᄒᆞ얏더니暴風을遭ᄒᆞ야淸國寧波府定海縣近海ᄭᆞ지漂流ᄒᆞ다가僥倖히救助船의救護를得ᄒᆞ야上海와長崎를經ᄒᆞ야去月下旬에釜山에無事히到着ᄒᆞ얏다더라

●襲擊兩郡 義兵數百名이海南靈光兩郡을襲擊ᄒᆞ얏다더라

●嫌疑被捉 去月九日午前九時三십分에新義州着列車가枇峴과白馬두驛을通過ᄒᆞᆯ時에投石ᄒᆞᆫ者가有ᄒᆞᆷ으로히地警察署에서詗捉코저하더니去月三십日에龍川郡光化面回軍洞居ᄒᆞᄂᆞᆫ梁成潭을嫌疑者로捕捉ᄒᆞ야平壤地方裁判所에押交ᄒᆞ얏다더라

寒江孤魂 去月二拾八日午後십時에淸國人三名이平壤大同江岸에서繫留小船을乘ᄒᆞ고江中에流下ᄒᆞ다가沉沒ᄒᆞ야溺死ᄒᆞ얏다더라

●崔氏招上理由 警視廳에서泰安郡守崔鶴來氏의게急爲上京ᄒᆞ라ᄒᆞᆷ은已報어니와該氏別室이紙幣를僞造ᄒᆞ다가警視廳에被捉ᄒᆞᆫ事에對ᄒᆞ야審査ᄒᆞᆯ次로上來ᄒᆞ라ᄒᆞᆷ이오其他某々三人도方在詗捉中이라더라

●兩人押囚 沈宅鎭吳貞仲兩氏가洪宗憲氏에게技債를勒貸ᄒᆞ고該氏의田畓을强奪ᄒᆞᆷ으로其從祖洪在祐시가警視廳에呼冤ᄒᆞ얏ᄂᆞᆫ즉已報어니와該廳에셔中部警察署로指飭ᄒᆞ야沈洪兩人을押囚ᄒᆞ고現行審査ᄒᆞᆫ다더라

●徐獨處役 警視廳別巡檢김春三邊學洙兩人이徐廷寬을符同하고泉絲出沒ᄒᆞ야無罪良民을捕縛毆打ᄒᆞ고財産을强奪ᄒᆞ다가奸狀이綻露되얏ᄂᆞᆫ데김春三邊學洙ᄂᆞᆫ當之勿間ᄒᆞ고徐廷寬만捉囚ᄒᆞ야裁判所로押送ᄒᆞ야四年의處役ᄒᆞ얏다더라

●掘塚賊捕縛 前參判김天洙氏의先山이果川上西面秀村의在ᄒᆞᆫ데去月二十日頃에何許賊漢이掘塚ᄒᆞ고頭骨을窃取ᄒᆞ고金三萬圓을討索ᄒᆞ다더니近日果川巡査가該賊漢김興千을捕縛査問ᄒᆞᆫ則該漢이不下當杖의自服ᄒᆞᄂᆞᆫ故로水原警察署로押上ᄒᆞ얏다더라

●就會特會 昨日下午壹時에漢字統一會에셔觀鎭학校內의特別會를開ᄒᆞ고會務를處理ᄒᆞ얏다더라

●帝國開會 大韓학生親睦會에셔大韓二字를帝國으로改稱ᄒᆞ고本日下午三時에敎化門前國民夜학校로開會ᄒᆞᆫ다더라

●關東總會 關東학會의서今日下午壹時의定期總會를本會館內에開ᄒᆞ고諸般事務를處理ᄒᆞᆫ다더라

●慈惠總會 慈惠婦人會에서陰曆今月拾五日下午壹時에特別通商總會를孤兒院內에셔開ᄒᆞᆫ다더라

●移館開學 종路靑年학會가校舍를今番新建築ᄒᆞᆫ會館內로移設ᄒᆞ고明日부터開學ᄒᆞᆫ다더라

●安峴學校 安峴학校에셔測量학員을募集ᄒᆞ고熱心敎授ᄒᆞ더니今月三日에該校本業式을舉行하얏ᄂᆞᆫ데白南薰鮮于金龍寅漢鄭鎭源卞文鎭韓成履等六拾二人인대第二回학員을募集ᄒᆞᆫ다더라

●寡則兩全 熊川郡開通학校維持方針에對ᄒᆞ야該郡鄕校답及養士齋畓六십七斗落과鄕廳殖利錢二千兩을寄付ᄒᆞ얏다ᄂᆞᆫ事件을更히該郡人의確報를據ᄒᆞᆫ즉同畓六십七斗落內에三十斗落만捐付ᄒᆞ고其餘及鄕利전은同郡각학校에寄附ᄒᆞᆯ터이라더라

●加壹維持 慶南昌原府舊熊川加德面私立加一학校의維持가困難ᄒᆞ더니該面漁採組合會中으로石首漁條와毛鑵出賭稅를讓與該校ᄒᆞ고紳士崔鉉회감紙烟兩시가宗德沙駄漁基를捐付학校ᄒᆞ미壹境이感服ᄒᆞ야爭先出義에基本금이至爲四千五百八십餘圓이오現存학徒가晝夜學並ᄒᆞ야八십餘人에達ᄒᆞ얏다더라

▲地方消息▼

▲去月念十六日綾州東南方二十里地利陽院에서義兵壹百五拾名이히郡分遣隊日憲兵과交戰ᄒᆞ얏다ᄒᆞ고

▲本月二日茂장郡東北方十里地에서義兵五십名이히郡分遣所日憲兵 名과補助員四名과交戰ᄒᆞ얏다더라

▲寃恨徹天▼

▲漢江水의더魚별은水獺에게滅種되오三角山의더麋鹿은猛虎에게다죽ᄂᆞᆫ다各地方의情形보면慘酷ᄒᆞ々더人民은日憲兵과補助員의百般虐待못견듸셔奈何冤曲漲天하다

▲엇지흠뎌々々々우리蒼生 엇지흠뎌政府中의太官들은地方鎭撫ᄒᆞ랴ᄒᆞ면무슴方針못히여셔補助員을設施ᄒᆞ야無賴悖漢모러다가無辜ᄒᆞᆫ民다죽이니 애고답々엇지흠고

▲엇지흠뎌々々々우리蒼生 엇지흠뎌僅々得生이내産業田十斗落잇고보면不出門外曖昧人을義兵干連잇다ᄒᆞ고風雨又치잡아다가諸般惡刑俱施ᄒᆞ니 애고답々엇지흠고

▲엇지흠뎌々々々우리蒼生 엇지흠뎌稅田薄土지은農事남줄것을주고보니卒歲之計茫然인대彼輩들의糧米ᄭᆞ지各面各里卜定ᄒᆞ야星火又치督促ᄒᆞ니 애고답々엇지흠고

▲엇지흠뎌々々々우리蒼生 엇지흠뎌糧米卜定그ᄲᅮᆫ인가柴油醬塩々種ᄭᆞ지民間에다勒斂後에義心나면牛갑슈고不然이면고만두니料牛흠슈어니잇나 애고답々엇지흠고

▲엇지흠뎌々々々우리蒼生 엇지흠뎌如干財産다쎄서도生命이나그저두면百拜頌祝ᄒᆞ련마ᄂᆞᆫ日憲兵을符同ᄒᆞ야良民砲殺滑ᄒᆞ이오婦女겁奸技技도셰 애고답々엇지흠고

▲엇지흠뎌々々々우리蒼生 엇지흠뎌彼輩들의責任이야義兵討伐ᄒᆞ다ᄂᆞᆫ데義兵討伐재뭇ᄒᆞ고良民부터討伐ᄒᆞ야壹般行政干涉ᄒᆞ고無處不當行悖ᄒᆞ니 애고답々엇지흠고

▲補助員아補助員아너도亦是韓人이라ᄒᆞ니彼悽凉人民들이同胞兄弟아닌가外國人을符同ᄒᆞ고네兄弟를殺害ᄒᆞ니그兄弟가다죽으면爾獨生活ᄒᆞᆯ듯ᄒᆞ나어리셕다補助員아

上……年兄弟는本나방店員李顯化와同居ᄒᆞ이名道名郡請니事에來서去서와金錢出納事務를全掌ᄒᆞ시기바라오니卽爲往臨ᄒᆞ심을爲要홈

再告全國拾三道內各學校에衛生叢要ᄒᆞᆫ東西藥業月報와敎育上緊要ᄒᆞᆫ書籍類印刷되ᄂᆞᆫᄃᆡ로時々仰呈코ᄌᆞᄒᆞ오니貴學校番地와校長校監閣下尊啣을以書下示ᄒᆞ심을千萬伏望홈

社告

自中部鍾路로至梨峴等地分傳人尹起淵代에他人으로代금을收取케ᄒᆞ짓ᄉᆞ오니當地에本報購覽ᄒᆞ시ᄂᆞᆫ僉員ᄂᆞᆫ照亮ᄒᆞ시고尹起淵이가雖有領證이라도代金을出給지마시고代受人의게出給ᄒᆞ심을望홈

大韓每日申報社

廣告

本校에서第三回測量三個月速成科學員을新募ᄒᆞ오니願學僉員은陽拾貳月八日ᄂᆡ로請願ᄒᆞ시옴

但請願紙ᄂᆞᆫ本校用紙로ᄒᆞᆷ
試驗은國漢文讀書
筭術은四則以ᄂᆡ
試驗日字拾貳月拾日上午九時
上學時間은自下午四時至六時

典洞私立中東學校

本人의六代祖水使公ᄒᆞ와五代祖府使公以咸파從曾祖春之墓가高陽馬頭里正發山에온바中年失傳이라가今春의奉尋ᄒᆞ올기廣告ᄒᆞ오니京鄕諸族은照亮홈

京南門外東幕二拾六統壹戶
春湖公九代孫柳暘　告白

◎明月館主金東植은僉位閣下가洞悉ᄒᆞ시던바어니와김東植氏가不得已ᄒᆞᆫ事故로休業ᄒᆞ고本人이繼續ᄒᆞ야層擴張ᄒᆞ짓ᄉᆞ기로玆以廣告ᄒᆞ오니伏願僉位閣下ᄂᆞᆫ益加愛顧ᄒᆞ심을伏望

黃土峴明月館主
鄭信徵　告白

本社에서測量ᄒᆞ기爲ᄒᆞ야生徒八십人을敎習ᄒᆞ야已經受業이옵기玆에廣告ᄒᆞ오니已墾未墾地에測量을有意ᄒᆞ시ᄂᆞᆫ僉員ᄂᆞᆫ來議于本社ᄒᆞ심을望홈

公州府下合資測量事務所　白

天安居沈宅鎭이가今年七月分에北部苑洞居洪宗憲의淸州西江所在답二십餘石落을折價二千六百四十圜ᄒᆞ야舊量案으로買得矣러니洪宗憲洪承萬이가日人川本準作家通譯人有名挾雜之洪什祐를符同ᄒᆞ야與川本으로偕往淸州ᄒᆞ야허畓을川本이가買得ᄒᆞᆫ줄노證明을허郡에請出ᄒᆞ야將欲威脅勒奪故로沈시가天安警察分派所에告訴ᄒᆞ야洪宗憲을押囚ᄒᆞ얏다가京城裁判所에呈卞次로率來인바再昨日下午에至남大門外則諸洪이挾雜輩십餘名을募集ᄒᆞ야沈시를甑雨似驅入于川本家ᄒᆞ야毆蹴縛打에威脅恐迫이無所不至故로沈시가逃命得脫ᄒᆞ야卽爲告發於西署러니洪시가中署에反爲告發ᄒᆞ기를沈시가無証畓을田답을賭技로勸奪ᄒᆞ얏다ᄒᆞ야現在裁判中인ᄃᆡ沈囚洪放ᄒᆞ얏스니田畓買賣法이擧皆如此된官踏印ᄒᆞᆫ舊量案도無用이오無證據ᄒᆞᆫ證明書만圖得ᄒᆞ고運動力만入ᄒᆞ면一土再賣라도法律에無碍인지壹로再賣ᄒᆞᆫ洪宗憲與承萬과詐欺取財로同謀挾雜ᄒᆞᆫ洪什祐와無證據ᄒᆞᆫ給證ᄒᆞᆫ허郡守와外國人藉勢ᄒᆞ고欲奪正當買賣之土地ᄒᆞᆫ者ㅣ日人川本準作인ᄃᆡ彼가荷杖之習으로搆虛揑誣ᄒᆞ야揭載新聞上ᄒᆞ얏기로玆以擧實下明홈

下於義宮內六統壹戶
李撤夏　告白

本人이陽本月四日下午拾時量에東關等地에서紙匣壹個를拾得ᄒᆞ얏ᄂᆞᆫᄃᆡ其內에名片紙拾五枚와서信壹封이옵기玆에廣告ᄒᆞ오니서失ᄒᆞ신이ᄂᆞᆫ本人處로오서서推去爲要

泥洞拾二統五戶
李延豐　告白

本面々長閔吉勳은本是豪俠之人으로遊蕩ᄒᆞ야放蕩ᄒᆞ다ᄂᆡ前過를悔改ᄒᆞ고閉戶獨處ᄒᆞ야正心修身者年久矣요面長之任을被ᄒᆞᆫ後로부터尤切謹愼ᄒᆞ야公私分明ᄒᆞ고勸善懲惡을猶恐不及ᄒᆞ고誠心視事ᄒᆞ야撫恤四窮ᄒᆞ고强者를抑之ᄒᆞ며弱者를扶之ᄒᆞ고風雨不避ᄒᆞ며勞苦를不辭ᄒᆞ고民情을極盡保護故로壹境人民이莫不稱頌이러니不意近日에無賴輩數人이欲圖面長ᄒᆞ야凶計를陰設ᄒᆞ고無根之說노匿名書를做出ᄒᆞ야府衙에投入ᄒᆞ기로壹面多士가不勝抑鬱ᄒᆞ야本面中央에會議ᄒᆞ고壹面總代를定ᄒᆞᆫ後에本府에面稟告ᄒᆞ야面長의冤屈을快伸ᄒᆞ얏거니와此事件을不可不廣布故로如是仰佈홈

仁川南村面居民等總代李鎭淵

測量器械大放賣廣告

拜啓者測量은當局之急務오器械ᄂᆞᆫ測量之大綱也라壹器械之不精이면萬能이無效故로今에本人이　僉君子의便宜를圖코ᄌᆞᄒᆞ야至精ᄒᆞᆫ各種器械를廉價로大放매하오니　僉君子ᄂᆞᆫ陸續請求ᄒᆞ심을伏望홈

測量各種器械大放賣所
釜港本町二丁目貳十壹番地
權順度
李炳夏

鎭南郡守高義駿氏ᄂᆞᆫ巨濟郡在任時에爲該敎育ᄒᆞ야捐金貳百圜ᄒᆞ니郡民感應ᄒᆞ야補助合금이八百九圜으로設立學校ᄒᆞ고海毛藿賭ᄂᆞᆫ翩日雜輩가燭進圖奪故로郡守不惜勤費ᄒᆞ고屬港理事府大邱監督局에歷仕說明ᄒᆞ고學員中選其優等ᄒᆞ야望定鄕校掌儀ᄒᆞ야勸奬郡子弟ᄒᆞ야欲其就學之意也오漁基매금은십面與事主管而郡守初無預爲ᄒᆞ니라奬학之誠과導民之政이如是赫赫而量彼何人이有何嫌端ᄒᆞ야敢射역心ᄒᆞ야做出無根에以學校補助금毛藿漁基매금乾沒과학員受賂等說로八名儕ᄒᆞ야揑ᄒᆞ學校하極其駭惡ᄒᆞ야玆擧實狀而廣告홈

私立巨濟학校敎員兪公煥告白

特別廣告

諸般法律事務를誠實히迅速處理ᄒᆞ오니
僉彦은陸續來議ᄒᆞ시옴

辯護士朴星煥法律事務所
京城中部長橋
東谷洞二拾統三戶

慶南鎭남部所在忠烈祠ᄂᆞᆫ本人等의先祖李忠武公舜臣의忠烈을表ᄒᆞ기爲ᄒᆞ야春秋賜享이신바該祠에屬ᄒᆞᆫ답은數百年以來로無弊保管이어니不意今春에該郡守高희駿氏가奪附학校이다該院任의急告를據ᄒᆞ야禁止次로半年中이定有司리奎翼世派送矣러니同奎翼이敢生不肖之心ᄒᆞ야斥賣肥己코ᄌᆞᄒᆞᄂᆞᆫ中에族人前參將리남熙가底ᄒᆞᆫ宗中命을不由ᄒᆞ고私自下去ᄒᆞ야奎翼과該院任奸猾輩와鳳律徐비洽김기憲等으로藉托設校ᄒᆞ고完文을呈ᄒᆞ야同院畓을方爲放賣ᄒᆞ니此擧之事ᄂᆞᆫ無非恐公營私ᄒᆞ자ᄂᆞᆫ悖類之事인則右九人은方爲裁判이기로玆에爲先廣告ᄒᆞ오니내外國人은切勿見欺ᄒᆞ시오

宗孫리種玉
문中리與權등　白

▲警世歌　定價십九錢

편편리담경세가右서ᄂᆞᆫ倫理上緊要ᄒᆞᆫ奇談을國々絶句로編述ᄒᆞ야浮雜ᄒᆞᆫ男女의惡行悖習을警惕悔改ᄒᆞᆯ만ᄒᆞᆫ良서니一般男女敎育에最適ᄒᆞᆷ

致富新說　定價십三錢

右서ᄂᆞᆫ些少資本으로獲得巨利ᄒᆞᄂᆞᆫ秘法과牛疫治療에神效ᄒᆞᆫ方法

文明進化論　定價三拾錢

右서ᄂᆞᆫ문明進化의知識世界를導케ᄒᆞᄂᆞᆫ要서

發行所　京鄕各有名書舖

本人子창熙年今拾九歲不遵敎訓ᄒᆞ고倘類出沒京鄕僞造文券盜賣里長圖書欲爲得債云故玆以廣告勿論내外國人切勿見欺

京畿道安산郡草산면月尾洞
朴春才　告白

◎學員大募集廣告

測量壹個月速成科를設ᄒᆞ고上午十時로下午二時ᄭᆞ지ᄒᆞ오니陰曆拾月拾七日ᄂᆡ로請願ᄒᆞ오

北部齋동三統拾戶
夜학日語科도同日開학

測量新塾

正三品安玘煥改名泰玉
從二品安翊煥改名升玉

本社에서蒸汽機械를製造ᄒᆞ고製紙와造紙를先試ᄒᆞ기爲ᄒᆞ야股金을募集ᄒᆞ오니有志僉君子ᄂᆞᆫ趁期應募ᄒᆞ심을望홈

蒸汽機械製造社　告白
臨時事務所ᄂᆞᆫ西門外湖南鐵道事務所內

左開

壹 股數ᄂᆞᆫ五千株로先定홈
壹 株金은每株에貳십圜으로定홈
壹 株金收入은四回로定홈
壹 株金收入期
第壹回 隆熙三年壹月三십日
第貳回 仝 四月三拾日內로
第參回 仝 七月三십日內로
第四回 仝 십月三拾日內로

特別廣告

本人이判事를辭免ᄒᆞ고辯護士를開業ᄒᆞ얏ᄉᆞ오니　僉君子ᄂᆞᆫ事件의大小難易를勿論ᄒᆞ고照亮來議ᄒᆞ시옴

辯護士張燾
法律事務所
中部茶洞拾四統五戶

本人의姓名圖章을陰십壹月六ᄂᆡ遺失於新幕停車場이오니內外國人은勿爲準信홈

平山郡舟岩面閔致敍　告白

학員募集廣告

本所에서第二回一個月速成測量學員을募集ᄒᆞ오니陽십一月七日ᄂᆡ로有지僉彦은趁早請願ᄒᆞ심을務望

北部安峴奬學社ᄂᆡ
特別測量科　告白

國漢文新玉篇

廣告

◉漢城鐘路天賜靑年公有慈惠大藥房에四商權一目的

一商權은李觀化朴慈惠李敏昌沈慈善兄弟夫婦가西洋病院에入학ᄒᆞ야醫藥上에六七年修業ᄒᆞ다가鐘路市上에별邊으로醫院을特設ᄒᆞ고별邊으로製藥所를大設ᄒᆞ고兄弟夫婦가坐市賣藥ᄒᆞ오니此爲壹商權이요

二商權은慈惠藥房藥方文은漢城南大門外濟衆院方藥에서神妙ᄒᆞᆫ藥方文을抄出ᄒᆞ야가지고醫學博士洪석亨洪鍾殷兩氏에게實驗方劑書를受ᄒᆞ고또商標特許局에慈字商標를登錄ᄒᆞ엿고藥材마다大韓醫院에請願ᄒᆞ야衛生試驗部의서化學으로分析ᄒᆞ야人民衛生에適當ᄒᆞᆫ기로醫學士兒島高里君과壹等약製官劉世煥氏의게確實證明書를受ᄒᆞ엿스니此爲二商權이요

三商權은慈惠藥房에서活版所를特設ᄒᆞ고職工이製藥幷ᄒᆞ야二十五人에達ᄒᆞ고鑄字가三十萬字요各小機械가具備ᄒᆞᆫ지라隆熙二年六月廿二日의內部大臣의게認可를受ᄒᆞ고第三種郵便物認可를得ᄒᆞ고東西藥業月報를每月版出ᄒᆞᄂᆞᆫ대其目的은東西新藥과大韓과日本과淸國과獨國과法國과英國과美國新製藥品이新發明되ᄂᆞᆫ대로主治効能과用法과定價를以國漢文으로繙譯ᄒᆞ야記載ᄒᆞ고銅峴乾材藥局唐艸材昇降ᄒᆞᄂᆞᆫ時價와洋약乾材檢查表와時價를每月印刷ᄒᆞ야拾三道內窮村에居住ᄒᆞᄂᆞᆫ兄弟의게도月報를每月에報告ᄒᆞ오니此爲三商權이요

四商權은各色圖畵印刷ᄒᆞᄂᆞᆫ石版機械를新備ᄒᆞ고書冊에表紙도美麗ᄒᆞ게ᄒᆞ고냑封外皮도各色圖畵로印刷ᄒᆞ고全國十三道內각社會及各學校에株券地圖商標와學校進級證賞狀證卒業證書修業證書에냑封皮冊衣類를見本만보고精々印刷ᄒᆞ야以小包郵便으로信送ᄒᆞ야使遠地居住僉兄弟로不必上京케ᄒᆞ오니此爲四商權이요

一目的은金貨를多聚ᄒᆞ야全國靑年敎育上에公用ᄒᆞᆯ目的

天父前의罪人 李觀化 朴慈惠 伏地祈禱

韓國人諸彥을爲ᄒᆞ야民刑訴訟其他諸般法律事務에從事ᄒᆞ야親切叮嚀ᄒᆞ고且迅速處理ᄒᆞᆷ

中部典洞三十八統九戶

日本辯護士 藤井太郞

同所에特許事務所를設ᄒᆞ고特許意匠商標著作權等의登錄出願及審判事件의高囑도應受ᄒᆞ와處理ᄒᆞᆷ

特許代理業者 藤井太郞

民刑訴訟及鑑定其他壹般法律事務及代書事務를兼備ᄒᆞ야各地僉位의依囑에親切히應하오며但紹介를不要ᄒᆞ고出張에應ᄒᆞᆷ

元山港柳町壹丁目二拾五番戶

(電話三壹五番)舊守備隊前

辯護士 柴田艮之助

米國元雅豢氏ᄂᆞᆫ天父의命令을順從ᄒᆞ야大韓靑年의德育體育智育ᄒᆞᄂᆞᆫ基督靑年會館에八萬圓을寄附ᄒᆞ얏스니我韓人民도天命을順受ᄒᆞ야元雅豢氏의盛意를萬分之壹

大韓國十三道各郡에總發行所ᄂᆞᆫ京城南大門內濟生堂大藥房

淸心保命丹　發行所 仁川港 濟生堂藥房　九粒入金拾錢

(主治效能)

담飮●咳嗽●胃痛腹痛
氣鬱●食傷●中暑中寒
食積●吐瀉●水土不服
酒醉●口臭●船車眩暈
其他運氣厲疫을預防
ᄒᆞᄂᆞᆫ奇效가有ᄒᆞᆷ

蛔積殺蟲散 약

右藥은蛔虫壹切을拔根ᄒᆞᄂᆞᆫ妙약 (금십錢)

北米邦補血水

此약은補血補元氣ᄒᆞ고手足厥冷ᄒᆞᆫ듸와腹中冷病과氣不足ᄒᆞᆫ듸와積病에特效가有ᄒᆞᆯ뿐외라鹿茸人蔘보다倍勝ᄒᆞ기로擅名이되얏슴 (每瓶金三圓)

●美國最新上品金桂納○德國上品金桂納其他內外國新製藥의○陰陽雙補藥○不足症藥○婦人冷病藥○男女瘡病藥○寸虫去根藥○듸눈藥○眼藥各種○疥瘡藥○皮風藥○小大腫氣膏藥各種○感氣藥○淋疾藥○舊滯藥○其他各種은一一難記○大韓全國內藥商ᄒᆞ시ᄂᆞᆫ僉彥께ᄂᆞᆫ特히割引ᄒᆞ야大放賣ᄒᆞ오니陸續注文要望○遠地에ᄂᆞᆫ小包郵便으로도信送ᄒᆞᆷ

◉支店及出張所ᄂᆞᆫ

開城 水原 江華 公州 江鏡 淸州 忠州 永同 禮山
天安 群山 全州 光州 羅州 木浦 濟州 大邱 安東
晋州 馬山 釜山 金泉 密陽 慶州 江陵 春川 伊川
元山 咸興 北靑 鏡城 平壤 三和 安州 宣川 肅川
義州 郭山 定州 博川 線川 寧邊 鐵山 海州 長連
延安 信川 長淵 安岳 載寧 鳳山 瑞興 黃州 新幕

京城南大門水閣橋 仁川港寺峴 濟生堂主 李庚鳳 謹告

度支部測量課 編纂

土地測量術

全壹冊正價금 幷製六拾錢 洋裝九拾錢

近日測量術書類에三四種이刊行되엿스나不完全의缺點이不無ᄒᆞᆫ바今에本書ᄂᆞᆫ細部測量으로圖根測量々지詳密히編纂ᄒᆞ얏스며각種實地測量ᄒᆞᆫ製圖의圖本을挿入ᄒᆞ야壹般斯學界의無二ᄒᆞᆫ寶典이오且紙質의堅美ᄒᆞᆷ과製冊의華麗ᄒᆞᆷ이測量術書中에覇王이라稱ᄒᆞᆯ만ᄒᆞᆷ

〔發兌元〕
皇城中部罷朝橋越 中央書館 朱翰榮
仝 南部大廣橋路 大東書市 會基鉉
仝 南部門內尙洞 滙東書館 高裕相
仝 博文書館 盧益亨
仝 남門外紫岩 新舊書林 池松旭

地方行政論

嶺雲九氏 譯述　全壹冊 定價金三拾錢

▲本書ᄂᆞᆫ地方自治行政에關ᄒᆞᆫ壹般의原則과外國의現行制度를參互撰集하야簡明히論述ᄒᆞᆫ者ㅣ니現히地方官의位에在ᄒᆞᆫ者의行政上參考될은勿論이오全國人士ᄂᆞᆫ각其國脉生活의本旨를瞭解ᄒᆞ야將來自治制度組織의基礎를成ᄒᆞᆫ者ㅣ니有志僉彥은速々購覧ᄒᆞ시오

發行元 皇성中부罷朝橋越邊 中央書館
발賣處 京城及地方 各書肆

壯陽復元丹

此藥은專치腦痛肺弱○房事色傷○心腎虛弱○陽萎不起○遺精多夢○神經衰弱○房事時早漏不快○病後虛弱○健忘不眠○貧血諸症○先天不足○飮食不下○眩暈頭痛○等症ᄒᆞ나니試將此丸을照法服之면不過幾点鍾에立見妙效ᄒᆞ야魂飛肉躍에精神倣蕾ᄒᆞ고頓覺愉快ᄒᆞ나니其症이輕者ᄂᆞᆫ服壹貳週면挽回元陽ᄒᆞ고其症이稍重者ᄂᆞᆫ可服三四週ᄒᆞ고多年痼疾로其症이頑重者ᄂᆞᆫ連服七八週면必能全치無疑니若夫無病之人도試用此劑則補血而益氣ᄒᆞ고强筋而壯骨ᄒᆞ나니用之八週而未見其妙則請將價額을如數還呈이요不敢虛誕自欺라此丸에又無論男婦老幼ᄒᆞ고均用有效ᄒᆞ나니眞世間無比之妙劑也라僉位ᄂᆞᆫ何不早圖壹試오

壹週分壹圓
二週分壹圓八十錢
四週分三圓四十錢
八週分六圓四拾錢

發行所 皇城종로大廣橋십九統七戶 共愛堂약房
特約代理店 京城水橋 濟生堂약房

各種書籍大發賣所 京城南部銅峴四巨里二層屋

文明書館

玄檍 告白

本社에셔活板機械를壹新整備ᄒᆞ고各種印刷를廉價需應ᄒᆞ오니僉位ᄂᆞᆫ惠顧ᄒᆞ시옵社會公益上印刷ᄂᆞᆫ二割特減ᄒᆞᆷ

本社發行書目

[illegible]書法　吳榮根君 著　定價금七拾錢

本書ᄂᆞᆫ測量、建築、構造、機械、見本、壹切實地應用製圖法 官立高等학校敎授김夏鼎君著 壹箇月間速成卒業 定價금五拾錢

算術自解　本書自初等數量至求積法解式及運算詳備獨習甚便、測量及速成각학校現行敎科서 五拾錢

最新算術　官立高等學校及習成專門學校現行敎科書　全部上下定價금壹圓

大韓鉄道各線時刻貸金表　定價금五錢 改正件添付

鍾路里門上隅拾二統三戶 興文社

發行兼編輯人英國人 萬咸
Responsible for Publication Alfred Weekley Marnham.
發行所 皇城中署井洞號外邊三層洋屋 大韓每日申報社

第六卷

大韓每日申報

第九百七拾貳號

月曜及慶節時日休刊

檀君開國四千二百四十一年
箕子元年三千五十年
大韓開國五百十七年
日本明治四十一年
淸國光緖三十四年
陰曆戊申十一月小十五日丁酉

論說

◉宋秉畯氏의心腸

國耻民辱을痛흐야頸血을亦濺흔閔忠正公의遺庄故宅이宋秉畯氏의口로盡入乃已흐는도다

精忠이日을貫하고氣節이天에亘흔閔忠正公의遺産이宋秉畯氏의刼奪을遭흐야其夫人幼兒가凍餓乃已흐는도다

嗚乎慘哉라宋氏의腸을盡흐던毒手腕이閔忠正公家로又向흐며宋氏의民을戕흐던毒心腸이閔忠正公家로又移흐얏도다

吾儕ㅣ閔忠正公의事를忍言흐리오豈身을殉흐야國家의犧牲이되얏스며悲風舊館에孤竹만懸々하고豈尺靑山에秋草만離々하니牧竪도爲하야心을據흐고行人도爲흐야淚를墮흐는지라彼寂寞寒閨에夫人은血을泣흐고凄凉故堂에孤兒는爺를呼흐니誰가此를悲恰치아니흐며公은雖去하얏스나公의遺產은尙餘하얏스며公은不返흐나公의故宅은猶存하얏스니又誰가此를愛護치아니흐리오

余의忖度에는비록豺狼의性과蛇蝎의心이有흔者라도必然公을愛흐는心으로公의遺産을愛흐며公을崇拜흐는精神으로公의故宅을崇拜흐야彼伶仃可憐흔孤兒寡婦를極力保護흐리라흐얏더니乃者彼人道도無흐고人情도無흔宋秉畯氏가此殘忍흔事를忍行흐야公의孤兒를脅迫흔뿐아니라公의千餘石秋收地를勒奪흐며秋收地를勒奪흔뿐아니라公의仁港家屋을又奪흐얏다흐니嗚乎라彼도亦、、이거날엇지此를忍爲흐는가

彼의手腕이비록毒흐들엇지此에忍下흐며彼의心腸이비록毒흐들엇지此를忍謀흐며彼의口吻이비록毒흐들엇지此를忍喫흐는가此를睹흐고苟或僅半分血氣가有흔者면髮이不竪흐며眦가不裂흘者ㅣ豈有흐리오

盖彼는附日의道를孜々講究흐야는며公은扶韓의道를孜々講究흐얏스며彼는國을害흐야身을肥흐는며公은國을爲흐야身을殺흐얏스며天下人이彼를唾罵하야彼의惡歷史를筒竹에刊흐는대公은天下人의愛慕를受흐야雖婦人小兒라도亦贊嘆崇拜흐니彼가必然公을苦心痛惡흐야猜忌의獸心을不禁흐얏슬지라

是以로公의田宅을奪하며公의妻兒를凍餒케흐야其讎恨을快報흠이로다

彼吳信默은本是公家舊人으로敢히公의故恩을背흐고宋氏와符同흐야此惡事를相助하얏다흐니嗚乎라此亦宋氏와同等의巨惡이로다

公의忠血이未乾흐야彼權凶極惡輩가公의遺産을지占奪흐니萬壹九原下에公의忠魂이尙在흐면其感念이如何흘까

乃者某々有志者가痛忿을不忍흐야當事擧訴裁判흐야忠臣의遺産을保護흐지고屢々威嚇흐니或者果然若是흐야天下人의公憤을快伸흐는지

▲隆熙貳年拾月二拾七日 官報

●告 示

農商工部告示第拾二號 續

第百三拾壹條 商法第百십壹條第二項의規定을依흐야檢査의許可를申請하는境遇에는檢査를要흐는事由、同法第百六拾條第二項의規定을依흐야總會招集의許可를申請흐는境遇 는取締役이其招集을怠흔事實을疏明흠을要흠

前項의申請은書面으로써此를行흠을要흠

第百三십二條 前條의規定을依흔申請이當흐야는裁判所는理由를附흔決定으로써裁判을行흠이可흠

申請을認許흔裁判에對흐야는不服을申提흠을不得흠

第三百卅三條 商法第百九십六條第二項의規定에依흔定款의認可申請은開業前에利息의配當을行흠을要흐는事由를疏明흐야發起人이나又는總取締役이此를行흠이可흠

前項의申請에對흔裁判에當흐야는前條規定을適用흠

第百三拾四條 商法第四拾七條第四十八條及商法施行法第百二條第二項의境遇에는會社의解任命令은理由를附흔決定으로써此를行흠이可흠

裁判所는裁判을行흐기前에利害關係人의陳述을聽하며檢事의意見을求흠이可흠

第貳項의規定은會社의申請을因흐야開業期間의伸長에當흐야裁判을行흐는境遇와商法施行法의規定을依흐야會社의營業禁止를命흐는境遇及日本에設立흔外國會社의支店閉鎖를命흐는境遇에此를準用흠

（未完）

外報

●淸日開戰論 바다비아電을據흔則同地在留흐는淸國人이其機關新聞에揭載흐되淸日開戰흠은不得已흔事이라는論을흐얏고日貨를排斥흠은在外淸人이日本에對흔當然흔報復이라흐얏더라

●淸國憲法發布期 東京電을據흔則淸國에서는宣統八年에憲法을發布흐고議會를開흐기로決흐야延期를不許흐기로上諭가有흐다더라

●威海衛還附說 同電을據흔則英國은來年에威海衛를淸國에還附흐다는說이有흐다더라

●償金還附通牒 同電을據흔則德、伊、佛三國은淸國議和國事件에對흐야償金의殘部分을還附흠事로淸國外務部에通牒흐얏다더라

雜報

●嶺秀設校 江原道歙谷郡嶺外面有志紳士李瓊承陳台善諸시가共同協議흐야嶺面荅里에漢文私塾을并合흐야嶺面龜頂里의壹학校를組織흐얏는대校名은嶺秀학校라稱흐고校師는李宗燁시로延聘흐야教授흐는대學校가四五拾名에達흐얏고該郡守洪宗汴시가極力贊成흔다더라

●順豐設校 黃海道安岳郡順豐面某々諸시가財政을鳩聚흐야國盛學校를設立흐고校장申啓璞校監金鴻遠監督崔鳳興等務員金宗文諸시가極力贊成흐며金聖瑞시는名譽敎師로自擔흐고熱心敎授흔다더라

●婁氏熱心 東幕居婁順文시가敎育의熱心으로學校의補助와贊成에專力흐며興業이발達케흐고新학을硏究흐며同志를勸勉흐되個人私益을取치말고普通利益으로全國이발展케흐라흔다더라

●同門爭義 春川居흐는南相鶴씨가敎育과實業에熱心흠은人所共知어니와其仲昆相穆씨는其家內에學校를設흐고靑年을募集하야熱心敎育흐고其令尊世熙시는年今六十餘에尤爲奮發曰敎育은不可無흔者ㅣ나經費가無흐면難히敎育이니學校資財는我自擔當흐리라하고近處荒蕪廢棄흔田畓을占認墾흐고種桑植木흐야[illegible]看檢흐니遠近人이莫不稱頌흔다더라

●測量卒業 前齋洞測量所塾에서卒業試驗을經흐얏는디夜學優等生은李相琥金秉植等貳拾七人이오及第는金基昌外丁琠等三拾八人이오晝學優等은閔廣植趙秉黔等십九人이오及第는崔榮武趙健섭等拾四人인데諸씨의成績이良好흐다더라

●兩校合同 平安南道安州郡南松面育英학校와漏泉面北端學校가去月二日에協同흐야校名을西興학校라흐고학校經費는該面里의洞錄洞土를沒數寄付흐는대金額이五千餘圓假量이오有志諸氏에義捐금이壹千餘圓에至흐고生徒가百有餘人에達흐얏다더라

文壇

▲讀史新論（續） 一片丹生

第九章

김春秋의功罪

煑豆燃豆萁。豆在釜中泣。本是同根生。相煎何太急。此四句詩는魏ㅅ曹植이自巳家庭의不幸을自鳴흔語라余는我祖國史를讀흐며直히此感이腦際를突觸흐는도다

然이나作俑者가誰오흐면金春秋가是며推波助瀾者가誰오흐면歷史家諸人이是니此等妄想을發흐야異族으로흐야同族을滅흔金春秋여此等主義를鼓吹흐야吾族을削弱케흔歷史家여

第拾章 渤海國의存亡

嗚呼라我國이鴨綠以西를棄흐야敵國에讓흔지何時로自흐얏나고曰金富軾이三國史를編纂흐던時로自옴이라흐노라

何故오曰渤海大氏의其傳을不흐던血統을推흐면即我檀君의子孫이며其號稱은人民을問흐면即我扶餘의種族이오其據有흔疆土는即高句麗의舊物이니大氏를我國史에不著흐면當何人을著흐며大氏를我國史에不著흐면當何國史에著흐리오

（未完）

詞藻

●招隱曲

草堂에春睡足흐니。窓外日遲더되도다

大夢先覺더高士는、床前으로멋만숨나

진실노、翻然改圖흐양이면、廣濟蒼生

雜報

●驛馬用傷 前報와如히再昨日에 大皇帝陛下께옵서 德壽宮에 幸行ㅎ시고 還御ㅎ실後에中馬課記注官의所乘흔車馬가偶然驚駭ㅎ야自 昌德宮內로中部中橋까지馳走ㅎ는대鍾路廳警務崔基洪氏가人力車를乘ㅎ고過去ㅎ다가觸ㅎ야腰部가重傷흔故로治療ㅎ기爲ㅎ야남大門內安東病院으로昇去ㅎ얏다더라

●同惡相濟 內部大臣宋秉畯氏가吳信默으로ㅎ야곰閔忠正公ㅎ庭大夫人을甘言으로無數利說ㅎ야日上海에滯在흔閔泳瓚氏로軍部大臣을敍任ㅎ야不久에歸國케ㅎ다고ㅎ엿다더라

●宜有輿論 閔忠正公家田庄을宋秉畯氏가占奪ㅎ는事로某ㅊ紳士가本報及皇城報에廣告ㅎ얏더니國民報에揭載ㅎ되無理흔說로暗然揭載ㅎ고廣告費등中間乾沒ㅎ얏다ㅎ얏스니廣告등何以暗揭라ㅎ며正大흔言論을何以無理로歸之리오ㅎ고壹般輿論이喧藉ㅎ다더라

●手當賞與支給 法典調査局에서日人官吏가民商法에關흔慣習을詳知코저ㅎ야每日委員二人式該局으로招人ㅎ야法律을問答ㅎ다는뒤該委員의게手當금과賞與금을支給ㅎ다더라

●敎主訪問學次 京城에在흔天主敎堂敎主가私立學校認可에關흔節次와其他問議흘次로昨日에學部次官을訪問하얏다더라

●家規改良 前輔國閔泳徽氏가該시의家規를壹切節儉ㅎ기로改良ㅎ야該氏內外는年過五拾則紬屬을着ㅎ고其外諸眷은木屬으로衣服을製着ㅎ기로決定ㅎ얏다더라

●좌民吏 좌醫院守金永銖氏는政府가공平ㅎ고外交에編熟ㅎ야官況이穩安흘뿐더러敎育게熱心注意ㅎ야民志를開發흠으로聲譽가籍籍ㅎ다더라

●何請必許 莞島에在흔森林은國有產物인뒤該國人이年內多數請願ㅎ얏스나農부에셔認許치아니ㅎ얏더니日昨에日本人汀藤恒策이가何周旋이던지農부에賣下를願ㅎ야提出하얏는대日間內閣會議를經흔後認許가된다더라

●兩閔呼訴 數十年前에黃海道宮에셔該宮監河道登氏를黃海郡으로派送하야該郡居ㅎ는閔斑鎬閔泳汶시등의私有田一百餘石落과草坪內處를稍以未墾地로抑勒占奪ㅎ야圖出每斗落에正租二斗式濫賭ㅎ고草坪內處ㆍ葉錢煎白兩式收稅하야多年納入ㅎ는故로該시等이永宣君李垂鎔시에게卽時交涉ㅎ야還退니給ㅎ기를懇請ㅎ더니李시의所答이該土가文券이有하다ㅎ고該田畓券을持來ㅎ면相當흔價格을給ㅎ겟더ㅎ는故로依其言ㅎ야文券을往納ㅎ얏더니價文도不給ㅎ고徘睿ㅎ券ㅎ야延拖爲主흠으로該시等이日昨에上京ㅎ야地方裁判所에呼訴ㅎ얏다더라

●閔氏無理 席洞閔參奉明植시가中部校동吳主事重善시의家勢饒富흠을알고美洞居金光秀시를符同ㅎ야百方쇼介ㅎ야吳氏의手形四千圓假貸ㅎ借去ㅎ야外國人의게得債하라다가吳氏가閔氏의挾雜ㅎ追後詳知ㅎ고該手形을還推코ㅈ흔ㅎ閔氏가施贍不給ㅎ는故로日昨中部警察署에呼訴ㅎ얏다더라

●祕訴發捡 前觀察使朴錤陽시가亭合議訴를官가行ㅎ야海州地方裁判所ㅅ斷裁흘次로再昨日發往하고前府尹金鎭賢시도또該訴事가有ㅎ야龍川府裁判所에出裁흘次로昨日發程ㅎ얏다더라

●李軫鎬 平南觀察使李軫鎬시가堅懲의心腸으로外人을阿附ㅎ야農林模範場學校補助금이라稱ㅎ고該道各郡에幾萬兩式勒排ㅎ기로道內民怨이漲天ㅎ다더라

●海民敢敵 光武九年에度支部에셔國內田畓을測量흘時에黃海道는海州康翎甕津三郡만測量ㅎ얏더니海州財務署로서今年收稅를辛丑年測量을準ㅎ야納人告知書를出하며歎年民情이太端嗷嗷ㅎ야海州서는三拾貳面人民이各其面內에會同ㅎ야代表人을選送ㅎ야均壹흔淨을被흘次로財務署에呼訴ㅎ고總代朴永勳吳善李基榮三人을공選委任ㅎ야平壤財務監督局과度支部에申訴ㅎ다더라

●補助員毆打 三昨夜에日憲兵本部補助員盧永煥金仁基兩人이內부入주居ㅎ는金光鉉酒家에往ㅎ야幾圓價値에는酒를飮흔後價文六ㆍ七만給與ㅎ고其餘는所持물等屬으로典執ㅎ라ㅎ며金시日酒價로ㅎ야金寶物을典執ㅎ理가豈有하리오ㅎ고拒絕不受ㅎ즉該人等이김시를日憲兵本部로押去ㅎ고끼다ㅎ고公듯ㅎ壇에ㅈ지携來ㅎ고김시의頭骨을打破하야流血이漲籍에殺死ㅎ境인故로該本部에셔其事實을知得ㅎ고김시를附近病院으로昇送ㅎ야現今治療中이라더라

●日兵行悖 ㅎ浦郡에駐在흔日兵伍長中本芳太郞이가兵丁

往來ㅎ는旅客ㅎ卜驗ㅎ許傳ㅎ는데屬音을不給ㅎ며勒役ㅎ기로軍曹이賊路ㅎ며雞首雞卵ㅎ減ㅎ勒官ㅎ다고西來人의傳說이藉藉ㅎ더라

●甚於日巡 昨日上午九時량에梨峴써巨里等地에셔放溺ㅎ는人을該學ㆍ韓人巡査가來到ㅎ야該人을毆打ㅎ는뒤日巡査가到ㅎ야韓巡査를曉諭ㅎ고放溺ㅎ는人을押去하얏다더라

●紀念祭設行 韓國內에牛痘를처施ㅎ지가于今三拾餘年인뒤紳士劉秉珌池錫永시等이英國牛痘ㅎ발明ㅎ接種시의紀念祭를設行ㅎ기로발文輪示하얏다더라

●清洞虎患 再昨夜에時頃에壹ㅅ猛虎가三淸동川中에下來ㅎ야吼哮ㅎ야往來ㅎ는故로該동人民이喫却達夜ㅎ얏다더라

●民國協議 貞慶氏國에셔再昨日下午八時에敎化門外普光學校內에서常議員會를開ㅎ고該區域ㆍ居民의瓦家每間에三錢과艸家每間에壹錢ㅎ五里式義捐金收ㅎ事項을協議흔後에顧問을選定ㅎ얏는뒤完興君李載冕完平君李昇應中樞院顧問李址鎔前輔國閔泳徽前判書趙鼎九諸시리더라

●坊會任員選定 再昨日漢城高等學校內에서嘉安坊臨時總會를開ㅎ고任員을選定ㅎ얏는뒤人事部장은韓昌洙시로教育부長은李在正시로衛生部長은趙鎭昌시로推薦ㅎ얏다더라

●坊會又組 今日下午七時에姜賓圭等諸시가金嘉鎮시家에會同ㅎ야西部仁達積善兩坊에坊會組織흘事項을協議흔다더라

●晉專得勝 去五日下午七時에普成專門학校와養正義塾의審殺學ㅎ이青年會館에서討論會員閉會ㅎ고可否便의勝負ㅎ決ㅎ얏는뒤普成專門學校가得勝ㅎ엿다더라

●慈惠ㆍ藥房 鍾路慈惠ㆍ藥房主李鼎化시、朴ㅈ惠兩氏가所有產業五千圓價値물生卜緊要흔商品과几永存ㅎ消흔ㄴ四商權을大韓青年會에永히寄付ㅎ고해兩氏는店員이되엿다는ㄷ其公益思想과ㅈ善事業은可히全國의獨步라ㅎ稱頌이喧藉ㅎ다더라

●元山自치 元山항有志諸시가時局의炭業흔것을覺覺ㅎ고自治制度를模倣ㅎ야民會를壹新組織ㅎ고舊ㅅ習慣의腐敗흔것을痛革ㅎ며自治制度를着ㅎ實行ㅎ야大히前途의望이有ㅎ다더라

●委員熱心 鳳山郡地方委員ㅎ황시는在仕職報에公務上에爛熟흘뿐더러學校를設立ㅎ고聽役子弟를募集ㅎ야熱心勸勉ㅎ다더라

●歸ㆍ爆勉 女ㄷ曾學院께셔本月五日에月終試驗을經ㅎ얏는데夫人鄭貞堂氏가空冊二拾卷鉛筆二打를寄附ㅎ고熱心勸勉ㆍ얏다더라

●嫁ヒ熱心 許秀進明학校敎師ㅎ秉紀시가青毅ㅎ徒에게測量을熱心敎授ㅎ다더라

●兩氏有志 延安郡ㅎ秀尹衡淳시와敎師리教鴻兩시가師範講習所를設立ㅎ고該郡青年子弟를募集ㅎ야熱心으育ㅎ는데前途의望이太有ㅎ다더라

●秦郡校秦 平北泰川郡南面韓鼎學校任員白仁셥 嚋範諸시가熱心贊成ㅎ야壹層擴張ㅎ며附近里鮮十欽諸시가각其里稚을捐劑하이以助校費ㅎ며亟嘉川邑居ㅎ는白宗燮시가우到觀光ㅎ고名譽로體操教鍊ㅎ더라

●献身熱誠 水原府下居尹秉翊과弘甲兩氏는該郡鄕校內에師範與小學校를設始ㅎ고敎育ㅎ는養成ㅎ기로吳惠泳池弘甲諸시가先次발起ㅎ고補助금을次第로請求ㅎ는뒤尹秉翊시가壹千二百圓을補助ㅎ고其他有志紳士의補助금이合六千圓을捐助ㅎ기로酌定하고總明俊秀ㅎ百餘人을選拔ㅎ야會齊上學ㅎ엿다더라

●師學卒業 去月二十六日에陸軍測量學校에서卒業式을擧行ㅎ얏는뒤最優等으로特寧範權重翼等七人이오優等에李奎瑚李勝烈等拾壹人이오及第에鄭浩默等五拾四人인데優等施賞ㅎ얏다더라

●元港盛況 元山港에셔去十月二십二日에각學校秋期聯合大運動을設行ㅎ얏는뒤來觀學校가拾三이오男女生徒가壹千餘名이오觀光者는人山人海를成ㅎ얏는뒤秩序가整齊ㅎ고氣象이活潑ㅎ야壯況이世로ㆍ얏다더라

◎咸荷義捐

咸南北靑郡陽里普陽學校에셔本社의經費를補用ㅎ기爲ㅎ야금壹圓을寄付ㅎ얏기感意를表ㅎ노라

▲地方消息▼

▲本月四日咸興郡西南方二拾里新䄵峯에셔義兵二拾名이該郡憲兵及補助員과交戰ㅎ얏는뒤日憲兵壹名이被傷ㅎ얏다더라

▲壯哉悲矣▼

▲牛島江山遊覽코저어늬곳을到泊ㅎ니層岩絕壁瀑포로다回避ㅎ득외롱길에壹大岩石當途ㅎ야危險하기難測인데樵童牧豎ㅊ少兒가그岩石을굴니고ㅈ壹心歌ㆍ並唱ㅎ세

▲어긔어ㅊ미러보세此岩石을굴녀다가더긔더긔府縣에貯ㅎ次投卜ㅎ량이면人民通行妨害업ㅎ坦ㅊ大路될것이니永遠生活ㅎ라더던暫時勞苦辭讓말고壹心ㅎ밋어미러쥬게

▲어긔어ㅊ미러보세層岩絕壁뎌우길에岩石이橫出ㅎ야牛馬觸死ㅎ고만두고우리同胞在ㅊㅎ재부되져셔死傷人이幾千百名해ㅎ손가暫時勞苦辭讓말고壹心ㅎ밋어미러쥬게

▲어긔어ㅊ미러보세隔岩絕壁더血痕은우리同胞遺恨이오萬丈瀑포더怒濤는우리同胞冤魂이라더光景ㆍ볼작시면毛骨竦然아니될까暫時勞苦辭讓말고壹心ㅎ밋어미러쥬게

▲어긔어ㅊ미러보세此岩石을두고보면死者己矣흘수업ㅈ吾輩亦死ㅎ러니외서로나는同胞사지에慘景을不免ㅎ야民族永滅될것이니暫時勞苦辭讓말고壹心ㅎ밋어미러쥬게

▲어긔어ㅊ미러보세此岩石을굴니다가吾儕幾人죽ㆍ라ㆍ굴니고만보왓스면死者魂靈雪冤이오生者幸福無窮이라萬世功이될것이니暫時勞苦辭讓말고壹心ㅎ밋어미러쥬게

▲어긔어ㅊ미러보세우리同胞ㅎ死生關ㅎ岩石에斷在로다轉投ㅎ며살것이오不轉ㅎ면다죽는다吾輩意이못굴니면누가다시ㅎ意흘ㅅ暫時勞苦辭讓말고壹心ㅎ밋어미러쥬게

▲壯ㅎ도다이ㅇ회여凄凉ㅎ다이노리여今ㅅ情形擧論ㆍ면ㅎ情緖ㅊ달을손가現千萬衆偉人들아長幼老少勿論ㅎ고此兒輩외뜻ㅊ밋어自今으로進步ㅎ면못흘일이업슬련만

에贊助ᄒᆞᄂᆞᆫ데對ᄒᆞ야同志靑年兄弟ᄂᆞᆫ上本나바店員李觀化ㅅ同胞ᄒᆞ야各道各郡請求事에來서去서와金額出納事務ᄅᆞᆯ全掌ᄒᆞ시기바라오ㄱ卽爲任職ᄒᆞ시읍爲要홈
再告全國拾三道內各學校에衛生緊要ᄒᆞᆫ東西藥菜月報와敎育上緊要ᄒᆞᆫ書籍類印刷ᄒᆞᄂᆞᆫ데로時々仰呈코ᄌᆞᄒᆞ오니貴學校位置와校名과敎師名을以書下示ᄒᆞ시읍千萬伏望홈

廣告

今火曜下午七時에幼穉培養이文明基礎라問題로鄭永澤시가演說홈 智德共新會 告白

測量機械 各種大發賣
漢城南署棗洞六拾貳統拾戶
金龍商會 謹告

本人의姓名圖章을陰本月分에逢賊見奪ᄒᆞ엿ᄉᆞ니內外國人은照亮後無効로認悉홈
三和府東里面舟上里 張齊哲 白

本人의姓名圖章을陰本月五日見失故玆以廣告ᄒᆞ오니內外國人切勿見欺홈
大邱 鄭漢周 告白

本人의六代祖水使公諱아ᄂᆞᆫ傍五代祖府使公諱以咸과從曾祖諱春之의墓가在於高陽中面馬頭里正發山이온바中年失傳이라가今春奉尋이옵기玆以廣佈ᄒᆞ오니京鄕諸族은照亮希望홈
京南門外東幕下契新井동居 春湖公의九代孫 鄭暘 告白

中部澄淸坊相思洞二拾五統六戶五拾七間半白紙舊券서失故廣告홈
金道澄 告白

本人等이他人處에錢二百兩을債用ᄒᆞ기로言約ᄒᆞ고聯名成標捺章以置이다가路上에서見失ᄒᆞ얏ᄉᆞᆸ기玆에廣告ᄒᆞ오니誰某拾得ᄒᆞ와도休紙施行ᄒᆞ시옴
平壤郡上水口內 李登龍 李河用 韓志良 告白

本人이今月二日舞日字二百元手形을ㅅ서失ᄒᆞ얏ᄉᆞ오니誰某拾得ᄒᆞ와도休紙施行홈
東部上籬字衕壹統壹戶 申鼎均

本人의所在東部成均館泮洞동武拾壹統七戶瓦家拾四間立旨文券을揷置于內房壁ᄒᆞ고考備ᄒᆞ더니가今年六月에竟爲蚊火所燒ᄒᆞ얏ᄉᆞᆸ기玆에廣告ᄒᆞ오니內外國人照亮홈 金龜成 告白

仁川多所面松峴洞朴松鶴所作艸家九間과洋鐵蓋家庫間八間洞文卷二張을ㅅ서失故玆以廣告ᄒᆞ오니誰某拾得이라도休紙施行홈
仁川松峴동 鄭弼浩 告白

安岳郡楊山中學校에義捐ᄒᆞ신八員에氏名과金額 續
李麟培 五十圜 김麟濟 三拾圜 張曾根 崔明植 元性甫 鄭約所 林景柱 林澤權 각廿圜 白居七 柳寅協 白最善 孔致俊 각十五圜 김孝燦 朴道燮 崔亨來 丁孝源 리文源 黃貞模 延一賦 김致奎 朴道頎 鄭道春 김聖三 김光順 安基勛 김昌健 許昌桑 林昌登 會奉奎 全[illegible] 각ㅎ圜 未完
安岳楊山中學校 告白

本部에測量事務所를設置ᄒᆞ와壹般人民에請求ᄒᆞ심을應ᄒᆞ깃ᄉᆞᆸ기玆에廣告ᄒᆞ오니僉員은來臨相議ᄒᆞ심을敬要
豐德郡東面官谷里 精營測量事務所任柳寅선 告白

嗚呼라**閔忠正**공의後事ᄂᆞᆫ晋之淚ㅣ라가孫ㅁ男妹가母子相依ᄒᆞ야壹日二日에孀孤가號ᄒᆞᄂᆞ니凡我東二千萬同胞가孰不感慕而愛戴ᄒᆞ야此實愛莽之天心이오非有私於공而然也ㅣ라噫彼**吳信默**은無暇莽之ㄴ輩ㅣ아況是공의罪人으로頑隨毛髮이無非忠正公之德澤어든公之忠目이未瞑ᄒᆞ여敢有此人面獸心之行ᄒᆞ니縱不畏法이나獨不畏卿人之誅乎아忠正公家事ᄂᆞᆫ壹土壹物이라도盡是公之夫人所有之產也어ᄂᆞᆯ何故로行讒於公之生庭ᄒᆞ시閔泳瓚ᄒᆞ야何有此緣操之習乎아以富ᄒᆞᆫ所在**牧養會社**事로言之ᄒᆞ라도吳信默이가曰納上**大**內之說로虛傳**勅命**ᄒᆞ고此會社를成文許給于**宋秉畯**則自無大內의尊之處ᄒᆞ거늘夫人이知其姦謀而不聽ᄒᆞ고賣渡於ㅁ人이며겸철太郞ᄒᆞ야捧價八千圜이러니信默이含嫌於渠計之ㅅ傳ᄒᆞ고符同宋秉畯ᄒᆞ야多率日人ᄒᆞ고到公家ᄒᆞ야夫人을招ᄒᆞ야恐喝脅迫ᄒᆞ며質問夫人之姓名與年齡曰稱以壹物再賣라ᄒᆞ고賠償金으로義州所在**八百石**秋收也와利川所在**三百餘石**秋收也와鐵原**三百餘**石秋收地ᄅᆞᆯ次第勒奪ᄒᆞ고**仁港家屋**工本爲奪去ᄒᆞ니天下의事有如是强盜之罔乎아返噬之狗殺主之腸ᄂᆞᆫ古所有之而未如宋秉畯吳信默者之慘刻凶怪也ㅣ라公憤所在에不可泯默이라部ᄒᆞᆫ이雖不死於公之ㅂ이나公之後事가秥蒼ㅣ安忍如越示秦瘠也ㅣ리오封敢擧實共佈ᄒᆞ오니凡我同胞ᄂᆞᆫ登齊擧訴裁判ᄒᆞ야斷ㅣ律文ᄒᆞ야以伸天下之公憤ᄒᆞ고以懲天下之極惡ᄒᆞ야以保我忠臣遺宅之地ㅁ千萬幸甚
金允奎 朱弘석 鄭秉燮等 告白

本人이京鋳峴居金英씨出與當錢一千八百兩於晋양片ᄒᆞ見失이기休紙施行홈
李在洞 告白

附音韻字彙
國漢文新玉篇
국한문신옥편
純洋裝 四百餘頁
定價金 壹圜貳拾錢
版權所有
本玉篇은各種字典과字彙ᄅᆞᆯ參互ᄒᆞ야漢字의音義와變音變義ᄭᆞ지國文으로詳明히譯述ᄒᆞ고且同音類合百餘頁를國文으로解釋添付ᄒᆞ야漢字의音만알면解得ᄒᆞ기容易ᄒᆞ오며勿論男女ᄒᆞ고國文만알면初學生徒라도漢文實鑑이오니學界僉彦은陸續購覽ᄒᆞ심을務望
元賣所 平壤貫洞 耶蘇教書院
分賣所 大皇城京城鍾路 東一書觀
布屛下 實學書舖 飛明橋越便 中央書館
向동 博文書館 寺동 惟壹書館
寺洞 敞心書館 鍾橋 硬新書館
鍾路 耶蘇教書院 仝 大東書市 京鄕各有名書舖

箭洞同居奉明楠氏에借給手形陰拾月拾五日出次五百圜壹片廿日三百ㄱ십圜壹片四百五拾圜壹片廿五日千圜壹片晦日千圜壹片合五片은永爲休紙施行ᄒᆞ오니內外國人은切勿見欺홈
吳出善 告白

本社에서蒸汽機械ᄅᆞᆯ製造ᄒᆞ고製紙와造紙ᄅᆞᆯ先試ᄒᆞ기爲ᄒᆞ야股金을募集ᄒᆞ오니有志僉君子ᄂᆞᆫ趁期應募ᄒᆞ심을望홈
蒸汽機械製造社 告白
臨時事務所ᄂᆞᆫ西門外蘭雨鐵道會社內

左

壹 股數ᄂᆞᆫ五千株로先定홈
壹 株金은每株에貳십圜으로定홈
壹 株金收入은四回로定홈
壹 株金收入期
第壹回 隆熙二年壹月三십日
第貳回 仝 四月三拾日內로
第參回 仝 七月三십日內로
第四回 仝 십月三拾日內로

▲**警世歌** 定價십九錢
편편ᄒᆡ당경새가
右서ᄂᆞᆫ倫理ᄂᆞᆫ緊要ᄒᆞᆫ奇語을國ㅣ絕句ᄅᆞᆯ編述ᄒᆞ야浮雜ᄒᆞᆫ男女의惡行悖習을警惕悔改ᄒᆞᆫ만ᄒᆞᆫ良서니普般男女敎育에最適홈

致富新說 定價십三錢
右서ᄂᆞᆫ些少資本으로獲得巨利ᄒᆞᄂᆞᆫ韓法과牛疫治療의神效ᄒᆞᆫ方法

文明進化論 定價三拾錢
右서ᄂᆞᆫ문명進化의知識을開導ᄒᆞᄂᆞᆫ要서

發行所 京鄕各有名書舖

本社에서測量을기爲ᄒᆞ야生徒八십人을敎習ᄒᆞ야已爲受業이옵기玆에廣告ᄒᆞ오니已墾未墾地에測量者有意ᄒᆞ시ᄂᆞᆫ僉員ᄂᆞᆫ來議于本社ᄒᆞ심을望홈
公州府下合春測量事務所 白

◉特別廣告

本社ᄂᆞᆫ韓美兩國人의資本으로美國法律下에現今成立되ᄋᆞᆷ을玆에公衆에게廣布ᄒᆞ노라本社ᄂᆞᆫ大韓帝國全國內에誠實ᄒᆞ고勤幹ᄒᆞᆫ人士와連絡ᄒᆞ야京鄕各處에支店을設置ᄒᆞ겟ᄉᆞ오니勤實ᄒᆞ신僉君子ᄂᆞᆫ本社에來臨ᄒᆞ야面商ᄒᆞ시던지通信으로協議ᄒᆞ심을務望홈

大韓皇城中部磚洞 (前大韓每日申報社)
韓美興業株式會社 告白
郵函第四十號

◉特別廣告

◉漢城鍾路天賜靑
年公有慈惠大藥房
에四商權一目的
一商權은李觀化朴慈惠李
敏昌沈慈善兄弟夫婦가西洋病
院에入학하야醫藥上에六七年
修業하다가鍾路市上에齊邊으
로醫院을特設하고齊邊으로製
藥所를大設하고兄弟夫婦가坐
市賣藥하오니此爲壹商權이요
二商權은慈惠藥房藥方文
은漢城南大門外濟衆院方藥에
서神妙한藥方文을抄出하야가
지고醫學博士洪석厚洪鍾殷兩
氏에게實驗方劑書를受하고또
商標特許局에慈字商標를登錄
하여고藥材마다大韓醫院에調
驗하야衛生試驗部의셔化學으
로分析하야人民衛生에適當하
기로醫學士兒島高里君과壹等
약製官劉世煥氏의게確實證明
書를受하엿스니此爲二商權이
요
三商權은慈惠藥房에서活
版所를特設하고職工이製藥并
一하야二十五人에達하고鑄字가
三十萬字요大小機械가具備한
지라隆熙二年六月卄二日의內
部大臣의게認可를受하고第三
種郵便物認可를得하고東
西藥業月報를每月版出
하는데其目的은東西新藥과大
韓과日本과淸國과獨國과法國
과英國과美國新製藥品이新發
明되는대로主治効能과用法과
定價를以國漢文으로繙譯하야
記載하고銅版乾材藥局唐艸材
昇降하는時價와洋약乾材檢査
表와時價를每月印刷하야拾三
道內窮村에居住하는兄
弟의게도月報를每月에報告
하오니此爲三商權이요
四商權은各色圖畵印刷하는
石版機械를新備하고書冊에衣
도華麗하게하고낙封外皮도各
色圖畵로印刷하고全國十三道
內各社會及各學校에株券地圖
商標卒業證書賞狀證券藥證
書修業證書며낙封皮冊衣等을
見本만보고精々印刷하야以小
包郵便으로信送하야使遠地居
住僉兄弟로不必上京케하오니
此爲四商權이요
一目的은金貨를多聚
하야全國 靑年敎育上
에公用할目的
天父前의罪人李觀化 朴慈惠伏地祈禱

米國元雅多嘉氏는天父의命令을順從하야大韓靑年의德育體育智育하는基督靑年會館에八萬圜을寄附하얏스니我韓人民도天命을順受하야元雅多嘉씨의義捐을萬分之壹
이라도報答할지라天父前의罪人李觀化朴慈惠夫婦의所有한産業九千圜買直의生上[illegible]

Responsible for Publication
Alfred Weekley Marnham.
發行兼編輯人英國人 萬咸
發行所
南署石井洞號外地三層洋屋
大韓每日申報社

第六卷 大韓每日申報 第九百七拾三號

月曜及慶節歲時日休刊

檀君開國四千二百四十一年
箕子元年三千三十年
大韓開國五百十七年
日本明治四十一年
淸國光緖三十四年
陰曆戊申十一月小十六日戊戌

論說

◎可惜哉閔泳徽氏

可惜홈을길可惜호일閔泳徽氏의可惜홈일이로다

閔泳徽氏가무合可惜홈을일이有홈뇨ㅣ氏의數十年以前에夜叉의口를張호고國民의膏血을吸人을면事가可惜이라홈나뇨日否々라不然호다此事를回想컨면即毛髮이竦然홈지니엇지可惜貳字로만語호리오만은此는昔日閔泳駿氏의所爲오今日閔泳徽氏의所爲가아니라

佛氏가三世禍福論을立호얏스되前生에는蛇蝎이되얏던지餓鬼가되얏던지畜犬이되얏던지但今生에十正義人道를主唱호야善果를多種하면來生에天堂壹席地를必得홀다호얏스니昔日閔泳駿시야何如호惡鬼이던지今日閔泳徽시만分明호善人이면壹般同胞가頂으로禮하며心으로祝호고其風下에趨하야百拜千拜홈이可호니라

然則閔泳徽시가北山下에巍々洋製屋層을建호고儼然히韓國內壹大敎育家가되야前罪를贖코져호나니何事를可惜이라호느뇨

記者가默然히頭를低호고閔시를爲호야祈禱호지良久에喟然히歎을發호야日딘망호다閔泳徽시일이여可惜호다閔泳徽시일이여

彼ㅣ긔然호七尺으로徽文義塾裡에立호야敎務를指揮하니噫吾輩는以爲호되彼ㅣ前日惡鬼閔泳駿시가아니오今日敎育家閔泳徽시라호얏더니

近日에詳探호니彼가終是前日惡鬼閔泳駿이로다彼가終是前日惡鬼閔泳駿이로다

哀哉라閔泳취시여惜哉라閔泳휘시여시가萬壹前日閔영준시의面目을變호야今日完全호閔泳徽시가되고저홀진뎐不可不前日閔泳준시眼中의梁木을盡拔호며不可不前日閔영준시鼻中의銅臭를盡吐하며不可不前日閔영준시骨端의壅結호錢染病을盡醫호며不可不前日閔영준시腸裡의積滯호汚穢物을盡驅호며不可不前日閔泳준시頂門에壹針을下하며不可不前日閔泳준시頭腦에壹椎를加호然後에

前日閔泳준시의惡緻호幾百萬圓價値되는財產을盡散호야忠南에壹徽文義塾을立호며忠北에壹徽文義塾을立하며全南에壹徽文義塾을立하며全北에壹徽文義塾을立호며慶南慶北平南平北咸南咸北黃海江原等道에處々壹徽文義塾을立호여야前日閔泳駿시가變호야今日完全호閔泳徽시를作홀지어날可惜호다閔泳徽시여前日閔泳駿氏의聚集호惡業中에서但只其壹小부分만破碎호야徽文義塾을立호고其全體大부分은吝惜又吝惜호며愛護又愛護호야自家의口腹을肥코不하며自家의妻子를育코不하며自家의子孫에傳코不하니

今日閔泳徽시의徽文義塾이비록善業일지라도엇지此小々善業으로彼閔泳駿시의數拾年陳々堆積호惡債를得償하리오

閔泳徽시여口外의奉과妻孥의樂을享코不하야前日閔泳駿시의惡債還償을吝惜치말지어다此惡債를盡償치못호면前日閔泳駿시의毒腕에家產을蕩敗호幾二千戶가閔泳徽시를呪罵호며前日閔泳駿시의惡喙에田土를讓호金寡朴婦가今日閔泳취시를哭訴하고其他壹切前日閔泳駿시虐政에憔悴呻吟호던八域에盈호個人이閔泳취시를切齒痛恨하리니

爾는此에何樂이며爾死에何歸오哀哉라閔泳徽시여惜哉라閔영徽시여

吾輩가或者新聞記者筆下의譏諷을因하야悔悟할가하얏더니彼가近日에自己攻駁하는新聞을壹切拒絕호다니今也에無望이라終是前日惡鬼閔泳駿이로다

或曰彼閔家壹門에泳駿泳韶丙奭等은徽文義塾과如호事業도都無하며泳翊泳喆은財를擁호고海外에高臥하야祖國興亡을頓忘하나彼皆大恩을偏徼호者로全體가是思하야狗彘褓으로行走하는데奚獨閔泳徽시를是責하나뇨曰如彼木石冥頑은吾의筆舌이無及하니와閔泳徽시는猶有壹點慧性이有호者인故로此惓々의意를致하노라

●告示

▲隆熙貳年拾月二拾七日 官報

農商工部告示第拾三號 續

第百三十五條 會社及檢事는前條의決定에對호야即時抗告를行홈을得홈抗告는執行停止의效力을有홈

抗告裁判所가會社의申提에相當호裁判을行호境遇에는抗告手續의費用及抗告人의負担에歸홀前審의費用은國庫의負担으로홈

第百三십五條의二 會社의解散或은營業의禁止又는外國會社에支店閉鎖를命호는裁判이確定된時는裁判所는解散호會社、營業을禁止호會社의本店及支店又는閉鎖된外國會社의支店所在地의商業登記所에其登記의囑托을行홈이可홈抗告裁判所가裁判을行홀時도亦同홈

第二章

會社淸算人의選任及解任

第百三십六條 淸算人의選任又는解任에關호事件은會社의本店所在地의區裁判所의管轄로홈

第百三十七條 淸算人의選任又는解任의裁判에對하야는不服을申提홈을不得홈

第百三拾八條 左揭호者는淸算人으로此를選任홈을不得홈

壹 未成年者
二 禁治產者及准禁治產者
三 剝奪公權者及停止公權者
四 裁判所에서解任된淸算人
五 破產者 (未完)

外報

●流船의下陸不得 路透電을據호則葡牙利國流船은去月三拾日君士坦丁堡에到着호얏스나物貨排斥을因호야下陸치못호다더라

●露國의派軍計劃 倫敦電을據호則露國은烏拉爾泰爾에鐵道를敷設홀터인데오렌불크로부터淸國々境에軍隊를速히派遣홀計劃이라더라

●米國炭坑의火災 路透電을據호則米國비쓰파쯔溫에日마리아나炭坑에大災가起하야坑夫二百五拾名이坑內에서埋死되앗다더라

●王문成의拘引 北京電을據호즉天津警務總辦吳觀하우德督衙門附近에住호候補道臺王문成의家宅을搜索하야軍需品拾箱과鎗十五挺式六拾五箱을발見되앗合으로即時王시를拘引호얏는데數人은功名의心意가急호야何等謀計로試圖홈이라더라

雜報

●錦校近況 錦山郡錦明學校가創設호야五年에學徒가數百名에達호얏스나財政이窘急호더니該郡守金宇植郡主事강能薰鄭主事林元服시가熱心으로財政을鳩聚호야積立金을確立호고敎師를新聘호야益層興旺호다더라

●正誤更求 本報欄內에李海朝閔丙斗徐相八三氏가廣州八堂里山林測量에對호야僞造製圖호事의原州郡守敏和氏의學校義捐에對호야强制卜定호事와開發社長安淳煥氏가內部大臣宋秉畯氏와情誼가親密호야宮內府事務官敍任된다는事는俱是誤傳이기로玆에正誤홈

文壇

▲讀史新論 (續) 壹片丹生

第九章

金春秋의功罪

嗚呼라彼壹君이朝廷을爲하야區區호壹小節을著호者도行人의口碑가爛熳하며史家의讚美가紛紜하야數千年以後八에崇拜를受호거날我渤海先王은高句麗亡後에殘餘호數百兵卒로白頭山東에屹立하야東으로新羅를敵호며西으로支那를敵하며其北으로又黑水말갈、契丹、柔然等을敵하야血戰십餘年에畢竟許多敵國을退하고獨立의功을奏하고線線호歷史를二百餘年傳하얏스니其仲象大祚榮의武藝와其人格과其歷史야果何如하뇨

然而我國의歷代로數하는者ㅣ渤海의歷代는不數하며文獻을傳하는者ㅣ渤海의文獻은不傳하야渤海國이라云호며匈奴契丹鮮卑蒙古의同類로視하여入仲象大祚榮이라稱하고冒頓阿保機慕容垂成吉思의同列로視하야明明호我檀君後裔의壹英物을彼異蠻族中英雄으로並笑하니惜哉라다

彼大氏諸王이當時에祖國의苦痛을爲하야獻身호시엇지其死後의名譽를求호이리오만은但渤海의歷史가不傳홈으로第(壹)國民의英雄崇拜心을滅殺하며第(貳)後人이祖宗相傳의疆土를忘却하야從此로大國이小國되고大國民이小國民이되앗도다

(未完)

詞藻

●學生指南

學徒야學徒들아。學徒責任무엇인고
日語算術안다호고、本業生을自處마쇼
진실노、學徒의더責任은、爲ㄱ思想

雜報

●嚴氏入城 韓國皇太子問安使로渡日ᄒᆞ얏던奎章閣祗候官嚴柱益氏가再昨日下午八時量에入城ᄒᆞ얏다더라

●統府例會 昨日午前십時부터統監府에서各總與官會議를開ᄒᆞ고午後壹時에ᄂᆞᆫ統監私邸에서各大臣及次官이參例ᄒᆞ야例會를行ᄒᆞ얏다더라

●何以提議 再昨夜에內部大臣宋秉畯氏가伊藤統監을訪問ᄒᆞ고地方安靜ᄒᆞᆯ事項을提議ᄒᆞ얏다더라

●宋氏의行動 內部大臣宋秉畯氏가官中動靜과政界에秘密ᄒᆞᆫ運動과各社會에行動과至於地方ᄭᆞ지人民의情態를偵探ᄒᆞ기爲ᄒᆞ야探客을廣置ᄒᆞ엿다더라

●間人骨肉 內大宋秉畯氏가閔忠正公大夫人에게何以利說ᄒᆞ얏던지該夫人이其下人에게虐待를設로日以重責ᄒᆞᆷ으로閔氏의家庭이恒時不和ᄒᆞ다더라

●銅像無根 中樞院議長金允植氏가伊藤統監을爲ᄒᆞ야銅像建造의運動을ᄒᆞᆫ다ᄂᆞᆫ說은內外國新聞에揭佈된바어니와更히確據를聞ᄒᆞᆫ즉挾雜으로有名ᄒᆞᆫ尹某가金氏를誘之ᄒᆞ되伊藤公을耆老所에入參케ᄒᆞ기로運動ᄒᆞ면好道理가自有라ᄒᆞ거ᄂᆞᆯ김시가拒絕ᄒᆞ얏더니尹某가更히趙民熙氏를紹介ᄒᆞ야擔理ᄒᆞᆫ完用氏와議論하고伊藤監의爵位를 皇帝親王이待遇ᄒᆞᄂᆞᆫ耆老所에入參케ᄒᆞ자고ᄒᆞᆫ所以오銅像의說은誤傳이라더라

●鬼鞭何去 慶尙남道觀察使黃鐵시ᄂᆞᆫ何事件을因ᄒᆞᆷ인지潛身逃躱ᄒᆞ얏다ᄂᆞᆫ傳說이有ᄒᆞ더라

●金紳觀察 忠南公州府ᄂᆞᆫ地形이狹小ᄒᆞ고東西남三面은山麓이環衛ᄒᆞ야但有曾川北水口외錦江通流가不過壹里許라左右川邊에人戶가櫛比ᄒᆞ야夏天大水에ᄂᆞᆫ家屋頹浮之患이種々有之ᄒᆞᆫ지라官民間此患을恒念ᄒᆞ야川中汚穢物棄置를截禁ᄒᆞ고壅塞滯를疏査ᄒᆞ야互相戒飭中이더니該觀察使崔廷德시가金礦를開採ᄒᆞ야其舍兄廷晉시가壹進會長崔讚洙시가稅監이되고觀察은性來監督ᄒᆞ야役軍을募集ᄒᆞᆫ지라自前으로牟利輩가此礦을垂慾ᄒᆞ야農부認許를到付ᄒᆞ여도道郡이害民되ᄂᆞᆫ深慮도期於防塞하던바에今番則自道鐵礦ᄒᆞᆷ을衆民이弊訴ᄒᆞᆫ즉觀察이冷笑曰金이多出이면官化堂도遷移ᄒᆞᆯ터인ᄃᆡ民家損害를何以顧忌리오ᄒᆞ며壓制衆民ᄒᆞ고課ᄒᆞ며採金ᄒᆞ야田畓은或經溝道ᄒᆞ며或堀築堤ᄒᆞ야自致廢庄ᄒᆞ니畓主被害ᄂᆞᆫ姑舍ᄒᆞ고窮民作人의失農之歎이不少ᄒᆞ며淘金ᄒᆞᆫ沙礫이流下ᄒᆞ야川面이漸塡ᄒᆞ니來頭水患은難知指掌이라府民이再次呼訴則訴狀을又爲留案ᄒᆞ기로民怨이漲天ᄒᆞᆫ다더라

●權守誥熱 淸安郡守權녕의시가該郡六面々長을葉錢四百兩式受賂差出하ᄂᆞᆫ故로該郡近西面居名不知申某가貳百兩을加納ᄒᆞ엿더니使渠差定ᄒᆞ라고百般運動ᄒᆞᆫ다ᄒᆞ며該邑에居車鎭豐시가該郡主事資格에合當ᄒᆞ다고民皆志願ᄒᆞᄂᆞᆫ바인ᄃᆡ權郡守가其任을德準시에게金貨二百圓을受賂ᄒᆞ고該道에圖報ᄒᆞᆫ즉該觀察權鳳洙시가知其受賂ᄒᆞ고卽爲繳還ᄒᆞ얏더니權郡守가名不知事某에게四百圓을更加受賂ᄒᆞ고繼又擧鷹ᄒᆞᆫ지라權觀察言內에淸安은非卑姓이면郡無郡主事資格者乎아ᄒᆞ고又爲자還ᄒᆞ엿다더라

●旅券轉買 從來로韓國人이俄領海參威에前往ᄒᆞᆯ時에往々히他人의名義로許可된旅行券을流用轉買ᄒᆞᆷ은違法의行爲오尙且外國의在留하ᄂᆞᆫ中或死亡이有ᄒᆞᆫ時의其携帶ᄒᆞᆫ券面과死亡者의시名이相違ᄒᆞᆷ으로써其死亡者의原籍을調査ᄒᆞ기에困難ᄒᆞᆫ즉此ᄂᆞᆫ비人의게太不幸ᄒᆞᆯ뿐아니라其國東節次의失數가多ᄒᆞᆷ으로旅行券轉買의就ᄒᆞ야嚴重ᄒᆞᆫ方法을施行ᄒᆞᆫ다더라

●尹氏裁判 前軍部大臣尹雄烈씨가光州郡居韓모의刑事事件으로昨日京城地方裁判所에서裁判을開ᄒᆞ얏다더라

●鄭ㅡ冤役 同福郡居鄭永鎭시가義兵의干連으로誤因되야被囚ᄒᆞ얏ᄯᅡ가流九年에宣告가되얏다ᄂᆞᆫᄃᆡ該官吾ᄒᆞᆫ理由를詳聞ᄒᆞᆫ즉光州觀察道裁判所檢事朴有觀시가鄭시를暗誘ᄒᆞ야日五百圓을納賂ᄒᆞ면無事放送ᄒᆞ마ᄒᆞ거ᄂᆞᆯ鄭시가此를牢却ᄒᆞ얏더니朴檢事가因此含憾ᄒᆞ야搆誣ᄒᆞᆫ所以라더라

●地方困況 各地方來人의傳說을據ᄒᆞᆫ즉近日財政이去益困難ᄒᆞᆫ대結民에게稅錢을督促이餘地가無하고各場市에興販도大端零星ᄒᆞ다더라

●鐵守失政 鐵原郡守김彰鉉시가該郡갈末面長의面에火木各십五駄式排納ᄒᆞ고價錢은不給하미該面人民이大端嗷々ᄒᆞ다고東來人에傳說이藉藉ᄒᆞ더라

●彌譯中의有入 楊亭郡에駐在ᄒᆞᆫ日守備隊兵이該郡人民中義兵에投入ᄒᆞᆫ人을押去砲殺ᄒᆞ라ᄒᆞᆫ즉該隊通譯主事李柱鶴氏가極力交涉ᄒᆞ야五拾餘名을生還케ᄒᆞᆫ故로該氏의頌聲이溢於隣郡ᄒᆞᆫ다더라

●委員悖習 庇仁北面居처禹錫시ᄂᆞᆫ元來土豪로有名ᄒᆞᆫ人이더니有何挾勢運動이던지該郡地方委員을圖得하미兩袖生風ᄒᆞ야日前地方委員章程은郡內凡於民事에無不干涉處決이라ᄒᆞ야民間內庭殷勤事와山訟債訟ᄭᆞ지暗地處辨ᄒᆞ며六面面長을一月一次式召集于邑內ᄒᆞ야稱曰郡會라ᄒᆞ고郡會費를各里各洞의四圓以下二圓以上을分排하고强制懲收ᄒᆞᄂᆞᆫ지라面長이問曰此分排錢은用於何處乎아ᄒᆞ면答曰此錢之用不用은君等之所知也라ᄒᆞ며二三年前雜技人과或富饒民을無端히雜技와主라ᄒᆞ고幾拾圓式勒奪ᄒᆞ며各種弊習이層生ᄒᆞ기로民怨이漲藉ᄒᆞ다더라

●避義從義 前觀察使沈相翊씨가其親山을尙州郡舊墓下에新占하고再昨日에發靷ᄒᆞᄂᆞᆫᄃᆡ來往間義兵의게困境을當ᄒᆞᆯ까ᄒᆞ야京釜鐵路로往還ᄒᆞ얏다더라

●敎育界魔物 祥原郡守林鶴來시가莅任以來로該郡私立普通學校의財政을任自籠絡ᄒᆞ야挪用이八拾餘圓에至ᄒᆞᆯ뿐더러該校의財産을他面學校에分給ᄒᆞᆷ으로該校ᄂᆞᆫ廢止ᄒᆞᆯ境에至ᄒᆞᆫ지라該校壹般任員이憤冤ᄒᆞᆷ을不勝ᄒᆞ야期於히歸正ᄒᆞᆯ次로學部에請願ᄒᆞᆫ다더라

●組合事項協議 再昨日下午壹時頃에漢城內妓夫百餘名이茶洞內廟覺社에會同ᄒᆞ야妓生組合所設立ᄒᆞᆯ事項을協議ᄒᆞ얏다더라

●米商逢賊 再昨日晩頭에大峴松ᄭᆡ에서賊漢三名이突出ᄒᆞ야寶동居米商辛某의錢壹十兩을勒奪以去하얏다더라

●池氏慈善 光州郡居前參奉池應鉉시가性本仁厚ᄒᆞ야每年窮春에正租數拾石을捐出ᄒᆞ야貧民을救給ᄒᆞ더니今秋에도각處의債券證書壹切燒火蕩除ᄒᆞ얏다고該郡來人의稱頌이有ᄒᆞ더라

●紙社完立 西來人의傳說ᄒᆞᆫ聞ᄒᆞᆫ則平北鐵山東韋里에서製紙會社를組織ᄒᆞᆷ은已報어니와同郡前郡守吳熙源시가國民實業의熱心注意ᄒᆞ야十株에千圓을自願先出하미其時會人이感服ᄒᆞ야出株ᄒᆞᄂᆞᆫ者多ᄒᆞᆫ故로設立이完定ᄒᆞ엿다더라

●病院開院 陽城郡居ᄒᆞᄂᆞᆫ高永實申德鎬諸시가全國同胞를普救ᄒᆞ기爲ᄒᆞ야慈惠病院을設立次로內部에請願ᄒᆞᆫ事ᄂᆞᆫ已報어니와既承認施ᄒᆞ야東西洋各種良材와優數準備ᄒᆞ고日間盛大ᄒᆞᆫ開院式을擧行ᄒᆞᆯ다더라

●農工總會 農工研究會에서本日下午壹時에臨時總會를本會館內로開ᄒᆞᆫ다더라

●宋氏黜學 法館養成所에서卒業試驗을擧行ᄒᆞᄂᆞᆫᄃᆡ학員宋俊玉시가應試場에挾雜ᄒᆞ다가情跡이現露ᄒᆞ야永히黜學ᄒᆞ얏다더라

●中東卒業 典동中東학校第二回測量卒業式을去貳十九日에行ᄒᆞ얏ᄂᆞᆫᄃᆡ最優等에金聖福權寧等十五人이오優等에白南圭等二십四人이라더라

●鳳鳴試蹟 平南价川郡私立鳳鳴학校에서秋期試驗을經ᄒᆞ얏ᄂᆞᆫᄃᆡ中학科優等은德仁치明道及第ᄒᆞᆫ容九김炳奎等五人이오小學科最優等김贊洲崔夢燮等四人이오優等은洪昌厚金炳瑛等六人이오及第ᄂᆞᆫ柳俊徐光顯等九人이라더라

▲地方消息▼

▲去月二십五日定山郡西남십里地에서義兵십餘名이忠淸道鴻山分遣隊日憲兵壹名及補助員三名과交戰ᄒᆞ얏다ᄒᆞ고

▲去月二十八日密陽郡北方約六십里地에서義兵십餘名이該郡分遣隊 憲兵及補助員과交戰ᄒᆞ얏다ᄒᆞ고

▲去月二십三日成川군너에서少數의義兵이平安남道化倉分遣所日憲兵及補助員과交戰을ᄒᆞ얏다ᄒᆞ고

▲本月壹日龍仁郡內외에서義兵拾五名이該郡分遣所日憲兵及補助員과接戰하얏다ᄒᆞ고

▲本月壹日江華府北方拾里地외서小數의義兵이日憲兵及補助員과交戰ᄒᆞ얏다ᄒᆞ고

▲本月七日長水郡北方四拾里地에서義兵六십餘名이該地分遣隊日憲兵及補助員과交戰ᄒᆞ얏다ᄒᆞ고

▲去月廿七日全羅남道興西北面ㅣ里地에서義將全海山시의率ᄒᆞᆫ義兵壹百七拾名이該郡警察署巡査部長以下十三名과交戰ᄒᆞ얏다ᄒᆞ고

▲京釜線小井里停車場附近沿里地에서義兵五十餘名이來襲ᄒᆞ얏ᄂᆞᆫᄃᆡ該地居住日人壹名이負傷ᄒᆞ고壹名은生死가不明하다ᄂᆞᆫ電報가有ᄒᆞ다더라

▲告愚死者▼

▲灼々ᄒᆞᆫ다園中花ᄂᆞᆫ春來復開ᄒᆞ려니와早逝ᄒᆞᆫ우리人生ᄒᆞᆫ번죽어도라가면다시復還못ᄒᆞᆯ永訣이라壹個事業못ᄒᆞ고虛擲生命不可ᄒᆞᆫᄃᆡ韓國人을볼작시면愚死者가許多ᄒᆞ도

▲어리석다韓人이여國難에無名人도國民分子業々거ᄂᆞᆯ대ᄶᅡ지進步라도各自義務아ᄒᆞ고怠惰遊佚ᄒᆞ며ᄒᆞ라가晉見窮難堪ᄒᆞ면因傾藥ᄒᆞ며斃ᄒᆞᄂᆞ愚死者가아닌가

▲어리석다韓人이여國家有用이내몸이重ᄒᆞ기로泰山이오輕ᄒᆞ면犧牲이라泰山又혼重ᄒᆞᆫ義務犧牲되여나갈적에他人殺我限定잇던血憤所激自刎ᄒᆞ니愚死者가아닌가

▲어리석다韓人이여國家危急當하여서死決心ᄒᆞᆫ바에ᄂᆞᆫ環顧世誰畏런고虎豹라도可笑ᄅᆞ고項羽라도可敵인대可惜ᄒᆞᆯᄉᆞ다志氣로不謀事自砲ᄒᆞ니愚死者가아닌가

▲어리석다韓人이여今日情形솔ᄒᆞ여보면事業時代맛났도다古忠臣된다던지當世豪傑된다던지許多事業ᄒᆞᆯ마리ᄋᆞᆯ鼠窃狗偸잡혀어서斷ᄒᆞ기貸絞殺ᄒᆞ니愚死者가아닌가

▲어리석다韓人이여此時代가何ᄆᆞ완ᄃᆡ國家敗亡ᄒᆞ고民生塗炭알비업시膏梁珍味盛設ᄒᆞ야狗彘心腸供饋타가閻羅大王壹号令에精神업시잡혀가니愚死者가아닌가

▲어리석다韓人이여발憤忘食工夫ᄒᆞ야문明獨立못ᄒᆞ고一片又흔더靑春을酒色場에沈沒라가病入骨髓속절업시襤褸衣裳몸에걸고屍狀板에누엇스니愚死者가아닌가

▲至重且大죽을死字壹平生의結果로다病死乎殺勿論ᄒᆞ고殺身成仁壯ᄒᆞᆫ것만於公於私何益인가正當義務못ᄒᆞ고잡고百折不回나가다가不得已死當ᄒᆞ거던苟求偸活말지어다

에貸助하는대對하야同志靑年兄弟는上本나방店員李觀化와同居하이 … 會館出 … 務를全擔하시기 … 라오니 … 爲任하심을爲要홈

再告全國拾三道內各學校에衛生緊要한東西藥業月報와敎育上緊要한書籍類印刷되는대 … 時々으로呈ᄒᆞ오니貴學校番號와校名及校監姓名을下示하심을千萬伏望홈

廣告

羅島居木商趙雲浩捺章한長劈二百九拾七貫子掌記壹張을今月拾三日夕인之路에서失하얏기廣告하오니內外國人間에得하와도休紙施行홈
羅島壹契大街居 金在洙 告白

本人先大人朴公과棄시以宿患今拾五日卯時別世知舊間照亮
長男 容桓
次男 容南

本塾에서**日語**와**簿記**(商業、銀行)를滿六個月速成으로敎授하오니願學僉君子는本月拾五日內로請願하시오
日語課程中緊要件은印刷하야無料로供給홈
時間自下午五時半至同八時半
三拾人未滿이면上學치아니홈
開學日字本月拾六日
位置 南大門內暘谷
廣化新塾長 **南廷哲**

本人이本年陰六月拾五日夜逢賊時에本人의所住草家九間白紙문券을被奪하엿습기茲에廣告하오니誰某間切勿見欺하시옴
南部豆毛坊箭串里壹契십二統六戶 金仁化 告白

來所에서時務를擴張하기爲하야事務所를設하고土地、家屋、礦山、森林等을測量請求人의게隨意需應하오니僉彥은來議하옴
安州龍岡測量
事務所長 吳德衍
技務 李榮勳 告白

本人이壹進會에請願退會홈
李翼鎬 告白

本人이申濶求許에錢문六拾圓推尋票壹張과南相稷許에錢문三拾圓推尋票壹張을幷見失하얏스오니誰某拾得하와도休紙施行홈
盧完洙 告白

本會事務가漸次擴張이온바本會에入會하실有志僉君子고本會는陸續來議하옵셔林業에發達케하심을希望홈
(電話二九三番)
大韓山林協會서무告白

本郡에測量事務所를設置홈와壹般人民에請求하심을酬應하깃습기茲에廣告하오니僉員은來臨하야議하심을敬要
豐德郡東面官谷里
精哲測量事務所長 柳冀연 告白

本人의正字刻四모姓名圖章을陰本月初二日夜에於金山鳳溪동口에서逢賊하야失故로更以半篆刻圖章으로施行하고前서失한사모章은無效로홈
慶北金山郡鳳溪面鄭渭 告白

本人이本郡居김秉漢과蔘圃閣買同事하다가金종한의言端이損害가夥多하고勒奪토券欲爲與執하옵기詳査細計에利肥己라가情跡이綻露하야方欲裁判하오니內外國人은切勿見欺홈
開城東部京ᄅ里虎泉二拾六統四戶 南世元 告白

嗚呼라 **閔忠正**공의後事는胥之淚라가祿의男妹와母子相依하야壹日二日에孀孤의號眺하니凡我東二千萬同胞는孰不感慕而愛戴하야此實彝之天也이오非有私於公而然也라 噫彼**吳信默**은無彝之라 敢於閔是公의거人으로頂踵毛髮이無非忠正公之德이어던公之忠目에未瞑하여敢有此人面欺心之行하니縱不畏法이나獨不畏人之誅乎아忠正公家事는壹土壹物이라도盡是公之夫人所有之產也어늘何故로行讓於公之生庭大夫人과公之生庭季시閔泳璨하야何有此無據之習乎아以富平所在**牧養**會社事로言之라도吳信默이가以納上**大**內之說로虛傳**勅命**하고此會社를盛成文許給于**宋秉畯**則自然大臣奪之慮를거늘夫人이知其姦詐而不聽하고高渡於日人이건철太郎하야勝價八千圓이러니信默이含嫌於渠計之傳하며符同宋秉畯하야多率日人하고突到公家하야夫人招致恐喝脅迫하며質問夫人之姓名與年齡曰稱以贈物而賣却하고賠償으로義州所在**八百石**秋收也와利川所在**三百餘石**秋收也와鐵峯**三百餘**石秋收를次第勒奪하고**仁港家屋**도亦爲奪去하니天下에寧有如是强盜之事乎아返噬之狗殺主之屬도古所罕有而未如宋秉畯吳信默之慘刻凶怪也라公憤所在에不可泯默이라鄙等이雖不死於公이나公之後事가茫蒼하니安忍越秦瘠也리오於敢質共하오니凡我同胞는壹齊擧訴裁判하야斷以律文하야以伸大下之公憤하고以懲天下之極惡하야以保我忠臣遺宅之地는千萬幸甚
全元奎 朱弘선 鄭秉源等 告白

本人의姓名圖章을本月分에進賊하야失하엿스니內外國人은照亮하야無效로認悉옴
二和府東里面舟上里 廉哲 告白

國漢文新玉篇
국한문신옥편
附音韻字彙
純洋裝 四百餘頁
定價 壹圜貳拾錢
版權所有
本玉篇은各種字典과字彙를參互하야漢字의音義와變音變義까지國文으로詳明히譯述하고且同音類台百餘頁를國文으로解釋添付하야漢字의音만알면解得하기容易하오며勿論男女하고國文만알면初學生徒라도漢文寶鑑이오니學界僉彥은陸續購覽하심을務望
元賣所 平壤貫洞 耶穌教書院
大발매京城鍾路 東一書觀
分賣所 布屛下 廣學書舖 中央書館 博文書館 惟一書館 寺洞 敬心書館 龍明橋越便 寺洞 滙東書館 耶穌教書院 仝 大東書市 京鄕각有名冊舖

帝洞閔泰奉氏에借給手形陰拾月拾五日出次五百圓壹片廿日三百ㄴ십圓壹片四百五拾圓壹片廿五日千圓壹片晦日千圓壹片合五片은永爲休紙施行하오니內外國人은切勿見欺홈
吳昌善 告白

本社에서蒸汽機械를製造하며製絲造와紙를先試하기爲하야股金을募集하오니有志僉君子는趁期應募하심을望홈
蒸汽機械製造社 告白
臨時事務所는西門外潮湖總合會館內

左
壹 股數는五千株로先定홈
壹 株金은每株에貳십圓으로定홈
壹 株收入은四回로定홈
壹 株收入期
第壹回 隆熙三年壹月三십日內로
第貳回 仝 四月二拾日內로
第參回 仝 七月三십日內로
第四回 仝 십月三拾日內로

◉**警世歌** 定價십九錢
위편서담겸세기
右서는倫理上緊要한奇文을國에絶句로編述하야浮雜한男女의悖行惡習을懲揚改良한良人이라賢婦와女教育에最適홈

致富新說 定價십三錢
右서는些少資本으로獲得巨利하는秘法과牛疫治療·神效方法

文明進化論 定價三拾錢
右서는文明進化의知識과世界에必要한書

發行所 京鄕各有名書舖

仁川多所面松峴洞松鶴所作舺皷、陽과洋鐵造家屋八間洞文券二張을失故로茲以廣告하오니誰某拾得이라도休紙施行홈
仁川松峴동 鄭弼浩 告白

◉**特別廣告**

本社는韓美兩國人의資本으로美國法律下에現今成立됨을茲에公衆에게廣布하노라
本社는大韓帝國全國內에誠實하고勤幹한人士와連絡하야京鄕各處에支店을設置하겟사오니勤實한僉君子는本社에來臨하야面商하시던지通信으로協議하심을務望홈

大韓皇城中部磚洞
(舊大韓每日申報社)
韓美興業株式會社 告白
郵函第四十號

◉特別廣告

第六卷

大韓每日申報

第九百七拾四號

月曜及慶節 歲時休日刊

檀君開國四千二百四十一年
箕子元年三千三十年
大韓開國五百十七年
日本明治四十一年
淸國光緒三十四年
陰曆戊申十一月小十七日己亥

論說

◉奴隷解放의 大慈悲

悲夫라 蓄奴의 惡習이여 彼至公無私ᄒᆞ신 上帝께셔 吾人을 生ᄒᆞ시미 同是平等의 人格과 平等의 自由와 平等의 福利를 稟賦ᄒᆞ샤 何等厚薄이 曾無ᄒᆞ얏거날 乃者何許人은 其同胞兄弟를 奴隷로 蓄ᄒᆞ야 命令指使를 牛馬ᄀᆞᆺ치 ᄒᆞ며 매買交換讓與를 動産ᄀᆞᆺ치 ᄒᆞ며 虐待를 豚犬ᄀᆞᆺ치 ᄒᆞ야 人格을 不許ᄒᆞ고 禽獸로 待ᄒᆞ며 何許人은 其同胞兄弟의 奴隷가 되야 其身體生命이 自己의 物이 아니오 其財産이 自己의 物이 아니오 其子女가 自己의 物이 아니라 壹步를 自由치 못ᄒᆞ며 壹物을 自由치 못ᄒᆞ고 子가 生ᄒᆞ면 奴가 되고 女가 生ᄒᆞ면 婢가 되야 其壹生이 惟禽獸오 其後世가 亦禽獸니 嗚呼라 人을 奴隷로 蓄ᄒᆞᄂᆞᆫ 者ᄂᆞᆫ 何人이며 人의 奴隷가 되ᄂᆞᆫ 者ᄂᆞᆫ 亦何人인가 天道가 此에 至ᄒᆞ야 衰ᄒᆞ며 人義가 此에 至ᄒᆞ야 滅ᄒᆞᄂᆞᆫ도다

然이나 人의 奴隷가 된 者ᄂᆞᆫ 當初에 何等原因으로 人의 奴隷가 되ᄂᆞᆫ 義務를 負ᄒᆞᆫ 者라 비록 憤恨이 俱切ᄒᆞ야도 義務를 解脫코ᄌᆞᄒᆞ나 其主人된 者의 强制力을 抵抗치 못ᄒᆞ야 不得已 奴隷籍에 慘生活을 作ᄒᆞᆷ도 猶或固然ᄒᆞ거니와 彼主人된 者ᄂᆞᆫ 其權利의 解除不解除가 自手에 在ᄒᆞ거날 乃者此를 能忍ᄒᆞ야 其同胞兄弟의 權利를 蹂躪ᄒᆞ야 人類로 不齒ᄒᆞ니 然則 奴隷의 惡制度가 壹則其主人의 罪오 二則其主人의 罪로다

國民의 分子가 此를 因ᄒᆞ야 國家에 對ᄒᆞᆫ 權利義務를 保有치 못ᄒᆞ며 許多奇人傑士가 此를 因ᄒᆞ야 沉淪沒世ᄒᆞ며 許多貞女節婦가 此를 因ᄒᆞ야 含冤終生ᄒᆞ니 凡壹切有情吾人은 悲矜無涯ᄒᆞᆯ 바로라

彼中古時代에 在ᄒᆞ야ᄂᆞᆫ 人文이 未開ᄒᆞ야 東洋諸國은 勿論ᄒᆞ고 奴隷制度가 盛行ᄒᆞ야 世界歷史上에 汚点을 遺ᄒᆞ얏스나 今此檀君四千世紀를 當ᄒᆞ야 文明의 漸進을 隨ᄒᆞ야 同胞主義가 亦漸々發達ᄒᆞᆷ으로 只今 歐美列邦에ᄂᆞᆫ 奴隷制度의 惡核가 掃如에 逐歸ᄒᆞ야 壹切衆生이 春風和氣에 舞蹈를 同ᄒᆞᄂᆞᆫ도다

眼光을 擧ᄒᆞ야 宇宙를 環觀컨ᄃᆡ 彼文明의 花가 燦爛ᄒᆞᆫ 邦國에ᄂᆞᆫ 擧皆 奴隷制度가 先天過去를 已作ᄒᆞ얏고 只是 未開、劣弱、腐敗、滅亡、의 國에만 此奴隷二字가 尙存ᄒᆞ얏스니 嗚呼라 强弱、文野判別이 丁寧히 此奴隷解放不解放에 惟繫ᄒᆞ얏도다

蓋韓國에도 亦古代부터 奴隷制度가 行ᄒᆞ더니 此를 世界에 坐ᄒᆞ야 依然히 腐敗ᄒᆞᆫ 惡習을 墨守ᄒᆞᄂᆞᆫ지라 今日 韓人이 自由를 失ᄒᆞ고 悲境에 陷ᄒᆞᆫ 故로 其原因이 雖多ᄒᆞ나 此奴隷制度의 尙存이 亦其壹大原因이로다

故로 余輩ᄂᆞᆫ 此奴隷制度의 破壞를 祈禱ᄒᆞᆫ지 久矣러니 乃者某郡志士申載雨氏가 大慈太悲의 心을 發ᄒᆞ야 其奴隷를 壹切解放ᄒᆞ얏다ᄒᆞ니 此ᄂᆞᆫ 奴隷界의 活佛이며 抑亦奴隷界의 活佛일ᄲᅮᆫ아니라 二千萬衆의 活佛이로다 余ᄂᆞᆫ 此를 再拜攢祝ᄒᆞᄂᆞᆫ바어니와 從此로 全國內蓄奴ᄒᆞᄂᆞᆫ 諸氏가 此를 模範ᄒᆞ야 蓄奴의 惡習이 永絶ᄒᆞᆷ을 尤祝ᄒᆞ노라

▲隆熙貳年拾月二拾七日 官報

◉告示

農商工部告示第拾號 (續)

第三章 商業登記

第壹節 通則

第百三拾九條 商法의 規定에 依ᄒᆞ야 登記의 申請을 行ᄒᆞᄂᆞᆫ 者의 營業所所在地의 區裁判所又ᄂᆞᆫ 其出張所로써 管轄登記所로 홈

第百四十條 각登記所에 左開商業登記簿를 備置홈

壹 商号登記簿
二 未成年者登記簿
三 妻登記簿
四 後見人登記簿
五 支配人登記簿
六 合名會社登記簿
七 合資會社登記簿
八 株式會社登記簿
九 株式合資會社登記簿
拾 外國會社登記簿

第百四십二條 登記所ᄂᆞᆫ 某人에게던지 登記簿의 閱覽을 許ᄒᆞ며 又ᄂᆞᆫ 手數料를 納付ᄒᆞᆫ 時ᄂᆞᆫ 此에 其謄本이나 或抄本을 交付ᄒᆞᆷ이 可홈

登記所ᄂᆞᆫ 登記上利害의 關係를 疏明ᄒᆞ야 申請을 行ᄒᆞᄂᆞᆫ 者에게 其關係가 有ᄒᆞᆫ 部分에 限ᄒᆞ야 登記簿의 附屬書類의 閱覽을 許ᄒᆞᆷ이 可홈

郵送料를 納付ᄒᆞ야 登記簿의 謄本이나 又ᄂᆞᆫ 抄本을 請求ᄒᆞᆫ 時ᄂᆞᆫ 登記所ᄂᆞᆫ 此를 送付ᄒᆞᆷ이 可홈

第百四십三條 登記所ᄂᆞᆫ 申請을 因ᄒᆞ야 登記事項에 變更이 無ᄒᆞᆫ 줄이나 又ᄂᆞᆫ 某事項의 登記가 無ᄒᆞᆫ 줄의 證明을 行ᄒᆞᆷ이 可홈

第百四拾四條 登記ᄒᆞᆫ 事項의 公告ᄂᆞᆫ 官報及新聞紙上에 少ᄒᆞᆫ지라도 壹回此를 行ᄒᆞᆷ을 要홈

公告ᄂᆞᆫ 此를 揭載ᄒᆞᆫ 最終의 官報及新聞紙발行ᄒᆞᆫ 翌日에 此를 行ᄒᆞᆫ 것으로 看做홈

第百四십五條 區裁判所ᄂᆞᆫ 每年에 貳月에 翌年登記事項의 公告를 揭載케 ᄒᆞᆯ 新聞紙를 選定ᄒᆞ야 官報及新聞紙로써 此를 公告ᄒᆞᆷ이 可홈

公告를 揭載케 ᄒᆞᆫ 新聞紙가 休刊又ᄂᆞᆫ 廢刊ᄒᆞᆫ 時ᄂᆞᆫ 更히 他新聞紙를 選定ᄒᆞ야 前項과 同一ᄒᆞᆫ 方法으로써 此를 公告ᄒᆞᆷ이 可홈

第百四십六條 區裁判所ᄂᆞᆫ 其管轄內에 公告를 行케 ᄒᆞᆷ에 適當ᄒᆞᆫ 新聞紙가 無ᄒᆞᆷ으로 認ᄒᆞᆫ 時ᄂᆞᆫ 新聞紙上公告를 代ᄒᆞ야 登記所及其管轄內의 市町村役場의 揭示場에 公告를 行ᄒᆞᆷ을 得홈 (未完)

外報

◉羅馬의 排澳示威 路透電을 據ᄒᆞᆫ즉 羅馬에셔 排澳示威運動이 非常ᄒᆞ야 軍隊로셔 澳國大使館의 通路를 遮蔽ᄒᆞ야 警戒ᄒᆞᄂᆞᆫ 中이라더라

◉待春起工 東京電을 據ᄒᆞᆫ즉 安奉鐵道ᄂᆞᆫ 貳千四百萬圓의 豫算으로 明春에 起工ᄒᆞ기로 決定ᄒᆞ얏다더라

◉淸米協約成立 同電을 據ᄒᆞᆫ즉 伯林電報에 曰淸米의 協商條約이 成立되얏다더라

雜報

◉張氏留學 咸南利原郡遮湖里張시宗中의 張문極張季문諸시가 敎育에 熱心ᄒᆞᄂᆞᆫ바 自己宗族中에 京城留學生이 無ᄒᆞᆷ을 慨歎ᄒᆞ야 門中父老의게 懇告ᄒᆞ야 數百年來傳守ᄒᆞ던 宗中餘으로 張東植시를 京城에 派送ᄒᆞ야 留學케ᄒᆞ얏다더라

◉興明運動 川邑內興明學校ᄂᆞᆫ 校장崔秉奎校監金容益兩시의 熱心으로 學徒六十餘人을 募集ᄒᆞ야 于今三年을 晝宵勸勉ᄒᆞ며 陰十月拾七日에 大運動會를 設行ᄒᆞ얏ᄂᆞᆫ대 隣郡七八學校徒三百餘人이 來會하야 隊伍가 整齊하고 各科程과 競走ᄒᆞᄂᆞᆫ대 作文優等林永勳算術優等吳義濟姜將財習字優等吳禮濟壹百步競走優等宋六福 二百步競走優等片康烈障碍物競走優等劉喆柱 二人三脚競走優等金長成金在煥諸人인데 觀光者가 無不喝采ᄒᆞ얏다더라

◉雙城卒業 豊德郡雙城義塾測量科에셔 今月壹日에 卒業試驗을 經ᄒᆞ얏ᄂᆞᆫ데 最優等에 洪膺秀李鳳秀오 優等生에 柳셔勇李燦壽等八人이오 及第生에 洪吉秀李淵敎等四人이라더라

◉東明光彩 全北茂장郡東明학校ᄂᆞᆫ 該郡有志紳士某々諸氏가 出義捐立인바 校長該郡守徐相璟副校長前主事김永坤校監前主事김配鉉시와 敎師殷회人諸시가 熱心敎育ᄒᆞ야 學徒가 百餘名에 至ᄒᆞ다더라

◉鐵校前進 鐵原郡公立普通學校에 學生이 寥星ᄒᆞ더니 김命濟시가 副訓導로 熱心敎授ᄒᆞᆫ지 不過壹年에 多數學生이 壹齊剃髮受業ᄒᆞ며 可有前進之望이라더라

◉諸氏熱心 鳳山沙里院에셔 私立景山學校를 設立ᄒᆞ얏ᄂᆞᆫ데 校長金應律校監秦錫善學監崔寬寔事務員田義鴻敎師朴炯坤諸시와 洞中諸시의 熱心贊成홈으로 學徒가 六拾名에 達ᄒᆞ얏다더라

文壇

讀史新論 (續)

壹片丹生

第九章

◉金春秋의 功罪

安鼎福氏ㅣ 東史를 讀ᄒᆞ다가 我太祖ㅣ 東寧府를 攻拔ᄒᆞ실時에 驅卒進ᄒᆞ야 遼東과 滿洲를 幷呑치 못ᄒᆞ고 其後에 元平章劉益이 遼瀋二州로 我國에 歸附ᄒᆞ거ᄂᆞᆯ 此를 不受ᄒᆞ야 明朝에 歸附케 ᄒᆞᆫ 故로 鴨綠江이 드ᄃᆡ여 壹大鐵限이 되야 天下弱國됨을 不免ᄒᆞ얏다ᄒᆞ니 此ᄂᆞᆫ 其壹만 知ᄒᆞ고 其貳ᄂᆞᆫ 不知ᄒᆞ얏도다

大抵壹國의 盛衰存亡이 壹朝壹夕의 故가 아니오 其由來ᄒᆞᆫ 비 必遠ᄒᆞ나니 結果를 觀ᄒᆞ고 原因을 不溯ᄒᆞᆷ이 豈可ᄒᆞ리오 我太祖高皇帝時에 劉益의 歸附를 不受ᄒᆞᆷ은 後來鴨綠以西를 失ᄒᆞᆫ 結果어니와 此果를 種ᄒᆞᆫ 原因이 何오ᄒᆞ면 卽金文烈이 編史ᄒᆞᆯ제 渤海國을 我史에 不載ᄒᆞᆷ이 其原因이라ᄒᆞ노라 (未完)

詞藻

◉丈夫詞

大丈夫이 世上에。 무ᄉᆞᆷ事業 先務ㅣ고
拾年에 갈어둔 七尺劒이、 서리ᄉᆞ날에 녹이난다
뉘라셔、壹聲霹靂에、뎌敵兵을

雜報

●日人無厭 大皇帝陛下께옵서 進御하시는 水剌物種과 膳品을 日人이 貿來한다는데 該諸種이 品劣하야 朝夕水剌에 進呈하기가 極爲惶悚한 故로 該掌膳이 日人의게 物種極劣함을 每々說明하되 日人이 聽從치 아니한다더라

●水產官制磨練 農商工部에서 水產整理局을 設置하기로 現今官制를 磨練하야 日間頒布가 된다더라

●民籍法發布 內部警務局에서 起艸하던 民籍法은 昨日參與官會議를 經하얏슴으로 不日내에 發布할터이라더라

●社寺財產規定 社寺의 財產管理事와 其他에 關한 規定을 制定하기 爲하야 目下當局者가 調查中인데 其規定이 公共의 性質이 有함으로 其財產에 對하야는 官吏及僧侶라도 任意로 處理치 못하게 한다더라

●兩氏轉任 表勳院總裁李載克氏는 監司院卿으로 轉任하고 主殿院卿李謙濟氏는 監司長을 例兼한다더라

●表總云任 表勳院總裁李載克氏가 遞任된다는 說은 別項과 如하거니와 其代에 閔泳麟氏가 被任한다더라

●農部廳舍移轉 農商工部는 明年度에 衛戍病院內新築廳舍로 移轉할터인데 現廳舍는 東俱樂部에서 買收하야 商品陳列館을 設備할 計劃이라더라

●學部廳舍落成 新建築하던 學部廳舍는 落成되얏슴으로 目下室內裝飾繕中인데 本月二십日頃에는 移轉할터이라더라

●放溺注意 漢城衛生會에서 淸潔事務를 注意함은 衆所共知어니와 從今以後로는 路邊에서 屎尿를 放하는 者가 有하면 日本制度를 隨하야 幾個月懲役에 處하기로 現今協議中이라더라

●儒林紛競 學部에서 各郡鄕校直員을 昭詳報來할 事로 已爲訓飭하얏는데 抱川郡々主事許燮氏는 該訓令을 掩置不布하고 自己外從李義哲氏를 暗報한 情跡이 發覺되야 該郡儒林中에서 紛競이 大起하얏다더라

●病廢八調查 警視廳에서 各署에 申飭하야 漢城內居住하는 盲客及啞者와 其他病身을 壹々調查하는中이라더라

●邪必歸正 安州郡居하는 學召史가 前輔國閔泳徽氏와 裁判한다는 事는 已揭하얏거니와 三昨日에 京城地方裁判所에서 裁判을 하얏는데 閔氏가 理屈落科하얏다더라

●傳說難信 晉州觀察使黃鐵氏가 避身하얏다는 說은 昨報에 已揭어니와 該氏가 避身한 根因을 漏聞한즉 義兵이 多數히 智離山에 根據屯聚하얏는데 日兵이 該義兵을 偵探하기 爲하야 晉州觀察使黃鐵시를 帶同前往하다가 中路에서 黃시가 不知去處란 傳說이 有하더라

●革罷萬幸 前判書李根澔氏가 測量組合所를 設立次로 農商工部에 屢次請願하얏스되 該部에서 尙不許施함으로 該組合所에서는 數千圓의 負債가 有하야 報償無路한 故로 不遠間에 革罷될 慮가 不無하다더라

●腐魚賣買禁止 閭巷間餞商輩들이 衛生은 不知하고 利益만 取하야 腐敗한 牛魚를 多日留置하고 賣買하는 故로 各警察署에서 此를 壹切禁止하기 爲하야 腐敗한 牛魚를 棄埋不賣케 한다더라

●南民呼冤 남來人의 傳說을 據한즉 自木浦港으로 光州觀察道까지 日本人이 韓人과 村村雜居하야 家屋을 新築하고 民有坪은 依例히 私有地라하고 起墾耕作하야 本土人民을 壓迫하기로 怨聲이 載路하다더라

●殺狗淸潔 仁川港警察署에서는 淸潔하기 爲하야 該管內民家에 飼犬二百三십餘頭를 打殺하얏다더라

●朴氏抑冤 金城郡警部李최永氏가 金化郡金谷里居朴容阜氏의 祖父山訟裁判할 時에 被告沈能弼의 私囑을 聽하고 不由圖尺하고 使容阜從祖勉燮氏로 不日督掘하라하미 朴氏가 不勝冤抑하야 道郡에 呼訴한다더라

●李氏困境 日前에 義兵幾拾名이 抱川郡內北面新坪里에 來到하야 該洞居하는 李裕豊氏의 寡居子婦와 其隣居李載蘊氏를 捉去하야 軍糧米와 軍需錢을 不來納하라고 現今督促하는中이라더라

●金家搜探 北部水門동居하는 金重佾氏가 有何事故인지 昨日에 警視廳에서 韓日巡查를 派送하야 該氏의 家產什物과 其他文簿를 壹切搜查하얏다더라

●江郡騷擾 江華島에서 義擾를 因하야 人民이 渙散에 壹境이 蕭然하더니 該郡守韓永福시가 躬行村閭하며 曉諭安堵하고 政令이 公平함을 아라 民智가 發에 大端注意한다더라

●兩犯宣告 再昨日京城地方裁判所에서 崔東模시는 義兵干連이 有하다하야 流一年으로 詐欺取財犯金炳학이는 懲役拾年에 處辦하얏다더라

●砲殺警衆 楊州郡栗北里等地에서 義兵壹名이 民間에 周行하야 무숨不正한 事故가 有하면지 該義兵頭領이 該人을 卽地砲殺하야 其他義徒의게 戒示하얏다더라

●拾物待主 仁川港刑事巡查 李聖[illegible]시가 陰今月初七日夜에 行巡하다가 히항魚商會社後에서 布笠壹立을 拾得하여 內洞派出所에 留置하고 失人을 待한다더라

●龍郡賊患 龍川光化面地境里居하는 前主事朴世仲시家의 陰拾一月初五日夜의 賊漢拾餘名이 突入하야 朴시의 父子를 結縛亂打하야 幾至死境이고 諸般什物을 沒數掠奪하얏다더라

●義進宜進 海外星霜에 多年遊學하던 韓應履諸시가 韓國學問의 幼稺함을 日常慨歎하다가 義進社를 刱設하고 各種學科와 學說을 精密히 編述하야 全國青年刊키를 務圖하기 爲하야 現刊한 書籍이 多數의 進하얏다더라

●其父其子 吉州郡守趙鼎模시가 該郡학校日語教師를 自己의子 某시로 하야금 名譽로 義務教育케 한다하더니 觀務數朔後에 月給五拾圓式 磨鍊支撥하라하거날 該校任員諸시가 公議하고 二拾圓式 支給한즉 該教師가 民間殖利錢中에서 三십圓式을 計朔推去한다더라

●第二救世開演 大廣橋北川邊前協同郵船會社事務所되얏던 家屋을 第二救世軍營으로 定하고 昨日부터 教授會를 기하는데 來日曜日上午十時半부터 六時半에 正尉班禹巨氏가 同夫人하고 演說한다더라

●韓會開會 大韓協會에서 本月십貳日土曜下午壹時에 中部里門洞青年會舘內에서 通常總會를 기하고 會務를 處理한 後 紳士尹孝定鄭雲復兩시가 演說하는데 傍聽을 許한다더라

●贊成開會 湖西學生親睦會에서 來日曜日下午壹時에 贊成會를 普成專門학校內에 기하고 諸般事項을 協議한다더라

●寄附勸勉 鄭德元시가 私立東彰學校에 每日來校勸學을 猶恐不及함으로 壹般학生及諸任員이 其誠意를 感服이러니 今番月終試驗에 大韓地圖三件과 空冊府券과 鉛筆壹丹을 寄附하야 優等生에게 施賞勸勉하얏다더라

●德郡設校 德源赤田面堂隅에서 前令學部準前委員康延善시 兩가 학校를 成立하야 青年教育의 主體로 預先學會를 組織하고 財政을 收集하야 學校를 現今建築하는中이라더라

●江守教育 西來人의 傳說을 聞한즉 江界郡守俞鎭浩시가 莅任한지 月餘에 境內私塾을 革破하야 學校를 設立함이 百餘處에 通하고 郡校明倫堂에 師範講習所를 設置하고 該私塾學究壹百十餘名을 招集하야 晝夜로 教授하는데 허시의 令胤으로 名譽講師의 任을 擔하야 熱心勸奬한다더라

●朴氏義擧 平壤郡林南面發材學校財務員朴彝河시는 青年教育에 注意하야 該校設立時에 巨額의 金을 義捐하고 年徒를 熱心募集하야 現今三拾餘名에 達하얏는데 每朔二三次式 懇親會를 開하고 教師와 生徒를 激歎待하며 壹月壹次式 隣近各學校生徒를 聯合하야 學藝會를 例行하는데 午餐料는 每々自當함으로 該氏熱心을 人皆感服한다더라

●熊部開明 慶南熊川下邑里有志人士가 教育하기 爲하야 夜學校를 設立하고 勞働者를 募集하야 熱心教授하는데 生徒가 八십餘名이오 基本及寄付金이 五百餘圓에 達한다하며 同郡所沙里金圭興시는 自己舍廊에 夜學校를 設立하고 勞働者를 募集하야 熱心教育하는데 諸般經費를 出力自擔한다더라

●永校永明 豐德郡永明學校를 永久維持하기 爲하야 該里區長김斗濟柳益永柳東秀諸시가 發起하고 面內紳士及壹同學父兄數百人이 去月陰三十日 里長家에 會集하야 學務會를 組織하얏는데 爲先洞契를 剏設하야 每朔十五圓式收하고 每個年正租五십石式 收合하고 浦口의 口錢과 學徒에게 謝金代租벼包式 排定하고 壹層擴張하야 進就之望이 有하다더라

▲地方消息▼

▲去月拾二日 洪原西北方三십里地에서 義兵三십餘名이 該郡分遣所日憲兵八名과 交戰하얏다하고

▲去月二십四日 谷城郡西南方四십里地에서 義名四십餘名이 該郡分遣所日憲兵六名과 交戰하얏다더라

▲警世鍾聲▼

▲寂寞乾坤김흔밤에 不息自鳴더掛종은 이내心事알니로다 네소리를 模範하야 拾二層世지어내여 警世歌를 完然하다

▲壹点鐘을치고보니 壹치難得 再逢春은 青年학生이아닌가 此時期를 일치말고 어서밧비 工夫하야 太韓獨立하여보소

▲二点종을치고보니 二人同心할고보면 其利斷金한다거던 一千萬人同心인가 어서밧비 團結하야 太韓獨立하여보소

▲三点종을치고보니 三顧草廬 待時함은 山林君子이아닌가 島歎間事하지말고 어서밧비 出世하야 太韓獨立하여보소

▲四点종을치고보니 四時春光 더孤松은 大丈夫의志氣로다 그志氣를變치말고 어서밧비 勇進하야 大韓獨立하여보소

▲五点종을치고보니 五柳村中 더春色은 義士高風壯하도다 寄奴草만되지말고 어서밧비 奮勵하야 大韓獨立하여보소

▲六点종을치고보니 六國時節 魯仲連은 不願帶秦이아닌가 外人崇拜하지말고 어서밧비 精神차려 大韓獨立하여보소

▲七点종을치고보니 七日七夜 痛哭聲은 忠臣寃恨김헛도다 쓸대업는痛哭말고 어서밧비 自強하야 大韓獨立하여보소

▲八点종을치고보니 八年兵火 壬辰年을 今日復見하엿도다 日事를잇지말고 어서밧비 憤發하야 大韓獨立하여보소

▲九点鐘을치고보니 九里潤河 더行政은 良吏治績이아닌가 貪虐殘民하지말고 어서밧비 施善하야 大韓獨立하여보소

▲拾点종을치고보니 拾年生聚 더政策은 亡國復存基礎로다 臥薪嘗膽잇지말고 어서밧비 進就하야 大韓獨立하여보소

▲拾壹点鐘처보니 壹在內 더賢相은 救濟蒼生義務로다 壹身富貴貪치말고 어서밧비 匡救하야 大韓獨立하여보소

▲拾二点종처보니 十二諸侯 來朝함은 國富民強함이로다 腐敗舊習다바리고 어서밧비 擴張하야 大韓獨立하여보소

本人이 ス嘉樂방所屬商品全部를我靑年社會에公有로天父前에新獻ᄒᆞ고納上홈으로本人이主務名字를改正ᄒᆞ야店員이라稱ᄒᆞ오니本藥방所有四商標를利用ᄒᆞ야全國靑年社會에贊助ᄒᆞᄂᆞᆫ대對ᄒᆞ야同志靑年兄弟ᄂᆞᆫ上本약방店員李觀化와同居ᄒᆞ야各道各郡請낙事에來去ᄒᆞ와金錢出納事務를全掌ᄒᆞ시기바라오니卽爲枉臨ᄒᆞ심을爲要홈
再告全國拾三道內各學校에衛生緊要ᄒᆞᆫ東西藥業月報와敎育上緊要ᄒᆞᆫ書籍類印刷되ᄂᆞᆫ대로時々仰呈코ᄌᆞᄒᆞ오니貴學校에셔校長校監閣下尊啣을以書下示ᄒᆞ심을千萬伏望홈

社告

△新設支社廣告

左開三郡에本支社를設置ᄒᆞ앗스니該郡附近地에셔本報를購覽ᄒᆞ실 僉君子ᄂᆞᆫ壹切該支社의請求ᄒᆞ심을務望

黃州南門外冊肆 崔鎭衡

珍[illegible] 遠남面梅花里 朱鎭壽

平北江界郡敎堂內 金泰義

大韓每日申報社

廣告

▲特別廣告▼
本社에셔名帖印刷를更加擴張ᄒᆞ기爲ᄒᆞ야各樣紙品을壹切準備ᄒᆞ고極廉價로僉君子에所請대로隨應ᄒᆞᆸᄂᆞᆫ중學徒人과學徒의게ᄂᆞᆫ特別除減ᄒᆞᆯ터이오니照亮 來臨ᄒᆞ심을敬要
大韓每日申報社

本人庄土十六石壹斗五升落이在於廣州樂馬面主人姜面昨年八月分掉價賣他矣러니本人五寸姪鐵基ᄂᆞᆫ本以狩類로今年不測之心을ᄒᆞ야已賣田庄을稱渠之所有라ᄒᆞ고符同挾雜ᄒᆞ야欲爲僞賣云ᄒᆞ니此非渠物은世所共知也內外國人勿爲見欺홈
豐川郡[illegible] 告白

本月拾二日(土曜)下午壹時에中부里門洞靑年會館內에셔通常總會를開ᄒᆞ고會務를處理ᄒᆞᆫ後左開兩問題로演說ᄒᆞ오니僉員은來臨ᄒᆞ시ᄋᆞᆸ
演題 (傍聽許入)
我會之本領 尹孝定
治國之要在於得人 鄭雲復
大韓協會 告白

남部薰陶坊竹洞契宮基內入십六統九戶艸家七間半文券紛失故玆仰布誰某拾得休紙施行
曹元二 告白

測量日語學員募集
願學員은陰本月晦日너ᄂᆞᆫ親臨ᄒᆞ야時間과細則詳聞志願ᄒᆞ오
西小門너度支部后門前
專門講習所廣告

本人이陰拾月貳십五日夜逢賊時에所居草家六間證明書壹張을並失ᄒᆞ왓ᄉᆞᆸ기玆에廣告ᄒᆞ오니內外國人은切勿見欺ᄒᆞᆸ
平壤郡內川面登里三統八戶 姜鼎海 告白

●特別廣告
本人의姓名圖章을去初五日夜에셔失於賊漢故玆以廣佈ᄒᆞ오니內外國人은處須知悉ᄒᆞ시오
龍川光化面境里 前參奉 朴基元 告白

◎學員大募集廣告
測量壹個月速成科를設ᄒᆞ고上午十時로下午二時ᄭᆞ지ᄒᆞ오니陰拾壹月拾七日너로請願ᄒᆞ오
北部齋동三統拾戶
夜학日語科도同日開학
測量新塾

東西洋各國萬古帝王中第一英雄 彼得大帝
譯者[illegible]宇自閣 定價金貳拾錢
發賣所龍明橋越便김相萬書舖

燕島居木商趙雲浩捺章ᄒᆞᆫ長券二百九拾七貫子擧記壹張을陰今月拾三日ス인之路에셔失ᄒᆞ앗기廣告ᄒᆞ오니內外國人間拾得ᄒᆞ와도休紙施行홈
燕島壹契太街동居金在洙告白

本人先夫人朴公과粟시以宿患今拾五日卯時別世知舊間照亮
長男 容桓 次男 容南

本塾에셔日語와簿記(商業、銀行 유講)拾個月速成으로敎授ᄒᆞ오니願學 僉君子ᄂᆞᆫ本月拾五日內로請願ᄒᆞ시오 日語課程中緊要件은印刷ᄒᆞ야無料로供給홈
時間自下午五時至同八時半 三拾人未滿이면不學치아니홈
開學日字本月拾六日
位置 南大門內暘谷
廣化新塾 塾長 南廷哲

來所에셔時務를擴張ᄒᆞ기爲ᄒᆞ야事務所를設ᄒᆞ고土地、家屋、礦山、森林等을測量請求人의게隨意需應ᄒᆞ오니僉彥은來議ᄒᆞᆸ
安州龍峴測量
事務所長 吳德衍
總務 李榮勳 告白

測量機械各種大發賣
漢城南署棗洞六拾貳統八戶
金龍商會 謹告

本郡에測量事務所를設置ᄒᆞ와壹般人民의請求ᄒᆞ심을酬應ᄒᆞ깃ᄉᆞᆸ기玆에廣告ᄒᆞ오니僉員은來臨相議ᄒᆞ심을敬要
豐德郡東面官谷里
特壹測量事務所長柳冀선告白

本人이前圖章을失ᄒᆞ고更造ᄒᆞ앗ᄉᆞ오니知舊間照亮ᄒᆞ시옵
前部尉 閔內玉

嗚呼라閔忠正공의後事ᄂᆞᆫ言之淚下라가稱五男妹가孫子相依ᄒᆞ야壹日二日에嫠孤가號晄ᄒᆞ니凡我東二千萬同胞가孰不感慕而愛護哉아此實秉彛之天心이오非有私於공家而然也라噫彼吳信默은無秉彛之心拳歟아况是공家舊人으로頂踵毛髮이無非忠正公之德也어던公之忠目이未瞑ᄒᆞ여敢有此人面獸心之行ᄒᆞ니縱不畏法이나獨不畏人之誅乎아忠正公家事ᄂᆞᆫ壹土壹物이라도盡是公之夫人所有之産也어ᄂᆞᆯ何故로行讒於公之生庭大夫人과公之生庭季시閔泳瓚ᄒᆞ야何有此無據之習乎아以富平所在牧養會社事로言之라도吳信默이가以納上大內之說로虛傳勅命ᄒᆞ고此會社를成文許給于宋秉畯則自無太氏奪之慮ᄒᆞ거ᄂᆞᆯ宋夫人이知其姦謀而不聽ᄒᆞ고實渡於日人이見철太郞ᄒᆞ야俸價八千圓이러니信默이含嫌於渠計之不售ᄒᆞ고符同宋秉畯ᄒᆞ야率日人ᄒᆞ고來到公家ᄒᆞ야夫人을招來恐喝脅迫ᄒᆞ며質問夫人之姓名與年齡日稱以登物冊賣라ᄒᆞ고賠償金으로義州所在八百石秋收也와利川所在三百餘石秋收也와三百餘石秋收地를次第勒奪ᄒᆞ고仁港家屋도亦爲奪去ᄒᆞ니天下의事가如是强盜之習乎아返噬之狗殺主之罵ᄂᆞᆫ古所有之而未如有宋秉畯吳信默者之慘刻凶怪也로다公憤所在에不可泯默이라鄙等이雖不死於公死之日이나公之後事가若是姑蓋를安忍如越示秦肴也리오玆敢擧實共佈ᄒᆞ오니凡我同胞ᄂᆞᆫ壹齊等訴裁判ᄒᆞ야斷以律文ᄒᆞ야以伸天下之公憤ᄒᆞ고以懲天下之極惡ᄒᆞ야以保我忠臣遺宅之地를千萬幸甚
全允奎朱弘섭鄭秉源等 告白

國漢文新玉篇

附音韻字彙 국한문신옥편 (版權所有)

純洋裝 四百餘頁 定價金 壹圜貳拾錢

本玉篇은各種字典과字彙를參互ᄒᆞ야漢字의音義와變音變義ᄭᆞ지國文으로詳明히譯述ᄒᆞ고且同音類合百餘頁를國文으로解釋添付ᄒᆞ야字의音만알면解得ᄒᆞ기容易ᄒᆞ오며勿論男女ᄒᆞ고國文만알면初學生徒라도漢文實鑑이오니學界僉彥은購覽ᄒᆞ심을務望

元賣所 平壤貫洞 耶穌敎書院 大邱미京城鍾路 東一書館

分賣所 布屛下 廣學書舖 龍洞橋越便 中央書館 尙洞 博文書館 寺洞 惟一書館 寺洞 徽心書館 廣橋 滙東書館 종路 耶穌敎書院 소 大東書市 京鄕각有名書舖

◎特別廣告

本社ᄂᆞᆫ韓美兩國人의資本으로美國法律下에現今成立됨을玆에公衆에게廣布ᄒᆞ노라本社ᄂᆞᆫ大韓帝國全國內에誠實ᄒᆞ고勤幹ᄒᆞᆫ人士와連絡ᄒᆞ야宗鄕各處에支店을設置ᄒᆞ깃ᄉᆞ오니勤實ᄒᆞ신僉君子ᄂᆞᆫ本社에來臨ᄒᆞ야面商ᄒᆞ시던지通信으로協議ᄒᆞ심을務望홈

大韓皇城中部磚洞(前大韓每日申報社)
韓美興業株式會社 告白
郵函第四十號

米國元雅爹嘉氏ᄂᆞᆫ天父의命令을順從ᄒᆞ야大韓靑年의德育體育智育ᄒᆞᄂᆞᆫ基督靑年會館에八萬圓을寄附ᄒᆞ얏ᄉᆞ니我韓人民도天命을順受ᄒᆞ야元雅爹嘉시의盛意의萬分之壹이라도報答ᄒᆞᆯ지라天父前의罪人李觀化朴慈惠夫婦의所有ᄒᆞᆫ産業九千圓價値衛生上緊要ᄒᆞᆫ物品과또永存不消ᄒᆞᄂᆞᆫ四商權을天父命令대로我韓靑年의게寄付코저ᄒᆞ와天賜靑年公有慈惠大약房開金牌授讀式을隆熙三年壹月三日에本藥房의셔行ᄒᆞ오니京鄕同志靑年兄弟ᄂᆞᆫ伊時枉臨ᄒᆞ시기伏望

發行兼編輯人英國人 萬咸
Responsible for Publication Alfred Weekley Marnham.
發行所
南署石井洞號外第三層洋屋
大韓每日申報社

第六卷

大韓每日申報

第九百七拾五號

月曜及慶節 歲時日休刊

檀君開國四千二百四十一年
箕子元年三千三十年
大韓開國五百十七年
日本明治四十一年
淸國光緖三十四年
陰曆戊申十一月小十八日庚子

論說

◎我國學生諸氏에 (太極學報照謄)

松南

嗚乎라我大韓帝國二千萬民族社會上未來英雄의학生諸시여今日全國에壹般社會가諸氏를爲ᄒᆞ야其愛之也ㅣ非常ᄒᆞ고其敬之也ㅣ絶倫ᄒᆞᆫ지라金錢을貴重홈은人의常情이언마ᄂᆞᆫ諸시를爲ᄒᆞ야志士ㅣ義囊이壹朝에傾盡ᄒᆞ며田土家屋을貴愛홈은人의常情이언마ᄂᆞᆫ諸시를爲ᄒᆞ야志士의青氈이壹朝에蕩掃ᄒᆞ니諸位志士가諸시의게對ᄒᆞ야何等報復을希望홈인가但히今日國家의悲運이敎育不完에在ᄒᆞᆫ지라所以로壹般志士가聲을竭ᄒᆞ고力을殫ᄒᆞ야幾個學校가中外에晨星과如히現ᄒᆞ얏스나列國程度에比例ᄒᆞ면邯鄲學步와無異ᄒᆞ나志士諸位의熱誠은極點高度에達ᄒᆞ얏다可謂ᄒᆞᆯ지라何也오凡他列邦은人民智識이壹例普通ᄒᆞ야學校維持가壹般義務에存繫ᄒᆞᆫ지라大小學校가如林如海ᄒᆞᆯ지라도衆力所到에鞏固完全ᄒᆞ나我國則反此ᄒᆞ야不然ᄒᆞ야壹二志士가學校의발起를首倡ᄒᆞ면同意與否ᄂᆞᆫ尙矣勿論ᄒᆞ고四面楚歌에反對가蝟集ᄒᆞ야畢竟個人私費에歸ᄒᆞ니當者의苦心義血은須太仁百數輩의營爲에超過ᄒᆞᆯ지라도狂瀾孤帆의效力이此에止홈이로다

然則諸氏의青年慧眼으로志士의待遇를如是히被受ᄒᆞ고志士의周旋을如是히目擊ᄒᆞ며國家의慘狀을如是히遭遇ᄒᆞ얏슨즉宜乎諸氏가此에感覺ᄒᆞ며此에奮發ᄒᆞ야各其학術에着々進步ᄒᆞ야法律은孟德斯鳩를期望ᄒᆞ며政治ᄂᆞᆫ伯倫知理를期望ᄒᆞ며斯密亞丹의實業과瓦特의汽機와希臘士의哲학을精益求精ᄒᆞ며奇益求奇ᄒᆞ야分離ᄒᆞᆫ民心을團合케ᄒᆞᆯ도諸시요暗昧ᄒᆞᆫ智를文明케ᄒᆞᆯ도諸시요衰頹ᄒᆞᆫ國權을挽回ᄒᆞᆯ도諸시요社會의惡慣을歸正ᄒᆞᆯ도諸시라

如此ᄒᆞᆫ許多事業을諸시의背上에擔負케爲ᄒᆞ야壹般志士가向右의誠力을殫竭ᄒᆞ고腦血을灌注ᄒᆞᆫ者ㅣᆫ즉諸시ᄂᆞᆫ此에對ᄒᆞ야仰答ᄒᆞᆯ境遇를思及ᄒᆞ면兩肩이自重ᄒᆞ고五臟이自慄ᄒᆞᆯ지라夙宵에猛省勇往ᄒᆞ야猶恐不及은諸시의獨壹不二ᄒᆞᆫ責務가아닌가奈之何近日西來消息을聞ᄒᆞᆫ則壹般學生界에自由를誤解ᄒᆞᄂᆞᆫ者ㅣ種々ᄒᆞ야各國學校의規則을遵守치아니ᄒᆞᆫ者不是라校長以下任員及敎師諸位의指揮를順受치안코己意를少拂ᄒᆞ면輒日今日은民權自由의時代라ᄒᆞ며校外에出ᄒᆞ면老少倚齒ᄒᆞ야對ᄒᆞ야傲慢失敬의弊가瞻이駭然ᄒᆞ다ᄒᆞ니嗚乎噫噫라此何言也며此何言也오此必壹二個人의不正ᄒᆞᆫ行動으로由ᄒᆞ야全體學生界에汚損을致홈이오諸시가多數히如是ᄒᆞ다謂홈은안일지나奈其石工을不學ᄒᆞ고瞬目을先師ᄒᆞ야發軔初程에過失을先得ᄒᆞ니來頭可望이亦歸墮落은不待二論일지라 (未完)

◎告示

▲隆熙貳年拾月二拾七日 官報

農商工部告示第拾三號 續

第百四拾七條 登記ᄒᆞᆯ事項의登記나其變更又ᄂᆞᆫ消滅의登記ᄂᆞᆫ本法에別段의規定이有ᄒᆞᆫ境遇를除ᄒᆞᆫ外에ᄂᆞᆫ當事者의申請이有ᄒᆞ지아니ᄒᆞ면此를行홈을不得홈

第百四十八條 當事者ᄂᆞᆫ登記를受ᄒᆞᆫ後其登記에錯誤나又ᄂᆞᆫ遺漏가有홈을發見ᄒᆞᆫ時ᄂᆞᆫ登記所에其更正을申請홈을得홈

第百四拾九條 登記의申請은書面으로써此를行홈을要홈

申請書에ᄂᆞᆫ左開事項을記載ᄒᆞ고申請人이나又ᄂᆞᆫ其代理人이此에署名捺印홈이可홈

壹 申請人의姓名住所又ᄂᆞᆫ會社가申請人된時ᄂᆞᆫ其商号及本店又ᄂᆞᆫ支店

二 代理人에依ᄒᆞ야申請을行ᄒᆞᆫ時ᄂᆞᆫ其姓名、住所

三 登記의目的及其事由

四 年 月 日

五 登記所의表示

第百五拾條 本章의規定을依ᄒᆞ야申請을行ᄒᆞᆯ境遇에正當ᄒᆞᆫ事由를因ᄒᆞ야連署ᄒᆞ기能치못ᄒᆞᆫ者가有ᄒᆞᆫ時ᄂᆞᆫ其他人으로만申請을行홈을得홈

連署ᄒᆞ기能치못ᄒᆞᆫ事由ᄂᆞᆫ此를證明홈을要홈

第百五拾壹條 登記所ᄂᆞᆫ登記의申請이商法又ᄂᆞᆫ本章의規定의適合치아니ᄒᆞᆫ時ᄂᆞᆫ理由를附ᄒᆞᆫ決定으로써此를却下홈이可홈此決定에對ᄒᆞ야ᄂᆞᆫ即時抗告를行홈을得홈

前項의決定은民事訴訟法의規定을從ᄒᆞ야此를申請人에게送達홈을要홈

第百五拾四條 商業登記簿의全部又ᄂᆞᆫ壹部가滅失된境遇에ᄂᆞᆫ司法大臣은壹定ᄒᆞᆫ期間을定ᄒᆞ야登記의回復에必要ᄒᆞᆫ處分을命홈을得홈 (未完)

外報

◎露國艦隊擴張 東京電을據ᄒᆞᆫ즉俄國에서戰鬪艦四隻巡洋艦二隻驅逐艦壹隻水雷艇四隻을建造ᄒᆞᆫ다더라

◎南米의叛亂 伯林電을據ᄒᆞᆫ즉南米헤이지共和國의叛徒가猖獗ᄒᆞ야其危機가切迫ᄒᆞᆫ故로大統領이法國軍艦으로逃避ᄒᆞ얏다더라

◎淸國의軍隊改良 漢口電을據ᄒᆞᆫ즉湖北陸軍에ᄂᆞᆫ日本留학生으로少將三名을任命ᄒᆞ얏고又政府에셔ᄂᆞᆫ各地方軍隊에老朽將校ᄂᆞᆫ一切除汰ᄒᆞᆯ方針으로明年에ᄂᆞᆫ湖北에特使를派遣ᄒᆞ야現任將校約六百名을試驗ᄒᆞᆫ다ᄂᆞᆫᄃᆡ職位만保持ᄒᆞ던無能의將校等은甚히恐惶ᄒᆞᆫ다더라

雜報

◎卓然卓然 平安北道博川郡東面花溪里廣明學校ᄂᆞᆫ去陰七月初에創立인ᄃᆡ該校頭卓괴校監卓龍賢敎師卓庸立三시가維持方針으로諸學生의父兄과附近老幼를會集ᄒᆞ고激切ᄒᆞᆫ言辭로登場說明ᄒᆞ며觀者與感ᄒᆞ야爭先捐金이三百餘圜이오晝夜科학生이五十餘名에達ᄒᆞ얏다더라

◎文教必明 順川雙田面文明學校가自昨春設校以來로校務를擔任ᄒᆞ야學徒가八拾九名에達ᄒᆞ얏더니去八月二십五日夜에義兵이來到ᄒᆞ야該校를沒燒ᄒᆞ얏ᄂᆞᆫᄃᆡ該校任員諸시가復爲設校ᄒᆞ기로同盟ᄒᆞ고과足上京ᄒᆞ야學部에請願ᄒᆞ며濱邊郡守李興雨氏의게請願ᄒᆞᆫ즉該氏도期於此舊設校ᄒᆞ기로贊成ᄒᆞᆫ다더라

◎姜門熱心 咸南利原郡主事姜永翰시ᄂᆞᆫ학校를組織ᄒᆞ고학徒百餘名을募集ᄒᆞ야每朔月終試驗과學期試驗에多數財를義捐ᄒᆞ야施賞ᄒᆞ고其任賢秀再從弟永璣兩시ᄂᆞᆫ西北學會支會와학校를設立ᄒᆞᄂᆞᆫ中인ᄃᆡ特出百圓古ᄒᆞ야熱心勸勉ᄒᆞᆫ다더라

◎鳴洋新校 全南海南郡居前郡守張命相시가首唱牧幟에遠邇가響應ᄒᆞ야家助戶捐ᄒᆞ고境內諸시가熱心贊務ᄒᆞ야創設學校ᄒᆞ고命名曰鳴洋學校라ᄒᆞ니蓋取李忠武公露梁의勝捷於當地之義也라학員이雲集에延聘敎師ᄒᆞ야熱心으로敎授ᄒᆞᆫ다더라

◎登光大光 三和港有志諸시가金二百圜式出ᄒᆞ야壹千六百圜價値되ᄂᆞᆫ津幌을登光學校에買附ᄒᆞᆫ事ᄂᆞᆫ已報어니와該港紳士吳環泳張世琳朴濟化三시가更爲發起ᄒᆞ야日此時敎育은國民의壹般急務라ᄒᆞ고自奮發ᄒᆞ야該洞에在ᄒᆞᆫ壹津을三百元에買得ᄒᆞ야登光學校에又爲寄付ᄒᆞ얏ᄂᆞᆫᄃᆡ該港諸氏와敎育熱心을皆稱頌ᄒᆞᆫ다더라

文壇

▲讀史新論 (續)

壹片丹生

第九章

金春秋의功罪

堂堂ᄒᆞᆫ高句麗遺民으로高句麗舊土에自立ᄒᆞᆫ渤海國을我東史에不著ᄒᆞ고鴨綠江以西의天地ᄂᆞᆫ何人이占得ᄒᆞ던지我가不問ᄒᆞᆫ故로累百年來東國人의心中目中에自家疆土ᄂᆞᆫ惟此鴨綠以東疆土가是라ᄒᆞ며自家民族도惟此鴨綠以東民族이是라ᄒᆞ며自家歷史도惟此鴨綠以東歷史가是라ᄒᆞ며事業도惟此압綠以東事業이是라ᄒᆞ고於是乎思想이압綠以外壹步를超渡ᄒᆞᆯ가是戒ᄒᆞ며夢寐가압綠以外壹步를蹈出ᄒᆞᆯ가是懼ᄒᆞ야我家先祖檀君。扶婁。東明聖帝。大武神王。扶芬奴。廣開土王。長壽王。乙支文德。泉蓋蘇文。大仲象。大祚榮等諸聖諸哲諸雄諸傑이心을竭ᄒᆞ며血을灑ᄒᆞ야萬世子孫의基業으로我子孫에게授ᄒᆞ신壹大土地를他家物로視ᄒᆞ야其痛癢을不相關ᄒᆞᆫ지라是以로麗惠宗時에契丹의大兵을破ᄒᆞ야全滿을擴有ᄒᆞᆯ대我檀君의발祥地가居然外族에게入ᄒᆞᆯ거늘凡我扶餘民族의個個劍을拔ᄒᆞ고踴躍ᄒᆞᆯ時代어날此時에도苟且압綠以東만株守ᄒᆞ야祖宗의讐를不問ᄒᆞ며民族의憤을不思ᄒᆞ니此其故가何在오ᄒᆞ면即金文烈이渤海를我史에不著ᄒᆞ야此土地가我民族의所有됨을不知ᄒᆞᆫ故ㅣ라 (未完)

詞藻

◎警醒力

舟中之人이자ᄂᆞ냐죽으ᄂᆞ냐。
모도다자ᄂᆞ냐죽으ᄂᆞ냐
蒼海風波에처ᄯᅥ나가고、
미엽ᄂᆞᆫ비ᄂᆞᆫ壹時沈沒이頃刻에잇다
하믈며、凶惡하다져고ᄅᆡᄂᆞᆫ셔리쳐고、
입버리네

雜報

◎華亭晩餐 再昨日下午七時에農商工部大臣趙重應氏가淸華亭에盛大ᄒᆞᆫ晩餐을設ᄒᆞ고總理以下某某大臣과伊藤統監을請邀款待ᄒᆞ엿다더라

◎리ᄉᆞ悖戾 農商工部趙重應氏가請待ᄒᆞᆫ事ᄂᆞᆫ別項과如ᄒᆞ거니와伊時에該部技手川崎森三郞이가亦爲祥參ᄒᆞ야致酒泥醉ᄒᆞ야歸家ᄒᆞᆯ時에南部竹洞派出所에至ᄒᆞ야巡查趙基德氏를對ᄒᆞ야人力車를招給ᄒᆞ라ᄒᆞ거날趙시ᄂᆞᆫ語를不通ᄒᆞᆷ으로未卽施行ᄒᆞ얏더니該日人이趙氏의頭頰을四五次毆打ᄒᆞ며其同僚巡查高永達氏를又猛打ᄒᆞ고無限作梗ᄒᆞᆯ際에巡查部長梁鍾薰氏가適爲過去ᄒᆞ다가該日人을警察署로押致ᄒᆞ야嚴飭放送ᄒᆞ얏다더라

◎李顧問運動說 中樞院顧問李址鎔氏가宮內府大臣을百般運動ᄒᆞᆫ다ᄂᆞᆫ巷說이浪藉ᄒᆞ다더라

◎張氏運動 慶尙北道査産委員張世泳氏ᄂᆞᆫ觀察使를運動ᄒᆞ기爲ᄒᆞ야上京ᄒᆞᆫ後三千圜手標를農商工部大臣趙重應氏의게納賂ᄒᆞ고觀察敍任의周旋을緊囑ᄒᆞ얏더니趙大臣의周旋이未成ᄒᆞᆷ으로張氏가該手票를還推ᄒᆞ야宋內大의게納呈ᄒᆞᆫ즉宋大臣은現金이아니면不能ᄒᆞ다ᄒᆞ야現金을收取ᄒᆞᆫ後에도登向延拖ᄒᆞᆫ다더라

◎宋시責弟 內部大臣宋秉畯氏의弟某氏가厚祿豐窠를圖得코져上京ᄒᆞ얏더니乃伯이責之曰現今에窠闕도無ᄒᆞ거니와弟兄間에官路에出身ᄒᆞᄂᆞᆫ것이不可ᄒᆞ니卽爲下去ᄒᆞ라ᄒᆞ얏다더라

◎李院使遷任說 全北觀察使李斗璜시ᄂᆞᆫ遷任이된다ᄂᆞᆫ說이有ᄒᆞ더라

◎兩氏入參 中樞院顧問李址鎔시ᄂᆞᆫ藥業會社股募集에對ᄒᆞ야百株를應募ᄒᆞ고李載克시ᄂᆞᆫ名譽로該會社에入參ᄒᆞ얏더라

◎續次登程 歸國ᄒᆞ얏던長谷川軍司令官은本月八日午後六時三十分에新橋에서出發ᄒᆞ얏다더라

◎須知分事件開審

今年三月頃 須知分을砲殺ᄒᆞᆫ事件에對ᄒᆞ야韓人鄭□兩氏의審問을開始ᄒᆞ얏ᄂᆞᆫ디兩시가須知分을殺害ᄒᆞᆫ것은須知分이日本政府를爲ᄒᆞ야勤勞를賣ᄒᆞᆫ奴라고當時韓國人民들이思惟ᄒᆞᆫ디因ᄒᆞᆫ者라ᄒᆞ고今回에同志韓人會에서右兩시를辯護ᄒᆞ기爲ᄒᆞ야多額의運動費를醵出ᄒᆞ얏ᄂᆞᆫ디兩시의辯護等諸시들이該兩시를愛國的熱心者로主張ᄒᆞ미陪審官五名이此를承認ᄒᆞ얏다더라

◎拾圜券發行期 韓國銀行에서ᄂᆞᆫ明年春四月부터拾圜券을發行ᄒᆞᆯ터인ᄃᆡ券面에ᄂᆞᆫ昌德宮秘苑宙合樓의寫眞을描寫ᄒᆞᆫ다더라

◎忠察頗明 十三道各郡東軒을日守備隊兵이占奪ᄒᆞᆫ事ᄂᆞᆫ世所共知어니와忠北觀察使權鳳洙시가管下各郡에巡察ᄒᆞᆯ時에日兵을對ᄒᆞ야重責ᄒᆞ되世界萬國에奪人公廨ᄂᆞᆫ初有ᄒᆞᆫ事이라ᄒᆞ미日兵이自知理屈ᄒᆞ고枚枚自服還付ᄒᆞᆷ으로忠北各郡守ᄂᆞᆫ依舊視務ᄒᆞᆫ다더라

◎鐵道敷設請願 光州觀察道에서木浦港口까지鐵道를敷設ᄒᆞ기로該郡에셔□□ᄒᆞᆫ人民가擔任ᄒᆞ야ᄂᆞᆫ디請願承認次로該郡代表人盧文奇시가上京ᄒᆞ얏다더라

◎日稅甚行 金山郡에셔ᄂᆞᆫ稅主事가結錢收稅에對ᄒᆞ야婦女를多數結縛ᄒᆞ야該郡衙上에驅囚來往ᄒᆞ며言ᄒᆞ되諱避ᄒᆞᆫ婦女를重히罰ᄒᆞᆫ다ᄂᆞᆫ故로吾姑如是ᄒᆞᆫ다ᄒᆞ며該郡人民의怨聲이漲大ᄒᆞ다더라

◎成．落科 水原李行時가近衛騎兵將校官成膺慶시의紙幣百餘圜을失ᄒᆞ고民丁車某의所爲라ᄒᆞ야無數히惡刑을行ᄒᆞ얏다ᄂᆞᆫ說은已揭어니와車某의父가其子의無辜히牢刑當ᄒᆞᆷ을憤恨이녀여裁判所에呼訴ᄒᆞ야對質敗判ᄒᆞᄂᆞᆫ디成氏가落科ᄒᆞ얏다더라

◎商票發賣 商務組合會에서ᄂᆞᆫ十三道에商務支社를設始ᄒᆞ고派領ᄒᆞᆫ人을式派送ᄒᆞ야該所經費ᄂᆞᆫ商票를發賣ᄒᆞ야支用ᄒᆞ기로決定ᄒᆞ얏다더라

◎押上訊問 泰安郡守崔鶴□氏의別室發召史가紙幣僞造犯으로南部警察署에發捉ᄒᆞᆫ事ᄂᆞᆫ已報어니와該署에서公州警察署로通知ᄒᆞ고該郡守와鴻山郡居ᄒᆞᄂᆞᆫ主事金衛□兩氏를昨日에押上ᄒᆞ야現方訊問ᄒᆞᄂᆞᆫ中이라더라

◎千義越交 京城日憲兵本隊에셔崔鳳雲氏가義兵干連이有ᄒᆞ다ᄒᆞ야捉致審查ᄒᆞ고再昨日에地方裁判所로越交ᄒᆞ얏다더라

◎日人督債 南部草洞居ᄒᆞᄂᆞᆫ洪承翼시의令男洪昌植시가年前에日本東京에渡去ᄒᆞ야日人滿野旅館에셔多數ᄒᆞᆫ食債를負ᄒᆞ고歸國ᄒᆞᆫ故로該日人이某處로通知ᄒᆞ고不日督捧ᄒᆞ야送還許送ᄒᆞ라ᄒᆞ얏다더라

◎洪氏歸覲 日本農業學校에修業ᄒᆞᄂᆞᆫ洪□시가冬期休學을因ᄒᆞ야覲親次로昨日上午八時에入城ᄒᆞ얏다더라

◎沿江派兵 楊花島以下沿江에셔穀包를搬載ᄒᆞᄂᆞᆫ船隻이近日多數히水賊의게見奪ᄒᆞᄂᆞᆫ故로此를防禦ᄒᆞ기爲ᄒᆞ야日本巡邏帆船二隻에銃丸을搭載ᄒᆞ고派守ᄒᆞᆫ다더라

◎江郡派兵 江華郡에義擾를經ᄒᆞᆫ後에日兵二百名이該郡에派駐ᄒᆞ고電線을架設ᄒᆞ얏더니該郡章陵松楸를斫伐ᄒᆞ야金浦陽川通津二郡人民으로運搬輸去케ᄒᆞᆫ다더라

◎兩城義擾 南來人의傳說을據ᄒᆞᆫ즉安城陽城等地에義兵이鱗次往來ᄒᆞ야富民等의게執穀ᄒᆞᄂᆞᆫ故로人情이恐惧ᄒᆞ다더라

◎兩巡討索 平山郡管內雜類輩七人이去日夜에花鬪局을設ᄒᆞ고賭錢ᄒᆞᆯ時에該郡駐在所巡查某洪鍾業兩氏가來到ᄒᆞ야花鬪ᄒᆞ던七人을齊捕ᄒᆞ야縛ᄒᆞ야所率領還歸之路에兩巡查가右七人에對ᄒᆞ야路資二十圜을討索ᄒᆞ고途中에서放送ᄒᆞ얏ᄂᆞᆫ디賭錢의總金이二圜에未滿이라더라

◎沈家困兇 故安山郡守沈相유시가生時에日本人의게우슴債權相關이有ᄒᆞ던지幾日前에日本人四五名이該시家에來到ᄒᆞ야債錢을督納ᄒᆞᄂᆞᆫ디壹家가驚動ᄒᆞ야無數ᄒᆞᆫ困境을當ᄒᆞ얏다더라

◎莫見乎隱 平山郡에셔巡查가金二十五圜을討索ᄒᆞᆫ것은別項과如ᄒᆞ거니와文巡查種榮氏ᄂᆞᆫ自劫에出ᄒᆞ얏던지毆打實이□□ᄒᆞ야人民의補償ᄒᆞᆷ을嚴히調制ᄒᆞᆫ다더라

◎入校雜難 南部履洞居辛□□시가留學ᄒᆞᄂᆞᆫ□吉시와笠子及其他雜品拾餘圜價値를閉會ᄒᆞᆫ某시가乘隙竊取ᄒᆞ야昨日上午四時에不知去處로逃躱ᄒᆞ얏다더라

◎控訴提起 南部長洞何許人家에셔花鬪局을設ᄒᆞ다가被捉ᄒᆞᆫ李元來吳衛□兩시가監獄署에尙此滯囚ᄒᆞᆫ故로該시等이月前에京城控訴院에控訴를提起ᄒᆞ얏다더라

◎學生逢賊 再昨日下午二時頃에何許鍾漢이中部禁府동劉晃珠시家에圖入ᄒᆞ야該家에留連ᄒᆞᆫ學生金允爀沐入印英甫三시의裝具中牀彈十疊圓二餘圓價値의物品을竊取以去ᄒᆞ얏다더라

◎朴□被捉 再昨日下午壹時頃에何許人이新式銃四柄과彈子六十枚를携帶ᄒᆞ고南部毛橋등處로移去ᄒᆞ다가學內行巡ᄒᆞ던巡查가警察署에押付ᄒᆞ얏ᄂᆞᆫ디住所未詳ᄒᆞᆫ李春瑞라ᄒᆞ더라

◎府民會 漢城府民會에셔ᄂᆞᆫ本月二十六日下午에總會를石鼓壇內에開ᄒᆞ고任員을組織ᄒᆞᆫ다더라

◎韓氏聰明 한성居前令韓□□시ᄂᆞᆫ洪州地에下往ᄒᆞ야學校를刱設ᄒᆞ고靑年을募集ᄒᆞ야熱心敎育ᄒᆞᆷ으로將來上에大有成就之望이라ᄒᆞ야該郡人民이稱頌不已ᄒᆞᆫ다더라

◎□校卒業 咸陽郡內私立普興學校內에測量科를設立ᄒᆞ고卒業式을經ᄒᆞ얏ᄂᆞᆫ디及第生은承般朴贊榮洪衡杓朴來儀姜일熙等諸人이라더라

◎宣校卒業 平北宣川郡東面路下里崇德洞에宣學校에셔測量科卒業式을行ᄒᆞ얏ᄂᆞᆫ디生徒數十名이熱心做工ᄒᆞᆷ으로測量學에大得熟ᄒᆞ다고稱頌이有ᄒᆞ더라

[illegible]

▲平安南道孟山陽德郡附近에셔賊首名을率ᄒᆞᆫ魁中某라ᄒᆞᄂᆞᆫ者가同地日憲兵의게逮捕되얏다ᄒᆞ고

▲本月五日長水郡北方四拾里地에셔義兵六拾餘名이該地分遣所日憲兵及補助員과交戰ᄒᆞ얏다ᄒᆞ고

▲去月二十三日英陽郡西方約三拾里地에셔小數의義兵이該郡憲兵及補助員과交戰ᄒᆞ얏다ᄒᆞ고

▲去月廿七日英陽郡에셔義兵數拾名이同地憲兵分遣所日憲兵及補助員과交戰ᄒᆞ엿다ᄒᆞ고

▲去月廿四日扶餘郡東北方約三십里地에셔義兵拾餘名이同地分遣所日憲兵及補助員과衝突ᄒᆞ엿다ᄒᆞ고

▲去月廿九日永春郡東方四拾里地에셔小數의義兵이該郡日憲兵及補助員과交戰ᄒᆞ얏다ᄒᆞ고

▲本月六日洪原郡北方六십里地에셔多數의義兵이該地日憲兵及補助員과交戰ᄒᆞ얏ᄂᆞᆫ디補助員壹名이重傷ᄒᆞ얏다ᄒᆞ고

▲去月二십四日谷城郡東남方六十里地에셔義兵四십餘名이該地分遣隊日憲兵及補助員과交戰ᄒᆞ얏다더라

▲臥看屛畵▼

▲一千萬衆代表되여寤寐間에근심이오聞見마다感情이라寒窓孤燈잠못드러八帖古屛드러처고ᄎᆞ례로檢閱ᄒᆞ니人ᄃᆡ節ᄭᅩ림일세

▲第壹幅을살펴보니□掛枯上에枝에高ᄒᆞᆫ□□방太平氣像然ᄒᆞᆫ大韓今日當ᄒᆞ여飼犬携杖ᄒᆞᆫ閒閻에爾亦不免ᄒᆞ리로다

▲第二幅을살펴보니滿山花爛漫ᄒᆞᆫ宏壯ᄒᆞᆫ樓閣에太平氣像完然ᄒᆞ야大韓今日當ᄒᆞ여衛生淸潔ᄒᆞᆫ雜費에爾亦不免ᄒᆞ리로다

▲第三幅을살펴보니桃花流水鱖魚肥 斜風細雨에漁翁이太平氣像完然ᄒᆞ야大韓今日當ᄒᆞ여漁業條例의規定에爾亦不免ᄒᆞ리로다

▲第四幅을살펴보니康衢烟月擊壤歌에甲坼ᄒᆞᆫ農夫도太平氣像이러ᄒᆞ니大韓今日當ᄒᆞ여面會官汚吏의虐政에爾亦不免ᄒᆞ리로다

▲第五幅을살펴보니淸溪盤石園棊로ᄂᆞᆫ閑翁이太平氣像完然ᄒᆞ야大韓今日當ᄒᆞ여局外로示威ᄒᆞᆫ 爾亦不免ᄒᆞ리로다

▲第六幅을살펴보니落落長松그늘아래藥을ᄏᆡᄂᆞᆫ女子도太平氣像完然ᄒᆞ야大韓今日當ᄒᆞ여民丁所到의劫奪에爾亦不免ᄒᆞ리로다

▲第七幅을살펴보니楊柳靑靑暮江頭에樵比ᄒᆞᆫ村落도太平氣像完然ᄒᆞ야大韓今日當ᄒᆞ여砲烟彈雨의兵塵에爾亦不免ᄒᆞ리로다

▲第八幅을살펴보니南田北畓美良ᄒᆞᆫᄃᆡ依杖徘徊ᄒᆞᄂᆞᆫ老人도太平氣像完然ᄒᆞ야大韓今日當ᄒᆞ여官吏侵奪의威脅에爾亦不免ᄒᆞ리로다

再告全國拾三道內各學校에學生緊要호東西藥菜月報와敎育上緊要호書籍類印刷되는더로時々仰呈코자호오니貴學校番地와校長被號閣下氏名을以下示호심을千萬伏望홈

廣告

本月拾二日(土曜)下午壹時에中부里門洞靑年會舘內에셔通常總會를開호고會務를處理호後左開兩問題로演說호오니會員은來臨호시옴

演題　(傍聽許入)

我會之本領　尹孝定

治國之要在於得人　鄭雲復

大韓協會　告白

趙鳳好名字를鳳鎬로字と秉文으로改定호오니知舊間照亮홈

趙鳳鎬　告白

本人의姓名角圖章을去月貳拾四日에遺失호얏ᄉᆞ오니內外國人은勿爲準信홈

嘉山郡東面西文里居金鼎河白

故曹元三堂侄興龍若得外債欲懲於寡堂叔母之意左右周旋中矣內外國人切勿見欺喚

梁召史　告白

雞島居木商趙雲浩誌章호長劈二百九拾七貫千掌記壹張을陰今月십三日入인之路에셔失호얏기廣告호오니內外國人間拾得하와도休紙施行홈

雞島營契大街洞居金在洙告白

本人이陰至月七日載寧邑市에入去하엿다가中路에셔圖章을見失호엿ᄉᆞ오니內外國人은以此照亮홈

陰至月卄四日

信川太井面山水洞李燮鎬告白

仁川多所面松峴洞朴松鶴所作草家五間과洋鐵蓋鐵罩間八間宗文券二張을셔失故玆以廣告호오니誰某拾得이라도休紙施行홈

仁川松峴동　鄭弼浩　告白

本人의草家십三間文券을不知中셔失이온바現今崔善文處에放賣호오니內外國人間照亮홈

西部西江坊新水鐵里八統八戶家屋放賣主南昌浩　告白

本人이陰十月二십五、夜逢賊時에所居녀家六間證明書壹張을並失하얏숩기此에廣告호오니內外國人은切勿見欺호옵

平壤郡內川面壹里三統八戶　姜鼎海　告白

本人先太人朴公과聚시以宿患今拾五日卯時別世知舊間照亮

長男　容桓　次男　容甫

◉特別廣告

本人의姓名圖章을去初五日夜에셔失於賊漢故玆以廣布호오니內外國人은須知悉호시오

龍川光化面地境里

前參奉　朴基元　告白

藩官權炳昇以丙字改正事

議官權演銖以寅字改正事

權丙昇　權寅銖等　告白

亡父林圭永儀東洋生命保險株式會社金壹千圓의保險契約致居俟處에서契約金額韓國支社에셔受領致侯間玆々稟告致侯也

明治四拾壹年拾貳月

京城府　受取人　林敬植

測量日語學員募集

願學員은陰本月晦日너　穩臨호야時間과細則詳問志願호오

西小門너度支部后門前

專門講習所廣告

本塾에셔日語와簿記(商業、銀行)을滿個月速成으로敎授호오니願學僉君子と本月拾五日內로請願하시오

日語課程中緊要件은印刷호야無料로供給홈

時間自下午五時半至同八時半

三拾人未滿이면ㅏ學치아니홈

開學日字本月拾六日

位置　南大門內暘谷

廣化義塾　南廷哲

本所에셔時務를擴張호기爲호야事務所를設호고土地、家屋、礦山、森林等을測量請求人의게隨意需應호오니僉彥은來議호옴

事務所長　吳德衍

總務　李榮勳　告白

安州龍峴測量

本人이前圖章을失호고更造호얏ᄉᆞ오니知舊間照亮호시옵

前副尉　閔丙玉

相依호야壹日二日에婦孤라號呼호니凡我東二千萬同胞ㅏ孰不感慕而愛誦哉아此實秉彝之天也이오非有私於공家而然也者歟아况是공家眞人으로頂踵毛髮이無非忠正公之遺也이던公之忠目이夫瞑치여敢有此人面獸心之行커니縱ㅅ畏法이나獨不畏鄕人之誅乎아忠正公家事と壹土壹物이라도盡是公之夫人所有之産也어늘何故로行誣於公之牛庭大夫人과公之牛

千圓이라ᄒᆞ信默에合謀於是就之、傳ᄒᆞ元符同宋秉畯ᄒᆞ야多附日人ᄒᆞ고來到公家ᄒᆞ야夫人을招來恐喝脅迫ᄒᆞ며買問夫人之姓名與年齡日稱以賣物典賣ᄒᆞ고賭償金으로

八百石　秋收也와利川所在

三百餘石　秋收也와

三百餘石　秋收

仁港家屋도亦爲奪去ᄒᆞ니天下의事有如是强盜之乎아返噬之狗殺主之賊은古所稀之而未如有宋秉畯吳信默之慘刻凶怪也도다公之慣辭이雖不忍捨不可泯默이라鄭等이忍死於公死之日이나公之後事ㅣ託着을安忍如越示秦이리오玆敢擧實共佈ᄒᆞ오니凡我同胞는齊擧訴裁判ᄒᆞ야斷以律文ᄒᆞ야以伸天下之公憤ᄒᆞ고以懲天下之極惡ᄒᆞ야以保我忠臣遺宅之地ᄒᆞ千萬幸甚

金允參朱弘燮鄭秉源等　告白

之習乎아以富平所在牧養會社事로言之라도吳信默이가代納上大內之說로虛傳勅命ᄒᆞ고此會社를成文許給于宋秉畯則自無大內更奪之慮ᄒᆞ거ᄂᆞᆯ夫人이知其姦詐而不聽ᄒᆞ고讓渡於日人이검철太郎ᄒᆞ야捧價八

本人이前謀受害에李元直은본이시남셔두모포거李元直은본이시목장ᄉᆞ도위엽ᄒᆞ옵며ᄂᆡ작년노월분에廣州소지산판을셔빙코거金興俊처게價文四千兩에미독ᄒᆞ와ᄌᆞ시작별ᄒᆞ여今秋에漂流下江하옵ᄂᆞᆫ데광쥬ᄌᆞ月里居閔東植이칭이山ᄌᆞ호며山價中壹千五百兩을미봉ᄒᆞ엿다ᄒᆞ고긔송우광쥬ᄒᆞ여장작을집류ᄒᆞ옵기에광쥬로담지ᄒᆞ온즉閔東植이가김興俊이와상판이오ᄉᆞ八斗ᄂᆞᆫ壹無상판이온ᄎᆞ장작우쥬시하갑을엇스나기가ᄉᆞᆫ히가불쇼ᄒᆞ매츄후閔東植이가龍山館驛分署에괴송ᄒᆞ고또学봉日嶺吳所에도괴송ᄒᆞ고일젼에또룡山헌병소에괴송ᄒᆞ온즉여차밍낭ᄒᆞᆫ일이잇기로ᄌᆞ에광고ᄒᆞ오니지구간됴량ᄒᆞ시옴

과쳔　李元直　告白

故本人이前謀受害에仁港留南在貿代宋萬寬告白

本人에去五月分에鎭南浦順玉處에貸三拾圓捧標를셔失ᄒᆞ엿ᄉᆞ오니誰某拾得이라도休紙施行홈

南部薰陶坊竹洞契宮基內八拾八統九戶帥家七間半文券紛失故玆仰布誰某拾得休紙施行

曹元二　告白

嗚呼라閔忠正공의後事는實之淚ㅏ라가操五男妹가僞子

國漢文新玉篇

국한문신옥편　附音韻字彙

純洋裝　四百餘頁　版權

定價金　壹圓貳拾錢　所有

本玉篇은各種字典과字彙를參互ᄒᆞ야漢字의音義와變音變義ᄭᆞ지國文으로詳明히解述ᄒᆞ고且同音類合百餘頁을國文으로解釋添付ᄒᆞ야漢字의音만알면解得ᄒᆞ기容易ᄒᆞ오며勿論男女하고國文만알면初學生徒라도漢文實施이되니學界僉彥은購覽ᄒᆞ심을務望

元賣所　平壤鍾路 耶穌敎書院

分賣所　大邱 東一書館

京城屛下廣學書舖　京城鍾路越便中央書館

同寺洞傳文館　寺洞惟一書舖

同寺洞敬心書館　同銅峴東書館

京鄕耶穌敎書院仝　大東書市　京鄕各有名書舖

◉特別廣告

本社と韓美兩國人의資本으로美國法律下에現今成立된을玆에公衆에게廣布ᄒᆞ노라本社と大韓帝國全國內에誠實ᄒᆞ고勤幹ᄒᆞᆫ人士와連絡ᄒᆞ야京鄕各處에支店을設置ᄒᆞ겟ᄉᆞ오니勤實ᄒᆞ신僉君子と本社에來臨ᄒᆞ야面商ᄒᆞ시던지通信으로協議ᄒᆞ심을務望홈

大韓皇城中部磚洞　(前大韓每日申報社)

郵函第四十號

韓美興業株式會社　白

發行兼編輯人英國人 萬咸
Responsible for Publication Alfred Weekley Marnham.
發行所 南署石井洞號外地三層洋屋
大韓每日申報社

第六卷

大韓每日申報

第九百七拾六號

月曜及慶節 臨時日休刊

檀君開國四千二百四十一年
箕子元年三千三十年
大韓開國五百十七年
日本明治四十一年
淸國光緖三十四年
陰曆戊申十一月小十九日辛丑

論說

◎我國學生諸氏여 (續)

(太極學報照謄) 松南

孔子ㅣ云乎아如有周公之才之美로도使驕且吝이면其餘ᄂᆞᆫ不足觀也라ᄒᆞ시고孟子ㅣ曰入以事其父兄ᄒᆞ며出而事其長上ᄒᆞ야可使制梃ᄒᆞ야以撻秦楚之堅甲利兵이라ᄒᆞ얏스니德行이無ᄒᆞᆫ者의게ᄂᆞᆫ登天摘星ᄒᆞᄂᆞᆫ學術이有ᄒᆞᆯ지라도足히稱道ᄒᆞᆯ바無ᄒᆞᆷ은旣定ᄒᆞᆫ古訓이有치아니ᄒᆞᆫ가

且或諸시가舊時學問은類皆腐敗無用이라孔孟의書論을不足爲師라ᄒᆞᄂᆞᆫ가若然ᄒᆞ면또ᄒᆞᆫ諸시의誤解로다政治及物理上發明에對ᄒᆞ야ᄂᆞᆫ隨時損益과隨機進化가無窮ᄒᆞ다ᄒᆞᆯ지나人倫上原則에對ᄒᆞ야ᄂᆞᆫ萬世不易의常訓이有ᄒᆞᆫ지라엇지輕遽히舊學을盡非라ᄒᆞ리오

且諸시가新學을講解ᄒᆞ미何句何節에品行不擇이라ᄂᆞᆫ意旨가有ᄒᆞᆫ가學校試驗科目에爲先品行點을表著ᄒᆞ엿고普通學科에倫理學을明示ᄒᆞ얏고法律學에道와法의關繫로自然法을發現ᄒᆞ얏스니古今學問을勿論ᄒᆞ고道德이宗旨ㅣ되고技術이爲次어ᄂᆞᆯ諸시中幾個人의見得이何學問을從ᄒᆞ야流出ᄒᆞᆫ인가設以自由로言之라도法律範圍內의自由ᄂᆞᆫ自由로許ᄒᆞᆯ지나法律範圍外의自由ᄂᆞᆫ不自由로認定ᄒᆞᆯ지라諸시가學生으로學校에在ᄒᆞ야도학校의規則內에行動이可히眞自由가될지오校則을違反ᄒᆞ면卽不法自由가될지니諸시가卽未來의英雄全國의標範될者로不法自由를爲先躬行ᄒᆞ면諸시의所학을卒業ᄒᆞᄂᆞᆫ날에到ᄒᆞ야何處에應行코ᄌᆞᄒᆞᄂᆞᆫ가此를由ᄒᆞ야壹般社會의風俗이壞亂ᄒᆞᆯ지오上下階級의秩序가紊亂ᄒᆞ리니如是ᄒᆞᆫ境遇에ᄂᆞᆫ其國의富强ᄒᆞ고其民이活動ᄒᆞᆯ들暴難이日作ᄒᆞ야百俾斯麥과華盛頓이政策을執ᄒᆞ야도下手ᄒᆞᆯ期望이無ᄒᆞ리니苟若如是ᄒᆞᆯ진대純然不학ᄒᆞᆫ愚民이寧愈ᄒᆞ리로다

學界波瀾이今才發現에木의始萌과泉의始出과如ᄒᆞᆫ지라諸시의品行技術이國中에卓然ᄒᆞᆫ表師가되야壹般同胞가起敬起慕ᄒᆞᆫ然後에야敎育의興旺을可期ᄒᆞᆯ지오文明의效果를可收ᄒᆞᆯ지라以若諸시의卓見으로先定의明이固有ᄒᆞᆯ지나壹二不完至ᄒᆞᆫ行動의類를因ᄒᆞ야諸시의全部名譽가大損ᄒᆞᆯ뿐外라諸시의名譽가墮落ᄒᆞ면全國將來의文明基礎가自此無望ᄒᆞ리니로實細要小故가아니라

所以不佞이諸시를對ᄒᆞ야不經의言으로唐突히忠告ᄒᆞᄂᆞᆫ바라嗚乎諸시여豐自今으로道德性을善養ᄒᆞ고技術學을精究ᄒᆞ면他日文明社會의主人翁이되야諸시의壹擧手에二千萬人이山과又치信仰ᄒᆞ고諸시의壹號令에二千萬人이天柱又치倚望ᄒᆞ리니然ᄒᆞᆫ則今日有志士의殫誠竭力ᄒᆞᆫ效果로諸시가呈臨仰答ᄒᆞᆯ것이아닌가不佞이諸시를對ᄒᆞ야希望이適殷ᄒᆞ고敬愛가特殊ᄒᆞᆷ으로壹般世人의冷評을聞ᄒᆞ고含默ᄒᆞᆷ을不忍ᄒᆞ야敢玆資陳ᄒᆞ노니嗚乎諸氏여拾分深察ᄒᆞᆯ지어다 (完)

▲隆熙貳年拾月二拾七日 官報

●告示

農商工部告示第四十三號 續

第百五拾七條 不動産登記法第拾條・第拾三條・第拾八條・第二拾條・第廿二條及第二十四條의規定은商業登記에此를準用ᄒᆞᆷ

(參照)

不動産登記法第拾條 登記所가其事務를停止아니ᄒᆞᆷ을得지못ᄒᆞᆯ事故가生ᄒᆞᆫ時ᄂᆞᆫ司法大臣은期間을定ᄒᆞ야其停止를命ᄒᆞᆷ을得ᄒᆞᆷ

同法第拾三條 登記官吏가其職務의執行에當ᄒᆞ야申請人이나其他人에게損害를加ᄒᆞᆫ時ᄂᆞᆫ其損害가登記官吏의故意나又ᄂᆞᆫ重大ᄒᆞᆫ過失을因ᄒᆞ야生ᄒᆞᆫ境遇를限ᄒᆞ야此를賠償ᄒᆞᄂᆞᆫ責에任ᄒᆞᆷ

同法第십八條 登記簿에ᄂᆞᆫ地方裁判所長이其枚數를表紙의裏面에記載ᄒᆞ고職姓名을署ᄒᆞ고職印을押捺ᄒᆞ며且每葉의綴目에職印으로써契印을行ᄒᆞᆷ을要ᄒᆞᆷ

同法第二拾條 登記簿及出簿共同人名簿及圖面은永久히此를保存ᄒᆞᆷ을要ᄒᆞᆷ申請書와其他附屬書類ᄂᆞᆫ申請書接受日로부터拾年間此를保存ᄒᆞᆷ을要ᄒᆞᆷ

同法第貳십二條 登記簿及其附屬書類ᄂᆞᆫ事變을避ᄒᆞ기爲ᄒᆞᆫ境遇를除ᄒᆞᆫ外에登記所外에持出ᄒᆞᆷ을不得ᄒᆞᆷ但第二拾條第二項에揭ᄒᆞᆫ書類에當ᄒᆞ야ᄂᆞᆫ裁判所ᄂᆞᆫ又ᄂᆞᆫ預審判事의命令이나又ᄂᆞᆫ囑託이有ᄒᆞᆫ時ᄂᆞᆫ此限에不在ᄒᆞᆷ

同法第二拾四條 登記簿及其附屬書類가滅失ᄒᆞᆫ境遇가有ᄒᆞᆫ時ᄂᆞᆫ司法大臣은必要ᄒᆞᆫ處分을命ᄒᆞᆷ을得ᄒᆞᆷ (未完)

外報

●澳國의激烈騷動 路透電을據ᄒᆞᆫ則澳國主이미亞洲부락크에서激烈ᄒᆞᆫ騷動이有ᄒᆞ얏ᄂᆞᆫ데지에ᄒᆞᄉ人은軍隊에게向ᄒᆞ야亂石을投ᄒᆞᆷ으로軍隊가彼等을襲擊ᄒᆞ야多數의負傷者가生ᄒᆞ얏다더라

●土蒙兩國의協約 同電을據ᄒᆞᆫ則土耳其及蒙的利亞兩國은將來紛擾를避ᄒᆞ기爲ᄒᆞ야協約을締結ᄒᆞ얏다더라

●南米叛亂의後報 紐育電을據ᄒᆞᆫ則남米하이지共和國大統領안구시스將軍은暴徒에게困難을受ᄒᆞ야佛國軍艦으로逃入ᄒᆞ얏ᄂᆞᆫ데叛徒ᄂᆞᆫ市中에서劫掠ᄒᆞ며殺傷을恣ᄒᆞᆷ으로人心이恂々ᄒᆞ다더라

●淸國의幣政改良 東京電을據ᄒᆞᆫ則淸國政府ᄂᆞᆫ釐金을廢ᄒᆞ고銀貨本位制를試驗的으로採用ᄒᆞᄂᆞᆫ事에就ᄒᆞ야英國과協議ᄒᆞᆯ次로唐紹怡氏를命ᄒᆞ얏다더라

雜報

●專所開式 西小門內專門講習所에서去土曜日下午壹時에東大門外塔洞僧房에서開所式을設行ᄒᆞ고乘ᄒᆞ야第壹回測量卒業式을經ᄒᆞ얏ᄂᆞᆫ데最優等生은趙秉皓金奎東等五人이오優等生은盧錫衡李熙健等拾七人이오及第生은김爽○許淑等廿九人이더라

●泰郡의志士 泰川郡內私立泰興學校敎師韓○○시가晝則生徒六七拾名을敎授ᄒᆞ고夜則靑年數拾名을募集ᄒᆞ야測量學을敎授ᄒᆞ며該郡에基督昌明學校를每朔壹圓式捐助ᄒᆞ다고同郡耶蘇敎禮拜堂新建築ᄒᆞᄂᆞᆫ事에對ᄒᆞ야金泰永○錬金昌旭裴東麟諸시가金三십四圓을補助ᄒᆞ얏다더라

●三可卒業 南署大仁峴三可測量義塾에서卒業試驗을經ᄒᆞ얏ᄂᆞᆫ데最優等에許寅○秀恒等三人이오優等에李康○許鐸諸人이라더라

●韓家有志 靖寧郡靑石頭市居前參尉韓鴻健시ᄂᆞᆫ其附近人民을會同ᄒᆞ야敎育이急先務라ᄒᆞᄂᆞᆫ問題로熱心說明ᄒᆞᆫ後禮成ᄒᆞ야校를設始ᄒᆞ고家論戶說ᄒᆞ야학徒가五十餘名에達ᄒᆞ얏더러如干經費ᄂᆞᆫ韓氏가自擔ᄒᆞ야校况이日益擴張ᄒᆞᆫ다고稱頌不已ᄒᆞᆫ다더라

文壇

▲讀史新論 (續)

壹片丹生

第九章

其後에姜邯贊姜民瞻이契丹과戰ᄒᆞ야其二十萬大兵을破ᄒᆞ고鴨綠에追至ᄒᆞᆫ時에渤海遺民이此報를接ᄒᆞ고齊奮踴躍ᄒᆞ야曰我祖國의兵力이如此ᄒᆞ니我이宜此際를乘ᄒᆞ야我祖國의末光에依ᄒᆞ야契丹을擊破ᄒᆞ고大氏의社稷을再興ᄒᆞᆷ이此其時哉ㄴ저ᄒᆞ々々々ᄒᆞ고卽渤海東京을克復ᄒᆞ고國号를再建ᄒᆞ며前後數십度에使者를發ᄒᆞ야高麗에請援ᄒᆞ니此是我扶餘族이乘勝長驅ᄒᆞ고內外를壹ᄒᆞ야檀君舊疆을恢復ᄒᆞᆯ時代어ᄂᆞᆯ此時에○○且鴨綠以東만株守ᄒᆞ야進就를思치아니ᄒᆞ얏스니何故오ᄒᆞ면卽金文烈이渤海史를我史에不著ᄒᆞ야鴨綠以外民族이我의同族種되ᄂᆞᆫ줄不知ᄒᆞᆫ故니라

又高麗末年에至ᄒᆞ야我水陸軍都統制崔瑩이百戰百勝의雄威를擁ᄒᆞ야大兵으로遼瀋을直擊코ᄌᆞᄒᆞᆫ時가卽又我扶餘民族의數百年間失ᄒᆞᆫ舊疆을恢復ᄒᆞᆯ時代어ᄂᆞᆯ此時에ᄂᆞᆫ又壇ᄒᆞ야權利를相爭ᄒᆞᆷ에汲々ᄒᆞ야鴨綠以外一步地를索還치못ᄒᆞ얏스니此가何故이뇨ᄒᆞ면卽文烈의渤海史를我史에不著ᄒᆞ야鴨綠以外數십萬方里土地가本來我家土地인줄을不知ᄒᆞᆫ故니라

然則○ᄂᆞᆫ金文烈의史識과史才가不缺ᄒᆞ야地理의何如도不知ᄒᆞ며史例의何如도不知ᄒᆞ며自國의可尊도不知ᄒᆞ며英雄의可貴도不知ᄒᆞ도다 (未完)

詞藻

◎華容道

挾天子以令諸侯。天下奸雄曹操로다
吳國江山含키랴다、八拾萬兵陷沒ᄒᆞ고
華容道、좁은길壹員大將에나서며靑龍刀[illegible]ᄂᆞᆫ곳에、其乞殘命

雜報

◎難得其望　一進會에서ᄂᆞᆫ新政府組織ᄒᆞᄂᆞᆫ日에宋秉畯氏가總理被任ᄒᆞ기를希望ᄒᆞ고其會에서ᄂᆞᆫ金允植氏가總理被任ᄒᆞ기를希望하야互相運動ᄒᆞᄂᆞᆫ中이라더라

◎軍艦觀覽　仁川港에在ᄒᆞᆫ日本軍艦宗谷阿蘇兩号가來泊ᄒᆞᆫ故로總理以下各部大臣이觀覽ᄒᆞ기爲ᄒᆞ야昨日午前에該港으로壹切下往ᄒᆞ야午餐會를盛設ᄒᆞ야盡心歡樂ᄒᆞ고同午後에入城ᄒᆞ얏다더라

◎烟草稅規定　近日度支部에서南草를種ᄒᆞᄂᆞᆫ者와南草를賣ᄒᆞᄂᆞᆫ者의게稅金을徵收ᄒᆞ기로南草에關ᄒᆞᆫ規則을制定ᄒᆞ야明年壹月壹日부터實施ᄒᆞᆫ다더라

◎長谷到門　長谷川軍司令官은拾日에下關에着ᄒᆞ야翌壹日連絡船으로仝地에서出發하야本日午後八時二십分에南大門에到着ᄒᆞᆯ터이라더라

◎老而好學　前郡守沈宜平氏가自四拾歲以後로可觀文字를類聚ᄒᆞ야書冊壹萬四千餘卷을積置하얏ᄂᆞᆫ데現今衰境에도可考書類가有ᄒᆞ면重價를不惜ᄒᆞ고躬往買置ᄒᆞᆫ다더라

◎牌長挾雜　宮內府掃雪軍牌長李德林가行爲不正ᄒᆞ야掃雪軍의日給도中間乾沒ᄒᆞ며火木食費等物을任自除食ᄒᆞᄂᆞᆫ故로掃雪軍의稱怨이浪藉하다더라

◎漢尹申飭　漢城府尹張憲植氏가數日前에城內各坊曲就監과統首를招集ᄒᆞ야無論某糞函ᄒᆞ고糞穢物을壹齊히取去ᄒᆞ되道路에遺落지말고糞桶으로取去케ᄒᆞ라고申飭ᄒᆞ얏다더라

◎災結減請願　高原郡居ᄒᆞᄂᆞᆫ崔전國李丙琳諸시가該郡丙午丁未兩年災結壹千三百七십餘結을獨減ᄒᆞ다고該郡財務署에屢次請願ᄒᆞ되如何ᄒᆞᆫ處決이無ᄒᆞᆷ으로該郡人民들이度支部에呼訴ᄒᆞᆫ故로昨日上京ᄒᆞ얏다더라

◎醫院調査　內部에서平壤郡에設立ᄒᆞᆫ同仁醫院을調査ᄒᆞ기爲ᄒᆞ야何許日人主事를日間該地로派送ᄒᆞᆫ다더라

◎柴商困難　近日街路上에셔巡査등이柴商을鞭笞毆打ᄒᆞᆷ이太甚ᄒᆞᆫ故로柴商의困難이莫甚ᄒᆞ야呼冤이狼藉ᄒᆞ다더라

◎民不得生　近日衛生會淸潔費를漢城內人民의게逐戶收刷ᄒᆞ되家屋每間에貳錢式强制力으로督促이餘地가無ᄒᆞᆫ故로人民의呼冤이狼藉ᄒᆞ다더라

◎勞働會風波　中部長橋勞働會에서舍川役夫의雇價를尙未支給ᄒᆞᆫ지라再昨日該役夫五拾餘名이聚來到ᄒᆞ야事務員某氏를執拗惹鬧ᄒᆞᆷ으로該氏의所答이內部에서何錢額을姑未撥來ᄒᆞ야至此延期ᄒᆞ얏다ᄒᆞ며萬端說喩ᄒᆞ되壹向作梗ᄒᆞᄂᆞᆫ故로該會에서日人이日憲兵本部司官壹名과憲兵二名을請來ᄒᆞ야强制力으로散歸케ᄒᆞ얏다더라

◎技價裁判　前參書李圭서氏가昨年에趙性協太源煒等諸氏와設技賭錢하야太氏에게五千餘圜의技價를負ᄒᆞ고田畓文券을僞造ᄒᆞ야太氏에게還償ᄒᆞ얏더니情跡이綻露되야該兩氏가地方裁判所에서現行裁判中이라더라

◎鑛屬呼冤　仁川郡花島鑛을甲午更張以後에革罷ᄒᆞ얏ᄂᆞᆫ데該鑛屬楊萬祚金昌健宋興奎等諸氏의五年料를尙今未推ᄒᆞᆫ故로度支部에屢度呼冤ᄒᆞ되如何ᄒᆞᆫ處分이無ᄒᆞ다더라

◎果爾得矣　李學宰氏가商務組合本部를設立ᄒᆞᆷ은已揭ᄒᆞ얏거니와該氏가京鄕商圈氏中에學識이無ᄒᆞᆷ으로買賣法이或有ᄒᆞ야生命財産을保護키難ᄒᆞᆷ을慨歎ᄒᆞ야規則을實行ᄒᆞᆯ次로任員을公正ᄒᆞᆫ人으로選擇ᄒᆞᄂᆞᆫ데行爲가不正ᄒᆞᆫ者ᄂᆞᆫ幷退却ᄒᆞᆫ다더라

◎酒業將興　酒商組合所發起ᄂᆞᆫ已報어니와前軍部大臣趙羲淵氏가全國酒業者의精神을壹致ᄒᆞ고心力을共同하야業務를發展케ᄒᆞᆫ다더라

◎僞印逃躱　金海郡居ᄒᆞᄂᆞᆫ具亨直氏가雲峴宮에多年親切往來ᄒᆞ더니今春間에該宮印章을僞造携帶ᄒᆞ고該郡으로下往ᄒᆞ야該宮所管蘆田幾千坪을暗自放賣ᄒᆞᆫ지라永宣君李埈鎔氏가知其事實ᄒᆞ고該郡守의게致書ᄒᆞ고捉囚懲治코저ᄒᆞ얏더니具氏ᄂᆞᆫ知機逃躱ᄒᆞ얏다더라

◎飢民呼冤　南來人의傳說을聞ᄒᆞᆫ즉忠南木川等地에셔堂主與京舍音들이該作人處掉賭之時에每斗落所出은不過壹石인데所捧賭ᄂᆞᆫ別無減給ᄒᆞ고依數欲捧故로作人等이難免飢餓라고擧皆呼冤ᄒᆞᆫ다더라

◎韓美興業　美國人마야氏가資本金拾萬圜을出ᄒᆞ야韓美興業株式會社를碑洞에設立ᄒᆞ얏ᄂᆞᆫ더시가該會社를成立ᄒᆞᆷ은美國의物品을直輸入ᄒᆞ고韓國의古物及手造物을輸出ᄒᆞ야一大營業을興ᄒᆞᆯ計劃인데自此로韓國의商業의발達을可期라고輿論이有ᄒᆞ다더라

◎秘淫秘採　警視廳에서各署로申飭ᄒᆞ야各人의別室이라稱ᄒᆞ고賣淫者와及其他密賣淫女를낫낫切密搜探ᄒᆞ야別般懲治ᄒᆞᆫ다더라

◎日漁船覆沒　日本香川縣大川郡小田村에住ᄒᆞᄂᆞᆫ日本人五名이去月二十五日午前三時에慶尙北道迎日郡北面九年浦에漁業次로出帆하얏다가偶然히暴風을遭ᄒᆞ야該郡沿岸에漂流되여岩石에抵觸顚覆되여서乘組員五名이溺死ᄒᆞ얏고其他四名은行衛가不明ᄒᆞᆫ데其損害額이二千五百五十餘圜이라더라

◎觀艦停止　昨日漢城官立高等學校長洪與鉉氏가해校生徒五十餘名을領率ᄒᆞ고仁川港에下去ᄒᆞ야來泊ᄒᆞᆫ軍艦을玩賞코저ᄒᆞ얏더니各大臣의下往ᄒᆞᆷ을因ᄒᆞ야姑爲停止ᄒᆞ얏다더라

◎望眼欲穿　日本에留連ᄒᆞᄂᆞᆫ前參議陸鍾允氏가歸國ᄒᆞᆯ思想이頗無ᄒᆞ야書畵로消遣ᄒᆞᄂᆞᆫ데其家의父親이還國ᄒᆞ기를屢度傳書ᄒᆞ되何因怱忙ᄒᆞ야歸國無暇라ᄒᆞᆫ다더라

◎所會携貳　水商組合所와水商硏究會에서携貳之端이有ᄒᆞ야互相詰難ᄒᆞᄂᆞᆫ中이라더라

◎呼訴次上京　慶善宮所管米四十餘石秋收ᄒᆞᄂᆞᆫ糧餉畓이利川郡에在하더니同殿下께셔該畓을私立養正義塾에下付ᄒᆞ신故로該塾에서舍音崔某에게申飭ᄒᆞ야壹壹收納하라ᄒᆞ얏더니崔某가比前加倍ᄒᆞᆷ으로該作人이該塾에呼訴次로多數上京ᄒᆞ얏다더라

◎平民不平　黃海道平山郡西上面龍頭洞居ᄂᆞᆫ鐵路役軍이라稱ᄒᆞᄂᆞᆫ者八九人이村民을勸引ᄒᆞ야所謂雜技라ᄒᆞᄂᆞᆫ것을設ᄒᆞ고幾千百兩式지우고作農ᄒᆞᆫ바穀類를沒數奪去ᄒᆞᆷ이非壹非再인데此等無賴輩의挾雜을警察署에서禁戢ᄒᆞᆯ지아니ᄒᆞᆫ다고民怨이漲天ᄒᆞ다더라

●何事被捉　前承旨金弼鉉氏가有何事件인지再昨日北部警察署에被囚ᄒᆞ얏다더라

●竊盜犯越交　仁川港警察署에서竊盜犯劉鶴을捉囚審査ᄒᆞ고再昨日에京城地方裁判所로押上ᄒᆞ얏다더라

●朴犯被捉　水原郡居ᄒᆞᄂᆞᆫ朴基鉉爲名者가該郡公錢을乘隙竊取하라다가情跡이現露되야被捉ᄒᆞ얏다더라

●靑館追悼　今日下午二時에鍾路靑年會館에서故扶餘郡守李承仁氏의追悼會를開ᄒᆞᆫ다ᄂᆞᆫ대該시와同苦ᄒᆞ던諸氏가發起ᄒᆞ고西洋人도來參ᄒᆞᆫ다더라

●救世演說　來日曜日上午十時半부터下午六時半ᄭᆞ지夜珠峴第壹救世軍營에서正領許嘉와正校密敎兩시가同夫人演說ᄒᆞ고正尉班禹巨氏와正校禹道夫人은廣橋第二救世軍營에서演說ᄒᆞᆫ다더라

●親睦贊成開會　湖西學生親睦會에서總會決議를因ᄒᆞ야來日曜下午壹時에贊成員會를韓동普成專門學校內에開ᄒᆞᆫ다더라

●尙宮寄附　尙宮姜氏가女子普學院에石炭二石을寄附ᄒᆞ고覺般學生에對ᄒᆞ야熱心勸勉ᄒᆞ얏다더라

●李氏慈善　前參奉李漢星시가敎育에時急과慈善의目的으로多數ᄒᆞᆫ학徒를自己家의宿食케ᄒᆞ고熱心勸勉ᄒᆞᆫ다더라

●學生激論　信川郡有志紳士崔相楫崔東詢李悌璜시等拾餘人이測量學校를幾日前에該邑升明에校內에附設ᄒᆞ고授ᄒᆞ더니本月壹日에卒業式을行ᄒᆞ얏ᄂᆞᆫ데生徒柳寅馨시가說明ᄒᆞ기를實寒之靑年을熱心敎授ᄒᆞ야實入田로ᄂᆞᆫ不受料金ᄒᆞ고速々測量ᄒᆞ야尺寸之地라도壹不漏落ᄒᆞ고登錄說明ᄒᆞᆫ즉該郡郡守와測量諸人이稱頌不已ᄒᆞ얏다더라

●唯東測量　江陵郡居崔운赫崔駿植兩시가該郡土地를測量ᄒᆞ기爲ᄒᆞ야唯東測量學校를設立ᄒᆞ고시該郡南二里面幼山동居鄭奎豐시가自己의所有家舍를校室로讓與ᄒᆞ고所長은鄭奎豐시로監督은鄭奎奏시로敎師ᄂᆞᆫ崔郡居曹乙煥시가名譽로熱心敎授ᄒᆞ야學徒가三拾餘人에達ᄒᆞ얏다더라

●鄭氏淑校　江陵郡南二里居鄭奎奏시가自己家에勞働夜學校를設立ᄒᆞ고敎師曹乙煥시를雇聘ᄒᆞ야新學文을敎授ᄒᆞᄂᆞᆫ데學徒가四十餘人에達ᄒᆞ얏다더라

▲地方消息▼

▲去月二十三日咸鏡남道永興郡內에서員數未詳의義兵이德川郡駐在日守備隊及憲兵과交戰ᄒᆞ얏다하고

▲本月二日高陽郡北方六十里地에서義兵二拾餘名이해郡日憲兵分遣隊日憲兵及補助員과交戰ᄒᆞ얏다ᄒᆞ고

▲去月십五日麻田郡西北方三십里地에서義兵二拾餘名이해郡駐在日憲兵分遣隊下士以下補助員三名과交戰ᄒᆞ얏다ᄒᆞ고

▲本月四日抱川郡東南方貳拾里地에서義兵八십餘名이해郡日守備隊와交戰ᄒᆞ얏다더라

▲飮泉放歌▼

▲氷穴冷泉기러다가心頭熱火鎭靜後에鐵椎갓흔雙拳으로八仙床을두다리며丈夫歌를불너내니知音者가누구런고窓前月色뿐이로다

▲大丈夫야々々々社稷傾覆中興ᄒᆞ야盤石갓치安寧ᄒᆞ고蒼生塗炭扶濟ᄒᆞ야太平烟月擊壤歌에永世頌功ᄒᆞᄂᆞᆫ것도大丈夫의事業이오

▲大丈夫야々々々千里駿馬밧비모라七尺長劒놉히들고百萬大兵進退ᄒᆞ야四夷不服征伐ᄒᆞᆯ제縱橫天下ᄒᆞᄂᆞᆫ것도大丈夫의事業이오

▲大丈夫야々々々壹國政黨首領되여百萬事를統轄ᄒᆞ며賢人君子薦拔ᄒᆞ고亂臣賊子모라내여鞠躬盡瘁ᄒᆞᄂᆞᆫ것도大丈夫의事業이오

▲大丈夫야々々々腐敗社會打破ᄒᆞ고貪官汚吏掃滅하야壹大團躰成立ᄒᆞ고民黨中에首領되야利國便民ᄒᆞᄂᆞᆫ것도大丈夫의事業이오

▲大丈夫야々々々國內靑年모라다가敎育範圍집어넛코各種學問敎授하야人材養成ᄒᆞᆫ然後에學界主人되ᄂᆞᆫ것도大丈夫의事業이오

▲大丈夫야々々々不惜金錢捐付ᄒᆞ야社會를維持ᄒᆞ고天父好生ᄒᆞ심을밧어鰥寡殘民廣濟後에慈善活佛되ᄂᆞᆫ것도大丈夫의事業이오

▲大丈夫야々々々經國濟民硏究ᄒᆞ야天下利益거더다가金庫中에滿積ᄒᆞ고商業低昂任意대로經濟大家되ᄂᆞᆫ것도大丈夫의事業이오

▲大丈夫야々々々天下事를經營ᄒᆞᆯ제地盤頭가될지라도退步말고前進ᄒᆞ면畢竟成ᄒᆞᆯ터이니險難不屈ᄒᆞᄂᆞᆫ것이大丈夫의志慨로다

◦贊助ᄒᆞᄂᆞᆫ대對ᄒᆞ야同志靑年兄弟ᄂᆞᆫ上本나방店員李觀化와同居ᄒᆞ야各道各郡請나事에來서去서의…

再告全國拾三道內各學校에衛生緊要ᄒᆞᆫ東西藥業月報와敎育上緊要ᄒᆞᆫ서籍類印刷되ᄂᆞᆫ대로時々仰呈코ᄌᆞᄒᆞ오니貴學校番地와校長校監閣下尊啣을以서下示ᄒᆞ심을千萬伏望ᄒᆞᆷ

廣告

節整理局主事康永祐以佑字改正事

康永佑 告白

特別廣告

▲特別廣告▼

本社에서名帖印刷를更加擴張ᄒᆞ기爲ᄒᆞ야各樣紙品을壹切準備ᄒᆞ고極廉價로僉君子에所請대로隨應ᄒᆞ옵ᄂᆞᆫ중學人과學徒의게ᄂᆞᆫ特別除減ᄒᆞᆯ터이오니照亮 來臨ᄒᆞ심을敬要

大韓每日申報社

本人이布洞居宋秉浩處에給次當文壹萬兩於音九月晦日票와壹萬兩於音十月晦日票兩度인대該萬兩은卽出給ᄒᆞ고兩度於音은交失ᄒᆞ기前에不知中서失ᄒᆞ얏ᄉᆞ오니誰某拾得ᄒᆞ와도休紙施行ᄒᆞᆷ

西門外翰林洞 許昌龍

本人의草家拾三間文劵을不知中서失이온바現今擔春交鑑에放賣ᄒᆞ오니內外國人間 照亮ᄒᆞᆷ

西部西江坊新水里八統八戶

家屋放賣主 南昌浩 告白

本人의子觀瀨ᄂᆞᆫ年今二拾有이오長孫庠爵은拾八歲叔侄이俱爲未成年이온中心庸濵ᄒᆞ고不[illegible]沒知覺ᄒᆞ야浮浪雜類의甘言誘引ᄒᆞᆯ더陷溺ᄒᆞ이非止壹再이옵기新聞上에已經廣告이온바現今에僞造文劵으로內外國人의게得債코ᄌᆞᄒᆞ오니切勿見欺ᄒᆞ시옵

朴明煥 告白

湖西學生親睦會

本會셔 서今拾三日(日曜)下午壹時에贊成員會를磚洞普成學校內에開ᄒᆞ오니贊成員諸氏와壹般會員은來臨ᄒᆞ심切望

湖西學生親睦會 白

本會에서來(日曜)第二拾日下午壹時에通常總會를開ᄒᆞ오니本道人士ᄂᆞᆫ壹齊枉臨ᄒᆞ시옵

湖南學會 告白

本人이年今七拾二歲에理直ᄒᆞᆫ訟事가有ᄒᆞ되新式이茫昧ᄒᆞ야不得不辯護士에게委任ᄒᆞᆯ터인데家勢極難ᄒᆞ야手料金變通이無路ᄒᆞ야彷徨ᄒᆞᆷ을日本辯護士木尾虎之助氏가見ᄒᆞ고愛恤之心으로自願代辯ᄒᆞ되手料金을不受ᄒᆞ고印紙價도自當ᄒᆞ야極盡辯護ᄒᆞ오니世界에罕有ᄒᆞ기로玆에廣佈ᄒᆞ오니同胞ᄂᆞᆫ照亮ᄒᆞ시오

東拾字衕壹統四戶居 韓鎭祐 告白

本社에서蒸溜機械를製造ᄒᆞ고製絲造와紙를先試ᄒᆞ기爲ᄒᆞ야股金을募集ᄒᆞ오니有志 僉君子ᄂᆞᆫ趁期應募ᄒᆞ심을望ᄒᆞᆷ

蒸溜機械製造社 告白

臨時事務所ᄂᆞᆫ西門外湖南鐵道會社內

左開

壹股數ᄂᆞᆫ五千株로先定ᄒᆞᆷ

壹株金은每株에貳십圜으로定ᄒᆞᆷ

壹株에收入은四回로定ᄒᆞᆷ

壹株에收入額

第壹回 隆熙三年壹月三십日內

第貳回 仝 四月三拾日內로

第參回 仝 七月三십日內로

第四回 仝 십月三拾日內로

特別廣告

本人이判事를辭免ᄒᆞ고辯護士를開業ᄒᆞ얏ᄉᆞ오니 僉君子ᄂᆞᆫ事件의大小難易를勿論ᄒᆞ고照亮來議ᄒᆞ시옵

辯護士張燾

法律事務所

南部茶洞拾四統五戶

本塾에서日語와簿記(商業、銀行)를滿ᄉᆞ個月速成으로敎授ᄒᆞ오니願學 僉君子ᄂᆞᆫ本月拾五日內로請願ᄒᆞ시오

日語課程中緊要件은印刷ᄒᆞ야無料로供給ᄒᆞᆷ

時間自下午五時半至同八時半

三拾人未滿이면不學ᄒᆞ지아니ᄒᆞᆷ

開學日字本月拾六日

位置 南大門內暘谷

廣化新塾長 南廷哲

本所에서時務를擴張ᄒᆞ기爲ᄒᆞ야事務所를設ᄒᆞ고土地、家屋、礦山、森林等을測量請求人의게隨意需應ᄒᆞ오니僉彦은來議ᄒᆞ오

安州龍岡測量

事務所長 吳鳳衍

總務 李榮勳 告白

本會事務가漸次擴張이온바本會에願入ᄒᆞ실 有志僉君子고本會에陸續來議ᄒᆞ옵서林業에發達케ᄒᆞ심을希望ᄒᆞᆷ

(電話二九二番)

大韓山林協會

本部告白

東西洋各國萬古帝王中第一英雄

彼得大帝

新著國字自國發

定價金貳拾錢

發賣所龍興橋越便김相萬冊숙

測量器械大放賣廣告

拜啓者測量은當局之急務오器械ᄂᆞᆫ測量之大綱也라壹器械之不精이면萬能이無効故로今에本人이 僉君子의便宜를圖코ᄌᆞᄒᆞ야至精ᄒᆞᆫ各種器械를廉價로大放賣ᄒᆞ오니 僉君子ᄂᆞᆫ陸續請求ᄒᆞ심을伏望ᄒᆞᆷ

測量各種器械 大放賣所

釜港本町二丁目貳십壹番地

權順度

李炳夏

남서두모포거李元直은본이시목장ᄉᆞ로위업ᄒᆞ옵더니작년오월분에廣州소지산판을셔빙고거金興俊저에價文四千兩에미득ᄒᆞ와즉시작벌ᄒᆞ여今秋에漂流下江ᄒᆞ옵ᄂᆞᆫ데광쥬와月里居閔東植이칭이山主ᄒᆞ며山價中壹千五百兩을미봉힛다ᄒᆞ고괴송우광쥬ᄒᆞ여장작을집류ᄒᆞ옵기에광쥬로람지ᄒᆞ온즉閔東植이가김興俊이와상판이오本人과ᄂᆞᆫ壹無상관이온즉장작은즉시하감ᄒᆞ엿스나기간손해가불小ᄒᆞᆷ에츄후閔東植이가龍山稅務分署에괴송ᄒᆞ고또學부同日兵所에도괴송ᄒᆞ고일전에또룡산헌병소에괴송ᄒᆞ온즉여차밍낭ᄒᆞᆫ일이잇기로ᄌᆞ에광고ᄒᆞ오니지구간됴량ᄒᆞ시옵

과湖 李元直 告白

本郡에測量事務所를設置ᄒᆞ와壹般人民에請求ᄒᆞ심을酬應ᄒᆞ깃ᄉᆞᆸ기玆에廣告ᄒᆞ오니僉員은來臨相議ᄒᆞ심을敬要

豐德郡東面官谷里

精壹測量事務所長柳冀선告白

本人이去五月分에韓順天處에貸三拾圜捧標를遺失ᄒᆞ엿ᄉᆞ오니誰某拾得이라도休紙施行ᄒᆞᆷ

仁港留商在寶代宋萬寬 告白

國漢文新玉篇

국한문신옥편　附音韻字彙

純洋裝　四百餘頁　版權所有

定價金　壹圜[illegible]

本玉篇은各種字典과字彙를參互ᄒᆞ야漢字의音義와變音變義ᄭᆞ지國文으로詳明히釋述ᄒᆞ고且同音類合百餘頁를國文으로도解釋添付ᄒᆞ야漢字의音만알면解得ᄒᆞ기容易ᄒᆞ오며勿論男女ᄒᆞ고國文만알면初學生徒라ᄂᆞᆫ漢文實解이오니學界 僉彥은陸續購覽ᄒᆞ심을務望

元賣所 平壤貫洞 耶蘇教書院

大발매所鍾路 東一書觀

分賣所

布屛下 廣學書舖　罷朝橋越便 中央書館

尙洞 博文書館　寺洞 惟一書館

寺洞 做心書館　[illegible]橋 [illegible]書館

鍾路耶蘇教書院 仝　大東書市 京鄕각有名書舖

本社ᄂᆞᆫ韓美兩國人의資本으로美國法律下에現今成立됨을玆에公衆에게廣布ᄒᆞ노라本社ᄂᆞᆫ大韓帝國全國內에誠實ᄒᆞ고勤幹ᄒᆞᆫ人士와連絡ᄒᆞ야京鄕各處에代理人을置ᄒᆞ깃ᄉᆞ오니勤實ᄒᆞ신僉君子ᄂᆞᆫ本社에來臨ᄒᆞ야面商ᄒᆞ시면지通信으로協議ᄒᆞ심을務望ᄒᆞᆷ

開城代理店人

開城南門內二層商店 金東宣

大韓皇城中部磚洞

(前大韓每日申報社)

韓美興業株式會社 告白

郵函第四十号

廣告

測量日語學員募集
願學員은陰本月晦日나擴臨ᄒᆞ야時間과細則詳問志願을ᄒᆞ오
西小門너度支部后門前
專門講習所廣告

警世歌　定價십五錢
편편긔담경세가　右書ᄂᆞᆫ倫理上緊要ᄒᆞᆫ奇談을國文絕句로編述ᄒᆞ야浮雜ᄒᆞᆫ男女의惡行悖習을警惕悔改ᄒᆞᆯ만ᄒᆞᆫ良書니壹般男女教育에最適ᄒᆞᆷ

致富新說　定價십三錢
右書ᄂᆞᆫ些少資本으로獲得巨利ᄒᆞᄂᆞᆫ秘法과牛疫治療ᄒᆞᄂᆞᆫ神效ᄒᆞᆫ方法

文明進化論　定價三拾錢
右書ᄂᆞᆫ文明進化의知識을開導케ᄒᆞᄂᆞᆫ要書

元賣所　廣학書舖金相萬
分賣所　京鄉各有名書舖

◉漢城鐘路天賜年公有慈惠大藥房 靑
에四商權一目的

一商權은李觀化朴慈惠李敏昌洗慈善兄弟夫婦가西洋病院에入학ᄒᆞ야醫藥上에六七年修業ᄒᆞ다가鍾路市上에普濟으로醫院을特設ᄒᆞ고普濟으로製藥所를大設ᄒᆞ고兄弟夫婦가坐市賣藥ᄒᆞ오니此爲壹商權이요

二商權은慈惠藥房藥方文은漢城南大門外濟衆院方藥에서神妙ᄒᆞᆫ方文을抄出ᄒᆞ야가지고醫學博士洪석厚洪鍾殷兩氏에게實驗方劑書을受하고또商標特許局에慈字商標를登錄ᄒᆞ엿고藥材마다大韓醫院게請願ᄒᆞ야衛生試驗科의셔化學으로分析ᄒᆞ야人民衛生에適當ᄒᆞ기로醫學士兒島高里君과壹等약製官劉世煥氏의게確實証明書을受ᄒᆞ엿스니此爲二商權이요

三商權은慈惠藥房에서活版所를特設ᄒᆞ고職工이製藥幷ᄒᆞ야十五人에達하고鑄字가三十萬字요大小機械가具備ᄒᆞᆫ지라隆熙二年六月廿二日의內部大臣의補認可를受ᄒᆞ고第三種郵便物認可을得ᄒᆞ고東西藥業月報를每月版出ᄒᆞᄂᆞᆫ데其目的은東西新藥과大韓과日本과清國과獨國과法國과英國과美國新製藥品이新發明되ᄂᆞᆫ데로主治効能과用法과定價를以國漢文으로繙譯ᄒᆞ야記載하고銅峴乾材藥局唐艸材昇降ᄒᆞᄂᆞᆫ時價와洋약乾材檢查表와時價를每月印刷ᄒᆞ야拾三道內窮村에居住ᄒᆞᄂᆞᆫ兄弟의게도月報를每月에報告ᄒᆞ오니此爲三商權이요

四商權은各色圖畫印刷ᄒᆞᄂᆞᆫ石版機械를新備ᄒᆞ고書冊에衣도美麗ᄒᆞ게ᄒᆞ고냐封外皮도各色圖畫로印刷ᄒᆞ고全國十三道內각社會及各學校에株券地圖商標와校進級証賞狀證卒業證書修業證書에냐封皮冊衣類를見本만보고精々印刷ᄒᆞ야以小包郵便으로信送ᄒᆞ야使遠地居住僉兄弟로不必上京케ᄒᆞ오니此爲四商權이요

一目的은金貨를多聚ᄒᆞ야全國靑年教育上에公用ᄒᆞᆯ目的

天父前의罪人 李觀化 朴慈惠 伏地祈禱

大韓國十三道各郡에總發行所ᄂᆞᆫ京城南大門內濟生堂大藥房

陸軍軍醫金守鉉君實驗方劑
陸軍軍醫張基茂君有効證明
西海濟生之諸君子常備之靈藥
消化新藥 清心保命丹
發行所 仁川港杻峴 濟生堂藥房
九一粒入金拾錢

（主治效能）
담飲●咳嗽●胃病腹痛
氣鬱●食傷●中暑中寒
食積●吐瀉●水土不服
酒醉●口臭●船車眩暈
其他運氣厲疫을預防ᄒᆞᄂᆞᆫ奇效가有ᄒᆞᆷ

蛔積殺蟲散 약
右藥은蛔虫壹切을拔根ᄒᆞᄂᆞᆫ妙약（금십錢）

北米邦補益水（定價金三圓）
此약은補血補元氣ᄒᆞ고手足厥冷ᄒᆞᆫ되와腹中冷病과氣不足ᄒᆞᆫ되와積病에特效가有ᄒᆞᆫ약이라鹿茸人蔘보다倍勝ᄒᆞ기로擅名이되얏소

◉美國最新上品金桂納○德國上品金桂納其他內外國新製藥의○陰陽雙補藥○不足症藥○婦人冷病藥○男女瘡病藥○寸虫去根藥○킈눈藥○眼藥各種○疥瘡藥○皮風藥○小大腫氣膏藥各種○感氣藥○淋疾藥○舊滯藥○其他各種은一一難記○大韓全國內藥商ᄒᆞ시ᄂᆞᆫ僉彥에게ᄂᆞᆫ特히割引ᄒᆞ야大放賣ᄒᆞ오니陸續注文要望○遠地에ᄂᆞᆫ小包郵便으로信送ᄒᆞᆷ

◉支店及出張所ᄂᆞᆫ
開城 水原 江華 公州 江景 清州 忠州 永同 禮山
天安 群山 全州 光州 羅州 木浦 濟州 大邱 安東
晉州 馬山 釜山 金泉 密陽 慶州 江陵 春川 伊川
元山 咸興 北靑 鏡城 平壤 三和 安州 宣川 龍川
義州 郭山 定州 博川 德川 寧邊 鐵山 海州 長連
延安 信川 長淵 安岳 載寧 鳳山 瑞興 黃州 新幕

京城南大門水閣橋 仁川港杻峴 濟生堂主 李庚鳳 謹告

大韓帝國仁川杻峴 全國內各藥舖 總發行所 和平堂大藥房

婦人靈藥 부인령약　胎養調經丸 ᄐᆡ양됴경환　壹劑壹月分 금五圓

主治說明
婦人이孕胎를지못ᄒᆞᆷ은冷病積病과月經不調로因ᄒᆞᆷ이니此藥을服用ᄒᆞ시면婦人腹中에有ᄒᆞᆫ諸病은壹切退去ᄒᆞ고自然孕胎ᄒᆞ오니速臨買去하시옵

瘡病神藥 ▲麝香消瘡丹 사향소창단

八寶丹
九拾五粒入金拾錢

補陰補陽 滋陽丸 ᄌᆞ양환
三拾日分 금五圓
貳拾日分 금三圓四拾전
拾日分 금壹圓八拾전

壯陽復元丹
此藥은專치腦痛肺弱○房事色傷○心腎虛弱○陽萎不起○遺精多夢○神經衰弱○房事時早瀉不快○病後虛弱○健忘不眠貧血諸症○先天不足○飮食不下○眩暈頭痛○等症ᄒᆞ나니試將此丸을照法服之면不過幾点鐘에立見妙效ᄒᆞ야魂飛肉躍에精神微奮ᄒᆞ고頓覺愉快하나니其症이輕者ᄂᆞᆫ服壹貳週면挽回元陽ᄒᆞ고其症이稍重者ᄂᆞᆫ可服三四週ᄒᆞ고多年痼疾로其症이頗重者ᄂᆞᆫ連服七八週면必能全치無疑니若夫無病之人도試用此劑則補血而益氣ᄒᆞ고强筋而壯骨ᄒᆞᄂᆞ니用之八週而未見其效則請將價額을如數還呈이요不敢虛誕自欺라此丸이又無論男婦老幼ᄒᆞ고均用有効ᄒᆞ나니眞世間無比之妙劑也라 僉位ᄂᆞᆫ何不早圖壹試ᄒᆞ리오

壹週分壹圓
二週分壹圓八十錢
四週分三圓四十錢
八週分六圓四拾錢

發行所 皇城鍾路太廣橋십九統七戶 濟生堂약房
特約代理店 京城水橋 共愛堂약房

主治
○房事不容○腎虛腰痛
○病後氣喘○腎氣不足
○陽萎不起○遺精多夢
○陰虛火動○房事後惱困
○手足厥冷○形容蒼白
○吸烟斷烟客間
○體質虛弱消瘦

此外의도東西洋各國靈藥이俱備ᄒᆞ오니各地方의서도隨用請求ᄒᆞ시면郵便으로보낼터이요各處藥業ᄒᆞ신ᄂᆞᆫ僉位에게ᄂᆞᆫ特別割引放賣ᄒᆞ오니陸續注文ᄒᆞ심을務望

製藥所 仁川港杻峴 和平堂藥房
發行人 李應선
京城鍾路衣廛下 和平堂支店
代理店 京城南門內水橋濟生堂藥房　京城大廣橋 共愛堂藥房
支店及出張所
元山 載寧 義州 郭山 개城
木浦 咸從 宣川 禮山 博川
三和 長淵 尙州 鐵山 太邱
群山 龍川 平壤 黃州 安州
釜山 水原 安岳

京城鍾路 仁川港杻峴 和平堂 告白

測量機械各種大發賣
漢城南署張洞六拾貳統 金龍而 廣告

各種書籍大發賣所 京城南部銅峴四巨里二層屋
文明書館
玄檍 告白

本所에서西洋新發明ᄒᆞᆫ法으로機械及藥品을整備ᄒᆞ고各種洗濯及染色을廉價로需應ᄒᆞ옵ᄂᆞᆫ디其種類가如左ᄒᆞᆷ
洋服、襯衣、外套、帽子、項套、洋말、婦人洋服及普通附屬品、毛織、毛紗、세루、馬尾緞、羅紗、綢緞紗羅苧布壹切貴重品의周衣、족긔、赤衫、裳、袴、襦、等屬洗濯及染色物이有ᄒᆞᆷ을本所로通知ᄒᆞ시면即時自宅에進謁ᄒᆞᆷ
學員、巡査、兵丁、及勞働諸君에對ᄒᆞ야定價의拾分之貳를特減ᄒᆞᆷ
各地方에ᄂᆞᆫ小包料를添送ᄒᆞ시면誠實郵呈ᄒᆞᆷ
鍾路里門上隅卄貳統三戶
西洋洗濯部第一屋

民刑訴訟及鑑定其他壹般法律事務及代書等事務를兼備ᄒᆞ야各地僉位의依囑에親切히應하옵
但紹介를不要ᄒᆞ고出張에應ᄒᆞᆷ
元山港埠町壹丁目一拾五番戶
（電話三壹五番）衛戍備隊前
辯護士 柴田良之助

發行兼編輯人 英國人 裵說
Responsible for Publication Alfred Weekley Marnham.
發行所
南署苧井洞號外四三層洋屋樓
大韓每日申報社

米國元雅麥嘉氏ᄂᆞᆫ天父의命令을順從ᄒᆞ야大韓靑年의德育體育智育을ᄒᆞᄂᆞᆫ基督靑年會館에入萬圓을寄附ᄒᆞ얏스니我韓人民도天命을順受하야元雅麥嘉시의盛意를萬分之壹
[illegible]

光武九年八月拾壹日 明治卅八年八月拾壹日 (第三種郵便物認可) 日曜日 西暦壹千九百八年拾貳月拾三日 (壹)

第六卷

大韓每日申報

第九百七拾七號

月曆及慶節
歲時日休刊

檀君開國四千二百四十一年
箕子元年三千三十年
大韓開國五百十七年
日本明治四十一年
淸國光緖三十四年
陰曆戊申十一月小二十日壬寅

論說

◎遍告僧侶同胞

余ᄂᆞᆫ佛者ㅣ아니라故로佛氏의道의奧義ᄂᆞᆫ詳聞치못ᄒᆞ얏스나然이나朋友를從ᄒᆞ야其緖餘의壹二를聞ᄒᆞ니蓋八萬大四千偈頌卷第壹義가救世二字에不過ᄒᆞᆯ지라

釋迦가菩提樹下에起ᄒᆞ야大小乘을弘布ᄒᆞᆷ도此二字를爲ᄒᆞᆷ이오達摩가壹錫杖으로東來ᄒᆞ야佛諦를支那에來傳ᄒᆞᆷ도此二字를爲ᄒᆞᆷ이오卽三國以來에大聖으로相奉ᄒᆞᄂᆞᆫ元曉義相이身을捨ᄒᆞ고道를求ᄒᆞ야海內에雲遊ᄒᆞᆷ도此二字를爲ᄒᆞᆷ이니此二字卽「救世」主義를捨ᄒᆞ면佛敎가無ᄒᆞᆯ지니凡壹切釋迦像前에膝節을屈ᄒᆞ고無上覺路를求ᄒᆞᄂᆞᆫ者여此二字가尤其着力ᄒᆞᆯ비아닌가

又況韓國은自來로佛氏의徒가壹種特色을保有ᄒᆞᆫ者ㅣ有ᄒᆞ니曰國家主義를講ᄒᆞᆷ이是라惟此主義를講ᄒᆞᆫ故로三國戰爭時代에在ᄒᆞ야國憂에心을聚ᄒᆞ며國難에身을捐ᄒᆞᆫ僧徒가史冊에累現ᄒᆞ얏스니新羅에圓光禪師가恒常用兵勝敗의利鈍을研究ᄒᆞ며貴山箒項의忠節을勉勵ᄒᆞ고高句麗에ᄂᆞᆫ隋양帝가寇ᄒᆞᆯ時에乙支文德과同事ᄒᆞ야有功ᄒᆞᆫ七僧이有ᄒᆞ며其外獻身救國ᄒᆞᆫ僧侶를歷々히指數키難ᄒᆞ고又其僧侶以外의忠義慷慨ᄒᆞᆫ流도太半佛學의感化를受ᄒᆞᆫ者며高麗에至ᄒᆞ야崔瑀父子專權時代에八百僧人이團結ᄒᆞ야賊臣을除ᄒᆞ야國民을救코ᄌᆞᄒᆞ다가事가不成ᄒᆞ야駢首就死ᄒᆞ얏스나其凜々ᄒᆞᆫ義烈은至今讀者의髮을立케ᄒᆞ며都統崔瑩이北伐을謀ᄒᆞᆯ時에僧玄麟이此를贊成ᄒᆞ야八道僧軍을團鍊ᄒᆞ다가朝家革命의運을當ᄒᆞ야崔公과同死ᄒᆞ며其英名이靑史를光ᄒᆞ얏고本朝에入ᄒᆞ야ᄂᆞᆫ休靜(西山大師)松雲(四溟堂)諸公이有ᄒᆞ야壬辰變初에義聲이霄漢을震ᄒᆞ며亂後使倭ᄒᆞᆫ辯才가河海를傾ᄒᆞ야壹般僧俗界의壹致尊慕ᄒᆞᄂᆞᆫ비되얏스니以上所列이大畧만語ᄒᆞᆷ이나太抵佛氏의徒로國家主義에熱腸ᄒᆞᆫ者ᄂᆞᆫ惟獨韓國僧의特色이니此特色은尤是韓衆승의壹心護持ᄒᆞᆯ비아닌가

嗚乎라佛祖救世의本旨를講演ᄒᆞ며韓國佛敎의特色을發揮ᄒᆞᆷ이是韓國僧侶의責任이라雖閉門獨守의時라도此責任은忘ᄒᆞᆷ이不可ᄒᆞ거날況此時가乃何如ᄒᆞᆫ時인가

黃人白種이牙派를磨鋭ᄒᆞ며歐風亞雨에鐵血이紛飛ᄒᆞ야世界創造以後의第壹大劫運인ᄃᆡ其中韓國은苦痛最甚ᄒᆞᆫ地獄에墮在ᄒᆞ야三千里疆土에魔鬼가橫行ᄒᆞ며二千萬兄弟의哀呼가動地ᄒᆞ나니凡此時僧侶同胞ᄂᆞᆫ宜乎維摩身上에積病이不재(維摩曰我本無病이러니衆生이有病故로我有病)ᄒᆞ며獅子舌端에潮音이不撤ᄒᆞ여야釋氏의宗旨ᄂᆞᆫ本韓國佛敎界에傳來ᄒᆞᆫ本色이어날

惜乎라近世沙門의聲息이何其寂寞ᄒᆞᆫ지

或面壁九年에禪理를未解ᄒᆞ며或磨甎作鏡에道力이未充ᄒᆞᆷ으로救世二字에ᄂᆞᆫ尙且思想이不到ᄒᆞᄂᆞᆫ가雖然이나自己가苦痛을解脫ᄒᆞ지못ᄒᆞ얏슬지라도爲先他人의解脫을圖ᄒᆞᆷ이菩薩의발心이니如此時代를當ᄒᆞ야奚暇에佛理를研究ᄒᆞ고셔世事에着手ᄒᆞ리오

近日에幾個和尙이風潮를感覺ᄒᆞ고學校를設立ᄒᆞ야靑年僧徒를敎育ᄒᆞᄂᆞᆫ者ㅣ或有ᄒᆞ나其內容을探知ᄒᆞ면西山大師와四溟堂의敎說宗旨를懷抱ᄒᆞ야後進을勸勉ᄒᆞᄂᆞᆫ者ᄂᆞᆫ少ᄒᆞ고只是時勢를趨ᄒᆞ야片語幾句로通辯의生活을謀코ᄌᆞᄒᆞ니此가僧侶諸君의壹恥오又或幾個和尙이佛敎研究會를設ᄒᆞ야宗門의面目을保全코ᄌᆞᄒᆞ나彼日本僧徒와갓치東西古今哲學家의學說을講究ᄒᆞ야佛敎의新面目을露出ᄒᆞᄂᆞᆫ者ㅣ無ᄒᆞ니

此亦僧侶諸君의壹恥오彼日本僧徒가該七相傳ᄒᆞ야宗鉢을持ᄒᆞ야此國에渡來ᄒᆞ야布敎ᄒᆞᄂᆞᆫ者ㅣ多ᄒᆞ되韓國僧徒의ᄂᆞᆫ此에抗立ᄒᆞᄂᆞᆫ者ㅣ無ᄒᆞᆯ뿐아니라居然今日佛敎界에本生루七가統監伊藤氏의大法講說을拜授ᄒᆞᆷ과如히彼等의手中에戢戢히其說法을聽ᄒᆞᄂᆞᆫ者ㅣ多ᄒᆞ다ᄒᆞ니此亦僧侶諸君의壹恥니

凡僧侶諸君은汲々히奮興ᄒᆞ야(壹)佛氏相傳의救世主義를勿忘ᄒᆞ며(二)韓國佛敎特色의國家主義를勿失ᄒᆞ며(三)新世界知識을輸入ᄒᆞ야一切事業外國승려에勿讓ᄒᆞ고大雄大無畏大進步ᄒᆞᆯ지어다

深山窮寺에서禪味를獨食ᄒᆞ야自家一身만天堂에往ᄒᆞ라ᄒᆞᄂᆞᆫ者ᄂᆞᆫ佛祖의所不許라頑空外道에墮ᄒᆞ야地獄에入ᄒᆞᆯ지니라

官報

▲隆熙貳年拾月二拾七日 官報

◎告示

農商工部告示第拾三號 續

第四節 支配人及會社淸算人의登記

第百七拾貳條 支配人의選任登記ᄂᆞᆫ主人의申請을因ᄒᆞ야此를行ᄒᆞᆷ

會社가申請人된時ᄂᆞᆫ左에揭ᄒᆞᆫ者의申請을因ᄒᆞ야前項의登記를行ᄒᆞᆷ이可ᄒᆞᆷ

壹 合名會社에서ᄂᆞᆫ會社를代表ᄒᆞᆫ社員

二 株式會社에서ᄂᆞᆫ取締役

三 合資會社或은株式合資會社에서ᄂᆞᆫ會社를代表ᄒᆞᆫ無限責任社員

第百七拾三條 支配人의選任登記의申請書에ᄂᆞᆫ第百四十九條第壹項에揭ᄒᆞᆫ事項의外에左의事項을記載ᄒᆞᆷ을要ᄒᆞᆷ

壹 支配人의姓名。住所

二 申請이數個의商號로써數個의商業을營ᄒᆞᆫ時ᄂᆞᆫ支配人이代理ᄒᆞᆫ商業及其用ᄒᆞᆫ商号

三 支配人을置ᄒᆞᆫ處所

會社가申請人된境遇에ᄂᆞᆫ申請書에其設立의登記年月日을記載ᄒᆞ며此에支配人의選任을證ᄒᆞᆫ書面을添附ᄒᆞᆷ을要ᄒᆞᆷ

第百七拾四條 第百七十二條의規定은支配人의代理權消滅이나又ᄂᆞᆫ解任의登記를申請ᄒᆞᄂᆞᆫ境遇에此를準用ᄒᆞᆷ

會社가支配人의解任登記를申請ᄒᆞᄂᆞᆫ境遇에ᄂᆞᆫ申請書에其解任을證ᄒᆞᆫ書面을添附ᄒᆞᆷ을要ᄒᆞᆷ

第百七十五條 淸算人에게關ᄒᆞᆫ登記ᄂᆞᆫ淸算을行ᄒᆞᆫ會社의登記所의管轄로ᄒᆞᆷ

前項의登記ᄂᆞᆫ會社의登記에揭載ᄒᆞ야此를行ᄒᆞᆷ

第百七拾六條 淸算人의選任登記申請書에ᄂᆞᆫ其選任을證ᄒᆞᆫ書面을添附ᄒᆞᆷ을要ᄒᆞᆷ

第百七拾七條 淸算人의解任又ᄂᆞᆫ變更에登記ᄂᆞᆫ現任淸算人의申請을因ᄒᆞ야此를行ᄒᆞᆷ

申請書에ᄂᆞᆫ淸算人의解任又ᄂᆞᆫ變更을證ᄒᆞᆫ書面을添附ᄒᆞᆷ을要ᄒᆞᆷ 〔未完〕

外報

◎伊國과濠國 伯林電報를據ᄒᆞᆫ則伊國衆議院에셔ᄂᆞᆫ前國務大臣후온지쓰氏ᄂᆞᆫ濠國政府의巴爾幹政略에對ᄒᆞ야大攻擊을加ᄒᆞ고且濠國에對ᄒᆞ야軍備修整ᄒᆞ기를要請ᄒᆞ얏ᄂᆞᆫᄃᆡ議場에서大喝采를受ᄒᆞ얏다더라

◎德國의淸人敎育 倫敦電을據ᄒᆞᆫ則德國政府ᄂᆞᆫ膠洲灣에淸國人을爲ᄒᆞ야高等學校를設立ᄒᆞ고其經費ᄂᆞᆫ三萬磅으로預算ᄒᆞ야每年七千五百磅을支出ᄒᆞᆯ터인ᄃᆡ淸國政府ᄂᆞᆫ此에對ᄒᆞ야補助金을支撥ᄒᆞ며且卒業者에對ᄒᆞ야試驗을應ᄒᆞᆫ後上等官吏로任用ᄒᆞ기로約束ᄒᆞ얏다더라

文壇

▲讀史新論 (續) 壹片丹生

第九章

只是誕妄。卑劣。斷爛無稽의說을集ᄒᆞ야幾卷을成ᄒᆞ고是를曰史라ᄒᆞ며是를曰三國史라ᄒᆞᆫ者ㅣ니史乎史乎여此等史도史인가

雖然이나金文烈이我史를著ᄒᆞᆷ에渤海를除去ᄒᆞᆷ은果何故이뇨

曰此ᄂᆞᆫ無他라彼가支那史例를模倣ᄒᆞ야我國의正統閏統을分別ᄒᆞᆯ시彼가生逢ᄒᆞᆫ時가適是高麗中葉이라

鴨綠以西扶餘舊土ᄂᆞᆫ皆契丹의據有ᄒᆞᆫ비되얏스니萬壹扶餘舊土를盡得ᄒᆞᆫ君을正統으로始認ᄒᆞᆫ진ᄃᆡ高麗도亦閏統에不過ᄒᆞᆯ지라是以로鴨綠以外ᄂᆞᆫ我族이據ᄒᆞ얏던지他族이據ᄒᆞ얏던지是ᄂᆞᆫ皆異域으로觀ᄒᆞ고惟鴨綠以東만專有ᄒᆞ얏스면是를正統君主로尊ᄒᆞ야時君에게納媚ᄒᆞ얏스니可惜可惜이로다

然則高句麗도卽我史에排斥不載ᄒᆞᆷ이可ᄒᆞ거날何故로三國이라並稱ᄒᆞ얏ᄂᆞ뇨曰此ᄂᆞᆫ又其故가有ᄒᆞ니高句麗가平壤에都邑ᄒᆞ얏던故ㅣ라曰然則渤海도일즉我國西北一帶를占有ᄒᆞ얏스니萬壹其都邑만此西北等地方에移ᄒᆞ얏더면我史에得列ᄒᆞ얏슬가

曰是又不然ᄒᆞ다彼金氏의心은惟自己조廷(卽高麗)에게正統을與ᄒᆞᆷ에在ᄒᆞ니萬壹渤海都邑이鴨綠以東에在ᄒᆞ얏더면彼가又高句麗ᄭᅡ지並ᄒᆞ야我史에不載ᄒᆞ얏슬진뎌然이나金氏壹人이야又何足責이리오만余의窃歎ᄒᆞᄂᆞᆫ바ᄂᆞᆫ數百年來의歷史家가都是金氏의謬를因ᄒᆞ야渤海歷代가我史에不見ᄒᆞ얏도다 〔未完〕

詞藻

◎照妖鏡

南山에늙은여호。언뎌밋헤隱身ᄒᆞ여
當時放心제못ᄒᆞ고、避凶趨吉이만쓴다
아마도、附肝附肺奸臣輩ᄂᆞᆫ、여호後身

雜報

●政黨會組織 近日韓日兩國人이協同ᄒᆞ야韓日政黨會를組織ᄒᆞ야本會ᄂᆞᆫ日本東京에置ᄒᆞ고會員은韓日兩國人으로選定ᄒᆞ다ᄂᆞᆫ데韓國에ᄂᆞᆫ閔泳徽尹宗漢李根培諸氏가入叅ᄒᆞ얏다더라

●統監歸國說 伊藤統監이過歲ᄒᆞᆯ次로本月內에歸國ᄒᆞᆫ다ᄂᆞᆫ說이有ᄒᆞ더라

●總理廢仕 總理大臣李完用氏가近日에有何身病인지數日仕進觀務를廢止ᄒᆞ얏다더라

●處館眞梁 壹進會에셔內部大臣宋秉畯氏로總理大臣을選動ᄒᆞ다ᄂᆞᆫ事ᄂᆞᆫ昨報에已揭어니와宋內大ᄂᆞᆫ該會力을賴ᄒᆞ야不遠間總相椅子에移據ᄒᆞᆫ다ᄂᆞᆫ說이有ᄒᆞ다더라

●夢囈可笑 壹進會評議員某氏가內部大臣宋秉畯氏를訪問ᄒᆞ고言ᄒᆞ되大監이不遠間首揆椅下에高坐ᄒᆞᆯ터인즉此好時機를乘ᄒᆞ야各地支會々員을不爲需用ᄒᆞ면衆冤을難免ᄒᆞᆯ것이오且各會員中에家屋을蕩盡入會ᄒᆞᆫ者이多數ᄒᆞᆫ則此等會員을家若掩棄ᄒᆞᄂᆞᆫ境遇에至ᄒᆞ면該會員에對ᄒᆞ야大爲抑鬱ᄒᆞᆫ事이니總相을被任ᄒᆞᄂᆞᆫ日에壹切採用ᄒᆞ라하얏다더라

●壹進決議 壹進會에셔昨日에評議會를開ᄒᆞ고公州觀察使崔廷德시의郡守薦報ᄒᆞᆫ人이擧皆不公正ᄒᆞᆫ事에對ᄒᆞ야總代를派送ᄒᆞ야該事實을壹々査覈ᄒᆞᆫ後의政府의勸告ᄒᆞ야該시를免官케ᄒᆞ기로決議ᄒᆞ얏다더라

●秘書官晩發 再昨夜에宮內府秘書官尹東完시가晩發ᄒᆞᆷ을設ᄒᆞ고侍從院卿尹德榮宮內府大臣閔丙奭內閣書記官高源植諸시를特遇ᄒᆞ얏다더라

●郡守敍任內定 內部主事李璜氏ᄂᆞᆫ碧潼郡守를敍任ᄒᆞ기로內定이되얏다더라

●新任醫師出張 內部에셔試驗ᄒᆞᆫ韓人醫師諸氏가昨日午前에各히任地로出張ᄒᆞ얏다더라

●技手招聘 昨日農商工部技手某人이畜産에關ᄒᆞᆫ講話를傳達키爲ᄒᆞ야義州와龍川鐵山宣川地方에出張ᄒᆞ얏다더라

●員役呼冤 宮內府에셔除汰ᄒᆞᆫ壹司七宮員役에게 恩賜金을撥ᄒᆞ마ᄒᆞ엿더니延拖不給ᄒᆞ더니日前該部에셔該員役等을壹切招待分付ᄒᆞ되本府에셔汝等의 恩賜金을支給ᄒᆞ라ᄒᆞ얏더니統監府에셔勿爲支給ᄒᆞ라ᄒᆞᆫ즉擅難施給ᄒᆞ깃다ᄒᆞᆷ으로該人等이統監府에聯名呼冤ᄒᆞ얏다더라

●壹進先黜 再昨日壹進會에셔評議會를開ᄒᆞᆷ은別項과如ᄒᆞ거니와該會員中忠南觀察使崔廷德氏와泰安郡守崔鶴來氏를黜會ᄒᆞ기로開議ᄒᆞ얏다가崔鶴來氏만黜ᄒᆞ고崔廷德氏ᄂᆞᆫ其事爲를壹々히調査ᄒᆞᆫ後黜會ᄒᆞ기로酌定ᄒᆞ얏다더라

●淸潔始興 始興郡에셔ᄂᆞᆫ衛生及淸潔의事務를現今實施ᄒᆞᄂᆞᆫ中인ᄃᆡ民冤이不無ᄒᆞ다더라

●調査排年 財産整理局에셔宮內府所管各宮에進供ᄒᆞᆫ物品價를壹々調査ᄒᆞ야十年에排給ᄒᆞᆫ다더라

●虛結宜蠲 坡州郡豊水院等地居ᄒᆞᄂᆞᆫ人民의게每年鐵徵ᄒᆞᄂᆞᆫ虛結稅가壹千餘兩인ᄃᆡ該人民等이度支部와該郡財務署에屢次呼訴ᄒᆞ되除減치아니ᄒᆞᆷ으로故로怨聲이載路ᄒᆞᆫ다더라

●庫直無嚴 再昨日에承寧府柴炭庫直金興振이가該柴炭庫門을開ᄒᆞ고物品을窃取ᄒᆞ다가情跡이現露된지라皇宮警察署에셔金某를捕縛ᄒᆞ야中部警察署로越送ᄒᆞ얏다더라

●淸人行悖 日前에淸國人王玉主時慾令等二名이北部細石里居ᄒᆞᄂᆞᆫ金元根氏와有何事端인지金氏를亂打重傷ᄒᆞ야死境에至ᄒᆞᆫ故로淸國巡視廳에셔該淸人을押囚訊問ᄒᆞᄂᆞᆫ中이라더라

●少年蠻行 再昨日下午六時量에救世醫院前路에셔北門동居ᄒᆞᄂᆞᆫ何許人이紙卷烟을吸ᄒᆞ다가過去ᄒᆞᄂᆞᆫ女人에게贈與ᄒᆞ거ᄂᆞᆯ該女人이該少年을對ᄒᆞ야無禮ᄒᆞᆷ을責ᄒᆞᆫᄃᆡ傍觀者가雲集ᄒᆞᄂᆞᆫ지라該少年이逃走ᄒᆞ얏다더라

●是何悖女 北部苑동居ᄒᆞᄂᆞᆫ假召史ᄂᆞᆫ故權主事秉翰시의夫人인ᄃᆡ權시가棄世ᄒᆞᆫ後에壹男壹女를養育居生ᄒᆞᄂᆞᆫ터家勢가至貧ᄒᆞ야彈綿爲業ᄒᆞ며僅々保命ᄒᆞ더니日前의何許女人이來ᄒᆞ야彈綿ᄒᆞᆯ것이有ᄒᆞᆫ즉持去ᄒᆞ라ᄒᆞ고其八歲女兒를誘引以去ᄒᆞ야何處의掩匿ᄒᆞᆫ故로現今搜索ᄒᆞᆫ다더라

●改故則爲善 警部顧啓澤氏ᄂᆞᆫ海外에多年留學ᄒᆞᆫ바여러品性이溫順ᄒᆞᆫ人인ᄃᆡ向者順安契約內金召史의女를通姦ᄒᆞ고其夫를義兵千連으로警署에搆訴ᄒᆞ얏다ᄂᆞᆫ說을隨聞揭載ᄒᆞ얏더니更探ᄒᆞᆫ즉其夫를搆訴ᄒᆞᆷ은희시의所爲가아니오警署에셔嫌疑者로認ᄒᆞ야直接訊問ᄒᆞᆫ것시며金女를通姦ᄒᆞᆷ은或是該女의誘惑을被ᄒᆞ야壹時所失인지又或和姦未遂인지其通姦與否ᄂᆞᆫ姑置ᄒᆞ고희시가此說이報紙에露出ᄒᆞᆷ을以來로且羞且戒ᄒᆞ야如恐不及ᄒᆞᆫ다ᄒᆞ니人誰無過리오改則爲貴니라吾儕ᄂᆞᆫ희시의後日을照鑑코저ᄒᆞ노라

●宋氏放免 宋奎洛시가警稅關에被捉ᄒᆞ얏다ᄂᆞᆫ說은已報어니와更聞ᄒᆞᆫ즉該시가公錢을欠逋ᄒᆞ고大邱警察署에셔脫獄逃躲ᄒᆞ얏다ᄒᆞᆷ은純是誤傳이고高靈郡財務署長리鍾國시가公錢欠逋로事에對ᄒᆞ야審問ᄒᆞᆯ事가有ᄒᆞᆫ故로招致ᄒᆞ얏다가無罪放免되얏다더라

●義兵押交 京城日憲兵隊本部에셔義兵李鶴營氏를再昨日의地方裁判所로押付ᄒᆞ얏다더라

●挾雜被囚 陰城郡居ᄒᆞᄂᆞᆫ李鳳翼이爲名者가上京ᄒᆞ야印章을僞造ᄒᆞ고何許人의田답을偸賣ᄒᆞ라다가京城監獄署에被囚ᄒᆞ얏다더라

●帝國總會 帝國學生親睦總會에셔今日下午貳時에通常總會를敦化門前國民夜學校內에셔開ᄒᆞ고會務를處理ᄒᆞᆫ다더라

●關東擴會 關東학會에셔緊急事項이有ᄒᆞ야今日上午拾二時에特別總會를開ᄒᆞᆫ다더라

●崔觀察의反對 公州郡壹進支部會에셔歸城학校를設立ᄒᆞ고무슴公物을該校의附屬케ᄒᆞ얏던지該觀察使崔廷德시가學校를反對ᄒᆞ야附屬公物을壹々히還推ᄒᆞᆫ지라該支部會員某시가崔觀察을往見ᄒᆞ고質問曰君以壹進會總務員으로觀察使를圖得ᄒᆞ야本會학校를如是反對乎아ᄒᆞᆫ대崔觀察使가答ᄒᆞ되余ᄂᆞᆫ國事犯으로觀察使를圖得ᄒᆞ얏순즉壹進會員도아니오학校도不知라ᄒᆞ얏다더라

●夢中面談 現今敎育熱心은公衆所同이어ᄂᆞᆯ高陽下道面々長閔泰鎬시ᄂᆞᆫ抑何心膓인지面內德陽里普通學校를百端妨害ᄒᆞᆫ다고輿論이沸騰ᄒᆞᆫ다더라

●是何魔賊 李北宣川郡鳳洞에셔前郡守俞鎭浩시의贊成으로明陽義塾을設立ᄒᆞ고熱誠勸勉ᄒᆞᄂᆞᆫ데現任郡守金斗鉉시가躬往該塾ᄒᆞ야維持方針을講究ᄒᆞᄂᆞᆫ中諸氏의寄付ᄒᆞᆫ新洞內四處私塾所有ᄒᆞᆫ田土與錢額이合爲四千圜假量인故로私塾을聯合ᄒᆞ야校務를擴張ᄒᆞᆯ意로家喩戶說ᄒᆞ얏더니箇中頑固輩幾人이此를反對ᄒᆞ야又設壹私塾ᄒᆞ고校財를勒爲奪去에將至廢校ᄒᆞ야該校生徒三四십名이接屑中途에泣渙散ᄒᆞᄂᆞᆫ情況은慘不忍見인故로該郡有志諸氏가不勝憤恨ᄒᆞ야往訴道郡에此等敎育界障碍物은聲言討罪ᄒᆞᆫ다더라

●元明蔚興 平北嘉山郡東面元明學校校監金夏榮會計金俊榮敎師金樂瑄三시가熱心視務ᄒᆞᆷ으로學業이蔚興ᄒᆞ다고西來人의稱頌이有ᄒᆞ다더라

●善士測量 嘉山郡東面西文里有志紳士金承祚와金鼎河韓子仲諸시가善士測量學校를設立ᄒᆞ고敎師韓基正시를延聘ᄒᆞ야熱心敎授ᄒᆞᆫ바去月二拾五日에卒業禮式을擧行ᄒᆞ얏ᄂᆞᆫ데最優等生은韓鳳崗金錫泰等四人이오優等生은尹起夏康聖三等二拾人이라더라

●眼媒義務 海州靑雲面五里眼媒島에셔姜鎬鼎王可允李成根諸시가鮮明學校를設立ᄒᆞ고該里長李貞河시와頭民金應執김尙俊諸시가協議ᄒᆞ야其中所有草場과三千坪假量漁基所出稅와船入物價에百分五를收入ᄒᆞ야學校經費에充用케ᄒᆞᆷ으로永久維持ᄒᆞᄂᆞᆫ故로西來人의稱頌이有ᄒᆞ더라

●貞明運動 海州靑丹市貞明學校에셔拾壹月壹日에閔樂植金性喜김錫呂諸시가附近廣明英明養務三學校生徒를聯合ᄒᆞ야壹同秋期大運動을設行ᄒᆞ야盛大ᄒᆞᆫ光景을呈ᄒᆞ얏ᄂᆞᆫ데近日에ᄂᆞᆫ附近이面有志紳士를協同ᄒᆞ야海東學會를組織ᄒᆞ얏ᄂᆞᆫᄃᆡ會員이五拾餘員에達ᄒᆞ얏다더라

●測量經試 皇城協洞測量組合公州出張所에셔細部測量技術을以三個月速成科로生徒를募集ᄒᆞ야敎授인바卒業式을本月八日에設行ᄒᆞ얏ᄂᆞᆫ데優等은永석金成鎭等五人이오及第ᄂᆞᆫ李鳳桂等六十九人이라더라

▲地方消息▼

▲去月七日錦山郡西남三十里地에셔義兵三、餘名이全羅北道鎭安郡守備隊와交戰ᄒᆞ얏다하고

▲去月拾五日孟山郡南方八십里地에셔義兵拾餘名이价川郡分遣所日憲兵及補助員과交戰ᄒᆞ얏다ᄒᆞ고

▲去月十二日全羅남道川原附近에셔義兵七十餘名이該地分遣隊日憲兵과交戰ᄒᆞ얏다ᄒᆞ고

▲去月拾五日羅州郡北方約四里地에셔義兵八십餘名이該郡駐在日憲兵及補助員과交戰ᄒᆞ얏다ᄒᆞ고

▲本月三日黃海道新院內南二十里地에셔義兵貳十名이該地分遣隊日憲兵及補助員과交戰ᄒᆞ얏다더라

▲責賊魁▼

▲京鄕各處盜賊은그原因을推究ᄒᆞ면壹朝壹夕이아니라更張以後로만말고甲午以前만擧論ᄒᆞ건ᄃᆡ內自卿宰百執事로外方官吏로豪猾가驅民入賊ᄒᆞ노라고無限用力ᄒᆞ엿도다

▲剿討時代로보면左右捕廳不足ᄒᆞ야私捕廳을排設ᄒᆞ고富饒ᄒᆞᆫ民을잡어다가諸般酷刑으로다탈ᄒᆞᆫ즉多少財産잇ᄂᆞᆫ者ᄂᆞᆫ盡被毆兒奪ᄒᆞ야보니當時丐乞ᄒᆞᆯ수업셔投入賊黨ᄒᆞᆫ것이오

▲各道監司되고보면道內富民摘捧ᄒᆞ야上司關移秋糧又치替門으로잡어다가杖之囚之牢刑ᄒᆞ야抑奪財産姑舍ᄒᆞ고生命을殺害ᄒᆞ야當門慘禍ᄒᆞᆯ수업셔投入賊黨ᄒᆞᆫ것이오

▲各郡守令되고보면前에飢腹耳라ᄒᆞ고諸般虐政施威ᄒᆞ야從內土皮剝割ᄒᆞ제此民彼民勿論ᄒᆞ고農作ᄒᆞ지失時ᄒᆞ야秋收擲石되여스니生活計策ᄒᆞᆯ수업셔投入賊黨ᄒᆞᆫ것이오

▲各營將되고보면凶獰鬼卒派送ᄒᆞ야盜賊跟捕假稱ᄒᆞ고無罪民잡어다가鞭背杖身惡刑으로强招勒服ᄒᆞᆫ然後에家屋山土籍沒ᄒᆞ니風飛雹散ᄒᆞᆯ수업서投入賊黨ᄒᆞᆫ것이오

▲奉命御史되고보면驛卒領率ᄒᆞ고各道各郡秘密出巡ᄒᆞ야無辜蒼生모라다가不孝不睦淫亂으로搆虛揑誣施威ᄒᆞ고幾千萬兩勒奪ᄒᆞ니飢寒到骨ᄒᆞᆯ수업서投入賊黨ᄒᆞᆫ것이오

▲士夫名色되고보면境內常漢잡어다가錢穀取貸請求ᄒᆞᆷ새少不如意ᄒᆞ면兩班拒逆ᄒᆞ다ᄒᆞ고無故ᄒᆞᆫ란刑ᄒᆞ야殘産蕩ᄒᆞ니ᄃᆡ에ᄂᆞ니妻子支保ᄒᆞᆯ수업서投入賊黨ᄒᆞᆫ이로다

▲前日行爲이러ᄒᆞ고今悲壞恨嘆ᄒᆞ여本朝歷史이며ᄒᆞ死後獄免ᄒᆞᆯ손가無廉無恥彼官들은於今에도末悔ᄒᆞ고昔年蠻惡을難ᄒᆞᆫ제意氣揚々可觀일지賊魁들아々々々

再告全國拾三道內各學校에需用ᄒ는東西書籍과月報와敎育上緊要ᄒ書籍印刷의ᄂᆫ時々仰呈ᄒ오니貴學校名地와校長閣下숍을以下示ᄒ심을千萬伏望ᄒᆷ

社告

博川支社員李鎭成시辭免代의同郡邑內簞洞金鳳樞시로新定ᄒ얏스니該郡의本報購覽諸시ᄂᆫ照亮ᄒ시옵

大韓每日申報社

大韓新發明靈藥과舊新書籍發賣

永興郡邑內南山洞新村

啓新書舖 梁昌鎬 告白

桂洞廣興号典當票九張六拾八

李貴鶴洞六拾九李貴云右兩票

遺失ᄒ얏기得無效

苑洞 李貴云

本支店에서故劉興根氏許에金貨四百圓을八月分에貸給ᄒ얏더니라가現今劉氏子弟와計劃之擧에劉氏의票를서失ᄒ얏ᄉᆞᆸ기玆의廣告ᄒ오니서失票ᄂᆫ休紙施行ᄒᆷ

隆熙二年拾貳月拾壹日

漢城材木柴炭株式會社 鐵島支店

雜報

●少年開會 大韓少年會의서今日下午壹時의壽동孤兒院內의서特別總會를開ᄒ고壹般任員을選定ᄒ다더라

本人姓名圖章을路中遺失故玆以廣佈ᄒ오니知舊間切勿見欺ᄒᆷ

海州府內 金東鎭 告白

本會에서特別總會를今下午壹時에壽洞孤兒院內에開ᄒ오니僉般會員은無違來臨ᄒ심을切望

大韓少年會 告白

亡父林圭永儀東洋生命保險株式會社金壹千圓의保險契約致居候處契約金額韓國支店에서受領致候間玆々稟告致候也

明治四拾壹年拾貳月

開城府 受取人 林景植

廣告

◎永興支社廣告

本人이申報支社를設行ᄒᆷ은同胞의智識을啓導ᄒ며文明을發展코져ᄒᆷ이러니購覽僉位의代金積滯로因緣ᄒ와本社의促迫도非再又三ᄒᆯ더러五六朔成周年不報ᄒ오니如是然後에文明을發展ᄒᆯ希望이烏有리오幸須僉位ᄂᆫ義務的關을贊揚的熱誠으로報價를按月交付ᄒ시와收支의窘拙이勿케ᄒ심

永興郡大韓每日申報支社員

梁昌鎬 白

本會에서今拾三日(日曜)下午壹時에贊成員會를磚洞普成學校內에開ᄒ오니贊成員諸氏와僉般會員은來臨ᄒ심을切望

湖西學生親睦會 白

本人이年今七拾貳歲에理直ᄒᆫ訟事가有ᄒ되新式이沽昧ᄒ야不得不辯護士의게委任ᄒᆯ터인대家勢極艱ᄒ야手料의變通이無路ᄒ야彷徨ᄒᆷ을日本辯護士本尾虎之助氏가見ᄒ고愛恤之心으로自貽代辯ᄒ되手料金을不受ᄒ고印紙價도自當하여極盡辯護하오니世界에罕有ᄒ기로玆에廣佈ᄒ오니同胞ᄂᆫ照亮ᄒ시오 東섬字橋壹統四戶居

韓鎭祐 告白

本塾에서日語와簿記(商業、銀行)을滿삼個月速成으로敎授ᄒ오니願學僉君子ᄂᆫ本月拾九日內로請願ᄒ시오

日語課程中緊要件은印刷ᄒ야無料로供給ᄒᆷ

時間自下午五時半至同八時半

三拾人未滿이면上學치아니ᄒᆷ

開學日字本月拾六日

位置 南大門內蔦谷

廣化塾長 南廷哲

本人의姓名木圖章을拾貳月壹日에遺失故玆에廣告ᄒ오니內外國人切勿見欺ᄒᆷ

平壤鍾路 金佐顯 告白

本會事務가漸次擴張이온바本會에願入ᄒ실有志僉君子ᄂᆫ本會의陸續來臨ᄒ야셔林業의發達케ᄒ심을希望ᄒᆷ

大韓山林協會 本部告白

(電話二八二番)

本人子名柳成字東源年纔拾五에心志甚不俊育氣慨又未能軒昂ᄒ야浪蕩東西奔馳京鄕州沒無賴之輩符同或做假作文券詐欺人貸賑錢物內外國人幸勿見欺

江原道春川郡北外面栗門池鳳永 告白

本人의子寂灝ᄂᆫ年今二拾壹이오長孫庠鎔은年八歲라叔任비俱爲未成年이온데中心虛浪ᄒ고全沒知覺ᄒ야浮浪雜類의甘言誘引ᄒᆫ바되陷溺見欺가非止壹再ᄒ야옴기新聞上에已經廣告이온바現今에僞造文券으로內外國人의게得債코저ᄒ오니切勿見欺ᄒ시옵 朴明煥 告白

各種書籍大發賣所

京城南部銅峴四戶里二層屋

文明書館

主 檍 告白

國漢文新... [illegible]

所有權 [illegible]

地方行政論

...述 全壹冊 定價金三拾錢

▲本書ᄂᆫ地方自治行政과其警察의原則과外國의現行制度를兼互撰集ᄒ야簡明히論述ᄒᆫ者니現時地方官의位에在ᄒᆫ者의仁政ᄒᆯ者도勿論이오今國人ᄒ야各其關係ᄒ야生活의本旨를瞭解ᄒ야自治制度組織의基礎를成ᄒᆫ者ㅣ니有志僉彦은速々購覽ᄒ시옵

發行元 皇城中部... 京城及地方

발매處 中央書館 各書肆

度支部測量課編纂

土地測量術

全壹冊 正價金六拾錢 洋裝九拾錢

近日測量術과測에三四種이刊行되엿스나不完全의缺點이不無ᄒ든바今에本書ᄂᆫ細部測量으로本國의測量ᄭ지詳密히編纂ᄒ얏스며각種實地測量을製圖와圖를挿入ᄒ야一般學界의無ᄒᆫ寶典이라ᄒᆯ紙質의堅美ᄒᆫ製冊의華麗ᄒᆷ이測量術界中에第一이라備置ᄒᆷ

[發兌元]

皇城中署寺洞橋越 中央書館 朱翰榮

仝 南部大廣橋 大東書市 金鎭鉉

仝 南門內 滙東書館 高裕相

仝 ... 博文書館 ...

仝 ... 新舊書林 池松旭

本社ᄂᆫ韓美兩國人의資本으로美國法律下에現今成立된바玆에公衆에게廣布ᄒ노라

本社ᄂᆫ大韓帝國全國內에誠實ᄒ고勤幹ᄒᆫ人士와連絡ᄒ야京鄕各處에代理人을置ᄒ겟ᄉ오니勤實ᄒ신僉君子ᄂᆫ本社에來臨ᄒ야面商ᄒ시던지通信으로協議ᄒ심을務望ᄒᆷ

開城代理店人 開城南門內二層商店 金東宣

大韓皇城中部磚洞 (前大韓每日申報社)

韓美興業株式會社 告白

郵函第四十号

廣告

…去五月分에韓順下處新買三[illegible]圜券票金씨失ᄒᆞ엿ᄉᆞ오며誰某拾得이라도休紙施行홈
仁港留寓在寶代宋萬寬 告白

東西洋各國萬古帝王中第一英雄

彼得大帝 譯者胸宇自開 定價金貳拾錢
發賣所布屛下廣學書舖김相萬

本校ᄂᆞᆫ校長前鍾城郡守沈宜용氏가自丁未三月로爲始ᄒᆞ야面內有志紳士를熱心勸告ᄒᆞ야設立擴張인ᄃᆡ各里각契各人에願助金額이如左홈

稱庫契金六拾圜
興武契仝六拾圜
養士契仝二百圜
上興里仝三拾圜
學契仝四십圜
里民二拾六名仝二拾六圜
中興里金拾圜
里民八名仝八圜
新豊里金四拾圜
學契仝三십圜
里民四拾名仝四십圜
新上里金四십圜
學契仝二십환
里民卌九名仝四拾九圜
新浦里金[illegible]圜
學契仝六圜
里民拾三名金拾三圜
朝陽里金三拾환
學契仝四십圜
里民二십名仝二拾圜
靈谷里金二拾圜
學契仝四십圜
里民二십壹名仝二拾壹圜
陵主事申正謨金拾圜
前議官韓錫鉉仝六圜
高鳳吳仝六圜
姜義錫仝六圜

定平郡宣春面
開明學校私立 告白

黃海道海州府東門內普昌測量講習所에셔卒業式을今拾壹月拾三日에設行ᄒᆞᆫᄃᆡ本郡官吏와紳士諸氏가雲集ᄒᆞ야卒業證을與授ᄒᆞᆫ바學徒五拾餘人中優等生의氏名이如左홈
(但)優等生은拾壹人이오其次ᄂᆞᆫ貳拾四人이오其餘ᄂᆞᆫ落第也

所長 吳膺善
講師 金成基 李壽珏
算術 呂圭鴻

吳昇東席洞 李敬회高山
崔澤龍州內 崔載煥松林
姜永河長淵 朴昌九松禾
김永贊州內 申昌禧長連
李宗殷長淵 安承集州內
吳光植文化 文永善長淵
김禎淳瓮津 尹聖模席洞
吳發泳代陳 崔丙鐸白新
李啓河席洞

測量機械各種大發賣

漢城南署棗洞六拾貳統肆戶
金龍商會 謹告

남셔두모포거李元直은본이시목장ᄉᆞ로위업ᄒᆞ옵더니작년오월분에廣州소지산판을셔빙고거金興俊처에價文四千兩에미독ᄒᆞ와시작벌ᄒᆞ여秋에漂流下江하온ᄃᆡ광쥬라月里居閔東植이칭이山主ᄒᆞ며山價中壹千五百兩을미봉힛다ᄒᆞ고리송우광쥬ᄒᆞ여장작을집류ᄒᆞ옵기에광쥬로담리ᄒᆞ온즉閔東植이가김奚俊과와상관이오本人과ᄂᆞᆫ無상관이온즉장작은즉시하감ᄒᆞ엿스나기간손히가불쇼ᄒᆞᆫ데쥬ᄒᆞᆫ閔東植이가龍山에務分局에괴송ᄒᆞ고또学ᄒᆞᆫ日兵所에도괴송ᄒᆞ고열경에또룡山헌병소에괴송ᄒᆞ온즉여차밍낭ᄒᆞᆫ일이업기로조에광고ᄒᆞ오니지구간도량ᄒᆞ시옵
과湖 李元直 告白

◉慶南金海郡活川面私立日新學校趣旨書

國而無敎면難以爲國이오人而無學이면難以爲人이니是故로庠序學校ᄂᆞᆫ三代의聖典이오士農工商은萬民의彝業이라惟我大韓이自檀箕以來로至于四千餘載히東洋의文明國이라稱ᄒᆞ얏더니今에胡爲乎等劣이列國之中也오以其敎弛學僻ᄒᆞ야民智不進ᄒᆞᆫ致也로다何謂民智不進고ᄒᆞ면雖不可壹枚擧나略以言之컨ᄃᆡ千里에行을不滿壹日而達ᄒᆞ고萬國에信을幾瞬息而通ᄒᆞ며升天之遠을去如盈尺ᄒᆞ고入地之物을觀似對鏡ᄒᆞ니此非鬼神의造化오皆出於智士의所究이거날吾東의士가此理을能究ᄒᆞᆫ者가有乎아無乎아嗟我痼俗이古今의宜異을不知而尙古ᄒᆞ기만好ᄒᆞ고知新ᄒᆞ기를厭ᄒᆞ야但用力於記詞誦章之功ᄒᆞ고專不事於鍊智窮理之學ᄒᆞ니雖有拿巴倫稗斯麥의資格이나學其如此而豈能成拿巴倫稗斯麥의聲器리오顧今東西列邦이運是壹般人種而何以爲富强國이며何以爲貧弱國고必無別樣底道化이敎育의善否와學識의優劣에在홈이니然즉凡爲國民者ㅣ曷不注意於敎育이며爲國民子弟者亦不熱心於학問이리오當此競爭時代ᄒᆞ야優勝劣敗ᄒᆞ고弱肉强食이거날昏夢을尙此不覺ᄒᆞ야國之衰弱은天運의付ᄒᆞ고身之敗亡은數의歸ᄒᆞ야無論太古之淳방ᄒᆞ며自待後之宴晏ᄒᆞ야坐老晝夜之中ᄒᆞ니寧不恨惜이며亦不慨歎가於是에聖上께옵서維新之策을廣究ᄒᆞ사屢下詔命ᄒᆞ사勸奬敎育ᄒᆞ시며興作士氣ᄒᆞ시니上自國都로下至州閭히公私學校가繼繼相望이라惟我金官活川面도均是化니엇지寂然無設立ᄒᆞ리오恒切有志士에慨歎이러니曾允承曹鳳承安敏錄[illegible]셔吳김淳佰姜大協議시가從其代所共立講舍ᄒᆞ야集賢齋와講齋所自界千田地ᄂᆞᆫ付于村中ᄒᆞ고共設各校之意로發起衆論ᄒᆞ야會謀協恭ᄒᆞ나猶有基[illegible]不足之慮ᄒᆞ야未進設校러니前議官張錫吳鎭士許발孝奉김鍾炳三시가敎育에熱心ᄒᆞ야優數捐金ᄒᆞ고老小僉員도隨力州意ᄒᆞ야永圖維文케ᄒᆞ고仍設學校於集賢齋而命名曰日新이라ᄒᆞ니日新又日新이라ᄂᆞᆫ義ᄂᆞᆫ盤名의日新之意을取홈이니惟我靑年은体此命名之意ᄒᆞ야學業을勉勵ᄒᆞ야本然의性을擴充ᄒᆞ며活潑의氣을養成ᄒᆞ며有用의材을做得ᄒᆞ야使我二千萬民族으로共濟三千里疆土ᄒᆞ며國權의威權을永遠鞏固케ᄒᆞ야東洋獨立基礎을擔負期望홈지어다

贊成員 리起[illegible] 安澄석 리圭植 리壽秦
敎師 김學文

義捐諸시姓名及金額
前議官張錫吳 金壹百五拾圜
前主事許발 仝壹百五拾圜
曹允承 仝二拾圜 曹禹承 仝五圜
김周相 仝拾五圜 曹榮洙 仝拾圜
李圭植 仝십圜 前參奉김鍾炳 仝七十圜
김榮浩 仝十圜 許煥 仝五圜
姜太協 仝五圜 김鳳祚 仝십圜
前主事李起和 仝五圜
盧昌容 仝五圜 安敎함 仝五圜
千聖浩 仝五圜 劉學일 仝五圜
朴載鉉 仝九圜
合金五百〇壹圜

大韓帝國仁川各港各藥舖 總發行所 和平堂大藥房

婦人寶藥 부인보약
胎養調經丸 태양됴경환
壹劑壹月分 금五圜

主治說明
婦人이孕胎ᄒᆞ지못ᄒᆞᆷ은冷病積病과月經不調로因ᄒᆞᆷ이니此藥을服用ᄒᆞ시면婦人腹中에有ᄒᆞᆫ諸病은壹切退去ᄒᆞ고自然孕胎ᄒᆞ오니速臨買去ᄒᆞ시옵

瘡病 ▲사향소창단
瘡藥 ▲麝香消瘡丹

八寶丹 九拾五粒入金拾錢

滋陽丸 ᄌᆞ양환

補陰補陽
三拾日分 금五圜
貳拾日分 금三圜四拾전
拾日分 금壹圜八拾전

壯陽復元丹

壹週分壹圜
二週分壹圜八十錢
四週分三圜四十錢
八週分六圜四拾錢

此藥은專치腦痛肺弱○房事色傷○心腎虛弱○陽萎不起○遺精多夢○神經衰弱○房事時早漏不快○病後虛弱○健忘不眠貧血諸症○先天不足○飮食不下○眩暈頭痛○等症ᄒᆞ나니試ᄒᆞᆷ特此丸을照法服之면不過幾点鍾에立見妙效ᄒᆞ야魂飛肉顫에精神微奮ᄒᆞ고爽快ᄒᆞ나니其症이輕者ᄂᆞᆫ服壹號週면挽回元陽ᄒᆞ고其症이稍重者ᄂᆞᆫ可服三四週ᄒᆞ고最年痼疾로其症이頗重者ᄂᆞᆫ連服ᄒᆞᆫ八週면必能全치無疑ᄒᆞ리若夫無病之人도試用此劑則補血而益氣ᄒᆞ고强筋而壯骨ᄒᆞ나니用之八週而未見其效則請將價額을如數還呈ᄒᆞ리오不敢虛誕自欺라此丸이又無論男婦老幼ᄒᆞ고均用有效ᄒᆞ나니眞世間罕比之妙劑也라 僉位ᄂᆞᆫ何不早圖壹試ᄒᆞ소

發行所 京城종로大廣橋십九統七戶 共愛堂약房
特約代理店 京城水橋 濟生堂약房

主治

○房事不足○腎虛腰痛
○病後氣喘○腎氣不足
○陽痿不起○遺精多夢
○陰虛火動○房事後惱困
○手足厥冷○形容蒼白
○吸烟斷烟客
○體質虛弱消瘦

此外의도東西洋各國靈藥이俱備ᄒᆞ오니各地方에셔도隨用請求ᄒᆞ시면郵便으로보낼터이요各藏藥奉ᄒᆞ신ᄂᆞᆫ僉位에게ᄂᆞᆫ特別割引放賣ᄒᆞ오니陸續注文ᄒᆞ심을務望

製藥所 仁川港各峴 和平堂藥房
發行人 李膺선
京城鐘路衣廛下 和平堂支店

代理店
京城南門內水橋濟生堂藥房
京城大廣橋 共愛堂藥房

支店及出張所
元山 載寧 義州 郭山 ㄱ城
木浦 咸從 宣川 鐵山 博川
三和 長淵 肅州 鐵山 太郎
群山 龍川 平壤 黃州 安州
釜山 水原 安岳

京城종路 仁川港各峴 和平堂 告白

本[illegible]測量事務所[illegible]壹般人民의請求[illegible]開[illegible]ᄒᆞ깃ᄉᆞᆸ기茲에廣告ᄒᆞ오니[illegible]敬要
豐[illegible]面[illegible]谷里
精量測量事務所 長柳冀선 告白

測量日語學員募集

願學員은陰本月晦日ᄂᆞ繼續ᄒᆞ야時間과細則詳問志願ᄒᆞ오
西小門內度支部后門前
專門講習所 廣告

警世歌 定價십五錢

편편의담경세가
右셔ᄂᆞᆫ倫理上緊要ᄒᆞᆫ奇語을國文絶句로編述ᄒᆞ야淳雜ᄒᆞᆫ男女의惡行悖習을警惕悔改케ᄒᆞᆯ만ᄒᆞᆫ良셔니壹般男女敎育에最適홈

致富新說 定價십三錢

右셔ᄂᆞᆫ些少資本으로獲得巨利ᄒᆞᄂᆞᆫ秘法과牛疫治療의神效ᄒᆞᆫ方法

文明進化論 定價三拾錢

右셔ᄂᆞᆫ文明進化의知識을開導케ᄒᆞᄂᆞᆫ要셔

元賣所 廣학書舖 김相萬
分賣所 京鄕各有名書舖

民刑訴訟及鑑定其他壹般法律事務及代書事務을兼備ᄒᆞ야各地僉位의依囑에親切히應ᄒᆞ옵 但紹介ᄂᆞᆫ不要ᄒᆞ고出張에應홈
元山港柳町壹丁目二拾五番戶
(電話三壹五番)
辯護士 柴田貞之助

發行兼編輯人 英國人 萬咸
Responsible for Publication Alfred Weekley Marnham.
發行所 京城西署石井洞號外地三層舍 大韓每日申報社

米國元稚參嘉氏ᄂᆞᆫ天父의命令을順從ᄒᆞ야大韓靑年의德育體育智育ᄒᆞᄂᆞᆫ基督靑年會館에八萬圜을寄附ᄒᆞ얏스니我韓人民도天命을順受하야元稚參嘉시의盛意를無萬分之壹이라도報答ᄒᆞᆯ지라天父前의罪人李觀化朴慈惠夫婦의所有ᄒᆞᆫ產業五千圜價値衛生上緊要ᄒᆞᆫ商品과또永存不消ᄒᆞᄂᆞᆫ[illegible]

第六卷

大韓每日申報

第九百七拾八號

月曜及慶節歲時休刊

檀君開國四千二百四十一年
箕子元年三千三十年
大韓開國五百十七年
日本明治四十一年
淸國光緖三十四年
陰曆戊申十一月小廿二日甲辰

論說

◎衛生會社

吾人生活上에重大ᄒ關鍵이되ᄂ衛生方法을講究ᄒ者ㅣ曾無ᄒ야染疾이頻起ᄒ고居俗이極汚ᄒ더니何等矯子ᄅ不肯ᄒ더니國政府에셔衛生政策을始行ᄒ얏도다

糞水가路에溢ᄒ고糞臭가鼻에觸ᄒ야此鮮淸快ᄒ二拾世紀에壹大潔天地를作ᄒ漢城內에衛生會社가淸潔方法을始圖ᄒ얏도다

蓋歐國은世界不衛生의國이라政府ᄂ衛生政策을不施ᄒ고人民은衛生方法을全昧ᄒ야國民의體力이此로因ᄒ야薄弱ᄒ며國家의狀態가此로因ᄒ야卑劣ᄒ지라本記者ᄂ亦衛生方法이早々實施됨을絶叫ᄒᄂ바러니今日衛生會社에셔漢城內淸潔을實施ᄒ다ᄒ기로余ᄂ耳를傾ᄒ고聞ᄒ야曰果然何等利民의衛生政策이有ᄒ가ᄒ얏더니乃者糞商의掃糞을嚴禁ᄒ야許多糞商이敢히默糞치못ᄒ고城內數萬家의糞을彼衛生會社가獨占ᄒᄂ도다

果然何等惠民의淸潔方法이有ᄒ가ᄒ얏더니乃者府內人民에게衛生費를徵收ᄒ야府令이日出ᄒ며督促의威가星火보다尤急ᄒ며醫吏가橫行ᄒ며索錢의聲에鷄犬이不寧ᄒᄂ도다

前日에ᄂ糞商이壹日에曾掃ᄒ더니衛生會社에셔ᄂ십餘日或數拾日에從掃홈으로家々이積糞이如山ᄒ야民怨이敷々ᄒᄂ도다

嗚乎라此가衛生方法이며此가衛生會社인가自來漢城附近에數多貧民이掃糞으로作業ᄒ야或肥料로賣ᄒ며或農業에用ᄒ야此城內의糞으로其生涯를作ᄒ더니彼衛生會社가設立된後에ᄂ許多糞商이其業을壹朝에見奪ᄒ얏스니彼可憐ᄒ貧民들이更히何生活을作ᄒ리오非徒ᄂ此라從來로城內의糞을彼糞商이每日掃去홈으로人民들은壹分錢을不費ᄒ고其糞은自然掃除되더니彼衛生會社가設立된後에ᄂ所謂衛生費를每間에二錢式徵收ᄒ니其ᄂ窮쳬쳔에假令百間되ᄂ家屋에十人이居ᄒ다ᄒ진대每人所負이二圜에達ᄒ되平均壹個人이二拾錢式出ᄒ지라每人每朔의放糞稅가二拾錢에達ᄒ니此가엇지可憐ᄒ者ㅣ아닌가彼樂歲에飢를呼ᄒ고暖冬에寒을泣ᄒᄂ窮蔀貧民에게治道費니捐이니ᄒ야誅求가日至ᄒ야困難에轉陷ᄒ餘에又此衛生費를徵收ᄒ니如此ᄒ고야人民의資力이엇지困乏을免ᄒ리오

嗚乎라糞商은賣糞의利를失ᄒ고人民은放糞의稅를出ᄒ며彼衛生會社ᄂ兩重의利益을獨食ᄒ니此가果然利民惠民ᄒ目的인가

且近日에漢城府尹이各洞統監에게指揮ᄒ되糞商으로自由掃糞케ᄒ이可ᄒ다ᄒ얏다니從今으로衛生會社ᄂ掃糞의勞도不費ᄒ야糞은糞商이掃去ᄒ고衛生費ᄂ衛生會社가食코ᄌᄒ인가抑或衛生會社ᄂ廢止코ᄌᄒ인가此亦可疑의問題로다

嗚乎라從今으로糞商의掃糞은壹切許與ᄒ야城內의糞을糞商으로掃去케ᄒ되糞桶과糞車를用ᄒ야淸潔히掃除케ᄒ야路邊으로ᄂ분糞으로賣ᄒ야生涯를得케하고壹邊으로ᄂ人民으로放糞의寃稅가無케ᄒ면衛生方法도自然實施가될지오人民도亦安堵를得ᄒ지니此가엇지好箇方策이아닌가

◎告示

▲隆熙貳年八月二拾七日 官報

▲農商工部告示第拾三號 續

第百七十八條 淸算의結了登記를申請ᄒᄂ時ᄂ申請書에淸算人이計其算의承認을得ᄒ것을證ᄒᄂ書面을添附홈을要ᄒ

第八節 株式會社의登記

第百八拾七條 株式會社의設立登記ᄂ總取締役及總監査役의申請으로因ᄒ야此를行ᄒ

申請書에ᄂ左의書類를添附홈을要ᄒ

一 定款

二 株主名簿

三 發起人이株式의總數를引受ᄒ境遇에ᄂ各發起人이引受ᄒ株式의員數를記載ᄒ書面株主를募集ᄒ境遇에ᄂ各株主의株式請入證

四 取締役及監査役又ᄂ檢査役이商法第百三拾四條의規定을從ᄒ야行ᄒ調査報告書及其附屬書類

五 檢査役의報告에關ᄒ裁判이有ᄒ時ᄂ其謄本

六 發起人이取締役及監査役을選任ᄒ時ᄂ此에關ᄒ書類

七 開業前에利息의配當을行ᄒ定款의定規가有ᄒ時ᄂ此를認可ᄒ裁判의謄本

八 會社의事業目的이官廳의免許를受ᄒ者인ᄃᄂ其免許書又ᄂ其認證이有ᄒ謄本

九 創立總會의決議錄

第百八拾八條 支店의設立이나本店又ᄂ支店의移轉이나其他變更의登記ᄂ總取締役의申請을因ᄒ야此를行ᄒ

申請書에ᄂ登記事項에對ᄒ야裁判所의認可를要ᄒᄂ境遇에ᄂ其裁判의謄本株主總會의決議를要ᄒᄂ境遇에ᄂ其決議錄을添附홈을要ᄒ

取締役又ᄂ監査役의姓名又ᄂ住所變更登記ᄂ取締役又ᄂ監査役의申請을因ᄒ야此를行ᄒ을可ᄒ

(未完)

外報

◎英露資本家의活動 倫敦電을據ᄒ즉英露兩國人의有力ᄒ資本家ᄂ波斯의貿易을興旺ᄒ目的으로大活動을始ᄒ다더라

◎澳貨排斥의蔓延 同電을據ᄒ즉澳貨排斥運動은스밀라地方을除ᄒ外에ᄂ土耳其全部에蔓延ᄒ얏다더라

◎日人退去와抗議 東京電을據ᄒ즉浦塩斯德에駐在ᄒ露國軍務知事가有何事端인지突然히日本人貳名에對ᄒ야退去命令을發ᄒ으로日本官憲은抗議를提呈ᄒ얏다더라

◎淸國의革命黨戒嚴 同電을據ᄒ즉淸國政府ᄂ革命黨의入國을防禦ᄒ기爲ᄒ야目下郵便과船舶을嚴重히檢査ᄒᄂ다더라

◎米國의歲入不足 同電을據ᄒ즉米國에셔今年度歲入이約二千九百萬磅의不足이生ᄒ얏다더라

雜報

◎實業獎勵 夫國富民足之道가有二種焉ᄒ니曰實業이오曰敎育이라實業으로ᄂ富源을成ᄒ야敎育으로ᄂ力을資ᄒ고敎育으로ᄂ倫理를得ᄒ야實業에進步를計ᄒ나니故로父兄은實業ᄒ고子弟ᄂ受敎育ᄒ야共務幷進ᄒ야乃保其家而富其國ᄒ나니此ᄂ世界列國의同登ᄒ公法이오社會有志의同壹ᄒ經綸이라

惟我大韓은民族의才性이非不靈敏이오土地의原質이非不膏沃이오物産의種類가非不豐足이로되國力의腐敗와民産의困瘁ᄒ야於極項ᄒ야自保自存을不得ᄒ바ᄂ由來政界官吏輩가但其剝削生靈ᄒ야肥潔身家ᄒ기로만爲事ᄒ고實業의獎勵와敎育의進步ᄂ夢想에도不及ᄒ所爲니曷勝痛歎哉아

挽近以來로我大韓人士가時局의影響과文明의潮流를對ᄒ야感覺이有ᄒ에當此刷新時代ᄒ야吾人의生命과國家의富强을享有코ᄌᄒ진ᄃ衆力을團合ᄒ이是大急務라由是로社會의團體가聯武而興ᄒ고奮勇而起ᄒ니此ᄂ我國民의生活機關이오文明基礎니是以로何等社會를勿論ᄒ고均壹히鞏固ᄒ體力과活潑ᄒ精神과正當ᄒ義務와良好ᄒ結果를做得ᄒ을擔保ᄒ되確實히國民全體의信仰을得ᄒ며國家前途의發展을基ᄒ야世界公評의名譽가有ᄒ者ᄂ未嘗有聞ᄒ니是曷故焉오黨派分爭ᄒ習이傳染ᄒ야殄而然歟아社交團合之道ᄅ付屬幼穉而然歟아熟思其故而揣摩之ᄒ기에다盖社會爲體ᄂ多數人衆이團體로成立ᄒ되其勢力의强大와心志의堅固ᄒ이亦有幾種ᄒ니壹은其機關을掌握ᄒ者幾個人의熱誠과勇略과信仰에在ᄒ고壹은其會員의氣運과義務의目的에在ᄒ지라

今我同志ᄂ獻身的熱誠과公益的義務로壹體團結ᄒ야壹會社를組織ᄒ니名曰實業獎勵會라凡我同志ᄂ何人을勿論ᄒ고公德心이確ᄒ고公益을爲業ᄒᄂ者ᄂ共同團體ᄒ야我大韓의永久維持ᄒ方針으로長短相補ᄒ며友誼敦睦ᄒ야實業의獎勵와敎育의進步와貿易의斡旋과時勢의變遷과交通의便利等을互相研究ᄒ고熱心勉勵ᄒ야日漸擴張ᄒ면此果大ᄒ矣니有志諸君은熟思之ᄒ야匡圖之ᄒ실지어다

◎義校試驗 東門外蓮島義成學校에셔本月終試驗을經ᄒ얏ᄂᄃ甲班優等生에盧敬益李壽吉等二人이오乙班優等生에金相宗趙九鳳等三人이오丙班優等生에南允突李壽鳳等四人이오丁班優等生에盧敬植尹相道等諸人인ᄃ多數히施賞ᄒ얏다더라

詞藻

◎鐵椎

沃野千里버들심어、그집흐로석기지고

金銀銅鐵다녹여서、萬斤鐵椎민든後에

萬古에、包藏禍心奸細輩를、목꼬처고

雜報

●宮中容學 韓國 皇太子殿下께서ᄂᆞᆫ語學에嫺熟히 睿習ᄒ신故로日本皇帝께謁見時와其外政府大臣을接ᄒ실時에通辯을使用ᄒ시지아니ᄒ시고直接으로酬酌ᄒ옵신다더라

●森林又賣 日本人江藤恆策이莞島森林을買收ᄒ기로國內大宋秉畯氏가農大臣在任時에金時計와簞笥等物로賂賄ᄒ야行ᄒ고秘密運動이有ᄒ얏더니宋氏가此를契約許給ᄒ기로確約이內閣會議에提出ᄒ얏ᄂᆞᆫᄃᆡ此森林價値ᄂᆞᆫ論ᄒ면四拾萬圓이라五拾萬圓以上이라ᄒᄂᆞᆫᄃᆡ拾萬圓으로決價가되얏다더라

●伊藤却賂 莞島森林을買收ᄒ라ᄂᆞᆫ江藤恆策이가伊藤統監에게簞笥를密納ᄒ얏ᄂᆞᆫᄃᆡ伊藤統監은退却ᄒ얏다더라

●政界消息 近頃來로政府變更의風說이盛行ᄒᆞᆷ으로一般蠅狗의輩가逐臭縱橫ᄒᆞᆷ은世所共知어니와再히內容을聞ᄒᆞᆫ즉伊藤統監은現政府에對ᄒ야趙重應李秉武兩氏ᄂᆞᆫ不得已遞任ᄒᆞᆯ터이오其外에ᄂᆞᆫ變更치안키로作心ᄒ엿나日本政府에서ᄂᆞᆫ韓國現內閣을壹切變更ᄒ기로擬議中인ᄃᆡ尙今未決中이라ᄂᆞᆫ說이有ᄒ더라

●統監觀察發程 伊藤統監은開城을觀察ᄒ기爲ᄒ야村田武官明石憲兵隊長以下幾人을帶同ᄒ고今日午前拾壹點에南大門發列車로出發ᄒ다더라

●何歷之有 總理大臣李完用氏ᄂᆞᆫ全羅道金堤萬頃等地에民有田十萬을廣占買收ᄒᄂᆞᆫᄃᆡ將次外人에게轉賣ᄒ야大利益을攫取ᄒᆞᆯ計劃이라더라

●郡守合格者薦報 全南觀察使申[illegible]氏가郡守五人을內部에薦報ᄒ얏ᄂᆞᆫᄃᆡ其氏名은漏聞ᄒᆞᆫ則前郡守鳳柱柳瀷柱朴源奎承孟緖範諸氏라더라

●公道渡船 己往郡守中公錢을巨額으로欠逋ᄒᆞᆫ者들이外國으로避身逃躱ᄒᆞᆫ人이多有ᄒ다더라

●候補調査擧案 地方官資格審査委員會에서本月십二日에第壹回開會를行ᄒ야候補者調査ᄒᆞᆫ事를맛合으로不適當의任用은ᄒ지아니ᄒ리라더라

●因何調査 警視廳에서何事件을因ᄒᆞᆷ인지旣往渡日ᄒᆞᆫ人과將來渡日ᄒᆞᆯ人과日語嫺熟ᄒᆞᆫ人을現方調査中이라더라

●鴨江架橋 滿韓鐵道를連絡ᄒᄂᆞᆫ鴨綠江의架橋工事ᄂᆞᆫ明年부터着手ᄒᆞᆯ計劃인ᄃᆡ其費額은約二百萬圓이라ᄒ더라

●義兵役函 楊州郡에居住ᄒᄂᆞᆫ김某具某兩人이東門外華溪寺에來ᄒ야該寺主僧을見ᄒ고言ᄒ야曰吾等은楊州郡各方面에서橫行ᄒᄂᆞᆫ義兵大將金柱卿의命令으로來此ᄒ얏다ᄒ고曾封書를給與ᄒ얏ᄂᆞᆫᄃᆡ其書를開見ᄒᆞᆫ則軍需錢壹千圓을陰拾壹月貳拾七日로限ᄒ고右水洞으로持來ᄒ되若不施行ᄒ면大禍를不免ᄒ리라ᄒ얏ᄂᆞᆫᄃᆡ其事實이東部에發覺되얏슴으로刑事巡査幾名을派送ᄒ얏다더라

●抱郡義援 近日抱川等地에서義兵將李某가義兵을多數募集ᄒᄂᆞᆫᄃᆡ該郡에서曾任義兵으로歸順ᄒᆞᆫ者ᄂᆞᆫ應募치아니ᄒ고避身上京ᄒᆞᆫ者가多ᄒ다더라

●新聞社의繼行 大坂日報社社長吉弘自眼은本年五月頃에北區曾根崎附近에住ᄒ던십四歲된女子材子藤田와七月頃에濟寺에住ᄒᄂᆞᆫ십六歲된田中八重와其他數名의少女를強姦ᄒ고또數個所에서數千圓의金錢을脅迫掠奪ᄒᆞᆫ事實이발覺되야去月八日에梅田停車場前에서逮捕ᄒ야嚴重히取調ᄒᄂᆞᆫ中이라더라

●鹽殺一子 日本千葉縣居ᄒᄂᆞᆫ伊藤佐吉의妻가去月二拾三日에壹個兒子를生ᄒ얏ᄂᆞᆫᄃᆡ家勢가甚히貧寒ᄒ야養育ᄒᆞᆯ方針이無ᄒ다ᄒ고即時壓殺ᄒ야家竹田中에埋置ᄒᆞᆫ事實이綻露되야警察署에被捉되얏다더라

●鶴商盤行 農商工部에日人官人壹名이韓人의人力車를乘ᄒ고四處로往來ᄒ다가賃價를五錢만給ᄒ기로該車夫가抑冤ᄒ다ᄒᆞᆫ즉書記官鶴岡房에日人房直이가該人力車夫를無數亂打ᄒ야逐出門外ᄒ매該車夫ᄂᆞᆫ呼泣而退ᄒ얏다더라

●郡主不法 寧郡郡主事朴宗衡氏가該郡의何許人을淫行이有ᄒ다誣陷ᄒ고白米五拾斗를暗自討食ᄒᆞᆫ故로該郡에駐在ᄒᆞᆫ日守備隊通譯李某氏가知其事實ᄒ고該郡守와合謀ᄒ야氏의게郡主事行爲를[illegible]지못ᄒᆞᆷ을論責ᄒᆞᆫ後ᄂᆞᆫ前上京ᄒ얏ᄂᆞᆫᄃᆡ內部에擧實査報ᄒᆞᆯ預定이라더라

●仁港輿論 海豐府院君尹澤榮氏가年來에仁川港米商會社社長으로在ᄒ야該社의獻誠을受ᄒᆞᆷ으로頗히聊賴가有ᄒ더니今에榮貴無比ᄒᆞᆫ地位에處ᄒ얏스되尙且其任을不辭ᄒᆞᆷ은可謂不忘其本이로대現今該社가扶持ᄒᆞᆯ道가無ᄒ야解散ᄒᆞᆯ境遇에至ᄒ얏스되恬然越視ᄒ고維持方針을指示치아니ᄒᆞᆷ은不忘舊日ᄒᄂᆞᆫ義에違反이라ᄒ고公論이有ᄒ다더라

●藤村呼訴 日人藤村英亮은年前洪州郡義擾에砲殺을被ᄒᆞᆫ日兵藤村某의子인ᄃᆡ伊時義兵大將閔宗植氏에게渠父의賠償金拾壹萬二千圓을推徵ᄒ라ᄒ라고京城地方裁判所에呼訴ᄒ얏다더라

●新民嗷々 南某人의傳說을據ᄒᆞᆫ즉新昌郡財務署에서巡査를民間에派送ᄒ야結稅를督刷ᄒ되若過二拂ᄒ면正租壹石에십五兩式을假執留ᄒ깃다ᄒᄂᆞᆫ故로民情이嗷嗷ᄒ다더라

●恤相扶持 仁港人의傳說을聞ᄒᆞᆫ즉該府尹金潤晶氏가該港各坐市及酒商의게救恤金名稱ᄒ고按戶收捧ᄒ야面議所에屆ᄒᆞᆫ비有ᄒ나其實은營業稅와如ᄒᆞᆫ貌樣이니營業稅로言ᄒ면政府에서壹切頒布ᄒᆞᆫ이無ᄒ고救恤金으로言ᄒ여도獨坐市나酒商에만抽ᄒᄂᆞᆫ고로怨聲이有ᄒ더라

●田畓測量禁止 加平郡守李承祖氏가該郡谷坪曲의告示를揭付ᄒ고山林及未墾地外에其他田畓의測量을禁止ᄒᄂᆞᆫ故로該郡에測量次로出張ᄒ얏던學生들이狼狽歸來ᄒ얏다더라

●是何盤行 原州郡丰川居ᄒᄂᆞᆫ李漢成爲名者가同郡居李盟西의妻 一拾歲된姜姓女를誘引上京ᄒ야泥峴日人家에서留用ᄒᄂᆞᆫ文行甫와符同ᄒ고南部漁橋居ᄒᄂᆞᆫ朴敬文의게二拾五환을受ᄒ고賣渡ᄒ지라南部警察署에서文某와姜姓女를押囚審査中이라더라

●孝洞回祿 本月拾三日午後二時에光州郡孝支洞某家에셔失火ᄒ야拾一戶가全燒ᄒ고六名이負傷ᄒ얏다더라

●支犯逃躱 南部永禧殿前居ᄒᄂᆞᆫ支과銳ᄂᆞᆫ竊盜로有名ᄒᆞᆫ者이라監獄에서幾年間懲役을經ᄒ고放還된ᄃᆡ인ᄃᆡ近日에鴉片을受吸ᄒ다가中部警察署에被捉ᄒ야訊問ᄒᆞᆫ後의放還ᄒ고稱ᄒ고出去ᄒ야越墻逃躱ᄒ얏다더라

●兩放兩越 紙幣僞造ᄒᆞᆫ事件으로南部警察署의被囚ᄒᆞᆫ樂安郡守崔鶴采前主事金衡泰兩氏ᄂᆞᆫ所犯이無ᄒᆞᆷ으로無罪放還이되고崔郡守의刷室鷄召史와金鎭泰氏ᄂᆞᆫ行用ᄒᆞᆫ罪가有ᄒ야該署에셔該兩人은地方裁判所로越送ᄒ얏다더라

●日人壓死 龍山의서家屋建築請負人有本某吉이가本月拾二日午前八時에龍山列車에抵觸되여頭部가切斷되고腰部가挫絶되얏ᄂᆞᆫᄃᆡ其屍體를檢査ᄒᆞᆫ後其家族의게渡引ᄒ얏다더라

●嘉安靜議 嘉安坊會에서再昨日下午七時에評議會를開ᄒ고該坊內人民家屋을逐間數收合ᄒᆞᆫ事와任員의月給支撥ᄒᆞᆯ事를協議ᄒ얏다더라

●忘年會發起 洪在祺張燾李冕宇李元植等諸氏가忘年會를발起ᄒ얏ᄂᆞᆫᄃᆡ本月二십七日에惠泉館內에開會ᄒᆞᆫ다더라

●嶠南懇親盛況 再昨日下午六時에嶠南教育會에서任員懇親會를惠泉館에開ᄒ고任員이多數會集ᄒ야壹大盛況을呈ᄒ얏ᄂᆞᆫᄃᆡ副會長朴과榮氏가會館이狹陋ᄒᆞᆷ을慨然論述ᄒ야會館買入方針을主唱ᄒ야三百圓을寄付ᄒ고壹般任員의優數捐助ᄒ기를勸告ᄒ얏다더라

●杷成成立 杷成學校ᄂᆞᆫ積立財政이素無ᄒ기로經費困難ᄒ極ᄒᆞᆫ際에李[illegible]培시가金一千圓을特附ᄒ고희洞諸시가互相捐助ᄒ야多數金額을達ᄒ얏다ᄒ니諸시의熱心을可賀ᄒᆞᆯ만ᄒ다더라

▲地方消息▲

▲去月五日咸鏡南道咸興郡內에서義兵拾餘名이該地守備隊와交戰ᄒ얏다ᄒ고

▲去月二拾一日平安北道龍林等地에서小數의義兵이同地分遣隊憲兵과交戰ᄒ얏다ᄒ고

▲去月二拾日江原道金化郡南方十里地의서小數의義兵이同郡日守備隊中尉以下拾五名과交戰ᄒ얏다ᄒ고

▲本月三日江原道鹿山付近의서多數의義兵이忠淸北道某郡分遣隊憲兵과交戰ᄒ얏다ᄒ고

▲去月二十七日春川郡內의서義兵數十餘名이該郡日守備隊와交戰ᄒ얏다ᄒ고

▲本月五日京畿道楊州郡南二十里地에서義兵三十餘名이該地憲兵分遣所憲兵及補助員과交戰ᄒ얏다ᄒ며

▲今月五日永平郡內의서義兵約五拾餘名이該郡駐在日憲兵及補助員과交戰ᄒ얏다ᄒ고

▲本月四日楊州郡內의서義兵三十餘名이該郡駐在日憲兵下士以下五人과交戰ᄒ얏다ᄒ고

▲本月九日慶尙北道化寧場附近에서義兵若干이該郡駐在日憲兵及補助員과交戰ᄒ얏다ᄒ고

▲今月三日平安南道寧遠郡東北方二十里地에서義兵二拾餘名이該郡日憲兵及補助員과交戰ᄒ얏다더라

▲筆鋒無私▲

▲但知愛國이니ᄒ義他人毀謗拘礙ᄒ며自身惜命ᄒ私ᄒ자斷開隨合ᄒᄂᆞᆫ것은本社責任이어니와隨聞隨收ᄒᄂᆞᆫ것은諸公을의義務로다

▲魔戰起共四中으로烏鵲으로나려가고後補者들ᄂᆞᆫ더登大部ᄒ懸賞ᄒ니罪惡貫盈何許人이더魔窟에墮落ᄒ야그身勢도惻隱일세

▲失魂喪魄ᄒ日人은腦中滿植ᄒᆞᆫ文이오眼中銅綠腹中糞이三物組合分明ᄒ야外貌鹿牟ᄒᆞᆫ日에文法마자荒唐ᄒ니그行動이可憎일세

▲粟木孫永水人은新聞代金ᄂᆞᆫ걷고魚肉에나매喫ᄒ며豊身飽ᄒ더니韓日政黨組織費에補用코ᄌᆞᄒᆞᆷ이ᄂᆞᆫ더그計策이巧猾일세

▲鋼鐵人監督金翁ᄒ學校義捐討求ᄒ며亡國大夫自處ᄒ고死入地獄ᄒᄂᆞᆫ날에無物ᄒ며離職罪ᄂᆞᆫ補助餘暇ᄂᆞᆫ니此等人種初見일세

▲窮凶極奸玷玉ᄂᆞᆫ[illegible]引繼後에別般陰計做出ᄒ야繼理人口ᄒ단말과自唱自和播傳ᄒ고誘弄官人奪財ᄒ니挾雜中의魁首일세

▲毒病民木述人은그地位만가지고도各種雜費너々ᄒᆞ매무슴要不足ᄒ야擔當椅子에ᄉ라고同功當賞저의제리互相吞沒可觀일세

▲丙成功臣雙月人은自己地位搖動風에睦흔病에발生ᄒ지仕進事務못ᄒ과서奸謀手段運動ᄒ여某人有만不如ᄒ야必乃冤奪可慮일세

▲分野分別하在ᄒ고個人區域兩端이라國賊身데野蠻분個人의義賊因ᄒ오愛國愛人데文明의私主義結果이니諸公三思ᄒᆯ지어다

에 贊助ᄒᆞᄂᆞᆫ데 對ᄒᆞ야 同志靑年兄弟ᄂᆞᆫ 上本나 빙店員 李[illegible]의 同[illegible]이 [illegible]
再從全國拾三道內各學校에 衛生緊要ᄒᆞᆫ 東西藥業月報와 敎育上緊要ᄒᆞᆫ 書籍類印刷되ᄂᆞᆫ데로 時々仰呈코자ᄒᆞ오니 貴學校番地와 校長校監閣下尊啣을 以此下示ᄒᆞ심을 千萬伏望ᄒᆞᆷ

社告

△新設支社廣告

左開四郡에 本支社를 設置ᄒᆞ얏스니 該郡附近地에서 本報購覽ᄒᆞ실 僉君子ᄂᆞᆫ 壹切 該支社의 請求ᄒᆞ심을 務望

黃州 南門外冊肆 崔鎭衡
[illegible]珍 還남面梅花里 朱鎭壽
平北江界 郡敎堂內 金泰彝
白川 邑文明館 趙雲泳

大韓每日申報社

廣告

本人의 子明이 老年 今二拾四인ᄃᆡ 陰今月二拾二日에 不告出他ᄒᆞ고 時今無消息故로 玆에 廣告ᄒᆞ오니 內外國 僉君子ᄂᆞᆫ 若逢ᄒᆞ시거던 勸送于高陽郡古谷ᄒᆞ십

申柚 告白

本港普通學校의 門路를 廣築ᄒᆞᆯ 時에 犯入ᄒᆞᆫ 地段中에 李正五의 畓이 三斗七坪이오 復漆原鄕文贊이 貳坪이오 日本人吉田에 四坪인ᄃᆡ 其代金을 固辭不受ᄒᆞ오니 其人等의 公德과 誠義를 表爲ᄒᆞ야 玆에 廣告ᄒᆞᆷ

昌原馬山港學議所 告白

靈魂篇

此篇은 卽 心理學이니 非徒耶蘇敎人의 閱覽이오 卽 學問上으로도 可히 硏究ᄒᆞᆯ만ᄒᆞ오니 諸位君子ᄂᆞᆫ 陸續購覽ᄒᆞ십

元賣 京城鍾路 東一書觀
分賣所 [illegible]各書舖

大韓新發明 靈藥과 種書籍發賣
永興郡邑內南山洞新村
啓新書舖藥局 [illegible] 告白

興德郡居前郡守鄭[illegible]魯가 本人의 浮浪ᄒᆞᆫ 子재 入中을 誘引ᄒᆞ야 父子相續ᄒᆞᆫ 畓 七斗落을 稱云買得이라ᄒᆞ고 方上京締結外國人ᄒᆞ야 欲爲與當云ᄒᆞ니 內外國人은 切勿見欺ᄒᆞ심을 爲要

全北扶安줄浦 채文永 告白

本人이 姓名章을 路中에서 失ᄒᆞ얏ᄉᆞ오니 知舊間 切勿見欺ᄒᆞ십

中部河橋八統壹戶七戶 申奭泳 白

南部貞善坊敎學下契樓동 五拾六統十戶 瓦四草二合六間家 此立旨三張과 井二間 改瓦建築許可壹張과 新文記壹張 幷五張을 陰今壹月拾九日 路中에서 失ᄒᆞ얏ᄉᆞᆸ기 玆에 廣告ᄒᆞ오니 誰某拾得ᄒᆞ실지라도 休紙施行ᄒᆞᆷ

家主 李萬守

본인이 분쇠를 [illegible] 충확장ᄒᆞ고 갑을 특별히 헐ᄒᆞ게 방매ᄒᆞ오니 분ᄒᆞ시ᄂᆞᆫ 쳠군ᄌᆞᄂᆞᆫ 속속 리림ᄇᆞ망ᄒᆞᆷ

사직골 어의궁 네 한신우 광고

太郞徐氏行列은 丙字ᄂᆞᆫ 光字로 廷字ᄂᆞᆫ 載字로 復舊ᄒᆞᆷ

徐氏宗中 告白

(新)開業廣告

本社에서 活版機械를 設備ᄒᆞ고 各種書籍을 印刊ᄒᆞᆸ바 印刷의 精美와 酬應의 迅速과 費用의 低廉을 務期ᄒᆞ오니 僉君子ᄂᆞᆫ 陸續請求ᄒᆞ심을 敬要

中部壽路鉢里洞九統五戶
大[illegible]智 活版部

本人의 姓名圖章을 陰今壹月拾九日의 遺失ᄒᆞ얏ᄉᆞ오니 內外國人은 咸히 知悉ᄒᆞ심을 敬要

北部苑洞 十五統 戶 李公植 白

盖憂時勉敎育而費已財ᄂᆞᆫ 義也오 愛隣恤貧孤而施惠ᄂᆞᆫ 仁也라 仁義가 並著ᄒᆞ니 可謂人矣로다 宜川深川面에 洞基督敎學校ᄂᆞᆫ 財金이 艱乏ᄒᆞ야 將爲廢止矣러니 月洞居 [illegible]禎賀시가 敎育에 熱心으로 每年 數百餘圓의 費金을 自擔ᄒᆞ기로 決意ᄒᆞ야 學校基址를 買得ᄒᆞ며 學校建築費 二百餘圓을 預算ᄒᆞ고 明春에 建築ᄒᆞ기로 決定ᄒᆞ얏스며 爲先自己舍廊에 敎師를 延聘ᄒᆞ야 敎育ᄒᆞᄂᆞᆫ 中 生徒가 三十餘人에 達ᄒᆞ얏스니 此生徒ᄂᆞᆫ 皆貧家子弟라 若非該氏旋力이면 不能受敎育이 庶幾矣로다 元來此氏의 性品이 純良ᄒᆞ야 喜怒를 不形ᄒᆞ며 族隣을 救恤에 鄕邑이 無不欽慕러니 又此學에 確知其誠心所發也다 其隣氏方元京시ᄂᆞᆫ 本以農業으로 僅爲生計矣러니 此氏의 熱心을 感激ᄒᆞ야 該校를 協心助力ᄒᆞ기로 自願ᄒᆞ야 [illegible]公錢巳附該校者數百圓 [illegible]里後學[illegible]謨ᄂᆞᆫ 與ᄒᆞ고 本校ᄂᆞᆫ 此兩시가 自擔ᄒᆞ기로 結心ᄒᆞ얏스니 此校ᄂᆞᆫ 天然的으로 維持ᄒᆞ얏고 此兩시ᄂᆞᆫ 今世守錢奴의 [illegible]이리라

中[illegible]館 [illegible]社 [illegible] 告白

◎永興支社廣告

本人이 中報支社를 設行ᄒᆞᆷ은 同胞의 智識을 啓導ᄒᆞ며 文明을 發展코저 ᄒᆞᆷ이러니 購覽諸位의 代金積滯ᄒᆞᆫ 因緣으로 本社의 窘迫이 非再又三ᄒᆞᆫ지라 [illegible]六[illegible]成居年[illegible]ᄒᆞ오니 如是然後에 文明發展ᄒᆞᆯ 希望이 [illegible]ᄒᆞ리오 幸須僉位ᄂᆞᆫ 義務的 闡揚的 熱誠으로 [illegible]價를 按ᄒᆞ야 交付ᄒᆞ시와 收支의 窘拙이 업게 ᄒᆞ심

永興郡內 每日中報支社 朱昌鉉 白

[illegible]山尹[illegible]初婚[illegible]即[illegible]家 [illegible] 告白

[illegible]支[illegible] 心志[illegible]能[illegible] 不[illegible]浪[illegible]出沒[illegible] 類[illegible]符[illegible]做假作文劵[illegible] 欺人[illegible]外國人[illegible] 貸[illegible]八[illegible]分[illegible]貸給[illegible] 於現[illegible]劉[illegible]子弟와 計勘之[illegible] 劉[illegible]與[illegible]失[illegible]合기[illegible] 廣告ᄒᆞ오니 [illegible]失[illegible]休紙施行 [illegible]縣二[illegible]拾壹[illegible] [illegible]炭株式會[illegible] [illegible]支[illegible]

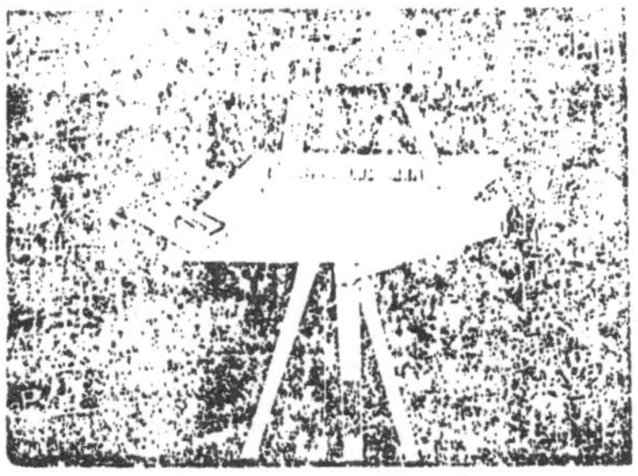

本人 姓名圖章을 路中에 遺失故로 玆以廣布ᄒᆞ오니 知舊間 切勿見欺

海州府 金東鎭 告白

東西洋各國萬古帝王中第一英雄
彼得大帝

[illegible]

國漢文新玉篇

純洋裝四百 附音韻字彙
餘頁全壹冊 定價金壹圓貳拾錢

版權所有

本玉篇은 各種字典과 字彙를 參互ᄒᆞ야 漢字의 音義와 變音變義까지 國文으로 詳明히 譯述ᄒᆞ고 四百餘頁을 國文으로 解釋添付ᄒᆞ야 漢字와 音만 알면 解得ᄒᆞ기 容易ᄒᆞ오며 勿論男女ᄒᆞ고 國文만 알면 初學이라도 [illegible]ᄒᆞᆯ지니 學界僉彦은 陸續購覽ᄒᆞ심을 務望

元賣所 平壤貫洞 耶穌敎書院
分賣所 大발매京城 東一書觀
[illegible] 廣學書舖　龍朝[illegible]越便 中央書館
[illegible] 博文書館　寺[illegible] 惟[illegible]館
寺洞 徵心書館　[illegible]橋 [illegible]館
鍾路 耶穌敎書會　海州南門內 [illegible]昌書舖
鍾路 大東書市　[illegible]公廨 京鄕각有名書舖

本社ᄂᆞᆫ 韓美兩國人의 資本으로 美國法律下에 現今成立된 바 玆에 公衆에게 廣布ᄒᆞ노라 本社ᄂᆞᆫ 大韓帝國全國內에 誠實ᄒᆞ고 勤幹ᄒᆞᆫ 人士와 連絡ᄒᆞ야 京鄕各處에 代理人을 置ᄒᆞ겟ᄉᆞ오니 勤實ᄒᆞ신 僉君子ᄂᆞᆫ 本社에 來臨ᄒᆞ야 面商ᄒᆞ시던지 通信으로 協議ᄒᆞ심을 務望ᄒᆞᆷ

開城代理店 開城[illegible]內二層商店 金東宣

大韓京城中部[illegible]洞 (大韓每日申報社內)
韓美興業株式會社 告白
郵函第四十号

廣告

測量日語學員募集

願學員은陰本月晦日내 續臨하야時刻과細則은詳問志願하오 西小門內度支部后門前

專門講習所 廣告

警世歌

편편의담긴세가 定價십五錢

右書는倫理上緊要한奇談을國文絕句로編述하야淨雜한男女의惡行悖習을警惕悔改할만한良書니一般男女敎育에最適함

致富新說

定價십三錢

右書는些少資本으로獲得巨利하는秘法과牛疫治療에神效한方法

文明進化論

定價三拾錢

右書는文明進化의知識을開導케하는要書

元賣所 廣학書舖金相萬

分賣所 京鄕各有名書舖

◉漢城鍾路天賜青

鍾路公有慈惠大藥房 四商權一目的

一商權은李觀化朴慈惠李敎尚兄弟夫婦와洋病院에서大韓醫院에畢業하고六七年修業하야鍾路市上에發達으로製藥所를大하고兄弟夫婦가坐市賣藥하오니此爲壹商權이요

二商權은慈惠藥房藥方文은漢城南大門外濟衆院方藥에서神妙한藥方文을抄出하야가지고醫學博士洪석과漢醫殷兩氏에게實驗方劑書를受하고또商標特許局에慈字商標를登錄하엿고藥材마다大韓醫院一關하야商試驗所의서化學으로分析하야人民衛生에適當하기로醫學士兒島高里君과寺等이약製實劉世煥氏의게確實證明書를受하엿스니此爲二商權이요

三商權은慈惠藥房에서活版所를特設하고職工이製藥并하야二十五人에達하고鑄字가三十萬字요大小機械가具備한지라隆熙二年六月廿二日의內部大臣의게認可를受하고第三種郵便物認可를得하고東西藥業月報를每月版出하야其目的은東西新藥과大韓의本과清國과獨國과法國과英國과美國新製藥品이新發明되는대로主治効能과用法과定價를國漢文으로繙譯하야記載하고銅幌乾材藥局唐种材와洋약乾材檢査昇降하는時價와時價表를每月印刷하야拾三道內窮村에居住하는兄弟의게도月報를每月에報告하오니此爲三商權이요

四商權은圖畵印刷하는石版機械를新備하고書冊에衣도封外皮도各色圖畵로印刷하고全國十三道內各社會及各學校에株券地圖商標와校准授證賞狀證卒業證書請書매낙封皮冊衣類를見本으로精密印刷하야小包郵便으로遞送하야使遠地居住僉兄弟로不必上京케하오니此爲四商權이요

一目的은金貨를多聚하야全國青年敎育上에公用할目的

天父前의罪人李觀化朴慈惠伏地祈禱

米國元稚婆爲氏는天父의命令을順從하야大韓青年의德育體育智育하는基督青年會館에入萬圓을寄附하얏스니我韓人民도天命을順受하야元稚婆爲시의盛意를萬分之壹이라도答지라天父前의罪人李觀化朴慈惠夫婦의所有한藥品九十圓價値衛生上緊要한藥品과또永存不消하는四商權을天父命令에로我韓青年의게寄付코저하와天賜

速成學員募集廣告

本所에서敎授時間을改定廣告하오니願學僉彥은入學請願書를速々提呈함

上午 自九時至拾壹時 甲班日語 乙班算術

下午 自拾壹時至壹時 乙班日語 簿記

仝 自壹時至三時 甲班算術 乙班日語

仝 自三時至五時 甲班日語 甲班算術

仝 自五時至七時卅分 高等日語 測量

仝 自七時卅分至九時卅分 簿記 乙班日語

卒業期限

算術科 甲班五個月 乙班拾個月

簿記科 商業 銀行 官廳 拾個月

日語科 高等班四個月 甲班八個月 乙班拾六個月

測量科 細部 貳個月

入學金五拾錢 月謝金四拾錢

中部河橋板井洞六拾七統八戶 隆昌講習所

特別廣告 測務指南

本所에서林業諸君의執業上便利를爲하야未墾地、山林、田野、家屋에關한計畫書類、圖面及證明條例를簡明撮要하야當事者의羅盤金針을作코저하오니同業僉彥은迅速購覽하심

發賣所 大韓測量組合所

本會事務가漸次擴張되온바本會에願入하실有志僉君子는本會로陸續來議하옵서林業에發達케하심을希望함

(電話二九三番)

大韓山林協會 事務所告白

貴報第八百八拾六號雜報中에郡主事朴重俊氏가昨年分에郡以設校하고饒民處에余拾餘圓式을排斂하얏다가居末幾에學徒를私自放學하미敎師도自然退去한지라該校는因作已物하더니今又設校라하고鄕校답을亦爲放賣한다하고該郡來人의傳說이喧藉하더라하엿기本人等이該郡主事朴重俊은業無하고乃是朴基準씨라氏의名望은該郡稱誦는世所共知온대勝已畏厭之는古今一般이라如許無根한說話를何人이謊出하야貴報에掲載케하얏는지此等誣說을分析치아니하면滿紙史筆이太半空言일지니엇지說明치아니하오리까本郡學校顚末은去丙午八月分에郡守閔明植氏가敎師李東柱氏를雇聘하야壹鄕公論으로饒戶에게補助를請하야設校就學케하다가饒戶의補助가實踐되지못하야居末幾에沈滯하더니其後五六朔不足한經費貳百餘圓을朴某가自辦하야排用하더니丁未正月分에該經費剩事로民擾가起하야四五朔々지繼亂하야經費指劃할方針이杳然하고또한郡守가請由上京한매敎師도邑事民情에料하야不沓과郡守와雇聘하비同爲上京하엿소온바朴某가該校에替當한金額을尙今未推한은壹郡이共知하는바요今에設校하는經營은壹郡人士이咸願하야各郡補助金幾許式捐錄하야設校開學한지라鄕校沓을朴某가엇지私自擅賣하리오該郡耳目이自在하기玆에廣告함

三嘉郡 權丙갑 南舜擧 權錫鼎 宋德用 李瑾儀等

大韓帝國仁川港畓峴各藥舖 總發行所 和平堂大藥房

婦人靈藥(부인령약) 胎養調經丸(티양됴경환) 壹劑壹月分 金五圓

主治說明

婦人이孕胎하지못하는冷病積病과月經不調로因하미니此藥을服用하시면婦人腹中에有한諸病은壹切退去하고自然孕胎하오니速臨買去하시옵

▲瘴病▲사향소창단 麝香消瘡丹

八寶丹 九粒入金拾錢

滋陽丸 ᄌᆞ양환 補腎補陽

三拾日分 金五圓

貳拾日分 金三圓四拾전

拾日分 金壹圓八拾전

主治 ○房事不足○腎經虛痛○病後氣喘○腎氣不足○陽痿不起○遺精多夢○陰虛火動○房事後惱困○手足厥冷○形容蒼白○吸烟斷烟客劑○體質虛弱消瘦

此外의도東西洋各種靈藥이俱備하오니各地方의서도隨用請求하시면郵便으로보내디이요

各處藥業하시는僉位에게는特別割引放賣하오니陸續注文하심을務望

製藥所 仁川港畓峴 和平堂藥房

發行人 李應선

京城鍾路衣廛下 和平堂支店

代理店 京城南門內水橋濟生堂藥房 京城大廣橋 共愛堂藥房

支店及出張所 元山 載寧 義州 郭山 개城 木浦 咸從 宜川 禮山 博川 三和 長淵 尙州 鐵山 大邱 群山 龍川 平壤 黃州 安州 釜山 水原 安岳

京城鍾路 仁川港畓峴 和平堂 告白

壯陽貴丸

壹週分壹圓 二週分壹圓八拾錢 四週分三圓四拾錢 八週分六圓四拾錢

此藥은專治腦髓肺損○房事過傷○心腎虛弱○陽萎不起○遺精多夢○神經衰弱○房事時早漏不快○病後虛弱○健忘不眠○貧血諸症○先天不足○飲食不振○眩暈頭痛○等症을特此丸은服法之間不過幾點鍾에立見妙效하야魂飛肉顫이精神激奮하고顏貌愉快하나니其症이輕者는服壹週면挽回元陽하고其症이稍重者는可服二四週하고至於癩疾하야其症이頻重者는連服七八週에必能全快若夫無病之人도試服此劑則補血而益氣하고强筋而壯骨을나니用之八週而未見其效則請將價額을如數還呈이요不敢虛誕自欺라此丸은又無論男婦老幼하고均用有效하나니眞世間無比之妙劑也라 僉位는何不早圖壹試之

發行所 京城西署大廣橋십九統七戶 共愛堂藥房

特約代理店 京城水橋 濟生堂藥房

測量機械各種發賣

漢城南署鉅屹六拾八統八戶 金龍商會 謹告

本社에서活版機械를壹新整頓하고各種印刷를廉價需應하오니僉位는惠顧하시옵 社會公益上印刷는二割特減함

本社發行書目

飜譯 吳榮根君 著

中等用器畫法 再版 定價金七拾錢

本書는測量、建築、構造、機械、諸般實地應用製圖法見本、

官立高等學校教授日人昌君著 壹卷

速成卒業算術自解 定價五拾錢

本書自初等數量至求積法解式及運算諸般獨習甚便、測量改速成各學校現行敎科書

最新算術 全部上下 定價金壹圓

官立高等學校改普成專門學校現行敎科書

大韓鉄道各線時刻賃金表 定價金五錢 改正件添附

門外二戶 興文社

各種書籍大發賣所 京城南署

文明書館 玄 檍 謹告

發行兼編輯人 英國人

Responsible for Publication Alfred Weekley Marnham.

發行所 漢城南署井洞 大韓每日申報社

第六卷

大韓每日申報

第九百七拾九號

月曜及慶節歲時日休刊

檀君開國四千二百四十一年
箕子元年三千三十年
大韓開國五百十七年
日本明治四十一年
清國光緖三十四年
陰曆戊申十一月小廿三日乙巳

論說

◉私立學校令解說

學部에셔私立學校令이壹出ᄒᆞᆫ後로壹般教育界에憂慮가層生ᄒᆞ며教育界뿐아니라壹般人民의疑懼가轉深ᄒᆞ야或曰學部에셔私立學校令을頒布ᄒᆞᆷ은私立學校의勃興을防害ᄒᆞᆷ이라ᄒᆞ며或曰從今으로ᄂᆞᆫ多額의基本金이無ᄒᆞ면私立學校의認可를不得ᄒᆞᆫ다ᄒᆞ며或曰如何ᄒᆞᆫ政府가教育妨害ᄭᆞ지忍爲ᄒᆞ리오ᄒᆞ야萬目이皆瞠ᄒᆞ고萬口가沸騰ᄒᆞᄂᆞᆫ도다

余ᄂᆞᆫ此에對ᄒᆞ야想像컨ᄃᆡ政府에서私立學校를妨害ᄒᆞᆷ과不妨害ᄒᆞᆷ은姑舍ᄒᆞ고教育界에서此令의意義를未曉ᄒᆞ야私立學校의光線이幾分間減損되며私立學校에基本金有無ᄂᆞᆫ姑舍ᄒᆞ고私立學校에서此令의抵觸을不避ᄒᆞ야私立學校의進步가幾許間斷될ᄭᆞ大憂慮大疑懼ᄒᆞᄂᆞᆫ바ㅣ로다

大抵私立學校令이或者의說과如히果然政府에서私立學校의勃興을妨害ᄒᆞᆷ인지抑私立學校의勃興을鼓舞ᄒᆞᆷ인지確實키難ᄒᆞ거니와如何던지壹般教育界에서ᄂᆞᆫ不得不其條文을明確히解釋ᄒᆞ며其規式을正當히遵守ᄒᆞ야維持方針도迅速히確定ᄒᆞ며設備制度도迅速히整理ᄒᆞ며請願認可도迅速히履行ᄒᆞ며其他各條件과各種格式을明白히遵守ᄒᆞ고壹々豫備ᄒᆞ야可及的該令에抵觸을避ᄒᆞᆯ지며

且私立學校令遵行의第壹困難이惟維持方法이오私立學校維持의第壹困難이亦維持方法이라果然或者의論과如히多額의基本金이無ᄒᆞ면認可를不與ᄒᆞᄂᆞᆫ지抑或不然ᄒᆞᆫ지今姑此令을爲ᄒᆞ야辯護ᄒᆞᆯ진ᄃᆡ該令第二條第五號維持方法에當ᄒᆞᆫ請願書式을見ᄒᆞ면乃曰基本金、寄附金、設立者出資、授業料等을列擧ᄒᆞ얏스니益維持方法에基本金이卽主要ᄒᆞᆫ物이나然이나彼寄附金이던지設立者出資이던지何等方法을用ᄒᆞ던지相當ᄒᆞᆫ維持方法만될지면彼此를勿論ᄒᆞ고可ᄒᆞᆯ지니(學部次官俵孫壹演說中에도詳載ᄒᆞᆷ이라)奚獨多額의基本金만是要ᄒᆞ리오[向日에本記者가相當ᄒᆞᆫ基本金을要ᄒᆞᆫ다ᄂᆞᆫ說은但其維持方法의主要ᄒᆞᆫ者를擧ᄒᆞ야其他方法ᄭᆞ지包含ᄒᆞᆷ이러라]萬壹以上諸條件을無漏俱備ᄒᆞ얏스되設立의認可를不與ᄒᆞ던자既往設立ᄒᆞᆫ者를廢止ᄒᆞ던가ᄒᆞ면即是時에至ᄒᆞ야ᄂᆞᆫ私立學校令이果然私立學校撲滅의手段될도確信ᄒᆞᆯ지며政府를怨ᄒᆞᆯ도可ᄒᆞ며教育의妨害될뿐傷悲ᄒᆞᆯ도可ᄒᆞ거니와엇지今日에坐ᄒᆞ야此障碍를稱避ᄒᆞᆯ材料ᄂᆞᆫ不供ᄒᆞ고徒然히驚惧의狀態만作ᄒᆞ리오

然則此令의意義를正當히解釋ᄒᆞ야可避ᄒᆞᆯ者ᄂᆞᆫ避ᄒᆞ고可遵ᄒᆞᆯ者ᄂᆞᆫ遵ᄒᆞ야教育의風潮를益々奮勵ᄒᆞᆷ이엇지目下急務가아닌가

乃者教育界諸君子들이此를或等閑看過ᄒᆞ며或大概研究ᄒᆞ더라도解釋이其當을不得ᄒᆞ야或其意義에昧ᄒᆞ며或其方法에眩ᄒᆞ며或其格式에誤ᄒᆞᆷ으로學部에請願ᄒᆞ얏다가退却을當ᄒᆞᆫ者ㅣ往有ᄒᆞ다ᄒᆞ니終乃若是ᄒᆞ면幾年間志士의舌이焦ᄒᆞ고財가渴ᄒᆞ고血이沸騰ᄒᆞ야稍々히曙光을得來ᄒᆞ던教育界에其光明을減ᄒᆞᆷ에遂至ᄒᆞᆯ지라엇지可嘆ᄒᆞᆯ者ㅣ아닌가

近日徽文義塾에셔私立學校令解說을撰述ᄒᆞ야壹般教育界에供覽ᄒᆞᆫ다ᄒᆞ니此解說이果然正鵠을得ᄒᆞ야此令解釋의資料를作ᄒᆞ면庶乎教育界의大利益이되리라ᄒᆞ노라

嗚乎라教育界諸公은早々히此等解說을讀ᄒᆞ야此令의意義를確研ᄒᆞ며學校維持의方策을爛究ᄒᆞᆯ지어다

●告示

▲隆熙貳年拾月二拾七日 官報

農商工部告示第拾三號 續

第日八拾九條 會社의資本增加登記의申請에ᄂᆞᆫ左의書類를添附ᄒᆞᆷ을要ᄒᆞᆷ

一 株金全額의拂納이有ᄒᆞᆷ을證ᄒᆞᄂᆞᆫ書面

貳 新株主의株式請入證及新株主名簿

三 商業第貳百拾四條의規定을從ᄒᆞ야監査役이나檢査役은檢査役이行ᄒᆞᆫ調査報告書及其附屬書類

四 資本增加의關ᄒᆞᆫ株主總會의決議錄 (未完)

外報

●晩香坡의排日 東京電을據ᄒᆞᆫ즉晩香坡에셔ᄂᆞᆫ加日條約의廢止及加奈陀로부터亞細亞人排斥ᄒᆞᄂᆞᆫ法律을頒布ᄒᆞᆷ을政府에要求ᄒᆞ기로決議ᄒᆞ얏다더라

●孫逸仙의行動 同電을據ᄒᆞᆫ즉清國革命黨首領孫逸仙氏가上海에歸着ᄒᆞ얏다ᄂᆞᆫ說이有ᄒᆞᆷ으로清國政府에셔彼를捕縛ᄒᆞ기爲ᄒᆞ야官吏幾名을同地에派遣ᄒᆞ얏다더라

●排澳運動의反對 伯林電을據ᄒᆞᆫ즉土耳其에셔ᄂᆞᆫ排澳運動에對ᄒᆞ야反對運動이起ᄒᆞᆯ機微가有ᄒᆞ다더라

●清先帝의御諡 北京電을據ᄒᆞᆫ즉清國光緖皇帝의諡號를景光이라定ᄒᆞ고御靈廟를德宗이라ᄒᆞ얏ᄂᆞᆫᄃᆡ靈柩ᄂᆞᆫ來月十日上午에東化門을出ᄒᆞ야景山壽에在ᄒᆞᆫ觀德殿에移安ᄒᆞ얏다더라

雜報

●紳士開演

日昨大韓協會에셔總會를開ᄒᆞ고紳士尹孝定氏가該會本領의問題로演說ᄒᆞ얏ᄂᆞᆫᄃᆡ其言論의激切ᄒᆞᆷ이頗히世人耳目에供覽ᄒᆞᆯ깃기로其概要를左에揭示ᄒᆞ노라

夫我國의今日現情은果何如乎아八域이平穩ᄒᆞ고上下가親睦ᄒᆞ야吾人의大希望大熱心ᄒᆞᄂᆞᆫ바文明富强之域에前進ᄒᆞᆫ氣像이有乎아無乎아壹問ᄒᆞ고其實狀을擧ᄒᆞ야答ᄒᆞ면壹言斷之曰無此氣像이라ᄒᆞ리라

何者오國民은政府當局者其人을不信服ᄒᆞ며不尊敬ᄒᆞ야無能力ᄒᆞᆷ으로認定ᄒᆞ고政府當局者其人은國民을不順服不識時者라指稱ᄒᆞᄂᆞ니然ᄒᆞ나惟我國民은擧皆不順服不識時ᄒᆞᄂᆞᆫ者가아니라即其常識을具備ᄒᆞ야國家政令이時宜物論에不合ᄒᆞᆫ者를或時質問批評ᄒᆞᆯ能力이有ᄒᆞᆫ者ㅣ不少ᄒᆞ거니와政府當局者ᄂᆞᆫ其政府에셔施設進行ᄒᆞᄂᆞᆫ바政令을論ᄒᆞ면銳意로써文明을吸收ᄒᆞᄂᆞᆫ듯ᄒᆞ나此ᄂᆞᆫ指導監督者에게對ᄒᆞ야機械를作ᄒᆞᄂᆞᆫ形式에不過ᄒᆞ고其私行을論ᄒᆞᆯ지면某某大臣이職權을濫用ᄒᆞ야或貪泉의惡辯으로民財를圖取ᄒᆞ며或淑臺의醜行이衽席에綻露ᄒᆞ야內外報筆의記事가頻繁ᄒᆞ니此等私行을有ᄒᆞᆫ者의如彼政令施設이雖曰正當ᄒᆞ나誰其信服ᄒᆞ며誰其尊敬ᄒᆞ리오假使鬼行夜叉의强盜로써百八袈裟를着ᄒᆞ고蓮花佛塔에倚ᄒᆞ야戒盜偈文을念ᄒᆞ면能히大衆의信服을得ᄒᆞᆯ가狐媚賣淫의醜婦로써七寶粧嚴을飾하고名히淑閨를向ᄒᆞ야列女傳을講ᄒᆞ면能히傍人의尊敬을受ᄒᆞᆯ가此ᄂᆞᆫ蓮花塔을不信服ᄒᆞᆷ이아니라即强盜其漢을不信服ᄒᆞᆷ이며列女傳을不尊敬ᄒᆞᆷ이아니라醜婦其女를不尊敬ᄒᆞᆷ과如히我國民도我政府의位置와政令에對ᄒᆞ야不信不尊ᄒᆞᆷ이아니라當局者其人의私行을大不信服ᄒᆞ고大不尊敬ᄒᆞᄂᆞᆫ故로其影響이政府全體의威信을墮落ᄒᆞ기에至ᄒᆞ니此ᄂᆞᆫ物理의固然ᄒᆞᆷ이도다

假使金碗玉杯의貴重潔淨ᄒᆞᆫ器品이라도牛尿馬屎等穢物로써點汚ᄒᆞ면其金玉의貴潔ᄒᆞᆷ이엇지依舊라謂ᄒᆞ리오當局者其人의所謂威信은每於街衢通行時에長刀短銃이前遮後擁ᄒᆞᆯ而已니此ᄂᆞᆫ其本意가人民을威壓ᄒᆞᄂᆞᆫ者ㅣ아니면自己가畏怯ᄒᆞᆷ이니威壓者도今日國務大臣이아니며畏怯者도今日國務大臣이아니라即是我國民의生命財産을射弋ᄒᆞᄂᆞᆫ獵夫라謂ᄒᆞ고寧民이如此히反目敵視ᄒᆞ고能히國家의隆運과國民의幸福을增進ᄒᆞᆯ者豈有하리오昨今年間에地方慘狀을壹回想到ᄒᆞ면仁人君子의寒心痛哭ᄒᆞᆯ바忍道哉리오此誠慨世憂國ᄒᆞᄂᆞᆫ志士의蹶起ᄒᆞᆯ時ᄒᆞ야民國救濟의方策을講究치아니면不可ᄒᆞᆫ八域이不平穩ᄒᆞ고上下가不親睦ᄒᆞᆫ我國의今日現狀이라

夫政府ᄂᆞᆫ人民으로써基礎를作ᄒᆞᄂᆞᆫ者ㅣ며政治ᄂᆞᆫ人民의信服心과尊敬心을由ᄒᆞ야始乃施設進行을得ᄒᆞᄂᆞᆫ者ㅣ니故로政府의其職은民心을利導ᄒᆞ야國運을增長케ᄒᆞᆷ으로本義를定ᄒᆞᄂᆞᆫ者라

若夫奸佞之徒와狡猾之輩가奴顔僮膝의卑屈과吮癰舐痔의汚穢로患得患失ᄒᆞ야無所不至ᄒᆞ야僥倖一朝에政府椅子를占據ᄒᆞᆫ지라도卽是見識의程度가卑劣ᄒᆞ고國民의信尊이缺乏ᄒᆞᆫ者라其政令施措에彼가欲右ᄒᆞ면民이欲左ᄒᆞ고民이欲右ᄒᆞᆫ즉彼가欲左ᄒᆞ야上意가下佈키不能ᄒᆞ며下意가上達키不能ᄒᆞ야政革의事業과文明의進化를到底히期待키無望ᄒᆞᆯ지며況且今에我國政治ᄂᆞᆫ日本에代表者가指揮監督을行ᄒᆞᄂᆞᆫ者이니其眞意가果然我國民의文明富强을啓발ᄒᆞ기에在ᄒᆞ다謂ᄒᆞᆯ싸云々ᄒᆞ엿더라

詞藻

●洞簫 力

力拔山楚覇王은。天下英雄이라더니
鷄鳴山上洞簫소리、八千精兵간곳업다
아모리、제英雄인들、奈虞兮야

雜報

●東宮御巡動 皇太子殿下씌셔하間을 睿習ᄒᆞ신餘暇에運動ᄒᆞ시기爲ᄒᆞ샤每日壹次式騎馬周行ᄒᆞ신다더라

●李賣其父 前參書李重愚氏ᄂᆞᆫ元來仕宦界에熱膓ᄒᆞ던人이라十餘年來로李容復氏家에寄夕間안ᄒᆞ며自稱門閥을請托ᄒᆞ고郡守壹窠를哀乞ᄒᆞ다가挽近에時勢가壹變ᄒᆞᆫ데問安도無益ᄒᆞ며門閥도無靈이라深雜ᄒᆞ籬로嘆世歎ᄒᆞ더니窮思力得ᄒᆞᆫ結果로十年守節寡婦갓치退伏居鄕ᄒᆞ던其父親用判書리容元氏를奇貨로認作ᄒᆞ고上京케ᄒᆞ야壹邊으로ᄂᆞᆫ伊藤統監晚餐會에追遂ᄒᆞ야大臣壹窠를哀乞ᄒᆞ고壹邊으로ᄂᆞᆫ總理리完用氏를交通ᄒᆞ야其餘粒을拾食코져ᄒᆞ며니리完用氏와承寧府總管趙民熙氏와同謀ᄒᆞ고 太皇帝陛下씌 褒寘ᄒᆞ야承寧府所管家舍壹座를 恩賜ᄒᆞ사게ᄒᆞ며奎章閣大提學壹窠를圖得ᄒᆞ미每月月銀이壹百五十圓에至ᄒᆞ얏스나리重愚氏ᄂᆞᆫ猶爲不足ᄒᆞ야大臣壹窠를圖囑코져百般運動中이라ᄂᆞᆫ데리重愚氏ᄂᆞᆫ其父를賣ᄒᆞᆫ다고批評이喧藉ᄒᆞ다더라

●餞別統監 昨報와如히伊藤統監이開城郡을觀察次로出張ᄒᆞᄂᆞᆫ데內大宋秉畯氏以下各部大臣과其他高等官諸氏가南門外停車場에出往餞別ᄒᆞ얏다더라

●是何會耶 近日某部大臣이各社會를連絡ᄒᆞ야壹會를又爲組織ᄒᆞ기로運動中이라더라

●巷聞雜信 年前에壹進會에서宣言書를發布ᄒᆞᆯ時에宋秉畯氏가某處通譯으로地方壹進會總장을帶任ᄒᆞᆫ지라伊時에某處에서宋氏의게금錢幾萬圓을給與ᄒᆞ고其後七條約을成ᄒᆞᆯ時에도某處에서宋氏의게금貨幾萬圓을又爲增與ᄒᆞ얏ᄂᆞᆫ데宋氏가此兩次금額을暗自獨喫ᄒᆞ고壹進會장李容九氏에게ᄂᆞᆫ此等說話가初無ᄒᆞ얏ᄂᆞᆫ지라리시가宋氏의行爲를從何得聞이던지리氏가日本에渡往ᄒᆞ야此事를期於査覈ᄒᆞᆯ次로方今滯留中인ᄃᆡ歸國ᄒᆞᆯ期가杳無ᄒᆞ다ᄂᆞᆫ巷說이有ᄒᆞ다더라

●韓氏設宴 內閣書記官장韓昌洙씨가再昨夜에自己私邸에서晚餐會를設ᄒᆞ고內閣高等官吏를請邀宴待ᄒᆞ얏다더라

●兩郡合併 江原道김化郡은김城郡으로合并ᄒᆞ고楊口郡은華川郡으로合附ᄒᆞ얏다더라

●通譯再試 내部에서去番試取ᄒᆞᆫ通譯中에가拾七人인데日間또試取ᄒᆞᆫ다더라

●陵直作奸 裕陵外垓子界民有山坂에所在柴草枝葉을各其所有主가年年禁護而刈收ᄒᆞ더니至於今秋ᄒᆞ야ᄂᆞᆫ 陵直輩가陵官을符同ᄒᆞ야外垓도亦 陵基址라稱ᄒᆞ고所有松楸를沒數斫伐ᄒᆞᆷ으로該所有主民七십餘人이掌禮院에等訴ᄒᆞ얏더니該院에서主事數員을派送調査ᄒᆞᆫ즉該 陵軍輩에作奸이分明ᄒᆞᆫ지라該柴를宜當各民의게盡數出給ᄒᆞᆯ터인데有何內容이던지斫柴屆價를除給ᄒᆞᆫ다ᄒᆞ고所斫柴에分壹만民人에게出給ᄒᆞ고其三分은 陵令及參奉과 陵軍이三分ᄒᆞ얏ᄂᆞᆫ데 陵官每人所得이百三십餘圓요掌禮院主事도寒苦ᄅᆞᆯ免ᄒᆞ얏다더라

●徵納亦困 각警察署에서連日城내人民의淸潔費를領受ᄒᆞᄂᆞᆫ데人民이답至ᄒᆞ야領受證을未暇分給ᄒᆞᆫ故로或은持錢還來者가有ᄒᆞ다더라

●運動人簽 韓日協會를組織ᄒᆞᆫ다ᄂᆞᆫ說은昨報에已揭어니와同會發起中에入參ᄒᆞ라고各其運動ᄒᆞᄂᆞᆫ者가多數ᄒᆞ다더라

●老人入城 貞洞耶蘇敎會장老趙元時시가今日下午八時二십分에入城ᄒᆞᆫ다더라

●官吏模範 白川郡守金鳳熏氏가到任後에即時郡民을會集ᄒᆞ고時事를晚論ᄒᆞᄂᆞᆫ데新聞은文明機關이오世界耳目이란句語에至ᄒᆞ야滿座諸氏가同聲讚頌ᄒᆞ고拾家或二拾家이合資購覽ᄒᆞ자고壹致可決되얏ᄂᆞᆫ데似此郡守ᄂᆞᆫ可謂現時모範이될만ᄒᆞ다고稱頌이喧藉ᄒᆞ다더라

●玄氏呼冤 倉동居玄明玉시의妻가昨年八月에不知去處러니東大門外酒幕所等地에居ᄒᆞᄂᆞᆫ朴元根이가誘引同居ᄒᆞᆫ지라玄시가東部警察署에呼訴ᄒᆞ얏다더라

●閔氏對質 日人藤井英亮이가前參判閔宗植씨의게賠償금徵出事로京城地方裁判所에呼訴ᄒᆞ얏다ᄂᆞᆫ說은 已報道어니와閔씨의前日倡義ᄒᆞᆫ事ᄂᆞᆫ已爲妥勘인데此等搆訴가誠是意外라ᄒᆞ야昨日에對質裁判ᄒᆞ얏다더라

●假倭行悖 再昨日下午拾時頃에南部竹洞街路에서何許日人이韓人四五人을毆打ᄒᆞᆫ즉時에該掌內巡査가適爲過去ᄒᆞ다가其實을查問ᄒᆞᆫ즉該人은本非日人이오中部寺동居留ᄒᆞᄂᆞᆫ日人의田家에서雇傭ᄒᆞᄂᆞᆫ趙世云爲名者인데南부장橋居ᄒᆞᄂᆞᆫ申泳縣시를無數亂打ᄒᆞ야危境에至ᄒᆞ얏스되終以日語로行悖ᄒᆞ기ᄒᆞᆫ故로該巡査가趙某를所管警察署로押致ᄒᆞ얏다더라

●日人蠻訴 仁川港居ᄒᆞᄂᆞᆫ김詰卿시와令男김東俊시가今春에何許日人과러白塩을買給ᄒᆞ마ᄒᆞ고금貨六百圓을借用ᄒᆞ얏ᄂᆞᆫ데該日人이김詰卿시를向ᄒᆞ야該塩을買給ᄒᆞ라ᄒᆞ미김시의所答이我ᄂᆞᆫ關係가無ᄒᆞ다ᄒᆞ고退却ᄒᆞ얏더니該日人이日昨에地方裁判所에呼訴ᄒᆞ되原債額과損害금二百圓을幷ᄒᆞ야不日督懲以給ᄒᆞ라ᄒᆞ얏다더라

●奇心不奇 綾州郡奇東益이ᄂᆞᆫ勢가元來富饒ᄒᆞᆫ人인데該人이義兵의討求ᄒᆞᆷ을甚苦ᄒᆞ야義兵來到時에酒飯을準備ᄒᆞ야義兵을多時間挽留ᄒᆞ고日守備隊에通知ᄒᆞ야義兵을襲擊解散ᄒᆞ얏ᄂᆞᆫ대追後히義兵餘黨이來到ᄒᆞ야奇시家를衝火沒燒ᄒᆞ얏다더라

●義兵의熾炎 加平郡朝宗里에義兵이多數屯集ᄒᆞ얏ᄂᆞᆫ데該郡派駐ᄒᆞᆫ日憲兵三名과補助員二名과巡査二名이該義兵을襲擊次로前往ᄒᆞ얏다가義兵의氣焰이宏壯ᄒᆞᆷ으로爭鋒치못ᄒᆞ고還爲退歸ᄒᆞ얏다더라

●離家女兒 中部警察署에서去拾二日下午六時頃에失路呼泣ᄒᆞᄂᆞᆫ拾二歲女兒를執留ᄒᆞ고其父母의來覓ᄒᆞᆷ을苦待中인ᄃᆡ該兒의姓名은김歛田이오其父親은度支部主事라고云ᄒᆞᆫ다더라

●車氏高義 東부於義동居車晅源시가該洞居최先雲시를雇聘ᄒᆞ야製靴營業ᄒᆞᆫ지가于今十年에達ᄒᆞ얏ᄂᆞᆫ데陰曆今月拾七日은崔사의同甲이라故로車시가數百圜의費用ᄒᆞ야盛大ᄒᆞᆫ宴會를設ᄒᆞ고妓女幾名과其他歌客을請ᄒᆞ야歌舞를迭奏ᄒᆞ얏슨대車시의親友ᄂᆞᆫ高義를擧皆贊頌ᄒᆞᆫ다더라

●千義越父 再昨日에春川警察署에서義兵干連이有ᄒᆞ다ᄒᆞ고洪川郡居朴天瓚氏等五人을地方裁判所로押上ᄒᆞ얏다더라

●新聞社員의遊行 日本豐橋町三陽新報社社長松市造와同縣新朝報社社長遠藤長三郎과名古屋扶桑新聞社豐橋支局主花井과名古屋新聞支店主任藤波喜哉四名은本月九日에新聞取財犯으로韓國警察署에被囚되얏다더라

●日賊捕縛 日人松村和樊가泥峴居留ᄒᆞᄂᆞᆫ日人田端俊純의旅館에서多月逗留ᄒᆞ야二百拾五圓의食債를負ᄒᆞ고再昨日에潛身逃躱次로南門外停車場에出往ᄒᆞ야火車를搭乘ᄒᆞᆯ際에該場에把守ᄒᆞᄂᆞᆫ日巡査가知機捕縛ᄒᆞ야남部理事廳으로押付ᄒᆞ얏다더라

●協會雜誌 法학協會에서雜誌二千五百卷을刊行ᄒᆞ야各府部院廳과各社會와其他有志紳士의게壹冊式送交ᄒᆞ얏다더라

●農工總會任員 農工硏究會에서日前에臨時摠會를開ᄒᆞ고事務를處理ᄒᆞᆫ後任員을改選ᄒᆞ얏ᄂᆞᆫ대摠裁에김錫濟理事에韓昌愚리命倫權東琦評議員에韓昌會리春世徐彰輔김豐濟徐肯淳鄭鳳時리종壹趙孝熙鄭永澤리明翊리종浩等諸시오工業課장鄭禹教財務課장김炳旭會計課장吉仁珠諸시오勸喩委員장운趙회淵시로選定ᄒᆞ고勸喩委員二拾餘人은稍饒ᄒᆞᆫ實業家로選定ᄒᆞ얏다더라

●蚕業漸進 東部養士동居ᄒᆞᄂᆞᆫ리輝賢시가柞蚕飼養을硏究ᄒᆞ야本年十月에蚕繭一大顆를農商工部商品陳列館에陳列品으로獻呈ᄒᆞ고近日에또新製繭絲를獻呈ᄒᆞ고實業發達을爲ᄒᆞ야同志사人으로금礦을合資ᄒᆞ야柞蚕數십萬本을買收ᄒᆞ고柞蚕會社를設立ᄒᆞ얏다더라

◉感荷義捐 淸津港新巖洞居 張元浩 씨가本社의經費를補助ᄒᆞ기爲ᄒᆞ야金一圓을寄附ᄒᆞ얏기其感意를表ᄒᆞ노라

◉感荷義捐 慶尙道川三千浦龜坪洞居 朴麟教 氏가本社의經費를補助ᄒᆞ기爲ᄒᆞ야金一圓을寄附ᄒᆞ얏기感謝意를表ᄒᆞ노라

▲地方消息▼

▲本月拾日黃海道溫井院부近에서義兵數百餘名이該地分遣所日憲兵及補助員과交戰ᄒᆞ얏ᄂᆞᆫ대上等日憲兵壹名이即死ᄒᆞ얏다ᄒᆞ고

▲本月十壹日江原道伊川郡내에서義兵二十餘名이元山駐在日憲兵及補助員과交戰ᄒᆞ얏다ᄒᆞ고

▲本月四日白川郡내에서義兵四拾餘名이延安郡駐在日憲兵及補助員과交戰ᄒᆞ얏다ᄒᆞ고

▲本月四日靈光郡朗州山에義兵八拾餘名이榮山浦分遣所日憲兵과交戰ᄒᆞ얏다ᄒᆞ고

▲去月십九日黃澗郡내에서義兵三十餘名이慶尙北道금泉分遣所 憲兵과交戰ᄒᆞ얏다더라

▲大呼韓人▼

▲碧海萬里孤棹中에暴風遭難韓人들아風雨乾坤寒窓下에鼻息如雷韓人들아壺中日月寂寞ᄒᆞᆫ데醉倒昏夢韓人들아民氣腐敗더原因을대강說明ᄒᆞᆯ것이니聽哉어다韓人들아

▲大丈夫ᄂᆞᆫ엇거나서磨劍心이업고보면죽은사ᄅᆞᆷ事般인데在理歐辱當ᄒᆞ여도左右勸告ᄒᆞᄂᆞᆫ말이勝ᄒᆞ如負되라ᄒᆞ고抱頭鼠竄謀避ᄒᆞ니吾避之ᄒᆞ며四字가民氣腐敗原因이오

▲君父라도有過ᄒᆞ면泣諫死爭ᄒᆞᄂᆞᆫ것이人臣義務當然인데在下者만되고보면別般虐待다보어도壹言半辭不發ᄒᆞ고空自畏縮操心ᄒᆞ니有口無言더四字가民氣腐敗原因이오

▲上中下의三社會가各自權利保守後에國合力이發生인데四色黨論이러ᄂᆞ서小部分의西人들이全國禍福操縱ᄒᆞ야他色壓抑ᄒᆞ니老論이란더一字가民氣腐敗原因이오

▲人生壹世ᄒᆞ던날에自由權이第壹인데班常區別特甚ᄒᆞ야閥閱家의子孫이면無所不爲放恣ᄒᆞ고寒門冷族生民이면寸步不得自由ᄒᆞ니兩班이란더一字가民氣腐敗原因이오

▲학問上의硏究法은愈究愈進無限인데幾個人의言論으로範圍又치定限ᄒᆞ야範圍外에脫離ᄒᆞ면斯門亂賊指目ᄒᆞ니不測地에陷入ᄒᆞ니尊聖慕賢더四字가民氣腐敗原因이오

▲國家이라名稱ᄒᆞᆷ은天地間의公物이오個人私物아니어만肥己慾으로認作ᄒᆞ야順則爲福逆則禍라賢愚不肖勿問ᄒᆞ고一人下에壓制ᄒᆞ니專制政治더四字가民氣腐敗原因이라

▲今日悲境當ᄒᆞᆫ것이더原因의結果이라若不痛革ᄒᆞᆯ량이면興復無日姑舍ᄒᆞ고來頭慘禍말ᄒᆞᆯ진ᄃᆡ民族永滅乃已로다어화懽國諸公들아君臣上下勿論ᄒᆞ고어서밧비覺醒ᄒᆞ면

再告 全國拾三道內各學校에衛生에必要ᄒᆞᆫ東西藥業月報와敎育上緊要ᄒᆞᆫ書籍類印刷되ᄂᆞᆫᄃᆡ隨時々仰呈코ᄌᆞᄒᆞ오니貴學校番地와校長校監閣下尊啣을以書下示ᄒᆞ심을千萬伏望ᄒᆞᆷ

社告

博川支社員李顯成시辭免代의同郡邑內簟洞金毅樞시로新定ᄒᆞ얏스니該郡의本報購覽諸시ᄂᆞᆫ照亮ᄒᆞ시옴

大韓每日申報社

廣告

黃海道海州府東門內曾爲測量講習所에서卒業式을陰拾壹月拾三日에設行ᄒᆞᄂᆞᆫᄃᆡ本郡守韓烱履氏와紳士諸氏가雲集ᄒᆞ야卒業証書與授ᄒᆞᆫ바學徒五拾餘名中優等生의시名이如左ᄒᆞᆷ

（但優等生拾壹人이오其次ᄂᆞᆫ貳拾四人이오其餘ᄂᆞᆫ落第也）

所長 吳膺善
講師 金成基
　　 李審玨
算術 呂圭鴻

吳昇甫 席동　李敬회 高山
崔澤龍 州內　崔載煥 松林
姜永河 長淵　朴昌九 松禾
김永實 州內　申昌禧 長連
李宗殷 長淵　安承集 州內
吳光植 文化　文永善 長淵
김禎淳 甕津　尹聖榮 席洞
吳禧泳 代陳　崔丙鐸 日新
李啓河 席洞

興德郡居前郡守鄭씨가本人의浮浪ᄒᆞᆫ子채入中을誘引ᄒᆞ야父ㅅ相續ᄒᆞᆫ沓七斗落을稱云買得이라ᄒᆞ고方ㅏ京締結外國人ᄒᆞ야欲爲典當云ᄒᆞ니內外國人은切勿見欺ᄒᆞ심을爲要

全北扶安香浦 채文永 告白

宋副尉淳永大人機器以宿患陰拾月二十八日寅時別世京鄉知舊間照亮

前郡守宋淳明承生大人
護喪 司果 리基榮 告白

本人家勢至貧ᄒᆞ야冤莫伸而辯護士木尾虎之助시詳聞本人之情狀ᄒᆞ고諸般訟費를自擔伸寃ᄒᆞ얏ᄉᆞ오니如許慈善的義務ᄂᆞᆫ世所罕有故玆以廣告ᄒᆞᆷ

韓鎭祐 白

商業進就ᄒᆞ기爲ᄒᆞ야資金을每株의五十圓式募集ᄒᆞ야特設本會ᄒᆞ고與紳商社로各立ᄒᆞᆷ

發起人 申泰駿 吳均煐
邊基卓 吳希俊 徐基晃
趙希俊 趙哲淳 河善玉
김相燦 朴永信 韓相益
趙重煥 리泰運 김東頌
崔鳳來 김洪斗 宋在奎
김箕浩 리化京 權泰日
洪和雨 김여五

群山港公資客主會 白告

演劇小說 **銀世界** 李人稙著 定價卅錢

此新小說은貪虐官長의壓制惡習을可以懲戒ᄒᆞ며愚蚩人民의自由思想을可以開進이오當此維新之際ᄒᆞ야風俗改良의壹大奇觀이오니京鄉僉君子ᄂᆞᆫ卽速購覽ᄒᆞ심을望ᄒᆞᆷ

發行所 京城남部ㅏ犂洞十九統九戶 同文社
發賣所 各郡各有名書舖

文郎徐ㅏ行列은丙字ㅏ光字로廷字ᄂᆞᆫ觀字로復舊ᄒᆞᆷ 徐氏宗中 告白

定山尹德初婚事ᄂᆞᆫ即々回來 洪鍾國 告白

地方行政論

全壹冊 定價金三拾錢 趙聲九氏 撰述

▲本書ᄂᆞᆫ地方自治行政에關ᄒᆞᆫ壹般의原則과外國의現行制度를參互撰集ᄒᆞ야簡明이論述ᄒᆞᆫ者ㅣ니現히地方官의位에在ᄒᆞᆫ者의行政上參考될은勿論이오全國人士ᄂᆞᆫ각其團体生活의本旨를瞭解ᄒᆞ야將來自治制度組織의基礎를成ᄒᆞᆫ者ㅣ니有志僉彦은速々購覽ᄒᆞ시옴

發行元 皇성中부罷朝橋越邊 中央書館
발賣處 京城及地方 各書舖

社會의精神을培養ᄒᆞ고自由思想을鼓動ᄒᆞᄂᆞᆫ惟壹奇書
實業小說 **松籟琴 송뢰금** 滌兩堂主人 陸定洙 著 定價金二十五錢
壯快의熱慾을擊破ᄒᆞ고實業家의觀念을喚起ᄒᆞᄂᆞᆫ最良好籍
발매所 皇城南門內倉洞 博文書館 京鄉각有名書舖

敎育小說 **伊太利少年** 表紙石版畵印刷 全壹冊 正價廿錢 李輔相 譯述

本小說은伊太利壹工人의子馬克少年의數萬里海陸을涉跋ᄒᆞ야尋親ᄒᆞᆫ事蹟을著述ᄒᆞᆫ者니原來其母ᄂᆞᆫ海外異域에作客ᄒᆞ야踪跡을失ᄒᆞᆫ바壯哉라馬克이十三歲小兒의單身隻影으로艱難과猛獸의危險을冒ᄒᆞ고沙漠의野와深林의間에奔馳ᄒᆞ야亞美利加大陸을遍蹤ᄒᆞ다가竟乃他苦孟의奇蹟ᄒᆞ야母子가團欒을得ᄒᆞ얏스니嗚呼美哉라馬克母子의慈孝ᄒᆞᆷ이여今에此를述ᄒᆞ야我少年諸君에게紹介코ᄌᆞᄒᆞ노라

發行元 ▲皇城中部罷朝橋越邊 中央書館
發賣處 京鄉각書舖

新編 **尺牘完篇** 附 新舊裁判法令

壹帙二冊 正價金壹圜 小包料十錢

△今此局勢가維新ᄒᆞ고事爲가繁劇ᄒᆞᆫ時代에際ᄒᆞ야吾人互論交際世의道가日慶日多ᄒᆞᆫ에尺牘을不可不讀이라本尺牘은已爲刊行于世ᄒᆞ야江湖의好評을博得ᄒᆞᆫ바今에國漢文으로新編增補ᄒᆞ야新舊尺牘의牛耳가되며且近日新法令의緊要ᄒᆞᆫ者를類聚附解ᄒᆞ얏ᄉᆞ오니一般人士의案頭의必備ᄒᆞᆯ好書ᄋᆞᆷ

（發賣所）
皇城中部罷朝橋越 中央書館 朱翰榮
仝 鍾路 大東書市 金基鉉
仝 南部大廣橋 滙東書館 高裕相
仝 南門內倉洞 博文書館 盧益亨
仝 南門外紫巖 新舊書林 池松旭

度支部測量課 編纂 **土地測量術**

全壹冊正價 布製六拾錢 洋裝九拾錢

近日測量術書籍에三四種이刊行되엿스나不完全의缺點이不無ᄒᆞ든바今에本書ᄂᆞᆫ細密測量으로부터圖根測量々지詳密히編纂ᄒᆞ얏스며各種實地測量을製圖ᄒᆞ야挿入ᄒᆞ야學界의無二ᄒᆞᆫ實與이오且紙質과堅美ᄒᆞᆫ製冊의華麗ᄒᆞᆷ이測量術界中의覇王이라稱ᄒᆞᆯ만ᄒᆞᆷ

〔發兌元〕
皇城中部罷朝橋越 中央書館 朱翰榮
仝 鍾路 大東書市 金基鉉
仝 南部大廣橋 滙東書館 高裕相
仝 南門內倉洞 博文書館 盧益亨
仝 南門外紫巖 新舊書林 池松旭

本社ᄂᆞᆫ韓美兩國人의資本으로美國法律下에現今成立됨을玆에公衆에게廣布ᄒᆞ노라本社ᄂᆞᆫ大韓帝國全國內에誠實ᄒᆞ고勤幹ᄒᆞᆫ人士와連絡ᄒᆞ야京鄉各處에代理人을置ᄒᆞᆯ계ᄉᆞ오니勤實ᄒᆞ신僉君子ᄂᆞᆫ本社에來臨ᄒᆞ야面商ᄒᆞ시던지通信으로協議ᄒᆞ심을務望ᄒᆞᆷ

開城代理店 開城南門內二層商店 金東宣

大韓皇城中部磚洞（前大韓每日申報社）
韓美興業株式會社 白
郵函第四十号

廣告

速成學員募集廣告

本所에셔教授時間을改定廣告ᄒᆞ오니願學僉彦은入學請願書를速々提呈ᄒᆞᆷ

上午 自九時至拾壹時 甲班日語 乙班筭術
下午 自拾壹時至壹時 乙班日語 簿記
仝 自壹時至三時 甲班筭術 乙班日語
仝 自三時至五時 甲班日語 甲班筭術
仝 自九時卅分至七時卅分 高等日語 測量
仝 自七時卅分至九時卅分 簿記 乙班日語

卒業期限

算術科 甲班五個月 乙班拾個月
簿記科 商業 銀行 會社 拾個月
日語科 高等班四個月 甲班八個月 乙班拾六個月
測量科 細部 貳個月

入學金拾錢 月謝金四拾錢
中部河橋板井洞八拾七統八戸 隆昌講習所

西大門外鍮洞居김顯杓시가時局을洞察ᄒᆞ고該洞靑年諸員이晝則生業에從事ᄒᆞ나夜則時間을許送ᄒᆞᆷ을愛惜ᄒᆞ야該洞朴宗善시와協議後隣近靑年諸시를募集ᄒᆞ야熱心勸學ᄒᆞᆷ을壹次勸勉後姜泰鉉시를紹介ᄒᆞ야該洞郵局長鎭弘시家內에私立親睦夜學校를設立ᄒᆞ고國漢文과筭術日語等으로今月拾壹日부터每日二時間式自擔教授ᄒᆞᄂᆞᆫᄃᆡ開學時觀光人諸시中김昌瑞김東完兩시가此時間이時急이란問題로勸勉後經費困難ᄒᆞᆷ을限歎ᄒᆞ야首唱義捐則觀光諸員이壹齊感發ᄒᆞ야義捐中朴昌永은現今九歲兒로금二십錢을寄付ᄒᆞ얏스며시名及금額이如左

朴奎善 김顯杓 朴德日 각壹圓 黃基석 安萬壽 姜泰鉉 鄭德順 리致永 朴顯景 각五拾錢 印景煥 김昌瑞 池春석 黃基昌 각三拾錢 김東完 朴健植 리建英 鄭秀永 리点龍 柳萬鎬 鄭大福 리南龍 尹景植 崔年奉 尹應成 朴昌永 각二拾錢 朴홍植 俞榮錫 리春植 朴昌植 김用衡 鄭致景 각拾錢

親睦夜學校 告白

本人宗中에組成大가敢生不測之心하야始興文星洞累代山坂을證明書를暗奪ᄒᆞ야가지고日人과符同ᄒᆞ야山所松楸與祭廳을照査ᄒᆞ얏다ᄒᆞ오니勿論內外國人或與執ᄒᆞᆫ던지斥賣코져ᄒᆞ더리도切勿見欺ᄒᆞᆷ

南門外藥峴趙德仁 告白

東門外薑院面公德洞居ᄒᆞᄂᆞᆫ醫士에林鳳善시가男女의內外科疾病을着手生春ᄒᆞ야奇怪ᄒᆞᆫ難治의症祟를投劑奏效ᄒᆞᆫ者가九百餘人에達ᄒᆞ야天然質의不足을因ᄒᆞ여羅崇男女가科日답至ᄒᆞ야人山人海를作ᄒᆞᆫ다니不意再昨夜에何許雜類三人이稱以理事廳巡檢ᄒᆞ고ᄒᆞᆫ시를捕縛捉去ᄒᆞ야閑良店에才到ᄒᆞ야金三圓을藉飢討財後에ᄒᆞᆫ시를解縛ᄒᆞ고不顧卽走ᄒᆞ얏스니該雜類의作梗討財ᄂᆞᆫ醫吏의注意가不無ᄒᆞᆷ이오該시ᄂᆞᆫ不意의變梗을當ᄒᆞᆫ後로積憤에撑中ᄒᆞ야醫業을卽廢ᄒᆞ얏스니多數ᄒᆞᆫ病人의生命을益加注意ᄒᆞ야慈善的을擴張ᄒᆞ기를希望ᄒᆞᆷ

김顯國病人等 告白

本人姓名圖章을路中遺失故茲以廣布ᄒᆞ오니知舊間切勿見欺ᄒᆞᆷ

海州府內金東鉉 告白

特別廣告 測務指南

本所에셔同業諸君의執業上便利를爲ᄒᆞ야未墾地、山林、田野、家屋에關ᄒᆞᆫ設計書類、圖面及證明條例를簡明最要ᄒᆞ야當事者의羅盤金針을作코져ᄒᆞ오니同業僉彦은迅速購覽ᄒᆞᆷ

發賣所 大韓測量組合所

靈魂篇

此篇은卽心理學이니非徒耶蘇教人之閱覽이오라學問上으로도ᄒᆞᆫ번講究ᄒᆞᆯ만ᄒᆞ오니諸位君子ᄂᆞᆫ陸續購覽ᄒᆞ시옵

元賣所 皇城鍾路 東一書舘
分賣所 京鄕各書舖

本人子名柳成字가京源年纔拾五心志甚不俊育氣慨又未能軒昂不學浪蕩東西奔馳ᄒᆞ며鄕出沒無賴之輩符同或假作文券書簡欺人貸賑錢物內外國人幸勿見欺

江原道春川郡北外面栗門池鳳永 告白

蓋憂時勉教育而費已財ᄂᆞᆫ義也오愛隣恤貧孤而ᄒᆞᆫ施惠ᄂᆞᆫ仁也라仁義가並著ᄒᆞ니可謂人矣로다宜川深川面ᄒᆞᆫ洞基督教學校ᄂᆞᆫ財金이艱乏ᄒᆞ야將爲廢止矣러니月洞居桂禎賀시가教育에熱心으로每年數百餘圓의費金을自擔ᄒᆞ기로決意ᄒᆞ야學校基址를買得ᄒᆞ며學校建築費二百餘圓을預算ᄒᆞ고明春에建築ᄒᆞ기를決定ᄒᆞ얏스며爲先自己舍廊에教師를延聘ᄒᆞ야教育ᄒᆞᄂᆞᆫ中生徒가三十餘人에達ᄒᆞ얏스니此生徒ᄂᆞᆫ皆貧家子弟라若非該시旋力이면不能受教育이러니庶幾矣로다元來此시의性品이純良ᄒᆞ야喜怒를不形ᄒᆞ며族隣을敎恤에鄕邑이無不敬慕러니又此壹擧에確知其誠心所發也라其隣居方元京시ᄂᆞᆫ本以農業으로僅爲生計矣러니桂시의熱心을感激ᄒᆞ야該校를協心助力ᄒᆞ기로自願ᄒᆞ야該洞公錢已附該校者數百圓과該里夜學校에讓與ᄒᆞ고本校ᄂᆞᆫ此兩시가自擔ᄒᆞ기로結心ᄒᆞ얏스니此校ᄂᆞᆫ天然的으로維持ᄒᆞ얏고此兩시ᄂᆞᆫ世守錢奴의警心쟁이될디라

車輦館支社김曉鉉 告白

◎開業廣告

本社에셔活版機械를設備ᄒᆞ고各種書籍을印刊ᄒᆞ옵ᄂᆞᆫ바印刷의精美와酬應의迅速과費用의低廉을務期ᄒᆞ오니僉君子ᄂᆞᆫ賜顧ᄒᆞ심을敬要

中部종路鉢里동九統六戸
大同廣智社活版部

大韓國十三道各郡에總發行所ᄂᆞᆫ 京城南大門內 濟生堂大藥房

陸軍軍醫金守鉉君特質驗方劑 陸軍軍醫張基茂君有效證明 ●四海衛生之諸君子常備之靈藥
消化新藥 清心保命丹
發行所 仁川港杻峴 濟生堂藥房
九粒入金拾錢

(主治效能)
담飮●咳嗽●胃痛腹痛
氣鬱●食傷●中暑中寒
食積●吐瀉●水土不服
酒醉●口臭●船車眩暈
其他瘴氣厲疫을預防ᄒᆞᄂᆞᆫ奇效가有ᄒᆞᆷ

回積殺蟲散 약

右劑ᄂᆞᆫ蛔虫壹切을拔根ᄒᆞᄂᆞᆫ妙약 (금십錢)

北米邦補血水

(價金三圜)

此약은補血補元氣ᄒᆞ고手足厥冷ᄒᆞ되와腹中冷病과氣不足ᄒᆞᆫ되積病에特效가有ᄒᆞᆯ뿐외라鹿茸人蔘보다倍勝ᄒᆞ기로擅名이되얏소

◎美國最新上品金桂納○德國上品金桂納其他內外國新製藥의○陰陽雙補藥○不足症藥○婦人冷病藥○男女瘡病藥○ᄒᆞᆫ去根藥○되눈藥○眼藥各種○疥瘡藥○皮風藥○小大腫氣膏藥各種○感氣藥○淋疾藥○舊滯藥○其他各種은一一難記○大韓各國內藥商ᄒᆞ시ᄂᆞᆫ僉彦에게ᄂᆞᆫ特히割引ᄒᆞ야大放賣ᄒᆞ오니陸續注文ᄒᆞ심을要望○遠地에ᄂᆞᆫ小包郵便으로信送ᄒᆞᆷ

◎店及出張所ᄂᆞᆫ

開城 水原 江華 公州 江鏡 淸州 忠州 永同 禮山
天安 群山 全州 光州 羅州 木浦 濟州 太邱 伊川
晉州 馬山 釜山 [illegible]泉 密陽 慶州 江陵 春川 長連
元山 咸興 北靑 鏡城 平壤 三和 安州 宣川 安東
義州 郭山 定州 博川 德川 寧邊 鐵山 海州 [illegible]川
延安 信川 長淵 安岳 載寧 鳳山 瑞興 黃州 [illegible]

京城南大門水閣橋 仁川港杻峴 濟生堂主 李庚鳳 謹告

測量日語學員募集

願學員은陰本月晦日너로續隨ᄒᆞ야時間과細則詳問志願ᄒᆞ오

西小門내度支部后門前 專門講習所 廣告

警世歌

편편리담경세가 定價십五錢

右서ᄂᆞᆫ倫理上緊要ᄒᆞᆫ奇談을國文絶句로編述ᄒᆞ야浮雜ᄒᆞᆫ男女의惡行悖習을警惕悔改ᄒᆞᆯ만ᄒᆞᆫ良書니普般男女敎育에最適ᄒᆞᆷ

致富新說

定價십三錢

右서ᄂᆞᆫ些少資本으로獲得巨利ᄒᆞᄂᆞᆫ秘法과牛疫治療ᄒᆞᄂᆞᆫ神效ᄒᆞᆫ方法

文明進化論

定價三拾錢

右서ᄂᆞᆫ文明進化의知識을開導ᄒᆞᄂᆞᆫ要書

元賣所 廣학書舖 金相萬
分賣所 京鄕各有名書舖

文明書館

各種書籍大發賣所
京城南署銅峴四巨里[二層屋]
玄檍 告白

本會事務가漸次擴張ᄒᆞ온바本會會員ᄒᆞ신有志僉君ᄒᆞ신은本會에陸續參議ᄒᆞ옵을望ᄒᆞ오며事業을贊成ᄒᆞ심을望ᄒᆞᆷ

(電話二八二番)

大韓山林協會 告白

發行兼編輯人 英國人 萬咸
Responsible for Publication Alfred Weekley Marnham.
發行所 南署苧井洞號外壇三層洋屋
大韓每日申報社

米國元稚蔘嘉氏ᄂᆞᆫ天父의命令을順從ᄒᆞ야大韓靑年의德育體育智育ᄒᆞᄂᆞᆫ基督靑年會館에入萬圜을寄附ᄒᆞ얏스니我韓人民도天命을順受ᄒᆞ야元稚蔘嘉시의盛意를萬分之壹이라도報答ᄒᆞᆯ디니天父前의罪人李觀化朴慈惠夫婦의所有ᄒᆞᆫ邊土五千圜價値衛生上緊要ᄒᆞᆫ商品과또永存不滑ᄒᆞᄂᆞᆫ西商權을天父命令대로我韓靑年의게寄付코져ᄒᆞ와天賜

第六卷

大韓每日申報

第九百八拾號

月曜及慶節 歲時日休刊

檀君開國四千二百四十一年
箕子元年三千三十年
大韓開國五百十七年
日本明治四十一年
淸國光緖三十四年
陰曆戊申十一月小廿四日丙午

論說

◉奇々怪々ᄒ 會名

今日韓人이世界主義를唱ᄒ며可乎아日不可ᄒ다東洋主義를唱ᄒ이可乎아日不可ᄒ다

嗚乎라將來世界에果然彼哲學家의夢想ᄒᄂ바와又치天下萬國大同政府가出ᄒ야擧世界가壹政府를戴ᄒ며擧世界가壹國家를作ᄒ고擧世界人類가其下에셔生活ᄒ야今日所謂某國人々々々이란진域이無ᄒᄂ지不知ᄒ거니와設或如此ᄒ지라도此ᄂ幾千萬年以後事라今日列國이各其自國을爲ᄒ야奮鬪ᄒᄂ時代에此汎博ᄒ世界主義를說ᄒ은癡人의說夢이오又或黃白禍說을主張하야日將來에黃人은黃人과團結ᄒ며白人은白人과團結ᄒ야壹大激戰을成ᄒ지라故로今日은此兩種人이各其同種을爲ᄒ야戮力ᄒ이可ᄒ다하나今日列國人이各其自國民族을爲ᄒ야踴躍ᄒᄂ時代에此廣濶ᄒ人種主義(今宴子輩所謂東洋主義가是黃白種의禍福說을迷信ᄒᄂ者이니此卽人種主義)를識ᄒ도亦是卵을見ᄒ고時를求ᄒᄂ者라

故로彼歐列强國人의腦中에結ᄒ며手中에執ᄒ者가皆是國家主義뿐이라國家主義가强ᄒ면强國되며國家主義가弱ᄒ면弱國되며國家主義가亡ᄒ면亡國되나니今日天下가如是ᄒ而己어날惜哉라目下韓國에ᄂ突然히東洋主義(卽人種主義)가國家主義를掩殺ᄒᄂ도다

只今에ᄂ擧天下人이皆世界主義를唱ᄒ지라도韓國人은唯獨國家主義를唱ᄒ이可ᄒ며擧天下人이皆人種主義를唱ᄒ지라도韓國人은唯獨國家主義를唱ᄒ이可ᄒ니何也오日彼의國已强ᄒ고民已富ᄒ國人이國家主義를不唱ᄒ은猶可어니와今韓國에ᄂ洪水가國土를壞ᄒ며惡魔가國民을害ᄒ야三千里가漏細에泛々ᄒ얏ᄂ대此時에國家主義를忘ᄒ면是ᄂ人々이相靡ᄒ야自殺ᄒ人ᄒ이라故로擧天下人이國家主義를忘ᄒ며라도韓國人은不可忘이어ᄂ今也에不然ᄒ야擧天下人이國家主義를爭唱ᄒᄂ더韓國人이國家主義를獨忘ᄒ니此亦壹大怪現象이아닌가

大抵東洋主義를何許船播ᄒ연자不知하거니와挽近數年以來로益々히全國에披靡ᄒ야許多大團體가個々東洋主義의標를揭ᄒ고爭起ᄒᄂ뎌昨日에東亞開進教育會가起ᄒ며今日에東양實業獎勵會가起ᄒ고昨日에東洋用達會社가起ᄒ며今日에孫其他東洋愛國婦人會、等이相繼以起ᄒ야彼ᄂ東洋三國을實踐으로觀ᄒ며此ᄂ韓日兩國을壹國으로視ᄒ야敎育을主ᄒᄂ者ㅣ此三國或兩國의教育을擔ᄒ며實業을主ᄒᄂ者ㅣ此三國或兩國의實業을擔ᄒ니外觀은雖美ᄒ나內容은實慘하도다

彼輩가此三國或兩國을如此히壹視ᄒ야恩讐를都忘ᄒ며榮辱을俱置ᄒ야壹無腸公子國을作ᄒ고ᄌ하니此東洋主義가久熾ᄒ면韓國의生命이永絶ᄒ지로다韓國의生命이永絶ᄒ지로다

彼最可笑者ᄂ東洋愛國四字로爲名ᄒ會라東양愛國云々이韓國을愛ᄒ인가淸國을愛ᄒ인가日本을愛ᄒ인가抑東양諸國을幷愛ᄒ인가嗚乎라烈女ᄂ壹夫를從ᄒ며義士ᄂ壹國을愛ᄒ나니娼妓的面目을擡ᄒ고許多國을愛ᄒᄂ會여

近日에又韓日政黨會가出ᄒ다ᄒ니奇々怪々ᄒ魔輩가何其多數ᄒ가한國은한國政治가自有ᄒ며日本은日本政治가自有ᄒ거ᄂ政黨이合壹ᄒ면是ᄂ政治를合壹ᄒ이며政治를合壹ᄒ면是ᄂ兩國을合壹ᄒ이니卽今韓國이國家주權을獨ᄒ樣으로觀ᄒ기難ᄒ나한國臣民으로此를扶持ᄒ은不暇ᄒ고彼와合倂ᄒ기만是謀ᄒ니此亦韓人乎아日名則한人이로ᄃ心則外人이니라

日然則彼日人들의唱道ᄒᄂ東洋協會東양拓殖會社等도亦是東양主義가아닌가曰日人의東양云々은國家를擴張ᄒ야東양을合倂ᄒ이오한人의東양云々은東양을主張ᄒ야國家를消融코ᄌᄒ이니라

▲隆熙貳年拾月二拾七日 官報

▲農商工部告示第拾三號 續

第百九拾條 會社의資本減少登記申請에ᄂ此에關ᄒ株主總會의決議錄을添附ᄒ을要ᄒ

第百八拾二條第二項의規定은資本減少의登記申請을行ᄒᄂ境遇에此를準用ᄒ

(參照)

第百八十二條(第二項)申請書에ᄂ商法第七拾八條第貳項을依ᄒ公告及催告를行ᄒ事와若異議를述ᄒ債權者가有ᄒ時ᄂ此에對ᄒ야辨濟를行ᄒ거나又ᄂ担保를供ᄒ事를證ᄒ書面을添附ᄒ을要ᄒ (未完)

外報

●攝政權限裁可 淸國에셔ᄂ攝政王의權限拾六條의裁可가되얏다더라

●米國의義勇軍 米國陸軍委員長은二百萬의義勇軍을選ᄒ기로決定ᄒ얏다더라

●日本의火事 本月十日夜에日本磐田郡民家에셔失火ᄒ야四十六戶가全燒되고二戶ᄂ半燒ᄒ얏다더라

雜報

●老年熱心 北壯동居ᄒᄂ李仁善시가年今七旬인ᄃ教育獎勵에熱心ᄒ야輔仁學校에金貨壹百圓을寄付하얏다더라

●正誤 日前雜報欄內尹氏毅判이란題下에韓某의韓字ᄂ吳字의誤植이기正誤ᄒ

詞藻

●報國熱

五虎大將남범將士。前無後無諸葛亮을

그장슈그謀士로、統壹天下못ᄒ지만

하리로다、우리同胞들은、壹心報國

雜報

●春雉自鳴　內部大臣宋秉畯氏가閔忠正公家의庄土抑奪ᄒᆞᆫ事에對ᄒᆞ야世人의公言이藉藉ᄒᆞ거니와閔忠正公家에셔裁判次로現已控訴ᄒᆞ얏ᄂᆞᆫ데向日에壹進會가宋氏를辯護ᄒᆞ기爲ᄒᆞ야國民報와皇城報에連日廣告가有ᄒᆞᆫ지라壹般法律家에셔評ᄒᆞ기를彼의廣告ᄂᆞᆫ다만宋氏의行爲가法律에違反ᄒᆞᆫ事를明白히公布ᄒᆞᆫ것이니彼가勢力을藉恃ᄒᆞ고法律을蔑視ᄒᆞᄂᆞᆫ思想으로由ᄒᆞ얏스나畢竟個人의勢力으로法律을蹂躪치못ᄒᆞᆯ것이오以若國務大臣의資格과民會團躰의意見으로春雉自鳴의行爲를暴著ᄒᆞᆫ것은頑蠢無識所致라고唾笑가浪藉ᄒᆞ다더라

●義察巡郡　京畿道觀察使金思默氏가管下各郡을視察ᄒᆞ기爲ᄒᆞ야現今循行ᄒᆞᄂᆞᆫ中이라더라

●財官困核　星州郡財務官某氏가該郡居ᄒᆞᄂᆞᆫ李熙元氏와同分取利次로預置ᄒᆞᆫ公貨千圓을出給ᄒᆞ얏더니李氏가沒數携帶ᄒᆞ고避身逃走ᄒᆞᆷ으로該財務官은方在困難中이라더라

●美艦歡迎의費用　去番美國艦隊가日本橫濱에到着ᄒᆞᆫ時에日本에셔歡迎節次에諸般費用이百萬圓에達ᄒᆞ얏다ᄂᆞᆫ說이有ᄒᆞ다더라

●瀛車請願微還　張秀鎔具鎔祖等諸氏가無線三輪瀛車를製造ᄒᆞ로警視廳에請願ᄒᆞ얏더니該廳에셔指飭ᄒᆞ되有線瀛車도損傷人命ᄒᆞᄂᆞᆫ弊가種々有之ᄒᆞᆫ즉此等無線의車가豈無此弊리오ᄒᆞ고即爲작還ᄒᆞ얏다더라

●又逢民訴　前叅判閔京鎬氏가平安北道觀察使在任時에該道管下宣川郡人民에게何等收合錢五百圓을乾沒ᄒᆞᆫ事가有ᄒᆞ야該郡人民과多年相持ᄒᆞ더니該地居民玄석禧等諸氏가日前에上京ᄒᆞ야京城地方裁判所에擧實呼訴ᄒᆞ얏다더라

●人民呼寃　各地方人民이曾往에官의抑勒이見奪ᄒᆞᆫ田土를還推次로度支部財産整理局에呼寃ᄒᆞᆫ者가多數ᄒᆞ더니該局에셔命令調査를畢了치못ᄒᆞᆫ故로人民의逗留ᄒᆞᄂᆞᆫ中費가夥多ᄒᆞ야怨聲이有ᄒᆞ다더라

●家僧惡習　漢城內각家僧輩가口文을得食ᄒᆞ기爲ᄒᆞ야家屋이無ᄒᆞᆫ人民의게貰屋을斛貰로得給ᄒᆞ고不過壹朔에還爲見逐ᄒᆞ니當此隆冬ᄒᆞ야貧寒ᄒᆞᆫ人民이安接無路ᄒᆞᆯ뿐더러家僧輩의惡習을莫不唾罵ᄒᆞᆫ다더라

●鄭秉源氏被囚　內部大臣宋秉畯시가閔忠正公家庄土를占奪ᄒᆞᄂᆞᆫ事件에對ᄒᆞ야鄭秉源等諸氏가裁判歸決ᄒᆞᆯ次로各新聞에廣告ᄒᆞᆫ事ᄂᆞᆫ衆所共知어니와鄭氏가該事實을因ᄒᆞᆷ인지日前에警視廳에被囚ᄒᆞ얏다더라

●義將嚴令　任實郡上洞面等地에셔義兵將孟某가部下數百名을領率來到ᄒᆞ야각處義兵中에或不正ᄒᆞᆫ者ᄂᆞᆫ壹々調査捉治ᄒᆞᆫ다더라

●楊郡義擾　義兵將曾寅洙氏가楊州郡에來到ᄒᆞ야境內에指揮ᄒᆞ야結錢과財務署로收納지못ᄒᆞ게ᄒᆞ며富民의穀包를壹並執留ᄒᆞᄂᆞᆫ故로民情이騷擾ᄒᆞ다더라

●兩巡相持　日昨藥峴等地에셔乞人壹名을該掌內巡査가爲車에搭載ᄒᆞ야孔德里等地로越送ᄒᆞ리孔德里所掌巡査가藥峴巡査를對ᄒᆞ야日上官의命令이有ᄒᆞ야答曰無ᄒᆞ다ᄒᆞᆫ대日然則責掌內乞人을該掌內로押送ᄒᆞᆷ이不當ᄒᆞ다ᄒᆞ고旋爲還送ᄒᆞ며馬車運은空費勞力ᄒᆞ얏다더라

●補助員行悖　永平郡北面花園里居李士允氏ᄂᆞᆫ選鄕窮峽에셔勤農資生ᄒᆞᄂᆞᆫ데인데去月頃에該郡에駐在ᄒᆞᆫ日憲兵補助員林鳳基尹宗五兩人이李氏家에來到ᄒᆞ야李氏가義兵干連이有ᄒᆞ다謀陷ᄒᆞ고綁打作鬧ᄒᆞ야金貨七십八圓을勒奪ᄒᆞ고도猶有凶慾ᄒᆞ야尙此作梗故로李氏가日前에上京ᄒᆞ야京城日憲兵本部에呼寃ᄒᆞ고該金額을卽地推給ᄒᆞ라ᄒᆞ얏다더라

●權任行悖　去十三日下午壹時에名不知張權任이巡檢을帶同ᄒᆞ고東部冷井동李生事乔元氏家에來ᄒᆞ야日貰錢을何以不給ᄒᆞ고ᄒᆞ며當場辦出ᄒᆞ라ᄒᆞ니李氏가答曰俄者에何許巡査가告知書를來傳ᄒᆞ며明日辦給ᄒᆞ기로相約ᄒᆞ얏ᄂᆞᆫ데當場辦出ᄒᆞ라威脅ᄒᆞ니鄙郡氏情은不顧ᄒᆞ나ᄒᆞᆫ則張氏가大呼曰汝의名色이何이건대敢히威脅文字로凌蔑官吏乎아ᄒᆞ고李氏의髻를執ᄒᆞ고毆打重傷ᄒᆞᆫ지라李氏가東署의呼寃ᄒᆞᆫ則及其還歸ᄒᆞᆫ乃某이니有何效力이리오衛生費로因ᄒᆞ야治療費가倍加ᄒᆞ니權任은百姓을無故히亂打ᄒᆞ야도律文이업ᄂᆞᆫ지ᄒᆞ고輿論이紛紜ᄒᆞ다더라

●姑虐婦淫　北部大安洞附近에居ᄒᆞᄂᆞᆫ某大官의弟嫂ᄂᆞᆫ其시母의虐待를不堪ᄒᆞ야壹封遺書를裁置ᄒᆞ고日昨夜에潛身逃躲ᄒᆞ얏다더라

●執不動聽　慶北大邱郡에셔客舍를毀撤ᄒᆞᆫ狀態가有ᄒᆞ기로當地人民이多日圍會ᄒᆞ야道郡에請願ᄒᆞ고客舍를保守直ᄒᆞᄂᆞᆫ데附近居民鄭致玉李瑞和女子김玉母三氏가酒肴를各持ᄒᆞ고會中에請饋ᄒᆞ거ᄂᆞᆯ一民이不可ᄒᆞᆫ故로退却ᄒᆞᆫ즉鄭李兩시ᄂᆞᆫ卑辭固請ᄒᆞ고김玉母氏ᄂᆞᆫ勃然作色曰吾爲女人ᄒᆞ야不得參涉於爲國之大事나至若壹盃酒肴ᄂᆞᆫ非爲會員이오出於誠意어ᄂᆞᆯ僉員之排斥은是果抑鬱이라하고強勉勸饋ᄒᆞ며　關牌移　御ᄒᆞᆫ時에朴莽伊氏ᄂᆞᆫ遮路固爭이라가被毆重傷ᄒᆞ얏다더라

●義將流配　再昨日京城地方裁判所에셔義兵將方士必氏를流二年에處判ᄒᆞ얏다더라

●砲殺日兵　去八日天安郡豐西場市에義兵拾五名이突入ᄒᆞ야該場市에셔商賈ᄒᆞᄂᆞᆫ日人二名을砲殺ᄒᆞ얏다더라

●[illegible]又殺　去拾貳日午前拾壹時頃에京城남山麓中에日本人嬰兒死體를放棄ᄒᆞ얏다고남大門派出所에來訴ᄒᆞᄂᆞᆫ者가有ᄒᆞᆷ으로巡査가警醫를帶同ᄒᆞ고該山麓에往見ᄒᆞᆫ즉生産ᄒᆞᆫ지不過壹晝夜된兒ᄂᆞᆫ壓死ᄒᆞᆫ形跡이露ᄒᆞ엿되앗合으로該犯人을現方搜索中이라더라

●動議失當　再昨日에韓國牛痘始行三拾年紀念式發起會를商業會議所에셔設行ᄒᆞ얏ᄂᆞᆫ데鄭雲復氏動議로最初發行ᄒᆞᆫ醫師英人占捕氏와日本에傳來ᄒᆞᆫ日人과韓國에傳來ᄒᆞᆫ韓國人池錫永氏를爲ᄒᆞ야紀念碑를建造ᄒᆞ기로定ᄒᆞ고所入費를收斂ᄒᆞ기爲ᄒᆞ야收錢委員을選定ᄒᆞ얏다더라

●府民開會　本月拾九日下午壹時에漢城府民會에셔第五回發起會를鐵路商業會議所에開ᄒᆞᆫ다더라

●五金責色　慶南熊川郡上中面居ᄒᆞᄂᆞᆫ金五成金和彦金庶集金致益金元彝五氏가壹體發起ᄒᆞ야該面內鶴山里에在ᄒᆞᆫ漢文私塾을壹層修理ᄒᆞ고青年諸人을熱心敎授ᄒᆞᆫ다더라

●校長行動　平北義州居前郡山郡守김志闔氏ᄂᆞᆫ本以財政觀察同郡批峴面晉馬專財학校校장을自願視務ᄒᆞ더니해校가方今經費窘拙ᄒᆞ야廢止ᄒᆞᆯ境을當ᄒᆞ미ᄒᆞ시가有何思想인지校장이아니라ᄒᆞ고同面克明학校校장으로轉任ᄒᆞ얏더라

●是兄是弟　元山港의셔秋期大運動을設行ᄒᆞᆫ時의敎育家李鐘浩氏의令弟李宗滿氏가金貨百圓을捐助ᄒᆞ고個人競爭이至嚴競爭의準備로演說도七八百名學徒의게勸勉ᄒᆞ얏다더라

●寄附還附　兩來人의傳說을據ᄒᆞᆫ則慶南蔚山郡內廂面私立日新學校漢文教師박薰國시가學徒九拾餘名을熱心教育ᄒᆞ야幾至成就之境이나校況이窘拙ᄒᆞ야該시與校校長李在호시가每以歎恨ᄒᆞᆫ則該校贊成員及事務員이該面議決杳호幾十과落後附屬校中에와하거날該兩시가不從曰青年勤학之資를雖壹民不從이라도事不妥當이라ᄒᆞ고還附該面ᄒᆞ얏다더라

●兩校聯合　平北新義州新明學校와麻田동日新學校에셔李丙憲金養善黃學天李起燦主서李諸시가兩里財資五六百圓을合聚하야校舍를建築ᄒᆞ고李完秀시를延聘敎授ᄒᆞᄂᆞᆫ데學徒가五六拾名에達ᄒᆞ얏다더라

●三康復興　全北泰仁郡古縣面三里의셔去七月에三康習頭學校를剏設ᄒᆞ야不過壹朔의학徒가百餘名의達ᄒᆞ얏ᄂᆞᆫ데財政이窘絀ᄒᆞ야將至廢境이러니金鉉欽金承泰金永胄金思謨鄭鍾奎諸시가熱心助力ᄒᆞ고專心勸學ᄒᆞ야校況이復興ᄒᆞᆫ다더라

●長興卒業　西部장興洞長興義塾測量科의셔第壹回卒業式을行ᄒᆞ얏ᄂᆞᆫ데最優等生에太實暉金鐸洲요優等生의權重한李五人이요及第의金顯喆等십五人이라더라

▲地方消息▼

▲本月십日原州郡에셔義兵십餘名이該郡警察署警部以下五名과交戰ᄒᆞ얏다ᄒᆞ고

▲去月二拾四日永흥郡日에셔義兵數拾名이錦川日守備隊와交戰ᄒᆞ얏다ᄒᆞ고

▲去月二十日함鏡南道靈山附近에셔義兵拾六名이該地日守備隊와交戰ᄒᆞ얏다하고

▲去月三十日京畿道麻田郡北方三拾里地에셔小數의義兵이該地分遣所日憲兵及補助員과交戰ᄒᆞ얏다ᄒᆞ고

▲本月四日江原道珍富附近에셔小數의義兵이該地分遣所日憲兵과交戰ᄒᆞ얏다더라

▲本月六日海州郡內에셔小數의義兵이信川郡駐在日憲兵及補助員과交戰ᄒᆞ얏다ᄒᆞ고

▲本月십日平山郡西南六십里地에셔義兵三백餘名이該郡分遣所日憲兵及補助員과交戰ᄒᆞ얏다더라

▲愚人處驕▼

▲操江大河納白川은處其卑下ᄒᆞᆫ것이오孤峯絶頂無盛林은極其高驕ᄒᆞᆷ이로다賢人君子服衆ᄒᆞᆷ은溫涵所致이아닌가韓國內의人情보면實心人은볼수업고虛驕崇尙뿐이로다

▲外國人을訪問ᄒᆞ면奴顏婢膝屈服ᄒᆞ다가제집안에入來ᄒᆞ면營狗求豕臭聲가次第鞠問ᄒᆞᆫ제天神이나보고ᄋᆞᆫ듯几席에偃臥ᄒᆞ야妄自尊大倨傲ᄒᆞᆫ各大官의虛驕로다

▲權門勢家出入ᄒᆞᆫ제退縮跼蹐ᄒᆞ고唯從間에跼縮ᄒᆞ다가노人鼻頭望見ᄒᆞ면寵門에ᄂᆞ오ᄂᆞᆫ듯시某大臣과親ᄒᆞ다고到處마다誇張ᄒᆞ야意氣揚揚自得ᄒᆞᄂᆞᆫ猥官輩의驕氣로다

▲外人家에雇傭ᄒᆞᆫ제牛馬갓치服役ᄒᆞ야諸般賤待ᄒᆞ받다가閭巷에나오며ᄂᆞᆫ儼然鐵椎가지ᄂᆞᆫ듯시往來行人執捉ᄒᆞ야無端罵打詬辱ᄒᆞ고眼下無人衝突ᄒᆞᄂᆞᆫ通譯輩의虛驕로다

▲日巡査를相對ᄒᆞ면오며오이呼狗聲에如恐不及服從ᄒᆞ다가韓國人民指揮ᄒᆞᆫ제無等權利잇ᄂᆞᆫ듯기保護思想毫無ᄒᆞ고威脅喝餘地업시搖頭傳目放恣ᄒᆞᄂᆞᆫ巡檢輩의虛驕로다

▲時局變遷問答ᄒᆞ면東西區別못ᄒᆞ여도類類相從모여안져蒼年事나議論ᄒᆞ고班閥品下比較ᄒᆞ야開化人物批評ᄒᆞᆫ제賣國이라唾罵ᄒᆞ고義理家로自稱ᄒᆞᄂᆞᆫ頑固輩의虛驕로다

▲凡日行爲볼작시면固陋習과仕宦熱은韓人보다尤甚ᄒᆞ고無理行悖挾雜心은野蠻보다尤甚ᄒᆞ나開明人物自處ᄒᆞ야他國人을蔑視ᄒᆞ고無所忌憚縱橫ᄒᆞ니日本人의虛驕로다

▲驕不與亡爲期로ᄃᆡ驕則亡隨ᄒᆞᄂᆞᆫ것은天理上에固然이라內外國人勿論ᄒᆞ고各自醒悔ᄒᆞ야眞理研究ᄒᆞ고보면此等弊習잇슬손가文明富強ᄒᆞ라거던勿啗余言ᄒᆞᆯ지어다

여 賛助ᄒᆞᆫ다 ᄒᆞᆷ이同志靑年兄弟と上져니 ᄂᆞᆫ庄員李錫什오同是ᄒᆞ이 ᄋᆡ 遲々ᄒᆞᆫ計と ᄒᆞᆷ이 경ㅅ ᄒᆞ시와 ᄋᆡᄒᆡ不新邦務을 全擧ᄒᆞ시기바라오니 即爲枉臨ᄒᆞ심을爲要ᄒᆞᆷ
再告全國拾三道內各學校에衛生緊要ᄒᆞᆫ東西藥業月報와 敎育上緊要ᄒᆞᆫ서籍類印刷되と대 또時々仰呈코ᄌᆞᄒᆞ오니 學校番地와校長校監閣下ᄉᆞ卿을以서下示ᄒᆞ심을千萬伏望ᄒᆞᆷ

廣告

大邱徐氏行列을丙字と光字로 延字と載字로復舊ᄒᆞᆷ
徐氏宗中　告白

本人六代祖　宣祖王子寧城君之孫咸平君墓所在於楊州長興面山ᄆᆡ村而本人五代祖海還君以下至于先妣六世繼葬之地也以六代祖ᄅᆞ孫言之大宗孫戴厚自在而五代祖以下小宗祀孫則家親前判書ᄲᅮ字헌永也爲子孫之地禁養守護孰不恪勤而家親之爲先誠孝親戚鄕隣之所推也所以此山之得免童濯而蔚然松楸ㅅ皆嘆美者卽家親之四五十年誠心禁養故也ㅅ意從叔善永與再從叔喬永僞造家親圖章而符同挾雜방欲放賣松楸大小宗孫之所ㅅ知有誰擅賣乎內外國人切勿見欺
李秀壹　告白

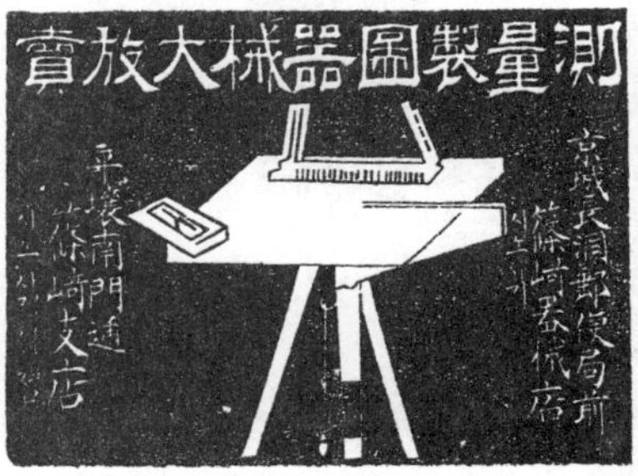

甑山郡莚石面一里所在田一作文券ᄀᆞ本人의姓名圖章을陰拾壹月拾六日夜에서失ᄒᆞ얏ᄉᆞ기玆에廣佈ᄒᆞ오니內外國人買或有拾得이라도休紙施行ᄒᆞ시옴
金孝健　告白

本人子炳珠冠名泳柱가性本浮浪ᄒᆞ야千家產蕩盡後尙以欺人之計로周流ᄒᆞ니內外國人切勿見欺ᄒᆞᆷ
平北宣川番院洞田亨植　白

本人이本郡居南世元과蔘圃買同事ᄒᆞ다가損害條壹拾ᄉᆞ南世元이가擔當ᄒᆞ기로已成手票ᄒᆞ고本人及餘人의家券을旣爲典執于錢主處矣러니餘人이乞減不遂ᄒᆞ야無賴輩를符同ᄒᆞ야以無根之說로揭告新聞ᄒᆞ니內外國人은切勿信聽ᄒᆞᆷ
開城東部京坊里羅洞　김순湊　告白

◎開店大賣出公告
今般에弊店에서歐米雜貨를精良ᄒᆞᆫ美品으로輸來ᄒᆞ야本月拾四日부터大廉價로放賣ᄒᆞ옵고賠品을贈呈ᄒᆞ올터이오니購買ᄒᆞ실僉君子と陸續來購ᄒᆞ시옵
京城南大門通小廣橋
歐米雜貨　並文房具
泉屋甲田商店
(電話七百拾七番)

中部貞善坊敎寧下契樓동五十六統壹戶瓦四草二間庫叱立旨三張과草二間改瓦建築許可壹張과初文記壹張과幷五張을陰拾壹月拾九日午後貳時에路中에서失ᄒᆞ와玆에廣告ᄒᆞ오니誰某拾得ᄒᆞ실지라도休紙施行ᄒᆞ옴
家主　李萬守

測量學員募集廣告
本塾에서壹個月速成測量課를特設ᄒᆞ고專히實地로敎授ᄒᆞ오니願學僉員은陽십二月二拾日內로早速請願ᄒᆞ심을望
中興義塾　告白
北部大安동前德語學校內

大韓新發明靈藥各種書籍發賣
永興郡邑內南山동新村
啓新書舖梁昌錫　告白

本所通常總會를本月拾九日陰至月廿六日下午壹時에開ᄒᆞ오니　僉宗은屆期光臨爲要
金海金氏宗約所　告白

通常總會를本月拾九日(十曜)下午壹時에開ᄒᆞ오니本會會員은照亮來臨ᄒᆞ시옴
畿湖興學會　告白

演劇新小說 銀世界　李人稙著　定價卅錢
此新小說은會虐官長의壓制惡ᄒᆞᆷ을可以懲戒ᄒᆞ며愚蠢人民의自由思想을可以開進이오富此維新之際ᄒᆞ야風俗改良의壹大奇觀이오니　京鄕　僉君子と卽速購覽ᄒᆞ심을望ᄒᆞᆷ
發行所
京城남部上犂洞十九統九戶
同文社
發賣所　京鄕各有名書舖

韓國人諸彥을爲ᄒᆞ야民刑訴訟其他諸般法律事務를從事ᄒᆞ야親切叮嚀ᄒᆞ고且迅速處理ᄒᆞᆷ
中部典洞三十八統九戶
日本辯護士　藤井太郞

同所에特許事務所를新設ᄒᆞ고特許意匠商標著作權等의登錄出願及審判事件의高囑도應受ᄒᆞ와處理ᄒᆞᆷ
特許代理業者　藤井太郞

本人의同生七歲女兒가拾壹月二拾壹日午後에門前에서노다가不知去處오니연두쇠날근저고리양목바지반물치마의나무신신고말못분명치못ᄒᆞᆫ女兒오니구누시던지보시거던入廣橋下사조철골二統七戶로통긔ᄒᆞ여주시면厚謝ᄒᆞ을이다
金寶星　告白

敎育小說 伊太利少年　表紙石版畫印刷
全壹冊　正價廿錢
李輔相　譯述
本小說은伊太利壹工人의子馬克少年의數萬里海陸을涉跋ᄒᆞ야尋親ᄒᆞᆫ事蹟을著述ᄒᆞᆫ者니原來其母と海外異域에作客ᄒᆞ야蹤跡을失ᄒᆞᆫ바壯哉라馬克이十三歲小兒의單身隻影으로風霜의艱難과猛獸의危險을冒ᄒᆞ고沙漠의野와深林의間에奔馳ᄒᆞ야亞美利加大陸을遍踏ᄒᆞ다가竟乃他苦孟의寄跡ᄒᆞᆫ病母를尋ᄒᆞ야母子가團欒을得ᄒᆞ얏스니嗚呼美哉라馬克母子의慈孝ᄒᆞᆷ이여今에此를述ᄒᆞ야我少年諸君에게紹介코ᄌᆞᄒᆞ노라
發行元　◉皇城中部罷朝橋越邊　中央書館
發售處　京鄕각書舖

新編 尺牘完篇
壹帙二冊　正價五壹圜　小包料十錢
附 新舊式判法令
△今此局勢가維新ᄒᆞ고事爲가繁劇ᄒᆞᆫ時代에際ᄒᆞ야吾人도論交酬世의道가日廣ᄒᆞ며多ᄒᆞᆷ에尺牘을不可不讀이라本尺牘은已爲刊行于世ᄒᆞ야江湖의好評을博得ᄒᆞᆫ바今에國漢文으로新編增補ᄒᆞ야新舊尺牘과牛耳가되며且近日新法令의緊要ᄒᆞᆫ者를網聚附輯ᄒᆞ얏ᄉᆞ오니一般人士と案頭의必備ᄒᆞᆯ好書이옵

(發賣所)
皇城中部罷朝橋越　中央書館　朱翰榮
仝　南部大廣橋　香路　ᄉᆞ東書市　金基鉉
仝　南門內尙洞　滙東書館　高裕相
仝　南門外紫巖　博文書館　盧益亨
仝　新舊書林　池松旭

度支部測量課編纂
土地測量術
全壹冊正價金　紙製六拾錢　洋裝九拾錢
近日測量術書冊에三四種이刊行되엿스나不完全의缺點이不無ᄒᆞ든바今에本書と細部測量으로圖根測量ᄭᆞ지詳密히編纂ᄒᆞ얏스며各種實地測量ᄒᆞᆫ製圖의圖本을揷入ᄒᆞ야嘗般斯學界의無ᄒᆞᆫ實典이오且紙質의堅美ᄒᆞᆷ과裝備의華麗ᄒᆞᆷ이測量術書中에獨王이라稱ᄒᆞᆯ만ᄒᆞᆷ

〔發兌元〕
皇城中部罷朝橋越　中央書館　朱翰榮
仝　南部大廣橋　香路　大東書市　金基鉉
仝　南門內尙洞　滙東書館　高裕相
仝　南門外紫巖　博文書館　盧益亨
仝　新舊書林　池松旭

特別廣告

本社と韓美兩國人의資本으로美國法律下에現今成立됨을玆에公衆에게廣布ᄒᆞ노라
本社と大韓帝國全國內에誠實ᄒᆞ고勤幹ᄒᆞᆫ人士와連絡ᄒᆞ야宗鄕各處에代理人을置ᄒᆞ겟ᄉᆞ오니勤實ᄒᆞ신僉君子と本社에來臨ᄒᆞ야面商ᄒᆞ시던지通信으로協議ᄒᆞ심을務望ᄒᆞᆷ

開城代理店人　開城南門內二層商店　金東宣
大韓皇城中部磚洞(前大韓每日申報社)
韓美興業株式會社　告白
郵函第四十号

發行兼編輯人 [illegible]

Responsible for Publication Alfred Weekley Marnham.

印刷所 [illegible]

南署石井洞統外[illegible]二層洋屋

大韓每日申報社

第六卷

大韓每日申報

第九百八拾壹號

月曜及慶節歲時日休刊

檀君開國四千二百四十一年
箕子元年三千三十年
大韓開國五百十七年
日本明治四十一年
淸國光緒三十四年
陰曆戊申十一月小廿五日丁未

論說

◎舊書刊行論 (書籍出版家諸氏에게告홈)

書籍者는壹國人心風俗政治實業文化武力을産出ᄒ는作殖器며歷代聖賢英雄高人志士忠臣義俠을모傳ᄒ寫眞帖이니大哉라書籍이여書籍이無ᄒ면其國도無ᄒ지로다

英國의富를誰가造ᄒ얏나뇨金錢乎아礦産乎아曰否라非也라書籍이造ᄒ얏나니라德國의强을誰가造ᄒ얏ᄂ뇨槍乎아大砲乎아曰否라非也라書籍이造ᄒ얏나니라嗚乎라金鐵礦産槍砲等이富强의具가아님은아니나此富强의具를造ᄒᄂ者ᄂ又書籍이아닌가故로書籍을刊行廣佈ᄒᄂ者ᄂ國民의第壹大功臣이니라

曰新書籍은固可廣布어니와舊書籍은廣佈ᄒ들何用고曰否々라不然ᄒ다今日韓國에新書籍이出現ᄒ라면不可不舊書籍을收拾ᄒ지니라

新書籍이라云ᄒ은何오泰士比亞의詩集이新書籍이될지盧스의民約論이新書籍이될지余陵欠의權利競爭論이新書籍이될가是가新書籍이될지라도泰西의新書籍이오韓國의新書籍은아니々라何如ᄒ야韓國의新書籍이될지曰韓國의新書籍은必也韓國風俗上學術上의固有ᄒ特質을發揮ᄒ며西歐外來의新理想新學說을調入ᄒ야國民의心理를活潑케ᄒ여야是가韓國의新書籍이니

然則今日外國의書籍을輸入ᄒ은固急ᄒ거니와本國傳來의書籍을收拾이尤急ᄒ다ᄒ지니何也오外國新書籍은今日에不輸入ᄒ야도他日에輸入ᄒ人이有ᄒ려니와本國舊書籍은今日에不收拾ᄒ면他日에收拾ᄒ處가無ᄒ故니라

余가昔者에ᄂ韓國에可傳ᄒ書籍이無ᄒ다ᄒ얏더니今에觀ᄒ즉實로不然ᄒ도다但出版者가可傳ᄒ書籍은不傳ᄒ고不可傳ᄒ書籍만傳ᄒ故로韓國書籍界가如此憔悴ᄒ도다

可傳ᄒ書籍이不傳ᄒ은又何故오曰幾百年來로學界의專制魔賊이鑿ᄒ야或其言論文字가毫毛라도彼陋儒의範圍에越出ᄒᄂ者ㅣ有ᄒ면此를異端邪說이라ᄒ며此를夷狄禽獸라ᄒ고儒林에相傳ᄒᄂ斯文亂賊律에照ᄒ야其身을誅ᄒ며其子孫을禁錮ᄒᄂ故로彼哲人學士가비록獨得ᄒ眞理가有ᄒ더라도人間에公布ᄒ을不敢ᄒ고篋笥에深藏ᄒ야河淸을俟ᄒ다가晝夜ᄂ不曉ᄒ고寒暑ㅣ累易ᄒ야畢竟茫々ᄒ血을蠹虫의壹飽에供ᄒ나니此가(壹)이오家族主義가壹國人의心腦를支配ᄒ야萬壹吾의外直祖만아나며비록國民의苦痛을拯救ᄒᄂ豪傑의熱性도不問ᄒ며外賊의氣燄을摧折ᄒ리忠武의雄畧도不顧ᄒ고惟自己七代祖八代祖鳴剔따의詩文만蒐集ᄒ니苟或子孫이無ᄒ거나雖有ᄒ야도貧寒或無識ᄒ면비록生前에ᄂ高古英名이輝赫ᄒ지라도死後에ᄂ九原秋草만荒涼ᄒ나니其嘉言과遺集이有ᄒ들誰가此를刊行ᄒ리오此가(二)오羅麗의際에壹二賤儒가支那崇拜主義를鼓吹ᄒᄂ니本朝以來로八域이風靡ᄒ야山도支那의山이며水도惟支那의水가水며天地도惟支那의天地가天地며日月도惟支那의日月이日月이니我國에야何가有ᄒ뇨ᄒ야本國에ᄂ비록第二의孔夫子가出現ᄒ더라도將曰其鬚가不長이라ᄒ며其眉가不揚이라ᄒ야此를輕蔑ᄒ지라故로舊書籍을購置ᄒᄂ者ㅣ彼三經四書ᄂ姑舍ᄒ고도歷史를購ᄒ면爲史漢과隋書唐書南史北史宋史明史가是며詩集을購ᄒ면杜詩李白詩全唐詩宋元律王漁洋集이是며小說을購ᄒ면三國誌水滸誌西遊記西廂記金甁梅紅樓夢이是오滿架牙籤에充斥ᄒ者ㅣ此等뿐이니本國에비록良書籍이有ᄒ더라도奚暇에此를問ᄒ리오此가(三)이오

未完

月以下로들不得ᄒ 未完

外報

◎英國의將校貸與 倫敦電을據ᄒ則英國은十耳其海軍改革에對ᄒ야海軍將校壹名을同國에貸與ᄒ기로承諾ᄒ얏다더라

◎澳貨排斥唱導 伯林電을據ᄒ則英國巴爾幹委員會々頭박子스톤氏ᄂ君士坦丁堡에在ᄒ야澳貨排斥을敎唆ᄒ며巴爾幹各國同盟의訂結을唱導ᄒ다더라

◎軍艦擴張勸告 紐育電을據ᄒ則米國海軍卿메도가독氏ᄂ다모나艦과同壹ᄒ軍艦四隻을急速히建造ᄒ야巨大ᄒ大砲를艦內에排置ᄒ라고海軍大臣에게勸告ᄒ얏다더라

◎日本의炭坑破裂 東京電을據ᄒ則去九日留萌大和田炭坑에서瓦斯가破裂ᄒ야五名이輕傷ᄒ얏다더라

◎日本의大地震 日本廣島에서ᄂ本月十二日六時二十分에激烈ᄒ地震이十秒間을經ᄒ얏다더라

雜報

◎錦富濟南 全北錦山郡富北面濟原里에서私立普通濟南학校를設立ᄒ고募集靑年ᄒ야五拾餘名에至ᄒ얏ᄂ디校長朴恒來敎師尹楨來兩시가熱心敎育ᄒ다더라

▲隆熙二年拾月二拾七日 官報

▲農商工部告示第拾二號

商法第七拾八條 會社가合併의決議를行ᄒ時ᄂ其決議日로부터二週間內에財産目錄及貸借對照表를作ᄒ을要ᄒ

會社ᄂ前項의期間內에其債權者에게對ᄒ야異議가有ᄒ면壹定ᄒ期間內에此를述ᄒ旨를公告ᄒ며且旣知ᄒ債權者에게ᄂ各別히此를催告ᄒ을要ᄒ但其期間은二個

詞藻

◎醫國術

箇痛腹痛痰火症에。名卜ᄎ저問卜ᄒ니

六爻相克滑亂中에、三八木鬼動士로다

그이라、西方四九子孫되여、不日快復

雜報

●是何砲聲 再昨日下午七時頃에京城西남方에서何許砲聲이大爲震動ᄒᆞ얏ᄂᆞᆫ디 太皇帝陛下께옵셔此聲을 御入聞ᄒᆞ시고宸襟을不已ᄒᆞᄋᆞ셔 德壽宮에入直ᄒᆞᆫ警部李과榮에게下諭ᄒᆞ시고此事實을 探知以來ᄒᆞ라ᄒᆞ셧故로現今嗣探中이라더라

●何等會議 近日各部大臣을이國分書記官私邸에頻々往訪ᄒᆞ야무ᄉᆞᆷ事件을會議ᄒᆞᆫ다ᄂᆞᆫ說이有ᄒᆞ더라

●唾罵內大 內部大臣은人材를銓衡ᄒᆞ고賞罰을黜陟ᄒᆞᄂᆞᆫ責任인ᄃᆡ現今宋秉畯氏ᄂᆞᆫ郡守薦報에權限을各道觀察에게委任ᄒᆞᆫ後該觀察의薦報ᄒᆞᆫ대로發格의當否ᄂᆞᆫ勿論ᄒᆞ고惟賴是從ᄒᆞ야同分利ᄒᆞ기爲ᄒᆞ야已往에聲績이稍有ᄒᆞᆫ人은壹不擧論ᄒᆞ다고世人의唾罵가不已ᄒᆞᆫ다더라

●山亭有誰 總理大臣李完用氏私邸에山亭이有ᄒᆞᆫ대該山亭의所托이면리完用氏가何事이던지每々信聽ᄒᆞᆫ다더라

●是童何童 日昨에總理大臣李完用氏가仕退歸家ᄒᆞᆯ時에水標橋等地로過去ᄒᆞᄂᆞᆫ디何許十四五歲假量된童子壹名이突出ᄒᆞ야大聲叱責하야曰賣國奴야將往何處오ᄒᆞ며極口詬辱ᄒᆞᄂᆞᆫ故로該大臣의保護巡査가其兒를押去ᄒᆞ얏다더라

●金門就監 伊藤統監이開城郡을視察ᄒᆞᆫ事ᄂᆞᆫ衆所共知어니와南大門內大坪洞居ᄒᆞᄂᆞᆫ김時鎔氏의鄕第가該郡에在ᄒᆞᆫ故로金氏가該壹行과作伴下去ᄒᆞ야各種食品과其他經費를專擔ᄒᆞ얏ᄂᆞᆫ대事皆內大宋秉畯氏의指揮로이라더라

●爾得課長 宮內府에서典膳司를壹層擴張ᄒᆞ고 御用饌品을特別精美케ᄒᆞ기爲ᄒᆞ야已往閔臨이有ᄒᆞᆫ前主事安淳煥氏로典膳課長을敍任ᄒᆞ얏ᄂᆞᆫ디各大臣의贊揚ᄒᆞᆫ所以라더라

●惠泉宴待 再昨夜에辯護士理藤시가地方裁判所書記諸시를惠泉館으로請邀甚待ᄒᆞ얏다더라

●宜乎見逐 너大宋秉畯氏가閔忠正公家庄土를勒奪ᄒᆞᆫ事에對ᄒᆞ야全允圭氏가爲報에廣告ᄒᆞ얏ᄂᆡ여壹進會에서閔家로派員質問ᄒᆞᆫ時에閔氏家에留連ᄒᆞᄂᆞᆫ金顯圭氏가此事實이初無ᄒᆞ다고手票를成給ᄒᆞᆫ지라閔忠正公의夫人이知其事實ᄒᆞ고金某를重責ᄒᆞ야今日爾有何關이기에此等票를擅自成給ᄒᆞ얏나뇨ᄒᆞ고卽時逐出ᄒᆞ얏다더라

●島民決心 莞島森林을日人의게賣渡ᄒᆞᆫ다ᄂᆞᆫ說은已報어니와該島에居住ᄒᆞᄂᆞᆫ韓人의戶數가六七千戶에過하고柴炭及飮料水가豐富ᄒᆞ더니意外에此說이傳播되ᄆᆡ該地人民들이抵死爲限ᄒᆞ고讓與치아니ᄒᆞ기로決心ᄒᆞ얏다더라

●瑞興不興 瑞興郡々主事文德烈氏ᄂᆞᆫ緣何意思ᄒᆞ고日人을容同ᄒᆞ야各面長에契約圖章을先受ᄒᆞ고繼次郡守에委任을承ᄒᆞ야全郡測量을外人手中에委任ᄒᆞᆫ所以로民心이方在斂々ᄒᆞ다더라

●遠民呼冤 去丙午年水災에各處成川浦落된田畓結卜을度支部로부터減下가되여各郡에서ᄂᆞᆫ除納ᄒᆞ얏스되惟獨忠남連山郡財務署主事御志猷氏ᄂᆞᆫ有何思想인지人民에게除給치아니ᄒᆞ야呼訴가답至ᄒᆞ여도壹幷不受ᄒᆞ다고民心이抑冤ᄒᆞ야將次上部에呼冤ᄒᆞᆫ다더라

●閔氏遂訴 前參判閔丙漢시의子炳基시가淸人料理商徐鴻洲의料理代金을償還치아니ᄒᆞᆫ事에對ᄒᆞ야該淸人이京城地方裁判所에서裁判ᄒᆞ얏다더라

●裁判停止 日人藤井英亮이가前參判閔宗植시의게賠償金을徵出ᄒᆞᆯ事로京城地方裁判所에呼訴ᄒᆞ야閔시와裁判하얏다ᄂᆞᆫ說은累揭어니와該裁判顚末을漏聞ᄒᆞᆫ즉藤井의辯護士ᄂᆞᆫ藤井의母親의委托을受ᄒᆞ얏ᄂᆞᆫ디其母가已爲病死ᄒᆞᆫ故로該裁判所에서原告가無ᄒᆞᆫ訴訟을聽受치아니ᄒᆞᆫ다ᄒᆞ야兩隻을俱爲退送ᄒᆞ얏다더라

●此已甚 江華郡居黃璟회氏의畓土三십一斗落은軍部于兩에故判서閔과鎬氏의게抑賣ᄒᆞᆫ바被奪ᄒᆞᆫ事로昨今兩年에前補國閔泳徽시와相持ᄒᆞᆫ事ᄂᆞᆫ已報어니와更聞ᄒᆞᆫ즉黃氏가該畓을已爲測量證明ᄒᆞ고原금二千兩을明於還報ᄒᆞ기로酌定ᄒᆞ고閔氏가若有不受之弊則該錢을故閔과鎬氏墓下에埋置ᄒᆞ기로決心ᄒᆞ얏다더라

●錦守無瑕 錦山郡守金宇植氏가서員을派送하야民弊를滋蔓ᄒᆞ고歸任ᄒᆞ야笞刑ᄒᆞ다가日巡査에게叱打를當ᄒᆞ얏다기에隨聞揭載ᄒᆞ얏더니更聞ᄒᆞᆫ즉錦山郡稅所日人이今年부터吏隨ᄒᆞᆫ搜得ᄒᆞ라ᄒᆞ고十壹面鄕儒를每面二人式擇定ᄒᆞ야査員이라稱ᄒᆞ고昨年서員結簿를奪取ᄒᆞ야生手鄕儒도未能勘簿ᄒᆞ고橫結이比前層生하기로民怨이浪籍ᄒᆞ다ᄒᆞ니該郡守의서員을派送하야民弊를滋蔓ᄒᆞ고日巡査에게叱打를當ᄒᆞ얏다ᄂᆞᆫ說은自歸誤傳이더라

●蘆院戰鬪 三昨日에楊州郡蘆院等地에서義兵數十名이日兵三名과補助員幾名과數時間을交戰ᄒᆞ얏다ᄂᆞᆫ傳說이有ᄒᆞ다더라

●學界惡魔 咸興郡州南面豐湖里居金昇璵이가客月分에其子십餘歲된가該里普昌學校生徒와互相遊戲ᄒᆞ다가面部를破傷ᄒᆞᆷ으로該校敎師朴泰郁시를無數亂打ᄒᆞᆫ지라함남各學校學生親睦會에서敎育入家李東暉시가聲罪辭討ᄒᆞ얏ᄂᆡ니其夜에ᄒᆞᆫ人이作抵李시宿舍ᄒᆞ야無數作梗ᄒᆞ거ᄂᆞᆯ該般學生이聞知此事ᄒᆞ고會齋集ᄒᆞ야如此惡魔ᄂᆞᆫ宜可除之라ᄒᆞ고卽欲打殺이어날李東暉시가極力挽止ᄒᆞ고裁判所에呼訴ᄒᆞ야三個月懲役으로宣告提囚ᄒᆞ다더니該 이警務官과雙K飮酒ᄒᆞ다가仍爲還家ᄒᆞ얏다고學界憤議가皦々ᄒᆞᆫ다더라

●請願上京 光州郡居鄭鳳煥朴潤東梁仁猷柳基休諸氏가全南敎育會를該郡鄕校에設始ᄒᆞ고학部에請願承認ᄒᆞᆫ次로上京ᄒᆞ얏다더라

●閔氏郡吝 桂山학校에서去番請捐ᄒᆞᆯ時에閔氏錦氏에게十元을請助ᄒᆞ얏더니閔氏가前副尉陸相弼氏로ᄒᆞ야금減數捐付ᄒᆞ기를要求ᄒᆞᆫ디陸氏가不得已自己錢으로給元과閔氏의捐助ᄒᆞᆫ樣으로送交하얏다더라

●申氏逝 請觀察使申泰휘氏가今십六日에卒逝ᄒᆞ얏다더라

●何處彷徨 北部三淸洞居ᄒᆞᄂᆞᆫ니閣主事權쫑稷氏의六歲女가再昨日에迷路ᄒᆞ고尙此不還ᄒᆞᆷ으로現方搜索中이라더라

●安氏[illegible] 平壤郡居安尙俊시가不顧產業ᄒᆞ며不思勞苦하고遞川郡孤兒院生徒數拾餘人을贊成敎育ᄒᆞᆫ다고稱頌이有ᄒᆞ다더라

●寄附孤院 侍從院侍從李圭元시가京城孤兒院에來到ᄒᆞ야慈善的義務를壹場贊成ᄒᆞ야金二十圜을學徒學費에補用ᄒᆞ라고寄贈ᄒᆞ얏다더라

●湖西親睦贊成 去日曜下午壹時에湖西學生親睦會를該洞普成學校內에開ᄒᆞ얏ᄂᆞᆫ대贊成員尹雄烈成岐運諸시가出席ᄒᆞ야臨時議事會를開ᄒᆞ고親睦會本會와具滋용시가湖西장老로贊成員으로請邀ᄒᆞᆫ趣旨를說明ᄒᆞ고同副會장李升兩시가趣旨를明說ᄒᆞ고同會員徐鳳勳시ᄂᆞᆫ學生의關係으로贊成員成岐運郡水澤林炳恒諸시ᄂᆞᆫ湖西父兄의責任으로久해激切히演說ᄒᆞ고贊成員을組織ᄒᆞ기로發起ᄒᆞ야來日曜에廣進學興化學校內에서贊成會를開ᄒᆞ고任員을選定ᄒᆞᆫ다더라

●益彰斷髮 全北益山郡에有志紳士가益彰學校를設立ᄒᆞᆷ은已揭어니와敎師李容琦씨鎭基諸시가熱心敎育ᄒᆞᆫ結果로該生徒가壹齊斷髮ᄒᆞ얏다더라

●大破天荒 忠州郡嚴政面內倉里에서有志紳士金鎭洪李象暉兩시가該附近에동人士와協議ᄒᆞ고明新學校를設立ᄒᆞ야學員이八九十名에達ᄒᆞ얏ᄂᆞᆫ디李象暉시가爲先二百四십圜을寄附ᄒᆞ고其外諸시의隨力捐助ᄒᆞᆫ이數千圜이라더라

●四明卒業 四明測量學校에서去十曜日惠泉館內에서卒業式을行하얏ᄂᆞᆫ대最優等生鄭憲謨宋永浩씨八人이오優等生金鎰선李敏鳳等三拾五人이오及第生[illegible]等九人인ᄃᆡ優數히施賞ᄒᆞ얏다더라

●安城府興 府來人의傳說을聞ᄒᆞᆫ즉慶남安義郡古縣面芝농居鄭承旨泰均시가安興測量학校를設立ᄒᆞ고測量科卒業生리注祥卞源衡兩시를敎師로延聘ᄒᆞ야開學ᄒᆞᆫ지不幾日에學徒가數三拾名에達ᄒᆞ얏ᄂᆞᆫ대熱心敎授ᄒᆞᆫ다더라

●試塡撮影 義州府龍灣居金濟奎崔錫夏兩시가測量學校를設立ᄒᆞ고학徒를募集ᄒᆞ야熱心敎授ᄒᆞ고去月十日에卒業式을設行ᄒᆞ얏ᄂᆞᆫᄃᆡ最優等에리經邦朴炳謨等七人이요優等에朴仁暘張齊祿等二十四人인대任員及來賓諸시가壹場勸勉하고紀念ᄒᆞ기爲하야壹同撮影ᄒᆞ얏다더라

▲地方消息▼

▲本月三日咸鏡남道장津郡內에서義兵六十餘名이分遣所日憲兵下士以下日守備隊와交戰ᄒᆞ얏다ᄒᆞ고

▲本月四日金川郡內에서義兵六拾餘名이黃海道市邊里分遣所日憲兵及補助員과交戰ᄒᆞ얏다ᄒᆞ고

▲本月七日黃海道兎山郡內에서義兵六名이京畿道朔寧分遣所日憲兵及補助員과交戰ᄒᆞ얏다ᄒᆞ고

▲本月七日楊州郡內에서義兵三十餘名이該郡分遣所上等兵及補助員과交戰하얏다ᄒᆞ고

▲本月七日橫성郡附近에서義兵二십餘名이該郡分遣所日憲兵及補助員과交戰ᄒᆞ얏다ᄒᆞ고

▲本月八日黃海道靑丹附近에서義兵십九名이該地分遣所日憲兵下士以下십名과交戰ᄒᆞ얏다더라

▲彼何社會▼

▲三角山을바라보니鬱々蒼々놉히잇고漢江水를구버보니浩々洋々흘너잇다ᄃᆡ山川은依舊ᄒᆞᆫᄃᆡ人物腐敗일인가遂日變紀各社會ᄂᆞᆫ歡迎ᄒᆞᆯ것總無ᄒᆞ고純은浮雜而已로다

▲聚散無常商務社ᄂᆞᆫ出門ᄒᆞ면胡笛이오入門ᄒᆞ면雜技로다秩序를俗壞亂ᄒᆞ라가警察官吏에號令ᄒᆞ니鳳飛雹散되여ᄂᆞ니某々諸人更毅立ᄒᆞᆫ新改良ᄒᆞᆫ다지만狗尾年可慮로다

▲全國唾罵壹進會ᄂᆞᆫ決死隊가이러나ᄂᆞ隻眼不瞬ᄒᆞ더大臣이如干勸告ᄒᆞ니기를自己地位鞏固코ᄌᆞ腦熱沸騰ᄒᆞ야拆ᄒᆞ던코ᄯᅩᆼ이나쎄ᄅᆞ듯ᄒᆞᆫ가어림업다ᄂᆞᆫ會員은汐雜바雜미慮로다

▲自稱經濟研究會ᄂᆞᆫ열혼天花粉아日所事爲무엇잇가그內容을엿힐진ᄃᆡ怪雲暗霧작경도ᄃᆡ包藏禍心何許輩가廟堂捷徑닥노라고이런計策做出인가靑褸의葬미慮로다

▲東洋愛國婦人會ᄂᆞᆫ그目的이무엇잇가奴隷特性鄙夫들은仕宦에나熱이나서外人結緣ᄒᆞ려니와愚昧ᄒᆞᆫ더婦女ᄂᆞᆫ무ᄉᆞᆷ熱에成狂인가그行動이駭然ᄒᆞ니虛水滿腹미慮로다

▲靑樓妓生組合所ᄂᆞᆫ무ᄉᆞᆷ營業못ᄒᆞ여셔賣身資生ᄒᆞ단말가賣淫ᄒᆞᄂᆞᆫ더妓生도그身勢가불샹치만그餘滓를得食코ᄌᆞ設立組合ᄒᆞᆫ더妓夫는니도亦是丈夫인ᄃᆡ豚犬ᄀᆞᆺ似미慮로다

▲可痛일세可痛일세韓國情形可痛ᄒᆞ세人類絕亡하랴ᄂᆞᆫ驕敗子만난다ᄒᆞ니興國코ᄌᆞ이러ᄒᆞᆫ가亡國코ᄌᆞ이러ᄒᆞᆫ가韓民이라ᄒᆞᄂᆞᆫ것이滔々皆是愚痴ᄒᆞ니애고답々韓人들아

…再昨年本國拾三道內各學校에 衛ᄒᆞ야 緊要ᄒᆞᆫ 東西藥業月報와 數百上緊要ᄒᆞᆫ 書籍類印刷되ᄂᆞᆫᄃᆡ 로時々仰呈코져ᄒᆞ오니 貴校番地와 校長校監閣下尊啣을 以서 下示ᄒᆞ심을 千萬伏望

廣告

隆熙元年八月 日 남部茶洞壹統壹戶瓦拾九間家券을 大韓勸農會社에 典當ᄒᆞ고 漢城府認許後 不爲得償ᄒᆞ고 認許狀은 留家而 서失故로 廣告함　崔九顯

本人이 祥原楓洞面綾盛里所在 田嵬字丁壹日半畊과 分字丁半日畊과 造字丁半日畊 文券三度를 隆熙拾月廿壹日에 失故로 玆에 廣告ᄒᆞ오니 內外國人은 拾得ᄒᆞ와도 休紙施行ᄒᆞ시옴
祥原 李達華 告白

本人이 隆熙本月貳拾三日에 路上에서 正字로 彫刻ᄒᆞᆫ 姓名圖章二個와 夾囊을 遺失ᄒᆞ엿는ᄃᆡ 一個ᄂᆞᆫ 漢文陰陽刻姓名盒圖章한個와 木圖章、한쪽은 일홈字만서기고 또 한쪽은 당호만서긴것 壹個와 本人의 嚴稅字卿서긴 木圖章壹個를 遺失ᄒᆞ엿기로 舊章은 勿施ᄒᆞ옵고 圖章을 新造ᄒᆞ오니 內外國人은 照亮ᄒᆞ심을 望함
銅峴九統五戶 乾材藥局 崔興模 告白

本人의 保證金百圜納上ᄒᆞᆫ 帝室財產整理局領收證을 六月에 盜失인바 誰某取得ᄒᆞ야도 無效함
於義城信川庄 上前監官 李炳奎

本人의 次子正林이가 性이 浮浪ᄒᆞ야 今以酒色雜技로 蕩產無餘ᄒᆞ고 而今又被誘於浮浪輩ᄒᆞ야 不知去處이옵기 玆以仰佈ᄒᆞ오니 內外國人間見欺給債則空失ᄒᆞᆯ터이오니 照亮함
慶南昆陽郡西鼎洞 鍾乃呈 告白

本人子光濟가 日本留學에 學費盡乏ᄒᆞ와 退學還歸之際에 族叔應壽시가 發願勸徵ᄒᆞ와 全當學費이옵기 不勝感謝ᄒᆞ와 玆에 廣布함
平安南道肅川巳山 用哲 白

廣落告周

本所에서 同業諸君의 執業上便利를 爲ᄒᆞ야 未墾地、山林、田野、家屋에 關ᄒᆞᆫ 設計書類、圖面及證明條例를 簡明最要ᄒᆞ야 當事者의 羅盤金針을 作코져ᄒᆞ오니 同業諸彦은 迅速購覽함

發賣所 大韓測量組合所
中部樓洞拾貳統四戶
韓興測量所
各書舖

▲特別廣告

緊急ᄒᆞᆫ 事項이 有ᄒᆞ와 來土曜日上午拾二時에 特別會를 開催ᄒᆞ오니 技術僉彦은 屆期光臨ᄒᆞ심을 敬要

大韓測量組合所 白

本人等이 慶南密陽郡下南面守山里에 商店을 設施하고 廣募材與毛物과 各項物種을 壹々具備하와 廉價販賣ᄒᆞ오니 四方僉君子는 來購ᄒᆞ시옴
密陽郡下南面守山 **相信社**
金剛相 金鏞元 李起準 告白

本人의 姓名章을 遺失ᄒᆞ얏삽기 玆에 廣告ᄒᆞ오니 誰某拾得ᄒᆞ와도 永爲勿施함
慶北大邱北內洞六統二戶
片成珍 告白

申碩士光均大人丞判公泰賑씨 陰曆拾壹月二拾三日辰時別世 如是廣告ᄒᆞ오니 鄉間知舊 諒悉敬要
護喪 尹謙五 告白

本人의 六歲女兒를 去拾五日午後에 見失이온바 該兒의 名은 어련년이라ᄒᆞ고 服色은 黑木綾襦와 紅洋木周衣上에 行廚소마입고 頭垂丸綾唐只ᄒᆞ고 足穿紅壹目唐鞋을 ᄒᆞ엿ᄉᆞ오니 誰某던지 보시ᄂᆞᆫᄃᆡ로 보내시면 厚謝ᄒᆞ오리다
三淸洞三統九戶 權泰稷

仁川府牛角洞第四統拾戶 家三間文券을 서失ᄒᆞ얏ᄉᆞ니 誰某拾得이라도 休紙施行함
家主 金바회 告白

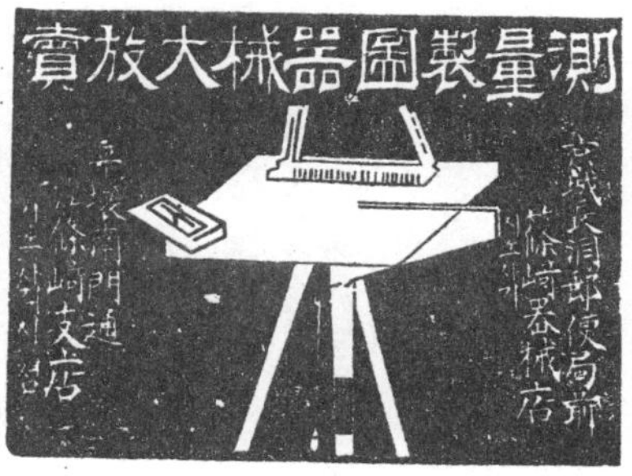

月ノ寸奶씨가 石浹社小性이 浮浪知千萬 欺人之計로 流ᄒᆞ니 內外國人은 勿見欺ᄒᆞᆷ
平北宣川府院洞 田亭植 白

本人의 沓土二십一斗落을 庚寅五月廿八日에 故判書閔斗鎬氏게 被因見奪ᄒᆞᆷ은 世共知也라 今秋에 本人測量冊狀이 今閔泳徽씨가 江華田庄을 放賣中이라ᄒᆞ기로 廣佈ᄒᆞ오니 內外國人은 此二拾貳斗落에 對ᄒᆞ야 勿爲見欺ᄒᆞᆷ
江華 黃環顯 告白

教育小說 **伊太利少年** 李輔相 譯述
全壹冊 正價 廿錢 表紙石版彩印刷

本小說은 伊太利壹工人의 子馬克少年의 數萬里海陸에 跋涉ᄒᆞ야 尋親ᄒᆞᆫ 事蹟이니 著述ᄒᆞᆫ 者ㅣ니 原來其母ᄂᆞᆫ 海外異域에 作客ᄒᆞ거ᄂᆞᆯ 蹤跡을 失ᄒᆞᆫ바 壯哉라 馬克이 十三歲小兒의 單身隻影으로 風霜의 艱難과 猛獸의 危險을 冒ᄒᆞ고 沙漠의 野와 深林의 間에 奔馳ᄒᆞ야 亞美利加大陸을 遍踏ᄒᆞ다가 竟乃他苦孟의 寄跡ᄒᆞᆫ 病母를 尋ᄒᆞ야 母子가 團欒을 得ᄒᆞ얏ᄉᆞ니 嗚呼美哉라 馬克의 至孝ᄒᆞᆷ이여 今에 此를 述ᄒᆞ야 我少年諸君에게 紹介코져ᄒᆞ노라

發行元 ▲皇城中部罷朝橋越邊 **中央書館**
發售處 **京鄉각書舖**

新編 尺牘完篇 附 新舊錢 判法令

全壹冊 正價金壹圜 小包料十錢

△今此局勢가 維新ᄒᆞ고 事爲가 繁劇ᄒᆞᆫ 時代에 際ᄒᆞ야 吾人도 論交酬世의 道가 日廣日多ᄒᆞᆫ즉 尺牘은 不可不讀이라 本尺牘은 已爲刊行于世ᄒᆞ야 江湖의 好評을 博得ᄒᆞ온바 今에 國漢文으로 新編增補ᄒᆞ며 新舊尺牘의 牛耳가 되며 且近日新法令의 緊要ᄒᆞᆫ 者를 摘要附輯ᄒᆞ얏ᄉᆞ오니 一般人士ᄂᆞᆫ 案頭의 必備ᄒᆞᆯ 好書이옴

(發賣所)
皇城中部罷朝橋越 中央書館 朱翰榮
仝 南部ㅇ香路 大東書市 金基鉉
仝 南部大廣橋 滙東書館 高裕相
仝 南門內洞 博文書館 盧益亨
仝 南門外紫岩 新舊書林 池松旭

度支部測量課編纂
土地測量術
全壹冊正價金 幷製六拾錢 洋裝九拾錢

近日測量術書類에 三四種이 刊行되엿스나 不完全의 缺點이 不無ᄒᆞ든바 今에 本書ᄂᆞᆫ 細部測量으로 圖根測量ᄭᆞ지 詳密히 編纂ᄒᆞ얏스며 各種實地測量을 製圖의 圖本을 挿入ᄒᆞ야 實際斯學界의 寶典이오 且紙質의 堅美ᄒᆞᆷ과 製冊의 華麗ᄒᆞᆷ이 測量術書中에 覇王이라 稱ᄒᆞᆯ만ᄒᆞᆷ

〔發兌元〕
皇城中部罷朝橋越 中央書館 朱翰榮
仝 南部ㅇ香路 大東書市 金基鉉
仝 南部大廣橋 滙東書館 高裕相
仝 南門內洞 博文書館 盧益亨
仝 南門外紫岩 新舊書林 池松旭

特別廣告

本社ᄂᆞᆫ 韓美兩國人의 資本으로 美國法律下에 現今成立됨을 玆에 公衆에게 廣布ᄒᆞ노라 本社ᄂᆞᆫ 大韓帝國全國內에 誠實ᄒᆞ고 勤幹ᄒᆞᆫ 人士와 連絡ᄒᆞ야 京鄉各處에 代理人을 置ᄒᆞ겟ᄉᆞ오니 勤實ᄒᆞ신 僉君子ᄂᆞᆫ 本社에 來臨ᄒᆞ야 面商ᄒᆞ시던지 通信으로 協議ᄒᆞ심을 務望함

開城代理店 開城南門內二層商店 金東宣

大韓皇城中部磚洞 (前大韓每日申報社)
韓美興業株式會社 告白
郵函第四十號

國漢文新玉篇

純洋裝四百 餘頁全壹冊 附音韻字彙 定價金壹圓貳拾錢

版權所有

本玉篇은各種字典과字彙를參互ᄒᆞ야漢字의音義와變音變義ᄭᆞ지國文으로詳明히譯述ᄒᆞ고且同音類合百餘頁를國文으로解釋添付ᄒᆞ야漢字의音만알면解得ᄒᆞ기容易ᄒᆞ오며勿論男女ᄒᆞ고國文만알면初學生徒라도漢文寶鑑이오니學界 僉彦은陸續購覽ᄒᆞ심을務望

元賣所 平壤貫洞 耶穌教書院

分賣所 大邱에京城圣路 東一書觀

布屛下 廣學書舖 罷朝橋越便 中央書館
尙동 博文書館 寺洞 惟一書館
寺洞 做心書館 水標橋 匯東書館
鍾路 耶穌教書會 海州南門內 昌書館
鍾路 大東書市 桂洞 玄公廉 京鄉各有名書舖

地方行政論 全一冊

韓聲九氏 撰述

定價金三拾錢

▲本書는地方自治行政에關ᄒᆞᆫ一般의原則과外國의現行制度를參互撰集ᄒᆞ야簡明히論述ᄒᆞᆫ者ㅣ라現히地方官의位에在ᄒᆞᆫ者의行政上參考될은勿論이오全國人士ᄂᆞᆫ各其團躰生活의本旨를瞭解ᄒᆞ야將來自治制度組織의基礎를成ᄒᆞᆯ者ㅣ니有志僉彦은速々購覽ᄒᆞ시옵

發行元 皇성中부罷朝橋越邊 中央書館

발售處 京城及地方 各書肆

實業小說 송뢰금 松籟琴

蕉雨堂主人 陸定洙 著 定價金 二十五錢

祖國의精神을培養ᄒᆞ고自由思想을鼓動ᄒᆞᄂᆞᆫ惟壹奇書

仕宦의熱慾을打破ᄒᆞ고實業ᄒᆞᆯ觀念을喚起ᄒᆞᄂᆞᆫ最良好籍

발매所 皇城南門內尙동 博文書館 京鄉각有名書館

米國元稚多嘉氏ᄂᆞᆫ天父의命ᄒᆞ심을順從ᄒᆞ야大韓青年의德育體育智育ᄒᆞᄂᆞᆫ基督青年會館에八萬圓을寄附ᄒᆞ얏스니我韓人民도天命을順受ᄒᆞ야元稚多嘉씨의厚意를萬分之壹이라도報答ᄒᆞᆯ지라天父前의罪人李觀化朴慈惠夫婦의所有ᄒᆞᆫ至藥五千圓價値衛生上緊要ᄒᆞᆫ商品과또永存不消ᄒᆞᄂᆞᆫ四商權을天父命令으로我國青年의게寄付ᄒᆞ와天賜

大韓國十三道各郡에總發行所ᄂᆞᆫ京城南太門內 濟生堂大藥房

陸軍軍醫金守鉉君實驗方劑 陸軍軍醫張基茂君有効證明 ●公衆衛生之諸君子常備之靈藥

消化新藥 清心保命丹

發行所 仁川港在峴 濟生堂藥房

九粒入金拾錢

(主治效能)

담飮●咳嗽●胃痛腹痛 氣鬱●食傷●中暑中寒 食積●吐瀉●水土不服 酒醉●口臭●船車眩暈 其他邪氣厲疫의預防 ᄒᆞᄂᆞᆫ奇效가有홈

蛔積殺蟲散

약 (금십錢)

右藥은蛔虫壹切을拔根ᄒᆞᄂᆞᆫ妙

北米邦補益水 (定價金三圓)

此약은補血補元氣ᄒᆞ고手足厥冷ᄒᆞᆫ되와腹中冷病과氣不足ᄒᆞᆫ되積病에特效가有ᄒᆞᆯ뿐외라鹿茸人蔘보다倍勝ᄒᆞ기로擅名이되얏소

●美國最新上品金桂納○德國上品金桂納其他內外國新製藥과○陰陽雙補藥○○不足症藥○婦人冷病藥○男女瘡病藥○寸虫去根藥○되는藥○眼藥各種○疥瘡藥○皮風藥○小大腫氣膏藥各種○感氣藥○淋疾藥○舊滯藥○其他各種은一一難記○大韓全國內藥商ᄒᆞ시ᄂᆞᆫ僉彦게ᄂᆞᆫ特히割引ᄒᆞ야大放賣ᄒᆞ오니陸續注文要望○遠地에ᄂᆞᆫ小包郵便으로信送홈

◉支店及出張所ᄂᆞᆫ

開城	水原	江華	公州	江鏡	濟州	忠州	永同	禮山
天安	群山	全州	光州	羅州	木浦	濟州	大邱	伊川
晋州	馬山	釜山	金泉	密陽	慶州	江陵	春川	長連
元山	咸興	北靑	鏡城	平壤	三和	安州	宣川	安東
義州	郭山	定州	博川	德川	寧邊	鐵山	海州	龍川
延安	信川	長淵	安岳	載寧	鳳山	瑞興	黃州	新幕

京城南大門水閣橋 仁川港在峴 濟生堂主 李庚鳳 謹告

◉漢城鍾路天賜青年公有慈惠大藥房에四商權一目的

一商權은李觀化朴慈惠李敏邑沈慈善兄弟夫婦가西洋病院에入학ᄒᆞ야醫藥上에六七年修業ᄒᆞ다가鍾路市上에壹邊으로醫院을特設ᄒᆞ고壹邊으로製藥所를大設ᄒᆞ고兄弟夫婦가坐市賣藥ᄒᆞ오니此爲壹商權이요

二商權은慈惠藥房藥方文은漢城南大門外濟衆院方藥에서神妙ᄒᆞᆫ藥方文을抄出ᄒᆞ야가지고醫學博士洪제厚洪鍾殷兩氏에게實驗方劑書를受ᄒᆞ고또商標特許局에慈字商標를登錄ᄒᆞ얏고藥材마다大韓醫院에試驗을ᄒᆞ야衛生試驗部의서化學으로分析ᄒᆞ야人民衛生에適當ᄒᆞ기로藥學士兒島高里君과壹等약製官劉世煥氏의게確實證明書를受ᄒᆞ엿스니此爲二商權이요

三商權은慈惠藥房에서活版所를特設ᄒᆞ고職工이製藥并ᄒᆞ야十五人에達ᄒᆞ고鑄字가三十萬字요大小機械가具備ᄒᆞᆫ지라隆熙二年六月廿二日의內部大臣의게認可를受ᄒᆞ고第三種郵便物認可를得ᄒᆞ고東

西藥業月報를每月版出ᄒᆞᄂᆞᆫ대其目的은東西新藥과大韓과日本과清國과獨國과法國과英國과美國新製藥品이新發明되ᄂᆞᆫ대로主治効能과用法과定價를國漢文으로繙譯ᄒᆞ야記載하고銅峴乾材藥局唐艸材昇降ᄒᆞᄂᆞᆫ時價와洋약乾材檢査

表와時價를每月印刷ᄒᆞ야拾三道內鄕村에居住ᄒᆞᄂᆞᆫ兄弟의게도月報를每月에報告ᄒᆞ오니此爲三商權이요

四商權은各色圖畫印刷ᄒᆞᄂᆞᆫ石版機械를新備ᄒᆞ고書冊에衣도美麗ᄒᆞ게ᄒᆞ고냑封外皮도各色圖畫로印刷ᄒᆞ고全國十三道內각社會及各學校에株券地圖商標에校級證實狀證卒業證書修業證書매냑封皮冊衣類書見本간보고精々印刷ᄒᆞ야以小包郵便으로信送ᄒᆞ야使遠地居住僉兄弟로不必上京케ᄒᆞ오니此爲四商權이요

一目的은金貨를多聚ᄒᆞ야全國青年教育上에公用ᄒᆞᆯ目的

天父前의罪人李觀化朴慈惠伏地祈禱

大韓帝國仁川在峴 全國內各藥舖 總發行所 和平堂大藥房

婦人靈藥 부인령약 胎養調經丸 틔양됴경환 壹劑壹月分 금五圓

主治說明

婦人이孕胎ᄒᆞ지못ᄒᆞᆷ은冷病積病과月經不調로因ᄒᆞᆷ이니此藥을服用ᄒᆞ시면婦人腹中에有ᄒᆞᆫ諸病은壹切退去ᄒᆞ고自然孕胎ᄒᆞ오니速臨買去하시옵

諸病 ▲사향소청단 麝香消淸丹
補藥 ▲

八寶丹 九粒入金十錢

滋陽丸 ᄌᆞ양환

補陰補陽 三拾日分 금五圜 貳拾日分 금三圓四拾전 拾日分 금壹圓八拾전

主治 ○房事不容○腎虛腰痛 ○病後氣喘○腎氣足 ○陽痿不起○遺精多夢 ○陰虛火動○房事後惱困 ○手足厥冷○形容蒼白 ○吸烟斷烟客間 ○體質虛弱消瘦

此外의도東西洋各國靈藥이俱備ᄒᆞ오니各地方외셔도隨用請求ᄒᆞ시면郵便으로보낼터이요各處藥商ᄒᆞ시ᄂᆞᆫ僉位게ᄂᆞᆫ特別割引放賣ᄒᆞ오니陸續注文ᄒᆞ심을務望

製藥所 仁川港在峴 和平堂藥房

發行人 李應선

京城鍾路 衣廛下 和平堂支店

代理店 京城南門內水橋濟生堂藥房 京城入商橋 共愛堂藥房

支店及出張所

元山 載寧 義州 郭山 開城
木浦 咸從 宣川 禮山 博川
三和 長淵 安岳 鐵山 大邱
群山 龍川 平壤 黃州 安州
釜山 水原 安岳

京城종로 仁川港在峴 和平堂 告白

本會事務가漸次擴張이온바本會에國人 신 有志僉君子ᄂᆞᆫ本會를陸續來救ᄒᆞᆷ시기를發達케ᄒᆞ심을希望홈

大韓山林協會 本부告白 (電話二九二番)

發行兼編輯人 萬咸 Responsible for Publication Alfred W. Marnham
發行所 南署大廣通洞弟三統三戶 大韓每日申報社

大韓每日申報

第六卷

月曜及慶節 歲時日休刊

開國紀元四千二百四十一年
箕子元年三千三十年
大韓開國五百十七年
日本明治四十一年
淸國光緖三十四年
陰曆戊申十一月小廿六日戊申

論說

◎舊書刊行論 續

（書籍出版家諸氏에게 告홈）

數百年來로 彼文廟의 靑塊冷猪肉이 經學者의 流涎爭奪ᄒᆞᄂᆞᆫ 비된지라 聰明男子가 生髮이 纔燥ᄒᆞ면 自然家庭及社會의 薰習에 染ᄒᆞ야 眼睛에 鈔壹所ᄂᆞᆫ 慾에 此뿐인ᄃᆡ 又此를 得ᄒᆞᄂᆞᆫ 道ᄂᆞᆫ 無他라 考據ᄒᆞ며 摸倣에 善ᄒᆞ야 程子ㅣ 云云거던 我도 云云ᄒᆞ며 朱子ㅣ 云云거던 我도 云云ᄒᆞ며 退溪ㅣ 云云거던 我도 云云ᄒᆞ며 栗谷이 云云거던 我도 云云ᄒᆞ야 口가 我口언만 惟古人의 言만 是言ᄒᆞ며 腦가 我腦언만 惟古人의 思만 是思ᄒᆞ야 末乃我의 言語行動毛髮膚肉이 古人影子와 彷彿ᄒᆞ면 士林에 稱曰先生이라ᄒᆞ며 後世에 尊曰儒賢이라ᄒᆞ야 第壹等奴隸資格을 養成ᄒᆞ면 第壹等待遇를 得ᄒᆞ나니

嗚呼라 古人의 可尊者ᄂᆞᆫ 尊ᄒᆞ려니와 後人의 道理ㅣ나 엇지 我를 全棄ᄒᆞ고 此를 盲從ᄒᆞ리오 擧國이 如此ᄒᆞ거니 비록 古代或當時에 新說의 書籍이 有ᄒᆞ더ᄅᆡ도 誰가 此를 適間ᄒᆞ리오 此時(?)에 文明三大利器의 一이 되ᄂᆞᆫ 鐵板印刷術의 發明은 韓國이 世界의 先鞭을 着ᄒᆞᆫ 者이나 然이나 版權專賣法이 無ᄒᆞ야 書商이 出版의 利를 不知ᄒᆞᄂᆞᆫ 故로 或可待ᄒᆞᆯ 奇書가 有 [illegible] 道가 只是寒 [illegible]

ᄒᆞ고 其樣書籍이던지 自己眼에 合ᄒᆞ면 此를 抄寫ᄒᆞ야 家中에 藏ᄒᆞ나 不幾日에 其子其孫이 飢寒의 太迫을 不勝ᄒᆞ야 渠의 祖先이 腹을 撐ᄒᆞ며 凍硯을 呵ᄒᆞ고 僅僅寫出ᄒᆞᆫ 冊子를 幾錢幾兩米幾斗에 多錢公侯家로 賣渡ᄒᆞ니 是以로 一代良書籍이 公侯故家에 獨多ᄒᆞᆫ지라 然이나 公侯ᄂᆞᆫ 貴人이라 粱肉에 腹裂ᄒᆞ고 權利에 眼赤ᄒᆞ야 富貴二字를 硏究홈에 無暇ᄒᆞ거던 奚暇에 萬卷書籍을 閱覽ᄒᆞ리오 其書籍을 購置ᄒᆞᄂᆞᆫ 意ᄂᆞᆫ 不過是世族家의 外觀을 壯嚴코자 홈뿐이라 是以로 幾年을 不過ᄒᆞ야 蠹蝕이 아니면 腐爛이 아니며 落脫이 아니면 地區(?) 壹年의 曝曬도 百年書籍의 壽命을 無益케ᄒᆞ리오 此가 (五)라 此五弊로 因ᄒᆞ야 本國의 可傳ᄒᆞᆯ 書籍이 幾乎絶種이 되ᄂᆞᆫ도다

嗚呼라 嶺湖오 儒가 三年만 [illegible]ᄒᆞ면 身後文集이 雙籠에 亂布ᄒᆞ며 京城老宰가 數日만 吟哦ᄒᆞ면 生前詩名이 人壞에 喧傳ᄒᆞ나니 彼腐敗社會의 人物을 媚逆ᄒᆞ나니 勢利의 塵를 爲操ᄒᆞ면 其[illegible] 笑의 文字로 [illegible] 流布되야 人心을 腐敗케ᄒᆞᄂᆞᆫ 書籍이 [illegible] 湮沒ᄒᆞ야 [illegible] 志士의 [illegible] 바 아니라 오 [illegible] 界偉人의 [illegible] 國民의 心情을 [illegible] 先生集이 [illegible] 登ᄒᆞ며 [illegible] 文字가 [illegible] 其全集이 [illegible] 不滿(?) [illegible] 世學大[illegible]

丁茶山先生ㅣ 集을 醬瓮에 倚付ᄒᆞ고 本國編年史에 蒐稱最富ᄒᆞᆫ 東史綱目과 其他本朝文獻에 可考ᄒᆞᆯ 燃藜述朝野輯要等이 尙且抄本을 未免ᄒᆞ얏도다

然이나 此ᄂᆞᆫ 猶世人의 稔知ᄒᆞᄂᆞᆫ 冊子어니와 余가 往年에 何許書店에 過ᄒᆞ다가 擇里志라 云ᄒᆞᄂᆞᆫ 冊子가 有ᄒᆞᆫᄃᆡ 各道의 人心風俗을 詳論ᄒᆞ야 東國地理學上에 壹公案을 可添ᄒᆞᆯ 者오 又崔絅(?)이 嘗自言ᄒᆞ되 自家의 書篋에 二秘函(?) 傑傳이 有ᄒᆞᆫᄃᆡ 三國以來排(?)名將의 事跡을 詳細列錄ᄒᆞᆫ 者라ᄒᆞ며 又남章縣(?)의 家에 山水名畵二番이 有ᄒᆞᆫᄃᆡ 第壹章에ᄂᆞᆫ 東國古代의 地圖오 第二章에ᄂᆞᆫ 三國時代의 疆圖오 第三章第四章에ᄂᆞᆫ 新羅及高麗의 地오 또 其下에ᄂᆞᆫ 本朝八道各郡의 而邑山水를 詳列ᄒᆞ야 卽扶餘族의 最初占據ᄒᆞᆫ 地方과 歷代道郡의 沿革이 目下에 宛然ᄒᆞ더라 余眼에 㬥及ᄒᆞᆫ 者ㅣ 太畧如此ᄒᆞ니 又其外에 可奇可寶ᄒᆞᆫ 書籍의 泯沒ᄒᆞᄂᆞᆫ 者ㅣ 將幾何인지 不知ᄒᆞᆯ지며

未完

官報

隆熙貳年拾貳月二拾七日 官報

農商工部令第三十二號

第百九拾一條 社債登記의 申請書에ᄂᆞᆫ 左開書類를 添附홈을 要홈

壹 債務의 貸借對照表

二 社債의 募集廣告를 行ᄒᆞᆫ 新聞紙의 證憑書面

三 社債에 對ᄒᆞ야 全額의 拂納이 有ᄒᆞᆫ 줄을 證ᄒᆞᆯ 書面

四 [illegible]

五 社債原簿(?) 社債의 募集에 關ᄒᆞᆫ 株主總會의 決議錄 未完

外報

●滿洲新政府成立 東京電을 據 [illegible]

ᄒᆞᆫ則 南滿洲鐵道會社債欵이 成立되얏ᄂᆞᆫᄃᆡ 金額은 二千萬元이오 年五步 發行價格은 九十七磅이오 期限은 二十五個年이라ᄒᆞ더라

●波斯의 大騷亂 東京電을 據ᄒᆞᆫ則 波斯의 騷亂은 益益激烈ᄒᆞ야 無政府의 態度가 有ᄒᆞ다더라

●王政務逝去(?) 同電을 據ᄒᆞᆫ則 淸國辨理政務大臣王文韶氏ᄂᆞᆫ 逝去ᄒᆞ얏다더라

●加奈陀의 排日 倫敦電을 據ᄒᆞᆫ則 加奈陀에셔 排日派가 群集ᄒᆞ야 大會를 成ᄒᆞ고 日本의 條約을 破棄ᄒᆞ고 亞細亞人排斥法律을 制定ᄒᆞ야 政府에 要求ᄒᆞ기로 決定ᄒᆞ얏다더라

●露國의 公債募集 路透電을 據ᄒᆞᆫ則 露國議會ᄂᆞᆫ 壹千九百零九年度의 歲入이 不足홈으로 補充키 爲ᄒᆞ야 壹億(?)留의 公債를 募集ᄒᆞ기로 決定ᄒᆞ얏다더라

雜報

●西上測量 [illegible]郡西上面住 山동居徐基시가 測量학校를 設立ᄒᆞ고 敎師金在然씨를 延聘ᄒᆞ얏ᄂᆞᆫᄃᆡ 第二回月終試驗을 經ᄒᆞ얏ᄂᆞᆫᄃᆡ 優等生은 崔錫煥等七人이오 及第生은 김學洙杜炳殷等七十人이오 特히 優等生은 崔喆丁서等五人이라더라

詞藻

●[illegible] 對 力

烏[illegible]우ᄂᆞᆫ 곳에 七尺長劍빗나도다

兵은 [illegible] 千里之外ᄒᆞᆫ다ᄒᆞ고 [illegible]信이 必勝功必取ᄒᆞᆫ다 [illegible]

項羽에 [illegible] 烏江을 맛이다면 天下事를 [illegible]

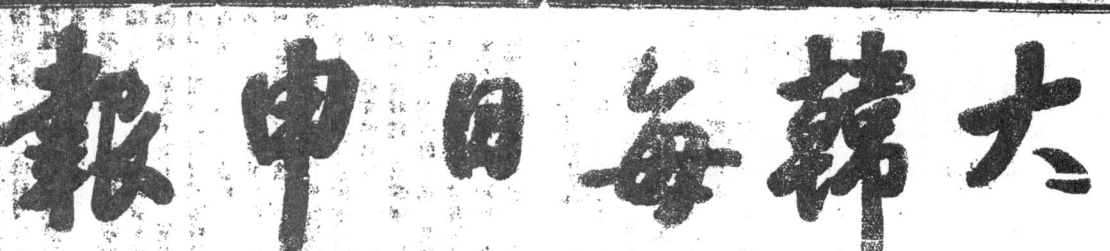

雜報

●東宮御避寒　韓國 皇太子殿下께셔本月二拾日에日本赤阪靈南坂에在ᄒᆞᆫ伊藤統監官邸로避寒ᄒᆞ신다더라

●巷說雜信　何許挾雜輩田朴二名이日本에 御留ᄒᆞ시ᄂᆞᆫ韓國 皇太子殿下를 還御ᄒᆞ시게ᄒᆞ깃다고何以運動이던지皇室의巨額金을盜取ᄒᆞ야互相分與ᄒᆞᆫ事이有ᄒᆞᆫ기로警視廳에셔此를聞知ᄒᆞ고該人等을捕捉코ᄌᆞᄒᆞᆫᄃᆡ該人等이知機逃躲ᄒᆞ얏슴으로方在嚴詗中이라ᄂᆞᆫ巷說이有ᄒᆞ다더라

●延禧宮移建　東闕內延禧宮을同闕內博物館으로移建ᄒᆞ기로定ᄒᆞ야役夫數百名이該宮을完全히移去ᄒᆞᄂᆞᆫᄃᆡ現今拾餘日運動ᄒᆞᆫ것이不過數拾步라더라

●總理爭功　總理大臣李完用氏가某大官을對ᄒᆞ야言ᄒᆞ되內大宋秉畯氏가我의椅子를奪據코ᄌᆞ極力運動ᄒᆞᆫ다ᄒᆞ나誠壹可笑ᄒᆞᆯ事이로다韓日兩國의功績을槪論ᄒᆞ면我의功勞가宋氏에不下ᄒᆞᆯ것시어ᄂᆞᆯ此椅子를遽然見奪ᄒᆞᆯ理가有ᄒᆞ리오ᄒᆞ고評辯이大端ᄒᆞ얏다더라

●鬱鬱狂　日前中樞院顧問朴齊純氏가統監府某大官을訪問ᄒᆞ고言ᄒᆞ되多年저伏ᄒᆞ야鬱鬱ᄒᆞᆫ思念을難免ᄒᆞ깃스니某大臣闕을窺ᄒᆞᆯ得케하야달나고百般提論ᄒᆞ얏다더라

●朴氏晩餐　中樞院顧問朴齊純氏가再昨日下午四時에晩餐會를設ᄒᆞ고各大官을請邀宴待ᄒᆞ얏다더라

●三叙四留　忠南觀察使崔廷德시가郡守七人을內部에再次薦報ᄒᆞ얏더니日昨 奏本에셔薦報中三人만爲先叙任ᄒᆞ고其餘ᄂᆞᆫ아직留案ᄒᆞ얏다더라

●司令部晩餐　本月拾九日午後五時에龍山에在ᄒᆞᆫ第六師團司令部의新建築ᄒᆞᆷ을祝ᄒᆞ기爲ᄒᆞ야晩餐會를開ᄒᆞᆯ터인ᄃᆡ伊藤統監及曾禰와各大官과各國領事가參席ᄒᆞᆫ다더라

●陵官調査　各陵陵官을明年度爲始ᄒᆞ야ᄂᆞᆫ壹切減額ᄒᆞ기로內定이되야現今宮內府에셔各陵官의存拔ᄒᆞᆯ者를調査ᄒᆞᄂᆞᆫ中이라더라

●何事質問　壹進會에셔何事件을因ᄒᆞᆷ인지承寧府總管趙民熙氏의게總代를再次派送質問ᄒᆞ얏다더라

●和信洋行解散　淸津會寧鏡城間에輕便鐵道를經營ᄒᆞ기爲ᄒᆞ야設立된和信洋行은爾來로經營이失敗되야昨年拾二月로부터今年三月ᄭᆞ지損害가七千圓에達ᄒᆞ얏슴으로또解散ᄒᆞᆯ境에至ᄒᆞ얏다더라

●何事復來　前侍從沈漢澤氏가 皇室의巨額金을竊取ᄒᆞ고上海로避身逃躲ᄒᆞᆫ後自己家眷ᄭᆞ지盡爲率去ᄒᆞᆷ은衆所共知어니와該氏가有何思想이던지近頃에歸國ᄒᆞ얏다ᄂᆞᆫ說이有ᄒᆞᆷ으로警視廳에셔嚴密히詗探中이라더라

●申氏逢厄　前警務使申泰休氏家에셔肥料桶을尙未設置ᄒᆞᆫ故로日前에該署內巡査가卽時設立ᄒᆞ라고指揮ᄒᆞ미申氏가該巡査를對ᄒᆞ야下待ᄒᆞᆷ이有ᄒᆞ던지該巡査가壹場詬辱ᄒᆞ얏다더라

●銀行批評　廣橋天壹銀行에셔ᄂᆞᆫ他人의多數錢財를任置ᄒᆞ고該任主가還推코ᄌᆞᄒᆞᆫ면東西推托ᄒᆞ며不卽支撥ᄒᆞ다가法庭에被訴ᄒᆞᆫ면不得已支撥ᄒᆞᆷ으로該銀行은不信用ᄒᆞᆫ다ᄂᆞᆫ批評이有ᄒᆞ다더라

●痘員挾雜　慶尙南道二嘉郡에ᄂᆞᆫ牛痘委員이라稱ᄒᆞᄂᆞᆫ南廷俊이가該境內에往來ᄒᆞ며施痘ᄒᆞᄂᆞᆫᄃᆡ男女를勿論ᄒᆞ고十五歲以下ᄂᆞᆫ天然痘를已經ᄒᆞᆫ者이라도威脅施痘ᄒᆞ고對抗者가有ᄒᆞ면罰金幾何式勒徵ᄒᆞ며或種痘及紹首에게請囑ᄒᆞ야牛痘를不施ᄒᆞ고捧錢의弊가有ᄒᆞᆷ으로民怨이浪藉ᄒᆞ다더라

●突然逃躲　前郡守吳信默氏가何事件을因ᄒᆞᆷ인지日前에不知去處로潛身逃躲ᄒᆞ얏다더라

●製藥法協議　本日下午十壹時에泥峴京城學校內에셔漢城內韓日醫師가齊會同ᄒᆞ야衛生上에關ᄒᆞᆫ製藥ᄒᆞᄂᆞᆫ法을協議ᄒᆞᆫ다더라

●裕陵少壘　日前에義兵拾餘名이楊州郡裕陵에來到ᄒᆞ야該陵守護軍等에게軍需錢을指揮ᄒᆞ다가陵軍과壹時間을交戰ᄒᆞ얏다더라

●行賊何異　沃川郡安內面龍湖居ᄒᆞᄂᆞᆫ廉利鉉은數拾年雜技軍인ᄃᆡ近者에年少愚昧ᄒᆞᆫ廉順八李相薰兩人을誘引ᄒᆞ야雜技債幾百兩을負케ᄒᆞ고李丙源과同謀ᄒᆞ야家産田畓을勒奪ᄒᆞᆫ다ᄂᆞᆫᄃᆡ該郡官吏ᄂᆞᆫ知而不禁ᄒᆞᄂᆞᆫ지民情이嗷嗷ᄒᆞ다더라

●是何賊漢　近日에京城雜類輩가楊州等地에下去ᄒᆞ야人民을詐欺ᄒᆞ야曰民有田畓이不過幾日에沒數屬公ᄒᆞᆯ터이니錢幾圓式出給ᄒᆞ면屬公ᄒᆞᄂᆞᆫ中에셔拔給ᄒᆞ깃다ᄒᆞ고民財를欺取ᄒᆞ얏다더라

●日人盜行　仁川居留日人松岡及芝山兩人이韓人朴須仁旅館에셔數日宿泊ᄒᆞ다가食價ᄂᆞᆫ壹分도不給ᄒᆞ고飮食만討求ᄒᆞᄂᆞᆫ故로朴氏가不應ᄒᆞᆫ즉芝山이가大怒ᄒᆞ야木枕으로朴氏를亂打ᄒᆞ고仍爲逃走ᄒᆞ얏다더라

●靈郡魔賊　靈山郡守李瓚永氏와該郡八面都面長宋振九申贊成兩氏와鄕任拾餘名이義捐金이라ᄒᆞ고各面에請求ᄒᆞᄂᆞᆫᄃᆡ詞捐原額은四拾五兩이오請求人의供饋費가三십餘兩이니壹邑을統計ᄒᆞ면七八千兩에至ᄒᆞ고吉谷面居李貞和氏ᄂᆞᆫ私立學校敎師의供饋를獨擔ᄒᆞ야敎育에熱心者인ᄃᆡ宋振九氏가百方沮害ᄒᆞ고壹進會長曺容鎭氏ᄂᆞᆫ春邑과公同財産을調査ᄒᆞ야該郡學校에勒附ᄒᆞᄂᆞᆫᄃᆡ吉谷面의公同財産ᄭᆞ지奪去ᄒᆞ야該面學校ᄂᆞᆫ廢境에至ᄒᆞ얏고郡守李瓚永氏ᄂᆞᆫ書員十六名을심六面에派出ᄒᆞ야例償錢壹萬七八千兩을排斂ᄒᆞ기로民怨이漲大ᄒᆞ다더라

●縛人奪物　日昨東小門外水踰峴等地에셔賊漢二名이突出ᄒᆞ야米商壹名을峽谷中으로携去ᄒᆞ야松枝에緊縛ᄒᆞ고牛隻과米石을奪去ᄒᆞ얏다더라

●日人被殺　咸鏡南道三泉仁遮堡附近에셔日本人數村이가義兵에게殺害를當ᄒᆞ얏고또日本京都에住ᄒᆞ던日人西田嘉吉及黑須慶이가同郡新加乙波鎭附近에셔義兵에게被殺ᄒᆞ얏다더라

●湖南義金募集　湖南學會에셔該會經費를支用ᄒᆞ기爲ᄒᆞ야全羅南北道에收金委員을派送ᄒᆞ얏더니該남道에셔募集金이三千餘圓에達ᄒᆞ얏다더라

●博士講道　美國哲學博士趙元時氏의渡韓ᄒᆞᆷ은已爲揭載ᄒᆞ얏거니와該博士가來日曜上午拾壹点에貞洞敎堂에셔講道ᄒᆞ고多數ᄒᆞᆫ男女敎友의入敎禮式을擧行ᄒᆞᆫ다더라

●敎師婚禮　大韓新聞社總務申光熙氏가去月頃에喪配ᄒᆞ고尙今鰥居ᄒᆞ더니昨日下午壹時에西部長興洞敎堂에셔二拾五歲된崔氏夫人과婚禮를成ᄒᆞ얏다더라

●大韓總會　今日下午二時에大韓少年會에셔京城孤兒院內에臨時總會를開ᄒᆞᆫ다더라

●嶠南總會　嶠南敎育會에셔來日曜日上午拾二時에定期總會를本會館內에開ᄒᆞ고緊要事務를處理ᄒᆞᆫ後에演說ᄒᆞᆫ다더라

●探險演說　西洋의有名ᄒᆞᆫ世界探險家헤진박士가今日下午四時에종路靑年會館에셔二十八年經歷ᄒᆞᆫ演說ᄒᆞᆫ다더라

●測量卒業　專門講習所에셔去日曜日下午八時에第二回測量卒業式을經ᄒᆞ얏ᄂᆞᆫᄃᆡ最優等生은朱堯翼沈珪燮等四人이오優等生은趙鏞九俞鎭鎬等拾二人이오及第生은梁회鄕李祀游等二십三人이라더라

●安塾卒業　安興義塾測量科에셔第二回卒業을經ᄒᆞ얏ᄂᆞᆫᄃᆡ最優等丁南注張在徹等과優等兪好善申俊均等과及第李祥龍等九拾八人이라더라

●興仁試驗　仁川新峴面局洞私立興仁義塾에셔年終試驗을經ᄒᆞ얏ᄂᆞᆫᄃᆡ甲班優等生崔文鉉李회圭等五人이오及第生嚴臣金鮻圭等五人이오乙班優等生嚴柱東金泰璠等七人이오及第生金千福卞鳳鍊等五人인ᄃᆡ塾主嚴選永시와塾長리世根시가鉛筆과空冊을多數施賞ᄒᆞ얏다더라

●李氏有志　通津郡居前主事李能夏氏ᄂᆞᆫ本以孤立之勢로家事를不顧ᄒᆞ고敎育에熱心ᄒᆞ야該郡光明夜學校에名譽로敎授ᄒᆞ고또同郡祖江里에汾陽支學校를設始ᄒᆞ야靑年을敎育ᄒᆞ며兩校學徒가七十餘名에達ᄒᆞᆫ지라遠近人士가無不稱頌ᄒᆞᆫ다더라

●財務主事熱心　平山郡內私立永豐學校敎師ᄂᆞᆫ自己의家故를因ᄒᆞ야還歸ᄒᆞᆫ後生徒三拾餘名이敎師가無ᄒᆞ야廢校됨을慨歎之境에該郡財務署主事任台璉氏가生徒의情形을慨惜ᄒᆞ야去拾三日부터該校夜學을設ᄒᆞ고日語筭術理化動物其他科程을熱誠敎授ᄒᆞᆫ다더라

●新盛義務　黃海道遂安郡上儉에新盛學校ᄂᆞᆫ昨七月에設立인ᄃᆡ學徒가四십餘人이오其設立者李鍾祿李相斗盧學奎諸氏가維持方針과時代形便에壹場說明ᄒᆞ미會集衆民이擧皆興感ᄒᆞ야爭先義捐ᄒᆞᆫ額이六百餘圓에達ᄒᆞ얏고該洞에在ᄒᆞᆫ齋계土와洞계田과鄕約계田을該계員들이自願附校ᄒᆞ얏다더라

●隆昌講習　金석기閔敎說金容奭諸氏가隆昌講習所를中部河橋等地에設立ᄒᆞ고晝夜學을分ᄒᆞ야專門科로敎授ᄒᆞᄂᆞᆫᄃᆡ晝夜學員이百餘名에達ᄒᆞ얏다더라

▲地方消息▼

▲本月十五日咸鏡南道方村附近에셔義兵十餘名이該村分遣所日憲兵及補助員과交戰ᄒᆞ얏다더라

▲對月彈琴▼

▲萬戶長安寂寞ᄒᆞᆫᄃᆡ不行文武絃琴을서줄언저골너놋코新曲調로戲弄ᄒᆞ니韓國情形이아닌가鐘子期ᄂᆞᆫ어ᄃᆡ가고曉天明月來照로다

▲第壹絃ᄐᆞ라고보니西方金聲完然ᄒᆞ다銀銅鐵더鑛産은利益中의最大ᄒᆞᆫ데外人에게다내주고富強키를虛望ᄒᆞ니어리석다韓人이여

▲第貳絃ᄐᆞ라고보니東方木聲完然ᄒᆞ다木牛流馬짓던奕雄而今에도또잇ᄂᆞᆫ가亂臣賊子縱橫인대富強키를虛望ᄒᆞ니어리석다韓人이여

▲第三絃ᄐᆞ라고보니北方水聲完然ᄒᆞ다水災旱魃連疊ᄒᆞ야五穀不登凶年에民國俱困이러ᄒᆞᆫ데富強키를虛望ᄒᆞ니어리석다韓人이여

▲第四絃ᄐᆞ라고보니남方火聲完然ᄒᆞ다火炎崑岡ᄒᆞ엿ᄉᆞᆫ지玉石俱焚될인가地方風塵騷擾ᄒᆞᆫ대富強키를虛望ᄒᆞ니어리석다韓人이여

▲第五絃ᄐᆞ라고보니中央土聲完然ᄒᆞ다土地森林渡狀으로復日出許可ᄒᆞ야各處民怨浪藉ᄒᆞᆫ데富強키를虛望ᄒᆞ니어리석다韓人이여

▲第六絃ᄐᆞ라고보니右邊文聲完然ᄒᆞ다明界의魔賊輩가百方으로沮害ᄒᆞ야民智發展杳然ᄒᆞᆫ데富強키를虛望ᄒᆞ니어리석다韓人이여

▲第七絃ᄐᆞ라고보니左邊武聲完然ᄒᆞ다武備競爭此時代에各軍隊를解散ᄒᆞ야勇敢力을抹殺ᄒᆞ고富強키를虛望ᄒᆞ니어리석다韓人이여

▲恨ᄒᆞᆯ말아々々々韓國人들恨ᄒᆞᆯ말아歐美列强더ᄒᆞᆫ國도維新初步皆如此라忍耐性을培養ᄒᆞ고冒險에進ᄒᆞ량이면必至富强ᄒᆞ리로다

[illegible] 再告 全國拾三道內各學校에 衛生上緊要한 東西藥業月報와 敎育上緊要한 書籍類印刷되는 대로 時々仰呈코자 하오니 貴學校番地와 校長校監閣下 尊啣을 以書下示하심을 千萬伏望함

廣告

本人이 姓名章을 路中서 失하얏스오니 知舊間切勿見欺하시옵
中部河橋八拾壹統一戶　申奭泳 白

本人의 箭串坪所在한 頁田土舍音之事는 本非相關이오니 內外國人은 咸히 知悉하옵
羅島炭[illegible]九戶 徐相喜 [illegible]白

本人의 [illegible]關敎시 圖章을 收藏하얏다가 本月십六日의 見失하얏스니 知舊間 照亮함
[illegible]倫敎 告白

本會定期總會를 來日曜日(陰廿七日) 上午十二時에 本會館內에 開하오니 本會員은 光臨하심을 敬要
嶠南敎育會

安洞 前 **德語學校** 內에 本塾이 大東寄宿館으로 移去하고 晝測量夏個月과 夜測量을 增募하야 壹個月速成敎授하오니 願學僉員은 早速請願함을 望함

中興義塾
本社 總安淳煥氏는 辭退하고 崔榮穆氏가 該事務를 臨時代辦함
圓覺社 告白

世界一週演說 內洋에 有
名한 世界探險家 헤진博士가 今日下午四時에 鍾路靑年會館에서 廿八年間奇々妙々한 經歷을 演說함이오니 僉有志는 來臨하시압
尹致旿等 [illegible]白

本人의 姓名正陽刻圖章을 去陰貳拾四日에 失하얏기 玆에 廣告함
康秉原 告白

慶尙南道昌原郡馬山港으로 自[illegible]港以來로 至于幾十年토록 客主營業을 各別無하야 今에 該港掘山頭에 家屋壹座를 建築하고 昌信號客主를 新設한 以後로 客商의 雲集하야 商業發達되는 物貨放賣之日에 該物價의 多少를 不拘하고 當出給하오니 客商이 多々留連하는 弊가 無케 하오니 各處僉君子는 速々來臨하심을 希望함
慶南 昌原郡馬山港掘山頭
諸有詳 告白

[illegible]

本所에서 [illegible] 業諸君의 執業上便利를 爲하야 未墾地、山林、田野、家屋에 關한 設計書類、圖面及證明條例를 簡明最要하야 當事者의 羅盤金針을 作코자하오니 同業諸彦은 迅速購覽함
發賣所 大韓測量組合所 中部樓洞拾貳統四戶
[illegible] 漢興測量所 [illegible]舖

本校에서 慈善演奏會를 特別히 技藝工寺(佛興社)에 壹週日을 始設이온데 陽曆二月拾九日 陰拾一月一[illegible]六日 時間은 每日下午六時開하야 一時閉하오니 僉位는 屆期光臨하심을 敬要
女子輔明學校 告白

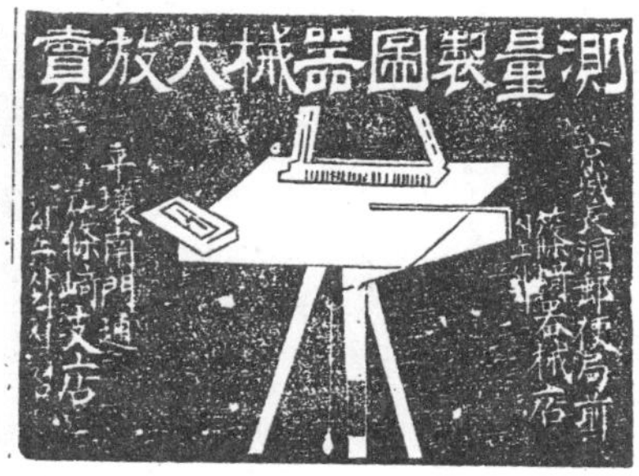

本人이 祥原楓洞面紋盤生所在 田規子丁壹白畊丁分子丁半日畊과 造子丁半白畊文券二度를 [illegible]廿[illegible]에 失하얏기로 玆에 廣告하오니 內外國人은 拾得하와도 休紙施行하시옵
祥原 李達華 告白

通常總會를 本月拾九日(十曜)下午一時에 開하오니 本會會員은 照亮來臨하시옵
畿湖興學會 告白

警世歌
편편지담경세가 定價십九錢
右서는 倫理上緊要한 奇談과 國文의 絶句로 編述하야 俗雜한 男女의 惡行悖習을 警惕悔改할만한 良[illegible]이니 一般男女敎育에 最適함

致富新說
定價[illegible]
右서는 些少資本으로 獲得巨利하는 秘法과 牛疫治療의 神效한 方法

文明進化論 定價三拾錢
右서는 文明進化와 知識을 開導케 하는 要서

元賣所、廣學書舖 金相萬
分賣所 京鄉各有名書舖

測量機械 各種大發賣
漢城南署東[illegible]大拾貳統[illegible]戶
金龍商會 謹告

伊太利少年
敎育小說 表紙石版精印刷
金壹冊 正價[illegible]錢
李輔相 譯述

本小說은 伊太利壹工人의 子馬克少年의 數萬里海陸에 涉跋하야 尋親한 事蹟을 著述한 者니 原來其母는 海外異域에 作客하야 踪跡을 失한바 壯哉라 馬克이 十三歲小兒의 單身隻影으로 風霜의 艱難과 猛獸의 危險을 冒하고 沙漠의 野와 深林의 間에 奔馳하야 亞美利加大陸을 遍踏하다가 竟乃他苦孟에 寄跡한 病母를 尋하야 母子가 團欒함을 得하얏스니 嗚呼美哉라 馬克母子의 慈孝함이여 今에 此를 述하야 我少年諸君에게 紹介코자하노라
發行元 皇城中部罷朝橋越邊 中央書館
發售所 京鄉各書舖

新編大韓[illegible]
新舊裁判法令
書帙二冊 正價壹圓 小包料十錢
△今此局勢가 維新하고 事爲가 繁劇한 時代에 際하야 吾人의 交際道의 道가 漸廣하니 多言할 것 없이 尺牘을 不可不讀이라 本尺牘은 已爲刊行于世하야 江湖의 好評을 博得한 바라 今에 國漢文으로 新編增補하야 新舊尺牘과 牛耳되며 且新法의 緊要한 諸種類를 聚附輯하얏스오니 一般人士의 案頭의 必備할 好書이오
(發賣所)
皇城中部罷朝橋越 中央書館 朱翰榮
仝 [illegible]　[illegible]書市 [illegible]
仝 南[illegible] 廣橋 匯東書館 高裕相
仝 南門內 [illegible] 博文書館 盧益亨
仝 南門外 紫巖 [illegible]書林 池松旭

少年有志 [illegible]同志學友會를 [illegible]合幷하야 [illegible]今[illegible](日曜)下午貳時에 [illegible]에서 總會를 開하오니 內에 孤兒[illegible]重大한 事件을 處理하오니 會員은 屆期光臨하시옵
大韓少年會 告白

測量日語學員募集
願學員은 陰本月[illegible]까지 [illegible]하야 時間과 細則을 詳問하시오
西小門外度支部后門前
專門講習所 廣告

刑事訴訟及諸般法律其他[illegible]事務를 兼辦하며 [illegible]位의 依囑에 親切하게 紹介도 要함
元[illegible]町[illegible]日貳番戶
(電話 壹[illegible]番) [illegible]
辯護士 柴田頁之助

各種書籍大發賣所
京城[illegible]銅峴 [illegible]二層屋
文明書館
玄檍 告白

特別廣告

本社는 韓美兩國人의 資本으로 美國法律下에 現今成立됨을 玆에 公衆에게 廣布하노라

本社는 大韓帝國全國內에 誠實하고 勤幹한 人을 連絡하야 京鄉各處에 代理人을 置할 터이니 勤實하신 僉君子는 本社에 來臨하시던지 通信으로 協議하심을 務望함

開城代理店 開城南大門內二層商店 金秉宣

大韓皇城中部磚洞(前大韓每日申報社)
韓美興業株式會社 告白
郵函第四十号

米國元稚彥哉氏는 天父의 命令을 順從야 大韓靑年의 體育智育을 爲야 基督靑年會館에 八萬圓을 寄附얏스니 我韓人民도 天命을 順受하야 元稚彥哉氏와 協贊을 萬分之壹이라도 贊成지라 天父前의 罪人 李觀化 朴慈惠夫婦의 所有로 新築五千圓價値에 衛生上緊要藥品과 丞永存不消하는 四商權을 天父命令대로 我韓靑年의 消 寄附코져 天賜

第六卷 大韓每日申報 第九百八拾參號

月曜及慶節歲時日休刊

檀君開國四千二百四十一年
箕子元年三千三十年
大韓開國五百十七年
日本明治四十一年
淸國光緖三十四年
隆熙戊申十一月小廿七日己酉

論說

◎舊書刊行論(續)

(書籍出版家諸氏에게 告홈)

又此未刊行ᄒᆞᆫ 書籍뿐아니라 即其已刊行ᄒᆞᆫ 者와 東國通鑑 반溪隨錄等도 其數가 曉星又치 稀疎ᄒᆞ야 未久에 絶種될지라 故로 日人의 發行ᄒᆞᆫ 朝鮮雜誌에 嘗云ᄒᆞ되 懲비錄 李相國集等이 日本東京書肆에셔 求코ᄌᆞᄒᆞ면 不難이로되 韓國京城書ᄉᆞ에는 壹二種도 難見이라ᄒᆞ얏스니 此亦國民의 壹耻가 아닌가

而今에는 彼宰相世家의 紈袴輩들이 新書籍이 何物인지 不知ᄒᆞ면셔 舊書籍만 輕視賤棄ᄒᆞ야 家傳舊籍을 放賣如雲ᄒᆞ니 彼蠹箱篋中에 空腐ᄒᆞ는 冊子가 世人의 眼에 遍暎ᄒᆞᆷ은 可喜이나 但又可歎可惜ᄒᆞᆯ 者는 此等冊子가 書舖에 出來ᄒᆞᆫ 後에 韓人의 購覽者는 絶無ᄒᆞ고 但彼紛々買ᄒᆞ는 者는 大阪兒가 아니면 薩摩客이며 犬養氏가 아니면 假塚郞이라 凡韓國歷史及先哲遺集이라ᄒᆞ면 壹卷壹篇에 黃金을 亂擲ᄒᆞ니 然則幾年을 不過ᄒᆞ야 韓國文獻은 皆日人의 掌中에 歸ᄒᆞ지니 嗚乎라 韓國의 書業이 支那와 泰西갓치 發達되야 此等書冊이 全國에 處々刊布ᄒᆞᆫ 後에 外國人의 買去ᄒᆞᆷ이 如此ᄒᆞ면 此가 國人의 榮觀이라ᄒᆞ려니와 今世에 不然ᄒᆞ야 抄寫가 鋼完ᄒᆞ고 傳布가 未廣ᄒᆞᆫ 書籍이 外國에 盡渡ᄒᆞ야 彼人의 抹殺을 遭ᄒᆞ야 英雄烈俠의 聲光이 盡泯ᄒᆞ며 哲儒學士의 咳唾가 永閟ᄒᆞ니 後世韓人은 將次何를 從ᄒᆞ야 先民을 景慕ᄒᆞ며 何를 從ᄒᆞ야 祖國을 尊仰ᄒᆞ며 何를 從ᄒᆞ야 獨立自尊心을 生ᄒᆞ리오

故로 今日에 舊書를 保全ᄒᆞ야 後人에 留贈ᄒᆞ는 者는 即是當代의 明星이며 萬世의 木鐸이니 秋水兼葭에 伊人이 安在오 余가 學部에 望ᄒᆞᆫ즉 彼의 當負ᄒᆞᆯ 責任이로다만은 醉夢官吏가 奚暇에 此를 念及ᄒᆞ며 余가 貴族巨室에 望ᄒᆞᆫ즉 彼가 資ᄒᆞᆷ은 非無ᄒᆞ도다만은 肉食鄙夫가 奚暇에 此를 講及ᄒᆞ리오 故로 余의 望ᄒᆞ는 바는 各處書々主人이 是로다

書々主人된 者가 舊書의 來集著만 善取捨ᄒᆞ야도 其中에 可用者가 多ᄒᆞ리니 此를 精擇ᄒᆞ야 次第로 刊行ᄒᆞ면 亦壹國民前途에 幸福인저

萬壹韓國學士가 輩出ᄒᆞ야 歷史傳記에 乙支泉蓋의 人物을 寫出ᄒᆞ며 倫理修身에 靜庵退溪의 言行을 撰載ᄒᆞ며 其他先儒先哲의 著書에 壹切精華를 吮ᄒᆞ야 本國政治史風俗史學術史文學史等 壹切新書籍을 著ᄒᆞᆫ 後에 舊書를 盡失에 付ᄒᆞᆷ은 或可ᄒᆞ거니와 今日에 舊書가 盡亡ᄒᆞ면 四千載文明이 掃地ᄒᆞ리니 汲々ᄒᆞ다 舊書保全의 道여 保全의 道는 維何오 刊行이 是오 刊行의 人은 是誰오 書舖主人이 是니라 念哉어다 (完)

官報

◁隆熙貳年拾月二拾七日 官報

農商工部告示第卅二號

第百九十貳條 會社가 社債의 全部나 又는 壹部를 償還ᄒᆞᆫ 時는 取締役은 遲滯업시 其登記를 行ᄒᆞᆷ이 可ᄒᆞᆷ

前項의 登記申請書에는 償還ᄒᆞᆫ 金額을 證ᄒᆞᆯ 書面을 添附ᄒᆞᆷ을 要ᄒᆞᆷ

第百九十三條 會社의 解散登記의 申請書에는 解散의 事由를 記載ᄒᆞ며 且會社가 株主總會의 決議나 又는 合併을 因ᄒᆞ야 解散ᄒᆞᆫ 時는 株主總會의 決議錄을 添附ᄒᆞᆷ을 要ᄒᆞᆷ

第百八拾二條第二項의 規定은 株式會社가 合併을 因ᄒᆞ야 解散의 登記申請을 行ᄒᆞ는 境遇에 此를 準用ᄒᆞᆷ

會社가 裁判所의 命令을 因ᄒᆞ야 解散ᄒᆞᆫ 時는 登記所는 裁判所의 囑託을 因ᄒᆞ야 其登記를 行ᄒᆞᆷ이 可ᄒᆞᆷ

第百九拾五條 第百八拾七條第壹項의 規定은 會社의 資本增加나 或은 減少又는 社債의 登記及會社의 解散又는 會社의 合併을 因ᄒᆞᆫ 變更이나 或은 設立又는 解散의 登記申請을 行ᄒᆞ는 境遇에 此를 準用ᄒᆞᆷ

未完

傷ᄒᆞ얏다더라

◎日本의大火事 東京電을 據ᄒᆞᆫ則 本月拾四日午前에 日本三重紡績工場에셔 失火ᄒᆞ야 倉庫二座가 沒燒ᄒᆞ얏는ᄃᆡ 損害가 壹萬元이오 職工壹名은 即死ᄒᆞ고 壹名은 重傷ᄒᆞ얏다더라

◎日本工廠의大爆裂 日本佐世保通信을 據ᄒᆞᆫ則 本月십四日午前十壹時에 當地工廠에셔 爆發藥이 爆裂ᄒᆞ야 工人二名이 即死ᄒᆞ고 三名은 負傷되얏고 港外에 在ᄒᆞᆫ 驅逐艦白雪號은 機關이 裂破되여 機關兵壹名이 負傷되얏다더라

◎開戰宣言 東京電을 據ᄒᆞᆫ즉 베네지유라國은 和蘭과 開戰ᄒᆞ기를 宣言ᄒᆞ얏다더라

雜報

◎義務測量 慶南晋州郡北門外秋收洞晟測量事務所는 某々有志諸시의 設立인ᄃᆡ 義務的으로 利害는 不計ᄒᆞ고 隨願測量ᄒᆞᆫ다더라

◎進明夜學 北靑郡長湖進明學校々長安守元 學監姜錫琪 安河鎭 敎師李台鎭 諸氏가 夜學을 設ᄒᆞ고 熱心敎育ᄒᆞ는ᄃᆡ 學徒가 四十餘名이라더라

◎正誤 本報第九百七十八号 全九號群山港合資客主會廣告內 金東煥은 金東燦으로 正誤홈

外報

◎英國戰艦建造 倫敦電을 據ᄒᆞᆫ則 英國戰鬪艦 네부쓰우號는 明年壹月로부터 포쓰마우스에서 建造에 着手ᄒᆞᆫ다는ᄃᆡ 其排水容量은 二萬二百五拾噸이오 速力은 二拾壹節이라더라

◎巴奈馬의爆裂 紐育電을 據ᄒᆞᆫ則 巴奈馬運河에셔 二십壹噸의 爆裂彈이 爆發ᄒᆞ야 勞働者貳十名이 即死ᄒᆞ얏고 십名이 負

詞藻

◎保鹽訣

이江山을 쉽혀보니。 남은곳이 全혀업다
놉흔데는 집을짓고、 나즌곳은 田畓을재
모ᄉᆞ조독、 覺心으로 ᄉᆡᆼ을지혀、
億萬世를

雜報

◎博士帶同陛見 今日下午十壹時에伊藤統監이헤진박士를帶同하고 大皇帝陛下께 陛見하다더라

◎東宮御獵 韓國 皇太子殿下께셔日皇陛下와御同伴하사今月二拾日에新濱 御獵場에서狩鴨하실터이라더라

◎又非風說乎 新內閣이組織되얏다는데其內容을漏聞한즉總理大臣은朴泳孝氏오內部大臣은李址鎔氏오度支部大臣은金宗珣氏오學部大臣은李道宰氏오法部大臣은朴齊純氏오農商大臣은申箕善氏오軍部大臣은李秉武氏오宮內府大臣은趙熙淵氏로內定이되야日間頒佈된다는說이有하다더라

◎招論記者 伊藤統監이數日前에日本新聞記者를招待하야現政府變動된다는說을輕先揭載하야世人의耳目을勿爲驚動케하라하얏다는說이有하다더라

◎李總理의捧顏 總理大臣李完用氏가自己의伯氏李允用氏로拓殖會社副總裁를圖得하야달나고伊藤統監에게懇請하다가大鱗顏을當하얏다더라

◎宜有此旋 內部大臣宋秉畯氏가閔忠正公家庄土를占奪한事에對하야閔시諸族이會議하야見奪한境에不至하도록絕力周旋한다더라

◎山亭電話 總理李完用氏가自己의山亭所托이면事々信聽한다는說은已揭어니와該氏舍廊에서山亭으로電話를架設하고秘密한言路를相通한다더라

◎崔氏免官 順興郡財務官崔文鉉氏가昨年秋間作부할時에書記某人과連臟拔肚하야文簿를偽造하고人民의受賂한事가多有함으로情跡이現露되야免官되얏다더라

◎年例辭免 壹進會에서年終이면依例히諸任員이辭免請願하는데再昨日評議會에會長李容九氏以下總務員及評議員諸시의辭免請願書를提出하얏다더라

◎日人浮熱 日本人들이韓國에浮動하야無職業者의渡韓數가益々增加함으로最近同에其數交를確實히調查한즉仕官의熱로空手渉韓한者가九百名인데就中履歷書를携持하고運動하는者가八拾餘名이라더라

◎辯護聯合 前判事朴晩緒시가辯護士劉文煥시와聯合하야民刑事法律事務를營府擴張하얏다는데該兩시의辯護士業務에從事함은丕登上目的에出함이라더라

◉清領의韓人困難

平安北道厚昌郡對岸淸領七八九道溝方面에居住하는韓人이約四百名인데帽兒山淸國衙門에서淸國人과如히編髮하야淸國風俗에化하라고命令을下함으로去月二十一日에帽兒山管內에在한韓人이集合하야장官리廷玉시의게改髮延期를交涉하되終乃不應하거늘韓人壹同이歸國하기로決意하얏더니淸國人達士가歸國의途를遮止한다더라

◎兩主事의蠻行 再昨日下午八時頃에度支部主事李啓浩宋선在시等六人이洞口內國成社演戲를玩賞次로南門內大坪洞等地에서人力車雇價를三拾錢式決定하야各自搭乘하고該社로前往하야서는強制力으로拾錢式支給하는故로該人力車夫等이甚爲抑鬱하다하고豈切不受하더니該시等이反自威脅하며足幸亂打할際에該掌內巡查婁寬永氏가適往禁止한즉該人等이婁氏를亦爲毆打하고作鬧無雙한故로日巡查가李宋兩人을所管警察署로押囚하고現行審問하는中이라더라

◎雇員等訴 昨年九月에解散된軍部雇員李淳壹等拾餘人의恩給金을尙未支給한故로該人等이昨日該部에等訴하얏다더라

◎決心不可 故判書閔과鎬시가江華郡居하는黃璟희시의田畓을勒買한事는衆所共知어니와閔泳徽시가此事에對하야黃시를叱責하야日極爲可痛하다하고不爲還退以給하기로決心하얏다더라

◎博倅善蹟 博川郡守金尙弼氏가該郡에下去以後로政令이公平하고愛民이如子하야壹境이賴安하기로稱頌이載路하다더라

◎加郡闡明 加平郡守李承祖시가該郡壹般人士에게對하야斷髮이開明上必要함을激切히說明하미該郡各學徒와面里長及書記가壹齊히斷髮하얏다더라

◎和港元魔 三和港紳商會社는有志紳商의苦心成立인데商業이日進하야積立金이數千餘圓에達하얏고至星得英語學校를繼續設立하야生徒가數白名에達하얏는데該社員中元容德氏가該會社에替免할時를乘하야何等野心에發하얏던지該社員中某々人과締結하야社長을被選한後該社를革罷하야該港所在信義公信兩社와合幷하야所謂商業會議所를設立하얏다하고紳商會社의諸般文簿와國서지信義社로沒數馱送할지라該社民中某々諸氏가此會報를聞하고直接紳社하야臨時大會를開하고前社長元容德氏를除汰하고前社長白時樑氏로社長을選定하야社規를整頓케하얏더니元氏가尙且惡習을不悛하고百方凶計가無所不至하기로該社의維持가極難한模樣이라더라

◎元氏被打 別項과如히三和港居하는元容德氏가紳商會社를革罷時에埠頭臨名具存案々를帶去하야該案을將爲除案하고新募軍을組織코다함으로埠頭團에서此事를聞하고不勝憤鬱하야該派數白名이元시를圍하고暴打하얏는데當日觀光者가元氏의非理行爲를無不唾罵하얏다더라

◎自動車運用 鳥致院停車場에서群山港까지道路를修治하고自動車를運用할다더라

◎李氏有志 北部大安洞永信時計店主리敏時시는實業界에有志하야時計店을創業하얏는데大新聞社와學校及敎堂에서時計改造를請求하면無料로改繕하고以給한다고該시의社會上熱心을人皆稱頌한다더라

◎長郡興魔 長기郡內南面居하는前進士李東榮氏는元來有志之士이라葉五千兩을獨擔하야學校를設立하고熱心做去하는데該面上羅里書堂學究崔益壽와同里居하는崔珽서兩人이素以悖類로百般沮害함으로該郡人民이莫不憤嘆한다더라

◎兩犯宣告 再昨日에京城地方裁判所에서徐聖賢시는義兵의干連이有하야懲役七年으로卓永祚는殺人罪로處絞에宣告하얏다더라

◎日人被斃 日本北海道에서該地居日人成瀨殺爲名者가韓人의投石을被하야仍即致斃하얏다더라

◎柳家被盜 日前에賊漢五名이陽智郡中亭里居하는柳寬根시家에突入하야該시의藥主를沒數窃去하얏다더라

◎何事被捉 定州郡居前郡守明濟泰시가有何事件인지警視廳에被捉하야現今嚴查中이라더라

◎壹敎新出 近日에京鄕間儒敎하던人이壹敎를創立하야東敎宗이라名稱하고儒佛仙三敎를合하야敬天함을爲宗하며敎의本旨인즉政治上에는干涉이毫無하고目的인즉敎를廣布하며自治를制定하고敎育을發達케한다더라

◎哲學士開演 今番에淸國奉天으로셔到韓하는米國人哲學博士케번시는世界를周行視察하고衆하야大韓形便과各處敎會를觀察次로昨日에入城하야本日下午七時에靑年會館에서演說한다는데該館에서入場券을多數刊出하야傍聽諸氏에게酬應한다더라

◎民團總會 漢城各坊에民團이次第組織됨은已揭어니와中部通坊民團總會는日開成社內에셔開하고各種事務를處理한다더라

◎關東討論 關東學會에서今日上午拾時에討論會를開하고下午二時에特別總會를開한다더라

◎觀鐵校特會 觀鐵學校에서今日上午十時에特別總會를開하고事務를處理하기로預定하고茶椀幾個를借給하더라고

◎敎育大家 現今端川에滯留하는李東暉시가咸鏡南道에敎育을發達코져東奔西馳에到處演說하야寒暑飢飽를毫不關念하고飮泣勸勉하는故로該시壹淚에壹校가立하고壹音에壹會가立하되到處人民이挽執不捨하는故로該시의歸期가三年後에在할듯하다고北來人의傳說이有하더라

◎麒校旺興 麒山郡麒山學校는壹自設立以後로財政이窘絀하더니自該郡李시宗中으로花樹會를組織하야若干鳩聚錢幾百圓과且其先山松楸放債餘錢幾百圓을該校에捐付하야校務가稍稍興旺하다더라

▲地方消息

▲本月六日江原道麟蹄郡에서義兵십餘名이該郡日守備隊와交戰하얏다하고

▲本月二日全羅南道谷城郡에서義兵十餘名이該郡駐在日憲兵及補助員과交戰하얏다하고

▲本月九日潭陽郡內에서義兵三十餘名이該郡駐在日憲兵及巡查隊와交戰하얏다하고

▲本月九日忠淸北道化寧場附近에서小數의義兵이該地分遣所日憲兵及補助員과交戰하얏다하고

▲本月拾壹日忠淸北道益山附近에서義兵십餘名이該地日憲兵及補助員과交戰하얏다하고

▲本月八日伊川郡內에서義兵三拾餘名이同郡佳麗川分遣所日憲兵과交戰하얏다하고

▲本月십二日黃海道市邊附近에서義兵三십餘名이平山郡駐在日憲兵及補助員과交戰하얏다더라

▲地獄慘況

▲閻羅國의使臣되여羅商新約締結하고壹代怪物實渡하에地府情形遊覽코져義巾力士압세우고이리더리往來타가豐都地獄에다다러서門마다門열고보니萬古罪人다못헛다

▲엇던獄門열고보니欺君罔上官官賣職을鐵臼門에모려녓코春丁軍의쌀씰르시無數鬼卒모려서서各持鐵椎바수는대哀呼之聲滿天하니韓國內의某某官宦死後不免此獄이오

▲엇던獄門열고보니濫國病民威逼驅殺几組上에올녀노코屠牛坦의소잡드시無數鬼卒드러서서各把利刀벗기는대剝割之聲嗽鍊하니韓國內의某某威臣死後不免此獄이오

▲엇던獄門열고보니濁亂閨門淫嬖寡婦脫去衣服세워놋코木手匠의나무켜듯無數鬼卒마조서서引鋸刀쪼기는데滿壇流血淚糟하니韓國內의某某淫婦死後不免此獄이오

▲엇던獄門열고보니沒廉貪官貪鄙의圈柵中에잡어녓코動物園을설시한듯禽獸닭녀드러노코爪牙파먹으며噴血之聲慘酷하니韓國內의某々貪官死後不免此獄이오

▲엇던獄門열고보니誤國害民小人輩를油鼎內에잡어녓코藥果만드시無數鬼卒돌나서서々이리뒤적더리뒤적惡烟毒臭充滿하니韓國內의某々小人死後不免此獄이오

▲엇던獄門열고보니寶國求榮奸詐輩를治爐中에묵거녓코鐵工場의쇠녹이듯無數鬼卒세번식이리불고뎌리불제綻膚裂骨凶慘하니韓國內의某某奸賊死後不免此獄이오

▲엇던獄門열다가金鎚에놀나서니南柯壹夢恍惚하다어화韓國罪人들아改過遷善하량이면至仁且愛上帝께서贖脫罪過하시리니어셔어셔모도悔改하야더地獄을免하리로소

[illegible]

再告全國拾三道內各學校에衛生緊要ᄒᆞᆫ東西藥菜月報와教育上緊要ᄒᆞᆫ書籍類印刷되ᄂᆞᆫᄃᆡ로時々仰呈코ᄌᆞᄒᆞ오니貴學校番地와校長校監閣下尊啣을以書下示ᄒᆞ심을千萬伏望홈

廣告

交河郡地方委員朴準秀시ᄂᆞᆫ委員被任ᄒᆞᆫ지三四朔에風雨을不避ᄒᆞ며勞苦를不辭ᄒᆞ고克盡厥務ᄒᆞ니壹郡人士가無不稱頌ᄒᆞ기로玆以廣布홈

李順七 告白

北部嘉會坊齋洞二拾九統拾二戶瓦家八間半文券을失火中燒燼이옵기請願漢城府ᄒᆞ야更出板券次廣告홈

戶主 崔萬壽 告白

本人의名錫五를錫煌으로改名ᄒᆞ오니知舊僉員照亮ᄒᆞ옵

白川郡彥默洞居 邊錫煌 告白

本人이龍岡人趙冕植許에買得ᄒᆞᆫ龍岡郡龍峴面周達里所在墨字畓拾三斗落文券을見失故更爲成文券ᄒᆞ얏스니內外國人間誰某拾得ᄒᆞ던지休紙로施行ᄒᆞ시옵

三和港冠洞安慶壽 告白

本人의圖章을拾餘日前에路上에서不知中失ᄒᆞ와新章을印刻ᄒᆞ얏ᄉᆞ오니知舊僉員照亮ᄒᆞ시옵

西部龍山坊賑恤倉契四拾統二戶 黃俊明 告白

測量機械 各種大發賣

漢城南署棗洞六拾貳統四戶

金龍商會 謹告

本人이歐醫師之朱昆ᄒᆞ며閔同胞之憂患ᄒᆞ야特設病院ᄒᆞ니名曰仁濟院이라名稱的仁濟院이아니라實際的仁濟홈을目的ᄒᆞ고自南大門外美人病院에多年經驗ᄒᆞᆫ신朱박士寶卿시를延聘ᄒᆞ야陰拾二月부터事務를開張ᄒᆞ얏ᄉᆞ오니有病하신 僉同胞ᄂᆞᆫ速々來問ᄒᆞ시옵

平北宣川郡仁濟病院主務 李鳳朝 告白

大安洞德語學校內에서速成測量科를特設ᄒᆞ오니願學僉員은早遲來臨홈

上學日은陰拾壹月貳拾八日

上學後限二日加募集홈

少年同志會와同志學友親睦會와合幷ᄒᆞ야本會를成立ᄒᆞ고今二拾日(日曜)下午貳時에京城孤兒院內에臨時總會를開ᄒᆞ고重大ᄒᆞᆫ事件을處理ᄒᆞ오니 僉會員은屆期光臨하시옵

大韓少年會 告白

[illegible]

本所에서同業諸君의執業上便利를爲ᄒᆞ야未墾地、山林、田野、家屋에關ᄒᆞᆫ設計書類、圖面及證明條例를簡明最要ᄒᆞ야當事者의羅盤金針을作코ᄌᆞᄒᆞ오니同業諸彥은迅速購覽홈

定價廿五錢

發賣所 太極測量組合所

中部樓洞拾貳統四戶

韓興測量所

各書舖

測量日語學員募集

願學員은陰本月晦日너 續臨ᄒᆞ야時限과細則詳問志願ᄒᆞ오

西小門네度支部后門前

專門講習所 廣告

本會定期總會를來日曜日(陰廿七日)上午十二時에本會舘內에開ᄒᆞ오니本會員은光臨ᄒᆞ심을敬要

嶠南教育會

安洞前德語學校內에本塾이大東寄宿舘으로移去ᄒᆞ고晝測量壹個月과夜測量壹個月速成教授ᄒᆞ오니願學僉員은早速請願ᄒᆞᆷ을望홈

中興義塾

本人은箭串坪所在ᄒᆞᆫ室項田土會音之畢ᄂᆞᆫ本非相關이오니內外國人은咸知悉ᄒᆞ옵

纛島炭洞七統九戶徐相喜 告白

本校에서慈善演奏會를特別ᄒᆞᆫ技藝로寺洞演興社에壹週日을始設이온ᄃᆡ陽拾二月拾九日陰十一月二十六日時間은每日下午六時開ᄒᆞ야十二時閉ᄒᆞ오니僉位ᄂᆞᆫ屆期光臨ᄒᆞᆷ을敬要

女子輔明學校 告白

本人이祥原楓洞面枝盤坐所在田税子丁壹日半畊과分字丁半日畊과造字丁半日畊文券二度를路上에서廿壹日에失ᄒᆞ얏기로玆에廣告ᄒᆞ오니內外國人은拾得ᄒᆞ와도休紙施行ᄒᆞ시옵

祥原 李達華 告白

○特別廣告○

本社事務所를京城碑洞에現今開設ᄒᆞ고各地方에代理人을置ᄒᆞᆯ터이오니本社定款을詳細陳述ᄒᆞᆯ時機가來到ᄒᆞᆯ잇사오니條項이發呈ᄒᆞ와他日을姑俟ᄒᆞ오며本社資金의現今總額은拾萬圓이온ᄃᆡ壹萬株로分ᄒᆞ야每株에拾圓式이옵

本社에서ᄂᆞᆫ本社에關ᄒᆞᆫ細瑣事項ᄭᆞ지 僉彦의詳諒ᄒᆞ시기를懇望ᄒᆞ오니 僉彦은案頭에暫坐ᄒᆞ야

京城郵便局郵函第四十号韓美興業株式會社

라皮封에書ᄒᆞ야壹書札를寄送ᄒᆞ시되本社에詳細事項을通知ᄒᆞ라ᄒᆞ시면本社에서ᄂᆞᆫ答函을即呈ᄒᆞᆯ터이오니惠覽後貴地方에서ᄂᆞᆫ何事務가本社의進行ᄒᆞᆯ기에最適ᄒᆞᆯ을지高明ᄒᆞᆫ意見을惠賜ᄒᆞ시옵是를爲ᄒᆞ야來一月十日以內로高明ᄒᆞᆫ書札을寄送ᄒᆞ시ᄂᆞᆫ 僉彦에게賞金을如左히分等ᄒᆞ야送呈ᄒᆞᆯ지옵

本社에서高明ᄒᆞᆫ書札中

一等으로認定ᄒᆞᆫ者ᄂᆞᆫ五十圓 二等 二十圓

三等 十圓 四五等 各五圓

六等 至 十等 各二圓

僉彦의費用은郵票價以外에무엇이든잇슴니가단단히생각ᄒᆞ야보시오

本社에서大韓帝國內各處와通信을連絡ᄒᆞ기爲ᄒᆞ야如此히懸賞ᄒᆞ기를不惜ᄒᆞ오니本社의各地方에서進行ᄒᆞᆯ方針에對ᄒᆞ야貴重ᄒᆞᆫ勸告를願聞ᄒᆞ옵ᄂᆞ이다

京城碑洞

韓美興業株式會社 告白

國漢文新玉篇

純洋裝四百餘頁全壹冊 附音韻字彙

定價金壹圓貳拾錢

版權所有

本玉篇은各種字典과字彙를參互ᄒᆞ야漢字의音義와變音變義ᄭᆞ지國文으로詳明히譯述ᄒᆞ고且同音類合百餘頁를國文으로解釋添付ᄒᆞ야字의音만알면解得ᄒᆞ기容易ᄒᆞ오며勿論男女ᄒᆞ고國文만알면初學生徒라도漢文實鑑이오니學界僉彦은踴躍購覽ᄒᆞ심을務望

元賣所 平壤貫洞 耶穌教書院

分賣所 大발매京城鍾路 東一書觀

新屛下 廣學書舖　罷朝橋越便 中央書館
寺洞 博文書館　寺洞 惟一書館
寺洞 徽心書館　廣橋 匯東書館
鍾路 耶穌教書會　海州南門內 紫昌書館
鍾路大東書市桂洞 玄公廉 京鄕각有名書舖

教育小說

伊太利少年

表紙石版畵印刷 全壹冊 正價 廿錢

李輔相 譯述

本小說은伊大利壹工人의子馬克少年이數萬里海陸에涉跋ᄒᆞ야尋親ᄒᆞᆫ事蹟을著述ᄒᆞᆫ者니原來其母ᄂᆞᆫ海外異域에作客ᄒᆞ야蹤跡을失ᄒᆞᆫ바壯哉라馬克이十三歲小兒의單身隻影으로風霜의艱難과猛獸의危險을冒ᄒᆞ고沙漠의野와深林의間에奔馳ᄒᆞ야亞美利加大陸을遍踏ᄒᆞ다가竟乃他苦孟의寄跡ᄒᆞᆫ病母를尋ᄒᆞ야母子가團欒을得ᄒᆞ얏스니嗚呼美哉라馬克母子의慈孝ᄒᆞᆷ이여今에此를述ᄒᆞ야我少年諸君에게紹介코ᄌᆞᄒᆞ노라

發行元 ▲皇城中部罷朝橋越邊 中央書館

發售處 京鄕각書舖

本人이製造발行ᄒᆞᄂᆞᆫ바靈丹을今에官許를蒙ᄒᆞ고大韓醫院藥學士兒島古里氏와壹等製藥官劉世煥兩시檢查証明과軍部軍務局衛生課二等軍醫補ᄒᆞᆷ益南閣下와諸大方家高明醫工의有効實驗을受ᄒᆞᆫ바其應用說明은如左홈

說明書

中暑•中寒•吐瀉•腹痛及消化不良•食慾不進•頭重目昏心胸鬱悶•船暈酒醉•眩暈痰迷•山嵐瘴氣痞滿噯嘔•水土不服等

地方各處에서書信으로請求ᄒᆞ시면小包迅速進呈ᄒᆞ깃숨

發行本舖 皇城中部大廣橋第一九統七戶 共愛堂大藥房 告白

米國元雅參嘉氏ᄂᆞᆫ天父의命을順從ᄒᆞ야大韓青年의德育體育智育ᄒᆞᄂᆞᆫ基督青年會館에入萬圓을寄附ᄒᆞ얏스니我韓人民도天命을順受ᄒᆞ야元雅參嘉시의盛意를萬分之壹 [illegible]

大韓國十三道各郡에總發行所는 京城南大門內 濟生堂大藥房

陸軍軍醫金令鉉君實驗方劑 陸軍軍醫張基茂君有效證明 四海衛生之諸君子常備之靈藥

消化新藥 清心保命丹

發行所 仁川港柱峴 濟生堂藥房

九粒入 食拾錢

(主治效能)

咳嗽•胃痛腹痛 氣鬱•食傷•中暑•中寒 食積•吐瀉•水土不服 酒醉•口臭•船車眩暈 其他運氣癘疫의預防ᄒᆞᄂᆞᆫ奇效가有홈

蛔積殺蟲散

약 (금십錢)

右藥은蛔虫을一切拔根ᄒᆞᄂᆞᆫ妙

北米邦補益水

(每瓶金三圓)

此약은補血補元氣ᄒᆞ고手足厥冷ᄒᆞᆫ되와腹中冷病과氣不足ᄒᆞ되와積病에特效가有ᄒᆞᆫ약외라鹿茸人蔘보다倍勝ᄒᆞ야擅名이되얏ᄂᆞ

●美國最新上品金桂納○德國上品金桂納其他內外國新製藥의○陰陽雙補藥○不足症藥○婦人冷病藥○男女瘡病藥○寸虫去根藥○되는藥○眼藥各種○疥瘡藥○皮風藥○小大腫氣膏藥各種○感氣藥○淋疾藥○舊滯藥○其他各種은一一難記○大韓全國內藥商ᄒᆞ시ᄂᆞᆫ僉彦에게ᄂᆞᆫ特히割引ᄒᆞ야大放賣ᄒᆞ오니陸續注文要望○遠地에ᄂᆞᆫ小包郵便으로信送홈

◉支店及出張所ᄂᆞᆫ

開城	水原	江華	公州	江鏡	淸州	忠州	永同	禮山
天安	群山	全州	光州	羅州	木浦	濟州	大邱	伊川
晋州	馬山	釜山	金泉	密陽	慶州	江陵	春川	長連
元山	咸興	北靑	鏡城	平壤	三和	安州	宜川	安東
義州	郭山	定州	博川	德川	寧邊	鐵山	海州	肅川
延安	信川	長淵	安岳	載寧	鳳山	瑞興	黃州	遂安

京城南大門水閣橋 仁川港柱峴 濟生堂主 李庚鳳 謹告

◉漢城鍾路天賜年公有慈惠大藥房의 四商權一目的

一商權은李觀化朴慈惠李兄弟夫婦가西洋病院에入ᄒᆞ야醫藥上에六七年經驗ᄒᆞ야가鍾路市上에發達으로醫院을特設ᄒᆞ고發達으로製藥ᄒᆞ고兄弟夫婦가坐市營業ᄒᆞ오니此爲壹商權이요

二商權은慈惠藥房藥方文은漢城南大門外濟衆院方藥에서神妙ᄒᆞᆫ秘方文을抄出ᄒᆞ야가지고醫學博士洪석厚洪鐘殷兩氏에게實驗方劑書를受ᄒᆞ고慈惠藥房特別局에慈字商標를登錄ᄒᆞ얏고藥材마다大韓醫院에請驗ᄒᆞ야衛生試驗部의서化學으로分析ᄒᆞ야人民衛生에適當ᄒᆞᆫ지藥學士兒島高里君과壹等製藥官劉世煥氏의게確實證明書를受ᄒᆞ엿스니此爲二商權이요

三商權은慈惠藥房에서活版所를特設ᄒᆞ고職工이製藥幷ᄒᆞ야一百五人에達ᄒᆞ고鑄字가三十萬字요大小機械가具備ᄒᆞ지라隆熙二年六月廿二日의內部大臣의게認可를受ᄒᆞ고第三種郵便物認可을得ᄒᆞ고東西藥業月報를每月版出ᄒᆞᄂᆞᆫ데其目的은東西新藥과大韓과日本과淸國과獨國과法國과英國과美國新製藥品이新發明되ᄂᆞᆫ데로主治効能과用法과定價를韓國漢文으로繙譯ᄒᆞ야記載ᄒᆞ고銅鐵乾材藥局唐艸材昇降ᄒᆞᄂᆞᆫ時價와洋약乾材檢查表와時價를每月印刷ᄒᆞ야十三道內窮村에居住ᄒᆞᄂᆞᆫ兄弟의게도月報를每月에報告ᄒᆞ오니此爲三商權이요

四商權은各色圖畵印刷ᄒᆞᄂᆞᆫ石版機械를新備ᄒᆞ고冊에衣도제ᄒᆞ게ᄒᆞ고봉투와皮도各色圖畵로印刷ᄒᆞ고全國十三道內각社會及各學校에株券과圖書와商標와校徽級證賞狀證卒業證書修業證書에나封皮冊衣등을見本만보고精히印刷ᄒᆞ야小包郵便으로信送ᄒᆞ야使遠地居住僉兄弟[illegible]此爲四商權이요

一目的은金貨를多聚ᄒᆞ야全國青年敎育上에公用ᄒᆞᆯ目的

天父前의罪人李觀化朴慈惠伏望祈禱

東西洋各國萬古帝王中第一英雄 彼得大帝

譯者朴容自閑 定價金貳拾錢

發賣所布屛下廣學書舖김相萬

各種書籍大發賣所

京城南部銅峴西邊三層屋

文明書館

玄檍告白

本所에서西洋新發明ᄒᆞᆫ法으로機械及藥品을整備ᄒᆞ고各種洗濯과染色을廉價로需應ᄒᆞ옵ᄂᆞᆫ되其種類ᄂᆞᆫ左홈 洋服、襯衣、外套、帽子、項套、洋襪、婦[illegible]品、毛織、毛紗、세루、綿紬緞、羅紗綢緞紗羅等一切貴重品의類衣、주리、赤衫、裳、袴、襦、等屬洗濯及染色物의[illegible]本所로[illegible]通知ᄒᆞ시면[illegible]ᄒᆞ와學徒、[illegible]及勞働諸君의게ᄂᆞᆫ[illegible]價의[illegible]分之貳를特減[illegible]各地[illegible]小包[illegible]誠實鄕보홈

西洋洗濯部第一屋 鍾路北門上隅 中貳統二戶

新編尺牘完篇

壹帙二冊 正價金壹圓 小包料十錢 附 新舊裁判法令

△今此局勢가維新ᄒᆞ고事爲가繁劇ᄒᆞᆫ時代에際ᄒᆞ야吾人도論交酬世의道가日廣ᄒᆞ니多事ᄒᆞᆷ에尺牘을不可不讀이라本尺牘은已爲刊行于世ᄒᆞ야江湖의好評을博得ᄒᆞ온바今에國漢文으로新編增補ᄒᆞ야新舊尺牘의牛耳가되며且近日新法令의緊要ᄒᆞᆫ者를蒐輯附載ᄒᆞ얏스오니一般人士ᄂᆞᆫ案頭의必備ᄒᆞᆯ好書이옵

(發賣所)

皇城中部罷朝橋越 中央書館 朱翰榮
仝 鍾路 大東書市 金基鉉
仝 南部大廣橋 滙東書館 高裕相
仝 南門內 尙洞 博文書館 盧益亨
仝 南門外 紫巖 新舊書林 池松旭

本會事務가漸次擴張이온바本會에國人ᄋᆞ실有志僉君ᄋᆞᆫ本會ᄅᆞᆯ陸續入會ᄒᆞ옵셔森林發達케ᄒᆞ심을希望홈

(電話二九二番)

大韓山林協會本부告白

Responsible for Publication Alfred Weekley Marnham.
發行兼編輯人 英國人 萬咸
發行所 南署石井洞號外第三層洋屋
大韓每日申報社

第六卷

大韓每日申報

第九百八拾四號

月曜及慶節　臨時休刊

檀君開國四千二百四十一年
孔子先年二千三十年
大韓開國五百十七年
日本明治四十一年
淸國光緖三十四年
陰曆戊申十一月小廿九日辛亥

論說

◎韓國森林의賊

近年韓國의餘存ᄒᆫ森林이惟是西道의白馬山城과南道의莞島에在ᄒᆫ森林뿐이더니白馬山城의森林은年前에壹進會가擅自發賣ᄒ야幾拾萬圜을受喫ᄒᆫ時에所謂幹事者金某가妓生五六個를結綠ᄒ고日夜로迭宕行樂ᄒ야幾百年養成ᄒᆫ國有森林이彼의酒色之費를供ᄒ얏고莞島森林으로言ᄒ면年前加藤增雄이가宮內府顧問으로該森林을調査ᄒᆫ則百萬圜價値로論ᄒ더것인ᄃ現今宋秉畯이가日人江藤과何等分利的手段으로拾萬圓에決價賣渡ᄒ얏다ᄒ니吾儕는韓國森林의厄運을吊ᄒ며兼ᄒ야莞島人民의厄運을吊ᄒ노라

大抵吾人의居處家屋日用恆常의物이林木을不待ᄒ는者ㅣ幾何오故로森林이란者는國家의富源될뿐아니라即人民의生命이되는바라故로彼西國現世는尙矣勿論ᄒ고即東洋舊有의學說及法制로觀ᄒ야도森林을保護홈이果然何如ᄒ얏던가記에曰「草木零落然後斧斤乃入於山林」이라ᄒ며孟子ㅣ亦曰「斧斤以時入山林材木不可勝用也」라ᄒ얏스니森林의重護홈을此에可見이로다

韓國本朝以前林政은不可考어니와本朝以後로는歷代帝王과名臣賢儒가皆林政壹段에兢々留意ᄒ던바挽近夜乂官吏가橫行ᄒᆫ以來로登殺草木도其殃을幷被ᄒ야八道山川에土皮가赤坼ᄒ며彼山崌野老로ᄒ야금歎十年前、山前山後의蒼々鬱々ᄒ던風景을回想ᄒ고悲嘆만發케ᄒ는도다昔者에日人某가靑年會에서演說ᄒ야曰「韓國의山은靑氣가全無ᄒ니엇지英雄이有ᄒ리오ᄒ얏스니此言은何謂오蓋山麓에森林이無ᄒ면國內에財用이無ᄒ지며國內에財用이無ᄒ면其國에비록英雄其人이有ᄒ며라도無錢英雄인故로活動을不得ᄒ야英雄手段을現ᄒᆯ地가無ᄒ다홈이니

嗚乎라森林의重太가如此ᄒ거날彼民會라云ᄒ는者와大臣이라云ᄒ는者가林業의奬勵는不思ᄒ고反히餘存ᄒᆫ壹二處森林에向ᄒ야食木虫을作ᄒ는가賊을對ᄒ야人道를說홈이固吾輩의癡想이어니와賊乎々々여其心膓의毒홈이엇지此에至ᄒ뇨

況莞島는本土人民의生活이專혀森林에係ᄒᆫ비라此地는小嶋라良田도少ᄒ며沃畓도少ᄒ며其他金銀銅鐵等의採出이無ᄒ고六七千戶人民이只是森林에依ᄒ야柴炭屋材等은姑舍ᄒ고穀粟도此로買入ᄒ며絮布도此로買入ᄒᄂ니萬壹森林이無ᄒ면居民이無ᄒ지며居民이無ᄒ면莞島가無ᄒ지니然則莞島壹郡은森林으로成立ᄒᆫ郡이어놀莞島森林을外人에게賣渡홈은即莞島壹郡을擧ᄒ야外人에게賣渡홈이로다斯民이何辜완대此厄을遭ᄒ나뇨彼는全國人民의血을吸盡ᄒ고도兩目이不瞬ᄒ는ᄃ此로責홈이固吾輩의癡想이어니와賊乎賊乎여其心膓의毒홈이엇지此에至ᄒ뇨

莞島의餘望은其人民이死力을出ᄒ야此를抗爭홈에在ᄒ나今日韓人의知識의未開와團結力의渙散홈을難ᄒ며비록政治的心點되는識湖에人民도此等事를望ᄒ기不能이거던況彼莞嶋平이彼賊의肆行을任홀而已로다

▲隆熙貳年拾弍月二拾七日　官報

農商工部告示第拾一號

商業登記取扱手續

第壹條(第壹項) 商業登記簿는附錄第壹號乃至第九号雛形을依ᄒ야地方裁判所에서此를調製홈이可홈但合資會社登記簿를調製홀시는附錄第七號雛形의第壹欄으로부터變更欄에至ᄒ기ᄭᅡ지와用紙와社員의姓名。住所等을記載ᄒᆫ用紙를區別ᄒ야初次第壹欄으로부터變更欄에至ᄒ기ᄭᅡ지의用紙를取集ᄒ야其末尾에社員의姓名。住所等을記載ᄒᆫ用紙를取集ᄒ야此를編綴홈이可홈

第五條 接受帳은附錄第二拾号雛形을依ᄒ야此를調製홈이可홈

第六條 法律을依ᄒ야登記의申請書에捺印ᄒᆫ者는預히其印鑑을登記所로提出홈이可홈改印을行ᄒᆫ時도亦同홈但登記의申請에當ᄒ야委任으로因ᄒᆫ代理를行ᄒ는者는此限에不在홈

第七條 印鑑은附錄第二拾壹号雛形을依하야此를調製홈이可홈

第八條 登記所에는登記簿。見出帳及接受帳外에左의帳簿를備置홈

壹 謄本。抄本證明書交付帳
六 支配人登記申請書附屬書類綴込帳
九 株式會社登記申請書囑託書通知書附屬書類綴込帳
拾二 受領證原符元帳
십三 決定原本綴込帳
拾四 登記簿謄本綴込帳
拾五 登記濟證交付帳
拾六 抗告書類綴込帳
拾七 印鑑簿　未完

外報

●美日協約虛傳　東京電을據ᄒᆫ則美日移民協約은虛傳이라는說이有ᄒ다더라

●美國議會의起訴　倫敦電을據ᄒᆫ則美國議會는巴奈馬運河詐僞事件에就ᄒ야起訴홀터이오大統領루ᄶ벨트시도起訴홀意思가有ᄒ다더라

●英艦의上陸禁止　路透電을據ᄒᆫ則포ᄶ마우ᄶ港에在ᄒᆫ英國巡洋艦아메시스트號의乘組員은大砲附屬器機를水中에投入ᄒ고上陸을禁止ᄒ얏다더라

詞藻

●勸少年

二八靑春少年들아。快遊場에投足마소
黃金又혼이歲月을。壹刻인들虛送하리
아마도、國民의힘쓸거슨、士農工商

雜報

●李趙魂膽　年前에閔泳喆氏가上海로潛往ᄒᆞᆫ時에帑財를幾何間携去홈이有ᄒᆞ던지已往에承寧府總官趙民熙氏가 太皇帝陛下께上 奏ᄒᆞ야閔泳喆의게推人ᄒᆞ라신文蹟을 成下ᄒᆞ야李範珪氏를送於閔氏矣러니閔氏가拒而不給ᄒᆞᄂᆞᆫ故로勢不得已歸國ᄒᆞ다가軍司令部에被捉ᄒᆞ야該文蹟은長谷川大將의게見奪ᄒᆞ고警視廳에서多日輿苦ᄒᆞ얏더니趙氏가永宣君李埈鎔氏와何以運動이던지永宣君이長谷川大將과親密ᄒᆞᆫ情誼가有ᄒᆞᆫ故로熱心紹介ᄒᆞ야該文蹟을還推ᄒᆞ야李範珪氏를又送上海ᄒᆞ야期於히該錢을推尋ᄒᆞᆫ다ᄂᆞᆫ說이有ᄒᆞ더라

●巧舌瞞人　莞島郡森林問題에對ᄒᆞ야農夫趙星聽氏가日人江藤恒策에게拾壹萬圜에賣渡ᄒᆞ기로同部次官木內重四郎에게協議ᄒᆞ얏더니該次官의所答이現今國有森林에關ᄒᆞ야林野法令을發佈ᄒᆞᆫ後에此弊源을痛懲注意ᄒᆞ야到底嚴防ᄒᆞ고國益에關係가有ᄒᆞᆫ境遇라도此를斷行키有難ᄒᆞᆫ時代에際ᄒᆞ야此人은卽個人營利的에不過ᄒᆞ거ᄂᆞᆯ五십萬圜以上價値되ᄂᆞᆫ森림을閣下가輕先賣渡코져ᄒᆞ니此案은到底履行키難ᄒᆞ다ᄒᆞ며趙農夫가此言을聞ᄒᆞ고面如土色ᄒᆞ야更不能發言ᄒᆞ얏다더라

●韓人韓人　東洋拓殖會社에셔今廿八日에創立總會를開ᄒᆞ고役員配置를整理홀터인ᄃᆡ來春一月中旬에幹部壹同이渡韓ᄒᆞ야會社에位置選擇及事務所新建築에着手홀터이오該會總裁宇佐川이ᄂᆞᆫ三月頃에渡韓ᄒᆞ다더라

●米領館晚餐　本月二拾壹日午後七時에米國總領事ᄂᆞᆫ晚餐會를該館內에設ᄒᆞ고韓國各大臣과伊藤統監及該府博士를請邀宴待ᄒᆞᆫ다더라

◉執不落　淚

閔忠臣家의情況은屢爲報道어니와南村에在ᄒᆞᆫ壹老婆가該氏家에多年來往ᄒᆞ더니今月拾九日에該故家에往ᄒᆞᆫ즉貞敬夫人이流淚滿面ᄒᆞ야子女五男妹를彼撫此摩ᄒᆞ면셔呼天痛哭ᄒᆞ야曰我道ᄒᆞᆫ宋秉畯아吾家와有何大讎이관ᄃᆡ此兒女五男妹를飢死之境에陷人코ᄌᆞᄒᆞ니天地日月이昭々ᄒᆞ거던엇지此等暴擧를行ᄒᆞ나뇨ᄒᆞᄂᆞᆫ뎨無知禽獸라도落淚悲恨ᄒᆞᆯ지라該婆가其理由를問ᄒᆞᆫ즉夫人이揮淚答曰三四寸도無用이오生庭도不信이라兩個大賊이吾家의財産을盡奪ᄒᆞ여도顧不顧見ᄒᆞ니姻婭親戚이反不如他人이라宋秉畯이가去丙午春에吳閔兩人으로紹介ᄒᆞ야牧羊會社를 大內에셔貢納ᄒᆞ라ᄒᆞ시니必乃見奪ᄒᆞᆯ것이라拾五萬圜으로假牌旨覺張만ᄒᆞ쥬면無事ᄒᆞ리라ᄒᆞ기에深閨人事가賊漢의凶謀를不知ᄒᆞ고牌旨에謹封圖章을捺給ᄒᆞ얏더니數年來로彼輩들이執달ᄒᆞ기를生庭老貞敬夫人이니生庭식叔閔泳璜이니ᄒᆞ고橫竪說去ᄒᆞ며壹進會錢으로買得ᄒᆞ얏다ᄒᆞ며各處田庄을勒奪ᄒᆞ니生活計策도無ᄒᆞ거니와不死苟生ᄒᆞ다가此境을當ᄒᆞᄂᆞᆫ가ᄒᆞ고又爲痛哭ᄒᆞᄂᆞᆫ뎌口中으로鮮血을吐ᄒᆞ니그慘담ᄒᆞᆫ情境은目不忍見이라ᄒᆞ더라

●伊領事出發　伊太利摠領事ᄂᆞᆫ令孃을帶同ᄒᆞ고本月貳拾日에長崎를向ᄒᆞ야出發ᄒᆞ얏다더라

●警署減額　宮內府播雪軍이合爲五拾名인더陽曆壹月以後에ᄂᆞᆫ其半數를減額ᄒᆞᆫ다ᄂᆞᆫ說이有ᄒᆞ더라

●義兵熾盛의內容　南來人의傳說을聞ᄒᆞᆫ즉全羅南道에義兵이處々蜂起ᄒᆞᄂᆞᆫ것은無辜人民이日人에게被殺ᄒᆞᆫ子孫들이合寃報讐次로不顧死生ᄒᆞ고連續猖起홈이라더라

●猿巖賭博　西來人의傳說을聞ᄒᆞᆫ즉昨年冬에賭博淸人七八人이平壤南祭山面猿巖場에來ᄒᆞ야三십六計라稱ᄒᆞᄂᆞᆫ技局을設ᄒᆞ니該場附近愚民이男女老少업시賭博으로從事ᄒᆞᆫ지于今歲餘에商者ᄂᆞᆫ破店ᄒᆞ고農者ᄂᆞᆫ廢耕ᄒᆞ야相聚爲盜者가不可勝數어ᄂᆞᆯ所謂官吏輩ᄂᆞᆫ禁戢ᄒᆞᆯ지아니ᄒᆞᆯ뿐더러怨聲이載路ᄒᆞ다더라

●學會承認　開城學會ᄂᆞᆫ本月십四日에學部認可를承ᄒᆞ얏다더라

●留學渡日　學務局長尹致旿氏의夫人尹高羅氏가日本에留學次로再昨日下午拾時에京釜鐵路로發往ᄒᆞ얏다더라

●金氏裁判　中樞院顧問李根澤氏가年前에主殿院卿在任時에金東弼氏에게金海蘆田舍音을圖給하마ᄒᆞ고三千圜을乾沒ᄒᆞᆫ事가有ᄒᆞ던지金氏가起訴裁判ᄒᆞ다더라

●玄氏更訴預定　警衛院課長黃信泰氏가該院解散된巡査玄尙默氏等의服장費를乾沒ᄒᆞ얏다ᄂᆞᆫ事로巳報어니와玄氏가擧其事實ᄒᆞ야地方裁判所에呼訴ᄒᆞ얏더니竟至落科ᄒᆞᆫ故로控訴院에更爲訴呈ᄒᆞ기로預定ᄒᆞ얏다더라

●派巡調査　三昨夜에義兵數十餘名이東大門外牛耳洞에來到ᄒᆞ야該洞居民에게軍需錢을排斂以納ᄒᆞ라ᄒᆞ고退去ᄒᆞ얏다홈으로東部警察署에서韓日巡査를多數派送ᄒᆞ야調査하얏다더라

●日巡行悖　昨日上午九時量에茶洞等地居ᄒᆞᄂᆞᆫ某氏家에日巡査가來到ᄒᆞ야川邊에淸潔掃除ᄒᆞ라ᄒᆞ고該家婦人을引出ᄒᆞ야恐喝이無數ᄒᆞᆫ故로一場驚動ᄒᆞ얏다더라

●怨中移乙　去月二拾七日에咸平郡新豐面北倉等地에義兵三百餘名이逗留ᄒᆞᄂᆞᆫ대光州羅州各郡의駐在憲兵補助員八十餘名과衝突交戰하얏ᄂᆞᆫ대日憲兵三名과補助員五名이被殺ᄒᆞ고義兵은靈光等地로向ᄒᆞ얏고補助員百餘名이該面閭里에橫行ᄒᆞ야平民을毆打ᄒᆞ고婦女를劫掠ᄒᆞ며雞犬을沒數打殺ᄒᆞ고人家를燒火ᄒᆞ기로當此嚴冬하야棲屑道路에奠接이無路ᄒᆞ다ᄂᆞᆫ風說이浪藉ᄒᆞ다더라

●上巨發殺　黃海道溫井院附近에셔義兵二百名이該院駐在日憲兵及補助員과交戰ᄒᆞ얏ᄂᆞᆫᄃᆡ上等兵憲兵壹名이卽死ᄒᆞ얏다더라

●酒家罔祿　昨日上午二時量에典獄後洞의賣酒ᄒᆞᄂᆞᆫ韓某家에셔失火ᄒᆞ야數間을沒燒ᄒᆞ얏다더라

●堀塚賊漢　西江黃水洞居ᄒᆞᄂᆞᆫ陳尙熙氏의祖母墳墓가北署城山里治峴에在ᄒᆞᆫ대再昨夜에該墳墓를何許賊漢이破堀ᄒᆞᆫ故로該掌內巡查가現今密探ᄒᆞ야期於히捕捉코ᄌᆞᄒᆞᆫ다더라

●湖西將進　再昨日興化學校內에서湖西學生親睦會에對ᄒᆞ야贊成發起會를開ᄒᆞ고任員을選定ᄒᆞ얏ᄂᆞᆫᄃᆡ會長에尹雄烈氏로副會長에成岐運氏로總務에鄭永澤氏로評議員에林炳恒尹成鼎諸시인ᄃᆡ鄭永澤具滋鎔兩氏가該會의趣旨狀況을激切說明ᄒᆞ얏고當場義捐의금額이數百圜에達ᄒᆞ얏다ᄒᆞ니該會의前進을從此可期라ᄒᆞ더라

●兩氏義捐　襄陽郡峴山學校敎師申尙徹氏와前參尉許榮시가該郡東面書堂에前往ᄒᆞ야規則及科程을壹新改定ᄒᆞ고該洞시가激切ᄒᆞᆫ言辭로壹場演說ᄒᆞᆫ後錢額을優數히捐助ᄒᆞ얏다더라

●光郡活佛　光州郡前掌禮院卿朴鳳秋시大小家에셔今年七月窮節에租三百五拾石을派給貧民ᄒᆞ고其外債錢도或減利或半減或蕩減ᄒᆞ고今秋賭租도比昨年半減ᄒᆞ니全郡貧民이賴以生活ᄒᆞ고且光南測量學校々長으로出席ᄒᆞ야新貨一百貳拾圜을捐助ᄒᆞ고熱心敎育ᄒᆞᆫ다고稱頌이喧藉ᄒᆞ다더라

●李氏熱心　三和港億兩機基督학校學生徒들은盡是貧寒家子弟로服裝等節이鮮明치못하더니新洞居前主事李承祚氏가該學徒三拾壹人에게洋鞋각壹部와服裝각壹件을寄付ᄒᆞ얏다더라

●出於熱誠　黃海道遂安郡上儉면新盛學校敎師李基範시ᄂᆞᆫ月給이每朔三拾元인ᄃᆡ食費金拾元式만計推ᄒᆞ고其外二拾元式은捐助로契約ᄒᆞ야該校에熱心敎育ᄒᆞ기로他郡學徒가雲集來學ᄒᆞᆫ다더라

●邊氏慈善　北部三淸洞居ᄒᆞᄂᆞᆫ邊永麒氏가敎育에熱心과慈善의目的으로特히遠方學徒를多數히自己家에留宿케ᄒᆞ고日夜로勸勉ᄒᆞᆫ다더라

●老當益壯　大邱郡壽昌학校々장徐鳳綺氏가以若七耋之齡으로不憚勞苦ᄒᆞ고熱心敎育홈으로학徒가二百七十餘名에達ᄒᆞ얏ᄂᆞᆫ대貧笈登道者가互相勸告曰壽昌學校々長徐鳳綺氏가尙無恙乎아ᄒᆞᆫ다더라

●木手美擧　北來人의傳說을聞ᄒᆞᆫ즉咸興郡州南面居ᄒᆞᄂᆞᆫ全光用千世河崔錫景孫基順諸氏가本以木工으로爲業ᄒᆞ야年今四五十或三拾餘歲인ᄃᆡ現今國家의發業홈을極爲慨歎하며文明의幸福을增進ᄒᆞ기爲ᄒᆞ야壹齊히同盟斷飮ᄒᆞ고該面荷東里에夜學校를設立ᄒᆞ고熱心就學ᄒᆞᆫ다더라

◉感荷義捐　光州郡居

紳士洪顯相氏가本社의經費를補用ᄒᆞ기爲ᄒᆞ야金一圓을寄附ᄒᆞ얏기玆에感意를表ᄒᆞ노라

◉感荷義捐　南陽郡上

洞勞働夜學校長李昌會氏가本社의經費를補助하기爲ᄒᆞ야金五十錢을寄附ᄒᆞ얏기玆에感意를表ᄒᆞ노라

▲地方消息

▲本십壹日夜에全羅南道昌平郡에셔義兵十餘名이該郡駐在所를襲擊ᄒᆞ다가日憲兵及巡查幾名과交戰ᄒᆞ얏다더라

▲怨中生活▼

▲漢陽城中도라보니鷄鳴山下아니어던四面楚歌웬일인가이리가도怨聲이오뎌리가도怨聲이라其情形도可憐치만怨恨瀰天ᄒᆞᆫ다소리에某某大官姓名三字ᄒᆞᆫ空中에浮動일세

▲各坊曲의巡査들은坦坦大路너른길에肥料馬車縱橫ᄒᆞ야行人掩鼻ᄒᆞ것마ᄂᆞᆫ視若尋常禁止안코吾輩何宿嫌인지左右厮逐無餘ᄒᆞ니升天乎아入地乎아衆商輩의원망이오

▲衛生費를내라ᄒᆞ고볼북드시督促키로加干衣服典當잡혀頻之倒之ᄒᆞ야及其遞暇혓다退却ᄒᆞ니龜背症에미아닌가우리百姓다죽으면爲誰衛生ᄒᆞᆯ라ᄂᆞᆫ지窮無殘民원망이오

▲內外國人勿論ᄒᆞ고公務服役壹般인ᄃᆡ엇던사ᄅᆞᆷ은權利도와手當金과舍宅料에幾倍厚俸支給이와不公平의言論으로聲狄呼冤ᄒᆞᆫ지만그나마도사요나라各官吏의원망이오

▲人材養成ᄒᆞᆯ때에는需用코ᄌᆞ홈이어ᄂᆞᆯ專門科에受業ᄒᆞ제百般困難격것더니及其敘任ᄒᆞᆫᄂᆞᆫ날은日語者만수가낫다압집處女婚ᄒᆞ면뒤집處女出嫁ᄒᆞᆫ네法律學者원망이오

▲壹夫從事못ᄒᆞ고不行淫ᄒᆞ기壹般인ᄃᆡ高堂大廈新臺中에無廉無恥婦人ᄒᆞ야骨肉相殘더滿婦ᄂᆞᆫ敢不犯檢査안코汝汝ᄒᆞᆯᄉᆞ吾輩를威脅恐喝滋甚ᄒᆞ니가娼妓輩의원망이오

▲如干月銀목을미고恪勤奉公ᄒᆞ엿더니壹朝除汰當ᄒᆞᆫ後에生活方道杳然ᄒᆞ다恩이야주엇스면過冬이나ᄒᆞᆯ걸인ᄃᆡ奴隸곳혼彼輩는恩金ᄌᆞᆺ차집어먹나解散員役원망일세

▲當局者들드려보소得人者의興旺홈과失人必亡이아닌가民心不服이러코야地位保全ᄒᆞᆯ수잇나運動ᄒᆞᄂᆞᆫ心力으로民怨부터解釋ᄒᆞ야全國歡迎밧을진더莫敢誰何ᄒᆞ련마ᄂᆞᆫ

[illegible]에家셔去셔의金錢出納事務를全掌ᄒᆞ시기바라오니[illegible]
再昨年[illegible]全國拾三道內各學校에衛生緊要ᄒᆞᆫ東西藥業月報와敎育上緊要ᄒᆞᆫ書籍類印刷되ᄂᆞᆫ더로時々仰呈코져ᄒᆞ오니貴校番地와校長校監閣下尊啣을以셔下示ᄒᆞ심을千萬伏望ᄒᆞᆷ

社告

△新設支社廣告

左開四郡에本支社를設置ᄒᆞ얏ᄉᆞ니該郡附近地에셔本報購覽ᄒᆞ실 僉君子ᄂᆞᆫ壹切該支社의請求ᄒᆞ심을務望

黃州 南門外冊肆 崔鎭衡
蔚珍 遠남面梅花里 朱鎭壽
平北江界 郡敎堂內 金泰義
白川 邑文明館 趙雲泳

大韓每日申報社

廣告

本人이姓名圓形圖章을見失ᄒᆞ고方圖章을改造ᄒᆞ얏ᄉᆞ니知舊間照亮ᄒᆞᆷ

倉洞 孫昌玉 告白

增補 萬歲曆

舊日千歲曆에寒食、臘日、三伏、土王、得辛、治水、年神方位、黑中、周堂을增註ᄒᆞ오니 購覽ᄒᆞ시옵

定價金二十五錢
發賣所 漢城各書舖

本人이西署館井洞六拾統拾戶宋仁國家券壹度를己亥年分에典執ᄒᆞ엿삽더니家中의셔셔失ᄒᆞ엿ᄉᆞ오니誰某拾得ᄒᆞ와도休紙施行ᄒᆞ오

金亮濟 告白

今日下午七時에鄭春洙시가演說ᄒᆞ기로玆以廣告ᄒᆞᆷ

京橋禮拜堂內 智德共新會 告白

北部嘉會坊齋洞二拾九統拾二戶瓦家八間半文券을失火中燒燼이오기請願漢城府ᄒᆞ야更出板券故廣告ᄒᆞᆷ

戶主 崔萬壽 告白

本人等이判事의職을辭免ᄒᆞ고辯護士業務를聯合商議ᄒᆞ야壹切民刑訴訟을迅速處理ᄒᆞ오니 僉彦은陸續來議ᄒᆞ시옵

辯護士 劉文煥
辯護士 朴晩緖

聯合事務所
中部槓洞三十二統四戶
(下漢洞口越便家)

出張所 仁川港外洞柳峴二拾二統拾戶
事務員 金性憲
釜山港瀛洲洞四統拾戶
事務員 郭鍾煥 朴東植

本人等이技術을精密히研究ᄒᆞ야測量及製圖를迅速需應ᄒᆞ오니有志 僉員은即速來求ᄒᆞᆷ
但臨時事務所ᄂᆞᆫ中部槓洞二拾五統九戶로ᄒᆞᆷ

漢湖中央測量事務所
所長 李稷鎬
總務 韓基正
會計 申澤駁
書記 金顯德
事務員 李錫敎
朴定玩 朴俸南 金炳圭
曹九煥 蘇章奎 高在哲
朴東軾 安錫泰 韓鳳岡
金榮魯等 告白

本人의從弟炳穆이가負債七八千金ᄒᆞ고出去ᄒᆞ야不知蹤跡ᄒᆞ오니已往負債ᄂᆞᆫ雖傾家報給이어니와此後ᄂᆞᆫ更無報道ᄒᆞ오니無論內外國人ᄒᆞ고切勿見欺ᄒᆞᆷ

天安郡居李炳武 告白

本人이龍岡智洞所在沓三百八十斗落文券二度를見失ᄒᆞ얏ᄉᆞ니誰某拾得ᄒᆞ야도休紙로施行ᄒᆞᆷ

京北署大安洞林鳳昌 告白

本社設立이爲拾年인바社員口文中百五條와關口中五里條를收入本社ᄒᆞ야每朔公立普通學費三拾圓과私立今湖學費拾圓과社員中哀慶間五圓式과書記使童月銀柴油等節에補用ᄒᆞ야勿墜敎育相問等目的이더니本社員宋在奎全東煥等貳拾壹人이暗生肥己背義之心ᄒᆞ야稱以合資客主ᄒᆞ고敎育上發達과哀慶間表情을壹切反對이기本府臨裁判ᄒᆞ야該等이落科ᄒᆞ얏스되終不遵飭ᄒᆞ고全東煥이該事周旋次로今既上京ᄒᆞ니本社에셔도請願農部ᄒᆞ깃ᄉᆞ오나該等行動이萬々乖悖ᄒᆞ야爲先廣告ᄒᆞᆷ

群山港紳商社客主
總務金奉琪 仝 田致善 告白

本會事務가漸次擴張이온바本會에願入ᄒᆞ실 有志僉君子ᄂᆞᆫ本會로陸續來議ᄒᆞ옵셔林業에發達케ᄒᆞ심을希望ᄒᆞᆷ

(電話二九三番)

大韓山林協會本部告白

交河郡地方委員朴準秀시ᄂᆞᆫ委員被任ᄒᆞᆫ지三四朔에風雨를不避ᄒᆞ며勞苦를不辭ᄒᆞ고克盡厥務ᄒᆞ니壹郡人士가無不稱頌ᄒᆞ기로玆以廣布ᄒᆞᆷ

李順七 告白

○特別廣告○

本社事務所를京城磚洞에現今開設ᄒᆞ고各地方에代理人을置ᄒᆞᆯ라ᄒᆞ오니本社定欵을詳細陳述ᄒᆞᆯ時機가來到ᄒᆞ얏사오니條項이腹皇ᄒᆞ와他日를姑俟ᄒᆞ오며本社資金의現今總額은拾萬圓이온ᄃᆡ壹萬株로分ᄒᆞ야每株에十圓式이옴本社에셔ᄂᆞᆫ本社에關ᄒᆞᆫ細瑣事項ᄭᆞ지 僉彦의詳諒ᄒᆞ시기를懇望ᄒᆞ오니 僉彦은案頭에暫坐ᄒᆞ야京城郵便局郵函第四十号韓美興業株式會社라皮封에書ᄒᆞ야壹書札를寄送ᄒᆞ시되本社에詳細事項을通知ᄒᆞ라ᄒᆞ시면本社에셔ᄂᆞᆫ答函을即呈ᄒᆞᆯ터이오니惠覽後 貴地方에셔ᄂᆞᆫ何事務가本社의進行ᄒᆞ기에最適ᄒᆞᆯ지高明ᄒᆞᆫ意見을惠賜ᄒᆞ시옵是를爲ᄒᆞ야來一月十日以內로高明ᄒᆞᆫ書札을寄送ᄒᆞ시ᄂᆞᆫ 僉彦에게賞金을如左히分等ᄒᆞ야送呈ᄒᆞ깃ᄉᆞᆸ

本社에셔高明ᄒᆞᆫ書札中

一等으로認定ᄒᆞᆫ者ᄂᆞᆫ五十圓　二等 二十圓
三等 十圓　四五等 各五圓
六等 至 十等 各二圓

僉彦의費用은郵票價以外에무엇이ᄯᅩ잇ᄉᆞᆸ니가단단히싱각ᄒᆞ야보시오

本社에셔大韓帝國內各處와通信을連絡ᄒᆞ기爲ᄒᆞ야如此히懸賞ᄒᆞ기를不惜ᄒᆞ오니本社의各地方에셔進行ᄒᆞᆯ方針에對ᄒᆞ야貴重ᄒᆞᆫ勸告를願聞ᄒᆞᄋᆞᆸᄂᆞ이다

京城磚洞
韓美興業株式會社 告白

米國元稚參嘉氏는天父의命令을順從ᄒᆞ야大韓靑年의德育體育智育ᄒᆞᄂᆞᆫ基督靑年會館에八萬圓을寄附ᄒᆞ얏스니我韓人民도天命을順受ᄒᆞ야元稚參嘉시의盛意를萬分之壹

이라도報答ᄒᆞ기爲ᄒᆞ야天父의命令을順從ᄒᆞ야 … 五千圓買直衛生上緊要ᄒᆞᆫ物品ᄯᅩ永存不朽ᄒᆞᄂᆞᆫ … 天父命令대로我韓靑年의게寄付코져ᄒᆞ와 …

社告

○申報價

壹張代金 新貨二錢 …

壹個月前納 三十錢

參個月 九拾錢

陸個月 壹圓七十錢

壹個年 三圓四十錢

郵稅壹張 壹個月 … 十三錢 … 壹五錢

○廣告料

四号活字拾二字詰每日壹寸（英尺）에新貨卅錢

二週日壹寸에 二圓五拾錢

壹箇月壹寸에 … 圓

（自壹行至五行이爲壹寸）

其期限의長短과字行의多少에依ᄒᆞ야增減이有홈

發行兼編輯人英國人 裵說

Responsible for Publication Alfred Weekley Marnham.

發行所 南署石井洞號外地三層洋屋 大韓每日申報社

光武九年八月拾一日 明治卅八年八月拾一日 (第三種郵便物認可) 水曜日 西曆壹千九百八年拾二月卄參日 (壹)

大韓每日申報

第九百八拾五號 第六卷

月曜及慶節 歲時日休刊

檀君開國四千二百四十一年
箕子元年三千三十年
大韓開國五百十七年
日本明治四十一年
淸國光緖三十四年
陰曆戊申十二月大初一日壬子

論說

◉閔忠正公家의宋秉畯

虎狼과鬼蜮의惡을擧ᄒᆞ여曰彼가凶虐ᄒᆞ야彼가人을善殺ᄒᆞᆫ다ᄒᆞ면此가事實이아님은아니나反히無靈ᄒᆞᆫ語가되나니何也오人이皆知ᄒᆞᄂᆞᆫ事를重言復言ᄒᆞ면贅談되ᄂᆞᆫ故니라

嗚乎라宋秉畯의心은路人도知ᄒᆞᄂᆞᆫ비라吾儕의筆舌이繁ᄒᆞ며ᄒᆞ나도乙巳年宋秉畯을其誰가肯忘ᄒᆞ며丁未年宋秉畯을其誰가肯忘ᄒᆞ리오吾儕의筆舌이無ᄒᆞ더라도宋秉畯二字의字々畫々을世々韓國人이骨에刻ᄒᆞ며腦에銘ᄒᆞ야齒가沒토록不忘ᄒᆞᆯ者인뎌

今에吾儕가筆을更擧ᄒᆞ야昨日에壹宋秉畯을呪ᄒᆞ며今日에壹宋秉畯을呪ᄒᆞᆷ이贅談이아닌가且吾儕의筆을壹擧키던彼宋秉畯者의全體를破碎ᄒᆞ야壹代忠臣을製造ᄒᆞᆫ道術이有ᄒᆞ면저不然커던彼宋秉畯者의骨々節々을僞千萬丈無底地獄에投下ᄒᆞᆯ能力이有ᄒᆞᆫ진뎌筆舌의死ᄒᆞᆷ도不辭ᄒᆞᆷ이可ᄒᆞ나今又不然ᄒᆞ니吾儕가壹年三百六拾日에日々壹呪로呪ᄒᆞ야도彼宋秉畯은日로進步ᄒᆞ며日로突飛ᄒᆞ야其蹤은着地ᄒᆞ고其頂은參天ᄒᆞᆫ宋秉畯이되얏거날今에徒然히宋秉畯々々々々々々ᄒᆞ니彼宋秉畯者가口를掩ᄒᆞ고竊笑치아니ᄒᆞᆯ새

嗚乎라此ᄂᆞᆫ吾儕도自悶ᄒᆞᄂᆞᆫ비라故로日本에自誓ᄒᆞ여曰宋秉畯은地獄에入ᄒᆞ던지虎窟에入ᄒᆞ던지且置勿道ᄒᆞ고彼의結果만旁觀ᄒᆞ리라ᄒᆞ얏더니乃彼宋秉畯이吾儕의筆을不得不再擧케ᄒᆞᄂᆞᆫ도다吾儕의筆을不得不再擧케ᄒᆞᄂᆞᆫ도다

秉畯乎여爾의已往歷史만擧ᄒᆞ야도足히他日拾八層阿鼻獄裡에登席地를泰ᄒᆞᆯ지어날尙曰不足이라ᄒᆞ야爾의舊日主人閔忠正家에向ᄒᆞ야其惡을又肆ᄒᆞᄂᆞᆫ가

此事ᄂᆞᆫ吾儕向日에已是壹論ᄒᆞᆫ바어니와今에閔忠正家孤兒寡婦의慘境을聞ᄒᆞ미壹場悲淚가下ᄒᆞ며又秉畯의背恩忘德ᄒᆞᆫ歷史를聞ᄒᆞ미壹口憤氣가出ᄒᆞ야不得不筆을又擧ᄒᆞ노라

秉畯乎여爾가當日竹洞宮目人出身으로閔忠正門下에入ᄒᆞ야拾餘星霜을過ᄒᆞ야閔忠正이頭로指ᄒᆞ면爾가唯々ᄒᆞ며閔忠正이手로呼ᄒᆞ면爾가諾々ᄒᆞ던者아닌가

嗚乎라天地가翻覆ᄒᆞ고風雲이舒慘ᄒᆞ야四千載韓國面目이突變ᄒᆞ매閔公은憤然壹刀로塵世를謝ᄒᆞ고爾ᄂᆞᆫ壹躍에首相으로壹躍ᄒᆞ야[illegible]政府大臣椅子를據ᄒᆞ니奴主가義絶ᄒᆞ고幽明이路隔ᄒᆞᆫ지라公靈이有知ᄒᆞ면當如何ᄒᆞᆫ感情을惹ᄒᆞᆯᄂᆞᆫ지

然이나爾가忠正門下에薰陶를久受ᄒᆞᆫ者인故로世人이爾를李鰲城家의鄭錦南으로望ᄒᆞᄂᆞᆫ者ᄂᆞᆫ無ᄒᆞ나猶是壹點戀主心이必有ᄒᆞ리라ᄒᆞ야如此히反噬狗됨은未料ᄒᆞᆫ바ㅣ더니今乃禍心을包藏ᄒᆞ야閔忠正의無賴弟泳瓚를誘ᄒᆞ며其生庭老慈夫人을欺ᄒᆞ야昭々明々靑天白日의下에閔忠正의家產을賊奪코져ᄒᆞ니慘哉라爾의心腸이여

爾ㅣ壹毫라도良心이有ᄒᆞᆯ진뎐他人이閔忠正의家產을賊奪ᄒᆞ면爾가保護ᄒᆞᆯ지어날今乃爾手로賊奪ᄒᆞᄂᆞᆫ가爾가壹毫라도良心이有ᄒᆞᆯ진뎐閔忠正의孤兒寡婦를爾가救飼ᄒᆞᆯ지어날今에爾ㅣ反噬ᄒᆞᄂᆞᆫ가爾가如此히良心이無ᄒᆞᆯ진뎐宜乎賊이라自稱ᄒᆞ고明々[illegible]々히賊奪ᄒᆞᆷ이可ᄒᆞ거니와乃者爾의機關國民新報로ᄒᆞ여금恒常辨護케ᄒᆞ니此가掩耳盜鈴의計인가爾誰欺오欺天乎아

又聞컨데閔忠正家客이宋을符同ᄒᆞ야內外心力을合ᄒᆞ야忠正家의遺產을覆코져ᄒᆞᆫ다니忠正門下에何其宋秉畯이多ᄒᆞᆫ가然이나忠正의遺產이常積ᄒᆞ된遺孤가自在ᄒᆞ니宋이비록千般奸計와萬般詭計로弄ᄒᆞ야忠正의生庭大夫人을欺ᄒᆞ며生庭無賴弟를賂ᄒᆞ야其遺產을奪코져ᄒᆞ나無益ᄒᆞᆯ다心勞日拙ᄒᆞᆯ而已니라

▲隆熙貳年壹月二拾七日 官報

▲農商工部告示第拾二號

第九條의二 印鑑簿ᄂᆞᆫ永久히此를保存ᄒᆞᆷ이可ᄒᆞᆷ

接受簿及登記簿謄本綴込帳은十年間此를保存ᄒᆞᆷ이可ᄒᆞᆷ

決定原本綴込帳及抗告事類綴込帳은五年間此를保存ᄒᆞᆷ이可ᄒᆞᆷ

謄本抄本證明書交付帳受領證原符元帳及登記濟證交付帳은三年間此를保存ᄒᆞᆷ이可ᄒᆞᆷ

前三項의帳簿保存期間은當該年度의翌年으로부터此를起算ᄒᆞᆷ

(未完)

外報

●和蘭의軍艦捕獲 伯林電을據ᄒᆞᆫ則和蘭軍艦에서再次우에네스예라國軍艦壹隻을捕獲ᄒᆞ얏고更히戰鬪艦數隻을우에네스예라國에派遣ᄒᆞ얏다더라

●和蘭內閣總辭職 東京電을據ᄒᆞᆫ則和蘭國內閣은總辭職ᄒᆞ얏다더라

●土國과德國 伯林電을據ᄒᆞᆫ則土耳其政府ᄂᆞᆫ獨逸政府에셔澳土間調停의勞를致謝ᄒᆞ얏다더라

●賠金支出承諾 伯林電을據ᄒᆞᆫ則澳國이讓步ᄒᆞ야土耳其에게賠償金支出ᄒᆞ기를承諾ᄒᆞ얏다더라

●鐵道權回收交涉 北京電을據ᄒᆞᆫ則廣東澳門間鐵道敷設權을淸國이葡萄牙에對ᄒᆞ야回收ᄒᆞ기로交涉ᄒᆞ얏스되葡國도또ᄒᆞᆫ付條件으로此權을放棄ᄒᆞᆯ樣이라더라

詞藻

(投)●國體力

白髮이半廣々하니。다시점던
참못ᄒᆞᆫ내
國家興復重ᄒᆞᆫ지책、靑年擔負
ㅣ아닌가
전실노、獨立富强ᄒᆞᄂᆞᆫ基礎
心圖證

雜報

●三老晚餐 金鶴鎭李容元金允植三氏가發起ᄒᆞ야日間校洞閔泳徽氏家에晚餐會를設ᄒᆞ고總理以下各部大臣과伊藤統監及其他某某大臣을多數請待ᄒᆞ기로現今周旋中이라더라

●乘馬恩錄 明月館主人安淳煥氏가典膳司掌膳課長을被任ᄒᆞᆫ後에宮內府大臣閔丙奭侍從院卿尹德榮海豐府院君尹澤榮內藏院卿嚴俊敬主殿院卿李謙濟[illegible]諸氏를請邀宴待ᄒᆞ고勅任官陞差ᄒᆞ기를懇請ᄒᆞ얏다더라

●豈止腹非 中樞院顧問李址鎔氏가大臣을運動ᄒᆞ기로晝夜奔馳ᄒᆞᆫ다ᄂᆞᆫ대此等人格이大臣을更爲被任ᄒᆞᆫ日에ᄂᆞᆫ國家와生民에게何等禍害를滋生홀ᄂᆞᆫ지不知ᄒᆞ깃다고擧皆腹非ᄒᆞᆫ다더라

●統監避寒 伊藤統監은避寒ᄒᆞ기爲ᄒᆞ야本月廿八日에下關으로往ᄒᆞ야明年壹月八日ᄭᆞ지滯留ᄒᆞᆯ터이라더라

●兩奸未遂 莞島郡森林問題ᄂᆞᆫ昨年에宋秉畯氏가農大在任時에日人江藤恒策에게默認ᄒᆞ얏던ᄃᆡ今番에該日人이渡韓ᄒᆞ야此問題를確實히成立ᄒᆞᆯ次로價額을貳拾八萬圜에定ᄒᆞ야拾壹萬圜은政府에納入하고其餘額은宋秉畯趙重應兩氏가分喫ᄒᆞ기로互相密約ᄒᆞ고此事件을熱心圖謀ᄒᆞ다가畢竟狼狽ᄒᆞᆫ境에至ᄒᆞ얏다더라

●獵官奔競 奎章閣에서國朝寶鑑을撰輯ᄒᆞ기爲ᄒᆞ야勅任委員과判任委員을多數選定ᄒᆞᆫ다ᄂᆞᆫ뎌該判任委員을圖得ᄒᆞᄂᆞᆫ者들의奔競이大端ᄒᆞ다더라

●拘尾三年 永宣君李埈鎔氏가色上에斷念ᄒᆞ다더니近日에該氏가妓生明玉으로第三妾을約定하고金一作과毛衣壹襲을新히製造以給ᄒᆞ얏ᄂᆞᆫ뎌該價額이七萬五千兩에達ᄒᆞ얏다더라

●日人奸謀 日人江藤恒策이가昨年에莞島郡森林을農部에默認을圖得ᄒᆞᆯ時에金時計五拾餘個와日本製造品(단스)籠장四個를極擇絶品으로製造渡韓ᄒᆞ야有力ᄒᆞᆫ각大官에게行賂ᄒᆞ고結果로默認을得ᄒᆞᆷ이라더라

●陵莟引繼 各陵莟을壹々히調査ᄒᆞ야度支部로引繼ᄒᆞ얏ᄂᆞᆫ뎌明年爲始ᄒᆞ야ᄂᆞᆫ該各庄土에舍音을差出幹事케하고各陵에서ᄂᆞᆫ所關이無ᄒᆞ다더라

●拾圓新券發行期 度支部에서新紙貨拾圓券을發行ᄒᆞᆯ다ᄒᆞᆷ은本報에已揭ᄒᆞ얏거니와今에度支部告示를據ᄒᆞᆫ즉該新銀行券을明年壹月四日부터發行ᄒᆞᆯ터인뎌從來發行ᄒᆞ던銀行券과共히無碍通用케ᄒᆞᆫ다더라

●是何心腸 永平郡守崔升鉉氏가該郡[illegible]市를同邑底로移設ᄒᆞᆫ故로該場人民은生活無計하야上部에呼寃ᄒᆞᆫ後에勿爲移設ᄒᆞ라ᄂᆞᆫ指飭을到付ᄒᆞ연崔郡守가挾雜이라稱ᄒᆞ고退却ᄒᆞᆫ故로該人民은轉壑의歎을不免ᄒᆞ깃다ᄂᆞᆫ傳說이有ᄒᆞ더라

●勸勉募株 金鎔濟氏가農工研究會總務를被選ᄒᆞᆫ後에宮內府各司解散된員役輩에게恩賜金을受ᄒᆞᆫ者를勸勉ᄒᆞ야該會株金을應募케하야萬餘圜에達하얏다더라

●日巡查蠻行 池석永氏家에서肥料桶을尙今未設ᄒᆞ얏더니日前에日巡查가入去ᄒᆞ야該氏의七臺兄嫂를閭闔으로携去ᄒᆞ야糞塊를塗口하며繼又打ᄒᆞ고糞桶을當場設置ᄒᆞ라하고威脅以去ᄒᆞᆫ지라該氏가憤완의心을不勝ᄒᆞ야日前에觀仁坊會에서此事由를壹壹演說ᄒᆞ얏다더라

●逐出決議 長通坊會에서臨時會長李立은氏가出席ᄒᆞ고會務를處理ᄒᆞ얏ᄂᆞᆫ뎌李鍾健氏가該會에對ᄒᆞ야野蠻의行動이有ᄒᆞᆫ故로權東鎭洪在祺兩氏로總代를選定ᄒᆞ야該氏에게質問ᄒᆞ야若或出席謝過치아니ᄒᆞ면該坊內에居生을不得케ᄒᆞ고期於逐出하기로決議ᄒᆞ얏다더라

●三郡空家 高敞茂長興德等郡에義兵이合爲千餘名인ᄃᆡ三四십名式分隊ᄒᆞ야村閭에周行ᄒᆞ며富饒ᄒᆞᆫ人民의게錢財를討索ᄒᆞᄂᆞᆫ故로該地富民은擧皆空家避身ᄒᆞ얏다더라

●米師先渡 西洋각敎會에서韓國人民의沉淪ᄒᆞᆷ을極力救護코ᄌᆞᄒᆞ야其成績의發表됨은世所共知어니와今者各敎會에서此에對ᄒᆞ야壹層注意ᄒᆞ기로傳道敎師가次第로多數渡韓ᄒᆞᆯ터인ᄃᆡ爲先長老敎會에서米國宣敎師三拾餘人이渡韓ᄒᆞ얏다더라

●演奏失當 女子輔明學校에서校費를補用ᄒᆞ기爲ᄒᆞ야演興社에演奏會를設ᄒᆞ기로養閨義塾에서任員을派送ᄒᆞ야該責ᄒᆞ기를子女敎育ᄒᆞᄂᆞᆫ學校에서淫佚放蕩ᄒᆞᆫ戯事로亂類의전財를騙取ᄒᆞ야校費에補用홈이正當치못ᄒᆞᆯ뿐더러青年들遊戯場에遊席케ᄒᆞᄂᆞᆫ거시女子敎育界에셔當行ᄒᆞᆯ事가아니니卽速撤罷ᄒᆞ고新聞에廣告ᄒᆞ야女子敎育界에妨害가無케ᄒᆞ라ᄒᆞ얏더니該校에서反爲責言曰校況을維持코ᄌᆞᄒᆞ야設此方策ᄒᆞᆫ거슬有此沮戯ᄒᆞ니敎育에妨害가아닌가ᄒᆞ고至當ᄒᆞᆫ勸告를不遵ᄒᆞ니世人의冷眼이自在ᄒᆞ리라고批評이藉藉ᄒᆞ다더라

●方氏美擧 西部慕華館居李光夏氏가年前夜峴居方主事善基氏에게家舍拾餘座文券을典執ᄒᆞ고金貨貳萬三千圜을償用後에勢難報償ᄒᆞ야多年拖至라가李氏가方氏의困難을見ᄒᆞ고百方周旋ᄒᆞ야金貨三千圜을辦出償還ᄒᆞᆫ즉方氏가李氏와其子姪을對ᄒᆞ야無數致謝曰今此錢荒之時에如是ᄒᆞᆷ이誠甚意外요無異於全數準捧이라ᄒᆞ고帳簿를交付ᄒᆞ야貳萬餘圜의巨額을蕩給ᄒᆞ얏다더라

●寶城消息 寶城郡德內面圓峯里兵站所를義兵八십餘名이包圍交戰하야兵站所를燒燼ᄒᆞ얏고同郡海倉等地에서義兵四拾名이長興郡駐在日騎兵과激烈히交戰ᄒᆞ얏다ᄂᆞᆫ說이有ᄒᆞ더라

●良民何罪 去月二十九日에羅州郡居平面等地에서義兵四百餘名이榮補駐在憲兵及補助員과咸平郡分派所憲兵補助員合百餘名이互相衝突ᄒᆞ야補助員一名이卽死ᄒᆞᆫ지라義兵은靈光方面으로向去ᄒᆞ얏ᄂᆞᆫ대日兵이該附近村落四拾餘戶를燒燼ᄒᆞ고無罪良民數拾名을砲殺하얏다ᄂᆞᆫ說이有ᄒᆞ다더라

●南郡風雲 南平郡猪浦面橋山里에義兵百餘名이隱伏하얏다가綾州郡駐在日騎兵十名이過去ᄒᆞᆯ際에衝突交戰ᄒᆞ야日兵壹名은卽死ᄒᆞ고二名은負傷ᄒᆞ얏ᄂᆞᆫ뎌義兵은卽時該郡茶所面으로退向ᄒᆞᆫ지라翌日에光州和順綾州該郡榮補各駐在日憲兵及補助員五六拾名이來到該面ᄒᆞ야村村家家에無辜平民을侵掠毆打ᄒᆞ야殺聲이載路ᄒᆞ다더라

●聰兮敏兮 楊州郡蘆院附近에居ᄒᆞᄂᆞᆫ鄭某가義兵과干連이有ᄒᆞ다ᄒᆞ야憲兵補助員이偵探次로鄭氏家에往ᄒᆞᆫ즉鄭氏의十歲女兒가出門答應ᄒᆞᆯ際에其父가適自歸家ᄒᆞ며來어ᄂᆞᆯ其女兒가向其父曰吾父親이安在오ᄒᆞᆫᄃᆡ其父가知機避身ᄒᆞᆫ지라其십歲女兒의聰敏ᄒᆞᆷ을聞者莫不嘆賞ᄒᆞᆫ다더라

●一家兩痊 里門洞居鄭漢鎔邊敬弘兩氏가壹家內에居生ᄒᆞᄂᆞᆫ뎌鄭夫人은久滯脚病과邊夫人은面瘡으로見苦ᄒᆞ더니大安동惠春堂藥局에서壹服得效ᄒᆞ얏다더라

●坊會預弊 嘉安坊會에서該坊內人民의게瓦家每間에壹錢式草家每間에五厘式收納ᄒᆞ야會費를補用ᄒᆞ기로決定ᄒᆞ고每戶에其收刷ᄒᆞᄂᆞᆫ理由書壹度式과規定表壹度式을添付送交ᄒᆞ얏다더라

●學友紀念 三昨日下午六時量에養正義塾에서學友會紀念式을擧行ᄒᆞ얏다더라

●學界模範 安州郡에設立ᄒᆞᆫ安興學校와普通學校의壹般任員이兩校를協同ᄒᆞ야維持方法을研究ᄒᆞ며學校科程을完全케ᄒᆞ기로決議ᄒᆞ야校名은協成安興學校라稱ᄒᆞ고今月八日에協成式을擧行ᄒᆞ미有志紳士가雲集ᄒᆞ야壹大盛況을呈ᄒᆞ얏ᄂᆞᆫ뎌來賓中安昌浩李承薰[illegible]三氏ᄂᆞᆫ沿々雄辯으로勸勉贊成ᄒᆞ얏고當日夜에各面學校貳拾餘處任員을會同하야學科에階級을均壹케ᄒᆞ며協成學校와氣脉을聯絡ᄒᆞ야進就方法을講究케홈으로前途之望이大有하다더라

●太極學期 日昨阿峴私立太極學校에서學期試驗을經ᄒᆞ얏ᄂᆞᆫ뎌第三學年優等生은崔演澤金貴元等四人이오第二學年優等生은金剛山等二人이오第壹學年優等生은車鳳文方德才二人인대각히優數ᄒᆞᆫ賞品을施給ᄒᆞ얏ᄂᆞᆫ뎌東駿淵安世鍵崔泰植林晉鎬김兌鎬諸氏가空冊紙筆等物로優數히寄附ᄒᆞ얏고且學徒父兄懇親會도開ᄒᆞ야壹場盛況을呈ᄒᆞ얏다더라

●嘉善益善 慶南三嘉郡北八面居權錫鼎宋憲琛諸氏가發起ᄒᆞ야私立觀善學校를施設ᄒᆞ고高明ᄒᆞᆫ敎師를延聘ᄒᆞ야熱心敎授하ᄂᆞᆫ뎌學徒가不幾日에三四拾名에達ᄒᆞ얏다더라

●智明復明 全南智島郡守채洙康씨가該郡內智明學校의財政이乏絶ᄒᆞ야廢學ᄒᆞᆷ을慨嘆ᄒᆞ고郡主事金炳哲氏와協議ᄒᆞ야多數ᄒᆞᆫ金額을捐出ᄒᆞ고敎師를雇聘ᄒᆞ야熱心敎育ᄒᆞᆫ다더라

●女校卒試 三和僊兩機女學校에셔[illegible]月廿壹日에年終試驗을經ᄒᆞ얏ᄂᆞᆫ뎌該洞居李承祚氏가[illegible]一拾分賞墨一拾丁大羊[illegible]西關大智字筆二十柄抄筆拾柄餘錦等物로優數施賞ᄒᆞ얏다더라

●西湖卒業 [illegible]論測前承[illegible]講習[illegible]야卒[illegible]優等에[illegible]二人이오優等[illegible]等[illegible]이라더라

▲[illegible]息▼

▲今十六日黃海道[illegible]市邊里에서義兵二百餘名이[illegible]分遣所日憲兵과交戰ᄒᆞ얏고

▲本月二十日京畿道[illegible]溪院附近에서義兵百餘名이該院分遣所日憲兵과交戰ᄒᆞ얏다더라

▲論 缺點▼

▲昔年歷史子경ᄒᆞ고今日情形을헤아린ᄃᆡ全國人民思想界에壹大風潮變ᄒᆞ엿도다窮則變變則通은天理上의固然이라文明基礎發現이나各省人物舉論하면缺點들이尙多ᄒᆞ도다

▲畿湖人物議論하면耳目口鼻淸秀ᄒᆞ고行動擧止端雅ᄒᆞ야對人交際如流ᄒᆞᆷ은全國內의第壹이나仕宦特性驕傲習이腦髓中에印著ᄒᆞ야勇敢力이絶乏ᄒᆞ니現時代의缺點이오

▲西北人物議論ᄒᆞ면勇敢力도第壹이며堅忍力도第壹이오團結力도第壹이라三大力의原因으로今日首範되엿지만前日[illegible]感塞結ᄒᆞ야容恕性이不足ᄒᆞ니現時代의缺點이오

▲嶠南人物議論ᄒᆞ면古家遺風質實ᄒᆞ고節用節儉淳朴ᄒᆞ야士農間에實着ᄒᆞᆷ은全國內의第壹이나惜財心이成癖ᄒᆞ고公益上에泛然ᄒᆞ야鄙吝性이太過ᄒᆞ니現時代의缺點이오

▲關東人物議論ᄒᆞᆫ즉當人事에謹愼ᄒᆞ고臨小節에勤懇ᄒᆞ야自保ᄒᆞ기와獨修性은全國內의第壹이나患難上에着手ᄒᆞ면노性質이柔脆ᄒᆞ야冒險心이不足ᄒᆞ니現時代의缺點이오

▲湖南人物議論하면頴敏變第壹이며牢籠手段第壹이오奇謀良策第壹이라男兒器量包含이나그內容을細察ᄒᆞ면虛張力이頗多ᄒᆞ고實地性이不足ᄒᆞ니現時代의缺點이라

▲絶乏者ᄂᆞᆫ培養ᄒᆞ고太過者ᄂᆞᆫ損下ᄒᆞ며不足者ᄂᆞᆫ補充ᄒᆞ야環顧壹國ᄒᆞ더라도毫無缺點ᄒᆞᆫ然後에東西南北彼此업시壹大團體成立ᄒᆞᆷ이韓國의壹希望이니勉哉어다勵哉어다

[illegible]

再告全國拾三道內各學校에衛生緊要ᄒᆞᆫ東西藥業月報와敎育上緊要ᄒᆞᆫ셔籍類印刷되ᄂᆞᆫ딕로時々仰呈코ᄌᆞ ᄒᆞ오니貴學校番地와校長校監閣下尊啣을以셔下示ᄒᆞ심을千萬伏望홈

社告

郭山支社員李銀瑞氏가辭免請願ᄒᆞᆫ故로來壹月壹日부터支社를不得已廢止ᄒᆞ오니該社에셔本報購覽ᄒᆞ시던 僉君子ᄂᆞᆫ即爲本社로請求ᄒᆞ시와繼續購覽ᄒᆞ심을務望

廣告

大韓每日申報社

特別廣告

▲特別廣告▼

本社에셔名帖印刷를更加擴張ᄒᆞ기爲ᄒᆞ야各樣紙品을壹切準備ᄒᆞᆫ바極廉價로 僉君子에所請대로隨應ᄒᆞᆸᄂᆞᆫ중婦人과學徒의게ᄂᆞᆫ特別除減ᄒᆞᆯ터이오니照亮 來臨ᄒᆞ심을敬要

大韓每日申報社

●平北宣川郡東面路下里東宣學校測量科卒業生

優等ᄋᆞᆫ 樂興　金德咸　田卓永　田甲永　及第車炳奎　金炳和　田瑞永　尹容錫　田晙永　金蒙健　田道敬　車得輪　金鼎鎭　田英模　趙信元　金基浩　金德升　金基駿　李昌道

右生이測量製圖에大端嫻熟ᄒᆞ오니山森測量ᄒᆞ실 僉君子ᄂᆞᆫ照亮ᄒᆞ시오

東宣學校測量科 告白

金海大上面龍屯忠屯賭稅를本郡財務署에셔田畓의年租를分捸치아니ᄒᆞ야雖年出이나租稅를捧上ᄒᆞ되租壹石이라稱ᄒᆞ야價金合五兩四錢式督捧ᄒᆞ니方今金海時價則上下租壹石이葉二拾兩也ᄒᆞ勝至冤ᄒᆞ야玆以廣佈홈

慶南金海郡大上面平光里 高漢柱 告白

本人의所有堤築堰沓二百五拾石落이京畿道南陽郡發安所禿汀浦의在이옵더니去丙午年陰壹月頃에金判書世基시가금貸五萬圜의定價成文ᄒᆞ고價金은延라ᄒᆞ다가丁未陰月分에於音으로三千四百圜과同年五月分에三千圜을囚給ᄒᆞ야兩次合六千四百圜은先爲길据이고零在金四萬三千六百圜은推탈不給이더니晴生堅慾ᄒᆞ야以六千四百圜으로五萬圜價直庄土를欲爲勒奪ᄒᆞ야本年四月分에典執通限이라稱ᄒᆞ고還訴于漢城ᄒᆞ야屢月未決타가地方裁判所開廳後에委任于辯護士崔鎭시이라니屢次裁判의證據가確有ᄒᆞᆫ바ㅣ러致金氏偽將지滅ᄒᆞ던文記가日本人號六太의게潛自典當出債ᄒᆞᆫ蹤跡이綻露되어理屈落科ᄒᆞ고勝訴二月십九日의判決宣告ᄭᆞ지ᄒᆞ얏기로廣告홈

陳昌鎬 告白

本人의出系子陽智居吳重善이가性本幼弱ᄒᆞ야善聽外誘故로逸敗常多ᄒᆞ더니閔明植崔鴻基申泰俊김禱圭四人이沓七拾餘石落證明叢案과貳萬圓手標多稀給于重善ᄒᆞ고約束手形標幾許張을誘弄圖取ᄒᆞ야外國人의게越給ᄒᆞ니督捧之意ᄂᆞᆫ如是凶謀ᄒᆞ니右手形標ᄂᆞᆫ不得實施키로玆에廣告ᄒᆞ오니內外國人은切勿見欺홈

校洞居生父吳寅默 廣告

德國

이버페르드地方에파벤파부리켄, 故푸레드ᄲᅦ이어會社ᄂᆞᆫ世界上에最大ᄒᆞᆫ各種染色料製造所인대本社에셔ᄂᆞᆫ韓人淸人商業家諸友의게大注意ᄒᆞ시기를懇乞ᄒᆞᄂᆞᆫ바ᄂᆞᆫ無他라多少無掛慮ᄒᆞᆫ商買輩가麒麟과兩女商標를偽造ᄒᆞ여本社의名譽이頗多ᄒᆞ고品質이最良ᄒᆞᆫ紫色과藍靑色料를價低ᄒᆞ고無價值ᄒᆞᆫ色料로써代替置入홈이有ᄒᆞ니其僞造를注意ᄒᆞ시며且本社의淸國地方에셔行用ᄒᆞᄂᆞᆫ名號(順全隆)三字를注意하시오此ᄂᆞᆫ每筒에書ᄒᆞ얏스며尙且獨히積年信孚ᄒᆞᄂᆞᆫ品料로憑證ᄒᆞᆯ것시오本社의用ᄒᆞᄂᆞᆫ箱子(木箱)에ᄂᆞᆫ擧皆其兩便에本社의登錄商標即ᄒᆞᆫ個獅子가其前足으로書球를踏ᄒᆞᆫ圖像을烙印ᄒᆞ얏스며此를環遶ᄒᆞ야本社의名號를英字로印出ᄒᆞ얏ᄉᆞᆸᄂᆞ이다

本人의所有西部養生坊倉洞拾七統拾六戶地李浩連시가數年前에買入ᄒᆞ엿던舊買文券을셔失ᄒᆞ엿기로玆以廣告홈

孫奉信 告白

本會事務가漸次擴張이온바本會에願入ᄒᆞ실 有志僉君子ᄂᆞᆫ本會로陸續來議ᄒᆞ옵셔林業에發達케ᄒᆞ심을希望홈

(電話二九三番)

大韓山林協會本부告白

文明書館

各種書籍大發賣所

京城南部銅峴四巨里(二層屋)

玄 檍 告白

○特別廣告○

本社事務所를京城磚洞에現今開設ᄒᆞ고各地方에代理人을置ᄒᆞᆯ라하오니本社定欵을詳細陳述ᄒᆞᆯ時機가到ᄒᆞ얏사오니條項이瞭皇ᄒᆞ와他日을姑俟ᄒᆞ오며本社資金의現今總額은拾萬圜이온더壹萬株로分ᄒᆞ야每株에十圓式이옵本社에셔ᄂᆞᆫ本社에關ᄒᆞᆫ細瑣事項ᄭᆞ지 僉彦의詳諒ᄒᆞ시기를懇望ᄒᆞ오니 僉彦은案頭에暫坐ᄒᆞ야

京城郵便局郵函第四十号韓美興業株式會社

라皮封에書ᄒᆞ야壹書札를**寄送**ᄒᆞ시되本社에詳細事項을通知ᄒᆞ라ᄒᆞ시면本社에셔ᄂᆞᆫ**答**函을即呈ᄒᆞᆯ터이오니惠覽後 貴地方에셔ᄂᆞᆫ何事務가本社의進行ᄒᆞ기에最適ᄒᆞᆯ을지**高明**ᄒᆞᆫ**意見**을惠賜ᄒᆞ시옵是를爲ᄒᆞ야**來一月十日以內**로高明ᄒᆞᆫ書札을寄送ᄒᆞ시ᄂᆞᆫ 僉彦에게**賞金**을如左히分等하야送呈하깃ᄉᆞᆸ

本社에셔**高明**ᄒᆞᆫ**書札中**

一等으로認定ᄒᆞᆫ者ᄂᆞᆫ**五十圓**　**二等**　**二十圓**

三等　**十圓**　**四五等**　**各五圓**

六等至**十等**　**各二圓**

僉彦의**費用**은**郵票價**以外에무엇이또잇ᄉᆞᆸ니가단단히싱각ᄒᆞ야보시오

本社에셔大韓帝國內各處와通信連絡ᄒᆞ기爲하야如此히**懸賞**ᄒᆞ기를不惜ᄒᆞ오니本社의各地方에셔進行ᄒᆞᆯ方針에對ᄒᆞ야**貴重**ᄒᆞᆫ**勸告**를願聞ᄒᆞ옵ᄂᆞ이다

京城磚洞

韓美興業株式會社 告白

漢城鍾路[illegible]

大韓東西藥業月報社製藥

咽喉疼痛 隆米 五日分金壹圜

消暑 告味 甘酸水 金五十錢

男女氣血 補益丸 二圓五十錢

[illegible] 潤腸丸 二十錢

淋疾祛根藥 五十錢

痢疾靈散 三十錢

清肺[illegible]藥 十五錢

養兒寶散 十五錢

寸白拔根藥 三十錢

純金鷄納丸 十錢

[illegible]丸 二十錢

足汗臭藥 二十錢

[illegible]丸 十錢

杏膽合瘡膏 十錢

咳嗽藥 三十錢

漢城百應膏 十錢

積滯 消積丸 五十錢

癎氣神效 保嬰散 [illegible]

賣藥廣告[illegible]郵便價還

本國元雅夢嘉氏ᄂᆞᆫ天父의命令을順從ᄒᆞ야大韓[illegible]에[illegible]敎育을發育ᄒᆞᄂᆞᆫ基督靑年會館에入萬圜을寄附ᄒᆞ얏스니我韓人民도天命을順受ᄒᆞ야元雅夢嘉시의盛意를萬分之壹이라도報答ᄒᆞᆯ지라天父前에罪人李觀化朴慈思[illegible]天賜의所有ᄒᆞᆫ產業五千圜價値衛生上緊要ᄒᆞᆫ商品과또永在[illegible]ᄒᆞᄂᆞᆫ四商[illegible]을天父命令대로我韓靑年의게寄付코저ᄒᆞ야天賜

國漢文新玉篇

純洋裝四百餘頁全壹冊 附音韻字彙

定價金壹圓貳拾錢

版權所有

本玉篇은各種字典과字彙를參互ᄒᆞ야漢字의音義와變音變義까지國文으로詳明히譯述ᄒᆞ고且同音類合과餘頁을國文으로解釋添付ᄒᆞ야漢字의音만알면解得ᄒᆞ기容易ᄒᆞ오며勿論男女ᄒᆞ고國文만알면初學生徒라도漢文寶鑑이오니學界僉彦은陸續購覽ᄒᆞ심을務望

元賣所 平壤貫洞 耶穌教書院

分賣所 大邱京城鍾路 東一書舘

布屛下 廣學書舖　龍[illegible]橋越便 中央書館

寺洞 博文書館　寺洞 惟壹書館

鍾路 徽心書館　[illegible] 通東書館

鍾路 耶穌教書會　海州南門內 [illegible]昌書舖

鍾路 大東書市 桂洞 玄公廉　京鄉各有名書舖

靈丹

本人이製造발行ᄒᆞᄂᆞᆫ바靈丹은今에官許를蒙ᄒᆞ고大韓醫院藥학士兒島古里氏와壹等製藥官劉世煥兩씨檢查證明과軍部軍務局衛生課二等軍醫[illegible]南闊下와諸[illegible]方家高明醫士의有効賞讚을受ᄒᆞᆫ바其應用說明은如左ᄒᆞᆷ

說明 [illegible]

暑. [illegible]寒. 吐瀉. 腹痛[illegible]. [illegible]食慾[illegible]. [illegible]頭[illegible]. 口香心[illegible]悶. 船暈酒醉. [illegible]痰迷. 山嵐[illegible]瘴. 痞滿[illegible]. 木[illegible]方脹[illegible]

地方各處에서書信으로請求ᄒᆞ시면小包逓送ᄒᆞᆷ

發行本舖 [illegible] 共愛堂大藥房

註釋 現行新法令

此冊은我國에現行ᄒᆞᄂᆞᆫ法令과土地家屋證明規則과民刑事訴訟規則을法律本業生李範星씨가詳密히註釋ᄒᆞ야法律에生踈ᄒᆞᆫ人이라도壹覽瞭解케ᄒᆞ얏스오니成年以上法律行爲를ᄒᆞᆯ者ᄂᆞᆫ不可不購覽ᄒᆞᆯ冊이오니速々購覽ᄒᆞ시옵

元賣所 布屛下 廣學書舖 金相萬

大韓國十三道各郡에總發行所

京城南大門內 濟生堂大藥房

(主治效能)

담飮[illegible]咳嗽. 胃痛腹痛

氣鬱[illegible]食傷. 中暑中寒

食積[illegible]吐瀉[illegible]水土不服

酒醉[illegible]口臭[illegible]船車眩暈

其他瘟氣厲疫을豫防

ᄒᆞᄂᆞᆫ奇效가有ᄒᆞᆷ

陸軍軍醫金守鉉君實驗方劑
陸軍軍醫長張基茂君有効證明
四海衛生之諸君子常備之靈藥

消化新藥 清心保命丹

發行所 仁川港枉峴 濟生堂藥房

九粒入金拾錢

回積殺蟲散

右藥은蛔虫壹切을拔根ᄒᆞᄂᆞᆫ妙약 (금십錢)

北米邦補益水

(定價金三圓)

此약은補血補元氣ᄒᆞ고手足厥冷ᄒᆞ며腹中冷病과氣不足ᄒᆞᆫ되、積病에特效가有ᄒᆞᆯ뿐외라鹿茸人蔘보다倍勝ᄒᆞ기로擅名이되얏소

◉美國最新上品金桂納○德國上品金桂納其他內外國新製藥이오○陰陽雙補藥○不足症藥○婦人冷病藥○女[illegible]病藥○[illegible]眼藥○되ᄂᆞᆫ藥○[illegible]藥○[illegible]藥○風藥○小大[illegible]藥各種○[illegible]氣藥○淋疾藥○舊滯藥○其他[illegible]○大韓國內藥商[illegible]을特히割引ᄒᆞ야大放賣ᄒᆞ오니陸續注文ᄒᆞ심을要望○遠地에ᄂᆞᆫ小包郵便으로信送

◉支店及[illegible]所

水原 江華 公州 江景 清州 [illegible] 永同
開城 天安 群山 全州 光州 羅州 木浦 [illegible] 伊川
晉州 馬山 釜山 金泉 密陽 慶州 江陵 春川 長連
元山 咸興 北靑 鏡城 平壤 三和 安州 宣川 安東
義州 郭山 定州 博川 德川 寧邊 鐵山 海州 甕川
延安 信川 長淵 安岳 載寧 鳳山 瑞興 黃州 幕新

京城南大門水閣橋　仁川港寄峴

濟生堂主 李庚鳳 謹告

靈魂篇

此篇은卽心理學이나[illegible]非常[illegible]耶穌敎人의閱覽이오[illegible]으로도[illegible]講究ᄒᆞᆯ[illegible]位[illegible]陸續購[illegible]

元賣 京城鍾路 東一書舘

分賣所 京鄉各書舖

[illegible] 告白

發行兼編輯人 英國人 [illegible]

Responsible for Publication Alfred Weekley Marnham

發行所 [illegible]洞號外[illegible]

大韓每日申報社

大韓每日申報

第六卷

第九百八拾六號

月曜及慶節歲時日休刊

檀君開國四千二百四十一年
箕子元年三千三十年
大韓開國五百十七年
日本明治四十一年
淸國光緖三十四年
陰曆戊申十二月大初二日癸丑

論說

◎死守勿去

外族이壓入ᄒᆞ야其威를驅ᄒᆞ고其勢를ᄉᆞ거던國民된者ㅣ其國을去ᄒᆞᆷ이可ᄒᆞᆯᄭᆞ日不可ᄒᆞ니라國家ᄂᆞᆫ如何ᄒᆞ던ᄌᆡ壹身壹家나獨存키를求ᄒᆞᆷ이可ᄒᆞᆯᄭᆞ日不可ᄒᆞ니라

日弱國을棄ᄒᆞ고强國에適ᄒᆞ면强國民을可作ᄒᆞᆯ지며劣國을離ᄒᆞ고優國에歸ᄒᆞ면優國民을可作ᄒᆞᆯ지니如是ᄒᆞ면全國民族이烈火에投入ᄒᆞᆯ지라도壹身은猶可存ᄒᆞᆯ지며全國土壤가洪水에沉淪ᄒᆞᆯ지라도壹家ᄂᆞᆫ猶足安ᄒᆞᆯ지라劣弱ᄒᆞᆫ國의國民된者ㅣ其國을去ᄒᆞᆷ이亦壹無足怪의事가아닌가

日豈其然乎리오彼上古遊轉時代에在ᄒᆞ야ᄂᆞᆫ人類ᄂᆞᆫ有ᄒᆞ나國民은無ᄒᆞ며土地ᄂᆞᆫ有ᄒᆞ나國土ᄂᆞᆫ無ᄒᆞᆫ故로此土가不可커던彼土로往ᄒᆞ며東方이不宜커던西方에移ᄒᆞ야何等關係가曾無ᄒᆞ얏거니와今日이何時代인가世界各族이其目을瞋ᄒᆞ야國家主義를唱ᄒᆞ며其爪를張ᄒᆞ야國家威力을誇ᄒᆞ나니此等「有己無國」의魔主義ᄂᆞᆫ엇지滅國의蟊蠹가아닌가

近日韓國에風潮가劇烈ᄒᆞ고苦痛이交至ᄒᆞ야全國民의前途가蒼茫ᄒᆞᆫ中에鄙壹可嘆可惜ᄒᆞᆫ事ᄂᆞᆫ卽此痴輩의去國主義가是라彼輩가皆日已矣라無可奈何오다我國은不可完이오我國民은不可存이라如今에ᄂᆞᆫ西墾島로나往ᄒᆞᆯᄉᆡ北墾島로ᄂᆞ往ᄒᆞᆯᄉᆡ英國에入籍ᄒᆞ야英國臣民이나될ᄉᆡ老를扶ᄒᆞ며幼를携ᄒᆞ고山東河南等地로往ᄒᆞ야淸國人이나될ᄭᆞ太平洋春水에高帆을掛ᄒᆞ고美國에渡ᄒᆞ야紐育華盛頓等地의生活이나作ᄒᆞᆯᄉᆡᄒᆞ야此等妄想을抱ᄒᆞᆫ者ㅣ往有ᄒᆞ다ᄒᆞ니悲夫라此輩여

或日然則外國에往ᄒᆞᄂᆞᆫ者ᄂᆞᆫ擧皆不可ᄒᆞᆫ가日否라不然ᄒᆞ다恒常國土保全에熱奮ᄒᆞᄂᆞᆫ者ᄂᆞᆫ千萬里以外에往ᄒᆞ야도是ᄂᆞᆫ國을去ᄒᆞᆫ人이아니오但只壹身만思想ᄒᆞᄂᆞᆫ者ᄂᆞᆫ京城內에在ᄒᆞ야도是ᄂᆞᆫ國을去ᄒᆞᆫ人이니라

三千里疆土가公等의背에高低ᄒᆞ고四千載歷史가公等의手에存亡ᄒᆞ나니公等이此를不擔ᄒᆞ면韓國의疆土가永히沈沒ᄒᆞ며公等이此를不保ᄒᆞ면韓國의歷史가永히滅絶ᄒᆞᆯ지니公等이此를棄ᄒᆞ고何處로往코ᄌᆞ하ᄂᆞᆫ가公等의身이卽國家의身이며公等의家가卽國家의家라壹人이去ᄒᆞ면卽國家의壹人이死去ᄒᆞᆷ이며壹家가去ᄒᆞ면卽國家의壹家가滅亡ᄒᆞᆷ이니國을去ᄒᆞᄂᆞᆫ者ㅣ엇지國家의大魔賊이아닌가國을去ᄒᆞᄂᆞᆫ者ᄂᆞᆫ卽滅國의罪人이라德國에往ᄒᆞ면德國人의唾罵를受ᄒᆞᆯ지며法國에往하면法國人의唾罵를受ᄒᆞᆯ지며美國에往ᄒᆞ면美國人의唾罵를受ᄒᆞᆯ지어公等이此國을棄ᄒᆞ고何地에身을容코ᄌᆞ하ᄂᆞᆫ가

[illegible]此等感論은果然自滅亡主義로다或日此乃憂懼中으로出來ᄒᆞᆫ覺오論이니엇지足論ᄒᆞᆯ바ㅣ有ᄒᆞ리오ᄒᆞ노然이ᄂᆞ此輩오論이亦壹有己無國의痴想이아닌가

嗚乎라强健ᄒᆞᆫ國民이有ᄒᆞᆫ後에야强健ᄒᆞᆫ國家가有ᄒᆞ나니千鬼萬魔가前途를障碍ᄒᆞ더라도屈撓치아니ᄒᆞ며豺狼蛇蝎이四面에呼援ᄒᆞ더라도畏怯지아니ᄒᆞ야百折不回의勇敢으로强健ᄒᆞᆫ國民이될지어다

官報

◎隆熙貳年拾月二拾七日 官報

農商工部告示第拾三號

第拾條 登記簿或은附屬書類의閱覽이나又ᄂᆞᆫ登記簿의謄本或은抄本의交付를請求ᄒᆞᄂᆞᆫ者ᄂᆞᆫ申請書를提出ᄒᆞᆷ이可ᄒᆞᆷ

第拾壹條 登記簿나又ᄂᆞᆫ附屬書類의閱覽을請求ᄒᆞᄂᆞᆫ境遇에ᄂᆞᆫ申請書에左의事項을記載ᄒᆞ고申請人이署名捺印ᄒᆞᆷ이可ᄒᆞᆷ但附屬書類의閱覽을請求ᄒᆞᄂᆞᆫ境遇에ᄂᆞᆫ申請書의利害의關係를疏明ᄒᆞ기에足ᄒᆞᆫ事由를記載ᄒᆞ며又ᄂᆞᆫ此에其關係를疏明ᄒᆞ기에足ᄒᆞᆫ書面을添付ᄒᆞᆷ이可ᄒᆞᆷ

壹 登記簿의種類
二 閱覽코ᄌᆞᄒᆞᄂᆞᆫ登記事項
三 登記所의表示
四 年 月 日

第拾二條 登記簿의謄本又ᄂᆞᆫ抄本의交付를請求ᄒᆞᄂᆞᆫ境遇에ᄂᆞᆫ申請書에左의事項을記載하고申請人이署名捺印ᄒᆞᆷ이可ᄒᆞᆷ

壹 登記簿의種類
貳 謄本又ᄂᆞᆫ抄本의交付를請求ᄒᆞᄂᆞᆫ登記事項
三 手數料의金額
四 登記所의表示
五 年 月 日

登記簿抄本의交付를請求ᄒᆞᄂᆞᆫ境遇에ᄂᆞᆫ申請書에前項에揭ᄒᆞᆫ事項外에抄本의交付를請求ᄒᆞᄂᆞᆫ部分도記載ᄒᆞᆷ이可ᄒᆞᆷ

第拾三條 登記事項에變更이無ᄒᆞᆫ事又ᄂᆞᆫ某事項의登記가無ᄒᆞᆫ事에證明을請求ᄒᆞᄂᆞᆫ者ᄂᆞᆫ申請書二度를提出ᄒᆞᆷ이可ᄒᆞᆷ

前項의申請書에ᄂᆞᆫ證明을請求ᄒᆞᄂᆞᆫ事項及年月日을記載ᄒᆞ고申請人이署名捺印ᄒᆞᆷ이可ᄒᆞᆷ (未完)

外報

●革黨領袖捕縛 路透電을據ᄒᆞᆫ則알제리아革命黨의領袖ᄂᆞᆫ捕縛ᄒᆞᆷ을當ᄒᆞ얏ᄂᆞᆫ데彼ᄂᆞᆫ獨逸의伯爵으로ᄡᅥ逋亡者組合에屬備ᄒᆞ던者이라더라

◎淸國大臣의任命 北京電을據ᄒᆞᆫ則淸國政府에서ᄂᆞᆫ八旗制度變通局을設ᄒᆞ고倫貝子鐸公那桐等滿人六大官으로大臣을任命ᄒᆞ엿다더라

◎砲艦組織稟請 奉天電을據ᄒᆞᆫ則東三省督練公署에서ᄂᆞᆫ昨日總督에게松花黑龍兩江에砲艦組織ᄒᆞᆯ事를稟請ᄒᆞ얏다더라

●日本의蕃賊擊破 日本臺北通信을據ᄒᆞᆫ則本月拾七日夜에日本守備隊ᄂᆞᆫ花蓮港에서敵蕃賊을擊破하야首級三拾名을捕ᄒᆞ고米粟二千石及家畜家具를占鹵ᄒᆞ야燒火ᄒᆞ고全社를燒拂ᄒᆞ얏고敵은山中에逃入ᄒᆞ얏다더라

詞藻

●醫國訣

壹身에병드러도。六氣調和야
쓰거든
萬機總察저皇室에、膏肓病을
엇지ᄒᆞ나
아마도。그병고칠神效方法、國民敎育

雜報

●問安使渡日 皇太子問安使嚴柱益氏가日本에前往ᄒᆞ야皇太子殿下를陪奉過歲ᄒᆞᆯ터인故로日간發程ᄒᆞᆫ다더라

◉凉血三魔의怪行

現今에壹國이貧乏ᄒᆞ고行貪가尠少ᄒᆞ되吾儕ᄂᆞᆫ恒常彼政府官人輩와其他公衆들이宴會나歡迎會를設ᄒᆞ고財錢을暴殄費用ᄒᆞᄂᆞᆫ되對ᄒᆞ야無數論駁ᄒᆞ얏거니와吾儕가此等亂習을日本에셔充分見了ᄒᆞ러니此弊가今日韓國에定規가될새悲嘆ᄒᆞᄂᆞᆫ비라蓋韓國은其發育上에對ᄒᆞ야於此於彼에無非財政을需要ᄒᆞᆯ터이어ᄂᆞᆯ

近頃에李根命李容元金允植等이統監을爲ᄒᆞ야歡迎會를設ᄒᆞ라ᄒᆞᆫ다ᄂᆞᆫ대其理由인즉不久에新內閣이組織될터임으로自摠相圖得ᄒᆞ기를志願ᄒᆞᆷ이니仕宦의熱慾은太半韓人의特習이어니와其中에幾個執權者ᄂᆞᆫ極히無耻無廉ᄒᆞ야國家的思想은全無ᄒᆞ고但只仕宦熱과肥己慾이撑中ᄒᆞᆫ지라

彼三人이統監을爲ᄒᆞ야歡迎會를設ᄒᆞᆷ은何故이뇨統監은此를願치도아니ᄒᆞ며肯치도아니ᄒᆞᆯ것만特이爲此ᄒᆞᆷ은只是此로統監의게賂ᄒᆞ야彼가自家等은韓國의一等人物인줄노思度케ᄒᆞ라ᄂᆞᆫ窮計鄙謀이라此等行動은無精神ᄒᆞᆫ者이오孩兒輩의行色이어니와若其事가若果成就ᄒᆞᆯ진ᄃᆡ此ᄂᆞᆫ人民의膏澤을去益浚出케ᄒᆞᆷ이로다

噫라此其若是乎ㄴ뎌試問케라韓國政客中에ᄂᆞᆫ其國을愛ᄒᆞ며其民을爲ᄒᆞ야竭力費心ᄒᆞᄂᆞᆫ正直公平ᄒᆞᆫ者ㅣ無有乎아擁爐安坐ᄒᆞ야或吸烟에나從事ᄒᆞ며或做工에나支離ᄒᆞ고此國家를純히官慾財慾에熱中ᄒᆞᆫ幾個雜類의게抛棄ᄒᆞᆯ而已乎아嗚呼라請到此境에吾儕ᄂᆞᆫ事ㅣ至此ᄒᆞᆯ샤恐懼ᄒᆞ노라

●日人沒充 奎章閣圖書館을開始ᄒᆞ고翻譯官十餘人을韓日兩國人으로選定ᄒᆞᆫ다더니擧皆日人으로擇還ᄒᆞ야日간頒布가된다더라

●鶉鵲狂狗 內部大臣宋秉畯氏가閔忠正公家田庄을占奪ᄒᆞᄂᆞᆫ事에對ᄒᆞ야[illegible]國民新報에宋內大의行爲를辨明的으로論說을提出ᄒᆞᆫ事ᄂᆞᆫ衆所共知어니와此事實을追聞ᄒᆞᆫ즉宋氏가李康鎬等某某二人을暗自招待ᄒᆞ야言ᄒᆞ되閔家庄土事件에對ᄒᆞ야我의曖昧ᄒᆞᆫ樣으로某某新聞에寄書辨白ᄒᆞ면君等의手當金千圓을支給ᄒᆞ깃다ᄒᆞ미該氏等이甘聽其言ᄒᆞ고國民報에卽爲寄書ᄒᆞ고該錢額支給ᄒᆞᆷ을遂日苦待ᄒᆞ되如何ᄒᆞᆫ消息이頓無ᄒᆞᆫ지라該氏等이宋氏를往見ᄒᆞ고前日所約을何由違反不施ᄒᆞᄂᆞ뇨ᄒᆞᆫ즉宋氏의所答에國民報를見ᄒᆞᆫ즉此非寄書오論說이的確ᄒᆞ거ᄂᆞᆯ君等이何故로手當金을請撥ᄒᆞ라ᄒᆞᄂᆞ냐ᄒᆞ고永爲拒絶ᄒᆞᄂᆞᆫ지라該氏等이憤완의心을不勝ᄒᆞ야宋氏의前後指使ᄒᆞᆫ事實을臚列ᄒᆞ야日간地方裁判所에裁判을提起ᄒᆞᆫ다더라

●宋氏吟病 內大宋秉畯氏ᄂᆞᆫ有何實病인지昨日大臣會議에缺席ᄒᆞ엿고明日例會에도缺席ᄒᆞᆯ터이라더라

●有何說明 農商工部에서拓殖會社說明書三百部를刊行ᄒᆞ야漢城府로送交ᄒᆞ야自히府로각社會에히說明書를幾部式分傳ᄒᆞ얏다더라

●從此逝矣 前判書徐丙璠氏가去二十日夜에卒逝ᄒᆞ야赤戶가向今在床ᄒᆞ되家勢가極貧ᄒᆞ야治喪無期ᄒᆞᆫ지라中樞院議長金允植氏가發起ᄒᆞ야同朝舊誼를遵守ᄒᆞᆯ目的으로該院顧問以下壹般官僚가義金을醵集ᄒᆞ야多數賻儀ᄒᆞ얏다더라

●崔守恤民 高陽郡壹境이自春夏以後로義兵과日兵의騷擾를經ᄒᆞ야渙散之境에達ᄒᆞᆫ人民이無村無之ᄒᆞ더니該郡守崔恒錫氏가民情을矜念ᄒᆞ야躬行村閭에捐俸補助ᄒᆞ얏다더라

●京城新聞發行禁止 日人이發行ᄒᆞᄂᆞᆫ京城新聞은近日紙上에兩國간交誼를阻害ᄒᆞ고治安妨害의記事를揭載ᄒᆞ엿슴으로本月二십三日에二補理事官이發行을禁止ᄒᆞ얏다더라

●互相拘留 北部三淸洞居ᄒᆞᄂᆞᆫ尹恒植氏가諫洞居ᄒᆞᄂᆞᆫ淸商夏就繁에게三십餘圓의物가를負ᄒᆞ고尙此不報ᄒᆞ얏더니再昨日에該淸人이尹氏를渠家로押去ᄒᆞ야私自拘留ᄒᆞ고無數毆打ᄒᆞᆫ다ᄂᆞᆫ說을北部警察署에서聞知ᄒᆞ고淸國巡査廳으로交涉ᄒᆞ고該淸人을押去ᄒᆞ야三日間을拘留케ᄒᆞ얏다더라

●寧郡民怨 寧越郡通譯主事李源常의悖行은已爲累報어니와該人이郡守署理라自稱ᄒᆞ고人民을對ᄒᆞ면娘主를稱치아니ᄒᆞᆫ다ᄒᆞ고毆打牢囚ᄒᆞ며郡內各酒家에投入ᄒᆞ야酒價九大兩式負債後에酒商이酒價를出給ᄒᆞ라ᄒᆞ면返爲毆打ᄒᆞ여幾至死境되얏고其他各種行悖ᄂᆞᆫ壹口難說이니如此通譯이二人만在ᄒᆞ면寧越境內大小人民은壹年內로通譯手에盡殺ᄒᆞᆯ것이니엇지ᄒᆞ면此禍를免ᄒᆞᆯ고ᄒᆞ며怨聲이漲天ᄒᆞᆫ다더라

●金氏呼寃 昔江里居金鍾學氏가自己季氏를爲ᄒᆞ야可合ᄒᆞᆫ婚處를旁求ᄒᆞ더니水橋居李德仁이가리召史를媒婆로委送ᄒᆞ야錢五百兩을偸食ᄒᆞ고壹女兒를成婚次로金季學氏家에治送ᄒᆞ얏다가幾日後에리德仁과리召史가該女兒를還爲奪去ᄒᆞᆫ故로金氏가警察署에呼寃ᄒᆞ얏다더라

●路邊慘屍 日昨에舊把撥下北漢으로入去ᄒᆞᄂᆞᆫ洞口四街上에何許人이無數被打致斃ᄒᆞ야流血이淋漓ᄒᆞᆫ대其被殺ᄒᆞᆫ根因은未詳ᄒᆞ고該人의年期ᄂᆞᆫ五십餘歲假量이라더라

●退朝院衝突 去二拾壹日에義兵壹百五拾餘名이楊州郡退朝院에來到ᄒᆞ야該地駐在ᄒᆞᆫ日憲兵과數時間을交戰ᄒᆞ얏ᄂᆞᆫ데兩便死傷은未詳하다더라

●日兵云敗 今月初一日光州北方二拾里大峙等地에서義兵四百餘名과日兵數百名과五六日互相交戰ᄒᆞ야日兵이多數被殺ᄒᆞ엿고餘數ᄂᆞᆫ驚겁退却ᄒᆞ얏ᄂᆞᆫ데義兵이乘勢請戰ᄒᆞ여도敢不應戰하엿다ᄂᆞᆫ說이有ᄒᆞ다더라

●金川執穀 近日義兵六百餘名이金川郡에來到ᄒᆞ야該郡각面富民에게申飭ᄒᆞ야穀苞千餘石을執留ᄒᆞ얏다ᄂᆞᆫ傳說이有하더라

●兩犯懲役 前大同會會員姜後善金光植兩氏가欺人騙財ᄒᆞ라다가情跡이現露되야監獄署에閱月滯囚ᄒᆞ얏다더니再昨日에地方裁判所에서該兩氏를懲役二年에宣告ᄒᆞ얏다더라

●良民捕捉 長湍郡派駐所憲兵補助員이該郡松南面居絲事平民을捕捉ᄒᆞ야賊律로써徵役에處ᄒᆞᆫ故로該面人民等이日憲兵司令部에呼寃ᄒᆞ얏다더라

●竊兵被押 三昨夜에近衛隊二等兵丁斐春伯이가西部大平洞雜義眷酒家에入去ᄒᆞ야鍮器火爐壹座를竊取ᄒᆞ야남大門內何許典當局에서典執코ᄌᆞ하ᄂᆞᆫ것을該署內行巡査가捉得ᄒᆞ야日憲兵隊로押交ᄒᆞ얏다더라

●偽貨者被捉 西部藥峴居ᄒᆞᄂᆞᆫ孫寅楷氏가紙幣를偽造ᄒᆞ다가日昨南部警察署에被捉ᄒᆞ얏다더라

●北漢賊警 陰曆去月二十七日夕에强盜數十名이北漢西門外人民家에突入ᄒᆞ야財産을沒數搜去ᄒᆞ얏다더라

●民團知面 貞慶民團에서壹般會員이知面禮를行하기爲ᄒᆞ야昨日下午七時에校동李址鎔氏私邸에서茶話會를開設ᄒᆞ얏다더라

●靑館慶祝 今日下午六時三十分에鍾路靑年會館에서救世主聖誕辰에慶祝을行ᄒᆞᆫ다더라

◉國士會設立

俄領海蔘威居留ᄒᆞᄂᆞᆫ韓人姜起鳳李炳運諸氏가學術이高明ᄒᆞ고時務에嫺熟ᄒᆞᆫ敎師를延聘ᄒᆞ기爲ᄒᆞ야義捐金을募集ᄒᆞᆫ次로國士請邀會를設立ᄒᆞ얏다더라

◉海校瑞東

海蔘威居留諸시들의設立ᄒᆞᆫ瑞東學校가就緖의望이漸有ᄒᆞᆫ데校室이狹窄ᄒᆞ더니該校長李子允氏가半洋製家屋壹座를擔保ᄒᆞ고該校가移接ᄒᆞᆷ으로北來人의稱頌이有ᄒᆞ다더라

●康津將興 南來人의傳說을據ᄒᆞᆫ즉全南康津兵營은廢營以後로生計에汩沒ᄒᆞ야敎育思想이全昧ᄒᆞ더니有志紳士趙宋洪房洙仁明煊燮과鄭贊柱諸시가時局이如此ᄒᆞᆷ을慨歎ᄒᆞ이學校를設立ᄒᆞ고靑年을敎育ᄒᆞᆯ意로熱心協議中이라더라

●慈惠自由 鍾路慈惠藥房主人李觀化朴慈惠兩氏가慈善心으로該藥房所有藥品과諸般權利를基督敎靑年會에全數히寄付ᄒᆞ고該利益으로靑年敎育界에補助ᄒᆞ야달나ᄒᆞ얏ᄂᆞᆫ데該會議部에서決議ᄒᆞ기를該氏의如此慈善的良心은感謝ᄒᆞ나靑年敎育界에補助ᄒᆞᄂᆞᆫ方法으로該藥房에서自由辦理ᄒᆞᆷ이甚히便易ᄒᆞ다ᄒᆞ야該金傳授式은施行치아니ᄒᆞ기로決定ᄒᆞ얏다더라

●敎師有志 平壤郡武津市에有志紳士桂明儒玉潤喆諸氏가私立測量學校를設立ᄒᆞ얏ᄂᆞᆫ데敎師朴在현氏가名譽로熱心敎授ᄒᆞ야開校未幾에生徒가三拾餘名에達ᄒᆞ얏고該氏가敎授餘暇에隣近貧寒ᄒᆞᆫ同胞의土地家屋을次第測量ᄒᆞ야報酬料ᄂᆞᆫ不受ᄒᆞᆫ다고稱頌이有ᄒᆞ다더라

▲地方消息▼

▲本月十八日全羅南道長城郡附近에서義將曹京煥氏의率ᄒᆞᆫ義兵約二百名이忠淸南道天安郡駐在日憲兵及日守備隊와交戰ᄒᆞ얏다ᄒᆞ고

▲去月三十日慶尙北道禮安郡東方四십里地에서義兵拾餘名이해郡駐在日憲兵及補助員과交戰ᄒᆞ얏다ᄒᆞ고

▲本月十二日忠南木川郡附近에서義兵拾餘名이해郡駐在日巡査四名과交戰하얏다더라

▲怨白雪▼

▲冬至長夜孤枕下에萬端愁懷往來ᄒᆞ야이리둥굴더리둥굴挑盡寒灯누엇ᄂᆞᆫ듸별眼間에蕭蕭瑟瑟是何聲고々々々愕然驚悟이러나셔琉璃窓을열고보니白雪乾坤되엿고나

▲白雪아펄펄날지말아地方風塵에可憐ᄒᆞᆫ뎌蒼生은財産家屋불질너고此山彼野棲屑ᄒᆞᆫ情況母耶子耶呼哭聲에山川草木슬허ᄒᆞᆫ다네가마져侵노ᄒᆞ면그情景이엇더ᄒᆞᆯ새

▲白雪아펄펄날지말아肥料桶과衛生費를繳納ᄒᆞ노라못ᄒᆞ엿너니불상ᄒᆞᆫ지뎌歸乞氏飢寒到骨누엇더가豺狠ᄀᆞᆺ흔巡査께毆打昏倒ᄒᆞ엿ᄂᆞᆫ대네가마져侵노ᄒᆞ면그情景이엇더ᄒᆞᆯ새

▲白雪아펄펄놀지말아貧寒ᄒᆞᆫ々遠方學徒留學코ᄌᆞ上京ᄒᆞ야衣服薄ᄒᆞ고姑舍ᄒᆞ고飲食이들번변ᄒᆞ야二陟冷突客窓下에坐臥不得戰慄인대네가마져侵노ᄒᆞ면그情景이엇더ᄒᆞᆯ새

▲白雪아펄펄날지말아閔忠正의貞敬夫人忠臣寃魂간ᄃᆡ업고蕭瑟寒風빈방안에五男妹와遺孤를이리더리撫摩하며痛哭소리凄凉ᄒᆞᆫ디네가마져侵노ᄒᆞ면그情景이엇더ᄒᆞᆯ새

▲白雪아펄펄날지말아國家傾覆憂憤ᄒᆞ야東奔西馳더志士ᄂᆞᆫ社會改良ᄒᆞ라ᄒᆞ고演壇우에올나셔ᄂᆞᆫ處理方法善論ᄒᆞ제面尸足凍難堪인대네가마져侵노ᄒᆞ면그情景이엇더ᄒᆞᆯ새

▲白雪아펄펄날지말아扶桑海外건너가샤各種學問비시라고御留ᄒᆞᄂᆞᆫ뎌량반은旅館寒灯獨不眠에故國山川바라보고思親垂淚懇切ᄒᆞᆫ데네가마져侵노ᄒᆞ면그情景이엇더ᄒᆞᆯ새

▲白雪아펄펄날지말아네원ᄒᆞᆷ이눈이라니이내눈은물쑨이나보ᄂᆞᆫ듸도感動인데億千萬片네눈으로大韓情形못보나不失其時ᄒᆞᄂᆞᆫ것도職責에다ᄒᆞ깃지만忍哉어다白雪이여

再告全國拾三道內各學校에衛生緊要ᄒᆞᆫ東西藥業月報와敎育上緊要ᄒᆞᆫ書籍類印刷되ᄂᆞᆫᄃᆡ로時々仰呈코ᄌᆞᄒᆞ오니貴學校番地와校長校監閣下尊啣을以書下示ᄒᆞ심을千萬伏望ᄒᆞᆷ

社告

郭山支社員李銀瑞氏가辭免請願ᄒᆞᆫ故로來壹月壹日부터支社ᄅᆞᆯ不得已廢止ᄒᆞ오니該社에서爲本報購覽ᄒᆞ시던 僉君子ᄂᆞᆫ卽爲本社로請求ᄒᆞ시와繼續購覽ᄒᆞ심을務望

大韓每日申報社

廣告

西部磐石坊米廛下契布洞九拾四統四戶草家五間半家券을서失故玆以廣告ᄒᆞ오니誰某拾得ᄒᆞ여도休紙施行ᄒᆞᆷ

채順弼

前正尉李漢肯先親坡州公宗鎬氏以宿患陰拾二月壹日午時別世玆以仰布知舊ᄌᆞ 照亮敬要

本人이正字刻姓名圖章을陰曆九月에遺失ᄒᆞᆫ故로以篆字로更準施行ᄒᆞᆷ

西部巡동幹受英 告白

本人의子汝和가年少沒覺으로本郡所在田畓與家대文券을窃取出他ᄒᆞ야得債코져ᄒᆞ오니內外國人은切勿見欺ᄒᆞᆷ

長津郡花山里日陽洞居 鄭致涤 告白

本人의名錫五ᄅᆞᆯ錫煌으로改名ᄒᆞ오니知舊間 照亮ᄒᆞ옵

白川郡彦默동居 邊錫煌 告白

昔者齋洞前漣川洪炳勳氏ᄂᆞᆫ年前의喝葬於십代祖先山壓腦破屛之境이라가有何勢力인지拾代祖先山을將欲移托인바故宗中某氏가屢次呈爭將至裁判之境ᄒᆞ니屢百年先山을如是見奪이오니如此弊ᄂᆞᆫ不可不裁判徵律ᄒᆞᆯ것숌

陽城邑內面楸谷 洪炳圭 告白

昔往鳳凰城開市에淸韓物貨交易之規가節々有理ᄒᆞ야商政之興旺은雖愚夫愚婦라도于今稱頌不已라大底牛皮海蔘紙物三種皮各種은利害關係之物也而就中牛皮ᄂᆞᆫ左手給貨右受銀ᄒᆞ더니今安東縣貿易之規가比前紊亂ᄒᆞ야商政이凋殘中淸人家에牛皮ᄅᆞᆯ任賣主張則韓商物主ᄂᆞᆫ只坐淸居間之口頭利害ᄒᆞ고牛皮價ᄂᆞᆫ無有直受之銀ᄒᆞ고幾朔限放에違限未捧ᄒᆞ면歸皮商은往淸居間處ᄒᆞ야捧鎖을懇乞ᄒᆞ니反以物主로入於淸居間之手中인즉甲午以後로誰能生財乎太唐各穀則韓人居間이放賣于淸商處의有勢則速放ᄒᆞ고無勢則所謂居間에徒中操弄ᄒᆞ야穀船穀이失時未放ᄒᆞ면非但船中腐敗라若雨下漲溢則船亦漂流의人從염沒之弊가比々有之ᄒᆞ고且流下木報稅ᄅᆞᆯ數朔艱難ᄒᆞ니此ᄂᆞᆫ沙河子의無設置販賣主之故也오板木價가至賤ᄒᆞ야不卽放賣ᄒᆞ면留連烟費로呼泣空手回去ᄒᆞ니商業之前程을可知라現今東洋平和商業發達之時ᄒᆞ야不可無改正革故로唯我幾人이組織壹會社ᄒᆞ야擴張事務ᄒᆞ고農商工部로認許ᄅᆞᆯ得ᄒᆞ얏스니至今晩時나已前見害ᄅᆞᆯ究數ᄒᆞᆫ機會니僉君子ᄂᆞᆫ照亮ᄒᆞ시옵

壹 本會社營業種目

淸韓兩國及內外國物産貿易業

內外國物産委托販賣業

海陸運送業

壹 本社ᄂᆞᆫ牛皮海蔘紙物各穀太唐流下木等其他物貨의販賣ᄅᆞᆯ依托ᄒᆞ시면煩弊務實而放賣ᄒᆞ야物主의게期有生利ᄒᆞ게ᄒᆞᆷ은外ᄂᆞᆫ物主의必要가有ᄒᆞᆫ時ᄂᆞᆫ大槪左項에準ᄒᆞ야物主의게便利로ᄒᆞᆯ先貸ᄒᆞᆷ事

壹 牛皮海蔘紙物及三種皮與其他各種物貨ᄂᆞᆫ二萬兩現價면放貸嗣壹萬兩式貸給ᄒᆞ고

壹 本物은待相當時勢放給ᄒᆞᆷ事

壹 太唐各穀ᄋᆞᆫ韓人居間이中立ᄒᆞ야買於彼商後彼商處에右穀價ᄅᆞᆯ捧不捧間自會社로依放價先給ᄒᆞ고會社則彼商處에依數推捧之意로定規而若無時勢則自會社로擔任後其穀에對ᄒᆞ야本價中幾分亦告貸ᄒᆞᆷ事

壹 流下木報稅ᄂᆞᆫ自本社로即速出稍ᄒᆞ고壹萬兩現價면放賣前先貸給二千兩ᄒᆞᆷ事

隆熙貳年拾貳月　日

淸韓貿易合資會社 義州城內

同 京城支社 磚洞

同 安東縣支社 前頭

慶尙北道安東郡花北私立測量學校ᄅᆞᆯ設立ᄒᆞ야隆熙二年九月拾九日에開學ᄒᆞ야校長金完欽시와校監金世東시와學監權相과시와事務金履燮시鄭敏和李壹鎬宋相甲시가義金을多出ᄒᆞ야熱心贊成ᄒᆞ야生徒某々六拾壹名을卒業ᄒᆞ기爲ᄒᆞ야晝夜全學ᄒᆞ여至拾二月二拾日에卒業이되엿다내

慶北安東郡花北 私立測量學校 告

本人이平壤臨興部四里鄭之彦家契을典執ᄒᆞ고金七拾六圓拾錢을債給이러니陰拾月廿八日에手匣을서失ᄒᆞ야家券ᄭᆞ지遺失ᄒᆞᆫ故로玆에廣告ᄒᆞ오니勿論內外國人ᄒᆞ고休紙施行ᄒᆞᆷ

平壤西門內觀察房洞 崔錫渼 告白

大安洞前德明學校內에서速成測量科ᄅᆞᆯ特設ᄒᆞ오니願學僉員은早速來臨ᄒᆞᆷ

上學日은陰曆壹月貳拾八日

上學後限二日加募集ᄒᆞᆷ

本人의姓名이金貴榮而至今以仁涉으로改正ᄒᆞ옵고圖章亦改作이오니知舊間照亮ᄒᆞ시옵

義州水鎭面石溪洞 金仁涉 告白

○特別廣告○

本社事務所ᄅᆞᆯ京城磚洞에現今開設ᄒᆞ고各地方에**代理人**을置ᄒᆞᆯ라ᄒᆞ오니本社**定欵**을詳細陳述ᄒᆞᆯ時機가來到ᄒᆞ얏사오니條項이浹洽ᄒᆞ와他日ᄅᆞᆯ姑俟ᄒᆞ오며本社**資金**의現今總額은拾萬圓이온ᄃᆡ壹萬株로分ᄒᆞ야每株에十圓式이옵本社에서ᄂᆞᆫ本社에關ᄒᆞᆫ細瑣事項ᄭᆞ지僉彦의詳諒ᄒᆞ시기ᄅᆞᆯ懇望ᄒᆞ오니僉彦은案頭에暫坐ᄒᆞ야

京城郵便局郵函第四十号韓美興業株式會社

라皮封에書ᄒᆞ야壹書札을**寄送**ᄒᆞ시되本社에詳細事項을通知ᄒᆞᆯ라ᄒᆞ시면本社에서ᄂᆞᆫ**答**函을即呈ᄒᆞᆯ터이오니惠覽後貴地方에서ᄂᆞᆫ何事務가本社의進行ᄒᆞ기에最適ᄒᆞᆯ지**高明ᄒᆞᆫ意見**을惠賜ᄒᆞ시옵是ᄅᆞᆯ爲ᄒᆞ야**來一月十日以內**로高明ᄒᆞᆫ書札을寄送ᄒᆞ시ᄂᆞᆫ僉彦에게**賞金**을如左히分等ᄒᆞ야送呈ᄒᆞ깃숩

本社에서**高明ᄒᆞᆫ書札中**

一等으로認定ᄒᆞᆫ者ᄂᆞᆫ**五十圓**　**二等**　**二十圓**

三等　**十圓**　**四五等**　**各五圓**

六等至**十等**　**各二圓**

僉彦의**費用**은**郵票價**以外에무엇이또잇숩니가단단히ᄉᆡᆼ각ᄒᆞ야보시오

本社에서大韓帝國內各處와連絡을連絡ᄒᆞ기爲ᄒᆞ야如此히**懸賞**ᄒᆞ기ᄅᆞᆯ不惜ᄒᆞ오니本社의各地方에서進行ᄒᆞᆯ方針에對ᄒᆞ야**貴重ᄒᆞᆫ勸告**ᄅᆞᆯ願聞ᄒᆞᆸᄂᆞ이다

京城磚洞

韓美興業株式會社 告白

發行兼編輯人 英國人 裵說
發行所
漢城北部[illegible]井洞號外地三層洋屋 大韓每日申報社
Responsible for Publication Alfred Weekley Marnham.

米國元雅麥嘉氏ᄂᆞᆫ天父의命令을順從ᄒᆞ야大韓靑年의教育發達을爲ᄒᆞ야基督靑年會舘에入萬圜을寄附ᄒᆞ얏스니我韓人民도天命을順受ᄒᆞ야元雅麥嘉시의盛意를萬分之壹
[illegible]

光武九年八月拾一日 明治卅八年八月拾一日（第三種郵便物認可） 金曜日 西曆壹千九百八年拾二月廿五日 （壹）

第六卷 大韓每日申報 第九百八拾七號

月曜及慶節 歲時日休刊

檀君開國四千二百四十一年
箕子元年三千三十年
大韓開國五百十七年
日本明治四十一年
淸國光緖三十四年
陰曆戊申十二月大初三日甲寅

論說

◎大東共報의 創立을 賀홈

北風에依ᄒᆞ야天涯萬里海蔘威壹帶를望ᄒᆞ미吾儕의懷想이遙馳ᄒᆞ고吾儕의希望이偏深ᄒᆞ도다

大抵韓國으로以ᄒᆞ야韓國人이多數移住ᄒᆞᆫ地方은第壹海蔘威가是라

挽近韓人이時勢變遷의感을抱ᄒᆞ고外國에出往ᄒᆞ야或文明의淵源을探究코ᄌᆞᄒᆞ며或自由의生活을做得코ᄌᆞᄒᆞᄂᆞᆫ者ㅣ日노多ᄒᆞᆫ中海蔘威地方이相距가較近ᄒᆞ고謀生이較易ᄒᆞᆫ故로此地가居然韓人의歸依地가되야至今에其僑留人의數가百餘萬名에到ᄒᆞᆫ바ㅣ니

萬壹此百餘萬名이個々民族主義를懷抱ᄒᆞ며國家精神을發揮ᄒᆞ야壹大法團을成立ᄒᆞ야文明의幟를揭ᄒᆞ며自由의鍾을撞ᄒᆞ면其誰가此를能禦ᄒᆞ리오

此ㅣ壹般內地同胞가海蔘威居留同胞에對ᄒᆞ야頂祝不已ᄒᆞᄂᆞᆫ바인뎌

今에此大東壹片紙가히地로飛來ᄒᆞ야衆眼에供ᄒᆞ나

此紙를對ᄒᆞᄂᆞᆫ者ㅣ其誰가敬愛心을不表ᄒᆞ리오吁嗟乎라此紙여大東半島帝國의靈光을發揮ᄒᆞ며大東半島帝國의特質을保守ᄒᆞ야君의責任을勿忘ᄒᆞᆯ지어다

吁嗟乎라大東報여君의發軔ᄒᆞᆫ지가幾日이못되얏스나君은是海蔘威居留韓人의知識을啓發ᄒᆞᄂᆞᆫ敎科書며君은是海蔘威居留韓人의人格을養成ᄒᆞᄂᆞᆫ敎師며君은是海蔘威居留韓人의行爲를彈正ᄒᆞᄂᆞᆫ大法官이며君은是海蔘威居留韓人의信仰心을培養ᄒᆞᄂᆞᆫ宣敎師며君은又大東半島帝國의信息을傳ᄒᆞᄂᆞᆫ通信院이니君의責任을勿忘ᄒᆞᆯ지어다現今他國人은何地에居留ᄒᆞ던지居人이萬餘以上에만達ᄒᆞ면報館의設立이往々多數에達ᄒᆞᄂᆞᆫ뎌卽韓國內地ᄂᆞᆫ勿論ᄒᆞ고外國에移留ᄒᆞᄂᆞᆫ人도百餘萬名中에僅此壹報紙가有ᄒᆞ니此를讀ᄒᆞᄂᆞᆫ韓人의感情이果然何如ᄒᆞᆯᄂᆞᆫ지

然이나百萬人中에僅此壹報紙가有ᄒᆞ미此紙의地位가愈重ᄒᆞ며此紙의責任이愈大ᄒᆞ니라

況此地ᄂᆞᆫ昔者高句麗末葉에絶世英雄大祚榮씨가平壤故都의遺民을提携ᄒᆞ야唐寇李勣을破ᄒᆞ며本國威靈을揚ᄒᆞ고壹大帝國都를建設ᄒᆞ던地이니

筆을此地에執ᄒᆞ야祖國先民의遺躅을仰ᄒᆞ며目下祖國의苦痛을抱ᄒᆞ고流離還來하ᄂᆞᆫ愛國兄弟에게向ᄒᆞ야獨立思想自由主義를絶叫ᄒᆞᄂᆞᆫ大東報여

記者가君을愛ᄒᆞ며君을愛ᄒᆞ노라

但只記者壹人뿐아니라卽全國同胞가個々君을讚美하며君을歡迎ᄒᆞ나니

君은益々히奮發ᄒᆞ야地位와責任을勿忘ᄒᆞᆯ지어다

△隆熙貳年拾月二拾七日 官報

△農商工部告示第拾三號

登記官吏ᄂᆞᆫ申請書의壹度에證明文을附ᄒᆞ고年月日을記載ᄒᆞ야署名捺印ᄒᆞ며且登記所의印을押捺ᄒᆞ고此를申請人에게交付홈이可홈

第拾四條 登記의申請은申請人이나又ᄂᆞᆫ代理人이登記所에出頭ᄒᆞ야此를行홈이可홈

第拾五條 登記官吏가申請書를受取ᄒᆞᆫ時ᄂᆞᆫ接受簿에登記의目的。申請人의姓名（會社가申請人된時ᄂᆞᆫ其商號）接受ᄒᆞᆫ年月日及接受番號를記載ᄒᆞ고申請書에接受ᄒᆞᆫ年月日及接受号數를記載홈이可홈

第十六條 申請書其他書面의受領證에ᄂᆞᆫ接受ᄒᆞᆫ年月日及接受号數를記載홈이可홈

第拾七條 登記官吏ᄂᆞᆫ接受號數의順序를從ᄒᆞ야登記를行홈이可홈

第십八條 登記를行ᄒᆞᆯ시ᄂᆞᆫ登記用紙中相當欄에登記事項及登記의年月日을記載ᄒᆞ며登記官吏가捺印홈이可홈

登記用紙中某欄에登記事項을記載홈에업시登記를完了ᄒᆞᆫ時ᄂᆞᆫ其空欄에朱線으로交叉홈이可홈但後日登記ᄒᆞᄂᆞᆫ일이有홈事項을爲ᄒᆞ야設ᄒᆞᆫ欄에當ᄒᆞ야ᄂᆞᆫ此限에不在홈

登記用紙中某欄에登記事項을記載ᄒᆞᆫ境遇에同欄內에餘白이有ᄒᆞᆫ時ᄂᆞᆫ其餘白에朱線을交叉홈이可홈

變更欄에登記를行ᄒᆞᆫ時ᄂᆞᆫ其左側에縱線을劃ᄒᆞ야餘白과分界홈이可홈

第십九條 變更의登記又ᄂᆞᆫ登記의更正을行홈時ᄂᆞᆫ變更又ᄂᆞᆫ更正ᄒᆞᆫ등記事項을朱抹홈이可홈 （未完）

外報

●美國의戰艦急造 東京電을據ᄒᆞᆫ則美國政府ᄂᆞᆫ戰艦四隻을急造ᄒᆞᆫ다더라

●露國의日人退驛 烏港電을據ᄒᆞᆫ則抗議中에在ᄒᆞᆫ日本人退去命令에關ᄒᆞᆫ件은아즉解決치못ᄒᆞ고受令者ᄂᆞᆫ去十九日에警察官이退去ᄒᆞ라脅迫ᄒᆞ엿ᄂᆞᆫ데其理由ᄂᆞᆫ尙今不明ᄒᆞ되探偵의嫌疑인듯ᄒᆞ고果然露國이右命令을遂行ᄒᆞ면在留日本人에對ᄒᆞ야ᄂᆞᆫ壹大問題라ᄒᆞ더라

●孫逸仙의行動 上海電을據ᄒᆞᆫ則淸國革命黨首領孫逸仙氏ᄂᆞᆫ暹羅國에셔目下新嘉坡로移轉ᄒᆞ얏다더라

●海港擴張費提出 海蔘威電을據ᄒᆞᆫ則海蔘威港에셔明年度에ᄂᆞᆫ該港改築擴張費壹百四十萬留를海軍省에提出ᄒᆞ엿다더라

雜報

●監聞吏揭 金允植리容元리根命三시가伊藤統監歡迎會를發起ᄒᆞᆫ다기에隨聞揭載ᄒᆞ얏더니更히確據를聞ᄒᆞᆫ則리根命시ᄂᆞᆫ히當發起에初不干涉ᄒᆞ얏오金允植과容元金鶴鎭三시의所爲라더라

●正誤 日昨本報欄內에四明學校ᄂᆞᆫ昌明學校에誤植이더라

詞藻

●勸農夫

東窓에히돗엇다。어셔밧비니러나쇼 南田北畓豆흔田庄、大洪水에둑터지네 하ᄂᆞ이다、우리農夫들아、壹이되엿다네

雜報

◉聖勅渙發 漢城內人民이廣渠湖에典執ᄒᆞ얏던家屋을承事府에셔價債移管ᄒᆞᆫ事ᄂᆞᆫ衆所共知어니와 太皇帝陛下에옵셔設濟總管趙民熙를 命召ᄒᆞ옵셔 下勅ᄒᆞ시되財政이困荒ᄒᆞᆫ時를當ᄒᆞ야該家屋을奪入ᄒᆞ고人民을逐出ᄒᆞᄂᆞᆫ境에至ᄒᆞ면彼人民은飢寒의憂를不免ᄒᆞᆯ것이니實爲矜惻ᄒᆞᆫ事이라ᄒᆞ시고還爲出給ᄒᆞ야安接無憂케ᄒᆞ라ᄒᆞ셧다더라

◉両氏歸國通信 某大臣이日本進步黨領首大隈重信에게韓國政府變更ᄒᆞᆫ事項을協議ᄒᆞᆫ次로羅寅求吳基浩両氏를派遣渡日ᄒᆞ얏ᄂᆞᆫ대該議案이果不諧意하야不遠間歸國ᄒᆞᆯ깃다ᄂᆞᆫ通信이來到ᄒᆞ얏다더라

◉銅神又現 局通民團에셔李鍾健氏의蠻說에對ᄒᆞ야總代權東鎭洪在祺両氏가히氏家에往ᄒᆞ야問日本民團의對ᄒᆞ야無禮莫甚ᄒᆞᆫ言辭有無를問ᄒᆞᆫ즉히氏日검동에센동이란說은初無ᄒᆞ다ᄒᆞ고極口發明ᄒᆞᆫ기로總代日其時分傳人이有ᄒᆞᆫ기로件來ᄒᆞ얏스니히人의言을聽ᄒᆞᆫ즉고히人을招人하야其時事實을詳言ᄒᆞ라ᄒᆞᆫ즉히人日其時에趣旨書를納ᄒᆞᆫ즉大監이叱責日此趣旨書에余의名을何人이偷錄이며검동이센동이름에점ᄌᆞᄂᆞᆫ사ᄅᆞᆷ을入錄ᄒᆞ얏ᄂᆞ냐고不云乎아ᄒᆞ니히氏가低頭ᄒᆞ고橫說竪說ᄒᆞ다가無禮ᄒᆞᆫ言을又發하거날總代가壹場論責ᄒᆞ얏다더라

◉殷民上京 堤方各郡廢合件發表에對ᄒᆞ야平南殷山慈山順川三郡을合ᄒᆞᆫ다ᄂᆞᆫ데其中人民의交通上과經濟上에便利ᄒᆞᆫ中央郡縣位置ᄂᆞᆫ即殷山이라現今郡衛位置를僻在ᄒᆞᆫ順川으로定ᄒᆞᆫ다云ᄒᆞᄂᆞᆫ故로殷山人民김寶鎬氏等이三郡圖形을添付ᄒᆞ야郡衛位置를中央郡으로指定ᄒᆞ야달나고該道에呼訴ᄒᆞ고內部에轉訴次로多數上京ᄒᆞ얏다더라

◉陳氏伸冤 故判書金世基氏가陳昌석氏의南陽郡에在ᄒᆞᆫ築洑답二百五斗餘石落을給價典執하얏다가自已所有로奪人ᄒᆞ기爲ᄒᆞ야己爲過限ᄒᆞ얏다稱托ᄒᆞ고金氏가裁判所에起訴ᄒᆞ얏더니辯護士權鎭氏가明白히辯護ᄒᆞ고該所法官이公正히判決ᄒᆞᆷ을賴ᄒᆞ야陳氏ᄂᆞᆫ積年抱冤ᄒᆞ얏던事를壹朝에伸釋ᄒᆞ얏다더라

◉李氏起訴 高陽郡侍墓동居韓仲延李順鎬両人이답券을僞造ᄒᆞ고蛤洞居李重基氏의게來到ᄒᆞ야韓氏ᄂᆞᆫ自稱답主ᄒᆞ고李順鎬은自稱保人ᄒᆞ야請債以去ᄒᆞᆫ後에永不報償ᄒᆞᄂᆞᆫ故로李重基氏가該両人의詐欺騙財ᄒᆞᆫ事를裁判所에呼訴ᄒᆞ얏다더라

◉是何挾雜 前議官尹遡學氏가西小門內에柴場을設立ᄒᆞ고柴毎駄에五錢式收納ᄒᆞᆫ기로警視廳에請願ᄒᆞ얏다더라

◉桑港의大道報

美國桑港에在留ᄒᆞᄂᆞᆫ韓人監理敎會堂에셔同地에在ᄒᆞᆫ韓國人의智識을啓發키爲ᄒᆞ야大道報를設編ᄒᆞ고每月壹次式刊行ᄒᆞᆫ다더라

◉金千興의抱限 果川郡에在ᄒᆞᆫ金天洙氏의先山을金千興爲名者가掘塚討錢ᄒᆞ다가水原警察署에被押되얏다ᄂᆞᆫ事에對ᄒᆞ야更히確據를聞ᄒᆞᆫ즉當初에金天洙氏가自己勢力을藉恃ᄒᆞ고金與千先山壓逼之地에勒葬ᄒᆞᆫ故로金千興氏가其抑冤ᄒᆞᆷ을不勝ᄒᆞ야該塚을破掘ᄒᆞᆷ이오賊漢이란說은金千興氏에게對ᄒᆞ야九種冤抑ᄒᆞᆷ이라더라

◉客主組合請認 沃溝港資本家들이客主組合所를設始ᄒᆞ고資本은각其壹百圜式捐出ᄒᆞ기로決議하야農商工部에請願承認次로上京ᄒᆞ얏다더라

◉治蹟不泯 鳳鳴學校長金重煥시가數년前開城郡에下往하야各학校를視察ᄒᆞ고학徒의게勸勉施賞ᄒᆞ얏ᄂᆞᆫ데該郡人士들이同시가拾年前에該府府尹으로在任時治蹟의優著ᄒᆞᆷ이有ᄒᆞᆷ을因ᄒᆞ야歡迎會를開設ᄒᆞ얏다더라

◉因雪停測 B昨冬至日에天安稷山牙山平澤等地에大雪이山積ᄒᆞ야該地測量학員들이施術치못하고廢務上京ᄒᆞ얏다더라

◉補助員의行悖 端川郡에駐在ᄒᆞᆫ日憲兵補助員等이該郡과白寺等地로出沒ᄒᆞ며無罪良民을義兵干連이有ᄒᆞ다搆誣ᄒᆞ야多數錢財를侵奪ᄒᆞᆷ으로該地居民은擧産流離ᄒᆞᄂᆞᆫ者가多有ᄒᆞ다ᄂᆞᆫ傳說이浪藉ᄒᆞ다더라

◉延郡魔賊 近日金융이枯竭ᄒᆞ야壹般經濟의困難이滋甚ᄒᆞᆷ으로各道人民이田답證明을携帶하고京城에上來하야圖賣或典當코ᄌᆞᄒᆞᄂᆞᆫ人이多數ᄒᆞᆫ데朴啓命爲名人이機會를乘ᄒᆞ야黃海道延安白川兩郡民人의愚昧ᄒᆞᆫ者를甘誘ᄒᆞ야多數ᄒᆞᆫ田답이라도彼가外人에게典當間紹介ᄒᆞᆯ能力이有ᄒᆞ다ᄒᆞ미稚騃沒覺ᄒᆞᆫ답主輩가朴氏의口嘴만是仰ᄒᆞ고所有量案証明을壹切委任ᄒᆞᆫ니朴氏가衆답主를帶同ᄒᆞ고십一月頃에延安白川兩郡에出往ᄒᆞ야該土를測量ᄒᆞᆫ다藉稱하고手數料金을每斗落에십錢式二千餘斗落料金을乾沒ᄒᆞ고其外富民을締結ᄒᆞ야金數千圜을騙取上京ᄒᆞᆫ後或日本에渡去ᄒᆞ야拓殖會社에運動ᄒᆞᆫ다ᄒᆞ며或釜山에下去하야資本家를率來ᄒᆞᆫ다ᄒᆞ야百方計劃이無非欺騙之術이라ᄂᆞᆫ데兩郡人民이猶且迷信ᄒᆞ야醒悟치아니면逐鷄望籬의歎을難免이라ᄂᆞᆫ輿論이藉藉ᄒᆞ더라

◉干義押上 水原警察署에셔安春鉉李漢星鄭鳳錫三氏가義兵干連이有ᄒᆞ다ᄒᆞ야捉囚審査하고再昨日에京城地方裁所로押上ᄒᆞ얏다더라

◉全南童謠 南來人의傳說을聞ᄒᆞᆫ즉全南各郡의兒童들이時節歌를唱和ᄒᆞᄂᆞᆫ데報剝冤아報刺冤아니ᄂᆞᆫ무ᄉᆞᆷ狗猪心腸으로外人창鬼되여無罪良民을다죽이나두어라天日이復明ᄒᆞ면容身ᄒᆞᆯ곳잇더냐八尺長劍서리날에八片分身ᄒᆞᆯ을이라ᄒᆞᆫ다더라

◉兩魔食民 寧越郡韓巡査洪光杓가該郡通譯李源常과符同ᄒᆞ야郡內各面에暗爲告示ᄒᆞ되守備隊巡査廳兩處所用이라稱ᄒᆞ고火木白米木炭白淸大甕石耳等各種을面面村村에分排ᄒᆞ야此物品을輸入ᄒᆞ면渠自暗受ᄒᆞ다가價額을달나ᄒᆞ면守備隊와日巡査가出給ᄒᆞᆯ것이요我ᄂᆞᆫ不知ᄒᆞᆫ다ᄒᆞ다가人民이日巡査의게覓出코ᄌᆞ하면事務가有ᄒᆞ다고人民을不入ᄒᆞ게ᄒᆞ야多數ᄒᆞᆫ物가를永爲乾沒ᄒᆞ니寧越境內人民은通譯巡査兩人을因ᄒᆞ야必成邱墟ᄒᆞᆯ깃다더라

◉金川風塵 雲峴宮에서四百餘石秋收ᄒᆞᄂᆞᆫ庄土가金川郡大介洞에在ᄒᆞᆫ대日前에義兵二百餘名이來到하야該庄土舍音다려積置ᄒᆞᆫ穀苞를作錢以給ᄒᆞ라ᄒᆞ고幾日間留陣ᄒᆞ얏ᄂᆞᆫ데該郡에駐在ᄒᆞᆫ日憲兵補助員십三名이出張交戰ᄒᆞ얏다더라

◉李氏家의慘況 北部三淸洞居前議官李文化氏ᄂᆞᆫ韓國義理家에著名ᄒᆞᆫ바身病으로多月呻吟ᄒᆞ다가再昨日에奄然長逝ᄒᆞ얏ᄂᆞᆫ데家勢가赤貧ᄒᆞᆷ으로主喪無人에赤屍在床이나斂葬沒策ᄒᆞ야該家人의呼哭ᄒᆞᄂᆞᆫ情況은慘不忍見이라더라

◉虎患何多 江原道襄陽郡西面藥水洞에居ᄒᆞᄂᆞᆫ김春燁시ᄂᆞᆫ去月廿六日午後八時頃에出他ᄒᆞ얏다가巨虎의게咬殺되얏다더라

◉慶기罹禍 本月六日午前七時頃에慶尙北道慶기郡南面家谷洞李종年시家에서失火ᄒᆞ야二拾七戶가延燒ᄒᆞ얏ᄂᆞᆫ데小兒壹名及鷄五拾首가燒死ᄒᆞ얏고二千六百圜의損害가有ᄒᆞ얏다더라

◉麻浦火事 本月二십二日麻浦米商田潤周氏에倉庫에서失火ᄒᆞ야二十九間의大倉庫가燒燼되야米穀燒却의損害가六千圜에達ᄒᆞ얏고消防夫壹名이負傷ᄒᆞ얏다더라

◉開館式延期 西北學會에서來壹月三日로開館式을設行ᄒᆞᆯ다더니該館의諸般工事가尙未完竣ᄒᆞᆫ中에該校學生들도冬期放學을因ᄒᆞ야下鄕者가多ᄒᆞ고且開春이不遠ᄒᆞᆷ으로春間에開館式을設行ᄒᆞ기로議決ᄒᆞ얏다더라

◉救世開演 今日은救世主誕日인故로上午拾時半에夜珠峴前救世軍營에셔正領許嘉와氏가同夫人演說ᄒᆞᆫ다ᄒᆞ고大廣橋北川邊第二救世軍營에셔ᄂᆞᆫ同時에正尉班巨氏가同夫人演說ᄒᆞᆫ다더라

◉婦人美擧 元山港中淸洞居鄭致五시ᄂᆞᆫ元來有志ᄒᆞᆫ婦人이라學問이瞻富ᄒᆞ고志氣가高尙ᄒᆞ야恒常我國婦人社會의腐敗ᄒᆞᆫ것은女子敎育이闕如ᄒᆞᆫ데全由하엿다ᄒᆞ야婦人會를組織ᄒᆞ고財産을鳩集ᄒᆞ야女學校를設立ᄒᆞ고熱心敎育ᄒᆞᄂᆞᆫ데生徒가六拾餘名에達ᄒᆞ얏다더라

◉張氏熱心 平壤測量學校本校生張吉俊시가咸從花山里崔鐵商시家에測量課를設施ᄒᆞ고生徒를募集ᄒᆞ야名譽로熱心敎授ᄒᆞᄂᆞᆫ데不過幾日에生徒가數拾名에達ᄒᆞ얏다더라

◉聖誕休刊

本日은卽救世主聖誕日인故로慶祝ᄒᆞ기爲ᄒᆞ야貳日間休刊ᄒᆞᆷ

地方消息

▲本月十日江原道狼川郡附近에셔義兵二十餘名이該郡分遣所日憲兵及補助員과交戰ᄒᆞ얏다ᄒᆞ고

▲本月九日平安南道寧邊郡附近에셔義兵拾餘名이該郡分遣所日憲兵及補助員과交戰ᄒᆞ얏다ᄒᆞ고

▲本月二十日全羅北道任實郡附近에셔義兵二拾餘名이該郡駐在所日憲兵及補助員과交戰ᄒᆞ얏다ᄒᆞ고

▲本月拾二日京畿道楊根郡附近에셔小數의義兵이江原道西方陳駐在日憲兵及補助員三名과交戰ᄒᆞ얏다더라

▲煙草論▼

▲報館事務다맛치고數尺短杖의지ᄒᆞ야散步逍遙歸家路에어느坊曲지내다가童謠소리浪藉키로傾耳潛聽하여보니담바구의타령일세作歌者가누구런고혼ᄌᆞ듯기앗갑도다

▲구야ᄋ담바구야네行爲를불쟉시면奸賊輩가모혀안져外人符同密議ᄒᆞᆯ제紋衣紅帶呂宋烟을壹二個만ᄐᆡ우며ᄂᆞᆫ其森林과某某鑛이네氣운 消融ᄒᆞ니慘毒ᄒᆞᆷ도네로고나

▲구야ᄋ담바구야네行爲를불쟉시면老物輩가追逐ᄒᆞ며東萊簽竹成川草를病懷含藥ᄒᆞ더像에壹二ᄃᆡ만먹고ᄂᆞᆫ奇奇怪怪別綸論이네氣운에化出ᄒᆞ니慘毒ᄒᆞᆷ도네로고나

▲구야ᄋ담바구야네行爲를불쟉시면乳臭輩가往來ᄒᆞ며북표卷烟닙에물고도독ᄒᆞᆫ의밧霧ᄅᆞᆯ듯ᄲᅡᆨ곰ᄋ吐吸ᄒᆞᆯ제幼穉童더區別이네氣운에泯滅ᄒᆞ며慘毒ᄒᆞᆷ도네로고나

▲구야ᄋ담바구야네行爲를불쟉시면偏僻例會顧問輩가金口子의埃及卷烟詼諧雜談叙懷라ᄒᆞᆯ時에ᄂᆞᆫ點考ᄒᆞᆯ제國庫中의許多額네氣운에消耗ᄒᆞ니慘毒ᄒᆞᆷ도네로고나

▲구야ᄋ담바구야네行爲를불쟉시면演劇場에無賴輩가朝ᄃᆡ에ᄂᆞᆫ오로도를個人마다피여물고淫蕩歌曲浪藉ᄒᆞᆫ데淫婦蕩子더精神이네氣운에昏迷ᄒᆞ니慘毒ᄒᆞᆷ도네로고나

▲구야ᄋ담바구야네行爲를불쟉시면街路上에往來人이먹다남은더卷烟을塵芥中에亂投ᄒᆞ면因風起火延及ᄒᆞ야家屋財産勿論ᄒᆞ고네氣운에燒却ᄒᆞ니慘毒ᄒᆞᆷ도네로고나

▲아람답다이童謠여韓人情形그렷도다文明國의사ᄅᆞᆷ들은事務餘暇먹거마ᄂᆞᆫ愚痴ᄒᆞᆫ韓人들은經濟上과衛生上에利害關係姑舍ᄒᆞ고文明發達第壹目的吸烟으로아ᄂᆞᆫ도다

再告全國拾三道內各學校에衛生緊要호東西槧萃月報와敎育上緊要호書籍類印刷되는대로時々仰呈코져호오니貴學校番地와校長校監閣下氏名을以書下示호심을千萬伏望홈

社告

博川支社員李鍾成시辭免代의同郡邑內簞洞金龜福시로新定호얏스니此郡의本報購覽諸시는照亮호시옵

大韓每日申報社

廣告

○學員募集廣告○

本講習所에서第壹回卒業式을經호고二回를募集호오니願學人은陰拾二月初六日內로來議호시옵

卒業期限壹個月上學時間은上午拾壹時至下午二時

位置는西部大昌洞百三統八戶

東信測量講習所 告白

本人이乙巳八月三拾日分에蔚山松亭里朴時喆處에買得호慶州石溪洞所在沓壹百壹斗落只定價九千兩호文券壹驛을釜港在留時에偶然서失而茲以廣布호오니內外國人間의知有拾得이라도休紙施行케호시고或有挾雜弄奸之弊라도切勿見欺호시며拾得人이若有傳致之意커든釜港署下客主崔碩賢宅으로來臨호시물千萬仰請홈

定平居金殷鏞 告白

本會事務가漸次擴張이온바本會에願入호실有志僉君子는本會로陸續來議호음셔林業에發達케호심을希望홈

(電話二九三番)

大韓山林協會本部告白

測量機械各種을大發賣

漢城西署東洞六拾貳統的戶

金龍商會 謹告

定山尹德初婚을完定卽即同來

金洛中 告白

大韓每日申報第九百八拾五號第壹面特別廣告欄內에徐光瀓의瀓字를輔字로改正홈

前侍從徐光輔 告白

本人族兄世基가生存時丙午年拾月分에陳昌燮에게使委鍾赫來言曰自己所堰답이在於南陽長安面禿汀浦則六千圓請典云이나現無貯物호야退却이더니居數日에陳與安으로偕來曰轉聞大監이他田沓을方營典執云호니我之堰沓도同爲典當得債何如云故로答曰文券을持來也云則渠曰認許文券은已爲典執於水原洪健燮處則以權賣文券壹度를成給호더이니同典云々호고陳自呼價호고安證書票以給故로數朔周旋에終未得債호고因以自歸러니丁未正月日에來言曰錢則徐々得用호고有緊急所用호니既是六千圓典執言論인즉典票를書給이러니三千四百圓於音을爲先借給호고餘條는洪典推尋時所用이라더니及其推典時所入이爲三千四百圓也라陳昌燮自造權頭가昭然可知요丁未臘月分에渠欲移典於他處호야使金漢植으로擬富票文內에典執이雖是過限이나移典于他處호야金貨壹萬貳千五百圓을自己擔報라호얏스니以假權賣로誣告法庭에昭然綻露어날以無效權賣僞票로置諸落科호야已爲判決호얏고日本人鐵六太의加典執으로論之라도洪典推來時陳票壹封을混給者也以無效權券이有何緊호이기入於典執乎아以奸謀誣罔으로反稱得計가可痛이기로玆以廣告홈

中部圓洞壹統八戶留 金鍾基 白

本人이博川郡立院管處에實호本郡大井面所在沓七斗落證明書를紛失이기玆에廣告호오니誰某拾得이던지休紙施行홈

平南咸從郡李[illegible]周 告白

本人의牛篆字로刻호姓名圖章을陽今月廿二日에서失호얏스오니誰某拾得이온던지無效로認定홈

趙同熙 告白

前正尉李璘肯先親坡州公宗鎬시以宿患陰拾貳月壹日午時別世玆以仰布知舊覽 照亮敬要

閔泳喆시가最初渡淸홀時에其親患을因호야交河鄉第에서數朔留連타가淸國으로直航호얏슨즉其時에 皇室金을携帶홀關係가初無홀뿐아니라李範珪爲名人이閔시에게渡航홀事도全然無根이기로玆에廣告홈

崔東濂 告白

今番本行에서發行호는拾圓銀行券을左記說明과如히改版호야來隆熙三年壹月四日로부터發行호되已往舊券과並用호깃기玆에廣告홈

隆熙二年拾二月

株式會社第一銀行韓國總支店

改版拾圓銀行券의樣式槪說

壹縱三寸○五厘橫五寸三分으로호되表面右方에는韓國昌德宮宙合樓의風景을畵호고左方에는楕圓形空虛中에韓國太極章과櫻花를添結호隱影이有홈

壹文字는日,한,歐의三國文字를使用홈

壹色彩는表面은綠靑色淡紅色橙黃色을分彩호고裏面은濃茶褐色淡綠色을分彩홈

○特別廣告○

本社事務所를京城磚洞에現今開設호고各地方에代理人을置홀다하오니本社定款을詳細陳述홀時期가來到호얏사오니條項이瞭呈홀지는他日을姑俟호오며本社資金의現今總額은拾萬圓이온데壹萬株로分호야每株에十圓式이옵本社에서는本社에關호細瑣事項까지 僉彦의詳諒호시기를懇望호오니 僉彦은案頭에暫坐호야

京城郵便局郵函第四十号韓美興業株式會社

라皮封에書호야壹書札를寄送호시되本社에詳細事項을通知호라호시면本社에서는答函을即呈홀터이오니 惠覽後 貴地方에서는何事務가本社의進行호기에最適홀을지高明호意見을惠賜호시옵是를爲호야來一月十日以內로高明호書札를寄送호시는 僉彦에게賞金을如左히分等하야送呈하깃숨

本社에서高明호書札中

一等으로認定호者는五十圓　二等 二十圓

三等 十圓　四五等 各五圓

六等至十等 各二圓

僉彦의費用은郵票價以外에무엇이던지업습니다만는생각호야보시오

本社에서大韓帝國內各處와通信을連絡호기爲하야如此히懸賞호기를不惜호오니本社의各地方에서進行홀方針에對호야貴重호勸告를願聞호옵나이다

京城磚洞

韓美興業株式會社 告白

本國元稚參嘉氏는天父의命令을服從하야大韓靑年의德育體育智育하는基督靑年會館에八萬圜을寄附하얏스니我韓人民도天命을順受하야元稚參嘉시의盛意를萬分之壹

…과 또永存不消하는…

發行兼編輯人 英國人 裵說

Responsible for Publication
Alfred Weekley Marnham.

發行所 京城西署新門外 三層洋館

大韓每日申報社

第六卷

大韓每日申報

第九百八拾八號

月曜及慶節
歲時日休刊

檀君開國四千二百四十一年
箕子元年三千三十年
大韓開國五百十七年
日本明治四十一年
淸國光緖三十四年
陰曆戊申十二月大初七日戊午

論說

◉女子及勞働社會의知識普及홀道

第一節 時代의變易

國을男子의國이라ᄒ며貴族의國이라ᄒ며政府의國이라ᄒ야國論이惟彼小數人에在ᄒ며國事ᄂ惟彼少數人에在ᄒ고男子의大多數와女子의男子中大多數와勞働同胞ᄂ皆曾隅에排擯ᄒ야國의盛、衰、休、戚、治、亂、存、亡을曾不敢問케홈은太古의癡話오惡習이라

然이나古代에ᄂ人類의交通이罕ᄒ고國家의競爭이少ᄒ야外敵[illegible]것은壬辰丙子의乍來驟去ᄒᄂ倭胡入寇뿐이며革世라ᄒᄂ것은新羅高麗의此亡彼紹ᄒᄂ王朝革姓뿐이라아모리巨大ᄒᆫ變亂이有ᄒ야도此國은只是此國人의國이라故로此等癡話에被欺ᄒ야國民의權利義務를擧ᄒ야彼少數人(即男子及貴族)에게讓홈도猶可ᄒ다ᄒ려니와

今日이야何日인가此檀君四十三世紀時代ᄂ弱肉强食의時代어날

此時代를猶古時代로知ᄒ야女子ᄂ男子만依賴ᄒ며勞働者ᄂ貴族만依賴ᄒ고國家事業을不顧ᄒ면此競爭劇烈ᄒᆫ十字街頭에彼少數人이엇지國事를獨做ᄒ리오(壹)不可오國家가滅亡되ᄂ日은即自己生命이斷絶되ᄂ日인즉國事를他人의게依賴ᄒ면是ᄂ自己生命을他人에게依賴홈이니(二)不可라故로今日에ᄂ女子와勞働同胞가箇々國民되ᄂ責任을幷擔홀지며然而知識이全無ᄒ고但只其口를緘ᄒ야曰我도國民이라ᄒ야其責任을行코ᄌᄒ면此ᄂ盲者의夜行이될지라是以로女子及勞働同胞가箇々國民知識을亟修홀지니라

第二節 今日韓國의風潮

嗚乎라此時를際ᄒ야韓國을觀ᄒ면萬壞이悽凉하도다만은其中에樂觀을惹ᄒᆫ者ᄂ教育界가是오教育界中에尤樂觀을惹홀者ᄂ女子及勞働의教育이是로다

處々에女學校가起ᄒ며面々에勞働學校가起ᄒ야

春日閨窓에祖國歷史를閱ᄒ며秋夜儔燈에世界大勢를談하니己往淑香傳蘇大成傳을上等文學으로認ᄒ던時代를回顧ᄒ미果然何如히壯快ᄒᆫ가

又彼勞働界消息은令人拍手嗚呆ᄒᆫ者ㅣ甚多ᄒ니或血汗賃錢을分々收集ᄒ야夜學校를設하며或秋後斗米를收集ᄒ야夜學校를設ᄒ고個々晝働夜學을決心ᄒ며彼朝飯夕粥菜色滿面者의設立ᄒᆫ學校로엇지宏大侈麗ᄒ리오만은每其學課를受홀時에ᄂ熱心이顔面에溢ᄒ며眞誠이肝膓에結ᄒ야激厲奮發ᄒ며高吟朗讀ᄒᄂ樣이恰然히中岳山裡의金庾信이爲國祈禱홈과如ᄒ며三韶臺上의林慶業이武藝演習홈과如ᄒ야夏畦終日에血汗을滴盡ᄒᆫ後鋤耜를投ᄒ고夜課에臨ᄒ야도疲萎困頓의色이全無ᄒ다고各處鄕谷來人의贊譽가滔々ᄒ니

此에對ᄒ야誰가不讚美하며誰가不敬愛ᄒ리오此ᄂ國民前途의福音이니라 (未完)

官報

▲隆熙貳年拾月二拾七日 官報

農商工部告示第拾二號

第二十條 登記用紙를閉鎖홀時ᄂ登記番號를朱抹ᄒ미可홈

第貳拾壹條(第壹項) 商法第五拾壹條第貳項。第五拾二條第一項。第八拾一條乃至第百십八條第一項의規定을依ᄒ야同法[illegible]登記[illegible]ᄒᆫ時ᄂ預備欄에其事由를記載홈이可홈

(參照)

商法第百四拾壹條第二項

第五拾壹條第二項第三項第五拾二條及第五拾三條의規定은株式會社에此를準用홈

同法第五拾壹條 會社ᄂ定款을作成ᄒᆫ日로부터二週日內에其本店及支店의所在地에셔左의事項을登記홈을要홈

壹 前條第一號乃至第三號에揭載ᄒᆫ事項
二 本店及支店
三 設立의年月日
四 存立時期又ᄂ解散의事由를定ᄒᆫ時ᄂ其時期又ᄂ事由
五 社員의出資의種類及財産을目的으로ᄒᄂ出資의價格
六 會社를代表ᄒᆫ社員을定ᄒᆫ時ᄂ其姓名

會社設立ᄒᆫ後支店을設ᄒᆫ時ᄂ其支店의所在地에셔ᄂ二週間內에前項에定ᄒᆫ登記를行하며本店及他支店의所在地에셔ᄂ同期間內에其支店을設ᄒᆫ事를登記홈을要홈 (未完)

外報

●排澳運動開始 路透電을據ᄒᆫ則蒙的利亞商人은澳貨排斥運動을開始ᄒ얏다더라

●新任大統領의出發 伯林電을據ᄒᆫ則新任美國大統領타프트씨ᄂ明年壹月에巴奈馬에向ᄒ야出發ᄒᆫ다더라

●葡國의新內閣組織 同電을據ᄒᆫ則葡國內閣은總辭職ᄒ고自由黨二名及保守黨三名으로組織되얏ᄂᄃ內閣總長은自由黨員베라오가被選되얏다더라

●委國大統領捕縛 同電을據ᄒᆫ則委內瑞拉國副統領코메쓰시ᄂ大統領가쓰트로氏의兄弟를捕縛ᄒ얏ᄂᄃ其理由인즉大統領이副統領을暗殺ᄒ고政府를顚覆ᄒ랴ᄂ陰謀가發現됨이라더라

●美艦出發 同電을據ᄒᆫ즉美國軍艦은다나號及가로라이나号ᄂ委內瑞拉을向ᄒ야出發ᄒ얏다더라

詞藻

●免食獸

嗟乎라大韓同胞들아。이내말숨드러보소。
三千里ᄂ錦繡江山이오、二千萬은食獸待過로다
엇지타、錦繡江山싱긴몸이、食獸待遇

雜報

●天恩漸臨 大皇帝陛下ᄭᅴ셔總理以下各部大臣의게年終恩賜金을 下賜ᄒᆞ옵심은各新聞에已揭어니와其 下賜ᄒᆞ신數額을詳聞ᄒᆞᆫ즉總理大臣은七千圜이오各部大臣은三千圜이오次官은壹千圜이오中樞院顧問은각三千圜이라더라

●議長不參 大皇帝陛下ᄭᅴ옵서明年壹月五日에總理以下各部大臣及其他高等官과伊藤統監을 昌德宮內 仁政殿越廊으로召集ᄒᆞ옵서新年 御賜饌을 下ᄒᆞ신다ᄂᆞᆫ說은各報에已揭어니와中樞院議長金允植氏ᄂᆞᆫ身病과私忌가有ᄒᆞ야伊時에參與치못ᄒᆞᆯ깃다고宮內府로照覆ᄒᆞ얏다더라

●誰獲總椅 再昨日前韓國閔泳徽氏家에서旣報와如히歡迎會를盛設ᄒᆞ고韓國新舊政府와伊藤統監과曾禰副統監及長谷川大將과其他內外國高等官吏가多數會集ᄒᆞ얏ᄂᆞᆫ데妓生이五十餘名이오食卓이壹百餘座에達ᄒᆞ얏다더라

●何處得來 總理大臣李完用氏가某處에 饌僕을優數히送交ᄒᆞ얏다ᄂᆞᆫ데豚皮가數千張이오鹿茸이五百餘帶에達ᄒᆞ얏다더라

●農大遞任說 再昨夜의農商工部大臣趙重應氏가遞任되고內閣書記官長韓昌洙氏가被任ᄒᆞ얏다ᄂᆞᆫ說이有ᄒᆞ더라

●情理固然 학部大臣李載崑氏의令男李源弼氏가渡日留학ᄒᆞ다가冬期休학을因ᄒᆞ야三昨日에五六人이同伴歸國하얏ᄂᆞᆫ데自己夫人의處所를入見ᄒᆞᆫ則히婦人의形跡은飄然히去處가無하고嫁時장奩만左右에依前列置ᄒᆞ얏ᄂᆞᆫ데塵垢가滿積ᄒᆞᆫ故로悲悵의心을自不能已ᄒᆞ야壹場飲泣ᄒᆞ얏다더라

●法官卒業 再昨日法官養成所에서卒業證式을擧行ᄒᆞᄂᆞᆫ데法部大臣高永喜氏와其他法官이出席ᄒᆞ얏다더라

●民會의三風雲 去二拾六日石皷壇內에서漢城府民會를開設ᄒᆞ고會長俞吉濬氏가趣旨를說明ᄒᆞᆫ後每部內에任員選擧委員五人式을該部內로자自推薦ᄒᆞᆫ時에中部人民의게對ᄒᆞ야不公平의事이有ᄒᆞᆷ으로壹場風雲이起ᄒᆞ엿고委員諸氏가該會任員을薦望ᄒᆞᆫ時에秩序가紊亂ᄒᆞᆷ으로壹般人民의疑点을惹起ᄒᆞ야再次風雲이起ᄒᆞ며人民이多數散去ᄒᆞ엿고投票紙를點閱ᄒᆞᆯ時에壹塊投票紙가有ᄒᆞᆫ대該紙內에氏名은趙鎭泰鄭張斗芮宗錫三氏이더히三氏ᄂᆞᆫ元來壹漢會員이라該投票에對ᄒᆞ야有何挾雜이던지三次風雲이激起ᄒᆞ야伊日會務ᄂᆞᆫ終歸勿施ᄒᆞ고來三十日노更爲退定ᄒᆞ얏다더라

●公民嗷嗷 公州來人의傳說을據ᄒᆞᆫ즉該郡觀察道에서市民의物貨交易ᄒᆞᄂᆞᆫ데舊白銅貨ᄂᆞᆫ壹切禁止ᄒᆞ고結民에게結稅金을星火督促ᄒᆞᄂᆞᆫ故로民情이嗷嗷ᄒᆞ다더라

●李氏運動 리根澔氏가典洞營門을買渡하야將次종로의漢市를移設ᄒᆞᆯ次로實業家와合財허기를方今運動中이라더라

●魚口忘論 日昨女子高等학校의서학員의作文을該校長학部編輯局長魚允迪氏가考試ᄒᆞᄂᆞᆫ데학生中六人이作文中외國家를愛ᄒᆞᄂᆞᆫ意를述하얏더니該시가該六人을招對ᄒᆞ야大叱曰一個학生으로國家思想을發論ᄒᆞᆷ이太端不可라ᄒᆞ고其点數를減削ᄒᆞ얏다더라

●入何謠何 安洞別宮內에借接하ᄂᆞᆫ人民이四十餘戶인대宮內府次官指揮로該借接ᄒᆞᆫ人民을壹齊히逐出ᄒᆞ야本月三拾日ᄭᆞ지定限ᄒᆞ얏ᄂᆞᆫ데該人等이忽地見逐ᄒᆞ야道路에棲屑ᄒᆞᆫ다더라

●民怨漲天 道路修築費를寄付ᄒᆞ라고漢城判尹이告示ᄒᆞᆫ事ᄂᆞᆫ皆知어니와今年度預筭의立欵이십八萬元인데其中拾萬元은內部에서支出ᄒᆞ고八萬元은漢城內壹般住居ᄒᆞᄂᆞᆫ너外國人民에게徵收ᄒᆞᆫ다ᄂᆞᆫ데自韓외ᄂᆞᆫ各동家僧가家閣을調査하야定額發票하며니現今의ᄂᆞᆫ壹巡會員이巡行ᄒᆞ며每家의勸徵ᄒᆞᄂᆞᆫ데若不出給ᄒᆞ면警視廳으로押囚ᄒᆞᆫ다威脅이無雙ᄒᆞᆷ으로民情이嗷嗷ᄒᆞ니漢判은寄附로ᄒᆞᆫ다ᄒᆞ고如是起鬧케ᄒᆞᆫ즉政府行政이專事罔民이라ᄒᆞ고民怨이漲天ᄒᆞ다더라

●是何蠻行 三昨日上午七時量에西部龍山等地에서何許日本人勞働者二名이韓人車夫를無端亂打ᄒᆞ야流血이淋漓ᄒᆞ야幾至死境이된지라該地人民들이該日人의蠻行을無不唾罵ᄒᆞ엿다더라

●日巡行悖 三昨日下午五時量에남門外停車場附近地에서何許韓人三名이同伴行路라가互相談話ᄒᆞᆯ際에適其時日巡査壹名이過去하다가此言을聞ᄒᆞ고該韓人中壹名을蹴邊毆之ᄒᆞ之에詬辱이無雙ᄒᆞ며壹邊軍刀로亂打ᄒᆞ야卽時停車場警察派出所로交付하얏다더라

●日人酗酒 再昨日上午九時량에何許日人壹名이종路等地에서詬酒打人ᄒᆞᄂᆞᆫ지라裁判所使令이該日人을裁判所로押去하얏다가更히종路交番所로押付ᄒᆞ얏다더라

●日兵殺人 陰去月二拾五日에日兵幾名이黃海道延安弓位面棠峴等地에來到ᄒᆞ야人家를搜探하더니諸人이逃走ᄒᆞᆫ時의其中壹人이山上으로跑去ᄒᆞᄂᆞᆫ것을日兵이捕捉ᄒᆞ야銃殺ᄒᆞ얏ᄂᆞᆫ대其人은安東居鄭主事會圭氏라더라

●義兵消息 去三月分에義兵八十餘名이光州郡當夫面月山里에來會하야大將이出席演說曰吾輩가離父母棄妻子ᄒᆞ고風餐露宿에不顧死生ᄒᆞᄂᆞᆫ本意가何在오ᄒᆞ면爲國濟民코ᄌᆞᄒᆞᆷ인즉團躰를未成ᄒᆞ면不能ᄒᆞᆯ지니我의誓盟으로團體ᄒᆞᆷ義어니와不然이면我ᄂᆞᆫ入山潛踪이可라ᄒᆞ거날壹齊히應諾ᄒᆞ미將卒이拔劍斫指ᄒᆞ야拜天告祝ᄒᆞᆫ後에互相警戒曰自今以後ᄂᆞᆫ德化로人心을收拾하면天何不助乎아ᄒᆞ고行陣所到에民皆飲服하야到今其數가千餘名에達ᄒᆞ얏다더라

●李氏困兇 開城來人의傳說을據ᄒᆞᆫ즉前參政課主事李容鶴氏가參政課廢止ᄒᆞᆫ後로生活無路ᄒᆞ야外國人의게幾許間負債가有ᄒᆞ더니지趁不還報ᄒᆞᆷ으로家舍執行을當ᄒᆞ야當此嚴冬에李氏의棲屑情境은不忍見이라더라

●劉氏處役 前端川郡守劉文鄕시가該郡守在任時에邑內居金應權시가有何罪狀이던지二拾餘日을捉囚ᄒᆞ얏다가金二百圜을奪食放送이러니其後警察分派所에現露되야咸興地方裁判所에서懲役三年에宣告ᄒᆞ미不服ᄒᆞ고京城控訴院에申訴ᄒᆞ야對質裁判ᄒᆞ다가畢竟懲役三年에宣告ᄒᆞ얏다더라

●僧賊被捉 日前夜에銅峴警察署巡査某氏가行巡次로南部浮漁峴等地로過去ᄒᆞᆫ즉該附近松梢上에壹點灯火가高掛ᄒᆞ고其下의壹封書角이墜落ᄒᆞ얏ᄂᆞᆫ대皮封의ᄂᆞᆫ前參奉李癸定이라ᄒᆞ고辭意의ᄂᆞᆫ兩가今夜의젼幾百圜을不爲持來ᄒᆞ면爾의父祖墳墓를掘去ᄒᆞᆯ깃다ᄒᆞ지라該巡査가同地에서終夜守直ᄒᆞᆫ즉居來幾의何許승侶二名이遠爲來到ᄒᆞᄂᆞᆫ故로壹切捕縛査問ᄒᆞᆫ즉楊州郡成陵浮圖寺居ᄒᆞᄂᆞᆫ僧韓홍萬金商浩云故로押囚審査ᄒᆞᆫ다더라

●博士歡迎 本日에西江耶蘇敎堂에서美國哲學博士趙元時氏를歡迎ᄒᆞᆫ다더라

●宣倅無理 宜川郡南面鳳동居朴유宋等諸氏가己往私塾餘財를鳩集ᄒᆞ야幼年학校를設立ᄒᆞ얏더니同郡居朴鵬宋朴信卿兩시가其山堂에학校를設ᄒᆞ고義金을請求하기로該里內의셔秉四千兩을收合寄付하얏거ᄂᆞᆯ中학校를又設ᄒᆞᆫ다ᄒᆞ고幼年학校의財政을流涎ᄒᆞ야該郡守金斗鉉시의게囑托ᄒᆞ야百方威脅ᄒᆞ미幼年학校의셔言ᄒᆞ기를幼年학校를廢ᄒᆞ면中학校의入학ᄒᆞᆫ材料ᄂᆞᆫ何處에得ᄒᆞ리오ᄒᆞᆫ더니郡守가該面洞長에게嚴飭ᄒᆞ야米穀을勒捧코ᄌᆞᄒᆞ며朴유宋시를捉囚ᄒᆞ고醫署에交涉ᄒᆞ야彈制施威ᄒᆞᆷ으로幼年各校의셔代表人을選定上京ᄒᆞ야학部의請願하얏다더라

●西道의商業漸進 實業에有志ᄒᆞᆫ西道資本家張基鳳黃菊保諸氏가數萬金을合資ᄒᆞ야平北龍川郡場市에本店을置하고營業ᄒᆞᆫ지未滿壹年에事業이興盛ᄒᆞᆫ故로壹層擴張ᄒᆞ기爲하야商號를韓西興業株式會社로稱ᄒᆞ고農商工部에承認次로代表人黃菊逸시가上京ᄒᆞ얏다더라

●嶮敬受業 求禮郡居王경煥氏가元來家勢亦立ᄒᆞᆫ더測量학校에入학코ᄌᆞᄒᆞ야上京ᄒᆞ얏스나학費를支用ᄒᆞᆯ道理가全沒ᄒᆞ야朝夕에太壹握式冷水에呑下ᄒᆞ고학校에入학ᄒᆞ야熱心受業ᄒᆞᆫ다더라

●朴氏義擧 西來人의傳說을聞ᄒᆞᆫ則日本에多年留학ᄒᆞ야測量專門卒業ᄒᆞᆫ前局長朴致雲氏가事務所를平壤종路에開設ᄒᆞ고測量請求者의게手數料ᄂᆞᆫ不關ᄒᆞ고壹々히酬應ᄒᆞᆫ다고稱頌이籍々ᄒᆞ다더라

●龍校卒業 平北龍川龍明測量學校에서卒業式을擧行ᄒᆞ얏ᄂᆞᆫ데優等生김義鍊田潤煥等二십三人이오及第生李規燧니萬福등四十六人인데來賓及任員諸시가學問研究의必要로極心勸勉ᄒᆞ얏다더라

●教育實行 全羅南道務安府教育會에서教育實行을研究ᄒᆞ며該境內에각學校를特別讚成ᄒᆞᄂᆞᆫ데木浦港耶蘇教會永興學校에金三十圜을寄付ᄒᆞ얏다더라

●晝樵夜學 黃海道甕川郡江北面助浦私立普昌學校에셔特別히勞働夜學校를設ᄒᆞ고教師金性初安承旭兩氏가名譽로熱心教授하미該洞樵夫牧童이晝爲刈艸ᄒᆞ고夜則上學에學員이二十餘名에達ᄒᆞ얏다더라

▲大討 淫婦▼

▲文明々々々々二字婦人社會基礎라고累累勤告ᄒᆞ엿것만國民製造ᄒᆞᄂᆞᆫ婦女ᄂᆞᆫ愈往愈甚淫蕩이라日所聞이駭然ᄒᆞ니秋霜又ᄒᆞᆫ筆鋒으로大聲壹呼討罪後에更待異日ᄒᆞ여보새

▲淫婦들아聽哉어다家庭責任엇더길너子女教育等業ᄒᆞ고產業整理삼박기오濃粧盛服出入ᄒᆞᆯ재활미치고가ᄂᆞᆫ擧動癡ᄒᆞ다네생각은得意ᄒᆞᆫ듯ᄒᆞ지마ᄂᆞᆫ傍人唾罵네아ᄂᆞ나

▲淫婦들아聽哉어다豚犬又치賤獸들도生畜時期아니며ᄂᆞᆫ그行動이精潔커던堂堂國民分子로서無廉無恥너의行爲豚犬比較ᄒᆞ자히도더豚犬이怒ᄒᆞᆯ지니身勢到此네아ᄂᆞ나

▲淫婦들아聽哉어다青年寡婦되거ᄃᆞᆫ낭紗窓殘淚恨嘆말고適合處를選求ᄒᆞ야翻然改嫁正當인데桑中約과月下逢에夜如何其心如碎라踰墻穿穴秘密ᄒᆞᆷ을聊目如鼈네아ᄂᆞ나

▲淫婦들아聽哉어다滔滔ᄒᆞᆫ情不勝키던罰淫女로聲名ᄒᆞ야請願警察ᄒᆞᄂᆞᆫ것은無恥淫의例에이나마마이니痘痂이니某某別室自稱ᄒᆞ고賣淫熱이넛쳐나니打殺無惜네아ᄂᆞ나

▲淫婦들아聽哉어다淫淫濁濁設施ᄒᆞ야風俗壞亂ᄒᆞᄂᆞᆫ놈요千斬萬戮ᄒᆞᆯ것만엇던男子되므고ᄌᆞ逐日深夜至ᄒᆞ야無賴雜類聞坐에眼去眼來보狂ᄒᆞ니鄙鄙莫甚네아ᄂᆞ나

▲淫婦들아聽哉어다淫蕩ᄒᆞᆫ떼擧動보면賣票者와情熱ᄒᆞ고特等上等더交椅에口含卷烟高擧ᄒᆞ야唱歎聲와눈이마져歌曲마ᄃᆞ喝采ᄒᆞᆫ제目不轉睛流涎ᄒᆞ니衆人指目네아ᄂᆞ나

▲淫蕩無恥汝輩들은縱心所樂ᄌᆞ커니와子女ᄊᆞ지그리치니既過還善ᄒᆞᆫ당에면當門競旺姑舍ᄒᆞ고全國文明더機關게從此發達ᄒᆞᆯ러니와貴樣迴是하고보면韓國事ᄂᆞᆫ다보앗다

本人이ᄌᆞ惠藥방所屬商品全部를我靑年社會에公有로天父前에所禱ᄒᆞ고納上홈으로本人이主務名字를改正ᄒᆞ야店員이라稱ᄒᆞ오니本藥방所有四商標를利用ᄒᆞ야全國靑年敎育에贊助ᄒᆞᄂᆞᆫ데對ᄒᆞ야同志靑年兄弟ᄂᆞᆫ上本나방店員李觀化와同寤ᄒᆞ야各道各郡에事에來ᄒᆞ서去ᄒᆞ와金額出納事務를全掌ᄒᆞ게ᄒᆞ오니卽爲往臨ᄒᆞ심을爲要홈

再告全國拾三道內各學校에衛生緊要ᄒᆞᆫ東西藥業月報와敎育上緊要ᄒᆞᆫ書籍類印刷되ᄂᆞᆫ데로時々仰呈코ᄌᆞᄒᆞ오니貴學校番地와校長姓銜閣下尊啣을以下示ᄒᆞ심을千萬伏望홈

廣告

PAI CHAI HIGH SCHOOL

本學堂冬期開學은新年壹月六日에行ᄒᆞ며學員을多數히新募ᄒᆞ오니願學僉員은新年壹月四五兩日午前拾時에本學堂에來臨應試ᄒᆞ심을務望ᄒᆞ오며本學堂에서ᄂᆞᆫ諸般學科를純英文으로新式으로敎授ᄒᆞ여二拾世紀文明時代에高常ᄒᆞᆫ士人을養成ᄒᆞ나니大韓國內에唯一特種의學堂이오며美國敎師ᄲᅧᆫ커、으리펏二人과本國敎師八人이有ᄒᆞ며壹般學科ᄂᆞᆫ本學堂에仔細히揭示ᄒᆞ얏ᄉᆞ오니壹次來覽ᄒᆞ심을務望홈

培材高等學堂 告白

中部璨髆坊黃土峴四統壹戶永樂館主人姜允用氏가今月二拾三日의圖章을路上에遺失ᄒᆞ얏ᄊᆞ니誰某拾得ᄒᆞ시거던本館으로還傳ᄒᆞ시면厚謝ᄒᆞ깃ᄉᆞᆸ나이다

黃土峴永樂館姜允用告白

本人所有水原南谷面탑洞菊里身字田合拾三座及답拾二과落파此字田二座ᄯᅩ답九과落파叟字田壹座及답壹과落都合文書와山文書三張을見失ᄒᆞ엿ᄉᆞ니內外國人은見欺지마시옵本郡에立案證明ᄒᆞ깃ᄉᆞᆸᄂᆞ이다

陳鍾大 告白

韓美興業株式會社廣告欄內에本人으로開城代理人이라已有廣告이오ᄂᆞ本人은該會社에初無干涉이온ᄃᆡ其城東部居馬箕敎시가向日에來言ᄒᆞ기를韓美會社가成立되면物品을自已가受托下來時에本人商店에委托販賣云이기로本人所答이追後相議決定ᄒᆞ자ᄒᆞ얏ᄂᆞ니馬시가今시上京ᄒᆞ야本人名字로代理人이라廣告ᄒᆞ오니本人은該會社에初無相關故로事不正當ᄒᆞ야馬箕敎前에不當ᄒᆞᆫ理由로新聞에正誤ᄒᆞ여달나고累次通知이오나延拖不肯故로해會社에도理由書를修送이옵고玆以仰佈ᄒᆞ오니 知舊間以此照亮ᄒᆞ시옵

開城南大門內雜貨商店 金東宣

正三品池公東恂시以宿患陰本月初五日別世玆以訃告知舊間 照亮是希

葬地東大門外水踰峴
返虞今月初九日

長子 義燦
次子 逸燦
三子 命燦
護喪 金寬植

金本自明좌시의大人公이宿患으로本月貳십六日(陰初四日)下午七時에別世이온바受吊禮ᄂᆞᆫ三십日上午십時부터下午四時까지擧行ᄒᆞ오니 僉知舊ᄂᆞᆫ照亮ᄒᆞ시옵

隆熙貳年拾貳月九日

護喪 李達元

楊州郡新川蚕室兩村所在前奉常田農圃田加耕田轉進宮田全部를京居洪般柱가 宮內府整理局의請願ᄒᆞ야拾個年間小作權을借受ᄒᆞᆫ後本年은各小作人이已爲着種ᄒᆞᆫ故로自爲耕作을不得ᄒᆞ고舊作人으로仍爲畊貸케ᄒᆞ고明年부터ᄂᆞᆫ自爲耕作ᄒᆞᆫ다ᄂᆞᆫ데本年度稅納은自四日至拾二月竭力先納ᄒᆞ고本年賭租賭錢은特爲民情ᄒᆞ야壹切蕩減ᄒᆞ오니今此爭利世界에豈有如許活佛乎잇가本面兩村人民百餘名이多大蒙惠ᄒᆞ얏기玆에事實을記載ᄒᆞ야 僉大人의게公布홈

隆熙二年拾二月二拾六日

新川村 洞長李敎弘等 百餘名總代
領座洪士允 告白

本人等家屋與執於廣泉舖不意趙民鼎奪人 承寧府使吳壹泳挾私濁亂或逐出暗賣或勒奪給貰或受賄仍置冤聲漲天自壹進會至於質問再次矣趙시ᄀᆞ悛改習衍同吳壹泳使尹範植晴嘱於會中至自行賭之竅而該理却之聽聞漲藉如此下等鄙悖之類天必殃之惟我同胞聲討誅之希望홈

東部蓮洞九統七戶李景五告白

本人姓名章을今月貳십三日在平壤見失ᄒᆞ니誰某拾得無効홈

原居漢城西部司醞洞三、四、三
現住平壤朴勝彬 廣告

本會第壹回紀念式을壹月三日上午十二時(陰拾二月十二日)에本會館에서設行ᄒᆞ오니壹般會員은齊々進參ᄒᆞ시옵入館時에各其本會票를携臨ᄒᆞ시ᄃᆡ會票가無ᄒᆞ시니ᄂᆞᆫ本事務所에來購ᄒᆞ시옵

西北學會 告白

本人의所有株式會社韓壹銀行新株式拾株에對ᄒᆞᄂᆞᆫ第八拾四號第壹回金辦納金額七拾五圓領受證壹度를紛失ᄒᆞ얏기玆以廣告ᄒᆞ오니內外國人間拾得ᄒᆞ야도休紙施行홈

臣住 林健相 告白

本人의所住南大門外小里門洞壹百六拾統四戶草家四間板刻文券을去月에서失故로玆以廣告ᄒᆞ오니內外國人間誰某拾得ᄒᆞ와도休紙施行홈

家主 閔偶許 告白

本社事務所를京城礡洞에現今開設ᄒᆞ고各地方에代理人을置ᄒᆞᆯ터ᄒᆞ오니本社定欵을詳細陳述ᄒᆞᆯ時機가到ᄒᆞ얏사오니條項이繁皇ᄒᆞ와他日를姑俟ᄒᆞ오며本社資金의現今總額은拾萬圜이온ᄃᆡ壹萬株로分ᄒᆞ야每株에拾圜式이옵本社에서ᄂᆞᆫ本社에關ᄒᆞᆫ細瑣事項까지 僉彥의詳論ᄒᆞ시기를懇望ᄒᆞ오니 僉彥은案頭에暫坐ᄒᆞ야

京城郵便局郵函第四十号韓美興業株式會社

라皮封에書ᄒᆞ야壹書札을**寄送**ᄒᆞ시되本社에詳細事項을通知ᄒᆞᆯ라ᄒᆞ시면本社에서ᄂᆞᆫ答函을卽呈ᄒᆞᆯ터이오며惠覽後 貴地方에서ᄂᆞᆫ何事務가本社의進行ᄒᆞ기에最適ᄒᆞᆯ을지**高明ᄒᆞᆫ意見**을惠賜ᄒᆞ시옵是爲ᄒᆞ야**來一月十日以內**로高明ᄒᆞᆫ書札를寄送ᄒᆞ시면 僉彥에게**賞金**을如左히分等ᄒᆞ야送呈ᄒᆞ깃숩

本社에서**高明ᄒᆞᆫ書札中**

一等으로認定ᄒᆞᆫ者ᄂᆞᆫ**五十圓** **二等** **二十圓**
三等 **十圓** **四五等** **各五圓**
六等 至 **十等** **各二圓**

僉彥의**費用**은**郵票價**以外에무엇이도잇슴니가닷더ᄒᆞ심각ᄒᆞ야보시오

本社에서大韓帝國內各處와通信을連絡ᄒᆞ기爲ᄒᆞ야如此히**懸賞**ᄒᆞ기를不惜ᄒᆞ오니本社의各地方에서進行ᄒᆞᆯ方針에對ᄒᆞ야**貴重ᄒᆞᆫ勸告**를厭聞ᄒᆞ옵ᄂᆞ이다

京城礡洞 **韓美興業株式會社** 白

開城代理人 開城南門內二層商店 **金東宣**
平壤代理人 平壤大同門內店洞 **鄭甚煥**

廣告

大韓每日申報第九百八拾五號第壹面特別廣告欄內에 徐光轍의 數字를 轍字로 改正홈
前侍從徐光轍 告白

本人族兄世基가 本存時丙午年拾月分에 陳昌奭이 使金鎬赫으로 言曰自己沓壹日이 在於南陽長安面飛汀浦則六千圜請典云이나 現無貯物ᄒᆞ야 退却이더니 居數日에 陳與安으로 偕來日轉聞大監이 他田畓을 方營典執云ᄒᆞ니 我之堰畓도 同爲典當得償何如云故로 答曰文券을 持來也云則渠曰認許文券은 已爲典執於水原洪健燮處則以權賣文券壹度를 成給ᄒᆞᆯ터이니 同典云云ᄒᆞ고 陳自呼價ᄒᆞ고 安證書票以給故로 數朔周旋에 終未得償ᄒᆞ고 因以自罷러니 丁未正月日에 來言曰錢即徐徐得用ᄒᆞ고 有緊急所用ᄒᆞ니 旣是六千圜典執言論인즉 典票를 書給이러니 三千四百圜於晉ᄒᆞ야 爲先借給ᄒᆞ고 餘條는 洪典推來時所用이라ᄒᆞ며 以及其推典時所入이 爲三千四百圜也라 陳昌鎬自造權賣가 昭然可知요 丁未臘月分에 渠欲移典於他處ᄒᆞ야 使金漢楨으로 擔當票文內에 典執이 雖是過限이나 移典于他處ᄒᆞ야 金貨壹萬貳千五百圜을 自己擔報라ᄒᆞ얏스니 以假權賣로 誣告法庭에 昭然綻露어날 以無效權賣僞票로 買諸落科ᄒᆞ야 已爲判決ᄒᆞ얏고 日本人城六太의게 典執으로 論之라도 洪典推來時陳票壹封을 混給者也以無效權券이 有何緊要이기 入於典執乎아 以奸譎誣罔으로 反稱得計가 可痛이기로 玆以廣告홈
中部園洞壹統八戶留 金鎬基 白

至於扶安邊井居ᄒᆞᆫ 김用鶴氏는 夙抱經濟之材ᄒᆞ야 ?라 ?新報上의 ?地測量之說을 衆皆恬然ᄒᆞ되 該氏는 大懼時務之緊急ᄒᆞ야 與壹鄕紳士崔炳都邦위辛棟鎬李?烈四氏로 倡論協議ᄒᆞ야 使崔光煥으로 延聘敎師于京城ᄒᆞ야 創設학校于該郡ᄒᆞ니 未滿壹朔에 學徒가 至於六十餘人이라 敎師?宗植氏之熱心敎育과 任員?洛?鳳述辛在壹趙永琪吳炳燁諸氏之協力贊成이 可謂?唱百應이라ᄒᆞ니 世皆如是則奚特扶安郡之可扶리오 抑隣境?將?扶而自直이기로 玆以廣佈홈
扶安郡?人 告白

醫價報償金을 本人等所居里中?金百圜과 博聞會會員中壹人이 壹千兩을 謂之本郡報償所鍾監金重聲財務員金麟化處에 任置標를 受尺ᄒᆞ고 詳探理許則此錢此兩人이 甘作自己之物로 稱云학校補助라ᄒᆞ며 欲爲乾沒ᄒᆞ옵기 玆에 廣佈홈
咸南端川郡傳聞會 金淳昌
里監 金燦俊 告白

東洋拓殖社定款은 韓國文奎?難辨處가 多ᄒᆞ야 壹般同胞의 誤解를 ?ᄒᆞᆯ가 憂慮ᄒᆞ야 逐條註解ᄒᆞ야 多數刊行發賣ᄒᆞ오니 惟願僉君子는 家家購覽하시면 法令上會社上履行의 大段緊要하고 前頭의 需用이 多大ᄒᆞ오리니 速速購覽ᄒᆞ심을 望홈
定價金十八錢
都賣所 安峴 隆文館
分賣所 각書館

本人이 賊患을 當ᄒᆞ야 牛篆黑角圖章과 리君의 處五拾圜手票를 見失ᄒᆞ고 眞字圖章으로 改ᄒᆞ오니 너外人잔照亮
平남江西沙里동居 崔堯煥 白

米國元稚蔘嘉氏는 天父의 命令을 順從ᄒᆞ야 大韓靑年의 德育體育智育ᄒᆞ는 基督靑年會館에 八萬圓을 寄附ᄒᆞ얏스니 我韓人民도 天命을 順受하야 元稚蔘嘉시의 盛意를 萬分之壹이라도 報答ᄒᆞᆯ지라 天父前의 罪人李觀化朴慈惠夫婦의 所有ᄒᆞᆫ 産業五千圜價値衛生上緊要ᄒᆞᆫ 商品과 또 永存不消ᄒᆞ는 四箇牌를 天父命令대로 我韓靑年의에 寄付코저ᄒᆞ와 天賜靑年公有慈惠大약房開金傳授議式을 隆熙三年壹月三日에 本藥房의서 行ᄒᆞ오니 京鄕同志靑年兄弟는 伊時枉臨ᄒᆞ시기 伏望

本人의 名錫五를 석煌으로 改名ᄒᆞ오니 知舊照亮ᄒᆞ옵
白川郡彦默洞居 ?석煌 告白

本人의 半篆字로 刻ᄒᆞᆫ 姓名圖章을 陽今月廿二日에서 失ᄒᆞ얏ᄉᆞ오니 誰某拾得이옵던지 無効로 認定홈
趙同? 告白

本會事務가 漸次擴張이온바 本會에 願入ᄒᆞ실 有志僉君子는 本會로 陸續來議ᄒᆞ옵셔 林業에 發達케ᄒᆞ심을 希望홈
(電話二九三番)
大韓山林協會 本부告白

東西洋各國萬古帝王中第一英雄
彼得大帝
讀者胸宇自闊
定價金貳拾錢
發매所 布屛下 廣학書舖 김相萬

特別廣告
本社 名帖印刷를 更加擴張ᄒᆞ기 爲ᄒᆞ야 各樣紙品을 壹切準備ᄒᆞ고 極廉價로 僉君子의 所需대로 隨應ᄒᆞ옵는 중 婦人과 學徒의게는 特別除減ᄒᆞ오니 照亮 來臨ᄒᆞ심을 敬要
大韓每日申報社

測量機械 各種大發賣
漢城南署東?洞六拾貳統 戶
??龍商會 謹告

本人이 ?壹月二拾九日의 姓名圖章을 見失ᄒᆞ얏ᄉᆞ오니 內外國人은 或拾得ᄒᆞ와도 切勿施行홈
京畿道安城郡東里內洞 朴承元 告白

大英國文學博士 牧師奇一 著術
大韓國聖書繙譯會委員 李昌植 校閱
復元教主 路得改教紀略 全頁壹百九拾五頁純國文 定價金四拾五錢
此書는 歐洲拾五世紀黑暗時代에 紅衣教皇制와 壓迫을 擺脫ᄒᆞ고 上帝께서 賦與ᄒᆞ신 道德과 自由를 唱導興起ᄒᆞ야 吾人으로하야금 今日新世界에 安享快活케ᄒᆞᆫ 空前絶後의 壹代恩人의 生平歷史니 道德을 慕ᄒᆞ시고 自由를 愛하시는 江湖僉彦은 不可不購覽ᄒᆞᆯ 冊子이오니 速速購覽하시옵
發賣元 皇城布屛下 廣學書舖 金相萬
京鄕 各書店

註釋 現行 新法令 定價金廿五錢
此冊은 我國에 現行ᄒᆞ는 法令中土地家屋證明規則과 民刑事訴訟規則을 法律卒業生李範星시가 詳密히 註釋ᄒᆞ야 法律學에 生踈ᄒᆞᆫ 人이라도 壹覽瞭解케ᄒᆞ얏ᄉᆞ오니 成年以上은 法律行爲를 ᄒᆞ는 者는 不可不購覽ᄒᆞᆯ 冊이오니 速速購覽ᄒᆞ시옴
元賣所 布屛下 廣學書舖 金相萬

◎湖南?奇隅에 僻在ᄒᆞ야 新空氣의 流入이 遲延홈을 因ᄒᆞ야 當地人士의 新進思想이 缺乏홈을 恨ᄒᆞ더니 近日有志金鳳煥朴潤東梁仁默朴基休諸시가 教育의 不興됨을 憂歎ᄒᆞ야 教育會를 組織ᄒᆞ고 光州郡鄕校內에 發起會를 開ᄒᆞ얏는데 觀察郡守以下官憲이 ?臨?成ᄒᆞ얏고 學部大臣도 勸獎ᄒᆞ얏는데 趣旨書는 如左ᄒᆞ더라

環顧全球列邦之何强何弱及何文何野之原因컨ᄃᆡ 無他故焉이라 重在乎教育之盛衰焉而已니 此非徒現世爲然이라 於古亦然ᄒᆞ고 非徒歐米爲然이라 東西亦然ᄒᆞ야 上考三代之盛而莫不由乎교育ᄒᆞ고 以及叔季之衰焉而不以乎교育은 徵諸史冊의 無用智辨이어니와 育現世文明國狀態컨ᄃᆡ 總擧國民之肄於學校者ㅣ 十於十之八九오 大小학校之設이 亦不可以十數萬計也로ᄃᆡ 慮或有未發之處而益勤於社會教育ᄒᆞ야 普勸之鼓吹之ᄒᆞ야 必使國民으로 周知교育之爲民國肯경ᄒᆞ야 非교育則國家無存이오 民族을 難保ᄒᆞ야 竭力投資ᄒᆞ며 傾産用義를 或恐人後ᄒᆞ야 日事교育之進興ᄒᆞ니 此國富民殷而凌駕於列邦者也오 如我韓者는 未嘗不以古聖人修齊治之학으로 爲宗旨로ᄃᆡ 徒存其文具之학說而無實行者ᄒᆞ야 格致誠正之道는 尙矣切論ᄒᆞ고 記誦詞章等末技로 著爲發身之要로ᄒᆞ야 不徒不勉於實踐新학이라 乃反지斥之障碍之ᄒᆞ야 賤賤然人於晦昧之域ᄒᆞ야 以致今日之壤遇ᄒᆞ야 彼固?弱이 豈其徒然故로 嗟乎風潮所及의 雖以泥古之?驚而按任ᄒᆞ야 步武日趨의 爭鬪學校ᄒᆞ고 廣設학會ᄒᆞ며 從此로 可知교育界之발展이어니와 惟我全南은 人文之明과 物産之阜가 不讓他省인ᄃᆡ ?郡人士가 須知교育之爲當世急務ᄒᆞ고 一唱百和의 詢謀僉同ᄒᆞ야 乃成一會ᄒᆞ니 名之曰全南교育會라 蓋其趣旨也目的也는 諸公所國已行之規ᄒᆞ고 ?範圍也 倣乎他人旣得之例ᄒᆞ야 ?金立本의 設立학校ᄒᆞ야 ? 誠正之학而漸及於修齊?道ᄒᆞ고 刊行書籍ᄒᆞ야 ?全處而啓牖同胞로 爲?本ᄒᆞ야 吾東聖학之復明於世?也 ?孰不贊成而同情哉아 惟我湖南士는 勗哉勉哉어다

◎關東教宗趣旨書

學在介初에 太極이 肇判ᄒᆞ야 陰陽이 分係ᄒᆞ고 天地ㅣ 定位어날 聖人이 降生ᄒᆞ사 設教以數人ᄒᆞ시니 教之時義ㅣ 大矣哉라 東方에 有二教ᄒᆞ니 始於庖희씨之受河圖而畫卦ᄒᆞ야 堅素王而大備者는 曰儒宗이오 昉於軒轅씨之師廣成而問道ᄒᆞ야 速至元而遂著者는 曰仙宗(一云道宗)이오 西方에 有佛教ᄒᆞ니 揪於비婆戶佛ᄒᆞ고 現於釋迦如來而及東漢明帝時ᄒᆞ야 始遍于震旦者는 曰佛宗이니 是爲三教ㅣ라 中間諸家는 互立己見ᄒᆞ야 分門建戶ᄒᆞ고 現今列邦은 各有宗敎ᄒᆞ야 分支裂派ᄒᆞ야 紛挐多端에 不能殫記어니와 惟玆三教는 雖施設之稍異나 乃歸指之相似어니 皆其或自相矛盾ᄒᆞ야 不能符印者는 因研究力之不足故也ㅣ라 何者오 以慈悲治心者는 佛之見性也오 以潰虛修身者는 仙之眞理也오 以仁義誨人者는 儒之名教也니 合而?之ᄒᆞ면 猶치鼎足ㅣ 其味는 相反ᄒᆞ나 皆可於口ᄒᆞ고 春夏秋冬이 其令은 相錯이나 終歸于歲어늘 何必會而似而取其異ᄒᆞ야 與之主奴之角哉아 文傳에 曰君子之道는 或出或處或默或語라ᄒᆞ고 又曰天下殊塗而同歸ᄒᆞ며 ?致而百慮라ᄒᆞ시니 於此而又見大聖人立言垂訓之意也 ?猶歎?師ㅣ 被誕?郎ᄒᆞ야 頓悟玄機ᄒᆞ샤 遂欲旗斯三教ᄒᆞ야 ?于?致ᄒᆞ야 遺時ᄋᆞᆫ幸?首尾禍變ᄒᆞ야 隱忍?提ᄒᆞ야 天?好?世?ᄒᆞ야 信?自由?天演?治와 無關은 世界通例?此?道合?敎而爲?大?明之指南?日?教宗? ?同志?協議發起ᄒᆞ야 方傳播於湖嶺?際値訛이 自?妖魔가 揶揄其間일ᄉᆡ 所以設?於本部於京城ᄒᆞ야 先立基?繼欲擴張ᄒᆞ노니 凡我同胞?趾之?亦念哉어다 試看東西?錯에 ?潮震盪ᄒᆞ라 時當翻覆에 將?虎豹之變이오 ?競爭에 ?猿虫之化ㅣ어 燃眉?悟ᄒᆞ야 噬臍何追아 人之所存?道之所存이오 道之所存?教?存이오 教之所存?教育이 乃興ᄒᆞ며 自治乃定이니 惟壹乃誠心?信從此教ᄒᆞ야 毋替我大東萬億年無疆天降之福音哉ㄴ져

發佈人 ?覺子
吳淵龜 李壎

發行兼編輯人 英國人 裴說
Responsible for Publication Alfred Weekley Marnham.
發行所 南署石井洞號外?二層
大韓每日申報社

第六卷

大韓每日申報

第九百八拾九號

月曜及慶節時休刊

檀君開國四千二百四十一年
箕子元年三千三十年
大韓開國五百十七年
日本明治四十一年
淸國光緖三十四年
陰曆戊申十二月大初八日己未

論說

◉女子及勞働社會의知識普及흘道 (續)

第三節 學問界의誤解

吾儕가今에勞働界와女子界에敎育發興흠을頂祝不已ᄒᆞ는바나但壹點缺憾을抱ᄒᆞ는비有ᄒᆞ노라

今人이학問二字를誤解ᄒᆞ야泥古者는漢文을학問으로知하며무新者는外語를학問으로知ᄒᆞ야勞働餘暇에無多時間으로工夫를做코ᄌᆞᄒᆞ는同胞에게도此外國言語文字를敎授코ᄌᆞᄒᆞ니其誤解가何其甚ᄒᆞ뇨

交際와通商에可無치못흘지라故로外國言語文字를學習ᄒᆞ는人도可無치못흘지나然이나外國言語文字는是最難흔학問이라多數人民으로此를학習케ᄒᆞ면

(壹) 愛國心을戕賊흘지며 (二) 工夫의效果가極難흘지며 (三) 人의厭惡心을生흘지니

試思ᄒᆞ라已往漢文이卒國에爛熳ᄒᆞ야惟此를학問으로知흔故로壹般國民이魔境에陷ᄒᆞ야伏羲黃帝는自已祖先叉치誦ᄒᆞ되檀君扶婁는何代君王인지不記ᄒᆞ며崑崙黃河는吾家田園叉치認ᄒᆞ되長白鴨綠은何處山川인지不知ᄒᆞ야國家精神을消磨케ᄒᆞ얏스며佶屈聱牙흔文字를童年부터學習ᄒᆞ야今年通鑑初卷明年通鑑二卷又明年通鑑三卷에歲月을虛送ᄒᆞ야他種物理를研究흘餘暇가無케ᄒᆞ얏스며又此로由ᄒᆞ야國民知識普及의路를塞ᄒᆞ지아니ᄒᆞ얏는가明效大驗이如此ᄒᆞ거날今日에도猶漢文을獨尊ᄒᆞ는者는癡人이며又彼英語日語를敎育界壹要件으로知ᄒᆞ는者는妄人이라況勞働同胞와奚暇에此支離難學의外語外文을講ᄒᆞ야학問의蹊逕을得ᄒᆞ리오

第四節 敎科書를國字로撰出흠이可흠

大抵國語國文은愛國心의源泉일뿐더러亦簡便易曉흔지라故로敎科書를純國文으로撰出ᄒᆞ야女子及勞働社會의智識을開케흠이最好方法이될지나現今에此種敎科書가無ᄒᆞ니可恨이로다

竊聞컨ᄃᆡ彼各郡勞働學校에서往々敎育月報社의發行ᄒᆞ는敎育月報를依하야此를敎科로用ᄒᆞᆫ다ᄒᆞ니該報는元來歷史地誌等科를分ᄒᆞ야精當히編撰흔者인즉此가女子及勞働敎育界에良敎科가될지니亦壹可賀어니와吾輩는益々히國字敎科書의多出을望ᄒᆞ노라 (完)

▲隆熙貳年拾月二拾七日 官報

農商工部告示第拾三號

本店又는支店의所在地를管轄ᄒᆞ는登記所의管轄區域內에서로支店을設ᄒᆞ는時에는其設支店을設흔줄로登記ᄒᆞ면足흠

同法第五拾二條 會社가其本店이나又는支店을移轉흔時는舊所在地에서는二週日內에移轉의登記를行ᄒᆞ며新所在地에서는同期間內에前條第壹項에定흔登記를行흠을要흠

同管登記所의管轄區域內에서本店이나又는支店을移轉흔時는其移轉만登記흠을要흠

同法第五拾三條 第五拾壹條第壹項에揭흔事項中에變更을生흔時는二週日內에本店及支店의所在地에서其登記를行흠을要흠

第二拾二條 社債又는資本或은株金增加의登記를行흔後同壹事項에當ᄒᆞ야更히登記를行흘時는變更欄에其登記를行흠이可흠 (未完)

外報

◉波斯官軍의大敗 路透電을據흔즉露國新聞通信員의報道에曰十壹月二拾九日에타부리쓰郊外에서波斯官軍과革命黨間에大戰鬪를開ᄒᆞ야官軍이大敗ᄒᆞ고兩便의死傷이二千名에達ᄒᆞ얏다더라

◉世界의最大鐵橋 同電을據흔즉米國헨실우에니야鐵道會社는紐育과론구아이랜드間에三里를亘延ᄒᆞ는鐵橋를架設흘計劃인ᄃᆡ水上으로一千尺이高ᄒᆞ니世界에最大흔鐵橋가될터이라더라

◉合衆國의軍艦急航 紐育電을據흔즉合衆國政府는委內瑞拉國의騷動을重大事件으로認ᄒᆞ야巡洋艦二隻을놀후욕구港으로부터同國에急航을命ᄒᆞ얏다더라

雜報

◉東三省의都統廢止 大連電을據흔즉東三省은來春에都統을廢止흘事를議ᄒᆞ얏다더라

◉可驚可賀 北靑郡大俗厚面維新學校에서校況이窘拙흠으로今月拾三日에任員及生徒가會集ᄒᆞ야維持方針을協議흘時에該校生徒中朱鳳燮李淙鎬高鎭極韓孝燮李漢模李秉鐵李德鐘洪[illegible]模李容鎬崔乙淳朱宋萬李孝년朱敬燮李孝政李孝욱諸氏가斷指同盟ᄒᆞ고全文을送致ᄒᆞ얏ᄂᆞᆫᄃᆡ其烈々흔辭氣와斑々흔血痕이昏夢中에在흔同胞의耳目을警醒하깃기로特히揭載ᄒᆞ노라

唯我四千年祖國疆土가歸於外國ᄒᆞ고二千萬民族이懸於他人흠은果以何故耶아都是吾人之罪過ᄒᆞ니噫라吾同盟諸君아今日此境에至ᄒᆞ야爲人者ㅣ孰不忿痛이며孰不哀哉아然則唯我同盟諸君은自今以後로罪惡을齊掃去ᄒᆞ고死而同死ᄒᆞ며生而同生ᄒᆞ며苦而同苦ᄒᆞ며喜而同喜ᄒᆞ야愛國的思想과團躰的思想을頃刻不忘ᄒᆞ기로玆以斷指同盟ᄒᆞ오니念哉어다我同盟諸君아噫라士가無ᄒᆞ고能可存이며士權이無ᄒᆞ고能可安樂乎아嗚乎라我同盟諸君은勗哉ᄒᆞ고銘哉ᄒᆞ라

詞藻

◉造時機

靑春을莫虛度ᄒᆞ라。生存競爭急ᄒᆞ도다 사람은時機를기다리고、時機는사람을지촉ᄒᆞᆫ다 아마도•時機를만드는者•英雄인가

雜報

●闕額得當 日前에某大臣이內閣에會同호야協議호되각地方에駐在호憲兵補助員等이無罪良民을義兵干連이有호다搆誣호고到處作弊홈이日益滋蔓호다호즉該學을不日撤還호거나別般措處를特定호지못얏다더라

●非情伊椅 작部大臣宋秉畯氏가年末情誼를表호기爲호야伊藤統監과曾禰副統監에게多數物種을送交호얏다더라

●試才減額 各陵官을減額호다는說은已報어니와宮內府에서각陵官을試才減額호다더라

●各宮廳停務 각府部院廳을般官吏가過歲호기爲호야昨日부터明年壹月三日까지廢務호다더라

●雜稅革罷 大邱觀察使朴重陽氏가地方稅라籍稱호고該郡場市에雜稅를收入홈으로該郡大韓協會支會에서該稅務署에質問호즉初無是事라호는故로朴觀察에게屢度質問호야該雜稅를革罷호앗다더라

●是何人哉 再昨日下午壹時頃에何許韓人十五六名이統監府門前에會集호야行動이甚爲殊常호故로該學內巡查가曉諭散去케호앗다더라

●惠湯盛宴 再昨日下午六時에近衛隊館官王璇植氏以下尉官四十餘名이惠泉湯에會同호야募年會를盛設호고送宕宴樂호앗다더라

●目的惟何 壹進會에서昨日에陸海產會社를組織호앗는되將次農商工部에請願承認호다더라

●洪守泰仁 泰仁郡守洪範植氏의撫民以愛호다는說은已報어니와追聞호즉近日에靑年을面勸論호야教育을增進케호고該郡日憲兵隊에서義兵에投入호앗던人三拾餘名을捉致砲殺코져호미洪郡守가極力交涉호야沒數히還케홈으로頌聲이載路호더라

●是何雜類 章洞居朴基順이와樓閣洞居朴聖根이가監獄署에同爲滯囚호앗다가박聖根이가先爲放免호앗는대基順의書簡을僞造호야其父親朴明彥氏의게往示호고錢五百兩을偷食호故로朴彥氏가警視廳에呼訴호앗다더라

●忠臣不死 閔忠臣家의慘담호情況은世界共知어니와近日該氏家의情形을聞호즉貞敬夫人이子女五男妹로더부러時日을淚水中에苦送호는대該五歲幼兒가筆墨으로壁上에狗子樣과如히亂畵호미該夫人이叱責日壁上에何以亂墨고호더該兒日此畵는即宋秉畯이라此人이奪吾田庄호야可憐훈吾의母子六人을死境에入케호다호미夫人이此言을聞호고失聲痛哭호거늘長男龍兒가其弟를責호여日汝雖幼穉나何其沒覺乎아大抵人이不忍호면人이아닐뿐더러且無益의行動으로慈主의心懷를悲悵케호느냐호미夫人이또호愈々痛哭호는情況은慘不忍見이어니와該龍兒의幼年知覺이老成홈을人皆稱嘆曰虎父에無犬子라호더니此兒를謂홈이니閔忠臣은眞死而不死라고호다더라

●裁判次上京 安邊郡守崔達彬氏가北靑郡守在任時에各人民의게潛食錢이合爲三千壹百餘圓에達호앗는되該錢을見奪혼人民이裁判還推次로日昨에上京호앗다더라

●皇族學員募集 皇族學校에서募集훈학員이二拾餘名假量인ᄃ該校에서皇族子任만教授홀뿐아니라戚臣의子弟라도入학케하기로決定호앗다더라

●休學歸覲 宋致憲金壹成兩氏가上海에서留學호더니休학時期를因호야歸覲次로日昨에入城호앗다더라

●李所長遞任 測量組合所長리根浩氏가遞任되고其代에張박氏가被選호앗다더라

●密陽民의伸寃 慶尙南道密陽郡前稅務官리宗植氏가面장朴尙일曹協煥리時亨四人을符同호야丁未年의해郡結價를加排호앗스되每結頭新貨二拾四錢과民庫結壹百五十餘結을民間의懲捧홈故로해郡居리根憲氏等이度支部에請願호앗더니해部에서推捧次大邱監督局으로訓令호앗다더라

●義兵漸盛 鐵原郡동변面長興山에日人三名이藥尙次로今春부터來留호더니今月二日夜의義兵將尹仁順시의部下五六十名이該洞의突入하야該日人二名은砲殺호고壹名은重傷호엿다는딕近日義兵이日々浸盛호야鐵原漣川朔寧等地의는行路가不便호다더라

●日人悖行 昨日上午壹時頃에度支部主事日人原田米助及山田政夫兩人이被酒泥醉하야南部會洞等地로過去호며大聲放歌호고行色이悖悖훈故로該學內巡查가押致除放호앗다더라

●人物誘引被捉 中部管內居호는李漢成爲名者가貳십歲된婆姓女를東小門內居호는朴景文에게金貨四拾五圜을受호고賣渡호앗다가更爲誘引호야他處로賣渡코져훈情跡이現露되야警察署에被捉호앗다더라

●日人作弊 晉州邑에서三泉浦로架設電桿木의運輸와각項役에도該郡각洞百姓을雇價도不給호고壓制使役호면서不善做役혼다호고無數毆打호니日人威脅의盜死乃已라고民怨이漲騰호다더라

●丹郡民怨 丹陽郡의는商務左右支社都班首가有호더且接長이니書記이니稱호는者幾名이班首라假稱호는人을符同호야村閭으로往來호면서紙店의幾兩式駐店의幾兩式각商業人의게作獎가無雙호中去月二拾日의해郡남面의서何許人이麻駐殺件을해郡場市의賣渡次로往호는대長林等地의서해數가挽執호고葉貳兩을出給然後의往호라호고錢二兩을勒奪호얏고其他非理行事가非壹非再인故로此等挾雜輩의作弊로因호야不得料生이라고怨聲이喧藉호다더라

●海東新烟 開城郡有志諸시가商業의凋殘홈을慨歎호야爲先本國所產谷山烟艸로海東이란紙卷烟을新製造호앗는ᄃ其濃香淡味가外國卷烟에比하면特히逈殊호다더라

●懷中新鏡 社會에著名혼張志淵시가懷中鏡이란冊子를新著述編輯호앗는ᄃ其內面의記述훈은壹々히揭明키難호나其緊要훈은箇人마다可히購貯홀만호다더라

●僞帖者被捉 北部박洞等地에서何許人이御璽를僞造하야職帖을鄉人에게欺賣호다가奸狀이綻露되야再昨日明洞日本司令部憲兵에게被捉하얏다더라

●義兵押上 再昨日下午四時量에巡查二名이携銃호고義兵壹名을楊州等地에서捕縛호야警視廳에押付호앗다더라

●砲殺日兵 今月貳十四日에黃海道信川郡남面等地에서義兵百餘名이日憲兵十餘名과交戰호야日兵幾名을砲殺호얏다는傳說이漲藉호다더라

●進明校落成 本月二拾五日에北壯洞進明女학校에서中學校舍의新建築을畢了호고落成式을擧行하얏는대其日은淳妃殿下의誕日인故로慶祝宴을兼行호얏다더라

●朔寧榮商 朔寧郡守文台煥氏가稱以學校設立金호고榮種幾包를輸來호야各面各戶의四五錢價值되는壹種子式分排호엿다가학校設立은夢想外의置之호고當此窮冬호야令섭錢式을收納督促호미民怨이藉々호다더라

●少年總會 大韓少年會에서特別總會를今日下午壹時에壽동京城孤兒院內에서開호고事務를處理혼다더라

●朴氏寄附 全羅北道錦山郡居朴氏大表시가今番에鍾路靑年會館에金貨百圓을捐助호얏다더라

●培材喜聞 培材학堂을培材高等學堂이라改稱호고壹般학科를高等으로敎授호며二拾世紀에有用훈人士를特別히養成훈다호며敎師으리폇시는美國人士인ᄃ學識이有餘호다더라

●校監有志 春川郡南面韓興학校학監白圭範시는本히經義를講호던人으로時局을察호고敎育에熱心호야校務를壹層贊助호며且每日申報는我韓晉衛明燭이며二千萬人의危症活劑라고熱讚不已혼다더라

●李氏慈善 江華郡居호는李과榮氏가慈善心으로窮交貧族을出捐補助하되每人의게正租五石以下로十斗까지貧人에게捐助호앗다더라

●咸北咸登 함北鏡城郡함登학校에서該校維持同盟契를發起하얏는ᄃ有志人士諸시가五拾圜以上或數百圓을義捐하야新貨七千餘圜에達호앗는ᄃ該郡靑樓中月仙鳳仙錦花初月菊月弄玉蓮紅諸氏가多數義捐호야熱心贊成호다는ᄃ該校盛況은함北에第一이라더라

●義校卒業 北靑東十字橋義興測量學校에서第壹回卒業式을日昨에擧行호얏는ᄃ最優等에朴休寬李淳璨等七人이오優等에金明鉉김□奎等十人이오及第에朴基道金演重等四십人이라더라

●德興復興 咸南德源府內德興학校는財政이窘艱호야廢止홀境에至하얏더니該府大韓協會支會에서委員을派送호야邑內上下里父老를會集호고敎育의必要홀것을說論호미滿場이響應호야上下里洞中共公財產을該校에寄付호金額이二千餘圓이오田畓이三四千元價値에達호앗다더라

●錦新試驗 錦山郡錦新學校는校長兼郡守金宇植副校長김晉鉉總務金在薰朴台緖諸시에奮발敎育인바學徒가五십餘名에達호앗는대去月々終試驗에甲班優等生은김泰鴻任宅準等諸人이오及第生은朴祥彥高道暐諸人이오乙班優等生은김甲宗이오及第生은金昌烈金膺錫等諸人이오丙班優等生은高鍾根金甫吉이오及第生은鄭必昌朴贊明等諸人이라더라

▲責警官▼

▲國家安寧호자호면警察부터分明인대韓國警察議論컨딕當禁者는不禁호고不禁者는酷禁호야强制手段專施키로秩序錯亂이아닌가今日國步艱難훔은警官失責홈이로다

▲五部內의賣淫女를秘密調査하시말고演劇場에드러가서濃粧盛服거짓을壹掃刷키爲호거다가這邊檢查를향야淫風從此頓減인대視若尋常勿禁호니警官失責이아닌가

▲風俗整頓하는것이警察上의要務인더無賴輩의利慾으로演劇設施認許호야淫蕩歌曲胡笛聲에男女老少勿論호고風聲鶴唳밋쳐나셔渾忘世事退惑호니警官失責이아닌가

▲嚴禁賭博혼다면서某某官人別家에蕩婦蕩子모여안져梧桐鳳凰나는곳에財產家屋떠너가고空山明月깁혼밤에男女秩序紊亂호되聽若不聞默許호니警官失責이아닌가

▲塗炭中에잇는百姓極力保護홀지라도生活方道杳然훈데糞桶調査核準호고壓制施威毆打호며婦女를引出호야糞塊充口脅辱호니此等章程어디잇노警官失責이아닌가

▲城內賊警熾盛훈은遊衣遊食無賴輩가不勝虛慾徵此生다演劇場을打破하고雜技局을嚴禁호야使民으로自執業호면窃發之患寢息일대恬然過視任他호니警官失責이아닌가

▲各處火災頻數홈은無妄火도잇거니와大部分의根因됨은路上吸烟乱投호야餘火不滅作災로따此等弊習嚴禁호면宜少此患일터인더到處火色爛熳호니警官失責이아닌가

▲人民警察더責任이保護目的第壹이라强制警察호는것은不得已地施用인더警察官吏지나가면疾首蹙알ᄭ避호야官民間에仇視호니이럿코야될수잇나三思어다警官들이

社告

郭山支社員李銀瑞시辭免ᄒᆞᆫ代에同郡ᄂᆞ面湖隅里金應涵시로新定ᄒᆞ얏ᄉᆞ며 鏡城羅南新興洞鮮于鉉시로支社員을認定ᄒᆞ얏ᄉᆞ오니ᄒᆞ附近地에셔本報를購覽ᄒᆞ실 僉君子ᄂᆞᆫ히시에게로請求ᄒᆞ심을望ᄒᆞᆷ

大韓每日申報社

博川支社員李鎭成시辭免ᄒᆞᆫ代의同郡邑內簞洞金寵樞시로新定ᄒᆞ얏ᄉᆞ오니히郡의本報購覽諸시ᄂᆞᆫ照亮ᄒᆞ시옵

大韓每日申報社

廣告

從二品徐丙祜의名字를以光祜로改定ᄒᆞ고子前主事徐廷佐의名字를以戡赫으로改定ᄒᆞ얏ᄉᆞ오니 知舊間照亮ᄒᆞ심을敬要

從二品徐光祜 告白

金承旨宙奎시의大人公이宿患으로本月貳십六日(陰初四日)下午七時에別世이온바受吊禮ᄂᆞᆫ三십日上午십時부터下午四時ᄭᆞ지擧行ᄒᆞ오니 僉知舊ᄂᆞᆫ照亮ᄒᆞ시옵 受吊所西部月宮後洞四四、五戶

隆熙貳年拾貳月九日 護喪 래達元

本署警務李昞英氏ᄂᆞᆫ到任以後에恪職奉公ᄒᆞᆫ바에러周察下情ᄒᆞ고矯救弊瘼ᄒᆞ야下懷가함頌其德에如逢父母이기玆以告白ᄒᆞᆷ

閔丘壙軍十김聖化리春福等白

本會第壹同紀念式을壹月三日上午十二時(陰拾二月十二日)에本會館에셔設行ᄒᆞ오니壹般會員은齊ᄂᆞ進參ᄒᆞ시옵入館時에各其本會票를携臨ᄒᆞ시ᄃᆡ會票가無ᄒᆞ시니ᄂᆞᆫ本事務所에來購ᄒᆞ시옵

西北學會 告白

本所長李根澔氏辭任代에張博氏로推薦ᄒᆞ얏ᄉᆞ오니京鄕同業僉彦은照亮ᄒᆞᆷ

大韓測量組合所 白

來日曜日例會에新任所長**張博氏**出席ᄒᆞ오셔所務를處理ᄒᆞ시오니同業僉彦은壹齊出席ᄒᆞ심을敬要

大韓測量組合所 告白

●江華郡府湖私立普昌支校重建義捐金이如左

朴來興 七十圓 宜教師 趙元時 劉源植 각五十圓 孫秉駿拾圓 盧益亨 共益社 彰信社 吳璣善 각五圓 朱翰榮 初等地誌歷史六십部 廣學書舖 初等修身 三十部 滙東書館 三圓 韓世顯 金基鉉 尹興烈 邊星煥 水商共業所 劉殷植 각二圓 김寅珪 趙承模 김聲賢 리奎大 池松旭 公益書館 漢城書館 廣德書館 각壹圓 韓維鎭 三拾錢 리종華 五拾錢

本人의所有株式會社韓壹銀行新株式拾株에對ᄒᆞᆫ第八拾四號第壹回金額納金額七拾五圓領受證壹度를紛失ᄒᆞ얏기玆以廣告ᄒᆞ오니內外國人間拾得ᄒᆞ야도休紙施行ᄒᆞᆷ

居住 林贇相 告白

本人等家屋典執於廣東館不意趙民賢奪入 本等府使吳官泳挾私濁亂或逐出暗賣或勒奪給貰或受賄仍置寃聲漲天自壹進會至於賢閣再炙矣證서不悛前習符同吳壹泳使尹範植嘯嘱於會中至有行路之毁而循理却之聽聞浪藉如此下等部悖之類天必殃之惟我同胞聲討誅之希望

東部蓮洞九統七戶 李景五 告白

正三品池**公東**恂시以宿患陰本月初五日別世玆以訃告知舊間 照亮是希

葬地東大門外水踰峴

返虞本月初九日

長子 **義**燦 次子 **逸**燦 三子 命燦 護喪 김寬植

測量機械各種**大發賣**

漢城南署棗洞六拾貳統伯戶

金龍商會 謹告

東西洋各國**萬古帝大王中第一英雄**

彼得大帝 譯者朴宇自譯 定價金貳拾錢

發賣所布屛下廣學書舖김相萬

本會事務가漸次擴張이온바本會에願入ᄒᆞ실有志僉君子ᄂᆞᆫ本會를陸續來議ᄒᆞ와셔林業에發達케ᄒᆞ심을希望ᄒᆞᆷ (電話二九三番)

大韓山林協會 本部告白

本社事務所를京城磚洞에現今開設ᄒᆞ고各地方에**代理人**을置ᄒᆞ라ᄒᆞ오니本社**定款**을詳細陳述ᄒᆞᆯ時機가來到ᄒᆞ얏사오니條項이發皇ᄒᆞ와他日을姑俟ᄒᆞ오며本社**資金**의現今總額은拾萬圓이온ᄃᆡ壹萬株로分ᄒᆞ야每株에十圓式이옵本社에셔ᄂᆞᆫ本社에關ᄒᆞᆫ細瑣事項ᄭᆞ지僉彦의詳諒ᄒᆞ시기를懇望ᄒᆞ오니僉彦은案頭에暫坐ᄒᆞ야

京城郵便局郵函第四十号韓美興業株式會社

라皮封에書ᄒᆞ야壹書札을**寄送**ᄒᆞ시되本社에詳細事項을通知ᄒᆞ라ᄒᆞ시면本社에셔ᄂᆞᆫ**答**函을即呈ᄒᆞᆯᄃᆡ이오니惠覽後貴地方에셔ᄂᆞᆫ何事務가本社의進行ᄒᆞ기에最適ᄒᆞᆯ올지**高明**ᄒᆞᆫ**意見**을惠賜ᄒᆞ시옵是를爲ᄒᆞ야**來一月十日以內**로高明ᄒᆞᆫ書札을寄送ᄒᆞ시ᄂᆞᆫ僉彦에게**賞金**을如左히分等ᄒᆞ야送呈ᄒᆞ깃숩

本社에셔**高明ᄒᆞᆫ書札中**

一等으로認定ᄒᆞᆫ者ᄂᆞᆫ**五十圓** **二等** **二十圓**

三等 **十圓** **四五等** **各五圓**

六等至**十等** **各二圓**

僉彦의**費用**은**郵票價**以外에무엇이ᄯᅩ잇습니가다만ᄒᆡ셩각ᄒᆞ야보시오

本社에셔大韓帝國內各處와通信을連絡ᄒᆞ기爲ᄒᆞ야如此히**懸賞**ᄒᆞ기를不惜ᄒᆞ오니本社의各地方에셔進行ᄒᆞᆯ方針에對ᄒᆞ야**貴重**ᄒᆞᆫ**勸告**를顧聞ᄒᆞ옵ᄂᆞ이다

京城磚洞 **韓美興業株式會社** 告白

開城代理人 開城南門內□層商店 **金東宣**

平壤代理人 平壤大同門內店洞 **鄭基煥**

廣告

PAI CHAI HIGH SCHOOL

本學堂冬期開學은新年壹月六日에行ᄒᆞ며學員을多數히新募ᄒᆞ오니願參僉員은新年壹月四五兩日午前拾時에本學堂에來臨應試ᄒᆞ심을務望ᄒᆞ오며本學堂에서ᄂᆞᆫ諸般學科를純英文으로新式으로教授ᄒᆞ여二拾世紀文明時代에高常ᄒᆞᆫ士人을養成ᄒᆞᄂᆞ니大韓國內에唯壹特種의學堂이오며美國教師쎙커、으리젼二人과本國教師八人이有ᄒᆞ며壹般學科ᄂᆞᆫ本學堂에仔細히揭示ᄒᆞ얏ᄉᆞ오니壹次來覽ᄒᆞ심을務望홈

培材高等學堂 告白

國債報償金若干本人이所居里中으로收金二百兩을本人이郡聞會會員中壹人에게右兩을謂之本郡報償所領置金置郡財務員金麟化處에任置標를受尺ᄒᆞ고詳探理許則此錢此兩人이甘作自巳之物ᄒᆞ고稱云學校補助라ᄒᆞ며欲爲乾沒ᄒᆞ옵기茲에廣布홈

咸南道端川郡博聞會 金○○
里監 金秉俊 告白

東洋拓殖會社定欵은韓國文套로難辨處가多ᄒᆞ야壹般同胞의誤解를生홀가憂慮ᄒᆞ야逐條註解ᄒᆞ야多數刊行發賣ᄒᆞ오니惟願僉君子ᄂᆞᆫ家々購覽ᄒᆞ시면法令上會社上履行의大段緊要ᄒᆞᆫ고關頭의需用이多大ᄒᆞ오리니速々購覽ᄒᆞ심을望홈

定價金十八錢
都賣所 安峴 隆文館
分賣所 각書館

本人의半篆字로刻ᄒᆞᆫ姓名圖章을陽今月廿二日에서失ᄒᆞ얏ᄉᆞ오니誰某拾得이옵던지無効로認定홈

趙同熙 告白

演劇
新小說 **銀世界** 李人稙著 定價卅錢

此新小說은會處官長의壓制惡習을可以懲戒ᄒᆞ며愚蚩人民의自由思想을可以開進이오當此維新之際ᄒᆞ야風俗改良의壹大奇觀이오니 京鄉 僉君子ᄂᆞᆫ卽速購覽ᄒᆞ심을望홈

發行所 京城남部上犂洞十九統九戶 **同文館**
發賣所 京鄉各有名書舖

警世歌 定價십五錢

右ᄂᆞᆫ倫理上緊要ᄒᆞᆫ奇談을國文絶句로編述ᄒᆞ야浮雜ᄒᆞᆫ男女의惡行悖習을警傷悔改ᄒᆞᆫ고良善케ᄒᆞ니壹般男女教育에最適홈
쳔편괴담경세가

致富新說 定價십三錢

右ᄂᆞᆫ些少資本으로獲得巨利ᄒᆞᄂᆞᆫ秘法과牛疫治療에神效ᄒᆞᆫ方法

文明進化論 定價三拾錢

右ᄂᆞᆫ文明進化의知識을開導케ᄒᆞᄂᆞᆫ要書

元賣所 廣학書舖 金相萬
分賣所 京鄉各有名書舖

靈魂篇

此篇은卽**心理學**이니非徒耶蘇教人之閱覽이오라學問上으로도ᄒᆞᆫ번講究홀만ᄒᆞ오니諸位君子ᄂᆞᆫ陸續購覽ᄒᆞ시옵

元賣所皇城鍾路 **東一書觀**
分賣所 京鄉各書舖

祖國의精神을培養ᄒᆞ고自由思想을鼓動ᄒᆞᄂᆞᆫ惟壹奇書

實業小說 **松籟琴** 蕉雨堂主人 陸定洙 著 定價金二十五錢

仕宦의熱慾을劈破ᄒᆞ고實業의觀念을喚起ᄒᆞᄂᆞᆫ最良好籍

발매所 皇城南門內尙동 博文書館
京鄉각有名書館

大英國文學博士 牧師奇一 著術
大韓國聖書繙譯會委員 李昌植 校閱

復元教主 **路得改教紀畧** 全頁壹百九拾五頁純國文 定價金四拾五錢

此書ᄂᆞᆫ歐洲拾五世紀黑暗時代에紅衣教皇制와壓沮을脫ᄒᆞ고上帝께서賦與ᄒᆞ신道德과自由를唱導興起ᄒᆞ야吾人으로ᄒᆞ야금今日新世界에安寧生活케ᄒᆞᆫ空前絶後ᄒᆞᆫ壹代恩人의生平歷史니道德을慕ᄒᆞ시고自由를愛ᄒᆞ시ᄂᆞᆫ江湖僉彥은不可不歸覽ᄒᆞᆯ冊子이오니速々購覽ᄒᆞ시옵

發賣元 皇城布屛下廣學書舖 金相萬
京鄉 各書店

本人이製造發行ᄒᆞᄂᆞᆫ바**靈丹**을今에官許를蒙ᄒᆞ고大英國醫院業學士兒烏古里氏와一等製藥官劉世煥兩氏檢查證明과軍部軍務局衛生課二等軍醫長金益南閣下와諸大方家高明醫士의有効賞贊을受ᄒᆞᆫ바其應用說明은如左홈

說明書

靈丹 中暑•中寒•吐瀉•腹痛及消化不良•食慾不進•頭重目昏心神鬱悶•醉暈酒醉•眩暈痰迷•山嵐瘴氣•痞滿聲嘎•水土不服等

地方各處에셔書信으로請求ᄒᆞ시면小包迅速遞呈ᄒᆞᆯ짓ᄉᆞᆸ

發行本舖 皇城南部大廣橋第十九統七戶 **共愛堂大藥房** 告白

註釋 現行**新法令** 定價金廿五錢

此冊은我國에現行ᄒᆞᄂᆞᆫ法令中土地家屋證明規則과民刑事訴訟規則을法律卒業生李範星시가詳密히註釋ᄒᆞ야法律學에生疎ᄒᆞᆫ人이라도壹覽瞭解케ᄒᆞ얏ᄉᆞ오니成年以上決律行爲를ᄒᆞᄂᆞᆫ者ᄂᆞᆫ不可不購覽ᄒᆞᆯ冊이오니速々購覽ᄒᆞ시옵

元賣所 布屛下 廣學書舖 金相萬

◉始終一覽

隆熙二年一月一日로十二月二十日까지 一百五十萬一千六百十六包

◉清心保命丹來歷

濟生堂支店과出張所와代理店과特約店及清心保命丹輸出된個數를左에記載홈

陸軍軍醫金守鉉君實驗方劑에同軍醫張基茂君有効證明인바隆熙元年八月에內國博覽會에서工學博士의一等賞金牌를領受ᄒᆞ얏고隆熙二年五月에官許를受ᄒᆞ며同年八月에全部의登錄認可를兼ᄒᆞ얏ᄉᆞ니永久完全ᄒᆞᆫ清心保命丹이오

韓國

支店이八處요
出張所가拾五處요
韓國人代理店이四십八處
日本人代理店이六拾五處
韓國人特約店이壹千三百拾八處
日本人特約店이九百六拾壹處
清國人特約店에二百九拾四處

外國

清國等地에出張所가三處
全地에特約店이六십九處
海蔘威에出張所가壹處
全地에特約店이十六處
米國桑港에特約店이三處
全國에特約店이八處

清心保命丹發賣所都合貳千八百七處

韓國

韓國人發賣ᄒᆞᆫ清心保命丹이五十八萬六千八十五包
日本人發賣ᄒᆞᆫ個數가六十四萬九千七百三十壹包
清國人발賣ᄒᆞᆫ個數가四萬〇三百包

外國

清國等地輸出品十六萬八千四百包
海蔘威輸出品五万六百包
米國等地輸出品六千五百包

清心保命丹內外國輸出品都合〇〇〇

濟生堂主李庚鳳 謹告
仁川港畓峴
京城南大門內

大韓帝國仁川畓峴各國內各藥舖

總發行所 和平堂大藥房

婦人靈藥
부인령약
婦人胎養調經丸
뷔양됴경환
壹劑壹月分 금五圓

主治說明

婦人이孕胎ᄒᆞ지못ᄒᆞᆫ은冷病積病과月經不調로因홈이니此藥을服用ᄒᆞ시면婦人腹中에有ᄒᆞᆫ諸病은壹切退去ᄒᆞ고自然孕胎ᄒᆞ오니速臨買去ᄒᆞ시옵

代理店

京城南門內水標橋濟生堂藥房
京城大廣橋 共愛堂藥房
支店及出張所
元山 載寧 義州 郭山 可灘
木浦 咸從 宜川 鎭川 博川
三和 長湍 肅州 鐵山 大邱
群山 龍川 平壤 寶州 安州
釜山 水原 安岳

京城鍾路
仁川港畓峴 **和平堂** 告白

補陰補陽 **滋陽丸** 자양환
三拾日分 금五圓
貳拾日分 금三圓四拾전
拾日分 금壹圓八拾전

主治
房事不孕 腎虛腰痛
病後氣喘 腎氣不足
陽痿不起 遺精多夢
陰虛火動 房事後惱
手足厥冷 形容蒼白
吸烟斷烟客 體質虛弱消瘦

此外의모東西洋各國靈藥이俱備ᄒᆞ오며各地方의셔도隨用請求ᄒᆞ시면郵便으로보내드리오며各處藥業ᄒᆞ신僉位에게ᄂᆞᆫ特別割引放賣ᄒᆞ오니陸續注文

製藥所 仁川港畓峴 和平堂藥房
發行人 李○○
京城鐘路 衣廛下 和平堂支店

發行兼編輯人 英國人 萬咸
Responsible for Publication Alfred Weekley Marnham.
發行所 南署苧洞石井洞號外地三層洋屋 大韓每日申報社

第六卷 大韓每日申報 第九百九拾號

大韓每日申報

月曜及慶節 歲時日休刊

檀君開國四千二百四十一年
箕子元年三千三十年
大韓開國五百十七年
日本明治四十一年
淸國光緖三十四年
陰曆戊申十二月大初九日庚申

論說

◉自強의 志氣를 振作ᄒ라

檀君四千餘年後裔[...]는 薄弱ᄒ 人種은 生存이 不許ᄒ는 時代라 換言ᄒ면 此時代[...]는 强壯ᄒ 人種만 生存을 許ᄒ는 時代로다 [...] 强壯ᄒ 人種[...]이라 ᄒᆷ은 如何ᄒ 人種을 指ᄒᆷ인가 自强力이 有ᄒ 人種을 指ᄒᆷ이니 [...] 自强力이 何物인가 陸軍海軍이 [...]인가 曰 否라 不是니라 長槍大砲인가 曰 否라 不是니라 政治敎育實業인가 曰 否라 不是니라 然則 何인가 自强力인가 曰 自强의 志氣가 是니라

大抵 陸軍海軍도 强力이 아니오 아니며 長槍大砲도 强力이 아님은 온 아니며 政治敎育實業도 强力이 아님은 아니로되 此는 皆死物이라 此를 能히 生活케 ᄒ며 此를 能히 運用ᄒᆷ은 自强의 志氣니 故로 余는 曰 自强力은 自强의 志氣가 是라 ᄒ노라

刀山劍水에 鐵血이 沸騰ᄒ고 歐風亞雨에 豺狼이 縱橫ᄒ나니 薄弱ᄒ 人物은 其脚을 立ᄒ 地가 無ᄒ며 其頭를 出ᄒ 隙이 無ᄒ지라 故로 余는 曰 此時代는 薄弱ᄒ 人種은 生存을 不許ᄒ는 時代라 ᄒ노라

彼條頓斯拉夫族이 勃々ᄒ 勢力으로 全球에 雄飛ᄒᆷ은 何故인가 卽 彼等은 自强의 志氣를 具有ᄒ야 炬火又ᄒ 眼光이 此에 起現ᄒ며 雷霆又ᄒ 手腕이 此에 活動ᄒ야 危險한 平地로 觀ᄒ며 奮鬪를 安樂으로 認ᄒ야 不勝ᄒ면 不已ᄒ며 不進ᄒ면 不措ᄒᄂ 所以니라

奮鬪ᄒ노니 [...] 然此志氣가 有ᄒ 者[...] 有라고 答키 不能ᄒ지로다 鳴乎라 其地理는 伊太利半島와 彷彿ᄒ며 其人口는 [...]의 三倍되는 國人[...] [...]潮에 [...]ᄒ며 怯懦心이 雜發ᄒ고 恐懼心[...]是作ᄒ야 戰々兢々ᄒ며 其頭를 [...]ᄒ며 哀々然히 其[...] [...]의 勇氣가 乏ᄒ이 此가 何故인가 [...] 所以니라

蓋 韓人의 薄弱은 決코 遺傳性의 薄弱이 아니라 彼 中古時代의 韓人을 想像컨대 엇지 東洋大[...]에 壹强壯ᄒ 民族이 아니런가

此 自强의 志氣가 何故로 銷融ᄒ얏ᄂ가 專制政治의 氣焰에 此를 斷ᄒ얏스며 壓制官吏의 魔腕이 此를 制ᄒ얏스며 其他 許多民賊이 此를 轉ᄒ야 遂乃 今日의 薄弱ᄒ 志氣를 造ᄒ얏도다

此 薄弱ᄒ 志氣로는 今日 競爭舞臺上에 參席을 不得ᄒ지니 早々히 自强의 志氣를 陶鑄치 아니코 可ᄒ가

自强의 志氣가 有ᄒ면 勇敢心도 生ᄒ며 忍耐心도 生ᄒ며 冒險心도 生ᄒ나니 譬컨대 自强의 志氣는 其脉오 勇敢忍耐冒險은 分肢라 具體가 無ᄒ면 分肢가 豈有ᄒ가

自强의 志氣가 有ᄒ면 强壯ᄒ 物質도 出ᄒ며 强壯ᄒ 政府도 出ᄒ나니 譬컨대 自强의 志氣는 源이오 物質政治는 流라 源이 無ᄒ면 流가 豈有ᄒ가

故로 今日 韓國에 千般事業이 急ᄒ지라도 此 自强의 志氣를 陶鑄ᄒᆷ이 最急ᄒ다 ᄒ노라 勸ᄒ노니 諸公은 此에 注意ᄒ야 此 志氣를 陶鑄ᄒ지어다

▲隆熙貳年 拾月二拾七日 官報

農商工部告示第拾三號

第二拾三條 非訟事件手續法 第百四拾八條의 規定을 依ᄒ야 登記吏員의 申請이 有ᄒ 時는 登記用紙中 變更欄에 其登記를 行ᄒᆷ이 可ᄒᆷ

第二拾四條 一 登記用紙中 某欄이 登記를 ᄒ 餘白이 無ᄒ에 至ᄒ 時는 新用紙中 登記番號의 左側에 [...]番號의 第二됨 事[...]用紙[...]編綴ᄒ 登記簿의 冊數와 [...]數及 ᄒ 繼續用紙됨 事를 記載ᄒ고 且 舊用紙中 登記番號의 左側에 第壹의 文字幷 新用紙를 編綴ᄒ 登記簿의 冊數 [...]數及 此에 繼續ᄒ 旨를 [...]ᄒᆷ

前用紙中 他欄 餘白이 有ᄒ 時는 其欄에 登記ᄒ 事項에 當ᄒ야는 仍히 此에 登記를 行ᄒᆷ이 可ᄒᆷ

第貳項의 規定은 第三以下의 繼續用紙를 設ᄒ 境遇에 此를 準用ᄒᆷ (未完)

外報

◉巴黎의 學生騷亂 路透電을 據ᄒ즉 巴黎에서 醫學生들이 新試驗規則을 反抗ᄒ야 騷擾를 惹起ᄒᆷ으로 守衛隊에서 學生等을 襲擊ᄒ야 多數負傷者가 生ᄒ얏다더라

◉佛國의 砲兵擴張 同電을 據ᄒ즉 佛國下院에서는 砲兵擴張ᄒ 法案을 可決ᄒ얏다더라

◉禁衛軍組織 北京電을 據ᄒ즉 八旗營에 壯丁을 選ᄒ야 禁衛軍을 組織ᄒ더인대 訓練大臣은 毓朗 鐵良이가 被任되얏더라

雜報

◉趙氏熱心 忠南定山郡旺湖居 趙晩元 趙[...]元 諸氏가 靑年敎育ᄒ기 爲ᄒ야 學校를 設立ᄒ고 熱心敎育ᄒ는더 生徒가 五六拾名에 達ᄒ얏다더라

◉崔氏義擧 杆城郡士人 崔[...]我 湖東明學校는 [...]郡[...]常甚시의 熱心剏建ᄒ 者인데 [...]시가 百[...] 義捐ᄒ야 校舍를 修理ᄒ고 貧寒生徒의 衣食을 自擔勸奬ᄒ다더라

◉校務熱心 黃海道殷栗郡北上里 大星山 廣明學校는 主務 洪鳳[...] 宗極 諸시의 熱誠으로 稍有進就之望이러니 反對者의 妨害를 被ᄒ야 校況이 不完全에 至ᄒ미 [...]시等이 一層奮發ᄒ야 該校經費를 自願擔當ᄒ고 學徒를 實心勸勉ᄒᆷ으로 校務가 更新ᄒ는 中에 兼且 該校敎師 洪性允 金[...]新 兩氏가 月銀도 不受ᄒ고 熱心敎授ᄒᆷ으로 該校前進之望이 有ᄒ다더라

◉訛說無根 [...]事郡 郡[...]事 朴宗衡시가 何許人民에게 淫行이 有ᄒ다ᄒ고 白米五拾石을 勒奪ᄒ얏다ᄂ 事는 傳之者 誤이더라

詞藻

◉君子節

草木이 埋沒ᄒ데。 松竹만 푸르럿다
風霜에 서거치되、 네 性質을 不變이라
아마도、 君子의 놉흔 졀기、 너뿐인가

雜報

●新年祝賀觀幸　大皇帝　皇后兩　陛下께옵셔明年壹月二日午前拾壹時에　德壽宮에幸行ᄒᆞ옵셔新年　祝賀의第壹公式을行ᄒᆞ신다더라

●觀幸路次　大皇帝　皇后兩陛下께옵셔　德壽宮에　幸行ᄒᆞ신다ᄂᆞᆫ說은別項과如ᄒᆞ거니와　出宮時刻과　御道路ᄂᆞᆫ如左ᄒᆞ니同日上午拾壹時에　敦化門으로　出御ᄒᆞ샤罷朝橋鐵橋鐵路黃土峴新橋布德門前路大漢門으로從ᄒᆞ샤　德壽宮께謁見ᄒᆞ시고下午四時에還　御ᄒᆞ신다더라

●仁政殿御受賀　明日上午十壹時에　大皇帝陛下께서ᄂᆞᆫ仁政殿에出　御ᄒᆞ샤統監副統監각皇族、각大臣、統監府官員軍司令部官員憲兵隊員及各國領事들의新年敬賀를　受ᄒᆞ실터이라더라

●歲暮問安發輿　각府部奏任官以上高等官은今日午後壹時에歲暮問　安ᄒᆞ기爲ᄒᆞ야　昌德宮　仁政殿에發輿ᄒᆞᆯ터이라더라

●新年祝辭撰述　明日午前십時半에宮內府官吏壹同이　仁政殿東行閣에會集ᄒᆞ야新年祝辭를撰述ᄒᆞᆯ터이라더라

●巷說難准　軍部大臣李秉武氏ᄂᆞᆫ遞免되고其代에玄暎澤氏가內定되엿다ᄂᆞᆫ巷說이藉藉ᄒᆞ더라

●送別設宴　伊藤統監은今日午後六時에該官邸에서長谷川大將을餞別키爲ᄒᆞ야送別宴을設ᄒᆞᆫ다ᄂᆞᆫᄃᆡ曾禰副統監과각大臣及高等官吏五十餘名이參席ᄒᆞᆫ다더라

●新任司令官來着　長谷川大將이遷任ᄒᆞᆫ代에大久保가被任ᄒᆞᆫ事ᄂᆞᆫ각報에已揭ᄒᆞ얏거니와大久保ᄂᆞᆫ來月拾四五日頃에來着ᄒᆞᆯ預定이라더라

●有何所恃　前輔國閔泳徽氏가伊藤統監과各高等官吏를自己私邸에請邀宴待ᄒᆞᆷ으로부터對人에驕矜之色이溢於顏面ᄒᆞ으로有何所恃ᄒᆞ야然ᄒᆞᆫ지不知ᄒᆞ겟다고人言이多有ᄒᆞ다더라

●典亭了債　中樞院顧問李址鎔氏가龍山江亭을壹萬五千圓에典執得債ᄒᆞ야各人의花套債額을沒數淸帳ᄒᆞ얏다더라

●語不近理　農商工部에서ᄂᆞᆫ無論某會社ᄒᆞ고資本金拾萬圓을積立ᄒᆞ기前에ᄂᆞᆫ認許치아니ᄒᆞᆫ다ᄂᆞᆫ說이有ᄒᆞ다더라

●困在垓心　日前에安州郡李召史가前輔國閔泳徽氏家에往ᄒᆞ야閔氏의衣幅을抑執ᄒᆞ고大聲叱責曰我의田庄을勒奪ᄒᆞᆫ事에對ᄒᆞ야旣爲裁判ᄒᆞ얏거날何不當場出給[illegible]我ᄂᆞᆫ同死ᄒᆞ야[illegible]下ᄒᆞ[illegible]ᄂᆞᆫᄃᆡ現狀이甚厄ᄒᆞᆫ故로閔氏의所答이爲當深[illegible]ᄒᆞ야別有措處ᄒᆞᆯ것이니退歸ᄒᆞ얏ᄉᆞ라ᄒᆞ고懇摯論送ᄒᆞ얏다더라

●役夫作弊　富平郡加旅月里附近鐵道에서役夫[illegible]會이日人을藉勢ᄒᆞ고삼을失ᄒᆞ다고[illegible]處平民에게無數威脅ᄒᆞ며作弊가[illegible]雙ᄒᆞᆫ故로居民이難保ᄒᆞᆫ다더라

●以申欺申　西部冷井洞居ᄒᆞᄂᆞᆫ申鏞均氏가自己의三從叔申佐熙氏를甘誘ᄒᆞ야何許人과同謀營業ᄒᆞ겟다稱ᄒᆞ고申佐熙氏의妹夫李贊[illegible]시의家券을借得ᄒᆞ야何處에典執ᄒᆞ고其錢額은何許日人의게負債ᄒᆞᆫ것이有ᄒᆞ야沒數見奪ᄒᆞ얏다ᄒᆞ고何處에잇ᄂᆞᆫ지[illegible]模糊ᄒᆞᆫ지라申[illegible]申宅均시가始知詐欺ᄒᆞ고所借家券을[illegible]覓次로西部警察署에呼訴ᄒᆞ얏다더라

●水龍發起　平北龍川郡에多數乾沓이壹般農民의便利ᄒᆞᆷ을圖ᄒᆞ며農業을發達ᄒᆞ기爲ᄒᆞ야水龍機械를使用ᄒᆞ기로資本家金志은高承헌金贊玉黃菊逸四氏가方今發起中이라더라

●金氏呼訴　石井洞居ᄒᆞᄂᆞᆫ金光淵氏가寺洞居車召史女弟를五百圓에買渡同居ᄒᆞ더니該召史가其女弟를還爲推去코ᄌᆞᄒᆞᄂᆞᆫ故로金氏가中部警察署에呼訴ᄒᆞ얏다더라

●學資偸食　壹進會員학徒金容馨氏의子某가測量학徒金容驥氏의錢壹千五百兩을誘引偸食ᄒᆞ고延타不報ᄒᆞ미金氏가學資가無ᄒᆞ야該事由를警察署에呼訴ᄒᆞ얏다더라

●振威痘擾　振威郡에ᄂᆞᆫ今年貳月分에金永喬氏가該郡에在任時에牛痘를拾五歲以下로施術ᄒᆞ고[illegible]座成冊을手持ᄒᆞ고日巡査와同行威脅ᄒᆞ되施痘與否ᄂᆞᆫ不關ᄒᆞ고貨錢[illegible]을收斂ᄒᆞ며昨今兩朔間에西拾歲以下로種痘ᄒᆞ라ᄒᆞ며新任郡守金復圭氏가境內에告示ᄒᆞ고牛痘派員을[illegible]間에往來ᄒᆞ며施痘後에貨錢을[illegible]出ᄒᆞᄂᆞᆫ故로該郡人民이當此歎[illegible]ᄒᆞ야難支保中에施痘料를星火督促ᄒᆞ니可謂凶年에閏朔이라ᄒᆞ며東部洞은已爲施痘ᄒᆞ얏고미실이란동里에서ᄂᆞᆫ派員이去ᄒᆞ엿다가[illegible]이爭起惹鬧ᄒᆞᆷ으로驅逐ᄒᆞ얏ᄂᆞᆫᄃᆡ巡査가該동里에入來ᄒᆞ야揮劍威脅ᄒᆞᄂᆞᆫ것을該郡守가挽止ᄒᆞ얏다더라

●[illegible]不振　振威郡에서强制施痘로因ᄒᆞ야民情이嗷嗷ᄒᆞᆷ은別項과如ᄒᆞ거니와今年拾月分에ᄂᆞᆫ該郡拾五面各洞에人夫貳名式赴役시겨家屋을建築ᄒᆞᄂᆞᆫᄃᆡ該家屋은日巡査와憲兵廳을ᄒᆞ고又ᄂᆞᆫ其他日人들의居接ᄒᆞᄂᆞᆫ家屋도赴役케ᄒᆞ야百姓의怨聲이漲天ᄒᆞ며日此ᄂᆞᆫ盡是郡守가明白지못ᄒᆞ야日人의게見賣ᄒᆞᆫ故이라ᄒᆞ더라

●鄭氏擧義　泰仁任實兩郡接境에白蓮山이有ᄒᆞ고其山上에伊雲里라ᄒᆞᄂᆞᆫ大村이有ᄒᆞᆫᄃᆡ該里居鄭某가多年[illegible]으로壯力이有ᄒᆞ더니近日에鄭氏가義兵을創起ᄒᆞ야附近列邑에周行ᄒᆞᄂᆞᆫᄃᆡ[illegible]가頗이可畏ᄒᆞ다더라

●假義砲殺　錦山郡[illegible]居金致三의二父子ᄂᆞᆫ元來悖類로義兵이라假稱ᄒᆞ고徒黨을嘯聚ᄒᆞ야行賊이無雙ᄒᆞ더니陰十月頃에何許義兵大將이部下四拾餘名을領率ᄒᆞ고該洞에突入ᄒᆞ야김致三의父子를捕縛ᄒᆞ야假義行賊ᄒᆞᆫ罪를聲明ᄒᆞᆫ後即爲砲殺ᄒᆞ얏다더라

●尹家賊警　日前夜에賊漢이中部中谷尹[illegible]시家에越墻闖入ᄒᆞ야幾十圓價値物品을竊取以去ᄒᆞ얏다더라

●幾囚旋放　從二品閔泳宋氏ᄂᆞᆫ前郡守徐彰輔와花套債로互相詬頑中이라더니閔氏ᄂᆞᆫ前日에北部警察署에覺夜ᄒᆞ야被囚ᄒᆞ얏다가何以周旋이던지旋卽放還ᄒᆞ얏다더라

●學生의往便　京義鐵路附近에居ᄒᆞᄂᆞᆫ人은無論某학徒ᄒᆞ고壹朔에車票價五拾兩만先給ᄒᆞ면京城학校에從便往來ᄒᆞᆫ다더라

●津社改良　黃菊逸李尙煥白世術李明烈金命信五氏가龍義接界下船津頭에同胞의通涉을便利케ᄒᆞ기爲ᄒᆞ야以前通津社를擔任改良ᄒᆞᆫ다더라

●湖南總會　湖南학會에서會長以下諸任員이總辭免ᄒᆞ고幹事六人을差定ᄒᆞ야會中諸務를委任ᄒᆞ얏ᄂᆞᆫᄃᆡ該事件에對ᄒᆞ야再昨日에特別總會를開ᄒᆞ고會長以下壹般任員을選定ᄒᆞ고會規를壹層擴張ᄒᆞ기로協議ᄒᆞ얏다더라

●徐氏[illegible]　輔明女학校에서校費를補用ᄒᆞ기爲ᄒᆞ야[illegible]雜誌를發刊ᄒᆞ며會集ᄒᆞ야[illegible]戲場을設興社에設施ᄒᆞᆷ은業已揭載어니와蕩子淫婦를誘引ᄒᆞ야惡戲를行ᄒᆞᄂᆞᆫ[illegible]幼稚ᄒᆞᆫ兒學生几名이座上에列坐ᄒᆞ얏거날同德義塾教師徐丙昇氏가[illegible]招出ᄒᆞ야責曰女학校[illegible]戲를設施ᄒᆞᆷ이已極駭悖어던年幼沒覺ᄒᆞᆫ女子[illegible]戲場에列坐ᄒᆞ얏스니此何悖擧乎아諸학生은若[illegible]還送ᄒᆞ야吾當說諭聲討ᄒᆞ리라ᄒᆞᆫ즉該[illegible]이慚色ᄒᆞ야幼稚[illegible]을當場에[illegible]로還送ᄒᆞ얏다더라

●共校試驗　南部[illegible]坊[illegible]에設立ᄒᆞᆫ私立共成學校에서[illegible]학期試驗을行ᄒᆞ얏ᄂᆞᆫᄃᆡ[illegible]年級最優等生趙[illegible]優等生李源[illegible]級優等[illegible]張[illegible]年級優等[illegible]李[illegible]重等[illegible]人[illegible]評議員[illegible]問[illegible]空冊[illegible]百五卷을[illegible]付施賞ᄒᆞ얏다더라

●東信卒業　西部大昌坊[illegible]象儀시가[illegible]舍廊에東[illegible]所를設立ᄒᆞ고학徒를募集ᄒᆞ야熱心教授ᄒᆞ고卒業式을設行ᄒᆞ얏ᄂᆞᆫᄃᆡ最優等生은金[illegible]命信等四人이오優等生은徐丙瑞[illegible]錫珠等七人이오及第生은徐丙悅等二拾壹人이라더라

●協同經試　日昨壽[illegible]洞協同測量組合講習所에서第三回測量科卒業試驗을經ᄒᆞ얏ᄂᆞᆫᄃᆡ最優等은鄭熙炳鄭舜謨等四人이오優等生은安璋[illegible]金炳昊等拾[illegible]人이오及第生에宋[illegible]求萬張日[illegible]等二十人이라더라

●永壽卒業　紳士金漢[illegible]氏가中部壽[illegible]洞에永壽測量講習所를設ᄒᆞ고講師李[illegible]檜氏를延聘ᄒᆞ야熱心教授ᄒᆞ야本月十九日에卒業試驗을經ᄒᆞ얏ᄂᆞᆫᄃᆡ最優等은[illegible]瑛金漢京이오優等은朴炳夔[illegible]諸人이라더라

●晝夜熱心　春川郡[illegible]教師[illegible]濟基시ᄂᆞᆫ晝[illegible]徒六七十名을[illegible]教授ᄒᆞ며夜則青年數十餘名을募集ᄒᆞ야測量科를教授ᄒᆞ기로校[illegible]에[illegible]新[illegible]ᄒᆞ얏다더라

●校監得人　咸鏡東[illegible]大學학校[illegible]校監二[illegible]에[illegible]崔遠經[illegible]가[illegible]獻身的精神으로該校知[illegible]人皆感服[illegible]義[illegible]基本金이確立ᄒᆞ야[illegible]私立학校令[illegible]認許를得ᄒᆞ엿다더라

●老年[illegible]　海州西[illegible]紳士丁蕙[illegible]仁恪[illegible]敏[illegible]句老[illegible]青年子弟[illegible]敎導ᄒᆞ야測量학의時急[illegible]說明ᄒᆞ고[illegible]敏[illegible]시家에講習所를設立ᄒᆞᆫ後[illegible]諸般任務를分擔ᄒᆞ야熱心敎授ᄒᆞᆫ다더라

今夕何夕

▲[illegible]情歲月若流波에隆熙二年다지나니又[illegible]沐浴戒獻誠ᄒᆞ야壹炷香과[illegible]毫筆노送舊祝辭지어내여[illegible]國同胞諸位前에一[illegible]心으로[illegible]비나이다

▲政府中의大官들은壹身富貴食을내여國土이나賣食ᄒᆞ고民血이나浚吸ᄒᆞ야無廉無恥ᄒᆞ던心腸春和日暖에얼음갓치今日에[illegible]풀니소셔

▲財[illegible]의志士들은[illegible]夜間에乞仕ᄒᆞ라가會席演壇登[illegible]ᄒᆞ야沼沼雄辯慷慨ᄒᆞ나假[illegible]唇舌ᄒᆞ던心腸[illegible]茂林隱豹갓치今[illegible]變ᄒᆞ소셔

▲黑暗中의頑固[illegible]勢變遷不知ᄒᆞ고舊日習慣墨守ᄒᆞ야色論班閥較計ᄒᆞ며潤蓄[illegible]ᄒᆞ던心腸蝸頭[illegible]門갓치[illegible]內열[illegible]소셔

▲教育界[illegible]青[illegible]大責[illegible]抛棄ᄒᆞ고[illegible]講研[illegible]遊蕩[illegible]懈怠[illegible]伐[illegible]心腸衣[illegible]蠹虫갓치今[illegible]바리소셔

▲[illegible]政界[illegible]石千[illegible]計[illegible]伉[illegible]捐請求拒絕[illegible]鑄虜[illegible]指目받어鄙陋吝嗇[illegible]던心腸一千大界活佛갓치[illegible]착[illegible]소셔

▲[illegible]家庭[illegible]의婦女들은滿目[illegible]追[illegible]衣服飮食奢侈[illegible]奔走往[illegible]던[illegible]肥料[illegible]弊[illegible]갓[illegible]今[illegible]소셔

▲[illegible]勢利[illegible]宦名[illegible]奔[illegible]巡紹介[illegible]八[illegible]墮損[illegible]蠅[illegible]哀乞[illegible]阿諛[illegible]던心腸[illegible]共藏[illegible]갓치今[illegible]소셔

▲千萬[illegible]人[illegible]들[illegible]食[illegible]虐待[illegible]命財産[illegible]奪[illegible]塗炭[illegible]嗷嗷[illegible]悲愴悽[illegible]던災殃霜[illegible]飄[illegible]落葉갓치今[illegible]除[illegible]소셔

▲二千[illegible]悽雨亂[illegible]妖氣魔[illegible]充滿ᄒᆞ야天日無光沉沉[illegible]秩序倒錯ᄒᆞ던悲[illegible]扶桑[illegible]갓치今[illegible]로벗그소셔

社告

左開五處에支社를設置ᄒᆞ얏스니該附近地에서本申報購覽ᄒᆞ실 僉君子ᄂᆞᆫ各該支社로請求ᄒᆞ심을務望홈

江界 邑內 金??
木浦港 陽洞 李得珠
郭山 郡々面湖隅里 金惠涵
鏡城 羅南新興洞 鮮于鎔
長기 郡縣內面東部里 吳?獻

大韓每日申報社

博川支社員李鎭成시辭免代의同郡邑內簟洞?樞시로新定ᄒᆞ얏스니該郡의本報購覽諸시ᄂᆞᆫ照亮ᄒᆞ시옵

大韓每日申報社

雜報

數學卒業 擇英講數院에서第三回卒業試驗을經ᄒᆞ얏ᄂᆞᆫᄃᆡ優等生은金允九鄭泳日鄭寅明과梁植李柱八金麗奎金永弘申彥甲明以龍九人이라더라

廣告

▲特別廣告▼

本社에서名帖印刷를更加擴張ᄒᆞ기爲ᄒᆞ야各樣紙品을壹切準備ᄒᆞ고極廉價로僉君子의所請대로隨應ᄒᆞ옵ᄂᆞᆫ데學徒의게ᄂᆞᆫ特別除減ᄒᆞᆯ터이오니照亮來臨ᄒᆞ심을敬要

大韓每日申報社

從二品徐丙祜의名字를以光祜로改定ᄒᆞ고子前主事徐廷佐의名字를以觀赫으로改定ᄒᆞ얏사오니知舊間照亮ᄒᆞ심을敬要

從二品徐光祜 告白

本所長李秉澔氏辭任代에張博氏로推薦ᄒᆞ얏사오니京鄉同業僉彥은照亮홈

大韓測量組合所 白

◎平安南道肅川郡郡立肅明學校義捐金目錄

西部坊 ?? 百圓
西部?里 ?? 五십圓
?鍊齋 ?? 壹?二十?
西部三里 ?? 壹?七拾圓
田?日? ?? 六?
東部龍門?? ?? 拾七圓五拾錢
上檢下? ?? 五圓
李舜汝 二圓五십錢
韓英? ?圓五拾錢

平南肅川郡 郡立肅明學校 告白

金承旨明會시의大人公이宿患으로本月貳십六日(陰初四日)下午七時에別世ᄒᆞ온바受吊禮ᄂᆞᆫ三십日上午십時부터下午四時ᄭᆞ지擧行ᄒᆞ오니僉知舊ᄂᆞᆫ??ᄒᆞ심을 受吊所西部月宮後洞四?四五戶

隆熙貳年拾貳月九日 護喪 ?達元

東洋?????????ᄒᆞᆫ奮 ?????多ᄒᆞ야壹般同胞의????學生?가亞?ᄒᆞ야逐條註解ᄒᆞ야?數刊行發賣ᄒᆞ오니惟願僉君子ᄂᆞᆫ家々購覽ᄒᆞ시면法令上會社上履行의大段緊要ᄒᆞᆫ고同類의需用이多大ᄒᆞ오리니速々購覽ᄒᆞ심을敬要

定價金十八錢

都賣所 安峴 隆文館
分賣所 각書館

本人等이甲辰冬에平服巡檢視務時에服裝費를康鍾佑氏가隱匿不給ᄒᆞᆷ으로屢次呼訴ᄒᆞ되留案不辦而竟至解散ᄒᆞᆫ바此弊의國金挾雜은期於貿辦ᄒᆞ기로趁先廣告홈

平服巡檢壹百五拾人代表 劉漢杓等 白告

德國이버페르드ᄯᅥ方에 파ᄅᆡ파무리겐 故푸레드ᄯᅦ이어會社ᄂᆞᆫ世界上에最著名ᄒᆞᆫ染色料製造所인대本社에셔ᄂᆞᆫ?人商業家諸友의게大注意ᄒᆞ시기를懇乞ᄒᆞᄂᆞᆫ바ᄂᆞᆫ無他라多少間掛慮치말고買?ᄒᆞ시ᄂᆞᆫ麒麟과兩女商標를僞造ᄒᆞ여本社의名聲이頗多ᄒᆞ고品質이最良ᄒᆞᆫ紫色과藍靑色料를價低ᄒᆞ고無價値ᄒᆞᆫ色料로써代替ᄒᆞᆫ人이有ᄒᆞ니其僞造를注意ᄒᆞ시며且本社의淸國地方에셔行用ᄒᆞᄂᆞᆫ名號(順全隆)三字를注意ᄒᆞ시오此ᄂᆞᆫ每筒에書ᄒᆞ얏스며尙且獨히積年信孚ᄒᆞᄂᆞᆫ品料로憑證ᄒᆞᄂᆞᆫ것시오本社의用ᄒᆞᄂᆞᆫ箱子(木箱)에ᄂᆞᆫ擧皆其兩便에本社의登錄商標即一個獅子가其前足으로地球를踞ᄒᆞᆫ圖像을烙印ᄒᆞ얏스며此를環遶ᄒᆞ야本社의名號를英字로印出ᄒᆞ얏ᄉᆞᆸᄂᆞ이다

本社事務所를京城磚洞에現今開設ᄒᆞ고各地方에代理人을置ᄒᆞ라ᄒᆞ오니本社定款을詳細陳述ᄒᆞᆯ時機가來到ᄒᆞ얏사오니條項이?畧?ᄒᆞᆫ故로姑俟ᄒᆞ오며本社資金의現今總額은拾萬圓이온ᄃᆡ壹萬株로分ᄒᆞ야每株에十圓式이옵

本社에셔ᄂᆞᆫ本社에關ᄒᆞᆫ細瑣事項ᄭᆞ지 僉彥의詳諒ᄒᆞ시기를懇望ᄒᆞ오니 僉彥은衆國에暫坐ᄒᆞ야

京城郵便局郵函第四十号韓美興業株式會社

라皮封에書ᄒᆞ야書札를寄送ᄒᆞ사되本社에詳細事項을通知ᄒᆞ라ᄒᆞ시면本社에셔ᄂᆞᆫ答函을即呈ᄒᆞᆯ터이오니惠覽後貴地方에셔ᄂᆞᆫ何事務가本社의進行ᄒᆞ기에最適ᄒᆞᆯ을지高明ᄒᆞᆫ意見을惠賜ᄒᆞ시옵是를爲ᄒᆞ야來一月十日以內로高明ᄒᆞᆫ書札을寄送ᄒᆞ시ᄂᆞᆫ 僉彥께賞金을如左히分等ᄒᆞ야送呈ᄒᆞ깃ᄉᆞ옴

本社에셔 高明ᄒᆞᆫ書札中

一等으로認定ᄒᆞᄂᆞᆫ者ᄂᆞᆫ五十圓　二等 二十圓
三等 十圓　四五等 各五圓
六等으로至十等 各二圓

僉彥의費用ᄒᆞᆫ郵票價以外에무엇이던지 ?단단히 싱각ᄒᆞ야보시오

本社에셔大韓帝國內各處와通信을連絡ᄒᆞ기爲ᄒᆞ야如此히懸賞ᄒᆞ기를不惜ᄒᆞ오니本社의各地方에셔進行ᄒᆞᆯ方針에對ᄒᆞ야貴重ᄒᆞᆫ勸告를願聞ᄒᆞᄋᆞᆸᄂᆞ이다

京城磚洞 韓美興業株式會社 告白

平壤代理人 平壤大同門內店洞 鄭基煥

廣告

PAI CHAI HIGH SCHOOL

本學堂冬期開學은新年陰曆月六日에行ᄒᆞ며學員을多數히新募ᄒᆞ오니願學僉員은新年陰曆月四五兩日午前拾時에本學堂에來臨應試ᄒᆞ심을務望ᄒᆞ오며本學堂에서ᄂᆞᆫ諸般學科를純英文으로新式으로敎授ᄒᆞ여二拾世紀文明時代에高常ᄒᆞᆫ士人을養成ᄒᆞᄂᆞ니大韓國內에唯壹特種의學堂이오며美國敎師쎙커、으리펏二人과本國敎師八人이有ᄒᆞ며壹般學科ᄂᆞᆫ本學堂에仔細히揭示ᄒᆞ얏ᄉᆞ오니壹次來覽ᄒᆞ심을務望홈

培材高等學堂　告白

演劇新小說 銀世界

李人稙著　定價卅錢

此新小說은貪虐官吏의壓制惡風을可以懲戒ᄒᆞ며愚蚩人民의自由思想을可以開進이오當此維新之際ᄒᆞ야風俗改良의壹大奇觀이오니　京鄕　僉君子ᄂᆞᆫ卽速購覽ᄒᆞ심을望홈

發行所　京城남부上犂洞十九統九戶　同文社
發賣所　京鄕各有名書舖

警世歌

편편괴담경세가　定價십五錢

右書ᄂᆞᆫ倫理上緊要ᄒᆞᆫ奇談을國文絶句로編述ᄒᆞ야淨雜ᄒᆞᆫ男女의惡行悖習을警惕悔改홀만ᄒᆞᆫ良書니壹般男女敎育에最適홈

測量機械 各種大發賣

漢城南署蓴洞大拾貳統拾戶　金龍商會　謹告

機械及藥品을整備ᄒᆞ고 各種洗濯及染色을廉價로

本所에서西洋新發明ᄒᆞᆫ法으로機械及藥品을整備ᄒᆞ고各種洗濯及染色을廉價로需應ᄒᆞ옵ᄂᆞᆫᄃᆡ其種類가如左홈
洋服、襯衣、外套、帽子、項套、ᄇᆞ말、婦人洋服及壹切附屬品、毛織、毛紗、세루、馬尾緞、羅紗、洞緞紗羅苧布壹切貴重品의屬衣、족긔、赤衫、裳、袴、襦、等屬洗濯及染色物이有ᄒᆞ옵을本所로通知ᄒᆞ시면卽時自宅에進議ᄒᆞ며學員、巡査、兵丁、及勞働諸君에對ᄒᆞ야定價의拾分之貳를特減홈
各地方에ᄂᆞᆫ小包料를添送ᄒᆞ시면誠實郵呈홈

鐘路里門上隅拾貳統三戶
西洋洗濯部第一屋

問答 初等大韓地誌

全壹冊定價壹　貳拾五錢

近日初等大韓地誌가三四種이續次刊行되엿ᄉᆞ오나敎育上에缺點이無ᄒᆞ다可謂홀지니今에本書ᄂᆞᆫ特別히幼年程度와適當홈을爲ᄒᆞ여問答例로詳密히編纂ᄒᆞ와小學校用에必要ᄒᆞ오니照亮ᄒᆞ심을望홈

國語文典音學

周時經著述　全壹冊　定價二拾錢

本書ᄂᆞᆫ周時經씨가拾有餘年을硏究ᄒᆞ여國語에關ᄒᆞᆫ音學에諸般原則을詳密히說明ᄒᆞ여壹般學界에極히有用ᄒᆞ오니文學에有志ᄒᆞ신諸씨와學校僉員은速히需用ᄒᆞ심을바라나이다

漢字初習

全壹冊　定價金拾五錢

本館에서著作ᄒᆞᆫ漢字初習은漢文字義를幼稚가解得ᄒᆞ게[illegible]易ᄒᆞᆫ字를揀ᄒᆞ여畫數의多少를隨ᄒᆞ야編次ᄒᆞᆫ것인ᄃᆡ數[illegible]ᄒᆞ기와解得ᄒᆞ기와習字ᄒᆞ기가千字文이나其他漢文初學을爲ᄒᆞ여著作ᄒᆞᆫ冊子들中에最便ᄒᆞ고最要ᄒᆞ며幼稚와普通初學[illegible]文科로用ᄒᆞ기適宜ᄒᆞ오니多數히需用ᄒᆞ시기를바라나이다

致富新說

[illegible]三錢

右書ᄂᆞᆫ些少資本으로獲得巨利ᄒᆞᄂᆞᆫ秘法과牛疫治療에神效ᄒᆞᆫ方法

文明進化論

定價三拾錢

右書ᄂᆞᆫ文明進化의知識을開導케ᄒᆞᄂᆞᆫ要書

元賣所　廣학書舖金相萬
分賣所　京鄕各有名書舖

실업졀쇼 松[illegible]琴

[illegible]堂主人陸定洙著　금　定價金　二十五錢

이본쇼셜은남아의실업계활동과가졍너의법ᄂᆞᆫ사츌ᄒᆞ야유려ᄒᆞᆫ문쥬과관곡ᄒᆞᆫ사위ᄂᆞᆫ종괴를긔탕ᄒᆞ고도덕을발휘홈져술이라엇차시독에가치될아오리다

發賣所　南大門內尙洞會堂前博文書館
平壤종路太極書館
기城종路興학書舖
京鄕　各有名書판

靈魂篇

此篇은卽心理學이니非徒耶蘇敎人之閱覽이오라學問上으로도ᄒᆞᆫ번講究홀만ᄒᆞ오니諸位君子ᄂᆞᆫ陸續購覽하시옵

元賣所皇城鐘路　東一書觀
分賣所　京鄕各書舖

大韓全國에總發行所ᄂᆞᆫ
京城南大門內濟生堂大藥房

淸心保命丹

此丹은化痰止咳ᄒᆞ고順氣消滯ᄒᆞ며水土不服에奇效가有홈　金十錢

蔘茸大補元

壹週日分金壹圓　四週分金三圓十錢　二週壹환八十錢　一週九[illegible]三

右약은大韓名産鹿茸人蔘에西洋有名ᄒᆞᆫ補材를混和ᄒᆞ야我國兄弟의腸胃와性質에適當ᄒᆞ도록多年硏究ᄒᆞᆫ明인바今에先服人의累試累驗이隨症皆差ᄒᆞ니果然今世之靈藥이라故로主治效能을左에開示ᄒᆞ오니僉兄弟ᄂᆞᆫ何不早圖壹試오(效能) 先天不足과健安치못ᄒᆞ며　心腎俱虛와　房事色傷이며　遺精多夢과　色傷腰痛과房事時에早漏不快ᄒᆞ며　重病後虛弱과　手足厥冷이며　食物不消와　貧血諸症에奇效가有ᄒᆞ고　無病人이若服七週면八補元氣ᄒᆞ고骨節이强壯ᄒᆞ며健康無病ᄒᆞ나니此可謂濟世靈藥哉若不其效면약價還呈홈

蛔積殺虫散

此散은蛔積과蛔腹痛과蛔滯와蛔虫壹切를去根妙藥　金십錢

寸虫沒出藥

勿論男婦老幼ᄒᆞ고寸虫壹切를拔根之妙劑　壹人用三拾전

久滯大通丸

年久ᄒᆞᆫ積滯와胸腹痛과腹中積病을驅除ᄒᆞᄂᆞᆫ良劑　金拾五錢

感氣特效 解熱散

感氣드러頭痛나고寒熱往來ᄒᆞ며肢節痛과몸살에幷神效　금拾전

되눈拔根藥

되눈과못과사마귀에바르면百發百中으로빠지오　金십錢

新製百應膏

虫毒과毒종과根박인대와종氣始初와가리웃선대神效　金拾전

去液生新 沃度膏

劍創과모던종氣와火傷과곰새인데와쑤시고압푼데神效　金拾錢

止足汗臭藥

발에땀흘리고보션을신으면惡臭와汗이엇쳐고너음서가업소　金十錢

其他藥種은壹壹難記어니와大韓國內藥商ᄒᆞ시ᄂᆞᆫ僉兄의게ᄂᆞᆫ藥價ᄅᆞᆯ大割引大放賣ᄒᆞ오니陸續注文ᄒᆞ시오

京城南大門內
仁川港寺峴
濟生堂主　李庚鳳

大英國文學博士牧師奇一　著術
大韓國學書繙譯員委員　李昌植　校閱

復元[illegible]得改敎[illegible]

全頁壹百九拾頁純國文　一冊[illegible]錢

此書ᄂᆞᆫ歐洲拾五世紀黑暗時代에紅衣敎會制의壓迫을脫ᄒᆞ고上帝의賦與ᄒᆞᆫ道德과自由를唱導ᄒᆞᆫ[illegible]으로하야금今日新世界에安寧ᄒᆞ야活케ᄒᆞᆫ空前絶後ᄒᆞᆫ壹代恩人의生平歷史니道德을尊慕ᄒᆞ시고自由를愛하시ᄂᆞᆫ江湖僉彦은不可不購覽ᄒᆞᆯ冊子이오니速々購覽하시옵

發賣元　皇城布屛下廣學書舖　金相萬
京鄕　各書店

本人이製造發行ᄒᆞᄂᆞᆫ바靈丹을今에官許를蒙ᄒᆞ고大韓醫院業學士兒島古里氏와一等製藥官劉世煥兩氏檢查證明과軍部軍務局衛生課二等軍醫長金益南閣下와諸大方家高明醫士의有効賞贊을受ᄒᆞᆫ바其應用說明은如左홈

說明書

靈丹

中暑・中寒・吐瀉・腹痛及消化不良・食慾不進・頭重目眩・心神鬱悶・船暈酒醉・眩暈痰迷・山嵐瘴氣・痞滿噯氣・水土不服等

地方各處에서書信으로請求ᄒᆞ시면小包迅速遞呈ᄒᆞ깃슴

發行本舖　皇城西部大廣橋第十九統七戶　共愛堂大藥房　告白

註釋現行新法令

定價金廿五錢

此冊은我國에現行ᄒᆞᄂᆞᆫ法令中土地家屋證明規則과民刑事訴訟規則을法律卒業生李範星씨가詳密히註釋ᄒᆞ야法律學에生疎ᄒᆞᆫ人이라도壹覽瞭解케ᄒᆞ얏ᄉᆞ오니成年以上法律行爲를홀者ᄂᆞᆫ不可不購覽ᄒᆞᆯ冊이오니速々購覽ᄒᆞ시옵

元賣所　布屛下　廣學書舖　金相萬

本會事務가漸次擴張이온바本會에願入ᄒᆞ실　有志僉君子ᄂᆞᆫ本會로陸續來議ᄒᆞ와林業을發達케ᄒᆞ심을希望홈
（電話二九三番）

大韓山林協會本部告白

發行兼編輯人英國人　萬咸
Responsible for Publication
Alfred Weekley Marnham.
發行所　南署石井洞號外地三層洋屋
大韓每日申報社

第六號

大韓每日申報

第[illegible]百九拾壹號

月曜及慶節時日休刊

檀君開國四千二百四十一年
箕子元年三千三十年
大韓開國五百十七年
日本明治四十二年
淸國光緖三十四年
陰曆戊申十二月大初十日辛酉

論說

◉新年

今日은新年第壹日이라天을仰ᄒᆞ미日月이新光明ᄒᆞᆫ듯ᄒᆞ며地를俯ᄒᆞ미萬物이新昭蘇ᄒᆞᆫ듯하도다記者ㅣ此際에新感情을惹ᄒᆞ며新報筆을抽ᄒᆞ야大韓全國民에게勸告를發ᄒᆞ노니凡壹切韓國同胞ᄂᆞᆫ新眼孔을放擧ᄒᆞ야此를壹覽ᄒᆞᆯ지어다

大抵新者ᄂᆞᆫ萬有의根基라宇宙間에存在ᄒᆞᆫ事々物々이皆刻々變換ᄒᆞ며時々遷步ᄒᆞ야舊를棄ᄒᆞ고新에趨ᄒᆞ나니萬一不然ᄒᆞ면世界가毁壞하고人類가滅絶ᄒᆞᆫ지已久하얏슬진저

今日에坐ᄒᆞ야已往을回顧ᄒᆞ되何其悲劇이多ᄒᆞ고喜劇이少ᄒᆞ얏ᄂᆞᆫ가曰此ᄂᆞᆫ無他라天演이宜然ᄒᆞ되人事ᄂᆞᆫ[illegible]ᄒᆞ야三百六十日을坐不遷ᄒᆞ며二千萬人이睡不起ᄒᆞ며錦繡山河에曙光이爛熳ᄒᆞ되獨尙枕塊安에舊天地를長守코ᄌᆞ하다가此許多悲劇을釀成ᄒᆞᆷ이로다

起ᄒᆞᆯ지어다[illegible]起ᄒᆞ야雙耳를傾ᄒᆞ야[illegible]晨鷄가新年新消息을已報ᄒᆞ나니[illegible]起ᄒᆞ야新年新[illegible]을振興ᄒᆞ야新年新幸福을[illegible]ᄒᆞᆯ지어다

[illegible]勤ᄒᆞ며陳々ᄒᆞ고魔孽이積々ᄒᆞᆫ現今社會에서新事業을何術로振興ᄒᆞ리오曰昔者에麗朝名將崔[illegible]가再入의[illegible]進就上方法을明示ᄒᆞ얏스되其言에曰「[illegible]百年互[illegible]固不能壹擧而廓淸假使寇ㅣ退壹步我日進壹步終必有揚威退敵之壹日」이라ᄒᆞ얏스니夫崔公此言은戰陣의事를說ᄒᆞᆷ이나奚獨戰陣만爲然이며奚獨戰陣만爲然이리오一切世間萬事가無非皆然ᄒᆞᆫ바라

卽今韓國同胞가아모리奮發ᄒᆞ며아모리踴躍ᄒᆞᆯ지라도今年壹年內에三千界浩刧을掃盡ᄒᆞ고躍然히突飛하야國威가六洲에[illegible]ᄒᆞ며國光이兩間에塞하야彼所謂八大强國과並轡齊驅ᄒᆞᆷ은尙且見卵求時의太早計어니와然이나苦海難關에險阻를冒ᄒᆞ며凄風烈雨에前進을思하야新[illegible]勤敏으로舊怠惰를戰ᄒᆞ며新奮發로舊겁懦를戰ᄒᆞ며新文明으로舊黑暗을戰ᄒᆞ며新武强으로舊文弱을戰ᄒᆞ며新獨立으로舊依賴를戰ᄒᆞ며新自由로舊壓制를戰ᄒᆞ야日로計ᄒᆞ고月로計ᄒᆞ[illegible]ᄒᆞ면常魔가步々히退ᄒᆞ며[illegible]業은步々히進ᄒᆞ야畢竟幾年後에三千里山河가新闢ᄒᆞ며四千載[illegible]歷史가[illegible]ᄒᆞ리니新事業에[illegible]同胞아

官報

隆熙二年十二月二拾七日 官報

[illegible]部告示第拾三號

第二十五條 登記를行ᄒᆞ거나又ᄂᆞᆫ申請書其他登記에關ᄒᆞᆫ書面을作ᄒᆞᆯ時ᄂᆞᆫ字畫을明瞭히ᄒᆞᆷ이可ᄒᆞᆷ

金錢其他物의數量年月日及番号를記載ᄒᆞᆯ시ᄂᆞᆫ壹二三四의字를用ᄒᆞᆷ이可ᄒᆞᆷ

文字ᄂᆞᆫ此를改竄ᄒᆞᆷ을不得ᄒᆞᆷ若訂正挿入又ᄂᆞᆫ削除를行ᄒᆞᆫ時ᄂᆞᆫ其字數를欄外에記載ᄒᆞ거나又ᄂᆞᆫ文字의前後에括弧를附ᄒᆞ야此에捺印ᄒᆞ고其削除에係ᄒᆞᆫ文字ᄂᆞᆫ讀得ᄒᆞ기爲ᄒᆞ야字跡를仍存ᄒᆞᆷ이可ᄒᆞᆷ

第二十六條 登記의公告ᄂᆞᆫ登記를行ᄒᆞᆫ登記所의名으로써此를行ᄒᆞᆷ이可ᄒᆞᆷ

第二十七條 登記의申請人은登記畢證의交付를請求ᄒᆞᆷ을得ᄒᆞᆷ

登記官吏가前項의請求를受ᄒᆞᆫ時ᄂᆞᆫ附錄第二号雛形을依ᄒᆞ야登記畢證을交付ᄒᆞᆷ이可ᄒᆞᆷ

(未完)

外報

◉澳國의戰艦製造 伯林電을據ᄒᆞᆫ즉澳地利國은쓰리에데港에서貳萬噸되ᄂᆞᆫ戰鬪艦二隻을製造ᄒᆞ기로發表ᄒᆞ얏고又二隻은今製造中이오壹萬四千六百噸되ᄂᆞᆫ戰鬪艦은進水式을擧行ᄒᆞ얏더라

◉美國陸軍卿의說明 桑港電을據ᄒᆞᆫ즉美國陸軍卿마이드시ᄂᆞᆫ陸軍省豫算을說明ᄒᆞ되壹等國과戰爭ᄒᆞ라면三拾五萬의[illegible]防禦軍이必要ᄒᆞ고常備兵外에[illegible]以上에國民軍을敎練ᄒᆞᄂᆞᆫ것이必要ᄒᆞ다ᄒᆞ얏더라

雜報

◉中東卒業 中東學校第二回測量卒業式을日昨에[illegible]ᄒᆞ얏ᄂᆞᆫᄃᆡ最優等에金基燁等[illegible]人이오優等에李柱德等[illegible]四拾壹人인ᄃᆡ校長以下諸任員이[illegible]으로優數施賞ᄒᆞ얏다더라

[illegible]

[illegible]生은崔善文김喜男二人이오三年級에延德[illegible]張斗浣等貳拾四人이오二年級에김忠健崔鳳出等八人이오壹年級에李孫永李善章等六人이라더라

◉[illegible]校試驗 三湖普成學校에서年終試驗을經ᄒᆞ얏ᄂᆞᆫᄃᆡ高等班優等生任與個徐玟泳等三人이오及第生金相浩等四人이오二年級優等生宋八成김光直等二人이오壹年級優等生김興用安孝成等四人이오幼稚班優等生朴巨福李道成等六人인ᄃᆡ優數히施賞ᄒᆞ얏다더라

◉得英卒業 三和港紳商의社內得英測量학校에서去月二拾[illegible]日에卒業試驗을經ᄒᆞ얏ᄂᆞᆫᄃᆡ最優等林致雲김基疇等十人이오優等吳光煥金興振等三人이오及第趙鎭鴻洪민睦等五十壹人이라더라

◉培英經試 培英학校에서年終試驗을經ᄒᆞ얏ᄂᆞᆫᄃᆡ覺年級甲班優等李丁鳳金漢昇等四人이오及第朴講業等七人이오乙班及第吳終成朴用云等四人이라더라

◉三[illegible]熱心 平남肅川郡肅明學校에서校長吳炳天副校長楊[illegible]李炳乾三氏가熱心을奮發ᄒᆞ야學務를擴張ᄒᆞ고生徒가百四十餘名의達ᄒᆞ얏ᄂᆞᆫᄃᆡ該氏가一場演說ᄒᆞᆫ後에多數ᄒᆞᆫ金貨와田土를捐助ᄒᆞ야熱誠을表ᄒᆞ얏다더라

詞藻

◉迎春

東風이[illegible]。積雪[illegible] [illegible]

雜報

●條約類纂頒給 統監府에서 韓日條約類纂을 韓英日三國文으로 多數印刊ᄒᆞ야 各部及各道에 頒給ᄒᆞ얏다더라

●申氏乞身 去番에 前韓國閔泳徽氏家에서 歡迎會를 設ᄒᆞᆫ은 已報어니와 當日會席에서 申箕善氏가 伊藤統監을 對ᄒᆞ야 臥席終身ᄒᆞ기를 懇乞ᄒᆞ얏다더라

●花樓留別 遞任歸國ᄒᆞᄂᆞᆫ 長谷川大將이 本六日下午六時에 花月樓에 留別會를 盛設ᄒᆞ고 總理以下各大臣과 伊藤統監曾禰副統監과 其他內外國高등官을 多數請待ᄒᆞᆫ다더라

●得償運動 玄暎運氏가 何등 緊用事가 有ᄒᆞᆫ지 泥峴某日人에게 貸七千圓을 債用ᄒᆞ기 爲ᄒᆞ야 現今運動中이라더라

●日人의 秘密運動 近頃에 日本人江藤恒策의 壹派가 壹進會를 救濟ᄒᆞᆫ다ᄂᆞᆫ 名義로 莞島森林을 買收ᄒᆞ랴고 運動ᄒᆞ다가 失敗ᄒᆞᆷ으로 今回에ᄂᆞᆫ 宋秉畯과 壹進會로부터 請出ᄒᆞ기로 秘密運動ᄒᆞᆫ다더라

●誇顔甚紅 內部大臣宋秉畯氏가 部下官吏를 會同ᄒᆞ야 自己의 當局以後事業成蹟을 說明ᄒᆞ며 下僚의 一年勤務를 致慰ᄒᆞᄂᆞᆫ지라 某高등官이 答辭ᄒᆞ기를 下僚의 服務ᄂᆞᆫ 義務에 自在ᄒᆞᆫ즉 不必慰勞ᄒᆞ깃고 大僚의 成蹟은 其善否를 不必발論이오 人民의 辦[illegible]을 待ᄒᆞ야 成蹟을 論定ᄒᆞᄂᆞᆫ 것이 可ᄒᆞ다ᄒᆞᆷ을 ᄂᆞᆫ 故로 宋秉畯시가 默默不言ᄒᆞ얏다더라

●金氏轉任 中樞院副賛議김澈龜氏ᄂᆞᆫ 內部技師로 內定되얏다ᄂᆞᆫ 說이 有ᄒᆞ더라

●愈極無厭 閔泳韶氏가 公貸百萬圓을 窮取逃躱ᄒᆞᆫ 事ᄂᆞᆫ 本報에 累揭어니와 現今該氏가 上海에서 威海衛德國租界內로 避身隱匿ᄒᆞ얏다더라

●國其存乎 學部에서 教科書를 檢定ᄒᆞᆫ다더니 現行教科書中에 中등修身教科書ᄂᆞᆫ 日本明治三十八年에 發刊[illegible]用ᄒᆞᄂᆞᆫ 것을 翻譯ᄒᆞᆫ 것인ᄃᆡ 學部의 日人官吏가 [illegible] 國民[illegible] 國土保護라ᄂᆞᆫ [illegible] 拔去ᄒᆞ얏ᄂᆞᆫ바 [illegible] 此ᄂᆞᆫ 韓國人民의 國家思想을 消滅不存케ᄒᆞ랴ᄂᆞᆫ 手段이라고 物論이 沸騰ᄒᆞᆫ다더라

●教科檢定實施 학部에서 編纂ᄒᆞᆫ 教科書를 檢定ᄒᆞᆫ다ᄒᆞᆷ은 [illegible] 報ᄒᆞᆫ 바 如ᄒᆞ거니와 隆熙三年四月爲始ᄒᆞ야 [illegible] 實施ᄒᆞᆫ다더라

●電話架設準備 今年度에ᄂᆞᆫ 各部勅奏任官家에 電話를 壹切無料로 架設ᄒᆞᆫ다더라

●非鋼不得 金海郡居ᄒᆞᄂᆞᆫ 許[illegible]氏와 大邱郡居ᄒᆞᄂᆞᆫ 馬[illegible] 兩氏가 郡守壹窠를 圖得次로 南村某大臣에게 [illegible] 賂路로 後[illegible] 大臣의 公[illegible] 得ᄒᆞ야 觀察使에게 往付ᄒᆞ얏더니 該觀察이 許氏ᄂᆞᆫ 咸安으로 馬시ᄂᆞᆫ 仁同으로 圖報ᄒᆞ얏다ᄒᆞ니 此時代에 또 鋼力이 無ᄒᆞ면 郡守를 難得ᄒᆞ깃다ᄂᆞᆫ 輿論이 藉藉ᄒᆞ다더라

●官吏俱樂 明日上午十一時에 度支部壹般官吏가 日本人俱樂部에 會同ᄒᆞ야 新年相見禮를 行ᄒᆞᆫ다더라

●惠館忘年 漢城府尹張憲植氏가 三昨日下午六時에 該府壹般官吏를 惠泉館으로 招邀ᄒᆞ야 忘年會를 設ᄒᆞ얏다더라

●禁山認許說 京城各部內禁山을 農商工部에서 日人의게 認許ᄒᆞᄂᆞᆫ데 北部苑동後山과 東部各寺所屬ᄒᆞᆫ 禁山을 一百年으로 定限ᄒᆞ고 說納은 營業着手後에 利益금 百分一로 作定ᄒᆞ얏다ᄂᆞᆫ 說이 有ᄒᆞ더라

●九中壹閔 閔泳徽氏의게 [illegible] 財及田畓을 見奪ᄒᆞᆫ 鄕人士가 多數上京ᄒᆞ야 閔氏를 往見ᄒᆞ고 前日에 勒奪ᄒᆞᆫ 財產을 即地還給ᄒᆞ라고 [illegible] 督促이 日甚ᄒᆞᆫ 故로 閔氏가 [illegible] 不已曰 從此還給ᄒᆞ면 我ᄂᆞᆫ 僅僅의 [illegible] 를 不免ᄒᆞ깃다ᄒᆞᆫ다ᄂᆞᆫ데 現今 [illegible] 者가 九人이라더라

●李氏見逐 再昨日下午壹時에 漢城府民會에서 石坡壇內에서 總會ᄒᆞ고 臨時會長에 李恒[illegible] 出席ᄒᆞ야 事務를 處理ᄒᆞᆫ 後 漢城五署內每署에 幹事員二名과 評議委員壹名式 選擧ᄒᆞ얏ᄂᆞᆫ데 壹總會員尹始炳氏가 該會에 對ᄒᆞ야 何등 [illegible] 說이 有ᄒᆞ얏던지 民會會員壹同이 尹氏를 驅逐出ᄒᆞ얏다더라

●昌民請願 昌原府民代表金主默氏가 該府尹申鉉[illegible]의 不法行政四條件에 對ᄒᆞ야 內部에 請願ᄒᆞ얏ᄂᆞᆫ데 該部에서 該觀察道로 調査케ᄒᆞ얏다더라

●日人增加 去年九月末日에 韓國에 在留ᄒᆞᄂᆞᆫ 日本人을 調査ᄒᆞᆫ 數爻가 拾二萬三千六百五十五人인데 再昨年에 比ᄒᆞ면 二萬四千五百五人이 增加되얏다더라

●紗窓花局 各官廳官吏가 年終을 當ᄒᆞ야 倖務ᄒᆞᆷ은 已報어니와 該官吏中某某諸人이 北村某官人別墅에 會集ᄒᆞ야 門戶를 閉鎖ᄒᆞ고 花套局을 設ᄒᆞ얏다ᄂᆞᆫ데 該中에 家產을 蕩敗케 된 者가 有ᄒᆞ다더라

●民團作弊 昌原府民朴基洙孫德宇氏等이 該府學中鑑齡을 符同ᄒᆞ야 民團所를 設立ᄒᆞᆫ다稱託ᄒᆞ고 上中下三等戶에 數萬金을 勒捐ᄒᆞ고 市上水陸各種稅를 收捧ᄒᆞ야 民不安堵ᄒᆞ고 商路杜絕이라고 南來人의 傳說이 藉藉ᄒᆞ다더라

●三坊協議 三十日興化學校內에서 澄淸坊瑞麟坊[illegible]坊三坊에서 坊會를 開ᄒᆞ고 諸般事項을 協議ᄒᆞ얏다더라

●必有此患 近日錢政이 困竭ᄒᆞᆷ으로 商業者의 恐慌이 極甚ᄒᆞ야 陰십二月內로 歇板ᄒᆞᆯ 者가 京城內에 統計ᄒᆞ면 數百餘名에 達ᄒᆞ깃다더라

●紙業漸新 全州郡에서 朴永根李元相兩氏가 製紙所를 設立ᄒᆞ고 本國所產의 楮皮로 洋紙製品을 模倣ᄒᆞ야 製造ᄒᆞ얏ᄂᆞᆫ데 其品質의 潔白精良ᄒᆞᆷ이 韓國製紙界의 最著ᄒᆞ다더라

●朴氏慈善 忠州郡[illegible]南里에 [illegible] 失火ᄒᆞᆫ 事ᄂᆞᆫ 已揭어니와 該郡居ᄒᆞᄂᆞᆫ 朴[illegible]柱氏가 救恤금二십圓과 酒九桶을 寄付ᄒᆞ고 또 [illegible]八六名子弟에게 [illegible] 布壹疋式 捐助ᄒᆞ얏다더라

●假巡行賊 開城郡居洪致選氏가 巢穴을 京城으로 移寓ᄒᆞ야 [illegible]府後洞客主김某家에 旅館을 定ᄒᆞ고 [illegible] 放賣ᄒᆞ야 三昨日에 南門內毛衣廛에 前往ᄒᆞ야 毛物數件을 買得ᄒᆞ고 該旅館으로 還來ᄒᆞᆫ데 [illegible] 門前에서 何許斷髮人이 稱以巡査ᄒᆞ고 洪시의 行賊이오 捕縛ᄒᆞᄂᆞᆫ지라 該主人[illegible] 시가 自己家에 [illegible] 來留ᄒᆞᆷ [illegible] 巡査가 洪시를 捕縛ᄒᆞ야 [illegible] 로 押付ᄒᆞ고 南山下[illegible] 로 前往ᄒᆞ야 拔劍威脅曰 我非巡査오 乃是賊漢이라ᄒᆞ고 [illegible] 의 紙貨二拾八圓과 銀指環二件을 奪去ᄒᆞ얏다더라

●携錢逃走 新炭株式會社社長[illegible] 昌[illegible]衛氏가 [illegible]門外居ᄒᆞᄂᆞᆫ 某人ᄂᆞᆫ [illegible] 新炭을 買給ᄒᆞ라고 貨壹千二百圓을 出給ᄒᆞ얏더니 該人이 同錢額을 携帶ᄒᆞ고 潛身逃走ᄒᆞ얏다더라

●日人窃金逃躱 日韓[illegible] 郵便局通信事務員 其[illegible] 人이 該局預置ᄒᆞᆫ 替約金二千圓을 窃取携帶ᄒᆞ고 不知去處로 逃躱ᄒᆞ얏다더라

●測量卒業 南部美동測量[illegible] 金鍾翰氏[illegible] 測量講習所를 設ᄒᆞ고 高等[illegible] 講師를 延聘敎授ᄒᆞ야 去月二拾八日에 卒業式을 行ᄒᆞ얏ᄂᆞᆫ데 優等에 洪祥琦오 及第에 金根培諸人이라더라

●樵童夜學 京畿道安山郡[illegible]面 里長[illegible]大韻[illegible] 高鐵園시가 樵童夜學校를 設立ᄒᆞ고 附近樵童을 募集ᄒᆞ야 敎授ᄒᆞᄂᆞᆫ데 [illegible] 餘名에 達ᄒᆞ얏다더라

●彌雲多試 [illegible]閣洞私立彌雲學校에서 多期試驗을 經ᄒᆞ얏ᄂᆞᆫ데 二學年優等生朴[illegible]丁[illegible] 등 五人과 壹學年優등生[illegible] 등 七人이라더라

●北漢灑量 [illegible]北漢面上北[illegible] 李鳳根氏가 國家[illegible] 之時ᄒᆞ야 [illegible] 以財救[illegible] 當此[illegible] 敎師[illegible] 而恨[illegible] 自願敎授에 [illegible] 手料를 不要ᄒᆞᆫ다니 [illegible] 有志之望이라더라

●芝山夜學 陰川郡芝村居[illegible] 姜淑永姜源永兄弟가 自己家에 芝山夜學校를 設立ᄒᆞ고 靑年을 募集ᄒᆞ야 生徒가 三拾餘名에 達ᄒᆞ얏ᄂᆞᆫ데 經費를 自擔ᄒᆞ야 熱心勸學ᄒᆞᆫ다더라

●幼年試驗 平南順川郡內幼年小學校에서 年終試驗을 擧行ᄒᆞ얏ᄂᆞᆫ데 高等科甲班優等生金昌燮及第生金衡선 尋常科甲班優等生崔祥鶴及第生趙元秉崔永彬 乙班優等生金丙倜李樟鎭 及第生金顯榮李春馨 丙班優等生金元奎 及第生張大基鄭利賢諸人이라더라

●院興將興 秦川郡院興里에 [illegible] 氏가 學校를 創設ᄒᆞ고 敎師를 延聘ᄒᆞ야 靑年子弟를 熱心敎育ᄒᆞᆫ다더라

●花北試驗 廣州北[illegible]東面花北私立[illegible]學校校長金完欽 校監金世東 學監權[illegible]과 事務員[illegible]都[illegible] 諸시가 義捐을 多出ᄒᆞ야 熱心賛成ᄒᆞ기로 壹夜學生이 大增ᄒᆞ야 [illegible] 人인바 去月二拾日에 卒業禮式을 盛行ᄒᆞ얏다더라

●興郡興學 忠南[illegible]興郡守金九秀시가 [illegible] 郡紳士沈相驗李容[illegible] 朴[illegible] 三시와 協力周旋ᄒᆞ야 [illegible] 學校를 郡內에 設立ᄒᆞ고 靑年을 募集ᄒᆞ야 熱心敎育ᄒᆞᆫ다더라

◎歲首休刊 新年頌祝ᄒᆞ기 爲ᄒᆞ야 今月二日브터 四日ᄭᆞ지 休刊ᄒᆞ고 五日브터 發刊홈

▲新年新禱▼

▲謹玆 金鷄唱曉에 隆熙三年이 回ᄒᆞ엿ᄉᆞ오니 流光如駛ᄒᆞ오도다 二千萬衆醜罪로 不肖子小子臺沐ᄒᆞ고 誠身으로 犧牲되여 爲識新禱ᄒᆞ옵나니 獨一無二ᄒᆞ신 上帝께서 照此血誠ᄒᆞ옵소셔

▲비나이다々々々天父前에 비나이다 半島江山저ᄃᆡ리도 天父所有壹般이오니 國內罪惡容恕ᄒᆞ사 掃除魔鬼ᄒᆞ옵시고 富强力을 주시옵셔 列强國과 幷立키를 新年에 비나이다

▲비나이다々々々天父前에 비나이다 二千萬衆愚昧ᄒᆞ나 天父子孫壹般이니 前日罪惡容恕ᄒᆞ사 脫去羈絆ᄒᆞ옵시고 自由權을 쥬시옵셔 自得意活動키를 新年에 비나이다

▲비나이다々々々天父前에 비나이다 靑年學生幼稚ᄒᆞ나 天父慈愛壹般이니 前日罪惡容恕ᄒᆞ사 懈怠除去ᄒᆞ옵시고 勇敢力을 주시옵셔 偉人傑男養成키를 新年에 비나이다

▲비나이다 비나이다 天父前에 비나이다 政府大官愚痴ᄒᆞ나 天父化育壹般이니 前日罪惡容恕ᄒᆞ사 惡腸洗滌ᄒᆞ옵시고 忠良性을 주시옵셔 國家中興成功키를 新年에 비나이다

▲비나이다 비나이다 天父前에 비나이다 社會人士不完ᄒᆞ나 天父包容壹般이니 前日罪惡容恕ᄒᆞ사 假面消化ᄒᆞ옵시고 [illegible] 忘[illegible]功키를 新年에 비나이다

▲비나이다 비나이다 天父前에 비나이다 家庭婦女劣ᄒᆞ나 天父養育壹般이니 前日罪惡容恕ᄒᆞ사 淫心打破ᄒᆞ옵시고 貞淑性을 주시옵셔 子女敎育良키를 新年에 비나이다

▲비나이다 비나이다 天父前에 비나이다 本報[illegible]人을 天父께셔 特愛ᄒᆞ사 罪惡容恕後에 千災百殃消滅ᄒᆞ고 無量福祿을 주시옵셔 國民資格完全키를 新年에 비나이다

▲비나이다 비나이다 天父께 비나이다 大韓每日申報社는 全國人民耳目이오 天父代表譯이니 特念ᄒᆞ사 無限能力을 주시옵셔 千萬歲를 維持키를 新年에 비나이다

廣告

會員僉閣下
謹賀新年
輔仁學會

北靑東治字橋義興測量學校에
셔講師沈相종시가高明敎授ᄒᆞ
기로開學同本業式을擧行ᄒᆞᆫ바
ᄂᆞᆫ대最優等朴烋寬李淳璨趙延
稷鄭雲昇등七人이오優等에金
明鉉金日奎등十人이오及第에
朴基道金演重등四拾餘人이옵
義興測量學校 告白

星州郡의居ᄒᆞᆫ다ᄂᆞᆫ리종大의本
우星州이오字ᄂᆞᆫ正玉이오年은辛
未生이오地術과卜筮를行術ᄒᆞ
고各地로遊覽ᄒᆞᆫ다云ᄒᆞ더니
頃住가未詳ᄒᆞᆫ人이本人家의來
到病逝이오니其親屬은速速來
訪ᄒᆞ심을望ᄒᆞᆷ
忠南保寧郡于羅面東山里
申東登 告白

본인이삼ᄉᆞ년풍병으로고ᄉᆡᆼᄒᆞ
만히ᄒᆞ고각처에의약을구ᄒᆞ여쓰
되ᄇᆡᆨ약이무효ᄒᆞ더니근일드른
즉ᄉᆡ문밧모화관화룡당양약국
을ᄂᆞᆫ박主事容희씨를차자가셔
명ᄒᆞ치료ᄒᆞᆫ지ᄉᆞ오일에쾌차ᄒᆞ
고완인이되엿ᄉᆞᆸ기그은공도ᄉᆡᆼ
젼다갑흘수도업슬ᄲᅮᆫ외의여러
계신효험의약을본인만알기가
불합ᄒᆞ기첨군ᄌᆞ의게광포ᄒᆞ오니
아못됴록이약국을차자오셔회
ᄉᆡᆼᄒᆞ심을ᄇᆞ라옵
죽뎐사ᄂᆞᆫ김동三 고ᄇᆡᆨ

測量機械各種**大發賣**
漢城南署棗洞六拾貳統拾戶
金龍商會 謹告

本人의子李伯洙가丙午年에偶
然出家ᄒᆞ야尙今不還ᄒᆞ니勿論
內外國人ᄒᆞ고逢之則卽爲勸送
ᄒᆞ시오
順天住岩面鶴鳴里리召史 白

安東郡主事朴武緖시ᄂᆞᆫ到任以
後로民事行政의公正ᄒᆞ기와誠
시의成績을左개登々記載ᄒᆞᆷ
▲毓民事務熱心件
一每日出張ᄒᆞ야愚民이日兵보
ᄂᆞᆫ避走ᄒᆞᄂᆞᆫ弊를禁止ᄒᆞ며
二守備隊와親善ᄒᆞ야不良道路
를修出道外ᄒᆞ며
三處學校를ᄒᆞ야勸학生徒ᄒᆞ며
四圖書記使令輩의民間寄附를登
錄查ᄒᆞ야還給人民ᄒᆞ며
五로地家屋證明書를民國貫施
六人民의家庭井水洞潔을貫施
七道路橋梁을登壹修治ᄒᆞ며
八諸般事務를郡守의指揮ᄅᆞᆯ服
從ᄒᆞ니郡守도稱讚不己ᄒᆞ며
諸서가年級少ᄒᆞ나郡守의姿
格이合當ᄒᆞ다고人民의頌聲
이讚藉ᄒᆞ기로玆에廣佈ᄒᆞᆷ
安東郡 權光섭 告白

隆熙二年十二月年試驗成績
甲班 優등
李載ᄒᆞ 박南燮 李春子
張弼 柳巨鎭 [illegible]
曹銀子 孫月桂 孫貴月
吳純子 성蘭ᄌᆞ 高壽卿
[illegible]蓉子
乙班 優등 리션子
及第 [illegible]鳳珍 리順喜
金錦鳳 任淑卿 白蓮子
崔貴星 김玉順 鄭淑子
小字綾子 以上落第
同德女子義塾長

◉同德女子義塾에本年內義
捐ᄒᆞ신諸氏의列名廣告
前宮內大臣 李載克시 參百圜
每朔陸圜式分給
中樞院顧問 李址鎔시 五百圜
每朔壹圜式分給
中樞院顧問 李根澤시 參拾圜
中樞院顧問 閔炯植시 四圜
內部大臣 宋秉畯시 五拾圜
中樞院議長 김允植시 貳圜
侍從院卿 尹德榮시 貳拾圜
義陽君 李載覺시 拾圜
孫愛麗부人 貳拾五圜及煖爐壹坐
前協判 리鳳ᄒᆞ시 四圜
前觀察使 [illegible]承遠시 貳拾圜
前參書官 김明濟시 拾圜
前判尹 尹昌儀시 四圜
前洗馬 沈台燮시 五拾圜
前郡守 리丙環시 五拾圜
每朔五拾錢式分給
前課長 리根培시 拾圜
安漢府시 四圜 洪正求시 壹圜
文昌奎시 壹圜
前議官 趙榮澤시 ᄯᅩ 硏武ᄒᆞᆫ馱
前國大臣 李完用시夫人 陸拾圜
農商工部大臣 趙重應시夫人 貳拾圜
宮內府大臣 閔丙奭시夫人 拾圜
前宮內大臣 李載克시夫人 拾圜
侍從 李明九시夫人 六拾圜
前協辦 閔泳璇시夫人 [illegible]
副將 [illegible]시夫人 拾圜
前協辦 閔泳璘시夫人 拾圜
前觀察使 [illegible]시夫人 拾壹圜
故副將 [illegible]시夫人 五圜
故郡守 李根[illegible]시夫人 四圜
金鎭川夫人 五圜
朴惠中 貳拾圜
桂洞閔貞敬夫人 貳圜
前大臣 閔泳喆시夫人 拾圜
前郡守 鄭[illegible]洙시 五圜
李協書시 拾圜
同德女子義塾々長 金仁和

本社事務所를京城磚洞에現今開設ᄒᆞ고各地方에代理人
을置ᄒᆞ라ᄒᆞ오니本社**定欵**을詳細陳述ᄒᆞᆯ時機가未到ᄒᆞ야
사오니條項이開呈ᄒᆞ와僉彦은姑俟ᄒᆞ오며本社**資金**의現
今額은拾萬圜이온ᄃᆡ壹萬株로分ᄒᆞ야每株에拾圜式이옵
本社에ᄂᆞᆫ本社의詳細ᄒᆞᆫ細項事項ᄭᆞ지僉彦의詳諒ᄒᆞ시기
를懇望ᄒᆞ오니僉彦은案照에暫坐ᄒᆞ야
京城郵便局郵函第四十号韓美興業株式會社
로皮封에書ᄒᆞ야壹貴札을**寄送**ᄒᆞ시되本社에詳細事項을
通知ᄒᆞ시면本社에셔ᄂᆞᆫ**答**函을回呈ᄒᆞᆯ터이오니
以後에本社ᄂᆞᆫ地方에셔ᄂᆞᆫ何事業가本社의經行ᄒᆞ기에最適ᄒᆞᆫ
을ᄌᆡ**高明**ᄒᆞᆫ**意見**을惠照ᄒᆞ시옵是를爲ᄒᆞ야**來一**月**十**
日以內로高明ᄒᆞᆫ書札을寄送ᄒᆞ시되僉彦에게**賞金**을
如左히分等ᄒᆞ야送呈ᄒᆞ깃ᄉᆞᆸ
本社에셔**高明**ᄒᆞᆫ**書札中**
一等으로認定ᄒᆞᆫ者ᄂᆞᆫ**五十圓**　**二等**　**二十圓**
三等　**十圓**　**四五等**　**各五圓**
六等至**十等**　**各二圓**
會員의**費用**은**郵票價**以外에무엇이던지잇슬ᄂᆡ가ᄃᆞᆫ몰ᄒᆞ
입각ᄒᆞ야보시오
本社ᄂᆞᆫ大韓帝國의各處의團體를連絡ᄒᆞ기爲ᄒᆞ야如此ᄒᆞᆫ
懸賞ᄒᆞ기를[illegible]ᄒᆞ오니本社의各地方에셔遵行ᄒᆞᆯ方針에
對ᄒᆞ야**貴重**ᄒᆞᆫ**勸告**를惠聞ᄒᆞᆷ을ᄇᆞ라ᄂᆞ이다
京城磚洞　**韓美興業株式會社**　告白
平壤代理人　鄭基煥

發行兼編輯人英國人 萬咸

Responsible for Publication Alfred Weekley Marnham.

發行所 南署石井洞號外地三層洋屋 大韓每日申報社

第六號

大韓每日申報

月曜及慶節 休日時刊識

檀君開國四千二百四十二年
箕子元年三千三十一年
大韓開國五百十八年
日本明治四十二年
淸國光緒三十四年
陰曆戊申十二月大十四日乙丑

論說

◉國家의精神을發揮할지어다

本社에서年例를依하야新年祝辭를奉題하고後讀者諸公과面을隔한지凡兩日이되얏도다

然이나記者가此兩日間에每層森酒를臨하면必也腦際에接觸되는壹感念이有하니感念은維何오曰「此兩日休刊後讀者諸公과接面하는第壹紙에將次何問題로以할가하며」一是라

此壹感念이注集하며此壹感念이冥擬하야壹毫纖을抽하고新年太陽下에徘徊하더니今二壹二夜四十八時만에사壹題를始得하니即本題「國家의精神을發揮할지어다」云云한拾二字가是라

太抵本報筆이國家二字를將하고二千萬同胞에게向하야昨日에도國家云云하며今日에도國家云하야絶叫不已하지가今已五六星霜이거날今에此陳陳한名詞를取하야床上에床을疊하듯屋下에屋을架하듯지重言復言하야同胞의新年新耳目에供覽하라하니此가贅言의常談이아니며猶棄人의譜語가아닌가

否라曰韓人은心中目中에國家만有하며舌端筆端에國家만有하야國家를捨하라는思想도無하며國家를捨하고는事業도無하며國家를捨하고는夢寐도無하며國家를捨하고는愛樂도無하야毛髮心血을擧하야壹壹國家에獻하여야可할時라故로韓國을爲하야筆을執한者는每日國家二字로演陳함이可하거니엇지重疊의嫌을避하리오

雖然이나記者가此國家二字에對하야汗漫히演陳코저함이아니라實로壹種新感念에基因하야本題를揭함이니讀者諸公도此壹新感念으로讀할지어다

嗚呼라目下한國同胞가國家地位의墮落을因하야苦痛을排한思想으로新風潮에趨進하야新事業을振興코저하는者ㅣ不無하나其中에國家的精神으로進하는者ㅣ能히幾人인가

彼壹已私益에惓惓하야邀公攫利하는鄙夫는勿論하고即高尙潔한熱心家를觀하야도或宗敎로主觀을作하며或家族으로主觀을作하며或東洋으로主觀을作하며或何許主觀도無히只時勢에趨附하야曰教育曰實業이라하나니實로精神을國家二字에全注하는者ㅣ寥寥한지라

是以로京鄕各處學校에向하야試問하야曰爾學校가何를爲하야設立하얏나뇨하면壹個는答曰我는儒敎를扶植코저하노라하며壹個는答曰我는聖敎를傳布코저하노라하며壹個는答曰我는親族을發達코저하노라하며壹個는曰我는黃種을保全코저하노라하야百慮殊塗에狀態가紛紜하니夫此文明時代에生하야各其自由로其懷抱를行함을余가反對함이아니나但壹切國民이國家的精神으로相統하며相協助치못하고千岐萬派에四分八裂하면何時에나國家의悲運을挽救하리오

望하노니同胞여教育을唱하던지實業을做하던지必也其頭에檀君始祖를戴하며其背에大韓二字를銘하며其肩에三千里疆土二千萬民族을擔하고不斷的으로繼續進行하야國家의精神을發揮할지어다

▲▲隆熙貳年拾月二拾七日 官報

農商工部告示第拾三號

第三十三條 會社의商號는商號登記簿에登記함을不要함

第三拾九條 數人支配人의登記申請이有한境遇에는各別한登記用紙에登記를行함이可함

第四十條 登記를行한未成年者妻或은後見人의營業所又는支配人을置한營業所가登記所의管轄外에移轉한時는登記用紙中消滅欄에其登記를行하고登記用紙를閉鎖함이可함前項의規定은登記所의管轄內에他營業所가有한境遇에는此를適用치아니함

第四十四條 會社가其本店又는支店을登記所의管轄外로移轉한境遇에移轉의登記를行한時는其登記用紙를閉鎖함이可함

前項의規定은登記所의管轄內에本店又는他支店이有한境遇에는此를適用치아니함

第四十五條 會社登記簿에淸算結了의登記를行한時는其登記用紙를閉鎖함이可함

第四十六條 登記의申請書에添附한書類의原本還付를請求하는境遇에는申請人은其原本과共히原本과相違가無한旨를記載한謄本을添附함이可함

(未完)

外報

●淸日談判開始 東京電을據한즉滿洲問題에基因되는撫順及間島外六件에對하야淸日談判을北京에서開始하엿다더라

●淸日交涉 同電을據한즉間島外에未定한問題는去月二拾八日에駐淸日公使가淸國外務部에交涉하엿다더라

●伊太利의大天災 同電을據한즉伊太利에서大地震과大海溢이有하야多數死傷이有하얏고二三處市街가全沒하엿다더라

●列國會議延期 同電을據한즉巴爾幹問題에對하야列國會議는延期하얏다더라

●波斯宮中의變亂 同電을據한즉凶徒二名이波斯國宮中에闖入하야國王을狙擊하얏스나僥幸히無事하엿다더라

雜報

◉三坊開會 嘉安觀鎭德化三坊會를本月六日下午에觀鎭學校內에서會하고漢城府民會議員을選定한다더라

詞藻

●新精神

黃鐘이우는곳에。萬物이다봄이라
和風細雨에、滿山花卿서빗츤
우리도、文明風潮에、새精神을띄엿서라

奉和每日報迎春曲 呵寒生

大洲震盪自奔波。晚棹歸來枕我簑。詩家雪月莊嚴具。酒國風雲翻覆多。龍深瑚白雖舒翼。岳冷洋紅不敢柯。宛爾山容依舊碧。考槃幷唱碩人阿。

雜報

●東宮御避寒 韓國 皇太子殿下께셔ᄂᆞᆫ再昨日에鎌倉三橋호텔에御避寒ᄒᆞ셧다더라

●日太子訪問 日本皇太子께셔去月三拾日에鳥井阪에셔韓國 皇太子殿下를訪問ᄒᆞ얏다더라

●新年訪問 今月二日에中樞院議長金允植氏가伊藤統監을該官邸로訪問ᄒᆞ고新年賀意를表ᄒᆞᆫ後에衆ᄒᆞ야何等秘密ᄒᆞᆫ耳語가有ᄒᆞ얏다더라

●有何憂慮 內部大臣宋秉畯氏가有何憂慮인지本月壹日以來로自已私邸에셔來賓을不接ᄒᆞᆫ다더라

●宋將倒 內部大臣宋秉畯氏가南北村大官의게請食ᄒᆞᆫ錢이四拾餘萬圜에達ᄒᆞ얏ᄂᆞᆫ데警視廳과統監府에셔該氏의情跡을覺ᄒᆞ야調査ᄒᆞ얏다ᄂᆞᆫ說이有ᄒᆞ더라

●辭職의內容 內大宋秉畯農大趙重應內部次官及農部次官이壹脉辭職ᄒᆞᆷ은他報에已揭어니와該理由를聞ᄒᆞᆫ즉莞島森林을日人에게賣渡ᄒᆞ라다가奸狀이現露ᄒᆞᆷ으로伊藤統監이壹體辭退ᄒᆞᆷ을勸告ᄒᆞᆫ所以라더라

●宋門松門 內部大臣宋秉畯氏ᄂᆞᆫ日本模範을隨ᄒᆞ야今番歲首에自已門미左右에寄松絲竹을挿立ᄒᆞ고紙條와稈束을垂懸ᄒᆞ얏ᄂᆞᆫ데自國思想은毫髮도無ᄒᆞ다고擧皆唾罵ᄒᆞᆫ다더라

●休則自休 學部大臣李載崑氏가昨日에該部諸般官吏를對ᄒᆞ야說明ᄒᆞ되今日은大臣及次官이 昌德宮에進詣ᄒᆞ야 御陪食을擧行ᄒᆞᆷ으로仕進치못ᄒᆞ겟고日本官吏ᄂᆞᆫ今日에依例休假ᄒᆞᄂᆞᆫ日인즉韓國官吏도日人을依ᄒᆞ야一切休假ᄒᆞ지ᄒᆞ얏다더라

●學大巧舌 昨日午後壹時에學部大臣李載崑氏가該部韓日兩國壹般官吏를該官房으로招集ᄒᆞ야演說ᄒᆞ되當此新年ᄒᆞ야ᄂᆞᆫ新事業을成就ᄒᆞ야國權을回復ᄒᆞᄌᆞᄒᆞ얏다더라

●副贊議奔競 中樞院副贊議ᄂᆞᆫ前에ᄂᆞᆫ六人만先置ᄒᆞ얏ᄂᆞᆫ대該六人의年俸을今年부터磨鍊하고九人을增置ᄒᆞ기로內定이되얏다ᄒᆞᄂᆞᆫ故로該窠를圖得ᄒᆞᄂᆞᆫ者들의奔競이大端ᄒᆞ다더라

●席次各定 本年壹月爲始ᄒᆞ야ᄂᆞᆫ宮內府에셔勅奏任官의席次를定ᄒᆞ얏다더라

●郡主亦日 郡主事들日人으로三百餘人을試取ᄒᆞ야大郡에ᄂᆞᆫ貳人式派送ᄒᆞ고小郡에ᄂᆞᆫ壹人式派送ᄒᆞᆫ다ᄂᆞᆫ說이有ᄒᆞ다더라

●訓導辭免請願 各郡守가鄉校直員을圖報ᄒᆞᄂᆞᆫ事에對ᄒᆞ야紛競이日甚ᄒᆞ다ᄂᆞᆫ說은衆所共知어니와原州郡守ᄂᆞᆫ該郡普通학校副訓導洪祐植氏의父親洪承一氏로薦報ᄒᆞ얏더니該郡儒林諸氏가不公平하다ᄒᆞ고士論이激起ᄒᆞᆫ지라洪祐식氏가該士論에對ᄒᆞ야憤慨心을不勝ᄒᆞ고학校에辭職請願書를提呈ᄒᆞ얏다더라

●黑木渡韓 日本將官黑木이가台灣滿洲鐵道를觀察次로日昨한國에渡來ᄒᆞ얏다더라

●君家請宴 完順君李載完氏家에셔今日에外國諸大官을請邀宴待ᄒᆞᆫ다더라

●惠卿祝賀 紳士[illegible]倫求[illegible]晃宇李甲兪星濬尹致旿諸氏가新年祝賀會를設起하야今月십壹日下午六時에惠泉館內에셔開會ᄒᆞᆫ다더라

●是何妄報 忠南觀察使崔廷德氏가各郡結稅를每結頭貳拾兩式加斂ᄒᆞ고春秋戶斂을二兩式加捧ᄒᆞ기로京部에籍報ᄒᆞ얏더니該部에셔許施치아니ᄒᆞ얏다더라

●民會相持 漢城府民會總會를初次에ᄂᆞᆫ本月拾日로退定ᄒᆞ얏다가再次에ᄂᆞᆫ拾七日로更退ᄒᆞ얏거니와壹進會에셔ᄂᆞᆫ京鄉會員을揮動ᄒᆞ야拾日에總會를期於키設ᄒᆞ고會長以下任員을組織ᄒᆞᆯ다ᄒᆞ며壹般府民들은來十七日에開會ᄒᆞ고壹般任員을組織ᄒᆞᆯ다ᄒᆞ니府會의決裂衝突은難免ᄒᆞ리라ᄂᆞᆫ輿論이有ᄒᆞ더라

●晉郡民怨 晉州稅務官은該郡人民의게公布ᄒᆞ야曰成川浦落과無堪處卜이生卜되얏다ᄒᆞ야收納ᄒᆞ라ᄒᆞᆫ지라此가何許挾雜인지ᄒᆞ고該郡人民의怨聲이載路ᄒᆞ다더라

●面長免任 沃川郡伊南面面長李時英氏가不正ᄒᆞᆫ事件을因ᄒᆞ야遞任되얏ᄂᆞᆫ데其事件인즉該面細谷居孔在三이가該門中山麓을自已의私山으로占奪ᄒᆞ라고該門中과呈訴ᄒᆞᄂᆞᆫ境에至ᄒᆞ얏ᄂᆞᆫ데該面長이受賂瞞報ᄒᆞ얏더니該情跡이綻露된所以라더라

●日人蠻行 再昨日에何許日本人壹名이人力車를搭乘ᄒᆞ고幾處를周行ᄒᆞ얏ᄂᆞᆫ지不知ᄒᆞ거니와新門外某處에前往ᄒᆞ야車價ᄂᆞᆫ壹分도不給ᄒᆞ고他處로逃走ᄒᆞᄂᆞᆫ지라該人力車軍이該日人에게質問曰終日周行에食價五錢만支給ᄒᆞ고有何賊心으로何處로逃走하랴ᄒᆞ나뇨車價를當場出給ᄒᆞ라ᄒᆞ얏더니該日人이該人을亂打ᄒᆞ야幾至死境이된지라其時韓國巡査壹名이過去ᄒᆞ다가該車夫人을所管警察署로押付ᄒᆞ얏ᄂᆞᆫ데其時觀光者들이該日人의蠻行賊心을無不唾罵ᄒᆞ얏다더라

●巡査監督作弊 果川支所巡査監督李相文氏ᄂᆞᆫ管內各處에巡査를派送ᄒᆞ야作弊가無雙ᄒᆞᆫ데冠岳山石을採取ᄒᆞ엿다고陰基先盧炳俊文明俊諸氏를捉去ᄒᆞ야口費라稱ᄒᆞ고或五六圜式受ᄒᆞᆫ後放送ᄒᆞ고或水原府로押上ᄒᆞᆫ다威脅하기로果川人民의怨聲이浪藉ᄒᆞ다더라

●通譯行悖 陽智郡守備隊通辯某ᄂᆞᆫ本來亂暴無雙ᄒᆞᆫ者라廣州侍御洞槐村에來到ᄒᆞ야老少無論ᄒᆞ고壹幷逮執ᄒᆞ야義兵의去處를問ᄒᆞ며或結縛ᄒᆞ고或銃으로擬ᄒᆞ야作亂이無數ᄒᆞᆫ故로該洞人民들의呼泣ᄒᆞᄂᆞᆫ聲이彌天ᄒᆞ다더라

●勞働支會裁判 勞働會에셔該本部壹般任員에게ᄂᆞᆫ月俸을壹壹支給ᄒᆞ고各支會任員에게ᄂᆞᆫ五六朔條ᄅᆞᆯ于今不給ᄒᆞᆫ故로各支會員이本會長徐廷柱氏와裁判하기로現今提議中이라더라

●朋友相濟 平北郭山郡居朴昌洙氏ᄂᆞᆫ本以高明ᄒᆞᆫ思想과博覽ᄒᆞᆫ知識에可爲學界ㅏ模範이러니今에學費窘拙ᄒᆞᆷ을因ᄒᆞ야不得已歸家하ᄂᆞᆫ데多數知舊가勸告ᄒᆞ기를將來學費ᄂᆞᆫ吾儕가共同補給ᄒᆞᆯ터이니更爲上來留學하라ᄒᆞ얏다더라

●慶順王陵被毀 去月頃에賊漢이長湍郡高浪浦에突入ᄒᆞ야 慶順王陵寢을毀掘하다가農夫가唱ᄒᆞᄆᆡ卽時逃走ᄒᆞᆫ지라其後孫이擧其事實ᄒᆞ야掌禮院에馳報ᄒᆞ고各處子孫에게通文ᄒᆞ야更爲修補케ᄒᆞ고該賊漢을期於詷捉하기로決定ᄒᆞ얏다더라

●賊漢衝火 南衙晦洞居金錫鉉氏ᄂᆞᆫ陶器物로生業을ᄒᆞᄂᆞᆫ데去年拾壹月頃에賊漢이陶器店에放火ᄒᆞ야損害가多數ᄒᆞ얏ᄂᆞᆫ데其時草洞等地에도兩處가衝火되얏다더라

●必是誤捉 去月三拾壹日에義兵의干連에有ᄒᆞᆫ者二拾餘人이警視廳에被捉ᄒᆞ얏더니日昨에該犯中십餘人은爲先無事放送ᄒᆞ얏다더라

●青會幻燈 今日下午六点半에靑年會館에셔幻燈會를開ᄒᆞ고入場券을使用ᄒᆞᆫ다ᄂᆞᆫ데票枚에拾錢式이오幻燈은華盛頓、紐育、桑港及大都會景致이라더라

●智德討論 西部宗橋智德共新會에셔今日下午七時에鄭春洙柳根洙兩씨가女子教育이急於男子教育이라ᄂᆞᆫ問題로討論ᄒᆞᆫ다더라

●少年總會 再昨日大한少年會에셔總會를孤兒院內에開ᄒᆞ고事務를處理ᄒᆞᄂᆞᆫ데박勝鳳李종恒李熙直李範壽卞一諸氏로評議員을選定後에朴勝鳳氏가激切ᄒᆞᆫ言辭로覺悟演說ᄒᆞ얏다더라

●執心贊成 湖西學生親睦贊成會에셔日昨惠泉館內에特別總會를開ᄒᆞ고臨時會長洪弼周氏가出席ᄒᆞᆫ後湖西學生의寄宿舍設立ᄒᆞᆯ方針으로爛商協議ᄒᆞᄂᆞᆫ데來會員의激切ᄒᆞᆫ言論과親睦ᄒᆞᆫ厚意ᄂᆞᆫ壹々히指擧키難ᄒᆞ거니와當場捐金이三百餘圓에達ᄒᆞ얏다더라

●士姓家代 湖西親睦贊成會에셔惠泉館內에開會ᄒᆞᆫ은別項과如ᄒᆞ거니와義捐請求에對ᄒᆞ야該會總務鄭永澤氏가慷慨ᄒᆞᆫ言辭로登場說明ᄒᆞ미慈善界의著名ᄒᆞᆫ李厭宜氏가出席ᄒᆞ야曰余의如干薄土ᄂᆞᆫ各會에寄附已盡이오所餘者ᄂᆞᆫ惟所住家屋而已나當爲放賣ᄒᆞ야貳間價代ᄂᆞᆫ으로壹百圓을寄附ᄒᆞ노라ᄒᆞ거ᄂᆞᆯ滿坐諸員이無不感歎ᄒᆞ얏다더라

●廣化卒業 去月南門內暘동私立廣化新塾測量科에셔第二回卒業禮式을擧行ᄒᆞ얏ᄂᆞᆫ데最優等에李根瑩具乾會兩人이오優등生에高濟東金甲明등拾人이오及第生에朴允默박永淳等四人이라더라

●進明卒業 進明學校에셔第二回測量卒業式을去月晦日에擧行ᄒᆞ얏ᄂᆞᆫ데優等生李中元宋範鎬등拾七人이오及第生朴顯河朴元植등三拾六人에내校長金敎珏學徒父兄吳偉泳兩氏가多數히施賞하얏더라

●江界美風 平北江界郡協新學校學員과普通학校生徒二百餘名이學界에儉素ᄒᆞ기爲ᄒᆞ야本國所産白木品으로上下着衣를改良ᄒᆞ고外國物品은壹齊히着身치말기로決定ᄒᆞ얏다더라

●五氏熱心 慶南東萊郡有志紳士文秉審朴駿회朴銓弼吳鳳根朴滿英諸氏가敎育에熱心으로明倫學校를建設ᄒᆞ고학徒가百餘名에至ᄒᆞ얏ᄂᆞᆫ데爲先測量科卒業生이三십餘名이되더라

▲留聲新曲▼

▲春日春盤細生菜에屠蘇酒ᄅᆞᆯ滿引하고留聲器ᄅᆞᆯᄉᆡ로틀어舊日舊曲다마리고新年新曲서로反어累日滯寂하던次에五六篇을알외나니新大韓에新同胞ᄂᆞᆫ新年新耳드러보소

▲ᄒᆞᆫ고동을들고나니靑年歌가됴흘시고蒼蒼落落ᄒᆞᆫ長松의聳出雲霄부럽도다니도亦是初年에ᄂᆞᆫ無限風霜겨근後에今日特立이아닌가어화韓國靑年들아더와又치培養ᄒᆞ소

▲또ᄒᆞᆫ고동들고나니志士歌가됴흘시고岩岩層層더高塔ᄒᆞᆫ半空飄然宏壯ᄒᆞ다니도舊日亂石으로無限琢磨當ᄒᆞᆫ後에今日鞏固이아닌가어화韓國志士들아더와又치團合ᄒᆞ소

▲또ᄒᆞᆫ고동들고나니人民歌가됴흘시고浩浩洋洋더江水ᄂᆞᆫ長天碧色푸르도다니도源頭ᄒᆞᆫ물이千倒百折지닌後에今日廣蕩이아닌가어화韓國人民들아더와又치勸進ᄒᆞ소

▲또ᄒᆞᆫ고동들고나니學人歌가됴흘시고光光明明더寶玉은온傳千秋混稽로다니도當年埋토되기世外出璞ᄒᆞᆫ然後에今日傳名이아닌가어화韓國學人들아더와又치出身ᄒᆞ소

▲또ᄒᆞᆫ고동들고나니大臣歌가됴흘시고坦坦平平더大路ᄂᆞᆫ人民共由無碍로다니도已往曲逕ᄋᆞ로滿地荊棘除ᄒᆞᆫ後에今日正大이아닌가어화韓國大臣들아더와又치公平ᄒᆞ소

▲또ᄒᆞᆫ고동들고나니英雄歌가됴흘시고彩彩斑斑더棟량은高堂大厦擎扶ᄒᆞᆫ다니도初年大村으로規矩準繩마진後에今日成材이아닌가어화韓國英雄들아더와又치修練ᄒᆞ소

▲送舊祝辭지어내여同胞前에祈禱ᄒᆞ고迎新祝辭지어내여天父前에祈禱힛네韓國同胞ㅣ年부터洽受福祿ᄒᆞ려니와空談祈禱ᄒᆞᆯ대잇나此新曲을泛聽말고實地進行ᄒᆞᆯ지어다

廣告

本人의名光輔를以光奭으로更爲改定ᄒᆞ오니知舊間照亮ᄒᆞ심을敬要

前侍從正三品徐光奭 告白

嘉山郡有志紳士嚴炳世河潤九成贊珙金益洙李植彬諸氏가耶蘇敎會堂設立코져ᄒᆞ옵기玆以廣布홈

江西金炳濟 告白

忠淸北道淸州西面石橋坪所在沓訓字沓십四斗落을族屬中不肖輩가似有偸賣之弊故로玆以廣布ᄒᆞ오니內外國人은切勿見欺홈

朴士鐵 告白

徐丙瓚改名光政ᄒᆞ고弟丙韶改名光韶홈

徐光政 白

紫岩朴尙悅於音壹片紙貨二百圓半泉許翼於音壹片當錢五千兩共二片陰拾壹月廿日暴風失ᄒᆞ앗ᄉᆞ오니誰某拾得ᄒᆞ야도休紙施行홈

京南門外巡署三四。八戶 朴世勳 告白

彰勳의彰字ᄅᆞᆯ世字로ᄒᆞ오니知其人은照亮하옵

朴世勳 白

本人의弟漢弼이가本心則純良ᄒᆞ나浮浪輩의誘引홈을被ᄒᆞ야指定업시다니면서或得債코져ᄒᆞ옵가玆以聲明ᄒᆞ오니內外國人切勿見欺홈

新門外京橋林漢翊 告白

本人의子李伯洙가丙午年에偶然出家ᄒᆞ와尙今不還ᄒᆞ니勿論內外國人ᄒᆞ고逢之則即爲勸送ᄒᆞ시오

順天住岩面舞鶴里리召史 白

本人의敬憲의敬字ᄅᆞᆯ以政字로改定ᄒᆞ오니知舊間照諒爲要

九品 金政憲 告白

本人이本月初拾日紙匣을路中見失ᄒᆞ앗ᄂᆞᆫ데其中에銀指環壹件과西部阿峴車錫喜處推來當文四百兩票見失ᄒᆞ앗ᄉᆞ오니誰某시던지於音을拾得ᄒᆞ와도休紙施行홈

高陽汪葉里文村朴競熙 告白

辯護士木尾虎之助氏ᄂᆞᆫ大學明法學士로賢名이素著ᄒᆞ더니民刑訴訟辯護代理를極力判明ᄒᆞᄂᆞᆫ故로聲望이登翔ᄒᆞ고辯護事件이如山積峙ᄒᆞ며壹新處所가如斯ᄒᆞ이다

崔羽翀 告白

金氏寄付金廣告

鴨敏會館修理擔當親泰木交椅五坐金三拾圓容培종顯大學楨顯圭奎煥俊植喜鍾聲振用錫春國為祚基永敎熙각壹百圓承振禧석각貳百圓榮灝昌壹合三百圓發濯寧培益培益壽顯聲각五拾圓敬稹星斗鳳奎興澤植允樻종瑜각三拾圓重寓壽拾五圓得珠섭五圓命煥顯貞碩培曉猷奐均相鳳重培顯駿각貳合圓鈞默顯培嘉洙鎬雨明濂顯泰承榮源輔榮培兌植混鉉禹墳龔昌淳泰衡용培重默각捨圓德浩七圓承培六圓信默鳳洙相彦德善濟弘鐘永晶鎬濟鍵炯胤性괴禹鉉成鎮玉鼎漢舜翔顯興秀桂楨昌培世應成각五圓

右寄付金中容培榮灝香益壽학植奎煥聲振俊植喜종喜洙鶴昌壹榮培桂植興秀允植榮源兌植종瑜碩培舜熙炯禹鉉輔鎭玉鎭成錄永用集性基晶鎬命煥鳳洙顯景駿諸氏ᄂᆞᆫ右寄付金已納ᄒᆞ얏스니照亮ᄒᆞ심을望

未完

金海金氏宗約所

測量機械 各種大發賣

漢城南署東洞六拾貳統附戶

金龍商會 謹告

保儉付

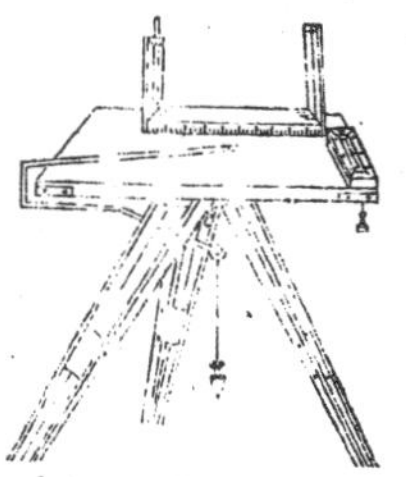

完全

出張所 典洞金樂永

德國(아버페르드地方에파벤파부리켄、故푸레드드베이어)**會社**ᄂᆞᆫ世界上에最大ᄒᆞᆫ各種**染色料製造所**인ᄃᆡ本社에서ᄂᆞᆫ韓人淸人商業家諸友의게大注意ᄒᆞ시기를懇乞ᄒᆞᄂᆞᆫ바ᄂᆞᆫ無他라多少無掛慮ᄒᆞᆫ商賈輩가**麒麟**과**兩女**商標를僞造ᄒᆞ여本社의名譽에頗多ᄒᆞ고品質이最良ᄒᆞᆫ靑色과藍靑色料를價低ᄒᆞ고無價値ᄒᆞᆫ色料로써代替鬻入ᄒᆞ야有ᄒᆞ니**其僞造**를**注意**ᄒᆞ시며且本社의淸國總代理店에서行用ᄒᆞᄂᆞᆫ名號(**順全隆**)三字를注意ᄒᆞ시오此ᄂᆞᆫ紙箔에書ᄒᆞ얏스며尙且獨히積年信字ᄒᆞᄂᆞᆫ品料로憑證ᄒᆞᄂᆞᆫ것시오本社의用ᄒᆞᄂᆞᆫ箱子(木箱)에ᄂᆞᆫ擧皆其兩便에本社의登錄商標即ᄒᆞᆫ個獅子가其前足으로壹球를踞ᄒᆞᆫ像을烙印ᄒᆞ얏스며此를環遶ᄒᆞ야本社의名號를英字로印出ᄒᆞ얏ᄉᆞᆸᄂᆞ이다

本社事務所를京城磚洞에現今開設ᄒᆞ고各地方에**代理人**을置ᄒᆞᆯ라하오니本社**定款**을詳細陳述ᄒᆞᆯ時機가來到ᄒᆞ얏사오니條項이照呈ᄒᆞ와他日을姑俟ᄒᆞ오며本社**資金**의現今總額은拾萬圓이온ᄃᆡ壹萬株로分ᄒᆞ야每株에十圓式이옵本社에서ᄂᆞᆫ本社에關ᄒᆞᆫ細瑣事項ᄭᆞ지　僉彦의詳諒ᄒᆞ시기를懇望ᄒᆞ오니　僉彦은案頭에暫坐ᄒᆞ야

京城郵便局郵函第四十号韓美興業株式會社

라皮封ᄒᆞ여書ᄒᆞ야壹書札을**寄送**ᄒᆞ시되本社에詳細事項을通知ᄒᆞ라ᄒᆞ시면本社에서ᄂᆞᆫ**答**函을即呈ᄒᆞᆯ터이오니惠覽後貴地方에서ᄂᆞᆫ何事務가本社의進行ᄒᆞ기에最適ᄒᆞᆯ지**高明**ᄒᆞᆫ**意見**을惠賜ᄒᆞ시옵是를爲ᄒᆞ야來一月十**日以內**로高明ᄒᆞᆫ書札을寄送ᄒᆞ시ᄂᆞᆫ　僉彦께ᄂᆞᆫ**賞金**을如左히分等하야送呈하깃습

本社에서**高明**ᄒᆞᆫ**書札中**

一等으로認定ᄒᆞᆫ者ᄂᆞᆫ**五十圓**　**二等**　**二十圓**

三等　**十圓**　**四五等**　**各五圓**

六等至**十等**　**各二圓**

僉彦의**費用**은**郵票價**以外에무엇이또잇습니가단단히싱각ᄒᆞ야보시오

本社에서大韓帝國內各處와通信을連絡ᄒᆞ기爲히야如此히**懸賞**ᄒᆞ기를不惜ᄒᆞ오니本社의各地方에서進行ᄒᆞᆯ方針에對ᄒᆞ야**貴重**ᄒᆞᆫ**勸告**를願聞ᄒᆞ옵ᄂᆞ이다

京城磚洞 **韓美興業株式會社** 告白

平壤代理人 平壤大同門內店洞 **鄭基煥**

廣告

本人의 圖形圖章을 昨年七月分에 [illegible]失ᄒᆞ야ᄉᆞ오니 知舊[illegible]照亮ᄒᆞ시옵

朴茂成 告白

慶北淸道郡[illegible]洞內沙里居金仁權의 四代祖應祥시가 當其父喪結幕居廬ᄒᆞᆯ새 母病에 願冬菜氷魚ᄒᆞ심을 求得旨供ᄒᆞ고 去戊子大水에 漂水漂去妻石시가 欲救抱夫屍竟歿則壹門孝烈을 朝野稱頌터니 何幸八拾餘年後特蒙 天恩ᄒᆞ와 幷施孝烈旌閭ᄒᆞ오니 慶告ᄒᆞᆷ

慶南草溪金璟斗 告白

訴訟及請願事件迅速親切處理

京城下茶洞拾九統二戶 (電話三七五)

辯護士 木尾虎之助 法律事務所

事務主任 南萬雄

韓國無法律顧問從二品金益昇

本人이 茶洞居ᄒᆞ다가 現今에 西部養生坊奉常司前洞第壹百〇三統二戶로 轉移ᄒᆞ얏ᄉᆞᆸ기 玆에 仰布知舊ᄒᆞ오니 照亮ᄒᆞᆸ

李冕宇 告白

前參奉閔泳植시가 今陰十二月十二日陽壹月三日上午八点鐘에 不幸別世ᄒᆞᆸ기 知舊에 照亮

護喪 三昌商會 趙勉淳 金秉徹

安州郡漏泉大代松山三學校合同趣旨書

夫散而分之者는 集而成之ᄒᆞ고 離而析之者는 合而交之니 合而成之者大矣哉뎌 與天地合其德[illegible]

[illegible]易ᄒᆞᆫ 天平이 是以萬物之始와 事之進就가 非以自大而大焉이오 亦非自就而就焉이라 流因其類而湊合積累之功也故로 拳石이 累以爲丘陵ᄒᆞ고 丘陵이 累以爲泰山ᄒᆞ고 線澗이 流以爲江漢ᄒᆞ고 江漢이 合以爲河海ᄒᆞ니 何特是已아 至於人工之鍛鍊成物積累湊合이 莫不皆然而萬石之洪鐘이 已出於碎屑之殘金ᄒᆞ고 千間之廣厦가 亦起於尺寸之端木이니 此可見[illegible]人家之團體成立이 無量其勢也 挽近學校之設立은 寔出於鎭固家安民庶之至意라 現今本郡학校之設立이 比々有之而堅若尼山大代漏泉三面ᄒᆞ야 亦各有設校矣러니 計其財政之艱絀ᄒᆞ고 較其需應之浩繁컨ᄃᆡ 萬不成樣故로 各學校之任員이 吁嘆不已터니 何幸有志紳士가 遂々團會ᄒᆞ야 爛商確議ᄒᆞ고 各里之社契學契와 與穀을 幷合立本ᄒᆞ고 또 [illegible]義捐ᄒᆞ며 協成設校ᄒᆞ고 名稱曰大明이라ᄒᆞ니 英材之群至와 淑氣之雲興을 自此可期라 願此학校는 眞是昏夜之警鍾이오 迷津之寶筏이라 惟我靑年은 克勤克儉ᄒᆞ야 鞏固我基礎ᄒᆞ며 進就我文明을 至企切懇

漏泉松山 二百六十圓 田답四日畊
尼山 田답壹日畊 金五百四拾圓
大代鉢中 三拾五圓
淸溫 溪壹日畊 柴山壹麓
龍남 金十圓
龍雲 七圓
松林 田壹時耕
文川 金拾七圓
學會허지 四百五十圓
廉用年사 四百五十圓

安州郡成大明학校 告白

大韓協同郵船[illegible] 船長金聲振시가 本校經費[illegible] 贊助ᄒᆞ야 咸鏡南道[illegible]航海中熱心請捐ᄒᆞ야 多數[illegible]寄附ᄒᆞᆫ바 玆에 [illegible]廣佈ᄒᆞᆷ

北靑新昌 趙承禧 [illegible]
趙基學 宋[illegible] 金[illegible]
金錫鳳 朴根洪 각三圓
李東根 崔南衡 朴[illegible]勳
韓日寬 金亨柱 黃[illegible]
崔權益 朴晋[illegible] 金桂英
[illegible]貳圓 李[illegible] 全明信
李慶洙 尹[illegible]賢 趙基用
金昌貞 金漢奎 朴泰元
宋[illegible]玉 金鼎堯 리子和
김亨淑 김顯鎭 宋成殷
김셕允 리亨權 趙基鐸
全命禧 北靑邑 리榮夏
朴根秀 壹圓 陽化 리鏞性 五圓
周鳳우 리亨根 각壹圓
楡湖 高[illegible]昊 五圓
尹泰浩 각九圓 尹泰稷 貳圓
六대 김奎河 全[illegible]軫 각五圓
新浦 黃종翊 二圓 李成학
申道賢 厚湖 趙基元 각壹圓
大晩春 김承基 貳圓
安[illegible] 朴[illegible]泰 五圓
洪原 前津 김鳳律 [illegible]潤澤
咸興府 김九汝 元山 具汝天
각壹圓
利原 遮湖 普成學校長 張晃鎬 拾圓
遮明학校長 張南斗 壹圓
顯登號 乘員 김聲振 五圓
梁[illegible]鎬 三圓 洪基瑞 김基淳
각貳圓 安商瀅 崔敬二
김元祚 趙得俊 鄭雲[illegible]
각壹圓 李致玉 印[illegible]
金佑然 金石鎬 俞챵釗
文昌成 梁昌식 金仁宜
申학京 尹泰雲 朴子天
김京九 朴德仲 崔鳳甲
각五拾錢 朴平叔 貳拾錢
合計壹百三十八圓貳십錢

私立仁川永化學校 告白

大韓全國에 總發行所는 京城南大門內濟生堂大藥房

淸心保命丹

此丹은 化痰止咳ᄒᆞ고 順氣消滯ᄒᆞ며 水土不服에 奇效가 有ᄒᆞᆷ 金十錢

蔘茸大補元

[illegible]週日分金壹圓 四週分金二圓十錢 二週[illegible]八[illegible]錢 [illegible]週五圓三十錢

[illegible] 第이[illegible] 左[illegible] 累試累驗[illegible] 과健安不眠ᄒᆞ며 色傷腰痛이며 厥冷이며 若服七週ㅣ면 謂眞[illegible]

[illegible]洋有名ᄒᆞᆫ補材를 混和ᄒᆞ야 我國兄[illegible]多年研究로 明인바 今에 先服人의[illegible] 今世之靈藥이라 能히 主治救能을 何不早圖試오(效能) 先天不足[illegible] 房事色傷이며 遺精多夢과 [illegible]漏不快ᄒᆞ며 重病後虛弱과 手足[illegible] 血諸症에 奇效가 有ᄒᆞ고 無病人이[illegible] 强壯ᄒᆞ며 健康無病ᄒᆞ나니 此可[illegible] 假還元ᄒᆞᆷ

蛔積殺虫散

此散은 蛔積과 蛔腹痛과 蛔滯와 蛔虫壹切를 去根妙藥 金십錢

寸虫沒出藥

勿論男婦老幼ᄒᆞ고 寸虫壹切를 拔根之妙劑 壹人用三拾전

久滯 大通丸

年久ᄒᆞᆫ 積滯와 胸腹痛과 腹中積病을 驅除ᄒᆞᄂᆞᆫ 良劑 金拾五錢

感氣特效 解熱散

感氣드러 頭痛나고 寒熱往來ᄒᆞ며 肢節痛과 몸살에 幷神效 金拾전

뒤눈拔根藥

뒤눈과 못과 사마귀에 따르면 百發百中으로 빠지오 金십錢

新製百應膏

虫毒과 毒종과 根박인데와 종氣始初와 [illegible]리 못선데 神效 金拾전

去濃生肌 沃度膏

劍創과 모든 종氣와 火傷과 곱새인데와 싸시고 압푼데 神效 金拾錢

止足汗臭藥

발에 쌀리고 보션을 신으면 惡臭와 汗이 멋처고 너음새가 업소 金十錢

其他藥種은 壹壹難記어니와 大韓國內藥商ᄒᆞ시ᄂᆞᆫ 僉兄의게ᄂᆞᆫ 藥價를 大割引大放賣ᄒᆞ오니 陸續注文ᄒᆞ시오

京城南大門內 仁川港[illegible]峴 濟生堂主 李庚鳳

大英國文學博士 牧師奇一 著述

大韓國聖書翻譯會委員 李昌稙 校閱

復元教主 得改教紀畧

全[illegible]九拾[illegible]

此書는 歐洲[illegible]世紀黑暗時代에 紅衣教皇制와 壓迫을 用ᄒᆞ고 上帝에서 賦與ᄒᆞ신 道德과 自由를 唱導興起ᄒᆞ야 吾人으로 ᄒᆞ야곰 今日新世界에 安寧ᄒᆞᆫ 活케ᄒᆞᆫ 空前絶後ᄒᆞᆫ 壹代恩人의 生平歷史니 道德을 慕ᄒᆞ시고 自由를 愛ᄒᆞ시ᄂᆞᆫ 江湖僉彦은 不可不 購覽ᄒᆞᆯ 冊子이오니 速々購覽하시옵

發賣元 皇城布屛下 廣學書舖 金相萬

京鄉 各書店

本人이 製造發行ᄒᆞᄂᆞᆫ바 靈丹을 今에 官許를 蒙ᄒᆞ고 大韓醫院業學士 兒島古里氏와 一等製藥官 劉世煥 兩氏 檢查證明과 軍部軍務局衛生課二等軍醫長 金益南 閣下와 諸大方家高明醫士의 有効賞贊을 受ᄒᆞᆫ바 其應用說明은 如左ᄒᆞᆷ

說明書

靈丹

中暑•中寒•吐瀉•腹痛及消化不良•食慾不進•頭目昏眩•心神鬱悶•船暈酒醉•眩暈痰迷•山嵐瘴•痞滿發嘔•水土不服等

地方各處에서 書信으로 請求ᄒᆞ시면 小包로 迅速進呈ᄒᆞ깃ᄉᆞᆸ

發行本舖 皇城中部大廣橋 第十九統七戶 共愛堂大藥房 告白

註釋 現行新法令

定價金 廿五錢

此冊은 我國에 現行ᄒᆞᄂᆞᆫ 法令中 土地家屋證明規則과 民刑事訴訟規則을 法律卒業生 李範星씨가 詳密히 註釋ᄒᆞ야 法律學에 生疎ᄒᆞᆫ 人이라도 壹覽瞭解케ᄒᆞ얏ᄉᆞ오니 成年以上 法律行爲를 當ᄒᆞᆫ 者ᄂᆞᆫ 不可不 購覽ᄒᆞᆯ 冊이오니 速々購覽ᄒᆞ시옵

元賣所 布屛下 廣學書舖 金相萬

本會事務가 漸次擴張이온바 本會에 願入ᄒᆞ실 有志僉君子ᄂᆞᆫ 本會로 陸續來議ᄒᆞ와 山林業 發達케ᄒᆞ심을 希望ᄒᆞᆷ

(電話二九三番)

大韓山林協會 本部 告白

發行兼編輯人 英國人 萬咸
Responsible for Publication Alfred Weekley Marnham.
發行所 南署石井洞號外地三層洋屋 大韓每日申報社

第六卷

大韓每日申報

第九百九拾三號

月曜及慶節時日休刊

檀君開國四千二百四十二年
箕子元年三千三十一年
大韓開國五百十八年
日本明治四十二年
淸國光緖三十四年
隆熙戊申十二月大十五日丙寅

論說

◉禮山來人의言을記ᄒᆞᆷ

客이禮山邑으로부터來ᄒᆞ야該部近事를傳ᄒᆞᄂᆞᆫ者ㅣ有ᄒᆞ야曰去拾二月分에邑內市日을當ᄒᆞ야日警吏一人이市人에게對ᄒᆞ야經濟恐慌의現狀을說ᄒᆞ얏ᄂᆞᆫᄃᆡ彼의言에曰嗟乎라今日韓國이貧弱을免코져ᄒᆞᆯ진ᄃᆡ可得ᄒᆞ리오

大抵國家의貧富ᄂᆞᆫ輸入輸出品의孰多孰少로判ᄒᆞᄂᆞᆫᄃᆡ卽今韓國에ᄂᆞᆫ輸出品이多ᄒᆞᆫ가輸入品이多ᄒᆞᆫ가遠者ᄂᆞᆫ姑勿論ᄒᆞ고卽目前의所見으로만論ᄒᆞ야도韓國의輸出物이能幾何인가

韓國의輸出物이라ᄒᆞᄂᆞᆫ것은唯彼米、太、牛三者뿐이오其外에ᄂᆞᆫ皆輸入이라

身上의衣着은倭木唐木이是며家間의器用은唐器倭器가是오其他外國物品과海舶輪車로輸來ᄒᆞᄂᆞᆫ者ㅣ潮頭가滾滾ᄒᆞᄃᆞᆺᄒᆞ니韓國同胞가엇지貧窘을免ᄒᆞᆯ수가有ᄒᆞ리오

大抵利를爲ᄒᆞ야往ᄒᆞ며利를爲ᄒᆞ야來ᄒᆞᆷ은古今何代人이不然ᄒᆞ리오만은只今은輪船鐵道에環球가大闢ᄒᆞ야天涯가比隣이오萬里가咫尺이라亘古不相通ᄒᆞ던貨物의各種이牙를磨ᄒᆞ며爪를張ᄒᆞ야利壹字를爭ᄒᆞᄂᆞᆫᄃᆡ韓國同胞ᄂᆞᆫ依然히錙銖를向ᄒᆞ야時勢의變遷을不知ᄒᆞ고但此「米太牛」三者를賣ᄒᆞ야許多外國物을買用ᄒᆞ니

聽ᄒᆞ라米壹斗에其價가幾拾錢에不過ᄒᆞ며太壹升에其價가幾拾分에不過ᄒᆞ며牛壹隻에其價가幾十圓에不過ᄒᆞ거ᄂᆞᆯ此些小産物로日日外來ᄒᆞᄂᆞᆫ絲巾器皿等物을交換코져ᄒᆞ니其國이엇지不貧ᄒᆞ며其民이엇지不窘ᄒᆞ리오

從今으로韓國同胞ᄂᆞᆫ壹切注意ᄒᆞ야必也可及的ᄃᆡ로外國物은勿貴ᄒᆞ고土産物을是用ᄒᆞ라ᄒᆞ고移時를演說ᄒᆞ얏더라

嗚乎라此가비록日人의言이나卽我國人頂門上의壹針이될지로다

彼日人이야果然實心으로韓國同胞에게勸告ᄒᆞᆷ인지抑或表面으로韓國同胞에게勸告ᄒᆞᆷ인지又或勸告를假託ᄒᆞ고陰陰히韓國同胞困苦의現狀을冷嘲ᄒᆞᆷ인지此ᄂᆞᆫ不問ᄒᆞ고

但只其語句만取ᄒᆞ야三復ᄒᆞ라今韓國經濟界의現狀이卽彼日人의言과如ᄒᆞ야外國物輸入은日加ᄒᆞ고土産物輸出이日減ᄒᆞᄂᆞᆫ所以가아닌가

經濟者ᄂᆞᆫ國民死活의機關이거ᄂᆞᆯ今番에國民의需用件을思ᄒᆞ건ᄃᆡ絲寸이何來며石油가何來며石炭이何來며卷烟이何來며子ᄯᅩ가何來며紙物이何來며鉛筆이何來며銅鐵이何來며茶品이何來며絲布가何來며瓷器가何來오此皆倭物이아니면唐物이며唐物이아니면洋物이오又賓會館에設ᄒᆞᆫ데茶罐交椅가無非泥峴件이며學校를創ᄒᆞ니時鍾石板이皆是大阪製라全國內에無多ᄒᆞᆫ殘錢分銅이日日外國으로走ᄒᆞ니엇지可驚ᄒᆞᆯ비아니리오故로彼日人이韓國人의外物太嗜ᄒᆞᆷ을嘲ᄒᆞᆷ이니彼가비록日人이나此言은可히銘心ᄒᆞᆯ비로다

雖然이나現今時代에坐ᄒᆞ야徒然히口를騰ᄒᆞ야外物을不用ᄒᆞᆫ다ᄒᆞ면是ᄂᆞᆫ實際上難行의事이니韓國同胞를爲ᄒᆞ야計ᄒᆞ건대爲先目下에ᄂᆞᆫ可及的으로土産을必用ᄒᆞ며壹邊으로ᄂᆞᆫ汲汲히外物을倣造ᄒᆞᆷ이可ᄒᆞ다ᄒᆞ노라

▲隆熙貳年拾月二拾七日 官報

農商工部告示第拾一號

第五십條 不動產登記法施行細則第四條第五條第拾二條第十三條第二拾條乃至第二拾四條第二拾七條第三十三條乃至第三拾九條第四拾七條第五拾壹條第七十壹條第壹項及第七십四條의規定은商業登記에此를準用ᄒᆞᆷ

(參照)

不動產登記法施行細則第四條 登記簿及共同人名簿ᄂᆞᆫ登記所의請求를因ᄒᆞ야地方裁判所長이此를交付ᄒᆞᆷ이可ᄒᆞᆷ

登記所ᄂᆞᆫ翌年內에必要ᄒᆞᆫ帳簿의冊數及各冊의枚數와面積을ᄒᆞ야每年拾一月中에請求를行ᄒᆞᆷ이可ᄒᆞᆷ但區裁判所出張所의帳簿ᄂᆞᆫ管轄區裁判所로부터此를請求ᄒᆞᆷ이可ᄒᆞᆷ

預定外帳簿의必要를生ᄒᆞᆫ時ᄂᆞᆫ隨時其請求를行ᄒᆞᆷ을得ᄒᆞᆷ

同法第五條 登記簿及共同人名簿의用紙에ᄂᆞᆫ預히丁數를記入ᄒᆞᆷ이可ᄒᆞᆷ

同法第拾二條 接受號數ᄂᆞᆫ壹個年마다更新ᄒᆞᆷ이可ᄒᆞᆷ

同法第拾三條 接受簿에申請人의姓名을記載ᄒᆞᄂᆞᆫ境遇에登記權利者又ᄂᆞᆫ登記義務者가多數ᄒᆞᆫ時ᄂᆞᆫ申請書에揭ᄒᆞᆫ頭番者의姓名及他人員을記載ᄒᆞᆷ으로써足ᄒᆞᆷ

(未完)

外報

●伊國震災後報 路透電을據ᄒᆞᆫ則伊太利에地震이有ᄒᆞ야시시리島에셔七萬名이死傷되엿고가라부리야島에셔三萬名이死亡되고시시리市全部ᄂᆞᆫ潰滅되얏ᄂᆞᆫᄃᆡ英露軍艦으로부터糧食을送ᄒᆞ얏고伊國皇帝及皇后ᄂᆞᆫ八千磅을下賜ᄒᆞ얏다더라

●弔慰金贈附 東京電을據ᄒᆞᆫ則日本皇帝ᄂᆞᆫ伊國天災에對ᄒᆞ야金壹萬元을贈附ᄒᆞ기로作定ᄒᆞ얏다더라

●袁氏의辭歸 同電을據ᄒᆞᆫ則袁世凱씨ᄂᆞᆫ足病을因ᄒᆞ야軍機大臣을辭職ᄒᆞ고近日鄕里에歸省ᄒᆞᆫ다ᄒᆞ더라

●軍機大臣의候補 同電을據ᄒᆞᆫ즉那桐氏ᄂᆞᆫ軍機大臣의候補가되얏다더라

詞藻

●固守力

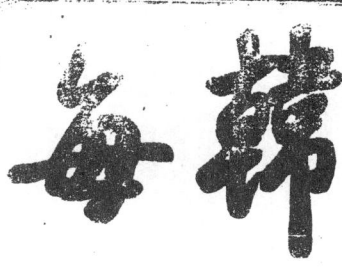

得失이在數라ᄒᆞ나。사ᄅᆞᆷ의게잇ᄂᆞ니라
ᄒᆞᆫ번일흔후ᄂᆞᆫ、다시찻기어렵도다
아마도、일치아니라면、직힐밧게

雜報

◎大皇帝御巡國

大皇帝陛下ᄭᅴ오서 親히國內를 御巡ᄒᆞ샤地方의情形을 觀察ᄒᆞ시고赤子의苦痛을 詢問ᄒᆞ실次로明二日京城에서 御出發ᄒᆞ실터인ᄃᆡ其日表가如左ᄒᆞ니
七日大邱八日釜山九日釜山拾日馬山浦拾壹日大邱십二日水原拾三日還 御ᄒᆞ신다더라

●御駕陪行 大皇帝陛下ᄭᅴ옵서 御巡國ᄒᆞ시ᄂᆞᆫ事ᄂᆞᆫ別項과如ᄒᆞ거니와各部大臣及伊藤統監이陪從ᄒᆞᆫ다더라

●御路看審先發 大皇帝陛下ᄭᅴ옵서巡國ᄒᆞ시ᄂᆞᆫ事에就ᄒᆞ야醫務局長松井과書記官小松及宮內府高等官數名이 幸行의路次를看審ᄒᆞ기爲ᄒᆞ야今日에先爲出發ᄒᆞ얏다더라

●訪問長谷 再昨日下午八時에伊藤統監이長谷川大將을訪問ᄒᆞ고何等秘密事項을協議ᄒᆞ고後同十壹時에還邸ᄒᆞ얏다더라

●新年新內閣 某某大官의辭職ᄒᆞᆷ은昨報에已揭ᄒᆞ얏거니와近日以來로政府가變更되고新內閣을組織ᄒᆞᆫ다ᄂᆞᆫ說이頗爲喧藉ᄒᆞ다더라

●顧問辭免 中樞院顧問閔泳綺氏가拓殖會社副總裁를被任ᄒᆞᆫ故로該院顧問은辭免ᄒᆞ얏다더라

●閔氏厚俸 拓殖會社에서副總裁閔泳綺氏의年俸은七千二百圓이오手當金은五千圓으로立算ᄒᆞ얏다더라

●日人起訴決心 日人江藤恒策이가莞島郡森林을買得次로其某大官에게紹介費三萬圓을費用ᄒᆞ얏ᄂᆞᆫᄃᆡ到今ᄒᆞ야ᄂᆞᆫ該林件이成立될希望이渺無ᄒᆞᆷ으로該費金을還推ᄒᆞ기爲ᄒᆞ야該日人이不遠間裁判ᄒᆞ기로決心ᄒᆞ얏다더라

●陵令廢止 各陵官을減額ᄒᆞᆫ다ᄂᆞᆫ說은已報어니와今은陵令을廢止ᄒᆞ고參奉二人式만置ᄒᆞᆫ다더라

●濁流於淸 各郡守를該觀察使가薦報ᄒᆞᆷ을依ᄒᆞ야敍任ᄒᆞᆷ으로郡守의行政이不美ᄒᆞ여도該觀察使之責에相碍가되여觀察이不得擧公ᄒᆞ고自下塗抹ᄒᆞ야郡政이如此ᄒᆞᆫ境에至ᄒᆞᆫ지라內部에서各觀察使의行動은各道警察署로郡守의行動은各郡警察分署로秘訓ᄒᆞ야探ᄒᆞ야摘發措處ᄒᆞᆫ다ᄒᆞ니此ᄂᆞᆫ新部의政策에似有是擧이나各警察官吏가公直査報ᄒᆞᆯᄂᆞᆫ지地方官의臧否ᄂᆞᆫ到底難査라ᄂᆞᆫ輿論이有ᄒᆞ다더라

●一進會의行動 漢城府民會에對ᄒᆞ야一進會에서來十日에會ᄒᆞ고各任員을組織코ᄌᆞᄒᆞᆷ은本報에已揭ᄒᆞ얏거니와만일如意치못ᄒᆞ면該會首領宋秉畯氏의權力을借得ᄒᆞ야人民會集의治安妨害라ᄒᆞ고解散ᄒᆞᆯ次로左右運動中이라더라

●近衛隊加設 中部觀峴前親衛二隊營門은今年度에修理ᄒᆞ야近衛隊를加設ᄒᆞᆫ다더라

●閔氏申請 閔泳璘氏ᄂᆞᆫ有何事端인지京城地方裁判所에서本月七日에待ᄒᆞ라고招帖ᄒᆞ얏더니閔氏가公州郡에前往ᄒᆞ야所幹事가有ᄒᆞᆫ故로五日延期를申請ᄒᆞ얏다더라

◎韓國移民의概則

臨江縣管帶에韓國移民에就ᄒᆞ야前日에協商問題를起ᄒᆞ얏ᄂᆞᆫᄃᆡ其後奉天官憲의種種講究ᄒᆞᆫ結果로今回에規則을制定ᄒᆞ야東邊各地方官及駐韓淸國領事를經ᄒᆞ야統監府에通牒ᄒᆞ얏ᄂᆞᆫᄃᆡ其規則大槪ᄂᆞᆫ如左ᄒᆞ니

壹、韓國移民에對ᄒᆞ야充分ᄒᆞᆫ保護를與ᄒᆞ며居住에自由를許ᄒᆞ고再히制限을加ᄒᆞ야故障을惹起ᄒᆞ미無케ᄒᆞᆯ事

貳、今後歸國의移住民은東邊道臺의保證을得ᄒᆞ야東邊外地에赴ᄒᆞ야開墾ᄒᆞᆷ을得ᄒᆞᆯ事

三、地方官은耕地를貸與ᄒᆞ야農業을總管케ᄒᆞ며且移民의戶籍을調査ᄒᆞ야總督의게報告ᄒᆞᆯ事

四、韓國民으로淸國에歸化키를願ᄒᆞᄂᆞᆫ者의게ᄂᆞᆫ淸國人과如히課稅를徵收ᄒᆞ되苛酷ᄒᆞᆷ이毫無케ᄒᆞᆯ事

●郡主請願 抱川郡守事許燮氏가自己外從叔義哲氏로直員을薦擧ᄒᆞᆫ事ᄂᆞᆫ已揭어니와該郡大韓協會에서許氏의게該事實을質問ᄒᆞᆫ즉許氏의所答이此等事ᄂᆞᆫ初無ᄒᆞ다ᄒᆞ고極口發明ᄒᆞ더니該郡儒林諸氏가該事件을調査ᄒᆞ미證據가確有ᄒᆞᆫ故로許氏의行爲를枚擧ᄒᆞ야罷免ᄒᆞᆯ事로該道에等訴ᄒᆞ얏더니許氏ᄂᆞᆫ愧作心을不堪ᄒᆞ야內部에辭職請願을預先提呈ᄒᆞ얏다더라

●憲補蠻行 京城中部憲兵補助員某가日前에南部茶洞何許酒家에서飮酒泥醉ᄒᆞ야勞働人壹名과無端相詰ᄒᆞ다가該人을亂打重傷ᄒᆞ고衣袴를裂破ᄒᆞ며作梗이無雙ᄒᆞᆫ故로該署內巡査가補助員을挽執禁止ᄒᆞ미巡査를反爲毆打ᄒᆞ야面部三四處를毁傷ᄒᆞᆫ지라所轄警察署에서憲兵本部로交涉ᄒᆞ야김某를押去ᄒᆞ얏다더라

●補助員의行悖 平壤來僧을捕ᄒᆞᆫ則憲兵補助員이昨年拾二月二拾九日夜拾二時量에路上行人의囊橐을搜探ᄒᆞ야所有錢財를奪ᄒᆞᆯ時에農夫某가逢ᄒᆞ야瞋目叱喝ᄒᆞ고即探囊槖ᄒᆞ거날該人의所帶鐵椎로補助員의頭部를打破ᄒᆞ야流血이淋漓ᄒᆞ야不省人事라元來此人은警察署巡査로巡察ᄒᆞ기爲ᄒᆞ야農夫의模樣을扮作ᄒᆞ얏ᄂᆞᆫᄃᆡ補助員이錢財奪取에眼孔이赤ᄒᆞ야該人의行動을詳察치못ᄒᆞᆷ으로反爲逢敗ᄒᆞ얏다더라

●對抗民會 壹進會에서漢城府民會와對抗키爲ᄒᆞ야地方支會員을多數招上ᄒᆞᆷ으로各郡人民은何等事項인지不知ᄒᆞ야情況이甚히騷擾ᄒᆞ다더라

●是何悖類 忠州東幕居李化京은服農自生ᄒᆞᄂᆞᆫ壹愚民인ᄃᆡ隣居ᄒᆞᄂᆞᆫ鍍爲名人이李시를酒家로誘引ᄒᆞ야酒를勸ᄒᆞ야酩酊ᄒᆞᆫ後에淸風居朴致章朴南山兩人으로더부러賭酒ᄒᆞ다가郡ᄒᆞ되錢二十四錢으로相戱ᄒᆞᆯ새李시의게酒를强勸ᄒᆞ야精神을昏迷케ᄒᆞᆷ으로顚倒昏睡ᄒᆞ얏ᄂᆞᆫᄃᆡ翌曉에兩朴이李시曰昨夕에賭債壹萬餘兩을負ᄒᆞ얏스나幾許ᄂᆞᆫ蕩減ᄒᆞ고四千兩만報給ᄒᆞᆯ意로成票ᄒᆞ라ᄒᆞ미李시가應치아니ᄒᆞᆫ즉渠手로票를書ᄒᆞ야李시의게勒捧코져ᄒᆞᆫ다더라

●洪氏被押 京居陳昌錫시가豊德郡孝禮동山板松楸를山主洪完基시의게結價五千圓에買渡ᄒᆞ야營業次로斫伐ᄒᆞ더니洪시의族人洪永杓시가完基시와圖章을僞造ᄒᆞ야日人吉田定吉과內村道夫兩人의게該山板을再賣ᄒᆞᆫ지라陳시가[illegible]城郡警察署에呼訴ᄒᆞ야日人의買得ᄒᆞᆫ書類ᄂᆞᆫ自該署로推納ᄒᆞ고洪永杓시ᄂᆞᆫ警視廳으로押上ᄒᆞ야監獄署에牢囚ᄒᆞ얏다더라

●文廟之賊 河東人의傳說을聞ᄒᆞᆫ즉宜川郡內校洞居生學彬은本以酒色之徒로流涎於鄕校留物ᄒᆞ고去辛丑壬寅兩年捧稅事務를圖得ᄒᆞ야稅米之乾沒과菜田之潛賣ᄂᆞᆫ尙矣勿論이어니와田土之外方所存者를憑藉以移買ᄒᆞ고良林則渠自斫賣ᄒᆞ며且癸年甲辰에鄕校訓長을圖得ᄒᆞ야校園松木幾拾株를自意散賣ᄒᆞ야潛食其利ᄒᆞᆷ으로儒論沸騰ᄒᆞ야呈狀府郡ᄒᆞ야贓錢二千兩을懲出納限者ㅣ于今四五年에專事延拖ᄒᆞ니究其行爲면實文廟之賊也오近日學部訓令內에各府郡鄕校訓長은廢置ᄒᆞ고以學識德望者로指報ᄒᆞ라ᄒᆞᆫ바直員輩ᄂᆞᆫ判任官이라ᄒᆞ야圖得之心이壹層又生ᄒᆞ야儒會之日에何以運動이던지該氏가從多点發ᄒᆞ야方在指報中인故로該郡士林이齋鬱ᄒᆞᄂᆞᆫ中이라더라

●壹胎三兒 中部順和坊校內居김應駿시夫人이昨年에三胎를得ᄒᆞ얏ᄂᆞᆫᄃᆡ每日壹兒式三兒가盡爲化去ᄒᆞ얏다더라

●賊魯漸熾 北壯洞居崔鎭시가昨夜九點鐘에西十字橋等地로過去하다가强盜를逢着ᄒᆞ야紙貨拾圓과冠宕을沒數見奪ᄒᆞ얏다더라

●西北合同紀念 三昨日西北學會에서西友漢北兩會合同紀念式을盛大히設行ᄒᆞ얏ᄂᆞᆫᄃᆡ該會員安昌浩李寶鎭劉元杓諸시가次第演說ᄒᆞ얏다더라

●三坊開會 瑞進淸三坊에서今日上午拾壹時에壽進洞興化學校內에會ᄒᆞ고總會를開ᄒᆞ고壹般任員을選定ᄒᆞᆫ다더라

●藏會任員選定 再昨日에西署各會員이京橋普興義塾內에開ᄒᆞ고壹般任員을公選ᄒᆞᄂᆞᆫᄃᆡ會長은李容稙시가被選되고評議員은金聲煥李舜夏諸시가被選되엿다더라

●幸進校設立 北部諫洞有志諸시가東亞幸興義塾을設立ᄒᆞ고塾長安翼善贊成員安基用諸시와德化全奉植諸시가熱心贊成ᄒᆞᆫᄃᆡ日昨에개校式을擧行ᄒᆞ얏다더라

●壹新冬試 水原郡烏山壹新學校에서冬期試驗을經ᄒᆞ얏ᄂᆞᆫᄃᆡ甲班優等生金圭烈宋建섭等三人이오乙班優等生鄭진鉉趙金玉동二人이오丙班優等生김順大鄭基鉉等二人이오丁班優등生金학周李建得등三人이오夜學科優等生李섭異俊등等三人이라더라

●龍潭興學 龍潭郡西面에서朱陽夜學校를設立ᄒᆞ야勞働者入學人이四十名에達ᄒᆞ고지亭과星岩五六洞에도皆設夜學ᄒᆞ야多者ㅣ三十餘員이오小者ㅣ貳十餘員에達ᄒᆞ엿다더라

●仁校義捐 有志諸시가仁港仁明學校의教育程度를觀覽ᄒᆞ고贊成ᄒᆞ기爲ᄒᆞ야捐助ᄒᆞ얏ᄂᆞᆫᄃᆡ宮內府囑託官劉[illegible]五圓이오宮內府榮培主事炳소二시ᄂᆞᆫ各壹圓式捐助ᄒᆞ얏다더라

◎咸荷義捐

西部東幕有志紳士李鍾浩氏가金一圓을本社에補助ᄒᆞ얏기感意를表하노라

▲擧筆問新▲

▲新氣淸明此天地에萬戶雪色이웬일인가兩眼拭拭다시보니가館報片紙에雪인듯滿紙淸新字로다韓國內의耳目聰明은諸字ᄒᆞ엿ᄂᆞᆫ지新年新筆에여들고壹次試問ᄒᆞ여볼ᄭᅡ

▲自唱自和搆運大臣宅과金珦은無中假話지어내여愚昧人民속인後에多少金錢欺取ᄒᆞ고無知寡婦誘引ᄒᆞ야家屋財產沒呑ᄒᆞ니陰謀奸狡挾雜心이新乎否乎무러볼ᄭᅡ

▲殘忍薄行못ᄒᆞᆫ놈노吳任自爲之宋秉畯은今日富貴壯ᄒᆞ기로舊日恩德이즐ᄭᅥᆫ가閔忠正의家屋田土强奪證據ᄒᆞ라하고無賴輩를敎唆ᄒᆞ니欺人孤寡慘毒心이新乎否乎무러볼ᄭᅡ

▲不知有國鄭神大監伊錢部房王에게納賂코ᄌᆞ學校園會仇視ᄒᆞ야分養義捐姑舍ᄒᆞ고無理毁謗妄加ᄒᆞ니愚痴悖戾鄙吝心이新乎否乎무러볼ᄭᅡ

▲鋼鐵大監바리게輕重閔泳徽ᄂᆞᆫ晩年富貴掀大時에各道각郡人民田土抑買强奪헤온손가法庭冤訴당至ᄒᆞ되少不動念卑却ᄒᆞ니能受能耐頑固心이新乎否乎무러볼ᄭᅡ

▲若何他人擇其兄에貪歟不義閔泳璘은都下流之大賢으로有兄盜跖ᄃᆞ려니니閔忠正之血으로弟如此意外로다花々天理難測ᄒᆞ니愚昧鄙陋頑固心이新乎否乎무러볼ᄭᅡ

▲諸公들아々々々々執無選ᄒᆞ리이ᄂᆞᆫ昨之爲貴이어니가於私爲허보라時機情形各々도다爲出事ᄂᆞᆫ何如던지先天外예못서두고新年新天爲始ᄒᆞ야諸公부터悔改하소

廣告

本人에名光輔를以光奭으로更爲改定ᄒᆞ오니知舊間照亮ᄒᆞ심을敬要
前侍從正三品 徐光奭 告白

本人의族人元周가性素不良ᄒᆞ야出沒萊港ᄒᆞ다가以鄙先山位土沓을僞造文券ᄒᆞ야潛偸盜賣云ᄒᆞ오니內外國人은切勿見欺옴
昌寧郡漁村面桃洞居 楊종夏 鍾禹 선奎 告白

前水使尹公滋셩氏以宿患本月拾三日未時別世ᄒᆞ와鄕族戚及知舊間照亮 從弟 滋學

本人이茶동居ᄒᆞ다가傳今에西部養生坊奉常司前洞第壹白○三統拾二戶로轉移ᄒᆞ얏솜기玆仰布知舊間照亮홈 李冕宇 告白

本人이今年四月分에田답과舍並載ᄒᆞᆫ文券을本面도村居ᄒᆞᄂᆞᆫ安光弼이가盜取逃走ᄒᆞ얏사오니內外國人은典買間切勿見欺하시옴
木川郡北面瓦子居尹秉榮 告白

本郡州內両西部前載寧郡守李敎榮氏丁薫敎兩氏가首陽測量學校를設立ᄒᆞ고機械까지購求ᄒᆞ야貧寒ᄒᆞᆫ學員의게借與見習케하고敎師김學善趙昌鎬兩시도以十圓ᄒᆞ料를辭却ᄒᆞ고義務로敎授ᄒᆞ민三拾餘名學員이壹層感激ᄒᆞ야熱心做工ᄒᆞ니右両氏ᄂᆞᆫ全道內表準이되깃기玆에廣布홈
黃海道海州 趙海瓚 張德祚 김周植等 告白

本人이도장을本月初壹日에서失ᄒᆞ엿기에玆에廣告ᄒᆞ오니知舊間照亮ᄒᆞ심을望홈
南部水橋五拾四統拾戶李종台

前金川郡守金顯황之황字를以鍇字改名ᄒᆞ오니知舊間照亮하시옴
金顯鍇 告白

本府首面이伊來有志僉彦의熱心을因ᄒᆞ야普通私立及女學校四個所가次第成立ᄒᆞ야靑年敎育의前進之望이有ᄒᆞ나下等社會의敎育方針이全無ᄒᆞ야同胞의前途에欠點이有ᄒᆞ더니隆熙二年六月日에發起諸氏가慨然히時務를感悟ᄒᆞ고現狀을硏圖ᄒᆞ야勞動夜學校를設立ᄒᆞ고義務로敎育ᄒᆞ민不久에학徒의數爻가六拾七人에至ᄒᆞᆫ지라壹邑紳士都同情贊成ᄒᆞ야義捐寄付가遂ᄒᆞ답至ᄒᆞ야校況이蔚然是興ᄒᆞ미校員과發起諸시가更爲協商ᄒᆞ야時機의急務를隨ᄒᆞ야職校內에測量速成科를設ᄒᆞ고晝夜敎育ᄒᆞ야前進의期望이有ᄒᆞ온즉此等義務ᄂᆞᆫ有不可泯默이라發起諸시와寄付諸시를左개公布ᄒᆞ오나追後寄付諸사ᄂᆞᆫ第二回로公布ᄒᆞ더옵기玆先廣告홈
東萊府首面私立勞働夜學校
校長李楨烈 학監宋憲ㄱ
校監吳奉根 監督尹鍾涉
姜達馨 文楨律
發起人 金秉圭 申雨英 秋鳳贊
寄付人
濾召史東年 금五拾圓
梵魚寺 김祉洪 各三십圓
贊武契 貳拾圓 敎世契
朴召史蘭田 朴敬洪 各十五圓
尹鏞炳 趙尙年 김龍昕
吳應根 崔榮圭 吳奉根
吳庠泳 秋斗定 박在錄
尹炳準 崔敬浩 김聚勳
具澤龍 김始煥 張우鎬
姜信鎬 吳仁圭 鄭安斗
김炳洛 리하珣 卞召史竹濃
朴茂永 姜巡自 安光沫
각拾圓 尹滋佑 五圓五十錢
김錫萬 尹相殷 朴銓磬
郭在河 權順度 鄭文善
白南珣 車育範 朴周敦
각五圓 王基厦 趙性謨
각三圓 김成七 黃洛三
尹相求 朴達千 김舜直
吳敬仁 각二圓
共計四百八拾三圓五十錢

忠州東幕居李化京은業以農民으로年少性懦러니同郡居鄭鐵與淸風居朴致章朴南山等으로가誘人酒家ᄒᆞ야强勸至醉ᄒᆞ고請以賭酒雜技이어날李云不知雜技等事則彼等曰壹見可知라하고卅銅二拾四錢을ᄒᆞ와相勸訓戲之際에化京이不勝酒氣ᄒᆞ야仍以就睡러니翌朝에鄭鐵與両朴이謂曰化京日君知昨夜之事乎아日但知消遣이오不知他라ᄒᆞᆫ대彼等曰昨夜에君之所負錢이壹萬餘兩이나特減ᄒᆞ고四千兩만淸出ᄒᆞ라ᄒᆞ야互相毆打하야欲捧手票ᄒᆞ니豈如許之事乎아리시가堅執不屈한데鄭鐵가自作手票ᄒᆞ야稱以當捧이라하고誣訴于公州地方裁判所ᄒᆞ니如此光明之世에安有如是之賊手잇가方以擧訴矣로玆以廣告ᄒᆞ오니僉君子ᄂᆞᆫ照亮ᄒᆞ심을敬要
堤川公才리溺憲 告白

徐丙璣改名光政ᄒᆞ고弟丙韶改名光韶홈
徐光政 白

本人에圖章을隆熙壹月分에遺失하엿삽오니內外國人은以此照亮홈
黃海道信川馬山面洪淳龜 告白

本人朴寅哲哲字를喆字로改定ᄒᆞ와삽기內外國人은諒知홈
前主事朴寅喆 告白

特別廣告

本社事務所를京城磚洞에現今開設ᄒᆞ고各地方에 **代理人** 을置ᄒᆞ라ᄒᆞ오니本社 **定欵** 을詳細陳述ᄒᆞᆯ時機가來到ᄒᆞ얏亽오니條項에揭呈ᄒᆞ와他日을姑俟ᄒᆞ오며本社 **資金** 의現今總額은拾萬圓이온ᄃᆡ壹萬株로分ᄒᆞ야每株에拾圓式이옵

本社에셔ᄂᆞᆫ本社에關ᄒᆞᆫ細項事項까지 僉彦의詳諒ᄒᆞ시기를懇望ᄒᆞ오니 僉彦ᄂᆞᆫ案頭에暫坐ᄒᆞ야

京城郵便局郵函第四十号韓美興業株式會社

라皮封에ᄒᆞ야壹書札을 **寄送** ᄒᆞ시되本社에詳細事項을通知ᄒᆞ라ᄒᆞ시면本社에셔ᄂᆞᆫ答函ᄂᆞᆫ即呈ᄒᆞ더이오니 惠覽後 貴地方에셔ᄂᆞᆫ何事務가本社의進行ᄒᆞ기에最適하올지 **高明** ᄒᆞᆫ **意見** 을 惠賜ᄒᆞ시옵是를爲하야 **來一月三十日以內** 로高明ᄒᆞᆫ書札 을寄送ᄒᆞ시ᄂᆞᆫ 僉彦에게如左히 **賞金** 을分등ᄒᆞ야送呈ᄒᆞ깃솜

本社에셔 **高明ᄒᆞᆫ書札中**

一等 으로認定ᄒᆞᆫ者ᄂᆞᆫ	五十圓	二等	二十圓
三等	十圓	四五等	各五圓
六等至十等	各二圓		

僉彦의 **費用** 은 **郵票價** 以外에무엇이또잇솜잇가단단히싱각ᄒᆞ아보시오

本社에셔大韓帝國內各處와通信을連絡ᄒᆞ기爲ᄒᆞ야如此히 **懸賞** ᄒᆞ기를不惜ᄒᆞ오니本社의各地方에셔進行ᄒᆞᆯ方針에對ᄒᆞ야 **貴重** ᄒᆞᆫ **勸告** 를願聞ᄒᆞ옵나이다

京城磚洞 **韓美興業株式會社** 告白

平壤代理人 平壤大同門外店洞 **鄭基煥**

本會社에셔鐵路와郵便이迢遠ᄒᆞᆫ地方에在ᄒᆞᆫ 僉彦의寄函ᄒᆞ실期限은寬裕키爲ᄒᆞ야壹月三拾日以內로退定홈

特別廣告

漢城鍾路慈惠大藥房

大韓東西藥業月報社製藥普

咽喉 降火水 五日分 金壹圓
消化 告味 甘酸水 金五十錢

天下 補益丸 二圓五十錢
滑潤腸丸 二十錢

淋疾 祛淋藥 五十錢
痢疾靈散 三十錢

清[illegible]藥 十五錢
養兒寶散 十五錢

寸虫 拔根藥 三十錢
絶妙鷄納丸 十錢

蛔虫 沒虫丸 二十錢
足汗臭藥 二十錢

感冒 舒感冒丸 十錢
太腫合瘡膏 十錢

消痰鎭咳藥 三十錢
漢城百應膏 十錢

積滯 消積丸 五十錢
癲氣神效 保嬰散 十五錢

各藥膏草材大小包郵便信送

初等大韓新地誌

壹册定價 金 貳拾五錢

初等大韓地誌가三四種이 次刊行되엿스오나 敎育上에 缺點이 無ᄒᆞ다 可謂ᄒᆞᆯ지니 今에 此書ᄂᆞᆫ 特別히 幼年程度의 適當ᄒᆞᆫ 者爲ᄒᆞ여 問答例로 詳密히 編ᄒᆞ야 小學校用에 必要ᄒᆞ오니 光ᄒᆞ심을 望ᄒᆞᆷ

語文典音學

周時經 著述　全壹册 定價 二拾錢

此書ᄂᆞᆫ 周時經씨가 拾有餘年을 硏究ᄒᆞ여 國語에 關ᄒᆞᆫ 音學에 諸法則을 詳密히 說明ᄒᆞ여 一般界에 極히 有用ᄒᆞ오니 文學에 志ᄒᆞ신 諸씨와 學年 敎員은 速需用ᄒᆞ심을 바라나니다

漢字初習

全壹册 定價金拾五錢

館에서 著作ᄒᆞᆫ 漢字初習은 漢字에 義ᄅᆞᆯ 幼穉라도 解得ᄒᆞ기 易ᄒᆞᆫ 字ᄅᆞᆯ 揀ᄒᆞ여 畫數의 多ᄅᆞᆯ 隨ᄒᆞ야 編次ᄒᆞᆫ 것인ᄃᆡ 敎授ᄒᆞ기와 解得ᄒᆞ기와 習字ᄒᆞ기가 字文이나 其他漢文初學을 爲ᄒᆞ여 著作ᄒᆞᆫ 冊子들 中에 最便ᄒᆞ고 最要ᄒᆞ며 幼穉와 普通初等漢科로 用ᄒᆞ기 適宜ᄒᆞ오니 多數需用ᄒᆞ시기ᄅᆞᆯ 바라ᄂᆞ이다

실업쇼셜 松뢰琴 송뢰금

焦雨堂主人陸定洙著　定價金 二十五錢

본쇼셜은 남아의 실업계활동과 가정녀의 범을사 출ᄒᆞ야 유려ᄒᆞᆫ 문장과 곡진ᄒᆞᆫ 사의는 풍긔을 개량ᄒᆞ고 도덕을 발휘ᄒᆞᆯ 저술이라 이 차시ᄃᆡ에 가치 잇ᄂᆞ 아오리다

발매소 南大門內尙洞會堂前博文書館　平壤鍾路大成書館　開城鍾路興華書舖　京鄕各有名書舖

大韓全國에 總發行所ᄂᆞᆫ 京城南大門內濟生堂大藥房

淸心保命丹

此丹은 化痰止咳ᄒᆞ고 ... 小兒不服에 奇效가 有ᄒᆞᆷ　金十錢

蔘茸大補元

一週日分 金壹圜　四週分 金三圜十錢　二週에 환 八十錢　十週 五圜三十錢

右약은 大韓名藥 鹿茸人蔘에 西洋有名ᄒᆞᆫ 補材ᄅᆞᆯ 混和ᄒᆞ야 我國兄弟의 臟胃와 性質에 適當ᄒᆞ도록 多年研究ᄒᆞᆫ 明인바 今에 先服人의 累試累驗이 隨症皆差ᄒᆞ니 果然今世之良藥이라 故로 主治效能을 左開廣佈ᄒᆞ오니 僉兄弟ᄂᆞᆫ 何不早圖壹試오 (效能) 先天不足과 健忘不眠ᄒᆞ며 心腎俱虛와 房事色傷이며 遺精多夢과 色傷腰痛에 房事時에 早漏不快ᄒᆞ며 重病後虛弱과 手足厥冷이며 食物不消와 貧血諸症에 奇效가 有ᄒᆞ고 無病人이 若服七週면 此補元藥으로 骨節이 强壯ᄒᆞ며 健康無病ᄒᆞ나니 此可謂眞世靈藥哉 若不其效면 약價還呈ᄒᆞᆷ

蛔積殺虫散

此散은 蛔積과 蛔腹痛과 蛔滯와 蛔虫을 一切去根 妙藥　金십錢

寸虫沒出藥

勿論男婦老幼ᄒᆞ고 寸虫을 一切 拔根之妙劑　壹人用三拾전

久滯 大通丸

年久ᄒᆞᆫ 積滯와 胸腹痛과 腹中積病을 驅除ᄒᆞᄂᆞᆫ 良劑　金拾五錢

感氣特效 解熱散

感氣드러 頭痛나고 寒熱往來ᄒᆞ며 肢節痛과 몸살에 幷神效　금拾전

되눈拔根藥

되눈과 못과 사마귀에 바르면 百發百中으로 빠지오　金십錢

新製百應膏

虫毒과 毒종과 根박인대와 종氣始初와 가리듯선대 神効　金拾전

去液生新 沃度膏

劍創과 모던종氣와 火傷과 곱재인데와 쑤시고 압픈데 神效　金拾錢

止足汗臭藥

발에 쌜리고 보션을신으면 惡臭와 汗이 걷치고 니음새 가업소　金十錢

其他藥種은 壹壹難記어니와 大韓國內藥商ᄒᆞ시ᄂᆞᆫ 僉兄의게ᄂᆞᆫ 藥價ᄅᆞᆯ 割引大放賣ᄒᆞ오니 陸續注文ᄒᆞ시오

京城南大門內 仁川港[illegible]　濟生堂主 李庚鳳

大英聖書公會 牧師 奇一 著述
大韓耶蘇敎書 [illegible] 委員

得以敎諭略

復元(?) 全一册 定價 [illegible]

此書ᄂᆞᆫ 歐洲拾五世紀 黑暗時代에 紅衣敎皇制와 壓迫을 脫ᄒᆞ고 上帝에서 賦與ᄒᆞ신 道德과 自由를 唱導興起ᄒᆞ야 許人으로 하야금 今日 新世界에 安寧生活케 ᄒᆞᆫ 空前絶後ᄒᆞᆫ 壹代恩人의 生平歷史니 道德을 慕ᄒᆞ시고 自由를 愛하시ᄂᆞᆫ 江湖僉彦은 不可不購覽ᄒᆞᆯ 冊子이오니 速々購覽하시옵

發賣元 皇城布屛下 廣學書舖 金相萬
京鄕 各書店

本人이 製造發行ᄒᆞᄂᆞᆫ바 靈丹을 今에 官許를 蒙ᄒᆞ고 大韓醫院業學士 兒島古里氏와 一等製藥官 劉世煥 兩氏 檢査證明과 軍部 軍務局衛生課 二等軍醫長 金益南 閣下와 諸大方家 高明醫士의 有効賞贊을 受ᄒᆞᆫ바 其應用說明은 如左ᄒᆞᆷ

說明書

靈丹

主治 暑。寒。吐瀉。腹痛及消化不良。食慾不進。頭痛目昏心臟鬱悶。船暈酒醉。眩暈痰迷。山嵐瘴氣。痞滿聲啞。水土不服等

地方各處에서 書信으로 請求ᄒᆞ시면 小包迅速進呈ᄒᆞ깃슴

發行本舖 皇城西部大廣橋 第十九統七戶 共愛堂大藥房 告白

▲警世歌

定價엽五錢

가세명당긔리편 右셔ᄂᆞᆫ 倫理上緊要ᄒᆞᆫ 奇談을 國文歌句로 編述ᄒᆞ야 評雜ᄒᆞᆫ 男女의 惡行悖習을 警惕ᄒᆞ며 婦女敎育을 됴흔 말로 通ᄒᆞᆫ 最良ᄒᆞᆫ 것이오

致富新說

定價엽三錢

右셔ᄂᆞᆫ 些少ᄒᆞᆫ 資本으로 進得巨利ᄒᆞᄂᆞᆫ 法과 牛疫治療에 神效ᄒᆞᆫ 方法

文明進化論

定價二拾錢

右셔ᄂᆞᆫ 文明進化의 知識을 開導케ᄒᆞᄂᆞᆫ 要서

元賣所 廣學書舖 金相萬
分賣所 京鄕各有名書舖

本會事務가 漸次擴張이온바 本會에 願入ᄒᆞ실 有志僉君子ᄂᆞᆫ 本會로 陸續來議ᄒᆞ와 林業發達케ᄒᆞ심을 希望

(電話二九二番)

大韓山林協會本部告白

發行兼編輯人 英國人 萬咸
Responsible for Publication Alfred Weekley Marnham.
發行所 南署石井洞號外地三層洋屋 大韓每日申報社

光武九年八月拾一日 明治三十八年八月拾一日 (第三種郵便物認可) 木曜日 西曆壹千九百九年壹月七日 (壹)

大韓每日申報

第六卷 第九百九拾四號

月曜及慶節歲時日休刊

檀君開國四千二百四十二年
箕子元年三千三十一年
大韓開國五百十八年
日本明治四十二年
淸國光緖三十四年
陰曆戊申十二月十六日丁卯

論說

●大小官吏를爲ᄒ야祈禱홈

記者ㅣ筆을執ᄒ以來로日々히大小官吏諸君을論ᄒ며時々히大小官吏諸君을論ᄒ다가今此新年新筆을擧ᄒ야又諸君을論ᄒ은實로不安ᄒ感念이有ᄒ나

然이나

記者가諸君을論ᄒ은諸君을惡ᄒ이아니라諸君을愛ᄒ인ᄃ記者가自來로諸君을爲ᄒ야祈禱ᄒ서今日에壹官吏를爲ᄒ야祈禱ᄒ고明日에壹官吏를爲ᄒ야祈禱ᄒ고又明日에壹官吏를爲ᄒ야祈禱ᄒ야諸君이娼奴의顏面을壹變ᄒ고烈女가되기를希望又希望ᄒ되

乃者諸君이改過키는姑舍ᄒ고醜態가日甚ᄒ며遷善키는姑舍하고惡孽이日長ᄒ니此가何故인가

數拾年沉病에神藥도其效가遲々ᄒ지라本報의筆이雖靈ᄒ들冥々ᄒ頑腦를엇지壹言에打破ᄒ며陳々ᄒ惡習을엇지一朝에快滌ᄒ리오

諸君이本報를對ᄒ미必然目을瞋ᄒ야怒罵ᄒ지며又諸君이必然耳를掩ᄒ야不聞ᄒ듯ᄒ지라是以로其頑腦가益堅ᄒ며其惡腸이益結ᄒ얏슴이로다本記者는血이沸ᄒᄂᄃ諸君은怒罵만ᄒ며本記者는腦가腐ᄒᄂᄃ諸君은不聞을듯ᄒ니然則自今으로ᄂ壹言도無ᄒ에可ᄒ가曰否々라雖然ᄒ믈諸君이地獄에自陷홈을엇지忍睹ᄒ리오故로今日에新福音으로諸君을爲ᄒ야更히新祈禱를覔試ᄒ노라

嗚乎諸君이諸君의責任을覔思ᄒ라目下의魔孽이疊々ᄒ고前進의事業이憂々ᄒ니凡此韓國同胞中에誰가責任이不重ᄒ리오만은

惟當局諸君의責任이愈重ᄒ나니諸君은宜乎寢不安食不甘ᄒ야壹晉壹思라도國家의利益을爲ᄒ야奮勵ᄒ며一分一刻이라도國民의幸福을爲하야勉強ᄒ지어날乃者諸君이或國家를害ᄒ야私已를肥케ᄒ며或國民을戕ᄒ야厲階를作ᄒ며或旅進旅退하야其位를尸ᄒ니嗚乎라諸君이여蒼天々々아我諸君으로ᄒ야금悔改케ᄒ옵소셔

嗚乎諸君아諸君의同胞를一顧ᄒ라中央政府나地方官廳을勿論ᄒ고所謂諸人官吏가幾人이나有ᄒ가彼可憐ᄒ同胞가其慘慘ᄒ何人에게告ᄒ며其救護를何處에望ᄒ리오諸君은宜乎倜儻勤勉하야地獄을打破ᄒ고天堂에共登키를圖ᄒ이可ᄒ거날乃者諸君이或威를假ᄒ야同胞를賊ᄒ며或威焰을肆ᄒ야私慾을逞ᄒ니嗚乎라諸君이여蒼天々々아我諸君으로ᄒ야금悔改케ᄒ옵소셔

嗚乎諸君아諸君의權勢를自念ᄒ라門墻에伺候ᄒ며膝下에乞憐ᄒ야紳妾의狀態로其諂媚를獻ᄒ며傀儡的面目으로其々活動作ᄒ니諸君의身勢가其亦可憐ᄒ더然이나此乃諸君의自作自受이니又誰를怨ᄒ리오嗚乎라諸君이여蒼天々々아我諸君으로ᄒ야금悔悛케ᄒ옵소셔

祈禱ᄒ노니諸君이여諸君이壹悔改ᄒ면國家의砥柱도可作ᄒ지며諸君이壹悔悛ᄒ면國民의活佛도可作ᄒ지며諸君이壹悔改ᄒ면諸君의身勢가光榮을可得ᄒ지니諸君은速々悔改ᄒ지어다速々悔改ᄒ지어다

官報

▲隆熙貳年拾二月二拾七日 官報

農商工部告示第拾二號

同法第二拾條 事變을避ᄒ기爲ᄒ야登記簿及其附屬書類를登記所外에持出ᄒ時는登記官吏는速히其旨를司法大臣에게具申홈이可홈

同法第二十壹條 裁判所又는預審判事에셔申請書其他附屬書類를送附ᄒ命令又는囑托이有ᄒ時는登記官吏는其關係가有ᄒ部分을限ᄒ야此를送付홈이可홈

同法第貳拾二條 登記簿의全部又는壹部가滅失ᄒ時는登記官吏는遲滯말고其事由와年月日과滅失ᄒ登記簿의冊數其他不動產登記法第二拾三條의告示를行홈에必要ᄒ事項을詳細히記載ᄒ고且回復登記期間을預定ᄒ야地方裁判所장에게申報홈이可홈但區裁判所出張所의申報는管轄區裁判所를經由홈이可홈

地方裁判所長이前項의申報를受ᄒ時는相當ᄒ調査를行ᄒ後司法大臣에게具申을行홈이可홈 (未完)

外報

●伊皇의震災地出發 路透電을據ᄒ則伊太利國皇帝께서는皇后와共히震災를當ᄒ地方으로向ᄒ야出發ᄒ얏다더라

●伊國震災後報 同電을據ᄒ則伊太利國震災地메쓰시나에서生存者는壹萬人이오메쓰기오地에는生存者가四千人인대메쓰기오에在ᄒ壯麗ᄒ寺院及學校가破壞ᄒ야多數學生及兵營에在ᄒ던數百名의兵士가死亡ᄒ얏다더라

●英國의陸軍擴張 倫敦電을據ᄒ則今年에는英國이陸軍演習을大擴張홀計畫인ᄃ貳個軍團에五萬人의騎步兵을參加홀터이라더라

雜報

●東興校興 驪城郡東面의士民들이子弟를敎育코ᄌ義務的으로家々戶々히打租場數를從ᄒ야租穀과麥을年々히收聚ᄒ야校費를支用ᄒ기로協定ᄒ고私立東興학校를新設ᄒ야面內靑年을培養ᄒᄂᄃ壹般職員의熱心으로校況이興旺ᄒ다고西來人의傳說이有ᄒ더라

詞藻

●大丈夫

大丈夫숨겨나셔。ᄒ울님이許多권만。출아리다셜치고、麟奇兵法외워내여、번듯번듯大將劍을보기됴케예들고、金鞍에놉히안져、千兵萬馬를指揮間에너허두고、坐作進退ᄒ이그아니快ᄒ손가。可憐ᄒ나、尋章摘句ᄒᄂ색은선비야、부러우리

雜報

●御巡時賻預算 大皇帝陛下ᄭᅴ옵셔今番 御巡ᄒᆞ시ᄂᆞᆫᄃᆡ各項預算을拾六萬圜으로酌定ᄒᆞ얏다더라

●兩氏不參 再昨日 昌德宮內에셔 御陪食을擧行ᄒᆞ얏ᄂᆞᆫᄃᆡ各部大臣中의內大宋秉畯氏와農大趙重應氏ᄂᆞᆫ不爲參例ᄒᆞ얏다더라

●留都被命 今番 大皇帝陛下ᄭᅴ셔 幸行ᄒᆞ옵시ᄂᆞᆫ事에對ᄒᆞ야法大高永喜學大리載崑兩氏가留都大臣을被命ᄒᆞ야警視總監若林賚藏과同爲守 宮ᄒᆞᆫ다더라

●民會祗迎 漢城府民會에셔 大皇帝陛下ᄭᅴ셔 動駕ᄒᆞ실時에祗送ᄒᆞᆯ節次를協議ᄒᆞ기爲ᄒᆞ야昨日各坊會에通知ᄒᆞ야每방에二人式來會ᄒᆞ라ᄒᆞ얏다더라

●各會延期 大皇帝陛下ᄭᅴ옵서還 御ᄒᆞ시기前에ᄂᆞᆫ勿論某會ᄒᆞ고開會日字를延期ᄒᆞᆫ다ᄒᆞ라

●有何效勞 中樞院贊議崔奎賢氏ᄂᆞᆫ在職效勞가宜ᄒᆞ褒賞이고且其年限이繼居敍勳ᄒᆞᆷ으로該院에셔表勳院으로照會ᄒᆞ고評議 褒敍ᄒᆞ라ᄒᆞ얏다더라

●副長被任 李容湘시가中樞院副議長을被任ᄒᆞ얏ᄂᆞᆫᄃᆡ其內容을探聞ᄒᆞᆫ즉永宣君리쥰鎔시가某處에極力運動ᄒᆞ야리시로該職을敍任케ᄒᆞ얏다더라

●唾罵選非 日本人으로各郡々主事를敍任ᄒᆞᆫ다ᄂᆞᆫ說은已爲報道어니와日人들이各其捷徑으로該窠를圖囑ᄒᆞᄂᆞᆫ者가多數ᄒᆞᆫ대其部陋ᄒᆞᆫ情態ᄂᆞᆫ令人唾罵라ᄒᆞ더라

●亭月妬花 南村某大臣의山亭은勢焰이宏壯ᄒᆞ야該大臣이其山亭의所請이有ᄒᆞ면每々倡聽ᄒᆞ야無所不成ᄒᆞᆫ다더니近日에該山亭의勢力이高陽郡花田으로移ᄒᆞ야山亭은虧月이無光과如寂寞無人ᄒᆞᆷ으로猜心이激發ᄒᆞ야家庭風塵이日々惹起ᄒᆞᆫ다더라

●瀛塢搊淚 日前度支部의韓日官吏와日本人俱樂部에셔新年會를開ᄒᆞ얏ᄂᆞᆫᄃᆡ韓人判任官某氏가日本人秘書官의頭部를以手撫之ᄒᆞ얏더니該日人이喝責曰以若判任官으로奏任官의禮貌가太甚ᄒᆞ다ᄒᆞ야言往言來에壹場風波가大起ᄒᆞ얏ᄂᆞᆫᄃᆡ韓國官吏諸氏가痛哭散會ᄒᆞ얏다더라

●四拾萬名先渡 日本에셔農民四拾萬名이將次渡韓ᄒᆞ야陳荒地에開拓ᄒᆞ기를着手ᄒᆞᆯ預定이라더라

●李鵬頎凶 崔翼煥氏가年前에全南均役海稅査檢官으로取稅之際에其時觀察使李根澔氏가該稅額中壹萬壹千四百餘圜을威脅勒奪ᄒᆞᆷ으로崔氏가屢於勢力ᄒᆞ야呼冤無處라가該姜을推尋次로李根澔氏를往見ᄒᆞ고裁判云云ᄒᆞᆫ즉李氏의諸兄弟가酒肴를款待ᄒᆞ며切勿擧訴ᄒᆞ라ᄒᆞ고强請私和ᄒᆞ며爲先金五千圜과數、屆五次再辦給ᄒᆞ마ᄒᆞᆫ즉崔氏가妥和書를不得已起草ᄒᆞᆷᄒᆞ얏더니李氏가又此日彼日ᄒᆞ며尙不歸決ᄒᆞᄂᆞᆫ故로崔氏가前後見欺를忿恨ᄒᆞ야該金萬餘圜을期於裁判ᄒᆞᆯ推次로遜奇ᄒᆞᆫ즉李氏가咸台永氏를委送ᄒᆞ야萬端說辦ᄒᆞ기로崔氏가합氏의懇勸을難恕ᄒᆞ야去拾二月二十八日夜에李氏家에往ᄒᆞᆫ즉李氏ᄂᆞᆫ避任內室ᄒᆞ고其妾男爲某가無端言詰ᄒᆞ다가崔시를毆打ᄒᆞ야面目이重傷하얏다더라

●勤勉出席 尹博시가測量組合所長을被選ᄒᆞᆫ後에該所任員이所長出席ᄒᆞ기를勸勉ᄒᆞᆫ데尹博시가壹周日後에出席ᄒᆞ야諸般事務를組織ᄒᆞᆫ다ᄒᆞ얏다더라

●韓美興業特許 韓美興業株式會社ᄂᆞᆫ去拾貳月二十六日에美國아라소나道伯의게特許를受ᄒᆞ얏다고公式通告가有ᄒᆞ다더라

●高守高致 高陽郡守崔恒錫氏가公務餘暇에各面面長과吏民을招集ᄒᆞ야新學問을極力勸明ᄒᆞ야使境內人民으로期於히開進케ᄒᆞᆫ다더라

●裁判次上京 淸州郡退吏金春植시ᄂᆞᆫ年前에戶布色으로所料金二千餘圜을金命洙시가該郡守로在任時에見奪ᄒᆞᆫ事가有ᄒᆞ야裁判次로上來ᄒᆞ얏다더라

●郡主有人 黃海道平山郡郡主事金秉淳시가視務過午에行政及敎育에熱心ᄒᆞᆫ다고該郡人民이擧皆稱頌ᄒᆞᆫ다더라

●木郡儒論 各郡의直員薦報를ᄒᆞᆯ郡儒生으로選報ᄒᆞᆷ은自有定例인데木川郡守南啓錫氏ᄂᆞᆫᄒᆞᆫ郡直員을六品리衆셥시로暗爲報部ᄒᆞ얏다고境內儒林의沸鬱ᄒᆞᆫ公議가有ᄒᆞ다더라

●兩巡作獘 慶南金海郡韓人巡査黃남秀金玉泉兩人이去月頃에該郡東里居崔鳳九시ᄂᆞᆫ稱以雜技ᄒᆞᆫ다招致警署ᄒᆞ야錢壹百兩을勒奪ᄒᆞ고金致雲시ᄂᆞᆫ錢財不給ᄒᆞᆫ事로無數亂打後放送ᄒᆞ고府二西下里居金시夫人은年今五拾餘歲인데何以謀陷이던지該夫人과其婿郞을緝捉囚ᄒᆞ얏다가無辭放送ᄒᆞ며夫人과其婿郞曰如何事件에滯囚ᄒᆞ얏다가無事放送ᄒᆞ나뇨ᄒᆞ고證據를質問ᄒᆞ며死生을決斷中인ᄃᆡ此兩巡査로因ᄒᆞ야民怨이有ᄒᆞᆫ다더라

●難當重律 金命洙시가淸州郡守在任時에私設金礦ᄒᆞ고具本國閔如祥兩人으로監督케ᄒᆞᆫ지라該郡居郭貞燁시가該人등의紹介를因ᄒᆞ야礦務에干涉ᄒᆞ얏더니金命洙시가上納愆滯라稱托ᄒᆞ고郭시를捉致하야嚴杖壹百餘度에金二兩重을强奪ᄒᆞᆫ지라郭시가日前에裁判次上京ᄒᆞ야金시를往見ᄒᆞ고該金을出給ᄒᆞ라ᄒᆞᆫ즉金시所答이汝가新法의截嚴ᄒᆞᆷ을不知乎아만일告訴ᄒᆞ면必當重律ᄒᆞ리라ᄒᆞ고ᄒᆞ얏다더라

●衛生費督促 漢城衛生會에서警視廳으로照會ᄒᆞ되衛生費未納人이十居八九인즉各署로申飭ᄒᆞ야壹周日內로督促收納ᄒᆞ라ᄒᆞ얏다더라

●或撤或派 忠淸北道丹陽郡日本守備隊分遣所ᄂᆞᆫ去月拾四日에撤去ᄒᆞ고永春分遣隊ᄂᆞᆫ去月二拾日에撤去ᄒᆞ고江原道寧越分遣隊ᄂᆞᆫ平昌으로移置ᄒᆞ고寧越郡에ᄂᆞᆫ二小隊를派遣ᄒᆞᆫ다더라

●觀兵式中止 本月八日에日本陸軍이觀兵式을龍山鍊兵場에서擧行ᄒᆞᆯ터이라다가姑爲中止ᄒᆞ얏다더라

●敎堂葬式 前副尉尹致晟시의夫人全州李시의葬禮式을來八日下午壹時에貞동敎堂에셔擧行ᄒᆞᆫ다더라

●松石坊團 新門外盤松盤石兩坊이聯合ᄒᆞ야坊團을組織ᄒᆞ기로發起義塾々舍를借ᄒᆞ야發起會를今月三日에設ᄒᆞ얏ᄂᆞᆫᄃᆡ總會ᄂᆞᆫ來拾日로開ᄒᆞᆫ다더라

●團長演說 今日奎路靑年會館에셔興士團長會吉춘시를請邀演說ᄒᆞᆫ다더라

●千義押交 南部光熙門內居ᄒᆞᄂᆞᆫ朴宗식시가義兵千連이有ᄒᆞ다ᄒᆞ고警視廳에셔該시를捉囚審査ᄒᆞᆫ後三師團에地方裁判所 押交ᄒᆞ얏다더라

●賊入度部 三昨夜에何許賊漢이度支部會計課에闖入ᄒᆞ야掛鐘二座를窃取以去ᄒᆞᆫ故로警視廳에通知ᄒᆞ야現今詗探中이라더라

●同志有效 麻浦渡船組合은本是該洞代表로崔喜泳시를選定ᄒᆞ야警視廳에請願ᄒᆞ야認許를得ᄒᆞ얏ᄂᆞᆫᄃᆡ崔시가有何思想으로自己營業을作ᄒᆞ라ᄂᆞᆫ機微가有ᄒᆞ얏던지該洞同志會에셔事由를質問ᄒᆞᆫ즉崔시가遵還彼明後에該組合所賃金은該洞學校를維持ᄒᆞ게되얏다더라

●朴氏熱心 博川郡基督耶成學校敎師朴亨彬시가去陰七月分에該郡內敎會中에覺介學校가成立되지못ᄒᆞᆷ을慨歎이녁여該郡居ᄒᆞᄂᆞᆫ李基善시로相議起ᄒᆞ고학徒를募集ᄒᆞ야熱心敎授ᄒᆞᆷ으로학徒가現五十名에達ᄒᆞ얏다더라

●明新學試 慶南梁山郡通度寺의新學校에셔第二학期試驗을經ᄒᆞ얏ᄂᆞᆫᄃᆡ甲班優等生申錫祚辛寅昊等六人이오乙班優等生洪基贊金聖玉등七人이오丙班優等生申相梁崔昌善等四人인데該般任員이勸勉褒賞ᄒᆞ얏다더라

●女校試驗 平南順川郡內幼年女學校에셔年終試驗을經ᄒᆞ얏ᄂᆞᆫᄃᆡ甲班優等生趙禧昭이오及第生李聖道李占淑等三人이오乙班優等生李寶富李寶貝등三人이오丙班優等生洪寶瑚珠崔素華諸人이라더라

●鳳山有文 鳳山郡士城坊居義齋에셔該郡中儒林들이壹齊協議ᄒᆞ야該郡各齋物을合々鳩聚에普通科를新設ᄒᆞ고名曰鳳文이라測量을兼設ᄒᆞ야김相珠시가名譽로熱心敎授ᄒᆞᆫ다더라

▲彰校有望 鳳山郡彰善학校의盛況은已爲屢報어니와校監李愚稷시ᄂᆞᆫ敎育上熱心으로該選校長而校舍가挾窄ᄒᆞ야該郡客舍를修理移接ᄒᆞ고該郡守金昌洙主事張志明諸시가該執斧삼ᄒᆞ고同赴役ᄒᆞ야不日竣工ᄒᆞ얏다더라

●達成興旺 慶尙北道開學部金烏山達中學校々長李萬鎬財務及明進學務曾守業敎師김昌守諸시가時局을考察ᄒᆞ고熱心으로校務를壹層贊助ᄒᆞ야學員이六七拾名에達ᄒᆞ얏다더라

▲地方消息

▲去月貳拾日에羅州北方五十里地에서少數의義兵이該郡守備隊와交戰ᄒᆞ얏다ᄒᆞ고

▲去月貳拾日黃海道載寧附近에서義兵拾五名이該郡駐在憲兵及補助員과交戰ᄒᆞ얏다ᄒᆞ고

▲去月貳拾六日義兵郡內에義兵十餘名이价川郡에出ᄒᆞ야憲兵及補助員과衝突ᄒᆞ얏다ᄒᆞ고

▲本月二日忠淸남道鎭岑郡內에서義兵二十餘名이該郡分遣所日憲兵과交戰ᄒᆞ얏ᄒᆞ고

▲本月壹日에義兵百餘名이全羅道古幕院憲兵分遣所를來襲ᄒᆞ얏ᄂᆞᆫᄃᆡ補助員一名이戰死ᄒᆞ얏다더라

▲不報不人▼

▲天理地載ᄒᆞ셧스니天地恩德갑허잇고君養父育ᄒᆞ셧스니君父之恩亦大ᄒᆞ다有恩必報ᄒᆞᄂᆞᆫ것은人道上에固然ᄒᆞᆫ대韓國內의某某人은不報爲主무슴일가國恩부터擧論일세

▲李址鎔시드러보소龍山江亭興執ᄒᆞ야花婆債ᄒᆞᆫ淸楓코不遠動中에잇ᄭᅥᆺ나剝奪ᄒᆞ던마음意想반갑ᄒᆞ고些小賭償에ᄂᆞᆫ귀던如天 皇恩여지혼ᄒᆞᆫ國眼深恩ᄒᆞᆯ지어다

▲리完用시드러보소至終賓金頒下ᄒᆞᆯ제擔保大臣功으로七千圜에特等인가公에典賣論ᄒᆞᆫ特等貫은姑舍ᄒᆞ고特賞罰도放ᄒᆞ여던罪卜加ᄒᆞ며 皇恩을國眼深恩ᄒᆞᆯ지어다

▲宋泳翊시드러보소國家昇平時에ᄂᆞᆫ大小權柄擅弄ᄒᆞ다가壹朝有事ᄒᆞᆫ後에知機逃身海外ᄒᆞ야秦瘠越視恬然ᄒᆞ니宜乎拿鞠正法ᄒᆞᆯ터에反加爵賞ᄒᆞ니 皇恩을國眼深恩ᄒᆞᆯ지어다

▲리쥰鎔시드러보소國爲義더義務ᄂᆞᆫ猶爲ᄒᆞ마ᄂᆞᆫ擔責ᄒᆞ나宗室至親公의處地ᄂᆞᆫ借ᄒᆞ여乙巳罪案蕩滌ᄒᆞ니下ᄒᆞᆯᄉᆞ니特受 皇恩으로國眼深恩ᄒᆞᆯ지어다

▲驪興閔閣下드러보소瀏考ᄒᆞ면一千圜式千ᄒᆞ고虎配ᄒᆞ야安一品等을도自借借款ᄒᆞ야年例國眼深恩ᄒᆞᆯ지어다

▲戊內人들드러보소刀斧ᄒᆞ고與執律上의定款인데承府을無辭呼冤ᄒᆞ련마情念ᄒᆞ사懸勅ᄒᆞ니顚國眼深恩ᄒᆞᆯ지어다

▲翁효도다諸公들아勤勉로도復本性이物最靈ᄒᆞᆫ가靜夜ᄒᆞ야壹恩二恩千萬恩報ᄒᆞᆯ것이니前日事ᄂᆞᆫ今年爲始갑허보소

廣告

淑夫人全州李氏가本月四日上午五時에別世하와來八日下午壹時에貞洞敎堂에서葬禮式을擧行하오니知舊僉位照亮

夫 尹致晟　싀兄尹致旿
싀兄尹致昭　싀弟尹致昞
싀弟尹致明

本人이西部磐石坊藥田契下洞二百五拾二統拾貳戶沈禹慶의瓦家三拾壹間草家三間家券을昨年二月分에典執하얏더니去月分에家券을還給하라하온즉不知中에서失하얏슴기玆以廣告홈

西部磐石坊祖田契貢致元告白

平澤軍門浦와牙山屯浦各旅閣에서外債去來하다가近萬圜式見失하고將至難保之境故로不得已特定契約하고外債을禁斷하얏사오니　僉尊은卽錢買去하심을務望홈

軍門浦舊浦　商民會　告白

正浩名字가與同宗으로有同名之嫌故로以鐵淵으로改名하오니知舊僉照亮홈

鄭鐵淵　告白

燕岐郡北二面高山洞有志紳士洪在宇洪在鐵洪在丁三시계俱是靑年子弟로現今土地山麓에測量이時務됨을聞知하고各項經費를自擔하야光東測量學校를本家에設立하고校長은前丞旨柳寅哲시로揔務는前郡守洪理燮시로敎師는前主事成河一사로延聘하고學員을募集하야三四拾名學徒가熱心勤業하야大有成就之望하니該三시의熱誠勸奬이오기玆以廣告홈

光東測量學校　告白

本郡州內面[illegible]部而載寧郡守李敏榮氏와主事丁寅[illegible]兩氏가首倡測量學校를設立하고機械까지購求하야貧寒한學員의게借與見習케하고敎師김學善趙昌鎬兩시는以十圓月料를辭却하고義務로敎授하되三拾餘名學員이登層感激하야熱心做工하니右四氏는全道內表準이되깃기玆에廣布홈

黃海道海州　趙海增
[illegible]　김昌植等　告白

咸興郡州南面桑[illegible]私立普明學校趣旨書

古人이云玉不琢이면不成器오人不學이면不成材라하니人多成材라야國乃開明이니然則人才者는國家之基礎오學校者는人材之原因이라惟我大東이學自箕子로敎民禮義하사仁壽成俗하야世稱君子之國하고其後에輸入孔孟道學之學하야國學州庠과黨序에講磨孝悌하고導率以仁義하야風行草偃에粲然有可觀矣러니遠至高麗光宗時하야使雙冀로主文柄하야以詩賦頌으로試士賜第하니於是乎士習이丕變하야失其本末에競尙詞括하야駸駸然馴致今日之黑暗하니可勝嘆哉아近者西歐文明이如風潮然曰潮東亞하니東亞諸國이稼其格致之精博하고莫不設校而敎育하야學收效者이往往有之而其學也語其要領則曰德育曰智育曰體育也오語其階級則壹日普通校니使幼稚로先入于此하야圖漢文歷史地誌算數物理化學等之凡係日用必要者를學其簡單而普通하고二日中學校니使普通학校之卒業者로入于此하야擴其所習範圍而학之하고三日專門학校니如政治法律經濟農工商礦等并其附屬技術을각專其壹하야透達其奧然後에以其學而執其務하나니故로手熟而業得發展者也라吾郡桑[illegible]僉君子가渙然大覺하고將次擴張하야捜括里財에擴設학校하야以普明으로命名之하고延聘實師하야以育俊秀하니不亦盛乎아噫라有初鮮終은古今通患이니惟我君子는壹心奮勵하야使之博通各種학問하고又鼓動其强毅活潑之氣하며涵養其獨立自由之德하야以成國家需用之材를切有所厚望홈

隆熙二年八月○日學校發起人

陳基澈　盧민洙　리興晩
楊浣植　金相곤　朴昌文
崔珉喆　김寅燮　金永鎬

本人이今年四月分에田답과會並載한文券을本面도村居하는安光弼이가盜取逃走하얏사오니內外國人은典買圖勿見欺하시옵

木川郡北面瓦谷居尹榮燮告白

本人等이判事의職을辭免하고辯護士業務를聯合商議하야壹切民刑訴訟을迅速處理하오니　僉彥은陸續來議하시옵

辯護士　劉文煥
辯護士　朴晚緖

聯合事務所
中部校洞三十二統四戶
(下漢洞口越便家)

出張所　仁川港外洞梧峴貳拾貳統拾戶
事務員　金性惠
釜山港瀛洲洞四統拾日
事務員　郭鍾煥
朴東植

特別廣告

本社事務所를京城磚洞에現今開設하고各地方에 **代理人**을置하라하오며本社 **定欵**을詳細陳述할時機가未到하얏사오니條項이欲呈하와他日로姑俟하오며本社 **資金**의現今總額은拾萬圜이온데壹萬株로分하야每株에拾圜式이오

本社에서는本社에關한細瑣事項까지　僉彥의評論하시기를懇望하오며　僉彥은案頭에留坐하야

京城郵便局郵函第四十号韓美興業株式會社라皮封에書하야書札을 **寄送**하시되本社에詳細事項을通知할시면本社에서는答函을卽呈할터이오니　原覽後　貴地方에서는何事務가本社와進行할이에殿適하올지 **高明**한 **意見**을意願하시옵是爲하야 **來一月三十日以內**로高明한書札을寄送하시는　僉彥에게如左히 **賞金**을分등하야送呈하깃슴

本社에서 **高明**한 **書札中**

一等으로認定한者는　**五十圜**　**二等**　**二十圜**
三等　**十圜**　**四五等**　**各五圜**
六等至**十等**　**各二圜**

僉彥의 **費用**은 **郵票價**以外에무엇이던잇슴잇가단단히생각하야보시오

本社에서大韓帝國內各處와通信을連絡하기爲하야如此히 **懸賞**하기를不惜하오니本社의각地方에서進行할方針에對하야 **貴重**한 **勸告**를願聞하옵나이다

京城磚洞
韓美興業株式會社　告白

平壤代理人
平壤大同門內店洞
鄭 **基煥**

本會社에서鐵路와郵便이迢遲한地方에在한　僉彥의寄函은실期限을寬裕케하기爲하야壹月三拾日以內로退定홈

特別廣告

廣告

本人이茶房골을다가現今에西部養生坊奉常司前洞統壹百○三統伍二戶로轉移ᄒᆞ얏삽기玆에佈示知舊衙照亮홈

李冕宇 告白

德國 기비페ㄹ드地方에파벤파무리켄 故푸레ᄃᆞ드베이어

會社는世界上에最大ᄒᆞᆫ各種**染色料製造所**인ᄃᆡ本社에셔는韓人淸人商業家諸友의게大注意ᄒᆞ시기를懇乞ᄒᆞᄂᆞᆫ바는無他라多少無掛慮ᄒᆞᆫ商買輩가**麒麟**과**兩女**商標를僞造ᄒᆞ여本社의名譽이頗多ᄒᆞ고品質이最良ᄒᆞᆫ紫色과藍靑色料를價低ᄒᆞ고無價値ᄒᆞᆫ色料로ᄡᅥ代替置入홈이有ᄒᆞ니**其僞造**를**注意**ᄒᆞ시며且本社의淸國地方에셔行用ᄒᆞᄂᆞᆫ名號**（順全隆）**三字를注意ᄒᆞ시오此ᄂᆞᆫ錄簡에書ᄒᆞ얏스며尙且獨히積年信孚ᄒᆞᄂᆞᆫ品料로憑證ᄒᆞᄂᆞᆫ것시오本社의用ᄒᆞᄂᆞᆫ箱子（木箱）에ᄂᆞᆫ擧皆其面便에本社의登錄商標即壹個獅子가其前足으로壹球를踞ᄒᆞᆫ圖像을烙印ᄒᆞ얏스며此를環遶ᄒᆞ야本社의名號를英字로印出ᄒᆞ얏삽ᄂᆞ이다

隆熙三年一月三日
萬國基督敎靑年會에
慈惠醫院李觀化朴
慈惠產業全部寄付書

大한帝國靑年敎育上에裨益되도록本人의至微ᄒᆞᆫ產業所有中慈惠醫院治療室全部와賣藥製造所全部와活版機械石版機械全屬等物今明與梁在관으로分合實이오且但本人의所屬金部와商標特許局慈字商標許可文牘과大韓醫院衛生試驗所에서貳拾三處方檢査ᄒᆞᆫ後에官許를拜受ᄒᆞᆫ諸과東西약業月報發行에內部大臣認可文牘並貴首館에寄付ᄒᆞᄂᆞᆫ主志ᄂᆞᆫ壹以獸米國元稚麥嘉氏의愛世界同胞之眞意ᄒᆞ고二以祝同胞靑年의敎育進步ᄒᆞ야以表微誠ᄒᆞ오니以上七列物은活動生財라可謂取之不竭이라乃至千百年이라도因此使用ᄒᆞ야貴館經費를補用ᄒᆞ시오며本會館에셔事務가多端ᄒᆞ야生手로今只看事ᄒᆞᆯ슈업合으로貴會館議事部에셔本人에自由ᄒᆞ라맘合ᄒᆞ시니目的成就되며ᄡᅥ지事務를勤着ᄒᆞ오나本人이離散ᄒᆞᆫ後ᄂᆞᆫ弟與子姪間財錢上少無關係이옵고但敎育만敎導ᄒᆞ야쥬시며以上七列物品을永久維持ᄒᆞᆯ方針에對ᄒᆞ야셔ᄂᆞᆫ一二兄弟勤務로不能ᄒᆞᆯ듯ᄒᆞ온즉愛重公益ᄒᆞ시ᄂᆞᆫ知事兄弟二員을投票選定ᄒᆞ야一爲主務ᄒᆞ고壹爲後보ᄒᆞ야以二個年으로爲限ᄒᆞ고連次繼選ᄒᆞ야勤務此業ᄒᆞ야全國同胞靑年敎育方針을永久維持케ᄒᆞ소셔右事業成就에對ᄒᆞ야셔ᄂᆞᆫ人力으로ᄂᆞᆫ圓滿ᄒᆞ게成就ᄒᆞᆯ能力이無ᄒᆞ와 天父主前에成就ᄒᆞ야쥬옵소셔ᄒᆞ고예슈그리스도功勞를依ᄒᆞ야祈禱ᄒᆞ옵ᄂᆞ이다

救主降生一千九百九年一月三日

基督僕 **李觀化** 印
　　　 朴惠慈 印

問答 **初等大韓新地誌** 全壹冊定價金貳拾五錢

近日初等大韓地誌가三四種이繼次刊行되엿ᄉᆞ오나敎育上에缺點이無ᄒᆞ다可謂ᄒᆞᆯ지니今에本書ᄂᆞᆫ特別히幼年程度의適當홈을爲ᄒᆞ여問答例로詳密히編纂ᄒᆞ와小學校用에必要ᄒᆞ오니照亮ᄒᆞ심을望홈

國語文典音學 周時經著述 全壹冊 定價三拾錢

本書ᄂᆞᆫ周時經씨가拾有餘年을硏究ᄒᆞ여國語에關ᄒᆞᆫ音學에諸般則을詳密히說明ᄒᆞ여壹般學界에極히有用ᄒᆞ오니文學에有志ᄒᆞᆫ僉紳士와學生僉員은速히需用ᄒᆞ심을바라ᄂᆞ이다

漢字初習 全壹冊 定價金拾五錢

本館에셔著作ᄒᆞᆫ漢字初習은漢文字에幾數를幼穉라도解得ᄒᆞ기便易ᄒᆞᆫ字를揀ᄒᆞ여壹數의多少를隨ᄒᆞ야編次ᄒᆞᆫ것인ᄃᆡ敎授ᄒᆞ기와解得ᄒᆞ기와習字ᄒᆞ기가千字文이나其他漢文科학을爲ᄒᆞ여著作ᄒᆞᆫ冊子들中에最便ᄒᆞ고最要ᄒᆞ며幼穉와普通初等漢文科로用ᄒᆞ기適宜ᄒᆞ오니多數히需用ᄒᆞ시기를바라ᄂᆞ이다

실업셜쇼 **松뢰琴** 송뢰금
蕉雨堂主人陸定洙著
定價金 二十五錢

本쇼셜은남아의실업계활동과가정녀의범절사출ᄒᆞ야유려ᄒᆞᆫ문장과관곡ᄒᆞᆫ사의논총괴을미랑ᄒᆞ고도덕을발휘ᄒᆞᆫ저술이라염차시독ᄒᆞ면가치를아오리다

發賣所 南大門內尙洞會堂前博文書館　平壤종路太極書館　개城좃路興학書舖　京鄕各有名書판

大韓全國에總發行所는
京城南大門內濟生堂大葯房

淸心保命丹 此丹은化痰止咳ᄒᆞ며暗氣消滯ᄒᆞ며水土不服에奇效가有홈 金十錢

蔘茸大補元 壹週日分金壹圓　四週分金三圓十錢　二週分金二圓八十錢　十週五圓三十錢

右약은大韓名產鹿茸人蔘에西洋有名ᄒᆞᆫ補材를混和ᄒᆞ야我國兄弟의腸胃와性質에適當ᄒᆞ도록多年硏究ᄒᆞᆫ明인바今에先服人의累試累驗이隨症皆差ᄒᆞ니果然ᄒᆞ世之仙藥이라故로主治效能을左開廣佈ᄒᆞ오니 僉兄弟ᄂᆞᆫ何不早圖壹試오（效能） 先天不足과健妄 眠ᄒᆞ며 心腎俱虛와 房事色傷이며 遺精多夢과色傷腰痛이며 房事時에早漏不快ᄒᆞ며 重病後虛弱과 手足厥冷이며 食物不消와 貧血諸症에奇效가有ᄒᆞ고 無病人이若服七週면補元氣ᄒᆞ고骨節이强壯ᄒᆞ며健康無病ᄒᆞ나니此可謂眞世靈藥哉若不其效면약價還呈홈

蛔積殺虫散 金십錢
此散은蛔積과蛔腹痛과蛔滯와蛔虫壹切를去除妙藥

寸虫沒出藥 壹人用三拾전
勿論男婦老幼ᄒᆞ고寸虫壹切를拔根之妙劑

久滯 **大通丸** 金拾五錢
年久ᄒᆞᆫ積滯와胸腹痛과腹中積病을驅除ᄒᆞᄂᆞᆫ良劑

感氣特效 **解熱散** 금拾전
感氣드러頭痛나고寒熱往來ᄒᆞ며肢節痛과몸살에升神效

뫼눈拔根藥 金십錢
되눈과못과사마귀에바르면百發百中으로빠지오

新製百應膏 金拾전
虫毒과毒종과根박인대와종氣始初와가티즛선대神效

去液生新 **沃度膏** 金拾錢
劍創과모던종氣와火傷과곱세인더와쓰시고압푼ᄃᆡ神效

止足汗臭藥 金十錢
발에땀흘리고보션을신으면惡臭와汗이것처고너음셔가업소

其他藥種은壹二難記어니와大韓國內藥商ᄒᆞ시ᄂᆞᆫ僉兄의게ᄂᆞᆫ藥價를大割引大放賣ᄒᆞ오니陸續注文ᄒᆞ시오

京城南大門치　仁川港축峴　**濟生堂主 李庚鳳**

大英國文學博士 牧師奇一 著述
大韓國聖書翻譯會委員

復元改正 **得改敎紀畧** 全貢壹冊 價九拾錢 [illegible]

此書ᄂᆞᆫ歐洲十五世紀黑暗時代에紅衣敎皇의制와歷史를說ᄒᆞ고上帝에셔賦與ᄒᆞ신道德과自由를唱導興起ᄒᆞᆫ[illegible]으로ᄒᆞ야今日新世界에安寧生活케ᄒᆞᆫ空前絶後ᄒᆞᆫ大恩人의生平歷史니道德을慕ᄒᆞ시고自由를愛ᄒᆞ시ᄂᆞᆫ江湖僉彦은不可不購覽ᄒᆞᆯ冊子이오니速히購覽ᄒᆞ시옴

發賣元 皇城布屛下廣學書舖 金相萬
京鄕 各書店

本人이**製造發行**ᄒᆞᄂᆞᆫ바**靈丹**은**今**에**官許**를**蒙**ᄒᆞ고**大韓醫院藥學士兒島高里氏**와**一等製藥官劉世煥兩氏**檢**査證明**과**軍部軍務局衛生課二等軍醫長金益南閣下**와**諸大方家高明醫士**의**有効賞贊**을**受**ᄒᆞᆫ바**其應用說明**은**如左**홈

說明書

靈丹 中暑·中寒·吐瀉·腹痛·皮消化不良·食慾不進·頭暈目昏·心惡·鬱悶·船車酒醉·眩暈·痰迷·山嵐瘴氣·痞滿·聲啞·水土不服等

地方各處에셔書信으로請求ᄒᆞ시면小包郵遞로呈ᄒᆞ겟삽

發行本舖 皇城南部大廣橋第一九統七戶 **共愛堂大藥房** 告白

警世歌 定價금五錢
[illegible]

致富新說 定價금三錢
[illegible]

文明進化論 定價금三錢
[illegible]

元賣所 [illegible]
分賣所 [illegible]

大韓山林協會本부告白 （電話三九三番）

本會事務가漸次擴張이온바本會에願入ᄒᆞ실有志僉君子ᄂᆞᆫ本會로陸續來議ᄒᆞ와ᄡᅥ林業發達케ᄒᆞ심을希望홈

發行兼編輯人 英國人 萬咸
Responsible for Publication Alfred Weekley Marnham.
發行所 南署石井洞號外洞三層洋屋 大韓每日申報社

第六卷

大韓每日申報

第九百九拾五號

月曜及慶節 臨時休日刊

檀君開國四千二百四十二年
箕子元年三千三十一年
大韓開國五百十八年
日本明治四十二年
清國光緒三十四年
陰曆戊申十二月大十七日戊辰

論說

◉愛國二字를仇視하는教育家여

何를爲하야教育을興코자하며何를爲하야實業을振코자하며何를爲하야文明開化를呼하나니曰此皆國이란壹字를爲홈이니라

國에有害하거나無關홀진된此(即教育實業等)를振興하야何爲하리오

異哉라學部編輯局長高等女學校長魚允迪氏의教育主義여

彼가學生의作文을考閱하다가愛國의語로作文혼者ㅣ有하면쳥大怒曰學生이愛國에何關인가하고叱責을加하다하니異哉라氏의教育主義여

愛國의語로作文혼者에게叱責을加홀진대是는將次學國의語로作文혼者ㅣ豈空々을得홀지며仇國의語로作文혼者ㅣ褒證狀을受홀지니異哉라시의教育主義여

若又不然하면必也國家等字는筆頭에不提하고但只風雲月露나詠하며花柳魚鳥나寫하야壹種遊戲的文字를作홀然後에可홀지니異哉라시의教育主義여

近日에何許不逞輩가其奇奪홀手段을弄하야凡國內의發行하는教科書類에愛國、獨立、自由等에屬홀語이면隻字半句라도無遺히劃去하야教育年新進으로하야금國家를忘域에置하고奴隸資格을養成혼다하기에吾輩가熱汗의沾背홈을不覺하얏더니今者시의教育主義를觀하미此와彷彿하도다

今日이何日인가今日이何日인가凄風怒雨에金甌가破碎하얏스니韓國民된者는牛髮未燥혼兒童이라도抱하고도朝에壹祝하며夕에壹祝하야曰爾가愛國하라하며曰爾가愛國하라하야愛國二字로其淸淨無垢의頭腦에灌入하여야將來奴境을脫하고獨立을購홀壹日이有홀지어늘今彼는乃是教育機關을握혼者로遽然히學生의愛國을呵禁하니惜哉라此가果然何意이뇨

雖然이나吾輩는更思컨대氏의此妄發에必是過失犯이오故犯이아닐지라시가他國人이아니라韓國人이며又韓國의尋常혼百姓이아니라重大責任을有혼官吏이니엇지故意로自家教育을自亡코자하리오不過是壹時妄想이卒發하야愛國二字는學生의所關홀비아닌줄로思하고如此히妄발홈인저

曉ㅣ飮食의量料는長者와幼者와差가有하나幼者라하야飮食을全廢홈은不可하며愛國의行爲는紳士와학生의別이有하나학生이라하야愛國을全忘홈은不可하니

氏는三思를更加하야教育界의缺憾을贖할지어다

▲隆熙
▲貳年拾月二拾七日 官報

農商工部告示第拾三號 續

同法第二拾三條 登記簿及其附屬書類가滅失됨處가有홀時는詳細히其狀況을調査하고且處分方法을具하야前條의例에準하야申報又는具申을行홈이可홈

同法第二拾四條 登記所에셔登記에關혼帳簿又는書類를廢毁코져홀時는目錄을作하야該方裁判所長의認可를受홈이可홈但區裁判所出張所가認可를請홀時는管轄區裁判所를經由홈이可홈

同法第二十七條 印鑑簿調製의樣式及貼附의方法等은地方裁判所長이此를定홈이可홈

同法第三拾四條 登記官吏가第二拾九條의申請書를受取홀時는接受帳에請求의目的申請人의姓名接受혼年月日及接受번號數를記載혼後接受號數의順序를從하야相當혼處分을行홈이可홈

(未完)

外報

●米清同盟失敗 路透電을據혼則米清國에同盟을締結키爲하야秘密使命을受혼唐紹怡氏는米國의不同意를因하야失敗하얏다더라

●軍事行動開始 伯林電을據혼則獨逸南西亞弗利加에在혼가라쓰山을占據혼호스덴트스로人을攻擊하기爲하야軍事行動을開始하얏더라

●英新聞의清國評論 東京電을據혼則英國新聞紙는評論하야曰清國에袁世凱退職은清國紛亂의前兆라하얏더라

●袁氏派彈劾 同電을據혼즉清國御史恒春霖壹派는袁世凱派를彈劾하다더라

●米國議會決案 同電을據혼즉米國議會에서는伊太利震災에對하야吊慰金二百八十萬弗을支出하기로決定하얏다더라

●伊皇后御負傷 路透電을據혼즉伊太利國皇后陛下는罹災民을救助키爲하야震災地에御駐혼時에再次地震이有하야御負傷하얏는데庶民壹同이感泣하얏다더라

雜報

●上毛測量 慶北善山郡下古尾面上毛洞有志紳士諸시가數洞內에測量學校를設立하고학徒四五十名을募集하야教師元優壹시가熱心教授혼다더라

●高氏高志 信川郡文學校教師高贊奎시가去秋에上京入학하여測量卒業을學하고歸鄕하여測量학校를設立하고名春로熱心教導하는데去月內로卒業生이三拾餘名에達하얏다더라

●基校經試 平南江西舊藥水坪基新夜學校에서去月에年終試驗을經하얏는데高等科二年級優等崔석黙趙鎭濟等三人이오壹年級優等林鍊燁張寅鏞等四人이오尋常科覺年級金昌燮박良植諸시인대學監崔석啓시와教師崔承澤시가壹場演說혼後에優數施賞하얏다더라

詞藻

●消火丹

胷中에불이나셔。五臟이다투한다
黃惠庵의곳에맛나、붉달藥을무러보니
愛國으로、난불이니、復國하면

雜報

●東宮許婚 韓國 皇太子妃 揀擇에 就ᄒᆞ야 前日에 韓國 皇帝陛下ᄭᅦ셔 伊藤統監의게 委任ᄒᆞ셧슴으로 伊藤統監은 日本某高貴令嬢을 候補者로 擇定ᄒᆞᆫ後 太皇帝ᄭᅴ 大皇帝兩 陛下ᄭᅦ 允許를 得ᄒᆞ얏ᄂᆞᆫᄃᆡ 今番南韓巡行을 擧ᄒᆞ신後에 統監이 東京에 赴ᄒᆞ야 諸般準備를 整理ᄒᆞᆫ後 東京에셔 皇太子 許婚式을 擧行ᄒᆞᆯ터인ᄃᆡ 此許婚式에ᄂᆞᆫ 太皇帝陛下와 李埈鎔及其他元老大臣이 參與ᄒᆞᆯ터인ᄃᆡ 嚴妃殿下ᄭᅦ셔ᄂᆞᆫ 姙娠中이신故로 參與치 못ᄒᆞ신다고 京城新報에 揭載ᄒᆞ엿더라

●御駕再巡預定 大皇帝陛下ᄭᅴ옵셔 今番에 巡行還御ᄒᆞ셧다가 今月拾七日午前八時에 更爲 動駕ᄒᆞ옵셔 新義州와 春川 元山 咸興등地ᄭᅦ 巡覽ᄒᆞ시기로 預定ᄒᆞ옵셧다더라

●各校祗迎 旣報와 如히 大皇帝陛下ᄭᅴ옵셔 南韓地方을 巡狩ᄒᆞ시기 爲ᄒᆞ야 昨日午前六時에 出宮ᄒᆞ옵셔 德壽宮에 問安ᄒᆞ신後 南大門外停車場에 出 御ᄒᆞ사 宮廷列車를 御搭乘ᄒᆞ시고 動 駕ᄒᆞ옵셧ᄂᆞᆫᄃᆡ 壹般社會紳士와 각學校生徒가 沿路左右에 羅立ᄒᆞ야 擧手敬禮ᄒᆞ고 祗送ᄒᆞ얏다더라

●壹進祗迎 大皇帝陛下 御巡幸ᄒᆞ시ᄂᆞᆫᄃᆡ 壹進會에셔 沿路에 祗迎ᄒᆞ기爲ᄒᆞ야 委員四人을 水原과 大邱와 釜山과 昌原港四處에 派送ᄒᆞ야 該地支會員을 董率ᄒᆞ고 祗迎케ᄒᆞ얏다더라

●釜山御宿所 今番 大皇帝陛下 御巡幸하시ᄂᆞᆫᄃᆡ 釜山御宿所ᄂᆞᆫ 本國官廳으로 置之ᄒᆞ고 日本理事廳으로 定ᄒᆞᆷ은 總理大臣李完用氏가 某處에 阿附ᄒᆞᆫ所以라고 輿論이 喧藉ᄒᆞ더라

●何其秘密 總理大臣李完用氏와 宮內府大臣閔丙奭氏가 今番 大皇帝陛下 御巡狩ᄒᆞ시ᄂᆞᆫ 事를 不知不覺間에 秘密히 上奏ᄒᆞ고 詔勅을 繕書ᄒᆞ야 侍從으로ᄒᆞ야금 按贄ᄒᆞᆯ時에 詔勅을 以他紙覆面ᄒᆞ야 不得見之케ᄒᆞ고 各大臣의게도 追後通知ᄒᆞᆫ故로 其他大臣들은 全然不知ᄒᆞ얏다더라

●可殺可頓 日前에 伊藤統監이 內大宋秉畯氏를 招對ᄒᆞ야 曰 大皇帝陛下ᄭᅦ셔 地方ᄭᅦ 御巡幸ᄒᆞ시니 沿方沿邑에 急히 該事由를 訓示ᄒᆞ라ᄒᆞᆫ즉 宋氏曰 我今辭免ᄒᆞᆯ터인즉 不可訓示라ᄒᆞᆫ대 伊藤統監曰 辭職이 烏可當乎아ᄒᆞ며 後日辭職하고 急히 訓示ᄒᆞ라고 勸勉ᄒᆞᄂᆞᆫ故로 宋氏의 辭職이 아직 停止되얏다더라

●通辯大臣 攝理大臣李完用氏가 近日에 伊藤統監을 頻々往訪ᄒᆞ고 秘密交涉ᄒᆞ되 依例히 農大臣趙重應氏를 帶同偕往ᄒᆞ야 爛熳히 通辯酬酌ᄒᆞᄂᆞᆫ故로 攝理와 農大臣의 情誼ᄂᆞᆫ 去益親密ᄒᆞ다더라

●統監遞任云 伊藤統監이 未久에 遞任되고 其代ᄂᆞᆫ 日本陸軍大臣寺內正毅氏로 內定되얏다ᄂᆞᆫ 說이 有ᄒᆞ더라

●韓人의 陋習 近日 각官廳官吏들이 各國人의게 阿諂ᄒᆞᄂᆞᆫ 陋習이 漸長ᄒᆞ야 日人이라ᄒᆞ면 大廳直등만 對하야도 脫帽敬禮ᄒᆞ야 醜態莫甚ᄒᆞ다고들 嘲評이 藉藉하더라

●工匠會計劃 龍仁郡蒲谷面新院里居閔泳惠鄭鴻基黃在中三氏가 工匠會社를 設立ᄒᆞ고 資本金萬圓을 募集ᄒᆞ야 壹邊은 利益을 取ᄒᆞ고 壹邊은 研究를 加ᄒᆞ야 技藝를 培養코ᄌᆞᄒᆞ야 農部에 承認次로 請願ᄒᆞ얏다더라

●悖人悖出 勞動會會長徐廷周氏가 金川費八千兩을 偸食ᄒᆞ얏다ᄒᆞᆷ으로 再昨日下午四時頃에 趙희淵張博俞吉濬三氏와 該會支會任員諸가 該本部로 會同ᄒᆞ야 徐氏를 招致ᄒᆞ고 該乾沒ᄒᆞᆫ 錢額을 辦出ᄒᆞ라ᄒᆞᆫ즉 徐氏의 所答이 家屋과 田畓을 壹切典執得債ᄒᆞ야 從此準數以納ᄒᆞ깃다ᄒᆞ얏다더라

●卽人賤之 中部上麻洞居ᄒᆞᄂᆞᆫ 前承旨李丙贊시家에 留連ᄒᆞᄂᆞᆫ 徐丙斗시가 餘曆七月頃에 自己親友五六人과 同伴ᄒᆞ야 水標橋淸國人李小亭의 料理店에 往ᄒᆞ야 料理六圓價値를 買喫ᄒᆞ고 該價額을 尙此不報ᄒᆞ얏더니 三昨日에 該淸人이 徐시를 勒執ᄒᆞ고 警察署에 往訴ᄒᆞᆫ故로 該署에셔 李시를 招致하야 其時證據人이 確實ᄒᆞᆫ則該錢額을 徵給ᄒᆞ라ᄒᆞ고 壹切放送ᄒᆞ얏다더라

●同業相傷 龍山鐵道役夫池元汝가 其同業ᄒᆞᄂᆞᆫ 朴允和朴化善의게 被打ᄒᆞ야 脚部가 折傷ᄒᆞ야 方今治療中이나 治療費가 至無ᄒᆞ야 西部警察署에 該事由를 呼訴ᄒᆞ얏다더라

●兩市如舊 溫陽郡에 內外場市가 有ᄒᆞ야 數十年來로 商販이 興旺ᄒᆞ더니 近者에 日人商民이 內場市民의게 錢財를 多數分給ᄒᆞ고 外場市를 革罷ᄒᆞ기로 百般設計ᄒᆞ야 外市居民이 生計全沒ᄒᆞᆯ지라 該郡守任艮宰氏가 日人을 善爲交涉ᄒᆞ며 場市間에 躬往演說ᄒᆞ야히 兩市가 前日과 如히 興販ᄒᆞᆫ다더라

●便戰禁止 再昨日下午五時頃에 人民五十餘名이 訓鍊院附近에 會集ᄒᆞ야 便戰을 擧行하ᄂᆞᆫ대 勢甚危險ᄒᆞᆫ故로 該署內巡査監督韓獻東氏가 前往禁止ᄒᆞᆫ즉 東部於義동居ᄒᆞᄂᆞᆫ 金光郁시가 韓氏를 凌辱毆打ᄒᆞᄂᆞᆫ故로 警察署로 押致ᄒᆞ얏다더라

●孤院紀念式 來二十日에 京城孤兒院에셔 第三回設立紀念式을 盛大히 擧行ᄒᆞᆫ다더라

●松隅義擾 三昨日에 義兵三百餘名이 抱川郡松隅場市에 來到ᄒᆞ야 日兵과 數時間을 交戰ᄒᆞ야 日兵壹名을 砲殺ᄒᆞ얏다ᄂᆞᆫ 傳說이 有ᄒᆞ더라

●文氏被囚 海州郡居文得成시가 鳳山郡居ᄒᆞᄂᆞᆫ 自己妹시文召史를 訪問次로 前往ᄒᆞ얏다가 有何事端이던지 該郡憲兵派駐所補助員의게 被捉ᄒᆞ야 無數毆鍊ᄒᆞᆫ後에 海州監獄署로 移囚ᄒᆞ얏ᄂᆞᆫ대 其妹사文召史가 呼冤次로 上京ᄒᆞ얏다더라

●尹氏押囚 廣州郡月峴居ᄒᆞᄂᆞᆫ 尹致章시ᄂᆞᆫ 義兵干連이 有ᄒᆞ다ᄒᆞ야 京城日憲兵本部에셔 該시를 押囚訊問하고 再昨日에 地方裁判所로 押交ᄒᆞ엿다더라

●閔氏被囚 前參判閔泳린氏가 自己族人閔丙學시의 山林을 販賣ᄒᆞᆫ事에 對ᄒᆞ야 地方裁判所에셔 互相裁判ᄒᆞ다가 閔泳린시가 理屈落科ᄒᆞ야 再昨日에 監獄署에 被囚ᄒᆞ얏다더라

●賊患日甚 三昨夜에 北部帶洞街路에셔 強盜壹名이 突出ᄒᆞ야 行客의 衣冠을 沒數奪去ᄒᆞ얏ᄂᆞᆫ대 該附近地에ᄂᆞᆫ 近日에 此等賊患이 逐夜有之ᄒᆞᆷ으로 行路가 甚爲危險ᄒᆞ다더라

●麻浦의 同志會 麻浦同志會ᄂᆞᆫ 現今自治制度와 坊會規例를 效則ᄒᆞ야 組織ᄒᆞᆷ인대 其目的은 義務敎育實施와 衛生及消防과 商業發展을 講究ᄒᆞᄂᆞᆫ 綱要인대 該洞有志諸시가 着々實施中이라더라

●趙氏熱心 小安洞居趙鳳시시가 女子敎育을 發達ᄒᆞ기爲ᄒᆞ야 自己私邸에 夜學校를 設立ᄒᆞ고 女子拾歲以上과 婦人四拾歲以下로 募集하야 新學問을 熱心敎授ᄒᆞᆫ다더라

●通學大通 長湍郡私立溜明學校에셔 年終試驗을 經ᄒᆞ얏ᄂᆞᆫ대 甲班優等李鍾德尹完求等五人이오 乙班優等徐丙軾蔡殷洙等六人이오 丙班優等李麟得李壽天等六人이오 丁班優等金用權리鳳得二人이오 乙班及第金在萬徐胤석等七人이오 丙班及第金巨福南來龍等十人이오 丁班及第李殷경尹仙先等八人이러라

●日語經試 去月二十九日에 南門內場洞私立廣化新塾日語專門科에셔 冬期試驗을 經ᄒᆞ얏ᄂᆞᆫ대 甲班最優等金祉鉉趙彰顯等諸人이오 乙班最優等朴遠環黃善性兩人이오 優等에 李海林金正宇等諸人이오 及第李鍾善康泳等六人인대 任員諸시가 懇切이 勸勉ᄒᆞ얏고 該塾에셔 第二回學生을 募集中이라더라

●彰校冬試 慶北善郡私立彰善학校에셔 冬期試驗을 經ᄒᆞ얏ᄂᆞᆫ대 三學年優等生景圭鉉李錫基等四人이오 及第生金東觀等拾三人이오 二學年優等生馬德康金石岩等六人이오 及第生李晚春南德虎등십二人이오 壹學年優等生李鳳儀陳大成등五人이오 及第生우錫圭金順孫等十二人인대 該校任員諸시가 施賞勸勉ᄒᆞ엿다더라

●崔氏光玉 義州府養實學院中학部講師崔光玉시의 敎育上熱心ᄒᆞᆷ은 一般학界에셔 稔知ᄒᆞᄂᆞᆫ바어니와 冬期放학을 乘ᄒᆞ야 陰明年正月三日부터 城村及隣邑의 各處小학校교師數百員을 請邀하야 四週日間師範講習을 大開ᄒᆞ고 敎授方法과 其他科학上必要者를 撰擇ᄒᆞ야 傳習ᄒᆞᆫ다더라

●崔氏義務 三湖普成學校ᄂᆞᆫ 經費가 漸窘ᄒᆞ야 維持無策矣러니 該洞에 居ᄒᆞᄂᆞᆫ 崔喜永시가 本洞代表로 渡船組合을 成立ᄒᆞ야 船工者에 營業을 鞏固ᄒᆞ고 本동學校에 經費도 補充케ᄒᆞ엿다고 無不讚揚ᄒᆞᆫ다더라

▲地方消息▼

▲去月二拾五日 全羅南道同福郡內에셔 義兵壹百六拾餘名이 該郡分遣所日憲兵及補助員과 接戰ᄒᆞ얏다ᄒᆞ고

▲去月二拾三日 慶尙南道禮安郡內에셔 義兵拾餘名이 該郡分遣所日憲兵及補助員과 交戰ᄒᆞ얏다ᄒᆞ고

▲去月二拾四日 慶尙南道安義郡에셔 義兵三拾餘名이 日憲兵分遣所下士及補助員과 交戰ᄒᆞ얏다하고

▲去月二拾七日 黃海道瓮津郡井院에셔 義兵二百四十餘名이 該院駐在日憲兵及補助員과 交戰ᄒᆞ얏다ᄒᆞ고

▲去月二十七日 慶尙南道山淸郡附近에셔 義兵二拾餘名이 該郡駐在日憲兵及補助員과 交戰ᄒᆞ얏다더라

▲同舟相濟▼

▲百廿四度百三拾度中間大海風濤中에 둥실ᄯᅥ々더巨舟ᄂᆞᆫ 縱이九度廣이六度크고크긴ᄒᆞ다마ᄂᆞᆫ 如山洪濤衝天ᄒᆞ니 舵破檣倒去操定에 危急之境되엿지만 舟中諸人落膽말고 同心合力저어가세 더언더이저긔잇다

▲어긔여차어긔여차同心合力비저어라 더逆風은急히불고비름에셔몰드ᄂᆞᆫ대 切迫情况急ᄒᆞ지라 新建築ᄒᆞᆫ敎育界에 文明花가픠엿고나 더언더向ᄒᆞ가면 幸福樂잇스리라 어서밧비나가보자 沙工들아선직들아

▲어긔엇차어긔엇차同心合力비저어라 더濁浪이急히닐어船頭를撞極難인ᄃᆡ 切迫情况急ᄒᆞ지만 新發達ᄒᆞᆫ實業界 富强基礎가굿엇고나 더언더ᄭᅦ向ᄒᆞ가면 國權回復잇스리라 어서밧비나가보자 沙工들아船客들아

▲어긔여차어긔여차同心合力비저어라 더暴雨가急히내려航路를分辨치不辨인ᄃᆡ 切迫情况急ᄒᆞ지만 新改善ᄒᆞᆫ政治界에 獨立鐘이우ᄂᆞᆫ도나 더언더에向ᄒᆞ가면 雄飛實力잇스리라 어서밧비나가보자 沙工들아船客들아

▲어긔여차々々々同心合力비저어라 더岩礁가崎嶇ᄒᆞ야四面衝突可怕ᄒᆞᆫ데 切迫情况急ᄒᆞ지만 新발起ᄒᆞᆫ關係界 自由旗가ᄯᅳᄂᆞᆫ고나 더언더에向ᄒᆞ가면 國民安樂잇스리라 어서밧비나가보자 沙工들아船客들아

▲어긔여차々々々同心合力비저어라 더瀨霧ᄂᆞᆫ晴黑ᄒᆞ고羅盤針도不備ᄒᆞᆫ데 切迫情况急ᄒᆞ지만 新鼓舞ᄒᆞᆫ尙武界에 凱旋門이놉헛고나 더언더에向ᄒᆞ가면 國家光榮잇스리라 어서밧비나가보자 沙工들아船客들아

▲어긔여차어긔여차同心合力비저어라 더巨鯨이出沒ᄒᆞ야同舟人이皆泣인데 切迫情况急ᄒᆞ지만 新進步ᄒᆞᆫ法律界에 權利燈이붉엇고나 더언더에向ᄒᆞ가면 黃金世界잇스리라 어서밧비나가보자 沙工들아船客들아

社告

左開五處에支社를設置ᄒᆞ얏스니該附近地에서本申報購覽ᄒᆞ실 僉君子ᄂᆞᆫ各該支社로請求ᄒᆞ심을務望ᄒᆷ

江界 邑內 金泰회

木浦港 陽洞 李得珠

郭山 郡々面湖隅里 金惠涵

鏡城 羅南新興洞 鮮于鐵

長기郡縣內面東部里 吳海默

大韓每日申報社

博川支社員李鎭成시辭免代의同郡邑內篁洞金翼樞시로新定ᄒᆞ얏스니해郡의本報購覽諸시ᄂᆞᆫ照亮ᄒᆞ시음

大韓每日申報社

雜報

●石炭捐附 紳士諸시가女子普學院에石炭을捐附ᄒᆞ얏ᄂᆞᆫ데金敎鴻시ᄂᆞᆫ貳噸劉聖溶趙鎭庸兩시ᄂᆞᆫ貳石式이라더라

廣告

大韓每日申報九百九拾壹號雜報欄內의民團作弊라題ᄒᆞ고朴某洙徐德宇等이府尹을符同ᄒᆞ야民團을設立ᄒᆞ다藉托ᄒᆞ고饒戶의數萬金을勸捐ᄒᆞ며水陸에關稅를收捧ᄒᆞ기로民不安堵ᄒᆞ며商路杜絶이라고南來人의傳說이藉々라ᄒᆞ얏스니蓋自本港民會之設立으로捐付도果有之ᄒᆞ고雜收入도亦果有之이오나捐付ᄂᆞᆫ是饒戶의自願이오雜收入은是客主와居間에게口金中幾分式取用ᄒᆞ기로港民全躰가會議取決ᄒᆞᆫ者라所謂勸捐이니別稅이니ᄒᆞᄂᆞᆫ說은是奸猾之徒의文明을모嫉ᄒᆞ며前進을防遏ᄒᆞᄂᆞᆫ魔習에不過ᄒᆞᆫ지라不足與辨이오나伊今時代의數萬金은且置ᄒᆞ고雖幾拾兩이라도勸欲捐付면誰不反對며雜稅革罷ᄂᆞᆫ衆所共知어날强欲徵收면誰其肯從이리오且以所收金額으로何事의支出ᄒᆞ나뇨ᄒᆞ면捐付條ᄂᆞᆫ本會家屋建築에雜收條ᄂᆞᆫ학校와清潔과消防과修路와鑿井과風俗改良과實業開導等費의支用ᄒᆞ야自治制度를倣行코져ᄒᆞᄂᆞᆫ主志이오니此事에對ᄒᆞ야內容을透看ᄒᆞ면官民에萬端研究中斂出이거날今以府윤을符同ᄒᆞ야饒戶에勸捐이니雜稅의勸捧이니ᄒᆞᄂᆞᆫ說은雖是搆捏之計나自不覺其言之無據也라不足多卞이오며只以南來人의傳說이라하고傳者의姓名을露出치아니ᄒᆞ얏스나同号同欄內別項에題曰昌民請願이라ᄒᆞ고府民代表金호默이가該府尹申석麟시를不法行政이有ᄒᆞ다ᄒᆞ고內部에請願ᄒᆞ얏다ᄒᆞ얏스니推此測彼則傳者ᄂᆞᆫ卽金호默이無疑ᄒᆞᆫ지라渠가稱日府民代表라ᄒᆞ니渠之寘此가不過幾朔則何以謂之府民이며渠於本港에又無寸人之信用委托則何以謂之代表乎아渠本何來種落인지不知어니와年前김思默氏之本道觀察在任也에伊時則名曰稷默而自稱觀察從弟라ᄒᆞ고中간作弊라가竟至難境ᄒᆞ야潜跡本港이라가初稱辯護士事務員ᄒᆞ고復入壹進會支社ᄒᆞ야以挾雜思想으로干謁府廳타가官不聽施ᄒᆞ고民不信從ᄒᆞ니無處容身ᄒᆞ야潛踪遠去矣러니今以萬々無據之說로只欲陷人於不測이오니究厥情跡의宅心之如何를自可諒悉이오ᄂᆞᆫ無此說明이면或不無萬國公眼之疑眩이올기玆擧前後事悉ᄒᆞ야辨破ᄒᆷ

萬山港々民 리奎哲 김禹經 김志觀 姜洪奎 리相召 金善執

本面面長 김正基

城山里장 리章煥

中坡里長 崔在益

城湖里長 宋致權

東城里長 김英淑

午山里長 辛有珍

西城里長 白彩潤

北商客主 김以文

北商客主 리泰亨

남商客主 리甫인

朴允榮 김振九 吳景先 林士洪 朴啓秀 朴泰奎

穀物客主

商民 김秉汝 김允植 張正학 姜性必 成貴佑

特別廣告

本社事務所를京城磚洞에現今開設ᄒᆞ고各地方에 **代理人**을置ᄒᆞ랴ᄒᆞ오니本社 **定欵**을詳細陳述ᄒᆞᆯ時機가來到ᄒᆞ얏ᄉᆞ오니條項이臚呈ᄒᆞᆯ와他日로姑俟ᄒᆞ오며本社 **資金**의現今總額은拾萬圜이온ᄃᆡ壹萬株로分ᄒᆞ야每株에拾圜式이옵

本社에서ᄂᆞᆫ本社에關ᄒᆞᆫ細項事項ᄭᆞ지 僉彦의評諒ᄒᆞ시기를懇望ᄒᆞ오니 僉彦ᄂᆞᆫ案頭에暫坐ᄒᆞ야

京城郵便局郵函第四十号韓美興業株式會社라皮封에書ᄒᆞ야寶書札을 **寄送**ᄒᆞ시되本社에詳細事項을通知ᄒᆞ라ᄒᆞ시면本社에서ᄂᆞᆫ答函을卽呈ᄒᆞᆯ터이오니 取覽後 貴地方에서ᄂᆞᆫ何事務가本社의進行ᄒᆞ기에最適ᄒᆞᆯ지 **高明**ᄒᆞᆫ **意見**을 底明ᄒᆞ시옵是望爲하야 **來一月三十日以內**로高明ᄒᆞᆫ書札을寄送ᄒᆞ시ᄂᆞᆫ 僉彦에게如左히 **賞金**을分등ᄒᆞ야送呈ᄒᆞᆯ깃슴

本社에서 **高明**ᄒᆞᆫ **書札中**

一等으로認定ᄒᆞᆫ者ᄂᆞᆫ **五十圓** **二等** **二十圓**

三等 **十圓** **四五等** **各五圓**

六等至十等 **各二圓**

僉彦의 **費用**은 **郵票價** 以外에무엇이또잇슴잇가단단히성각ᄒᆞ야보시고

本社에서大韓帝國內各處와通信을連絡ᄒᆞ기爲ᄒᆞ야如此히 **懸賞**ᄒᆞ기를不惜하오니本社의각地方에서進行ᄒᆞᆯ方針에對ᄒᆞ야 **貴重**ᄒᆞᆫ **勸告**를顧聞ᄒᆞ옵나이다

京城磚洞

韓美興業株式會社 告白

平壤代理人

平壤大同門內店洞

鄭**基煥**

本會社에서鐵路와郵便이迂遲ᄒᆞᆫ地方에在ᄒᆞᆫ 僉彥의寄函ᄒᆞ실期限을寬裕키爲ᄒᆞ야壹月三拾日以內로退定ᄒᆷ

特別廣告

發行兼編輯人英國人 萬咸
Responsible for Publication Alfred Weekley Marnham.
發行所 南署石井洞號外地三層洋屋 大韓每日申報社

第九百九拾六號

大韓每日申報

第六

月曆及慶節

讀時日休刊

檀君開國四千二百四十二年
箕子元年三千三十一年
大韓開國五百十八年
日本明治四十二年
淸國光緖三十四年
陰曆戊申十二月大十八日己巳

寄書

◉譯書家의게一告홈

漢左生

譯書를曰文明의輸入이라ᄒᆞ며譯書를曰富强의資料라ᄒᆞ나然이나此ᄂᆞᆫ善美ᄒᆞᆫ譯書를指홈인더譯書家가其道를不得ᄒᆞ야其國魂을戕ᄒᆞ며其國光을墜ᄒᆞ면抑猶國家의大罪人이될지라近日我國의譯書가漸出ᄒᆞ미所謂譯述者ㅣ或趣外에精神이醉ᄒᆞ며或取捨에條理가無ᄒᆞ야但只外國書籍에依ᄒᆞ면盡是文明書籍으로信ᄒᆞ며但只外人所唱이라ᄒᆞ면盡是文明句語로認ᄒᆞ야自國은夷狄이되던지同族은牛馬가되던지彼만崇拜ᄒᆞ며彼만信從ᄒᆞ니此亦教育前途에豈不幸인뎌

彼某書館에서大韓地理譯述ᄒᆞᆫ壹部를觀ᄒᆞ야도乃曰韓國最古人民은穢貊뿐이라ᄒᆞ며乃曰駕洛國은日本出雲族의殖民國이라ᄒᆞ며乃曰韓國은日本族과扶餘族이山陽道(日本地名)에서放逐된者가移住ᄒᆞᆫ것이라ᄒᆞ얏스니嗚呼라此가何等說인가蓋今日은各國人이各各自國을偉ᄒᆞ고外國을淺ᄒᆞ며各各同族을贊ᄒᆞ고異族을毁ᄒᆞ나니彼外國人이韓國의歷史를說ᄒᆞᄂᆞᆫ者ㅣ엇지眞正ᄒᆞᆫ字가有ᄒᆞ리오而況自國의地理歷史를自國人이能히著述치못ᄒᆞ고外國人의[illegible]譯ᄒᆞᆷ도亦國民의大恥辱이어ᄂᆞᆯ엇지自國의堂堂ᄒᆞᆫ史乘을棄ᄒᆞ고他人의妄誕을從ᄒᆞᄂᆞᆫ가

然則彼ᄂᆞᆫ昭々히知了ᄒᆞᄂᆞᆫ데我ᄂᆞᆫ無知ᄒᆞ야亦我만盲從ᄒᆞ고彼ᄂᆞᆫ不從홈가曰否라彼의所述도參考ᄂᆞᆫ可作홀지언뎡其譯은不可ᄒᆞ며彼의所言으로標準은可作홀지언뎡迷信은不可ᄒᆞ니엇지彼가歌ᄒᆞ면我도歌ᄒᆞ며彼가舞ᄒᆞ면我도舞ᄒᆞ며彼가我를辱ᄒᆞ면我도我를辱ᄒᆞ며彼가我를侮ᄒᆞ면我도我를侮ᄒᆞ야奴隸的妄舉를輕弄ᄒᆞ리오

乃此大韓地理譯述者ᄂᆞᆫ何等人物인지不知커니와韓人의聖祖檀君은夢想치도아니ᄒᆞ고穢貊으로其祖를作ᄒᆞ며廣開土王과大祚榮의拓地殖民ᄒᆞᆫ偉功을謳歌치아니ᄒᆞ고其國을把ᄒᆞ야自古外人의殖民地라稱ᄒᆞ며四千載文明胄孫의檀君派族은說道치아니ᄒᆞ고其族을賤ᄒᆞ야自古外國의放逐種이라記ᄒᆞ니此가엇지有精神者의言이리오

又彼의可笑ᄒᆞᆫ壹語ᄂᆞᆫ即現今韓國의鐵道ᄂᆞᆫ韓國의文明을啓發ᄒᆞ며韓國의殖産을振興ᄒᆞᆫ다云ᄒᆞ얏스니彼가果然鐵道의利害를知得ᄒᆞᆫᄂᆞᆫ가鐵道가文明殖産의利器가아님은아니나自國人의手에在ᄒᆞ면文明도可히啓發ᄒᆞ며殖産도可히振興ᄒᆞ려니와至若外國人의게在ᄒᆞᆫ者야外國의文明은益々啓發홀지언뎡自國에야何가有益ᄒᆞ며外國의殖産은益々振興홀지언뎡自國에야何가有益ᄒᆞ리오然이나此輩無精神者ᄂᆞᆫ猶且姑捨ᄒᆞ고此等書籍을教科書로使用ᄒᆞᄂᆞᆫ者ᄂᆞᆫ亦何等學校인가徒然히厖說을演ᄒᆞ야青年의腦髓를迷ᄒᆞ며國家의威光을誣ᄒᆞ니此等書籍은烈火에盡投ᄒᆞ야壹切世人의眼에不照케홈이可ᄒᆞ도다

願컨대譯書ᄒᆞᄂᆞᆫ諸公은恒常注意ᄒᆞ야彼의長은効ᄒᆞ고短은勿効ᄒᆞ며我에게利ᄒᆞᆫ者ᄂᆞᆫ取ᄒᆞ고不利ᄒᆞᆫ者ᄂᆞᆫ捨ᄒᆞ야善美ᄒᆞᆫ譯書가多出케홀지어다

▲隆熙貳年拾月二拾七日 官報

農商工部告示第拾二號 續

同法第三拾五條 登記簿의謄本은登記簿와同壹ᄒᆞᆫ樣式의用紙로此를作ᄒᆞ고其末尾에左의認證文을載ᄒᆞᆫ것을添附ᄒᆞ야契印을行ᄒᆞ고登記官吏가此에年月日을記載ᄒᆞ야署名捺印ᄒᆞ며且登記所의印을押捺홈이可홈

此謄本은登記簿를依ᄒᆞ야此를作ᄒᆞ고玆에登記簿와相違가無ᄒᆞᆷ을證明홈

前項의規定은登記簿의抄本에此를準用홈但抄本用紙ᄂᆞᆫ淡濃罫紙를用홈이可홈

同法第三拾六條 登記簿의謄本又ᄂᆞᆫ抄本을交付ᄒᆞᆯ時ᄂᆞᆫ謄本交付帳에謄本又ᄂᆞᆫ抄本의區別交付ᄒᆞᆫ年月日及申請人의姓名을記載ᄒᆞ야謄本又ᄂᆞᆫ抄本과契印홈이可홈

前項의規定은登記簿의謄本을他登記所에移送ᄒᆞᄂᆞᆫ境遇에此를準用홈

同法第三拾七條 登記簿又ᄂᆞᆫ附屬書類의閱覽은登記官吏의面前에서此를ᄒᆞ게홈이可홈

(未完)

外報

◉震災吊慰金醵集 東京電을據ᄒᆞᆫ則本月六日에日本外務大臣官邸에서實業家와其他人士가會同ᄒᆞ야伊太利國震災救護에關ᄒᆞ야協議ᄒᆞ얏ᄂᆞᆫᄃᆡ直時七萬圓의吊慰金을募集ᄒᆞ얏다더라

◉袁氏出發 同電을據ᄒᆞᆫ則清國大臣袁世凱氏ᄂᆞᆫ本月五日에北京을出發ᄒᆞ야鄉邸에歸ᄒᆞ얏다더라

◉列國撤兵躊躇 同電을據ᄒᆞᆫ則列國은清國에서撤兵ᄒᆞᆯ事를躊躇ᄒᆞᆫ다더라

◉露國의革命黨 路透電을據ᄒᆞᆫ則俄羅斯모쓰코에서革命黨과軍隊間에交戰ᄒᆞ야數拾名의死傷이有ᄒᆞ얏다더라

◉波斯激戰 同電을據ᄒᆞᆫ즉波斯國에서慘酷ᄒᆞᆫ戰爭이起ᄒᆞ야二千餘名에死傷이有ᄒᆞ얏ᄂᆞᆫᄃᆡ女子等도死生을決斷코奮鬪ᄒᆞ야男服을着ᄒᆞ고戰死ᄒᆞᆫ者六七名이라더라

詞藻

◉日已曙

東窓에볽엇ᄂᆞ냐。노고지리우지지나、장자ᄂᆞᆫ얘군들아。어셔밧비니러나소、本年은、사래긴더밧브터、민여부세

雜報

●時晩問候 太皇帝陛下씌옵셔今回 御巡幸ᄒᆞ실時에 太皇帝陛下에 問候ᄎᆞ로 德壽宮에 御臨ᄒᆞ셧더니 太皇帝陛下씌옵셔 天寒廉寧ᄒᆞ와셔起寢ᄒᆞ시지못ᄒᆞ실뿐더러滾車時間이已晩ᄒᆞ야卽爲出 御ᄒᆞ셧다더라

●賜祭儒臣 大皇帝陛下씌옵셔 御巡行ᄒᆞ시ᄂᆞᆫ데所經列邑에先正儒臣諸公의게致祭ᄅᆞᆯ下賜ᄒᆞ옵셧다더라

●李氏政策 總理大臣李完用氏가遞任될ᄭᅡ憂慮ᄒᆞ야무ᄉᆞᆷ政畧으로地位ᄅᆞᆯ鞏固케ᄒᆞᆯ라오ᄒᆞ다가今回에 大皇帝陛下씌上奏ᄒᆞ야親히 巡狩ᄒᆞ샤地方民情을鎭靜ᄒᆞᆫ後其效勞ᄅᆞᆯ要求ᄒᆞᆫ이라더라

●其能久乎 政府變更된다ᄂᆞᆫ說은已爲屢報어니와今番 大皇帝陛下還 御ᄒᆞ신後에總理의椅子ᄂᆞᆫ確實히遷動될터이라더라

●逆口逆耳 今番 大皇帝陛下 巡行ᄒᆞ시ᄂᆞᆫ事ᄅᆞᆯ總理李完用農大趙重應兩氏가連膓接肚ᄒᆞ야秘密周旋ᄒᆞᆫ後에各大臣의게不時通知ᄒᆞᆫ지라內大宋秉畯氏가趙人臣을對ᄒᆞ야莫重 巡行을猝然頒布ᄒᆞ얏스니太逆不道의類ㅣ라ᄒᆞ고壹場論駁ᄒᆞ얏다더라

●總裁怨歎 東洋拓殖會社總裁宇佐川氏ᄂᆞᆫ來二月頃에渡韓ᄒᆞᆫ다더니二月以內로急速히渡來ᄒᆞᆯ預定이라더라

●滿紙含默 日本各新聞記者가今回한國 大皇帝陛下 巡行ᄒᆞ시ᄂᆞᆫ事에對ᄒᆞ야日是日非ᄅᆞᆯ新聞上에揭載치아니ᄒᆞ기로決議ᄒᆞ얏다ᄂᆞᆫ데其內容은伊藤鐵道의對ᄒᆞᆫ政畧이大端失策으로認ᄒᆞᆫ이라더라

●郡守罷職 忠南觀察崔廷德氏가前牙山郡守金衡變氏ᄅᆞᆯ郡守資格에合當ᄒᆞ다ᄒᆞ야內部에報ᄒᆞ얏다ᄂᆞᆫ데海美郡守로內定이되얏다더라

●寺院減額 各 陵官을減額ᄒᆞᆫ다ᄂᆞᆫ官制가已爲頒布어니와各 陵員役도壹體減額된다더라

●警廳預算 本年度에ᄂᆞᆫ警視廳에新事業에關ᄒᆞ야預算을計上ᄒᆞ얏ᄂᆞᆫ데消防設備ᄅᆞᆯ完全히ᄒᆞᆯ經費와傳染病을預防키爲ᄒᆞ야傳染病院設立費와檢黴事務ᄅᆞᆯ擴張키爲ᄒᆞ야檢黴所ᄅᆞᆯ設立ᄒᆞᆯ經費라더라

●漢府增員 漢城府에셔ᄂᆞᆫ本年度에日本人書記官을增置ᄒᆞ고且土地家屋所有權證明規則을實施키爲ᄒᆞ야吏員幾名을增置ᄒᆞᆫ다더라

●斷髮郡守 溫陽郡守任良宰氏가斷髮치아니ᄒᆞ얏더니其親知某氏가任氏ᄅᆞᆯ對ᄒᆞ야曰現爲官長ᄒᆞ야尙今ᄭᆞ지斷髮치아니ᄒᆞ니是何主意오ᄒᆞᆫ대任氏가答曰余之所帶郡守之職이幾日後遞任ᄒᆞ면鄕曲에養眞ᄒᆞᆯ터인故로姑不剃髮이라ᄒᆞ얏다더라

●尹倅喩民 連山郡守尹斗炳氏가赴任ᄒᆞᆫ後에民情을觀察ᄒᆞ기爲ᄒᆞ야短杖草鞋로境內에周行ᄒᆞ야人民을極力曉喩ᄒᆞᆫ다더라

●民訴還退 長湍郡居民들이該郡派駐所補助員等의貽弊ᄅᆞᆯ臚列ᄒᆞ야日憲兵司令部에呼訴ᄒᆞ얏더니該部에셔補助員의姓名을詳寫書呈ᄒᆞ라고該訴狀을還退ᄒᆞ얏다더라

●乘時貿米 南來人傳說을據ᄒᆞᆫ즉忠南各郡財務署에셔結錢을督刷ᄒᆞ나財政이困難ᄒᆞ야結民들이措手無路인ᄃᆡ日本商民들은此機會ᄅᆞᆯ乘ᄒᆞ야各市와浦口에米廉을散ᄒᆞ고貿米ᄒᆞᆫ다더라

●獻身肅條 勞働會副會長徐廷弼氏가近日에金時計及金斑指ᄅᆞᆯ燦爛佩用ᄒᆞ얏더니日前에該會에셔徐氏의贓錢을調査ᄒᆞᆫ後에도徐氏가其佩物及自己의別宅ᄭᆞ지他處로外執ᄒᆞ얏다더라

●爭先趙人 救世軍이韓國에來到ᄒᆞᆫ지不過數朔에敎徒가日々增加ᄒᆞᄂᆞᆫ中韓人三名을任員으로選定ᄒᆞ얏ᄂᆞᆫ데參謀長에趙重吉氏오參謀員에崔榮應權丙敏兩氏인데該三氏의熱心으로一般人民이爭先趙入ᄒᆞᆫ다더라

●閔氏證人 閔泳璘氏가閔丙學氏의山林을販賣ᄒᆞᆫ事에對ᄒᆞ야再昨日에地方裁判所에셔前輔國閔泳韶參判閔丙承兩氏ᄅᆞᆯ證據人으로招待査問ᄒᆞ얏다더라

●詐不可掩 今月六日에北部三淸洞居ᄒᆞᄂᆞᆫ李召史의九歲女息花田이가渠의門外에셔遊戲ᄒᆞ다가壹圜券紙貨五枚ᄅᆞᆯ拾得ᄒᆞ얏ᄂᆞᆫ대其隣居李鳳緖氏의夫人이此事ᄅᆞᆯ聞知ᄒᆞ고來言ᄒᆞ되自己가五圜金額을見失ᄒᆞ얏스니卽爲出給ᄒᆞ라ᄒᆞᆫ즉二圜만出給ᄒᆞ고其餘ᄂᆞᆫ不知라ᄒᆞᄂᆞᆫ지라李鳳緖氏가此擧ᄅᆞᆯ事實ᄒᆞ야北部警察署에呼訴ᄒᆞ야五圜金을盡爲出給ᄒᆞ얏다더라

●放奴義擧 長城郡二面茅峴居申某氏가人類平權의公理ᄅᆞᆯ感悟ᄒᆞ고世傳ᄒᆞᄂᆞᆫ奴婢ᄅᆞᆯ招集ᄒᆞ야時勢와風潮와國民의公權思想을演說ᄒᆞᆫ後에奴券ᄅᆞᆯ焚燒ᄒᆞ고壹々放釋ᄒᆞ매隣居金思寧氏가亦此擧ᄅᆞᆯ大贊ᄒᆞ며歸家ᄒᆞ야自家의奴婢ᄅᆞᆯ招ᄒᆞ야奴券을焚ᄒᆞ얏다더라

●담사리派 寶城牛山居安某家에담사리ᄒᆞᄂᆞᆫ人이有ᄒᆞᆫ데數年餘ᄅᆞᆯ雇傭役에勤懇ᄒᆞ며雇錢도不受ᄒᆞ고爲人이甚히誠信ᄒᆞᆫ故로主人이敬愛ᄒᆞ며近洞이稱讚ᄒᆞ더니去年九月分에突然히主人을辭ᄒᆞᆷ애挽留ᄒᆞ되不顧ᄒᆞ고近處各洞에담사리ᄒᆞᄂᆞᆫ者百餘名을聚集ᄒᆞ고慨然히演說ᄒᆞ야日吾輩가비록人家에雇傭ᄒᆞ나國民된ᄂᆞᆫ一般인대今日國事悲慘ᄒᆞᆫ時ᄅᆞᆯ當ᄒᆞ야엇지敢히에셔苟生ᄒᆞ리오ᄒᆞ고於是에義旗ᄅᆞᆯ擧ᄒᆞ미遠近이響應ᄒᆞ야湖南々會派와聲勢相날ᄒᆞ다더라

●背恩忘德 新門外冷洞居鄭석煥시의父親이時에其任鄭석根시의게田土ᄅᆞᆯ多數買給ᄒᆞ야鄭석根시가因此致富ᄒᆞ얏ᄂᆞᆫ데석煥시의父親山所腦後ᄅᆞᆯ曾壙ᄒᆞᆫ二萬兩에석根시가南門內米廛商人安某의게放賣ᄒᆞ얏다더라

●金氏將放 詐欺取財犯으로監獄署에셔二箇年에處役된金嘆運氏ᄂᆞᆫ如何運動인지不遠間에放還되나ᄂᆞᆫ說이喧藉ᄒᆞ다더라

●學生失物 工業傳習所學徒咸從郡居沈宜杓氏가本年二月初六日本驛下去時에南大門停車場에셔手匣을遺失ᄒᆞ얏ᄂᆞᆫ데其中所有物은紙貨二圜五拾錢과工業傳習所徽章및劉合車票壹張과其餘郵便領收証四五張이라더라

●大邱의測量所 嶺南紳士全弘祚宋台觀諸氏가林野測量이時局에急務인줄知ᄒᆞ고事務所ᄅᆞᆯ大邱에廣設ᄒᆞ고高等技術者ᄅᆞᆯ募集ᄒᆞ야請求의所願ᄃᆡ로需用ᄒᆞᆫ다더라

●廣坊民團 南部廣通坊에셔有志諸氏가發起ᄒᆞ야該坊內에共成학校ᄅᆞᆯ上年에設立ᄒᆞᆫ後校况이漸就ᄒᆞ야義務敎育의實行ᄒᆞᆷ은人皆稱頌ᄒᆞ거니와日前에該諸氏가坊會民團을組織ᄒᆞ고自治의觀ᄒᆞᆫ諸般義務ᄅᆞᆯ到底實行ᄒᆞ기로決議ᄒᆞᆫ後壹般任員을選定ᄒᆞ얏ᄂᆞᆫ데團長李鍾㴓副團長成範鎬總務李敦植諸氏요評議員四拾人을亦爲選定ᄒᆞ얏다더라

●紀念式退定 京城孤兒院에셔來二十日에第三回設立紀念式을擧行ᄒᆞᆯ터이라다가 大皇帝陛下 御巡狩ᄒᆞ심을因ᄒᆞ야紀念式을退定ᄒᆞ얏다더라

●靑年討論 今日下午七時에鍾路靑年會館에셔討論會ᄅᆞᆯ開ᄒᆞ고修身之道가勝於保身之策이란問題로互相討論ᄒᆞᆫ다더라

學界

●新年開學 各官立학校에셔ᄂᆞᆫ昨日에新年開학式을擧行ᄒᆞ고今日부터上학ᄒᆞᆫ다더라

●學界獻身 水原府內三晉학校校長林勉洙시ᄂᆞᆫ本以名望才藝로多士心服ᄒᆞᄂᆞᆫ바어니와數年前부터敎育界에專心積力ᄒᆞ야學校가處々設立ᄒᆞ고日々擴張ᄒᆞ니可謂有志人士외大模範이되리라고無不稱頌ᄒᆞᆫ다더라

●高山義高 全北高山郡학友會內有志紳士閔泳斌吳秉錫朴準鎬徐相圭宋鍾用金顯轍朴德林柳重億諸시가山林測量의急務ᄅᆞᆯ因ᄒᆞ야各히捐金出ᄒᆞ야測量학校ᄅᆞᆯ設立ᄒᆞ고학徒四拾餘名을募集ᄒᆞ얏다더라

●李氏熱心 豊德郡南面雙井浦私立晉昌학校敎師李植서가該校創設時부터熱心敎授ᄒᆞ더니昨冬時援에學徒가散ᄒᆞ야廢校될境遇에도該시가家喩戶曉ᄒᆞ며壹般生徒가稍々進席ᄒᆞ야今春부터ᄂᆞᆫ校况이興振ᄒᆞ엿다더라

●許氏義捐 襄陽郡南門里居前參尉許駿시가該郡峴山學校敎育을義務로擔任ᄒᆞ야熱心發授ᄒᆞ고壹般民智ᄅᆞᆯ啓發키爲ᄒᆞ야新刊各種書籍을購入ᄒᆞ야該校와각面附五書堂에頒應ᄒᆞ며學校所用諸具ᄅᆞᆯ壹切補助ᄒᆞ얏다고該郡人民의稱頌이籍々ᄒᆞ다더라

●崔氏義擧 杆城郡도城面我湖明東學校ᄂᆞᆫ該郡崔常奎시와熱心擬建ᄒᆞᆫ者인대該시가百圜을義捐ᄒᆞ야校舍ᄅᆞᆯ修理ᄒᆞ고貧寒ᄒᆞᆫ生徒의衣食을自擔獎勵ᄒᆞᆫ다더라

●試驗優賞 西部昭義學校에셔第壹學期試驗을經ᄒᆞ얏ᄂᆞᆫ데優等生趙顯甲朴鍾穆等五人이오及第生羅成五李敬奉等二拾貳人인ᄃᆡ經理學시가賞品을優數施給ᄒᆞ얏다더라

▲地方消息▼

▲本月二日咸鏡남道永興郡內에셔義兵二拾餘名과寧遠駐在分遣所日憲兵及補助員과交戰ᄒᆞ얏다ᄒᆞ며

▲本月貳日平山郡內에셔義兵貳百餘名이同郡分遣所日憲兵及補助員과交戰ᄒᆞ얏다더라

▲貫珠九斗

▲國家基礎ᄂᆞᆫ國民이니國民維新ᄒᆞ여야만國家維新되리로ᄃᆞ一國民不新ᄒᆞ고보면國家維新難期리니新國家ᄅᆞᆯ希望ᄒᆞᄂᆞᆫ大韓帝國同胞들이革舊就新박비ᄒᆞ야新國民이될지어다

▲賣國書ᄅᆞᆯ發布ᄒᆞ야保護條約讚揚ᄒᆞ던號曰百萬營進會야兎死狗烹네알니라國家獨立恢復키ᄂᆞᆫ吾人手中但在라고假粧으로말만말고어셔밧비悔改ᄒᆞ야新國民이되여보소

▲斥洋斥倭大主義로東洋風喚起ᄒᆞ던有始無終東學黨아迷信妄想可笑로다國家蒼生廣濟키ᄂᆞᆫ吾人手中但在라고譫語又치말만말고어셔밧비悔改ᄒᆞ야新國民이되여보소

▲頑固學黨組織ᄒᆞ야自稱弟子執贄ᄒᆞ던儒門亂賊大東會야俗媚狀態可醜로다國家文化發展키ᄂᆞᆫ吾人手中但在라고冷談으로말만말고어셔밧비悔改ᄒᆞ야新國民이되여보소

▲尊華攘夷目的삼아新學問을反對ᄒᆞᄂᆞᆫ固守舊株儒敎家야夜昏聽웬일인가國家中興成功키ᄂᆞᆫ吾人手中但在라고痴想으로말만말고어셔밧비悔改ᄒᆞ야新國民이되여보소

▲大慈大悲念佛ᄒᆞ나休靜大師忘却ᄒᆞᆫ枯坐空山僧徒들아厭世貪禪可惜일세國家衆生救活키ᄂᆞᆫ吾人手中但在라고戲談으로말만말고어셔밧비悔改ᄒᆞ야新國民이되여보소

▲商埠組織ᄒᆞ야簫鼓喧譟ᄒᆞ던無知無識褓負商아遊藝爲可憎일세國家實業振興키ᄂᆞᆫ吾人手中但在라고狂言치말만말고어셔밧비悔改ᄒᆞ야新國民이되여보소

▲上帝臨汝咒文외며方外之嘯聚ᄒᆞ던道家修身腐儒輩謗ᄒᆞ人數로濁ᄒᆞ다國家挽回키ᄂᆞᆫ吾人手中但在라고狂言으로말만말고어셔밧비悔改ᄒᆞ야新國民이되여보소

▲命ᄒᆞᆫ도ᄃᆞ다諸君들아各自悔自新ᄒᆞ야互相聯結協力ᄒᆞ고同聲相應統壹ᄒᆞ야爲國獻身精神쳐러自新力을奮發ᄒᆞ야實力養成ᄒᆞᆫ然後에新國民을作成ᄒᆞ며新國家ᄅᆞᆯ建設ᄒᆞᆫ다

社告

左開五處에支社를設置ᄒᆞ얏ᄉᆞ오니該附近地에셔本申報購覽ᄒᆞ실 僉君子ᄂᆞᆫ各該支社로請求ᄒᆞ심을務望ᄒᆞᆷ

江界 邑內 金泰회
木浦港 陽洞 李得珠
郭山 郡ᄂᆞ面湖隅里 金憲涵
鏡城 羅南新興洞 鮮于鉉
長기郡縣內面東部里 吳[illegible]默

大韓每日申報社

廣告

●學員募集廣告

本所에講習科와初等科와算術科를特設ᄒᆞ고算術과학科를特別研究ᄒᆞ기爲ᄒᆞ야時間를勿拘ᄒᆞ고教授ᄒᆞ오며卒業期限은三個月로定ᄒᆞ오니願ᄒᆞ 僉彦은陰本正月六日內로來臨을敬要

東門外前元興寺
明進測量 講習所 告
組合所 ᄒᆞ

本所에셔來十覽日(月曜) 下午二時에典洞中東學校로捴會를開ᄒᆞ오니嘗般紳士ᄂᆞᆫ光臨ᄒᆞ심을敬要

國債報償志願金總合所
評議員壹同

本人姓名章與林潤禧名一千三百三拾兩於音을本月一日에셔失ᄒᆞ오니誰或拾得則休紙施行ᄒᆞ오며圖章을改以正字로新刻行用ᄒᆞ오니內外知舊僉照亮ᄒᆞᆷ
義州府西部漆峴崔景錫 告白

本人等이測量事務所를大邱에設ᄒᆞ얏ᄉᆞ니遠近請求ᄒᆞ시ᄂᆞᆫ僉君子ᄂᆞᆫ大邱[illegible]六[illegible]人成測量事務所로來臨ᄒᆞ
신[illegible] 金[illegible] 宋[illegible]觀 安[illegible]
全[illegible] 李元植

特別廣告

本社에셔名帖印刷를更加擴張ᄒᆞ기爲ᄒᆞ야各樣紙品을壹切準備ᄒᆞ고極廉價로 僉君子에所請대로隨應ᄒᆞ옵ᄂᆞᆫ중婦人과學徒의게ᄂᆞᆫ特別除減ᄒᆞ겟ᄉᆞ오니照亮 來臨ᄒᆞ심을敬要

大韓每日申報社

德國 이버페르드地方에파벤파부리켄 故프레 쎄이어 **會社**ᄂᆞᆫ世界上에最大ᄒᆞᆫ各種**染色料製造所**인ᄃᆡ本社에셔ᄂᆞᆫ韓人淸人商業家諸友의게大注意ᄒᆞ시기를懇乞ᄒᆞᄂᆞᆫ바ᄂᆞᆫ無他라多少無掛慮ᄒᆞᆫ商賈가**麒麟**과**兩女**商標를僞造ᄒᆞ여本社의名聲이頗多ᄒᆞ고品質이最良ᄒᆞᆫ紫色과藍靑色料를價低ᄒᆞ고無價値ᄒᆞᆫ色料로써代替置入ᄒᆞᆷ이有ᄒᆞ니

其僞造를注意ᄒᆞ시며

且本社의淸國地方에셔行用ᄒᆞᄂᆞᆫ名號**(順全隆)**三字를注意ᄒᆞ시오此ᄂᆞᆫ每筒에書ᄒᆞ얏ᄉᆞ며尙且獨히積年信爭ᄒᆞᄂᆞᆫ品料로憑證ᄒᆞᄂᆞᆫ것시오本社의用ᄒᆞᄂᆞᆫ箱子(木箱)에ᄂᆞᆫ擧留其兩便에本社의登錄商標即自個獅子가其兩足으로壹球를踏ᄒᆞᆫ模樣을烙印ᄒᆞ얏ᄉᆞ며且[illegible]를擬造ᄒᆞ야本社에名號를與字를抑[illegible]ᄒᆞ[illegible]ᄒᆞ얏ᄯᅡ

本社에셔**活版機械**를壹新整備ᄒᆞ고各種**印刷**를廉價需應ᄒᆞ오니僉位ᄂᆞᆫ惠顧ᄒᆞ시옵社會公益上印刷ᄂᆞᆫ貳割特減ᄒᆞᆷ

本社에셔直接大發賣書目.

翫雲 吳榮根君 著

中等 **用器畵法** 全 定價金七拾錢
幾何畵ᄂᆞᆫ測量。建築。構造。機械見本。壹切實地應用製圖法

新撰 **外國地誌** 上下 定價金六拾錢
本書ᄂᆞᆫ各學校教科에適當ᄒᆞᆫ며世界各國의情形을詳載ᄒᆞᆷ

二十世紀 朝鮮論 定價金三拾五錢

最新 **算術** 上卷完成 下卷印刷中 定價金五十錢
官立高등學校教授金夏鼎君著
本書ᄂᆞᆫ著者僉君이實地教授에多年經驗으로筭學要領을摘撮ᄒᆞᆫ者니各學校教科서及獨習에適當ᄒᆞᆷ

鍾路里門上隅 十二統三戶 **興文社**

◉**夜學員大募集**

科程簿記日語算術

一、陰止月拾壹日開學
一、卒業期限壹個年
一、入學金壹圜、月謝金壹圜
但隨意科ᄂᆞᆫ每科五拾錢

私立 **茶洞共成學校內**

前參奉閔中植시가今陰十二月十二日陽壹月三日上午八点鐘에不幸別世
[illegible]亮
護喪 三品 [illegible] 金[illegible]徵

特別廣告

本社事務所를京城磚洞에現今開設ᄒᆞ고各地方에**代理人**을置ᄒᆞ라ᄒᆞ오니本社**定款**을詳細陳述ᄒᆞᆯ時機가來到ᄒᆞ얏ᄉᆞ오니條項이殷뢰ᄒᆞ와他ᄂᆞᆯ妨侯ᄒᆞ오며수社**資金**의現今總額은拾萬圓이온ᄃᆡ壹萬株로分ᄒᆞ야每株에拾圓式이옵本社에셔ᄂᆞᆫ本社에關ᄒᆞᆫ細瑣事項ᄭᆞ지 僉位의詳諒ᄒᆞ시기를懇望ᄒᆞ오니 僉彦은案頭에暫坐ᄒᆞ야

京城郵便局郵函第四十号韓美興業株式會社

라皮封에書ᄒᆞ야書札을**寄送**ᄒᆞ시되本社가詳細事項을通知ᄒᆞ라ᄒᆞ시면本社에셔ᄂᆞᆫ答函을卽呈ᄒᆞ올터이오니 惠覽後 貴地方에셔ᄂᆞᆫ何事務가本社의進行ᄒᆞ기에最適ᄒᆞᆯ지**高明**ᄒᆞᆫ**意見**을 惠賜ᄒᆞ시옴是爲ᄒᆞ야**來一月三十日以內**로高明ᄒᆞᆫ書札을寄送ᄒᆞ시ᄂᆞᆫ 僉彦에게如左히**賞金**을分등ᄒᆞ야送呈ᄒᆞ깃숩

本社에셔**高明**ᄒᆞᆫ**書札中**

一等으로認定ᄒᆞᆫ者ᄂᆞᆫ **五十圓**　**二等** **二十圓**
三等 **十圓**　**四五等** **各五圓**
六等至**十等** **各二圓**

僉彦의**費用**은**郵票價**以外에무엇이ᄯᅩ잇슴잇가단단히생각ᄒᆞ야보시오

本社에셔大韓帝國內各處와通信을連絡ᄒᆞ기爲ᄒᆞ야如此히**懸賞**ᄒᆞ기를不惜ᄒᆞ오니本社의各地方에셔進行ᄒᆞᆯ方針에對ᄒᆞ야**貴重**ᄒᆞᆫ**勸告**를願聞ᄒᆞᄋᆞᆸ나이다

京城磚洞 **韓美興業株式會社** 告白

平壤代理人 平壤大同門內店洞 鄭**基煥**

本會社에셔鐵路와郵便에沼遠ᄒᆞᆫ地方에在ᄒᆞᆫ 僉彦의寄函ᄒᆞ실期限을寬裕케爲ᄒᆞ야壹月三拾日以內로退定ᄒᆞᆷ

特別廣告

廣告

義니 養賢學院女小學校 建築補助ᄒᆞ신 諸시의 感謝ᄒᆞᆷ을 表ᄒᆞᆷ
二悅시夫人 五十四圓
女中學徒白儀元 五拾圓
리德煥 金志闇 張齊栻
各二拾圓 觀察使柳赫魯
金道奎 金相殷 馬布牧師
吳殿源 吳致殷 各拾圓
府尹徐相勉 六圓 高承헌
張禎善 申雲祥 魏牧師
崔翼瑞 趙兌允 朴鳳儀
崔龍和 김斗衡 崔時應
平壤商業會議所 閔奎鎬
리世澤 李用석 吉仁洙
韓學範 李甲 各五圓
羅鴻模 京城貫子洞리시
各四圓 定州耶蘇敎會학校
三圓六拾錢 김庭억 김遠河
김正民 김炳珣 김尙愚
김翼桓 리文一 洪時卿
김尙淵 柳泰根 崔景麟
張齊翰 김義坤 崔석夏
洪元日 各三圓 文鳳鳴
김用국 朴仁瑞 朴用禎
리元根 白永煒 朴承和
張學承 趙秉榮 洪在現
김九五 리元競 張起學
김弼淳 리春燮 朴萬化
林祐敎 尹聖運 김善斗
박致祿 崔聖鐸 리秉浩
박膺茂 김善甫 김洙斌
리丙유 리東順 김承萬
趙箕璧 崔석屹 최聖律
各二圓 김龍興 리元禧
各壹圓八十錢 張河舜
金永勳 金하鍊 韓承愈
崔奇崙 趙光俊 리致儉
劉尙顯 김致亨 김時赫
趙昌煒 文晉桓 김健柱
金敬燮 리鳳朝 金석桓
黃恩健 張倫 金國賢
李承脩 洪成麟 리濟斌

張珍亨 김漢奎 리裕禎
車承雲 具然河 韓承烈
崔宗鎬 金東基 盧基柱
李明赫 趙炳稷 金弼秀
金成武 韓석晉 김道麟
邦基昌 尹夏炳 徐丙浩
宋鍾燦 韓龍曾 南宮奎
김明善 金聲普 리商在
崔致良 崔光玉 金亨在
朴道淳 김희善 김雲興
元容德 盧伯麟 林澤善
無名시 박永壹 邊益能
吉壽宙 鄭益慶 朱孔三
리景濂 김利洙 崔應和
김仁弼 리一丞 甲ㄴ翼
리私楨 리稷鎬 張壽梓
韓基止 김宇俊 黃顯鴻
김碩欽 朴基華 김貞鉉
리俊善 田麟鉉 김養奎
김履虎 김得吉 黃菊保
김賢模 김善則 김志善
高秉勳 리景龍 白元振
김석杓 리明煥 리圭瓚
孔聖俊 한鵬鳳 趙廷父
김昌善 鄭春龜 崔亨俊 사俊석
金尙稷 趙東儉 金永煥
洪니範 李鶴榮 김炯元
劉如ㅈ 朴奉根 김麟煥
金正鍵 朴景敏 張啓澤
李聞珪 金允奉 李松龜
各一圓 李宜善 金永律
崔奎회 高承燁 朴敬茂
韓昌殷 崔鳳岐 白日元
김成ㅁ 朱伯榮 朴承浩
金世克 李ㅁ賢 ㅁ德魯
김國柱 韓爾禎 김永根
安奎 李昌석 朴根永
李晶光 宋千賢 崔龍珍
梁奎明 김之萬 리斗桓
리健ㅁ 리根泰 리敬집
리省ㅁ 崔甲河 김義煥
白三圭 리一龍 최世湧
鄭君模 리能和 리時亨
趙東璧 趙承允 張致佑

朴시永信 박鳳善 金之壽
김星煥 최錫浩 文仁坤
華商永成公 김禎賢
김成官 리ㅁ賢 金景河
김在釘 김箕祚 김千一
리汝奐 리鐘成 申하鳳
김昌甫 鄭允洙 韓貞敎
崔晉叔 各五十錢 崔奉尙
劉孝信 崔在弼 金敬斗
리時恒 梁明河 朴文昇
李鍾奎 崔鳳瑞 裴善鉉
李永瑞 白貞振 박淵彬
梁旬伯 韓鎭頙 李敬괴
김淑根 毛永俊 김夢駿
리炳奎 卓奐守 朴時謨
劉得容 崔泰卿 김宋伯
鄭學濂 金仔慶 金燻석
沈秋明 리金憲 宋淳明
朴承明 獨孤건 各三십錢
김孝鍵 金德善 車洙歆
김ㅁ贊 朴應奎 白玉仁
申基初 朴貞屹 鄭汝敎
崔聖柱 朴贊亨 리俊英
金鳳梧 김禎淳 吉祥興
安永默 리仁亨 리根眞
張德永 리世鎭 崔鳳錫
鄭萬金 洪成鳳 金鼎鎭
鄭하遠 韓成奎 김九河
宋尙五 張福星 김碩伉
리元福 白永善 宋ㅁ煥
한炳識 各二十錢 姜齊賢
趙炳燦 朴鏞擧 各拾五錢
金석昌 리永秀 宋文正
趙蘭哲 趙時俊 尹希福
宋丙祚 張得璜 리致和
元義相 金濟允 김益范
金炳儀 김炳元 魯品용
최禮洛 리鎔善 리昌ㅁ
趙用默 김시 리健柱夫人
崔德俊 김春基 崔昌默
無名시 各拾錢 張膺兆
김履徹 秄粉連紙壹卷
김鳳觀 空冊 各鉛筆五打
主務員 謹ㅁ 告白

本人이 製造發行ᄒᆞᄂᆞᆫ바 靈丹을 今에 官許를 蒙ᄒᆞ고 大韓醫院藥學士兒烏古里氏와 一等製藥官劉世煥兩氏의 檢查證明과 軍部軍務局衛生課二等軍醫長金益南閣下와 諸大方家高明醫士의 有効賞贊을 受ᄒᆞᆫ바 其應用說明은 如左ᄒᆞᆷ

說明書

靈丹

中暑・中寒・吐瀉・腹痛及消化不良・食慾不進・頭痛目昏心煩懊悶・船暈酒醉・眩暈痰迷・山嵐瘴氣・痞滿聲啞・水土不服等

地方各處에셔 書信으로 請求ᄒᆞ시면 小包迅速進呈ᄒᆞ깃슴

發行本舖 皇城南部大廣橋第1九統七戶 共愛堂大藥房 告白

新法令集

訴訟 非訴訟

全壹冊 定價金壹圓郵稅三錢

目錄

前編 訴訟에關ᄒᆞᆫ法令

裁判所構成法 ・ 裁判所構成法施行法
裁判所設置法 民刑訴訟規則
改正 刑法大全 民事訴訟期限規則
民事訴訟 手數料規則 去年십月卅壹日改正 民事訴訟費用規則 去年拾月卅壹日改正
刑事裁判費用規則 非訟事件手續規則

後編 非訟에關ᄒᆞᆫ法令

調令各觀察使와府尹郡守 土地家屋證明規則
土地家屋證明規則施行細則 仝 樣式
第壹統首又洞長의認證에關ᄒᆞᆫ事務의處理順序
第壹郡守又府尹의證明에關ᄒᆞᆫ事務의處理順序
土地家屋典當執行規則 仝 施行細則
土地家屋所有權證明規則 仝 施行細則 利息規例
右는裁判에關ᄒᆞᆫ法令과不動產證明에關ᄒᆞᆫ法令을蒐輯ᄒᆞ야精密無遺ᄒᆞ온바法律事務에最要ᄒᆞᆫ고一般生命財產을確保ᄒᆞᄂᆞᆫ良詮이오니右冊을購覽ᄒᆞ시기를 ᄒᆞ오

發賣所 京城南部學洞拾九統九戶 張重餘

大韓帝國仁川各港各藥舖內

婦人부뎌양됴경환 婦人胎養調經丸
靈藥 壹劑壹月分 金五圓

主治說明

婦人이孕胎ᄒᆞ지못ᄒᆞᆷ은冷病積病과月經不調로因ᄒᆞᆷ이니此藥

總發行所 和平堂大藥房

京城종路 仁川港杏峴 和平堂 告白

九粒에 粒入金拾錢 八寶丹

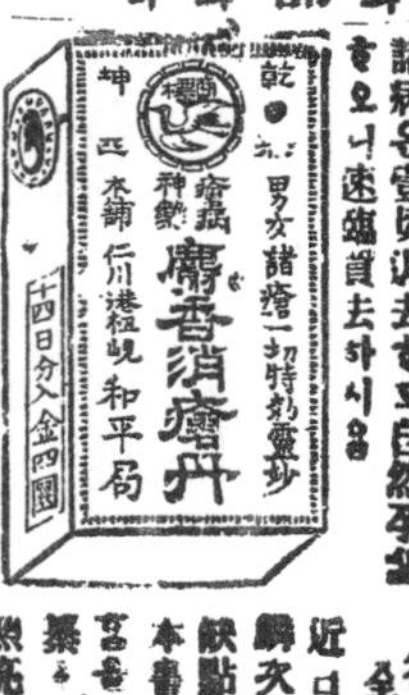

을服用ᄒᆞ시면婦人腹中에有ᄒᆞᆫ諸病은壹切退去ᄒᆞ고自然孕胎ᄒᆞ오니速購服去하시옵

補陰補陽 滋陽丸 ᄌᆞ양환

三拾日分 금五圓
貳拾日分 금三圓四拾전
拾日分 금壹圓八拾전

主 ○房事不容 ○腎虛腰痛 ○病後氣虛 ○腎氣不足 ○陽痿ㅣ起 ○遺精多夢 ○陰虛火動 ○房事後惱困 ○手足厥冷 ○形容蒼白 ○吸烟勤烟各症 ○體質虛弱消瘦

治

此外에도東西洋各國靈藥이俱備ᄒᆞ오니各地方외셔隨用請求ᄒᆞ시면郵便으로보내이오며各國藥材도신속ᄒᆞ게ᄂᆞᆫ僉位께특別히廉價放賣ᄒᆞ오니陸續注文ᄒᆞ심을敬望

製藥所 仁川港和平堂藥局
發行人 李[illegible]
京城鐘路 衣 和平堂支店
代理店 京城南門內水標橋 共愛堂藥房
京城大廣橋
支店及[illegible]
元山 載寧 義州 郭山 [illegible]城
木浦 咸從 宣川 龍川 博川
三和 長淵 [illegible] 鐵山 大邱
群山 龍川 平壤 黃州 安州
釜山 水原 [illegible]岳

問答 初等大韓新地誌

全壹冊定價金貳拾五錢

近日初等大韓地誌가二種이續次刊行되엿ᄉᆞ오나敎育上에缺點이無ᄒᆞ다고可謂ᄒᆞᆯ지ᄂᆞ本書ᄂᆞᆫ特別히幼年程度에適當ᄒᆞᆷ을爲ᄒᆞ야問答例로詳密히編纂ᄒᆞ와小學校用에必要ᄒᆞ오니照亮ᄒᆞ심을望ᄒᆞᆷ

漢字初習

全壹冊 定價金拾五錢

本館에셔著作ᄒᆞᆫ漢字初習은漢文字에義를幼稚에게도解得ᄒᆞ기便易ᄒᆞᆫ字를揀ᄒᆞ야難易의多少를隨ᄒᆞ야編次ᄒᆞᆫ것인ᄃᆡ敎授ᄒᆞ기와解得ᄒᆞ기와習字ᄒᆞ기가千字文에比ᄒᆞ야[illegible]爲ᄒᆞ야著作ᄒᆞᆫ冊子ᄂᆞᆫ最便ᄒᆞ고最要ᄒᆞ야幼稚의普通做字에文科로用ᄒᆞ기適宜ᄒᆞ오니多數히需用ᄒᆞ시기를바라ᄂᆞ이다

國語文典音學

周時經 著述

全壹冊 定價[illegible]錢

本書ᄂᆞᆫ周時經시가拾餘年에國語의[illegible]音學을硏究ᄒᆞ야[illegible]一般學界에[illegible]要ᄒᆞᆫ書니有志僉君子ᄂᆞᆫ速히需用ᄒᆞ심을바라ᄂᆞ이다

실업셜 松뢰琴 송뢰금

蔡[illegible]著

定價金二十五錢

[illegible]

發賣所 平壤종路 大同書館

[illegible]城종路 [illegible]書舖

京鄕[illegible]

發行所
發行兼編輯人 [illegible]
Responsible for Publication [illegible]
[illegible]石井洞號外[illegible]
大韓每日申報社

大韓每日申報

第九百九拾七號

第六■

月曜及慶節 臨時休刊

檀君開國四千二百四十二年
箕子元年三千三十一年
大韓開國五百十八年
日本明治四十二年
淸國光緖三十四年
戊申十二月大十九日庚午

論說

◉內外國人相婚의可禁

近來我國人이往々外國人과相婚ᄒᆞᄂᆞᆫ者ㅣ多ᄒᆞ야男子ᄂᆞᆫ淸又或日女를娶ᄒᆞ며女子ᄂᆞᆫ淸男或日男에嫁ᄒᆞᄂᆞᆫ者比々ᄒᆞᆫᄃᆡ其中에아직正式의婚을結ᄒᆞᆫ者ᄂᆞᆫ未有ᄒᆞ나窮寡末路에醜變이喚侶ᄒᆞ며豪客側室에淫窗가需婚ᄒᆞ야沼々流風이攸豐을不知ᄒᆞ짐도다

或者가妄따ᄒᆞ야曰異國人과相婚ᄒᆞ면其生이必蕃ᄒᆞ리니外國人과嫁娶홈이何害리오ᄒᆞᄂᆞ니噫라此ᄂᆞᆫ其壹만知ᄒᆞ고其二ᄂᆞᆫ不知홈이로다

即今韓國人이外國人과嫁娶ᄒᆞ야子孫을生ᄒᆞ면將來에必也韓父淸母者도有ᄒᆞᆯ지며淸父韓母者도有ᄒᆞᆯ지오然父日母者도有ᄒᆞᆯ지며日父韓母者도有ᄒᆞᆯ지니如此ᄒᆞ면數十年後不過ᄒᆞ야種界도混ᄒᆞ며國界도混ᄒᆞ리니愛國觀念이何處를從ᄒᆞ야生出ᄒᆞ리오

希臘人이曰希臘人은何處에在ᄒᆞᆫ던지希臘人은自希臘人이오土耳其人은自土耳其人이라ᄒᆞ야希土兩國人이終乃混同되지아니ᄒᆞᆷ은兩國人의婚路不通의結果며滿洲人이支那를入據ᄒᆞᆫ지數百餘年에今尙漢人은滿人을歧視ᄒᆞ며滿人은漢人을歧視ᄒᆞ야終乃和合ᄒᆞ지못ᄒᆞᆷ은兩國人婚路不通의結果라萬壹婚路가早通ᄒᆞ얏스면希土兩國이壹國되며漢滿兩族이一族된지已久ᄒᆞ얏슬진저

然則韓國은東洋中壹國의地位를保ᄒᆞ야此國이他國에合倂되지아니ᄒᆞ며此族이他族에同化ᄒᆞ지아니ᄒᆞ고저ᄒᆞᆯ진된自家血統中에他族의參入홈을不許홈이可ᄒᆞ니種界를先混ᄒᆞ면愛國心獨立心이何處에서生ᄒᆞ리오

異國人과相婚ᄒᆞ에其生이蕃殖ᄒᆞ다ᄒᆞᆷ은人種學上公理에據ᄒᆞ야已然ᄒᆞᆫ바이나但國家的精神이漸盡ᄒᆞ야淸國도自國으로視ᄒᆞ며日本國도自國으로視ᄒᆞ야異類의呪吟中에螟蛉됨을不辭ᄒᆞ며强者의鞭策下에牛馬됨을不恥ᄒᆞᄂᆞᆫ人種이야日々蕃ᄒᆞ며日々殖ᄒᆞᆫ달何用이리오

古代斯巴達人이九千에不過ᄒᆞ얏스되西歐의覇權을掌握ᄒᆞ야名譽歷史가後世에垂ᄒᆞ얏나니라

蓋人種이蕃殖ᄒᆞ랴하면(壹)曰經濟가裕足ᄒᆞ야飢凍의患이無ᄒᆞ며(二)曰衛生이發達ᄒᆞ야疾病의侵이無ᄒᆞ며(三)曰法律이公平ᄒᆞ야慘酷ᄒᆞᆫ刑을除ᄒᆞ며(四)曰政治가發達ᄒᆞ야治安의秩序를維持ᄒᆞ면人種이自殖ᄒᆞᆯ지어날乃此에不求ᄒᆞ고遠히異國通婚을求ᄒᆞ랴ᄒᆞ니亦謬矣로다

其尤可驚ᄒᆞᆫ者ᄂᆞᆫ淸지及西國에留學或旅居ᄒᆞᄂᆞᆫ者ㅣ往々外女를帶ᄒᆞᆫ者有ᄒᆞ니鳴乎라外女를娶ᄒᆞᄂᆞᆫ日이即愛國心을殺ᄒᆞᄂᆞᆫ日이아닌가

▲隆熙貳年拾月二拾七日 官報

▲農商工部告示第拾三號 續

同法第三十八條 登記를申請ᄒᆞᆯ시ᄂᆞᆫ申請書에其登記를申請홈에必要ᄒᆞᆫ事項外에登記稅額을記載홈이可ᄒᆞᆷ但登錄稅法第二條第壹項第壹號乃至第七號의登記에當ᄒᆞ야ᄂᆞᆫ課稅標準의價額도記載홈이可홈

同法第三拾九條 申請書가數葉에涉ᄒᆞᆫ時ᄂᆞᆫ申請人은每葉의綴目에契印홈이可ᄒᆞᆷ但登記權利者又ᄂᆞᆫ登記義務者가多數ᄒᆞᆫ時ᄂᆞᆫ壹人의契印으로써充홈

同法第四拾七條 登記官吏가申請書를受取ᄒᆞᆫ時ᄂᆞᆫ遲滯말고申請에關ᄒᆞᆫ總事項을調査홈이可홈

同法第五拾壹條 申請書에記載ᄒᆞᆫ代理人의姓名住所ᄂᆞᆫ登記簿에此를記載홈을不要홈

○登錄稅法第二拾七号

第六條 商事會社其他營利를目的으로ᄒᆞᄂᆞᆫ法人으로셔登記를受ᄒᆞᆯ時ᄂᆞᆫ左欄區別을從ᄒᆞ야登錄稅를納홈이可홈但第壹號第三號第六号第九号의境遇에셔稅金額이拾圓未滿이되ᄂᆞᆫ時ᄂᆞᆫ拾圓으로홈

壹 合名會社。合資會社設立
財産을目的으로ᄒᆞᄂᆞᆫ出資의價格 壹千分之三

二 合名會社。合資會社出資增加
財産을目的으로ᄒᆞᄂᆞᆫ增出資의價格壹千分之二

三 株式會社設立
拂納株金額壹千分之四

四 株式會社資本增加
增資拂納株金額壹千分之四

(未完)

外報

●伊國의英人死亡 路透電을據ᄒᆞᆫ則伊太利에서시나에滯在ᄒᆞ던英國人은半數나死亡ᄒᆞ얏다더라

●伊皇의還都 伯林電을據ᄒᆞᆫ則伊國震災地에赴往ᄒᆞ얏던伊國皇帝皇后兩陛下ᄂᆞᆫ首都羅馬로歸還ᄒᆞ얏다더라

●救災ᄒᆞᆯ支出要求 同電을據ᄒᆞᆫ則伊國大藏大臣은罹災民을救助ᄒᆞ기爲ᄒᆞ야議會에對ᄒᆞ야三千萬磅을支出ᄒᆞ기로要求ᄒᆞ얏다더라

●兩陛下訪問 同電을據ᄒᆞᆫ則英國皇帝皇后兩陛下께서伯林訪問ᄒᆞ실事ᄂᆞᆫ二月下旬議會後에實行ᄒᆞ신다더라

●日本의火事 日本內地通信을據ᄒᆞᆫ즉日本牛島田町에서起火ᄒᆞ야二十五戶가延燒ᄒᆞ얏다더라

雜報

●關東總會 關東學會에서今日下午壹時에本會館內에定期總會를開ᄒᆞ고事務를處理ᄒᆞᆫ다더라

詞藻

●雪中梅

梅花네늣길에。春節이도라오니
네피던가지마다、봉울봉울맺처도다
春雪이、재아모리차다ᄒᆞᆫ들、피ᄂᆞᆫ꼿을

雜報

◉御乘軍艦 韓國 大皇帝陛下ᄭᅴ옵셔今에釜山에셔軍艦 御搭乘ᄒᆞ시고還 御ᄒᆞ시ᄂᆞᆫ途中에해港商品陳列所及高等小學校에 御臨ᄒᆞ실터이오東萊小學校에ᄂᆞᆫ義陽君을派遣ᄒᆞ실터이라더라

◉執々惶悚 今番 大皇帝陛下ᄭᅴ옵셔 宮廷列車를 御搭乘ᄒᆞ시고巡 幸ᄒᆞ옵시ᄂᆞᆫᄃᆡ 腔氣가發作ᄒᆞ옵셔 水剌를不御ᄒᆞ시ᄂᆞᆫ故로陪從諸臣이惶悚不已ᄒᆞᆫ다더라

◉金氏陪從의內容 前判書金鶴鎭氏가今回 大皇帝陛下御巡幸에陪從ᄒᆞ얏다ᄂᆞᆫᄃᆡ其內容을得聞ᄒᆞᆫ즉先正儒臣의致祭文을製述ᄒᆞ기爲ᄒᆞ야陪往ᄒᆞ얏다더라

◉派巡戒嚴 近日 德壽宮에警察를守層戒嚴ᄒᆞ야巡査를加派守直ᄒᆞᆫ다더라

◉警察發嚴 大皇帝陛下ᄭᅴ셔 御巡幸ᄒᆞ신後에漢城內警察을尤極戒嚴ᄒᆞ야各警察支派所에巡査를壹人式加派遞番ᄒᆞᆫ다더라

◉日皇親電 本月八日에日皇陛下ᄭᅴ셔韓國 大皇帝陛下ᄭᅴ셔 御巡狩ᄒᆞ시ᄂᆞᆫ事에對ᄒᆞ야親電을發ᄒᆞ셧다더라

◉萊府祇迎 韓國 大皇帝陛下ᄭᅴ셔本月八日午后三時에統監以下諸臣을領率ᄒᆞ시고東萊府에 幸行ᄒᆞ실時에內外國人이多數 祇迎ᄒᆞ고八拾歲以上老人五名이 拜謁ᄒᆞ얏다더라

◉釀酒法改善 度支部에셔酒類釀造法을改善ᄒᆞ야釀造試驗所를設置ᄒᆞᆯ터인ᄃᆡ此에關ᄒᆞ야規則을不遠間官報에頒布ᄒᆞᆯ다더라

◉金力得訟 前觀察使李圭桓氏가莫江에在ᄒᆞᆫ家屋事件으로閔泳徽氏와地方裁判所에셔互相裁判ᄒᆞᆫ事ᄂᆞᆫ衆所共知어니와閔氏가多數의金額을費用ᄒᆞ야暗自納賂ᄒᆞ얏던지落科ᄒᆞᆫ境에至ᄒᆞ얏더니訟事를忽地에翻案得訟ᄒᆞᆫ故로金錢의筋力이果是宏壯ᄒᆞ다ᄂᆞᆫ輿論이喧藉ᄒᆞ더라

◉黃察嘗聞 黃海道觀察使趙羲聞氏가海州人民等의게辛丑年分에濫量ᄒᆞᆫ結數로獨爲納稅케ᄒᆞᆷ이偏爲不公ᄒᆞᆯ뿐不啻라歎年民情이尤當時騷ᄒᆞ야萬々不可施行ᄒᆞᆯ者로度支部에親往ᄒᆞ야備陳說明ᄒᆞ얏다더라

◉城儒論 各郡鄕校直員을積郡儒生으로薦報ᄒᆞᆷ은學部訓令이어니와開城郡에ᄂᆞᆫ前郡守沈鍾祥氏가訓令을擱置ᄒᆞ고何許人을暗自修報ᄒᆞ얏던지該郡儒生들의輿論이沸騰ᄒᆞ야將次學部에質稟書를提呈ᄒᆞᆫ다더라

◉尹趙相持 南部学洞居ᄒᆞᄂᆞᆫ尹禹小氏가北部齋洞居ᄒᆞᄂᆞᆫ趙東源此를甘誘ᄒᆞ야水道會社事務員을窠ᄒᆞ를圖得以給ᄒᆞ마ᄒᆞ고金貨五十圓을欺取ᄒᆞᆫ後에百般稱탈ᄒᆞ고圖給ᄒᆞᆯ意思가頓無ᄒᆞᆷ으로現今相持中이라더라

◉匿名投函 官立漢城高等女學校職員某氏의게匿名書가來到ᄒᆞ얏ᄂᆞᆫᄃᆡ槪意를據ᄒᆞᆫ즉元來女學校職員은品行이端正ᄒᆞ고學識이贍足ᄒᆞᆯ뿐더러且老成ᄒᆞᆫ人을擇定ᄒᆞ야淑德을敎育ᄒᆞᆷ이可ᄒᆞ거ᄂᆞᆯ現任校長魚允迪은年少輕薄者로敎場을花柳場으로認定ᄒᆞᄂᆞᆫ者인즉不日退去ᄒᆞᆷ이可ᄒᆞ다ᄒᆞ얏더라

◉木郡不偶 南來人의傳說을據ᄒᆞᆫ즉木川郡主事權東洙氏ᄂᆞᆫ郵遞事務에汗漫ᄒᆞ야凡人書札을不捧分傳ᄒᆞ기로寄札人의狼貝가頗多ᄒᆞ다더라

◉安郡不安 安岳郡等地에ᄂᆞᆫ賊漢이大熾ᄒᆞ야或七八名或數十名式作隊ᄒᆞ야橫行村閭의錢財를多數掠奪ᄒᆞ며來往行客에게襄橐을掠奪ᄒᆞᄂᆞᆫ故로民情이大端嗷嗷ᄒᆞ다더라

◉韓人警擇用 內部警務局에셔各地方에셔視務ᄒᆞᄂᆞᆫ韓人巡査ᄂᆞᆫ勤實ᄒᆞ고警察에嫻熟ᄒᆞᆫ者로擇用ᄒᆞᆫ다더라

◉勸捧禁止 警視總監이漢城內衛生費를勸捧ᄒᆞᄂᆞᆫ事件에對ᄒᆞ야巡査를招待說明ᄒᆞ되貧寒ᄒᆞᆫ人民의게ᄂᆞᆫ衛生費를勿爲勸捧ᄒᆞ라ᄒᆞ얏다더라

◉衛生費調査 各警察署에셔漢城內人民의衛生費의納未納을壹々調査ᄒᆞᆫ다더라

◉是何悖行 新門外居林召史를同會居ᄒᆞᄂᆞᆫ羅某가高陽郡頭里리某의게錢四百兩을得喫ᄒᆞ고解媒以送ᄒᆞ얏더니羅召史가合意치아니ᄒᆞ야還爲上京ᄒᆞᆫ지라李某가卽爲上來ᄒᆞ야羅某와符同ᄒᆞ고羅召史를亂打ᄒᆞᆫ故로警察署에呼訴ᄒᆞ얏다더라

◉郡守有人 平山郡主事全秉淳氏ᄂᆞᆫ地方委員을被選ᄒᆞ야聲名이頗著ᄒᆞ더니觀察使가其實蹟을聞知ᄒᆞ고郡主事로薦報ᄒᆞ야敍任以後로敎育에도熱心ᄒᆞ고外變에嫺熟ᄒᆞ야隣郡及隣邑에義兵千連者를誤捉ᄒᆞᆫ者를壹々交涉ᄒᆞ야無事放還케ᄒᆞᆷ으로人民의頌聲이喧藉ᄒᆞ더라

◉賊律同歸 海美郡居ᄒᆞᄂᆞᆫ閔丙直劉선종兩氏가同件上京ᄒᆞ야徵又義塾에入ᄒᆞ야旅費ᄂᆞᆫ自己鄕第에셔逐數持來ᄒᆞ야經用ᄒᆞᄂᆞᆫ터인ᄃᆡ陰去月頃에閔氏의外舅鄭鍾洛氏가金貨壹百四拾圓을周旋ᄒᆞ야長興郡居ᄒᆞᄂᆞᆫ김萬植便에付送ᄒᆞ고閔氏에게傳致ᄒᆞ얏더니김哥가其兄金豊楷와符同ᄒᆞ야該錢을乾沒ᄒᆞ고來ᄒᆞ야閔氏를見ᄒᆞ고該錢을中路에셔偶自見失ᄒᆞ얏다ᄒᆞ며說其模糊ᄒᆞ고殊常ᄒᆞᆫ行動이頗多ᄒᆞᆫ故로閔氏가中部警察署에呈訴ᄒᆞ얏더니該署에셔金哥兄弟를壹切押囚ᄒᆞ야嚴訊中이라더라

◉湖南義兵 湖南義兵將金永伯氏가去月頃에光州大峙등지에셔日守備隊와交戰ᄒᆞ얏ᄂᆞᆫᄃᆡ日兵이多數被殺ᄒᆞᆫ지라ᄒᆞ며義將의軍聲이大振ᄒᆞ며所過에號令이嚴肅ᄒᆞ다ᄂᆞᆫ傳說이有ᄒᆞ더라

◉日人蠻行 再昨日下午六時頃에南部會洞居留ᄒᆞᄂᆞᆫ日人安垣高之助가其隣居ᄒᆞᄂᆞᆫ成春敬家에酒를賣飮ᄒᆞ고代金世不給ᄒᆞᄂᆞᆫ故로成某가酒價를何不報還ᄒᆞ고ᄒᆞᆫ즉該日人이成某를毆打ᄒᆞ며反爲作梗ᄒᆞᄂᆞᆫ故로該署內巡査가警察署로押付ᄒᆞ얏다더라

◉郡務不穩 鏡北鏡川郡居ᄒᆞᄂᆞᆫ鄭雲龍氏가日人을雇備으로置ᄒᆞ고典儲營業을ᄒᆞᄂᆞᆫᄃᆡ債務者가錢貨을未來報ᄒᆞ면該日人을派送ᄒᆞ야每十里에足債壹圓式懲收ᄒᆞ고其他作弊가不可勝數라ᄒᆞ며該郡來人의傳說이有ᄒᆞ다더라

◉日人酒狂 日前에日人藤原弘爲名者가被酒泥醉ᄒᆞ야南部石井洞等地로過去ᄒᆞ다가何許韓人과無端相詰ᄒᆞ며手打足蹴ᄒᆞ야勢甚危險ᄒᆞᆫ故로該署內韓人巡査가該日人을押去ᄒᆞ랴ᄒᆞᆫ즉巡査의服裝을反爲裂破ᄒᆞ고作梗이殆甚ᄒᆞᆫ지라日人巡査가適過ᄒᆞ다가該日人을押去ᄒᆞ얏다더라

◉是何悖類 日昨에居住未詳ᄒᆞᆫ金京洙爲名人이寺洞某邑酒家에往來ᄒᆞ며該酌婦와有何染情이던지該女의本夫를暗欺ᄒᆞ고該女를誘引逃躲ᄒᆞ랴다가情跡이綻露되여避身逃走ᄒᆞ얏다더라

◉洪家回祿 昨日午前五時頃에西部北門洞居洪慶憲氏家에셔燈火의起因으로瓦家拾七間이被燒ᄒᆞ고其他汁物이多數毁傷ᄒᆞ야損害額이二千餘圜에達ᄒᆞ얏다더라

◉救世開演 今日上午拾時半부터下午六時半에夜珠峴第壹救世軍營에셔正領許嘉斗氏와正校懃教시가同夫人演說ᄒᆞ고大廣橋北川邊第二救世軍營에셔ᄂᆞᆫ右同時에正尉崔禹巨氏가同夫人ᄒᆞ고正校禹途夫人과又치演說ᄒᆞᆫ다더라

學界

◉女師高明 水原府內三壹女學校女敎師金秩禮氏가新舊學文에知識이高明ᄒᆞ야學徒를熱心敎授ᄒᆞᆷ으로校況이興旺ᄒᆞ고學務가日新ᄒᆞ며時宜를預度ᄒᆞ야實業과敎育이急務됨을激切히說明ᄒᆞ야矇昧ᄒᆞᆫ人心을感和케ᄒᆞᄂᆞᆫ故로可爲高明ᄒᆞᆫ敎師라고人皆稱頌ᄒᆞᆫ다더라

◉平北惟壹 平北宣川郡惟壹學校에셔年終試驗을經ᄒᆞ얏ᄂᆞᆫᄃᆡ中學科最優等申應寬優等鄭守翼李成二等이오高等科第二學年最優等申基変優等林濟泰等三人이오高等第壹學年優等鄭昌烨尹宜南等四人인ᄃᆡ校長桂鶴瑞ᄂᆞᆫ와諸般任員이優數施賞ᄒᆞ얏다더라

◉老當益壯 海州花陽面前領官金鍾呂氏가年今六拾餘歲에敎育의急務됨을先覺ᄒᆞ고自己의子로敎員의職을委任ᄒᆞ야廣明學校를先設ᄒᆞ고隣近面里에周行勸喩ᄒᆞ야現今設立ᄒᆞᆫ學校가拾餘處라더라

◉明校壹新 水原郡烏山下上下洞合二百餘戶中에私立明進학校와私立壹新學校가并立ᄒᆞ야上下洞居人이各其義務로負擔ᄒᆞ야敎育ᄒᆞ더니近日에共同協議ᄒᆞ고該兩校를統合ᄒᆞ야壹校를完全히組織ᄒᆞ고名曰明新學校라ᄒᆞ고女학校를該校內에增設ᄒᆞ야男女學員이百餘名에達ᄒᆞ얏다더라

◉義校義捐 平北龍川楊下面立岩里義塾學校에셔學費가大端窮拙ᄒᆞ야幾至廢學之境이러니該洞居ᄒᆞᄂᆞᆫ張俊廷시가教育의急務와時代의變遷을壹場說明後五拾元을義捐ᄒᆞ며其外觀光諸시가該시熱誠에感發되야爭先出義에校務가一層擴張ᄒᆞ고教堂建築時에도張俊廷氏가建築費壹百餘圜을自擔ᄒᆞ얏다더라

◉義英經試 平南順川郡義英學校에셔多期試驗을經ᄒᆞ얏ᄂᆞᆫᄃᆡ壹學科甲班優等韓基善金衛及第張建植白錫奎乙班優等김基瓚及第張振翰丁班優等田達信及第李永熙戊班優等김晶泳及第李匡芳等貳拾四人이오夜學科甲班優等許植及第鄭永翰承翰乙班優等薛大奎及第張武燮丁班優等許仁及第李榮等拾六人인ᄃᆡ優數施賞ᄒᆞ얏다더라

◀大手下筆▶

▲大丈夫로생겨나셔國家事業못히보고苟々生活가이업다그렁더렁病이되여靑尺短枕도두벼고寒窓下에누엇다가滿腔熱血激起ᄒᆞ야壹大手로붓을잡고時局事를評論일세

▲編輯局長魚允迪은女校作文考試ᄒᆞᆫ제頭血未乾學生들이愛國提唱不可라ᄒᆞ고壹場論責ᄒᆞ얏다니君의幼時말ᄒᆞᆯ진대不愛國은可知로대於今에도年幼ᄒᆞ야愛國ᄒᆞᆯ줄모로ᄂᆞᆫ지

▲學部大臣李載崑은該部官吏召集ᄒᆞ야新年會를祝賀ᄒᆞᆯ제新事業을만히ᄒᆞ야翻相回泰ᄒᆞ자ᄒᆞ고壹場演說ᄒᆞ엿다니言端이야巧ᄒᆞ지만前日歷史推究ᄒᆞ게무ᄉᆞᆷ事業座ᄒᆞᆯᄂᆞᆫ지

▲總理大臣李完用은 皇帝陛下 御巡事를不知不覺上奏ᄒᆞ고 詔勅按寶狼下後에各大臣이알엇다니條約締結ᄒᆞᆯ때에ᄂᆞᆫ여러大臣參與한에今番功效엇더길니그럿타시秘密ᄒᆞᆫ지

▲內部大臣宋秉畯은莞島森林팔랴다가該後奸狀綻露되여某國勸告壹號令에辭疏奉呈ᄒᆞᆫ다미니 幸行事에因緣으로姑爲停止ᄒᆞ얏더니今番公故잘치루면그地位가굿ᄂᆞᆫ지

▲砲防副將李相湘은永宣君과親密ᄒᆞ야舊日嫌点打破ᄒᆞ고五兄弟의人力車가松亭月色雲霧中에連絡不絶ᄒᆞ더니五矢壹中ᄒᆞ엿지만壽簡副長月銀으로運動費額充當될지

▲統監伊藤博文이ᄂᆞᆫ韓國渡來幾許年에自國事業만ᄒᆞᆯ진대不世之功잇실것만不遠間에遞任되고寺內大臣候補라니風說인지모로지만서로ᄂᆞᆫ統監임은그政策이엇더ᄂᆞᆫ지

▲잘ᄒᆞ시오잘ᄒᆞ시오아모됴록잘ᄒᆞ시오昨日所過잇거덜랑今日改之ᄒᆞᆯ것이오今日所過잇거덜랑明日悔之ᄒᆞ고보면衆論雪消ᄒᆞ고萬口成碑ᄒᆞᆯ것이니그利害가엇더ᄒᆞᆫ가

廣告

本人의圖章을陰拾二月分에不知中셔失ᄒᆞ앗ᄉᆞ오니知爲闡照亮ᄒᆞᆷ　大興洋服店金炳烈告白

貴新聞第九百八十八号廣告欄內에本人의廣告ᄂᆞᆫ出於誤解이기玆에繳消이고本人이韓美興業株式會社의開城代理人事務를擔任ᄒᆞ앗ᄉᆞ오니本會社事務에對ᄒᆞ야開城地方에關係가有ᄒᆞᆫ　僉彦은本人에게通信ᄒᆞ심을望ᄒᆞᆷ

開城南門內雜貨商店　韓美興業株式會社代理人　김東宣　告白

恭賀新年

자ㅣ아 뫼읍세다
去愛ᄂᆞᆫ無至ᄒᆞ나
新愛를亦望伏祝
安岳邑上場
海西書市　林長柱　告白

平山郡主事全燦淳氏ᄂᆞᆫ素以鄕中人望으로地方委員을被選ᄒᆞ야郡守를補佐ᄒᆞ고邑事를幹當ᄒᆞ야聲名이顯著ᄒᆞ더니後觀察使가其實績을聞知ᄒᆞ고郡主事로薦報ᄒᆞ미叙任以後로只知有邑務요不知有其身ᄒᆞ야國民의義務와敎育의必要ᄒᆞᆷ을向人潮[?]導ᄒᆞᆷ으로境內에學校가蔚興ᄒᆞ야日新之望이有ᄒᆞ고外交에嫺熟ᄒᆞ야本郡及隣邑에通匪之嫌으로誤捉된者와敎育隨從於匪徒者로被擄된者數百名을極盡說明其無辜情狀ᄒᆞ야壹々放遣케ᄒᆞᆷ으로人民의頌聲이喧藉ᄒᆞ야咸日全某의慈善的義務와外交的手段은現今時代에郡主事로屈沉ᄒᆞᆷ이可惜ᄒᆞ다고西來人士의資論이藉々ᄒᆞ기玆以廣告ᄒᆞᆷ　平山人民等　告白

德國 의버페르드地方에따벨ᄯᆞ부리껜, 故乎때 ᄞᆡ이어 **會社**ᄂᆞᆫ世界上에最大ᄒᆞᆫ各種**染色料製造所**인대本社에서ᄂᆞᆫ韓人淸人商業家諸友의게大注意ᄒᆞ시기를懇乞ᄒᆞᄂᆞᆫ바ᄂᆞᆫ無他라多少無掛慮로商賈ᄒᆞ시ᄂᆞᆫ**麟**과**兩女**商標를僞造ᄒᆞ여本社의名譽이頗多ᄒᆞ고品質이最良ᄒᆞᆫ紫色과藍靑色料를價低ᄒᆞ고無價値ᄒᆞᆫ色料로ᄡᅥ代替ᄒᆞᆫ人ᄒᆞᆷ이有ᄒᆞ니

其僞造를**注意**ᄒᆞ시며且本社의淸國地方에서行用ᄒᆞᄂᆞᆫ名號**(順全隆)**三字를注意하시오此ᄂᆞᆫ每箇에書ᄒᆞ얏스며尙且獨히積年信爭ᄒᆞᄂᆞᆫ品料로認證ᄒᆞᄂᆞᆫ것시오本社의用ᄒᆞᄂᆞᆫ箱子(木箱)에ᄂᆞᆫ學皆其兩便에本社의登錄商標即個獅子가其前足으로壹球를蹈ᄒᆞᆫ圖像을烙印ᄒᆞ얏스며此를退送ᄒᆞ야本社의名號를英字로印出ᄒᆞ얏습니이다

◎眼鏡到着

各種眼鏡이**自英國**으로**新**히**到着**ᄒᆞ얏사오니**願買　僉彦**은**本院**으로**來買**ᄒᆞ시옵

京南門外濟衆院　白

本人이陰拾壹月七日에瑞興邑市에入去ᄒᆞ얏다가圖章을中路에서見失ᄒᆞ얏ᄉᆞ오니知舊闡照亮ᄒᆞᆷ　信川大井面山水洞 秦錫[?]告白

◎轉移廣告

本所를左記處로移轉ᄒᆞᆷ
鐘路布廛後廣耳洞大濟旅館家

專門講習所

本人의族弟應祥이失性顚狂ᄒᆞ야流離乞食于各處이다가或乞食ᄒᆞ며器皿을暗持ᄒᆞᄂᆞᆫ弊도有ᄒᆞ오며或虛言浪說노欺人ᄒᆞᄂᆞᆫ弊도有ᄒᆞ온즉其爲親族間不可例外視之이옵기玆以廣告ᄒᆞ오니望須內外國人은幸勿見欺ᄒᆞᆷ　族人趙應夏　趙應善等　告白

原州邑居郭寅或名은烋字ᄂᆞᆫ健夫年二拾人이今五月分에無故上京ᄒᆞ야尙今不還ᄒᆞ기其仲兄勳이數次訪來ᄒᆞ나則的知在城內나未知住所故侍餘日編踏城內ᄒᆞ와도逢着치못ᄒᆞ얏사오니僉君子ᄂᆞᆫ或郭寅을맛나거던기유하야本人의住所로速히보너심을千萬希望ᄒᆞᆷ

中署承洞二拾五統십戶
前先達朴昌善시家留郭勳告白

◎夜學員大募集

科程簿記日語算術

壹 陰正月拾壹日開學
壹 卒業期限壹個年
壹 入學金壹圜、月謝金壹圜
但隨意科ᄂᆞᆫ壹科五拾錢

茶洞私立共成學校內

學員募集廣告

本所에講習科와初等科와算術科를特設ᄒᆞ니筭術과학理를特別硏究ᄒᆞ기爲하야時間을勿拘ᄒᆞ고敎授ᄒᆞ오며卒業期限은三個月로定ᄒᆞ오니願학　僉彦은陰本正月六日內로來臨을敬要

東門外前元興寺
明進測量 講習所
組合所 告白

本人에姓名圖章을陰拾壹月晦間에遺失ᄒᆞ얏기前章보담稍小ᄒᆞ게更刻ᄒᆞ오니知舊闡照亮ᄒᆞᆷ　南部笠井洞李宗夏　告白

特別廣告

本社事務所를京城磚洞에現今開設ᄒᆞ고各地方에 **代理人**을置ᄒᆞ랴ᄒᆞ오니本社**定欵**을詳細陳述ᄒᆞᆯ時機가來到ᄒᆞ얏ᄉᆞ오니條項이發呈ᄒᆞᆯ와他日로姑俟ᄒᆞ오며今社**資金**의現今總額은拾萬圜이온ᄃᆡ壹萬株로分ᄒᆞ야每株에拾圜式이옵

本社에서ᄂᆞᆫ本社에關ᄒᆞᆫ細瑣事項ᄭᆞ지　僉彦의評論ᄒᆞ시기를懇望ᄒᆞ오니　僉彦은案函에暫坐ᄒᆞ야

京城郵便局郵函第四十号韓美興業株式會社라皮封에書ᄒᆞ야書札을**寄送**ᄒᆞ시되本社에서ᄂᆞᆫ答函을即呈ᄒᆞᆯ터이오니　惠覽後　貴地方에서ᄂᆞᆫ何事務가本社의進行ᄒᆞ기에最適ᄒᆞ올지**高明**ᄒᆞᆫ**意見**을　惠賜ᄒᆞ시옵是爲ᄒᆞ야**來一月三十日以內**로高明ᄒᆞᆫ書札을寄送ᄒᆞ시ᄂᆞᆫ　僉彦에게如左히**賞金**을分등ᄒᆞ야送呈ᄒᆞᆯ것슴

本社에서**高明**ᄒᆞᆫ**書札中**

一等으로認定ᄒᆞᆫ者ᄂᆞᆫ　**五十圜**　**二等**　**二十圜**
三等　**十圜**　**四五等**　**各五圜**
六等至**十等**　**各二圜**

僉彦의**費用**은**郵票價**以外에무엇이ᄯᅩ잇슴잇가단단히생각ᄒᆞ야보시오

本社에서大韓帝國內各處와通信을連絡ᄒᆞ기爲ᄒᆞ야如此히**懸賞**ᄒᆞ기를不惜하오니本社의각地方에서進行ᄒᆞᆯ方針에對ᄒᆞ야**貴重**ᄒᆞᆫ**勸**諭를願聞ᄒᆞ옵나이다

京城磚洞
韓美興業株式會社　告白

平壤代理人
平壤大同門內店洞　**鄭基煥**

本會社에서鐵路와郵便이迢遠ᄒᆞᆫ地方에在ᄒᆞᆫ　僉彦의寄函ᄒᆞ실期限을寬裕케ᄒᆞ야壹月三拾日以內로退定ᄒᆞᆷ

特別廣告

廣 告

問答 初等大韓新地誌 全壹冊定價金貳拾五錢
近日初等大韓地誌가三四種이 屢次刊行되엿스오나 教育上에 缺點이 無타 可謂홀지니 今에 本館에셔 特別히 幼年程度의 適當홈을 爲ᄒᆞ야 問答例로 詳密히 編纂ᄒᆞ야 小學校用에 必要ᄒᆞ오니 照亮ᄒᆞ심을 望홈

漢字初習 全壹冊 定價金拾五錢
本館에셔 著作ᄒᆞᆫ 漢字初習은 漢文字에 義와 幼稚라도 解得ᄒᆞ기 便易ᄒᆞᆫ 字를 揀ᄒᆞ야 畫數의 多少를 隨ᄒᆞ야 編次ᄒᆞᆫ 것인ᄃᆡ 教授ᄒᆞ기와 解得ᄒᆞ기와 習字ᄒᆞ기가 千字文이나 其他漢文초학을 爲ᄒᆞ야 著作ᄒᆞᆫ 冊子들中에 最便ᄒᆞ고 最要ᄒᆞ며 幼稚와 普通初等漢文科를 用ᄒᆞ기 適宜ᄒᆞ오니 多數히 需用ᄒᆞ시기를 바라나이다

國語文典音學 周時經著述 全壹冊 定價三拾錢
本書는 周時經시가 拾有餘年을 研究ᄒᆞ야 國語에 關ᄒᆞᆫ 音學에 諸般法則을 詳密히 說明ᄒᆞ여 壹般學界에 極히 有用ᄒᆞ오니 文學에 有志ᄒᆞ신 諸시와 學生僉員은 速히 需用ᄒᆞ심을 바라나이다

실업셜교 松뢰琴 송뢰금 孫陸定洙著 定價金 二十五錢
○본쇼셜은 남아의 실업계 활동과 가정의 의범 사출ᄒᆞ야 유려ᄒᆞᆫ 문쟝과 곡진ᄒᆞᆫ 사의 논종 리를 머당ᄒᆞ고 덕을 발휘ᄒᆞᆯ 저술이라 일차시독ᄒᆞ면 가치를 아오리다
發賣所 南大門內尙洞會堂前博文書館 平壤鍾路太極書館 ...城鍾路興학書舖 各郷 各有名書舖

大韓人에總發行所는
京城南大門內濟生堂大藥房

清心保命丹 此丹은 疾과 咳와 喘氣消滯ᄒᆞ며 小兒驚風 奇效가有홈 金十錢

蔘茸大補元 每週日分金壹圓 四週分金三圓十錢 一週한 八十錢 十週九圓二拾錢
右약은 大韓名産鹿茸人蔘에 西洋有名ᄒᆞᆫ 補材를 混和ᄒᆞ야 我國兄弟의 臟胃와 性質에 適當ᄒᆞ도록 多年研究ᄒᆞᆫ 明인바 今에 服人의 累試累驗이 臨症者 ᄂᆞ 果然 世之良藥이라 故로 治救能을 左開廣佈ᄒᆞ오니 僉兄弟ᄂᆞᆫ 何不早圖壹試오 (效能) 先天不足과 腎衰ᄒᆞ야 眠ᄒᆞ며 心腎俱虛와 房事色傷이며 遺精多夢과 色傷腰痛이며 房事時에 早漏不快ᄒᆞ며 重病後虛弱ᄒᆞ야 手足厥冷이며 食物不消와 貧血諸症에 奇效가有ᄒᆞ고 無病人이 若服七週면 大補元氣ᄒᆞ고 骨節이 強壯ᄒᆞ며 健康無病ᄒᆞ니 此可謂眞世寶藥이라 若不其效면 약價還呈홈

蛔積殺虫散 此散은 蛔積과 蛔腹痛과 蛔滯와 蛔虫一切를 去ᄒᆞᄂᆞᆫ 妙藥 金십錢

寸虫没出藥 勿論男婦老幼ᄒᆞ고 寸虫一切를 拔根ᄒᆞᄂᆞᆫ 妙劑 壹人用三拾전

久滯八通丸 年久ᄒᆞᆫ 積滯와 胸腹痛과 腹中積病을 驅除ᄒᆞᄂᆞᆫ 良劑 金拾五錢

感氣特效解熱散 感氣드러頭痛ᄒᆞ나 寒熱往來ᄒᆞ며 肢節痛과 몸살에 幷神效 금拾전

되눈拔根藥 되눈과 못과 사마귀에 바르면 百發百中으로 빠지오 金십錢

新製百應膏 虫毒과 瘡종과 根박인 대와 종氣始初와 가리옷선에 神效 金拾전

去液生肌沃度膏 劍創과 모던종氣와 火傷과 곱지인 데와 쑤시고 압푼데 神效 金拾錢

止足汗臭藥 발에 땀이 나고 보션을 신으면 惡臭와 汗이 멋치고 니음서 가업소 金十錢

其他藥種은 壹壹難記어니와 大韓國內藥商ᄒᆞ시ᄂᆞᆫ 僉兄의게ᄂᆞᆫ 藥價를 大割引ᄒᆞ야 放賣ᄒᆞ오니 陸續注文ᄒᆞ시오
京城南大門外 仁川港畓峴
濟生堂主 李庚鳳

本人이 製造發行ᄒᆞᄂᆞᆫ바 靈丹을 今에 官許를 蒙ᄒᆞ고 大韓醫院藥學士兒島七郎氏와 一等製藥官劉世煥兩氏의 檢查證明과 軍部軍務局衛生課二等軍醫長金益南閣下와 諸大方家高山醫士의 有効賞贊을 受ᄒᆞᆫ바 共應用說明은 如左홈
說明書

靈丹
一暑 一寒 吐瀉 腹痛及消化不良 不慾飲食 頭目昏心煩鬱悶 船車酒醉 眩暈痰迷 山嵐瘴氣 痞滿噯氣 水土不服等
地方各處에서 書信으로 請求ᄒᆞ시면 小包迅速進呈ᄒᆞ깃솜
發行本舖 皇城中部 大廣橋 第一八統七戶 共愛堂大藥房 告白

訴訟 非訴訟
新法令集
全壹冊 定價 貳圜 郵稅二拾錢

目錄
前編訴訟에關ᄒᆞᆫ法令
裁判所構成法　裁判所構成法施行法
裁判所設置法　民刑訴訟規則
改正刑法大全　民事訴訟期限規則
民事訴訟 手數料規則 去年拾月廿壹日改正　民事訴訟 費用規則 去年拾月廿壹日改正
刑事裁判費用規則　非訟事件手續規則
後編非訟에關ᄒᆞᆫ法令
訓令各觀察使에게 訓令 地家屋證明規則
土地家屋證明規則施行細則 仝樣式
第壹統首又洞長의 認證에關ᄒᆞᆫ事務의 處理順序
第貳郡守又府尹의 證明에關ᄒᆞᆫ事務의 處理順序
土地家屋典當執行規則 仝施行細則
土地家屋所有權證明規則 仝施行細則 利息規例
右新裁判에關ᄒᆞᆫ法令과 不動産證明에關ᄒᆞᆫ法令을 蒐輯ᄒᆞ야 精密無遺ᄒᆞ온 즉 法律事務에 最要ᄒᆞ고 壹般生命財産을 確保ᄒᆞᄂᆞᆫ 良證이라 右冊을 購覽ᄒᆞ심에 在ᄒᆞ오
發賣所 京城南部 苧洞貳拾九統九戶 張重餘

大韓帝國仁川畓峴 全國內 有名藥舖
婦人靈藥 부인양약 婦人胎養調經丸 부인태양조경환
壹劑壹月分 금五圓
主治說明
婦人이孕胎ᄒᆞ지못ᄒᆞᆷ은 冷病積病과 月經不調로因홈이니 此藥
總發行所 和平堂大藥房 京城종路 仁川港畓峴

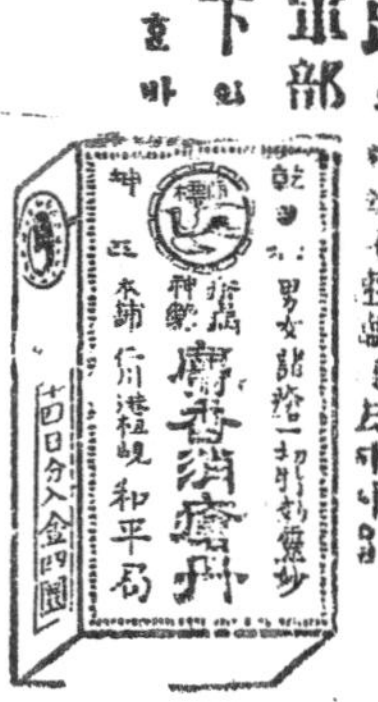

八寶丹

本人等이 測量事務所를 大邱에 開設ᄒᆞ얏스니 遠近請求ᄒᆞ시ᄂᆞᆫ 僉君子ᄂᆞᆫ 大邱에 刷理ᄒᆞ심을 望홈
金弘祚 宋台觀 安鍾설 金言默 李元植

測量機械 各種 入發賣
漢城南署大 ... 統 ... 戶
龍岡會 謹告

保險付各種
測量機械 各種
製圖機械 各種
書籍 各種
我國特產谷香
煙草各種

滋陽丸 자양환 補腎補陽
三回分 금 五圓
貳拾日分 금三圓 五拾전
拾日分 금壹圓 八拾전

主
○房事不足 ○腎虛腰痛
○病後氣喘 ○腎氣不足
○陰痿 ○遺精多夢
○腎虛 ○房事後腦困
○手足厥冷 ○形容蒼白
○吸烟勤烟 ○咯血
○體質虛弱消瘦

治
此外에도 東西洋各國靈藥이 俱備ᄒᆞ오며 各地方의 隨用請求ᄒᆞ시면 郵便으로 보내ᄃᆞ이오 各賣藥을 僉位에게ᄂᆞᆫ 特別割引放賣ᄒᆞ오니 陸續注文ᄒᆞ심을 敬望

製藥所 仁川港畓峴 和平堂藥房
發行人 李 ...
代理店 京城 鍾路 衣國 和平堂支店
京城南門內水標橋 濟生堂藥房
京城大廣橋 共愛堂藥房
支店 及 出張所
元山 咸興 義州 郭山 定州
木浦 咸從 宜川 龍川 博川
三和 長淵 雲州 鐵山 大邱
群山 龍川 平壤 黃州 安州
釜山 水原 安岳
京城종路 仁川港畓峴 和平堂 告白

社告

○申報價
壹張代金 新貨二錢五厘
壹個月 … 三十錢
參個月 … 九拾錢
陸個月 … 壹圜七十錢
壹個年 … 三圜四十錢
郵稅는 壹個月 十二錢 新貨五圓

○廣告料
四號活字拾二字詰
每日壹寸 (一英尺) 에 新貨拾五錢
二週日壹寸에 二圜五拾錢
壹箇月壹寸에 五圜
(自壹行至五行이 爲壹寸)
其期限의 長短과 字行의 多寡를 依ᄒᆞ야 增減ᄒᆞᆷ이 有홈

Responsible for Publication Weekly ... Marnham
發行兼編輯人 英國人 萬咸
發行所 南署石井洞第外屋三層洋館 大韓每日申報社

第六卷

大韓每日申報

第九百九拾八號

月曜及慶節歲時日休刊

檀君開國四千二百四十二年
箕子元年三千三十一年
大韓開國五百十八年
日本明治四十二年
淸國光緖三十四年
陰曆戊申十二月大廿一日壬申

論說

◉俗談으로 京鄕兩客의 語를 撮錄홈

頭에塵冠을斜着ᄒᆞ며身에弊衣를僅掩ᄒᆞ고蕭々壹白髮翁이節杖을背曳ᄒᆞ고京城知舊家를來訪ᄒᆞ고인에到達ᄒᆞ니아々終南山이破碎되고崇禮門이灼形ᄒᆞ얏네世上事가虛無ᄒᆞ다十年만에再到ᄒᆞ니京城이舊日京城이아니로세

그러나온즈음에觀景이나ᄒᆞ고가리라ᄒᆞ야절뚝절뚝다리를달고城內에入ᄒᆞ니

世誼도無用이오知舊도無用이오親戚도無用이라初仕壹窠難上天이오銅錢半個不現影이로다

어하世上도氣막혀라某洞某判書의子弟를往訪ᄒᆞ니門面에步行客主라大書特書ᄒᆞ여부쳐고손쳐기에精神업서壹次閑談못ᄒᆞ여보며某家某先正의後裔를往訪ᄒᆞ니門前에柴扉뿐이여ᄒᆞ못두못나무쭐기에奔走ᄒᆞ며壹次情談못ᄒᆞ여보고

不如歸壹聲에京城을下直ᄒᆞ고서廣通橋에到ᄒᆞ니白髮皓鬚彼何人고我와又처老頽ᄒᆞ얏도다面目은甚慣ᄒᆞ나剃髮洋服에舊容이突變이라諦視良久에兩眼이踈々ᄒᆞ니久乃認得ᄒᆞ니當日의高陽舊酒徒로다

近前握手ᄒᆞ니何相見之晚也오銅津沙積이太支離로다

積懷를敍ᄒᆞ며時事를討論ᄒᆞ가鄕人曰噫라近日人情의太薄ᄒᆞ미何故로此極에至ᄒᆞ얏나뇨ᄒᆞ고又城後經歷을語ᄒᆞ니友人이獻欷發歎ᄒᆞ다가良久에乃日吾ᄂᆞᆫ眞個是有目不見者로다

往時京城의情形을回思ᄒᆞ면惟彼泥峴壹方이外國人의居留地러니今則擧京城이段々히泥峴을作ᄒᆞ나니子가此言을不信커던遠處ᄂᆞᆫ姑舍ᄒᆞ고目前壹擧야左右를回顧ᄒᆞ라柿廛도外人의것이며魚物廛도外人의것이며鷄의알도外人이파ᄂᆞᆫ것이며生薑도外人이파ᄂᆞᆫ것이오卷烟도外人이파ᄂᆞᆫ것이오셩냥도外人이파ᄂᆞᆫ것이오其他百物이皆是外人이파ᄂᆞᆫ것이오또眼前에商廛뿐아니라各洞에周行ᄒᆞ며門牌를細察ᄒᆞ면이것도外人의집이며뎌것도外人의집이니此가皆何故를由홈인가只是謀生이無路ᄒᆞ야鄕谷으로逃走ᄒᆞᆫ故로다

古詩에云ᄒᆞᆫ바千山鳥凍殺雀아何不飛去生處樂고ᄒᆞ얏스나今日은生處가何處인가今日은南村에서살수업다고北村으로가며明日은北村도살수업다고鄕谷으로가나又明日에鄕谷도살수업스면어ᄃᆡ로갈고支那의蠻族과又치海中에서生活홀자

蠻族은何時에부터漢族에게見逐홀族인지只今數萬餘名이海中에서船舶으로家屋을作ᄒᆞ며捕魚로生涯를作ᄒᆞ나니라

韓文의林蠻洞蠻이란句語를據ᄒᆞᆫ則唐時에ᄂᆞᆫ猶是土地가有ᄒᆞ던民族이라ᄒᆞ더라

昔日에ᄂᆞᆫ吾國人이門을閉ᄒᆞ고窟中에生長ᄒᆞᆫ故로비록貧寒ᄒᆞ더라도엇지々々歲月을過ᄒᆞ다가好運이袂來ᄒᆞ면千金太窃萬兩財產을得ᄒᆞᄂᆞᆫ數도有ᄒᆞ고不然ᄒᆞᆯ지라도東取西貸에●命을支過ᄒᆞᄂᆞᆫ道理도有ᄒᆞ더니

今日은天地가壹變ᄒᆞ야六洲各種이擺門太入ᄒᆞ야利壹字를爲ᄒᆞ야刀를合ᄒᆞ고踴躍ᄒᆞ나니今日을昔日로知ᄒᆞ다가ᄂᆞᆫ溝壑에葬ᄒᆞᆯ而已로다

況經濟界의恐황이日迫ᄒᆞ야幾々門戶에外面豪富를장ᄒᆞᄂᆞᆫ其人도內容을察ᄒᆞ면家券田券이個々泥峴에在ᄒᆞ야鵲巢鳩居가目前에在하나니

이世上이이런世上이라世誼親戚이다무엇인가

吾子ᄂᆞᆫ速々히歸ᄒᆞ야子弟를率ᄒᆞ고才調되로心力되로機群이되던지農夫가되던지人力車軍이되던지或財力이稍有커던子弟로하야금學校에工夫ᄒᆞ야經濟方法을잘硏究ᄒᆞ라

此日此時ᄂᆞᆫ經濟競爭時代라國家나個人이나其存亡生死가經濟何如에係ᄒᆞ니라

日已晚ᄒᆞ니吾子ᄂᆞᆫ且去ᄒᆞ라ᄒᆞ더라

◀隆熙貳年拾月二拾七日 官報 續

農商工部告示第拾三號

五 株式會社第二回以後의株金辦納
每回辦納株金額一千分之四

六 株式合資會社設立
辦給株金額及財產을目的으로ᄒᆞᄂᆞᆫ株金以外의出資價格壹千分之四

七 株式合資會社資本增加不變
增資辦納株金額及財產을目的으로ᄒᆞᄂᆞᆫ株金以外의出資의價格壹千分之四 〔未完〕

外報

●塞國內閣辭職 伯林電을據ᄒᆞᆫ則塞爾維國內閣은總辭職ᄒᆞ얏다더라

●袁시渡日說 東京電을據ᄒᆞᆫ則淸國袁世凱시ᄂᆞᆫ日本에渡去ᄒᆞᆫ다ᄂᆞᆫ說이有ᄒᆞ다더라

◎淸國의借欵設校 同電을據ᄒᆞᆫ則淸國政府ᄂᆞᆫ國債成立을以ᄒᆞ야大학校를設立ᄒᆞ기로計畫ᄒᆞᆫ다더라

●大統領年俸增加 同電을據ᄒᆞᆫ則米國上院財政委員은大統領의年俸을拾萬弗로增加ᄒᆞᄂᆞᆫ事를贊成ᄒᆞ얏다더라

●袁시向南 北京電을據ᄒᆞᆫ則袁世凱시ᄂᆞᆫ爆烈彈의埋設ᄒᆞᆫ事를恐懼ᄒᆞ야特別列車를搭乘ᄒᆞ고北京에서出發ᄒᆞ야河南으로向ᄒᆞ얏다더라

雜報

●隨聞更揭 日前本報에果川民怨이라ᄒᆞᆫ題下에盧炳俊文明俊陰基善諸시가巡査에게冠岳山에서浮石事件으로困厄을當ᄒᆞ얏다ᄂᆞᆫ事ᄂᆞᆫ其實據를更聞ᄒᆞᆫ則文明俊시ᄂᆞᆫ他事件으로暫時鍛鍊을當ᄒᆞ얏고浮石事件은아니라더라

詞藻

●不敗節

壹時繁華櫻桃花야。 고혼빗출자랑마라
靑松綠竹을、冬節에보라무나
亭々코、落々ᄒᆞᆫ뎌젼ᄀᆡ는、四時不變

雜報

●畀誰誰 大皇帝陛下ᄭᅴ오셔南韓巡方으로動駕ᄒᆞ시던夜에何許二人이兩路等地로還去ᄒᆞ며其相痛哭ᄒᆞ며時事를慨歎ᄒᆞᄂᆞᆫ지라該摯ᄒᆞ니日巡査가往禁ᄒᆞᆫ즉該兩人이日巡査를抑執ᄒᆞ고言ᄒᆞ되我ᄂᆞᆫ大皇帝陛下를何處로陪往ᄒᆞ얏나뇨ᄒᆞ고當場還御ᄒᆞ시게ᄒᆞ라ᄒᆞ미該日巡査가禁止不得ᄒᆞ고仍爲走去ᄒᆞ얏다더라

●官舍建築 地方에在勤ᄒᆞᄂᆞᆫ官吏中警察官及財務官의官舍를建築ᄒᆞᆯ計畫인ᄃᆡ爲先本年度에四個官舍를建築ᄒᆞᆯ터이라더라

●糞中魔鬼 國民新報ᄂᆞᆫ政府의勢力을借ᄒᆞ야十三道各郡각面에壹張式排送ᄒᆞᆫ지라湖南各處에서此를賣國賊新聞이라ᄒᆞ야個々其分傳을拒絶ᄒᆞ되官府에서强制的으로分送ᄒᆞ거날各面人이以爲ᄒᆞᄃᆡ此汚惡ᄒᆞᆫ新聞을耳目에近ᄒᆞᆷ이不可ᄒᆞ다ᄒᆞ고下人을招ᄒᆞ야遠々히投棄ᄒᆞ라ᄒᆞᆫ즉下人等은又謂ᄒᆞᄃᆡ此汚穢ᄒᆞᆫ新聞을手中에掛ᄒᆞᆷ이不可ᄒᆞ다ᄒᆞ고長竿頭에穿掛ᄒᆞ야糞桶裡에埋棄ᄒᆞᆫ다더라

●面長不法 楊州郡下道面々長柳某東氏가何許挾雜輩를符同ᄒᆞ야該面直동內所在有主森林을自己가買得ᄒᆞ야農商工部와本郡에蒙認ᄒᆞ얏다假稱ᄒᆞ고無數所伐ᄒᆞᆷ으로該森林主人이呼冤不已ᄒᆞᆫ다더라

●文明界魔賊 一進會摠務金重昌시가全羅南道觀察使在任時에該管下各郡에서領收ᄒᆞᆫ帝國新聞代金五拾九圓二十五錢을中間乾沒ᄒᆞ고百般謊計로掩匿ᄒᆞ다가仍爲現露된故로該社에셔犯督ᄒᆞᆫ즉又爲延拖不報ᄒᆞᄂᆞᆫ지라該社總務韓基準氏가擧其事實ᄒᆞ야日昨京城區裁判所에呼訴ᄒᆞ얏다더라

●日妾調査 警視廳에서各署로申飭ᄒᆞ고韓人이日女作妾ᄒᆞᆫ者를調査報來ᄒᆞ라ᄒᆞᆫ故로現今詳査中이라더라

●喫烟摠數 度支部年終調査를據ᄒᆞᆫ즉韓國에서製產ᄒᆞᆫ葉烟艸摠數가約六百萬斤에其價値ᄂᆞᆫ五拾七萬二千六百圓이오切艸가拾三萬七千斤이오卷烟이五億二千萬斤이라더라

●通譯弊行 楊州草阜面高安憲兵分遣隊의셔通譯하ᄂᆞᆫ徐光植이가각面니의義兵의執贄이有ᄒᆞ다稱ᄒᆞ고奪取도ᄒᆞ며軍需錢을留置다稱ᄒᆞ고面長과里長과或頭民을任意捉去亂打ᄒᆞ고錢穀을討索ᄒᆞ며民間의有夫女를義兵의家屬이라ᄒᆞ고捉去後作妾으로民怨이浪藉ᄒᆞ다더라

●暗罵日巡 日昨에南部鋳洞等地에셔人力車軍二名이互相爭詰ᄒᆞ다가該人力車軍中壹名이他人力車軍을無數毆打ᄒᆞᄂᆞᆫᄃᆡ日巡査가來ᄒᆞᆷ을見ᄒᆞ고斷階ᄒᆞᆫ際에該日巡査가是非曲直은不問ᄒᆞ고反히毆打ᄒᆞᆫ人力車軍을足척亂打ᄒᆞ야鼻血이浪藉에慘不忍見이라該二人을鋼峴分派所로交付ᄒᆞ얏ᄂᆞᆫᄃᆡ其時觀光諸人이三三五五히互相言語ᄒᆞ되無論某事ᄒᆞ고是非曲直은不問ᄒᆞ고毆打ᄒᆞᆫ人을反打重傷케ᄒᆞ니日本人의警察은如是ᄒᆞᆫ지ᄒᆞ고該日巡査의蠻行을人皆唾罵ᄒᆞ얏다더라

●日人無理 平山郡內居日人安大相이가該郡米商張世弘氏의ᄃᆡ米를無錢持去ᄒᆞᆫ價金이拾六圜以上에達ᄒᆞ얏ᄂᆞᆫᄃᆡ米價를終不還給ᄒᆞᆷ으로該米商이瑞興警察署에呼訴ᄒᆞ얏다ᄂᆞᆫᄃᆡ右日人의野蠻惡習을人皆唾罵ᄒᆞ며라더라

●楊郡民怨 楊州郡別非面은人民數십戶가居生ᄒᆞᄂᆞᆫᄃᆡ이ᄃᆡ退朝院에駐在ᄒᆞᆫ日憲兵補助員等이該面民家每戶에食水料금壹錢式勒收ᄒᆞ며貝소壹介의二錢五厘價値되ᄂᆞᆫ것을逐戶分給ᄒᆞ고七錢五厘式勒捧ᄒᆞ고其他作弊ᄂᆞᆫ不可勝記故로民怨이浪藉ᄒᆞ다더라

●行路甚艱 再昨日下午三時에中部帽谷等地에셔何許巡檢官名이盜賊을捕捉하라다가距里의稍遠ᄒᆞᆷ으로不得捕縛ᄒᆞ고無辜ᄒᆞᆫ行客을執탈ᄒᆞ다가因爲押去ᄒᆞ얏다더라

●憲補行悖 日昨水標橋等地에셔餠商爲業ᄒᆞᄂᆞᆫ者들이夐末의水로互相投戲ᄒᆞᆯ際에適其時行路ᄒᆞ던一喪人의衣服이沒數被沾ᄒᆞᆫ지라該喪人이其汚物을掃除ᄒᆞᄂᆞᆫᄃᆡ何許壹人이過去라가衣服壹二處가亦爲傳染ᄒᆞ미該人이該喪人을毆打重傷하야幾至死境이된故로其時日巡査壹人이過去라가該兩人을南部警察署로押交하얏ᄂᆞᆫᄃᆡ其時毆打ᄒᆞ던人은憲兵補助員이라더라

●洪寃浪溟 苑洞居ᄒᆞᄂᆞᆫ洪宗憲氏의土地가淸州에在ᄒᆞᆫᄃᆡ蓮洞居ᄒᆞᄂᆞᆫ洪在祜氏를秋收次下送ᄒᆞ얏더니面長洪承萬氏와符同ᄒᆞ야洪宗憲氏庄土ᄅᆞᆯ沒數詐明ᄒᆞ고已往沈宅鎭氏의게賣渡ᄒᆞᆫ土地ᄭᆞ지證明을된故로裁判所에呼訴ᄒᆞ야洪在祜洪承萬兩氏를捉囚ᄒᆞ얏더니更히洪宗憲氏를捉囚二拾餘日에歸決이無期ᄒᆞᆷ으로該氏家內의셔當此寒하야呼哭ᄒᆞᄂᆞᆫ情況은目不忍見이라더라

●是何悖漢 慶尙南道鎭남郡安谿上村居ᄒᆞᄂᆞᆫ리召史ᄂᆞᆫ元來孝烈이俱備ᄒᆞ야其父母病時에咬血咽注ᄒᆞ고其夫重症에割肉救援ᄒᆞ되未及回甦ᄒᆞ고早年寡居로守節ᄒᆞᄂᆞᆫᄃᆡ去九月십六日夜에隣里居崔會祚等名人이該破柴門하고突入內庭ᄒᆞ거날李시가此責逐送ᄒᆞ엿더니崔某가日人通詞와게搆誣ᄒᆞ야陋名을還被ᄒᆞᆫ지라리氏가至寃ᄒᆞ야方今以死自處ᄒᆞᆯᄂᆞᆫ中이라더라

●永民美擧 永柔郡有志人士가現今財政이涸渴ᄒᆞ야業務에困難ᄒᆞᆷ을慨惜히너기며壹會社를組織ᄒᆞ야農工商三業에大進行ᄒᆞᆯ方法을研究ᄒᆞᆫ다더라

●盧門頡頏 交河盧氏의歷代先塋이양州남場里에在ᄒᆞᆫᄃᆡ自來禁養ᄒᆞ던松楸數千株를該宗中有力家某시가擅自斫伐ᄒᆞᆫ故로該宗人等이互相頡頏中이라더라

●吳婦自裁 果川郡居吳贊秀氏의令孃이年今二拾壹歲인ᄃᆡ年前에龍仁郡居ᄒᆞᄂᆞᆫ前主事리某家로出嫁ᄒᆞ얏더니今春에其夫가不幸身故ᄒᆞᆫ지라吳夫人이烈行을固守ᄒᆞ기爲ᄒᆞ야毒藥을服하고自裁코져ᄒᆞ미其舅姑가絶刀防禦ᄒᆞᄂᆞᆫ故로不得遂意ᄒᆞ얏다가臨今月십니에自己親家로往ᄒᆞ야畢竟服藥致命하얏다더라

●八拾生子 廟洞居李根榮氏가年今八拾에子女間血屬이都無ᄒᆞ더니嘉春堂靈藥을試服ᄒᆞᆫ後生男ᄒᆞ얏다더라

●金鍊回祿 昨日午前八時頃에南部嘉民洞居김世默氏家에셔無根의火가起ᄒᆞ야草家二間이沒燒ᄒᆞ얏ᄂᆞᆫᄃᆡ損害額이五六拾圜에達ᄒᆞ얏다더라

●水原水賊 去十二月水原郡漢津下口에서水賊數拾名이商賈의物品裝載ᄒᆞᆫ船隻을向하야放銃追ᄎᆞᆺᄒᆞ야千餘圜價値되ᄂᆞᆫ物品을奪去ᄒᆞ얏다더라

●靑會幻燈 今日下午七時에鐘路靑年會에셔幻燈會를開ᄒᆞ고醫學博士洪석厚氏가身體에對ᄒᆞᆫ幻燈으로演說ᄒᆞᆫ다더라

學界

●安氏有志 海州郡花陽面廣明學校校監安敏憲시가學徒等의紙筆을自擔以給ᄒᆞ더니該校學徒의父兄들이無不稱頌ᄒᆞᆫ다더라

●永新設校 全北扶安郡萊湖居ᄒᆞᄂᆞᆫ유祺中鄭潤朝諸시가永新學校를設立ᄒᆞ고測量科를附屬ᄒᆞ야熱心敎授ᄒᆞᆫ다더라

●江東測量校 江東郡南山洞에서測量學校를設立ᄒᆞ고熱心敎授ᄒᆞᆫ다더라

●李氏特誠 海州龍門面紳士李贊시ᄂᆞᆫ該郡州內面齊民學校에敎師로延聘되야熱心敎授하미學徒가感服하야進就ᄊᆞ望이確有ᄒᆞᆫ뿐더러食費ᄭᆞ지自擔務ᄒᆞᆫ다더라

●光興設校 全北興德郡后浦居ᄒᆞᄂᆞᆫ李大洙鄭海晉김連洙諸시가光興學校를設立ᄒᆞ고熱心敎授ᄒᆞᆫ다더라

●均校成績 萬里峴私立均明學校에서年終學期試驗을經ᄒᆞ얏ᄂᆞᆫᄃᆡ優等에嚴南과等拾九人이오及第에張鳳安等拾七人인ᄃᆡ校監崔元석시와本洞居崔炳夏시가優數施賞ᄒᆞ얏다더라

●稷倅勸學 稷山郡守池喜烈氏가敎育에熱心ᄒᆞ야不避風雨ᄒᆞ고各面각동에地方委員과又ᄎᆞ巡行ᄒᆞ며極力勸論ᄒᆞ야학徒도募集ᄒᆞ고義捐을請ᄒᆞᄂᆞᆫᄃᆡ有志結者ᄂᆞᆫ捐壹圜ᄒᆞ고貧拾卜番ᄂᆞᆫ捐拾錢ᄒᆞ라ᄒᆞ야民皆應從에학校가將進之望이有ᄒᆞ다고稱頌이籍々ᄒᆞ더라

●英校試驗 東幕興英학校에서年終試驗을經ᄒᆞ얏ᄂᆞᆫᄃᆡ三年級優等生은姜宇馨김舜圭等七人이오及第生은高麟男徐鎰萬等八人이오二年級及第生은安종大柳舜成等拾三人이오壹年級及第生은梁今成吳俗滬등六人이오幼年級優등生은崔녿萬權相福等四人이오及第生은曹昌福卞光天等三人이라더라

地方消息

▲去月三拾日京畿道南合里에서義兵十餘名이日地分遣所日憲兵及補助員과交戰ᄒᆞ얏다ᄒᆞ고

▲本月七日京畿道쥬　里에서義兵二百餘名이日地分遣所日憲兵과交戰ᄒᆞ얏다ᄒᆞ고

▲去月三十日頃에古今島니에서義兵十餘名이全羅남道莞島附近巡査와日本人과并히交戰ᄒᆞ얏다ᄒᆞ고

▲去月拾六日全羅남道海남郡니에서義兵三拾餘名이日地巡査와交戰ᄒᆞ엿다ᄒᆞ고

▲去月二拾五日全羅남道順天郡니에서義兵三拾餘名이日地警察署巡査와交戰ᄒᆞ엿다ᄒᆞ고

▲本月六日光州郡니에서義兵三拾餘名이日地警察署巡査와交戰ᄒᆞ얏다더라

▲古無今無▼

▲國家盛衰何在런고人材培養이아닌가韓國歷史를자시면人材培養枯舍하고天然人材나며라도猜疑相觀誅滅하니此等歷中概論컨대東西古今勿論ᄒᆞ고韓國밧게업스리라

▲쁜門으로議論컨대有用人材或出ᄒᆞ면家庭舊習此革ᄒᆞ고詩賦範圍버서지면亡家子가낫다ᄒᆞ고姻戚黨集ᄒᆞ야百方沮害ᄒᆞᆯ뿐더러鑿肩斷膝ᄒᆞ엿스니이런惡習어ᄃᆡ잇나

▲齊洞으로議論컨대有用人材或出ᄒᆞ야是非善惡바로잡고剝害禍福타이르면敗洞者가낫다ᄒᆞ고上下老少이러나셔反對疾妬ᄒᆞᆯ뿐더러毁辱毆打ᄒᆞ엿스니이런惡習어ᄃᆡ잇나

▲壹邑으로議論컨대有用人材或出ᄒᆞ야官政得失言論ᄒᆞ고民間疾苦救하라면化外氓이낫다ᄒᆞ고奸鄕猾吏符同ᄒᆞ야無數虐辱ᄒᆞᆯ뿐더러敗家亡身하엿스니이런惡習어ᄃᆡ잇나

▲壹道內로議論컨대有用人材或出ᄒᆞ야奇才異行絶倫ᄒᆞ고高談峻論ᄒᆞᆯ량이면큰일놈낫다ᄒᆞ고守令方伯聯絡ᄒᆞ야嚴重禁戢ᄒᆞᆯ뿐더러生命ᄭᆞ지죽엿스니이런惡習어ᄃᆡ잇나

▲壹國으로議論컨대有用人材或出ᄒᆞ야貪官汚吏驅逐하고暴虐政令反對ᄒᆞ면叛亂賊이낫다ᄒᆞ고多數兵卒派送ᄒᆞ야濫殺人民ᄒᆞᆯ뿐더러郡縣屠戮ᄒᆞ엿스니이런惡習어ᄃᆡ잇나

▲朝廷으로議論컨대有用人材或出ᄒᆞ야辦寺干政排斥ᄒᆞ고君王過失直諫ᄒᆞ면大逆不道낫다ᄒᆞ고못小人이成黨ᄒᆞ야百方謀陷ᄒᆞᆯ뿐더러擧族慘殺ᄒᆞ엿스니이런惡習어ᄃᆡ잇나

▲抹殺人材ᄒᆞ더니셔今日悲境恨ᄒᆞᆯ손가至今에도培養하면可有爲ᄒᆞᆯ터인ᄃᆡ培養々々말고이오實地觀察ᄒᆞᆯ량이면伉儷人材더惡習이前日보다尤甚하니痛哭哉라韓人이여

雜報

●韓皇陛下의地方 巡狩ᄒᆞ시ᄂᆞᆫ理由

今回 大皇帝陛下ᄭᅴ셔大邱釜山及馬山浦에 幸行ᄒᆞ시ᄂᆞᆫ것은統監府에數件計策中寫實者인대此數件計策은大皇帝陛下의取捨拒絶ᄒᆞ심은姑捨置之ᄒᆞ나니日本當局者의指導ᄒᆞᄂᆞᆫ대로不得已而行之ᄒᆞ시거니와其計策의理由ᄂᆞᆫ兩件이有ᄒᆞ니

第壹策은 太皇帝陛下를勸遷ᄒᆞ야 禪位케ᄒᆞᆷ으로韓國ᄂᆡ에騷亂이蜂起ᄒᆞᆫ事에就ᄒᆞ야ᄂᆞᆫ日本이能히列國의耳目을掩蔽ᄒᆞ야列國人으로ᄒᆞ야금韓國ᄂᆡ에騷亂은早歸烏有ᄒᆞᆫ줄노認悉케ᄒᆞ리라自信ᄒᆞᆷ이어니와雖然이나日本이地方의騷亂ᄅᆞᆯ鎭壓ᄒᆞ며且日本이韓 皇室을善護ᄒᆞᄂᆞᆫ것을世衆人의게表示ᄒᆞ여야만能히此事를成ᄒᆞᆯ지니라若此事가成ᄒᆞᆫ진댄然後에ᄂᆞᆫ日本이能히韓國을呑噬ᄒᆞᆯ수엿ᄉᆞᆫ줄노自信ᄒᆞᄂᆞᆫ도다

第貳策은日本이 太皇帝陛下를日本으로모셔갈計策을日本이尙不廢棄ᄒᆞᆷ은甚是無疑ᄒᆞ니證日本이近兩年以來로 太皇帝를渡日케ᄒᆞ라고試圖中이나遂意치ᄂᆞᆫ못ᄒᆞ앗ᄂᆞᆫ대萬壹勸遷으로모셔가다가ᄂᆞᆫ 陛下의 聖意도拒逆ᄒᆞᆯ뿐더러韓國에大騷亂을惹起ᄒᆞᆯ것이오且君是行動은列國의大激怒를觸出ᄒᆞᆯ줄을熟知ᄒᆞᆫ지라是故로現皇帝陛下를南巡狩ᄒᆞ시게ᄒᆞ야各人의耳目을眩惑케ᄒᆞ고巡幸ᄒᆞ신後에 太皇帝陛下를勸迫ᄒᆞ야國ᄂᆡ地方으로 巡幸ᄒᆞ시게ᄒᆞ고追後에야서誘說ᄒᆞ야渡日케ᄒᆞᆯ主意라ᄂᆞᆫ傳聞이有ᄒᆞ며更히現皇帝陛下로再次數回를國中에周遍 巡幸ᄒᆞ시게ᄒᆞ야써安全保護ᄒᆞᄂᆞᆫ뜻ᄒᆞᆫ假意를 陛下ᄭᅴ顯示ᄒᆞ며日本이韓國 皇室을保護ᄒᆞᄂᆞᆫ줄노列國이確信케ᄒᆞᆷ이어니와壹時此事가成完되면韓國은日本의壹部分이되리로다

今年中에 御巡幸ᄒᆞᆯ셜都合旅費ᄂᆞᆫ拾萬圜으로預算에已爲計上ᄒᆞᆫ은顯著ᄒᆞ거니와今次巡幸의費額은萬圜으로酌定이라더라

於此에壹大强硬ᄒᆞᆫ所聞이亦有ᄒᆞ니客年中에秘密會議를統監府ᄂᆡ에서設行ᄒᆞᆫ時에韓國政府를廢之ᄒᆞ야其全權을統監府에許與ᄒᆞ고宮ᄂᆡ府와ᄂᆡ部及度支部만置之ᄒᆞ야有名無實ᄒᆞ노韓人의게委寄ᄒᆞᆯ酌定의問題를提論ᄒᆞ야決議ᄂᆞᆫ되앗지만其時에ᄂᆞᆫ若此ᄒᆞᆫ方針이欽遵ᄒᆞᆯ遂치못ᄒᆞᆯ지나所以로地方騷亂이鎭定되기ᄭᆞ지延타ᄒᆞᆷ이어니와當中에有識者들은以爲호대日本이將次今年季春頃에ᄂᆞᆫ實노其的確ᄒᆞᆫ手段을顯出ᄒᆞ리라ᄒᆞ더라

廣告

자ㅣ아 죄읍세다
去愛는 無至ᄒᆞ나
新愛를 亦望伏祝
安岳邑上場
海西書市
林景桂 告白

恭賀新年

貴第九百九十六号漢文雜報欄內에 背恩忘德이라ᄒᆞᆫ 題目과 四百七拾三号國文新聞雜報欄너에 돈만아나라ᄒᆞᆫ 題目辭意ᄂᆞᆫ 未知據何而揭載이오나 讀之未半에 不覺髮竪眦裂이라 本人이 勤儉所致로 畧干田土와 山坂이 有ᄒᆞ온ᄃᆡ 本人의 庶從弟석煥이가 素以浮浪悖頑으로 是家勢亦貧ᄒᆞ기로 本人이 出力ᄒᆞ야 渠之兄弟婚娶也와 家舍也와 渠之親喪營葬也를 專主施給이온바 석煥이가 壹自兵丁退役以後로 常懷不良ᄒᆞ야 類討錢穀에 狂言妄說노 無數侵漁ᄒᆞ온中 南門外居安基泓은 本人이 世々交誼가 如同兄弟이온ᄃᆡ 安基泓이가 今夏에 遭其親喪ᄒᆞ와 無家無錢에 尸在路上이나 不能營葬故로 本人이 憐其情勢ᄒᆞ야 本人山坂中壹空虛處를 特許過葬이옵더니 不意錫煥이가 渠之親山의 相距無關ᄒᆞᆫ 安基泓親山을 本人이 捧價三萬兩賣與이다ᄒᆞ고 安基泓ᄒᆞᆫ테 錢二百兩을 欲討不得ᄒᆞᆫ後 敢曰告파 測ᄒᆞ야 忽以本人을 搆誣呈訴于西署ᄒᆞ고 又以千萬不當之說노 渠之田土를 本人에게 多數買給이라ᄒᆞ야 新聞揭載ᄒᆞ오며 且況安基泓은 無家貧寠로 有何分錢買山이리오 世上天下에 寧有如此悖理乎잇가 筆紙短禿ᄒᆞ야 不能拖[illegible]畧叙ᄒᆞ야 末ᄒᆞ오니 照亮廣佈正誤ᄒᆞ시와 玉石俱焚ᄒᆞᄂᆞᆫ 弊가 無케ᄒᆞ심을 幸祝
西部盤松坊石橋壹百五拾貳統六戶 鄭顧根

●蔚山私立東面普成학校義捐諸氏人員이 如左ᄒᆞᆷ
校長朴漢弼 廿圓 成水源
崔鳳淳 각廿圓 김相栢
張辰伊 徐萬根 花岑洞中
각廿圓 華亭洞中 四十圓
本面학契錢 五十六圓
史南奎 김在斗 張漢水
千世鳳 각拾六圓 김文出
신二圓 리享濂 金聖坤
김正國 黃鶴天 김敬昊
張萬석 黃萬同 李漢종
許炳 각十圓
김基宗 六圓 김末俊 六圓
黃永浩 八圓 라丞周 六圓
徐洛雲 拾圓 김永集 四圓
박先鳳 十二圓 千介甲 八圓
宋述用 八圓
公立普通학校訓導曹正煥 拾圓
金文植 八圓 尹明善 八圓
千俊甲 六圓 鄭甲先 拾圓
朴桂文 八圓 李章榮 拾二圓
安信有 拾圓 박太淑 張建伊
張聖守 리海得 리元瑞
리潤寶 김永敏 리得雨
各十圓 崔龍瑞 十貳圓
安信日 林仲實 各八圓
李春西 십圓 김周伯
三圓 李元覺 四圓 김云西
三圓 김仁西 二圓 朴士允
大圓 金仁道 四圓 李享玉
二圓 黃河淑 二圓八拾錢
黃子卿 八圓 朴奉植
二圓八拾錢 韓元峯 徐洛西
各二圓八十錢 김奉文
李白汝 金成業 金辰元
朴在吉 黃坤伊 各壹圓廿錢
김順元 김城內 各二圓八十전
林壹杓 정敬云 宋景鶴
각八圓 金종湖 심二圓
김鎭晥 八圓 安甲守 四圓
李順榮 심二圓 金학守
宋斗讃 梁仁德 宋任祚
각貳圓 方於洞中 拾四圓
金奉官 壹圓二十전 金文禮
김琪善 리良重 김成同
朴文西 鄭萬石 釜山朴上彔
各壹圓 釜山朴樹重 七十錢
釜山金永彦 七拾錢 朴宣鎬
公立普通학校訓導 柳濟琨
각拾圓
蔚山私立東面普成학校
發起人 金聖坤 告白

本人等이 昨年陰拾月分에 闕院鄭季根培之龍川楊西面所在自家新築七ᄒᆞᆷ舍三百餘行을 給價九萬二千圓以買有地實買而成文券矣 意外今春以雲峴宮基地調査以來云 然以私地放賣之李根培自在ᄒᆞ온 意謂少無憂慮矣 噫彼리根培交涉於雲峴宮拾餘年漏稅條每行紙貨六拾三錢式合計二千二百餘圓을 計納而自服之謝函亦爲書納於雲峴宮ᄒᆞ고 從前리根培之奸狀綻露無餘而且況以私로 冒認放賣者乎 此卽係欺人騙財也 自有法律ᄒᆞ니 勘處矣 從此以後宮稅渠自擔當亦可也 本人等買畓以私로 裁判歸正次壹齋上京 先此揭佈
京城居 吉賢瑞
義州居 韓正奎 리東淳
김吉善 崔석厦 鄭尙曄
리俊明 김元根 張明善
龍川居 鄭利元 張益裕
張奎祜 김敏樂等 告白

◎特別廣告

大韓測量組合所名稱을 **大韓測量總管會**라 改稱ᄒᆞ고 事務를 壹層擴張ᄒᆞ오며 **位置**ᄂᆞᆫ **中部壽進坊洞興士團內**로 **移接**ᄒᆞ얏ᄉᆞ오니 京鄕同業僉彦은 照亮ᄒᆞ시옵
大韓測量總管會 告白

本人이 陰拾壹月七日에 耽津邑市에 入去ᄒᆞ얏다가 圖章을 中路見失ᄒᆞ얏ᄉᆞ오니 知舊僉照亮ᄒᆞᆷ
信川大井面山水洞李泰鎭 告白

本人의 圖章을 陰拾二月分에 不知中에 失ᄒᆞ얏ᄉᆞ오니 知舊僉照亮ᄒᆞᆷ
大興洋服店金相烈 告白

本人等이 測量事務所를 大邱에 廣設ᄒᆞ얏스니 遠近請求ᄒᆞ시ᄂᆞᆫ 僉君子ᄂᆞᆫ 大邱에 刷選동壹統六戶大成測量事務所로 來臨ᄒᆞ심을 望ᄒᆞᆷ
金弘祚 宋台觀 安鍾설
金壹默 李元植

測量機械各種大發賣

漢城南署棗洞六拾貳統拾戶
益龍商會 謹告
保險付各種 ·
測量機械各種
製圖機械各種
書籍各種
我國特產谷香
煙草各種

◎眼鏡到着

各種眼鏡을 自英國으로 直到ᄒᆞ얏사오니 願買僉彦은 本院으로 來買ᄒᆞ시옵
京南門外濟衆院 白

◎夜學員大募集

科程 簿記 日語 算術
壹 陰止月壹日開學
壹 卒業限壹個年
壹 入學金壹圓、月謝金壹圓
但講義錄은 五十錢
茶洞私立共成學校內

本人의 族弟鎭祥이 失性顚狂ᄒᆞ야 流離乞食于各處이오니 或乞ᄒᆞᆯ던 器皿을 暗持ᄒᆞ고 或賣ᄒᆞ오며 或虛言浪說노 欺ᄒᆞᄂᆞᆫ 弊도 有ᄒᆞ온즉 眞爲親族間不可例外觀之ᄒᆞ옵기 玆以廣告ᄒᆞ오니 望須內外國人은 幸勿見欺ᄒᆞᆷ
族人趙應夏 趙應者等 告白

本事務所出張所ᄂᆞᆫ 如左ᄒᆞᆷ
位置 **仁川港內洞十一統八戶**
事務員 高永惠
同 **林泰陽**
辯護士太明軾法律事務所

本人이 **製造發行**ᄒᆞᄂᆞᆫ바 **靈丹**을 今에 **官許**를 **蒙**ᄒᆞ고 **大韓醫院業學士兒鳥古里氏**와 **一等製藥官劉世煥兩氏**檢**查證明**과 **軍部軍務局衛生課二等軍醫長金益南閣下**와 **諸大方家高明醫士**의 **有効賞贊**을 **受**ᄒᆞᆫ바 **其應用說明**은 **如左**ᄒᆞᆷ

說明書

靈丹 中暑·中寒·吐瀉·腹痛及消化不良·食慾不進·頭眩目昏心神鬱悶·嘔暈酒醉·眩暈痰迷·山嵐海瘴·痞滿壁噎·水土不服等

地方各處에서 書信으로 請求ᄒᆞ시면 小包迅速進呈ᄒᆞ깃슴
發行本舖 皇城南部大廣橋第一九統七戶 **共愛堂大藥房** 告白

●學員募集廣告
本所에 講習科와 初等科와 算術科를 特設ᄒᆞ고 [illegible]術과 학理를 特別研究ᄒᆞ기 爲ᄒᆞ야 時間을 勿拘ᄒᆞ고 敎授ᄒᆞ오며 卒業期限은 三個月로 定ᄒᆞ오니 願학 僉彦은 陰本正月六日內로 來臨ᄒᆞᆷ을 敬要
東門外前元興寺
明進測量 講習所
組合所 告白

新法令全集

目錄

前編訴訟에 關ᄒᆞᆫ 法令
訴訟
非訴訟
裁判所構成法　裁判所構成法施行法
裁判所設置法　民刑訴訟規則
改正刑法大全　民事訴訟期限規則
民事訴訟 去年십月卅壹日改正　民事訴訟 去年拾月卅壹日改正
手數料規則　費用規則
刑事裁判費用規則　非訟事件手續規則
後編非訟에 關ᄒᆞᆫ 法令
調令各觀察使府尹郡守　土地家屋證明規則
土地家屋證明規則施行細則　仝 樣式
第壹統首又洞長의 認證에 關ᄒᆞᆫ 事務의 處理順序
第貳郡守又府尹의 證明에 關ᄒᆞᆫ 事務의 處理順序
土地家屋典當執行規則　仝 施行細則
土地家屋所有權證明規則　仝 施行細則　利息規例
右諸裁判에 關ᄒᆞᆫ 法令과 不動產證明에 關ᄒᆞᆫ 法令을 蒐輯ᄒᆞ야 精密無遺ᄒᆞ온즉 法律事務에 最要ᄒᆞᆫ 壹冊으로 生命財產을 確保ᄒᆞᄂᆞᆫ 良證으로 右冊을 購覽ᄒᆞᆷ에 在ᄒᆞᆷ
全壹冊 定價金壹圓 郵稅三錢
발賣所 京城南部苧동貳拾九統九戶 張重鎬

◎轉移廣告

本所를 左記處로 移轉ᄒᆞᆷ
鐘路布廛後廣耳洞大濟旅館家
專門講習所

本人이 月曆數萬張을 特別印刷ᄒᆞ야 莊曆과 差異가 無ᄒᆞᆯ뿐不是 箇中에 又有別實件이옵기 玆에 廣告ᄒᆞ오니 願買ᄒᆞ시ᄂᆞᆫ 僉彦은 速速來購ᄒᆞ시옵
中部大廟洞리冕鎬 告白

社告

○申報價
壹張代金 新貨二錢五厘
壹個月前納 三十錢
參個月 九拾錢
陸個月 壹圓八十錢
壹個年 三圓五十錢
郵稅壹個月 十二錢

○廣告料
四号活字拾二字詰
每日壹寸(英尺)에 新貨卄五錢
二週日壹寸에 二圓五拾錢
壹箇月壹寸에 五圓
(自壹行至三行이 爲壹寸)
其期限의 長短과 字行의 多少를 依ᄒᆞ야 增減ᄒᆞᆷ이 有ᄒᆞᆷ

發行兼編輯人 裵說
發行所
京城中署石井洞號外第三層洋館
大韓每日申報社

光武九年八月拾一日 第三種郵便物認可　明治三十八年八月十一日　水曜日　西曆壹千九百九年壹月拾三日 (壹)

第六卷　大韓每日申報　第九百九拾九號

大韓每日申報

月曜及慶節時休刊

檀君開國四千二百四十二年
箕子元年三千三十一年
大韓開國五百十八年
日本明治四十二年
淸國光緖三十四年
陰曆戊申十二月大廿二日癸酉

論說

◉湖西學生父兄에게告홈

湖西壹老人이京城의風光을來觀ᄒᆞᆯ새가ᄒᆞ日은記者를過訪ᄒᆞ더라

老人曰余ᄂᆞᆫ近日에某會々々의擧立에對ᄒᆞ야壹邊은樂觀을抱ᄒᆞ며壹邊은悲觀을作ᄒᆞ노라何故로樂觀을抱ᄒᆞ나五日數百年鎖戶의眠의國으로壹朝에西來의風潮를感覺ᄒᆞ야勃々ᄒᆞᆫ銳氣로前進ᄒᆞᆯ새或政治改善을目的ᄒᆞᆫ會도起ᄒᆞ며或實業發達을目的ᄒᆞᆫ會도起ᄒᆞ며或宗敎興旺을目的ᄒᆞᆫ會도起ᄒᆞ며或學問研究를目的ᄒᆞᆫ會도起ᄒᆞ야靑紅赤白에旗幟를對堅ᄒᆞ며左右南北에鼓角이亂聞ᄒᆞ니此ᄂᆞᆫ文明士臺의第壹級이오競爭進步의第壹聲이라吾가此에樂觀이無ᄒᆞ면何에樂觀이有ᄒᆞ리오만은但近日團體界에壹種惡兆가現ᄒᆞ니此ᄂᆞᆫ志士의同歎ᄒᆞᆯ비며國民의大憂ᄒᆞᆯ비라團體라ᄒᆞ면必也高尙瑩潔ᄒᆞᆫ趣旨를仗ᄒᆞ며純篤專壹ᄒᆞᆫ主義를揭ᄒᆞ고同心同德同力者가集ᄒᆞ야萬折의水가必東ᄒᆞ듯ᄒᆞ며歲寒의松이不凋ᄒᆞ듯ᄒᆞ야險夷를壹觀ᄒᆞ며悲智를雙修ᄒᆞ여야於是乎國家에有補ᄒᆞ며社會에有益ᄒᆞᆫ團體가될지어날今에ᄂᆞᆫ不然ᄒᆞ야只是風聲鶴唳에萬耳가齊傾ᄒᆞ며虎跳兎躍에四方이胥動ᄒᆞ야아모意趣도업시아모懷抱도업시彼가會를起ᄒᆞ니我도會를起ᄒᆞ리라ᄒᆞ며某가會를起ᄒᆞ니爾도會를起ᄒᆞ라ᄒᆞ야來頭結果야何如ᄒᆞ던지爲先趣旨書壹張을新聞紙에揭布ᄒᆞ며贊成員幾名을資本家로列錄ᄒᆞ고某洞某統幾戶가某會臨時事務所라大書特記ᄒᆞ니彼에心意가滿足ᄒᆞ며氣勢가揚々ᄒᆞ야其手에短杖을曳ᄒᆞ며其眼에細鏡을掛ᄒᆞ며其口에文明自由나亂誦ᄒᆞ고朝에此會에出ᄒᆞ야夕에彼會에入ᄒᆞ며夕에此會에出ᄒᆞ야朝에彼會에入ᄒᆞ니彼社會界先進은此中의生涯를作ᄒᆞᆷ이已久ᄒᆞ니足責ᄒᆞᆯ것이或無어니와鄕谷에셔來留ᄒᆞᄂᆞᆫ학生이往々此를效빈코ᄌᆞᄒᆞ야(壹)出入場의衣服을장ᄒᆞ며(二)會中의經費를擔ᄒᆞ며(三)茶舘酒席의親友를結ᄒᆞ니학問修得의餘暇만無ᄒᆞᆯ뿐아니라卽自家父兄이鋤頭鎌頭에艱辛收集ᄒᆞᆫ幾石落田沓이나蕩倒ᄒᆞᄂᆞᆫ者ㅣ亦有ᄒᆞ니嗚乎라此弊를因ᄒᆞ야食을廢ᄒᆞᆷ이不可ᄒᆞ며弊를因ᄒᆞ야法을廢ᄒᆞᆷ이不可ᄒᆞ나니余가엇지今日現狀을因ᄒᆞ야團躰를可無라ᄒᆞ리오만은但湖西학生이會를叛ᄒᆞᆫ다니此等弊를深戒가或無ᄒᆞᆫ지記者曰先生의言이實로時弊를痛嘆ᄒᆞᆷ이로다然이나物聞컨대近今湖西學生親睦會ᄂᆞᆫ時勢를趨ᄒᆞ고外面을장ᄒᆞᆷ이아니라但壹般湖西의學生이同然ᄒᆞᆫ感情이有ᄒᆞ니同然ᄒᆞᆫ感情은何오卽數百年文化를開明ᄒᆞ던湖西가今日에至ᄒᆞ미諸般事業이皆是人後에落ᄒᆞ니엇지可惜지아니ᄒᆞ리오但風潮의日迫을隨ᄒᆞ야靑年俊才의覺醒奮起ᄒᆞᄂᆞᆫ者ㅣ稍多ᄒᆞ나然이나該地方에ᄂᆞᆫ學校가未備ᄒᆞ야入學ᄒᆞᆯ處가無ᄒᆞᆫ故로京城에來學코ᄌᆞᄒᆞᆫ즉학資가常難ᄒᆞᆫ지라彼家貧力拙者ᄂᆞᆫ無論ᄒᆞ고卽不然ᄒᆞᆫ者라도往々其頑固父兄의沮止를被ᄒᆞ야數月留학ᄒᆞ다가半途撤歸ᄒᆞ니(壹)可歎이오又或長久히留學ᄒᆞᄂᆞᆫ者도太半居處의湫隘와宿所의不便ᄒᆞᆫ所以로衛生上의貽害가多ᄒᆞ고且학問에專心치못ᄒᆞ니(二)可歎이라ᄒᆞ야會가此를慨惜ᄒᆞ야以爲호대衆心을合ᄒᆞ며資力을鳩ᄒᆞ야壹個寄宿所를設ᄒᆞ야湖西학生의留학上便益을圖코ᄌᆞᄒᆞᆷ이라ᄒᆞ니此會ᄂᆞᆫ必也群力을勵ᄒᆞ야實地를蹈ᄒᆞ며熱心을擲ᄒᆞ야前途를計ᄒᆞ야湖西의有志家와有資本家가相繼響應ᄒᆞ리니奚獨壹寄宿舘뿐이리오然이나大厦ᄂᆞᆫ一木의可支가아니々萬一湖서老成등이此를袖手旁觀ᄒᆞ야此會로ᄒᆞ야곰有始無終의歎이有ᄒᆞ면壹會의不幸이오壹湖西의不幸이오壹國前途의不幸이니勉哉어다世間萬事가熱心實做에在ᄒᆞ니라

▲隆熙貳年拾月二拾七日 官報 續

▲農商工部告示第拾三號 續

八 株式合資會社第二回以後의株金拂納
　每回拂納株金額壹千分之四

九 合併又ᄂᆞᆫ組織變更을因ᄒᆞᆫ會社의設立拂納株金額及財產을目的으로ᄒᆞᄂᆞᆫ株金以外의出資의價格壹千分之壹

拾 合併을因ᄒᆞᆫ會社資本의增加
　增資拂納株금額及財產을目的으로ᄒᆞᄂᆞᆫ株금以外의出資의價格壹千分之壹

(未完)

外報

◉西太后의出棺期　東京電을據ᄒᆞᆫ즉淸國故西太后의出棺期ᄂᆞᆫ陰明年九月노決定ᄒᆞ얏다더라

◉海防案成立　同電을據ᄒᆞᆫ즉浦鹽海防案은成立되얏슴으로本年度에四拾萬留를支出ᄒᆞᆯ事로決定ᄒᆞ얏다더라

◉日本의大雪　同電을據ᄒᆞᆫ즉同地에ᄂᆞᆫ九日夜에降雪ᄒᆞ야積雪이壹尺에達ᄒᆞ얏다더라

◉米國의海軍擴張　路透電을據ᄒᆞᆫ즉米國은二萬五千噸의大戰鬪艦四隻、巡洋艦四隻、小軍艦十九隻의建造ᄒᆞᆫ案件을議會에提出ᄒᆞ얏ᄂᆞᆫ대其經費額이七千五百萬弗이라더라

◉伊國震災와米國　紐育電을據ᄒᆞᆫ즉米國에셔伊國震災救助募集금이一百萬弗에達ᄒᆞ얏다더라

雜報

◉隨聞更揭　日前本報欄內에昨不可掩이란題下에李鳳緒시가北部警察署에呼訴ᄒᆞ얏다ᄒᆞᆫ事項에對ᄒᆞ야李鳳緒시가아니라三淸洞居李鳳瑞시라더라

詞藻

●雪上劒

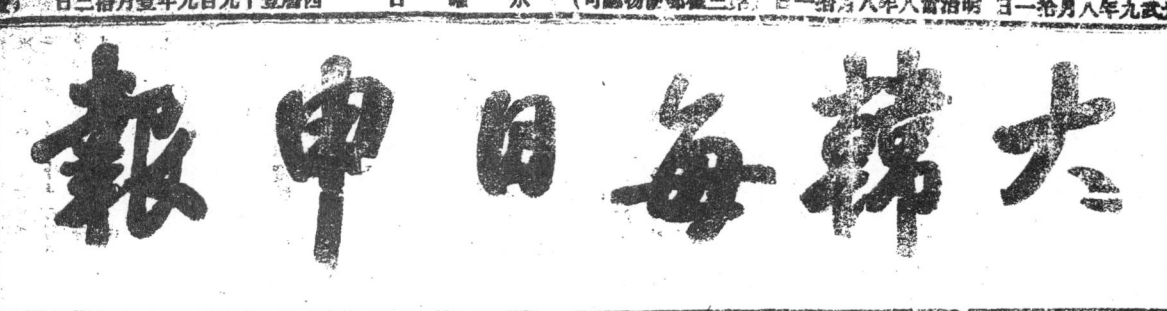

北風은나무끗헤불고。明月은눈속에찬데
七尺長劒세여들고、ᄒᆞᆫ거름에내다르니
到處에、敵업ᄂᆞᆫ대敵兵을、쥐숨듯시

雜報

●下賜鐵局 大皇帝陛下씌옵셔今番 巡幸하시는事에對ᄒᆞ야鐵道管理局에金貨壹萬五千圓을 下賜ᄒᆞ옵셧다더라

●官吏增設 內部에셔今年度부터該部內에韓人通譯官을五人과日人警視官名을增寘排置ᄒᆞ기로議決ᄒᆞ얏다더라

●韓人排斥 저部에셔韓日兩國官吏의昨年度陞等陞級件을今月初에續爲修正ᄒᆞ야內閣으로送交ᄒᆞ고即速頒佈ᄒᆞ라ᄒᆞ얏더니該書記官長韓昌洙氏가同件을자還黑覆ᄒᆞ되踰年修報는已爲違格ᄒᆞ얏슨즉韓人官吏는不可概論이오日人官吏、限外계도無妨ᄒᆞ니更爲修正以送ᄒᆞ라ᄒᆞᆫ故로韓氏를批評ᄒᆞᄂᆞᆫ者가居多하다더라

●郡守不法 金川郡々守李鍾炳亮氏는不法行爲가多ᄒᆞᆫ뿐더러 大皇帝陛下씌옵셔義擾에殺死ᄒᆞᆫ良民을愛恤ᄒᆞ사該郡에恤金六拾四圜을 下賜ᄒᆞ옵셧는ᄃᆡ該氏가恤金을承捧ᄒᆞ야晴與코ᄌᆞᄒᆞ는지尙今까지潛置ᄒᆞ고終不分給하다가該郡駐在所巡査에게發覺되야擧頭치못ᄒᆞᆯ羞恥를當ᄒᆞ고셔自己가恪勤히視務ᄒᆞ다고人民等이請願ᄒᆞ는樣으로該郡守에게密報ᄒᆞ야달나고該郡居民리承稼氏에게請囑ᄒᆞ얏다는대如此郡主事가因循務ᄒᆞ면該郡人民은將至魚肉之境이라고怨聲이載路ᄒᆞ다더라

●三登多登 內部에셔各郡을合併ᄒᆞ는事는衆所共知어니와三登郡을江東郡으로合附하얏는대三登郡民이多數上京ᄒᆞ야該部에등訴ᄒᆞ되本郡을他郡으로合併ᄒᆞ면人民에게不便ᄒᆞᆫ弊端이多有ᄒᆞ깃스니即收勿施ᄒᆞ라ᄒᆞ얏다더라

●何顔質問 閔泳徽氏가리主筆氏와裁判ᄒᆞᆫ事에對하야帝國新聞에揭載ᄒᆞ얏더니再昨日에閔氏가自己家人을派送하야質問ᄒᆞ되將來裁判ᄒᆞᆯ깃슨즉貴社員中何人이던지姓名을錄給ᄒᆞ라ᄒᆞ매날히社記者의所答이姓名을書給지아니ᄒᆞᄂᆞᆫ것은社會規則인즉本社中何許人이던지任自擧訴ᄒᆞ라ᄒᆞ더니人이日閔氏가期於探來하라ᄒᆞᆫ즉書給然後에可以退歸云ᄒᆞ거날記者가大聲叱責曰閔泳徽가上欺天聽ᄒᆞ고下奪民財ᄒᆞᆫ것은至爲昭明ᄒᆞ거니此등事에는何爲羞昧乎아任意爲之ᄒᆞ라ᄒᆞ고罵言을ᄒᆞᆫ즉該人이面如土色ᄒᆞ야赧然退去ᄒᆞ얏다더라

●論者還非 漢城內各警察派出所中日巡査가出張ᄒᆞᆫ支所는各項經費를韓巡査派出所보다加給ᄒᆞ기로不公平의輿論이有ᄒᆞ다더라

●奴之奴行悖 再昨夜의總理大臣리完用氏傔隸一名이飮酒泥醉ᄒᆞᆫ後의渠의上典勢를藉ᄒᆞ고徐皡伯리華三兩氏를無端相詰ᄒᆞ며詈辱하되兩등이太臣宅人을不知ᄒᆞᆫ즉可殺無惜이라ᄒᆞ고乱打ᄒᆞ야勢甚危險ᄒᆞᆷ으로該漢이仍爲逃走하얏는ᄃᆡ警察署의셔는今民家隷와如ᄒᆞ면嚴刑懲治ᄒᆞᆯ터인데大臣家隷라晏然掩護ᄒᆞᆫ다고輿論이浪藉하다더라

●김氏呼冤 中部給洞居김鶴植氏가東門外居朴淳석시의게約束手形을典執ᄒᆞ고婁萬兩을債給하얏더니朴시가過限不報ᄒᆞ고鎖門逃避ᄒᆞᆫ故로김시가裁判所에呼訴ᄒᆞ얏다더라

●鐵路附近의關係 鎭南浦와平壤間에鐵道用地各方面에잇는土幕家屋을買ᄒᆞ거나變換ᄒᆞ거나又는家屋增築의新建築ᄒᆞᆷ을禁ᄒᆞ되停車場中에셔左右로拾八尺부터壹百二十尺과又는工場處所中에셔左右로壹千尺까지라더라

●蒼生可憐 楊州접東面居生里에駐在ᄒᆞᆫ憲兵補助員等이該附近村閭에討索과其他不法行爲가無數ᄒᆞᆫ故로該里長이該憲兵所에呼訴코ᄌᆞᄒᆞᆫ즉該補助員輩가拒逆ᄒᆞᆷ으로無罪ᄒᆞᆫ村民들이擧皆渙散ᄒᆞᆫ境에至ᄒᆞ얏다더라

●日又洪門 再昨日下午에中部樓洞등地에서韓日巡査ᄲᅡ戶口를調査ᄒᆞ다ᄒᆞ고官立漢城高등학校長洪奭鉉氏家內庭에突入ᄒᆞ야房門을遣々開觀ᄒᆞᆫ故로婦女가壹場驚㤼ᄒᆞ얏다더라

●韓人淸拘 成樂夏氏가淸人에게百圜價値의料理를買喫ᄒᆞ고該價額을不報ᄒᆞ얏더니其伯成樂驎氏가沒數懲給ᄒᆞ고今春에不幸身故ᄒᆞᆫ지라日前에成樂夏氏가該料理店門前으로過去ᄒᆞ매該淸人이押執曰爾兄의料理價六十圜을不出ᄒᆞ얏슨즉當爲辦給ᄒᆞ라ᄒᆞ고私自拘留ᄒᆞᆫ故로中部警察에서成氏를招來査問ᄒᆞᆫ즉已往徵給ᄒᆞᆫ証據가確有ᄒᆞᆷ으로無事放送하얏다더라

●蕃科避身 南坡居리英植시가日本人山本利七과同爲營業次로水原郡所在山坂을萬里峴署沈甲豊시의게數萬금의買渡斫伐ᄒᆞ더니該山坂主人宋某가起訴ᄒᆞ야沈甲豊시가落科ᄒᆞ야家產을執行ᄒᆞᆫ地境의至ᄒᆞ매避身ᄒᆞ얏다더라

●弟義兄捉 全羅道居黃學者라名稱ᄒᆞ는人이義兵으로日憲兵의게被捉이되야司令部에押囚ᄒᆞ얏는데該氏가義兵將이아니라其弟某氏가義兵將인ᄃᆡ其伯氏黃學者가誤爲被捉ᄒᆞ얏다더라

●巡捕寬放 憲兵隊偵探客趙남淳氏가彼兵地觸ᄒᆞ는名不知中某가紙貨를僞造ᄒᆞᆫ다는說을聞知ᄒᆞ고再昨夜於貳時頃에跟捕次로前往ᄒᆞᆫᄃᆡ行色이殊常ᄒᆞᆫ故로該某를內巡査가警察署로押付ᄒᆞ얏더니日本陸軍正校巡捕가知其事實ᄒᆞ고該署에交涉放還ᄒᆞ얏다더라

●巡査重傷 稱安部分派所韓人巡査함必寧시가義兵에게被丸重傷ᄒᆞ야方在死境中이라더라

●平巡不明 平山郡內에近日竊盜가甚多ᄒᆞ야不拘晝夜ᄒᆞ고人民의財產을多數偸去ᄒᆞ는ᄃᆡ民心이滿紛ᄒᆞ야連日風波가大起ᄒᆞᆷ은掌內巡査가不明ᄒᆞᆫ所以라고民心이嗷々ᄒᆞ다더라

●捉何放何 平山郡駐在所에셔는本月四日에確証ᄒᆞᆫ竊盜一人을捕捉ᄒᆞ야刑訊ᄒᆞ야勿論하고三日後에放送하얏는대如何理由를未知하깃다고眷議가有ᄒᆞ다더라

●打殺日人 陰曆拾一月十四日天安豐西場市에日人二名이何事를因ᄒᆞ야來ᄒᆞ얏던지不知어니와破場될時에何許衣冠之人二拾餘名이該日人을匝圍亂打ᄒᆞ얏는ᄃᆡ轎子를乘ᄒᆞ고該郡邑內로入去ᄒᆞ야仍爲致斃ᄒᆞ엿다더라

●元港鐵維組合 元山港有志諸氏가公同利益을爲ᄒᆞ야該港內鐵維爲業人들이發起ᄒᆞ야組合所를創業社에附屬ᄒᆞ고營業을共同處理ᄒᆞᆫ다더라

●米藏包藏 南部會洞居留ᄒᆞ는日人米藏은官文書及官印章을僞造行使ᄒᆞ다가警察署에被捉ᄒᆞ얏다더라

●僞貨者被捉 리健普洪慾祖兩시가僞造紙幣를使用ᄒᆞ다가情跡이現露되야再昨日에鍾路署에被捉ᄒᆞ얏다더라

●僞帖被捉 泥峴居리根憲氏기부含帖紙를僞造ᄒᆞ다가情跡이現露ᄒᆞ야龍山警察分署의被囚ᄒᆞ얏다더라

●西北連會 서北學會에셔本日(拾三日)下午二時에는 大皇帝陛下還御ᄒᆞ심을祇迎ᄒᆞ기爲ᄒᆞ야登殿會員을該會館內에召集ᄒᆞ고拾四日下午三時에는該會任員을選擧ᄒᆞ기爲ᄒᆞ야在京會員이齊會ᄒᆞᆫ다더라

●民團據會延期 南西坊民團總會를本月拾四日下午壹時로退定ᄒᆞ얏고南部々會는今月拾五日下午壹時로退定ᄒᆞ얏는대處所는石橋壇內에서開會ᄒᆞᆫ다더라

●觀鍼總會 本月拾四日上午拾壹時의北部總會를觀鍼학校內의開ᄒᆞ고漢城府民會議員拾人을選擧ᄒᆞᆫ다더라

●南又幻燈 今日下午七時에鍾路靑年會館에서幻燈會를개ᄒᆞᄂᆞᆫᄃᆡ前日에桑港景致를擧ᄒᆞ얏고今番에는華盛頓紐育景致로幻燈ᄒᆞᄂᆞᆫᄃᆡ入場券을使用ᄒᆞᆫ다더라

學界

●花山春信 黃海道甕津郡守鄭寅膺氏가有志紳士尹錫衡金在林文觀台諸氏와協議ᄒᆞ야該郡北面花山里에協成學校를設立하고敎師崔榮輝氏를延聘ᄒᆞ야熱心敎授ᄒᆞᆷ으로晝夜學徒가百餘人에達ᄒᆞ야就就之望이有ᄒᆞ다더라

●選校經試 甕津郡月餘串面湘江里汾陽夜學校에셔年終試驗을經ᄒᆞ얏는대甲班優等任甲準崔錫範等三人이오及第閔壽산崔金克等八人이오乙班優等리順福閔山田等二人이오及第에崔서富學先普等六人이오丙班優等金元福李秋龍等四人이오及第朴道南林永民等六人인ᄃᆡ校長李能夏시와校監李서夏시가勸勉施賞ᄒᆞ얏다더라

●測量再試 日昨齋동測量新塾에셔第一回測量卒業式을經ᄒᆞ얏는대成績이良好하야夜學班優等에曺圭永劉祥根等이오及第生에高光洪禺英燮等十四人이오晝學班優等生에呂건健沈相宇等拾二人이오及第生에洪祐셥吳경煒등二十八人이라더라

●順校試 平安道順川郡普通학校에서去月二拾八日에學年終試驗을經ᄒᆞ얏는ᄃᆡ三學年優等生洪箕鍾池文鳳이오及第生에洪箕綱高文龍諸人이오二學年優等生에方炳觀이오及第生에洪澄鎬表鳳淳이오壹學年優等生에朴鍾均이오及第生에朴龍普文相俊諸人이라校長李喜信시가多數ᄒᆞᆫ物品을施賞하얏다더라

▲地方消息▼

▲本月十三日茂山郡西南方의百餘名의義兵은該郡日憲兵分遣所日憲兵及補助員과交戰ᄒᆞ엿다ᄒᆞ고

▲本月四日全羅남道珍島附近의셔義兵五十餘名이該地駐在所日巡査와交戰ᄒᆞ엿다ᄒᆞ고

▲去月二十九日全羅남道潭陽郡서南方의셔義兵三十餘名이同地分遣所日憲兵及補助員과交戰ᄒᆞ엿다더라

▲嗟 爾兒輩▼

▲구경ᄒᆞ소구경ᄒᆞ소兒戱구경구경하소오날天下나흔兒戱上에樂蕭蕭ᄒᆞ고耳邊에閃閃ᄒᆞ다져른兒戱는兒戱異常야뭇더兒戱외그擧動을말ᄒᆞ노니그兒戱가누구々々

▲閔泳徽씨擧動보소伊藤統監爲ᄒᆞ야서歡迎會를設施後에對人驕傲더氣習이倍前尤甚ᄒᆞ더라니窮村殘戶愚痴兒가貴客壹人왓다가면제同僚를對ᄒᆞ여서驕矜自得ᄒᆞᄂᆞᆫ壹殿이오

▲黃嚳延씨擧動보소門外居生設校라가還入城中ᄒᆞᆫ後에는그학校가廢止라니寡婦家의幼稚兒가群兒叢中나가며는알낭알낭지내다가渠家門內드러서면알나야登殿이오

▲魚允迪氏擧動보소女子敎育더학界에分護ᄒᆞᆫ곳이花柳處로認知라가置名書를맛낫다니七拾當年所生兒가버릇업시生長ᄒᆞ야男女區別모로고셔無處不登殿이오

▲李容元씨擧動보소歡迎會를發起ᄒᆞᆷ은김允植의冒錄이오自己所爲아니라고父子證明ᄒᆞ더라니街路上의多識兒가互相符同作亂라가爭鬪是非날듯ᄒᆞ면나는몰나登殿이오

▲某某元老擧動보소國家有事ᄒᆞ랑이면匹夫라도責을낫던지某也沒覺妄動타가匪人稅評듯는다고晴自縮得計라니柔懦難立多겁兒가不敢出門드럼드러嘲弄隣兒ᄒᆞᆫ壹殿일셰

▲此등所聞浪藉ᄒᆞ니仇嫌者의市虎인지取信키는어려우나諸公行爲推測컨대必有此擧無准이라國家事에對하여도每當如是ᄒᆞᆯ스리니可惜ᄒᆞᆯ손壹片苔甌小兒手中서젓구나

社告

元山 支社員劉七錫시ᄂᆞᆫ本社申報代金收納愆滯가太多ᄒᆞᆫ데月前에本社에서각支社員의게廣告ᄒᆞᆷ과如히不得已解任ᄒᆞ고其代에該港創業社內**皇甫正**杰시로更爲擇定ᄒᆞ엿ᄉᆞ오니該附近本報購覽諸시ᄂᆞᆫ自今爲始ᄒᆞ야代금과本社에關ᄒᆞᆫ事를**皇甫正**杰시의게로交涉處理ᄒᆞ시옵

大韓每日申報社

諸般法律事務親切迅速處理應須來議ᄒᆞ시옵

辯護士 崔 鎭
法律事務所

南部銅橋拾壹統七戶

事務員 **金** 顯 **李義集 李章均**

本日십三日下午三時에
大皇帝陛下還 御時 祇迎ᄒᆞ기爲ᄒᆞ야敖仰古ᄒᆞ오니當日下午二時너도壹般會員을本會館에齊臨ᄒᆞ심을爲望

西北學會 告白

廣告

元山港基督每日學校善爲ᄒᆞ야義捐ᄒᆞ신諸位의教育上熱心과誠意을表ᄒᆞ기爲ᄒᆞ야如左히廣布ᄒᆞᆷ

李春薰	田宅保	席廷夏
史秦均	각拾圜	安道京
安致慶	각五圜	朴璟淳
洪成道	각三圜	崔正學
김在鎬	김炳治	리貞煥
김濂集	리東鉉	각二圜
韓得濟	리祥來	鄭仁穆
白樂叉	許 영	張翼軫
黃大鴻	河星七	김源도
김호甫	魏興淳	남慶顯
申석官	김相俊	리允弼
각壹圜	申賢俊	리芳元
각五拾錢		

元山港 **基督每日學校** 告白

本人이自今以後로ᄂᆞᆫ致善名字와源字로곳치고方圖章으로行用ᄒᆞ니內外國人은照亮ᄒᆞᆷ

平北義州批峴替市改名金致源

本郡守尹侯元求莅民三載에躬行各里ᄒᆞ야勸農桑勸學校ᄒᆞ여治績이隆々ᄒᆞ니民歌九袴ᄒᆞ고麥秀兩歧ᄒᆞ며歷攷古今民吏에蓋未有侯之右者ᄒᆞ니若侯者ᄂᆞᆫ豈非壹島之福星哉아是以로本民人等이方且敬之爲父母ᄒᆞ고仰之爲神明ᄒᆞ고依之爲長城이더니乃於此時에侯卒言去ᄒᆞ시니從此而本民人等이失其父母ᄒᆞ고失其神明ᄒᆞ고失其長城ᄒᆞ야창々然莫知所之矣라豈不可嘆哉아本民人等이玆敢挽執行轅ᄒᆞ고呼弁不已하며又齎邊裏足上來ᄒᆞ야仰訴政府ᄒᆞ오니是豈爲尹侯之壹身哉며是豈爲尹侯之壹家哉리오實則本民等之自爲計也라若不幸而本民人等이不能挽尹侯之去ᄒᆞ며尹侯가不聽本民人等之挽ᄒᆞ고政府가又不許借尹侯幾年ᄒᆞ시면本民人等이雖冒嚴罰이라도不敢退며雖遭鯨貴이라도不敢退니伏願政府各社會諸公은諒亮々々

濟州郡民人表 리陽雨 金洙鎬 白基殷 宋乂玉 姜尉輔

本會事務가漸次擴張이온바本會에願入ᄒᆞ실有志僉君子ᄂᆞᆫ本會로陸續來議ᄒᆞ와서林業에發達케ᄒᆞ심을希望ᄒᆞᆷ

（電話二九三番）

大韓山林協會 本부告白

本人의季弟晉憲이性本虛浪ᄒᆞ야善聽挾雜輩之言ᄒᆞ고欲得債錢ᄒᆞ오니內外國人은切勿緩款ᄒᆞ을至望ᄒᆞᆷ

忠北府 邑宋復憲 告白

本人이典執ᄒᆞᆫ釜山面水晶동居리源八所持東萊鎭統字田五斗地文券一丈을紛擾中에서失ᄒᆞ얏사오니內外國人은拾得ᄒᆞ와도休紙施行ᄒᆞᆷ

釜山面佐川里김允明 告白

普成專門學校 學員募集廣告

本校에서第五回法律專門學員을募集ᄒᆞ오니願學僉員은左開에依ᄒᆞ야屆期入學ᄒᆞ심事

壹 試驗日字ᄂᆞᆫ二月二拾壹日上午十時
（陰一月二日）

壹 試驗科目은如左
國漢文 讀書
作文 筭術

壹 入學에願書用紙ᄂᆞᆫ本校에請ᄒᆞᆷ事

城漢礡洞普成專門學校告白

辯護士 木尾虎之助 法律事務所

訴訟及請願事件迅速親切處理

京城下茶洞拾九統二戶

（電話三七五）

事務主任 南萬雄

韓國第法律顧問從二品金益昇

特別廣告

本社事務所를京城磚洞에現今開設ᄒᆞ고各地方에 **代理人** 을置ᄒᆞ랴ᄒᆞ오니本社 **定款** 을詳細陳述ᄒᆞᆯ時機가來到ᄒᆞ얏ᄉᆞ오니條項이浩多ᄒᆞ와他日로姑俟ᄒᆞ오며本社 **資金** 의現今總額은拾萬圜이온ᄃᆡ壹萬株로分ᄒᆞ야每株에拾圜式이오

本社에셔ᄂᆞᆫ本社에關ᄒᆞᆫ細項事項ᄭᆞ지 僉彦의詳諒ᄒᆞ시기를懇望ᄒᆞ오니 僉彦ᄂᆞᆫ案頭에暫坐ᄒᆞ야

京城郵便局郵函第四十号韓美興業株式會社

라皮封에書ᄒᆞ야貴書札을 **寄送** ᄒᆞ시되本社에셔ᄂᆞᆫ答函ᄒᆞᆯ即星ᄒᆞᆯ터이오니 高覽後 貴地方에셔ᄂᆞᆫ何事務가本社의進行ᄒᆞ기에最適ᄒᆞ올지 **高明** ᄒᆞᆫ **意見** 을 惠賜ᄒᆞ시옵是爲ᄒᆞ야 **來一月三十日以內** 로高明ᄒᆞᆫ書札을寄送ᄒᆞ시ᄂᆞᆫ 僉彦에게如左히 **賞金** 을分등ᄒᆞ야送呈ᄒᆞᆯ깃슴

本社에셔 **高明** ᄒᆞᆫ **書札中**

一等 으로認定ᄒᆞᆫ者ᄂᆞᆫ **五十圜**　**二等** **二十圜**

三等 **十圜**　**四五等** **各五圜**

六等至十等 **各二圜**

僉彦의 **費用** 은 **郵票價** 以外에무엇이또잇슴잇가단단히성각ᄒᆞ야보시오

本社에셔大韓帝國內各處와通信並連絡을ᄒᆞ기爲ᄒᆞ야如此히 **懸賞** ᄒᆞ기를不惜하오니本社의각地方에셔進行ᄒᆞᆯ方針에對ᄒᆞ야 **貴重** ᄒᆞᆫ **勸** 告를願聞ᄒᆞ옵나이다

京城磚洞

韓美興業株式會社 告白

平壤代理人 平壤大同門內店洞 鄭基煥

本會社에셔鐵路와郵便이迢遠ᄒᆞᆫ地方에在ᄒᆞᆫ 僉彦의寄函ᄒᆞ실期限ᄋᆞᆫ寬裕케爲ᄒᆞ야來月三拾日以內로退定ᄒᆞᆷ

特別廣告

廣告

本人等이城津新坪에典當營業을新設ᄒᆞ옵고玆에仰布ᄒᆞ오니僉君子ᄂᆞᆫ典物을携帶ᄒᆞ시고陸續來臨ᄒᆞ심을伏望

金德善 金英燮 告白

貴第九百九十六号漢文雜報欄內에背恩忘德이라ᄂᆞᆫ題目과四百七拾三号國文新聞雜報欄에돈만아나라ᄂᆞᆫ題目辭意ᄂᆞᆫ未知據何而掇取이오나讀之未半에不覺髮起眦裂이라本人이勤儉所致로畧干田土와山坂이有ᄒᆞ온ᄃᆡ本人의庶從兄錫煥이가素以浮浪悖頑으로家勢赤貧ᄒᆞ기로本人이出力ᄒᆞ야渠之兄弟婚娶也와家舍也와渠之親喪營葬也를專主施給이온바석煥이가壹自兵丁退役以後로常懷不良ᄒᆞ야頻討錢穀에狂言妄說노無數侵漁이온中南門外居安基泓이本人이世世交誼가如同兄弟이온ᄃᆡ安基泓이가今夏에遭其親喪ᄒᆞ와無家無錢에尸在路上이나不能營葬故로本人이憐其情勢ᄒᆞ야本人山坂中壹空虛處를特許過葬이옵더니不意錫煥이가渠之親山의相距無關ᄒᆞᆫ安基泓親山을本人이捧價三萬兩賣喫이다ᄒᆞ고安基泓에게錢二百兩을欲討不得ᄒᆞᆫ後敢售과測ᄒᆞ야怨以本人을搆誣呈訴于西署ᄒᆞ고又以千萬不當之說노渠之同志士들本人에게多數買給이라ᄒᆞ고新聞揭載ᄒᆞ오며且況安基泓은無家貧窶도有何分錢買山이리오世上天下에寧有如此悖亂乎잇가筆紙短究ᄒᆞ야不能掩抑ᄒᆞ고略叙本末ᄒᆞ오니照亮虛實正誤ᄒᆞ시와玉石俱焚ᄒᆞᄂᆞᆫ弊가無케ᄒᆞ심을幸祝

西部盤松坊石橋壹百五拾貳統六戶 鄭碩根

●蔚山私立東面普成학校義捐諸氏人員이如左홈

校長朴漢弼 廿圓 成水源 崔鳳淳 각卅圓 김相栢 張辰伊 徐萬根 花岑洞中 각廿圓 華亭洞中 四十圓 本面학契錢 五十六圓 史南奎 김在과 張漢水 千世鳳 각拾六圓 김文出 십二圓 리亨瓚 金聖坤 김正國 黃鶴天 김敬昊 張萬석 黃萬同 李漢종 許炳 각十圓 김基宗 六圓 김宋俊 六圓 黃永浩 八圓 리永周 六圓 徐洛雲 拾圓 김永集 四圓 박先鳳 十二圓 千介甲 八圓 宋達用 八圓 公立普通학校訓導曾正煥 拾圓 金文植 八圓 尹明善 八圓 千俊甲 六圓 鄭甲先 拾圓 朴桂又 八圓 李章榮 拾二圓 安信有 拾圓 박大鉉 張建伊 張聖守 리海得 리元瑞 리潤實 김永敏 리得爾 各十圓 安信日 林仲實 各八圓 崔龍瑞 十貳圓 李春西 십圓 김周伯 三圓 李元覺 四圓 김云西 三圓 김仁西 二圓 朴士允 大圓 金仁道 四圓 李享玉 二圓 黃河淑 二圓八拾錢 黃子卿 八圓 朴奉植 二圓八拾錢 鄭元峯 徐洛西 各二圓八十錢 김奉文 李文汝 金成業 金辰元 朴花吉 黃坤伊 金鎭鬪 廿錢 김順元 김城內 各二圓八十전 林壹杓 정敬云 宋景萬 오八圓 金종湖 십二圓 김晩 八圓 安甲守 四圓 李敏榮 십二圓 金학守 宋斗讃 梁仁德 宋任祚 오貳圓 方於洞中 拾四圓 金奉官 壹圓二十전 金文禮 김琪善 리良鳳 김成同 朴文西 鄭萬石 釜山朴上乘 各壹圓 釜山朴權重 七十錢 釜山金永彦 七拾錢 朴宣鎬 公立普通학校訓導 柳濟珉 각拾圓

蔚山私立東面普成학校 發起人 金聖坤 告白

本人等昨年陰拾月分前院鄭李根培之龍川楊西面所在自家新築七흥沓三百餘석給價九萬二千圓以ㅣ有地賣買而成文券矣意外今春以雲峴宮基地調査以來云然以私地放賣之李根培自在쥭意謂少無憂慮矣而彼리根培交涉於雲峴宮沿餘年漏稅條每行紙貨六拾三錢式合計二千二百餘圓計納而自服之諸函亦爲書納於雲峴宮ᄒᆞ從前리根培之奸狀綻露無餘而且況以私로買賣放賣者乎此卽係欺人騙財也目有法律上勘處矣從此以後宮稅渠目擔當亦可也本人等買ᄒᆞᆫ以私로裁判歸正次壹齊上京先此揭佈

京城居 吉賢瑞 義州居韓正奎 리東淳 김吉善 崔석厦 鄭尙燮 리俊明 김元根 裵明善 龍川居鄭利元 張益裕 張奎祜 김敏樂等 告白

本人의圖章을陰拾二月分에不知中서失ᄒᆞ얏ᄉᆞ오니知宙間照亮ᄒᆞᆷ 大興洋服店金稻烈告白

本人等이測量事務所를大邱에廣設ᄒᆞ얏ᄉᆞ니遠近請求ᄒᆞ시ᄂᆞᆫ僉君子ᄂᆞᆫ大邱에刷還동拾壹統六戶大成測量事務所로來臨ᄒᆞ심을望홈

金弘祚 宋台觀 安鍾설 金壹獻 리元植

◎特別廣告

大韓測量組合所名稱을大韓測量總管會라改稱ᄒᆞ고事務를擴張ᄒᆞ오며位置ᄂᆞᆫ中部壽進坊洞興士團內로移接ᄒᆞ얏ᄉᆞ오니京鄕同業僉彦ᄂᆞᆫ照亮ᄒᆞ시옵

大韓測量總管會 告白

本人이陰拾壹月七日에載寧邑市에ㅅ去ᄒᆞ얏다가圖章을中路見失ᄒᆞ얏ᄉᆞ오니知舊間照亮홈

信川大井面山水洞李泰鎭告白

德國 의버페르드地方에파벤파부리겐,故푸레 뻬이어**會社**ᄂᆞᆫ世界上에最大ᄒᆞᆫ各種**染色料製造所**인대本社에서ᄂᆞᆫ韓人淸人商業家諸友의게大注意ᄒᆞ시기를懇乞ᄒᆞᄂᆞᆫ바ᄂᆞᆫ無他라多少無掛慮ᄒᆞᆫ商賈輩가**麒麟**과**兩女**商標를僞造ᄒᆞ여本社의名聲이頗多ᄒᆞ고品質이最良ᄒᆞᆫ紫色과藍靑色料를價低ᄒᆞ고無價値ᄒᆞᆫ色料로써代替置入ᄒᆞᆷ이有ᄒᆞ니

其僞造를**注意**ᄒᆞ시며

且本社의淸國地方에셔行用ᄒᆞᄂᆞᆫ名號(**順全隆**)三字를注意하시오此ᄂᆞᆫ每箇에書ᄒᆞ얏ᄉᆞ며尙且獨히積年信孚ᄒᆞᄂᆞᆫ品料로憑證ᄒᆞᆯ것시오本社의用ᄒᆞᄂᆞᆫ箱子(木箱)에ᄂᆞᆫ擧皆其商便에本社의登錄商標卽兩個獅子對足으로寶球를踞ᄒᆞᆫ圖像을烙印ᄒᆞ얏ᄉᆞ며此를環遶ᄒᆞ야本社의名號와字를印出ᄒᆞ얏ᄉᆞᆸᄂᆞ이다

全羅北道郡龍山面禾湖夜學校

校長 金東銈
學監 宋允初
財務 金膺五
李希冕
漢文敎師 金昌善
日語敎師 宋克中

本人이製造發行ᄒᆞᄂᆞᆫ바**靈丹**을今에**官許**를**蒙**ᄒᆞ고**大韓醫院業學士兒烏古里氏**와**一等製藥官劉世煥兩氏**檢**査證明**과**軍部軍務局衛生課二等軍醫長金益南閣下**와**諸大方家高明醫士**의**有効賞贊**을**受**ᄒᆞᆫ바**其應用說明**은**如左**홈

說明書

靈丹 中暑·中寒·吐瀉·腹痛及消化不良·食慾不進·頭暈目昏心神鬱悶·船暈酒醉·眩暈疾迷·山嵐海瘴·痞滿聲嗄·水土不服等

地方各處에셔書信으로請求ᄒᆞ시면小包迅速遞呈ᄒᆞᆯ지옴

發行本舖 皇城南部大廣橋第十九統七戶 共愛堂大藥房 告白

新法令集

全壹冊 定價金壹圓 郵稅三錢

訴訟 非訴訟

目錄

前編訴訟에關ᄒᆞᆫ法令

裁判所構成法　裁判所構成法施行法
裁判所設置法　民刑訴訟規則
改正 刑法大全　民事訴訟期限規則
民事訴訟 手數料規則 去年십月卅壹日改正　民事訴訟 費用規則 去年拾月卅壹日改正
刑事裁判費用規則　非訟事件手續規則

後編非訟에關ᄒᆞᆫ法令

訓令各觀察使府尹郡守　土地家屋證明規則
土地家屋證明規則施行細則　仝 樣式
第壹統首又洞長의認證에關ᄒᆞᆫ事務의處理順序
第貳郡守又府尹의證明에關ᄒᆞᆫ事務의處理順序
土地家屋典當執行規則　仝 施行細則
土地家屋所有權證明規則　仝 施行細則　利息規例

右諸裁判에關ᄒᆞᆫ法令과不動産證明에關ᄒᆞᆫ法令을蒐輯ᄒᆞ야精細無遺ᄒᆞᆫ온즉法律家와生命財産을確保ᄒᆞᄂᆞᆫ良證이니右冊을購覽ᄒᆞᆷ에在ᄒᆞ오

發賣所 京城南部學洞貳拾九統九戶 張重餘

◎眼鏡到着

各種眼鏡이自英國으로新히到着ᄒᆞ얏사오니願買僉彦은本院으로來買ᄒᆞ시옵

京南門外濟衆院 白

本人이月曆數萬張을特別印刷ᄒᆞ야能曆과券異가無ᄒᆞ와箇中에又有別覽件이옵기玆에廣告ᄒᆞ오니願買ᄒᆞ시ᄂᆞᆫ僉彦은速速來購ᄒᆞ시옵

中部大廟洞리冕鎬 告白

◉夜學員大募集

科程 簿記 日語 算術

壹 陰正月拾壹日開學
壹 卒業期限壹個年
壹 入學金壹圓、月謝金壹圓 但隨意科ᄂᆞᆫ壹科五拾錢

茶洞私立共成學校內

測量機械各種大發賣

漢城南署薰洞六拾貳統四戶 龍商會 謹告

保險付各種
測量機械各種
製圖機械各種
書籍各種
我國特產谷香
煙草各種

社告

○申報價 壹朔代金 新貨三十錢五厘
...
發行兼編輯人 英國人 萬咸
Responsible for Publication Alfred Weekley Marnham
發行所 漢城南部井洞號外第三層煉瓦家 大韓每日申報社

第六號

大韓每日申報

第壹千號

月曜及慶節
識時日休刊

開國紀元四千二百四十二年
箕子元年三千三十一年
大韓開國五百十八年
日本明治四十二年
淸國光緖三十四年
陰曆戊申十二月大廿三日甲戌

論說

◉私立學校維持에對ᄒᆞᆫ意見

現今에金融이枯竭ᄒᆞ야經濟界恐慌이大起ᄒᆞ니只今現狀으로ᄂᆞᆫ幾月을不過ᄒᆞ야壹般商民이米豆鹽을換ᄒᆞ며布로豆ᄅᆞᆯ易ᄒᆞ야宛然太古에金錢未出ᄒᆞᆫ時代를成ᄒᆞᆯ지니嗚乎라此時를當ᄒᆞ야私立學校의新規이無計일ᄲᅮᆫ더러卽固有ᄒᆞᆫ私立學校도將次紛紛廢倒ᄒᆞᄂᆞᆫ歎이有ᄒᆞᆯ지로다然이나今日韓人은生命이壹日을延ᄒᆞ거던壹日의敎育을興ᄒᆞ며生命이二日을延ᄒᆞ거던二日의敎育을興ᄒᆞ야窮時라도生命이未絶ᄒᆞ거던敎育二字를勿忘ᄒᆞ야國民의精神을振作ᄒᆞ며靑年의知識을啓發ᄒᆞᆷ이可ᄒᆞᆫ지라故로此饑荒에一劇ᄒᆞ야民心이望望ᄒᆞᆫ中에도私立學校維持方法을全國同胞ᄭᅴ孜孜硏究ᄒᆞᆯ바가아닌가玆에愚見을畧陳ᄒᆞ야敎育界有志者에게告ᄒᆞ노라

壹、去私昇謀公益。窃聞컨대鄕谷中兩洞或二四洞이壹學校ᄅᆞᆯ共同設立ᄒᆞᆯ時에此洞人은此洞에立코ᄌᆞᄒᆞ며彼洞人은彼洞에立코ᄌᆞᄒᆞ야各各自己洞中에立코ᄌᆞᄒᆞ다가末乃彼此相分ᄒᆞ야壹學校設立코ᄌᆞᄒᆞ던資本으로兩학校或三四學校를設立ᄒᆞᆷ애至ᄒᆞ니外面으로觀ᄒᆞ면학校의數爻ᄂᆞᆫ增加되나內容을察ᄒᆞ면學校의基礎가易搖ᄒᆞᆯ지니但只壹時의私見을主張ᄒᆞ야他人과角立ᄒᆞ야敎育界에不利됨을不知ᄒᆞᄂᆞ니엇지可惜지아니리오願諸公은早早此等私見을袪ᄒᆞ고二三洞或四五洞의財力을合ᄒᆞ야完全ᄒᆞᆫ學校를設立ᄒᆞᆷ이可ᄒᆞ며

二、散雜利獻敎育。抵鄕谷中에비록貧乏ᄒᆞ나名有ᄒᆞᆫ농民이라도必也衆人의公同規設로幾拾年傳來ᄒᆞᆫ契書實契와稧契哀慶相問契等이有ᄒᆞ나今日에至ᄒᆞ야ᄂᆞᆫ此等雜契가其名은公衆의設立ᄒᆞᆷ이나其實은各各私利를圖ᄒᆞᆷ이오何等高尙ᄒᆞᆫ目的이無ᄒᆞ니此ᄅᆞᆯ打破ᄒᆞ야壹切敎育에付ᄒᆞ면最大ᄒᆞᆫ契ᄂᆞᆫ壹學校ᄅᆞᆯ可設ᄒᆞᆯ者도有ᄒᆞ며至小ᄒᆞᆫ者라도學校基本金의壹部ᄅᆞᆯ可助ᄒᆞᆯ지라此等無益雜契ᄅᆞᆯ破ᄒᆞ야第二世國民智識啓發의基礎ᄅᆞᆯ作ᄒᆞᄂᆞᆫ事에對ᄒᆞ야誰가不樂ᄒᆞ며誰가不願ᄒᆞ며誰가不贊成ᄒᆞ리오此亦早早實行ᄒᆞᆷ이可ᄒᆞ며

三、學徒月謝金。학徒ᄅᆞᆯ敎授ᄒᆞᆷ에宜乎相當ᄒᆞᆫ月謝金을要ᄒᆞᆯ지니此가학徒의義務일ᄲᅮᆫ더러抑亦학校維持의壹方法이될지러或者ᄂᆞᆫ以爲ᄒᆞ되只今地方情况이月謝金을不要ᄒᆞ야도학徒의來者가零星ᄒᆞᆫ지어날此貧戶殘民으로月月히此金을捐出ᄒᆞ라ᄒᆞ면校堂前에春蛛가數丈되지아니ᄒᆞᆯ가曰此도亦或壹慮어니와但古代를思ᄒᆞ라科閭所得이一初試 科第에不過ᄒᆞ되人民이猶此에競爭ᄒᆞ야甁粟에俱空ᄒᆞ고榮色이滿面ᄒᆞᆫ지라도其子弟를私塾에送ᄒᆞ며講米一石은宜ᄒᆡ히出ᄒᆞ얏ᄂᆞᆫ데假今日은人民이敎育의何物됨을不知ᄒᆞᄂᆞᆫ故로月謝金幾十錢을惜ᄒᆞ이니萬壹夢夢快覺ᄒᆞ야학識이有ᄒᆞᆫ然後에國民의權利를不失ᄒᆞ며人類의資格을不墜ᄒᆞᆯ줄을知ᄒᆞ면雖勞苦艱匱中이라도子弟入校의月謝金을不惜ᄒᆞᆯ지니願컨ᄃᆡ地方先覺者ᄂᆞᆫ懇懇히此義로同胞에게布諭ᄒᆞᆷ이可ᄒᆞ며

四、各區域義務金。今에政府가萬壹敎育을振興코ᄌᆞᄒᆞᆯ진대義務敎育(卽强迫敎育)을必行ᄒᆞᆯ지나現政府에ᄂᆞᆫ此를望ᄒᆞᆷ이便是千斤의重을小兒의背에任코ᄌᆞᄒᆞᆷ이라故로卽今韓人은自力으로國民敎育을行ᄒᆞᆷ이可ᄒᆞ니비幾十家或幾百家가聯結ᄒᆞ야上中下三等戶를區別ᄒᆞ야貧富대로義務金을出ᄒᆞ야학校에納付케ᄒᆞ되客戶도此를出케ᄒᆞ며鰥寡도此를出케ᄒᆞ고或何許愚民이自鳴ᄒᆞ야曰我ᄂᆞᆫ可敎ᄒᆞᆯ子弟가無ᄒᆞ니학校義務金이何關인가ᄒᆞ거던此를血心으로曉諭ᄒᆞ야曰今日敎育은國家存亡의機關이니爾가雖無子ᄒᆞᆯ지라도爾祖爾父以上으로四千年此國雨露를受ᄒᆞ얏스니엇지今日에至ᄒᆞ야國家存亡을不知ᄒᆞ리오爾가傾庄破産ᄒᆞᆯ지라도此에捐助ᄒᆞᆷ이可ᄒᆞ거던况月月壹出의殘金乎아有子者나無子者나有子過年不入校者이나壹切勿問ᄒᆞ고幾金을出ᄒᆞ라ᄒᆞ면誰가敢히不應ᄒᆞ리오但公直無私ᄒᆞ게貧富를區別ᄒᆞ야捐出케ᄒᆞᆷ이可ᄒᆞ니

以上의列ᄒᆞᆫ바四件은비록小小ᄒᆞᆫ듯ᄒᆞ며오瑣瑣ᄒᆞᆫ듯ᄒᆞ나此를實行ᄒᆞ면敎育界에利益됨이不少ᄒᆞᆯ진저

嗚乎라目下私立學校令이出ᄒᆞ야私校設立의三千圓基本金을要ᄒᆞᄂᆞᆫ中에又重之饑荒이紛亂ᄒᆞ야壹圓의編集도上天과如히難ᄒᆞ니敎育界志士가萬壹其方針을早ᄒᆞ치못ᄒᆞ면舊設及新設을無論ᄒᆞ고彼水泡幻影과如히消滅됨이早晚의事니勉ᄒᆞ며戒ᄒᆞ야私見을爭ᄒᆞᆷ으로敎育의動機를自敗치말지며私利ᄅᆞᆯ計ᄒᆞᆷ으로敎育의廢衰를旁觀치말지어다

諸公의方針이毫釐를差ᄒᆞ면韓國의新曙光이永墮ᄒᆞ야黑暗裡에葬ᄒᆞ리니戒ᄒᆞ며勉ᄒᆞᆯ지어다

隆熙二年拾二月二拾七日 官報

農商工部告示第拾三號 續

拾壹 債券發行
債權總額壹千分之壹

拾二 支店設置
每壹個所金一圓

拾三 本店又ᄂᆞᆫ支店의移轉
每壹件金五圓

（未完）

外報

◉死中救生 伯林電을據ᄒᆞᆫ則伊太利國에ᄊᆞ시나地震地에셔生存者貳千三百人을救出ᄒᆞ얏다더라

◉兩說歸風 東京電을據ᄒᆞᆫ則袁世凱氏의渡日說과唐紹怡氏의召還說은虛說이라더라

◉孫氏移日 同電을據ᄒᆞᆫ則孫逸仙氏의家族은本月中에布哇로부터日本에移住ᄒᆞᆫ다더라

詞藻

◉無題

泰山이놉다ᄒᆞᄃᆞᆯ、하ᄂᆞᆯ아래뫼이로다
오르고또오르면、못오를이업스련만
사ᄅᆞᆷ이、제아니오르고、山놉흠을

雜報

●可笑可笑 再昨日本報九百九拾八号三面欄內에今番韓國大皇帝陛下께오서남韓地方에御巡ᄒᆞ신理由를揭布ᄒᆞ얏더니內部에서押收ᄒᆞᆷ은衆所共知어니와日人側에서該事件의傳佈된根因을探得코저ᄒᆞ야각方面으로秘密偵探ᄒᆞᆫ다ᄂᆞᆫ說이有ᄒᆞ다더라

●宋椅遷動說 內部大臣宋秉畯氏가總理椅下에高據ᄒᆞ얏다ᄂᆞᆫ巷說이浪藉ᄒᆞ더니近日에ᄂᆞᆫ該氏가何等事件을因ᄒᆞᆷ인지勢力이稍減ᄒᆞ야 大皇帝陛下還御ᄒᆞ신後에ᄂᆞᆫ內大椅子ᄭᆞ지遷動되리다ᄂᆞᆫ說이有ᄒᆞ다더라

●黃羅相持 前郡守黃用性氏가韓山郡守在任時에奉侍羅世煥氏가黃氏의게通知ᄒᆞ되不久히遞任될慮가有ᄒᆞ다ᄒᆞ얏거날黃氏가錢千圜을羅氏의게上送ᄒᆞ얏더니追後에羅시가또黃氏의게通知ᄒᆞ되遞任될慮가又有ᄒᆞ다ᄒᆞ얏거날黃시가또錢二千圜을上送ᄒᆞ얏더니居未幾에該郡守의任이畢竟遞任된지라黃시의弟黃瓚性시가羅시를往見ᄒᆞ고該錢을還推코저ᄒᆞᆫ즉羅시日리權澤시가其時에該錢을納用ᄒᆞ얏다ᄒᆞ야리羅兩시와황시가現今相持ᄒᆞᄂᆞᆫ中이라더라

●債用奔競 近日漢城內에서各處人民의田土文券을典執ᄒᆞᄂᆞᆫ處所가三處가有ᄒᆞ다ᄂᆞᆫ데文券을數千石落式爲限都聚ᄒᆞᄂᆞᆫ故로債用者들에奔競이大端ᄒᆞ다더라

●朱門呼訴 平北朔州郡九曲面城野里新安洞은本以朱氏의世居之地라該洞里에家屋이數千戶요該山麓에墳墓가五十餘所인데不意近者에該地에서金穴이鐵州이라고金龍柱羅時衡氏等이承認探掘次로農商工部에請願書를提呈ᄒᆞ며朱氏門中이因此上京ᄒᆞ야農部에等訴ᄒᆞ되右金龍等의請願ᄒᆞᆫ區域을萬若許可ᄒᆞ면哀此朱民은死者와生者가居巢가無ᄒᆞ야擲散ᄒᆞᆯ데이오니期於詐退却ᄒᆞ야以各安保케ᄒᆞ기를呼訴ᄒᆞ얏다더라

●李姓三訴 西部上犁洞居李召史가茶洞居劉錫廣氏와鐵舍相關으로陰去月初四日에京城地方裁判所에呼訴ᄒᆞ야쥬今지對質ᄒᆞᄂᆞᆫ데判決이無ᄒᆞᆫ故로리召史가三次呼訴ᄒᆞ얏다더라

●奚至斯境 西部唐皮洞居李字鎭氏의母親과北部司宰監契居金殷圭의妻ᄂᆞᆫ兄弟間인대리시의母親이再昨夜에何等所關이有ᄒᆞ야金某家에前往ᄒᆞ얏더니金某가有何含嫌이던지執刀突出ᄒᆞ야리母를亂刺에殺至死境ᄒᆞᆫ故로北部警察署에서金某를押囚調查中이라더라

●徐氏困境 勞働會長徐廷柱氏가金川費八千圜을乾沒ᄒᆞᆫ事ᄂᆞᆫ已揭어니와該會에서徐시를拘留ᄒᆞ고該錢額을當場辨納ᄒᆞ라ᄒᆞ얏더니徐시가家屋田畓及其他汁物을沒數放賣ᄒᆞ야五千圜을幾爲辨納ᄒᆞ고其餘額은區處가無期라故로又爲拘留ᄒᆞ고期於沒納後放送ᄒᆞ기로預定이라더라

●申漢何漢 淸州郡水落里居리시家ᄂᆞᆫ寄婦某召史가自已親家에歸覲次로前往ᄒᆞ얏더니該郡江亭居悖類名不知申哥가該召史를中路押去ᄒᆞᆫ지라리시家에서卽往推尋ᄒᆞ얏더니申哥가木川郡補助員의게何樣指囑하얏던지該補助員等이淸州水落里리시들隨現押去ᄒᆞ기로리시家에ᄂᆞᆫ一大恐慌中이라더라

●面長呼訴 長湍郡古남面元堂里業淵居하ᄂᆞᆫ李德民시ᄂᆞᆫ性本愚昧ᄒᆞᆯ뿐더러船工營業ᄒᆞ야僅得資生ᄒᆞ더니去음七月頃에該郡警察署에서李시가義兵干連이有ᄒᆞ다ᄒᆞ고提囚取供ᄒᆞᆫ後개京城地方裁判所로押上ᄒᆞ야쥬今滯囚ᄒᆞᆫ故로該面長崔鼎重시가다前에上京ᄒᆞ야昨日該所에等訴ᄒᆞ되該人이白白無瑕ᄒᆞ니卽日放釋ᄒᆞ라ᄒᆞ얏다더라

●木柳可伐 南來人의傳說을據ᄒᆞᆫ즉木川井川場에派駐ᄒᆞᆫ憲兵補助員柳道一이가行爲不正ᄒᆞ야木川淸州接境에無罪平民을捉囚鍛鍊ᄒᆞᄂᆞᆫ故로民情이嗷嗷ᄒᆞ다더라

●人面獸行 日本群馬縣에住ᄒᆞᄂᆞᆫ佐藤啓作이其妻貞으로恒時不和ᄒᆞ더니本月六日夜入時頃에貞이가沐浴ᄒᆞᆯ時에其夫佐藤이가小刀로乳房을刺ᄒᆞ야重傷을被ᄒᆞ얏다더라

●蠻習尙存 本月八日午后二時頃에日本麻布區에住ᄒᆞᄂᆞᆫ麻生金太郎家에서坂卷彥太郎등五人이賭酒ᄒᆞᆯ際에坂卷이가麻生의左眼을火箸로衝刺ᄒᆞ야鼻骨을貫ᄒᆞ고右眼에達ᄒᆞ얏슴으로該犯을警察署에提囚ᄒᆞ얏다더라

●兩愼不愼 水原郡南谷居하ᄂᆞᆫ愼德仲愼漢朝兩氏가該宗沓幾石落을暗賣ᄒᆞᆯ計畫으로證明書를修繕ᄒᆞᆫ後에該面長을往見ᄒᆞ고捺章ᄒᆞ기를懇請ᄒᆞ되面長의所答이我가圖章이適無ᄒᆞ야不得捺給인즉邑底에入去ᄒᆞ야我의圖章을刻捺ᄒᆞ라ᄒᆞᄂᆞᆫ故로該氏等이其言과如히刻捺賣渡ᄒᆞ얏더니該郡警察署에서愼氏兩人을印章僞造犯으로押囚査覈ᄒᆞ고京城地方裁判所로押付ᄒᆞ얏다더라

●二賊被押 公州銅城等地에서賊漢三名이該地居民의錢財를掠取ᄒᆞ야鷄岺仙洞으로過去ᄒᆞ다가太田巡査等에게被捉ᄒᆞ야二名은砲殺ᄒᆞ고壹名은押去ᄒᆞ얏다더라

●李氏無犯 中部泥洞居李根憲氏가帖紙를僞造ᄒᆞ얏다고龍山分署에서捉囚ᄒᆞᆫ事ᄂᆞᆫ已報어니와該署에서訊問ᄒᆞᆫ後無事放免되얏다더라

●淸留減增 近來日本에서留學ᄒᆞᄂᆞᆫ淸國學生이漸次減少ᄒᆞᄂᆞᆫ지라最近調査를據ᄒᆞᆫ즉五千名內外에不過ᄒᆞ고韓國人留學生은漸次增加ᄒᆞ야再昨年에三百四五拾名되던學生이今日에倍數에至하야八百名에達하얏ᄂᆞᆫ데其中文部省에서直轄ᄒᆞᄂᆞᆫ學校及其他官立學校에在學ᄒᆞᆫ者가五十餘名이요其他ᄂᆞᆫ普通敎育及日本語等에受業ᄒᆞᄂᆞᆫ者이라더라

●宋門[illegible] 忠北靑山郡居ᄒᆞᄂᆞᆫ宋晋憲氏ᄂᆞᆫ留學ᄒᆞ기爲하야再昨日上海로發程ᄒᆞ얏다더라

●興業注意 韓美興業會社의成立됨은本報廣告欄內에已爲發現ᄒᆞ얏거니와該社廣告에對ᄒᆞ야實業界에有志ᄒᆞᆫ人士ᄂᆞᆫ可히注意觀覽ᄒᆞᆯ만ᄒᆞ다고輿論이有ᄒᆞ다더라

●西北支會 鐵城郡方峴面金秉郁氏가西北학會支會를該郡에設立ᄒᆞ얏다더라

●兩坊成立 日昨金重煥劉秉瑢兩氏를西部會에서勸諭委員을定ᄒᆞ야龍山西江兩坊에派送ᄒᆞ야該坊內人士에게府民會의目的과都會의必要와坊會의趣旨를懇切히勸諭하얏더니該방有志紳士吳台煥김洛夏李胤九氏等三拾餘人이卽時發起ᄒᆞ고음曆正月初에방會를開ᄒᆞ기로決議ᄒᆞ얏다더라

●鏡城牛疫 咸鏡北道鏡城附近에ᄂᆞᆫ牛疫이大熾ᄒᆞ야四拾二頭가罹疫하얏ᄂᆞᆫ데甚히蔓延ᄒᆞᄂᆞᆫ模樣이라더라

●洪賊被擒 日前夜에賊漢一名이中部東谷居ᄒᆞᄂᆞᆫ侍從洪奎시시家에闖入하야獨猫皮襦衣等屬五十餘圜價値를竊取以去ᄒᆞ얏다더라

●靑館開演 今日下午七時에鍾路靑年會館에서演說會를ᄒᆞ기ᄒᆞ고紳士安昌浩시를請邀ᄒᆞ야韓道의希望이란問題로演說ᄒᆞᆫ다ᄂᆞᆫ데入場券을使用ᄒᆞᆫ다더라

學界

●勞働夜學 元山港中錫甫金星三兩시가該港有志諸시와協議ᄒᆞ고壹般勞働者를募集ᄒᆞ야夜학校를組織ᄒᆞ고熱心敎授ᄒᆞᆫ다더라

●鄭氏優術 北部齋동測量新塾卒업生정進源시ᄂᆞᆫ入學幾日에技術이爛熟ᄒᆞ야對地測量에如竹迎刃ᄒᆞ더고稱頌이有ᄒᆞ더라

●貴族界模範 彰東學校에학費가窘絀ᄒᆞ더니安峴完平宮李載現시가금二拾圜을義捐하얏더라

●事從寄附 肅川郡東山面里明鎬시가桐川郡에暫時過去ᄒᆞ다가幼年男學校幼年女學校에財政이窘絀ᄒᆞᆷ을見ᄒᆞ고新貨幣五圓式寄附ᄒᆞ얏다더라

●開通冬試 慶南晉州熊川私立開通학校에서冬期試驗을經ᄒᆞ얏ᄂᆞᆫ데高等科三학年優等에朱基申朱基允二學年에宋周用許宗鎔三人初等科四학年優等에朱永福三학年에朴甲守호학年에李春滿ᄒᆞ學柱女學科優等에宋昌烈梁秉孝兩等三人인데空冊紙筆로施賞ᄒᆞ얏다더라

●測量卒業 海州紳士吳寬泳崔永斗李承謨李圭承莊明成諸시가西成測量講習所를設立ᄒᆞ고講師崔承宇시의熱心敎授ᄒᆞᆷ으로학員四拾餘名을養成ᄒᆞ야去拾壹月拾三日에卒業式을擧行ᄒᆞ얏ᄂᆞᆫ데優等生은李喜淵李根忠辛承희金仁奎諸人이라더라

●元港臨究 咸鏡남道元山港耶蘇敎監理會에서敎育ᄒᆞ기爲ᄒᆞ야학校를建築ᄒᆞ고本年一月五日에落成會를ᄒᆞᄂᆞᆫᄃᆡ該會ᄂᆞᆫ長河牧師校長裵牧師傳道師宋漢明敎師김昌浩諸시가次第演說ᄒᆞᄂᆞᆫ데滿場이拍掌喝采ᄒᆞ야一大盛況을呈ᄒᆞ얏다더라

▲地方消息▼

▲本月七日忠淸남道扶餘郡內에서義兵十餘名이該地分遣所日憲兵及補助員과交戰하얏다ᄒᆞ고

▲本月五日羅州郡西남方에서義兵四十餘名이該郡古幕院分遣所日憲兵及補助員과交戰ᄒᆞ얏다ᄒᆞ고

▲本月三日에全羅남道咸平郡西남五里地에서義兵二십餘名이同郡分遣所日憲兵과交戰ᄒᆞ얏다ᄒᆞ며

▲本月七日夜에함경남道雲山郡남方에多數義兵이該地日守備隊와交戰ᄒᆞ얏ᄂᆞᆫ데日守備兵壹名은戰死하고壹名은重傷ᄒᆞ얏다더라

▲責賈誼▼

奈何生

▲殘灯黃燭불켜노코西漢史를閱ᄒᆞ다가賈誼上疏이로러서보던冊덥퍼젓서다千古以下못붙드러千古以上더賈誼를聲聲叱責ᄒᆞ고보니죽은賈誼對答업고내ᄯᆞᆷ만답답ᄒᆞ다

▲梁太傅야々々々이내말숨드러보라漢高祖의英雄으로統一天下ᄒᆞᆫ然後에文帝又ᄒᆞᆫ聖君으로呂祿呂産誅滅ᄒᆞ고海內昇平ᄒᆞ엿ᄂᆞᆫ데네가痛哭ᄒᆞᆯ량이면今日나ᄂᆞᆫ엇지ᄒᆞᆯ쏘

▲梁太傅야々々々이내말숨드러보소萬古暴虐秦始皇이焚書坑儒ᄒᆞ얏던뭇헤挾書律을除ᄒᆞ여서文化蔚興ᄒᆞ엿기로如君者가蹬田인ᄃᆡ네가痛哭ᄒᆞᆯ량이면今日나ᄂᆞᆫ엇지ᄒᆞᆯ쏘

▲梁太傅야々々々이내말숨드러보라蕭何曹參定ᄒᆞᆫ法律張釋之의公平으로較若畫一ᄒᆞ여서冤獄繁囹업섯기로敎化大行ᄒᆞ엿거던네가痛哭ᄒᆞᆯ량이면今日나ᄂᆞᆫ엇지ᄒᆞᆯ쏘

▲梁太傅야々々々이내말숨드러보라細柳營門구지닷고天子詔令不聞ᄒᆞ던周亞夫의名將으로城郭甲兵精鍊ᄒᆞ야鎖服匈夷ᄒᆞ엿거던네가痛哭ᄒᆞᆯ량이면今日나ᄂᆞᆫ엇지ᄒᆞᆯ쏘

▲梁太傅야々々々이내말숨드러보ᄉᆞ天子寵愛鄧通이도提致相府죽이라던申屠嘉의名相으로朝廷紀綱嚴正ᄒᆞ여奸賊小人업섯거던네가痛哭ᄒᆞᆯ량이면今日나ᄂᆞᆫ엇지ᄒᆞᆯ쏘

▲梁太傅야々々々이내말숨드러보라愼夫人을叱退ᄒᆞ고鄧驚峻坂極諫하던袁盎又ᄒᆞᆫ直臣으로補過拾遺ᄒᆞ야君德失德ᄒᆞ엿거던네가痛哭ᄒᆞᆯ량이면今日나ᄂᆞᆫ엇지ᄒᆞᆯ쏘

▲梁太傅야々々々이내말숨드러보라네痛哭은호강이라며스러네痛哭입세이내處地ᄉᆡᆼ각ᄒᆞ면엄청나고氣막혀서號使痛哭ᄌᆞ히도그權利도업섯스니奈何生고奈何生고

社告

元山 支社員 劉七錫시는 本社申報代金收納愆滯가 太多ᄒᆞ미 月前에 本社에셔 각支社員의게 廣告ᄒᆞᆷ과 如히 不得已 解任ᄒᆞ고 其代에 殷港創業社內 **皇甫正** 杰시로 更爲擇定ᄒᆞ엿ᄉᆞ오니 該附近 本報購覽諸시는 自今爲始ᄒᆞ야 代금과 本社에 關ᄒᆞᆫ 事를 **皇甫正** 杰 시의게로 交涉處理ᄒᆞ시옴

大韓每日申報社

廣告

本人의 姓名圖章을 陽曆壹月八日에 忠淸南道公州府에셔 失하얏ᄉᆞ오니 內外國人間 誰某拾得이라도 切勿見欺ᄒᆞ시옴

忠南公州府 李昌周

本人이 陰本月二拾二日 麻浦市場에셔 紙匣을 失ᄒᆞᆫ바 其中에 舊板刻家券壹張과 典當標及名啣을 見失ᄒᆞ얏기 玆에 廣告ᄒᆞ오니 拾得ᄒᆞ시는 僉君子는 本人에게로 還付ᄒᆞ시면 厚謝ᄒᆞ깃ᄉᆞᆸ

孔德里 栗木동 七拾三統五戶 前副尉 崔鴻基 告白

本所에셔 第二回 敎授ᄒᆞ야 實地製圖가 精密ᄒᆞᆫ 故로 卒業式을 行ᄒᆞ얏ᄂᆞᆫ디 優等生에 鄭進弼 韓駿鎬 閔禎植 리圭亮 曺瓚源 趙載厚 全永澤 等 七人이오 及第生에 리聚魯 리元烈 리殷衡 閔丙 圭 尹우劉載乙 김太性 張智銀 吳復祥 박寅龍 王偶讚 劉瀅 권김仁穆 等 十三人이기 玆에 仰佈ᄒᆞᆷ

隆熙三年壹月　日

車信測量講習所 告白

今에 本會議所會員諸氏의게 課金納人告知書는 旣爲發送ᄒᆞ온바 頁擔ᄒᆞ신 課金은 本月十四日 陰拾貳月二拾三日 內로 指定ᄒᆞᆫ 寄托銀行이나 同銀行東湖出張所로 納附ᄒᆞ시되 該期日을 經過ᄒᆞ시면 本會議所定款第九條를 依ᄒᆞ야 漢城府尹의게 滯納處分을 申請ᄒᆞᆯ터이오니 惟我僉會員은 切勿違期ᄒᆞ시옴

京城商業會議所 告白

本人에 名字 金聖을 以종션으로 改定ᄒᆞ오니 京鄕知舊間 照亮ᄒᆞ심을 敬要

文義郡 前主事 安종션 告白

北部嘉會坊齋동 貳拾八統二戶 本人所有 草家拾貳間半 文券이 失ᄒᆞ얏ᄉᆞᆸ기 誰某拾得ᄒᆞ와도 休紙施行ᄒᆞᆷ

洪淳瓚 告白

本郡守 金甸弼 氏 莅任以來 善政美蹟은 國境民人이 不可但以口碑稱頌이기 先實蹟揭載者 赴任翌月에 巡境內 二拾餘학校 演說勸奬金 二百餘圜 捐助 境內南面潮水處 過涉非便이 多年矣러니 特念病涉ᄒᆞ야 金二百餘圜 捐廩作橋 境內發令 七拾老 千餘名 成冊 職任 選德 磨鍊 各官廳 善爲乂涉 民間無弊 境內産母 米藿優給 喪葬紙三束 布壹疋 助給 未婚總角 白木壹疋 助給意 各面發令 邑南部田 拾餘日耕 自備買得 植桑種類 次技手請求經營 各面植桑勸奬 桑苗價額 自擔 株主組織 境內振明學校 經費 七八百圜 每年自擔 熱心勸奬 等 諸般政蹟은 西天福星 千家活佛 道伯之薦 何晩 郡守之來 何暮 同愛斯民 千載壹時라 足感 告內外僉君子 照亮敬要

博川郡 五面民人等 代表 魚在泳

南部部會發起會를 壹月拾五日(金曜) 下午壹時(陰拾貳月貳十四日)에 石鼓壇內에셔 開ᄒᆞ오니 南部內部員諸시는 趁期來臨ᄒᆞ시옴

南部부會發起所 告白

南部大坪、明禮、薰陶、誠明、四방民團總會를 壹月拾四日(木曜)(陰십二月二拾三日) 下午壹時에 石鼓壇內에셔 개ᄒᆞ오니 四방내방員諸시는 趁期來臨ᄒᆞ시옴

南四방民團事務所 告白

普成專門學校 學員募集廣告

本校에셔 第五回 法律專門學員을 募集ᄒᆞ오니 願學僉員은 左開에 依ᄒᆞ야 屆期入學ᄒᆞᆸ실事

壹 試驗日字는 二月二拾壹日 上午十時 (陰一月一日)

壹 試驗科目은 如左
國漢文 讀書
作文 筭術

壹 入學願書用紙는 本校에 請ᄒᆞᆯ事

城漢 磚洞 普成專門學校 告白

本人이 陰拾壹月七日에 驪州邑市에 入去ᄒᆞ얏다가 圖章을 中路에 見失ᄒᆞ얏ᄉᆞ오니 知舊間 照亮ᄒᆞᆷ

信川 大井面 山水洞 李秉鎭 告白

諸般法律事務 親切迅速 處理ᄒᆞ오니 來議ᄒᆞ시옴

辯護士 崔鎭 法律事務所

南部 曲橋 拾壹統七戶

事務員 金顯熙 李義集 李章均

特別廣告

近頃의 本社事務의 對ᄒᆞ야 覺悟 淺狹 沒覺ᄒᆞᆫ 者ㅣ 陰沮를 試ᄒᆞᆫ다ᄒᆞ나 何國何人이던지 本社의 長進ᄒᆞᆫ 事務의 對ᄒᆞ야 能히 **防** 遏치 못ᄒᆞᆯ 것은 **明瞭** ᄒᆞᆷ이니 此廣告를 讀ᄒᆞ시는 僉彦은 幸須 **銘心** ᄒᆞᆯ 것이오며 玆의 本社의 **進行** ᄒᆞᆯ **職責與事務** 를 **明白** 히 **說明** ᄒᆞ노라

本社는 비록 **新成立** ᄒᆞᆫ 者이나 本社를 興 **旺** 케 ᄒᆞᆯ 方針에 對ᄒᆞ야 必要ᄒᆞᆫ 時의는 **能力** 과 **勇敢力** 이 固有ᄒᆞ오며 **現今** 의 **着手** ᄒᆞᆯ **事業** 은 如左ᄒᆞᆷ

一 本社는 韓國과 美國間의 直接輸入及輸出을 伸張ᄒᆞᆷ을 務圖ᄒᆞᆷ

韓國內某々種手造物品 은 **美國** 의 **輸出** ᄒᆞ야 **奇利** 를 得ᄒᆞᆯ 者이 多有ᄒᆞ나 何今ᄭᆞ지 此等物品은 美國ᄊᆡ 各處의 紹介ᄒᆞ기 無路ᄒᆞ더니 現今의 本社의서는 此等困難이 無ᄒᆞᆫ지라 韓國은 何故로 美國과 如此ᄒᆞᆫ **商業上好關係** 를 拋棄ᄒᆞ리오

又 嘗試思ᄒᆞᆯ 것은 **美國物品** 이 韓國의 到達ᄒᆞᆯ 時의는 通常으로 **四五手** 를 經由ᄒᆞ나니 **每經由處** 에 **該物品本價** 에셔 **利益** 을 **添付** ᄒᆞ여 **稅金** 及 **運費** 도 自然 **增加** ᄒᆞᄂᆞᆫ 故로 物價가 **甚高** ᄒᆞ오나 本會社는 **美國內物品製造所** 로 **最廉價** 로 **特約直輸入** ᄒᆞ야 顧買者에게 **直接放賣** 을 ᄒᆞ면 **物價** 가 **低廉** ᄒᆞᆯ터이오니 推此思惟ᄒᆞ오면 韓國內에셔 美國物品의 需用이 直接及間接으로 **利益의 增加** ᄒᆞᆷ을 預期ᄒᆞᆷ

貳 本社에셔 韓美兩國間商業關係의만 盡力ᄒᆞᆯ 뿐不啻라 韓國과 亞細亞全部와 歐羅巴及濠太利諸處의도 商業上好機會를 造成ᄒᆞᆯ 計劃이오며 且勤實ᄒᆞᆫ **代理人** 을 韓國內 各處의 置ᄒᆞ고 新鮮ᄒᆞᆫ 物品을 **直輸入** ᄒᆞ야 各處代理人으로 **分掌出賣** 케ᄒᆞ며 又物貨를 放賣ᄒᆞᆯ 의 對ᄒᆞ야는 時々로 特別히 廣告를 揭布ᄒᆞᆯ터이오니 海內僉彦은 本社의 事務進行을 繼續承聞ᄒᆞ오리다

三 本會社는 **不動産部** 를 別設ᄒᆞ고 不動産의 關ᄒᆞᆫ 事項을 管理ᄒᆞ되 土地家屋等賣買典當及借貸等事의 仲介와 契納受托及방助ᄒᆞ는 等事를 處理ᄒᆞ야 迅速히 發展되기를 期待ᄒᆞ며 此의 關ᄒᆞᆫ **詳細事項** 은 **未久** 의 **公** 布ᄒᆞ깃ᄉᆞᆸ

四 何事를 勿論ᄒᆞ고 法律의 違反치 아니ᄒᆞ고 本社의 **利益** 이 有ᄒᆞᆷ으로 認定ᄒᆞᄂᆞᆫ **營業** 은 本社의셔 **隨械** **進行** ᄒᆞ기를 準備ᄒᆞᆯ터이오니 此目的의 對ᄒᆞ야 同情을 表ᄒᆞ시는 僉 **彦** 은 **盡心協助** ᄒᆞ심을 切望ᄒᆞᆷ

以上陳述ᄒᆞᆫ 諸事項의 對ᄒᆞ야 僉彦와 **通信** 을 **連絡** ᄒᆞ기를 願ᄒᆞ오니 **左開二項** 을 **注意** ᄒᆞ시옴

壹 何事를 勿論ᄒᆞ고 **本會社** 에 **委托** ᄒᆞᄂᆞᆫ 時에는 本社의셔 盡心竭力ᄒᆞ야 **信實** 히 **處理** ᄒᆞᆯ터이오며

二 本會社는 何人던지 本會社의 委托ᄒᆞᆫ 事의 對ᄒᆞ야는 **其信用** 을 **確守** ᄒᆞ고 **尊敬** ᄒᆞᆷ을 **保証** ᄒᆞᄂᆞᆫ 故로 何事를 勿論ᄒᆞ고 **信用** 의 關ᄒᆞᆫ 事件은 特別히 本社의 委任ᄒᆞᆷ이 **加一層安全** ᄒᆞᆷ을 **擔任** ᄒᆞ압ᄂᆞ이다

大韓皇城磚洞

韓美興業株式會社 謹啓

廣告

◎蔚山私立東面普成학校義捐諸氏人員이如左홈

朴漢弼 廿圜 成水源
崔鳳淳 각廿圜 김相栢
張辰伊 徐萬根 花岑洞中
각廿圜 華亭洞中 四十圜
本面학契錢 五十六圜
史南奎 김在斗 張漢水
千世鳳 각拾六圜 김文出
싱二圜 리亨濂 金聖坤
김正國 黃鶴天 김敬昊
張萬석 黃萬同 李漢秀
許炳 각十圜
김基宗 六圜 김來俊 六圜
黃永浩 八圜 리永周 六圜
徐浴雲 拾圜 김永集 四圜
박光鳳 十二圜 千介甲 八圜
宋達用 八圜
公立普通학校訓導曺正煥 拾圜
金文植 八圜 尹明春 八圜
千俊甲 六圜 鄭平允 拾圜
朴桂文 八圜 李章榮 拾二圜
安德有 拾圜 박太龍 張建伊
張聖守 리海得 리元瑞
리潤實 김永敏 리得雨
各十圜 崔龍瑞 十貳圜
金應日 林仲實 各八圜
李春西 싱圜 김周伯
三圜 李元實 四圜 김云西
二圜 김仁西 二圜 朴士允
大圜 金仁道 四圜 李亨玉
二圜 黃河淑 二圜八拾錢
黃子卿 八圜 朴奉植
二圜八拾錢 韓元峯 徐洛西
各二圜八十錢 김奉文
李□汝 金成業 金辰元
朴元吉 黃坤伊 各壹圜廿錢
김順元 김誠內 各二圜八十젼
林喜約 정敬云 宋景萬
각八圜 金宗湖 싱二圜
김錫晩八圜 安甲守四圜
李順榮 싱二圜 金학守
宋斗鎭 梁仁德 宋任祚
각貳圜 方於洞中 拾四圜
金奉官 壹圜二十젼 金文禮
김琪善 리良實 김成同
朴文西 鄭萬石 釜山朴上象
各壹圜 釜山朴權重 七十錢
釜山金永彦 七拾錢 朴宣鎭
公立普通학校訓導 柳濟珉
각拾圜

蔚山私立東面普成학校
發起人 金聖坤 告白

本人等昨年陰拾月分에臨陂郡李根培之龍川楊西面所在自家新築七쫑斗三百餘石落價九萬二千圜以私有地賣買而成文券矣意外今春以雲峴宮基地調査以來云然以私地放賣之李根培自在今意謂少無憂慮矣噫彼리根培交涉於雲峴宮洽餘日漏稅條每行紙貨六拾三錢式合計二千二百餘圜計納而自服之謝函亦爲書納於雲峴宮숙從前리根培之奸狀綻露無餘而且況以私土買賣放賣者乎此即係款人騙財也目有法律卜勘處矣從此以後宮稅渠日擔當亦何也本人等買담以私토裁判歸正次壹齋上京先此揭佈

京城府 吉賢瑞
義州府 韓正奎 리東淳
김吉善 崔석厦 鄭尙曄
리俊明 김元根 魏明善
龍川府 鄭利元 張益裕
張奎祜 김敏樂等 告白

◎特別廣告

大韓測量組合所名稱을**大韓測量總管會**라改稱ᄒ고事務를擴張ᄒ오며**位置**ᄂᆞᆫ**中部壽進坊洞興士團內**로**移接**ᄒ얏ᄉ오니京鄕同業僉彦은照亮ᄒ시옴

大韓測量總管會 告白

朴종煥이가**秋洪圭**에게多大ᄒ債帳을推委ᄒ야報ᄒ고仍爲逃避ᄒ며右人이本事務所에委任ᄒ야其磨物을執行하얏더니右人이債務者의情勢와債權者의情願을不忍背却ᄒ고協議를從ᄒ야장ᄎ競賣配當코ᄌᄒ오니隅拾五日ᄭᆞ지限ᄒ고債權者ᄂᆞᆫ左記事務所로齎來臨이되若不屆期來參이면此配當의權利가無ᄒ者로認定홈

隆熙三年壹月拾三日

下茶동拾九統 戶

辯護士木尾虎之助法律事務所

德國 이버페르드地方에파엔파부리켄 故푸리 떼이어 **會社**ᄂᆞᆫ世界上에最大ᄒ各種**染色料製造所**인대本社에서ᄂᆞᆫ韓人淸人商業家諸友의게大注意ᄒ시기를懇乞ᄒᄂᆞᆫ바ᄂᆞᆫ無他라多少無掛慮ᄒ고商買ᄒ기**麒麟**과**兩女**商標를僞造ᄒ여本社의名聲이頗多ᄒ고品質이最良ᄒ紫色과藍靑色料를價低ᄒ고無價値ᄒ色料로써代替ᄒ人ᄒ이有ᄒ니**其僞造**를**注意**ᄒ시며且本社의淸國地方에서行用ᄒ商標號(**順金隆**)三字를注意하지오ᄂᆞᆫ無防에書ᄒ얏스며此且獨히積年信字ᄒᄂᆞᆫ品料로憑證ᄒᄂᆞᆫ것시오本社에셔用ᄒᄂᆞᆫ箱子(木箱)에ᄂᆞᆫ學習其兩便에本社의登錄商標即會個獅子가寫眞足上에壹球를踞ᄒ畵像을烙印ᄒ얏스며此를環遶ᄒ야本社의名號를英字로印出ᄒ얏슴니다

本人이**製造發行**ᄒᄂᆞᆫ바**靈丹**을**今**에**官許**를**蒙**ᄒ고**大韓醫院業學士兒島ᄂ里氏**와**一等製藥官劉世煥兩氏檢查證明**과**軍部軍務局衛生課二等軍醫長金益南閣下**와**諸大方家高明醫士**의**有効賞賛**을**受**ᄒᆫ바**其應用說明**은**如左**홈

說明書

靈丹 中暑·中寒·吐瀉·腹痛及消化不良·食慾不進·頭目昏心神鬱悶·船車酒醉·吐暈眩迷·山嵐海瘴·瘴滿發喝·水土不服等

地方各處에셔書信으로請求ᄒ시면小包迅速遞呈ᄒ깃습

發行本舖 皇城南部大廣橋第丁九統七戶 **共愛堂大藥房** 告白

新法令集

全壹冊 定價 … 郵稅三錢

訴訟 非訴訟

目錄

前編訴訟에關ᄒ法令
裁判所構成法　裁判所構成法施行法
裁判所設置法　民刑訴訟規則
改正 刑法大全　民事訴訟期限規則
民事訴訟　去年십月 廿壹日改正　民事訴訟
手數料規則　費用規則　去年拾月 廿壹日改正
刑事裁判費用規則　非訟事件手續規則

後編非訟에關ᄒ法令
訓令各觀察使府尹郡守　土地家屋證明規則
土地家屋證明規則施行細則　仝 樣式
觀察使府尹又洞長의認證에關ᄒ事務의處理順序
郡守郡府尹又府尹의證明에關ᄒ事務의處理順序
土地家屋典當執行規則　仝 施行細則
土地家屋所有權證明規則　仝 施行細則　利息規例

右와如히裁判에關ᄒ法令과不動產證明에關ᄒ法令을蒐輯ᄒ야精密ᄒ遺漏가無ᄒ니法律事務에最要ᄒ고生命財產을確保ᄒᄂᆞᆫ良證이右冊을購覽ᄒ오에在ᄒ오

發賣所 京城南部學동貳拾九統九戶 發重館

本人等이測量事務에大邱에本會事務가漸次擴張이온바本會를設ᄒ얏스니遠近請求ᄒ시ᄂᆞᆫ會에入ᄒ실有志僉君子ᄂᆞᆫ金君子某郎에刷還ᄒ시고本會를陸續來議ᄒ옵셔林業에六戶大成測量事務所로來臨하ᄉᆞ發達케ᄒ심을希望홈

金弘祚 宋台觀 金鎭설
金宗默 리元植

大韓山林協會 (電話二九三番) 告白

本月九日에湖南學會私立測量科卒業式을行ᄒ얏ᄂᆞᆫ데校長劉緖烈氏가開式大旨를說明ᄒ고校監金東植시가學事報告ᄒ고鄭應高시ᄂᆞᆫ本會代表로祝辭ᄒ고學生崔國洛시가答辭ᄒ고學生總代興善시가空冊과鉛筆노償與ᄒ고敎師沈孝植시가壹切勸勉ᄒ演說ᄒ後茶果를進ᄒ미散校盛况을呈ᄒ얏ᄂᆞᆫ데優等生과及第生의氏名이如左ᄒ더라

優等生
柳興善 리석敎 金榮模
蘇章奎 許杰 리乾炯
朴鍾春 김應培 郭輔煥
리始烽 리贊李 安圭稷
김炳圭 鄭顯冕 許현
김鍾A 鄭海千 申宅熙

及第生
蘇秉喆 劉秉憲 리秉昊
宋斗檜 朴定玩 김奎烈
蘇秉宜 朴東軾 리秉璣
김圭烈 蘇祥永 林福均
김永杰 최경默 김奎振
리明元 리觀璐 리康稷
崔□□ 朴東桂 尹象赫
梁昌濩 리完益 宋東準
全昌鎬 박俸南 魚命황
宋斗洛 郭秉朝 宋榮遠
리源凡 池秉善 김正洙
徐丙九 曹冕承

官許大韓測量總管所에서印郡에設置ᄒ기慶尙南北道各郡測量事務를組合處理ᄒ오니僉君子ᄂᆞᆫ速々來議ᄒ옵

總務 李庚均
會計 文在天 朴文植
書記 魏東赫 劉鍾虞

◎眼鏡到着

各種眼鏡을自英國으로新히到着ᄒ얏사오니僉彦은陸續來臨ᄒ사買求ᄒ시옵

京南門外濟衆院 白

◎夜學員大募集

科程 簿記 日語 算術
壹 陰正月卄壹日 開學
壹 卒業期限壹個年
壹 入學金壹圜 月謝金壹圜 但隨意科ᄂᆞᆫ每科五拾錢

茶洞私立共成學校內

測量機械 各種 **大發賣**

漢城南部大平洞六拾貳統 戶

測量機械 各種
製圖機械 各種
保險付各種
書籍 各種
我國特產谷香
煙草各種

金龍商會 謹告

社告

[illegible]

大韓每日申報社 [illegible]

光武九年八月拾一日 明治卅八年八月十一日 (第三種郵便物認可) 金曜日 西曆壹千九百九年壹月拾五日 (壹)

第六卷

大韓每日申報

第壹千壹號

檀君開國四千二百四十二年
箕子元年三千三十一年
大韓開國五百十八年
日本明治四十二年
淸國光緖三十四年
陰曆戊申十二月大廿四日乙亥

月曜及祭節
臨時日休刊

論說

◉俯仰古今

大皇帝陛下씌셔 聖駕가南巡ᄒ샤沿路地方의情況을 閱覽ᄒ시고再昨日下午三點에還御ᄒ셧도다斯에對ᄒ야記ᄒᄂᆫ歷史的感情이腦를衝刺ᄒ야罷不已ᄒᄂᆫ도다

大抵東國古代帝王의巡狩ᄂᆫ歷史上에緊現ᄒᆫ비라檀君扶餘ᄂᆫ代ㅣ遼矣라不可考어니와三國以來事ᄂᆫ歷歷히可數ᄒᆯ지니高句麗東明聖王이卒本(即今滿洲烏喇城)壹隅에起ᄒ샤本族의光榮을發揮ᄒ시며異種의跋扈를削平ᄒ실셰躬에甲冑를擐ᄒ시고荊棘을剪除ᄒ며山川을跋涉ᄒ샤四圍를征服ᄒ시며間險으로農商을勸ᄒ시던聖跡이即今平壤朝天石(天帝에朝祭ᄒᄂᆫ石)에留ᄒ얏스며新羅始祖赫居世가衆民의稼穡艱難과疾苦를察ᄒ실셰六部에巡問ᄒ시던實事가古史에傳ᄒ얏스며廣開土王(高句麗)이東征西伐ᄒ야鮮卑를斥ᄒ며倭를逐ᄒ실셰其戎車가南으로漢江에至ᄒ며北으로遼東을歷ᄒ얏스며眞興王(新羅)이北方에巡ᄒ실셰其玉輦이黃土嶺의險을踰ᄒ얏고大武神王(高句麗)이漢光武劉秀와地를爭ᄒ실셰翠華가薩水에果至ᄒ얏스며太宗武烈王(新羅)이倭寇를征ᄒ실셰龍舟가大海에再浮ᄒ얏스니此가其最著ᄒᆫ者오其他英君誓辟이征伐或拓殖의目的으로遠行ᄒ야巡狩ᄒᆫ事가三國史에累現ᄒ얏스니此ᄂᆫ吾東國々光이宇宙에據亘ᄒ던時代ㅣ라

降ᄒ야麗朝에至ᄒ야도猶히太祖王建이國니를平定ᄒ실셰車駕가南北에巡幸ᄒ셧더니後世子孫은皆深宮에安坐ᄒ야身은熊子를御ᄒ며口ᄂᆫ粱肉을甜ᄒ야九重門外에ᄂᆫ民淚가浪藉ᄒ되九闕門內에ᄂᆫ醉夢이常深ᄒ니

嗚乎라古代聖王은天下를爲ᄒ야壹身을忘ᄒᆫ故로天下가常安ᄒ고後世昏君은壹身을爲ᄒ야天下를忘ᄒᆫ故로天下가常亂ᄒ얏도다

居然麗朝中葉以後에至ᄒ야ᄂᆫ人君이高枕을樂ᄒ나時勢가不許ᄒᄂᆫ지라顯宗以後로外亂을因ᄒ야遠方에播遷이頻煩ᄒ얏스며元宗以後로敵威에慴ᄒ야拘虜를累被ᄒ얏스니史를讀ᄒᄂᆫ者ㅣ此時에至ᄒ야ᄂᆫ卷을掩ᄒ고眼淚의滂々홈을不覺ᄒᆯ지로다本朝에入ᄒ야ᄂᆫ

太祖高皇帝龍潛의時에ᄂᆫ固東西遠征의歷史가有ᄒ거니와九五位를御ᄒ신後에ᄂᆫ朝家의多艱을因ᄒ야光々ᄒᆫ遠征과遠狩가無ᄒ셧고其後에 列聖이繼作ᄒ셧스나朝臣이古代聖王의事를陳ᄒ야國史를重光케ᄒᆫ者ㅣ無ᄒ고但南薰殿太平歌만唱奏ᄒ而已오專制의政策으로人民을愚弄ᄒ而已러니畢竟壬辰倭、丙子胡、甲子괄二亂을致ᄒ야聖駕가蒙塵ᄒ시고國恥가溢天ᄒ얏도다

今日에至ᄒ야ᄂᆫ擧天下가新局을開ᄒ며列强國々民이其國家事業을爲ᄒ야奮鬪ᄒ고同時에其君主大統領도亦皆萬乘의尊을忘ᄒ고人民의進步를勸奬ᄒ샤各地로巡行ᄒ야風俗을察ᄒ며興業을勸ᄒ며競爭思想을鼓吹ᄒᄂᆫ데獨此韓國은國勢의凋替가何如ᄒ며國權의榮悴ㅣ何如ᄒᆫ가

今番

御駕의南巡ᄒ심은耿光이莫近ᄒ던地方人民이龍顏을快仰ᄒ고誰가感泣지아니ᄒ리오今此巡狩가

本國古代帝王의異族征伐ᄒ기爲ᄒ야巡狩ᄒ시던千年以後오近世各國君主의臨々ᄒᆫ國光을乘ᄒ야巡狩ᄒᄂᆫ時라臣民이左右에陪列ᄒ며大臣이前後에侍衛ᄒ야洋々于々히太平의氣象을現ᄒ며國內發行各報紙에數日을連ᄒ야隆大의國慶을頌ᄒᆷ이不絶ᄒ야大字特書가燦々滿紙ᄒ니

古를仰ᄒ고今을俯ᄒ미時勢가異ᄒ고蒼天이遼ᄒ도다恭遜히筆을擧ᄒ야賀感을誌ᄒ노라

外報

●露國의募債 伯林電을據ᄒᆫ즉露國에서英佛蘭二國에募債契約을締結ᄒ얏ᄂᆫ데其債金額은拾三億五千萬푸랑이오利率은四分五厘이오發行日은壹月二拾二日이라더라

●英國의貿易額 倫敦電을據ᄒᆫ즉英國에昨年中貿易額은輸入이五千二百六拾六萬七千二百十九磅이오輸出이四千八百八拾壹萬五千五百四磅이라더라

雜報

●可俟壹覽

平安北道鐵山郡李正根시가前中樞院顧問閔泳綺씨의게寄書ᄒᆫ文이如左ᄒ니

本人의兄科債再徵ᄒᆫ葉錢肆萬三千三百十八兩九錢六分을閣下가終欲不報乎잇가閣下가每稱已納이라ᄒ나眞若已納이면何無証明ᄒ야竟使本人으로再徵케ᄒᆫ後葉八千兩을胡爲還ᄒ며甘言으로說ᄒ며屢年을[illegible]시기로閣下叙用之日로[illegible]數準ᄒ마ᄒ엿더니今忽變卦ᄒ야已矣라ᄒ노니此言은足히使本人退步ᄒ야當推ᄒᆯ者를未推ᄒ며當報ᄒᆯ怨을未報ᄒ오릿가

閣下의爲君之心은乃路人ㅣ共知ᄒ옵기敢此警告ᄒ나이다只以甲午前科規로論ᄒ와도閣下輩가 聖上을欺罔ᄒ야科擧를賣鬻ᄒ고因作紹介ᄒ야從中肥己ᄒᆷ은在在皆然ᄒ옵거니와至若本人兄科債ᄒ야ᄂᆫ適値甲午擾攘ᄒ와閣下가乘時可乘ᄒ야至數乾沒ᄒ고及其辛五二月再徵時에本人의擧家가暴禍를當케ᄒ야쓰니再徵ᄒᆫ錢은不足深惜이오되已當ᄒᆫ暴禍ᄂᆫ何以則雪乎잇가閣下가雖亦不報ᄒ니閣下ᄂᆫ可謂至愚極惡이라發明無路ᄒᆯ뿐以前日壓制手段으로此時代에도使用코저ᄒ오니可謂至愚요閣下의頂踵毛髮이無非

太皇帝陛下에雨露之恩이옵거늘不思報效ᄒ고閣下의衣食妻子를 太皇帝께서已受再徵이라ᄒ야歸咎莫嚴에欲逃己罪ᄒ오니可謂極惡에是可忍也온孰不忍也리요此則閣下의無君ᄒᆫ本性인즉春秋法의人人得以誅之ᄒ려니와本人의게對ᄒᆫ罪ᄂᆫ實로言ᄒᆯ지라도科債條를閣下의게直給ᄒ고領受ᄒ저保有ᄒ와쓰니閣下가此錢를不受라云치못ᄒᆯ거시요

再徵ᄒᆯ時에閣下가無所발明ᄒ고葉錢八千兩쌔지[illegible]의例先辦給ᄒ얏스니또ᄒᆫ已納이라云치못ᄒᆯ거슬何欲苟且求免ᄒ시니何其險也며何其武也요試思之ᄒ소셔錢必捧冤必報乃已러니와 太皇帝께閣下의罷弱ᄒᆫ雖開處 太上位에[illegible]의厶麼私慾으로欲陋瑕[illegible]ᄒ오 天威咫尺嚴[illegible]氏이猶多ᄒᆫ二閣下가必不能濟ᄒᆯ[illegible]오니思ᄒ고思ᄒ시어[illegible]ᄒ얏더라

●協會總會 大韓協會에서[illegible]月六日下午壹時에中部塔洞事務所內에서特別總會를[illegible]務를處理ᄒ얏다더라

●風說無根 本月에徐丙升의科學事件에對ᄒ야李丙贊氏가警察署에被招ᄒᆫ事ᄂᆫ全是無根이라더라

●正誤 再昨日本報學界欄內測量新塾及第生余경燁氏의余字가吳字로誤植이기正誤ᄒᆷ

詞藻

敬和每日報新精神曲　文在穆

南山에봄이드니。萬物精神새롭노다
太極旗ᄂᆫ家々樹오、귀明色은處々花라
으희야、紀念盃의술가득부어라、서봄맛게

又和呵寒堂迎春曲和韵　文在穆

壹笛誰能息萬波。滄桑身世伴靑蓑。陽添長線春機大。雪襯梅蕊格多。志士猶榮蹈東海。痴人反辱夢南柯。愁근寄語呵寒子。莫歎棠歌久在阿。

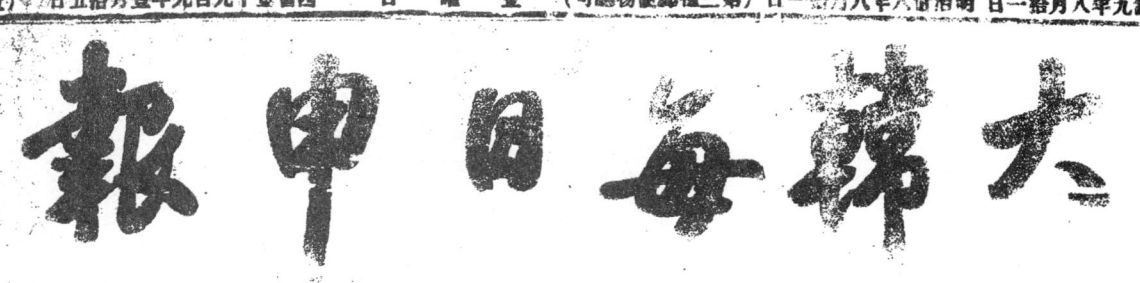

雜報

●西巡退定 大皇帝陛下께옵셔來十七日에新義州로又爲巡幸ᄒᆞ신다ᄂᆞᆫ說은已爲揭載ᄒᆞ얏거니와追聞ᄒᆞᆫ즉陰明年正月로退定ᄒᆞ옵셧다더라

●署名問安 昨日午前十壹時부터拾二時까지總理以下各部大臣과其他韓日高等官이 昌德宮에進詣ᄒᆞ야 大皇帝陛下에署名 問安을擧行ᄒᆞ얏다더라

●乞者發衰 今番 大皇帝陛下께옵셔南韓地方을巡 幸ᄒᆞ신事에對ᄒᆞ야內大宋秉畯氏가農大趙重應氏를嚴責ᄒᆞ얏다ᄂᆞᆫ說은已揭어니와伊時에宋氏가趙氏를手打足蹴ᄒᆞ매趙氏가每每自服ᄒᆞ고日後에從容ᄒᆞᆫ間隙을乘ᄒᆞ야次第로謝過ᄒᆞ겟다ᄒᆞ얏다더라

●觀察陪上 京畿觀察使김思默시와忠南觀察使崔廷德氏와忠北觀察使權鳳洙氏와慶남觀察使黃鐵氏와慶北觀察使朴重陽氏와全남觀察使申應熙氏와全北觀察使李斗璜氏가再昨日 大皇帝陛下를 陪從ᄒᆞ야壹齊上京ᄒᆞ얏다더라

●必也辭職 내部大臣宋秉畯氏가日間辭職疏를奉呈ᄒᆞᆫ다더라

●桂促藤還 日本桂總理가伊藤統監과무ᄉᆞᆷ協議事가有ᄒᆞᆫ다ᄒᆞ야歸國ᄒᆞ라ᄂᆞᆫ促電이近日에四次到達ᄒᆞ얏다ᄂᆞᆫ說이有ᄒᆞ더라

●洪濟의浮 北村居洪某가參奉壹窠를圖得ᄒᆞᆯ計劃으로某大臣의別室에게金貨壹千圜을納賂ᄒᆞ고百方運動ᄒᆞ더니其別室이寺洞演興社의唱夫金某와有何染情이던지陽臺의雲雨가頻繁ᄒᆞᆷ으로該金額이不知中消융ᄒᆞ얏ᄂᆞᆫ데洪氏의督促이日甚ᄒᆞ다더라

●木下妖妄 北村某大宮家後園에幾百年經過ᄒᆞᆫ壹古木이有ᄒᆞᆫ데該大宮의別室이該樹에壹夜祈禱ᄒᆞ며我의大監으로總理椅子에速即高據ᄒᆞ시게ᄒᆞ야多나ᄒᆞᄂᆞᆫ故로其愚昧ᄒᆞᆷ을擧皆批評ᄒᆞᆫ다더라

●檢點給由 內部에서今年度부터巡査休暇規則을製定하얏ᄂᆞᆫ데勤務ᄒᆞᆫ지六個月滿點不欠ᄒᆞᆫ人에게ᄂᆞᆫ壹週日壹個年滿點不欠ᄒᆞᆫ人에게ᄂᆞᆫ二週日을休暇給由ᄒᆞ기로預定ᄒᆞ얏다더라

●陳列館擴張 農商工部에서本年度에商品陳列館을大擴張ᄒᆞᆯ터인데該部廳舍를新築ᄒᆞ고其廳내에陳列所를設備ᄒᆞᆯ預定이라더라

●露領祝賀 再昨日은露曆元月壹日인故로仁川駐在露國領事館에서祝賀式을擧行ᄒᆞ얏다더라

●陷人不測 北靑來人의傳說을據ᄒᆞᆫ즉該郡居李鉉觀氏가郡主事를圖得ᄒᆞ라고現任郡主事韓鐸觀氏를義兵의干連으로百般謀害ᄒᆞ야日兵의게砲殺ᄒᆞᆯ地境에當ᄒᆞ얏다가幸히無事得放ᄒᆞ얏다ᄂᆞᆫ說이有ᄒᆞ더라

●金氏起訴 日人辯護士岡田榮이가承宜君李垠鎔氏債訟事에對하야劉水宜金世煥兩氏의게委任을受ᄒᆞ얏다稱托ᄒᆞᄂᆞᆫ데金世煥氏ᄂᆞᆫ該事件에對ᄒᆞ야初無相關이오必是中間挾雜所爲라하야남部警察署에起訴ᄒᆞ얏다더라

●釜港民擾 南來人의傳說을聞ᄒᆞᆫ즉東萊釜山育英학校를壹面居民이共同設立ᄒᆞ고維持方法은該面牛市口文을政府에請願承認ᄒᆞ야擬設排用터니拓殖會社에서追後認可를얻엇다ᄒᆞ고欲爲奪去이거날多般相詰ᄒᆞ다가末乃居民등이不勝憤鬱ᄒᆞ야統監府에卽接申寃書를呈ᄒᆞ엿더니該港理事廳에셔學校任員與居民을招致ᄒᆞ야曰ᄒᆞ되汝等이牛市事로統監府에申寃ᄒᆞ니申寃이無用잇나뇨牛市ᄂᆞᆫ拓殖社에附ᄒᆞ고학校費ᄂᆞᆫ該社에서出給케하라ᄒᆞᆫ引人民등이日尸炊飯을他人의게許與ᄒᆞ고還爲乞憐ᄒᆞᆯ理가無ᄒᆞ다ᄒᆞᆫ즉理事廳에서又言ᄒᆞ되汝등이終是頑拒ᄒᆞ면我가牛商의게令飭하야釜山牛市에壹隻牛도買치못하리라ᄒᆞ거ᄂᆞᆯ人民의答이然則學校ᄂᆞᆫ閉門ᄒᆞᆯ터이니開明國에名譽損傷이아니되깃나냐ᄒᆞᆫ즉짓言日써去ᄒᆞ야更爲議論ᄒᆞ자ᄒᆞ더니數日後에自理事廳으로牛市ᄂᆞᆫ拓殖會社場內로移去ᄒᆞ고牛壹隻稅金七拾錢中三拾二錢五里만學校로出給ᄒᆞᆫ다ᄒᆞ니其消七십錢을全捧ᄒᆞᆯ時도維持排用이尙患不足이온況三拾二錢五里로엇지堪當ᄒᆞ리오學校의維持金을勒奪ᄒᆞ야敎育을妨害ᄒᆞᆷ은世界에업ᄂᆞᆫ일이라고來民이嗷々ᄒᆞᆫ다더라

●江島義擾 近日에江華島積石寺에義兵이多數留駐ᄒᆞ야壹般富民에게錢穀을執留收納ᄒᆞᆫ다ᄂᆞᆫ說이喧藉ᄒᆞᆫ다더라

●開城民擾 開城郡은萬戶人民이商業에從事ᄒᆞ야資生하ᄂᆞᆫ者가十居八九인데挽近財政이窘渴ᄒᆞ고商業이凋殘ᄒᆞ야民難支保中淸國人雜貨輩三十餘名이嘯聚ᄒᆞ야所謂三拾六契라名稱ᄒᆞ고該郡城內外에亂場을作ᄒᆞ얏ᄂᆞᆫ데且郡內浪客百餘名이四部各坊里에서稱納白契라고四拾圜處에爛設ᄒᆞ야韓淸兩國人들이終日抽桶ᄒᆞ미妖術巧計로愚夫愚婦의入契금과見奪된금額이二萬圜以上에達ᄒᆞ미各典舖에衣服器皿동物이山積ᄒᆞᆷ과如ᄒᆞ고因此로賊患이大熾ᄒᆞ야晝夜에出入을莫能이로되警官들이禁止ᄒᆞ지아니ᄒᆞᆫ다고怨聲이載路ᄒᆞᆫ다더라

●補憲殺民 南來人의傳說을聞ᄒᆞᆫ즉天安郡에駐在ᄒᆞᆫ憲兵補助員數名이南面水鐵里趙德根氏를執拿ᄒᆞ고暴徒를覓出하라ᄒᆞ며洞外로提去ᄒᆞᄂᆞᆫ지라趙氏의李嫂가동民을大呼ᄒᆞ야曰余의시叔을方今提去ᄒᆞᄂᆞᆫ디동民은晏然不動ᄒᆞ나냐ᄒᆞ고他處로入ᄒᆞᆫ則補助員이卽時趙氏의夫人을砲殺ᄒᆞ고동民壹名을砲殺ᄒᆞ얏ᄂᆞᆫ데該洞民이其事由를該郡守의게告發ᄒᆞ라ᄒᆞᆫ즉該補助員이女人의被殺ᄒᆞᆷ은告발ᄒᆞ지말나고懇請ᄒᆞ얏다더라

●憤何結何 前共進會員羅裕석氏가何事件을因ᄒᆞᆷ인지三昨日에中部警察署에被捉ᄒᆞ얏ᄂᆞᆫ데憤心을不勝ᄒᆞ야口絶米飮ᄒᆞ더니昨日午前十時頃에該囚間內에서結項自斃코자하미一般警官이警訴ᄒᆞ야極力禁止하얏다더라

●癘病熾盛 昨年以來로傳染病癘患者가六百七十八人인데其中天然痘及腸窒扶期와赤痢病이最多ᄒᆞ다더라

●洗濯潔白 西小門外高橋에韓人諸氏가新발明으로洋服洗濯所를設始ᄒᆞ얏ᄂᆞᆫ데其洗濯品이極爲潔白ᄒᆞ다더라

●典舖總會 漢城內各典舖會社에서本月三拾日에總會를商業會議所內에서ᄒᆞ고任員을改選ᄒᆞᆫ다더라

●借財勒討被捉 淸州郡靑川面居朴昌奎爲名者가上京留連ᄒᆞ다가三昨日正午에東大門外靑蓮寺에出往ᄒᆞ야僧徒를威脅ᄒᆞ고金貨六拾圜을當場勒給ᄒᆞ라ᄒᆞ고作鬧ᄒᆞᆯ際에該掌內巡査가適到ᄒᆞ야朴某를警察署로押付ᄒᆞ얏다더라

●畿湖總會 本月十六日(陰二拾五日)下午壹時에畿湖興學會에서通常總會를開ᄒᆞᆫ다더라

學界

●夜廢晝旺 黃壽延시가城內로移居ᄒᆞᆫ後에三山學校를廢止ᄒᆞ얏다하기에本報에論駁ᄒᆞ얏더니更히確報를聞ᄒᆞᆫ즉該校가元來晝夜學이有ᄒᆞᆫ데夜학은廢止되얏스나晝學은愈益興旺하다더라

●李氏有志 珍山郡居紳士李根容시가境內人民의自治制度를組織ᄒᆞ기爲ᄒᆞ야現今民會를組織ᄒᆞ며壹邊은學校를設立ᄒᆞ고靑年의敎育을發達ᄒᆞᆯ注意라더라

●崔氏熱心 長淵郡海西第壹學校ᄂᆞᆫ壹동中有志男女의熱心으로巨多經費를僅僅支發ᄒᆞ더니財政窘崔鳳周시가該學校任員에被擧ᄒᆞ야諸般財政을自當ᄒᆞ고躬行勸勉ᄒᆞᆫ다더라

●稷山經緯 稷山郡某々有志紳士가敎育의急務를覺悟ᄒᆞ야該郡의經緯學校를設立ᄒᆞ고靑年子弟를募集ᄒᆞ야熱心敎授ᄒᆞᆫ으로大有進就之望이고該학校니에또國文夜학校를附設ᄒᆞ고勞動者를敎授ᄒᆞᄂᆞᆫ데학員이六拾餘名에達ᄒᆞ얏다더라

●寶炭寄附 咸興郡儒崔禹奉雨初曾雨시ᄂᆞᆫ山村窮民으로賣炭資生ᄒᆞ더니咸壹學校維持同盟契成立ᄒᆞᆷ을聞ᄒᆞ고良心이感發ᄒᆞ야金貨五拾圜을捐助ᄒᆞ얏다더라

●任員熱心 平北寧邊進成測量학校校長崔鼎麟校監康斗還敎師任義淳任員崔永玉諸시가靑年을敎育ᄒᆞ기爲ᄒᆞ야學校를組織ᄒᆞ고諸般經費를共力擔用하며勤勉敎導ᄒᆞᆫ다더라

●敎育自任 咸興郡居志士車丙淳시ᄂᆞᆫ金六百圜을出捐ᄒᆞ야咸壹학校測量科經費를負擔ᄒᆞ야該道各郡學員六十餘人을募集敎授ᄒᆞᆫ다더라

●愛校如家 水原府內居崔鍾永시가三壹학校情況을聞知ᄒᆞ고金壹百圜을寄附ᄒᆞ야日現時急務가都在敎育인즉何不壹心勤勉乎아학校維持方針을當如吾家産業矣리니任員敎師諸시ᄂᆞᆫ極力指導하고熱心敎授ᄒᆞ야以圖實效케ᄒᆞ라고言辭激切ᄒᆞᆫ故로人皆歎服하얏다더라

●萊府明倫 東萊明倫學校敎師文聲駿金雨英兩시가熱心敎育ᄒᆞᆷ으로百餘名學生이日益臨明ᄒᆞ고測量敎師宋銓度시ᄂᆞᆫ測量敎授에熱心ᄒᆞ야卒業式을經ᄒᆞ얏ᄂᆞᆫ데校監文秉喜金駿黙鄭寅祐諸시가極力贊成ᄒᆞ얏다더라

▲地 方 消 息▼

▲本月拾日光州郡西方三十里되ᄂᆞᆫ山中에義兵將曹京煥氏의率ᄒᆞᆫ義兵五拾名이該地日守備隊와交戰ᄒᆞ얏다ᄒᆞ고

▲本月六日全羅南道綾州郡北方ᄊᆞ里地에서義兵四十名이該地駐在日巡査와交戰ᄒᆞ얏다더라

▲感時招人▼

▲嚴冬雪寒이제야陽春消息쟝찬닙새蕭條寒楊病던몸이解凍되게불니어서登高臺而四望ᄒᆞ니新春意思完然ᄒᆞᆫ데人惟昏寥석ᄒᆞ도다

▲東關西關바라보니御溝中의더버들은臘享날이지낫세라넷消息을傳ᄒᆞ랴고千絲萬枝垂垂ᄂᆞᆫ데昏夢中의同胞들은철가ᄂᆞᆫ줄모로ᄂᆞᆫ가

▲左便右便바라보니東閣中의더梅花ᄂᆞᆫ雪意衝寒무릅스고새貌様을圖粧하야枝枝春色爛熳ᄒᆞᆫ데昏夢中의同胞들은철가ᄂᆞᆫ줄모로ᄂᆞᆫ가

▲此岸彼岸바라보니陽塘岸의더쑥뎌ᄂᆞᆫ봄氣侯를몬져바다陳根朽葉재이마다尖尖新芽나오ᄂᆞᆫ데昏夢中의同胞들은철가ᄂᆞᆫ줄모로ᄂᆞᆫ가

▲南山北山바라보니鶴巻山의더松栢은嚴冬雪寒어럿던빗解凍되어두ᄂᆞᆫ대로鬱鬱蒼蒼새롭ᄂᆞᆫ데昏夢中의同胞들은철가ᄂᆞᆫ줄모로ᄂᆞᆫ가

▲上坪下坪바라보니寒泉下의더芹芹은堅氷閉鎖눈님색리太陽氣侯따라가며各抽新葉나오ᄂᆞᆫ데昏夢中의同胞들은철가ᄂᆞᆫ줄모로ᄂᆞᆫ가

▲遠界近界바라보니半空中의더遊絲ᄂᆞᆫ慄烈寒風다지내고陽春氣像자랑코자千丈百丈어리ᄂᆞᆫ데昏夢中의同胞들은철가ᄂᆞᆫ줄모로ᄂᆞᆫ가

▲夢中人이々々々々괴安枕上고만자고어서밧비이러나서士農工商勿論ᄒᆞ고新年事業準備ᄒᆞ야舊日又치懈怠말고奮發揚ᄒᆞ여보라

廣告

本月十六日(土曜)下午一時에本會事務所內에서特別總會를개ᄒᆞ고會務를處理ᄒᆞ오니 첨會員은來臨ᄒᆞ시옴

大韓協會 白

本人이本月拾六日路上에서左開物을서失ᄒᆞ얏스니誰某拾得ᄒᆞ도無效로施行ᄒᆞ시옴

左開

方形姓名章壹個圓形字章壹個
金仁鏞許當捧ᄒᆞᆫ四百兩標壹度
權京石許當捧ᄒᆞᆫ二百兩標壹度

三和港冠洞 李燦珪 告白

西署孔德里完興君所有瓦家九拾간草家五간과家대舊文記十三張을서失ᄒᆞ얏삽기玆에廣告ᄒᆞ오니내外國人은或有拾得이라도休紙施行ᄒᆞᆷ

完興君宮掌務安基弘 告白

本郡守公平正直ᄒᆞᆷ은郡壹境所共知요至於郡校直員薦報事의對ᄒᆞ야謂以曖報ᄂᆞᆫ是何處학之說인지各面面長을會同協議ᄒᆞ야가학德望이實合賢格ᄒᆞᆫ人으로公選薦報ᄒᆞ엿ᄉᆞᆫ즉儒林公議에沸鬱ᄒᆞᆯ必要가無ᄒᆞᆫ지라似是出沒京鄉ᄒᆞ야郡主事와直員을百方闖囑이다가不合資格으로竟未遂意ᄒᆞᆫ數箇人에挾憾做出之語이기로玆에辨明ᄒᆞᆷ

木川郡九面民 告白

南門外盆洞布木廛宋龍圭處己酉正月晦日推尋次紙貨壹百八圜五角於音壹片과壜谷布木廛李진鉉處紙貨五拾圜己酉正月晦日推尋次於音壹片與부시삽지에可考筆跡을幷爲서失也而外國人間拾得者休紙施行ᄒᆞᆷ

東部中部동百三統四戶 朱景烈

本人이去陰八月二拾日分에姓名圖章見失이옵기玆以廣告ᄒᆞ오니 僉君子ᄂᆞᆫ照亮ᄒᆞ시오

平北嘉山郡仁麗里康龍大 告白

本人이歎醫師之未良하며悶民之憂患ᄒᆞ야特設病院ᄒᆞ니名曰仁濟院이라名稱的仁濟院이아니라實際的仁濟ᄒᆞᆷ을目的을ㅎ고京南大門外美人病院에多年經驗ᄒᆞ신朱박士賢則氏를延聘ᄒᆞ야陰拾二月부터事務를開張ᄒᆞ얏사오니有病ᄒᆞ신 첨同胞ᄂᆞᆫ速速來問ᄒᆞ시옴

平北宜川郡仁濟病院主務 李鳳朝 告白

本月拾六日(土曜)下午壹時에通常總會를개ᄒᆞ오니本會會員첨位ᄂᆞᆫ屆期來臨ᄒᆞ심을望ᄒᆞᆷ

畿湖興學會 告白

本人의姓名圖章을서失이오니誰某拾得無效ᄒᆞᆷ

鳳山沙里院 朴根厚 白

故기城郡守洪在箕시追悼會를今拾六日土曜正午拾貳時에畿路青年會館에서개ᄒᆞ오니知舊間 照亮枉臨ᄒᆞ심을敬要

發起人 李源兢 俞星濬 金麟 白

今에本會議所會員諸氏의개課金納入告知書ᄂᆞᆫ既爲發送하온바負擔ᄒᆞ신課金은本月十四日(陰拾貳月二拾三日)內로指定ᄒᆞᆫ寄托銀行이나同銀行東湖出張所로納附ᄒᆞ시되期日을經過ᄒᆞ시면本會議所定款第九拾條를依ᄒᆞ야漢城府尹의게滯納處分을申請ᄒᆞᆯ터이오니惟我僉會員은切勿違期ᄒᆞ시옴

京城商業會議所 告白

北部嘉會坊齋동貳拾八統二戶本人所有草家拾貳間半文券서失誰某拾得ᄒᆞ와도休紙施行ᄒᆞᆷ

洪淳瓚 告白

普成專門學校學員募集廣告

本校에서第五回法律專門學員을募集ᄒᆞ오니願學僉員은左開에依ᄒᆞ야屆期入學ᄒᆞᆯ실事

壹 試驗日字ᄂᆞᆫ二月二拾壹日上午十時(陰二月二日)
壹 試驗科目은如左
　國漢文 讀書
　作文 算術
壹 入學에關ᄒᆞᆫ用紙ᄂᆞᆫ本校에請ᄒᆞᆯ事

漢城磚洞普成專門學校 告白

本人이阿峴居韓議官석喜許의推次當平二千四百拾二兩五錢於音을서失ᄒᆞ얏스니誰某拾得ᄒᆞ와도休紙施行하시옴

德山松山居前參尉李正增

辯護士 木尾虎之助 法律事務所

訴訟及請願事件迅速親切處理

京城下茶洞拾九統二戶 (電話三七五)

事務主任 南萬雄
韓國人法律顧問從二品金益冑

諸般法律事務親切迅速處理ᄒᆞ오니陸續來議ᄒᆞ시옴

辯護士 崔鎭 法律事務所

南部曲橋拾壹統七戶

事務員 金顯翼 李義集 李章均

特別廣告

本社事務所를京城磚洞에現今開設ᄒᆞ고各地方에**代理人**을置ᄒᆞ라ᄒᆞ오니本社**定款**을詳細陳述ᄒᆞᆯ時機가來到ᄒᆞ얏ᄉᆞ오니條項이張皇ᄒᆞ와他日로姑俟ᄒᆞ오며本社**資金**의現今總額은拾萬圜이온ᄃᆡ壹萬株로分ᄒᆞ야每株에拾圜式이옴

本社에서ᄂᆞᆫ本社에關ᄒᆞᆫ細項事項ᄭᆞ지 僉彦의詳諒ᄒᆞ시기를懇望ᄒᆞ오니 僉彦은案間에暫坐ᄒᆞ야

京城郵便局郵函第四十号韓美興業株式會社라皮封에書ᄒᆞ야貴書札을**寄送**ᄒᆞ시되本社에詳細事項을通知ᄒᆞ라ᄒᆞ시면本社에서ᄂᆞᆫ答函을卽呈ᄒᆞᆯ터이오니 惠覽後 貴地方에서ᄂᆞᆫ何等事務가本社의進行ᄒᆞ기에最適ᄒᆞᆯ지**高明**ᄒᆞᆫ**意見**을惠賜ᄒᆞ시옴是望爲ᄒᆞ야**來一月三十日以內**로高明ᄒᆞᆫ書札을寄送ᄒᆞ시ᄂᆞᆫ 僉彦에게如左히**賞金**을分等ᄒᆞ야送呈ᄒᆞᆯ깃ᄉᆞᆸ

本社에서**高明**ᄒᆞᆫ**書札中**

一等으로認定ᄒᆞᆫ者ᄂᆞᆫ　五十圜　二等　二十圜
三等　十圜　四五等　各五圜
六等至**十等**　各二圜

僉彦의**費用**은**郵票價**以外에무엇이또잇슬잇가단단히싱각ᄒᆞ야보시오

本社에서大韓帝國內各處와通信을連絡ᄒᆞ기爲ᄒᆞ야如此히**懸賞**ᄒᆞ기를不惜ᄒᆞ오니本社의각地方에서進行ᄒᆞᆯ方針에對ᄒᆞ야**貴重**ᄒᆞᆫ**勸告**를聽聞ᄒᆞᆯ나이다

京城磚洞 **韓美興業株式會社** 告白

平壤代理人 平壤大同門內店洞 **鄭基煥**

本會社에서鐵路와郵便이迢遠ᄒᆞᆫ地方에在ᄒᆞᆫ 僉彦의寄函ᄒᆞ실期限을寬裕키爲ᄒᆞ야壹月三日以內로退定ᄒᆞᆷ

特別廣告

廣告

南部部會發起會를 壹月拾五日(金曜)下午壹時(陰曆拾貳月貳十四日)에 石鼓壇內에셔 개ᄒᆞ오니 南部內部員諸시ᄂᆞᆫ 趂期來臨ᄒᆞ시옵

南部부會發起所 告白

本社에셔 活版機械를 壹新整備ᄒᆞ고 各種印刷를 廉價應需ᄒᆞ오니 僉位ᄂᆞᆫ 惠顧ᄒᆞ시옵 社會公益上印刷ᄂᆞᆫ 貳割特減홈

本社에셔 直接大發賣書目

翫雲 吳榮根君 著

中等 用器畫法 全 定價金 七拾錢

本書ᄂᆞᆫ 測量。建築。搆造。機械見本。壹切實地應用製圖法

新撰 外國地誌 上下 定價金 六拾錢

本書ᄂᆞᆫ 各學校敎科에 適當ᄒᆞ고 世界各國의 情形을 詳載홈

二十世紀朝鮮論 定價金 三拾五錢

最新 算術 上卷先成 下卷印刷中 定價金 五十錢

普通高等學校敎授金夏鼎君著 本書ᄂᆞᆫ 著者金君이 實地敎授에 多年經驗으로 算學要領을 盡撮ᄒᆞ야 學校敎科와 及獨習에 適當홈

鐘路北門上隅 第二統三戶 興文社

醫學博士 김弼淳씨에셔 勝洞長老禮拜堂에셔 男女學校財政의 困難홈을 爲ᄒᆞ야 來십六日土曜下午七点에 勝洞禮拜堂에셔 演說會를 設ᄒᆞ고 入場券을 賣ᄒᆞ오니 敎育에 熱心ᄒᆞ시ᄂᆞᆫ 紳士와 學生ᄂᆞᆫ 來聽ᄒᆞ심을 望홈

入場券 本禮拜堂 大門外冊舍에셔 賣홈 票價拾錢

勝洞學校校監 김益南 告

朴종燦이가 秋洪圭에게 多大ᄒᆞᆫ 債帳을 推委不報ᄒᆞ고 仍爲逃避ᄒᆞᆫ디 右人이 本事務所에 委任ᄒᆞ야 其應物을 執行ᄒᆞ얏ᄉᆞ오니 右人의 債務者의 情勢와 債權者의 情願을 不忍背却ᄒᆞ고 協議를 從ᄒᆞ야 장ᄎᆞ 競會配當코져ᄒᆞ오니 陽拾五日ᄭᆞ지 限ᄒᆞ고 債權者ᄂᆞᆫ 左記事務所로 壹齊來臨이되 若不屆期來參이면 此ᄂᆞᆫ 配當의 權利가 無ᄒᆞᆫ 者로 認定홈

隆熙三年壹月拾三日

下茶동拾九統一戶

辯護士木尾虎之助法律事務所

德國 이버페르드地方에 파ᄇᆞ리켄 故平데 메이어 會社ᄂᆞᆫ 世界上에 最大ᄒᆞᆫ 各種 染色料製造所인데 本社에셔 淸人商業家諸友의게 大注意ᄒᆞ시기를 懇乞ᄒᆞᄂᆞᆫ바ᄂᆞᆫ 無他라 多少無掛慮ᄒᆞᆫ 商賈輩가 麒麟과 兩女 商標를 僞造ᄒᆞ여 本社의 名聲이 顯多ᄒᆞ고 品質이 最良ᄒᆞᆫ 紫色과 藍靑色料를 價低ᄒᆞ고 無價値ᄒᆞᆫ 色料로써 代替置入홈이 有ᄒᆞ니 其僞造를 注意ᄒᆞ시며 且本社의 淸國地方에셔 行用ᄒᆞᄂᆞᆫ 名號(順全隆)三字를 注意ᄒᆞ시고 此ᄂᆞᆫ 商標에 書ᄒᆞ얏스며 且獨히 積年信孚ᄒᆞᄂᆞᆫ 品料로 憑證ᄒᆞᆯ 것시오 本社의 用ᄒᆞᄂᆞᆫ 箱子(木箱)에ᄂᆞᆫ 其兩便에 本社의 登錄商標 卽 한個獅子가 其前足으로 壹球를 踞ᄒᆞᆫ 像을 烙印ᄒᆞ얏스며 此를 環遶ᄒᆞ야 本社의 名號를 英字로 印出ᄒᆞ얏ᄉᆞᆸ나이다

本人이 製造發行ᄒᆞᄂᆞᆫ바 靈丹을 今에 官許를 蒙ᄒᆞ고 大韓醫院業學士兒島高里氏와 一等製藥官劉世煥兩氏檢査證明과 軍部軍務局衛生課二等軍醫長金益南閣下와 諸大方家高明醫士의 有效賞贊을 受ᄒᆞᆫ바 其應用說明은 如左홈

說明書

靈丹 中暑·中寒·吐瀉·腹痛及消化不良·食慾不進·頭暈目眩·心胸煩悶·酸鼻酒醉·眩暈疾迷·山嵐瘴氣·痞滿壁嘔·水土不服等

地方各處에셔 書信으로 請求ᄒᆞ시면 小包迅速進呈ᄒᆞ깃ᄉᆞᆸ

發行本舖 皇城南部大廣橋 第十九統七戶 共愛堂大藥房 告白

新法令集 全壹冊 定價金 壹圓 郵稅三錢

目錄

訴訟

非訴訟

前編 訴訟에 關ᄒᆞᆫ 法令

裁判所構成法　裁判所構成法施行法

裁判所設置法　民刑訴訟規則

改正 刑法大全　民事訴訟期限規則

民事訴訟 去年十月卅壹日改正　手數料規則

費用規則 去年十月卅壹日改正

刑事裁判費用規則　非訟事件手續規則

後編 非訟에 關ᄒᆞᆫ 法令

關令各觀察使府尹郡守　土地家屋證明規則

土地家屋證明規則施行細則 全 樣式

第壹統首又洞長의 認證에 關ᄒᆞᆫ 事務의 處理順序

第貳郡守又府尹의 證明에 關ᄒᆞᆫ 事務의 處理順序

土地家屋典當執行規則 全 施行細則

土地家屋所有權證明規則 全 施行細則　利息規例

右諸裁判에 關ᄒᆞᆫ 法令及不動産證明에 關ᄒᆞᆫ 法令을 蒐輯ᄒᆞ야 精密無遺ᄒᆞᆫ즉 法律事務에 最要ᄒᆞᆫ 바 人民의 生命財産을 確保ᄒᆞᆯ 良證이라 右冊을 購覽ᄒᆞ심을 在ᄒᆞ오

發賣所 京城南部苧동貳拾九統 戶 [illegible]館

本人의 測量學 [illegible] 大郎 [illegible] 廣設ᄒᆞ얏스니 遠近請求ᄒᆞ시ᄂᆞᆫ 僉君子ᄂᆞᆫ 本邸 [illegible] 六戶入 測量事務所로 來臨ᄒᆞ심을 望홈

金弘祚 朱合 [illegible]

金賞默 元植

大韓山林協會 電話二九二番

◉安岳郡東倉私立培英學校 建築鳩錢捐廣告

本學校設立이 有年에 學徒增加ᄒᆞ야 校舍難容故로 校舍를 壹新建築ᄒᆞᆯᄉᆡ 洞中老少가 土木擔負之役을 勤且勞矣거던 兒隨力捐助ᄒᆞ리오 其誠意를 不可泯默이옵기 姓名及金額을 如左廣告홈

本洞中二百圓　洪종緒五十圓
高[illegible]泰五拾圓　[illegible]致楨五拾圓
安谷莊子종中三拾六圓九十錢
元鎬默三十圓　洪종瑚[illegible]
高允學二拾圓　[illegible]庸鎭二十圓
李永석二拾圓　表洛鉉母二十圓
吳瓚基二十圓　洪孝大二十圓
金學悅母拾五圓　[illegible]潤慶[illegible]圓
朴鳳九[illegible]圓　徐炳建[illegible]圓
李華二十圓　[illegible]泓[illegible]圓
韓承範十圓　洪鉉淳十圓
任周鎬十圓　[illegible]十圓
表[illegible]十圓　宋啓[illegible]圓
表承鳳七圓　元[illegible]植[illegible]圓
表錫九五圓　金聖淑五圓
朴容華五圓　宋廷賢五圓
表達倫五圓　表承玉五圓
박宗[illegible]五圓　李[illegible]三圓
李基煥三圓　孫齊[illegible]三圓
김俊[illegible]三圓　김[illegible]亨三圓
김庚斗三圓　高光祠祖母三圓
元澤信三圓　김用俊三圓
閔석俊二圓　[illegible]錫華三圓
嚴致萬二圓　[illegible]敬顯二圓
表承模二圓　朴永瓚二圓
김魯勳二圓　[illegible]淑二圓
[illegible]洛二圓　[illegible]說二圓
表承法二圓　김權叔二圓
吳敎欽貳圓　宋석根二圓
趙鳳[illegible]二圓　李[illegible]模貳圓
[illegible]圓　安在[illegible]二圓
表[illegible]殷貳圓　김承烈貳圓
[illegible]澤二圓　表健鎬二圓
[illegible]憲二圓　任昌[illegible]貳圓
[illegible]晩興壹圓　高[illegible]模壹圓
[illegible]壹圓　崔[illegible]一圓
元[illegible]俊壹圓　吳明九[illegible]圓
宋[illegible]顯壹圓　嚴昌[illegible]壹圓
김[illegible]元壹圓　兪致雲壹圓
리志[illegible]壹圓　表承祿壹圓
[illegible]壹圓　[illegible]壹圓
兪正權壹圓　延[illegible]權壹圓

合八百三拾四圓五拾錢

本郡有志紳士金庸震[illegible]本校를 贊成ᄒᆞ시ᄂᆞᆫ 盛意로 貳십圓金을 義捐ᄒᆞ셧기 九極感謝홈

新訂分道 大韓帝國地圖

銅版印刷 子[illegible]洋裝 全壹帖 正價 五拾錢

△白堂玄 采시序

○我韓地圖之精密者首推古山子但篇帙太多難於携帶且流傳者少不能人人皆有豈非大恨事哉玆將地圖本刪煩就簡作爲小帖以公同好我內地地味膏沃物産豊富爲東洋之無盡藏君開拓而發明則我國之富强可計日以待矣本圖分十三道自山川國郡都府以至物産皆目詳細記載使人壹目瞭然願我同胞各置壹本以作興事業之壹助是所厚望

發兌元

▲皇城中部罷朝橋越邊 中央書館

▲皇城남部大廣橋東邊 滙東書館

▲皇城北部桂洞 玄公廉

▲皇城中部寺洞 大東書市

◎眼鏡到着

各種眼鏡을 自英國으로 新히 到着ᄒᆞ얏사오니 願買 貴家ᄂᆞᆫ 本院으로 來買ᄒᆞ시옵

京南門外濟衆院 白

測量機械 各種 發賣

漢城南署棗洞六拾貳統 戶

KIM 金龍商會

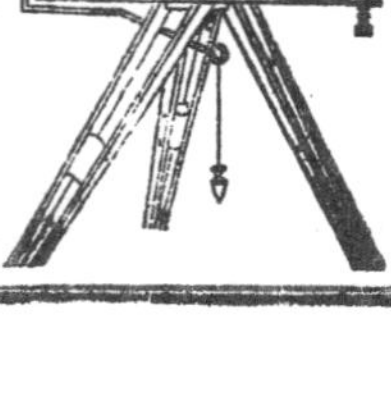

出張所 典洞金樂永

社告

○申報價

壹個月 [illegible] 新貨二錢五厘

[illegible]

○廣告料

活字拾一字詰 [illegible] 新貨廿五錢

[illegible] 二圓五拾錢

(自實行至十行이 壹寸)

[illegible] 多寡

發行所

大韓每日申報社

大韓每日申報

第六卷 第壹千貳號

月曜及慶節翌日休刊

檀君開國四千二百四十二年
箕子元年三千三十一年
大韓開國五百十八年
日本明治四十二年
淸國光緖三十四年
陰曆戊申十二月大廿五日丙子

論說

◎教師諸君에게 一論ᄒᆷ

少年을引導ᄒᆞ야智識的人物을養成ᄒᆞᆷ도惟教師며少年을鼓舞ᄒᆞ야鐵血的人物을養成ᄒᆞᆷ도惟教師며少年을陶鑄ᄒᆞ야獨立的人物을養成ᄒᆞᆷ도惟教師니嗚乎라教師ᄂᆞᆫ未來英雄의母인뎌萬壹教師의任에在ᄒᆞᆫ者ㅣ其方法을誤ᄒᆞ야蒙昧的人物을養成ᄒᆞ며薄弱的人物을養成ᄒᆞ며依賴的人物을養成ᄒᆞ면只是未來奴隷의母가될섇이로다

如何ᄒᆞᆫ方法을用ᄒᆞ면未來英雄의母가될ᄭᅩ日학校ᄂᆞᆫ何를爲ᄒᆞ야建設ᄒᆞ며학徒ᄂᆞᆫ何를爲ᄒᆞ야教育ᄒᆞᄂᆞᆫ가日國家를爲ᄒᆞ야然ᄒᆞᆷ이니라然則教師의方法도亦此에不出ᄒᆞᆯ진뎌

是以로教師된者ㅣ教鞭을執ᄒᆞ고教場에登ᄒᆞ야학徒를對ᄒᆞ되必曰君이國家를愛ᄒᆞ라ᄒᆞ며必曰君이國家를光榮케ᄒᆞ라ᄒᆞ며必曰君이國家를爲ᄒᆞ야死ᄒᆞ라ᄒᆞ야朝에도曰國家々々ᄒᆞ며夕에도曰國家々々ᄒᆞ야國家二字가其腦髓에印케ᄒᆞ며國家壹物이其耳目에慣케ᄒᆞ야國家人物을養成ᄒᆞ면果然未來英雄의母가될진뎌

又何故로其方法을誤ᄒᆞ면未來奴隷의母가되ᄂᆞᆫ가曰教師의口에國家란壹語가不曾出ᄒᆞ면학徒의耳에國家란壹語가不曾聞ᄒᆞ며教師의腦에國家란觀念이未曾有ᄒᆞ야國家存亡에慕想이不及ᄒᆞ며國家榮辱에熱血이不動ᄒᆞᄂᆞᆫ人物을養成ᄒᆞ면其惟未來奴隷의母가되나니라

嗚乎라我國의教師諸君이여諸君이將次英雄의母가되고져ᄒᆞᄂᆞᆫ가抑猶奴隷의母가되고져ᄒᆞᄂᆞᆫ가

諸君이何를爲ᄒᆞ야政治학을教授ᄒᆞ며法律학을教授ᄒᆞ며經濟학을教授ᄒᆞ며實業학을教授ᄒᆞ며算術을教授ᄒᆞ며地誌를教授ᄒᆞ며歷史를教授ᄒᆞ며國語를교授ᄒᆞ며理科를교授ᄒᆞᄂᆞᆫ가萬壹國家가滅亡ᄒᆞ면政治학을학ᄒᆞᆫ者ㅣ何에用ᄒᆞ며法律학을학ᄒᆞᆫ者ㅣ何에用ᄒᆞ며經濟학을학ᄒᆞᆫ者ㅣ何에用ᄒᆞ며實業학을학ᄒᆞᆫ者ㅣ何에用ᄒᆞ며其他各種학術을학ᄒᆞᆫ者ㅣ皆何에用ᄒᆞᆯ깃ᄂᆞᆫ가然則國家가無ᄒᆞ면학術도無ᄒᆞ고학校도無ᄒᆞ고教師도無ᄒᆞ고학徒도無ᄒᆞᆯ지니諸君의計가將次何로出ᄒᆞᆯ깃ᄂᆞᆫ가

諸君이果然奴隷의母를免ᄒᆞ고英雄의母가되고져ᄒᆞᆯ진뎌必也國家로標準的을作ᄒᆞ며國家로主體를作ᄒᆞ야政治學을교授ᄒᆞᆷ에도國家的思想으로以ᄒᆞ며法律학을교授ᄒᆞᆷ에도國家的思想으로以ᄒᆞ며經濟學을교授ᄒᆞᆷ에도國家的思想으로以ᄒᆞ며實業學을교授ᄒᆞᆷ에도國家的思想으로以ᄒᆞ며其他何학을교授ᄒᆞ던지皆國家的思想으로以ᄒᆞ야各種학術을國家를護衛ᄒᆞᄂᆞᆫ器具를作케ᄒᆞᆯ지어다

如是ᄒᆞ면未來韓國에英雄이多出ᄒᆞ야학徒ᄂᆞᆫ英雄的人物이되고諸君은英雄의母가될지니諸君은其方法을勿誤ᄒᆞ야英雄을多産ᄒᆞᆯ지라

官報

▲隆熙貳年拾貳月二十七日

農商工部告示第三號 續

拾四 支配人의選任又ᄂᆞᆫ代理權의消滅
每一件金〇圓

拾五 登記事項의變更消滅又ᄂᆞᆫ廢止
每壹件金五圓
但商法施行에依ᄒᆞ야登記ᄒᆞᆫ事項의登記ᄂᆞᆫ登記事項의變更으로看做ᄒᆞᆷ

拾六 登記의更正又ᄂᆞᆫ抹消
每壹件金五圓

십七 解散
每壹件金三圓

(未完)

外報

●日本의秋穫 東京電報를據ᄒᆞᆫ則日本에昨年內各郡縣에秋穫은四千八百萬石에達ᄒᆞ얏다더라

●淸國師範廢止 同電을據ᄒᆞᆫ則淸國師範學堂이廢止됨으로日本博士服部及英米教師ᄂᆞᆫ解任되얏다더라

●西后遭難 同電을據ᄒᆞᆫ則西班牙皇后ᄂᆞᆫ墓塋으로向ᄒᆞᄂᆞᆫ途次에凶漢의突擊을遭ᄒᆞ얏스나幸히負傷치아니ᄒᆞ얏다더라

雜報

◎巡幸理由 皇帝陛下ᄭᅴ셔南方에巡狩ᄒᆞ시ᄂᆞᆫ理由를揭載ᄒᆞ얏더니押收가되얏거니와至今에該書ᄂᆞᆫ日本橫濱에셔發行ᄒᆞᄂᆞᆫ我同業者ᄯᅢ판ᄭᅡ젯도新報에本月六日에韓皇巡幸의理由를揭布ᄒᆞᆷ이如左ᄒᆞ니

韓國皇帝ᄭᅴ셔本月七日에南韓으로巡幸ᄒᆞ심에對ᄒᆞ야某々方面에셔ᄂᆞᆫ此巡幸을政略上의意인줄노推察ᄒᆞᄂᆞᆫ지라

上年ᄭᅡ지ᄂᆞᆫ韓國皇帝ᄭᅴ셔恒常宮中에幽病ᄒᆞ셧ᄂᆞ니卽位ᄒᆞ신後로屢次陵所에도巡幸ᄒᆞ시고今番至ᄒᆞ야ᄂᆞᆫ遠路에巡幸ᄒᆞ샤數日을經過ᄒᆞ심을歡喜ᄒᆞ나니此ᄂᆞᆫ韓國宮廷의刷新ᄒᆞᆫ傾向이어니와然이나現今漢城及政界에셔狀況이非常ᄒᆞᆫ대猝變을但只両個日前에預察ᄒᆞ고皇帝ᄭᅴ셔行啓ᄒᆞ시미統監과各國領事大臣들이隨行ᄒᆞᄂᆞᆫ거시殊常ᄒᆞ다此諸臣團體에서推擧ᄒᆞᆫ건ᄃᆡ幾日前에漢城政界에急激紛爭이起ᄒᆞ얏ᄂᆞᆫ대此를防止ᄒᆞ기爲ᄒᆞ야伊藤統監은韓國現內閣과反對黨間에關係를調和ᄒᆞᆯ方針을施ᄒᆞ엿ᄂᆞᆫ데統監은此巡狩ᄒᆞᄂᆞᆫ機會를利用ᄒᆞ야此等景況을鎭靜ᄒᆞᆯ方法을講究ᄒᆞ기에專力ᄒᆞᆷ으로今此南巡에事가卒地强行됨이라ᄒᆞ얏더라

◎正誤 本報第九百九十五號廣告欄內에湖州首陽測量學校教師金學善趙昌鎬兩氏가以拾圓月料를辭却ᄒᆞ고義務로교授ᄒᆞᆫ다ᄒᆞᆫ대對ᄒᆞ야以拾圓이라ᄂᆞᆫ以字六字와第壹千號廣告欄內에德山松山兩所尉學正培의正字ᄂᆞᆫ昌字로幷爲正誤ᄒᆞᆷ

詞藻

◎蘇生丹

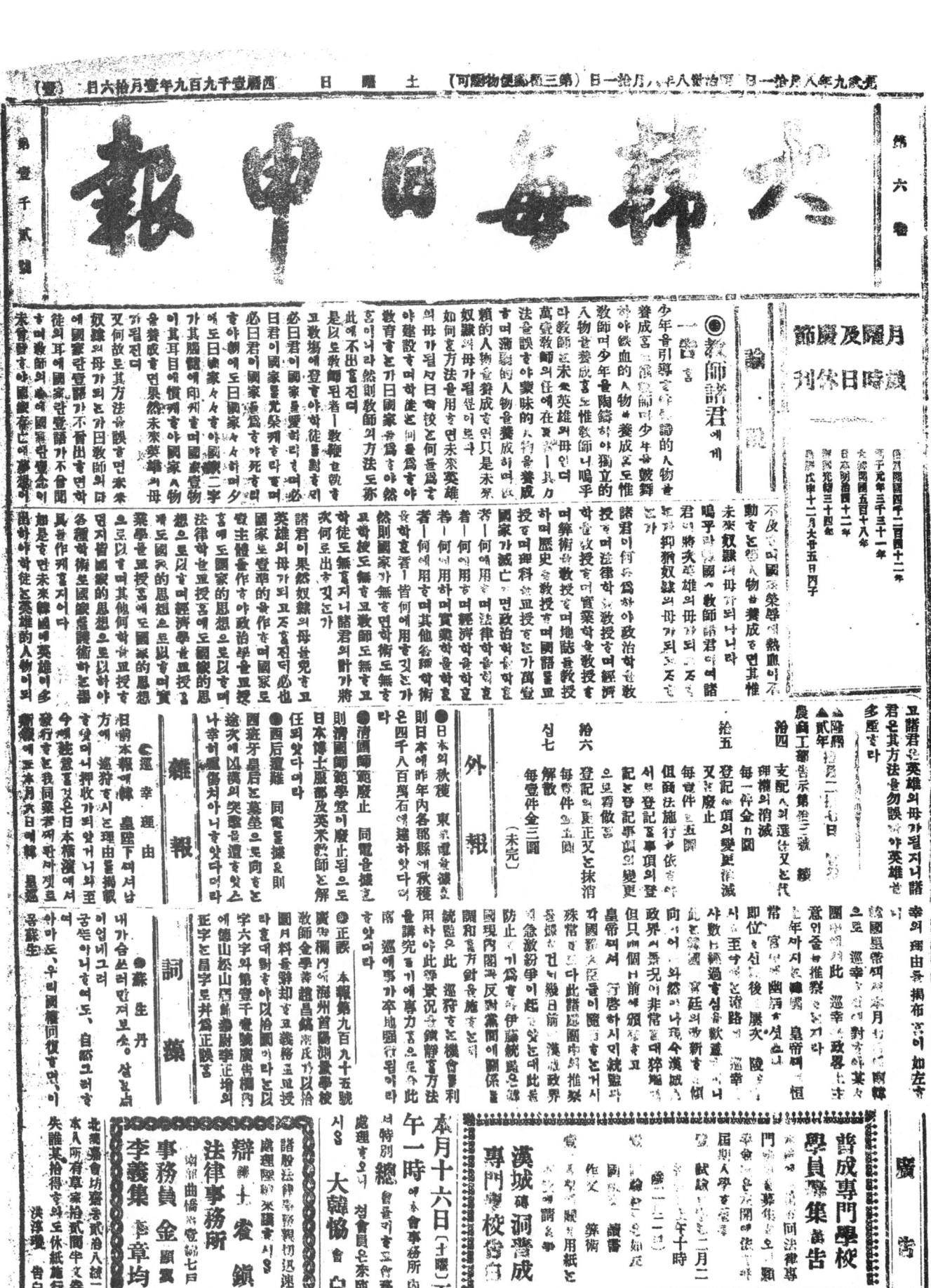

내가슴쓰러만져보소。살진데이업네그려
궁ᄯᅳᆫ아니ᄒᆞ여도、自然그러ᄒᆞ여
아마도、우리國權回復ᄒᆞ면、이몸蘇生

雜報

●下賜恩金 大皇帝陛下씌옵서解散ᄒᆞᆫ府宮의게 恩賜金五千圜을 下ᄒᆞ옵셧다더라

●宋門稀膝 再昨夜에農大趙重應氏가內大宋秉畯氏를訪問ᄒᆞ고今番 大皇帝陛下巡幸ᄒᆞ신事ᄂᆞᆫ全然히總理大臣李完用氏의周旋이오我實無咎라ᄒᆞ고箇々謝過ᄒᆞ얏다ᄂᆞᆫ說이有ᄒᆞ더라

●觀察云遞 今回上京ᄒᆞᆫ七道觀察使中에北觀察使李斗璜과慶北觀察使박重陽兩氏外에擧皆遞任이된다ᄂᆞᆫ說이有ᄒᆞ더라

●事必歸正 閔正正公家庄土를宋秉畯氏가强奪코ᄌᆞ흠과該事件으로裁判ᄒᆞᄂᆞᆫ事ᄂᆞᆫ一世共知어니와裁判所에셔宋氏를累次招來ᄒᆞ되一不來待홈으로決席裁判하야今二十五日에決末ᄒᆞ얏다ᄂᆞᆫ대其時觀光諸人들이面面相觀曰此등大盜宋秉畯의法庭에셔依律처아니ᄒᆞ면可謂無決天地라고壹場憤懣ᄒᆞ얏다ᄂᆞᆫ說이有ᄒᆞ더라

●運動得歸 抱川郡郡主事許섭氏가該郡直員을自己外從으로瞞報ᄒᆞᆫ事에對ᄒᆞ야紛競이大起ᄒᆞ매許氏가辭職次로該道에前往ᄒᆞ얏더니該道에셔許氏의行爲를調査ᄒᆞ야欲爲押囚코ᄌᆞᄒᆞᄂᆞᆫ데何以運動ᄒᆞ얏던지無事歸去ᄒᆞ얏다더라

●巖兵解散 巖衛隊兵이八十名假量이在ᄒᆞ더니近日에解散시기고現存兵이二십名假量이라더라

●端民呼訴 端川郡에累年積滯ᄒᆞᆫ不恒費가三萬八千餘圓인ᄃᆡ該郡前郡守玄昇奎氏가民間에排歛ᄒᆞ랴다가人民이反對홈으로中止되얏더니近日該郡財務署에셔公議에補充ᄒᆞ기爲ᄒᆞ야民間에排歛ᄒᆞ기로ᄒᆞ민人民들이該觀察道에呼訴ᄒᆞ얏다더라

●面面得人 原州郡正之安面面長鄭衡氏가日兵來往에善爲交涉ᄒᆞ며히面內冤徵民弊를盡団革ᄒᆞᄂᆞᆫ故로居民이此를因ᄒᆞ야賴安이라더라

●其情感矣 韓國閔泳徽氏에게庄土를見奪ᄒᆞᆫ安州李召史ᄂᆞᆫ昨年二月에上京ᄒᆞ야到今逗遛ᄒᆞᄂᆞᆫ데閔氏家의予若孫들의望眼이欲穿ᄒᆞᆯ뿐더러客苦가滋甚ᄒᆞ고歲色이將末에歸心이如矢로ᄃᆡ訴案의出抄가杳然ᄒᆞᆫ지라心火가激發ᄒᆞ얏던지三昨日朝에卒地氣塞ᄒᆞ얏다가醫工의救護를賴ᄒᆞ야僅得回甦ᄒᆞ얏다더라

●恐未可必 閔泳徽氏가某氏를對ᄒᆞ야言ᄒᆞ되世人이我다려富家이라指目ᄒᆞ고財産을侵奪코ᄌᆞᄒᆞᄂᆞᆫ者居多ᄒᆞᆫ則實爲可歎ᄒᆞᆫ事이라ᄒᆞ며彼等이百般侵犯코ᄌᆞᄒᆞ여도一切不施給홀것이오貞慶民團에ᄂᆞᆫ萬圜假量을寄付ᄒᆞᆯ깃노라하얏다ᄒᆞ나該氏가天良의心이回發ᄒᆞ야眞實的思想이有ᄒᆞᆫ지未知ᄒᆞᆯ깃다고輿論이有하다더라

●漆倅漆腸 漆谷郡守朴海齡氏가郡主事蘇輝武氏를符同ᄒᆞ야各面々長을或誘或喝ᄒᆞ야民間作簿ᄂᆞᆫ勿施ᄒᆞ고書員을差送ᄒᆞ야作簿時考卜價每結의葉壹兩壹錢과其他雜費를依舊收捧ᄒᆞᄆᆡ故로奸吏輩가擧皆稱頌ᄒᆞ더니及其擧帳後의乃曰此非章程이라周旋於監督局ᄒᆞᆯ時에有所同情이라ᄒᆞ고四百五十圓을已爲推人ᄒᆞ얏스며又托學校設立ᄒᆞ고民間共同物을奪取以去ᄒᆞ되存拔의作奸이無雙ᄒᆞᆷ을故로吏民이方欲質卞ᄒᆞᆫ다더라

●日兵醉兵 陰去月初八日陰城郡守備隊日兵兩名이該郡戌己面坤峙酒店에서飮酒泥醉ᄒᆞ야行人을挽執ᄒᆞ고無數詰難ᄒᆞᄂᆞᆫ中該郡吾山居ᄒᆞᄂᆞᆫ疋木商二名을爲挽執ᄒᆞ고疋木價를問ᄒᆞ거날該商曰每疋에葉十壹兩式이라ᄒᆞᆫ즉日兵이當九錢十壹兩을出給ᄒᆞ매該商이抑冤라고呼ᄒᆞᆫ즉日兵이放銃코ᄌᆞᄒᆞ매該商이疋木을投棄逃走ᄒᆞ얏고又ᄂᆞᆫ新더동에뛰入ᄒᆞ야汲水ᄒᆞᄂᆞᆫ婦女를執手詰難ᄒᆞ고該洞人民을見則毆打ᄒᆞ고年少婦女를威겁奸ᄒᆞ고又該동金某의婦人을執手出街ᄒᆞ야銃刺刀尖에流血이狼藉하얏다더라

●秉淳不淳 平山郡主事全秉淳氏ᄂᆞᆫ本以奸吏로郡民에私債를勒捧하야因作肥己ᄒᆞ고衣食이有餘ᄒᆞᆫ民은暴徒干連이라稱ᄒᆞ고多數捕捉ᄒᆞ야受金放還ᄒᆞ되以吾恩德으로放還ᄒᆞᆫ다ᄒᆞ며學校經費라稱ᄒᆞ고民結上每兩에三分式加捧ᄒᆞᆷ으로怨聲이藉々ᄒᆞ다더라

●酒業擴張 中部益洞居李濟健氏가酒商의營업을擴張ᄒᆞ기爲ᄒᆞ야大韓酒館合資會社를設立ᄒᆞᆯ次로農商工部에請願ᄒᆞ얏다더라

●義州淸人 西來人의傳說을據ᄒᆞᆫ즉延安白川等地에ᄂᆞᆫ義兵二百名假量이東閃西忽ᄒᆞᄂᆞᆫ데該義兵中에淸人三拾餘名이前行ᄒᆞᆫ다더라

●抱川義塵 今月四日에義兵數百名이抱川郡憲兵派出所를襲破ᄒᆞ얏다더라

●砲殺假義 抱川郡居名不知全姓人은素以强盜로水原郡警察署에서幾個年懲役에處ᄒᆞ얏다가放還된者인ᄃᆡ近日에無賴輩數拾名을嘯聚ᄒᆞ야義兵이라自稱ᄒᆞ고각地로橫行ᄒᆞ며民財를侵取ᄒᆞᄂᆞᆫ故로民怨이滔天ᄒᆞ다더니今에金某가日前에該郡龍井里尹某家에셔留宿ᄒᆞ고該附近瓠根淡里로向去하ᄂᆞᆫ게義兵將尹敬重氏가金某를捕縛ᄒᆞ야大聲疾罵曰爾本强盜로假稱義兵ᄒᆞ고人民財穀을侵奪ᄒᆞ얏스니可殺無惜이라ᄒᆞ고卽地砲殺ᄒᆞ얏다더라

●日兵被殺 全南高敞院日憲兵分派所憲兵이今月壹日에義兵百餘名과壹大交戰하얏ᄂᆞᆫ데日兵二名이被殺ᄒᆞ얏다더라

●乞人慘命 昨日午前壹時頃에乞人김敬齊가南部明洞街路에셔凍死ᄒᆞ얏ᄂᆞᆫ데所管警察署에셔該洞頭民을指揮ᄒᆞ야卽爲州埋ᄒᆞ얏다더라

●僞貨處役 泰安郡守崔鶴來氏의別室비召史와金鐘泰氏가僞造紙幣를使用ᄒᆞ다가監獄署에滯囚ᄒᆞᆫ事ᄂᆞᆫ衆所共知어니와再昨日에京城地方裁判所에셔비召史ᄂᆞᆫ懲役二年으로金氏ᄂᆞᆫ懲役一年에宣告ᄒᆞ얏다더라

●有何干連 朴台榮尹天求兩氏ᄂᆞᆫ紙幣僞造者와干連이有ᄒᆞ얏던지再昨夜에警視廳에셔該兩氏를壹切押囚ᄒᆞ고現今嚴訊ᄒᆞᆫ다ᄂᆞᆫ說이有ᄒᆞ더라

●强盜嫌疑 羅裕錫氏가中部警察署에被捉ᄒᆞᆫ事ᄂᆞᆫ已報어니와該事實을追聞ᄒᆞᆫ則强盜의嫌疑라더라

●李家虛驚 前判書李容稙氏家에ᄂᆞᆫ近日每夜에賊漢이來到ᄒᆞ야石子를亂投ᄒᆞ며或무合書封을暗投ᄒᆞ야該家가虛驚困難中이라더라

●豆浦의大火事 西部豆毛浦居民幾名이合資營業ᄒᆞ기爲ᄒᆞ야柴穀萬同을貿易積置ᄒᆞ얏ᄂᆞᆫ대再昨日下午八時頃에該積柴中에서無根의火가起ᄒᆞ야柴及民家三戶가沒燒ᄒᆞ얏ᄂᆞᆫ대損害額이壹萬四千圓에達ᄒᆞ얏다더라

●滿堂熱誠 再昨日下午七時에靑年會館에셔安昌浩氏를請邀하야演說ᄒᆞ얏ᄂᆞᆫ데該氏가身病이有ᄒᆞᆷ을不計ᄒᆞ고前途의希望이라ᄂᆞᆫ問題로激切히二時間을演說ᄒᆞᄂᆞᆫ데入場券을放賣ᄒᆞᆫ數爻가千餘張에達ᄒᆞ고聽衆이熱誠으로歡迎ᄒᆞ얏다더라

●追悼와討論 今日上午拾二時에鍾路靑年會館에셔故開城郡守洪在箕氏追悼會를開ᄒᆞ고同下午七時에ᄂᆞᆫ更히討論會를開ᄒᆞᆫ다더라

●救世開演 救世軍營에셔來日曜日에ᄂᆞᆫ上午十時三십分과下午二時三十分과同六時三拾分에開會ᄒᆞᆫ다ᄂᆞᆫ데夜珠峴第壹營에셔ᄂᆞᆫ正校鄭順氏가演說ᄒᆞ고廣橋第二營에셔ᄂᆞᆫ正尉班禹巨氏가演說ᄒᆞᆫ다더라

●西北任員改選 再昨日西北學會에셔總會를開ᄒᆞ고任員을更爲選定ᄒᆞ얏ᄂᆞᆫ데會長에吳相奎副會長에鄭雲復總務에김明濬評議員에김允五朴殷植李鍾浩李甲柳東說諸氏라더라

●演說幻燈 本日下午七時의勝洞禮拜堂에셔김弼淳氏가生理學으로演說ᄒᆞᆫ다홈은已報어니와特別히生理學에合應ᄒᆞᆫ幻燈도ᄒᆞᆫ다더라

學界

●落淚挽執 廣州郡私立廣興學校敎師康元璉시ᄂᆞᆫ不避風雨ᄒᆞ고誠心敎授홈으로學徒가壹百五十名에達ᄒᆞᆫ지라其敎授에爛熱과檢束의嚴恪ᄒᆞᆷ을莫不感服ᄒᆞᄂᆞᆫ데該시ᄂᆞᆫ本是平安南道順川人이라其故鄕學校의請函을爲ᄒᆞ야該校敎師를請願ᄒᆞ얏더니該校壹般任員及學生이齊會同ᄒᆞ야落淚挽執ᄒᆞᆷ으로誠心을難恕ᄒᆞ야連續敎授ᄒᆞᆫ다더라

●和埠經試 三和港埠明私학校에셔年終試驗을經ᄒᆞ얏ᄂᆞᆫ데甲班優等生金承浩李長春乙班優等生朴文秉劉能煥壹등에朴陽義尹化淳等六人이오二등에金鍾伊朱雲德等四人이오三等에宋富潤朴永和等拾九人이라더라

●李柳熱心 金川郡私立大明學校校主李演哲시와校長柳海運시ᄂᆞᆫ共히有志紳士인데校主ᄂᆞᆫ本是不贍ᄒᆞᆫ財産으로該校의每年經費를自擔ᄒᆞ고校長은躬行村閭ᄒᆞ야勸誘父兄에至誠ᄒᆞᆫ學生은慈愛的으로自己家에셔朝夕供饋ᄒᆞᄂᆞᆫ데師範尋常兩科學生이五十餘名에達ᄒᆞ야校況이日益漸盛ᄒᆞᆫ다더라

●桂昌經試 富平郡私立桂昌學校에셔학期試驗을去月二십八日에終了ᄒᆞ얏ᄂᆞᆫ데壹科甲班優等宋四明朴容澤이오及第牛光三이오乙班及第韓仁燮이오丙班優等洪辰台洪시석이오及第김호得鄭南得이요丁班及第柳石東金天洪등四人이요夜학科甲班優등宋뒤連方春敎등三人이요及第李道常이요乙班最優等金漢리요優等朴리翊趙吉鉉이요及第金?植이요丙班最優等林用奉이요優等秋有昌씨基萬등 人이오及第田福山이오丁班優등에全石奉이오優등白順福이오及第金黃男朴禮鳳인데該郡守全?환敎師任章淳兩시가名品施賞ᄒᆞ얏다더라

▲地方消息

▲本月七日全羅北道興德郡泉方里地에서義兵四拾餘名이同地日守備隊와交戰ᄒᆞ얏다ᄒᆞ고

▲本月一日京畿道長湍郡內에서義兵六拾餘名이同地分遣所日憲兵及補助員과交戰하얏다하고

▲本月拾二日京畿道政府附近에서義兵六拾餘名이同地分遣所日憲兵及補助員과交戰ᄒᆞ얏다ᄒᆞ고

▲去月二拾九日江原道寧岩里附近山中에서義兵십餘名이同地分遣所日憲兵及補助員과交戰ᄒᆞ얏다더라

▲重陽打鈴 大臣童謠

▲져녁ᄒᆞ먹고 흥ᄒᆞ세나 니흥ᄃᆞ 藩鎭陽저문날에 再逢秋ᄅᆞᆯ웬일인가 哀郎太郞흥

▲重陽佳節말마라 痛哭일세 痛哭일세 屢百ᄋᆞ 尊榮ᄒᆞ던大邱名金어데ᄀᆞ고 哀邱大邱흥

▲重陽苛節말마라 허어허 哀甚어이ᄒᆞᆯ고 大成堂犬子廟ᄂᆞᆫ香吐中에드렀고 哀邱太邱흥

▲重陽買節말마라 前後無肥已手段大邱城郭의公廨를壹時에풀아먹네 哀邱太邱흥

▲重陽病節말마라 大邱邑內偸盜狗狗豆捌殺父之讎맛ᄎᆞ던가 哀邱太子흥

▲重陽加節말마라 七谷地方蓬蓬害盈小重陽의濁亂ᄒᆞ大重陽에九甚ᄒᆞ니 哀子大子흥

▲重陽呵節말마라 相窺々々옷난소리 逢期々々지ᄂᆡ네 四拾壹郡難堪이 哀子大子흥

▲重陽暇節말마라 詭詐ᄒᆞᆫ拳頭凶險ᄒᆞ니 挾雜亂類ᄲᅡ이로다 哀子大子흥

▲重陽可節말마라 떠나갓네々々々々 協成學校떠나갓네 賣道靑年어이ᄒᆞᆯ고 哀子大子흥

評曰絕奇絕妙令人絕倒

廣告

本所通常摠會를本月拾六日陰二拾五日下午壹時에開ᄒᆞ오니僉宗은照亮來臨ᄒᆞ심을爲要

金海金氏宗約所 白

本所에서測量에急務를擴張키爲ᄒᆞ야延安郡南大門內邊汝乂시家에事務所를設施ᄒᆞ고隨請酬應ᄒᆞ오니志願僉員은迅速來議ᄒᆞᆷ

延昌測量事務所 告ᄒᆞ

本人이西部冷洞壹百七拾八統七戶家券을光武拾壹年六月에典當이라가本錢은償報ᄒᆞ고該券을推來인대漢城府契約書二本을紛失ᄒᆞ얏ᄉᆞ오니內外國人間拾得ᄒᆞ셔도休紙로施行ᄒᆞᆷ

金漢奎 告白

▲特別廣告

본샤에서일반학도의편리케ᄒᆞᆷ을위ᄒᆞ야학도의모자와복장양복을제조방매ᄒᆞ며그외에各學校敎科書와諸種書籍외학도의각양소용물품을일제히쥰비ᄒᆞ옵고특별히헐가로방매ᄒᆞ오니죠량ᄒᆞ시며혹도로가격ᄒᆞ야릭왕키불편ᄒᆞᆫ곳에ᄂᆞᆫ모자와복장의견양과소용품을긔송ᄒᆞ오면합의케ᄒᆞ야우편으로부송ᄒᆞ오며단가금은션급을요구ᄒᆞ오니쳠군ᄌᆞᄂᆞᆫ만히만히이고ᄒᆞ시옵

元山港 上里一洞創業社主任 皇甫正 길

辯護士 木尾虎之助

訴訟及請願事件迅速親切處理

京城下茶洞拾九統二戶 (電話三七五)

法律事務所

事務主任 南萬雄

韓國部法律顧問從二品金益昇

本人에姓名陽刻圖章과及新貨二圜四拾錢을本府內東往路中에셔셔失이옴기玆以廣布ᄒᆞᆷ

義州松長面雲川洞元永顯告白

本人이陰拾壹月七日에載寧邑市에入去ᄒᆞ얏다가圖章을中路見失ᄒᆞ얏ᄉᆞ오니知舊間照亮ᄒᆞᆷ

信川大井面山水洞李泰鎬告白

草溪郡赤동面景興測量講習所所長金奎暐學監李南奎監督姜爽祐事務員李源鎬講師李鳳承諸시가熱心으로贊成敎育ᄒᆞ야今月初九日卒業式에賞品도厚施ᄒᆞ고各面面長과父老가雲集稱頌ᄒᆞ얏ᄂᆞᆫ되最優등과優등과及第生은如左ᄒᆞᆷ

最優등　拾九人

姜錫桓　張仁伯　김종圭
김俊培　姜晉善　김秉植
孫德祥　李종漢　許曄
김鍊應　徐석賢　鄭濟鉉
朴泰轅　張永圭　김洛來
孫學淵　鄭灝時　김致昭
高仁德

優등　二拾七人

白南翼　卞尙來　李用雨
孫璋鉉　鄭昌朝　吳道浩
김甲秀　리永桓　權泰人
許 燈　卞鎔圭　申석基
盧秀憲　尹炳玉　鄭鉉弼
朴炳英　尹炳九　朴璣炯
리東伯　鄭炳朝　김琪相
鄭寅燮　鄭鉉台　김相魯
김容淳　崔炳泓　崔可範

及第　二拾四人

卞宗珣　김周坤　김河과
洪錫九　리學圭　吳道乂
鄭華達　김哲順　柳道仁
咸宗泰　리浩文　許 璜
魯致길　리暢殷　鄭光鎬
鄭源智　김玉汝　韓昌杰
리裕俊　車敎永　김光元
尹大憲　卞榮源　박奇權

景興測量講習所 告白

本同事總會를來二月拾六日陰正月二拾六日로本店에開ᄒᆞ오니本同事人委員과贊成ᄒᆞ시ᄂᆞᆫ僉員은速期協贊ᄒᆞ시되所有股票諸員은携帶來臨ᄒᆞ심伏望ᄒᆞᆷ

會議件

壹　壹年營業總計算

貳　明年營業擴張方針

規則變更

或有不得已事則委任狀으로他人을代理ᄒᆞᆷ도可ᄒᆞᆷ

隆熙三年壹月拾三日

平北龍川楊市 商務同事

本人이陰今月初二日平壤列車를乘ᄒᆞ얏다가手帒를見失ᄒᆞ얏ᄂᆞᆫ대本人의姓名章과金宗燮章兩介를兼失ᄒᆞ얏ᄉᆞ니誰某ᄂᆞᆫ得ᄒᆞ와도勿爲施行ᄒᆞᆷ

平南成從邑內安奉珍 白

◉平壤大成學校廣告

本校에서算術地誌歷史漢文四種만試取ᄒᆞ야入格者ᄂᆞᆫ入學케ᄒᆞᆯ터이니語學과與科ᄂᆞᆫ曾학치못ᄒᆞᆫ靑年이라도屆期應試ᄒᆞ옵

試驗日字ᄂᆞᆫ壹月二拾四日(陰正月初二日)

平壤 大成學校

本人等이測量事務所를大邱에濫設ᄒᆞ얏ᄉᆞ니遠近請求ᄒᆞ시ᄂᆞᆫ僉君子ᄂᆞᆫ大邱에剧邊동拾壹統六戶大成測量事務所로來臨ᄒᆞ심을望ᄒᆞᆷ

金弘詐　宋台觀　安鳳설
金壹默　리元植

漢江李宗默許所推條ᄒᆞ심圖留置標見失이기玆仰布ᄒᆞᆷ

鄭錫永 廣告

特別廣告

近頃에本社事務에對ᄒᆞ야意換沒覺ᄒᆞᆫ者ㅣ陰沮를試ᄒᆞᆫ다ᄒᆞ나何國何人이던지本社에長進ᄒᆞᆫ事務에對ᄒᆞ야能히防遏치못ᄒᆞᆯ것은明瞭ᄒᆞᆷ이니此廣告를誦ᄒᆞ시ᄂᆞᆫ첨彦은幸須銘心ᄒᆞᆯ것이오며玆에本社의進行ᄒᆞᆯ職責與事務를明白히說明ᄒᆞ노라

本社ᄂᆞᆫ비록新成立ᄒᆞᆫ者이나本社를興旺케ᄒᆞᆯ方針에對ᄒᆞ야必要ᄒᆞᆫ時에ᄂᆞᆫ能力과勇敢力이固有ᄒᆞ오며現今에着手ᄒᆞᆯ事業은如左ᄒᆞᆷ

一　本社ᄂᆞᆫ韓國과美國間에直接輸入及輸出을伸張ᄒᆞᆷ을務圖ᄒᆞᆷ

韓國內某々種手造物品은美國의輸出ᄒᆞ야奇利를得ᄒᆞᆯ者가多ᄒᆞ나至今ᄭᆞ지此等物品은美國에各處와紹介ᄒᆞᆯ機路ᄒᆞ며나現今에本社에서ᄂᆞᆫ此等困難이無ᄒᆞᆫ지라韓國은何故로美國과如此ᄒᆞᆫ商業上好關係를抛棄ᄒᆞ리오

又壹試思ᄒᆞᆯ것은美國物品이韓國에到達ᄒᆞᆯ時에ᄂᆞᆫ通常으로四五手를經由ᄒᆞ나니每經由處에該物品本價에서利益을添付ᄒᆞ여稅金及運費도自然增加ᄒᆞᄂᆞᆫ故로物價가甚高ᄒᆞ오나本會社ᄂᆞᆫ美國內物品製造所에서最廉價로特約直輸入ᄒᆞ야賣買者에게直接放賣ᄒᆞ면物價가低廉ᄒᆞᆯ터이오니推此思惟ᄒᆞ오면韓國內에서美國物品의需用이直接及間接으로利益의增加ᄒᆞᆷ을預期ᄒᆞᆷ

貳　本社에셔韓美兩國商業關係에만盡力ᄒᆞᆯ뿐不啻라韓國과亞細亞全部와歐羅巴及濠太利諸處에도商業上好機會를造成ᄒᆞᆯ計劃이오며且動貨ᄒᆞᆯ代理人을韓國內各處에置ᄒᆞ고新鮮ᄒᆞᆫ物品을直輸入ᄒᆞ야各處代理人으로分掌出賣케ᄒᆞ며지物貨를放賣ᄒᆞᆷ에對ᄒᆞ야ᄂᆞᆫ時々로特別히廣告를揭布ᄒᆞᆯ터이오니海內僉彦은本社에事務進行을繼此承聞ᄒᆞ오리다

三　本會社ᄂᆞᆫ不動產部를別設ᄒᆞ고不動產에關ᄒᆞᆫ事項을管理ᄒᆞ되土地家屋等賣買典當과借貸等事에仲介契約受托及방助ᄒᆞᄂᆞᆫ等事를處理ᄒᆞ야迅速히發展되기를期待ᄒᆞ며此에關ᄒᆞᆫ詳細事項은未久의公布ᄒᆞᆯ지ᄋᆞᆸ

四　何事를勿論ᄒᆞ고法律에違反치아니ᄒᆞ고本社의利益이有ᄒᆞᆷ으로認定ᄒᆞᄂᆞᆫ營業은本社에서隨機進行ᄒᆞ기를準備ᄒᆞᆯ터이오니此目的에對ᄒᆞ야同情을表ᄒᆞ시ᄂᆞᆫ僉彦은盡心協助ᄒᆞ심을切望ᄒᆞᆷ

以上陳述ᄒᆞᆫ諸項에對ᄒᆞ야僉彦과通信을連絡ᄒᆞ기를願ᄒᆞ오니左開二項을注意ᄒᆞ시옵

壹　何事를勿論ᄒᆞ고本會社에委托ᄒᆞᄂᆞᆫ時에ᄂᆞᆫ本社의셔盡心竭力ᄒᆞ야信實히處理ᄒᆞᆯ터이오며

二　本會社ᄂᆞᆫ何人이던지本會社의委托ᄒᆞᆫ事에對ᄒᆞ야ᄂᆞᆫ其信用을確守ᄒᆞ고尊敬ᄒᆞᆷ을保証ᄒᆞᄂᆞᆫ故로何事를勿論ᄒᆞ고信用의關ᄒᆞᆫ事件은特別히本社의委任ᄒᆞᆷ에加一層安全ᄒᆞᆷ을擔任ᄒᆞ얍나이다

大韓皇城磚洞

韓美興業株式會社 謹啓

廣告

本學博士김弼淳시께서勝동長老와 禮拜堂니男女學校財政의 困難홈을爲호야來십六日土曜下午七点에勝동禮拜堂에서生理學으로演說會를設호고入場券을賣호오니敎育에熱心호시논紳士와學生들은來聽호심을望홈

入場券은禮拜堂大門外冊舍에서賣홈 票價拾錢

勝洞學校校監김益南 白

德國 이버페르드地方에파옌파부리켄, 故프리 떼이어 **會社**는世界上에最大호各種**染色料製造所**인데本社에서는韓人淸人商業家諸友의게大注意호시기를懇乞호는바는無名多少無據虛호商賈輩가**麒麟**과**兩女**商標를僞造호여本社의名譽이頗多호고品質이最良호染色과藍靑色料를價低호로無價値호色料로써代替호人이有호니

其僞造를注意호시며且淸國地方에서行用호는名號(**瀨全隆**)三字를注意호시오此는每箇에書호얏느니其商且獨히積年信字호는品料로憑證호논것이오

又用紙箱과木箱에는登錄其國으로本社의登錄商標印影을個個히貼付호야眞品인것을보임으로홍球를踏호고鏡像을烙印호얏스며此를環造호야本社의名號를失字로印出호얏숨니다

大韓全國에總發行所는
京城南大門內濟生堂大藥房

淸心保命丹 此丹은風痰을消호고咳嗽를止호며氣滯와水도不服에奇效가有홈 金十錢

蔘茸大補元 壹週日分金壹圜 四週分金三圜十錢 二週分金八十錢 十週五圜三拾錢

右약은大韓名産鹿茸人蔘에西洋有名호補材를混和호야我國兄弟의腸胃와性質에適當호도록多年硏究호바인바今에先服人의累試累驗이隨症皆效호니果然今世之靈藥이라故로幸治救能을左開廣佈호오니僉兄弟는何不早圖壹試오(效能) 先天不足과虛妄不眠호며 心腎俱虛와 房事色傷이며 遺精多夢과色傷腰痛이며 房事時에早漏不快호며 重病後虛弱과 手足厥冷이며 食物不消와 貧血諸症 奇效가有호고 無病人이若服七週면大補元氣호고骨節이强壯호며健康無病호나니此可謂眞世靈藥哉若不其效면약價還呈홈

蛔積殺虫散 此散은蛔積과蛔腹痛과蛔滯와蛔虫을驅除호는良劑 金십錢

寸虫沒出藥 勿論男婦老幼호고寸虫을切拔根之妙劑 壹人用三拾錢

久滯 大通丸 年久호積滯와胸腹痛과腹中積病을驅除호는良劑 金拾五錢

感氣 特效 解熱散 感氣드러頭痛나고寒熱往來호며肢節痛과몸살에升效 금拾젼

뒤눈根拔藥 뒤눈과못과사마귀에바르면百發百中으로빠지오 金십錢

新製百應膏 虫痛과瘡종과根박인대와종氣始初와터러못선대神效 金拾젼

去液生肌 沃度膏 劍創과모던종氣와火傷과곱시인대와싸시고압픈대神效 金拾錢

止足汗臭藥 발에땀나셔보션을신으면惡臭와汗이나쳐고너믐시가업소 金十錢

其他諸藥은壹同一般이오니僉兄의게는韓國內藥商에서는藥價를大割引호야放賣호오니陸續注文호시오

京城南大門內仁川港

濟生堂主 李庚鳳

本人이製造發行호논바靈丹을今에官許를蒙호고大韓醫院業學士兒島卞里氏와一等製藥官劉世烈兩氏檢査證明과軍部軍務局衛生課二等軍醫長金益南閣下와諸大方家高明醫士의有効賞贊을受호바其應用說明은如左홈

說明書

靈丹 中暑·中寒·吐瀉·腹痛及消化不良·食慾不進·頭重目昏心煩鬱悶·船暈酒醉·眩暈頭迷·山嵐瘴氣·痞滿癆嘔·水土不服等

地方各處에서書信으로請求호시면小包迅速繼呈호깃숨

發行本鋪 皇城南部大廣橋 銅丁九統七戶 共愛堂大藥房 告白

大韓帝國地圖

銅版印刷 子로수洋裝 全壹帖 正價五拾錢

△[illegible]堂玄 采시序

○我韓地圖之精密者首推古山子地圖昔太多難於携帶且流傳者少不能人人皆有豈非大恨哉玆將地圖本删煩就簡作爲小帖以公同好我內地形勝險要之無遺蔽者開拓而發明則我國之富强可期以待矣分圖十三道自仁川港郡都用以至物産名目詳細記載使人開目瞭然請我同胞各置壹本以作教育事業之壹助是所厚望

發兌元

皇城中部罷朝橋越邊 中央書館
皇城[illegible]廣橋越邊 滙東書館
皇城北部桂洞 玄公廉
皇城中部[illegible]路 大東書市

隆熙三年一月二日

萬國基督敎年會

濟惠醫院 李[illegible]化

濟惠産[illegible]全部寄付書

受[illegible]處方檢査호後에特許를拜受호[illegible]路와東西兩藥月報發行[illegible]部大臣의認可文憑을貴館에[illegible]하[illegible]醫局衛生試驗所에서貳[illegible]

大韓帝國靑年[illegible]上에義務[illegible]元錢蔘茸[illegible]의愛世界同胞之眞[illegible]二[illegible]는主志는壹以獻米國[illegible]本人의至微호産業所[illegible]慈惠[illegible]一[illegible]祝同胞靑年의敎育進步[illegible]以表微誠[illegible]오니以上醫院治療室全部와[illegible]藥製造所全部의活版機械石版機械附屬等物今日[illegible]藥在관으로[illegible]分合[illegible]이라乃至十百年이라도因此使用호야[illegible]費에充케호되但本人의所屬全部와商標特許局慈字商標許可文憑貴館[illegible]費[illegible]오며本

救主降生一千九百九年一月三日

基督僕 李觀化 印
朴惠慈 印

藥房에서事務가多端호야生手로今日看事호슈업숨으로貴會館議事部에서本人에自由하마맙숩호시니目的成就될써지事務勤着호오나本人이離職호後와도弟與子姪間財錦上少無關係이옵고但敎育만敎導호야주시며以上七列物品을永久維持호方針에對호야[illegible]二兄弟勤務호수能호깃슨즉愛重公益호시논知事兄弟二員을投票選定호야一爲主務하고壹爲協보호야以二個年으로爲限호고遞次繼選[illegible]勤務此業호야全國同胞靑年敎育方針을永久維持[illegible]소서右事業成就에就호야서논人力으로圓滿호기難成就호能力이無호와 天父主前에成就호야주옵소서호고에슈그리스도功勞를依하야祈禱하옵나이다

九拾五粒入金[illegible]錢 **八寶丹**

補腦補髓 **滋陽丸** 조양환

三部七分 금五圜
貳拾四分 금二圜四拾젼
拾[illegible]分 금壹圜八拾젼

主 ○房事不啓○腎虛腰痛○病後氣喘○腎氣不足○陽痿[illegible]起○遺精多夢○陰虛[illegible]○房事後[illegible]○手足厥冷○形容蒼白○吸烟斷烟客○體質虛弱消瘦

治 此外의上東西各國藥[illegible]고各地方에서도隨用請求호시면郵便으로보내고에各藥[illegible]效位에는特別割引放賣호오며陸續注文

제약소 [illegible]號

製藥所 仁川港[illegible] 和平堂藥房

發行人 李[illegible]

京城西門外 **衣[illegible]和平堂支店**

代理店 京城南門內水標橋[illegible]堂藥房 京城[illegible]堂藥房 平壤[illegible] 元山觀察[illegible] 水原[illegible] 宣川[illegible] 博川 [illegible] 太[illegible] [illegible]安州 [illegible]

大韓帝國仁川港 各國內各藥舖

總發行所 **和平堂大藥房**

婦人의[illegible]부리 양丘 령 환 人[illegible] 胎 養[illegible] 經 丸 靈藥 악령의[illegible] 金[illegible] 月分 金五圜

主[illegible]

婦人의孕胎[illegible]時[illegible]月經不調[illegible]因[illegible]其此藥을服[illegible]시며[illegible]腹中[illegible]諸病을[illegible]切退去[illegible]自然孕[illegible]호[illegible]速[illegible]上[illegible]

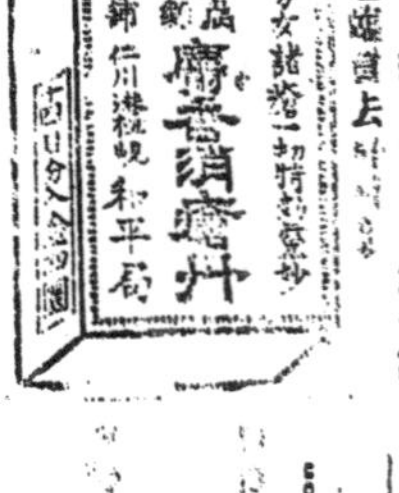

和平堂 [illegible]

第六卷

大韓每日申報

第壹千三號

月曜及慶節 休刊

臨時休刊

檀君開國四千二百四十二年
箕子元年三千三十一年
大韓開國五百十八年
日本明治四十二年
淸國光緖三十四年
陰曆戊申十二月大廿六日丁丑

論說

◉國體를成立ᄒᆞᄂᆞᆫ方法

近日韓人이言必稱國體々々ᄒᆞ나太半是國體의要素ᄂᆞᆫ不究ᄒᆞ고口로만國體々々ᄒᆞ며國體의實地ᄂᆞᆫ不務ᄒᆞ고筆로만國體々々ᄒᆞ니此ᄂᆞᆫ滑稽的言論이라國體가엇지成立ᄒᆞ리오

是以로今日에壹國體가始立ᄒᆞ미明日에仍裂缺ᄒᆞ고此地에壹國體가剏起ᄒᆞ미彼地와相裂缺ᄒᆞ야國體를日々唱ᄒᆞ되裂缺이日々甚ᄒᆞ니悲夫々々라

如是ᄒᆞ면國體를組成ᄒᆞᆯ日이終無ᄒᆞᆯ지니余ㅣ甚히懼ᄒᆞ노라

然則如何ᄒᆞ면國體의要素를可講ᄒᆞ며如何ᄒᆞ면國體의實地를可踐ᄒᆞᆯ까曰其方法이有ᄒᆞ니壹은消極的方法이오壹은積極的方法이니라

消極的方法이라ᄒᆞᆷ은何를指ᄒᆞᆷ인가曰(壹)階級的觀念을打破ᄒᆞᆯ지니盖階級主義「卽不平등主義」ᄂᆞᆫ天賦의人權을蹂躪ᄒᆞ며人道의公理를毁壞ᄒᆞ야團體力을抹殺ᄒᆞᄂᆞᆫ主義니決코現世文明의不許ᄒᆞᄂᆞᆫ바ㅣ라若此階級的觀念이有ᄒᆞ면

甲族은乙族을歧視ᄒᆞ고乙族은甲族을嫉視ᄒᆞ야裂缺에遂至ᄒᆞ나니況此奴境에共陷ᄒᆞ야此主義를尙抱ᄒᆞᆫ者ᄂᆞᆫ其惟滅亡을自招ᄒᆞᆷ인저故로此觀念을打破ᄒᆞᆫ後에야團體가可히成立ᄒᆞᆯ지오(二)地方的觀念을打破ᄒᆞᆯ지니益地方이라ᄒᆞᆷ은偶然히行政上區劃으로區分됨이오何등他區別의意無ᄒᆞᆫ者ㅣ라此韓國으로言ᄒᆞ면京畿道도韓人兄弟의地方이오江原道도韓人兄弟의地方이오其他平安黃海忠淸全羅慶尙道도皆韓人兄弟의地方이니何등區別이曾有ᄒᆞᆫ것ᄂᆞᆫ가若此地方的觀念이有ᄒᆞ면此道ᄂᆞᆫ彼道를猜ᄒᆞ며彼道ᄂᆞᆫ此道를怨ᄒᆞ야裂缺에遂至ᄒᆞ리라故로此觀念을打破ᄒᆞᆫ後에야團體를可히成立ᄒᆞᆯ지오(三)私已的觀念을打破ᄒᆞᆯ지니盖我만知ᄒᆞ고國家ᄂᆞᆫ不知ᄒᆞ며我만知ᄒᆞ고同胞ᄂᆞᆫ不知ᄒᆞ며我만知ᄒᆞ고鄕黨은不知ᄒᆞ면畢竟國家를害ᄒᆞ야我에만利케ᄒᆞ며同胞를害ᄒᆞ야我에만利케ᄒᆞ며鄕黨을害ᄒᆞ야我에만利케ᄒᆞ리니若此私己的觀念이有ᄒᆞ면謀奪이生ᄒᆞ며爭鬪가起ᄒᆞ야裂缺에遂至ᄒᆞᆯ지라故로此觀念을打破ᄒᆞᆫ後에야團體가可히成立될지니라

積極的方法이라ᄒᆞᆷ은又何를指ᄒᆞᆷ인가曰(壹)同族(卽民族)을愛ᄒᆞᆯ지니同族을我의兄弟로認ᄒᆞ며我의壹家로認ᄒᆞ며我의壹身으로認ᄒᆞ야樂劇이有ᄒᆞ거던共히歡迎ᄒᆞ며悲劇이有ᄒᆞ거던共히救護ᄒᆞ며休戚을同ᄒᆞ며安危를同ᄒᆞ며存亡을同ᄒᆞ야愛로相勵ᄒᆞ며愛로相扶ᄒᆞ면團體가自然成立될지오(二)公益을奮勵ᄒᆞᆯ지라我壹族에ᄂᆞᆫ現存ᄒᆞᆫ利益이無ᄒᆞᆯ지라도公益이라ᄒᆞ면乃歌乃舞ᄒᆞ며我壹身에ᄂᆞᆫ特別ᄒᆞᆫ光榮이無ᄒᆞᆯ지라도公益이라ᄒᆞ면歡欣鼓舞ᄒᆞ야公益에趨ᄒᆞᆷ이私益보다尤急ᄒᆞ면團體가自然成立될지니라

勸ᄒᆞ노니韓國同胞여今日은人群競爭의時代라早々히完全健强ᄒᆞᆫ團體를組成ᄒᆞ여야競爭舞臺上에存立을得ᄒᆞᆯ지니諸公도皆知了ᄒᆞᄂᆞᆫ비니以上消極積極의二個方法을勿忘ᄒᆞ야競爭의實力을準備ᄒᆞᆯ지어다

(未完)

◎隆熙貳年拾月二拾七日 官報

農商工部告示第拾二號 續

拾八 淸算人의選任解任又ᄂᆞᆫ變更
每壹件金壹圓

拾九 淸算의結了
每壹件金壹圓

支店所在地에셔前項各号의登記를受ᄒᆞᆫ時ᄂᆞᆫ每壹件에金一圓의登錄稅를納ᄒᆞᆷ이可ᄒᆞᆷ

財團法人又ᄂᆞᆫ營利를目的으로아니ᄒᆞᆫ社團法人으로셔등記를受ᄒᆞᆫ時ᄂᆞᆫ左게區別을從ᄒᆞ야등錄稅를納ᄒᆞᆷ이可ᄒᆞᆷ

壹 法人의設立
民法施行法을依ᄒᆞ야法人으로被認ᄒᆞᆯ者가셔로受ᄒᆞᄂᆞᆫ등記도
每壹件金五圓

貳 法人設立後에事務所設置
每壹件金三圓

三 事務所의移轉
每壹件金二圓

四 등記事項의變更消滅又ᄂᆞᆫ廢止
每壹件金壹圓

五 등記의更正又ᄂᆞᆫ抹消
每壹件金壹圓

六 解散 每壹件金五十錢

七 淸算人의選任解任又ᄂᆞᆫ變更
每壹件금五十錢

外報

●兩國皇室에訪問 東京電을據ᄒᆞᆫ즉伊太利國皇帝及皇后兩陛下ᄂᆞᆫ英國을訪問ᄒᆞ고露國皇帝及皇后兩陛下ᄂᆞᆫ伊太利國을訪問ᄒᆞᆯ旨를發表ᄒᆞ얏다더라

●伊國의再震 同電을據ᄒᆞᆫ즉伊太利國에ᄊᆞ시나市에셔去十日에再次地震이起ᄒᆞ얏ᄂᆞᆫ대同時에海溢이起ᄒᆞ야海岸面面이破壞ᄒᆞ얏고또나山에셔噴火가起ᄒᆞ얏다더라

●瑞國의敎堂墜落 路透電을據ᄒᆞᆫ則瑞西나스구ᄊᆞ敎會堂에서屋宇가墜落ᄒᆞ야拾壹名이死亡되고五拾名이負傷ᄒᆞ얏다더라

●波斯의革黨騷亂 伯林電을據ᄒᆞᆫ則波斯國革命黨軍이아졔짜에시안에서皇室御料地를攻國ᄒᆞ얏다더라

●伊國의議會 同電을據ᄒᆞᆫ則伊太利의議會ᄂᆞᆫ메ᄊᆞ시나市와스데기市를再興ᄒᆞᆯ目的으로委員을任命ᄒᆞ얏다더라

雜報

●傳之者誤 日昨本報에김命洙시가淸州郡守로在任時에該郡戶布色金春植許에二千圓을勒奪ᄒᆞᆫ事와該郡郭貞燁許에金三兩重을勒奪ᄒᆞ엿다ᄂᆞᆫ說은俱係誤聞ᄒᆞᆷ

詞藻

●雲蔽日

구름은無心탄말이。아마도虛浪ᄒᆞ다
中天에떠잇서、任意로단니면서
굿타여、光明ᄒᆞᆫ날빗출、따러가며

廣告

雜報

◎釜民獻忠　今番 大皇帝陛下께옵서 巡幸ᄒᆞ사 釜港에 御着ᄒᆞ셧슬時에 該港人民들이 大皇帝陛下를 日本으로 御渡케ᄒᆞᆯ인가 疑訝ᄒᆞ엿던지 四千餘名이 決死隊를 組織ᄒᆞ얏다ᄂᆞᆫ대 當夜에ᄂᆞᆫ 衆民이 埠頭에서 露宿經夜ᄒᆞ얏고 翌日에 皇上陛下께서 日本軍艦을 御巡覽ᄒᆞ실을 聞知ᄒᆞ고 果然 御渡日ᄒᆞ시ᄂᆞᆫ가 疑懼ᄒᆞ야 衆民이 각其衣服을 途路에 脫布ᄒᆞ야 遮路ᄒᆞ미 諸大臣이 不然ᄒᆞᆫ 事由를 極口說諭ᄒᆞ얏스되 人民等은 木船 六拾隻을 預備ᄒᆞ얏다가 壹齊搭乘ᄒᆞ고 隨往ᄒᆞ야 御乘ᄒᆞ신 軍艦을 包衛ᄒᆞ거날 諸臣이 該事由를 問ᄒᆞᆫ대 人民등이 齊聲曰 我 皇上陛下께옵서 萬一 渡日ᄒᆞ실진대 我衆民들은 彼滄海中에 寧爲溺死언뎡 不忍見 御駕渡日이라 ᄒᆞᆫ대 更히 不然의 事由를 曉諭ᄒᆞ미 該人民들의 疑懷가 稍釋ᄒᆞ얏다더라

◎馬港民氣　大皇帝陛下께옵서 今番 巡幸ᄒᆞ실時에 馬山港에 御到着ᄒᆞ시매 伊藤統監이 該港人民을 招集ᄒᆞ고 韓日兩國의 交誼親密ᄒᆞᆫ 意로 演說ᄒᆞᄂᆞᆫ대 該人民등이 憤鬱之心이 太發ᄒᆞ야 ᄒᆞᆫ지 不好ᄒᆞᆫ 景色이 將起ᄒᆞᆯ 慮가 有ᄒᆞᆷ으로 演說을 結梢치 못ᄒᆞ얏다더라

◎下賜醫官　今番에 大皇帝陛下께옵서 巡幸ᄒᆞ실時에 醫衛次出張ᄒᆞ얏던 醫師及巡査에게 宿泊料 五拾錢과 日當費 三十錢과 特賞金 三圜式 壹々支給ᄒᆞ셧다더라

◎外直之奸　日前에 內大 宋秉畯氏가 總理 李完用氏를 往見ᄒᆞ고 言ᄒᆞ되 大監이 勢力을 去益增加ᄒᆞᆯ 計劃으로 今番에 大皇帝陛下로ᄒᆞ야금 地方巡狩를 奉然히 頒佈ᄒᆞ얏슨즉 臣子道理에 至嚴ᄒᆞ신 皇上을 如是待遇ᄒᆞ얏스니 勢貫難固오 大逆의 醜名을 去益難洗ᄒᆞ리라ᄒᆞ고 壹場面駁ᄒᆞ얏다더라

◎內閣春沐　現政界가 變動된다ᄂᆞᆫ 說은 本報에 隨聞累揭ᄒᆞ얏거니와 更聞ᄒᆞᆫ즉 現內閣이 不久에 變更된다ᄂᆞᆫ 說이 喧藉ᄒᆞ다더라

◎君門如市　近日 丞宣君 李埈鎔氏家에 來賓이 踏至ᄒᆞ야 門庭이 如市ᄒᆞ다더라

◎何用更査　度支部財務監督局에서 昨秋에 南大門外와 東大門外에 在ᄒᆞᆫ 官有地를 調査ᄒᆞ야 現今 收稅中인대 該調査ᄒᆞᆫ 文簿를 監督局에서 更히 調査ᄒᆞᄂᆞᆫ中이라더라

◎教科檢止斬持　各紳士들이 現時에 適當ᄒᆞᆫ 教科書를 制述ᄒᆞ야 檢正次로 學部에 入送ᄒᆞ얏더니 編輯局 魚允迪氏가 有何思想인지 各人의 制述ᄒᆞᆫ 教科書를 留置ᄒᆞ고 檢正ᄒᆞ기를 斬持ᄒᆞᆫ다더라

◎米艦入仁　來月中旬頃에 米國의 壹艦隊ᄂᆞᆫ 南淸方面으로부터 仁川港에 到泊ᄒᆞᆯ터이라더라

◎義兵消息　義兵大將 文台奭氏와 全北茂朱德留山에서 數朔 需軍士를 鍊習ᄒᆞᆫ後에 九千洞에서 日兵과 交戰ᄒᆞ야 日兵이 多數히 被殺ᄒᆞ얏다ᄂᆞᆫ 傳說이 有ᄒᆞ더라

◎李童誰童　忠淸北道某郡居ᄒᆞᄂᆞᆫ 李童이라 稱ᄒᆞᄂᆞᆫ 童子가 年今十四歲에 自稱義兵ᄒᆞ고 沃川 永同 黃澗 靑山等地로 橫行ᄒᆞ며 言ᄒᆞ되 爲國之心으로 出世ᄒᆞ얏다ᄒᆞ고 卽時 義兵大將 文台奭氏와 同行ᄒᆞ야 光州로 갓다ᄂᆞᆫ 消息이 狼藉ᄒᆞ다더라

◎好事生弊　近來 各地方에서 牛痘를 因ᄒᆞ야 人民에 怨恨이 漲天ᄒᆞᄂᆞᆫ대 順天郡 牛痘委員 張大奎氏가 巡査壹名을 領率ᄒᆞ고 各面各里에 往來ᄒᆞ며 巡査를 派送ᄒᆞ야 家戶마다 內庭에 突入ᄒᆞ며 兒孩를 逢則捉去ᄒᆞ야 施痘ᄒᆞᄂᆞᆫ데 婦女及兒童이 黑衣人을 見ᄒᆞᆫ則 逃走ᄒᆞᄂᆞᆫ지라 張氏가 洞民을 招諭曰 男女를 勿論ᄒᆞ고 三十歲以下ᄂᆞᆫ 壹切施痘ᄒᆞ라ᄒᆞ고 詔勅이 切嚴ᄒᆞ다ᄒᆞ미 洞民이 急히 洞中諸兒를 會集施痘ᄒᆞᆯ시 三拾歲된 男女들은 皆不應從ᄒᆞ고 栗飯이나 出給ᄒᆞ마ᄒᆞᆫ디 該委員曰 政府에서 每名 拾五錢式 定ᄒᆞ얏다ᄒᆞ고 不日督捧ᄒᆞᆷ으로 民怨이 狼藉ᄒᆞ다더라

◎貪獸通譯　永川日守備隊通譯 韓承教가 河陽郡 治巖居ᄒᆞᄂᆞᆫ 朴友三과 符同ᄒᆞ야 治巖近處 朴某家에 盜賊三名이 突入ᄒᆞᆫ것을 壹洞이 合力ᄒᆞ야 賊漢壹名을 逮捕ᄒᆞ고 二名은 見失ᄒᆞ얏더니 該朴某를 反稱賊漢이라ᄒᆞ고 守備隊의 傳令이라 假托ᄒᆞ고 捉去鍛鍊ᄒᆞ다가 該洞人民이 憲兵隊에 呼訴ᄒᆞ야 艱辛히 得放ᄒᆞ얏다더라

◎出於愛人　故開城郡守 洪在箕氏의 養子를 率養ᄒᆞᄂᆞᆫ 事에 對ᄒᆞ야 兪吉濬 閔衡植 俞星濬등 諸氏가 該養子를 ᄒᆞᄂᆞᆫ 節次費用과 敎育經費를 擔保ᄒᆞ기로 發起ᄒᆞ얏다더라

◎是夫是婦　木浦港萬福洞居 金秀律氏의 八耋母親이 身病이 有ᄒᆞ야 金氏가 製藥次로 他出ᄒᆞᆫ 際에 畢竟致命ᄒᆞᄂᆞᆫ故로 金氏의 婦人 李氏가 斷指注血ᄒᆞ얏더니 少爲回甦ᄒᆞ얏ᄂᆞᆫ대 金氏가 歸來ᄒᆞ야 其婦人의 至孝를 感服ᄒᆞ고 自己의 股部를 割ᄒᆞ야 進服ᄒᆞᆫ즉 其病勢가 快愈ᄒᆞ얏다더라

◎彼孫何孫　長淵郡居ᄒᆞᄂᆞᆫ 林應根氏가 今月八日에 其隣家婚行을 陪往ᄒᆞᄂᆞᆫ 路에 該郡郡主事 孫秉憲家婚行을 逢着ᄒᆞ야 路狹所致로 未及回避ᄒᆞ더니 孫某가 恐喝曰 誰家婚行인지 班家婚行에 避路치 안나냐ᄒᆞ고 手打足踢에 頭髻를 解ᄒᆞ야 馬尾에 懸ᄒᆞ고 五六里를 驅馳ᄒᆞ야 幾至死境이러니 幸히 酒店人民의 救護를 賴ᄒᆞ야 僅得解散이나 不省人事어날 孫某가 差使를 更遣ᄒᆞ야 死境에 在ᄒᆞᆫ 林氏를 擔舁捉去後 嚴囚牢獄ᄒᆞᆫ지라 長淵郡主事ᄂᆞᆫ 班閥과 勢力이 有ᄒᆞᆫ 韓에 第壹이라고 輿論이 紛紜ᄒᆞ다더라

◎崔金反目　仁川鼎洞面居ᄒᆞᄂᆞᆫ 崔春甫의 女 崔召史ᄂᆞᆫ 年今拾九에 仁川特峴面芳谷居 金學招씨게 出嫁ᄒᆞᆫ後 夫婦間不和ᄒᆞᆷ을 因ᄒᆞ야 歸家ᄒᆞ얏ᄂᆞᆫ데 金哥가 憤激ᄒᆞᆷ을 不勝ᄒᆞ야 崔家에 追往ᄒᆞ야 惹鬧ᄒᆞ다가 渠妻의 肩部를 以刀亂刺ᄒᆞ얏고 金哥의 妻母도 重傷을 被ᄒᆞ얏다더라

◎知人最難　西部阿峴居 李承浩가 朴台與로 爲名者를 自己家外舍에 貰人ᄒᆞ얏더니 朴某가 崔氏의 五歲兒女를 潛通ᄒᆞ다가 情跡이 現露되야 現行呈訴中이라더라

◎殺人醫師　從廉品 趙南昇氏의 別室이 去陰八月부터 無何症崇로 踰月呻吟ᄒᆞᄂᆞᆫ故로 病根이 骨髓에 深入ᄒᆞᆫ줄도 知得ᄒᆞ고 日前에 某醫院으로 昇去ᄒᆞ얏더니 日人醫師가 診察ᄒᆞᆫ後에 言ᄒᆞ되 臟腑에 大病이 有ᄒᆞᆫ즉 解剖然後에 可得治療라ᄒᆞ고 解剖ᄒᆞ고 見ᄒᆞᆫ미 幾朔에 至ᄒᆞᆫ 胎兒가 有ᄒᆞᆫ故로 不得治療ᄒᆞ고 仍卽致死ᄒᆞ얏다더라

◎獄中致死　中部禁府後洞居 趙壽弼氏가 鴉片을 吸ᄒᆞ다가 情跡이 現露되야 監獄署에 被囚ᄒᆞ얏더니 身病이 闖發ᄒᆞ야 昨日午前 某時에 監獄署內에서 因爲致死ᄒᆞ얏다더라

◎干義押上　楊根郡에 駐在ᄒᆞᆫ 日憲兵分隊에서 義兵千連이 有ᄒᆞᆫ 金泰氏와 楊州郡警察署에 囚犯 羅奉山氏를 押囚查覆ᄒᆞ고 昨日에 地方裁判所로 押上ᄒᆞ얏다더라

◎逃女押留　中部外相洞居ᄒᆞᄂᆞᆫ 驪鍚煥氏家 廊漢 鄭某의 妻 洪姓女가 何事件을 因ᄒᆞᆷ이던지 陰去月頃에 潛身逃躲ᄒᆞᄂᆞᆫ것을 楊州郡警察署에서 押留ᄒᆞ고 該家로 通知ᄒᆞ얏다더라

◎私鑄被捉　南門外居 金某가 私鑄ᄒᆞ다가 三昨日에 警視廳에 被捉ᄒᆞ얏ᄂᆞᆫ대 器械ᄭᆞ지 押收ᄒᆞ얏다더라

學界

◎勝校試績　勝洞女學校에서 年終試驗을 經ᄒᆞ얏ᄂᆞᆫ대 四年級最優等生 林眞實 優等生 林華榮 三年級最優等生 元傳愛 優等生 崔愛道 崔福實 貳年級最優等生 崔中林 優等生 林成實 趙敬蘭 壹年級最優等生 李明珠 優等生 ?昌葉 預備班最優等生 타간난 優等生 최복동 남경희 諸人인바 男學教師 金秀英 女學教師 崔恩景 兩氏가 壹場勸勉ᄒᆞᆫ後에 優數施賞ᄒᆞ얏다더라

◎郡守有人　韓山郡主事 金秉鎭시ᄂᆞᆫ 赴任以後로 行政上에 敏活ᄒᆞ고 郡內學校에 躬往ᄒᆞ야 學徒를 熱心勸勉ᄒᆞ며 優數捐助ᄒᆞ야 校況이 就緒에 生徒가 日益增加ᄒᆞᆫ다더라

◎測量得宜　南米人의 傳說을 聞ᄒᆞᆫ즉 韓山郡 有志紳士 李承休 ?中行 兩氏 諸시가 發起ᄒᆞ야 該郡內에 韓營測量事務所를 設立ᄒᆞ고 敎師를 雇聘ᄒᆞ야 生徒를 實地敎授ᄒᆞᆫ다더라

◎新明試績　私立新明學校에서 學期試驗을 經ᄒᆞ얏ᄂᆞᆫ대 三學年最優等 金福康 沈順鳳等四八이오 優等 池?熙等四人이오 第一學年最優等 徐興吉 李浩成等 三人이오 優等 ?戊景等五人이오 第二學年最優等 徐석九 白九龍等 二人이오 優等 金完宗等五人이오 幼稚科最優等 申福龍 朴勝稷 二人이라더라

◎誠荷義捐　晉州郡內 玉峰慶流齋測量講習所에서 金六十錢을 本社에 寄附ᄒᆞ얏기 茲에 感謝를 表ᄒᆞ노라

▲地方消息

▲本月六日 全羅南道光州郡北方二十里地에서 義兵二拾餘名이 日憲兵及補助員과 交戰ᄒᆞ얏다ᄒᆞ고

▲本月九日 忠州郡內에서 義兵四十餘名이 陽城郡에서 昨日 憲兵及補助員과 交戰ᄒᆞ얏다ᄒᆞ고

▲本月九日 坡州郡內에서 義兵百餘名이 該郡分遣所巡查와 汶山浦駐在日巡查와 交戰ᄒᆞ얏다ᄒᆞ고

▲咸鏡南道 ?川등附近에서 義兵將 宋相鳳의 率ᄒᆞᆫ 義兵 十餘名이 日守備隊와 交戰ᄒᆞ얏ᄂᆞᆫ데 日兵壹名이 被殺ᄒᆞ얏고 一名은 重傷ᄒᆞ얏다더라

▲書窓漫筆▼

▲權門勢家 櫛比ᄒᆞᆫ 中東嶺西仆 蝸屋에 우ᄂᆞᆫ 소ᄅᆡ 浪藉키로 散步急步ᄒᆞ야 ᄎᆞ저가서 縱戶窺視ᄒᆞᆫ즉 蕭蕭白髮老人은 形容憔悴ᄒᆞᆫ 小兒가 俯仰ᄒᆞ며 痛哭訴冤ᄒᆞᆫ대 그 情景이 可憐ᄒᆞ더라

▲아버님아 여보시오 우리집이 先代부터 無識으로 有名ᄒᆞ야 受人賤待ᄒᆞᄂᆞᆫ 것을 齒腐心冤痛ᄒᆞ더니 學問研究ᄒᆞ재니 越便家의 난장이 놈 百方沮害라ᄒᆞᆫ즉 엇지ᄒᆞ면 됴흐릿가

▲아버님아 여보시오 우리집이 先代부터 貧寒으로 有名ᄒᆞ야 惡衣惡食ᄒᆞᄂᆞᆫ 것을 晝夜度冤痛ᄒᆞ더니 商業에나 ᄒᆞ재니 越便家의 작쟝이 놈 百方沮害라ᄒᆞᆫ즉 엇지ᄒᆞ면 됴흐릿가

▲아버님아 여보시오 우리집이 先代부터 柔弱으로 有名ᄒᆞ야 對抗力이 업ᄂᆞᆫ것을 久月深冤痛ᄒᆞ더니 武術研究ᄒᆞ잿더니 越便家의 亡亂이 놈 百方沮害라ᄒᆞᆫ즉 엇지ᄒᆞ면 됴흐릿가

▲아버님아 여보시오 우리집이 先代부터 懶怠로 有名ᄒᆞ야 不耕不織ᄒᆞᄂᆞᆫ것을 晝夜間에 冤痛ᄒᆞ더니 農業에나 ᄒᆞ재니 越便家의 쥐셕기 놈 百方沮害라ᄒᆞᆫ즉 엇지ᄒᆞ면 됴흐릿가

▲아버님아 여보시오 우리집이 先代부터 不睦으로 有名ᄒᆞ야 家族爭鬪ᄒᆞᄂᆞᆫ것을 刻骨銘心冤痛ᄒᆞ더니 兄弟團合ᄒᆞ잿더니 越便家의 쇼란이 놈 百方沮害라ᄒᆞᆫ즉 엇지ᄒᆞ면 됴흐릿가

▲아버님아 여보시오 父祖以上 못ᄒᆞᆫ 졔 擔責ᄒᆞ고 도됴ᄒᆞ게 發達ᄒᆞ야 남과 ᄀᆞᆺ치 살잿더니 權門勢家 ᄯᅥᆫ 兒戲놈 내 手足結縛ᄒᆞ야 前進期望 杳然ᄒᆞ니 엇지ᄒᆞ면 됴흐릿가

▲더 該父의 擧動보소 淚水滂滂ᄒᆞ야 말이 痛哭 말아 慘酷ᄒᆞ다 네 情境이 都是나의 罪責이라 對答ᄒᆞᆯ말 업다마ᄂᆞᆫ 그 志氣를 끈치말고 忍耐前進ᄒᆞᆯ 량이면 所願成就 못ᄒᆞᆯ소냐

社告

泰仁支社員宋珠話 시가 支社事務를 辭免홈故로 來二月一日부터 該支社를 不得已廢止호오니 該支社로 本申報를 購覽호시는 僉君子는 今月內로 本社로 直接請求하시와 停送의 弊가 無케 호심을 務望

大韓每日申報社

◉特別廣告

본사에서 일반학도의 편리케홈을 위홈이야 학도의 모자와 복장양복을 제조방미홈며 그외에 各學校教科書와 諸種書類와 학도의 각양소용물품은 일제히 준비홈요 특별히 헐가로 방매호오니 죠량호시며 혹도가 헐격호야 리왕키불편호 곳에는 모자와 복장의 견양과 소용품을 괴송호오면 합의케호야 우편으로 부송호오며 대금은 션금을 요구호오니 쳠군즈는 만히 만히 이용호시옵

元山港上里一洞創業社主任 皇甫正 白

廣告

北部禮賓洞第九統九戶金伯萬 名字를 廷濟로 改名호오니 知舊 聞照亮홈 金廷濟 告白

中部寺洞七統六戶의 測量事務所를 設立호고 各項測量을 依請求施行호오니 僉彦은 照亮홈 圖畵測量製圖事務所 告白

今月十七日(日曜)上午拾壹時에 漢城府民會를 公동石鼓壇內에셔 開호오니 五部內人士는 來參호심을 敬要

漢城府民會 告

本人이 原州德加山所有松䆁을 김종元氏게 越價壹百八拾圓에 고買渡文券을 셔失矣 誰某拾得 休紙施行홈 김壹濟 告白

信川郡守李鍚永氏는 鄕守學理가 至於五朔에 屢經義擾호야 外兵之許多接應을 壹身擔任하야 少無錯誤뿐아니라 是아 交接費四百圓을 案以不贍財力으로 自當支케호고 遝錄毫之徵라도 不及於民弊故로 玆以贊告홈

信川人民代表金聖寬 告白

寺洞演興社를 更爲組織하얏는디 摠務金永佑氏는 退去하고 前主事崔復潤氏로 選定摠務호야 營層擴張케호ᄂ 故로 玆以廣布홈

李熙錫 白

諸般法律事務親切迅速處理堅覆來囑호시옵

辯護士 崔鎭

法律事務所

南部曲橋拾壹統七戶

事務員 金顯翼

李義集　李章均

本人에 姓名陽刻圖章과 及新貨二圓四拾錢을 本府內來往路中에서 失이옵기 玆以廣布홈

義州松長面雲川洞元永熙 告白

本人仲兄博士公委駿氏今陰十二月十六日別世知舊照亮舍姪孫藥 字來慶見名金善이는 往在新義州云而無消息或有知面之 僉彦以此通知送望홈

陰城長湖院洪鍾衍 告白

江原道三陟郡明東學校趣旨書

太古山靜晩覺春睡自顧身命天惣壹齋優遊論墨浪費四十年光陰獨坐蛙井不見三千里疆土心塞茅逕面牆壁剝락彬門滿庭紅暮靜觀物理自得ᄂ趣禽獸往來草木發茂禽之羽翮獸之爪牙天作之本能也飛禽巢居走獸穴處者自巳之爲謀也人而無謀禽獸之不若也草之蓍蕪不之蒼蔚天使之然也艸之爲薪木之爲材人作之智也人而不智艸木之不如也噫以此推理則天下無無用之物天下無無用之人惟我東土三代之風自箕聖而傳來六藝之文入我朝而尤明以孔孟程朱爲道德之師以禮樂刑政爲邦國之用由此觀之稱之曰小中華不僭也宜也然升平日久世級漸降紹明俊乂之才盡消於無國之中無益於生產無用於國家貝可愛哉惜哉大韓循環元會有時五洲之內莫不以教育爲務者天與人同也蒼蒼者天何必厚彼而嗇此乎雕虫乎言鏤之世界窮艱於蓬華之門戶者人無彼此하與不하歟且況我州東亞之東峽也而王春不及於寒谷天日不照於覆盆然氣未開人文素昧未嘗有發達之士矣値此開明之世豈有昧沒之理乎今此學校之設以君三面之屠刀事則大矣計則迂矣然腦方趾擧世皆然則麻中之蓬不得不直松間之柏自得眞悅矣今於設立之始業以膠固之野俗群疑滿腹舊習慣耳或以人才之亂書爲辭或以時運之緩急爲憂謂爲此而可陳爲蚕之組織工則遲矣自有成章之日耕耘獲春事則艱矣必有炊飯之時然而不爲者猶三年之艾也何患乎緩急且以人才論之下愚曰聖人之用人猶匠之用木也曲者受干直者受尺病木雖乎而得功而況於人乎孟子曰得天下英才而育之爲一樂伏願有志同胞擇其俊秀而育之如水之有源如木之培根必有見效之日尙武者爲兵家禦侮選擇者可以使絶域能於法律者足以爲牧民之材達於經學者可以爲廟堂之器惟我同志以爲美以爲基礎以新學文爲技術則修齊治平之道不越乎此舍此安歸乎舍此安歸乎

發起人 朱明昇

特別廣告

本社事務所를京城磚洞에現今開設호고各地方에**代理人**을置호라호오니本社**定欵**을詳細陳述홀時機가來到치아니호오니條項이張皇호와他日를姑俟호오며本社**資金**의現今總額은五拾萬圓이온디壹萬株로分호야每株에五拾圓式이옵

本社에서는本社에關호細項事項까지 僉彦의詳諒호시기를懇望호오니 僉彦은案頭에暫坐호야

京城郵便局郵函第四十號韓美興業株式會社라皮封에書호야貴書札을**寄送**호시되本社에詳細事項을通知호라호시면本社에서는答函을卽呈호러이오니 惠覽後 貴地方에서는何業務가本社의進行호기에最適호올지**高明**호**意見**을惠賜호시옵是를爲호야**來二月三十日以內**로高明호書札을寄送호시는 僉彦에게如左히**賞金**을分等호야送呈호깃슴

本社에서**高明**호**書札中**

一等으로認定호者는　**五十圓**　**二等**　**二十圓**

三等　**十圓**　**四五等**　**各五圓**

六等至**十等**　**各二圓**

僉彦의**費用**은**郵票價**以外에무엇이잇슴닛가 단단히싱각호야보시오

本社에서大韓帝國內各處와通信으로連絡호기爲호야如此히**懸賞**호기를不惜호오니本社와各地方에서進行홀方針에對호야**貴重**호**勸告**를聽聞호옵나이다

京城磚洞 **韓美興業株式會社** 告白

平壤代理人 平壤大同門內店洞 **鄭基煥**

本會社에서鐵路와郵便이沼遙호地方에在호 僉彦의寄函을실期限을寬裕케爲호야 壹月三日以內로退定홈

特別廣告

廣告

醫學博士김弼淳시씨셔勝동長老會禮拜堂내男女學校財政의困難홈을爲ᄒᆞ야來십六日十點下午七点에勝동禮拜堂에셔生理學으로演說會를設ᄒᆞ고入場券을賣ᄒᆞ오니教育에熱心ᄒᆞ시ᄂᆞᆫ紳士와學生들은來聽ᄒᆞ심을望홈

入場券은禮拜堂大門外冊舍에셔賣홈 票價拾錢

勝洞學校校監김益南 白

德國 이버페르드地方에파벤파부리겐 故푸리 베이어會社ᄂᆞᆫ世界上에最大ᄒᆞᆫ各種染色料製造所인대本社에셔ᄂᆞᆫ韓人淸人商業家諸友의게大注意ᄒᆞ시기를懇乞ᄒᆞᄂᆞᆫ바他無他라多少無掛慮ᄒᆞᆫ商買輩가麒麟과兩女商標를偽造ᄒᆞ여本社의名聲이頗多ᄒᆞ고品質이最良ᄒᆞᆫ紫色과藍靑色料를價低ᄒᆞ고無價値ᄒᆞᆫ色料로써代替置入ᄒᆞᆷ이有ᄒᆞ니其偽造를注意ᄒᆞ시며且本社ᄂᆞᆫ淸國地方에셔行用ᄒᆞᄂᆞᆫ名號(順全隆)三字를注意ᄒᆞ셔셔此ᄂᆞᆫ每箇에書ᄒᆞ얏ᄂᆞ며且獨히積年信孚ᄒᆞᄂᆞᆫ品料로憑證ᄒᆞᆯ것시오本社의用ᄒᆞᄂᆞᆫ箱子(木箱)에ᄂᆞᆫ擧皆其商標에本社의登錄商標即壹個獅子가其前足으로壹球를踞ᄒᆞᆫ圖像를烙印ᄒᆞ얏스며此를環遶ᄒᆞ야本社의名號를英字로印出ᄒᆞ얏ᄉᆞᆸᄂᆞ이다

大韓全國에總發行所ᄂᆞᆫ

京城南大門內濟生堂大藥房

清心保命丹 此丹은化痰止咳ᄒᆞ고開氣消滯ᄒᆞ며水土不服에奇效가有홈 金十錢

蔘茸大補元 壹週日分金壹圜 四週分金三圜十錢 二週壹환八十錢 七週五圓三拾錢

右약은大韓에産ᄒᆞᆫ鹿茸과人蔘에西洋有名ᄒᆞᆫ補材를混和ᄒᆞ야我國兄弟의腸胃와性質에適當ᄒᆞ도록多年硏究ᄒᆞᆫ明인바今에先服人의累試累驗ᄒᆞᆫ臨症皆然ᄒᆞ니果然今世之靈藥이라故로主治效能를左開廣佈ᄒᆞ오니僉兄弟ᄂᆞᆫ何不早圖壹試오(效能) 先天不足과健忘不眠ᄒᆞ며腎虛와房事色傷이며遺精多夢과色傷腰痛이며房事時에早漏不快ᄒᆞ며重病後虛弱과手足厥冷이며食物不消ᄒᆞ며氣血諸症에奇效가有ᄒᆞ고無病人이若服七週면大補元氣ᄒᆞ고骨節이强壯ᄒᆞ며健康無病ᄒᆞ나니此可謂眞世靈藥哉若不其效면약價還呈홈

蛔積殺虫散 此散은蛔積과蛔腹痛과蛔滯와蛔虫壹切를去根妙藥 金십錢

寸虫沒出藥 勿論男婦老幼ᄒᆞ고寸虫壹切를拔根之妙劑 壹人用三拾전

久滯大通丸 年久ᄒᆞᆫ積滯와胸腹痛과腹中積病을驅除ᄒᆞᄂᆞᆫ良劑 金[illegible]錢

感氣特效解熱散 感氣드러頭痛나고寒熱往來ᄒᆞ며肢節痛과몸살에幷神效 금拾전

되눈拔根藥 되눈과못과사마귀에바르면百發百中으로빠지오 金십錢

新製百應膏 虫毒과毒종과根박인대[illegible]종氣와初와[illegible]리못된대神効 金拾전

去瘀生新沃度膏 劍創과모던종氣와[illegible]傷과곱새인데와싸시고압푼대神效 金拾錢

止足汗臭藥 발에땀[illegible]고보션을신으면惡臭와汗이것처고너음셔가업소 金十錢

其他藥品은[illegible]難記어니와大韓國內藥商ᄒᆞ시ᄂᆞᆫ僉兄의게ᄂᆞᆫ藥價를十割引大放賣ᄒᆞ오니陸續注文ᄒᆞ시오

京城南大門外 仁川港[illegible]號 濟生堂主 李庚鳳

本人이製造發行ᄒᆞᄂᆞᆫ바靈丹은今에官許를蒙ᄒᆞ고大[illegible]院業學士兒島與里氏와一等製藥官劉世鎭兩氏檢查證明과軍部軍務局衛生課二等軍醫長[illegible]南閣下와諸大方家高明醫士의有効賞贊을受ᄒᆞᆫ바其應用說明은如左홈

說明書

靈丹 [illegible]暑·中寒·吐瀉·腹痛·消化不良·食慾不進·頭痛目昏心神鬱悶·船暈酒醉·眩暈痰迷·山嵐瘴氣·痞滿發嘔·水土不服等

地方各處에셔書信으로請求ᄒᆞ시면小包迅速進呈ᄒᆞ깃슴

發行本舖 京城南部大廣橋第十九統七戶 共愛堂大藥房 告白

新訂大韓帝國地圖

銅版印刷 구오今洋裝 全壹帖 正價金五拾錢

△[illegible]堂主 宋[illegible]序

○我韓地圖之精密者首推古山子[illegible]而帙太多難於携帶且流傳者少不能人人皆有豈非大恨事哉玆將地圖의本刪煩就簡作爲小帖[illegible]公同好[illegible]開我[illegible]之[illegible]可討[illegible]以[illegible]矣本圖分十三道自[illegible]川國郡都府以至物[illegible]目詳細記載使人目瞭然[illegible]我同胞[illegible]置壹本以作[illegible]助[illegible]

發兌元
皇城中部罷朝橋越邊 中央書館
皇城[illegible]橋東邊 滙東書館
皇城[illegible]部桂洞 玄公廉
皇城中署[illegible]路 [illegible]東書市

隆熙三年一月二日

萬國[illegible]醫[illegible]
慈惠醫院李觀化
慈[illegible]産[illegible]部寄付[illegible]

大韓帝國靑年教育上에[illegible]ᄒᆞᆫ本人의至微ᄒᆞᆫ産業所ᄂᆞᆫ[illegible]慈惠醫院治療室[illegible]藥製造所全部와活版機械石版機械所屬等物今即與梁在관으로小分合資이온즉但本人의所屬全部와商標特許及慈字商標許可文憑과[illegible]醫[illegible]試驗部에셔貳[illegible]處方檢查ᄒᆞᆫ後에官許을拜受ᄒᆞᆫ[illegible]腹과東西[illegible]藥月經發行[illegible]內部大臣認可文憑을貴會館[illegible]主志로壹以慰米國元雜蔘[illegible]의愛世界同胞之眞意ᄒᆞ고二以祝同胞靑年의敎育進步ᄒᆞ야以表微誠ᄒᆞ오니以上七列物은活動生財ᄒᆞ可謂取之不竭이라乃至千百年이라도因此使用ᄒᆞ야貴會館經費를補用ᄒᆞ시오며本藥房에셔事務가多端ᄒᆞ야生手로今日看事ᄒᆞᆯ슈업슴으로貴會館議事部에셔本人에自由하다말合ᄒᆞ시니目的成就될떠지事務를勤着ᄒᆞ오나本人이離ᄒᆞᆫ後라도弟與子姪間財錢上少無關係이옵고但敎育만勸導ᄒᆞ야쥬시며以上七列物品을永久維持ᄒᆞᆯ方針에對ᄒᆞ야셔ᄂᆞᆫ一二兄弟勤務[illegible]能ᄒᆞᆫ깃슨즉貴會公益ᄒᆞ시ᄂᆞᆫ知事兄弟二員을投票選定ᄒᆞ야一爲本務하고壹爲後보ᄒᆞ야以二個年으로爲限ᄒᆞ고連次繼選ᄒᆞ야勤務此[illegible]ᄒᆞ야全國同胞靑年敎育方針을永久維持ᄒᆞᆯ소서右事業成就[illegible]對ᄒᆞ야셔ᄂᆞᆫ人力으로圓滿ᄒᆞ기成就ᄒᆞᆯ能力이無ᄒᆞ와天父主[illegible]成就ᄒᆞ야쥬옵소셔ᄒᆞ고예슈그리스도功勞를依ᄒᆞ야祈禱ᄒᆞ옵ᄂᆞ이다

救主降生一千九百九年一月三日

[illegible]督僕 李觀化 印 朴惠慈 印

製藥所 仁川港[illegible]號 和平堂藥房

補瀉補陽 **滋陽丸** 즈양환
三[illegible]分 금[illegible]圓
貳拾日分 금三圓四拾젼
[illegible]分 금壹圓八拾젼

主治 ○房事不容 ○腎虛腰痛 ○病後氣嗜 ○腎氣不足 ○陽痿[illegible]起 ○遺精多夢 ○陰虛火動 ○房事後惱困 ○手足厥冷 ○形容蒼白 ○吸烟斷烟客商 ○體質虛弱消瘦

此外[illegible]主[illegible]評[illegible]靈藥이俱備[illegible]用請[illegible]주시면[illegible]요[illegible]位에게ᄂᆞᆫ特別割引放賣ᄒᆞ오니陸續注文[illegible]

大韓帝國仁川[illegible]號 全國內各藥舖 總發行所 和平堂大藥房

婦人靈藥 부인약 태양[illegible]환 [illegible]胎[illegible] [illegible]劑壹月分 [illegible]圓

主治 婦人[illegible]孕胎[illegible]經不調[illegible]因[illegible]腹痛[illegible]婦人腹中[illegible]諸病온壹切退去[illegible]速臨買去하시오

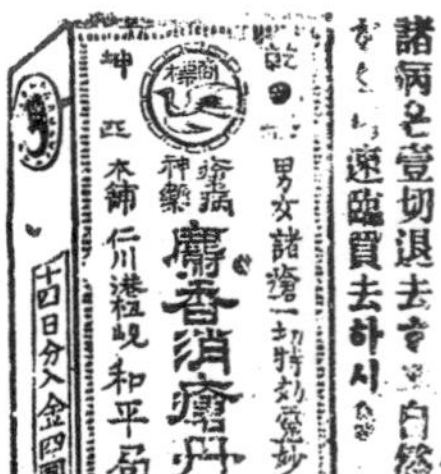

代理店 京城[illegible] 和平堂支店
京城南門內水[illegible]濟[illegible]堂藥房
[illegible]城[illegible]橋 共[illegible]堂藥房
支店及出張所
元山[illegible] [illegible]州 郭[illegible] 可城
[illegible] 宣川 [illegible] 博川
[illegible] 和[illegible]州 [illegible]山 大邱
[illegible] 安州
金[illegible] [illegible]
京城[illegible] 仁川港[illegible] 和平堂 告

Alfred Weekley Marnham Responsible for Publisher
發行兼編輯人英國人 萬咸
發行所
京城[illegible]洞號外地三層[illegible]
大韓每日申報社

大韓每日申報

第六卷 第壹千四號

月曆及慶節 讖時日休刊

檀君開國四千二百四十二年
箕子元年三千三十一年
大韓開國五百十八年
日本明治四十二年
清國光緒三十四年
陰曆戊申十二月大廿八日己卯

論說

◎分利ᄒᆞᄂᆞᆫ人은國民의賊

國民의兩大派의區別이有ᄒᆞ니壹曰生利者오二曰分利者니라

然이나分利者ᄂᆞᆫ其名이國民에列ᄒᆞ며其身이國民에寄ᄒᆞ얏스나實은國民을戕害ᄒᆞᄂᆞᆫ賊이오國民은아니니라

何를分利라謂ᄒᆞᄂᆞ뇨曰兵도我不知며農도我不知며商도我不知며工도我不知라ᄒᆞ야脚跡을不動ᄒᆞ며指指를不動ᄒᆞ고地上神仙樣으로安坐ᄒᆞ야他人의力作獲得ᄒᆞᆫ利益을分食ᄒᆞᄂᆞᆫ者를日分利라ᄒᆞᄂᆞ니라

現今地球上何國을不問ᄒᆞ고此等分利者의種子가絶無키ᄂᆞᆫ難ᄒᆞ나分利者가生利者보다多ᄒᆞᆫ其國은必貧必弱必亡ᄒᆞ며生利者가分利者보다多ᄒᆞᆫ其國은必富必强必興ᄒᆞᄂᆞ니此ᄂᆞᆫ天地間의常經이라愛國者여不知하면不可ᄒᆞᆫ져

韓國의古代强武ᄒᆞ던時節에ᄂᆞᆫ亦必生利者가多ᄒᆞ고分利者가少ᄒᆞ얏슬지나但幾百年以來로ᄂᆞᆫ政治와習俗의腐敗ᄒᆞᆷ을隨ᄒᆞ야上流社會ᄂᆞᆫ空談을嗜ᄒᆞ며下流社會ᄂᆞᆫ優遊를喜ᄒᆞ야遊手가日加ᄒᆞᆷ에至ᄒᆞ니國의貧弱을免코ᄌᆞᄒᆞᆫ들엇지可免ᄒᆞ리오

已往에鄕谷各處에周行ᄒᆞ며外樣을作觀ᄒᆞ면彼滔々閭閻에居ᄒᆞᄂᆞᆫ人民이必是農人이아니면商人이오商人이아니면工人일듯ᄒᆞ나其理를詳探ᄒᆞ면食力謀生ᄒᆞᄂᆞᆫ者ᄂᆞᆫ下級에在ᄒᆞᆫ幾個少數人에不過ᄒᆞ고其擧修ᄒᆞ다行世ᄒᆞ다自稱ᄒᆞᄂᆞᆫ者ᄂᆞᆫ擧皆夫不耕ᄒᆞ며妻不織ᄒᆞ고他人의膏血을盼食ᄒᆞᄂᆞᆫ대或此輩가十에三四되ᄂᆞᆫ洞里도有ᄒᆞ며或此輩가拾에六七되ᄂᆞᆫ洞里도有ᄒᆞ며或此輩가拾에八九되ᄂᆞᆫ동里가有ᄒᆞ니盛ᄒᆞ다全國二千萬人에此輩가幾乎半數에過ᄒᆞ니國의貧弱을免코ᄌᆞᄒᆞᆫ들엇지可得ᄒᆞ리오況此輩外에娼妓도有ᄒᆞ며僧侶도有ᄒᆞ며巫覡도有ᄒᆞ야分利者가恒常生利者보다多하얏스니國이貧且弱ᄒᆞᆷ을免코ᄌᆞᄒᆞᆫ들엇지可得ᄒᆞ리오

是以로正宗朝名臣經世학大家朴齊家시가此에大慨歎을發ᄒᆞ여日臣이目下國家의形勢를觀ᄒᆞᆫ건ᄃᆡ日로貧弱에趨ᄒᆞᆯ而已라凡今各道각郡面各洞에毋론마다士族爲名者가有ᄒᆞᆫ디此ᄂᆞᆫ不農不商ᄒᆞ고遊衣遊食만是事ᄒᆞᄂᆞᆫ도다然이나彼士者가渠壹人만遊食ᄒᆞᆷ도已過ᄒᆞ거날今也에渠壹人만遊食ᄒᆞᆷ뿐아니라渠의子도遊食하며渠의弟도遊食ᄒᆞ며渠의婦女도遊食하며渠의族屬도遊食ᄒᆞ며渠의妻戚外戚도遊食ᄒᆞ야其勝ᄉᆞ氣勢가壹國을驅ᄒᆞ야遊食코ᄌᆞᄒᆞ니如此ᄒᆞ고야國富民足ᄒᆞᆷ을求코ᄌᆞᄒᆞᆫ들奚能이리오古에ᄂᆞᆫ士를四民의首라ᄒᆞ야厚히待ᄒᆞ고祿ᄒᆞ與ᄒᆞᆷ은其才가足히世를經ᄒᆞ며其學이足히民을利ᄒᆞᆯ만ᄒᆞᆷ으로其名이甚高ᄒᆞ고其數가至鮮ᄒᆞ더니近世에至ᄒᆞ야ᄂᆞᆫ乃彼無才無能의人을集ᄒᆞ야是를士라ᄒᆞ고又遊食을許ᄒᆞᄂᆞᆫ대士의數ᄂᆞᆫ日加ᄒᆞ고民의貧은日甚ᄒᆞᆫ故로今日에富國의道를求ᄒᆞᆯ진ᄃᆡ士를驅ᄒᆞ야農商에入ᄒᆞᆷ이第壹策이라ᄒᆞ얏스니旨哉라言乎여斯言이當時에行ᄒᆞ얏스면韓國의大産의高를恐ᄒᆞ야利用厚生의源을開ᄒᆞᆷ이已久ᄒᆞ얏슬지어날 (未完)

△隆熙貳年拾貳月二拾七日 官報

△農商工部告示第拾二號 續

八 清算의結了 每壹件金五拾錢

主重ᄒᆞᆫ事務所가아인事務所所在地에서前項第号에登記를受ᄒᆞᆫ時ᄂᆞᆫ每壹件에金五拾錢의登錄稅를納ᄒᆞᆷ이可ᄒᆞᆷ

第七條 登錄稅ᄂᆞᆫ印紙로써此를納ᄒᆞᆷ이可ᄒᆞᆷ但勅令의定ᄒᆞᆫ바를依ᄒᆞ야現金으로써此를徵收ᄒᆞᆷ을得ᄒᆞᆷ

第八條 登錄稅ᄂᆞᆫ總히金壹錢以上으로ᄒᆞ되壹錢未滿ᄒᆞᆫ端數ᄂᆞᆫ壹錢으로ᄒᆞ야此를計算ᄒᆞᆷ

第拾九條의二 登記所에서登記申請者가申告ᄒᆞᆫ課稅標準의價格을不當ᄒᆞᆷ으로認ᄒᆞᆫ時ᄂᆞᆫ貳名의評價人을選定ᄒᆞ야此를評價케ᄒᆞᆷ評價가一致아니ᄒᆞᄂᆞᆫ時ᄂᆞᆫ其平均으로써此를定ᄒᆞᆷ前項의評價가申請價格보다多ᄒᆞᆫ時ᄂᆞᆫ評價人에게給ᄒᆞᆫ旅費手當은登記申請者의負擔으로ᄒᆞᆷ

官吏及當該事件에利害의關係를有ᄒᆞᆫ者ᄂᆞᆫ評價人으로됨을不得ᄒᆞᆷ

○登錄稅法施行規則

第壹條 印紙로써納ᄒᆞᆫ登錄稅ᄂᆞᆫ登錄에關ᄒᆞᆫ書類에收入印紙를貼用ᄒᆞ야此를納ᄒᆞᆷ이可ᄒᆞᆷ

第二條 登錄稅額이五百圜以上되ᄂᆞᆫ時ᄂᆞᆫ稅務署에申告ᄒᆞ야現金으로써納ᄒᆞᆷ을得ᄒᆞᆷ

第六條 登錄稅法第十九條의二를依ᄒᆞᆫ評價人의旅費ᄂᆞᆫ實費로ᄒᆞ되手當은壹日에金五拾錢以上二圜以下의範圍內에서登記所의預量으로써此를支給ᄒᆞᆷ (未完)

外報

●戰艦製造贊成 路透電을據ᄒᆞᆫ즉米國下議院에서關ᄒᆞᆫ海軍委員會ᄂᆞᆫ二萬六千噸의戰鬪艦二隻을建造ᄒᆞᆯ事에贊成ᄒᆞ얏다더라

●公債發行提出 倫敦電을據ᄒᆞᆫ즉파나마運河의經費로千億弗의公債를發行ᄒᆞ기로米國議會에提出ᄒᆞ얏다더라

●伊國震災와德國 伯林電을據ᄒᆞᆫ즉德國은伊太利震災에對ᄒᆞ야義捐金四百萬磅을寄付ᄒᆞ얏다더라

雜報

●部長見黜 勞動會工事部長崔麟奎시가挾雜輩三십餘人을符同하고威脅會員ᄒᆞ여壹會全部를他人의게讓渡ᄒᆞᆯ計策으로百方運動라가挾雜情跡이綻露되여仍即黜會ᄒᆞ얏다더라

詞藻

●學山水

靑山은엇지ᄒᆞ여。萬古에푸르럿고
流水ᄂᆞᆫ어이ᄒᆞ여、晝夜도쉬지안노
우리도、萬古壹心으로、더와ᄀᆞᆺ치

雜報

●港民感恩 今番 御駕巡幸ᄒ시ᄂ 路에 馬山港商會에서 綵門을 構造ᄒ야 御路를 布衛ᄒ고 山呼萬歲ᄒ며 五百年來初有ᄒ 盛況을 呈ᄒ얏는ᄃ 該港商會의 影幾ᄒ믈 御聞ᄒ시고 金貨五百圓을 下賜ᄒ시미 商民等이 感恩ᄒ야 하ᄉ 금을 雖壹分이라도 妄費치 못ᄒ겟스니 立ᄒ고 取殖ᄒ야 永久히 紀念物을 하기로 議定ᄒ얏다더라

●高氏妄擧 大皇帝陛下ᄭᅴ옵서 南巡幸ᄒ실 時에 釜山서 軍艦을 御搭乘ᄒ시는ᄃ 御寶와 外套와 軍刀는 禮式官 高某가 奉持陪乘ᄒ얏다가 大皇帝ᄭᅴ옵서 行在所로 還御ᄒ신 後에 外套를 御着코ᄌ ᄒ신즉 該高氏가 外套를 軍艦上에 忘置ᄒ지라 幾分時間後에 外套를 還爲推來ᄒ야 御着ᄒ셧ᄂᄃ 高氏의 妄擧ᄒ다는 輿論이 沸騰ᄒ다더라

●應口納諂 大皇帝陛下ᄭᅴ옵서 向日 御巡ᄒ실 時에 太田停車場에 御臨ᄒ옵셔 儒生及人民에게 賜諭ᄒ실 時에 伊藤統監이 廣大趙重應氏를 對ᄒ야 言ᄒ되 彼人民中에 我를 害코ᄌ ᄒ는 者ㅣ 必有ᄒ지라 ᄒ미 趙氏의 所答이 人民의 現狀을 詳察ᄒ미 無不歡迎ᄒ고 此等思想을 抱ᄒ 者 絶無ᄒ니 過勿慮ᄒ라 ᄒ고 極口納諂ᄒ얏다더라

●開城準備 開城郡에서는 大皇帝陛下ᄭᅴ옵서 西道로 御巡狩ᄒ옵신다는 新聞을 覽ᄒ고 該郡人 李健赫 崔文鉉 朴宇鉉 孫鳳祥 馬文圭 五氏가 臨時郡民會를 發起ᄒ야 奉迎節次를 預先準備ᄒ 事로 本月拾四日上午拾壹時에 第二回特別會를 開城學室內에 開ᄒ고 奉迎의 任員을 選定ᄒ얏다더라

●學會注意 개城郡학會에서 大皇帝陛下ᄭᅴ옵서 西道 御巡ᄒ옵신다는 事에 對ᄒ야 學徒와 祗迎節次를 預先注意ᄒ라고 該郡內 公私立各학校에 通知ᄒ야 各校任員들이 諸學徒에게 指導ᄒᄃ 祗迎ᄒ 時에 敬肅ᄒ 行動을 另加操心ᄒ고 衣服을 壹致黑色으로 端正히 着ᄒ라 ᄒ얏다더라

◎司令官入城 軍司令長官 大久保大將이 昨日上午八時에 南大門外停車場에 到着ᄒ얏ᄂᄃ 統監府高等官吏와 內閣總理以下 各大臣이 壹齊히 出往迎接ᄒ얏다더라

◎金氏運動 前判書 김鶴鎭氏는 何等運動이 有ᄒ지 伊藤統監을 該官邸로 逐夜訪問ᄒ고 秘密事項을 提議ᄒ다는 輿論이 喧藉ᄒ다더라

●官高心卑 內部高等官 某氏가 農商工部書記官 日人 鶴岡永太郎과 接席談話ᄒ 時에 鶴岡이가 韓國政策의 如何ᄒ을 問ᄒ미 該高等官이 鄙陋ᄒ 言辭로 納諂唯唯ᄒ얏다고 人皆唾罵ᄒ다더라

●無不干涉 公州 壹進會 文部會長 李斗秀氏가 韓山郡守 김丙濟氏의 直屬 賤事에 對ᄒ야 有何幹涉인지 越權公函을 ᄒ얏다고 批評이 喧藉ᄒ다더라

◎崔倅貪贓 崔達斌氏가 北靑郡守로 在任時에 諸般不法의 行爲는 前已累報어니와 今에 該郡拾九面各長이 該氏의 貪贓ᄒ 贓列ᄒ야 本社에 聯名送致ᄒ얏ᄂᄃ 其數額이 壹千壹百九拾七圓이라 已上贓錢을 崔達斌氏 在任時에 右諸民이 還給ᄒ라고 請願하얏더니 陰至月初貳日夜에 署端川利原及本郡并三郡印章을 棄擲私逃ᄒ고 越境逃走ᄒ지라 府觀察使 巡行ᄒ야 各面에 該民이 聯名據章告訴ᄒ얏더니 咸興裁判所 檢事 [illegible]영氏가 到郡行査에 已皆現贓이어날 尙無如何之處判이 업ᄂ데 此外手數料 等은 收入만 ᄒ고 收入印紙는 不付訴狀ᄒ니 其爲白晝이 亦幾百圓이오 又他訟事隱勒錢이 幾百圓이오 事務委員選擧時에도 亦各幾拾圓인則 其他貪贓은 推此可知라 ᄒ얏더라

●宋氏被押 碧潼居 前參奉 宋榮龜氏가 有何不正行爲이던지 未知ᄒ거니와 日昨에 日憲兵二名과 平服ᄒ 韓日人六名이 該氏家에 來到ᄒ야 捕縛押去ᄒ고 該氏家를 搜索ᄒ야 木印二介가 現出ᄒ얏다더라

●世弊尙存 前郡守 南宮薰氏가 淮陽郡守로 在任時에 何如히 善治ᄒ얏던지 該氏가 遞任以後로 該郡人民들이 巨額의 금을 收斂ᄒ야 石碑를 現今磨鍊中인ᄃ 來三月頃에 碑閣을 建築ᄒ고 石碑를 樹立ᄒ기로 預定ᄒ얏다더라

◎柳氏呼訴 河東郡居 柳萬秀氏가 年前에 該郡 稱寃認許員으로 藤衛ᄒ다가 突山郡 稱寃認許員으로 移任ᄒ고 其代에 梁海觀氏가 隱瞞ᄒ는데 梁氏가 柳氏와 有何前感이던지 其隱瞞을 稱以私竊ᄒ고 誣訴該郡ᄒ야 柳氏의 家產을 沒數執奪ᄒ 故로 柳씨가 內部衛生局에 呼訴ᄒ얏다더라

◎漁民敗習 壹月二日에 果川居 名不知 李某가 隣居柴商으로 더부러 自京回歸ᄒ다가 西氷庫津頭 蔘善誤家門前에서 醉性旣來ᄒ는ᄃ 船人及婁也 四五十名이 作黨ᄒ야 李氏와 柴商을 手打足蹴ᄒ고 攔擲ᄒ야 幾至死境ᄒ얏다더라

●通譯挾雜 忠南 韓山郡 郵便取扱所에서 附近數邑 稅金을 收入ᄒ는ᄃ 通譯 金宗雲이가 已往에 壹壹調査ᄒ야 正當히 領受ᄒ 稅金을 更히 不足額이 有ᄒ다 稱ᄒ고 各面面長을 恐喝拘囚ᄒ야 多數錢財를 奪食ᄒ고 面長中에 或有强硬不從者면 不得己 半分徵出ᄒ주ᄒ미 其害가 畢竟 結民에게 延及ᄒ는 故로 民難支保라고 怨聲이 載路ᄒ다더라

●柴炭紛競 日昨에 柴炭株式會社 定期總會를 商業會議所에셔 開ᄒ고 株主 五六十人이 齊會ᄒ야 商ᄒ는대 營業의 利益을 不顧하고 株主中 幾個人이 重役을 貪圖ᄒ 意만 有ᄒ엿던지 優數ᄒ 株主가 自株를 多人處에 分給ᄒ고 符同作黨ᄒ야 檢査員을 相呼自薦ᄒ야 風波가 起ᄒ얏다더라

◎延郡商業 黃海道 延安郡境內에 有志紳士 丁世煥 全聖幹 等 諸시가 商業의 發達키 爲ᄒ야 股金 幾百圓式 鳩聚ᄒ야 石油與淸鹽을 貿取販賣次로 組合所를 設立ᄒ얏다더라

◎民會總見 前報와 如히 再昨日 上午十壹時에 漢城府民會에셔 石鼓壇內에 總會를 開ᄒ고 會長 兪吉濬시가 臨時會長으로 出席ᄒ야 會長及五部內 議員을 投票選定ᄒ얏ᄂᄃ 該會會長은 兪吉濬氏로 副會長은 尹孝定시로 次第選定ᄒ 後에 大皇帝陛下萬歲를 崇呼ᄒ고 同下午五時에 閉會散歸ᄒ얏다더라

◎尹氏勸告 尹始炳氏가 勞働會總裁로 壓制會員ᄒ고 勞働者에게 分給ᄒ 工役費 三百餘圓을 中間乾沒ᄒ야 勞働者의 紛競이 大起ᄒ으로 該會員이 總裁의 任을 三四次 辭免ᄒ기를 勸告ᄒ되 尹氏가 終不辭免ᄒ기로 總會에서 尹氏를 彈劾ᄒ고 法司에 告發ᄒ야 贓錢을 徵推ᄒ다더라

●日遞夫重傷 拾六日 忠淸南道 남浦附近에서 義兵二名이 日本人 郵便夫 壹名을 襲擊ᄒ야 郵便物及金貨 壹百六拾三圓을 奪去ᄒ얏는ᄃ 該郵便夫는 重傷을 被ᄒ얏다더라

●東湖二氏 畿湖興學會 日報를 西江 [illegible]에서 購覽ᄒ는 人員이 壹百六十餘名에 達ᄒ얏는ᄃ 東幕居 某某人은 該報를 退却ᄒ야 曰 我等은 所學이 皆無ᄒ야 購覽키 難ᄒ다 ᄒ며 壹切拒絶ᄒ얏스되 其中에 高順在 李夏粱 杜元三 氏는 自願購覽ᄒ얏다더라

學界

◎長谷寄附 長谷川大將이 將次歸國ᄒ 터인ᄃ 京城孤兒院에 對ᄒ야 金壹百圓을 寄附ᄒ얏다더라

◎紳士寄附 安岳郡 細洞面居ᄒ는 有志紳士 金庸진시가 東倉培英學校에 金二百圓을 捐助ᄒ얏다더라

◎學館試驗 鍾路靑年會館內 學館에서 英語專門二年級 學期試驗을 經ᄒ얏는ᄃ 最優等生은 李完彩 黃慶文 等 五人이오 優等生은 申윤 黃軒柱 等 九人이오 及第生은 李豊淳 韓駿鎬 等 十二人이라더라

◎玉峯講習 晋州來人의 傳說을 據ᄒ즉 金相鶴 鄭文永 兩시가 該郡內 玉峯 慶流齋에 測量講習所를 設ᄒ고 校장은 朴在九시로 推選ᄒ야 晝夜學으로 熱心敎育ᄒᄂᄃ 학徒가 六拾餘名에 達ᄒ얏다더라

●書樓測量 大邱 友弦書樓內 私立測量講習所에서 卒업式을 擧行ᄒ얏는ᄃ 最優等生은 金秉九 李鍾 等 拾二人이오 優等生은 李秉稷 柳陽佑 等 二拾六人이라더라

●涵英年試 金海郡 香谷里 私立 涵英學校에서 年期試驗을 經ᄒ얏는ᄃ 高等科 三年級 及第生 인경 年級及第 김용昊 等 四人이오 壹年級 優등生은 李在鎬 等 二人이오 及第 洪在鳳 基善 等 二人이오 初等科 四年級 及第 孫奇模 裴永祚 等 二人이오 三年級 優等 林鍾喆 及第 裴東煥이오 二年級 及第 裴濟鉉 裴基允 等 三人이오 壹年級 及第 裴在福 裴宗燮 二人이라더라

◎桂昌卒業 富平郡 桂昌學校에서 壹年速成科 卒業試驗을 經ᄒ얏는ᄃ 優等 朴秉燮 及第 박容선 朴容元 등인ᄃ 該校長과 校監 朴鼎聚시가 優數施賞ᄒ얏다더라

◎兩學士熱心 平壤 西北學會支會에서 每年兩期式 師範預備講習을 開ᄒ고 兩西人士를 募集敎授ᄒ은 京鄕이 通知ᄒ는 바 陰曆 來正月六日에 第四回 講學ᄒ기로 預定ᄒ얏는ᄃ 農학士 金鎭初氏와 工學士 朴敎雲시와 敎育家 車宗鎬시가 諸科目을 分擔敎授ᄒ다더라

▲地方消息▼

▲本月四日 黃海道 靑丹附近에서 義兵 五十餘名이 該地分遣所 日憲兵及補助員과 交戰ᄒ얏다 ᄒ고

▲本月十貳日 汶山浦 東北方 三십里地에서 義兵 二十餘名이 該浦分遣所 日憲兵及補助員과 交戰ᄒ엿다 ᄒ고

▲本月 [illegible]日 全羅北道 古阜郡에서 義兵 六十餘名이 該郡分遣所 日憲兵及補助員과 交戰ᄒ엿다더라

▲雪窓奇語▼

▲白岳山下 白屋中에 白髮老人 모혀안저 白雪寒窓구지닷고 白酒數盃 마신後에 白紙壹幅 펴처더니ᄃ 毛筆을 各各들어 몸問題를 써셔노코 亡國者의 모든歷史 슈슈적기 可觀일세

▲몸이라니 무슨몸고 果實處의 곡몸인가 그런몸은 아니로세 至尊君父 欺罔ᄒ고 莫重公器 擅弄ᄒ야 善良君子 排斥ᄒ고 奸猾小人 成黨ᄒ니 亡國者가 무엇인가 大監이란 몸이로다

▲몸이라니 무슨몸고 府木處의 옷몸인가 그런몸도 아니로세 皇室有事ᄒ량이면 哀慶間에 勿論ᄒ고 惡公營私 計劃으로 別剝挾雜ᄒ엿스니 亡國者가 무엇인가 都監이란 몸이로다

▲몸이라니 무슨몸고 魚物處의 찬몸인가 그런몸도 아니로세 人民膏血 浚鑿ᄒ야 壹身肌膚 潤澤ᄒ고 土地皮毛 剝割ᄒ야 全家衣服 燦爛ᄒ니 亡國者가 무엇인가 監司이란 몸이로다

▲몸이라니 무슨몸고 荒貨處의 물몸인가 그런몸도 아니로세 乃父乃祖 勢力으로 少年登科 承旨參判 小舍廊에 어린亾骨 諸般挾雜 尤甚ᄒ니 亡國者가 무엇인가 令監이란 몸이로다

▲몸이라니 무슨몸고 庖廚間의 회몸인가 그런몸도 아니로세 이등처고 더등처고 房門안에 드러셔셔 人家眷口 結縛ᄒ고 국贊다 ᄆᆡ스니 亡國者가 무엇인가 쪽몸이란 몸이로다

▲모도는몸 아는몸과 此몸彼몸 勿論ᄒ고 우리게는 怨讎로세 그怨讎를 갑자ᄒ면 投諸水火 시원ᄒ자 그러히도 無用이오 千思萬思ᄒ지다도 怨讎갑ᄂ 第壹上策 敎育밧게 업스리라

廣告

慶北安東私立永嘉測量學校에서 壹月九日에 卒業式을 擧行ᄒᆞ얏ᄂᆞᆫᄃᆡ 榜目이 如左ᄒᆞ니 最優等 金在昌 金秉燦 優等 金泰淵 權五錫 金致洙 金輝明 權宗穆 及第 崔載鎬 金鼎洙 鄭健和 金秉允 金永洛 金[illegible]鎭 權泰應 金能植 吳鉉游 金兢淵 金原洛 金道植 金斗永 洪百源

校長 李中燮
校監 權寧準
敎師 朴勝泰

忠南連山官洞居紳士權相八사가 本洞永明學校內에 測量科를 特設ᄒᆞ고 敎師鄭寅彩시를 延聘ᄒᆞ여 學員七十餘人을 附近各學校優等으로 募集ᄒᆞ여 晝夜學으로 敎授ᄒᆞ더니 第壹週卒業試驗에 優等이 金和洙 金敎勝 及第에 趙鍾當 李晦洙 申漢龍 남甲壽 金昌基 姜燮鎬 李圭萬 九人이오 第貳週卒業試驗에 優等이 俞致九 李時卿 俞昌稷 鄭喜錫 都相天 及第 李承祖 리宗勳 김東完 申鉉彰 李超東 리圭浩 都秉熙 許鈞翰 轉雅谷 徐基昌 拾五人이오 將進之望이 快有ᄒᆞ옵기 玆以廣告

永明學校 告白

西署孔德里完興君所有瓦家九拾間艸家五間파家대 舊文記拾三張을 見失ᄒᆞ얏ᄉᆞᆸ기 玆에 廣告ᄒᆞ오니 內外國人은 或有拾得이라도 休紙施行ᄒᆞᆷ

完興君宮掌務 安基弘 告白

本會事務가 漸次擴張이온바 本會에 願入ᄒᆞ실 有志僉君子ᄂᆞᆫ 本會로 陸續來議ᄒᆞ와서 林業에 發達케 ᄒᆞ심을 希望ᄒᆞᆷ

（電話二九二番）

大韓山林協會 本部 告白

旌義郡守張容堅氏莅勤以來敎育ᄒᆞ야 義明學校를 設立ᄒᆞ고 雖村塾窮行勸喩各賜紙筆ᄒᆞ야 新學問漸進케ᄒᆞ며 督察上動謹勉ᄒᆞ야 開拓遊食之民實業務從케ᄒᆞ며 詞訟上家喩戶說必使無訟케ᄒᆞ며 文廟頹敗捐捧修理ᄒᆞ고 民家毁破與錢結構愛民如子熱心信服頗有闔郡刷新之望矣러니 本道觀察使勸告辭票를 提出ᄒᆞ야 徵裝決去ᄒᆞ니 郡民如失慈哺累百人이 登途遮道登途渡海ᄒᆞ야 觀察府에 累次請願ᄒᆞ되 不有如何下回故로 因又遠涉上申于內部而指令苦待ᄒᆞᄂᆞᆫ 中인ᄃᆡ 其在官職ᄒᆞ야 如有過失이면 論罪罷免猶可어니와 如其循良이면 恐失之而反爲勸告辭職可乎否乎아 嗟我郡人腐敗習慣何日滌消ᄒᆞ고 乂明域躋遠ᄒᆞ리오 不勝恨歎玆庸告ᄒᆞᆷ

旌義郡民代表 吳現周

朴종煥이가 秋洪圭에게 多大ᄒᆞᆫ 債額을 推委不報ᄒᆞ고 仍爲逃避ᄒᆞ미 右人이 本事務所에 委任ᄒᆞ야 其鹽物을 執行ᄒᆞ얏더니 右人이 債務者의 情勢와 債權者의 情願을 不忍背却ᄒᆞ고 協議를 從ᄒᆞ야 장ᄎᆞ 競賣配當코ᄌᆞ ᄒᆞ오니 陽曆五日ᄭᆞ지 限ᄒᆞ고 債權者ᄂᆞᆫ 左記事務所로 壹齊來臨이되 若不屆期來參이면 此ᄂᆞᆫ 配當의 權利가 無ᄒᆞᆫ 者로 認定ᄒᆞᆷ

隆熙二年壹月拾三日

下茶洞拾九統二戶

辯護士 本尾虎之助法律事務所

寺洞濟興社를 更爲組織ᄒᆞ얏ᄂᆞᆫ대 擔保金永佑시ᄂᆞᆫ 退去ᄒᆞ고 前主事 崔復潤시로 選定掌務ᄒᆞ야 壹層擴張케 ᄒᆞᄂᆞᆫ 故로 玆以廣布ᄒᆞᆷ

李회錫 白

本人의 圖形姓名章을 陰十二月廿二日에 見失ᄒᆞ얏기 玆廣告ᄒᆞ니 誰某拾得ᄒᆞ시면 休章施行ᄒᆞᆷ

平壤臨興面糖洞 金基浩 告白

▲特別廣告

본사에셔 일반학도의 편리케 ᄒᆞᆷ을 위ᄒᆞ야 학도의 모자와 복장양복을 제조방미ᄒᆞ며 그외에 各學校敎科書와 諸種書類와 학도의 각양소용물픔을 일졔히 쥰비ᄒᆞ옵고 특별히 헐가로 방미ᄒᆞ오니 죠량ᄒᆞ시며 학도[illegible]가 격ᄒᆞ야 티왕키 불편ᄒᆞᆫ 곳에ᄂᆞᆫ 모자와 복장의 견양과 소용품을 긔송ᄒᆞ오 면합와 계ᄒᆞ야 우편으로 부송ᄒᆞ오며 대가금은 션금을 요구ᄒᆞ오니 쳠군ᄌᆞᄂᆞᆫ 만히 만히 애고ᄒᆞ시옵

元山港 上里一洞 創業社主任 皇甫正 걸

諸般法律事務親切迅速處理陸續來議ᄒᆞ시옵

辯護士 崔 鎭

法律事務所

南部曲橋壹統七戶

事務員 金顯[illegible]

李義集 李章均

本人仲兄博士公諱駿이 去陰十二月十八日別世 知舊親戚 兒舍姪潑燮 字來慶兒名金吉은 往在新義州云而無消息 或有知面之 僉彦 以此通知起送望ᄒᆞᆷ

陰城長湖院 洪鍾衍 告白

本人이 去陰八月貳十日分에 姓名圖章을 見失이옵기 玆以廣告ᄒᆞ오니 僉君子ᄂᆞᆫ 照亮ᄒᆞ시오

平北嘉山郡[illegible]興 康應大 告白

本人의 姓名圖章을 路上에셔 見失ᄒᆞ얏기 如是廣告ᄒᆞ오니 知舊間勿欺ᄒᆞ심을 務望

仁川港外洞 韓昌淳 告白

特別廣告

近頃에 本社事務에 對ᄒᆞ야 量狹沒覺ᄒᆞᆫ者ㅣ 陰沮를 試ᄒᆞᆫ다ᄒᆞ나 何國何人에던지 本社에 長從ᄒᆞᆫ 事務에 對ᄒᆞ야 能히 防遏치 못ᄒᆞᆯ것은 明瞭ᄒᆞᆷ이니 此廣告를 讀ᄒᆞ시ᄂᆞᆫ 첨彦ᄂᆞᆫ 幸須銘心ᄒᆞᆯ것이오며 玆에 本社의 進行ᄒᆞᆯ 職責與事務를 明白히 說明ᄒᆞ노라

本社ᄂᆞᆫ 비록 新成立ᄒᆞᆫ者이나 本社를 興旺케ᄒᆞᆯ 方針에 對ᄒᆞ야 必要ᄒᆞᆫ時에ᄂᆞᆫ 能力과 勇敢力이 固有ᄒᆞ오며 現今에 着手ᄒᆞᆯ 事業은 如左ᄒᆞᆷ

一 本社ᄂᆞᆫ 韓國과 美國間에 直接輸入及輸出을 伸張ᄒᆞᆷ을 務圖ᄒᆞᆷ

韓國內某々種手造物品은 美國의 輸出ᄒᆞ야 奇利를 得ᄒᆞᆯ者가 多ᄒᆞ나 于今ᄭᆞ지 此等物品은 美國에 各處의 紹介ᄒᆞᆯ 機路ᄒᆞ더니 現今에 本社에서ᄂᆞᆫ 此等困難이 無ᄒᆞᆫ지라 韓國은 何故로 美國과 如此ᄒᆞᆫ 商業上好關係를 拋棄ᄒᆞ리오

又壹試思ᄒᆞᆯ것은 美國物品이 韓國에 到達ᄒᆞᆯ時에ᄂᆞᆫ 通局으로도 四五手를 經由ᄒᆞ나니 每經由處에 該物品本價에서 利益을 添付ᄒᆞ며 稅金及運費도 自然增加ᄒᆞᄂᆞᆫ 故로 物價가 甚高ᄒᆞ오나 本會社ᄂᆞᆫ 美國內物品製造所에서 最廉價로 特約直輸入ᄒᆞ야 顧買者에게 直接放賣ᄒᆞ면 物價가 低廉ᄒᆞᆯ터이오니 推此思惟ᄒᆞ오면 韓國內에서 美國物品의 需用이 直接及間接으로 利益의 增加ᄒᆞᆷ을 預期ᄒᆞᆷ

貳 本社에서 韓美兩國商業關係에만 盡力ᄒᆞᆯ뿐不啻라 韓國과 亞細亞全部와 歐羅巴及濠太利諸處에도 商業上好機會를 造成ᄒᆞᆯ 計劃이오며 且勤實ᄒᆞᆫ 代理人을 韓國內各處에 置ᄒᆞ고 新鮮ᄒᆞᆫ 物品을 直輸入ᄒᆞ야 各處代理人으로 分掌出賣케ᄒᆞ며 又物貨를 放賣ᄒᆞᆷ에 對ᄒᆞ야ᄂᆞᆫ 時々로 特別히 廣告를 揭布ᄒᆞᆯ터이오니 海內僉彦은 本社에 事務進行을 縁此承聞ᄒᆞ오리다

三 本會社ᄂᆞᆫ 不動產部를 別設ᄒᆞ고 不動產에 關ᄒᆞᆫ 事項을 管理ᄒᆞ되 土地家屋等賣買典當及借貸等事에 仲介契約受托及방助ᄒᆞᄂᆞᆫ 等事를 處理ᄒᆞ야 迅速히 發展되기를 期待ᄒᆞ며 此에 關ᄒᆞᆫ 詳細事項은 未久에 公布ᄒᆞᆯ깃ᄉᆞᆸ

四 何事를 勿論ᄒᆞ고 法律의 違反치아니ᄒᆞ고 本社의 利益이 有ᄒᆞᆷ으로 認定ᄒᆞᄂᆞᆫ 營業은 本社에서 隨機進行ᄒᆞ기를 準備ᄒᆞᆯ터이오니 此目的의 對ᄒᆞ야 同情을 表ᄒᆞ시ᄂᆞᆫ 僉彦은 盡心協助ᄒᆞ심을 切望ᄒᆞ며 以上陳述ᄒᆞᆫ 諸事項에 對ᄒᆞ야 僉彦ᄂᆞᆫ 通信을 連絡ᄒᆞ기를 願ᄒᆞ오니 左開二項을 注意ᄒᆞ시옵

壹 何事를 勿論ᄒᆞ고 本會社에 委托ᄒᆞᄂᆞᆫ 時에ᄂᆞᆫ 本社에서 盡心竭力ᄒᆞ야 信實히 處理ᄒᆞᆯ터이오며

二 本會社ᄂᆞᆫ 何人이던지 本會社의 委托ᄒᆞᆫ 事에 對ᄒᆞ야ᄂᆞᆫ 其信用을 確守ᄒᆞ고 尊敬ᄒᆞᆷ을 保証ᄒᆞᄂᆞᆫ 故로 何事를 勿論ᄒᆞ고 信用의 關ᄒᆞᆫ 事件은 特別히 本社의 委任ᄒᆞᆷ이 加一層安全ᄒᆞᆷ을 擔任ᄒᆞ압ᄂᆞ이다

大韓皇城磚洞

韓美興業株式會社 謹啓

廣 · 告

測量機械 各種大發賣

漢城南署蓮洞六拾貳號 **金龍商會**

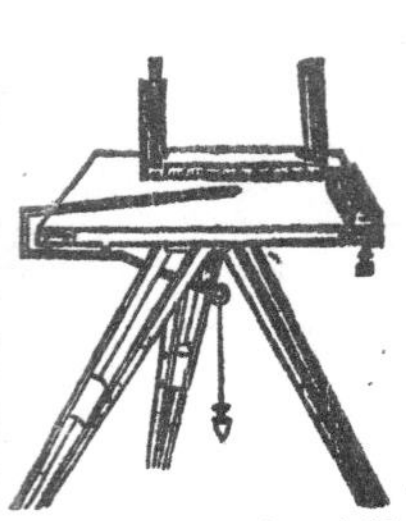

出張所 典洞金樂永

德國 이버페르드地方에 파벤파부리켄 故푸뻬 께이어 **會社**는世界上에最大ᄒᆫ各種 **染色料製造所**인대本社에셔는韓人淸人商業家諸友의게大注意ᄒ시기를懇乞ᄒᄂᆞᆫ바ᄂᆞᆫ無他라多少無掛慮로商買ᄒᄂᆞᆫ가 **麒麟**과 **兩女** 商標를僞造ᄒ여本社의名聲이頗多ᄒ고品質이最良ᄒᆫ紫色과藍靑色料를價低ᄒ고無價値ᄒᆫ色料로써代替ᄒᄂᆞᆫ人이有ᄒ오니 **其僞造**를 **注意**ᄒ시며且本社와淸國地方에셔行用ᄒᄂᆞᆫ名號(**順全隆**)三字를注意ᄒ시오此ᄂᆞᆫ每貨에商號를ᄊᆞ며尙且獨히積年信字ᄒᄂᆞᆫ品料로照證ᄒᄂᆞᆫ것시오本社에用ᄒᄂᆞᆫ箱子(木箱)에ᄂᆞᆫ擧皆其商便에本社의登錄商標印ᄒᆫ個鐵斧가其兩足으로雙球를踏ᄒᆫ圖像을烙印ᄒ얏스며此를發達ᄒ야本社의名號를英字로印出ᄒ얏ᄉᆞᆸ나이다

大韓全國에總發行所ᄂᆞᆫ 京城南大門內濟生堂大藥房

清心保命丹 此丹은化痰止咳ᄒ고順氣消滯ᄒ며水土不服에奇效가有ᄒᆷ 金十錢

蔘茸大補元 每週日分金壹圜 四週分金三圜十錢 二週分金貳圜八拾錢 十週分五圜三拾錢

右藥은大韓名産鹿茸人蔘에西洋有名ᄒᆫ補材를混和ᄒ야我國兄弟의腸胃와性質에適當ᄒ도록多年研究ᄒ야發明ᄒᆫ바今에先服人의累試累驗이臨症皆差ᄒ니果然今世之仙藥이라故로其治效能을左開廣佈ᄒ오니僉兄弟ᄂᆞᆫ何不早圖豈試오(效能) 先天不足과稟安不眠ᄒ며 心腎俱虛와 房事色傷이며 遺精多夢과 色傷腰痛이며 房事時에早漏不快ᄒ며 重病後虛弱과 手足厥冷이며 食物不消와 貧血諸症에奇效가有ᄒ고 無病人이若服七週ᄒ면人蔘元氣ᄒ고骨節이强壯ᄒ며健康無病ᄒ나니此可謂良世靈藥故로不計效며약價를呈ᄒᆷ

蛔積殺虫散 此散은蛔積과蛔腹痛과蛔滯와蛔虫을一切驅去ᄒᄂᆞᆫ妙藥 金십錢

寸虫沒出藥 勿論男婦老幼ᄒ고寸虫을一切拔根之妙劑 壹人用三拾전

久滯大通丸 年久ᄒᆫ積滯와胸腹痛과腹中積病을驅除ᄒᄂᆞᆫ良劑 金拾五錢

感氣特效解熱散 感氣드러頭痛나고寒熱往來ᄒ며肢節痛과몸살에幷神效 금拾전

되눈拔根藥 되눈과못과사마귀에마르면百發百中으로빠지오 金십錢

新製百應膏 虫瘡과癰종과根박인대ᄂᆞᆫ종氣와劍創과모든종氣와火傷과곱지인初와가리못ᄒᆫ대神效 金拾전

去液生新沃度膏 발에땀나고보션을신으면惡臭와떼와ᄊᆞ시고압푼대神效 金拾錢

止足汗臭藥 汗이졋쳐고너음서가업소 金十錢

其他藥種은壹壹難記어니와大韓國內藥商ᄒᆞ시ᄂᆞᆫ僉兄의게ᄂᆞᆫ藥價를割引大放賣ᄒ오니陸續注文ᄒ시오

京城南大門內 仁川港奇峴 **濟生堂主 李庚鳳**

本人이製造發行ᄒᄂᆞᆫ바 **靈丹**을今에官許를蒙ᄒ고 **大韓醫院業學士兒島ᄂᆞ里氏**와 一等**製藥官劉世煥**兩氏檢査證明과**軍部軍務局衛生課二等軍醫長金益南閣下**와 **諸大方家高明醫士**의**有効賞贊**을受ᄒᄂᆞᆫ바 **其應用說明은如左**ᄒᆷ 說明書

靈丹 中暑·中寒·吐瀉·腹痛及消化不良·食慾不進·頭暈目昏心悸顫悶·船暈酒醉·眩暈昏迷·山嵐瘴氣·痞滿聲咽·水土不服等

地方各處에셔書信으로請求ᄒ시면小包迅速遞呈ᄒ깃ᄉᆞᆸ

發行本舖 皇城南部大廣橋第十九統七戶 **共愛堂大藥房** 告白

新訂 大韓帝國地圖

銅版印刷 구오수洋裝 全壹帖 正價金五拾錢

△自堂玄采서序

○我韓地圖之精密者首推古山子但篇帙太多難於携帶且流傳者少不能人人皆有豈非大恨事哉玆將地圖及本刪煩就簡作爲小帖以公同好我內地物味膏沃物産豐富爲東洋之無盡藏若開拓而利用則我國之富强可計日以待矣本圖分十三道自山川郡都府以至物産名目詳細記載使人一目瞭然謂我同胞各置壹本以作興業之一助是所厚望

發兌元
- 皇城中部罷朝橋越邊 中央書館
- 皇城남部大廣橋東邊 滙東書館
- 皇城北部桂洞 玄公廉
- 皇城中部鍾路 大東書市

初等大韓新地誌 問答

全壹册 定價金貳拾五錢

近日初等大韓地誌가三四種이新次刊行되엿ᄉᆞ오나敎育上에缺點이無ᄒᆫ다可謂ᄒᆯ지니今에本書ᄂᆞᆫ特別히幼年程度에適當ᄒᆫ者爲ᄒ여問答例로詳密히編纂ᄒ와小學校用에必要ᄒ오니照亮ᄒ심을望ᄒᆷ

漢字初習

全壹册 定價金拾五錢

本館에서著作ᄒᆫ漢字初習은漢文字에義와幼稚ᄒᆫ도解得ᄒ기便易ᄒᆫ字를揀ᄒ여書數의多少를隨ᄒ여類聚ᄒ것인대敎授ᄒ기와解得ᄒ기와習字ᄒ기가十字文이나其他漢文학습為ᄒ여著作ᄒᆫ冊子들中에最便ᄒ고最要ᄒ여幼稚와普通初等漢文科로用ᄒ기適宜ᄒ오니多數히需用ᄒ시기를바라ᄂᆞ이다

國語文典音學 周時經著述

全壹冊 定價三拾錢

本書ᄂᆞᆫ周時經씨가拾有餘年을研究ᄒ여國語에關ᄒᆫ音學에諸般原則을詳密히說明ᄒ여壹般學界에極히有用ᄒ오니文學에有志ᄒ신諸시와學生僉員은速히需用ᄒ심을바라나이다

실업쇼셜 松뢰琴 송뢰금

薪雨生人陸定洙著 定價金二十五錢

○본쇼셜은남아의실업계활동과가정녀의법ᄉᆞ사출ᄒ야유려ᄒᆫ문증과곡곡ᄒᆫ사의논종괴을미망ᄒ고도덕을발휘ᄒᆫ저술이라엇차시독에가치잇을아오리다

發賣所 南大門內尙洞會堂前 博文書館 平壤종路 太極書館 귀城종路 興학書舖 京鄕各處書舖

訴訟及請願事件迅速親切處理

京城下茶洞拾九統二戶 (電話三七五)

辯護士 木尾虎之助 法律事務所

事務主任 南萬植

韓國人法律顧問從 品金益根

大韓帝國仁川奇峴 總發行所 和平堂大藥房

各港內各藥舖

婦人靈藥 부인티양됴경환 胎養調經丸 壹劑壹月分 금五圜

主治說明 婦人이孕胎ᄒ지못ᄒᄂᆞᆫ冷病과月經不調로因ᄒᆷ이니此藥을服用ᄒ시면腹中에[illegible]諸病은一切退去ᄒ고自然孕胎ᄒᆷ을速히하시오

代理店 京城南門內水橋濟生堂藥房 皇城大廣橋 共愛堂藥房

支店及出張所 元山 觀察 義州 郭山 開城 木浦 咸從 宣川 龍山 博川 三和 長淵 肅州 鐵山 大寧 鎭南 龍川 平壤 黃州 安州 釜山 水原 安岳

製藥所 仁川港奇峴 和平堂藥房

發行人 李[illegible]

京城鍾路 **和平堂支店**

京城鍾路 仁川港奇峴 **和平堂** 告白

八寶丹 九拾五粒入金[illegible]圜

補腎補陽 **滋陽丸** 자양환

三拾日分 금五圜
貳拾日分 금三圜四拾전
拾日分 금壹圜八拾전

主治 ○房事不容 ○胃虛腰痛 ○病後氣喘 ○腎氣不足 ○陽痿不起 ○遺精多夢 ○陰虛火動 ○房事後憊困 ○手足厥冷 ○形容蒼白 ○吸烟飮烟咯血 ○體質虛弱消瘦

此外의도東西洋各國靈藥이俱備ᄒ오며各地方의셔도隨用請求ᄒ시면郵便으로보내나이다各處藥業ᄒ신ᄂᆞᆫ僉位에게ᄂᆞᆫ特別割引放賣ᄒ오니陸續注文ᄒ심을敬望

發行兼編輯人 英國人 萬咸
Responsible for Publication Alfred Weekley Marnham.
發行所 漢城石井洞號外地三層洋屋 大韓每日申報社

光武九年八月拾一日 明治卅八年八月拾一日 (第三種郵便物認可) 水曜日 西曆壹千九百九年壹月貳拾日 (壹)

第六卷 第壹千五號

大韓每日申報

月曜及慶節

歲時日休刊

檀君開國四千二百四十二年
孔子先年三千三十一年
大韓開國五百十八年
日本明治四十二年
淸國光緖三十四年
陰曆戊申十二月大廿九日庚辰

論說

◎分利ᄒᆞᄂᆞᆫ人은國民의賊 (續)

惜乎라此擠世의[illegible]에耳를傾ᄒᆞᄂᆞᆫ者ㅣ無ᄒᆞ고徒히鼻笑를加ᄒᆞᆷ으로 드ᄃᆡ여全國人心으로ᄒᆞ야곰遊衣遊食을士子의常事로認ᄒᆞ며力作營生은奴隸의賤役으로認ᄒᆞᆫ지라 是以로彼士族의子弟가或窮貧親老의不得已ᄒᆞᆫ境遇를當ᄒᆞ야勞働으로生活을救ᄒᆞ야供養을繼코져ᄒᆞ더라도知舊의譏嘲가沓至ᄒᆞ야日吾輩가餓死ᄒᆞᆯ지언뎡此ᄂᆞᆫ不可爲라ᄒᆞ며吾輩가凍死ᄒᆞᆯ지언뎡此ᄂᆞᆫ不可爲라ᄒᆞ야勞働界에壹入ᄒᆞ면親戚이相避ᄒᆞ며惡ᄒᆞ며朋友가相交를恥ᄒᆞ야往々婚路가阻絶ᄒᆞᆷ에至ᄒᆞ니 嗚乎라人이生落地以後에壹件不可廢ᄒᆞᆯ勞働을厭惡ᄒᆞᆷ이如此ᄒᆞ니此亦怪俗이아닌가 然이나好生惡死ᄂᆞᆫ人의常情이니彼가엇지手를束ᄒᆞ고坐死를肯ᄒᆞ리오勞働의路ᄂᆞᆫ既是壹世의大詬病이되야士族이敢近치못ᄒᆞᆫ즉不得不此外의壹線에셔生路를別求ᄒᆞ야口腹의計를圖ᄒᆞᆷ도亦自然의趨勢라於是乎三綱錄[illegible]을帶ᄒᆞ고[illegible]鄕校에討索ᄒᆞᄂᆞᆫ者ㅣ有ᄒᆞ며於是乎石鼓堤感恩碑額을携ᄒᆞ고各郡面에橫歛ᄒᆞᄂᆞᆫ者ㅣ有ᄒᆞ며於是乎假御史僞派員의面目을擔ᄒᆞ고民血을潛吸ᄒᆞᄂᆞᆫ者ㅣ有ᄒᆞ며於是乎鄭虎狠李木棒의旗幟를竪ᄒᆞ고民財를劫奪ᄒᆞᄂᆞᆫ者ㅣ有ᄒᆞ며於是乎[illegible]債를借用ᄒᆞ고親族에排歛ᄒᆞᄂᆞᆫ者ㅣ有ᄒᆞ며於是乎公錢을挪用ᄒᆞ고遠地로逃走ᄒᆞᄂᆞᆫ者ㅣ有ᄒᆞ며於是乎賊心을抱ᄒᆞ고兄弟의庄土를潛賣ᄒᆞᄂᆞᆫ者ㅣ有ᄒᆞ며於是乎世誼를藉托ᄒᆞ고査家間에行乞ᄒᆞᄂᆞᆫ者ㅣ有ᄒᆞ야習俗이日下ᄒᆞ고人心이日壞ᄒᆞᄂᆞᆫ지라進ᄒᆞ야朝廷에仕ᄒᆞ면貪官汚吏가되며退ᄒᆞ야山野에處ᄒᆞ면雜類奸徒가되ᄂᆞᆫ도다斯民의賊이若是히多ᄒᆞ니斯民이何法으로써活ᄒᆞᆷ을得ᄒᆞ리오悲夫라

民賊의日多ᄒᆞᆫ源을推ᄒᆞ면遊手가日多ᄒᆞᆫ故며遊手의日多ᄒᆞᆫ源을推ᄒᆞ면勞働을賤視ᄒᆞᆫ故로다西國近世學者가勞働神聖四字를絶叫ᄒᆞᆷ이所以가有ᄒᆞᆫ저

雖然이나已往에門을閉ᄒᆞ고外人과不通ᄒᆞ던時代에도遊手가如此히多ᄒᆞ고民賊이如此히多ᄒᆞᆷ으로斯民이日困ᄒᆞ얏거던況梯航이四通ᄒᆞ야商戰隊工戰隊가于々擾々히侵入ᄒᆞᄂᆞᆫ今日에彼와競爭ᄒᆞ기ᄂᆞᆫ姑舍ᄒᆞ고反히分利의賊이되야同胞를害ᄒᆞᄂᆞᆫ디或은偵探의生涯로外人에게納媚코져ᄒᆞ야國民을誣陷ᄒᆞ며或은憲兵補佐員의出身으로自己의利益을圖코져ᄒᆞ야良民에게討索ᄒᆞ니是皆生利를不能ᄒᆞ고分利만是事ᄒᆞ다가終乃國民의賊이되나니國民된者ㅣ深思ᄒᆞ야아못조록生利者가될지어다或日設或生利를不能ᄒᆞᆯ지라도賊心으로民財를窃奪치아니ᄒᆞ면可ᄒᆞ거니와日否라分利ᄒᆞᄂᆞᆫ者ᄂᆞᆫ비록他人이投與ᄒᆞᄂᆞᆫ것만食ᄒᆞ고同胞에게顯害를加ᄒᆞᆷ이無ᄒᆞᆯ지라도國家財産을坐耗ᄒᆞᄂᆞᆫ罪ᄂᆞᆫ難免이니國民乎々々여心으로勞働ᄒᆞ던지力으로勞働ᄒᆞ던지必也壹切勞働에從事ᄒᆞ야國民의賊을作ᄒᆞ지말지어다

(完)

▲隆熙貳年[illegible] 官報

▲農商工部告示第拾[illegible]號 續

○商事非訟事件印紙法

第一條 商法中登記에關ᄒᆞᆫ境遇를除ᄒᆞᆫ外非訟事件을對ᄒᆞ야裁判所의命令其他處分을請求ᄒᆞᄂᆞᆫ者ᄂᆞᆫ以下數條의節次를從ᄒᆞ야其提出ᄒᆞᄂᆞᆫ書類에(民事訴訟用印紙)를貼用ᄒᆞᆷ이可ᄒᆞᆷ但口述로써ᄒᆞᄂᆞᆫ境遇에ᄂᆞᆫ其調書에印紙를貼用ᄒᆞᆷ이可ᄒᆞᆷ第五條第六條第七條의境遇를當ᄒᆞ야ᄂᆞᆫ管財人에셔提出ᄒᆞᄂᆞᆫ計算書에印紙를貼用ᄒᆞᆷ이可ᄒᆞᆷ

第二條 左揭ᄒᆞᆫ件에對ᄒᆞ야ᄂᆞᆫ五拾錢印紙를貼用ᄒᆞᆷ이可ᄒᆞᆷ

壹 抗告又ᄂᆞᆫ假執留의申告

二 債權者가ᄒᆞᄂᆞᆫ破産宣告의申告

三 支撥猶豫의申告

第三條 左揭ᄒᆞᆫ件에對ᄒᆞ야ᄂᆞᆫ二십錢印紙를貼用ᄒᆞᆷ이可ᄒᆞᆷ

壹 抗告에對ᄒᆞᆫ答辯

二 裁判所의命令其他處分의申告로써本法에特히規定치아니ᄒᆞᆫ非訟事件에係ᄒᆞᆫ事

○不動産及商業登記簿謄本抄本請求등事手數料額

土地登記簿建物登記簿土場財團登記簿礦業財團登記簿及商業登記簿의謄本又ᄂᆞᆫ抄本의請求等事에關ᄒᆞᆫ手數料左갓치定ᄒᆞᆷ

第壹條 不動産登記法第二拾壹條又ᄂᆞᆫ非訟事件手續法第百四拾二條의規定을依ᄒᆞ야登記簿의등本又ᄂᆞᆫ抄本의交付를請求ᄒᆞᄂᆞᆫ者ᄂᆞᆫ其用紙壹張에對ᄒᆞ야手數料金十錢을納ᄒᆞᆷ이可ᄒᆞᆷ但壹張에未滿ᄒᆞᆫ거시라도亦壹張으로計算ᄒᆞᆷ

第二條 非訟事件手續法第百四拾二條의規定을依ᄒᆞ야登記事項에變更이無ᄒᆞᆫ事又ᄂᆞᆫ某事項의登記가無ᄒᆞᆫ證明을請求ᄒᆞᄂᆞᆫ者ᄂᆞᆫ每壹件에手數料金拾錢을納ᄒᆞᆷ이可ᄒᆞᆷ

(未完)

外報

◎印度王子渡日 東京電을據ᄒᆞᆫ즉印度王子ᄂᆞᆫ日本神戶港에到着ᄒᆞ얏다더라

◎匈牙利炭坑爆裂 同電을據ᄒᆞᆫ즉匈牙利에셔炭坑이爆發되야[illegible]餘名이死傷되얏다더라

◎波斯叛亂 倫敦電을據ᄒᆞᆫ즉波斯國에쓰파반洲와아셀베잔洲와[illegible]리쓰洲에셔ᄂᆞᆫ謀叛이起ᄒᆞ얏다더라

◎伊皇의表感 同電을據ᄒᆞᆫ즉伊國皇帝ᄂᆞᆫ米國同航艦隊司令長官을會見ᄒᆞ고今番震災가有ᄒᆞᆫ時에同艦隊의援助ᄒᆞᆷ을深切히感賀ᄒᆞ얏다더라

詞藻

◎老益壯

今夜月昨夜又고。今年花去年又되

어이ᄒᆞᆫ애너白髮、나날이달녀가노

암커나、白髮일망졍、國家事를

廣告

雜報

●聖恩如天 廣泉廟에在ᄒᆫ券典執事와承宰者에서債務者의게督納ᄒᄂᆫ事ᄂᆫ各報에已揭어니와更聞ᄒᆫ즉 嚴貴妃殿下ᄭᅴ압셔各典券人의轉干溝壑ᄒᆫ情境을洞燭ᄒ시고該前後事狀을 太皇帝陛下ᄭᅴ 奏達ᄒ시온즉 太皇帝陛下ᄭᅴ압셔 下敎ᄒ옵시되人民의顚倒慘惻ᄒᆫ情况이如此ᄒᆫ진ᄃᆡ初也에民情顧恤ᄒᆫ本意가何在오ᄒ옵시고典執ᄒᆫ文券을ᄃᆞᆼᄃᆞᆼ히還給本主ᄒ야安業資生케ᄒ라ᄒ옵시ᄆᆡ로該典券人等이如天 聖恩을感泣ᄒᆫ다더라

●兩宮陛見 伊藤統監이大久保大將을帶同ᄒ고昨日 大皇帝陛下ᄭᅴ 陛見ᄒᆫ後에 德壽宮에進詣하야 太皇帝陛下ᄭᅴ도 陛見ᄒ얏다더라

●長谷辭陛 장谷川大將이本日歸國次發程ᄒᄂᆫ故로昨日에 太皇帝와 大皇帝兩 陛下ᄭᅴ辭 陛하얏다더라

●統監促歸 日本皇帝ᄭᅴ셔伊藤統監에게歸國ᄒ라ᄂᆫ親電이昨日統監府에到達ᄒ얏다더라

●小人例態 總理大臣李完用氏가近日農大趙重應氏로情誼가去益親密ᄒ고內大宋秉畯氏를對ᄒ며外面的으로和好ᄒ나內實相反ᄒ야携貳之論에種種有之ᄒ다더라

●權門如市 中樞院副贊議가己往은無祿官인故로要求ᄒᄂᆫ者無ᄒ더니今年度부터ᄂᆫ俸給을立券ᄒᆫ故로總理李完用氏에게該任을極力運動하ᄂᆫ者가逐日답至ᄒ야門庭이如市ᄒ다ᄂᆫ데該任五窠가一切充數되야日間官報에頒布ᄒ다더라

○諸鷄叢談 北部小安洞居ᄒᄂᆫ某官人은金貨百餘圜을携帶ᄒ고中樞院副贊議를도得次로百般運動ᄒ다가事不諧意ᄒ야慨歎不已ᄒ다더라

●爾何止何 壹進會에서開會ᄒ고內閣總辭職을勸告ᄒ기로決定ᄒ얏다더니該決案을停止ᄒ얏다더라

●是何事端 全南觀察使申應熙ᄂᆫ外薦報ᄒᆫ郡守ᄂᆫ有何事端인지內部에서留案ᄒ고壹無敘任ᄒ얏다더라

●春察獨完 今番觀察使某々氏가遞任된다ᄂᆫ데春川觀察使李圭完氏의地位ᄂᆫ去益鞏固ᄒᆯ터이라더라

●背恩必亡 南延觀氏ᄂᆫ元來閔忠正公과切戚關인ᄃᆡ吳信獄宋秉畯兩人을符同ᄒ야閔忠正公家田庄을勒奪分食ᄒ기로結約ᄒ얏ᄂᆫᄃᆡ兩氏로言하면威分은姑舍ᄒ고頂踵毛髮이無非閔氏의恩德인ᄃᆡ他人을符同ᄒ야反爲謀害ᄒ다고人皆唾罵ᄒᆫ다더라

●有何不合 鎭川郡守徐相憲氏가該道觀察使崔廷德氏와不相合ᄒᆫ思想이有ᄒ야上京逗留ᄒ다더라

●無圖不許 漢城府에서人民家屋買賣하ᄂᆫ事에對하야度支部技手의測量圖本이無ᄒ면版劵을許可치아니ᄒᆫ다더라

●訟民稱怨 京城各裁判所에서京鄕訴訟當事者가訴訟을提出ᄒᆫ則此日彼日로延拖ᄒ야累朔이過ᄒ도록判決치아니ᄒᆷ으로訟民이留連費에困難ᄒ야稱怨이漲藉ᄒ다더라

●楊氏呼訴 楊州郡接洞面居ᄒᄂᆫ韓汝實朴奉千等이該面所在壽進宮畓로多年賭作이더니至於昨秋ᄒ야ᄂᆫ全不掛錢인데該郡財務署에서稅納을督促ᄒᄂᆫ故로該人등이不勝抑冤ᄒ야稅納을蕩勘ᄒ야달나고度支部監督局에呼訴ᄒ얏다더라

●鄭々抑冤 星州郡鄭述永氏先山에地下富人金允蘭氏가外人及無賴輩를領率ᄒ고擅執突入ᄒ야鄭塚을勒掘ᄒ고其壙에入葬ᄒᆫ事ᄂᆫ新聞에揭載어니와繼聞ᄒᆫ즉鄭氏가該郡에呈訴ᄒ얏더니行政官의所決이아니라고法司에往訴ᄒ라ᄒ기로大邱地方裁判所에告訴ᄒ얏더니金氏ᄂᆫ監獄署에押囚하얏스나向今如何ᄒᆫ判決이無ᄒ고但推於控訴院이라고鄭氏家에서抑鬱度日ᄒᆫ다더라

●宋巡虐民 松禾郡居ᄒᄂᆫ宋濟根爲名者가素以亂類로巡查를圖得ᄒ야殷栗郡에來駐ᄒᄂᆫᄃᆡ人民에게暴行이頗多ᄒ야該郡人民들의怨聲이漲藉ᄒ다더라

●鳩奪未遂 今月拾六日에壹進會員安泰俊宋秉畯과韓昌會崔晴奎四氏가三拾餘人을會同ᄒ고勞働會에前往ᄒ야稱以贊成ᄒ고自勝會長ᄒ며任員을組織ᄒ고該會를并吞ᄒᆯ目的으로壹場風波가太起ᄒ얏ᄂᆫᄃᆡ勞働會任員이中部警察署에告訴ᄒ야公決解歸ᄒ얏다더라

●果期不法 沃溝府主事李勉承氏가該港居徐基晃氏의畓土壹石落을暗賣ᄒᆫ證明書를出ᄒ야該港居文俊京을符同ᄒ야日人에게放賣ᄒᆫ故로徐氏가起訴ᄒ얏더니警察署에서徐氏를反爲提囚ᄒ야壹兩日後에放送ᄒ얏다더라

●閔門風波 廣州郡松隅居하ᄂᆫ裴某가輔國閔泳徽氏에게年前에錢幾萬兩을見奪ᄒᆫ事가有ᄒ야日前에裴某가閔氏를往見ᄒ고所奪錢額을當場出給ᄒ라ᄒ고風波가大起ᄒ얏다더라

●松亭小戰 陰本月二拾日頃에全南光州郡松亭面附近에서義兵幾十名이日憲兵隊補助員과交戰ᄒ야補助員壹名을砲殺ᄒ얏다더라

●路上醉死 中部麻동居ᄒᄂᆫ名不知리某ᄂᆫ年今七拾인ᄃᆡ日前夜에醉酒如泥ᄒ야樓동附近街路에서倒死ᄒᆫ故로該掌內巡查가其本家로通知ᄒ야舁去出埋케하얏다더라

●최家賊警 去土曜日夜에强盜幾名이各持凶器ᄒ고新門外石橋居최某家에突入ᄒ야主人夫婦를結縛威脅ᄒ고金貨及布木等屬을多數히奪去ᄒ얏다더라

●半島淸香 北部齋洞居李輔性諸氏가實業에有志ᄒ야壹會社를組織ᄒ고寧越郡의所產烟艸를買入ᄒ야卷烟을製造ᄒ얏ᄂᆫᄃᆡ名曰半島라其製品의精美와味質의淸香ᄒᆷ은彼朝日等卷烟에比ᄒᆯ비아니라더라

●湖南將進 湖남學會全北支會에서贊成會를開ᄒ고會長李建鎬副會長金秉旭總務朴榮來諸氏와該會委員李根容李처氏等五十貳員이該會贊成과本道敎育에對하야次第로激切히演說하얏다더라

●法學隆會 法학協會에서本日下午四時에評議會를開ᄒ고財政上方針과諸般事務를處理ᄒᆫ다더라

學界

●諸氏熱心 平壤봉串面有志紳士李東悅林鍾淑崔鼎植諸氏가夜學校를設立ᄒ고多數捐助ᄒ야熱心敎授ᄒᄆᆡ로學徒가數十名에達ᄒ얏다더라

●新聞의大效 江界吏西面居ᄒᄂᆫ金樂胃氏ᄂᆫ本是頑固ᄒᆫ儒生이러니該面人宋浚及田永奎氏로因ᄒ야申報購覽이延過壹年이러니時機를感覺ᄒ고國權恢復이在於靑年敎育이라ᄒ야里內에若干金額을收聚ᄒ야學校를設立ᄒ고敎師에月給은每年壹千兩式自擔ᄒ니遐士窮峽에新志士가出現ᄒ얏다더라

●廣進益進 平壤廣進학校ᄂᆫ費用이頗窘하더니任員李炳鳳김膺鉉諸氏가極力贊助ᄒ고敎師李學泌金鎬杰兩시가熱心敎授하ᄂᆫ中隣洞志士金周憲某某諸氏가該里齋錢壹百三拾餘圜과捐助金壹百餘圜을寄付ᄒ야校況이增進ᄒᆫ다더라

●是何婦人 寧邊上月林德興學校ᄂᆫ本是基金도無ᄒ고但任員幾人에心力과敎師에熱誠에壹役學徒가增進ᄒ기로校室이挾窄ᄒ야壹家屋을買得ᄒᄂᆫᄃᆡ財政이窘絀ᄒ야壹般學員이勞心焦思ᄒ며니該동居ᄒᄂᆫ故金弘시에婦人은無壹子女ᄒᆫ六拾老孀이라客主로營業인ᄃᆡ學校에貧情을特憐하야賣食利錢을分々收聚ᄒ야六十圓을捐助ᄒ고校監朴履炯시에對ᄒ야言ᄒ기를國家命脈이靑年學徒手中에在ᄒ다고慷慨히說明ᄒᄆᆡ傍聽者가揮淚嘆服ᄒ얏다더라

●鐵山彰東 鐵山郡吳최源吳致殷兩시가萬餘金을捐出ᄒ야彰東中學校를設立ᄒ고학員을募集ᄒ야熱心敎育ᄒᆫ다더라

◎感荷義捐 寧邊郡上月林居朴芝龍康炳奎韓基周趙尙鼎四氏ᄂᆫ年皆七拾餘歲인ᄃᆡ致村德興學校에서購覽ᄒᄂᆫ本報評論欄內 新年新禱文을傍聽하다가句々節々에歔泣感嘆ᄒ고囊中의分錢을各其捐出ᄒ야 金七十錢 을本社에寄付ᄒ얏기로玆에感意를表ᄒ노라

◎感荷義捐 太邱郡私立壽昌學校長徐鳳綺氏가金一圓 을本社에寄附ᄒᆫ全文이如左ᄒ니

貴社愛公直筆은愈往愈快하야使頑者로廉ᄒ고懦者로立ᄒ야大韓民族이昏衢에燈燭을得ᄒᆷ과如ᄒᆫ즉貴社ᄂᆫ可謂醫世之鐸이라寧不感誦가玆에壹圓金으로微衷을仰表ᄒ오니査收하심을敬要라ᄒ얏더라

▲地方消息▼

▲去月十六日부터二拾壹日ᄭᆞ지延亘ᄒ야平康郡內에서義兵과금城日守備隊의中尉以下拾五名이互相交鋒ᄒ얏ᄂᆫᄃᆡ死傷은未詳ᄒ다ᄒ고

▲本月六日에永平北方約拾五里地方에서義兵三십名과금化日守備隊의特務正校以下十壹名이交戰ᄒ얏ᄂᆫᄃᆡ死傷은未詳ᄒ다ᄒ고

▲本月五日和順郡西南方約四拾里地에서義兵拾五名과仝地日分遣隊下士以下六名이交戰ᄒ얏ᄂᆫᄃᆡ死傷은未詳ᄒ다ᄒ고

▲本月六日에原州西北方約三십里地에서義兵四名과原州日憲兵分遣所上等兵二名及補助員四名과互相衝突ᄒ얏다더라

▲孤燈耿々▼

▲雨雪霏霏三更夜에이내心事누가알니寂寞無人홀노안저世上事를셩각ᄒ니悠悠ᄒᆫ嘆聲이로다多情ᄒᆫ々더靑燈은爲誰耿夜ᄅᆞᆯ엿ᄂᆞ냐너의빗ᄎᆞᆯ借得ᄒ야評論이나지으리라

▲內部大臣宋秉畯은 皇帝陛下남巡幸時趙重應과完用을逆賊이니大賊이니毆打叱辱ᄒ엿다니貴人則明이니건가於彼於此갈닐바에快歎人이잇ᄂᆞ지그心腸을알수업고

▲輔國大夫閔泳徽ᄂᆫ剝奪ᄒᆫ人民더田土를期死不報ᄒ고貞慶合坊民國에ᄂᆫ萬圓寄附ᄒ깃다고對人聲言ᄒ더라니死日將近ᄒ얏ᄂᆫ지言端에야狡猾ᄒ만그心腸을알수업고

▲書記官韓昌洙ᄂᆫ內部官吏陞級件을過限ᄒ얏ᄂᆫ데官吏ᄂᆫ無碍라고妄爲ᄒ니韓大提學으로시麁落인가忘齒父ᄅᆞᆯ엿보그心腸을알수업고

▲遞任所長李根湘은壹般輿論反對黨에測量組合다가고會及심각懇切ᄒᆫ지漢城府民總會席에磨肩同參ᄒ엿니大亡國大夫何등思想도랏ᄂᆫ지그心腸을알수업고

▲農商大臣趙重應은宋秉畯의남낸주먹眼中起火여이乞伏乞ᄒ엿다니마ᄂᆞᆫ감잡힌엽무엇일네를이젹던가外上에가肚觀일세그心腸을알수업고

▲元老大臣金鶴鎭은무슨富貴不足ᄒ야八拾當年에은몸이精神에노러나니公을效빈코ᄌᆞᄒᆷ인지生贊号合에倒死王朝되려ᄂᆫ지그心腸을알수업고

▲桃花潭水깁다ᄒᆫ들몰ᄒᆞ소나此等人의心腸은愚夫라도알거니와진ᄃᆡ그心腸이何如ᄒᆫ지指摘ᄒ기眩悅ᄒ니照妖鏡을내여들고더ᄒᆫ心腸을謨히볼가

社告

泰仁 支社員宋洙喆 시가支社事務를 辭免 ᄒᆞᆫ故로來 二月一日 부터該支社를不得已廢止ᄒᆞ오니該支社로本申報를購覽ᄒᆞ시ᄂᆞᆫ 僉君子ᄂᆞᆫ今月內로 本社로 直接請求ᄒᆞ시와停送의弊가無케ᄒᆞ심을務望

大韓每日申報社

廣告

輩郡守김하弼시輩治善政隨現揭載者去八月分安州兵站部軍物輸應馬駄價不足條民間每戶四兩五錢式排歛條爲壹萬七千餘兩中各面洞長挾雜濫捧爲壹萬三千餘兩者明查徵出還播民間故民乃蘇醒各面產母不養厚給喪家紙布助給未婚者白木助給各학校勸奬補助各面里植桑勸啓外國人善爲交涉民無毫弊等善政不拘衆郡壹覩愚惠萬口成碑故로파足廣告內外國僉君子照亮伏望

嘉山郡六面民人等 告白

本院에서病院만目的ᄒᆞᆯ뿐아니라各種乾材藥도俱備ᄒᆞ야販賣ᄒᆞ오니壹般醫工諸兄ᄂᆞᆫ速々買去ᄒᆞᆷ

宣川仁濟病院

主務 李鳳朝 告白

大韓每日申報第六百三十壹號廣告欄內에記載ᄒᆞᆫ南部山林契板井洞七拾壹統八戶草舍拾間漢城府立旨見失事로廣告人朴勝春을金仁瑞로正誤ᄒᆞᆷ

金仁瑞 告白

本人仲兄博士公李駿氏今陰十二月十八日別世知舊諸顯丸會延淳桑(字來慶見名金눈)ᄂᆞᆫ往在新義州云而無消息或有知面之 僉彥以此通知趨送望ᄒᆞᆷ

陰城長湖院洪鐘衍 告白

本社에서活版機械를壹新整備ᄒᆞ고各種印刷를廉價酬應ᄒᆞ오니僉位ᄂᆞᆫ惠顧ᄒᆞ시옵社會公益上印刷ᄂᆞᆫ貳割特減ᄒᆞᆷ

本社에서直接大發賣書目

中等 用器畵法 全 定價金七拾錢

翫雲 吳榮根君 著

本書ᄂᆞᆫ測量。建築。構造。機械見今。壹切實地應用製圖法

新撰 外國地誌 上下 定價金六拾錢

本書ᄂᆞᆫ各學校教科에適當ᄒᆞ며世界各國의情形을詳載ᄒᆞᆷ

二十世紀朝鮮論 定價金三拾五錢

最新算術 上下 定價金壹圓

官立高등學校教授金夏鼎君著

本書ᄂᆞᆫ著者君이實地教授에多年經驗으로算學要領을編撰ᄒᆞᆫ者니各學校教科用及獨習에適當ᄒᆞᆷ

速成算術自解 定價金五十錢

壹個月卒業

本書ᄂᆞᆫ自初等數量으로求積法까지簡易詳明케編纂ᄒᆞᆫ著니各速成科教科用及自家獨習甚便ᄒᆞᆷ

鍾路坐門上隅十二統三戶 興文社

本會事務가漸次擴張이온바本會에願入ᄒᆞ실 有志僉君子ᄂᆞᆫ本會로陸續來議ᄒᆞ오셔林業에發達케ᄒᆞ심을希望ᄒᆞᆷ

(電話三九三番)

大韓山林協會本部告白

▲特別廣告

본사에서일반학도의편리케ᄒᆞᆷ을위ᄒᆞ야학도의모자와복장양복을제조방미ᄒᆞ며그외에各學校教科書와諸種書類와학도의자양소용물품을일제히준비ᄒᆞ옵고특별히헐가로방매ᄒᆞ오니죠량ᄒᆞ시며혹도도가혀격ᄒᆞ야리왕키불편ᄒᆞᆫ곳에ᄂᆞᆫ모자와복장의견양과소용품을긔송ᄒᆞ오면합의케ᄒᆞ야우편도으로부송ᄒᆞ오며단가금은션금을요구ᄒᆞ오니쳠군ᄌᆞᄂᆞᆫ만히만히익고ᄒᆞ시옵

元山港 上里一洞創業社主任 皇甫正 걸

諸般法律事務親切迅速處理隨願來議ᄒᆞ시옵

法律事務所

辯護士 崔鎭

南部曲橋拾壹統七戶

事務員 金顯翼

李義集 李章均

慶北安東私立永嘉潤置學校에서壹月九日에卒業式을擧行ᄒᆞ얏ᄂᆞᆫ데榜目이如左ᄒᆞ니最優等金任鳳金秉燦優等金泰淵權九錫金致洙金輝鍋權宗鎬及第崔載鎬金鼎洙鄭健和金秉允金永洛權鎭權泰勝金能植吳鉉弼金就淵金原洛金道植金斗永洪百源

校長 李中泰

校監 權寧埈

教師 朴勝泰

本人이去陰八月貳十日分에姓名圖章見失이옵기玆以廣告ᄒᆞ오니 僉君子ᄂᆞᆫ照亮ᄒᆞ시오

平北嘉山郡仁龍里康鳳天告白

特別廣告

本社事務所를京城磚洞에現今開設ᄒᆞ고各地方에 代理人 을置ᄒᆞᆯ라ᄒᆞ오니本社定欵 을詳細陳述ᄒᆞᆯ時機가來到ᄒᆞ얏ᄉᆞ오니條項이張皇ᄒᆞ와他日을姑俟ᄒᆞ오며本社 資金 의現今總額은拾萬圓이온ᄃᆡ壹萬株로分ᄒᆞ야每株에拾圓式이옵本社에서ᄂᆞᆫ本社에關ᄒᆞᆫ細項事項ᄭᆞ지 僉彥의詳諒ᄒᆞ시기를懇望ᄒᆞ오니 僉彥은案限에暫坐ᄒᆞ야

京城郵便局郵函第四十號韓美興業株式會社

라皮封에書ᄒᆞ야壹書札을 寄送 ᄒᆞ시되本社에詳細事項을通知ᄒᆞ라ᄒᆞ시면本社에서ᄂᆞᆫ答函을卽呈ᄒᆞᆯ터이오니 惠覽後 貴地方에서ᄂᆞᆫ何事務가本社의進行ᄒᆞ기에最適ᄒᆞᆯ올지 高明ᄒᆞᆫ意見 을 惠賜ᄒᆞ시옵是를爲ᄒᆞ야 來一月三十日以內 로高明ᄒᆞᆫ書札을寄送ᄒᆞ시ᄂᆞᆫ 僉彥에게如左히 賞金 을分等ᄒᆞ야送呈ᄒᆞᆯ짓ᄉᆞᆸ

本社에서 高明ᄒᆞᆫ書札中

一等 으로認定ᄒᆞᆫ者ᄂᆞᆫ　五十圓　二等　二十圓

三等　十圓　四五等　各五圓

六等至十等　各二圓

僉彥의 費用 은 郵票價 以外에무엇이ᄯᅩ잇슴잇가단단히싱각ᄒᆞ야보시오

本社에서大韓帝國內各處와通信을連絡ᄒᆞ기爲ᄒᆞ야如此히 懸賞 ᄒᆞ기를不惜ᄒᆞ오니本社의각地方에서進行ᄒᆞᆯ方針에對ᄒᆞ야 貴重ᄒᆞᆫ勸告 를願聞ᄒᆞ옵나이다

京城磚洞

韓美興業株式會社 告白

平壤代理人

平壤大同門內店洞

鄭基煥

本會社에서鐵路와郵便이迢遞ᄒᆞᆫ地方에在ᄒᆞᆫ 첨彥의寄函ᄒᆞ실期限을寬裕케爲ᄒᆞ야壹月三日以內로退定ᄒᆞᆷ

廣告

測量機械 各種大發賣
漢城南署棗洞大拾貳統拾戶
金龍商會
出張所 典洞金樂永

德國 이버페드드地方에파텐파부리켄 故루데 께이어會社는世界上에最大ᄒᆞᆫ各種染色料製造所인ᄃᆡ本社에서ᄂᆞᆫ清人商業家諸友의게大注意ᄒᆞ시기를懇乞ᄒᆞᄂᆞᆫ바ᄂᆞᆫ無他라多少無據ᄒᆞᆫ商賈輩가麒麟과兩女商標를僞造ᄒᆞ여本社의名聲이頗多ᄒᆞ고品質이最良ᄒᆞᆫ紫色과藍靑色料를假低ᄒᆞ고無價値ᄒᆞᆫ色料로써代替ᄒᆞᆫ人이有ᄒᆞ니

其僞造를注意ᄒᆞ시며且本社의清國地方에서行用ᄒᆞᄂᆞᆫ名號(順全隆)三字를注意ᄒᆞ시오此ᄂᆞᆫ每貿에密ᄒᆞᆫ것이며尙且獨히積年信孚ᄒᆞᄂᆞᆫ品料로憑證ᄒᆞ實것시오
本社의用ᄒᆞᄂᆞᆫ箱子(木箱)에ᄂᆞᆫ擧皆其商便에本社의登錄商標即雙個獅子가其兩足으로壹球를踏ᄒᆞᆫ圖像을烙印ᄒᆞ얏스며此를環遶ᄒᆞ야本社의名號를英字로印出ᄒᆞ얏슴니이다

大韓全國에總發行所는
京城南大門內濟生堂大藥房

清心保命丹 此丹은化痰止咳ᄒᆞ고暗氣消滯ᄒᆞ며水土不服에奇效가有ᄒᆞᆷ 金十錢

蔘茸大補元 壹週日分金壹圜 四週分金三圜十錢 二週壹환八十錢 七週五圜三拾錢

右약은大韓名産鹿茸人蔘에西洋有名ᄒᆞᆫ補材를混和ᄒᆞ야我國兄弟에腸胃와性質에適當ᄒᆞ도록多年硏究ᄒᆞᆫ明인바今에先服人의累試累驗이臨症皆效ᄒᆞ니果然今世之靈藥이라故로主治效能를左開廣佈ᄒᆞ오니僉兄弟ᄂᆞᆫ何不早圖壹試오(效能) 先天不足과肺安不眠ᄒᆞ며 心腎俱虛와 房事色傷이며 遺精多夢과 色傷腰痛이며 房事時에早漏不快ᄒᆞ며 重病後虛弱과 手足厥冷이며 食傷不消와 貧血諸症에奇效가有ᄒᆞ고 無病人이若服七週면大補元氣ᄒᆞ고骨節이强壯ᄒᆞ며健康無病ᄒᆞ나니此可謂眞世靈藥哉若不其效면약價還呈ᄒᆞᆷ

蛔積殺虫散 金십錢
此散은蛔積과蛔腹痛과蛔滯와蛔虫壹切를去根妙藥

寸虫沒出藥 壹人用三拾젼
勿論男婦老幼ᄒᆞ고寸虫壹切를拔根之妙劑

久滯 大通丸 金拾五錢
年久ᄒᆞᆫ積滯와胸腹痛과腹中積病을驅除ᄒᆞᄂᆞᆫ良劑

感氣特效 解熱散 금拾젼
感氣드러頭痛나고寒熱往來ᄒᆞ며肢節痛과몸살에幷神效

되눈拔根藥 金십錢
되눈과못과사마귀에바르면百發百中으로빠지고

新製百應膏 金拾젼
虫毒과瘡종과根박인대와종氣始初와기리웃션대神効

去液生肌 沃度膏 金拾錢
劍創과모던종氣와火傷과곰지인대와쏘시고압푼대神效

止足汗臭藥 金十錢
발에땀리고보션을신으면惡臭와汗이쩟치고너음서가업소

其他藥種은壹壹難記이와大韓國內藥商ᄒᆞ시ᄂᆞᆫ僉兄의게ᄂᆞᆫ藥價ᄂᆞᆫ特別割引大放賣ᄒᆞ오니陸續注文ᄒᆞ시오
京城南大門內 仁川港奇覌 濟生堂主 李庚鳳

本人이製造發行ᄒᆞᄂᆞᆫ바靈丹을今에官許를蒙ᄒᆞ고大韓醫院業學士兒鳥居里氏와一等製藥官劉世煥兩氏檢查證明과軍部軍務局衛生課二等軍醫長金益南閣下와諸大方家高明醫士의有効賞賛을受ᄒᆞᆫ바其應用說明은如左ᄒᆞᆷ

說明書

靈丹 中暑.中寒.吐瀉.腹痛及消化不良.食慾不進.頭暈目昏心煩鬱悶.船暈酒醉.眩暈昏迷.山嵐瘴痞滿聲嗄.水土不服等

地方各處에서書信으로請求ᄒᆞ시면小包迅速遞呈ᄒᆞ깃슴
發行本舖 皇城南部大廣橋第十九統七戶 共愛堂大藥房 告白

新訂大韓帝國地圖

銅版印刷 구포수洋裝 全壹帖 正價金五拾錢

△白堂玄采시序

○我韓地圖之精密者首推古山子但篇帙太多難於携帶且流傳者少不能人人皆有豈非大恨事哉玆將地圖과本刪煩就簡作爲小帖以公同好我內地疆味膏沃物産豊富爲東洋之無盡藏若關拓而發明則我國之富强可計日以待矣本圖分十三道自山川國郡都府以至物産과目詳細記載使人으로一目瞭然ᄒᆞ야我同胞는置壹本以作興事業之壹助是所厚望

發兌元
▲皇城中部罷朝橋越邊 中央書舘
▲皇城남部大廣橋東邊 滙東書館
▲皇城北部桂洞 玄公廉
▲皇城中部좋路 大東書市

初等大韓新地誌
全壹册定價 貳拾五錢
近日初等大韓地誌가三四種이次刊行되엿스나教育上에缺點이無ᄒᆞ다可謂ᄒᆞᆯ지ᄂᆞᆫ本書ᄂᆞᆫ特別히幼年程度에適當ᄒᆞ게ᄒᆞ기爲ᄒᆞ야問答例로詳密히編纂ᄒᆞ야小學校用에必要ᄒᆞ오니照亮ᄒᆞ심을望ᄒᆞᆷ

問答

漢字初習 全壹册 定價金拾五錢
本舘에서著作ᄒᆞᆫ漢字初習은漢文字에義와幼穉가도解得ᄒᆞ기便易ᄒᆞᆫ字를揀ᄒᆞ야畫數의多少를隨ᄒᆞ야編次ᄒᆞᆫ것인ᄃᆡ教授ᄒᆞ기와解得ᄒᆞ기와習字ᄒᆞ기가千字文이나其他漢文初學書보다最要ᄒᆞ며幼穉와普通初等漢文科에用ᄒᆞ기適宜ᄒᆞ오니多數히需用ᄒᆞ시기를바라ᄂᆞ이다

國語文典音學 周時經著述 全壹册 定價三拾錢
本書ᄂᆞᆫ周時經시가拾有餘年을硏究ᄒᆞ여國語에關ᄒᆞᆫ音學에諸般原則을詳密히說明ᄒᆞ여壹般學界에極히有用ᄒᆞ오니文學에有志ᄒᆞᆫ僉諸시와學生僉員은速히需用ᄒᆞ심을바라나이다

실업쇼셜 松뢰琴 송뢰금
蒸雨堂主人陸定洙著 定價金二十五錢
◎본쇼셜은남아의실업계활동과가뎡녀의범절사출ᄒᆞ야유려ᄒᆞᆫ문쟝과곽곽ᄒᆞᆫ사의논종리을미망ᄒᆞ고도덕을발휘ᄒᆞ저ᄒᆞᆷ이라일차시독ᄒᆞᆯ가치잇ᄉᆞ오리다
發賣所 南大門內尙洞會堂前傳文書舘 平壤좋路太極書館 개城좋路興학書舖 京鄕各書舖

補陰補陽 滋陽丸 자양환
三拾日分 금五圜
貳拾日分 금三圜四拾젼
拾日分 금壹圜八拾젼

主治
○房事不容○腎虛腰痛
○病後氣喘○腎氣不足
○陽痿不起○遺精多夢
○陰虛火動○房事後偏風
○手足厥冷○形容蒼白
○吸烟斷烟各間
○體質虛弱消瘦

此外의보藥補劑(各藥)이俱備ᄒᆞ오니各地方의셔도隨用請求ᄒᆞ시면郵便으로보내ᄂᆞ이요各處藥業ᄒᆞ신ᄂᆞᆫ僉位에게ᄂᆞᆫ特別割引放賣ᄒᆞ오니陸續注文

訴訟及請願事件迅速親切處理
京城下茶洞拾九統二戶
(電話三七五)
辯護士 木尾虎之助 法律事務所
事務主任 南萬植
韓國人法律顧問從一品金鈺鉉

大韓帝國仁川奇覌
總發行所 和平堂大藥房 各國內各藥舖

婦人靈藥 부인양약 태양조경환 胎養調經丸
壹劑當月分 금五圜
主治說明
婦人이孕胎ᄒᆞ지못ᄒᆞᆷ은冷積病과月經不調로因ᄒᆞᆷ이니此藥을服用ᄒᆞ시면婦人腹中에諸病은壹切退去ᄒᆞ고自然孕胎ᄒᆞ오니速臨買去하시요

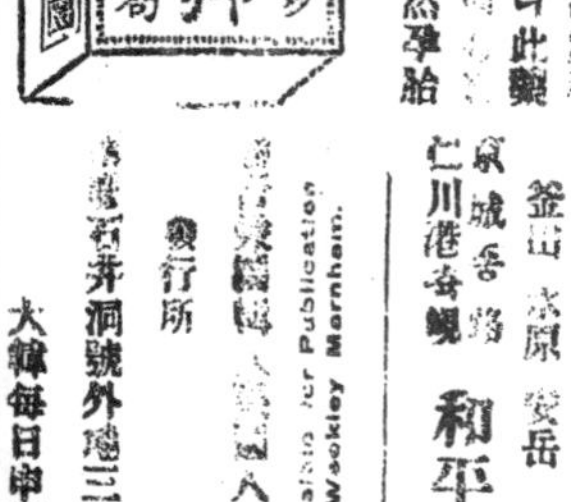

製藥所 仁川港奇覌 和平堂藥房
發行人 李

代理店
京城鐘路 衣 和平堂支店
京城南門內水標橋 濟生堂藥房
京城大廣橋 共愛堂藥房

支店及出張所
元山 載寧 義州 郭山 개城
木浦 成川 宣川 龍川 博川
三和 長淵 肅州 鐵山 太原
群山 龜川 寧邊 咸州 安州
釜山 永原 安岳

仁川港奇覌 和平堂 告白

Kässensichts for Publication
Alfred Weekley Marnheim.

發行所
京城 …… 八 戶
大韓每日申報社
京城 石井洞號外壹三層洋館

第六卷

大韓每日申報

第壹千六號

月曆及慶節

來時日休刊

檀君開國四千二百四十二年
箕子元年三千三十一年
大韓開國五百十八年
日本明治四十二年
淸國光緖三十四年
陰曆戊申十二月大三十日辛巳

論說

◉□界의悲觀的談話를記홈

旅館三更殘燈이明滅ᄒᆫ데何許兩三人이爐를擁ᄒ고對坐ᄒ야所懷를論ᄒᄂᆫ데其凄凉ᄒᆫ談話ᄂᆫ可히得聞ᄒᆯ만ᄒ더라

壹老人이喟然長歎曰余ᄂᆫ以往에自思ᄒ되只此門閥로도□□이오勢力도無ᄒ니라兒曹를外國에留學케ᄒ야老年에榮光이나得ᄒᆯ가ᄒ고如干儲蓄을傾ᄒ야孫兒를外國에送ᄒ야政治學을學ᄒ라ᄒ얏더니七八年間에政治를卒業ᄒ고歸來ᄒ더니初에仕宦나得ᄒᆯ가ᄒ얏스나此世上에仕宦이何物인가實業이第一이지近日外人이逐々渡來ᄒ야開墾에着手ᄒ야農業을擴張ᄒᄂᆫ데吾兒도農業학이나卒業ᄒ얏더면農業이나奮勵ᄒ야吾家에도利益이되고國家에도有補ᄒ얏슬것인데只今에ᄂᆫ後悔ᄒᆫ들何及ᄒ리오

壹鄕人이此言을聞ᄒ더니默然良久에曰噫라吾家에도亦此等事가有ᄒᆫ지라以前에ᄂᆫ어ᄃᆡ新學問이란名稱이나有ᄒ얏ᄂᆫ가近年에至ᄒ야ᄂᆫ皆曰新학問을工夫ᄒ야된다新學問을工夫ᄒ야된다ᄒ기에余가弟를京城에送ᄒ야新學問을工夫ᄒ라ᄒ얏더니余의弟가法律學校에入學ᄒ야去年에卒業은ᄒ얏지만數年留學에幾頃田畓을賣盡ᄒ얏더니法律을食ᄒᄂᆫ가法律을衣ᄒᄂᆫ가嗚呼라今此我國에工業이無ᄒ야民力이日로衰退ᄒ고國財가日로枯渴ᄒᄂᆫ데吾弟도工業이나學ᄒ얏더면錙寸의壹個飛陋壹匣을製造ᄒ더라도資生도可作ᄒ며國富도漸進ᄒ얏슬것이아닌가

又壹少年이背를拍ᄒ며唏噓ᄒ야曰公等의事도亦可歎ᄒᆯ事이지만余ᄂᆫ四五年前에外國에往ᄒ야礦業학校에入학ᄒ라ᄒᄂᆫ데其時壹友人이勸止ᄒ야曰礦業은학ᄒ야何用ᄒᄂᆫ가警察학校에入ᄒ야警察이나학ᄒ라ᄒ기에余가其言을從ᄒ야警察專門을卒業하고歸國ᄒᆫ則四五年間에滄桑이壹變ᄒ야全國官廳에外人만充滿ᄒ얏ᄂᆫ데警察官吏나되고자ᄒ나外人의發縱指示를唯々ᄒ기可恥ᄒ고不然ᄒ자니生業이無路ᄒ도다嗚呼라近來我國에金銀銅鐵等各種礦物이外人의手로日走ᄒᄂᆫ데我도初心과如히礦業을학ᄒ얏더면礦業이나競爭ᄒ야我의生活은姑舍ᄒ고國家의天然的財產을萬分의壹이라도外人에게不歸케ᄒ얏슬지로다

三子者ㅣ言을畢ᄒ미相顧咄嘆而已러라

記者ㅣ讀罷에曰壯夫라諸君이여知今에야知ᄒ얏ᄂᆫ가自今이라도咄嘆치만말고外國에留학ᄒ던지內地에서工夫ᄒ던지必也實業학에着眼ᄒ야實業을致々研究ᄒ라

然이나記者의此言이政治法律等학問을卒業ᄒᆷ은絕對的不可라ᄒᆷ이아니라但只此等학問을卒業ᄒᄂᆫ者ᄂᆫ少數가되고實業학을卒業ᄒᄂᆫ者ᄂᆫ多數가되미可ᄒ다ᄒᆷ이로다

▲隆熙貳年拾月二拾七日 官報

農商工部告示第拾三號 續

第四條 明治三拾二年司法省令第拾三號第十七條의規定을依ᄒ야商業登記에對ᄒ고登記事證의交付를請求ᄒᄂᆫ者ᄂᆫ手數料金[illegible]을納ᄒᆷ이可ᄒᆷ

第五條 手數料ᄂᆫ收入印紙로申請書에貼附ᄒ야此를納ᄒᆷ이可ᄒᆷ

第六條 第壹條乃至第三條의規定은官吏又ᄂᆫ公吏가政府의利益을爲ᄒ야其職務로써請求ᄒᄂᆫ境遇에ᄂᆫ此를適用치아니ᄒᆷ (完)

▲隆熙二年九月壹日 官報

部令

私立學校補助規程을左갓치定ᄒᆷ

隆熙二年八月二拾八日

學部大臣 李載崑

學部令第拾四號

私立學校補助規程

第壹條 私立학校로左開各號에該當ᄒᆫ者에對ᄒ야學部大臣이必要로認ᄒᄂᆫ時ᄂᆫ預算範圍內에서其經費를補助ᄒᆷ

壹 普通학校令에依ᄒ야設立ᄒᆫ者又ᄂᆫ普通학校의教科課程에準據하ᄂᆫ者

二 相當ᄒᆫ教員及設備가有ᄒᆫ者

三 設立後二個年을經ᄒᆫ者 但特別ᄒᆫ事情이有ᄒᆫ者ᄂᆫ此限에不在ᄒᆷ

四 成績佳良ᄒᆫ者

(未完)

外報

◉議會繼續 東京電을據ᄒᆫ則休會中에在ᄒ얏던日本議會ᄂᆫ今二拾壹日에衆議院에서開會ᄒ고桂首相이演說ᄒ야施政의方針을發表ᄒ얏다더라

◉陸相陪從 伯林電을據ᄒᆫ則英國陸軍大臣호루덴氏ᄂᆫ該國皇帝의伯林訪問時에陪從ᄒᆫ다더라

◉慶親王의病快 同電을據ᄒᆫ則軍機大臣慶親王은病氣가快愈ᄒᆫ故로軍機處에出勤ᄒ고張之洞氏ᄂᆫ身病을因ᄒ야賜暇ᄒ얏다더라

◉塞王讓位 同電을據ᄒᆫ則塞爾維王이讓位ᄒ다ᄂᆫ說이有ᄒ다더라

◉土國政綱 同電을據ᄒᆫ則土耳其宰相은政府의壹般政綱을發表ᄒ고政府ᄂᆫ議會를全然히信賴ᄒ다고明言ᄒ얏다더라

◉美國의水兵補充 美國下院의海軍委員은大統領루스벨트시가水兵의異動에關ᄒ야前日에發ᄒᆫ訓令에反對ᄒ야水兵을補充ᄒ기로決定ᄒ얏다더라

◉自由港閉鎖案 露國上院에서ᄂᆫ極東自由港閉鎖案은在滿洲露國商人의請願에基ᄒ야內閣으로부터更히同案의補則案을上院에提出ᄒᆷ을因ᄒ야其議事가延期되얏다더라

詞藻

◉靑々衿

藍色도아니너요。草綠色도아니너요
唐多紅眞粉紅에、歎牛物도아닌너
벗님네야、이너物色모르나니、
眞藍인듯

雜報

◉御駕西巡期 大皇帝陛下뫼셔오셔 西方으로 御巡ᄒᆞ신다ᄂᆞᆫ 事ᄂᆞᆫ 累報어니와 本月二十七日에 京城에셔 御發輦ᄒᆞ샤 平壤及新義州方面으로 行幸ᄒᆞ시기로 確定되얏다더라

◉御路看審 別項과如히 本月二十七日에 大皇帝陛下께옵셔 西兩道에 御巡ᄒᆞ실터인되 道路를看審次로 內部土木局長劉猛氏와 警務局長松井茂 事務官渡邊金太郎이가 今日午前八時十分에 京義鐵道壹番列車로出發ᄒᆞᆫ다더라

◉財官任用規則 度支부에셔 財務官과 財務主事任用規則을 日間頒布ᄒᆞᆫ다더라

◉宇渡伊還 伊藤統監은 拓殖會社總裁宇佐川이가 渡韓ᄒᆞᆫ後에 歸國ᄒᆞᆫ다더라

◉長谷長歸 既報와如히 長谷川大將이 昨日午前八時에 歸國ᄒᆞᆫᄃᆡ 總理以下 各부大臣과 伊藤統監及其他內外國高등官이 南大門外停車場에出往餞別ᄒᆞ얏다더라

◉三察遞任說 咸남觀察使李範來氏와 咸北觀察使尹甲炳氏와 全南觀察使申應熙시가 不久에 遞任된다더라

◉兩觀察代任 觀察使遞任된다ᄂᆞᆫ 說은 別項과 如ᄒᆞ거니와 李範來氏代에ᄂᆞᆫ 韓錫振氏가 被任ᄒᆞ고 申應熙氏代에ᄂᆞᆫ 鄭蘭教氏가 被任ᄒᆞᆫ다ᄂᆞᆫ 說이 有ᄒᆞ더라

◉必有挾雜 慶尚北道觀察使 朴重陽氏가 郡守資格의 合當ᄒᆞᆫ者二人을 內部에 薦報ᄒᆞ얏다더니 就中에 何등挾雜이 有ᄒᆞᆫ던지 壹人은 卽爲徵還ᄒᆞ얏다더라

◉郡守合格薦報 江原道通川郡居ᄒᆞᆫ 金揚來氏ᄂᆞᆫ 郡守資格의 合當ᄒᆞ니 該氏로 郡守를 卽爲敍任ᄒᆞ라고 該道觀察使 李圭完氏가 內部에 薦報ᄒᆞ얏더라

◉增設官吏 再昨日午後二時에 內部에셔 法令審查委員會를 開ᄒᆞ고 度支부에 主事七人과 技手二人 增置ᄒᆞᆯ 事項을 決議ᄒᆞ얏다더라

◉合郡打電 內部에셔 各郡을 合幷ᄒᆞᄂᆞᆫ 事ᄂᆞᆫ 衆所共知어니와 黃海道康翎郡은 甕津郡으로 合幷ᄒᆞ라고 該道觀察使의 電報가 再昨日에 內部로 到着하얏다더라

◉果則非羅 內部地理課長 羅瀞氏가 某日人事務官을 對ᄒᆞ야 言ᄒᆞ되 我ᄂᆞᆫ 日本을 尙不觀覽ᄒᆞ야 戀々有志ᄒᆞᆫ즉 貴國內務省을 曾次視察케 하도록 該部次官의게 極盡公論ᄒᆞ야 달나고 懇乞하얏다더라

◉具氏陞任 內部主事 具然欽氏ᄂᆞᆫ 勤懇視務에 效勞가 頗多ᄒᆞ다ᄒᆞ야 該部事務官으로 陞任된다더라

◉主事派遣 度支部에셔 今年부터 該部主事幾人을 地方십三道로 派遣視務케ᄒᆞᆫ다더라

◉陰曆無暇 各부에셔 陰曆年終歲首에 壹切休暇치아니ᄒᆞᆫ다더라

◉驛土舍音廢止 各地方驛屯土舍音을 壹切廢止ᄒᆞ얏ᄂᆞᆫᄃᆡ 秋收時에ᄂᆞᆫ 各該郡財務署에셔 地方委員과 囑托委員을 派送ᄒᆞ야 面長과 洞長으로 相議收賭케ᄒᆞᆫ다더라

◉信何善蹟 咸北鏡城郡民會에셔 金光錫 李榮翻等諸氏가 該郡守 李永植氏의 願留請願을 內部에 提呈ᄒᆞ얏다더라

◉懷民上京 懷德郡境內人民이 各面長의 虐待를 難堪하야 本月十五日에 該郡人民이 齊會ᄒᆞ야 面長의 討索ᄒᆞᄂᆞᆫ 廢瘼을 壹切改革하기로 決議ᄒᆞᆫ 際에 面長등이 財務署에 指囑ᄒᆞ야 民會發起人을 警察署에 提囚ᄒᆞᆫ 故로 吉鼎淳 權肯宋등 拾餘人이 法司에 呼訴次로 上京ᄒᆞ얏다더라

◉必有此弊 近日財政이 去益困難ᄒᆞ야 漢城內에 米商과 布木商店ᄒᆞᄂᆞᆫ 人들이 門戶를 閉鎖ᄒᆞ고 逃避ᄒᆞᆫ 者가 四拾餘人이라더라

◉張氏呼訴 中부居ᄒᆞᆫ 前主事 張升煥氏의 雇工가 永同郡深川 停車場등地에 在ᄒᆞ야 該鐵路에 犯入ᄒᆞ얏ᄂᆞᆫᄃᆡ 張시가 地段價를 推尋ᄒᆞᆯ 次로 陰本年正月分에 內부 鐵道調查局에 呼訴ᄒᆞ얏셔니 一周年이 過ᄒᆞ도록 如何ᄒᆞᆫ 回題가 無ᄒᆞᆫ지라 張시가 昨日內부에 前往ᄒᆞ야 該理由를 質問ᄒᆞᆫ즉 該局官吏所答에 地段價ᄂᆞᆫ 尙未調查하얏슨즉 姑爲退待ᄒᆞ라ᄒᆞ얏다더라

◉抱守抱民 抱川郡守 崔永榮氏가 各面長을 會集ᄒᆞ고 實業及教育의 實施와 森林의 種植과 土地家屋證明과 道路橋梁修繕과 新聞購覽등 事를 激切面諭ᄒᆞ미 擧皆樂從ᄒᆞ야 該郡에 就緖之望이 有ᄒᆞ다더라

◉別楢挾雜 北部安동居ᄒᆞᄂᆞᆫ 某某人이 別巡檢을 符同ᄒᆞ야 紙幣偽造機械를 買置ᄒᆞ고 愚昧ᄒᆞᆫ 富民을 誘引ᄒᆞ야 集錢招來ᄒᆞᆫ 後 私鑄의 情況을 一場說話ᄒᆞᆯ際에 別巡檢은 追後來到ᄒᆞ야 其富民을 私鑄의 首魁라 稱托ᄒᆞ고 捕縛威脅ᄒᆞ야 多數의 錢財를 奪取ᄒᆞᆫ다고 輿論이 喧藉ᄒᆞ더라

◉奇善不善 仁川邀乞今面大岩里居 孔春澤氏가 年今二拾五歲인데 同面居 鄭奇善氏가 該氏를 招去하야 技局을 設ᄒᆞ고 技價ᄂᆞᆫ 千兩을 輸케ᄒᆞᆫ 後 言場에 給ᄒᆞ라고 威脅ᄒᆞ야 孔某의 田畓을 偽券興執ᄒᆞ얏다가 過限不報ᄒᆞᆫ다고 該郡裁判所에 起訴ᄒᆞ얏ᄂᆞᆫ데 孔某ᄂᆞᆫ 不知去處오 孔某의 父親이 對質次로 人去ᄒᆞ얏더니 當者가 아니라고 不受ᄒᆞ고 該債錢을 徵給ᄒᆞ기로 決席判ᄒᆞ야 孔某家에셔 呼冤ᄒᆞᆫ다더라

◉强盜伺異 坡州郡文山浦居ᄒᆞᄂᆞᆫ 金炳化爲名者가 該隣居 李聖煥등을 色技場에 誘引ᄒᆞ야 家產을 蕩敗케하고 該各處로 帶同出沒ᄒᆞ며 花盃局을 設ᄒᆞ야 貸二千圜手票를 又爲欺取ᄒᆞᆫ 後에 張氏ᄂᆞᆫ 他處에 隱匿ᄒᆞ고 該錢을 期欲勒奪코져ᄒᆞ야 通譯 張二賢爲名者와 日人一名을 派遣ᄒᆞ야 其家眷을 逐出ᄒᆞ고 家產什物과 田畓文券을 調查以去ᄒᆞ얏다더라

◉偽印犯宣告 北部碧洞居 前參奉 宋榮鎬氏가 御璽ᄂᆞᆫ 花斑石으로 宮內府印章은 木板으로 偽造ᄒᆞ야 挾雜ᄒᆞ다가 日前司令部에 被捉ᄒᆞᆫ 說은 已揭어니와 追聞ᄒᆞᆫ즉 該部에셔 宋氏를 查覈ᄒᆞ고 日昨에 京城地方裁判所로 越交ᄒᆞ얏ᄂᆞᆫᄃᆡ 處絞에 宣告ᄒᆞᆯ터이라더라

◉賊黨盜燒 日前夜에 賊漢이 中部帽谷居ᄒᆞᄂᆞᆫ 尹炳斗氏家에 闖入ᄒᆞ야 毛織衣裝등 屬七십餘圓價値를 窃取以去ᄒᆞᆫ 故로 該署에 通知하야 現今偵捕中이라더라

◉靑年會演說 今日下午七時에 鍾路靑年會館에셔 安國善氏가 大韓國民의 生活이라ᄂᆞᆫ 問題로 演說ᄒᆞᆫ다더라

◉日人被傷 黃海道鳳山郡 山坊新陽村北方銀波에셔 日本人 몃名이 義兵八名의 襲擊을 遭ᄒᆞ야 被傷ᄒᆞ고 所帶ᄒᆞ얏던 連發銃을 被奪ᄒᆞ얏다더라

學界

◉國民卒業 去月敦化門外 國民學校測量科에셔 卒業禮式을 擧行ᄒᆞ얏ᄂᆞᆫᄃᆡ 最優等에 勝昌鉉等四十五人이오 及第에 金商珠 印榮植等九十七人이라더라

◉日新試讀 利川郡艸面에 잇ᄂᆞᆫ 日新學校에셔 年終試驗을 經ᄒᆞ얏ᄂᆞᆫᄃᆡ 甲班優等生 崔敬식 李鍾圭씨오 乙班優等生 李聖俊 崔大浩씨오 丙班優等生 李化成等諸人인ᄃᆡ 優數施賞ᄒᆞ엿다더라

◉聖德年試 江華島私立聖德學校에셔 年期試驗을 經하얏ᄂᆞᆫᄃᆡ 甲班最優등 李昌相 優等 崔泰元 池聖龍等七人이오 乙班最優 林東林 李雲鎬등三人이오 優等 柳지弊 李点業等九人이오 丙班最優等 李得男 李容範等八人이며 優等 李應漢 李四龍등십七人이오 丁班最優등 金允尙 金東植등三人이오 優等 金文天 劉泰福等五人이더라

◉試場優賞 平山郡公立普通學校에셔 冬期試驗을 經ᄒᆞ얏ᄂᆞᆫ대 普通學科優等에 李寅進 李상榮等七人이오 及第에 김鳳五 康鳳紀等二十五人이오 夜학科優等에 趙光祚壹人이오 及第에 康始禹 崔龍才等九人인대 該郡守 李時與 敎師 김鼎植 兩시가 優數히 施賞ᄒᆞ엿다더라

◉西道光線 黃海道安岳 信川 載寧 鳳山 각郡에 散在ᄒᆞᆫ 人民들이 愛國精神이 渙發ᄒᆞ야 熱心義捐ᄒᆞ야 載寧郡武備洞에 私立保强학校를 設立ᄒᆞ고 校長 李守吉시ᄂᆞᆫ 勞働會頭領으로 自己衿條에 折半을 학校에 捐當ᄒᆞ미 其次長諸시도 依其例ᄒᆞ야 捐付ᄒᆞᆫ後에 會員百餘名이 每年五圜式을 捐補ᄒᆞ야 校舍建築費를 除ᄒᆞᆫ外에 每年項이 千餘圓이라 敎師二人을 雇聘ᄒᆞ고 學徒를 募集ᄒᆞ니 此是海西敎育界에 特別光線이라고 擧皆稱頌ᄒᆞᆫ다더라

◉普校試驗 漢源學校에셔 學年試驗을 經ᄒᆞ얏ᄂᆞᆫ데 第?回卒業最優등에 金?? 李秦淑등兩人이오 優等에 孔?璉 禹淑壹 二人이오 ?號에 金彩雲壹人이오 三學年最優등進級生은 李壽? 李貴?等四人이오 優等進級生은 梢貴?等八人이오 二學年最優等進級生은 李仁順 李?甲等三人이오 優等進級生은 ?政? 安基琅等二拾八人이오 ?等進級生은 朴貴男 李命?等十五人이더라

◉?校試讀 西部?石里 玄成學校에셔 學年試驗을 經ᄒᆞ얏ᄂᆞᆫ데 四年級優等에 李?卿이오 優等에 尙丙 崔貴?等七人이오 三年級優等에 金吉範 徐龍?等四人이오 ?年級優등에 崔?? 徐樞成等四人인대 優數히 賞品을 施給ᄒᆞ얏다더라

◉舊例休刊

明日은 陰曆元旦인 故로 舊例를 依ᄒᆞ야 自今日貳拾貳日로 貳拾四日까지 休刊홈

▲地方情報

▲本月十壹日 殷山郡附近에셔 義兵十餘名이 安州郡駐在日憲兵及補助員과 交戰ᄒᆞ얏다ᄒᆞ고

▲本月十二日 忠淸北道懷仁郡에셔 義兵十餘名이 該地分遣所 日憲兵及補助員과 交戰ᄒᆞ얏다더라

▲悲劇的人物▼

▲半島江山三千里에 艸木禽獸가 凄凉ᄒᆞ고 八域蒼生二千萬에 男女老少가 悲慘ᄒᆞ다 凄凉悲慘ᄒᆞᆫ 情形은 無彼無此 ?般이나 悲劇中에 잇ᄂᆞᆫ 人物尤甚者가 누구런고 ?進會가 아이런가 대강 드러말ᄒᆞ리라

▲불상ᄒᆞ다 ?會員은 하나님의 子孫으로 무삼 狂魂 덥히 쓰여 天賦良性 다 바리고 ?黨魔物 되엿ᄂᆞᆫ가 地方으로 도라들면 四面蜂起 義兵들이 賣國者로 指目ᄒᆞ야 보ᄂᆞᆫ 더로 砲殺ᄒᆞ니 더 身勢를 엇지ᄒᆞᆯ싸

▲불상ᄒᆞ다 ?會員은 列聖朝의 良民으로 魔獄中에 墮落ᄒᆞ야 生命財產 蕩敗禍ᄂᆞᆫ 眉睫에 急ᄒᆞ니 잇고 觀察郡守 된단말은 狗의 鷄鳥 쏫타 보니 親戚間에도 나들면 賣國者로 冷待ᄒᆞ니 더 身勢를 엇지ᄒᆞᆯ싸

▲불상ᄒᆞ다 會員은 忠臣名賢 後裔로셔 그 地境이 되엿ᄂᆞᆫ가 派員壹個 맛못보고 所得者가 惡名뿐세 閭巷間에 도라들면 街童走卒 勿論ᄒᆞ고 賣國者를 보라ᄒᆞ며 唾罵聲이 如雷ᄒᆞ니 더 身勢를 엇지ᄒᆞᆯ싸

▲불상ᄒᆞ다 더 會員은 同胞中에 兄弟로셔 異物賤待 웬일인가 洋斥倭ᄒᆞ던 目的 宣言書를 變ᄒᆞ야 못다 社會上에 도라들면 是非善惡 何如間에 賣國者로 嫉視ᄒᆞ야 毫不容貸 驅逐ᄒᆞ니 더 身勢를 엇지ᄒᆞᆯ싸

▲불상ᄒᆞ다 ?員은 禮義東方 民族으로 外人奴隷 무숨 일가 ?箇人의 陰謀로서 全群墮損 가이 엽다 ?? 國物義드려보라 賣國者로 聲名ᄒᆞ야 報館筆端 煌煌ᄒᆞ니 萬古罪人 되엿스니 더 身勢를 엇지ᄒᆞᆯ싸

▲命ᄒᆞ도다 壹進會야 俯仰不愧 ᄒᆞ량이면 死亦猶榮이 아닌가 今日諸公 身勢로ᄂᆞᆫ 生亦死矣 豈殷이랴 廣廣恢々 天地間에 容身難容되엿도다 現狀비로 皆ᄒᆞ노니 勿咨余言 悔改ᄒᆞ야 完全人物 되여보소

廣告

本郡汶山浦居金明化가本人의子張聖煥을誘引ᄒ야酒技局에驅入ᄒ야蕩盡家産케ᄒ고猶爲不足ᄒ야開城과문浦와外他郡에出沒ᄒ야金四百餘圜을奪取ᄒ고花套技局을設ᄒ야二千餘圜並手票를欺取ᄒ고聖煥을又爲誘引隱匿於何處ᄒ며勢日人而右錢을期欲勒捧ᄒ야譯張二賢爲名人과日人壹名을本人家에委送ᄒ야逐出家眷ᄒ며家産田畓文券을調査以去ᄒ야右錢額票와調査書를持ᄒ야出債코저ᄒ오니內外國人勿見欺ᄒ시옴

京畿坡州郡白石面下新村居 朴召史 告白

本人의位土壹石십斗落이在於公州郡益口谷面高飛동而舊券을閑失故로廣告ᄒ오니內外僉員은休紙施行ᄒᆷ 趙斗永 告白

忠州嚴政面牧溪嚴柱憲氏가通明學校를創議設立ᄒ얏ᄂᆞᆫ데基本金寄附金이幾圜에達ᄒ고敎師ᄂᆞᆫ日本遠崎縣吉野藤藏시를延聘ᄒ얏ᄂᆞᆫ데體操시가辭典에通敏ᄒ며藥術에爛熟ᄒ고敎育에問晝夜熱心ᄒ야開學ᄒ지未滿壹月에學員이四五拾名에達ᄒ고且학問의長進과授業ᄒ이各校에靑年敎授ᄒ니보다勝ᄒ니該校의興旺은指日可期이옵기玆以廣告ᄒᆷ

通明學校 告白

本人이南部尙洞六拾八統拾壹戶崔景瑞許에戊申拾月晦日推次金貨五百圜於音壹片을紙匣並ᄒ야南門倉內에서閑失ᄒ얏기로廣告ᄒ오니誰某拾得ᄒ와도休紙施行ᄒᆷ

南部美洞三拾二統八戶 崔淳永

本人이陰拾壹月二十壹日에黃海道海州末力面奇峴尹致衆家에서留宿時에本人의圖章과尹李석에圖章을閑失ᄒ얏스오니誰某拾得이라도勿施ᄒᆷ

海州郡三谷面龜巖리 李顯 告白

本人이陰曆拾二月分에秋伊洞三里所在其字畓壹石落結拾九負三束과四里所在歷字답壹石三斗落結二拾五負과花陽五里所在據字답三石拾斗落結八拾三負과文券을見失故로玆以廣告ᄒ오니內外國人間拾得ᄒ여도休紙로施行ᄒᆷ

黃海道海州秋伊面鄭鳳顯 告白

◉申氏廣告

三百餘年守護ᄒᄂᆞᆫ本人의先塋이始興東面成道化洞이온ᄃᆡ昨年分에農商部森林模範地에犯入되와測量圖와譜牒을粘聯請願ᄒ야發落되기만企待이온ᄃᆡ何許族人이自稱宗孫ᄒ고暗自周旋ᄒ다ᄂᆞ니何如이周旋ᄒᄂᆞᆫ理由ᄂᆞᆫ不知ᄒ거니와今世人心을難測키로廣告ᄒ오니內外國人은見欺치勿ᄒᆷ

平洲府院君宗孫 申宰均

門長 命기　次門長 徹

有司 珏鉉　有司 鏞顯

本人姓名圖章四方形을陰拾貳月廿六日夜逢賊ᄒ얏기玆以廣告ᄒ오니僉君子ᄂᆞᆫ照亮ᄒ시옵

釜山鎭三洞拾壹統貳戶 金元福

宣川仁濟病院

本院에서病院민目的ᄒᆯ뿐아니라各種乾材藥도俱備ᄒ게販賣ᄒ오니壹般醫士諸兄도速々買去ᄒᆷ

主務 李鳳朝 告白

證券股字以彦字改定知悉照亮 正三品 趙晳彦

義州批峴少年女學校義捐諸氏 敎育上熱心과誠意를表ᄒ기爲ᄒ야如玆히廣布ᄒᆷ

金斗衡三拾圜 韓仁權吳致殷合二拾圜金承學김敬秀吳時殷김光瀾朴世寬林明吳黃得鳳김右三각五圜김瑞學김壽학李潤來김正淵洪健五白亨烈白寅善張濟拭朴寧權李維根김泰亨白益道文尙穆김敬淮張呂鏞鄭炳奎洛俊吳崇殷각三圜김載용김載鉉桂元順각二圜김학雄甲鳳屈각壹圜朴奉燁拾圜

隆熙三年壹月拾六日

義州枇峴少年女學校 告白

본샤에셔 일반학도와 편리케ᄒᆷ을 위ᄒ야 학도의 모자와 복장양복을 졔조방미ᄒ며 그외에 各學校敎科書와 諸種書籍와 학도의 각양소용물품을 일졔히 쥰비ᄒ옵고 특별히 헐ᄒ기로 방미ᄒ오니 죠량ᄒ시며 후도 가히 계ᄒ야 리왕ᄒ기 불편ᄒᆫ곳에ᄂᆞᆫ 모자와 복장의 견양과 소용품을 긔송ᄒ도 면합의 케ᄒ야 우편으로 부송ᄒ오며 단 금은 선금을 요구ᄒ오니 쳠군ᄌᆞᄂᆞᆫ 만히 만히 익고ᄒ시옵

元山港 上里一洞 創業社主任 皇甫正 고

慶北安東私立永嘉協東學校에서壹月九日에卒業式을擧行ᄒ얏ᄂᆞᆫ데榜目이如左ᄒ기 最優等 金在鳳金秉燦金泰潤權九鉉金致洙權輝鎬權宗穆及第崔載鎬鄭洙鄭健和金秉允金永洛權泰應金能植吳鉉弼金競淵金原洛金道植金斗永洪

校長 李中泰

校監 權寧準

敎師 朴勝泰

百源

西부黎洞五十二統十八戶貰立宮路中서失內外國人間拾得休紙施行 嚴貞燮 告白

特別廣告

近頃에本社事務에對ᄒ야量狹沒覺ᄒᆫ者ㅣ陰沮를試ᄒ다ᄒ나何國何人이던지本社에長進ᄒᆫ事務에對ᄒ야能히防遏치못ᄒᆯ것은明瞭ᄒᆷ이니此廣告를讀ᄒ시ᄂᆞᆫ 첨彦은幸須銘心ᄒᆯ것이오며玆에本社의進行ᄒᆯ職責與事務를明白히說明ᄒ노라

本社ᄂᆞᆫ비록新成立ᄒᆫ者이나本社를興旺케ᄒᆯ方針에對ᄒ야必要ᄒᆫ時에ᄂᆞᆫ能力과勇敢力이固有ᄒ오며現今에着手ᄒᆯ事業은如左ᄒᆷ

一 本社ᄂᆞᆫ韓國과美國間에直接輸入及輸出을伸張ᄒᆷ을務圖ᄒᆷ

韓國內某々種手造物品은美國의輸出ᄒ야奇利를得ᄒᆯ者가多有ᄒ나尙今까지此等物品은美國外各處의紹介ᄒ기無路ᄒ더니現今에本社에서ᄂᆞᆫ此等困難이無ᄒᆯ지라韓國은何故로美國과如此ᄒᆫ商業上好關係를抛棄ᄒ리오

又壹試思ᄒᆯ것은美國物品이韓國에到達ᄒᆯ時에ᄂᆞᆫ通常으로四五手를經由ᄒ나니每經由處에該物品本價에서利益을添付ᄒ여稅金及運費도自然增加ᄒᄂᆞᆫ故로物價가甚高ᄒ오나本會社ᄂᆞᆫ美國內物品製造所에서最廉價로特約直輸入ᄒ야購買者에게直接放賣ᄒ면物價가低廉ᄒᆯ터이오니推此思惟ᄒ오면韓國內에서美國物品의需用과直接及間接으로利益의增加ᄒᆷ을預期ᄒᆷ

貳 本社에셔韓美兩國間商業關係에만盡力ᄒᆯ뿐不啻라韓國과亞細亞全部와歐羅巴及濠太利諸處商에도商業上好機會를遵成ᄒᆯ計劃이오며凡動產ᄒᆯ代理人을韓國內各處에置ᄒ고新鮮ᄒᆫ物品을直輸入ᄒ야各處代理人으로分掌出賣케ᄒ며又物貨를放賣ᄒᆷ에對ᄒ야ᄂᆞᆫ時々로特別히廣告를揭布ᄒᆯ터이오니海內僉彦은本社에事務進行ᄒᆷ을繼此承聞ᄒ오리다

三 本會社ᄂᆞᆫ不動產部를別設ᄒ고不動產에關ᄒᆫ事項을管理ᄒ되土地家屋等賣買典當及借貸等事에仲介契約受托及방助ᄒᄂᆞᆫ等事를處理ᄒ야迅速히發展되기를期待ᄒ며此에關ᄒᆫ詳細事項은未久의公布ᄒᆯ깃슴

四 何事를勿論ᄒ고法律에違反치아니ᄒ고本社의利益이有ᄒᆷ으로認定ᄒᄂᆞᆫ營業은本社에서隨機進行ᄒ기를準備ᄒᆯ터이오며此目的의對ᄒ야同情을表ᄒ시ᄂᆞᆫ僉彦은盡心協助ᄒ심을切望ᄒᆷ

以上陳述ᄒᆫ諸條項에對ᄒ야僉彦께通信을連絡ᄒ기를願ᄒ오니左開二項을注意ᄒ시옴

壹 何事를勿論ᄒ고本會社에委托ᄒᄂᆞᆫ時에ᄂᆞᆫ本社에서盡心竭力ᄒ야信實히處理ᄒᆯ터이오며

二 本會社ᄂᆞᆫ何人이던지本會社의委托ᄒᆫ事에對ᄒ야ᄂᆞᆫ共信用을確守ᄒ고尊敬ᄒᆷ을保證ᄒᄂᆞᆫ故로何事를勿論ᄒ고信用의關ᄒᆫ事件은特別히本社의委任ᄒᆷ이加一層安全ᄒᆷ을擔任ᄒ압ᄂᆞ이다

大韓皇城磚洞

韓美興業株式會社 謹啓

廣告

測量機械 各種大發賣

漢城南署苧洞六拾貳統四戶

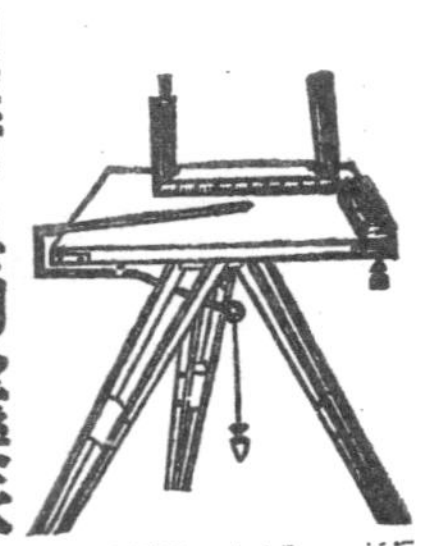

金龍商會

德國 이뻬르트地方에셔 派來 얘아 파우리엔 故로 此

會社는 世界上에 最大흔 各種

染色料製造所 인데 本社

에셔는 韓人淸人商業家諸友의

大注意흐시기를 懇乞흐는바

無他라 多少 無拘흐고 商買諸

君에 麒麟과 兩女 商標를 僞

造흐야 本社의 名譽에 損多흐고

品質이 最良흔 染色과 藍靑色料

를 價低흔 販價値로 色料로써

代替흐는 人이 有흐니

其僞造를 注意흐시며

且本社의 淸國地方에셔 行用흐

는 名號 (順全隆) 三字를

注意흐시오 此는 每箇에 書흐얏

스며 向且 獨히 積年信用흐는 品

料로 證흐시오

本社의 用흐는 箱子(木箱)에는

粹하흔 其兩便에 本社의 登錄商標

即 雙獅子가 其前足으로 地球

를 踞흔 圖像을 烙印흐앗스며 此

를 張換흐야 本社의 名號를 英字

로 印出흐얏숩나이다

出張所 典洞金藥永

大韓全國에 總發行所는

京城南大門內濟生堂大藥房

淸心保命丹 此丹은 化痰止咳하고 順氣消滯흐며 水土不服에 奇效가 有흠 金十錢

蔘茸大補元 每週日分 金壹圓 四週分 金三圓 二週實 七週 五圓 ...

右藥은 大韓名產鹿茸人蔘과 西洋有名흔 補材를 調和하야 我國兄弟의 腸胃와 性質에 適當흔 至多年 研究 發明인바 今에 先服人의 累試累驗이 諸症皆著흐니 果然 今世之 靈藥이라 故로 主治效能을 左列흐오니 僉兄弟는 何不早圖 一試오(效能) 先天不足과 降安不眠흐며 心悸心虛와 房事色傷이며 遺精夢泄과 手足色傷腰痛이라 房事時에 早漏不快흐며 重病後 虛弱과 手足厥冷이며 食物不消와 貧血諸症에 奇效가 有흐고 無病人이 若服七週면 大補元氣흐고 骨節이 强壯흐며 健康無病흐나니 此可謂 曠世靈藥 我家의 其效 所許 價實是實

蛔積殺虫散 金十錢 此散은 蛔積과 蛔腹痛과 冷滯와 蛔虫을 消去殺虫흐는 妙藥

寸虫沒出藥 金十錢 勿論男婦老幼흐고 寸虫을 一切 消下 妙劑 壹人用三拾錢

久滯 大通丸 金拾五錢 年久흔 積滯와 胸腹痛과 腹中積病을 驅除흐는 良劑

感氣 特效 解熱散 金拾錢 感氣로 頭痛흐고 寒熱往來흐며 肢節痛과 몸살에 奔神效

됨는 捿根藥 金五錢 됨는것 못하사마귀에 바르면 百發百中으로 빠지오

新製 百應膏 金拾錢 虫毒과 瘡腫과 根박힌데와 종氣와 初起에 바르지 못할데 신효

去瘀 生肌 沃度膏 金拾錢 創傷과 모든종氣와 火傷과 동상에 산와 싹아시고 악착한 악취와 딸씨 가 좋으니 보면 신효허니 마

止足汗臭藥 金十錢 汗에 젖이고 냄새 가 엄니 냄새 가 엄 있소

其他藥種은 目錄에 詳記이오니 大韓國內 藥商흐시는 僉兄의게는 價은 極廉흐니 注文흐시오

漢城南大門內 仁川港 支店 濟生堂主 李庚鳳

本人이 製造發行흐는바 靈丹을 今에 官許를 蒙흐고 大韓醫院業學士兒島 里氏와 一等製藥官 劉世煥 兩氏가 檢查說明과 軍部 軍務局衛生課 一等軍醫長 金益南 閣下와 諸大方家 高明醫士의 有効賞贊을 受흐바 其應用說明은 如左흠

靈丹 中暑 暑寒 吐瀉 腹痛 消化不良 食慾不進 頭痛目眩 噁心嘔吐 車船量 酒毒 胸悶 痞滿 暈眩 水土不服等

地方各處에셔 書信으로 請求흐시면 小包로 迅速郵呈흠

發行本鋪 漢城南署大廣橋 共愛堂大藥房 白

新訂 大韓帝國地圖

銅版印刷 千로수 洋裝 全壹帖 正價金五拾錢

○我韓地圖之精確者 首推古山子 金正浩氏 ... 序

小帖以公同好 ...

本以作地學之一助 ...

發兌元 皇城中部 ... 中央書館 / 皇城 ... 滙東書館 / 皇城 ... 主公廠 / 皇城中部 ... 大東書市

初等大韓新地誌 全壹冊 定價金 貳五錢

問答 文字淺易 ...

近日初等大韓地誌에 ... 一篇式 ...

本書는 特別히 幼年 ...

漢字初習 全壹冊 定價金拾五錢 本館에셔 著作흔 漢字初習은 ...

國語文典音學 周時經 著述 全壹冊 定價三拾錢 本書는 周時經시가 拾餘年을 研究흐여 國語의 原則을 詳細히 說明흐여 ... 學界에 有用흐오니 文學에 有志흐신 僉紳士와 學生 僉員은 速히 購用흐심을 바라나이다

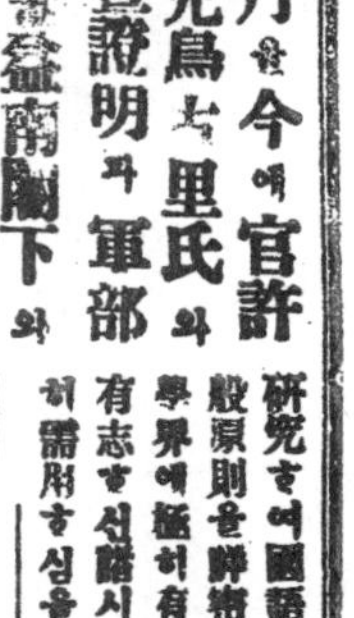

九轉還元 八寶丹 大阪 ...

補腦補血 濟陽丸 ...

三錢分 二十五錢 ...

漢城 松琴 ...

統營堂主人 陸定洙 著

主 ○房事過度 ○病後氣虛 ○腎臟腰痛 ○陰虛火動 ○手足厥冷 ○腎氣不足 ...

治 ○吐瀉 ○胃病 ○慢性 ...

貿易所 南大門內 ... 平壤 ... 大邱 ... 城 ...

本書는 ... 傳 ...

訴訟及請願事件 迅速親切處理

京城下茶洞拾九統二戶 (電話三七五)

辯護士 木尾虎之助 法律事務所 事務主任 南萬雄

韓國 法律顧問 從二品 金基肇

大韓帝國 仁川 各港 全國內 各藥舖

總發行所 和平堂大藥房

婦人 重病 婦人藥 胎 養 調 經 丸 壹劑 每月分 金五圓

主治 說明 ...

婦人이 孕胎를 지 못흠은 冷病積聚과 月經不調로 因흠이니 此藥을 服用흐시면 婦人腹中에 有흔 諸病은 一切退去흐고 自然孕胎흐오니 速購買去하시옵

製藥所 仁川港 和平堂 ...

發行人 李 ...

代理店 京城南門內 水標橋 ... 濟生堂藥房 / 京城 ... 共愛堂藥房

支店及出張所 元山 ... 木浦 ... 三和 ... 釜山 ... 群山 ...

京城中署 ... 仁川港 和平堂 ...

發行所 大韓每日申報社

京城南署 ... 發行 ...

Responsible for Publication Alfred Weekley Marnham

大韓每日申報社

第六號 大韓每日申報 第壹千七號

節慶及曜日休刊時歲

檀君開國四千二百四十二年
箕子元年三千三十一年
大韓開國五百十八年
日本明治四十二年
清國光緖三十五年
隆熙己酉正月小初五日丙戌

論說

◉警告永興人士

永興은韓國太祖高皇帝의 御誕ᄒᆞ신聖地라此로推觀ᄒᆞ면人民의程度가進步ᄒᆞ야人에게不後ᄒᆞᆯ것이어ᄂᆞᆯ奈何近年以來로可驚可駭ᄒᆞᆯ事가學界上에層生ᄒᆞ야令人羞道ᄒᆞᄂᆞᆫ境에至ᄒᆞ얏ᄂᆞᆫ가本記者가永興의前後情況을槪聞ᄒᆞᆫ니已亥에公立學校가設立된以後에村里의聰俊이次第入學ᄒᆞᆷ으로程度ᄂᆞᆫ縱屬幼稚나文明에趨向ᄒᆞᄂᆞᆫ風은稍有ᄒᆞ더니去甲辰乙巳에郡守洪淳旭이副敎員을壹變ᄒᆞ고賣食코ᄌᆞᄒᆞ야銅臭의說이載路ᄒᆞᆷ으로壹般학徒가學部에訴ᄒᆞ야截嚴ᄒᆞᆫ部訓이觀察府에到着ᄒᆞᆫ則洪氏가該時觀察使申箕善과挾同ᄒᆞ야時副敎員을逐出境外ᄒᆞ고洪氏ᄂᆞᆫ學徒幾員을乃因猛打ᄒᆞᆷ에因ᄒᆞ야靑年의志氣가頓沮ᄒᆞ더니幸有壹二紳士의主唱으로壹二學校를設ᄒᆞᆷ의人心이漸醒ᄒᆞ야學校가逐次崛起ᄒᆞ야今至數拾餘所라ᄒᆞ니此를克善維持ᄒᆞ면可히全國文明界의先鋒을作ᄒᆞᆯ지어ᄂᆞᆯ所謂前日該鄉의先進이라稱ᄒᆞ던者中或者ᄂᆞᆫ鄉校의屬隸를竊食ᄒᆞ던餘習과校屯은日家의所有와如히耕作ᄒᆞ던餘風으로鄉校內에學校를設始ᄒᆞᄂᆞᆫ日에他人所作의校屯을抑買코ᄌᆞᄒᆞ다가不成ᄒᆞᆫ지라如此術惱으로학校의勸務者를使悖詬辱ᄒᆞ며敢者ᄂᆞᆫ自家의

財富力으로可以設學校로되某齋에設校ᄒᆞ고他校에附屬된財產을此에轉移코ᄌᆞᄒᆞ야挾勢運動에劇烈ᄒᆞ며某會의會頭와某校ᄂᆞᆫ他校를强合코ᄌᆞᄒᆞ다가不得遂志ᄒᆞᆫ嫌과猜忌의相爭으로陷人醫醫ᄒᆞ며邑內에在ᄒᆞᆫ학校ᄂᆞᆫ학校와學校間에昇降이滋甚ᄒᆞ야瑕隙을相尋ᄒᆞ며某里의兩洞은學校를最初相合ᄒᆞ얏다ᄒᆞ다가仍復分立ᄒᆞ야相譏相誚를罔紀極ᄒᆞ며某校의任務者ᄂᆞᆫ月銀을增取ᄒᆞᆷ으로群毆衆罵를被ᄒᆞ며或者들은自己의囊橐이未滿ᄒᆞ고腹鄰가不飽ᄒᆞᆷ으로辱人凌人ᄒᆞ다가任員을幸得ᄒᆞ면其舌을乃收ᄒᆞ고其口를乃緘ᄒᆞ며且自郡의學교를自郡의人으로處置치아니ᄒᆞ고壹客位로在郡ᄒᆞᆫ官人을挾ᄒᆞ야威脅人衆ᄒᆞᆷ으로其影響이境內全體學界에波及蔓延ᄒᆞ야학校의數ᄂᆞᆫ多ᄒᆞ나實效ᄂᆞᆫ壹無ᄒᆞ고當日士鄉이라ᄒᆞ던者ᄂᆞᆫ학校를誹謗ᄒᆞ며資本家ᄂᆞᆫ守錢虜를甘作ᄒᆞ야學校의隆替를夢外로視ᄒᆞ니嗚乎라此果何許腸肚歟아苟有人心이면寧不羞愧아同鄉志士李東鎬氏ᄂᆞᆫ今才二八芳齡으로萬金을出捐ᄒᆞ야普學校를確立케ᄒᆞᆷ은諸君이目으로見ᄒᆞ얏슬지니엇지感激心이不生ᄒᆞᄂᆞᆫ가稱人으로在京ᄒᆞᆫ張鳳翮氏ᄂᆞᆫ資本家도아니나敎育에熱心ᄒᆞ야旅費가無ᄒᆞᆫ學徒를勸成ᄒᆞᆷ으로傾家의境에瀕至ᄒᆞ얏다ᄒᆞ니永興人이여々々々々此를思ᄒᆞ면至恩極陋ᄒᆞᆫ者라도可히

興感ᄒᆞ리라且昨年에靑年子弟의旅費를自郡辦給ᄒᆞᆯ意로勸送京師라가終無如何措劃ᄒᆞ야中路或客地에서見困케ᄒᆞ며今年에三四十人의俊秀가京師에留學ᄒᆞᆯ意로負笈入城ᄒᆞ야學교에入學ᄒᆞ얏다가畢竟其家에서旅費를不送ᄒᆞᄂᆞᆫ故로或은半路還歸ᄒᆞ고或은强忍寒飢하야以至今日ᄒᆞ니此豈父兄의忍爲者리오目下韓國의景況을察ᄒᆞ면財政이蹙竭ᄒᆞᆷ으로學校가乍設旋罷ᄒᆞ니此가諸君의熟慮ᄒᆞᆯ者오文明國의人民을觀ᄒᆞ면各其義務로敎育에勉ᄒᆞ야國家로富强케ᄒᆞ니此가諸君의效則ᄒᆞᆯ者니라

彼西道安州의人을見ᄒᆞ라郡內의兩校를合ᄒᆞ야敎育을擴張케ᄒᆞ고又同道吉州의人을見ᄒᆞ라郡內의五校를幷ᄒᆞ야維持를永久케아니ᄒᆞ얏ᄂᆞᆫ가永興도自玆以往으로ᄂᆞᆫ郡內의學校ᄂᆞᆫ相合ᄒᆞ야財用이兩難치안케ᄒᆞ며校況이兩替치안케ᄒᆞ고某里의壹洞兩校도聯合ᄒᆞ야有初鮮終에不至케ᄒᆞ며無用의任員은自退ᄒᆞ며外村의학徒도共使維持케ᄒᆞ며前日互相是非의惡習은壹梳의水로滌盡ᄒᆞ고方今挾勢運動의醜行을壹把의火에銷去ᄒᆞ며郡의中央에ᄂᆞᆫ師範科를設置ᄒᆞ야師表를養成ᄒᆞ야壹郡의敎育을宏大케ᄒᆞᆯ지어다若能此履行이면永興은可以永興이어니와若不爾則不幾日에不攻自破ᄒᆞ리라嗚乎라本記者가韓國敎育界를觀ᄒᆞᆫ건대永興에서尙甚ᄒᆞᆫ者도猶多ᄒᆞ고永興에不及ᄒᆞᄂᆞᆫ者도不勘ᄒᆞᆯ너니特此壹言으로拾三道三百餘州에衆告ᄒᆞ노라

官報

▲隆熙二年十月壹日

部令

學部令第拾四號 私立學校補助規定 續

第貳條 補助를受코ᄌᆞᄒᆞᄂᆞᆫ時ᄂᆞᆫ학校長이左의事項을記載ᄒᆞᆫ書類를添付ᄒᆞ야학部大臣에게申請ᄒᆞᆷ이可ᄒᆞᆷ

壹 學校의沿革

二 학徒의定員及학年別在籍者數及出席者數

三 卒業者의員數及卒業後의狀況

四 壹個年收支預筭

但前年度預筭額及此에對ᄒᆞᆫ比較增減을明記ᄒᆞᆷ이可ᄒᆞᆷ

五 維持方法

但基本財產又ᄂᆞᆫ寄附金등에對ᄒᆞ야ᄂᆞᆫ其明細

六 敎授用器具器械標本目錄

前項의補助申請書ᄂᆞᆫ前年拾二月末日을限ᄒᆞ야提出ᄒᆞᆷ이可ᄒᆞᆷ

但特別事情이有ᄒᆞᆫ者ᄂᆞᆫ此限에不在ᄒᆞᆷ (未完)

外報

●淸帝擺痘 二十壹日東京電을據ᄒᆞᆫ즉淸國新皇帝(六歲)ᄂᆞᆫ天然痘에罹ᄒᆞ셧다더라

●墺塞妥協 伯林電을據ᄒᆞᆫ즉墺國과塞爾維國間의妥協은成立ᄒᆞᆫ好望이有ᄒᆞ다더라

●土相音明 土耳其外相은同國駐箚墺國大使의게對ᄒᆞ야墺土兩國妥協公書ᄂᆞᆫ議會에서可決ᄒᆞᆯ터이라고誓言ᄒᆞ얏다더라

詞藻

◉訴天 禽

陽春이도라오니。좋더니가놉히뜬다
지엄지엄飛上天은、國家形便알외ᄂᆞᆫ듯
네비우、미물일만정、天意응당

廣告

普成專門學校 學員募集廣告

本校에셔第九回法律專門學員을募集ᄒᆞ오니願學僉員은左開에依ᄒᆞ야屆期入學ᄒᆞᆯ事

壹 試驗日字ᄂᆞᆫ二月二拾壹日下午十時

(陰二月二日)

壹 試驗科目은如左

國漢文 讀書

作文 筭術

壹 入學에關ᄒᆞᆫ用紙ᄂᆞᆫ本校에請ᄒᆞᆷ

漢城磚洞普成專門學校告白

本人姓名圖章四方形을陰拾貳月廿六日夜逢賊ᄒᆞ얏기玆以廣告ᄒᆞ오니僉君下ᄂᆞᆫ照亮ᄒᆞ시오

釜山鎭三洞拾壹統貳戶金元福

◉申氏廣告

三百餘年守護ᄒᆞᄂᆞᆫ本人의先塋이始興東面成道化洞에잇더니昨年分에農部森林模範地에犯入되와測量圖와譜牒을粘聯請願ᄒᆞ야發落되기만企待이온데何許族人이自稱宗孫ᄒᆞ고暗自周旋ᄒᆞᆫ다니何如이周旋ᄒᆞᄂᆞᆫ理由도不知ᄒᆞᆯ뿐더러今世人心을難測키로廣告ᄒᆞ니內外國人은見欺치勿ᄒᆞᆷ

平洲府院君宗孫 申宰均

門長 命기 次門長 楗

有司 五鉉 有司 鍵鉉

本同事總會를來二月拾六日陰正月二拾六日上午에開ᄒᆞ오니本同事人員은贊成ᄒᆞ시ᄂᆞᆫ僉員은速速協贊ᄒᆞ시되所有股票諸具를携帶ᄒᆞ고臨ᄒᆞ심伏望ᄒᆞᆷ

議事件

壹 壹年營業總計筭

貳 本年營業擴張方針

規則變更

或有故ᄒᆞ야未得參則委任狀으로他人을代ᄒᆞᆷ도可ᄒᆞᆷ

隆熙三年壹月拾三日

川楊亭 商務同事

本院에서病院의目的을擴張ᄒᆞ야各種藥材藥品을具備ᄒᆞ고販賣ᄒᆞ오니僉般醫士諸兄은速々買去ᄒᆞᆷ

宣川仁濟病院

主務 李鳳朝 告白

本會事務ᄂᆞᆫ漸次擴張ᄒᆞ오며會에關入ᄒᆞ실 有志僉君子ᄂᆞᆫ本會로陸續來議ᄒᆞ와發達케ᄒᆞ심을務望ᄒᆞᆷ

(電話二九二番)

大韓山林協會 本部告白

本郡汶山浦居金明化가本人의子舅聖煥을誘引하야酒技局에驅入ᄒᆞ야蕩盡家產케ᄒᆞ고猶爲不足ᄒᆞ야與甥과汶山浦와外他鄉都에出沒ᄒᆞ야金四百餘圓을奪取ᄒᆞ고花套技局을設ᄒᆞ야二千餘圓의手票를欺取ᄒᆞ고聖煥을又爲誘引隱匿於何處ᄒᆞ며此勢日人而右金을期欲勒捧ᄒᆞ야酒肆張二賢爲名人과吕人壹名을本人家에委送ᄒᆞ야逐出家眷ᄒᆞ며家產田畓文劵을調査以去ᄒᆞ야右手組票와調査書를持ᄒᆞ야出債코ᄌᆞᄒᆞ오니內外國人은購買勿見欺ᄒᆞ시옵

京畿道坡州郡白石面下新村居 林召史 告白

雜報

●西巡日時 大皇帝陛下께옵서 西巡ㅎ시는事는已報어니와本月廿七日上午八時南大門外에서 御發ㅎ샤午後三時四拾五分에平壤에 御着ㅎ시고二拾八日平壤에서發ㅎ샤午後四時에新義州게 御着ㅎ시고廿九日에新義州로부터義州에行幸ㅎ시고三拾日에義州로부터新義州에還 御ㅎ샤三十壹日午前九時에新義州에서發ㅎ야定州에서五時間停車ㅎ셧다가平壤으로 御着ㅎ시고二月壹日은平壤게 御駐蹕ㅎ시고二日午前拾時에平壤에서 發ㅎ샤黃州에서壹時間停車ㅎ시고午後三時五十分에開城에 御着ㅎ시고三日午後壹時에開城에서 發ㅎ샤午後三時에南大門에還 御하실預定이라더라

●無線借馬 大皇帝陛下께옵서今番西道 巡幸時에新義州에 御到着ㅎ옵신後義州까지巡覽ㅎ실터인데該地에는鐵路를姑未敷設ᄒᆞᆫ故로淸國安東縣에馬車를請借搭乘ㅎ신다더라

●高齡及節婦調查 西韓 行幸ㅎ옵실時에拜 謁을 御賜ㅎ시기爲ㅎ야開城平壤定州義州其他附近各地의高齡者와節婦孝子의名簿를壹々調查ᄒᆞᆫ다더라

●御駕陪從 御巡幸時에就ᄒᆞ야 皇族中에서ᄂᆞᆫ義陽君李載覺氏와內閣大臣은留都ㅎ大臣任善準氏外에ᄂᆞᆫ總相以下各大臣이盡爲陪從하는대韓國南韓御行幸때보다多少增員이된다더라

●尹氏不恭 大皇帝陛下께옵서夫番開港地方 巡幸時에釜山港에 御到着ㅎ옵셔軍艦을搭乘ㅎ시는데 壯氣가發ㅎ샤侍從鄕尹德榮氏의兩肩을扶着ㅎ시니尹氏가不恭ᄒᆞᆫ言辭로冒 奏ᄒᆞᆫ故로該氏를破免懲罰ㅎ기로內定되얏다더라

●是何心膓 平南觀察使李軫鎬氏가今番 大皇帝陛下께옵서 西巡ㅎ시ᄂᆞᆫ事에對하야祇迎節次를宏壯히設備ᄒᆞᆫ次로金二萬圜을準備ㅎ얏ᄂᆞᆫ데已往에李建奭 西關이極히壯麗ㅎ니날當此好機하야 臨御ㅎ시게ㅎ지아니ㅎ고 行在所를他處로起ㅎ얏다고該道人民을嘲罵ᄒᆞᆫ다더라

●三人凶膓 今番 大皇帝陛下 西巡ㅎ실時에 奉迎儀節을準備ㅎ기爲ㅎ야該城郡에서民會를組織ㅎ얏ᄂᆞᆫ데李健赫朴宇鉉李冕稷三人이反論ㅎ기를家々戶々히國旗를懸ᄒᆞᆯ時게韓日兩國旗를交揭ㅎ자ㅎ기로壹般郡民이齊聲日韓國 太皇帝陛下奉迎ㅎᄂᆞᆫ데日本旗号가當ㅎ나ㅎ고壹場風波가大起ㅎ야御民會閉會하얏다더라

●西北表忠 西北學會에서本月二十壹日에臨時會를開ㅎ고總代四人을西道에派送ㅎ야今番 御巡幸에 祇迎 祇送節次를準備ㅎᄂᆞᆫ데鐵路附近各郡에支會와各學校를聯合ㅎ야忠愛義를表ᄒᆞᆫ다더라

●統監歸國期 伊藤統監은今回 大皇帝陛下西 巡幸ㅎ옵시ᄂᆞᆫ데陪往ㅎ얏다가入城ᄒᆞᆫ後來月九日에歸國ㅎ기로決定ㅎ얏다더라

●行政區域制定 從來各道에觀察使가有ㅎ고府郡에府尹郡守가有ㅎ고面장이有ㅎ나其行政區域에對ㅎ야ᄂᆞᆫ一定ᄒᆞᆫ法規가宿泊ㅎ고且府郡을廢置分合ㅎ거나或境界變更을要ㅎᄂᆞᆫ境遇에도何等可據ᄒᆞᆯ規定이有ㅎ지야ᄒᆞᆯ지라此等不備를補ㅎ기爲ㅎ야內部에서此에關ᄒᆞᆫ勅令案을起草하야日下內閣에提出ㅎ게도準備中이라더라

●總館祝賀 本月貳拾七日은獨逸皇帝의誕辰인故로西大門外該領事館에서午前拾時로부터同拾二時까지祝賀式을擧行ᄒᆞᆫ다더라

●李邸晩餐 再昨日下午六時에中樞院顧問李址鎔氏가自己私邸에晩餐會를盛設ㅎ고각部大臣과其他高等官을多數請邀ㅎ야送宕宴樂하얏다더라

●尹邸茶會 俞吉濬侯憲식尹致昨二氏가發起ㅎ야各社會紳士를今日下午七時에尹致昨氏私邸로請邀ㅎ야茶話會를設ᄒᆞᆫ다더라

●有何秘密 輔國閔泳徽氏가伊藤統監歸國ᄒᆞᆯ다ᄂᆞᆫ說을聞ㅎ고統監邸로種々訪問ㅎ야何等秘密ᄒᆞᆫ關節이繁多ᄒᆞᆫ다더라

●驛屯拓食 韓國政府에서東洋拓殖會社의資本으로提給ᄒᆞᆫ驛屯土田四千七百町步와畓四千七百町步ᄂᆞᆫ目下度支部에서調査中인대右田畓은調査畢了時부터同會社의收入이된다더라

●財産管理規則改正 韓國의現行ㅎᄂᆞᆫ國有財産管理規程은其規定이機宜에適合치못ᄒᆞᆷ으로管理規則을更히制定ᄒᆞᆯ터이라더라

●郡主悖習 長水郡郡主事李復嚀氏가該郡으로往하ᄂᆞᆫ郵便當簡을或開覽還封ㅎ며或淹留不傳ᄒᆞᆫ다고該郡來人의傳說이喧藉ㅎ더라

●巡查帶同 각地方郵便物을遞傳夫가郵路에서被奪ㅎᄂᆞᆫ弊가種々有之ᄒᆞᆫ故로鐵路가無ᄒᆞᆫ地方에ᄂᆞᆫ巡査를帶同派送ᄒᆞᆫ다더라

●朴氏健訟 東大門外居ㅎᄂᆞᆫ朴文元氏가傳來耕田을買ㅎᄂᆞᆫ私有地菜田을前漢城府尹朴儀秉氏가買得ㅎ얏더니該菜田甚地가軍部敎鍊場으로犯入ㅎ미朴氏가該田價額을鄭氏에게還推ᄒᆞᆫ로屢度裁判中인데박氏의非理好訟ᄒᆞᆷ을莫不唾罵ᄒᆞᆫ다더라

●杵門日牌 東部塔洞居林顯洙와同部獨中峴居金成亨兩人이以鞋匠爲業ㅎᄂᆞᆫ데陰曆去月에南部貢惠倉前居朴宗漢의게鞋次百三拾兩圜價値를製造以給ㅎ고其價圜은陰二月까지淸伊推給ㅎ기로相約ㅎ더니朴氏가門牌를日人의姓名으로換付ㅎ고避身不現ᄒᆞᆫ다더라

●都氏藏善 慶北星州郡北山面管下吾都甲模氏가貫族을爲ㅎ야畓壹百斗落과租五拾石을分給ㅎ고또租穀六拾餘石과金數百圜으로各洞貧人에게施給ㅎ얏다더라

●義兵熾盛 楊州加平等郡에義兵이漸次猖獗ㅎ야人心이不靜ㅎ다ᄒᆞᆷ으로三昨日에韓觀廳에서日巡査를多數派送ㅎ얏다더라

●砲殺日兵 本月二十日頃에全羅北道同福郡에서義兵百餘名이日兵幾名과數時間을交戰ㅎ야日兵壹名을砲殺하얏다ᄂᆞᆫ傳說이有ㅎ더라

●假稱行賊 靈巖郡附近에서ᄂᆞᆫ無賴賊漢이三三五五히作隊ㅎ야義兵이라假稱ㅎ고民家에突入ㅎ야錢財를掠奪ㅎ고人民을毆打ㅎ기로該地人民들이支保無路라고怨聲이喧藉ㅎ다고라

●兩氏被捉 前警務使具完喜氏가有何事端인지陰曆去月晦日警視廳에被捉ㅎ고前警察使리容觀氏ᄂᆞᆫ再昨日韓廳에被捉ㅎ얏다더라

●大峴賊警 鐵岑郡居ㅎᄂᆞᆫ韓敬謙과臨容兩氏가陰曆去二十九日에紙貨五百圜을帶持ㅎ고南門外大峴으로過去ㅎ다가强盜五名의게錢錢을沒數見奪ㅎ얏다더라

●恩津火事 本月拾六日午後拾壹時半에恩津論山에居ㅎᄂᆞᆫ華商鋪에서出火ㅎ야淸人三戶日人二戶韓人壹戶가延燒ㅎ고三時간後에鎭火ㅎ얏다더라

●西北特會 西北學會에서今日下午壹時에特別通常會를開하고 大皇帝陛下 西巡祇送節次를準備ㅎᄂᆞᆫ데壹般會員이壹齊히來臨ㅎ기를希望ᄒᆞᆫ다더라

●靑會幻燈 今日下午七時에鐘路靑年會館에서幻燈會를開ㅎ다ᄂᆞᆫ데入場券을使用ᄒᆞᆫ다더라

學界

●國民卒業 國民便하校測量科第二回卒業式을擧行ㅎ얏ᄂᆞᆫ데最優等에權戰甲孫洪基등九人이오及第生에尹炳夏崔鎭九등一拾四人이라더라

●錦校維持 錦山郡基督敎會小學校에셔年終試驗을經ㅎ얏ᄂᆞᆫ데優等은宋秉圭오及第ᄂᆞᆫ金英晩金用文等六人인데김榮植시가優數히施賞ㅎ얏고朴天淑시와美國宣敎師某시가該校를壹層擴張하기로注意ᄒᆞᆫ다더라

●三山學期 東小門外城北洞私立三山義塾에셔第壹學期試驗을經ㅎ얏ᄂᆞᆫ데甲班最優等生은崔慶善이오優等生은白完基남宮晳等四人이오及第生은徐命山等五人이오乙班最優等生은李壽得이오優等生은鄭鶴俊林夏昌等八人이오及第生은鄭昌先等四人인데該塾長이優數ᄒᆞᆫ賞品을分給ㅎ얏다더라

●暮年熱心 安岳郡龍面龜巖洞居崔亨瑨시ᄂᆞᆫ七旬衰年에敎育을熱心ㅎ야該面內에新학校에金壹百圜을特捐ㅎ고自己舍廊에夜學校를設立ㅎ고樵童牧竪를促々說諭ㅎ야學徒가二拾餘名에達ㅎ얏다더라

●雙城濟友 龍川府北上面雙城동에셔有志人士들이濟安學校를設立하고熱心敎授ᄒᆞᆫ다더라

◎誠荷義捐

平北寧山郡北面 大岩居 **韓明道**氏가**金一圓**을本社에寄附ㅎ얏기玆에感謝를表ㅎ노라

▲地方消息▼

▲本月八日에谷城郡東南約六拾里山中에서義兵십餘名이谷城分遣隊步兵伍長以下八名과全州憲兵及巡査와廣川店憲兵의聯合隊와交戰ㅎ얏다ㅎ고

▲本月拾壹日에淳昌郡西方約四十里地에서義兵二십名이全郡日守備隊上등兵以下壹名과交戰ㅎ얏다ㅎ고

▲本月拾壹日에順天郡內에서義兵約壹百四拾名이廣川店憲兵分遣所上等兵四名及補助員과交戰ㅎ얏다하고

▲本月拾壹日에羅州西方約十里地에서義兵二十五名이同郡憲兵分遣所下等兵二名補助員四名과交戰ㅎ얏다더라

▲禳厄新方▼

▲禳厄求福잘ㅎ기ᄂᆞᆫ韓國人의習俗이라禳厄方法서ᄂᆞᆫ지어全國災殃막엇노라

▲正月달의드ᄂᆞᆫ厄은黃帝氏를請ㅎ야다가蚩尤兵을消滅ㅎ던指南車로막어내고

▲二月달의드ᄂᆞᆫ厄은夏禹氏를請ㅎ다가龍門山을베혀내던玉帖으로막어내고

▲三月달의드ᄂᆞᆫ厄은伍子胥를請ㅎ다가楚平王의볼기치던채직으로막어내고

▲四月달의드ᄂᆞᆫ厄은高漸離를請ㅎ다가秦始皇을홈쳐치던歌筑으로막어내고

▲五月달의드ᄂᆞᆫ厄은孟嘗君을請ㅎ다가七十餘城回復ㅎ던鐵籠으로막어내고

▲六月달의드ᄂᆞᆫ厄은滄海力士請ㅎ다가黃石公을狙擊ㅎ던鐵椎로막어내고

▲七月달의드ᄂᆞᆫ厄은西楚霸王請ㅎ다가千萬人이自避ㅎ던號令으로막어내고

▲八月달의드ᄂᆞᆫ厄은諸葛孔明請ㅎ다가吳陸遜쫓겨가던八陣圖로막어내고

▲九月달의드ᄂᆞᆫ厄은關雲長을請ㅎ다가五關六將베혀내던靑龍刀로막어내고

▲십月달의드ᄂᆞᆫ厄은韓蘄王을請ㅎ다가黃天蕩싸움물니치던丈八矛로막어내고

▲拾一月의드ᄂᆞᆫ厄은黃[illegible]을請ㅎ다가魏陣에本싸와내던鐵弓으로막어내고

▲十二月의드ᄂᆞᆫ厄은忠武公을請ㅎ다가敵兵拾萬陷沒ㅎ던鐵船으로막어닞네

▲十二箇月십二厄을遁道防禦ㅎ고보니남은것은福뿐이라太平乾坤되리로다

爲直接請求ᄒᆞ심을務望

大韓每日申報社

廣告

今月拾六日本新聞雜報欄內에秉淳不淳之題目으로虛無ᄒᆞᆫ說이已有其極ᄒᆞ니何許不良者之投函인지憤歎莫甚인바全秉淳氏ᄂᆞᆫ勤務學文라가衆民之所望으로被任初職ᄒᆞ야視務本郡ᄒᆞ니處事公平ᄒᆞ고愛民如己ᄒᆞ야暴殘之感恩歸化가非冉壹貳拾名이요學校之復設에出捐而勸勉ᄒᆞ니全郡儒鄉이會集公議ᄒᆞ고結稅額每兩頭에三分式自願義捐ᄒᆞ야敎育青年이온바反善歸咎者間或有之나白地搆誣者ᄅᆞᆯ今可初見이옵기玆에廣佈ᄒᆞᆷ

隆熙三年一月拾九日

平山郡人民等　外邑面長賓鴻來　金岩面長金有鏞　實上面長朴殷甲　麟山面長尹衡穆　上月面長崔鳳錫　西上面長全永晩　細上面長李象萬　舟岩面長宋仁善　古之面長李承烈　新邑面長朴元實　安城面長洪淳九　細下面長宋龍七

平山郡人民等　告白

南部大坪坊犛洞二十三統四戶李鎭九씨大人都正公喪이去戊申十月底十三日辰時而道路超遠故知舊間에未專人告訃ᄒᆞ오니知舊간照亮ᄒᆞᆷ

本家鐵原松內面梧野山

吳主事圭桓大人仁川公이戊申臘拾貳月貳拾七日丑時에別世ᄒᆞ셧사오니京鄉知舊照亮ᄒᆞᆷ

長子圭桓　次子圭信　三子圭奭　告白

扶安辛基斜吳澤餘等이符同雜類ᄒᆞ야本面曾土壹千九百餘斗落을稱以郡貢ᄒᆞ고本人등의圖章을勒捺逃去ᄒᆞ얏스나該土가擧皆無實虛名則內外國人은切勿見欺ᄒᆞᆷ

古阜郡北部面長權相弼　德林面長趙鍹模　告白

本人이族人喜守子相鎬ᄅᆞᆯ率來養育成娶러니方此兩年長病에死生難辨之人을不念倫湯ᄒᆞ고逗遛於釜港ᄒᆞ야以書討財ᄒᆞ니倫理藐絕이라自今以後로彼此間人命生死와錢財去來ᄅᆞᆯ都不相關이오니內外國人은以此照亮요

慶尙南道密陽邰五榜洞　曹喜永　廣告

本人이姓名圖章을陰本月不知處에서失ᄒᆞ얏사오니知舊間照亮ᄒᆞᆷ

隆熙三年一月十七日

平北郭山西面好岩里李鳳淳　告白

西小門內前許會板刻所에手用機械三座와漢文二號活字壹板과國文一號四號各壹板과英文活字幾件과其外板刻所用物이具備ᄒᆞ야放賣코저ᄒᆞ오니願買僉員은貞洞西學峴英國聖敎堂에來臨問議ᄒᆞ시옴

貞洞西學峴英敎堂　告白

…五日에圖形…字로新刻ᄒᆞ와…日에平壤上營…서見失ᄒᆞ고更爲…을戰字사지皆篆字…얏사오니知舊間照諒…切勿見欺ᄒᆞᆷ

肅川居車載寬　告白

孫九永의名字ᄅᆞᆯ禹永으로改定ᄒᆞ오니知舊間照亮ᄒᆞᆷ

北署牀府闕洞八十九統壹戶　孫禹永　告白

黃海道延安郡居李聖裕가去年五月分에喪妻ᄒᆞ고去拾壹月分에本郡居朴昌종의妹弟와定婚ᄒᆞ고以婚需與成衣로白太四拾石을船卜ᄒᆞ고仁港客主沈能德家에住ᄒᆞ얏다가平山居李禹景이라ᄒᆞᄂᆞᆫ人을逢ᄒᆞ야錢五百兩을貸ᄒᆞ라ᄒᆞ기錢을貸ᄒᆞ얏다가還報ᄒᆞ마ᄂᆞᆫ派數ᄅᆞᆯ屢次違ᄒᆞ기로大邑督促ᄒᆞ즉錢도報치아니ᄒᆞ고巡檢을嘱囑ᄒᆞ야李聖裕ᄅᆞᆯ暴徒라指名ᄒᆞ즉巡檢이聖裕ᄅᆞᆯ捉去ᄒᆞ야嚴刑ᄒᆞᄂᆞᆫ消息이聖裕本家에轉到ᄒᆞ미李聖裕의父兄이該面坊長의게鳴冤書ᄅᆞᆯ呈ᄒᆞ고該面々長이該郡郡守署理에게鳴冤書ᄅᆞᆯ付呈ᄒᆞ즉署理郡守가仁港警察署에電報ᄒᆞ야警察署에서聖裕에無罪事狀을査實ᄒᆞ야李聖裕ᄂᆞᆫ即放送이되고李禹景은命今도仁港警察署에報囚ᄒᆞ야不解ᄒᆞ얏ᄂᆞᆫ데何境境에至ᄒᆞᆯᄂᆞᆫ지不知ᄒᆞ고李聖裕ᄂᆞᆫ無罪放釋ᄒᆞ옵기玆에廣告ᄒᆞᆷ

仁港沓洞居洪永善　告白

본샤에셔일반학도의편리ᄒᆞ기ᄅᆞᆯ위ᄒᆞ야학도의모자와복장양복과쟈방미ᄒᆞ며그외에各學校敎科書와諸種書冊외학도의각양소용물품을특별히쥰비ᄒᆞ옵고특별히헐ᄒᆞᆫ가로방매ᄒᆞ오니죠량ᄒᆞ시며혹도방가에계ᄒᆞ야리왕키불편ᄒᆞᆫ곳에ᄂᆞᆫ모자와복장의견양과소용품을기록ᄒᆞ야우편으로부송ᄒᆞ면합의계ᄒᆞ야우편으로부송ᄒᆞ오며달ᄒᆞ금은션금을요구ᄒᆞ오니쳠군ᄌᆞᄂᆞᆫ만히만히익조ᄒᆞ옵

元山港上里一洞創業社主任　皇甫正　고

特別廣告

本社事務所ᄅᆞᆯ京城礡洞에現今開設ᄒᆞ고各地方에代理人을置ᄒᆞ라ᄒᆞ오니本社定欵을詳細陳述ᄒᆞᆯ時機가來到ᄒᆞ얏사오니條項이張皇ᄒᆞ와他日로姑俟ᄒᆞ오며本社資金의現今總額은拾萬圜이온ᄃᆡ壹萬株로分ᄒᆞ야每株에拾圜式이옵

本社에셔ᄂᆞᆫ本社에關ᄒᆞᆫ細瑣事項ᄭᆞ지 僉彦의詳諒ᄒᆞ시기ᄅᆞᆯ懇望ᄒᆞ오니 僉彦은案間에暫坐ᄒᆞ야

京城郵便局郵函第四十號韓美興業株式會社라皮封에書ᄒᆞ야高明ᄒᆞᆫ書札을寄送ᄒᆞ시되本社의詳細事項을通知ᄒᆞ라ᄒᆞ시면本社에셔ᄂᆞᆫ答函을即呈ᄒᆞ려니와 惠覽後 貴地方에셔ᄂᆞᆫ何等事務가本社의進行ᄒᆞ기에最適ᄒᆞ올지 高明ᄒᆞᆫ意見을 惠顧ᄒᆞ시옵是爲ᄒᆞ야 來一月三十日以內로高明ᄒᆞᆫ書札을寄送ᄒᆞ시ᄂᆞᆫ 僉彦에게如左히賞金을分等ᄒᆞ야送呈ᄒᆞ깃습

本社에셔 高明ᄒᆞᆫ書札中

一等으로認定ᄒᆞᆫ者ᄂᆞᆫ　五十圜　二等　二十圜

三等　十圜　四五等　各五圜

六等至十等　各二圜

僉彦의費用은郵票價以外에무엇이또잇슴잇가단히ᄉᆡᆼ각ᄒᆞ야보시오

本社에셔大韓帝國內各處와通信을連絡ᄒᆞ기爲ᄒᆞ야如此히懸賞ᄒᆞ기ᄅᆞᆯ不惜ᄒᆞ오니本社의各種方에셔進行ᄒᆞᆯ方針에對ᄒᆞ야貴重ᄒᆞᆫ勸告ᄅᆞᆯ聽聞ᄒᆞ옵나이다

京城礡洞　韓美興業株式會社　告白

平壤代理人　平壤大同門內店洞　鄭基煥

本會社에셔鐵路와郵便이迢遠ᄒᆞᆫ地方에在ᄒᆞᆫ 쳠彦의寄函ᄒᆞ실期限을寬裕케爲ᄒᆞ야壹月三日以內로退定ᄒᆞᆷ

特別廣告

廣告

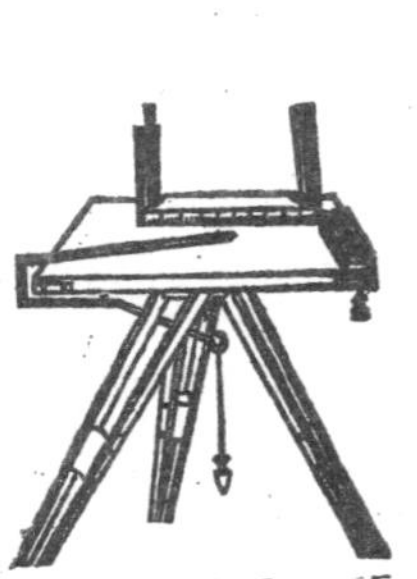

測量機械各種大發賣
漢城南署會洞太拾貳統四戶
金龍商會

出張所 典洞金樂永

德國 이버페르드地方에잇는 파우리켄. 故푸레 베이어 會社는 世界上에 最大흔各種 染色料製造所인데 本社에셔도 韓人商業家諸友의 게 大注意흐시기를 懇乞흐는바 其無他라 多少排斥을 商賣로 ...

가 麒麟과 兩女 商標를 僞造흐여 本社의 名聲이 頗多흐고 品質이 最良흔 紫色과 藍靑色料를 價值低흐고 無價値흔 色料로써 代替置入흐을 行흐니 其僞造를 注意흐시며 且本社의 清國地方에셔 行用흐는 名號 (順全隆) 三字를 注意흐시오 此를 假飾에 書흐앗 스며 尙且獨히 ... 信字흐는 品 ... 흐리오

大韓全國에總發行所는 京城南大門內濟生堂大藥房

淸心保命丹 此丹은 咳嗽를 止흐고 胸氣를 清흐며 水土不服에 奇效가 有흠 金十錢

蔘茸大補元 一週日分金壹圜 四週分金三圜十錢 二週分金二圜八十錢 十週分五圜三拾錢

右藥은 大韓名產 鹿茸人蔘에 西洋有名흔 補材를 混和흐야 我國兒 弟의 腸胃와 性質에 適當흐도록 多年研究흐여 發明흔바 今에 先服人의 累試累驗에 稱讚이 不已흐나 果然 今世之靈藥이라 故로 未治 敎能을 左開廣佈흐오니 僉兄弟는 何不早圖嘗試오 (效能) 先天不足 과 肺虛不眠흐며 ... 腎經虛弱 房事色傷흐며 遺精多夢 厭冷이며 ... 時에 早漏不快흐며 ... 血虛證 ... 手足 色傷腰痛이며 ... 若服七週면 大補元氣흐고 ... 强壯흐며 健康無病흐나니 此可 謂與世靈藥哉 若不其效면 ... 償還

蛔積殺虫散
此散은 蛔積과 蝟腹痛과 ... 虫을 ... 勿論男婦老幼흐고 寸虫을 ... 根之妙劑 壹人用 三拾전

寸虫沒出藥
勿論男婦老幼흐고 寸虫을 ... 金刃錢

久滯大通丸
年久흔 積滯와 胸腹痛과 腹中積病을 ... 驅除흐는 良劑 金 ... 錢

感氣特效解熱散
感氣드러 頭痛나고 寒熱往來흐며 肢節痛과 몸살에 卉神效 金拾전

寸白拔根藥
되는 꼬못과 사마귀에 바르면 百發 ... 金拾전

新製百應膏
初오 ... 痔 종과 根박인데 ... 劍創과 모든 종氣와 火傷과 ... 神效 金拾錢

去液汗臭藥
비 ... 벌레 ... 나는 ... 汗이 ... 金十錢

已難記어 ... 大韓國內藥商흐시는 僉兄에게는 ... 放賣흐오니 陸續注文흐시오

京城南門內 仁川港 分舖
濟生堂主 李庚鳳

本人이 製造發行흐는바 靈丹을 今에 官許를 蒙흐고 大韓醫院藥學士兒島 宇里氏와 一等製藥官劉世煥 兩氏檢查證明과 軍部 軍務局衛生課二等軍醫長 ... 閣下와 諸大方家高明醫士의 有効賞讚을 受흔바 其應用說明은 如左흠

說明書

靈丹 中暑. 中寒. 吐瀉. 腹痛及消化不良. 食慾不進. 頭 暈目眩. 心煩鬱悶. 飲食酒醉. 吐暈 ... 山嵐瘴氣 ... 服흠

地方各處에셔 書信으로 請求흐시면 小包로 迅速遞呈흐깃솝

發行本舖 皇城西部 ... 統 ... 戶 共愛堂大藥房 白

新訂 分道 大韓帝國地圖

銅版印刷 子具今津鐫 △閔堂玄采序 全壹帖 正價金 ... 拾錢

○我韓地圖之精密者 首推古山子 ... 而缺太多 ... 者少 不能人人皆有 豈非大恨 ... 故茲將地圖與本刪 ... 小帖 以公同好 我內地 ... 沃產豐富 ... 東洋之 ... 拓而發明則我國之富 ... 可 ... 十三道 ... 郡府 ... 至物產 ... 目詳細記載 ... 使人 ... 瞭然 ... 今以作爲事業之 ...

發兌元
皇城中部 ... 中央書館
皇城 ... 廣橋東邊 滙東書館
皇城 ... 桂洞 ... 廣
皇城中 ... 大東書市

初等大韓新地誌
全壹冊 定價金 貳拾五錢

近日初等大韓地誌가 ... 種이 ... 刊行되여 ... 教育上에 ... 缺點이 無흘다 可謂흘지니 今에 本書는 韓國幼年程度에 適當 ... 問答例를 ... 詳密히 編 纂흐야 小學校用에 必要흐오니 採 ... 覽 ... 흠을 望흠

問答

漢字初習
全壹冊 定價金拾五錢
本館에셔 著作흔 漢字初習은 漢

文字 ... 幼稚 ... 解得 ... 便易 ... 少 ... 編 ... 千字文 ... 其他 ... 不得 ... 字 ... 흐여 著作흔 冊子로 ... 最便 흐고 最要흐야 幼稚의 普通初等 漢文科 ... 適宜흐오니 多數 購需 ... 흠

語文典音學
周時經 著述
全壹冊 定價三拾錢
本書는 周時經시가 拾有餘年

研究흐여 國語文典音學에 諸般原則을 詳細히 說明흐여 ... 學界에 極히 有用흐오니 文學에 有志흐신 諸君과 學生僉員은 速히 購覽흐심을 바라나이다

黃國 ... 定價金 二十五錢

실업셜 松되琴 송뇌금

이 본쇼셜은 남아의 실업계 활동과 가정니의 쾌락흔 ... 음 ... 과 ... 흐여 ... 니 ... 흐기 ... 러시 ...

發賣所 南大門內 ... 平壤 ... 太極書館
대성종로 ... 書舖
京鄉 ... 書 ...

主

○○○○○○○○○ 病後氣喘 ... 房事不謹 ... 手足 ... 腎氣不足 ... 遺精多夢 ...

治

此丹은 ...

辯護士 木尾虎之助 法律事務所
京城下茶洞 ... 九統二戶 (電話三七五)
訴訟及 ... 請願 ... 事件迅速 ... 處理

韓國 ... 法律顧問 ... 事務主任 ...

大韓帝國仁川 各藥舖
總發行所 和平堂大藥房

婦人 ... 藥 부인 ... 약 ... 胎 ... 經 ... 丸 ...

元山 ... 和平 ...
京城 ...
全國代理店 ...
京城南門內 ... 共愛堂 ...
京城 ...
和平堂支店 ...

製藥所 發行所
仁川港 ... 和平堂 白

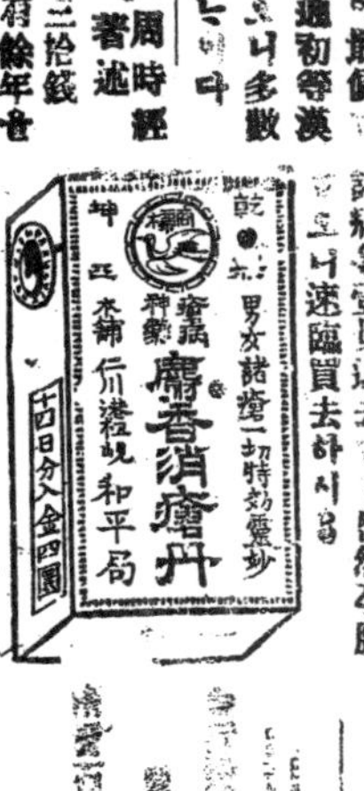

乾坤 ... 男女 ... 消痛丹 ... 和平局
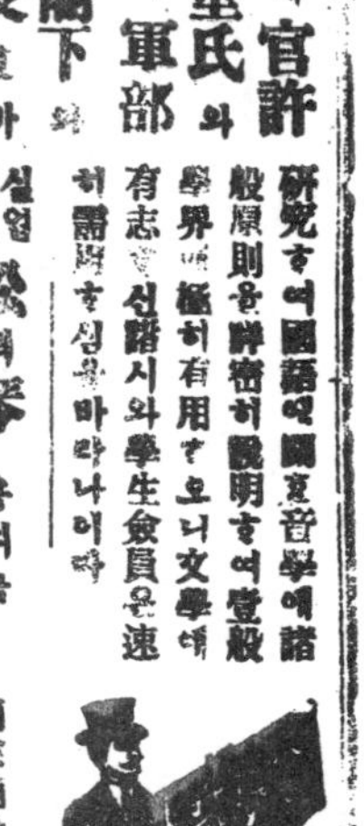

八寶丹
九粒五錢 ...

補陰補陽 滋陽丸 ...
三 ... 日分 金五圜
貳拾 ... 分 金三圜四拾전
拾 ... 分 金壹圜八拾전

發行所
漢城 ... 洞 ... 號外 ...
大韓每日申報社
Responsible for Publication
Alfred Weekley Marnham.

光武九年八月一日 明治三十八年八月一日 (第三種郵便物認可) 水曜日 西曆壹千九百九年壹月廿七日 (壹)

第六卷 第壹千八號

大韓每日申報

月曜及慶節 歲時日休刊

檀君開國四千二百四十二年
箕子元年三千三十一年
大韓開國五百十八年
日本明治四十二年
淸國光緖三十五年
陰曆己酉正月小初六日丁亥

論說

◉製造界一班

經濟競爭의迅潮를隨ᄒᆞ야國內製造界의光明이漸放ᄒᆞᄂᆞᆫ도다曾往本報에셔論發ᄒᆞᆫ京城新門外蒸氣器械平壤沙器及宣川製紙等外에吾人이大讚誦不已ᄒᆞᆫ者ᄂᆞᆫ

(壹)京城及大邱의織組오
(二)全州의製紙오
(三)京城의牛島와彌城의海東等卷烟의新製라

此가韓國內新放ᄒᆞᆫ光明點이로다

嗚呼라目下韓國이此競爭世界에處ᄒᆞ야國民의壹大死活問題되ᄂᆞᆫ製造業이壹向衰替不振ᄒᆞ니區々無多의天產物로엇지滾々入來ᄒᆞᄂᆞᆫ外國製造品을抵禦ᄒᆞᆯ수有ᄒᆞ리오

單只日本에셔渡來ᄒᆞᄂᆞᆫ石油燐寸卷烟等의攫去ᄒᆞᄂᆞᆫ金錢만計ᄒᆞ야도幾千萬圓인지不知ᄒᆞᆯ지니此亦驚歎奮發ᄒᆞᆯ事가아닌가或者가此에抵禦ᄒᆞᄂᆞᆫ方法을說ᄒᆞ야曰今日大韓全國人이個々外國物을排斥ᄒᆞ야燐寸도我國人이自製造ᄒᆞ기以前에ᄂᆞᆫ不用ᄒᆞ며石油도我國人이自發現ᄒᆞ기以前에ᄂᆞᆫ不用ᄒᆞ며鐵道도我國人이自敷設ᄒᆞ기以前에ᄂᆞᆫ不乘ᄒᆞ며電線도我國人이自架設ᄒᆞ기以前에ᄂᆞᆫ不關ᄒᆞ고其他壹切物을皆如是ᄒᆞ면庶幾乎我國經濟界의恐慌이不起ᄒᆞ고庶幾乎我國人의生計가稍舒ᄒᆞ리라ᄒᆞ나是ᄂᆞᆫ壹時口中의快談이오到底히實際에行키ᄂᆞᆫ極難ᄒᆞᆫ事라

아모리外國物을不用ᄒᆞᆯ디이甚熱ᄒᆞᆯ지라도輕便ᄒᆞᆫ燐寸을棄ᄒᆞ고遲鈍ᄒᆞᆫ火柴를用키ᄂᆞᆫ難ᄒᆞᆯ지며低歇ᄒᆞᆫ石油ᄂᆞᆫ退하고價高ᄒᆞᆫ荏油를買키ᄂᆞᆫ難ᄒᆞᆯ지니徒然히外國物을不用코쟈ᄒᆞᆷ은實로不可行의事오或能行ᄒᆞᄂᆞᆫ者가有ᄒᆞᆯ지라도此ᄂᆞᆫ自己壹身上에나行ᄒᆞᆯ비오全國人에普及ᄒᆞᆷ은不能ᄒᆞᆯ지로다

然則束手安坐ᄒᆞ야外國輸入物이本國生計를日剝케ᄒᆞᆷ을旁觀ᄒᆞᆷ이可乎아曰否라不然ᄒᆞ다徒手抵禦도不可어니와安坐旁觀도不可라惟汲々奮發하야製造業에從事ᄒᆞᆯ지니라

本國製造物이旣盛ᄒᆞ면外物輸入은自然微小하고經濟情況이自然舒泰ᄒᆞ리니

嗚呼라吾輩가엇지韓國製造界에先鞭을執ᄒᆞᆫ諸君子에게頂禮를不加하리오

然이나此些小ᄒᆞᆫ製造物이目下에야何등大補益이有ᄒᆞᆯ이오京城及大邱의織組가아모리國內新式服裝을需應ᄒᆞ지못ᄒᆞᆯ지며全州의製紙가아모리外來의洋紙와갓치廣布ᄒᆞ지못ᄒᆞ얏스며牛島海東等卷烟이아모리外國商人의卷烟業又치擴張ᄒᆞ지못ᄒᆞ얏슬ᄲᅮᆫ더러設令廣布又擴張ᄒᆞᆯ지라도此壹二個의製造品으로ᄂᆞᆫ外國物의輸入을抵禦ᄒᆞ지못ᄒᆞᆯ지나但此等業이壹個二個式發達又發達ᄒᆞ면可히外國商工界에도頑固ᄒᆞᆫ지니萌芽가雖小나將來森林의大를成ᄒᆞᆯ者아닌가

雖然이나吾가此에壹感이有ᄒᆞ니大抵國內에此等製造物이有하거던人々이此를需用ᄒᆞ여야該業이發達ᄒᆞᆯ지어날乃者韓人이往々外物을嗜好ᄒᆞᆷ으로成癖ᄒᆞ야晝夜를宴遊ᄒᆞ라면本國飲食店을不顧ᄒᆞ고淸料理日料理家로向ᄒᆞ고卷煙壹個를求吸ᄒᆞ라면牛島海東은不問ᄒᆞ고埃及朝日等만是取ᄒᆞ니此亦可歎ᄒᆞᆯ비라

製造者ᄂᆞᆫ必也該製造를精美케ᄒᆞ야本國人쎈아니라外國人도此를買用케ᄒᆞ며買用者ᄂᆞᆫ必也本國製造物을買用ᄒᆞ야本國製造業이興旺케할지어다

官報

▲隆熙二年九月壹日 官報

部令

學部令第四號 續

第三條 補助ᄒᆞᆫ期間은壹個年以內로ᄒᆞᆷ

補助를受ᄒᆞᄂᆞᆫ학校에셔連續ᄒᆞ야補助를受코ᄌᆞᄒᆞᄂᆞᆫ時ᄂᆞᆫ前條에依ᄒᆞ야申請ᄒᆞᄂᆞᆫ節次를行ᄒᆞᆷ이可ᄒᆞᆷ

但變更이無ᄒᆞᆫ事項은省略ᄒᆞᆷ을得ᄒᆞᆷ

第四條 補助를受ᄒᆞᄂᆞᆫ학校에셔收支預算及維持方法을變更코ᄌᆞᄒᆞᄂᆞᆫ時ᄂᆞᆫ학部大臣의認可를受ᄒᆞᆷ이可ᄒᆞᆷ

第五條 補助를受ᄒᆞᄂᆞᆫ학校ᄂᆞᆫ翌年二月末日을限ᄒᆞ야前年度決算書를학部大臣에게提出ᄒᆞᆷ이可ᄒᆞᆷ

第六條 補助를受ᄒᆞᄂᆞᆫ학校에ᄂᆞᆫ左의帳簿를備ᄒᆞ야財產及出納의狀況을明記ᄒᆞᆷ이可ᄒᆞᆷ

壹 財產原簿
二 出納簿
三 預算決算에關ᄒᆞᆫ帳簿

第七條 補助金은四回에分ᄒᆞ야交付ᄒᆞᆷ

(未完)

外報

●益々排日 貳拾五日紐育電을據ᄒᆞᆫ즉美國加州會에셔不潔不善ᄒᆞᆫ日本兒童이尋常小학校에入학ᄒᆞᆷ을禁止하ᄂᆞᆫ法案을提出하얏다더라

●排日案通過 加州排日案은上議院에通過ᄒᆞ리라더라

●排日熱高 美國加州에셔排日ᄒᆞᄂᆞᆫ氣勢ᄂᆞᆫ大統領의調論도無効하야排日熱이益々高騰ᄒᆞ다더라

●英露新運動 波斯에對ᄒᆞᆫ英露兩國의新運動이開始ᄒᆞ얏ᄂᆞᆫᄃᆡ露國外相이쓰볼쓰키시ᄂᆞᆫ駐露英國大使니콜손氏의게覺悟書를送致ᄒᆞ야波斯國王으로ᄒᆞ야금議會召集ᄒᆞᆷ必要를悟케ᄒᆞᆯ手段을採ᄒᆞ기로主張ᄒᆞ고且目下波斯國庫의窮乏은殆히不可救ᄒᆞᆯ狀態에在ᄒᆞᆷ으로公債募集은不得止의事라此ᄂᆞᆫ同國王으로ᄒᆞ야금國內의安固를保障ᄒᆞᆯ政體의採用을承諾ᄒᆞᆯ義務를感케ᄒᆞᆯ거시라고述ᄒᆞ얏다더라

◎勃國賠償 勃牙利亞國은土耳其에對ᄒᆞ야其占領ᄒᆞᆫ鐵道와及東部留謨利亞地域에對ᄒᆞᆫ賠償八千三百萬法을提供ᄒᆞ얏다더라

詞藻

●長恨

北國이慄烈ᄒᆞᆫ니。隆冬盛寒이아닌가
千江에얼음굿어商船들은끈어지고、萬山에눈이깁혀禽獸들도숨엇도다
언제나、東皇이布德ᄒᆞ사、與物同樂

雜報

●移御와 搜査 現今漢城에 兩種風說이 流行ᄒᆞᄂᆞᆫ대 其壹은 太皇帝陛下의 御所를不久에 北漢 行宮으로 移御ᄒᆞ시게 ᄒᆞᆫ다ᄒᆞ고 其二ᄂᆞᆫ 德壽宮의 秘密書類壹囿를不久에 沒數搜查ᄒᆞ기로 提論ᄒᆞ얏다더라

●毁家築路 今回 大皇帝陛下께옵셔 西巡幸ᄒᆞ오시ᄂᆞᆫ대 平壤郡城內 道路가 夾窄ᄒᆞ야 人民의 家屋三百餘戶를 毁撤ᄒᆞ고 壹新修築ᄒᆞ얏다더라

●黃脫魔窟 國民新報記者 黃義弱氏가 聞慶郡守를 被任ᄒᆞ얏다ᄂᆞᆫ 說은 已揭어니와 日昨에 內閣에서 上奏 裁下되야 叫間頒佈될터이라더라

●贊議浮熱 中樞院副贊議가 多數히 遞任된다ᄂᆞᆫ대 窺得運動ᄒᆞᄂᆞᆫ 者가 熱心周旋中이라더라

●署僕減額 社稷署守僕이가 元來拾貳人이 多年舉行ᄒᆞ더니 日前에 掌禮院의 訓飭을 因ᄒᆞ야 守僕中七人을 減額ᄒᆞ얏다더라

●署僕呼訴 社稷署守僕이가 減額ᄒᆞ얏다ᄂᆞᆫ 說은 別項과 如ᄒᆞ거니와 被減額人의 恩賜金壹百五十圓을 仍存守僕등이 中間偸食ᄒᆞᆫ故로 減額人 黃弁翼 李慶喜 林元基등이 該署提調에게 呼訴ᄒᆞ얏다더라

●酒草家三稅確定 度支部에서 酒艸稅를 收入ᄒᆞᆫ다ᄂᆞᆫ 事ᄂᆞᆫ 已報어니와 酒艸及家屋稅三種에 對ᄒᆞ야 徵稅ᄒᆞ기로 確定ᄒᆞ얏ᄂᆞᆫ데 烟草ᄂᆞᆫ 刈取曝曬ᄒᆞᆯ時에 自家用과 販賣品을 分別ᄒᆞ며 酒ᄂᆞᆫ 釀造의 多少를 分等ᄒᆞ고 家屋은 三십錢以上으로 八圓ᄭᆞ지 定級收稅ᄒᆞᆫ다더라

●吸阿芙注意 中部琵琶동居留ᄒᆞᄂᆞᆫ 淸國人 傅德均家에ᄂᆞᆫ 鴉片烟을 爛吸ᄒᆞᄂᆞᆫ 韓人男女가 逐日 당至ᄒᆞᄂᆞᆫ 故로 警視廳에서ᄂᆞᆫ 吸烟者를 逮捕ᄒᆞ기 爲ᄒᆞ야 別般注意ᄒᆞᄂᆞᆫ 中이라더라

●月館請宴 農工銀行總務 韓相龍씨ᄂᆞᆫ 再昨日下午六時에 各社會紳士를 明月館으로 請邀宴待ᄒᆞ얏다더라

●調査局廢止 內部臨時軍用地調査局은 其所管事務가 漸漸完了되ᄂᆞᆫ 中인대 巨額의 經費를 用ᄒᆞ야 仍置ᄒᆞᆯ 必要가 無ᄒᆞᆫ故로 該局은 廢止ᄒᆞ고 若干의 義務ᄂᆞᆫ 該部土木局管下에 移屬ᄒᆞᆫ다더라

●教科書檢定 私立學校令을 實施ᄒᆞᄂᆞᆫ 事에 對ᄒᆞ야 各私立學校에서 經用ᄒᆞᄂᆞᆫ 各教科書를 檢定ᄒᆞ얏ᄂᆞᆫ데 其冊子名目은 如左ᄒᆞ니 新撰地文學 中等礦物新書 太東文粹 中等修身書 高等小學讀本 高등修身書 大韓新地誌 中등算學 兒學篇이라더라

●十萬圓貸與 度支部에서ᄂᆞᆫ 新貨流通ᄒᆞᆯ 目的으로 全國內各地金융組合所五십個處에 二千圓式 合計拾萬圓을 無利息으로 六個月期限ᄒᆞ고 貸與ᄒᆞ기로 決定ᄒᆞ얏다더라

●次第起訴 前參判閔京鎬氏의게 抑寃히 見奪ᄒᆞᆫ 錢을 還推ᄒᆞᆯ 人이 現今 拾五人인대 次第起訴ᄒᆞᆯ 次로 上京觀望ᄒᆞᆫ다더라

●陰主太陰 음城郡郡主事南宮模氏가 該郡巡査趙厭祿을 符同ᄒᆞ야 討食ᄒᆞᆫ 贓錢이 入廉된故로 忠州郡에 駐在ᄒᆞᆫ 日巡査와 日憲兵이 來到調査ᄒᆞ미 所犯贓錢이 葉累千金에 達ᄒᆞᆫ지라 南宮氏가 趙厭祿으로ᄒᆞ야금 潛身逃走케ᄒᆞ고 其罪科ᄂᆞᆫ 趙某에게로 盡歸ᄒᆞ야 或學校經費에 補用ᄒᆞ얏다詐稱ᄒᆞ고 警察署에 誣報ᄒᆞᆫ故로 趙氏가 即爲改選됨을 人皆願望ᄒᆞᄂᆞᆫ바인대 趙氏가 觀察道에 前往ᄒᆞ야 百般陶囑ᄒᆞ고 反爲仍任ᄒᆞᆫ지라 該郡人民이 擧皆愁歎 日文明世界에 目不識丁ᄒᆞ고 肆行不義ᄒᆞᄂᆞᆫ 悖類로 仍久不遞ᄒᆞ면 魚肉의 患을 難免ᄒᆞ깃다ᄂᆞᆫ 南來人의 傳說이 浪藉ᄒᆞ더라

●憲補行悖 義州廣坪面淸城等地에 駐在ᄒᆞᆫ 日憲兵隊通譯補助員 道默이라 名者가 日兵을 依恃ᄒᆞ고 作弊가 無雙ᄒᆞᆷ으로 該地人民이 該府에 呼訴ᄒᆞ얏더니 白其가 憲隊에 誣囑ᄒᆞ야 人民의 有無罪를 勿論ᄒᆞ고 豊洞衙哭ᄒᆞ야 民生無路라고 怨聲이 漲天ᄒᆞᆫ다더라

●洞長得人 仁川來人의 傳說을 聞ᄒᆞᆫ즉 多쇼面花島洞 結錢及 戶布錢을 該府財務署에서 依例收捧ᄒᆞᄂᆞᆫ것을 該洞長崔殷相氏가 該署에 交涉ᄒᆞ야 鰥寡孤獨 三십戶 戶布錢과 結錢을 多數減額ᄒᆞᆫ故로 該洞人民이 感意를 表ᄒᆞ기 爲ᄒᆞ야 金二拾圓을 募集ᄒᆞ야 賞金으로 附與ᄒᆞ미 崔氏가 牢却不受ᄒᆞ얏다더라

●珍島의 大風雲 去四日午前壹時에 義兵五十名이 珍島에 在ᄒᆞᆫ 日人在留處를 乘夜襲擊ᄒᆞ야 興業會社支配人 五味富作을 砲殺ᄒᆞ고 其事務所中部를 打毁ᄒᆞ고 全地財務署와 警察署와 日人家九戶를 猛烈히 砲擊ᄒᆞ야 日人雜貨商數人의 家財와 商品全部를 或燒或奪ᄒᆞ고 凱歌를 奏ᄒᆞ며 退歸ᄒᆞ얏다더라

●銀積屍積 음曆去月二拾日頃에 全羅南道靈岩郡北一道面銀積山附近에서 義兵南一派數百餘名이 日兵과 多時交戰ᄒᆞ얏ᄂᆞᆫ데 日兵八拾餘名이 被殺ᄒᆞ얏다ᄂᆞᆫ 傳說이 喧藉ᄒᆞ더라

●兩處襲擊 去月九日에 義兵百餘名이 莞島警察駐在所를 襲擊ᄒᆞ미 衆寡不敵ᄒᆞ야 日巡查二名은 木浦距二십海哩되ᄂᆞᆫ 所安島로 逃走ᄒᆞ얏ᄂᆞᆫ데 仝地에서도 義兵이 襲擊ᄒᆞ미 該日巡査ᄂᆞᆫ 再次潛伏逃避ᄒᆞ얏다더라

●商界不幸 再昨日下午拾二時頃에 南部銅峴居留ᄒᆞᄂᆞᆫ 淸國人同順泰家에서 無根의 火가 起ᄒᆞ야 該家全體가 沒燒ᄒᆞ고 其他物品의 損害ᄂᆞᆫ 姑未調査ᄒᆞ얏다더라

●李氏草眠 北部齋洞居從貳品李埰聖氏가 身病이 有ᄒᆞ야 多月呻吟ᄒᆞ더니 음本月壹日에 因爲長逝ᄒᆞ얏ᄂᆞᆫ데 其孤兒寡婦의 情景은 目不忍見이라더라

●閔氏保放 前參判閔泳麟氏가 其族閔丙奭氏의 山林을 冒認僞贋ᄒᆞᆫ 事에 對ᄒᆞ야 地方裁判所에서 該氏를 懲役壹年에 宣告ᄒᆞᆫ 事ᄂᆞᆫ 已報어니와 該氏가 何等運動이 有ᄒᆞ얏던지 日前에 立保放還ᄒᆞ얏다더라

●宜乎罷免 北部警察署別巡査三人이 日前夜東大門內二橋等地에서 無辜良民을 捕捉鍛鍊ᄒᆞ다가 東部警察署에 被囚ᄒᆞ얏ᄂᆞᆫ데 別巡査三人은 壹體罷免ᄒᆞ얏다더라

●同志斷髮 日昨靑年同志會에서 壹體斷髮ᄒᆞ기를 決議ᄒᆞ고 該會員中存髮人을 勸告剃髮ᄒᆞ얏다더라

●勞働會任員改選 本月貳拾日에 勞働本部에서 任員會를 開ᄒᆞ고 任員을 組織ᄒᆞ얏ᄂᆞᆫ데 總裁尹始炳氏解任ᄒᆞᆫ代에 張博氏로 會長徐廷柱氏辭免ᄒᆞᆫ代에 金振泰氏로 副會長은 金聖基氏로 總務員은 韓奎錫氏로 選定ᄒᆞ얏다더라

學界

●文校考試 忠淸北道鎭川郡私立文明學校에서 第壹回學期試驗을 經ᄒᆞ얏ᄂᆞᆫ대 甲班優等生에 김鍾祿 鄭相默等三人이오 及第生에 安鎣直 車相熙等六人이오 乙班及第生에 鄭龍淵 李鍾漢等七人이라더라

●女校試驗 通津郡邑內永壹女學校에서 冬期試驗을 經ᄒᆞ얏ᄂᆞᆫ대 甲班優等 朴容娣 金鳳娣等二人이오 及第 吳晩齋 乙班優등 李萍子 及第 趙厚齋 金純齋等五人이오 丙班優等 趙華齋 趙顯齋等三人이오 及第 吳正齋諸人이라더라

●光校經試 通津郡邑內勞働光熙夜학校에서 年終試驗을 經ᄒᆞ얏ᄂᆞᆫ대 甲班優등 山孝煥 奭煥 弼등八人이오 乙班優等 命聰 順高돌石等九人이오 丙班優等 朴亨春 吳季春等六人이라더라

●古阜獎學 古阜郡守鄭鏞基씨가 學校를 設立ᄒᆞ고 熱心敎育ᄒᆞᆷ으로 壹郡靑年子弟의 進步之望이 有ᄒᆞ다더라

●勝校試驗 勝洞男女학校에서 年終試驗을 經ᄒᆞ얏ᄂᆞᆫ대 女校試驗은 已報ᄒᆞ얏거니와 男학校 四班最優等生 金平山 優等生 朴鳳飛 甲會秀 班最優等生 李壽福 優等生 鄭具道 李壽萬 二班最優등生 柳永哲 優等生 金千萬 金容泰 壹班最優等生 金仁哲 優등生 金萬泰 리仁出 預備班最優等生 禹爾出 리限甲 諸人인데 特別施賞ᄒᆞ얏다더라

●片以有志 延安郡居片相薰씨가 養眞義塾을 旣往刱設ᄒᆞ얏거니와 去夏에 校舍를 重建ᄒᆞ고 校費를 自擔ᄒᆞ야 熱心敎育ᄒᆞᆷ으로 학員이 二百餘名에 達ᄒᆞ얏다더라

●朴氏明 南陽郡守朴容觀시ᄂᆞᆫ 郡내 普通학校와 幼年男女학校를 次第往觀ᄒᆞ고 敎育上 雄論으로 壹場說明ᄒᆞᆫ 後에 特히 斷髮치아니ᄒᆞᆫ 生徒의게 對ᄒᆞ야 身體교育의 必要와 文明進步의 理論으로 懇懇히 勸勉ᄒᆞ미 學生及任員들이 一齊斷髮ᄒᆞ얏다더라

●咸壹測量 咸北鏡城郡有志人士東丙淳시ᄂᆞᆫ 金六百圓을 捐出ᄒᆞ야 합壹學校內에 測量科를 設置ᄒᆞ고 敎師ᄂᆞᆫ 洪承駿시로 延聘ᄒᆞ야 學員六拾餘人을 募集敎授ᄒᆞᆫ다더라

▲地方消息▼

▲本月二十九日長城郡西方約拾五里地에서 義兵五拾名이 光州郡日守備隊特務正校以下十四名과 交戰ᄒᆞ얏다ᄒᆞ고

▲去月三拾日長興郡南方二十五里山中에서 義兵拾二名이 光州守備隊上等兵以下六名과 交戰ᄒᆞ얏다ᄒᆞ고

▲本月十壹日兎山郡南方約二拾里地에서 義兵拾五名이 仝郡憲兵分遣隊上等兵及補助員五名과 交戰ᄒᆞ얏다ᄒᆞ고

▲本月拾七日平安남道藥水洞東方約七拾里地에서 義兵六名이 仝地憲兵分遣所上등兵壹名及補助員三名과 交戰ᄒᆞ얏다ᄒᆞ고

▲本月十六日抱川郡內에서 義兵拾餘名이 仝郡警察署巡査六名과 交戰ᄒᆞ얏다더라

勸告貴族

▲西山初月上弓弦에 己酉正月 도라왓네 陽曆歲首되던날에 血誠으로 祈禱ᄒᆞ야 百福顯祿얻엇지만 陰曆歲首此勸告ᄂᆞᆫ 그顯祿을 維持코저

▲學部大臣드르시오 陰陽曆이 俱新ᄒᆞ니 天地萬物 새워스네 探花醉月 더 淫心은 先天外에 못치우고 愛國思想奮發ᄒᆞ야 사ᄅᆞᆷ노릇ᄒᆞ여 보소

▲閔永徽氏 드르시오 陰陽曆이 俱新ᄒᆞ니 天地萬物 새워스네 剛愎自恃에 ᄯᅢ를 暖日釋氷녹듯ᄒᆞ고 慈善思想奮발ᄒᆞ야 사ᄅᆞᆷ노릇ᄒᆞ여 보소

▲金允植氏 드르시오 陰陽曆이 俱新ᄒᆞ니 天地萬物 새워스네 外人崇拜 鄙陋心을 穢物ᄀᆞᆺ치 消滌ᄒᆞ고 自立思想奮發ᄒᆞ야 사ᄅᆞᆷ노릇ᄒᆞ여 보소

▲尹用求氏 드르시오 陰陽曆이 俱新ᄒᆞ니 天地萬物 새워스네 興亡不計 獨保性을 鴆毒ᄀᆞᆺ치 排斥ᄒᆞ고 國家思想奮發ᄒᆞ야 사ᄅᆞᆷ노릇ᄒᆞ여 보소

▲李道宰氏 드르시오 陰陽曆이 俱新ᄒᆞ니 天地萬物 새워스네 當年居後 약ᄒᆞᆫ 性質 魔鬼ᄀᆞᆺ치 물니치고 進取思想奮發ᄒᆞ야 사ᄅᆞᆷ노릇ᄒᆞ여 보소

▲李容元氏 드르시오 음陽曆이 俱新ᄒᆞ니 天地萬物 새워스네 外僻內部 苟偸心을 塵垢ᄀᆞᆺ치 洗滌ᄒᆞ고 孫確思想奮발ᄒᆞ야 사ᄅᆞᆷ노릇ᄒᆞ여 보소

▲李秀健氏 드르시오 음陽曆이 俱新ᄒᆞ니 天地萬物 새워스네 銅獅大監 더 惡名을 罪人脫獄ᄒᆞᆫ듯ᄒᆞ며 公益思想奮발ᄒᆞ야 사ᄅᆞᆷ노릇 ᄒᆞ여 보소

▲尹雄烈氏 드르시오 음陽曆기 俱新ᄒᆞ니 天地萬物 새워스네 會長虛名 더 虛名을 榮光으로 알지말고 實地思想奮發ᄒᆞ야 사ᄅᆞᆷ노릇ᄒᆞ여 보소

▲貴族元老諸公中 特히 드러 勸告ᄒᆞᆷ은 二千萬人 더 腦髓에 貴族觀念 印着이라 諸公부터 改新ᄒᆞ야 사ᄅᆞᆷ노릇ᄒᆞᆯ량이면 餘皆倣此ᄒᆞ리로다

社告

載寧支社員劉夢澤氏가支社事務를辭免ᄒᆞ기로來二月壹日부터該支社를廢止ᄒᆞ오니該郡에서本申報를愛讀ᄒᆞ시ᄂᆞᆫ諸君子ᄂᆞᆫ本月內로本社로更爲直接請求ᄒᆞ심을務望

大韓每日申報社

◀品筆墨大廣告

本店에서각種筆을製造ᄒᆞ옵고其他各種墨과造筆에諸般材料가具備ᄒᆞ와各官衙와各學校에用達營業ᄒᆞ온저不過幾年에興旺에至ᄒᆞ옴은　僉君子께愛護ᄒᆞ신蒙ᄒᆞ은感謝不已오며壹層擴張키爲ᄒᆞ야特別히商標를用ᄒᆞ와格外廉價로都賣及散賣ᄒᆞ오니陸續注文ᄒᆞ심을切望ᄒᆞᆷ

京城西小門外紫岩盖井洞四十七統六戶
廣德號筆墨商店　告白

本人이族人喜守子相鎭을率來養育成娶ᄒᆞ러니方此兩年長病에死生難辨之人을不念倖踢ᄒᆞ고逗遛於釜港等地ᄒᆞ야以書討財ᄒᆞ니倫理斷絶이라自今以後로彼此間人命生死와錢財去來를都不相關이오니內外國人은以此照亮ᄒᆞᆷ

慶尙南道密陽郡五榜洞　曺喜永　廣告

孫九永의名字를禹永으로改定ᄒᆞ오니知舊間照亮ᄒᆞᆷ

北署駙府廳洞八십九統壹戶
孫禹永　告白

大韓每日申報社

泰仁支社員宋洙喆시가支社事務를辭免ᄒᆞᆫ故로來二月一日부터該支社를不得已廢止ᄒᆞ오니該支社로本申報를購覽ᄒᆞ시ᄂᆞᆫ　僉君子ᄂᆞᆫ今月內로本社로直接請求ᄒᆞ시와傳送의弊가無케ᄒᆞ심을務望

本館에셔文科用新書籍과其他國民智識의發展될書籍이며학徒用品帽子及粉筆구지等을壹々俱備ᄒᆞ얏사오니有志ᄒᆞ신諸君子ᄂᆞᆫ陸續請購ᄒᆞ심을敬要

寧邊郡事新書館
魯蓮勳　金鳳柱　告白

法律事務所

諸般法律事務親切迅速處理陸續來議ᄒᆞ시옵

辯護士 崔鎭
南部曲橋拾壹統七戶
事務員 金顯翼
李義集　李章均

大韓每日申報社

元山支社員劉七錫시ᄂᆞᆫ本社申報代金收納窓滯가太多ᄒᆞ며月前에本社에셔각支社員의게廣告ᄒᆞᆷ과如히不得已解任ᄒᆞ고其代에該港創業社內皇甫正杰시로更爲擇定ᄒᆞ엿ᄉᆞ오니該附近本報購覽諸시ᄂᆞᆫ自今爲始ᄒᆞ야代금과本社에關ᄒᆞᆫ事를皇甫正杰시의게로交涉處理ᄒᆞ시옵

本人이鋼蜆鞋店金永根處의推尖當文六百兩於音을서失하얏숩기玆에廣布ᄒᆞ오니內外國人間에得ᄒᆞ와도休紙施行ᄒᆞᆷ

朴龍善　告白

李光烈大人前判事種聖氏陰正月初壹日棄世京鄕知舊間照亮

從姪　弘烈　告白

機械及藥品을整備ᄒᆞ고各種洗濯及染色을廉價로需應ᄒᆞ오ᄃᆡ其種類가如左ᄒᆞᆷ

洋服、襯衣、外套、帽子、項套、洋말、婦人洋服及壹切附屬品、毛織、毛紗、세루、馬尾緞、羅紗綢緞紗雞学布壹切貴重品의周衣、족긔、赤衫、裳、袴、襦、等屬洗濯及染色物이有ᄒᆞᆷ을本所로通知ᄒᆞ시면即時自宅에進議ᄒᆞᆷ學員、巡査、兵丁、及勞動諸君에對ᄒᆞ야定價의拾分之貳를特減ᄒᆞᆷ

各地方에ᄂᆞᆫ小包料를添送ᄒᆞ시면誠實郵呈ᄒᆞᆷ

鐘路里門上隅拾貳統三戶
西洋洗濯部第一屋

廣告

廣州李氏通村公墓所가廣州郡大院里에在ᄒᆞ온ᄃᆡ悖孫容正이가舊文記도업시誣告本官ᄒᆞ고面長의姓名章을僞造ᄒᆞ야位土를潛賣證明하야他人에게典執云々ᄒᆞ니內外國人은切勿見欺

廣州李氏宗中　告白

廣告

本人의姓名李垶晟이랑晟字를昌字로改名하옵기玆以廣告ᄒᆞ오니以此照亮ᄒᆞ시옵

京義線半城驛前三光運送部主務　李垶昌　告白

特別廣告

近頃에本社事務에對ᄒᆞ야量狹沒覺ᄒᆞᆫ者ㅣ陰沮를試ᄒᆞ다ᄒᆞ나何國何人이던지本社에長進ᄒᆞᆫ事務에對ᄒᆞ야能히防遏치못ᄒᆞᆯ것은明瞭ᄒᆞᆷ이니此廣告를讀ᄒᆞ시ᄂᆞᆫ　僉彦은幸須銘心ᄒᆞᆯ것이오며玆에本社의進行ᄒᆞᆯ職責與事務를明白히說明ᄒᆞ노라

本社ᄂᆞᆫ비록新成立ᄒᆞᆫ者이나本社를興旺케ᄒᆞᆯ方針에對ᄒᆞ야必要ᄒᆞᆫ時에ᄂᆞᆫ能力과勇敢力이固有ᄒᆞ오며現今에着手ᄒᆞᆯ事業은如左ᄒᆞᆷ

一　本社ᄂᆞᆫ韓國과美國間에直接輸入及輸出을伸張ᄒᆞᆷ을務圖ᄒᆞᆷ

韓國內某々種手造物品은美國의輸出ᄒᆞ야奇利를得ᄒᆞᆯ者가多ᄒᆞᆫ나而今ᄭᆞ지此等物品은美國서各處의紹介ᄒᆞᆯ기經路ᄒᆞ며니現今에本社에셔ᄂᆞᆫ此等困難이無ᄒᆞᆫ지라韓國은何故로美國과如此ᄒᆞᆫ商業上好關係를抛棄ᄒᆞ라오

又壹試思ᄒᆞᆯ것은美國物品이韓國에到達ᄒᆞᆯ時에ᄂᆞᆫ通常으로四五手를經由ᄒᆞ나니每經由處에該物品本價에셔利益을添付ᄒᆞ며稅金及運費도自然增加ᄒᆞᄂᆞᆫ故로物價가甚高ᄒᆞ오나本會社ᄂᆞᆫ美國內物品製造所에셔最廉價로特約直輸入ᄒᆞ야購買者에게直接放賣ᄒᆞ면物價가低廉ᄒᆞᆯ터이오니推此思惟ᄒᆞ오면韓國內에셔美國物品의需用이直接及間接으로利益의增加ᄒᆞᆷ을預期ᄒᆞᆷ

貳　本社에셔韓美兩國間商業關係에만盡力ᄒᆞᆯ뿐不啻라韓國과亞細亞全部와歐羅巴及濠太利諸處에도商業上好機會를造成ᄒᆞᆯ計劃이오며且勤實ᄒᆞᆫ代理人을韓國內各處에置ᄒᆞ고新鮮ᄒᆞᆫ物品을直輸入ᄒᆞ야各處代理人으로分掌出賣케ᄒᆞ며又物貨를放賣ᄒᆞᆷ에對ᄒᆞ야ᄂᆞᆫ時々로特別히廣告를揭布ᄒᆞᆯ터이오니海內僉彦은本社에事務進行을緣此承聞ᄒᆞ오리다

三　本會社ᄂᆞᆫ不動産部를別設ᄒᆞ고不動産에關ᄒᆞᆫ事項을管理ᄒᆞ되土地家屋等賣買典當及借貸等事에仲介契約受托及방助ᄒᆞᄂᆞᆫ等事를處理ᄒᆞ야迅速히發展되기를期待ᄒᆞ며此에關ᄒᆞᆫ詳細事項은未久의公布ᄒᆞ깃숩

四　何事를勿論ᄒᆞ고法律의違反치아니ᄒᆞ고本社의利益이有ᄒᆞᆷ으로認定ᄒᆞᄂᆞᆫ營業은本社에셔隨機進行ᄒᆞ기를準備ᄒᆞᆯ터이오니此目的의對ᄒᆞ야同情을表ᄒᆞ시ᄂᆞᆫ　僉彦은盡心協助ᄒᆞ심을切望ᄒᆞᆷ

以上陳述ᄒᆞᆫ諸事項에對ᄒᆞ야　僉彦과通信을連絡ᄒᆞ기를願ᄒᆞ오니左開二項을注意ᄒᆞ시옵

壹　何事를勿論ᄒᆞ고本會社에委托ᄒᆞᄂᆞᆫ時에ᄂᆞᆫ本社의셔盡心竭力ᄒᆞ야信實히處理ᄒᆞᆯ터이오며

二　本會社ᄂᆞᆫ何人이던지本會社의委托ᄒᆞᆫ事에對ᄒᆞ야ᄂᆞᆫ其信用을確守ᄒᆞ고尊敬ᄒᆞᆷ을保証ᄒᆞᄂᆞᆫ故로何事를勿論ᄒᆞ고信用의關ᄒᆞᆫ事件은特別히本社의委任ᄒᆞᆷ이加一層安全ᄒᆞᆷ을擔任ᄒᆞᆸ나이다

大韓皇城磚洞

韓美興業株式會社　謹啓

發行所 大韓每日申報社
Responsible for the Paper Alfred Weekley

隆熙三年一月廿八日 明治四拾二年一月廿八日 (第三種郵便物認可) 木曜日 西曆壹千九百九年壹月廿八日 (壹)

第六卷

大韓每日申報

第壹千九號

月曜及慶節歲時休日刊

檀君開國四千二百四十二年
箕子元年三千三十一年
大韓開國五百十八年
日本明治四十二年
清國宣統元年
陰曆己酉正月小初七日戊子

論說

◎東洋伊太利

日人某의論著한바地理學中에「朝鮮의位置」라云한一篇이有하야韓國地理를伊太利國地理와比較하얏는대其畧이左와如하니

韓半島의面積은希臘半島에較하면大하고伊太利半島에較하면差小한대其地形이甚히伊太利相類한故로從人이東洋伊太利라呼하는비라

伊太利半島는北에「阿爾夫」라는大山이有하야歐洲大陸을遮하얏는데韓半島도北에長白山이有하야亞洲大陸을遮하얏고伊太利半島의地形은亥坐巳向으로西面에平하야歐洲中原을拱揖하얏는데韓半島의地形도亥坐巳向으로西面에平하야亞洲中原을拱揖하얏고伊太利半島는其西側이地中海海岸의屈曲이多하고島嶼가亦多하야船舶의出入이便利하고人口가繁盛하야世人이共知하는利崖、主埃坡、候利然瑞、利布禮怒、羅馬、拿布里等都會와開港場이有하나其東側亞道里亞海側에는僅히選宇兩亞、夫仁志細等數處에不過하야東側의發達이恒常西側에讓하는데韓半島는西側이黃海라海岸의屈曲이多하고人口가繁盛하야世人이共知하는義州、平壤、鎭남浦、兩城、仁川、京城、群山、木浦等都會와開港場이有하나其東側에는僅히慶興。元山等數處에不過하야東側의發達이恒常西側에讓하니라韓國을伊太利國에較하면地形도同壹하며地勢도同壹할것마는伊太利는如彼히獨立의國光을발揮하야世界의馳騁하는데韓國은政治上學術上技藝上宗教上軍事上實業上에些毫의光輝가無함은何故이뇨

試하야極東의地圖를翻하야韓國의位置를觀하라韓半島는恒常(壹)北方의勢力(二)西로支那의勢力(三)南으로日本의勢力이交衝하는地點이라此點에立한韓人이始終左右防禦에疲하야北强하면北에服하며西强하면西에服하얏스니漢武隋양唐太契丹蒙古神功皇后豐臣秀吉等事에可證이라韓國이墮落된이此에在하며又韓國數百年來唯壹無二의教科書가된童蒙先習인데其篇末에云하얏스되於戲(嗚)我國(伊)雖僻在海隅(爲也)壤地褊小(爲那)禮樂法度(臥)衣冠文物(乙)悉遵華制(爲也)華人(伊)稱之曰小中華(羅爲尼)玆豈非箕子之遺化耶(里五)嗟爾小子(隱)宜其觀感而興起哉(印底)하얏스니即風俗衣冠까지中華에擬하야小中華의名稱을得함으로自喜하는國民이何等의光輝를致하리오

하얏더라

記者曰彼의兩國地理를比較함은果然精細하도다마는其列擧한歷史는何其誣誕한가漢武의四郡은只是箕氏衛氏의餘孽을驅逐함이라韓人의祖先되는扶餘國人에無關(此義는已往本報에揭布한讀史新論에明言함)이거날彼가此를引하야韓國이已往强者에게服한事實을作하얏스니此가(壹)誣誕이며隋양唐太宗契丹等은韓國에來하얏다가斥逐만遭하얏거날此를引하야韓國이已往强者에게服한事實을作하얏스니此가(二)誣誕이오 未完

▲隆熙二年九月壹日 官報

部令

學部令第拾四號 續

但特別한事情이有한者는此限에不在함

第八條 補助를受하는學校로左와각號의壹에該當한時는學部大臣은其補助를廢止하는事도有함

壹 本規程及學部大臣의命令에違背한時
二 諸帳簿에不正한記載를하거나或은會計의不整理한時
三 三個月以上休校한時
四 學校의成績이不良함으로認한時
五 學校를廢止하거나又는學校의閉鎖를被命한時

第九條 前條에依하야補助를廢止한時는補助金全額을排月計算하야廢止한月에翌月以後에屬한額을還納케함

第十條 普通學校程度가아닌學校라도學部大臣이特히必要가有함으로認하는時는本規程을準用하야其經費를補助하는事도有함

第十壹條 本規程에依하야學部大臣에게提出하는文書는所轄地方官을經由함이可함 地方長官이前項의文書를受한時는意見을附하야提呈함이可함 (未完)

外報

◎露國募債 倫敦電을據한則英國에서발行한露國公債는四倍乃至五倍의應募者가有한대歐洲大陸에서募集한部分은아즉發行이되지못하얏다더라

◎清國革命黨의聲言 清國革命黨이袁世凱氏와其黨與로合하기를運動中이라는風說에對하야香港에在한同黨員은云하되目下에大規模로運動方法을畫策中인즉勢力失墜한同시를迎함必要가無하다고揚言하얏다더라

◎安協案調印 伯林電을據한則澳國과土耳其兩國間妥協案은調印되얏다더라

◎飛行艇隊 露帝는飛行艇壹箇隊를建設하기爲하야至急義捐金募集을允許하얏다더라

◎清國의外貨排斥 瓜哇島에在留한清商들은葡萄牙國人에게對하야物貨排斥한다는報가有하고山東省에서도德國商人에게對하야物貨排斥함으로膠州灣靑島의德商들은頗히困難中이라더라

詞藻

◎蕩子戒

靑樓에노는손들。너도同胞壹分子라 國勢危急이時代에、風流로만노단말가 질삼노、悔過自責하량이면、國民資格

廣告

雜報

●御駕出發 昨日午前六時三拾分에 大皇帝陛下께옵서 敎化門에出 御하사 德壽宮에 進詣하야 太皇帝陛下께 問安하시고同七時四拾五分에 大漢門에出 御하사西道 巡幸하시는途에就하셧는대伊時에文武百官及각元老와各團體事新聞記者와학校生徒와일般人民이 祇送하얏다더라

●民籍法頒布 內部에서日間民籍法을頒布하다더라

●閔宋交密 韓國閔泳徽氏가近日의運動力이壹層宏大하야內部大臣宋秉畯氏와秘密히交涉하다더라

●拓殖發程 拓殖會社總裁宇佐川이가渡韓할次로日本東京에서離發하다더라

●元老入耆 前判書南廷哲趙秉弼兩氏가今年에滿七拾인故로耆社에入錄하다더라

●韓氏歸國 日本留학학生韓浩錫氏가日昨에歸國하는데留학生監督申海永氏가학部로照告하되韓氏로相當한官職을要任하라하얏다더라

●學部資格審査 學部에서各地方官候補者推薦한事에對하야地方官資格審査委員會에서審査를經하얏는데忠南忠北全南慶北慶南黃海咸北各道에合五십七名內에任命者가三拾八人이라더라

●林業擴張 農商工部에서地方林業事務模範苗圃等의經營으로昨年에平壤太邱木浦京城四個所의林業事務所를設置하고本年度에는北한及남한에各壹個所를增設할計畫이라더라

●苗種無料 農商工部에서는林業을奬勵할目的으로植林을經營하는者의게對하야苗種을無料로附下할터인데其經營에方針과種類와苗種의數量과植林地及其他事項을記書하야請願書를該部에提出하면審査한後에附下하다더라

●雜稅調査 각地方에서는從來各種名目으로雜稅를徵收하는데此가將來地方費設定을기에當하야其財源되는賦課의參考될만한것인故로內部에서는各道에申飭하야壹般雜稅를調査하다더라

●愛老愛士 白川郡守全鳳薰氏가癸曆歲末에該郡內六拾以上父老와敎育家諸氏의게錢糧을分給하얏다더라

●是何心腸 金堤郡主事趙鍾岳氏는該郡郵便에到達하는書札及新聞을十餘日式淹留하야或傳或匿하는故로稱怨이浪藉하다더라

●貪新排舊 宮內府記注官李龍九氏가年今四十에至하도록色界誤入은全然不知하더니近日에壹佳人을作妾하고甚爲疊惑하야自巳夫人을頓不顧見하는故로家庭風波이種種惹起한다더라

●子償父擔 勞動會會長徐廷柱氏가該會經費八千餘圓을暗自乾沒한故로該會에서督推한다는說은已揭어니와追聞한則該氏의父親徐丙肅氏가擔當하고逐朔排納할手票를成給하얏다더라

●寄附徐家 前判書徐臣輔氏가身故한事는已報하얏거니와該洞大李夏榮等某某諸氏가發起하야捐助金을各自隨力收斂하야徐氏家族에게寄附하얏는데該金額이數百餘圓에達하얏다더라

●日入別宮 太安洞別宮內에住居한人民을逐出하고伊後에日人幾名이入居莫接하고로稱寃이不無하다더라

●願名思道 南部光熙門內居하는張八道爲名人이靑年子弟를誘引하야色技場으로出沒하여多數의錢財를侵奪한다는聽聞이浪藉한故로銅峴警察署에서押致嚴喩하고因即放送하얏다더라

●權氏呼訴 南部銅峴居權云三氏의妻를屬害張某가長湍古谷居吳姓人에게捧錢賣渡한故로權云三氏가其妻를即爲推來하고張哥의不法行爲를남部警察署에呼訴하얏다더라

●憲補行悖 梨司院洞巨里등地에서近日日憲兵補助員이허地居無辜平民을捉去鍛鍊하야居民이生活無路故로日憲兵司令部에呼訴하얏다더라

●結民上京 南來人의傳說을聞한즉去年稅納에對하야各郡이皆以舊結總으로徵納인데惟獨全南長興郡은辛丑年新量結로施行하야二千餘結을增加勒捧하기로民이抑寃하야該郡財務署에請願하고또觀察府와監督局에呼寃하되終無施聽故로鶴儒中李永根白玉寅朴魯信諸氏가結民代表로度支部에請願하야期於圖免次로上京하얏다더라

●會獻通譯 慶州郡山內面中里居하는秦某는元來農業資生하더니該郡[illegible]守備隊日兵이來到하야義兵과干連이有하다하고捕縛毆打에流血이浪藉하야死境에至한人을彥陽慶州兩郡으로縛曳往來하다가第四日만에錢百兩을納賂後得放하얏는데此乃日人通譯朴齊晚의挾雜인바不留라其他에도冤死者가無數하다고하며此等通譯輩로因하야民難支保라고怨聲이漲天하다더라

●淸商損害 南部銅峴居留하는淸國人同順泰家에서失火한事는昨報에已揭어니와所管警察署에서其損害額을壹一調査하니拾萬圓에達하얏다니라

●黃曆新曆 前議官[illegible]根中氏가陽曆이黃鐘에應함을發明하얏는데黃鍾曆이라하얏다더라

●兩一相鬪 三昨日下午七時頃에金思壹氏와進會員閔斑植氏가南部曲橋廳召史家에서飮酒泥醉하야互相譏弄하다가因爲鬪鬨하야勢甚危險한故로金氏가所管警察署에往訴하얏더니該署에서金閔兩人을壹切押囚하얏다가說喩放送하얏다더라

●嚴禁便戰 近日內에孔德里附近에서人民等이會集하야便戰을劇하는故로西部警察署에서嚴重한告示를揭하고巡査를派送하야禁止하다더라

●罪囚分獄 現今罪囚가甚多한데已決囚는新門外監獄署에置하고未決囚는鍾路監獄署에牢囚하다더라

●閔氏被囚 前判書閔泳璉氏가何事端인지再昨日警視廳에被囚하얏다더라

●安岳慈善 黃海道白川郡邑內安敎郡[illegible]是慈善家로去辛丑年에도正租數百石을殘民의게賑給하얏더니今又陰曆歲末을當하야貧窮한同胞의게白米壹斗와石魚壹級式分給하얏는데該邑靑年同進會任員諸氏가該氏를訪問하고其慈善心을萬萬致謝하얏다더라

●民會退定 中部仁[illegible]民團에서再昨日午前拾壹時에典동中東학校內에特別總會를開하얏다가會員이不爲均合함으로因卽閉會하고 大皇帝陛下還御하신後에更爲開會하기로退定하얏다더라

學界

●育英新進 綾州郡內에育英학校를設立하고靑年子弟를敎育하는데經費가窘拙하야維持키難한中에該郡守閔象鉉시가金貨壹百圓을特捐하고郡主事朱其豐시가四拾圓地方委員朴潤東시가二拾圓을各其義捐하고儒林諸시도各此義捐하야寄附金額이壹千餘圓에達하얏다더라

●明月揚明 价川郡中南面龍源里私立廣達學校任員諸시가熱心으로敎務를擔任하는中에校監吳泰遊主務崔炳采吳泰希財務[illegible]春德諸시가該里에明月夜學校와揚明夜學校를設立하고晝夜로勸勉하다더라

●玄成將成 西部玄石里玄成학校의財政이窘拙하더니該洞紳士崔浩然朴俊秉李斗永太泳善과東학[illegible]台卿洪鍾泰崔炳[illegible]等諸시가贊學會를組織하고維持方針을極力周旋함으로該校의前進之望이有하다더라

●梁倅勸學 梁山郡守李元鎬시는敎育上熱心으로一郡內에三處學校를設立하고生徒를對하야日日勸勉한다더라

●學界令聞 京城[illegible]會崔秉昌시는洪[illegible]地에下往하야學校를設하고靑年을募集하야熱心敎育함으로進就之望이大有하다고人皆稱頌하다더라

●機械寄附 義州郡[illegible]鄕金道[illegible]시가該郡發賞學院中學部에化學機械壹具를買得寄附함으로該校壹般任員이感謝不已하다더라

●義校卒業 北部東十字橋義興測量學校에서第二回卒業證式을擧行하얏는대最優等生金偶尹元傳等四人이오優등生崔相基尹泰悅等七人이오及第生趙泳謙沈昌澤等十六人이라더라

●廣進可進 平南廣進學校任員李炳鳳金膺鉉敎師金鶴杰諸시가極力敎授中紳士金膺[illegible]懋시가又里齋[illegible]三百餘圓을補助함으로校況이發進하다더라

●黃校夜學 黃海[illegible]公立학校內에勞動夜학校를附設하고該校副訓導呂圭赫시가熱心敎授함으로학員이百拾餘名에至하얏다더라

●寒心熱 安岳郡[illegible]石面[illegible]柳順郡시는勢가極艱하야手工資生인바楊山中學校에每月壹圓五拾錢式補助하다고人皆稱頌하다더라

▲地方消息▼

▲本月拾六日忠淸南道泰安郡內에서義兵[illegible]餘名이該地分遣所日憲兵及補助員과交戰하얏다하고

▲本月拾八日平安南道成川郡南方에서義兵十餘名이該地分遣所日憲兵及補助員과交戰하얏다하고

▲本月一拾日黃海道新溪郡內에서義兵百餘名이該地分遣所日憲兵及補助員과交戰하얏다하고

▲本月[illegible]五日咸鏡南道長津郡附近盛知院[illegible]北方山中에서義兵將宋相鳳氏의率한義兵十餘名이該地日守備隊와交戰하얏다더라

▲勸告各學會▼

▲畿湖學會諸公을아畿湖位置말할진대全國內외中心이라勢力家도在此하고財政家도在此인대國家昇平할때에는獨自擅界富貴라가今에悲境當하서는秦瘠越視恬然하야立學會가設立이나會館이未定하니他道人士에對하기에面皮愧赧아니할가個人主義다마리고國家觀念研究하야完全成立하여보소

▲西北學會諸公을아西北歷史말할진대貪官汚吏의虐待를諸公이酷受하고仕宦界의寂寞키도諸公이尤甚이라國家昇平할때에는別般劫掠하얏다가今日悲境當하서는競爭壇의더牛耳를諸公이先執하야全國模範되엿스니孰不頂禮하리마는妨害者가亦多하니沉深遠大做去하야完全成立하여보소

▲嶠南학會諸公을아嶠南風氣말할진대鄒魯遺風講論하고儉朴으로自修하야國家昇平할때에는安靜無事지냇지만今日悲境當하서는此規模만遵守할면決不生存할리로다有志者의血誠으로學會를設立하엿스나容足情況말못되니自修하던習慣大聲疾呼改革하고共修力을奮發하야完全成立하여보소

▲湖南학會諸公을아湖南土地말할진대良田美畓沃하고所產物品豐富하야國家昇平할때에는共黨群賊의貪虐 無數見[illegible]今日悲境當하서는[illegible]比例이니[illegible]注意擴其[illegible]니虛張[illegible]圖前進하야完全成立하여보소

▲關東學會諸公을아關東情形말할진대地廣人稀할뿐더러山高岳聳하니로年殺枉性不登하야國家昇平할때에는凍餒之悲에多하고今日悲境當하서는侵擾之劫尤甚것만擁容就緒더학會가畿湖兩남各會보다來歷希望相勝하니諸公들의用力함은於此可見할때도다退步말고前進하야完全成立하여보소

廣告

本塾에서日語晝夜學各班改編記科에學員을五拾人限ᄒᆞ고增募ᄒᆞ오니願學 僉君子ᄂᆞᆫ二月五日內로本塾에請願ᄒᆞ시오
(敎科書中會話ᄂᆞᆫ印刷供給ᄒᆞᆷ)

各科時間

晝學上午拾時至下午二時
簿記下午六時至七時
夜學下午七時至九時
上學日字 貳月壹日
陰正月拾壹日

南門內暘洞 **廣化新塾** 白

本人이歎醫師之未良ᄒᆞ며閔同胞之憂患ᄒᆞ야特設病院ᄒᆞ니名日仁濟院이라名稱的仁濟院이아니라實際的仁濟ᄒᆞᆷ을目的ᄒᆞ고京南大門外美人病院에多年經驗ᄒᆞ신朱博士賢則시를延聘ᄒᆞ야陰拾二月부터事務를開設ᄒᆞ얏ᄉᆞ오니有病ᄒᆞ신 僉同胞ᄂᆞᆫ速速來問ᄒᆞ시오

平北宣川郡仁濟病院主務 李鳳朝 告白

本人의圓形陰陽刻圖章을셔失故廣告ᄒᆞ오니誰某拾得ᄒᆞ야도勿施ᄒᆞᆷ

西署龍山東門外契四統拾貳戶 李春祥 白

本人이壹月貳拾壹日에正刻姓名章을셔失ᄒᆞ와更히牛篆으로刻ᄒᆞ야行用ᄒᆞ오니知舊間照亮ᄒᆞᆷ

仁川松林 閔璇勳 告白

본인에게당질길동이가년이구세오외복은검은두루막이닙고머리ᄯᆞᆨ고표엽ᄂᆞᆫ모ᄌᆞ에풍뎅이ᄊᆞ고미토리신고왜슈건목도리ᄒᆞ엿ᄂᆞᆫ데본가ᄂᆞᆫ고양ᄉᆞ미오예수교보명학교ᄯᅢ에단니다가본인집에셰비초로을나왓다가작일새문안에셔길을일헛ᄉᆞ오니누구시던지이으회를보시면본인집으로지시ᄒᆞ주시면후샤ᄒᆞ겟ᄉᆞᆸ

새문밧현ᄌᆞ동십五호 千德立 고ᄇᆡᆨ

本人의姓名李珪晟이란晟字를昌字로改名ᄒᆞ옵기玆以廣告ᄒᆞ오니以此 照亮ᄒᆞ시옵

京義線坪城驛前三光運送部 主務 李珪昌 告白

本人이銅峴鞋店金永根處의推次當文六百兩於音을셔失ᄒᆞ얏ᄉᆞᆸ기玆에廣布ᄒᆞ오니內外國人間拾得ᄒᆞ와도休紙施行ᄒᆞᆷ

朴龍善 告白

本同事總會를來二月拾六日陰正月二拾六日로本店에開ᄒᆞ오니本同事人諸員과贊成ᄒᆞ시ᄂᆞᆫ僉員ᄋᆞᆫ遠期協贊ᄒᆞ시되所有股票諸員ᄋᆞᆫ携帶來臨ᄒᆞ심伏望ᄒᆞᆷ

會議件
壹 壹年營業總計算
貳 明年營業擴張方針
規則變更

或有不得已事則委任狀으로他人을代理ᄒᆞᆷ도可ᄒᆞᆷ

隆熙三年壹月拾三日
平北龍川楊市 **商務同事**

본샤에셔일반학도의편리케ᄒᆞᆯ위ᄒᆞ야학도의모자와복장양복을제조방미ᄒᆞ며그외에各學校敎科書와諸種書類의학도의각양소용물품을일제히준비ᄒᆞ옵고특별히헐가로방매ᄒᆞ오니죠량ᄒᆞ시며후도가일ᄌᆞ져ᄒᆞ야리왕키불편ᄒᆞᆫ곳에ᄂᆞᆫ모자와복장의견양과소용품ᄒᆞ괴송ᄒᆞ오면합의케ᄒᆞ야우편으로부송ᄒᆞ오며단가금은션금을요구ᄒᆞ오니쳠군ᄌᆞᄂᆞᆫ만히만히익고ᄒᆞ옵

元山港上里一洞創業社主任 皇甫正 고ᄇᆡᆨ

本校의名을彰明이라ᄒᆞ엿더니今에한興으로改ᄒᆞ얏ᄉᆞ오니知舊間照亮ᄒᆞ서옵

平南順安郡自作面한興學校 白

本人이陰十二月十五日에圖形圖章을載字ᄂᆞᆫ正字로新刻ᄒᆞ와壹無使用ᄒᆞ고翌日에平壤上營前李賓緣家에서見失ᄒᆞ고更爲方形의圖章을載字ᄭᆞ지皆篆字로改刻ᄒᆞ얏ᄉᆞ오니知舊間照諒ᄒᆞ시고切勿見欺ᄒᆞᆷ

肅川居 車載寬 告白

本社에서**活版機械**를壹新整備ᄒᆞ고各種**印刷**를廉價需應ᄒᆞ오니僉位ᄂᆞᆫ惠顧ᄒᆞ시옵
社會公益上印刷ᄂᆞᆫ貳割特減ᄒᆞᆷ

本社에서直接大發賣書目

中等用器畫法 全 定價金七拾錢
翫雲 吳榮根君 著
本書ᄂᆞᆫ測量。建築。構造。機械見本。壹切實地應用製圖法

新撰外國地誌 上下 定價金六拾錢
本書ᄂᆞᆫ各學校敎科에適當ᄒᆞᆫ며世界各國의情形을詳載ᄒᆞᆷ

二十世紀朝鮮論 定價金三拾五錢

最新算術 上下 定價金壹圓
官立高等學校敎授金夏鼎君著
本書ᄂᆞᆫ著者金君이實地敎授에多年經驗으로算學要領을蒐撮ᄒᆞᆫ者니各學校敎科用及獨習에適當ᄒᆞᆷ

壹個月速成卒業算術自解 定價金五十錢
本書ᄂᆞᆫ自初學數量으로求積法ᄭᆞ지簡易詳明케編纂ᄒᆞᆫ者니各速成科敎科用及自家獨習甚便ᄒᆞᆷ

鍾路里門上隅十二統三戶 **興文社**

本館에셔敎科用新書籍과其他國民智識의發展될書籍이며학徒用品帽子及粉筆구지等을壹々俱備ᄒᆞ얏사오니有志ᄒᆞ신諸君子ᄂᆞᆫ陸續請購ᄒᆞ심을敬要

寧邊郡寧新書館
魯達勳 金鳳柱 告白

特別廣告

本社事務所를京城磚洞에現今開設ᄒᆞ고各地方에**代理人**을置ᄒᆞ라ᄒᆞ오니本社**定款**을詳細陳述ᄒᆞᆯ時機가來到ᄒᆞ얏ᄉᆞ오니條項이張皇ᄒᆞ와他日를姑俟ᄒᆞ오며本社**資金**의現今總額ᄋᆞᆫ拾萬圓이온ᄃᆡ壹萬株로分ᄒᆞ야每株에拾圓式이옵

本社에셔ᄂᆞᆫ本社에關ᄒᆞᆫ細項事項ᄭᆞ지 僉彦의詳諒ᄒᆞ시기를懇望ᄒᆞ오니 僉彦은案下에暫坐ᄒᆞ야

京城郵便局郵函第四十號韓美興業株式會社라皮封ᄒᆞ야貴書札을**寄送**ᄒᆞ시되本社에詳細事項을通知ᄒᆞ라ᄒᆞ시면本社에셔ᄂᆞᆫ答函을卽呈ᄒᆞᆯ터이오니 惠覽後 貴地方에셔ᄂᆞᆫ何等事務가本社의進行ᄒᆞ기에最適ᄒᆞᆯ지**高明**ᄒᆞᆫ**意見**을惠賜ᄒᆞ시옵是望爲ᄒᆞ야**來一月三十日以內**로高明ᄒᆞᆫ書札을寄送ᄒᆞ시ᄂᆞᆫ 僉彦에게如左히**賞金**을分等ᄒᆞ야送呈ᄒᆞ깃ᄉᆞᆸ

本社에셔**高明**ᄒᆞᆫ**書札中**

一等으로認定ᄒᆞᆫ者ᄂᆞᆫ **五十圓**　**二等** **二十圓**
三等 **十圓**　**四五等** **各五圓**
六等至**十等** **各二圓**

僉彦의**費用**ᄋᆞᆫ**郵票價**以外에무엇이또잇슴잇가단단히싱각ᄒᆞ야보시오

本社에셔大韓帝國內各處와通信을連絡ᄒᆞ기爲ᄒᆞ야如此히**懸賞**ᄒᆞ기를不惜ᄒᆞ오니本社의각地方에셔進行ᄒᆞᆯ方針에對ᄒᆞ야**貴重**ᄒᆞᆫ**勸告**를惠賜ᄒᆞ옵나이다

京城磚洞 **韓美興業株式會社** 告白

平壤代理人 平壤大同門內店洞 **鄭濬煥**

本會社에셔鐵路와郵便이迢遞ᄒᆞᆫ地方에在ᄒᆞᆫ 僉彦의寄函ᄒᆞ실期限을寬裕케爲ᄒᆞ야壹月三日以內로退定ᄒᆞᆷ

告

測量機械 各種大發賣

漢城南署苧洞六拾貳號所曰

金龍商會

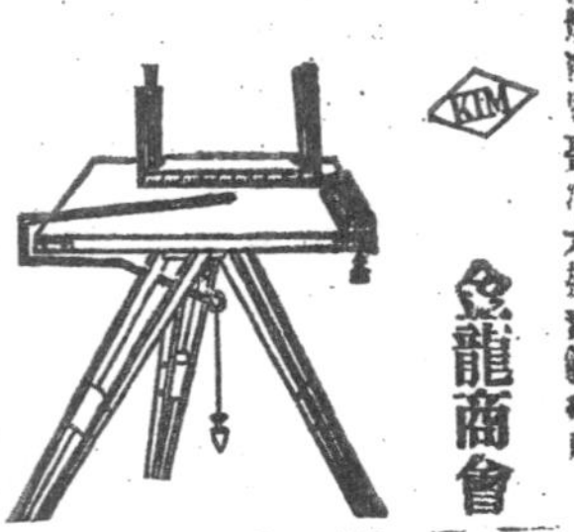

出張所 典洞金樂永

德國 이버페르드港方에파엔파무리켄, 故푸례 페이어 **會社**는世界上에最大훈各種 **染色料製造所**인대本社에셔는韓人淸人商業家諸友의게大注意ㅎ시기를懇乞ㅎ는바는無他다多少無掛慮로商買輩가 **麒麟과兩女** 商標를僞造ㅎ여本社의名聲이頗多ㅎ고品質이最良훈紫色과藍靑色料를價低ㅎ고無價値훈色料로써代替賣入홈이有ㅎ니

其僞造를注意ㅎ시며且本社의淸國地方에셔行用ㅎ는名號(**順全隆**)三字를注意ㅎ시오此는領館에書ㅎ얏스며且獨히積年信用ㅎ는品料로憑證ㅎ는것시오

本社의用ㅎ는箱子(木箱)에는壹個獅子가其前足으로壹球를踏훈圖像을烙印ㅎ얏스며此를環繞ㅎ야本社의名號를英字로印出ㅎ얏숩나이다

大韓全國에總發行所는

京城南大門內濟生堂大藥房

淸心保命丹 此丹은化痰止咳ㅎ고順氣消滯ㅎ며水土不服에奇效가有홈 金十錢

蔘茸大補元 壹週日分金壹圓 二週壹환八十錢 四週分金三圓十錢 七週五圓三拾錢

右약은大韓名產鹿茸人蔘에西洋有名훈補材를混和ㅎ야我國兄弟의腸胃와性質에適當ㅎ도록多年研究ㅎ바인바今에先服人의累試累驗이隨症皆差ㅎ니果然今世之良藥이라故로主治效能을左開廣佈ㅎ오니 僉兄弟는何不早圖壹試오(效能) 先天不足과健妄不眠ㅎ며 心腎俱虛와 房事色傷이며 遺精多夢과色傷腰痛이며 房事時에早漏不快ㅎ며 重病後虛弱과 手足厥冷이며 食物不消와 貧血諸症에奇效가有ㅎ고 無病人이若服七週면大補元氣ㅎ고骨節이强壯ㅎ며健康無病ㅎ나니此可謂眞世靈藥哉若不其效면약價還呈홈

蛔積殺虫散 此散은蛔積과蛔腹痛과蛔滯와蛔虫壹切를去ㅎ는妙藥 金십錢

寸虫沒出藥 勿論男婦老幼ㅎ고寸虫壹切를拔根ㅎ는妙劑 壹人用三拾전

久滯 **大通丸** 年久훈積滯와胸腹痛과腹中積病을驅除ㅎ는良劑 金拾五錢

感氣特效 **解熱散** 感氣드러頭痛나고寒熱往來ㅎ며肢節痛과몸살에幷神效 금拾전

듸눈拔根藥 듸눈과못과사마귀에바르면百發百中으로빠지오 金십錢

新製百應膏 虫毒과瘡종과根박인대와종氣始初와헌듸및선대神効 金拾전

去液生新 **沃度膏** 劍創과모던종氣와火傷과곰세인데와싹시고압픈데神效 金拾錢

止足汗臭藥 발에땀리고보션을신으면惡臭와汗이젖치고너음셔가업소 金十錢

僉兄의게는其他藥劑은壹壹難記어니와大韓國內藥商ㅎ시는藥價를大割引大放賣ㅎ오니陸續注文ㅎ시오

京城南大門內 仁川港外洞 **濟生堂主 李庚鳳**

本人이製造發行ㅎ는바**靈丹**을今에官許를蒙ㅎ고大韓醫院業學士兒烏古里氏와一等製藥官劉世煥兩氏檢查證明과軍部軍務局衛生課二等軍醫長金益南閣下와諸大方家高明醫士의有効賞贊을受훈바其應用說明은如左홈

說明書

靈丹 中暑·中寒·吐瀉·腹痛及消化不良·食慾不進·頭重目昏·心腹鬱悶·船暈酒醉·眩暈痰迷·山嵐海瘴·痞滿聲嘔·水土不服等

地方各處에서書信으로請求ㅎ시면小包迅速進呈ㅎ깃숩

發行本鋪 皇城南部大廣橋 第七統七戶 共愛堂大藥房 告白

新訂分道大韓帝國地圖

銅版印刷 구토수洋裝 全壹帖 正價金五拾錢

△白堂玄 采시序

○我韓地圖之精密者首推古山子但篇帙太多難於携帶且流傳者少不能人人皆有豈非大恨事哉玆將地圖각本刪煩就簡作爲小帖以公同好我內地地味膏沃物產豐富爲東洋之無盡藏若開拓而發明則我國之富强可計日以待矣本圖分十三道自山川國郡都府以至物產名目詳細記載使人壹目瞭然謂我同胞各置壹本以作興學業之壹助是所厚望

發兌元

▲皇城中部罷朝橋越邊 中央書館
▲皇城남署大廣橋東邊 滙東書館
▲皇城北部桂洞 玄公廉
▲皇城中署鍾路 大東書市

問答 **初等大韓新地誌** 全壹册定價金貳拾五錢

近日初等大韓地誌가二三種이次刊行되엿스오나教育上에缺點이無ㅎ다可謂ㅎ지못ㅎ今에本書는體則허幼年程度의適當홈을爲ㅎ여問答例로詳密히編纂ㅎ와小學校用에必要ㅎ오니照亮ㅎ심을望홈

漢字初習 全壹册 定價金拾五錢

本館에셔著作훈漢字初習은漢文字의義를幼穉라도解得ㅎ기便易ㅎ도록揀出ㅎ여畫數의多少를隨ㅎ야編次훈것인대教授ㅎ기와解得ㅎ기와習字ㅎ기가漢字文이나其他讀文科학을爲ㅎ여著作훈册子들中에最便ㅎ고最要ㅎ며幼穉와普通初等漢文科에用ㅎ기適宜ㅎ오니多數히購用ㅎ시기를바라나이다

國語文典音學 周時經著述 全壹册 定價三拾錢

本書는周時經시가拾有餘年을研究ㅎ여國語의關係되는諸般原則을詳密히說明ㅎ여壹般學界에極히有用ㅎ오니文學에有志ㅎ신諸시와學生僉員은速히需用ㅎ심을바라나이다

실업셜쇼 松뢰琴 송뢰금

蕉雨堂主人陸定洙著 定價金二十五錢

◎본쇼설은남아의실업계활동과가정녀의범절사출ㅎ야유려훈문장과관곡훈사의는풍긔을미랑ㅎ고도덕을발휘홀저슘이라일차시독에가치돌아오리다

發賣所 南大門內尙洞會堂前博文書館 平壤鍾路太極書館 ㅁ城종路興학書館 京鄕 各處名書판

本會事務가漸次擴張이온바本會에願入ㅎ실 有志僉君子는本會로陸續來議ㅎ옵셔林業을發達케ㅎ심을希望홈

大韓山林協會 告白

(電話二九二番)

大韓帝國仁川 全國內各藥舖

總發行所 和平堂大藥房

婦人靈藥 부인영약

胎養調經丸 태양됴경환

壹劑壹月分 금五圓

主治說明

婦人이孕胎ㅎ지못홈은冷病積聚와月經不調로因홈이니此藥을服用ㅎ시면婦人腹中에有훈諸病은壹切退去ㅎ고自然孕胎ㅎ오니速臨買去하시옵

九轉五粒八金ㅁ錢

八寶丹

補陰補陽 **滋陽丸** 자양환

三拾日分 금五圓
貳拾日分 금三圓四拾전
拾日分 금壹圓八拾전

主
○房事不容○腎虛腰痛
○病後氣喘○腎氣不足
○齒痿不起○遺精多夢
○陰虛火動○房事後惱
○手足厥冷○形容蒼白
○吸烟斷烟客間
○體質虛弱羸瘦

治

此外의도東西洋名藥이具備ㅎ오니各處地方에셔請求ㅎ시면 ㅁ位에게는特別割引放賣ㅎ오니陸續注文ㅎ심을希望

製藥所 仁川港外洞 和平堂藥房

發行人 李ㅁ

京城鍾路 衣廛下 **和平堂支店**

代理店

京城南門內水滸濟生堂藥房
京城大廣橋 共愛堂藥房

支店及出張所

元山 載寧 義州 郭山 개城
木浦 殷栗 宣川 龍山 博川
三和 ㅁ淵 ㅁ川 鐵山 太ㅁ
群山 海州 ㅁㅁ 黃州 安州
釜山 水原 安岳

京城鍾路 仁川港外洞 **和平堂** 告白

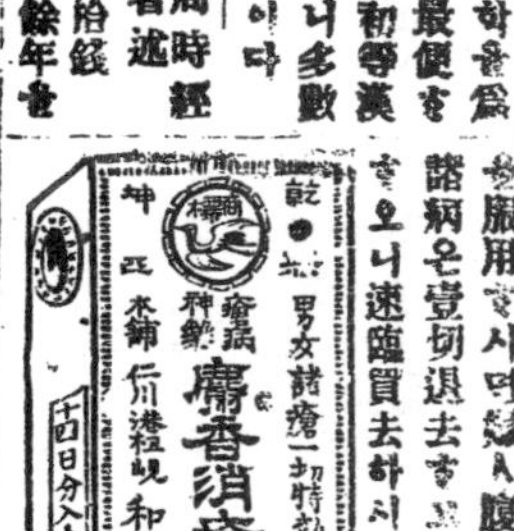

發行兼編輯人 英國人 裵說
Responsible for Publication Alfred Weekley Marnham
發行所 漢城西署石井洞號外第三層樓屋
大韓每日申報社

第壹千拾號

大韓每日申報

第大號

月曜及慶節 識時日休刊

檀君開國四千二百四十二年
箕子元年三千三十一年
大韓開國五百十八年
日本明治四十二年
淸國宣統元年
陰曆己酉正月小初八日己丑

論說

◎東洋伊太利 續

神功皇后의侵略事는日本近史의自唱自和함而已오韓國系史에不見할비며隣邦支那史에도不見한비어날此를引하야韓國이已往强者에게服한事實을作하얏스니此가(三)誣誕이로다

噫라韓國이地理만伊太利와同할뿐아니라往史도伊太利와多同하니廣開土王의雄略이君士但丁과彷彿하며泉蓋蘇文의武功이氏蛇와近似하고中世以來累百年을他國의羈絆을受함도兩國이酷類하며又韓國西南北三勢力의交衝함이伊太利가澳地利西班牙法蘭西三勢力間에累困함과酷類한데但近世數十年以來事를比較하면伊太利는天上에登하고韓國은地下에陷하얏도다

或曰韓國의古代武强이엇지羅馬(伊太利의舊名)에得比하리오하나此는不然하니韓國古史의蕩殘함은當年高句麗都城卽平壤이李勣의兵火가加西士府兵火에燒盡함과同한데但羅馬는後來考古學者가或城邑遺墟及古塚을掘하야往蹟을驗出하며或野談稗說도採하야古事를補證함으로羅馬文明史가世界에傳布하얏스니韓國도他日에考古家가出하야三韓遺跡을搜究得하면韓國古代의文化武력이現今流行하는三國史에載한것뿐만아니리라하노라

韓國이今日地下에陷한原因은果然彼의論斷한것과如히數百年惡敎科書卽童蒙先習中의卑劣한句語가人의志氣를墮落케함에由함이라是故로現今如此悲境에當하고도壹向依賴의虛味만長하야或은日我國의興亡은日本善導與否에在하다하는者도有하며或은日我國은西歐列强의救助를賴한後에可하다하는者도有하며或은日我國은何時에던지淸國이蹶興하야壹臂力을借한後에可爲라하는者도有하니嗚乎라今日八域同胞가獨立自主的精神을抱한者도固多하거니와此等依賴人이幾乎半數에過하나니此는童蒙先習又한卑劣的敎科書가人心을戕賊한所以가아닌가

國事에發憤하는者여長槍大砲는猶可無며電線鐵道도猶可無어니와良敎科書는不可無니良敎科書의無하는其日이國亾하는日이니라何故오良敎科書가無하면國亾하는日이라하나뇨國民的敎育이退하고奴隸的敎育이興하는故니라

雖然이나彼日人某의意를觀하건대韓國이彼等惡敎科의餘禍를受하야永々自振치못하고淮沐又치[illegible]노評하얏스니此는[illegible]을不顧하고[illegible]만[illegible]보다大抵數拾年[illegible]

伊太利國民을도思想이何等卑劣하얏던가만은只是「但丁」과如한大詩人이出하야國恥를哀哭하며「瑪志尼」와如한大理想家가作하야國粹를鼓吹한以後에國民의精神이回醒하야風雲을擲弄하며山河를整頓하얏스니卽今韓人도但丁瑪志尼와如히國을憂하며但丁瑪志尼와如히同胞를愛하야或敎育에獻身하며或實業에獻身하며或政治에獻身하야彼等惡敎科書의支配를受한人心을喚醒하야國家思想을振作케하면

韓國이地理上에만東洋伊太利를作할뿐아니라人事上에도東洋伊太利를作하리니

勉할지어다韓人이여東洋半島好壞[illegible]를擇할韓人이여勉하고又勉하야日人의冷嘲者를叱退하야彼蜿蜿宏大한白頭山으로하야금愧色을勿帶케할지어다

完

▲隆熙二年九月壹日 官報

部令

學部令第拾四號

附則 續

第拾貳條 本規程은隆熙貳年拾月壹日부터施行함

第拾三條 本規程施行時에現에補助를受하는學校에對하야는隆熙二年拾貳月末日까지本規程을適用치아니함

(完)

公立私立學校認定에關한規定을左갓치定함

隆熙二年八月二拾八日

學部大臣 李載崐

學部令第拾五號

公立私立學校認定에關한規程

第壹條 公立私立學校로文官任用令第三條第三號의認定을受코저하는學校는學部에左[illegible]외事項을具하야學部大臣에게申請함이可함

壹 學校의沿革

二 學員定員及學年別在籍者數及出席者數

三 卒業者의員數及卒業後의狀況

(未完)

外報

●露都虎患 伯林電을據한즉露都에서는虎列剌病이發生하야患者가二百三十八名에達하얏다더라

●禍不單行 同電을據한즉伊大利메스시나市에서大火災가有하얏다더라

●謝罪獨國 倫敦電을據한즉리베리아國砲艦이德國汽船을砲擊한事에對하야同國은獨國에謝罪하얏다더라

●滊車破損 倫敦電을據한則美國아이오와洲에서덴우야에行하던滊車가破損되야五拾名이死亡되고三십名이負傷하얏다더라

●炭坑爆發 同電을據한則南阿요하네스뿔크에서支那人壹名이燈을燒하다가石炭坑이爆發되야黑人六名이死去하고白人九名과黑人十五名이負傷하얏다더라

●南阿의雨事 同電을據한則南阿우오다소란르地方에서는數日을降雨하야各地礦山及堤防이破壞되고多數死傷者가生하얏다더라

詞藻

◎培養力

家貧에思賢妻오。國亂에思良相이라
賢妻良相업고보니、家國貧亂엇지할꼬
모시조묵、學校를設하여、人材養成

雜報

●次第巡狩 大皇帝陛下께옵셔今回西巡 幸하셧다가還御하신後에來月頃에江原道春川原州와咸鏡道咸興元山等地에또 御巡幸하실터이라더니前期發訓하야 御巡道路를修築한다더라

●平壤에御發輦 한國 大皇帝陛下께셔는昨日午前八時三十分에平壤 行在所에셔 御발輦하사九時에平壤驛에셔 御乘車를 乘하시고義州로 向하셧다더라

●巷說難信 大皇帝陛下께옵셔今番西道에 巡幸하옵시고還 御하신後에總理大臣李完用氏는辭職疏를奉呈하기로預定하얏다는巷說이有하더라

●李完平不完 完平君李昇應氏가年今七拾餘歲인디宿病이闖發하야回春無路라더라

●船舶法制定 한國政府에셔至於船舶을取締하야海運을발達할目的으로船舶法을制定하야遼遠閣議를經한後發布할터이라더라

●宋氏同渡 伊藤統監이來月九日頃에歸國한다는說은已報어니와伊時에內部大臣宋秉畯氏가何等運動이有한지同伴渡日하기로預期하얏다더라

●李氏轉任 宮中顧問李允用氏는中樞院議長으로轉任되리라더라

●尹選趙選 漢城府民會副會長尹孝定氏가辭免한代에趙鎭泰氏가被選하얏다더라

●掘工固執 韓國閔泳徽氏가三昨夜에茶果를略設하고有勢力한日人某々人과韓國辯護士三四人을請邀宴待한後에極口發言하되無關緊要를이我에게財產을破奪하얏다하고法司에起訴한者가不可勝數로되辯護士에게幾萬圓을納賂할지언뎡原告에게는壹分도關報치아니하깃다고聲明하얏다더라

●魚箇魚肉 富平郡黃魚面面長李弘植氏가該面所在驛屯土稅納을各作人의게大斗濫捧하야每石에四五斗式增捧하며或代金은每石의時價外에壹圜식增捧하야各作人이渙散之境에至흠으로該作人閔昌鉉氏등數拾人이度支部에呼寃하얏다더라

●變氏裁判 西部士亭里居趙종文시가四十年前에安山郡北方五三川里張者勤氏屢代先山에勤葬하얏더니近日에該山全局을占奪코저하야外國人의게賣渡한樣으로栗木을勤揷하는지라張시가該栗木을拔去하고方在裁判中이라더라

●辦費歸國 日本留學生金英煥氏가학費가困乏함으로日間歸國하야學費를變通後更爲渡去한다더라

●結民呼寃 慶尙南道河東郡은水災가尤甚한中에川補陳結을沒數還起하고火粟田結을沒數臨總할뿐더러丁未年以來로每結五圓式已納하던것을八圓例로加徵하고郡報로俵災를壹無蠲減한다고該郡結民代表柳萬秀趙秉皓兩氏가度支部에請願하얏다더라

●發倖勤勉 長기郡守金永銖氏가到郡後에會規三條를定하얏는대現時의緊要한關發方法으로名曰勤勉이라하야壹郡內에七십八個會所를設立實施함으로該郡人民이勤勉做去하야日新又新한다더라

●金氏慈善 再昨日下午七時量에閑暇한溪地에셔何許不良漢人이柴馱를興成하다가柴馱를衛火沒燒하지라該柴商이呼泣한際에高等學校教授金夏鼎氏가過去하다가其情境을矜恤하야柴價八拾圜을捐付하얏다더라

●日兵出張 三昨日에日憲兵幾名이軍物駄馱를輸運하고楊州地方으로出張하얏다더라

●砲殺日兵 本月二十三日頃에順天郡北方에셔義兵五십餘名이日兵拾名과交戰하야日兵三名을砲殺하얏다는傳說이有하더라

●九人慘命 陰去月二十八日頃에平壤日守備隊兵六名이平山郡馬山面堂後洞에來到하야九歲少兒를威脅하야義兵의所在를問한즉該兒가威刼에迫하야某의所親李根鎬洞居리敬心申允元申聖老申敬才柳明烈申興龍申守奉申瓊倍孫方億吉九人을亂招하엿더니日兵이該九人을溫井兵站으로捉去하야沒數砲殺하얏다는說이有하더라

●補助員餘孼 平安道祥原郡楓洞面破邑에셔前參尉人民五六人이賭博할際에賊漢六名이突入하야憲兵補助員이라假稱하고金貨三十五圓을掠奪逃走하얏다더라

●放父捉子 前判書閔泳達氏가警視廳에被囚하얏다는說은昨報에已揭어니와追聞한즉該氏는旋即放還하고其令男閔衡植氏가繼又被捉하얏는대其事實인즉何許日人이欺瞞하야錢財를奪取코저하다가情跡이現露됨이라더라

●雜技犯越 南部雙林洞居하는崔鎭國某々三人이陰本月登日에會集하야雜技賭博하다가南部警察署에被捉하얏는대該署에셔審査하고三昨日에京城地方裁判所로押交하얏다더라

●金氏逢賊 再昨夜拾壹時量에虎門外苑洞等地에셔金宇衡씨가過去하다가賊漢이突出하야冠宕을掠奪하얏다더라

●三氏被捉 劉臣赫趙秉澤白寅基三氏가再昨日上午九時에警視廳에被捉하얏다더라

●勞働會 勞働會總裁尹始炳시가該會利益金三百餘圜을暗自乾沒하다가情跡이綻露되야已爲破黜하얏다는대該시가憤激의心을反生하야南部詩동함撫에大韓勞働會를自擔設立하고任員을選定하얏는대總裁는尹始炳시오副總裁는宋秉畯시라더라

●勞働者立誓 昨日午前拾壹時頃에勞働者數拾名이鐘路電氣會社門前에會集하야五相談話하되勞働會에셔尹始炳氏가太韓勞働會를更爲組織하야勞働會本部에셔總務在任時에會長과擔同하야經費를偸食하고雇價를不給하야困難이殆甚하얏거날現今此會를又設하얏스나我等勞働者中에誰能往役하리오若又服役하면雇錢을難推할지니誓不往役하자고壹場粉紜하얏다더라

●兩會聯台 韓國協會와聯合會가聯台組織하야事務를擴張하기로現今準備한다더라

●寄附孤院 慈惠婦人會々長車英慶氏는京城孤兒院에歲饌으로白米二石과金십圓으로補助하고閔泳徽氏는金二十圜을寄附하얏다더라

學界

●孰不義捐 三和港에셔三崇學校를新建築한다함은已報어니와因冬節하야竣工치못함은더러拾數의巨款을出辦無路함으로該校發起人李湜씨가請捐代表로平北등地에從近發程할다는대平北人士의教育上熱心으로該校의情況을聞하면爭相義捐하리라고輿論이喧藉하다더라

●明々又明 長기郡에셔私立普通學校를三處에設立하엿는대郡鄕校에는日發明이오移屬面內에는日南明이오陽南에는日陽明이라三校生徒가三百餘人인대維持方法이完全成就하야郡에셔承認하고該校觀樂道에經由하얏다더라

●崇校冬試 三和港三崇학校에셔冬期試驗을經하얏는대壹學年優等倨傲涯等拾一人이오二學年優等朴顯九等三人이오及第全順贊等九人이오三學年優等朱天論等三人이오及第安東潤等七人이오四學年優等尹元植等三人이오及第楊楨植等十四人이오五學年優等李龍濟一人이오及第安東浩等六人이오六學年優等楊炳國等四人이오中학科一學年優등朴正教盧正份人이라더라

●東進試驗 江陵東進학校에셔冬期試驗을經하얏는대甲班優等沈東變張春卿等九人乙班優等崔燦翊鄭然玉等二人丙班優等李超曠등이라더라

●學氏熱心 晉州城內居李周說시가勞働者의不學함을恨歎하야夜학校를設立하고학徒를募集하야親自教授에學徒가七拾餘名에達하얏다더라

地方消息

▲本月十六日全羅北道南原郡附近契樹驛에셔義兵三十名이日守備隊와交戰하얏다하고

▲本月十一日呂州郡內에셔義兵拾餘名이竹郡日憲兵分遣所上等兵及補助員과交戰하얏다더라

▲本月十八日平安南道殷山郡西南方約四拾里地에셔義兵數三名이同地日憲兵分遣所上等兵壹名及補助員과交戰하얏고

▲本月八日平安南道江東郡西方約五拾里地에셔義兵拾餘名이數日前分遣所上等兵及補助員과交戰하얏고

▲本月初九日黃海道平山郡東方約二十里地에셔義兵拾餘名이同地分遣所上等兵三名及補助員六名과交戰하얏다더라

勸告舊政府

▲朴齊純氏여보시오新約締結된後에는公의榮擧가滑直타할人들이皆稱頌하엿는대무삼狂魂이드럿던지國運不幸한驛에寧擧手踏印더소리에大韓江山寂寞하고公의所得慾間일세往事言論焉心이라結解之몸낫든가他人是非勿拘하고熱心務圖悔改하야將功贖罪하여보소

▲權重顯氏여보시오新約締結以前에는公의名譽얼마나힛나무사實貴不足하야靑史晒名遺傳하고末乃所得顧問이니顧問壹窠爲하여서此등事를하옵손가公은乃是蠢踏千라中夜思之夢不覺가이自此後公의消息寂然無聞엔일인가어서밧비悔改하야將功贖罪하여보소

▲李址鎔氏여보시오新約締結以前에도公의歷史말할진대上行人이아니라不必更論하려니와公의處地더國家와休戚之그關係가百倍他人아니런가宗社生靈亡하矣且龍山江亭烟月下에山구詞만부르는것이正말時機急하엿네어서밧비悔改하야將功贖罪하여보소

▲李夏榮氏여보시오新約締結以前에는公의歷史말할진대別般大罪업셧는대遐鄕谷의生長으로極富貴를享하엿거던드삼餘味네더又고그地境을하엿나山林協會組織함은事業之하니마는禍胎包含아니힛나雜念두지말고熱心進就悔改하야將功贖罪하여보소

▲李根澤氏여보시오新約締結以前에는公의心腸말할진대上欺下虐罪惡重에更加壹層하엿거든무삼罪를지고저花中醉仙보라하고雲深不知깁흔곳에松下閒眠을잇니心事惡魔掃除하고利國便民兩端間에好事業이許多하니어서밧비悔改하야將功贖罪하여보소

▲閔泳綺氏여보시오新約締結以前에도公의行爲볼작시면可觀之일잇엇건이와事也말하여도否字出身이라至于度支大臣대나中樞院顧問맛셧엇시拓殖總裁被任하니拓殖會社더關係가民國間의機關이라고擅用手段바리고爲國周旋悔改하여보소

廣告

學員募集廣告

本所에서日語와算術을敎授ᄒᆞ오니願學僉員은二月四日內로本所에來議ᄒᆞ시옵

北部齋洞三統 九戶
日語講習所

●慶尙北道長기郡私立三學校趣旨書

我기郡은海之隅也라在昔鎖國時代에以海隅蒼生이라自處身分ᄒᆞ고王化不到라受人指目ᄒᆞ야重々山水之間에自生自老인마但知日月之出於東方이오不知風潮之迫在西天이라甘做桃源壹夢ᄒᆞ야深鎖蓬山百里러니何幸福星이照臨ᄒᆞ야我倅金永銖氏來莅此郡에風雨를不避ᄒᆞ며夷險을不計ᄒᆞ고躬行坊曲而說諭者數三度矣라初焉如之以怪事ᄒᆞ고中焉疑之以至誠ᄒᆞ고終焉始覺得世界形便矣라嗚乎라今世界가果至此境乎아吾輩ᄂᆞᆫ知冬而裘러니時已夏而世皆葛矣오知夜而枕이러니日已曙而人盡未矣로다何以則暗昧者明이며何以則愚騃者智乎오更莫如設立學校ᄒᆞ야敎育開發已耳라遂即大呌疾呼에合面而議ᄒᆞ고磨踵而赴ᄒᆞ야壹郡之內에從今願設得三個學校ᄒᆞ니本郡之鄕校에ᄂᆞᆫ曰長明이오移屬面之內南에ᄂᆞᆫ曰南明이오陽南에ᄂᆞᆫ曰陽明이라ᄒᆞ야謀聚資金이幸可以排備오招集生徒가又可以充額인바今日吾輩之責이重在於推持守成이라各自勉旃ᄒᆞ야期使暗々功暗之기郡人民으로做得明々又明之瑞며日月則豈啻壹郡之幸이리요即國家之幸也라竊惟吾輩ᄂᆞᆫ指東海而深誓호되使此三明學校로克始克終에是興是旺ᄒᆞ야人材를養成에國家의基礎를鞏固케ᄒᆞ고世界의覊絆을解脫ᄒᆞ야獨立權을扶持ᄒᆞ며自由鐘을擊撞ᄒᆞᆷ이又豈非吾輩之擔任歟아此世에도海隅蒼生이라自處身分ᄒᆞ고王化不到라甘受指目ᄒᆞ랴ᄂᆞᆫ가嗚乎我기郡同胞여

隆熙貳年十二月　設立人
皇甫中　徐相俊　李鍾旭
孫晏永　李起淳　嚴在丞
李東榮　金河斗　任炯淳

●長鬐郡鄕校私立長明學校寄附金

本郡守金永銖　三拾圜
守備隊長立花　三圜
鄕校畓七拾六斗落代價七百九拾七圜　面約契
壹百六拾圜　養士契　卄圜
前蓬山學校基本金六百六拾圜
縣司답三斗落代價　卄二圜
縣內面각里　八百四拾九圜
西面各里　五百九十壹圜
內北面各里　五白八拾圜
外北面各里　四百七십圜
眞魚尾會社　四拾圜

●長기郡內南面私立南明學校寄附金錄

本郡守金永銖　前議官嚴松永
각卅圜　典洞　二百卅四圜
大谷　二百九拾八圜　長津
二十六圜　上亭　卅八圜
古鐘　九십壹圜　八助五拾六圜
魯谷六拾六圜　新谷壹百貳圜
嘉今七十六圜　奉吉八拾六圜
龍潭卅六圜　九吉　二百卌八圜
斗山　二百三十八圜
廾川八拾八圜　魚日七拾六圜
新基廿八圜前參奉尹祐根貳圜
中基三拾六圜　臥邑五拾六圜
龍洞　壹百七拾六圜　內伊
壹百七拾八圜　梢里六拾八圜
獐項六十六圜　虎谷七拾六圜
寺놓二십圜　甁林四拾圜
紙각六십四圜眞魚尾浦八拾圜

●長기郡陽南面私立陽明學校寄附金錄

本郡守金永銖　二十圜　前參奉
金河斗　八十圜　瑞洞壹千四十圜　基邱壹百八십二圜　水念
壹百九十六圜　羅山一百六十
六圜　中西　壹百四十壹圜
下西二百八圜　新里壹百九拾
壹圜　上溪壹百四십圜　石村
壹百七十五圜　孝嶺壹百五圜
中溪八拾六圜　頴兒壹百二拾
五圜　環金五十二圜　上羅七
十圜　上대七拾六圜　月남七
十圜　石邑二拾圜　竹田五十
七圜　는西七拾二圜

廣告

忠北丹陽郡遊山面殷津洞後麓胄峯下本人先山自始祖至拾七世繼葬之地九十年前尹鍾烈在任時亡子致大시를以强制力壓腦勒葬于本人始祖山强弱不同壹壞腦地無奈見奪許多子孫冤心徹骨丹陽壹境無人不知且丙午五月分支派鎭三本山局內松楸欲放賣라가本人以實廣告內外適人不至見欺則聯山松楸抑亦天下所共知月前尹根榮시가下來稱以量地技員本人先山局內測量ᄒᆞ고松楸壹壹照數自以爲數十年同山之義로俾無後弊라ᄒᆞ고去矣尹시가本山山主何以做作이던지本山松楸放賣認許次請願農商工部部以本山山主誰某斫伐後民弊有無調査報來之意訓令本郡矣扱哥山坂郡報面報辭文昭然而尹시ᄂᆞᆫ壓制山主松楸期欲賣渡此何異於以壹手掌掩天下之目乎內外國人照諒事實切勿見欺ᄒᆞᆷ

宗孫張舜敎　告白

特別廣告

近頃에本社事務에對ᄒᆞ야量狹沒覺ᄒᆞᆫ者ㅣ陰沮를試ᄒᆞ다ᄒᆞ나何國何人에던지本社에長進ᄒᆞᆫ事務에對ᄒᆞ야能히防遏치못ᄒᆞᆯ것은明瞭ᄒᆞᆷ이니此廣告를讀ᄒᆞ시ᄂᆞᆫ僉彦은幸須銘心ᄒᆞᆯ것이오며玆에本社의進行ᄒᆞᆯ職責與事務를明白히說明ᄒᆞ노라

本社ᄂᆞᆫ비록新成立ᄒᆞᆫ者이나本社를興旺케ᄒᆞᆯ方針에對ᄒᆞ야必要ᄒᆞᆫ時에ᄂᆞᆫ能力과勇敢力이固有ᄒᆞ오며現今에着手ᄒᆞᆯ事業은如左ᄒᆞᆷ

一 本社ᄂᆞᆫ韓國과美國間에直接輸入及輸出을伸張ᄒᆞᆷ을務圖ᄒᆞᆷ

韓國內某々種手造物品은美國의輸出ᄒᆞ야奇利를得ᄒᆞᆫ者가多ᄒᆞ나尙今까지此等物品은美國의各處와紹介ᄒᆞ기無路ᄒᆞ더니現今에本社에서ᄂᆞᆫ此等困難이無ᄒᆞᆫ지라韓國은何故로美國과如此ᄒᆞᆫ商業上好關係를拋棄ᄒᆞ리오

又壹試思ᄒᆞᆯ것은美國物品이韓國에到達ᄒᆞᆯ時에ᄂᆞᆫ通常으로四五手를經由ᄒᆞ나니每經由處에該物品本價에서利益을添付ᄒᆞ며稅金及運費도自然增加ᄒᆞᄂᆞᆫ故로物價가甚高ᄒᆞ오나本會社ᄂᆞᆫ美國內物品製造所에서最廉價로特約直輸入ᄒᆞ야購買者에게直接放賣ᄒᆞᆫ則物價가低廉ᄒᆞᆯ터이오니推此思惟ᄒᆞ오면韓國內에서美國物品의需用이直接及間接으로利益의增加ᄒᆞᆷ을預期ᄒᆞᆷ

貳 本社에서韓美兩國商業關係에만盡力ᄒᆞᆯ뿐不啻라韓國과亞細亞全部와歐羅巴及濠太利諸處間에도商業上好機會를造成ᄒᆞᆯ計劃이오며且勤實ᄒᆞᆫ代理人을韓國內各處에置ᄒᆞ고新鮮ᄒᆞᆫ物品을直輸入ᄒᆞ야各處代理人으로分掌出賣케ᄒᆞ며又物貨를放賣ᄒᆞᆷ에對ᄒᆞ야ᄂᆞᆫ時々로特別히廣告를揭布ᄒᆞᆯ터이오니海內會彦은本社에事務進行을緣此承聞ᄒᆞ오리다

三 本會社ᄂᆞᆫ不動産部를別設ᄒᆞ고不動産에關ᄒᆞᆫ事項을管理ᄒᆞ되土地家屋等賣買典當及借貸等事에仲介契納受托及방助ᄒᆞᄂᆞᆫ等事를處理ᄒᆞ야迅速히發展되기를期待ᄒᆞ며此에關ᄒᆞᆫ詳細事項은未久의公布ᄒᆞᆯ지옵

四 何事를勿論ᄒᆞ고法律의違反치아니ᄒᆞ고本社의利益이有ᄒᆞᆷ으로認定ᄒᆞᄂᆞᆫ營業은本社에서隨機進行ᄒᆞ기를準備ᄒᆞᆯ터이오니此目的의對ᄒᆞ야同情을表ᄒᆞ시ᄂᆞᆫ僉彦은盡心協助ᄒᆞ심을切望ᄒᆞᆷ

以上陳述ᄒᆞᆫ諸條項에對ᄒᆞ야僉彦과通信을連絡ᄒᆞ기를願ᄒᆞ오니左開二項을注意ᄒᆞ시옵

壹 何事를勿論ᄒᆞ고本會社에委托ᄒᆞᄂᆞᆫ時에ᄂᆞᆫ本社의서盡心竭力ᄒᆞ야信實히處理ᄒᆞᆯ터이오며

二 本會社ᄂᆞᆫ何人이던지本會社의委托ᄒᆞᆫ事에對ᄒᆞ야ᄂᆞᆫ其信用을確守ᄒᆞ고尊敬ᄒᆞᆷ을保証ᄒᆞᄂᆞᆫ故로何事를勿論ᄒᆞ고信用의關ᄒᆞᆫ事件은特別히本社의委任ᄒᆞᆷ이加一層安全ᄒᆞᆷ을擔任ᄒᆞ입나이다

大韓皇城磚洞
韓美興業株式會社　謹啓

發行所 京城中部典洞[illegible] 大韓每日申報社

發行兼編輯人 [illegible]

Responsible for Publication Alfred Weekley Marnham.

光武九年八月拾一日 明治卅八年八月拾一日 (第三種郵便物認可) 土曜日 西曆壹千九百九年壹月三拾日 (壹)

第大卷

大韓每日申報

第壹千拾壹號

月曜及慶節 臨時休刊

檀君開國四千二百四十二年
箕子元年三千三十一年
大韓開國五百十八年
日本明治四十二年
淸國宣統元年
陰曆己酉正月小初九日庚寅

論說

◎教育主務者 에게 警告홈

學部에서 私立學校令과 共히 敎科用圖書檢定規程을 발布호以來로 其敎科書檢定의 內容을 聞호즉 (壹)何許人士가 敎科에 用홀 冊子를 著호야 檢閱을 請願하던지 히檢閱의 任을 擔호 官吏는 此日彼日 此月彼月 延拖호야 壹冊子의 檢定을 得코저 호면 往々「俟河之淸、人壽幾何」의 歎이 有호며 著作者의 前進銳氣를 冷退케호며 (二)萬壹敎科書中에 愛國、獨立、自主、義俠等字或句가 有호면 壹切無效로 認호는 事가 頻煩호다 호니

此가 確傳인지 飄說인지 아즉 其實際를 探得호지 못호얏거니와 但邇來에 此等不平談이 閭巷街에 大播호야 淺見志士가 皆산然히 情淚를 揮호야 曰彼학部官吏의 毒手腕이여 我敎育界의 精神사지 撲滅코저 호는도다 호야 其不平의 聲이 益高호니 此가 設或風說일지라도 吾儕는 姑且確說로 認호고 壹評을 加호야 학部官吏로 호야금 有커던 此를 悔改호고 無커던 此를 加勉코저 호노니

嗚乎學部官吏여

壹冊檢定에 累月延拖가 何故이뇨 公等은 必曰此는 愼重호 意로 詳密을 致홈이라 홀지나 是는 詐飾의 遁辭라 壹毫라도 敎育界에 眷々호 意가 有홀진덴 其檢閱홀時에 實邊은 詳密에 注意호며 實邊은 迅速에 注意호야 著作者의 銳氣를 增張호며 발行者의 利益을 무圖홀지어날 今也에 不然호야 外面은 詳密 一字에 假託호고 汗漫怠惰히 時月을 空過호야 著作者 發行者의 心腦를 煩悶케호니 엇지 可歎홀비 아니리오 然이나 彼는 猶是小小호 事라 호려니와 最히 驚호며 最可怖홀 者는 愛國、獨立、自主、義俠等字或句를 諱言케 홈이 是라

嗟乎學部官吏야 々々々々々々々國民을 敎育호는 第壹義가 何에 在호뇨 호면 即國民으로 호야금 國을 愛호며 義俠을 做케호고저 홈이니 萬壹此愛國、義俠等語를 諱호면 此는 奴隷敎育을 作코저 홈이로다

嗟乎學部官吏여 奴隷를 願호야 國民을 做치 못홀지언뎡 츠마 國民을 驅호야 奴隷를 做코저 호나뇨

噫라 壹般韓人이 元來 是奴隷種子일진뎐 비록 교科書中에 句々愛國愛國을 따호며 字々獨立獨立을 講홀지라도 將且奴隷悲境에 生活을 自甘호리니 彼의 苦心險計로 民敎科書의 沙汰를 何待며 又韓人이 元來是獨立種子일진덴 太山은 可移며 東海는 可渴이어니와 其獨立心은 不泯하리니 彼壹篇敎科書의 非理的制限을 又奚畏리오

敬宣言호고 敎育主務의 任을 當호 학部官吏여 本報此論에 依호야 有커던 此를 悔改하고 無커던 此를 加勉홀지어다

官報

▲隆熙二年 九月壹日 官報

▲學部令 (續)

學部令第拾五號

四 壹個年收支預算

五 維持方法

　但基本財産又는 寄附金等에 對호야는 其明細

六 敎授用器具器械標本目錄

第二條 학部大臣이 認定홀만호 학校는 左의 各号에 該當호 者에 限홈

壹 該校가 壹個年以上을 經過호고 成積이 佳良호 者

二 管理維持方法이 確實호고 所定學科를 敎授홈에 足홀 相當호 敎員及設備가 有호 者

三 修業年限 入學規定 學科課程 每週敎授時數等을 考査호야 官立高等學校와 同等以上으로 認홀만호 者

第三條 高等學校令施行規則第拾四條·第十九條·第二拾五條及第三十壹條의 規定은 認定을 受호 學校에 此를 準用홈

第四條 認定을 受호 學校에는 左의 表簿를 備홈이 可홈

壹 敎科用圖書分配表

二 職員出勤簿·履歷書·擔任학科目及時間表

三 資産原簿·出納簿·預算決算에 關호 帳簿

(未完)

外報

●歡迎費支出 伯林電을 據호則 伯林市에서는 英皇及皇后의 歡迎費로 大萬馬克을 支出하기로 可決호얏다더라

●年例祝砲 香港電을 據호則 淸曆正月에는 年例로써 當地에 在호 英國東洋艦隊는 祝砲를 放호야 英淸兩國々交를 親密케 홈을 表호얏다더라

●印度革命愈熱 同電을 據호則 香港에 在호 印度人의 革命熱이 盛旺홈으로 英官憲은 硝酸酒精等의 貯藏을 嚴禁호며 集會結社에 關호야 嚴重호 取締를 厲行호다더라

●英國의新天地 倫敦電을 據호則 電氣學에 有名호 웨바롯지氏는 英國各道에 繁榮에 妨害되는 民의 活動을 拘束호는 雲霧를 人工으로써 消滅코저호야 方今 研究中인바 近日에 奇妙호 方法을 發見호얏는바 合으로 永久에 英國各道에는 雲霧가 無호 新天地를 作홀지라 此를 實驗호기 爲호야 치로스페아운 附近에서 電氣發射에 着手호기로 準備中인더 其經費는 壹萬元이라더라

●伊后渡日 東京電을 據호則 伊太利國皇太后는 今秋에 渡日홀 豫定이라더라

雜報

●隨聞更揭 閔泳璘시가 其族人閔丙學시의 山坂을 偷賣홈으로 法司에서 허시를 處役호얏다 호기에 隨聞揭載호얏더니 更聞호즉 閔泳璘시의 先山이 廣州慶安面에 在호데 再昨年에 山坂을 漢江리 德植氏에게 放渡호얏더니 閔丙學시가 此에 對호야 非理起訟홈에 오히려 閔泳璘시의 處役을 當호얏다는 說은 專歸誤傳이라더라

詞藻

●錢 難

돈아무러보조。다시호번무러보조
몹쓸々々네面目은、轍環天下性質인더
엇지타、目下經濟界엔、비구경을

雜報

◉南巡에御用巡 韓國 大皇帝陛下 데옵셔今回南韓 巡幸하실時에交通이不便하야全南及北에臨 御치못하셧슴으로統監이全北觀察使李斗璜氏와相對하야今年六七日頃에 大皇帝데옵셔群山木浦에 巡行하실事와伊時設備等諸般準備를預待하라고指揮하얏다더라

◉宋氏喪魂 韓國 大皇帝陛下 데옵셔三昨日平壤에御着하실際에 宮廷列車內에서侍從武官魚潭氏가內大宋秉畯氏와何等激論이有하야格鬪하다가魚氏가拔劒揮之하야大騷擾를起하얏는데傍人의挽止함으로鎭定되얏다더라

◉魚欲斬宋 三昨日平壤着 宮廷列車內에서魚潭宋秉畯兩氏가格鬪한事는別項과如하거니와其詳報가如左하니元來魚宋兩氏는不相善한間이라此로因함인지未知어니와三昨日宮廷列車가平壤에將着할際에突然히兩氏가爭論을起하야兩勢益高하미激論이되고格鬪가되지라魚潭氏가遂이佩刀를拔出하야宋秉畯氏를斬코저할새供奉員들이環立하야此를止케하미僅히血을見치못하고鎭定되얏는데 御還幸하신後에는壹大問題가되리라더라

◉獨立號旗 今番 大皇帝陛下데옵서西 巡하시는事에對하야平南觀察使朴鎭氏가府內人民으로하야금歡迎時에韓日兩國旗를交揭하라고强制指揮하야該府內人民家戶에는韓日國旗를交懸하얏다는데惟獨大成學校에서는特히한國國旗만高揭하얏다더라

◉似或然矣 統監府에서內部大臣宋秉畯氏를改遞하기로發論하얏다가因爲中止하얏다는데其內容을聞한즉宋氏를若爲改差하면該氏가壹進會를利用하야何樣弊害를惹起할는지未知하기로因循未果한다더라

◉宋氏魂膽 內部大臣宋秉畯氏가伊藤統監과同伴渡日하랴다는說은已報하얏거니와統監이宋시를泛然待遇하는故로阿附할思想이有하야隨往함이라더라

◉氷上에大 統監府壹般官吏가內大宋秉畯氏를對하야表面으로氷々待遇하고眞實的事件은不爲提論한다더라

◉果然妄動 前輔國閔泳徽氏가內大宋秉畯氏와秘密交涉한다함은已報어니와更聞한則閔氏가宮內大臣을圖得한다는데同氏가甲午前亡國한罪가尙此不足함으로更히出脚하야大東紀年歷史를繼續코저하는지官大의椅子를占領하면平生의食虐으로勒奪한財產을安享快活할는지宮大는구만두고改過遷善하는것만못하리라고輿論이藉々하더라

◉閔氏杜門 輔國閔泳徽氏는近日에何등憂慮하는事가有함지愁色이滿面하야杜門謝客한다더라

◉爲知有毋 壹進會長李容九시의大夫人의回甲이今年陰正月二日인데該시가日本에在한故로該시에大夫人이李容九시의歸國하기를日望하다가伊日이過하미悵然之情을不勝하얏다더라

◉鴉烟爛起 中部水標橋居留하는清國人名不知向某家에는近日韓人男女가每日四五拾名式답至하야鴉片을爛吸하되所管警署에는措置不禁한다고稱冤이不絶하다더라

◉冤民決議 前輔國閔泳徽시에게田답을抑冤히見奪한主人들이齊히會同하야今年부터各其耕作하기로決議하얏다더라

◉陵官貪行 宜陵參奉金俊興시가該 陵下居리丙甲의妻와和姦할際에該本夫가人來하야欲爲作梗하라하거날該시가該陵舍로避去하얏더니리某가追來하야百般詬罵한故로金시가短銃을放하얏는데幸免危境하지라東部警察署에서金시及該女를逮捕押囚審査하고再昨日에地方裁判所로越交하얏다더라

◉任氏呼冤 麻浦別營倉庫直任相龍시가多年守直擧行하며니歲前에宮내府所屬官般醫役을減額한時에任相龍시도亦參其中인데 恩賜金을尙未蒙賜한故로宮내府大臣의게呼冤하얏다더라

◉義兵消息 錦山義兵大將文泰泳시가部下를整肅히團束하야平民의斷髮黑服人을初不掛嫌하고附近에討索하는賊漢을隨現砲殺한다고南來人의傳說이喧藉하더라

◉到處作弊 陜川郡憲兵補助員리東伯리七甲等이該郡南面茂谷居周某父子를稱以義兵千連하고捉去鍛鍊에져二千七百餘兩을勒奪하고同洞吳致秀시도亦被誤捉하야三百餘兩을見奪하얏다는데同郡一境이安保無路라더라

◉通譯行悖 慶北清松郡日守備隊通譯主事都相弼이가村里愚民의게挾雜이無雙하야小不如意하면日守備隊에義兵千連이라誑瞞하야人命을濫殺한다고該郡人民의呼泣之聲이漲天하다더라

◉調査吳巡 京城地方裁判所巡査吳又深氏가公貨欠逋犯明濟寅氏에게何等書函을私相傳受하얏던지該所에서吳시의始末을調査하는中이라더라

◉拘囚放免 再昨日에趙秉澤與白寅基等이警視廳에被捉되얏다가卽時放還되얏는데其還由인즉昨年韓一銀行新株式七千株를增募할時에諸任員이擔當한三千株를 皇室에關係가有하야고某勢力家가誣告한所以라더라

◉仁港賊警 仁港來人의傳說을聞한즉該港內에近日賊警이頻數하야昏夜間에劫掠이頗多함으로出入이極難하며니며前龍洞徐雲集家에賊漢幾名이突入하야放銃惹鬧에負傷者가多有하고其他賓棗家에도被劫한者가多한故로該港人民이夜不安寢한다더라

◉日漁掘屍 去二拾壹日에日本對州上縣郡豊崎村海岸에서漂着한韓船에韓人屍體二個를發見하야該地에假葬하얏다더라

◉欠逋被囚 前郡守朴基銓시가乙巳年에伊川郡守로在任時에公錢欠逋事가有하야現今監獄署에滯囚中인데其欠逋數額은壹千九拾餘圜이라더라

◉測量仕員 測量總督會에서平安北道宣川郡光宣測量製도事務所를認許하얏는데所長은리鍾壹事務員은桂爲林桂應泰桂鶴明리承銓諸시라더라

◉强盜處絞 再昨日京城地方裁判所에서强盜犯尹致章을處絞에宣告하얏다더라

◉孫氏愛會 孫秉熙씨가畿湖興學會에對하야金壹百圜을寄附하얏다더라

學界

◉閔氏寄附 東湖居閔判書泳達시가立石里立成學校에紙貨二십圜을寄附하얏더라

◉又校經試 鐵川郡私立文明學校에서第壹回학期試驗을經하얏는데甲班優等生에金鍾祿車相默等諸人이오及第生에安榮直車相熙等諸人이오乙班及第生에鄭鶴海李鎔諸人이라더라

◉君家設校 完順君李載完시家에法律日語兩科夜學을設始하고經費는該시가每朔五拾圜으로學部大臣李載崑시도每朔五拾圜式을捐付하기로酌定하얏다더라

◉南氏美擧 前承旨南章熙시가自己집第에日語講習所를設立하고또嘉安坊에勞働夜學會를附設하고勞働界敎育을壹新擴張하기로決定하얏다더라

◉碧瀾龍興 白川郡龍海面內에碧란學校와龍興학校에서財政이窘拙하야維持方策이無하더니該面內有志紳士吳完會시는私有沃畓을寄付하고劉容稷시는每年正租五石式出義하고東壹里二里에는民有沃畓을寄付하고該面內三百餘戶에每年正租三斗以上으로隨力出義하야四分之壹은碧란學校에四分之三은龍興학校에寄付하야兩校가大有進興이라더라

▲地方消息▼

▲十二月中에義兵의勢力은前月보다稍히增加하얏고日憲兵과衝突한數爻는前月보다大差가無하되京畿道에는십七次衝突。十壹次出沒이有하얏고平安南道에는壹次衝突。七次出沒이有하얏고咸鏡道에는八次衝突。七次出沒이有하얏고黃海道에는十七次衝突。九次出沒이有하얏고江原道에는十四次衝突。九次出沒이有하얏고忠清道에는壹次衝突。二次出沒이有하얏고慶尙道에는七次衝突。拾壹次出沒이有하얏고全羅道에는[illegible]次衝突。拾次出沒이有하니各道에서衝突한總數는이십六次오出沒한總數는六十四次라十壹月에比較하면衝突은六次가增加하고出沒數는七十五次가減하얏는데此는單히日憲兵과의衝突한數爻라其義兵數爻는二千五百九十二名이며平均壹回에四十七名式이오拾壹月義兵數에比하면壹千五百九십六名이增加하얏다하고

▲全羅南道와京畿道楊州抱川등地와黃海道白川平山地方에서는百名以上의義兵團이日憲兵과數次衝突하얏는데目下에義兵의形勢가尤甚熾盛한者는全羅南道와京畿黃海三道요

▲其次는全羅北道江原咸鏡諸道요

▲稍히靜穩한者는忠清慶尙平安各道요

▲其出沒이頻繁하고名錄도稍多하야各處에橫行하며最甚徘徊하는地方은京畿道楊州抱川加平麻田漣川坡州와黃海道平山延安溫井院翟纓等이라더라

未完

▲勸告現內閣▼

▲李完用氏드르시오總理太臣더地位가壹人之下萬人之上에그責任이엇더한가修身齊家못한사람이治國이들잘할손가前日事는何如턴지今日부터悔改하야家庭風氣바로잡고百度政務維新하야中興功臣되여보소

▲宋秉畯氏드르시오內部大臣더地位가中外政務總察하고官吏賢愚銓衡이라그責任이至重인대公의政策말할진대賣國賊을免할손가往事勿論悔改하야揀拔人材任用하고勵精求治獻身하야中興功臣되여보소

▲趙重應씨드르시오農商工大臣더地位가士農工商四業中에三業管轄한責任이全國貧富關係인데附肝人膽公의行動奸猾小人免할손가어서밧비精神차려殖事奔走하지말고農商工發達하야中흥功臣되여보소

▲李載崑氏드르시오學部大臣더地位가國民敎育機關이라興亡盛衰관계인데公의心腸살펴진대妨害點이反多하니[illegible]頹하고보면備然隨之하야[illegible]新念及此氣막히[illegible]敎育界에獻身하야中興功臣되여보소

▲高永喜씨드르시오法部大臣더地位가天下司命이라법가法律至明하고보면國家自然文明인데公의擧動볼작시면나라責任남다주고國事는방관인가臟害忍良하지말고奮不顧身明法하야中興功臣되여보소

▲李秉武氏드르시오軍部大臣더地位가全國干城이아닌가兵甲精銳한然後에誅亂斬暴하더인데署干兵卒解散하니無將之國과無卒將이古今天下에잇난國內人民모러다가徵兵令을實施하야中興功臣되여보소

▲任善準씨드르시오度支大臣더地位가全國財政管轄이라該國現狀擧論하면金融枯渴말아닌데公의所爲불작시면亡國大夫牌를차니禽獸不若可痛하제아모됴록悔改하고財源整理研究하야中興功臣되여보소

社告

支社員載寧劉夢澤氏와龍岡郭南秀氏가支社事務를辭免ᄒᆞᆫ기로來二月壹日부터該支社를廢止ᄒᆞ오니該兩郡에셔本申報를受讀ᄒᆞ시ᄂᆞᆫ諸君子ᄂᆞᆫ本月內로本社로更爲直接請求ᄒᆞ심을務望

大韓每日申報社

廣告

本人에錦波名圖章을見失故로玆以廣告ᄒᆞ오니內外國人照亮ᄒᆞ시옵

平壤城內里門洞八統貳戶居 金山月

本人의三從泳璘시先山이在於廣州京安面이온ᄃᆡ再昨年分山板을越買於漢江李德植處ᄂᆞᆫ一宗中이共知也어ᄂᆞᆯ不意今者에宗人丙학이가有何心事로非理訴訟이라가對質裁判之場에不起訴故ㅂ人을挾勢ᄒᆞ고山板을賣買云ᄒᆞ니丙學之言은無比狹雜이오니內外國人은切勿信聽ᄒᆞᆷ

閔泳夏 告白

本人이營業次로馬山港停車場西側에家屋을新建ᄒᆞ옵고居處飮食을務圖精潔이오니往來ᄒᆞ시ᄂᆞᆫ僉貴ᄂᆞᆫ照亮光臨을伏望

丁仁燮 告白

本人等이西部龍山坊孔德里居張台鎭處에出給次金貨八拾圜於音과四十三圜於音合二片이已爲過限인故로該於音兩片을勿施ᄒᆞᆫ즉로玆에廣佈ᄒᆞ오니內外國人은知悉ᄒᆞᆷ

隆熙三年壹月二十九日 安孝順 孫榮燮 告白

訴訟及請願事件迅速親切處理

京城下茶洞拾九統二戶 (電話三七五)

辯護士 木尾虎之助 法律事務所

事務主任 南萬雄

韓國部法律顧問從二品金[illegible]

貞夫人陽城李氏正月初六日別世

長子俞鎭翊 次子俞鎭弼 三子俞鎭贊 告白

本人等이京壽洞測量製圖所를移設於全南麗水郡종洞ᄒᆞ고一般人民의請求를酬應ᄒᆞ오니僉君子ᄂᆞᆫ來臨請求ᄒᆞ심을爲要

麗水郡測量製圖所所長金漢永 總務李濟橹 事務鄭泰[illegible] 金溪永 朴炳燮 白永曾

本書舖에셔各種敎科書籍을購來ᄒᆞ야學界에酬應ᄒᆞ온지數朔에僉彦에光顧ᄒᆞ심을蒙ᄒᆞ와業務가益益擴張이온바今에各種敎科書類를具備發售ᄒᆞ오니僉君子ᄂᆞᆫ照亮來購ᄒᆞ심을務望

金海郡 廣明書舖 白일成

最新幼學字聚 定價三拾錢

現世日用에必要ᄒᆞᆫ漢字壹千貳百六拾四字를尹致昊시가精聚ᄒᆞ고丁大有시가書ᄒᆞ야初等讀書와習字의珍書라刊板有數ᄒᆞ니從速來購ᄒᆞ심을務望

五拾冊至壹百冊 (特減廿五錢)

貳百冊至五百冊 (特減)貳拾錢

發賣所 中部布屛下廣學書舖 金相萬

鍾路暖氣會社越便廣學支書舖

京鄕各書舖

弊所에셔西洋新發明ᄒᆞᆫ法으로機械及藥品을整備ᄒᆞ고各種洗濯及染色을廉價로需應ᄒᆞ옵ᄂᆞᆫᄃᆡ其種類가如左ᄒᆞᆷ

洋服、襯衣、外套、帽子、項套、洋말、婦人洋服及壹切附屬品、毛織、毛紗、세루、馬尾緞、羅紗綢緞紗羅学布壹切貴重品의周衣、죽긔、赤衫、裳、袴、襦、等屬洗濯及染色物이有ᄒᆞᆷ을本所로通知ᄒᆞ시면即時自宅에進議ᄒᆞᆷ

學員、巡査、兵丁、及勞働諸君에對ᄒᆞ야定價의拾分之貳를特減ᄒᆞᆷ

各地方에ᄂᆞᆫ小包料를添送ᄒᆞ시면誠實郵呈ᄒᆞᆷ

鐘路里門上隅拾貳統三戶

西洋洗濯部第一屋

黃海道延安郡居學生李聖裕가去年五月分에喪妻ᄒᆞ고去拾壹月分에本郡居朴昌종의妹弟와定婚ᄒᆞ고以婚需與成次로白太四拾石을船卜ᄒᆞ고仁港客主沈能德家에往ᄒᆞ얏다가平山居李禹景이라ᄒᆞᄂᆞᆫ人을逢ᄒᆞ야錢五百兩을貸ᄒᆞᆫ따ᄒᆞ기錢을貸ᄒᆞ얏다가還報ᄒᆞ마ᄂᆞᆫ派數를屢次違ᄒᆞ기로大段督促ᄒᆞᆫ즉錢도報치아니ᄒᆞ고巡檢을暗囑ᄒᆞ야李聖裕를暴徒라指名ᄒᆞᆫ즉巡檢이聖裕를捉去ᄒᆞ야嚴刑ᄒᆞᄂᆞᆫ消息이聖裕本家에轉到ᄒᆞᆷ매聖裕의父兄이該面坊長의게鳴冤書를呈ᄒᆞᆫ즉該面面長이該郡郡守署理에게鳴冤書를付呈ᄒᆞᆫ즉署理郡守가仁港警察署에電報ᄒᆞ야特爲放送ᄒᆞ야聖裕에無罪ᄒᆞᆫ狀을査實ᄒᆞ야미聖裕ᄂᆞᆫ卽放送이되고李禹景은尙今도仁港警察署에保囚ᄒᆞ얏ᄂᆞᆫᄃᆡ何地境에至ᄒᆞᆫᄂᆞᆫ지不知ᄒᆞ고李聖裕ᄂᆞᆫ無罪放釋ᄒᆞ옵기玆에廣告ᄒᆞᆷ

上港番洞留洪承[illegible] 告白

特別廣告

本社事務所를京城磚洞에現今開設ᄒᆞ고各地方에**代理人**을置ᄒᆞ라ᄒᆞ오니本社**定款**을詳細陳述ᄒᆞᆯ時機가來到ᄒᆞ얏ᄉᆞ오니修頃이張皇ᄒᆞ와他日을姑俟ᄒᆞ오며本社**資金**의現今總額은拾萬圜이온ᄃᆡ壹萬株로分ᄒᆞ야每株에拾圜式이옵

本社에셔ᄂᆞᆫ本社에關ᄒᆞᆫ細項事項ᄭᆞ지 僉彦의詳諒ᄒᆞ시기를懇望ᄒᆞ오니 僉彦은安限에暫坐ᄒᆞ야

皮封에書ᄒᆞ야壹書札을 **寄送**ᄒᆞ시되本社에詳細事項을通知ᄒᆞ라ᄒᆞ시면本社에셔ᄂᆞᆫ答函을即呈ᄒᆞᆯ터이오니 惠覽後 貴地方에셔ᄂᆞᆫ何等事務가本社의進行ᄒᆞᆯ기에最適ᄒᆞᆯ지 **高明**ᄒᆞᆫ**意見**을 惠賜ᄒᆞ시옵是를爲ᄒᆞ야**來一月三十日以內**로高明ᄒᆞᆫ書札을寄送ᄒᆞ시ᄂᆞᆫ 僉彦에게如左히**賞金**을分等ᄒᆞ야送呈ᄒᆞ깃슴

本社에셔 **高明**ᄒᆞᆫ**書札中**

一等으로認定ᄒᆞᆫ者ᄂᆞᆫ **五十圓** **二等** **二十圓**

三等 **十圓** **四五等** **各五圓**

六等至**十等** **各二圓**

僉彦의**費用**은**郵票價**以外에무엇이던지잇슴잇가단단히싱각ᄒᆞ야 보시오

本社에셔大韓帝國內各處와通信ᄒᆞ야連絡ᄒᆞ기爲ᄒᆞ야如此히**懸賞**ᄒᆞ기를不惜ᄒᆞ오니本社의각地方에셔進行ᄒᆞᆯ方針에對ᄒᆞ야**貴重**ᄒᆞᆫ**勸告**를惠賜ᄒᆞ옵나이다

京城磚洞 **韓美興業株式會社** 告白

平壤代理人 平壤大同門內店洞 **鄭基煥**

本會社에셔鐵路와郵便이遲遠ᄒᆞᆫ地方에在ᄒᆞᆫ 첨彦의寄函ᄒᆞ실期限을寬裕케爲ᄒᆞ야壹月三日以內로退定ᄒᆞᆷ

特別廣告

廣告

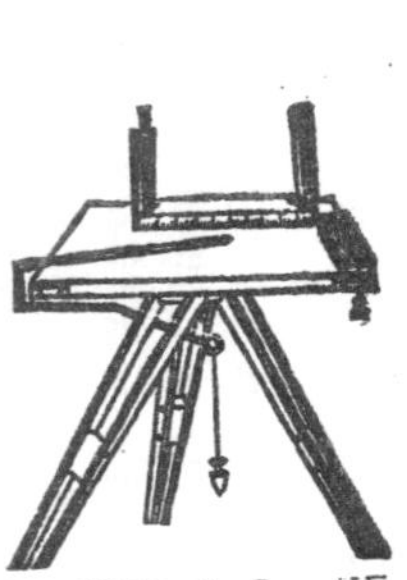

測量機械 各種大發賣

漢城南署張洞六拾貳統附日

金龍商會

出張所 典洞金樂永

大韓全國에總發行所는

京城南大門内濟生堂大藥房

清心保命丹 此丹은化痰止咳하고暍氣消滯하며水土不服에奇效가有함 金十錢

蔘茸大補元 每週日分金壹圜 四週分金三圜十錢 二週壹환八十錢 十週五圜三拾錢

右약은大韓名産鹿茸人蔘에西洋有名한補材를混和하야我國兄弟의腸胃와性質에適當하도록多年研究한바인바今에先服人의累試累驗이隨症皆效하니果然今世之靈藥이라故로末治救能을左開廣佈하오니僉兄弟는何不早圖壹試오(效能)先天不足과肆安不眠하며心腎俱虛와房事色傷이며遺精多夢과色傷腰痛이며房事時에早漏不快하며重病後虛弱과手足厥冷이며飮食不消와貧血諸症에奇效가有하고無病人이若服七週면大補元氣하고骨節이强壯하며健康無病하나니此可謂眞世靈藥哉若不其效면약價還呈함

蛔積殺虫散 此散은蛔積과蛔腹痛과蛔滑와蛔虫壹切을去하는妙藥 金십錢

寸虫没出藥 勿論男婦老幼하고寸虫壹切을拔根之妙劑 壹人用三拾전

久滯 大通丸 年久한積滯와胸腹痛과腹中積病을驅除하는良劑 金拾五錢

感氣特效 解熱散 感氣드러頭痛나고寒熱往來하며肢節痛과몸살에升神效 금拾전

뫼는拔根藥 뫼눈과못과사마귀에바르면百發百中으로빠지오 金십錢

新製百應膏 虫瘡과瘡종과根박인대와종氣始初와가리못된神效 金拾전

去液生新 沃度膏 劍創와모던종氣와火傷에곰지인데와싸시고압픈데神效 金拾錢

止足汗臭藥 발에땀이나고보션을신으면惡臭와汗이젖치고니음서가업소 金十錢 僉兄의게는

其他靈藥은壹壹難記이며外에大韓國內藥商에서는藥價를大割引大放賣하오니陸續注文하시오

京城南大門內 仁川港舍洞 濟生堂主 李庚鳳

忠淸南道魯城郡論山居前議官尹相郡시가素以寬厚로著聞於鄰境인바恩津郡論山浦가與魯城郡論山으로隔壹川橋하야界殊而里同이라再昨年分에數百居民의基地가讓渡日人함을見하고時에痛念民生之困難하야特捐數百元之財하야交涉還退基地하야使個々人으로依舊安業케하고至誠으로說明하고各給地券하니兩浦居民數千이至今安堵에萬口成碑요且每當節歲하면査摘困窮之戶及無依之人하야々分給多數柴糧하니作爲年例事하야明節殘戶寄口가無呼飢之歎하니雖在本家라도難行之事를以若시의不贍之勢로如此大擧하니慈悲는亘古罕有라吾濟가無以報答萬壹之功일세시에愛人施惠之實跡을使我二千萬同胞로咸悉케시기爲하야玆에廣布함

隆熙三年壹月二拾五日

忠淸南道恩津論山한人民

會長 許 훈

副會長 金永浚

議長 徐相嵐 告白

本人이製造發行하는바靈丹은今에官許를蒙하고大韓醫院業學士兒島里氏와一等製藥官劉世觀兩氏에檢査證明과軍部軍務局衛生課二等軍醫長金敎聲氏의諸大方家高明醫士의有効賞贊을受하바其應用說明은如左함

說明書

靈丹 中暑·中寒·吐瀉·腹痛及消化不良·食慾不進·頭眩目昏心中懊悶·船車酒醉·眩暈痰迷·山嵐瘴氣·痞滿噯噫·水土不服等

地方各處에서書信으로請求하시면小包迅速進呈하깃습

發行本舖 皇城西部瓦廣橋第七九統七戶 共愛堂大藥房 告白

新訂分道大韓帝國地圖

銅版印刷 子母수洋裝 全壹帖 正價金五拾錢

△白堂玄 采시序

○我韓地圖之精密者首推古山子但篇帙太多難於携帶且流傳者少不能人々皆有豈非大恨事哉玆將地圖과本刷煩就簡作爲小帖以公同好我게觀此味脊沃饒產豐富爲東洋之無盡藏若關拓而發明則我國之富可計日以待矣本圖分十三道自京川郡部府以至物産名目詳細記載使人壹目瞭然諸我同胞各置壹本以作國家之壹助是所厚望

發兌元

皇城中部龍溯橋越邊 中央書館

皇城中部大廣橋東邊 滙東書館

皇城北部桂洞 玄公廉

皇城中部壽路 大東書市

初等大韓地誌 全壹冊定價金五拾五錢

問答

近日初等大韓地誌가二三種이發刊行되였스나教育上에缺點이不無하야可謂完書지라今에本書는時期에幼年程度를適當케하기爲하야問答例로詳密히編纂하와小學校用에必要하오니照亮하심을望함

漢字初習 全壹冊 定價金拾五錢

本館에서著作한漢字初習은漢文字의義를幼稚의게도解得하기便易하기爲하야編次하고多少를隨하야授하기가解得하기와習字하기가其他漢字의著作冊子보다最便하고最要한幼穉와普通初等漢文科에適用하기가適宜하오니多數히需用하시기를바라나이다

國語文典音學 周時經 著述 全壹冊 定價三拾錢

本書는周時經시가拾有餘年을研究하야國語의音學을 … 하야一般人의 … 界에極히有用하오니 … 文學에有志하신諸君은陸續購覽하심을바라나이다

實價 二十五錢

發賣所 南大門內 … 平壤 … 京鄉各書舖

本會事務所를南大門內로移接하얏사오니有志會員은來臨하시와 … 本會로陸續請求하심을希望함

大韓山林協會 (電話二九二番)

大韓帝國仁川 各種藥舖

總發行所 和平堂大藥房

婦人胎毒調經丸 婦人經閉와月經不順과腹中冷痛과 … 胎 … 하시면 … 退去하고 … 壹服에 … 하오니 … 主治說明 壹劑月分 금五圜

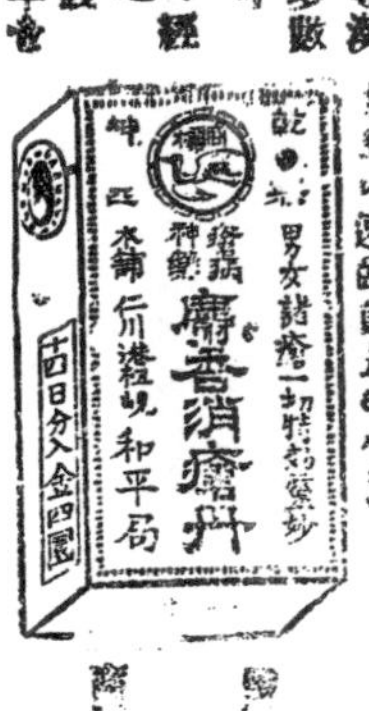

八寶丹

滋陽丸

主 … 治

壹介 … 壹圓

製藥所 和平堂 李 …

代理店 和平堂藥店

京城南門內水橋 濟生堂藥房 … 共愛堂藥房

… 和平堂 告白

發行所 … 大韓每日申報社

光武九年八月拾一日 明治卅八年八月拾一日 (第三種郵便物認可) 日曜日 西曆壹千九百九年壹月卅壹日 (壹)

第六卷

大韓每日申報

第壹千拾貳號

月曜及慶節臨時休日休刊

檀君開國四千二百四十二年
箕子元年三千三十一年
大韓開國五百十八年
日本明治四十二年
淸國宣統元年
陰曆己酉正月小初十日辛卯

論說

◎第二朴重陽

吾儕가恒常南大을向ᄒᆞ야朴重陽의慘毒ᄒᆞᆫ手腕을世驚ᄒᆞ며無辜蒼生의塗炭을吊ᄒᆞ더니不意케라今者平南觀察府에第二朴重陽이又産ᄒᆞ얏도다

彼가其姓은李오其名은軫鎬이나其心法을觀ᄒᆞᆫ즉便是박重陽의化身이로다

古代巨賊에八洪吉童이有ᄒᆞ더니今日虐吏에兩朴重陽이有ᄒᆞ니異哉라

彼第二朴重陽(卽李軫鎬)이平南에赴任ᄒᆞᆫ以來로其慘毒ᄒᆞᆫ手段이許多ᄒᆞ지만은其最大ᄒᆞᆫ事項을擧ᄒᆞ건ᄃᆡ左와如ᄒᆞ니

第(壹)彼가각新聞의公言直筆을仇視ᄒᆞ고惟獨大한新聞의魔說을耽樂ᄒᆞ야强制的으로ᄒᆞᆫ道내官吏에게發令ᄒᆞ야大韓新聞壹個만購讀ᄒᆞ고其餘他新聞은一切禁止ᄒᆞ니嗚乎라自家ᄂᆞᆫ政府各大臣의鷹犬인故로政府에納媚코져ᄒᆞ야政府機關新聞만購讀ᄒᆞᆷ이어니와何故로他人으로ᄒᆞ야금新聞購讀도自由를失케ᄒᆞᄂᆞᆫ지此ᄂᆞᆫ大邱朴重陽의學校妨害ᄒᆞᆫ遺術이오

第(二)彼가今番大皇帝陛下幸行時의祗迎節次諸費를藉托ᄒᆞ고其慘酷ᄒᆞᆫ壹大棒을揮ᄒᆞ야窮蔀殘氓에게無數ᄒᆞᆫ貫金을勒排ᄒᆞ니大抵皇帝幸行時行在所ᄂᆞᆫ豐慶宮이自在이거ᄂᆞᆯ御所ᄂᆞᆫ外人理事廳으로定ᄒᆞ면서何名目으로百姓에게徵索ᄒᆞ얏스며彼가又治道에稱托ᄒᆞ고民戶三百餘를抑毆ᄒᆞ야寒節窮民이溝壑의歎을不免케ᄒᆞ얏스니此ᄂᆞᆫ大邱朴重陽이客舍撤毁ᄒᆞᆫ事와異跡同心이며오

第(三)彼가又今番大皇帝陛下幸行時에壹般學校及市民을壓制ᄒᆞ야韓日兩國旗를交叉케ᄒᆞ며彼가巡檢世發하야抑勒으로日旗를又케ᄒᆞ얏스니此ᄂᆞᆫ大邱朴重陽이日人에게納媚ᄒᆞ던遺術이라

彼가心術은大邱朴重陽과同壹ᄒᆞ며手腕도大邱朴重陽과同壹ᄒᆞ도다嗚乎라壹朴重陽의橫行에人民의苦가已多ᄒᆞ거ᄂᆞᆯ兩朴重陽의俱現에人民이何術로自支ᄒᆞᆯ재民情을吊ᄒᆞ며時艱을世驚ᄒᆞ야壹筆로兩朴重陽을俱誅ᄒᆞ야莅民者의戒를作ᄒᆞ노라

官報

▲隆熙二年九月壹日 官報

部令

學部令第拾五號 續

第五條 認定을受ᄒᆞᆫ학校에서入學者又ᄂᆞᆫ卒業者가有ᄒᆞᆫ時ᄂᆞᆫ學校長이其員數를學部大臣에게報告ᄒᆞᆷ이可ᄒᆞᆷ

前項卒業者報告의境遇에ᄂᆞᆫ其前學年卒業者의卒業後狀況을幷ᄒᆞ야報告ᄒᆞᆷ이可ᄒᆞᆷ

第六條 認定을受ᄒᆞᆫ학校ᄂᆞᆫ入학試驗及학年試驗의期日을壹個月以前에학部大臣에게報告ᄒᆞᆷ이可ᄒᆞᆷ

第七條 학部大臣은必要로認ᄒᆞᆫ時ᄂᆞᆫ官吏를派遣ᄒᆞ야認定을受ᄒᆞᆫ學校의試驗에立會케ᄒᆞ며又ᄂᆞᆫ試驗問題及其答案을査閱케ᄒᆞᆷ이可ᄒᆞᆷ

前項境遇에試驗問題又ᄂᆞᆫ方法中不適當ᄒᆞᆷ으로認ᄒᆞᆫ者가有ᄒᆞᆫ時ᄂᆞᆫ當該官吏ᄂᆞᆫ其變更을命ᄒᆞᆷ을得ᄒᆞᆷ

(未完)

外報

●伯林의君主會集 伯林電을據ᄒᆞᆫ則獨逸皇帝第五拾回御誕日이本月二拾七日인故로各聯邦의君主ᄂᆞᆫ壹齊히伯林에來集ᄒᆞᆯ터이라더라

●澳國抗議 同電을據ᄒᆞᆫ則澳國은同國領事가도리보리쓰에서侮辱을當ᄒᆞᆫ事에對ᄒᆞ야土耳其政府에抗議를提出하고且其處分을要求ᄒᆞ얏다더라

●伊國의又震 同電을據ᄒᆞᆫ則伊國及시시리島에서地震이有ᄒᆞ얏다더라

●鐵道許可 大連電을據ᄒᆞᆫ則過般來로滿鐵會社에서許願ᄒᆞᆫ大連電氣鐵道設立事件은都督府에서許可ᄒᆞ얏다더라

雜報

●紳士寄函

孔子作春秋而亂臣賊子不得逃其罪ᄒᆞ고朱子著綱目而僞邪淫慝이不能免其責ᄒᆞ니三綱이立矣오五倫이定矣라抑其强ᄒᆞ야龍潛虎伏에不得踰越於範圍ᄒᆞ고扶其弱ᄒᆞ야鳶飛魚躍에保有活動於界經일새嚴正議論이是非得失이明明昭昭ᄒᆞ야不敢贊壹辭於其間이라

嗚呼日中則昃ᄒᆞ고月滿則虧ᄂᆞᆫ理之常也나天道之明과人道之正은亘萬古而不滅者也라乃者大韓에有每日申報ᄒᆞ니其論說也ᄂᆞᆫ熏狐之史ㅣ不獨專筆於古오其外報也ᄂᆞᆫ司馬之文이奚云遠觀於聞也며오至于雜報及開談闢尋常文字라도包含義理ᄒᆞ고分析是非ᄒᆞ야上自朝廷으로下至閭巷小聞에라도纖悉無餘ᄒᆞ야或刺之譏之ᄒᆞ며或賀之揚之ᄒᆞ야筆鉞의森嚴ᄒᆞᆷ과舌劒의快濶ᄒᆞᆷ이賁育이不得恃其勇ᄒᆞ고儀秦이不敢掉其舌이라古有進善之旌과誹謗之木은所以通治道而求諫也러니今貴社之創立이未及六朞에四方이風動ᄒᆞᆫ지望之若山斗ᄒᆞ니不啻支廈之양에야抑亦撑天之柱也로다其諫諍也ᄂᆞᆫ不位而高ᄒᆞ니以人主之尊而不唯獨斷於上ᄒᆞ고其觀察也ᄂᆞᆫ不勸而善ᄒᆞ니以衆心之城而合有得成於今日이라嚴辭重義ᄂᆞᆫ今日春秋오勸善懲惡은當時綱目이며雙手拜祝에撥殖不已로다僕ᄋᆞᆫ山野匹夫라卑鄙孤陋에不求聞達於人ᄒᆞ고坐守窮巷에不知時代之如何더니幸賴隣朋之譄貴報ᄒᆞ야借燈借觀이已有年所러니不盡朋還離我에水落而石出ᄒᆞ니而江山을不可復識矣로다目盲若不辨五色이오心窒若難分咫尺이라黑洞染墨을何日可免가惟願貴社ᄂᆞᆫ幸賜壹報ᄒᆞ야使此耳目으로更爲聰明ᄒᆞ면幸莫大焉이라

尹孝貞 謹啓

詞藻

◎守錢虜

守錢虜야。돈만알어무엇ᄒᆞ나
空手來空手去에、죽어지면虛事로다
모人丕루、살아生前公卒上께、
以財發身

雜報

●開城消息 今番 大皇帝陛下께오서 西巡ㅎ실時에 開城部에서 各社會와 各市廛과 戶戶에 韓國과 日本兩國旗를 交揭ㅎ라고 警部에서 某氏가 各處로 指導ㅎ며 恐喝이 滋甚ㅎ나 한日兩國旗를 交揭ㅎ 者가 別無ㅎ얏다더라

●旗罕見 今番 御巡幸時에 沿路각驛에서 祇迎ㅎ는 學校生徒等이 普通한 國旗만 揭ㅎ고 日本國旗는 揭ㅎ 者가 僅少ㅎ니 此는 學部大가 發調ㅎ이 着用되한 國旗만 揭ㅎ라ㅎ고 日本國旗를 揭ㅎ는 事에 言及지 아니ㅎ 所以라ㅎ고 日側에서 誹議ㅎ다더라

◎魚膽宋病 新義州陪從ㅎ 將官이 日內部大臣 宋秉畯氏는 既히 死ㅎ기로 決ㅎ얏는데 本月二十九日 午前八時에 氣溫이 攝氏零度에 達ㅎ얏다더라 (魚膽氏의 事를 慎ㅎ인지)

◎義州危險 說 本月二十九日 新義州의 陪從特電을 據ㅎ즉 義州에서는 危險ㅎ다는 風說이 有ㅎ나 別로히 異狀은 無ㅎ다ㅎ얏더라

●宋氏拗顏 內部大臣 宋秉畯氏가 黃海道觀察使 趙羲聞氏에게 私札을 致送ㅎ고 該道一進會員 某氏로 ㅎ야금 郡守를 薦ㅎ라ㅎ얏더니 趙觀察이 去番에 上京ㅎ야 宋內大를 往見ㅎ고 言ㅎ되 大監이 郡守薦擧ㅎ믈 私自請囑ㅎ니 此等事에 對ㅎ야는 決不施行ㅎ깃다ㅎ미 宋氏가 赧然ㅎ을 不勝ㅎ야 緘口默過ㅎ얏다더라

●帶花運動 某大官은 近日에 自己別室를 帶同ㅎ고 統監府某官人을 逐夜訪問ㅎ야 宮內府大臣 世紹力運動ㅎ다는 巷說이 喧藉ㅎ으로 輿皆批評ㅎ다더라

●郡守資格私論 前主事 魏升鎬氏는 郡守資格이 可合ㅎ다고 北村某氏가 忠北觀察使 權鳳洙氏의게 屢度申托ㅎ얏더니 該觀察使가 尙不薦報ㅎ얏다더라

◎英字續刊 本社에서 刊ㅎ던 英字報는 還際財政에 窮絀ㅎ음을 因ㅎ야 四五朔을 停刊ㅎ얏더니 昨日부터 繼續發刊되얏더라

●法官不法 晉陽郡居 薛秉洙또는 薛秉綠氏의게 九拾八兩의 債錢이 有ㅎ야 延拖不報ㅎ으로 該部에 駐在巡査 尹致朴氏의게 呼訴ㅎ즉 該巡査가 捧與後에 分錢不給ㅎ거날 晉州地方裁判所에 往訴ㅎ즉 該所에서 調査치 아니ㅎ고 警察署에서 徐秉洙氏를 反爲論責曰 官吏를 擧訴ㅎ 律로 嚴治ㅎ깃다ㅎ는지라 설도가히 巡査의 不法行爲를 這這發明ㅎ되 聽若不聞ㅎ고 卽爲逐出ㅎ얏다더라

●日人蠻行 再昨日上午十時量에 南門內倉洞等地에서 日人織物商壹名이 渠의 織物을 韓人魚物商廛門前에 沒數列布하는 故로 該韓人이 該魚物를 他處로 持去ㅎ라ㅎ얏더니 該日人이 韓人을 無數毆打ㅎ야 幾至死境이 되고 又伊日 同地에서 何許韓兒壹名이 寒氣를 不堪ㅎ야 街路上 日人火爐前에 暫留ㅎ얏더니 該日人이 該兒를 亂打ㅎ야 流血이 淋漓ㅎ얏고 又同地에서 韓國女人壹名이 何許日人의게 新聞壹張을 暫請ㅎ얏더니 該日人이 該女人을 無端亂打에 詬辱이 無雙이라 其時觀光者들이 互相嘗語ㅎ되 日人이 到處에 行悖가 如此ㅎ니 韓人은 生命을 難保라ㅎ고 憤日人의 蠻行을 唾罵不已ㅎ얏다더라

●向宮呼訴 黃海道金川郡居 廉春卿爲名人이 去丙午拾月頃에 上京ㅎ야 彰義門外 廉尙宮家에 留連ㅎ다가 何等緊用事가 有ㅎ다ㅎ고 該主人의게 家券一度만 借與ㅎ라고 懇請ㅎ으로 無疑施行ㅎ얏더니 廉某가 某日人의게 典執債用ㅎ고 仍卽逃走ㅎ지라 廉尙宮이 該郡으로 下去ㅎ야 提訴ㅎ얏스나 廉某의 匪廉貴頃도가 何樣運動이 有ㅎ던지 反使原告로 落科케ㅎ 故로 廉尙宮이 憤冤不堪ㅎ야 日前內部警務局에 擧實呼訴ㅎ얏다더라

●錦宇呼冤 錦山郡에 去年度에 量地衙門에서 何如ㅎ 量地ㅎ員을 派送量地ㅎ던지 該郡事員이 挾雜으로 伊時田結에 受賂加減이 有ㅎ지라 現今各郡에서는 量地衙門에서 測量ㅎ 結數를 施行치 아니ㅎ는데 惟獨錦山은 伊時測量대로 施行督捧ㅎ여 人民等의 呼冤者가 有ㅎ며 稅務官吏가 內庭에 突入ㅎ야 威脅勒捧ㅎ으로 民怨이 浪藉ㅎ다더라

●典舖反對 商業會議所에서 壹般商店에 會費를 徵收ㅎ는 事에 對ㅎ야 各典當舖에서는 官許가 自在ㅎ야 營業ㅎ는디 인즉 此等費金은 收納ㅎ 理由가 無ㅎ다ㅎ고 反對가 殆甚ㅎ다더라

●間島義熠 北間島壹進支會長 李熙德氏가 再昨日에 入城ㅎ얏는데 該島에는 現今 義兵이 益益熾盛ㅎ야 氣焰이 壯大ㅎ다더라

●兩氏被囚理由 李容觀氏와 具完喜氏가 被捉ㅎ 事는 已報어니와 其被囚ㅎ 內容을 漏聞ㅎ則 李容觀氏가 寧邊觀察使로 在任時에 具完喜氏는 其時義州郡守인데 何許人의 錢을 抑奪ㅎ 事가 有ㅎ 故로 該人이 起訴ㅎ 所以라더라

●李家賊警 陰去月二十九日 水標橋等地 李召史가 隔門戶를 閉鎖ㅎ고 其族人數人이 關이 有ㅎ야 往ㅎ얏다가 出ㅎ즉 何許賊漢이 突隊突入ㅎ야 諸般什物을 沒數掠去ㅎ얏다더라

●竊盜犯押送 銅峴警察分署에서 賊漢 竹成鎭 趙今龍 二名을 押囚審査ㅎ고 再昨日에 京城地方裁判所로 押送ㅎ얏다더라

●商店淸盜 再昨夜에 淸國人强盜幾名이 東大門外 何許布木商店에 突入ㅎ야 多數히 錢財를 奪去ㅎ얏다더라

●勞働停會 勞働會本部에서 緊要ㅎ 事項이 有ㅎ야 再昨日에 特別總會를 開ㅎ라다가 大皇帝陛下 御巡幸을 因ㅎ야 姑爲停止ㅎ고 還御ㅎ신 後에는 卽爲開會ㅎ다더라

●靑年例會 明日下午七時에 靑年會館에서 月例會를 開ㅎ고 去月에 一般討論을 接受ㅎ 後 具鎭九氏가 幻燈會를 開ㅎ고 餘興으로 音樂과 唱歌를 兼ㅎ야 觀覽ㅎ는 賓客을 迎ㅎ다더라

●開城協會 本月二十五日下午七時에 開城郡大韓協會支會에서 該郡有志 鄭國泳氏家에서 開會ㅎ고 任員을 選定ㅎ얏는데 會長에 張翰淳 副會長에 閔泳弼 兩氏가 被選되고 諸般會務를 處理ㅎ얏다더라

●靑友紀念 靑友興學會에서 第一回紀念式을 擧行ㅎ얏는데 會長 金泓國 提議員 李寅和 評議員 李周鉉 三氏가 其趣旨目的을 次第演說ㅎ 後에 任員을 改選ㅎ니 會長에 崔在鶴 副會長 韓鳳錫 總務에 李寅和 會計 高陽鳳 書記 金瑞 評議長 姜允默 批評長 金泓國 提議員 吳春昌 評議員 姜晉克 金泓序 李環在 李知性 韓性燦 李諸氏라더라

學界

●大興敎育 安邊郡 消面居 有志紳士 金洛郁 趙明用 安致慶 金昌龍 柳文瑞 박鳳濟 諸氏가 育英子弟ㅎ기 爲ㅎ야 捐金ㅎ야 嶋聚ㅎ고 各洞에 私塾과 私契와 留財田畓을 合付ㅎ야 大興학校를 設立ㅎ고 熱心贊成ㅎ다더라

●海州溫新 海州西隅坊 紳士 李斗永 李斗憲 李升憲 崔文植 李安世 李鍾成氏等 六十餘人이 協謀ㅎ야 高山面處도등에 溫新학校를 設立ㅎ고 去十壹月二十八日부터 開學ㅎ얏다더라

●殷山新明 殷山郡相田面內 有志私立新明學校 校長 金廷煥 監督 金永煥 校監 鄭命燮 總務 李敬浩 諸氏가 該校를 新設ㅎ고 金春根氏를 敎師로 延聘ㅎ야 熱心敎授ㅎ다더라

●綸校試驗 忠南恩津綸山學校에서 冬期試驗을 經ㅎ얏는데 優等生에 朴喜爵 林敦圭 二人이오 及第生에 申甲錫 安完秉等 五人인데 多數物品을 施賞하얏다더라

●化校卒業 南部南大門外 廣化新塾日語科에서 卒業試驗을 經ㅎ얏는데 最優등生에 白斗鉉 李秉曦等 三人이오 優等生은 崔英來 李濟等 三人이오 及第生은 李鶴秀 金敏培等 諸人이라더라

●靑館學試 靑年會學館에서 학期試驗을 經ㅎ얏는데 普學中學普通三年級 張英洙 貳年級 朴勝 壹年級 尹奉秀 英語專門甲班 張成煥 乙班 林학俊 日語專門課 白潤球 諸人이오 夜학英語四年班에 李台淳 二年班 李常春 日語貳年班에 金泰基 壹年班 劉在彰 簿記班에 李근 諸人이라더라

●法聖有校 靈光郡法聖학校 令監 李學儀 總務 李 郡守 善敎師 崔漢杜 諸氏가 熱心敎育ㅎ야 冬期試驗을 經ㅎ얏는데 二年級 最優等 羅鍾炯 優等 申錫翼 一年級 最優等 高又鎭 優等 金承石 金ㅏ섭 壹年級 最優等 武 金佳鳳등이라더라

▲地方消息▼

▲從今에 平山郡으로 夥多出沒ㅎ 義兵將 李鎭龍 河明太 韓丁萬등 諸氏는 江華島에서 離出ㅎ 義兵將 池洪基氏派와 合動ㅎ야 黃海道에 橫行ㅎ다ㅎ며

▲義兵將 尹仁順 李殷贊等 諸氏는 京畿道에 徘徊ㅎ며 本月十六日에는 市邊里에 憲兵分遣所를 襲擊ㅎ얏고 又廿二日에는 退溪院憲兵派遣所를 攻擊ㅎ얏다ㅎ고

▲稍히 不穩ㅎ 處는 楊州加平郡地方인데 近來에는 百四五拾名의 義兵團이 顯然出沒ㅎ야 日憲兵과 衝突이 七次에 達ㅎ얏는데 此義兵團은 多少鎗銃을 受ㅎ 兵ㅎ고 地利를 利用ㅎ야 善能抵抗ㅎ다ㅎ고

▲去月二十日에는 約百四拾名의 義兵團이 退溪院派遣所를 襲擊ㅎ얏다더라

勸告各團會

▲府民會의 諸公들아 文明國이 되라며는 民權擴張 基礎로다 檀君以後 四千年에 初有盛擧 아닌가 有志者의 組織이니 有始無終 可慮이니 아못조록 挾雜 말고 血心으로 團合ㅎ야 天賦人權 차저보소

▲各坊團會 諸公들아 進化之甚 何在런고 合群幷力 團會이라 坊會爭起 반갑지만 反生弊習 可歎입세 扶桑東天 바라보라 暴虐雨 보러 온다 虛名任員 競爭 말고 血心으로 成立하야 天賦人權 차저보소

▲大韓協會 諸公들아 大韓一家 더 範圍에 別般責任 包含인데 設立ㅎ지 數三年에 事業進就 별노 업고 月報發刊 演說句로 目的到達ㅎ을손가 不懷異心ㅎ지 말고 血心으로 進步ㅎ야 天賦人權 차저보소

▲經濟會의 諸公들아 天下萬事 活動力이 財政中에 出來인대 研究ㅎ지 幾許年에 무삼 方針 엇엇는가 口頭經濟 헛소리로 千呼萬呼 쓸데 잇나 坐而大談ㅎ지 말고 血心으로 研究ㅎ야 天賦人權 차저보소

▲少年會의 諸公들아 寂寞江山 此天地에 勃勃生氣 어디 잇나 少年貳字 반갑지만 特殊이니 通常이니 虛名會規 學習 말고 知識을만 培養하여 愛國思想 奮發ㅎ고 血心으로 勇進ㅎ야 天賦人權 차저보소

▲婦人會의 諸員들아 英雄豪傑 누가 낫나 婦人들의 養育이라 七中의 無雙數은 天際遇기아닌가 한國今日 亂臣賊子 乃母들의 罪過이니 奢侈淫蕩ㅎ지 말고 血心으로 培養ㅎ야 天賦人權 차저보소

▲實業會의 諸公들아 本會設立ㅎ 目的이 實業獎勵로다 ㅎ더니 實業獎勵 不聞이오 挾雜獎勵 浪藉하야 失敗者가 反多ㅎ니 이러ㅎ고 될수 잇나 前日敗習 다 바리고 血心으로 獎勵ㅎ야 天賦人權 차저보소

▲슈고롭다 筆端에며 답답ㅎ 心胸膈에여 歲曆歲首 幾日內에 血心勸告하엿것만 諸公들이 들을는지 確信ㅎ기는 어려오나 許多勸諭 더 快를 曉喩ㅎ오로 結末ㅎ니 私慾雜念 速去千里 急急如律令

婆婆詞

社告

支社員 載寧 劉夢澤氏와 龍岡 郭兩秀氏가支社事務를辭免ᄒᆞ기로來二月壹日부터該支社를廢止ᄒᆞ오니該兩郡에서本申報를愛讀ᄒᆞ시ᄂᆞᆫ諸君子ᄂᆞᆫ本月內로本社로更爲直接請求ᄒᆞ심을務望

大韓每日申報社

泰仁 支社員宋洙㐐시가支社事務를辭免ᄒᆞᆫ故로來二月一日부터該支社를不得已廢止ᄒᆞ오니該支社로ᄒᆞ야申報를購覽ᄒᆞ시ᄂᆞᆫ 僉君子ᄂᆞᆫ今月內로本社로直接請求ᄒᆞ시와停送의弊가無케ᄒᆞ심을務望

大韓每日申報社

元山 支社員 劉七燐시ᄂᆞᆫ本社申報代金收納窓滯가太多ᄒᆞ며前에本社에서各支社員의게廣告ᄒᆞᆷ과如히不得已解任ᄒᆞ고其代에該港創業社內皇甫正氏시로更爲擇定ᄒᆞ엿ᄉᆞ오니該附近本報購覽諸씨ᄂᆞᆫ自今爲始ᄒᆞ야代金과本社에關ᄒᆞᆫ事를皇甫正氏시의게로交涉處理ᄒᆞ시옴

大韓每日申報社

廣告

本人이夜間李鍾翊處의陰正月拾三日推移次에當文三千貳百兩於音壹片을今明八日夕陽에西署次勞를賊漢의게見失ᄒᆞ와本大門外等院의셔失ᄒᆞ왓ᄉᆞ오니本部에請願ᄒᆞ야證明書를承認이니誰某拾得ᄒᆞ와도休紙로施行ᄒᆞ오니外國人은勿見欺ᄒᆞ시옴

城東部仁鶴洞金基成 告白

特別廣告

本社에서 英字報 도今爲繼續發刊ᄒᆞ오니英文을解得ᄒᆞ시ᄂᆞᆫ韓國 僉彥은陸續購覽ᄒᆞ심을務望ᄒᆞ오며其定價ᄂᆞᆫ如左홈

壹個月先給 貳圜
壹個年先給 廿圜

大韓每日申報社

務所에서 急務 山林 土地 及家屋 川澤 礦山 未墾地 諸等을精密히測量製圖ᄒᆞ오니遠近有志 僉員은迅速請求ᄒᆞ심을望홈

慶南晉州府城外大安二洞 晉興測量製圖事務所 告白

本人等이京畿道測量製圖所를移設於全南麗水郡종洞ᄒᆞ고壹殺人氏의請求를酬應ᄒᆞ오니 僉君子ᄂᆞᆫ來臨請求ᄒᆞ심을爲要

各種測量製圖所所員金漢永 總務李淳楠 事務鄭泰烈 朴炳夔 白永晉

本人이本月拾三日夜에家대文券과本郡梨井里陰芝峴所在田文券과小南面白淵亭所在畓文券과長淵津北面貞陵里所在畓文券을賊漢의게見失ᄒᆞ와本部에請願ᄒᆞ야證明書를承認이오니誰某拾得ᄒᆞ와도休紙로施行ᄒᆞ오니內外國人은勿見欺ᄒᆞ시옴

本人의三從泳疇시先山이在於廣州京安面이온ᄃᆡ再昨年分山板을越買於漢江李德植處ᄂᆞᆫ一宗中이共知也어날不意今者에宗人丙하이가有何心事로非理訴訟이라가對質裁判之場에不起訴故日人을挾勢ᄒᆞ고山板을賣買云ᄒᆞ니丙事之言은無比挾雜이오니內外國人은切勿信聽홈

閔泳夏 告白

本人이營業次로馬山港停車場西側에家屋을新建ᄒᆞ고居處飲食을務圖精潔이오니往來ᄒᆞ시ᄂᆞᆫ 僉員은照亮光臨을伏望

丁仁燮 告白

去月分에ᄂᆞᆫ韓每日申報를恒用ᄒᆞ되木川郡主事權東洙시을以郵便事務에怠慢ᄒᆞᆫ意로掲載ᄒᆞ앗ᄉᆞ온此無他故也同郡有幾個挾雜之輩에有何嫌點於右人ᄒᆞ야以無根之事로百方毀言을ᄒᆞ오니 僉公은照亮ᄒᆞ시오郡主治績으로言之면本郡人民中無據ᄒᆞᆫ以議匪로捉則不憚勞苦ᄒᆞ고奔往憲兵所ᄒᆞ야以曖昧로說明ᄒᆞ야旋即放送ᄒᆞ고郡廳事務及郵便事務에實心勤務ᄒᆞᆷ을碑如林ᄒᆞ고頃聲戰路에當郡이대러人民들이各自出義ᄒᆞ야成漸次刷新이기로玆以廣告홈

木川郡居金奭鉉 告白

諸般法律事務親切迅速處理隨願ᄒᆞ심을

法律事務所 辯護士 崔鎭

南部曲橋拾壹統七戶

事務員 金顯 李義集 李章均

特別廣告

近頃에本社事務에對ᄒᆞ야種種挾殺覺ᄒᆞᆫ者ㅣ陰沮를試ᄒᆞᆫ다ᄒᆞ나何國何人이던지本社에長遠ᄒᆞᆫ事務에對ᄒᆞ야能히防遏치못ᄒᆞᆯ것은明瞭ᄒᆞᆫ지니此廣告를讀ᄒᆞ시ᄂᆞᆫ 僉彥ᄂᆞᆫ幸須銘心ᄒᆞᆯ것이오며玆에本社의進行ᄒᆞᆯ職責與事務를明白히說明ᄒᆞ노라

本社ᄂᆞᆫ비록新成立ᄒᆞᆫ者이나本社를興旺케ᄒᆞᆯ方針에對ᄒᆞ야必要ᄒᆞᆫ者에ᄂᆞᆫ能力과勇敢力이固有ᄒᆞ오며現今에着手ᄒᆞᆯ事業은如左홈

一 韓國內某々種手造物品은美國의輸出ᄒᆞ야奇利를得ᄒᆞᆯ者ㅣ多有ᄒᆞ나至今까지此等物品은美國內各處의紹介ᄒᆞᆫ者無ᄒᆞ며現今에本社에서ᄂᆞᆫ此等困難이無ᄒᆞ지라韓國은何故로美國과如此ᄒᆞᆫ商業上好關係를拋棄ᄒᆞ리오

又嘗試思ᄒᆞᆯ것은美國物品이韓國에到達ᄒᆞᆯ時에ᄂᆞᆫ通常으로四五手를經由ᄒᆞ나니每經由處에該物品本價에셔利益을添付ᄒᆞ여稅金及運費도自然增加ᄒᆞᆫᄂᆞᆫ故로物價가甚高ᄒᆞ오나本會社ᄂᆞᆫ美國內物品製造所에셔最廉價로特約直輸入ᄒᆞ야發賣홈에直接放賣ᄒᆞ며物價가低廉ᄒᆞᆯ터이오니推此思惟ᄒᆞ오면韓國內에셔美國物品의需用가直接關係로利益의增加ᄒᆞᆷ을預期홈

貳 本社에셔ᄂᆞᆫ韓美兩國間商業關係가만盡力을不啻라韓國과亞細亞全部와歐羅巴及濠太利諸處에도商業上好機會를造成ᄒᆞᆯ計劃이오며日勤賣ᄒᆞᆯ代理ᄂᆞᆫ韓國內各處에置ᄒᆞ고新鮮ᄒᆞᆫ物品을直輸入ᄒᆞ야各處代理人으로分掌出賣케ᄒᆞ며又物貨를放賣ᄒᆞᆯ時에對ᄒᆞ야ᄂᆞᆫ時々로特別히廣告를掲佈ᄒᆞᆯ터이오니海內僉彥은本社에事務進行ᄒᆞᆷ을隨ᄒᆞ야承聞ᄒᆞ오리다

三 本會社ᄂᆞᆫ不動產部ᄅᆞᆯ別設ᄒᆞ고不動產에關ᄒᆞᆫ事項을管理ᄒᆞ되土地家屋等賣買典當及借貸等事에仲介契約受托及방助ᄒᆞᄂᆞᆫ等事를處理ᄒᆞ야迅速히發展되기를期待ᄒᆞ며此에關ᄒᆞᆫ詳細事項은未久에公布ᄒᆞᆯ지옴

四 何事를勿論ᄒᆞ고法律의違反치아니ᄒᆞ고本社의利益이有ᄒᆞᆷ으로認定ᄒᆞᄂᆞᆫ營業은本社에셔隨機進行ᄒᆞ기로準備ᄒᆞᆯ터이오니此目的의對ᄒᆞ야同情을表ᄒᆞ시ᄂᆞᆫ 僉彥은盡心協助ᄒᆞ심을切望ᄒᆞ며以上陳述ᄒᆞᆫ諸項에對ᄒᆞ야 僉彥과通信을連絡ᄒᆞ기를願ᄒᆞ오니左開二項을注意ᄒᆞ시옴

壹 何事를勿論ᄒᆞ고本會社에委托ᄒᆞᄂᆞᆫ時에ᄂᆞᆫ本社에셔盡心竭力ᄒᆞ야信實히處理ᄒᆞᆯ터이오며

二 本會社ᄂᆞᆫ何人이던지本會社의委托ᄒᆞᆫ事에對ᄒᆞ야ᄂᆞᆫ其信用을確守ᄒᆞ며尊敬ᄒᆞᆷ을保証ᄒᆞᄂᆞᆫ故로何事를勿論ᄒᆞ고信用에關ᄒᆞᆫ事件은特別히本社에셔委任ᄒᆞᆯ딘ᄃᆡ加一層安全ᄒᆞᆷ을擔任ᄒᆞ깁ᄂᆞ이다

大韓皇城磚洞

韓美興業株式會社 謹啓

出張所 典洞金樂永

測量機械 各種大發賣
漢城南署張洞六拾貳統一戶
金龍商會

鍾路里門上隅 十二統三戶 與文社

最新算術 上下 壹圓 定價金
二十世紀朝鮮論 定價金 三拾五錢

新撰外國地誌 上下 定價金 六拾錢

中等用器畫法 全 定價金 七拾錢

本社에서活版機械를壹新整備하고各種印刷를廉價精速히應하오니僉位는惠顧하시옵
本社에서直接大發賣書目

大韓全國에總發行所는

京城南大門內濟生堂大藥房

清心保命丹

蔘茸大補元

蛔積殺虫散

寸虫沒出藥

久滯大通丸

感氣特效解熱散

된종拔根藥

新製百應膏

去液生肌沃度膏

止足汗臭藥

其他藥種은壹難記이오나外大韓國內藥商이시던지僉兄의게는
仁川港支店 濟生堂主 李庚鳳

新訂大韓帝國圖

初等大韓新地誌

漢字初習

國語文典音學

和平堂大藥房

總發行所

大韓山林協會

八寶丹

光武九年八月一拾一日 明治卅八年八月一拾一日 (第三種郵便物認可) 火曜日 西曆壹千九百九年貳月貳日 (壹)

第六卷

大韓每日申報

第壹千拾三號

月曜及慶節歲時日休刊

檀君開國四千二百四十二年
箕子元年三千三十一年
大韓開國五百十八年
日本明治四十二年
淸國宣統元年
陰曆己酉正月小十三日己巳

論說

◎警告同業各報館諸公

本報가 創設ᄒᆞᆫ지 五六星霜에 한國同胞와 情緣을 托ᄒᆞ며 同業諸公과 靈犀를 通ᄒᆞ야 夷險을 不關ᄒᆞ며 甘苦를 不問ᄒᆞ고 何處에서 猜妬가 來ᄒᆞ던지 何處에서 狂罵가 來ᄒᆞ던지 餠이 來ᄒᆞ던지 石이 來ᄒᆞ던지 是를 壹切 不相關ᄒᆞ고 自由의 筆을 擧ᄒᆞ며 春秋의 志를 繼ᄒᆞ야 善을 褒ᄒᆞ며 惡을 除ᄒᆞ고 是를 揚ᄒᆞ며 非를 彈ᄒᆞ고 殘陽을 扶ᄒᆞ며 强陰을 抑ᄒᆞ고 民知를 牖ᄒᆞ며 公仇를 誅ᄒᆞ야 八城三千里內 陰翳ᄒᆞᆫ 魔雲을 壹揮에 掃ᄒᆞ고 二千萬人 四千萬眼으로 光明ᄒᆞᆫ 靑天白日을 快視케ᄒᆞᆯ 目的으로 淚에 墨을 和ᄒᆞ야 昨日에 壹熱ᄒᆞ며 今日에 壹熱ᄒᆞ야 萬里旅路으로 韓國同胞의 買生을 作ᄒᆞᆷ은 彼本報反對者 幾個魔報外에ᄂᆞᆫ 我同業諸公이 壹般同認ᄒᆞᆯ 비어니와

雖然이나 記者ㅣ 今玆臘際에 壹片刺激ᄒᆞᄂᆞᆫ 感情을 不堪ᄒᆞ야 諸公에게 壹告ᄒᆞ노라

大抵 國民의 知識을 啓發ᄒᆞ야 文明의 土臺를 築ᄒᆞᆷ에 新聞을 捨ᄒᆞ고 何로 以ᄒᆞ며 國家의 運命을 挽[illegible]歌ᄒᆞ야 未來의 幸福을 求ᄒᆞᆷ에 新聞을 捨ᄒᆞ고 何로 以ᄒᆞ리오 世人이 [illegible]

培養ᄒᆞ야 風氣를 轉移ᄒᆞ고 地上天國을 建ᄒᆞᆷ에 新聞을 捨ᄒᆞ고 何로 以ᄒᆞ리오 然ᄒᆞᆷ으로써 泰西近儒가 新聞勢力을 讃歎ᄒᆞ야 竝稱ᄒᆞᄂᆞᆫ 바인데 又況 我國은 同胞의 常識이 缺ᄒᆞ며 公德이 頹ᄒᆞ며 俗習이 頑ᄒᆞ며 悲運이 亟ᄒᆞ니 此를 諸導ᄒᆞᆯ 者도 惟新聞이며 此를 革新ᄒᆞᆯ 者도 惟新聞이며 此를 拯濟ᄒᆞᆯ 者도 惟新聞이니 目下 査ᄒᆞᆫ 狐狸와 活行의 百鬼가 莫非 壹棒壹喝 壹蹴壹呼의 新聞家 大筆力으로 掃退ᄒᆞᆯ 비어날 今也에 如此大義務 大責任을 雙肩에 擔ᄒᆞᆫ 新聞家들이 壹切 言論自由가 無ᄒᆞ야 忻都의 目을 刀로 劃ᄒᆞ고 豫讓의 口에 炭을 呑ᄒᆞᆫ 五分聾 五分啞의 新聞으로 엇지 此義務 此責任을 擔ᄒᆞ리오 此ᄂᆞᆫ 同業諸公의 負戴長歎ᄒᆞᄂᆞᆫ 비며 抑又 同業諸公에 對ᄒᆞᆫ 壹般輿情의 同辭嗟惜ᄒᆞᄂᆞᆫ 비로다

然이나 記者ᄂᆞᆫ 獨曰 不然이라 ᄒᆞ노니 大抵 天下萬事가 必也 千回百折 羊腸九曲의 險을 經ᄒᆞ여야 順風張帆 一日千里의 樂이 有ᄒᆞ나니 吾輩와 新聞事業인들 何獨不然ᄒᆞ리오 故로 新聞業에 從事ᄒᆞᄂᆞᆫ 者도 天上天下 惟我獨尊의 氣槪가 無ᄒᆞ면 不可ᄒᆞ며 鞠躬盡瘁 死而後已의 眞誠이 無ᄒᆞ면 不可ᄒᆞ며 平治天下 捨我其誰의 信念이 無ᄒᆞ면 不可ᄒᆞ며 粉骨塵土[illegible]

不問ᄒᆞᄂᆞᆫ 空山[illegible]壁의 [illegible]誦的으로 新聞의 役을 擧ᄒᆞ야 實業의 壹枕을 高遜ᄒᆞ고 晏然無事히 新聞記者先生의 徽号만 擁코ᄌᆞᄒᆞ면 此等 鄕愿的 新聞家ᄂᆞᆫ 今日 苦痛時代에 不宜ᄒᆞᆯ 뿐아니라 即 昇平歲月에 在ᄒᆞ야도 無益ᄒᆞᆯ지로다

嗟乎 同業諸公이여 苦痛을 觀觀ᄒᆞ라 苦痛에서 大煩惱가 生ᄒᆞ며 大煩惱에서 大熱憤이 生ᄒᆞ며 大熱憤에서 大理想이 生ᄒᆞ며 大理想에서 大新聞이 生ᄒᆞ고 大新聞이 生ᄒᆞ면 大政治家가 生ᄒᆞ며 大新聞이 生ᄒᆞ면 大敎育家가 生ᄒᆞ며 大新聞이 生ᄒᆞ면 大實業家 大學問家가 生ᄒᆞ야 萬歲々々 大韓國民의 大幸福이 來ᄒᆞ리니 嗟乎 同業諸公이여 四千載國家 三千里疆土를 爲ᄒᆞ야 筆을 執ᄒᆞᆫ 者가 엇지 暫時 不自由의 苦痛을 因ᄒᆞ야 退沮悲觀의 念을 作ᄒᆞ리오 勉哉어다 諸公이여

如何ᄒᆞᆫ 困難과 如何ᄒᆞᆫ 煩惱가 有ᄒᆞ던지

國家의 精神으로 大義節을 作ᄒᆞ야 同胞의 趨向을 正케ᄒᆞ며 世界의 大勢를 善察ᄒᆞ야 靑年을 啓發ᄒᆞ되

不屈不撓히 前進ᄒᆞᆯ지어다

▲隆熙二年 九月 壹日 官報

部令

學部令第拾五號 續

第八條 認定을 受ᄒᆞᆫ 學校로 本規程에 違背ᄒᆞ거나 又ᄂᆞᆫ 成績不良ᄒᆞᆷ으로 認ᄒᆞᆫ 時ᄂᆞᆫ 學部大臣은 將來에 對ᄒᆞ야 其認定을 徵消ᄒᆞᄂᆞᆫ 事도 有ᄒᆞᆷ

第九條 本規程에 依ᄒᆞ야 學部大臣에게 提出ᄒᆞᆫ 文書ᄂᆞᆫ 所轄地方長官을 經由ᄒᆞᆷ이 可ᄒᆞᆷ [illegible] 어可ᄒᆞᆷ

附則

第拾條 本規程은 隆熙二年十月壹日로부터 施行ᄒᆞᆷ 完

敎科用圖書檢定規程을 左와 如히 定ᄒᆞᆷ

隆熙二年 八月 二十八日

學部大臣 李載崑

學部令第拾六號

敎科用圖書檢定規程

第壹條 敎科用圖書에 檢定은 其目的ᄒᆞᆫ 學校의 학員학徒用又ᄂᆞᆫ 敎員用에 適ᄒᆞᆷ을 認定ᄒᆞᆷ이라

第二條 圖書를 發行ᄒᆞᆫ 者ᄂᆞᆫ지 又ᄂᆞᆫ 發行코ᄌᆞᄒᆞᄂᆞᆫ 者ᄂᆞᆫ 其檢定을 學部大臣에게 請願ᄒᆞᆷ을 得ᄒᆞᆷ

(未完)

外報

◎英皇의 訪問 伯林電을 據ᄒᆞᆫ則 英國皇帝ᄂᆞᆫ 貳月十七日에 西班牙國王을 訪問ᄒᆞᆫ다더라

◎羅馬의 大雪 同電을 據ᄒᆞᆫ則 羅馬國에서 大降雪이 有ᄒᆞ야 全市가 埋沒되얏다더라

●英國海軍計劃 倫敦電을 據ᄒᆞᆫ則 倫敦데일리메일報에 日英國海軍省은 今春에 海峽艦隊를 減縮ᄒᆞ고 新히 北海艦隊(戰鬪艦拾二隻、巡洋艦拾二隻)을 設置ᄒᆞ고 템쓰河口에 노아를 其根據地로 定ᄒᆞ얏다더라

詞藻

◎碧空月

碧空에 걸녀 두렷ᄒᆞᆫ 더 明月이。 萬古風霜에、 至今ᄭᆞ지 ᄇᆞᆰ엇도다 [illegible]

雜報

●(祇迎前往) 承寧府侍從長金春熙氏가 大皇帝陛下還御ᄒᆞ시ᄂᆞᆫ路次에 祇迎次再昨日平壤等地로前往하얏다더라

●(議長吟病) 中樞院議長金允植氏가身病으로仕進을廢止ᄒᆞ얏다더라

●(珍守再辭) 珍山郡守李源翼氏가期於히辭免ᄒᆞ기로上京ᄒᆞ야再度請願ᄒᆞ얏ᄂᆞᆫ데內部에서ᄂᆞᆫ不許遞ᄒᆞᆫ다더라

●(逃則何逃) 度支部에서年前에公逋郡守등次第招待ᄒᆞ야日其督納ᄒᆞᆫ다ᄂᆞᆫ說이浪藉ᄒᆞᆫ故로東裝逃躱ᄒᆞᄂᆞᆫ者가甚多ᄒᆞ다더라

●(俞氏計劃) 俞吉濬氏가漢城府民會를組織ᄒᆞᆫ後에ᄂᆞᆫ各地方으로周行ᄒᆞ면서人民을勸誘ᄒᆞ야民會를實施케ᄒᆞᆯ預定이라더라

●(敎科檢定) 學部에서各人士의著述ᄒᆞᆫ書籍을檢定ᄒᆞᆫ다ᄒᆞᆷ은人所共知어니와今番에僅々檢定認許ᄒᆞᆫ者ㅣ如左ᄒᆞ니國語語典萬國地理算術敎科書等種類라더라

●(嚴飭勸農) 全羅北道礪山龍安咸悅等郡에儲水ᄒᆞᄂᆞᆫ防築이多ᄒᆞᆫ데該近處에有勢力者들이人民을壓制ᄒᆞ고該防築을沒數히掘壁作畓ᄒᆞᄂᆞᆫ故로該防築下의畓土들은藥土에卒歸ᄒᆞᆫ지라人心이嗷嗷ᄒᆞ더니該觀察李斗璜씨가査實ᄒᆞᆫ後各郡에嚴訓ᄒᆞ야該防築의作畓은竝廢止ᄒᆞ고如前儲水ᄒᆞ야農業을勸勉ᄒᆞ라ᄒᆞ얏다더라

●(何用調査) 학部에서各學校의基本財産及諸般經費의多寡를一々調査ᄒᆞ기로着手ᄒᆞ얏다더라

●(鴉片禁賣) 大邱에ᄂᆞᆫ鴉片烟을潛喫ᄒᆞᄂᆞᆫ弊가滋甚ᄒᆞᆷ으로官廳商務所에서該般商民이此弊를防止ᄒᆞᆯ次로淸商의게交涉ᄒᆞ야追後에ᄂᆞᆫ鴉片을賣買치못ᄒᆞᆯ意로契約書를受置ᄒᆞ얏다더라

●(莫見乎隱) 前義將金昇圭前實務使申泰休兩氏가自已의親近ᄒᆞᆫ家人을指使ᄒᆞ야巨額金을用給ᄒᆞ고寺洞實興社를壹層擴張ᄒᆞ야當予淫婦의若干錢財를奪ᄒᆞ면서自已의姓名이露出ᄒᆞᆯ까百倍隱東ᄒᆞᆫ다ᄒᆞᆷ으로ᄒᆞ야兩氏의行動을人皆唾罵ᄒᆞᆫ다더라

●(日人見逐) 懷德郡에昔文山은業已測量臨本ᄒᆞ얏고又息長山을測量ᄒᆞᆯ次로該郡守에게書示를得付ᄒᆞ고壹邊標木을列挿ᄒᆞ더니山所有主들이壹齊抵死力拒ᄒᆞ야標木을拔去ᄒᆞᆫ日人이不得已逐去ᄒᆞ얏다더라

●(面長得人) 忠州郡蘇坡面面長金應洙氏가自已應食條로ᄒᆞ面內人民에雜費를代給ᄒᆞ고結錢收刷를隨力排納ᄒᆞᄂᆞᆫ故로ᄒᆞ面人民의稱頌이有ᄒᆞ다더라

●(壹進會員蠻行) 平北楚山郡忠上面中里松岸居壹進會員李元植爲名者가去壹月分에黃海道安岳郡文山面松村居韓正化氏家에來到ᄒᆞ야言ᄒᆞ기를余가貴郡으로搬移ᄒᆞᆯ터인ᄃᆡ余에拾九歲從妹ᄂᆞᆫ任自平婚ᄒᆞ더ᄒᆞᆫ즉韓氏가該人의從妹가實有ᄒᆞᆷ을確知ᄒᆞᄂᆞᆫ故로該洞天道敎人曹英俊氏長男에게勸婚結約ᄒᆞ고請婚書를許受還鄕ᄒᆞᆫ시曹韓兩氏에게請託ᄒᆞ되平壤셔緊用ᄒᆞᆯ事가有하니金二拾五圓만貸下ᄒᆞ라ᄒᆞ거ᄂᆞᆯ依言施給하고更爲査見則李哥에從妹ᄂᆞᆫ數年前에他處에賣婚ᄒᆞᆫ지라太抵此人에壹妹再賣ᄒᆞᄂᆞᆫ悖習이壹進會에勢力을곱恃ᄒᆞᆷ인지不知ᄒᆞ거니와韓氏가不勝憤寃ᄒᆞ야將次京城裁判所에呼訴ᄒᆞᆫ다더라

●(面里長의贓行) 去十二月二십日頃에義兵數百名이楊州郡州面에來到ᄒᆞ야軍需錢八千兩을討索ᄒᆞᆫ지라該面長趙鍾吉里長金石山兩人이言ᄒᆞ되義兵에게ᄂᆞᆫ八千兩式만奪ᄒᆞ면서人民保護ᄒᆞᄂᆞᆫ警察官吏에게ᄂᆞᆫ壹分도補助치아니ᄒᆞ면義理가아니라ᄒᆞ고該面內에八千兩을收合ᄒᆞᆫ즉該兩人이分食ᄒᆞ얏더니該情跡이綻露되야人民等이將次京城裁判所에呼訴ᄒᆞᆫ다더라

●(徐庶의所遭) 咸興郡居ᄒᆞᄂᆞᆫ前秘書丞金升文氏가海蔘威의民留ᄒᆞᄂᆞᆫ韓國同胞를臨發ᄒᆞ기爲ᄒᆞ야同港에渡往ᄒᆞ야學校와新聞館의事業을熱心倡導ᄒᆞ고盡力襄助ᄒᆞ더니咸興警察署日人官吏가金氏의家를搜索ᄒᆞ고金氏의老母를提囚ᄒᆞᆷ으로該氏가還歸ᄒᆞ야現今警署에就囚中이라더라

●(別種挾雜) 黃海道新溪郡에駐在ᄒᆞᆫ日憲兵隊事務員張世伯等三人이該郡에春陽학校를設立ᄒᆞ야靑年을敎育ᄒᆞᆫ다藉托ᄒᆞ고該郡及谷山郡각面에捐助金을數千圓式勒歛ᄒᆞ야只充私橐ᄒᆞᄂᆞᆫ故로該兩郡人民이多數上京ᄒᆞ야학部에呼訴ᄒᆞ얏다더라

●(賣藥作弊) 永川邑居ᄒᆞᄂᆞᆫ孔永順爲名者가帝國賣藥會員이라稱托ᄒᆞ고浦項街路上에안ᄌᆞ셔有何目的이던지來往行商에게對ᄒᆞ야或二三圜式勒捧ᄒᆞᄂᆞᆫ더事不如意ᄒᆞ면拿人毆打之弊도有ᄒᆞ고商民이屈服지아니ᄒᆞ면行悖爲主ᄒᆞ기로慶北商民의呼寃이浪藉ᄒᆞ다더라

●(金氏砲殺) 去十二月頃에抱川楊州等地에往來ᄒᆞᄂᆞᆫ義兵將李殷大氏가抱川郡各面에軍需錢을排斂ᄒᆞᄂᆞᆫ데就中박은담이洞中에ᄂᆞᆫ二十八圓을排出ᄒᆞ얏더니該洞民은名不知金主事가該錢을收斂收合後에義將을往見日該洞殘民이生計에困難ᄒᆞ야八圓을減爲收斂ᄒᆞ얏노라ᄒᆞ고二拾圓은自爲乾沒ᄒᆞᆫ지라該情跡이現露되야義將이兵卒幾名을領率ᄒᆞ고該洞에來到ᄒᆞ야金主事를砲殺ᄒᆞ얏다더라

●(欠逋被囚) 從二品權直相氏가年前에公州郡守在任時에多數ᄒᆞᆫ公錢을欠逋ᄒᆞᆫ事ᄂᆞᆫ衆所共知어니와히氏가此로因ᄒᆞ야日前警視廳에被囚ᄒᆞ얏다ᄂᆞᆫ說이有ᄒᆞ더라

●(日餠荷杖) 役夫金成玉權昌洙兩人이上年拾二月頃에西部紫岩洞留ᄒᆞᄂᆞᆫ日人有本時次郞家에서打餠ᄒᆞᆫ雇價七圜所排條가有ᄒᆞ야日以督推ᄒᆞ더니該日人이金權兩人을反爲毆打ᄒᆞ며永不開給ᄒᆞᄂᆞᆫ故로該日西部警察署에來實呼訴ᄒᆞ얏다더라

●(學會懇親) 熱心家에著名ᄒᆞᆫ李直氏가日昨本報의각학會에勸告ᄒᆞᆫ評論을閱覽ᄒᆞ다가학界情況의不完全ᄒᆞᆷ을憤嘆ᄒᆞ야각학會會員을五人式請邀ᄒᆞ야自已의邸에懇親會를設ᄒᆞ고盛大ᄒᆞᆫ酒肴로備待ᄒᆞᆫ後에該評論全文을壁上에特書揭付ᄒᆞ고會員壹同이齊聲大讀ᄒᆞᆫ後에慷慨激切ᄒᆞᆫ言辭로互相討論ᄒᆞ얏다더라

●(畿湖總會) 畿湖興學會에서甫太ᄒᆞᆫ事項을處理ᄒᆞ기爲ᄒᆞ야本月四日下午壹時에臨時總會를開ᄒᆞᆫ다더라

●(光東總會) 再昨日에光東書籍縱覽館株主總會를普成館內에開ᄒᆞ고株金을募集ᄒᆞᄂᆞᆫ데館長으로金嘉鎭氏로總務ᄂᆞᆫ金光濟氏를推選ᄒᆞ얏다더라

●(會賢坊會) 會賢坊에서第回總會의未決事項을處理ᄒᆞ기爲ᄒᆞ야今月七日下午壹時에美洞鳳鳴學校內로總會를開ᄒᆞᆫ다더라

●(智識開演) 今日下午七時에西部宗橋智識共新會에서演士鄭春洙씨가拾餘從新이라ᄂᆞᆫ問題로演說ᄒᆞᆫ다더라

●(靑會開演) 今日下午七時에鍾路靑年會館에서演說會를開ᄒᆞ고西洋人그린피드氏가讀書之法이란問題로演說ᄒᆞᆫ다더라

學界

●(蓮興卒業) 淸州郡江西面蓮興學校에서第壹二回卒業式을經ᄒᆞ얏ᄂᆞᆫ데甲班最優等趙炳元朴文圭優等趙濟元趙麒元등四人及第趙喆衡吳文秀等十壹人乙班優等趙炳烈朴弘來等六人及第朴泳洙趙炳赫等拾四人이라더라

●(文校文明) 鎭安郡私立文明學校ᄂᆞᆫ徒ᄂᆞᆫ煉基李來鎬丕夏澤全錫允金ᄃᆡ憲諸시가以禁酒斷烟事로壹場勸勉ᄒᆞ엿더니皆齊樂從ᄒᆞ얏고右諸시等이各其勞勤ᄒᆞᆫ즉諸人에게熱心說明ᄒᆞ야勞動學徒ㅣ二三拾名이라더라

●(會儀維新) 昌城郡勸會面會德學校々長姜昌齊시와總務姜翊墉시가講師趙準시를延聘ᄒᆞ야普通학科로熱心敎育ᄒᆞ야生徒가五十餘人이라卒業試驗을經ᄒᆞ미最優等은洪用性李德升等拾壹人인데贊成員金汝寬姜宣鎔諸시가施賞勸勉힛다더라

●(校長得人) 西部東幕居任肯淳시가該洞興英學校贊務會副會長으로在任時에多月勤務ᄒᆞ은人皆稱謝ᄒᆞᄂᆞᆫ바히시가近日副校長으로推薦되여去冬期試驗에始爲써緖ᄒᆞ야壹新ᄒᆞ員을勸勉ᄒᆞᆫ後에優數褒賞ᄒᆞ얏다더라

●(趙시有志) 小安洞居ᄒᆞᄂᆞᆫ趙鏞시가自已私第에測量學校를設始하고一個月速成科로細部高低兩科를精熱히敎授ᄒᆞᆫ다더라

◉咸荷義捐

淸州郡西面德村居鄭在鳳氏가 金一圜을本社에補助ᄒᆞ얏기玆에感意를表ᄒᆞ노라

◉地方消息

▲去月二십四日에平山郡東北方三拾里地에서義兵五名이히地分遣所上等日憲兵及補助員과交戰하얏다ᄒᆞ고

▲去月拾九日慶尙南道河東郡東北方約三拾里地에서義兵二拾餘名이히地分遣所ㅣ등日憲兵及補助員과交戰ᄒᆞ얏더하고

▲去月二十三日豐川郡東方四십里地에서義兵六拾餘名이히郡日守備隊斥候兵과交戰ᄒᆞ엿다ᄒᆞ고

▲去月十九日古幕院東南方約拾里地에서義兵壹百五十名이榮山浦日本討伐隊와ᄂᆞᆫ등日憲兵及補助員六名과交戰ᄒᆞ엿다ᄒᆞ고

▲去月二十四日茂朱郡內에서義兵二十餘名이茂豐地分遣所日憲兵及補助員九名과交戰ᄒᆞ얏다더라

▲韓人佩符▲

▲愁多ᄒᆞ니夢不成은나를두고이름이라窓外三更달밝은데長吁短嘆이러안ᄌᆞ天篇ᄒᆞᆫ卷에여字박군換字더ᄂᆞᆫ字를석여보니韓國人의佩符로다此兩篇으로許論ᄒᆞ야供覽世ᄒᆞ여보새

▲第壹獘戒무엇인가伐性狂藥술이로다古今歷史閱覽ᄒᆞ라家國勿論壹身上에興ᄒᆞᆫ者ᄂᆞᆫ絕無ᄒᆞ며敗亡者만許多ᄒᆞ다衛生衛牛始舍ᄒᆞ고現今情形말ᄒᆞ진ᄃᆡ飮酒餘暇어ᄃᆡ잇나好酒ᄒᆞᄂᆞᆫ더마음을愛國으로相換ᄒᆞ소

▲第二獘戒무엇인가迷魂鴆毒色이로다古今歷史閱覽ᄒᆞ라色界上에沉溺ᄒᆞ고不亡者가有誰런가亡國滅亡此時에도花獵으로從事ᄒᆞ니이럿타시無心者들人類에다比ᄒᆞᆯ손가好色ᄒᆞᄂᆞᆫ더마음을愛國으로相換ᄒᆞ소

▲第三獘戒무엇인가養賊媒因雜技로다古今歷史閱覽ᄒᆞ라雜技場에追逐ᄒᆞ면敗亡自爭例定이라國家悲慘窮縮커던個人사지이랴而飛蛾撲燈달녀드니抑何心腸이러ᄒᆞᆫ가雜技專力ᄒᆞᄂᆞᆫ더마음을愛國으로相換ᄒᆞ소

▲第四獘戒무엇인가喪家斧斤奢侈로다古今歷史閱覽ᄒᆞ라驕奢極侈ᄒᆞ며서야支保者가누구런가現况으로말ᄒᆞ진ᄃᆡ惡衣食도업ᄂᆞᆫ사ᄅᆞᆷ全群陷沒이境에侈風愈甚ᄒᆞᆯ일인가好奢ᄒᆞᄂᆞᆫ더마음을愛國으로相換ᄒᆞ소

▲第五獘戒무엇인가人中最末驕傲로다古今歷史閱覽ᄒᆞ라驕傲自滿ᄒᆞ고셔야不亡者가어듸잇나今日奴隸되고안ᄌᆞ脫去思想毫無ᄒᆞ고ᄂᆞᆫ相猜忌驕傲ᄒᆞ야漸赴溝壑무슴일가好驕ᄒᆞᄂᆞᆫ더마음을愛國으로相換ᄒᆞ소

▲願ᄒᆞ노니한人들아此兵惡習改革ᄒᆞ고愛國心을奮發ᄒᆞ야自由權을回復ᄒᆞ야國家를安ᄒᆞᆯ때에도이런惡習못되려던炭黍ᄒᆞᆯ人今日時代가向如是ᄒᆞ랑이면無復餘望ᄒᆞᆯ것이니此三研究ᄒᆞᆫ지어다한人들아한人들아

社告

支社員 載寧 劉夢禪氏와 龍岡 郭南秀氏가 支社事務를 辭免ᄒᆞ기로 來二月壹日부터 該支社를 廢止ᄒᆞ오니 該兩郡에서 本申報를 愛讀ᄒᆞ시ᄂᆞᆫ 諸君子ᄂᆞᆫ 本月內로 本社로 更爲 直接 請求ᄒᆞ심을 務望

大韓每日申報社

本人이 停業次로 馬山港停車場 西側에 家屋을 新建ᄒᆞ옵고 居處 飮食을 務圖精潔이오니 往來ᄒᆞ시ᄂᆞᆫ 僉員은 照亮光臨을 伏望

丁仁燮 告白

本所에서 急務 山林 土地 及家屋 川澤 礦山 未墾地 諸等을 精密히 測量製圖ᄒᆞ오니 遠近有志 쳠員은 迅速請求ᄒᆞ심을 望홈

慶南晋州府城外大安二洞 晋興測量製圖事務所 告白

本會事務가 漸次擴張이온바 本會에 願入ᄒᆞ실 有志僉君子ᄂᆞᆫ 本會로 陸續來議ᄒᆞ옵셔 林業에 發達케ᄒᆞ심을 希望홈 (電話二九三番)

大韓山林協會 本부告白

機械 及藥品을 整備ᄒᆞ고 弊所에셔 西洋新發明ᄒᆞᆫ 法으로 各種 **洗濯及染色**을 廉價로 需應ᄒᆞ옵ᄂᆞᆫ 其種類가 如左홈

洋服、襯衣、外套、帽子、項套、洋말、婦人洋服及壹切附屬品、毛織、毛紗、새루、馬尾緞、羅紗 綢緞紗羅芋布壹切貴重品의 周衣、족긔、赤衫、裳、袴、襦、等屬 洗濯及染色物이 有ᄒᆞᆷ을 本所로 通知ᄒᆞ시면 即時自宅에 進議ᄒᆞᆷ 學員、巡査、兵丁、及勞働諸君에 對ᄒᆞ야 定價의 拾分之貳를 特減홈

各地方에ᄂᆞᆫ 小包料를 添送ᄒᆞ시면 誠實郵呈홈

鍾路里門上隅拾貳統三戶 **西洋洗濯部第一屋**

廣告

辯護士 玉東奎

法律事務出張所 義州城內新洞

定山尹永九婚事完定林川朴進士家時 急卽來

趙璇九

主任 前敎官 李圭瓚 字箕用

本會에셔 重大事務를 處理ᄒᆞ기 爲ᄒᆞ야 本月四日(木曜)下午壹時에 臨時總會를 開ᄒᆞ오니 僉會員은 屆期來臨ᄒᆞ시옵

畿湖興學會 告白

中署澄淸坊相思洞第七統七戶 草家五間鄭兌成家券을 典執ᄒᆞ얏다가 失故로 廣告ᄒᆞ오니 日後家券持來者ᄂᆞᆫ 無論誰某던지 休紙施行홈

南部太龍洞大村 保太 告白

本人等이 尹始炳과 勞働會를 去三月分에 設立ᄒᆞ야 自七月로 內部에 三萬六千餘圓에 公役을 請負ᄒᆞ야 會樣이 僅成ᄒᆞ깃더니 不意에 會長 徐廷柱에 偸食會財ᄒᆞᆫ 事로 調査ᄒᆞᆫ즉 據該尹始炳氏ᄂᆞᆫ 該國金所犯이 잇스ᄂᆞᆫ 三萬餘圓 出納之際에 五圓犯用이 何關이며 三百五十圓은 沿江勞働會社에 擔手標貸給ᄒᆞ야 手票가 玆在ᄒᆞ니 此非犯用이오 且請負로 曾ᄒᆞ여도 尹始炳氏가 內部에 個人으로 罰負를 擔任ᄒᆞ야 會中에 付屬ᄒᆞ얏거날 尹氏에 義務ᄂᆞᆫ 不思ᄒᆞ고 反爲尹氏를 驅逐ᄒᆞ며 本人等은 尹氏를 擁護ᄒᆞ다고 驅逐ᄒᆞ니 尹氏에 厚意를 背忘ᄒᆞᄂᆞᆫ 彼會任員은 稅主爲와 同壹ᄒᆞ오니 內外僉君子ᄂᆞᆫ 照亮ᄒᆞᆷ

한昌會 宋秉斗 崔麟奎 安泰俊 申允泳 等 告白

本人의 六代祖判書公山所가 在於廣州郡慶安面七寺山이온바 數百年守護長養松楸를 族人閔泳璘氏가 暗賣他人故로 本人이 刑事에 起訟ᄒᆞ야 至於被囚러니 據然得放이오나 本人이 正當ᄒᆞᆫ 宗孫으로 傳來所有山坂松楸를 世所共知이온데 爭奪於枝族이 可ᄒᆞ리오 且族人泳夏氏가 貲邊搆訟新聞廣告ᄒᆞ며 一邊은 私和請求ᄒᆞ오니 其誰直誰曲은 推此可知矣니 內外國人은 泳夏之廣告를 勿信ᄒᆞ심

閔丙學 告白

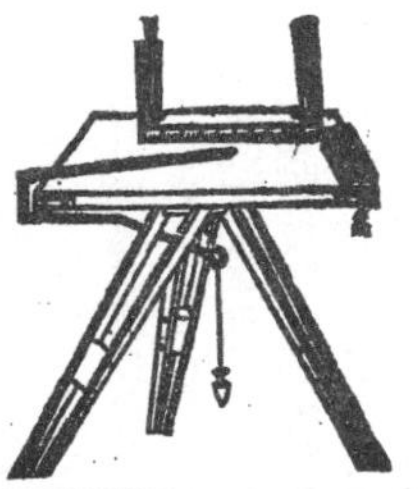

測量機械 各種大發賣

漢城南署棗洞六拾貳統四戶

金龍商會

出張所 典洞金樂永

特別廣告

本社事務所를 京城磚洞에 現今開設ᄒᆞ고 各地方에 **代理人**을 置ᄒᆞ라ᄒᆞ오니 本社 **定欵**을 詳細陳述ᄒᆞᆯ 時機가 來到ᄒᆞ얏스오니 條項이 張皇ᄒᆞ와 他日를 姑俟ᄒᆞ오며 本社 **資金**의 現今總額은 拾萬圜이온ᄃᆡ 壹株로 分ᄒᆞ야 每株에 拾圜式이옵 本社에셔ᄂᆞᆫ 本社에 關ᄒᆞᆫ 細項事項ᄭᆞ지 僉彦의 詳諒ᄒᆞ시기를 懇望ᄒᆞ오니 僉彦은 案限에 暫坐ᄒᆞ야

京城郵便局郵函第四十号 韓美興業株式會社라 皮封에 書ᄒᆞ야 齊書札을 **寄送**ᄒᆞ시되 本社ᄂᆞᆫ 詳細事項을 通知ᄒᆞ라ᄒᆞ시면 本社에셔ᄂᆞᆫ 答函을 卽呈ᄒᆞᆯ터이오니 惠覽後 貴地方에셔ᄂᆞᆫ 何事務가 本社의 進行ᄒᆞ기에 最適ᄒᆞᆯ지 **高明ᄒᆞᆫ 意見**을 惠賜ᄒᆞ시옵 是를 爲ᄒᆞ야 **來一月三十日以內**로 高明ᄒᆞᆫ 書札을 寄送ᄒᆞ시ᄂᆞᆫ 僉彦에게 如左히 **賞金**을 分與ᄒᆞ야 送呈ᄒᆞ깃숩

本社에셔 **高明ᄒᆞᆫ 書札中**

一等으로 認定ᄒᆞᆫ 者ᄂᆞᆫ　五十圓　二等　二十圓

三等　十圓　四五等　各五圓

六等至十等　各二圓

僉彦의 **費用**은 **郵票價** 以外에 무엇이 또 잇슴잇가 단단히 ᄉᆡᆼ각ᄒᆞ야 보시오 本社에셔 大韓帝國內各處와 通信을 連絡ᄒᆞ기 爲ᄒᆞ야 如此히 **懸賞**ᄒᆞ기를 不惜ᄒᆞ오니 本社의 各地方에셔 進行ᄒᆞᆯ 方針에 對ᄒᆞ야 **貴重ᄒᆞᆫ 勸告**를 賜聞ᄒᆞ옵나이다

京城磚洞 **韓美興業株式會社** 告白

平壤代理人 平壤大同門內店洞 **鄭基煥**

本會社에셔 鐵路와 郵便이 迢遠ᄒᆞᆫ 地方에 在ᄒᆞᆫ 쳠彦의 寄函ᄒᆞ실 期限을 寬裕케 爲ᄒᆞ야 壹月三十日以內로 退定홈

大韓全國에總發行所는
京城南大門內濟生堂大藥房

清心保命丹

此丹은化痰止咳하고順氣消滯하며水土ㅅ服에奇效가有홈
金十錢

蔘茸大補元

▲壹週日分金壹圓　四週分金三圓十錢　二週壹환八十錢　七週五圓三拾錢

右약은大韓名產鹿茸人蔘에西洋有名호補材를混和호야我國兄弟의臟胃와性質에適當호도록多年研究발明인바今에先服人의累試果驗이諸症皆差호니果然今世之良藥이라故로主治效能을左開廣佈호오니　僉兄弟는何不早圖壹試오(效能)　先天不足과健妄不眠호며　心腎俱虛와　房事色傷이며　遺精多夢과色傷腰痛이며　房事時에早漏不快호며　重病後虛弱과　手足厥冷이며　食物不消와　貧血諸症에奇效가有호고　無病人이若服七週면大補元氣호고骨節이强壯호며健康無病호나니此可謂最近靈藥哉若不其效면약價還呈홈

蛔積殺虫散

此散은蛔積과蛔腹痛과蛔滯와蛔虫壹切을去除妙藥　金십錢

寸虫沒出藥

勿論男婦老幼호고寸虫壹切을拔嶺之妙劑　壹人用三拾전

久滯 大通丸

年久호積滯와胸腹痛과腹中積病을驅除호는良劑　金拾五錢

感氣 特效 解熱散

感氣드러頭痛나고寒熱往來호며肢節痛과몸살에幷神效　금拾전

腳氣拔根藥

[illegible]되는과못과사마귀에바르면百發百中으로[illegible]　金십錢

新製百應膏

虫毒과瘡종과根박인데와종氣始初에[illegible]리못션에神效　金拾전

去液 生肌 沃度膏

創劑과모던종氣와火傷과곰새인데와싸시고압픈데神效　金拾錢

止足汗臭藥

발에쌜리쓰보션을신으면惡臭와汗이가치고너음새가업소金十錢

其他藥種은壹壹難記어니와大韓國內藥商호시는僉兄의게는藥價를低廉케ㅎ야放賣호오니陸續注文호시오

京城南大門內 仁川港台峴 濟生堂主 李庚鳳

壯陽復元丹

一週分金[illegible]　二週分金[illegible]八十錢　四週分三圓四拾錢　八週分六圓四拾錢

此약은專치腦痛肺弱○房事色傷○心腎虛弱○陽萎不起○遺精多夢○神經衰弱○房事時早漏不快○病後虛弱○健忘不眠○貧血諸症○先天不足○飲食不下○眩暈頭痛○等症호나니試將此丸을照法服之면不過幾点종에立見妙效호야魂飛肉躍에精神徹奮호고頓覺升快하나니其症이輕者는服壹二週면挽回元陽호고其症이稍重者는可服三四週호고及遠年痼疾로其症이頗重者는連服ㄴ八週면必能全치無疑니若夫氣病之人도試用此劑則補血而益氣호고强筋而壯骨호나니用之八週而未見其效則請將價額을如數還呈이오不敢虛誕自欺라此丸이又無論男婦老幼호고均用有效하나니眞世間無比之妙劑也라　僉位는何不早도壹試오

發行所　皇城鐘路大廣橋十九統七戶　共愛堂藥房
特約代理店　京城水橋　濟生堂藥房

新訂分道 大韓帝國地圖

銅版印刷　구로수洋裝　全壹帖　正價金五拾錢

△[illegible]堂玄　采시序

○我韓地圖之精密者首推古山子所謂大東輿地圖而卷帙太多難於携帶且流傳者少不能人人皆有豈非大恨[illegible]本[illegible]煩就簡作爲小帖以公同好我內地地味膏沃物產豐富爲東洋之[illegible]若開拓而發明則我國之富强可計日以待矣本[illegible]分十三道自府川國郡都府以至物產名目詳細記載使人壹目瞭然請我同胞各置壹本以作興事業之壹助是所厚望

發兌元
▲皇城中部罷朝橋越邊　中央書館
▲皇城남部大廣橋東邊　滙東書館
▲[illegible]城北部桂洞　玄公廉
▲皇城中部鐘路　大東書市

初等大韓新地誌

全壹冊定價金貳拾五錢

近日初等大韓地誌가三四種이鋟次刊行되엿스오나敎育上에缺點이無[illegible]다可謂[illegible]지니今에本書는特別히幼年程度의適當홈을爲호야問答例로詳密히編纂호와小學校用에必要호오니照亮호심을望홈

問答

漢字初習

全壹冊　定價金拾五錢

本館에서著作호漢字初習은[illegible]

文字에義[illegible]幼穉도解得[illegible]便易[illegible]호여[illegible]교[illegible]호기와解得[illegible]한字[illegible]로其他[illegible]千字文[illegible]冊[illegible]最便[illegible]고最要[illegible]幼稚와普通初等漢文科로[illegible]適宜[illegible]니多數히需用호시기를바라나이다

國語文典音學

周時經 著述　全壹冊　定價金[illegible]拾錢

本書는周時經시가拾有餘年을研究호여國語와國文音學에諸般發明則을詳密히說明호여壹般學界에極히有用호오니文學에有志호신諸시와學生僉員은速히需用호심을바라나이다

特別割引放賣호오니陸續注文호심을務望

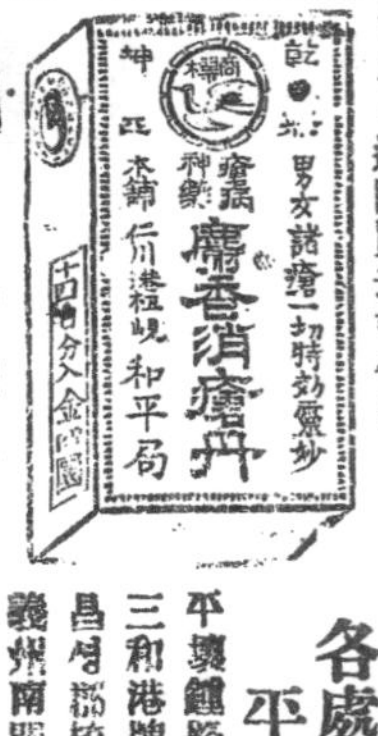

八寶丹

丸拾五粒ㅅ金[illegible]錢

滋陽丸

補陰補陽
三拾日分　금五圓
貳拾日分　금三圓五拾전
拾日分　금壹圓八拾전

主治

○房事不吝○腎虛腰痛○病後氣喘○腎氣不足○陽痿不起○遠精多夢○陰虛火動○房事後頭痛○手足厥冷○形容蒼白○吸烟斷烟咳嗽○體質虛弱消瘦

此外의도東西洋各國靈藥이俱備호오니各地方의셔도隨用請求호시면郵便으로보낼터이오니各處藥業호신는僉位에게는特別割引放賣호오니陸續注文

和平堂太藥房

總發行所

婦人부인 뎌양 됴경환 調經丸
壹劑壹月分　금五圓

主治說明

婦人이孕胎를지못홈은冷病積聚와月經不調로因홈이니此藥을服用호시면婦人腹中에有호諸病은壹切退去호고自然孕胎호오니速히買去하시옵

大韓帝國仁川港台峴 全國內各藥舖

製藥所 仁川港台峴 和平堂藥房
發行人 李[illegible]

代理店
京城衣塵下 和平堂支店
京城南門內水橋 濟生堂藥房
京城大廣橋 共愛堂藥房

支店及出張所
元山 載寧 義州 郭山 [illegible]
木浦 咸從 宜川 [illegible] 博川
三和 長淵 尙州 鐵山 大邱
鎭南浦 龍川 平壤 黃州 安岳
釜山 水原 安岳

京城鐘路 仁川港台峴 和平堂 白

◉大韓每日申報 各處支社廣告

平安道

平壤鐘路太極書館　安[illegible]
三和港牌石洞　[illegible]杜
邑[illegible]校洞　許[illegible]
義州南門外壹[illegible]大藥房　[illegible]
鐵山邑東[illegible]　[illegible]
車輦館　[illegible]
定州[illegible]　[illegible]
博川郡邑[illegible]洞　金[illegible]
安州城內義井洞　[illegible]
[illegible]線[illegible]　李[illegible]秀
[illegible]川場市　[illegible]
龍川府南[illegible]　[illegible]
龍川남市驛　[illegible]
[illegible]邑남門[illegible]　[illegible]
泰川邑館[illegible]　李[illegible]
[illegible]邑客舍[illegible]　[illegible]
江西邑內　金[illegible]
咸從[illegible]學校　張[illegible]
成川郡上部面　馬[illegible]
平남順川郡[illegible]　鄭[illegible]
宣川邑橋南　金亨俊
江界郡敎堂內　김漢회
江界邑內　김泰회

黃海道

海州남門內　朴昌鎭
安岳細[illegible]坊成洞　廉道善
長淵邑南門內　[illegible]
殷栗邑倉[illegible]里　金泰聲
信川邑六里　丁一善
黃州南門外冊肆　崔鎭衡
白川邑文明館　趙雲泳
郭山郡[illegible]面湖우里　金[illegible]
[illegible]山郡邑面上里　梁允植

咸鏡道

咸興州南社西門外　[illegible]
元山港創業社內　皇甫正杰
高原邑　[illegible]
定平郡[illegible]川　[illegible]
洪原南門外[illegible]　方[illegible]
永興[illegible]　[illegible]
鏡城[illegible]　鮮干[illegible]

全羅道

[illegible]邑邑內　李[illegible]
金溝[illegible]　趙[illegible]三
[illegible]　姜大[illegible]
木浦[illegible]　[illegible]得珠

京畿道

仁川[illegible]　李東[illegible]
開城남大門[illegible]學書舖　[illegible]
江華邑[illegible]　[illegible]

忠淸道

淸州남門外　宋[illegible]
[illegible]　李[illegible]

慶尙道

[illegible]　[illegible]李正由
[illegible]　徐[illegible]
[illegible]　吳根默

江原道

[illegible]　趙[illegible]大
[illegible]花里　朱鎭[illegible]

Responsible for Publication Alfred Weekley Marnham
發行兼編輯人 [illegible]
發行所 [illegible]石[illegible]洞號外[illegible]三層[illegible] 大韓每日申報社

光武九年八月拾一日 隆熙□年八月拾一日 (第三種郵便物認可) 水曜日 西曆一千九百九年三月三日 (壹)

大韓每日申報

第六卷
第壹千拾四號

月曜及慶節
翌日休刊

檀君開國四千二百四十二年
箕子元年三千三十一年
大韓開國五百十八年
日本明治四十二年
淸國宣統元年
陰曆己酉正月小十三日甲午

論說

◉社會의中軸

木은根으로써不拔ᄒᆞ며水ᄂᆞᆫ源으로써不渴ᄒᆞ며社會ᄂᆞᆫ中軸으로써不動ᄒᆞᄂᆞ니

汎然히目을擧ᄒᆞ야觀察ᄒᆞ면全國民族壹大社會에此處의頹ᄒᆞᆷ도可驚이며彼處의頹ᄒᆞᆷ도可憂이니何者를輕타ᄒᆞ며何者를重타ᄒᆞ리오마ᄂᆞᆫ

但彼水가流派ᄂᆞᆫ雖涸이나其源만深ᄒᆞ면終滋ᄒᆞ며彼木이枝葉은雖悴나其根만厚ᄒᆞ면終榮ᄒᆞᄂᆞ니社會의邊幅은處々히敗裂되얏ᄉᆞᆯ지라도其中軸만固ᄒᆞ면自然進步發達이될지니라

社會의中軸은是何오日意氣가壹世를傾ᄒᆞ며名譽가萬耳에震ᄒᆞ야時人이皆尊奉敬慕ᄒᆞᄂᆞᆫ志士國이是라

彼邊幅人物은或頑固ᄒᆞ던지或腐敗ᄒᆞ던지或思想이陋劣ᄒᆞ던지或氣力이羸劣ᄒᆞ던지其中軸만完整ᄒᆞ면國家에大害가無ᄒᆞ리니

何也오大抵中堅이其邊幅을移轉ᄒᆞ며邊幅을改良ᄒᆞ며邊幅을貫徹變化ᄒᆞᆯ能力이有ᄒᆞᆫ故로中軸이依舊ᄒᆞ면邊幅은離裂이나修補가不難ᄒᆞ리라

嗚乎라韓國數百年來社會의中軸에據ᄒᆞᆫ者를擧ᄒᆞ건대果然何如ᄒᆞ얏ᄂᆞᆫ가此에據ᄒᆞᆫ者ㅣ頑腐ᄒᆞᆫ儒生이아니면貪鄙ᄒᆞᆫ勳戚이며放狂ᄒᆞᆫ勢子가아니면卑劣ᄒᆞᆫ遊宦이며猾暴ᄒᆞᆫ私黨이아니면諂媚ᄒᆞᆫ黨類이라此가退ᄒᆞ면彼가進ᄒᆞ며彼가退ᄒᆞ면此가進ᄒᆞ야社會中軸의牛耳를迭執ᄒᆞ얏스니今日惡果를不致코ᄌᆞ ᄒᆞᆫ들엇지可得ᄒᆞ리오

故로國家의盛衰와民族의存滅은即其社會의中軸을壹觀ᄒᆞ면可卜ᄒᆞᆯ바인ᄃᆡ目下現社會의中軸은果然何如ᄒᆞᆫ가彼于々擾々ᄒᆞᆫ者ᄂᆞᆫ熱心家도不無ᄒᆞᆯ지며理想家도不無ᄒᆞᆯ지나然이나此人等이往々過去社會의遺傳性을繼續ᄒᆞ야幾分은腐儒의僻見을帶ᄒᆞ며幾分은遊宦의鄙習을藏ᄒᆞ야高尙純潔ᄒᆞᆫ愛國心으로國民의先導者될其人은寥々ᄒᆞ니嗚乎라社會의中軸이如此ᄒᆞ고야其邊幅의淸淨安全ᄒᆞᆷ을望ᄒᆞᆷ이只是虛想癡想될에不過ᄒᆞ저

김庾信氏의言에「提綱而目張絜領而子隨라其爲綱領乎」신더ᄒᆞ얏스니今日社會에綱領될者ㅣ其誰오吾儕가心香을擧ᄒᆞ고頂祝ᄒᆞ노라

官報

▲隆熙二年九月壹日 官報

部令

學部令第拾六號 續

外國에서發行ᄒᆞᆫ도書ᄂᆞᆫ發行者가本規程에依ᄒᆞ야其檢定을學部大臣에게請願ᄒᆞᆷ을得ᄒᆞ더此境遇에ᄂᆞᆫ韓國內에代理人을置ᄒᆞᆷ이可ᄒᆞᆷ

第三條 檢定請願者ᄂᆞᆫ第壹號樣式의願書에檢定料及도書或其稿本二部를提出ᄒᆞᆷ이可ᄒᆞᆷ

檢定料ᄂᆞᆫ도書壹種에對ᄒᆞ야其目的ᄒᆞᄂᆞᆫ學校壹種마다數로書定價의貳拾倍와同ᄒᆞᆫ額으로ᄒᆞᆷ

第四條 檢定을受ᄒᆞᆫ後에圖書의名稱、冊數、定價、目的ᄒᆞᄂᆞᆫ學校並學科의種類及圖書의內容을變更ᄒᆞᆫ時ᄂᆞᆫ檢定效力을失ᄒᆞᆷ

第五條 前條境遇에更히檢定을請願ᄒᆞᄂᆞᆫ者ᄂᆞᆫ第二号樣式의願書及圖書或其稿本二部를學部大臣에게提出ᄒᆞᆷ이可ᄒᆞᆷ

但定價를增加ᄒᆞᆫ時ᄂᆞᆫ第三條第二項에準ᄒᆞ야其差額을納付ᄒᆞᆷ이可ᄒᆞᆷ

第六條 檢定料ᄂᆞᆫ收入印刷紙로써納付ᄒᆞᆷ이可ᄒᆞᆷ

檢定料를納ᄒᆞᆫ後에ᄂᆞᆫ何等의事由가有ᄒᆞ야도此를還付치아니ᄒᆞᆷ

第七條 檢定ᄒᆞᆫ도書ᄂᆞᆫ學部에서官報에其名稱冊數定價目的ᄒᆞᄂᆞᆫ學校並學科學員學徒用又ᄂᆞᆫ敎員用의區別發行及檢定年月日並히도書에署名ᄒᆞᆫ著譯者及發行者의住所姓名을公告ᄒᆞᆷ이可ᄒᆞᆷ

第八條 도書發行者ᄂᆞᆫ도書에署名ᄒᆞᆫ著譯者又ᄂᆞᆫ發行者에住所姓名에變更이有ᄒᆞᆫ時ᄂᆞᆫ其事項을學部에報告ᄒᆞᆷ이可ᄒᆞᆷ

諸項의報告가有ᄒᆞᆫ時ᄂᆞᆫ學部에서此를官報에公告ᄒᆞᆷ

(未完)

外報

●獨逸進行 伯林電을據ᄒᆞᆫ則[illegible]은議部에서進行中이라ᄂᆞᆫ公報가有ᄒᆞ다더라

●英墺의[illegible] 同電을據ᄒᆞᆫ則維也納駐劄英國大使ᄂᆞᆫ英墺兩國間에舊誼를恢復ᄒᆞ기를努力ᄒᆞᆫ旨로調合ᄒᆞ얏다더라

●汽船의救命 紐育電을據ᄒᆞᆫ則汽船[illegible]號ᄂᆞᆫ데바부리[illegible]號를救ᄒᆞ야紐育에到着ᄒᆞ얏ᄂᆞᆫ데데바부리[illegible]號가衝突ᄒᆞᆫ時에伊太利定期船후로리다號에서乘客六百餘名이死傷ᄒᆞ얏다더라

雜報

◉每日報贊頌歌　金湘壎

우리大韓同胞들아 新聞歌를드러보소
獲麟絶筆ᄒᆞᆫ後로 至止之氣반갑구나
須摩頂、寶珠련가 大界放光悅惚ᄒᆞ며
閻王臺上業鏡인가 萬民善惡昭然ᄒᆞ네
彰善ᄒᆞ다질거말고 惟善益勉ᄒᆞ옵시며
懲惡ᄒᆞ다노여말고 惟惡必去ᄒᆞ옵소셔
우리同胞勸々ᄒᆞ사 新薦攻激ᄒᆞᆫ신功德
木石일셰모르지만 禽獸라도化ᄒᆞᆯ밧기
空山靜夜鐘聲인가 靑天白日雷聲인가
九皐明月鶴聲인가 壹聲々이醫世로세
二千萬衆合力ᄒᆞ야 永々維持ᄒᆞ여보세
每日報여每日報여 與天長久每日ᄒᆞ소

詞藻

●勿恃人

놈의밋을것가。못밋을손놈이로다 밋을만ᄒᆞᆫ四時節도、소허멋든못ᄒᆞ거니 [illegible]ᄒᆞᆯ며、狡詐人心이世上에、엇[illegible]

廣告

雜報

●爆裂有聲 今番西巡ᄒᆞ신事에對ᄒᆞ야韓城內에서何許人이伊藤統監을謀害ᄒᆞ랴고爆發物을埋置ᄒᆞ얏다ᄂᆞᆫ風說이種々有之로ᄃᆡ事實의有無ᄂᆞᆫ未知ᄒᆞ야尙今까지留案ᄒᆞ엿더니今에確報를聞ᄒᆞᆫ즉西巡에就駕ᄒᆞ시건前一夜半(去月二拾六日下午拾時三拾分)에該地停車場附近 奉迎委員出張所附近에서拳銃의聲과如ᄒᆞᆫ爆發聲이有ᄒᆞ얏다더라

●斷髮六千 大皇帝陛下의옵서今回西巡에 御巡行ᄒᆞ실際에各地方의 祗迎ᄒᆞᄂᆞᆫ人民들이 陛下의斷髮ᄒᆞ심을親히拜觀ᄒᆞ고即爲斷髮ᄒᆞᆫ者가六千人以上에達ᄒᆞ얏다더라

●朴氏運動 中樞院顧問朴齊純氏가總理大臣椅子의高據ᄒᆞᆯ計劃으로伊藤統監의게百般運動ᄒᆞ고今番西道 巡幸에陪從ᄒᆞ얏다더라

●運動何多 宮中顧問李允用氏ᄂᆞᆫ近日에何등運動이有ᄒᆞᆫ지統監府某官人을逐日訪問ᄒᆞ고耳語가密勿ᄒᆞᆫ다더라

●宋氏被傷 內部大臣宋秉畯氏의侍從武官魚潭氏가相持ᄒᆞᆫ事ᄂᆞᆫ已爲報道어니와其時魚潭氏拔劍ᄒᆞᆫ際에宋秉畯氏의手指三介가被傷ᄒᆞ얏다ᄂᆞᆫ說이有ᄒᆞ더라

●訴訟者稱㤪 司法官任用에對ᄒᆞ야各사會評論을聞ᄒᆞᆫ즉各裁判所判檢事書記通譯을敍任ᄒᆞ되法律을主張치아니ᄒᆞ고日語解ᄒᆞᆷ을主張ᄒᆞᄂᆞᆫ故로裁判에弊害가大端ᄒᆞᆫ中에通譯은法律을不知ᄒᆞ야語多錯誤ᄒᆞᆷ으로訴訟當事者들의敗訴落科ᄒᆞᄂᆞᆫ弊가種々有之ᄒᆞ야稱㤪이大端ᄒᆞ다더라

●公逋督納 度支部次官荒井賢太郞이가甲午以後犯逋官吏를這々調査ᄒᆞ미其人員의數爻가二千餘名인ᄃᆡ積欠公貨를期於督納ᄒᆞ기로決心ᄒᆞ얏다더라

●水商擴張 水商工業所에셔事務를擴張組織ᄒᆞ고再昨日부터漢城五部內에事務員을分掌派送ᄒᆞ야每戶에人口와壹日汲水多小를這這調査ᄒᆞ기로着手ᄒᆞ얏다더라

●間島人口 間島에在ᄒᆞᆫ淸兵은二千四五百餘名이오巡查가四百名內外며日本憲兵이百名이오韓人巡查가四십名이오在留韓人은約十萬名이오淸人이貳萬三千名이오日本人은兵士及官吏外에約二百名이오統監府出張所々員이拾七名이라더라

●平壤消息 平南觀察使李軫鎬氏가該府內人民에게韓日國旗를交懸ᄒᆞ라고强制指揮ᄒᆞ야人民家에ᄂᆞᆫ兩國旗를交懸ᄒᆞᆫ者가若干有ᄒᆞ얏스나壹般私立學校에셔ᄂᆞᆫ 祗迎ᄒᆞᆫ時에擧皆韓國旗만高揭ᄒᆞ얏고惟獨官立普通學校에셔ᄂᆞᆫ兩國々旗를交叉ᄒᆞ얏다가私立各學校生徒의沸騰ᄒᆞᆫ狀態를見ᄒᆞ고擧皆撤歸ᄒᆞ얏다더라

●珍民嗷々 內部에셔全北觀察道에訓飭ᄒᆞ야珍山郡戶口多小와道里遠近과接境隣邑에何郡이最相近接ᄒᆞᆷ을這這調査ᄒᆞ라ᄒᆞᆫ으로該郡人民들은莫知其由ᄒᆞ야衆情이洶々ᄒᆞ다더라

●面長有人 長湍郡西面長南啓夏氏ᄂᆞᆫ自昨年義擾擾之後로屢經危地에不顧生死ᄒᆞ고日兵及義兵接戰에[illegible]ᄒᆞᄂᆞᆫ際에人民이賴安이라고該郡來人의稱頌이有ᄒᆞ다더라

●李氏起訴 京城富井[illegible]居李千甫氏가[illegible]窘艱ᄒᆞ야酒商營業次로自己妻를帶同ᄒᆞ고楊州郡古豐[illegible]光里로移住ᄒᆞ야酒商을設始ᄒᆞ얏다가事不如意ᄒᆞ야卑販上京ᄒᆞᆫ際에該氏의妻를該동居閔士基氏의게見奪ᄒᆞᆫ故로即今起訴裁判ᄒᆞᆫ다더라

●최氏裁判 西부阿峴居ᄒᆞᄂᆞᆫ高春澤氏가渠의妾을符同ᄒᆞ야美人計로冷洞居ᄒᆞᄂᆞᆫ최雲瑞氏의錢財를欺奪ᄒᆞ랴ᄒᆞᄂᆞᆫ故로최氏가現今裁判ᄒᆞᆫ다더라

●醴民呼㤪 醴泉郡에ᄂᆞᆫ奸吏輩의討索ᄒᆞᄂᆞᆫ弊俗이甚ᄒᆞ야年々히橋梁收錢이라고排斂ᄒᆞ기에民弊가大端ᄒᆞ더니今年에ᄂᆞᆫ尤甚ᄒᆞ야각面각洞에數千金을排斂ᄒᆞ고橋梁役事ᄂᆞᆫ村民으로赴役修築ᄒᆞ니開明ᄒᆞ라ᄂᆞᆫ世界에民生愈困이라고怨聲이浪藉ᄒᆞ다더라

●借屋設館 光東書籍縱覽館에셔아직財政이窘絀ᄒᆞ야館舍를新建築ᄒᆞ기前에ᄂᆞᆫ鐘路附近에壹洋屋을借貰ᄒᆞ야爲先設館ᄒᆞ기로決議ᄒᆞ얏다더라

●同盟有效 江華郡北寺面山湖居林仁植李昌來[illegible]在弘[illegible]등三十人이俱以同里相救之誼로各其養生送死에爲親誠意가有ᄒᆞ야組成壹契ᄒᆞ고名曰勸喪契라ᄒᆞ야互相救護가已有年所인ᄃᆡ該諸氏가益々教睦에相勸實踐ᄒᆞ고外他酒色雜技등類를尤極絕遠ᄒᆞᆫ事로金石同盟ᄒᆞ얏더니隣比諸人中에虛浪者를도聞而效之ᄒᆞ야傳相勸勉ᄒᆞᆫ다더라

●朴門悖子 密陽郡下동面肯韓里居ᄒᆞᄂᆞᆫ朴士實이ᄂᆞᆫ八十侍下에酒色雜技만從事ᄒᆞ야不過三四年에家產을蕩盡ᄒᆞ고千餘金의債額이有ᄒᆞ야六拾餘歲된渠의兄이日人에게捉ᄒᆞ야困迫이滋甚ᄒᆞ미家藏什物을沒數放賣ᄒᆞ야債額을淸帳ᄒᆞ얏스니朴士實의浮浪悖習을人皆唾罵ᄒᆞᆫ다더라

●淸殺巡 昨日上午二時頃에龍山本이가夜巡次로西小門外에出張ᄒᆞ얏ᄂᆞᆫᄃᆡ淸國人强盜三名이猝然突出ᄒᆞ야六穴砲를放ᄒᆞᆷ으로該日巡查가丸致斃ᄒᆞ얏다더라

●巡致斃 忠淸南道鴻山警察署日巡查ᄂᆞᆫ昨年九月拾五日에義兵의襲擊을受ᄒᆞ야腹부를被傷ᄒᆞ야治療中이더니去月二십二日에致斃하얏다더라

●趙났被捉 中部丁谷居趙鍾彰氏가前郡守任[illegible]氏를教唆하야寺洞居李徵奭氏의家券及도券을僞造ᄒᆞ다가再昨日에趙氏가所管警察署에被囚되얏다더라

●牛賊大熾 忠州郡老隱面及德面등地에賊徒이大熾ᄒᆞ야居民의農牛를沒數奪去ᄒᆞᄂᆞᆫ故로農家에셔夜不安眠ᄒᆞᆫ다더라

●放火被囚 南部長洞居留ᄒᆞᄂᆞᆫ日人渡邊健太郞이가日前에飮酒泥醉하야其隣居何許日人家에放火하다가南部警察署에被囚ᄒᆞ얏다더라

●淸商逢賊 昨日上午壹時頃에南部美洞居ᄒᆞᄂᆞᆫ김應元氏家에賊漢이闖入ᄒᆞ야該家에留連ᄒᆞᄂᆞᆫ淸國人王鳳俊의所有物인玉洋木七疋唐木六疋金貨 圓及其他雜品을多數竊去ᄒᆞ얏다더라

學界

●永敎有學 南部[illegible]洛[illegible]默南氏가光化門外에永敎學校를設立ᄒᆞ고日前夜學을教授ᄒᆞᄂᆞᆫᄃᆡ沛大圭氏가名譽教師로自薦ᄒᆞ야熱心教授ᄒᆞᆫ다더라

●普昌試驗 江華月湖普昌학校에셔年終試驗을經ᄒᆞ얏ᄂᆞᆫᄃᆡ尋常四年級優등生朴吉鵬劉泰範及弟生金麗培劉龍甲等六人尋常三年級具泳錄金昌根등三人二年級金昌連金鳳顯壹年級黃卜根劉와熙等五人인ᄃᆡ校長劉冊根學監黃鶴殿諸시가多數捐貲ᄒᆞ야施賞ᄒᆞ얏다더라

●振々詴試 振威郡振文小학校에셔第三學期試驗을經ᄒᆞ얏ᄂᆞᆫᄃᆡ高等優等生은林章植高鍾鳴等六人이오及第生은李大祿柴柱臣等拾三人이오尋常科優등生은權寧尚이오及第生은權寶壹棕雷天等十五人인대校長高濟恒은熱心權重ᄒᆞ야諸시가勸勉施賞ᄒᆞ얏다더라

●興年試 順安郡自檍面興財里興學校에셔年終試驗을經ᄒᆞ얏ᄂᆞᆫᄃᆡ卒業生은韓利奎洪笑疇等이오高等二學年及第生은韓翊欽金養乾等八人은三學年으로進級ᄒᆞ고尋常三學年韓柱欽等七人은高等壹學年으로進級ᄒᆞ고壹學年安贊文等八人은貳학年으로進級ᄒᆞ얏다더라

地方情報

▲竹山郡二峰山附近에徘徊ᄒᆞᄂᆞᆫ義兵의勢力은漸衰ᄒᆞᆫ듯ᄒᆞ나拾餘名或二十名式의義團이龍仁陽城等地로出沒ᄒᆞᆫ다ᄒᆞ고

▲陽城等地에ᄂᆞᆫ二三十名內外의義團이時時徘徊ᄒᆞᆫ다ᄒᆞ고

▲積城漣川麻田附近에徘徊ᄒᆞᄂᆞᆫ義兵은其數가稍히增加ᄒᆞ야日兵과數回를衝突ᄒᆞ엿다ᄒᆞ고

▲春川等地에ᄂᆞᆫ時時로數名乃至二三十名의義團이徘徊ᄒᆞᄂᆞᆫᄃᆡ去月中에日憲兵과二回를衝突ᄒᆞᆷ이有ᄒᆞ다ᄒᆞ고

▲鐵原等地에ᄂᆞᆫ時時로義兵이貳三十名式徘徊ᄒᆞᆫ다ᄒᆞ고

▲江陵등地에서ᄂᆞᆫ去月貳十七日에義兵約二十여名이蔚溪憲兵分遣所를襲擊하얏다ᄒᆞ고

▲高城등地에ᄂᆞᆫ大概靜穩ᄒᆞ나時時로義兵이金剛山附近에셔徘徊하며日兵과數回衝突ᄒᆞ얏다ᄒᆞ며

▲平山등地에ᄂᆞᆫ義兵의出沒이前보다頻繁ᄒᆞᆫ데特히溫井院과市邊里의瀾纓臺地方에ᄂᆞᆫ加一層不穩ᄒᆞᆫ狀態가有ᄒᆞ고義兵將李鎭龍韓丁萬等이江華郡에서離來ᄒᆞ야池洪基等과合勢ᄒᆞ야氣焰이急高ᄒᆞᆫᄃᆡ去十一月拾六日에ᄂᆞᆫ義兵約百名이市邊分遣所를襲擊ᄒᆞ야憲兵과九回를衝突ᄒᆞ엿다ᄒᆞ고

▲海州以西ᄂᆞᆫ平穩ᄒᆞ나靑丹附近에셔ᄂᆞᆫ義兵將沈魯術李鎭龍氏의黨派가徘徊ᄒᆞᆫ다ᄒᆞ고

▲黃海道를除ᄒᆞᆫ外에平安道등地에ᄂᆞᆫ殆히平穩에歸ᄒᆞ던前期間에ᄂᆞᆫ遂安成川孟山寧遠各郡에集團ᄒᆞᆫ義兵이數次徘徊ᄒᆞ얏스나去月에ᄂᆞᆫ其勢力이減退ᄒᆞ얏다ᄒᆞ고

▲厚昌江界등地에ᄂᆞᆫ繼續平穩ᄒᆞ야義兵의出沒이無ᄒᆞ고人民이安堵ᄒᆞ야業務에精勵ᄒᆞ고市場이繁盛ᄒᆞ다더라

曉窓漫錄

▲東窓外의돗ᄂᆞᆫ달이西山頭에걸니도록이리싱각더리싱각輾轉反側누엇다가서벽서리찬바람에北飛鴻雁우ᄂᆞᆫ소리愕然驚起ᄒᆞ고보니爐中無火衾似氷에默憫ᄒᆞᆷ길바이업서几上凍筆呵開ᄒᆞ야近日所聞錄草로다

▲侍從武官魚潭氏ᄂᆞᆫ內部大臣宋秉畯을咫尺尊嚴地에拔劍斬頭ᄒᆞ랴다가見血之境이르러서掣肘不得未果라니平日積感在中에지嘗憤激所致런가左右無人ᄒᆞ엿더면그結果가何如ᄒᆞᆯ지不可思議일너로다

▲內部大臣宋秉畯은肥甘熱에살노몸이무산憤瘁이셧ᄂᆞᆫ지倉卒間에죽게되여肉身의더氣溫이撓撓零降ᄒᆞ엿다니罪惡貫盈ᄒᆞ야살地살마졋던가壹片劍光나ᄂᆞᆫ곳에魚網살을입엇ᄂᆞᆫ지不可思議일너라

▲平南觀察使李軫鎬ᄂᆞᆫ皇帝陛下奉迎時에日旗交懸ᄒᆞ라ᄒᆞ야府下人民指揮ᄒᆞ야强制施行ᄒᆞ엿다니凶獰ᄒᆞᆫ더라彼勝이聖駕奉迎ᄒᆞᆫ다런지統監歡迎前行인가海外霜拾餘年에吸收文明그득인지可思議일네라

▲學部大臣李載崑은今番西巡ᄒᆞ실ᄯᅢ에沿路各館指揮ᄒᆞᆫ제本國旗만懸ᄒᆞ고奉迎ᄒᆞ라ᄒᆞ엿던지日旗交叉아닐ᄂᆞᆫ日人들이詰難ᄒᆞ니학部大臣ᄃᆡ마음이怱忙中에이졋던가排外思想도렷ᄂᆞᆫ지不可思議일이로다

▲伊藤博文더統監은御駕陪從ᄒᆞ야祗迎왓던人民그바람에到處마다歡迎밧어對衆演說ᄒᆞ제그趣旨를이경상슈々傾聽ᄒᆞᆫ바그趣旨ᄂᆞᆫ알엇던가聖駕陪從아니ᄒᆞ고自己혼자ᄂᆞ려가도그同情을엇을ᄂᆞᆫ지不可思議일이로다

▲嗚呼로다世上事여南巡幸ᄒᆞ실ᄯᅢᄂᆞᆫ何樣府折업셧ᄂᆞᆫ데今番西巡ᄒᆞ신後ᄂᆞᆫ雜談事가何多런가兩南으로말ᄒᆞ면鐵路聯絡ᄒᆞ엿지만東北巡幸ᄒᆞ실ᄯᅢᄂᆞᆫ亂山深峽嶺險ᄒᆞᆫᄃᆡ貴體신玉躬도셔累次勤駕未安로다

廣告

定山尹永九婚事完定林川朴進士家時急卽來 趙璇九

[illegible]署澄淸坊相思洞第七統七戶草家五間鄭兌成家券을典執ᄒᆞ얏다가셔失故玆以廣告ᄒᆞ오니日後家券持來者ᄂᆞᆫ無論誰某던지休紙施行홈
南部太龍洞大村保太 告白

本人이營業次로馬山港停車塲西側에家屋을新建ᄒᆞ옵고居處飮食을務圖精潔이오니往來ᄒᆞ시ᄂᆞᆫ 僉員은照亮光臨을伏望
丁仁燮 告白

本會에셔重大事務를處理ᄒᆞ기爲ᄒᆞ야本月四日(木曜)下午壹時에臨時摠會를開ᄒᆞ오니 僉會員은屆期來臨ᄒᆞ시옴
畿湖興學會 告白

最新 **初等小學**
文明國의尋常小學讀本制度를模範ᄒᆞ야精美ᄒᆞᆫ圖本을具ᄒᆞ고八卷을四卷으로合製ᄒᆞᆫ 貳冊合製定價金五십錢

本社에셔**活版機械**를壹新整備ᄒᆞ고各種**印刷**를廉價需應ᄒᆞ오니僉位ᄂᆞᆫ惠顧ᄒᆞ시옴
社會公益上印刷ᄂᆞᆫ貳割特減홈

本館에셔 **石板印刷**를 城大廣橋南川邊東隅第貳家에新設ᄒᆞ얏ᄉᆞ오니所用에有ᄒᆞ옵신 僉君子ᄂᆞᆫ來臨ᄒᆞ옵시기를望홈
華文館石印所 告白

本社에셔直接大發賣書目

最新初等 **大韓地誌** 定價金四拾錢

最新高等 **大韓地誌** 定價金七拾錢
文明國地誌制度를模倣ᄒᆞ야漢陽의山水며宮闕圖와拾三道地區와各港口와開市場과名山大川과都會勝地의地도를具홈

翫雲 吳榮根君 著
中等 **用器畵法** 全 定價金七拾錢
本書ᄂᆞᆫ測量。建築。搆造。機械見本。壹切實地應用製圖法

初등 **大韓歷史**
文明國의歷史制度를從ᄒᆞ야我國의 聖帝 明王의 御眞과忠臣烈士의影幀을具홈
定價金七十錢

初등 **動物學** 每課有도 定價金四十전

初等 **植物學** 每課有도 定價金三十錢

國家思想學 精神 敎育 定價金二十五錢

憲法要義 義務 敎育 定價金二拾五錢

右敎科書ᄂᆞᆫ本書林에셔發行ᄒᆞ오며此外에各種書籍이具備ᄒᆞ오니學界 僉君子ᄂᆞᆫ速速來購ᄒᆞ심을爲望
京城南部銅峴 四街 三十五統五戶
玉虎書林

新撰 **外國地誌** 上下 定價金六拾錢
本書ᄂᆞᆫ各學校敎科에適當ᄒᆞ며世界各國의情形을詳載홈

二十世紀朝鮮論 定價金三拾五錢

最新算術 上下 定價金壹圜
官立高등學校敎授金夏鼎君著
本書ᄂᆞᆫ著者 僉君이實地敎授에多年經驗으로算學要領을盡擬ᄒᆞᆫ者니各學校敎科用及獨習에適當홈

壹個月速成卒業 **算術自解** 定價金五十錢
本書ᄂᆞᆫ自初等數量으로求積法ᄭᆞ지簡易詳明케編纂ᄒᆞᆫ者니各速成科敎科用及自家獨習甚便홈
鍾路里門上隅十二統三戶 **興文社**

本人이河東郡鄭士中處에有所推錢ᄒᆞ야既爲壹審執行而同士中이가有何奸計던지控訴院에裁判을請ᄒᆞᆫ後또棄却判當ᄒᆞ엿기로廣布홈
潭陽郡鞠채燮 告白

本人의二寸이作故ᄒᆞᆫ後에已出이本無ᄒᆞ야族人에子然承을率養立後러니然承이가衆鄕의性을失ᄒᆞ고悖戾ᄒᆞᆫ行을作ᄒᆞ야家聲이傾覆ᄒᆞᆫ境에至ᄒᆞ기로昨年七月에自宗中으로招責罷養ᄒᆞᆫ後에三從然明으로更爲立後러니然承이가自擧은不省ᄒᆞ고悖習을反發ᄒᆞ야然회라攺稱ᄒᆞ고本人三寸家에畓券을僞造ᄒᆞ야外國人의게典賣코ᄌᆞ ᄒᆞ오니勿論內外國人ᄒᆞ고見欺치마시오
京畿南陽郡鴨汀面逸院居
前侍御 金然昉 告白

楊平郡居前委員申栻於以冬還訟變如干衣服등物沒數見奪而圖刻姓名도章亦爲見失內外國人 照亮
申栻 告白

朴衡采安宅을兩氏宅統戶가未詳ᄒᆞ야廣告ᄒᆞ오니統戶를本會館으로錄送ᄒᆞ심을望홈
鍾路靑年會 白

辯護士 **玉東奎**
法律事務出張所 義州城內新洞
主任 前敎官 **李圭瓚** 字 箕用

特別廣告

近頃에本社事務에對ᄒᆞ야狹沒覺ᄒᆞᆫ者ㅣ**陰**沮를試ᄒᆞᆫ다ᄒᆞ나何國何人이던지本社에長進ᄒᆞᆫ事務에對ᄒᆞ야能히**防**遏치못ᄒᆞᆯ것은**明瞭**ᄒᆞᆫ이니此廣告를讀ᄒᆞ시ᄂᆞᆫ 僉彦ᄭᅴᆺ幸須**銘心**ᄒᆞᆯ것이오며玆에**本社**의**進行**ᄒᆞᆯ**職責與事務**를**明白**히**說明**ᄒᆞ노라

本社ᄂᆞᆫ비록**新成立**ᄒᆞᆫ者이나本社를興**旺**케ᄒᆞᆯ方針에對ᄒᆞ야必要ᄒᆞᆫ者에ᄂᆞᆫ**能力**과**勇敢力**이固有ᄒᆞ오며**現今**에**着手**ᄒᆞᆯ**事業**은如左홈

一　本社ᄂᆞᆫ韓國과美國間에直接輸入及輸出을伸張ᄒᆞ기를務圖홈

韓國內某々種手造物品을**美國**의**輸出**ᄒᆞ야**奇利**를得ᄒᆞᆯ者가多有ᄒᆞ나尙今ᄭᆞ지此等物品은美國에各處의紹介를未得ᄒᆞ더니現今에本社에셔ᄂᆞᆫ此等困難이無ᄒᆞᆯ지라韓國은何故로美國과如此ᄒᆞᆫ**商業上好關係**를拋棄ᄒᆞ리오

又嘗試思ᄒᆞᆯ것은**美國物品**이韓國에到達ᄒᆞᆯ時에ᄂᆞᆫ通常으로**四五手**로經由ᄒᆞ나니**每經由**에**該物品本價**에셔**利益**을**添付**ᄒᆞ며**稅金**及**運費**도自然**增加**ᄒᆞᆫ故로物價가**甚高**ᄒᆞ오나本會社ᄂᆞᆫ**美國內物品製造所**에셔**最廉價**로**特約直輸入**ᄒᆞ야購買者에게**直接放賣**ᄒᆞ며**物價**가**低廉**ᄒᆞᆯ터이오니推此思惟ᄒᆞ오면韓國內에셔美國物品의需用이直接關係으로**利益**의**增加**ᄒᆞᆷ을預期홈

貳　本社에셔韓美兩國間商業關係에만盡力ᄒᆞᆯ뿐不啻라韓國과亞細亞全部와歐羅巴와濠太利諸處에도商業上好機會를造成ᄒᆞᆯ計劃이오며且勤實ᄒᆞᆫ**代理人**을韓國內各處에置ᄒᆞ고新鮮ᄒᆞᆫ物品을**直輸入**ᄒᆞ야各處代理人으로**分掌出賣**케ᄒᆞ며又物貨의放賣ᄒᆞᆷ에對ᄒᆞ야ᄂᆞᆫ時々로特別히廣告를揭布ᄒᆞᆯ터이오며海內僉彦은本社에事務進行ᄒᆞᆷ을緣此承聞ᄒᆞ오리다

三　本會社ᄂᆞᆫ**不動産部**를別設ᄒᆞ고不動産에關ᄒᆞᆫ事項을管理ᄒᆞ되土地家屋等賣買典當과借貸等事에仲介契約受托及방助ᄒᆞᄂᆞᆫ等事를處理ᄒᆞ야迅速히發展되기를期待ᄒᆞ며此에關ᄒᆞᆫ**詳細事項**은**未久**의**公**布ᄒᆞᆯ깃ᄉᆞᆸ

四　何事를勿論ᄒᆞ고法律의違反치아니ᄒᆞ고本社의**利益**이有ᄒᆞᆷ으로認定ᄒᆞᄂᆞᆫ**營業**은本社에셔**隨機進行**ᄒᆞ기를準備ᄒᆞᆯ터이오니此目的의對ᄒᆞ야同情을表ᄒᆞ시ᄂᆞᆫ 僉**彦**은**盡心協助**ᄒᆞ심을切望홈

以上陳述ᄒᆞᆫ諸事項에對ᄒᆞ야 僉彦ᄭᅴ**通信**을**連絡**ᄒᆞ기를顧ᄒᆞ오니**左開二項**을**注意**ᄒᆞ시옴

壹　何事를勿論ᄒᆞ고**本會社**에**委托**ᄒᆞᄂᆞᆫ時ᄂᆞᆫ本社에셔盡心竭力ᄒᆞ야**信實**히**處理**ᄒᆞᆯ터이오며

二　本會社ᄂᆞᆫ何人이던지本會社의委托ᄒᆞᆫ事에對ᄒᆞ야ᄂᆞᆫ**其信用**을**確守**ᄒᆞ고**尊敬**ᄒᆞᆷ을**保証**ᄒᆞᄂᆞᆫ故로何事를勿論ᄒᆞ고**信用**의關ᄒᆞᆫ事件은特別히本社로委任ᄒᆞ오며**加一層安全**ᄒᆞᆷ을**擔任**ᄒᆞᆸᄂᆞ이다

大韓皇城磚洞
韓美興業株式會社 謹啓

大韓全國에總發行所는 京城南大門內濟生堂大藥房

清心保命丹

此丹은伏痰止咳하고明氣消滯하며 水土不服에奇效가有함 金十錢

蔘茸大補元

壹週日分金一圓 四週分金三圓十錢 二週壹환八十錢 七週五圓三拾錢

右약은大補하는鹿茸人蔘에西洋有名한補材를混和하야我國兄弟의腸胃와性質에適當하도록多年研究한바今에先服人의累試累驗이隨行皆差하니果然今世之靈藥이라故로主治效能을左開廣佈하오니僉兄弟는何不早圖嘗試오(效能) 先天不足과婦妄不眠하며 心腎俱虛와 房事色傷이며 遺精多夢과 色傷腰痛이며 房事時에早漏不快하며 重病後虛弱과 手足厥冷이며 食物不消와 貧血諸症에奇效가有하고 無病人이若服七週면大補元氣하고骨節이强壯하며健康無病하나니此可謂眞世藥故若不其效면약價還呈함

蛔積殺虫散

此散은蛔積과蛔腹痛과蛔滯와蛔虫을剷除去하는妙藥 金십錢

寸虫沒出藥

勿論男婦老幼하고寸虫을盡拔하는根之妙劑 壹人分三拾전

久滯 大通丸

年久한積滯와胸腹痛과腹中積病을驅除하는良劑 金拾五錢

感氣特效 解熱散

感氣드러頭痛하고寒熱往來하며肢節痛과몸살에幷神效 금拾전

頭瘡拔根藥

되눈과못과사마귀와마른버짐과百中으로빠지오 金십錢

新發百應膏

虫瘡과瘡疹과根박인데와香氣…… 金拾전

去液生肌 沃度膏

創瘡과모든종氣와火傷과곰재인데와…… 金拾錢

止足汗臭藥

발에땀내고보션을신으면黑臭와汗이진저고너음새가업소 金十錢

其他藥種은壹覽難記어니와大韓國內製藥을…… 僉兄의게는藥價를大割引大放賣하오니陸續注文하시오

京城南大門內 仁川港寺峴 濟生堂主 李庚鳳

壯陽賣元丹

一週分金一圓 一週分二圓、五十錢 四週分三圓四拾錢 八週分六圓四拾錢

此약은腎과腦와脈이虛弱○房事色傷○小腎虛弱○陽痿不起○遺精多夢○腦髓發弱○房事時早漏不快○病後虛弱○健忘不眠○貧血諸症○先天不足○飮食不下○眩暈頭痛○等症을治하나니試將此丸으로照法服之면不過幾点鍾에立見妙效하야魂飛肉躍에精神徵奮하고頓覺유快하나니其症이輕者는服壹二週면挽回元陽하고其症이稍重者는可服三四週하고追年痼疾로其症이頗重者는連服七八週면必能全치無疑니若夫羸病之人은試用此劑則補血而發氣하고强筋而壯骨하나니用之八週而未見其效則請將償額을如數還呈이오不敢虛誕自欺라此丸이야말로無論男婦老幼하고均用有效하나니眞世間無比之妙劑也라 僉位는何不早도嘗試오

發行所 皇城鍾路大廣橋十九統七戶 濟生堂藥房
特約代理店 京城水標 共愛堂藥房

新訂分道 大韓帝國地圖

銅版印刷 구로수洋裝 全壹帖 正價□拾錢

○我韓地圖之精密者首推古山子而殘缺太多難於携帶且流傳者少不能人人皆有豈非大恨事哉玆將地圖本刪煩就簡作爲小帖以公同好我內地地味膏沃物産豐富爲東洋之寶藏若拓而發明則我韓之富强可計日以待矣本圖分十三道目以州國郡郡府以至物産名目詳細記載使人一覽目瞭然請我同胞亦置壹本以作鄙學藥助是所厚望

△白堂主 宋시序

發兌元
皇城中部能朝橋越邊 中央書館
皇城남部大廣橋東邊 滙東書館
皇城北部桂洞 玄公廉
皇城中部鍾路 大東書市

初等大韓新地誌 問答

全壹冊 定價金貳拾五錢

近日初等大韓地誌가三四種이編次刊行되엿스오나敎育上에缺點이無치못하다可謂할지라今에本書는韓國地誌에幼年程度에適當함을爲하여問答例로詳細히編輯하와小學校用에必要하오니照亮하심을望함

漢字初習

全壹冊 定價金拾五錢

本館에서著作한漢字初習은漢文字에義를幼稚에足得하게便易하게撰하며…… 投하기와解하기와習字하기가……其他冊子로 最要하여幼稚와普通初等漢文科로用하기適宜하니多數히需用하시기를바라나이다

國語文典音學

周時經 著述

全壹冊 定價二拾錢

本書는周時經씨가拾有餘年을研究하여國語의法則과音學을發明하여……學界에貢獻하오니有志諸君은學生과함께請購하심을바라나이다

八寶丹

補陰補陽 滋陽丸 不分 三十日分 金三圓四拾錢 貳拾日分 金五圓 拾日分 金壹圓八拾錢

主治
○房事不足 ○病後氣弱 ○腎氣不足 ○腰痛 ○遺精多夢 ○陰虛 ○房事後虛弱 ○手足厥冷 ○形容蒼白 ○吸烟過度 ○體質虛弱

此外의도東西洋各國藥을備하오니各地方에서도郵便으로보내시면求하시는藥을送하오며各處藥業하시는僉位에게는特別割引放賣하오니陸續注文

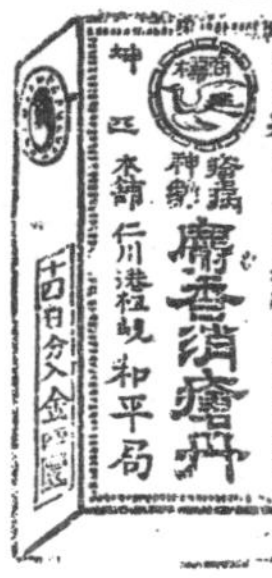

乾坤 男女諸瘡一切特効靈妙

大韓帝國仁川港寺峴 各藥舖 總發行所 和平堂大藥房

婦人良藥 부인양약 胎養調經丸 태양조경환
壹劑(壹月分) 金五圓

主說明
婦人이孕胎하지못함은冷病積聚와月經不調로因함이니此藥을服用하시면婦人腹中에有한諸病은一切退去하고自然孕胎하오니速購買去하시옵

研究하여國語와漢語의……

代理店
京城南門內水標濟生堂藥房
京城大廣橋 共愛堂藥房

製藥所 發行人 李應斗 仁川港寺峴 和平堂藥房
京城衣厘下 和平堂支店

支店及出張所
元山 載寧 義州 郭山
木浦 咸從 宜川 德川 博川
三和 長淵 肅州 鐵山 太川
海州 龍川 平壤 黃州 安州
釜山 水原 安岳

京城鍾路 仁川港寺峴 和平堂 告白

◉大韓每日申報各處支社廣告

平安道

平壤鍾路太極書館 安泰國
三和港牌石洞 金澄杜
昌城邑校洞 許환
義州南門外東西大藥房
鐵山邑東部
車輦館 安濬
宣川邑□□洞
定州邑남文洞 金翼恒
…… 洪成麟
博川邑東部
……
寧邊邑
江界邑內
郭山郡面湖우里 金經涵

黃海道

海州邑面上里 梁□□
安岳邑…… 朴昌鎬
……
殷栗邑倉洞里 金泰淳
信川邑六里 丁一善
黃州南門外冊肆 崔鎭衡
□川邑文明館 趙雲泳

咸鏡道

咸興州南門外 曺喜林
元山港創業社內 盧南正杰
高原邑
定平邑豐川
洪原南門外 龐議均
永興郡 …… 樂國鎬
鏡城羅南 …… 鮮于鉞

全羅道

全州邑內 李□□
金溝水流面豆亭 趙□三
錦山邑 裵大業
木浦항陽 □得珠

京畿道

仁川…… 李東輝
水原…… 金□□
江華邑 ……

忠淸道

…… 李啓聲

慶尙道

大邱…… 李正由
…… 徐錫疇
…… 吳根默

江原道

…… 趙香大
春川……花里 朱鐵壽

發行兼編輯人 英國人 萬咸
印刷所 南署石井洞 大韓每日申報社

第七卷

大韓每日申報

第壹千拾五號

月曜及慶節 歲時日休刊

檀君開國四千二百四十二年
箕子元年三千三十一年
大韓開國五百十八年
日本明治四十二年
淸國宣統元年
陰曆己酉正月小十四日乙未

論說

◉救世軍

救世軍이大英國에서出發ᄒᆞ야太平洋을越ᄒᆞ야大한國境에到着ᄒᆞ미한國同胞가既已懽迎ᄒᆞᆫ바어니와蓋救世軍의歷史로言ᄒᆞ면其本營大將은二十世紀에赤幟를新建ᄒᆞᆫ大英國宗敎界에大慈善家라同大將이救軍團을組織ᄒᆞᆫ同時에其발誓布告ᄒᆞᆫ大槪에曰上古ᄂᆞᆫ神人時代오中古ᄂᆞᆫ聖人時代오近古ᄂᆞᆫ英雄時代라現今은神聖英雄의時代가過去ᄒᆞ고人道時代에至ᄒᆞ얏스니余가上帝의命을奉ᄒᆞ야人道로써斯世를救ᄒᆞ리라ᄒᆞ고太慈大悲의心과至剛至毅의力으로軍團을派遣ᄒᆞ야壹切世界의惡魔를驅除ᄒᆞ고善良ᄒᆞᆫ同胞를救濟ᄒᆞ기로檄文을廣布ᄒᆞ고神武를顯揚ᄒᆞ며歐羅巴와阿美利加諸洲에서次第로勝利를得ᄒᆞ야凱歌를奏ᄒᆞ고今又亞洲方面으로旗脚을麾ᄒᆞ야大한國內에壹根據地를占ᄒᆞ고營壘를建設ᄒᆞ며軍隊를召募ᄒᆞ며將領을選定ᄒᆞ야諸般紀律이漸次整頓ᄒᆞᄂᆞᆫ態가發表ᄒᆞ니將來勝利를得ᄒᆞᆯ機會가有ᄒᆞᆷ은可以確認ᄒᆞᆯ지로다

吾儕도該軍團을對ᄒᆞ야懽迎의意가不淺ᄒᆞ거니와第壹勸告의深切ᄒᆞᆫ趣旨가有ᄒᆞ니現한國同胞의情况을對ᄒᆞ야特別ᄒᆞᆫ方針이有ᄒᆞᆯ지라蓋한國은東洋世界에四千年文明古國이라山川이佳麗ᄒᆞ고氣候가溫和ᄒᆞᆷ으로風俗이敦龐ᄒᆞ고人心이淳良ᄒᆞ야道德性質이最優ᄒᆞᆫ民族이니敎化界에博愛心으로開導ᄒᆞ고扶植ᄒᆞ며文明程度에引進ᄒᆞ야全福祉를畀與ᄒᆞ면艱棘의擧가別無ᄒᆞ깃스나目下遭罹ᄒᆞᆫ境遇로言ᄒᆞ면人類의平등地位와自由權利를不得ᄒᆞ고無狀ᄒᆞᆫ虐焰을蒙ᄒᆞ며無量ᄒᆞᆫ荼毒을受ᄒᆞ야擧皆萬丈苦海에沈淪ᄒᆞ며下層地獄에墮落ᄒᆞᆫ中에在ᄒᆞ니此를救援拯濟ᄒᆞ기가極難ᄒᆞᆫ境遇ᄒᆞ며且其疆土로言ᄒᆞ면三千里에不過ᄒᆞ고民族은二千萬에不過ᄒᆞ나世界上魔鬼의種類로論ᄒᆞ면韓國이最多數에居ᄒᆞᆯ지라政界上에食饕鬼와社會上에나유鬼와頑固派에酣睡魔와獰猛ᄒᆞᆫ食國鬼와殘忍ᄒᆞᆫ賣國鬼의種類가千態萬狀으로閃忽變幻ᄒᆞ고跳踉踴躍ᄒᆞ야靑天白日을對ᄒᆞ되縮伏의態가無ᄒᆞ고雷霆霹靂을聞ᄒᆞ되恐惧의心이無ᄒᆞ야以殘害同胞로爲其生計하며以毁滅國脉으로爲其伎倆者가不可勝數니此를擊退ᄒᆞ고征服ᄒᆞ기가尤是極難ᄒᆞᆫ境遇라又壹層可慮者ᄂᆞᆫ若或腐敗ᄒᆞᆫ社會에서荒雜ᄒᆞᆫ魔類가改頭換面ᄒᆞ고投入軍中하야不淨潔ᄒᆞᆫ行爲가有ᄒᆞ면反히人道救世의主義를損傷ᄒᆞᆯ者도不無ᄒᆞᆯ지라

噫라目下韓國同胞의沈淪ᄒᆞᆫ情况이極度에達ᄒᆞ얏고惡魔의種類가如彼其熾盛하얏스니此를救濟ᄒᆞ고此를驅除ᄒᆞᄌᆞ면特別ᄒᆞᆫ方針이有ᄒᆞ여야可ᄒᆞᆯ지라惟其謹愼ᄒᆞᆫ注意와正大ᄒᆞᆫ目的으로善良ᄒᆞᆫ鄉導와忠實ᄒᆞᆫ輔佐를擇取ᄒᆞ야慈悲心이先驅되고剛毅力이中堅되야正義가伸張ᄒᆞ고人道가昌明ᄒᆞ면彼許多魔類가蜎蝟鼠竄ᄒᆞ야作孽을不得ᄒᆞᆯ지며强食弱肉ᄒᆞᄂᆞᆫ不道不法의行爲도正理下에屈伏되야氣焰이减退ᄒᆞᆯ지니然後에야大韓半島가光明淨潔ᄒᆞᆫ樂土를成ᄒᆞ고二千萬同胞가安全福祉를享受ᄒᆞᆯ지니果然此結果가有ᄒᆞ면該本營大將의人道救世ᄒᆞᄂᆞᆫ主義가東洋世界에新發展을得ᄒᆞ야大勝利를奏ᄒᆞᆯ줄노思惟ᄒᆞᆷ이오

又韓國同胞도爲ᄒᆞ야救世二字의義로敷演勸勉ᄒᆞ노니大抵宗敎界의主旨ᄂᆞᆫ獨善과爲我에不止ᄒᆞ고必其博愛人群ᄒᆞ고普度衆生ᄒᆞ기로目的을삼아小則壹國이오大則全世界에及ᄒᆞ거니와壹切衆生으로言ᄒᆞᆯ진ᄃᆡ不幸히困難ᄒᆞ고悲慘ᄒᆞᆫ境遇에陷溺ᄒᆞ면不得不自他의救濟를希望ᄒᆞᆷ이人情의固然이나必也自救의思想을奮發ᄒᆞ야自救의能力을養成ᄒᆞ여야自他의救濟와融合爲壹하야苦厄을超脫ᄒᆞ고幸福을自求ᄒᆞᆷ이有ᄒᆞ거니와若其自救의思想과自救의能力이無ᄒᆞ고專히自他의救濟를依賴ᄒᆞ면醉漢의顚倒와如ᄒᆞ야自立을不得ᄒᆞᄂᆞᆫ故로至仁至大ᄒᆞ신上帝의權能으로도自助者를助ᄒᆞ시ᄂᆞ니世界人類中에自立心이缺乏ᄒᆞ고依賴心이太多ᄒᆞᆫ것은韓國民族의最大病痛이라此救世二字에對ᄒᆞ야深思反省ᄒᆞᆯ지어다他人은世界를普救코ᄌᆞᄒᆞᄂᆞᆫ主義가有ᄒᆞ거ᄂᆞᆯ自已ᄂᆞᆫ何故로壹身을自救ᄒᆞᄂᆞᆫ能力도無ᄒᆞᆫ가念之勉之어다

官報

▲隆熙二年九月壹日 官報

▲部令

學部令第拾六號 (續)

第九條 檢定을受ᄒᆞᆫ圖書ᄂᆞᆫ每冊에見키易ᄒᆞᆫ處에第七條記載ᄒᆞᆫ事項을揭載ᄒᆞᆷ이可ᄒᆞᆷ

第拾條 稿本으로써檢定을受ᄒᆞᆫ者ᄂᆞᆫ발行後三日以內에該書二部를學部에納付ᄒᆞᆷ이可ᄒᆞᆷ

(未完)

外報

●英國의艦隊編成 伯林電을據ᄒᆞᆫ즉英國은北海警備ᄒᆞ기爲ᄒᆞ야新히戰鬪艦隊를編成ᄒᆞᆯ터인ᄃᆡ該艦隊의組織이完了ᄒᆞ면世界中最優勢ᄒᆞᆫ者가되리라더라

●萬國經濟組合 同電을據ᄒᆞᆫ즉德佛兩國의首唱으로摩洛哥國단질에萬國經濟組合을組織ᄒᆞ기를企圖ᄒᆞᆫ다더라

●僭王의野心 同電을據ᄒᆞᆫ즉蒙的利亞幽니기다公國王이라고僭稱ᄒᆞᆯ野心이有ᄒᆞ다ᄂᆞᆫ傳說이有ᄒᆞ다더라

●淸帝의罹症 倫敦電을據ᄒᆞᆫ즉倫敦타임쓰北京通信員報告에曰淸國幼帝ᄂᆞᆫ激烈ᄒᆞᆫ天然痘에罹ᄒᆞ얏다더라

●革黨陰謀發見 紐育電을據ᄒᆞᆫ즉紐育에在ᄒᆞᆫ米國領事ᄂᆞᆫ淸國革命黨으로米國에在ᄒᆞᆫ者가頗多하야淸國現政府及王室에對ᄒᆞ야頻頻히陰謀를企도ᄒᆞᆫ事實을發見ᄒᆞ얏다더라

詞藻

●匣中劍

十年을가온갈이。갑속에서우ᄂᆞᆫ고나
時事를싱각ᄒᆞ고、때때로만져보니
丈夫의、爲國丹衷을、어ᄂᆞ때ᄂᆞ

雜報

●聖詔懇嚴 今回 大皇帝陛下게셔 御巡幸ᄒᆞ신ᄃᆡ에 對ᄒᆞ야 太皇帝陛下게옵셔 下敎하옵시되 大皇帝陛下ᄂᆞᆫ 千餘里를 巡幸ᄒᆞ니 臣下된 道理에 豈可安坐ᄒᆞ리오 祇迎等節을 恪勤奉行ᄒᆞ라ᄒᆞ셧다더라

●大駕御還 大皇帝陛下게옵셔 西道에 巡幸ᄒᆞ셧다가 昨日午後三時十分에 南大門外停車場에 御還着ᄒᆞ옵시고 同四時에 還宮ᄒᆞ옵셧다더라

●兩君問候 完興君李載冕氏와 永宣君李埈鎔氏가 再昨日下午四時에 德壽宮에 進詣ᄒᆞ야 太皇帝陛下게 問候ᄒᆞ얏다더라

●署名問安 今日上午拾時부터 同拾二時ᄭᆞ지 總理以下各大臣과 其他高等官이 昌德宮에 進詣ᄒᆞ야 大皇帝陛下게 署名問安을 擧行ᄒᆞᆫ다더라

●兩宮陛見 明日午前拾壹時에 伊藤統監이 大久保軍司令官과 其他統監府某某人을 帶同ᄒᆞ고 昌德宮에 進詣ᄒᆞ야 大皇帝陛下게 陛見ᄒᆞ고 同午後에ᄂᆞᆫ 德壽宮에 仍詣ᄒᆞ야 太皇帝陛下게 謁見ᄒᆞᆫ다더라

●平壤祇迎人員 今番 大皇帝陛下西巡ᄒᆞ실時에 平壤城內에서만 祇迎ᄒᆞᆫ 學校의 生徒가 大約壹萬五千餘名이오 其他人民이 五萬餘名이라더라

●학校特色 今番 大皇帝陛下게셔 西巡ᄒᆞ실時에 平壤城大成學校及耶蘇敎會大中小學校學員은 揭旗行列ᄒᆞᆯ時에 觀察府行在所에 不許入衆ᄒᆞ얏다ᄂᆞᆫᄃᆡ 其裏由인즉 韓日國旗를 交叉치아니ᄒᆞᆫ所以라 然而兩處學校生徒들이 斷於入去ᄒᆞ려ᄒᆞᆫ즉 日巡査가 防止曰 日本旗를 擧ᄒᆞ여야 入去ᄒᆞᆯ고 不然則不可入이라ᄒᆞ되 此를 不拘ᄒᆞ고 益益趨入ᄒᆞ려ᄒᆞᆫ즉 日巡査乃日 若入來ᄒᆞ려면 韓國旗를 偃揭ᄒᆞ고 入去ᄒᆞ라ᄒᆞ거날 각學徒가 憤然退去ᄒᆞ얏고 其後에 三和에서 祇迎ᄒᆞ려 來到ᄒᆞᆫ 三崇학校生徒들도 行在所에 入去ᄒᆞ려ᄒᆞᆫ즉 日巡査가 欺言曰 大成학校에서도 韓日旗를 交叉ᄒᆞ고 入去ᄒᆞ얏슨즉 此를 ᄯᆞ라ᄒᆞ라ᄒᆞ미 諸학員이 不應ᄒᆞ니 日巡査가 乃日 然則 雖小片의 日旗라도 頂上에 粘付ᄒᆞ고라야 入去ᄒᆞ리라ᄒᆞ거날 諸학員들이 不肯而退去ᄒᆞ얏다더라

●何以提起 今番平壤에서 宋秉畯 魚潭 兩氏가 爭詰ᄒᆞᆫ事ᄂᆞᆫ 衆所共知어니와 該事件에 對하야 某會에서 壹大問題를 提起ᄒᆞᆫ다ᄂᆞᆫ 說이 有ᄒᆞ다더라

●舊習尙存 南來人의 傳說을 聞ᄒᆞᆫ즉 慶北仁同郡居ᄒᆞᄂᆞᆫ 張敬遠氏ᄂᆞᆫ 前觀察 張承遠氏의 再從인ᄃᆡ 直員을 도得코ᄌᆞᄒᆞ나 鄕薦에 推入ᄒᆞᆫ 道가 無ᄒᆞ야 該道事務官 徐相奎氏의 書托을 得ᄒᆞ야 該郡署理에게 薦報를 得하얏더니 鄕議가 沸騰ᄒᆞ야 道郡間에 起訴ᄒᆞᆫ다더라

●鄭氏欠逋督納 前觀察 鄭鳳時氏가 慈仁郡守在任時에 公貨五千圜을 欠逋ᄒᆞᆫ지라 日前에 度支部次官 荒井賢太郎이가 鄭氏를 招待査問ᄒᆞ미 該氏의 答이 就中에 五百圜은 本人의 所當이나 其餘額은 該郡吏輩의 幻弄偸食ᄒᆞᆫ 것이라ᄒᆞ거날 同次官이 言ᄒᆞ되 其餘額은 該吏輩의게 責徵ᄒᆞᆯ터이니 君의 所當條ᄂᆞᆫ 不日充納하라ᄒᆞᆫ故로 鄭氏가 現今周旋中이라더라

●韓氏請願 日人淸繁太郎과 鱗蹄郡居韓景愚氏가 伊川郡方丈面鱗遊里所在田四十九日耕과 鱗蹄郡淸浦面龍見里所在田四拾日耕을 測量도 ᄒᆞ야 築洑作畓ᄒᆞ깃다고 農商工部에 承認ᄒᆞ기를 請願ᄒᆞ얏다더라

●船主請認 義州郡津里面下船浦居宋秉植시가 該郡上船浦下船浦太田浦三處船主人을 認許ᄒᆞ야달나고 農商工部에 請願ᄒᆞ얏다더라

●日辯護의 罰金 公州來人의 傳說을 據ᄒᆞᆫ즉 該郡에 駐在ᄒᆞᆫ 辯護士事務員 和田玄雄이가 訴訟에 委任을 受ᄒᆞ미 不正行爲가 多有ᄒᆞᆫ故로 該郡裁判所에서 該事務員의게 罰金을 徵收ᄒᆞ기로 契約ᄒᆞ얏다더라

●輪函辯護 京城地方裁判所에서 각辯護士의게 公函ᄒᆞ되 辯護士事務員의 姓名과 各地方出張事務員의 姓名을 昭詳錄示ᄒᆞ라ᄒᆞ얏다더라

●郡主挾雜 鎭岑郡校宮直員을 現今齋任 尹相吉氏로 士林이 公薦ᄒᆞ얏더니 該郡郡主事 李相렴氏가 李範宰시를 符同ᄒᆞ야 士林公薦單子와 尹氏의 履歷書를 掩置ᄒᆞ고 李氏로 私自圖報ᄒᆞ엿다더라

●豈有彼此 日昨에 韓協辯李鳳來氏가 會賢坊內人士를 鳳鳴學校로 會集ᄒᆞ고 蕙陶坊內居鄭鳳時氏를 請來ᄒᆞ야 規約及細則을 鑑定以給ᄒᆞ라ᄒᆞᆫ즉 鄭氏가 該規約及細則을 刪削鑑定ᄒᆞ거날 該會員中某氏가 憤然以起ᄒᆞ야 言ᄒᆞ되 鄭氏가 蕙陶坊에 居住ᄒᆞᄂᆞᆫ 人士로 會賢坊會에 出席ᄒᆞᆫ 理由도 無ᄒᆞ고 況且他會의 規約細則을 刪削鑑定ᄒᆞᆯ 必要가 無ᄒᆞ다고 壹場激論ᄒᆞ얏다더라

●河童呼訴 東大門外馬場里居河髒童이가 [illegible]所在韓奉常寺畓八斗落을 二拾餘年耕作ᄒᆞ여 이러니 不意木標橋居 尹德甚氏가 帝室財産整理局會音券帖이 有ᄒᆞ다ᄒᆞ고 該畓을 勒奪耕作코져ᄒᆞᄂᆞᆫ 故로 河髒童이가 漢城財務署에 呼訴ᄒᆞ얏다더라

●威島威占 何許日人이 義州府에 下去ᄒᆞ야 度支部認許가 有ᄒᆞ다稱託ᄒᆞ고 該府威化島에 在ᄒᆞᆫ 民有地를 威脅占領코ᄌᆞᄒᆞᄂᆞᆫ 故로 該島人民이 度支部에 등訴次로 多數上京하얏다더라

●方島大亂害 平山郡義兵將 李根秀氏가 再昨年政變以後로 時事를 憤激ᄒᆞ고 慨然倡義에 兵士四五百名을 領率ᄒᆞ고 平山海州等地로 橫行衝突ᄒᆞ다가 近日에ᄂᆞᆫ 手下親兵 壹百四五십名을 精選ᄒᆞ야 銳利ᄒᆞᆫ 軍器를 携帶ᄒᆞ고 日兵과 激戰ᄒᆞᆷ이 前後三四十回에 達ᄒᆞ얏ᄂᆞᆫᄃᆡ 紀律이 整肅ᄒᆞ야 民間에 秋毫不犯ᄒᆞ며 ᄯᅩ 去陰曆歲除를 當ᄒᆞ야 過歲次로 父母妻子가 有ᄒᆞᆫ者ᄂᆞᆫ 解歸ᄒᆞ고 但六十餘名만 領率ᄒᆞ고 海州에셔 平島로 入去ᄒᆞᆯ際에 海州江華等地로 來往ᄒᆞᄂᆞᆫ 日兵四拾名이 此機를 知得ᄒᆞ고 永平島에 先爲下陸ᄒᆞ얏다가 卒地襲擊ᄒᆞ미 該義將이 措手不及ᄒᆞ야 抵死力戰ᄒᆞ다가 畢竟 李大將及部下五拾餘名이 戰死ᄒᆞ얏ᄂᆞᆫᄃᆡ 日兵도 廿餘名이 致斃ᄒᆞ얏다ᄂᆞᆫ 傳說이 有ᄒᆞ다더라

●現世活佛 慈善婦人會를 創立ᄒᆞᆫ 김石子氏가 現住男女九個棄兒를 收養ᄒᆞᄂᆞᆫᄃᆡ 氏의 獨力으로 盡心勞焦ᄒᆞ야 乳母月給과 許多經費에 五六個月을 經ᄒᆞ미 勢無奈何ᄒᆞᆷ으로 氏가 飮藥自盡ᄒᆞ야 棄兒와 同命코ᄌᆞᄒᆞᆫ 境遇에 至ᄒᆞᆫ바인ᄃᆡ 此를 際ᄒᆞ야 淸州郡文岩居ᄒᆞᄂᆞᆫ 前參書 李承寅氏가 金貨百圜을 寄附ᄒᆞ얏다ᄂᆞᆫᄃᆡ 李氏ᄂᆞᆫ 現世活佛이라고 稱頌이 喧藉ᄒᆞ더라

●無瑕放免 中部丁谷居 李鎭彰氏ᄂᆞᆫ 李瑞翼氏를 誣陷ᄒᆞ야 李徵翼氏의 所爲도 義兵을 僞造ᄒᆞ다가 漢城警察署에 被捉되얏ᄂᆞᆫᄃᆡ 已過數日에 該署에서 搜査ᄒᆞᆫ즉 趙氏ᄂᆞᆫ 無瑕ᄒᆞᆫ 證據가 昭然ᄒᆞ기로 卽爲放免ᄒᆞ얏다더라

●財必歸正 咸興來人의 傳說을 聞ᄒᆞᆫ즉 黃君和라名人이 本是咸興人으로 移住鏡城郡인ᄃᆡ 富豪 崔丙淳等과 訟事에 對ᄒᆞ야 訴訟ᄒᆞᆫ 裏由를 聞ᄒᆞᆫ즉 該士가 品質이 卑賤ᄒᆞ나 元來 所載而納稅耕作ᄒᆞ야 十餘家數百人口가 資活ᄒᆞ더니 貧某가 陳田植木ᄒᆞ다稱ᄒᆞ고 民有地를 欲奪ᄒᆞ미 不得已 該地方裁判所에 告訴ᄒᆞ얏더니 該所에서 審査ᄒᆞᆫ즉 果是民有의 田土인故로 從公辦決ᄒᆞ얏다더라

●獄中致死 楊州郡松山面高山里居權長成氏가 該獄署에 屢日滯囚ᄒᆞ야 數日前에 獄中에서 病死ᄒᆞ얏다더라

●三坊成團 北部順化、俊秀、通義三坊이 聯合ᄒᆞ야 民團을 組織ᄒᆞ고 本月七日에 臨時總會를 開ᄒᆞ고 校內에서 諸般事務를 議決ᄒᆞ얏다더라

●靑會演說 今日下午七時에 鍾路靑年會館에서 演說會를 開ᄒᆞ고 紳士尹孝定氏를 請邀ᄒᆞ야 新年所感이란 問題로 演說ᄒᆞᆫ다더라

學界

●養英發試 西署龍山坊沙村里私立養英學校에서 冬期試驗을 經ᄒᆞ얏ᄂᆞᆫᄃᆡ 甲班優等生에 崔昌鎬等拾九人이오 乙班優等生에 下書麟等貳拾人인ᄃᆡ 壹等人士가 熱心勸勉ᄒᆞ고 校長崔在學시가 多數賞品을 施給하얏다더라

●一瑞明倫 鳴川郡에ᄂᆞᆫ 明倫學校를 該郡校宮內에 設立ᄒᆞ고 校長에 金泰濟 副校長에 朴鳳鎬 校監에 金宰학 臨時總務 尹喆憲 評議 朴容諸氏가 學事에 熱心ᄒᆞ야 鳩聚資本ᄒᆞ며 該郡守 朴承僖시가 贊成ᄒᆞ고 敎師 金光鉉氏를 延聘ᄒᆞ야 募集ᄒᆞᆫ 學徒가 三十餘人에 達ᄒᆞ얏다더라

●羅郡普光 龍岡郡和郵面에서 普光學校를 設立ᄒᆞ얏ᄂᆞᆫᄃᆡ 校長 金得麗 康贊範 敎師 朴性治 金在鉉 諸시가 熱心敎授ᄒᆞᄂᆞᆫ中 該里 金昌 朴孝俊 兩시가 九極贊成ᄒᆞᆷ으로 學徒가 三拾餘名에 達ᄒᆞ얏다더라

●永明冬試 彦陽郡永明學校에서 冬季試驗을 經ᄒᆞ얏ᄂᆞᆫᄃᆡ 甲班最優等 吳培根이오 優等 崔主翰 中吉等三人이오 乙班最優等 김尙洙 又優等 甲林申光麿 丙班에 朴千齡 朴斗燦等인ᄃᆡ 優勝施賞ᄒᆞ얏다더라

[illegible]

▲再昨年政變以後로 忠淸北道에ᄂᆞᆫ 匪類大領 韓用根 申康年 諸시가 [illegible]ᄒᆞ야 山嶽에 據ᄒᆞ야 地理를 利用ᄒᆞ야 壹時擾亂을 起ᄒᆞ얏더니 昨年秋에 至ᄒᆞ야ᄂᆞᆫ 其勢力이 衰退ᄒᆞᆫ지라 昨年六月以後로ᄂᆞᆫ 義兵이 或八名 或二三拾名式 出沒ᄒᆞᄂᆞᆫᄃᆡ 六月에ᄂᆞᆫ 十二回 七月에ᄂᆞᆫ 九回 八月에ᄂᆞᆫ 六回 九月에ᄂᆞᆫ 五回 拾月에ᄂᆞᆫ 拾回 拾壹月에ᄂᆞᆫ 七回 拾二月에ᄂᆞᆫ 九回라더라

▲黨派何多▲

▲隆冬雪寒이 어제인듯 貳十四番 더 來臨에 九十春光 도라왓네 愛國思想 미친아ᄋᆞᆷ어 이ᄒᆞᆫ데도ᄐᆞᆫ 망가 黨朋招招 모혀아ᄌᆞ 時局人物 評論ᄒᆞᆯ제 이러ᄐᆞ리 分類하니

▲黨派가 完然ᄒᆞ다

▲第一派가 누구런고 國家興亡 不顧ᄒᆞ고 時局變遷 蒙昧ᄒᆞ야 便色이나 言論ᄒᆞ며 安自尊大 驕傲ᄒᆞ다가 誰某有力ᄒᆞ다ᄒᆞ면 搖尾乞憐ᄒᆞ니 小人二字 게을니니 頑固黨이 네로고나

▲第二派가 누구런고 治亂存亡 더 幾數ᄂᆞᆫ 古今勿論 常例로다 彼勝ᄒᆞ면 여ᄯᅥ 此勝ᄒᆞ면 뎌ᄯᅥ리 奕처圖打 混打ᄒᆞ더ᄂᆞᆫ 與時勢觀望ᄒᆞ여가며 壹身富貴도 得ᄒᆞ니 小人黨이 네로고나

▲第三派가 누구런고 忠良之臣 誅害ᄒᆞ고 姦猾之輩 符同ᄒᆞ야 至尊君父 欺罔ᄒᆞ고 無辜生靈 暴虐ᄒᆞ야 黃恩夜度ᄒᆞ더 [illegible] 엇지ᄒᆞ면 富國ᄒᆞ야 權位鞏固ᄒᆞᆯ고 ᄒᆞ니 賣國黨이 네로고나

▲第四派가 누구런고 山林隱거 藏蹤ᄒᆞ야 糜鹿으로 벗슬숨아 琴書뿐 自娛ᄒᆞ야 太古時節 꿈끈살다 [illegible] 昔年今日 懸殊ᄒᆞᆷ에 株守固齒 不變ᄒᆞ니 隱士黨이 네로고나

▲第五派가 누구런고 慷慨不遇 落拓ᄒᆞ야 國家恨歎하고 用武無地 憤鬱ᄒᆞ야 環顧壹世ᄒᆞᆯ지라도 無與同談 엇지ᄒᆞᆯ고 世事去矣ᄒᆞ니 엇지 哭之歌之 佯狂ᄒᆞ니 不平黨이 네로고나

▲第六派가 누구런고 斷髮流血 그 精神을 愛國界에 獻誠하야 鼎鑊在前ᄒᆞᆯ지라도 少不畏避 勇進ᄒᆞ며 豺狼在後ᄒᆞᆯ지라도 내 目的만 到達코ᄌᆞ 東西馳驅 勞碌하니 愛國黨이 네로고나

▲已上各派 論評ᄒᆞ면 惡黨派와 더 數爻ᄂᆞᆫ 全國內에 彌滿ᄒᆞ고 愛國血誠 더 志士ᄂᆞᆫ 幾個人에 不過ᄒᆞ니 寡不敵衆 分明잇지 어화 痛國乎 우리 同胞 發憤忘食 工夫ᄒᆞ야 惡黨派를 消滅ᄒᆞ소

廣告

楊平郡居前委員申栻於昨冬遭匪變如干衣服등物沒數見奪而陽刻姓名도章亦爲見失內外國人 照亮
申栻 告白

鴉片烟은國法의嚴禁이오衛生에大害가온딕愚彼雜類가冒禁潛喫ㅎ야自戕身家ㅎ고及其究竟에又爲病國ㅎ니事之痛惡이莫此爲甚이라近日大邱에此弊가尤甚故로當地淸國各商을自本所로函請質言ㅎ야更不冒法潛賣ㅎ事로契約書를寫給이오며如是后若或潛賣ㅎ면淸商商店은雖些少ㅎ物件이라도買ㅎ믈不許ㅎ기로申申証約ㅎ엿ᄉ오니內外國人은 照亮ㅎ옵
大邱商務所 告白

忠淸南道懷德郡川內面
嘉東測量學校廣告
甲班優等 孫秉埜 南昌熙 孫錫萬
及第 南鴻默 林炳洽 朴任衡 愼寅晟 沈周鉉 成養路 權龜采 權谷台
乙班優等 朴奎鎬
及第 俞鎭夏 洪冕裕 朴炳鴻 呂圭庠 權容玉 宋錫洪 權容殷 羅亡默 李憲선 宋任壹 鄭在鐸 朴存新 俞甲丞 鄭承坤 朴立鎭

◎學員募集

本會敎育部長壽進測量學校와聯合ㅎ야第二回學員을募集ㅎ오니志願人은入學請願書를提出ㅎ홈

敎授科程
壹 細部測量科 幷講習科
壹 도根測量科

試取日子ᄂ貳月二拾壹日
處所ᄂ中部壽進洞興士團內
入學請願書用紙ᄂ本會에請求ㅎ고敎育部項은本會에來問ㅎ홈
大韓測量總管會 告白

中署澄淸坊相思洞第七統七戶草家五間鄭兌成家劵을典執ㅎ엿다가셔失故玆以廣告ㅎ오니日後家劵持來者ᄂ無論誰某던지休紙施行홈
南部大龍洞大村保太 告白

最新 初等小學

文明國의尋常小學讀本制度를模範하야精美ㅎ圖本을具ㅎ고八卷을四卷으로合製ㅎ
貳冊合製定價金五십錢

最新初等 大韓地誌
定價金四拾錢

最新高等 大韓地誌
定價金七拾錢

文明國地誌制度를模倣ㅎ야漢陽의山水며寫關圖와沿三道地圖와各港口와開市場과名山大川과郡邑勝地의地도를具홈

初등 大韓歷史

文明國의歷史制度를從ㅎ야我國의 聖帝 明王의 御眞과忠臣烈士의影幀을具홈

初등 動物學
定價金七十錢

每課有도 定價金四十전

初等 植物學
每課有도 定價金三十錢

國家思想學 精神 敎育
定價金二十五錢

憲法要義 義務 敎育
定價金二拾五錢

右數種書ᄂ本書林에서發行ㅎ오며此外에各種書籍이具備ㅎ오니학界 僉君子ᄂ速速來購ㅎ심을爲望
京城南部銅峴大四街第三十五統五戶
玉虎書林

朴衡采安宅量民宅統戶가未詳ㅎ야廣告ㅎ오니統戶를本會館으로錄送하심을望홈
鐘路靑年會 白

本典舖撤廢ㅎ中載에典物을向不推去故로陰正月內沒數放賣ㅎ오니執典人은限內推去홈
南竹洞廿二統六戶永盛號 白

本會에셔重大事務를處理ㅎ기爲ㅎ야本月四日(木曜)下午壹時에臨時總會를開ㅎ오니僉會員은屆期來臨ㅎ시옴
畿湖興學會 告白

廉價放賣
測量器械各種
製圖器械各種
製圖用紙各種
釜山港本町三丁目
近藤支店

本人이營業次로馬山港停車場西側에家屋을新建ㅎ옵고居處飮食을務圖精潔이오니往來ㅎ시ᄂ 僉員은照亮光臨을伏望
丁仁燮 告白

本會事務가漸次擴張이온바本會에國入ㅎ실 有志僉君子ᄂ本會로陸續來議ㅎ옵셔林業을發達케ㅎ심을希望홈
(電話二九二番)
大韓山林協會 告白

辯護士 玉東奎
法律事務出張所
義州城內新洞

主任 前敎官 李圭瓚
予其用

本社에셔前月拾九日定期總會에셔決議ᄒ檢査員五人을選定ㅎ고前期營業을審査調査ㅎ기爲ㅎ야停會ㅎ고本月五日(陰曆正月拾五日)에開會ㅎ야諸般事項을決議ㅎ기로ㅎ엿ᄉ오니本社株主ᄂ限日에多數出席하심을務望
漢城材木柴炭株式會社
檢査員李敏卿等 告白

特別廣告

新頃에本社事務에對ㅎ야狹隘沒覺ㅎ者ㅣ陰沮를試ㅎ다ㅎ나何國何人이던지本社에沒淮ㅎ事務를對ㅎ야能히防遏치못ㅎ것은明瞭ㅎ에니此廣告를試ㅎ기ᄂ 처彦은幸須銘心ㅎ것이오며玆에本社의進行ㅎ職責與事務를明白히說明ㅎ노라

本社ᄂ비록新成立ㅎ會社이나本社를興旺케ㅎ方針에對ㅎ야必要ㅎ時에ᄂ能力과勇敢力이固有ㅎ오며現今에着手ㅎ事業은如左홈

一 本社ᄂ韓國과美國間에直接輸入及輸出을伸張ㅎ을務圖홈

韓國內某々種手造物品은美國의輸出ㅎ야奇利를得ㅎ者하옵 어ᄃ나俗今까지此等物品은美國의各處에紹介ㅎ기路ㅎ며니現今에本社에서ᄂ此等困難이無ㅎ기와關係를何故로職務과此ㅎ商業上好關係를拋棄ㅎ리오

又嘗試思ㅎ것은美國物品이韓國에到達ㅎ時에ᄂ通常으로四五手를經由ㅎ나니每經由에該物品本價에셔利益을添付ㅎ며稅金及運費도亦然增加ㅎ는故로物價가甚高ㅎ오나本會社ᄂ美國內物品製造所에셔最廉價로特約直輸入ㅎ야直買ㅎ에게直接放賣ㅎ면物價가低廉ㅎ러이오니推此思惟ㅎ오면韓國內셔美國物品의需用에直接及間接으로利益의增加ㅎ을預期홈

貳 本社에셔韓美兩國間商業關係에만盡力ㅎ뿐不啻라韓國과亞細亞全部와歐羅巴及濠太利諸處商業上好機會를造成ㅎ計劃이오며且動實ㅎ代理人을韓國內各處에置ㅎ고新鮮ㅎ物品을直輸入ㅎ야各處代理人으로分掌出賣케ㅎ며又物貨를放賣ㅎ에對ㅎ야ᄂ時々로特別히廣告를揭布ㅎ러이오니海內僉彦은本社에事務進行을緣此承聞ㅎ오리다

三 本會社ᄂ不動産部를別設ㅎ고不動産에關ㅎ事項을管理ㅎ되土地家屋等賣買典當及借貸等事의仲介契納受托及방助ㅎᄂ等事를處理ㅎ야迅速히發展되기를期待ㅎ며此에關ㅎ詳細事項은未久에公布ㅎ깃ᄉ

四 何事를勿論ㅎ고法律의違反치아니ㅎ고本社의利益이有ㅎ으로認定ㅎᄂ營業은本社에서隨機進行ㅎ기를準備ㅎ러이오니此目的의對ㅎ야同情을表ㅎ시ᄂ 僉彦은盡心協助ㅎ심을切望ㅎ

以上陳述ㅎ諸事項에對ㅎ야 僉彦과通信을連絡ㅎ기를願ㅎ오니左開二項을注意ㅎ시옴

壹 何事를勿論ㅎ고本會社에委托ㅎᄂ時에ᄂ本社의셔盡心竭力ㅎ야信實히處理ㅎ러이오며

二 本會社ᄂ何人이던지本會社의委托ㅎ事에對ㅎ야ᄂ共信用을確守ㅎ고尊敬ㅎ을保証ㅎᄂ故로何事를勿論ㅎ고信用의關ㅎ事件은特別히本社의委任ㅎ이加一層安全ㅎ을擔任ㅎ압나이다

大韓皇城磚洞
韓美興業株式會社 謹啓

大韓全國에總發行所는
京城南大門內濟生堂大葯房

淸心保命丹
此丹은化痰止咳하고明氣消滯하며水土不服에奇效가有함 金十錢

蔘茸大補元
壹週日分金壹圓 四週分金三圓十錢 二週分貳圓八十錢 七週五圓三拾錢

右약은本堂에서鹿茸人蔘과西洋有名한補材를混和하야我國兒弟의體質과性質에適當하도록多年研究를明인바今에先服人의累試累驗이顯著함으로果然今世之良藥이라故로其治效能을左에說佈하오니 僉兄弟는何不早圖嘗試오(效能) 先天不足과心安不眠하며 心腎俱虛와 房事色傷이며 遺精多夢과 手足厥冷과 房事時에早漏不快하며 重病後虛弱과 無病人이라도久服하면延年益壽하고 貧血諸症에奇效가有하고 無病人이 常服하면元氣와筋骨이強壯하며健康無病하나니此可謂僉位蔘藥을取하시압

蛔積殺虫散
此散은蛔積과蛔腹痛과飜滯와蛔虫을切을去하는妙藥 金시錢 勿論男婦老幼하고寸虫壹切을拔

寸虫沒出藥
根之妙劑 壹人에三拾錢 年久한積滯와胸腹痛과腹中積痛을驅除하는良劑 金拾錢

久滯 大通丸

感氣時疫 解熱散
感氣드러頭痛나고寒熱往來할때肢節痛과몸살에특効 金拾錢

刑己拔根藥
되는파못파사마귀와바르면百中이오
初[illegible]

新製百應膏
虫蛇와毒하지根막안예종氣붓는[illegible]

去液生肌 沃度膏
劍傷과모든종氣와火傷과쯤에 金拾錢

止足汗臭藥
汗[illegible] 金五錢

其他藥劑을完備하며本堂에서大韓國內藥商을하시는 僉兄의게는 廉價로放賣하오니隨意注文하시오
仁川支店　本店京城南大門內
濟生堂主 李庚鳳

壯陽夏元丹
一週分金[illegible] 二週分一圓八十錢 四週分三圓四拾錢 八週分六圓四拾錢

此약은專히腦筋弱○房事色傷○心腎虛弱○陽萎不起○遺精多夢○神經衰弱○房事時早漏不快○病後虛弱○健忘○失眠○貧血諸症○先天不足○飲食不下○眩暈頭痛○等症을治하나니試將此丸을照法服之면不過數点鍾에立見妙效을야魂飛肉躍에精神倣奮하고頓覺舒快하나니其症이輕者는服至二週면挽回元陽하고其症이稍重者는可服三四週하고遠年痼疾로其症이頗重者는連服七八週면必能全치無疑니若夫無病之人도試用此劑則補血而益氣하고強筋而壯骨하나니四之八週而未見其效則請將價額을如數還呈이오不敢虛誕自欺라此丸이야말로無論男婦老幼하고均用有效하나니眞世間無比之妙劑也라 僉位는何不早도壹試오
발行所 皇城鍾路大廣橋十九統七戶 共愛堂藥房
特約代理店 京城水橋 濟[illegible]堂藥房

新訂分道 大韓帝國地圖
鋼版印刷 子모수洋裝 全壹帖 正價金五拾錢

△陶堂玄 采씨序
○我韓地圖之精密者首推古山子兩圖軼太多難於携帶且流傳者少不能人人皆有豈非大恨事哉玆以古圖爲本剛煩就簡作爲小帖以公同好我內地地昧富沃物產豐富爲東洋之寶藏若開拓而發明則我韓之富强可期以特矣本圖分十三道目附川郡都驛以至物産名目詳細記載使人一目瞭然請我同胞各置一本以作經濟事業之寶助是所望
發兌元
▲皇城中部龍朝橋越邊 中央書館
▲皇城南大廣橋東邊 滙東書館
▲京城北部桂洞 玄公廉
▲皇城中署寺洞 大東書市

初等大韓新地誌
金壹冊定價 貳拾五錢
近日初等大韓地誌가三種이鮮次刊行되엿스나數엇슨이缺點이無치아니할이라시[illegible]本書는特別히幼年程度의適當[illegible]을爲하며問答例로詳密히編纂하와小學校用에必要하오니
[illegible]

漢字初習
全壹冊 定價金拾五錢
本館에서著作호漢字初習은漢

國語文典音學
周時經著述
全壹冊 定價三拾錢
文字의義를幼穉가도解得하게[illegible]
本書는周時經씨가拾有餘年을

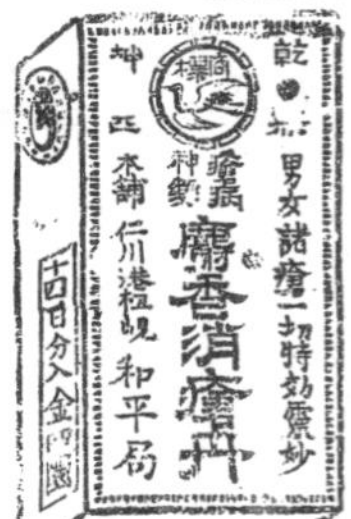

滋陽丸
一週[illegible] 金[illegible] 五圓
三週日分 金三圓[illegible]
貳拾日分 金壹圓八拾錢

主 ○房事不足○腎虛腰痛○病後氣虛○腎氣不足○陰痿不起○遺精多夢○手足厥冷○形容憔悴○吸烟斷烟客○體質虛弱消瘦

治

此外에도東西洋各國藥藥이俱備하오니各地方외서도隨用請求하시면郵便으로보내드리오며各處藥業하신僉位에게는特別割引放賣하오니陸續注文

大韓帝國仁川港本町 總發行所 和平堂大藥房
婦人이孕胎를지못함은治病積이니이藥을服하시면婦人腹中에積을除去하며自然孕胎합니다

調經種玉丹
治 說明
婦人의月經不調로因함이니[illegible]

研究[illegible]語學[illegible]

製藥所 仁川港 和平堂藥房
發行人 李[illegible]
賣捌所 和平堂支店

代理店
京城南門內水橋濟生堂藥房
京城大廣橋 共愛堂藥房
支店及出張所
元山 載寧 義州 郭山 定州 木浦 咸從 宜川 鐵山 博川 三和 長淵 肅州 鐵山 大邱 群山 龍川 平壤 黃州 安岳 釜山 水原 安岳

◎大韓每日申報 各處支社廣告
京城 鍾路 仁川港 和平堂

平安道
平壤 鍾路 [illegible] 安[illegible]
三和港 [illegible] [illegible]
昌城 [illegible] 許[illegible]
義州南[illegible] 大藥房
鐵山邑[illegible]
東萊館
宣川[illegible]
博川[illegible]
宣川[illegible]
寧邊邑[illegible]
龍川楊市
龍川[illegible]
龍川付[illegible]
寧邊邑[illegible]
泰川邑[illegible]
江西邑內
成川[illegible]
咸從邑[illegible]教堂
成川[illegible]面
江界邑內
价川郡[illegible]
平壤順川郡[illegible]
宣川邑[illegible]
郭山郡[illegible]面湖우里 金[illegible]

黃海道
海州[illegible] 黃[illegible]
安岳[illegible]
殷栗邑[illegible]
信川邑六里
黃州南門外冊肆
載寧邑文明館
郭山郡邑面[illegible] 朴[illegible]
康[illegible]
金秦[illegible]
丁一[illegible]
崔[illegible]
趙雲[illegible]

咸鏡道
咸興[illegible]
咸興南門外[illegible]
元山港[illegible]
高原邑
曾[illegible]
[illegible]

全羅道
定平郡[illegible]
[illegible]
永興[illegible]
鏡城[illegible]

京畿道
全州[illegible]
金溝[illegible]
[illegible]
木浦[illegible]
仁川[illegible]
開城[illegible]
江華[illegible]
李東[illegible]
[illegible]

忠淸道
[illegible]

慶尙道
大邱[illegible]
李[illegible]
徐[illegible]
吳[illegible]

江原道
春川[illegible]
[illegible]
趙[illegible]
朱[illegible]

發行兼編輯人英國人 萬咸
發行所
南部石井洞號外地三層洋屋家
大韓每日申報社

第七卷 大韓每日申報 第壹千拾六號

大韓每日申報

月曜及慶節 臨時休刊

檀君開國四千二百四十二年
箕子元年三千三十一年
大韓開國五百十八年
日本明治四十二年
淸國宣統元年
陰曆己酉正月小十五日丙申

寄書

◉論體育說

劉根洙

大哉라體育之關係여於國에富强之根源이오於人에幸福之要素로다古人이云健全之精神은原乎健康之體라ᄒᆞ니實是模範的金言이로다何者오身軟體弱ᄒᆞ면雖有智能出世之才라도臨時當事에豈發活用之力이며雖有忠義愛國之誠이나卒地臨危에難逞勇敢之胆이니何登之有며何功之成이리오嗟我同胞여能有遠志者幾人也오余觀夫壹般社會之現象則言必稱敎育而皆知學問之爲急이나至昧體育之爲要ᄒᆞ니全國同胞의壹般觀念이如此ᄒᆞᆫ境遇인즉悲慘ᄒᆞᆫ災厄을何以免脫이며完全의幸福을何以希望인가現今官公立多少敎育之地에形式上으로만注意乎體育之例方ᄒᆞ야體操競走와器械運動등遊戱로生徒等을鍊習ᄒᆞᆫ다謂ᄒᆞ나此亦幾個所에不過ᄒᆞ며至於通常社會에ᄂᆞᆫ漠然乎無聞焉ᄒᆞ니當此時也에設或有志願於體育而欲爲勉勵者이나必也難得其方便이로다是로以ᄒᆞ야全國에沓絶體育之影響ᄒᆞ고家庭에旣乏運動之機具ᄒᆞ며都會에曾無公園之排設ᄒᆞ니惟我同胞ᄂᆞᆫ無論男女ᄒᆞ고休業之餘暇에洗汚塵而吸新氣ᄒᆞ야鬱欲消暢코ᄌᆞᄒᆞ야도亦不得容易焉ᄒᆞᄂᆞ니現今於國於民의必要ᄒᆞᆫ急先務ᄂᆞᆫ宣[illegible]乎體育皆欲이라謂ᄒᆞᆯ지라玆者에泰西人之體育制度를槪擧論컨대美國人이優勝於躰育法하야國民의男女老少를不問ᄒᆞ고體育에壹般熱心ᄒᆞ며大中小學校의體操機械와其他各種類之具備에已無暇論이어니와就中體育학會及大學校에ᄂᆞᆫ必置大運動場ᄒᆞ나니地面之廣闊과短草之平鋪에一目淨然ᄒᆞ고壹隅僻側에ᄂᆞᆫ因其地形而設臺築造ᄒᆞ야以供觀覽之便宜ᄒᆞ니春夏秋陽에任意運動之處오學校附屬之內에特設躰育館ᄒᆞ니雪寒雨濕에隨ᄒᆞ야鍊習之所오館之下層에掘作大池而滿盈淸水ᄒᆞ야以便澡浴遊泳之具ᄒᆞ며但隆冬盛寒에ᄂᆞᆫ蒸氣로沸其池水而溫熱適宜케ᄒᆞ나니此其完全之準備오且於體育學會에設置共同體育場ᄒᆞ야無論何人이던지每日壹定時間而任意運動을如就食時ᄒᆞ나니體育鍊習이習俗이如此故로彼國人民의體格이完美ᄒᆞ고性質이强毅ᄒᆞ야全球世界上에勇進力을釀成ᄒᆞ얏스니體育의必要와開明國의現象을惟此可測이로다

嗟我同胞여體育의急務됨을知歟아不知歟아靑年諸彦의高明有志ᄒᆞ심으로大同體育部發起之說은聞已久矣로되尙此成立됨結果ᄂᆞᆫ寥寥不聞ᄒᆞ니爲始無終의嘆이不無ᄒᆞᆯ지라愚衷所到에瑣瑣之言을敢陳ᄒᆞ노니自國과自身의永遠福樂을享有키爲ᄒᆞ야熱心ᄒᆞ시ᄂᆞᆫ同胞여根源과要業됨體育을急務로認准擴張

官報

▲隆熙二年九月壹日官報

▲部令 續

學部令第拾六號

前項의도書가其紙質印刷又ᄂᆞᆫ裝冊이粗惡ᄒᆞ야敎科用도書에不適當홈으로認ᄒᆞᄂᆞᆫ時ᄂᆞᆫ相當히變更홈을命홈이有홈

第拾壹條 左에각號의壹에該當ᄒᆞᆫ時ᄂᆞᆫ學部大臣이도書의檢定을자消홈이可홈

壹 第八條第壹項第九條又ᄂᆞᆫ第拾條第壹項의規定에違背ᄒᆞᆫ時

二 第拾條第二項의變更命令에從치아니ᄒᆞᆫ時

三 檢定을受ᄒᆞᆫ도書ᄂᆞᆫ學部에納付ᄒᆞᆫ도書보다紙質印刷又ᄂᆞᆫ裝冊이粗惡ᄒᆞᆫ時

第十二條 檢定을受치아니ᄒᆞᆫ圖書又ᄂᆞᆫ檢定의效力을失ᄒᆞᆫ圖書에학部檢定其他此와類ᄒᆞᆫ文字를記載ᄒᆞ야發行ᄒᆞᆫ者ᄂᆞᆫ五圓以上五拾圓以下의罰金에處ᄒᆞ며其情을知ᄒᆞ고受託販賣ᄒᆞᆫ者도亦同홈

附則

第拾三條 本規程은頒布日로부터施行

第拾四條 本規程施行前에檢定ᄒᆞᆫ圖書ᄂᆞᆫ本規程에依ᄒᆞ야檢定ᄒᆞᆫ者로看做홈

第十五條 本規程施行前에檢定을受ᄒᆞᆫ圖書로셔既爲發行ᄒᆞᆫ것은其發行者가本規程施行日로부터九拾日以內에第九條의揭載事項을印刷ᄒᆞᆫ도書二部를學部에納付홈이可홈

前項期日內에도書를納付치아니ᄒᆞᆫ者ᄂᆞᆫ將來에對ᄒᆞ야該도書檢定의效力을失홈

(第壹號書式)

(印紙貼付)
(並消印)

敎科用도書檢定願

도書의名 卷冊의卷名部數 定價

目的하ᄂᆞᆫ學校並학科의種類 학員학도用又ᄂᆞᆫ敎員用의區別

著譯者及發行者의住所姓名

發行年月日

(稿本에依ᄒᆞ야檢定을請ᄒᆞᄂᆞᆫ境遇에ᄂᆞᆫ記入을不要홈)

右도書의檢定을受코ᄌᆞᄒᆞ야稿本二部並檢定料金幾圓을添附ᄒᆞ야玆에請願ᄒᆞ옵나이다

年月日 住所 發行者 姓名印

學部大臣 閣下

(未完)

外報

◉炭坑爆裂 倫敦電을據ᄒᆞᆫ則匈牙利國오엘스우렘炭坑이爆발되야五拾六名의死者가出ᄒᆞ얏다더라

◉列車破壞 同電을據ᄒᆞᆫ則美國아이오와州구렌우드에서列車가破壞ᄒᆞ야死者가五拾名이오負傷者가三拾名이라더라

◉電信杜絶 紐育電을據ᄒᆞᆫ則美國西部諸洲에셔暴風雨가有ᄒᆞ야電信이處處破壞되얏슴으로通信이杜絶되얏다더라

詞藻

◉忠膽

君辱이면臣當死라。너먼저죽어져서魂이라도雪恥키를、짐즛나의願이로다至今에、죽지못ᄒᆞᆫ이니몸은、며욕험써

廣告

雜報

●德壽宮覲謁 大皇帝陛下께옵셔本日上午拾壹時三十分에 德壽宮에 幸行ᄒᆞ샤 太皇帝陛下씌 覲謁ᄒᆞ시고同下午四時에還 御ᄒᆞ옵신다더라

●學界憤鬱 大皇帝陛下씌옵셔再昨日還 御ᄒᆞ옵실時에各官公私立학徒가奉迎ᄒᆞ기爲ᄒᆞ야羅列祗迎ᄒᆞᆯ시同德女子학徒가南大門內에位置를先定ᄒᆞ고堅旗羅立ᄒᆞ얏는ᄃᆡ日本民團設立小학校학徒들이同德女子학徒前에進立ᄒᆞ야位置를奪ᄒᆞ더니小々ᄒᆞᆫ女子학徒들은鬱拂홈을不勝ᄒᆞ야 祗迎도奉行치못ᄒᆞ얏는ᄃᆡ該日本학徒의無禮홈을壹般 祗迎ᄒᆞ는학員들이莫不唾罵ᄒᆞ얏다더라

●卒業生叙用 法官養成所卒業生이合爲五拾三人인ᄃᆡ今番에三拾八人은各裁判所書記를叙任ᄒᆞ얏고其餘는次第叙任ᄒᆞᆯ다더라

●魚宋格鬪後報 內部大臣宋秉畯侍從武官魚潭兩氏가今番西道 巡行時平壤地方에셔互相爭鬪ᄒᆞᆫ事는衆所共知어니와該事實을詳聞ᄒᆞᆫ즉魚氏가女官所乘ᄒᆞᆫ列車內에同坐ᄒᆞ얏더니宋氏가被酒泥醉ᄒᆞ야魚氏ᄃᆞ려言ᄒᆞ되爾가女官席上에同處ᄒᆞ얏스니甚爲無禮ᄒᆞ다ᄒᆞ거ᄂᆞᆯ魚氏의所答이此는我의職所이어니와閣下는如彼醉酒ᄒᆞ고何故로來此乎아ᄒᆞᆫ즉宋氏가不知不覺에傍邊으로는魚氏의衣를執ᄒᆞ고傍邊으로는自己의佩刀를拔ᄒᆞ야魚氏의頭를斬코ᄌᆞᄒᆞ미陪從諸員이無限挽留ᄒᆞ얏다더라

●其心難測 別項과如히宋秉畯魚潭兩氏가格鬪ᄒᆞᆫ事에對ᄒᆞ야宋氏도人心이苟有ᄒᆞ면自覺赧然ᄒᆞ고辭職疏를奉呈하기로決心하얏다ᄒᆞ나該氏가實有其然ᄒᆞᆫ는지未知ᄒᆞ깃다고輿論이喧藉ᄒᆞ더라

●無人不鬪 宋秉畯氏가魚潭氏와格爭ᄒᆞ야非常히失體ᄒᆞ얏다ᄒᆞ더니又其翌日에女官居室에셔些少事項을因ᄒᆞ야總相리完用氏와又爲爭鬪ᄒᆞ얏다는ᄃᆡ宋氏가大臣의體面은不顧ᄒᆞ고人과爭鬪ᄒᆞ기를嗜好ᄒᆞᆫ즉賤役ᄒᆞ는勞働者와不如ᄒᆞ다고人皆唾罵ᄒᆞᆫ다더라

●安氏正論 今番 御巡幸 祗迎時에平壤大成학校生徒들은日旗를交叉치아니ᄒᆞᆷ은前已報道어니와此로因ᄒᆞ야當地警察署에셔該校長安昌浩氏를招致質問하기를日旗를交叉ᄒᆞ라고官吏의訓令이有ᄒᆞ되不從ᄒᆞᆷ은逆民이非乎아安氏가答曰我大韓令에는此等說이無ᄒᆞ고郡守訓令에는此說이有ᄒᆞ니官令이不壹ᄒᆞᆫ同時에는自意를從ᄒᆞᆷ이可ᄒᆞᆫ故로如此라ᄒᆞᆫᄃᆡ又問ᄒᆞ기를然則排日主義가非乎아安氏曰事理의該當ᄒᆞᆫ대로行ᄒᆞᆷ이豈爲排日이리오ᄒᆞᆫᄃᆡ數回質問이有ᄒᆞᆫ後에從此로範圍外의行動을行치말나ᄒᆞ거늘安시가乃慨然曰今番 御巡幸에伊藤統監은陪從臣이니 皇上陛下外에는何許陪從臣의게던지爲ᄒᆞ야國旗를揭ᄒᆞᆷ은非理의事라陪從臣의게對ᄒᆞ야其國旗를揭ᄒᆞ면 皇上을爲ᄒᆞ는我臣民의衷情에엇지未安不快ᄒᆞ지아니리오하얏다더라

●民志難奪 今番 御駕還幸時에平壤觀察李軫鎬氏가各郡守의게嚴訓ᄒᆞ야각郡학徒들이韓日兩國旗를交揭ᄒᆞ라ᄒᆞ얏ᄉᆞ되각학徒가應從치아니ᄒᆞᆫ故로警察署로셔日旗數萬介를新製ᄒᆞ야학徒와婦女와小兒들의게抑勒으로交揭ᄒᆞ라ᄒᆞ미학徒들은擧者稀少ᄒᆞ고婦女와小兒들은交揭ᄒᆞᆫ者가稍多ᄒᆞ얏다더라

●借考借德 今番 御巡幸 祗迎時에韓日兩國旗交叉問題에對ᄒᆞ야平壤耶蘇教會牧師吉善宙氏와長老김聖鐸安鳳周朴致錄諸氏가極力反對ᄒᆞ야教會中諸學校에셔는太極旗만高揭ᄒᆞ얏는ᄃᆡ當地警察署에셔김聖鐸氏를招致ᄒᆞ야日旗不揭ᄒᆞᆫ事를質問ᄒᆞ미김氏가答ᄒᆞ되諸학徒가擧皆交揭ᄒᆞᆷ을不肯ᄒᆞᆷ으로如此라ᄒᆞ얏다더라

●決議何多 壹進會에셔發論ᄒᆞ되今番魚宋兩氏가爭鬪ᄒᆞᆫ事는其責任이政府에在하다ᄒᆞ야日間特別會를開ᄒᆞ고現政府諸大臣의게辭職勸告書를提起ᄒᆞ기로決議ᄒᆞ얏다는說이有하다더라

●珍守請願理由 珍山郡守李濂翊氏가再度請願ᄒᆞ얏다는說은已爲報道어니와其請願ᄒᆞᆫ內容을詳聞ᄒᆞᆫ즉全北觀察使李斗璜氏가ᄒᆞ시의請願ᄒᆞ기를催促ᄒᆞ미該氏는其時京師에在ᄒᆞᆫᄃᆡ該郡主事某시가觀察使의催促ᄒᆞ는理由를李郡守의게通知ᄒᆞ야卽地請願ᄒᆞ얏다더라

●辯護無務調査 內外國辯護士의出願ᄒᆞᆫ各地方事務員들이訴訟을委任ᄒᆞ미不正ᄒᆞᆫ行爲가多有ᄒᆞ다는說이浪藉ᄒᆞᆫ故로京城地方裁判所에셔각事務員의實事有無를這々調査ᄒᆞ는中이라더라

●陵官呼冤 각郡官吏中遞免ᄒᆞᆫ人이有ᄒᆞ면解職ᄒᆞ는同日俸給까지依例支撥ᄒᆞ는ᄃᆡ宮內府에셔는각陵參奉이解散된다는說을因ᄒᆞ야昨年八月度부터壹般陵官의俸給을不爲支給ᄒᆞ는故로稱怨이不無하다더라

●女界醜聞 宮內府大臣閔丙奭氏의別室翡翠가함北觀察尹甲炳氏의別室을誘引ᄒᆞ야寺洞演興社를稅貰ᄒᆞ고每夜同伴以去하야각種演劇을觀覽ᄒᆞ고히兩女가該社唱夫김、李、鄭、宋、諸人을輪回通姦ᄒᆞ다가情跡이現露되야尹氏의別室은擧竟逐出을被ᄒᆞ얏는ᄃᆡ尹氏의別室이비翠를逐ᄒᆞᆫ性見ᄒᆞ고言ᄒᆞ되尹氏家에交涉ᄒᆞ야舊緣을復續케ᄒᆞ야달나고百般懇乞ᄒᆞᆫ다더라

●同日可憎 前監理白樂均氏가日人牧野元과協議ᄒᆞ고義會를現今組織코ᄌᆞᄒᆞ는ᄃᆡ其目的은韓人으로ᄒᆞ야금貧富貴賤이無ᄒᆞ고平均케ᄒᆞᆯ主義라더라

●結尾擾氏 陰城郡財務主事沈然潔氏가稅納每結頭에尾錢을新貨五十錢式增收ᄒᆞ는故로民怨이漲大ᄒᆞ다고남來人의傳說이有ᄒᆞ다더라

●缺新惟舊 平北定州等郡과平남殷山등郡에는新貨가全然缺乏ᄒᆞᆷ으로舊貨만通用ᄒᆞ나금융이永히涸渴ᄒᆞ야民心이洶々ᄒᆞ다더라

●雖私亦收 南來人의傳說을聞ᄒᆞᆫ즉각郡財務署에셔民間에流通ᄒᆞ는舊貨를沒數收合ᄒᆞ기爲ᄒᆞ야雖私錢이라도官例收刷ᄒᆞᆫ다더라

●碧동痘患 碧동附近에는天然痘가發生하야死者가四名이오患者가五名이라더라

●林[illegible]塵 陰本月二日頃에全南光州郡大林面등地에셔義兵五百餘名이日兵과交戰ᄒᆞ얏는ᄃᆡ日兵이多數被殺ᄒᆞ얏다는傳說이浪藉ᄒᆞ다더라

●宜川教況 宜川郡內에는耶蘇教信者가益々增加ᄒᆞ야貳千六百餘名에達ᄒᆞ얏다더라

●中央總會 大韓中央학會에셔通常總會를本月七日(日)下午時에該會事務所內에셔開ᄒᆞᆫ다더라

學界

●淸港의崔氏 함北富寧郡淸津港有志紳士崔壽成김龍河諸시가教育에熱心으로巨大ᄒᆞᆫ金額을捐出ᄒᆞ야新興학校를設立ᄒᆞ고靑年을募集ᄒᆞ야熱心教育홈을미러崔壽成시는校主의任을帶ᄒᆞ고該校의經費를永遠히自擔ᄒᆞ기로諾시의熱心을人皆稱頌ᄒᆞᆫ다더라

●延興其興 延安郡洪縣面觀德亭僻申宗均尹相祿申鉉弼馬景植諸시가教育事業을倡起ᄒᆞ야協力出義로隆熙二年壹月에學校를設立ᄒᆞ야延興학校라名稱ᄒᆞ고聰俊을教授ᄒᆞ는ᄃᆡ諸시의熱心做去로漸次興旺ᄒᆞᆯ期望이有ᄒᆞ다더라

●汾校試蹟 通津郡私立汾南學校에셔第二학年試驗을經ᄒᆞ얏는ᄃᆡ卒業生에李遠榮李寅善等五人이오二年級優等生에李聖成舜基等三人이오及第生에朴英錫等廿人이오壹年級優等生成萬基等二人이오及第生에成永基等拾七人이오預備科優等生에林學根등二人이오及第生에李允鳳等九人인ᄃᆡ施賞ᄒᆞ고勸勉ᄒᆞ얏다더라

●三樂年試 [illegible]川郡東面桑洞有志紳士諸시가三樂學校를設立ᄒᆞ고勞働학員을募集ᄒᆞ야熱心教育ᄒᆞ고去月에年終試驗을經ᄒᆞ얏는ᄃᆡ高等壹年優等朴致二及俯朴亨湄等常二年優等尹炳錫及金炳俊等年優등기義俊及楨洪洛用常年優등기昌道及韓鎬卿智기光夫등七人이라더라

▲地方

▲去月十八日平山郡溫井院附近에셔義兵十餘名이討伐隊와交戰ᄒᆞ얏다ᄒᆞ고

▲去月三十壹日東小門外禮成府西南約五拾里地에셔義兵五十餘名이該地分遣所日憲兵下士以下八名과交戰ᄒᆞ얏다ᄒᆞ고

▲去月兩拾八日에咸鏡南道長津郡內에셔義兵二拾餘名이平安南道淸萬水洞日憲兵分遣所上等兵壹名及補助員九名과交戰ᄒᆞ얏다ᄒᆞ고

▲去月三拾壹日忠淸南道連山郡南方約三拾里에셔義兵十餘名이該地分遣所上등日憲兵及補助員三名과交戰ᄒᆞ얏다ᄒᆞ고

▲去月二十二日黃海道谷山郡東方約二拾里地에셔義兵十餘名이同地分遣所日憲兵壹名及補助員二名과交戰ᄒᆞ얏다ᄒᆞ고

▲新義州등地에는大概平穩ᄒᆞ나鐵山附近에는義兵이時々로徘徊ᄒᆞᆫ다ᄒᆞ고

▲咸鏡道境界附近谷山등地에는時々로義兵이出沒ᄒᆞᆫ다ᄒᆞ고

▲去月拾九日黃海道海州郡內에셔義兵百餘名이日本連合討伐隊와交戰ᄒᆞ얏다더라

◉上元休刊

本日은陰曆上元佳節인故로壹日을休刊홈

▲春和月圓▼

▲오날은何日인가陰曆歲首上元이라萬里碧空바라보니天然ᄒᆞᆫ더明月은斗牛間에徘徊ᄒᆞ고長安萬戶을헤여보니立春大吉悅惚ᄒᆞ다雙名佳節이아닌가放歌縱酒ᄒᆞ여보세

▲달도밝고봄도왓네社會上의志士들아互相猜忌ᄒᆞ지말고滿團遊戲協合ᄒᆞ며自滿自足하지말고扶植方針研究ᄒᆞ야壹大團體되라거던春日ᄀᆞᆺ치和暢하고望月ᄀᆞᆺ치圓滿하소

▲달도밝고봄도왓네教育界의靑年들아懈怠習慣다바리고勤孜熱心做工ᄒᆞ며依賴性質두지말고獨立思想奮發ᄒᆞ야完全國民되라거던春日ᄀᆞᆺ치和暢ᄒᆞ고望月ᄀᆞᆺ치圓滿ᄒᆞ소

▲달도밝고봄도왓네實業界의人士들아姑息之計崇尙말고永遠利益研究ᄒᆞ며交際信用일치말고金융機關擴張ᄒᆞ야至國富饒되라거던春日ᄀᆞᆺ치和暢ᄒᆞ고望月ᄀᆞᆺ치圓滿ᄒᆞ소

▲달도밝고봄도왓네仕宦界의官吏들아阿諛求容ᄒᆞ지말고賢良方正注意ᄒᆞ며肥己私慾經營말고愛國公心培養ᄒᆞ야脫免羈絆되라거던春日ᄀᆞᆺ치和暢ᄒᆞ고望月ᄀᆞᆺ치圓滿ᄒᆞ소

▲달도밝고봄도왓네鄕閭에偵探들아내兄弟를殺害코ᄌᆞ外國人의鷹犬되지말며禽獸의腸내버리고天賦靈性回復ᄒᆞ야善良君子되라거던春日ᄀᆞᆺ치和暢하고望月ᄀᆞᆺ치圓滿하소

▲달도밝고봄도왓네家庭間의婦女들아奢侈淫蕩ᄒᆞ지말고貞淑儉約修身ᄒᆞ며子女教育極盡ᄒᆞ고產業整理研究ᄒᆞ야家道興隆되라거던春日ᄀᆞᆺ치和暢ᄒᆞ고望月ᄀᆞᆺ치圓滿ᄒᆞ소

▲天地라도不和ᄒᆞ면生育萬物ᄒᆞᆯ수업고物不圓滿ᄒᆞ면完全品이못되니個人家族勿論ᄒᆞ고더致와다ᄅᆞᆯ손가我等列强부러말고春和月圓본을밧아文明幸福누려보소

廣告

本會通常總會를本月七日(日曜)下午壹時에中部壇谷本會事務所內에開ᄒᆞ오니 僉會員은屆期來臨ᄒᆞ시옴

大韓中央學會 告白

大韓每日申報第壹千五號廣告欄內에正誤ᄒᆞᆫ南部板井洞七拾壹統八戶草家拾間의見失ᄒᆞᆫ漢城府立旨ᄅᆞᆯ買入立旨기로更爲廣告ᄒᆞᆷ 김仁瑞 告白

忠淸北道忠州嚴政面牧溪有志紳士安鏞和氏諸人이通明學校를私立ᄒᆞ고敎師ᄂᆞᆫ日本早崎縣吉野藤藏시를延聘ᄒᆞ얏ᄂᆞᆫ디該시가학力超等ᄒᆞ고靑年敎育에同晝夜熱心勤勉ᄒᆞᄂᆞᆫ故로四方이雲集ᄒᆞ야開學ᄒᆞᆫ지未滿一朔에學員이六拾餘人에達ᄒᆞ며本洞諸ᄆᆞᆯ老朱厚弼李圭明金九鉉鄭鸞行金用圭申錫九李星輔朴基鴻諸시가多年修ᄒᆞ며殖利錢八拾圓을本校에感義補助ᄒᆞ고학員體操時에皇城寺등洪元杓시가適去路에觀光ᄒᆞ다가학員에資格이俊美홈을보고愛國熱誠으로奇壯勸告ᄒᆞ고行資金三圜을捐養故로壹洞人民이學界上에極省注目ᄒᆞ야無不贊揚ᄒᆞ기의本人等이廣布ᄒᆞᆷ

通明學校事務員朱紀明 告白

◎學員募集廣告

本會敎育部를壽進測量學校와聯合ᄒᆞ야第二回學員을募集ᄒᆞ오니志願人은入學請願書를提出ᄒᆞᆷ

敎授科程
壹 細部測量科 并講習科
壹 도根測量科

試取日子ᄂᆞᆫ貳月二拾壹日
處所ᄂᆞᆫ中部壽進洞興士團內
入學請願書用紙ᄂᆞᆫ本會에請求ᄒᆞ고敎育ᄒᆞ項은本會에來問ᄒᆞᆷ

大韓測量總管會 告白

本人이昨年拾貳月分에梨太院四統六戶草家三間文券을서失ᄒᆞ얏ᄉᆞ오니誰某ᄂᆞᆫ得休紙施行ᄒᆞᆷ 漢江金萬焯 告白

最新 初等小學
文明國의尋常小學讀本制度를模範하야精美ᄒᆞᆫ圖本을具ᄒᆞ고八卷을四卷으로合製ᄒᆞᆷ
貳冊合製定價金五십錢

最新初等 大韓地誌 定價金四拾錢

最新高等 大韓地誌 定價金七拾錢
文明國地誌制度를模倣ᄒᆞ야漢陽의山水며宮闕圖와拾三道地圖와各港口와開市塲과名山大川과都會勝地의地도를具ᄒᆞᆷ

初등 大韓歷史
文明國의歷史制度를從ᄒᆞ야我國의 聖帝 明王의 御眞과忠臣烈士의影幀을具ᄒᆞᆷ
定價金七十錢

初등 動物學 每課有도 定價金四十젼

初等 植物學 每課有도 定價金三十錢

國家思想學 精神 敎育 定價金二十五錢

憲法要義 義務 敎育 定價金二拾五錢

右敎科書ᄂᆞᆫ本書林에서發行ᄒᆞ오며此外에各種書籍이具備ᄒᆞ오니학界 僉君ᄌᆞᄂᆞᆫ速速來購ᄒᆞ심을爲望

京城南部銅峴大四街里三十五統五戶 **玉虎書林**

廉價放賣
測量器械各種
製圖器械各種
製圖用紙各種
釜山港本町三丁目
近藤支店

本社에서前月拾五日定期總會에決議ᄒᆞ고檢査員五人을選定ᄒᆞ고前期營業을實跡調査ᄒᆞ기爲ᄒᆞ야停會ᄒᆞ고本月五日(陰曆正月拾五日)에開會ᄒᆞ야諸般事項을決議ᄒᆞ기로ᄒᆞ엿ᄉᆞ오니本社株主ᄂᆞᆫ該日에商業會議所樓上으로多數出席하심을務望

漢城材木柴炭株式會社 檢査員李敏卿等 告白

朴衡采安宅重兩氏宅統戶가未詳ᄒᆞ야廣告ᄒᆞ오니統戶를本會館으로錄送하심을望ᄒᆞᆷ 鍾路靑年會 白

驪川東面長洞三樂학校와光明女학校ᄂᆞᆫ김斗壎김卓壎김鳳俊三시가設立ᄒᆞ고학徒를熱心敎育ᄒᆞ야昨年십二月末에年終試驗을經ᄒᆞ얏ᄂᆞᆫ대

勞働학校生徒名錄
高등壹年生優等朴敦三 及第朴亨龍
尋常三年生우등尹炳석 及第김炳俊
尋常貳年生우등김義俊 及第洪洛用
尋常壹年生우등김昌道 及第韓聖日

光明女학校生徒名錄
김光玉 申正云 康福석
리應涉 盧根道 김應仲
甲班우등王英禱 及第安禧信
乙班우등王학實 及第康敬信
丙班우등李 化 及第鄭希國
田貴禮

楊平郡居前委員申拭於昨冬遭賊變如干衣服등物沒數見奪而圖列姓名도章亦爲見失內外國人 照亮 申拭 告白

特別廣告

近頃에本社事務에對ᄒᆞ야暗狹沒覺ᄒᆞᆫ者ㅣ**陰**沮를試ᄒᆞ다ᄒᆞ나何國何人에던지本社에長湍ᄒᆞᆫ事務에對ᄒᆞ야能히**防**遏치못ᄒᆞᆯ것은**明瞭**ᄒᆞᆷ이니此廣告를讀ᄒᆞ시ᄂᆞᆫ 僉彦은幸須**銘心**ᄒᆞᆯ것이오며玆에**本社**의**進行**ᄒᆞᆯ**職責與事**功을**明白**히**說明**ᄒᆞ노라

本社ᄂᆞᆫ비록**新成立**ᄒᆞᆫ者이나本社를興**旺**케ᄒᆞᆯ方針에對ᄒᆞ야必要ᄒᆞᆫ時에ᄂᆞᆫ**能力**과**勇敢力**이固有ᄒᆞ오며**現今**에**着手**ᄒᆞᆫ**事業**은如左ᄒᆞᆷ

一。本社ᄂᆞᆫ韓國과美國間에直接輸入及輸出를伸張ᄒᆞᆷ을務圖ᄒᆞᆷ

韓國內某々種手造物品은**美國**의**輸出**ᄒᆞ야**奇利**를得ᄒᆞᆫ者가多有ᄒᆞ나至今ᄭᆞ지此等物品은美國ᄊᆞ各處의紹介ᄒᆞ기無路ᄒᆞ더니現今에本社에서ᄂᆞᆫ此等困難이無ᄒᆞᆯ지라韓國은何故로美國과ᄊᆞ此ᄒᆞᆫ**商業上好關係**를拋棄ᄒᆞ리오

又壹試思ᄒᆞᆯ것은**美國物品**이韓國에到達ᄒᆞᆫ時에ᄂᆞᆫ通常으로**四五手**를經由ᄒᆞ나니**每經由處**에**該物品本價**에서**利益**을**添付**ᄒᆞ며**稅金**及**運費**도自然**增加**ᄒᆞᄂᆞᆫ故로物價가**甚高**ᄒᆞ오나本會社ᄂᆞᆫ**美國內物**品**製造所**에서**最廉價**로**特約直輸入**ᄒᆞ야購買者에게**直接放賣**ᄒᆞ면**物價**가**低廉**ᄒᆞᆯ터이오니推此思惟ᄒᆞ오면韓國內에서美國物品의需用이直接及間接으로**利益**의**增加**ᄒᆞᆷ을預期ᄒᆞᆷ

貳　本社에서韓美兩國間商業關係에만盡力ᄒᆞᆯ뿐不啻라韓國과亞細亞全部와歐羅巴及濠太利諸處ᄭᆞ지에도商業上好機會를造成ᄒᆞᆯ計劃이오며且勤實ᄒᆞᆫ**代理人**을韓國內各處에置ᄒᆞ고新鮮ᄒᆞᆫ物品을**直輸入**ᄒᆞ야各處代理人으로**分掌出賣**케ᄒᆞ며又物貨를放賣ᄒᆞᆷ에對ᄒᆞ야ᄂᆞᆫ時々로特別히廣告를揭布ᄒᆞᆯ터이오니海內僉彦은本社에事務進行을據此承聞ᄒᆞ오리다

三　本會社ᄂᆞᆫ**不動產部**를別設ᄒᆞ고不動產에關ᄒᆞᆫ事項을管理ᄒᆞ되土地家屋等賣買典當及借貸等事에仲介契約受托及방助ᄒᆞᄂᆞᆫ等事를處理ᄒᆞ야迅速히發展되기를期待ᄒᆞ며此에關ᄒᆞᆫ**詳細事項**은**未久**에**公**布ᄒᆞᆯ깃ᄉᆞᆸ

四　何事를勿論ᄒᆞ고法律의違反치아니ᄒᆞ고本社의**利益**이有ᄒᆞᆷ으로認定ᄒᆞᄂᆞᆫ**營業**은本社에서**隨機進行**ᄒᆞ기를準備ᄒᆞᆯ터이오니此目的의對ᄒᆞ야同情을表ᄒᆞ시ᄂᆞᆫ 僉**彦**은**盡心協助**ᄒᆞ심을切望ᄒᆞᆷ

以上陳述ᄒᆞᆫ諸事項에對ᄒᆞ야。僉彦과**通信**을**連絡**ᄒᆞ기를願ᄒᆞ오니**左開二項**을**注意**ᄒᆞ시옵

壹　何事를勿論ᄒᆞ고**本會社**에**委托**ᄒᆞᄂᆞᆫ時에ᄂᆞᆫ本社의서盡心竭力ᄒᆞ야**信實**히**處理**ᄒᆞᆯ터이오며

二　本會社ᄂᆞᆫ何人이던지本會社의委托ᄒᆞᆫ事에對ᄒᆞ야ᄂᆞᆫ**其信用**을**確守**ᄒᆞ고**尊敬**ᄒᆞᆷ을**保証**ᄒᆞᄂᆞᆫ故로何事를勿論ᄒᆞ고**信用**의關ᄒᆞᆫ事件은特別히本社의委任ᄒᆞᆷ에**加一層安全**ᄒᆞᆷ을**擔任**ᄒᆞ압나이다

大韓皇城磚洞

韓美興業株式會社 謹啓

壯陽復元丹

此약은專치腦痛肺弱○房事色傷○과腎虛弱○陽痿不起○遺精多夢○神經衰弱○房事時早漏不快○病後虛弱○健忘不眠○貧血諸症○先天不足○飲食不下○眩暈頭痛○等症에나니試將此丸을照法服之면不過幾点종에立見妙效ᄒᆞ야魂飛肉顫ᄒᆞ며精神徹奮ᄒᆞ고頓覺充快ᄒᆞ나니其症이輕者는服용二週면挽回元陽ᄒᆞ고其症이稍重者는可服三四週ᄒᆞ고違下痼疾로其症이頗重者는連服ᄒᆞ八週면必能全치無疑ᄒᆞ며若夫病ᄒᆞ入至試用此劑則補血而益氣ᄒᆞ고强筋而壯骨ᄒᆞ나니至之八週而未見其效則請將價額을如數還呈이오不敢虛誕自欺라此丸이又無論男婦老幼ᄒᆞ고均用有效ᄒᆞ나니眞世間無比之妙劑也라 僉位는何不早도壹試오

一週分 一週分 四週分 八週分

발行所 皇城鍾路大廣橋 濟生堂藥房
特約代理店 京城水橋 共愛堂藥房

新訂分道大韓帝國地圖

銅版印刷 子星수洋裝 全壹帖 正價

△白堂玄 采시序

○我韓地圖之精密者首推古山子但篇帙太多難於携帶且流傳者少不能人々皆有豈非大恨事哉玆將地圖爲本刷煩就簡作爲小帖以公同好我內地地味膏沃物產豐富爲東洋之無盡藏者識拓而發明則我國之富强可計日以待矣本圖分十三道自山川城郡都府以至物產名目詳細記載使人寓目瞭然我同胞務以作與事業之實助是所厚望

發兌元
▲皇城中部罷朝橋越邊 中央書館
▲皇城남部大廣橋東邊 滙東書館
▲皇城北部桂洞 玄公廉
▲皇城中部鍾路 大東書市

初等大韓新地誌

全壹冊定價金 貳拾五錢

問答

近日初等大韓地誌가三四種이鋪次刊行되엿ᄉᆞ오나敎育上에缺點이無ᄒᆞ다可謂ᄒᆞᆯ지니今에本書는特別히幼年程度의適當ᄒᆞᆷ을爲ᄒᆞ야問答例로詳密히編纂ᄒᆞ와小學校用에必要ᄒᆞ오니照亮ᄒᆞ심을望ᄒᆞᆷ

漢字初習

全壹冊 定價金拾五錢

本館에서著作ᄒᆞᆫ漢字初習은漢文字에義ᄒᆞᆫ幼穉ᄒᆞᆫ이라도便易ᄒᆞ게揀擇ᄒᆞ야多少를隨ᄒᆞ야編次ᄒᆞᆫ것이니敎授ᄒᆞ기와解得ᄒᆞ기와習字ᄒᆞ기가其他漢文冊子中에最便ᄒᆞ고最要ᄒᆞ며幼穉와普通初等漢文科로用ᄒᆞ기適宜ᄒᆞ니多數히需用ᄒᆞ시기를바라ᄂᆞ이다

國語文典音學

周時經 著述

全壹冊 定價三拾錢

本書는周時經시가拾有餘年을

大韓山林協會

本會事務가漸次擴張이온바本會에入會ᄒᆞ실有志僉君子ᄂᆞᆫ本會로陸續來議ᄒᆞ옵셔林業發達케ᄒᆞ심을希望ᄒᆞᆷ

(電話二九三番)

八寶丹

滋陽丸

大韓帝國仁川 和平堂大藥房

總發行所 和平堂大藥房

製藥所 仁川港 和平堂藥房

◉大韓每日申報各處支社廣告

平安道 京畿道 咸鏡道 全羅道 慶尙道 忠淸道 江原道

發行兼編輯人英國人 萬咸
Responsible for Publication Alfred Weekley Marnham
發行所 南部石井洞號外地三層洋屋家 大韓每日申報社

第七卷

大韓每日申報

第壹千拾七號

月曜及慶節臨時休日刊

檀君開國四千二百四十二年
箕子元年三千三十一年
大韓開國五百十八年
日本明治四十二年
清國宣統元年
陰曆己酉正月小十七日戊戌

論說

◉渾一國自國精神

今番 大駕西巡에沿路地方官吏가巡檢을大발ᄒᆞ야製造ᄒᆞᆫ日本旗幾萬個를帶ᄒᆞ고市府와閭巷에橫行ᄒᆞ며太極國旗의傍에日本旗를交叉ᄒᆞ라고壹聲二聲々聲大喝ᄒᆞ얏스되彼壹般人民이皆以爲我의頭上에ᄂᆞᆫ四千載蒼々不變ᄒᆞᆫ大韓帝國天을戴ᄒᆞ며我의足下에ᄂᆞᆫ三千里茫々不壞ᄒᆞᆫ大韓帝國土를履ᄒᆞ고兩眼에ᄂᆞᆫ大韓帝國日月을瞻仰ᄒᆞ며壹身에ᄂᆞᆫ大韓帝國雨露를沾被ᄒᆞᆫ世々生々의大韓國民으로今日我 大皇帝陛下께셔我地方에巡幸ᄒᆞ사我民情을周察ᄒᆞ시ᄂᆞᆫ此時에我壹衆民이堂々ᄒᆞᆫ我大韓國旗만揭ᄒᆞᆯ지니아모리觀察의令甲이嚴하며아모리巡檢의恐喝이甚하야도我大韓國旗의傍에他國旗의交揭ᄂᆞᆫ不許ᄒᆞ리라ᄒᆞ고萬口가同聲ᄒᆞ며萬腔이同心ᄒᆞ야畢竟御巡沿路에幾萬個의日本太陽旗ᄂᆞᆫ失色齊退ᄒᆞ고太極八卦章大韓國旗만煌々獨立ᄒᆞ얏ᄂᆞᆫ더大韓帝國萬歲의聲이 大皇帝陛下萬歲의聲과俱長ᄒᆞ니

檀君遺都에天日이重明ᄒᆞ고東明故祠에草木이再春이라壯哉라同胞의國家的精神이여開城에始ᄒᆞ야義州에至ᄒᆞ기凡千餘里間에壹般人民이不謀에同辭하야其壹國自國精神이電信과如히相通ᄒᆞ며鐵道와如히長亘ᄒᆞ미許多官吏의試驗이壹切無效에歸ᄒᆞ얏스니嗚乎라其誰曰한人의愛國心이薄ᄒᆞ다ᄒᆞ며其誰曰한人의自國精神이弱ᄒᆞ다ᄒᆞ나뇨

吾儕가已往에ᄂᆞᆫ恒常大韓國旗를瞻望ᄒᆞ고悲淚를亂揮ᄒᆞ며曰嗟々大韓國旗아爾ᄂᆞᆫ何故로英國十字旗와如히五大洋上에遍竪치못ᄒᆞ며爾ᄂᆞᆫ何故로美國四拾八宿旗와如히三州에光輝치못ᄒᆞ며伊太利三色旗와如히半島의國光을宣揚치못ᄒᆞ며俄羅斯의雙鷲旗와如히歐亞의大陸을俯視치못ᄒᆞ고只是東方壹隅恥辱窟裡에埋在ᄒᆞ야西天風雨에爾脚이動搖ᄒᆞ며南方塵埃에爾面이慘黑하야爾를對ᄒᆞᄂᆞᆫ二千萬兄弟로ᄒᆞ여금眞哭을發케ᄒᆞ나니嗟乎라爾여爾ᄂᆞᆫ何時에나國史의靈光을買還ᄒᆞ며國民의權利를擁護ᄒᆞ리오ᄒᆞ고潸然히淚를下ᄒᆞ얏더니今日에至ᄒᆞ야韓國民의國家精神을觀ᄒᆞ니爾가奮起ᄒᆞᆯ日이必有ᄒᆞ며爾가突飛ᄒᆞᆯ日이必有ᄒᆞ도다

國民의國家精神이如此ᄒᆞᆫ즉我獨壹無二ᄒᆞ시고至尊至大ᄒᆞ신上帝가爾의上에儼臨ᄒᆞ사爾로ᄒᆞ야곰國魂을招呼ᄒᆞ며爾로하야곰國力을扶植ᄒᆞ야爾의到處에實光이長照하리니彼魔障이何物이며苦痛이何物이며恥辱이何物이며傾陷이何物인가

凡壹切韓國同胞아此巍々赫々ᄒᆞᆫ國旗를長瞻ᄒᆞ라公等의國家精神이此에在ᄒᆞ니라

風을臨ᄒᆞ야大韓國旗에再拜ᄒᆞ고壹筆로全國同胞를奉勉ᄒᆞ노라

官報

▲▲隆熙二年九月壹日 官報

部令

學部令第拾六號 續

(第二號書式)

(印紙貼付)(並消印) 敎科用圖書檢定願

圖書의名稱 卷冊의卷數 定價

目的ᄒᆞᄂᆞᆫ學校幷하學員하도用又ᄂᆞᆫ敎員用의種類의區別

著譯者及發行者의住所姓名

發行年月日

變更의要領 (稿本에依ᄒᆞ야)(檢定을請ᄒᆞᄂᆞᆫ)(境遇에ᄂᆞᆫ本欄)(記入을不要ᄒᆞᆷ)

右ᄂᆞᆫ何年何月檢定을受ᄒᆞ얏ᄉᆞ온바變更發行ᄒᆞ옵기(ᄒᆞ깃)(ᄉᆞᆸ기)檢定을受코져ᄒᆞ야히圖書(又ᄂᆞᆫ稿本)二部(幷定價增加에對ᄒᆞᆫ差額金換圖)을添附ᄒᆞ야玆에請願ᄒᆞ옵나이다

年 月 日 發行者姓名印

住 所

學部大臣 閣下 (未完)

本社特電

●排日案未果 美國갈니포늬아州에셔全國ᄒᆞᄂᆞᆫ排日法案은未果ᄒᆞ얏다더라 貳月五日神戶發

●居留人排斥案拒絕 갈니포니아州에外國人居留排斥의議案은州會에셔拒絕ᄒᆞ얏다더라 同日發

●大統領의電論 美國大統領루쓰벨트지가갈니포늬아州道伯의게電論ᄒᆞ되日本學童을學校에셔排斥ᄒᆞ라ᄂᆞᆫ立法의運動은國體의損傷이오且極히毒害가되나니議案의提出되거든로禁止ᄒᆞ고准許치말나ᄒᆞ얏다더라 同日發

外報

●廣東大火 香港電을據ᄒᆞᆫ則廣東沙道에셔去三拾日夜에多數遊船及料理船에셔爆竹을放하야가大火가起ᄒᆞ야支那藝妓遊廊에셔三百餘名이燒死ᄒᆞ고負傷者가千餘名이라더라

●西國震災 同電을據ᄒᆞᆫ則西班牙國에셔大震災가有ᄒᆞ야셀멘나市가全滅되야慘狀이極ᄒᆞ얏다더라

●不凍築港 旅順電을據ᄒᆞᆫ則徐總督은渤海灣內에在ᄒᆞᆫ連山灣을冬季不凍港으로築港ᄒᆞᆯ計劃이라더라

●英艦砲試 倫敦電을據ᄒᆞᆫ則英國各艦隊의大砲据付試驗은支那艦隊와海峽艦隊와海峽殖民地艦隊와太西洋艦隊와地中海艦隊등의順序로擧行하야著明ᄒᆞᆫ進步를表示ᄒᆞ더이라더라

詞藻

●風前雲

滿天黑雲壹陣大風니러나셔。다헤치니 十五夜차하ᄂᆞᆯ에、더明月이반갈도다、우배도、다모곳처、不遠間에

廣告

雜報

●御臨統邸 太皇帝陛下씌옵셔昨日上午十壹時四拾分에統監邸에 御幸臨하셧다가同下午二時三拾分에還 御하셧다더라

●御幸儀節 別項과如히 大皇帝陛下씌옵셔昨日統監邸에 御幸臨하셧는디각大臣의陪從과儀杖節次는前日 幸行時와差異홈이無하고內外國警察官의警衛等節은甚爲嚴密하얏다더라

●勅使命送 大皇帝陛下씌옵셔는今回의南西 巡幸하신事의對하야早晩間의宮내大臣閔丙奭氏로勅使를 命하샤渡日케하실터이라더라

●宋拳日張 大皇帝陛下씌옵서今番西道 巡幸時에 太駕가平壤에 御到着하시미內大臣宋秉畯氏가軍大學乘武氏를重責하되鹵簿隊列을不爲整齊하얏스니天下의巨賊이라하고欲爲毆打하거날學軍大가勝手相打하라하즉左右陪從員이挽留無事하얏다더라

●開城祗迎人員 今番西 巡時開城에서斷髮 祗迎한人民이二百餘名이오 祗迎에入參한學生이二千餘名이오其他人民이七萬餘名이라더라

●旗號頗奇 大皇帝陛下씌옵서去番南 巡幸하옵실時에大邱等地에서具某李某兩人이伊藤統監質問이라大書竪立하얏거날該警察署에捕捉하야다가三日後에無事히得放하얏다더라

●有誰奪志 今番西 巡時에開城各學校에서日기를不擧하얏더니該郡守朴宇鉉氏와郡主事馬文奎氏가壹般학生을 祇迎하는路邊에서驅逐恐喝하며無敎沮戱하얏스나학生들우抵死不屈하는慷慨의心으로 祇迎하얏다더라

●敎育勠力 今番西 巡時에開城각學校生徒들에日旗를交叉치아니하기로決心하얏는디觀察府書記官염川이가日旗五百餘介를製造하야壹般학生에게分給하얏스나학英書院과각敎會及學校에서는永爲不揭하얏다더라

●梁妻歸國 伊藤統監은本月拾日仁川港에서軍艦吾妻를搭乘하고歸國할터이라더라

●妄動何益 韓國閔泳徽氏는以何妄想으로內大宋秉畯氏에게秘密運動혼다더니宋氏의地位가亦將不久할깃슨則何處交涉이更有홀는지不知하거니와知足知止하는것만不如하다고批評이有하더라

●陵園山林調査 昨年의帝室有不動産을國有로移屬혼結果로全國各地의在혼 陵園墓附屬山林을國有로定하야農商工部山林局의서主管할터인데近日의該部의서水原楊州開城及漢城府附近의 陵園墓調査出張所를設하고日人技師의게委任하얏다더라

●拓植入京 再昨夜의入京혼拓植會社總裁宇佐川은昨日上午九時의同會社重役以事務員을同하巴城館의集合하고相見禮를行혼後社宅撰定의對하야候補家屋을視察하얏다더라

●日人任命 各道의勸業、土木、敎育等事務에關하야日本人主事三名式任命할터인데內部에서多數志望者中選拔採用하야日間任命혼다더라

●牧師正論 前韓國閔泳徽氏가自己의言論이種々本報에揭載되는事에對하야該氏子閔大植氏를蓮洞敎會牧師奇一氏의게交涉하야懇請曰每日申報社長의게仲托하야從今以後에는勿爲揭載케하야달나하거날奇壹氏가答하되余가每日申報社長과親分이有하나新聞에公論을豈可以私囑으로揭載치못하게하리오自己의行爲가公正하면新聞上論駁이無하다하미閔大植氏가赧然而歸來하얏다더라

●李閔三審 鐵山郡守李正根氏가前由樞院顧問閔泳綺氏와科債再徵事로地方裁判所에呼訴하야三審을已經하얏는디閔氏가辯護士人을更加委任하고百般運動하나李氏에提出혼證據는壹々明瞭하고閔氏에所證句語는橫竪無據하야畢境落科홀貌樣이라고巷說이藉々하다더라

●民會解散 任實郡內人民協議會에서는新稅徵收에對하야全州財務監督局에反對訴願을提出하얏는디此는政治에干與하는不法行爲라하야去拾一月二拾八日에當局官吏가解散을命令하얏다더라

●丙氏裁判 大審院判事洪祐晳氏가甲辰年頃에慶北巡察使로下去하야伊時玄風郡守安永重氏를封庫罷職하얏더니近日에安氏가京城地方裁判所에擧實呼訴혼故로該丙氏가現今裁判하는中이라더라

●街探姓名 閔丙奭氏의別室翡翠와尹甲炳氏의別室이演興社唱夫等四人과輪回通姦하얏다는說이播傳홈으로各警察署에서該唱夫의姓名을秘密探知하는中이라더라

●航路開始 東海岸航路를經營하는元山吉田秀太郞에게對하야한國政府에서年額壹萬七千拾九圓式八個年間補助金을與하고且五百噸以上되는汽船壹隻을貸與혼다는대航路는旣爲兩始하얏고其汽船은度支部에서大阪造船所에六百九拾二噸되는汽船을購入하야隆熙號라命名하고今七日에釜山으로向航하는데同地에서直時吉田에게貸付혼다더라

●米穀輸出減少 群山等地에서는近來에輸出米穀이減少하얏는대其原因인즉壹은義兵이增加홈이오壹은出穀期가尙早홈이라더라

●日漸增加 全州와江景及其他附近에는近來에日人이漸次增加하고輸入品이隨亦增加하다더라

●農庄惹鬧 益山附近에는日人의經營하는農庄이多有하야目下에牛作米를取査中인데大場村及細井農庄에서는其取索이酷홈으로한人三百餘名이聚黨惹鬧하얏다더라

●反對本願 恩津郡附近에는日人本願寺의서往하야布敎를開始하얏스나한人은信者가極尠하고此를反對하야耶蘇敎의入敎하야敎會가益々繁盛하다더라

●咸北牛疫 咸鏡北道에는牛疫이益々蔓延하다더라

●會洞火事 昨日午前四時頃에南部會洞居留하는日人飯田良壹郞의料理店에서無根의火가起하야附近日人家屋십二戶가全燒하얏는대損害額이數萬圓에達하얏다더라

●典舖總會 本日上午拾時에漢城內各典舖總會를興化학校內에開하고任員을改選혼다더라

●關東總會 關東學會에서今日下午壹時의定期總會를本會館內에開하고事務를處理혼다더라

學界

△二同西昌 [illegible]郡七西二同面有志人士들이基金을鳩聚하야西昌學校를設立하고多數혼學徒를募集敎授하는대校長曹赫煥校監申鉉泰學監曹喜烈敎師申鉉求贊成員安孝淵李相九諸氏가校務에熱心하야來頭의期望이有하다더라

△三崇年試 三和港其督三崇女學校에서年終試驗을經하얏는대四등優등生强志孝朴順愛오三등優等生趙誠實이오二等優등生李善行趙恒心등六人이오壹等優等生盧敬心林忠實諸人이라더라

地方消息

△安岳長連及新溪附近에는拾名內外의義兵이時々徘徊하고其東南部隣接境界附近에는義黨者에江華島에서跋扈하던義兵池洪基氏의率혼義兵約二百名이有하야其管內를侵害하러한다하고

△鳳山附近에는從來로義兵의來襲이不尠하다하고

△全羅南北道境界남原淳昌泰仁任實附近에는義兵五六拾名乃至白餘名이來往不絶혼다하고

△公州群山及金堤附近에는義兵數名或拾餘名이來往하야其出沒數가前보다增加하얏다하고

△溫陽郡以外에는義兵이隨處橫行하는데去拾二月七日에는義兵約三拾名이天安還壹面을兩里를突然來襲하야全地居住日人壹名을砲殺하고壹名은重傷하얏다하고

△鐵川淸州報恩及井川米院附近에는[illegible]

△[illegible]

△綏鳩河川鎭津安德[illegible]등地에도少數의義兵이尙在하다하고

△忠南及全北境界附近에는大集團의義兵의出沒은未曾이나群山益山등地에는其出沒數가增加하얏고公州林川舒川鴻山扶餘등地에는少數의義兵이出沒하얏고魯城定山論山恩津江景威悅附近에는殆히義兵의徘徊가無하다하고

△壹月拾七日全羅南道濟南倉附近에서義兵約拾名이靈巖郡日守備隊正尉以下와交戰하얏다하고

△壹月二拾日寧越郡內에서義兵五拾名이安興分遣所上等兵二名及憲兵補助員六名과交戰하얏다하고

△壹月貳拾壹日高陽郡東方[illegible]里에서義兵拾二名이同郡憲兵所上等兵壹名及補助員三名과交戰하얏다하고

△壹月三拾壹日茂山東南六拾里地에서義兵四名이同郡分遣所日憲兵及補助員과衝突하얏다하고

△壹月二拾壹日寧越郡內에서義兵五名이安興分遣所日憲兵壹名及補助員二名과衝突하얏다더라

韓人惡習

△韓國內의諸般風俗累次擧論하엿것만別種惡習또잇스니地家說盛行하야上下貴賤勿論하고風水禍福專恃하야實大鐵[illegible]

[illegible]

△同功혼體天地에서陰陽分明잇지마는生前死후랴에魂升魄降이아닌가어[illegible]차고더體魄을壙上에混雜케하야禍福을論難혼제十分疑迷信하니이런惡習어대잇나

△父母生存홀때에는[illegible]養之節卑薄하야不孝莫甚하던도그父母가죽고보며孝心이나잇는듯시今時[illegible]찻너라고遍踏江山奔走하야蔭[illegible]기苦待하니이런惡習어대잇나

△勢力家로말하면[illegible]暴虐한던사람이他人局[illegible]勒葬後에勢力업는더衆塚을威脅으로掘去하고西山[illegible]占하야[illegible]는더人物은生死間에暴虐하니이런惡習어대잇나

△自己禍福[illegible]하여서骸骨둘너메고東移西埋奔走하야人避에또未安하고白骨이들何罪런가互相爭鬪破掘하야祖父母에더遺骨이別種禍滋甚하니이런惡習어대잇나

△生死間에勿論하고國合[illegible]盛[illegible]인대求福[illegible]에몸이달어列[illegible]祖의더體魄을散埋하[illegible]하얏다가壹朝勢去할량이면[illegible]無로荊棘中에狐狸穿穴可憐하니이런惡習어대잇나

△한人들아한人들아[illegible]奴隸되는것도山禍라고하는깃[illegible]가地境에當하야도特別[illegible]研究안코엇지하면名堂얻어서[illegible]을免하고서福祿享受혼다하니어리석다한人이여

社告

興德井邑兩郡支社를 八月拾六日부터 停廢홀터이오니 該兩支社의 本申報를 購覽하시는 僉君子는 本社로 直接請求하시와 閱讀의 弊가 無케하심을 務望

大韓每日申報社

廣告

本郡守金潤昌氏가 學校를 設立하고 教育上熱心홈은 壹郡이 贊頌하는데 何許有嫌者가 某新聞雜報에 僞倖坊學이라 揭載하엿스나 郡守는 毫無所失故로 玆에 廣告하니 內外國人은 以此相悉

長城郡私立明學校校監 盧鴻鉉 學監 邊鎭傑

●黃海道松禾郡長陽坊紫陽齋內西林測量講習所廣告

講師鄭然愚名譽로 教育한中

甲班優等 한慶善 金凝善

乙班優等 鄭然弼 鄭昌玫

閔鳳植 鄭義國 鄭道和

本人의 家屋文券이며 田庫府南面德岩洞四時畊과 德川洞壹時畊과 德峯洞三時畊과 府內面龍岩洞五時畊과 北上面中城洞貳日壹時耕文券이며 沓庫德川洞十三斗落과 西湖洞拾八斗落과 彌經面東端洞六斗落과 西端동四斗五升落과 內下面壹北洞七斗落文券을 隆熙三年壹月拾大日夜에 賊漢이 沒數盜去이온기 玆에 廣佈하오니 內外國人은 切勿見欺홈

平安北道龍川府西面德川洞 金赫圭 告白

朴衡采安宅重兩氏宅統戶가 未詳하야 廣告하오니 統戶를 本會館으로 錄送하시믈 望홈

鐵路靑年會 白

本人이 昨年拾貳月分에 梨太院西洞六白草家三間文券을 閪失하얏사오니 雖某人得休紙施行홈

高錚 告白

來日曜上午拾壹時에 法학硏成會를 法官養成所內에 開하오니 僉切會員은 屆期來臨하시옵

法學硏成會 白

最新 初等小學

文明國의 小學讀本制度를 模範하야 精美한 圖本을 具하고 八卷을 四卷으로 合製홈

貳冊合製定價金五십錢

最新初等 大韓地誌 定價金四拾錢

最新高等 大韓地誌 定價金七拾錢

文明國地誌制度를 模倣하야 漢陽의 山水며 宮闕圖와 拾三道地圖와 各港口와 開市場과 名山大川과 郡의 勝地의 地도를 具홈

初등 大韓歷史

文明國의 歷史制度를 從하야 我國의 聖帝 明王의 御眞과 忠臣烈士의 影幀을 具홈

定價金七十錢

初동 動物學 每課有도 定價金四十전

初等 植物學 每課有도 定價金三十錢

國家思想學 精神 教育 定價金二十五錢

憲法要義 義務 教育 定價金二拾五錢

右教科書는 本書林에서 發行하오며 此外에 各種書籍이 具備하오니 學界 僉君子는 速速來購하심을 爲望

京城南部銅峴大四街里三十五統五戶 **玉虎書林**

本會通常總會를 本月七日(日曜)下午壹時에 中部壯谷本會事務所에 開하오니 僉會員은 屆期來臨하시옵

大韓中央學會 告白

▲特別廣告

本會特別總會를 今九日下午壹時에 壽동興士團내에 開하고 事務를 處理하며 定款改定案을 評議會議決을 經하야 伊日에 公布取決하오니 同業僉彦은 壹齊來臨하시옵

大한測量總會 告白

本人이 沓四斗落只를 龍川龍路동員에게 買置이오며 田兩作合壹日二時畊庫를 下古郡東七里에 買置이올더니 往年七月分에 族戚間浮浪敗子之人에게 閪失 文券을 서 失홈듯하오니 或有至於發買之境이라도 內外 僉君子는 若有拾得이라도 勿爲施行하옵시기를 望홈

義州下古郡東上里 金華般 告白

●함鏡南道德源元山港私立勞動夜學校趣旨書

木雖連抱나 不治면 無以支棟梁이오 石雖如困이나 不琢이면 無以備柱礎오 人雖聰明이나 不學이면 無以充才器니 人之愚蠢也 比諸木石이나 木石도 治之琢之면 可以爲棟梁柱礎온 況人而業有不才者乎아 顧今世界에 國而州而에 無不有教하야 名之曰某학校某학校하야 晝夜教導講習하니 其爲開明發達者 大矣라 今此元港에 亦有학校하야 各習其業이나 然惟獨貧寒難振者와 勞動無暇者는 有意而不張進步하니 豈不痛惜哉아 玆以別設壹학校하야 名之曰勞動夜학校하고 使此貧寒勞動之人으로 隨意遊학에 晝而爲事其事하고 夜而齊會受教하니 其所習者는 國漢文算術口語等數科나 然此等人品과 此等학習도 久久成習則教導擴張하야 亦可爲文明開發之基오 庶幾有國民進就之望云爾

發起人 全奎化 申錫富 李鍾浩 鄭相弼 朴大奎 黃鳳昌

特別廣告

近頃에 本社事務에 對하야 徵狹沒覺한 者ㅣ 陰沮를 試코다하나 何國何人이던지 本社에 長進한 事務에 對하야能히 防遏치못홀것은 明瞭홈이니 此廣告를 讀하시는 僉彦은 幸須銘心하시이오며 玆에 本社의 進行홀 職責與事務를 明白히 說明하노라

本社는 비록 新成立한 者이나 本社를 興旺케홀 方針에 對하야 必要홀 時에는 能力과 勇敢力이 固有하오며 現今에 着手홀 事業은 如左홈

一 本社는 韓國과 美國間에 直接輸入及輸出를 伸張홈을 務圖홈

韓國內某々種手造物品은 美國의 輸出하야 奇利를 得홀者가 多有하나 尙今까지 此等物品은 美國의 各處에 紹介하기 經路하니 現今에 本社에서는 此等困難이 無하지라 韓國은 何故로 美國과 如此홀 商業上好關係를 抛棄하리오

又試思홀것은 美國物品이 韓國에 到達홀時에는 通常으로 四五手를 經由하나니 每經由處에 該物品本價에서 利益을 添付하여 稅金及運費도 自然增加하는 故로 物價가 甚高하오나 本會社는 美國內物品製造所에서 最廉價로 特約直輸入하야 購買者에게 直接放賣하면 物價가 低廉홀터이오니 推此思惟하오면 韓國內에서 美國物品의 需用이 直接及間接으로 利益의 增加홈을 預期홈

貳 本社에서 韓美兩國商業關係에 만盡力홀뿐不留라 韓國과 亞細亞全部와 歐羅巴及濠太利諸處에도 商業上好機會를 造成홀 計劃이오며 且動資홀 代理人을 韓國內各處에 置하고 新鮮홀 物品을 直輸入하야 各處代理人으로 分掌出賣케하며 又物貨를 放賣하에 對하야는 時々로 特別히 廣告를 揭布홀터이오니 海內僉彦은 本社에 事務進行을 諒此承聞하오리다

三 本會社는 不動産部를 別設하고 不動産에 關홀 事項을 管理하되 土地家屋等賣買典當及借貸等事에 仲介契約受托及방助하는 等事를 處理하야 迅速히 發展되기를 期待하며 此에 關홀 詳細事項은 未久의 公布하깃습

四 何事를 勿論하고 法律의 違反치아니하고 本社의 利益이 有홈으로 認定하는 營業은 本社에서 隨機進行하기를 準備홀터이오니 此目的의 對하야 同情을 表하시는 僉彦은 盡心協助하심을 切望홈

以上陳述홀 諸事項에 對하야 僉彦과 通信을 連絡하기를 願하오니 左開二項을 注意하시옵

壹 何事를 勿論하고 本會社에 委托하는 時에는 本社의서 盡心竭力하야 信實히 處理홀터이오며

二 本會社는 何人이던지 本會社의 委托홀 事에 對하야는 其信用을 確守하며 尊敬홈을 保証하는 故로 何事를 勿論하고 信用의 關홀 事件은 特別히 本社의 委任홈이 加一層安全홈을 擔任하압나이다

大韓皇城磚洞

韓美興業株式會社 謹啓

南大門內濟生堂大藥房

此丹은化痰止咳ᄒ고明目氣消滯ᄒ며水土不服에奇效가有홈 金十錢

清心保命丹

蔘茸大補元

壹週日分金壹圓 四週分金三十圓 二週一圓八十錢 七週五三圓 拾錢

右는一 鹿茸人蔘과西洋有名ᄒ補材를混和ᄒ야我國兄弟ᄋ體質과性質에適當ᄒ도록多年硏究ᄒ明인바今에先服人의累試累驗이有ᄒ니果然今世之良藥이라故로此治效能을左開ᄒ오니 僉兄弟ᄂ何不早圖壹試오(效能) 先天不足과 失眠ᄒ며 心腎俱虛와 房事色傷이며 遺精多夢과 手足色傷腰痛이며 房事時에早漏不快ᄒ며 重病後虛弱과 無病人이 服用ᄒ면 消와 貧血諸症에奇效가有ᄒ고 一週에元氣ᄒ고骨節과強壯ᄒ며健康無病ᄒ나니此可謂自世界蟲藥에若不效면약價還呈홈

蛔積殺虫散

此散은蛔積과蛔腹痛과滯와 虫을驅去ᄒ 妙藥 金십錢

勿論男婦老幼ᄒ고寸虫을拔 根ᄒ 妙劑 壹人分三拾전

寸虫殺出藥

大通丸

久年積滯와胸腹痛과腹中積病을驅除ᄒᄂ良劑 金拾五錢

解熱散

感氣드려頭痛과寒熱에 肢節痛과 몸살에 升齊效 금拾전

腸은殺根藥

되눈과 못과사마귀에바르면百 百中으로빠지고 金십錢

虫證과蟲蛇와蜈蚣박 ᄋ에ᄋᄋ 종氣와

神效百應膏

初와 리못선ᄋ 神效 금拾젼

洗度膏

癤瘡과 모던종氣와 ᄋ瘡과 곱재인데와옷시 코압푼데 神效 金拾錢

발에 땀나고보션을신으면 惡臭와

止足汗臭藥

汗이 처 코 너 음 셔 가 업 소 金十錢

其他藥種은一一廣告치 아니ᄒ오나 大韓國內賣藥ᄒ시는 僉兄의게는 廉價로大放賣ᄒ오니陸續注文ᄒ시오

京城南大門內 仁川港 濟生堂主 李慶鳳

壯陽復元丹

一週分 一圓八十錢 二週分二圓四拾錢 四週分六圓四拾錢

此약은專치腦病肺弱○房事色傷○腎虛弱○陽萎不起○遺精多夢○神經衰弱○房事時早漏不快○病後虛弱○健忘不眠 貧血諸症○先天不足○飮食不下○眩暈頭痛○等症ᄒ나니試將此丸을照法服之면不過幾点鍾에立見妙效ᄒ야魂飛肉躍에精神徹奮ᄒ고頓覺爽快ᄒ나니其症이輕者ᄂ服ᄒ二週면挽回元陽ᄒ고其症이稍重者ᄂ可服三四週ᄒ고遠年痼疾로其症이頗重者ᄂ連服七八週면必能全치無疑ᄒ나니若夫無病之人도試用此劑則補血而益氣ᄒ고强筋而壯骨ᄒ나니用之八週而未見其效則請將價額을如數還呈이오不敢虛誕自欺라此丸이ᄋ無論男婦老幼ᄒ고均用有效ᄒ나니眞世間無比之妙劑也라 僉位ᄂ何不早도壹試오

發行所 皇城鍾路大廣橋ㅏ九統七戶 共愛堂藥房

特約代理店 京城水橋 濟生堂藥房

新訂 分道大韓帝國地圖

銅版印刷 子是今洋紙 金壹帖 正價金五拾錢

△尙堂玄 采시序

○我韓地圖之精密者首推古山子圖而篇帙太多雖於携帶且流傳者少不能人人皆有豈非大恨이리오本圖類說明作爲小帖以公同好我內地地味膏沃物産豐富爲東洋之寶藏而拓而發明則我國之富庶可計日以待矣此圖分十三道日廣川國郡都府以至物産名目詳細記載使人壹目瞭然請我同胞各置壹本以作經事業之壹助是所厚望

發兌元

皇城中部罷朝橋越邊 中央書館

皇城남部大廣橋東邊 滙東書館

皇城西部桂洞 玄公廉

皇城中部寺洞 大東書市

初等大韓新地誌 問答

全壹冊 定價金貳拾五錢

近日初等大韓地誌가三四種이續次刊行되엿스오나敎育上에缺點이無ᄒ다可謂ᄒᆯ시 本書ᄂ特別히幼年程度의適當홈을爲ᄒ여問答例로詳密히編纂ᄒ와小學校用에必要ᄒ오니照亮ᄒ심을望홈

漢字初習

全壹冊 定價金拾五錢

本館에서著作ᄒ漢字初習은漢

國語文典音學 周時經 著述

文字에 幼稚ᄒ 도 解得ᄒ 便易ᄒ 多 教授 ᄒ 기와 解得ᄒ 기 習字ᄒ 기가 文ᄒ 他漢 ᄒ 약音爲 最便ᄒ 고 最要ᄒ며 幼稚와 普通初等漢文科에 用ᄒ기 適宜ᄒ오니 多數히 需用ᄒ시기를 바라ᄂ이다

全壹冊 定價三拾錢

本書ᄂ周時經시가拾有餘年을

八寶丹

九拾五粒入 金 ᄋ錢

滋陽丸 자양환

補精補陽 三週日分 금五圓 貳拾日分 금三圓五拾전 拾日分 금壹圓八拾전

主治 ○遺精不禁○腎虛腰痛○病後氣虛○腎氣不足○陰虛潮熱○遺精多夢○陰虛火動○房事後腰痛○手足厥冷○形容枯槁○吸烟斷烟客間○體質虛弱消瘦

此外의도東西洋各國藥種이俱備ᄒ오니各地方의셔도隨用請求ᄒ시면郵便으로보내드리이오 各處藥業ᄒ신ᄂ僉位에게ᄂ特別割引放賣ᄒ오니陸續注文

總發行所 和平堂太藥房

婦人부리양료경환 婦人胎養調經丸 壹劑壹月分 금五圓

主治說明

婦人이孕胎ᄒ지못ᄒᆷ은冷病積聚와月經不調ᄒᆷ이ᄂ此藥을服用ᄒ시면婦人腹中에有ᄒᆫ諸病은壹切退去ᄒ고自然孕胎ᄒ오니速速購買去하시ᄋ

大韓 仁川 全國內 各藥舖

發行人 李 和平堂藥房

衣鉢 和平堂本店

代理店 京城南門內水橋濟生堂藥房 京城大廣橋 共愛堂藥房

支店及出張所 元山 載寧 義州 郭山 木浦 咸從 宜川 三和 長淵 價州 鐵山 群山 龍川 平壤 黃州 安岳 釜山 水原

京城鍾路 仁川港 和平堂

◎大韓每日申報各處支社廣告

平安道

平壤鍾路太極書館 安泰國
三和港牌石洞 金瀅柱
昌성郡校洞 許완
義州南門外 大韓 ᄋ
鐵山邑東部
車輦館
博川郡邑 ᄋ
安州城內
京義線 ᄋ
龍川楊市
龍川府南 ᄋ

龍川남市 ᄋ
朔州邑남門
泰川邑館前洋 ᄋ
寧邊邑客舍 ᄋ
江西邑內
咸從郡 ᄋ 教堂
成川郡上部面
平남順川郡 ᄋ 鄭裕恒
宜川邑橋南 金亨俊
江界邑內 김泰희
郭山郡郡面湖우里 金秉灝

黃海道

海州甘 ᄋ 內
安岳細 ᄋ 坊成 ᄋ
殷栗邑倉前里
載寧邑六里
黃州南 ᄋ 外冊肆
信川邑文明館

咸鏡道

咸興州南社 ᄋ 門外
元山港創 ᄋ 社 ᄋ
高原邑
定平郡 ᄋ 川
洪原南 ᄋ 外 ᄋ
永興南山亭書舖
鏡城羅南 ᄋ 興 ᄋ

全羅道

ᄋ 邑 ᄋ
金溝 ᄋ 面
興德富安面 ᄋ
木浦항陽亭

京畿道

仁川 ᄋ
開城남大門 ᄋ
江華邑 ᄋ

忠淸道

淸州小 ᄋ

慶尙道

大邱西門外友弦書館 側李 ᄋ
釜山港從川약局
ᄋ 기郡 ᄋ 面 ᄋ 吳 ᄋ

江原道

鐵原邑 ᄋ
춘珍 ᄋ 面 ᄋ 花里 朱鎭 ᄋ

Responsible for Publication Alfred Weekley Marnham.
發行兼編輯人英國人 萬咸
發行所 南部石井洞號外地三層洋屋家 大韓每日申報社

第七卷

大韓每日申報

第壹千拾八號

月曜及慶節
歲時日休刊

檀君開國四千二百四十二年
箕子元年三千三十一年
大韓開國五百十八年
日本明治四十二年
淸國宣統元年
陰曆己酉正月小十九日庚子

論說

◎口碑上偉人

偉人云々々々ᄒᆞ니如何ᄒᆞ여야、是偉人인가

其人死後에姓名이靑史에照耀ᄒᆞ며碑碣이墓道에屹立ᄒᆞ고百數行의年譜가輝煌ᄒᆞ며十餘卷의行錄이爛漫ᄒᆞ야擧國人士가壹辭並尊ᄒᆞ야日偉人이라ᄒᆞ면是가果然偉人인가

日嗚呼라腐敗時代에ᄂᆞᆫ其史筆도腐敗ᄒᆞ며其士論도腐敗ᄒᆞ야彼의尊崇讚美ᄒᆞᆫ者ㅣ皆是腐敗ᄒᆞᆫ人物뿐이니史筆과士論을何足信이며何足憑이리오

韓國數百年朝史野乘裡에幾々奉拜ᄒᆞᆫ偉人이今日吾人의眼孔에入ᄒᆞ면往々蠅과如히小ᄒᆞ며蝌와如히細ᄒᆞᆫ者라此等을偉人으로認ᄒᆞ야國家의史乘에列ᄒᆞ며後生의模範을垂ᄒᆞ얏스니眞正ᄒᆞᆫ偉人의絶種됨을엇지奚足怪리오

吾儕가此를恨하야十三道山河에徘徊ᄒᆞ며蒹葭의長洲를向ᄒᆞ야伊人을求ᄒᆞ며니千秋의大氣가不死ᄒᆞ고萬姓의公舌이尙存이라許多英雄의眞影이彼野老巷婦의口碑에寄ᄒᆞ얏도다

羅州人의口碑에徵ᄒᆞ면窮谷壹農夫로貪吏의暴虐를痛ᄒᆞ야民命을爲ᄒᆞ야壹身을犧牲ᄒᆞᆫ서父가此에死ᄒᆞ며子가此에死ᄒᆞ며孫이此에死ᄒᆞ야救民主義로三世相傳ᄒᆞ던羅德三시ᄂᆞᆫ民權黨의偉人이오東萊人의口碑에徵ᄒᆞ며邊郡嘗水卒로朝廷의劣弱을恨ᄒᆞ며國士의創奪을世慟ᄒᆞ야毅然히王命을矯ᄒᆞ고隣邦不測의虎口에入ᄒᆞ야奇計로悍酋를折服ᄒᆞ던安龍福시ᄂᆞᆫ外交界의偉人이오鏡城人의口碑에徵ᄒᆞ며偉鄕壹儒生으로國步의艱危를悶ᄒᆞ며賊鋒의猖獗을憤ᄒᆞ야把鋤驅犢의山氓을驅ᄒᆞ야倭將淸正의百戰老鋒을大挫ᄒᆞ고大關嶺下에서此를圍剿ᄒᆞ던鄭文孚시ᄂᆞᆫ武功界의偉人이오義州人의口碑에徵ᄒᆞ며市井壹小民으로商務의天才를抱ᄒᆞ고俠々遊刃의手를弄ᄒᆞ야韓淸兩國의商利를掌握ᄒᆞ며至今까지北京走卒로ᄒᆞ야금林大人의遺蹟을說케ᄒᆞᄂᆞᆫ林爾玉시ᄂᆞᆫ商業界의偉人이오其他京鄕口碑에流傳ᄒᆞᄂᆞᆫ許先生의外國遊覽과徐神童의格物窮理等說이雖虛實이相半이나尙且可記者ㅣ有ᄒᆞ며又幽蓍玄鱗은國史에被貶ᄒᆞ얏스나閭巷人民은思慕詠歎의情이至今未替ᄒᆞ니公論의寓ᄒᆞᆫ處ᄂᆞᆫ其口碑인져

古人이云ᄒᆞ되「禮失求諸野」라ᄒᆞ며니史도亦然ᄒᆞ도다

偉人을非偉人이라ᄒᆞ며非偉人을偉人이라ᄒᆞ면亦是民族의性質을墮落케ᄒᆞᄂᆞᆫ壹原因이라玆에口碑上偉人을略錄ᄒᆞ야良史氏의作을催ᄒᆞ노라

官報

▲隆熙二年九月壹日

部令

學部令第拾六號・讀

告示

●學部告示第六號

今回勅令第六拾二號로私立學校令이頒布되얏合으로각학校에셔ᄂᆞᆫ반다시학則의制定을要ᄒᆞᆯ지라學則에記載ᄒᆞᆯ事項은同令第三條에列擧되얏스나當事者ᄂᆞᆫ此에基因ᄒᆞ야任意編成ᄒᆞᆷ은固無更論이어니와從來壹般학校에셔ᄂᆞᆫ학則의制定이無ᄒᆞᆫ者도有ᄒᆞ고又ᄂᆞᆫ有ᄒᆞ야도不完全ᄒᆞᆫ者가有ᄒᆞᆫ故로今에학則의標準을作ᄒᆞ야其編成上의參考에資ᄒᆞᆷ은便利ᄒᆞᆫ줄로認ᄒᆞ야玆에私立학校학則記載例를左와如히示ᄒᆞᆷ

隆熙貳年八月二拾八日

學部大臣 李載崑

私立學校學則記載例

第壹章 總則

第壹條 本校ᄂᆞᆫ初等普通敎育을施ᄒᆞᆷ으로써目的ᄒᆞᆷ又ᄂᆞᆫ男子에게必要ᄒᆞᆫ高等普通敎育을施ᄒᆞᆷ으로써○○○○○○實業上의智識技能을養成ᄒᆞᆷ으로써○○○○○○의類

第二條 本校ᄂᆞᆫ私立某학校라稱ᄒᆞᆷ

第三條 本校ᄂᆞᆫ何道何郡何面何동에設置ᄒᆞᆷ

第四條 本校에本科（補習科又ᄂᆞᆫ何科）를置ᄒᆞᆷ

第五條 本校의학徒定員은幾名으로ᄒᆞᆷ （未完）

●本社特電

●滿洲의開放 滿洲問題로日本小村伯이議會에서演說ᄒᆞᆫ데對ᄒᆞ야倫敦타임쓰報ᄂᆞᆫ日本이滿洲의開放을維持ᄒᆞ기로約定ᄒᆞᆫ거슬更히確證ᄒᆞᆫ줄노認定ᄒᆞ나日本의態度가法庫門鐵道에就ᄒᆞ야其國務大臣의公布를調合케ᄒᆞᆯ지아니리라고世人들이斷言ᄒᆞᆫ다더라 二月五日神戶發

●學皆不親 滿洲의日人繼就에關ᄒᆞᆫ東京政府의聲言에就ᄒᆞ야ᄂᆞᆫ雖其政府의主務者들을稱讚ᄒᆞ던親切ᄒᆞᆫ批評家들도도로혀其主務者들의滿洲에서實踐ᄒᆞᄂᆞᆫ것시少許라도好結果가生ᄒᆞᆯ줄노容許치아니ᄒᆞᆫ다더라 同日發

外報

●白人打日 倫敦電을據ᄒᆞᆫ則紐育通信員報道에日바아구레ㅣ市加州大학校에셔白人학生들이日本學生金子를毆打ᄒᆞ얏다더라

●勃國獨立과列國 伯林電을據ᄒᆞᆫ則勃牙利國은戰國에駐箚ᄒᆞᆫ列國代表者에게同文通牒을發ᄒᆞ야日速히土耳其國으로ᄒᆞ야금勃牙利의獨立을承認케ᄒᆞ기로列國이盡力ᄒᆞ기를希望ᄒᆞ며若不然ᄒᆞ면勃國이自由行動을試ᄒᆞ리라云ᄒᆞ얏ᄂᆞᆫ데列國은畢竟仲裁를試하리라더라

●伊后渡日 東京電을據ᄒᆞᆫ즉伊太利皇太后陛下ᄂᆞᆫ觀光次로五月頃에日本에渡去ᄒᆞᆫ다더라

●日內閣大更迭 同電을據ᄒᆞᆫ즉日本後藤遞相은議員일뿐아니라政府部內에셔도不好ᄒᆞᆫ狀態가有ᄒᆞᆫ지라桂首相은議會의閉會를待ᄒᆞ야閣員을大更迭ᄒᆞᆯ意가有ᄒᆞ다더라

詞藻

●逐邪經

이燈을잡고、호옹。房門을박차니、홍。魑魅魍魎이、줄힝랑ᄒᆞ노나、아。어리화、됴라、호옹、慶事가낫고나、홍。

雜報

●陪從陪食 大皇帝陛下께옵셔昨日午前十一時仁政殿東行閣에셔去番西 幸에陪從ᄒ얏던伊藤統監과各大官에게 御陪食을 下賜ᄒ옵셧다더라

●把校感恩 今番西道 巡行時開城에 駐蹕ᄒ샤把成學校장李鐘泰의身故홈을 入聞하옵시고학部大臣의게 處分ᄒ샤李鐘泰가該校에專力ᄒ다가不幸ᄒ얏슨즉注意贊助ᄒ라ᄒ시고法部大臣의게도 處分ᄒ샤李根培의게付托ᄒ야該校를負擔維持케ᄒ라하옵셧다더라

●統監辭陛 伊藤統監은歸國次로昨日正午에參內ᄒ야 大皇帝陛下께 辭陛하고 德壽宮에仍詣ᄒ야 太皇帝陛下께도 辭陛하얏다더라

●閔氏渡日 宮內府大臣閔丙奭氏가伊藤統監과作伴渡日혼다ᄂ事ᄂ已揭어니와追聞혼즉大皇帝陛下께옵셔去番남한地方 御巡行時에日本에셔軍艦을釜山港으로航來혼事에對ᄒ야日皇陛下에게賀禮를致혼次로 勅使의命을被홈이라더라

●不失本義 今番西 巡幸時에平壤郡에셔天道教人六七千名이 祇迎홀時에巡査가日旗를該教人의게分給交揭ᄒ라ᄒ거날該教人들이言ᄒ되吾儕ᄂ日旗를擧ᄒ기실라혼즉巡査가威脅으로該理由를質問ᄒ미教人曰吾儕ᄂ엇지ᄒ야실은지不知ᄒ깃고何如턴지日旗를交揭ᄒ기ᄂ眞心코실타ᄒ며終不揭擧ᄒ얏다더라

●胎室松楸斫伐 農商工部에셔珍山郡의在혼 太祖高皇帝胎室禁養松楸를斫伐ᄒ기로官員을派送ᄒ얏다더라

●統監歸國內容 伊藤統監이歸國혼다ᄂ說은已報어니와該歸國ᄒᄂ內容을詳聞혼즉統監이近日에勢力이稍減하야解免次로日本政府에서召還홈을被홈이라더라

●逐雞望鶴 韓國閔泳徽氏가伊藤統監을韓官邸로頻數訪問ᄒ고宮內府大臣을極力運動ᄒ다더니統監이別無措處ᄒ고卒然歸國혼다ᄒ미閔氏가落望됨을慨恨不已혼다더라

●李氏母喪 宮中顧問李允用氏가再昨日上午九時量에大夫人喪을遭ᄒ얏다더라

●權氏辭免徵還 咸鏡남道事務官權輔相氏가辭免請願ᄒ얏더니內部에셔請願書를작還하얏다더라

●全北民情 全北觀察使李斗璜氏가督下각郡에發訓ᄒ야還米를收捧ᄒ며各財務署에셔ᄂ日人이民간에出張ᄒ야結錢을星火督納ᄒᄂ故로民情이洶々ᄒ다더라

●裁判所移接 京城地方裁判所를前度支部로移接ᄒ기로酌定ᄒ야暨新修理ᄒ고今年秋간에移設홀豫定이라더라

●被奪何多 義州居前司諫겸禹用氏가韓國閔泳徽氏에게曾往家產을被奪홈이有홈으로日人辯護士에게委任ᄒ야起訴裁判혼다더라

●有何商議 京城商業會議所에셔現今商業界恐慌에對ᄒ야度支部에開申書를提呈ᄒ얏다ᄂ說은各報에已揭어니와臨時財產整理局債務調查課와管田男이가히開申書에對ᄒ야問議혼事가有ᄒ다ᄒ고商業會議所장白瀅洙氏를招請ᄒ얏다더라

●果賊不法 殷栗郡主事洪性龍氏ᄂ有夫女를招引하야多日行淫ᄒ다가避聞風波가起ᄒ얏ᄉ니依附觀勢하니官吏가此등部行을敢作ᄒ다ᄒ고該地輿論이沸騰ᄒ다더라

●安民反危 安峽郡分派所日巡查김몽이가村民을拘入ᄒ면罪의有無ᄂ不問ᄒ고酷鞭으로亂打ᄒ미該郡人民이大端嗷嗷ᄒ다더라

●大邱日增 大邱에ᄂ日人이最多하야居留地가去益擴張되ᄂ대每日二拾餘戶內外의家屋을新建築ᄒ다더라

●儒教界特色 한國은元來儒教를尊尙하야東洋世界에特著ᄒ光明이自ᄒ더니挽近儒教光彩가日就黯淡ᄒ야將次墜地가될危機가有ᄒ지라西北학會月報主筆朴殷植氏가慨然히儒教를振起홀思想으로儒教求新論을著述ᄒ얏ᄂ뎌果然한國近來에初有ᄒ文字라氏ᄂ元來本源上工夫에所得이有ᄒ고世界古今에見聞이疏通혼故로此등著論이有혼것이니한國儒林界에서此論을必信ᄒ야擔任做去ᄒ면儒教의發達을指日可期라혼다더라

●日人蠻行 再昨日下午八時頃에南部冷井洞居ᄒᄂ洪召史가履등等地로過去하ᄂ데泥峴居留日人梅村茂查이가卒然突出ᄒ야洪召史의腰脇을按抱ᄒ고行將劫姦ᄒ라ᄒ며作梗이殆甚혼故로該地行巡々查가警察署로押去ᄒ얏다더라

●衛兵行悖 再昨日下午四時頃에新衛隊兵丁李光弼이가中부水典동何許人家에셔飲酒泥醉ᄒ고拔劍亂揮ᄒ야勢甚危險혼故로該掌內巡査가欲爲捕縛ᄒ라혼즉巡查의外套를裂破ᄒ고作梗不已ᄒᄂ故로京城日憲兵隊로交涉押去ᄒ얏다더라

●靈巖風雲 陰本月拾三日頃에全羅남道靈岩郡東面地方에셔義兵幾百名이日兵과多時交戰ᄒ야日兵의死傷이多數ᄒ다ᄂ傳說이喧藉ᄒ다더라

●拾物待主 남部美동居ᄒᄂ姜聖星氏가再昨日午後二時頃에銅峴等地로過去ᄒ다가金時計壹介를拾得ᄒ야銅峴警察署에往置ᄒ고主人의覓去홈을企待혼다더라

●困債呑鴉 종路青布廛後洞居ᄒᄂ趙秦極氏의母親이多年賣酒爲業ᄒ더니近日에積債가如山ᄒ미各人督推를難堪ᄒ야日昨鴉片을呑下致死ᄒ얏다더라

●朴氏廢役 咸郡守朴종元시ᄂ公貨欠逋혼事가有ᄒ야監獄署에被囚하얏다더니再昨日京城地方裁判所에셔懲役二年에宣告ᄒ얏다더라

●測量議決 日昨大韓測量總管會에셔特別評議會를開ᄒ고評議長俞吉濬氏가出席ᄒ야該會議案을評議ᄒᄂ데定款改正案을朗讀取決ᄒ고測量手數料規則을登層注意하야技術家와依賴人民間에公平適當ᄒ도록講論ᄒ기로爛熳協議ᄒ야全國測量業에龜鑑을作ᄒ기로議決ᄒ얏다더라

●智德討論 西部宗橋智德共新會에서今日下午七時에博學이勝於多聞이라ᄂ問題로可否討論ᄒ다더라

※檢查失當 再昨日下午二時에商業會議所樓上에서柴炭株式會社株主總會를開ᄒ얏ᄂᄃ檢查員등이該社文簿를調查ᄒ즉毫無差錯인故로株主中魚容善氏가檢查員등에게對ᄒ야其檢查의失當홈을說明ᄒ고晉業進步와更勿生梗ᄒ기를勸勉ᄒ얏다더라

●青會幻燈 今日下午七時에鍾路青年會館에서幻燈會를開ᄒ고英國倫敦及各處景致도幻燈ᄒ다ᄂᄃ入場券을使用혼다더라

學界

●金氏高志 咸南利原郡遮湖居西北支學會長金啓珉시ᄂ稚弱이舊日社會에夙著하얏고近日風潮의波蕩홈을感覺ᄒ야教育事業에熱心賛成하ᄂ더自己의不貲혼財產을能散ᄒ고今番西北學會建築費도壹百圜을出ᄒ얏다더라

▲地方消息▼

▲全南等地에ᄂ義兵의出沒이頗히盛熾ᄒ야貳十名乃至八拾名이橫行ᄒᄂ더就中淳昌茂長長城地方에ᄂ最甚하다ᄒ고

▲去月中旬에ᄂ日本討伐隊의行動이有혼以來로ᄂ義兵의行動區域은還是擴大ᄒ야남原任實全州남部에及ᄒ니此ᄂ日兵의討伐結果로義兵이大集團혼은不利혼줄을感覺하고各處로分離ᄒ야出沒홈이라此로因ᄒ야其各地方의民情은動搖ᄒ얏다ᄒ고

▲茂朱及錦山등地에ᄂ義兵約四拾名이處處徘徊ᄒ며其他각地方에도數名乃至拾餘名의兵이徘徊不絕ᄒ다ᄒ고

▲忠州등郡에ᄂ成群橫行ᄒᄂ義兵은侵害가無ᄒ나金品을掠奪혼目的ᄒ야徘徊ᄒᄂ者ᄂ單히少數의無賴漢인ᄃ稍安靜ᄒ附近이居多ᄒ다ᄒ고

▲大邱以남에ᄂ釜山近隣을除ᄒ以外각地方에數名或二拾名義團이時時로出沒에去月재지日兵과衝突혼數爻가七回에達ᄒ얏다ᄒ고

▲江原道에서ᄂ四月山脈을經ᄒ야慶北永川郡依項山麓에至ᄒ기까지ᄂ地形이極히險惡ᄒ미義兵이常時樹林隱伏ᄒ다ᄒ고

▲慶남智異山咸昌安義陜川等坍에ᄂ近來에最甚騷擾ᄒ더其地ᄂ全羅南北道境界地方과隣接ᄒ얏슴으로日軍은特히將校以下二拾餘名의討伐隊를編成ᄒ야拾二月八日부터拾日間을行動ᄒ얏스나義兵에對ᄒ야何等損害를與ᄒ기不能ᄒ얏다ᄒ고

▲本月拾五日咸鏡南道口邑西方約三拾里地에서義兵四名이平安南道社倉分遣隊小尉以下七名과交戰ᄒ얏다ᄒ고

▲去月십九日任實郡大雲峙에서義兵約拾名이賊邢分遣所下士等兵壹名及補助員八名과衝突ᄒ얏다ᄒ고

▲去月十三日黃海道康翎郡東方四十里地에서義兵七名이同郡憲兵分遣所上等兵及補助員과交戰ᄒ얏다ᄒ고

▲去月十四日黃海道大灘附近에서義兵三拾七名이積城分遣隊上等兵二名及補助員과交戰ᄒ얏다ᄒ고

▲去月拾五日黃海遺丹東方約二拾里地에서多少義兵이히地分遣所下士壹名上等兵五名及補助員六名과交戰ᄒ얏다ᄒ고

▲去月十七日京畿遣高陽郡북方六拾里地에서義兵十餘名이該地分遣所下士壹名上등兵壹名及補助員五名과交戰ᄒ얏다더라

◎感荷義捐

殷栗郡有志紳士洪喆模氏가 金一圓을本社에寄附하얏기妹에感意를表ᄒ노라

▲何憚不改▼

▲大韓歷史를지라도高皇創業ᄒ신後에聖帝明王繼作ᄒ샤禮義崇尙ᄒ얏더니降自中葉以後로서巫祝輩가盛行ᄒ야民罔俱亡ᄒ얏다ᄒ니妄悖之言이ᄂ줄은斷播라도알것마ᄂ終不敢悟況論ᄒ니下愚不移뿐ᄒ도다

▲人生斯世ᄒ고보면疾病이라ᄒᄂ것은不得免의事이기로先哲들이근심ᄒ야以醫藥ᄒ엿거날少有疾病ᄒ량이면訪問醫藥ᄒ기오巫祝輩를請ᄒ다가逐神囚鬼혼다ᄒ고劍笛擲刀奔走ᄒ니이런蠻習또잇ᄂ가

▲人生斯世하고보면禍福이라ᄒᄂ것도不得免의事이기로先哲들이근심ᄒ야福善禍惡辨論인대惡혼일만ᄒ면서도消除災殃ᄒ다ᄒ고巫祝輩를請ᄒ다가東草芻偶姓名써서街路上에裂破ᄒ니이런蠻習또잇ᄂ가

▲人生斯世ᄒ고보면死亡이라ᄒᄂ것도不得免의事이기로先哲들이근심ᄒ야送死之禮磨鍊인데行홀일은못ᄒ여도拾王길을가른다ᄒ고巫祝輩를請ᄒ다가荊棘으로城을쌋코諸般妖說誼譁ᄒᄂ니이런蠻習또잇ᄂ가

▲人生斯世ᄒ고보면瘟疫이라ᄒᄂ것도不得免의事이기로先哲들이근심ᄒ야牛痘施術發明인대百般諱避아니ᄒ다가天然痘에걸닌後에生之死之勿論ᄒ고巫祝輩를請ᄒ다가紙轎草馬拜送ᄒ니이런蠻習또잇ᄂ가

▲人生斯世ᄒ고보면興亡이니라ᄒᄂ것도不得免의事이기로先哲들이근심ᄒ야興亡原因訓論인데亡ᄒ짓슨혼자ᄒ며強求福祿ᄒ녀라ᄒ고多少器需設備ᄒ야巫祝輩를請ᄒ다가擊缶打鉦擾亂ᄒ니이런蠻習또잇ᄂ가

▲近日來로말홀진대陰曆歲首새ᄒ으로장安萬戶집집마다登年身數본다하고僧尼巫卜雜類들이出此入彼縱橫ᄒ니窮極悲慘ᄒ고도夢中作囈ᄒ삼ᄇ가他人厭侮恨을말고此等蠻習革去ᄒ면生門方이열니련만

廣告

本人等이 晉進測量學校에 卒業ᄒᆞ고 事務所를 京城南門外 □井洞三拾八統八戶에 開設ᄒᆞ엿ᄉᆞ오니 京鄕間山林土地家屋을 測量ᄒᆞ실 僉彦은 陸續來議ᄒᆞ심을 伏望

所長　郭泰鉉
總務　宋德洙
事務員　裵聖均
최奎賢　宋寬洙
鄭鎭國

合成測量事務所 告白

本人이 營業次로 馬山港停車場西側에 家屋을 新建ᄒᆞ옵고 居處飮食과 務圖精潔이오니 往來ᄒᆞ시ᄂᆞᆫ 僉員은 照亮光臨을 伏望

丁仁燮 告白

本郡守 金潤昌氏가 學校를 設立ᄒᆞ고 敎育上熱心홈은 壹郡이 贊頌ᄒᆞᄂᆞᆫ데 同許有嫌者가 某新聞雜報에 悖坊學이라 揭載ᄒᆞ얏스나 郡守ᄂᆞᆫ 毫無所失故로 玆에 廣告ᄒᆞ니 內外國人은 以此相悉

長城郡明學校校監 盧應鉉
學監 邊翊傑

本人에 家屋文券이며 田庫府南面德岩洞四時畔과 德川洞壹時畔과 德峯洞三時畔과 府內面龍岩洞五時畔과 北上面中城洞貳日壹時耕文券이며 沓庫惡川洞十三斗落과 西湖洞拾八斗落과 龍羅面東端洞六斗落과 西端洞四斗五升落과 內下面寬北洞士斗落文券也 隆熙三年壹月拾六日夜에 賊漢이 沒數盜去이옵기 玆에 廣佈ᄒᆞ오니 內外國人은 切勿見欺홈

平安北道龍川府南面德川洞 金麟圭 告白

宮中願閣官리 用시 大夫ㅣ 豐川任시 陰曆正月拾七日巳時別世 知舊자 照諒홈

孝喪 崔文吉 告ᄒᆞ

◎大韓勞働會任員組織

總裁　尹始炳
副總裁　梁在寶
會장　宋榮斗
副會장　남廷觀
專任總務　崔麟奎
總務員　柳志薰　李寬寶
한華鎔　한남奎　吳成龍
會計장　安泰俊
會計員　申允泳
幹事　俞鎭秀
書記　徐呆　吉泰弘
司察　趙丙圭
評議장　한昌會
評議員　弓河曾
金在弘　라元植　權重協
申在敎　辛廷默　리興均
金斗善　朴基元　朴七善
洪忠鉉　太明식　姜弼周
安基宅　鄭斗煥　魚鎔善
김時鉉　朴明煥　崔文源
丁元섭　김積翊　明健東
崔鎭見　沈應澤　崔炳日
鄭寅晟　리日周　太有善
徐內炎　리明洙　姜鎭奎
申允泳　俞鎭秀　徐呆
吉泰弘　리春三　김文汝
趙炳五　김재석　김來燦
姜周卿　白樂元　리啓夏
朴性澤　리鉉雨　韓圭邦
廳時모　崔炳奎　姜道濟　리文景
東部事務장　徐丙炎
서부事務장　太有善
남부事務장　리明洙
북부事務장　姜鎭奎
中부事務장　朴基元

◎測量學員募集

本校에서 壹個月速成科를 設施ᄒᆞ고 日本에 高名한 測量학師를 延聘ᄒᆞ야 每日實地로 敎授ᄒᆞ오니 有志僉員은 本校에 請願홈

科程　算術　實地　製圖　器械用法
時간　自上午拾時 至下午四時
開學日字　（陰二月拾二日）

廣進測量학校臨時事務所
中부寺洞八統六戶

本人이 陰正月拾三日에 賊漢의게 京畿道水原郡章洲面仁溪당八斗落과 兩沚沓八斗落과 梅山里당壹石三斗落과 東谿面沓八石二斗五升落과 남北部章洲面당貳石九斗落과 古등村당십斗落과 梅山里田五日耕과 東谿面田二日耕과 宮廳庫稅納田十五日耕文券을 見失ᄒᆞ얏ᄉᆞ오니 內外國人은 切勿見欺홈

水原郡남門外龍川동 申泰희

掌禮院掌典官積謝課장 **權錫**진시 陰正月十八日別世 知舊照亮

舍弟 錫祿 告白

本人이 畓四斗落只를 龍川龍路동員에 買得이오며 田兩作合壹日二時畊庫를 下古郡東上里에 買置이옵더니 往年七月分에 族戚間浮浪敗子之人에게 兩處文券을 셔失ᄒᆞ듯ᄒᆞ오니 或有至於發買之境이라도 內外僉君子ᄂᆞᆫ 若有拾得이라도 勿爲施行ᄒᆞ옵시기를 望홈

義州下古郡東上里 金華般 告白

嗚呼 惟我始祖咸豐君諱彥墓所在함平郡함豐동 而兵餘失傳 爲子孫之痛恨矣 何幸神祐 去壬寅三月二拾日 因劍落埋苔之비石 覓得衣柩之所山下 隣郡子孫齊力 改사竪비 建閣復設 五百年已絶之香火 爲함李者孰不慶幸哉 前此已發通于各宗中 然豈不來省 補力其於追誠之道 豈非欠事 更擬謄布告 照亮務望

함豐李시拾三道宗中
光州陶泉面金珠洞本孫 李敎植 告白

本人의 二子基淵이 年今貳拾餘歲에 性本浮浪ᄒᆞ야 出沒南北에 運動左右ᄒᆞ야 得錢而爲產ᄒᆞ고 或知成年ᄒᆞ고 債給ᄒᆞ다 가失ᄒᆞᆯ더이오니 內外國人간 切勿見欺홈

平北宜川郡 金昇鉉 告白

特別廣告

近頃에 本社事務에 對ᄒᆞ야 嚴狹沒覺ᄒᆞᆫ者ㅣ **陰**沮를 試ᄒᆞᆫ다ᄒᆞ나 何國何人이던지 本社에 長樂ᄒᆞᆫ事務에 對ᄒᆞ야 能히 **防**遏치 못ᄒᆞᆯ것은 **明瞭**ᄒᆞᆷ이니 此廣告를 讀ᄒᆞ시ᄂᆞᆫ 쳠彦은 幸須 **銘心**ᄒᆞᆯ것이오며 玆에 **本社**의 **進行**ᄒᆞᆯ **職責與事務**를 **明白**히 **說明**ᄒᆞ노라

本社ᄂᆞᆫ 비록 **新成立**ᄒᆞᆫ者이나 本社를 興**旺**케ᄒᆞᆯ 方針에 對ᄒᆞ야 必要ᄒᆞᆫ時에ᄂᆞᆫ **能力**과 **勇敢力**이 固有ᄒᆞ오며 **現今**에 **着手**ᄒᆞᆯ **事業**은 如左ᄒᆞᆷ

一　本社ᄂᆞᆫ 韓國과 美國間에 直接輸入及輸出을 伸張ᄒᆞᆯ 事를 圖ᄒᆞᆷ

韓國內某々種手造物品은 **美國**의 **輸出**ᄒᆞ야 **奇利**를 得ᄒᆞᆯ者가 多ᄒᆞ나 尙今까지 此等物品은 美國 各處의 紹介ᄒᆞᆯ 機關이 無ᄒᆞ더니 現今에 本社에서ᄂᆞᆫ 此等困難이 無ᄒᆞᆯ지라 韓國은 何故로 美國과 如此ᄒᆞᆫ **商業上好關係**를 抛棄ᄒᆞ리오

又壹試思ᄒᆞᆯ것은 **美國物品**이 韓國에 到達ᄒᆞᆯ時에ᄂᆞᆫ 通常으로 **四五手**를 經由ᄒᆞ나니 **每經由處**에 **該物品本價**에서 **利益**을 **添付**ᄒᆞ여 **稅金**及**運費**도 自然 **增加**ᄒᆞᆫ故로 物價가 **甚高**ᄒᆞ오나 本會社ᄂᆞᆫ **美國內物**品 **製造所**에서 **最廉價**로 **特約直輸入**ᄒᆞ야 購買者에게 **直接放賣**ᄒᆞ면 **物價**가 **低廉**ᄒᆞᆯ터이오니 推此思惟ᄒᆞ오면 韓國內에서 美國物品의 需用이 直接間接으로 **利益**의 **增加**ᄒᆞᆷ을 預期ᄒᆞᆷ

貳　本社에서 韓美兩國間商業關係에 만盡力ᄒᆞᆯ뿐不啻라 韓國과 亞細亞全部와 歐羅巴及濠太利諸處間에도 商業上好機會를 造成ᄒᆞᆯ 計劃이오며 且動賣ᄒᆞᆫ **代理人**을 韓國內各處에 置ᄒᆞ고 新鮮ᄒᆞᆫ物品을 **直輸入**ᄒᆞ야 各處代理人으로 **分掌出賣**케ᄒᆞ며 又物貨를 放賣ᄒᆞᆷ에 對ᄒᆞ야ᄂᆞᆫ 時々로 特別히 廣告를 揭布ᄒᆞᆯ터이오니 海內僉彦은 本社에 事務進行을 隨此承聞ᄒᆞ오리다

三　本會社ᄂᆞᆫ **不動產部**를 別設ᄒᆞ고 不動產에 關ᄒᆞᆫ事項을 管理ᄒᆞ되 土地家屋等賣買典當과 借貸等事에 仲介契約受托及방助ᄒᆞᄂᆞᆫ 等事를 處理ᄒᆞ야 迅速히 發展되기를 期待ᄒᆞ며 此에 關ᄒᆞᆫ **詳細事項**은 **未久**의 **公**布ᄒᆞᆯ지옵

四　何事를 勿論ᄒᆞ고 法律와 違反치아니ᄒᆞ고 本社의 **利益**이 有ᄒᆞᆷ으로 認定ᄒᆞᄂᆞᆫ **營業**은 本社에서 **隨機進行**ᄒᆞ기를 準備ᄒᆞᆯ터이오니 此目的의 對ᄒᆞ야 同情을 表ᄒᆞ시ᄂᆞᆫ 僉**彦**은 **盡心協助**ᄒᆞ심을 切望ᄒᆞᆷ

以上陳述ᄒᆞᆫ 諸項에 對ᄒᆞ야 僉彦의 **通信**을 **連絡**ᄒᆞ기를 願ᄒᆞ오니 **左開二項**을 **注意**ᄒᆞ시옵

壹　何事를 勿論ᄒᆞ고 **本會社**에 **委托**ᄒᆞᄂᆞᆫ時에ᄂᆞᆫ 本社의셔 盡心竭力ᄒᆞ야 **信實**히 **處理**ᄒᆞᆯ터이오며

二　本會社ᄂᆞᆫ 何人이던지 本會社의 委托ᄒᆞᆫ事에 對ᄒᆞ야ᄂᆞᆫ **其信用**을 **確守**ᄒᆞ고 **尊敬**ᄒᆞᆷ을 **保証**ᄒᆞᄂᆞᆫ故로 何事를 勿論ᄒᆞ고 **信用**의 關ᄒᆞᆫ事件은 特別히 本社의 委任ᄒᆞᆷ이 **加一層安全**ᄒᆞᆫ **擔任**ᄒᆞᆫ압나이다

大韓皇城磚洞

韓美興業株式會社 謹啓

大韓全國에總發行所는 京城南大門內濟生堂大藥房

淸心保命丹

此丹은化痰止咳ᄒᆞ고順氣消滯ᄒᆞ며水土不服에奇效가有ᄒᆞᆷ　金十錢

蔘茸大補元

壹週日分金壹圓　四週分金三十圓
拾錢　二週壹환八十錢　七週五三圓

右약은大韓名産鹿茸人蔘에西洋有名ᄒᆞᆫ補材를混和ᄒᆞ야我國兄弟의臟胃와性質에適當ᄒᆞ도록多年研究ᄒᆞᆫ明인바今에先服人의累試累驗이隨症皆差ᄒᆞ니果然今世之[illegible]藥이라故로主治效能을左開廣佈ᄒᆞ오니　僉兄弟ᄂᆞᆫ何不早圖壹試오(效能)　先天不足과健妄不眠ᄒᆞ며　心腎俱虛와　房事色傷이며　遺精多夢과色傷腰痛이며　房事時에早漏不快ᄒᆞ며　重病後虛弱과　手足厥冷이며　食物不消와　貧血諸症에奇效가有ᄒᆞ고　無病人이若服七週면大補元氣ᄒᆞ고骨節이强壯ᄒᆞ며健康無病ᄒᆞ나니此可謂眞世靈藥哉ᄂᆞᆫ不其效면약價還呈ᄒᆷ

蛔積殺虫散

此散은蛔積과蛔腹痛과[illegible]滯와蛔虫을根[illegible]去ᄒᆞᄂᆞᆫ妙藥　金십錢

寸虫沒出藥

勿論男婦老幼ᄒᆞ고寸虫을一切拔根之妙劑　壹人用三拾전

久滯大通丸

年久ᄒᆞᆫ積滯와胸腹痛과腹中積病[illegible]驅除ᄒᆞᄂᆞᆫ良劑　金拾五錢

感氣特効解熱散

感氣드러頭痛ᄒᆞ고寒熱往來ᄒᆞ며肢節痛과몸살에[illegible]神效　금拾전

매독根拔藥

[illegible]리눈과못과사마귀에바르면百[illegible]　金십錢

腫[illegible]百應膏

[illegible]根박인데와종氣[illegible]　金拾전

去[illegible]生[illegible]沃度膏

[illegible]一切神效　金[illegible]

止足汗臭藥

[illegible]모던종氣와火傷과곰세인[illegible]
汗이[illegible]치고냄새가업소金十錢

其他藥種은壹壹難記어니와大韓國內藥商ᄒᆞ시ᄂᆞᆫ僉兄의게ᄂᆞᆫ藥價를大割引ᄒᆞ야大放賣ᄒᆞ오니陸續注文ᄒᆞ시오

京城南大門內　仁川港奇峴
濟生堂主　李庚鳳

壯陽復元丹

一週分[illegible]　一週分一圓八十錢　[illegible]週分三圓四拾錢　八週分六圓四拾錢

此약은專치腦痛肺弱○房事色傷○心腎虛弱○陽萎不起○遺精多夢○神經衰弱○房事時早漏不快○病後虛弱○健忘不眠○貧血諸症○先天不足○飮食不下○眩暈頭痛○等症ᄒᆞ나니試將此丸을照法服之면不過幾点鐘에立見妙效ᄒᆞ야魂飛肉躍에精神徵奮ᄒᆞ고頓覺유快ᄒᆞ나니其症이輕者ᄂᆞᆫ服壹二週면挽回元陽ᄒᆞ고其症이稍重者ᄂᆞᆫ可服三四週ᄒᆞ며遠年痼疾로其症이頗重者ᄂᆞᆫ連服七八週면必能全치無疑니若夫無病之人도試用此劑則補血而益氣ᄒᆞ고强筋而壯骨ᄒᆞ나니用之八週而未見其效則請將價額을如數還呈이오不敢虛誕自欺라此丸이ᄌᆡ無論男婦老幼ᄒᆞ고均用有效ᄒᆞ나니眞世間無比之妙劑也라　僉位ᄂᆞᆫ何不早도壹試오

발行所　皇城종路大廣橋十九統七戶　濟生堂藥房
特約代理店　京城水橋　共愛堂藥房

新訂分道大韓帝國地圖

銅版印刷　구로수洋裝　全壹帖　正價[illegible]五拾錢

△白堂玄　采시序

○我韓地圖之精密者首推古山子[illegible]篇帙[illegible]難於携帶且流傳者少不能人人皆有豈非大恨事[illegible]本圖煩就簡作爲小帖以公同好我內地地味膏沃物産豊富爲東洋之[illegible]壺藏若[illegible]拓而發明則我國之富强可[illegible]以待[illegible]道[illegible]川兩郡都府以至物産名目詳細記載使人壹目瞭然請我同胞各置壹本以作興事業之壹助是所厚望

發兌元
◉皇城中部罷朝橋越邊　中央書館
◉皇城남部大廣橋東邊　滙東書館
◉皇城北部桂洞　玄公廉
◉皇城中部종路　大東書市

初等大韓新地誌

問答　全壹册定價金貳[illegible]

近日初等大韓地誌가三四種이續次刊行되엿스오나敎育上에缺點이無ᄒᆞ다可謂ᄒᆞ깃지[illegible]本書ᄂᆞᆫ特別히幼年程度의適當홈을爲ᄒᆞ여問答例로詳密히編纂ᄒᆞ와小學校用에必要ᄒᆞ오니照亮ᄒᆞ심을望홈

漢字初習

全壹册　定價金拾五錢

本館에서著作ᄒᆞᆫ漢字初習은漢文字에[illegible]幼穉라도解得ᄒᆞ[illegible]便易[illegible]建[illegible]多[illegible]授ᄒᆞ기와解得ᄒᆞ기와習字ᄒᆞ기가[illegible]地[illegible]爲[illegible]中에最便ᄒᆞ고最要ᄒᆞ여幼穉와普通初等漢文科에兼用ᄒᆞ기適宜ᄒᆞ오니多數히需用ᄒᆞ시기를바라ᄂᆞ이다

國語文典音學

周時經著述　全壹册　定價三拾錢

本書ᄂᆞᆫ周時經시가拾有餘年을研究ᄒᆞ여國語와國文音學에諸般原則을詳密히說明ᄒᆞ여壹般學界에極히有用ᄒᆞ오니文學에有志ᄒᆞᆫ신諸시와學生僉員은速히需用ᄒᆞ심을바라나이다

八寶丹

[illegible]金[illegible]

滋陽丸

補[illegible]
三拾日分　금五圓
貳拾日分　금三圓[illegible]拾전
[illegible]日分　금壹圓八拾전

主
○病後氣虛○腎虛眼痛
○陽痿[illegible]○腎氣不足
○陰虛火動○遺精多夢
○手足厥冷○房事後惱[illegible]
○吸烟斷烟客間
○體質虛弱[illegible]瘦
治

此外의도東西洋各國靈藥이俱備ᄒᆞ오니各地方의셔도隨用請求ᄒᆞ시면郵便으로보내드리이요各處藥業ᄒᆞ신ᄂᆞᆫ僉位에게ᄂᆞᆫ特別割引放賣ᄒᆞ오니陸續注文

婦人靈藥

부인양약 [illegible]
胎　[illegible]경환 養調經丸
壹劑壹月分　금五圓

主治說明

婦人이孕胎ᄒᆞ지못홈은冷病積聚와月經不調로因홈이니此藥을服用ᄒᆞ시면婦人腹中에有ᄒᆞᆫ諸病은壹切退去ᄒᆞ고自然孕胎ᄒᆞ오니速臨買去ᄒᆞ시옵

大韓帝國仁川奇峴 總發行所 和平堂太藥房

全國內各藥舖

製藥所 仁川港奇峴和平堂藥房
發行人 李[illegible]

代理店
京城布屛下 衣 和平堂支店
京城南門內水橋濟生堂藥房
京城大廣橋 共愛堂藥房

支店及出張所
元山　鐵亭　義州　郭山　[illegible]
木浦　咸從　宜川　[illegible]山　博川
三和　長淵　尙州　鐵山　大邱
群山　龍川　平壤　黃州　安[illegible]
釜山　水原　安岳

京城종路　仁川港奇峴　和平堂

◉大韓每日申報各處支社廣告

平安道

平壤鍾路太[illegible]舘　安[illegible]
三和港牌石洞　金澄柱
[illegible]
義州南門外[illegible]大[illegible]
鐵山邑[illegible]　安[illegible]
車輦舘
定州[illegible]　[illegible]成[illegible]
寧[illegible]川[illegible]邑[illegible]　金[illegible]
安州[illegible]內
京[illegible]線[illegible]　李[illegible]秀
[illegible]
[illegible]
泰川邑舘[illegible]
寧邊邑[illegible]
江西邑內
咸從[illegible]
成川[illegible]面　[illegible]三
平남順川郡[illegible]　鄭裕[illegible]
宣川邑橋南　金亨俊
江界邑內　김泰斗
郭山郡郡面湖우里　金[illegible]涵

黃海道

雲山郡邑面七里　梁允[illegible]
海州[illegible]　朴[illegible]
安岳細[illegible]坊成洞　[illegible]道[illegible]
長淵邑南門內　[illegible]
殷栗邑倉[illegible]里　金泰[illegible]
信川邑六里　丁一[illegible]
黃州南門外冊肆　崔[illegible]
白川邑文明館　趙雲[illegible]

咸鏡道

咸興州南社西門外　[illegible]
元山港[illegible]內　[illegible]南正[illegible]
高原邑　[illegible]
定平郡[illegible]川　[illegible]
洪原南門外[illegible]方[illegible]
永興南山[illegible]舘　[illegible]
鏡城[illegible]新興洞　[illegible]

全羅道

[illegible]邑[illegible]內　李[illegible]
金溝水流面豆[illegible]　[illegible]
興德富安面[illegible]谷　姜[illegible]
木浦항陽[illegible]　[illegible]得[illegible]

京畿道

[illegible]

忠淸道

江[illegible]邑[illegible]

慶尙道

[illegible]

江原道

[illegible]

發行兼編輯人英國人　萬咸
Responsible for Publication Alfred Weekley Marnham
發行所
南部石井洞號外地三層洋屋家
大韓每日申報社

光武九年八月拾一日 明治卅八年八月拾一日 (第三種郵便物認可) 水曜日 西曆壹千九百九年貳月拾日 (壹)

大韓每申報

第七卷 第壹千拾九號

月曜及慶節 休刊
檀君開國四千二百四十二年
箕子元年三千三十一年
大韓開國五百十八年
日本明治四十二年
淸國宣統元年
隆熙己酉正月小二十日辛丑

論說

◉奢侈的遊戲의 不可

嗚呼라此果何時오壹國人民이貧困窮蹙ᄒᆞ야饑餓이不繼ᄒᆞ고杼柚이屢空ᄒᆞ야豊年에도溝壑을僅免ᄒᆞ고凶歲에는飢呼가相聞ᄒᆞ야佩瓢가路에掩ᄒᆞ며菜色이面에溢ᄒᆞ니嗚呼라此果何時오

此時를當ᄒᆞᆫ者ㅣ登中分同胞兄弟의念이有ᄒᆞᆯ진ᄃᆡ心을竭ᄒᆞ야此를救ᄒᆞ며身을捨ᄒᆞ야此를救ᄒᆞᆯ지어늘

乃者此를救키는姑舍ᄒᆞ고往々奢侈的遊戲에從ᄒᆞ는者ㅣ有ᄒᆞ니嗚呼라此는人心이無ᄒᆞᆫ者인저

彼元來蕩子의名號를佩ᄒᆞ야圓覺社演興社等家舍로作ᄒᆞ며靑樓房料理店을生涯로認ᄒᆞ야不者婀聲裡에壹生을送ᄒᆞ는者는狂醉이已極ᄒᆞᆫ者라足責ᄒᆞᆯ것도無ᄒᆞ거니와

吾儕의惜ᄒᆞ는바는乃彼社會가稱曰志士라ᄒᆞ며後進이尊曰先生이라ᄒᆞ야其言論其風力其名譽가足히民志를移轉ᄒᆞᆯ者가奢侈的遊戲를樂ᄒᆞ는者ㅣ多有ᄒᆞ니

吾가此를惜ᄒᆞ며吾가此를嘆ᄒᆞ노라

子공이射를확相의圃에觀ᄒᆞ고歸ᄒᆞ야仲尼에게告ᄒᆞ야曰壹國의人이醉ᄒᆞᆫ듯ᄒᆞ며狂ᄒᆞᆫ듯ᄒᆞ야君子의觀ᄒᆞᆯ바ㅣ아니러이다仲尼曰不然ᄒᆞ다壹歲의勞로壹日의澤이니此는聖人도不禁이라ᄒᆞ엿스니大抵何許人을無論ᄒᆞ고身을社會風浪勞擾의中에置ᄒᆞ야腦를苦ᄒᆞ며體를疲ᄒᆞ고其間隙을乘ᄒᆞ야或遊戲或徵逐ᄒᆞ야心神을暢快케ᄒᆞᆷ은不可無의事이나

現今社會를察ᄒᆞ건ᄃᆡ太半怠惰로成習ᄒᆞ며安閑으로自適ᄒᆞ야何等勞苦勤勉의事가無ᄒᆞ고但其治遊와晩餐만頻頻ᄒᆞ며又四五人壹會의費가動輒十數圜에達ᄒᆞ니

設令海波가不動ᄒᆞ고百姓이安堵ᄒᆞ야雨順風調時和年豊의歌를發ᄒᆞᆯ時일지라도此등奢侈的遊戲는猶可戒也어날嗚呼라今日에야此가豈可ᄒᆞ리오國勢를觀ᄒᆞ면壹髮에懸ᄒᆞ얏스며民情을顧ᄒᆞ면塗炭에陷ᄒᆞ얏스니

仁人志士된者ㅣ一樽酒를對ᄒᆞ거던道路의流丐를思ᄒᆞ며壹重子를衣ᄒᆞ거던溝壑의凍者를念ᄒᆞᆯ지니

엇지洋々安樂함을忍ᄒᆞ리오此가비록閑問題인듯ᄒᆞ나其實은閑問題가아니라ᄒᆞ노라

官報

▲隆熙二年九月壹日 官報

▲部令

學部令第拾六號 (續)

第二章 修業年限학年及休業日

第六條 修業年限은本科幾年(何科幾年)으로ᄒᆞᆷ

第七條 학年은每年四月貳日에始ᄒᆞ야翌年三月三拾壹日에終ᄒᆞᆷ

左에학期를設ᄒᆞᆫ학校의학期規程例를示ᄒᆞᆷ

학年을分ᄒᆞ야三학期로ᄒᆞ니第壹학期는四月壹日부터八月三十壹日ᄭᆞ지로ᄒᆞ고第二학期는九月壹日부터十二月三十壹日ᄭᆞ지로ᄒᆞ고第三학期는翌年一月壹日부터三月三拾壹日ᄭᆞ지로ᄒᆞᆷ

第八條 休業日을左와如히定ᄒᆞᆷ但特別ᄒᆞᆫ事情이有ᄒᆞᆫ時는臨時休業ᄒᆞ는事도有ᄒᆞᆷ

壹 乾元節 二月二拾五日
壹 開國紀元節 八月十四日
壹 即位禮式日 八月二十七日
壹 繼天紀元節 十月拾二日
壹 廟社誓告日 十一月拾八日
壹 日曜日
壹 春季休業 何月何日부터何月何日ᄭᆞ지
一 夏季休業 何月何日부터何月何日ᄭᆞ지
壹 冬季休業 何月何日부터翌年何月何日ᄭᆞ지

(未完)

外報

●比國太子出發 伯林電을據ᄒᆞᆫ則比利時國皇太子는來五月拾三日에亞非利加로向ᄒᆞ야出發ᄒᆞᆯ터이라더라

●露國陰謀發現 倫敦電을據ᄒᆞᆫ則露國警察장官으로푸깃시捕縛에關ᄒᆞ야警察官과革命黨과氣脈을通ᄒᆞᆫ陰謀가露見되얏는ᄃᆡ去三日議會에서社會黨員及民主黨員은行衛가不明ᄒᆞᆷ으로警察探偵이제푸시는셀진스ᄎ야公及內相푸레루시를暗殺關係가有ᄒᆞᆫ줄노知ᄒᆞ얏다더라

●兩廣總督戒嚴 香港電을據ᄒᆞᆫ즉駐米淸國公使伍廷芳시는淸國外務部에電報ᄒᆞ야曰多數의米國人이支那革命黨에加擔ᄒᆞ야나ᄒᆞ고多量의彈藥을供給ᄒᆞ야남淸에大事를擧ᄒᆞ라는計劃을發見ᄒᆞ얏다고轉奏ᄒᆞ라ᄒᆞ얏는ᄃᆡ同政府는兩廣總督에게命令을下ᄒᆞ야目下海岸각部에嚴重히警戒ᄒᆞᆫ다더라

雜報

●韓會質問 大韓協會에서三昨日總務尹孝定氏議案을可決ᄒᆞᆫ結果로總代權東鎭沈宜性兩氏를派遣ᄒᆞ야宮相閔丙奭시의게質問書를提呈ᄒᆞ얏는ᄃᆡ其全文이如左ᄒᆞ니

竊聞ᄒᆞ오니每於官庭 問安署名時에日本人으로我國에奉職ᄒᆞᆫ官吏는其官名及姓名만直書ᄒᆞ고外臣等字을不書ᄒᆞᆫ다ᄒᆞ오니此或事實上果然ᄒᆞᆫ인지果然ᄒᆞ다謂ᄒᆞᆯ지면宮內大臣이其署名儀式을壹定指示ᄒᆞ얏ᄂᆞᆫ대日本人官吏가儀式을不遵ᄒᆞᆷ인지抑或署名儀式을未及定示ᄒᆞ얏던지又或儀式은定示ᄒᆞ되官名及姓名만直書ᄒᆞ고外臣等字ᄂᆞᆫ不書케ᄒᆞ얏던지此實國家典禮의重題며君臣名義의大關이라本會는其事實有無의明確을是求ᄒᆞ야玆에總代委員으로써仰質ᄒᆞ오니照亮明教ᄒᆞ심을敬要라ᄒᆞ얏더라

詞藻

●射雉日

건넌산ᄯᅢ썽에、호웅。콩밧출녹일스재、훙。
우리집숨監이、눈떡곳ᄒᆞ노나、
어리화、됴타、호웅。 知和者丘

雜報

●顧問落傷 皇帝陛下씌ᄋᆞᆸ셔日前統監邸에 御幸臨ᄒᆞ실時에中樞院顧問權重顯시가人力車를乘ᄒᆞ고陪從ᄒᆞ다가泥峴등地에셔偶然落傷ᄒᆞ야現今治療中이라더라

●魚膽頹憤 內部大臣宋秉畯侍從武官魚潭兩氏가格鬪ᄒᆞᆫ事ᄂᆞᆫ衆所共知어니와伊時에宋氏가拔劍을不留라魚氏의所佩勳章을裂破遺棄ᄒᆞᆫ故로魚氏가憤不自勝ᄒᆞ야此意를 天陛에上奏ᄒᆞ고擧措를起코ᄌᆞᄒᆞ미統監府에셔魚氏를絶力論說ᄒᆞ되好事도不如無事인즉和沖安帖하라ᄒᆞᄂᆞᆫ故로姑爲停止하얏다더라

●宋頭下垂 日前에伊藤統監이內大宋秉畯시를對ᄒᆞ야勸告하되魚潭시와爭詰ᄒᆞᆫ事ᄂᆞᆫ大爲羞耻인즉從今以後로ᄂᆞᆫ悔過自新ᄒᆞ라ᄒᆞ매宋시가垂頭俯從ᄒᆞ얏다더라

●宋面太厚 內部大臣宋秉畯시에게匿名書가每日幾度式답至不絶ᄒᆞ되宋氏ᄂᆞᆫ面目이如何히良好ᄒᆞᆫ지ᄒᆞ書類를晏然領受ᄒᆞ야置諸几席하고羞愧ᄒᆞᄂᆞᆫ樣子가少無ᄒᆞ다고人皆唾罵ᄒᆞᆫ다더라

●拓摠輪訪 拓殖摠裁宇佐川이가再昨日에拓殖會社任員을帶同ᄒᆞ고內閣과度支部를訪問ᄒᆞ얏다더라

●決何置何 壹進會에셔現內閣總辭職을勸告ᄒᆞ기로決議ᄒᆞ얏더니去念日에該會摠務員諸氏가內大宋秉畯氏私邸에往訪ᄒᆞ야有何議論이던지伊日評議會를停止ᄒᆞ고辭職勸告書도因爲置之ᄒᆞ얏다ᄒᆞ고又一說에ᄂᆞᆫ再昨日에壹進會에셔摠務員會를秘密히開ᄒᆞ고現政府를壹新改遞ᄒᆞᆫ後歸國ᄒᆞ라고伊藤統監의게長書를致送ᄒᆞ기로決議ᄒᆞ얏다더라

●統監願留 宮內府大臣閔丙奭氏가 勅使로日本에前往ᄒᆞᆫ다ᄂᆞᆫ說은已報어니와其前往ᄒᆞᄂᆞᆫ內容을詳聞ᄒᆞᆫ즉伊藤統監을願留ᄒᆞ기爲ᄒᆞᆷ이라더라

●度支歸國內容 度支部次官荒井賢太郞이가本月二십日頃에歸國ᄒᆞᆫ다ᄂᆞᆫ데其歸國ᄒᆞᄂᆞᆫ內容을漏聞ᄒᆞᆫ즉韓國今年度預算編纂ᄒᆞᆫ書類를帶持ᄒᆞ고日本國會에提出說明ᄒᆞ기爲ᄒᆞᆷ이라더라

●合資製莚 大邱郡에韓製莚合資會社ᄂᆞᆫ從來로韓國에莚의原料되ᄂᆞᆫ莞草로셔疊表(다다미)를製造ᄒᆞᆯ目的으로創設ᄒᆞᆫ바인ᄃᆡ農商工部ᄂᆞᆫ産業獎勵費中에셔年額一千圓을補助ᄒᆞᄃᆡ인故로目下同會社ᄂᆞᆫ日本人技師二名과韓人職工二拾餘人으로授業中이라더라

●安亦不安 前判書閔京鎬氏에게曾往錢財를抑鬱이見奪ᄒᆞᆫ人들이閔氏를往見ᄒᆞ고ᄒᆞᆫ錢을督推ᄒᆞᆫ즉閔氏가答ᄒᆞ되余가其時에雖爲觀察使나錢財壹款은全然不知오其時自辟主事安某가擧皆相關이有ᄒᆞ다ᄒᆞᄂᆞᆫ故로安氏도亦在困難中이라더라

●朴氏控訴 三陟郡守朴來榮시가該郡民閔某에게金貨四百餘圓을奪取ᄒᆞᆫ事에對ᄒᆞ야京城地方裁判所에셔押來ᄒᆞ얏더니懲役三年에宣告ᄒᆞᆫ故로朴시가控訴院에控訴ᄒᆞ얏다더라

●移民增加 近來에ᄂᆞᆫ日本移住民들이各地方의需用을應코ᄌᆞᄒᆞ야內地에侵入ᄒᆞ야企業ᄒᆞᄂᆞᆫ者가漸益增加ᄒᆞᄂᆞᆫ데醴泉등地에ᄂᆞᆫ移住民이益益增加ᄒᆞ고其多部分은雜貨商及金貨業者等이라더라

●拓社移轉 東洋拓殖會社에셔該社位置를韓軍司令部基址를借用ᄒᆞᆯ次로交涉中이더니近日에京城憲兵分隊基址로決定되야數日내에撤移ᄒᆞ고事務를執行ᄒᆞᆯ터이라더라

●漁場來住 東萊左水營은有名ᄒᆞᆫ漁場地인고로日人들이多數來住ᄒᆞᆫ다더라

●於民何徵 延日郡衙를浦項으로移轉ᄒᆞ기로決定ᄒᆞ얏ᄂᆞᆫ데郡守ᄂᆞᆫ其移轉費를郡내四千二百戶에平均分排ᄒᆞ야第壹納期ᄂᆞᆫ本年壹月中과第二納期ᄂᆞᆫ二月中으로徵收ᄒᆞ기로定ᄒᆞ얏ᄂᆞᆫᄃᆡ目下에各面長과壹進會員等은結稅收金期가되고로此를徵收ᄒᆞ기ᄂᆞᆫ困難ᄒᆞ리라더라

●太古順民 靑松郡縣東面坪洞에ᄂᆞᆫ去月壹月壹日에日人移民이來ᄒᆞ야田六拾町步(每町三千坪)를作畓ᄒᆞ랴고本土人과契約ᄒᆞ고水路工事에着手ᄒᆞ야每日韓人을人夫로使役ᄒᆞᄂᆞᆫᄃᆡ彼韓人은壹回도紛擾를起치아니ᄒᆞ고恪勤就役ᄒᆞᆫ다더라

●果則失政 富平郡守金國煥氏가該郡某處에在ᄒᆞᆫ私有田畓五拾餘石落을該處面長里長을符同ᄒᆞ야新證明을做作ᄒᆞ되賣主ᄂᆞᆫ高陽居ᄒᆞᄂᆞᆫ閔泳勳氏의虛名으로ᄒᆞ고買主ᄂᆞᆫ金浦居ᄒᆞᄂᆞᆫ白永圭氏로ᄒᆞ얏ᄂᆞᆫ데何許日人이白시의게所操條가有ᄒᆞᆫ던지該證明을奪去ᄒᆞᆫ지라ᄒᆞᆫ딥土本主等이此를聞知ᄒᆞ고將次擧訴歸正ᄒᆞᆫ다더라

●財主失操 蔚山郡財務署主事崔世鳴氏가去十二月三拾日에稱云丁未條地稅徵收라ᄒᆞ고該郡內廂面에出往ᄒᆞ야身保旨吏에宜乎公事上恪勤奉行이거날不此之爲ᄒᆞ고該郡前營門奴妓等을招集ᄒᆞ야迭宕宴戲ᄒᆞᆯ時에行爲不正ᄒᆞᆷ이有ᄒᆞᆫ던지自憲兵分遣隊로ᄒᆞ야昨夜捉囚ᄒᆞ얏다가該署日人主事의懇請으로卽爲放免ᄒᆞ얏다더라

●憲補行悖 憲兵補助員鄭基永이가明洞등地에서南帥街家ᄒᆞᄂᆞᆫ박來昌의게每日卷烟一匣式外上으로持去ᄒᆞᄂᆞᆫ데日前에鄭某가卷烟一匣을持ᄒᆞᆫ後에또請求ᄒᆞ거ᄂᆞᆯ朴氏가答ᄒᆞ되每日一匣式契約ᄒᆞ얏슨則其外에不可酬應이라ᄒᆞᆫ대鄭某가朴某를亂打에至於衣服裂破ᄒᆞᆫ지라ᄒᆞ掌內巡査와鄭某를押去ᄒᆞ얏더니憲兵幾兵이來到ᄒᆞ야鄭氏를卽爲推去ᄒᆞ얏다더라

●溫泉亦變 東萊溫泉場壹部ᄂᆞᆫ去十二月二拾日부터日軍衛戍病院의療養所가되얏다더라

●牛島獨壹 北部齋동에서製造ᄒᆞᄂᆞᆫ牛島卷烟에味香價廉ᄒᆞᆷ은已報어니와該社에셔又爲改良ᄒᆞ야牛島와獨壹이란二種名으로製造ᄒᆞ얏ᄂᆞᆫ대平壤鄭基煥氏가支店을特約ᄒᆞ고每日二百函式搭去ᄒᆞᄂᆞᆫ데平安南北道內에有志紳士ᄂᆞᆫ本國製造品을壹層愛顧ᄒᆞ야牛島와獨壹란優數需用ᄒᆞᆫ다ᄒᆞ기로西北人士에團結心을人皆稱賀ᄒᆞᆫ다더라

●仁港酒業 仁川港酒商中有志諸氏가營業을擴張ᄒᆞᆯ次로酒商組合所를設立ᄒᆞ고該港府尹의게請願承認ᄒᆞ야已爲組織ᄒᆞ얏ᄂᆞᆫ뒤就緖之望이大有ᄒᆞ다더라

●狂犬咬日 再昨日下午四時에仁川港花開동에서日巡査一名이狂犬의게被咬ᄒᆞ야重傷ᄒᆞ얏다ᄒᆞ고內部로電報가到達ᄒᆞ얏다더라

●强盜縱橫 再昨夜에西部月宮附近에서强盜가突出ᄒᆞ야行客을威脅毆打ᄒᆞ고衣服을奪去ᄒᆞ얏다더라

●春察演說 三昨日下午一時에關東학會에서總會를開ᄒᆞ고各項事務를處理ᄒᆞᆫ後에春川觀察使李圭完시가演說ᄒᆞ야農工商賈業을獎勵ᄒᆞ자ᄂᆞᆫ問題로演說ᄒᆞ얏다더라

學界

●廣明擴張 海州花陽面晩洞吳武煥시가自家舍廊의夜學校를設立ᄒᆞ고靑年을會集ᄒᆞ야熱心敎育ᄒᆞᄂᆞᆫ데學員이四十餘名의達ᄒᆞ미壹般人民이爭捐義金ᄒᆞ고傳來학契金을應用ᄒᆞ야廣明夜學校라名稱ᄒᆞ고校務를壹層擴張ᄒᆞ얏다더라

●花城文明 橫城郡花城學校가設立以來에該郡守沈興澤시의勸勉과任員諸시의熱心으로晝夜학生이六十餘名에達ᄒᆞ지라年終試驗을經ᄒᆞ얏ᄂᆞᆫᄃᆡ優等生은吳逗泳韓相益等四人이오及第ᄂᆞᆫ申鉉玖林德洙等八人인ᄃᆡ該郡關東학會에셔多數ᄒᆞᆫ賞品을給與ᄒᆞ얏다더라

●南門設校 懷德山內面虎溪南시宗中에셔該城학校를設立ᄒᆞ얏ᄂᆞᆫᄃᆡ校長은南命植校監은南學植總務ᄂᆞᆫ南秉序財務員은南泰涑諸시인ᄃᆡ學徒가三十餘人이라더라

●漢南終試 南部漢江里私立漢南學校에셔冬期試驗을經ᄒᆞ얏ᄂᆞᆫᄃᆡ高等科優등生김環汝와尋常四학年優等生方한龍等五人과三학年優等生李復承等二人과二학年優등生吳龍雲등三人과壹학年優등生權五鶴등三人인ᄃᆡ該校々長以下任員諸시가熱心勸勉ᄒᆞ며優數施賞ᄒᆞ얏다더라

●光明女試 熙川郡光明女學校에셔年終試驗을經ᄒᆞ얏ᄂᆞᆫᄃᆡ甲班優等王英禧及第安禮信乙班優等王학實及第康敬信丙班優등學英化及第鄭翮用貴禮등諸人이라더라

●南校試驗 南陽郡普興學校에셔客年冬期試驗을經ᄒᆞ얏ᄂᆞᆫᄃᆡ高等一學年優等生朴明淳姜일福等三人이오壹學年優등生高止男黃仁昌等二人이오尋常四학年優等生林俞培黃壽福等三人이오二學年優等生金寅出김福鳳等三人이오一학年優等生姜甲學姜壽昌等三人이오壹학年優等生韓昌雲黃太昌等三人인ᄃᆡ多數ᄒᆞᆫ賞品을授與ᄒᆞ얏다더라

▲地方消息▼

▲靑松英陽順興등地에日本守備隊와憲兵所와警察署가連隔ᄒᆞᆫ處에ᄂᆞᆫ義兵이往々徘徊ᄒᆞᄂᆞᆫᄃᆡ去月에英陽郡內에셔ᄂᆞᆫ日憲兵과三四次를衝突ᄒᆞ얏고

▲江原道를隣接ᄒᆞᆫ慶北地方에ᄂᆞᆫ義兵의出沒이他地方보다頻繁ᄒᆞ다ᄒᆞ고

▲本月一日에全羅남道남平郡西남方십里地에셔義兵七십餘名이該地分遣所下士一名上등兵二名及補助員과交戰ᄒᆞ얏다ᄒᆞ고

▲本月五日에京畿道永平郡東方約三拾里地에셔義兵約二百名이該地分遣所日憲兵及補助員과交戰ᄒᆞ얏다더라

◎感荷義捐 果川郡有志紳士鄭敬伯氏가金一圓 固城郡大成학校에셔金一圓을本社에寄附ᄒᆞ얏기로玆에並感忱을表ᄒᆞᆸᄂᆞ이다

▲絶處逢生▼

▲東洋形便말ᄒᆞᆯ진ᄃᆡ無病呻吟이別無엇만就中最甚누구런고韓國今日이아닌가慘苦哀劇ᄃᆡ情況이幾死幾死되엿더니京鄕各處實業界에國脈生氣도라오니幸莫幸爲반갑도다

▲牛島江山 千里에外國物貨뿐일너니獨壹無二上品이齋洞동동天某某人을無限能力주시옵셔牛島獨壹卷烟이精巧製造되엿ᄂᆞᆫᄃᆡ淸香淡味悅惚ᄒᆞ니國脈生氣도럿도다

▲滿乘天地봄ᄋᆞᆫ날에精神업ᄂᆞᆫ韓人들은外國卷草ᄃᆡ烟氣에昏昏醉夢깁헛더니皇天助佑ᄒᆞ심인가海東에란ᄃᆡ卷烟ᄂᆞᆫ出自關城發展ᄒᆞ야全國內에布滿ᄒᆞ니國脈生氣도럿도다

▲高麗王城秋草沒에磁器工場업서지고漢陽桃李春風暖에分院沙器有名ᄒᆞ라가壹陣倭沙ᄃᆡ바람에此亦從滅되엿ᄂᆞᆫᄃᆡ平壤乎여平壤乎여窯業繼續發展ᄒᆞ니國脈生氣도럿도다

▲靑天壹張ᄃᆡ白ᄒᆞᆫ有名無實쓸ᄃᆡ업ᄂᆞᆫ外國所産ᄃᆡ紙品은萬口壹談讚誦ᄒᆞ다가扶桑하ᄂᆞᆫ곳에壹朝失色되엿ᄂᆞᆫᄃᆡ製紙會社新光線이龍川安州幷起ᄒᆞ니國脈生氣도럿도다

▲淸淺ᄒᆞᆫ石ᄃᆡ灘頭에洗濯ᄒᆞᄂᆞᆫ布木ᄋᆞᆫ한國織組볼수업고非倭伊洋뿐일너니京城에郞西남간에織女星이照臨ᄒᆞ지新織組에至精至美堅實ᄒᆞ니國脈生氣도럿도다

▲入小勿論ᄒᆞ고創始ᄒᆞᄂᆞᆫ者가非難이라進就ᄒᆞ야終最貴로다有志人士熱誠으로此學生脈도럿ᄉᆞ나擴張되고못되ᄂᆞᆫ것은壹般人民幷力ᄒᆞ야永遠維持ᄒᆞᆯ것이니愛國者여愛國者여

廣告

本人에 累代山坂이 在於高陽郡元堂面沙門寺梧里洞이온바 數百年守護이옵더니 不意에 悖類支孫成晉爲名人이 該山坂을 暗賣偸食ㅎ랴ㅎ기로 玆에 廣告ㅎ오니 內外國人은 切勿見欺ㅎ시옴

宗孫趙尙圭 告白

本人이 壹月壹日에 券及圖章을 셔失ㅎ앗ᄉ오니 內外國人은 閱拾得ㅎ시와도 以休物施行ㅎ시옴

江原道高城郡內 趙達夏 告白

本人이 李鍾聲의 所有 남部明禮坊苧동第六拾八統九戶瓦家拾간半板券을 隆熙貳年十月十貳日에 留置ㅎ앗더니 仍爲紛失ㅎ앗스니 誰某拾得하야도 休紙施行ㅎ

柳鎭杓 告白

本人이 奉仁居ㅎ는 朴基三處에 去癸卯年分推次當文二千八百七拾兩을 年久妥擲이옵더니 不意今此에 朴基三시가 右錢을 來擲이오니 當此世情에 督捧而避報者多ㅎ온데 이러ᄒ 銘心不忘ㅎ고 專委來報ㅎ오니 果是特異之人이옵기 零數를 永爲蕩滅이오니 京鄕간照亮ㅎ

南門外紫岩朴衛悅 告白

朴衛采安宅兩氏宅舖戶가 未詳ㅎ야 廣告ㅎ오니 該戶로ㅅ 會館으로 錄送ㅎ심을 望ㅎ

鍾路靑年會 白

宮中顧問官리允用시 大夫人 豐川任시 陰曆正月初七日巳時別世 知舊간 照諒ㅎ

護喪 崔文吉 告白

本人에 家券을 何許悖類가 僞券暗典코저ㅎ다ᄂ 傳聞이 有ㅎ기 玆以廣告ㅎ니 內外國人은 切勿見欺ㅎ시오

南部水橋六십八統六戶 金建柱

●仁川府酒商組合所趣旨書

大凡人生이 臨時處變과 知機以動은 應變之壹能矣라 惟我酒商이 在各國通商之港ㅎ야 不知實業界事狀則所謂營業은 將至難保하리니 莫有前日孤陋之心ㅎ고 務盡今日維新之意하야 同心聯合에 團成壹所則營業之鞏固를 可期日이 待矣리니 捨此何爲乎아 古語에 云不務其本이면 必無枝葉이라ㅎ니 培植本根ㅎ야 其張其枝니 豈不美哉아 時機는 難得이오 易失이니 各奮業志ㅎ고 共進本所하야 擴張實業을 勉而勗之ㅎ고 守而勿失也夫

規則

壹 酒商營業人에게 股金을 收納ㅎ되 每股에 十圓式ㅎ고 不參者는 營業을 不許ㅎ事

壹 股金을 收納하야 逐月興利ㅎ事

壹 所員中若有難保者ㅎ야 從他搬移之境則 幷利還給ㅎ事

壹 酒稅를 分三等收納ㅎ야 本港普通學校에 每朔金三十圓式寄附ㅎ고 餘額은 本所經費에 補用ㅎ事

壹 隆熙三年陰正月貳拾五日後로 酒商을 營業코ᄌㅎ는人에게는 股金外贊成金拾五圓을 捧入後營業케ㅎ事

隆熙三年　月　日

仁川港酒商組合所

本人이 陰正月拾三日밤 賊漢의게 京畿道水原郡章洲面ㄴ溪답八斗落과 西沛面八斗落과 梅山里답壹石三斗落과 東韶面畓八石二斗五升落과 남北部章洲面답貳石九斗落과 古등村답십斗落과 梅山里田五日耕과 東韶面田二日耕과 官廳庫稅納田十五日耕文券을 見失ㅎ앗ᄉ오니 內外國人은 切勿見欺ㅎ

水原郡남門外龜川동 申泰희

本人에 家屋文券이며 田畓府南面德岩洞四時畊과 德川洞壹時畊과 德峯洞三時畊과 府內面龍岩洞五時畊과 北上面中城洞貳日壹時耕文券이며 畓庫德川洞十三斗落과 西湖洞拾八斗落과 獨羅面東端洞六斗落과 西端동四斗五升落과 內下面堂北洞七斗落文券을 隆熙三年壹月拾六日夜에 賊漢이 沒數盜去이옵기 玆에 廣佈ㅎ오니 內外國人은 切勿見欺ㅎ

平安北道寧邊府南面德川洞 金赫圭 告白

●木工課學員募集廣告

本學館工藝課를 擴張ㅎ기 爲ㅎ야 木工班學員을 爲先新募ㅎ오니 有志人員은 本月拾五日以來로 速々請願ㅎ시옴

壹、修業年限은 壹個年

壹、入學許可로 得ㅎ 者는 壹箇月간 實地試驗을 經ㅎ 後 正學員으로 擇選事

壹、月謝金은 每月에 會員은 壹圓式이오 會外人은 壹圓五拾錢式 先納事

壹、詳細事項은 本學館학監室에 來議ㅎ시옴 (每日上午九時로 下午壹時中以內)

壹、年齡拾六歲以上

壹、入學試驗은 國漢文讀書作文

壹、試驗日字는 本月拾五日下午二時

隆熙三年二月九日

皇城基督敎靑年會學館

本館에서 **石板印刷**를 京城太廣橋南川邊東隅舖家에 新設ㅎ앗ᄉ오니 所用이 有ㅎ옵신 첨君子는 來臨ㅎ옵시기를 望ㅎ

華文館石印所 告白

特別廣告

近頃에 本社事務에 對ㅎ야 識狹沒覺ㅎ者ㅣ **陰**沮를 試ㅎ다ㅎ나 何國何人이던지 本社에 長進ㅎ事務에 對ㅎ야 能히 **防**遏치못ㅎ것은 **明瞭**ㅎ이니 此廣告를 讀ㅎ시는 쳠彦은 幸須 **銘心**ㅎ겸이오며 玆에 **本**社의 **進行**ㅎ **職責與事務**를 **明白**히 **說明**ㅎ노라

本社는비록 **新成立**ㅎ者이나 本社의 興**旺**케ㅎ 方針에 對ㅎ야 必要ㅎ時에는 **能力**과 **勇敢力**이 固有ㅎ오며 **現今**에 **着手**ㅎ **事業**은 如左ㅎ

一　本社는 韓國과 美國間에 直接輸入及輸出을 伸張ㅎ을 務圖ㅎ

韓國內某々種手造物品은 **美國**의 **輸出**ㅎ야 **奇利**를 得ㅎ者가 多ㅎ나 至今까지 此等物品은 美國內各處의 紹介ㅎ기 艱ㅎ며 니 現今에 本社에서는 此等困難이 無ㅎ지라 韓國은 何故로 美國과 如此ㅎ **商業上好關係**를 拋棄ㅎ리오

又壹試思ㅎ것은 **美國物品**이 我國에 到達ㅎ時에는 通常으로 **四五手**를 經由ㅎ나니 **每經由處**에 **該物品本價**에서 **利益**을 **添付**ㅎ며 **稅金**及**運費**도 自然**增加**ㅎ는故로 物價가 **甚高**하오나 本會社는 **美國內物品製造所**에서 **最廉價**로 **特約直輸入**ㅎ야 購買者에게 **直接放賣**ㅎ며 **物價**가 **低廉**ㅎ더이오니 推此思惟ㅎ오면 韓國內에서 美國物品의 需用이 直接及間接으로 **利益**의 **增加**ㅎ을 預期ㅎ

貳　本社에서 韓美兩國間商業關係만 盡力ㅎ뿐不啻라 韓國과 亞細亞全部와 歐羅巴及濠太利諸處間에도 商業上好機會를 造成ㅎ計劃이오며 且勤實ㅎ **代理人**을 韓國內各處에 置ㅎ고 新鮮ㅎ物品을 **直輸入**ㅎ야 各處代理人으로 **分掌出賣**케ㅎ며 又物貨를 放賣ㅎ에 對ㅎ야는 時々로 特別히 廣告를 揭布ㅎ더이오니 海內僉彦은 本社에 事務進行을 繼此承聞ㅎ오리다

三　本會社는 **不動產部**를 別設ㅎ고 不動產에 關ㅎ事項을 管理ㅎ되 土地家屋等賣買典當과 借貸等事에 仲介契約受托及방助ㅎ는 等事를 處理ㅎ야 迅速히 發展되기를 期待ㅎ며 此에 關ㅎ **詳細事項**은 **未久**의 **公**布ㅎ깃습

四　何事를 勿論ㅎ고 法律의 違反치아니ㅎ고 本社의 **利益**이 有ㅎ으로 認定ㅎ는 **營業**은 本社에서 **隨機進行**ㅎ기를 準備ㅎ더이오니 此目的의 對ㅎ야 同情을 表ㅎ시는 僉**彦**은 **盡心協助**ㅎ심을 切望ㅎ

以上陳述ㅎ諸事項에 對ㅎ야 僉彦과 **通信**을 **連絡**ㅎ기를 願ㅎ오니 **左開二項**을 **注意**ㅎ시옵

壹　何事를 勿論ㅎ고 **本會社**에 **委托**ㅎ는 時에는 本社의셔 盡心竭力ㅎ야 **信實**히 **處理**ㅎ더이오며

二　本會社는 何人이던지 本會社의 委托ㅎ事에 對ㅎ야는 **其信用**을 **確守**ㅎ며 **尊敬**ㅎ을 **保證**ㅎ는 故로 何事를 勿論ㅎ고 **信用**의 關ㅎ事件은 特別히 本社의 委任ㅎ이 **加一層安全**ㅎ을 **擔任**ㅎ압나이다

大韓皇城磚洞

韓美興業株式會社 謹啓

廣告

本人이 陽曆二月八日 釜山草梁停車場에서 匣內所在 釜山署下 崔桂賢 丹次紙貨一百七十八圓 掌記一丈과 同人 陰八月拾八日 出次紙貨 兩百五拾九圓 手標一丈과 本人 姓名 圖章을 並失하얏스니 誰某가 得하여도 休紙施行홈

黃鐘哲 告白

本人등의 先山이 在於京畿廣州慶安面松亭里하야 數百年守護하바 所有者 宗孫泳璘이가 隆熙二年二月分에 該松楸를 漢江居 李德植의게 賣渡홈은 宗中에셔 認知하는바이어날 悖宗人丙학이가 不測惡意을 包含하고 該山坂을 渠之所有라 妄稱하고 泳璘을 冒認界로 京城地方裁判所檢事局에 誣訴하바 當局의셔 調査흔 結果에 該山坂이 泳린의 所有가 確實한 故로 無罪白放됨은 世所共知오 宗中에셔 丙학의 滅倫悖習을 懲戒하기 爲하야 屢次宗會로 招致하되 隱避不現하고 凶計를 繼續하야 該山坂을 日本人 府谷大三郎의게 賣渡라 假稱하고 該人을 符同하야 人役夫를 多率하고 前往하야 坂을 放砲威脅하며 原賣主李德植을 逐出하고 松楸를 擅自所伐하니 噫彼 丙학의 行悖惡習은 自宗中으로 懲戒하려니와 國人은 切勿見欺홈을 望홈

閔시宗中

去丁未年九月分에 本郡德林北面兩面所在 各人의 願賣沓土 壹千九百九拾六斗落을 扶安郡 ?面新成里居 孫吉瑞가 同郡 ?洞居 辛基두의 紹介를 聞하고 孫吉瑞가 本人等의게 來하야 談士地證明書를 辛基두가 自以呈出하여 放賣흠양으로 證明書를 成貼하야 持去흔後 自昨年春으로 宮士로써 前者私賣흔 弊를 禁戢하라고 京府訓令이 來到흔 엿슴에 ?답士中 宮士가 渾入흔 所由로 該即辛基두의게 言及하고 該證明書를 還給흘라 흔즉 此달 彼탈하다가 拖至于今에 辛基두가 京城에 在云이기 本人이 本月三日에 入城흔와 四方探問에 踪跡을 隱匿不現흐오니 此辛基두 行爲가 詐欺騙財의 類에 無過흘뿐더러 해당 證明書는 休紙와 同흔 文具라 玆에 廣告흐오니 內外國僉員은 切勿見欺흠

全羅北道古阜郡德林面九野里

金鍾瑞 吳鐸餘 告白

壹月二拾日 出刊흔 每日申報雜報欄內에 果則不法이라 흔 題下의 本府主事 李勉承시가 徐基冕시沓土를 符同 俊京하고 錯證視事由 不知則已어니와 若知其實이면 豈可無辨之說言乎 야坪沙(?)俊京이 당新舊券及該洞洞長의 認証을 持來하야 請撥證明흔바 主事 李勉承시가 하當虛實을 三叩問於동장及保人이나 壹辭相符에 初無異議故로 證明을 如例繕給흐엿스니 見欺或不審에 責은 不無라 흐려니와 符同暗賣云云은 豈非無證沒實한 事라 況且李시가 衙監理署在勤으로 至于今公正執務가 已爲多年이오 今日에 臨事處身도 毫無異議인데 何許誰某가 不知하고 確蹟을 乃以符同句語로 寄書或行言於新聞社인지 揭載於雜報하야 賍入暗賣에 毀人名譽흠이 果涉無據이기 玆以廣告흐오니 照諒하시기 爲要 심음

沃溝府民人 朴鍾成 金昌權 崔仁成 李致五 吳仕俊 李承五 申泰文 徐致彥 崔用世 洪寶植

大韓全國에 總發行所는 京城南大門內濟生堂大藥房

淸心保命丹 此丹은 化痰止咳하고 順氣消滯하며 水土不服에 奇效가 有흠 金十錢

蔘茸大補元 壹週日分 金壹圓 四週分 金三圓十錢 二週壹환八十錢 七週五圓三拾錢

右약은 大韓及泰鹿茸人蔘과 西洋有名흔 補材를 混和하야 我國兄弟의 臟胃와 性質에 適當하도록 多年 硏究 발明인바 今에 先服人의 累試累驗이 隨症皆참하니 果然今世之 靈藥이라 故로 主治效能을 左開廣佈하오니 僉兄弟는 何不早圖壹試오 (效能) 先天不足과 健妄不眠하며 心腎俱虛와 房事色傷이며 遺精多夢과 色傷腰痛이며 房事時에 早漏不快하며 重病後虛弱과 手足厥冷이며 食物不消와 貧血諸症에 奇效가 有하고 無病人이 若服七週면 大補元氣하고 骨節이 强壯하며 健康無病하나니 此可謂眞世靈藥哉 若不其效면 약價還呈흠

蛔積殺虫散 此散은 蛔積과 蛔腹痛과 蛔滯와 蛔虫壹切을 去根 妙藥 金십錢

寸虫沒出藥 勿論男婦老幼하고 寸虫壹切을 拔根之妙劑 壹人劑 三拾전

大通丸 久滯 年久흔 積滯와 胸腹痛과 腹中積病을 驅除하는 良劑 金五錢

解熱散 感氣 特效 感氣드러 頭痛나고 寒熱往來하며 肢節痛과 몸살에 奔神效 금拾전

킨운接根藥 킨눈과 못과 사마귀에 바르면 百發百中으로 빠지오 金십錢

新製百應膏 虫毒과 瘡종과 樹박이며 종氣와 初에 바리못선대 神效 金拾전

沃度膏 去液生新 쥣創과 모던종氣와 火傷과 곱재인대와 싸시고 압푼대 神效 金拾錢

止足汗臭藥 발에 땀나고 보션을 신으면 惡臭와 汗이 젖처고 너음서 가업소 金十錢

其他藥種은 壹壹難記어니와 大韓國內藥商하시는 僉兄의게는 藥價를 大割引하야 放賣하오니 陸續注文하시오

京城南大門內 仁川港축峴 濟生堂主 李庚鳳

壯陽復元丹

一週分 壹圓 二週分 一圓八十錢 四週分 三圓四拾錢 八週分 六圓四拾錢

此약은 專치腦痛肺弱○房事色傷○腎虛弱○陽萎不起○遺精多夢○神經衰弱○房事時早漏不快○病後虛弱○健忘不眠○貧血諸症○先天不足○飮食不下○眩暈頭痛○等症하나니 試將此丸하야 照法服之면 不過幾点종에 立見妙效하야 魂飛肉躍에 精神微奮하고 頓覺愉快하나니 其症이 輕者는 服壹二週면 挽回元陽하고 其症이 稍重者는 可服三四週하고 遠年痼疾로 其症이 頗重者는 連服七八週면 必能全치 無疑니 若夫無病之人도 試用此劑則補血而益氣하고 强筋而壯骨하나니 用之八週而未見其效則請將價額을 如數還呈이오 不敢虛誕自欺라 此丸이 男婦老幼를 無論하고 均用有效하나니 眞世間無比之妙劑也라 僉位는 何不早도壹試오

發行所 皇城鍾路大廣橋十九統七戶 共愛堂藥房

特約代理店 京城水標橋 濟生堂藥房

滋陽丸 不老丸 補本補陽 三拾日分 金五圓 貳拾日分 金三圓四拾전 拾日分 金壹圓八拾전

主治 ○房事不容○腎虛腰痛 ○病後氣喘○腎氣不足 ○陽痿不起○遺精多夢 ○陰虛火動○房事後悃困 ○手足厥冷○形容蒼白 ○吸烟斷烟客間 ○體質虛弱消瘦

此外의 도東西洋各國靈藥이 但備하오니 各地方의 도隨用請求하시면 郵便으로 보낼터이요 各處藥業하신는 僉位에게는 特別割引放賣하오니 陸續注文하심을 務望

製藥所 仁川港축峴 和平堂藥房

發行人 李 ?

京城南部路衣廛下 和平堂支店

代理店 京城南門內水標橋濟生堂藥房 京城廣橋 共愛堂藥房

新訂分道大韓帝國地圖

銅版印刷 구로수洋裝 全?帖 正價金五拾錢

△白堂玄 采시序

○我韓地圖之精密者首推古山子 ?鐵太多難於携帶且流傳者少不能人人皆有 豈非大恨事哉 玆將地圖為本刪煩就簡作爲小帖 以公同好 我內地地味膏沃物産豐富爲東洋之無盡藏 若藤拓而發明則我國之富强可計日以待矣 本圖分十三道自京川國郡部 ?至物産名目詳細記載使人一目瞭然 請我同胞 各置壹本以作殖產業之壹助是所厚望

發兌 元

皇城中部鐘路 中央書館

皇城남部 ? 滙東書館

皇城北部桂洞 玄公廉

皇城中部 ? 大東書市

大韓帝國 全國內 仁川축峴 各藥舖

總發行所 和平堂大藥房

婦人靈藥 부인양됴경환 약명 胎養調經丸 壹劑 壹月分 금五圓

主治 說明

婦人이 孕胎하지 못함은 冷病積聚와 月經不調로 因함이니 此藥을 服用하시면 婦人腹中에 有한 諸病은 壹切退去하고 自然孕胎

大韓山林協會 告白

本會 ? 漸次擴張하온바 本會 ? 會員 有志僉君子는 本會 ? 陸續 ? 發達 ?

(電話 二九二番)

發行兼編輯人 英國人 萬 咸
Responsible for Publication Alfred Weekley Marnham.
發行所 南部石井洞號外地三層洋屋家 大韓每日申報社

隆熙三年八月拾一日　明治四十二年八月拾一日　(第三種郵便物認可)　木曜日　西曆一千九百九年八月拾壹日　(壹)

第七卷

大韓每日申報

第壹千貳拾號

月曜及慶節
歲時日休刊

檀君開國四千二百四十二年
箕子元年三千三十一年
大韓開國五百十八年
日本明治四十二年
淸國宣統元年
陰曆己酉正月小廿一日壬寅

別報

◉建議書

本月九日에大韓協會長金嘉鎭시가總理大臣李完用시에게建議書를提呈ᄒᆞ얏ᄂᆞᆫᄃᆡ其全文이如左ᄒᆞ더라

伏以欽惟我 大皇帝陛下ㅣ克遵 祖宗之盛烈ᄒᆞ시며宲軫國步之艱虞ᄒᆞ사追玆朔風凍雪之際에不拘沍寒ᄒᆞ시고親勞 玉體ᄒᆞ사駛輪脩程에南巡西狩ᄒᆞ심은特以黎民之疑憂로 躬行ᄒᆞ사宣布德意ᄒᆞ시며面接臣庶ᄒᆞ사撫綏安集ᄒᆞ시니嶠南父老ᄂᆞᆫ懷扶杖聽 詔之喜ᄒᆞ고關西子弟ᄂᆞᆫ聳圖橋觀儀之想ᄒᆞ야萬方風動ᄒᆞ고群疑氷釋ᄒᆞ니猗歟盛哉라凡我全國元々이孰不感泣流涕ᄒᆞ야以攢頌 盛化之浹洽哉리오夫彼頑童冥叟도尙且欣々有喜ᄒᆞ야莫不有蹈舞振興之象커든而況乎身居上流ᄒᆞ고職忝大寮ᄒᆞ야壹靜壹動에爲斯士之標準ᄒᆞ며壹語壹默에爲吾邦之矜式者ᄒᆞ야ᄂᆞᆫ固當仰體我 陛下愍惻之至意ᄒᆞ며俯念我民國岌業之現狀ᄒᆞ야百倍勵精ᄒᆞ고十分竭力ᄒᆞ야俾我海蒼山赤으로乃知會朝廷之尊嚴而威服威惠之爾至然後에 聖德이將淪肌之化ᄒᆞ야入心이有歸上之效이온又況此時是何等時代며此是何等機會也오失此一着이면萬事瓦裂은亦應諸公之所悉知라如此艱棘之日에行此罕有之擧ᄒᆞ시니設有車丁馬夫之徒에酗酒犯分之事라도爲其瞻之地에固宜倍加董飭ᄒᆞ야靡或有瀆防之獘ᄂᆞᆫ稍具知覺者의悉所僉訂이어날寔圖國務大臣之居總方轄治之位者ㅣ反肆無嚴不敬之行動ᄒᆞ야宣播新聞ᄒᆞ며浪藉鄕耳ᄒᆞ야使全國人民으로指斥唾罵日所謂內部大臣宋秉畯은敢於 至尊咫尺之地에罔念臣分之攸在ᄒᆞ고胡叫亂양을傍若無人ᄒᆞ야至有拔佩刀擬刺人之擧ᄒᆞ니噫嘻라 玉車至密에固非危刃出鞘之地며陪從近臣이亦豈私忿格鬪之人哉아自聞此報로士庶男婦가莫不痛憤激昂ᄒᆞ야以謂從此而名分이掃地ᄒᆞ고君權이頓墜ᄒᆞ니現世之政府大官은類皆如是아ᄒᆞ야遂使我 皇上陛下衝寒遊勞之 盛德으로旣不能克奏對揚之效ᄒᆞ야返致此乖激不平之感일시本會ᄂᆞᆫ窃不勝慨然之至ᄒᆞ야始以謂苟無其實이면原擬洞曉辨晰之不暇러니愈久愈彰에實證이畢露ᄒᆞ야輿情이以之尤拂ᄒᆞ며物論이以之倍騰ᄒᆞ되仄聽數日에司法之官이噤無壹言ᄒᆞ고具位之臣이視若尋常ᄒᆞ니嗚乎라二拾九朝王府關和와五百年國家紀綱이胡至此壞蔑如乎아夫國務大臣은上以輔弼 聖明ᄒᆞ며下以導率人民ᄒᆞ야擔荷責任이何等重大이어놀身自干犯이如是罔極ᄒᆞ니推此以例컨ᄃᆡ其跋扈抗梁이將未知至於何樣叵測이어ᄂᆞᆯ凡爲我 陛下之臣子者ㅣ豈可歸之於瀰物細故而恬然默過也哉아窃惟閣下ᄂᆞᆫ身爲內閣之首揆ᄒᆞ야有統率百僚之責ᄒᆞ고處糾彈全部之堀ᄒᆞ니必無不聞不知之理어날尙此寥々ᄒᆞ야無如何之論處ᄒᆞ니抑閣下ᄂᆞᆫ認以爲常事而無足深責歟아抑諉之以非吾責任而不欲摘發歟아抑覩全國無君無臣之域而謂以人無敢言者歟아本會ᄂᆞᆫ於此에爲不勝髮豎膽玉之至ᄒᆞ야玆具公見ᄒᆞ야敢此명議ᄒᆞ노니切望閣下ᄂᆞᆫ剋日措處ᄒᆞ야以懲爲人臣不敬其君之罪ᄒᆞ야以鎭靖我輿情之鬱弗ᄒᆞ며以渙釋我上下之危疑ᄒᆞ며以尊嚴我皇室之威嚴ᄒᆞ면幸甚

▲▲隆熙二年九月壹日 官報

部令

學部令第拾六號 續

第三章 學科課程及授數時間

第九條 학科目及其程度와每週教數時數ᄂᆞᆫ左와如홈 학科課程에關ᄒᆞ야法令規定이有ᄒᆞᆫ學校卽普通學校에셔ᄂᆞᆫ普通학校令施行規則高等학校에셔ᄂᆞᆫ高等學校令施行規則의定ᄒᆞᆫ학科課程表에依홈이可홈 左의此등學校令에據치아니ᄒᆞᆫ私立學校의學科課程壹例를示홈

第拾條 授業은上午何時부터下午何時까지로홈但季節에依ᄒᆞ야變更ᄒᆞᄂᆞᆫ事도有홈

第四章 入학休학及退학

第十壹條 入학期ᄂᆞᆫ학年初로홈但時宜에依ᄒᆞ야臨時入학을許ᄒᆞᄂᆞᆫ事도有홈

第拾二條 入학을許홀者ᄂᆞᆫ左의各號에該當ᄒᆞᆫ者로홈

壹 身體健全

貳 品行方正

三 年齡幾歲以上

四 學力

第拾三條 入學志願者ᄂᆞᆫ保証人이聯署ᄒᆞᆫ入학請願書에履歷書를添附ᄒᆞ야학校長에게呈出홈이可홈 (未完)

外報

◉淸政府의更迭 東京電을據ᄒᆞᆫ즉淸國攝政王은徐總督에게留任ᄒᆞ기를勸告ᄒᆞᆯ터이오陳壁시ᄂᆞᆫ辭職ᄒᆞ얏ᄂᆞᆫᄃᆡ鹿傳霖氏가臨時署理되얏다더라

◉伊國下院解散 仝電을據ᄒᆞᆫ즉伊太利國下院은解散될터이라더라

◉德國地震 伯林電을據ᄒᆞᆫ즉德國北部슈ㅎ리地方에ᄂᆞᆫ强硬ᄒᆞᆫ地震이有ᄒᆞ얏다더라

◉公債案可決 倫敦電을據ᄒᆞᆫ즉佛國代議院에셔ᄂᆞᆫ雲南鐵道敷設에關ᄒᆞ야五千三百萬法의印度支那公債를發行ᄒᆞᆯ法案을可決ᄒᆞ얏다더라

◉覺書提出 伯林電을據ᄒᆞᆫ즉德國과法國兩政府ᄂᆞᆫ가ᄉᆞ부랑크事件의覺書를海牙仲裁裁判所에提出ᄒᆞ얏다더라

雜報

◉實業會卞明 日昨本報에慶北永同郡居孔永順이帝國實業會員이라稱托ᄒᆞ고商民處에二三圜式討索ᄒᆞᆫ다ᄒᆞᆫ事에對ᄒᆞ야孔永順은本非會員일ᄲᅮᆫ더러如此悖類ᄂᆞᆫ不可不懲治故로해當地警察署에交涉ᄒᆞ야期於懲治ᄒᆞᆯ것다고卞明ᄒᆞ더라

詞藻

◉捉狐膺

南山九尾狐、호웅。別造化부릴ㅅ재、홍 우리집보ᄅᆞ미、그여호잡노나、아。 어리화、됴타、흐웅。知我者됴쿠나、흥。

雜報

●東北御巡 大皇帝陛下께오셔二月中旬頃에江原咸鏡兩道에陸路로 行幸ᄒᆞ실터인ᄃᆡ曾禰副統監도 陪從ᄒᆞᆫ다더라

●東宮問安 內部大臣宋秉畯氏ᄂᆞᆫ韓國 皇太子殿下께新年問安ᄒᆞ기爲ᄒᆞ야渡日ᄒᆞᆫᄃᆡ命이有ᄒᆞᆷ으로昨日에伊藤統監과共히仁川에서軍艦을乘ᄒᆞ고日本에渡往ᄒᆞ얏다더라

●[illegible]陽惡聽 大皇帝陛下께오셔去番南 巡ᄒᆞ실時에大邱郡壽昌學校에서日旗를變叉치아니ᄒᆞ얏더니該道觀察朴重陽氏가大怒ᄒᆞ야曰此等學校ᄂᆞᆫ不可仍置라ᄒᆞ고廢止ᄒᆞᆯ意로學部大臣에게報告ᄒᆞ얏다더라

●爲國祈禱의落淚 大皇帝陛下께오셔西 巡ᄒᆞ실時에平壤郡耶蘇敎會各학校生徒와敎人壹同이 祗迎禮式을行ᄒᆞᆫ後敎堂에會集ᄒᆞ야爲國祈禱를行ᄒᆞᄂᆞᆫᄃᆡ무合激切ᄒᆞᆫ言辭가有ᄒᆞ엿던지滿場이飮泣ᄒᆞ얏더니其日에該郡警察署에서會長老를對ᄒᆞ야其飮泣ᄒᆞᆫ理由를質問ᄒᆞᆫᄃᆡ答云호ᄃᆡ敎中에서往々히國家를爲ᄒᆞ야祈禱ᄒᆞᄂᆞᆫᄃᆡ自然히感懷가發生ᄒᆞ야飮泣ᄒᆞᆷ이어니와人의哀心에서何由로感懷가發生ᄒᆞᆯ것ᄭᅡ지엇지質問ᄒᆞ나뇨ᄒᆞ고또曰其理由를奉聞ᄒᆞᆫ즉今次隆冬盛寒에我 皇上陛下께서冒寒 動駕ᄒᆞ심에對ᄒᆞ야도自然感悵ᄒᆞ고況今國家形便에對ᄒᆞ야도自然悲愴ᄒᆞᆫ니此國에臣民된者ㅣ良心所發로天然的淚水를下ᄒᆞᆷ을其誰禁之리오ᄒᆞᆫᄃᆡ問者ㅣ無聊退去ᄒᆞ얏다더라

●信徒呼冤 安邊釋王寺ᄂᆞᆫ列聖朝 御製碑閣을 奉安ᄒᆞ던處이라去庚子年分에 太皇帝陛下께서撰述碑文을 御製ᄒᆞ셧ᄂᆞᆫᄃᆡ丁未年에該道觀察의報告를因ᄒᆞ야宮內府及掌禮院에서沈祺澤氏를監董으로差定下送ᄒᆞ야諸般役費를該寺僧金石翁에게委托ᄒᆞᆫ後該監董은他處로往ᄒᆞᆫ지라其間所入役費가四千餘圜에達ᄒᆞᆫ故로寺沓文券을沒數典用이나該監董은永不現影이어날該金僧이宮內府及掌禮院에呼訴ᄒᆞ되何如ᄒᆞᆫ決末이無ᄒᆞᆷ으로該寺諸僧이不得已ᄒᆞ야寺沓五百餘斗落을斥賣消債ᄒᆞᆫ後數百僧徒가渙散之境에至ᄒᆞᆫ故로該寺僧金皓聽서가此緣由로宮內府及掌禮院에逐日呼訴ᄒᆞᆫ다더라

●餞別統監 總理大臣以下各部大臣及中樞院議장과히院顧問諸氏가伊藤統監을餞別ᄒᆞ기爲ᄒᆞ야昨日仁川港ᄭᆞ지前往ᄒᆞ얏다더라

●出於避身 內部大臣宋秉畯氏가魚潭氏와爭鬪ᄒᆞᆫ事에對ᄒᆞ야一社會에서大問題가起ᄒᆞᆯ새預慮ᄒᆞ고伊藤統監에게極力哀乞ᄒᆞ야 皇太子殿下께 問安使로被 命ᄒᆞ고避身渡日ᄒᆞ얏다더라

●扈從官署 宮內府大臣閔丙奭氏가渡日ᄒᆞᆫ다ᄂᆞᆫ說은已報어니와扈從大臣李完用氏가히府大臣署理로內定되얏다더라

●宮大渡日期 宮內大臣閔丙奭氏ᄂᆞᆫ日本에渡往ᄒᆞᆫ다ᄒᆞᆷ은已報어니와其出發期ᄂᆞᆫ아직確定치못ᄒᆞ얏스나本月十三四日頃에出發ᄒᆞᆫ다더라

●學大云遞 學部大臣李載崑氏ᄂᆞᆫ有何事件인지不久에遞任된다ᄂᆞᆫ說이有ᄒᆞ더라

●高氏署理 內部大臣宋秉畯氏가日本에前往ᄒᆞᆫ故로히大臣署理ᄂᆞᆫ法部大臣高永喜氏가被任ᄒᆞ얏다더라

●次官次發 度支部次官荒井賢太郞이가本月二拾日頃에歸國ᄒᆞᆫ다ᄂᆞᆫ說은已報ᄒᆞ얏거니와각部次官이次第歸國ᄒᆞᆯ次로繼續發程ᄒᆞᆫ다더라

●漁船社請願 李允用氏가社長된漁船會社와仁川居留ᄒᆞᄂᆞᆫ日本人들이合ᄒᆞ히西沿岸에航路를開始ᄒᆞᆯ計劃인ᄃᆡ農商工部에航路補助金을交付ᄒᆞ기를請願ᄒᆞ얏다더라

●其父其子 內大宋秉畯氏의子가陽智郡에保護兵丁幾名을置ᄒᆞ고鄕里居民의小不合意考ᄂᆞᆫ稱以義兵千連이라ᄒᆞ며率兵橫行ᄒᆞ야打傷人民ᄒᆞ고나擧日甚에民不料生이라ᄒᆞ고怨聲이藉々ᄒᆞ다ᄂᆞᆫ傳說이有ᄒᆞ더라

●郡主視務協議 地方各郡의合倂ᄒᆞᄂᆞᆫ郡에在ᄒᆞᆫ郡主事ᄂᆞᆫ各其히道에往ᄒᆞ야視務케ᄒᆞ고日前에內部官吏壹同이協議ᄒᆞ얏다더라

●財源調査擴張 壙務에關ᄒᆞ야事務를農商工部水產局으로부터度支部財源調查局에移屬ᄒᆞ고且官制를改正ᄒᆞᆯ터이요壙務課職員壹同은調查局에서勤務하ᄂᆞᆫᄃᆡ事務所가狹隘ᄒᆞ야廳舍를擴張修繕ᄒᆞᆯ터이라더라

●南邸盛宴 前判書南廷哲氏가今番耆老社에入參ᄒᆞᆫ後에히氏의令男남奎熙氏가再昨日下午拾時에自己私邸에盛宴을排設하고社會紳士及某某官吏를請邀宴待하얏다더라

●堤郡三魔 堤川郡居ᄒᆞᄂᆞᆫ柳某尹某申某等三人이日憲兵과巡查及補助員을誣囑ᄒᆞ야無罪良民을義兵千連이라ᄒᆞ고毆打無雙ᄒᆞ며家產什物을奪取ᄒᆞᄂᆞᆫ故로民怨이沸騰ᄒᆞᆫ다더라

●連山幸甚 連山郡守尹斗炳氏가聽訟如水ᄒᆞ고視民如子ᄒᆞ야壹境이賴安ᄒᆞ고郡會長都相八氏와協議ᄒᆞ야面會와里會를組織ᄒᆞ얏다더라

●警察注意 近日에楊州郡地方에義兵이時常往來ᄒᆞ며京城形便을秘密偵探ᄒᆞᆫ다ᄒᆞᄂᆞᆫ故로當地警察署에서百倍注意ᄒᆞᆫ다더라

●鐵山靜穩 西來人의傳說을聞ᄒᆞᆫ즉鐵山郡附近地方에ᄂᆞᆫ義兵이無ᄒᆞᆫ故로一境이晏然ᄒᆞ다더라

●日巡軍傷 三昨日阿峴附近에서便戰ᄒᆞᆷ을禁止ᄒᆞ다가日巡查壹名이重傷ᄒᆞ얏다더라

●麵社組織 帝國實業會副會장閔元植氏가日人服部健之助와合同ᄒᆞ야麵子會社를組織ᄒᆞᆫ다더라

●義將宣告 義兵將田海嵩氏가京城監獄署에多月滯囚하얏더니再昨日京城地方裁判所에서流五年에宣告ᄒᆞ얏다더라

●花局鴉烟 中部水標橋居留ᄒᆞᄂᆞᆫ淸國人向某와韓人이每日당至ᄒᆞ야鴉烟을爛吸ᄒᆞᆯ뿐더러花套局을設ᄒᆞ고賭錢하ᄂᆞᆫ者가四十名에達ᄒᆞ야傾家破產ᄒᆞᆫ境에至ᄒᆞᆫ者가居多ᄒᆞ되當該警察署에서ᄂᆞᆫ禁之不得이라더라

●作文指針 紳士崔在學氏가實地應用作文法이라ᄂᆞᆫ冊子를著述ᄒᆞ얏ᄂᆞᆫᄃᆡ其精密ᄒᆞᆫ法이足히初학者의指針이되리라더라

●李氏慈善 平山郡內寓居ᄒᆞᄂᆞᆫ李炳天氏가舊曆歲末에該郡內貧戶四百餘人에게각新貨壹圜式分給ᄒᆞ얏다더라

●日舖賊害 再昨夜에南部山林洞에서典當舖ᄒᆞᄂᆞᆫ日本人渡邊家에賊漢이突入ᄒᆞ야典執ᄒᆞᆫ物件中輕寶로四百圜價値를奪去ᄒᆞ얏다더라

●靑會演說 今日下午七時에鍾路靑年會館에서演說會를開ᄒᆞ고紳士兪承兼시를請邀ᄒᆞ야反省이라ᄂᆞᆫ問題로演說ᄒᆞᆫ다더라

學界

●普師辭免 忠淸北道淸州郡私立普成학校敎師曹秉默시ᄂᆞᆫ熱心敎授라가該校를蠶業학校로變更ᄒᆞᆫ即時가卽爲辭免ᄒᆞ얏다더라

●兩朴熱心 咸鏡北道富寧郡東面富洞居ᄒᆞᄂᆞᆫ朴東詳朴鐘赫兩시가素以好학端雅之人으로擧備巨欵ᄒᆞ야延師設校ᄒᆞ니名曰强立학校라ᄒᆞ고郡聰俊이聞風入학하야晝학生徒가六십餘名이오夜학生徒가七十餘名에達ᄒᆞ얏다더라

●文幕文成 原州郡文幕里居ᄒᆞᄂᆞᆫ崔君先柳承和韓鎭學諸시가文成학校를設立ᄒᆞ고學徒를募集하야四拾餘人에達ᄒᆞ얏ᄂᆞᆫᄃᆡ該郡守宅圭시가熱心贊成ᄒᆞ고永遠히維持方針을研究ᄒᆞ明ᄒᆞ면極力周旋ᄒᆞ겟다고讚揚演說ᄒᆞ얏다더라

●高山鳳陽 高山郡에ᄂᆞᆫ兒童敎育이漸々盛旺하야同地私立鳳陽학校에ᄂᆞᆫ학童이七拾餘名에達ᄒᆞ얏다더라

●協成任員改選 西北協成학校에서任員을改選ᄒᆞ얏ᄂᆞᆫᄃᆡ校長李鍾浩시辭免ᄒᆞᆫ代에姜윤熙시로校監崔在學시辭免ᄒᆞᆫ代에金泓序시로學監鄭景烈시辭免ᄒᆞᆫ代에辛錫忠시로選定ᄒᆞ얏다더라

●財主獎敎 平山郡財務主事崔鎭喆氏ᄂᆞᆫ元來敎育에熱心하ᄂᆞᆫ바今番 太皇帝陛下西 巡時에該郡五處學徒數百名이祗迎ᄒᆞᆯ時에壹般生徒의午餐을自擔優待ᄒᆞ고學生에게壹進勸勉ᄒᆞ얏다더라

●兩校合設 女子普학院에서女子普明학校를合設ᄒᆞ고李鈺卿任淸河劉洪子鄭貞堂李順永諸시가合資擔任ᄒᆞ야當日歡迎會를盛設ᄒᆞ얏ᄂᆞᆫᄃᆡ崔尙宮이激切히學生을勸勉ᄒᆞ야該院監督鄭貞堂시가筆冊四拾部鉛筆四打를施賞ᄒᆞ얏다더라

●吉校振興 吉州郡普成中학校와修進吉明隆成四校가合成ᄒᆞ야私立普成必東학校라命名ᄒᆞ고中學高等小學二科를配置ᄒᆞ얏ᄂᆞᆫᄃᆡ학徒ᄂᆞᆫ二百餘名에達ᄒᆞ얏스며又測量科를設ᄒᆞ고各科의敎師ᄂᆞᆫ高明ᄒᆞᆫ人을延聘中이오維持方針은該郡校土一結과負와該四校의固有ᄒᆞᆫ基金合四千餘圜을基本으로積立ᄒᆞ고自朝家로戶爲獨減ᄒᆞ야殖利ᄒᆞ며郡儒鄕及壹般任員이爛商協議ᄒᆞ야付屬히校ᄒᆞ며且其他長策을研究ᄒᆞᆷ으로其儒鄕과任員의熱心은實로敎育界의模範이되리라고稱頌이藉藉ᄒᆞ더라

●協東新校 慶北安東郡에서金秉植柳寅植金厚秉諸시가私立協東학校를設立ᄒᆞ고敎師李相稙시를延聘ᄒᆞ얏ᄂᆞᆫᄃᆡ敎授未幾에生徒가五拾餘名에達ᄒᆞ얏다더라

▲地方消息▼

▲本月五日淮陽郡附近에서義兵十餘名이金城郡日守備隊特務曹長及討伐隊와交戰ᄒᆞ얏다더라

▲酒後劍舞▼

立 公

▲三千大界를壹濁ᄒᆞ나壹身難容엇지ᄒᆞᆯ고九曲肝腸불이나고雙淚滂滂피가된다壹大白을마신後에斬魔劍을놉히들고宇宙間에빗겨서許多妖物ᄎᆞᄌᆞ보어容恕ᄒᆞᆯ길바이업다

▲第一妖物무엇인가左足에ᄂᆞᆫ印章이오右足에ᄂᆞᆫ地圖로다落山松林寂寞ᄒᆞᆫᄃᆡ삵낭삵낭ᄒᆞ기ᄂᆞᆫ老狐로다賊의죽어骸骨何處에셔엇어쓰고妖惡不測變化ᄒᆞᄂᆞ니壹次試驗ᄒᆞ여볼새

▲第二妖物무엇인가兩眼瞳子감작이고數尺長尾흔들면서古木蒼藤엔여ᄉᆞ들락날락ᄒᆞ대蟒ᄂᆞᆫ亡國元老죽은骸骨何處에셔엇어쓰고凶惡猜變化ᄒᆞᄂᆞ니壹次試驗ᄒᆞ여볼새

▲第三妖物무엇인가短耗雙翼펼쳐들고尖尖利嘴벌리면서孤島落日殘影下에到處殺人ᄒᆞᄂᆞᆫ鵄ᄂᆞᆫ通譯偵探죽은骸骨何處에셔엇어쓰고慘暴ᄒᆞᆫ變化ᄒᆞ니壹次試驗ᄒᆞ여볼새

▲第四妖物무엇인가昭昭日月쥐가되고沉沉漆夜에되면鳥鼠ᄒᆞ면쥐의貌樣鳥ᄒᆞ면鳥인蝙蝠은假志士의죽은骸骨何處에셔엇어쓰고反覆不測變化ᄒᆞ니壹次試驗ᄒᆞ여볼새

▲第五妖物무엇인가肥胖大腹즐즐ᄭᅳᆯ고土窟中에잡버져서猛虎當前不知ᄒᆞ고充腹爲念ᄒᆞᄂᆞᆫ黑猪ᄂᆞᆫ守錢虜의죽은骸骨何處에셔엇어쓰고鄙吝不測變化ᄒᆞ니壹次試驗ᄒᆞ여볼새

▲第六妖物무엇인가斑斑彩羽단장ᄒᆞ고아장아장軟步로서此雄彼雄찻대로諂首聽從ᄒᆞᄂᆞᆫ雌雞ᄂᆞᆫ淫蕩女子죽은骸骨何處에셔엇어쓰고行淫不測變化ᄒᆞ니壹次試驗ᄒᆞ여볼새

▲各種妖物만컨마ᄂᆞᆫ壹齊試驗ᄒᆞᆯ수업고數種妖物ᄲᅢ여ᄂᆡ여壹腕力에掃滅ᄒᆞ니이ᄂᆡ胸襟爽快ᄒᆞ고全國人이살게되니可憐ᄒᆞᆯᄉᆞ다妖物은改過遷善ᄒᆞᆯ량이면으ᄂᆡ劍을웃고던져

廣告

本人等이河楡隆昌講習所測量科에서受學이옵더니不意所長所監의하監이幻弄으로中途廢所이기往訪敎師ᄒ고成工ᄒ여주기를哀乞ᄒ則該敎師金澄植시가任員의幻弄으로中途廢止ᄒ는거슨憤難ᄒ니여여家舍借得ᄒ야名譽로熱心敎授ᄒ야卒業이在邇 영기茲에廣告홈

同明學校生徒八表閔丙喆 白

本人이去丁未分에扶安郡邑辛基두의紹介를聞ᄒ고吳澤餘의게請求ᄒ와古阜郡壽林北部兩面各人願當답壹千九百五拾六斗落을本郡에呈出證明書以給이러니價且不給ᄒ고혀稱明도不給拖至于今에同辛哥가留在京城云故本月五日에入城ᄒ와探其辛基두之去處則避匿不現이온즉此不過詐欺取財之類이라허證明은無效로認證ᄒ오니內外國人은切勿見欺홈

全羅北道扶安郡東道面新成里 孫吉瑞 告白

本人等이素以爲業木商으로挽近交像이昔時와不同ᄒ야營業이日見消殘之際에有志士禹東河金학善林瓚珠鄭智澤諸시가鳩合義額ᄒ야水商共業所를組織ᄒ고衆心ᄒ圖合에商業을堅實케ᄒ며本所內에夜學을設施ᄒ고熱心으로敎授ᄒ야愚昧ᄒ水商等의耳目을開新케ᄒ여쥬샴을不勝感祝ᄒ야玆以廣佈홈

仁川港水商 田成文 嚴昌順 尹時用 朴春日 金仁瑞 等 告白

本人이당새와落只돌龍川龍路동員에買置이오며田兩作合壹日二時畊庫를下古部東卜里에買置이옵더니昨年七月分에族戚前浮浪敗子之人에게爾讓文券을서失ᄒ온바ᄒ오니內外僉君子는或有至於發買之境이이며若有拾得이라도勿爲施行ᄒ옵시기를望홈

義州下古部東卜里 김華殷 告白

●木工課學員募集廣告

本學館工藝課를擴張ᄒ기爲ᄒ야木工班學員을爲先新募ᄒ오니有志人員은本月拾五日以來로速速請願ᄒ시옵

壹、修業年限은壹個年、
壹、入學許可를得ᄒ者는壹箇月간實地試驗을經ᄒ後正학員으로被選事
壹、月謝金은每月에會員은壹圜式이오會外人은壹圜五拾錢式先納事
壹、詳細事項은本學館학監室에來議ᄒ시옵(每日上午九時로下午壹時半以內)
壹、年齡拾六歲以上
壹、入學試驗은國漢文讀書作文
壹、試驗ᄒ字ᄂ本月拾五日下午二時

隆熙三年二月九日
皇城基督敎靑年會學館

本館에서 **石板印刷** 를京城太廣橋南川邊東隅第貳家에新設ᄒ얏ᄉ오니所用이有ᄒ옵신 쳠君子ᄂ來臨ᄒ옵시기를望홈

華文館石印所 告白

宮中顧問官리允用시大夫人豐川任시陰曆正月初七日巳時別世知舊자照諒홈

護喪 崔文吉 告白

忠南德山郡豊德學校에서隆熙貳年拾二月度에年終試驗을經ᄒ얏ᄂᄃ甲班優等生에李範喆朴義和二人이오級第生에徐丙徹登人이오乙班優等生에朴ᄇ孫登人이오級第生에趙忠臣兪鎭九二人이옵고
本校任員諸시가如左ᄒ니
校主李긔鎔 贊成長徐丙韶 贊成副長李喆羲 校長李能淳 校監李鍾洪 學監鄭寅奭 總務金顯相 敎師李鵬 李東禹

豐德學校 告白

最新 **初等小學** 文明國의小學讀本制度를模範ᄒ야精美ᄒ圖本을具ᄒ고八卷을四卷으로合製ᄒ 貳冊合製定價金九십錢

最新初等 **大韓地誌** 定價金四拾錢

最新高等 **大韓地誌** 定價金七拾錢
文明國地誌制度를模倣ᄒ야漢陽의山水며各疆圖와沿三道地區와各港口와開市場과名山大川과都會勝地의圖도를具홈

初등 **大韓歷史** 文明國의歷史制度를從ᄒ야我國의 聖帝明王의御眞과忠臣烈士의影幀를具홈 定價金七十錢

初등 **動物學** 每課有도 定價金四十전

初等 **植物學** 每課有도 定價金二十錢

國家思想學 精神敎育 定價金二十五錢

憲法要義 義務敎育 定價金二拾五錢

右敎科書ᄂ本書林에서發行ᄒ오며此外에各種書籍이具備ᄒ오니학界僉君子ᄂ陳速來購ᄒ심을敬望

京城南部銅峴大川街第三十五統五戶 **玉虎書林**

特別廣告

近頃에本社事務에對ᄒ야狹淺沒覺ᄒ者ㅣ陰沮를試ᄒ다ᄒ나何國何人이던지本社에長進ᄒ事務에對ᄒ야能히防遏치못할것은明瞭ᄒ이니此廣告를讀ᄒ시ᄂ 첨彦은幸須銘心ᄒ셔이오며玆에本社의進行ᄒ職責與事務를明白히說明ᄒ노라

本社ᄂ비록新成立ᄒ者이나本社를興旺케ᄒ方針에對ᄒ야必要ᄒ時에ᄂ能力과勇敢力이固有ᄒ오며現今에着手ᄒ事業은如左ᄒ

一 本社ᄂ韓國과美國間에直接輸入及輸出를伸張ᄒ을經圖ᄒ

韓國內某某種手造物品은美國의輸出ᄒ야奇利를得ᄒ者가多ᄒ나至今까지此等物品은美國의各處의紹介ᄒ기難ᄒ며現今에本社에서ᄂ此等困難이無ᄒ지라韓國은何故로美國과如此ᄒ商業上好關係를抛棄ᄒ리오

又壹試思ᄒ것은美國物品이韓國에到達ᄒ時에ᄂ通常으로四五手를經由ᄒ나니每經由處에該物品本價에서利益을添付ᄒ며稅金及運費도自然增加ᄒᄂ故로物價가甚高ᄒ오나本會社ᄂ美國內物品製造所에서最廉價로特約直輸入ᄒ야購買者에게直接放賣ᄒ며物價가低廉ᄒ터이오니推此思惟ᄒ오면韓國內에서美國物品의需用이直接間接으로利益의增加ᄒᄅ預期ᄒ

貳 本社에서韓美兩國間商業關係에만盡力ᄒ뿐不啻라韓國과亞細亞全部와歐羅巴及濠太利諸處에도商業上好機會를造成ᄒ計劃이오며且動實ᄒ代理人을韓國內各處에置ᄒ며新鮮ᄒ物品을直輸入ᄒ야各處代理人으로分掌出賣케ᄒ며又物貨를放賣ᄒ에對ᄒ야ᄂ時時로特別히廣告를揭布ᄒ터이오니海內僉彦은本社에事務進行을緣此承聞ᄒ오리다

三 本會社ᄂ不動產部를別設ᄒ고不動產에關ᄒ事項을管理ᄒ되土地家屋等賣買典當과借貸等事의仲介契約受托及방助ᄒᄂ等事를處理ᄒ야迅速히發展되기를期待ᄒ며此에關ᄒ詳細事項은未久에公布ᄒ깃습

四 何事를勿論ᄒ고法律의違反치아니ᄒ고本社의利益이有ᄒ으로認定ᄒᄂ營業은本社에서隨機進行ᄒ기를準備ᄒ터이오니此目的에對ᄒ야同情을表ᄒ시ᄂ 僉彦은盡心協助ᄒ심을切望홈

以上陳述ᄒ諸項에對ᄒ야 僉彦과通信을連絡ᄒ기를願ᄒ오니左開二項을注意ᄒ시옵

壹 何事를勿論ᄒ고本會社에委托ᄒᄂ時에ᄂ本社에서盡心竭力ᄒ야信實히處理ᄒ터이오며

二 本會社ᄂ何人이던지本會社의委托ᄒ事에對ᄒ야ᄂ其信用을確守ᄒ고尊敬ᄒ을保証ᄒᄂ故로何事를勿論ᄒ고信用의關ᄒ事件은特別히本社의委任ᄒ이加一層安全ᄒ을擔任ᄒ압나이다

大韓皇城磚洞
韓美興業株式會社 謹啓

廣告

本人등의先山이在於京畿廣州暖安面松亭里ᄒᆞ야數百年守護ᄒᆞ바所有者宗孫泳璘이가降眼二年二月分에松楸를漢江居李德植의게斫渡ᄒᆞᆷ은宗中에서認知ᄒᆞᆫ바어날悖宗人丙학이가下測惡習을包含ᄒᆞ고該山坂을渠之所有라妄稱ᄒᆞ고泳璘을冒認罪로京城地方裁判所檢事局에誣訴ᄒᆞᆫ바當局의서調査ᄒᆞᆫ結果에該山坂이泳璘의所有가確實ᄒᆞᆫ故로無罪白放됨은世所共知오宗中에서丙학의滅倫悖習을懲戒ᄒᆞ기爲ᄒᆞ야屢次宗會ᄒᆞ고招致ᄒᆞ되隱避不現ᄒᆞ고凶計를繼續ᄒᆞ야該山坂을日本人狩谷大三郎의게賣渡라假稱ᄒᆞ고諸人을符同ᄒᆞ야日人役夫를多率ᄒᆞ고前往該山坂ᄒᆞ야放砲威脅ᄒᆞ며買主李德植을逐出ᄒᆞ고松楸를擅自斫伐ᄒᆞ야賤彼丙學의行悖惡習은自宗中으로懲戒ᄒᆞ려니와內外國人은切勿見欺ᄒᆞᆷ을望ᄒᆞᆷ　閔시宗中

去丁未年九月分에□郡德林北部兩面所在本人의願買沓土壹千九百五拾六斗落을扶安郡東道面新成里居孫吉瑞가同郡鄕洞居辛基두의紹介를聞ᄒᆞ고孫吉瑞가本人家의深ᄒᆞ야該土地證明書를辛基두가自以呈出ᄒᆞ며放賣ᄒᆞ기로證明書를成貼ᄒᆞ야持去ᄒᆞᆫ後自昨年春으로宮土로써前者私賣ᄒᆞ던弊를禁戢ᄒᆞ라고京府訓令이來到ᄒᆞ엿슴ᄒᆞ게ᄒᆞ답土며宮土가渾入ᄒᆞᆫ所由로趙卽平基두의게言及ᄒᆞ고其證明書를還給ᄒᆞ라ᄒᆞᆫ즉此를彼탈라가掩至于今에辛基두가京城에在ᄒᆞ다ᄒᆞ기本人이本月三日에入城ᄒᆞ와四方探問에踪跡을隱匿不現ᄒᆞ오니此辛基두行爲가詐欺騙財의類에無過ᄒᆞᆫ바더러히답ᄒᆞᆫ證明書ᄂᆞᆫ休紙와同ᄒᆞᆫ文具라玆에廣告ᄒᆞ오니內外國各員은切勿見欺ᄒᆞᆷ

全羅北道古阜郡德林面九野里
金鍾暘　吳鐸餘　啓白

本社에서**活版機械**를壹新整備ᄒᆞ고各種**印刷**를廉價需應ᄒᆞ오니僉位ᄂᆞᆫ惠顧ᄒᆞ시옵

社會公益上印刷ᄂᆞᆫ貳割特減ᄒᆞᆷ

本社에셔直接大發賣書目

中等用器畫法全　定價金七拾錢　翫雲　吳榮根君　著

本書ᄂᆞᆫ測量。建築。搆造。機械見本。壹切實地應用製圖法

新撰外國地誌上下　定價金六拾錢

本書ᄂᆞᆫ各學校敎科에適當ᄒᆞᆫ世界各國의情形을詳載ᄒᆞᆷ

二十世紀朝鮮論　定價金三拾五錢

最新算術上下　定價金壹圓

官立高等學校敎授金夏鼎君著本書ᄂᆞᆫ著者君이實地敎授에多年經驗으로算學의領을盡撮ᄒᆞᆫ者니各學校敎科와及獨習에適當ᄒᆞᆷ

算術自解　定價金五十錢

壹個月內速成ᄒᆞᆫ卒業本書ᄂᆞᆫ初學數學으로求積法外지簡易詳明케編纂ᄒᆞᆫ者ᄂᆞᆫ各速成科敎科와及自家獨習에甚便ᄒᆞᆷ

鐘路西門七隅十二統二戶　興文社

廉價放賣
測量器械各種
製圖器械各種
製圖用紙各種
釜山港本町三丁目
近藤支店

大韓全國에總發行所ᄂᆞᆫ京城南大門內濟生堂大藥房

清心保命丹　此丹은化痰止咳ᄒᆞ고順氣消滯ᄒᆞ며水土不服에奇效가有ᄒᆞᆷ　金十錢

蔘茸大補元　壹週日分金壹圓　四週分金二圓十錢　二週壹환八十錢　十週五圓三拾錢

右약은大韓名産鹿茸人蔘에西洋有名ᄒᆞᆫ補材를混和ᄒᆞ야我國兒弟의腸胃와性質에適當ᄒᆞ도록多年硏究ᄒᆞᆫ바今에先服人의累試累驗이隨症皆差ᄒᆞ니果然今世之良藥이라故로主治效能을左開廣佈ᄒᆞ오니僉兄弟ᄂᆞᆫ何不早圖壹試오(效能)先天不足과健妄不眠ᄒᆞ며心腎俱虛와房事色傷이며遺精多夢과色傷腰痛이며房事時에早漏不快ᄒᆞ며重病後虛弱과手足厥冷이며飮食不消와貧血諸症에奇效가有ᄒᆞ고無病人이若服七週면大補元氣ᄒᆞ고骨節이强壯ᄒᆞ며健康無病ᄒᆞ나니此可謂奧世醫藥哉若不其效면약價還呈ᄒᆞᆷ

蛔積殺虫散　此散은蛔積과蛔腹痛과□滯와蛔虫을殺去ᄒᆞᄂᆞᆫ妙藥勿論男婦老幼ᄒᆞ고寸虫壹切을拔根之妙劑　金십錢

寸虫沒出藥　壹人□二拾전

久滯大通丸　年久ᄒᆞᆫ積滯와胸腹痛과腹中積病을驅除ᄒᆞᄂᆞᆫ良劑　金□錢

感氣特效解熱散　感氣드러頭痛나고寒熱往來ᄒᆞᆯ때肢節痛과몸살에升解效　금拾전

치운接根藥　되눈과못과사마귀에바르면百發百中으로빠지고　金십錢

新製百應膏　虫蝕과瘡종과근박인데종氣始初와터뭇슨데神效　金拾전

去液生新沃度膏　劍傷과모든종氣와火傷과곱재인데와삭시고압픈데神效　金拾錢

止足汗臭藥　발에땀나고보션속신으면惡臭와汗이젓처고너울서가업소　金十錢

其他藥種은壹覽難盡이나와大韓國內藥商ᄒᆞ시ᄂᆞᆫ僉兄의게ᄂᆞᆫ藥價ᄂᆞᆫ大割引大放賣ᄒᆞ오니陸續注文ᄒᆞ시오

京城南大門內　仁川港츄峴
濟生堂主　李庚鳳

壯陽復元丹

一週分壹圓　二週分一圓八十錢　四週分三圓四拾錢　八週分六圓四拾錢

此약은專치腦痛肺弱○房事色傷○心腎虛弱○陽萎不起○遺精多夢○神經衰弱○房事時早漏不快○病後虛弱○健忘不眠貧血諸症○先天不足○飮食不下○眩暈頭痛○等症ᄒᆞ나니試將此丸을照法服之면不過幾点종에立見妙效ᄒᆞ야魂飛肉躍에精神徵奮ᄒᆞ고頓覺舒快ᄒᆞ나니其症이輕者ᄂᆞᆫ服壹二週면挽回元陽ᄒᆞ고其症이稍重者ᄂᆞᆫ可服三四週ᄒᆞ고遠年痼疾도其症이顚重者ᄂᆞᆫ連服七八週면必能全치無疑니若夫無病之人도試用此劑則補血而益氣ᄒᆞ고强筋而壯骨ᄒᆞ나니將之八週而未見其效則請將價額을如數還呈이오不敢虛誕自欺라此丸이가無論男婦老幼ᄒᆞ고均用有效ᄒᆞ나니眞世間無比之妙劑也라僉位ᄂᆞᆫ何不早도壹試오

共愛堂藥房　발行所　皇城종路大廣橋十九統七戶
特約代理店　京城水標橋　濟生堂藥房

滋陽丸　不外敎
補陰補陽　三拾日分　금五圓
貳拾日分　금三圓四拾전
拾日分　금壹圓八拾전

主治
○房事不容○腎虛腰痛
○病後氣喘○腎氣不足
○陽痿不起○遺精多夢
○陰虛火動○房事後惱困
○手足厥冷○形容蒼白
○吸烟斷烟客間
○體質虛弱消瘦

此外의도東西洋各國靈藥이俱備ᄒᆞ오니各地方의셔도隨用請求ᄒᆞ시면郵便으로보낼터이요各處藥業ᄒᆞ시ᄂᆞᆫ僉位에게ᄂᆞᆫ特別割引放賣ᄒᆞ오니陸續注文ᄒᆞ심을務望

製藥所　仁川港츄峴　和平堂藥房
發行人　□□□
京城鐘路　衣□　和平堂支店
代理店　京城南門□□□□□

新訂分道 大韓帝國地圖

銅版印刷　구로수洋製　全一帖　定價□拾錢

△□堂玄　采지序

○我韓地圖之精密者首推古山□□□欽太종離於攜帶□□□者少不能人人皆有豈非大恨□□□本□煩□簡□□小帖以公同好我內地地味膏沃物産豐富□□之□□拓而發□則我國之富强可計□□□分十三道曰□川□郡郡□至物產名目詳細記載□□瞭然□我同胞□置□本以作興事業之壹助是所厚望

發兌元
皇城中部□□　中央書舘
皇城남□□□　□□□
皇城北部□洞　玄公廉
皇城中部□□　□東書市

大韓帝國內仁川츄峴　全國內各藥舖

總發行所　和平堂大藥房

婦人靈藥
부인양료경환
더팀　胎養調經丸
약　壹劑一月分　금五圓

主治說明

婦人이孕胎ᄒᆞ지못ᄒᆞᆷ은冷病積聚와月經不調로因ᄒᆞᆷ이니此藥을服用ᄒᆞ시면婦人腹中에有ᄒᆞᆫ諸病은壹切退去ᄒᆞ고自然孕胎

發行兼編輯人英國人　萬咸
發行所
南部石井洞號外地三層洋屋家
大韓每日申報社

光武九年八月十一日第三種郵便物認可 隆熙三年二月十二日 金曜日 西曆一千九百九年二月十二日

大韓每日申報

第七卷 第一千廿一號

月曜及祝日休刊

檀君開國四千二百四十二年
箕子元年三千三十一年
大韓開國五百十八年
日本明治四十二年
隆熙三年
陰曆己酉正月小廿二日癸卯

論說

大成學校廢止

[illegible]點으로設立된大[illegible]點으로設立된大成學校[illegible]大韶[illegible]에[illegible]旗並叉[illegible]綠由로써[illegible]邊人이[illegible]研究計劃[illegible]竊々ᄒ더라

此壹念관無ᄒ던校舍가安做ᄒ며학員이來ᄒ며其中에서ᄂ百年歷史地誌物理化학等教科로朝에授ᄒ며暮에諷ᄒ던[illegible]此ᄂ已廢ᄒ학校며[illegible]ᄒ던昨日에發起ᄒ던[illegible]校가今에顚仆ᄒ며今[illegible]學[illegible]가明朝에解撤될지나도此ᄂ振興ᄒ던學校니라

即今大成학校廢止問題ᄂ何에서起ᄒ얏나뇨旗並차[illegible]反對ᄒᆷ으로起ᄒ얏나니旗並차ᄂ何故로反對ᄒ얏나뇨歷尊不敬의嫌을避ᄒᆷ이니라

彼伊藤氏ㅣ官位가雖高ᄒ나日本의統監이며 韓皇帝의陪從臣이라

陪從臣을爲ᄒ야旗를又차ᄒ면歷尊의嫌이有라ᄒ야施行지아니ᄒᆷ이니

萬壹此嫌을知ᄒ면서當時官令에慴ᄒ야此를服從ᄒ면是ᄂ自國主權의尊嚴을輕視ᄒᆷ이며自國民族의舞性을剝奪ᄒᆷ이니設或大成學校에서此日旗幷차令을從ᄒ야某國의賞을蒙ᄒ며幾百年의維持를得ᄒ면形式上大成학校ᄂ壽命이長久ᄒ다ᄒ지나精神上大成學校ᄂ廢滅ᄒ지已久라ᄒ지니精神廢滅ᄒ학校로엇지民知를발達ᄒ며國魂을培養ᄒ리오且或發達培養된다ᄒ지라도其發達되ᄂ者ㅣ民知가아니라魔心이며國魂이아니라奴性이니라

此說이傳ᄒ며嘗殺志士가其胃를撫ᄒ고數行의眼淚를下ᄒ야曰從此로西道의教育이已矣라ᄒ며國民의精神教育이已矣라ᄒ고或者ᄂ懸憤諮嗟의極에反히학校人士를責ᄒ야曰小不忍ᄒ면大謀를亂ᄒ나니當初히校의발起ᄒ目的이民知를발達코자ᄒᆷ이며國魂을培養코자ᄒᆷ이오決코此等事件에一番官令을反對하고中止ᄒ意思로設立ᄒ者ㅣ아니리니然則千不當萬不當ᄒ官令이라도此를勉聽ᄒ며此를順應ᄒ고教育目的이나貫徹ᄒᆷ이可ᄒ더니今에旗並叉一件을反對ᄒ고遽然히解散令을遭ᄒᆷ이何益고ᄒ거날

記者曰嗟爾信男善女아大成學校가此事를因ᄒ야廢止될지라도此를廢止로觀치말지어다大抵教育의精神을觀ᄒ나니精神은何오愛國自尊의一念이是라[illegible]

[illegible]나試思ᄒ라今日에壹分奴顏을장ᄒ며明日에又壹分奴顏을장ᄒ며又明日에又壹分奴顏을장ᄒ야奴顏이既慣에奴性이滋ᄒ야[illegible]駸々然不知不覺에我[illegible]相率ᄒ야奴境에陷ᄒ而已니何[illegible]國魂[illegible]ᄒ리오況[illegible]是西道教育[illegible]點[illegible]擧[illegible]動ᄒ四方[illegible]模範[illegible]니엇지[illegible]荀且[illegible]ᄒ리오

[illegible]威令이能히學徒[illegible]志를奪[illegible]廢止ᄒ지언[illegible]학校의魂은移치못ᄒ나니[illegible]但只四千載의祖先王의威[illegible]依[illegible]天[illegible]獨[illegible]義[illegible]威力에屈[illegible]ᄒ[illegible]作[illegible]지라[illegible]此[illegible]笑[illegible]樂觀으로[illegible]觀ᄒ라日此ᄂ[illegible]是以形式上大成學校ᄂ廢止ᄒ야도精神上大成學校ᄂ鞏固ᄒᆷ이며壹箇大成學校ᄂ廢止되야도千箇大成학校를産出ᄒᆷ이니該校廢止의說을又奚驚이리오

兇筆로遠히贅語를寄ᄒ노니該校廢止說이果然不虛커던該校學徒ᄂ解散式을行ᄒᆷ에此를卒業優等賞으로認ᄒ야遠近人士ᄂ此를教育界新曙光으로觀ᄒ지어다

外報

●清國의大騷亂 香港電을據ᄒ則厦門에서[illegible]日同地西班牙人[illegible]이淸國大喪[illegible]에不拘ᄒ고劇場에서觀劇會를設ᄒᆷ으로清國警察官이此를禁止ᄒ되外國人들이不應ᄒ고該警察官에게[illegible]抵抗ᄒ故로該地清國官民이非常히憤激ᄒ야大騷亂을起ᄒ얏다더라

●露偵探出發 倫敦電에日露都[illegible]設을[illegible]失踪ᄒ[illegible]偵探[illegible]아제[illegible]시ᄂ數月前에日本으로向ᄒ야出發ᄒ얏다더라

●排日案再議 紐育電을據ᄒ즉加州知事ᄂ同州議會에特別教書를付送ᄒ고日本學童排斥法案에就ᄒ야再考ᄒ기를希望ᄒ얏ᄂ되上下兩院에서該法案을再議에付ᄒ게ᄒ얏다더라

●露使辭職 伯林電을據ᄒ則巴里駐劄露國大使[illegible]同人使館附武官[illegible]ᄂ대其事件에對ᄒ야[illegible]시ᄂ辭職ᄒ얏다더라

雜報

●正誤 昨日本報[illegible]이란題下에[illegible]川字의誤植이기正誤ᄒᆷ

官報

▲▲隆熙二年九月壹日 官報

學部令

學部令第拾六號 續

第十[illegible]條 保證人은학徒의[illegible]親屬이나或은此에代ᄒ야監督의責에任ᄒᆯ만ᄒ者로ᄒᆷ

第十五條 退학코자하ᄂ時ᄂ其理由를詳具하야保證人이聯署ᄒ後에학校長에게報告ᄒᆷ이可ᄒᆷ (未完)

詞藻

●雙成調

[illegible]박망치소리가、호웅、[illegible]지[illegible]며니、홍。[illegible]중치ᄂ소리가、또[illegible]아。[illegible]익구、지구、호웅、[illegible]나、홍。

雜報

●爲先非爲譜 近日政界上消息을得聞ᄒᆞᆫ즉伊藤統監은現內閣大臣을極力扶護ᄒᆞ고現內閣大臣은伊藤統監을衷心願留ᄒᆞ야各其地位를互相鞏固ᄒᆞ야永久勿退ᄒᆞ기로運動ᄒᆞᄂᆞᆫ中이라더라

●宣校抗論 大駕西巡時에宣川普新학校任員이壹般학生을帶同ᄒᆞ고附近停車場에出往ᄒᆞ야 祗迎禮式을擧行ᄒᆞ랴ᄒᆞᆯ際에日巡査가該任員을對ᄒᆞ야日萬歲를呼ᄒᆞᆯ時에擧手ᄒᆞ지말고正立ᄒᆞ야萬歲만呼ᄒᆞ라ᄒᆞ거ᄂᆞᆯ該학監桂沂常氏가答云呼萬歲擧手ᄂᆞᆫ世界通行의禮節不是라我大皇帝陛下께옵서此地方에動駕ᄒᆞ심은初有ᄒᆞᆫ事이나京城地方에動 駕ᄒᆞ심은種々有之인데呼萬歲擧手ᄂᆞᆫ既爲前例라今番此地方 祗迎에擧手를不得ᄒᆞᆷ은是何故인지理由를說明ᄒᆞ라ᄒᆞᆫ즉該巡査가理由ᄂᆞᆫ不可言이라答ᄒᆞ니桂氏가終不順從ᄒᆞ고壹般學生으로擧手呼萬歲ᄒᆞ고歸校ᄒᆞ얏더니翌日에定州警察署장이金引桂氏ᄒᆞ야責曰爲人民ᄒᆞ야官吏命令을不遵ᄒᆞ니甚是痛惡이라ᄒᆞ며桂氏가前後來歷을詳細說明則署장이答曰人民의質問은不受ᄒᆞᆫ다ᄒᆞ고仍爲放送ᄒᆞ얏다더라

●四郡合幷 今番全羅北道龍安郡은咸悅郡으로合幷ᄒᆞ고珍山郡은錦山郡으로合幷ᄒᆞᆫ다더라

●奉常呼寃 東大門外所在前奉常寺所管菁根田畓을度支部經理局으로附屬ᄒᆞᆫ後에昨年春享大祭와秋享大祭에入用ᄒᆞᆯ菁根價額도尙未支撥ᄒᆞᆫ故로前奉常寺庫直等이掌禮院에呼寃ᄒᆞ얏다더라

●檢察警視 觀察使가郡守可堪人을內部에薦報ᄒᆞ면該部에서ᄂᆞᆫ道警察署에公函ᄒᆞ야該觀察使薦報ᄒᆞᆫ郡守의資格合不合과成行賂與否를這々調査ᄒᆞ야內部로更報ᄒᆞᄂᆞᆫ故로郡守薦報ᄒᆞᄂᆞᆫ權限이警視의게在ᄒᆞ다더라

●警署日旗 昨日은日本紀元節이라ᄂᆞᆫ데西部警察署에서ᄂᆞᆫ韓日兩國國旗를該署大門에交揭ᄒᆞ얏다고壹般人民의批評이多端ᄒᆞ더라

●樂民痛哭 全南來人의傳說을聞ᄒᆞᆫ즉樂安郡이南沿要衝에屬ᄒᆞ야順天寶城興陽各郡과脣齒輔車의勢가相須ᄒᆞ야不可偏廢어ᄂᆞᆯ州郡合倂에對ᄒᆞ야該郡은順天寶城兩郡에分屬ᄒᆞ면人民이會集痛哭ᄒᆞ고將次內部에請願ᄒᆞ야期於復舊ᄒᆞ기로決心ᄒᆞ엿다더라

●韓土日賣 釜山港居留ᄒᆞᄂᆞᆫ日人木村이와馬山浦金융會社取締役滿武와梁山龜浦合名會社員등이金海附近膏腴肥沃之地를擔保로ᄒᆞ고韓人의게貸與ᄒᆞᆫ金額이八萬圓에達ᄒᆞ얏ᄂᆞᆫ데債務를履行치아니ᄒᆞᆫ다ᄒᆞ야右等이韓人의擔保ᄒᆞᆫ土地의所有權을移轉ᄒᆞ여달나고釜山理事廳에請願ᄒᆞᆫ지라去月中旬에同廳에서該地方에出張ᄒᆞ야取調ᄒᆞ얏스나事實이違反ᄒᆞᆷ으로尙未落着ᄒᆞ얏다더라

●子繼父志 安州郡居前中和郡守金某가閔亨植氏의게錢財를還推ᄒᆞᆯ次로起訴ᄒᆞᆫ지가于今二年인데該訟案이妥決이못되고金氏가身死ᄒᆞᆫ故로該氏子某가更爲起訴ᄒᆞᆫ다더라

●日人貿米 昆陽郡西方約十五里海岸辰橋村에ᄂᆞᆫ日人二십名이居住ᄒᆞ며恒常米穀을貿得ᄒᆞ야釜山方面으로輸出ᄒᆞᄂᆞᆫ것이每次에五百石에不下ᄒᆞᆫ다더라

●採鉛休業 咸昌郡內에ᄂᆞᆫ日人이來ᄒᆞ야數處의鉛礦을採掘ᄒᆞᄂᆞᆫ데日下에洛東江이結氷됨으로或先休業ᄒᆞ얏고其他도不遠間休業ᄒᆞ리라더라

●屯民呼訴 南部屯之味居民百餘戶가年前軍用鐵道에犯入毁撤ᄒᆞᆫ後漢城府에呼訴ᄒᆞ야該部所管某地를承認ᄒᆞ야家屋을新建築ᄒᆞ고僅々資生ᄒᆞ더니不意自漢城府로학部訓令을因ᄒᆞ야該家屋基址貰를督納ᄒᆞᄂᆞᆫ故로該民等百餘名이昨日학部에呼訴ᄒᆞ얏다더라

●松郡惡魔 西來人의傳說을聞ᄒᆞᆫ則黃海道松禾郡警署內林致根이가素니巡査로權勢를藉ᄒᆞ고勒奪民財ᄒᆞ며該郡居鄭興立氏의妻를奪取作妾ᄒᆞ고且該郡吳召史를年前에有何潛行이라ᄒᆞ고捉致毆打ᄒᆞ야威力强奸則牟百殘家가寃氣ᄒᆞᆷ으로憲兵所及警署에呼訴ᄒᆞ야林某의罪惡을調査論警ᄒᆞ얏다더라

●把校吊禮 把城學校長李鍾泰氏가卒逝ᄒᆞᆫ事ᄂᆞᆫ本報에已揭어니와該校에서校監學監及학徒의父兄諸氏가學徒二拾人을領率ᄒᆞ고城郡李氏家의喪性ᄒᆞ야吊禮式을先行ᄒᆞᆫ後發靷時에假花를團挿ᄒᆞ고擔轝ᄒᆞ얏다더라

●宜許同學 湖南학會내셔全州郡婦人학會請願ᄒᆞᆫ事에對ᄒᆞ야男女가有別ᄒᆞᆫ즉該會에셔支會認許與否를不知ᄒᆞ야議論이不壹ᄒᆞ다더라

●放溺受困 日前龍洞等地에서何許衣冠人이放溺ᄒᆞ다가日巡査의게被捉ᄒᆞ야兩頰을毆打에綴纓이斷絶ᄒᆞ얏고該放溺을以口撤吸케ᄒᆞ며無數ᄒᆞᆫ困辱을受ᄒᆞᄂᆞᆫ데傍觀者가莫不憤嘆ᄒᆞ얏다더라

●是何雜類 南部水橋居金建柱氏家를何許人悖類가僞券을暗與코져ᄒᆞ다가情跡이綻露되야僞券者를方在搜索中이라더라

●志士活計 咸興郡有志紳士朴鳳豐韓相威諸氏가該郡民團과協議ᄒᆞ고自該郡으로青年俊秀者數拾名을擇選ᄒᆞ야日本에留學케ᄒᆞ기로決定ᄒᆞ얏다더라

●義兵勝戰 黃海道義兵將某氏가義兵百餘名을率ᄒᆞ고新溪草灘里에셔午飯을對ᄒᆞᆫ時에日兵偵探者二名을捕捉ᄒᆞ야日兵의襲來ᄒᆞᆷ을覺得ᄒᆞ고要害處에埋伏ᄒᆞ얏다가猛烈히襲擊ᄒᆞ야日兵四十餘名이全敗ᄒᆞ고數多彈丸과新式銃二拾餘柄과日兵屍體二拾餘箇를收得ᄒᆞ얏다고西來人의傳說이有ᄒᆞ더라

●日落廣井 再昨日上午頃에日人壹名이有何事件이던지南部倉동廣井에溺死ᄒᆞ얏다더라

●得不補失 淸州太田芝村居權性瑞爲名人이昨年十月分에免鰥ᄒᆞ얏ᄂᆞᆫ데該女의爲人이稍佳ᄒᆞᆫ지라權哥가不過三四朔에該동居李某에게三圜五十錢에結價賣渡ᄒᆞ야五十錢은媒者를分給ᄒᆞ엿더니該동居無賴輩가此를聞ᄒᆞ고權哥를招來ᄒᆞ야酒食을討索ᄒᆞ얏ᄂᆞᆫ데還간所費가三圜二十錢에達ᄒᆞ엿다더라

●協會演說 大韓協會에셔本月拾三日上午십壹時에鍾路靑年會館으로定期總會를開ᄒᆞ고事務를處理ᄒᆞᆫ後下午壹時에演說會를開ᄒᆞᄂᆞᆫ데傍聽을許ᄒᆞᆫ다더라

學界

●普明大明 咸興郡州南面桑洞에셔老少人民이教育에熱心으로里財를收合ᄒᆞ고義金을各捐ᄒᆞ야普明學校를設立ᄒᆞ엿ᄂᆞᆫ데학徒가八십餘名에達ᄒᆞᆫ지라校長韓命麟시ᄂᆞᆫ年今七拾에熱心贊成ᄒᆞ야壹般학徒의게每月四回式優數施賞ᄒᆞ되激切ᄒᆞᆫ言辭로每々勸勉ᄒᆞᆫ다더라

●建德坊園 東部建德坊栗洞故韓國李淳翼氏의令胤禧李시가該坊民團을組織ᄒᆞ고自已家內에학校를設立ᄒᆞᆯ次로熱心周旋ᄒᆞᆫ다더라

●劉氏義務 東部蓮池洞東興簿記講習所에셔教師劉鐸氏가學員을募集ᄒᆞ야義務的으로熱心教授ᄒᆞᆫ다더라

●暮年壯志 晉州郡居ᄒᆞᄂᆞᆫ前承旨姜元氏가年今七拾인데晉興測量學校를設施ᄒᆞ고青年을募集ᄒᆞ야熱心으로教育ᄒᆞᆫ다더라

●訓導熱心 金化郡公立학校訓導康文爾氏가教育의注意ᄒᆞ야學徒가五拾餘名에達ᄒᆞ얏다더라

●安郡將進 安峽郡苧洞居ᄒᆞᄂᆞᆫ崔公有氏가耶蘇教를篤信ᄒᆞ며時務에注意ᄒᆞ야財政을不惜ᄒᆞ고학校를設立ᄒᆞ야多數ᄒᆞᆫ학生을教育ᄒᆞ미該郡이從此將進ᄒᆞ리라더라

●雲鶴興旺 始興郡西面雲鶴義塾은該面壹般人民의創立으로鄭鉉任을擇定ᄒᆞ고학徒三拾餘名을募集敎授ᄒᆞ얏ᄂᆞᆫ데財政이極艱ᄒᆞ더니塾監崔浩善塾監崔燮鎬總務崔八鎬諸氏가熱心贊務ᄒᆞᆯ뿐더러許多財政을自擔出捐ᄒᆞ며敎師閔勳氏ᄂᆞᆫ名譽로熱心敎授ᄒᆞ야進就之望이稍有ᄒᆞ다더라

●鐵土可測 鐵原郡關東學會支會에셔測量學校를設立ᄒᆞ고多數ᄒᆞᆫ학生을養成ᄒᆞ며學務所를設置ᄒᆞ고土地를測量ᄒᆞᆫ다더라

●固城大成 慶尙南道固城郡有志紳士李鍾律許慶필李敬奎崔彤碩李相旭李秉秀許慶驥李秉祥崔東淳崔學淳高奎鎬李鎬台李康奎朴孝洙諸氏가教育의時急ᄒᆞᆷ을感覺ᄒᆞ고巨額의基金을鳩聚ᄒᆞ야大成학校를設立ᄒᆞ얏ᄂᆞᆫ데前進之望이大有ᄒᆞ다더라

●古郡新校 全羅南道康津郡古郡面有志紳士들이青年子弟의教育이未昧ᄒᆞᆷ을憂慮ᄒᆞ야熱心捐助로金二千餘圜을鳩集ᄒᆞ야校舍를該面三仁里에新建築ᄒᆞ고現今高明ᄒᆞᆫ教師를雇聘中이라더라

●興原興明 原州興原倉紳士韓友源丁村燮朴基龍丁奎興洪義燮醫東全有根金義卿李去鄕諸氏가興明학校를設立ᄒᆞ고熱心敎育ᄒᆞᄂᆞᆫ데학徒가三十餘人에達ᄒᆞ얏다더라

▲地方津息

▲全羅北道와慶南接境山淸安義居昌附近으로紛出ᄒᆞᄂᆞᆫ義兵이二三拾名式時々徘徊ᄒᆞᄂᆞᆫ대日憲兵과數回衝突ᄒᆞᆫ이有ᄒᆞ얏다ᄒᆞ고

▲知禮開寧附近은義兵의徘徊가最多ᄒᆞ야其集團이二三拾名式時々로出沒ᄒᆞᆫ다더라

▲春不春▼

▲隆冬嚴寒깁흔때에幾死僅生더니今年春和日暖도라오면蘇醒ᄒᆞᆯ줄알엇더니草木群生萬物은皆得自樂ᄒᆞ련마ᄂᆞᆫ慘毒ᄒᆞᆫ ᄉᆞ남기바람吹不滅웬일인가至仁ᄒᆞ신陽春德澤이及萬民어렵노다

▲大臣이라ᄒᆞᄂᆞᆫ것은그地位가關重이라體統부터正當인데妓夫餘習그저잇셔少不如意ᄒᆞ량ᄒᆞ여헛흔盟誓麁ᄒᆞᆫ좀억尊嚴咫尺씨여드니狗尾三年이아닌가學잘ᄒᆞ고쌈잘ᄒᆞ기宋秉畯이날지로다

▲蚯蚓ᄀᆞᆺ흔微物로도밟ᄉᆞ며ᄂᆞᆫ搖動인데四肢百骸뵈般이오地位亦是同列이라제가흔져賣國ᄒᆞ나엇풋ᄒᆞ며逆賊이라毆打叱辱當ᄒᆞ고도甘受甘受말못ᄒᆞ니미잘맛고諂잘ᄒᆞ기趙重應이날지로다

▲有酒如池肉似山에十年風霜격고ᄂᆞᆫ도그餘習이남엇ᄂᆞᆫ가楊雄傳을熟讀인지勢利뭇만보게되면義理所在不知ᄒᆞ고牛首馬勃荒雜說로되ᄂᆞᆫ말고唱和ᄒᆞ니分數업고누리기ᄂᆞᆫ呂圭亨이날지로다

▲衆我之口막어너기甚於防川이라ᄂᆞᆫ데우삼能刀가젓길너報館鉗端막으라고左右請囑奔走ᄒᆞ가新聞보ᄂᆞᆫ代金으로登身稱讚ᄒᆞ다ᄒᆞ니新聞紙ᄂᆞᆫ어ᄃᆡ낫나齋齋ᄒᆞ고請잘ᄒᆞ기閔泳徽가날지로다

▲郡守ᄂᆞᆫ못ᄒᆞᆫ에에ᄂᆞᆫ被棄ᄒᆞ러擊氏ᄒᆞ고觀察使로잇슨後ᄂᆞᆫ客舍사지毁撤ᄒᆞ니皇上巡時에日旗不懸ᄒᆞ얏다고詩學校廢止코ᄉᆞ학大에게報答ᄒᆞ니恭應ᄒᆞ고돈잘먹기朴重陽이날지로다

▲痛哉痛哉ᄒᆞ도다大韓ᄒᆞ日月天地에雜種人의날기바름宗社生靈흔흔리니唯水上의酒老風이揚沙走石ᄒᆞ야열손님이엇타시宏壯ᄒᆞᆫ文明時代언제맛나뎌惡風이頓息ᄒᆞ고太平曲을불너볼지

廣告

◉學員募集廣告

壹學壹個月細譯測量과三箇月圖根測量학員을募集ᄒᆞ오니陰正月二拾七日內請願ᄒᆞ시오

北部齋洞三統拾戶

測量新塾

算術學員은四則以上으로又募集ᄒᆞᆷ

日語學員도又募集ᄒᆞᆷ

本月廿三日(土曜)上午十一時에青年會舘內에셔總會를開ᄒᆞ고會務를處理ᄒᆞ오니僉會員은來臨ᄒᆞ시오

當日演說會는下午壹時에開ᄒᆞ고會舘門前에셔入場券을交付ᄒᆞ야傍聽을許ᄒᆞ오며演題와演士姓名은如左ᄒᆞᆷ

演題	演士
僭邪와正論	尹孝定
政府의責任	權東鎭
團體的行動	金光濟
與論의價値	鄭雲復

大韓協會 白

本人이去丁未分에扶安郡邑辛基平의紹介를聞ᄒᆞ고吳澤鈞의게圖求ᄒᆞ와古阜郡㗡林北部洞田畓各人願畓壹千九百九拾六斗落을本郡에呈出證明ᄒᆞ야以給ᄒᆞ엿더니價且不給ᄒᆞ고證明도不給推至于今에聞辛哥ㅣ留在京城云故本月五日에入城ᄒᆞ와探其辛基平之去處則避匿不現ᄒᆞ오니此不過詐欺取財之計이라其證明은無效로認證ᄒᆞ오니內外國人은切勿見欺ᄒᆞᆷ

全羅北道扶安郡東道面新成里 [illegible] 告白

木工課學員募集廣告

本學館工藝課를擴張ᄒᆞ기爲ᄒᆞ야木工班學員을爲先新募ᄒᆞ오니有志人員은本月拾五日以來로速々請願ᄒᆞ시ᄋᆞᆷ

一、修業年限은壹個年

一、入學許可로得ᄒᆞᆫ者ᄂᆞᆫ壹箇月간實地試驗을經ᄒᆞᆫ後正학員으로被選事

一、月謝金은每月에會員은壹圜式이오會外人은壹圜五拾錢式先納事

一、詳細事項은本學館학監室에來議ᄒᆞ시ᄋᆞᆷ〔每日上午九時로下午壹時半以內〕

一、年齡은拾六歲以上

一、入學試驗은國漢文讀書作文

一、試驗日字ᄂᆞᆫ本月拾五日下午一時

隆熙三年二月九日

皇城基督敎青年會學館

長水郡主事李復燁氏ᄂᆞᆫ公淸廉直ᄒᆞ야每事를依章程實施ᄒᆞ니人民感慕恩德ᄒᆞ야面々竪碑ᄒᆞ고誦聲載路ᄒᆞ고長水郡護南面前領收員鄭進源은領收員時에丁未條稅錢八千餘兩을乾沒ᄒᆞ고鎭安財務署에捉得ᄒᆞᆯ時에逃走上京ᄒᆞ야方在財務主事를變通ᄒᆞ다ᄒᆞ기로茲에廣告ᄒᆞᆷ

朴偉奐 告白

本人이東部仁昌坊往拾里甲門洞四統草家文券을見失ᄒᆞ얏기로以廣告ᄒᆞ오니後請題于漢城府ᄒᆞ겟더이오니誰某拾得ᄒᆞᆫ休紙로施行ᄒᆞᆷ

리치숙 告白

英語日語測量 各科

의速成專門學員을募集ᄒᆞ오니願學員은陰二月십日內로實臨ᄒᆞ야細則을詳問志願ᄒᆞ시오

英語 下午七時至九時

日語 甲夜甲乙組隨意

測量 上午九時至十二時

[illegible] **專門講習所**

廉價放賣

測量器械各種

製圖器械各種

製圖用紙各種

釜山港本町二丁目

近藤支店

弊所에서洋書發賣ᄒᆞᆫ으로**機械**及藥品을整備ᄒᆞ고各種**洗濯及染色**을廉價로需應ᄒᆞ옵ᄂᆞᆫ디其種類가如左ᄒᆞᆷ

洋服、襯衣、外套、帽子、項套、洋말、婦人洋服及一切附屬品、毛織、毛紗、세루、馬尾緞、羅紗綢緞紗羅等布一切貴重品의周衣、족긔、赤衫、裳、袴、襦、等屬洗濯及染色物이有ᄒᆞᆫ을本所로通知ᄒᆞ시면即時自宅에進議ᄒᆞᆷ學員、巡査、兵丁、及勞働諸君에對ᄒᆞ야定價의拾分之貳를特減ᄒᆞᆷ各地方에ᄂᆞᆫ小包料를添送ᄒᆞ시면誠實郵呈ᄒᆞᆷ

鍾路里門上隅拾貳統三戶

西洋洗濯部第一屋

本館에서**石板印刷**를京城大廣橋南川邊東隅劉鎭家에新設ᄒᆞ얏사오니所用이有ᄒᆞ옵신 쳠君子ᄂᆞᆫ來臨ᄒᆞ옵시기를望ᄒᆞᆷ

華文館石印所 告白

西部龍山坊桃花洞百十三統四戶李順三板刻家券을陰正月貳十日에失ᄒᆞ엿사오니誰某拾得ᄒᆞ시던지休紙施行ᄒᆞᆷ

李順三

本人의再從叔云京이가年少沒覺ᄒᆞ야得用外人債ᄒᆞ고欲放於本人이다가借出事로三關을欲當賣ᄒᆞ오니內外國人은勿買歎ᄒᆞᆷ

洪川江門里金聲培 告白

特別廣告

近頃에本社事務에對ᄒᆞ야最淡沒覺ᄒᆞᆫ者ㅣ陰沮를試ᄒᆞ다ᄒᆞ나何國何人이던지本社에長遠ᄒᆞᆫ事務에對ᄒᆞ야能히**防**遏치못ᄒᆞᆯ것은**明瞭**ᄒᆞ오니此廣告를誦ᄒᆞ시ᄂᆞᆫ셔彦은幸須**銘心**ᄒᆞᆯ것이오며並에**本社**의**進行**ᄒᆞᆯ**職責與事務**를**明日**히**說明**ᄒᆞ노라

本社ᄂᆞᆫ비록**新成立**ᄒᆞᆫ者이나本社를與**旺**케ᄒᆞᆯ方針에對ᄒᆞ야必要ᄒᆞᆯ時에ᄂᆞᆫ心力의**勇敢力**이固有ᄒᆞ오며**現今**에**着手**ᄒᆞᆯ事業은如左ᄒᆞᆷ

一 本社ᄂᆞᆫ韓國과美國間에直接輸入及輸出을伸張ᄒᆞᆷ을계圖ᄒᆞᆷ

韓國內某々種手造物品은**美國**에**輸出**ᄒᆞ야**奇利**를得ᄒᆞᆯ者가多ᄒᆞᆫ나只今까지此等物品은美國內各處에紹介ᄒᆞᆯ기無ᄒᆞ엿ᄂᆞ니現今에本社에서ᄂᆞᆫ此等困難을無ᄒᆞ지라韓國은何故로美國과如此ᄒᆞᆫ**商業上好關係**를抛棄ᄒᆞ리오

又曾試思ᄒᆞᆯ것은**美國物品**이韓國에到達ᄒᆞᆯ時에ᄂᆞᆫ通常으로**四五手**를經由ᄒᆞᄂᆞ니**每經由處**에**該物品本價**에셔**利益**을**添付**ᄒᆞ며**稅金**及**運費**도自然**增加**ᄒᆞᄂᆞᆫ故로物價가**甚高**ᄒᆞ오나本會社ᄂᆞᆫ**美國內物品製造所**에서**最廉價**로**特約直輸入**ᄒᆞ야韓買客에게**直接放賣**ᄒᆞ면**物價**가**低廉**ᄒᆞᆯ터이오니推此思惟ᄒᆞ오면韓國內에서美國物品의需用이直接及間接으로**利益**의**增加**ᄒᆞᆯ을預期ᄒᆞᆷ

貳 本社에서韓美兩國商業關係의만盡力ᄒᆞᆯ뿐不啻라韓國과亞細亞全部와歐羅巴와濠太利諸處에도商業上**好機會**를造成ᄒᆞᆯ計劃이오며日動實ᄒᆞᆫ**代理人**을韓國內各處에置ᄒᆞ고新鮮ᄒᆞᆫ物品을**直輸入**ᄒᆞ야各處**代理人**으로**分掌出賣**케ᄒᆞ며又物貨를放賣ᄒᆞᆷ에對ᄒᆞ야ᄂᆞᆫ時々로特別히廣告를揭布ᄒᆞᆯ터이오니海內僉彦은本社에事務進行을隨此承聞ᄒᆞ오리다

三 本會社ᄂᆞᆫ**不動產部**를別設ᄒᆞ고不動產에關ᄒᆞᆫ事項을管理ᄒᆞ되土地家屋等賣買典當及借貸等事에仲介契約受托及방助ᄒᆞᄂᆞᆫ等事를處辦ᄒᆞ야迅速히發展되기를期待ᄒᆞ며此에關ᄒᆞᆫ**詳細事項**은**未久**의**公布**ᄒᆞᆯ지옵

四 何事를勿論ᄒᆞ고法律의違反치아니ᄒᆞ고本社의**利益**이有ᄒᆞᆫ으로認定ᄒᆞᄂᆞᆫ**營業**은本社에서**隨機進行**ᄒᆞ기를準備ᄒᆞᆯ터이오니此目的의對ᄒᆞ야同情을表ᄒᆞ시ᄂᆞᆫ僉**彦**은**盡心協助**ᄒᆞ심을切望ᄒᆞᆷ

以上陳述ᄒᆞᆫ諸般項에對ᄒᆞ야僉彦의**通信**을**連絡**ᄒᆞ기를願ᄒᆞ오니**左開二項**을**注意**ᄒᆞ시옵

壹 何事를勿論ᄒᆞ고**本會社**에**委托**ᄒᆞᄂᆞᆫ時ᄂᆞᆫ本社의셔盡心竭力ᄒᆞ야**信實**히**處理**ᄒᆞᆯ터이오며

二 本會社ᄂᆞᆫ何人이던지本會社의委托ᄒᆞᆫ事에對ᄒᆞ야ᄂᆞᆫ**其信用**을**確守**ᄒᆞ고**尊敬**ᄒᆞᆷ을**保証**ᄒᆞᄂᆞᆫ故로何事를勿論ᄒᆞ고**信用**의關ᄒᆞᆫ事件은特別히本社의委任ᄒᆞᆷ이**加一層安全**ᄒᆞᆷ을**擔任**ᄒᆞᆸ나이다

大韓皇城磚洞

韓美興業株式會社 謹啓

光武九年八月拾一日 明治卅八年八月拾一日 (第三種郵便物認可) 土曜日 [illegible]貳月拾三日

第七卷

大韓每日申報

壹千貳[illegible]號

月曜及慶節 歲時日休刊

檀君開國四千二百四十二年
孔子九年三千三十一年
大韓開國五百十九年
日本明治四十二年
清國宣統元年
陰曆己酉正月小十三日甲辰

論說

◎一進會面目

伊藤氏ㅣ歸에彼與下趨走ᄒᆞᄂᆞᆫ壹派들이兒가乳를離ᄒᆞ며瞽가杖을遺ᄒᆞ며虎가창을失ᄒᆞᆫ듯시皇々瞖々ᄒᆞᄂᆞᆫ狀態가可矜인ᄃᆡ就中壹進會장代辦洪肯燮비其部下를率ᄒᆞ고伊藤시에上ᄒᆞᆫ壹書가有ᄒᆞᆫᄃᆡ壹進會의面目이暴露하야人으로ᄒᆞ야금차마正視치못하깃더라

大抵宣言書以後一進會ᄂᆞᆫ路人도其意의所在를知ᄒᆞᄂᆞᆫ者라吾輩가又何必筆을執ᄒᆞ야黑ᄒᆞ다白ᄒᆞ다ᄒᆞ리오마ᄂᆞᆫ今此伊藤시에게上ᄒᆞᆫ一書를觀ᄒᆞᆫ미實로壹大驚을又與ᄒᆞᆫ비有ᄒᆞ니卽彼輩進會에已往歷史가아모리國家에貽害ᄒᆞ며아모리同胞에流毒ᄒᆞ다ᄒᆞᆯ지라도彼가猶한人으로自稱ᄒᆞ며他人도亦彼를한人으로觀ᄒᆞ지아니ᄒᆞ얏던가

今日에乃觀ᄒᆞᆫ則淮橘의眞面이已非ᄒᆞ고螟蛉의後身이全變이로다「堪憐如許婢娼質。何許他年作丈夫」오嗚乎라彼亦韓人의種子로셔心腸을換ᄒᆞ며祖先을忘ᄒᆞ고何處로往코ᄌᆞ하나뇨今에該書를摘發하야玆에揭ᄒᆞ고普天下仁人志士와同聲哀吊코ᄌᆞᄒᆞ노라

其書第壹段에曰伏以本員等은自始數年以來로爲國家丹心이衝天激地ᄒᆞ야無生之氣ᄒᆞ고寧死之心ᄒᆞ야凝結壹團에滾於苦海ᄒᆞ야壹邊으로忘捐數拾萬之死戮ᄒᆞ며壹邊으로設論千百萬之敎育ᄒᆞ야以待時機ᄅᆞ가適値日露에仗하야扶老携幼에助線之云々

噫라此ᄂᆞᆫ十數年爲國丹心으로一團凝結ᄒᆞ얏다가日俄에仗에獻忠ᄒᆞ얏다ᄒᆞᆷ이니日本이卽自家의國인가此其可吊者(一)이오

其書第二段에曰現내閣은素以隨陽之鳥로左右諂諛ᄒᆞ야壹大政局을視者緣庭而日人之居官한庭者ㅣ沒身奪精ᄒᆞ야如酒水相和라故로所謂壹進會員은獨被親日黨之指目云々

噫라現내閣이日本에獻忠코ᄌᆞᄒᆞᆷ이아니라只是陽鳥ᄀᆞᆺ치隨勢ᄒᆞᄂᆞᆫ者로셔適然히日本勢力이多大ᄒᆞᆫ時를當ᄒᆞᆫ故로日本에諂媚ᄒᆞᄂᆞᆫ뎌政府內日人官吏도亦彼現내閣大臣輩에게精魂을被奪ᄒᆞ야日本에獻忠ᄒᆞᄂᆞᆫ者아니라ᄒᆞᆷ이니彼의日本에獻忠ᄒᆞᆷ이現內閣에過ᄒᆞ며日本人에過ᄒᆞ다ᄒᆞᆷ이니是가果何樣人인가此其可吊者(二)오

其書第三段에曰將來日韓兩國影形이當何如오嗚乎라風聲鶴唳와隨臭蒼蠅이同歸壹團ᄒᆞ야搖頭立脚者가無非排日黨派오惟獨無依無托壹進會員壹派가隻手孑影으로雖欲撑天捧日이나其可得乎云々

噫라該會에셔政權을執ᄒᆞᆫ者ㅣ己是多人이오又其會員의稱數가壹百萬에達ᄒᆞ다ᄒᆞ면셔日無依無托이라ᄒᆞ며日隻身孑影이라ᄒᆞ야哀鳴의聲을作ᄒᆞ얏스니此ᄂᆞᆫ壹大可笑의事어니와其最可痛可悶ᄒᆞᆫ者ᄂᆞᆫ彼가韓日兩國을將ᄒᆞ야一國으로視ᄒᆞᆷ이是라若韓國이永亡則已어니와不然ᄒᆞᆫ진ᄃᆡ必也韓人의心中口中에「韓國은韓國人의韓國」이란九字를銘ᄒᆞᆷ이可ᄒᆞᆯ지어ᄂᆞᆯ彼ᄂᆞᆫ韓日兩國을一國으로觀ᄒᆞᆯᄯᆡ가殷々然韓國을全忘ᄒᆞ고日本만是從ᄒᆞ야已往日本에獻忠ᄒᆞᆫ功勞를誇矜ᄒᆞ며將來日本에獻忠ᄒᆞᆯ前途를憂慮ᄒᆞ야夢寐ᄒᆞᄂᆞᆫ者ㅣ日本밧이며歌ᄒᆞᄂᆞᆫ者ㅣ日本밧이니人의無良이엇지此極에至ᄒᆞ뇨彼口中에도往々韓國二字를吐出ᄒᆞ나是ᄂᆞᆫ四千載祖宗의韓國이아니며二千萬兄弟의韓國이아니오只是日本勢力範圍內한國이라日本勢力範圍內한國은韓國人의韓國이아니니是를扶持ᄒᆞ야何益이리오可吊者ㅣ三이로다

彼輩ᄂᆞᆫ文字에對ᄒᆞ야吾輩가何必장言短語로評列ᄒᆞ리오마ᄂᆞᆫ다만該會의卑劣ᄒᆞᆫ面目이此書中에無遺히暴露된故로其畧을擧ᄒᆞ야同胞에供覽ᄒᆞ노라

官報

▲▲隆熙二年九月壹日 官報

部令

學部令第拾大號 續

第十六條 左의各號에壹에該當ᄒᆞᆫ者ᄂᆞᆫ退學을命ᄒᆞᆷ이可ᄒᆞᆷ

壹 性行不良ᄒᆞ야改悛의所望이無ᄒᆞᆷ으로認ᄒᆞᄂᆞᆫ者

二 學力이劣等ᄒᆞ야成業의所望이無ᄒᆞᆷ으로認ᄒᆞᄂᆞᆫ者

三 連續壹個年以上欠席ᄒᆞᄂᆞᆫ者

四 正當ᄒᆞᆫ事由가無ᄒᆞ고連續壹個月以上欠席ᄒᆞᆫ者

第拾七條 學徒의成績을考査ᄒᆞᆷ에ᄂᆞᆫ時期를預定치아니ᄒᆞ고平素의授業時間中에셔便宜ᄒᆞᆫ方法에依ᄒᆞ야此를行ᄒᆞᆷ
高等學校程度의學校의課驗規定例를示ᄒᆞᆷ (未完)

外報

●澳士協約拒絕 倫敦電을據ᄒᆞᆫ則土耳其政府ᄂᆞᆫ强硬ᄒᆞᆫ態度로露國提議에基因ᄒᆞᆫ澳士兩國間協約에澳國이修正ᄒᆞᆷ에對ᄒᆞ야拒絕ᄒᆞ얏다더라

●兩陛下出發 東京電을據ᄒᆞᆫ則英國兩陛下ᄂᆞᆫ獨逸을向ᄒᆞ야出發ᄒᆞ얏다더라

●美艦衝突 桑港電을據ᄒᆞᆫ則美國東航艦隊旗艦엘지아탕ᄂᆞᆫ지부랄타에셔他壹隻과衝突ᄒᆞ얏ᄂᆞᆫᄃᆡ損害가不分明ᄒᆞ다더라

●議會反對 伯林電을據ᄒᆞᆫ즉墺地利議會ᄂᆞᆫ反對黨의態度를因ᄒᆞ야閉會ᄒᆞ얏다더라

●航路協議 同電을據ᄒᆞᆫ즉佛國푸레스트로이트流船會社ᄂᆞᆫ支拂를停止ᄒᆞᄂᆞᆫ同時에其營業을中止ᄒᆞ얏ᄂᆞᆫᄃᆡ英德委員은同會社의航路問題를目下協議中이라더라

●德國의水災 倫敦電을據ᄒᆞᆫ則德國에셔ᄂᆞᆫ不時에積雪이融解ᄒᆞ야多數村落에非常ᄒᆞᆫ洪水가有ᄒᆞ야橋梁이墜落ᄒᆞ고鐵道가不通ᄒᆞ얏고溺死ᄒᆞᆫ者가三十人名이라더라

詞藻

●獄濁會

압집형님아、호옹。뒤ㅅ집동성아、홍。
원숭이잡으려、더셤즁갈제나、아。
어ᄅᆡ화、됴라、호옹、知和者됴쿠나、홍。

廣告

雜報

●下賜敎明 太皇帝陛下께셔 敎明義塾評議會開會ᄒᆞᆷ을 洞燭ᄒᆞ옵시고 金貨壹百圜을 下賜ᄒᆞ셧다더라

●侍從傳勅 承寧府侍從吳台泳氏ᄂᆞᆫ 昨夜에 敎明義塾任員講師諸氏를 惠泉館으로 請邀宴待ᄒᆞ고 其간諸氏의 敎育勤勞와 同塾將來維持ᄒᆞᆯ方針에 對ᄒᆞ야 懇切ᄒᆞ신 勅語를 奉承傳喩ᄒᆞ얏다더라

●同惡相濟 前參將梁性煥氏가 現今居接ᄒᆞᄂᆞᆫ 松石園을 太皇帝陛下께 萬餘圜을 納上ᄒᆞ고 居接ᄒᆞ얏더니 當日은 承寧府侍從吳台泳氏가 太皇帝陛下의 勅令을 奉承ᄒᆞ얏다 稱ᄒᆞ고 梁性煥氏의게 來到ᄒᆞ야 日九千圜에 該園을 還納ᄒᆞ라ᄒᆞ여니 梁氏ᄂᆞᆫ 幾日에 三千五百圜만 帶持ᄒᆞ고 梁氏의게 來到ᄒᆞ야 成標ᄒᆞ기를 請ᄒᆞ더니 梁氏가 不無疑端ᄒᆞ야 其根因을 詳探ᄒᆞᆫ즉 侍從李恒九시가 該園을 勒奪ᄒᆞᆯ意로 吳氏와 符同ᄒᆞ야 勅令을 藉托ᄒᆞᆷ인故로 現今 裁判ᄒᆞᄂᆞᆫ中이라더라

●逐子招父 梁性煥氏의 松石園을 李恒九氏가 占奪코ᄌᆞᄒᆞᆫ다ᄂᆞᆫ 說은 別項과 如ᄒᆞ거니와 日前에 承寧府에셔 勅令으로 梁性煥氏의 子在蕭氏를 招待ᄒᆞᆫ지라 梁在蕭氏가 該府에 入去ᄒᆞᆫ즉 侍從李龍漢吳覺泳兩氏가 無數恐喝ᄒᆞ며 松石園을 還納ᄒᆞ라ᄒᆞ거ᄂᆞᆯ 梁氏가 不屈ᄒᆞᆫ대 侍從兩人이 梁氏를 逐出ᄒᆞ야 曰 其父梁性煥氏를 要爲來待ᄒᆞ라 ᄒᆞ얏다더라

●俸給平均 今年度에ᄂᆞᆫ 四月爲始ᄒᆞ야 韓日兩國官吏의 俸給을 平均支撥ᄒᆞ기로 伊藤統監이 發論ᄒᆞ얏다ᄂᆞᆫ 說이 有ᄒᆞ더라

●閔門如市 拓殖會社副總裁閔泳綺氏家에 近日該社任員을 圖囑ᄒᆞ라ᄂᆞᆫ 人이 駢至ᄒᆞ야 門庭이 如市ᄒᆞ다더라

●君言可笑 宮內府大臣閔丙奭氏의 別室翡翠가 演興社倡夫와 溷姦ᄒᆞᆫ事를 各報에 揭載ᄒᆞ얏더니 該氏의 夫人이 該新聞을 藏置ᄒᆞ고 閔氏가 西幸에 陪從ᄒᆞ얏다가 還家ᄒᆞᆫ後에 該夫人이 閔氏ᄃᆞ려 其新聞을 辭見ᄒᆞ라ᄒᆞᆫ대 閔氏가 翡翠의 事를 見ᄒᆞ고 曰 此乃別室의 常事라ᄒᆞ얏다더라

●審査開會 去番ᄂᆡ部에셔 審査委員會를 開ᄒᆞ고 審査ᄒᆞᆫ 郡守九人이 入格ᄒᆞ얏ᄂᆞᆫ데 該郡守의 叙任이 日間頒布된다더라

●鄭閔相持 前郡守鄭某가 年前에 韓國閔泳徽氏의 父親閔斗鎬氏生時에 沓土拾餘石落을 抑奪ᄒᆞᆫ지라 鄭氏가 閔泳徽氏를 訪問ᄒᆞ고 該沓土를 還給ᄒᆞ라ᄒᆞᆫ즉 閔氏가 姑爲靳持ᄒᆞᄂᆞᆫ 樣인ᄃᆡ 壹向相持ᄒᆞ면 畢竟裁判이 되리라더라

●奪財何多 廣州邑居石興海와 同郡松坡居裵秉宋兩시ᄂᆞᆫ 前輔國閔泳徽시에게 拾餘年前에 錢財를 被奪ᄒᆞᆫ事가 有ᄒᆞ야 現今 告訴次로 上來ᄒᆞ얏다더라

●安民呼怨 安東郡에ᄂᆞᆫ 自前으로 面장料給이 無ᄒᆞ더니 近來新式以後로 結錢每百兩에 貳錢式自官發給ᄒᆞᆷ으로 該郡豊西남兩面에ᄂᆞᆫ 面내所出이 六七百兩이라 面장의 料給이 自足ᄒᆞ거ᄂᆞᆯ 該郡守宋憲冕氏가 각面의 面장料給을 每戶에 五錢式磨鍊ᄒᆞᆫ後로 挾雜輩들이 數百金式 郡守에게 納賂ᄒᆞ고 面長을 圖得ᄒᆞ미 人民의 料生이 尤極困難ᄒᆞ다ᄒᆞ고 民怨이 沸騰ᄒᆞ다더라

●面長挾雜 咸昌郡南面栗谷居安鍾建氏ᄂᆞᆫ 昨年에 該面장으로 考卜ᄒᆞᆯ時에 卜價葉壹兩式排斂ᄒᆞ고 已往成川浦落된田畓每斗落에 葉四五兩式勒排ᄒᆞ되 施行치아니ᄒᆞ면 每斗落에 結數로 四五負式加徵ᄒᆞ고 虛卜十餘負式每洞에 分排ᄒᆞ야 稅務所下人을 領率往來ᄒᆞ며 威脅勒捧ᄒᆞ고 民里長에게 差使例貫餘兩式勒奪ᄒᆞ며 面長의 月給이라 稱ᄒᆞ고 每結에 壹圜三十五錢式勒捧ᄒᆞ기로 民難支保라고 怨聲이 漲天ᄒᆞ다더라

●稅官失政 晉州郡稅務官閔무앙시가 吏輩七八人을 選擇ᄒᆞ야 壹切書役을 식인後에 分錢을 不給ᄒᆞ고 曰 各面에 出往ᄒᆞ야 面長과 協議ᄒᆞ야 每結頭에 幾許式 捧與ᄒᆞ라ᄒᆞᆫ지라 該書記等이 此言을 聞ᄒᆞ고 各面에 出張ᄒᆞ야 每結頭에 葉二兩式勒斂ᄒᆞ니 新式에ᄂᆞᆫ 每結에 八圜式인대 此等無名雜稅로 因ᄒᆞ야 民心이 大端騷動ᄒᆞ다더라

●堤邑啼泣 去陰十二月初七日 堤川郡場市에셔 該財務署日人主事子山이란者가 市場에 出來ᄒᆞ야 商民들이 舊貨通用ᄒᆞᆫ다ᄒᆞ고 其賣買領收ᄒᆞᆫ錢을 街路에 播棄ᄒᆞ고 毆打無數에 流血이 淋漓ᄒᆞ야 幾至死境이오 其他被傷ᄒᆞᆫ者도 有ᄒᆞ니 所謂官吏名色으로 此等擧行을 ᄒᆞ며 且交換所에셔ᄂᆞᆫ 新貨가 無ᄒᆞ다ᄒᆞ야 金융의 交換이 極難ᄒᆞᆫ데 警官의 此等悖習이 種種有之ᄒᆞ니 民何以得生고ᄒᆞ며 怨聲이 嗷嗷ᄒᆞ다더라

●南一海山 日人側의 報告를 據ᄒᆞᆫ즉 榮山浦등地ᄂᆞᆫ 義兵將沈남一全海山시等의 橫行ᄒᆞᄂᆞᆫ 地方이라 其結黨이 二百以上에 達ᄒᆞ얏고 時々로 居民에게 對ᄒᆞ야 防穀ᄒᆞ며 且勿納稅ᄒᆞ라ᄒᆞᄂᆞᆫ等語로 檄文을 發ᄒᆞ며 又時々로 同胞가 相殺ᄒᆞᆷ은 不可라ᄒᆞ고 勸諭ᄒᆞ며 又한人官吏등에게도 寄書ᄒᆞ야 義兵의 勢力을 발展케ᄒᆞ기를 努力ᄒᆞ라ᄒᆞᄂᆞᆫ데 目下義兵中에 最優勢를 占ᄒᆞᆫ者ᄂᆞᆫ 此남一海山兩將이라ᄒᆞ얏더라

●中和失和 平南中和郡에셔ᄂᆞᆫ 所謂淸人의 三十六計라ᄒᆞᄂᆞᆫ 雜技를 處々設施ᄒᆞ고 男女老幼가 輻湊하야 蕩敗家產者가 幾許人인지 不知안이러 該賭技에 幾百圜式 見失ᄒᆞ고 爭鬪致斃者가 四人이오 成狂된者가 壹人이라더라

●美敎授의 觀察 美國大학校敎授잔판시ᄂᆞᆫ 今春에 東洋을 觀察하기爲ᄒᆞ야 日本을 經ᄒᆞ야 한國에 來ᄒᆞᆫ後 陸로 滿洲及支那印度를 觀察ᄒᆞᆯ터이라더라

●西島出發 日本第六師團長西島ᄂᆞᆫ 副官參謀를 帶同하고 釜山을 經ᄒᆞ야 在한駐箚軍隊를 巡視ᄒᆞᆯ次로 十三日에 出발ᄒᆞᆫ다더라

●孫氏慈善 北部小安洞居趙召史ᄂᆞᆫ 故趙輔國秉式氏의 令妹라 年老家貧에 幾至死境이러니 忠州郡居ᄒᆞᄂᆞᆫ 孫海鵬氏가 留住京ᄒᆞ다가 該召史의 情勢를 轉聞ᄒᆞ고 金拾圜을 捐補ᄒᆞ얏다더라

●三峴三奪 再昨夜慕華館三兄弟峴에셔 賊漢이 突出ᄒᆞ야 行人三名의 衣冠을 沒數掠奪ᄒᆞ얏다더라

●古勝於今 靑年會館에셔 今日下午七時에 討論會를 開ᄒᆞ고 人氣ᄂᆞᆫ古勝於今이란 問題로 可否便들이 互相討論ᄒᆞᆫ다더라

●咸曾討論 咸南학生親睦會에셔 來日曜日下午壹時에 討論會를 敦化門右便養源學校內에셔 개ᄒᆞᆫ다더라

學界

●西間頂賊 西間島에 在留ᄒᆞᄂᆞᆫ 韓人牧民會員壹百餘人이 發起ᄒᆞ야 牧民학校를 設立ᄒᆞ고 該校長朴永溫시와 發起人十人의 熱心敎育ᄒᆞ고 極力贊成ᄒᆞᆷ으로 師範高等兩科학生이 數拾餘人에 達ᄒᆞ야 前進之望이 大有ᄒᆞ다더라

●校監有人 全北任實郡新安학校校監吳在準시가 該校에 義金을 多數寄付ᄒᆞ고 專히 勸學義務로 經費를 自擔ᄒᆞ야 熱心敎育ᄒᆞᆷ으로 學校가 蔚興ᄒᆞᆫ다더라

●收租補校 懷德郡에셔 大雅학校를 設立ᄒᆞ고 經費를 支用ᄒᆞᆯ 方針은 該郡境內每戶에 租五斗式收斂ᄒᆞ기로 該郡守가 告示ᄒᆞ얏다더라

●擴洞設校 楊州郡樓峴面有志紳士申泰衡尹陽殷李舜鎔李圭相李晩榮諸시가 靑年子弟三十餘人을 募集ᄒᆞ야 該面碑閣里設校에 開학ᄒᆞ얏다더라

●礪山礪學 全北礪山郡有志紳士陳贊鉉金文煥李鍾勛尹義炳諸시가 私立普成학校를 該郡校宮內에 設立ᄒᆞ고 敎師를 延聘ᄒᆞ야 熱心敎育ᄒᆞᄂᆞᆫ故로 生徒가 日增月加ᄒᆞ야 七십餘人에 達ᄒᆞ얏다더라

●安倅興學 安城郡守金英鎭시가 下車ᄒᆞᆫ後 敎育에 熱心贊成ᄒᆞ야 該郡公立普通학校에 學徒가 壹百七拾餘名에 達ᄒᆞ얏다더라

●遠地特選 慶北大邱郡東中面砧山洞설立達明학校ᄂᆞᆫ 設立ᄒᆞᆫ지不過數朔에 朴在英崔允潤兩시가 熱心勸奬ᄒᆞᆷ으로 難就之望이 有ᄒᆞ다더라

●普新協議 平北寧川郡石潭里協成普新學校々장崔德浚定會計김弘基金時默三시ᄂᆞᆫ 鄕將을 自擔支出케ᄒᆞ고 校監田翻來學監李沂常講記李元默二시ᄂᆞᆫ 事務를 擔任ᄒᆞ야 該校시가 協力敎育ᄒᆞ미 同學年이 學生徒가 四十名에 達ᄒᆞᆷ으로 確實ᄒᆞᆫ학校를 設立코ᄌᆞᄒᆞ다가 如意치못ᄒᆞ야 學校ᄂᆞᆫ 小학校를 姑爲維持ᄒᆞ고 完年級학生을 敎師를 養成ᄒᆞ기爲ᄒᆞ야 洋에 留學케ᄒᆞ고 餘外에 一般學生은 監督人을 委任ᄒᆞ야 京城에 擴張ᄒᆞᆫ학校에 入학ᄒᆞ여 五箇年卒業後에 事兩科셰지卒業케ᄒᆞ기로 決定ᄒᆞ되 經費가 [illegible] 三시가 擔當ᄒᆞ기로 決定ᄒᆞ얏다더라

地方消息

▲榮山浦附近各地方에셔ᄂᆞᆫ 從事ᄒᆞ던 [illegible] 稱ᄒᆞ야 今番騷擾中이라ᄒᆞ고

▲按得月下旬에 全羅南北道境界附近에셔 集圍ᄒᆞᆫ 義兵數百名은 至今에 二三拾名式 作黨ᄒᆞ야 全羅附近寺刹에 出沒ᄒᆞᆫ다ᄒᆞ고

▲去陰二月에ᄂᆞᆫ 義兵이 昌平邑 [illegible] 役人을 [illegible]ᄒᆞ얏다ᄒᆞ고

▲光州羅州賊이 昌平附近等地에ᄂᆞᆫ 日憲兵及守備隊의 屯所에셔 십里或二拾里되ᄂᆞᆫ 地方에 義兵이 散在徘徊ᄒᆞ야 [illegible]다ᄒᆞ고

▲全羅北道及慶尙南道方面에ᄂᆞᆫ 義兵이 百名以上이 潛伏ᄒᆞ얏더니 一時分散ᄒᆞ얏스나 拾餘名式 作黨ᄒᆞ야 [illegible]徘徊ᄒᆞ야 [illegible] 不絶ᄒᆞ고 又其[illegible] 南沿岸島嶼에 移動ᄒᆞ얏다ᄒᆞ고

▲榮山浦등地에셔ᄂᆞᆫ 去冬期間에 義兵이 日憲과 五回를 衝突ᄒᆞ얏다더라

▲時物之變

李海生

滄桑運이 도러왓나 昇平時節 바뀌엿네 正月翻覆엔가 肅殺之氣 材淡ᄒᆞ대 莫亦非孤獨行ᄒᆞ니 우리大한人民들은 生活方針 杳然ᄒᆞ다

▲時事物態變ᄒᆞ도다 白鬼晝行ᄒᆞᄂᆞᆫ 時節에오 悲風苦雨이 世上에 滿虛ᄒᆞ고 [illegible] 우리蒼生 엇지ᄒᆞᆯ고 陰陽衰ᄒᆞ니 嘆일세 時物之變이러ᄒᆞᆫ가

▲時事物態變ᄒᆞ도다 不顧社稷 蕩盡ᄒᆞ니 識者憂患이 아닌가 尋章摘句 讒談이오 若干雜辯 三寸舌노ᄂᆞᆫ 職外什可觀일세 時物之變이러ᄒᆞᆫ가

▲時事物態變ᄒᆞ도다 搖尾轉目 주름잡고 眼下無人 跳踉ᄒᆞ니 跖狗吠堯이 [illegible] 作操ᄒᆞ던 前日 土豺託身 無處可憐일세 時物之變이러ᄒᆞᆫ가

▲時事物態變ᄒᆞ도다 承上接下 趑趄ᄒᆞᆷ은 漢之干莽 下于時乎 阿諛求容 妖態ᄒᆞᆷ은 阿大夫의 [illegible]이라 禁止無人 可惜일세 時物之變이러ᄒᆞᆫ가

▲時事物態變ᄒᆞ도다 狐媚納諂 閹宦ᄒᆞ니 公孫弘의 後身이오 蠅營狗苟 奔走ᄒᆞ니 無膓公子네 아니나 東施效嚬 可笑로세 時物之變이러ᄒᆞᆫ가

▲時事物態變ᄒᆞ도다 厚祿古套 衣冠子에 高車駟馬 擁騶ᄒᆞ이 欺世岡上 無勞ᄒᆞ고 食虛午餐 爲主ᄒᆞ니 狐假虎威 可痛일세 時物之變이러ᄒᆞᆫ가

▲時事物態變ᄒᆞ도다 井戶之役 汨沒ᄒᆞᆷ은 靑樓中의 賤夫로세 雞頭之列 爭取ᄒᆞ야 芹曝之悃 毫無ᄒᆞ고 反々其毒 可誅로세 時物之變이러ᄒᆞᆫ가

▲時事物態變ᄒᆞ도다 [illegible]嫁ᄒᆞ던 豫讓인가 蝙蝠之計 ᄯᅡ람쥐ᄂᆞᆫ가 晝日行爲 掩跡ᄒᆞ고 社會出頭 演說ᄒᆞ야 徒亂人心 可憎일세 時物之變이러ᄒᆞᆫ가

廣告

南部紅箭門內淸商、成義兩片戶外瓦家四拾間을放賣코ㅈ홈여玆以廣告ᄒᆞ오니買者여던銅峴大淸商廣和順問議ᄒᆞ심을望홈

大淸商廣和順 謹白

本會特別總會를本月拾四日(日曜)上午十壹時에隆熙學校니ᄀᆡᄒᆞ오니學生僉員은光臨ᄒᆞ심을敬要

大東學友共濟會 告白

◉木工課學員募集廣告

本學館工藝課를擴張ᄒᆞ기爲ᄒᆞ야木工班學員을爲先新募ᄒᆞ오니有志人員은本月拾五日以來로速々請願ᄒᆞ시옴

壹、修業年限은壹個年、

壹、入學許可를得ᄒᆞᆫ者ᄂᆞᆫ壹箇月간實地試驗을經ᄒᆞᆫ後正학員으로被選事

壹、月謝金은每月에會員은壹圜式이오會外人은壹圜五拾錢式先納事

壹、詳細事項은本學館학監室에來議ᄒᆞ시옴(每日上午九時로下午壹時ᄭᆞ지以內)

壹、年齡拾六歲以上

壹、入學試驗은國漢文讀書作文

壹、試驗日字ᄂᆞᆫ本月拾五日下午二時

隆熙三年二月九日

皇城基督敎靑年會學館

◎材木大發賣

弊店의品好ᄒᆞᆫ木材가多數具備ᄒᆞ와廉價로賣出ᄒᆞ오니所用이有ᄒᆞᆫ신僉君子ᄂᆞᆫ陸續來購ᄒᆞ심을務望홈

京城竹洞八十二統七戶

竹洞材木店主金興敏 告白

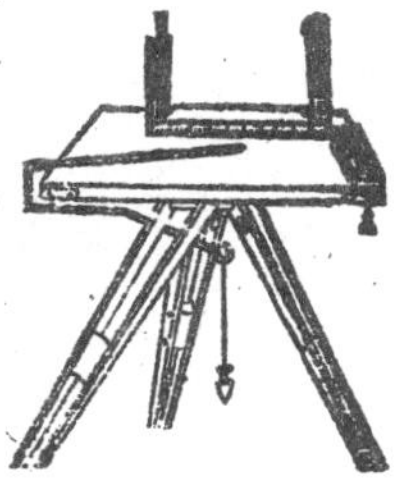

測量機械各種大發賣

漢城남部棗洞大십四統一戶

KIM 金龍商會

出張所 典洞金樂永

白川郡守金鳳熏氏之特善異蹟世所共知也本人素以孤蹤中年罹産渾族難堅之境矣亦蒙該氏之救恤使하安奠故感莫大於郡莅任未幾累朔人民公聲洋溢滿境該氏之超蹟何若是廣大世所罕有故로拜祝謝表告ᄒᆞᆷ

載寧右里面朴根浩 告白

英語日語測量 各科

의速成專門學員을募集ᄒᆞ오니願學員은본二月십日內로賁臨ᄒᆞ야細則을詳問志願ᄒᆞ시오

英語 下午七時至九時

日語 晝夜甲乙組隨意

測量 上午十時至十二時

館洞前廳后大淸旅館家 專門講習所

西署龍山坊孔德里契第五統二号裔勝賢權分을昨年拾月分에서失故로玆以廣告ᄒᆞ오니無論某人ᄒᆞ고拾得ᄒᆞ여도休紙施行홈

南部會賢坊會洞笠目榮吉 告白

本人이欲醫師之未良ᄒᆞ며悶同胞之憂患ᄒᆞ야特設病院ᄒᆞ니名曰仁濟院이라名稱的仁濟院이아니라實際的으로濟홈을目的ᄒᆞ고京城南大門外美人病院에多年經驗ᄒᆞᆫ신朱博士賢卿氏를延聘ᄒᆞ야陰拾二月부터事務를擴張ᄒᆞ얏ᄉᆞ오니有病ᄒᆞ신僉同胞ᄂᆞᆫ速々來問ᄒᆞ시옴

平北宜川郡仁濟病院主務 李鳳朝 告白

廉價放賣 測量器械各種 製圖器械各種 製圖用紙各種

釜山港本町二丁目 近藤支店

本社에서活版機械를壹新整備하고各種印刷를廉價需應ᄒᆞ오니僉位ᄂᆞᆫ惠顧하시옵

社會公益上印刷ᄂᆞᆫ貳割特減홈

本社에서直接大發賣書目

中等用器畵法 全 定價金七拾錢

翫雲 吳榮根君 著

本書ᄂᆞᆫ測量。建築。構造。機械見本。壹切實地應用製圖法

新撰外國地誌 上下 定價金六拾錢

本書ᄂᆞᆫ各學校敎科에適當ᄒᆞᆫ며世界各國의情形을詳載홈

二十世紀朝鮮論 定價金三拾五錢

最新算術 上下 定價金壹圜

官立高등學校敎授金夏鼎君著

本書ᄂᆞᆫ著者僉君이實地敎授에多年經驗으로算學要領을選撮ᄒᆞᆫ者니各學校敎科ᄲᅮ及獨習에適當홈

壹個月速成卒業算術自解 定價金五十錢

本書ᄂᆞᆫ自初等數學으로求積法ᄭᆞ지簡易詳明케編纂ᄒᆞᆫ者ㅣ니各速成科敎科用及自家獨習甚便홈

鍾路里門下隅十二統二戶 興文社

本人의再從金云京이가年少沒覺ᄒᆞ야得用他人債하고欲徵於本人ᄒᆞ다가借與事ᄅᆞᆯ三斷을欲爲設與ᄒᆞ오니內外國人은幸勿見欺홈

沔川江門里金義培 告白

特別廣告

近頃에本社事務에對ᄒᆞ야貧狹沒覺ᄒᆞᆫ者ㅣ陰沮를試ᄒᆞᆫ다ᄒᆞ나何國何人이던지本社의長進ᄒᆞᆫ事務에對ᄒᆞ야能히防遏치못ᄒᆞᆯ것은明瞭ᄒᆞᆫ바이니此廣告를覽ᄒᆞ시ᄂᆞᆫ僉彦ᄭᅴ셔須銘心ᄒᆞᆯ것이오며玆에本社의進行ᄒᆞᆯ職責與事務를明白히說明ᄒᆞ노라

本社ᄂᆞᆫ비록新成立ᄒᆞᆫ者이나本社의興旺케ᄒᆞᆯ方針에對ᄒᆞ야必要ᄒᆞᆫ時에ᄂᆞᆫ能力과勇敢力이固有ᄒᆞ오며現今에着手ᄒᆞᆯ事業은如左홈

一 本社ᄂᆞᆫ韓國과美國間에直接輸入及輸出을伸張ᄒᆞᆯ을務圖홈

韓國內某々種手造物品은美國의輸出ᄒᆞ야奇利를得ᄒᆞᆯ者가多ᄒᆞ나從今ᄭᆞ지此等物品은美國內各處의紹介ᄒᆞ기難ᄒᆞ더니現今에本社에서ᄂᆞᆫ此等困難이無ᄒᆞᆫ지라韓國은何故로美國과如此ᄒᆞᆫ商業上好關係를抛棄ᄒᆞ리오

又壹試思ᄒᆞᆯ것은美國物品이韓國에到達ᄒᆞᆫ時에ᄂᆞᆫ通常으로四五手를經由ᄒᆞ나니每經由處에該物品本價에서利益을添付ᄒᆞ며稅金及運費도自然增加ᄒᆞᆫᄂᆞᆫ故로物價가甚高ᄒᆞ오나本會社ᄂᆞᆫ美國內物品製造所에서最廉價로特約直輸入ᄒᆞ야購買者에게直接放賣ᄒᆞ며物價가低廉ᄒᆞᆯ터이오니推此思惟ᄒᆞ오면韓國內에서美國物品의需用이直接及間接으로利益의增加ᄒᆞᆷ을預期홈

貳 本社에서韓美兩國間商業關係에만盡力ᄒᆞᆯ뿐不啻라韓國과亞細亞全部와歐羅巴及濠太利諸處에도商業上好機會를造成ᄒᆞᆯ計劃이오며目下勤實ᄒᆞᆫ代理人을韓國內各處에選ᄒᆞ고新鮮ᄒᆞᆫ物品을直輸入ᄒᆞ야各處代理人으로分掌出賣케ᄒᆞ며又物貨를放賣ᄒᆞᆷ에對ᄒᆞ야ᄂᆞᆫ時々로特別히廣告를揭布ᄒᆞᆯ터이오니海內會彦은本社에事務進行을錄此承聞ᄒᆞ오리다

三 本會社ᄂᆞᆫ不動産部를別設ᄒᆞ고不動産에關ᄒᆞᆫ事項을管理ᄒᆞ되土地家屋等賣買典當及借貸等事에仲介契約受托及방助ᄒᆞᄂᆞᆫ等事를處辦ᄒᆞ야迅速히發展되기를期待ᄒᆞ며此에關ᄒᆞᆫ詳細事項은未久에公布ᄒᆞᆯ지ᄋᆞᆸ

四 何事를勿論ᄒᆞ고法律에違反치아니ᄒᆞ고本社의利益이有ᄒᆞᆷ으로認定ᄒᆞᄂᆞᆫ營業은本社에서隨機進行ᄒᆞ기를準備ᄒᆞᆯ터이오니此目的에對ᄒᆞ야同情을表ᄒᆞ시ᄂᆞᆫ僉彦은盡心協助ᄒᆞ심을切望ᄒᆞ며以下懸遠ᄒᆞᆫ諸家項에對ᄒᆞ야 會彦께通信을連絡ᄒᆞ기를願ᄒᆞ오니左開二項을注意ᄒᆞ시옵

壹 何事를勿論ᄒᆞ고本會社에委托ᄒᆞᄂᆞᆫ時에ᄂᆞᆫ本社에서誠心竭力ᄒᆞ야信實히處理ᄒᆞᆯ터이오며

二 本會社ᄂᆞᆫ何人이던지本會社의委托ᄒᆞᆫ事에對ᄒᆞ야ᄂᆞᆫ其信用을確守ᄒᆞ고尊敬ᄒᆞᆷ을保證ᄒᆞᄂᆞᆫ故로何事를勿論ᄒᆞ고信用의關ᄒᆞᆫ事件은特別히本社의委任ᄒᆞ미加一層安全ᄒᆞᆷ을擔任ᄒᆞᆸᄂᆞ이다

大韓皇城磚洞

韓美興業株式會社 謹啓

廣告

설연설쇼 **檄외琴** 송뇌금

蕉雨堂主人陸定洙著

定價金 二十五錢

此본쇼설은남아의실업계활동 따가정녀의범절사출ᄒ야유려ᄒ문증과곡ᄒ사의논증긔을겨량ᄒ고도덕을발휘ᄒ져ᄒ이 라엿차시독에가치불아오리다

發賣所 南大門內廣通橋前博文書館 平壤鍾路太極書館 귀城鍾路興학書舖 京鄕各有名書판

初等大韓新地誌

問答

全壹冊定價金 貳拾五錢

近日初等大韓地誌가三四種이續次刊行되엿스오나教育上에缺點이無ᄒ다可謂ᄒ지니今에本書는特別히幼年程度의適當ᄒ을爲ᄒ여問答例로詳密히編纂ᄒ와小學校用에必要ᄒ오니照亮ᄒ심을望ᄒ

漢字初習

全壹冊 定價金拾五錢

本館에셔著作ᄒ漢字初習은漢文字에義와幼稚라도解得ᄒ기便易ᄒ字를揀出ᄒ여畫數의多少를隨ᄒ야編次ᄒ것인ᄃ教授ᄒ기와解得ᄒ기와習字ᄒ기가丁字文이나其他漢文初학을爲ᄒ여著作ᄒ冊子들中에最便ᄒ고最要ᄒ며幼稚와普通初等漢文科로用ᄒ기適宜ᄒ오니多數ᄒ需用ᄒ시기를바라ᄂ이다

國語文典音學

周時經著述

全壹冊 定價三拾錢

本書는周時經시가拾有餘年을研究ᄒ여國語에關ᄒ音學에諸般原則을詳密히說明ᄒ여壹般學界에極히有用ᄒ오니文學에有志ᄒ신諸시와學生僉員은速히需用ᄒ심을바라나이다

最新 **初等小學**

文明國의小學讀本制度를模範ᄒ야精美ᄒ圖本을具ᄒ고八卷을刊卷으로合製ᄒ

貳冊合製定價金五십錢

最新初等 **大韓地誌**

定價金四拾錢

最新高等 **大韓地誌**

定價金七拾錢

文明國地誌制度를模倣ᄒ야漢陽의山水며官關圖와拾三道地圖와各港口와開市場과名山大川과都會勝槪의圖도昰具ᄒ

初등 **大韓歷史**

定價金七十錢

文明國의歷史制度를從ᄒ야我國의聖帝明王의御眞과忠臣烈士의影幀을具ᄒ

初등 **動物學**

每課有도 定價金四十전

初等 **植物學**

每課有도 定價金三十錢

精神教育 **國家思想學**

定價金二十五錢

義務教育 **憲法要義**

定價金二拾五錢

右教科書는本書林에서發行ᄒ오며此外에各種書籍이具備ᄒ오니학界僉君子는速速來購ᄒ심을爲望

京城南部銅峴大四街里三十五統五戶 **玉虎書林**

大韓全國에總發行所는 京城南大門內濟生堂大葯房

淸心保命丹 此丹은化痰止咳ᄒ고順氣消滯ᄒ며水土不服에奇效가有ᄒ 金十錢

蔘茸大補元 每週日分金壹圓 二週零환八十錢 四週分金三圓十錢 七週五圓三拾錢

右약은大韓名產鹿茸人蔘에西洋有名ᄒ補材를混和ᄒ야我國兄弟의臟胃와性質에適當ᄒ도록多年研究발明인바今에先服人의累試累驗이隨症皆差ᄒ니果然今世之靈藥이라故로主治效能을左開廣佈ᄒ오니僉兄弟ᄂ何不早圖壹試오(效能)先天不足과健妄不眠ᄒ며心腎俱虛와房事色傷이며遺精多夢과色傷腰痛이며房事時에早漏不快ᄒ며重病後虛弱과手足厥冷이며食物不消와貧血諸症에奇效가有ᄒ고無病人이若服七週면大補元氣ᄒ고骨節이强壯ᄒ며健康無病ᄒ나니此可謂眞世靈藥哉若不其效면약價還呈ᄒ

蛔積殺虫散 此散은蛔積과蛔腹痛과蛔滯와蛔積之妙劑 金십錢

寸虫沒出藥 勿論男婦老幼ᄒ고寸虫壹切를拔虫壹切를去根妙藥 壹人用三拾전

久滯 **大通丸** 年久ᄒ積滯와胸腹痛과腹中積病을驅除ᄒᄂ良劑 金拾五錢

感氣特效 **解熱散** 感氣드러頭痛나고寒熱往來ᄒ며肢節痛과음살에幷神效 금拾전

되눈拔根藥 되눈과못과사마귀에바르면百發百中으로빠지오 金십錢

新製百應膏 虫瘡과癰종과根박인대와종氣始初와가리못선대神效 金拾전

去液生新 **沃度膏** 癤瘡과모던종氣와火傷과곰재인데와쑤시고압푼데神效 金拾錢

止足汗臭藥 발에땀리고보션을신으면惡臭와汗이것치고비음새가업소金十錢

其他藥種은壹壹難記어니와大韓國內藥商ᄒ시는僉兄의게는藥價를大割引大放賣ᄒ오니陸續注文ᄒ시오

京城南大門內 仁川港來峴 **濟生堂主 李庚鳳**

壯陽廣元丹

一週分壹圓 二週分一圓八十錢 四週分三圓四拾錢 八週分六圓四拾錢

此약은專히腦痛肺弱○房事傷○心腎虛弱○陽萎不起○遺精多夢○腳經衰弱○房事時早漏不快○病後虛弱○健忘不眠○貧血諸症○先天不足○飮食不下○眩暈頭痛○等症ᄒ나니試將此丸ᄒ照法服之면不過幾点鐘에立見妙效ᄒ야魂飛肉躍에精神微奮ᄒ고頓覺유快ᄒ나니其症이輕者는服壹二週면挽回元陽ᄒ고其症이稍重者는服三四週ᄒ고遠年痼疾로其症이頗重者는連服七八週면必能全치無疑니若夫無病之人도試用此劑則補血而益氣ᄒ고强筋而壯骨ᄒ나니第之八週而未見其效則請將價額을如數還呈이오不敢虛誕自欺라此丸이乃無論男婦老幼ᄒ고均用有效ᄒ나니眞世間無比之妙劑也라僉位는何不早도壹試오

共愛堂藥房

發行所 皇城鍾路大廣橋十九統七戶

特約代理店 京城水橋 濟生堂藥房

新訂大韓帝國地圖 分道

銅版印刷 全張貼 正價貳拾錢

구로수洋裝

△[illegible]立 宋시序

○我韓地圖之精密者首推古山子[illegible]鐵太[illegible]於携帶且流傳者少不能人人皆[illegible]非[illegible]恨[illegible]哉[illegible]本劑[illegible]就箇作爲小帖以公同好我內地[illegible]沃[illegible]富爲東洋之[illegible]藏[illegible]拓而發明則我國之富可[illegible]以[illegible]矣本國分十三道自[illegible]川[illegible]郡都府以至物產名目詳細記載使人[illegible]目瞭然[illegible]我[illegible]本以作興事業之[illegible]助是所厚望

發 皇城中部[illegible]越邊 中央書館

兌 皇城南[illegible] 滙東書館

元 皇城北部桂洞 ?公服

[illegible]皇城中[illegible]路 大東書市

大韓帝國仁川港來峴 全國內各藥舖

總發行所 和平堂大藥房

婦人壹藥 부인양태丸 부인養胎丸 약명[illegible] 壹劑壹月分 금五圓

主治說明

婦人이孕胎ᄒ지못ᄒ은冷病積聚와月經不調로因ᄒ이니此藥을服用ᄒ시면婦人腹中에有ᄒ諸病은壹切退去ᄒ고自然孕胎ᄒ고니速購買去하시옵

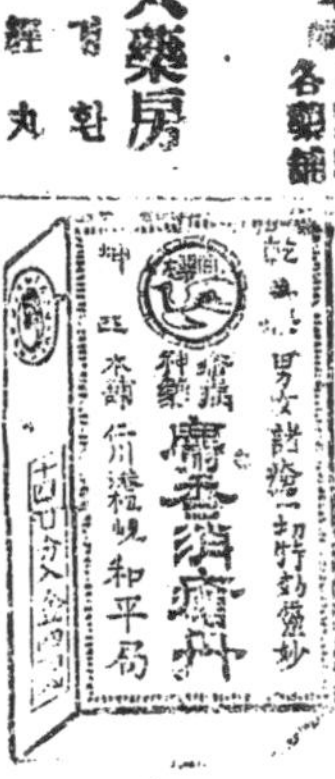

此丹은於諸瘡에無論男女老少ᄒ고若服壹劑면實有神效ᄒ야百발百中ᄒ오니非例方可及也라諸主治則楊梅와疳瘡과濕頭瘡諸症에俱見立效ᄒ오니養疴僉君子는壹次試驗伏望

九拾五粒入金[illegible] 八寶丹

主治效能

○胃痛惡心○頭痰固飮○食思欠乏○中暑中寒○新久積滯○急滯關格○滋飮食傷○暈眩眩暈○泄瀉下痢○霍亂吐瀉○水土不服○船車醉

補陰補陽 [illegible]湯丸 [illegible]

三拾日分 금[illegible]圓

貳拾日分 금三圓[illegible]拾전

拾日分 금壹圓[illegible]拾전

主治

○房事[illegible] 腎[illegible]腰痛 ○病後氣虛 腎氣不足 ○陽萎[illegible] 遺精[illegible]夢 ○陰虛[illegible] ○足厥冷 ○[illegible] 後[illegible] ○吸烟新烟各[illegible] ○貧虛弱[illegible]

此外에至東[illegible]各[illegible]藥이俱[illegible]오니[illegible]地方의[illegible]求ᄒ시[illegible]各[illegible]位[illegible] 特別[illegible]陸續注文ᄒ심을[illegible]望

製藥所 仁川港來峴 和平堂藥房

發行人 [illegible]

京城[illegible] 衣[illegible] 和平堂支店

代理店 京城[illegible]水[illegible]濟生堂[illegible] 京城大廣橋 共愛堂藥房 京城[illegible] 仁川港來峴 和平堂[illegible]白

發行兼編輯人英國人 萬咸
Responsible for Publication Alfred Weekley Marnham.
發行所 南部石井洞[illegible]三層洋屋家 大韓每日申報社

光武九年八月拾一日 明治三十八年八月十一日 (第三種郵便物認可) 日曜日 西曆壹千九百九年貳月拾四日 (壹)

第七卷

大韓每日申報

第壹千卄三號

月曜及慶節 歲時休日休刊

建國紀元四千二百四十二年
箕子元年三千三十一年
大韓開國五百十八年
日本明治四十二年
清國宣統元年
陰曆己酉正月小廿四日乙巳

論說

◎韓國의改革과進行 (本社英字譯載)

統監府에서編輯發行ᄒᆞᆫ「한國의改革과進行」이란隆熙元年度報告書를接讀ᄒᆞᆫ바此報告ᄂᆞᆫ處當히ᄒᆞ기難ᄒᆞᆫ者인데特別ᄒᆞᆫ辨論도無ᄒᆞᆫ지라吾儕ᄂᆞᆫ한國의情況을認識ᄒᆞᄂᆞᆫ각閱評者들은此를顯明케알지안코少許疑訝를寄ᄒᆞᆯ줄노確認하노니吾輩의最信ᄒᆞᄂᆞᆫ바로ᄂᆞᆫ此著書를多數히發行散布ᄒᆞ야極東에在ᄒᆞᆫ壹般外國新聞界에供覽케ᄒᆞ얏스니其槪意ᄂᆞᆫ勢力의伸張홈을示홈거시라

其印刷ᄂᆞᆫ嘆賞하짓고其篇末의地圖ᄂᆞᆫ價値가有ᄒᆞ고統計젼된萬意가少有ᄒᆞ나然이나其他에極東의光線이란論述等은殆히危險ᄒᆞᆫ듯ᄒᆞ도다

神戶에서發刊ᄒᆞᄂᆞᆫ쩌판크로니클新報ᄂᆞᆫ最著ᄒᆞᆫ者인데此報에서도近來에ᄂᆞᆫ私自維持ᄒᆞᄂᆞᆫ韓國各私立學校로ᄒᆞ야금統監府에서管轄ᄒᆞᄂᆞᆫ韓國官立學校와又지同壹ᄒᆞᆫ학課를服從케ᄒᆞᄂᆞᆫ事에對ᄒᆞ야統監府政策을咎責ᄒᆞ얏더라

就中에只此만도拾分負的ᄒᆞᆯ거니와其外에도此報告書에서取出ᄒᆞᆫ特別件이許多數多ᄒᆞᆫ되吾儕ᄂᆞᆫ此를閱讀ᄒᆞᆷ미不滿底意가尤甚ᄒᆞ며憤激之心이衝突ᄒᆞ야仍卽掩卷ᄒᆞ얏거니와其過失이屢々數々ᄒᆞ더면此ᄂᆞᆫ脫漏ᄒᆞ고托辭ᄒᆞ야考訂키難ᄒᆞ니不足採間이어니와然이나吾儕로ᄒᆞ야금此冊子에對ᄒᆞ야吾輩의意見을數言으로結論ᄒᆞ야ᄒᆞᆫ건더日「彼日人들이自己의所行에少許라도善擧에던多大ᄒᆞᆫ聲望을示ᄒᆞ얏스며其所行이惡ᄒᆞ여던謝過홈은不必要로理會ᄒᆞ얏스며他獨立國의外人들이此國에施與ᄒᆞᆫ多大利澤은彼等이沒侮蔑視에歸付ᄒᆞ던彼等의名聲毁損ᄒᆞᆫ것은言及홈이毫無ᄒᆞ다」ᄒᆞ리로다

今此薄情ᄒᆞᆫ解說이心頭에突起홈을不勝하야數三句節을題ᄒᆞ노니

燈臺問題의提論됨은遠히光武五年前事이라其時에ᄂᆞᆫ日本公使의所陳으로由ᄒᆞ야成ᄒᆞᆫ事이無ᄒᆞ얏거ᄂᆞᆯ此報告書에ᄂᆞᆫ云ᄒᆞᆫᄃᆡ「彼의所陳으로因하야海關總稅務司栢卓安氏가同意ᄒᆞ고海關收入金中에서二拾四萬五千元을支出ᄒᆞ야測量의業務와燈臺의建築을始ᄒᆞᆫ바日人老練家數人이其職務에從事ᄒᆞ얏고追後에ᄂᆞᆫ英人技手ㅣ뎡시를此工役에雇傭ᄒᆞ얏다」ᄒᆞ얏스니壹般此等說이吾儕를衝激케홈이라吾欲無言이나蓋韓國의海關을善能管理ᄒᆞᆫ者ᄂᆞᆫ吾輩所知ᄒᆞᄂᆞᆫ栢卓安시外에ᄂᆞᆫ百萬名의壹도無ᄒᆞᆯ지며且其書中에日人老練家數人은職務에從事ᄒᆞ얏다ᄒᆞ고英人技手ᄂᆞᆫ雇傭ᄒᆞ얏다ᄒᆞᆫ句節은其氣色이顧히卑劣ᄒᆞ도다

又壹頁를披閱ᄒᆞ니郵便制度도以ᄒᆞ야通信管理局에서多少紛雜이有ᄒᆞ얏다ᄂᆞᆫ論述이有ᄒᆞᆫ더韓國의郵便制度가能히自保치못홈으로資本만費入ᄒᆞ고況且郵便電信及電話業等의通信院全部가損失되미以故로日人이此通信部의責任을擔負ᄒᆞ기로同意ᄒᆞ야惠愛ᄒᆞᄂᆞᆫ鄰邦이兩相合同ᄒᆞ얏다ᄒᆞ얏스니通信業務에ᄂᆞᆫ既往에利益이生ᄒᆞᆫ事實은說明홈이無ᄒᆞ고通信引繼시協約을獲得ᄒᆞᆫ卽時에日人이卽刻에其料額을倍加ᄒᆞ얏노라ᄂᆞᆫ說도此冊中에未見ᄒᆞ깃도다

至若銀行과通貨에關ᄒᆞᆫ論述은甚히迷惑ᄒᆞ나然이나吾儕ᄂᆞᆫ此等論敵은追後機會를待ᄒᆞ기로姑置之ᄒᆞ고

[illegible]水道問題에就ᄒᆞ야ᄂᆞᆫ此報告書에云ᄒᆞᆫ데京城에在ᄒᆞᆫ多數日人들이壹貯水池를建設ᄒᆞ기로決定ᄒᆞ기ᄯᅢ문에自ᄂᆞᆫ「此에對하야恪別히注意ᄒᆞᆷ이가曾無ᄒᆞ얏다」ᄒᆞ고繼云ᄒᆞ되京城에水道建設ᄒᆞᄂᆞᆫ格外의權利를附有ᄒᆞᆫ壹美國人의會社에서反對홈으로渠의方策이實施되지못ᄒᆞ엿노라ᄒᆞ얏스니此ᄂᆞᆫ又壹區々ᄒᆞᆫ嫉妬의例題이며卽日人이每常에若此히煩惱ᄒᆞᄂᆞᆫ비라京城에水道를建設ᄒᆞ기로恪別히注意ᄒᆞ기ᄂᆞᆫ京城에在ᄒᆞᆫ日人들이先著者이라홈은全然虛妄之說이니吾儕가確信ᄒᆞᄂᆞᆫ바此美人會社와技手들이其測量을既已竣完ᄒᆞᆫ然後에사彼些少ᄒᆞᆫ日人의動論이비로소發出ᄒᆞ얏거날然而况「討有」라ᄂᆞᆫ語法을用홈은爭論의言辭를宣揚홈이라其特許權을美人會社에許與ᄒᆞᆫ時에日人當局者들도知悉ᄒᆞᆫ바인즉彼統監府報告書에此問題로論及ᄒᆞᆫ語意ᄂᆞᆫ其編輯者의實意로何許他關係에由ᄒᆞ야疑惑만捏作홈이로다

又他壹頁에醫學校를論及ᄒᆞᆫ것을閱讀ᄒᆞ니其曰「敎授之方은日本博士가三人이오韓國醫師가三人이오美國醫士가壹人이라」ᄒᆞ얏스니如何ᄒᆞᆫ資格으로區別ᄒᆞ야日人은博士로美人은醫士로稱道ᄒᆞ얏ᄂᆞᆫ지知得ᄒᆞᆯ슈업거니와吾儕ᄂᆞᆫ다만美國醫士ᄂᆞᆫ最末에付ᄒᆞᆫ것만注意ᄒᆞ리로다

又他壹節에京城博覽會를論及ᄒᆞᆫ대就ᄒᆞ야ᄂᆞᆫ其事業經營은韓國政府에서主張ᄒᆞ고其壹切陳列品은特別히日人들이進出ᄒᆞ얏다ᄂᆞᆫ事實은論難홈이無ᄒᆞ도다

[illegible]過漸進ᄒᆞ다가第七十八頁에「印刷局」의題目을閱ᄒᆞ고其中에서如左ᄒᆞᆫ句語를取出ᄒᆞ니曰「韓人職工을訓導ᄒᆞ기에多樣으로努力을費ᄒᆞ얏다」ᄒᆞ얏스니統監府ᄂᆞᆫ其財政을特別히有益ᄒᆞᆫ方道에나費用ᄒᆞᄂᆞᆫ거시事好ᄒᆞ리로다韓國職工은彼例年報告書編輯者의表明홈과如히無所望ᄒᆞᆫ者들은決코아니니라吾輩의經驗ᄒᆞᆫ바로ᄂᆞᆫ韓人들이그런官府의助力이나日人老練家의敎導가업시라도數朔內에能히植字의善手가되나니라然而吾儕ᄂᆞᆫ釜山과濟物浦港內에設圖進就ᄒᆞᆫ地도나願求ᄒᆞᄂᆞᆫ者들이잇거던此報告書를熱心으로勵動ᄒᆞ깃노라

詞藻

◎오 骨凍

조놈의샐작이、호옹。옷독춤츄、는데、홍。
집게발얼어서、丈人단지되노나、아。
어려화、됴라、호옹。壯觀이낫고나、홍。

廣告

雜報

●宮女出發 宮女閔內爽氏가渡日ᄒᆞᆫ다ᄂᆞᆫ說은已報어니와明日上午八時에京釜鐵道一番列車를搭乘渡航ᄒᆞᆫ다더라

●檢査官制改正 度支部會計檢査局官制를改正ᄒᆞᆫᄂᆞᆫ데檢査官專任二人을三人으로ᄒᆞ고副檢査官三人을增置ᄒᆞ며主事拾人은二拾人으로增設ᄒᆞᆫ다ᄒᆞ더라

●入格者叙任 法部에셔辯護士試驗을經ᄒᆞ야入格ᄒᆞᆫ諸氏로將次判事를叙任ᄒᆞᆫ다더라

●耳目如電 一進會에셔伊藤統監에게上書를提致ᄒᆞᆫ事ᄂᆞᆫ世所共知어니와該事件을極爲秘密케ᄒᆞ야世界에漏布될새百般區束ᄒᆞ얏더인대其全文이日前帝國新聞에露揭된故로該會에셔再昨日에總務員會를開ᄒᆞ고此事件이自何漏出됨을調査知得코자ᄒᆞ야壹塲紛競이大作ᄒᆞ얏다더라

●暗圖認許 松石園事件으로梁在薰吳壹泳兩氏가裁判ᄒᆞᆫ다ᄂᆞᆫ說은已揭어니와李恒九氏가該園을自己名下로한城府의認許를暗圖도出ᄒᆞ얏ᄂᆞ니라

◉張仁煥氏의宣告 (共立新報翻謄)

祖國의慘狀을悲憤切痛ᄒᆞ야日本의瓜牙로韓國의主權을剝奪케ᄒᆞ던所謂政府顧問須知分을砲殺ᄒᆞᆫ張仁煥氏의事件은既히該地警察署預審으로壹等罪에擬ᄒᆞ야監禁ᄒᆞ지십個月만에去十二月二十三日에陪審官이會集ᄒᆞ야其愛國誠心을感服ᄒᆞ야甚至於落淚ᄭᆞ지ᄒᆞ고맛참너貳等罪로判決ᄒᆞ얏ᄂᆞᆫ데壹月二日午前십時에上等裁判所判事가시法庭에셔左右辯護士와輕重을論ᄒᆞ야二時間을說明ᄒᆞᆫ後에判事가宣告ᄒᆞ되冝罪二等의終身(卅年)懲役ᄭᆞ지有ᄒᆞ나其次에律노二拾五年禁錮에處ᄒᆞ노라ᄒᆞ얏ᄂᆞᆫ데張氏ᄂᆞᆫ泰然히顏色을不變ᄒᆞ고刑律에服從ᄒᆞ고자ᄒᆞ니ᄒᆞᄂᆞᆫ것슬辨言치아니ᄒᆞ얏다더라

●兩處請認 春川觀察使李圭完氏와光州觀察使申應熙氏가金貨六百圓式測量總督所에送致ᄒᆞ고各其該道에測量事務를全管ᄒᆞ기로請認ᄒᆞ얏다더라

●投紙痛哭 前參領金學鎭氏가日前大韓協會會장金嘉鎭氏等이總理李完用氏의게建議ᄒᆞᆫ全文을朗讀ᄒᆞ다가至於二拾九朝王府關和와五百年國家紀綱이胡至此壹朝滅如乎아ᄒᆞ야ᄂᆞᆫ新聞을投地ᄒᆞ고壹塲痛哭ᄒᆞ얏다더라

●橫斷鐵道敷設 韓國內橫斷鐵道敷設에關ᄒᆞ야統監府에셔來四月頃에解氷期를待ᄒᆞ야着手ᄒᆞᆯ터인데壹은元山에셔起點ᄒᆞ야平壤으로通ᄒᆞ고壹은元山에셔起點ᄒᆞ야京城으로通ᄒᆞᆯ터이라ᄒᆞ더라

●申氏卒逝 前參政太臣申箕善氏가身病으로多月呻吟ᄒᆞ다가再昨日上午三時에因爲卒逝ᄒᆞ얏다더라

●官費生試驗 今回의日本의派遣ᄒᆞᆯ官費留학生의闕員을補充ᄒᆞ기爲ᄒᆞ야來二拾貳拾壹兩日의학部의셔試驗을擧行ᄒᆞᆯ터인더官立高등학校나或右학校와同등되ᄂᆞᆫ학校証書가有ᄒᆞ고年齡이拾七歲以上廿五歲以下된者ᄂᆞᆫ來拾六日內로履歷書를該部의提呈ᄒᆞ면應試케ᄒᆞᆫ다더라

●納稅輕蔑 榮山浦等地에ᄂᆞᆫ남壹海山兩派가橫行ᄒᆞ며檄文을傳布ᄒᆞ미其壹郡地方의人民은納稅에怠惰ᄒᆞ며面長과領收員들도義兵의橫行을恐怖ᄒᆞ야徵稅에務치아니ᄒᆞ야以是로官民이共同히納稅의義務ᄂᆞᆫ輕蔑이녀인다더라

●家屋酒草稅揭額 昨日官報로以ᄒᆞ야家屋稅酒稅烟草稅三法律을發布ᄒᆞᆫ바를調査ᄒᆞᆫ즉本年度收入預想은家屋稅가二拾壹萬餘圓烟草稅가四拾八萬六千餘圓(內의耕作稅가四拾壹萬五千圓販賣稅가七萬餘圓)酒稅가십六萬三千餘圓이라合計八拾六萬圓이라더라

●壹進退步 壹進會의셔近日該會頭領의不在ᄒᆞᆷ을因ᄒᆞ며諸般經費를支撥치아니ᄒᆞᆫ故로會況이漸次減損ᄒᆞ야金曜日이면依例히評議會를開ᄒᆞ더니挽近의ᄂᆞᆫ該例會도連次廢止ᄒᆞ얏다더라

●悔已晩矣 近日에壹進會會況의凋殘ᄒᆞᆷ을因ᄒᆞᆷ인지當初投入ᄒᆞᆫ것을慨歎ᄒᆞ고名簿에所載ᄒᆞᆫ姓名을刪去ᄒᆞ야退會코저ᄒᆞᄂᆞᆫ者가多有ᄒᆞ다더라

●測量否認 各測量事務所에셔人民의田土를測量製도ᄒᆞ야農商工部에請認ᄒᆞᆫ則該部에셔認許치아니ᄒᆞᄂᆞᆫ故로各測量事務所의稱寃이有ᄒᆞ다더라

●延氏呼寃 始興郡東面書院里居延秦燮시가該등所在屯土牛口耕을多年畊食ᄒᆞ더니金已五爲名人이該郡財務署에得囑ᄒᆞ야該田土를奪畊ᄒᆞᄂᆞᆫ故로延시가財務監督局에呼寃ᄒᆞ얏다더라

●義民消息 日前에義兵大將李殷贊氏가部下百餘名을領率ᄒᆞ고加平郡地方에來到ᄒᆞ야人民의게申飭ᄒᆞ야兵器를精銳히準備하라ᄒᆞ얏다ᄂᆞᆫ傳說이喧藉ᄒᆞ다더라

●好事多魔 前副卿李根培氏가敎育이最先急務됨을頗히覺悟ᄒᆞ고民國의有益ᄒᆞᆫ一大事業을計도코저ᄒᆞᄂᆞᆫ더禹李諸朴諸人等이百般沮害ᄒᆞᆫ다더라

●商務組織 商務組合本部에서각十三道에商務都班首를可堪人으로選擇派送ᄒᆞ야各地方商務를組織ᄒᆞᆫ다더라

●落科被囚 趙彰漢氏가李徵翼氏의家券及도章을僞造ᄒᆞ야典執코저ᄒᆞ다가警察署에被囚審査ᄒᆞ고放還ᄒᆞᆫ事ᄂᆞᆫ已揭어니와趙李兩氏가再昨日에地方裁判所에셔裁判ᄒᆞ얏ᄂᆞᆫ대趙氏가理屈落科되야監獄署에現今被囚ᄒᆞ얏다더라

●同舟相救 美國徃버地方에居留ᄒᆞᄂᆞᆫ權永華氏가身病으로따苦ᄒᆞᄂᆞᆫ데同地居留曹鎭環氏가其情景을悶惻히녀여晝夜救療ᄒᆞ야權氏의病勢가漸次快復ᄒᆞ얏스니曹氏의慈善心은實노嘆賞ᄒᆞᆯ만ᄒᆞ다더라

●救濟遺族 北壯洞等地居ᄒᆞᄂᆞᆫ前總巡李肯淳시가日前의因病致死ᄒᆞᆫ지라該洞人民들이該遺族을救濟ᄒᆞ기爲ᄒᆞ야每戶十錢以上으로至於數十圓ᄭᆞ지隨力捐助ᄒᆞ기로發論ᄒᆞ야現今收合ᄒᆞᆫ額이百餘圓의達ᄒᆞ얏다더라

●兩氏救世 今日上午拾時半下午壹時半六時半에夜珠峴救世軍營에셔正領許嘉斗氏夫人과正尉班禹巨氏夫人과正校劉敦氏와夫人이救愛目的으로第二營에도同時에正校禹途夫人과副校李雲咸夫人과參校夫人을領率ᄒᆞ고幷爲演說ᄒᆞᆫ다더라

●靑館祈禱 靑年會館에셔萬國학生聯合祈禱를今日上午拾時下午壹時四時七時에開ᄒᆞ고分四次ᄒᆞ야各학校학生을分排調遊ᄒᆞ야合心祈禱ᄒᆞᆫ다ᄂᆞᆫ더傍聽은不許ᄒᆞᆫ다더라

●親睦總會 湖西학生親睦會成會에셔重要ᄒᆞᆫ事務를處理ᄒᆞ기爲ᄒᆞ야今月上午十一時에磚洞普成학校內에셔特別總會를開ᄒᆞᆫ다더라

●關東親睦 關東학生親睦會에셔今日上午拾壹時에關東학會館內에開ᄒᆞᆫ다더라

●帝國總會 帝國學生親睦總會에셔今日下午壹点에定期總會를敎化門前國民夜학校內에開ᄒᆞᆫ다더라

學界

●敎明總會 新門外敎明學校에셔經費가窘拙하야該校附近八洞이義務敎育ᄒᆞᆷ은世所共知어니와금番人民이義捐金을不肯出給ᄒᆞᄂᆞᆫ故로該校에셔日前에總會를開ᄒᆞ고各등收錢委員을選定ᄒᆞ얏ᄂᆞᆫ데李舜夏金厚煥尹炳喜魚용善諸시라더라

●鎭倅熱心 鎭川郡守朴初陽시가莅任以後로敎育上에熱心ᄒᆞ야학校를設立ᄒᆞᆫ바邑中太小民人을累次會集ᄒᆞ고壹々曉喩ᄒᆞ미有志紳士가一齊感動ᄒᆞ야爭先出義에當日捐付金이五百餘圓에達ᄒᆞ얏다더라

●郵員熱心 振威郡郵便局主事柳俊弘시가自己俸給금一新修理ᄒᆞ야勞働夜學會를設ᄒᆞ야一旬之內에學徒가五十餘名에達ᄒᆞ얏ᄂᆞᆫ데教師聘定基金正賢兩시를雇聘ᄒᆞ야熱心教育ᄒᆞᆫ다더라

●掘履補學 金川郡桃花面文陽里居鄭達齡시ᄂᆞᆫ年今五十에家亦清貧ᄒᆞ더라數年前부터其子晩秀汀秀시를日本東京에留학케ᄒᆞ고自己ᄂᆞᆫ弊裳破履로晝粥掘履ᄒᆞ야其子兄弟의학費를繼續補給ᄒᆞᆫ다더라

●大安農民 慶남晋州郡大安面有志紳士諸시가農民夜學校를設立ᄒᆞ고教師ᄂᆞᆫ該面居ᄒᆞᄂᆞᆫ姜環鎬시가名譽로熱心教授ᄒᆞᄂᆞᆫ데不過三個朔에학徒가九拾餘名에達ᄒᆞ얏다더라

●普明復明 槐山邑普明學校가累次廢止之境에至ᄒᆞ얏더니該校教師李應運務際員金周鉉兩시가熱心教育ᄒᆞ기로학員이四拾餘人에至ᄒᆞ야擴就之望이有ᄒᆞ다더라

▲地方消息▼

▲光州等地에ᄂᆞᆫ義兵二三百名이集團ᄒᆞ얏더니天安士郎及榮山浦三處日憲兵分遣所가聯合ᄒᆞ야討伐ᄒᆞᆫ後로ᄂᆞᆫ分離ᄒᆞ야或幾名或數十名式徘徊ᄒᆞ야來往이不絕ᄒᆞᆫ다ᄒᆞ고

▲昌平邑에ᄂᆞᆫ去十二月中旬에義兵拾七名이侵入ᄒᆞ고又十貳月二十日及二拾八日에ᄂᆞᆫ義兵이該地日憲兵駐在所十里許ᄭᆞ지徃襲ᄒᆞ얏다ᄒᆞ고

▲光州長城綾州附近에ᄂᆞᆫ義兵이頻數來往ᄒᆞᆷ으로日憲兵屯在所附方의人心이稍히動搖ᄒᆞ다ᄒᆞ고

▲本月二日全羅南道谷城南方五十里地에서義兵十二名이同日守備隊下士以下八名과交戰ᄒᆞ얏다ᄒᆞ고

▲本月初旬江原道原州郡西北方約拾里地에서義兵拾餘名이該地分遣所日憲兵四名及補助員三名과交戰ᄒᆞ얏다더라

▲勸少年▼ 憂國生

愛國으로病든몸이積雪乾坤다盡토록節가ᄂᆞᆫ줄不知터니鴻得意더소리에愕然驚起出門ᄒᆞ야臨高望臨ᄒᆞ니春消息이完然ᄒᆞ다이내懷抱지어내여青年의게붓치노라

▲北邙山을바라보니累累塚더무덤은烈士俠侠몃々친고復讐못ᄒᆞ우리人生此時代를當ᄒᆞ여서國家事業못ᄒᆞ고보면더塚中에드러가면鬼神되믈박겟ᄂᆞ가青年들아내말듯소

▲漢江水를바라보니西山落日어둡ᄂᆞᆫ데魑魅魍魎더등쌀에津涯行人다죽ᄂᆞᆫ더烟籠寒樹더언덕에虛舟無人泛泛ᄒᆞ야어셔밧비잡어라救濟衆生急ᄒᆞ도다青年들아내말듯소

▲冠岳山을바라보니特然獨立더孤松은暴風雨를못이기여千年老根다파이고枝葉조차枯焦로다身操版삽날녀드러護枝葉牢固ᄒᆞ며若[illegible]青年들아내말듯소

▲鍾樓閣을바라보니八百斤더寅鐘은子正ᄭᆞ지울니더니世丰義발表로다承平日久人民들이昏夢中에꿈만ᄭᆞ니[illegible]之쉬들말이醉不醒可慮로다青年들아내말듯소

▲終南山을바라보니鬱鬱蒼蒼樹林속에烟焰漲天더불쏫즌팔팔雜雜宏壯ᄒᆞ다焦頭爛額겁을말고專心박어消防ᄒᆞ니全國內에延及ᄒᆞ면容身無地엇지ᄒᆞᆯ고青年들아내말듯소

▲北岳峰바라보니上坪下坪더田畓은陳蕪荒穢荊棘中에狐狸縱橫爭鬪로다더耒耜를어서잡고먼저나서起墾ᄒᆞ며遲延歲月不顧타가着手無地氣막커리青年들아내말듯소

▲青年들아青年들아國家興亡擔任ᄒᆞᆫ全國內에青年들아國敗ᄒᆞ면身隨亡은諸君들도아ᄂᆞᆫ바라이病의말을약을少有補爲ᄒᆞ거시니泛聽過棄ᄒᆞ고再三研究ᄒᆞ여보소

廣告

普成專門學校學員募集廣告

本校에서第五回法律專門學員을募集ᄒᆞ오니願學僉員은左開에依ᄒᆞ야屆期入學ᄒᆞ심事

壹 試驗ᄂᆞᆫ陽二月二拾壹日上午十時

(陰正月二日)

壹 試驗科目은如左

國漢文　讀書

作文　算術

壹 入學에關ᄒᆞᆫ用紙ᄂᆞᆫ本校에請ᄒᆞᆷ事

漢城礡洞普成專門學校告白

本會에셔今日下午六時에特別總會를光東學校內에開ᄒᆞ고重大事項을處理ᄒᆞ오니僉會員은無遺來臨ᄒᆞ심을希望ᄒᆞᆷ

靑年同志會　告白

本會會長勳一等從一品前參政大臣陽園先生申箕善氏가本日上午三時에病歿

隆熙三年二月十二日

大東學會

西署龍山坊孔德里契第五統三號靑勝督家券을昨年拾月分에써失故로玆以廣告ᄒᆞ오니無論某人ᄒᆞ고拾得ᄒᆞ여도休紙施行喜　南部會賢坊會洞笠日榮吉

◎材木大發賣

弊店의品好ᄒᆞᆫ木材가多數俱備ᄒᆞ와廉價로賣出ᄒᆞ오니所用이有ᄒᆞ신僉君子ᄂᆞᆫ陸續來購ᄒᆞ심을務望ᄒᆞᆷ

京城竹洞八十二統七戶竹洞材木店主金興敏　告白

南部紅箭門內淸商大成義西片戶外瓦家四拾間을放賣코자ᄒᆞ여此以廣告ᄒᆞ오니願買者이여던銅峴大淸商廣和順問議ᄒᆞ심을望ᄒᆞᆷ

大淸商廣和順　謹白

ᄂᆞ川郡守金鳳熏氏之慈善異蹟世所共知也本人素以孤蹤中年蕩產渾族轉壑之境矣亦蒙賙氏之救恤便此安奠惡莫大該郡赴任未幾累朔人民頌聲洋溢滿境該氏之超蹟何若是廣大世所罕有故拜祝謝褒告ᄒᆞᆷ

觀寧右里面朴根浩　告白

英語日語測量各科

의速成專門學員을募集ᄒᆞ오니願學員은陰二月십日內로賁臨ᄒᆞ야細則을詳問志願ᄒᆞ시오

英語　下午七時至九時

日語　晝夜甲乙組隨意

測量　上午十時至十二時

鐘路伯廬后測族館家

專門講習所

漢城東部建德坊於義洞貳洞測量製圖事務所에서支事務所를平安南道中和邑에設立ᄒᆞ오니該附近地方에土地를測量ᄒᆞ시기志願ᄒᆞ시ᄂᆞᆫ僉君子ᄂᆞᆫ該支事務所로來議ᄒᆞ심을望ᄒᆞᆷ

事務員　李斗鎬　徐丞燁

金容三　吳喆煥

二洞測量製圖事務所　告白

廉價放賣

測量器械各種

製圖器械各種

製圖用紙各種

釜山港本町二丁目

近藤支店

測量機械各種大發賣

漢城남部棗洞大십號統柏戶

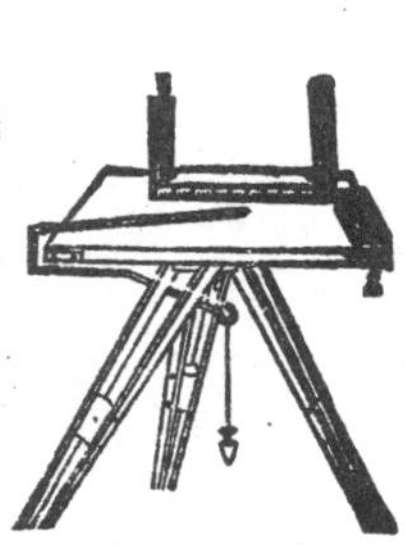

KIM

金龍商會

出張所　典洞金樂永

本人의六代祖判書公局內松楸를族人閔泳璘氏가暗賣事로本人이屢爲記載廣告어니와泳璘氏가自知理屈ᄒᆞ고使人紹介ᄒᆞ야以四百圜으로講和이더니何意事至數囑宗中인지本人을匿避不現이다ᄒᆞ고橫竪說去로構誣廣告ᄒᆞ오니豈有如許之事乎아內外國人은推此照亮ᄒᆞ와假托廣告를切勿信聽ᄒᆞᆷ

閔丙學　告白

本人이本府古邑面倉洞金載洽處에家舍七間十地三作柴山壹垈典執ᄒᆞᆫ契約券을서失이오니誰某拾得ᄒᆞ던지休紙에歸ᄒᆞᆷ

義州古寧面壹寧里

獨孤典　告白

本會特別總會를本月拾四日(日曜)上午十壹時에隆熙學校니미ᄒᆞ오니學生僉員은光臨ᄒᆞ심을敬要

大東學友共濟會　告白

特別廣告

近頃에本社事務에對ᄒᆞ야狹窄沒覺ᄒᆞᆫ者ㅣ陰沮를試ᄒᆞ다ᄒᆞ나何國何人이던지本社에長進ᄒᆞᆫ事務에對ᄒᆞ야能히防遏치못ᄒᆞᆯ것은明瞭ᄒᆞᆫ이니此廣告를讀ᄒᆞ시ᄂᆞᆫ僉彦은幸須銘心ᄒᆞᆯ것이오玆에本社의進行ᄒᆞᆯ職責與事務를明白히說明ᄒᆞ노라

本社ᄂᆞᆫ비록新成立ᄒᆞᆫ者이나本社를興旺케ᄒᆞᆯ方針에對ᄒᆞ야必要ᄒᆞᆫ者에ᄂᆞᆫ能力과勇敢力이固有ᄒᆞ오며現今에着手ᄒᆞᆫ事業은如左ᄒᆞᆷ

一 本社ᄂᆞᆫ韓國과美國間에直接輸入及輸出을伸張ᄒᆞᆷ을務圖ᄒᆞᆷ

韓國內某々種手造物品은美國의輸出ᄒᆞ야奇利를得ᄒᆞᆯ者가多有ᄒᆞ나尙今까지此等物品은美國、各處의紹介ᄒᆞᆯ기無路ᄒᆞ더니現今에本社에서ᄂᆞᆫ此等困難이無ᄒᆞᆯ지라韓國은何故로美國과如此ᄒᆞᆫ商業上好關係를抛棄ᄒᆞ리오

又嘗試思ᄒᆞᆫ것은美國物品이韓國에到達ᄒᆞᆯ時에ᄂᆞᆫ通常으로四五手를經由ᄒᆞ나니每經由에該物品本價에서利益을添付ᄒᆞ여稅金及運費도自然增加ᄒᆞᄂᆞᆫ故로物價가甚高ᄒᆞ오나本會社ᄂᆞᆫ美國內物品製造所에서最廉價로特約直輸入ᄒᆞ야顧買者에게直接放賣ᄒᆞ며物價가低廉ᄒᆞᆯ더이오니推此思惟ᄒᆞ오면韓國內에서美國物品의需用이直接과間接으로利益의增加ᄒᆞᆷ을預期ᄒᆞᆷ

貳 本社에서韓美兩國間商業關係만盡力ᄒᆞᆯ뿐不啻라韓國과亞細亞全部와歐羅巴及濠太利諸處에도商業上好機會를造成ᄒᆞᆯ計劃이오며且勤實ᄒᆞᆫ代理人을韓國內各處에置ᄒᆞ고新鮮ᄒᆞᆫ物品을直輸入ᄒᆞ야名長代理人으로分掌出賣케ᄒᆞ며又物貨를放賣ᄒᆞᆷ에對ᄒᆞ야ᄂᆞᆫ時々로特別히廣告를揭布ᄒᆞᆯ터이오니海內僉彦은本社에事務進行을緣此承聞ᄒᆞ오리다

三 本會社ᄂᆞᆫ不動產部를別設ᄒᆞ고不動產에關ᄒᆞᆫ事項을管理ᄒᆞ되土地家屋等賣買典當과借貸等事에仲介契約受托及방助ᄒᆞᄂᆞᆫ等事를處理ᄒᆞ야迅速히發展되기를期待ᄒᆞ며此에關ᄒᆞᆫ詳細事項은未久의公布ᄒᆞᆯ깃슴

四 何事를勿論ᄒᆞ고法律의違反치아니ᄒᆞ고本社의利益이有ᄒᆞ으로認定ᄒᆞᄂᆞᆫ營業은本社에서隨機進行ᄒᆞ기를準備ᄒᆞᆯ터이오니此目的의對ᄒᆞ야同情을表ᄒᆞ시ᄂᆞᆫ僉彦은盡心協助ᄒᆞ심을切望ᄒᆞ며以下陳述ᄒᆞᆫ諸事項에對ᄒᆞ야僉彦의通信을連絡ᄒᆞ기를願ᄒᆞ오니左開二項을注意ᄒᆞ시옵

壹 何事를勿論ᄒᆞ고本會社에委托ᄒᆞᄂᆞᆫ時에ᄂᆞᆫ本社의셔盡心竭力ᄒᆞ야信實히處理ᄒᆞᆯ터이오며

二 本會社ᄂᆞᆫ何人이던지本會社의委托ᄒᆞᆫ事에對ᄒᆞ야ᄂᆞᆫ其信用을確守ᄒᆞ고尊敬ᄒᆞᆷ을保証ᄒᆞᄂᆞᆫ故로何事를勿論ᄒᆞ고信用의關ᄒᆞᆫ事件은特別히本社의委任ᄒᆞᆷ에加一層安全ᄒᆞᆷ을擔任ᄒᆞᆸ나이다

大韓皇城礡洞

韓美興業株式會社　謹啓

廣告

실업셜쇼 松風琴 송뢰금
蘇雨堂主人陸定洙著
定價金 二十五錢
此본쇼셜은남아의실업계활동과가졍녀의범졀을사출ᄒᆞ야유려ᄒᆞᆫ문쟝과곡곡ᄒᆞᆫ사의ᄂᆞᆫ풍긔을계량ᄒᆞ고도덕을발휘ᄒᆞᆯ지슌이만일차시독ᄒᆞ면가치를아오리다
發賣所 南大門內廣通會堂前博文書館
平壤鍾路太極書館
開城鍾路興學書舖
京鄕各有名書판

問答 初等大韓新地誌
全壹冊定價金 貳拾五錢
近日初等大韓地誌가三四種이續次刊行되엿스오나敎育上에缺點이勝ᄒᆞ다可謂ᄒᆞᆯ지니今에本書ᄂᆞᆫ特別히幼年程度의適當ᄒᆞᆷ을爲ᄒᆞ야問答例로詳密히編纂ᄒᆞ야小學校用에必要ᄒᆞ오니[...]ᄒᆞ심을望홈

漢字初習 全壹冊 定價金拾五錢
本館에서著作ᄒᆞᆫ漢字初習은漢文字에意義를幼穉라도解得ᄒᆞ기便易ᄒᆞ게[...]操出ᄒᆞ여畫數의多少를[...]編次ᄒᆞ고[...]敎授ᄒᆞ기와解得ᄒᆞ기와習字ᄒᆞ기가[...]下學文이나其他漢文敎學을爲ᄒᆞ여[...]最便ᄒᆞ고最要ᄒᆞᆫ幼穉의捷徑初學漢[...]適宜ᄒᆞ오니多數[...]ᄒᆞ심을바라ᄂᆞ이다

國語文典音學 周時經著述
全壹冊 定價二拾錢
本書ᄂᆞᆫ周時經시가拾有餘年을研究ᄒᆞᆫ國語의文典과音學에諸般原則을詳密히說明ᄒᆞ여一般學界에極히有用ᄒᆞᆫ책이오니文學에有志ᄒᆞᆫ신士와學徒僉員은速히購覽ᄒᆞ심을바라나이다

最新初等小學
文明國의小學讀本制度를模範ᄒᆞ야精美ᄒᆞᆫ圖本을具ᄒᆞ고八卷을四卷으로合製ᄒᆞᆷ
貳冊合製定價金五십錢

最新初等大韓地誌 定價金四拾錢

最新高等大韓地誌 定價金七拾錢
文明國地誌制度를模倣ᄒᆞ야漢陽의山水며宮闕圖와拾三道地圖와各港口와開市場과名山大川과都會勝地의繪도를具ᄒᆞᆷ

初등大韓歷史
文明國의歷史制度를從ᄒᆞ야我國의 聖帝 明王과 御眞과忠臣烈士의影幀을具ᄒᆞᆷ
定價金七十錢

初등動物學 每課有도 定價金四十전

初等植物學 每課有도 定價金三十錢

國家思想學 精神敎育 定價金二十五錢

憲法要義 法務敎育 定價金二拾五錢

右數種書冊은本書舖에서發行ᄒᆞ오며此外에도各種書籍이具備ᄒᆞ오니학界僉君子ᄂᆞᆫ速速來臨ᄒᆞ심을爲望
京城南部銅峴大廣通街第三十五統五戶 玉虎書林

大韓全國에總發行所ᄂᆞᆫ 京城南大門內濟生堂大藥房

清心保命丹 此丹은化痰止咳ᄒᆞ고順氣消滯ᄒᆞ며太乙不服에奇效가有홈 金十錢

蔘茸大補元 壹週日分金壹圓 四週分金三圓十錢 二週壹劑八十錢 十劑[...]三拾錢

右약은大韓鹿茸人蔘에西洋有名ᄒᆞᆫ補材를混和ᄒᆞ야我國兄弟의腸胃와性質에適當ᄒᆞ도록多年研究ᄒᆞᆫ바今에先服人의累試累驗이隨症皆差ᄒᆞ니果然今世之靈藥이라故로主治救能을左開廣佈ᄒᆞ오니僉兄弟ᄂᆞᆫ何不早圖壹試오(效能) 先天不足과健忘不眠ᄒᆞ며 心腎俱虛와 房事色傷이며 遺精多夢과色傷腰痛이며 房事時에早漏不快ᄒᆞ며 重病後虛弱과 手足厥冷이며 食物不消와 貧血諸症에奇效가有ᄒᆞ고 無病人이若服七週면大補元氣ᄒᆞ고骨節이强壯ᄒᆞ며健康無病ᄒᆞ나니此可謂眞世靈藥哉若不其效면약價還呈홈

蛔積殺虫散 此散은蛔積과蛔腹痛과[...]滑와蛔虫壹切를去ᄒᆞᄂᆞᆫ妙藥 金십錢

寸虫沒出藥 勿論男婦老幼ᄒᆞ고寸虫壹切를拔[...]之妙劑 壹入周三拾전

久滯大通丸 年久ᄒᆞᆫ積滯와胸腹痛과腹中積病[...]驗除ᄒᆞᄂᆞᆫ良劑 [...]

感氣特效解熱散 感氣드러頭痛나고寒熱往來ᄒᆞ며肢節[...]ᄒᆞᆫ데特效 [...]

瘧疾根拔藥 [...] 金십錢

新製百應膏 [...]刀[...]과 모든[...]氣와大傷ᄒᆞᆫ곱제인 金拾錢

去瘀生新沃度膏 발[...]신으면惡臭와[...]

止足汗臭藥 汗이나[...]고냄새가업소 金十錢

其他藥種은壹壹難記어니와大韓國內藥舖에셔ᄂᆞᆫ僉兄의게藥價ᄂᆞᆫ大加引下放賣ᄒᆞ오니陸續注文ᄒᆞ시오
京城南大門內 仁川[...]峴 濟生堂主 李庚鳳

壯陽復元丹
一週分壹圓 二週分一圓八十錢 四週分三圓四拾錢 八週分六圓四拾錢

此약은專치腦病腎弱○房事色傷○腎虛弱○陽萎不起○遺精多夢○神經衰弱○房事時早漏不快○病後虛弱○健忘不眠○貧血諸症○先天不足○飲食不下○眩暈頭痛○等症에나니試將此丸ᄒᆞ야服法服之면不過幾点鐘에立見妙效ᄒᆞ야魂飛肉躍에精神倣蕩ᄒᆞ고頓覺유快하나니其症이輕者ᄂᆞᆫ服壹二週면挽回元陽ᄒᆞ고其症이稍重者ᄂᆞᆫ可服三四週ᄒᆞ고遠年痼疾로其症이頗重者ᄂᆞᆫ連服七八週면必能全치無疑니若夫無病之人도試用此劑則補血而益氣ᄒᆞ고强筋而壯骨ᄒᆞ나니服之八週而未見其效則請將價額을如數還呈이오不敢虛誕自欺라此丸이乃無論男婦老幼ᄒᆞ고均用有效하나니眞世間無比之妙劑也라 僉位ᄂᆞᆫ何不早도壹試오
共愛堂藥房
特約代理店 京城水標橋 濟生堂藥房
발行所 皇城鍾路大廣橋十九統七戶

新訂分道大韓[...]圖
銅版印刷 구오수洋裝 全壹帖 正價金五拾錢
△[...]堂主 宋시庠

○我韓地圖之精密者首推古山子[...]而[...]於携帶且[...]本圖煩就簡作爲小帖以公同好我內地地味膏沃物產豐富爲東洋之寶藏者[...]拓而發明則我國之富强可計日而待矣[...]三道自[...]川郡都府以至物產名目詳細記載使人一目瞭然請我同胞各置壹本以作與導業之壹助是所厚望

發兌元
▲皇城中部[...]朝[...] 中央書館
▲皇城南[...] 滙東書館
▲皇城北部桂洞 玄公廉
▲皇城中部[...] 大東書市

大韓帝國仁川[...]峴 全國內各藥舖 總發行所 和平堂大藥房

婦人靈藥 胎養調經丸 부인령약 태양됴경환 壹劑壹月分 金五圓
主治說明 婦人이孕胎ᄒᆞ지못ᄒᆞᆷ은冷病積聚와月經不調가因ᄒᆞᆷ이니此藥을服用ᄒᆞ시면婦人腹中에有ᄒᆞᆫ諸病은壹切退去ᄒᆞ고自然孕胎ᄒᆞ니[...]

[...]速速買去ᄒᆞ시옵

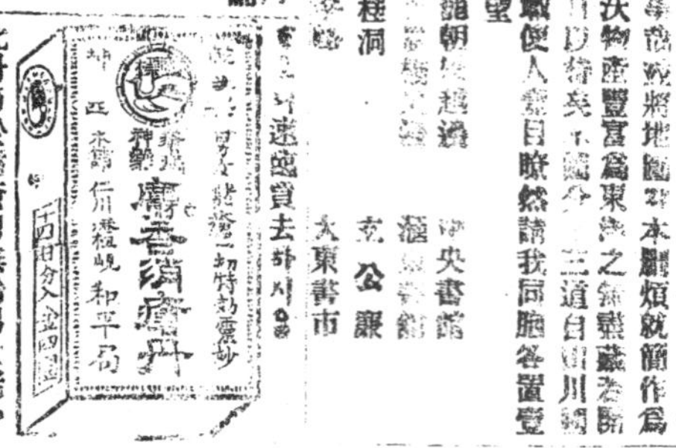

此丹이於瘡瘍에無論男女老少ᄒᆞ고若服壹劑면實有神效니[...]야百발百中ᄒᆞ오니非例方可及也라若諸瘡治則楊梅瘡과疳瘡珠瘋濕頭瘡諸症에俱見立效ᄒᆞ오니養痾僉君子ᄂᆞᆫ壹次試驗伏望

八寶丹 九拾五粒入金拾錢

主治效能
○胃痛惡心○頭痰酒飲○食思欠乏○中暑中寒○宿久積滯○急痧關格○溢飲食傷○痰痛眩暈○泄瀉下痢○霍亂吐瀉○水土不服○船車酔

補陰補陽 滋陽[...]
三拾日分 金五圓
貳拾日分 金三圓四拾錢
拾日分 金壹圓八拾전

主治
○房事不[...]○腎虛腰痛○病後氣弱○腎氣不足○陽痿不起○[...]多夢○陰虛[...]○手足厥冷○[...]○[...]○虛弱[...]疾

此外의도東洋各國靈藥이[...]備[...]特別割引[...]

製藥所 仁川港[...]峴 和平堂藥局
發行人 李[...]
衣[...] 和平堂支店
代理店 京城[...]門內[...] 京城入[...]橋 共愛堂藥房
京城鍾路 仁川港[...]峴 和平堂 告白

發行兼編輯人英國人 萬咸
Responsible for Publication
發行所 南部[...]井洞外地三層洋屋家 大韓每日申報社

隆熙三年二月拾六日 明治四十二年二月十六日 (第三種郵便物認可) 火曜日 西曆壹千九百九年貳月拾六日 (壹)

第七卷

大韓每日申報

第壹千廿四號

月曜及慶節 休日時刊

檀君開國四千二百四十二年
箕子元年三千三十一年
大韓開國五百十八年
日本明治四十二年
隆熙三年
陰曆己酉正月小廿六日丁未

論說

◉拿破倫의日課

西歐人民은英雄崇拜心이甚熱ᄒᆞ야生前에ᄂᆞᆫ其服從의義務를盡ᄒᆞ며死後에ᄂᆞᆫ其崇慕의誠意를竭ᄒᆞᄂᆞᆫ지라是以로壹英雄이出ᄒᆞ면彼의精神性質과研究ᄒᆞ며彼의言論行事를記錄ᄒᆞᆫ册子가幾乎歷史地誌政治法律等科學書籍과相等ᄒᆞ나니嗚乎盛矣로다

拿破倫은西歐第壹流의英雄인ᄃᆡ特히法國產에繫ᄒᆞᆫ故로法國人士의此에關ᄒᆞᆫ講演及著作이甚多ᄒᆞᆫᄃᆡ其中에最히世間의歡迎을得ᄒᆞᆫ者ᄂᆞᆫ判羅羅大將의講演ᄒᆞᆫ拿破倫의軍隊的心理가(一)이오瑪孫學士의講演ᄒᆞᆫ拿破倫의青年時代가(二)오同氏의講演ᄒᆞᆫ拿破倫의戴冠式及成聖式이(三)이오當年拿破倫의秘書官侯蘭시의手記ᄒᆞᆫ拿破倫의日課가(四)라就「拿破倫의日課」ᄂᆞᆫ興味最富ᄒᆞᆫ記事라ᄒᆞ야甚히巴里讀書界의拍掌을受ᄒᆞ얏더라

此로推ᄒᆞ면西歐人의英雄崇拜ᄒᆞᄂᆞᆫ것을可想이오尤其自國英雄崇拜ᄒᆞᄂᆞᆫ것을可想이로다今에拿破倫日課錄中에其數項을摘揭ᄒᆞ야讀者諸君에게紹介ᄒᆞ노라

拿破倫이每日上午二時에起床ᄒᆞ며就眠은僅四時間뿐이라起出ᄒᆞ야寢衣를仍着ᄒᆞ고默然히坐ᄒᆞ기를三時間을經ᄒᆞ니盖此三時間은大事件을研究ᄒᆞᄂᆞᆫ時간이러라

上午五時에至ᄒᆞ야再히就寢熟眠ᄒᆞ고七時에更히起床ᄒᆞ야ᄂᆞᆫ正服을着ᄒᆞᆫ後內室에出席ᄒᆞ더라

彼가內外貳室에서ᄒᆞᄂᆞᆫᄃᆡ內室은秘書官外에ᄂᆞᆫ他人의入을不許ᄒᆞ고諸種研究를從事ᄒᆞ며外室은或國務大臣을引見ᄒᆞ며或訪問者를引見ᄒᆞ더라

正午에晝飯을喫ᄒᆞᆯ시每樣書學務官巴比厓시와伴食ᄒᆞ니도書學務官은實로閑官이아니라恒常新刊書可讀者를購入ᄒᆞ야此를整理ᄒᆞ며此를供覽케ᄒᆞ더라

拿破倫이讀書癖이太深ᄒᆞ야西曆壹千八百八年에壹千冊의愛讀書를印刷ᄒᆞ야陣中閑讀에供ᄒᆞ니宗教書四拾冊、詩集百冊、劇詩四拾冊、小說百冊、歷史六十冊、日記回想錄等六百六拾冊이더라

晝飯을終ᄒᆞ고陸軍大臣을招ᄒᆞ야軍事에關ᄒᆞᆫ報告를精細히檢閱ᄒᆞ더라

彼가他國軍隊의狀態를精查ᄒᆞ야作戰法의研究材料를作ᄒᆞᄂᆞᆫ지라일즉俄都莫斯科에서敗還ᄒᆞᆯ시俄兵이道中에서彼의遺失ᄒᆞᆫ壹冊子를拾ᄒᆞ야其中에서俄國軍勢調查書를발見ᄒᆞ야俄帝에게上ᄒᆞ니俄帝가彼의俄國軍勢調查에周密ᄒᆞᆷ을喫驚ᄒᆞ니拿破倫은元來腦力이非凡ᄒᆞ야每々金錢出納帳을檢查ᄒᆞ며壹二錢의誤錯도發現ᄒᆞ더라

拿破倫이午後에ᄂᆞᆫ或行政委員會에出席ᄒᆞ며或國務大臣會議에出席ᄒᆞ야自已의意見을發布ᄒᆞ며他人議論도聽取ᄒᆞ고時或異論者를勵聲叱責ᄒᆞᄂᆞᆫ事도有ᄒᆞ더라

六時에晚餐의卓에就ᄒᆞᄂᆞᆫᄃᆡ食事ᄂᆞᆫ二十分間을經ᄒᆞ고食後에執務를繼續ᄒᆞ야十時에止ᄒᆞ고更히明日의活動力을養ᄒᆞ기爲ᄒᆞ야寢室에入ᄒᆞ더라

官報

▲隆熙二年九月壹日 官報

部令

學部令第拾六號

學員의成績을考查ᄒᆞᆷ에ᄂᆞᆫ平業과學業及試驗의成績에依ᄒᆞ야行ᄒᆞᆷ

試驗을分ᄒᆞ야學期試驗及學年試驗으로ᄒᆞᆷ

學期試驗은學期中의履修ᄒᆞᆫ學科에就ᄒᆞ야第壹及第二學期末의此를施行ᄒᆞᆷ

學年試驗은其學年中의履修ᄒᆞᆫ學科에就ᄒᆞ야學年末에此를施行ᄒᆞᆷ (未完)

◉本社特電

貳月拾貳日神戶發

●英皇訪德 英國皇帝皇后兩陛下께서德國伯林에御着ᄒᆞ셧ᄂᆞᆫᄃᆡ熱心의歡迎을受ᄒᆞ셧고當夕에德國皇帝께서宮內에서國宴을開催ᄒᆞᆫ後에兩國皇帝께서親愛的演說을互相交換ᄒᆞ얏다더라

●英皇訪德의滿足 伯林國宴 同日發 席上에서演述ᄒᆞᆫ英德兩皇帝의演說은歐人社界에既是懸篤ᄒᆞᆫ感動을與ᄒᆞ얏ᄂᆞᆫᄃᆡ摩洛哥에關ᄒᆞᆫ英德兩國間新協約의通告와共히一般輿情이滿足히녀기고且歐洲平和進就에對ᄒᆞ야分明ᄒᆞᆫ補益이될줄노信ᄒᆞᆫ다더라

●清人抗論 同日發 英國에잇ᄂᆞᆫ清人協會에서美國官吏들이清人待過ᄒᆞᄂᆞᆫ狀態를反抗ᄒᆞ야大統領루쓰벨트氏의게電達ᄒᆞ기를清國人의게對ᄒᆞ야移民部官吏들이公正ᄒᆞᆫ分別을用치아니ᄒᆞ고도로혀各種侮辱을施ᄒᆞᆫ다ᄒᆞ며日本移民들은正當히待遇ᄒᆞ면서清國移民들은罪犯과如히待遇ᄒᆞ니淸國臣民이美國에入來ᄒᆞ거던壹層公正히待遇를受ᄒᆞ도록大統領께셔其權力을施ᄒᆞ라고要求ᄒᆞ얏다더라

外報

●伊國의議會改選 伯林電을據ᄒᆞᆫ즉伊太利政府ᄂᆞᆫ議會를解散ᄒᆞ고春期의總選擧를行ᄒᆞ기로計劃ᄒᆞᄂᆞᆫ中이라더라

●覺書拒絕 同電을據ᄒᆞᆫ즉墺國은塞爾維亞의覺書採用ᄒᆞ기를拒絕ᄒᆞ얏다더라

●賠款支出準備 土耳其ᄂᆞᆫ向者墺國의셔仲裁的을提供된勃牙利의對ᄒᆞᆫ要求案을全然反對ᄒᆞ고勃牙利로ᄒᆞ야금戰爭賠償金全部를支出케ᄒᆞ기를準備ᄒᆞᆫ다더라

●兩官憲會見 今番伯林의셔英國外務次官ᄒᆞ아ᅳ징지시와獨逸宰相비ᅳ유로시가外交上會見을行ᄒᆞᆫ다더라

●海軍計劃進就 英國요이스港의海軍根據地設置計劃은漸次決定ᄒᆞ야七個年間의完成ᄒᆞᆯ目的인ᄃᆡ費額은三百二十五萬磅이라더라

詞藻

●不時看

떼맛흔송사리、호응。병魚쥰처흥。
日辰을갈희여、희치셔먹을자、아。
어리화、됴타、호응。知和者됴무나、흥。

雜報

●延期出發 宮內府大臣閔丙奭氏가昨日東京에前往홀次로發程ᄒᆞᄂᆞᆫ대女官吳奉保千尙宮高尙宮三人을帶同發往ᄒᆞ앗다더라

●服裝費下賜 女官三人이日本에前往ᄒᆞᄂᆞᆫ事ᄂᆞᆫ別項과如ᄒᆞ거니와該女官의服裝費로金二百圜式 內下ᄒᆞ셧다더라

●義校困難 今番 大駕西巡時에義州에서日旗를交揭ᄒᆞ던問題에對ᄒᆞ야當般人民과各學校에서交揭치아니ᄒᆞ기로決死抗拒ᄒᆞ미觀察使와該府尹이韓日巡査를四方으로派送ᄒᆞ야威脅多端에甚至於 勅令이라ᄒᆞ고日旗數萬個를製造ᄒᆞ야人民과학生에게勸揭ᄒᆞ며極力抵抗ᄒᆞ다가威脅을不勝ᄒᆞ야或日旗를交揭ᄒᆞᆫ者도有ᄒᆞ나至於批峴面各학校ᄒᆞ야ᄂᆞᆫ以死抵抗ᄒᆞᆯ지라該面克明학校敎師李昇根朴亨權兩氏가新義州警察署에被捉되여無數惡刑을當ᄒᆞ야幾乎死境이오其餘각학校任員도方今譏探中이라더라

●打破組合 別項과如히義州府內日旗組合所主人김景洛爲名者가日旗를多數販賣ᄒᆞᄂᆞᆫ대或日旗를不買ᄒᆞᄂᆞᆫ者가有ᄒᆞ면該府尹을符同ᄒᆞ야威脅勒賣ᄒᆞᄂᆞᆫ디何許人士가該組合所를亂打毁破ᄒᆞ얏더니該金也가警察署에告訴ᄒᆞ야該人을尙今譏探中이라더라

●內閣決議 日昨內閣에서皆議를開ᄒᆞ얏ᄂᆞᆫ데각 陵官減額ᄒᆞᄂᆞᆫ事에對ᄒᆞ야誰存誰拔기不無稱怨ᄒᆞ니以其居首 陵官으로壹人式仍存ᄒᆞ고其外ᄂᆞᆫ減削ᄒᆞ기로決議ᄒᆞ얏다더라

●協議處判 今番에宮內府大臣閔丙奭氏가渡日ᄒᆞᄂᆞᆫ事에對ᄒᆞ야總理李完用氏가該大臣署理를被命ᄒᆞᆯ다더니追聞ᄒᆞᆫ즉署理ᄂᆞᆫ尙未決定ᄒᆞ고侍從院卿尹德榮氏와該府次官이諸般事務를協議處辦ᄒᆞ기로決定ᄒᆞ얏다더라

●此辭彼避 鐵岑郡主事李相렴氏가該郡署理郡守德郡守에게辭免請願書를提呈ᄒᆞ고公州郡衙에前往ᄒᆞ야更히復職ᄒᆞ기를極力運動中이라더라

●壹進行動 日前에壹進會에서總務員會를開ᄒᆞ고伊藤統監을挽留ᄒᆞᆯ事項을協議ᄒᆞ고代表者를推選ᄒᆞ야日本에派遣ᄒᆞᆯ次로旅費를現今周旋ᄒᆞᄂᆞᆫ中이라더라

●日學徒觸傷 昨日上午八時半頃에閔官大의馬車가南門內에서疾走ᄒᆞᆯ際에日人小學校生徒山田이가該馬車에抵觸되여重傷을被ᄒᆞ얏다더라

●辯護法改正 從來로韓國辯護士法은三級審新裁判制定을依ᄒᆞ야各地의各級裁判所의開廳ᄒᆞᄂᆞᆫ것이適合지못ᄒᆞᆷ으로同法을改正ᄒᆞ야日本辯護士法과近似히制定ᄒᆞᆯ事로目下審議中인대此地의開業ᄒᆞᆫ日辯護士의게ᄂᆞᆫ何등關係가無ᄒᆞ다더라

●民團要功 日人邊의報告를據ᄒᆞᆫ즉咸北鏡城郡에ᄂᆞᆫ民團이設立되여各面長이時時로事務所에集合ᄒᆞ야各種方面으로所謂改善의策을講究ᄒᆞᆫ다ᄒᆞ며又義兵의情況을日本官憲의게隨時報告ᄒᆞᆷ으로義兵鎭壓ᄒᆞᄂᆞᆫ行動上에ᄂᆞᆫ便利를貽ᄒᆞᆷ이不少ᄒᆞ다고讚道ᄒᆞ얏더라

●殷民請願 內部에서稷山殷山兩郡을稷川郡으로合倂ᄒᆞ얏더니殷山郡人民이多數上京ᄒᆞ야該部에請願ᄒᆞ되本郡은該兩郡中央에在ᄒᆞᆫ즉각項事務에擧皆便利ᄒᆞ깃스니本郡으로合倂ᄒᆞ야달나ᄒᆞ얏다더라

●李氏起訴 新門外石橋居李廷楨氏가營業次로家劵壹度를自己舍弟로ᄒᆞ야금典當舖에委送ᄒᆞ야五百圜을典執以來ᄒᆞᄂᆞᆫ路에加佐洞居鄭某徐某兩人이百般誘引ᄒᆞ야雜技局을設ᄒᆞ고該五百圜中六十圜을勒奪ᄒᆞ고至於毆打之境ᄒᆞ얏ᄂᆞᆫ디李廷楨氏가該錢을推尋次로起訴ᄒᆞ얏다더라

●辯護勿施 代書營業ᄒᆞᄂᆞᆫ某氏가有何思想인지法部에請願ᄒᆞ되近日辯護士等이각項法律에嫻熟ᄒᆞ다自稱ᄒᆞ고民刑訴訟을無不干涉ᄒᆞ야反多生弊ᄒᆞ니從今以後로ᄂᆞᆫ辯護士를壹切勿施ᄒᆞ라ᄒᆞ얏다더라

●是何罰金 楊平郡守鄭元謨氏가前砥平郡邑底에場市를新設ᄒᆞ고民간에告示ᄒᆞ되場市ᄂᆞᆫ에每동人民이二人式入來ᄒᆞ라ᄒᆞ야若不入來ᄒᆞ면每名에罰金二圜式收捧ᄒᆞᆫ다더라

●別樣愚人 驪州郡居前富寧郡守金某가元來財産이富饒ᄒᆞ기로有名ᄒᆞᆫ人인ᄃᆡ近日에該氏의令男兄弟가財를耗損ᄒᆞᄂᆞᆫ지라該氏가日人壹名을義子로定ᄒᆞ고自己田庄文簿를沒數委托ᄒᆞ야永久保護케ᄒᆞᆫ다더라

●營農者保護 全羅南道沿海岸地方은從來로義兵의巢穴이라日本農業經營者들을保護ᄒᆞ기爲ᄒᆞ야去陰二月五日부터城田場市에臨時憲兵派出所를設置ᄒᆞ얏다더라

●平民何罪 楊平郡二頭津派駐所日憲兵補助員一名이銃丸을帶持ᄒᆞ고도躱ᄒᆞᄂᆞᆫ路에水踰等地何許人家에서暫爲留宿ᄒᆞᆫ事가有ᄒᆞ던지該所憲兵들이該地에來到ᄒᆞ야無罪平民을無數毆鍊ᄒᆞ얏다더라

●干義者逃避 咸鏡北道鏡城郡居하ᄂᆞᆫ驪南淑氏가義兵干連이有하다ᄒᆞ야該郡憲兵分遣所에서捉囚審査ᄒᆞ고該道監獄署로押交ᄒᆞᆯ次러니該氏가乘隙逃走ᄒᆞ얏다ᄂᆞᆫ通信이某處에來到ᄒᆞ얏다더라

●松隅戰塵 日前에抱川郡松隅地에서義兵數십名이日兵과數時交戰ᄒᆞ야兩陣死傷이多數ᄒᆞ얏다ᄂᆞᆫ說이有ᄒᆞ더라

●竊金逃躱 長水郡郵便局事務員日人某가該局貯置金二千圜을竊取携帶ᄒᆞ고不知去處로逃躱ᄒᆞ얏다더라

●沈家賊警 通津郡馬松里居沈尙成氏家에ᄂᆞᆫ陰曆本月십八日夜에賊漢二名이突入ᄒᆞ얏ᄂᆞᆫ대壹名은失捕ᄒᆞ고壹名은該郡警察署로押交ᄒᆞ얏다더라

●鰥寡被囚 水原郡雙阜面列名里居金成玉氏가多年鰥居ᄒᆞ더니對洞居趙元汝金順化等拾餘人을帶同ᄒᆞ고南陽郡堂谷居金姓家에寡居ᄒᆞᄂᆞᆫ徐召史를奪來ᄒᆞ야數日을同居ᄒᆞ얏ᄂᆞᆫ디該家邊에서起訴ᄒᆞ야金成玉趙元汝兩人이現今監獄署에被囚ᄒᆞ얏다더라

●李氏放還 前觀察使李容觀氏가警務廳에被囚되얏다ᄂᆞᆫ說은已揭어니와該氏가三昨日에無事放還ᄒᆞ얏다더라

●皇社總會 皇城新聞社에서再昨日에定期總會를開ᄒᆞ고昨年度諸般經費決算報告書를提出ᄒᆞ얏다더라

●智德開演 西部智德共新會에서本日下午七時에鄭雲復氏를請邀ᄒᆞ야演說ᄒᆞᆫ다더라

●幻燈聚演 今日下午七時에鐘路靑年會館에서醫학博士洪종殷氏가身體에對ᄒᆞᆫ幻燈會를開ᄒᆞ고衆에게演說ᄒᆞᆫ다더라

學界

●江倅奬校 江界郡守兪鎭浩氏가莅任ᄒᆞᆫ後에政令이公平ᄒᆞ야境內가賴安ᄒᆞᆯ뿐더러敎育界에熱心으로該郡內에學校十二處를設立ᄒᆞ고務圖勸勉ᄒᆞ야文化가蔚興ᄒᆞᆫ다ᄒᆞ며西북人의稱頌이有ᄒᆞ더라

●振威振學 振威郡丙坡面에서東明義塾을設立ᄒᆞ고靑年을募集ᄒᆞ야熱心敎育ᄒᆞᄂᆞᆫ대該員이四拾餘名에達ᄒᆞ며壹般人民이爭捐義金ᄒᆞ며安城郡守김英鎭시가二拾圜을寄付ᄒᆞ고該郡守金復圭시가另加贊成ᄒᆞ야校務를擴張ᄒᆞᆫ다더라

●抱守興學 抱川郡守崔永시가知識發達코저ᄒᆞ야該郡敎育家諸시를官廳으로召集爛商ᄒᆞ고同郡新邑里에在ᄒᆞᆫ靑城第二학校를新廳으로移設ᄒᆞ고該廳을現方修理ᄒᆞᄂᆞᆫ中인ᄃᆡ壹般士民이爭先捐助ᄒᆞ야其額數가累百圜에達ᄒᆞ얏다더라

▲地方消息

▲全羅南道沿海岸地方에ᄂᆞᆫ稍히不穩ᄒᆞ되去陰本月七日에ᄂᆞᆫ義兵壹百二拾名이潭陽邑을襲擊ᄒᆞ미日人官吏及居留民은順天地方으로避難ᄒᆞ얏다ᄒᆞ고

▲拾二月九日에ᄂᆞᆫ義兵五十餘名이海南郡松旨面의韓進會事務所를擊破ᄒᆞ고會員二名을砲殺ᄒᆞ얏다ᄒᆞ고

▲咸興郡以北各地方에ᄂᆞᆫ義兵이種々徘徊ᄒᆞᄂᆞᆫ데昨冬期間에日憲兵과五回의小衝突이有ᄒᆞ얏다ᄒᆞ고彼等은前義兵將車道善氏部下와義兵將洪範道氏部下에屬ᄒᆞ엿던者들이村落으로徘徊ᄒᆞ면서食糧을求得ᄒᆞ야經過ᄒᆞ며往々이潛伏ᄒᆞ얏다가日偵探兵이나遇ᄒᆞ면衝突을起ᄒᆞ다ᄒᆞ고洪範道氏ᄂᆞᆫ目下에惠山鎭地方百餘里濟獅嶺地에潛伏ᄒᆞ얏다ᄒᆞ고

▲昨冬期間에ᄂᆞᆫ茂山府憲兵分遣所로부터他地에憲兵이交往ᄒᆞᄂᆞᆫ中路에서義兵이日憲兵과衝突ᄒᆞ얏다ᄒᆞ고

▲鏡城郡東面地方에ᄂᆞᆫ義兵約三十名이來往ᄒᆞᆫ다ᄒᆞ고

▲城津附近等地ᄂᆞᆫ極히靜穩ᄒᆞ다ᄒᆞ고

▲甲山附近新羅里等地에ᄂᆞᆫ義兵이徘徊ᄒᆞ더니伊後에ᄂᆞᆫ形跡이無ᄒᆞ나此地ᄂᆞᆫ元來義將洪範道가勢力을扇ᄒᆞ던區域이라ᄒᆞ야日兵이嚴密히警戒中이라ᄒᆞ고

▲北靑郡附近黃水院等地에ᄂᆞᆫ義兵이至今徘徊不絶ᄒᆞᄂᆞᆫᄃᆡ昨冬에義兵八名이分村憲兵分遣所에서偵察次로出來하ᄂᆞᆫ日憲兵을北靑郡內에서遇着衝突ᄒᆞ얏다ᄒᆞ고

▲端川郡等地에ᄂᆞᆫ義兵將車道善宋相鎬兩氏의部下되엿던多數義兵이集合徘徊ᄒᆞᆫ다ᄒᆞ야日兵이恒常戒嚴中이라더라

▲本月五日永平郡北面約三里地에서義兵壹百二拾名이該郡分遣所日憲兵下士以下九名及抱川分遣所憲兵과交戰ᄒᆞᄂᆞᆫ中周浦憲兵分遣所上等兵以下四名이應援ᄒᆞ얏다더라

▲希望歌

立生

▲濶濶ᄒᆞᆫ步巨巨手로四千餘年傳ᄒᆞ얏던太白山下檀木椎로本朝創立六世紀에繫世ᄒᆞ던더寅磬을腕力대로ᄃᆞᆼᄃᆞᆼ치며希望入歌熱唱ᄒᆞ니잠던同胞이러나고서ᄂᆞᆫ同胞精神차려萬心一致ᄒᆞ드러보소

▲퍼지리라퍼지리라世界萬國퍼지리라福德門에도라드니三層洋屋恍惚ᄒᆞ다每年더懸板ᄒᆞᆫ日月ᄀᆞᆺ치昭著ᄒᆞ고雷霆ᄀᆞᆺ치震動일세우리同胞耳目이오우리大韓髓髓로다萬歲維持希望이오

▲굿으리라굿으리라磚石ᄀᆞᆺ치굿으리라磚磚天도마드니韓國興業더욱屈ᄂᆞᆫ飢渴에飮食이오枯旱못헤甘雨로다萬藥일혼此天地에다죽을줄알엇더니從此復活반갑도다不死擴張希望이오

▲시로다시로다春色ᄀᆞᆺ치시로다新門內外ᄌᆞ드니敎世軍營宏壯ᄒᆞ다耶蘇의功德으로上帝께서보내신가[illegible]神靈魂세우리同胞[illegible]冥冥中에周旋인세希望이오

▲되나니라되나니라中心되나니라帝國中央도되나니東洋날로가ᄒᆞᆫ학의더暗光은西北부터始作ᄒᆞ야中央싸지미첫고나中央서獨立ᄒᆞ야鎣于天地로발轉希望이오

▲세우리라세우리라大舞臺에세우리라獨立門을도드니우리大韓더國旗ᄂᆞᆫ中日色가리우고西方으로飄揚이야太極圖中心이오八方各卦擁衛로다더럿타시煌煌ᄒᆞᆫ가與世無窮希望일세

▲愛國ᄒᆞᄂᆞᆫ血性으로赴湯蹈火다八士ᄂᆞᆫ輿論ᄒᆞ며贊晉이라宜平壤着ᄒᆞ려와못된骸骨엇어쓰고作妖作孽ᄒᆞ던人物도그骸骨을버서치고ᄃᆞᆼ腦를劈開ᄒᆞ여希望希望希望歌를升力合唱ᄒᆞᆯ지어다

廣告

申叅奉吳永氏夫人叅政公二月拾二日(陰正月二拾二日)別世
京鄕知舊 僉位座前
護喪 金浩鐵

本校에서 音樂科를 增設ᄒᆞ고 音樂의 嫻熟ᄒᆞ신 朴瑞陽시께서 西洋律의 各種原則과 唱歌曲調를 樂器로써 精密히 敎授ᄒᆞᆯ터이오며 陽貳月廿三日부터 開學ᄒᆞ오니 願학ᄒᆞ시ᄂᆞᆫ 員은 伊日內 請願ᄒᆞ시옵

做工은 每週火曜木曜兩日 時干은 下午七時半至八時半 月謝金은 每朔三拾錢

勝洞學校 告白

安仁車

聖書繙譯會委員李昌植시 譯
蓮洞敎會老學明赫시 校閱

本館에서 敎書 安仁車를 譯出發售ᄒᆞ옵ᄂᆞᆫ바 此書ᄂᆞᆫ 道德心培養上에 敎師뿐아니라 普般士女의 新知識을 啓發ᄒᆞᆯ터이오니 陸續來購ᄒᆞ시옵

新舊書籍歐美雜貨及學徒需用品을 俱備發賣ᄒᆞ옵

皇城東部蓮洞隅

普救書館 告白

本人에 名 憲奎를 以台準으로 改正ᄒᆞᆷ

鐵原居前中樞院 學校副敎官 任台準 告白

從二品尹羅植名字를 尹溶秀로 改名ᄒᆞᆷ

尹溶秀 告白

東部仁昌坊馬場里九統二戶金三祿草家四간文券今月二십二日에 失故ᄒᆞ고 廣告內外國人間誰某拾得休紙施行ᄒᆞᆷ

金應漢 告白

本人이 陰昨年拾二月二十六日에 車永珍處에 所捧二千兩於音을 서失ᄒᆞ얏사오니 誰某던지 拾得이시오면 休紙施行ᄒᆞ시옵

義州松役面江井洞 金興俊 告白

東部昌善建德兩坊聯合民國發起人 李圭植 鄭昌淳 金秉煥 宋完永 함鎔植 金相應 朴鼎서 李承遠 洪在旭 金昌元 李建章 梅敬春 金봉株 崔兌淳 鄭順鎰 金應漢 劉寅종 李興根 權世煥 李漢永 柳긔澤 洪永창 崔鍾華 金斗煥 李光淳 李曙鎬

昌建民團 告白

◎測量學員募集

本校測量科에서 日本에 高名ᄒᆞᆫ 測量講師를 延聘ᄒᆞ야 壹個月速成으로 每日實地敎授ᄒᆞ오니 有志僉員은 陰本月二拾八日로 本校에 請願ᄒᆞᆷ

科程及時간은 本校에 來問ᄒᆞᆷ

廣進測量速成學校
位置中部安峴前獎學社內

本人이 陰正月拾二日夜에 半篆牛皮圖章을 서失이다가 翌日에 覓得이오나 疑慮不無ᄋᆞᆸ기 該章은 自今勿施이옵고 茲廣布ᄒᆞ오니 內外僉君子ᄂᆞᆫ 照亮ᄒᆞ시옵

義州南門外 朴用楨 告白

本人이 安洞鞋鹽商元杓於音 二月拾五日標壹丈壹千三百兩을 正月廿三日遺失ᄒᆞ얏ᄉᆞ오니 誰某拾得ᄒᆞ와도 休紙施行ᄒᆞᆷ

田泰亨 白

最新 初等小學

文明國의 小學讀本制度를 模範ᄒᆞ야 精美ᄒᆞᆫ 圖本을 具ᄒᆞ고 八卷을 四卷으로 合製ᄒᆞᆷ

貳冊合製定價金五십錢

最新初等 大韓地誌

定價金四拾錢

最新高等 大韓地誌

定價金七拾錢

文明國地誌制度를 模倣ᄒᆞ야 漢陽의 山水며 宮闕圖와 拾三道地圖와 各港口와 開市場과 名山大川과 都會勝地의 地도를 具ᄒᆞᆷ

初등 大韓歷史

文明國의 歷史制度를 從ᄒᆞ야 我國의 聖帝明王의 御眞과 忠臣烈士의 影幀을 具ᄒᆞᆷ

定價金七十錢

初등 動物學

每課有도 定價金四十전

初等 植物學

每課有도 定價金三十錢

國家思想學 精神敎育

定價金二十五錢

憲法要義 義務敎育

定價金二拾五錢

右敎科書ᄂᆞᆫ 本書林에서 發行ᄒᆞ오며 此外에 各種書籍이 具備ᄒᆞ오니 학界僉君子ᄂᆞᆫ 速速來購ᄒᆞ심을 爲望

原賣所 京城中部銅峴大四街第三十五統五戶

玉虎書林

分賣所 黃海道鳳山郡沙里院朝陽書館 京鄕各有名冊肆

特別廣告

近頃에 本社事務에 對ᄒᆞ야 最狹涉覺ᄒᆞᆫ者ㅣ 陰沮를 試ᄒᆞ다ᄒᆞ나 何國何人이던지 本社에 長進ᄒᆞᆫ事務에 對ᄒᆞ야 能히 防遏치못ᄒᆞᆯ것은 明瞭ᄒᆞᆷ이니 此廣告를 讀ᄒᆞ시ᄂᆞᆫ 쳠彦은 幸須 銘心ᄒᆞᆯ것이오며 玆 本社의 進行ᄒᆞᆯ 職責與事務를 明白히 說明ᄒᆞ노라

本社ᄂᆞᆫ 비록 新成立ᄒᆞᆷ이나 本社를 興旺케ᄒᆞᆯ 方針에 對ᄒᆞ야 必要ᄒᆞᆫ時에ᄂᆞᆫ 能力과 勇敢力이 固有ᄒᆞ오며 現今에 着手ᄒᆞᆫ 事業은 如左ᄒᆞᆷ

一 本社ᄂᆞᆫ 韓國과 美國間에 直接輸入及輸出를 伸張ᄒᆞ기를 務圖ᄒᆞᆷ

韓國內某々種手造物品은 美國의 輸出ᄒᆞ야 奇利를 得ᄒᆞᆯ者가 多有ᄒᆞ나 而今까지 此等物品은 美國에 各處의 紹介ᄒᆞᆯ 經路가 無ᄒᆞ니 現今에 本社에서ᄂᆞᆫ 此等 困難이 無ᄒᆞᆫ지라 韓國은 何故로 美國과 如此ᄒᆞᆫ 商業上好關係를 抛棄ᄒᆞ리오

又壹試思ᄒᆞᆯ것은 美國物品이 韓國에 到達ᄒᆞᆯ時에ᄂᆞᆫ 通常으로 四五手를 經由ᄒᆞ나니 每經由에 該物品本價에서 利益을 添付ᄒᆞ며 稅金及運費도 自然 增加ᄒᆞᄂᆞᆫ故로 物價가 甚高ᄒᆞ오나 本會社ᄂᆞᆫ 美國內物品製造所에서 最廉價로 特約直輸入ᄒᆞ야 購買者에게 直接放賣ᄒᆞ며 物價가 低廉ᄒᆞᆯ터이오니 推此思惟ᄒᆞ오면 韓國內에서 美國物品의 需用이 直接及間接으로 利益의 增加ᄒᆞᆷ을 預期ᄒᆞᆷ

貳 本社에서 韓美兩國間商業關係에 竭盡力ᄒᆞᆯ뿐不啻라 韓國과 亞細亞全部와 歐羅巴及濠太利諸處商에 도商業上好機會를 造成ᄒᆞᆯ 計劃이오며 且勤實ᄒᆞᆫ 代理人을 韓國內各處에 置ᄒᆞ고 新鮮ᄒᆞᆫ 物品을 直輸入ᄒᆞ야 各處代理人으로 分掌出賣케ᄒᆞ며 又物貨를 放買ᄒᆞᆷ에 對ᄒᆞ야ᄂᆞᆫ 時々로 特別히 廣告를 揭布ᄒᆞᆯ터이오니 海內僉彦은 本社에 事務進行을 從此承聞ᄒᆞ오리다

三 本會社ᄂᆞᆫ 不動産部를 別設ᄒᆞ고 不動産에 關ᄒᆞᆫ 事項을 管理ᄒᆞ되 土地家屋等賣買典當과 借貸等事에 仲介契納受托及방助ᄒᆞᄂᆞᆫ 等事를 處理ᄒᆞ야 迅速히 發展되기를 期待ᄒᆞ며 此에 關ᄒᆞᆫ 詳細事項은 未久의 公布ᄒᆞ깃숩

四 何事를 勿論ᄒᆞ고 法律의 違反치아니ᄒᆞ고 本社의 利益이 有ᄒᆞᆷ으로 認定ᄒᆞᄂᆞᆫ 營業은 本社에서 隨機進行ᄒᆞ기를 準備ᄒᆞᆯ터이오니 此目的의 對ᄒᆞ야 同情을 表ᄒᆞ시ᄂᆞᆫ 僉彦은 盡心協助ᄒᆞ심을 切望ᄒᆞ며

以上陳述ᄒᆞᆫ 諸般項에 對ᄒᆞ야 僉彦과 通信을 連絡ᄒᆞ기를 願ᄒᆞ오니 左開二項을 注意ᄒᆞ시옵

壹 何事를 勿論ᄒᆞ고 本會社에 委托ᄒᆞᄂᆞᆫ時에ᄂᆞᆫ 本社의 서盡心竭力ᄒᆞ야 信實히 處理ᄒᆞᆯ터이오며

二 本會社ᄂᆞᆫ 何人이던지 本會社의 委托ᄒᆞᆫ事에 對ᄒᆞ야ᄂᆞᆫ 其信用을 確守ᄒᆞ고 尊敬ᄒᆞᆷ을 保証ᄒᆞᄂᆞᆫ故로 何事를 勿論ᄒᆞ고 信用의 關ᄒᆞᆫ 事件은 特別히 本社의 委任ᄒᆞᆷ이 加一層安全ᄒᆞᆷ을 擔任ᄒᆞᆸ나이다

大韓皇城磚洞

韓美興業株式會社 謹啓

廣告

普成專門學校學員募集廣告

本校에서第五回法律專門學員을募集ᄒᆞ오니願學僉員은左開에依ᄒᆞ야屆期入學ᄒᆞ심事

一 試驗日字ᄂᆞᆫ二月二拾壹日上午拾時（陰貳月一日）

一 試驗科目은如左
國漢文　讀書　作文　筭術

一 入學에關ᄒᆞᆫ用紙ᄂᆞᆫ本校에請ᄒᆞᆯ事

漢城磚洞普成專門學校告白

測量機械各種大發賣

漢城남部東部六십貳統拾戶

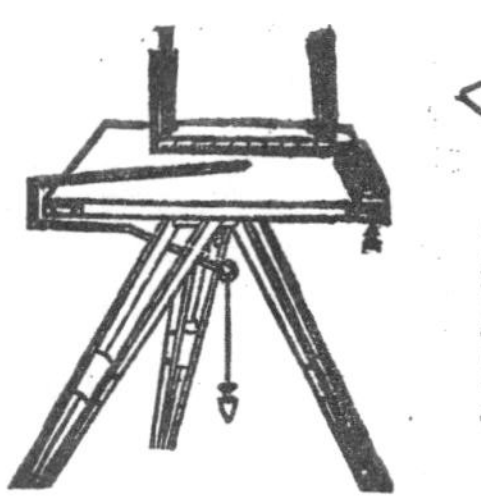

金龍商會

出張所 典洞金樂來

大韓山林協會

本會事務가漸次擴張이온바本會에願入ᄒᆞ실有志僉君子ᄂᆞᆫ本會로陸續來議ᄒᆞ와서林業을發達케ᄒᆞ심을希望ᄒᆞᆷ

（電話三九三番）

機械及藥品

弊所에서新發明ᄒᆞᆫ法으로各種**洗濯及染色**을廉價로需應ᄒᆞ오ᄃᆡ其種類ᄂᆞᆫ如左ᄒᆞᆷ

洋服、襯衣、外套、帽子、項套、洋말、婦人洋服及其一切附屬品、毛織、毛紗、세루、馬尾緞、羅紗綢緞紗羅苧布壹切貴重品과周衣、족긔、赤衫、裳、袴、襦、等屬洗濯及染色物이有ᄒᆞ시거든本所로通知ᄒᆞ시면卽時自宅進議ᄒᆞᆷ

學員、巡査、兵丁、及勞働諸君에對ᄒᆞ야ᄂᆞᆫ定價의拾分之貳를特減ᄒᆞᆷ

各地方에ᄂᆞᆫ小包料를添送ᄒᆞ시면誠實郵呈ᄒᆞᆷ

鍾路里門上隅拾貳統三戶

西洋洗濯部第一屋

本會曾長勳一等從一品前叅政大臣陽園先生申箕善氏가本日上午三時에病歿

隆熙三年二月十二日

大東學會

◎**材木大發賣**

弊店의品好ᄒᆞᆫ木材가多數俱備ᄒᆞ와廉價로需出ᄒᆞ오니所用에有ᄒᆞ신僉君子ᄂᆞᆫ陸續來購ᄒᆞ심을務望ᄒᆞᆷ

京城竹洞八十二統七戶

竹洞材木店主金興敏　告白

南署紅箭門內淸商人成義西片戶外瓦家四拾間을放賣코ᄌᆞᄒᆞ야玆以廣告ᄒᆞ오니願買者여든銅峴大淸商廣和順問議ᄒᆞ심을望ᄒᆞᆷ

大淸商廣和順　謹白

特別廣告

本社에서英字報도今爲繼續發刊ᄒᆞ오니英文을解得ᄒᆞ시ᄂᆞᆫ韓國僉彥은陸續購覽ᄒᆞ심을務望ᄒᆞ오며其定價ᄂᆞᆫ如左ᄒᆞᆷ

壹個月先給　貳圜
壹個年先給　廿圜

大韓每日申報社

本會社의募集ᄒᆞᆫ株式이現滿總數故로第壹回金을排納케ᄒᆞ기爲ᄒᆞ야株式擔當諸員의게預告ᄒᆞ오니二月二拾日（陰二月壹日）ᄭᆞ지左記處所에排納ᄒᆞ시옴

平壤磁器製造株式會社株式排收所
創立事務所平壤貫洞　尹聖運
京城株式會社韓一銀行
定州五山洞　李昇薰

◎學員募集廣告

壹個月細部測量과三個月圖根測量학員을募集ᄒᆞ오니陰正月二拾七日內로請願ᄒᆞ시오

北部齋洞三統拾戶

測量新塾

筭術學員을四則以上으로又募集ᄒᆞᆷ

日語學員도又募集ᄒᆞᆷ

本館에서敎科用新書籍과其他國民智識의發展될書籍이며學徒用品帽子及粉筆구지등壹壹俱備ᄒᆞ얏사오니有志ᄒᆞ신諸君子ᄂᆞᆫ陸續請購ᄒᆞ심을敬要ᄒᆞᆷ

事洞郡亭新書館

書籍舖　金鳳柱　告白

漢城東部建德坊於義洞貳統測量製圖事務所에서古事務所를平安남道中和邑에設立ᄒᆞ오니該附近地方에土地를測量ᄒᆞ시기志願ᄒᆞ시ᄂᆞᆫ僉君子ᄂᆞᆫ該支事務所로來議ᄒᆞ심을望ᄒᆞᆷ

事務員　李斗鎬　徐丞燁
金容三　吳喆煥

二洞測量製圖事務所　告白

英語日語測量各科

외速成專門學員을募集ᄒᆞ오니願學員은陰一月십日內로貴臨ᄒᆞ야細則을詳問志願ᄒᆞ시오

英語　下午七時至九時
日語　晝夜甲乙組隨意
測量　上午十時至十二時

鍾路布廛樓上大淸旅館家

專門講習所

廉價放賣

測量器械各種
製圖器械各種
製圖用紙各種

釜山港本町三丁目
近藤支店

西署龍山坊孔德里契第五統一号黃勝賢이紙券을昨年拾月分에셔失故로玆以廣告ᄒᆞ오니無論某人ᄒᆞ고拾得ᄒᆞ여도休紙施行ᄒᆞᆷ

南部會賢坊會洞笠目柴吉

壯陽復元丹

一週分藥價
二週分一圜八十錢
四週分三圜四十錢
八週分大圜四拾錢

此약은專치腦痛肺弱○房事色傷○腎虛弱○陽萎不起○遺精多夢○神經衰弱○房事時早漏不快○病後虛弱○健忘不眠貧血諸症○先天不足○飮食不下○眩暈頭痛○等症ᄒᆞ나니試將此丸을照法服之ᄒᆞ면不過幾点鍾에立見妙效ᄒᆞ야精神倍蓄ᄒᆞ고頓覺舒快ᄒᆞ나니其症이輕者ᄂᆞᆫ服壹二週면挽回元陽ᄒᆞ고其症이稍重者ᄂᆞᆫ可服三四週ᄒᆞ고遠年痼疾로其症이頗重者ᄂᆞᆫ連服七八週면必能全治無疑니若夫無病之人도試用此劑則補血而益氣ᄒᆞ고强筋而壯骨ᄒᆞ나니服之八週而未見其效則請將價額을如數還呈이오不敢虛騙自欺라此丸이可謂眞世間無比之妙劑也라無論男婦老幼ᄒᆞ고均用有效ᄒᆞ나니僉位ᄂᆞᆫ何不早도壹試오

발行所　皇城鍾路大廣橋十九統七戶
共愛堂藥房
特約代理店　京城水標橋　濟生堂藥房

新訂分道大韓帝國地圖

銅版印刷　子旦수洋裝　金壹帖　正價 五拾錢
△玄堂　玄采　宋시序

○我韓輿圖之精密者首推古山子但篇帙太多難於携帶且凍僯者少不能人人皆有豈非大恨事哉玆將地圖가本制煩就簡作爲小帖以公同好我內地地味膏沃物產豐富爲東洋之寶藏若能拓而發明則我國之富强可計日以待矣本圖分十三道自仁川各郡都府至物産名目詳細記載使人壹目瞭然請我同胞各置壹本以作興業之壹助是所厚望

發兌元
皇城中部罷朝橋越邊　中央書館
皇城남部大廣橋東邊　滙東書館
皇城北部桂洞　玄公廉
皇城中部寺洞　東書市

大韓帝國仁川香町各藥舖

總發行所和平堂大藥房

婦人童嬰
부인태양됴경환
婦人胎養調經丸　壹劑壹月分　금五圜

主治說明

婦人이孕胎ᄒᆞ지못ᄒᆞᆷ은冷病積聚와月經不調로因ᄒᆞᆷ이니此藥을服用ᄒᆞ시면婦人腹中에有ᄒᆞᆫ諸病은壹切退去ᄒᆞ고自然孕胎ᄒᆞ오니養病僉君子ᄂᆞᆫ壹次試驗伏望

此丹이於諸瘡에無論男女老少ᄒᆞ고壹服壹劑ᄒᆞ면實有神效ᄒᆞ야百발百中ᄒᆞ오니非例方可及也라若諸主治則楊梅下疳遲珠風濕頭瘡諸症에俱見立效ᄒᆞ오니速臨買去ᄒᆞ시오

主治效能

○胃痛惡心○頑痰固飮○食思欠乏○中暑中寒○新久積滯○急暫關格○滯飮食傷○頭痛眩暈○泄瀉下痢○霍亂吐瀉○水土不服○船車

補陰補陽 **滋陽丸** 자양환

三拾日分　금五圜
貳拾日分　금三圜四拾전
拾日分　금壹圜八拾전

主治

○房事不足○胃痛腰痛○病後氣弱○腎氣不足○陽痿○遺精多夢○陰虛……

此外의도東西洋各國靈藥과價……

製藥所　仁川港香町　和平堂藥房
發行人　李　……
京城鍾路　衣……
和平堂支店
代理店
京城……水標橋……
京城大廣橋　共愛堂藥房
京城香……
仁川港香町
和平堂　告白

發行兼編輯人英國人　萬咸
Responsible for Publication
Alfred Weekley Marnham

發行所
南部石井洞號外地三層洋屋家
大韓每日申報社

大韓每日申報

第七卷

月曜及祝節
歲時日休刊

檀君開國四千二百四十二年
箕子元年三千三十一年
大韓開國五百十八年
日本明治四十二年
淸國宣統元年
陰曆己酉正月小廿七日戊申

寄書

◎服藥精神　崔益

人이病ᄒ면醫를須ᄒ야治ᄒ사曰藥物이是ㅣ라國이病ᄒ면何를藉ᄒ야以治ᄒᆯ사亦惟曰藥物이存ᄒ다ᄒ리라

人病을療ᄒ인草木金石甘淡鹹苦의料가有ᄒ거니와國病을醫ᄒ인何를謂ᄒ야藥物이라稱ᄒ는가曰症에對ᄒ야奏效ᄒᆯ方法이有ᄒ니是는藥劑이라稱ᄒᆯ지니라

我國의宿瘼을診ᄒ미實力이乏ᄒ고民智가蒙ᄒ며財源이竭ᄒ고人心이渙ᄒ야種々現症이實노可慘ᄒᆫ境에達ᄒ얏도다醫國大手諸家들이此를診ᄒ고對症의劑를講究ᄒ야教育眞方을按出이라

此方文을按出後에報館에筆이死ᄒ고演壇에舌이敝ᄒ도록左唱右叫ᄒ야方文의材料를廣布ᄒ며主治의功能을說明ᄒ며服法의順序를開示ᄒ야其誠力이已勤ᄒ고日月이且深ᄒ얏도다

但人에病은危境에雖遠ᄒᆯ지라도方藥만得宜ᄒ면投之立應ᄒ려니와國의病은此와異ᄒ야方藥은雖善ᄒᆯ지라도精神을喪失ᄒ면其效를回收ᄒ나니라

彼病枕에臥ᄒ야同病人의呻吟聲을一回觀察ᄒ다가痛哭聲을不覺ᄒ者ᄂᆫ卽今積年沈痾의元氣시發ᄒ고客邪之氣充滿ᄒ야自家精神이消與俱喪이로다精神이喪ᄒᆯ지라死亡이在目ᄒ되苦痛을不覺ᄒ고其所謂服藥方法이悠々泛々ᄒ야肢體健康ᄒ고血脈活潑ᄒᆯ時에消化品茶者等을服ᄒᆫ노슴노認做ᄒᆫ者ㅣ有ᄒ며精神이喪ᄒᆫ時에入服ᄒᆫ되自然眞元은毫髮도不起ᄒ고邪氣를反助ᄒ야實熱症에鳥頭를投ᄒᆫ듯시壹咽에便勃々力作ᄒ고二咽에便狂叫乱走者ㅣ或有ᄒ니沉吟狀態ᄒᆯ時보다大效가有ᄒ줄노誤ᄒᆫ지만死亡之期는比ᄒ야尤迫ᄒ도다

精神이喪ᄒᆫ지라蠢々然乎[illegible]을作ᄒ야朝에叫ᄒ고夕에歎ᄒ야나니一聲에內肚外形사지[illegible]腰蜂은不化ᄒᆫ者或鮮ᄒ니悲夫라精神의喪ᄒᆷ이여지此에極ᄒ도

所以로七年이雖久ᄒ나艾을積ᄒ지三年이已過ᄒ얏거만沈痾의중이去發沈痾ᄒ니沈痾를見ᄒ고方文을咨ᄒ나方文이叢弁리오服之者의罪ㅣ로다

積久ᄒᆫ病源을壹朝에快復키는難ᄒ나此病은他病과異ᄒ지라自家정神만淬勵ᄒ야苦痛이壹節劇烈ᄒ거던정신이壹層奮發ᄒ야閻羅鬼卒의號令이霹靂을作ᄒ거던정신은電光을作ᄒ며鐵鎖로項의加ᄒ거던정신은鎔化爐를作ᄒ며阿鼻獄中에引入ᄒ야刀山劍水에脇迫ᄒ거던정신은鐵血을作ᄒ야此정신을刮磨淬勵ᄒ야每日服藥ᄒ면一分의元氣가旺ᄒᆯ지며元氣一分이旺ᄒ면邪氣壹分이縮ᄒᆯ지며二分이復ᄒ면二分이退ᄒᆯ지라進々不已ᄒ면泰山의高를曾是不意로務蹈絕險ᄒ야完人을成ᄒᆯ日이必有ᄒ려니와此정신을收拾지못ᄒ면服藥을雖勤ᄒᆯ지라도無益ᄒᆯ뿐아니라邪를添病ᄒᆯ거시오助邪뿐不惟라卑復聲에必作ᄒᆯ거시요化而爲鬼ᄒᆯ지라도[illegible]畢竟不得ᄒ고虎前의창을未免ᄒ야進之退之를能虎是仰ᄒ리니

噫噫라病情을診論ᄒ다가亂痾ᄒ며氣가塞ᄒ야苦痛ᄒ고啓痛을又添ᄒ도다

收拾ᄒᆯ지어다收拾ᄒᆯ지어다우리同病之人은收拾ᄒᆯ지어다精신을收拾ᄒᆯ지어다

外報

●鴉片會議議 上海에서萬國會ᄒᆫ萬國鴉片會議는旣爲議事規則을可決ᄒ야現今各國委員들이調査報告ᄒᄂᆫ데[illegible]報를防ᄒ기爲ᄒ야秘密會를[illegible]ᄒ고其發表ᄒᆯ事項을委員의手를經ᄒ야發表ᄒ기로決定ᄒ얏더라

●徐總督의奏請 東三省總督徐世昌씨ᄂᆫ黑龍江省의可拓을務ᄒ야內地貧民의移住를獎勵ᄒ기爲ᄒ야天津上海漢口營口等地에墾民招待所를設置ᄒ기로奏請ᄒ얏다더라

●蒙古의內亂 蒙古內地의셔近日에馬賊의橫行이甚ᄒ야各王은土民兵을募集ᄒ야防禦에盡力ᄒ나賊勢가甚强ᄒ야人心이洶々ᄒ다더라

雜報

●林會演說

去拾三日大韓協會에서鐘路靑年會館에演說會를開ᄒ고尹孝定시가僭邪와正論이란問題로激到히演說ᄒ다가其結端에ᄂᆫ天下萬古의綱紀個人의僭濫奸慝ᄒ야公理를違背ᄒᆫ者를鋒舌斧로聲々罵倒ᄒ얏ᄂᆫ대其概意ᄂᆫ如左ᄒ니

富貴의壑慾으로外勢에依附ᄒ야賣身賣國ᄒ던今古許多ᄒ秦檜賈似道者流의頭上에ᄂᆫ此鋒斧가可試ᄒᆯ지며威權을憑ᄒ고逆節이已萌ᄒ야目無君上ᄒ던今古許多ᄒ王莽曹操者流의頭上에도此鋒斧를可試ᄒᆯ지며二十世紀文明光線이耳目에面에塗抹ᄒ고强食弱肉으로天演公理를藉托ᄒ야人의國을邱墟ᄒ며人의族을殄滅ᄒᄂᆫ世界列强이對ᄒ야도德義的正論을可試ᄒᆯ지며幾千年祖國을斷失ᄒ고奴隸의耻辱과犬羊의宰割을甘受ᄒ야板圖恢復에希望이絕乏ᄒ고夢中에活ᄒᄂᆫ國民을對ᄒ야도驚悟的正論을可試ᄒᆯ지며南山捷徑에昏夜乞哀ᄒ야壹資半級에患得患失ᄒᄂᆫ枯肴腐鼠之輩에도此斧鋒을可試ᄒᆯ지며隻身子影으로號曰百萬ᄒ야指他排日ᄒ고自鳴親日ᄒᄂᆫ春雉夜鳥之輩에도此鋒斧를可試ᄒᆯ지며議事之官으로畏勢噤默ᄒ며輔國之位로危國病民ᄒ던者와蔑倫悖常欺君罔上ᄒ던許多僭邪之徒를皆可試此鋒斧ᄒᆯ지니大哉舌斧며快哉筆鋒이여云々ᄒ얏더라

詞藻

◎不如歸

왜아니가느냐、호옹。너왜안가노、홍。
외형님솜씨에、不如歸되리라、아。
의구지구、호옹。成禍가네로다、홍。

雜報

●請求得償 自[illegible]으로納회淵氏의게從江華興信會 下賜[illegible]所共知어니와該氏가有何緊急處가지[illegible]提[illegible]宮舍와並ᄒᆞ야[illegible]人의게與執ᄒᆞ고銀貳萬八千圜을得償ᄒᆞ얏더라

●特別何別 [illegible]議房에셔何等秘密條件이有ᄒᆞᆫ지今日午前에當時에議長以下贊議諸[illegible]가壹切出席ᄒᆞ야特別會를開ᄒᆞᆫ다더라

●有何憂慮 總理大臣李完用氏ᄂᆞᆫ近日에何事件을因ᄒᆞᆫ지對人接語ᄒᆞᆷ을不肯ᄒᆞ야朝暮客賓을拒絕不納ᄒᆞᆫ다더라

●雙妖奇緣 大韓新聞社長李人稙氏가歸國ᄒᆞᆯ次로發程ᄒᆞ다가內大宋秉畯의渡日ᄒᆞᄂᆞᆫ壹行을逢着ᄒᆞ야還爲留連ᄒᆞᆫ다더라

●趙氏特餞 承寧府總管趙民희氏가再昨日에宮內府大臣閔丙奭氏를餞送ᄒᆞ기爲ᄒᆞ야天安停車場까지前往ᄒᆞ엿다더라

●訓飭斷髮 忠南觀察使崔廷德氏가該判書宋道淳前承旨宋鍾奎兩氏의게斷髮訓令을揭示ᄒᆞ얏다더라

●有何秘密 內部事務官日人渡邊金太郎은何等秘密事項을因ᄒᆞ야義州府에出張ᄒᆞ얏다가再昨日下午八時에入城ᄒᆞ얏다더라

●恩金磨鍊 今番減留中[illegible]天陵各 陵官의 恩賜金을壹年에一式磨鍊ᄒᆞ야每年에百圜을支給ᄒᆞ기로內定이되얏다ᄂᆞᆫ說이有ᄒᆞ더라

●圓留何用 一進會에셔伊藤統監의圓留ᄒᆞᆫ事項을協議ᄒᆞ얏다ᄂᆞᆫ說은昨報에已揭어니와該會總務崔永年氏가圓留代表者로被選되야日間發程渡日ᄒᆞᆫ다더라

●有何勤勞 別項과如히一進會에셔崔永年氏를對ᄒᆞ야言ᄒᆞ되今番에渡日ᄒᆞ야圓留ᄒᆞᄂᆞᆫ事를完成歸國ᄒᆞ면特有勤勞된것이니百倍感念ᄒᆞ라ᄒᆞ얏다더라

●不日旱散 一進會會兄이漸次減損ᄒᆞᆫ다ᄂᆞᆫ說은前報에已揭어니와該會가畢竟解散될慮가有ᄒᆞᆫ지라地方會員들이該會會장李容九氏의還國ᄒᆞ기를苦待ᄒᆞ나終無消息인故로評議員與成龍等幾人을日本에派送ᄒᆞ야李容九氏를期於히提還ᄒᆞ야能死尙決末ᄒᆞ기로酌定ᄒᆞ얏다더라

●脫魔錦還 新任聞慶郡守黃義照시ᄂᆞᆫ明日上午九時에京釜鐵道覺番列車로發程赴任ᄒᆞᆫ다더라

●韓土日收 目下珍島에ᄂᆞᆫ平穩ᄒᆞ더去壹月四日에義兵이邑內를襲擊ᄒᆞᆫ以後에ᄂᆞᆫ義兵의隻影이無ᄒᆞ고全島에現住ᄒᆞᄂᆞᆫ日人은巡査二（具夫婦） 財務主事（夫婦）郵便所長外壹名과敎員壹名及農商業者四名인ᄃᆡ日人들은朝日與業會社를經營ᄒᆞ야登萬圜을投資ᄒᆞ고田畓과鹽田을買收ᄒᆞ얏ᄂᆞᆫᄃᆡ昨年에ᄂᆞᆫ其幷作米를九割노徵收ᄒᆞ얏다더라

●動議得當 大韓協會總會에셔會務를處理ᄒᆞᆯ時에西幸時拔劍私鬪研究委員報告中에內大宋秉畯氏라ᄒᆞᆫ지라該會員一同이激論ᄒᆞ야曰宋秉畯은尊嚴咫尺에셔酗酒拔劍ᄒᆞ얏스니其無嚴不敬ᄒᆞᆷ이一般臣民의聲討ᄒᆞᆯ비라宋秉畯에게氏字가不當ᄒᆞ다고動議ᄒᆞ야會致可決ᄒᆞ얏다더라

●黃孫請願 故進士黃嗣永氏가去辛酉年分에以西學으로伏法ᄒᆞ얏더니年前에幸蒙 恩霈之典ᄒᆞ야獨沿伸冤ᄒᆞ얏스나其內籍沒ᄒᆞᆫ田庄을尙不還推ᄒᆞᆫ故로該氏의玄孫黃元錫氏가度支部整理局에屢度請願ᄒᆞ얏다더라

●預算配付改正 從來各道에預算은三個月分式配付ᄒᆞᆫ고로地方財政經理上에不便이不少ᄒᆞᆫ지라該部에셔ᄂᆞᆫ本年度부터壹個年分을壹時에配付ᄒᆞ기로定ᄒᆞ얏다더라

●調查頗難 韓國政府에셔東洋拓殖會社에出資ᄒᆞᆫ驛屯土內에第壹回에引繼ᄒᆞᆫ其四分之壹은今回에度支部에셔全會社에引繼ᄒᆞᆯ次로兩者間에既爲交涉ᄒᆞ얏고追後引繼ᄒᆞᆯ것은其所在地를全會社에셔調査ᄒᆞ야度支部의申請ᄒᆞᆯ터인ᄃᆡ目下의調查中이나其所在地가全國各地의散在ᄒᆞ야合으로調査가頗히困難ᄒᆞ리라더라

●拓計貸付開始 東洋拓殖株式會社ᄂᆞᆫ事業開始에關ᄒᆞ야每日午後重役의協議를ᄒᆞᄂᆞᆫᄃᆡ爲先韓國政府에셔出資ᄒᆞᆫ驛屯土의引繼를受ᄒᆞ야此를經營ᄒᆞᆯ事와及金融部의事業을可始ᄒᆞᆯᄃᆡ인故로貸付에關ᄒᆞ야ᄂᆞᆫ岩佐金融部장其他同部의職員이本月二十壹日에着任ᄒᆞᆫ後貸付에關ᄒᆞᆫ該規則을制定ᄒᆞ야擔保貸付를可始ᄒᆞᆯ터이라더라

●三陵員役被捉 坡州郡財務署에셔ᄂᆞᆫ結錢收刷를壹層嚴督ᄒᆞ야該郡所在 恭、順、永三陵陵土結稅를星火督納ᄒᆞᆯ次로該陵書員을捉去ᄒᆞ얏다더라

●代書料濫捧 大審院前에셔代書營業ᄒᆞᄂᆞᆫ某시ᄂᆞᆫ法律에全然暗昧ᄒᆞ고訴訟者에게代書料금을比他濫捧ᄒᆞᆫ다고稱冤이不絕ᄒᆞᆫ다더라

●到處作弊 昨年七月分에淸國人이自平壤으로黃州郡에來到ᄒᆞ야所謂三拾六契라ᄒᆞᄂᆞᆫ技局을設ᄒᆞ고壹日兩次式開門ᄒᆞᄂᆞᆫᄃᆡ每門聚錢이四五千兩或六七千兩에達ᄒᆞ야至七八朔에傾家破産ᄒᆞᆫ者ㅣ十에八九요矣[illegible]業無賴ᄒᆞᆫ者ㅣ投入賭黨ᄒᆞ고村閭에突入奪財ᄒᆞ며衝火施惡ᄒᆞᆷ으로貧富勿論ᄒᆞ고居接之道ᄒᆞᆯ末由이되彼警察官吏ᄂᆞᆫ何로警察이며救民之官은何로救民인고ᄒᆞ며怨聲이漲天ᄒᆞᆫ다더라

●觸處受傷 再昨日下午二時頃에北部苑洞居ᄒᆞᄂᆞᆫ車萬用의라ᄒᆞᄂᆞᆫ十二歲兒가敎化門으로過去ᄒᆞ다가日人中馬榮吉의自轉車에被觸ᄒᆞ야左脚이重傷ᄒᆞᆫ故로治療ᄒᆞ기爲ᄒᆞ야大韓醫院으로昇去ᄒᆞ얏다더라

●李氏親睦 公州正安面內洞前參奉李容遠氏ᄂᆞᆫ素以清貧으로家產이不贍ᄒᆞ더니昨冬에其親喪을遭ᄒᆞ야返葬之節을方舉ᄒᆞ고其所餘田畓을窮困ᄒᆞᆫ親戚의게壹壹分排曰人不能救其所親이면엇지還者를能謝ᄒᆞ리오ᄒᆞ얏ᄂᆞᆫᄃᆡ該氏의睦族之誼를莫不稱道ᄒᆞᆫ다더라

●因債逃躲 晉州郡居駿主事某氏가勸洞金基文氏家에留連ᄒᆞ야食債가壹百六拾餘圜에達ᄒᆞ얏ᄂᆞᆫᄃᆡ延拖不報ᄒᆞᄂᆞᆫ지라日昨夜에김氏가張某의衣冠을脫置ᄒᆞ야不得他人케ᄒᆞ얏더니該張氏가乘夜逃躲ᄒᆞ얏다더라

●失火何多 陰正月以後로漢城五署內에失火ᄒᆞᆫ人民의家屋이八拾餘戶라더라

●清裝日賊 泥峴居留ᄒᆞᄂᆞᆫ何許日人이近日에清國人의服裝을着ᄒᆞ고强盜로行賊ᄒᆞ다가日前에所管警察署에被捉ᄒᆞ야現今取招中이라더라

學界

●道人熱心 安岳郡文川面西里天道敎人[illegible]錢며曹英俊諸시가普昌學校를設立ᄒᆞ고靑年을敎育ᄒᆞᄂᆞᆫᄃᆡ經費가不可支當ᄒᆞᆷ으로諸시가天道敎院六拾餘人을團合ᄒᆞ야興學同誠契를設立ᄒᆞ고每日朝夕으로其食口를除聚ᄒᆞᆫ匙之米를每月末에收合放賣ᄒᆞ야支用ᄒᆞ게ᄒᆞ며立資剩利者가幾百餘圜이라該面內興學契錢及則契物을移付ᄒᆞ야校ᄒᆞ야稍有漸進之望이라더라

●玄氏寄附 咸北鏡城郡居玄天默시가有事ᄒᆞ야上京ᄒᆞ얏다가孤兒院을觀察ᄒᆞ고行橐을傾ᄒᆞ야貳圜金을寄付ᄒᆞ얏다더라

●兩氏熱心 西部龍山居尹仁植 蘇養秀兩시ᄂᆞᆫ妙年有志로敎育勸獎에熱心ᄒᆞ야該洞協成학校試驗及運動時에多數ᄒᆞᆫ賞品을屢次全當寄付ᄒᆞ얏다더라

●中新中興 豐德郡守李允종시ᄂᆞᆫ該郡學校가拾三處에設立이ᄒᆞ中에中面[illegible]李得魯시와協議ᄒᆞ야李禹善시ᄂᆞᆫ自家外舍를校室로借與ᄒᆞ고徐雲卿徐德來宋夏鉉閔致達四시ᄂᆞᆫ敎科書와經費를自擔ᄒᆞ야中新義塾을設立ᄒᆞ더니該校長李夏卿副校長金[illegible]敎師尙仁植申秉均諸시가熱心敎育ᄒᆞᆷ으로學徒가六拾餘名에達ᄒᆞ얏다더라

●婦人熱心 安山郡瓦里面元下里居鄭泰完시의婦人柳시ᄂᆞᆫ年今[illegible]拾餘인ᄃᆡ其家君의學費窘艱ᄒᆞᆷ을爲ᄒᆞ야針工殘金으로擔當ᄒᆞᆫ다니鄕제ᄂᆞᆫ可히婦人界에模範이될만ᄒᆞ다더라

▲地方消息

▲咸興以北에ᄂᆞᆫ前義兵將車道善宋相鳳氏의部下二三十名이時時로山谷에徘徊不絕ᄒᆞᄂᆞᆫᄃᆡ昨冬期間에ᄂᆞᆫ日憲兵과三回를衝突ᄒᆞ얏다ᄒᆞ고

▲永興郡鎭德面小淑里附近에ᄂᆞᆫ少數의義兵이徘徊ᄒᆞᆫ다ᄒᆞ야極力偵探ᄒᆞᆫ다ᄒᆞᄂᆞᆫᄃᆡ昨冬期間에ᄂᆞᆫ義兵約二拾名이伊川古美灘[illegible]岩洞에셔新溪店分遣所日憲兵과衝突ᄒᆞ얏다ᄒᆞ고

▲本月拾七日抱川郡西約五里地에셔義兵約二百名이楊州分遣所日憲兵二名及補助員七名과交戰ᄒᆞ얏다ᄒᆞ고

▲本月拾壹日慶南安義郡西北方約三拾里地에셔義兵五十名이安義分遣所日憲兵과衝突ᄒᆞ얏다ᄒᆞ고

▲本月四日京畿道周浦北方約三十里地에셔義兵約二百名이周浦派出所日憲兵壹名及補助員三名과交戰ᄒᆞ얏다ᄒᆞ고

▲本月七日麻田郡北方約三十里地에셔義兵二名이麻田分遣所日憲兵三名及補助員五名과衝突ᄒᆞ얏다ᄒᆞ고

▲本月八九兩日에黃海道白川郡東方에셔義兵십五名이白川郡分遣所日憲兵二名及補助員四名과交戰ᄒᆞ얏다ᄒᆞ고

▲本月六日全南榮山浦西南方約二拾里地에셔義兵約百名이榮山浦分遣隊日憲兵五名及補助員八名과交戰ᄒᆞ얏다ᄒᆞ고

▲本月十日全南靈岩北方約二千米突되ᄂᆞᆫ地方에셔義兵十五名이靈岩日守備隊長以下拾六名과交戰ᄒᆞ얏다더라

▲一進會야▲

▲韓國同胞許多中에極悲極惡[illegible]寄이라此等人物누구런고壹進會가네로고나私情업ᄂᆞᆫ이筆鋒이無數論駁ᄒᆞ엿거니와近日情形드러본즉凶談之勢稍息ᄒᆞ고悔歎者가만타ᄒᆞ니大哉大悲筆端으로壹次關係ᄒᆞ리로다

▲壹進會야壹進會야너도亦是人類로다人獸之判더區別이義理有無에잇나니[illegible]가父母國가背叛ᄒᆞ고掠奪富貴ᄒᆞᆫ지라도義理者의不取어던他人奴隸되것ᄒᆞ야엇지차마背叛ᄒᆞ야[illegible]義理上의關係로도翻然退會ᄒᆞᆯ것이오

▲壹進會야壹進會야너도亦是人類로다大丈夫의[illegible]磊落ᄒᆞᆫ心法이[illegible]밧어富貴賤變ᄒᆞᆫ은帝國臣民이오忠臣名賢子孫으로宮早豚犬무슴일가名譽上의關係로도翻然退會ᄒᆞᆯ것이오

▲壹進會야壹進會야너도亦是人類로다宣言書를발布後에賣國賊만될뿐이오俄、戰爭從軍時에許多生命被殺ᄒᆞ야他鄕狂魂魄히운다奴隸服役이러ᄒᆞᆫ들무슴所得잇섯ᄂᆞ냐利害上의關係로도翻然退會ᄒᆞᆯ것이오

▲壹進會야壹進會야너도亦是人類로다霜天軟鷄어미찻덧[illegible]賴ᄒᆞ던너의巨魁孤島海國떠나又ᄂᆞ勢力全盛ᄒᆞᆯ때에도區處方法못ᄒᆞ거던自救不贍오늘날에急到千萬ᄒᆞ矣어나希望上의關係로도翻然退會ᄒᆞᆯ것이오

▲壹進會야壹進會야너도亦是人類로다禽獸又ᄒᆞᆫ微物로도累次見欺ᄒᆞ면이아ᄒᆞ自分散이아닌가너의資格말ᄒᆞᆯ진ᄃᆡ禽獸간도못ᄒᆞ지만四五年來今에서도[illegible]向執迷ᄒᆞ우상일가經歷上의關係로도翻然退會ᄒᆞᆯ지니라

▲鳴痴ᄒᆞ다壹進會야可憐ᄒᆞ다壹進會야百萬名의團體라고네가恒常誇張ᄒᆞ더니텃타시國體로他人奴隸되지말고祖國事에獻身ᄒᆞ야殫誠竭力ᄒᆞ고보면於公於私그利害가오날날에賣國賊과何擇ᄒᆞ고何擇ᄒᆞ가

社告

寧邊 古社員 明濟道氏代에 同郡耶蘇敎册肆金致億氏로更爲擇定ᄒᆞ얏스니該郡內에本申報購讀ᄒᆞ시ᄂᆞᆫ 僉君子ᄂᆞᆫ二月壹日부터新支社員金致億氏와交涉ᄒᆞ시오

廣告

大韓每日申報社

本校에서音樂科를附設ᄒᆞ고音樂의嫺熟ᄒᆞᆫ신朴瑞陽시ᄢᅴ셔西洋律의各種原則과唱歌曲譜를樂器로써精密히敎授ᄒᆞᆯ터이오며陽貳月廿三日부터開學ᄒᆞ오니國학僉員은伊日內請願ᄒᆞ시오

做工은每週火曜木曜兩日時干은下午七時半至八時半月謝金은每朔三拾錢

勝洞學校 告白

本人의子十勝이가性本浮浪으로符同雜類ᄒᆞ야今月 一字로不告其父ᄒᆞ고不知何往이오니或僞造文券ᄒᆞ야典當借貸ᄒᆞ여던內外國人은切勿見欺ᄒᆞ심을要

金浦石閑面泉峴里居 沈敬行 告白

◎奨學簿記敎授廣告

本會學舘에簿記法을奨勵普解ᄒᆞ시ᄂᆞᆫ諸시로夜學으로敎授ᄒᆞ오니有志人士ᄂᆞᆫ速々入學ᄒᆞ심을務望

壹、每週月二水式本土兩曜日下午六時三十分으로至七時三十分까지

壹、月謝金每朔百錢式

漢城基督敎靑年會學館

趙碩士東源시大人諱學熙副卿公忠夏시以宿患陰正月二拾壹日亥時別世知舊間照亮

護喪從子東渙再從姪東奎告白

中叅奉吳永氏大人叅政公二月拾二日(陰正月二拾二日)別世京鄕知舊 僉位座前

護喪 金浩鐵

南部紅箭門內淸商大成義西片戶外瓦家四拾間을放賣코ᄌᆞᄒᆞ여以廣告ᄒᆞ오니願買者여던銅峴入淸商廣和順問議ᄒᆞ심을望喜 大淸商廣和順 謹白

現今國權을挽回ᄒᆞ믄敎育進步에在ᄒᆞᆫ지라學校ᄂᆞᆫ邦國之盛典이오文明進述은忠孝之機關이라豈可不學而自激哉아今於神聖之進之初와敎育之上에惟我同胞가각自奮進而獨於本里가僻在海隅ᄒᆞ야聞見이諛陋ᄒᆞ고舊想이貫骸ᄒᆞ야昏夢을未覺터니天日이高明에新想이現發ᄒᆞ야壹里居民이各自義捐ᄒᆞ야昨秋에進興學校라名稱成立ᄒᆞ고학徒를募集ᄒᆞ야敎授이더니現今經費가窘拙ᄒᆞ야幾乎廢止之境矣러니當里에有志紳士諸氏가慨歎該校之情况ᄒᆞ야壹學會를組織ᄒᆞ고敎育培養ᄒᆞ기爲ᄒᆞ야更以爭先義捐ᄒᆞ니鳩聚之ᄒᆞᆫ바乃爲七八千金也오又於該洞農業蠶會로서石油中商으로殖産을制定ᄒᆞ고生利壹半을付之ᄒᆞ여安州差狀에志士商俊秀시가新貨二拾圓으로金鶴鶴시가七圓으로義捐ᄒᆞ고熱心贊成ᄒᆞ야校ᄒᆞ기新至擴張에不啻靑ᄒᆞ之成就可望이라諸시의義務와愛國之事ᄂᆞᆫ能做我民之可聞故로左에廣佈홈

隆熙二年壹月七日 遂安 ……學親々長楊鎭鎬

副校長金俊斗 校監沈炯垒 朴晋俊 總務王禮齊 金善五 鄭鳳奎 吳永植 鄭奉益 白락衍 贊成員 金炳兗

本社에셔活版機械를壹新整備ᄒᆞ고各種印刷를廉價需應ᄒᆞ오니僉位ᄂᆞᆫ惠顧ᄒᆞ시옵社會公益上印刷ᄂᆞᆫ貳割特減홈

本社에셔直接大發賣書目

中等 用器畫法 全 定價金七拾錢 翫雲 吳榮根君 著

本書ᄂᆞᆫ測量。建築。構造。機械見本。壹切實地應用製圖法

新撰 外國地誌 上下 定價金六拾錢

本書ᄂᆞᆫ各學校敎科의適當ᄒᆞᆫ世界各國의情形을詳載홈

二十世紀朝鮮論 定價金三拾五錢

最新算術 上下 定價金壹圓

官立高等學校敎授金夏鼎君著

本書ᄂᆞᆫ著者金君이實地敎授의多年經驗으로算學要領을蒐撮ᄒᆞᆫ者니各學校敎科用及獨習의適當홈

壹個月速成卒業 算術自解 定價金五十錢

本書ᄂᆞᆫ自初學數量으로求積法ᄭᅡ지簡易詳明케編纂ᄒᆞ얏스니各速成科敎科用及自家獨習ᄒᆞ기便홈

鍾路北門上隅 十二統三戶 興文社

本人이隆熙二年八月 ……二戶加家板券을日人……에典當ᄒᆞ고金貨一百……圓을……當今家券書……契約ᄒᆞ얏스니內外國人中誰某ᄂᆞᆫ……

特別廣告

近頃에本社事務에對ᄒᆞ야局狹沒覺ᄒᆞᆫ者ㅣ陰沮를試ᄒᆞᆫ다ᄒᆞ나何國何人이던지本社의設進ᄒᆞᆫ事務에對ᄒᆞ야能히防遏치못ᄒᆞᆯ것은明瞭ᄒᆞ니此廣告를覽ᄒᆞ시ᄂᆞᆫ 僉彥은幸須銘心ᄒᆞ시며玆에本社의進行ᄒᆞᆯ職責與事務를明白히說明ᄒᆞ노라

本社ᄂᆞᆫ비록新成立ᄒᆞ얏기나本社의興旺케ᄒᆞᆯ方針에對ᄒᆞ야必要ᄒᆞᆫ一心力과勇敢力이固有ᄒᆞ오며現今에着手ᄒᆞᆯ事業은如左홈

一 本社ᄂᆞᆫ韓國과美國間에直接輸入及輸出을仲荷ᄒᆞᆯ을圖홈

韓國內某々種手造物品은美國의輸出ᄒᆞ야奇利를得ᄒᆞᆯ者가多有ᄒᆞ나至今까지此等物品은美國各處에紹介ᄒᆞᆯ기爲路ᄒᆞ야現今에本社에서ᄂᆞᆫ此等因緣이無ᄒᆞᆫ지라韓國은何故로美國과如此ᄒᆞᆫ商業上好關係를拋棄ᄒᆞ리오

又壹試思ᄒᆞᆯ것은美國物品이該國에到達ᄒᆞᆯ時에ᄂᆞᆫ通常으로四五手를經由ᄒᆞ나니每經由處에該物品本價에서利益을添付ᄒᆞ며稅金及運費도自然增加ᄒᆞᆫ故로物價가甚高ᄒᆞ오나本會社ᄂᆞᆫ美國內物品製造所에서最廉價特約直輸入ᄒᆞ야購買者에게直接放賣ᄒᆞ며物價가低廉ᄒᆞᆯ터이오니推此思惟ᄒᆞ오면韓國內에서美國物品의需用이時勝ᄒᆞ야開拓으로利益의增加ᄒᆞᆯ을預期홈

貳 本社에셔韓美兩國商業關係에만盡力ᄒᆞᆯ뿐不啻라韓國과亞細亞全部와歐羅巴及濠太利諸處에도商業上好機會를造成ᄒᆞᆯ計劃이오며目下에韓國內各處에置ᄒᆞ며新鮮ᄒᆞᆫ物品을直輸入ᄒᆞ야各處代理人으로分掌出賣케ᄒᆞ며又物貨를放賣ᄒᆞᆷ에對ᄒᆞ야ᄂᆞᆫ時々로特別히廣告를揭布ᄒᆞᆯ터이오니海內僉彥은本社에事務進行ᄒᆞᆷ을繼此承聞ᄒᆞ오리다

三 本會社ᄂᆞᆫ不動産部를別設ᄒᆞ고不動産에關ᄒᆞᆫ事項을管理ᄒᆞ되土地家屋等賣買典當及借貸等을仲介契約受托及幇助ᄒᆞᄂᆞᆫ等事를處理ᄒᆞ야迅速히發展되기를期待ᄒᆞ며此에關ᄒᆞᆫ詳細事項은未久에公布ᄒᆞᆯ지옵

四 何事를勿論ᄒᆞ고法律의違反치아니ᄒᆞ고本社의利益이有ᄒᆞᆷ으로認定ᄒᆞᄂᆞᆫ營業은本社에서隨機進行ᄒᆞ기를準備ᄒᆞᆯ터이오니此目的의對ᄒᆞ야同情을表ᄒᆞ시ᄂᆞᆫ 僉彥은盡心協助ᄒᆞ심을切望ᄒᆞ며以上陳述ᄒᆞᆫ諸般項에對ᄒᆞ야 僉彥의通信을連絡ᄒᆞ기를願ᄒᆞ오나左開二項을注意ᄒᆞ시옵

壹 何事를勿論ᄒᆞ고本會社로委托ᄒᆞ시ᄂᆞᆫ時에ᄂᆞᆫ本社에서盡心竭力ᄒᆞ야信實히處理ᄒᆞᆯ터이오며

二 本會社ᄂᆞᆫ何人이던지本會社의委托ᄒᆞᆫ事에對ᄒᆞ야ᄂᆞᆫ共信用을確守ᄒᆞ고尊敬ᄒᆞ를保證ᄒᆞᄂᆞᆫ故로何事를勿論ᄒᆞ고信用의關ᄒᆞᆫ事件의時間에本社의委任ᄒᆞ시면加一層安全ᄒᆞ게擔任ᄒᆞ겟ᄉᆞᆸ니다

大韓皇城磚洞

韓美興業株式會社 謹告

光武九年八月十一日 明治卅八年八月十二日（第三種郵便物認可） 木曜日 西曆壹千九百九年二月拾八日【發】

第七卷 第壹千廿六號

大韓每日申報

月曜及慶節 歲時日休刊

隆熙三年 檀君開國四千二百四十二年 箕子元年三千三十一年 大韓開國五百十八年 日本明治四十二年 淸國宣統元年 陰曆己酉正月小廿八日己酉

論說

◉抱川曙光

抱川은數百年文學의淵藪로國中에錚鳴하더니近來로古代文明을保守의態를主하며俗儒의偏見이頑固의癖을成하야京城相距不過百里의地로時局風潮의感覺이獨遲하야[illegible]深々果[illegible]鄕의軒鼻聲이久作하더니

幸者幾個先覺이超然遠觀하며毅然奮起하야忽爲郡舊地豈方面의嚮導者로自任하야衆謗을排하고壹漢幟를立하고셔校費를分擔하며學員을募集하고內北面莘坪里에壹校를創立하니其名曰신野오其時則光武乙巳라

數三任員의四五年誠力이旣積하매舊日反對者는漸々感悟하며青年資茂者는益々奮發하야昨年에該校를靑城으로改稱하고各面에支校를設立하니第壹靑城第二靑城第三靑城이續々出現하니該校의振興만可觀할뿐아니라該郡의文化發展을可驗이로다

今年에는該郡々守[illegible]榮氏가該校의維持方法을硏究하시며面人士로하야금義務金을分擔케하얏는데該校의日衆하여校舍가日窄하며當年草々의搆造가歲久頹圮함으로改建을經營中이라[illegible]美哉라抱川의敎育이여[illegible]

大抵地方의設立한學校是如此히遲就되야二三週의支校를設하며數百名의學徒를有함은亦是稀罕한事이니吾儕는該校를向하야該任員의熱誠을賀하며該郡守의勤勞를祝하며該郡人의努力共進을望하노니

嗚呼라熱心이尤高하고願力이尤弘하면엇지二三處의支校를設하며數百名의학徒를有함에止하리오

既히該校의現狀을列하야他地人士의模範을示하며更히一步를進하야無窮한希望으로該校人士를勗하노라

官報

▲隆熙二年九月壹日 官報

部令

學部令第拾大號 續

第八條 학徒의成績을表하는데는拾點을定點으로하야各科目四點以上總平均六點以上을合格의標準으로함

第拾九條 壹학年間의在한학徒학業의成績과平素의操行에依하야修了或은卒業을判定함

第二拾條 학校장은最終學年試驗의及第한者에게卒業證書를授與함

補習科를修了한者의게는修業證書를授與함

第六章 學費

第貳十壹條 授業料는壹個月[illegible]學費를徵收하는학校의例를依하야每月何日까지[illegible]

外報

納付함이可함（未完）

◉連灣築港計劃 淸國에서連山灣築港을計劃함은他日[illegible]門을開設할時에同鐵道를利用하야滿蒙貿易의咽喉를作코저함이라더라

◉德國의洪水連續 伯林電을據한즉德國에洪水는尙且連續하야人畜의被害가有하더라

◉排日問題의起訴 紐育電을據한즉[illegible]排日問題의關하야[illegible]의困難되는排日問題에[illegible]其他紳士와[illegible]會見하고加州議員과[illegible]排日運動에關하야加州上院議員에게[illegible]起訴하얏다더라

◉唐紹怡의談話 倫敦電을據한즉淸國唐紹怡氏가去日에英國首相邸에서大藏大臣과[illegible]談話가有하얏다더라

◉佛德協約調印 同電을據한즉摩洛哥에關한法德協約은九日伯林에서調印하얏는데該協約에依하야德國은同國에對하야佛國政治的優越權을讓步하고佛國은德國商工業의均等을承認하얏다더라

雜報

◉韓會演說 昨報와如히鄭雲復氏가輿論의價値란問題로激切히演說하다가其結辭의槪意가如左하니

我國은五百餘年之間에正名分立紀綱으로써治國의要與을삼앗거날今에亘萬古所無之大變이因하야壹個宋秉畯이天陛咫尺之地에서被酒亂暴하다가佩刀를拔하야侍從近臣을剝하라하고甚至於女官의衣裳에血을染케하얏스니無嚴不敬이胡至此極고然而朝의言官과野의儒生이忠臣이라면지逆賊이라면지[illegible]하여聲疏할者ㅣ絶無하니許多言官과許多儒生이擧皆安在오士氣가如此히衰頹하얏는지

皇室의尊嚴을何以保存하며朝廷의紀綱을何以維持하며萬古의臣子를何以懲戒하며後世의病罵를何以免하리오

人抵輿論의價値가有二하니壹日勢力的價値오壹日眞理的價値라勢力的價値는何也오此上에述한과如히國家社會에[illegible]한問題가有하거든宋秉畯과如하다[illegible]其威力이如何히太하며其勢權이如何히盛할지라도輿論의勢力으로써能히制裁하나니此는人類의無上한勢力이라然이나此는國法上에命令權과强制權이無하니此는吾人의注意處라故로自由에는變動을與하기不能하고但其地位、名譽、思想에는影響을及케하나니如彼한無嚴不敬之徒에게對하야輿論이壹發하면其地位는到底히保有치못할지오若人의力으로써能히除去치못하면天必誅之하리라고云々하얏더라

詞藻

◉滅種滅

와지끈뚝딱、호응。잘죽여내머니、훙。

그만흔원숭이、滅種을식힌다、아。

어디화、뇨마、호응。慶賀가낫구나、훙。

廣告

特別廣告 本社에서英字[illegible]報를發刊하오니[illegible]

其定價 壹個月先金 貳圜 [illegible]

大韓每日申報社

本會社의募集한株式이現滿總數故로第壹回金을辦納케하기爲하야株式擔當諸員의게廣告하오니二月二拾日（陰二月壹日）內로左記處所에辦納하시오

平壤磁器製造株式會社 創立事務所 平壤貫洞 尹聖運

京城株式會社韓壹銀行

公州九山洞 李昇薰

本人에子士瞻이가性本浮浪으로符同雜類하야今月二十日에不告其父하고不知何往이오니或僞造文券하야典當賭債에借用하던內外國人은切勿見欺하심을爲要

金浦石閑面 來峴里居 沈敬行 告白

申泰奉吳永錫兩人은政公二月拾二日（陰正月二拾二日）別世

京鄕知舊 僉位座前 護喪 金浩鉉

勝洞學校 告白

本校에서音樂科를擴張하고音樂의嫺熟한신朴瑞陽시에서西洋律의各種原則과唱歌曲調를樂器로써精密히敎授할터이오며陽貳月廿三日부터開學하오니願學할僉員은伊日內請願하시옵

做工은每週火曜木曜兩日下午七時半至八時半 月謝金은每朔三拾錢

廉價放賣

製圖器械各種 測量器械各種 製圖用紙各種

釜山本町二丁目 近藤支店

英語日語[illegible] 各科

[illegible]夜學講習所

學員募集 [illegible]

魯[illegible] 金[illegible]注 告白

本館에서敎科用新書籍과其他國民智識의發展될書籍이며學徒用帽子[illegible]等을[illegible]貴賤[illegible]

雜報

●太廟展謁 太皇帝陛下씌셔本日午前拾壹時二十分에 太廟에 展謁ᄒᆞ시고午后壹時에 還御ᄒᆞ실터이라더라

●恩及泉壤 前參政申箕善氏가本月逝世ᄒᆞᆫ事ᄂᆞᆫ衆所共知어니와 太皇帝陛下씌옵셔申箕善氏의帛慰費를從意 頒下ᄒᆞ라신 旨를 下ᄒᆞ신故로宮內府에셔金貨五百圜을申氏家로送交ᄒᆞ얏다더라

●宜有此議 太皇帝陛下씌옵셔去番西道 巡幸ᄒᆞ셧실時에 內部大臣宋秉畯이가 天威咫尺에셔拔劍ᄒᆞᆫ事에對ᄒᆞ야政府에셔何等措處가尙無ᄒᆞᆷ으로前參事李範烈氏가昨日中樞院에獻議ᄒᆞ되內閣에建議ᄒᆞ야宋秉畯의無嚴不敬ᄒᆞᆫ罪를刻即懲辦케ᄒᆞ라ᄒᆞ얏다더라

●樂是特別 中樞院에셔昨日上午拾壹時에議長以下贊議諸氏가會同ᄒᆞ야特別總會를開ᄒᆞ얏ᄂᆞᆫ되其會議案件을漏聞ᄒᆞᆫ즉內大宋秉畯을彈劾ᄒᆞᆯ事件을提出ᄒᆞ얏다더라

●地方費改定 地方稅規則을廢止ᄒᆞ고地方費法을新制定ᄒᆞᆯ目的으로內部에셔其法案을起草ᄒᆞ야閣議에提出ᄒᆞ기爲ᄒᆞ야現今度支部大臣과協議中이라더라

●宋秉畯의前途 內大宋秉畯의前途가今番日本豐行에在ᄒᆞ다ᄂᆞᆫ대該人의運動이如意ᄒᆞ면히職을歸國還任ᄒᆞ고若不如意ᄒᆞᆫ境이면辭疏를奉呈ᄒᆞᆫ다더라

●有何言事 前判尋宋道淳氏가日間入城ᄒᆞ야무ᄉᆞᆷ言事疏를奉呈ᄒᆞᆫ다더라

●內次歸國 內部次官岡喜七郎이가歸國ᄒᆞᆫ次로日本人主事壹人을帶同ᄒᆞ고昨日上午八時에京釜列車로發往ᄒᆞ얏다더라

●兩非肅手 侍從리龍漢氏ᄂᆞᆫ本來總理리完用氏의瓜牙로情誼가密ᄒᆞ야無論大小事ᄒᆞ고互相密議ᄒᆞᄂᆞᆫ故로리龍漢氏의所爲ᄂᆞᆫ非徒侍從인터리總理가終不陞遷ᄒᆞᆫ故로近日來에ᄂᆞᆫ리龍漢氏가快々不得ᄒᆞᆫ意思가有ᄒᆞ다ᄂᆞᆫ說이有ᄒᆞ더라

●觀察道再轉 平安北道觀察府ᄂᆞᆫ昨年에寧邊으로부터義州에移轉ᄒᆞ얏더니同處에ᄂᆞᆫ流車沿線이稍遠ᄒᆞ야頗히不便ᄒᆞᆷ으로今回에更히新義州에移轉ᄒᆞ기로昨日叅與官會議에셔審議ᄒᆞ얏다더라

●佛敎統壹 各道寺刹總代李晦光氏가國內佛교의統壹을爲ᄒᆞ야宗務院設立을請願ᄒᆞ얏ᄂᆞᆫ대其宗制의制定은目下統監府에셔內議ᄒᆞᆫ다더라

●以閔奪閔 前判尋閔泳린氏가其所有廣州郡慶安面所在山坂의松楸를昨年二月分에漢江居李德植氏의게賣渡ᄒᆞ얏더니閔丙학氏가該山坂이自己所有라고京城地方裁判所에起訴ᄒᆞᆷ으로檢查局에셔調查ᄒᆞᆫ즉該山坂이閔泳린氏의所有가確實ᄒᆞᆫ故로該氏를無罪白放ᄒᆞ얏다ᄒᆞᆷ은前報에已揭어니와閔丙학氏가凶計를更圖ᄒᆞ야日人狩谷大三郎과符同ᄒᆞ야日人役夫를多率ᄒᆞ고該山坂에放銃突入ᄒᆞ야該松楸買得者李德植氏를威脅ᄒᆞ고餘在松楸와已斫ᄒᆞᆫ松楸ᄭᅡ지擅斫奪去ᄒᆞᆫ다고該地來人의傳說이有ᄒᆞ더라

●日人蠻行 光州觀察道主事ᄂᆞᆫ本人山岡三夫가平居에輕上侮下ᄒᆞᄂᆞᆫ惡性이有ᄒᆞ야同僚間에每多衝突인대昨年々終에自內部로허道郡官人의게賞與金을支撥ᄒᆞᆯ時에山岡은本勤이不過半年以上故로賞金이比他稍小ᄒᆞᆫ지라山岡이가觀察使다려內部에加數請撥치아니ᄒᆞᆫ다ᄒᆞ며內部가不公平ᄒᆞ다ᄒᆞ고事務室琉璃窓을足蹴破碎ᄒᆞ며其所作梗이令人可駭ᄒᆞ다더라

●巡查蠻行 西來人의傳說을據ᄒᆞᆫ즉平南寧遠郡巡查崔리允이가陰正月十五日夜에리春興氏의妻를朴奉春氏家에셔欲爲强姦ᄒᆞᆫ즉其女가抵死反抗ᄒᆞᆫ時에其家主及隣人이捕捉欲打則該巡查가廚中에隱伏ᄒᆞ야大談曰吾가有所警察ᄒᆞ야伏于廚中이라ᄒᆞ거날該人民等이該署에往訴ᄒᆞᆫ즉該署에셔如前仍置에示威滋甚ᄒᆞ니大抵警察官吏가昏夜無知에寡婦女를欲爲强姦ᄒᆞ되置之勿問ᄒᆞ니民何支保오ᄒᆞ며呼冤이藉藉ᄒᆞ다더라

●日人行悖 三昨日에泥峴居留ᄒᆞᄂᆞᆫ日人西田喜代松이가水商營業ᄒᆞᄂᆞᆫ高伯順시를無故亂打ᄒᆞ야頭部가重傷ᄒᆞᆫ故로남部理事廳에셔該日人을押囚ᄒᆞ고現行訊問ᄒᆞᆫ다더라

●結錢督刷와民冗 南來人의傳說을據ᄒᆞᆫ즉天安木川稷山等郡에셔近日財務官이結錢督刷가不有餘地ᄒᆞ야民擾가惹起ᄒᆞᆯ境에至ᄒᆞᆫ지라前議政趙秉鎬氏가該邊財務署장趙源璧시를召招ᄒᆞ야結稅隱摔督刷의弊를勿施케ᄒᆞ며該邊民情을撫摩ᄒᆞᆫ다더라

●金氏鳴訴 中部給洞居ᄒᆞᄂᆞᆫ徐相珍시가年前에江華島居ᄒᆞᄂᆞᆫ김仁植시를甘誘ᄒᆞ되釜山港에下去ᄒᆞ야甘藿幾拾馱를貿易ᄒᆞ야給ᄒᆞ마ᄒᆞ고合貨二百圜을持去ᄒᆞ더니錢與物을尙不辦給ᄒᆞ고延拖爲主ᄒᆞᄂᆞᆫ故로김시가日昨京城地方裁判所에擧訴ᄒᆞ얏다더라

●怨聲載路 南來人의傳說을聞ᄒᆞᆫ즉稷山郡守池喜烈氏ᄂᆞᆫ稱以學校補助ᄒᆞ고每結頭에壹圜式을加斂ᄒᆞ며使各面々長으로稱以考卜債니申報書債니備粲費니藉托ᄒᆞ고每結에五拾錢式을加斂ᄒᆞᆷ으로民情이嗷々ᄒᆞᆫ다더라

●光羅戰塵 陰本月二拾二日頃에全南光州羅州兩郡接界에셔義兵數百名이日守備隊兵幾十名과猛烈交戰ᄒᆞ야兩陣死傷이不少ᄒᆞ다ᄂᆞᆫ傳說이有ᄒᆞ더라

●商界蠢賊 남門內梨峴場市에셔卷烟雪糖燐寸等物을商販爲業ᄒᆞᄂᆞᆫ人들이上海等地西洋人商店에셔直接輸入ᄒᆞ야日本人商民과競爭ᄒᆞ야營業上發達ᄒᆞᆯ目的을極히注意ᄒᆞᄂᆞᆫ되商業界某某輩ᄂᆞᆫ此를反對ᄒᆞ야日物品을日人商店에셔賈去ᄒᆞ고本國人의輸入ᄒᆞᆫ物品은賈去치아니ᄒᆞᄂᆞᆫ故로韓國人의商況이稍有減損ᄒᆞ다더라

●義將嚴飭 義兵將의셔般瓊시가永平郡各面人民의게申飭ᄒᆞ되日人의게阿附ᄒᆞ야同胞를殘害ᄒᆞᄂᆞᆫ者가有ᄒᆞ면隨聞捉致ᄒᆞ야斷當梟首以戒ᄒᆞ깃다ᄒᆞ얏다더라

●明洞大火 再昨日下午九時頃에南部明洞에設立ᄒᆞᆫ日人演劇場에셔無根에火가起ᄒᆞ야該演劇場及附近居留日人家屋八戶가沒燒ᄒᆞ얏ᄂᆞᆫ데家屋의損害가三萬五千圜이오其他物品의被燒額이壹萬七千圜에達ᄒᆞ얏다더라

●春川虎患 本月九日午後八時頃에江原道春川郡東山二作面辛梨동居김夏集시의弟稻集시가渠家門外에出ᄒᆞ얏다가巨虎의게咬去ᄒᆞ얏다더라

●龍山賊警 洋服ᄒᆞ著ᄒᆞᆫ强盜四名이再昨夜에西部龍山何許人家에突入ᄒᆞ야主人을威脅ᄒᆞ고多數ᄒᆞᆫ物品을奪取以去ᄒᆞ얏다더라

●關東學生特捐 日昨關東學生親睦會에셔該生諸시가會議ᄒᆞ야各自義捐ᄒᆞᄂᆞᆫ대會長趙학元及曹圭大崔善朴世東李始厚김在鎭邦朴柳燮諸시가多數히義捐ᄒᆞ얏다더라

學界

●三氏慈善 大韓醫院醫育部學生元養俊시가該部에入학ᄒᆞᆫ지兹年에學費가窘乏ᄒᆞ야將至退학之境이러니同窓학生金煥崔白煥孫壽鄕三시가同心協力ᄒᆞ야학費를捐助하되四個年卒業ᄒᆞ도록永久擔任ᄒᆞ얏다ᄒᆞ니該三시의恩義를人皆稱頌ᄒᆞ더라

●明倫興旺 果川郡郡內面에明倫학校를設立ᄒᆞ고發起人李宅洛氏及郡寅星氏와趙建夏氏敎師李文純愼宗默諸시가熱心敎育ᄒᆞᄂᆞᆫ대학徒가七十餘名에達ᄒᆞ야稍有進就之望이라더라

●尼山復興 江華郡下道面如此를尼山義塾은如此興旺兩洞이財政을鳩聚設立ᄒᆞ야晝役학員이百餘名에達ᄒᆞ얏ᄂᆞᆫ데原來財政이窘艱ᄒᆞᆷ으로將廢止ᄒᆞᆯ境遇에至ᄒᆞᆫ이百餘학員이愛惜莫甚터니塾장朴吉秉與監李泰榮任員함命植三시가出捐慨歎ᄒᆞ야擧以不贍之勢로制千田土를斥賣ᄒᆞ야各二百圜式出捐ᄒᆞ고任員及학徒父兄들도亦以幾拾圜式出捐ᄒᆞ야該塾을永久維持키로同盟ᄒᆞ얏다고該시의熱誠을莫不稱頌ᄒᆞᆫ다더라

●龍倅樂政 龍岡郡守梁祉謙시ᄂᆞᆫ往官初政에허郡학校情況을次第查閱ᄒᆞ며村閭에躬行ᄒᆞ야次次曉諭ᄒᆞ야士民이覺悟ᄒᆞ야家家出力ᄒᆞ고人人入學하니該郡文明이히시를賴ᄒᆞ야大段擴張ᄒᆞᆯ希望이有ᄒᆞ다더라

●成新興學 安山郡瓦里面新角里新英夜학校ᄂᆞᆫ設立이已經三年이바該里居咸元植시가經費를自擔ᄒᆞ야新奬壹학校를新設ᄒᆞ고敎師鄭奎暐시를延聘ᄒᆞ야熱心敎育ᄒᆞᄂᆞᆫ되成시의敎育上熱心ᄒᆞᆷ은人皆稱頌ᄒᆞᆫ다더라

●講習設所 晋州郡有志紳士數拾人이法律研究會를組織ᄒᆞᆷ은已揭ᄒᆞ얏거니와該會에셔總會를開ᄒᆞ고會長義浩以下諸人이발起ᄒᆞ야研究會館內에講習所를設置ᄒᆞ고青年子弟를募集ᄒᆞ야法律의原理와訴訟上手續과諸般規則을熱心敎授ᄒᆞᆫ다더라

●龍郡設校 龍岡郡雲谷面城峴基督학校ᄂᆞᆫ該面鄕士崔始운印就德諸시가極力周旋ᄒᆞ야昨年陰月에設立ᄒᆞ얏ᄂᆞᆫ되校長金永基와監督祥俊과財務田就敬敎師金泰洪鍾禹諸시가熱心敎授ᄒᆞ야晝학生徒가七拾餘名이오夜학生徒가四拾餘人에達ᄒᆞ야快有漸就之望이라더라

●永明敎明 中和郡甑山郡松石面永明洞에金泰勳鄭賢泳德善三시가敎育에有志ᄒᆞ야夜학校를設立ᄒᆞ고熱心敎授ᄒᆞᄂᆞᆫ되학員이二拾餘名에達ᄒᆞ얏다더라

可以人乎

▲草與木은無靈이라自開自落ᄒᆞ거니와其他微物禽獸들도喜怒性이잇건마ᄂᆞᆫ惡社會의더人ᄯᅢ우輿論等惡不關ᄒᆞ고奴隷服役詐求ᄒᆞ니과獻役身네아니며제운國體네아닌가悔過自新姑舍ᄒᆞ고愈久愈惡可痛일세

▲總理大臣李完用은晝思夜度그心腸이蠱國虐民분입니다拒絶賓客무ᄉᆞᆷ일가倚子辨倒거정인가山亭夜月花田간에蝴蝶春夢깁히ᄯᅳ가陶菴尤庵더靈魂이冥冥中에命히운다不忠不孝더人物을엇지ᄒᆞᆯ고ᄒᆞᄃᆞᆫ말고

▲宮內大臣閔丙奭은偏被國恩ᄒᆞ엿건만期圖報效無心ᄒᆞ고錦屛花燭더翡翠ᄂᆞᆫ偶夫손에잠드런네君의資身諸緯업시爲惡風들너ᄒᆞ니老峯丹菴淸德으로後孫若此意外로구無廉無恥더人物을엇지ᄒᆞ면됴탄말고

▲內部大臣宋秉畯은네아모리無識ᄒᆞᆫ들賣國殃民分明ᄒᆞ며雷厲咫尺地에酗酒拔劍衝突ᄒᆞ니天地罕凶獰이들네나騙에셔ᄒᆞᆫ손가무ᄉᆞᆷ運動ᄒᆞ다고就錦싸러더가又노目ᄒᆞ無君ᄒᆞ니人物을엇지ᄒᆞ면됴탄말고

▲一進會長洪肯燮은初次宣言發表에韓國奴隷너너ᄒᆞᆫ號聲계ᄒᆞ보낸상書再次宣言分明ᄒᆞ며蕭蕭白髮늙어가며엇지그리羞恥ᄒᆞᆫ가너의으ᄯᅡᆯ도鵬氏를對面ᄒᆞ기愧赧ᄒᆞᆫ리妖惡더人物을엇지ᄒᆞ면됴탄말고

▲一進總務年은ᄀᆞ惟負擧論건대名才華이아닌가제몰노나잇서스면到處歡迎음안대詡般勸勢잇던말ᄂᆞ十分疑惑聽ᄒᆞᆫ伊藤統監留次로日本에在ᄒᆞᆫ다ᄒᆞ니無知沒覺더人物을엇지ᄒᆞ면됴탄말고

▲豚犬小者閣僚들아晝夜運動ᄒᆞᄂᆞᆫ것國事에用ᄒᆞᆷ이壹言半辭못ᄃᆞᆫ깃고肥己之慾이니며ᄂᆞᆫ內外精神이로다너의祖先決斷ᄒᆞ면處ᄂᆞᆫ어디인고狡兎死에走狗烹은너ᄒᆞ도조심음이라爲二思量ᄒᆞᆯ지어다

社告

寧邊 支社員 明濟益氏代에 同郡耶蘇敎冊々舍敎億氏로更爲擇定ᄒᆞ얏스니該郡內에本申報愛覽ᄒᆞ시ᄂᆞᆫ 僉君子ᄂᆞᆫ二月壹日부터新支社員金敎億氏와交涉ᄒᆞ시옴

大韓每日申報社

興德井邑兩郡支社ᄅᆞᆯ本月拾六日부터停廢ᄒᆞᆫ더이오니該兩支社로本申報ᄅᆞᆯ購覽하시ᄂᆞᆫ 僉君子ᄂᆞᆫ本社로直接請求하시와閣斷의弊가無케ᄒᆞ심ᄋᆞᆯ望

大韓每日申報社

雜報

●學界衆魔 慶北長鬐郡三학校完就諦認爭ᄂᆞᆫ已揭어니와就中陽南面陽明학校ᄂᆞᆫ該郡守指揮ᄅᆞᆯ從ᄒᆞ야合同設立인ᄃᆡ獨邑川에란洞里에서崔益壽爲名人이藥洞의도亦設학校라ᄒᆞ야郡守ᄅᆞᆯ反對ᄒᆞ고敎師ᄂᆞᆫ慶州郡金敎鳳氏ᄅᆞᆯ請하야三間書齋ᄅᆞᆯ修理ᄒᆞ고生徒ᄅᆞᆯ除名ᄋᆞᆯ募集ᄒᆞ야邑川英明학校라稱ᄒᆞ미該郡守가屢度躬諭의私立학校合을明示ᄒᆞᆫ더竟而抵抗ᄒᆞ고郡守ᄅᆞᆯ壓制ᄒᆞᆫ意로慶州守備隊書記日人秋山雄太郎ᄋᆞᆯ請邀ᄒᆞ야稱云校長ᄒᆞ고陽明학校장과該郡守ᄅᆞᆯ慶州警署와百端構陷ᄒᆞᆷ으로該郡人民이大邱地方裁判所의呼訴ᄒᆞᆯ맛다더라

●靑會의演 今日下午七時에鍾路靑年會館에서演說會ᄅᆞᆯ開ᄒᆞ고徵炳憲氏ᄅᆞᆯ請ᄒᆞ야麗州忠臣鄭夢周氏事蹟으로演說ᄒᆞᆫ다ᄂᆞᆫᄃᆡ入塲料ᄅᆞᆯ使用ᄒᆞᆫ다더라

廣告

本所總會ᄅᆞᆯ今月二十日下午壹時(陰二月初壹日)로定ᄒᆞ오니僉宗시ᄂᆞᆫ照亮後南部熱手房谷二統九戶金煥시家로屆期來臨ᄒᆞᆷ

金海金氏宗約所 白

安仁車

聖書繙譯會委員李昌稙시譯蓮洞敎會長老李明赫시校閱本館에서敎書 安仁車ᄅᆞᆯ譯刊發售ᄒᆞ옵ᄂᆞᆫ바此書ᄂᆞᆫ道德心培養ᄒᆞᆷ에良師ᄲᅮᆫ아니라一般士女의新知識ᄋᆞᆯ啓發ᄒᆞᆯ더이오니陸續來購ᄒᆞ시옴

新舊書籍歐美雜貨及學徒需用品을俱備發賣ᄒᆞᆷ

皇城東部蓮屛隅

晋 救書館 告白

◎齒科病院開業廣告

從來本國에齒科專門醫師가無ᄒᆞ야齒病의困難ᄒᆞᆫ者ᄂᆞᆫ多ᄒᆞ나治療ᄒᆞ기極難ᄒᆞᆫ故로本人이此를爲ᄒᆞ야日本齒科醫專門大家大瀨先生의門에入ᄒᆞ야實地修業二個年에全科ᄅᆞᆯ卒業ᄒᆞ고今番에歸鄕ᄒᆞ야新式諸器械ᄅᆞᆯ整備하야本月拾七日부터開業ᄒᆞ야遺憾이無ᄒᆞᆫ治療ᄅᆞᆯ實施ᄒᆞᆯ기玆에廣告ᄒᆞᆷ

開城南門外都備側

大韓齒科病院主醫

林舜喆 告白

本人姓名圖章ᄋᆞᆯ本月十壹日서失이옵기更造新章而玆에仰告ᄒᆞ오니知悉僉彼切勿見欺ᄒᆞ시옴

開城南部廣橋洞東植 告白

今番西道 巡幸時에長湍郡長華학校학徒二拾五人이西井里停車塲에서 祇迎ᄒᆞ시ᄂᆞᆫ本郡守李興宰시가幼稚학徒의行步困難ᄒᆞᆷ을愛憐ᄒᆞ여自己轎子ᄅᆞᆯ讓與하고風雪ᄋᆞᆯ冒하며徒步還衙ᄒᆞ니허시의敎育上熱心은稱頌이籍々ᄒᆞ기廣告ᄒᆞᆷ

長華학校 告白

弊所에서西洋新發明ᄒᆞᆫ法으로機械及藥品을整備ᄒᆞ고各種洗濯及染色ᄋᆞᆯ廉價로需應ᄒᆞ옵ᄂᆞᆫᄃᆡ其種類가如左ᄒᆞᆷ
洋服、襯衣、外套、帽子、項套、洋말、婦人洋服及一切附屬品、毛織、毛紗、세루、馬尾緞、羅紗綢緞紗羅綾布一切貴重品과周衣、쥬긔、赤衫、裳、袴、襦等屬洗濯及染色物이有ᄒᆞᆷᄋᆞᆯ本所로通知ᄒᆞ시며即時自宅에進議ᄒᆞᆷ學員、巡査、兵丁、及勞働諸君에對ᄒᆞ야定價의拾分之誡ᄅᆞᆯ特減ᄒᆞᆷ
各地方에ᄂᆞᆫ小包料ᄅᆞᆯ添送ᄒᆞ시면誠實郵呈ᄒᆞᆷ

鍾路里門上隅拾貳統三戶

西洋洗濯部第一屋

測量機械各種大發賣

漢城남部棗洞、심議統制戶

金龍商會

出張所 典洞金樂永

特別廣告

近頃에本社事務에對ᄒᆞ야誤狹ᄒᆞᆫ覺ᄒᆞᆫ者ㅣ陰沮ᄅᆞᆯ試ᄒᆞ나何國何人이던지本社에關係ᄒᆞᆫ事務에對ᄒᆞ야能히防遏치못ᄒᆞᆯ것ᄋᆞᆫ明瞭ᄒᆞᆫ지니此廣告ᄅᆞᆯ讀ᄒᆞ시ᄂᆞᆫ 僉彦은幸須銘心ᄒᆞ실지오며並에本社의進行ᄒᆞᆯ職責與義務ᄅᆞᆯ明白히說明ᄒᆞ노라
本社ᄂᆞᆫ비록新成立ᄒᆞᆫ者이나本社ᄅᆞᆯ興旺케ᄒᆞᆯ方針에對ᄒᆞ야必要ᄒᆞᆫ時에ᄂᆞᆫ能力과勇敢力이固有ᄒᆞ오며現今에着手ᄒᆞᆫ事業은如左ᄒᆞᆷ

一 本社ᄂᆞᆫ韓國과美國間에直接輸入及輸出ᄋᆞᆯ伸張ᄒᆞᆷᄋᆞᆯ務圖ᄒᆞᆷ
韓國內某々種手造物品은美國의輸出ᄒᆞ야奇利ᄅᆞᆯ得ᄒᆞᆯ者가多有ᄒᆞ나至今ᄭᆞ지此等物品은美國內各處의紹介ᄒᆞ기無路ᄒᆞ더니現今에本社에서ᄂᆞᆫ此等困難이無ᄒᆞ지라經驗ᄋᆞᆫ何故로美國과如此ᄒᆞᆫ商業上好關係ᄅᆞᆯ拋棄ᄒᆞ리오
又嘗試思ᄒᆞᆯ것은美國物品이該國에到達ᄒᆞᆯ時에ᄂᆞᆫ通常으로四五手ᄅᆞᆯ經由ᄒᆞ나니每經由에該物品本價에서利益ᄋᆞᆯ添付ᄒᆞ여稅金及運費도自然增加ᄒᆞᄂᆞᆫ故로物價가甚高ᄒᆞ오나本會社ᄂᆞᆫ美國內物品製造所에 最廉價 特約直輸入ᄒᆞ야購買者에게直接放賣ᄒᆞ면物價가低廉ᄒᆞᆯ더이오니推此思惟ᄒᆞ오면韓國內에서美國物品의販賣이直接及間接으로利益의增加ᄒᆞᆷᄋᆞᆯ預期ᄒᆞᆷ

貳 本社에서韓美兩國間商業關係ᄅᆞᆯ盡力ᄒᆞᆯ뿐不啻라韓國과亞細亞全部와歐羅巴及濠太利諸處의도商業上好機會ᄅᆞᆯ造成ᄒᆞᆯ計劃이오며且勤實ᄒᆞᆫ代理人ᄋᆞᆯ韓國內各處에置ᄒᆞ고新鮮ᄒᆞᆫ物品ᄋᆞᆯ直輸入ᄒᆞ야各處代理人으로分掌出賣케ᄒᆞ며又物貨의放賣ᄒᆞᆷ에對ᄒᆞ야ᄂᆞᆫ時々로特別히廣告ᄅᆞᆯ揭布ᄒᆞᆯ더이오니海內會彦은本社에事務進行의緣此承聞ᄒᆞ오리다

三 本會社ᄂᆞᆫ不動産部ᄅᆞᆯ別設ᄒᆞ고不動産에關ᄒᆞᆫ事項ᄋᆞᆯ管理ᄒᆞ되土地家屋等賣買典當과借貸等에仲介契約受托及방助ᄒᆞᄂᆞᆫ等事ᄅᆞᆯ處理ᄒᆞ야迅速히發展되기ᄅᆞᆯ期待ᄒᆞ며此에關ᄒᆞᆫ詳細事項은未久에公布ᄒᆞᆯ깃슴

四 何事ᄅᆞᆯ勿論ᄒᆞ고法律의違反치아니ᄒᆞ고本社의利益이有ᄒᆞᆷ으로認定ᄒᆞᄂᆞᆫ營業은本社에서隨機進行ᄒᆞ기ᄅᆞᆯ準備ᄒᆞᆯ더이오니此目的에對ᄒᆞ야同情ᄋᆞᆯ表ᄒᆞ시ᄂᆞᆫ 僉彦은盡心協助ᄒᆞ심ᄋᆞᆯ切望ᄒᆞ며以上陳述ᄒᆞᆫ諸項에對ᄒᆞ야 僉彦과通信으로連絡ᄒᆞ기ᄅᆞᆯ願ᄒᆞ오나左開二項ᄋᆞᆯ注意ᄒᆞ시옴

壹 何事ᄅᆞᆯ勿論ᄒᆞ고本會社에委托ᄒᆞ신時ᄂᆞᆫ本社에서盡心竭力ᄒᆞ야信實히處理ᄒᆞᆯ더이오며

二 本會社ᄂᆞᆫ何人이던지本會社에委托ᄒᆞᆫ事에對ᄒᆞ야ᄂᆞᆫ其信用ᄋᆞᆯ確守ᄒᆞ고尊敬ᄒᆞᆷᄋᆞᆯ保証ᄒᆞᄂᆞᆫ故로何事ᄅᆞᆯ勿論ᄒᆞ고信用의關ᄒᆞᆫ事件ᄋᆞᆫ特別히本社의委任ᄒᆞ야加一層安全ᄒᆞᆷᄋᆞᆯ擔任ᄒᆞᆸ이다

大韓皇城磚洞

韓美興業株式會社 謹啓

發行兼編輯人英國人 萬咸

Responsible for Publication Alfred Weekley Marnham

發行所 南部石井洞號外地三層洋屋家 大韓每日申報社

光武九年八月拾一日 明治三十八年八月十一日 (第三種郵便物認可) 金曜日 西曆壹千九百九年貳月拾九日 (壹)

第七卷

大韓每日申報

第壹千廿七號

月曜及慶節休刊日時識

檀君開國四千二百四十二年
箕子元年三千三十一年
大韓開國五百十八年
日本明治四十二年
隆熙三年
陰曆己酉正月小廿九日庚戌

論說

◎國旗問題를辨論홈

去番 大皇帝陛下西巡ᄒ옵시ᄂᆞᆫ時에日本國旗交叉치아니ᄒᆫ事에對ᄒ야日本各報가連日喧騰ᄒ야韓國學大學責ᄒ며韓國政界를責ᄒ며韓國々民을責ᄒ야日韓人이日本國旗를交차치아니홈은日本皇室을侮辱홈이며日本國民을侮辱홈이며日本國家를侮辱홈이라ᄒ야支離反覆ᄒᆫ言辭가紙面에每溢ᄒ얏도다

嗚乎라吾儕가此問題에對ᄒ야旣已壹論을付ᄒ얏거니와此問題ᄂᆞᆫ決코韓人의愛國思想이深ᄒ며自國精神이厚ᄒ야如此홈뿐아니오其事體가甚히正當ᄒᆫ지라今에其理由를畧論홀지로다

大抵彼日人이此問題를揭하야韓人을責홈은何를理由홈인가아모리人을侮홀들空然히人을責홈이엇지此에至ᄒᄂᆞᆫ가

天에ᄂᆞᆫ二日이無ᄒ고國에ᄂᆞᆫ二旗가無ᄒ나니萬壹韓皇陛下巡幸ᄒ시ᄂᆞᆫ路에他國旗를揭ᄒ면其不敬이何에至ᄒ며其不忠이何에至ᄒ리오

然則韓國臣民된者ᄂᆞᆫ如何ᄒᆫ恐喝이有ᄒ더라도他國旗를不揭홈이可ᄒ며如何ᄒᆫ嚴罰이有ᄒ더라도他國旗를不揭홈이可ᄒ나니彼輩가果然何를理由ᄒ야韓人을責ᄒᄂᆞᆫ가

彼가日伊藤統監이如何ᄒᆫ地位를行ᄒ얏기韓人이日本國旗를不揭ᄒ얏나뇨ᄒ나此ᄂᆞᆫ彼의不思가甚홈이라

彼가韓人으로ᄒ야곰伊藤統監行하ᄂᆞᆫ路에日本國旗를揭ᄒ라홈은卽韓人으로ᄒ야곰韓 皇陛下와伊藤統監을同等待遇ᄒ라홈이나其實은彼가自國皇帝를伊藤統監과同等待遇홈이니何故오伊藤씨行ᄒᄂᆞᆫ路에日本國旗를揭ᄒ면日皇이行ᄒᄂᆞᆫ路에ᄂᆞᆫ何를揭ᄒ리오日皇이行ᄒ야도日本國旗를揭ᄒ고統監이行ᄒ야도日本國긔를揭ᄒ면是ᄂᆞᆫ卽伊藤시와日皇을同等待遇홈이아닌가彼가日韓人이日本皇室을侮辱ᄒ다ᄒ나實은自巳가自國皇室을侮辱홈이로다

彼가又日附庸된韓國에서宗主國된日本의國긔를不揭홈이不可ᄒ다ᄒ나此것不然ᄒ니當彼輩가韓國을附庸으로待홈은已久ᄒᆫ지라然이나韓國의臣民된者가엇지附庸의稱號를甘受ᄒ야自國皇帝行幸ᄒ시ᄂᆞᆫ路에他國々긔를揭ᄒ리오

彼가又或日學部訓令에國긔라홈은卽廣義로解釋ᄒ야韓日兩國긔를包含홈이라ᄒ니此ᄂᆞᆫ實로幼稚可笑ᄒᆫ語句로다若彼의所謂廣義的으로國긔라ᄒᄂᆞᆫ二字를釋ᄒ진ᄃᆡ世界萬國國긔를包含ᄒ얏다홈이可ᄒ니然則世界萬國긔를輝煌交차홈은寧可거니와엇지日本國긔만獨揭ᄒ며오自國皇帝行幸ᄒ시ᄂᆞᆫ路에自國々긔만揭홈이正當홈은彼三尺童子를執ᄒ고問ᄒ야도皆唯々홀지니何等嘵言이喧嘩홀을此整々堂々ᄒᆫ公理야奈何ᄒ리오

外報

◎震災何多 東京電을據ᄒᆫ즉南伊太利ᄂᆞᆫ또强硬ᄒᆫ地震이有ᄒ얏다더라

◎加州의日人課査 同電을據ᄒᆫ즉加州議會ᄂᆞᆫ目下日本人의人口課査案을討議中인ᄃᆡ右案의實行ᄒᆯ時ᄂᆞᆫ聯邦議會에對ᄒ야亞細亞人排斥ᄒᄂᆞᆫ案의制定을要求ᄒᆫ다더라

◎敎會議決 倫敦電을據ᄒᆫ즉英國敎會大會에서ᄂᆞᆫ日本及支那에對ᄒ야三萬磅을傳道費로支出ᄒ고또東京에宗敎大學校를建設ᄒ기로決定ᄒ얏다더라

雜報

◎한會演說 前報와如히權東鎭氏가政府의責任이라ᄂᆞᆫ問題로演述ᄒᆫ槪意가如左ᄒ니

政府의責任된者即目的은上으로 皇室을尊重ᄒ야 聖德을對揚ᄒ고下으로人民을保護ᄒ야熙皞氣像을成ᄒ며中央으로高等政法을行ᄒ야萬事의大進就을餘旋홈이곳當局者의責任이라홀지어날

試問컨ᄃᆡ我政府當局者의今日行動이其責任을盡行ᄒ얏다홀이可홀까否홀까當局者의今日行動을鎭言컨ᄃᆡ再昨年夏期以來로今日까지義兵이蜂起ᄒ야良民이塗炭에陷ᄒᆫ惨狀을何忍說去오此慘狀을日日聞ᄒ며日日見ᄒ되當局者의如何ᄒᆫ方法을事務無聞ᄒ니不知케라其鐵監方案을講究ᄒ야도不勝ᄒᆫ가ᄒ인지國民의自盡自滅을自待ᄒ야其方法을講究홈必要가無ᄒ다ᄒᆷ인지

萬若方法을講究不得케라ᄒ면是ᄂᆞᆫ尸位素餐의責을難免홀지이오或國民의自盡自滅을待ᄒ야鎭靜方法을故心不行ᄒ면是ᄂᆞᆫ我國家의賊이니當局者ᄂᆞᆫ亦原理的人族이야엇지如是ᄒᆫ惡心腸이有ᄒ리오更思ᄒ면是ᄂᆞᆫ仕宦貪慾으로尸位素餐의責ᄒ[illegible]自招ᄒᆫ[illegible]이可ᄒ[illegible]

御駕西巡ᄒ실時에[illegible]宋秉畯이 尊顔咫尺에서酗酒亂양에拔劍鬪爭ᄒ야嚴憚이罔ᄒ紀極ᄒ니此ᄂᆞᆫ無君無臣의大不敬이라ᄒ얏서 王章에付ᄒ야依律處分홈이可ᄒ지어날至今ᄭᆞ지當局者의如何措置가無ᄒ니抑或宋秉畯의行動을穩當ᄒ줄노思惟ᄒᄂᆞᆫ지不知ᄒ거니와我等의 皇室을尊重ᄒᄂᆞᆫ思想으로今日當局者의擁護ᄒᄂᆞᆫ것은決코責任上容恕치못홀줄노斷言ᄒ노라

然則此失責任에對ᄒ야如何히名稱ᄒ고若以相愛同胞之情으로容恕ᄒ야言ᄒ진ᄃᆡ尸位素餐이라ᄒ지나正論으로言ᄒ면國法을無視ᄒᄂᆞᆫ惡政府라謂홈이可ᄒ고

大抵政府ᄂᆞᆫ政令布施의機關이오官職은國家의公器어ᄂᆞᆯ以上所言과如ᄒᆫ惡政府를我國民이엇지信服홀理由가有ᄒ리오云云ᄒ얏더라

詞藻

◎可憐命

꼴ᄯᅡ길ᄯᅡ、효용。네어될갓쇼나、

요놈의난장아、네命이다로다、

어리석、됴라、ᄒ。ᄒ。네可憐ᄒ

廣告

雜報

●宮僧憔悴 李根湍氏가元興寺家屋을謀奪ᄒᆞ랴고某尙宮을紹介하야 德壽宮에稟請ᄒᆞ야恩賜件으로 御寶調印ᄒᆞ시기를 奏達하얏더니 太皇帝陛下ᄭᅴ옵셔ᄂᆞᆫ默然不允ᄒᆞ시고皇貴妃殿下ᄭᅴ셔ᄂᆞᆫ叱責ᄒᆞ시되僧侶의所有寺院을李根湍의게賜許ᄒᆞ리오ᄒᆞ시미某尙宮이憮然而退ᄒᆞ얏다더라

●勸告勿施 大駕西 幸ᄒᆞ올實時에內大宋秉畯의無嚴ᄒᆞᆫ事에對ᄒᆞ야去番內閣會議에法部大臣高永喜氏가內ᄒᆞ야照律事案을提出ᄒᆞ얏더니伊藤統監의勸告로該議案이勿施가되얏다더라

●照會內閣 昨日에中樞院에셔리뎌烈氏의獻議書를添付ᄒᆞ야內閣으로照會ᄒᆞ얏다더라

●此亦正當 再昨日中樞院에셔議長以下贊議諸氏가特別會로ᄒᆞ고宋秉畯의罪案을彈駁ᄒᆞ다ᄒᆞ미니更聞ᄒᆞᆫ즉議事案에對ᄒᆞ야法부大臣高永喜氏가以若司法大臣으로엇지無何等措處ᄒᆞ니爲先法大高永喜氏를彈駁ᄒᆞ기로提議ᄒᆞᆫ事이라더라

●依法何妥 中樞院에셔特別會를開ᄒᆞᆷ은別項과如ᄒᆞ거니와法部大臣高永喜氏가此를聞知ᄒᆞ고某氏를對ᄒᆞ야日罪ᄂᆞᆫ宋內大가作ᄒᆞ고論駁ᄒᆞᆫ余가當ᄒᆞ니來頭에何等措處가될ᄂᆞᆫ지未知ᄒᆞ나大端悶慮라ᄒᆞ얏다더라

●詳探何用 再昨日에內大宋秉畯이가登進留本ᄒᆞ기로警務ᄒᆞ되所謂答辭會가搆我無罪ᄒᆞ야演說이日至ᄒᆞ고其他物議가煩雜ᄒᆞ다ᄒᆞᆫ즉詳探以奇ᄒᆞ라ᄒᆞ얏다더라

●法部調飭 法部에서各辯護士地方出張員의訴訟代理를從今以後ᄂᆞᆫ壹切不受ᄒᆞ라고各裁判所에訓飭ᄒᆞ얏다더라

●何不早悔 中부興동居ᄒᆞᄂᆞᆫ前主事金某가 陵參奉을圖得ᄒᆞ고져某大官에게金貨七百餘圜을納賂ᄒᆞ고百般運動ᄒᆞ다가宮大閔丙奭氏가知其事實ᄒᆞ고拒絕不許ᄒᆞᆷ으로金氏ᄂᆞᆫ不知中錢財만徒爲消耗ᄒᆞ고悔恨不已ᄒᆞᆫ다더라

●撫摩措處 光州觀察道主事山岡三夫가貴與금不足ᄒᆞᆫ事로事務室琉璃窓을破碎ᄒᆞᆫ事ᄂᆞᆫ昨報에已揭어니와此에對ᄒᆞ야韓國官吏와該臨下隷等이當場不穩ᄒᆞᆫ狀態가有ᄒᆞᆫ境에至ᄒᆞ얏더니該觀察使申應熙氏가艱辛撫摩ᄒᆞ야無事히措處하얏다더라

●遊覽遊覽 中樞院顧問리址鎔氏의婦人리鈺卿氏ᄂᆞᆫ遊覽ᄒᆞ기爲ᄒᆞ야來月望間에渡日ᄒᆞ기로預定ᄒᆞ얏다더라

●洪氏乞髮 前承旨洪某가日昨에齋洞趙命희氏家에往訪ᄒᆞ얏더니成均館長金有濟氏等某某人이在座ᄒᆞ얏다가洪某의尙今存髮ᄒᆞᆷ을見ᄒᆞ고勸告剃髮ᄒᆞᆫ대洪氏가不聽ᄒᆞᄂᆞᆫ지라末乃에壓制力으로勒削코져ᄒᆞ거ᄂᆞᆯ洪氏가百般哀乞하야兀髻를保有ᄒᆞ얏다더라

●着手期挾雜 全羅南道各財務官吏가結稅를星火督捧ᄒᆞᄂᆞᆫ故로去年度에實民未收ᄂᆞᆫ無幾ᄒᆞᆫ되所捧ᄒᆞᆫ稅金幾부分을韓國稅務官吏와領收員이符同隱匿ᄒᆞ야義兵을憑藉ᄒᆞ고民未收로稅簿에懸錄하얏다ᄂᆞᆫ說이浪藉ᄒᆞ더라

●閔忠正繼裁判 忠正公閔泳煥氏와令男閔範植氏가宋秉畯의게田畓을被奪ᄒᆞᆫ事를枚擧ᄒᆞ야京城地方裁判所에呼訴ᄒᆞᆫ故로該所에셔昨日에宋秉畯의代言人을招待질問ᄒᆞ얏다더라

●認何禁何 嶠南學會에셔月報를發刊ᄒᆞ기로內部警務局에承認ᄒᆞ야千餘部를發刊ᄒᆞ얏더니警務局에서該月報의禁止ᄒᆞ얏다더라

●開城輿論 開城에서何許淸人無賴輩數拾人이三拾六契을設ᄒᆞᆫ다ᄒᆞᆷ은已報어니와該淸人輩가壹日四次式抽出ᄒᆞᄂᆞᆫ데愚昧ᄒᆞᆫ人民이典衣鬻鼎ᄒᆞ야蕩敗之境에至ᄒᆞᆫ者가不計其數로되官吏가禁戢지아니ᄒᆞᆫ다고輿論이太端激烈하다더라

●文川의慘狀 咸鏡南道文川郡壹帶村落에ᄂᆞᆫ昨秋에四拾年來의未曾有ᄒᆞᆫ大洪水로ᄒᆞ야田沓의被害ᄒᆞᆫ者가多有ᄒᆞᆷ으로全郡人民이饑餓의境에至ᄒᆞᆫ者가壹千五百四拾九人이오其中他處에移住ᄒᆞᆫ者가二千四百六十五人에達ᄒᆞ얏ᄂᆞᆫ데元山에在ᄒᆞᆫ赤十字社愛國婦人會兩委員部에셔ᄂᆞᆫ目下全港의有志者와協同ᄒᆞ야救助義捐金募集에着手ᄒᆞ얏고文川郡守ᄂᆞᆫ本國人有志者와協議ᄒᆞ야救恤금을取續ᄒᆞ기爲ᄒᆞ야奔走中이라

●義將取招 江華島에根據를定하고各港에出沒ᄒᆞ던義兵將池洪壹氏ᄂᆞᆫ向者陽城地方에서逮捕ᄒᆞ야三昨日에該氏等四名을京城警察署警官이押領ᄒᆞ고仁川警察署로送致ᄒᆞ야目下取招ᄒᆞᄂᆞᆫ中이라더라

●義兵襲擊 本月拾三日午後八時에江西로向ᄒᆞ야出發ᄒᆞᆫ平壤郵便局遞傳夫二名이駄馬二頭及護衛ᄒᆞᆫ日巡査가義兵의襲擊을遭ᄒᆞ엿스나被害有無ᄂᆞᆫ不明ᄒᆞ다더라

●假日挾雜 本月拾四日統監府에서派遣ᄒᆞᆫ義兵情況視察員이라稱하ᄂᆞᆫ者가楊州郡鎭興面ᄉᆞ장한乘教시家에來ᄒᆞ야旅費를請求ᄒᆞ며行動이怪異ᄒᆞᆷ으로同郡憲兵分遣所에서上등兵及補助員을派送ᄒᆞ야逮捕取調ᄒᆞᆫ즉該人은楊州郡下楊州面九旨面及장興面三面에義兵情況視察로派遣되얏다稱ᄒᆞ고木製印을使用ᄒᆞ야爾來로討索ᄒᆞᆫ錢額이拾八圓六拾五錢이라더라

●日遞夫被殺 去십五日江原道鐵原金化間에來往ᄒᆞ던日本人遞送夫壹名이義兵에게被殺ᄒᆞ얏다더라

●李氏被捉 前判書리正魯氏의令男리鳳世氏ᄂᆞᆫ日人高伯과何等錢財의關係가有ᄒᆞ던지再昨日에리氏가南부警察署에被捉ᄒᆞ얏다더라

●何不趁附 前參奉리啓雨氏가關東學會에金貨壹百五拾圓을自願捐助ᄒᆞ고至于今日ᄭᆞ지壹錢不納ᄒᆞᆷ으로擧皆評論ᄒᆞᆫ다더라

●西北親睦 西北학生親睦會에셔本月二拾壹日下午壹時에通常會를西北학會館內에셔開ᄒᆞ고會장以下諸任員을改選ᄒᆞᆫ다더라

●畿湖總會 畿湖학會에셔本月二十日下午壹時에通常總會를校洞該會館內에開ᄒᆞ고事務를處理ᄒᆞᆫ다더라

●協會決議 大한協會에셔去拾三日評議會에副會長吳世昌摠務尹孝定評議員崔敬淳諸시의議案으로該學務所를新建築ᄒᆞ기爲하야研究委員金允五支운리道榮三시를選定ᄒᆞ얏ᄂᆞᆫ데該建築費用우京鄕會員에게義務金을募集實行ᄒᆞᆯ터이라더라

學界

●定州興學 定州郡守金相範시ᄂᆞᆫ文明의先務로教育을進步ᄒᆞ기爲ᄒᆞ야熱心贊成ᄒᆞ매學校之設立과學徒之熱心이稍稍進步ᄒᆞ다더라

●朴倅愛校 平南順川郡守朴容觀시ᄂᆞᆫ教育上에熱心으로各학校任員을請ᄒᆞ야維持方針을協議ᄒᆞᆫ後該郡內幼年학校에財政窘艱ᄒᆞᆷ을慨歎ᄒᆞ야薄俸中二拾圓을捐助ᄒᆞ얏다더라

●郡主有人 鎭安郡主事白琮基시가自敘任以後로行政上에敏活ᄒᆞ야郡民이安靜ᄒᆞ고該郡文明學校에朝夕躬往ᄒᆞ야生徒를熱心勸勉ᄒᆞ고財政을盡心補充ᄒᆞ니校況이擴張ᄒᆞ며生徒가日益增加ᄒᆞ야百餘人에至ᄒᆞ얏다더라

●斷指同盟 洪州郡西谷面月峴里洪明學校生徒李鳳相氏等九人이該학校經費가艱渴ᄒᆞ야維持沒策ᄒᆞᆷ으로同盟斷指ᄒᆞ야血書로該郡畿湖興學會支會에請願ᄒᆞ고該郡守에게請願ᄒᆞ야學資方針을請求ᄒᆞ얏ᄂᆞᆫ데觀光者들이莫不歎惜揮淚ᄒᆞ얏다더라

●郡主熱心 平北江界郡主事李贊道시ᄂᆞᆫ到任後로郡務도極力ᄒᆞ거니와該郡私立協新학院生徒百餘名을名譽로自擔三課ᄒᆞ야熱心教授ᄒᆞᆫ다고稱頌이藉々하더라

●李氏熱心 江華沙谷啓明義塾은本以該塾監리善宰시의熱心發務로諸般財政庶務에極力周旋ᄒᆞ야頗有成就之望이라더라

●三校合同 海州郡內의大寧학校와齊民학校와碧城義塾이有ᄒᆞ더니現今에會同親睦之誼로合設壹校ᄒᆞ고名曰海同학校라ᄒᆞ엿다더라

●崔氏長興 瑞興郡西下里居崔景鎬시가長興義塾을設立ᄒᆞ고靑年을募集ᄒᆞ야熱心教育ᄒᆞᆷ으로不過壹朔에학員이三十餘名에達ᄒᆞ얏다더라

●壽昌大昌 大邱壽昌學校학徒가現今二百餘名이오測量夜학二所와勞働夜학一所인ᄃᆡ該勞働教師白炳基시ᄂᆞᆫ名譽로熱心教授ᄒᆞ야崖崔牧樵가口誦國史ᄒᆞ며且該校債欵還償에對ᄒᆞ야捐助諸시中에李在玄徐相夏馬冀興徐相春李宗勉徐丙奎諸시가最優等으로捐助ᄒᆞ얏다더라

◉感荷義捐

黃海道瓮津郡有志紳士玄憲昶氏가金壹圓을本社에寄附ᄒᆞ얏기玆에感謝를表ᄒᆞ노라

▲地方消息▼

▲去月十九日咸남咸津郡內에셔義兵拾四名이平南樂水동分遣所日憲兵壹名及補助員三名과交戰ᄒᆞ얏다ᄒᆞ고

▲本月십日義導丈山浦東方約十里地에서義兵七十餘名이該浦分遣所日憲兵及補助員六名과交戰ᄒᆞ얏다ᄒᆞ고

▲去月貳拾九日全北茂朱郡東方約六拾里地에서義兵七十餘名이該郡分遣所日憲兵二名及補助員五名과衝突ᄒᆞ얏다ᄒᆞ고

▲本月拾壹日忠南禮山郡東部約三拾里地에서義兵拾九名이該郡分遣所日憲兵壹名及補助員貳名과交戰ᄒᆞ얏다ᄒᆞ고

▲本月拾三日黃海道溫井院西方約拾里地에서義兵拾五名이該院分遣所日憲兵二名及補員四名과交戰ᄒᆞ얏다더라

▲春城聽哭▼

▲浩々茫々ᄒᆞᆫ大塊ᄂᆞᆫ文章으로빌니시고形々色々ᄒᆞᆫ陽春은烟景으로붉너닌다數尺短笻의지ᄒᆞ야春城到處徘徊ᄒᆞ니物々皆有自樂인데痛哭聲이웬일인가愕然失色드러보니無知沒覺ᄒᆞᆫ奴隷輩가제身勢를恨歎일세

▲花開洞天도라드니엇던奴隷나오면서朴퍼붓던痛哭ᄒᆞ제야속ᄒᆞ다우리上典惟命是從이내功을昏夢中에이젓던가翠岳堂窺식일줄노泰山ᄀᆞᆺ치밋엇더니孤帆遠影碧空盡에重渡之期窅然ᄒᆞ니이身勢를엇지ᄒᆞᆯ고

▲校洞屛門도라드니엇던奴隷나오면서閔양ᄒᆞᆫ痛哭ᄒᆞᆯ제處無ᄒᆞ도다우리上典歡迎餞送ᄒᆞᆯ제許多路物밧칠적에庭宴任ᄒᆞᆫ지리를鐵杖ᄀᆞᆺ치밋엇더니櫂舟已過萬重山에永訣終天속절업다이身勢를엇지ᄒᆞᆯ고

▲齊洞門前도라드니여러奴隷나오면서現淚掬淚痛哭ᄒᆞᆯ제寃痛ᄒᆞᆯ손우리上典坐臥起居命令되로互相爭奪服從ᄒᆞᆷ은좀坐을依賴코[illegible]盡藏밧쳣더니鐵扇奏到漢水濱에不返歸兮水去ᄒᆞ니이내身勢엇지ᄒᆞᆯ고

▲竹洞街路도라드니無數奴隷나오면서[illegible]紛紛痛哭ᄒᆞᆯ제無情ᄒᆞᆯᄉᆞ우리上典이내血汗爲名이生命財產업시가며服從ᄒᆞᆫ지四十年에[illegible]인되猿啼客散暮江頭에ᄯᅡ로갈ᄯᅡ고[illegible]니이내身勢엇지ᄒᆞᆯ고

▲[illegible]奴隷ᄒᆞ야[illegible]仁且愛ᄒᆞᆫ[illegible]自由權을주시ᄒᆞ고甲午更張ᄒᆞ던날에奴隷解放ᄒᆞ엿거던너의心腸엇지킬니네權利를못찻고셔他人依賴무슴일가쓸ᄃᆡ업ᄂᆞᆫ痛哭말고父母兄弟合ᄒᆞ야精神을ᄎᆞ리[illegible]

廣告

本月二拾壹日(日曜)下午壹時行卒業式壹般校友來恭是望
私立光成학校

本學生親睦會에서壹般仕員을改選ᄒᆞ기爲ᄒᆞ야本月二拾壹日(日曜)下午壹時에臨時通常會를西北학會館內에서ᄒᆞ오니壹般會員되ᄂᆞᆫ학生은壹齊來臨ᄒᆞ심을望ᄒᆞᆷ
西北學生親睦會 白

本面面장鄭元弼은本是不良之人으로民不厭聊ᄒᆞ기로請囑本郡ᄒᆞ야圖差面長之任이于今四年에各洞里長을朝夕改遞ᄒᆞ고郡會라稱ᄒᆞ고入郡出來ᄒᆞ면無名色으로斂錢을加排濫捧ᄒᆞ며殘民을虐對ᄒᆞ야五圜拾圜錢石租를討索甘食ᄒᆞ고有夫女通姦ᄒᆞ야陰陽에不憚之弊가非壹非再ᄒᆞ니處在海隅之民이等訴于郡守則時任郡主金烘치가與鄭元弼노結誼兄弟ᄒᆞ야無論大小事ᄒᆞ고盡心斗護之地에本面等狀을見奪執ᄒᆞ고面民을譴責ᄒᆞ야歸於乱民退送ᄒᆞ니勢將愚蔽이告訴無處요雖當長力ᄒᆞ야人民이渙散ᄒᆞ야國土를陳廢케되니豈有如此不良之人이리요本面民人等이鄭元弼의惡習을世人으로通知케爲ᄒᆞ야玆以廣告ᄒᆞ오니照亮
隆熙三年二月十三日
慶南河東郡古縣面
民人代表 鄭中悅

本人의家屋이西部蛤洞第六拾六統一戶草家五間板刻文券을藏置家內이다가不知中서失故로玆以仰布ᄒᆞ오니誰某拾得ᄒᆞ와도休紙施行ᄒᆞᆷ
蛤洞 金召史

北部順化坊帶동六十七統三戶瓦家十三間舊文記六張셔失이오니雖某拾得休紙施行ᄒᆞᆷ
朴雲汝 告白

本月二拾日(土曜)下午一時에通常總會를開ᄒᆞ고事務를處理ᄒᆞ오니 僉會員은屆期來臨ᄒᆞ시옴
畿湖興學會 告白

本會會長 申公靈柩發引은二月二十一日(陰二月初貳日)上午九時오南大門驛發車ᄂᆞᆫ同十時四十分이니 僉會員은同日上午七時에本會館으로齊臨ᄒᆞᆷ
大東學會 白

陰城郡私立光明學校總務安炳관시가該校基本金四百圜을暗自乾沒ᄒᆞ고潛身逃躱ᄒᆞ얏다ᄂᆞᆫ事何許人의誣陷으로各報欄에揭載되얏스나此等事實이全無ᄒᆞ기로玆以廣告ᄒᆞ오니 僉彦은照亮ᄒᆞᆷ
리赫運 리競秀等白

普成專門學校學員募集廣告

本校에서第五回法律專門學員을募集ᄒᆞ오니願學僉員은左開에依ᄒᆞ야屆期入學ᄒᆞᆯ事
壹 試驗日字ᄂᆞᆫ二月二拾壹日上午拾時(陰貳月二日)
壹 試驗科目은如左
國漢文 讀書
作文 筭術
壹 入學에關ᄒᆞᆫ用紙ᄂᆞᆫ本校에請ᄒᆞᆯ事
漢城磚洞普成專門學校告白

李鍾承王大人海州公昌實시陰正月二十五日別世知舊 僉位照亮
護喪 元永寬

◎材木大發賣

弊店의品好ᄒᆞᆫ木材가多數俱備ᄒᆞ와廉價로賣出ᄒᆞ오니所用이有ᄒᆞ신僉君子ᄂᆞᆫ陸續來購ᄒᆞ심을務望ᄒᆞᆷ
京城竹洞八十二統七戶
竹洞材木店主金興敏 告白

本社에서活版機械를壹新整備ᄒᆞ고各種印刷를廉價需應ᄒᆞ오니僉位ᄂᆞᆫ惠顧ᄒᆞ시옵 社會公益上印刷ᄂᆞᆫ貳割特減ᄒᆞᆷ

本社에서直接大發賣書目

中等用器畫法 全 定價金七拾錢 翫雲 吳榮根君著
本書ᄂᆞᆫ測量。建築。構造。機械見本。壹切實地應用製圖法

新撰外國地誌 上下 定價金六拾錢
本書ᄂᆞᆫ各學校教科의適當ᄒᆞᆫ世界各國의情形을詳載ᄒᆞᆷ

二十世紀朝鮮論 定價金三拾五錢

最新算術 上下 定價金壹圜
官立高등學校教授金夏鼎君著
本書ᄂᆞᆫ著者金君이實地教授와多年經驗으로筭學要領을盡撮ᄒᆞᆫ者니各學校教科書及獨習의適當ᄒᆞᆷ

壹個月速成卒業算術自解 定價金五十錢
本書ᄂᆞᆫ自初學數量으로求積法까지簡易詳明케編纂ᄒᆞᆫ者니各速成科教科用及自家獨習甚便ᄒᆞᆷ

鍾路里門上隅十二統三戶 興文社

南部紅箭門內淸商大成義西片戶外瓦家四拆間을放賣코저ᄒᆞ여玆以廣告ᄒᆞ오니願買者에ᄂᆞᆫ銅峴大淸商廣和順商議ᄒᆞ심을望ᄒᆞᆷ
大淸商廣和順 謹白

特別廣告

近頃에本社事務에對ᄒᆞ야狹没覺ᄒᆞᆫ者ㅣ陰沮를試ᄒᆞᄂᆞ나何國何人에던지本社의發達ᄒᆞᆫ事務에對ᄒᆞ야能히防遏치못ᄒᆞᆯ것은明瞭ᄒᆞᆷ이니此廣告를讀ᄒᆞ시ᄂᆞᆫ 僉彦은幸須銘心ᄒᆞᆯ것이오며玆에本社의進行ᄒᆞᆯ職責與專務를明白히說明ᄒᆞ노라

本社ᄂᆞᆫ비록新成立ᄒᆞᆫ者이나本社를興旺케ᄒᆞᆯ方針에對ᄒᆞ야必要ᄒᆞᆫ時에ᄂᆞᆫ能力과勇敢力이固有ᄒᆞ오며現今에着手ᄒᆞᆫ事業은如左ᄒᆞᆷ

一 本社ᄂᆞᆫ韓國과美國間에直接輸入及輸出을伸張ᄒᆞ기를務圖ᄒᆞᆷ
韓國內某々種手造物品은美國의輸出ᄒᆞ야奇利를得ᄒᆞᆯ者가多ᄒᆞ나今까지此等物品은美國의各處의紹介ᄒᆞ기無路ᄒᆞ더니現今에本社에서ᄂᆞᆫ此等困難이無ᄒᆞᆯ지라韓國은何故로美國과如此ᄒᆞᆫ商業上好關係를抛棄ᄒᆞ리오
又壹試思ᄒᆞᆯ것은美國物品이韓國에到達ᄒᆞᆯ時에ᄂᆞᆫ通常으로四五手를經由ᄒᆞ나니每經由에該物品本價에서利益을添付ᄒᆞ며稅金及運費도自然增加ᄒᆞᄂᆞᆫ故로物價가甚高ᄒᆞ오나本會社ᄂᆞᆫ美國內物品製造所에最廉價로特約直輸入ᄒᆞ야廉買ᄒᆞᆫ則直接放賣ᄒᆞ며物價가低廉ᄒᆞᆯ더이오니推此思惟ᄒᆞ오면韓國內에서美國物品의需用이直接及際接으로利益의增加ᄒᆞᆷ을預期ᄒᆞᆷ

貳 本社에서韓美兩國間商業關係에만盡力ᄒᆞᆯ뿐不啻라諸國과亞細亞全部와歐羅巴와濠太利諸處에도商業上好機會를造成ᄒᆞᆯ計劃이오며且動賣할代理人을韓國內各處에置ᄒᆞ야新鮮ᄒᆞᆫ物品을直輸入ᄒᆞ야代理人으로分掌出賣케ᄒᆞ며其物貨를放賣ᄒᆞᆷ에對ᄒᆞ야ᄂᆞᆫ時々로特別히廣告를揭布ᄒᆞᆯ더이오니海內僉彦은本社에事務進行ᄒᆞᆷ을緣此承聞ᄒᆞ오리다

三 本會社ᄂᆞᆫ不動産部를別設ᄒᆞ고不動産에關ᄒᆞᆫ事項을管理ᄒᆞ되土地家屋等賣買典當과借貸等事의仲介契約受托及방助ᄒᆞᄂᆞᆫ等事를處理ᄒᆞ야迅速히發展되기를期待ᄒᆞ며此에關ᄒᆞᆫ詳細事項은未久에公布ᄒᆞᆯ깃숩

四 何事를勿論ᄒᆞ고法律의違反치아니ᄒᆞ고本社의利益이有ᄒᆞᆷ으로認定ᄒᆞᄂᆞᆫ營業은本社에서隨機進行ᄒᆞ기를準備ᄒᆞᆯ더이오니此目的의對ᄒᆞ야同情을表ᄒᆞ시ᄂᆞᆫ 僉彦은盡心協助ᄒᆞ심을切望ᄒᆞᆷ

以上陳述ᄒᆞᆫ諸事項에對ᄒᆞ야 僉彦과通信을連絡ᄒᆞ기를願ᄒᆞ오니左開二項을注意ᄒᆞ시옵

壹 何事를勿論ᄒᆞ고本會社에委托ᄒᆞᄂᆞᆫ時에ᄂᆞᆫ本社의서盡心竭力ᄒᆞ야信實히處理ᄒᆞᆯ더이오며

二 本會社ᄂᆞᆫ何人이던지本會社의委托ᄒᆞᆫ事에對ᄒᆞ야ᄂᆞᆫ其信用을確守尊敬ᄒᆞᆷ을保証ᄒᆞᄂᆞᆫ故로何事를勿論ᄒᆞ고信用의關ᄒᆞᆫ事件은特別히本社의委任ᄒᆞᆷ이加一層安全ᄒᆞᆷ을擔任ᄒᆞᆸ나이다

大韓皇城磚洞
韓美興業株式會社 謹啓

發行兼編輯人英國人 萬 咸
發行所 南部石井洞外地三十八番地
大韓每日申報社

光武九年八月十一日 明治三十八年八月十一日(第三種郵便物認可) 土曜日 西曆壹千九百九年貳月貳拾日 (壹)

第七卷

大韓每日申報

第壹千卄八號

月曜及慶節休日時發刊

檀君開國四千二百四十二年
箕子元年三千三十一年
大韓開國五百十八年
日本明治四十二年
淸國宣統元年
陰曆己酉二月大初一日辛亥

別報

◉警告書

向者大韓協會에서宋秉畯의無嚴不敬ᄒᆞᆫ事로總理리完用氏의게建議書를提呈ᄒᆞᆷ은本報에셔已爲揭布ᄒᆞ얏거니와리總理가該書를繳還ᄒᆞᆫ事에對ᄒᆞ야該會에셔更히警告書를리完用시의게提呈ᄒᆞ얏ᄂᆞᆫ대其全文이如左ᄒᆞ더라

敬啓者本月九日本會에셔以內部大臣宋秉畯이於至尊咫尺에酗鬪拔刀犯分蔑紀大不敬大無禮之事로有所建議ᄒᆞ야仰叩措置之如何矣러니乃於昨壹日에內閣主事趙英鉉이來傳閣下答辭以事實不然壹句ᄒᆞ고却還原書어시旣以謂果如來辭ᄒᆞ야事苟不然이면誠爲萬幸이어니와本會가會於此事에搜稍探顚ᄒᆞ야得其事實之明確無疑者而記註在案然後에始乃發之者也어ᄂᆞᆯ閣下今雖欲爲具寮遮護之나其在너外耳目之所聚觀과上下輿論之所憤怒에惡能掩其惡而解其罪哉아探怪夫閣下之爲辭也ᄒᆞ노라益査當日之實相컨더

壹場所 玉車中央室은御榻이오其右側隔板으로夾室은侍從、侍從武官、女官의休憩所이니此室너에서悖行이發生ᄒᆞᆷ이며

壹參觀 너部大臣宋秉畯과侍從武官魚潭시以外에在傍人은法部大臣高永喜시、侍從리番永시侍從武官리衆規시女官三人이며

壹行動 宋秉畯이高永喜시와右夾室에入ᄒᆞ야相對爛飮하다가宋秉畯이魚潭시에게酗酒喝詬ᄒᆞ며亂擲玻璃瓶ᄒᆞ야破碎ᄒᆞ며恣ᄒᆞ며揪住魚시之襟ᄒᆞ야攫ㅏ勸ᄒᆞ하고披裂禮服ᄒᆞ며連批魚시之頰ᄒᆞ고竟乃自拔佩刀ᄒᆞ야擬制魚시ᄒᆞᆷ이며

壹解紛 拔刀現場에린衆規시ᄂᆞᆫ前抱宋秉畯ᄒᆞ며高永喜시ᄂᆞᆫ奪刀摔鞘ᄒᆞ야携宋而去ᄒᆞ얏고及到平壤에高永喜시와總理大臣리完用시가在시셔게對하야宋의失當ᄒᆞᆷ을말ᄒᆞ며好言慰撫ᄒᆞᆷ이라

以上事實이昭然ᄒᆞ야有掩不得者ㅣ存焉이어ᄂᆞᆯ當日陪從諸寮가俱以遮護之計로隱匿彌縫ᄒᆞ야有若無其事者ㅣ可乎아噫라法部大臣은職在司法ᄒᆞ고身親參觀ᄒᆞ니在現場解紛息鬪가乃其宜也오及其歸則延鞫勸罪가亦其宜也라固不容暑刻遷延이어ᄂᆞᆯ鈎此事々嘿默ᄒᆞ니司法之責이何在며宮內府太臣은其在 皇室衛護之地ᄒᆞ야所供이何職이며所奉이何事어ᄂᆞᆯ天陛ㅏ步에致有此絕悖行動ᄒᆞ고又觀以萘飮ᄒᆞ야喑無壹言ᄒᆞ니供奉之責이何如오凡此具寮之失職이豈以爲責全在於閣下ᄒᆞ노니閣下ᄂᆞᆫ以百寮之首揆로位居統率之地ᄒᆞ고任專輔弼之寘ᄒᆞ야諸有具寮之犯分蔑紀와失職曠務를立廉升聚實蠲조固職權之當然也니豈待他人之籲告哉者며況此宋秉畯之恣橫跋扈은實我 朝未曾有之罪變也라自古國權衰夷之日에犯分蔑紀者ㅣ何代無之而奚圖際今維新之日ᄒᆞ야有此無將之習也리오此習을不可不懲이며此行을不可不防이라本會於此에不勝爲國綱寒心之至ᄒᆞ야沫血陳衷을不能自已러니閣下不與蠲然省悟ᄒᆞ야亟行措置停當ᄒᆞ시고乃反推諉於事實不然而盡欲飾非ᄒᆞ야模糊含糊로以塞天下之口ᄒᆞ며나其意指로欲掩天下之目ᄒᆞ시니抑爾以欺天而欺人이어니와其於良心之不可欺에何哉오獨在平壤ᄒᆞ야向高시而問事實ᄒᆞ며向魚시而慰過境者ㅣ非閣下伊誰오嗚呼라只知有具寮而袒護之ᄒᆞ고不知有 皇威而墮落之乎아閣下ㅣ縱不顧 皇室之尊嚴이나獨不念 祖宗金石之重乎며獨不愧天下萬世之論乎아今其事實이如是明確ᄒᆞ야更無藉口之餘地則閣下ㅣ又將何辭以彌縫之乎아苟閣下ㅣ怕其勢焰ᄒᆞ며掩他面皮ᄒᆞ야事實蔑 君之罪언명隱廟堂臣之忤ᄒᆞ야終不敢以法懲비則閣下ᄂᆞᆫ雖欲强飄尸素나其於公議之不許에何哉오正宜引疾辭職ᄒᆞ야使王府關和로不至壞廢於閣下之手ᄒᆞ시고幸少有振 祖宗尊皇室之彝典인데勉擧固有之職權ᄒᆞ야升聚宋秉畯罪狀ᄒᆞ야上奏勸懲을不容暫緩이오法部大臣高永喜시와宮內府大臣閔丙奭시의私失職之責을亦宜論罷者也라於此兩段分義에閣下ㅣ豈非審思而黙處者耶아本會ᄂᆞᆫ主持壹世之正論ᄒᆞ며代表全國之公憤ᄒᆞ야雖至何時何日이라도恭俟措置正當ᄒᆞ야期要俾此彼警而後에乃可已矣라ᄒᆞ노니閣下ᄂᆞᆫ其亟圖之ᄒᆞ심을敬要

▲隆熙▲二年 九月壹日 官報

部令

學部令第拾六號

第二십二條 疾病或正當ᄒᆞᆫ事由의因ᄒᆞ야欠席이至月以上에涉ᄒᆞᄂᆞᆫ者에게對ᄒᆞ야ᄂᆞᆫ特히授業料를免除ᄒᆞᄂᆞᆫ事도有ᄒᆞᆷ (未完)

外報

◉淸葡條約調印 倫敦電을據ᄒᆞᆫ즉澳門境界線劃定에關ᄒᆞᆫ淸國葡萄牙國의條約은葡國首都리스본에서調印ᄒᆞ고兩國은各其全權委員을任命ᄒᆞ얏ᄂᆞᆫ데該事件의交涉은壹千八百八拾七年으로부터繼續ᄒᆞ얏다더라

◉大統領의宣言 紐育電을據ᄒᆞᆫ즉美國次期大統領타프트시ᄂᆞᆫ目下工事中에在ᄒᆞᆫ파나마運河의장門式은最良ᄒᆞᆫ工事의方法이라고宣言ᄒᆞ얏고該運河ᄂᆞᆫ壹千九百十五年에竣功된다고說明ᄒᆞ얏다더라

◉兩王會見 伯林電을據ᄒᆞᆫ즉西班牙國王알폰스陛下ᄂᆞᆫ葡萄牙國의招待에應하여其御獵地에서同國王마뉴엘陛下와會見ᄒᆞ얏다더라

◉花방營業禁止 香港電을據ᄒᆞᆫ즉廣東總督은還日同埠花방의大慘劇을觀覽ᄒᆞᆫ時에花방의建造營業을禁止하고番娼妓全部를退去하라고命ᄒᆞ얏다더라

詞藻

◉新名堂

尊嚴咫尺에、호옹。깜ㅐ던逆賊
놈、훙。
軍器署다리목、 제名堂이라、
아。
이구지구、호옹。숫사리成職라
、훙。

雜報

●春何不春 春川觀察使李圭完氏가 大皇帝陛下西巡時에 陪從上京ᄒᆞ얏다가 數日前에 [illegible]ᄒᆞ얏는대 身病이 關發ᄒᆞ야 [illegible]ᄒᆞ다는 電報가 該氏本第에 來着ᄒᆞ얏다더라

●妙計何計 永宜君李埈鎔氏는 近日何등妙計를 做得ᄒᆞᆷ인지 [illegible]을 극貨二萬五千圓에 典執得債ᄒᆞ고 리根澤李海兄弟를 逐夜招邀ᄒᆞ야 秘密耳語가 正是爛熳ᄒᆞ다더라

●秘議何議 一進會에서 何등事項을 因ᄒᆞᆷ인지 再昨日下午에 特別總務員會를 開ᄒᆞ고 秘密協議ᄒᆞ얏다더라

●一進會의 佩符 忠淸南道公州郡一進支會會員김某의 談話를 聞ᄒᆞᆫ즉 當初에 一進會를 爲名이 宋秉畯의 奸譎手段을 因ᄒᆞ야 雄唱雌和에 四方이 幷起ᄒᆞ야 一大團體를 成ᄒᆞ더니 近日에 宋병쥰은 國家에 大罪를 犯ᄒᆞ고 所謂會長李容九는 日本에 渡去ᄒᆞ야 經年隱伏ᄒᆞ고 會況의 何如는 頓不顧견ᄒᆞ니 我等支會員이 有何面目ᄒᆞ야 垂頭服從ᄒᆞ리오 一朝에 幷爲解散ᄒᆞ야 良民을 作ᄒᆞ는 이만 不如ᄒᆞ다고 ᄒᆞ얏다더라

●學部主事選擇 本年度로부터 各道에 配置ᄒᆞᆯ바 勸奬、土木、敎育三件의 事務를 處理ᄒᆞᆯ터인대 爲先學務에 關ᄒᆞᆫ 主事拾四名을 選擇ᄒᆞ야 漢城府及各道에 壹人式派送ᄒᆞ기로 目下內部에 交涉中인대 不遠간에 其任命이 發表되리라더라

●三稅實施 向日에 발布된 家屋稅酒稅烟草稅를 實施ᄒᆞᆯ터인대 各地方財務署及財務監督局에 事務가 繁殷ᄒᆞᆷ으로 其職員을 增設ᄒᆞ고 且其官制를 改定ᄒᆞᆯ터이라더라

●果網不漏 南來人의 傳說을 聞ᄒᆞᆫ즉 彥陽郡守朴茂承氏는 到任卽時에 該郡主事를 無故執責ᄒᆞ야 旅館으로 逐出ᄒᆞ고 冊室壹人을 郡衙에 置ᄒᆞ야 郡務를 專任ᄒᆞ고 該郡主事는 瞞報免官ᄒᆞ얏다더라

●郡主毛薦 殷栗郡居李文郁氏는 該郡面長으로 郡主事薦望ᄒᆞᆫ時에 資格도 不足ᄒᆞᆯ뿐더러 郡知幾人에게 暗囑投票ᄒᆞ고 自己의 名을 自爲投票ᄒᆞ얏다고 該地批評이 有ᄒᆞ다더라

●郵官無信 平남順川郡郵遞局에서는 該局에 來到ᄒᆞᆫ 書封을 淹留累日에 或置或傳ᄒᆞ야 通信의 遲滯를 因ᄒᆞ야 人事의 狼狽가 多ᄒᆞᆷ으로 該地輿論이 沸騰ᄒᆞ다더라

●人謀難測 趙희瀜氏가 宋秉畯을 典執ᄒᆞᆫ事는 已揭어니와 前郡守崔駿相氏와 尹行模爲名人이 居間典執ᄒᆞ야 該兩人이 其錢을 沒數携帶ᄒᆞ고 不知去處로 逃走ᄒᆞᆫ 故로 警視廳에서 現今詗捕中이라는더 西江農與會은 典執ᄒᆞ지 아니ᄒᆞ얏다더라

●暗伴愛民 順川郡倉里徐得浩氏家에서 本月拾五日頃에 偶然失火ᄒᆞ얏는더 當日夜에 寒風이 大起하야 措手不及ᄒᆞᆷ으로 四戶가 全燒ᄒᆞᆫ境에 該郡守朴容觀氏가 不顧寒苦ᄒᆞ고 終夜도록 冒烟蹈火ᄒᆞ면서 熱力救護ᄒᆞᆯ뿐 더러 燒失ᄒᆞᆫ 人民을 救濟ᄒᆞᆯ方策으로 多數捐金ᄒᆞ고 郡內各人에게 悲盡說明ᄒᆞ야 各히 出義補助ᄒᆞ얏다더라

●猥子野心 東來人의 傳說을 據ᄒᆞᆫ則 昨年陰曆六月十七日에 日憲兵二名이 襄陽郡東面松田里高翊柱氏家內庭에 無端入去ᄒᆞ더니 韓國에서는 人家내庭에 擅入ᄒᆞᆷ을 不好ᄒᆞᆫ다ᄒᆞ얏더니 日兵이 該氏를 捆縛捉去ᄒᆞ는지라 其兄高桂柱從姪光夏兩氏가 隨去ᄒᆞ며 放釋ᄒᆞᆷ을 哀乞ᄒᆞ매 니及其海邊沙場ᄒᆞ야 該三氏를 一時砲殺ᄒᆞ고 隱跡逃去ᄒᆞ얏는더 高光夏氏의 七旬老親이 孤孩를 抱ᄒᆞ고 訴冤無處ᄒᆞ야 晝夜로 呼天痛哭ᄒᆞ는 狀況은 慘不忍見이라더라

●羅網俱失 東部下中谷居羅晉英氏가 咸北地方에 商業次로 出發ᄒᆞ얏다가 음正月에 還歸ᄒᆞᆫ則 該氏의 妻가 家裝什物을 沒爲收拾ᄒᆞ고 因爲逃走ᄒᆞ얏스며 該女의 男弟김宗先은 羅氏가 本家로 送致ᄒᆞᆫ금 六千兩을 帶持逃去ᄒᆞ얏다더라

●加平黑魔 再昨日上午四時에 義兵數百名이 加平郡東面等地에 來到ᄒᆞ야 居民에게 朝飯을 指揮ᄒᆞᆫ際에 日兵及補助員幾名이 追後突擊ᄒᆞ야 數時間을 風塵이 大起하얏다더라

●日遞夫被殺 陰本月二十三日頃에 義兵幾十名이 寶城務安等郡으로 來往ᄒᆞ는 日人遞傳夫壹名을 砲殺ᄒᆞ얏다는 傳說이 有ᄒᆞ더라

●淸人殺人 黃海道黃州郡東面長砂里等孔賀浩家에서 淸人四名이 韓人과 共히 賭博ᄒᆞᆫ際에 中和郡居金蓮祚外二拾名이 制止ᄒᆞᆫ즉 淸國人은 溫突內에서 短銃을 放ᄒᆞ며 惹擾ᄒᆞ야 金蓮祚는 中丸致死ᄒᆞ고 同行ᄒᆞ얏던 金法祥金蓮班은 負傷ᄒᆞ얏슴으로 其犯人을 搜索ᄒᆞ야 嫌疑者淸國人高城珠劉景順二名을 捕縛ᄒᆞ야 平壤駐在淸國官憲의게 押付하얏다더라

●捉何放何 大邱西門내居ᄒᆞ는 崔允中氏는 上京留連ᄒᆞ는더 인대 何事件을 因ᄒᆞᆷ이던지 三昨日에 南部警察署에 被捉ᄒᆞ야 壹夜를 經過ᄒᆞ고 無罪放還ᄒᆞ얏다더라

●賊黨何多 再昨日下午十壹時頃에 北部松峴等地에서 强盜壹名이 突出ᄒᆞ야 行客을 威脅ᄒᆞ고 衣冠及其他雜品을 奪去ᄒᆞ얏다더라

●窃盜被捉 西門外居ᄒᆞ는 宋某는 窃盜로 有名行賊ᄒᆞᆫ다더니 再昨日에 銅峴警察署에 被捉ᄒᆞ얏다더라

●救世支營 救世軍正尉班禹巨氏가 今月九日에 忠淸北道報恩邑에 前往ᄒᆞ야 救世軍支營을 設立ᄒᆞ는더 數百人이 入參ᄒᆞ얏다더라

●救世演說 來日曜日上午拾時半과 下午二時半과 同六時半에 夜珠峴第救世軍營에서 正領許嘉와 正校鄭敎兩시가 同夫人ᄒᆞ고 愛人如已에 目的으로 太廣橋第二營에서는 正尉班禹巨 正校禹途시夫人과 副校미雲成시가 夫人을 帶同ᄒᆞ고 同時에 敎愛目的으로 演說ᄒᆞᆫ다더라

●靑會討論 今日下午七時에 鍾路靑年會館에서 進成碎玉이 勝於退爲全瓦라는 問題로 討論會를 開ᄒᆞᆫ다더라

●畿湖撮說 畿湖興學會經費를 措揖ᄒᆞᆷ에 對ᄒᆞ야 永宜君李埈鎔시와 侍從院卿尹德榮시가 排月寄付ᄒᆞᆷ은 衆所共知어니와 兩시가 該會를 期於히 擴張ᄒᆞ기로 決心ᄒᆞ고 逢人勸力說論ᄒᆞᆷ으로 人心이 感服ᄒᆞ야 隨力捐付者가 多數陸續ᄒᆞ야 該會進就之望이 大有ᄒᆞ다더라

●同德紀念 中部大廣橋同德女子義塾에서 明日下午壹時셤分에 第一回紀念式을 該塾內에서 設行ᄒᆞᆫ다더라

學界

●李氏勸學 昌原馬港居南參奉李啓鎔시는 元來孝行으로 著名ᄒᆞ고 新思潮에 感覺ᄒᆞ야 晉門子弟를 盡爲斷髮ᄒᆞ야 學校에 送ᄒᆞ얏다더라

●財主熱心 忠남石城郡私立石陽학校는 設立이 已過四載에 成績이 佳良ᄒᆞᆯ뿐더러 該郡財務署主事李台來李敏寧兩시가 觀若自己上擔務ᄒᆞ고 학徒를 熱心勸勉ᄒᆞ야 校況이 進興ᄒᆞᆫ다더라

●不舍晝夜 咸南永興郡志士金商行東喆周車明珏三시가 雲西塾에 敎師를 私立ᄒᆞ고 校號를 隆門이라ᄒᆞ야 舊習을 劈破ᄒᆞ고 車成七시는 自家舍廊에 夜學校를 設하야 靑年을 訓導ᄒᆞᆫ다더라

●李氏熱心 黃海道瓮津郡北面花山里協成學校內에서 測量講習所를 設立ᄒᆞ고 有志紳士李圭璋시가 敎師의 責任을 名譽로 自擔ᄒᆞ고 熱心으로 敎授ᄒᆞᆫ다더라

●文氏熱心 平寧郡西部居ᄒᆞ는 文喆漢시가 同郡開進學校學監으로 熱心勤務ᄒᆞ며 勞働者를 募集ᄒᆞ야 國文으로 夜학을 設ᄒᆞ고 熱心敎育ᄒᆞᆫ다더라

●富倅勸學 富寧郡守李根陽시가 敎育에 熱心ᄒᆞ야 不憚勞苦ᄒᆞ고 躬行村閭하야 盡誠勸學하고 捐俸補助ᄒᆞᆷ으로 境內학校가 漸進擴張ᄒᆞᆫ다더라

●老年血誠 富寧郡靑下社松亭里居ᄒᆞ는 前郡守[illegible]시는 年近七拾에 不顧家事ᄒᆞ고 郡內四五학校校長의 任을 擔任ᄒᆞ야 熱心敎育ᄒᆞ고 恒言ᄒᆞ야 曰我는 學界에서 從事ᄒᆞ다가 餘年을 終ᄒᆞᆫ다ᄒᆞᆷ으로 該시에 血誠을 人皆稱頌ᄒᆞᆫ다더라

●李郡附校 茂長郡守徐相경시와 該郡紳士김商壹김相寧김配鉉愛健諸시가 熱心奮發하야 茂長東明兩학校를 設立ᄒᆞ고 熱心贊成ᄒᆞᆫ 학徒가 壹百五십餘名에 達ᄒᆞ얏다더라

●大興敎育 北來人의 說을 據ᄒᆞᆫ則 咸鏡남道安邊郡下道面有志紳士김洛郁姜翊相安致慶諸시가 各洞私塾과 私契를 合ᄒᆞ고 捐合을 鳩聚ᄒᆞ야 大韓학校를 設立ᄒᆞ고 熱心贊成ᄒᆞᆫ다더라

◎國債義捐

蔚山大岩

美國人礦山會社內柳廷시가 **金壹圓**을 本社에 寄附ᄒᆞ얏기 玆에 感謝ᄒᆞᆷ을 表ᄒᆞ노라

▲地方消息▼

▲本月八日夜 求禮郡南方約三拾里되는 피木場에서 義兵約十名이 求禮郡日守備隊에서 派遣ᄒᆞᆫ 日兵과 交戰ᄒᆞ얏는더 日兵壹名이 負傷ᄒᆞ얏다ᄒᆞ고

▲本月十二日 鴻山郡內에서 義兵拾名이 扶餘分遣所에서 派遣ᄒᆞᆫ 日憲兵一名及補助員二名과 交戰ᄒᆞ얏다ᄒᆞ고

▲本月八日 咸南定平郡內에서 義兵三십五名이 平南計倉分遣所에서 派遣ᄒᆞᆫ 日憲兵三名과 交戰ᄒᆞ얏다ᄒᆞ고

▲本月五日 黃海道谷山郡北方約五拾里地方에서 義兵八名이 該郡分遣所에서 派遣ᄒᆞᆫ 日憲兵壹名及補助員四名과 交戰ᄒᆞ얏다더라

▲嗟 爾韓人아▼

▲古今歷史를 試觀ᄒᆞ라 乙巳條約以後又치 亂臣賊子가 輩出ᄒᆞᆷ은 亘萬古의 또잇는가 枚擧키는 어려우나 宋秉畯의 拔劍事는 曠籍罕世ᄒᆞᆫ 것마는 大韓協會壹社會와 李感烈氏殺人外는 觀若尋常變然ᄒᆞ니 無心하다 한人이여

▲李完用氏드러보소 宋秉畯의 拔劍事는 婦孺라도 憤激이라 個人마다 欲誅어던 公의 責任 總理로서 秦瘠越視 可痛ᄒᆞ오 社會正論 排斥ᄒᆞ니 同惡相濟 掩護인가 刼於勢力 納謟인가 正當措處 못ᄒᆞᆫ진디 살아잇셔 무엇ᄒᆞ나

▲高永喜氏드러보소 宋秉畯의 拔劍事는 司法大臣責任으로 卽其地에 奏達ᄒᆞ야 宜當正法ᄒᆞᆯ것인대 뎌 逆賊의 소미잡고 착ᄒᆞᆷ소셔 哀乞ᄒᆞᆫ즉 甚於秉畯 이아니며 倘今까지 含默ᄒᆞ니 正當措處 못ᄒᆞᆫ진디 살아잇셔 무엇ᄒᆞ나

▲金允植氏드러보소 宋秉畯의 拔劍事는 公의 責任 言官이오 况此時 國元老로서 宜乎先倡ᄒᆞᆯ것 인대 社會比論 일어나고 列士歎議 본然後에 該覆으로 會議ᄒᆞ야 鈞名이나 ᄒᆞᆷ새ᄒᆞ니 正當措處 못ᄒᆞᆫ진디 살아잇셔 무엇ᄒᆞ나

▲太학儒生드러보소 宋秉畯의 拔劍事는 諸公不聞ᄒᆞ얏던가 試題榜目 잘못나도 激仰憤發ᄒᆞ얏던이 오 先賢觸諱ᄒᆞᆯ당이면 斯又亂賊을 더니 邦此入變ᄒᆞ엿셔는 寂寥無聞 蟄伏ᄒᆞ니 正當措處 못ᄒᆞᆫ진디 살아잇셔 무엇ᄒᆞ나

▲一進會員드러보소 宋秉畯의 拔劍事는 本會關係 말ᄒᆞ여도 壹大問題 이아닌가 賣國指目 밧던 뭇헤 此等惡果 미젓스니 黜會正法 ᄒᆞ지안코 含默反護ᄒᆞᆯ것이면 自鳴逆賊 確實이라 正當措處 못ᄒᆞᆫ진디 살아잇셔 무엇ᄒᆞ나

▲紳士들아 諸公들아 鋼雖微弱ᄒᆞᆯ지라도 義理上의 발表로는 世界中에 居最어날 秉畯事도 말ᄒᆞᆯ진대 現今關係를 떠ᄂᆞ려 歷史上의 大問題라 各盡良道ᄒᆞ다가서 倫不如意ᄒᆞ더라도 日後歷史 其正時의 그 光彩가 엇더ᄒᆞᆫ가

社告

內部에서本報에對ᄒᆞ야治安妨害라稱ᄒᆞ고往々押收ᄒᆞᆷ은當般共知어니와已往押收된號數ᄂᆞᆫ勿論ᄒᆞ고自今爲始ᄒᆞ야押收된號數ᄂᆞᆫ廣布ᄒᆞᆯ터이오니愛讀쳠君子ᄂᆞᆫ照亮ᄒᆞ시옵

大韓每日申報社

廣告

慶南梁山郡通度寺僧侶徐金城이年當七旬의教育에熱心ᄒᆞ야自己畓二拾六斗落五升只를本寺明新學校에補助ᄒᆞ얏기로遐近山野의稱頌이藉々ᄒᆞ옵기玆以共布ᄒᆞᆷ

通度寺明新학校副校長李龍坡

全北錦山寶石寺僧寶峯의弟子僧金東招或俗稱丙律이가爲本人之弟子가于今五年之間의所費至於三千餘金之多而頓無壹毫報恩之心ᄒᆞ고恒懷浮雜放浪之態ᄒᆞ야去臘念間該畓放賣葉坪八百金竊偸逃走이옵기自今以後永破師弟之名稱ᄒᆞ오니內外國人以此照亮ᄒᆞ시옵

錦山寶石寺僧寶峯　告白

本人이林錫奎處에昨年陰拾二月拾九日本으로紙貨二百圜을價給이고捧標이더니該標紙를今爲見失故로標紙式樣을付錄廣告ᄒᆞ오니內外國人은將得ᄒᆞ와도休紙施行ᄒᆞ시옵

標紙式樣

戊申十二月십九日　申시前

右記爲同前紙貨貳百圜借用而壹朔遲三圜幷以來年正月同日還報事

債用主　林錫奎　章

平壤城內板洞申召史　告白

昌原府馬港午山居辛應伯子文五가閒春有夫女作妾ᄒᆞ고本妻를如仇터니臟本月拾日夕에暗以死藥으로飯中에雜ᄒᆞ야陰害其妻라가事由가發現ᄒᆞ기로警署에셔檢探其飯ᄒᆞ고文五를捉囚ᄒᆞ즉文五媽母與妾兩人이逃亡이되警署ᄂᆞᆫ有何事情인지不問罪端ᄒᆞ고同月拾三日夕에放送ᄒᆞ얏기玆以廣告ᄒᆞᆷ

己酉음正月二拾七日　김光相

本會會長申公靈柩發引은二月二十一日（陰二月初貳日）上午九時오南大門驛發車ᄂᆞᆫ同十時四十分이니　僉會員은同日上午七時에本會館으로齊臨ᄒᆞᆷ

大東學會　白

普成專門學校學員募集廣告

本校에서第五回法律專門學員을募集ᄒᆞ오니願學僉員은左開에依ᄒᆞ야屆期入學ᄒᆞ심事

壹　試驗日字ᄂᆞᆫ二月二拾壹日上午拾時（陰貳月二日）

壹　試驗科目은如左
國漢文　讀書
作文　算術

壹　入學에關ᄒᆞᆫ用紙ᄂᆞᆫ本校에請ᄒᆞᆯ事

漢城磚洞普成專門學校告白

國語綴字捷徑

此書ᄂᆞᆫ國文上下字와綴字法을速히曉得ᄒᆞᄂᆞᆫ捷徑인데爲先他人의誤書ᄒᆞᄂᆞᆫ것을諸般說明ᄒᆞ고國文每字上下字를相較ᄒᆞ야分明ᄒᆞ고國語를署附ᄒᆞ야初等生徒의國語教科에適合ᄒᆞ오니僉彥은陸續購覽ᄒᆞ시옵

正價貳拾錢

原賣所　平壤鍾路書觀

正三品金昇根名字以浣根改名ᄒᆞᆷ

金浣根　告白

本人이西部龍山坊土亭里拾統三戶家券을셔失ᄒᆞ얏ᄉᆞ오니誰某間拾得ᄒᆞ와도休紙施行ᄒᆞ시옵

李守德　告白

本月二拾壹日（日曜）下午壹時行卒業式壹般校友來參是望

私立光成학校

本社에서壹般社會의風俗을改良ᄒᆞᆯ目的으로新小說演劇을設行ᄒᆞᆷ은江湖諸君子의業已照亮ᄒᆞ신바天寒을因ᄒᆞ야臨時休業이옵더니今에諸般準備를壹層擴張ᄒᆞ옵고本月二十一日（음二月二日）부터繼續演劇ᄒᆞ오니첨彥은倍舊光臨ᄒᆞ심을務望

圓覺社

特別廣告

近頃에本社事務에對ᄒᆞ야量狹沒覺ᄒᆞᆫ者ㅣ陰沮를試ᄒᆞ다ᄒᆞ나何國何人이던지本社에長進ᄒᆞᆫ事務에對ᄒᆞ야能히防遏치못ᄒᆞᆯ것은明瞭ᄒᆞᆫ바이니此廣告를讀ᄒᆞ시ᄂᆞᆫ쳠彥은幸須銘心ᄒᆞᆯ것이오며玆에本社의進行ᄒᆞᆯ職責與事務를明白히說明ᄒᆞ노라

本社ᄂᆞᆫ비록新成立ᄒᆞᆫ者이나本社를興旺케ᄒᆞᆯ方針에對ᄒᆞ야必要ᄒᆞᆫ勞에ᄂᆞᆫ能力과勇敢力이固有ᄒᆞ오며現今에着手ᄒᆞᆯ事業은如左ᄒᆞᆷ

一　本社ᄂᆞᆫ韓國과美國間에直接輸入及輸出을伸張ᄒᆞᆷ을務圖ᄒᆞᆷ

韓國內某々種手造物品은美國의輸出ᄒᆞ야奇利를得ᄒᆞᆯ者가多ᄒᆞ나尙今ᄭᆞ지此等物品은美國ᄊᆞ各處의紹介ᄒᆞᆯ無路ᄒᆞ더니現今에本社에셔ᄂᆞᆫ此等困難이無ᄒᆞᆯ지라韓國은何故로美國과如此ᄒᆞᆫ商業上好關係를拋棄ᄒᆞ리오

又壹試思ᄒᆞᆯ것은美國物品이韓國에到達ᄒᆞᆯ時에ᄂᆞᆫ通常으로四五手를經由ᄒᆞ나니每經由處에該物品本價에셔利益을添付ᄒᆞ여稅金及運費도自然增加ᄒᆞᄂᆞᆫ故로物價가甚高ᄒᆞ오나本會社ᄂᆞᆫ美國內物品製造所에셔最廉價로特約直輸入ᄒᆞ야顧買者에게直接放賣ᄒᆞ면物價가低廉ᄒᆞᆯ터이오니推此思惟ᄒᆞ오면韓國內에셔美國物品의需用이商接과間接으로利益의增加ᄒᆞᆷ을預期ᄒᆞᆷ

貳　本社에셔韓美兩國間商業關係에만盡力ᄒᆞᆯ뿐不啻라韓國과亞細亞全部와歐羅巴及濠太利諸處ᄭᆞ지에도商業上好機會를造成ᄒᆞᆯ計劃이오며且勤實ᄒᆞᆫ代理人을韓國內各處에置ᄒᆞ고新鮮ᄒᆞᆫ物品을直輸入ᄒᆞ야各處代理人으로分掌出賣케ᄒᆞ며又物貨를放賣ᄒᆞᆷ에對ᄒᆞ야ᄂᆞᆫ時々로特別히廣告를揭布ᄒᆞᆯ터이오니海內僉彥은本社에事務進行을緣此承聞ᄒᆞ오리다

三　本會社ᄂᆞᆫ不動產部를別設ᄒᆞ고不動產에關ᄒᆞᆫ事項을管理ᄒᆞ되土地家屋等賣買與當及借貸等事에仲介契納受托及방助ᄒᆞᄂᆞᆫ等事를處理ᄒᆞ야迅速히發展되기를期待ᄒᆞ며此에關ᄒᆞᆫ詳細事項은未久의公布ᄒᆞᆯ깃숩

四　何事를勿論ᄒᆞ고法律의違反치아니ᄒᆞ고本社의利益이有ᄒᆞᆷ으로認定ᄒᆞᄂᆞᆫ營業은本社에셔隨機進行ᄒᆞ기를準備ᄒᆞᆯ터이오니此目的의對ᄒᆞ야同情을表ᄒᆞ시ᄂᆞᆫ僉彥은盡心協助ᄒᆞ심을切望ᄒᆞᆷ

以上陳述ᄒᆞᆫ諸事項에對ᄒᆞ야僉彥과通信을連絡ᄒᆞ기를願ᄒᆞ오니左開二項을注意ᄒᆞ시옵

壹　何事를勿論ᄒᆞ고本會社에委托ᄒᆞᄂᆞᆫ時ᄂᆞᆫ本社의서盡心竭力ᄒᆞ야信實히處理ᄒᆞᆯ터이오며

二　本會社ᄂᆞᆫ何人이던지本會社의委托ᄒᆞᆫ事에對ᄒᆞ야ᄂᆞᆫ其信用을確守ᄒᆞ고尊敬ᄒᆞᆷ을保証ᄒᆞᄂᆞᆫ故로何事를勿論ᄒᆞ고信用의關ᄒᆞᆫ事件은特別히本社의委任ᄒᆞ여加一層安全ᄒᆞᆷ을擔任ᄒᆞ압나이다

大韓皇城磚洞

韓美興業株式會社　謹啓

廣告

學部 初等 植物學 學部課有도 定價金三十錢
檢正 初등 動物學 每課有도 定價金四十전
最新 初等小學
文明國의小學讀本制度를摸範하야精美호圖本을具호고八卷을四卷으로合製홈
貳冊合製定價金五십錢
最新初等 大韓地誌 定價金四拾錢
最新高等 大韓地誌 定價金七拾錢
文明國地誌制度를模倣호야漢陽의山水며宮闕과十三道地區와各港口와開市場과名山大川과都會勝地의地도를具홈
初등 大韓歷史
文明國의歷史制度를從호야我國의 聖帝 明王의 御典과忠臣烈士의影幀을具홈
定價金七十錢
國家思想學 精神 教育 定價金二十五錢
憲法要義 義務 教育 定價金二拾五錢
右教科書는本書林에서發行호오며此外에各種書籍이具備호오니학界 僉君子는速速來購호심을爲望
原賣所 京城南部銅峴大四街里三十五統五戶 玉虎書林
分賣所 黃海道鳳山郡沙里院朝陽書館 京鄉各有名書舖

李鍾承王大人海州公吕貫시陰正月二十五日別世知書 僉位 照亮 孤哀 元秉寬

本月二拾日(土曜)下午一時에通常總會를開호고事務를處理호오니 會員은屆期來臨호시옴
畿湖興學會 告白

◎材木大發賣
弊店의品好호木材가多數俱備호와廉價로賣出호오니所用이有호신僉君子는陸續來購호심을務望홈
京城竹洞八十二統七戶 竹洞材木店主金興敎 告白

本校에서去月六日에卒業式을經호앗는데優等生에鄭觀朝鄭洪謨高時泳權寧純等八人이오及第生김譽迄等二拾人이기로茲에廣布홈
慶北龍宮南下面浦內 彭南測量學校 白

◎積城郡私立重明學校에對호야義捐諸시의시名及금額
盧炳稷(郡守)六拾圓
柳秉性(郡主事)七拾圓
林炳基(郡主事)七拾圓
廉相瀜(財務署長)四圓
成樂遠(參奉)貳拾圓
盧秉猷(巡査)拾五圓
尹庭鉉(地方委員)拾圓
洪鍾遠(面長)拾圓
김德中十圓 김瑞暿拾圓
成樂正(面長)貳圓
安士亨四圓 崔德煥貳圓
김德卿五圓
최基赫(博士)壹圓
리甲慶壹圓 南斗熙壹圓
申河均壹圓 鄭淳一壹圓
리應寧壹圓 리春興壹圓
成樂一壹圓
積城郡私立重明學校 告白

大韓全國에總發行所는 京城南大門內濟生堂大藥房

淸心保命丹 此丹은化痰止咳하고順氣消滯호며水土不服에奇效가有홈 金十錢

蔘茸大補元 壹週日分金壹圓 二週日分 四週分金三圓十錢 七週五圓三拾錢
右약은大韓産鹿茸人蔘에西洋有名호藥材를調和호야我國兄弟의腸胃와性質에適當호도록多年研究호바今에先服人의累試累驗이隨症皆奏호니果然今世之仙藥이라故로主治效能을左開廣佈호오니 僉兄弟는何不早圖壹試오(效能) 先天不足과健忘不眠호며 心腎俱虛와 遺精多夢과色傷腰痛이며 房事時에早漏不快호며 面黃瘦困과 手足厥冷이며 食物不消와 貧血諸症에奇效가有호고 無病人이若服七週면大補元氣호고骨節이强壯호며健康無病호나니此可謂眞世靈藥哉若不其效면약價還呈홈

蛔積殺虫散 此散은蛔積과腹痛과脾滯와瘧虫壹切을去積妙藥 金십錢
寸虫殺出散 勿論男婦老幼호고寸虫壹切을拔根之妙劑 壹人用三拾전
久滯 大通丸 年久호積滯와胸腹痛과腹中積病을驅除호는良劑 金拾五錢
感氣特效 解熱散 感氣도려頭痛이나고寒熱往來호며肢節痛과몸살에幷神效 금拾전
劉岳拔根藥 되눈과못과사마귀에바르면百發百中으로빠지오 金십錢
新製百應膏 虫毒과瘡腫과瘰癧인대와종氣始初와가려운데며新効 金拾전
去液生新 沃度膏 頰腫과모던종氣와火傷과곰새인데와싸시고알불데神效 金拾錢
止足汗臭藥 발에땀이나며혹냄새나는이는악취와汗이것치고너무에서가업소 金十錢
其他藥種은壹幷難記이니와大韓國內藥商諸시와 僉兄의게는廉價를大割引大放賣호오니陸續注文호시오
京城南大門內 仁川港査峴 濟生堂主 李庚鳳

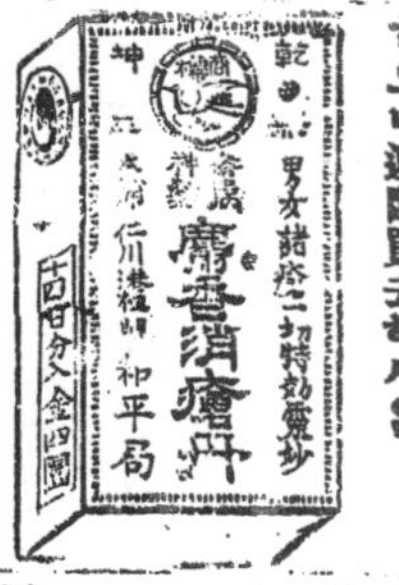

此丹이於諸瘡에無論男女老少호고若服壹劑호면實有神效호야百발百中호오니非例方可及也라若諸主治則楊梅下疳速珠風濕頭瘡諸症에俱見立效호오니養病僉君子는壹次試驗伏望

主治
○房事不容○腎虛腰痛
○病後氣喘○腎氣不足
○陽痿不起○遺精多夢
○陰虛火動○房事後惱悶
○手足厥冷○形容蒼白
○吸烟斷烟客間
○體質虛弱消瘦

此外의도東西洋各國靈藥이俱備호오니各地方외셔도隨用請求호시면郵便으로보낼터이요各處藥業호신는 僉位에게는特別割引放賣호오니陸續注文호심을務望

總發行所 和平堂大藥房 大韓帝國仁川査峴 全國內各藥舖

婦人胎孕調經丸 부인 양태 조경 환 약
壹劑壹月分 금五圓
主治說明
婦人이孕胎호지못홈은冷病積聚와月經不調로因홈이니此藥을服用호시면婦人腹中에有혼諸病은壹切退去호고自然孕胎호오니速速買去하시옴

八寶丹 九拾五粒入金拾錢
主治效能
○胃痛嘈心○頑痰固飲
○食思欠乏○中暑中寒
○新久積滯○急管關格
○溢飲食傷○頭痛眩暈
○泄瀉下痢○霍亂吐瀉
○水土不服○船車

滋陽丸 不外화 補陰補陽
三拾日分 금五圓
貳拾日分 금三圓四拾전
拾日分 금壹圓八拾전

壯陽復元丹
一週分壹圓 二週分一圓八十錢 四週分三圓四拾錢 八週分六圓四拾錢
此약은專治腦病肺弱○房事色傷○腎虛弱○陽痿不起○遺精多夢○神經衰弱○房事時早漏不快○病後虛弱○健忘不眠○貧血諸症○先天不足○飮食不下○眩暈頭痛○等症호나니試將此丸을照法服之면不過幾日에立見妙效호야瑰飛肉躍에精神振奮호고頓覺身快하나니其症이輕者는服壹二週면挽回元陽호고其症이稍重者는可服三四週호고及遠年痼疾로其症이頗重者는連服七八週면必能全치無疑니若夫無病之人도試服此劑則補血而益氣호고强筋而壯骨호나니用之八週而未見其效則請將價額을如數還呈이오不敢虛誑自欺라此丸이又無論男婦老幼호고均用有效하나니眞世間無比之妙劑也라 僉位는何不早도壹試오
發行所 京城鍾路大廣橋十九統七戶 共愛堂藥房
特約代理店 京城水標橋 濟生堂藥房

製藥所 仁川港查峴 和平堂藥房
發行人 李應植
京城鍾路 衣廛下 和平堂支店
代理店 京城南門內水標橋濟生堂藥房 京城大廣橋 共愛堂藥房
京城鍾路 仁川港查峴 和平堂 告白

本會事務가漸次擴張이온바本會에關入호실 有志僉君子는本會로陸續來議호옵셔林業에發達케호심을希望홈
(電話三九三番)
大韓山林協會 本부告白

社告
○申報價
壹張代金 新貨二錢五厘
壹個月前納 三十錢
參個月 九拾錢
陸個月 壹圓七十錢
壹個年 三圓四十錢
郵稅壹個年 五圓
壹個月 十二錢
○廣告料
四号活字 合三字詰
每日壹寸(英尺)에 新貨廿五錢
二週日壹寸에 二圓五拾錢
壹個月壹寸에 五圓
(自壹行至三行이爲壹寸)
其期限의長短과字行의多寡를依호야增減홈이有홈

發行兼編輯人英國人 萬咸
Responsible for Publication Alfred Weekley Marnham
發行所 南部石井洞號外地三層洋屋家 大韓每日申報社

光武九年八月十一日 明治三十八年八月十一日 (第三種郵便物認可)　日曜日　陽曆壹千九百九年貳月廿壹日

第七卷　大韓每日申報　第壹千卄九號

月曜及祝祭日 休刊

歲時

檀君開國四千二百四十二年
箕子元年三千三十一年
大韓開國五百十八年
日本明治四十二年
耶穌[illegible]年
陰曆己酉二月大初二日壬子

寄書

◉女子와 敎育이 卽師範敎育이라

安岳鄭[illegible]謹

我韓의 女子敎育이 完全치 못ᄒᆞ야 女子의 知識이 幼稚ᄒᆞᆫ 故로 家庭의 母된 婦人들이 子女를 敎育ᄒᆞᆷ에 義方으로 敎導치 못ᄒᆞ며 淑德으로 陶鑄치 못ᄒᆞ야 子女를 [illegible]ᄒᆞ야 [illegible]劣悖戾를 成케 ᄒᆞᄂᆞᆫ 者ㅣ 多ᄒᆞ니 此를 吾儕의 恒常 慨嘆ᄒᆞ야 其改良을 圖ᄒᆞ던바ㅣ라 今此鄭[illegible]시ᄂᆞᆫ 於六歲된 女子[illegible]本社에 [illegible]를 寄ᄒᆞ얏ᄂᆞᆫ대 其懇惻ᄒᆞᆫ 誠心과 明澈ᄒᆞᆫ 言論이 足히 婦人界의 警鐘이 되깃기 其全文을 記ᄒᆞ노라

揚州의 金이 비록 良品이나 鍛鍊치 아니면 良金이 되지 못ᄒᆞᆯ것시오 藍田에 玉이 비록 美寶나 琢磨가 아니면 美玉을 일우지 못ᄒᆞᄂᆞ니 所以로 鍛鍊과 琢磨ᄂᆞᆫ 精工良匠이 아니면 其精美ᄒᆞᆷ을 대사지 至치 못ᄒᆞ나니 人才 作成ᄒᆞᆷ에 엇지 不然ᄒᆞ리오 現今天下에 列强이 文明富强으로 爭衡의 權을 角逐ᄒᆞᄂᆞᆫ대 惟我邦은 가장 野昧ᄒᆞ며 가장 貧弱ᄒᆞ야 隣侮를 招ᄒᆞ며 能히 自振치 못ᄒᆞᄂᆞᆫ 거슨 何故요 人民이 寡ᄒᆞ며 土地가 小ᄒᆞ야 然ᄒᆞᆫ가 二千萬 人民이 不爲不多오 三千里 疆土가 不爲不大어ᄂᆞᆯ 다못 敎育의 方針이 不完ᄒᆞᆷ으로 此境에 至ᄒᆞᆫ지라 然故로 興學會가 並起ᄒᆞᆫ 비로다

我韓人種이 비록 野昧ᄒᆞ나 才質은 [illegible]揚[illegible]과 藍玉又트여 善工良匠의 琢磨ᄒᆞᆷ을 遇ᄒᆞ면 如此ᄒᆞ나니 故로 師範敎育이 最急ᄒᆞ도다 稱曰 文明富强은 學校에 在ᄒᆞ다 ᄒᆞ여 全國內에 面々이 義塾을 設ᄒᆞ고 村々에 學校를 設ᄒᆞ며 坊々曲々에 私立學校가 林々叢々ᄒᆞ여 體操소ᄅᆡᄂᆞᆫ 山이 動ᄒᆞ고 唱歌소ᄅᆡᄂᆞᆫ 海가 沸ᄒᆞᄂᆞᆫ듯ᄒᆞ니 實로 歡迎의 心이 無窮ᄒᆞ거니와 但 憂慮ᄒᆞᆯ 비ᄂᆞᆫ 學校에 事情과 학徒의 動靜이 東聲西應ᄒᆞ여 校舍를 建築ᄒᆞ며 學徒를 募集ᄒᆞᆫ 時ᄂᆞᆫ 自由의 氣像과 愛國의 精神이 浩然히 動ᄒᆞ더니 何故로 壹朝壹夕에 今月開학ᄒᆞᆫ 學校가 來月에 廢學ᄒᆞᆫ 境에 至ᄒᆞ니 此가 豈 憂慮ᄒᆞᆯ 비 아니오

東里西隣에 三々五々 靑年들이 壹時에 斷髮ᄒᆞ야 蓮花道場을 입우며 喇叭洋鼓의 엇쌀소ᄅᆡ 날젹에ᄂᆞᆫ 忠君心 愛國誠은 腦髓에 注入ᄒᆞ고 獨立에 굿은 맘은 億萬年을 期約터니 壹時壹分에 무솜心思가 變遷되엿ᄂᆞᆫ지 今日에 入學請願이오 來日에 退學請願ᄒᆞᄂᆞᆫ 行動이 秋風落葉又도다 모도 言ᄒᆞ기를 財政이 竭渴ᄒᆞᆫ 所以라 ᄒᆞ나 그러치 안은거시 학徒에 行動만 아름답고 志氣가 奇特ᄒᆞᆫ 則 엇지 其母된者ㅣ 百金을 앗기며 其父兄된者ㅣ 千金을 앗기리오 學校가 維持ᄒᆞ고 못ᄒᆞᆷ은 다만 壹個 학徒에게 잇다ᄒᆞ오나 이에 幼時부터 無識ᄒᆞ고 未練ᄒᆞᆫ 母에게 훈육ᄒᆞ[illegible] ᄌᆞ라ᄂᆞᆫ 習慣이 腦髓에 痼着ᄒᆞᆫ 兒童들이 갑자기 학校니 新학問이니ᄒᆞ고 모라너흐니 外樣으로ᄂᆞᆫ 몃날동안에ᄂᆞᆫ 興味가 나ᄂᆞᆫ듯ᄒᆞ되 頑固ᄒᆞᆫ 習이 卒然히 풀니기 難ᄒᆞ니 비록 嫺熟ᄒᆞᆫ 敎師가 [illegible] 敎授ᄒᆞ나 도엇지 興味[illegible] 退학ᄒᆞᆯ 思想만 有ᄒᆞ야 [illegible] 학徒가 [illegible]면 학校ᄂᆞᆫ 또ᄒᆞᆫ 廢止[illegible]ᄒᆞ고 [illegible]러ᄒᆞ고 본즉 全[illegible]校[illegible] 몃[illegible]나 되며 實地로 [illegible]進[illegible] 學徒가 몃치나 [illegible] 됴[illegible]ᄒᆞ여 眼淚가 滂[illegible] 술프다 小學敎育도 받지 못ᄒᆞᆫ 人이 엇지 中學科를 堪當ᄒᆞ리오 家庭에 한[illegible] 비혼 비업ᄂᆞᆫ 兒童을 高尙ᄒᆞᆫ 道德으로 培[illegible]ᄒᆞ며 諸般 普通知識으로 [illegible] 敎授ᄒᆞᆷ을 [illegible]에 記ᄒᆞᆫ 境遇를 엇지[illegible] 故로 [illegible]々에 家庭敎育을 [illegible] 敎師될이ᄂᆞᆫ 婦人들인 故로 [illegible]處에 女학校도 並立ᄒᆞᆫ 所以라 如此則 女子敎育이 卽師範敎育인줄노 確實히 知ᄒᆞ나이다

[illegible]남에 毋가 되며 家庭에 先生될우리 女학徒들아 [illegible] 三復ᄒᆞ여 到底히 힘ᄡᅳ시며 아직 入학치 못ᄒᆞᆫ 兄弟[illegible] 밧비 入학ᄒᆞ여 家庭에 先生될 資格다 그시기를 千萬 바라옵나이다

官報

▲[illegible] 九月壹日 官報

▲二[illegible]

部令

學部令第拾六號

第二十三條 夏季休業이나 其他臨時休業이 壹個月以上에 涉ᄒᆞᆫ 時ᄂᆞᆫ 授業料를 徵收치 아니ᄒᆞᆷ

(未完)

◉本社特電

二月拾九日 神戶發

◉美國의 緊急決議 華盛頓 上院議會의 特別委員會에셔 爛商協議ᄒᆞᆫ 後에 海軍案改正件에 對ᄒᆞ야 壹致ᄒᆞ얏ᄂᆞᆫ데 此ᄂᆞᆫ 大統領의 決定ᄒᆞᆫ 卽 美國海軍의 半數ᄂᆞᆫ 將次 太平洋에 置ᄒᆞᆯ 재ᄒᆞᆷ이라 此案件은 全혀 大統領의 계任ᄒᆞ야 處辦ᄒᆞᆫ다더라

◉美國關稅改正 美國議會에셔ᄂᆞᆫ 來三月에 特別議會를 [illegible]ᄒᆞ고 現行關稅規則의 改正件을 商議ᄒᆞ기로 決定ᄒᆞ얏다더라　同日發

◉英國炭礦의 爆裂 英國쩌함의 炭礦에셔 非常ᄒᆞᆫ 爆裂이 起ᄒᆞ야 礦夫三百二十名을 拯救ᄒᆞ얏스나 二百六十名은 殄滅되얏고 該礦의 全部ᄂᆞᆫ 延燒中이라더라

外報

◉滿鐵工役着手 滿鐵經營에 關ᄒᆞᆫ 大連瓦斯鐵道ᄂᆞᆫ 來二月中에 全部材料運轉을 畢ᄒᆞ고 急速히 工事에 着手ᄒᆞᆯ 預定이라더라

◉西太后의 祭式 北京電을 據ᄒᆞᆫ즉 去拾三日은 西太后崩御後 滿九拾日인 故로 攝政王이 公侯大臣을 率ᄒᆞ고 嚴肅ᄒᆞᆫ 祭式을 行ᄒᆞ얏ᄂᆞᆫ디 當日에 文武百官의 位階壹級을 陞ᄒᆞ고 罪囚를 放釋ᄒᆞ고 孝子貞婦를 旌表ᄒᆞᆫ 旨로 上諭가 下ᄒᆞ얏다더라

◉英獨協約締結 伯林電을 據ᄒᆞᆫ즉 英國諸新聞은 壹千九百拾二年에 德國海軍의 預算이 完成되야 英國과 匹敵되ᄂᆞᆫ 海軍力이 有ᄒᆞᆯ줄로 預定ᄒᆞᆷ에 對ᄒᆞ야 英獨間에 海軍協約을 締結키를 希望ᄒᆞᆫ다ᄒᆞ얏더라

詞藻

◉解散樂

날ᄯᅢ워오니、호응。회넘셔난다、홍。
젹어진壹進會、偽手散여여라、아。
어리화、됴타、호응。良民이되여라、홍。

雜報

●李邸茶會 再昨夜에七條懇究副議長根湘氏私第에서茶話會를設ᄒᆞ고各部大臣을請邀宴待ᄒᆞ얏다더라

●宋秉畯의歸期 內部大臣宋秉畯은日本國會決末後에歸國ᄒᆞᆯ預定이라더라

●田於學界乎 永寧君李埈鎔氏가有何緊用處인지公州郡李召爭地에在ᄒᆞᆫ四百餘石秋收ᄒᆞᄂᆞᆫ田庄을典執得債코저ᄒᆞᆫ다더라

●死後年俸 前參政閔泳韶氏가宮內府卿으로行公ᄒᆞ다가仍爲卒逝ᄒᆞᆫ故로宮內府에서該卿의年俸三分의壹을劃撥ᄒᆞ얏ᄂᆞᆫ대同額數가七百三拾三圜이라더라

●閔叔留任 總理大臣李完用氏가年前全羅監司在任時에沃溝府辯山항堤段을買置ᄒᆞ얏다가昨年頃의侍從副卿李會九氏를派遣ᄒᆞ야沃溝港의居留ᄒᆞᄂᆞᆫ某日人의게幾萬圜을受ᄒᆞ고賣渡ᄒᆞ얏ᄂᆞᆫ대李會九氏가其錢額中에서二萬元을口文으로除奥ᄒᆞᆫ지라近日의李會九氏를對ᄒᆞ야其消費ᄒᆞᆫ錢額을依數還償ᄒᆞ라ᄒᆞ고逐日督促ᄒᆞ더니副卿은方在困難中이라더라

●苦待何待 內部大臣宋秉畯이가渡日ᄒᆞᆯ時에一進會某某人을招集ᄒᆞ야言ᄒᆞ되大韓協會의셔아무리大問題를惹起ᄒᆞᆯ지라도我의指揮가無ᄒᆞ거던少不妄動ᄒᆞ라ᄒᆞᆫ故로該會에서ᄂᆞᆫ宋內大의指蹤을苦待ᄒᆞᆫ다더라

●監獄及監獄開設 本年의新設된馬山鎭남浦의監獄署所ᄂᆞᆫ三月壹日의開設ᄒᆞᆯ터이오또本年度의新設된八處監獄署分署內의仁川全州釜山의三個所ᄂᆞᆫ旣에開되고其餘元山春川義州淸州鏡城五處도三月一日의開設ᄒᆞᆯ터이라더라

◎宣敎師會議

日本의滯在ᄒᆞᆫ宋秉畯의談話를大阪每日報의揭載ᄒᆞ얏ᄂᆞᆫ대宋秉畯曰韓國各地方의셔統監의政治를反抗ᄒᆞ야人民의騷動을起ᄒᆞᆷ은美國宣敎師의게因ᄒᆞᆷ인데彼敎民들이大韓協會라ᄂᆞᆫ政治結社의干涉ᄒᆞ야敎徒의身分으로政治運動을加行ᄒᆞ야行政上防碍가甚有ᄒᆞᆫ데此等을率ᄒᆞᆫ美國宣敎師等은韓國民의게日本은貧國인故로何事던지成功키難ᄒᆞ나美國은富國이라ᄒᆞ고誘嚇ᄒᆞᆷ으로愚民들이此를信ᄒᆞᆷ이오又拓殖會社의도彼基督敎徒等이種種妨害ᄒᆞᆫ다云云ᄒᆞᆫ事의對ᄒᆞ야外國宣敎師들이昨日上午十二時의종路靑年會館의셔會同ᄒᆞ야會議ᄒᆞ엿ᄂᆞᆫ데더ᄒᆡ宣敎師들이송秉畯의게此등無理ᄒᆞᆫ說을質問辭正ᄒᆞ기로議定ᄒᆞ얏다더라

◎聯合聲討　讀者　大

駕西巡時에內大宋秉畯이가天威咫尺에서拔劍ᄒᆞᆫ事에對ᄒᆞ야不遠間各社會에서聯合大演說會를鐘路靑年會館內에開ᄒᆞ고聲討ᄒᆞ기로預定ᄒᆞ얏다더라

●學佇倒夢 南來人의傳說을聞ᄒᆞᆫ즉金海郡守李是哲氏ᄂᆞᆫ該郡主事를對ᄒᆞ야前日吏胥로待之ᄒᆞ고頭習稱汝ᄒᆞᆫ則同郡主事가郡守의言辭失禮ᄒᆞᆷ을質問ᄒᆞᆫ즉答云汝ᄂᆞᆫ此郡에常漢이요我ᄂᆞᆫ密陽郡兩班이라ᄒᆞ야官廳風波를作ᄒᆞ얏다더라

●奚牛斯饑 牙山郡守鄭輪朝氏ᄂᆞᆫ政令에暴虐ᄒᆞ고貪叨가滋甚ᄒᆞ야人民이魚肉의歎을不免ᄒᆞᆫ지라民怨이載路ᄒᆞ더니해道觀察使가해郡守의同意를奪去ᄒᆞ얏다ᄂᆞᆫ說이有ᄒᆞ더라

●贓徵贓徵 前判官閔京鎬氏가寧邊觀察在任時에枝進宴費五千圜을合晩桂基相兩氏의게寃徵ᄒᆞᆫ事가有ᄒᆞ던지該兩氏가右錢을還推次로起訴ᄒᆞᆫ故로閔氏가此錢五百圜及訴訟費까지幷爲徵給ᄒᆞ얏다더라

●何特至南 南來人의傳說을據ᄒᆞᆫ즉至南各郡稅政에甚於前日ᄒᆞ야今年時에原定稅額外에每結에八圜이나凶閫에幷雜費加徵으로每結에三圜이되ᄂᆞᆫ故로民難支保라ᄒᆞ더라

●學氏押上 永平郡可養里居ᄒᆞᄂᆞᆫ李觀信氏가年今三拾餘歲配眠ᄒᆞᆫ以其隣居朴某의妻가亦爲寡婦ᄒᆞᆫ故로不知中에和姦이되야仍爲同居ᄒᆞ더니該女男兄延某가該郡警察署에有夫女를誘姦ᄒᆞ얏다고誣訴ᄒᆞᆷ으로해郡에서리以是押致審査ᄒᆞ고京城地方裁判所로押上ᄒᆞᆫ지라ᄒᆞ며家族이呼訴次로上京逗留ᄒᆞᆫ다더라

●驅牛何去 泥峴居留ᄒᆞᄂᆞᆫ日人平山啓十이가五拾餘圜價値되ᄂᆞᆫ牝牛一隻을飼養ᄒᆞ더니去木曜日夜의何許賊漢이驅去ᄒᆞᆷ으로各署에通知ᄒᆞ고現今搜索中이라더라

●楊民呼寃 楊州郡守朴永大氏가醫下面內에학校를設立ᄒᆞ라고冊子幾卄部를出送ᄒᆞ고各面에對ᄒᆞ야冊價一千二圜을不日徵收ᄒᆞ므로殘戶貧民의怨聲이有ᄒᆞ다더라

●貧民困難 昨日各警察署에셔巡査를派送ᄒᆞ야漢城內人民의게衛生費를逐戶督納ᄒᆞᄂᆞᆫ故로貧寒ᄒᆞᆫ民들이方在困難中이라더라

●閔氏押交 前判官閔泳璡시의令男閔明植氏가詐欺取財ᄒᆞ라다가情跡이現露되야觀察府에被捉ᄒᆞ얏다ᄂᆞᆫ說은已聞이어니와該道에서審査ᄒᆞ고再昨日에地方裁判所로押交ᄒᆞ얏다더라

●三郡會同 京釜鐵路의犯入된各郡의段價를擧皆支撥ᄒᆞ얏스되惟獨永同沃川懷德三郡地段價ᄂᆞᆫ尙不支撥ᄒᆞᆫ故로該作人等이本月十壹日太田場市에會同ᄒᆞ고李학氏를代表로上京ᄒᆞ야地段價를請願推尋ᄒᆞ고자ᄒᆞ고演說ᄒᆞ얏다더라

●可謂血誠 甑山郡鋪賢面君子里居ᄒᆞᄂᆞᆫ景錄은年今二拾餘歲라偶然得疾에罹ᄒᆞ야命在頃刻에其母가呼哭而已러니該氏의孫人宋氏가年今貳拾三歲인데每夜庭中에仰天祈禱ᄒᆞ야夫의命을乞ᄒᆞ고其指를斷ᄒᆞ야注血救病ᄒᆞ얏다ᄒᆞ며西來人의稱頌이有ᄒᆞ더라

●島高義 西部社稷洞居ᄒᆞᄂᆞᆫ金天順氏가家勢至貧ᄒᆞ야鍾路滙東書館에서雇傭ᄒᆞ던터니日前에不幸히親喪을遭ᄒᆞ고葬禮無期ᄒᆞ더니該館主高裕相氏가多數金額을捐助安葬ᄒᆞ얏고金氏의婦人이解産ᄒᆞ야男ᄒᆞ고護産이渺然ᄒᆞ며高氏가米薪等을優數捐救ᄒᆞ엿다더라

●河守然眠 河東郡守李承와氏가本月五日에別逝ᄒᆞ얏다더라

●會議決 大韓協會에서宋秉畯의無嚴不敬ᄒᆞᆷ을聲討ᄒᆞ기爲ᄒᆞ야來二拾七日下午에演說會를開ᄒᆞ기로議決된後國民演說臺를請借ᄒᆞ라ᄂᆞᆫ公函을發送ᄒᆞ얏다더라

●職掌講道 韓國의監督으로新任ᄒᆞᆫ해리쓰氏가本日上午時의尙洞敎堂의셔講道ᄒᆞᆫ다더라

●湖南總會 湖南學會에셔日前에總會를開ᄒᆞ고全羅南北道에委員六人을派送ᄒᆞ야各학校를視察ᄒᆞ고義捐金을募集ᄒᆞ기로決定ᄒᆞ얏ᄂᆞᆫ데北道委員은姜暐李根容李宋三氏오南道委員은李光洙呂圭伯高光道三氏라더라

●學東和睦 東關학生들이今日上午拾時에親睦會를開ᄒᆞ고事務를處理ᄒᆞᆫ後智識을討論ᄒᆞᆫ다더라

●學生親睦 嶠南學生親睦會의셔本日下午二時의定期總會를典洞嶠南敎育會館內에開ᄒᆞ고任員을改選ᄒᆞᆫ다더라

學界

●新安一新 安山郡居前承旨김容元宋秉설兩시가協議ᄒᆞ야該郡北方面蘆山동의新安義塾을設立ᄒᆞ고敎師를延聘ᄒᆞ며靑年을募集ᄒᆞ야熱心勸奬ᄒᆞᆷ으로학員이百餘名의達ᄒᆞ얏다더라

●僧校任員改遞 慶南梁山郡通度寺明新學校에셔任員을改選ᄒᆞ얏ᄂᆞᆫ데副校長徐海曇시辭免ᄒᆞᆫ代에리南坡시가被任ᄒᆞ고학監金九河시辭免ᄒᆞᆫ代에許夢草시가被任ᄒᆞ고總監金龍得시辭免ᄒᆞᆫ代에宋雪牛시가被任ᄒᆞ얏다더라

●爾丘爾學 杆城郡旺谷面公明義塾은該面居前參奉金鍾二朴弘兩시의熱心贊成ᄒᆞᆷ으로生徒가日進ᄒᆞ야塾舍가狹窄ᄒᆞ더니該兩시가鄕費를自擔ᄒᆞ야塾舍를不日經營ᄒᆞᄂᆞᆫ故로兩시의贊擧를人皆稱頌ᄒᆞᆫ다더라

●和港의朴氏 三和港億兩機耶蘇敎학校長朴承祚시가該학校에熱心으로補助ᄒᆞᆷ은累揭어니와該校敎師가說明ᄒᆞᆫ故로永久히敎授ᄒᆞ기爲ᄒᆞ야壹千二百兩에價値되ᄂᆞᆫ田庄을該校師에게許給ᄒᆞ얏다더라

●專事難及 殷山郡龍化坊文昌學校敎師暐사가熱心敎授ᄒᆞ지于今數年에학費가無ᄒᆞᆫ生徒의게ᄂᆞᆫ自己의月給으로辦當ᄒᆞ기로ᄒᆞ시의頌聲이藉藉ᄒᆞ다더라

●橫倅興學 東萊人의傳說을據ᄒᆞᆫ즉橫城郡守沈鍾澤시가莅任以來로亂人들을撫綏ᄒᆞ며邑底의普通小학校를設立ᄒᆞ고聰俊子弟를募集ᄒᆞ야熱心敎育ᄒᆞ며縣內面花里에勞働國文全習所를設ᄒᆞ야樵童牧竪를每夜에集ᄒᆞ야熱心敎授ᄒᆞᄂᆞᆫ데總務朴容和贊成員鄭錫晃幹事員尹斗赫諸시가名譽로夜勤務ᄒᆞ야雲境에文化가勃興ᄒᆞᆫ다더라

◎可付一笑　本月十九

日本報第壹千二拾七號에大皇帝陛下께오셔西巡ᄒᆞ오실時에日韓國旗問題에關ᄒᆞ야論述ᄒᆞ얏더니內部에셔治安妨害라稱ᄒᆞ고兩漢文을並押收ᄒᆞ얏더라

◎感荷義捐　平南順川

郡東山面居申豐鎬시와祁岏시ᄂᆞᆫ학校의熱心贊成ᄒᆞ며降比人士들에게新聞購覽ᄒᆞ기를極力勸喩ᄒᆞᆷ으로稱頌이藉藉ᄒᆞ더니今에本社經費의窘拙ᄒᆞᆷ을聞ᄒᆞ고金二圓을寄付ᄒᆞ얏스니如此夫人은實로婦人界模範이로다

▲宋秉畯아

▲南山竹을베혀내고東海水를기우려셔椽大筆에여물고內部大臣宋秉畯의罪惡을臚列ᄒᆞ야世界萬國에公憤을愛次供覽ᄒᆞ여볼까

▲宋秉畯아말드러라無賴輩를嘯聚ᄒᆞ야一進會를組織ᄒᆞ고狂言妄說을做出ᄒᆞ고許多良民모라다가魔窟中에陷落ᄒᆞ니너의罪가ᄒᆞ나지오

▲宋秉畯아말드러라네가비록賤餘이나한國臣民分明ᄒᆞ고偏倚ᄒᆞ얏거던他人奴隸甘作ᄒᆞ야賣國證書發布ᄒᆞ니너의罪가두가지오

▲宋秉畯아말드러라機關新聞發行ᄒᆞ야天然公理違反ᄒᆞ고指鹿爲馬荒誕ᄒᆞᆫ說로祖國精神抹殺ᄒᆞ고正論排斥ᄒᆞ니너의罪가세가지오

▲宋秉畯아말드러라奸細輩를締結ᄒᆞ야七協約을成立ᄒᆞ고軍隊까지解散ᄒᆞ니檀箕古址二千里에血雨腥風慘ᄒᆞ니너의罪가네가지오

▲宋秉畯아말드러라閔忠正의[illegible]罪[illegible]

▲宋秉畯아말드러라肥已壑欲擇ᄒᆞ야外國人을符同ᄒᆞ고莞島郡[illegible]에渡ᄒᆞ고자認許ᄒᆞ야左右旋ᄒᆞ얏스니너의罪가여셧이오

▲宋秉畯아말드러라新聞界의言論自由仇敵과갓치ᄒᆞ야治安妨害ᄒᆞᆫ다檢閱押收任意ᄒᆞ야金口木舌擁蔽ᄒᆞ니너의罪가일곱이오

▲宋秉畯아말드러라目中無君너의心腸欺罔ᄒᆞ며拔劍ᄒᆞ야無所忌憚衝突ᄒᆞ고內外國에往來ᄒᆞ며[illegible]觀ᄒᆞ니너의罪가여ᄃᆞᆲ이오

▲逆賊宋秉畯아當代妖孽宋秉畯아罪惡貫盈宋秉畯아史策에[illegible]天下萬國誅鄰[illegible]이네의몸을鐵鉞로三尺王章免ᄒᆞᆯ숀나

廣告

因鄕[illegible]中閭故郡正[illegible]承[illegible]의遺識人[illegible]任宇部[illegible]牧[illegible] [illegible]正公[illegible] 實務址[illegible]郡正公殁[illegible] 人吳信歎에가其內庭에入ᄒᆞ야恐動的說로貞敬夫人씨께告ᄒᆞ여日牧養社基址를有力者에게見奪ᄒᆞᆯ深慮가有ᄒᆞᆫ지라當今에宋秉畯시ᄂᆞᆫ勢力이最大ᄒᆞ고先大監께愛眷이偏多ᄒᆞ엿사오니若宋시에게委托ᄒᆞ야保管ᄒᆞ오면後慮가少無라ᄒᆞ거ᄂᆞᆯ寡居姑婦兩貞敬夫人이其言을信聽코저ᄒᆞ던次에南廷觀이라ᄂᆞᆫ人은閔시家의戚人으로登進會에署名ᄒᆞᆫ者이라吳信歎으로何以符同이던지來言ᄒᆞ되該垈를宋시의게委托ᄒᆞᆫ즉宋시의言에憑據ᄒᆞᆯ文字가有ᄒᆞᆫ然後에야受托ᄒᆞ깃다ᄒᆞ야三千圜에賣渡ᄒᆞᆫ樣으로假劵을成給ᄒᆞᆷ이無妨다ᄒᆞ고吳南兩人에게文記를自造ᄒᆞ얏ᄂᆞᆫ대賣主ᄂᆞᆫ閔範植의名字ᄂᆞᆫ書치아니ᄒᆞ고其外叔府壽永의名으로書ᄒᆞ고諺書(언지헌)이라ᄂᆞᆫ壹個도章을捺ᄒᆞ엿스니此도章은吳의自意造來ᄒᆞᆫ新도章이요保證署章은初無ᄒᆞ고日子ᄂᆞᆫ光武拾年貳月이라하얏ᄂᆞᆫ대閏三月頃에吳가龍仁鄕에往ᄒᆞᆫ時에南시가更爲來言ᄒᆞ되該基址를他人의게荷荷히不必委托이라方今李宗稙시가六千五百圜으로願買코저ᄒᆞ오니即爲越賣가爲好다ᄒᆞ거ᄂᆞᆯ惟此貞敬夫人의事勢ᄂᆞᆫ所恃者ㅣ舊日門人의言이라夫人意向에宋시의게所謂委托이라ᄒᆞᄂᆞᆫ것은毫分도未辨ᄒᆞᆫ것이오李시의게ᄂᆞᆫ呼價가相當ᄒᆞᆫ듯ᄒᆞ고또南의言을信從ᄒᆞ야依數捧價ᄒᆞ고新舊文記를的實捺交ᄒᆞ야與成ᄒᆞᆫ後에宋시의計假文記ᄂᆞᆫ即爲覓來ᄒᆞ라ᄒᆞᆫ즉南시의所答이旣無買得ᄒᆞ니其文記ᄂᆞᆫ自歸休紙이나當即覓納이라하기에信之無疑러니未幾에吳가還來ᄒᆞ야此邊[illegible]知悉ᄒᆞ고[illegible]雖假托이[illegible] [illegible]宋시와게何以言及이던지南시를登進部에提囚ᄒᆞ고登邊으로來關ᄒᆞ야恐動ᄒᆞ고威脅ᄒᆞ더니第三日後에吳南兩人이同來ᄒᆞ야該價錢六千五百圜을李宗稙의게還送ᄒᆞ고宋시의게更推ᄒᆞ면事當妥帖이라ᄒᆞ며萬端懇乞ᄒᆞᄂᆞᆫ故로其言을依ᄒᆞ야該錢을不得已出給ᄒᆞ고宋시의게連促推價ᄒᆞ되終無壹分錢送交ㅣ러니同年秋에在京城日本理事廳에서漢城府로交涉ᄒᆞ야該基址代金을推去ᄒᆞ라ᄒᆞ옵기即時送人探知ᄒᆞᆫ즉宋시의게서出給ᄒᆞᄂᆞᆫ錢이아니라李시의게서越價ᄒᆞᄂᆞᆫ錢인되其文記를詳考ᄒᆞᆫ즉文書上價額은壹萬圜인ᄃᆡ實額이八千圜이라ᄒᆞᆫ故로理由를詳問ᄒᆞᆫ즉壹萬圜은虛張形式이오實은八千圜인ᄃᆡ貳千五百圜은南이中間에幻弄ᄒᆞᆫ것이라李시의錢을旣捧ᄒᆞ엿슨즉該基址ᄂᆞᆫ李시의所有라假劵은即當繳銷ᄒᆞ깃기로屢督延拖러니隆熙三年壹月拾四日에五日內로推納ᄒᆞ마ᄒᆞ고標記를聯名成給ᄒᆞ더니臨限逃避ᄒᆞ야尙不出抄ᄒᆞ니盖此事由ᄂᆞᆫ吳南兩人의蔟嫗인지宋시의指使인지吳ᄂᆞᆫ以其親信門人으로舊恩을忘却ᄒᆞ고中間작僞ᄒᆞ야三千圜文劵은老貞敬夫人의所許요八千圜文劵은少貞敬夫人의所許라ᄒᆞ며家間不和ᄒᆞᆫ書端으로惹起ᄒᆞ야基址를乾奪케ᄒᆞ며南은頂踵受知로權門에附附ᄒᆞ야威誼를不顧ᄒᆞ고國家所有[illegible]義州庄土를欺賣코저ᄒᆞ다가記錄未遂ᄒᆞ고[illegible]此等[illegible]로期必至乾沒ᄒᆞ야至케ᄒᆞ니此兩人의背恩忘義ᄒᆞᆫ包藏禍心은各新聞所揭에世所共知어니와宋시[illegible]恃勢[illegible] [illegible]址를[illegible]寡婦孤子를[illegible]沒ᄒᆞ야三千圜款價로萬圜價値基址를勒奪코ᄌᆞᄒᆞ니世上天下靑天白日에如許ᄒᆞᆫ心腸과如此ᄒᆞᆫ奸謀이豈有ᄒᆞ리오雖此假劵이나若不推覓이면無限禍端이難測ᄒᆞ기로方此擧訴이옵기玆에廣布ᄒᆞ오니僉須照亮

尹夏炳 告白

本人이昨年陽[illegible]月二日에姓名圖章을路에서失ᄒᆞ얏스니誰某拾得ᄒᆞ와도勿施ᄒᆞᆷ

柳京年 告白

本人에子士曕이가性本浮浪으로符同雜類ᄒᆞ야今月二拾日不告其父ᄒᆞ고不知何往ᄒᆞ니或僞造文劵ᄒᆞ야典當用債이어던內外國人은切勿見欺ᄒᆞ심을爲要

金浦石閑面泉峴里居 沈敬行 告白

本人의圓形圖章을陽貳月拾壹日에서失ᄒᆞ옵고方形도章을新刻ᄒᆞ얏숩기玆以廣告ᄒᆞᆷ

西部東幕內谷[illegible]在源 告白

惟我鼻祖壯節公墓所가在於春川[illegible]芳洞而近千年禁養松楸를近日悖孫輩가將欲斫伐云故玆에廣告하니內外國人은[illegible]勿[illegible]款ᄒᆞᆷ

平山申시宗中 告白

本人이二月十[illegible]日姓名도章을見失ᄒᆞ야기廣告ᄒᆞ오니自今日로ᄂᆞᆫ無用이오니僉位ᄂᆞᆫ知悉ᄒᆞ시옴

開城郡南部銅峴[illegible]容[illegible] 白

本人이海州長[illegible]津[illegible]松禾四邑에測量事務所를設立ᄒᆞ얏스니僉員은來議ᄒᆞ시옴

測量技手海州三谷吳[illegible]泳 白

特別廣告

[illegible]本社事業[illegible] [illegible]能히防退치[illegible] [illegible]의進行ᄒᆞᆯ職責與義務를明白히說明ᄒᆞ노라

本社는비록新成立ᄒᆞᆫ者이나本社會ᄂᆞᆫ興旺케ᄒᆞᆯ方針에對ᄒᆞ야必要ᄒᆞᆫ時에ᄂᆞᆫ盡力과勇敢力이固有ᄒᆞ오며現今에着手ᄒᆞᆯ事業은如左ᄒᆞᆷ

本社ᄂᆞᆫ韓國과美國間에直接輸入及輸出을伸張ᄒᆞ기를圖ᄒᆞᆷ

一 韓國內某々種手造物品은美國의輸出ᄒᆞ야奇利를得ᄒᆞᆯ者인즉今까지此等物品은美國內各處의紹介ᄒᆞᆯ機關이無ᄒᆞ더니現今에本社에서ᄂᆞᆫ此等困難이無ᄒᆞᆫ지라將來ᄂᆞᆫ[illegible]美國과如此ᄒᆞᆫ商業上好關係를抛棄ᄒᆞ리오

又壹試思ᄒᆞᆯ것은美國物品이韓國에到達ᄒᆞᆯ時에ᄂᆞᆫ通常으로四五手를經由ᄒᆞ나니每經由處에該物品本價에서利益을添付ᄒᆞ며稅金及運費도自然增加ᄒᆞᄂᆞᆫ故로物價가甚高ᄒᆞ오나本會社ᄂᆞᆫ美國內物品製造所에서最廉價로特約直輸入ᄒᆞ야顧買者에게直接放賣ᄒᆞ면物價가低廉ᄒᆞᆯ터이오니推此思惟ᄒᆞ오면韓國內에셔美國物品의需用이[illegible]及開拓으로利益의增加ᄒᆞᆷ을預期ᄒᆞᆷ

貳 本社에서韓美兩國間商業關係에만盡力ᄒᆞᆯ뿐不啻라韓國과亞細亞全部와歐羅巴及濠太利諸處에도商業上好機會를造成ᄒᆞᆯ計劃이오며且動實ᄒᆞᆫ代理人을韓國內各處에置ᄒᆞ고新鮮ᄒᆞᆫ物品을直輸入ᄒᆞ야各處代理人으로分掌出賣케ᄒᆞ며又物貨를放賣ᄒᆞᆷ에對ᄒᆞ야ᄂᆞᆫ時々로特別히廣告를揭布ᄒᆞᆯ터이오며海內僉彥은本社에事務進行을繼此承聞ᄒᆞ오리다

三 本會社ᄂᆞᆫ不動產部를別設ᄒᆞ고不動產에關ᄒᆞᆫ事項을管理ᄒᆞ되土地家屋等賣買典當及借貸等事에仲介契約受托及방助ᄒᆞᄂᆞᆫ等事를處理ᄒᆞ야迅速히發展되기를期待ᄒᆞ며此에關ᄒᆞᆫ詳細事項은未久에公布ᄒᆞ깃솜

四 何事를勿論ᄒᆞ고法律의違反치아니ᄒᆞ고本社의利益이有ᄒᆞᆷ으로認定ᄒᆞᄂᆞᆫ營業은本社에셔隨機進行ᄒᆞ기를準備ᄒᆞᆯ터이오니此目的의對ᄒᆞ야同情을表ᄒᆞ시ᄂᆞᆫ僉彥은盡心協助ᄒᆞ심을切望ᄒᆞ며

以上陳述ᄒᆞᆫ諸項에對ᄒᆞ야僉彥께通信을連絡ᄒᆞ기를願ᄒᆞ오나左開二項을注意ᄒᆞ시옴

壹 何事를勿論ᄒᆞ고本會社에委托ᄒᆞᄂᆞᆫ時ᄂᆞᆫ本社의셔盡心竭力ᄒᆞ야信實히處理ᄒᆞᆯ터이오며

二 本會社ᄂᆞᆫ何人이던지本會社의委托ᄒᆞᆫ事에對ᄒᆞ야ᄂᆞᆫ其信用을確守ᄒᆞ고尊敬ᄒᆞᆷ을保証ᄒᆞᄂᆞᆫ故로何事를勿論ᄒᆞ고信用의關ᄒᆞᆫ事件은特別히本社의委任ᄒᆞᆷ이加一層安全ᄒᆞᆷ을擔任ᄒᆞᆸ나이다

大韓皇城磚洞

韓美興業株式會社 謹啓

學部 檢正

初等 植物學 學部檢定有도 定價金三十錢

初等 動物學 學部檢定有도 定價金四十錢

最新 初等小學 文明國의 小學讀本制度를 模範하야 精美하게 圖畵을 具하고 八卷을 合하야 一秩을 製함 八冊 合製定價金五十錢

最新 初等 大韓地誌 定價金四拾錢

最新高等 大韓地誌 定價金七拾錢

文明國의 地誌體度를 模倣하야 漢陽과 地方과 開港場과 都市와 名山大川과 都會勝地의 地圖를 具함

初等 大韓歷史 文明國의 歷史制度를 從하야 我國의 歷代 王의 事蹟과 忠臣烈士의 影幀을 具함 定價金七十錢

國家思想學 精神 教育 定價金二十五錢

憲法要義 定價金二十錢

右教科書는 各學校에 適用하오니 ……

玉虎書林

李鍾承 王大人 海州公……

正月二十五日……

本社에서 活版機械를 新設備하고 各種 印刷를 廉價로 應하오니 僉位는 惠顧하시옵 社會公益上 印刷는 貳割特減함 本社에서 直接太發賣書目

中等 用器畵法 全 定價金七拾錢 凱雲 吳榮根君 著 本書는 測量。建築。構造。機械 見本。 壹切實地應用製圖法

新撰 外國地誌 上下 定價金六拾錢 本書는 各學校教科의 適當하고 世界各國의 情形을 詳載함

二十世紀 朝鮮論 定價金三拾五錢

最新算術 上下 定價金壹圓 官立師範學校教授金夏鼎君著 本書는 著者金君이 實地教授의 多年經驗으로 算學要領을 摘撮하야 各學校教科用及獨習의 適當함

算術自解 定價金五十錢

文社 …… 興

錦山寶石寺僧寶峯 告白

國語綴字捷徑 此書는 國文의 字와 綴法을 …… 國語를 學習하는 …… 定價貳拾錢 原賣所 平壤鍾路書觀

南部紅箭門內 …… 戶外瓦家四拾間 …… 銅峴大淸商 和順 告白

本人이 西部 …… 三戶家券을 失하였사오니 …… 李錫德 告白

本社에서 小說演劇을 設行하오니 …… 本月二十日(陰二月二日)부터 …… 圓覺社

普成專門學校 學員募集廣告

本校에서 第 …… 學員을 募集하오니 …… 試驗日字는 二月二十 …… (陰正月 日) 試驗科目은 如左 國漢文 讀書 作文 算術 本校에 請求함

漢城磚洞普成 專門學校告白

本面 …… 慶南 河東郡古縣面 民人代表 鄭中悅

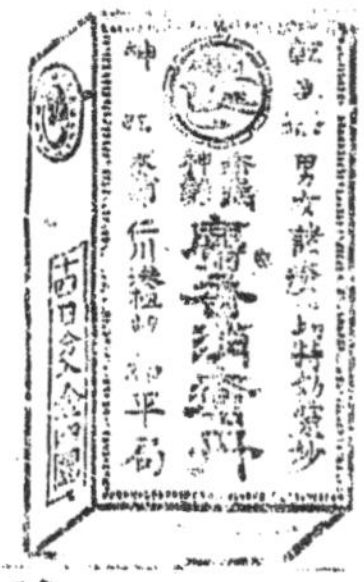

此丹은 …… 男女老少 …… 服用 ……

壯陽復元丹 一週分 …… 二週分 …… 四週分 …… 八週分 ……

此藥은 專히 陽痿腎虛 …… 精多夢。腰膝衰弱。房事時早漏。不快。病後虛弱。健忘。不眠。貧血諸症과 先天不足。飮食不下。眩暈頭痛 等症을 …… 特約代理店 京城水橋 …… 共愛堂藥房

大韓帝國仁川 總發行所 和平堂大藥房

婦人良藥 胎養調經丸

八寶丹 九拾五錢

主治效能 胃痛 惡心 食思欠乏 嘔吐 船暈 …… 泄瀉 …… 水土不服 ……

觀察所 仁川港 和平堂支店

代理店 京城 …… 和平堂 告白

大韓山林協會

本會事務所 …… (電話 ……番)

發行所 南部石井洞 大韓每日申報社 發行兼編輯人 英國人 萬咸

光武九年八月拾一日 明治卅八年八月拾一日 (第三種郵便物認可) 大韓每日申報 西曆壹千九百九年貳月廿三日(火曜)

大韓每日申報

第七卷 第壹千三拾號

月曜及慶節 歲時日休刊

檀君開國四千二百四十二年
箕子元年三千三十一年
大韓開國五百十八年
日本明治四十二年
淸國宣統元年
陰曆己酉二月大初四日甲寅

論說

◉一進會解散令

可憐ᄒᆞ도다 壹進會의光景이여 可惜ᄒᆞ도다 壹進會의前途여 吾儕가已往에ᄂᆞᆫ彼를攻擊ᄒᆞ며彼를責ᄒᆞ며彼를誅ᄒᆞ얏거니와今에彼의可憐ᄒᆞᆫ光景을睹ᄒᆞ며彼의可惜ᄒᆞᆫ前途를思ᄒᆞ건ᄃᆡ惡然壹種矜惻ᄒᆞᆫ感念이胷中에徘徊ᄒᆞᄂᆞᆫ도다

大抵壹進會가何故로日露戰役에鐵道役夫가되며何故로乙巳條約에宣言書를發佈ᄒᆞ며何故로丁未政變에七協約을歡迎ᄒᆞ며何故로五六星霜을外人號令下에奔走ᄒᆞ야蝦蛤의面目을쓰ᄒᆞ며鷹犬의手脚을弄ᄒᆞ얏ᄂᆞᆫ가只是魔孽이其魂을奪ᄒᆞ며痴慾이其眼을遮ᄒᆞ야祖國을忘ᄒᆞ고外國을崇拜ᄒᆞ며同族을忘ᄒᆞ고外人을謳歌ᄒᆞ야奇功을要ᄒᆞᆫ所以니라

嗚呼라高鳥盡에良弓을藏ᄒᆞ고狡兎死에走狗를烹이라彼壹進會가既充ᄒᆞᆫ後에ᄂᆞᆫ壹進會가秋風에셔其利用을既了ᄒᆞ고其慾望執爾을遂作ᄒᆞ야其希望ᄒᆞ던觀察郡守ᄂᆞᆫ拾年工夫가虛壞로歸ᄒᆞ고壹進會出身으로勢力을暫弄ᄒᆞᆫ者ᄂᆞᆫ只是宋秉畯壹人이러니只今一進會의實力이日々薄弱ᄒᆞ고指斥이日々滋甚ᄒᆞᆫ機會를乘ᄒᆞ야壹個宋秉畯의勢力도亦是水泡에歸ᄒᆞ얏도다

嗚呼라慈母又치恃ᄒᆞ며情夫又치待ᄒᆞ던彼邊에셔忽然薄情如此ᄒᆞ니前日希望은壹塲春夢을作ᄒᆞ고空然히賣國賊의累名만買ᄒᆞ며亡國民의罪孽만作ᄒᆞᆫ지라如今에ᄂᆞᆫ彼가何處로歸ᄒᆞᆯ싸本記者ᄂᆞᆫ彼를爲ᄒᆞ야計ᄒᆞ건ᄃᆡ彼가곰自散歸ᄒᆞ야魔境을棄ᄒᆞ고自新을圖ᄒᆞᆷ만不如ᄒᆞᆯ지라

嗚呼라壹進會同胞여諸君이또何를希望ᄒᆞᄂᆞᆫ가前驗에徵ᄒᆞ리其鑑이昭々ᄒᆞ거ᄂᆞᆯ諸君은何를希望ᄒᆞᄂᆞᆫ가又日人報紙에曰伊藤統監이宋秉畯을庇護ᄒᆞᆷ은只是壹進會를操縱ᄒᆞ기爲ᄒᆞᆷ이러니只今은一進會의勢力이衰弱ᄒᆞ얏슨즉宋秉畯을逐出ᄒᆞ여도何等憂慮가無ᄒᆞ리라ᄒᆞ얏스니彼日人의預筭이既히此와如ᄒᆞᆫ지라諸君은何를希望ᄒᆞᄂᆞᆫ가

又諸君이該會에退코자ᄒᆞ나社會의排斥을受ᄒᆞ며義兵의虐待를被ᄒᆞ야歸處가無ᄒᆞᆯ까憂慮ᄒᆞᄂᆞᆫ가此ᄂᆞᆫ不然ᄒᆞ니諸君도亦大韓同胞라諸君이悔改ᄒᆞ기만ᄒᆞ면社會가諸君을歡迎ᄒᆞᆯ지며諸君이自新ᄒᆞ기만ᄒᆞ면同胞가諸君을保護ᄒᆞᆯ지니諸君은何를憂慮ᄒᆞᄂᆞᆫ가

惟望ᄒᆞ노니壹進會本部ᄂᆞᆫ解散令을速々發佈ᄒᆞᆯ지어다又或本部가頑冥不悟ᄒᆞ야解散令이遲々ᄒᆞ거던地方會員은速々勇退ᄒᆞᆯ지어다

諸君이解散치아니ᄒᆞ면百害가有ᄒᆞ고一利도無ᄒᆞᆯ지니速히悔改ᄒᆞ며速히自新ᄒᆞ야陳々腐敗ᄒᆞᆫ一進會의魔孽을脫ᄒᆞ고赫々新鮮ᄒᆞᆫ帝國民의國魂을覓ᄒᆞᆯ지어다

余ᄂᆞᆫ壹進會의光景을憐ᄒᆞ며壹進會의前途를惜ᄒᆞ야悲悲의大筆로玆에解散令을壹下ᄒᆞ노라

本社特電

二月十九日神戶發

●移民問題 加奈多政府에셔ᄂᆞᆫ近者에콜넘비아州議院을通過ᄒᆞᆫ東洋人移民禁止件을准許치아니ᄒᆞ얏다더라

同日發

●是何殘虐 伯林市街에셔婦人의게對ᄒᆞ야殘虐을行ᄒᆞᄂᆞᆫ事ᄂᆞᆫ尙今不止ᄒᆞᄂᆞᆫᄃᆡ警吏ᄂᆞᆫ全혀勢弱ᄒᆞᆫ지라昨日에도街路上에셔婦人五名이又爲刺殺ᄒᆞ얏ᄂᆞᆫ고居民들은自家의婦人들을保護ᄒᆞ기爲ᄒᆞ야守衛隊를組織ᄒᆞ얏다더라

外報

●栢林의婦人殘虐 二月拾五日倫敦電을據ᄒᆞᆫ즉栢林東北方에셔何許蠻種의刺殺暴亂이起ᄒᆞ야居民은恐怯ᄒᆞᄂᆞᆫᄃᆡ被殺者ᄂᆞᆫ只是街路上에獨行ᄒᆞᄂᆞᆫ婦人뿐이라昨日에ᄂᆞᆫ如此ᄒᆞᆫ殘虐의行動이三次가有ᄒᆞ얏고前日에ᄂᆞᆫ如此ᄒᆞᆫ行動이十八次가有ᄒᆞ얏다더라

雜報

●烈士獻議 前主事李晟烈氏가內部大臣宋秉畯의無嚴不敬ᄒᆞᆫ事에對ᄒᆞ야中樞院에獻議ᄒᆞᆫ全文이如左ᄒᆞ니

伏以正名分立紀綱은亘萬古通天下에有國有國之常典常經也라故로爲人子而不父其父者ᄂᆞᆫ太不順太不孝也오爲人臣而不君其君者ᄂᆞᆫ太不敬大不忠也라不孝不忠은人人得以誅之故로按之以法ᄒᆞ고照之以律ᄒᆞ나니此乃齊家治國之壹大關序也어ᄂᆞᆯ

[illegible]日 大駕西巡時 玉輦至[illegible]에所謂內部大臣宋秉畯의區測行悖가有關乎犯分滅綱矣라白晝拔劒과使酒亂앙은雖在閭巷不學無知之勞働下流라도所不可行之어ᄂᆞᆯ亦不免以法懲之온而況身爲大臣之位ᄒᆞ고職在地方管轄者ㅣ敢於莫重莫嚴之玉車陪從之地乎아秉畯의以其平日行動으로推之라도不足爲人類로論之者ㅣ오全國人이已所洞知어니와

大駕還御之日에卽自政府로宜有特別般擧措ᄒᆞ야知有邦憲而向此寥寥無聞ᄒᆞ니嗚呼痛矣라國朝五百年崇禮尙義之關和紀綱이胡至此壹朝蔑如無人之境乎아以當局諸公으로言之則其非掩護自黨之罪惡이면必欲阿附其勢力而不敢發言也라如是則 皇室尊嚴之意가固安在哉잇가

所以中外人心이沸鬱ᄒᆞ야會壇激演과報館論筆이比々喧騰而且貴院은職在贊議之樞要ᄒᆞ야見此無君無臣之綱常大變ᄒᆞ고噤無發言ᄒᆞ니ᄃᆡ其將待何時而出言이며待何事而發論耶아樞院設立以來로尙不見責任遂行ᄒᆞ니至國人民之指斥嘲罵ᄂᆞᆫ姑舍勿論ᄒᆞ고其於名分之掃地와君權之頓墜에何敢아言念及此에自不勝膽掉心寒ᄒᆞ와敢陳愚見ᄒᆞ오니伏願閤下ᄂᆞᆫ齊會院僚ᄒᆞ야議決其措治方便而建議於內閣ᄒᆞ고至聞 天陛ᄒᆞ와亟懲秉畯之滅分悖常ᄒᆞ야鎭靜我與論之鬱沸ᄒᆞ고以尊我 皇室之威嚴을伏望이라ᄒᆞ얏다더라

詞藻

●將進酒 玄史

壹盃壹盃將進酒ᄒᆞ여。 會賓酌酒ᄒᆞ사이다
有酒無肴ᄒᆞ거ᄂᆞᆯ낭、 꼬기잡어 회쳐볼까
前川에、 메만운송ᄉᆞ리병어준치、모두낚거

雜報

●東宮婚禮 皇太子殿下의婚禮를日本皇族이나貴族中令孃에셔擇定홀터인디今番日本에前往훈女官三人이該令孃을彙爲看審훈다더라

●大臣會議 去十七日에大臣會議를이하며新借款훈二千萬圜의消費홀事를協議훈얏눈디土地稅에費가壹千萬圜이오天日製鹽費가六百萬圜이오其他눈水道費不足額에補用케훈다더라

●獨自歎人乎 中樞院에셔李愚烈金雙秦兩氏가獻議書를提呈훈事에對훈야內閣에建議훈엿다눈說은已報어니와總理大臣李完用氏가自己門人某氏를中樞院議長金允植氏에게私自派送훈야傳喝훈되宋秉畯의事實이初無如是훈건디러此等事를若爲擧論훈면甚히長大훈慮가有훈즉切勿擧論하라훈고히建議書를彙爲還送훈얏다더라

●有勢還任 各 陵官의減額件을宮內府大臣閔丙奭氏가官報에頒布훈고更正훈야該府次官小宮三保松의게委任훈고日本에前往훈얏눈디小宮三保松과侍從卿尹德榮兩氏가該減額件을更히操縱훈야該 陵官中에勢力훈者눈該職을還任훈者幾人이라더라

●拓社更轉 東洋拓殖會社事務所를前日本司令部에定훈얏눈디更히該事務所를典洞前侍衛隊營門內로移設훈기로酌定훈얏다더라

●測量督轄 政府에셔人民의土地及家屋測量을將次各該道觀察使의게專任훈야其督下각郡測量事務를督轄케훈다눈說이有훈더라

●辯護章程改正 法部에셔辯護士試驗章程을變更改定훈야內外國專門科卒業生外에눈辯護士를認許치아니훈기로酌定훈다더라

●稅則何多 度支部에셔地方稅規則을現今磨鍊中인디히規則이不久에頒布實施가된다더라

●陵官月俸磨鍊 宮內府에셔今番각陵官을改差훈後에陵官의月俸은十八圜으로陵員役의月給은五圜으로磨鍊훈얏다더라

●是何妄擧 永宣君李埈鎔氏눈家屋及田畓을典執하고多數의金額을債得훈얏스며近日히錢을消費훈야何許恰八歲된妓生을又爲作妾置家훈얏다고人多批評훈다더라

◎張氏就役

張仁煥氏의十五個年禁錮에處훈은已報어니와旣히산큐엔린에往훈야就役훈눈中인데或尋訪훈눈人이有훈면每月第末土曜日에야相面훈다훈며張氏의處役年限은二拾五年이나每年遞減훈눈月數를計除훈면十七年에不過훈고四五年間에操行의端正을見훈면갈리포니야總督의權限으로特赦될수도有훈다눈디該氏눈平日操行이端正훈人인즉畢竟期限前에出獄이되리라더라

●跖狗吠堯 大韓協會에셔內大宋秉畯의聲討次로來土曜日에演說會를開훈기爲훈야壹進會에公函훈고國民演說臺를借與훈라훈事눈已揭어니와壹進會에셔該公函에對훈야答覆훈기를히演說臺눈本會頭領이周旋設立훈것인디貴會에셔本會頭領을攻駁코즈훈야借與훈기를請훈얏스즉無禮殆甚하다훈고卽爲작還훈얏다더라

●結民嗷嗷 年前에各地方人民의田畓을改量훈時에嶺邑間始作훈다가中止훈얏눈디其時改量훈下等田畓을中等으로尺量作結훈야結卜이有훈故로每邑에加卜훈結이千餘結式되눈지라今年度에各財務署에셔勒捧徵稅훈기로民心이嗷嗷훈다더라

●是何悖行 平川郡居훈눈洪士明爲名者가素是悖類로出沒京鄕훈며雜類를符同훈야行悖居多훈더니數年前에南部會洞居훈눈金召史와結緣同居훈다가何等層節이有훈던지彼此事情乖誼치지훈더인대洪某가金召史의家屋을勒奪코즈훈눈故로法司에呼訴훈야洪旣落科이어날何許日人을符同以來훈야威脅이殆甚훈故로金召史가擧理說明훈미히日人이無聊退去훈얏눈디日前에洪某가何許女人을帶同來到훈야作梗이頗甚훈으로金召史가又爲大責逐送훈얏다더라

●奴隸解放 長湍郡津東面濟要里居훈눈前進士尹貞奎氏가男奴女婢拾餘名을招集훈야言훈되當此文明世界훈야受人區束훈고自由的行動을不得훈니俱是人類으로胡不慨然훈리오從今以後로눈各爲散去에男女善爲教育훈야同等의權을勿失훈라훈고世傳훈던奴券을燒燼解放훈얏다더라

●是何挾雜 延安郡居南學汝눈학校를設立훈다稱托훈고동里幼兒數십名을會集훈야抑勸으로斷指훈고其血노聯名書를寫훈야人民에게捐助를實施훈여달나고該郡守에게請願훈즉郡守가該面面長에게委托훈거눈面長은該事實을詳知훈눈故로斬持훈엿더러該幼兒와父兄들은痛恨不已훈다더라

●林氏烈節 堤川居훈눈林宜相氏를該邑學校에셔贊成員으로薦望훈미該氏가辭免書를送훈엿더니히校에셔威脅훈기를日憲兵을보ᄂᆡ여削髮을식인다훈즉林氏가避身훈얏더니其後에히邑에義兵千여이라하얏던지日兵十餘名이突入훈미學家를離散훈際에林氏의弟嫂가被執훈지라受辱을當치아니코즈훈야中路에셔自決훈으로遠近이其烈節을感嘆훈다더라

●義將不屈 金川義兵將高元直氏눈丁未軍變以後로不勝憤激훈야擧義훈지二年만의日兵에게捕捉되얏눈디日兵들이歸化훈라고百般喩訴훈되苦楚三個의少不挫屈훈다가去月頃에敬殺훈얏다더라

●細谷衝突 義兵將池洪閏氏눈江華海西로出沒훈다가陰正月拾九日의平山細谷에셔日兵과數時間을衝突훈얏다더라

●日兵出張 楊州永平등자郡에義兵이近日猖獗훈야勢甚宏壯훈미로兩昨日午前에日兵數拾名이軍器等屬四십餘馱를輸運出張훈얏다더라

●下痢病流行 平安남道陽德郡吳乙面雲谷里에눈下痢病이流行훈눈대히病에罹훈者눈至身의關節이激烈훈야現今蔓延中이라더라

●半島大興 北部齋洞에셔製造훈눈半島卷烟의愈益興旺홈을屢爲報道어니와務安郡木浦港居훈눈崔公三氏가此를聞知훈고愛國훈눈義務로히港에支店을設立훈얏다더라

●歐鴉犯押上 기城郡居훈눈김喜永氏눈鴉片을多年嗜吸훈다가情跡이現露되야히郡警察署에捉囚審覈훈고再昨日에京城地方裁判所로押上훈얏다더라

●金家同祿 再昨日上午拾壹時頃에中部茶洞金召史家에셔偶然失火훈야約餘간舍와幷多什物을沒數燒盡훈얏다더라

●兩坊總會 大平明禮兩坊會에셔再昨日에總會를開훈고團長閔丙漢副團長李容復兩氏가出席훈야諸般事項을組織훈얏다더라

●智德討論 今日下午七時에西部宗橋智德共新會에셔法律이勝於敎化라눈問題로討論훈다더라

●青館開演 今日下午七点鍾에青年會館에셔英國宋教端雅德氏를請邀훈야演說會를開훈고彙하야歡迎會를設行훈다더라

學界

●幸遇將就 北部諫洞李進義塾長安瀁善氏遞任훈代에紳士崔嘉成가被任되여熱心教育훈으로進就之望이有훈다더라

●榮郡將榮 榮川郡守金教憲시눈外交內撫에民遂以安훈고育上에熱心훈야金洪奎權大瓚金佑榮諸氏로協議훈야財政을鳩聚훈고生徒를募集훈야熱心教授훈으로庶幾之望이有훈더라

●老當益壯 咸興郡北州東上下水里에셔普興학校를設立훈눈대兩里人民은本以農業資生훈야朦昧鹵莽에教育의急務를不知훈더니何幸梯松氏눈年滿七旬에教育이擴張치못훈고학校가完全치못홈을慨嘆훈야桑榆寒雪을不顧훈고家喩戶說훈야幾兒아漸進훈다더라

●鳳山有校 黃海道鳳山郡紳士가勸勉훈야現今測量의時急홈을慨歎히녀여瑞興郡紳士로相協議훈고與水院에測量학校를設立훈고학員을多數募集훈야熱心教授훈다고兩來人에稱頌이藉藉훈다더라

●金氏熱誠 黃海道瓮津郡在票面面長金正洪氏눈民情을恪勤觀察훈미而內가安도훈뿐더러學界에눈熱誠이尤極懇切훈야以不贍之財로特設昌明학校하고教師朴弘燮氏를延聘훈야熱心教授훈미學徒가日加月增훈야大有進就之望이라더라

●光華測量 平北龍川光華학室에셔測量講習所를設훈고教師눈宣川邑測量학校卒業生金世鴻氏와一般任員諸氏가附近靑年員及夜학員을募集훈여勉勵教授훈다더라

●藍田開雲 慶南蔚山東面藍田里에셔去陰拾月頃에개雲學校를設立훈눈대附近四五洞有志紳士가齊會集하야義捐金을辦出훈總額이貳千餘圜에達훈지라教師를延聘홀터인대學居金聲國氏눈教師를延聘훈기前에학徒五십名을名譽로熱心教授훈다더라

◆地方消息◆

▲本月拾四日忠南扶餘郡西北方約二拾里地에셔義兵五名이히郡分遣所日憲兵壹名及補助員二名과交戰하얏다훈고

▲本月九日江原道北倉東方約入拾里地에셔義兵拾二名이同地分遣所日憲兵三名及補助員三名과衝突훈얏다더라

◆觀世有感◆

李爾生

▲天台山의麻姑仙女桑田보고웃지말아이내碧海三變훌제億兆蒼生消滅되여塡于溝壑可憐훈나救濟方策업셧스니何事歎心우슬손가

▲옷지말아々々々々喬木世家더兩班우擴奪手段슬터업고如干財産浮萍갈세世祿日俸오지안코生活方道杳然훈니何事歎心우슬손가

▲옷지말아々々々々南山後川활량들은弓馬鍊習天이오南村北村虛事뿐다人力車나끌ᄌ훈나그資本도업셧스니何事歎心우슬손가

▲옷지말아々々々々京鄕間의求仕客은都事監役넷말되고文官南行無用이라主事叅書을ᄂ훈나朦昧時局될수잇나何事歎心우슬손가

▲옷지말아々々々々內外職間官吏輩눈助桀爲虐너무마오當日花紅업셧거던그權利로許홈새各處民怨浪藉훈니何事歎心우슬손가

▲옷지말아々々々々平原廣野農父네야不失其時作農훈야上奉下率살쟁더니農機좃차일엇도다歎多背口呼哭훈니何事歎心우슬손가

▲옷지말아々々々々五百餘年더러殺은狐狸穴을兔코나니虎狼當途웬일인가千思萬量훈지라도興復之計업셧거던何事歎心우슬손가

▲옷지말아々々々々各地方의擾亂風塵愈往愈甚不絶훈니砲烟彈雨갓錯中에魑魅魍魎縱橫훈야無數冤魂슈우니何事歎心우슬손가

▲옷지말아々々々々이러天地더런天地홀造上을ᄌ든듯시不如不見죽ᄌ훈나六里靑山도러간들埋骨地가어데미뇨同胞들아

廣告

大韓測量總督會에서公州郡湖西測量事務所를認許하얏는대

所長 成周경　副所長 成晉永

事務員 成運□　成周讃

韓基赫　成樂亨　金喆炫

成洛鎬　金相鉉　金重鉉

公州郡湖西測量事務所 告白

本月二拾壹日大韓每日申報雜報中丞宣君은公州所在庄土를典執得償이라는말은事實이全無하오니 僉員는照亮홈

昭峴宮事務安基弘 告白

本人이正字姓名圖章과丙丁戊三年間手標와於音을去陰壹月十四日의耆介院等地에서견失하얏사오니誰某던지拾得하오면幷爲勿施홈

平北龍川乾龍洞 金頎讚 告白

黃召史의田三日耕이延曙龜山里에잇는데近聞所聞에踏驗移賣涙說이잇다하오니大抵本主모르는일이요況且有文券田土를孰敢擧論乎閒甚駭悠故玆廣告하오니勿論內外國人하고勿爲견歎홈

尾洞壹百拾壹戶黃召史告白

◎學員募集廣告

本校에서土木建築科及測量科를設施하오니入學志願人은何日이라도本事務所로來臨하와詳問하시오

土木建築科
速成科 六個月
高等科 壹個年
特別科 三個月

測量科
速成科 六個月
高等科 壹個年
全夜學 壹個年
特別科 壹個月

京城 清國領事館邊

私立山崎實用土木建築測量築術製圖學校

龍山堀에서同事보호는氷庫에壹分을放賣코저하오니圖買人이有하오면명창에와서問議하시옵

任상우 告白

南署桿寧尉契帶洞一百四十四統拾戶家內所在青銅火爐壹座를陰正月十三日拾点종견失故로玆以廣告홈

李化三 白

本人에所居西部盤松坊池下契三十八統二戶瓦家十壹간半家舍與宮室認許契約書壹張을서失하야엿기로廣告하오니誰某拾得하와도休紙施行홈

徐元煒 告白

◎材木大發賣

弊店의品好한木材가多數具備하와廉價로賣出하오니所用이有하신僉君子는陸續來購하심을務望홈

京城竹洞八十二統七戶

竹洞材木店主金興敏 告白

●上 太學及各道各邑鄕校書院書

連山大明山下漢陽村居幼學리學純謹沐浴先告于本鄕士林僉座前伏以本邑遯巖書院卽我東道統淵源之院也所以見重於壹國而惟我士林久矣嗚呼天降喪亂斯步艱難奧墻之慕山斗之仰玆四百年之國同處百家殊道學하論汲邪說熾盛惑世誣民滅倫敗常其所謂某國학某國道者較其援饉棄其明類或家尸戶祝或祀天祭祖或樂隸自少或人主田奴或千人之私或奪人之志爲虎爲창已家貢塗其在 宗社則有貫綱罔君者其在祖先則有撥廟不祀有斷衰千祿者而父子之恩絶有治容誨淫者而夫婦之義蔑甚至有傳學傳賢者或奪我 夫子之廟立其所謂學校或奪我 夫子之田供其所謂學徒何必 夫子廟 夫子田而後可乎古之學校禮義相先하之學校剝喪禮義此非吾黨之大變乎古之학徒聖賢是慕하之학徒毁斥 聖賢此非斯文之亂賊乎啓異端之항유杜斯道之門庭誤猶同흠而莫斯沮日愛國愛民而實亂國亂民也曰開化開明而實閉化閉明也所道者蔽陷離焉之辭所作者奇技淫汚之今忍以羅變便찬之形踊躍於揖讓令降之庭故作저舌侏離之言한휴於詩禮弦誦之옹使夫子陟降之靈無知則已若有知則不微服則必乘桴矣至于我鄕則於 遯巖書院亦如之 先生之靈亦何敢寧念其在舞跖自是異道薰衿冰炭不可同器渼我冠儲服儒者孰不欲斥邪扶正而孟子曰蜩固不可以敵疆寡固不可以敵衆今彼疆我弱彼衆我寡其不可敵亦明矣若欲毁其道而撥其禮則不惟學不成必有大拍頭胡叫喚矣亦不可爭也不如移安位牌於 書院故학純雖癃疾曾耄鬼學已迫而猶秉彝者存俎豆六月晦呈單于 本院矣言不見采書又見寢敢且危言以告伏願僉君子或有與我同志者以今月二십日齊會于 遯巖書院告之以義使撥학被以安 先生洋洋如在之靈학純且敢願爲 夫子死不願降讖以此文轉告于各道各邑鄕校若 書院上疏于 國학幸勿浸滞到卽傳告俾我 聖賢之靈享失釋菜之享不異端同處俾我禮義之邦勿失中華之制以貽外國所侮用扶壹縷遺剝之陽以竣七日來復之運則其於關明斯道扶植綱常之塗千萬幸甚

連山漢陽村리學純 告白

特別廣告

近頃에本社事務에對하야最狹沒覺한者ㅣ陰沮를試하다하나何國何人이던지本社에長遠한事務에對하야能히防遏치못할것은明瞭하미니此廣告를讀하시는 僉彦은幸須銘心할것이오며玆에本社의進行할職責與事務를明白히說明하노라

本社는비록新成立한者이나本社을興旺케할方針에對하야必要한時에는能力과勇敢力이固有하오며現今에着手한事業은如左함

一 本社는韓國과美國間에直接輸入及輸出을伸張함을務圖함

韓國內某々種手造物品은美國의輸出하야奇利를得할者가多有하나尙今까지此等物品을美國內各處의紹介하기難하여시現今에本社에서는此等困難이無할지라韓國은何故로美國과如此한商業上好關係를抛棄하리오

又壹試思할것은美國物品이韓國에到達할時에는通常으로四五手를經由하나니每經由에該物品本價에서利益을添付하여稅金及運費도自然增加하는故로物價가甚高하오나本會社는美國內物品製造所에서最廉價로特約直輸入하야購買者에게直接放賣하면物價가低廉할터이오니推此思惟하오면韓國內에서美國物品의需用이直接及間接으로利益의增加할을預期할

貳 本社에서韓美兩國間商業關係에만盡力할뿐不啻라歐洲와亞細亞全部와歐羅巴及濠太利諸處에도商業上好機會를造成할計劃이오며且勤實한代理人을韓國內各處에置하고新鮮한物品을直輸入하야各處代理人으로分掌出賣케하며又物貨를放賣할에對하야는時々로特別히廣告를揭布할터이오니海內僉彦은本社에事務進行을緣此承聞하오리다

三 本會社는不動産部를別設하고不動産에關한事項을管理하되土地家屋等賣買典當及借貸等事에仲介契約受托及방助하는等事를處理하야迅速히發展되기를期待하며此에關한詳細事項은未久에公布할깃슴

四 何事를勿論하고法律의違反치아니하고本社의利益이有함으로認定하는營業은本社에서隨機進行하기를準備할터이오니此目的에對하야同情을表하시는 僉彦은盡心協助하심을切望함

以上陳述한諸項에對하야 僉彦께通信을連絡하기를願하오니左開二項을注意하시옵

壹 何事를勿論하고本會社에委托하는時에는本社의서盡心竭力하야信實히處理할터이오며

二 本會社는何人이던지本會社의委托한事에對하야는其信用을確守하고尊敬함을保證하는故로何事를勿論하고信用의關한事件은特別히本社의委任함이加一層安全히擔任하압나이다

大韓皇城磚洞

韓美興業株式會社 謹啓

學部檢定

初等 植物學 定價金三十錢

初등 動物學 定價金四十전

每課有도

最新 初等小學

文明國의小學讀本制度를模範하야精美훈圖畫를具훈고八卷을四卷으로合製훔 貳冊合製定價金五십錢

最新初等 大韓地誌 定價金四拾錢

最新高等 大韓地誌 定價金七拾錢

文明國地誌制度를模倣훈야漢陽의山水며宮闕圖와拾三道地圖와各港口와開市場과名山大川과都會勝地의地도를具훔

初등 大韓歷史

文明國의歷史制度를從훈야我國의聖帝明王의와歷代賢臣의忠臣烈士의影幀을具훔 定價金七十錢

國家思想學 精神敎育 價金二十五錢

憲法要義 義務敎育 定價金二拾五錢

右敎科書는本書林에서發行훈오며此外에各種書籍이具備훈오니학界僉君子는速速來購호심을爲望

原賣所

京城南部銅峴四街里二十五統五戶 玉虎書林

分賣所

黃海道鳳山郡沙里院朝陽書館

京鄕各有名書舖

廉價放賣

測量器械各種
製圖器械各種
製圖用紙各種

釜山港本町三丁目
近藤支店

機械及藥品을整備훈고發明훈法으로敝所에셔西洋新

各種洗濯及染色을廉價로需應훈오되其種類가如左훔

洋服、襯衣、外套、帽子、項套、洋말、婦人洋服及壹切附屬品、毛織、毛紗、세루、馬尾根、羅紗綢緞紗羅苧布壹切貴重品의周衣、주리、赤衫、裳、袴、襦、等屬洗濯及染色物이有훈온本所로通知훈시면即時自宅에進議훈學員、巡査、兵丁、及勞働諸君에對훈야定價의拾分之貳를特減훔

各地方에눈小包料를添送훈시면誠實郵呈훔

鍾路里門上隅拾貳統三戶

西洋洗濯部第一屋

大韓全國에總發行所는

京城南大門內濟生堂大藥房

淸心保命丹

此丹은化痰止咳하며頭氣消滯훈며水土不服에奇效가有훔 金十錢

蔘茸大補元 拾錢

一週日分金壹圜 二週壹환八十錢 四週分金三圜十 七週五圜三

右약은大韓名產鹿茸人蔘에西洋有名훈補材를混和훈야我國兄弟의脾胃와性質에適當토록多年硏究훈明인바今에先服人의累試果驗이隨症皆效훈니果然今世之仙藥이라故로主治效能를左開廣佈훈오니僉兄弟눈何不早圖壹試오(效能)先天不足과睡妄不眠훈며心腎俱虛와房事色傷이며遺精多夢과色傷腰痛이며房事時에早漏不快훈며重病後虛弱과手足厥冷이며食物不消와貧血諸症에奇效가有훈고無病人이若服七週면大補元氣훈고骨節이强壯훈며健康無病훈나니此可謂眞世靈藥哉若不其效면약價還呈훔

蛔積殺虫散

比散은蛔積과蟯腹痛과鬱滯와虫壹切를去根妙藥 金십錢

寸虫沒出藥

勿論男婦老幼훈고寸虫壹切를拔根之妙劑 壹人用三拾전

久滯 大通丸

年久훈積滯와胸腹痛과腹中積病을驅除훈눈良劑 金拾五錢

感氣特效 解熱散

感氣드러頭痛나고寒熱往來훈며肢節痛과몸살에幷神效 금拾전

淋疾拔根藥

뒤눈과못과사마귀에바르면百中으로빠지고 金십錢

虫毒과瘡종과뿌리박인데와종氣와初와가려운신데神效 金拾전

去液生新 沃度膏

劍創과모던종氣와火傷과곰새인데와삭시고압푼데神效 金拾錢

止足汗臭藥

발에땀괴고보션을신으면惡臭와汗이겹쳐고니음쉬가업소金十錢

其他藥種은壹壹難記어니와大韓國內藥商훈시눈僉兄의게눈藥價를大割引훈야大放賣훈오니陸續注文훈시오

京城南大門內
仁川港香村峴
濟生堂主 李庚鳳

壯陽健元丹

一兩分 二兩分 四兩分三圜四拾錢 八兩分六圜

此약은專치腦髓虧損○房事過度○腎虛腰痛○陽痿○遺精多夢○神經衰弱○房事時早漏不快○病後虛弱○健忘不眠貧血諸症○先天不足○飲食不下○眩暈頭痛○等症훈나니試將此丸을照法服之면不過幾日에立見妙效훈야頭飛肉踊에精神倍蓄훈고頓覺井快하나니其症이輕者눈服壹二週면挽回元陽훈고其症이稍重者눈可服三四週훈고遠年痼疾도其症이頗重者눈連服七八週면必能全치無疑니若夫無病之人도試用此劑則補血而益氣훈고强筋而壯骨훈나니服之八週而未見其效則請將價額을如數還呈이오不致虛誑自欺라此丸이又無論男婦老幼훈고均用有效하나니眞世間無比之妙劑也라僉位는何不早圖壹試오

發行所 京城香路大廣橋十九統七戶 濟生堂藥房
特約代理店 京城水標 共愛堂藥房

婦人聖藥

부티양됴경환
婦人 胎養調經丸
약력인 壹劑壹月分 금五圜

主治說明

婦人이孕胎훈지못홈은冷病積聚와月經不調훈因홈이니此藥을服用훈시면婦人腹中에有훈諸病은壹切退去훈고自然孕胎훈오니速臨買去하시옵

總發行所

大韓帝國仁川香村峴 和平堂大藥房

全國內各藥舖

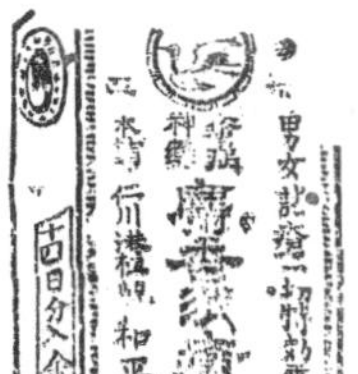

此丹미於諸病에無論男女老少훈고若服壹劑면實有神效훈야百발百中훈오니非例方可及也라若諸主治則腸癆과痔漏과風濕頭痛諸症에俱見立效훈오니養病僉君子는壹次試驗伏望

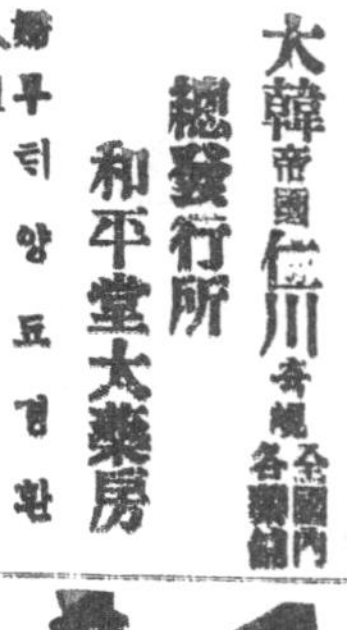

八寶丹 九拾五粒入金拾錢

主治效能

○胃病惡心○頑痰固飲○食慾欠乏○中暑中寒○消化不良○食傷關格○溜飲食傷○飛瀨眩暈○泄瀉下痢○霍亂吐瀉○水土不服○船車

滋陰丸 不老丸

補陰補腸

三拾日分 금五圜
貳拾日分 금三圜四拾전
拾日分 금壹圜八拾전

主治

○房事不快○腎虛腰痛○陽痿氣喘○腎氣不足○精神不足○遺精夢泄○陰虛火動○房事後偏頭○手足厥冷○形容枯白○吸烟斷烟客○精血虛弱消瘦

此外에和東西洋各國藥材를精選훈야各地方의諸症에適用훈오니要求훈시면郵便으로보냅니이다 僉位에게는特別割引放賣훈오니陸續注文훈심을望

發行人 李□□

製衣所 和平堂支店

代理店

京城南門內大廣橋濟生堂藥房
京城大廣橋 共愛堂藥房

京城香路
仁川港香村峴 和平堂 告白

本會事務가漸次擴張이온바本會에願入훈실有志僉君子는本會로陸續來請훈옵셔林業發達케훈심을希望홈

(電話三九三番)

大韓山林協會 今후告白

社告

○申報價

壹個月前納

壹個年

三個月

壹圜十十錢

三圜四十錢

○廣告料

四号活字拾三字詁

每日壹寸(英尺)에新貨卄五錢

二週間壹寸에

壹個月壹寸에

(自壹寸至十寸爲限)

其期限의長短과行數의增減에有홈

Registered for Publication
Alfred Weekly Oakley Marnham

發行兼編輯人 英國人 萬咸

發行所

南部石井洞貝外地三十府洋屋家

大韓每日申報社

光武九年八月拾一日 明治三十八年八月拾一日(第三種郵便物認可) 水曜日 西曆一千九百九年三月廿四日

第七卷

大韓每日申報

月曜及慶節歲時日休刊

檀君開國四千二百四十二年
箕子元年三千三十一年
大韓開國五百十八年
日本明治四十二年
淸國宣統元年
陰曆己酉二月大初五日乙卯

論說

◉日本이何爲乎아 (本社英字報譯載)

伊藤侯가韓國 大皇帝와其閣臣을强逼ᄒᆞ야所謂(光武九年拾壹月拾七日의)五條約을締結ᄒᆞᆫ지三四星霜이已過ᄒᆞ고至今에還任ᄒᆞᆫ餘望이無히韓國을離ᄒᆞ얏스니此國의伊前形便과現今情況의就ᄒᆞ야對照를暫試ᄒᆞᆯ만ᄒᆞ도다

然而玆에先論ᄒᆞᆯ것이有ᄒᆞ나盖日人이韓國을統治ᄒᆞᆯ趨向을顯然吐露ᄒᆞᆫ지已久ᄒᆞᆫ데其多部分은此奇貨되는新條約의首功者卽當時漢城駐劄日本公使林權助시가旣是成立ᄒᆞ야背後에서許多ᄒᆞᆫ機關力을運動ᄒᆞᆫ지라此方略으로由ᄒᆞ야日本이韓國의通信全部를雖少數의報酬金도給與ᄒᆞ거나或約定ᄒᆞᆷ이無히引繼管轄ᄒᆞ얏고又況林시가內閣의任命을左右ᄒᆞ는權을掌握ᄒᆞ고倨傲自大ᄒᆞ는데此로由ᄒᆞ야職員의變動이頻煩ᄒᆞ기가旋輪의轉環과如히紛亂ᄒᆞ더니伊後光武九年十壹月旬間에伊藤侯가此地에來着ᄒᆞ얏슬時에林시가侯의게傳授ᄒᆞ얏고且內閣의意群臣은威權를自擅하얏스니於此에苟有人性者야先見이可有ᄒᆞᆯ지라[illegible]然自得ᄒᆞ리로다其意群中에壹縣子가有[illegible]方[illegible]이旣是作成ᄒᆞ얏도다

[illegible]

侯爵 伊藤公이韓國地位의主宰이되여自己國中에서도天皇外에는此等職責을全無ᄒᆞᆫ지라日本皇帝陛下께서其最信用ᄒᆞ는近臣伊藤公의行動에對ᄒᆞ야는疑問ᄒᆞᆯ이毫無ᄒᆞ되所以로統監閣下가過去三年間에士耳其의皇帝가其領地에對ᄒᆞᆫ것과恰似히한國에對ᄒᆞ야專制權을有ᄒᆞ얏더라

此三年間專制權論題에就ᄒᆞ야는吾儕는其毁譽의批評을權衡ᄒᆞ기前에는吾輩의實意를姑不發表ᄒᆞ거니와今에先論ᄒᆞᆯ것은日本이韓國과關係ᄒᆞᆫ際와其幾前에韓日兩國이平等의權과互相의利益을基ᄒᆞ야數次協約을互相締結ᄒᆞ며나마는息壤이在彼ᄒᆞ거늘日軍이한國에서滿洲로向ᄒᆞ야鴨綠江을渡ᄒᆞᆫ卽時로부터는日本人民이한國을渠의戰勝ᄒᆞᆫ領地로待遇ᄒᆞ얏고其休戰을當ᄒᆞ야서는日本政府가其醜惡ᄒᆞᆫ民衆으로ᄒᆞ여금面々相顧ᄒᆞ며其戰事의失望ᄒᆞᆷ을嘆ᄒᆞ시於是에日本의對韓行動을少許라도寬恕치안키로ᄒᆞ니此는眞個是推辭而已라

益隣國과大陸이相接ᄒᆞᆫ鄰邦은淸露兩國이是니拾餘年前에淸國은旣是한國의獨立權을承諾ᄒᆞ얏고露國은僅只日本의優越權만承認ᄒᆞ얏스니國際上意見으로此方案을選擇ᄒᆞ야는日本이光武九年拾壹月拾七日의五條約을造成ᄒᆞ야韓國과從來의[illegible]

[illegible]

此等한國에對ᄒᆞᆫ作을世界舞臺上에公敢呈出ᄒᆞᆯ수업도다

伊藤公은最히無學識ᄒᆞᆫ日人外에壹個人도踏過치못ᄒᆞᆫ貿作ᄒᆞᆫ條約을成立지말고但是此地에來ᄒᆞ야한國政府의顧問官地位를穩然히占據하얏더면閣下가此地位에在ᄒᆞ야셔能히其施政改善의案을催逼ᄒᆞ야奏効ᄒᆞ엿슬지며且目今狀況보다其軋轢이殆히少ᄒᆞ엿슬지로다

今에更論ᄒᆞᆯ것은日本政府가前次戰爭의不利ᄒᆞᆫ것과其人民의계對ᄒᆞ야는戰勝의標를察知ᄒᆞ도록抑志ᄒᆞᆫ公示ᄒᆞᆫ거시必要로自覺ᄒᆞ야只自掩匿ᄒᆞᆫ거니와吾儕는目下에行ᄒᆞᄂᆞᆫ바浪費ᄒᆞ고殘酷ᄒᆞ고愚蠢ᄒᆞᆫ其政策을觀ᄒᆞ야可히此를摘發ᄒᆞᆯ지도다若吾輩의推測이不適當이라ᄒᆞᆯ진된吾儕는不得不日本政府에게던지其人民의게던지伊藤公의게던지毫末도斷不容貸하고其行動의旣是現出된可怖的結果를摘發ᄒᆞ엿노라

今에警觀廳과各裁判所가設立은되얏자마는說明업시逮捕ᄒᆞᆫ과混合하야囚禁ᄒᆞ는거슨成政이極惡ᄒᆞᆫ前時代와如히尙今往々有之하며敎育의普通方策은登邊에對ᄒᆞ야는擴張ᄒᆞ지마는他登邊에對ᄒᆞ야는偏狹케ᄒᆞ야漢文經典의講究는減省ᄒᆞ고日語나强制로學習케ᄒᆞ기로鑛를棄ᄒᆞ야路를開ᄒᆞᆷ而已니吾儕는此等行爲에對ᄒᆞ야容貸치못ᄒᆞᆯ줄노知察ᄒᆞ노니盖日語는普通上에利用이나稗益에된다고定言치못ᄒᆞᆯ지니라

抵國事노니伊藤公은外他의何件으로써自滿自賀ᄒᆞᆯ갓나뇨玆에吾輩는正大히遠言ᄒᆞ노라

吾輩는其若干有益ᄒᆞᆫ改良의成立됨을沈論ᄒᆞᆷ은아니어니와[illegible]이나其損害를[illegible]

[illegible]

自問自度ᄒᆞ여도吾輩意想에는그러치못ᄒᆞᆫ줄노信ᄒᆞ노니財政整理로言ᄒᆞ여더도壹般普通商業家를이煩亂ᄒᆞᆫ弊가無히舊貨와新貨를通用하얏거날彼等의引導ᄒᆞ는法方대로改ᄒᆞ야는此國에災害만貽하는도다其秩序의極히安定ᄒᆞ기는長久間이되리라ᄒᆞᆯ지나此에對ᄒᆞ야吾輩는答言호되其秩序의奏効되기는尙矣勿論이오全國內에舊貨가尙今流行ᄒᆞ에普通使用ᄒᆞ는데旣是四年을經過ᄒᆞ엿나니와關內에는若干改良이되엿다ᄒᆞ나然이나此는(統監府所刊)한國之改良及進行이란書의著述者의妄斷ᄒᆞᆫ言辭에不過하도다

偶然이好機會를得ᄒᆞ야本題로論斷ᄒᆞ다가日人이韓人을代辯ᄒᆞ야改良ᄒᆞᄂᆞᆫ事로結論ᄒᆞ엿거니와盖何樣改良을勿論ᄒᆞ고其着手가不善ᄒᆞᆫ즉毒害가自至ᄒᆞ고其結果가不良ᄒᆞᆫ즉爭鬪가必起ᄒᆞ나니故로着手處에至ᄒᆞ야는其結果의如何는民情을順從ᄒᆞ며人心을收得ᄒᆞᆷ與否에全係하니라

然而統監이한國에施政ᄒᆞ는方策은此三件定義는忽諸에付ᄒᆞ야한人을適意與否는不計ᄒᆞ고近頃에陳說ᄒᆞ기를한人들은可히改新케ᄒᆞ리라ᄒᆞ니此는彼가其政策下에서現下慘憺ᄒᆞᆫ境內에陷在ᄒᆞᆫ此한國을告別하게되면其心懷의快々不樂ᄒᆞᆷ을表示ᄒᆞᆷ이라ᄒᆞ노라

詞藻

●敬和每日報不睬肴曲 海雲生

못되ᄂᆞᆫ아쳐, 호옹。홍풍에醉낫네, 훙。
勝年한番너서、져내여주어라、
卟。
[illegible]

廣告

◉齒科病院開業廣告

從來本國에齒科專門醫師가無ᄒᆞ야齒病의困難ᄒᆞᆫ者는多ᄒᆞ나治療ᄒᆞ기極難ᄒᆞᆫ故로本人이此를爲ᄒᆞ야日本齒科醫專門大家大關先生의門에入ᄒᆞ야實地修業二個年에至科를本業ᄒᆞ고分番에歸鄕하야新式諸器械를整備하야本月拾七日부터開業ᄒᆞ야遺憾이無ᄒᆞᆫ治療를實施ᄒᆞ겟기玆에廣告ᄒᆞᆷ

漢城南門外都滄洞
大韓齒科病院主醫 林舜喆 告白

本人이二月十六日에姓名도章兒失이기廣告ᄒᆞ오니自今日로는無用이오니僉位는知悉ᄒᆞ시옵

漢城南部銅峴李容淵 白

國語綴字捷徑

此書는國文高下字와綴字法을速히曉得ᄒᆞ는捷徑인데爲先他人의誤書ᄒᆞ는것을諸般說明ᄒᆞ고國文每字上下字를相較ᄒᆞ야明分ᄒᆞ고國語를略附ᄒᆞ야初等生徒의國語敎科에適合ᄒᆞ오니僉彦은陸續購覽ᄒᆞ시옵

正價貳拾錢

原賣所 平壤 鍾路光明書觀

本人에所居西署盤松坊池下契三十八統二戶瓦家十壹간半家舍與當ᄒᆞᆫ認許契約書를發張ᄒᆞ서失하엿기로廣告ᄒᆞ오니雖某[illegible]得하와도休紙施行ᄒᆞᆷ

[illegible]元[illegible] 告白

本會社의募集ᄒᆞᆫ株式이現滿總數故로第壹回金을辦納케ᄒᆞ기爲ᄒᆞ야株式擔當諸員의게廣告ᄒᆞ오니二月二拾日(陰二月壹日)內로左記處所에辦納ᄒᆞ시옵

平壤磁器製造株式會社
株式領收所 創立事務所 平壤貫洞 尹[illegible]
京城株式會社韓一銀行
定州五山洞 李昇薰

本人이海州邑潤[illegible]津松禾四邑에測量事務所를設立하얏스니僉員은來議ᄒᆞ시옵

測量技手海州三谷吳贊泳 白

南部紅箭門內淸商成義西片戶外瓦家四間을放賣코저ᄒᆞ며玆以廣告ᄒᆞ오니願買者잇거던銅峴大淸商廣和順問議ᄒᆞ심을望ᄒᆞᆷ

大淸商廣和順 謹白

本人의圓形圖章을陽貳月拾壹日에서失ᄒᆞ옵고方形도章을新刻ᄒᆞ얏ᄉᆞ기玆以廣告ᄒᆞᆷ

西部東幕內谷景在源 告白

◎學員募集廣告

本校에서土木建築科及測量科를設施ᄒᆞ오니入學志願人은何日이라도本事務所로來臨ᄒᆞ와詳問하사오

土木建築科
速成科 六個月
高等科 壹個年
特別科 三個月
測量科
速成科 六個月
高等科 壹個年
全校學 壹個年
特別科 壹個月

京南部濟國[illegible]
私立山[illegible]土木建築[illegible]學校 [illegible]

雜報

●聯合獻議 大皇帝陛下께옵서去番西道 御巡時에內部大臣宋秉畯이가 玉輅咫尺에셔拔劍ᄒ事에對하야前日에十三道儒生諸氏가中樞院에聯名獻議ᄒ되內閣에對卽建議ᄒ야亘古所無ᄒ賊을施當律케ᄒ라하얏다더라

●趙氏仍任 士驚西 巡ᄒ실時의侍從嚴柱東氏가坡州益、順、永三 陵을 奉審ᄒ來ᄒ다신 勅教를 奉承ᄒ고히陵의前往ᄒ즉 泰陵參奉趙九淳氏가空齋上京ᄒ얏고또히陵內連抱之木을無難斫伐ᄒ얏거날嚴氏가摘奸同續ᄒ야ᄒ事狀을詳言ᄒ얘宮內府大臣閔丙奭氏가極盡庇護리니今番陵官改定時의十餘年勤苦ᄒ던陵官은永爲減額ᄒ고趙九淳氏는仍存이되얏다는대히氏는承寧府總管趙民熙氏의再從祖오宮大閔丙奭氏의切戚이라더라

●有何所入 大皇帝陛下께옵서南 巡ᄒ옵신後에懷德郡各面々多들이무合所入錢이有ᄒ다고民간에排斂ᄒ는故로民怨이浪藉ᄒ다더라

●君是何人 拓殖會社副總裁閔泳琦氏는該會에對ᄒ야何등勢力이有ᄒ지事務員을圖得코ᄌᄒ는人이來懇하며曠日叱責ᄒ며何祿挾雜을行코ᄌᄒ야如是夕乞ᄒ나요ᄒ고壹切拒絕ᄒ는故로批評이日至ᄒ다더라

●李連擢任 리嘉九氏가年贈慶陵郡守在任時에多數의公逋가有ᄒ故로日前에警務廳의被捉ᄒ얏다가立保放還ᄒ事는已揭어니와該內容을追聞ᄒ즉官中顧問리九用氏가度支部大臣任善準氏와交涉ᄒ야排朔以納ᄒ기로度支大臣이擔保ᄒ얏다더라

●購知有姪 宮中顧問리九用氏가總理大臣리完用氏다려言ᄒ되從姪嘉九가公逋事件으로因ᄒ야警視廳에被捉ᄒ얏슨즉今我兄弟가互相分徵ᄒ야不日充納케ᄒ지ᄒ얏더니리總相所答에我는徵給ᄒ必要가無ᄒ다ᄒ고永爲拒絕ᄒ얏다더라

●聞知何用 內部大臣宋秉畯이가日本에滯任ᄒ야韓國各社會의處事가何如홈을聞知코ᄌ홈인지再昨日에何등電報이壹進會本部에來到ᄒ얏다더라

●宋計韜拙 內大宋秉畯이가渡日홀時에壹進會副會장洪肯섭氏에對ᄒ야言ᄒ되會中에셔伊藤統監을期於願留ᄒ고我在日本하야極力運動ᄒ면本會도自然完全無虞홀것이오我의罪名도亦爲洗滌홀것이니伶俐ᄒ會員을派送ᄒ야願留ᄒ라ᄒ얏다더라

●聲討秉畯 자社會에셔內部大臣宋秉畯을聲討ᄒ事의對ᄒ야來土曜日의靑年會館內의셔會同演說ᄒ다더라

●宋後刺客 한人刺客二名이宋秉畯을追蹤ᄒ模樣이有ᄒ故로東京警察署에셔注意偵探ᄒ다더라

●整理局新設 한國政府는日本興業銀行으로부터借款ᄒ一千餘萬圓으로耕地의測量과整理의費를用ᄒ야ᄒ은旣報ᄒ얏거니와目下此方法의關ᄒ야度支부 國有財產整理局에셔調查中인데此를畢ᄒ後의獨立의一局을新設ᄒ고高等官으로兼任處理홀터이라더라

●苗木交付 農商工부의셔殖林事務를獎勵ᄒ기爲ᄒ야本年度부터林業經營者의게苗木을無代金으로交付ᄒ다는說은既報ᄒ마이니와其苗木은樸、杉、山茶樹、杜松葉松等約七十五萬株를購入ᄒ야苗圃經營者의請願을依ᄒ야交付홀터이라더라

●鹽場廢止 昨日官報의鹽業試驗場廢止ᄒ件을發佈ᄒ얏는데其理由는既報와如히新借款ᄒ金額으로天日制鹽業은官營홈으로此를度支부臨時財源調查局事務의移轉ᄒ고히試驗場職員오既히同局의轉任되고히所는調査局出張所가되개ᄒ얏다더라

●有勢免減 裕慶園參奉리寅植시는去番의히園內火變의對ᄒ야免官이된다더니히시는元來總理리完用씨의族人인故로今番減額中의免ᄒ얏다더라

●觀察出張 內部警務局警視國友尙謙씨는局主事尹炳喜시가三南地方을視察次로昨日京釜鐵道로發往ᄒ얏다더라

●別室亦訪 侍從吳宜泳시가永宜君리埈鎔시의개緊切히交涉ᄒ야逐日往訪ᄒ고히시의別室도每夜往訪ᄒ다더라

●莫重何重 壹進會副會長洪肯燮시가國民報社의韓錫振시에게照會ᄒ되貴社主筆이現有窠闕에兼人聘用云ᄒ니莫重公報의論說을多日欠揭ᄒ즉甚可歎惜이라ᄒ얏會總務崔永年氏는文翰이有餘홀뿐不是라前者他社履歷이自任ᄒ즉速卽來聘任케ᄒ라ᄒ얏다더라

●財氏不察 安岳郡文山所在財務署所管蘆田을戊申年監官孫世德爲名人이蘆田放賣時에五百五十兩을偸食ᄒ엿는데當今不知ᄒ니該郡財務署의不察홈이라고傳說이有ᄒ더라

●咸民請願 咸南咸興郡城壁基址請認事에對ᄒ야該民等三百餘名이內部에請願홈은來所共知어니와該址에日本人이家屋을建築ᄒ며該國人이欲爲使用則反爲徵貰故로히民等이抑寃激天ᄒ야代表人滿文洙시가更又上京ᄒ야卽內部決許認ᄒ라고更爲請願ᄒ얏다더라

●郵遞無信 西來人에傳說을據ᄒ則黃州郡郵遞局에서는郵信物의沉滯가數旬或月餘에至ᄒ다고該地輿論이喧藉ᄒ다더라

●韓日工夫爭鬪 晋州의서道路修繕工事의勞役ᄒ는한人工夫와日人工夫가互相爭鬪ᄒ야한人의群集이壹千餘名의達ᄒ얏는데警察吏와日憲兵이鎮壓ᄒ얏다더라

●李氏渡日 私立鳳鳴學校長리鳳來시가其令男을帶同ᄒ고日本에前往ᄒ次로昨日發程ᄒ얏다더라

●富歸官房 美國居其大官의別室이東大門外僧徒와通奸ᄒ事가有ᄒ故로其大官이別室의頭髮을斷去ᄒ얏다더라

●金氏蠻行 西部冷洞居鄭判書金永哲시의子婦는內閣卿趙后회시의令孃인대該家君金寧洙시가每日毆打홈을難堪ᄒ야日前에乘夜逃走ᄒ얏다더라

●徐婦孝烈 忠州郡守徐晦輔시의子婦리氏가卓異ᄒ孝烈이有ᄒ다고該郡儒生리象奎等諸시가該道에擧實請願ᄒ엿더니觀察使權鳳洙氏가該郡에査報ᄒ고褒施褒奬ᄒ라ᄒ얏다더라

●韓會調查 載寧郡大韓協會支會員徐相三시가金堤財務署主事김箕弘시許에無理ᄒ笞刑과侮辱을受ᄒ지라該支會에서京本會로報明ᄒ야히會에서將次度支部로交涉ᄒ야김箕弘시를別般懲勵케홀터인데然職之言으로準行홈이事體에不然ᄒ故로김光濟시를히郡에派送ᄒ야調查發明ᄒ後措處ᄒ리라더라

●蠶織社設立 黃木織組會社를設立홀次로日昨夜에大韓白寅基安國善劉秉璉文存하고시가惠泉館內에會同ᄒ야資本金貳萬圓으로富國織物合名會社라ᄒ는名稱으로該款을作成ᄒ야設立ᄒ기로決定ᄒ얏다더라

●柞蠶新法 柞蠶合資會社에서柞蠶飼養法數萬部를印刊ᄒ야全國에廣布ᄒ다더라

●救助演說 文川郡壹帶의饑饉이慘毒ᄒ야四千六戶餘名의同胞가凍餒를不堪의轉于溝壑ᄒ다는說은已報어니와此를救助ᄒ目的으로鄭雲復金壹善金弗濟三시가今日下午三時의鍾路青年會館內의서演說ᄒ다더라

學界

◉普校任員改選 西小門內普成小학校에서任員을改選ᄒ얏는데校長은呂昌鎭시로校監은金衍鎔시로選定ᄒ얏다더라

●龍尹勸勞 龍川府尹金祥演시는該界를擴張ᄒ기爲ᄒ야該府治七面에輪行ᄒ며學校任員과士民들을會集ᄒ야維持方針을說明하고또中央舊邑의校에高等生徒를募集ᄒ야速成教育으로지論議에該郡人士李涵시等八人이基本金에對ᄒ야家家勸論에義捐ᄒ金額이二千餘圓에至ᄒ얏다더라

●富寧興校 富寧郡東面村富居有志人士들이基金四千餘圓을鳩聚ᄒ야强立學校를設立ᄒ고多數學徒를募集敎授ᄒ는대槙洞居朴秉化시는自己資金을학校에捐助ᄒ고校장朴秉斗와成均館朴明奎方萬奎校監朴秉憲方世鐸諸시는校務에熱心ᄒ며敎師朴秉朝方範周兩시는名譽로誠心敎授ᄒ는데學徒가生이二百餘名에達ᄒ얏다더라

◉感荷義捐

黃海道信川郡信正學校長리某尙氏는敎育에ᄂ熱心홀뿐不是라該面面長을兼任ᄒ야極力擔務ᄒ며新聞은同胞의耳目이니不可不覽이라ᄒ고各學校와各面에盡心勸論ᄒ으로人皆稱頌ᄒ는中本社의經費窘拙홈을慨歎ᄒ고

金壹圓을寄附ᄒ얏기玆에感謝를表ᄒ노라

▲地方消息

▲本月八日忠南茂長郡內에서義兵五십名이同郡分遣所의憲兵一名及補助員三名과交戰ᄒ얏다ᄒ고

▲本月拾貳日咸平郡東北約四十里地에서義兵三十名이榮山分遣所의憲兵聯合討伐隊의憲兵三名及補助員七名과交戰ᄒ얏다ᄒ고

▲本月五日谷山郡北方約五十里地에서義兵이同郡分遣所日憲兵壹名及補助員四名과衝突하얏다더라

▲花下總理▼

▲內部大臣宋秉畯은趨走ᄒ던小卒이라聞見敎訓업셧스니事君之道를알지며犯分蔑紀ᄒ는것은不足掛齒러니와據職大臣李完用은그行爲를擧論컨ᄃ豚犬不若可痛일세

▲李完用氏드러보소乙未政變말ᄒ진대俄國公館播越時에公의兄弟周旋이라堂堂ᄒ신帝座로서外館播越ᄒ엿던가皇室位置墮落ᄒ亡於此因ᄒ엿스니公의罪가ᄒ가지오

▲李完用氏드러보소俄日開戰ᄒ然後에俄黨들은自竄ᄒ고日人들이得勢ᄒ즉魂驚膽落公의心膓ᄋ黨되기圖ᄒ야五條約締結홀제熱心贊助ᄒ엿스니公의罪가두가지오

▲李完用氏드러보소학部大臣不足ᄒ가朴齊純氏晉ᄒ서그指揮ᄒ방ᄒ적에남과ᄀ치首功되여擅弄國權홀새ᄒ고凶讒計做出ᄒ야七協約을成立ᄒ니公의罪가세가지오

▲李完用氏드러보소御駕巡狩ᄒ신날은郡縣史를시라도初有盛事이아닌가宜先頒佈홀것인대壹二小人協謀ᄒ야不知不覺嚴冬中에强請勸駕ᄒ엿스니公의罪가네가지오

▲李完用氏드러보소宋秉畯의大逆不道그런事實업다ᄒ고內閣院의建議書와大韓會의正當言論幷작還하얏스니可痛ᄒ今公의政策아는것이적溺인가公의罪가다섯일세

▲翁호도대學壇에서魏公의子孫으로한번胄가잇섯지마陶菴ᄀ흔名聲으로더런後孫이라세日後黃泉노가서列聖祖의靈魂이며公의祖先公의아돌何顏對見ᄒ라는가

加贈▣詩

春醪桃李花陰夜와秋雨梧桐葉落時에若非玉川頭見이면會向瑤臺月下逢ᄒ제衣如似其궁궁ᄒ고鷄鳴喈喈欲鬱고新窗에春色深ᄒ야露滴牧丹ᄒ니秋來若成實이면其名은眞難得하리

廣告

◎特別告白

皇城鍾路附近의셔婦人의小型銀時計를本月二十二日의遺失ᄒᆞ엿ᄉᆞ니誰某拾得ᄒᆞ얏던지鍾路大英聖書公會로送致ᄒᆞ시면厚賞으로謝ᄒᆞ깃나이다

本人昨年陰十二月拾二日去載寧邑도章을失ᄒᆞ옵기玆以廣告ᄒᆞ오니僉君子照亮ᄒᆞ쇼
文化居金圭璋 告白

洪順義야天道敎中央總部의郞來ᄒᆞ야父의苦待心을慰ᄒᆞ라
父 性殷

本人이圖章을셔失故로廣告홈
庭監 吳潤根 白

江華郡守韓永福시가分憂ᄒᆞ야對揚ᄒᆞ며民知開發에是急ᄒᆞ야先飭以訓ᄒᆞ니潔曰衛生也요務農曰學生也라ᄒᆞ며後廣以勵ᄒᆞ니勤學曰明也요從善曰求福也라ᄒᆞ야逐月이會ᄒᆞ고會集面里長ᄒᆞ야丁寧勸戒에可化豚魚者ㅣ不啻千萬其言이요且曰言勸이身勸만不若이라ᄒᆞ야捐廩設夜學校ᄒᆞ고監督也敎授也를身親爲之ᄒᆞ고遠家와貧寒ᄒᆞᆫ學徒의宿食을軫念ᄒᆞ야凡係糧饌을自擔辦給ᄒᆞ야就於校內에宿食之케ᄒᆞ니居民稱頌이溺ᄒᆞ고學徒爲課業이就進ᄒᆞ야闔境이咸頌曰賢哉라我侯여來何暮오
江華郡拾八面面長尹學祖等白

本人의弟永祚가丁未拾二月에上京而帶箭에住於南門內李參奉宅云故로卽上京廣問則不知故로玆廣告ᄒᆞ오니幸永祚ᄂᆞᆫ시ᄂᆞᆫ同胞ᄂᆞᆫ是人住所로指示伏望
新孔德里○學先家留宇○永

本所의棄兒收養ᄒᆞᄂᆞᆫ生命救活目的을永遠維持키爲ᄒᆞ야慈善大方家의贊成ᄒᆞ심을懇望ᄒᆞ고玆에朴憲卿李奎明兩員으로請助事務를委任ᄒᆞ오니僉亮홈
北部帶洞六拾八統拾戶
棄兒收養所

北署鎭長坊三清洞掌苑署前五統六戶草家六間文券을戊申臘月初壹日葬禮時에셔失故로誰某拾得休紙施行
家主 韓召史

本所에셔 山林 田畓 家屋 礦產 未墾地의測量製圖及設計等事에迅速需應ᄒᆞ깃ᄉᆞ오니僉君子ᄂᆞᆫ陸續來議ᄒᆞ심을敬要홈
慶北金山郡巴川面鳳溪里上池洞四統九戶
鳳鳴測量製圖事務所
總務 曹相薰

◎材木大發賣

弊店의品好ᄒᆞᆫ木材가多數俱備ᄒᆞ와廉價로賣出ᄒᆞ오니所用이有ᄒᆞ신僉君子ᄂᆞᆫ陸續來購ᄒᆞ심을務望홈
京城竹洞八十二統七戶
竹洞材木店主金興敏 告白

學員募集廣告

本校本科及速成科學員을募集ᄒᆞ오니志願者ᄂᆞᆫ入學請願書에履歷書를添付ᄒᆞ야提出ᄒᆞ고三月拾五日試驗所에應試ᄒᆞᆯ事
壹 試驗科目 漢文 國語 算術 日語
二 年齡拾五歲로至二十五歲
三 試驗所本校及各道普通學校
四 詳細ᄂᆞᆫ二月廿二日官報에在
官立 漢城師範學校

黑角도章遺失홈
南廷集 告白

黃召史의田三日耕이延曙龜山里에잇ᄂᆞᆫ더日前所聞에踏鍬移賣涙說이잇다하오니大抵本主모르ᄂᆞᆫ일이요兄且有文券田土를執敢擧論乎閏甚駭然故玆廣告ᄒᆞ오니勿論內外國人ᄒᆞ고勿爲견欺홈
尾洞壹百拾統壹戶黃召史告白

安仁車

聖書繙譯會委員李昌稙시譯
蓮洞敎會長老李明赫시校閱

本館에셔敎書安仁車를譯刊發售ᄒᆞ옵ᄂᆞᆫ바此書ᄂᆞᆫ道德心培養ᄒᆞᆷ에良師ᄲᅮᆫ아니라壹般士女의新知識을啓發ᄒᆞᆯ터이오니陸續來購ᄒᆞ시ᄋᆞ
新舊書籍歐美雜貨及學徒需用品을俱備發賣ᄒᆞ옵
皇城東部蓮洞屏隅
普救書館 告白

鳳山沙里院이隣昧中昨年夏에商會의紹成會를設立ᄒᆞ고火患을最要에紹成會에셔發起ᄒᆞ야去年陰拾二月分에消防隊를募集ᄒᆞ야壹會를組織ᄒᆞ기로名曰救火勞働會라ᄒᆞ야會員이壹百六拾人에達ᄒᆞᆫ더洞中救火目的을爲ᄒᆞ야器械를自備ᄒᆞᄂᆞᆫ더陰正月九日夜에姜德祚家에셔起火ᄒᆞ매火勢ᄂᆞᆫ漸熾ᄒᆞ야蔓接ᄒᆞᆫ草蓋가多數沒燒之境인더救火勞働會會員들이不惜其身熱救故로近家가完補ᄒᆞ기로本洞居留日本人救命堂藥局主人阿波公이慰勞金五圓捐助ᄒᆞ고宮本荒次郞은酒烟을多捐ᄒᆞ고本洞紳士林容薰시ᄂᆞᆫ金壹元金泰鉉시ᄂᆞᆫ金二圓鄭淳和시ᄂᆞᆫ金貳圓으로捐助ᄒᆞ기로壹會가感謝홈을不勝이옵기玆以廣告홈
鳳山沙里院救火勞働會 告白

本人이望門床廛房崔命煥處에陰正月晦日推次百圓魚音壹片을셔失於華商廣和順家故玆以仰布ᄒᆞ오니誰某拾得이라도休紙施行홈
立廛房安泰鉉 告白

特別廣告

近頃에本社事務에對ᄒᆞ야最狹ᄒᆞᆫ沒覺ᄒᆞᆫ者ㅣ陰沮를試ᄒᆞ다ᄒᆞ나何國何人이던지本社에在ᄒᆞᆫ進行事務에對ᄒᆞ야能히防遏치못ᄒᆞᆯ것은明瞭ᄒᆞ니此廣告를讀ᄒᆞ시ᄂᆞᆫ쳠彦은幸須銘心ᄒᆞ실것이오며玆에本社의進行ᄒᆞᆯ職責與義務를明白히說明ᄒᆞ노라

本社ᄂᆞᆫ비록新成立ᄒᆞᆫ者이나本社를興旺케ᄒᆞᆯ方針에對ᄒᆞ야必要ᄒᆞᆫ時에ᄂᆞᆫ能力과勇敢力이固有ᄒᆞ오며現今에着手ᄒᆞᆯ事業은如左홈

一 本社ᄂᆞᆫ韓國과美國間에直接輸入及輸出을伸張ᄒᆞᆷ을企圖홈

韓國內某々種手造物品은美國의輸出ᄒᆞ야奇利를得ᄒᆞᆯ것이多ᄒᆞ나何今ᄭᅡ지此等物品은美國의各處에紹介ᄒᆞ기難ᄒᆞ더니現今에本社에셔ᄂᆞᆫ此等困難이無ᄒᆞᆯ지라韓國은何故로美國과如此ᄒᆞᆫ商業上好關係를拋棄ᄒᆞ리오

又壹試思ᄒᆞᆯ것은美國物品이韓國에到達ᄒᆞᄂᆞᆫ通路로四五手를經由ᄒᆞ나니每經由에該物品本價에셔利益을添付ᄒᆞ며稅金及運費도自然增加ᄒᆞᆫ故로物價가甚高ᄒᆞ오나本會社ᄂᆞᆫ美國內物品製造所에셔最廉價로特約直輸入ᄒᆞ야賣買者에게直接放賣ᄒᆞ면物價가低廉ᄒᆞᆯ터이오니推此思惟ᄒᆞ오면韓國內에셔美國物品의需用과商務의關係로利益의增加ᄒᆞᆷ을預期홈

貳 本社에셔韓美兩國間商業關係에만盡力ᄒᆞᆯ뿐아니라遠東에在ᄒᆞᆫ亞細亞全部와歐羅巴及濠太利諸國通商에도商業上好機會를造成ᄒᆞᆯ計劃이오며目前實行은代理人을國內各處에置ᄒᆞ고新鮮ᄒᆞᆫ物品을直輸入ᄒᆞ야便宜ᄒᆞᆫ處所에代理人으로分掌出賣케ᄒᆞ며又物貨를放賣ᄒᆞᆷ에對ᄒᆞ야ᄂᆞᆫ時々로特別히廣告를揭布ᄒᆞᆯ터이오니國內僉彦은本社에事務進行을緣此承聞ᄒᆞ오리다

三 本會社ᄂᆞᆫ不動產部를別設ᄒᆞ고不動產에關ᄒᆞᆫ各項을管理ᄒᆞ되土地家屋等賣買典當及借貸等事의仲介契約受托及방助ᄒᆞᄂᆞᆫ等事를處辦ᄒᆞ야迅速히發展되기를期待ᄒᆞ며此에關ᄒᆞᆫ詳細事項은未久의公布ᄒᆞᆯ것ᄉᆞ

四 何事를勿論ᄒᆞ고法律의違反치아니ᄒᆞ고本社의利益이有ᄒᆞᆷ으로認定ᄒᆞᄂᆞᆫ營業은本社에셔隨機進行ᄒᆞ기를準備ᄒᆞᆯ터이오니此目的의對ᄒᆞ야同情을表ᄒᆞ시ᄂᆞᆫ僉彦은盡心協助ᄒᆞ심을切望홈

以上陳述ᄒᆞᆫ諸事項에對ᄒᆞ야僉彦과通信과連絡ᄒᆞ기를願ᄒᆞ오니左開二項을注意ᄒᆞ시옵

壹 何事를勿論ᄒᆞ고本會社에委托ᄒᆞᄂᆞᆫ時에ᄂᆞᆫ本社에셔盡心竭力ᄒᆞ야信實히處理ᄒᆞᆯ터이오며

二 本會社ᄂᆞᆫ何人이던지本會社의委托ᄒᆞᆫ事에對ᄒᆞ야ᄂᆞᆫ共信用을確守ᄒᆞ고尊敬ᄒᆞᆷ을保證ᄒᆞᄂᆞᆫ故로何事를勿論ᄒᆞ고信用의關ᄒᆞᆫ事件은特別히本社의委任ᄒᆞᆷ이加一層安全ᄒᆞᆷ을擔任ᄒᆞ압나이다

大韓皇城磚洞
韓美興業株式會社 謹啓

學部檢定

初等植物學　譯述有도 定價金三十錢

初등動物學　每課有도 定價金四十錢

最新初等小學　文明國의 小學讀本制度를 模範하야 精美한 圖畫를 具하고 八卷을 四冊으로 合製혼 試冊合製定價金九十錢

最新初等大韓地誌　定價金四拾錢

最新高等大韓地誌　定價金七拾錢　文明國地誌制度를 模倣하야 漢陽의 山水와 各國圖와 十三道地圖와 各港口와 開市場과 名山大川과 名勝地의 略도 具혼

初등大韓歷史　文明國의 歷史制度를 從하야 我國의 聖帝明王과 碩學賢哲과 忠臣烈士의 影幀을 具혼　定價金七十錢

國家思想學　精神教育　定價金二十五錢

憲法要義　義務教育　定價金二拾五錢

右數種을 本書林에서 發行하오며 此外에 各種書籍이 具備하오니 諸彌食君子는 速速來購하심을 爲望

京城南部銅峴大國街里二十五統五戶 原賣所　玉虎書林

黃海道鳳山郡沙里院朝陽書館 分賣所 京鄉各有名書舖

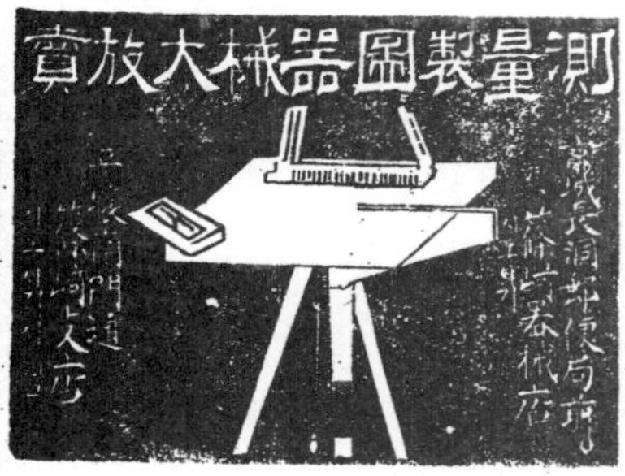

廣 告

測量器械各種

製圖器械各種

製圖用紙各種

釜山港本町三丁目

近藤支店

機械及藥品을 整備하고 本所에서 西洋新發明혼 法으로 各種洗濯及染色을 廉價로 需應하옵는 其種類가 如左홈

洋服、襯衣、外套、帽子、項套、洋말、婦人洋服及一切附屬品、毛織、毛紗、세루、馬尾緞、羅紗紬緞紗羅苧布一切貴重品의 屬衣、주리、赤衫、裳、袴、襦、等屬

洗濯及染色物이 有혼 時는 本所로 通知하시면 即時自宅에 進議홈

學員、巡査、兵丁、及勞働諸君에 對하야 定價의 拾分之貳를 特減홈

各地方에는 小包料를 添送하시면 誠實郵呈홈

鍾路里門上隅拾貳統三戶

西洋洗濯部第一屋

大韓帝國 [illegible]

京城南大門內濟生堂大藥房

淸心保命丹　此丹은 [illegible] 水土不服에 奇效가 有홈　金[illegible]錢

蔘茸大補元　拾錢　一週日分金三圓十錢 二週分金五圓七十錢 四週分金三圓十錢? 七週五圓三[illegible]

右약은 大韓名産鹿茸人蔘에 西洋有名혼 補材를 採和하야 我國兄弟의 臟腑와 性質에 適當토록 多年研究하야 先服人의 累試累驗이 隨症皆差하니 果然今世之靈藥이라 故로 主治效能을 左開廣佈하오니 僉兄弟는 何不早圖壹試오(效能) 先天不足과 健妄不眠하며 心腎俱虛와 房事色傷이며 遺精多夢과 色傷腰痛이며 房事時에 早漏不快하며 重病後虛弱과 手足厥冷이며 食物不消와 貧血諸症에 奇效가 有하고 無病人이 若服七週면 大補元氣하고 骨節이 強壯하며 健康無病하니 此可謂眞世靈藥哉若不其效면 약價를 還呈홈

蛔積殺虫散　此散은 蛔積과 蛔腹痛과 [illegible]滯와 虫壹切를 去滅하는 妙藥　金[illegible]錢

十[illegible]沒出膏　勿論男婦老幼하고 寸虫壹切를 拔根之妙劑

久滯大通丸　年久혼 積滯와 胸腹痛과 腹中積病을 驅除하는 良劑　壹人用三拾전　金拾五錢

感氣特效開[illegible]散　感氣드러 頭痛하고 寒熱往來하며 肢節痛과 몸살에 幷神效　금拾전

[illegible]毒[illegible]藥　되는과 못과 사마귀에 바르면 百藥中으로 特效니라　金십錢

初[illegible]百[illegible]膏　虫毒과 瘡종과 橫박인데와 종氣와 初瘡과 [illegible]

去液生新沃度膏　이와 모던 종氣와 火傷과 곰새인데와 싸시고 압흔데 神效　金拾錢

止足汗臭藥　발에 땀나고 보선을 신으면 惡臭와 汗이 갓치고 너음새 가업소　金[illegible]錢

其他藥種은 壹壹難記이니 外大韓國內藥商하시는 僉兄의게는 藥價를 大割引大放賣하오니 陸續注文하시오

京城南大門內 仁川港 濟生堂主　李庚鳳

大韓帝國仁川港 各國內 各藥舖

總發行所　和平堂大藥房

婦人靈藥　무리양요경환　부인태양조경환　壹劑壹月分 금五圓

主治說明

婦人이 孕胎하지 못홈은 冷病積聚와 月經不調로 因홈이니 此藥을 服用하시면 婦人腹中에 有혼 諸病은 壹切退去하고 自然孕胎하오니 速速購買去하시옵

此丹이 於瘡에 無論男女老少하고 皆服하면 實有神效하야 百발百中하오니 非例方可及也라 若諸主治則楊梅瘡痛、瘰癧頭痛諸症에 俱立效하오니 愛病僉君子는 壹次試驗伏望

主治效能

○胃痛惡心○頑痰固飲　○食思欠乏○[illegible]寒　○新久積滯○急暴關格　○滯飲食傷○[illegible]痛眩暈　○泄瀉下痢○霍亂吐瀉　○水土不服○船車

滋陽丸　[illegible]

三[illegible]分 금五圓　貳拾[illegible]分 금三圓四拾전　[illegible]分 금壹圓八拾전

主治

○房事不容○腎虛澀痛　○病後氣喘○腎氣不足　○陽痿不起○遺精多夢　○陰虛火動○房事後惱困　○手足厥冷○形容蒼白　○吸烟斷烟客問　○體質虛弱消瘦

此外의 東西洋各國藥種이 俱備하오며 各地方에서도 隨用請求하시면 郵便으로 보내드리오며 各處藥業하신 僉位에게는 特別割引放賣하오니 陸續注文하심을 務望

八寶丹　九錫五拾八 金[illegible]錢

[illegible]

精[illegible]○[illegible]○房事時早漏不快○病後虛弱○健忘、眼[illegible]
貧血諸症○先天不足○飲食不下○眩暈頭痛○[illegible]症[illegible]試
將此丸을 [illegible]服之하면 過數点鐘에 立見妙效하야 飛肉躍하
精神徵奮하고 頓覺유快하나니 其症에 輕者는 服壹二週면 挽回
元陽하고 [illegible]症에 稍重者는 可服三四週하고 遠年痼疾로 其症이
頗重者는 連服七八週면 必能全치 無疑니 若夫無病之人도 試用
此劑則補血滋氣하고 強筋而壯骨하나니 用之八週而未見其
效則請將價額을 如數還呈이오 不敢虛誕自欺라 此丸이 不無論
男婦老幼하고 均用有效하나니 眞所謂無比之妙劑也라 僉位
는 何不早도 壹試오

발行所　京城鐘路大廣橋十九統七戶 [illegible]
特約代理店　京城水標橋 濟生堂藥房
共愛堂藥房

[illegible]

發行人 [illegible]
[illegible]支店
京城南門內 濟生堂藥房
京城大廣橋 共愛堂藥房
京城鍾路
仁川港畓峴 和平堂 告白

本會事務가 漸次擴張이온바 本會에 願入하실 有志僉君子는 本會로 陸續來議하옵셔 林業에 發達케 하심을 希望홈

(電話二九三番)

大韓山林協會 本부告白

社告

○本報價

壹朔代金 新貨二十五錢
壹箇月前納 三十錢
參個月 八十錢
半個年 壹圓六十錢
壹個年 三圓四十錢
郵稅壹個月 [illegible]
壹個月 十二錢

○廣告料

四号活字拾三字詰
每日壹寸(英尺)에 新貨廿五錢
二週日壹寸에 二圓五拾錢
壹箇月壹寸에 五圓
(自壹行至四行이 爲壹寸)
其期限의 長短과 字行의 多寡를 隨하야 增減홈이 有홈

Responsible for Publication Alfred Weekley Marnham.

發行兼編輯人英國人 萬咸

發行所

南部石井洞[illegible]外地三層洋屋家

大韓每日申報社

第三種郵便物認可　　木曜日

第七卷

大韓每日申報

月曆及發行日時

休刊日 節慶

大韓開國五百十七年
隆熙二年
陰曆戊申八月初六日丙辰

論說

◎韓國의第一豪傑大王

千載下에坐ᄒᆞ야韓國第一의豪傑大王高句麗永樂大王의墓碑를叙ᄒᆞ랴ᄒᆞ니뎌帝王의威武와照耀ᄒᆞ고句句히英雄의歷史가活動ᄒᆞᄂᆞᆫ도다

此墓碑文은鴨綠江右岸懷仁縣堡溝에셔發見ᄒᆞᆫ者니凡一千七百九十九字라其碑文을奉讀ᄒᆞ고其功業을追想ᄒᆞ니後人으로ᄒᆞ야곰懷古悲歌의嘆을不禁ᄒᆞᆯ바ㅣ로다

蓋永樂大王(卽廣開土王)은高句麗東明聖王의拾七世孫이라二十八에登祚ᄒᆞ야三拾九에棄國ᄒᆞ얏스니區々ᄒᆞᆫ二十餘年의短光陰으로其英武를耀ᄒᆞ며其雄圖를展ᄒᆞ야韓國億萬世의大基礎를鞏固ᄒᆞ며韓國億萬世의大英主가되며韓國億萬世의大輝혁紀念의歷史를鑄ᄒᆞ얏스니嗚呼라其壯홈이엇지如此ᄒᆞ뇨今에其碑文을畧抄ᄒᆞ야其歷史를畧論ᄒᆞ노라

大王이英銳ᄒᆞᆫ勇智로亞細亞東方에偏隅ᄒᆞᆫ句麗王位에坐ᄒᆞ야累世擾攘의餘를襲ᄒᆞ며群雄角逐의秋를際ᄒᆞ니國疆은狹ᄒᆞ야英雄濶步의地가不足ᄒᆞ며國勢는弱ᄒᆞ야天子垂裳의威가不滿ᄒᆞᆫ지라於是乎士將를鍊ᄒᆞ야勇武를修ᄒᆞ며農工을勸ᄒᆞ야實力을養ᄒᆞ다가赫然히斯振ᄒᆞ야大活劇을試ᄒᆞᆯ시碑麗를攻ᄒᆞ야幾萬口를虜ᄒᆞ며百濟를破ᄒᆞ야百八城을取ᄒᆞ며南으로倭寇를掃蕩ᄒᆞ야新羅를救ᄒᆞ며東으로扶餘를剿擊ᄒᆞ야舊疆을復ᄒᆞ며倭寇를再殲ᄒᆞ야帶方의界를安ᄒᆞ니草木이其威厲를慴ᄒᆞ고百濟를連破ᄒᆞ야逼促ᄒᆞ야罪를問ᄒᆞ니山海가其號令을聽ᄒᆞᄂᆞᆫ지라

自此로四隣이風을趨ᄒᆞ며九夷가門을款ᄒᆞ니惟燕兒가驕驁를恣ᄒᆞ고納貢을拒ᄒᆞᄂᆞᆫ지라大王의大規模로天下萬國이高句麗를向ᄒᆞ야稱臣稽顙키爲ᄒᆞ에ᄂᆞᆫ於心에不快ᄒᆞ거던況此猖獗의燕이리오於是에長鞭을揮ᄒᆞ야遼燕大野로向ᄒᆞ니將卒이虎ᄀᆞᆺ치揚ᄒᆞ고鼓角이雷ᄀᆞᆺ치動ᄒᆞᄂᆞᆫ지라壹戰二戰에平州를拔ᄒᆞ고慕容歸를逐ᄒᆞ야轉瞬間에數千里版도를開拓ᄒᆞ니라

於是乎七千里疆土가有ᄒᆞ며幾百萬精兵이有ᄒᆞ며百姓은皇德을謳歌ᄒᆞ며四方은國威를震慴ᄒᆞ야大東建國數千年에曠前絶後ᄒᆞᆫ大光彩를閃動ᄒᆞ얏스니彼碑文所謂「恩澤洽于皇天威武拂被四海」가實로虛言이아니로다

嗚呼라天이高句麗를爲ᄒᆞ야如此ᄒᆞᆫ大英雄을産出ᄒᆞ얏다가其奪홈이엇지如斯히速ᄒᆞ고太王이其壯志를盡試치못ᄒᆞ며英神韜略을盡展치못ᄒᆞ며其英氣를盡展치못ᄒᆞ야三十九歲에英靈이天으로歸ᄒᆞ얏스니惜乎라天이大王의壽를十年或數十年을假ᄒᆞ얏더면其功烈이歐亞大陸을蹂躪ᄒᆞ면元祖에過ᄒᆞᆯ지며其威武가全歐列强을慴服ᄒᆞ면拿破崙에過ᄒᆞᆯ지며其基業이東歐ㅅ帝國을建設ᄒᆞ면聖彼得에過ᄒᆞ얏슬지어ᄂᆞᆯ

惜乎라大王이여大志를未展ᄒᆞ고中途에崩殂ᄒᆞ얏스니此ᄂᆞᆫ大王의不幸이며太王의不幸일ᄲᅮᆫ아니라高句麗의不幸이며壹時高句麗의不幸일ᄲᅮᆫ아니라萬世東國의不幸이로다

其雷霆万鈞의威를收ᄒᆞ며旭日初昇의鳳業을棄ᄒᆞ야장劍을拔投ᄒᆞ고泉下로歸ᄒᆞ온實로大王의萬古遺憾이라吾輩도此에到ᄒᆞ야黯然히筆을投ᄒᆞ고聲聲嗚咽을不已ᄒᆞᆯ바ㅣ로다然이나古今을俯仰ᄒᆞ야帝王을歷數컨대壤小兵弱ᄒᆞᆫ國勢로其國力을擴張홈이太王과如ᄒᆞᆫ者ㅣ幾人이며壹二十年의日月로其帝業을鞏固홈이太王과如ᄒᆞᆫ者ㅣ幾人이며雄材武畧이具全ᄒᆞ야戰必勝功必取홈이大王과如ᄒᆞᆫ者ㅣ幾人이며遠邦을懷綏ᄒᆞ며强敵을掃蕩홈이大王과如ᄒᆞᆫ者ㅣ幾人이나有ᄒᆞᆫ가

嗚呼라韓國에坐ᄒᆞ야第壹豪傑大王을數코저ᄒᆞᆫ진대大王을舍ᄒᆞ고誰를數ᄒᆞ리오 (未完)

隆熙二年九月壹日 官報

▲部令

學部令第拾六號 續

第二十四條 授業料納付期日을過ᄒᆞ고도納付치아니ᄒᆞᄂᆞᆫ時ᄂᆞᆫ該學徒를除名ᄒᆞᆷ을得ᄒᆞᆷ

第七章 賞罰

第二十五條 學術이優等ᄒᆞ고品行이方正ᄒᆞᆫ者ᄂᆞᆫ此를表彰ᄒᆞ고又ᄂᆞᆫ賞品을授與ᄒᆞᆷ

第二十六條 學徒가學徒된本分에背ᄒᆞᆫ者ᄂᆞᆫ其輕重을隨ᄒᆞ야處罰ᄒᆞᆷ

第貳十七條 處罰을分ᄒᆞ야戒飭停學及黜學으로ᄒᆞᆷ

第八章 職員

第二十八條 本校에左의職員을置ᄒᆞᆷ

學校長 壹人
教員 若干人
書記 壹人

第二拾九條 學校長은學校를代表ᄒᆞ야校務를掌理ᄒᆞᆷ

教員은學徒의教育에從事ᄒᆞᆷ

書記ᄂᆞᆫ學校長의命을承ᄒᆞ야庶務會計에從事ᄒᆞᆷ (完)

外報

●丁抹의軍備擴張 倫敦電을據ᄒᆞᆫ則丁抹國首相은軍備擴張에依ᄒᆞᆫ國防建築에關ᄒᆞᆫ法案을議會에提出ᄒᆞ얏다더라

●演劇場失火 倫敦電을據ᄒᆞᆫ則墨西哥아카풀코地方에在ᄒᆞᆫ演劇場에셔失火ᄒᆞ야人命三百名이燒死ᄒᆞ얏다더라

●鐵道橋梁破壞 伯林電을據ᄒᆞᆫ則塞爾維亞ᄂᆞᆫ首都베루구라ᄃᆞ와相對地된匈牙利國境分ㅣ린에셔鐵道橋梁을破壞ᄒᆞ얏다더라

●亞人排斥尤甚 華盛頓電을據ᄒᆞᆫ則美國議會ᄂᆞᆫ淸人排斥案을廢ᄒᆞ고ᄌᆞᄒᆞᄂᆞᆫ대其代에亞細亞人排斥ᄒᆞᄂᆞᆫ條文을移民法에編入코ᄌᆞᄒᆞ니其案件이되면前보다尤甚ᄒᆞᆯ터이라더라

詞藻

●掃魔經　飲氷生

每日申報、흐응。내耳目인데、됴놈의魔鬼가、侵犯ᄒᆞ노나、아。
이구저구、흐응。뎌魔鬼주겨라、흥。

雜報

●司法大臣 法部大臣高永喜와部大臣李載崑兩氏ᄂᆞᆫ何等事件을因ᄒᆞᆷ인지不遠間遞任된다ᄂᆞᆫ巷說이有ᄒᆞ더라

●有耳聽哉 東京電을據ᄒᆞᆫ즉去二拾三日에衆議院에서代議士大竹이가統監政治에關ᄒᆞ야質問時間이過ᄒᆞ도록質問演說을ᄒᆞ얏ᄂᆞᆫ데伊藤氏가韓人에게對ᄒᆞ야懷柔政策을用ᄒᆞᆷ으로施政이不振不拔ᄒᆞᆷ을攻擊ᄒᆞ고日韓兩保護의實이何에在ᄒᆞ며日露戰役은何를爲ᄒᆞ야開ᄒᆞ얏나냐ᄒᆞ고極口痛論ᄒᆞ얏다더라

●軍司令官宴待 軍部大臣李秉武氏가大久保軍司令官을宴待ᄒᆞ기爲ᄒᆞ야來今昨日下午六時에自洞係澤邸에盛大ᄒᆞᆫ宴會를設ᄒᆞ기로預定ᄒᆞ얏다더라

●果則好矣 再昨夜에永宣君李埈鎔과中樞院顧問李址鎔兩氏외其他某々氏가雲峴宮에會同ᄒᆞ야全國人民으로ᄒᆞ야금實業발展ᄒᆞᆯ事項을協議ᄒᆞ얏다ᄒᆞ나該氏等이如此ᄒᆞᆫ思想이有ᄒᆞᆷ은지確信키難ᄒᆞ다고輿論이有ᄒᆞ다더라

●崔氏行動 公州觀察使崔廷德氏가管下各郡에人民의事端이有ᄒᆞᆫ境遇에ᄂᆞᆫ허郡壹進支會員을符同ᄒᆞ야機關으로使用ᄒᆞᆫ다더라

●勢窮力盡 壹進會每朔經費를千餘圓式內大宋秉畯이가此例로支撥ᄒᆞ더니宋秉畯이가日本에前往ᄒᆞᆫ時에ᄂᆞᆫ허會員某氏를招待ᄒᆞ야日從今以後로ᄂᆞᆫ會費를支給치못ᄒᆞ깃다ᄒᆞ얏다더라

●壹進哀乞 日昨에壹進會副會長以下某某人이統監府某高등官을訪問ᄒᆞ고言ᄒᆞ되內大宋秉畯의罪實이初無ᄒᆞᆫ것은公旣稔知어날各社會及壹般輿論이妄自妄動ᄒᆞ야宋秉畯의罪惡을明於漢川ᄒᆞ고져ᄒᆞᆫ즉誠甚慨歎이라宋秉畯이가萬若處罰에至ᄒᆞ면本會員百萬餘名은自歸解散ᄒᆞ야統監府에셔貴國政府에特別交涉ᄒᆞ야宋秉畯으로期於無事케ᄒᆞ야달나고申複哀乞ᄒᆞ얏다더라

●統監府保證 確報를據ᄒᆞᆫ則去拾八日에統監府에서韓美興業株式會社에公文으로送書保證ᄒᆞ얏ᄂᆞᆫ데其內容을漏聞ᄒᆞᆫ즉何人을勿論ᄒᆞ고韓人이該會社와連絡ᄒᆞ야株主나代理人이되ᄂᆞᆫ事ᄂᆞᆫ自由가有ᄒᆞᆷ이아니라自人成私人을勿論ᄒᆞ고該會社에入籍ᄒᆞᆫ緣由를因ᄒᆞ야韓人發人외게煩惱를致케ᄒᆞᆷ이絶無ᄒᆞᆷ을保證擔保ᄒᆞ얏다더라

●宣教師會同 內部大臣宋秉畯이가該會를沮毁ᄒᆞᆫ事에對ᄒᆞ야宣教師諸氏가如何히措處ᄒᆞᆯ方針을協議코져ᄒᆞ야再昨日某處에會同ᄒᆞ얏다ᄒᆞ며또地方에在ᄒᆞᆫ宣教師諸氏가此事에對ᄒᆞ야齊齊히入城ᄒᆞᆫ다ᄂᆞᆫ說이有ᄒᆞ더라

●并討壹進 大韓協會에셔日간鐵路青年會館內에演說會를개ᄒᆞ고宋秉畯과壹進會를并爲聲討ᄒᆞᆫ다더라

●何事渡日 壹進會幹事金載坤氏가有何緊急事인지再昨日上午八時量에京釜鐵路로搭乘ᄒᆞ고日本에前往ᄒᆞ얏다더라

●地方會員悔改 地方壹進會員들이近日에該會를反對ᄒᆞ고大韓協會支會로多數入會ᄒᆞᆫ다ᄂᆞᆫ說이有ᄒᆞ더라

●朽木長官 咸州郡에駐在ᄒᆞᆫ憲兵補助員某人이該郡各面으로出沒ᄒᆞ며無辜良民을百般搆誣ᄒᆞ야不少의錢穀을侵奪ᄒᆞ되該郡守ᄂᆞᆫ職在ᄒᆞᆫ官ᄒᆞ야如何ᄒᆞᆫ措處가無ᄒᆞ다고民怨이漲籍ᄒᆞᆫ다더라

●挾眷超海 韓國閔泳徽氏ᄂᆞᆫ何事件을因ᄒᆞᆷ인지不遠간家眷을携率ᄒᆞ고上海로移徙ᄒᆞ기爲ᄒᆞ야周旋ᄒᆞᄂᆞᆫ中이라더라

●是何巧舌 某宮人이閔京鎬氏를往訪ᄒᆞ고其간所經苦楚를勞問ᄒᆞᆫ디閔氏가答ᄒᆞ되現今時代에有何法律乎아余가前日에人民의게如干錢糧을受ᄒᆞ얏더니今日에裁判을當ᄒᆞᆫ다ᄒᆞ얏다더라

●懷民請願 懷德郡居吉鼎淳等十餘人이上京ᄒᆞ야허郡面長의討索虐待ᄒᆞᄂᆞᆫ弊瘼을臚列ᄒᆞ야度支部에呼願ᄒᆞ얏더니指令ᄒᆞ되허面長의不法行爲를逐這調査處理ᄒᆞ라고公州財務監督局에指令ᄒᆞ얏다더라

●龜民可哀 平安北道龜城郡守金用來氏ᄂᆞᆫ新式에事昧ᄒᆞ고舊習을專行ᄒᆞ여無辜良民의게濫刑酷罰과受賄奸弊ᄒᆞ고勒奪民財ᄒᆞ다가少不協意ᄒᆞ면符同外人에舉指罔測ᄒᆞ야壹境人民이實難資生ᄒᆞ기로民怨이漲天ᄒᆞ다더라

●妖母淫女 中部壽進洞居ᄒᆞᄂᆞᆫ東龍王方이라ᄒᆞᄂᆞᆫ巫女ᄂᆞᆫ本是完山人物노上京할時에不測ᄒᆞᆫ挾雜으로 皇室巨額金을圖取ᄒᆞᆷ으로警視廳에屢月被囚ᄒᆞ얏다가釋放ᄒᆞ얏ᄂᆞᆫ대其女息蘭桂ᄂᆞᆫ非寡非妾으로半洋服着ᄒᆞ고女子社會에往來ᄒᆞ더니昨秋以來로호某를追逐ᄒᆞ야外稱男妹에兩作夫婦ᄒᆞ고且有夫女를誘引ᄒᆞ야文某로與姦케ᄒᆞᆷ으로該婦人이憤心을不勝ᄒᆞ야警視廳에事實呼訴ᄒᆞᆫ故로某處에方今交涉ᄒᆞᄂᆞᆫ中이라더라

●人民呼哭 三昨日下午에宮內府에서使傭과巡査를派送ᄒᆞ야安洞別宮에居接ᄒᆞᄂᆞᆫ民을沒數히逐出ᄒᆞ고官門을着鎖ᄒᆞᄂᆞᆫ데허人民의呼哭之聲이漲天ᄒᆞ얏다더라

●擲兒致命 東部於義洞居崔某가後妻를得ᄒᆞ야賣酒爲業ᄒᆞᄂᆞᆫ데허妻의所生加捧子壹兒가有ᄒᆞᆫ지라崔某가日前에허妻와相詰ᄒᆞ다가허兒를擲ᄒᆞ야卽死ᄒᆞᆫ故로허妻의親母가東部警察署에告발ᄒᆞ야崔某를押囚ᄒᆞ얏다더라

●懸賞求論 上海에在留ᄒᆞᄂᆞᆫ英國哲學博士李提摩太氏가韓國教育界를觀察ᄒᆞ고言曰韓國은宗教가儒教인즉韓國人心을開ᄇᆞᆯ코ᄌᆞᄒᆞᆯ라ᄒᆞ면元來信仰ᄒᆞ던儒教와奧旨를先爲辯明ᄒᆞᆫ然後에야 上帝의眞理를可以闡明이라ᄒᆞ야鍾路青年會에金貨壹百元을寄附ᄒᆞ고儒教와耶蘇教의關係라ᄂᆞᆫ問題로國內博學紳士에게著說ᄒᆞᆷ을請求ᄒᆞ야優等에게ᄂᆞᆫ施賞ᄒᆞ고該著說은印出廣布ᄒᆞ기로酌定ᄒᆞ얏다더라

●慕館賊警 三昨夜에新門外慕華館等地에서强盜二名이突出ᄒᆞ야來人去客을結縛ᄒᆞ고衣冠及若干錢財를奪去ᄒᆞ얏다더라

●青會歡迎 鍾路青年會前會長端雅德氏가歸國ᄒᆞ얏다가日昨에入城ᄒᆞᆫ故로再昨日下午七時에該會館에서歡迎會를設ᄒᆞ얏다더라

●韓日關係演說 今日下午七時에青年會館에서演說會를開ᄒᆞ고日本人大垣丈夫가韓日關係란問題로演說ᄒᆞᆫ다더라

●婦人總會 婦人會에셔昨日下午에總會를開ᄒᆞ고任員을改選ᄒᆞ얏다더라

學界

●金氏設校 延安郡洪峴面隅洞居金某成氏가昨年七月分에學費를自擔ᄒᆞ고학校를設立ᄒᆞ고四拾餘名학生을募集ᄒᆞ야熱心教育ᄒᆞ다더라

●曹氏熱心 江華郡內普昌夜學校教師曹良默氏가名譽로熱心教授ᄒᆞ며生徒가四拾餘名인대事務員中白仁煥氏가雜費를自擔ᄒᆞ야熱心贊助ᄒᆞᆷ으로進就之望이有ᄒᆞ다더라

●劉氏熱誠 江華郡月湖私立普昌學校長劉哲根시ᄂᆞᆫ設立ᄒᆞᆫ壹校ᄒᆞ니名曰普昌이라青年이雲集ᄒᆞ야盛況이庶幾之望이有ᄒᆞ더니客年秋間에不幸失火ᄒᆞᆫ지라劉시가東貸西取ᄒᆞ야校舍를壹新建築ᄒᆞ얏다더라

●元善合校 平北嘉山郡東面有志紳士가敎育熱誠으로元明學校와善上학校를設立排設이已爲數年矣러니去年春에兩校紳士中劉興桂金東圭等本郡諸시가同心協議ᄒᆞ야合設壹校에名曰元明학校라ᄒᆞ얏다더라

●洪氏有志 江華郡內에有名ᄒᆞᆫ財產家洪元燮시가私立普昌학校에熱心贊成ᄒᆞ며一般人民이莫不稱頌ᄒᆞᆫ다더라昨年冬에普昌학校에白米三百升을寄附ᄒᆞ고去番 西巡時에士民들이祗迎ᄒᆞ기爲ᄒᆞ야每洞三人式三四百名이 祗迎ᄒᆞ얏ᄂᆞᆫ데路費幾千餘圓을補助ᄒᆞ얏다더라

●釜港明進 慶南釜山항瀛洲洞有志紳士高九河趙鏞宇應主事朴承玉諸시가男女兩進夜學校를設始ᄒᆞ야不進數朔에男학徒가五拾九名이오女學徒가六拾二名에達ᄒᆞ야熱心工夫ᄒᆞ나學費無路ᄒᆞ야廢학之境에至ᄒᆞ얏더니李圭直鄭子範玄翊振等諸시가各히義捐ᄒᆞ야將就之望이有ᄒᆞ다더라

◎可付一笑 昨日本報壹千三拾號에日本이何爲乎아ᄒᆞᆫ問題로乙巳條約以後歷史를論述ᄒᆞ엿더니內部에서國文及漢文을幷押收ᄒᆞ얏더라

◎感荷義捐 無名氏가本社에金五圜을寄付ᄒᆞ고又이如左ᄒᆞᆷ

齡耄眼眊縮字東閣已久特以貴社ᄂᆞᆫ倩人謨讀不已至鼎饋灌頂動魄書空吁嗟拍案吞聲竊擬菲樽芻話觥以振作自雖未遂年將報棄何敢欲輸萬倉鉅額不足此送葉五拾金聊表微感誰人不必이라ᄒᆞ얏더라

誰人何人良感緊戴

△地方消息

△本月二拾壹日全羅南道會堤郡남方廿里地에셔義兵五拾餘名이허郡分遣所日憲兵貳名及補助員과衝突ᄒᆞ야憲兵壹名은重傷을被ᄒᆞ고補助員壹名은輕傷ᄒᆞ얏다ᄒᆞ고

△本月二拾壹日全羅北道茂朱郡東南廿里地에셔義兵拾餘名은허郡分遣所日憲兵二名及補助員四名과交戰ᄒᆞ얏다더라

△是何人種

△世界萬國人種中에諸般惡習俱備키ᄂᆞᆫ韓人이라ᄒᆞᆯ것도다엇지ᄒᆞ야그러ᄒᆞᆫ가愛國志士舌端이며各報館의筆端을이猝盡餘勤에主ᄒᆞ며且讒評ᄒᆞ도다惡事業만選擇ᄒᆞ야愈往愈甚ᄒᆞ리일세

△第壹發達무엇인가覆宗絶祀無頼輩가演劇場을設施ᄒᆞ야西山落照黃昏時에淫穴窓戶열어놋코前後淫風불어내여四面으로配達ᄒᆞ면無論男女몇쳐나써兩脚生風쫏처가니이런人種또잇ᄂᆞᆫ가

△第二發達무엇인가雜鬼飾妖계집들은淫虫들이亂動ᄒᆞ야大家婦女名色을踰墻穿穴無難이오其他皆般ᄋᆞ子界에醜鄙之聲假貌로다攘飛後身이니어언맛나셔ᄂᆞᆫ衝突ᄒᆞ니이런人種또잇ᄂᆞᆫ가

△第三發達무엇인가男女貴賤勿論ᄒᆞ고晝寢夜夜穢竊ᄒᆞ고除除逐遂모여안져骨牌花套從事ᄒᆞᆫ졔家產田土住宅ᄒᆞ며淫婦賊漢發生ᄒᆞ며坊曲의兒童들은돈치기에汨沒ᄒᆞ니이런人種또잇ᄂᆞᆫ가

△第四發達무엇인가衣服飲食奢侈ᄒᆞ야父母妻子굼기라도鏡兩기나성기여ᄂᆞᆫ綾羅錦繡毛織으로燦燦衣服지어입고明月館과惠泉舘에宜例를待모혀가서各色料理란을쏫ᄂᆞ니이런人種또잇ᄂᆞᆫ가

△第五發達무엇인가京鄉間의挾雜輩가外國人의鷹犬되여無辜良民殘害ᄒᆞ고田土文券僞造ᄒᆞ야倫理典執淚籍ᄒᆞ며그中에또甚ᄒᆞᆫ者ᄂᆞᆫ莫重ᄒᆞᆫ國家疆土賣渡ᄒᆞᄂᆞᆫ人奔走ᄒᆞ니이런人種또잇ᄂᆞᆫ가

△自호도며亂黨들아國家情形試觀ᄒᆞ라好思想과好事業을擴張議論을지라도不遑ᄒᆞᆫ터인ᄃᆡ上下人民勿論ᄒᆞ고亡ᄒᆞᆫ짓만行ᄒᆞ니當向如是ᄒᆞ다가ᄂᆞᆫ今日奴隷姑舍ᄒᆞ고滅種乃已ᄒᆞ리로다

社告

載寧邑乾材局李鼎均氏의게該郡本支社를認許ᄒᆞ고三月壹日부터本申報를發送ᄒᆞ오니該附近地에서報購覽ᄒᆞ실　僉君子ᄂᆞᆫ該氏에게請求ᄒᆞ시옵

成川支社員 馬應三氏가支社事務를辭免故로不得已該支社ᄂᆞᆫ三月壹日부터廢止ᄒᆞ오니該附近에셔本報를購讀ᄒᆞ시ᄂᆞᆫ　僉君子ᄂᆞᆫ本社로直接請求ᄒᆞ시와間斷ᄒᆞᄂᆞᆫ弊가無케ᄒᆞ시옵

大韓每日申報社

廣告

本人이陰二月四日에陰陽刻姓名圖章을遺失ᄒᆞ얏ᄉᆞ오니內外國人은切勿見欺ᄒᆞ시옵

金希洙　告白

本人昨年陰拾二月拾二日去載寧邑도章을失ᄒᆞ욥기玆以廣告ᄒᆞ오니　僉君子照亮ᄒᆞᆷ

文化居金圭璋　告白

日本文法釋義

定價　七拾錢

本書ᄂᆞᆫ羅하에深造ᄒᆞᆫ金丕個君이歲月을閱ᄒᆞ며心力을費ᄒᆞ야今幾卅版인바日文의法則과實例가明白精到ᄒᆞ야文明輸入ᄒᆞᄂᆞᆫ時代에不可缺ᄒᆞᆯ佳本이오니讀書界諸　君子ᄂᆞᆫ閱覽ᄒᆞ시기를敬要

總賣所　中部鉢里洞九統十戶

大東廣智社印刷部

◉儒教耶蘇教關係論

右問題의關係라ᄒᆞᆷ은兩教의天理論辨ᄒᆞᆷ이如何ᄒᆞᆷ을請ᄒᆞ오니國漢文交用ᄒᆞ야貳萬字를毋逾ᄒᆞ고　月晦日以內에本館에投ᄒᆞ시면本館에서考評ᄒᆞ야賞金을左開에依ᄒᆞ야報酬ᄒᆞ깃ᄉᆞ오니高明ᄒᆞ신철君子ᄂᆞᆫ姓名居住를卷末에詳揭ᄒᆞ심을要ᄒᆞᆷ

壹等　四拾元
貳等　貳拾元
三等　拾　元

右賞은英國文學博士李提摩太시의義助로用ᄒᆞᆷ

皇城基督教靑年會

鳳山沙里院이睦眛ᄒᆞ야昨年夏에商會와紹成會를設立ᄒᆞ고火患을嚴禁에紹成會에서發起ᄒᆞ야去年陰拾二月分에消防隊를募集ᄒᆞ야壹會를組織ᄒᆞ기로名曰救火勞働會라ᄒᆞ야會員이壹百六拾人에達ᄒᆞ며洞中救火目的을爲ᄒᆞ야器械를自備ᄒᆞᄂᆞᆫ듸陰正月九日夜에麥德論家에셔起火中風勢ᄂᆞᆫ漸緊ᄒᆞ야蜜接ᄒᆞᆫ草蓋가多數沒燒之境인듸救火勞働會員들이不惜其身熱救故로近隣가完補ᄒᆞ기로本洞居留日本人救命堂藥局主人阿波公이慰勞로五圜捐助ᄒᆞ고宮本荒次郎은酒烟을多捐ᄒᆞ고本洞紳士林容薰시ᄂᆞᆫ金壹元金秉鉉시ᄂᆞᆫ金二圜鄭淳和시ᄂᆞᆫ金貳圜으로捐助ᄒᆞ기로壹會가感謝ᄒᆞᆷ을不勝이옵기玆以廣告ᄒᆞᆷ

鳳山沙里院救火勞働會　告白

黑角도章遺失ᄒᆞᆷ

南廷集　告白

本人이崑門床廛二房崔命煥處에陰正月晦日推次百圜魚音壹片을셔失於華商廣和順號故玆以仰布ᄒᆞ오니誰某拾得이라도休紙施行ᄒᆞᆷ

立廛隅房安泰鎬　告白

本人이圖章을셔失故로廣告ᄒᆞᆷ

新監　吳潤根　白

北部鐵甕坊三淸洞學苑橋前五統六戶草家六間文券을戊申臘月初壹日葬禮時셔失故雖某拾得休紙施行

家主　韓召史

本人의弟永祚가丁未陰二月에上京而寄館에住於南門內學泰奉宅云故로即上京採問則不知故로玆廣佈ᄒᆞ오니辛永祚야시ᄂᆞᆫ同胞ᄂᆞᆫ是人住所를指示伏望

新孔德里居學先家留辛鳴永

◎特別告白

皇城鍾路附近의셔婦人의小型銀時計를本月二十二日의遺失ᄒᆞ얏던지엿스니誰某拾得ᄒᆞ시면鍾路大英聖書公會로送致ᄒᆞ시면厚賞으로謝ᄒᆞ깃나이다

黃召史의田三日耕이延曙龜山里에잇ᄃᆞᆫ듸日前所聞ᄒᆞᆫ즉踏繩移買浪說이잇다하오니大抵本主모르ᄂᆞᆫ일이요况且有文券田主를執敢擧論乎聞甚駭然故玆廣告ᄒᆞ오니勿論內外國人ᄒᆞ고勿爲見欺ᄒᆞᆷ

尾洞壹百四統壹戶黃召史告白

洪順義야天道敎中央總部의卽來ᄒᆞ야父의苦待心을慰ᄒᆞ라

父　性殷

◎材木大發賣

弊店의品好ᄒᆞᆫ木材가多數俱備ᄒᆞ와廉價로賣出ᄒᆞ오니所用이有ᄒᆞ신僉君子ᄂᆞᆫ陸續來購ᄒᆞ심을務望ᄒᆞᆷ

京城竹洞八十二統七戶

竹洞材木店主金興敏　告白

◉特別廣告

本社에셔事務가煩忙ᄒᆞ야新廣告의準備가未畢ᄒᆞ얏ᄉᆞ오나日間에大注意ᄒᆞᆯ事件으로詳細告白ᄒᆞ깃ᄉᆞᆸ나이다

本社에셔今日ᄭᆞ지差定ᄒᆞᆫ各處代理人의氏名을左開布ᄒᆞ오니該地方僉君子ᄂᆞᆫ各其代理人의게로通信을聯絡ᄒᆞ시거나直接으로本社에通信ᄒᆞ야協議ᄒᆞ시거나ᄒᆞ심을望ᄒᆞᆷ

大韓皇城磚洞　韓美興業株式會社　謹告

左開

開城代理人	開城南門內雜貨商店	金東宣
平壤代理人	平壤大同門內庄洞	鄭基煥
咸興代理人	咸興西門外	盧昊洙
馬山浦代理人	馬山浦客主	孫德宇
元山代理人	元山港	金以文
淸津代理人	淸津港	張樂臣
水原代理人	水原北部長安洞	金유東
安城代理人位置未定	水原北部長安洞	金유東

◉特別廣告◉

學部 編纂
初等 植物學 定價金三十錢
每課有도
檢定 初등 動物學
每課有도 定價金四十젼

最新 初等小學
文明國의 小學讀本制度를 模範하야 精美한 圖本을 具하고 八卷으로 分製하야 每冊各頒定價金五십錢

最新 初等 大韓地誌 定價金四拾錢

最新高等 大韓地誌 定價金七拾錢
我國地誌制度를 模倣하야 漢陽의 地圖와 關圖와 拾三道地圖와 各開市場과 名山大川과 都府의 勝地의 風景도 具하고

初등 大韓歷史
我國歷代의 制度를 從하야 我國의 歷王의 御眞과 名賢의 影幀을 具한 定價金七拾錢

國家思想學 精神 教育 定價金二十五錢

憲法要義 法律 教育 定價金二拾九錢

右書籍은 本書林에서 發行하고 其外에 各種書籍을 具備하오니 僉君子는 速速來購하심을 望喜

發賣所 京城中署 大廣橋 南邊 第二十五統五戶 玉虎書林
京城 中署 寺洞 沙里院 朝陽書館 各鄕 各有名書舖

廉價放賣
測量器械 各種
製圖器械 各種
製圖用紙 各種
釜山港 本町 三丁目
近藤支店

機械及藥品을 堅備하고 各種 洗濯及染色을 廉價로 需應하오니 其種類가 如左함
洋服, 禮衣, 外套, 帽子, 項套, 洋靴, 諸般洋服及一切附屬品, 毛織, 毛紗, 繻子, 馬尾緞, 羅紗, 綢緞紗繡等布帛類 貴重品과 周衣, 쵸괴, 赤衫, 袴, 襦 等屬
洗濯及染色이 必要하신 이는 本所로 通知하시면 即時 自宅에 進議함
學員, 巡査, 兵丁, 及勞働諸君에 對하야 定價의 幾分之減을 特減함
各地方에서 小包郵便으로 送하시면 誠實勤務로 呈함
鍾路 旧門 上隣 第三戶
西洋洗濯部 第一屋

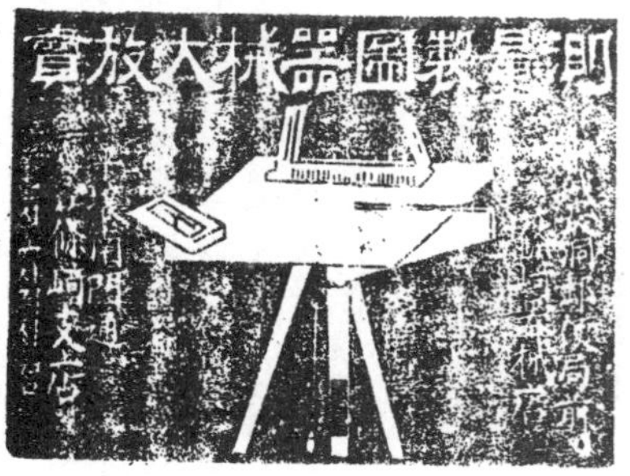

大韓 全國에 總發行所

京城 南大門內 濟生堂 大藥房

清心保命丹
此丹은 化痰 止咳하고 ...水土不服에 奇效가 有함 金十錢

蔘茸大補元
右약은 大韓名産 鹿茸 人蔘에 西洋有名한 補材를 混和하야 我國兄弟의 腸胃와 性質에 適宜토록 多年研究함이 明인바 今에 患服人의 累試果驗이 諸症皆差하니 果然 今世之靈藥이라 敢히 生治救能를 左開廣佈하오니 僉兄弟는 何不早圖壹試오 (效能) 先天不足하야 身體羸弱하고 不眠하며 心腎俱虛와 房事色傷이며 遺精多夢과 色傷腰痛이며 房事時에 早漏不快하며 重病後 虛弱과 手足厥冷이며 食物不消와 貧血諸症에 奇效가 有하고 無病人이 若服七週면 大補元氣하고 骨節이 强壯하며 健康無病하나니 此可謂與世靈藥哉 若不見效면 약價還呈함
壹週日分 金壹圓 四週分 金三圓 十週分 ...

蛔積殺虫散
此散은 蛔積과 蛔腹痛과 嘈滯와 虫毒切을 去하는 妙藥 勿論 男婦老幼하고 寸虫 壹切을 拔根之妙劑 金십錢

寸虫沒出散
壹八用 三拾젼

入滯 大通丸
年久한 積滯와 胸腹痛과 腹中積病을 驅除하는 良劑 金拾錢

感氣 特效 解熱散
感氣드려 頭痛나고 寒熱往來하며 肢節痛과 各樣에 特效 金拾전

回生 液浸藥
目中으로 眼病과 ... 金십錢

水疥 滅癬百應膏
虫毒과 疥瘡과 瘡疹과 ... 金십전

去液 生新 沃度膏
初와 더러운 腫物과 打傷과 ... 金拾錢

止足汗臭藥
발에 땀이 잇서 惡臭와 汗이 ... 金拾錢

其他 各種 藥品은 ... 京城 南大門內 仁川港 等地에 ...
特價로 大割引하야 放賣하오니 陸續 注文하시오
濟生堂主 李庚鳳

中將湯
此약은 婦人腦病과 ... 子宮病 等 ...
一週分 ... 二週分 ... 八週分 ...

共愛堂藥房 特約代理店 京城水標橋 濟生堂藥房
發行所 京城 銅峴 ...

和平堂 大藥房 總發行所
大韓帝國 仁川 各港 各藥舖

婦人 胎産 臺 調經 丸
부인 ... 壹劑 壹月分 金五圓

主治 說明
婦人이 孕胎치 못함은 冷病積病과 月經不調로 因함이니 此藥을 服用하시면 婦人腹中에 有한 諸病은 一切退去하고 自然孕胎함

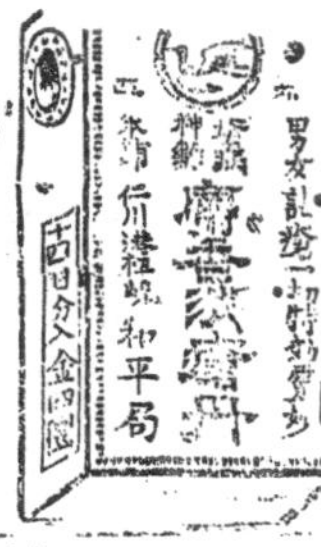

此丹이 花柳病에 特效가 有하야 男女老少가 一服에 即效하오니 ... 非例方可及 求하시는 僉君子는 ...
梅毒 瘡疾 頑癬 諸症에 ... 立效하오니 特別 割引 放賣하오니 陸續 注文하시오
... 敎府 僉君子는 壹次 試驗하심을 伏望

主治效能
○胃病惡心 ○頭痛眩 ○食慾缺乏 ○溜飲 ○泄瀉 ○食積 ○水土不服 ○霍亂吐瀉

八寶丹 九拾五錢 ...

主治
○房事不足 ○陰虛火動 ○手足厥冷 ○吸烟 ...

補胃 強精丸
壹劑 三拾日分 ... 貳拾日分 ...

和平堂 大藥房
仁川港 ... 和平堂 啓
京城 ... 濟生堂藥房 ... 共愛堂藥房

代理 李... 和平堂 支店

本會事務가 漸次擴張되온바 本會 會員 入會하실 有志僉君子는 本會로 ... 來臨하심을 望함

大韓山林協會 廣告
(電話 二九三番)

○廣告料
...

發行兼編輯人 英國人 裵說
發行所 大韓每日申報社 南署 石井洞 ... 三層洋屋

光武九年八月十一日 明治三十八年八月十一日（第三種郵便物認可） 金曜日 西曆壹千九百九年貳月廿六日

第七卷

大韓每日申報

第[illegible]千[illegible]三號

月曆及發節 歲時日休刊

檀君開國四千二百四十二年
箕子元年三千三十一年
大韓開國五百十八年
日本明治四十二年
淸國宣統元年
陰曆己酉二月大初七日丁巳

論說

◎韓國의 第一豪傑 大王（續）

壯ᄒᆞ도다 王이여 大王의 歷史가 亞歷山大王과 何其恰似ᄒᆞ뇨 其英武ㅣ 亞歷山大王과 同ᄒᆞ며 其智畧이 亞歷山大王과 同ᄒᆞ며 其思想이 亞歷山大王과 同ᄒᆞ며 其規模ㅣ 亞歷山大王과 同ᄒᆞ며 其早世殂祚가 亞歷山大王과 同ᄒᆞ며 其帰撲의 餘를 襲ᄒᆞ야 이 亞歷山大王과 同ᄒᆞ며 其角逐의 秋ᄒᆞᆫ 際뿐이야 歷山大王과 同ᄒᆞ며 其百戰百勝이야 歷山大王과 同ᄒᆞ며 其雄圖ᄒᆞᆫ 撮滅ᄒᆞᆷ이야 歷山大王과 同ᄒᆞ며 其赫光을 광震ᄒᆞ고 國土를 廣拓ᄒᆞᆷ이야 歷山大王과 同ᄒᆞ도다 嗚呼라 東方의 永樂大王은 西方의 亞歷山大王이더

悲夫라 如此偉大ᄒᆞᆫ 英主가 有ᄒᆞ되 後人이 謳歌ᄒᆞᄂᆞᆫ 者ㅣ 無ᄒᆞ며 如此輝煌ᄒᆞᆫ 歷史가 有ᄒᆞ되 後世에 備傳ᄒᆞᄂᆞᆫ 者ㅣ 少ᄒᆞ야 大王씌셔 赫々ᄒᆞᆫ 大功德이 浮雲又치 沒ᄒᆞ며 凜々ᄒᆞᆫ 大威獄이 腐土又치 埋하며 是로 以ᄒᆞ야 民氣가 薄弱ᄒᆞ며 是로 以ᄒᆞ야 國力이 銷鑠ᄒᆞ야 畢竟滿洲數千里가 洪水에 泛去ᄒᆞ고 半島古帝國이 一髮의 危ᄒᆞ얏스니 嗚呼라 大王의 子孫된 韓國同胞가 其不肖忝祖ᄒᆞᆷ이 엇지 此에 至ᄒᆞ엿ᄂᆞ뇨

彼日本人은 不見ᄒᆞᄂᆞᆫ가 豐臣秀吉이 韓國에 來寇ᄒᆞ다가 百戰百敗ᄒᆞ야 馬關秋風에 奔走逋逃ᄒᆞᆫ 것이 何等奇醜인가 然에 彼가 此를 崇拜ᄒᆞ며 此를 贊美ᄒᆞ며 此를 傳記ᄒᆞ야 其人物을 天神又치 尊ᄒᆞ며 其遺史를 金玉又치 寶ᄒᆞᆷ은 其外競思想을 鼓吹ᄒᆞ며 祖國威光을 發揮키 爲ᄒᆞᆷ이어날 惟此韓國同胞ᄂᆞᆫ 世界絶代英主永樂大王의 遺蹟을 能逃치 못ᄒᆞ야 祖王의 貽謨를 忘ᄒᆞ며 祖國의 名譽를 掩ᄒᆞ얏스니 如此ᄒᆞ고야 엇지 外競思想을 能奮ᄒᆞ며 祖國威光을 墜치 아니리오

幸者 此墓碑가 千餘年 荒原秋草中에셔 高句麗當時의 面目을 不改ᄒᆞ고 巍然獨立ᄒᆞ얏스나 所謂大王의 子孫은 覺人ᄋᆡ 通過間世不肯ᄒᆞ고 只是野人의 塞風의 消磨를 任ᄒᆞ며 樵童牧竪의 摩사를 被ᄒᆞ다가 畢竟 日人 佐川씨가 發見ᄒᆞ고 淸儒 榮禧씨가 判讀ᄒᆞ야 大王의 歷史가 其光을 世界에 始放ᄒᆞ얏스니 余ㅣ 高句麗遺民永樂大王의 子孫된 國同胞를 爲ᄒᆞ야 甚히 悲ᄒᆞ노라 然이나 此碑文이 世出ᄒᆞᆷ으로 大王의 歷史가 子孫의 眼에 復照ᄒᆞ며 大王의 功德이 子孫의 腦에 復透ᄒᆞ니 從今으로 大王의 遺族二千萬이 大王의 天賦를 賭ᄒᆞᆫ듯시 大王의 命令을 奉ᄒᆞᆫ듯시 大王의 訓戒를 承ᄒᆞᆫ듯시ᄒᆞ야 大王의 武를 紹ᄒᆞ며 大王의 宿志를 遂ᄒᆞ면 未來韓國에 幾百大英雄이 産出될지니 余ㅣ 又한 國同胞를 爲ᄒᆞ야 賀ᄒᆞ노라

嶺進士가 懷古詩에 「山河形勢稱雄王霸雄豪安在哉」오 ᄒᆞᆷ과 如히 山河ᄂᆞᆫ 如古ᄒᆞ되 英雄은 何在오 余ㅣ 慷慨ᄒᆞ야 過去英雄의 歷史를 讀ᄒᆞ야 未來英雄의 産出을 催ᄒᆞ노라（完）

官報

▲隆熙二年十二月三日 官報

部令

學部所管日本國留學生規程을 左又치 定ᄒᆞᆷ

隆熙二年十二月壹日 學部大臣 李載崑

學部令第二號

學部所管日本國留學生規程

第一條 官費留學生은 特히 日本國留學을 必要로 ᄒᆞᄂᆞᆫ 學術技藝를 履修케 ᄒᆞ기 爲ᄒᆞ야 官公私立高等學校又ᄂᆞᆫ 此와 同等以上으로 認ᄒᆞᄂᆞᆫ 公私立學校의 卒業證書를 有ᄒᆞᆫ 者를 學部에셔 檢定을 行ᄒᆞᆫ 後에 學部大臣이 此를 命ᄒᆞᆷ

第二條 前條의 檢定은 學力品行及身體에 對ᄒᆞ야 此를 行ᄒᆞᆷ 檢定方法及學科目等은 每年度에 此를 定ᄒᆞᆷ（未完）

外報

◎土澳의 平和 君士坦丁電을 據ᄒᆞᆫ則 澳國政府ᄂᆞᆫ 巴爾幹半島에셔 占領ᄒᆞ엿던 보스니와 헐제고빈아 二州에 對ᄒᆞᆫ 賠償金으로 若干八百萬元을 土耳其政府에 支出ᄒᆞ야 平和解決ᄒᆞ기로 ᄒᆞᄂᆞᆫ 되로 土耳其政府에셔도 亦爲承諾ᄒᆞᆫ 故로 土耳其首相은 澳國全權大使를 接見ᄒᆞ고 內閣에셔 決定ᄒᆞᆫ 바를 通告ᄒᆞ얏다더라

◎運河公債增加 華盛頓電을 據ᄒᆞᆫ則 上議院 홉긴스씨ᄂᆞᆫ 提議ᄒᆞ되 合衆國政府가 募集ᄒᆞᄂᆞᆫ 파나마運河公債를 五億元으로 增加ᄒᆞ야 定額을 ᄒᆞᆫ다더라

◎移民獎勵 東京電을 據ᄒᆞᆫ則 日本政府ᄂᆞᆫ 滿洲經營에 關ᄒᆞ야 炭坑採掘과 鐵道敷設等工事를 開始ᄒᆞ야 移民을 獎勵ᄒᆞᄂᆞᆫ대 其貸金은 內地의 倍額이 되게 ᄒᆞ야 漸次永住케 ᄒᆞᆫ다더라

◎日船沒收判決 露都電을 據ᄒᆞᆫ則 日本獵船第二三浦丸事件은 海蔘威裁判所에셔 公判ᄒᆞ얏ᄂᆞᆫ대 沒收ᄒᆞ기로 判決ᄒᆞ얏다ᄒᆞᆫ 說이 有ᄒᆞ다더라

◎仲裁承諾 伯林電을 據ᄒᆞᆫ則 西班牙國王陛下ᄂᆞᆫ 와루후이스灣에 對ᄒᆞᆫ 英獨境界線의 問題에 就ᄒᆞ야 仲裁ᄒᆞᆷ을 承諾하얏다더라

◎美國議院決案 桑港電을 據ᄒᆞᆫ則 將來六日 美國議院에셔ᄂᆞᆫ 通過ᄒᆞᆫ 大西洋艦隊를 二分ᄒᆞ야 壹半은 太平洋에 常備ᄒᆞᄂᆞᆫ 議決案은 西部沿岸各州에셔 非常히 歡迎ᄒᆞ고 該地各新聞은 該案을 提出ᄒᆞᆫ 후린氏를 同聲贊揚ᄒᆞ야 日目下國防의 必要ᄂᆞᆫ 大西洋에 不在ᄒᆞ고 大平양에 在ᄒᆞᆫ대 美國艦隊의 半數로ᄂᆞᆫ 能히 太平洋의 全部를 對敵ᄒᆞ리라 ᄒᆞᆫ다더라

◎布哇排日 桑港電을 據ᄒᆞᆫ則 布哇議會에셔 排日法案을 提出ᄒᆞᆯ 形勢가 有ᄒᆞᆫ대 選出國民루主ㅣ 此ᄂᆞᆫ 二海哩以內領海에 在ᄒᆞᆫ 漁業權은 布哇市民에게만 限ᄒᆞᄂᆞᆫ 法案을 提出ᄒᆞᆫ다ᄒᆞ며 又公立學校에 在學ᄒᆞᆫ 日本學徒에게 對ᄒᆞ야 特別月謝金을 支出ᄒᆞ게 ᄒᆞ고 衆ᄒᆞ야 强制就學法은 日本人에게 適用치 아니ᄒᆞᄂᆞᆫ 法案을 提出ᄒᆞᆫ다더라

詞藻

◎無可奈

盜賊이 드ᄅᆡ와、호웅。내家產달나네、홍。
재앙만줍너도、막우가 내보다、
이ᄂᆞ지구、호웅。재所得업슴션、홍。

漢詩

◎御駕山 巡幸擁臣民競呼萬歲聲如抃而賦得曾絶

龍岡郡 金泰範

街々呼萬歲 仙仗拂春風 錦繡山山裏 昇平雨露中
顯非愚 萬姓感無窮 我皇恩紛

先祖 盈石議政襃毅公諱 ……致祭之恩喜感而作

上同

公勳節無雙 列聖恩曾多 闡揚新春 玉智臨迺工 古廟英靈龍九 遂令幽顯感 正 況是相係感懷 若使九原可作 快哉曾飯服辭强

廣告

本校ᄂᆞᆫ 設立以後로 有志諸시의 熱心贊成으로 校況이 漸就興旺ᄒᆞ야 庶幾前進之望이러니 昨年七月分에 本郡守 兪致炳시가 遞歸後에 郡主事安世?시가 郡守署理를 兼任ᄒᆞ고 帶本校々監之任이라 壹自安시의 被監視務之後로 校況이 零替ᄒᆞ야 幾至廢校之境일새 諸任員이 會同ᄒᆞ야 內財政을 查ᄒᆞ즉 安시의 消食金이 乃爲二百拾五圜이라 齊作質問則 安시가 反出荷杖之悖習ᄒᆞ니 世豈有如安시之不慈不仁無恥無信ᄒᆞᆫ乎아 消食金二百拾五圜을 當裁判充完ᄒᆞ려니와 如此不義行爲之人을 不可不懲責이기 一般同胞에게 警告ᄒᆞᆷ

平南龍川?明學校任員等 白

證明根은 義鳴으로 純術根은 義應으로 復名ᄒᆞ오니 知照照亮ᄒᆞ시오

證회鳴 證회應 告白

淡順義야 天道敎中央總部의 卽來ᄒᆞ야 父의 苦待心을 慰ᄒᆞ라

父 性殷

◎儒敎耶蘇敎關係論

右問題의 關係ᄒᆞᆫ 儒敎의 天理論辨ᄒᆞᆷ이 如何ᄒᆞᆷ을 訓ᄒᆞ야 國漢文交用ᄒᆞ야 貳萬字로 限ᄒᆞ고 本月晦日以內에 本館으로 製投ᄒᆞ시면 本館에셔 考評ᄒᆞ야 賞金을 左開에 依ᄒᆞ야 施酬ᄒᆞ깃ᄉᆞ오니 高尙ᄒᆞᆫ 僉君子ᄂᆞᆫ 姓名居住를 卷末에 詳記ᄒᆞ심을 要ᄒᆞᆷ

壹等 四拾元
貳等 貳拾元
三等 拾元

右審査ᄂᆞᆫ 英國文學博士 提摩太시의 委托ᄒᆞᆷ

皇城基督敎靑年會

學員募集廣告

本校에셔 高等科及速成科學員을 募集ᄒᆞᆯ 志願者ᄂᆞᆫ 請願書에 履歷書를 添付ᄒᆞ야 陰曆二月三十日까지 本校로 來ᄒᆞ야 三月五日 試驗所에셔 應試ᄒᆞᆷ

壹 試驗科目 漢文 國語 算術 日語
二 年齡 自十五歲至二十五歲
三 試驗所 本校及地方各觀察道公立普通學校
四 詳細ᄂᆞᆫ 二月廿二日官報에 在

官立 漢城師範學校

◎開城郡東面私立東興學校 捐助人員씨名

池?鎬 十圜　金?默 四圜
李顯成 任?善 白命洙
李文玉 金泰鎭 各三圜
劉鳳根 二圜五十錢　金學集
池錫永 鄭基元 許璟 各二圜
安德敎 宋?權 各一圜五十錢 韓聖源
김明鉉 殷道運 김昌玉
朴得壽 李?奎 김致?
安鳳岩 鄭寅?　金東?
宋?弼 任?七 李致輔
김允鍾 各一圜式

以上諸시의 厚意와 敎育上熱誠을 感賀ᄒᆞᆷ

校長 張?淳　副校長 高?㦗 告白

雜報

●擧牛獻忱 去番 御駕西巡時에 大皇帝陛下께옵셔新義州日本理事廳에 御宿所를定ᄒᆞ셧는ᄃᆡ龍川郡枇峴附近各處의學徒들이 御宿所에隨詣ᄒᆞ야終夜護衛ᄒᆞ거날 大皇帝陛下께옵셔下詔ᄒᆞ사曰如此寒節에不必經夜護衛라ᄒᆞ신ᄃᆡ學徒들이上奏ᄒᆞ야曰陛下께옵셔寒節을當ᄒᆞ사邊地에 御臨ᄒᆞ셧거ᄂᆞᆯ臣民의道理에엇지終夜經寒을辭避ᄒᆞ오릿가ᄒᆞ얏다더라

●李氏獻議 大皇帝陛下西巡時에內大臣宋秉畯이가拔劍ᄒᆞᆫ事에對ᄒᆞ야士人의種類氏가昨日中樞院에獻議ᄒᆞ고內閣에卽速建議ᄒᆞ야別般措處ᄒᆞ라ᄒᆞ얏다더라

●敘勳작退 中樞院에셔敘勳院으로照會ᄒᆞ고前日贊議南奎熙氏에게敘勳ᄒᆞ다ᄒᆞ얏더니年限이不滿ᄒᆞ야敘勳치못ᄒᆞᆯ지다고작退ᄒᆞ얏다더라

●兩崔符合 公州觀察使崔廷德시가郡守를薦報ᄒᆞ라면泰安郡守崔鶴來氏와協議操縱ᄒᆞᆫ다더라

●何以行動 近日各社會에셔發起會頭領宋秉畯을攻擊攻駁ᄒᆞ되히會에서는俯首潛伏ᄒᆞ야甘受其責ᄒᆞ기로決議ᄒᆞ고靜息後에更爲行動ᄒᆞᆫ다는說이有ᄒᆞ다더라

●淳民逗遛 全南淳陽郡加德太三面을昌平郡에移屬ᄒᆞᆷ으로該郡民人等이內部에呼訴ᄒᆞ야已經數朔에尙無措處ᄒᆞ기로該民人等이尙今逗遛ᄒᆞᄂᆞᆫ中이라더라

●白侔愛民 黃海道白川郡에서今月初에所關黃州守備隊日兵十餘名이該郡上今山面境에突入ᄒᆞ야發砲作弊는不能形言이라而該面雜洞에서는有何疑點이던지開村放銃ᄒᆞ야被丸重傷者가二人이오被擄就捉者가九人이라該郡守全鳳薰氏가此報를聞ᄒᆞ고短笻草鞋로卽時出往ᄒᆞ야這這調査ᄒᆞᆫ則該是無瑕ᄒᆞᆫ良民이라洞民等을招集ᄒᆞ고豐厚慰諭ᄒᆞᆫ後日兵에게往復ᄒᆞ야被捉者几人을卽爲放還케ᄒᆞ고事實을觀察使에報告ᄒᆞ고該附近面里에派遣ᄒᆞ야人民을竭誠撫諭ᄒᆞᆷ으로民心이頓靜ᄒᆞ얏다더라

●警廳秘探 近日에何許賊黨이都監官吏의服裝等物을窃取ᄒᆞ야各處典當舖에典執ᄒᆞ얏다ᄂᆞᆫ說이喧藉ᄒᆞᆫ故로警視廳에서秘密偵探中이라더라

●陵官受嚴 泰陵參奉趙九淳氏는黃州집이라ᄒᆞᄂᆞᆫ女人을奸ᄒᆞ야陵官房에서數朔間寢ᄒᆞ얏는ᄃᆡ 陵屬들이趙氏의行爲鄙陋ᄒᆞᆷ을莫不唾罵ᄒᆞᆫ다더라

●羅氏出張 文川郡饑饉이慘ᄒᆞ다ᄒᆞ야內部寺社課長羅弘淵시가其狀況을觀察ᄒᆞ기爲ᄒᆞ야韓日人主事某某人을帶同ᄒᆞ고日間에出張ᄒᆞᆫ다더라

●徐氏挾雜 西部연巢亭居ᄒᆞ는徐慶相시가남門內水閣橋居ᄒᆞ는吳相燁시의所有楊花津附近에在ᄒᆞᆫ金貨八百圜價値되는山坂文券을欺取ᄒᆞ야何許日人과符同典執코져ᄒᆞ다가情跡이現露ᄒᆞᆫ故로再昨日에西部警察署에서徐시를押致審査ᄒᆞ고該文券을卽爲推給ᄒᆞ얏다더라

●是何雜類 北部大安洞居ᄒᆞ는前郡守金某는近日에田畓文券을典執ᄒᆞ고金貨千餘圜을得債ᄒᆞ야該錢을携帶ᄒᆞ고某某大官의子弟를誘引ᄒᆞ야設技賭錢ᄒᆞ고多數ᄒᆞᆫ財物을奪入ᄒᆞ얏다더라

●鄭妻蔑習 北部碧洞居ᄒᆞ는鄭在好氏의妻安召史가은川郡栗浦居鄭魯ᄒᆞ의게八百兩을受ᄒᆞ고池召史라ᄒᆞᄂᆞᆫ寡婦를媒以送ᄒᆞ얏다가更히誘引上京ᄒᆞ야隱匿他處ᄒᆞᆫ故로鄭魯시가北部警察署에呼訴ᄒᆞ얏다더라

●彼何人斯 中部大廟洞居ᄒᆞ는許某는何許挾雜輩와符同ᄒᆞ야黃海道延安等地에千餘石落田畓이有ᄒᆞ다自稱ᄒᆞ고文券을僞造ᄒᆞ야典執得債ᄒᆞᆯ次로百般運動中이라더라

●李氏牢却 龍岡郡雲洞面城峴里李鳳九氏는元來甚富ᄒᆞ야數人이라自己所有山坂에麓이現時價値로는壹百五拾圜假量에不過ᄒᆞᆫ데何許日人이本土人을紹介ᄒᆞ고壹千五百圜에買得코져ᄒᆞ거ᄂᆞᆯ李氏曰山坂을賣ᄒᆞ면乃是生命을賣ᄒᆞᆷ이라ᄒᆞ고牢却ᄒᆞ얏다더라

●全南義兵 現今全羅南道에出沒ᄒᆞᄂᆞᆫ義兵大將은全海山秦南越朴仁守數人인ᄃᆡ全海山氏ᄂᆞᆫ韓國軍隊解散時에正尉오秦南越氏ᄂᆞᆫ其時特務正校오朴仁守氏ᄂᆞᆫ地方有力者인ᄃᆡ以上諸氏가義兵을組織ᄒᆞ야全氏ᄂᆞᆫ總大將이되고三隊가合六百餘名에達ᄒᆞ얏ᄂᆞᆫᄃᆡ時今木浦近傍에出沒ᄒᆞ고朴仁守氏의副將朴士化氏ᄂᆞᆫ部下百餘名을率ᄒᆞ고羅州光州等地에橫行ᄒᆞᆫ다더라

●文浦風雲 交河郡來人의傳說을據ᄒᆞᆫ즉日前에坡州郡汶山浦에派駐ᄒᆞᆫ日憲兵이義兵과交戰ᄒᆞ얏다더라

●義兵漸盛 南來人의傳說을聞ᄒᆞᆫ則全南光州實城長城海南等郡에ᄂᆞᆫ近日에義兵이漸次蔓延ᄒᆞ야人心이甚히恐慌ᄒᆞᆫ다더라

●義將被捉 義兵將리海秀시와리明相시의從事白樂天시는本月五日에忠州守備隊日兵의게被捉ᄒᆞ얏는ᄃᆡ白樂天시는再昨年八月旬부터義將리重愿시의從事가되얏고其後에리康年시의陣에入ᄒᆞ야리海秀시와共히行動ᄒᆞ얏고昨年正月부터義將리明相白南奎지의陣에入ᄒᆞ야二月中旬에同志者를召集ᄒᆞ고全羅남道에橫行ᄒᆞ던者이라더라

●徐婦烈節 咸興郡五里村場市에寓居ᄒᆞᄂᆞᆫ徐基俊시가昨年陰曆七月分에義兵干連으로該郡派駐憲兵隊에押囚ᄒᆞᆫ後에該시의妻吳召史가其夫가殺死ᄒᆞ얏다ᄂᆞᆫ說을誤聞ᄒᆞ고對其隣人曰女必從夫ᄂᆞᆫ古今常道어니와吾夫가從義而死ᄒᆞ니吾何不死리오ᄒᆞ고飲藥自殺ᄒᆞᆫ지라其後에徐基俊시ᄂᆞᆫ京隊로押上ᄒᆞ고該시의所生男妹二兒가有ᄒᆞᆫᄃᆡ依托無路ᄒᆞ야該場市居人民들이慈善的으로衣與食을厚給救濟ᄒᆞᆫ다더라

●廣場移設 近日東部梨峴廣場會社市場을該內衛隊營門으로移設ᄒᆞ기로酌定되다더라

●國民演說 金炳健蔡鎭祐等諸氏가宋秉畯의無嚴ᄒᆞᆫ事를聲討ᄒᆞ기爲ᄒᆞ야國民演說會를設ᄒᆞ고明日下午壹時에鍾路靑年會館內에서開會ᄒᆞ고金德基김光濟金明奎姜윤熙趙완九諸氏가演說ᄒᆞᄂᆞᆫᄃᆡ入場券을使用ᄒᆞᆫ다더라

●嶠南親睦 嶠南학生親睦會에서來日曜下午二時에嶠南教育會館內에特別總會를開ᄒᆞ고事務를整理ᄒᆞᆫ다더라

●西北親睦任員 去二拾壹日에西北學生親睦會에서總會를開ᄒᆞ고任員을改選ᄒᆞ얏ᄂᆞᆫᄃᆡ會長은朴鳳憲氏로副會長은리相欽氏로摠務ᄂᆞᆫ尹台鎭氏로評議長은林鳳來氏로評議員은金鎬鎔尹冕濟氏等으로選定ᄒᆞ얏다더라

●多數捐付 鄭雲復等諸시가再昨日下午三時에鍾路靑年會館內에서演說會를開ᄒᆞ고文川郡饑饉에對ᄒᆞ야激切演說ᄒᆞ매傍聽諸員이擧皆歎泣ᄒᆞ고金貨及時計銀斑指等屬을當席에捐付ᄒᆞᆫ者가多數ᄒᆞ얏다더라

●救世幻燈 明日下午七時에夜珠峴救世軍營에서幻燈會를開ᄒᆞᆫ다더라

學界

●海上灯臺 杆城郡紳士崔常爀金弘奎朱雨兩尹良五諸시가教育熱誠으로我湖明東學校를設立ᄒᆞ얏는ᄃᆡ生徒가五십餘人이오勞働학生이四拾餘人이오測量學員이三拾餘人인ᄃᆡ該校長崔常爀시는該三校에所用品을自當ᄒᆞ며該面錦花亭우勞働學生이三십餘人이오雲峰里는勞働학生이四拾餘人이오鶴也洞은勞働학生이二拾餘人인ᄃᆡ令爾鉉시가該費를自擔敎授ᄒᆞ고旺谷面公明學校는開學ᄒᆞᆫ지不過四五朔에生徒가日就ᄒᆞ야校舍가狹窄ᄒᆞ기로該校校監金弘奎學監朴根弘兩시가校舍建築費를自擔經始ᄒᆞ며竹島面은崇文義塾을設立ᄒᆞ고尹良玉시가敎授ᄒᆞ며郡內에中央학校를擬建ᄒᆞ기로衆議同意ᄒᆞ야鄕校를方將修理中이라더라

●金海向明 金海郡左部面私立向明學校에서經費가窘拙ᄒᆞ야幾乎廢止之境이더니該面內有志紳員이實心捐助ᄒᆞ야今擴張일새어더該郡守李是哲시가學校에熱心으로該校長을兼任ᄒᆞ며教育上에勸孜ᄒᆞ야學徒가日益增加ᄒᆞᆫ다더라

●三氏熱心 黃海道遂安郡祥岩洞李周洛金炳翊鄭麟和諸시가時代의變遷ᄒᆞᆷ을感悟ᄒᆞ야普祥學校를設立ᄒᆞ고該契錢與義捐金을多數聚集ᄒᆞ야極力周旋ᄒᆞᄂᆞᆫᄃᆡ학徒가三四拾名에達ᄒᆞ얏다더라

●校監得人 京畿利川郡麻面午川進成학校에서該校設立ᄒᆞᆫ後의任員이團結되지못ᄒᆞᆷ을恨ᄒᆞ더니昨秋의該洞居徐光皓시를校監으로選定ᄒᆞᆫ後學生의滿就가日加月增ᄒᆞ야학徒가八십餘名의達ᄒᆞ얏다더라

▲地方消息

▲去月二日로부터三十日ᄭᆞ지黃海道平山兎山附近에서義兵二십餘名이新溪嶺與平壤黃州松禾等郡에서日討伐連合隊와交戰ᄒᆞ얏다ᄒᆞ고

▲本月拾九日江原道金城郡東方四拾里地에서義兵四拾餘名이同郡分遣隊長以下六名의日兵과交戰ᄒᆞ얏다ᄒᆞ고

▲本月壹日로부터九日ᄭᆞ지義兵이孟山寧遠樂水德川等地日守備隊에서派遣ᄒᆞᆫ討伐隊와交戰ᄒᆞ얏다ᄒᆞ고

▲本月十七日에忠淸남道鴻山郡北方十里地에서義兵二拾餘名이同郡分遣所日憲兵壹名及補助員과交戰ᄒᆞ얏다ᄒᆞ고

▲本月拾二日長湍郡內에서義兵卅餘名이黃海道金川郡京畿道兩合里分遣所日憲兵三名及補助員五名과交戰ᄒᆞ얏다ᄒᆞ고

▲本月拾七日黃海道白川郡北方拾里半地에서義兵四十餘名이同郡分遣所日憲兵七名과交戰ᄒᆞ얏다더라

▲騷壇擊缺▼

▲近日情形을헤칠진ᄃᆡ宋秉畯의拔劍ᄒᆞᆫ事가壹大問題도엇모다各社會로붓터도이公論이紛紛ᄒᆞ고閭巷間의婦孺들도面面相說이라ᄒᆞ니韓國人의愛君心은從此推測ᄒᆞ겟더니와勇敢力이缺乏ᄒᆞ니그結果가엇덜는지

▲大韓協會人士들은大逆不道宋秉畯을十數罪로다ᄒᆞ니民氣洲發此時局에特色이라ᄒᆞ깃

▲나始强斷ᄒᆞ며姓賊을賊國人의痼習이라高尚人格잇슬진ᄃᆡ못ᄒᆞᆯ事이업ᄉᆞ련만該會人物料旣건대擔任者가잇슬넌지

▲將三道의儒生들은大逆不道宋秉畯을亟正邦刑ᄒᆞ자ᄒᆞ고中樞院에獻議ᄒᆞ나士氣發表되엿지만虛聲無實ᄒᆞ야儒林界의驗氣로다人參ᄒᆞ면勝天케인劍拔秉畯일새土子行爲를작시며筆下處讀아닐소지

▲中樞院의官吏는大逆不道宋秉畯을論數正罪ᄒᆞᆯ렷며法部ᄂᆞᆫ臣府에喜를先爲臨勘ᄒᆞ나ᄒᆞ니言官이라ᄒᆞᄂᆞᆫ것은不勝死生가學이아니며樞院官吏學論컨ᄃᆡ亂臣賊子가아니며諂諛之徒뿐이로다言責相爭行ᄒᆞᆯ는지

▲各社會의人士들은大逆不道宋秉畯을聯合幷力聲討ᄒᆞ자年齡에된다ᄒᆞ니衆心成城하당이면國權도興復인ᄃᆡ啻個奸賊은심할새聯合ᄒᆞᆯ이업ᄂᆞᆫ社會가反對黨가일어나도抵抗될수잇슬는지

▲實分量아드러보소年來學論을면稱令日이니엇마莫重ᄒᆞᆫ신尊齡地에帶個人의賊臣黨가敢按으로犯分ᄒᆞᆫ亂賊之變이아닌가이런일ᄀᆞᆺ흔當히셔도正當措處못하고國家興復엇지ᄒᆞᆯ지어다百倍注意ᄒᆞᆯ지어다

廣告

通津月餘串面星山測量學校에서今月貳拾日에卒業式을擧行ᄒᆞ얏ᄂᆞᆫᄃᆡ其氏名이如左홈

趙鏞殷　林周相　崔福永
林容九　宋九楨　林弘模
林魯典　尹玉鉉　林麟煥
林承兩　林炳奎　諸氏더라

星山測量學校長　林興模
校監　崔　銘　敎師　洪齊秀

本月二拾七日(土曜)下午壹時에鍾路靑年會館을借得ᄒᆞ야國民演說會를개ᄒᆞᄂᆞᆫᄃᆡ演題와演士ᄂᆞᆫ如左홈

演題　演士

一 臣民의分義　全德基

二 公論과勢力　金光濟

三 善善惡惡은人의天賦　金明준

四 悖行懲勵의本義　姜윤熙

五 輿論을無視ᄒᆞᆫ結果　趙완九

發起人　金炳鉉　남궁薰　告白

入場券은當校에서鍾路덕臺城新聞社皇城新聞社에서發行홈

◎移接廣告

大漢門前榮炭聯合會를本月拾八日에安昌號後家로移接ᄒᆞ얏스오니諸君子ᄂᆞᆫ照亮ᄒᆞ심을切望홈

미淳英　告白

本會에서緊急ᄒᆞᆫ事務를處理ᄒᆞ기爲ᄒᆞ야來日曜에特別總會를畿南敎育會館內로開ᄒᆞ오니學生僉員은屆期光臨ᄒᆞ심을敬要

畿南학生親睦會

本學會一般任員의滿期遞改에對ᄒᆞ야本月二拾八日「陰二月初九日」日曜上午十壹時에特別總會를本事務所에開ᄒᆞ오니僉會員은屆期光臨ᄒᆞ심을敬要

輔仁學會

普成專門學校 學員募集廣告

本校에서今番法律專門科學員을再次增加募集ᄒᆞ오니願학僉員은左記에依ᄒᆞ야屆期入學ᄒᆞ시옴

壹 試驗 日子 三月二十一日上午十時(陰曆貳月三拾日)

貳 試驗科目本校入問事

三 年齡二拾歲以上

四 入學에關ᄒᆞᆫ用紙ᄂᆞᆫ本校에來購ᄒᆞᆯ事

漢城磚洞普成專門學校告白

本人의圖形姓名章을陰二月三日에路上見失이오니內外國人은拾得ᄒᆞ야도休紙施行홈

平壤城內變街里元仁俊　告白

◎學員募集廣告

本校에서土木建築科及測量科를設施ᄒᆞ오니入學志願人은何日이라도本事務所로來臨ᄒᆞ와詳問ᄒᆞ시오

土木建築科
速成科　六個月
高等科　壹個年
特別科　三個月

測量科
速成科　六個月
高等科　壹個年
全夜學　壹個年
特別科　壹個月

京南部清國領事館邊
私立山崎實用土木建築測量算術製圖學校

日文法釋義　李

定價金　七拾錢

本書ᄂᆞᆫ語학에深邃ᄒᆞᆫ金丕植君이歲月을閱ᄒᆞ며心力을費ᄒᆞ야今纔出版인바日文의法則과實例가明白精到ᄒᆞ야文明輸入ᄒᆞᄂᆞᆫ時代에不可缺ᄒᆞᆯ佳本이니讀書界諸君子ᄂᆞᆫ購覽ᄒᆞ심을敬要

捷賣所　中部鉢里洞九統十戶
大東廣智社印刷部

◎學員募集

今番本校에서新入學員約五拾名을募集ᄒᆞ니志願者ᄂᆞᆫ入學請願書에履歷書를添付ᄒᆞ야三月三拾壹日(陰閏貳月初拾日)內로本校에提呈ᄒᆞᆯ事

但入학請願紙ᄂᆞᆫ本校에請求ᄒᆞᆯ事

一 試驗期日
四月壹日(陰閏貳月拾壹日)上午九時에來校應試ᄒᆞᆯ事

一 試驗科目
日語漢文算術(四則)內國地理

一 學資給與
학員에게志願을從ᄒᆞ야학資를補助ᄒᆞᆷ도有홈

壹、入학志願者의注意要件과其他細事ᄂᆞᆫ本校에來問ᄒᆞᆯ事

京城明洞
韓國財團法人 普隣商業學校

南部廣通坊長洞契三拾一統三戶基址에新建築瓦家이온ᄃᆡ該瓦家給賣關文券서失이오니內外國人間拾得이라도休紙施行홈

金永전　白

◉特別廣告◉

本社에서事務가煩忙ᄒᆞ야新廣告와準備가未畢ᄒᆞᆫ事件으로詳細告白ᄒᆞᆯ것슴니다이나
本社에서今日까지差定ᄒᆞᆫ各處代理人의氏名을左開廣布ᄒᆞ오니該地方僉君子ᄂᆞᆫ各其代理人의게로通信을聯絡ᄒᆞ시거나直接으로本社에通信ᄒᆞ야協議ᄒᆞ시거나ᄒᆞ심을望홈

大韓皇城磚洞　韓美興業株式會社　謹啓

左開

開城代理人　開城南門內維貨商店　金東宣
平壤代理人　平壤大同門內莊洞　鄭基煥
咸興代理人　咸興西門外　盧昊洙
馬山浦代理人　馬山浦客主　孫德宇
元山代理人　元山港　金以文
濟津代理人　濟津港　張樂臣
水原代理人　水原北部長安洞　金유東
安城代理人 位置未定　水原北部長安洞　金유東

◉特別廣告◉

廣告

◎會津郡馬川面幹仁

하發趣旨書

先正이有言호되人生斯世에非學問이면無以爲人이라호더시니今之論者는曰非學問이면不可以爲生이라호나니何則고現時代에는五洋이大개호고六洲가相通호야五色人種이迭相競逐엿서知識이開明호고勢力이膨脹호者는優等人種이라稱호고知識이暗昧호고勢力이縮少호者는劣等人種이라謂호는데優者는劣者를對호야壓迫宰殺을惟意所欲에畧無顧忌라所以로劣等人種은生存을不得호야漸就衰滅호니如非洲之黑奴와米洲之紅番이是也라豈不悲慘哉아噫라今我大韓同胞가値此時代호야所處地位가果在何等耶아以若知識勢力으로已失其優等地位라作人奴隷와供人犧牲이即目前當來者일서全國上下人士가莫不惕然警奮호야各其鼓舞奮勵호야其知識을增進호目的으로所在에學校를創立호며日以入聞호되維我會津馬山登面은人族이非不盛矣며土地가非不沃矣로대尙此泯然沉酣에如夢未醒호니將若之何오凡我滿山登面에爲人父兄者는試觀컨대自己身世는年養於痼習固陋之中호야腦髓가已痼호고歲月이難追호니從學新學호야開발新智가雖云難矣나忍令其子若孫으로도怠타不學호야無識無才로甘陷於下等地位하야奴隷於人호고犧牲於人而已耶아古人이云養子不教는父母之罪라호니到此에頭호야傷認以過去歲月호고留念將來議論호야不肯注意於子孫教育者는非但同罪之罪人이요實子孫之罪人이니豈不可歎哉아爲此同志諸人이本面에學校를創立호야茲에發起호오니惟我同胞는諒之贊成哉어다

隆熙貳年　二月　日

發起人　金奉佑　吳士元
金良甫　吳成根　金斗星
金基福　김興洙

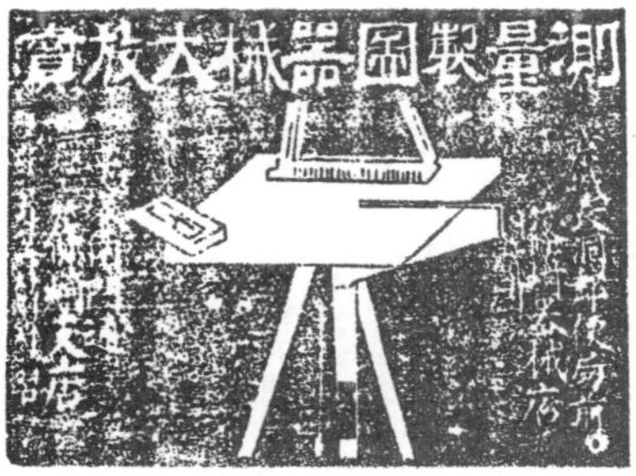

安仁車

聖書繙譯會委員李昌植시譯
蓮洞教會長老李明赫시校閱

本館에서救書安仁車를譯用發售호옵는바此書는道德心培養홈에良師뿐아니라壹般士女의新知識을啓發홀터이오니陸續來購호시옵

新舊書籍歐美雜貨及學徒需用品을俱備發賣호옵

皇城東部蓮洞

普救書舘　告白

◎材木大發賣

弊店의品材를不材가多數具備호와廉價로發賣호고以用에有호시옵보시는者는陸續來購하심을務望홈

京城竹洞八十二統七戶
竹洞材木店主金興敏　告白

學部檢定

初等植物學　每課有도　定價金三十錢
初등動物學　每課有도　定價金四十전

最新初等小學

文明國의小學讀本制度를模範하야精美한圖畫을具호고八卷을四卷으로합하製호　試册合製定價金五십錢

最新初等大韓地誌　定價金四拾錢

最新高等大韓地誌　定價金七拾錢

文明國地誌制度를模倣호야漢陽의山水며宮闕圖와拾三道地圖와各港口와開市場과名山大川과都會勝地도를具홈

初등大韓歷史

文明國의歷史制度를從호야我國의聖帝明王의御眞과忠臣烈士의影幀을具홈　定價金七十錢

國家思想學　精神教育　定價金二十五錢

憲法要義　義務教育　定價金二拾五錢

有效한書는皆書林에서發行호오며此外에도諸般書籍이具備호오니僉君子는陸續來購호심을望홈

京城南部銅峴大廣街第三十五統五戶

玉虎書林

黃海道鳳山郡沙里院朝陽書館分賣所　京鄕各有名書舖

廉價放賣

測量器械各種
製圖器械各種
製圖用紙各種

釜山港本町三丁目

近藤支店

本社에서活版機械를壹新整備하고各種印刷를廉價로需應호오니僉位는惠顧하시옵

本社에서社會公益上印刷로貳割特減홈

本社에서直接大發賣書目

中等用器畫法　全　定價金七拾錢
訢雲　吳榮根君　著

本書는測量。建築。構造。機械見本。壹切實地應用製圖法

外國地誌　上下　定價金大拾錢

本書는各學校教科의適當호世界各國의情形을詳載홈

二十世紀朝鮮論　定價金三拾五錢

新撰最新算術　上下　定價金壹圜

官立高等學校教授金夏鼎君著本書는著者僉君이實地教授와多年經驗으로編纂호니教育者여學校教科에及獨習의適當홈

壹個自修成卒算術自解　定價金五十錢

本書는自初로敎으로求積法까지簡易詳解호速成科敎科用及自修獨習에便

鍾路電門上隅第二統三戶

興文社

南大門內紅箭門內藥局成發西岸戶外瓦家에서開業호오니大小廣賣호고셔어던여여淸國及各處에서銅峴大淸商和順號에서購

大淸商和順　謹白

大韓仁川各國租界內各藥舖

總發行所

和平堂大藥房

婦人胎養調經丸

壹劑每月分　금五圜

主治說明

婦人이孕胎를하지못호은冷病積聚와月經不調로因홈이니此藥을服用호시면婦人腹中에有호諸病을壹切退去호고自然孕胎호오니速速購買去하시옵

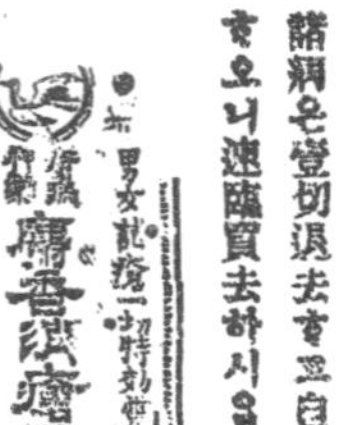

此丹이於諸瘡에無論男女老少호고若服壹劑호면實有神效호야百발百中호오니非例方可及也라治諸主治則楊梅瘡、疳瘡、頭瘡、諸症에俱有立效호며是發病效君子는當次試驗伏望

八寶丹

主治效能

○胃腸患○頭痛固飲
○食思欠乏○頭痛寒
○久積痞○急滯關格
○滯飲食傷○霍亂眩暈
○泄瀉下痢○霍亂吐瀉
○水土不服○船車

滋陽丸

補腦補陽
三拾日分　금五圜
貳拾日分　금三圜四拾전
拾日分　금壹圜八拾전

壯陽復元丹

一週分　二週分　一　八週分六圜

此藥은專治腸痛腰痛○房事色傷○腎虛腰痛○精冷夢○陽經衰弱○房事時早漏不快○病後虛弱○貧血諸症○先天不足○飲食不下○眩暈頭痛○等症

將此丸을用法服之면不過幾日에立見妙效호야精神飲食호고眼覺弁快하나니其症이輕者는元陽호고其症이稍重者는可服三四週호고其症이頗重者는連服七八週면必能全치無疑니若夫此劑則補血而益氣호고强筋而壯骨호나니附之八週而未見其效則請將價額을如數還呈이오不敢虛誑自欺라此丸이實男婦老幼호고均用有效하나니眞世間無比之妙劑也라僉位는何不早도壹試오

發行所　皇城香路大廣橋十九統七戶
特約代理店　京城水橋　共愛堂藥房

主治

○房事不容○腎虛腰痛
○病後氣喘○腎氣不足
○過勞不足○遺精多少
○陰虛火動○房事後恨悶
○手足厥冷○形容蒼白
○吸烟躁烟○口
○體質虛弱消瘦

此外의도東西洋各國靈藥이俱備호오니各地方의셔도隨用請求호시면鄕邑으로보내드리오며各處賣藥호실僉位에게는特別割引放賣호오니陸續注文호심을望

製藥所　仁川港各國租界　和平堂藥房

發行人　李　和平堂藥房

京城　衣　和平堂支店

代理店

京城　共愛堂藥房

京城香路　仁川港各國　和平堂

本會事務가漸次擴張이온바本會에購入호실有志僉君子는本會로陸續來購호와林業을發達케호심을希望홈

〔電話二九三番〕

大韓山林協會　本部告白

社告

○申報

壹號代金　新貨二錢五厘
壹個月前　金四十錢
參個月　金壹圜拾五錢
陸個月　金壹圜二十五錢
壹年　金四圜

○廣告

每行活字拾二字　每日壹寸（英尺）에新貨拾五錢
二回以上의增減은面議홈
其外版의揭載와寫眞이有호는增減을面議홈
（自壹行至拾行을以行數로計홈）

發行兼編輯人英國人　萬咸
發行所　南部苧井洞外國人三房　大韓每日申報社

Entered as Second-class for Publication Korea Weekly Markham.

漢城鍾路慈惠藥房에서官許拜受호二十三種封藥과舊藥唐材와草材를大發賣호고且石版印刷機械

光武九年八月十一日 明治卅八年八月十一日 (第三種郵便物認可) 土曜日 西曆一千九百九年貳月廿七日

大韓每日申報

第七卷

…邊卒業証과修業証과各種書册을請求하시면特減又減價하야以小包郵便으로酬應하옵나이다

月曜及慶節時日休刊

檀君開國四千二百四十二年
箕子元年三千三十一年
大韓開國五百十八年
日本明治四十二年
淸國宣統元年
隆熙己酉二月大初八日戊午

寄書

◉擧手寰宇하고 大聲疾呼 徐相崙

夫人之痼病也에醫生이連轂以至하야雜投方藥하며寒熱補瀉의劑와甘酸辛苦의味를錯雜以進하되病者는精神을失하야醫者의優劣과藥의虛實과病의原因을不思하고暇日呑下를豈任他手하면病의差가無할뿐不是라危險之極이豈有過此乎아故로吾는以謂하되華佗의醫가其功이病者의內省함보다後라하노니大抵今日吾人의病症은痼根이深入하야肺가已傷함에至하얏스니靈藥을先投하야痼根을漸除하며新氣를吸收하야元氣를補益하여야蘇醒之日이必有할거늘奈之何其痼根은不治하고다만補劑나珍味로써進하면病의差復을求하니豈可得乎아

噫라有志諸公이여諸公이蘇登壇에大聲疾呼曰國中靑年을驅하야俾士麥華盛頓의武步를從케하라하면獨히彼兩男의鐵血心은思치못하는가今에敎育도無하고智力도少한者로하야금反省력爭하야其功業만慕倣하라하니是는靈藥은不試하고差復만求함이로다

然而臨難不屈하며百折不回하는것은決코世間의學問과技藝로陶鑄하는者는아니니其所謂鐵血心이란것은其二가有하니壹은信賴의勇이오壹은自强의力이라自强의力은義理에符合함이未必이어니와信賴의勇은勇進不回하야其目的은皓々乎白日과如히不斷하며其心志는洋々乎秋水와共히不濁하나니嗚乎諸公이여華盛頓俾士麥의鉄血肝膽도此信賴中에서從出함을曾不知하는가今也에歐美列强의文明의勢와獨立의權이각自不同하야或은學問에由하며或은武强에由하얏스나至若我大韓하야는其人心의程度와國勢의情形을察하건대先以道德하고後以學問함만莫如하니蓋學問者는用이오道德者는體라體가無하고用만有하면其用을何에用하리오此는實노其痼根은不治하고補劑만亂用함과無異하도다

嗚乎同胞여天道의直逕은窮치못하고人事의迷路로만趨向하야敎育家는徒自勞心하며殖産家는虛是疲力하나國勢는日蹙하고民生은日迫하니奈何々々오熱心으로敎育하는目的과勤侃으로殖産하는主意가何에在하뇨私益乎아公益乎아抑國權挽回의血誠乎아豈言以蔽之하고國權을挽回하기는信賴의勇을陶鑄함에在하니此信賴의勇이有한然後에야鐵血心이健全하고鐵血心이有한然後에야俾士麥과華盛頓의事業을可期할지라然則信賴의勇은何에서得할까上帝의仁과耶蘇시의功을信賴함이其壹이니라聖書에云하되今日이[illegible]之日이오今時가救贖之時라하얏스니嗚呼同胞여時哉々々니勿失勿失하고亟勉이어다

外報

◉比皇遊覽 東京電을據한則比國皇帝는日本에遊覽하다는說이有하더라

◉進步黨分裂 東京電을據한則新政黨組織의擾攘을因하야進步黨은分裂할模樣이라더라

◉痛罵靑年 伯林電을據한則土耳其首都에셔同國首相과靑年團體가衝突이起하얏는대首相이靑年團體가皇帝에對하야非禮를抱한者이라고痛罵하얏다더라

雜報

◉儒生獻議

拾三道儒生金東弼의諸等二拾三人이中樞院에獻議한全文이如左하니

敬啓者嗚呼라亘古乱賊之無君이豈有如今日賊臣乘破之元惡大대者乎잇가頃者我 大皇帝陛下계옵셔南 巡狩하옵심은我東邦에曠世盛事라爲我臣民者—歡天喜地에執[illegible]從蹕叢扑가稱謂地方虐殺之行政은從今日新이오며黃袍亦子之誤解는於斯氷釋할서라大東에中興을佇見이옵고詞臣에作頌을已期옵더니嗟我文明半島之域에不幸豐穰戾氣가賊㭽을闖生하야名忝責任에閣이옵고分猥陪從 玉輅이온즉渠以枯雛腐鼠之質로 鳳詔에煥發하옵심을縱不敢對揚宣布이오나豈中分人心이荷有하오면消埃의萬壹을圖報이거날此를不爲하고猥心은酒를耽하야跋扈하며豕腸은上을蔑하야無嚴함으로莫嚴하옵선[illegible]胡唱하야語涉 至尊에放恣跳踉하니罔有紀極이온바當日躬蹈之侍從武官은不斬賊㭽之頭하얏스니倫紀掃地而然이온지在傍日侍之司法大臣도亦饒賊㭽之命하얏스니怕其勢焰而然이온지興言及此하오면令人髮竪膽掉라閭巷喠罵之口도式以喧聒이어눌臺彈聲討之筆은誅鉞森嚴이거늘何況貴院은職在樞密이오責是言이온데猶未聞建議하야以正三尺이온즉豈不可呼天而痛哭者乎잇가謹按支那制度에日下公門式路馬하되是는門與厩로以함이라敬君의意에出함이며日本憲法에云天皇은神聖이라하니是는天皇의身體及名譽를尊嚴함을謂함인즉臣이尊君之意에出함이어날賊은罔念體法의攸重하고 玉車破窓에驚動 天聽하야敬君之義—蔑矣오御前擲刀에擬刺侍臣하야尊君之倫이無矣라若此蔑法無倫之賊으로闖賊之間에不可時日容息이거늘現在에肆然漏網而葦海하얏스나天下에無君之國이豈有하리오仰惟自作은難逭에此賊의伏法이匪朝伊夕이오니伏願准此建議于內閣하오셔 天陛에 上奏하옵고友邦에聲明하옵서賊㭽을不日引渡케하시와亟正邦憲하옵고俾雪人臣之憤則 宗社幸甚이옵고天下幸甚이라하얏더라

詞藻

◉日落時

日落西山、호옹。뚝떠러지는데、홍
月出東嶺에、둥두렷하구나、아。
어리화、됴타、호옹。知稀希를 外구、홍。

廣告

雜報

●迎給人民 大皇帝陛下께옵셔西道 巡幸ᄒᆞ옵실時에平安南道觀察使가 奉迎費를宜般人民에게徵收ᄒᆞᆫ다ᄂᆞᆫ데其時에各郡守가不日督捧ᄒᆞ야觀察使에게收納ᄒᆞᆯ지라大抵 西巡의趣旨ᄂᆞᆫ民情을 御覽ᄒᆞ시기爲ᄒᆞᆷ인ᄃᆡ 奉迎費를人民에게徵收ᄒᆞᆷ이不可ᄒᆞᆫ故로內部에서同觀察使에게發令ᄒᆞ야人民에게還爲出給케ᄒᆞ얏다더라

●任法自護 日前에農商工部大臣趙重應氏가總理李完用氏를訪問ᄒᆞ고內大宋秉畯의事件에對ᄒᆞ야何以措處ᄒᆞᆷ을問ᄒᆞᆫ바李總理의所答이如彼凶惡ᄒᆞᆫ人을若爲擧論ᄒᆞ면妨礙處가多大ᄒᆞᆫ터이니掩置ᄒᆞᄂᆞᆫ것이穩當ᄒᆞ다ᄒᆞ얏다더라

●何辨明 壹進會總務김某ᄂᆞᆫ宋秉畯의拔劒事件을ᄀᆞ本政府에辨明ᄒᆞ기爲ᄒᆞ야今明간該會員某某人을帶同ᄒᆞ고渡日ᄒᆞᆯ다더라

●社倉規則制定 從來社倉에社還米規式이有ᄒᆞ야每年春節에壹般人民에게貸與ᄒᆞ얏다가秋節에ᄂᆞᆫ還納케ᄒᆞ얏ᄂᆞᆫ데今番에ᄂᆞᆫ度支部에서社倉規則을制定ᄒᆞ야此를監督ᄒᆞᆫ다더라

●依令捧稅 鎭岑郡은元來木蔴稅納인대每結에六圜六十六錢七里로每年稅納이더니昨年分에六圜六拾錢으로原定上納ᄒᆞ라ᄂᆞᆫ度支部令이昭載官報ᄒᆞ얏ᄂᆞᆫ데同郡에서ᄂᆞᆫ訓令을擱置ᄒᆞ고依舊例収捧ᄒᆞ기로該郡居民姜精秀김聲培成義燮氏等이太田財務署에呼訴ᄒᆞ야依部令捧稅케되얏다더라

●水電發現得賞 咸鏡北道沿岸에서日人卜原이가浮漂ᄒᆞᄂᆞᆫ水雷를發見ᄒᆞᆫ故로內部에서同人의게褒賞금壹白圜을給與ᄒᆞᆫ다더라

●文川饑饉救濟 文川郡饑饉을救濟ᄒᆞᆯ事로元山理事官이한日人으로더부러募集ᄒᆞᆫ寄附金으로黍米二百五拾石을購入ᄒᆞ야二個月間에支撥ᄒᆞᆯ事와三個月救濟ᄂᆞᆫ內部와度支部間에交涉ᄒᆞᆫ結果로驛屯土米穀으로救恤ᄒᆞᆯ터이오尙且窮民의農作耕種을ᄒᆞ念ᄒᆞ야元山財務監督局에서配付ᄒᆞᆯ터이라더라

●擊劒演習 警視廳에서ᄂᆞᆫ壹般巡査로擊劒武術을演習케ᄒᆞ기爲ᄒᆞ야來三月壹日부터ᄀᆞ始ᄒᆞᆫ다더라

●衛兵行悖 新門外石橋地境居近衛隊兵丁孫某가三昨夜에飮酒泥醉ᄒᆞ고紅門洞私塾에闖往ᄒᆞ야김종夏氏의令男을無故執捉ᄒᆞ야佩刀를拔揮ᄒᆞ며行悖ᄒᆞᆷ이歸所不至ᄒᆞᆫ故로김종夏氏가現今該隊參領朴斗承氏와交涉中이라더라

●是何郞行 宮內府官人文昌圭氏와三人이日前에中部樓洞居ᄒᆞᄂᆞᆫ前郡守李석麟氏의別室의게何等悖行이有ᄒᆞ얏던지文某의郞悖ᄒᆞᆫ行爲를人多唾罵ᄒᆞᆫ다더라

●代官徵 再昨日下午四時量에鐘路布廛居ᄒᆞᄂᆞᆫ人壹名이山蔘一根을携持ᄒᆞ고東床廛으로入來ᄒᆞᆯ際에從傍居ᄒᆞᆫ人壹名이此蔘을看品ᄒᆞᆫ다ᄒᆞ고종閣後面으로前往ᄒᆞ야咀嚼呑服ᄒᆞ거ᄂᆞᆯ因爲毆打ᄒᆞ며該蔘을還索코져ᄒᆞ나業已服之에無可奈何라蔘價를出給ᄒᆞ라고互相詰難ᄒᆞ얏다더라

●金氏高義 安城郡居ᄒᆞᄂᆞᆫ李重九氏가年前에京城에셔自己親喪을遭ᄒᆞ고靈柩ᄒᆞᆯ道가無ᄒᆞ야同郡居郡守김榮植氏에게금貨八百圜을貸ᄒᆞ야治喪ᄒᆞ고于今七八年을償還치못ᄒᆞ다가月前에若干田畓과家産汁物을放賣上京ᄒᆞ야依數報給ᄒᆞ미김氏가固辭不受ᄒᆞ야日我가收捧ᄒᆞᆯ意가有ᄒᆞ면何不壹次督促乎아我今捧納하면君必蕩産難活ᄒᆞᆯ터이니是所不忍ᄒᆞᆯ事이라ᄒᆞ며拒絕不受ᄒᆞ고該錢券을燒燼ᄒᆞ얏다더라

●燈日燈日 再昨日下午九時頃에南部山林동居ᄒᆞᄂᆞᆫ高召史가学동等地로過去ᄒᆞᆯᄂᆞᆫ데何許日人에抑執強奸코져하ᄂᆞᆫ故로何許韓人이挽留護送ᄒᆞᆷ으로幸免其辱ᄒᆞ얏다더라

●避義上京 抱川郡來人의傳說을據ᄒᆞᆫ즉該郡境內에義兵이來到ᄒᆞ야居民中士子爲名人을義兵으로募集ᄒᆞᆷ으로故로避身上京ᄒᆞᄂᆞᆫ者가多數ᄒᆞ다더라

●奇哉惜哉 黃海道殷栗郡私立養元學校三年級生徒吳白石氏ᄂᆞᆫ年才拾三인대本來聰俊英特ᄒᆞ야學業이超等ᄒᆞ고演辯이又能ᄒᆞᆯ뿐더러國家精神이到底ᄒᆞ던兒童이라不幸히身病을得ᄒᆞ야將死ᄒᆞᆯ時에大韓帝國獨立과 大皇帝陛下萬歲를連呼ᄒᆞ며니該校任員敎師及生徒들이姓問ᄒᆞᆫ즉히兒가揮淚言曰我韓獨立은諸公의熱心에在ᄒᆞ다ᄒᆞ고獨立과萬歲를呼ᄒᆞ고仍爲逝去ᄒᆞ얏다더라

●登死登生 再昨日下午에西氷庫津頭에서行人二名이登氷ᄒᆞ다가히二人이俱爲溺水ᄒᆞ얏ᄂᆞᆫ되壹人은拯救ᄒᆞ고壹人은不爲致斃ᄒᆞ얏다더라

●技犯被捉 三昨夜齋洞閔議政泳奎氏喪家에서下繼雙가逃夜ᄒᆞ기爲ᄒᆞ야花盆又消遣ᄒᆞᄂᆞᆫ더行轎巡査에게被捉ᄒᆞ야北部警察署로押付ᄒᆞ얏다더라

●張氏被囚 東部往十里居ᄒᆞᄂᆞᆫ張貴春氏ᄂᆞᆫ原來財産整理局囑託의任을帶ᄒᆞ고視務ᄒᆞᄂᆞᆫ터인ᄃᆡ何等換弄的手段이有ᄒᆞ던지東署의被捉되얏다더라

●强盜奪牛 再昨日下午八時頃에北部管內舞鶴峴等地에서何許强盜가哭山ᄒᆞ야其時通去ᄒᆞᄂᆞᆫ柴商鄭在順氏의牛壹隻을奪取以去ᄒᆞ얏다더라

●可尤葬費 前承旨金鎭贊氏ᄂᆞᆫ元來技局善手로著名ᄒᆞᆫ터인ᄃᆡ月前에該氏의大夫人喪事를當ᄒᆞ야稱第로下去하얏다가還柩節次를準備次로上京ᄒᆞ얏ᄂᆞᆫ대金東基爲名人을誘引設技ᄒᆞ고金貨四百圜을奪取ᄒᆞ얏다더라

●拾金還主 三昨日에內部大臣官房김命吉氏가鍾路門前街路에서金貨貳圜을拾得ᄒᆞ야附近雜貨商店에任置ᄒᆞ고本主가來覓ᄒᆞ거든出給ᄒᆞ라ᄒᆞ얏더니居未幾에近衛隊兵丁김春求氏가來覓ᄒᆞᄂᆞᆫᄃᆡ證據가昭然ᄒᆞᆷ으로卽爲出給ᄒᆞ얏다더라

●片氏義擧 東部梨峴居ᄒᆞᄂᆞᆫ前議官片洪九氏가今番文川郡饑饉을救濟ᄒᆞᆯ目的으로新貨拾餘圜을義捐ᄒᆞ얏다더라

●救世福演 夜珠峴第壹救世軍營에서明日上午十時半下午二時半同七時에正領許嘉斗氏가演說ᄒᆞ고大廣橋第二軍營에서ᄂᆞᆫ正尉班禹巨氏가演說ᄒᆞᆫ다더라

●靑會討論 今日下午七時에靑年會에서討論會를開ᄒᆞ고敎人之方은淺近之害이勝於深遠之義란問題로討論ᄒᆞᆫ다더라

●普館任員改選 磚洞普成館에서本年壹月爲始ᄒᆞ야任員을改選ᄒᆞ얏ᄂᆞᆫ데館長은玄昇奎氏로事務員兼會計ᄂᆞᆫ林鳳來氏로編輯員兼監査員은崔在鎭氏로校正員은朴漢榮氏로選定ᄒᆞ얏다더라

學界

●看場痛哭 長連郡居晋鳳陽학校에서冬期試驗을經ᄒᆞ고一月十三日에休학式을擧行ᄒᆞ얏ᄂᆞᆫ데五年級生徒韓永과시의演說이何等感激이有하얏던지來賓과學生數百人이壹場痛哭하얏다더라

●漢文缺乏 本月二十壹日에普成專門學校學員募集試取에應試人員이數百人에達ᄒᆞ얏ᄂᆞᆫ대漢文讀書作文에多數落第ᄒᆞ고僅히九拾餘人이被選ᄒᆞ얏ᄂᆞᆫ故로학員을更募ᄒᆞᆫ다더라

●咸悅爲明 全羅北道咸悅郡창明學校ᄂᆞᆫ設立未幾에前郡守朴台榮고長趙冕植校監權丙義학監趙俊植諸氏의熱心敎育ᄒᆞᆷ으로將就之望이有ᄒᆞ다더라

●龍興基本 白川郡龍海面文山洞龍興學校ᄂᆞᆫ基本金이無ᄒᆞᆷ으로私立학校合에對ᄒᆞ야承諾이無望ᄒᆞ더니該校任員具光會劉利植徐兆慤具滋益安承世諸시가土地文券을多數義捐聚合ᄒᆞ야學部에請願承認ᄒᆞ라ᄒᆞ고該面에서도合力合資하야金額이五千餘圜에達ᄒᆞ얏ᄂᆞᆫ데諸시의熱心ᄒᆞᆫ人皆稱頌ᄒᆞᆫ다더라

●普明志士 咸興郡州南面桑洞普明학校ᄂᆞᆫ昨年七月分에老少里民이敎育에大奮勵ᄒᆞ야里財를收合ᄒᆞ고義捐을各捐ᄒᆞ야校舍를新築ᄒᆞ니학徒가漸進ᄒᆞ야現今八拾餘名에達ᄒᆞ얏ᄂᆞᆫᄃᆡ校長韓昶麟시ᄂᆞᆫ年今七拾에敎育에熱心ᄒᆞ야該學徒의게壹月四次式優數施賞ᄒᆞ되激切ᄒᆞᆫ言論으로每每勸勉하고校監申百徹시도熱誠으로勸勉ᄒᆞ야將就之望이顯大ᄒᆞᆷ에ᄯᆞ라該郡人士가稱頌不已ᄒᆞᆫ다더라

●碧城演說 海州郡西面碧城義塾은許士리承謨氏와泳澤氏承駿諸시의特誠으로設立된지于今三載에敎科의成績이漸進ᄒᆞᆷ다더라

●測量講習 海州來城面紳士崔贊善시가該郡鄕校明倫堂에학校를設立ᄒᆞᆯ次로苦心焦舌ᄒᆞ다가因病中止ᄒᆞ고歸家調理ᄒᆞᆯ다더니近日에自己家에測量講習所를設置ᄒᆞ고信川郡居金永昇시를延聘ᄒᆞ얏ᄂᆞᆫ데히시가名譽로熱心敎授ᄒᆞᆫ다더라

◉咸荷義捐 晋州府城外大安一洞晋興測量學校에서

金五十錢을本社에寄附ᄒᆞ얏기玆에懇意를表ᄒᆞ노라

▲地方消息▼

▲本月四日今羅南道興陽郡南方海島中에서義兵五名이同郡日守備隊斥候兵과交戰ᄒᆞ얏다ᄒᆞ고

▲本月貳十四日靈光郡東南二十里地에서義兵拾餘名이同郡日守備隊下士以下三名의騎兵과交戰ᄒᆞ얏ᄂᆞᆫ데下士壹名及兵丁壹名은負傷ᄒᆞ고馬壹匹은死去ᄒᆞ얏다더라

▲聽演復演▼

破惑生

▲西山初月上弓枝에靑年會館지내다가日本人의大垣丈夫韓日關係問題로셔演說開會ᄒᆞᆫ다기에傍聽次로드러간今人山人海叢雜中에蕭蕭班白壹老翁이演壇上에올나서셔來意說明ᄒᆞᄂᆞᆫ말을더강드러謄草로다

▲第壹端의ᄒᆞᄂᆞᆫ말이東洋地圖펼처노코각國地形볼지라도日本國의地形됨이蜿蜒長蛇彷彿ᄒᆞ야圍繞東方힛다ᄒᆞ니人傑地靈일너거던蛇形國의셍긴人物빕의性質엽合손가제本色을自鳴ᄒᆞ니拍案大笑ᄒᆞᆯ일이오

▲第二端의ᄒᆞᄂᆞᆫ말이日本國의對韓政策何등國을勿論하고한國內의勢力關係勝於日本ᄒᆞ량이면期圖消滅決心으로日淸日俄兩戰役에獨立鞏固힛다ᄒᆞ니欺弄手段뎌言論이爲한일지爲日인지再三注意ᄒᆞᆯ일이오

▲第三端의ᄒᆞᄂᆞᆫ말이한國內의政黨들은淸人得勢希望者도幾部分이存在ᄒᆞ고露國人의執鞭ᄒᆞᆷ을苦待者도幾人이오日本勢力擴張되기顯祝者도許多ᄒᆞᆫ즉何國人이得勢ᄒᆞᆫ지依賴ᄒᆞ겟고又ᄯᅡᄒᆞ니第壹硏究ᄒᆞᆯ일이오

▲第四端의ᄒᆞᄂᆞᆫ말이他人得勢希望말고壹般政治改革ᄒᆞ야野昧思想다바리고大韓國의한八들은한國人의한人으로務圖進就ᄒᆞ라ᄒᆞ니外親內疎뎌言論은眞意런지僞意런지한人에게假符로다熱心奮發ᄒᆞᆯ일이오

▲第五端의ᄒᆞᄂᆞᆫ말이한國內의엇던黨派親日이라自稱ᄒᆞ고諸般挾雜無數라가伊藤統監關係ᄒᆞᆷ제哀乞伏乞驩皇說話기지들과會般인즉爲日黨에무엇인가伊藤黨이的實이라早速悔改ᄒᆞ라ᄒᆞ니이言論은實心일세

▲韓人들아한人들아他精神에노지마라自國精神腦에박어國家觀念잇슬진대吾心變態ᄒᆞᆯ거시니彼是사人이아닌가各自其國爲하기는明若觀火뿐이라재아오리쟈撥ᄒᆞ고甘言利說ᄒᆞᆫ지라도傾耳信聽뉘ᄒᆞᆯ손가

廣告

本月二拾七日(土曜)下午壹時에鍾路青年會館을借得ᄒᆞ야國民演說會를開ᄒᆞᄂᆞᆫᄃᆡ演題와演士ᄂᆞᆫ如左홈

演題　演士

一 臣民의分義　全德基

二 公論과勢力　金光濟

三 善善惡惡은人의天賦　金明준

四 悖行懲勵의本義　姜윤熙

五 輿論을無視ᄒᆞᆫ結果　趙완九

發起人 金炳鉉 남繼祐等告白

入場券은學校에五錢인ᄃᆡ皇城新聞社帝國新聞社에셔發行홈

본인이금월삼일에셩명도장을셔실ᄒᆞ고신조도장ᄒᆞ여ᄉᆞᆸ기광고ᄒᆞ오니지구간조량홈

셔부반셕방도동제일ᄇᆡ구십칠호 손영순 고빅

東部昌善坊東學洞三十七統八戶帥家六間瓦家券과김春化處의買得ᄒᆞᆫ證明을昨年九月分에不知中에失ᄒᆞ야기로玆以廣告

趙龍現 告白

本所에셔山林 田畓 家屋土地等測量及製圖를慣熟케ᄒᆞ오니僉君子ᄂᆞᆫ陸續來臨ᄒᆞ심을務望홈

慶北金山郡金泉面中洞

普光測量事務所處所主 白

西署盤松坊池下契獨立館邊學園亭壹百四拾壹統四戶草家八間證明文券을不知中에失ᄒᆞ얏ᄉᆞ오니僉은照亮ᄒᆞ심을爲望

黃榮秀 白

本同事隆熙二年度營業利益이資本金每십圓에對ᄒᆞ야壹圓八拾三錢三厘의排當이되얏ᄉᆞ오니僉同事員은照亮ᄒᆞ시옵

平北龍川楊市商務同事 告白

來卄八日(日曜)上午拾壹時에任員會를法官養成所內에開ᄒᆞ오니壹切任員ᄂᆞᆫ屆期來臨ᄒᆞ시옵

法學研成會 告白

江原道三陟郡明東학校補助金

朴基來 五十圜　崔倍顯　鄭仁基　金璦諧　朱兩昇　崔昌重　任仲鎬　金璟棨　金曾榮 각三十圜　최相斗　崔東昱　洪在廣　金연卿　沈琮赫　金東鎬　朴東奎　金恒卿　김鐘卿　洪在式　각十圜　崔東暘　김致榮　崔相龜　崔鍾海　朴光肇　李東麟　金仁壽　김輔銘　金輝星　崔瑞集　崔凡圭　朴勝煥　각九圜　崔鍾爽　李魁春　洪圭琳　金台卿　各三圜　崔基東　李東은　陳建植　洪재燮　金源玉　鄭台우　沈炯圭　各二圜　鄭台列　鄭台元　鄭연鎔　朴乘肇　洪희燮　洪在瑛　崔相舜　崔鎭華　金秉韶　金甲斗　정重永　金成卿　金殷培　洪淳弘　金永회　최相禮　李鍾翼　林弘식　沈永恒　沈丕赫　金秦祥　張基東　각一圜　洪在信　金桂烈　洪秉智　崔相義　金芝鎬　각四拾錢

明東學校 告白

本同事의今番總會結果로朴店總務黃菊保씨遷任ᄒᆞᆫ代에會計宋주賢시ᄂᆞᆫ宣川總支店總務李鳳翔시遷任ᄒᆞᆫ代에總務黃菊逸시ᄂᆞᆫ總任케ᄒᆞᆫ總支店會計ᄂᆞᆫ梁승明시로選定ᄒᆞ엿시며棄務擴張키爲ᄒᆞ야各同事員의각ᄀᆞ擔任ᄒᆞ고資本의倍를陰四月內로增募ᄒᆞ기로決定ᄒᆞ얏ᄉᆞ오니僉同事員은極力募集ᄒᆞ심을伏望

平北龍川楊市商務同事 告白

◎材木大發賣

弊店의品好ᄒᆞᆫ木材가多數俱備ᄒᆞ와廉價로賣出ᄒᆞ오니所用이有ᄒᆞ신僉君子ᄂᆞᆫ陸續來購ᄒᆞ심을務望홈

京城竹洞八十二統七戶竹洞材木店主金興敏 告白

本人의買次江華煤音島所在畓拾四斗落文券을日前盜亂物品中에併爲見失ᄒᆞ얏스니誰某간切勿見欺홈

朴憲用 告白

國語綴字捷徑

此書ᄂᆞᆫ國文篇下字의綴字法을速히曉得ᄒᆞᄂᆞᆫ捷徑인바爲先他人의誤習ᄒᆞᆫ것을詳細說明ᄒᆞ고國文每字上下字를相較ᄒᆞ야明分ᄒᆞᆫ國語等習讀ᄒᆞ야初學生徒와國語敎科에適合ᄒᆞ오니僉彦은陸續購覽ᄒᆞ시옵

定價貳拾錢

原賣所 平壤 鍾路光明書觀

◎學員募集廣告

本校에셔土木建築科及測量科를設施ᄒᆞ오니入學志願人은何日이라도本事務所로來臨ᄒᆞ와詳問ᄒᆞ시오

土木建築科

速成科　六個月

高等科　壹個年

特別科　三個月

測量科

速成科　六個月

高等科　壹個年

全夜學　壹個年

特別科　貳個月

京城泰清國領事館通

私立山崎實用土木建築測量彝術製圖學校

◎特別廣告◎

本社에셔事務가煩忙ᄒᆞ야新廣告의準備가未畢ᄒᆞ얏ᄉᆞ오나日前에大注意ᄒᆞᆯ事件으로詳細告白ᄒᆞᆯ것ᄉᆞᆸ나이다

本社에셔今日ᄭᆞ지差定ᄒᆞᆫ各處代理人의氏名을左開廣布ᄒᆞ오니該地方僉君子ᄂᆞᆫ各其代理人의게로通信을聯絡ᄒᆞ시거나直接으로本社에通信ᄒᆞ야協議ᄒᆞ시거나ᄒᆞ심을望홈

大韓皇城磚洞　韓美興業株式會社 謹啓

左開

開城代理人	開城南門內雜貨商店	金東宣
平壤代理人	平壤大同門內[illegible]洞	鄭基煥
咸興代理人	咸興[illegible]門外	盧炅洙
馬山浦代理人	馬山浦客主	孫德宇
元山代理人	元山港	金以文
清津代理人	清津港	張樂臣
水原代理人	水原北部長安洞	金유東
安城代理人 位置未定	水原北部長安洞	金유東
沙里院代理人 位置未定	載寧郡[illegible]拾里旺新學校內	邦元重

◎特別廣告◎

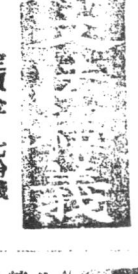

光武九年八月拾一日 明治卅八年八月拾一日(第三種郵便物認可) 日曜日 西曆壹千九百九年貳月廿八日

第七卷

大韓每日申報

第壹千卅五號

月曜及慶節 識時日休刊

檀君開國四千二百四十二年
箕子元年三千三十一年
大韓開國五百十八年
日本明治四十二年
清國宣統元年
陰曆己酉二月大初九日己未

論說

◉儒教界에對ᄒᆞᆫ一論

嗚乎라韓國은儒教國이라今日韓國의衰弱이此에至ᄒᆞᆷ은其惟儒教를信仰ᄒᆞᆫ所以가아닌가曰否라奚其然이며奚其然이리오儒教를信仰ᄒᆞᆷ으로衰弱ᄒᆞᆷ이아니오儒教의信仰이其道를不得ᄒᆞᆫ故로衰弱이此에至ᄒᆞ니라是何言고韓國의儒教信仰이其道를不得ᄒᆞ얏다ᄒᆞᆷ이是何言고皇城에ᄂᆞᆫ成均館이巍々ᄒᆞ얏고地方三百餘州에到處마다大成殿이羅列ᄒᆞ얏스며朝野가春秋로孔孟을祭ᄒᆞ며士民이晝夜로孔孟을誦ᄒᆞ며所讀은四書六經이오所稱은五倫三綱이오曰儒賢이라ᄒᆞ면朝廷이其尊을失ᄒᆞ고曰儒者라ᄒᆞ면童稚도其名을愛ᄒᆞ야儒教의氣焰이勃々ᄒᆞ히五百年에亘ᄒᆞ얏거날今에儒教信仰이其道를不得ᄒᆞ얏다ᄒᆞᆷ이是何言고

曰噫라彼所謂儒教界에果然眞心으로儒家의道德을踐ᄒᆞ며儒門의洪規를守ᄒᆞᆫ者ㅣ幾人이나有ᄒᆞᆫ가太半是儒俗愚學輩가口로ᄂᆞᆫ曰孔孟曰顔曾ᄒᆞ나其腦髓에ᄂᆞᆫ惟富貴를是求ᄒᆞ며外面으로ᄂᆞᆫ曰仁義曰禮智ᄒᆞ나其內容은惟名譽를是釣ᄒᆞᆯ뿐이라其精神은如何ᄒᆞ던지先賢의形式이나能肖ᄒᆞ면是를儒賢으로尊ᄒᆞ며其實行은如何ᄒᆞ던지先賢의文字나稍通ᄒᆞ면是를先生이라稱ᄒᆞ야滔々流風이實은棄ᄒᆞ고虛로만趨ᄒᆞᆫ시先賢이緇布冠을着ᄒᆞ얏스면我도緇布冠을着ᄒᆞ며先賢이跪坐ᄒᆞ얏스면我도跪坐ᄒᆞ며先賢이山林에入ᄒᆞ얏스면我도山林에入ᄒᆞ야其形容을模範ᄒᆞᆷ으로聖門의要路를作ᄒᆞ얏스니嗚乎라此ᄂᆞᆫ不過是一場演劇場인뎌

是以로春秋釋奠에跪拜가紛紜ᄒᆞ나聖人의心法은毫釐도效慕치못ᄒᆞ며經典考據에筆舌이爛熳ᄒᆞ나道德의眞理ᄂᆞᆫ半分도實踐치못ᄒᆞ얏스니悲夫라

抑又壹二哲人君子가有ᄒᆞ야眞心으로儒教를崇奉ᄒᆞ며儒教를信仰ᄒᆞᆯ지라도此亦其眼光이太同에不及ᄒᆞ고只是小節에區々ᄒᆞᆯ뿐이라

於是乎道德이破壞ᄒᆞ고民智가腐敗ᄒᆞ야今日에遂至ᄒᆞ얏스니故로余ᄂᆞᆫ曰儒教의信仰이其道를不得ᄒᆞᆷ으로衰弱이此에至ᄒᆞ얏다ᄒᆞ노라

只今儒教를扶植코ᄌᆞᄒᆞᄂᆞᆫ者ㅣ或形式을重視ᄒᆞ며保守를徒想ᄒᆞ야新事業을反對ᄒᆞᄂᆞᆫ者ㅣ多ᄒᆞ니此ᄂᆞᆫ儒教를崇奉ᄒᆞᆷ이아니라儒教를反對ᄒᆞᆷ이며儒教를存코ᄌᆞᄒᆞᆷ이아니라儒教를滅코ᄌᆞᄒᆞᆷ이로다

何故오曰形式만重觀ᄒᆞ고保守만徒想ᄒᆞ면將且着袍跪坐ᄒᆞ고歐美의文明을敵코ᄌᆞᄒᆞ며結繩舞羽ᄒᆞ던黃白의風雲을防코ᄌᆞᄒᆞᆯ지니如是ᄒᆞ면畢竟儒教가韓國과俱亡ᄒᆞᄂᆞᆫ所以니라

嗚乎라유教界同胞여如今이다도果然유教의眞義를發揮ᄒᆞ야保守를變ᄒᆞ고進就를務ᄒᆞ며形式을變ᄒᆞ고實踐을務ᄒᆞ며守舊를變ᄒᆞ고就新을務ᄒᆞ며沉靜을變ᄒᆞ고活動을務ᄒᆞ면必也民智를振興ᄒᆞ며國權을挽回ᄒᆞ야유家의大光彩를閃動ᄒᆞᆯ日이有ᄒᆞᆯ진저

近日朴殷植氏가유教의改良을目的ᄒᆞ야유教求新論을著ᄒᆞ야衆眼에照供ᄒᆞ다ᄒᆞ니吾儕가아즉該論을詳閱치못ᄒᆞ야其效果의如何ᄂᆞᆫ確論키難ᄒᆞ거니와該氏ᄂᆞᆫ元來유門淵源의積蘊이有ᄒᆞ고兼且新進世界의高見을抱ᄒᆞᆫ者라果然該氏의論이世人의信仰을得ᄒᆞ면麻然乎유教界에新光線이起ᄒᆞᆯᄶᅵᄒᆞ노라

外報

◉露國의國債募集 聖彼得堡電을據ᄒᆞᆫ즉露國政府ᄂᆞᆫ巴里의各銀行을中心으로ᄒᆞ야貳億四萬圓의國債를募集ᄒᆞ기로計劃ᄒᆞ얏ᄂᆞᆫ대歐洲國民은此國債募集에應ᄒᆞᆫ者가有ᄒᆞᆯ지이나樂觀은不容ᄒᆞᆫ이며此公債中壹億五千萬圓은本年五月에期限되ᄂᆞᆫ前公債를報償ᄒᆞ고其餘ᄂᆞᆫ新設鐵道와陸軍改良에用ᄒᆞᆫ다더라

◉滿洲問題開會 北京電을據ᄒᆞᆫ則去拾七日에第六回滿洲問題會議를開ᄒᆞ얏다더라

◉伊藤演說 紐育電을據ᄒᆞᆫ則日本代議士伊藤欽藏이가日本俱樂部에서壹場演說ᄒᆞ얏ᄂᆞᆫ데其演說의要点은日本의外交가圓滿치못ᄒᆞᆫ것은英國이日本의非常히發達ᄒᆞ야軍事上優勢가有ᄒᆞᆷ을猜疑ᄒᆞᆷ에因ᄒᆞᆷ이라ᄒᆞ얏다더라

雜報

◉攻擊大使 紐育電을據ᄒᆞᆫ즉英國音쓴大尉ᄂᆞᆫ米日問題에關ᄒᆞ야演說을試ᄒᆞ얏ᄂᆞᆫ대加州立法에關ᄒᆞ야 米의利益을計ᄒᆞ얏다ᄒᆞ고日本駐剳英國大使오부라이안시를攻擊ᄒᆞ얏다ᄒᆞ더라

◉金氏獻議 紳士金燮燾氏가中樞院에獻議ᄒᆞᆫ全文이如左ᄒᆞ니

伏以嗟噫痛矣尙忍言哉有史以來爲人臣子之極無嚴大不敬如內部大臣宋秉畯者曾或有之乎各報所揚萬口所傳固已漲播於世界之耳目則不必贅陳其當日光景而 玉車近密處大臣酗酒亂叫之場況敢擧毆刃露之地對此無前之極變政府大僚及司法着掩護者然是其謂國法已蕩入心已亡而然乎至若貴院職在言官尙此緘默無言何若看作常事者然亦莫曉其故矣噫國法無可蕩之理人心無可亡之日則輿情之激昂國言之沸騰其誰能抑遏之乎此而容忍此而泯默則世界各邦誰曰我國有法六下後世誰曰今日有臣本人等亦大韓臣民中壹分子耳尋蟻之忱不勝憂憤敢此獻議伏願俯察輿論照會政府俾亟行懲討如法以伸國綱以謝輿情之地千萬懇乞이라ᄒᆞ얏더라

詞藻

◉初獵

얼싸필냥、흐웅。네어딜갈ᄉᆞᆫ
나、흥。
너잡어보랴고、첫산양왓노라、
아。
어리화、됴라、흐웅。知和者丘
부나、흥。

廣告

◉儒教耶蘇教關係論

右問題의關係다ᄒᆞᆷ은兩教의天理論辨ᄒᆞᆷ이如何ᄒᆞᆷ을謂ᄒᆞᆷ이니國漢文交用ᄒᆞ야貳萬字를毋逾ᄒᆞ고拾月晦日以內에本館에製投ᄒᆞ시면本館에서考評ᄒᆞ야賞金을左開에依ᄒᆞ야報酬ᄒᆞ깃ᄉᆞ오니高明ᄒᆞ신첨君子ᄂᆞᆫ姓名居住를卷末에詳揭ᄒᆞ심을要ᄒᆞᆷ

壹等 四拾元
貳等 貳拾元
三等 拾元

右賞金은英國文學博士李提摩太시의義助로ᄒᆞᆷ

皇城基督教靑年會

普成專門學校學員募集廣告

本校에서今番法律專門科학員을再次增加募集ᄒᆞ오니願학僉員은左기에依ᄒᆞ야屆期入學ᄒᆞ시옴

壹 試驗日子 三月二十一日上午十時(陰曆貳月三拾日)
壹 試驗科目本校入學問事
壹 年齡二拾歲以上
壹 入學에關ᄒᆞᆫ用紙ᄂᆞᆫ本校에來購ᄒᆞᆷ事

漢城礡洞普成專門學校告白

◉學員募集

今番本校에서新入學員約五拾名을募集ᄒᆞ니志願者ᄂᆞᆫ入學請願書에履歷書를添付ᄒᆞ야三月二拾壹日(陰閏貳月初拾日)內로本校에提呈ᄒᆞᆯ事
但入학請願紙ᄂᆞᆫ本校에請求ᄒᆞᆯ事

一試驗期日
四月壹日(陰閏貳月拾壹日)上午九時에本校應試ᄒᆞᆯ事

一試驗科目
日語漢文算術(加減)內國地理

一學資給與
학員에게志願을依ᄒᆞ야학資를補助ᄒᆞᆷ도有ᄒᆞᆷ
但、入학志願者의注意要件과其他細事ᄂᆞᆫ本校에來問ᄒᆞᆷ事

京城明洞
韓國財團法人 普隣商業學校

本人의圖形姓名章을陰二月三日에路上見失이오니內外國人은拾得ᄒᆞ와도休章施行ᄒᆞᆷ
平壤城內雙街里元仁俊 告白

本同事의今番總會ᄒᆞᆫ結果로本店總務黃菊保시遞任ᄒᆞᆫ代에會計宋斗賢시로宜川總支店總務李鳳朝시遞任ᄒᆞᆫ代에總察黃菊逸시로兼任케ᄒᆞ고總支店會計ᄂᆞᆫ梁奎明시로選定ᄒᆞ엿시며業務擴張키爲ᄒᆞ야各同事員이각々擔任ᄒᆞ고資本에倍를陰四月內로增募ᄒᆞ기로決定ᄒᆞ엿ᄉᆞ오니僉同事員ᄋᆞᆫ極力募集ᄒᆞ심伏望
平北龍川楊市商務同事 告白

洪順義야天道敎中央總부의節次ᄒᆞ야父의苦待心을慰ᄒᆞ라
父 性般

本同事隆熙二年度營業利益이資本金每십圓에對ᄒᆞ야壹圓八拾三錢三厘의排當이되얏ᄉᆞ오니 僉同事員ᄋᆞᆫ照亮ᄒᆞ시옵
平北龍川楊市商務同事 告白

雜報

●誕辰陳賀 昨日은 大皇帝陛下聖曆 誕辰의故로 皇族諸氏와 政府大臣以下各官吏가昌德宮에進詣ᄒ야 陳見ᄒ얏다더라

●揭旗表祝 別項과如히昨日은 大皇帝陛下聖曆 誕辰인故로漢城內各商店에서國旗를高揭ᄒ고慶祝의意를表ᄒ얏다더라

●辭疏云呈 學大李載崑氏와法大高永喜氏가辭職疏를奏呈ᄒ다ᄂ說이有ᄒ더라

◉宋賊免官

日本에滯在ᄒ內部大臣宋秉畯은免官ᄒ고其代에中樞院顧問朴齊純氏가被任ᄒ얏다더라

●拓殖運動 東洋拓殖會社總裁人宇佐川이가日本人居留民團長熊谷을紹介ᄒ야京城新報와大韓日報와朝鮮日々新聞을該會社機關으로附屬ᄒ기爲ᄒ야極力運動ᄒ나該三社々長이擧皆不應ᄒ다더라

●尹氏調理 海豊府院君尹澤榮氏ᄂ近日에病氣가關發ᄒᆷ으로調理ᄒ기爲ᄒ야再昨日에府夫人과同伴ᄒ고東門外塔洞僧房으로出往ᄒ얏다더라

●森林又賣 楊口江陵等郡財產整理局所關帝室有森林을農部로引繼ᄒ야行將賣下ᄒ다더라

●視察發程 漢城美術製作工場理事長李鳳來氏가日本에渡往ᄒ다ᄂ說은已揭어니와宮內府命令을承ᄒ야美術工藝視察次로今日上午八時에京釜鐵路로發程ᄒ얏다더라

●是何運動 前參將申泰休氏가巨額金을出ᄒ야赤洞演興社를擴張ᄒ얏다ᄂ說은已報어니와近日에觀賞ᄒᄂ男女가甚히稀少ᄒᆷ으로多大ᄒᆫ損害를被ᄒ고該氏의家券을典執得債ᄒ고次로現今運動ᄒᄂ中이라더라

●聞甚喜聞 內閣書記官長韓昌洙法制局長兪星濬兩氏와該書記官等同이文川郡饑饉에對ᄒ야該府各局으로通帖ᄒ되各社會에서該饑饉을救濟ᄒ기로捐助ᄒ다니余等官人도不可不救濟ᄒᆯ方針을研究ᄒ자ᄒ얏다더라

●善民上京 前郡守鄭佑猷氏가善山郡守在任時에該郡邑前七洞民有地多至數柴草를葉壹千八百兩에賣與ᄒᆫ지라該民人等이其時該觀察使李憲永氏의게呼訴ᄒ야鄭郡守의게右錢을還推ᄒ얏더니李憲永氏가遷歸ᄒ고張承遠氏가代任ᄒ더니張氏ᄂ鄭佑猷氏와親査間이라鄭氏가何樣指囑ᄒ얏던지觀察使張承遠氏가嚴訓該郡ᄒ야七洞民人等의게葉壹千八百兩을不日督捧ᄒᆫ故로該民人等이張氏의게還推ᄒ자ᄒ나張시가稱托不給ᄒᄂ지라該民人等이裁判次로上京ᄒ다더라

●爲父再屬 鎭安郡々主事朴洵衍시가該郡守에게屬請ᄒ야該郡鄕校直員을自己에父親又鎬시로薦報ᄒ얏더니自上部로該屬望을자還ᄒᆯ지라適其時該郡守ᄂ上京ᄒ고朴시가署理觀務ᄒᄂ故로不進士論ᄒ고其父又鎬시로暗自更報하얏다더라

◉民可見

昨日青年會館에一般國民이會集ᄒ야大逆不道宋秉畯을聲討次로演說ᄒ엿ᄂ데會衆이四千餘名에達ᄒ얏다더라

◉德人美擧

京城獨國總領事代理우엔쥬시ᄂ該領事館員及京仁在留同國人간에서金四百圓을鳩聚ᄒ야咸南文川郡饑民에게寄附ᄒ얏다더라

●崔氏行悖 傳說을聞ᄒ즉高陽郡古谷居ᄒᄂ崔炳회시ᄂ日語를解ᄒᄂ所以로該邑駐在日憲兵과符同ᄒ야人民等에게錢財를强奪ᄒ며義兵干連이有하다ᄒ고捉囚毆打ᄒᄂ故로一般民情이大端騷擾ᄒ다더라

●柳氏欺騙 勞働會東部事務長柳興龍氏가昨年陰七月頃에東部往拾里居ᄒᄂ尹相烈氏를甘誘ᄒ되保証金百圓만納入ᄒ면每朔拾圓俸給되ᄂ幹事窠를圖給ᄒᆯ것이오該金額은幾朔後에依數還給ᄒ깃다ᄒᆷ믜該氏가信聽其言ᄒ고家券을典執ᄒ야該言施行ᄒ얏더니柳시가該錢만徒自消費ᄒ고自己子某氏로幹事를任用ᄒᆫ지라尹氏ᄂ該家券所典處에서限日이已過ᄒ얏다ᄒ고家屋을執行코저ᄒᄂ故로尹氏가憤不自勝ᄒ야東部警察署에擧實呼訴ᄒ얏다더라

●雪上加霜 羅州郡枝竹都谷上谷三面田畓이 慶善宮庄土에附屬ᄒ얏스나結稅만上納ᄒ고土地家屋은居民이任意賣買ᄒ더니此土地를國有로付屬ᄒ야居民의困難이莫甚이어ᄂ梁山浦居留日本人小早川이가有何奸計로挾雜輩李正宋崔太安李士弘李大仲을符同ᄒ야此三面土地를民有로推尋ᄒᆯ터이니運動費錢을爲先收斂以給ᄒ고三面該首의委任狀을繕給ᄒ라威脅ᄒ기로民冤이張大ᄒ다더라

●[illegible]巡査 西署牛首峴居ᄒᄂ金弘燮시가何等所關事가有ᄒ야昨日에自己婦人을帶同ᄒ고城內에入來하다가西部倉洞城隍附近에來到ᄒ즉西部警察署巡査洪奭杓와金永根兩名者가被酒泥醉ᄒ야該道路上에서洪奭이金시의婦人을强奸코저ᄒ거ᄂ金시가正色大責ᄒ미洪金兩人이金시夫婦를無數亂打ᄒ야勢甚危險ᄒᆫ故로該掌內巡查가김시를濟衆院으로舁去治療케ᄒ얏ᄂ디김시의婦人이再昨日에其事實ᄒ야京城地方裁判所에告訴하얏다더라

●南平의大風雲 本月二十六日正午에남平郡都谷面에義兵將朴士化朴珉洪兩시의率ᄒᆫ義兵二百五十名이羅州警察署日巡査及日憲兵과交鋒ᄒᄂ데義兵은背後高山을據ᄒ야突擊하며强硬히抵抗ᄒ야三時間을互相衝突ᄒ얏다더라

●章山務中 本月二拾六日韓榮浩崔鉉彰兩시가普文社에前往ᄒ야韓시가任員과和好ᄒ기를懇請ᄒᆯ際에崔시가該社信章을竊取以去ᄒ얏던지適其時該社의셔所用이有ᄒ야社章을尋覓不見ᄒ던次에崔시가又爲來到ᄒᆫ지라該任員等이其窃去ᄒᆫ行爲를嚴責ᄒ고齋洞巡査를請來ᄒ야嚴重盤覈ᄒ고崔시務中에서該信章을發現ᄒᆫ지라該理由를北部警察署에告發ᄒᆫ즉崔시의窃去ᄒᆫ理由ᄂ不問ᄒ고信章을該署에서保管ᄒ얏다더라

●嚴重調察 近日以來로大韓醫院에ᄂ賊警이滋甚ᄒ야其간被害金이數百餘圓에達ᄒ얏ᄂᄃ日前에도窃盜之患이生ᄒ야若干被害가有ᄒᆷ으로嚴重調探ᄒᄂ中이라더라

●宋李呼訴 東部安國洞居宋光植李順元兩시가所幹事가有ᄒ야本月二十五日에東大門外停車場基계前往ᄒ얏더니該里居屠漢리三男이가被酒泥醉ᄒ야拔劍ᄒ야斷學毆打가無所不至ᄒᆫ지라該兩시가東部警察署에呼訴ᄒ얏다더라

●鄭氏慈善 인川郡倉洞居하ᄂ鄭潤沐시가文川郡饑饉慘狀을救助ᄒᆯ義務心으로救恤金五十圓을辦備ᄒ고再昨日에上京ᄒ얏다더라

●醬油會社 趙義淵金鎔濟兩시가巨額에金額을辦出ᄒ야中部東谷等地에大韓醬油製造株式會社를設立ᄒᆫ다더라

●崔家賊警 日前光熙門內居ᄒᄂ崔석鎬시家에何許强盜가闖入ᄒ야諸般汁物과錢財를多數奪去ᄒ얏다더라

●義將被捉 本月廿四日에義兵將梁世健시ᄂ淳昌郡內에서淳陽駐在日巡査의게逮捕되여目下取調中이라더라

●學界魔障 舊殷山郡龍仁坊文昌學校ᄂ該地有志紳士의設立ᄒᆫ바況이日益進就ᄒ야壹方人士의文明思想을鼓動ᄒᄂ바히나本坊龍淵里居朴時化金哲慶爲名人이頑固悖習으로敎育에妨害ᄒᆯ뿐아니라該校附屬土地를敢히肥己之慾을逞ᄒᆯ計로多方沮害ᄒᆫ다더라

●青會幻灯 三月壹日月曜下午七時에鍾路青年會館에서月例會를開ᄒ고事務를處決ᄒᆫ後餘興으로幻燈會를開ᄒᆫ다더라

●民團任員選定 東部昌善建德兩坊이聯合ᄒ야民團을設ᄒ고本月二十五日에私立東昌學校內에總會를開ᄒ고任員을選定ᄒ얏ᄂᄃ李圭植시ᄂ團長으로池鎭錫씨ᄂ副團長으로金相應시ᄂ總務로崔民學시ᄂ書記長으로김秉鎭시ᄂ會計員으로投票選定ᄒ얏다더라

●商會任員更迭 京城商業會議所總般任員이總辭任을申提ᄒᆫ故로二十日에總會를開ᄒ고任員을改選ᄒ얏ᄂ대會頭ᄂ白基永副會頭ᄂ成文永常議員은宗國鎭白閏鉉白完赫白寅基諸시등이라더라

●青年開會 今日下午七時半에青年同志會에서安洞光東學校內에討論會를開ᄒᆫ다ᄂ데傍聽을許ᄒᆫ다더라

▲地方消息▼

▲本月拾四日에義兵五名이江原道平海分遣所西南五拾里되ᄂ地에서憲兵補助員三名과交戰ᄒ얏다ᄒ고

▲本月十三日義兵拾五名이全羅南道榮山浦分遣所日憲兵三名及憲兵補助員七名과興陽郡內에서交戰ᄒ얏다ᄒ고

▲本月拾日義兵拾五名이全羅南道海上에서光陽分遣所日憲兵二名及補助員三名과交戰ᄒ얏다ᄒ고

▲今月拾日義兵三拾名이全羅南道古今島에서海南康津長興分遣所日憲兵四名及補助員拾名과交戰ᄒ얏다ᄒ고

▲本月拾六日에義兵拾五名이慶尙北道榮川警察署巡查二名及日憲兵若干과順興郡內에서交戰ᄒ얏다더라

▲君不見乎▼

▲偉人傑士擧論말고兒童走卒불너내여流芳百世ᄒ라ᄂ나遺臭萬年ᄒ라ᄂ나各其所願ᄒᆯ터진대流芳百世ᄒ깃다고不謂可知願ᄒᆯ것은人之常情이어니와金枝玉葉永宣君은遺臭萬年所願인가

▲愛惜ᄒ다永宣君은國家情形姑舍ᄒ고皇室地位엇더ᄒᆫ지苟有人心ᄒ면收淚ᄒᆯ뿐업스련만兩頰上의더ᄋ肉塊ᄂ復닉甚ᄒ여오너無情하야그러ᄒᆫ지天痴라서그러ᄒᆫ지이닯고도可痛이오

▲愛惜ᄒ다永宣君은어려서븟터心中에永宣君이가득ᄒ야倨傲之色發表ᄒ니此等思想잇슬소록竭忠輔國ᄒ엿스면대禁齊越恬然이라國家로傾覆ᄒ던置身處가어ᄃ잇나이닯고도可痛이오

▲愛惜ᄒ다永宣君은個人身上만ᄒ여도海外風霜겨를ᄯ에엇지ᄒ면罪名을벗고故國山川도라가셔壹般政治改革ᄒ야爲國盡瘁일ᄯ작업고花柳場에托身ᄒ야從心所欲ᄒᆯ짓던가이닯고도可痛이오

▲愛惜ᄒ다永宣君은公益事業가지고셔社會團體勿論ᄒ고熱心으로着手하면到處歡迎ᄒᆯ데러事半功倍ᄒᆯ터인데亡命之臣이되며ᄂ淫蕩雜類追逐ᄒ야못된짓만專力하니이닯고도可痛이오

▲愛惜ᄒ사永宣君은公의言論得聞ᄒ즉君이라셔그리ᄒ지말라ᄒ면아니ᄒ다니公의位置생각ᄒ라大監君은結舍ᄒ고離宗이될지라도爲國盡力ᄒᆯ터인데此等痴獃어ᄃ잇나이닯고도可痛일세

▲願ᄒ노니永宣君아ᄲ리도니永宣君아莫屬宗廟바리고興宣王으로선곳ᄋ단ᄒ고蒼葉門이놉흔곳에行人指點彷徨ᄒ다가어서밧비차려行ᄃ바리고國家하여보소

社告

載寧邑乾材局李鼎均氏의게該郡本支社를認許ᄒᆞ고三月壹日부터本申報를發送ᄒᆞ오니該附近地에셔本報購覽ᄒᆞ실僉君子ᄂᆞᆫ該氏에게請求ᄒᆞ시옵

成川支社員高應三氏가支社事務를辭免ᄒᆞ얏다가同郡同胞의耳目壅閉됨을慨嘆ᄒᆞ야仍舊視務ᄒᆞ오니該地方에셔本申報愛讀ᄒᆞ시ᄂᆞᆫ僉君子ᄂᆞᆫ照亮ᄒᆞ시옵

西鄙에셔本報에對ᄒᆞ야消[?]妨害ᄒᆞᄂᆞᆫ輩ᄂᆞᆫ往々押收ᄒᆞ온즉一般共知어니와已往押收된號數ᄂᆞᆫ勿論ᄒᆞ고自今爲始ᄒᆞ야押收된號數ᄂᆞᆫ還布ᄒᆞ겟ᄉᆞ오니愛讀ᄒᆞ시ᄂᆞᆫ僉君子ᄂᆞᆫ照亮ᄒᆞ시옵

大韓每日申報社

雜報

賓城館設立　平壤紳士崔應文金희道兩氏가官憲紳士와俱樂과旅人遊客의留宿에便宜를供ᄒᆞ기爲ᄒᆞ야賓城館을設置ᄒᆞ얏다더라

廣告

本人庄土在於臨陂西三面雲會前坪인바叔居李奎相이稱謂組合所測量員ᄒᆞ고來請該土測量故로依言施ᄒᆞ러니今聞즉京城敎化門前洋器局留日本人青木源太郎에게該測量件을典執ᄒᆞ고欲爲得債云ᄒᆞ니世豈有如許挾雜人乎아此土測量件은永爲勿施이오니內外國人은切勿見欺ᄒᆞᆷ

群山港竹城里居 邊基應 告白

本人의名時殷을以堂殷으로改ᄒᆞ옵고圖章을并爲更刻ᄒᆞ얏사오니知舊間照亮ᄒᆞ시옵

平北鐵山郡西林面泉洞 吳堂殷

西署龍山坊門外契居宋永煥이九統十壹戶建民誌를典執이라가셔失故如是廣告ᄒᆞ오니誰某拾得ᄒᆞ와도休紙施行ᄒᆞ시오

東湖 權重學

永平梁文市와邑人에게見奪ᄒᆞ고農商工部與觀察府에呈訴ᄒᆞ온즉訓令內에三市式分市ᄒᆞ야生活케ᄒᆞ옵셧ᄂᆞᆫ대邑人之慾을復奪之念이有ᄒᆞ야數萬金을謀集ᄒᆞ야가지고以面請囑ᄒᆞ기로玆以廣告

廣告人 咸致登

黃海道長淵郡內有志紳士一疑顯奎金濟殷林元석尹景元吳宗錫金致明金근瀅諸氏가各出義捐에合心同力ᄒᆞ야普成測量講習所를西門外尹景元氏宅舍廊에設立ᄒᆞ고測量學員三拾餘名을募集ᄒᆞ고講師金寬善氏를延聘ᄒᆞ야三個月을敎授後에今陰曆月拾七日에本業式을擧行ᄒᆞ얏ᄂᆞᆫ대最優等에ᄂᆞᆫ金亨敏李玄洙洪昌養張星浩朴鳳陽諸氏오及第에鄭益輪呂仲弼林鶴眞趙奉宜洪周卿張承眞元澤龍河哲䏻任應鎬朴鎭龍諸氏이옵기玆以廣告ᄒᆞᆷ

普成測量講習所 告白

本人이歎醫師之未良ᄒᆞ며閔同胞之憂患ᄒᆞ야特設病院ᄒᆞ니名曰仁濟院이라名稱的仁濟院이아니라實際的仁濟ᄒᆞᆷ을目的ᄒᆞ고京南大門外美人病院에多年經驗ᄒᆞ신朱博士賢則시를延聘ᄒᆞ야陰拾二月부터事務를開始ᄒᆞ얏ᄉᆞ오니有病ᄒᆞ신僉同胞ᄂᆞᆫ速々來問ᄒᆞ시옵

平北宣川郡仁濟病院主務 李鳳勳 告白

國語綴字捷徑

此書ᄂᆞᆫ國文高下字와綴字法을速히曉得ᄒᆞᄂᆞᆫ捷徑인ᄃᆡ爲先他人의誤書ᄒᆞᄂᆞᆫ것을諸般說明ᄒᆞ고國文每字上下字를相較ᄒᆞ야明分ᄒᆞ고國語音을略附ᄒᆞ야初學生徒와國語敎科에適合ᄒᆞ오니僉彥은陸續購覽ᄒᆞ시옵

正價貳拾錢

發賣所 平壤 鍾路光明書觀

◎學員募集廣告

本校에셔土木建築科及測量科를設施ᄒᆞ오니入學志願ᄒᆞ온何日이라도本事務所로來臨ᄒᆞ와詳問ᄒᆞ시오

土木建築科
速成科 六個月
高等科 貳個年
特別科 三個月

測量科
速成科 六個月
高等科 壹個年
全夜學 壹個年
特別科 四個月

京南部清國領事館通
私立山崎實用土木建築測量葬術製圖學校

東部昌善坊東학洞三十七統八戶辨家六間屋文券과김春化處의買得ᄒᆞᆫ證明을昨年십月分에不知中에셔失ᄒᆞ야기로玆以廣告ᄒᆞᆷ

趙龍現 告白

本所에셔山林 田畓 家屋未墾地等測量及製圖를廉價熟케ᄒᆞ오니僉君子ᄂᆞᆫ陸續來臨ᄒᆞ심을務望ᄒᆞᆷ

慶北金山郡金泉面中洞 普光測量事務所 告白

◉特別廣告◉

本社에셔事務가煩忙ᄒᆞ야新廣告의準備가未畢ᄒᆞ얏ᄉᆞ오나日後에大注意ᄒᆞᆯ事件으로詳細告白ᄒᆞ겟ᄉᆞᆸ나이다

本社에셔今日까지差定ᄒᆞᆫ各處代理人의氏名을左開廣布ᄒᆞ오니該地方僉君子ᄂᆞᆫ各其代理人의게通信聯絡ᄒᆞ시거나直接으로本社에通信ᄒᆞ야協議ᄒᆞ시거나ᄒᆞ심을望ᄒᆞᆷ

左開

開城代理人	開城南門內雜貨商店	金東官
平壤代理人	平壤大同門內洞	鄭基煥
咸興代理人	咸興西門外	盧昊洙
馬山浦代理人	馬山浦客主	孫德宇
元山代理人	元山港	金以文
清津代理人	清津港	張樂臣
水原代理人	水原北部長安洞	金유東
安城代理人 位置未定	水原北部長安洞	金유東
沙里院代理人 位置未定	黃海道鳳山郡沙里院學校內	邦元重
金田代理人 位置未定	漢城中部外相洞二統三戶	李孝植

大韓皇城磚洞 韓美興業株式會社 謹啓

學部檢定
初等 植物學 學部檢定課有도 定價金三十錢
初등 動物學 學部檢定課有도 定價金四十전
最新 初等小學
文明國의小學讀本制度를模範하야精美한圖畫를具하고八卷을四卷으로合製함
貳冊合製定價金五十錢
最新初等 大韓地誌 定價金四拾錢
最新高等 大韓地誌 定價金七拾錢
文明國地誌制度를模倣하야滿洲의山水며高麗圖와拾三道地圖와各港口와開市場과名山大川과都會勝地의地도를具함
初등 大韓歷史
文明國의歷史制度를從하야我國의 聖帝 明王의 賢相과 忠臣烈士의影幀을具함 定價金七十錢
國家思想學 精神敎育 定價金二十五錢
憲法要義 義務敎育 定價金二拾五錢
右敎科書는本書林에서發行한오며此外에各種書籍이具備하오니學界僉君子는速速來購하심을爲望
原賣所 京城南部銅峴大四街里三十五統五戶 玉虎書林
分賣所 黃海道鳳山郡沙里院朝陽書館 京鄉各有名冊肆

廉價放賣
測量器械各種
製圖器械各種
製圖用紙各種
釜山港本町三丁目 近藤支店

本社에서活版機械를壹新整備하고各種印刷를廉價로需應하오니僉位는惠顧하시옵
社會公益上印刷는貳割特減함
本社에서直接大發賣書目

中等 用器畫法 全 定價金七拾錢
觀雲 吳榮根君 著
本書는測量。建築。構造。機械。見本。壹切實地應用製圖法

外國地誌 上下 定價金六拾錢
本書는各學校敎科의適當함

二十世紀朝鮮論 定價金三拾五錢
이世界各國의情形을詳載함

新撰 最新算術 上下 定價金壹圓
官立高等學校敎授金夏鼎君著
本書는著者金君이實地敎授의多年經驗으로算學要領을盡撮한者니各學校敎科와及獨習의適當함

壹個年卒業 算術自解 定價金九十錢
本書는自初學數量으로至求積法까지簡易詳明케編纂한書니各學校敎科用及自家獨習甚便함
鍾路뎐門上隅十二統三戶 興文社

南部紅箭門內淸商成義西片戶外瓦家四拾間을放賣코져하오니願買者잇거던銅峴大淸商廣和順問議하심을望함
大淸商廣和順 謹白

大西有志士의奉右 ... 今敎育이 ... 普仁學校를設立하고敎師를延聘하야靑年三百餘人을敎授하더니經費가窘絀하야將至廢止之境故로本校任員會를開하고維持方針을壹遵하야各員이手先出捐하야基本을鞏固케하고熱心贊助하오니眞誠意를表하기爲하야前後出捐하신金額을左에廣布함

壹回捐助錢
김奉右 吳成根 리泰鏞 각二拾圓 金良甫壹百圓
吳士元四拾圓 김斗星
리泰云 許德天 吳益敎
白雲燁 張斗漢 張應周
리周永 鄭行寬 각拾圓
尹應善拾貳圓 김元鎬十五圓
溫井洞中三拾圓 朴鴻植
리學淵 리京鎬 趙亨彙
리尙淳 리世鴻 각六圓
리秉秀 元和伯 元泰熙
孔聖韶 김公模 朴衡正
咸德鼎 尹華三 김在元
趙順甫 리鎭熙 각九圓
김基福 吳敬堂 吳巒哉
吳聖穆 각四圓 김致云
김良西 각三圓 리仁寬
김興洙 리士彦 한秉熙
崔觀洛 김基弘 한鳳洙
金承義 宋九鉉 林明集
김仲權 리仲吉 盧昌熙
리斗泳 吳致敬 吳順卿
리麟九 리始華 趙洪九
리聖汝 鄭錫淳 蔡源夫人
金景植 許希元 각貳圓
崔德玄 宋用三 崔學九
리乃炯 리俊明 김永洙
鄭洛元 元昌根 吳鳳俊
정河瑢 崔時默 吳仁善
許行文 朴漢天 崔炳岳

貳回
吳士元八拾圓 金良甫四拾圓
리泰云貳拾圓 朴衡正貳拾圓
리周永五拾圓 김奉右拾圓
리京鎬廿五圓 張應周貳拾圓
리學淵貳拾圓 白雲燁四十圓
리尙淳貳拾圓 尹應善七圓
리泰鎔五十圓 吳益敎貳拾圓
鄭在元三圓
리斗泳 二圓 韓景玉 五圓
崔在洛 二圓 金斗星 五圓
리相永 二圓 金光會 四圓
白雲燁 田八斗牛畊
畓二십九斗落 三里坪
田二日耕 草幾五間 賭租三十八斗 七里坪 田二日畊
畓九斗落 齋室六間
黃海道殷栗郡馬山面
私立普仁學校 告白

大韓地圖 各紛鋒의 ... 幼年必讀 釋義 萬國
姜成文 ... 里中拾五圓 二里中七圓 四里中八圓 五里
中拾圓 六里中十五圓 七里
中십圓 八里中십圓 九里中
三拾圓 熊峴里中七圓

獨習 國文 日語自通 全一冊 定價金 ... 錢
本書는純國文으로써日語全部를著述한것이니日語를獨習하는諸시의게自解하기極히容易함을따러近來에日語獨學이라하는書籍의出板이甚多하되都是完全한것이無하더니本書는實로日語를獨學하는데唯壹無貳한捷徑이오또部數가僅少하니沒數放賣하기前에日語를獨習코져하시는이는早速來購하시옵
發賣所 安洞 大韓書林 布屛下 廣學書舖 鍾路 大東書市 京鄉 各書店

普通學校 體操敎授要
此書는壹般普通學校에서實行하는體操學이온바兒童의心身을圓滿히發育케하며身躰를强壯케하야壹生의最히適宜한運動特別及役에義務를服함에適當한練習을預備함으로써旨를合하니此는生理的과訓練的二種目的으로分하오니如左하오니
壹 身體自然의優美端正한發育을圖함
壹 身體의健康을保護增進함
壹 身體의强壯忍耐機敏을期함
壹 精神의快活을保有하며勇氣果斷沈着忍耐審美從順等의諸德을養成함
壹 注意觀察思考想像의諸般作用을增進케함
壹 意思를精密히하며敏速히實行함
壹 規律을遵守하며協同을崇尙하는習慣을養成케할뿐아니라遠々勝覽하심을務望
發賣所 布屛下 廣學書舖 金相萬 京鄉 各書店

壯陽復元丸
一週分壹圓
二週分一圓八十錢
四週分三圓四拾錢
八週分六圓四拾錢
此藥은專치腦痛肺弱○房事色傷○腎虛弱○陽萎不起○遺精夢泄○腎經衰弱○房事時早漏不快○病後虛弱○健忘不眠○貧血諸症○先天不足○飮食不下○眩暈頭痛○等症을治하나니試將此丸하야照法服之면不過數点鍾에立見妙效하야魂飛肉躍하며精神微爽하고頓覺愉快하나니其症이輕者는服壹二週면挽回元陽하고若症이稍重者는可服三四週하고遠年痼疾로其症이頗重者는連服七八週면必能全치無疑니若夫無病之人이至試用此劑則補血而發氣하고强筋而壯骨하나니時之八週而求見其效則請將價額을如數還呈이오不敢虛誕自欺라此丸이可無論男婦老幼하고均用有效하나니與世間無比之妙劑也니僉位는何不早도壹試오
共愛堂藥房 特約代理店 京城水標橋 濟生堂藥房 發行所 ... 十九統七戶

本書는語學에深造한金君植君이歲月을閱하며心力을費하야今纔出版이오바日文의法則과實例가明白精到하야文明輸入하는時代에不可缺할佳本이니讀書界諸君子는閱覽을싱望敬要
日文典要義 定價金 七拾錢
總賣所 中部鉢里洞九統十戶 大同廣智社印刷部

安仁車
聖書搢讀會發賣李昌植시譯述하고 洞敎會搭老會赫시校閱한 本館에서發賣하는 安仁車를譯하야用發售하는바此書는道德心을培養하는要領이오니一般士女의新知識을啓發할터이오니陸續來購하시옵
新舊書籍歐美雜貨及學徒需用品을俱備發賣하옵
皇城東部梨峴救世軍
普 救書館 告白

大韓自强協會 ... 本會의 ... 會員 ...
社告
○申報代金 ... 新貨 ...
壹個月 ...
壹個年 ...
○廣告料
國文活字拾二字詰每日壹寸(一號尺)에新貨弁五錢
二週에壹寸에 二圓五拾錢
壹箇月壹寸에
〔自壹行至四行이爲壹寸〕
其期限의長短과字行의多寡를依하야增減함이有함

Responsible for Publication Alfred Weekley Marnham.
發行兼編輯人英國人 萬咸
發行所 南部石井洞號外地三層洋屋家 大韓每日申報社

漢城鍾路慈惠藥房에서官許拜受한二十三種封藥과舊藥局材와草材를大發賣하고石版印刷機械

第七卷

大韓每日申報

第壹千貳六號

月曜及慶節 休日時刊

檀君開國四千二百四十二年
孔子誕降二千四百六十年
大韓開國五百十八年
日本明治四十二年
隆熙三年
陰曆己酉二月大十一日辛酉

寄書

◎語學을論홈　長吁生

近來韓國에各種學問이突然히進步ᄒ야학校를設하는者가此를第一課程으로認하며學校에入ᄒ는者가此를第壹工夫로務하야至於乳兒牧豎ㅣ라도殆皆漸々知得ᄒ니語學이卽是라大抵今日은東西의交通이頻繁ᄒ고貫白의來往에絡繹ᄒ야甲國의人이乙國에도居留하며乙國의人이甲國에도交際ᄒ나니已往鎖國獨居ᄒ던時代에도猶且倭譯官蒙古학譯官等譯학이有ᄒ얏거던況今日에야語학이如何히必要ᄒ리오又外國의文明을輸入ᄒ랴면몬저外國의語학을知ᄒ이可ᄒ니何故오其國의학術을학ᄒ에直接間接으로其國의國語와國文을知ᄒ이必要ᄒ所以라是以로只今何國을勿論ᄒ고皆外國語학이有ᄒ바ㅣ니라

然이나彼外國人의語學을학ᄒ은自國의文明을發展키爲ᄒ야학ᄒ며他國의文明을輸入키爲ᄒ야학ᄒ며國家의利益을擴張ᄒ야학ᄒ며民族의權利를扶護키爲ᄒ야학ᄒ나니故로小학校에在하야ᄂ自國의國語와自國의國文으로其腦髓를養ᄒ며其思想을培ᄒ야國家精神과民族主義로標準을作ᄒ야豐富ᄒ動이라도此範圍에不開ᄒ後에中學校以上程度에

進ᄒ야於是乎其研究ᄒ目的을隨ᄒ야外國語를始學ᄒ나니法律을학ᄒ고ᄌᄒᄂ者ᄂ羅馬語를학ᄒ고文學을학ᄒ고ᄌᄒᄂ者ᄂ埃及어를학ᄒ고醫학軍政을학ᄒ고ᄌᄒᄂ者ᄂ獨逸어를학ᄒ고歌曲을학ᄒ고ᄌᄒᄂ者ᄂ伊太利어를學ᄒ고歐美交際를目的ᄒᄂ者ᄂ法어를학ᄒ고美洲通商을目的ᄒᄂ者ᄂ西班牙어를學ᄒ고歐亞通商을目的ᄒᄂ者ᄂ英吉利어를學ᄒ나니此皆其目的을達ᄒᄂ方法手段을準備ᄒ에不過ᄒ거놀

今此韓國人은官公私立教育界에셔限髮이未燥ᄒ兒童을驅ᄒ야日어만학케ᄒ야彼自國어도盡能치못ᄒ兒童들이外國어外國文을학ᄒ니試問컨대其目的이何인가抑又目的은姑捨ᄒ고其弊害가如何ᄒ줄ᄂ가未堅ᄒ腦力으로信屈難解ᄒ外國어를學ᄒ미其腦力이減殺될지니此가其壹弊害오非徒라思想으로外國어를학ᄒ미其思想이自然消磨될지니此가其二弊害ᄂ幼稚들이自國어로학問을學ᄒ야도了解키猶難커든況外國어로학ᄒ면其成就가遲鈍ᄒ지니此가其三弊害라嗚乎라如此ᄒ면抑或學術技能이有ᄒ人物이될지라도其國家에何利益이有ᄒ며其民族에何利益이有하리오

洽ㅣ只今韓國어학界를爲ᄒ야其權ᄒ노라

◎本社特電

◎波斯와英國　英國下議院에서外務卿근에이氏가波斯問題에對하야答言하되英國政府에서ᄂ波斯國王이卽時人民에게憲法政治를頒布치아니ᄒ면英露兩國은王을扶助치안코卽時該國內에關係를保護ᄒ方略을取ᄒ깃다고王에게通知ᄒ얏다ᄒ고露國에忠告ᄒ엿노라ᄒ얏다더라　貳月廿六日神戶發

外報

◎議士演說　華盛頓電을據ᄒ則紐育選出議員엘렌氏ᄂ議會에서一場演說로大統領루스벨트氏의公私間行動을極口誹謗ᄒ야曰저색일(建物前에偶像)又다ᄒ며又曰關和國商買의子孫이라ᄒ고詬罵ᄒ며民主黨과共和黨員은大喝采를受ᄒ얏고共和黨의其言論이過激ᄒ을抗論ᄒᄂ데뀌로라氏가其言法의正當치못ᄒ을論難ᄒ고其演說을中止케ᄒ기로動議ᄒ야可決되얏다더라

◎淸國의上諭　北京電을據ᄒ則去十八日에上諭를下ᄒ얏ᄂ데(壹)各省諮議局의選擧와各州縣의地方自治及自治研究所設立은豫定과如히今年中에반다시實行ᄒ야向者에所定ᄒ規則을背馳치말지오(二)刑法編纂은東西各國의律令을參考ᄒ야其長을執ᄒ되人倫에關ᄒ事ᄂ舊規를勿改ᄒ라ᄒ얏다더라

◎波斯又震　伯林電을據ᄒ則波斯루디스단州에ᄂ大地震이又有ᄒ야死者가六千餘名에達ᄒ얏다더라

◎特赦未決　北京電을據ᄒ則康有爲梁啓超兩시의特赦ᄂ尙今未決되얏ᄂ데其原因ᄋ擧匪亂에右兩시가軍費를給與ᄒ所以라더라

◎勃牙利獨立說　伯林電을據ᄒ즉勃牙利公이露國太公의葬儀에參列키爲ᄒ야彼得堡에赴ᄒ야王의資格으로待遇를受ᄒ故로英露佛三國이勃牙利의獨立을承認ᄒ얏다ᄂ風說이잇다더라

◎海牙의萬國會議　同電을據ᄒ즉美國大統領이世界鑛物保存法을議定ᄒ기爲ᄒ야二十五國을海牙萬國會議에召集ᄒᄂ通牒을發ᄒ얏다더라

◎海戰法結議　全電을據ᄒ則倫敦에開催ᄒ萬國海戰法會議ᄂ終結되얏ᄂ데參加ᄒ각國은全然同意ᄒ얏다더라

◎土國의同書　倫敦電을據ᄒ則土耳其政府ᄂ列國에同書를發ᄒ되今番勃牙利公이露京에셔國王의待遇를受ᄒ은歐洲列國間에協約을無視ᄒ이오同國의獨立은土耳其政府의承認을先受치아니ᄒ면不可ᄒ다ᄒ얏다더라

雜報

◎隨聞更掲　日前本報에徐시가與人으로山坂을幻弄ᄒ엿다ᄒ은更聞ᄒ則吳시가徐시에게鼓山坂을賣渡ᄒ기로契約於晉州지受ᄂ契約書를日人에게典當ᄒ고得錢以給코ᄌᄒ際에吳시가有何疑端이던지西部醫學에擧訴하야破約ᄒ事이라더라

詞藻

◎蝈蝈坂

송아치피번이、호옹。업서를지머니、홍

박아치짜홈미、쪼셩녀낫고나、아。

아구지구、호옹。둑갑아판일세、홍。

廣告

◎儒教耶蘇教關係論

右問題의關係라홈은兩敎의天理論辨ᄒ이如何ᄒ을謂ᄒ이니國漢文交用ᄒ야貳萬字를毋逾ᄒ고拾月晦日以內에本館에製投ᄒ시면本館에셔考評ᄒ야賞金을左開에依ᄒ야報酬ᄒ깃스오니高明ᄒ신첨君ᄂ姓名居住를卷末에詳揭ᄒ심을要ᄒ

壹等　四拾元
貳等　貳拾元
三等　拾元

右金은英國文學博士李提摩太시의義助로用ᄒ

皇城基督教靑年會

普成專門學校學員募集廣告

本校에셔今番法律專門科학員을增加募集ᄒ오니願學僉員은左기에依ᄒ야屆期入學ᄒ시옴

壹 試驗 日子 三月二十一日上午十時(陰曆貳月三拾日)

壹 試驗科目 日本校入問事

壹 年齡 二拾歲以上

壹 入學에關ᄒ用紙ᄂ本校에來購ᄒ事

漢城磚洞普成專門學校告白

本同事의今番總會ᄒ結果로本店總務黃菊保시遞任ᄒ代에會計宋平賢시로宣川總支店總務李鳳朝시遞任ᄒ代에總務黃菊逸시로兼任케ᄒ고總支店會計ᄂ梁奎明시로選定ᄒ엿시며業務擴張키爲하야各同事員이각々擔任ᄒ고資本에倍를陰四月內로增募ᄒ기로決定ᄒ얏스오니僉同事員은極力募集ᄒ셔伏望

平北龍川楊市商務同事　告白

本同事隆熙二年度營業利益이資本金每주圖에對ᄒ야壹圓八拾三錢三厘의排當이되얏스오니僉同事員은照亮ᄒ시옴

平北龍川楊市商務同事　告白

永平梁文市를邑人에게見奪ᄒ고廢商工部與觀察府에呈訴ᄒ즉副令內에三市式分市生活케ᄒ옵셧ᄂ대邑人之慾은復奪之心이有ᄒ야數萬金을謀集ᄒ야가지고四面請囑ᄒ기로玆以廣告

廣告人　成致壹

西署龍山坊門外契居宋永煥이九統十壹戶建屋誌를典執이라가셔失故如是廣告ᄒ오니誰某拾得ᄒ야도休紙施行ᄒ시오

東湖　權重學

北署順化坊上牌契新橋里十三統十戶草家六간認許狀을紛失ᄒ얏ᄉ기玆에廣告ᄒ

崔敬三　告白

◎特別廣告

本銀行에셔ᄂ僉君子의當座預金에對하야特別히信密保管ᄒ으로爲主ᄒ옵ᄂ바利子ᄂ如左ᄒ

無定期當座預金은年步三圓六拾五錢

三朔定期預金은年步五圓

六朔定期預金은年步五圓五拾錢

壹年定期預金은年步六圓

營業時간은 自上午九時 至下午五時

종路韓美電氣會社二階

高佛安
實時旭　銀行　告白

雜報

●宋相遞任眞相 前內大宋秉畯이가 皇太子殿下께 問安使로 日本에 前往ᄒᆞ얏다가 歸國ᄒᆞ기 前에 其更迭을 當ᄒᆞᆫ 原因은 將國ᄒᆞᆫ 事件으로 ᄒᆞ야 各處의 反對와 儒生의 建議와 輿論의 沸騰이 有ᄒᆞ야 此消息이 伊藤統監의게 及ᄒᆞᆫ 故요 又其原因은 耶蘇敎徒의 對ᄒᆞᆫ 言論이 耶敎徒의 惡感情을 起ᄒᆞ고 美國總領事의 憤激을 發ᄒᆞ야 外交上에 妨害가 됨 故로 卒然히 更迭되얏다더라

●宋氏辭職 總理大臣李完用氏가 將次辭職疏를 奉呈ᄒᆞᆫ다ᄂᆞᆫ데 其代에ᄂᆞᆫ 中樞院議長金允植氏가 被任ᄒᆞ기로 內定되얏다ᄂᆞᆫ 說이 有ᄒᆞ더라

●必遞乃已 學大李載崑氏와 法大高永喜氏가 旣爲知辭職疏를 奉呈ᄒᆞ얏ᄂᆞᆫ데 其後任을 得聞ᄒᆞᆫ즉 法大ᄂᆞᆫ 趙重應氏가 被任ᄒᆞᆫ다더라

●軍大亦遞 軍部大臣李秉武氏도 遞任ᄒᆞᆫ다더라

●快何長 內部大臣宋秉畯이 免官되던 日에 總理大臣李完用氏가 自己私邸에서 門客某々人을 對ᄒᆞ야 言ᄒᆞ되 我與宋으로 外雖和衷이나 內實猜疑ᄒᆞ야 何以措處ᄒᆞᆯ을 未知ᄒᆞ얏더니 今日에 彼旣免官ᄒᆞ얏슨즉 我心快然은 政府無比라ᄒᆞ고 喜色이 滿顔ᄒᆞ얏다더라

●臭繩滿路 朴齊純氏가 內部大臣을 被任ᄒᆞ던 日에 該氏의게 致賀ᄒᆞᄂᆞᆫ 賓客들이 답至ᄒᆞ야 花洞寺路가 人海를 成ᄒᆞ얏다더라

●內閣會議 昨日閣議에 內部審査委員會와 關係된 諸官制案及其他法案에 對ᄒᆞ야 會議ᄒᆞ얏다더라

●地方財政規則 地方財政整理規則을 制定ᄒᆞᄂᆞᆫ데 今番閣議에 地方財政法案이 可決되면 內部에셔 同時規則을 制定發布ᄒᆞᆫ다더라

●尹臣困難 海豊府院君尹澤榮氏ᄂᆞᆫ 近日內外國人의게 負債가 夥多ᄒᆞ야 督促이 滋甚ᄒᆞᆫ데 家屋이 見奪ᄒᆞᆯ 境에 至ᄒᆞ얏다더라

●不如早散 再昨夜에 一進會員某々氏가 西部盤松洞某氏家에 會集ᄒᆞ야 言ᄒᆞ되 內部大臣宋秉畯이가 遽然免官됨은 實出意外인즉 本會에셔지 非常ᄒᆞᆫ 變怪가 將至ᄒᆞᆯ더이니 我等의 多數會員은 將依何歟乎아ᄒᆞ고 或者慨歎ᄒᆞ며 或泣欷ᄒᆞᄂᆞᆫ 者가 多有ᄒᆞ얏다더라

●有何榮耀 一進會副會長洪肯燮氏가 該本部會員諸氏를 對ᄒᆞ야 言ᄒᆞ되 本會頭領이 壹大勢力이 有ᄒᆞ다가 卒然免官됨을 甚疑惑ᄒᆞᆫ 者가 有ᄒᆞ나 此於本會에 將來無限ᄒᆞᆫ 榮耀가 될 兆朕인즉 小勿妄動ᄒᆞ라ᄒᆞ고 極口慰喩ᄒᆞ얏다더라

●一進決議 一進會幹事員崔東爀 評議員某某三人이 旅費금을 辦備ᄒᆞ야 來三月五日頃에 出發渡日ᄒᆞᆫ다ᄂᆞᆫ데 其渡日ᄒᆞᄂᆞᆫ 理由를 詳探ᄒᆞᆫ즉 近日該會勢力이 愈往懦弱ᄒᆞ야 漸次解散ᄒᆞᆯ 境에 至ᄒᆞᆫ즉 不可不宋秉畯에게 次質問歸正ᄒᆞ자고 決議ᄒᆞ얏다더라

●亭花爗爗 近日總理大臣李完用氏家圓山亭에 西門客某々人이 花套局을 設ᄒᆞ고 多數金額을 相賭ᄒᆞ다가 就中에 朴某ᄂᆞᆫ 巨額의 損害를 被ᄒᆞ야 熱中橫行ᄒᆞᆫ다더라

●補助金交付 木浦港에 居留ᄒᆞᄂᆞᆫ 日本人武씨鶴太郎이가 經營ᄒᆞᄂᆞᆫ 江岸航海ᄒᆞᄂᆞᆫ 事에 關ᄒᆞ야 韓國政府에서 補助金을 支辦ᄒᆞᆫ다ᄂᆞᆫ 說은 已經이니와 今回閣議를 經ᄒᆞᆫ 後 農商工部에서 命令書를 交付ᄒᆞ얏ᄂᆞᆫ데 其補助金交付規程은 如左ᄒᆞ니 隆熙二年 月로 五年까지 三年간으로 期限ᄒᆞ고 群山及釜浦에ᄂᆞᆫ 每年 千五百圓이요 濟州島에ᄂᆞᆫ 每年 七千五百圓이요 咸興、海倉及法聖浦에ᄂᆞᆫ 每年四千八百圓인데 合計壹萬四千八百圓을 交付ᄒᆞᆯ터이라더라

●愼臧調査 安邊郡守崔達斌氏가 靑部에 在任時에 民財를 食威ᄒᆞᆫ 事ᄂᆞᆫ 前報에 已揭어니와 更聞ᄒᆞᆫ즉 咸興警察署에서 該氏를 捉囚ᄒᆞ고 贓錢을 調査ᄒᆞᆫ즉 業三萬七千二百餘兩이라더라

●演劇證實 去土曜日韓國民演說會를 靑年會館에서 開ᄒᆞ고 入場券四千餘張을 發賣ᄒᆞ얏ᄂᆞᆫ데 該會館內演說場에 入參ᄒᆞᆫ 人員은 不過二千餘人假量이라 該會館門을 堅閉ᄒᆞ고 巡査가 把守ᄒᆞ야 人員을 不許入聽ᄒᆞᄂᆞᆫ 故로 八拾餘券을 買持ᄒᆞ얏던 諸般國民들이 憤鬱ᄒᆞᆷ을 不勝ᄒᆞ야 或은 會館門을 破碎入去ᄒᆞ자ᄒᆞ며 或은 入場券을 擧示ᄒᆞ야 曰先何賣券이며 後何不納이지 此非欺人騙財乎아ᄒᆞ고 紛鬧이 太甚ᄒᆞ얏다더라

●日人의國旗關演 去番大駕西巡ᄒᆞ실 時에 各학校學徒들이 日本國旗를 交揭치 아니ᄒᆞᆫ 事에 對ᄒᆞ야 去土曜日下午六時에 日本人新聞記者들이 會洞等地에 會集ᄒᆞ야 壹大問題를 提出演說ᄒᆞ얏고 大邱에셔도 同日에 此問題를 演說ᄒᆞ얏ᄂᆞᆫ데 平壤에셔도 本月壹日에 此問題로 演說會를 開ᄒᆞᆫ다더라

●演說決議 去日曜日泥峴等地에서 日本新聞記者들이 聯合ᄒᆞ야 國旗問題로 政府大演說을 試ᄒᆞᆫ 것은 別項과 如ᄒᆞ거니와 其決議ᄒᆞᆫ 것이 如左ᄒᆞ니 韓國太皇帝陛下께셔 巡幸ᄒᆞ실 時에 韓國人이 日本國旗에 對ᄒᆞ야 不敬ᄒᆞᆫ 것은 韓日兩國의 親密을 阻害ᄒᆞᆫ 것인즉 當局者의게 其處決을 催促ᄒᆞᆯ지오 次에ᄂᆞᆫ 統監政治의 刷新을 期ᄒᆞ로 ᄒᆞ얏다더라

●宜陵嚴禁 近日廣州郡宜陵靖陵附近에 居生ᄒᆞᄂᆞᆫ 無賴輩가 二三拾名式作黨ᄒᆞ야 該陵垓字內松楸를 無難斫伐ᄒᆞᄂᆞᆫ데 禁止末由故로 該陵參奉李觀浩시가 水原警察署로 通知ᄒᆞ고 巡査를 派送ᄒᆞ야 嚴重禁止ᄒᆞ라ᄒᆞ얏다더라

●懷民上京 懷仁郡面長朴基南 崔成敎氏等이 該郡丙午年災錢을 中間偸食ᄒᆞ고 民間에ᄂᆞᆫ 半災로 出給ᄒᆞᆫ 情跡이 現露ᄒᆞ야 該郡民人等이 京部에 呼訴次로 上京ᄒᆞ얏다더라

●欺買優賣 西來人의 傳說을 聞ᄒᆞᆫ즉 白川居ᄒᆞᄂᆞᆫ 邊其爲名人이 不義壓懲으로 延白兩郡의 愚民을 敎唆ᄒᆞ야 田畓을 多數히 外上으로 買得ᄒᆞ고 日語通辯朴某를 符ᄒᆞ야 外人에게 優價로 放賣ᄒᆞᆫ 것이 八九百石落에 至ᄒᆞ얏ᄂᆞᆫ데 該郡人民이 莫不憤恨ᄒᆞᆫ다더라

●宋朴又訟 平北義州郡居朴成模京城居宋서俊兩氏가 拾餘年前에 山訟事로 平理院에 裁判지 되야 朴氏ᄂᆞᆫ 徵役幾年이라가 滿期蒙放ᄒᆞᆫ 後 家基測量時에 宋山을 又爲廣占ᄒᆞᄂᆞᆫ 故로 宋正尉禹榮氏가 質問次로 日前에 義州로 下去ᄒᆞ얏다더라

●日巡悖習 昨日上午十二時頃에 東部梨峴等地에서 何許日巡査壹名이 紙貨壹圓을 見失ᄒᆞ앗ᄂᆞᆫ데 適其時에 過去ᄒᆞᄂᆞᆫ 兒가 拾得ᄒᆞᆫ 것을 發覺ᄒᆞ고 竊盜로 認知ᄒᆞ야 無數毆打ᄒᆞ며 因即捕捉以去ᄒᆞ얏다더라

●農會擴張 韓興農會會長金鎔濟氏가 東部往拾里等地의 農業을 大擴張發達目的으로 東門外所在肥料品을 一切措著ᄒᆞ야 各農民處에 分排勸勉ᄒᆞ기로 日前漢城衛生會와 交涉ᄒᆞ야 門外肥料品을 壹切契約引渡ᄒᆞ얏다ᄂᆞᆫ데 肥料運搬車數十個를 製造ᄒᆞ얏다더라

●義兵消息 南來人의 傳說을 據ᄒᆞᆫ즉 陰曆正月念간에 義兵二百名이 綾州大谷面月谷里居進士梁晦益시家에 來到ᄒᆞ야 夕飯과 軍需錢五百兩을 討出ᄒᆞᆫ 際에 梁氏가 該郡派駐所憲兵의게 通知ᄒᆞ야 憲兵과 義兵이 交戰ᄒᆞ다가 憲兵이 敗走ᄒᆞ고 梁氏ᄂᆞᆫ 義兵의게 縲散ᄒᆞᆫ 困難을 經ᄒᆞ얏다더라

●驪郡義擾 近日에 驪州郡각面에ᄂᆞᆫ 義兵이 漸益猖獗ᄒᆞ야 軍需錢을 收斂ᄒᆞᄂᆞᆫ 故로 人心이 甚히 恐慌ᄒᆞ다더라

●以敎害敎 金堤郡居ᄒᆞᄂᆞᆫ 趙方淳氏가 學校를 設立ᄒᆞᆫ다 藉稱ᄒᆞ고 該郡拾七面面長을 會同ᄒᆞ야 각面에 壹百五拾圜式校費를 排定ᄒᆞ고 督刷ᄒᆞ야 甚於公貨ᄒᆞ니 學校請助에 隨力出義ᄂᆞᆫ 是乃例事어니와 以若無實로 勒排討斂이 極爲憤駭라ᄒᆞ고 該郡人等이 學部에 擧訴ᄒᆞ얏더니 該郡郡守內開에 趙方淳이 藉托敎育費ᄒᆞ고 符同各面長ᄒᆞ야 無端濫徵이 極爲駭歎이라 査實禁戢ᄒᆞ고 形止를 馳報ᄒᆞ라ᄒᆞ얏다더라

●徐氏逃走 慶南梁山財務署主事徐璟澤시가 該署公貨六千四百圜을 携帶逃走ᄒᆞᆫ 故로 目今其蹤跡을 搜探中이라ᄂᆞᆫ데 必是日本에 渡往ᄒᆞᆫ 듯ᄒᆞ다더라

●七竊賊 三昨日下午三時頃에 東部梨峴巖市場에서 何許賊漢이 突出ᄒᆞ야 其時過去ᄒᆞᄂᆞᆫ 拾三歲兒를 百般誘引ᄒᆞ야 衣服과 所持衣類等物을 奪取ᄒᆞ야 去ᄒᆞᆫ데 物品價額이 約二十餘圜價値라더라

●賊殺少年 去月晦頃에 楊平郡古邑峴에서 賊漢三名이 少年壹人을 刺殺ᄒᆞ얏다더라

●金氏慈善 光州郡居金福因시가 昨年春에 白米拾餘石을 捐出ᄒᆞ야 貧民을 救給ᄒᆞ얏더니 又今年春에ᄂᆞᆫ 각處債擇을 或半減或蠲除ᄒᆞ얏다고 稱頌이 有ᄒᆞ더라

●靑會幻燈 今日下午七時에 鍾路靑年會館에서 幻燈演說ᄒᆞᆫ다더라

◎感荷義捐

寧邊郡南新峴上九里居金寬[illegible]氏가 金五拾錢을 本社에 寄附ᄒᆞ얏기 玆에 感意를 表ᄒᆞ노라

▲地方消息▼

▲去月貳拾七日午後壹時頃에 義兵約二百七拾餘名이 楊州德社里에서 高陽分遣所日憲兵三名及補助員三名이 衝突ᄒᆞ얏다ᄒᆞ고

▲去月二拾八日午後三時半에 義兵約二百名이 楊州石積面三牌里에서 楊州分遣所日憲兵二名及補助員五名과 同郡警察署巡査八名의 聯合搜索隊와 暑貳時간을 交戰ᄒᆞ얏다더라

▲讀史有感▼

東洋生

▲天序가 節變ᄒᆞ니 寒溫이 乖常ᄒᆞᆫ 웬일인가 時局變遷ᄒᆞ니 몸이 蘇完ᄒᆞᆯ 길 바이 업서 風窓破壁 긴긴 밤에 挑燈寒燈ᄒᆞ노라 안저서 古代史記 閱覽타가 得人者ᄂᆞᆫ 必昌ᄒᆞ고 失人必敗ᄒᆞᆫ 더 句節에 無限感懷 발ᄒᆞᆫ 일세 내 懷抱를 遙遠ᄒᆞ야 當局者게 부치노라

▲當局者야 聽哉어다 한國情形 말ᄒᆞ자면 甲申以前 姑舍ᄒᆞ고 甲申以後 精神ᄎᆞ려 善良人材 擇用ᄒᆞ야 貪虐政令 改革ᄒᆞ고 奸賊小人 排斥ᄒᆞ야 百度維新ᄒᆞ엿스면 世界上에 列强들과 並駕齊驅ᄒᆞ지언정 今日悲境 엇지ᄒᆞᆯ고 失人必敗 아니런가

▲當局者야 聽哉어다 許多金融 消費ᄒᆞ고 累萬軍[illegible] 淸戰爭ᄒᆞᆫ 然後에 大[illegible] 權을 世界上에 발表[illegible] 功ᄒᆞ던 일이 水流[illegible] 俄人에게 見奪ᄒᆞᆷ도 其時政府當官人들을 擇人善用 못ᄒᆞᆷ이니 失人必敗 아니런가

▲當局者야 聽哉어다 俄人得勢ᄒᆞᆯ 적에 無賴雜類 任[illegible] 直君子 擇用ᄒᆞ야 利國便民 政策으로 實心끼 導進行ᄒᆞ고 收拾人心ᄒᆞ엿더면 인川外洋 壹敗戰에 可憐ᄒᆞᆫ 俄國公使 蒼皇奔走 東裝ᄒᆞ고 歸國ᄒᆞᆫ 理 萬無ᄒᆞ니 失人必敗 아니런가

▲當局者야 聽哉어다 俄公使를 쫏처내고 日兵들이 入城ᄒᆞᆯ 제 韓國人民 歡迎ᄒᆞᆷ은 同文同種 爲ᄒᆞᆷ인데 民心傾向 違反ᄒᆞ고 奸賊輩들 利用ᄒᆞ야 五條約을 締結ᄒᆞ고 七協約을 調印ᄒᆞ야 歡迎ᄒᆞ던 民心이 壹早仇敵 되엿스니 失人必敗 아니런가

▲當局者야 當局者야 今日輿論 드러보라 諸君들의 對韓政策 得人이라 ᄒᆞ깃ᄂᆞᆫ가 失人이라 ᄒᆞ깃ᄂᆞᆫ가 得失利害 더 關係ᄂᆞᆫ 諸君들을 도아ᄂᆞᆫ 데 니 目前利慾 貪치 말고 天下大勢 살펴보아 東洋地位 엇더ᄒᆞᆫ가 唇亡齒寒 定ᄒᆞᆫ 理致 더 加三思ᄒᆞᆯ지어다

廣告

李判書軒卿氏先山이京畿道龍仁郡慕賢面古梅谷에在인바局內松楸를自有餘年無事禁養矣러니不意今月初에同郡末尾里居林順伯林順喆과居日里居鄭濟觀白樂雲이가多率役丁ᄒ고砍木을無難斫伐ᄒ옵기甚是驚怪ᄒ야其裏由를探問則林順伯等이曾進會員이라藉托ᄒ고擇同會員ᄒ야如是無忌憚行悖ᄒ니豈有如許世變乎其行爲ᄂ無異强盜라以法庭으로措處ᄒ려니와爲先廣告ᄒ오니內外國人은以此照亮ᄒ시옴

李承설 告白

東部연화坊癸基七統三戶草家拾壹간文券을見失ᄒ얏ᄉ오기玆以廣告홈

家主 姜壽俊 告白

大韓測量總管會慶尙南道支會承認인바臨時事務所ᄂ京城中학橋西川邊伯統六戶李基鎬시家로定ᄒ얏ᄉ오니該道內同會를贊成諸시ᄂ來臨協議ᄒ시옴

大韓測量總管會慶南支會
臨時事務所 告

南部美洞卅五統拾戶板券·見失ᄒ얏기漢城府에請願ᄒ고玆以廣告ᄒ오니照亮홈

洪淳康

◎학員募集廣告

本校에서土木建築科及測量科를設施ᄒ오니入학志願人은何日이라도本事務所로來臨ᄒ와詳問ᄒ시오

土木建築科
速成科 六個月
高等科 壹個年
特別科 三個月

測量科
速成科 六個月
高等科 壹個年
全夜학 壹個年
特別科 壹個月

京南部清國領事館通
私立山崎官用土木建築測量學術製圖학校

本人의姓名圖章을陰本月九日에셔失ᄒ얏ᄉ오기玆以廣告ᄒ오니照亮ᄒ시옴

尹錫淳

平安北道江界郡化京面古仁里私立仁興小학校ᄂ僻在遐鄕ᄒ야風俗이尙樸ᄒ고聞見이未廣이더니現地方委員孫景錫시와現面長孫應鶴시가盡誠勸勉ᄒ야皆聊熱心에同聲相應ᄒ야竭誠未洽財產을不恩ᄒ고各明義務ᄒ야以助學肩之力에仁興小학교가可期維持方針ᄒ니兩시誠心勸勉과諸員義助가如左ᄒ며라

孫景鎬 孫景會 각四拾圓
文武炳 林贊元 宋文彦
各拾五圓 金贊福 金允하
各十三圓 林贊仲 金承連
咸昌國 각十貳圓 孫景鐵
拾壹圓 孫景元 金辰明
宋文祚 金興涉 朴元道
崔文彦 趙炳浚 各拾圓
김廷右 김成雲 成君伯
김承玉 김丙鉉 高貞碩
각八圓 함仁松 金官玉
田時煥 孫景松 김順國
각七圓 鄭思浚 김興珍
李信璜 尹致正 각六圓
孫應範 孫景斗 孫景龍
孫景煒 孫景澤 金龍大
함尙浚 함尙勳 함尙順
함仁涉 김碩信 김贊永
梁時澤 김明官 각五圓
李學秀 俞益明 宋致奎
각四圓 孫景贊 리容德
김永國 林致祿 김順健
朴仁龍 리應浩 秦基秀
김丙建 任成模 각三圓
孫應燦 孫武强 孫京涉
김龍順 金應順 梁興倫
梁子信 김萬福 함錫興
俞亨奉 朴丙浚 文雲峯
崔巳永 리仁德 吳周鮮
徐희浚 각二圓 李興祿
朴奉浚 김巳漸 김奉澤
리永乾 金永泰 吳尙壹
각壹圓五拾錢 孫應正
崔熙奉 宋明德 김承龍
申丙憲 崔尙辰 安補景
김奉린 俞亨權 申학麟
黃應祿 梁明喆 田得泰
김奉麟 김順球 김順德
秦基雍 리泳尙 孫景敏
鄭用云 康丙云 김壹顯
崔奉干 吳利涉 리昌祿
崔泰昭 김永祚 朴文학
李昌化 趙應律 吳成敏
金丙浩 文錫弼 張才根
張丙根 金龍云 각壹圓

下百六拾五圓五十錢各人義助
三百五拾圓公有物各名目

平安北道江界郡化京面古仁里仁興小학校任員
校長 孫景鎬　設立者 孫應彬
校監 손景斗　학監 함尙淳
書記員 손應鉉　會計員 金永國
贊務長 손景松　金龍人

木浦溫錦洞洪莊賢시가勞働학校寂寥以貧員三百餘名에建ᄒ中에貧寒生徒에게冊子及紙筆墨을洪莊賢시가全爲擔當以大端宏壯故不勝感謝而玆에廣告홈

木港 白大元 告白

◎法官養成所預科學員募集廣告

法官養成所預科학員約百人을募集ᄒ오니入학을願ᄒᄂ人은入학請願書에履歷書를添付ᄒ야四月拾日에提呈ᄒ고同十二日上午十時에本所에來ᄒ야入학試驗을受홀事

入학資格及入학試驗科目은左와如홈

入학資格
壹 年齡十七歲以上二十三歲以下의男子
二 身體壯健ᄒ者
三 品行方正ᄒ者

入학試驗科目
一 讀書、國漢字交用文及漢文
二 作文 國漢字交用文

詳細ᄒ事ᄂ本所에來問ᄒ고入학請願書用紙ᄂ本所에請求홈

官立法官養成所

本社에서各地方僉彦의게高明ᄒ意見을仰請ᄒ온바各處에서來到ᄒ諸札이數千度에達ᄒ얏사오니僉彦의感意ᄂ感謝不盡이오며其間에考試員을邀托ᄒ야諸札을考試ᄒ結果로左開諸員이被選ᄒ얏ᄂ디本社에서預約과如히分等呈賞ᄒ깃사오니被選僉彦은賞金을推去ᄒ심을望홈

一等金五十圓	忠南連山郡外面外國村	尹台炳
二等金二十圓	咸北鏡城郡耶蘇教堂內	趙鼎國
三等金十圓	平北義州南門外廣학書館	金義濬
四等金五圓	美國布哇韓國居留民	宋錫燦
五等金五圓	淸國安東縣稅關內	延秉煥
六等金二圓	江原道江陵郡東門外東昌恒商店	羅在恒
七等金二圓	咸南端川郡內郵局前商店	俞丙朝
八等金二圓	慶北尙州郡洛東郵局區內兎津	金湘壚
九等金二圓	全南順天郡蘇安面墻八里	李榮珉
十等金二圓	黃海道海州郡西部二里恒洞壹統拾戶	宋榮泰

考試員　皇城新聞社長　柳瑾
仝　大韓每日申報記者　卞一
仝　本社員　李範壽

一千九百九年三月二日

大韓皇城磚洞 韓美興業株式會社 謹啓

本社의各處代理人의氏名은如左홈

開城代理人	開城南門內雜貨商店	金東宣
平壤代理人	平壤大同門內屯洞	鄭基煥
咸興代理人	咸興西門外	盧昇洙
馬山浦代理人	馬山浦客主	孫德宇
元山代理人	元山港	金以文
淸津代理人	淸津港	張樂臣
水原代理人	水原北部長安洞	金유東
安城代理人 位置未定	水原北部長安洞	金유東
沙里院代理人 位置未定	漢城東部社稷里旺新學校內	邦元重
金田代理人 位置未定	漢城中部相思洞二統三戶	李孝稙

初等植物學 學部檢定 每課有도 定價金三十錢

初등動物學 每課有도 定價金四十전

最新初等小學 文明國의小學讀本制度를模範ᄒᆞ야精美ᄒᆞᆫ圖畫를具ᄒᆞ고八卷을分ᄒᆞ야製ᄒᆞᆷ 一冊에定價金五십錢

最新初等大韓地誌 定價金貳拾錢

最新高等大韓地誌 定價金七拾錢 文明國地誌制度를模倣ᄒᆞ야漢陽의山水며疆域圖와拾三道地圖와各港口와開市場과名山大川과都會勝地의寫眞도具ᄒᆞᆷ

初등大韓歷史 文明國의歷史制度를從ᄒᆞ야我國의 聖帝 明王의 御眞과忠臣烈士의影幀을具ᄒᆞᆷ 定價金七十錢

國家思想學 精神教育 定價金二十五錢

憲法要義 義務教育 定價金二拾五錢

右數種書는本書林에서發行ᄒᆞ오며此外에各種書籍이具備ᄒᆞ오니有志僉君子는速速來購ᄒᆞ시믈爲望

原賣所 京城南部銅峴大廣通街第三十五統五戶 玉虎書林

分賣所 黃海道鳳山郡沙里院朝陽書館 京鄕各有名書舖

本郡에志士金泰石全良甫김斗星吳士元吳成根김鳳珠諸씨가慨今教育에愈經됨을警悟ᄒᆞ고若干金額을鳩聚ᄒᆞ야普仁學校를設立ᄒᆞ고教師朴麒兇시를延聘ᄒᆞ야靑年三十餘人을教授ᄒᆞ지于今壹週年에經費가窘拙ᄒᆞ야將至廢止之境故로本校任員會를開ᄒᆞ고維持方針을壹議ᄒᆞᆫ바本會를鞏固케ᄒᆞ고熱心贊助ᄒᆞ시믈明ᄒᆞ며各員이爭先出捐ᄒᆞ야甚ᄒᆞᆫ誠意를表ᄒᆞ기爲ᄒᆞ야前後出捐시의金額을左에廣布ᄒᆞᆷ

壹回捐義捐 김奉石 吳成根 리泰鏞 각二拾圜 全良甫壹百圜 吳士元四拾圜 김斗星 리泰云 許德天 吳益教 白雲燁 張斗漢 張應周 리周永 鄭行寬 각拾圜 尹應善拾貳圜 溫井洞中三拾圜 김元鎬十五圜 朴鴻植 리學淵 리京鎬 趙亨彙 리錫淳 리世鴻 각六圜 리용秀 元和伯 元泰然 孔學韶 김公模 朴衡正 咸德鼎 尹華三 김在元 趙順甫 리德熙 각五圜 김基福 吳敬달 吳聖穆 각四圜 김良西 각三圜 김致云 김興洙 리士彥 리仁寬 崔鐵洛 김基弘 함鳳然 金承義 宋九鉉 林明集 김仲權 叫仲吉 盧昌默 리斗泳 吳致敬 吳順卿 리應九 리始華 趙洪九 리聖汝 鄭淳 蔡潭夫人 金景植 許希元 각貳圜 崔德호 宋用三 崔學九 리乃炯 리俊明 김永洙 鄭在元 元昌根 吳鳳煥 정河容 崔時默 吳仁善 許行文 朴漢天 崔濟岳

咸元任 朴炳夏 리亨舜 崔常俊 全文달 尹應圭 姜해룡 姜斗玉 姜承周 朴良汝 김元衡 徐粲仲 리士善 리士元 각壹圜 朴昌鎰 幼年必讀釋義萬國 大韓地圖各壹本粉筆壹匣 姜成文 四拾五里中拾五圜 二里中七圜 四里中拾圜 五里中拾圜 六里中十五圜 七里中십圜 八里中십圜 九里中三拾圜 熊峴里中七圜

再回 吳士元八拾圜 全良甫四拾圜 리泰云貳拾圜 朴衡正貳拾圜 리周永五拾圜 김奉右拾圜 리京鎬廿五圜 張應周貳拾圜 리學淵貳拾圜 白雲燁四十圜 리錫淳貳拾圜 尹應善七圜 리泰鎬五十圜 吳益教貳拾圜 鄭在元三圜 리斗泳 二圜 韓景玉 五圜 崔在洛 二圜 金斗星 五圜 리相永 二圜 金光會 四圜 白雲書齋 田八斗畊 沓二십九斗落 三里書齋 田二日耕 草家五間 賭租三十八斗 七里書齋 沓九斗落 齋家六間 田二日畊

黃海道載寧郡馬山面 私立普仁學校 告白

𨯶本(日本) 李大衍 新義

定價金 七拾錢

本書는語학의深奧ᄒᆞᆫ金岙植君이歲月을費ᄒᆞ며心力을費ᄒᆞ야今纔出版인바日文의法則과實例가明白精到ᄒᆞ야文明輸入ᄒᆞ는時代에不可缺ᄒᆞᆯ佳本이니讀書界諸君子는閱覽ᄒᆞ심을敬要

摠賣所 中部鍾里洞九統十戶 大同廣智社印刷部

獨習 國文 日語自通 全部冊二拾五錢 鮮于日著述 鄭雲復校閱

本書는純國文으로써日語全部를著述ᄒᆞ엿아日語를獨習ᄒᆞ는諸시에게自解ᄒᆞ기極히容易ᄒᆞᆫ바더러近來에日語獨學이時行ᄒᆞᄂᆞᆫ著術의出板이其多ᄒᆞ되都是完全ᄒᆞᆫ것이無ᄒᆞ더니本書는實로日語를獨學ᄒᆞᄂᆞᆫ데唯壹無貳ᄒᆞᆫ捷徑이오또部數가僅少ᄒᆞ야沒數放賣ᄒᆞ기前에日語를獨習코저ᄒᆞ시는이는早速來購ᄒᆞ시옵

發賣所 安洞 大韓書林 布屛下 廣學書舖 鍾路 大東書市 京鄕各書店

普通學校體操提要 定價二十錢

此書는普通學校에서實行ᄒᆞ는體操學이온데兒童의心身을圓滿히發育케ᄒᆞ며身體를强壯케ᄒᆞ야壹生中의最適過ᄒᆞᆫ職業을服ᄒᆞᆷ에適當ᄒᆞᆫ鍊習을預備ᄒᆞᆷ으로써要旨를삼으니此를生理的과訓鍊的二種目的으로分ᄒᆞ오면如左ᄒᆞ오

壹 身體自然의優美端正ᄒᆞᆫ發育을圖ᄒᆞᆷ
壹 身體의健康을保護增進ᄒᆞᆷ
壹 身體의强壯忍耐機敏을期ᄒᆞᆷ
壹 精神의快活을保有ᄒᆞ며勇氣果斷沈着忍耐審美從順等의諸德을養成ᄒᆞᆷ
壹 注意觀察思考想像의諸般作用을增進케ᄒᆞᆷ
壹 意思를精密히ᄒᆞ며敏速히實行ᄒᆞᆷ
壹 規律을遵守ᄒᆞ며協同을崇尙ᄒᆞᄂᆞᆫ習慣을養成케ᄒᆞᆷ이오니速々購覽ᄒᆞ심을望

發賣所 布屛下廣학書舖 金相萬 京鄕各書店

壯陽復元丹

一週分壹圜 二週分一圜八十錢 四週分三圜四拾錢 八週分六圜四拾錢

此藥은專対腦病肺弱○房事色傷○腎虛弱○陽萎不起○遺精夢泄○神經衰弱○房事時早漏不快○病後虛弱○健忘不眠○貧血諸症○先天不足○飮食不下○眩暈頭痛○等症에ᄒᆞ나니試服此丸ᄒᆞ면服之ᄒᆞᆫ不過幾点鍾에立見妙效ᄒᆞ야魂飛肉躍ᄒᆞ며精神이倍覺爽快ᄒᆞ나니其症이輕者는服壹二週면挽回元陽ᄒᆞ고其症이稍重者는可服三四週ᄒᆞ야遂得痊愈ᄒᆞ고最重者라도八週만服ᄒᆞ면必能全對無疑니若失病之人도試用此劑則補血益氣ᄒᆞ고强筋而壯骨ᄒᆞ나니八週而求見其效則補物價額을如數繳呈이오不敢虛誕自欺라此丸이又無論男婦老幼ᄒᆞ고均用有效ᄒᆞ나니眞世間無比之妙劑也라僉位는何不早求試驗ᄒᆞ소

共愛堂藥房 特約代理店 京城水橋 濟生堂藥房 발行所 皇城香路大廣橋十九統七戶

大韓皇城南署 總發行所 和平堂大藥房

婦人靈藥 부인 胎養調經丸 우리 양 료 경 환 약제 壹月分 금五圜

主治說明

婦人이孕胎ᄒᆞ지못ᄒᆞᆷ은冷病積聚와月經不調로因ᄒᆞᆷ이니此藥을服用ᄒᆞ시면婦人腹中에有ᄒᆞᆫ諸病은壹切退去ᄒᆞ고自然孕胎ᄒᆞ오니速臨買去ᄒᆞ시옵

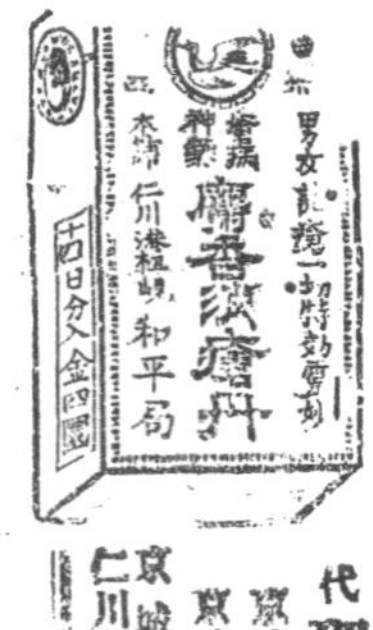

此丹이於諸瘟에無論男女老少ᄒᆞ고若服此丹則實有神效ᄒᆞ야百발百中ᄒᆞ오니非例方可及也라若諸主治則傷寒斑疹과頭痛諸症에俱見立效ᄒᆞ오니瘟疫僉君子는壹次試驗伏望

八寶丹

主治效能
○胃病惡心○頑痰固飮○食思欠乏○中暑中寒○久積滯○急瘀關格○滯飮食傷○霍亂吐瀉○泄瀉下痢○船暈○水土不服

滋陽丸 補陰補陽
三拾日分 금五圜
貳拾日分 금三圜四拾전
拾日分 금壹圜八拾전

治
○陽萎不起○遺精多夢○陰虛火動○房事後慨惱○手足厥冷○顔色蒼白○吸烟斷烟○吸烟斷烟○體質虛弱消瘦

此外의도東西洋各醫藥이俱備ᄒᆞ오니各地方의셔도隨用請求ᄒᆞ시면郵便으로보내ᄋᆞ이요各處製藥ᄒᆞ시는僉位에게는特別割引放賣ᄒᆞ오니陸續注文ᄒᆞ심을務望

製藥所 仁川港租界 和平堂藥房
發行人 李應斌
京城鍾路 衣廛下 和平堂支店

代理店 京城南門內 濟生堂藥房 京城大廣橋 共愛堂藥房
京城香路 仁川港各藥舖 和平堂 告

社告

○申報價
壹號代金 新貨二錢五厘
壹個月前納 三十錢
參個月 九拾錢
陸個月 壹圜七十錢
壹個年 三圜四十錢
郵稅 壹個月 拾貳錢

○廣告料
四号活字拾三字詰 每日壹寸(英尺)에 新貨廿五錢
二週日壹寸에 二圜五拾錢
壹個月壹寸에 五圜
〔自壹行至四行이爲壹寸〕
其期限의長短과字行의多寡를隨ᄒᆞ야增減홈이有ᄒᆞᆷ

發行兼編輯人 英國人 萬咸
Responsible for Publication Alfred Weekley Marnham.
發行所
南部石井洞號外地三層洋屋家 大韓每日申報社

漢城鍾路慈惠藥房에서官許拜受ᄒᆞᆫ二十三種封藥과舊藥唐材와草材등大發賣ᄒᆞ고且石版印刷機械와活版印刷物과黃金色花紋

光武九年八月拾一日 明治三十八年八月拾一日(第三種郵便物認可) 水曜日 西曆壹千九百九年三月三日 (三)

第七卷

大韓每日申報

第壹千卅七號

月曜及慶節 歲時日休刊

檀君開國四千二百四十二年
箕子元年三千三十一年
大韓開國五百十八年
日本明治四十二年
淸國宣統元年
陰曆己酉二月十二日壬戌

論說

◎申宋兩人을吊홈

監査院卿申箕善은死去하고內部大臣宋秉畯은免官되얏도다

大抵申宋兩人의歷史ᄂᆞᆫ婦人小兒도皆知ᄒᆞᄂᆞᆫ바ㅣ라吾儕가不言ᄒᆞᆯ지라도大東學會長申箕善을誰가不知ᄒᆞ며吾儕가不言ᄒᆞᆯ지라도一進會頭領宋秉畯을誰가不知ᄒᆞ리오

又彼等이生存ᄒᆞ거나ᄒᆞ얏스며免官이나아니되얏스면其悔改ᄒᆞ기나望ᄒᆞ며其省悟ᄒᆞ기나盼ᄒᆞ려니와彼旣一은死去ᄒᆞ고一은免官되얏거ᄂᆞᆯ彼를吊ᄒᆞ야又何가益ᄒᆞ리오

然이나吾儕가筆을執ᄒᆞᆫ以來로僥倖彼도ᄒᆞ야곰屠兒를變ᄒᆞ고活佛이되게ᄒᆞᆯᄭᆞᄒᆞ야朝에도曰申某宋某ᄒᆞ며夕에도曰申某宋某하되彼가終乃大東學會長申箕善을免치못ᄒᆞ며一進會頭領宋秉畯을免치못ᄒᆞ고一은死去ᄒᆞ얏스며一은免官되얏스니可憐ᄒᆞ도다申宋兩人이여吾儕ᄂᆞᆫ彼의歷史를悲ᄒᆞ야一言으로吊ᄒᆞ노라

大抵彼가其惡歷史를自造홈은彼가自計ᄒᆞ되如斯히ᄒᆞ면監査院卿의地位나得全ᄒᆞᆯ지如斯히ᄒᆞ면內部大臣의勢力이나不失ᄒᆞᆯ새ᄒᆞ야如彼營營區區홈이아니런가

悲矣라光陰은如水ᄒᆞ고人生이有涯ᄒᆞ니富貴繁華能幾時오天이申箕善의長久ᄒᆞᆫ監査院卿의行樂을不許ᄒᆞᆫ사畢竟彼가大東學會長으로泉臺에歸하얏스니嗚呼라今日死去已矣어ᄂᆞᆯ當年奔走如彼ᄒᆞ던가此ᄂᆞᆫ吾儕가申箕善을爲하야吊ᄒᆞᄂᆞᆫ바ㅣ며自作ᄒᆞᆫ孽은不可逭이니無君無國ᄒᆞᆫ宋秉畯이여旣是作孽ᄒᆞ얏거던엇지得免ᄒᆞ리오畢竟彼가一進會頭領으로政界를辭ᄒᆞ얏스니嗚呼라今日免官已矣어ᄂᆞᆯ當年作孽如彼ᄒᆞ던가此ᄂᆞᆫ吾儕가宋秉畯을爲ᄒᆞ야吊ᄒᆞᄂᆞᆫ바ㅣ로다然이나彼가一日生ᄒᆞ면一日辱이오二日生ᄒᆞ면二日辱이니申의死가不幸이아니라幸이며彼가一日內部大臣이면一日罪오二日內部大臣이면二日罪니宋의免官이不幸이아니라幸이로다此ᄂᆞᆫ又吾儕가申宋兩人을爲ᄒᆞ야賀ᄒᆞᄂᆞᆫ바ㅣ로다

嗚呼라人은死ᄒᆞᄂᆞ名譽ᄂᆞᆫ不死ᄒᆞ며官職은遞ᄒᆞ나名譽ᄂᆞᆫ不遞ᄒᆞ나니男子가不幸히悲劇의秋를當ᄒᆞ얏스면空拳을握ᄒᆞ고라도其身을國家에獻ᄒᆞ야犧牲이되던지不然ᄒᆞ면敎育實業等이나勉强ᄒᆞ야實力을養ᄒᆞ던지又不然ᄒᆞ면高堂에安坐ᄒᆞ야餘喘이나保ᄒᆞ얏지엇지ᄒᆞ야此도彼도不能ᄒᆞ고도로혀自國을助伐ᄒᆞ며同族을助侮ᄒᆞ야生前에도辱을受ᄒᆞ고死後에도臭를遺ᄒᆞ며居官ᄒᆞ야도指目을被ᄒᆞ고免官ᄒᆞ야도汚名을流ᄒᆞᄂᆞ뇨

嗚呼라所謂韓國政客諸君이여諸君은彼申宋을不見ᄒᆞᄂᆞᆫ가諸君이今日에ᄂᆞᆫ富貴를恒保ᄒᆞᆯ듯勢力을[illegible]ᄒᆞ나諸君도明日에申箕善宋秉畯이될ᄂᆞᆫ지又明日에申箕善宋秉畯이될ᄂᆞᆫ지不知ᄒᆞ나니惟願컨대諸君은[illegible]節에申箕善을免ᄒᆞ며免官前에宋秉畯을免ᄒᆞᆯ지어다

外報

●仲裁條約調印 華盛頓電을據ᄒᆞᆫ則國務卿으로矢트시ᄂᆞᆫ今番葡國과仲裁條約을調印ᄒᆞ얏ᄂᆞᆫ데美國은至今ᄭᆞ지仲裁條約을締結ᄒᆞᆫ國이二拾四個國이라世界强國中에英國과締約치아니ᄒᆞᆫ國은露德兩國이ᄲᅮᆫ이더라

雜報

●儒生公函

三道儒生金東弼李相喆宋秀珠李載洙等諸氏가曾彌副統監에게公函ᄒᆞᆫ全文이如左ᄒᆞ니

敬啓者父子之親君臣之義東西古今不易之常典也人而無是則不人國而無是則不國可不懼歟由職爾國民之不能自存而適足鄙國今日之危急存亡苟究其躁自亡更何怨天而尤人嗟夫吾人之大同常情孰不欲自國之富强首肯他邦之保護也哉然旣不得自立到此地境則冀祝國力之充鎔贊成佇見國權之將來恢復奈之何危亡甚不服勸益擾惹民憾情韓民之自相殘酷縱云滄浪之濁日人之到處橫罹豈非池魚之殃鯛步之災業民命之倒懸不啻什佰於保護之說日實是天下之所共聞安敢誣毫增減自謂韓民乎伏惟中和亞之全局猗歟貴國天皇陛下之聖意也所以欽命政治家老臣伊藤公爵而兼監我韓國也專自被保護以來何其奏功之若是相反耶孔子曰其人亡則其政息所令反其所好民不從伊藤公爵之對韓政策不幸近之矣謂余不信試看後內閣彼何人彼何人所謂齊純李完用宋秉畯輩若個陰斯之外曾謂韓國之無人乎往者不可諫搗理大臣李完用今以反覆謀黨龍蛇戰役之後韓魂喪換面附日其所宅心安知他日更不排日又況國門褻陋新臺有刺則父子之倫斗矣且須諸我大皇帝陛下西巡 巡狩盡是曠世之盛事不避風雪之寒近擬擧天翔春和賜勞玉趾可動木石之頑乎宜丹綸豈無挾광之感群疑從茲渙釋此方庶幾安靜今意內部大臣宋秉畯敢於 玉輅咫尺拔劍酗鬨擬刺侍臣狂叫亂양毀損大戚地方之歡感無效臣民之憤怒愈激亘古亂賊之無親君權復有此極者乎君臣之義蔑矣彼轝斗倫敗常之罪惡貫盈久厭久矣舌焦閭巷之唾罵擧兇獸餓之聲討莫嚴 尺雖容寄縷猶且暗息於覆載之間悠悠蒼天胡寧忍斯竊動伊藤公爵誠鄙國之歷史惟願鷹喉犬實先後之也豈公爵之本心孤負天皇陛下之聖意乎哉古人有言曰大奸似忠知人固未易彼輩之入于內閣勤經三四星霜鄙國之大勢果何如乎迫其公爵閣轅之日猶使完用觀擅首揆患好樂奎而携手同歸豈國公爵洽觀我二千萬臣族而祖跡彼輩若是之厚吁亦痛矣天下豈有無父無君之國乎伏顧閣下準此覆奏于天皇陛下引渡賊奎以正邦刑斥黜完用以謝天下則韓日萬歲邦以萬歲라ᄒᆞ얏더라

詞藻

◎敬和不時看曲 漁潭散人

명ᄉᆞ슴죽ᄉᆞ슴、호옹。ᄂᆞ지힛ᄂᆞᆫ다、홍。

회안주남어셔、ᄲᅧᄂᆞᆫ너나노나、아。

이구지구、호옹。살ᄉᆞ방ᄉᆞᆫ네업다、홍。

廣告

雜報

●兩將焉歸　學部大臣李載崑氏가遞任된다는說은已爲累報어니와再昨夜에曾彌副統監이總理李完用氏에게通知ᄒᆞ고該大臣을卽爲遞免ᄒᆞ라ᄒᆞ얏다더라

●秘密何事　新任內部大臣朴齊純氏가被命同夜에總理大臣李完用氏를訪問ᄒᆞ고秘密事項을多時酬酌ᄒᆞ얏다더라

●相見行禮　新任內部大臣朴齊純氏가昨日午前拾壹時에該部에仕進ᄒᆞ야內外國高等官과相見禮를行ᄒᆞ얏다더라

●兩何往訪　某官人이新任너부大臣朴齊純氏에게有何緊議事이던지日昨에再三往訪ᄒᆞ엿더니來賓이滿堂ᄒᆞ야不能接語ᄒᆞ고空往空來ᄒᆞ야炎涼世態를咄歎ᄒᆞ얏다더라

●調査居住　拾三道儒生들이宋秉畯이가拔劒ᄒᆞᆫ事에對ᄒᆞ야中樞院에獻議ᄒᆞᆫ說은已報어니와該氏等의居住가未詳ᄒᆞᆫ故로同院에서該現居住及本居住를調査中이라더라

●李氏運動　中樞院顧問李根澤氏가近日에有何思想인지某處에秘密紹介ᄒᆞ야大臣椅子에期於高陞ᄒᆞ기로極力運動中이라는說이有ᄒᆞ더라

●監督新任　前法부大臣張博氏는監査院卿을被任ᄒᆞ얏다더라

●兩氏免官說　咸北觀察使[illegible]甲炳公州觀察使崔廷德兩氏는俱是普進會員으로該職을도得ᄒᆞ얏는ᄃᆡ有何事件인지三昨日內閣에서免官ᄒᆞ기로決議ᄒᆞ얏다더라

●日人運動　江陵楊口森林事는已爲揭載어니와該事件에對ᄒᆞ야運動費가數萬圜에達ᄒᆞ얏다는ᄃᆡ農商工部山林局長某가方今運動ᄒᆞᆫ다더라

●得償何多　永宜君李埈鎔氏가何等緊用이有ᄒᆞᆫ지紫峴宮을典執得償ᄒᆞ얏다는說은已揭어니와追聞ᄒᆞᆫ즉近日에各處所在庄土를又爲典執코져ᄒᆞ야現今周旋中이라더라

●安氏運動　宮內府掌膳課장安淳煥氏가東洋拓殖會社에對ᄒᆞ야何等運動이有ᄒᆞᆫ지幾番渡日ᄒᆞᆫ時에明月館家屋과其他器具를漢城銀行에典執ᄒᆞ고金貨三千圜을得償ᄒᆞ야携帶渡航ᄒᆞ얏다더라

●普進祝賀　宋秉畯이免官되던同日夜에普進會總務及評議員諸氏가該會本部에會同ᄒᆞ야言ᄒᆞ되宋秉畯이內閣에在ᄒᆞᆫ時는本會에서辭職勸告ᄒᆞ기가甚히不便ᄒᆞ더니宋旣免官ᄒᆞ얏슨즉辭職勸告ᄒᆞ기가實無所碍ᄒᆞᆫ則本會에大爲幸福이라ᄒᆞ고壹場祝賀ᄒᆞ얏다더라

●陳列場設立　農商工부에서는漢城及各觀察道에農產物工藝品輸出品의陳列場을設立ᄒᆞᆯ計劃으로約壹萬三千圜을支出ᄒᆞᆯ터인ᄃᆡ漢城及各道에現將成立되면將來에地方陳列館이될터이라더라

●以日打日　農商工部農務局畜產課長原島善之助가該課日人主事安河武十郞으로有何事故이던지該局內에서亂打ᄒᆞ얏는ᄃᆡ安河가該事實을大臣과次官에게申告ᄒᆞ얏다더라

●郡主不法　平海郡主事徐轍査氏가郡守를運動코ᄌᆞᄒᆞ야使人治行費二百兩과自己新聞購覽價六百兩과郡교生徒의밥참이라爲名ᄒᆞᆫ幾百圜을勸斂民間ᄒᆞ기로該郡人民이極爲嘐々ᄒᆞᆫ다더라

●瓮壇認許請願　東部城北洞에在ᄒᆞᆫ瓮壇基址는數百年來로該洞民人等의漂白營業ᄒᆞ는基址인ᄃᆡ日前에自農商工부로日官吏를派送ᄒᆞ야該壇所在處基址를調査ᄒᆞ는故로該居朱義榮金聖鍊氏等이數百年轉相買ᄒᆞᆫ文軸을貼聯ᄒᆞ야昨日에該부에請願ᄒᆞ되該基址를民有地로認許ᄒᆞ야漂白營業을勿廢케ᄒᆞ라ᄒᆞ얏다더라

●面長愛民　盈德郡花山面面장徐基成氏가昨年春窮에財務署에서稅納을督刷無餘ᄒᆞ고結民은屢年水旱을經ᄒᆞᆫ餘에稅錢을莫可辦納인ᄃᆡ徐基成氏가該面니富饒ᄒᆞᆫ人의田畓文券을借得後葉萬兩을得償ᄒᆞ야爲先財務署에納ᄒᆞ고多數餘額은待秋收捧ᄒᆞ기로契約ᄒᆞ얏더니秋成後에結民이齊히稅錢을爭先備納ᄒᆞ야壹面이晏堵ᄒᆞ얏다더라

●韓巡多退　韓國巡査等이元來薄俸으로警察上事務는頻煩ᄒᆞᆫ中日韓부日巡査手下에在ᄒᆞ야壓制力을去益不堪ᄒᆞ야近日에請願自退者가多數ᄒᆞ다더라

●是何砲聲　再昨日下午十二時頃에京城남山附近에서何許銃聲이七次를징鳴ᄒᆞᆫ故로目今詗探ᄒᆞ는中이라더라

●是何挾雜　靑坡四契居ᄒᆞ는朴汝長爲名者가宜嬪墓庫直金尙弼氏의圖章을僞造ᄒᆞ야何許濟人의게莫實公土를暗賣코ᄌᆞᄒᆞ다더라

●新昌民怨　新昌郡來人의所傳을據ᄒᆞᆫ즉該郡각面長輩들이民간에結錢을督刷ᄒᆞ되排日後若過三日이면鐵齒汁物을當場執行ᄒᆞ고門戶를閉鎖ᄒᆞ야老孺가呼泣道路ᄒᆞ며考卜價를濫捧ᄒᆞ되斑戶에는每結頭에葉貳兩五錢式星火督捧ᄒᆞ며災米는區간에留置ᄒᆞ고每石에面장料로錢과五升式使例勒捧ᄒᆞ는故로民難支保라고怨聲이載路ᄒᆞᆫ다더라

●不許不入　漢城內外각木商들이沿江에서買渡輸入ᄒᆞ는장木을從今爲始ᄒᆞ야警視廳認許가有ᄒᆞᆫ後에輸入케ᄒᆞᆫ다더라

●義兵消息　錦山茂州龍潭等地에近日義兵이益益熾盛ᄒᆞ나居民의게는壹無侵漁之弊ᄒᆞᆫ다고該郡警察署通信이某處에到達ᄒᆞ얏다더라

●斷飮同盟　郭山郡梨洞父老諸氏가會議曰酒者는伐性之狂藥이라古人所戒而今則反此ᄒᆞ야酒常興飮而售貰日增ᄒᆞ야長醉中에잔務蕩產業ᄒᆞ고靑年ᄭᆞ지沉溺ᄒᆞ야永爲棄人者種種有之ᄒᆞ니吾儕가先自斷飮이되如有復飮者면罰金을徵收ᄒᆞ기로壹齊會同而會長은李寅汶氏로推薦ᄒᆞ얏다더라

●法韓烟草　近日法國人某氏가前正領리寅榮氏와協議ᄒᆞ고巨額의金을各自辦出ᄒᆞ야西부新門니등地에法韓烟草株式會社를設立ᄒᆞᆯ次로目下株金을募集ᄒᆞᆫ다더라

●放婢燒券　前局長張世基氏가七八年前에女婢貳名을買得ᄒᆞ야于今使用ᄒᆞ다가再昨日에該婢等과其父母를招集ᄒᆞ야現世形便을說明ᄒᆞ고傳ᄶᅳᆺᄒᆞ던文券을燒却ᄒᆞᆫ後에壹切解送ᄒᆞ얏다더라

●窃盜被捉　再昨日上午에東大門外居ᄒᆞ는朴道壹爲名人이泥峴等地에서雞卵의試窩를窃取ᄒᆞ다가남署에被捉ᄒᆞ얏다더라

●僞幣使用被捉　楊州郡居ᄒᆞ는柳順文은再昨日南大門附近에서僞造紙幣拾圜ᄶᅳ리를使用ᄒᆞ다가發覺되야남署에被捉되얏다더라

●賊漢何多　再昨日下午七時에該洞居金漢奎氏가城北洞에所幹이有ᄒᆞ야入城ᄒᆞ얏다가漢城次某箭串橋等地에到ᄒᆞᆫ즉賊漢三名이突出ᄒᆞ야揮銃威脅ᄒᆞ고錢財를掠奪以去ᄒᆞ얏는ᄃᆡ其時同行者가三拾餘人이라더라

學界

●海塾擴張　東部壺洞私立海東新塾에서校務를壹層擴張ᄒᆞ고高明ᄒᆞᆫ英語敎師를延聘ᄒᆞ야學員을多數募集ᄒᆞ얏다더라

●木浦의洪氏　全羅南道木浦港溫錦洞居洪淳弼시가該港勞働者의敎育ᄒᆞᆯ期望이無ᄒᆞᆷ을慨歎ᄒᆞ야該家全廊에夜學校를設立ᄒᆞ고該시의父子叔姪이勞働者百餘人을熱心敎育ᄒᆞ며又壹學校를設ᄒᆞ야男女學徒가七拾餘人에達ᄒᆞ고諸般經費를該시가自擔ᄒᆞ야熱心做去ᄒᆞ는故로大有成就之望이라더라

●延海校興　海州郡金鳳洙李建夏시와延安郡金基永崔用來姜聲淑諸시가當局에急務는교育二字라ᄒᆞ고拌心協力ᄒᆞ야海州花陽面雲峰面과延安郡臨川面龍岩面今岩面熱里浦山浦等地에學校를多數勸設ᄒᆞ고熱心贊助ᄒᆞ야학生의程度도日新進就ᄒᆞ고학校도鮮次漸興ᄒᆞ야文明之望이有ᄒᆞᆷ은諸시의效力이라고人皆稱頌ᄒᆞᆫ다더라

●重遠永遠　義州枇峴面院洞里耶蘇敎羅遠학校는五六年前에敎人의게設ᄒᆞ고敎堂은會堂傳道室을借用ᄒᆞ더니再昨年秋에敎人들에게資本을鳩聚ᄒᆞ야院洞中央處에서餘間학校를建築ᄒᆞ고敎師의日錢과各殷兩시의誠心敎育ᄒᆞᆷ으로[illegible]十餘人이오尋常生徒가三拾餘人이라敎人中韓正基시ᄂᆞᆫ학校基地를義捐ᄒᆞ고韓[illegible]洙沈시는附畓二拾餘石落과文學順시는田二日耕을義捐ᄒᆞ얏다고一境이莫不稱頌ᄒᆞᆫ다더라

●兩氏熱心　明川郡居前參奉李鏞滿시ᄂᆞᆫ素是敎育大家로靑年을培養ᄒᆞ기爲ᄒᆞ야敎師의月俸과書籍機械雜費를請自擔當ᄒᆞ고本里居金炳權시ᄂᆞᆫ十間新屋을捐附ᄒᆞ야熱心교授ᄒᆞᆷ으로生徒가五十餘名에達ᄒᆞ얏다더라

▲地方消息▼

▲去月十六日黃海道溫井院西南方約五里地에서義兵三名이黃州郡守備隊伍장以下五名과交戰ᄒᆞ얏다ᄒᆞ고

▲去月二拾日抱川郡니에서義兵一百五拾名이同地駐在日巡査二名과交戰ᄒᆞ얏다ᄒᆞ고

▲去月貳十壹日에全羅南道光陽郡東南方約貳十里地에서義兵貳十餘名이同郡分遣所日憲兵二名補助員五名及巡査壹名과交戰ᄒᆞ얏다ᄒᆞ고

▲去月二拾三日京畿道문山浦東方卄里地에서義兵四十餘名이該地分遣所日憲兵壹名及補助員과交戰ᄒᆞ얏다ᄒᆞ고

▲去月廿九日南平郡니에서義兵賊百五拾名이羅州警察署巡査拾名과交戰ᄒᆞ얏는ᄃᆡ巡査壹名이負傷ᄒᆞ얏고其翌廿六日에再次交戰ᄒᆞ얏다더라

▲編餘雜俎▼

▲勸善懲惡ᄒᆞ는것은報館의壹端義務로다世人誹謗拘碍안코善惡간에聞見ᄃᆡ로勸告者는勸告ᄒᆞ고攻擊者는攻擊인ᄃᆡ悔改方[illegible]研究업시言論者를仇視ᄒᆞ야[illegible]아닌가

▲可痛일세閔泳徽[illegible]家危急當ᄒᆞ여[illegible]心[illegible]ᄲᅡ러家眷ᄭᆞ지携率ᄒᆞ고移渡ᄒᆞ라다ᄒᆞ니的實ᄒᆞᆫ지모르지만民國과罪지사롬이되겟고[illegible]持ᄒᆞᆯᄉᆡ

▲可痛일세中樞院[illegible]時代當ᄒᆞ여셔敎育界나社會上에出義捐金ᄒᆞᆫ지안코許多辦出ᄒᆞ야演興社와뒤를대고寶花醉月ᄒᆞ면서도아니보薩假粧ᄒᆞ야各報館의揭載됨을質問ᄒᆞ면발明될ᄉᆡ

▲可痛일세閔泳綺는拓殖總裁依勢ᄒᆞ고제門下의姓名入會大聲叱責ᄒᆞᆫ말이무슨議程ᄒᆞ라ᄒᆞ고晝夜持會ᄒᆞ나ᄒᆞ니君者止大ᄒᆞᆯ량이면挾雜輩가犯事ᄒᆞ랴賣國心腸다아나니天下耳目掩得ᄒᆞᆯᄉᆡ

▲可痛일세洪肯燮은該會巨魁犯逆ᄒᆞ야無復餘望되엿스미遜寫望離더會員이恨嘆者는姑舍ᄒᆞ고呼哭者가관라는ᄃᆡ幡然悟解散안코日後榮光또잇다고全部會員誑惑ᄒᆞ니欺弄手段久ᄒᆞᆯᄉᆡ

▲可痛일세李容雨는학會寄附ᄒᆞᆫ것다고自國懸錄더金額은今延拖ᄒᆞ면서도演劇場을擴張코ᄌᆞ得債運動奔走ᄒᆞ야期於維持ᄒᆞᆫ다ᄒᆞ니敎育急務此時代에淫蕩演劇발達ᄒᆞ면獨立文明進步ᄒᆞᆯᄉᆡ

▲諸人들아그리말소人必自侮ᄒᆞᆫ然後에他人侮之ᄒᆞᄂᆞ니라宅心所爲보량이며肥已之慾일랑다러事業着手보더러도九稜嘆ᄒᆞᆯ일이가坦坦大路내바리고惡ᄒᆞᆫ길노ᄶᅩ쳐가니그心腸을알수업네

物貨와校用品其他家用物品을一新俱備ᄒ고地方各학校가以書請求ᄒ시면以小包便郵으로品高價廉而信々酬응ᄒ깁含 物品如下
册簽각種 紙石板각色 圖畵機각色 測量機械附屬品
鉛筆각色 洋服內衣上下 印札紙각種 日用雜貨俱備
貴만出資而書籍印刷業을同事利分키로廣告ᄒ니速速來議敬要 하城鍾路 惠書舘 리觀化 告白

廣告

官立漢城師範學校

本校入學願書受入은三月拾壹日까지오니志願人은限內提出ᄒ오各郡學校는不在此限

광무칠년삼월에하와이너민으로온경셩에사시든金元順시가그자미국상항에거류ᄒ시더니우연득병ᄒ야본년壹月六日上午에桑港公立病院에셔별셰ᄒ심으로本港 [illegible] 립ᄒ디에안장ᄒ엿스나김시의본뎍이한국에잇는곳을알지못ᄒ와조이광고ᄒ오니김시의친쳑이되시는이는죠량ᄒ시옵

미국상항류리鶴銓 告白

◎학員募集廣告

本校에셔土木建築科及測量科를設施ᄒ오니入학志願人은何日이라도本事務所로來臨ᄒ와詳問ᄒ시오

土木建築科
速成科 六個月
高等科 壹個年
特別科 三個月

測量科
速成科 六個月
高等科 壹個年
全夜학 壹個年
特別科 壹個月

京南部濟國領事館通
私立山崎實用土木建築測量藝術製圖학校

東部인昌坊癸基七統三戶草家拾壹간文卷을서失ᄒ얏숩기茲以廣告홈 家主姜俊 告白

南部紅箭門內淸商大成義西片戶外瓦家四拾間을放賣코져ᄒ여玆以廣告ᄒ오니願買者어던銅峴大淸商廣和順처議ᄒ심을望홈 大淸商廣和順 謹白

◉法官養成所預科學員募集廣告

法官養成所預科학員約百人을募集ᄒ오니入학을願ᄒ는人은入학請願書에履歷書를添付ᄒ야四月拾日에提呈ᄒ고同十二日上午十時에本所에來ᄒ야入학試驗을受홈事

入학資格及入학試驗科目은左와如홈

入학資格
壹 年齡拾七歲以上二拾三歲以下의男子
二 身體壯健ᄒ者
三 品行方正ᄒ者

入학試驗科目
一 讀書、國漢字交用文及漢文
二 作文 國漢字交用文

詳細ᄒ事는本所에來問ᄒ고入학請願書用紙는本所에請求홈事

官立法官養成所

木名濟乘은濟崙으로孝甲은孝俊으로鎬周는鐸周로壹同變改ᄒ오니知舊는照亮ᄒ옵
水北龍川府光化面鄭鐸周
仝 鄭濟崙
仝 內上面白孝俊

李判書軒卿

氏先山이京畿道龍仁郡嘉賢面古梅谷에在ᄒ와局內松楸가百有餘年無事禁養矣러니不意今月初에同郡末尾里居林順伯林順喆과隱日里居鄭濟觀白樂雲이가多率役丁ᄒ고邸木을無難斫伐ᄒ옵기甚是驚怪ᄒ야其裏由를探問則林順伯等이宗中會員이라藉托ᄒ고揮同會員ᄒ야如是無忌憚行悖ᄒ니豈有如許世變乎其行爲는無異强盜라以法庭으로措處ᄒ려니와爲先廣佈ᄒ오니內外國人은以此照亮ᄒ시옴

李承설 告白

本人이陽二月廿四日에正字로金武卿信이라刻ᄒ黑角圖章을遺失ᄒ얏ᄉ오니誰某ᄂ得ᄒ야도勿爲施行홈 釜港金武卿

南部里門洞三拾四統五戶
南部詩洞四拾統八戶
此兩家俱是典執ᄒ바或有僞券與之慮故로玆廣告ᄒ니內外國人切勿見欺

鑄洞李冠珪 告白

戊申臘貳月鄭鎭台도[illegible]見失ᄒ고收刻鎭永ᄒ오니舊章은勿施홈

鄭鎭永 告白

本學會設立第貳回紀念式을今三月(陰貳月拾貳日)水曜下午二時에本事務所에셔擧行ᄒ오니會員은屆期光臨ᄒ심을爲要

輔仁學會

◉學員募集廣告

陰二月拾九日內請願ᄒ시오
壹個月測量科 九個月語科(隨程度甲乙丙三班에分) 速成科六個月美術(四則以上)

北部齋洞二統八戶

測量新塾 告白

光武九年九月五日大韓每日申報雜報第拾六項暴雨摩稼라ᄒ題下에曰昨與雨ᄂ可謂近年에稀睹라江流之泛漲과川渠之潰決과樹木之倒拔과墻垣之頹壓이驗拾聽聞이不啻狠籍ᄒ니各地方에禾稼損傷이勢所必至인즉爲民ᄒ誠可憂悶이라ᄒ申報

釜港客主崔桂賢과李寬周로同事客主營業ᄒ시기는財本은本人이出本ᄒ여開業ᄒ오니知舊照亮ᄒ옵셔無錢ᄒ시고依舊去來ᄒ심을希望홈

陰曆 年二月 日

本人이昨年五月分에姓名上章을서失이오고今年正月分에또章을新刻하얏숩기茲以廣告ᄒ오니照亮ᄒ시옴 吳然河 謹白

洞六統七戶ᄂ任送賣渡ᄒ심을

十[illegible]南山[illegible] 告白

本社에서各地方 僉彦의게高明ᄒ**意見**을仰請ᄒ온바各處에셔來到ᄒ書札이數千度에達ᄒ얏사오니 僉彦의感意ᄂ感謝不啻이오며其間에 考試員으로 邀托ᄒ야 **諸札**을 **考試**ᄒ **結果**로 左開諸員이 被選ᄒ얏는데本社에셔 **預約**과如히分等呈賞ᄒ깃사오니被選 僉彦은 **賞金**을 **推去**ᄒ심을望ᄒ

一等金五十圓	忠南連山郡外面外峴村	尹台炳
二等金二十圓	咸鏡鏡城郡耶蘇敎堂內	趙鼎國
三等金十圓	平北義州南門外廣학書舘	金義淳
四等金五圓	美國布哇鐵碼居留民	宋錫燦
五等金五圓	淸國安東縣稅關內	延秉煥
六等金二圓	江原道江陵郡東門外東昌恒商店	羅在恒
七等金二圓	咸南端川郡內郵局前商店	金西明
八等金二圓	慶北尙州郡洛東郵局區內兎津	金湘壎
九等金二圓	全南珍島郡蘇安面墻山里	李榮琛
十等金二圓	黃海道海州郡西部二里恒洞壹統拾戶	宋榮泰

考試員 皇城新聞社長 柳瑾
仝 大韓每日申報記者 卞一
仝 本社員 李範壽

一千九百九年三月二日

大韓皇城磚洞 韓美興業株式會社 謹啓

本社의各處代理人의氏名은如左홈

開城代理人	開城南門內雜貨商店	金東宣
平壤代理人	平壤大同門內中洞	鄭基煥
咸興代理人	咸興西門外	盧晏洙
馬山浦代理人	馬山浦客主	孫德宇
元山代理人	元山港	金以文
淸津代理人	淸津港	張樂臣
水原代理人	水原北部長安洞	金允東
安城代理人 位置未定	水原北部長安洞	金유泉
沙里院代理人 位置未定	漢城東部蓮池洞拾五統新學校內	邦元重
金田代理人 位置未定	漢城中部貞洞相思洞二統三戶	李孝植

學部檢定
初等 植物學 每課有도 定價金四十錢
初等 動物學 每課有도 定價金四十젼

最新 初等小學
文明國의小學讀本制度를模範ᄒᆞ야精美ᄒᆞᆫ圖本을具ᄒᆞ고八卷을刊行ᄒᆞᆫ바貳冊合製定價金五십錢

最新初等 大韓地誌 定價金四拾錢

最新高等 大韓地誌 定價金七拾錢
文明國地誌制度를模倣ᄒᆞ야漢陽의山水며各開港口와關市場과名山大川과都會勝地의地圖를具ᄒᆞᆷ

初등 大韓歷史
文明國의歷史制度를從ᄒᆞ야我國의 聖帝 明王의 御眞과忠臣烈士의影幀을具ᄒᆞᆷ 定價金七十錢

國家思想學 精神 敎育 定價金二十五錢

憲法要義 義務 敎育 定價金二拾五錢

右敎科書는本書林에서發行ᄒᆞ오며此外에各種書籍이具備ᄒᆞ오니學界僉君子는陸續來購ᄒᆞ심을爲望

原賣所 京城南署銅峴大四街里三十五統五戶 玉虎書林
分賣所 黃海道鳳山郡沙里院朝陽書館 京鄉各有名書舖

◎共愛堂大藥房製造各種藥品發引表

壯陽復元丹 比藥專治腦病肺弱 房事色傷 心腎虛弱 遺精多夢、陽痿不起 病後虛弱 不下飮食 先天不足 眩暈頭痛 等症에並妙效가有ᄒᆞᆷ 一週分壹圓 二週分二圓四拾錢 三週分三圓八拾錢 八週分六圓四拾錢

靈丹 專治一般滯症胃腹痛消化不良과神鬱悶船暈酒醉化痰止咳口熱口臭食慾不振等症에並神效

皮疹 [illegible]

眼科聖藥 淸眼水 專治一般眼疾、時行眼疾、風熱眼疾、羞明流淚、眼內紅痒之症、撥雲見天之妙 每瓶금拾錢

解瘧至寶丸 專治瘧疾卽氣虛瘧、遠年瘧、하루二日학、難雖治之학이라도永久祛根ᄒᆞᆷ 每包금拾錢

皮膚神藥 [illegible]效液 專治皮膚의疥癬옴、皮風、諸般痒疹、두드러기、옷올니데ᄂᆞᆫ神效ᄒᆞᆷ 每瓶금三십젼

下淋專治 淋丸 急慢淋疾、赤白帶下、膀胱炎症、耳炎、濃漏其他淋毒性諸症에特效ᄒᆞᆷ 每劑金拾錢

梅毒妙効 神應丹 楊梅瘡에壹期二期三期를勿問ᄒᆞ고確實이有效、連珠瘡、疳瘡等에幷效 每劑金二圓

복학新藥 淸脾丸 專治小兒의一般腹痛、面黃、尿白、左脇痞腹에大有奇効ᄒᆞᆷ 一匣금十錢

久滯神効 養胃散 專治久滯積、呑酸吐瀉、霍亂、胃腹痛大便不順等症에奏効如神 每貼금拾五錢

治痰鎭咳丸 專治大人咳嗽、喘息、痰結等症에妙効 二日分每匣금三十錢

感冒特效 消熱散 勿論四時傷寒感冒、咽喉疼痛、寒熱往來肢節痛、似瘧非瘧等症에効 每貼금十錢

耳病神效 淸耳液 專治耳病의鼓膜炎、內外聽道炎、耳에灼熱疼痛、癢、濃液이나는等症에効 每瓶금십錢

百貼百應 妙妙膏 風寒濕氣、胸肩背牽引疼痛、腰膝脚腿酸痛無力、骨節疼痛等症에如神 금十五錢

奏効如神 能治膏 각색腫氣、小兒胎毒、부스럼、濕腫、生新에並神効 每匣入금十젼

大腫拔根膏 大小腫의根을빼는약 價금十錢 解凝膏 멍울삭히는약 價금十젼

寸虫去根藥 價금十젼 齒痛水 충치풍치신효 價금七젼五厘

止泄丸 滑泄暑泄에神効 價금十젼 痢疾藥 赤白痢에神効 價금십五젼

各種上等鷄納、東西洋有名寶藥、洋藥乾材都賣散賣其他各種藥이具備ᄒᆞ오니請求를依ᄒᆞ야小包로隨應ᄒᆞ깃슴

發行所 皇城南部大廣橋十九統七戶 共愛堂大藥房

廉價放賣
御閣器械各種
製圖器械各種
製圖用紙各種
釜山港本町三丁目 近藤支店

機械及藥品을整備ᄒᆞ고西洋新發明ᄒᆞᆫ法으로各種洗濯及染色을廉價로需應ᄒᆞ옵ᄂᆞᆫ데其種類가如左ᄒᆞᆷ
洋服、襯衣、外套、帽子、項套、洋말、婦人洋服及一切附屬品、毛織、毛紗、세루、馬尾緞、羅紗綢緞紗綾等一切貴重品의周衣、족긔、赤衫、襪、袴、襦、等屬洗濯及染色物이有ᄒᆞ면本所로通知ᄒᆞ시면卽時自宅에進議ᄒᆞᆷ
學員、巡査、兵丁、及勞働諸君에對ᄒᆞ야定價의拾分之貳를特減ᄒᆞᆷ
各地方에ᄂᆞᆫ小包料를添送ᄒᆞ시면誠實郵呈ᄒᆞᆷ
鍾路里門上隅拾貳統三戶
西洋洗濯部第一屋

國文獨習
日語自通 全壹冊 定價金[illegible] 鄭雲復校閱 [illegible]著述
本書ᄂᆞᆫ純國文으로써日語全部를著述ᄒᆞᆫ것이니日語를獨習ᄒᆞᄂᆞᆫ諸시의게自解ᄒᆞ기極히容易ᄒᆞᆫ뿐더러近來에日語獨學이라ᄒᆞᄂᆞᆫ著書ㅣ刊板이甚多ᄒᆞ되都是完全ᄒᆞᆫ것이無ᄒᆞ더니本書ᄂᆞᆫ實로日語를獨學ᄒᆞᄂᆞᆫ데唯一無二ᄒᆞᆫ捷徑이오또部數가僅少ᄒᆞ니沒數放賣ᄒᆞ기前에日語를獨習코져ᄒᆞ시ᄂᆞᆫ이ᄂᆞᆫ早速來購ᄒᆞ시옵
發賣所 寺洞 大韓書林 布屛下 廣學書舖 鍾路 大東書市 京鄉 各書店

普通學校體操提要 定價二十錢
此書ᄂᆞᆫ普通學校에實行ᄒᆞᄂᆞᆫ體操學이온ᄃᆡ兒童의心身을圓滿히發育케ᄒᆞ며身體를强壯케ᄒᆞ야一生中의最多適調ᄒᆞᆫ運動과兵役에義務를服ᄒᆞᆯ適當ᄒᆞᆫ練習을預備ᄒᆞᆷ으로써要旨를숨ᄂᆞ니此를生理的과訓練的二種目的으로分ᄒᆞ오면如左ᄒᆞ오니
一、身體自然의優美端正ᄒᆞᆫ發育을圖ᄒᆞᆷ
一、身體의健康을保護增進ᄒᆞᆷ
一、身體의强壯忍耐機敏을期ᄒᆞᆷ
一、精神의快活을保全ᄒᆞ며勇氣果斷沈着忍耐審美從順等의諸德을養成ᄒᆞᆷ
一、注意觀察思考想像의諸般作用을增進케ᄒᆞᆷ
一、意思를精密히ᄒᆞ며敏速히實行ᄒᆞᆷ
一、規律을遵守ᄒᆞ며協同을崇尙ᄒᆞᄂᆞᆫ習慣을養成케ᄒᆞ얏사오니速々購覽ᄒᆞ심을務望
發賣所 布屛下廣學書舖 金相萬 京鄉各書店

李[illegible]著 憲法要義 定價金七拾錢
本書ᄂᆞᆫ法學에深造ᄒᆞᆫ李[illegible]君이歲月을閱ᄒᆞ며心力을費ᄒᆞ야今에出版ᄒᆞᆫ바日文의法則과實例가明白精到ᄒᆞ야文明輸入ᄒᆞᄂᆞᆫ時代에不可缺ᄒᆞᆯ佳本이니讀書界諸君子ᄂᆞᆫ閱覽ᄒᆞ심을敬要
捷賣所 中部鉢里洞九統十戶 大同廣智社印刷部

壯陽復元丹
此약은專치腦病肺弱○房事色傷○心腎虛弱○陽萎不起○遺精多夢○陰虛衰弱○房事時早漏不快○病後虛弱○健忘不眠○貧血諸症○先天不足○飮食不下○眩暈頭痛○等症ᄒᆞ나니試特히丸을服ᄒᆞ면[illegible]不過數点鍾에立見妙效ᄒᆞ야魂飛肉躍케精神微奮ᄒᆞ야頓覺舒快ᄒᆞ나니其症이輕者ᄂᆞᆫ服壹二週면挽回元陽ᄒᆞ고其症이稍重者라도可服三四週ᄒᆞ고遠年痼疾로其症이頗重者ᄂᆞᆫ連服八週면必能全치無疑니若夫無病之人도試用此劑則補血益氣ᄒᆞ고强筋而壯骨ᄒᆞ나니謂之八週而未見其效則請將價額을如數還呈이오不敢虛誕自欺라此丸이무論男婦老幼ᄒᆞ고均用有效ᄒᆞ나니眞世間無比之妙劑也라僉位ᄂᆞᆫ何不早로嘗試오
一週分壹圓 二週分一圓八十錢 三週分三圓四拾錢 八週分六圓四拾錢
共愛堂藥房 特約代理店 京城水標 濟生堂藥房 발行所 皇城南部大廣橋十九統七戶

安仁車
聖書繙譯會委員李昌植시譯 蓮洞敎會長老李[illegible]赫시校閱
本館에서敎書安仁車를譯出發售ᄒᆞᆫ바此書ᄂᆞᆫ道德心培養ᄒᆞᄂᆞᆫ良師ᄲᅮᆫ아니라一般士女의新知識을啓發ᄒᆞᆯ터이오니陸續來購ᄒᆞ시옵
新舊書籍歐美雜貨及學徒需用品을俱備發賣ᄒᆞ옵
皇城東部蓮峴越邊隅 晉 救書館 告白

本會事務가漸次擴張이온바本會에加入ᄒᆞ실 有志紳士君子ᄂᆞᆫ本會로陸續來臨ᄒᆞ심을敬要ᄒᆞ오며本會[illegible]發達케ᄒᆞ심을務望ᄒᆞᆷ
（電話二[illegible]）
大韓山林協會本部告白

國語綴字捷徑
此書ᄂᆞᆫ國文高下字와綴字法을速히曉得ᄒᆞᄂᆞᆫ捷徑인ᄃᆡ爲先他人의誤習ᄒᆞᆫ것슬諸般說明ᄒᆞ고國文每字上下字를相較ᄒᆞ야明分ᄒᆞ며國語를附ᄒᆞ야初等生徒의國語敎科에適合ᄒᆞ오니僉彦은陸續購覽ᄒᆞ시옵 正價貳拾錢
原賣所 平壤 鍾路光明書觀

發行兼編輯人英國人 萬咸
Responsible for Publication Alfred Weekley Marnham.
發行所 南部石井洞號外地三層洋屋
大韓每日申報社

漢城鍾路慈惠藥房에셔官許拜受ᄒᆞᆫ二十三種封藥과舊藥唐材와草材를大發賣ᄒᆞ고且石版印刷機械와活版印刷機械를大發賣ᄒᆞ고各地方學校에셔[illegible]

光武九年八月十一日第三種郵便物認可　　本日　　隆熙三年三月四日　　西曆一千九百九年三月四日

第[illegible]卷　　**大韓每日申報**　　第壹千[illegible]八號

月曆及慶節　歲時日休刊

檀君開國四千二百四十二年
箕子元年三千三十一年
大韓開國五百十八年
日本明治四十二年
耶蘇降生元年
隆熙己酉二月十三日癸亥

別報

◎留學生 한인흥 寄書于侍從武官長 趙東潤氏本稿

伏惟鄕校[illegible]謂[illegible]犯諫[illegible]忠[illegible]類[illegible]會且[illegible]古[illegible]易之規也[illegible]在職[illegible]責者尤所盡心者也[illegible]皆曰可殺之彼[illegible]部大臣宋秉畯[illegible]托皇太子殿下問安之行[illegible]到[illegible]謁閣下亦或知秉畯之凶肚[illegible]進候之情而[illegible]他禍心之包藏乎閣下　皇太子宮侍從武官[illegible]陪奉起居之[illegible]啓導正邪之事閣下之職務而如彼秉畯奸尊[illegible]人[illegible]宮使受問安之禮汚褻尊嚴之[illegible]爲閣下不可默然宜乎叱退者也

噫彼秉畯之[illegible]好鬪者而若對閣下有敢[illegible]地勇斷[illegible]之憤果閣下職分內當行之事也彼凶賊之窮凶極惡[illegible]人之境今聲討而其前後所罪錯之貫盈世所共悉向者大皇帝陛下巡幸西道之時[illegible]歷路[illegible]中[illegible]咫尺之地酗酒作梗胡叫亂唱至[illegible]拔刀刺人之擧[illegible]謂[illegible]大臣者莫嚴之地如此犯分即秉畯之眼中已無君父而[illegible]渡[illegible]之行無乃逃罪之凶計乎凶賊之窮謀[illegible]怪莫測[illegible]節其於[illegible]節也[illegible]下不審則已看破凶賊之奸狀細[illegible]殿下[illegible]不敢[illegible]侯於邸[illegible]之階下果爲閣下職務[illegible]責者也噫彼秉畯

大皇帝陛下咫尺之地[illegible]酒[illegible]亂者[illegible]登[illegible]敬意於殿下哉且秉畯得罪於皇上陛下則其於殿下之[illegible]受賜謁之禮亦所未安者也而[illegible]百年皇[illegible]之帝業[illegible]之天命將[illegible]殿下之聖身而使彼亂[illegible]賊子逼近左右則皇室之汚損[illegible]矣勿論[illegible]民之瞻觀果[illegible]失望幸乞閣下深[illegible]諒勿[illegible]例[illegible]不但此生之所嘗[illegible]人之共[illegible]又彼凶賊[illegible]忌憚[illegible]登[illegible]爲我[illegible]身不堪[illegible]口不忍道者也而[illegible]大[illegible]阪車中[illegible]本報知新聞記者訪問秉畯[illegible]彼凶賊[illegible]何氣[illegible]向吐焰曰韓國[illegible]頑迷不良之徒不喜日本之施政故依其美國宣敎師之煽動欲脫日本之羈絆[illegible]受美國之保護如此希望者數至二十五萬餘[illegible]其勢力漸[illegible]强盛[illegible]不可等閒視之而美國宣敎師之背後[illegible]美致府之指嗾未嘗不有疑而此[illegible]則日本之政策可謂休矣此若下大勇斷之手段則自有歸順之機[illegible]而[illegible]懷柔政策[illegible]可歟云[illegible]而此[illegible]做[illegible]噫彼凶賊之心必有要[illegible]而宗敎世界[illegible]仰也[illegible]國西敎之播傳既在於秉畯之率東學黨呼曰[illegible]萬之徒[illegible]告日[illegible]保護宣言[illegible]之[illegible]則其純[illegible]道德之心公衆[illegible]之情實國家[illegible]會之幸禍而近[illegible]多有好[illegible]業故國民之[illegible]日情天父是自求之[illegible]音非他助之處[illegible]也則其負十字架爲天下流血之精神今日韓國救世人之[illegible]腦也豈有關乎美國保護之惡意乎

且美國宣敎師以世界同胞之主義從事[illegible]國敎[illegible]地獄[illegible]善男善女其無政策[illegible]野[illegible]世所公認則不必煩說而但彼凶賊推渠[illegible]凶肚忖他之婆[illegible]可[illegible]笑而彼[illegible]宣[illegible]背後有美政府之[illegible]嗾者原無此理而[illegible]放言惹起國際上感情[illegible]誠何心哉噫既[illegible]君父之[illegible]知[illegible]隣之[illegible]乎又誇[illegible]日渠在大臣之位年內任用日人[illegible]八[illegible]且[illegible]國之人口則只不過壹千餘萬名而可謂[illegible]人稀[illegible]移民[illegible]萬名[illegible]則噫彼凶賊秉畯既[illegible]女產[illegible]倭[illegible]世忘[illegible]化[illegible]已所年久而[illegible]凶賊之謟害欲買日人之歡心[illegible]於東洋策上有所不許[illegible]亦唾罵而報章之批難[illegible]也又云[illegible]懷柔政策[illegible]凶腦[illegible]實所難測者其云大勇斷之手段無非大打滅我國人民未遺子影然後[illegible]秉畯之心以爲快乎嗚乎痛哉數年以來韓人之後[illegible]殺[illegible]計[illegible]萬五千餘之同胞秉畯於此少無惻隱之情反言懷柔政之秉畯[illegible]之心何[illegible]凶[illegible]乎爲先向者秉畯之[illegible]黨於[illegible]北[illegible]方貳拾[illegible]兄弟之無[illegible]慘殺[illegible]彼凶賊[illegible]念乎又秉畯之[illegible]所[illegible]貪[illegible]錯也[illegible]運動之時獲[illegible]監[illegible]而現[illegible]容九之留[illegible]歸[illegible]即[illegible]事也

日[illegible]忠義之[illegible]庭[illegible]孤[illegible]之田庄[illegible]教育[illegible]勸[illegible]使[illegible]國[illegible]困逼經濟界之路[illegible]奸狀[illegible]路無餘而[illegible]不借[illegible]故[illegible]秉畯之心惟[illegible]不足[illegible]言如彼其心所在可以明知其心[illegible]國之凶賊也秉畯之行爲凡爲[illegible]年[illegible]孰非痛憤而閣下之今度[illegible]姦就正果十[illegible]壹時之際會也閣下[illegible]皇室之威[illegible]國家之柱石則秉畯休戚從他適[illegible]公正之措處而[illegible]刀斷決[illegible]流芳千萬年[illegible]

外報

●日本의 軍額減少　東京電을 據[illegible]則總理大臣桂太郎과 外部大臣小村壽太郎이 貴族院에 臨席하야 軍費減額에 對하야 答辯[illegible]되 只今日本이 列强과 交際가 漸次親密하야 軍額을 減少[illegible]無妨하다 하얏다더라

●古骨發見　巴里電을 據[illegible]則法國에 [illegible]크메[illegible]地[illegible]窟內에서 數萬五千年[illegible]古骨을 發見하얏다더라

●革命黨捕縛　香港電을 據[illegible]廣西省桂林府에서 革命黨首領[illegible]太[illegible]시外二名을 捕縛하고 該黨의 簿錄을 押收하얏는데 長江一帶에 [illegible]萬人이 參入하얏고 日本人의 參入者도 六百餘名이라더라

●通信員派送　倫敦電을 據[illegible]露京에서는 墺地利와 塞爾維亞間의 關係가 非常히 切迫하다하야 多數[illegible]通信員을 巴爾幹으로 派送하얏다더라

●獨立方法商議　倫敦電을 據[illegible]葡萄牙利[illegible]閣太臣은 同國의 獨立承認을 得하는 方法을 關[illegible]야 데이무모에 會[illegible]야 商議하얏다더라

●立憲파外交　伯林電을 據[illegible]則土耳其[illegible]미一新內閣은 立憲政體[illegible]鞏固[illegible]證言[illegible]고 新首相[illegible]外交政策의 變更[illegible]宣言[illegible]얏다더라

詞藻

嶺山[illegible]歌

이월八日이、호응이니 왓는데、흥。
철업[illegible]박첨지、왜나왓느냐、
[illegible]아。
외구지구、호응。네음좋[illegible]구나、흥。

廣告

官立漢城師範學校

本校入學請願書受入은 三月[illegible]日[illegible]지오니 志願人은 限[illegible]提出[illegible]本部學校로 不在[illegible]限

普成專門學校學員募集廣告

本校에서 今番法律學門科學員을 增加募集하오니 願學하시는 이는 期限內[illegible]依[illegible]야 屆[illegible]

試驗日子　三月二十一日上午十時(陰曆二月三十日)

試驗科目　日本[illegible]人間[illegible]

年齡　二十歲以上

入學請願用紙는 本校에 來[illegible]

漢城磚洞普成專門學校告白

本同事의 今番總會結果로 本店總務黃菊保시 退任[illegible]代에 會計宋[illegible]賢시로 宣川總支店總務李鳳朝시 退任[illegible]代에 總務黃菊逸시로 兼任케[illegible]고 總支店會計[illegible]梁[illegible]明시로 選任[illegible]엿시며 業務擴張키 爲[illegible]야 各同事員이 자[illegible]擔任[illegible]고 資本[illegible]倍[illegible]陰曆月內로 增募[illegible]기로 決定[illegible]오니 僉同事員[illegible]極力募集[illegible]심伏望

平北龍川楊市商業同事　告白

永平梁文市[illegible]邑人[illegible]開[illegible]奪[illegible]五[illegible]商工部與[illegible]察府[illegible]呈訴[illegible]즉訓令[illegible]에 三市式分市[illegible]活[illegible]營업[illegible]대邑人之欲[illegible]復奪之心이 有[illegible]야 數萬[illegible]謀集[illegible]야 가지고 四面請囑[illegible]기로 玆以廣告

廣告人　咸致壹

◎學員募集廣告

本校에서 土木建築科及測量科를 設施[illegible]오니 入學志願[illegible]은 何日이라도 本事務所로 來臨[illegible]야 詳問[illegible]시오

土木建築科
速成科　六個月
高等科　壹個年
特別科　三個月

測量科
速成科　六個月
高等科　壹個年
全修科　壹個年
特別科　[illegible]個月

漢城部[illegible]洞[illegible]通
私立山崎實[illegible]土木建築
測量等術製圖學[illegible]

本同事隆熙二年度營業利益이 資本金每壹圓에 對[illegible]야 [illegible]圓八拾二錢三厘의 排當이 되얏스오니 僉同事員은 照亮[illegible]시옵

平北龍川楊市商務同事　告白

大韓測量總管理會에서 慶尙南道로 會承認[illegible]臨時事務所는 京城中部[illegible]川邊[illegible]統六戶李[illegible]鎬시家로 定[illegible]오니 道內同會員은 贊成[illegible]시[illegible]協議[illegible]시오

大韓測量總管理會慶南支會
臨時事務所　告白

◎特別廣告

本銀行에서는 貯金[illegible]의 當座預金에 對하야 特別히 信密保管[illegible]爲主[illegible]옵는바 利子는 如左홈

無定期當座預金은 年步三圓六拾錢
三期定期預金은 年步[illegible]圓
六朔定期預金은 年步[illegible]圓五拾錢
壹年定期預金은 年步六圓

營業時間은 自上午九時至下午五時

鍾路韓美電氣會社二階
韓一?漢城?[illegible]
實業銀行　告白

雜報

●副統監決心　伊藤統監이日人으로韓國政府官吏된多數任用한故로韓日兩國人間에憾情이日益層生하야韓人官吏中에서請願退職한者가多有한지라曾禰副統監이日皇에게覲奏하고日人官吏中頑惡한者는壹幷除汰하기로決心하얏다더라

●秘密何議　日前에總理大臣李完用氏가農大臣趙重應氏를帶同하고統監府에前往하야曾禰副統監과何등事項을秘密協議하얏다더라

●因何辭仕　新任內部大臣朴齊純氏가何事件을因함인지昨日該部에仕進치아니하얏다더라

●議長談話　日昨에中樞院議長김允植氏가總理大臣李完用氏를訪問하고言하되宋秉畯의拔劒한事에對하야士論이日起한즉統監府에極力交涉하야宋秉畯을不日引渡하야以正邦刑하고壹般國民으로하야금義憤을快伸케하라하얏다더라

●遞後渡日　總理大臣李完用氏가遞任된다는說은前報에已揭어니와該氏가遞任한後에는日本으로前往한다더라

●長書沓至　宋秉畯拔劒한事에對하야各郡儒生諸氏가憤鬱함을不勝하야總理大臣李完用氏에게長書를提呈하는것이雪片과如하야逐日沓至한다더라

●終夜密勿　中樞院顧問李址鎔氏가何等事項을因함인지再昨夜에某太官을訪問하고終夜談話하얏는데甚히秘密하얏다더라

●銓考更張　內部에서各觀察使가郡守薦報하는規則을將次改正하고已往文官銓考法을更爲實施하기로現今擬議中이라더라

●測量委任周旋　政府에서各道觀察使의게指揮하야測量事務를管轄케한다는說은已爲報道하얏거니와該測量事務를外國人들이各觀察使의게委任을圖得코저하야百般周旋中이라더라

●交涉委員任命　淸國政府에서韓國內釜山及元山에居留地設定에就하야交涉委員을任命하얏는대日本側에서는鰯島外務部長以下諸人으로任命하고淸國側에서는總領事馬廷亮氏와書記官干希璟及陳秉昆兩氏로任命할旨로去廿八日에北京으로부터電報가到하얏는데不遠間에委任狀이到着하리라더라

●解散爲上　一進會總務某氏가該會副會長洪肯燮氏를對하야言하되內大宋秉畯이가免官된後에本會勢焰이稍爲減損하야各社會에서無不嘲笑하매本會員들도各散歸家코져하는者가多有한즉何以措處하면顯爲良好하겟나냐하고爛商協議하얏다더라

●非金伊安　西來人의傳說을聞한즉平壤郡守事務官李寶善氏가遞任된代에安光鎬氏가該任을圖得코저百般運動한다더라

●畜山畜產　官報課長日人畜山은性甚頑惡하야每於接人에强制的行爲가比他尤甚한故로壹般官吏들이擧皆憎惡하야對面接語하기를不肯한다더라

●朴失李得　再昨日에總理大臣李完用氏가鐵山亭에서某某官人이會集하야花鬪로賭技하얏다는說은已爲報道어니와追後詳報를聞한즉其時賭技人中에朴勝鳳氏는三千圓을失하고李完用氏의從任되는尹容善氏는五千圓을得하얏다더라

●農士日農　日人들이韓國에서農林業을改良發達하기爲하야農林業及農林產物取引에從事하야再昨年에組織한韓國農會에서는每月壹回式雜誌를發刊하엿는대今回에其支會를鎭南浦、三浪津、淸州、春城、水原、開城、黃州、平壤、義州九箇所를設하고此所에서農業改良과林業發達에事를着手하리라더라

●特許請願　壹月부터貳月까지二箇月니에特許等權請願한件數가如左하니韓國은商標壹이오美國은意匠貳商標四拾이오日本은特許四拾、意匠貳、商標九拾一、著作權一이라더라

●定民不定　定山郡來人의所傳을據한즉該郡各面々長들이民간에結稅를濫捧하되每結에葉二兩式增捧하는故로民怨이沸騰하다더라

●結稅督納　林川韓山等郡에는財務署에서結稅를星火督納하되日巡査가擔銃하고村閭에周行하야人民의門戶를破碎하며租包를執行하는故로民難支保라하더라

●浦監請認　西部里門洞居崔德昌氏가振威郡軍文浦浦監을認許하라고昨日日本理事廳에請願하얏다더라

●何賊詗探　咸鏡北道北靑郡居하는남相哲과好道兩氏는有何事端인지近日警務廳에서該兩氏의住所蹤跡을別般詗探하는中이라더라

●崔母呼訴　積城郡北面庄巖居하는崔造汝시가賊에妻와相詰하다가忿㤥에以鎌揮之하야其妻手指皮膚가微傷하얏더니附近孫鳳朝하는朴奉祿爲名人이該郡巡査를敎唆하야崔氏를犯罪한錄으로威脅恐喝하고田畓文卷을勒奪한故로崔시의母親이召史가昨日京城地方裁判所에呼訴하얏다더라

●日女橫行　再昨日下午九時量에何許少年壹人이南部石井洞等地로過去하는대適其時何許日女가突出하야韓人의手를堅執入去하야賣淫하기를懇請한즉該少年이拒絶不應한즉該日女의家人壹同이無數毆打하며醜類罵辱하미觀光者ㅣ莫不憤嘆하얏다더라

●淸人暴行　淸國人徐石鼓驗春風貳名이平安北道厚昌郡官盛面衛坪居하는한丙浩시의게暴行을貽하얏다는데其顚末을聞한즉淸國人이한시의家牛貳隻을借去하고賃金으로壹箇月에五拾四兩을報償하기로契約하고木材를運搬하다가牛隻의足病이有하야使用치못하게됨따고返還한는故로賃金을要求하얏더니該淸人이木棒으로한시를毆打하고逃走함으로村民七八名이追捕하야淸國官憲에게押付하얏다더라

●必有此擧　近者最近報道를據한즉該國各地方에討伐隊로下去한憲兵補助員들이兵의虐待勞苦를不能堪耐하야銃器彈藥을携帶하고義兵에게歸附하는者ㅣ多數하다더라

●義兵蜂起　全羅北道古阜郡距廠面平橋里에居住하는日本人大森五郞은農事經營으로該地에駐在하는데義兵이蜂起하야其가襲擊을當하고後慮가有함을畏하야該地憲兵分遣所에保護를請함으로한人巡査一名을派遣하얏다더라

●義兵消息　近來에義兵들이海上으로往來하야各島嶼에橫行하는者ㅣ多하더니近日에南竹灯대를襲擊하얏고近日에義兵約六拾名이濟州島로襲入하얏다더라

●賀穀沒燒　萬頃郡某浦口에서日本商民이米廛을設施하고貿穀하더니數日前에義兵이來到하야該日人의所儲穀包를衝火沒燒하얏다더라

●日兵敗走　數日前에抱川松隅場市에서義兵과日兵이交戰하다가日兵이敗走한故로該日兵의輜重數駄를義兵이收取하얏다고該郡來人의傳說이有하더라

●譴家靑年　南部[illegible]山洞居리借承氏家에서銀著壹枚와白銅著壹枚를該家幼兒가遺失하얏더니其後三日에何許靑年壹人이來到하야該物을傳하야日本人이再昨日早朝에適過此門하다가此物이遺在故로宜卽還知나緣於門閉하야拾取還家라가今始來傳한다하더라

●洪氏寄附　前判書洪淳馨氏가曾按海西時에興學講習의目的으로設立한鄕約契資本金을西北學會에寄附하얏다더라

●幸卽撲滅　昨日上午十壹時에東小門內宋洞居하는某某에서失火하야旋卽撲滅하얏다더라

●靑會演說　今日下午七時에平路靑年會館에서演說會를開하고紳士兪星濬氏를請하야忍耐란問題로演說한다더라

學界

●兩氏專擔　靈光法學校에서校費가窘拙하야維持無路矣러니該校總務南宮治시와事務員閔[illegible]氏가專擔支附하야永久維持하기로決心하얏다더라

●白川興學　白川郡守全鳳薰시는到任以後로學文을鼓吹하고敎育을擴張하기爲하야該郡內에學務會를組織하고會長은經學에有名한紳士趙鍾鎰씨를選定하고副會長은金敎植씨와總務는卞錫瀾씨로敎育을擔任하야面會長과里會長들과公選하야該郡內에學校廿三處를設定하고郡內學校는高等程度로定하고又且郡內圖書館을設置케하고各里에新聞縱覽所를設하얏다더라

▲地方消息▼

▲去月二拾六日남平郡너에서義兵貳拾五名이光州郡日守備隊大尉以下拾五名과中尉以下拾名의討伐隊와交戰하얏다하고

▲去月二拾七日靈岩郡東北方約三拾里地에서義兵將朴廷洪시以下九拾名의義兵은該郡日守備隊中尉以下十일名과交戰하얏다하고

▲去月貳十二日[illegible]郡너에서義兵約八名이該郡分遣隊日憲兵一名及補助員과交戰하얏다하고

▲去月十六日慶北順興郡北方約貳十里地에서義兵五拾餘名이該郡分遣所日憲兵一名及補助員三名과交戰하얏다하고

▲去月二十六日[illegible]郡너에서義兵십餘名이該郡分遣所日憲兵兩名과交戰하얏다더라

▲時事筆韻▼

▲世上事를생각하면調量하기어렵도다現政府의大臣들이七協約을成立하야肥己奔走할제內外巡査保護바든敢誰何宏壯터니罪惡貫盈遲遲하여宋秉畯의椅子부터先倒落하엿도다

▲總理大臣李完用은大逆不道宋秉畯을그勢力에눌니어서外雖和衷할지라도內實忌疑하더니次에彼旣免官하얏스니於心快然하다하고對人說話하며라니五日京兆君의地位여칠더나維持할지

▲法部大臣高永喜는宋秉畯을劫하내여司法大臣에名色으로是吉無之變을當하고도敢此言못하더니不久遞任될터이니堂堂國法無視한지個人지로宋秉畯만附諛諂하게되면淡泊地位알엇던지

▲학部大臣李[illegible]이[illegible]될지라도[illegible]策으로[illegible]關東[illegible]納媚外人하게되면[illegible]엇던지

▲軍部大臣李秉武는[illegible]解散하고虛名將任食[illegible]寂寂空軍門에무슴職任進하며제名字를도리혀[illegible]도아니할가[illegible]功[illegible]生前勿遲알면실[illegible]春氷[illegible]笑롭지

▲度支大臣任善準은李完用과符同하야實國專權한後에內部度支兩衙門에洋洋自得橫行하며그擧動可憎하니[illegible]霜葉갓치바람불기始作이라富貴繁華能幾時오置身處가되는지

▲彼輩들이改遞하며後任者가누구런고山頭都盧[illegible]바아지換着하고[illegible]이라不遠다도근심이로다도거정업세鳴乎[illegible]이여可憐하다民生이여[illegible]喜[illegible]지

物貨학校用品其他家用物品을一新俱備ᄒᆞ고地方各학校가以書請求ᄒᆞ시면以小包便郵으로品高價廉而信ᄉᆞ酬응ᄒᆞᆫ깃슴　物品如下　鉛筆각色　洋服內衣上下　肩囊각種　紙石板각色　印札紙각種　日用雜貨俱備　圖畫器각色　測量器械附屬品　此요私智又莫過於此인바…　費만出資而書籍印刷業을同事利分키로廣告ᄒᆞ니速來諒敎要　中城鐘路…惠書館리鵬化　告白

社告

載寧邑乾材局李鼎均氏의게該郡本支社를認許ᄒᆞ고三月壹日부터本申報를發送ᄒᆞ오니該附近地에셔本報를購覽ᄒᆞ실　僉君子는該氏에게請求ᄒᆞ시옵

大韓每日申報社

廣告

本人의姓名章貳枚를平壤大貫동등地에셔失ᄒᆞ얏ᄉᆞ오니내外國知舊는知悉ᄒᆞ심을望ᄒᆞᆷ壹枚는眞篆이오壹枚는半篆

鄭觀朝

本人이陰二月十二日에黑角姓名圖章과金北高山升峙坪所在沓拾二斗落文券六張을견失인바賊漢이闖入房中ᄒᆞ야偸去ᄒᆞ얏ᄉᆞ니내外國人은以此照亮ᄒᆞ고切勿見欺ᄒᆞᆷ

尹鍾大　告白

昨夜相洞近地에셔四柱單子封을잇엇ᄉᆞ오니南部苧洞拾七統五戶朴主事와容시宅에來問ᄒᆞ옵

李容吉　告白

特別廣告

本人이今般左記處에事務所를移設ᄒᆞ고諸般法律事務를誠實迅速處理ᄒᆞ오니　僉彥은陸續來議ᄒᆞ시옵

辯護士　朴星煥

事務所大邱鍾路紅門洞

本人의同里居ᄒᆞ는金順在는本人과男妹間인ᄃᆡ去丙戌年分에買年次로錢兩기破銀ᄒᆞ와田畓日耕의文券만金順在許에典執ᄒᆞ고當錢二百五拾兩을貸用ᄒᆞᆫ後에家勢가貧寒ᄒᆞᆫ故로該時不

瓚하고與執ᄒᆞᆫ지八年後에欲爲還退즉忽以永買로本人의筆字도업시順在父子가暗造僞券ᄒᆞ고勒執不爲還退ᄒᆞ오나拘碍人情ᄒᆞ야二拾餘年을相持中에該田結稅는本人이準數上納이고渠自耕食ᄒᆞ기로昨年十貳月分에本錢貳百五拾兩을備給ᄒᆞ고又欲還退즉依前臉顏不還ᄒᆞ기로雖男妹간이나以無私誼淺便ᄒᆞ야極難莫甚故로舉訴本郡ᄒᆞ얏더니明白ᄒᆞ신本郡守吳泰永시가決處ᄒᆞ시와該田을推給ᄒᆞ시고判決要旨ᄭᆞ지成給ᄒᆞ신즉金順在가賊心이尙存ᄒᆞ야挾雜輩를符同ᄒᆞ고該田을奪取之意로方在京城ᄒᆞ오니金哥의誑言을內外國人은見欺치마시오

廣州郡彥州面淸潭居　李氏香

咸悅東三面石詩簡郡守鄭寬永氏기時局의急務와世界의文明을洞亮ᄒᆞ야益山郡九文川堤內에金與測量學校를設立ᄒᆞ고多數靑年을募集ᄒᆞ야熱心敎育ᄒᆞ되文明ᄒᆞᆫ敎師가無ᄒᆞ야每日동々ᄒᆞ더니益山郡錦池居朴智權氏는家素淸寒이로ᄃᆡ已達敎育之方針ᄒᆞᆫ故로雇聘修業ᄒᆞ는바該氏가月賜金을不受ᄒᆞ고該金으로反補於該校消耗費等ᄒᆞ야左開靑年을期踏乎實地上케ᄒᆞ엿ᄉᆞ니兩氏의熱心은書界에罕有ᄒᆞᆫ바로生受業ᄒᆞᆫ靑年도實業이如左ᄒᆞ올기로欽慕以敬告ᄒᆞ옵

告白益山郡錦池南宮傑　咸悅郡東新鄭泰璜

今與測量학校生徒本業試驗最優等崔碩烈　鄭璟鎬　鄭雲厦　吳玄赫　吳夏鐵　朴熙澄

優等鄭時和、金寅甲　陳基燮　朴準憲　金永圭　崔瓊恒　二等康源鎬　李文雨　朴瀚鵬　姜昌會　鄭載奎　洪逸鎬　李　강　陳聖達　鄭寅紘

◉法官養成所預科學員募集廣告

法官養成所豫科학員約百人을募集ᄒᆞ오니入학을願ᄒᆞ는人은入학請願書에履歷書를添付ᄒᆞ야四月拾日內에提呈ᄒᆞ고同十二日上午十時에本所에來ᄒᆞ야入학試驗을受ᄒᆞᆯ事

入학資格及入학試驗科目은左와如ᄒᆞᆷ

入학資格

壹　年齡拾七歲以上二拾三歲以下의男子

二　身體壯健ᄒᆞᆫ者

三　品行方正ᄒᆞᆫ者

入학試驗科目

一　讀書、國漢字交用文及漢文

二　作文　國漢字交用文

詳細ᄒᆞᆫ事는本所에來問ᄒᆞ고入학請願書用紙는本所에請求ᄒᆞᆷ

官立法官養成所

광무칠년삼월에하와이니민으로온경성에사시던金元樹시가그간미국상항에거류ᄒᆞ시더니우연득병ᄒᆞ여본년壹月六日上午에桑港公立病院에셔별세ᄒᆞ실으로本港(썬섯)에장디에안장ᄒᆞ엿ᄉᆞ니김시의본ᄯᅵ이한국에잇는곳을알지못ᄒᆞ와조이광고ᄒᆞ오니김시와친척이되시는이는　조량ᄒᆞ시옵

미국상항휴리등萬　告白

光武九年九月五日大韓每日申報第拾大項霖雨庠稼라ᄒᆞᆫ題下에日昨風雨는可謂近年너滕踏다江流之泛濫과川渠之潰決과樹木之倒植과墻垣之頹壓이殆拾謊間이不啻狼藉ᄒᆞ니各地方에禾稼損傷이勢所必至인즉爲民事誠可憂悶이라ᄒᆞᆫ申報를重價收買ᄒᆞ깃사오니中署典洞六統七戶로枉送賣渡ᄒᆞ심을務望ᄒᆞᆷ

美國시아틀大博覽會 회람박대틀아시국미

請垂詳覽

電　報

美國시아틀大博覽會에大韓帝國物品에唯一出品者는韓美興業株式會社인 외다

美國시아틀大博覽會는大功을成ᄒᆞ깃ᄉᆞᆸ나이다

이쪽을날마다자세히보시오

學部檢定

初等植物學 定價金三十錢

初등動物學 定價金四十전

最新初等小學 文明의小學讀本制度를模範하야美麗圖畵을具하고八卷을刊行홈 定價金五十錢

最新初等大韓地誌 定價金四拾錢

最新高等大韓地誌 定價金七拾錢 文明國規範制度를模倣하야漢陽의山水며疆域圖와拾三道地圖와各港口와道路南集과名山大川과都邑의沿革을具홈

初등大韓歷史 文明國의歷史制度를從하야我國의聖帝明王의御眞과忠臣烈士의影幀을具홈 定價金七十錢

國家思想學 精神教育 定價金二十五錢

憲法要義 義務教育 定價金二拾九錢

右數種書籍은本書林에서發行호와教科書籍이具備호오니僉君子는速速來購

原賣所 京城南部銅峴大廣街北三十五統五戶 玉虎書林

分賣所 黃海道長淵郡沙里院朝陽書館 京鄉各有名書舖

◎共愛堂大藥房製造各種藥品新引表

壯陽復元丹 此藥은專히腦與肺의房事色慾으로腎虛와遺精多夢과癆瘵起病後虛弱과不下飲食과先天不足과眩暈頭痛等症에並妙效가有홈 一週分一圓四十錢 二週分二圓四十錢 一季分壹圓八拾錢 六季分六圓四拾錢

靈丹 諸般滯症胃腹痛消化不良과神鬱悶胎暈酒醉化痰止咳口熱吐臭食慾不振等症에並神効

清眼水 眼科聖藥 諸般眼疾、時行眼疾、風熱眼疾、羞明流淚、眼內紅痒一症、撥雲見天之妙 每瓶금拾錢

解毒至寶丸 專治瘡疾卽氣虛瘡、遠年瘡、梅瘡를二日하야難治之症이라도永永祛根홈 每包金五拾錢

皮膚神藥 靈効液 特治皮膚에疥癬과及風、諸般痒疹、두두러기、옷올나는데 神効홈 每瓶金三十전

淋疾專治 淋丸 急慢淋疾、赤白帶下、膀胱炎症、濃漏其他淋毒性諸症에神効홈 每劑金五拾錢

梅毒妙効 神應丹 楊梅瘡에一期二期三期를勿問하고確實이有効、便毒、珠瘡、疳瘡等에并効 每劑金一圓

복학聖藥 清脾丸 痞滿小兒의一般腹痛、面黃、尿閉、左右脇下腹脹大病에奇効홈 一匣금十錢

久滯神効 養胃散 專治久滯積、呑酸吐瀉、霍亂、胃腹痛及便秘不順等症에奏効如神 每貼금五錢

治痰鎭咳丸 專治大人咳嗽、喘息、痰結等症에妙効 一匣금二十錢

感冒特効 消熱散 勿論遠近傷寒感冒、咽喉疼痛、熱性의肢節痛、似瘧非瘧等症에効 每貼금一錢

耳病神効 清耳液 專治耳病과鼓膜炎、內外聽覺炎、耳의灼熱疼痛立癢、濃液流出等症에効 每瓶금십錢

百貼百驗 妙妙膏 風寒濕氣、胸肩背牽引疼痛、腰膝脚腿酸痛無力、骨節疼痛等症에如神 每貼금十錢

奏効如神 能治膏 각종腫氣、小兒胎毒、부스럼、瘰癧●生新하고並神効 每匣金十전

大腫拔根膏 大小腫을根째뽑아 價금十錢

解凝膏 멍울삭히는약 價금十전

寸虫去根藥 價금十전

齒痛水 충치풍치신효 價금七錢五厘

止泄丹 滯泄暑泄에神効 價금□전

痢疾藥 赤白痢에神効 價금□전

各種上等鷄納、東西洋有名賣藥과洋藥乾材都賣散賣其他各種藥이具備호오니請求를依하야小包로隨應하깃숨

發行所 皇城南部大廣橋十九統七戶 共愛堂大藥房

◎學部認許測量新塾 測量新塾 告白

◎學期限은二月陽九日內로開學할시오 壹個月測量學科、九個月語科、臨時에甲乙丙三班에分(每則以七速成科)六個月美術 北部齋洞一統□戶

本社에서活版機械를壹新整備하고各種印刷를廉價로應호오니僉位의惠顧하시옴 社會公益上印刷는特別減價홈 本社는□□直接大發賣홈

中等用器畫法 全 定價金七拾錢 吳□栢君 著

外國地誌 上下 定價金大拾錢 本書는測量、建築、機械에適當홈

二十世紀朝鮮論 定價金三拾五錢 本書는各學校教科의適當한世界各國의情形을詳載홈

最新算術 上下 定價金一圓 新撰 官立高等學校教授金夏鼎君著 本書는著者君이實地教授의多年經驗으로算學의一盡的教書니各學校教科用及獨習의適當홈

速成卒業 算術自解 定價金四十錢 壹個月 本書는自初로數量으로求積法까지簡易詳明케編纂호아各速成科教科用及自家獨習에便홈

發行所 鍾路北門上隅十二統三戶 興文社

南部紅箭門內清商大成義西片戶外瓦家에繁貨를故廣告호오니願買하시는이는大清商廣和順에來臨하심을望홈 大清商廣和順 告白

漢城鍾路慈惠藥房에셔官許拜受호二十三種封藥과舊藥材와唐材와草材를大發賣호고且石版印刷機械

獨習國文 日語自通

本書는純然히國文으로써日語全部를普通의便宜히解호기極히容易홈을得하니近來에日語獨學이라著書가出版이甚多하되都是完全치못하야□無하더니本書는實地一語를獨習하는唯壹捷徑이오또部數가僅少하오니沒數放賣하기前에日語를獨習코저하시는이는早速來購하시옵

發賣所 寬洞 大韓書林 鍾路 布屛下 廣學書舖 京鄉 各書店

定價二十錢 普通學校體操提要

此書는普通學校에서實行하는體操을이온바兒童의心身이健全하게發育하야身體를强壯케하니此는一生中의最고適當한役에義務를際하야適當한鍊習을預備홈으로써身體와自然合하야此書의目的과訓練的二種目的으로分하오니如左하오니

壹 身體自然의優美端正을圖홈

壹 身體의健康을保持增進홈

壹 身體의强壯忍耐機敏을致홈

壹 精神의快活을保하며勇氣果斷沈着忍耐審美從順等의諸德을養成홈

壹 注意觀察思考想像의增殖作用을增進케홈

壹 思想을精密하게하며敏速하게홈

壹 規律을遵守하며協同一致하는習慣을養成케홈

發行所 京鄉 各書店

壯陽復元丹

此약은專치腦病動弱○房事로腎虛弱○陽萎不起○遺精夢○勞傷過弱○房事後早洩○快○病後虛弱○健忘○腰痛○血虛諸症○天下不足○飲食不下○腹痛○筋骨諸症에使用하야試驗하여본즉妙効가有하야飛肉躍할此丸이라服法은二週間에輕症은服壹二週면快하고重症과精神衰弱者는三四週에全快홈 一週分二圓八十錢 二週分一圓八十錢 壹週分二圓四拾錢 八週分六圓四拾錢

特約代理店 京城水標橋 □□藥房

發行所 皇城南部大廣橋十九統七戶 共愛堂藥房

國語綴字捷徑

此書는國文의字法과綴字를速히曉得케하고捷徑인□□□□에合하야□□□□하야明分하고國語를□□□□하기에適合호오니□□陸續購覽하시옵 正價貳拾錢

發賣所 平壤 鍾路光明書館

測量器械各種 製圖器械各種 製圖用紙各種 販賣廣告 釜山□□ 近藤支店

發行兼編輯人 英國人 萬咸

發行所 南部石井洞外□三層洋屋 大韓每日申報社

南署里門□三統□戶 南部詩□□八戶 此兩家與是典執□□或有偽分□勿見欺 鑄□□珪 告白

隆熙二年一月 女邱南山徐□□

第七卷

大韓每日申報

第壹千卄九號

月曜及節日休刊

檀君開國四千二百四十二年
箕子元年三千三十一年
大韓開國五百十八年
日本明治四十二年
隆熙[illegible]元年
陰曆己酉二月大十四日甲子

Responsible for Publication 'Alfred Weekley Marnham.
發行兼編輯人英國人萬咸
發行所
南部石井洞號外地三層洋屋家
大韓每日申報社

論說

◎國民會를祝ᄒᆞᆷ

天涯萬里에坐ᄒᆞ야雙耳를傾ᄒᆞ고美洲로從來ᄒᆞᄂᆞᆫ壹種喜消息을聞ᄒᆞ니卽國民會創立이是라大抵美洲布哇等地ᄂᆞᆫ白人의流離居接ᄒᆞᄂᆞᆫ韓國同胞가六七千名에達ᄒᆞᆫ地方이라彼貧窮可憐ᄒᆞᆫ同胞들이異城에投ᄒᆞ야生을營ᄒᆞ며勞力을賣ᄒᆞ야食을求ᄒᆞ니其困窮憔悴가如何ᄒᆞᆯ깃ᄂᆞᆫ가彼ᄂᆞᆫ生命이나僅延키도猶難커던何暇에國家思想을發揮ᄒᆞ야結社를試ᄒᆞ며壹身이나能保키도猶難커던何暇에民族主義를鼓動ᄒᆞ야普濟를思ᄒᆞ리오然이나彼同胞가勇氣를鼓ᄒᆞ야前進ᄒᆞ며團體를結ᄒᆞ야活動ᄒᆞ니於是乎共立合成電興三會가俱起ᄒᆞᆫ바ㅣ라

此三會가俱起ᄒᆞ미其熱血과其精神과其目的은同壹ᄒᆞᆫ지라도오히려其門戶ᄂᆞᆫ各立ᄒᆞ얏스니蓋今日韓國同胞된者ㅣ陳々衰敗ᄒᆞᆫ民力을奮起ᄒᆞ며厲々落下ᄒᆞᆫ國威를挽回ᄒᆞᆯ라면二千萬同胞가壹團體를成ᄒᆞᆷ이始可ᄒᆞ거날今此六七千名에不過ᄒᆞᄂᆞᆫ同胞가三部에分ᄒᆞ야日某會某會ᄒᆞᆷ은實로吾輩有志者의遺憾을發ᄒᆞ던바ㅣ러니乃者如今에三會가合ᄒᆞ야壹大團體를組織ᄒᆞ고其名을國民會라命ᄒᆞ얏다ᄒᆞ니美哉라同胞諸지여吾儕ᄂᆞᆫ此消息을接ᄒᆞ고大贊成을寄ᄒᆞ야韓國二千萬同胞와共히同聲獻祝코져ᄒᆞ노라

祝ᄒᆞ노니國民會ᄂᆞᆫ美洲布哇同胞의惟壹機關이되야聲氣를應ᄒᆞ며精神을注ᄒᆞ며實力을長ᄒᆞ야國家思想을大發揮ᄒᆞ고民族主義를大鼓動ᄒᆞᆯ지며

祝ᄒᆞ노니國民會ᄂᆞᆫ韓國同胞의先導者가되야事業을振興ᄒᆞ며文明을啓發ᄒᆞ며自由를購來ᄒᆞᆯ지며

祝ᄒᆞ노니國民會ᄂᆞᆫ壽命이완全ᄒᆞ야障碍、危險、煩悶等各種困難을當ᄒᆞᆯ지라도不屈不撓ᄒᆞ고愈奮愈勵ᄒᆞ야其壽命이億萬世大韓帝國의壽命과共長ᄒᆞᆯ지어다

余ㅣ國民會를祝ᄒᆞ며國民會를祝ᄒᆞ노라

樂觀的消息을聞ᄒᆞ고樂觀的獻祝을擧ᄒᆞ미居然又壹種悲觀的感念이腦際에衝ᄒᆞ니卽近日韓國內에所謂社會家의行動이是라甲이壹會를立ᄒᆞ면乙도壹會를立ᄒᆞ며乙이壹會를立ᄒᆞ면甲도壹會를立ᄒᆞ야社會의完全은不도하고事業의各立만惟唱ᄒᆞ야今日設立에明日顚倒ᄒᆞ며明日設立에又明日顚倒ᄒᆞ고甚者ᄂᆞᆫ此會에勢力이有ᄒᆞ다ᄒᆞ면此會로入ᄒᆞ고彼會에勢力이有ᄒᆞ다ᄒᆞ면又彼會로歸ᄒᆞ야此等悲觀이種々發現ᄒᆞ니嗟夫라惟望컨ᄃᆡ國內諸公은도彼海外同胞를模範ᄒᆞᆯ지어다

外報

●波斯의大混雜 伯林電을據ᄒᆞᆫ즉波斯首都ᄂᆞᆫ大段히混雜ᄒᆞ야秩序가破壞ᄒᆞᆫ故로獨逸公使ᄂᆞᆫ其居留民을公館內에收容ᄒᆞ얏다더라

●亞人決議 桑港電을據ᄒᆞᆫ즉桑港에在留ᄒᆞᄂᆞᆫ淸韓兩國人이連合ᄒᆞ야大會를開ᄒᆞ고亞細亞人排斥과其他不利益되ᄂᆞᆫ美人의行動을防衛ᄒᆞ기爲ᄒᆞ야運動ᄒᆞᆯ方針을決議ᄒᆞ얏다더라

●露土交涉 伯林電을據ᄒᆞᆫ즉土耳其政府가勃牙利公이露國에서國王의待遇를受ᄒᆞᆫ事에對ᄒᆞ야露國政府에提議ᄒᆞ얏다더라

●極東軍制大改革 海蔘威電을據ᄒᆞᆫ즉露國은近來에極東軍制의大改革을行ᄒᆞᄂᆞᆫᄃᆡ露國皇帝가今番에彼得堡總督以下重要ᄒᆞᆫ將校를召集ᄒᆞ얏다더라

●自由港閉鎖 海蔘威電을據ᄒᆞᆫ즉露國商工務大臣은極東選出代議士에게對ᄒᆞ야海蔘威自由港閉鎖期ᄂᆞᆫ着着準備ᄒᆞᄂᆞᆫᄃᆡ尙且三個月을要ᄒᆞᄂᆞᆫ故로露曆五月以後가되리라고明言ᄒᆞ얏다더라

●亞人排斥의內容 紐育電을據ᄒᆞᆫ則加州上議院議員ᄒᆞ마네즈도씨가從來支那人放逐法을厲行ᄒᆞ고其範圍를擴張ᄒᆞ야壹般東洋人에게適用ᄒᆞᆷ이必要ᄒᆞ다ᄂᆞᆫ議案을加州上院에提出ᄒᆞ야上院의議決을催促ᄒᆞ얏ᄂᆞᆫᄃᆡ其建議의內容이卽排日案이더라

詞藻

●邪不犯

七尺長劍을、호옹。세를고나서니、홍。
無數ᄒᆞᆫ妖鬼가、쥐구멍찻노나、아。
어리화、됴타、호옹。邪不犯止、홍。

雜報

●內閣會議 昨日內閣會議에서 地方費規則과 其他問題에 關ᄒᆞ야 審議ᄒᆞ엿더니 地方費規則은 決定된 故로 日間發布ᄒᆞᆫ다더라

●職員任命發表 地方官官制의 改正ᄒᆞᆫ 案件은 閣議를 已經ᄒᆞ야 職員의 任命을 발表ᄒᆞᆯ터이라더라

●有何緊議 再昨夜에 日本太官某々三氏가 內部大臣박齊純氏를 往訪ᄒᆞ고 有何緊議事인지 該氏家屋內에서 數時間을 密勿談話ᄒᆞ얏다더라

●李選成任說 學部大臣李載崑氏가 選任된다ᄂᆞᆫ 說은 已爲緊揭어니와 掌禮院卿成岐運氏가 該後任을 被命ᄒᆞᆫ다ᄂᆞᆫ 說이 有ᄒᆞ다더라

●表擬辭職 表勳院總裁李載克氏ᄂᆞᆫ 何等運動이 有ᄒᆞ던지 再昨日에 辭職疏를 奉呈ᄒᆞ얏다더라

●是人何人 去月曜日夜에 何許人이 飮酒泥醉ᄒᆞ야 新任內大박齊純氏家에 前往ᄒᆞ야 박氏의 五條約事件을 擧論ᄒᆞ며 辱說이 無雙ᄒᆞ고 行動이 乖當ᄒᆞᆫ 故로 박氏가 保護巡査로 ᄒᆞ야금 極盡說諭以送ᄒᆞ얏다더라

●拓社基址觀察 東洋拓殖會社ᄂᆞᆫ 其會社를 龍山에 建設ᄒᆞᆯ 豫定인ᄃᆡ 總裁宇佐川副總裁吉原閔泳綺와 其他井上林岩佐。等各職員이 昨日午前에 龍山에 往ᄒᆞ야 觀察ᄒᆞ얏다더라

●內部官吏義捐 文川郡饑饉에 對ᄒᆞ야 內部官吏들이 발起ᄒᆞ고 俸給中에서 奏任官以上은 百分의 壹과 判任官은 二百分의 壹을 義捐救濟ᄒᆞ기로 酌定ᄒᆞ얏다더라

●退會漸多 각地方來人의 傳說을 據ᄒᆞᆫ즉 近日一進會員들이 漸次解散ᄒᆞ야 該會目的을 反對ᄒᆞ고 耶蘇敎에 入ᄒᆞᄂᆞᆫ 者도 有ᄒᆞ며 侍天敎에 入ᄒᆞᆫ 者도 多數ᄒᆞᆫᄃᆡ 各其眷口더로 每日朝夕에 米壹合式收合ᄒᆞ야 侍天敎頭領의 家로 送致ᄒᆞᆫ다더라

●監督局嚴訓 平壤農事模範場設立費를 平南各郡守가 人民에게 義捐寄附를 募集ᄒᆞᄂᆞᆫᄃᆡ 對ᄒᆞ야 何等不美ᄒᆞᆫ 行爲가 有ᄒᆞᆫ지 昨平壤財務監督局에서 結稅徵收上에 妨害됨이 多大ᄒᆞᆫ 情況으로 各郡守의게 嚴訓을 發ᄒᆞ얏다더라

●農民反對 平南觀察使李軫鎬氏가 農林模範場을 設立ᄒᆞᆫ다ᄒᆞ고 每郡에 葉三四萬兩式勸排ᄒᆞᆷ은 已報어니와 平南某々郡人民들이 此事件을 反對ᄒᆞ기 爲ᄒᆞ야 政府에 長書를 ᄒᆞ얏다ᄂᆞᆫ 說이 有ᄒᆞ더라

●鎭岑士論 鎭岑郡郡主事리相廉시가 近日에 其勢力을 藉托ᄒᆞ고 該郡鄕校明倫堂後來龍을 掘破ᄒᆞ고 自己伯氏山을 勒葬ᄒᆞᆫ 故로 現今士林의 公論이 沸騰ᄒᆞᆫ다더라

●爲兄呼訴 慶北奉化郡居金鼎煥시가 上京ᄒᆞ야 花ᄆᆡ洞等地에 留連ᄒᆞᆫ지가 于今四年이러니 有何所犯인지 拾餘日前에 日本理事廳에 被捉ᄒᆞ얏다가 現今監獄署로 移囚ᄒᆞ얏ᄂᆞᆫᄃᆡ 其家弟김龍煥시가 該시를 相逢次로 昨昨入城ᄒᆞ야 聞此驚報ᄒᆞ고 覓次相面ᄒᆞᆷ도 昨日監獄署에 呼訴ᄒᆞ얏다더라

●賊補逃躱 慶北尙州郡에 駐在ᄒᆞᆫ 憲兵補助員等이 行悖無雙ᄒᆞᆫ 說은 前已屢報어니와 近日에 該補助員中某々人이 多數民財를 侵奪携帶ᄒᆞ고 潛身逃躱ᄒᆞ얏다더라

●市場便利 梨峴廣藏會社가 前東別營으로 移設된다ᄂᆞᆫ 說은 前報와 如히 移設되얏ᄂᆞᆫᄃᆡ 東北으로 所來柴炭까지 同場內에 合設ᄒᆞᆷ으로 街路上에 牛馬가 雜遝지 아니ᄒᆞ고 人民의 妨害가 無ᄒᆞ다더라

●慈善不命 三昨日午前七時頃에 泥峴居留ᄒᆞᄂᆞᆫ 日女岡本利也가 金貨六拾餘圓을 携帶ᄒᆞ고 南大門內場市에 前往ᄒᆞ야 何等物品을 貿買ᄒᆞᄂᆞᆫᄃᆡ 住所未詳ᄒᆞᆫ 何慈善爲名者가 該錢을 强奪逃走ᄒᆞᄂᆞᆫ 것을 該擧內巡査가 押去ᄒᆞ얏다더라

●開敎布敎 開東敎宗本部에서 各地方에 布敎ᄒᆞᆯ 次로 布敎師를 派送ᄒᆞᄂᆞᆫᄃᆡ 三南에ᄂᆞᆫ 千應聖시오 兩西에ᄂᆞᆫ 김壹齊시로 分定ᄒᆞ얏다더라

●嚴密檢査 近日에 義兵들이 京城을 侵入ᄒᆞᆫ다ᄂᆞᆫ 說이 浪藉ᄒᆞᆷ으로 日憲兵과 각署巡査가 去月貳拾七日부터 東小門外彰義門外新門外等地에 往來ᄒᆞᄂᆞᆫ 卜馱를 嚴密檢査ᄒᆞᆫ다더라

●靈岩風雲 음去月二拾七日에 全南靈岩郡東面等地에서 義兵六百餘名이 日本守備隊兵과 長時間을 交戰ᄒᆞ얏다ᄂᆞᆫ 南來人의 傳說이 有ᄒᆞ더라

●反被其囚 中部廣洞居ᄒᆞᄂᆞᆫ 李弘烈氏가 申亨均爲名人과 當初에 錢財關係가 無ᄒᆞ더니 申某가 何等狠慾이 闖發ᄒᆞ얏던지 리氏의 門客安昌錫氏가 多數錢額을 貸去ᄒᆞ얏다 籍稱ᄒᆞ고 리氏를 搆誣ᄒᆞ야 京城地方裁判所에 告訴ᄒᆞ얏ᄂᆞᆫᄃᆡ 質卞之場에 申氏의 奸狀이 現露되야 監獄署에 滯囚ᄒᆞ얏다더라

●滑賊被捉 再昨日下午三時에 美洞交派警察所巡査가 滑人賊漢等名을 捕縛ᄒᆞ야 南部署에 押付ᄒᆞ얏다더라

●蠶業注意 廣州郡將峴坪屯田에 有ᄒᆞᆫ 蠶桑會社ᄂᆞᆫ 京鄕紳士와 地方人民의 株式으로 組成ᄒᆞᆫ지 八年간에 蠶桑의 成績이 良好치 못ᄒᆞᆷ으로 今回에 該會社를 改良ᄒᆞ야 養蠶傳習所를 存立ᄒᆞ고 右屯田付屬地에 方今種桑ᄒᆞᄂᆞᆫᄃᆡ 該傳習所長金弘祚總務李敎善兩氏가 蠶業을 壹層注意ᄒᆞᆫ다더라

●婦人愛國 慶北大邱郡에서 大韓愛國婦人會를 設施ᄒᆞᆫ지 現今四五朔에 會長徐周媛總務廉ᄂᆞᆫ 兩氏의 熱心做去ᄒᆞᄂᆞᆫ 效力으로 會況이 進步ᄒᆞᆯ 뿐더러 去番大皇帝陛下게셔 巡幸ᄒᆞ실 時에 該會婦女에게 侃惻ᄒᆞ신 詔命을 下ᄒᆞ시고 恩賜金貳百圜을 下賜ᄒᆞ시ᄆᆡ 婦人諸氏가 愛國誠이 一層奮發ᄒᆞ야 該金으로 基本을 立ᄒᆞ야 當地에 孤兒院을 設施ᄒᆞᆯ 양으로 院舍準備前에 爲先總務廉上恩氏歟로 許多孤兒를 募集敎育ᄒᆞᆫ다고 人皆稱頌ᄒᆞᆫ다더라

●美洞賊警 再昨日下午拾壹時量에 中部漢洞等處에서 何許賊漢이 突出ᄒᆞ야 其時過去ᄒᆞᄂᆞᆫ 人에 衣冠什物等類를 沒數奪去ᄒᆞ얏다더라

●火事何多 再昨日下午兩時頃의 東大門內居ᄒᆞᄂᆞᆫ 栗商旅閣ᄒᆞᄂᆞᆫ 邊億石시家에서 失火ᄒᆞ야 全家가 沒燒ᄒᆞᆫ際에 皇宮係消防隊가 急히 現場의 出張ᄒᆞ야 極力撲滅ᄒᆞ얏ᄂᆞᆫᄃᆡ 追後調査ᄒᆞᆫ則 十四間이 燒燼ᄒᆞ고 如干什物이 擧皆燒火ᄒᆞ얏다ᄂᆞᆫᄃᆡ 其損害금이 約일千五百餘圜이라더라

●果非濫賣 日韓國民演說會에서 靑年會館內에 演說會를 開ᄒᆞᆫ 時에 入場券四千餘張을 濫賣ᄒᆞ엿다ᄒᆞᆷ은 已報어니와 更히 確據를 聞ᄒᆞᆫ즉 當初에 入場券印刷ᄒᆞᆫ 實數가 二千張內에 壹千五百餘張은 貰下ᄒᆞ엿고 剩餘四百餘張은 因爲取消ᄒᆞ엿다더라

●慈惠總會 京城孤兒院內慈善婦人會에서 陰二月十五日下午二時에 通常總會를 開ᄒᆞᆫ다더라

學界

●白川鮮明 黃海道白川郡守金鳳薰시가 該郡紳士趙鸞泳吳世炯兩시와 協議ᄒᆞ고 勞働夜學校를 設立ᄒᆞ야 熱心勸勉ᄒᆞᄆᆡ 學生이 壹百五六拾名에 至ᄒᆞ얏고 또 該郡拾八面里長을 招集ᄒᆞ고 敎育의 義務를 壹場勸告ᄒᆞᄆᆡ 壹般人民이 同心協意ᄒᆞ야 合設壹校ᄒᆞ고 靑年聰俊을 募集ᄒᆞ야 職知識ᄒᆞ고 又邑中에 已有ᄒᆞᆫ 明進明兩學校의 財政이 困難ᄒᆞᆷ을 歎惜ᄒᆞ고 兩校任員趙鸞泳吳世炯諸시와 商議ᄒᆞ야 兩校를 合設ᄒᆞᆫ 校名을 曰東明學校라ᄒᆞ고 校務를 擴張ᄒᆞᄆᆡ 學員이 百餘名에 至ᄒᆞ얏다더라

●朝陽復明 黃海道瓮山郡萬泉面三里楡洞居ᄒᆞᄂᆞᆫ 紳士李星健시ᄂᆞᆫ 素是該郡魁楚之紳士也라 年前에 校舍를 建築ᄒᆞ고 靑年을 募集ᄒᆞ야 熱心敎育ᄒᆞ더니 不幸身故ᄒᆞᆷ으로 其子斅夏시와 其弟台健시가 其父兄의 所業未究ᄒᆞᆷ을 慨歎ᄒᆞ야 自昨年으로 復設開校에 命名曰朝陽학교라ᄒᆞ고 校費窘欵을 시門中으로 擔當ᄒᆞ야 不過幾年에 生徒가 數百名의 達ᄒᆞ야 現今將有成就之望이라더라

●高倅勸校 高陽郡守崔恒錫시가 靑年을 敎育ᄒᆞ기 爲ᄒᆞ야 該郡明倫堂을 修理ᄒᆞ고 學校를 設立ᄒᆞᆯ 次로 現今準備中인ᄃᆡ 民家每戶에 正租二斗式收合ᄒᆞᆫ다더라

●趙氏熱心 괴山郡南中面與法里居ᄒᆞᄂᆞᆫ 紳士趙宗鎬金相翼金濱회諸시가 發起ᄒᆞ야 勞働ᄒᆞᄂᆞᆫ 樵童牧豎를 敎育ᄒᆞ기 爲ᄒᆞ야 國語夜學校를 設立ᄒᆞ고 學徒를 募集ᄒᆞ야 熱心敎授ᄒᆞᄂᆞᆫ 故로 生徒가 日益增加ᄒᆞ야 進就의 希望이 快有ᄒᆞ다더라

●明進復明 釜山港瀛洲洞에서 明進夜學校를 設立ᄒᆞ야 男女學生이 一百三十餘人에 達ᄒᆞ얏스나 經費가 無ᄒᆞ야 廢學地境에 至ᄒᆞ기로 任員高允河趙吾宇朴勝玉諸시가 懇況을 壹場說明ᄒᆞᆫ즉 主直시가 每朔月捐金을 捐補ᄒᆞ며 其他諸시도 竝力捐補ᄒᆞ고 朴勝玉李春暉辰約三시ᄂᆞᆫ 名譽로 敎授ᄒᆞ야 大有進就之望이라더라

●靑湖良明 海州郡內西鄕李承洞시ᄂᆞᆫ 本來敎育家로 著名ᄒᆞᆫ 紳士인ᄃᆡ 同郡秋伊面靑湖良明學校를 新立ᄒᆞᆫ後金壹百圜을 特出ᄒᆞᄆᆡ 附近有志諸시가 爭相義捐ᄒᆞ야 基本이 確立ᄒᆞ고 任員及敎師諸시가 熱心敎授ᄒᆞ야 進就之望이 有ᄒᆞ다더라

●志士熱心 開城郡東面五里에 東興學校를 共同設立ᄒᆞ야 學徒ᄂᆞᆫ 增進ᄒᆞ나 學費가 不足ᄒᆞ야 維持가 末由ᄒᆞ더니 田里有志人士가 贊助金을 爭先捐助ᄒᆞ야 至爲數百圜에 校況이 旺盛케 되고 西來人의 稱頌이 藉々ᄒᆞ더라

舊朴新朴

▲出來로다 出來로다 박齊純氏가 出來로다 舊日外大 朴齊純이 今日內大로 出來로다 舊日已過朴齊純·東之高閣바려두고 今日新出朴齊純은 그 政策이 엇더ᄒᆞᆫ지 壹次勸告ᄒᆞᆯ것스니 氏여氏여 朴齊純氏 精神차려 들러보소

▲朴齊純氏드르시오 理陰陽而順四時ᄂᆞᆫ 宰相職責이어니와 가公은 乃是讀書士로 立節死義ᄒᆞᄂᆞᆫ 膽이 업셔 乙巳條約締結ᄒᆞ야 宗社生靈모다가 奴隷境에 陷落ᄒᆞ니 賣國罪名免ᄒᆞᆯ손가 拾分注意勉勵ᄒᆞ야 더罪惡을 贖ᄒᆞ보소

▲朴齊純氏드르시오 樞院의 顧問으로 閑散ᄒᆞ든 數年간에 公의 罪를 贖ᄒᆞᆯ 일과 國家를 恢復ᄒᆞᆯ 計策을 多少準備ᄒᆞ엿ᄂᆞᆫ가 今復現ᄒᆞ엿스니 前日事ᄂᆞᆫ 何如ᄒᆞ던지 今日爲始ᄒᆞ여셔ᄂᆞᆫ 十分注意勉勵ᄒᆞ야 더罪惡을 贖ᄒᆞ보소

▲朴齊純氏드르시오 舊日外大 朴제純은 그歷史를 말ᄒᆞ진ᄃᆡ 豚犬不若ᄒᆞ거니와 今日內大 朴齊純은 當頭歷史 엇덜는지 罪上加罪ᄒᆞ라ᄂᆞᆫ가 罪上加功ᄒᆞ라ᄂᆞᆫ가 斷言키 어려우나 十分注意勉勵ᄒᆞ야 더罪惡을 贖ᄒᆞ보소

▲朴齊純氏드르시오 欲望이라ᄒᆞᄂᆞᆫ 것은 到達ᄒᆞ기 極難ᄒᆞᆫᄃᆡ 又與華도 남만ᄒᆞ고 富與貴도 極盛이라 貪慾새지ᄒᆞ엿손즉 못ᄒᆞᆯ 분 또잇ᄂᆞᆫ야 公의 當前ᄒᆞᆫ 것은 將功贖罪뿐이로다 拾分注意勉勵ᄒᆞ야 더罪惡을 贖ᄒᆞ보소

▲朴齊純氏드르시오 人生壹死ᄒᆞᄂᆞᆫ 것은 不得免의 일이로다 三千大界너른 天地億千萬年 그中간에 僥倖으로 사ᄅᆞᆷ되여 偉人事業못ᄒᆞᆯ망졍 罪人이야 될수잇나 今番出仕 好機會니 十分注意勉勵ᄒᆞ야 더罪惡을 贖ᄒᆞ보소

▲舊日外大 朴齊純이 今日內大 되얏스나 朴齊純은 이내말을 泛聽말고 拾分注意ᄒᆞᆯ지어다 肉身上에 朴齊純은 變ᄒᆞᆯ수가 업지마ᄂᆞᆫ 精神上의 朴齊純은 아못됴록 變ᄒᆞ보소 騷壇上의 無私鐵筆 筆鋒墨陣 베여놋고 허들고 公의 善惡偵探ᄒᆞᆫ세

廣告

◎咸陽郡民團趣旨

夫地方團體는壹定ᄒᆫ區域의住民으로構成ᄒ야法律上에格을認許ᄒᆫ바는團體의自存目的을爲ᄒ며國家의行政委任을擔負ᄒ야衛生警察教育과財産의預算決算과凡百公益에關ᄒᆫ事業이團體自治制度로宇內列强의文明基礎이거늘我韓은鎖國安眠의餘에民智가尙未發達ᄒᆫ으로生産資本의三要素에土地의收益ᄒᆷ을知치못ᄒ엿스니現今風潮의所及에上自京都로下至府郡히有志人士가自治團體를唱道ᄒᆷ이往往有ᄒᆫ거늘本郡이都下至近에在ᄒ야亦以國民分子된義務를豈可不履行ᄒ리오所以로議會를組織ᄒ야財政을講究ᄒ며學校를設立ᄒ야靑年을教育ᄒ며測量事務所를組合ᄒ는바惟玆土地測量은吾人의衣食住欲望을滿足케ᄒᆷ이最爲緊急ᄒ기로境內에宅垈耕作地와山林을創始ᄒ야測量ᄒ되賃金은低廉케ᄒ고貧寠ᄒᆫ同胞에至ᄒ야는代金을不計ᄒ고公平ᄒᆫ測量으로供給ᄒ야團體의義務를履行ᄒ려ᄒ오니境內同胞는照亮ᄒ심을爲要

發起人　盧勳重　리炳喆　박榮기　張承允　리夔淳　閔蘷鎬　姜□欽　리건寧　曾석弼　崔文煥　黃삼秀　리柱國　정각鉉　정憲鉉　리泰定　李학模　리秉性　食炳천　리輝善　崔寅鎬　趙□숙　崔承鎬　李武卿　리弘九　張女英　□秉秀　리炳珉

國民演說會入場券印刷費數二千張內

四百張取消　拾七張欠縮

內譯

壹金七十六圜九拾錢內「壹千五百卅八張賣下每張五錢式」

五拾圜靑年會館壹個日貰借費

大圜皇城·帝國·兩新聞演說三個日廣告料

三圜大韓每日申報二日廣告料

一圜　入場券印刷費

貳圜入場券賣下人貳日手數料

壹圜五錢　人力車費

九拾五錢　各坊曲揭付廣告時給雇

殘額拾貳圜九拾錢文川饑饉救助金으로寄附ᄒᆷ

國民演說會發起人金炳鉉等白

◎特別廣告

平壤에農事模範場及農林學校를設立코져ᄒᆷ은我國의時急先務인ᄃ農事改良을實行코져ᄒ는觀察使李軫鎬시의苦心經營ᄒ는바와一般有志者의實心希望ᄒ는바로其設立費募集에對ᄒ야農事模範場設立의經費資格으로써觀察使李軫鎬시가各郡守의게依托ᄒ야有志資産家에義捐을募集ᄒᆷ이니一般有志諸君子는新思想을感發ᄒ시와新事業을발展ᄒ捐義를多數히寄付ᄒ심을吾人은切望ᄒ는바이어니와若各郡守와面長이此를利用ᄒ야表으로는面目을飾ᄒ고裏으로는蠶業을充飽ᄒ거나或面排里排와戶斂結斂으로强制手段을使用ᄒ야抑冤情狀이발生ᄒᆯ時에는其理由의眞像과民怨ᄒᆫ事實을詳細記ᄒ야本支部會로郵便逆交ᄒ시옵本會는此에對ᄒᆫ調査事項이有ᄒ야派歎坐視치不能ᄒᆫ目的으로茲에一般同胞의게布告ᄒᆷ

西北學會平安南道支部告白

純良ᄒᆫ水를飮用ᄒ오

諸君은疾病으로ᄒ여苦痛을當ᄒ심잇가

諸君은親友와愛子를永訣ᄒ미有ᄒ엿슴는잇가

諸君은恒常身氣가疲困ᄒ고精力이勞損ᄒ얏슴잇가

純良ᄒᆫ水를飮用ᄒ시면此等苦難을免ᄒ실이다

純良ᄒᆫ水를決코飮用ᄒ시고不良ᄒᆫ井水는廢用ᄒ시와毒害를免ᄒ시오

疾病과憂愁와苦難을作케ᄒ는者는即不純ᄒᆫ飮料水요年々히親友와愛子를千百名式殺傷ᄒ는者도亦不良ᄒᆫ水라ᄒ노라

汲水商이純良ᄒᆫ漢江水로만飮料水를供給ᄒᆷ을決코注目ᄒ오

汲水商이腕上에記号捺章ᄒᆫ牌를掛ᄒ얏슴을細察ᄒ시오此牌가無ᄒ면水道水를販賣ᄒᆯ權利가無ᄒ야곳諸君을欺瞞ᄒ는者이오다

汲水商中에本會計号牌를腕上에掛有치아니ᄒᆫ者가本會社共用栓에서給水를竊撥或販賣ᄒ는者는日本理事官三浦彌五郎시와警視丸山重俊시가承認ᄒᆫ大韓水道會社別則第入條에照ᄒ야非行賠償金을徵收ᄒ옴

此別則에對ᄒ야違越ᄒᆫ者를本會社에通告ᄒ시면本社에서徵收ᄒᆫ非行賠償金에半額으로酬勞ᄒ올이다

純良ᄒᆫ漢江水를供給ᄒ는方法과每月給水料金과給水架設ᄒ는工事費에關ᄒᆫ事는各路大韓水道會社에來問ᄒ시면詳細說明ᄒ올니다

漢城內에有ᄒᆫ各戶에서同時에水道水를取用케되는境遇에는給水料金을特別히低廉케ᄒ깃슴니다

有限責任 大韓水道會社白

本社에서各地方 僉彦의게高明ᄒᆫ意見을仰請ᄒ온바各處에서來到ᄒᆫ書札이數千度에達ᄒ얏사오니 僉彦의誠意는感謝不無이오며其間에考試員을激托ᄒ야 諸札을考試ᄒᆫ結果로左開諸僉이被選ᄒ얏는ᄃ 本社에서 預約과如히分等ᄒ야賞金을推去ᄒ심을望홈

一等金五十圜	忠南連山郡外面外城村	尹台炳
二等金二十圜	咸鏡鏡城郡耶蘇敎堂內	趙鼎國
三等金十圜	平北義州南門外廣明書館	金義濬
四等金五圜	美國布哇韓國民留氏	宋錫燦
五等金五圜	淸國安東縣稅關內	延秉煥
六等金二圜	江原道江陵郡東門外東昌恒商店	羅在恒
七等金二圜	咸南端川郡內郵局前商店	金丙翊
八等金二圜	慶北義州郡洛東郵局區內兎津	金淵塤
九等金二圜	全南順天郡蘇安面增內里	金榮珉
十等金二圜	黃海道海州郡西部二里恒洞貳拾戶	宋榮泰

考試員　皇城新聞社長　柳瑾

仝　大韓每日申報記者　卞一

仝　本社員　李範壽

一千九百九年三月二日　大韓皇城磚洞　韓美興業株式會社　謹啓

本社의各處代理人의氏名은如左홈

開城代理人	開城南門內雜貨商店	金東宣
平壤代理人	平壤大同門內店洞	鄭基煥
咸興代理人	咸興西門外	盧昊洙
馬山浦代理人	馬山浦客主	孫德宇
元山代理	元山港	金以文
淸津代理人	淸津港	張樂臣
水原代理人	水原北部長安洞	金有東
安城代理人 位置未定	漢城東部拾里臣新學校內	邦元
沙里院代理人 位置未定	漢城中署外相思洞二統三戶	李孝稙
金田代理人 位置未定	漢城西部麻浦二坊二統五戶	吳□泳
海州代理人 位置未定		
天安代理人 位置未定	水原北部長安洞	尹聖求

物貨히使用品其他家用物品을一新備ᄒ고日用各色物品을極廉ᄒ價로發賣ᄒ오니…以小包便郵으로品高價廉而信々酬응ᄒ깃삽　物品如下　鉛筆各色　洋服內衣上下　印札紙各種　日用雜貨俱備　此外出貿冊肆印刷業을同事利分키로廣告ᄒ니速速來議敬要　漢城鐘路慈惠書舖　리觀化　告白

大韓全國에總發行所는 京城南大門內濟生堂大藥房

清心保命丹 此丹은化痰止咳하며明氣消滯하며水土不服에奇效가有함 金十錢

蔘茸大補元 壹週日分金壹圜 四週分金三圜十錢 二週壹환八十錢 七週五圜三拾錢

右약은大韓名產鹿茸人蔘에西洋有名한精材를混和하야我國兄弟의腸胃와性質에適當하도록多年研究불明인바今에先服人의累試累驗이隨症皆差하니果然今世之良藥이라故로主治效能을左開廣佈하오니僉兄弟는何不早圖嘗試오(效能) 先天不足과寤寐不眠하며 心腎俱虛와 房事色傷이며 遺精多夢과色傷腰痛이며 房事時에早漏不快하며 重病後虛弱과 手足厥冷이며 食飮不消와 貧血諸症에奇效가有하고 無病人이若服七週면大補元氣하고骨節이强壯하며健康無病할나니此可謂濟世靈藥哉若不其效면약價還呈함

蛔積殺虫散 此散은蛔積과蛔腹痛과蛔滯와虫壹切을去根妙藥 金십錢

寸虫設出藥 勿論男婦老幼하고寸虫壹切을拔根之妙劑 壹人用三拾전

久滯大通丸 年久한積滯와胸腹痛과腹中積病을驅除하는良劑 金(五)錢

感氣特效 解熱散 感氣드러頭痛나고寒熱往來하며肢節痛과몸살에幷神效 금拾전

劉氏拔根藥 티눈과못과사마귀에바르면百發百中으로빠지오 金십錢

新製百應膏 虫毒과瘡종과根박인데와종氣始初와가리못신데神効 金拾전

去液生肌 扶虔膏 劍創과모던종氣와火傷과곱세인데와삭시고압푼데神效 金拾錢

止足汗臭藥 발에땀리고보선을신으면惡臭와汗이겻치고니음서가업소 金十錢

其他各種은壹筆難記어니와大韓國內藥商諸氏는僉兄의게는藥價을大割引大放賣하오니速히注文하시오

京城南大門內 仁川港奇峴 濟生堂主 李庚鳳

忠清北道淸州西江外二面德村鄭氏宗中 私立德新學校義務的捐助金

宗中畓三石貳斗落 田貳石十斗落 宗中畓八石落 田四石落 鄭圭瓦家十二間草家六間 每年租穀拾石

鄭在鳳 鄭斗鉉 各三拾圜 鄭崙종 정泰鉉 各卅五圜 鄭晩종卅八圜 鄭志秀卅圜 鄭碩鉉십圜 鄭九鉉卅五圜 鄭在晩卅圜 정海仁四拾圜 정觀鉉 정海徹 各卅拾圜 정羽鉉十圜 정圭鉉三圜 정相鉉三圜 정時종五圜 정國鉉ㄲ圜 정海升二圜 정軒ㅋ 정升鉉 정과종 정瑞鳳 정학來 정在진 鄭在璣 鄭舜昌 各壹圜

前主事尹泰榮 三圜 前叅奉金奎鉉貳拾圜 宋明鎭三圜 朴魯成五圜 朴善奎壹圜 리弘根八十전 김淵玉五十전 勞働八리相大八十錢 本校學徒中義捐金 리聚分九圜 金鎭龜二圜 尹益善五拾전 申大均壹圜 五拾전 權龜玉五圜 丁翻雲 박榮來 각一圜 崔明玉五拾錢 張基弘一圜 朴相奎五十전 柳哲相壹圜 김圭鎭ㅁ十圜 朴相奎壹圜 尹直五三圜 董蒙鄭英直五圜 鄭漆興二圜 盧長哲 奉才童 각壹圜 王部出七拾전 朴奎和壹圜 鄭碩鳳七十전 鄭 權 鄭甲聖 리根佑 각壹圜 柳榮건 孫 榮 각五拾錢 鄭鳳根七拾錢 已上合四百七拾四圜二拾錢

◎共愛堂大藥房製造各種藥品簡引表

壯陽復元丹 此藥은專治腦與肺弱 房事過度 心腎虛弱 遺精多夢 似瘵 病後虛弱 不下飮食 先天不足 眩暈頭痛 等症에並妙効가有홈 一週分… 二週分… 四週分… 八週分…

靈丹 壹般滯症胃腹痛消化不良心神鬱悶船車酒醉化痰止咳口熱惡臭食慾不振等症에並神効

眼科聖藥 清眼水 壹般眼疾、時行眼疾、風熱眼疾、羞明流淚、眼內紅痒等症。撥雲見天之妙 壹瓶금拾錢

解瘧至寶丸 專治瘧疾即氣虛瘧、痰瘧…이런도永々祛根홈 …錢

皮膚神藥 癬劾液 特治皮膚病疥癬음、皮風、… 痒疹、두두러기、옷을넘데ㄷ神効홈 …三십전

五淋專治 通淋丸 急慢淋疾、赤白帶下、膀胱炎症、尿炎及濃漏外他淋毒性之症에神効홈 壹劑…

梅毒妙効 神應丹 梅瘡에壹服二…三服…問하고確實이有效、連珠瘡、疳瘡等에幷效 壹劑金…圜

복학新藥 清脾丸 專治小兒의一般腹瘧、脾疳、屎泄、左脇鱉腹에大有奇効홈 一匣금…

久滯神効 養胃散 專治經久滯積、呑酸吐瀉、霍亂、胃腹痞大便不順等症에奏效如神 壹貼금…錢

治痰鎭咳丸 專治大人咳嗽、喘息、痰結等症에妙効 一日分一匣금二十錢

感冒特效 消熱散 勿論四時傷寒感冒、咽喉疼痛、…肢節痛、似瘧非瘧의症有効 一貼금…錢

耳病神効 清耳液 專治耳痛、鼓膜炎、內外聽道炎、耳中灼熱疼痛、瘙癢、濃液流出等症特効 一瓶금…

百貼百應 妙妙膏 風寒濕氣、胸肩背에牽引疼痛、腰膝脚腿酸痛無力、骨節疼痛의症에如神 금…

奏効如神 能治膏 각종腫氣、小兒胎毒、…、濕腫、生新에並神効 一匣…

大腫拔根膏 大小腫에根빼는약 價금十錢

解凝膏 멍울삭히는약 價금十전

寸虫去根藥 價금十전

齒痛水 충치풋치신효 價금七…

止泄丸 滯泄暑泄神効 價금五전

痢疾藥 赤白痢에神効 價금…전

各種上等令鷄納、東西洋有名賣藥、藥乾材都賣散賣其他各種藥이具備하오니請求를依하야小包로隨應하깃슴

發行所 皇城南部大廣橋十九統七戶 共愛堂大藥房

◎學員募集廣告

…二月拾九日內請願하시오 壹箇月測量書科 九箇月… 語科(隨程度甲乙丙三班에分) 六箇月美術(四則以上)速成科 北部齋洞三統…戶 測量新塾 告白

安仁車

聖書繙譯會委員李昌植시譯 蓮洞教會長老李明赫시校閱 本館에서教書安仁車를譯用發售하오바此書는道德을培養함에良師가아니라壹般士女의新知識을啓發하리이오니陸續來購하시오 新舊書籍歐美雜貨及學徒諸用品을俱備發賣하옴 皇城東部蓮洞 救書館 告白

◎학員募集廣告

本校에서土木建築科及測量科를設施하오니入學志願人은何日이라도本事務所로來臨하야詳問하시오

土木建築科 速成科 六個月 高等科 壹個年 特別科 三個月 測量科 速成科 六個月 高等科 壹個年 全夜학 壹個年 特別科 壹個月

私立山崎實用土木建築 京南部清國領事館邊 測量藝術製圖學校

南部紅箭門內淸商大成號西片戶外瓦家四拾間을放賣코져하오니願買하시는이는銅峴大淸商廣和順聞議하심을望홈 大淸商廣和順 告白

昨夜相洞近地에서四柱單子封合잇엇스오니南部苧洞七統五戶朴主事ᄯ李容시宅에來問하오 李容吉 告白

平北龍川楊…

國語綴字捷徑

廉價放賣 測量器械各種 製圖器各種 製圖用紙各種 釜山…近藤支店

本同이隆熙…

隆熙三年三月拾一日 明治四十二年三月拾一日 (第三種郵便物認可) 土曜日 西曆壹千九百九年三月[illegible]

第七[illegible]號

大韓每日申報

第[illegible]千[illegible]四拾[illegible]號

月曜及日曜休日 隔日發刊

檀君開國四千二百四十二年
箕子元年三千三十一年
大韓開國五百十八年
日本明治四十二年
隆熙三年
己酉二月大十五日乙丑

Responsible for Publication Alfred Weekley Marnham.
發行兼編輯人英國人萬 咸
發行所
南部石井洞毓外地三層洋屋家
大韓每日申報社

論說

◎李軫鎬氏에게告홈

農林業의進을爲ᄒᆞ야振興ᄒᆞ며農林模範場을設置ᄒᆞ야擴張ᄒᆞ는것이日人民을爲홈이어니와若乃人民에게不利ᄒᆞ면農林業은振興ᄒᆞ야何에用ᄒᆞ며農林模範場은擴張ᄒᆞ야何에用ᄒᆞ리오今日平南觀察使李軫鎬시의所謂農林業振興과農林模範場擴張도果然人民을爲홈인가彼가農林모範場을擴張ᄒᆞᆷ에管下各郡守를指揮ᄒᆞ야每郡에葉四五萬兩式排斂ᄒᆞ야星火督捧ᄒᆞᆷ은世人의共知ᄒᆞ는바ㅣ라

可者ㅣ壹이오只今京鄉을勿論ᄒᆞ고金融恐慌이莫甚ᄒᆞ야恰然히太古物々交換의時代를成ᄒᆞᆫ此時를當ᄒᆞ야何等誅求가無ᄒᆞ야도彼窮蔀殘民이生活키猶難커던況此莫大ᄒᆞᆫ徵收가有ᄒᆞ니嗚乎라人民이相率ᄒᆞ야溝壑에盡入ᄒᆞ리니誰와더부러農林業을振興코ᄌᆞᄒᆞ는가此其不可者ㅣ二오

名稱은實業발達이라ᄒᆞ고如此히人民을困瘁케ᄒᆞ면彼人民이必曰所謂實業發達이如此ᄒᆞᆫ가ᄒᆞ야新事業을趨向ᄒᆞ는思想은反沮ᄒᆞ고新事業을仇視ᄒᆞ는感情이必發ᄒᆞ리니此其不可者ㅣ三이라

或曰農林模範場을擴張코ᄌᆞ홀진ᄃᆡ其經費를不可不經費를請ᄒᆞᆯ지니ᄒᆞ면何面不可不經費를民間에收斂치아니ᄒᆞ면何處에서出ᄒᆞ리오萬一民間에收斂홈이不可ᄒᆞ다ᄒᆞ면是는農林모範場을廢止홈이可ᄒᆞ다홈이아닌가曰否々라此는不然ᄒᆞ니彼政府에서所謂產業을獎勵ᄒᆞ는實業을發達ᄒᆞᆫ다ᄒᆞ는等事業費는何處에將用코ᄌᆞᄒᆞ는가萬一行政官吏者ㅣ眞心으로農林모範場을擴張코ᄌᆞᄒᆞ면엇지經費의不足을患ᄒᆞ리오

抑又政府의不應홈을因ᄒᆞ야不得已經費를人民에게請求홀지라도熱心曉論ᄒᆞ야義捐을募集홈은猶可ᄒᆞ거니와官力을橫使ᄒᆞ야民間에排斂홈은不可ᄒᆞ며隨力徵收ᄒᆞ야就緖를漸圖홈은猶可ᄒᆞ거니와巨額을排斂ᄒᆞ야督捧을猛加홈은不可ᄒᆞ니라

又此를因ᄒᆞ야地方挾雜輩가藉公謀利ᄒᆞ는弊害가或有ᄒᆞᆯ지라도此亦觀察使가其責任을不免ᄒᆞᆯ바ㅣ인뎌

嗚乎라李軫鎬시여試思ᄒᆞᆯ지어다今日이何日인가惟望컨ᄃᆡ明을藉ᄒᆞ야民막ᄒᆞ지말며益을恐ᄒᆞ야私囊을營치말고眞正ᄒᆞᆫ熱心과適當ᄒᆞᆫ方法으로農林模範場을擴張ᄒᆞ야農林業을大振興ᄒᆞᆯ지어다

抵實業의發達은吾儕의日々苦叫ᄒᆞ는바ㅣ라今此農林모範場擴張ᄒᆞᆫ다는消息을聞ᄒᆞ미엇지拾分歡迎치아니ᄒᆞ리오此가或未展될ᄭᅡ憂ᄒᆞ며此가或廢倒될ᄭᅡ恐ᄒᆞ야恒常心香을奉ᄒᆞ고其발展을祝ᄒᆞᆷ이是以로民間의惡評이浪藉ᄒᆞ며社會의公論이喧騰ᄒᆞ되吾儕는耳를掩ᄒᆞ고不聞ᄒᆞ랴ᄒᆞ야壹言도不發ᄒᆞ얏더니乃者弊瘼이轉甚ᄒᆞ고民怨이益沸ᄒᆞ야事業이發展키難ᄒᆞᆯ뿐더러人民이先困ᄒᆞ니此는吾儕가不得已鑄을鳴ᄒᆞ야其不可ᄒᆞᆫ點을道破ᄒᆞ는바ㅣ로라

盖農林模範場은政府의設定이自有ᄒᆞᆫ즉其經費를年々히國庫로支出ᄒᆞ거ᄂᆞᆯ乃者巨大ᄒᆞᆫ額을人民에게徵收ᄒᆞ니此其不

外報

◎學生帶同出發 北京電을據ᄒᆞᆫ즉淸國駐德公使蔭昌시는去月貳拾五日에淸國皇族子弟歐洲留學生二拾名을同伴ᄒᆞ야出發ᄒᆞ얏다더라

◎衆議院可決 東京電을據ᄒᆞᆫ즉日本衆議院會議에서國鐵道改築及日本海航路開始에關ᄒᆞᆫ建議案을壹致可決ᄒᆞ얏다더라

◎佛領의淸人 香港電을據ᄒᆞᆫ즉佛領交趾支那에在ᄒᆞᆫ多年佛國의羈絆을脫코ᄌᆞᄒᆞ는者ㅣ多ᄒᆞᆫ되佛國官吏는此에對ᄒᆞ야輸入書籍과壹般新聞紙의檢閱을嚴重히ᄒᆞᆫ다더라

◎加拿大外務省 伯林電을據ᄒᆞᆫ즉加拿大는自國獨立外務省을設立코ᄌᆞᄒᆞᆫ다더라

◎學會의總團 同電을據ᄒᆞᆫ즉山東同學會의名으로檄書를發ᄒᆞ얏는ᄃᆡ德國이山東에서橫暴를行홈을攻擊ᄒᆞ야言辭가激烈ᄒᆞ얏다더라

詞藻

◎醒 提

나왜잡어、호옹。너왜잡어、홍。한잠자서며、 일ᄉᆞ시에잡노나、아。 어리화、됴라、호옹。 慶[illegible]가낫구나、홍。

廣告

雜報

●享祀整理　從來享祀의關係는總히宮內府掌禮院에屬ᄒ야每年의享祀回數가七百九拾貳回에至ᄒ고其職員이三百五拾四人인데其冗官冗費가不少ᄒ더니昨年七月부터享祀事件整理에着手ᄒ얏는데其結果로享祀의回數는二百餘回로ᄒ고職員은二百五拾三人으로定ᄒ얏다더라

●徐郎加冠　三昨日에故郡守徐丙雨氏令男冠禮에南北村大官이多數往參ᄒ얏다는데總理李完用氏는其夫人과帶同前往ᄒ얏다더라

●日事建築　宮內府의廳舍는舊時建物뿐不啻라各院司가昌德宮內外에散在ᄒ야事務處理上에便利치못ᄒ다ᄒ야其廳舍를新히建築ᄒ깃도本年四月頃에起工ᄒ야拾壹月에全部를竣工ᄒᆯ터인데其地点은七百八十坪이오屋制는貳層이라더라

●御信頻繁　慶運宮本宮에서宋秉畯에게有何交涉事인지御信이逐日來往ᄒᆫ다더라

●一進英擧　坡州와湍陽郡에居ᄒ는一進支會員들이日昨集處ᄒ야會同ᄒ야發論曰吾輩가此會에入參ᄒᆫ은宋秉畯의勢力을藉恃ᄒ고來頭榮光을希望ᄒᆫ일너니宋秉畯의勢力이頓減ᄒ야無復餘望인즉此會를脫去ᄒ고良民이되나니만不如ᄒ다ᄒ고會票와證本을去來ᄒ던會體文簿를盡付燒燼ᄒ얏다더라

●秘苑事務擬議　秘苑事務局에서主事와技手幾人을增設ᄒ기로現今擬議中이라더라

●測量圖本退却　漢城內各測量事務所에서人民의家屋을測量圖本ᄒ야承認次로漢城府에請願ᄒ면政府에서該圖本이錯誤가有ᄒ다ᄒ야再三退却ᄒᆫ다더라

●坊會決議　北壯洞等地北三坊에서日前에坊會를開ᄒ고該坊內衛潔衛生事務를外國人의게讓與치아니ᄒ고該坊內人民들이各其自擔實施ᄒ기로內部衛生局에請認ᄒ기로決議ᄒ얏다더라

●債務審査提議　帝室債務審査會에서昨日午後壹時에委員會를開ᄒ고鈴木會長代理以下各委員이列席ᄒ야債務辨償에關ᄒ야審議ᄒ얏는데同會는連次三回를開ᄒ고債務全部審査에着手ᄒᆯ터이라더라

●解雇總數　宮制改革ᄒᆯ時에宮內府員役이四千餘人에達ᄒ얏는데此를解散코ᄌ를미히員役等이紊乱을助長ᄒᆯ念慮가有ᄒᆫ故로特別히前後數回에分ᄒ야解雇ᄒ얏는데昨年上半期에員役二千百六十六人女官貳百二十二人權任巡檢別巡檢三百拾七人을解雇ᄒ고奉侍九人과內官壹百七十二人은官制改革當時에全數를罷免ᄒ얏다더라

●山林童濯　水原停車場에서呂州川路까지治道工役을着手ᄒ얏는데該路近山板所有主들이言ᄒ되該治道가將次鐵路를敷設ᄒ면如千森林을盡爲見奪ᄒ다ᄒ야山林을斫伐ᄒᆫ다더라

●罰金均排　露梁等地에留連ᄒ는某人은本韓技로有名ᄒᆫ人인데日昨에警視廳에被捉ᄒ얏다가罰金三拾圓에放出된지라該氏가即爲消遣ᄒ던某某氏들에對ᄒ야日罰金을徵納ᄒ얏스니罰金을均爲分徵ᄒ라ᄒ고百般哀乞ᄒᆫ다더라

●孔德民怨　西部孔德里居民

은自敎稻年以來로闕田을耕食ᄒ더니昨年에該畓의所有者도(?)經理局에請ᄒ야該地土를全部沒入ᄒ얏는데張氏가整理局에請願ᄒ야度支部에請ᄒ얏는故로作人等七拾餘人이度支部에請願ᄒ얏스나監理局官員松浦가事實을調査ᄒ야張氏의挾雜을知得ᄒ고訴訟을後ᄒ야張氏가數年以前에圖謀ᄒ야日本人辯護士의委任訴訟ᄒ야前後事를說明ᄒ는故로作人等이이前後事實을說明ᄒᆫ즉辯護士가張氏의挾雜을聞知ᄒ고悉皆解約ᄒ얏스니外國人도如此ᄒ거든況此張氏는韓人으로權門出入에藉恃行悖ᄒ다ᄒ고民怨이浪藉ᄒ다더라

●炭民呼冤　開城郡炭山下에居ᄒ는埋炭資生ᄒ는人이無數ᄒᆫ데昨年十月分에尹景秀라ᄒ는人이該山主人이라稱ᄒ고開城郡主事의調令을持來ᄒ야埋炭稅라ᄒ고每釜에四十兩式徵收ᄒ는대埋炭者의姓名과山主의票라

며運動가圖校ᄒ야期乎破散ᄒ기로學徒拾餘名이悲泣ᄒ는景况을目不忍見이라

●何日何人一帶　漢城府下三坪洞(?)…

●漁船顚覆　去月拾三日에慶尙南道巨濟郡洞島西沖에서日人의漁船이顚覆ᄒ야日人四名이溺死ᄒ얏다더라

●强盜捕捉　黃海道海州警察署에서는近頃에强盜가頻行ᄒ는故로嚴重히搜索ᄒ더니去拾七日에郡內에서强盜三名을捕捉ᄒ고其家에서臟物을多數押收ᄒ얏다더라

●强盜橫行　京畿道驪州郡에셔…

●義兵狀況　…

●李氏有志　南門外盆洞居ᄒ는李氏…

學界

●開何閉何　北部桂洞私立敎明學校는財政이窘乏ᄒ야學校를永久維持ᄒ기難ᄒ야閉校ᄒ다ᄒ더니該校에서任員을選定ᄒ고義捐金五圓을寄附ᄒ얏다더라

●志士寄附　海州郡有志人士가敎育에熱心ᄒ야該郡內에私立學校를設立ᄒ고…

●老學益壯　平北鐵山郡守梁在翼氏가學校를設立ᄒ고…

●贊成院會　東媛義塾에셔設立ᄒ얏는데…

●少年開會　大韓少年會에서今日下午三時에定期總會를開ᄒ고諸般事務를處理ᄒᆫ다더라

●討論會　今日下午七時에靑年會館에서討論會를開ᄒ는데…

●李氏愛敎　三和港僮兩橋洞居ᄒ는李氏…

●面長得人　忠南恩津下豆面面長…

地方消息

▲本月二日에楊州郡東北方約二十里地에서義兵八十名이同郡分遣所日憲兵四名及補助員七名과同郡警察署巡査七名과交戰ᄒ얏다더라

▲去月二十三日扶餘郡東方約二十里地에서義兵拾名이同郡分遣所日憲兵二名及補助員貳名과交戰ᄒ얏다더라

國文記聞

▲日暮西山ᄒ다지고月出東嶺ᄒ니萬戶長安에人聲이寂寂ᄒᆫ데…

▲ᄯᅩᄒᆫ사ᄅᆷ이나안지며…

美國시아틀大博覽會 미국시아틀대박람회

大韓全國에 總發行所는
京城南大門內濟生堂大藥房

清心保命丹 金十錢
蔘茸大補元 拾錢

右와 은大韓名醫鹿茸人蔘이 西洋新藥材를 調劑 홈이...

痼積殺虫散
寸虫逐出藥
入滯 大通丸
感氣 解熱散
腫瘡拔根藥
潟變 百應膏
去液生新 沃度膏
止汗臭藥

仁川港支店 濟生堂主 李慶鳳

學部檢定
初等 植物學
初等 動物學 定價金四十錢
最新 初等小學
最新 初等 大韓地誌 定價金四拾錢
最新 高等 大韓地誌 定價金七拾錢
初等 大韓歷史
國家思想學 定價金二十五錢
憲法要義
原賣所 京城南部銅峴 玉虎書林

本社에서 活版機械를 具備하고 各種 印刷를 應하오니...
測量新塾 告白
外國地誌 下
中等 用器畫法
二十世紀 朝鮮論
新撰 最新算術
算術自解

黃海道鳳山郡沙里院 朝陽書館

◎共愛堂大藥房製造各種藥品發引表
壯陽復元丹
驚風丹
清眼水
解瘧至寶丸
淋疾丸
神應丹
清脾丸
養胃散
治痰鎭咳丸
消熱散
清耳液
妙妙膏
能治膏
大腫拔根膏
寸虫去根藥
止泄丸
痢疾藥
齒痛水
解凝膏

各種上等命鷄鈉、東西洋藥材와 各種賣藥이 具備하오니
藥乾材都賣散賣其他各種藥을 請求에 依하야 小包로 隨應하겟숨

發行所 皇城南部大廣橋十九統七戶 共愛堂大藥房

國語綴字捷徑

○廣告料

漢城鍾路慈惠藥房에서 官許拜受한 二十三種封藥과 舊藥局材와 草材를 大發賣하고 且石版印刷機械

隆熙三年八月十一日 明治四十二年八月十一日 (第三種郵便物認可) 日曜日 西曆一千九百九年八月十一日

第七卷

大韓每日申報

第壹千四拾壹號

月報及日曜休刊

發行兼編輯人英國人萬咸
發行所 南部石井洞號外地三層洋屋家 大韓每日申報社
Responsible for Publication Alfred Weekley Marnham.

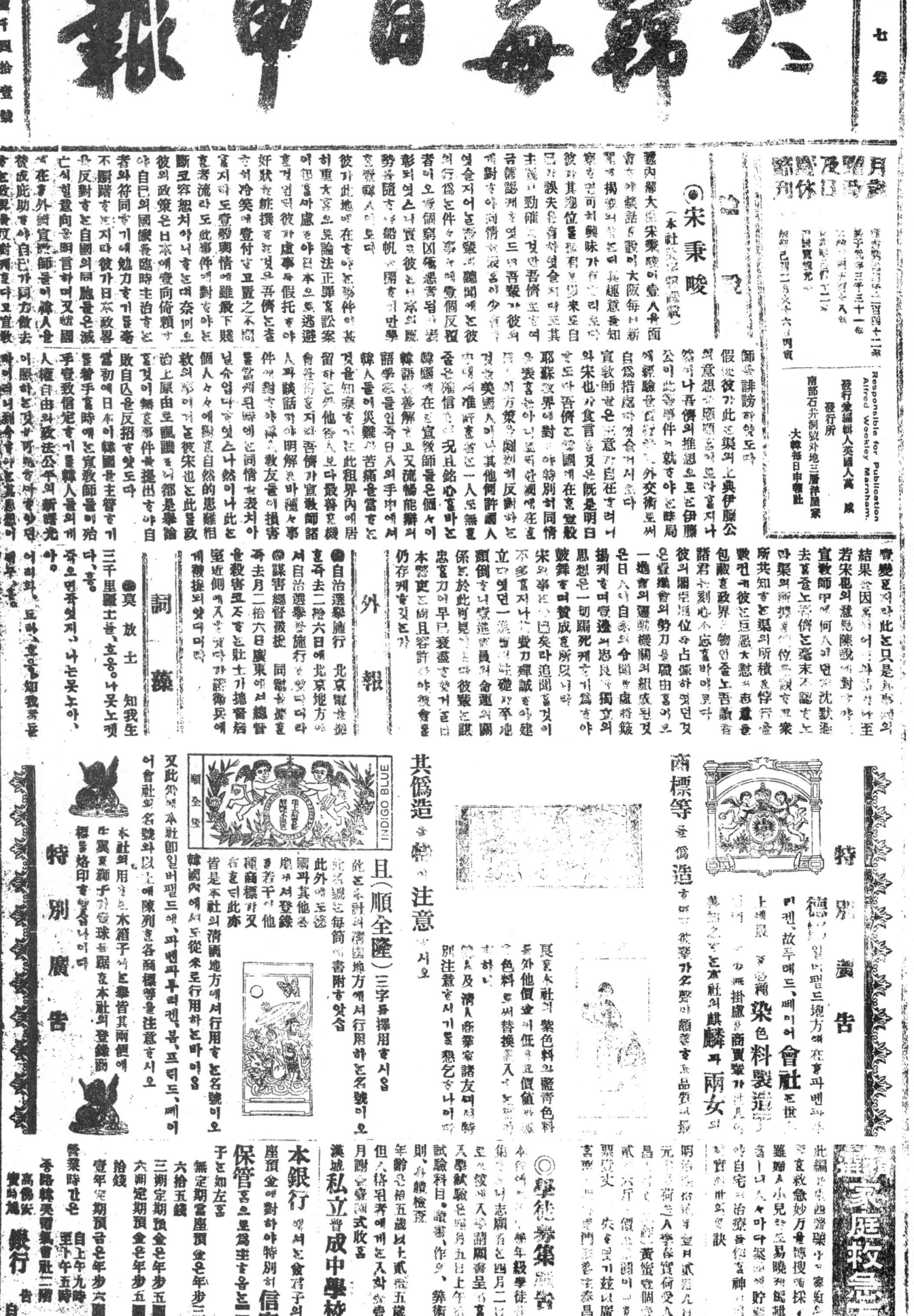

論說

◉宋秉畯

（本社英文報譯載）

逝日大阪에宋秉畯이壹人을面會ᄒᆞ야談話ᄒᆞᆫ說이大阪每日新聞에揭載되얏ᄂᆞᆫᄃᆡ其趣意를知코져ᄒᆞ면可히興味가有ᄒᆞᆯ리로다彼가其地位를維持ᄒᆞᆫ以來로自已의誤失을自覺ᄒᆞ얏슴이라ᄒᆞ고其主義ᄂᆞᆫ勁確ᄒᆞᆫ것만吾儕도ᄯᅩᄒᆞᆫ여금信認케ᄒᆞ엿드니吾輩가彼의게對ᄒᆞ야同情을表홈이少ᄒᆞ도다

엿슬지어다吾輩의聽聞에ᄂᆞᆫ彼의行爲ᄂᆞᆫ件々事々에壹個反覆者이오壹個窮凶極惡者됨이甚彰되엿스니實로彼ᄂᆞᆫ日本의歷勢를隨ᄒᆞ야船帆을開ᄒᆞᆫ기만學ᄒᆞᆫ賣國人이로다

彼가此地에在ᄒᆞ야該事件에甚히重大ᄒᆞᆫ바法論法正罪ᄒᆞᆫ訟案이起ᄒᆞᆯ사慮ᄒᆞ야日本으로逃避ᄒᆞ엿건ᄃᆡ彼가虛事를假托ᄒᆞ야奸狀을能撰ᄒᆞᄂᆞᆫ것은吾儕ᄂᆞᆫ출ᄒᆞ야冷笑에壹付ᄒᆞ고置之不問ᄒᆞ지마ᄂᆞᆫ도壹般與情에雖最下賤ᄒᆞᆫ者流라도此事件에對ᄒᆞ야ᄂᆞᆫ斷코容恕치아니ᄒᆞᄂᆞᆫᄃᆡ奈何오彼의政策은日本에壹向依賴ᄒᆞ야自己의國家를臨時主治ᄒᆞᄂᆞᆫ者와符同ᄒᆞ기에勉力ᄒᆞ기를毫不躊躇ᄒᆞ엿지마彼가日本政略을反對ᄒᆞᄂᆞᆫ自國의同胞를은滅亡시킬意向을明言ᄒᆞ며又韓國에在ᄒᆞᆫ外國宣敎師들이韓人을贊成庇助ᄒᆞ야自己가同力做去ᄒᆞᄂᆞᆫ政略를反對케ᄒᆞᆫ다고宣敎師를誹謗ᄒᆞ얏도다

假使彼가此ᄂᆞᆫ渠와與伊藤公의意想을順應ᄒᆞ야로자ᄒᆞᆯ지나然이나吾儕의推想으로ᄂᆞᆫ伊藤公이此等事件에就ᄒᆞ야ᄂᆞᆫ時局에經驗을自得ᄒᆞᆫ外交術로써自爲措處ᄒᆞ엿슬거시로다

宣敎師ᄂᆞᆫ은ᄒᆞᆫ意가自在ᄒᆞ려니와宋也가食言을ᄒᆞᆷ은旣是明白ᄒᆞ도다吾儕ᄂᆞᆫ韓國에在ᄒᆞᆫ壹般耶蘇敎界에對ᄒᆞ야特別히同情을表홈은아니로되他國에在ᄒᆞᆫ國의方策을斷然히反對ᄒᆞᄂᆞᆫ것은美國人이나其他何許國人이든지准許ᄒᆞᄂᆞᆫ者ᄂᆞᆫ一人도無ᄒᆞᆫ줄은確信ᄒᆞ며況且銘心ᄒᆞᆫ바ᄂᆞᆫ韓國에在ᄒᆞᆫ宣敎師들은個々이韓語를善解ᄒᆞ고又流暢能辯의語學家들인즉日人의手中에셔韓人들이災難과苦痛을當ᄒᆞᄂᆞᆫ것을知察ᄒᆞᄂᆞᆫ此租界內에居留ᄒᆞᄂᆞᆫ外他國人보다最善ᄒᆞᆫ機會를得ᄒᆞᆫ지라吾儕가宣敎師諸人과談話ᄒᆞ야明解ᄒᆞᆫ바種々事件에對ᄒᆞ야ᄂᆞᆫ敎友들의損害를當케된時에ᄂᆞᆫ同情을表치아니ᄒᆞᆯ수업다ᄒᆞ엿스나然이나此ᄂᆞᆫ個人々々에對ᄒᆞᆫ自然的患難相救의事에不過ᄒᆞ거ᄂᆞᆯ彼宋也ᄂᆞᆫ此를政治上原由로諷譏ᄒᆞ야都是擧論ᄒᆞᆯ것이無ᄒᆞᆫ事件을提出ᄒᆞ야自取自亡을反招ᄒᆞ얏도다

當初에日本이韓國을主管ᄒᆞ기를着手ᄒᆞᆫ時에ᄂᆞᆫ宣敎師들이殆乎壹致信定ᄒᆞ기를韓人들의게人權自由와政法公平의新曙光이照ᄒᆞᄂᆞᆫ것이可知ᄒᆞ다ᄒᆞ얏더니이제와셔ᄂᆞᆫ其思想이壹變ᄒᆞᆫ지라此ᄂᆞᆫ只是反事的의結果로因ᄒᆞᆷ이어니와彼가至若宋也의謊說陳說에對ᄒᆞ야ᄂᆞᆫ宣敎師中에何人이던지沈默ᄒᆞ고去ᄒᆞᆯ줄노吾儕ᄂᆞᆫ毫末도不認ᄒᆞ노라渠의所據ᄒᆞᆫ地位ᄂᆞᆫ衆所共知ᄒᆞᄂᆞᆫ바오渠의所積ᄒᆞᆫ悖行을數컨ᄃᆡ彼ᄂᆞᆫ巨惡大憝의志意를包藏ᄒᆞᆫ政界의ᄒᆞᆫ物인줄노吾儕가諸君ᄭᅴ刻心ᄒᆞ고忘치마ᄅᆞ시기를바라노라

彼의閣臣位를占據ᄒᆞ엿던것은壹進會의勢力을藉由ᄒᆞᆷ이오一進會의運動機關이組成된것은日人이自家의利益을圖ᄒᆞ야揭케ᄒᆞ며壹進會ᄂᆞᆫ忠良ᄒᆞᆫ獨立의思想은一切蹈死케ᄒᆞ기爲ᄒᆞ야鼓舞ᄒᆞ며贊成ᄒᆞᆫ所以니라

宋의事ᄂᆞᆫ已矣라追聞ᄒᆞᆯ것이不多ᄒᆞᆫ지나賣力輝誠ᄒᆞ야建立ᄒᆞ엿던一派ᄂᆞᆫ韓國의命運을顚倒ᄒᆞ니壹進會員의命運의關係ᄂᆞᆫ於此可見ᄒᆞᆯ지라彼輩ᄂᆞᆫ誠忠ᄒᆞᆫ力이무己衰盡ᄒᆞ얏거니와日本警吏ᄂᆞᆫ尙且容許ᄒᆞ야該會를仍存케ᄒᆞᆯ것인가

外報

◉自治選擧施行 北京電報를據ᄒᆞᆫ즉去二十六日에北京地方에셔自治選擧를施行ᄒᆞ얏다더라

◉謀害總督被捉 同電을據ᄒᆞᆫ즉去月二十六日廣東에셔總督을殺害코자ᄒᆞᄂᆞᆫ壯士가總督府室近側에셔衛兵에게被捉되얏다더라

詞藻

◉莫放土 知我生

三千里疆土를、호옹、나못노켓다、흥

죽오면죽엇지、나는못노아、아。

어리하、도다、호흥知我者들

特別廣告

德國일비펠드地方에在ᄒᆞᆫ파벤파브리켄、故프데드、베이어會社ᄂᆞᆫ世上에有名ᄒᆞᆫ染色料製造所인ᄃᆡ本社의麒麟과兩女의商標等을僞造ᄒᆞ야彼等이名聲과顏料를盜ᄒᆞ고品質이最劣ᄒᆞᆫ色料로써替換ᄒᆞ야賣買ᄒᆞᄂᆞᆫ者가有ᄒᆞ오니本社의紫色料와藍靑色料를外他價値가低ᄒᆞ고價値업ᄂᆞᆫ色料로써替換ᄒᆞ야賣入ᄒᆞᄂᆞᆫ者가有ᄒᆞ니韓人及淸人商業家諸友ᄯᅢ서特別注意ᄒᆞ시기를懇乞ᄒᆞ나이다

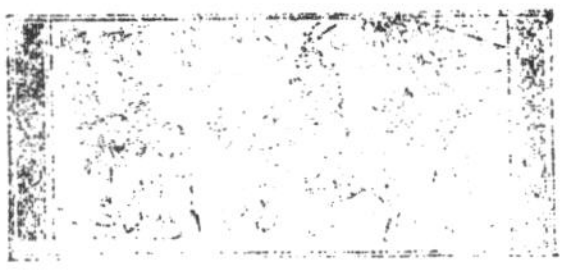

其僞造를特히注意ᄒᆞ시오

且(順全隆)三字를擇用ᄒᆞ시옵 此ᄂᆞᆫ本社의淸國地方에셔行用ᄒᆞᄂᆞᆫ名號이오 此名號ᄂᆞᆫ每筒에書附ᄒᆞ얏숩

此外에도韓國과其他各國에셔登錄ᄒᆞᆫ若干의他種商標가又有ᄒᆞᆫᄃᆡ此亦皆是本社의淸國地方에셔行用ᄒᆞᄂᆞᆫ名號이오韓國에서ᄂᆞᆫ從來로行用ᄒᆞᄂᆞᆫ바이옵

又此外에本社即일버펠드에、파벤파브리켄、붐、프리드、베이어會社의名號와以上에陳列ᄒᆞᆫ各商標等을注意ᄒᆞ시오

本社의用ᄒᆞᄂᆞᆫ木箱子에ᄂᆞᆫ擧皆其兩側에中翼ᄒᆞᆫ獅子와地球를據ᄒᆞᆫ本社의登錄商標를烙印ᄒᆞ얏슴니이다

特別廣告

家庭救急方

此編은東西醫藥가ᄒᆞᄂᆞᆫ家庭에必要ᄒᆞᆫ救急妙方을博搜採ᄒᆞ야雖婦人小兒라도易曉케編輯ᄒᆞᆫ書ㅣ니人々마다家中에貯ᄒᆞ야自宅에셔治療를得ᄒᆞᆯ神方이오實은出世의要訣

明治四十二年壹月貳拾九日에元定價參拾錢之入學校實行受入錢

◉學徒募集廣告

本校에셔新學年級學徒를募集ᄒᆞ오니志願者ᄂᆞᆫ四月二日內로本校에來ᄒᆞ야入學請願書를呈ᄒᆞ고入學試驗은四月五日上午十時

試驗科目、讀書、作文、算術四則、身體檢査

年齡은拾五歲以上貳拾五歲

但人格된者에게ᄂᆞᆫ入학을許홈

月謝金壹圓式收홈

漢城私立普成中學校

本銀行에셔ᄂᆞᆫ僉君子의當座預金에對ᄒᆞ야特別히信密保管홈으로爲主ᄒᆞ옵ᄂᆞᆫ 利子ᄂᆞᆫ如左홈

無定期當座預金은年步三圓六拾五錢

三朔定期預金은年步五圓

六朔定期預金은年步五圓五拾錢

壹年定期預金은年步六圓

營業時간은 自上午九時 至下午五時

鍾路韓美電氣會社二層

高備安 實時處 銀行 告白

雜報

◉內閣組織 近日內閣大臣이不久日간變更組織된다ᄂᆞᆫᄃᆡ內[illegible]純氏ᄂᆞᆫ總理大臣으로前判書李道宰氏ᄂᆞᆫ內部大臣으로[illegible]博氏ᄂᆞᆫ法部大臣으로[illegible]鎭昌氏ᄂᆞᆫ軍部大臣으로敍任ᄒᆞᆫ다더라

◉宮倅辭職 宮平郡守金國煥氏가該觀察道에辭職請願書를提呈ᄒᆞ고日昨에上京ᄒᆞ얏다더라

◉陵官給俸 掌禮院에셔再昨日부터昨日ᄭᆞ지減額ᄒᆞᆫ陵官과仍存陵官의本月度以後月俸을支給ᄒᆞ얏다더라

◉美領事祝賀 日前에美國總領事샘몬쓰氏가該館書記키비노氏를帶同ᄒᆞ고磚洞韓美興業株式會社에往訪ᄒᆞ야該會社에셔輸出ᄒᆞᆫ韓國手藝物品等과事務所各室에輪覽ᄒᆞ고橋口貿道ᄒᆞ며該會社의前途를爲ᄒᆞ야祝賀ᄒᆞ얏다더라

◉又何宜言 壹進會長李容九氏의秘密理報가日前該會에來到ᄒᆞ얏다ᄂᆞᆫᄃᆡ該會目的趣旨를比前更層變更ᄒᆞ고擴方會長及京會員으로一新組織홀ᄯᅢ에러目的綱領의大要를宣言ᄒᆞᆫ後에야滿國ᄒᆞᆫ다더라

◉非袁不成 淸國前軍機大臣袁世凱氏ᄂᆞᆫ近日에復職ᄒᆞᆫ다ᄂᆞᆫᄃᆡ其內容인즉袁氏가退仕ᄒᆞᆫ後로淸國朝廷에種々重要ᄒᆞᆫ案件에就ᄒᆞ야ᄂᆞᆫ袁氏가아니면到底히處理키不能ᄒᆞᆷ으로更히就任케ᄒᆞᆷ이라더라

◉交涉開始 今番淸國政府에셔釜山元山淸國人居留地設定事件에就ᄒᆞ야交涉을開始ᄒᆞᆯ터이라ᄂᆞᆫ事ᄂᆞᆫ既報ᄒᆞ얏거니와히交涉은二拾日頃에開始홀뎌이라더라

●黃鐵의誠勵 慶尙남道觀察使黃鐵氏ᄂᆞᆫ該府內에在ᄒᆞᆫ彰烈祠를日人에게賣渡ᄒᆞ얏고히府北門外에一大池가有ᄒᆞᆫ뎌히池도ᄯᅩᄒᆞᆫ日人에게讓與ᄒᆞ야塡充ᄒᆞᆫ後에垈段三千坪은自己의所有로準約ᄒᆞ얏다더라

●日官歎行 日本熊本居日本人某가韓國에渡來ᄒᆞ야官吏叙任을運動ᄒᆞᆫ次로泥峴居日本人高等官某를訪問ᄒᆞ고周旋ᄒᆞ기를懇乞ᄒᆞᆫ지屢次後에自己의妻를該高等官家에送ᄒᆞ야周旋ᄒᆞ기를請ᄒᆞ얏더니該高等官은元來好色ᄒᆞᄂᆞᆫ者인ᄃᆡ其女의姿色을見ᄒᆞ고野心이忽動ᄒᆞ야該女를屢次通奸ᄒᆞ미該女도亦該漢을愛ᄒᆞ야屢々奸淫ᄒᆞ얏ᄂᆞᆫᄃᆡ該本夫가知得ᄒᆞ고該妻를本國으로還送ᄒᆞ얏더니該高等官이該女의게旅費를辦給ᄒᆞ야龍山에寄居케ᄒᆞ고日々히覲務ᄒᆞᆫ後에ᄂᆞᆫ龍山으로直往ᄒᆞ야歡行으로行樂ᄒᆞᆫ다더라

●壹進生魄 壹進會에셔再昨日에評議會를開ᄒᆞ고文川郡饑饉救與事에對ᄒᆞ야一般會員들이各其二拾錢以上五圜以下로隨力捐助ᄒᆞ얏다ᄂᆞ니라

●郡守食饗 平安道德川郡主事吳某氏가各面里로章을改正ᄒᆞ나ᄒᆞ고各里에五兩式排斂ᄒᆞ야七百兩을捧入ᄒᆞ고又官廳修理費七百金을民間에勒捧ᄒᆞ얏고ᄒᆞ며去丁未年에觀察使朴重陽氏巡郡時에二夜留食費라ᄒᆞ고三千壹百八十四兩貳錢과現任觀察使李軫鎬氏巡郡時에供饋費라ᄒᆞ고七百餘兩을民間에收捧ᄒᆞ야會饗이日甚ᄒᆞᆷ으로民情이嗷嗷ᄒᆞ다더라

●未墾地調査 統監府通譯園本이가釜山에前往ᄒᆞ야土地証明及國有未墾地를調査ᄒᆞᆫ다며다

●別巡會同 前警務廳別巡檢壹百五拾人이連日武橋等地에盧都家의會集ᄒᆞ야前會計課長康鎭祐氏가服裝費를沒數晴ᄒᆞᆫ事에對ᄒᆞ야期於히裁判督捧ᄒᆞᆯ次로壹齊決定ᄒᆞ고辯護士를紹介ᄒᆞ야日間法庭에呼訴ᄒᆞᆫ다더라

●似出挾雜 中部宮洞居ᄒᆞᄂᆞᆫ鄭般朱尹弘求兩氏가近日六忠祠를建築ᄒᆞ야感慕의意를表ᄒᆞ기爲ᄒᆞᆫ다藉稱ᄒᆞ고沿三道各郡에捐助金請求ᄒᆞᄂᆞᆫ通文을發送ᄒᆞ고日間收金委員을派送ᄒᆞᆫ다더라

●商票勒賣 寧邊郡에셔所謂帝國賣藥會支會長金正裕爲名人이商票라ᄒᆞᄂᆞᆫ거슬壹般市民에게勒賣홈으로商民에冤聲이大端ᄒᆞ다더라

●楊州義兵 양州郡에셔多數義兵이同志를糾合大擧ᄒᆞ야京城을突襲코ᄌᆞᄒᆞᆫ다ᄂᆞᆫ報道가有ᄒᆞᆫ故로三昨夜에警官五拾餘名이憲隊와合作ᄒᆞ야該郡으로出往ᄒᆞ얏다더라

●家屋價分給 官立漢城高等學校를擴張ᄒᆞ기爲ᄒᆞ야民家拾二戶를買入ᄒᆞ얏ᄂᆞᆫᄃᆡ三昨日에學部에셔漢城府技手를派送ᄒᆞ야基址를測量ᄒᆞ고再昨日에家舍價[illegible]三圜六拾四錢을히校長洪奭鉉씨에게支給ᄒᆞ야其價金을分給케ᄒᆞ얏다더라

●寡婦勝利 智島郡暗太島[illegible]千餘戶[illegible]島[illegible]頭民들이葉錢八千八百餘兩을濫排ᄒᆞ미島民이支保키難ᄒᆞᆫ지라貧寡無告ᄒᆞᆫ寡婦百餘名이民亂을起ᄒᆞ야히島鑑甲洞內에會集ᄒᆞ야頭民金成祚金權益安茂謙等十餘人을招致ᄒᆞ고其濫排ᄒᆞᆫ錢을收納지아니ᄒᆞ깃다고抗議ᄒᆞ다가[illegible]ᄒᆞ고該郡署理郡守의게等訴ᄒᆞᆫ즉該署理郡守가派吏查悉ᄒᆞ미頭民等이寡婦들에게懇乞ᄒᆞ야日收捧치아니ᄒᆞ기로納考ᄒᆞᆷ으로民亂이寢息되얏다더라

●斫松被捉 東門外安甘川居ᄒᆞᄂᆞᆫ田光植爲名人은洪陵垓字內松楸三拾株를暗夜斫伐ᄒᆞᆫ事가綻露되야昨日東部警察署에被捉되얏다더라

●淸盜被捉 이城郡에셔淸國人强盜六名을逮捕ᄒᆞ야히領事館으로押交하얏ᄂᆞᆫᄃᆡ該館取調ᄒᆞᆫ後烟台로送致ᄒᆞ야執刑ᄒᆞᆫ다더라

●喪費國民 三昨日午後八時에銅峴等地小溝에嬰兒의屍體가有ᄒᆞ얏ᄂᆞᆫᄃᆡ檢查ᄒᆞᆫ則韓國人의所產ᄒᆞᆫ兒이라더라

●博士渡日 하리스博士ᄂᆞᆫ昨日午前八時五拾分에남大門列車를搭乘ᄒᆞ고日本東京으로발往ᄒᆞ얏다더라

●慈善捐助 慈善婦人會에셔漢城孤兒院의經費窘絀ᄒᆞᆷ을大端慨嘆히녀겨該院에捐助ᄒᆞᆯ目的으로慈善演藝會를壹週日間定期ᄒᆞ고日間圓成社內로開催ᄒᆞᆯ다더라

●關東總會 關東학會에셔今日下午壹時에히會館內에定期總會를開ᄒᆞ고事務를處理ᄒᆞᆫ다더라

●西北親睦 西北학生親睦會에셔今日下午壹時에定期總會를校洞西北학會館內에開ᄒᆞᆫ다더라

●廣藏移 東部梨峴廣藏會社가前東別營으로移設되얏다ᄂᆞᆫ說은已報어니와更聞ᄒᆞᆫ則純是無根의說이라더라

學界

◉間島廣韓 西間島에在留ᄒᆞᄂᆞᆫ韓國同胞들이時局의變遷과國家의岌業홈을慨歎ᄒᆞ고同心協議ᄒᆞ야廣韓학校를設立ᄒᆞ얏ᄂᆞᆫᄃᆡ申昌浩文翊周金仲吉諸시의熱誠으로義捐ᄒᆞᆫ金額이三四百圜에達ᄒᆞ얏다더라

●朴倅興學 平南順川郡守朴容觀시의教育上熱心은屢載어니와郡內所在普通학校와幼年男學校幼年女학校가財政이窘拙ᄒᆞ야維持無路러니該郡守가到任未幾에自己의私財도優數寄附ᄒᆞ얏더러각面各人의게多數請勸寄附ᄒᆞᆷ으로三校가永遠維持케되얏다고稱頌이藉藉ᄒᆞ다더라

●稷倅興學 抱川郡[illegible]城[illegible]二玉成학校ᄂᆞᆫ元來[illegible]郡居[illegible]尹商鉉시의獨力設立ᄒᆞᆫ學校로各報의屢揭ᄒᆞ얏거니와財政이窘拙ᄒᆞ더니히郡守[illegible]榮시가設校兄의凋殘홈을慨歎ᄒᆞ야壹般任員으로協議[illegible]鄕長[illegible]ᄒᆞ고玉成校舍를建築ᄒᆞ야事務室을定ᄒᆞ고學[illegible]器具[illegible]並히移置ᄒᆞ야生徒를增募ᄒᆞ얏ᄂᆞᆫᄃᆡ文明風化를期[illegible]ᄒᆞ고人皆稱頌ᄒᆞᆫ다라

●僧侶設校 [illegible]傳說을據ᄒᆞᆫ즉慶北[illegible]州[illegible]僧侶들이南洞학校[illegible]을募集ᄒᆞ야개學式을今月一日에擧行ᄒᆞ얏ᄂᆞᆫᄃᆡ學[illegible]餘名이오今山[illegible]寺[illegible]학校任員及學員[illegible]拾餘名이來參ᄒᆞ야勉ᄒᆞ얏다ᄒᆞ더라

●兩氏熱心 [illegible]志紳士金[illegible]와시가[illegible]測量이時急홈을慨歎ᄒᆞ고紳士[illegible]시와協議ᄒᆞ야測量學校를設立ᄒᆞ고學徒를多數히募集ᄒᆞ야名譽로熱心教授ᄒᆞᆫ다고西人의稱頌이藉々ᄒᆞ더라

●申氏熱心 寧邊郡居ᄒᆞᄂᆞᆫ申泰朝시가時代의變遷을觀察ᄒᆞ고維新학校에各樣事務를專擔ᄒᆞ야熱心으로학徒를勸諭ᄒᆞᆫ다더라

●寧海新闢 慶北寧海郡居ᄒᆞᄂᆞᆫ權舜模시가大會宗中ᄒᆞ야協議設校ᄒᆞ고名曰寧東이라ᄒᆞ야先設測量ᄒᆞ고尋常高等科를並設ᄒᆞ기로周旋中이라더라

●嶺東偉人 平海居ᄒᆞᄂᆞᆫ黃과英시가素以不贍之家產으로熱心時務ᄒᆞ야隣郡私立晚興學校에金貨五百圜을特捐ᄒᆞ고自己洞中에特設壹校ᄒᆞᆯ次로方在周旋中인ᄃᆡ遠近有志之士가莫不聽從ᄒᆞᆫ다더라

◉咸荷義捐 平北雲山居嚴元聖麟氏가金一圓을本社에寄附ᄒᆞ얏기玆에感意를表ᄒᆞ노라

◉咸荷義捐 西間島廣韓學校에셔金五拾錢을本社에寄附ᄒᆞ얏기玆에感意를表ᄒᆞ노라

●本社特電

三月五日神戶發

●自由港閉鎖 露國政府에셔ᄂᆞᆫ露曆三月壹日부터西伯利亞의自由港을閉鎖ᄒᆞ기로決定ᄒᆞ얏다ᄂᆞᆫ公報가有ᄒᆞ더라

▲競爭誤解▼

어리셔온한人들은何等文字얼고보면그趣旨도모로고서互相唱和ᄒᆞ야壯觀인세近日來에盛行文字競爭二字이아니ᄂᆞᆫ가舌端에도競爭이오筆端에도競爭이라競爭々々ᄒᆞ것마ᄂᆞᆫ誤解者가許多ᄒᆞ도다

▲各國을도라보면自稱志士居多ᄒᆞ야爲倘純潔愛國心은牛點兒도未見이오錄所事勤謀件에黃金時간虛送ᄒᆞᆫ다會務擴張分內事ᄂᆞᆫ置之總務競爭中에念不及此되ᄂᆞᆫ고나이런競爭이어ᄃᆡ잇나

▲各地方을도라보면頑固腐敗生員님네月給兩과宅號맛세面長이니道員이니春窠圖得ᄒᆞ라ᄒᆞ고左請右囑奔走ᄒᆞ제陷人不測搆誣ᄒᆞ며斑闕崗下論難ᄒᆞ야豈★競爭일어나니이런競爭이어ᄃᆡ잇나

▲各學校를도라보면不規則의학生들은熱心做工ᄒᆞ지안코代齊爲名지내다가試驗ᄯᅢ를當當며ᄂᆞᆫ내工夫의未熟홈은反省ᄒᆞᆯ줄모ᄅᆞ고셔優等進級競爭ᄒᆞ제講師들만稱怨ᄒᆞ며[illegible]런競爭이어ᄃᆡ잇나

▲仕宦界를도라보면蠅營狗苟濁臭輩가舊日敗習그저ᄒᆞ시橫仕久勤내세우고世誼門閥ᄌᆞ랑이라文明進步此時代에才質能한完全ᄒᆞᆫ면美事業에許多ᄒᆞ게ᄉᆡ로업시競爭ᄒᆞ니이러ᄒᆞᆫ競爭이어ᄃᆡ잇나

▲大官界를도라보면失身者ᄂᆞᆫ得勢코ᄌᆞ百般運動열이ᄂᆞ고旣得者ᄂᆞᆫ患失ᄒᆞ야無所不至周旋ᄒᆞ제爲國報恩姑舍ᄒᆞ고[illegible]旋ᄒᆞᆫ資本은國權土地이로다互相崎屹競爭ᄒᆞ니이런競爭이어ᄃᆡ잇나

▲한人들아々々々幾千年來너의歷史各自樹黨競爭ᄒᆞ제公益으로ᄒᆞᆫ엿던가私慾으로ᄒᆞᆫ엿던가너의歷史네알지니오必舉論ᄒᆞ겠너와二十世紀此時代에그런競爭길내ᄒᆞ면亡ᄒᆞᆯ밧게업ᄂᆞ니라

廣告

本人이昨年六月分에姓名章을 셔失ᄒᆞ얏사오니內外國人우照亮ᄒᆞ시옵
平北龍川光華面善化洞 ○禎湜

本所에셔簿記學과算術을夜學速成으로嫺熟ᄒᆞᆫ講師가初等부터次第로敎授ᄒᆞ오니實業에注意ᄒᆞ시ᄂᆞᆫ僉員은速々請願ᄒᆞ시오(商業·銀行·官廳)
上時間下午八時至拾時
學日字本月拾九日月曜
拾九人未滿이면上學치못ᄒᆞᆷ
南大門內暘洞
日語專門講習所

本郡警務巡査林致根이가籍托通辯ᄒᆞ고討索錢財와夫女强姦과有夫之女奪取作妾ᄒᆞᆫ罪惡으로捉囚ᄒᆞ얏스되此漢이命日我有死罪나內有日語ᄒᆞ니少無畏慴이라ᄒᆞ니豈有如此之變乎아當郡之民이此漢에苛酷ᄒᆞᆫ痛嘆ᄒᆞ와玆以廣告ᄒᆞᆷ
黃海道松禾郡人民等 告白

從二品 尹滋秀에名字를以秀暎으로改名ᄒᆞᆷ

慶尙北道英陽郡所在蔚嶺山國有森林을京城居金奎沐이가農商工部에請願承認얏기玆廣告ᄒᆞᆷ
金錫沐 白

農林學校學員募集廣告

今京畿水原農林學校에셔本科學員八十名을現將募集ᄒᆞ니入學志願者ᄂᆞᆫ來三月卅日「陰曆閏二月九日」內로入學願書及履歷書를本校에提出ᄒᆞᆯ事
入學志願者ᄂᆞᆫ左記의資格이有ᄒᆞᆷ을要ᄒᆞᆷ
壹滿十五歲以上卅歲以下者
二身體强健ᄒᆞ고品行端正ᄒᆞᆫ者
三在학中家事의關係가無ᄒᆞᆫ者
入學試驗科目「普通학校卒業程度」
日語 數학 漢文 身體檢査
試驗期日
自四月壹日午前十時
自四月貳日午前十時
數학 漢文
日語 身體檢査
試驗場所
本校(中署校洞)
試驗場에入ᄒᆞᄂᆞᆫ者ᄂᆞᆫ紙筆墨을携帶ᄒᆞᆷ
入學規則을詳知코ᄌᆞᄒᆞᄂᆞᆫ者ᄂᆞᆫ農商工部農務局又ᄂᆞᆫ本校에照會ᄒᆞᆷ이可ᄒᆞᆷ
隆熙三年三月六日 農林學校

普成專門學校學員募集廣告

本校에셔今番法律專門科學員을再次增加募集ᄒᆞ오니願학僉員은左기에依ᄒᆞ야屆期入學ᄒᆞ시옵
一 試驗日子 三月二十一日上午十時(陰曆貳月三拾日)
一 試驗科目 本校入問事
一 年齡二拾歲以上
一 入學에關ᄒᆞᆫ用紙ᄂᆞᆫ本校에來購ᄒᆞᆷ
漢城磚洞普成專門學校告白

本人이姓名圖章을遺失ᄒᆞ얏ᄉᆞ오니內外國人勿論ᄒᆞ고誰某拾得ᄒᆞ시던지棄物施行ᄒᆞᆷ
廣告主 朴根 사

本社ᄂᆞᆫ前太極、大韓、共修、硏學의四學會가合同組成ᄒᆞᆫ結果로右諸學會의債權債務及一切事務를引受履行ᄒᆞ오니該各學會에對ᄒᆞ야債權債務가有ᄒᆞ신僉君子ᄂᆞᆫ照亮ᄒᆞ심을務望
在日本國東京麴町區中六番町四拾九番地
大韓興學會 告白

純良ᄒᆞᆫ水를飮用ᄒᆞ오

諸君은疾病으로當ᄒᆞ여苦惱를當ᄒᆞ셧ᄉᆞᆸᄂᆞᆫᆺ가
諸君은親友와妻子를永訣ᄒᆞ미有ᄒᆞ엿ᄉᆞᆸᄂᆞᆫᆺ가
諸君은恒常身氣가疲困ᄒᆞ고精力이勞損ᄒᆞ얏ᄉᆞᆸᄂᆞᆫᆺ가
純良ᄒᆞᆫ水를飮用ᄒᆞ시면此等苦難을免ᄒᆞ실이라
純良ᄒᆞᆫ永를喫ᄒᆞ고飮用ᄒᆞ시고不良ᄒᆞᆫ井水ᄂᆞᆫ廢用ᄒᆞ시와疾病을免ᄒᆞ시오
疾病과憂愁와苦難을作케ᄒᆞᄂᆞᆫ者ᄂᆞᆫ即不純ᄒᆞᆫ飮料水요年々히親友와妻子를千百名式殺傷ᄒᆞᄂᆞᆫ者도亦不良ᄒᆞᆫ水라ᄒᆞ노라
汲水商이純良ᄒᆞᆫ漢江水로만飮料水를供給ᄒᆞᆷ을決코注目ᄒᆞ오
汲水商이腕上에記号捺章ᄒᆞᆫ牌를掛ᄒᆞ얏ᄉᆞᆸ는지細察ᄒᆞ시오此牌가無ᄒᆞ면水道水를販賣ᄒᆞᆯ權利가無ᄒᆞ야곳諸君을欺瞞ᄒᆞᄂᆞᆫ者이오다
汲水商中에本會社号牌를腕上에掛有치아니ᄒᆞᆫ者가本會社共用栓에셔給水를運搬或販賣ᄒᆞᄂᆞᆫ者ᄂᆞᆫ日本理事官三浦彌五郞시와警視總監丸山重俊시가承認ᄒᆞᆫ大韓水道會社別則第八條에照ᄒᆞ야非行賠償金貳拾圓을懲收ᄒᆞᆷ
此別則에對ᄒᆞ야違越ᄒᆞᄂᆞᆫ者를本會社에通告ᄒᆞ시면本社의셔懲收ᄒᆞᄂᆞᆫ非行賠償金에半額으로酬勞ᄒᆞᆷ을이다
純良ᄒᆞᆫ漢江水를供給ᄒᆞᄂᆞᆫ方法과每月給水料金과給水架設ᄒᆞᄂᆞᆫ工事費에關ᄒᆞᆫ事ᄂᆞᆫ鍾路大韓水道會社에來問ᄒᆞ시면詳細說明ᄒᆞ옵ᄂᆞ이다
當府城內에有ᄒᆞᆫ各戶에셔同時에水道水를取用케되ᄂᆞᆫ境遇에ᄂᆞᆫ給水의金을特別히低廉케ᄒᆞᆯ터이ᄋᆞᆸᄂᆞ이다
[illegible] 大韓水道會社 告白

美國시아틀大博覽會 미국시아틀대박람회

請詳覽

電 報

美國시아틀大博覽會ᄂᆞᆫ大功을成ᄒᆞ겟ᄉᆞᆸᄂᆞ이다

美國시아틀大博覽會에大韓帝國物品의唯一出品者ᄂᆞᆫ美興業株式會社일이외다

이쪽을날마다자세히보시오

廣告

◎학員募集廣告

本校에서 土木建築科及測量科를設施ᄒᆞ오니入學志願人은何日이라도本事務所로來臨ᄒᆞ와詳問ᄒᆞ시오

土木建築科

速成科	六個月
高等科	壹個年
特別科	三個月

測量科

速成科	六個月
高等科	壹個年
全夜학	壹個年
特別科	壹個月

京南部淸國領事館通
私立山崎實用土木建築
測量算術製圖학校

本同事의今番總會를結果로本店總務蔣菊保시遞任ᄒᆞᆫ代에會計宋子賢시로宜川總支店總務李鳳朝시遞任ᄒᆞᆫ代에總察黃菊逸시로兼任케ᄒᆞ고總支店會計梁奎朗시로選定ᄒᆞ엿시며業務擴張키爲ᄒᆞ야各同事員을增募ᄒᆞ기로決定ᄒᆞ엿ᄉᆞ오며內로擔任ᄒᆞ고資本에倍를陰四月에僉同事員은極力募集ᄒᆞ심을伏望

北龍川楊市商務同事　告白

◎學員募集廣告

陰二月拾九日內請願ᄒᆞ시오
壹個月測量畫學科　九個月間
語科(隨程度甲乙丙三班에分)
六個月美術(四則以上)速成科
北部齋洞三統拾戶

測量新塾　告白

陰部紅箭門內淸商大成義西片戶外瓦家四拾間을放賣코ᄌᆞᄒᆞ여玆以廣告ᄒᆞ오니願買者이여銅峴大淸商廣和順問議ᄒᆞ시압

大淸商廣和順　謹白

大韓全國에總發行所는

京城南大門內濟生堂大藥房

淸心保命丹

此丹은化痰止咳ᄒᆞ며氣消滯ᄒᆞ며水土不服에奇效가有ᄒᆞᆷ　金[illegible]錢

蔘茸大補元

一劑日分金[illegible]圓　四兩分金三圓十錢　二劑貳拾八日分　七圓五圓三拾錢

右양은大[illegible]名醫鹿茸人蔘에西洋有名ᄒᆞᆫ藥材를混和ᄒᆞ야我國兄弟의脾胃와性質에[illegible]研究ᄒᆞᆫ[illegible]先服人의累試累驗ᄒᆞᆫ[illegible]果然今世之[illegible]藥이라其效能을左開ᄒᆞ오니僉兄弟는何不早圖試ᄒᆞ시리오(效能)先天不足과陣妄不眠ᄒᆞ며、心腎俱虛와房事色傷이며遺精多夢과色傷腰痛이며勞[illegible]時에早漏不快ᄒᆞ며重病後虛弱과手足厥冷이며飮食不消와貧血諸症에奇效가有ᄒᆞ고無病人이若服七劑면大[illegible]元氣ᄒᆞ고筋骨節이强壯ᄒᆞ며健康無病ᄒᆞ나니此可謂稀世[illegible]ᄒᆞᆫ[illegible]

蛔積殺虫散

此散은蛔[illegible]蛔腹痛과瘀滯와虫[illegible]妙藥　金십錢

寸白虫沒出藥

[illegible]虫壹回根拔之妙劑　壹人用三拾전

久滯 大通丸

[illegible]腹中積病　金[illegible]五錢

感氣 特效 解熱散

感氣로[illegible]頭痛[illegible]熱往來ᄒᆞ며[illegible]特效　금拾전

列손拔根藥

[illegible]百發　金십錢

新製百應膏

[illegible]種氣始[illegible]　金拾錢

去濕 生新 扶度膏

[illegible]　金拾錢

止足汗臭藥

[illegible]　金十錢

學部檢定

初等植物學　定價金二十錢

初等動物學

最新初等小學　定價金四十전

最新初等大韓地誌　定價金[illegible]錢

最新高等大韓地誌　定價金七拾錢

文明國의小學讀本制度를模範하야[illegible]八卷

文明國地誌[illegible]

初等[illegible]

文明國의[illegible]

國家思想學

憲法要義

右數種[illegible]

原賣所　京城[illegible]

統[illegible]戶　玉虎書林

黃海[illegible]　分賣所

◎共愛堂大藥房製造各種藥品發引表

壯陽復元丹　遺精夢泄、肺弱、病後虛弱、房事色傷、心腎虛弱、不下飮食、先天不足、眩暈頭痛等症에並妙効가有ᄒᆞᆷ　[illegible]週分三圓四拾錢　一[illegible]圓八拾錢　八分六圓四拾錢

虔[illegible]丹　[illegible]滯症胃腹痛消化不良心神鬱悶船暈酒醉化痰止咳口熱惡臭食慾不振等症에並神効

淸眼水　壹般眼疾、[illegible]眼疾、風熱眼疾、羞明流淚、眼內紅痒에症、撥雲見天之妙　壹瓶금拾錢

解瘧至寶丸　專治瘧疾卽[illegible]虛瘧、遠年瘧、하壹日二日학、難瘧治之[illegible]永々祛根ᄒᆞᆷ　壹包금拾錢

皮膚神効液　[illegible]疥癬과、皮風、諸般痒疹、두두러기、옷을닌데　神効ᄒᆞᆷ　壹瓶금三십젼

淋丸　急慢淋疾、赤白帶下、膀胱炎症、[illegible]他淋毒症에特効ᄒᆞᆷ　壹劑[illegible]

神應丹　楊梅瘡의壹期二期三期를勿問ᄒᆞ고確實이有効、[illegible]疳瘡等에幷效　壹劑金一圓

淸脾丸　[illegible]小兒의一般腹痛、面黃、尿[illegible]、左脇驚腹에奇効　一匣금十錢

養胃散　[illegible]久滯積、呑酸吐瀉、霍亂、胃腹痛에[illegible]不順[illegible]症[illegible]効如神　壹貼[illegible]錢

治痰[illegible]咳丸　專[illegible]咳嗽、喘息、痰結등症에妙効　三日分壹匣금二[illegible]

[illegible]熱散　感冒[illegible]、咽喉疼痛、寒熱往來、肢節[illegible]効　壹貼금[illegible]錢

淸耳[illegible]　[illegible]膿炎、內外聽道炎、耳의[illegible]症에神効　壹瓶금[illegible]

[illegible]妙膏　[illegible]骨節疼痛症에如神　[illegible]

[illegible]能[illegible]　[illegible]　神効

[illegible]根膏　[illegible]　解凝膏　[illegible]

[illegible]去[illegible]藥　價금十전　齒痛水　충치등치신효　價금七[illegible]

止泄[illegible]　[illegible]　瘧疾藥　[illegible]　價금[illegible]젼

[illegible]鷄[illegible]、西洋有名寶藥

藥乾材[illegible]其他各種藥이具備ᄒᆞ오니

請求를依ᄒᆞ야小包로隨應ᄒᆞ깃숩

發行所　皇城[illegible]部大廣橋十九統七戶

共愛堂大藥房

安仁車

聖書繙譯會委員李昌植시譯
蓮洞教會長老李明赫시校閱

本館에서發售ᄒᆞᄂᆞᆫ安仁車ᄂᆞᆫ道德心培養ᄒᆞ는良師뿐아니라壹般士女에知識을啓發ᄒᆞ이오니陸續來購ᄒᆞ시옵

新舊書籍歐美雜貨及學徒需用品을俱備發賣ᄒᆞᆸ

皇城東部梨峴廣屛隅

救書館　告白

國語綴字捷徑

此書ᄂᆞᆫ國文의字義[illegible]字法을速히明瞭ᄒᆞ는捷徑인[illegible]誤音[illegible]每字[illegible]國語[illegible]

○申[illegible]價

[illegible]

漢城鍾路慈惠藥房에서官許拜受ᄒᆞᆫ二十三種封藥과舊藥唐材와草材를大發賣ᄒᆞ고且石版印刷機械와活版印刷機械를大設ᄒᆞ고各地方學校에서校長과校監負位의公函으로活版印刷ᄒᆞ라貴[illegible]

第七卷

大韓每日申報

第千四拾貳號

月曆及曜時日休節刊

檀君開國四千二百四十二年
箕子紀元三千三十一年
大韓開國五百十八年
日本明治四十二年
耶蘇降生一千九百九年
陰曆己酉六月大十八日戊辰

Responsible for Publication Alfred Weekley Marnham.
發行兼編輯人英國人萬咸
發行所
南部石井洞號外地三層洋屋家
大韓每日申報社

論說

◉空論과實行

嗚乎라理論은日事實의母라ᄒᆞᄂᆞ니此ᄂᆞᆫ事實을生ᄒᆞᄂᆞᆫ理論을謂홈인저

大抵天下에何事實이던지理論中으로出치아니ᄒᆞᆫ者ㅣ無ᄒᆞ나니理論이有ᄒᆞᆫ後에英雄이有ᄒᆞ며理論이有ᄒᆞᆫ後에事業이有ᄒᆞ며理論이有ᄒᆞᆫ後에幸福이有ᄒᆞ야其他何事實이던지皆理論의結果로成ᄒᆞᄂᆞᆫ지라然則理論을指ᄒᆞ야事實의母라홈이亦虛言이아니로다

然이나理論만有ᄒᆞ고實行이無ᄒᆞ면是ᄂᆞᆫ空論인저

元來黑白을不辨ᄒᆞ야如何ᄒᆞ면亡ᄒᆞᄂᆞᆫ지如何ᄒᆞ면興ᄒᆞᄂᆞᆫ지不知ᄒᆞᄂᆞᆫ者에게야奚暇에實行을論ᄒᆞ리오마ᄂᆞᆫ

乃若知識이稍滿ᄒᆞ야世人이志士로稱ᄒᆞ며後進이先生으로尊ᄒᆞ야其言語動이足히社會의耳目이될者도空論만徒尙ᄒᆞ고實行을不務ᄒᆞᄂᆞᆫ者ㅣ多ᄒᆞ니此ᄂᆞᆫ吾儕의惜ᄒᆞᄂᆞᆫ바ㅣ라

理論이豈ㅣ나며事實이其後를必繼ᄒᆞ야影이形을隨ᄒᆞᄂᆞᆫ듯響이聲을應ᄒᆞᄂᆞᆫ듯ᄒᆞ여야其理論이空論됨을始免ᄒᆞᆯ지니故로伯林大學을心으로夢想키만ᄒᆞ고其脚을小學校教場에親投홈만不如ᄒᆞ며鐵大砲를口로說道키만ᄒᆞ고其手로煉鐵ᄒᆞᄂᆞᆫ個를自造홈만不如ᄒᆞ니嗚乎라空論만徒尙ᄒᆞ고實行을不踐ᄒᆞ며奚

可ᄒᆞ리오

現今韓國社會ᄂᆞᆫ理論도亦是膨脹ᄒᆞᆫ時代가아닌뎌今日에坐ᄒᆞ야實을催ᄒᆞ믄其猶見卵求時와如ᄒᆞ나然이나乃彼社會의成習을察ᄒᆞ건ᄃᆡ實行은不務ᄒᆞ고空論으로流ᄒᆞᄂᆞᆫ弊가漸現ᄒᆞ니惜乎라

蓋現世의文明은理論의功이라云ᄒᆞ야도過言이아니어던況韓國은準備時代라理論이必要ᄒᆞ니如何ᄒᆞᆫ깃ᄂᆞᆫ가理論은益々發揮ᄒᆞ야太理論家의產出을催ᄒᆞ되豈邊으로ᄂᆞᆫ理論과實行을勉ᄒᆞ고空然히空論만尙ᄒᆞᆷ을戒ᄒᆞᆯ지니라

嗚呼라此時가果何時오韓國과彼列强을較看ᄒᆞ면其程度의高低가山岳에登ᄒᆞ야溝壑을望ᄒᆞᆷ과如ᄒᆞ니此時가果何時오有志者ㅣ豈妙筭을思了ᄒᆞ면食을忘ᄒᆞ고奮行홈이可ᄒᆞ며豈奇論을得聞ᄒᆞ면寢을廢ᄒᆞ고奮勵홈이可ᄒᆞᆯ지니엇지空理空論으로歲月을度ᄒᆞ리오

惟筆권대理論이愈起ᄒᆞᄂᆞᆫ同時에實行을愈勉ᄒᆞᆯ지어다

外報

◉大統領就任　東京電을據ᄒᆞᆫ즉타프트氏ᄂᆞᆫ美國大統領으로就任ᄒᆞ얏ᄂᆞᆫ디公館이[illegible]ᄒᆞ다더라

◉土勃談判開始　伯林電을據ᄒᆞᆫ則土耳其와勃牙利間에談判을開始ᄒᆞ얏ᄂᆞᆫ디此에對ᄒᆞ야將來希望이頗好ᄒᆞ다더라

◉領土保償拒絶　仝電을據ᄒᆞᆫ則露國政府ᄂᆞᆫ塞爾維亞政府에電送ᄒᆞ야勸告ᄒᆞ되塞爾維亞가墺國에對ᄒᆞ야領土賠償과要求ᄂᆞᆫ墺國이此를拒絶ᄒᆞᆯ뿐아니라歐洲各國이此를贊成키不能ᄒᆞᆫ則該請求ᄂᆞᆫ全然放棄홈이可ᄒᆞ다ᄒᆞ엿더라

◉施政調査　奉天電을據ᄒᆞᆫ則淸國政府ᄂᆞᆫ東三省施政을調査ᄒᆞ기爲ᄒᆞ야官吏二人을秘密派遣ᄒᆞ얏다더라

◉議定書調印　伯林電을據ᄒᆞᆫ則墺土協約의議定書ᄂᆞᆫ調印ᄒᆞ얏ᄂᆞᆫ대維也納으로部間에祝電을交送ᄒᆞ얏고勃牙利政府ᄂᆞᆫ土耳其에對ᄒᆞᆫ穀類輸出의禁令을解ᄒᆞ얏다더라

◉領土擴張案排斥　伯林電을據ᄒᆞᆫ즉墺國은邊帶로塞爾維亞領土擴張要求를排斥ᄒᆞ기로宣言ᄒᆞ고英國諸新聞도塞爾維亞를反對ᄒᆞ야揭論ᄒᆞ얏더라

◉滿人反對　香港電을據ᄒᆞᆫ즉革命黨을大赦ᄒᆞᄂᆞᆫ[illegible]은北京政府滿人使에서[illegible]ᄒᆞ쇼

詞藻

◉警世歌　御錫用

壹體團成ᄒᆞ여보세
貳千萬人同胞들이
參國東洋維持勢ᄂᆞᆫ
肆隣交誼準信ᄒᆞᆷ새
伍子胥에忠烈보며
陸秀夫에節義보라
柒縱孔明어ᄃᆡ가며
捌觔張良엇ᄃᆡᄉᆞ나
玖重皇恩報答心은
拾年磨劍試驗ᄒᆞ자
百折不屈之激心은
千秋大義아니ᄉᆞ나
萬國交通時代에
億兆蒼生[illegible]ᄒᆞ쇼

雜報

●勅使發行 命渡日本宮內府大臣閔丙奭氏의發行이本月十五日에歸國홍다는電報가來到홍얏다더라

●大門調査 總理大臣李完用씨가何等事項이有홍지日前에內部理事廳日人刑事巡査가韓衣를着홍고該大臣私邸에前往홍야出入홍는大門敷爻를調査以去홍얏다더라

●朴門如市 近日에內部大臣朴齊純氏家에는郡守等圖囑홍는者가聳背至홍야門庭이如市홍다더라

●五觀察遞任說 光州觀察使晋州觀察使咸北觀察使春川觀察使公州觀察使諸氏가登切히遞任된다더라

●通譯試取 近頃에內部에서는通譯官補를試取敍任홍야各郡警察署에配置홍다는데漢城五署內通譯巡査를募集홍야試取敍用홍다더라

●壹進哀乞 壹進會에서該會設立홍以後로至今싸지消耗홍經費가二百萬圜假量인데幾何간은該會員中에서各其收斂홍엿고幾何간은某處에서補助홍엿고幾何간은某銀行에서債用홍인데到今淸帳홍道理가茫然홍故로某處에對홍야支出홍기를哀乞홍다더라

●農部決議 農商工部에서官吏壹同이卷烟買吸하는事에對홍야決議홍되牛島卷烟은非但本國人의製造뿐더러味好價廉하니從玆以後로外國卷烟을不爲買吸홍기로壹體同盟홍얏다더라

●樞院救恤 文川郡饑饉에對홍야昨日中樞院에서救恤金을募集홍얏는데議長及副議長은各一圜으로贊議諸氏는各壹圜으로副贊議諸氏는各五拾錢式收合홍얏다더라

●狂鉄成謠 晋州觀察使黃鉄氏가該府內에所在彰烈祠를日人의게賣渡홍事와該北門外盃有池를日人의게許給홍事는已報홍얏거니와更聞홍즉晋州郡及三川浦간과舊海倉間에道路를拾八尺에廣으로修治홍고犯入地段及家屋價와役夫雇價를壹不支給홍고驅使治道홍미郡民이勢不堪耐홍야決不赴役홍얏더니各面洞長을捉去威脅홈으로民怨이漲天홍야日狂鐵은何不速死오홍는童謠가有홍다더라

●興業社擧擧 美國시아들市에서本年六月壹日부터萬國太博覽會를開홍는데其費用은二千萬圜이오其出品物種의價額은壹億萬圜이오其出品陳列館은拾二個所이오其他에도多數홍家屋을建築홍야空前絕後홍一大博覽會라한美興業會社의서한國을爲홍야世界累百萬人에게한國物產及手造品을縱覽케도홍며賣却도홍야한國의서도良好美術과技能이有홍을廣布홍야한國의商工業을發達케홍이인대한國國民의代表로幾倍利益을大得케홍目的으로한國人의게社의委托홍야多數히出品홍기를希望홍다더라

●驛屯調査 東洋拓殖會社에서는驛屯土及其他土地調査에爲先着手홍야水原及木浦地方에社員을派送홍고또明朝에는幹事大橋里省을群山地方에出張調査홍더이라더라

●享祀費交涉 한國각郡에在홍鄕校文廟에享祀費는從來로內部所管이더니今回에此를奪하야新所管으로認定홍야其取扱事에關홍야目下內部及學部간에交涉中이라더라

●國旗問題開演 國旗問題에對하야日本人新聞記者等이本壞에演說會를開홍다는說은旣報하얏거니와去六日午後六時에箕陽俱樂部에서開홍얏는데聽衆이[illegible]百餘名의達홍얏다더라

●玄氏向海 前正領玄興澤氏가日今上海等地에滯在홍閔泳翊氏의게蔘價督捧홍次로日간上海等地로渡往홍는데辯護士를帶同前往홍야期於코裁判訴正홍다는說이有홍다더라

●知機逃走 近日에度支部에서各道郡守의게公錢을督納홍다는說은世所共知어니와前郡守申宅秀氏가求禮昌城兩郡守在任時에多數히公錢을犯喫홍얏는데渾眷을帶同홍고不知去處로逃走홍얏다더라

●商民落淚 度支部臨時財產整理局債務課에서壹司七官에關홍皇室債務를經年間을調査이되尙今下給지안는故로壹般商界에多少홍影響이有홍다는評은旣爲記載홍얏거니와近日에整理局에서壹般關係者請求額에對홍야五分壹만下給이되但愛恤金으로領受홍라홍故로該商民等七拾餘名이京城商業會議所에會集홍야度支部에其抑冤홍事情을交涉홍야닛ᄂ홍며或落淚者도有홍고歎息者도有홍얏다더라

●益民嗷嘐 日本人片桐爲名者가度支部認許가有홍다홍고全北益山郡滑心山下履橋木門을築堤홍次로揮木設役홍는데該水門을築堤홍면附近沓土二千餘石落이永爲廢庄이오人民數千餘戶가渙散境遇인故로該地民情이大端嗷々홍다더라

●義將消息 西來人의傳說을聞홍則義兵將延基鎬氏가각郡村落의橫行홍면서壹般民心을感化케홍며補助員을逢着홍면接戰을不應홍며痛哭勸諭홈으로此의感泣되야義兵에게歸附홍者가多有홍다더라

●義兵投函 中部河橋居하는方某家에何許義兵의投函가有홍데는대現今財政窘拙홍時에惟我義徒六七百名이不能支保則軍需錢貳百圜을辦出홍라홍故로該家人壹同이不勝恐懼홍야中部警察署에通知홍얏다더라

●義將被捉 再昨日上午八時에東署刑事巡査가水標橋等地에서銃器彈藥을買入홍次로上京홍義兵將金元鎬氏를即時捕捉홍야目下取調하는中이라더라

●排日投義 楊州郡꼬쥬니面에駐在홍日憲兵補助員이該地隣洞의趙成善爲名人을指使홍야義兵所在處를偵探以來홍면每朔機密金拾元式支給홍깃다홍미趙哥가該言을信聽홍고義兵所在處를細々告發홍여주고機密金拾元式이더니近日에該補助員中其々三人이逃躲홍야義兵에投入홍고趙哥를捉言홍되汝는義兵을日人에게偵探홍야多數홍臘을殺害홍얏은則汝가吾輩싸지謀害홍가有홍지라汎置홈이不可홍다홍고軍刀를拔홍야趙哥를當場斬殺홍얏다더라

●北韓牛疫 北한地方에牛疫이熾盛홈은屢屢報道이어니와該疫이發生以後로牛隻四十三頭가致斃홍얏다더라

●僞錢使用被捉 呂州郡居홍韓東履氏가上京留連홍야僞造紙幣를使用홍다가情跡이現露되야中部警察署에被捉홍얏더니再昨日에同郡警察署로越送홍얏다더라

●寺中賊警 再昨日下午三時量에何許强盜五六名이각持銃劒홍고東小門外奉國寺에突入홍야該寺壹般錢財與汁物을沒數奪去홍얏다더라

●是何行悖 中部貞洞民團에서再昨日에總務會를開홍고事務를處理홍後에坊內泥洞居홍前承旨金鳳容氏에게人員을派送홍야義捐金을請求홍미金氏가히入員의衣衿을執捉홍고敦化門前街路로出來홍야爾是白晝强盜라홍며無狀毆打홍야當場風波가惹起홍얏다더라

●商會協議 現今財政恐慌에關홍야救濟策을講究홍기로漢城商會에서壹般任員及各實業團體代表者諸氏가히會議所에會集홍야研究홍얏다더라

●龍山坊會 再昨日에西署龍山坊에서該坊會를組織홍는데會員이[illegible]餘名에達홍얏고關長은李址鎔氏로副關長은吳泰相氏로推薦홍얏다더라

●商會演說 今日下午七時에鍾路靑年會館에서라이나氏가鐵道事業家事蹟으로演說홍다더라

學界

●金氏美擧 全南樂安郡武滿洞金日鉉氏는鄕黨出入을絕跡홍고耶蘇敎에服從홍야拾餘名食口와五六家親族을勸勉協力케홍고昨年春에獨當出債홍야敎拜堂을建築홍고昨秋에千餘金을又出홍야學校를建築홍고敎師에月給과學校內에實費를學徒의食費싸지擔當홍며熱心으로敎育홍다고人皆稱頌홍다더라

●測量敎授 全北珍山西面芝洞居박禎浩씨는本以耶蘇敎人으로該洞敎會에서熱心敎育홈이已有數年이더니近日의測量이急務인줄認覺홍고昨冬에測量事務所를設始홍고敎師宋석祐씨를延聘홍야熱心敎授홍다더라

●奬勵師範 殷栗郡內有志紳士諸시가下等社會의曚昧홈을慨歎홍야該邑內에夜學奬勵會를組織홍고該會內에師範講習所를設立홍얏는데三시는熱誠으로各히維持方針과諸般捐助의盡力홍더러貧窮홍學生의飯費를自擔홍며到底勸奬홍는故로四十餘員학生이奮勵修業홍다더라

◎咸荷義捐

端川郡福川里普明學校長金麟化시가金一圓을本社에寄附홍얏기에玆에感謝를表홍노라

▲地方消息▼

▲本月七日午前壹時에義兵約五十名이全羅北道興德郡沙湖에襲來홍야日人二名을殺홍얏다홍고

▲去月二十七日全南法聖浦東北方拾五里地에서義兵約百三拾名이法聖補分遣隊와交戰홍얏다더라

▲東窓漫錄▼

公言生

▲東洋中의리明國은日本이라홀깃도다그全體를말홀진대彼等을도自稱홍고世界公認홍바이나個人으로擧論홍며리時말適姑舍홍고對홍人의諸般行爲世界中의最甚이라대강舍어示홈새

▲日人行爲볼작시면仕宦熱中홍야百般運動奔走홍고제月如花제게집을大官에게보여서孤媚萬端紹介라가仕宦得홍읍고게집싸지보奪홍此等蠻行홍는者도非曾非再섯도다

▲日人行爲볼작시면高等官名色으로用人홍는데道理가格보와쓸더인데逆妻求官홍類는已無擧論홍려니와그게을通姦홍야觀務餘暇行樂홍此等蠻行홍는者도非曾非再섯도다

▲日人行爲볼작시면毆打父子홍는것은茶飯으로認定홍고子息과奸淫홈은別珍味로아고나豚犬에게比홍여도더豚이憤怒홍야不遠千里냅빌지此等蠻行홍는者도非壹非再섯노다

▲日人行爲볼작시면팔랑떨다學動에飮酒泥醉忌憚업시船妖妄다부디고白晝太都街上에從來婦女强執홍야겁奸조롱狂홈까미친개와같이此等蠻行홍는者도非壹非再섯노다

▲日人行爲볼작시면재나라敎育法은구론홍며다바리고料理店에드러가면飮食먹고逃走홍기와商店에지나며는物品偸去爲主홍此等蠻行홍는者도非壹非再섯도다

▲同胞들아聽哉어다^라한말홈전대個人으로보게되면同知識寡론이며愛國憂民더想은日人보다優勝者가不爲多홍건마는他人에게見困홈은團合못홍原因이니注意홀일아닌가

廣告

한山李氏歷代先山이在於長湍郡西道面葛峴而數百年長養松楸을ㅁ湍瑞谷居支孫鴻求弟鵬求가素以悖類로逗留開城ㅎ야符同外人ㅎ고將欲偸賣ㅎ오니內外國人切勿見欺홈

宗孫　李昌稙　告白

延安洪長七里居金商麟申宗均兩氏는元來敎育에熱心으로遠近에聲譽가顯著ㅎ야士林이無不欽頌ㅎ더니今年春에金商麟氏가自己所有財産中沓七石落과田十日耕을本洞延興學校에沒數寄付ㅎ얏스며同校監申宗均氏는非但自己에所有財産만寄付홀뿐아니라自巳의生命까지獻納ㅎ얏스니我國敎育界此兩氏와如ㅎ人이益有ㅎ면엇지敎育의不振홈을憂ㅎ리오玆에廣告于同胞敎育界ㅎ옵

정培根　告白

漢城中部 許屛

本事務所를左긔所에移置ㅎ고諸般法律事爲를迅速處理홈

（선전벽문）

辯護士　洪𤣰憙

事務員　韓章鉉

本人의再從侄明燮이不肖ㅎ야會祖香火沓新田員三斗落上峴員田二日耕을欲爲暗賣이기玆에廣布ㅎ오니內外國人은切勿見欺

平北宜川郡東面路下里車元慶

●緊急廣告

中部長通坊餘千壽契東谷八統拾戶瓦家七間草家壹間板券壹張을他人處에留置ㅎ얏다가셔失되얏사오니內外國人간拾得與執ㅎ야도休紙施行이오며漢城府에請願ㅎ얏드玆에廣告홈

家主　梁承鉉　告白

純良ㅎ水를飮用ㅎ오

諸君은疾病으로ㅎ여금苦惱를當ㅎ심잇가

諸君은親友와愛子를永訣ㅎ미有ㅎ엿슴는잇가

諸君은恒常身氣가疲困ㅎ고精力이勞損ㅎ얏슴잇가

純良ㅎ水를飮用ㅎ시면此等苦難을免ㅎ실이다

純良ㅎ水를決코飮用ㅎ시고不良ㅎ井水는廢用하시와毒害를免ㅎ시오

疾病과憂愁와苦難을作케ㅎ는者는卽不純ㅎ飮料水요年々히親友와愛子를千百名式殺傷ㅎ는者도亦不良ㅎ水라ㅎ노라

汲水商이純良ㅎ漢江水로만飮料水를供給홈을決코注目ㅎ오

汲水商이腕上에記号捺章ㅎ牌를掛ㅎ얏合世細察ㅎ시오此牌가無ㅎ면水道水를販賣ㅎ을權利가無ㅎ야곳諸君을欺瞞ㅎ는者이오다

汲水商中에本會社号牌를腕上에掛치아니ㅎ者가本會社共用栓에서給水를運搬或販賣ㅎ는者는日本理事官三浦彌五郞시와警視總監丸山重俊시가承認ㅎ大韓水道會社別則第八條에照ㅎ야非行賠償金貳拾圓을徵收ㅎ옵

此別則에對ㅎ야違越ㅎ는者를本會社에通告ㅎ시면本社의셔徵收ㅎ는非行賠償金에半額으로酬勞ㅎ올이다

純良ㅎ漢江水를供給ㅎ는方法과每月給水料金과給水架設ㅎ는工事費에關ㅎ事는鍾路大韓水道會社에來問ㅎ시면詳細說明ㅎ올니다

壹坊城內에有ㅎ各戶에셔同時에水道水를取用케되는境遇에는給水料金을特別히低廉케ㅎ깃슴니다

有限責任　大韓水道會社白

美國시아틀大博覽會 ☞ ☜ 미국시아틀대박람회

請詳覽

本會社가新成立ㅎ以來로事多草刱ㅎ오며世人이詳解키不能ㅎ야疑惑을抱ㅎ者ㅣ或有하더니今에ㄴ漸次로本社의目的과行動이世界에宣布되야多大ㅎ同情을得ㅎ야事務가日就整頓ㅎ오니喜幸이외다本社의目的卽成立의原因은前告홈과如히韓美兩國開商業上連絡의親密홈을創造ㅎ고져홈이오니本社에셔此目的에對ㅎ야少有疎忽이면此는卽本社에셔信用을自抛홈이로다

美國시아틀市는와싱든道에在ㅎ太平洋沿岸에重要ㅎ商業的都會地이온ㅂ本年六月一日로부터該市에셔萬國大博覽會를開ㅎ옵나이다

此大博覽會의費金은二千萬圓의巨額이오며出品物種의價額은壹億萬圓에達ㅎ오니其設費의宏大홈과出品의壯麗홈을可히想像홀지로다

該博覽會地段은三拾萬坪이온ㅂ十二大建築의出品陳列館과其他多數ㅎ小屋을建築ㅎ얏스니空前絶後ㅎ壹大博覽會라可稱홀지며太平洋에各國係ㅎ諸國은出品치아니ㅎ國이無ㅎ오이다

然이나該博覽會에韓國物品도陳列될까否라韓國政府의出品을預備ㅎ다는말을未聞ㅎ얏슴니다然이나民間에셔辯營ㅎ다는言도無ㅎ와該陳홈과如히本社의名稱으로만看ㅎ여ㄷ도韓美兩國間商業關係를擴張홈은本社의義務요責任이라本社는韓國을爲ㅎ야시아틀大博覽會에世界各處로부터會集ㅎ는累百萬人에게韓國物産及手造品을縱覽케ㅎ며賣却도ㅎ야韓國에셔도善良ㅎ美術과技能이有홈을廣佈ㅎ야此博覽會의功效로韓國商工業을開發홀터이오니此는本社에셔此博覽會에出品홈이韓國의永遠ㅎ幸福이될지로다

本社에셔出品時에韓國僉彦中에勿論某物ㅎ고本社에委任ㅎ실境遇라도盡心處理홀터이외다（）敢合言ㅎ고本社에셔今回出品홈이一擧兩得이며

壹　全世界에對ㅎ야韓人이能製造ㅎ며能有爲홈을表示홈이오

二　韓國物品을美國에夥數로輸出ㅎ야商業上利益을增進홈이라

本社는日就擴張ㅎ고漸益鞏固ㅎ야永久ㅎ다도不能侵ㅎ게되얏ㅅ오나然이나現今實力으로는希望과如히此博覽會에完美ㅎ出品物을獨力으로經營키姑難ㅎ와如左ㅎ方法을決定ㅎ얏는ㄷ迄于今日ㅎ지는本社에셔拾株（每株拾圓）以下의株金은不受ㅎ얏ㅅ오니此規則을將來에도履行ㅎ깃사오나特別ㅎ境遇에는特別ㅎ方法을應用홈이必要ㅎ지라韓國國民의代表로서倍利益을獲得ㅎ此博覽會의出品을盛大히ㅎ며衆人의心力을團合ㅎ기爲ㅎ야限壹千株ㅎ고十株以內雖壹株라도株金으로館受ㅎ깃슴ㄴ니此出品物은利益으로만論ㅎ야도厚利가有홀터이오며此에對ㅎ利益配當은博覽會의閉會ㅎ後에는卽時分配ㅎ게될計劃이오며此機를乘ㅎ야美國에韓國物品을引進ㅎ야本社의將來商路를開導ㅎ야夥多ㅎ定期利益配當을分排ㅎ게될이的確ㅎ오이다應募　僉彦은該附近에在ㅎ本社代理人（氏名在下）과通信送金ㅎ야本社代理人에게臨時領受證을領受하시거나本社와直接으로銀行換或郵換으로送金ㅎ시면本社에셔株券을卽時繕呈ㅎ오니다期勿遲延하시오應募코져ㅎ시는僉彦이여有意ㅎ시면卽今에應募ㅎ시오此는大利益이有ㅎ뿐不啻라卽僉彦이　僉彦의國家와僉彦의豈巳와妻孥의家에對ㅎ야相當ㅎ責任이오義務라可稱홀지라本社에셔出品物을準備하기爲ㅎ야多少時日을費ㅎ깃는故로株金領受期限은今月三十一日內로定ㅎ깃슴고此限後에는拾株以下의株金申請을謝絶하깃슴ㄴ니다

以上仰陳홈에對하야詳細事宄을更知코져ㅎ시는僉彦은本社에通信ㅎ시와迷々히ㅎ시고少勿遲延ㅎ시옵

大韓帝國의商業及工業의宏大히振興홈을願祝ㅎ는

韓美興業株式會社　謹啓　大韓京城郵便局郵函第四百号

（美國이리소나道法律認可社韓美興業總會社館登錄）

本社의各處代理人의氏名은如左홈

開城代理人　開城南門內雜貨商店　金東宣

平壤代理人　平壤大同門內店洞　鄭基煥

咸興代理人　咸興西門外　盧受洙

馬山浦代理人　馬山浦客主　孫德宇

元山代理人　元山港　金以文

淸津代理人　淸津港　張樂臣

水原代理人　水原北部長安洞　金유東

安城代理人　位置未定　水原北部長安洞　金유東

沙里院代理人　位置未定　漢城東部[illegible]新學校內　邦元重

金田代理人　位置未定　漢城中部外相思洞　[illegible]戶　李孝稙

海州代理人　位置未定　漢城西部[illegible]二拾二統五戶　吳惜泳

天安代理人　位置未定　水原北部長安洞　尹聖求

群山代理人　群山大井洞　韓相益

全州代理人　位置未定　漢城[illegible]二百廿二統一戶　金敎聲

이쪽을날마다자세히보시오

第[illegible]四拾[illegible]號

大韓每日申報

月曜及日曜歲時節休刊

[illegible]四十二年
[illegible]九年三千三十一年
大韓開國五百十八年
日本明治四十二年
[illegible]國宣統元年
陰曆己酉二月大十九日己巳

Responsible for Publication
Alfred Weekley Marnham.
發行兼編輯人英國人萬咸
發行所
南部石井洞號外地三層洋屋家
大韓每日申報社

論說

◎三大自由의功

二拾世紀大舞臺에文明의花가燦爛히其彩를放홈은誰의功인가

曰三大自由의功이니라

三大自由가何인가

曰(一)言論의自由니吾人이言論으로以ᄒᆞ야思想을發表ᄒᆞᄂᆞᆫ自由가有홈이오(二)著作의自由니吾人이圖書로以ᄒᆞ야思想을發表ᄒᆞᄂᆞᆫ自由가有홈이오(三)出版의自由니吾人이印刷로以ᄒᆞ야思想을발表ᄒᆞᄂᆞᆫ自由가有홈이라

此三大自由가有홈으로敎育實業政治文化武術等各種學術과各種制度가日로其步를進ᄒᆞ며月로其萌을長ᄒᆞ야畢竟今日二拾世紀文明을鑄出ᄒᆞ얏스니嗚呼라三大自由ᄂᆞᆫ文明의源泉이오文明의種子오文明의母로다故로萬國憲法上에思想발表의自由라고大書特書ᄒᆞ야此三大自由를保護ᄒᆞᆫ셔政府ᄂᆞᆫ是를奬勵ᄒᆞ며是를擁護ᄒᆞ고人民은是를競爭ᄒᆞ며是를振興ᄒᆞ나니嗚乎라三大自由를保護치아니ᄒᆞ얏더면人類社會ᄂᆞᆫ至今까지穴居時代의狀態를不免ᄒᆞ얏슬진져

何國을勿論ᄒᆞ고三大自由의範圍를必設ᄒᆞ얏스나然이나此ᄂᆞᆫ其思想發表가或社會風俗에貽害ᄒᆞ거나或國家進運에不利ᄒᆞ야文明의發展을[illegible]要홈이니라

萬壹社會의美俗(即自强、自立、忠君、愛國、正義、奮勵、勇敢、忍耐、等)을皷吹ᄒᆞ며國家의福利(即敎育、實業、殖産、經濟等)를啓발ᄒᆞᄂᆞᆫ思想발表를禁止ᄒᆞ면此ᄂᆞᆫ文明을抹殺ᄒᆞᄂᆞᆫ蟊賊인져

何故오曰社會美俗의皷吹를禁止ᄒᆞ면其社會의발達되ᄂᆞᆫ者ᄂᆞᆫ惡俗뿐이며國家福利의啓발을禁止ᄒᆞ면其國家의發達되ᄂᆞᆫ者ᄂᆞᆫ禍孼뿐이리니如是ᄒᆞ면文明이其將掃地乃已ᄒᆞᄂᆞᆫ所以니라此韓國數百年來歷史를試看ᄒᆞ라異詩壹首만浪吟ᄒᆞ야도大逆不道罪로論ᄒᆞ야其身이獄裏에腐ᄒᆞ며奇論壹句만新唱ᄒᆞ야도斯文乱賊律에處ᄒᆞ야其名을禁錮에編홈으로惡俗이日盛ᄒᆞ고禍孼이日長ᄒᆞ야今日暗黑世界를遂成치아니ᄒᆞ얏ᄂᆞᆫ가

如斯히三大自由가有ᄒᆞ면文明이興ᄒᆞ고三大自由가無ᄒᆞ면文明이亡ᄒᆞ나니今日二拾世紀文明이三大自由의功이아니오何인가

故로余ᄂᆞᆫ三大自由의功을謳歌ᄒᆞ며三大自由의功을崇拜ᄒᆞ노라

官報

▲學部 十二月三日 官報
▲二年 部令
學部所管日本國留學生規程을左又지定홈
隆熙二年十二月 日
第三條 官費留學生의履修학科及留學期間은학部大臣이指定홈
학部大臣이必要로認하ᄂᆞᆫ時ᄂᆞᆫ指定留學期간이滿了ᄒᆞᆫ後에尙且학科履修又ᄂᆞᆫ實地研究ᄒᆞ기爲ᄒᆞ야留학期間을延長ᄒᆞᄂᆞᆫ事가有홈
第四條 官費留학生을被命ᄒᆞᆫ者ᄂᆞᆫ受命ᄒᆞᆫ부터七日以內에別記第壹號書式의誓約書를提呈홈이可홈 (未完)

外報

◉警戒嚴密 香港電을據ᄒᆞᆫ즉上海廣東等地督撫ᄂᆞᆫ孫逸仙氏와其他革命黨員의首領들이日本大坂名古屋橫濱等地에往來ᄒᆞᆫ다고駐日淸公使에게密電을接ᄒᆞᆫ故로警戒가頗히嚴密ᄒᆞ다더라

◉墺政府의要求 伯林電을據ᄒᆞᆫ즉墺國政府ᄂᆞᆫ露國政府가塞爾維亞에對ᄒᆞᆫ提議를賛成ᄒᆞ야보스니아、헤르즈에고우에이나拾二州에關ᄒᆞᆫ權利를放棄ᄒᆞ라고塞爾維亞에要求ᄒᆞ얏다더라

◉歐洲의慘災 同電을據ᄒᆞᆫ즉本月二日頃에歐洲에ᄂᆞᆫ大颶가有ᄒᆞ고又太洪水가起ᄒᆞ얏다더라

◉塞爾維亞激昂 倫敦電을據ᄒᆞᆫ則塞爾維亞에서ᄂᆞᆫ露國이列國과協同ᄒᆞ야墺國과塞爾維亞간에調停을試ᄒᆞᆫ다ᄂᆞᆫ報道를聞ᄒᆞ고非常히激昻ᄒᆞ야各新聞紙에露國을攻駁ᄒᆞ야憤意를發表ᄒᆞ얏다더라

詞藻

◉順天命
이몸이이世上에、草木同腐ᄒᆞ고보면、
上帝의나신命令、拒逆홈이아닐손가。
同胞여、二千萬人同胞여、爲國獻身。

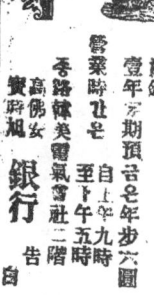

雜報

●下賜孤院 本月六日에 太皇帝陛下ᄭᅴ옵셔京城孤兒院에白米二石沈菜二桶을 下賜ᄒᆞ셧다더라

●私費生困難 日本에留학ᄒᆞ는官費生外에私費生某々二人의旅費를 太皇帝陛下ᄭᅴ옵셔每朔每人에게貳十九圜式下賜ᄒᆞ옵시더니 陛下ᄭᅴ옵셔財政이窘拙ᄒᆞ사旅費를繼續下賜치못ᄒᆞ시는故로現今該私費生들이方在困難中이라더라

●下賜葬費 太皇帝陛下ᄭᅴ옵셔前議政閔泳奎氏夫人의卒逝ᄒᆞᆷ을下問ᄒᆞ옵시고喪葬費二百圜을 下賜ᄒᆞ옵셧다더라

●秘密何多 日前에總理大臣李完用內部大臣朴齊純兩氏와其他某々大官이統監府에前往ᄒᆞ야曾彌副統監과極히秘密事項을提議ᄒᆞ얏다더라

●花亭笑話 日昨에中樞院顧問權重顯李夏榮兩氏가內大朴齊純氏를訪問ᄒᆞ고言ᄒᆞ되我黨이久히沈默ᄒᆞ얏더니今日에大臣이又爲出脚ᄒᆞ얏스니此乃天授오非人力所及인즉從今以後로我黨派가政府椅子를更據ᄒᆞ야以圖國事ᄒᆞ자ᄒᆞ고酬酌이爛만ᄒᆞ얏다더라

●宮大苦待 宮內府大臣閔丙奭氏가曾往平壤觀察使로在任時에錢財를抑勒히見奪ᄒᆞᆫ人이稱餘人인ᄃᆡ裁判次로上京ᄒᆞ야閔宮大의歸國ᄒᆞ기를苦待ᄒᆞᆫ다더라

●豈非挾雜 韓國赤拾字社職員의俸給을自宮內府로支撥ᄒᆞ얏는ᄃᆡ分給ᄒᆞᆯ時에劉某柳某兩氏가稱以運動費ᄒᆞ고每員下에二圜씩俸給合壹千九百圜을勒減ᄒᆞ야宮內府文官及度府事務로相持中이라더라

●俯木何色 大邱觀察朴重陽氏는郡守를薦報ᄒᆞ는時에同色親友가아니면薦報를아니ᄒᆞᆫ다고人皆批評ᄒᆞᆫ다더라

●貪鐵狂鐵 晋州觀察使黃鐵氏의不法行爲는屢報ᄒᆞ얏거니와所部郡에有齋는高等학校라道內人民이公共設立ᄒᆞᆫ바인ᄃᆡ瞻彼氏習으로萬端沮害ᄒᆞᆯ뿐더러財政整理라稱托ᄒᆞ고日人으로ᄒᆞ여금監督케ᄒᆞ고手數料는해校에서支撥케ᄒᆞ기로해郡士林界에서憤鬱ᄒᆞᆫ輿論이喧藉ᄒᆞ다더라

●狂鐵眞狂 別項과如히晋州觀察使黃鐵氏가治道事件에對ᄒᆞ야해郡大韓協會支會에서段文家屋價와人夫役價의壹不支給ᄒᆞᆷ을質問ᄒᆞ얏더니黃氏가大怒曰爲民之道에質問長官이誠甚無禮라ᄒᆞ고該會長을警察署로捉囚ᄒᆞ얏다더라

●聯會交涉 再昨日大韓協會에서交涉委員權東鎭박承燁兩시로ᄒᆞ야금晋州三千浦治道에對ᄒᆞ야當地觀察使黃鐵氏가無理ᄒᆞᆫ行動으로當地협會支會長許爲斗氏를押囚ᄒᆞᆫ事의事實上始末을內部에提出ᄒᆞ고黃鐵氏의濫職暴行을禁止ᄒᆞ게交涉ᄒᆞᆫ結果로內部에서嚴重히調查ᄒᆞ는中이라더라

●第二燕復 全羅北道某郡守는在任數載에治民은付之夢中하고內衛에深處하야明神經千手經等文을晝夜誦讀ᄒᆞᆫ다고該地輿論이藉藉ᄒᆞ다더라

●討祭飲泣 日前에西部義盈廟後洞居하는壹進會員金正國氏가其父의忌祭를設行ᄒᆞ는ᄃᆡ壹進會員某々氏가討祭次로會同ᄒᆞ야互相慰喻曰我等이宋秉畯希望하얏더니宋既免官하미各사會와壹般人民이我等을屬唾無餘에譏視가殆甚ᄒᆞᆫ즉從此以後로는將附何處乎아ᄒᆞ고舉皆飲泣ᄒᆞ는ᄃᆡ其場光景이可觀이라고人多評論하더라

●閔氏遭故 前判書閔京鎬氏가再昨日에其夫人喪을遭ᄒᆞ얏다더라

●有何偵探 海蔘威에多年居留ᄒᆞ던日人某는露、俄、德、法四國의語를能通ᄒᆞ는者인ᄃᆡ該地에在留ᄒᆞ는한人에게對ᄒᆞ야韓人宋郁事라假稱ᄒᆞ고秘密偵探ᄒᆞ더니近者에該國으로渡來ᄒᆞ야무슨秘密偵探을ᄒᆞ라는지耶蘇信徒라自稱ᄒᆞ고各教會와各社會에出沒ᄒᆞᆫ다더라

●有何不正 齋洞警察支派所巡查金允濟氏가行警上에有何不正事이던지北部警察署에捉囚ᄒᆞ얏다더라

●水雷試驗 今日은日本陸軍紀念日인故로工兵第六大隊第壹中隊는軍司令部前에在ᄒᆞᆫ池中에서水雷爆發을試ᄒᆞᆫ다더라

●兩氏高義 本月三日下午에時頃에安山郡居ᄒᆞ는芮永模氏가鷺梁津에서登氷ᄒᆞ다가不幸沉溺ᄒᆞ야幾至死境인ᄃᆡ該津頭에居ᄒᆞ는羅聖鉉李宗植兩氏가出力拯救ᄒᆞᆫ後에羅聖鉉氏가自己의衣服壹襲을給與ᄒᆞ고護送ᄒᆞ얏다고該兩氏의高義를人皆稱頌ᄒᆞᆫ다더라

●高陽消息 義兵大將李殷瓚氏가近日高陽等地로橫行ᄒᆞ며日兵과交戰ᄒᆞ다가敗歸ᄒᆞ얏더니更히多數ᄒᆞᆫ義兵을領率하고日兵과接戰ᄒᆞ얏는ᄃᆡ日兵을多數히죽금以去ᄒᆞ얏다는說이有ᄒᆞ얏다더라

[illegible]兵이近來熾盛ᄒᆞ는中에各處에駐在ᄒᆞ던憲兵補助員等이兵器를携帶ᄒᆞ고志願來附ᄒᆞ야勢甚猖獗ᄒᆞᆷ으로再昨日에한日尉官諸人이兵卒及軍器를領率ᄒᆞ고該地方으로出張ᄒᆞ얏다더라

●義將通文 別項과如히義兵大將李殷瓚氏가抱川永平等地各部에駐在ᄒᆞᆫ憲兵補助員을向ᄒᆞ야通文을傳ᄒᆞ여曰君等은生道無計ᄒᆞ야日兵의게附庸으로生命을救濟코저ᄒᆞ니情甚可痛이라從今以後로君等이各持銃劍ᄒᆞ고義陣으로歸順ᄒᆞ면月給을厚撥ᄒᆞ야家族을救濟케ᄒᆞ깃노라ᄒᆞ얏다더라

●月明無錢 現今金融이窘渴ᄒᆞ야壹般人民이困難에在ᄒᆞᆷ은共知어니와近日漢城內各演劇場에觀覽ᄒᆞ는人이大端稀少ᄒᆞ다더라

●唇亡齒寒 近日財政이窘困ᄒᆞ야商業界에만困難ᄒᆞᆯ뿐아니라日本人居留民의商况도恐慌이莫甚ᄒᆞᆫ故로連日該居留商民들이泥峴等地에會集ᄒᆞ야財政流通ᄒᆞᆯ方針을演說ᄒᆞ얏다더라

●觸車轢死 去月廿七日下午後二時에高陽面山城洞에서한人壹名과高壹頭가共히京義線列車에轢死하고同日午後三時에同地附近에서淸國人壹名이轢死ᄒᆞ얏다더라

●鐵道官舍失火 去月貳十五日午後三時二十分에京義線龍山驛鐵道員下條正吉의官舍에서失火ᄒᆞ야三간이全燒ᄒᆞ얏는ᄃᆡ其損害額이二千四百三圜이라더라

●民團決議 中部貞慶民團에서는去[illegible]夜에總會를開ᄒᆞ고文川郡饑饉에對ᄒᆞ야義捐金募集ᄒᆞᆯ事를決議ᄒᆞ얏다더라

[illegible]拾四日에第壹回紀念式을舉行ᄒᆞᆫ다더라

●斷指同盟 咸南利原郡大吾里普進學校에서學徒二人이互相爭鬪이어늘敎師鄭桂瑾시가聞之ᄒᆞ고感ᄒᆞ야指血로書喩曰國家大勢를擔任ᄒᆞᆯ生徒가同國同胞로如是相迫이면外侮自至는不足論이라ᄒᆞ고言言涕涕ᄒᆞ니壹般生徒與任員이聽之未已에伏地痛哭ᄒᆞ고各其斷指成盟曰吾輩가國事에肝腦塗地ᄒᆞᆯ지언뎡於私鬪ᄒᆞ고勇於公戰을조ᄒᆞ얏다더라

●士林決議 廢郡된咸從에公立학校를廢止ᄒᆞ라는郡令이잇다고境內士林權鳳氏等四拾餘名이會集ᄒᆞ고各々捐ᄒᆞ여太享祭를奉行ᄒᆞ더이오期於繼승이라도不從ᄒᆞ고永々堅守ᄒᆞ기로決議ᄒᆞ얏다더라

學界

●聯合懇親 [illegible]官私立各學校에서聯合懇親會를設ᄒᆞ고每月壹回式總會ᄒᆞ야教育의方法을講究ᄒᆞ기로[illegible]各員이近에八歲以上男女兒童을勸論入學ᄒᆞ기로決議ᄒᆞ고本月二拾日에實業學校를設ᄒᆞᆫ다더라

●普校將進 舊三登郡鶴陽面普成학校는校長金基默시와紳士諸시와敎師吳相駿시가熱心觀務ᄒᆞᆷ으로前進之望이頗有ᄒᆞ다더라

●大韓測量 黃海道安岳郡邑倉市에서大韓測量事務所와講習所를設立ᄒᆞ고所長宋敬顯시와講師嚴昌業시가義務的으로測量을使用ᄒᆞ며接應ᄒᆞ는人이日々增加ᄒᆞ다더라

●實業可尙 平北宣川郡에서金鼎緯曾炳殷曾孝郁曾俊朴宋等諸시가現今實業에最必要[illegible]아如干基本금을鳩聚ᄒᆞ고敎師를延聘ᄒᆞ야熱心敎授ᄒᆞ는ᄃᆡ生徒가百餘名에達ᄒᆞ얏고且해地人士가將來實業에發達될을預期ᄒᆞ야舉皆贊成ᄒᆞ는故로成就之望이大有ᄒᆞ다더라

地方消息

▲去月二拾五日夜에洪川郡東北方約七拾里地에서義兵畧千이同郡日守備隊中尉以下八名과交戰ᄒᆞ얏다ᄒᆞ고

▲本月四日楊州郡附近議政府東北方約三拾里地에서義兵約壹百餘名이議政府分遣所日憲兵壹名及補助員二名과交戰ᄒᆞ얏다ᄒᆞ고

▲本月壹日黃海道市邊里西方約五里地에서義兵四拾名이同地分遣所日憲兵貳名及補助員諸名과交戰ᄒᆞ얏다ᄒᆞ고

▲去月貳十八日全北任實郡西南方約七拾里地에서義兵拾二餘名이해郡分遣所日憲兵壹名及補助員三名과交戰ᄒᆞ얏다ᄒᆞ고

▲去月二十八日春川郡內에서義兵十여명이狼川分遣所日憲兵과衝突ᄒᆞ얏다더라

警告綠林

▲救我壹壁落地後에誰欲爲盜ᄒᆞ리마는倉廩官吏더무리가教之盜이아닌가近日情形을聞ᄒᆞᆫ즉各地方은姑舍ᄒᆞ고輦轂之下京城內에賊警四起擾亂ᄒᆞ니綠林同胞諸君에게壹次警告ᄒᆞ깃노라

▲綠林中의同胞들아天賦良性다바리고父母遺體毁傷ᄒᆞ야크게되면攻城掠財ᄒᆞ게되며剽人奪人膽後斧질성각안코目前金帛貪ᄒᆞ내며掘人塚墓劫人婦[illegible]러ᄒᆞᆫ새

▲綠林中의同胞들아此等事를行ᄒᆞ여서全體保家ᄒᆞᆯ지라도愛名者의不取어던擬奪劫强爲主ᄒᆞ야天地에게得罪ᄒᆞ고君父에게得罪ᄒᆞ고同胞에게得罪ᄒᆞ고鬼神에게得罪ᄒᆞ니丈夫行事이러ᄒᆞᆫ새

▲綠林中의同胞들아暮夜간에衝突ᄒᆞ가官吏驚ᄒᆞ보게되며縮尾蛇行疑懼ᄒᆞ고抱頭鼠竄畏避ᄒᆞ야당당ᄒᆞᆫ君子로써俯仰에愧作ᄒᆞ더라시苟且ᄒᆞ니丈夫行事이러ᄒᆞᆫ새

▲綠林中의同胞들아[illegible]를獲ᄒᆞ고보며溝壑에더屍體ᄒᆞ食獸爲飽餐酷ᄒᆞ고林叢에더孤魂이魍魎難依悽凉ᄒᆞ야鳥鳴啼而山寂寂ᄒᆞ夜正長而風凄凄ᄒᆞ니蒸嘗無所可憐ᄒᆞ니丈夫行事이러ᄒᆞᆫ새

▲綠林中의同胞들아君의父母養育ᄒᆞ재壽命을久祝ᄒᆞ더니園之望懇切ᄒᆞ고孤燈耿々ᄒᆞᆫ窓下에君의妻가기다리니生死存沒알수업고或有言ᄒᆞ되면將信將疑밋칠지니丈夫行事이러ᄒᆞᆫ새

▲綠林中의同胞들아大丈夫의處世ᄒᆞᆷ이死得其所ᄒᆞᆷ이면豈日拾死ᄒᆞᆯ지다도固所不辭ᄒᆞ려니와諸君들의此行動이愛國乎아愛己乎아汚身辭命ᄒᆞᆯ뿐더러生死關에難容이니丈夫行事이러ᄒᆞᆫ새

▲슬프도다諸君들아前日無事ᄒᆞᆫ때에도決不爲此ᄒᆞ얏던ᄃᆡ況今此時何時ᄒᆞ가宗社가甚危急ᄒᆞᆫ情形諸君들도아ᄂᆞᆫ비라爲國懇民하게되며聚賊大上[illegible]가라는가攘奪地下ᄒᆞ라는가어서밧비覺醒ᄒᆞ소

…ᄒᆞ야 每月ᄂᆡ로 各種物品을 新貨備ᄒᆞ고 地方各學校敎育以書籍로 ᄒᆞ시면以小包便郵으로品高價廉而信々酬응ᄒᆞ깃삽　物品如下　鉛筆각色　洋服內衣上下　印札紙각種　日用雜貨俱備　肩囊각種　紙石板각色　圖畵械각色　測量機械附屬品　此요私益도莫過於此리리 購和기石版機械와活版機械를 壹新準備ᄒᆞ엿스니 誰某던지 細物價으로 費만出資而書籍印刷等을同等利分키로廣告ᄒᆞ니 速速來購敬要　漢城鐘路 總惠書舖 李現化 告白

廣告

本人이 己酉貳月拾貳日 當坪壹千五百兩得債次로 成手標入邑이라가 見失ᄒᆞ엿ᄉᆞ오니 誰某拾得이라도 休紙施行홈
平山郡西上面龍頭村 閔應三 告白

利川於農洞박承旨鼎壽氏大夫人淑人慶州鄭氏 陰曆二月拾二日亥時別世 知舊間照亮
護喪 嚴光云 告白

한山李氏 歷代先山이 在於長湍郡西道面葛峴而數百年養松楸을 長湍瑞谷居支孫鴻求弟鵬求가 素以悖類로 逗留漢城ᄒᆞ야 符同外人ᄒᆞ고 將欲偷賣ᄒᆞ오니 內外國人 切勿見欺홈
宗孫 李昌稙 告白

明治四拾貳年壹月廿九日에 元山發荷送人李春實荷受人蔡昌號라을 又(詐)黃蜜壹個壹百貳拾六斤 原價五拾圓이라ᄒᆞᆫ 船票壹丈을 셔 失ᄒᆞ엿기 玆以廣佈홈
南大門外里門洞客主蔡昌號

●緊急廣告

中部長通坊谷ᄭᅡ 陽契東谷八統拾戶瓦家七間草家壹間板券壹張을 他人處에 留置ᄒᆞ얏다가 서 失되앗ᄉᆞ오니 內外國人간에 得與執ᄒᆞ야도 休紙施行이오며 漢城府에 請願ᄒᆞ고 次로 玆에 廣告홈
家主 梁承鉉 告白

慶尙原昌郡前明安宮庚申還遷後四拾九年白徵ᄒᆞ야 呈于整理局ᄒᆞ야 有減下指令이기 玆廣告홈
崔羽振 白

元山港居前監察金學樞 改名喆權 內外國知舊間照亮홈
金喆權 告白

安山郡瓦里面舺芝洞居 … 李敏春氏妹弟故徐ᄌᆞ輔 … 子婦陰正月別世

安仁車

聖書繙譯會委員李昌稙시譯 蓮洞敎會長老李明赫시校閱
本館에서 敎書 安仁車를 譯刊 發售ᄒᆞ옵ᄂᆞᆫ바 此書ᄂᆞᆫ 道德心培養ᄒᆞᄂᆞᆫ 良師ᄲᅮᆫ아니라 壹般士女의 新知識을 啓發ᄒᆞᆯ터이오니 陸續來購ᄒᆞ시옴
新舊書籍 歐美雜貨 及學徒需用品을 俱備發賣ᄒᆞ옵
皇城東部梨峴統屛
普 救書館 告白

中部堅坪坊魚物廛後契里門洞第拾四統二戶家券을 以舊文記壹張으로 賣買於甲申五月分이온바 今二月二日에 家中서 失故로 廣告ᄒᆞ오니 誰某拾得ᄒᆞ와도 休紙施行홈
郭泰源 告白

本社에셔 丁未五月에 金致允시로 事務를 委任ᄒᆞ고 每朔利益을 分排ᄒᆞ기로 約定이러니 同시가 無故背約ᄒᆞ고 獨專其利故로 社中이 公議ᄒᆞ고 代理之任을 還收ᄒᆞ오니 此人은 自今日로 本社에 永無相關이오며 本社創始ᄒᆞᆫ 財主諸員이 添增資本ᄒᆞ여 更加確張ᄒᆞ오니 京仁京釜京義鐵路各支社員은 照亮ᄒᆞ시옴
本社圖章을 改造ᄒᆞ오며 金致允시代理看務時圖章은 勿施ᄒᆞ오니 內外國 僉彦照亮홈
通運社摠事務員 한明源
監督 宮崎利太郞
仝 加藤郁吉
財務員 鄭漢鏞
全봉圭
李基豊
李應遠
金漢植
朴華鎭

純良ᄒᆞᆫ 水를 飮用ᄒᆞ오

諸君은 疾病으로 因ᄒᆞ야 苦惱를 當ᄒᆞ실ᄯᅢ에
諸君은 親友와 愛子를 永訣ᄒᆞ미 有ᄒᆞ엿슴ᄂᆞᆫ잇가
諸君은 恒常身氣가 疲困ᄒᆞ고 精力이 勞損ᄒᆞᆫ일 잇ᄉᆞᆸᄂᆞᆫ잇가
純良ᄒᆞᆫ 水를 飮用ᄒᆞ시면 此等苦難을 免ᄒᆞ실지라
純良ᄒᆞᆫ 水를 決코 飮用ᄒᆞ시고 不良ᄒᆞᆫ 井水ᄂᆞᆫ 廢用ᄒᆞ시와 毒害를 免ᄒᆞ시오
疾病과 憂愁와 苦難을 作케ᄒᆞᄂᆞᆫ者ᄂᆞᆫ 即不純ᄒᆞᆫ 飮料水요 年々히 親友와 愛子를 千百名式 殺傷ᄒᆞᄂᆞᆫ者도 亦不良ᄒᆞᆫ 水라ᄒᆞ노라
汲水商에 純良ᄒᆞᆫ 漢江水로만 飮料水를 供給ᄒᆞᆷ을 決코 注目ᄒᆞ오
汲水商이 腕上에 記号捺章ᄒᆞᆫ 牌를 掛ᄒᆞ얏ᄉᆞᆸ고 細察ᄒᆞ시오 此牌가 無ᄒᆞ면 水道水를 販賣ᄒᆞ을 權利가 無ᄒᆞᆷ이 곳 諸君을 欺瞞ᄒᆞᄂᆞᆫ者이오다
汲水商中에 本會社号牌를 腕上에 掛치아니ᄒᆞᆫ者가 本會社共用栓에서 給水를 運搬或販賣ᄒᆞᄂᆞᆫ者ᄂᆞᆫ 日本理事官三浦彌五郞시와 警視總監丸山重俊시가 承認ᄒᆞᆫ 大韓水道會社別則第八條에 照ᄒᆞ야 非行賠償金貳拾圓를 懲收ᄒᆞ옴
此別則에 對ᄒᆞ야 違越ᄒᆞᄂᆞᆫ者를 本會社에 通告ᄒᆞ시면 本社의셔 懲收ᄒᆞᄂᆞᆫ 非行賠償金에 半額으로 酬勞ᄒᆞ올이다
純良ᄒᆞᆫ 漢江水를 供給ᄒᆞᄂᆞᆫ 方法과 每月給水料金과 給水架設ᄒᆞᄂᆞᆫ 工事費에 關ᄒᆞᆫ 事ᄂᆞᆫ 京城大韓水道會社에 來問ᄒᆞ시면 詳細說明ᄒᆞ올니다
豊坊城內에 有ᄒᆞᆫ 各戶에서 同時에 水道水를 取用케되ᄂᆞᆫ 境遇에ᄂᆞᆫ 給水料金을 特別히 低廉케ᄒᆞ깃슴니다
有限責任 大韓水道會社 白

미국시아틀대박람회　美國시아틀大博覽會

請詳覽

美國시아틀大博覽會記聞○一千九百九年六月一日開會○同年十月十六日閉會○會場面積三十萬坪○會費二千萬圓○出品價額預量一億萬圓○空前絶後ᄒᆞᆫ美麗ᄒᆞᆫ大博覽會○大韓帝國物品의唯一出品者ᄂᆞᆫ

大韓皇城磚洞韓美興業株式會社

이쪽을날마다자세히보시오

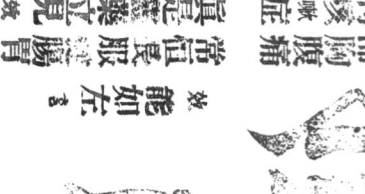

第七卷

大韓每日申報

第壹千四拾四號

月謙及隙時日休發刊節

檀君開國四千二百四十二年
箕子元年三千三十一年
大韓開國五百十八年
日本明治四十二年
淸國宣統元年
西曆己酉二月大二十日庚午

Responsible for Publication Alfred Weekley Marnham.
發行兼編輯人 英國人 萬咸
發行所 南署石井洞坡外地三層洋屋家 大韓每日申報社

寄書

◎警告河東郡人士 李元烈

嗚乎라太陽이出이어ᄂᆞᆯ一寸炬火가豈能售光이며時雨가降이어ᄂᆞᆯ片時灌漑가不可有效ㅣ니拾數年來로報館之筆이章々是敎育이오志士之辯이句々是敎育이온즉以予贅談附說은又奚足道ㅣ리오만은敢將微悃ᄒᆞ야警告于河東人士ᄒᆞ노니念之哉ᆫ저

夫支厦之木이豈可自成其材며蘊匵之玉이又豈自作其器리오木을治之以後에能成棟樑之材오玉을琢之以後에可作瑚璉之器ᄒᆞ나니此ᄂᆞᆫ不待智者而可辨이라人之爲忠孝英傑과技藝百工도受其敎育以後에成者也니若無敎育이면無異禽獸者ㅣ幾希이라

大抵我韓이豈自交通以來로風潮가ᄀᆞ變ᄒᆞ야自京都府郡으로以至窮峽殘村히莫不設校ᄒᆞ야名之曰某校々々라ᄒᆞ고實必敎育ᄒᆞ야學着前進之望이거ᄂᆞᆯ嗟我河東은雖有學校나財政이不敷ᄒᆞ고秩序가紊亂ᄒᆞ야朝ᄀᆞ夕廢之歎이往々有之ᄒᆞ야使其靑年子弟로徒然浪遊케ᄒᆞ니實爲慨歎不已者也로다

嗚乎라本郡十九面人士이여國家之前途와人民之衆頭ᄅᆞᆯ早々回顧ᄒᆞ라今世何世며此時何時완ᄃᆡ拔一毛以利天下라도不爲ᄒᆞᄂᆞᆫ鄙吝思想으로公益上捐助ᄂᆞᆫ藏頭館尾ᄒᆞ고且以舊習階級으로猜忌同胞ᄒᆞ며支那에通鑑史略으로敎授子弟ᄒᆞ야國家之發達과人民之困苦가以至此極ᄒᆞ니其咎安在乎아舊習階級과支那通史가奚暇論及이리오若其實新設校ᄒᆞ야使其靑年子弟로敎之以新학實業ᄒᆞ되始自地誌歷史算術等新학으로以至農학工학等諸般實業에着實敎育ᄒᆞ야養成國家之器用ᄒᆞ야回國權於已墜ᄒᆞ고拯生民於已困ᄒᆞ면諸君之功은流傳千古도可也오諸君之名은播聞世界도可也어날不此之爲ᄒᆞ고徒然株守ᄒᆞ니何其不思之甚也오夏之葛이不可以禦冬이오冬之구가不可以適夏ᄂᆞᆫ勢之必然이라今之國民이决非太平之日이어ᄂᆞᆯ嗟我諸君은以其太古昇平之習으로만何如是恬然固執乎아天使之歟아神與之歟아予亦二拾星霜으로ᄅᆞᆯ甘做桃源春夢ᄒᆞ더니上年陽月間에偶抵京城ᄒᆞ야槪觀現像ᄒᆞ니無豈敎育之實力이면非時棄人이따將至滅亡之境ᄒᆞ리니豈不大可危大可懼者乎아予言이若誣커던與觀結果之如何ᄒᆞ라弊豈言ᄒᆞ고以杵習慣은壹刀截斷ᄒᆞ고猛省早圖ᄒᆞᆯ지어다河東郡人士여

記者ㅣ曰大抵今日한國同胞中에私利만圖ᄒᆞ고公益은不務ᄒᆞ며舊習만守ᄒᆞ고新學을反對ᄒᆞᆷ은彼般頑固家의通弊라乃者河東李元烈시의壹幅書가本社에飛到ᄒᆞ얏스며其問題ᄂᆞᆫ警告河東郡人士라ᄒᆞ얏스나其實ㅣ全國人士에게警告ᄒᆞᆷ이기로其全文을揭ᄒᆞ노니惟望컨대全國에頑固ᄒᆞᆫ同胞ᄂᆞᆫ急히奮起ᄒᆞᆯ지어다

外報

◎塞國의態度 倫敦電을據ᄒᆞᆫ즉塞爾維亞政府ᄂᆞᆫ露官에게命ᄒᆞ야墺國을反對ᄒᆞᄂᆞᆫ示威運動을鎭壓케ᄒᆞ고또公衆에不穩ᄒᆞᆫ流言을放ᄒᆞᄂᆞᆫ者ᄅᆞᆯ嚴罰ᄒᆞᆫ다ᄒᆞ더라

◎自由港閉鎖實施 海蔘威自由港閉塞은露國政府가露曆三月壹日부터自由港廢止法의實施ᄒᆞ기를議決ᄒᆞ야本月六日에公布ᄒᆞ얏ᄂᆞᆫ대同時에大藏大臣은該事件에對ᄒᆞ야必要ᄒᆞᆫ訓電을발ᄒᆞᄂᆞᆫ委任을受ᄒᆞ얏고又該國關稅局에ᄂᆞᆫ自由港廢止以前에輸入되ᄂᆞᆫ貨物에對ᄒᆞ야壹定ᄒᆞᆫ記號를添付케ᄒᆞᄂᆞᆫ告知가有ᄒᆞ얏다더라

◎露國議會 伯林電을據ᄒᆞᆫ則露國議會의財政委員會ᄂᆞᆫ黑龍江地方에在ᄒᆞᆫ韓人及支那人의殖民禁止案을壹般外國人에게適用ᄒᆞᆫ다더라

◎英國의飛船 倫敦電을據ᄒᆞᆫ則英國首相아기스시ᄂᆞᆫ議會에臨ᄒᆞ야言ᄒᆞ되目下空中飛行船이世界의注意를喚起ᄒᆞᄂᆞᆫ바戰時應用의必要가有ᄒᆞᆫ즉其費用을陸海軍豫算案中에編入ᄒᆞᆷ이可ᄒᆞ다ᄒᆞ얏다더라

詞藻

◎頌祝每日報 月汀生

壯ᄒᆞ도다、호옹。每日申報、홍。
壹心公道로、前進을ᄒᆞ노나、
아。
어리화、도라、호옹。獨立基礎
라、홍。

雜報

●挾雜件發生 面長을判任官으로定하야郡守의推薦으로任命ᄒᆞ고其監督下에置ᄒᆞ야地方行政事務를處理ᄒᆞᆯ터인대此에關ᄒᆞ야規程을發布ᄒᆞᆯ意로閣議에決定ᄒᆞ얏ᄂᆞᆫ되不久에발布가될터이라더라

●韓會發書 大韓協會에서日本에滯在ᄒᆞᆫ宋秉畯을刻卽引渡ᄒᆞ야懲辦處罰ᄒᆞᆯ事로內閣에장書를提呈ᄒᆞ얏다더라

●無料登記 向者東洋拓殖會社設立에關ᄒᆞ야京城區裁判所와京城理事廳에登記ᄒᆞᆯ際에其手數料壹萬二千五百圜을京城理事廳에만納付ᄒᆞ고韓國側에서ᄂᆞᆫ此를免除ᄒᆞ얏슨즉今後에ᄂᆞᆫ登錄手數料ᄂᆞᆫ此先例를從ᄒᆞᆯ지니卽韓國에서ᄂᆞᆫ無料로登記ᄒᆞᆯ이오尙且其公告料ᄂᆞᆫ韓國政府에서此를依例히擔負ᄒᆞᆫ다더라

●黃鐵食鐵 慶南觀察使黃鉄氏의不法行爲ᄂᆞᆫ屢爲報道어니와同氏가鎭守薦報時의管下富客百餘名의게紹介書를暗送ᄒᆞ야買報ᄒᆞᆫ다ᄂᆞᆫ說로百方誘說ᄒᆞ니郡守의觀關은不下幾人인되百餘名의富客을錄名ᄒᆞ니同氏의欺騙之術은令人難測이라고同地輿論에浪藉ᄒᆞ다더라

●開民受證 鐵道調査局장朴義秉氏가二月二拾七日에京義線路에犯入ᄒᆞᆫ地段가을開城停車場에서須給ᄒᆞᄂᆞᆫ대時行線路에犯入ᄒᆞᆫ地段에ᄂᆞᆫ每坪에六젼式須給ᄒᆞ고廢止ᄒᆞᆫ舊線路에對ᄒᆞ야多數地主가累年失農云하니民情에極爲憫切故로特히損害금으로每坪三젼式支撥者也니犄其鐵線撤去ᄒᆞ야各處所有ᄒᆞᆫ가任意耕作ᄒᆞ라ᄂᆞᆫ證書를허與ᄒᆞ야救恤ᄒᆞ미郡守의게受取ᄒᆞᆫ後에每坪三젼式以損害금으로受ᄒᆞᆫ듯ᄒᆞ다더라

●巡査行悖 本月六日에開城警察署巡査李永植氏가飲酒泥醉ᄒᆞ고縣北部佳橋金澄圖氏家內庭에突入惹鬧ᄒᆞ다가憲兵補助員의게被捉되얏다더라

●日人蠻行 昨日上午拾壹時頃에何許鄕客이泥峴日人商店에서石油를興成ᄒᆞᄂᆞᆫ되價額이太高ᄒᆞᆷ으로幾許間落價以給ᄒᆞ라ᄒᆞᆫ즉同日人이同鄕客을路上으로曳出ᄒᆞ야面部를毆打ᄒᆞ고衣冠을裂破ᄒᆞ며作梗不已ᄒᆞᄂᆞᆫ故로同日人의蠻行을擧皆唾罵ᄒᆞ얏다더라

●補助員行悖 忠南溫陽郡溫泉派出所日憲兵補助員金翊煥等이瞞蔽에作弊가無所不至中同郡居卞某家에暮夜突入ᄒᆞ야同家人等을無端猛打ᄒᆞ고同家婢子二名을勒奪ᄒᆞ야壹女ᄂᆞᆫ溫泉의셔商賈ᄒᆞᄂᆞᆫ日人이作妾ᄒᆞ고又壹女ᄂᆞᆫ同補助員이作妾ᄒᆞ니如此ᄒᆞ已면同境內人民은支保無路라고怨聲이浪藉ᄒᆞ다더라

●何處從來 三四日前薄暮에韓人八名이龍山으로부터入京ᄒᆞᄂᆞᆫ路에셔大牛와如ᄒᆞᆫ猛虎覽隻이出現ᄒᆞ야韓人의臀部를咬ᄒᆞ고仍爲逃去ᄒᆞ얏ᄂᆞᆫ故로日帝兵隊에셔虎狩를催ᄒᆞᆫ다더라

●以祖保孫 南部長洞居ᄒᆞᄂᆞᆫ前承旨金鼎鎭氏가生活無路ᄒᆞ야十餘名食口가渙散之境을當ᄒᆞ얏더니其外祖李乾夏氏가其情狀을悶惻히녀여數百石所收田土를給與ᄒᆞ야維持케ᄒᆞ얏다더라

●不通押上 星州郡稱ᄒᆞᄂᆞᆫ李鍾國씨ᄂᆞᆫ多數의公錢을乾沒ᄒᆞᆫ事가有ᄒᆞ야該郡警察署에서押致審査ᄒᆞ고再昨日에京城地方裁判所로押上하얏다더라

●南營得勝 陰本月拾四日頃에全南義兵남壹派數百名이綾州郡西面地方에來到ᄒᆞ야寶城郡에서出張ᄒᆞᆫ日兵과多時交戰ᄒᆞ야日兵三名을砲殺ᄒᆞ얏다ᄂᆞᆫ傳說이喧藉ᄒᆞ더라

●香鶏致斃 北部陳洞居ᄒᆞᄂᆞᆫ廉壹權氏가有何事故이던지再昨日上午九時量에中部寺洞居ᄒᆞᄂᆞᆫ李敦浩氏客主에셔鴉片을暗呑ᄒᆞ고仍爲致斃ᄒᆞ얏ᄂᆞᆫ대中部警察署에셔其妻張姓女男妹를壹切押囚ᄒᆞ고何等事由를査問ᄒᆞᆫ다더라

●鄭氏長眠 前直長鄭載憲氏ᄂᆞᆫ往年五條約時에儒生으로上疏ᄒᆞ다가被捉되야懲役에處ᄒᆞ얏다가年前에蒙放되얏스나在獄時에得病ᄒᆞᆫ거시更히闖重ᄒᆞ야陰正月二十三日에逝去하얏다더라

●民團義捐 中部貞慶民團副團장李鍾壹氏의夫人이身病이有ᄒᆞ야恒時呻吟ᄒᆞ다가再昨日에因爲棄世ᄒᆞ얏ᄂᆞᆫ대該團總務張孝楨氏以下某某人이隨力捐出ᄒᆞ야金貨三拾圜을寄附ᄒᆞ얏다더라

●窃盜犯越交 仁川港居ᄒᆞᄂᆞᆫ金昌成爲名者가上京ᄒᆞ야各處로出沒ᄒᆞ며窃盜로行賊ᄒᆞ야多數의物品을窃取ᄒᆞ더니情跡이現露되야日前에銅峴警察署에被捉ᄒᆞ얏ᄂᆞᆫ디該署에셔審査ᄒᆞ고昨日에京城地方裁判所로越交ᄒᆞ얏다더라

●明洞火事 再昨日下午拾二時量에南部明洞居ᄒᆞᄂᆞᆫ日人中口光太郞家木炭積置中에셔無根의火가起ᄒᆞ야日人鐵戶와한人家戶가連燒ᄒᆞ얏ᄂᆞᆫ대其三家의損害總額이六千餘圜에達ᄒᆞ얏다더라

●測量會計劃 大韓測量總管會에셔測量者의技術을精密케ᄒᆞ기爲ᄒᆞ야檢査部를設置ᄒᆞ고技術優劣을檢定ᄒᆞ야合格者에게ᄂᆞᆫ檢閱證을授與ᄒᆞ고不完全ᄒᆞᆫ技術者ᄂᆞᆫ合格되도록敎授ᄒᆞ며手數料를精覈히規定ᄒᆞ야官民간에信用을表著ᄒᆞ며公益을普及케ᄒᆞ고各道에支會를次第設置ᄒᆞ야各其管內測量을圖合ᄒᆞ고右項의目的을進展ᄒᆞ야公私의便利를計圖ᄒᆞᆫ다더라

●李氏慈善 堤川郡居前承旨李鍾華氏가所有婢券을入燒却ᄒᆞ고解放文을書給ᄒᆞ야免賤自由케ᄒᆞᆫᄂᆞᆫ대該氏의慈善的主義를人皆稱頌ᄒᆞᆫ다더라

●兩坊聯合 崇敎崇信兩坊에聯合ᄒᆞ야總會를開ᄒᆞ고任員을選定ᄒᆞ얏ᄂᆞᆫ대團長史質煥副團長鄭朝源總務金泰蕙監督車潤文諸氏라더라

●西江坊習 去月二十壹日西江坊冷洞이聯合ᄒᆞ야臨時事務所를牛山학校內로定ᄒᆞ고坊習을組織ᄒᆞ얏ᄂᆞᆫ대會長은尹容植氏오副會장은徐丙贊氏오評議員장은韓光珠氏로摠務ᄂᆞᆫ尹永培氏로定ᄒᆞ고事務를處理ᄒᆞ얏다더라

●東媛贊成 有志紳士諸씨가女子敎育을發興케爲ᄒᆞ야東媛義塾을設立ᄒᆞᆷ은已報하얏거니와該塾을贊成ᄒᆞ기爲ᄒᆞ야贊成會를組織ᄒᆞ고本日下午七時에北部紅峴前祀丞張範圭씨家에서贊成會를開ᄒᆞᆫ다더라

●靑年演說 今日下午七時에鍾路靑年會館에셔紳士崔鐵氏를請邀ᄒᆞ야生活上法학의必要란問題로演說ᄒᆞᆫ다더라

學界

●諸氏義捐 仁港永化학校女학徒張玄兩시가日本에留學ᄒᆞᆫ지多年에학費窘拙ᄒᆞᆷ을因하야該港紳士丁致國張乃興朴三洪鄭順澤李東皓氏와基姜海遠諸시가各出義捐ᄒᆞ야合금六拾七圜을收合寄附ᄒᆞ얏다더라

●普明太明 平南龍岡郡多美面紳士宋承胤金錫溶林能석等諸시가熱誠義捐으로普明學校를設立ᄒᆞ얏ᄂᆞᆫ대就中金泰顯시ᄂᆞᆫ數百圜價値되ᄂᆞᆫ庄土를寄付ᄒᆞ고林昌培시ᄂᆞᆫ三百坪되ᄂᆞᆫ田土를學校基址로出捐ᄒᆞ고高名ᄒᆞᆫ敎師를延聘ᄒᆞ야靑宵敎授ᄒᆞᄂᆞᆫ대學徒가六十名에達ᄒᆞ얏다더라

●龍智光東 龍岡郡多美面智洞居有志紳士林昌潭高麗艮林鼎薰시等數人이각自義捐ᄒᆞ야학校를設立에名曰光東이라ᄒᆞ얏ᄂᆞᆫ데미學未幾에각處學徒가雲集ᄒᆞ야六七十名에達ᄒᆞᆫ故로校務를擴張될뿐더러該郡守梁錫謙시가極爲贊成ᄒᆞ야人民을勸勉ᄒᆞᆫ故로該校가尤益興旺ᄒᆞᆫ다더라

●伴興學 長湍郡明新義塾은財政이困難ᄒᆞᆷ으로廢止ᄒᆞᆯ境遇에至ᄒᆞᆫ지라該郡守李爽宰시가허郡停車場에因公出發ᄒᆞ얏다가該塾에入ᄒᆞ야학徒를招列ᄒᆞ고학問의必要와學徒의責任을壹場說明ᄒᆞᆫ後에各科를試驗ᄒᆞ야賞品을優數히給ᄒᆞ고隣里居富郡守徐炳憲시와허面面長鄭善好씨와該학徒父兄과村民을請邀ᄒᆞ야敎育에至急과學界의競爭을激切히說明ᄒᆞ며若干補助를請ᄒᆞᆫ則滿座가同聲爭捐ᄒᆞ야永遠維持ᄒᆞ게되미학徒들이感激奮發ᄒᆞ야自願斷髮ᄒᆞᆫ者가三十名에達ᄒᆞ얏다더라

●普長得人 豊德郡東南領井浦私立普昌學校々長金公善시ᄂᆞᆫ熱心視務ᄒᆞ더니轉任을年老難勘이라ᄒᆞ야辭免ᄒᆞᆫ代에江華郡串洞居ᄒᆞᄂᆞᆫ劉景濬시가被選되얏ᄂᆞᆫ되該시ᄂᆞᆫ元來敎育에獻身ᄒᆞᆫ者로該校에責任을又擔ᄒᆞ얏슨즉普校ᄂᆞᆫ自此로興旺ᄒᆞ리라고輿論이有ᄒᆞ다더라

●吳氏寄附 甑山郡澤川居紳士吳京祚시가敎育에熱心ᄒᆞ야江西郡基督靑年學校에金五圜을寄附ᄒᆞ얏다더라

●載寧日新 黃海道載寧郡守署理郡主事정健裕시ᄂᆞᆫ該郡有志紳士諸시와각面々長을熱心指導ᄒᆞ야壹郡學務會를組織ᄒᆞ고各학校의維持方針과학部認許規則을不暇職論하야該郡학界가太有進就之望이라고讚頌不已ᄒᆞᆫ다더라

●汶門盛事 黃海道장連郡장陽동ᄂᆞᆫ本來顯시가自作一村이라自革新以來로敎育發達에有意ᄒᆞ야학校를創設ᄒᆞ며多聚財錢ᄒᆞ야各학校에補助ᄒᆞ고又去月分에ᄂᆞᆫ宗中에셔雅允澤시를日本으로派送ᄒᆞ고학費를擔當ᄒᆞᆫ다더라

◉感荷義捐 南陽郡八灘面面장尹必求氏가金一圓을本社에寄附ᄒᆞ얏슴기玆에感意를表ᄒᆞ노라

▲鉄中惡鉄▼

▲地方長은더責任이重ᄒᆞ니人師帥로다承上接下宣化ᄒᆞ야民安政乂ᄒᆞᆯ디인대晉州觀察黃鐵이ᄂᆞᆫ壹般敎令反是ᄒᆞ야貪虐으로爲主ᄒᆞ니哀彼殘民何罪런고不法行政臚列ᄒᆞ야當局者에ᄒᆞ노라

▲黃鐵인지狂鐵인지이내말솜드러보쇼勸奬忠孝ᄒᆞᄂᆞᆫ것은朝家常典이아닌가네아모리無似ᄒᆞᆫ들經幄年來崇拜하던彰烈祠를賣喫하야忠烈上더靈魂이依托ᄒᆞᆯ곳업섯스니너의罪하ᄂᆞ가지오

▲黃鐵인지狂鐵인지이내말솜드러보라蠶池堤堰儲水ᄒᆞ야以防不虞ᄒᆞᄂᆞᆫ옛날先王制度니아닌가네心腸은엇지갈니莫重公有되大池를擅許外人塡充ᄒᆞ고共分其地契約ᄒᆞ니너의罪가두가지오

▲黃鐵인지狂鐵인지이내말솜드러보라觀民物傷ᄒᆞᄂᆞᆫ곳이官建義務이아닌가道路修築ᄒᆞᆫ다ᄒᆞ고民屋毁破ᄒᆞ야勸使人民赴役後에段價ᄒᆞ며家價를不給ᄒᆞ슴일가너의罪가세가지오

▲黃鐵인지狂鐵인지이내말솜드러보라人材養成ᄒᆞᄂᆞᆫ것은現時急務이아닌가國家興亡ᄒᆞ고보며快ᄒᆞᆯ줄무엇시나學校勸勉은못ᄒᆞᆯ망정樂育齋의財産을百方으로沮害ᄒᆞ니너의罪가네가지오

▲黃鐵인지狂鐵인지이내말솜드러보라歷權扶殖ᄒᆞᄂᆞᆫ文明基礎이아닌가不法行爲滋甚키로社會에셔聞ᄒᆞ야澄捉官히다ᄒᆞ야작새지經因하야抹殺民權壓制ᄒᆞ니너의罪가다섯이라

▲當局者여々々々危急存亡此機會에善良人材擇用ᄒᆞ야勢盡道窮[illegible]興復難거던地方情形을[illegible]鐵[illegible]聽若不聞掩蔽하니當局[illegible]心膓이여

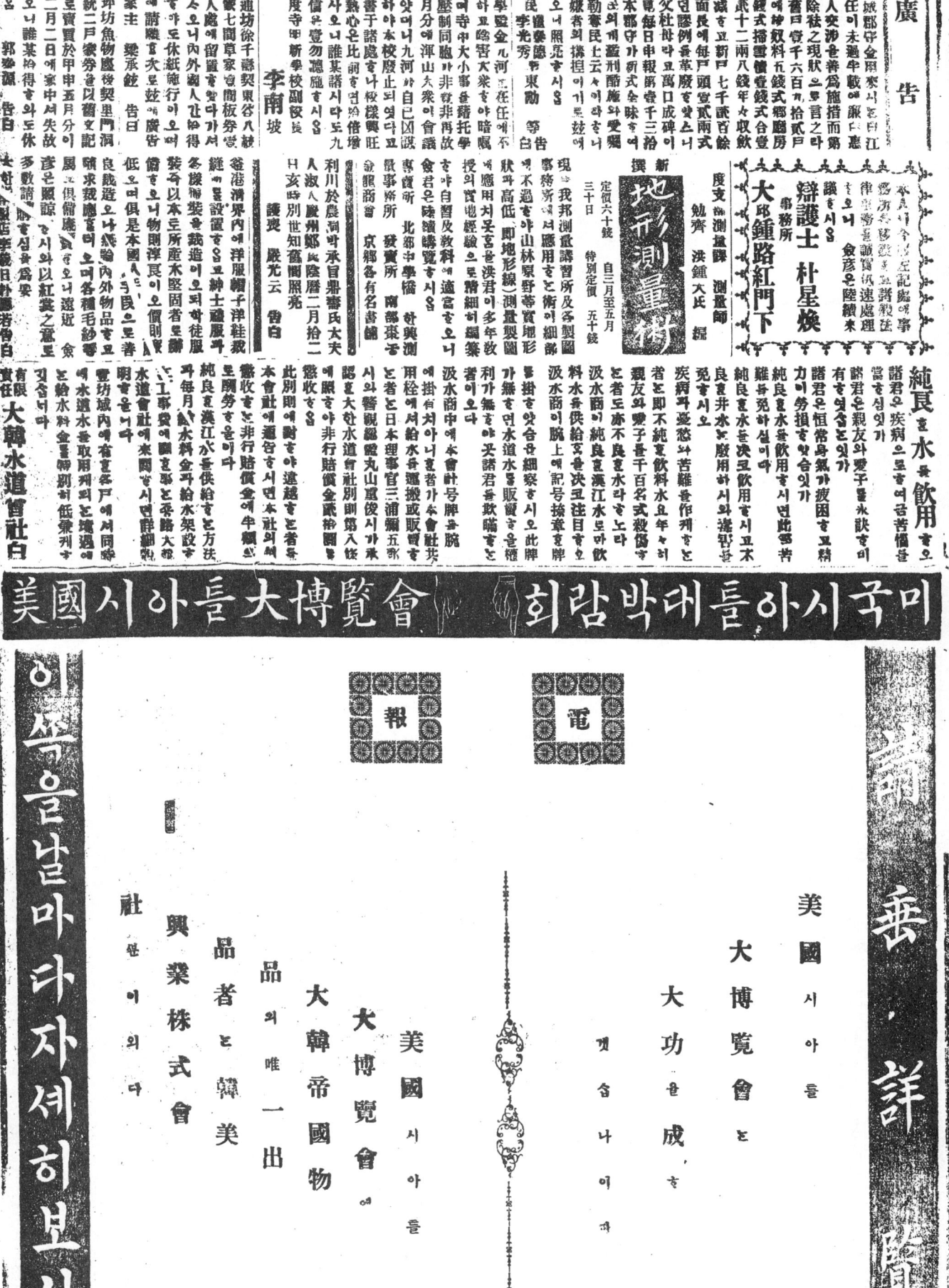

美國시아틀大博覽會　회람박대틀아시국미

廣告

◎生員募集廣告

本校에서 土木建築科及測量科를 設施ᄒᆞ오니 入學志願人은 何日이라도 本事務所로 來議ᄒᆞ와 詳問ᄒᆞ시오

土木建築科
速成科 六個月
高等科 壹個年
特別科 三個月

測量科
速成科 六個月
高等科 壹個年
全夜學 壹個年
特別科 壹個月

京城部 清國領事館通
私立山崎實用土木建築測量籌術製圖學校

本事務所를 左記所에 移置ᄒᆞ고 請囑ᄒᆞᆫ 法律事務ᄅᆞᆯ 迅速處理ᄒᆞᆷ

漢城中部 許屏(신경골) 梓洞 戶

辯護士 洪憲

事務員 韓章鈺

本同業의 今番總會에 結果로 本店總務黃炳保씨 選任ᄒᆞᆫ 代에 會計宋千賢시로 宜川總支店總務李鳳朝시 選任ᄒᆞᆫ 代에 總務黃炳逸시로 兼任ᄒᆞ고 總支店會計를 梁晉明시로 選定ᄒᆞ엿시며 …

南部紅箭門內治商 大成義西片 戶外瓦家四拾間을 放賣ᄒᆞ오니 …

平北龍川楊市商業同事 告白

大清商廣和順 謹白

本所에셔 簿記와 算術 …

日語專門講習所

南大門內 …

國語綴字捷徑

此書는 國文의 字와 綴字法을 速히 曉得케 ᄒᆞᄂᆞᆫ 捷徑인 …

發賣所 鍾路光明書觀

正價貳拾錢

普成專門學校 學員募集廣告

本校에셔 今番 法律專門科學員을 再次 增加募集ᄒᆞ오니 …

試驗日字 三月二十一日 上午十時(陰曆貳月三拾日)

試驗科目 日本校入間專

年齡 二拾歲以上

入學願書用紙ᄂᆞᆫ 本校에셔 請求ᄒᆞ시ᄋᆞ

漢城磚洞 普成專門學校 告白

◎全國內藥商ᄒᆞ시ᄂᆞᆫ 僉位게 大割引大出賣ᄒᆞᆷ

化痰止咳ᄒᆞ고 順氣消滯ᄒᆞ며 水土不服에 奇效가 有ᄒᆞᆷ

內國博覽會에 一等賞을 領受ᄒᆞ얏ᄉᆞᆷ

清心保命丹

痰嗽 積滯 胸腹痛 症 水土不利 霍亂 ……

京城南大門外 濟生堂大藥房本舖

京城南部水閣橋 濟生堂第八分店

大發行所

濟生堂第二支店 濟生堂第四支店 濟生堂第五支店 濟生堂第六支店 濟生堂第七支店 濟生堂第一出張所

◎元山港上里 ◎晉州南門內 ◎馬山港舊城 ◎宣川邑內 ◎大邱達西門內 ◎平壤鍾路

大發行所

濟生堂第一支店 濟生堂第二支店

仁川港內里 開城南門內

學部 檢定 植物學 動物學

初等小學 大韓地誌 大韓歷史

國家思想學 憲法要義

玉虎書林

京城南部銅峴大廣街 …

◎共愛堂大藥房 製造各種藥品發賣廣告

壯陽復元丹

靈丹

清眼水

解瘧至寶丸

神效液

通淋丸

神應丹

清脾丸

養胃散

治痰鎮咳丸

消熱散

清耳液

妙妙膏

能治膏

大腫拔根膏

寸虫去根藥

止泄丸

痢疾藥 齒痛水 解凝膏

各種上等金鷄蝋、東西洋有名賣藥과 洋藥乾材部賣散賣 其他各種藥이 具備ᄒᆞ오니 請求를 依ᄒᆞ야 小包로 隨應ᄒᆞ옵

發行所 皇城南部大廣橋十九統七戶 共愛堂大藥房

漢城鍾路慈惠藥房에셔 官許拜受ᄒᆞᆫ 二十三種封藥과 舊藥鹽材와 草材를 大發賣ᄒᆞ고 且石版印刷機械

光武九年八月十一日 明治四十二年八月十一日 (第三種郵便物認可) 金曜日 西曆壹千九百九年八月拾一日

第七卷

大韓每日申報

第壹千四拾五號

歲月 曜時 及日 發休 刊節

檀君開國四千二百四十二年
箕子元年三千三十一年
大韓開國五百十八年
日本明治四十二年
[illegible]元年
陰曆己酉[illegible]月大廿[illegible]日辛未

Responsible for Publication
Alfred Weekley Marnham.
發行兼編輯人英國人萬咸
發行所
南部石井洞號外地三層洋屋家
大韓每日申報社

論說

◉所謂教育家

人物鑄造의機關手되ᄂ敎育家여 韓國未來의運命符를握ᄒᆫ敎育家여 吾儕가恒常自慰ᄒ되時勢가비록悲慘ᄒ나敎育家가有ᄒ니安樂을覺ᄒᆯ日이必有ᄒ리라ᄒ며恒常自負ᄒ되國力이비록衰弱ᄒ나敎育家가有ᄒ니威光을奮揮ᄒᆯ日이必有ᄒ리라ᄒ야希望ᄒ던바ㅣᄂ但只敎育家ᄲ이러니乃者所謂敎育家가如彼ᄒ니敎育家도已矣로다

大抵韓國敎育界에流行ᄒᄂ敎科書가不規則不正當ᄒᆫ者ㅣ多ᄒ야賣國精神敎育을作ᄒᆷ은吾儕의痛惜ᄒᄂ바ㅣ라

敎科書가外國만崇拜ᄒᆫ文字ㅣ오故로學生이外國만崇拜ᄒ며敎科書가祖國을毁侮ᄒᆫ文字인故로學生이祖國을毁侮ᄒ야支那海日本海의名과嵐崙山富士山의高ᄂ小兒도皆言ᄒ되朝鮮海의名과白頭山의高ᄂ紳士도不知케되ᄂ도다

故로吾儕가敎科書의改良을日日唱道ᄒᄂ바ㅣ러니改良은姑舍ᄒ고又壹大喫驚ᄒᆯ事가出來ᄒ얏도다

近日某々私立학校(漢城內에在ᄒᆫ學校)에서日本敎科書(日文으로著述ᄒᆫ理科等)를使用ᄒᆫ다ᄒ니果然인가

如何ᄒᆫ妨害가有ᄒ며如何ᄒᆫ壓制가有ᄒᆯ지라도敎育家ᄂ生命으로爭ᄒ야國民的精神을鼓ᄒ며國民的實力을養ᄒᆯ지어ᄂ彼ᄂ「不妨害而自妨害不壓制而自壓制」ᄒ야엇지如此其甚ᄒ가嗚乎痛哉라

吾儕ᄂ此輩敎育家에對ᄒ야壹頂針을下ᄒ노라

外國文科書의使用에萬不可千不可ᄒᆫ理由ᄂ贅論ᄒᆯ바ㅣ無ᄒ나今에其大槪만擧ᄒᆯ지라도

靑年子弟의國家思想을消滅ᄒ야外國語를自國語로認ᄒ며外國文을自國文으로信ᄒ야浸々然外國을自國으로知ᄒᄂ觀念을養成ᄒᆯ지니此其不可者ㅣ一이오學生의學業進步를妨害ᄒ야「例如物理라ᄂ語를한語로敎授ᄒ면물리라ᄒ면物理인줄卽知ᄒᆯ지어ᄂ日語로敎授ᄒ야붓즈리라ᄒ며此를韓語로更譯ᄒ야此가卽한語로물리라ᄂ語라ᄒᆫ後에야於是乎物理인줄始知ᄒᆯ지니此乃腦力을倍消ᄒᆷ이라」壹日에了解ᄒᆯ者면二日에야了解ᄒ며二日에了解ᄒᆯ者면四日에야了解ᄒᆯ지니此其不可者二오自國의國民經濟를消耗ᄒ야壹國金錢을分錙이라도外國冊肆로走去케ᄒᆯ지니此其不可者三이오況此風이傳染ᄒ야一般敎育界가日文敎科書를用ᄒ면畢竟大韓帝國々文은其種이滅ᄒ야日人某의所謂한國은固有ᄒᆫ國語도無ᄒ다ᄂ語가實言을成ᄒᆷ에至ᄒᆯ지니此其不可者四라

嗚乎라彼官立公立學校의敎科書如何ᄂ吾儕가忍言ᄒ야無ᄒ거니와所謂私立學校에서엇지此를忍爲ᄒᄂ가

彼가必曰只今韓國이日本의文明을輸入ᄒ나니日語를知ᄒᆷ이必要ᄒᆫ지라日本敎科書를用ᄒ면壹邊으로ᄂ學術도了解ᄒ고壹邊으로日語도了解ᄒᆯ지니此가엇지不可ᄒ가ᄒ지나此ᄂ不然ᄒ니日語了解ᄂ外國語課程이自在ᄒ거던엇지此를取ᄒ며彼가又必曰只今韓國은新學術의艸創時代라精美ᄒᆫ敎科書가本無ᄒᆫ則不可不日本敎科書를用ᄒᆯ必要가有ᄒ다ᄒᆯ지나此又不然ᄒ니한國에日語能通者도許多ᄒ며日文能通者도許多ᄒ며翻譯家도有ᄒ며著述家도有ᄒ며活版所도有ᄒ거던精美ᄒᆫ敎科書를譯述ᄒ면엇지精美ᄒᆫ敎科書가無ᄒᆷ을患ᄒ리오

彼日本敎育方法을試看ᄒ라其高等小학校外國地誌敎科書第壹章에大書特書ᄒ되한國은古代부터日本의屬邦이라云ᄒ얏스니彼의搆虛揑無ᄂ實로可憎ᄒ나其학生腦髓에祖國을自尊ᄒ고外國을凌侮ᄒᄂ競性을養成ᄒᆷ은엇지可觀ᄒᆯ者ㅣ아닌가此韓國敎育은其國을自毁ᄒ며其族을自卑ᄒ다가乃竝外國敎科書도使用ᄒᆷ에至ᄒ니此亦敎育家인가

然이나彼敎育家가엇지故意로此를致ᄒ얏스리오不過是壹時錯誤에出ᄒᆫ者니惟望컨대韓國國語敎科書로學生의精神을鼓ᄒ며학生의實力을養ᄒᆯ지어다

詞藻

◉滄海生 知和子

滄海生이나、흐옹。네나왓오나、흥。
博浪沙드러가、요정을닐가나、
아。
어리와、되라、흐응。 知和者를
시구、흥。

特別廣告

德國일버펠드地方에在ᄒᆫ파벤파부리켄、故프레드、베이어會社ᄂ世界上에最大ᄒᆫ各種染色料製造所인대 多少無掛慮ᄒᆫ商賈輩가世人의善知之ᄒᄂ本社의麒麟과兩女의

商標等을僞造ᄒ며又彼輩가聲이顯著ᄒ고品質이最良ᄒᆫ本社의紫色料와藍靑色料外他價額이低ᄒ고價値가無ᄒᆫ色料로써替換攙入ᄒᄂ事가有하며

韓人及淸人商業家諸友ᄭᅴ서特別注意ᄒ시기를懇乞ᄒ나이다

其僞造를特히注意ᄒ시오

且(順全隆)三字를擇用ᄒ시옵

此ᄂ本社의淸國地方에서行用하ᄂ名號이오 此名號ᄂ每筒에書附ᄒ얏습

此外에도德國과其他各地에서登錄ᄒᆫ若干의他種商標가又有ᄒ되此亦皆是本社의淸國地方에서行用ᄒᄂ名號이오 韓國에서도從來로行用하ᄂ바이올

又此外에本社卽일버펠드에、파벤파부리켄、북、프레드、베이어會社의名號와以上에陳列ᄒᆫ各商標等을注意ᄒ시오

特別廣告

本社의用ᄒᄂ木箱子에ᄂ擧皆其兩便에有翼ᄒᆫ獅子가香球를踞ᄒᆫ本社의登錄商標를烙印ᄒ얏습나이다

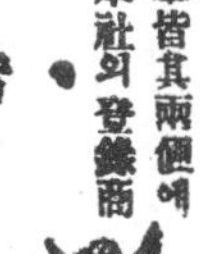

雜報

●海豊困難 海豊府院君尹澤榮氏가年前嘉禮時에多數의債額을負하고尙不淸帳ᄒ야只督이殆甚ᄒ다ᄂ說은已爲屢報어니와追聞ᄒ즉該額이五拾萬圜에達ᄒ야償報無期ᄒᄂ故로日昨北部安洞及碧동에在ᄒ家屋을各債權者의게當場則給ᄒ고相議安勸ᄒ라ᄒ얏다더라

●龍亭茶話 永宜君李埈鎔氏가再昨日에龍山李址鎔氏의打亭에前往ᄒ야茶話會를設ᄒ얏다더라

●賂金鬪官 中樞寺에閑居ᄒᄂ前參書李某ᄂ家勢도素貧ᄒ더인대近日에何以周旋이던지多數ᄒ금額의於音을某大臣에게納付ᄒ고淸州郡守를極力運動中이라더라

●預算支撥 漢城府及各道의豫算은從來로壹個年分을一回에分ᄒ야支撥하더니今回에ᄂ漢城府에對ᄒ야壹個年分을壹時에支撥ᄒ기로旣히作定되얏合으로各道郡의도壹時의支撥ᄒ리이라더라

●恤金支給 內部에서昨年度橫踏罹災ᄒ人民에게救恤金을支給ᄒᄂ事ᄂ已揭어니와茂朱郡居人民에게今明日간又爲支給ᄒ다더라

●花局蕩産 近日에某々太官이中樞院顧問李址鎔氏의校洞私邸ᄂ晝夜會集ᄒ야花套局을大設ᄒ고多數의金錢을相賭ᄒᄂ데就中에蕩産境에至ᄒ者가三四人이라더라

●辯護義務 閔忠正公家에서宋秉畯에게田庄見奪된事에對ᄒ야辯護士張燾劉文煥崔鎭李容相四氏가累朔勤勞에該見奪ᄒ庄土秋收를盡數覓還ᄒ얏ᄂ다發分에手數料도不受ᄒ엿다고諸氏의義務를人皆稱賀ᄒ다더라

●辯護委托裁判 宮內大臣閔丙奭氏가平壤觀察使在任時에人民의財産을多數抑奪하얏다ᄂ說은已爲報道어니와泰川郡居前참書全형羅氏가其時該郡[illegible]으로親務ᄒ던閔氏가全氏를無故히該郡으로移囚하다가末乃에該獄에牢囚ᄒ거날全氏가牢刑을不堪ᄒ야越獄逃避ᄒ얏더니閔氏가全氏의家産田土를沒數抑奪하고猶爲不足ᄒ야全氏의親査金正三氏를捉囚牢刑의多數ᄒ庄土를亦爲勒奪放賣ᄒ事가有ᄒ故로全金兩氏가右該各事로日人辯護士末尾의게委托하야京城地方裁判所에起訴ᄒ얏다더라

●賣闕認許 鷺梁津에在ᄒ西忠祠基址ᄂ元來히四忠臣後裔의數百年傳來ᄒᄂ私有地오國有地가아닌데何許日人이히基址를國有地로認定ᄒ고度支部에請願ᄒ야認許를圖得ᄒ야該基址를勒奪코ᄌᆞᄒᄂ故로히四忠臣後裔趙同默李容善김昇奎諸氏가度支部에前往ᄒ야히基址認許ᄒ理由를屢次質問ᄒ얏다더라

●財長不法 交河郡衙洞面前面長崔憲明氏가公錢을多數犯逋ᄒ고此를充納키爲ᄒ야坡州財務署에게紹介ᄒ야面內에徵斂ᄒᄂ訓令을交付ᄒ고勒捧契約에督促이日甚ᄒ야民難支保ᄒ고民怨이載路ᄒ다더라

●車夫姓名調査 再昨日警視廳에서巡査를派送ᄒ야漢城內外各坊曲人力車夫의姓名을壹壹調査ᄒ얏다더라

●海天孤魂 前參將李하均氏가上海에渡去ᄒ야多年滯留ᄒ러니近日에身病이圖發ᄒ야仍即業世ᄒ얏다ᄂ電報가該氏本家로來到ᄒ얏다더라

●熊川民呼冤 昌原郡舊熊川中里面居民田土四萬七千餘坪이京釜鐵路에犯入ᄒ後에該地段價를政府에서支撥하얏스나每坪에零條四錢을尙不支給하ᄂ故로該地居民李柱榮劉彌祚具廷壹等諸氏가昨日度支部財產整理局에呼冤ᄒ얏다더라

●定賭督納 務安郡西二面兩面에宗正府畓土拾餘石落이在ᄒ바該地農民等이數百年轉相買賣ᄒ야民有地로認定ᄒ고賭錢만每年에葉千餘兩式該府에備納하더니今自該郡財務署로該畓土를壹々調査ᄒ야定賭督納ᄒᄂ故로該郡農民들이嗷々ᄒ다더라

●率困莫甚 前宗正府內藏ᄒᄂ人民이數十戶인대日前에自宮內府로日本人官吏를派送ᄒ야히宗正府內居民을壹齊히移接ᄒ라ᄒ故로히人等이本地困難이莫甚ᄒ다더라

●率眷渡日 前郡守趙某가日間日本에前往ᄒ더니自已에田庄을沒數放賣ᄒ야率眷渡去ᄒ다더라

●日人重傷 去九日頃에長興郡烏城院等地에서義兵數名이統監府에서出張ᄒ日人壹名을放砲重傷ᄒ故로附近病院에서現今治療ᄒ다더라

●全南義兵 三昨日에義兵數百名이全南順天郡에來襲ᄒ야勢甚猖獗ᄒ다ᄂ電報가某處에來到ᄒ얏다더라

●避擾上京 楊州郡守朴永大氏가地方騷擾에因ᄒ을不堪ᄒ야日前에避身上京ᄒ얏다더라

●憲助行悖 楊州郡에駐在ᄒ日憲兵補助員等이行客中頭髮을不剃ᄒ人은義兵千連이有ᄒ다搆誣ᄒ고押留行悖ᄒᄂ故로히地方에ᄂ行路가甚히不便ᄒ다더라

●濟州義兵 昨年七月頃부터濟州島가日人의手로歸ᄒ야ᄂ風說이浪藉ᄒ더니近日의其風說이愈々盛行ᄒ야民心이激昂ᄒ지라히島人民高承天김光壹氏等八名이主將이되야人民六十餘名을叫合ᄒ야히島居留日人을盡殺ᄒ기로決心ᄒ고大靜郡光濟里의鄕會ᄒ야濟州를襲擊ᄒ고ᄌᆞᄒ다가大靜駐在巡査隊와交戰ᄒ얏다더라

●酒造組合 漢城內酒商들이酒造組合所를[illegible]署坊河橋等地에設立ᄒ고度支部와漢城財務監督局의許願ᄒ야內外酒商들이히所에每日會同ᄒ야酒製造方針과就緖周進之道를研究ᄒᄂ中이라더라

●寄籍縱覽 京城孤兒院主李[illegible]兩氏가婦人의知識을勸發ᄒ기爲ᄒ야校洞驛地에婦人寄籍縱覽所를設施ᄒ얏다더라

●火事何多 本月六日午後貳時에忠남洪州警察署部內新昌巡査駐在所巡査休憩所溫突에서失火ᄒ야히房屋이全燒ᄒ얏고本月七日忠北忠州郡南邊面에서失火ᄒ야四名이負傷ᄒ고三名이燒死ᄒ고二戶가全燒하얏고去月貳拾六日午後六時의義州府威化面北下동樂雜貨商ᄒᄂ日人橫山秀次郎家의서失火ᄒ야한人家屋壹座가全燒ᄒ엿고본月三日午前五時의忠남洪州郡北面日溪里의居ᄒᄂ김致順氏家의서失火ᄒ야壹戶ᄂ全燒하고壹戶ᄂ半燒ᄒ엿다더라

●臨聞更揭 申享均氏가中部마洞居ᄒᄂ李聖烈氏의錢財를欺取ᄒ라다가情跡이現露되야京城監獄署에滯囚ᄒ얏다ᄂ說은已報어니와追聞ᄒ則申氏가被囚ᄂ아니되고欺取ᄒ事實은確證ᄒ으로地方裁判所에서現今裁判中이라더라

●解散演說乎 再昨日의平壤警進會支會의서演說會를開ᄒ고演說ᄒ얏ᄂ데傍聽者가三百餘名의達ᄒ얏다더라

●總會指明 太한協會에서三昨日各地方支會에對ᄒ야現今간靜謐ᄒ必守하야外來ᄒ事勢를因ᄒ야不得不應辦ᄒ境遇에ᄂ雖最急切要ᄒ事情이有ᄒ지라도本會의協贊을要ᄒ야發表ᄒ거나或自本會로政府에交涉ᄒ기를必要ᄒ고地方官憲과直接爭詰을不要ᄒᄂ意로指明書를發布ᄒ얏다더라

●韓會總會 大韓協會에서本月拾三日下午壹時에該會事務所에서定期總會를開ᄒ고會務를處理ᄒ다더라

●親睦會況 去日曜日에西北학生親睦會에서西北학會館內에開會ᄒ얏ᄂ대會員來參者가三百餘名에達ᄒ얏고贊成員姜윤熙氏가演說ᄒ後에金翼용氏가答辭ᄒ고仍爲閉會ᄒ얏다더라

學界

●兩氏義擧 平安北道寧邊郡郡主事車國轅시와維新學校校장金贊文兩시ᄂ素以宣望으로時務와教育上에熱心ᄒ은衆所共知어니와今番 大駕西 巡時에數百員學生을領率ᄒ고其經費를自擔ᄒ거시巨額에達ᄒ얏다고한鄕社會의稱頌이藉藉ᄒ다더라

●朴氏熱心 黃海道黃州郡松林面蓮峯里前參奉朴敏濟시ᄂ私立小學校를設立ᄒ고諸般經費를壹擔當에熱心勸奬ᄒ기로학徒가七八拾名에達ᄒ야校況이漸就ᄒ다더라

●金氏熱誠 開城郡培發學校長김宗煥시ᄂ每日學校에出席視務ᄒ며校務擴張하기를紹心ᄒ으로학徒가日加月增ᄒ야校舍가狹窄ᄒ다ᄒ야히시에敎育熱誠을人皆稱頌ᄒ다더라

●南陽文明 南陽郡守金寬鉉시가학校를擴張ᄒ고熱心敎育ᄒ야使民으로捨暗就明케ᄒ미該郡人民들이無不稱頌ᄒ다더라

●長興長興 平安南道安州郡[illegible]面私立장興학校ᄂ有志紳士의設立ᄒ비오抑又從학校를設立이온데總務학珍敎師贊학盧甲龍潤諸시가不憚勞苦ᄒ고晝夜敎授ᄒ야生徒의進就之望이有ᄒ다더라

●下漢測量 中部下漢洞에서測量학校를設立ᄒ고[illegible]高明ᄒ敎師리殷鎬시를延聘ᄒ고生徒를募集ᄒ야實心敎授ᄒ다더라

●鑛民設校 咸鏡南道甲山郡銅礦內에鑛業居生ᄒᄂ諸시가普明學校를設立ᄒ고該鑛民에子女를敎育ᄒ기爲ᄒ야基本金으로捐助ᄒ金額이三千五百元에達하얏ᄂ데其中의리淳祚催達亨吳于大김善五貫元吉諸시ᄂ各其百元式을捐出ᄒ얏고귀校에募集된學徒가三十五名이라將進之望이有ᄒ니鑛民에如此ᄒ美事ᄂ初有ᄒ다고人皆稱頌ᄒ다더라

▲地方消息

▲三月四日本羅州道日坪里東方約二拾里地에서義兵拾名이히地에守備隊兵四名과交戰ᄒ얏다더라

▲運動可觀▼

▲於是乎신上帝에셔化育萬物ᄒ실때에運動으로磨鍊이라帥木叉혼植物로도風雨所遭必動인대萬物最靈사름으로運動力이업슬손가어디셔온鄕人들은遊衣遊食ᄒ누엇다가勢利맛보려되면맛모[illegible]運動일네

▲壯觀일세々々々々閔樊更된단말이近日新聞에盛行ᄒ미南村의某某氏가各自以爲大將으로彷徨曲巡紹介하야東奔西走ᄒ더擧動은滿[illegible]雪따리쏘데뮷登壇者가누구런지大臣運動ᄒᄂ者ᄂ統監府로도라들고

▲壯觀일세々々々々第三道의觀察使가罷井에遞任되ᄂ니新舊黨派勿論ᄒ고各自運動旋로不精神업시往來ᄒ야哀乞ᄒᄂ더擧動은溷厠蚓의파리로다得勢者가누구런지觀察運動ᄒᄂ者ᄂ大臣家로다들고

▲壯觀일세々々々々閣이變更ᄒ고各觀察이遞任ᄒ더니合沙汰ᄒ야郡守의求官輩가履歷을携帶ᄒ고抑鬱ᄒ다呼冤聲은水田亂蛙壹般이라守令運動ᄒᄂ者ᄂ各大臣과各觀察의候補家로도라들고

▲壯觀일세々々々々現政府의大官들은協約以後數三年에勤勞를許多하야功成身退不遠이라壹領御肩ᄒ고보면容息處가어대런가背憂慮ᄒ더擧動은林間驚鳥可憐ᄒ야逃亡穴을選動者ᄂ日本으로도라든다

▲運動者야々々々諸公들의運動ᄒᄂ攻擊ᄒ이아니로되民國形便이런ᄒ게되復讐動생각업고壹身上의私慾으로無廉無恥運動ᄒ니可痛處가이아닌가別別運動다ᄒ여도愛國으로ᄒ랑이면어느누가毁謗ᄒ랴

物貨와校用品其他家用物品을一新俱備ᄒᆞ고地方各학校가以書請求ᄒᆞ시면以小包便郵으로品高價廉而信々酬응ᄒᆞ깃솜　物品如下　肩囊각種　紙石板각色　鉛筆각色　洋服內衣上下　圖畫機각色　印札紙각種　測量機械附屬品　日用雜貨俱備　此요私益도莫過於此라리觀和가石版機械와活版機械를壹新準備햇ᄉᆞ니費만出資而書籍印刷業을同事利分키로廣告ᄒᆞ니速速來議敬要　한城鍾路慈惠書舖리觀化　告白

廣告

本郡松林面蓮峯里前承奉朴敏濟氏ᄂᆞᆫ天然的誠孝로養親에必致其孝이온ᄯᅥᆫ接族에務盡其睦ᄒᆞ고居隣에極施厚意이되昨時內外族戚을壹々分給賚賑ᄒᆞ야各爲營業케ᄒᆞ며隣里에鰥寡孤獨老를每於歲尾에封施米肉ᄒᆞ며貧戶窮春에周給農糧ᄒᆞ며流入當喪에即捐義金ᄒᆞ고本洞特設私立小學校ᄒᆞ고諸般經費를壹自擔ᄒᆞ고熱心勸奬ᄒᆞ니학徒가乃至六七拾名에不啻학校之維持進就라斯人之孝睦慈善은非但人々之稱誦이라不可泯默故로玆以廣告ᄒᆞ오니僉彦同胞ᄂᆞᆫ照亮ᄒᆞᆷ

黃海道黃州郡人邊錫烈等告白

本月十三日(土曜)下午一時에本會事務所內에서定期總會를開ᄒᆞ고會務를處理ᄒᆞ오니僉會員은來臨ᄒᆞ시옴

大韓協會 白

◉測量板機製造

本人이測量板機를正密케製造ᄒᆞ야廉價로發賣ᄒᆞ오니僉君子ᄂᆞᆫ來議ᄒᆞ시옴

西署藥峴三巨里第二百五拾壹統七戶 李完奎 告白

本校에셔二月五日부터測量講習所를設立ᄒᆞ고講師鄭海千을延聘ᄒᆞ야熱心으로晝夜敎授ᄒᆞ오며卒業期限은三個月로固定ᄒᆞ오니有志僉君子ᄂᆞᆫ照亮ᄒᆞᆷ

隆熙三年三月六日

全北古阜郡南鐵測量講習所

校長 崔春奉 鄭海瑾

學監 崔瑞奉 黃鍾允 告白

西部尾洞百壹統拾壹戶李大桂新造紳家六間中許施章與執路中셔失故廣告ᄒᆞ니誰某拾得休紙施行

李俊浩 告白

純良ᄒᆞᆫ水를飲用ᄒᆞ오

諸君은疾病으로ᄒᆞ여곰苦惱를當ᄒᆞ셧ᄂᆞᆫ잇가

諸君은親友와愛子를永訣ᄒᆞ미有ᄒᆞ셧ᄉᆞᆸᄂᆞᆫ잇가

諸君은恒常身氣가疲困ᄒᆞ고精力이勞損ᄒᆞ얏ᄉᆞᆸᄂᆞᆫ잇가

純良ᄒᆞᆫ水를飲用ᄒᆞ시면此等苦難을免ᄒᆞ실이다

純良ᄒᆞᆫ水를決코飲用ᄒᆞ시고不良ᄒᆞᆫ井水ᄂᆞᆫ廢用ᄒᆞ시와毒害를免ᄒᆞ시오

疾病과憂愁와苦難을作케ᄒᆞᄂᆞᆫ者ᄂᆞᆫ即不純ᄒᆞᆫ飲料水오年々히親友와愛子를千百名式殺傷ᄒᆞᄂᆞᆫ者도亦不良ᄒᆞᆫ水라ᄒᆞ노라

汲水商이純良ᄒᆞᆫ漢江水로만飲料水를供給ᄒᆞᆷ을決코注目ᄒᆞ오

汲水商이腕上에記号捺章ᄒᆞᆫ牌를掛ᄒᆞ얏ᄂᆞᆫ지細察ᄒᆞ시오此牌가無ᄒᆞ면水道水를販賣ᄒᆞᆯ權利가無ᄒᆞ야곳諸君을欺瞞ᄒᆞᄂᆞᆫ者이오다

汲水商中에本會社号牌를腕上에掛치아니ᄒᆞᆫ者가本會社共用栓에셔給水를運搬或販賣ᄒᆞᄂᆞᆫ者ᄂᆞᆫ日本理事官三浦彌五郎시와警視總監丸山重俊시가承認ᄒᆞᆫ大韓水道會社別則第八條에照ᄒᆞ야非行賠償金貳拾圜을懲收ᄒᆞᆷ

此別則에對ᄒᆞ야違越ᄒᆞᆫ者를本會社에通告ᄒᆞ시면本社의셔懲收ᄒᆞᆫ非行賠償金에半額으로酬勞ᄒᆞ올이다

純良ᄒᆞᆫ漢江水를供給ᄒᆞᄂᆞᆫ方法과每月給水料金과給水架設ᄒᆞᄂᆞᆫ工事費에關ᄒᆞᆫ事ᄂᆞᆫ委路大韓水道會社에來問ᄒᆞ시면詳細說明ᄒᆞ올니다

豐坊城內에有ᄒᆞᆫ各戶에셔同時에水道水를取用케ᄒᆞ면ᄂᆞᆫ境遇에ᄂᆞᆫ給水料金을特別히低廉케ᄒᆞ깃ᄉᆞᆸ니다

有限責任 大韓水道會社白

美國시아틀大博覽會 미국시아틀대박람회

請垂詳覽

本會社가新成立ᄒᆞᆫ以來로事多草刱ᄒᆞ오며世人이詳解키不能ᄒᆞ야疑惑을抱ᄒᆞᆫ者ㅣ或有ᄒᆞ더니今에ᄂᆞᆫ漸次로本社의目的과行動이世界에實布되야多大ᄒᆞᆫ同情을得ᄒᆞ야事務가日就整頓ᄒᆞ오니寔幸이외다本社의目的即成立의原因은前告ᄒᆞᆷ과如히韓美兩國間商業上連絡의通路를創造ᄒᆞ고저ᄒᆞᆷ이오니本社에셔此目的에對ᄒᆞ야少有疎忽이면此ᄂᆞᆫ即本社에셔信用을自抛ᄒᆞᆷ이로다

美國시아틀市ᄂᆞᆫ와싱톤道에在ᄒᆞᆫ太平洋沿岸에重要ᄒᆞᆫ商業的都會地이온ᄃᆡ本年六月壹日로부터該市에셔萬國大博覽會를開ᄒᆞ옵나이다

此大博覽會의資金은二千萬圜의巨額이오며出品物種의價額은壹億萬圜에達ᄒᆞ오니其設費의宏大ᄒᆞᆷ과出品의壯麗ᄒᆞᆷ을可히想像ᄒᆞᆯ지로다

該博覽會地段은三拾萬坪이온ᄃᆡ十二大建築의出品陳列館과其他多數ᄒᆞᆫ家屋을建築ᄒᆞ얏ᄉᆞ니空前絶後ᄒᆞᆫ壹大博覽會라可稱ᄒᆞᆯ지며太平洋에有關係ᄒᆞᆫ諸國은出品치아니ᄒᆞᆫ國이無ᄒᆞ오이다

然이나該博覽會에韓國物品도陳列될ᄯᅥᆫ지否라韓國政府의出品을預備ᄒᆞᆫ다ᄂᆞᆫ事를未聞ᄒᆞ얏습니다然이나民間에셔經營ᄒᆞᆫ다ᄂᆞᆫ言도無ᄒᆞᆫ바前陳ᄒᆞᆷ과如히本社의名稱으로만看ᄒᆞ여도韓美兩國間商業關係를擴張ᄒᆞᆷ은本社의義務오責任이라本社ᄂᆞᆫ韓國을爲ᄒᆞ야시아틀大博覽會에世界各處로부터合集ᄒᆞᄂᆞᆫ累百萬人에게韓國物産及手造品을縱覽케ᄒᆞ며賣却도ᄒᆞ야韓國에셔도善良ᄒᆞᆫ美術과技能이有ᄒᆞᆷ을顯布ᄒᆞ야此博覽會의功效로ᄒᆞ야韓國商工業을開發ᄒᆞᆯ터이오니此ᄂᆞᆫ本社에셔此博覽會에出品ᄒᆞᆷ이韓國의永遠ᄒᆞᆫ幸福이될지로다

本社에셔出品時에韓國僉彦中에勿論某物ᄒᆞ고本社에委任ᄒᆞ실境遇라도盡心處理ᄒᆞᆯ터이외다( )敢壹言ᄒᆞ고本社에셔今回出品ᄒᆞᆷ의目的은

壹　全世界에對ᄒᆞ야韓人이能製造ᄒᆞ며能有爲ᄒᆞᆷ을表示ᄒᆞᆷ이오

二　韓國物品을美國에夥數로輸出ᄒᆞ야商業上利益을增進ᄒᆞᆷ이라

本社ᄂᆞᆫ日就擴張ᄒᆞ고漸益鞏固ᄒᆞ야永久ᄒᆞ라도不能侵ᄒᆞ게되얏ᄉᆞ오나然이나現今實力으로ᄂᆞᆫ希望과如히此博覽會에完美ᄒᆞᆫ出品物을獨力으로經營키姑難ᄒᆞ와如左히方法을決定ᄒᆞ얏ᄂᆞᆫ바迄今ᄭᅡ지ᄂᆞᆫ本社에셔捐株(每株拾圜)以下의株金은不受ᄒᆞ얏ᄉᆞ오나此規則을姑除ᄒᆞ고履行ᄒᆞ깃사오나時期ᄒᆞᆫ境遇에ᄂᆞᆫ特別ᄒᆞᆫ方法을應用ᄒᆞᆷ이必要ᄒᆞᆫ지라韓國國民의代表로幾倍利益을獲得ᄒᆞᆯ此博覽會의出品을盛大히ᄒᆞ며衆人의心力을聚ᄒᆞ기爲ᄒᆞ야限壹千株ᄒᆞ고十株以內雖壹株라도株金을酬受ᄒᆞ깃ᄉᆞᆸᄂᆞ니此出品物은利益으로만論ᄒᆞ야도厚利가有ᄒᆞᆯ터이오며此에對ᄒᆞᆫ利益配當ᄒᆞᆷ은博覽會의閉會ᄒᆞᆫ後에ᄂᆞᆫ即時分呈ᄒᆞ게될計劃이오며此機를乘ᄒᆞ야美國에韓國物品을引進ᄒᆞ야本社의將來商路를開導ᄒᆞ야夥多ᄒᆞᆫ定期利益配當을分排ᄒᆞ게됨이的確ᄒᆞ오이다應募　僉彦은該附近에在ᄒᆞᆫ本社代理人(氏名在下)과通信送金ᄒᆞ야本社代理人에게臨時領受證을領受ᄒᆞ시거나本社와直接으로銀行換或郵換으로送金ᄒᆞ시면本社에셔株劵을即時繕呈ᄒᆞ오리다請勿遲延ᄒᆞ시오應募코져ᄒᆞ시ᄂᆞᆫ僉彦ᄭᅴ셔有疑ᄒᆞ시면即今應募ᄒᆞ시오此ᄂᆞᆫ大利益이有ᄒᆞᆯ뿐不是라即僉彦이　僉彦의國家와僉彦의自己와僉彦의壹家에對ᄒᆞ야擔當ᄒᆞᆫ責任이오義務ᄒᆞ리라本社에셔出品物을準備하기爲ᄒᆞ야多少時日을費ᄒᆞ깃ᄂᆞᆫ故로株金領受期限은今月三十一日內로定ᄒᆞ깃ᄉᆞᆸ고此限後에ᄂᆞᆫ捐株以下의株金은謝絶하깃ᄉᆞᆸ니다

以上仰陳ᄒᆞᆷ에對하야詳細事現을更知코져ᄒᆞ시ᄂᆞᆫ　僉彦은本社에通信ᄒᆞ시되速々히ᄒᆞ시고少勿遲延ᄒᆞ시옵

大韓帝國의商業及工業의宏大히振興ᄒᆞᆷ을顒祝ᄒᆞᄂᆞᆫ

韓美興業株式會社　謹啓　大韓京城郵便局郵函第四十号

(美國이리소나道法律認可韓美國總會事務所登錄)

本社의各處代理人의氏名은如左ᄒᆞᆷ

開城代理人　開城南門內雜貨商店　金東宣
平壤代理人　平壤大同門內　鄭基煥
咸興代理人　咸興西門外　盧昊洙
馬山浦代理人　馬山浦客主　孫德宇
元山代理人　元山港　金以文
淸津代理人　淸津港　張樂臣
水原代理人　水原北部長安洞　金유東
安城代理人　位置未定　水原北部長安洞　金유東
沙里院代理人　位置未定漢城東部往十里旺新學校內　邦元重
金田代理人　位置未定漢城中部　李孝植
海州代理人　位置未定漢城西部麻浦二拾二統五戶　吳惟泳
天安代理人　位置未定　水原北部長安洞　尹聖求
群山代理人　群山大井洞　韓相益
全州代理人　位置未定　漢城西部阿峴二百四二統　戶　金竹峰

이쪽을다자세히보시오

廣告

本人等이僑以流民으로本港에身托役夫하고命도窮賃沒恒産하고居無宜家하야轉到이오나止無舍宅에難免豈身之凄凉이오恤無親戚에自掃窮之孤屑하야病焉而傍無救療之人則或非命而橫逝하고死焉而後無收斂之人則亦多未露而露尸하오니哀此隻身이即是殮具蔽物이다온萬伏念各港口에皆有募軍團하야護生送死에別立科條라하옵기에本人等에本港前監理리繼榮시在任時에他港例設團立科之意로請願認可하야建築舍屋而名之曰承保사라하고著成條件하야各修兄弟之好而禁防閑之弊하며病則救療하고死則埋葬하야使此幽明간으로使之無憾케하온즉自是之後로散在各姓之民이同歸壹室之人也라昔者에隣家接遠터니今焉有家依恃하고當時에無親孤單터니今則[illegible]救恤하야顧此客地孤跡이無異鄉山之舊也라然而當初에本사建築時에夥多債款에報償키為하야運爲收議中이옵더니利運사役夫도乃是壹사々員으로不顧本社之傾覆하고但循抑梁洞之私情하야自鼓都中으로明太每個運貯貨價錢二錢內로四分式鼓洞에擅自補助인바現今社債款이旣歸至庭에必報乃已오且以本社로夜學校를設施하야使此愚昧한勞働으로叔麥을辨하고發達에終末코저하나資가이無하와有志經月에來就今日이라鼓洞補助를更勿擧論하고右錢에分을收納本사하야債款도淸帳하며校費도補用하기로金港役夫什장이聯名書를提出하야利運都中에知悉하고

自今年壹月로노동錢四分을收入하사하야報償數爻며校費多少를計爲磨鍊하며辦紗認許을已承本府인데囑彼草梁洞人이擧是私立學徒之父兄也라右錢四分우補助學校라하고洞人百餘名이誘引學徒하야嘯聚作黨에自擬無憚으로衆擾公庭하미自官으로本社任員을來待之敎이옵기本社摠務長姜文輔시가躬進本府하야說明事由하고返還之路에作黨中悖類金聖弼崔成玉으로本사數千名代表摠務장을結縛打殺이라하고擊破冠宕하며打빈血流之場에本人等도伊時在傍이라欲並彼摠務장이强挽不行이온바伊時警署로巡査가出來하야招致兩漢하야査問留置이옵기忿完莫禁이나敎育父兄의不似하行倉을何以並之乎아上項補助四分이未過壹周에四千六百三十八兩五錢二分에達하지라以若勞働之實賃으로何可謂盡其誠力인되壹無致賀之說하고反以秦求無已之慾으로成群聚黨하야封人奪財之擧가是何敎育界之綱紀中開明世之法理乎아以若勞働者之賃錢으로他學校에補助하고本社屋을不顧하음이列國世界에何有하지敎學徒父兄을으亦毛도不動하고勞働補助만永久專恃하야若是威脅하며倫非剽奪之弊耶아草梁人之做計가萬不近理이기玆에廣告하오니內外國僉尊은均燭하심을伏望

隆熙三年三月六日

釜山港永信사役夫十장　李仁五　李德順　具士連　金春化　李漢汝　朴明善　金士賢　남正수　朴士玉　朴明彦　朴甚五　金大澄　정君五　等告白

◎학員募集廣告

本校에서土木建築科及測量科를設施하오니入학志願人은何日이라도本事務所로來臨하와詳問하시오

土木建築科	
速成科	六個月
高等科	壹個年
特別科	三個月
測量科	
速成科	六個月
高等科	壹個年
全夜학	壹個年
特別科	壹個月

京畿部淸國領事館通
私立山崎實用土木建築測量算術製圖학校

本同會의今番總會의結果로本店總務黃菊保시遞任하고代에會計宋子賢시로宜川總支店總務李鳳朝시遞任하고代에總辦貫菊遂시로代任케하고總支店會計金梁奎明시도選定하엿시며業務擴張키爲하야各同事員이각各擔任하고資本을倍增하야陰四月內로增募키로決定하엿사오니僉同事員은極力募集하심을伏望

平北寧川楊市商務同事　告白

安仁車

聖書繙譯會委員李昌植시譯述하고蓮洞敎會長老李明赫시校閱하신聖書總論을本館에서發售하옵는바此書는道德心培養하는良師일뿐아니라壹般士女의知識을啓發하더이오니陸續來購하시옵

新舊書籍과歐美雜貨及學徒需用品을俱備發賣하옵

皇城東部梨峴統屏隅

普成 救書館 告白

慶北大邱郡東面柏山洞達明測量學校에서卒業式을擧行하온바優等生의如左함

崔光潤　朴在英　崔貳潤　權正學　朴準鉉　朴春植　金英顯　金暎坤

私立達明測量학校　告白

普成專門學校學員募集廣告

本校에서今番法律專門科學員을募集하오니願학僉員은左記에依하와應募하시옵

募集增加

試驗　壹　二十一日上午十時(陰曆二月三拾日)　三月

試驗科目　本校에問함

年齡　二十歲以上

入學請願書用紙는本校에서購求함

漢城磚洞普成專門學校告白

國語綴字捷徑

此書는國文綴字와語法을詳細히曉得케하고捷徑인故로爲先他人의誤書하는것을辨驗明하고國文每字上下字를相較하야明分하고國語를學習에初學生徒와國語科에適合하오니僉彦은陸續購覽하심을

定價貳拾錢

原著者　平壤　鍾路光明書觀

本人이今般左記處에事務所를移設하고諸般法律事務를誠實迅速處理하오니僉彦은陸續來議하시옵

辯護士　朴星煥

事務所　大邱鍾路紅門下

南部紅門內淸商文成泰西片戶外瓦家四拾間을放賣코저하여玆以廣告하오니願買者에여던銅峴大淸商會和順號로來議하심을望함

大淸商會和順　謹白

地形測量術

新撰

度支部測量課　測量師　勉齊 洪鍾大氏 編

定價六十錢　特別定價五十錢　自三月至五月三十日

現今我邦測量講習所及各製圖事務所에서應用하는術이細密에不過하야山林原野等實地形에應用치못함을洪君이多年敎授에實地經驗으로精細히編纂하야自習及敎科에適當하오니僉君은陸續購覽하시옵

發賣所　北部中學橋　하興測量事務所　南部棗洞　金龍商會　京鄉名書舖

釜港淸界內에洋服帽子洋鞋裁縫所를設置하옵고紳士禮服과各樣軍裝을裁造하며本학徒服裝을以本國所産으로堅固하게備하오며物則精良이오價則廉低오며俱是本國人手段으로善良裁造오나紙論內外物品하고請求裁縫하더며各種毛紗等屬도俱備廉賣하오니遠近僉彦은照諒하시와以紅裳之意로多數請購하심을爲要

セ한洋服店李義日朴若告白

緊急廣告

中部長通坊徐千壽契瓦家八統拾戶瓦家七間草家四間板分壁을他人處에留置하였다가遺失되앗사오니內外國人간에得與執하야도休紙施行이오며漢城府에請願하엿도玆에廣告함

家主　梁承鉉　告白

◎共愛堂大藥房製造各種藥品發引表

壯陽復元丹　此藥專治腦弱肺弱房事色慾心腎虛弱遺精多夢陽痿不起病後虛弱不下飲食先天不足眩暈頭痛等症에並妙效가有함　壹週分壹圓二十四錢　二周分一圓八拾錢　四週分三圓四拾錢　六圓二拾錢

靈丹　壹般滯症胃腹痛消化不良心神鬱悶船車酒醉化痰止咳口熱惡臭食慾不振等症에並神效　修度

淸眼水　壹般眼疾時行眼疾發熱眼疾羞明流淚眼內紅痒等症에撥雲見天之妙　壹瓶금[illegible]　眼科聖藥

解瘧至寶丸　專治瘧疾即氣虛瘧遠年瘧[illegible]雖難治之瘧이라도永々祛根　壹包[illegible]

皮膚藥效液　特治皮膚病疥癬옴皮癬諸般痒疹두두러기옷올니데에神效　壹瓶[illegible]三십전

石淋通淋丸　急慢淋疾赤白帶下膀胱炎症기타外他淋疾性症에神效　壹劑[illegible]

梅毒神應丹　楊梅瘡에貴與二[illegible]三期[illegible]하고確實이오連珠瘡疳瘡等에妙效　壹劑金[illegible]

新藥淸脾丸　專治小兒壹般腹病便[illegible]大有奇效　一匣[illegible]

久滯養胃散　專治久滯積吞酸吐瀉霍亂胃腹痛大便不順等症에奏效如神　壹貼[illegible]

治痰鎭咳丸　專治大人咳嗽喘息痰涎등症에妙效　三日分壹匣금三十錢

消熱散　感冒時氣寒熱咽喉疼痛[illegible]四肢節痛似瘧非瘧等症에特効　壹貼금[illegible]

淸耳液　專治耳病中耳炎耳내灼熱[illegible]濃液流出等症에神効　壹瓶금[illegible]

妙妙膏　風寒濕氣胸肩背痛牽引疼痛腰膝脚腿酸痛骨節疼痛等症에如神　白貼　금[illegible]

能治膏　各種腫氣小兒胎毒부스럼瘰癧等에並神効　壹匣금[illegible]

大腫拔根膏　大小腫에根째拔하오니神効　價금十錢

解凝膏　멍울삭히는약　價금十錢

寸虫去根藥　價금十전

齒痛水　價금七전

止泄丸　滯泄暑泄神効　價금[illegible]

痢疾藥　赤白痢에神効　價금[illegible]

各種上等金鷄蠟、東西洋有名賣藥、洋藥乾材都賣散賣其他各種藥이具備하오니請求를依하야小包로隨應하겟습

發行所　皇城南部大廣橋十九統七戶　共愛堂大藥房

光武九年八月十一日 第三種郵便物認可 土曜日 西曆壹千九百九年三月拾日 (三)

大韓每日申報

第七卷 第壹千四拾六號

月曜及日曜休刊
發行所

Responsible for Publication Alfred Weekley Marnham.
發行兼編輯人 英國人 萬咸

別報

◎教科書檢定調査의着眼處

學部에서各학校敎科用圖書를檢査하는대當하야左記二方으로審査하는方針을取하얏더라

▲政治的方面 此方面에서는左記諸點에着眼하니 (壹)韓日關係幷兩國親交를阻害하며又誹謗하는事가無한지 (二)韓國國是에戾하야秩序安寧을害하고國利民福을無視하는듯한說이無한지 (三)韓國固有한國情에違하는듯한記事가無한지 (四)奇矯하고偏狹한憂國心을鼓吹하는事가無한지 (五)排日思想을鼓吹하고又韓人이日人並他外國人에게對한惡感情을抱케하는記事及語調가無한지 (六)其他言論이時事評論에涉한事가無한지

▲社會的方面 此方面에는左記諸點에着眼하니 (壹)淫猥或風俗을壞亂케한듯한言辭及記事가無한지 (二)社會主義와其他社會平和를害하는듯한記事가無한지 (三)妄誕無稽한迷信에屬한듯한記事가無한지

▲教育的方面 此方面에는左記諸點에着眼하니 (壹)記載事項에誤謬가無한지 (二)程度分量及材料의選擇은敎科書에目的한事件에適應한지 (三)編述의方法이得當한지

昨年에頒布한敎科書檢定規程을依하야今日까지學部에檢定을請願한書籍中에不適當한것으로認한것이不少한대今에前記한方針을依하야此等書籍을檢閱한槪況을左에述하노라

爲先敎育的方面으로觀察하야欠點의重한것을擧하건대 (壹)記事內에誤謬가不少한事 (二)材料의選擇又叙述의體裁가得當치못한者가多한事 (三)編述의組織이穩當치못한事 (四)分量程度가適當치못한事 (五)措辭가甚히不用意한事

記事의誤謬는敎科書에此를許치아니함은今에更論함을要가無하고第二項에就하야試하건대修身敎科書中의常例를擧하야說明한진대修身敎科書의多數는假令普通學校(小學校)에서用하는것이나修身齊家等에關한日常近易한事項을爲主치아니하고反히高한又國家法律義務等項目을揭載하야抽象的으로學徒의理會에困難한意見을論述한것이不少하니如此한叙述의體裁와材料의選擇이皆是得當치못하얏다謂할지라何者오元來初等程度의修身書는專主히孝悌忠信禮義廉恥等人生의必須한諸德을說하고其次에勤勉學日常實踐할事項을誨하며同時에特히近한社會에處하는必要한各種道德을加함이可한지라然而其叙述의方法은可及的으로卑近한材料를選擇하야平易適切히說明함으로其本領을作하고國家法律에關한事項又한것은學徒의知識이漸進한學年에便宜히國民의生活上緊要한責務의意義를訓示的으로指示함에止할거시오決코近日敎科書中에屢々發見함과如히高尙한法理의說明에涉치못할것이오其他欠点은本是技術의巧拙함에關한것인즉可及的으로此를寬大히處理하고又懇切히編纂者에게指示하야修正케하면足할것이니將來韓國學界의進步와共히漸次改善하는域에進함을可信이라然而玆又壹件注意를要할것은近來日本과又其他外國의敎科書를繙譯하야使用하는것이不小한데此種著書中에는往々韓國의國是와人情에適合치못한事項을不拘하고그대로引用함을不憚하는故로極히危險하고矛盾한思想을注入하야靑年학徒를誤케하는事가不無하니此亦是壹毫도寬假함이不可하고

社會的方面으로觀察하야는今日까지適合치못한것을發見한事가比較的으로少數하나現今各國社會에彌漫하야危險한社會主義와又或此와類似한思想의纂入함은不可不極力防止할것이오特히現時의韓國은上下를擧하야思想의動搖變轉이頗甚하야極히危險한狀態에在하니實노輕跳命激遊惰滔逸迷信固陋等의嫌疑가有한言論은斷然排斥하야不可不靑年학徒로하야금穩健着實한풍에向케할지라是는此方面의審査에最히愼重을要하는바이오 「未完」

詞藻

●敬和每日報 新島生 猿猿曲

알미운잔나비、호옹。왜왓다왜빼나、홍。
개장잔셧거다、감장콩좀주마아。
御李花、됴타。~호옹。赤和者丘쿠ㅡ、홍。

雜報

◉李完用의辭職 總理大臣李完用氏ᄂᆞᆫ再昨日午後三時에辭表를提出ᄒᆞ얏ᄂᆞᆫᄃᆡ曾彌副統監이此를退却ᄒᆞ고即時其事由를伊藤統監에게打電ᄒᆞ얏스나아직返電이無ᄒᆞᆫ지라말일統監의意向에由ᄒᆞ면新立內閣을組立ᄒᆞᆷ에至ᄒᆞᆯᄂᆞᆫ지도未知라더라

◉閔氏歸國 日本에滯留ᄒᆞ던宮大閔丙奭氏의一行이去十日에出발ᄒᆞ얏ᄂᆞᆫᄃᆡ拾七日頃에歸國ᄒᆞᆫ다더라

◉酒艸稅規則 本年에制定ᄒᆞᆫ酒草稅規則에關ᄒᆞ야外國人의게도賦課ᄒᆞᆫ다ᄂᆞᆫ明文은無ᄒᆞ나條約上의證ᄒᆞ면外國人居留地雜居地로認定ᄒᆞᆫ地方을除ᄒᆞᆫ外로ᄂᆞᆫ稅則의適用을受ᄒᆞᆯ터인故로稅를同一히賦課ᄒᆞᆫ다더라

◉陵官加設 去番陵官減額ᄒᆞᆫ時에高陽郡西三陵陵官도豊體減省ᄒᆞ고參奉貳人만仍存ᄒᆞ얏더니何事件인지未知ᄒᆞ거니와同陵에ᄂᆞᆫ參奉貳人을加設ᄒᆞ기로現今宮內府에셔擬議中이라더라

◉河船社請認 趙到淵等某某氏가日人幾名과合資營業ᄒᆞᆯ次로保證金二萬圜을預辦ᄒᆞ고河船運輸會社를設立ᄒᆞᆯ意로農商工部에請願ᄒᆞ얏더니해部에셔說明ᄒᆞ되同金額을不日納上ᄒᆞ면即速認許ᄒᆞ깃다ᄒᆞ며日人側에셔ᄂᆞᆫ壹萬圜을已爲準納ᄒᆞ고韓人側에셔ᄂᆞᆫ七千圜만繳爲準備ᄒᆞ고三千圜은尙不辦得ᄒᆞᆫ故로해副사長俞兢煥氏가現今極力周旋中이라더라

◉士林辨明 何許日人이四忠祠基址를度支部에承認ᄒᆞ야勒審査저ᄒᆞᆫ다ᄂᆞᆫ說은已爲報道이어니와해事件에對ᄒᆞ야漢城內紳士甫가度支部의列名呈訴ᄒᆞ야해祠基址가確的히四忠臣後裔의私有地됨을辨明ᄒᆞ얏다더라

◉質問公函 去二十日에大韓協會晉州支會에셔三川浦治道事에對ᄒᆞ야해觀察黃鐵氏가해治道에犯入ᄒᆞᆫ田段及家屋의價額과人夫의役價를支給지아니ᄒᆞ고强迫就役케ᄒᆞᆷ으로質問書를提出ᄒᆞ얏더니壹週日을經過ᄒᆞ도록如何ᄒᆞᆫ回答이無ᄒᆞᆫ故로再次公函ᄒᆞ얏다더라

◉商會答辯 度支部臨時財産整理局債務課長管田勇이가京城商業會議所에知事人을請ᄒᆞᆫ故로副頭成文永書記長崔敬淳兩氏가往訪ᄒᆞ얏더니해司七宮員役에게下給ᄒᆞᆫ皇室償務ᄂᆞᆫ請求ᄒᆞᆫ結果로請求額에對ᄒᆞ야四分零假量만給與ᄒᆞ기로ᄒᆞᆫ바該員役等이官廳에셔處理ᄒᆞᆫ理由를未解ᄒᆞ니貴會議所ᄂᆞᆫ該商民等에對ᄒᆞ야誤解가無ᄒᆞ게ᄒᆞ라ᄒᆞ거ᄂᆞᆯ成文永氏가答ᄒᆞ되本會議所에셔ᄂᆞᆫ迅速히下給ᄒᆞᆷ을希望ᄒᆞᄂᆞᆫ바오調査上詳細ᄒᆞᆫ內情은不知ᄒᆞᄂᆞᆫ바에官廳指定ᄒᆞᆫ로領收ᄒᆞ라고說明ᄒᆞ기가難ᄒᆞᆫ事이니貴局에셔該商民等을直招ᄒᆞ야服從ᄒᆞ도록說諭ᄒᆞᆷ이可ᄒᆞ니想量措處ᄒᆞ라ᄒᆞ얏다더라

◉楊倅告示 楊州郡守朴永大氏가해郡面內의告示ᄒᆞ되境內山林所有主가各其山林을不日內로測量圖本이되若遷延ᄒᆞᄂᆞᆫ境遇에ᄂᆞᆫ自官으로技手를派送ᄒᆞ야這這測量ᄒᆞ깃다ᄒᆞ얏다더라

◉官妓赤檢 內部警務局에셔將次官妓도詩洞三牌와如히登體檢査를行ᄒᆞ기로酌定ᄒᆞ얏다더라

◉憲補行悖 加平郡派駐所憲兵補助員이해郡各面에稱饑ᄒᆞ고人民의게依例히糧米幾許斗式無價勒討ᄒᆞ며해邑底居김某가身病으로作故ᄒᆞᆫ第三日에補助員等이김氏의妻를押去ᄒᆞ야因爲作妾ᄒᆞ얏다더라

◉山月復圓 西部陽洞居金允浩爲名人이女子數三人을買置ᄒᆞ고賣淫爲業인ᄃᆡ該賣淫女中金山月은元來公州郡禮拜堂學生으로偏母侍下에在ᄒᆞ더니京城禮拜堂에工夫ᄒᆞᆯ次로上來라가金允浩凶計에陷落ᄒᆞ야不得已賣淫ᄒᆞ다가不勝忿寃ᄒᆞ야西部警察署에呼訴ᄒᆞᆫ즉該署에셔金允浩를捉來ᄒᆞ야訊問ᄒᆞᆫ後金哥ᄂᆞᆫ嚴責放送ᄒᆞ고金山月은其母親도往訪ᄒᆞ며擇人成嫁ᄒᆞ라ᄒᆞ얏다더라

◉逃夫虐民 春川加平等郡으로鄭鎔을발送ᄒᆞᄂᆞᆫ逃傳夫가依例히해地方人民의게轉次負去ᄒᆞᄂᆞᆫᄃᆡ若不肯從ᄒᆞ면壓制力으로威脅恐喝ᄒᆞᄂᆞᆫ故로民怨이狼藉ᄒᆞ다더라

◉義將訓示 義兵將李殷贊氏가楊州麻田積城各郡에駐在ᄒᆞᆫ日憲兵補助員에게訓示ᄒᆞ되汝等이日人에게附從ᄒᆞ야同胞를殘害ᄒᆞᄂᆞᆫ것이以鐵食鐵보다尤甚ᄒᆞᆫ즉天良의心으로卽爲回悟ᄒᆞ야本陣에歸附ᄒᆞ면優給을厚施ᄒᆞᆯ뿐더러共濟國事ᄒᆞᆫ樂을獲ᄒᆞ게ᄒᆞ얏다더라

◉法聖陣雲 去月二拾七日頃에全南法聖浦地方에셔義兵壹百五十餘名이日兵과交戰ᄒᆞ야日兵七八名을砲殺ᄒᆞ얏다니極히驚愕하다ᄂᆞᆫ傳說이有ᄒᆞ다더라

◉義將消息 義兵大將柳某ᄂᆞᆫ海蔘威近處에留連ᄒᆞ며兵器를多數製造ᄒᆞᆫ다ᄂᆞᆫ說이有ᄒᆞ다더라

◉圓覺不圓 新門內圓覺社ᄂᆞᆫ新演劇을設行ᄒᆞ야風俗을改良ᄒᆞ고民智를發達케ᄒᆞᆫ다고各報에廣布ᄒᆞ더니近日에春香曲沈靑歌도淫蕩ᄒᆞᆫ淫婦의耳目을眩惑케ᄒᆞ야多數금錢을奪入ᄒᆞᄂᆞᆫᄃᆡ此錢은何處에濫用ᄒᆞᄂᆞᆫ지不知ᄒᆞ거니와幾千圜의損害를被ᄒᆞ야不遠間廢止가될터이라더라

◉宜乎被捉 開城郡에셔滿人의三十六計로因ᄒᆞ야蕩産者가許多ᄒᆞ기로民怨이狼藉ᄒᆞ다ᄂᆞᆫ說은已報어니와更聞ᄒᆞᆫ즉該技局을主唱ᄒᆞ던者들이本月八日에該郡警察署에被捉ᄒᆞᆫ者가十餘人인ᄃᆡ擧皆該郡에富饒ᄒᆞᆫ者이라더라

◉鄭家回祿 陰本月十七日晩頃의南部笠井洞鄭參尉雨興氏家의無根의火가忽起ᄒᆞ야財産을沒數燒燼ᄒᆞ얏ᄂᆞᆫᄃᆡ其損害가並히二千圜價格의至ᄒᆞᆫ다더라

◉會場捐金 旣報와如히再昨日下午七時에東媛義塾贊成會를前祀丞李範圭氏私邸에開ᄒᆞ고해塾維持ᄒᆞᆯ方針을爛商協議ᄒᆞ얏ᄂᆞᆫᄃᆡ當場捐助금額이百餘圜에達ᄒᆞ얏다더라

◉農會組織 載寧郡守署理郡主事鄭健裕氏ᄂᆞᆫ학校也實業也에勉力進就ᄒᆞ고該郡餘物坪은農産有名之鄕으로農産業不振ᄒᆞᆷ을悶歎ᄒᆞ야該郡有志人士崔宗五崔正業과正洪魯春瑞羅燦默等諸氏로決心確議ᄒᆞ고農務會를組織ᄒᆞ야農業을改良발達케ᄒᆞᆷ으로該坪人民이興感ᄒᆞ야入會者가六七百人에達ᄒᆞ얏다더라

◉靑會討論 今日下午七時三十分에鍾路青年會館에셔討論會를開ᄒᆞ고學ᄂᆞᆫ貴勝於富란問題로互相討論ᄒᆞᆫ다더라

◉救世演說 明日上午拾時半과下午貳時半과同七時에夜珠峴第壹救世學堂과大廣橋第貳營에셔救世目的으로演說ᄒᆞᆫ다ᄒᆞ며同日下午二時에夜珠峴第壹救世學堂上層樓에셔ᄂᆞᆫ特別婦人會를開ᄒᆞ고正領許嘉斗氏夫人이演說ᄒᆞᆫ다더라

學界

◉趙孃開明 鮮洞居趙永弼氏令孃이年今二拾歲인ᄃᆡ該氏가東床을擇善코저ᄒᆞᆫ대其令孃이新學問에嫻熟히卒業ᄒᆞᆫ後에自己眼目에可合ᄒᆞᆫ人과成禮ᄒᆞ깃다ᄒᆞ고學校에受業次로京城으로上來ᄒᆞ얏다더라

◉婦人熱誠 義州枇峴面馬山洞私立英學校ᄂᆞᆫ該校學徒申重烈시母親鄭시의熱心贊成으로至今ᄭᆞ지維持ᄒᆞ더니今番大駕西巡時에學徒의奉迎旅費數拾圜을全擔ᄒᆞ얏다ᄒᆞ고西來人의稱頌이藉々ᄒᆞ더라

◉雲山의朴氏 平北雲山郡北鎭義務學校를新建築ᄒᆞᄂᆞᆫ所費가八百餘圜인ᄃᆡ該校長朴鳳潤시가擔當ᄒᆞᆯ뿐더러基本金ᄭᆞ지朴시가自己에庄文券을典當ᄒᆞ고壹千圜을假得ᄒᆞ여存本取殖에發役보勤勉ᄒᆞ고또大運動費壹百五十圜을出捐ᄒᆞ얏다더라

◉僞變還歸 咸興郡居元孟敎시가年今三拾歲假量인ᄃᆡ新學問에有意ᄒᆞ야學校에受業次로上京ᄒᆞ얏더니斷髮入學이不可라ᄒᆞ야幾日을遷延ᄒᆞ다가還爲下鄕ᄒᆞ얏다더라

◉令門設校 熙川東面長洞居ᄒᆞᄂᆞᆫ김과壚兩시가時勢의憂悶을覺悟ᄒᆞ고自己門中에학校를設立ᄒᆞ고門中子侄들과隣近青年들을熱心敎授ᄒᆞᆫ다더라

◉旺新親睦 東門外旺十里旺新學校에셔三昨日에勞働夜학生貳百四五十人을該校內로會同ᄒᆞ야親睦會를設行ᄒᆞᄂᆞᆫᄃᆡ該校學生金命錫李容求김貴錫等四五人이學問은知識에本源이라ᄂᆞᆫ問題로壹場演說ᄒᆞ얏ᄂᆞᆫᄃᆡ任員金聖泰用馨張鶴煥諸시가양紙鉛筆菓子等物을多數賞給勸勉ᄒᆞ얏다니라

◉正誤 日昨本報雜報欄內士林決議라ᄂᆞᆫ題下의咸從의公立學校ᄂᆞᆫ鄕校의誤植이기正誤홈

▲地方消息▼

▲本月壹日咸鏡南道永興郡에셔義兵拾貳名이倉坪分遣所日憲兵壹名及補助員三名과交戰ᄒᆞ얏다ᄒᆞ고

▲去月貳拾五日全羅南道寶城郡北方六십里地方에셔義兵貳拾名이同郡分遣所日憲兵貳名及補助員五名과交戰ᄒᆞ얏다

▲去月二十六日全羅南道玉果郡西北方十里地에셔義兵拾名이昌平郡分遣所日憲兵壹名及補助員四名과交戰ᄒᆞ얏다ᄒᆞ고

▲去月二十七日全羅南道海南郡東方二拾里地의서義兵十四名이該郡分遣所日憲兵壹名及補助員二名과交戰ᄒᆞ얏다더라

▲夜月彈琴▼

南山樵夫

▲蘂閣月色明如素에萬端心緒이내襟懷世上事를생각ᄒᆞ니안쓰히도愁心에오누어순들잠이오나冷冷七絃거문고를시줄언저調和後에曲을타고나니知音者가누구런고시르렁둥덩실

▲ᄒᆞᆫ曲調를타고나니渭水春風달붉은ᄃᆡ窮八十의姜太公은약笠과綠蓑衣로廣陵三千六百釣에헛時節만낙거낸다周文王은간ᄃᆡ업고塗炭中의ᄃᆡ蒼生을누가能히救濟ᄒᆞᆯ사시르렁둥덩실

▲또ᄒᆞᆫ曲調를타고나니南陽艸堂風雪中에春睡自足諸葛亮은三分天下擾亂ᄒᆞᆫ데荊益圖를놉히걸고綸巾鶴창羽扇에三顧艸廬기다린다劉皇叔은오지안코國家情形危急ᄒᆞ니시르렁둥덩실

▲또ᄒᆞᆫ曲調를타고나니禮壞樂崩列國時에萬古聖人孔夫子ᄂᆞᆫ開明道德ᄒᆞ시랴고轍環天下ᄒᆞ신後에春秋義理엄히ᄒᆞ셧다亂臣賊子縱橫ᄒᆞᆫ덜鬪世春秋자셧스니徵治ᄒᆞᆯ者누구런고시르렁둥덩실

▲또ᄒᆞᆫ曲調를타고나니桐江七里여울목에加足ᄒᆞ던嚴子陵은漢光武를辭ᄒᆞ셔셔盆中에浸槃徵ᄒᆞ며如彼韜晦ᄒᆞ지고出門輔佐ᄒᆞ엿더면漢室中興容易보다至今에도잇슬ᄂᆞᆫ지시르렁둥덩실

▲또ᄒᆞᆫ曲調를타고나니胡風千里놉흔곳에竟死燕獄文天祥은腐朝宋ᄒᆞ랴다가抱恨終天ᄒᆞ얏도다日月又ᄒᆞᆫ데義理ᄂᆞᆫ千萬古에빗낫고나死得其所ᄒᆞᆯ량이면亦猶爲榮이아닌가시르렁둥덩실

▲또ᄒᆞᆫ曲調타라ᄒᆞ고此絃彼絃고르다가翻然覺悟ᄒᆞ여보니蒼梧山色저문날에大舜蹤跡간곳업고高山流水暇양ᄒᆞ던鍾子期가杳然ᄒᆞ니懷鏡光陰잇건마ᄂᆞᆫ窈窕英雄누가잇나이ᄀᆞ지구답

諸般日用品其他各用物品을 一一具備하고 其大小를 依하야 價를 定하오니 …… 하시던지 小包便郵으로 品高價廉而信々酬應할지옴 物品如下 鉛筆각色 洋服內衣上下 印札紙각種 日用雜貨俱備 圖畫機각色 測量機械附屬品 此외 私益도 莫過於此니 리 親和가 石版機械와 活版機械 …… 資만 出資而書籍印刷業을 同事利分키로 廣告하나 速速來議敬要 漢城鍾路慈惠書舖 리 觀化 告白

廣告

◎學員募集廣告

本塾에서 第四回學員을 募集하오니 志願人은 三月卅壹日(陰閏貳月初拾日) 內로 請願書를 提呈홈(請願紙는 本塾에 請求)

試驗日字는 四月壹日(陰閏貳月拾壹日) 上午拾時

試驗科目은 漢文讀書 國漢文作文 筭術四則 但公私立普通科卒業證이 有한 人은 免試홈 資格拾五歲以上 貳拾五歲以下身體健强者

開學日字 四月拾壹日

北部觀峴徽文義塾

純良한 水를 飮用하오

諸君은 疾病으로 호야 苦痛을 嘗하심잇가

諸君은 親友와 愛子를 永訣하미 有하엿슴는잇가

諸君은 恒常身氣가 疲困하고 精力이 勞損하얏슴잇가

純良한 水를 飮用하시면 此等苦難을 免하실이다

純良한 水를 決코 飮用하시고 不良한 井水는 廢用하시와 淡害를 免하시오

疾病과 憂愁와 苦難을 作케하는 者는 卽不純한 飮料水요 年々히 親友와 愛子를 千百名式 殺傷하는 者도 亦不良한 水라하노라

汲水商이 純良한 漢江水로만 飮料水를 供給홈을 決코 注目하오

汲水商이 腕上에 記号揭章한 牌를 掛하얏슴을 細察하시오 此牌가 無하면 水道水를 販賣할 權利가 無하야 곳 諸君을 欺瞞하는 者이오다

汲水商中에 本會社号牌를 腕上에 掛치아니한 者가 本會社共用栓에서 給水를 運搬或販賣하는 者는 日本理事官三浦彌五郎시와 警視總監丸山重俊시가 承認한 大韓水道會社別冊第八條에 依하야 非行賠償金徵收할 事를 徵收홈

此別冊에 對하야 違越하는 者를 本會社에 通告하시면 本社의셔 懲收하는 非行賠償金에 半額으로 報勞하올이다

純良한 漢江水를 供給하는 方法과 每月給水料金과 給水架設하는 工事費에 關한 事는 鍾路大韓水道會社에 來問하시면 詳細說明하올니다

警防城內에 育한 各戶에서 同時에 水道水를 取用케하는 境遇에는 給水料金을 特別히 低廉케 할 것이올시다

有限大韓水道會社白

全羅北道益山郡西南五面之間에 淸心山盃山兩山이 有하니 相距拾里之野에 沓土가 二千餘石落이오 人戶가 累千家인바 兩山之間大野之下에 堰堤가 有한 되 深且廣爲하야 右野萬谷合水가 四時長流之中 故數千人家가 耕作生活하되 或値夏節之漲하면 溝渠이 猶爲狹窄하야 沈之患을 難免하더니 不意에 日本人片役하는 五面民情이 大端激敵하야 韓日人의 개質問도하며 桐에 稱有度支部認許하고 堰堤를 高築貯水하기로 揮水設計하야 …… 請願도하나 姑末出末故로 多數人民이 每日會集商議하되 我數萬人口가 不意에 壹個人의 凶謀毒禍를 蒙하야 沓土와 家屋을 全國의 沉沒하면 生靈所食之野요 居無依歸之家할야 前頭死亡을 指日可待인즉 何築堤之事를 以私以公開의 期於反對하기로 誓死決議하엿기 玆以廣告홈

代表人　金順植　林乘日
栗村面　鄭泳朝　金興叔
巳梯面　朴允甫　김元明
豆川面　宋柱烈　김杜黃
見登面　……　……白

美國시아들大博覽會　미국시아들대박람회

請垂詳覽

本會社가 新成立홈以來로 事多草刱하오며 世人이 詳解키 不能하야 疑惑을 抱한 者ㅣ 或有하며 니 今에는 漸次로 本社의 目的과 行動이 世界에 宣佈되야 多大한 同情을 得하야 事務가 日就整頓하오니 喜幸이 외다 本社의 目的卽成立의 原因은 前告홈과 如히 韓美兩國間商業上連絡의 必要홈을 創造하고저 홈이오니 本社에서 此目的에 對하야 少有陳怨이면 此는 卽本社에서 信用을 自拋홈이로다

美國시아틀市는 와싱톤道에 在한 太平洋沿岸에 重要한 商業的都會인바 이 온 다 年六月壹日로부터 該市에서 萬國大博覽會를 開하옵나이다

此大博覽會의 費金은 二千萬圓의 巨額이오며 出品物體의 價額은 壹億萬圓에 達하오니 其設費의 宏大홈과 出品의 壯麗홈을 可히 想像할지로다

該博覽會地段은 三拾萬坪이온데 十二大建築의 出品陳列館과 其他多數한 家屋을 建築하얏스니 空前絶後한 壹大博覽會라 可稱할지며 太平洋에 關係한 諸國은 出品치아니한 國이 無하오이다

然이나 韓博覽會에 韓國物品도 陳列될가 否라 韓國政府의 出品準備하다는 事를 未聞하얏슴니다 然이나 民間에서 經營한다는 言도 無한바

韓陳홈과 如히 本社의 名稱으로만 看하여도 韓美兩國商業關係를 擴張홈은 本社의 義務요 責任이라 本社는 韓國을 代表하야 시아들大博覽會에 世界各處로부터 會集하는 累百萬人에게 韓國物產及手造品을 縱覽케하며 閑却도하야 韓國에서도 善良한 美術과 技能이 有홈을 廣布하야 此博覽會의 功效로 韓國商工業을 開發홀더이오니 此는 本社에서 此博覽會에 出品홈이 韓國의 永遠한 幸福이 될지로다

本社에서 出品時에 韓國僉彦中에 勿論某物하고 本社에 委任한 境遇라도 盡心處理홀터이외다 ( ) 該壹言하고 本社에서 今回出品홈에 當하야 擧兩得이니

壹　全世界에 對하야 韓人이 能製造하며 能有爲홈을 表示홈이오

二　韓國物品을 美國에 夥數로 輸出하야 商業上利益을 增進홈이라

本社는 日就擴張하고 漸益鞏固하야 永久하라도 不能使하게 되얏스오나 然이나 現今實力으로는 希望과 如히 此博覽會에 美國出品物을 獨力으로 經營키 姑難하와 如左히 方法을 決定하얏는데 迄于今 지 本社에서 拾株 (每株拾圓) 以下의 株金을 不受하얏스오니 此規則을 暫廢止하고 履行하깃사오나 特別한 境遇에는 特別한 方法을 應用홈이 必要하지라 韓國國民의 代表로 出品을 盛大히하며 衆人의 心力을 聯合하기 爲하야 限壹千株하고 十株以內라도 壹株라도 株金으로 出하야 도 此博覽會의 出品을 倍利益을 獲得홈 此博覽會의 出品物이 賣却한 利益으로 勿論하야 도 利가 有홀터이오며 此에 對한 利益配當은 博覽會의 閉會한 後에는 卽時分配하게 될 計劃이오며 此機를 乘하야 美國에 韓國物品을 引進하야 本社의 將來商路를 開導하야 聯多한 定期利益配當을 分排하게 될 미 的確하오이다 應募 僉彦은 韓附近에 在한 本社代理人(氏名在下)과 通信送金하야 本社代理人에 卽時領受하시거나 本社와 直接으로 銀行換或郵換으로 送金하시면 本社에서 株券을 卽時繕呈하오며 酬勿遲延하시오 應募코자 하시는 僉彦이여 注意하시면 卽今 하시오 此는 大利益이 有홈 不是라 卽僉彦이 僉彦의 國家와 僉彦의 豊門과 僉彦의 發家에 對하야 國品을 重한 責任이오 義務라 可稱홀지라 本社에 出品物을 準備하기 爲하야 多少時日을 費하깃는 故로 株金領受期限은 本月 三十一日內로 定하깃슴고 此限後에는 拾株以上의 株金申請은 謝絶하깃슴니다

以上에 陳홈에 對하야 詳細事項을 更知코자 하시는 僉彦은 本社에 通信하시되 速々히 하시고 少勿遲延하시옵

大韓帝國의 商業及工業의 宏大히 振興홈을 顧祝하는

韓美與業株式會社　謹啓

大韓帝國京城郵便局郵函第四十号

(美國이리소나州法律部可許韓美國總領事館登錄)

本社의 各處代理人의 氏名은 如左홈

京城代理人　京城南門內雜貨商店　金東官
咸興代理人　咸興西門外　崔旻株
元山代理人　元山港　金以愛
水原代理人　水原北部長安동　金升東
沙里院代理人　位置未定　漢城東部桂洞里旺新學校內　邦元直
湖州代理人　位置未定　漢城西部麻浦二拾二統五戶　吳惟泳
群山代理人　群山太井洞　韓尙益
大邱代理人　大邱新田里五十八統七戶　李相召
江景浦代理人　位置未定　西部龍山坊東幕中契廿七統貳戶　李寬浩

平壤代理人　平壤大同門外店洞　鄭基煥
馬山浦代理人　馬山浦舊主　孫德与
濟津代理人　濟津港　張樂臣
安州代理人　位置未定　水原北部長安洞　김유東
金甲代理人　位置未定　漢城中部外相思洞貳統三戶　李孝植
天安代理人　位置未定　水原北部長安洞　尹聖求
全州代理人　位置未定　漢城西部阿峴二百廿二統一戶　金教聲
釜山代理人　位置未定　馬山浦午山生洞壹統九戶　辛相淑

이쪽을날마다자세히보시오

光武九年八月拾一日 明治卅八年八月拾一日 (第三種郵便物認可) 日曜日 西曆壹千九百九年三月拾四日

第七卷

大韓每日申報

第壹千四拾七號

月曆 曜時 及日 廢休 節刊

檀君開國四千二百四十二年
箕子元年三千三十一年
大韓開國五百十八年
日本明治四十二年
清國宣統元年
陰曆己酉二月大廿三日癸酉

Responsible for Publication Alfred Weekley Marnham.
發行兼編輯人英國人萬咸
發行所
京城南部石井洞號外地三層洋屋家
大韓每日申報社

別報

◉教科書檢定調査의着眼處 續

若夫政治的方面으로觀察ᄒᆞᆫ則至ᄒᆞ야ᄂᆞᆫ事甚重大ᄒᆞ야韓國將來運命에關ᄒᆞ야極히寒心ᄒᆞᆯ을認ᄒᆞ깃시니近者敎科書中에政治的意味를含蓄ᄒᆞᆫ것이多ᄒᆞᆷ은容易히認得ᄒᆞᆯ바이라此ᄂᆞᆫ한人이尙然政治와敎育의區別을充分會得치못ᄒᆞᆫ줄도可證ᄒᆞ깃고不然則故意로敎科書를ᄡᅥ何等種類의目的을利用ᄒᆞ라ᄂᆞᆫ것인줄노可疑ᄒᆞᆯ터인ᄃᆡ特히修身國語漢文歷史等敎科書에셔其然ᄒᆞᆫ것을認ᄒᆞᆯ지니此等敎科書에現ᄒᆞᆫ政治的事項을擧ᄒᆞ건ᄃᆡ大畧左記九種에類別ᄒᆞᆯ지다

第壹種 韓國의現時狀態를痛論ᄒᆞᄂᆞᆫ者

第二種 過激ᄒᆞᆫ文字를用ᄒᆞ야自主獨立을說ᄒᆞ야한國現狀을破壞ᄒᆞ라ᄂᆞᆫ精神을鼓吹ᄒᆞᄂᆞᆫ者

第三種 外國事例를引ᄒᆞ야한國의現情을諷刺ᄒᆞᄂᆞᆫ者

第四種 說話를巧設ᄒᆞ야한國의現情을諷刺ᄒᆞᄂᆞᆫ者

第五種 國家論義務論을揭ᄒᆞ야憤慨的言辭를用ᄒᆞᄂᆞᆫ者

第六種 偏狹ᄒᆞᆫ愛國心을說ᄒᆞᆫ者

第七種 日本及其他外國에關係가有ᄒᆞᆫ歷史事實中에壯烈ᄒᆞᆫ人物의事蹟을誇張ᄒᆞ야暗然히日本과其他外國에對ᄒᆞᆫ敵愾心을鼓吹ᄒᆞᄂᆞᆫ者

第八種 한國에固有ᄒᆞᆫ言語풍俗習慣을維持ᄒᆞ고外國을模倣ᄒᆞ미不可ᄒᆞ다고說ᄒᆞ야排外思想을鼓吹ᄒᆞᄂᆞᆫ者

第九種 悲憤ᄒᆞᆫ文字로最近ᄒᆞᆫ國史를叙述ᄒᆞᄂᆞᆫ者

以上諸種政治事項도槪括컨ᄃᆡ

壹、陽으로나陰으로나自主獨立을說ᄒᆞ야한國의現狀破壞를唱道ᄒᆞᄂᆞᆫ者

二、排日思想을鼓吹ᄒᆞ야韓日兩國의親交를阻害ᄒᆞ려ᄒᆞᄂᆞᆫ者

三、偏狹ᄒᆞᆫ愛國心을挑發ᄒᆞ야子弟를誤케ᄒᆞᆯ慮가有ᄒᆞᆫ者

此外에不出ᄒᆞ니此가果是靑年子弟敎育에適當ᄒᆞᆫ事項인가抑한國이現時狀態에陷ᄒᆞᆫ것은業是壹日의故가아니라國民이遊惰ᄒᆞᆫ習에慣ᄒᆞ고勤勉의風을失ᄒᆞ야上下가徒히形式迷信의末을趁ᄒᆞ고國利民福의本을忘ᄒᆞᆫ지已久ᄒᆞ야終乃世界大勢에後ᄒᆞ야貧弱ᄒᆞ고能히自立지못ᄒᆞ기에至ᄒᆞᆫᄃᆡ不外ᄒᆞᆫ지라然而今日急務ᄂᆞᆫ國民으로ᄒᆞ야금速히利用厚生ᄒᆞᄂᆞᆫ途를知케ᄒᆞ며勤勉就業ᄒᆞᄂᆞᆫ풍을長케ᄒᆞ며且穩健着實ᄒᆞᆫ思想을種就ᄒᆞ야ᄡᅥ民力의發展과國富의充實을期ᄒᆞᆷ에在ᄒᆞᆯ뿐이니是卽眞正ᄒᆞᆫ愛國心이라故로恒常殖産業에勤勉ᄒᆞ기를怠ᄒᆞᆷ이不可ᄒᆞ거날此에反ᄒᆞ야以上政치的事項을揭載ᄒᆞᆫ敎科書ᄂᆞᆫ何者이던지自由를唱ᄒᆞ며獨立을叫ᄒᆞ야漠然히忠君愛國ᄒᆞᄂᆞᆫ思想을喚起ᄒᆞ려ᄒᆞ엿스되更進ᄒᆞ야勤儉히産을치ᄒᆞ며忠實히業에服ᄒᆞᄂᆞᆫ事等의忠愛誠을致ᄒᆞᆯ道를詳述치아니ᄒᆞ고或往往國家變亂의際에異常ᄒᆞᆫ事蹟을誇張ᄒᆞᆫ者가有ᄒᆞᆫ敎唆煽動ᄒᆞ야幼稚ᄒᆞᆫ讀者로ᄒᆞ야금思想의正鵠을失ᄒᆞ고無謀ᄒᆞᆫ行動을作케ᄒᆞ니是以로愛國忠烈의行爲라ᄂᆞᆫ誤見을抱ᄒᆞᆯ慮가有ᄒᆞᆫ것이니此實忠君愛國의眞意를誤解ᄒᆞ야事理의本末을辨知치못ᄒᆞᆫ者를養成ᄒᆞᄂᆞᆫ것이라可謂ᄒᆞᆯ지라凡國家의存立은國民의富强에在ᄒᆞ고國民의富强은不可不勤勉을待ᄒᆞᆯ지니若或世의靑年으로ᄡᅥ徒히大言壯談으로自快ᄒᆞ고遊衍惰眠을是事ᄒᆞ야口로政法을論ᄒᆞᄂᆞᆫ者만有ᄒᆞ고手로耒耟를執ᄒᆞᄂᆞᆫ者가無ᄒᆞ면何를依ᄒᆞ야國家의存立을得ᄒᆞ리오彼敎科書에說ᄒᆞᆫ愛國心과如ᄒᆞᆫ것은健全치못ᄒᆞ다謂ᄒᆞᆯ뿐아니라反히國家ᄅᆞᆯ亡ᄒᆞ야곰擾亂疲弊에陷ᄒᆞ야永久히興國ᄒᆞᄂᆞᆫ基礎를啓치못ᄒᆞᆯ것이라謂ᄒᆞᆯ지니此等險危ᄒᆞᆫ書籍은豈日이라도存在를許ᄒᆞᆯ것이아니어던況韓國現情의破壞를鼓吹ᄒᆞ고又한日兩國의親善ᄒᆞᆫ關係를阻害ᄒᆞᄂᆞᆫ것이리오此ᄂᆞᆫ明確히國是에反ᄒᆞᆫ것이니寸毫라도假借ᄒᆞᆯ餘地가無ᄒᆞᆯ지라

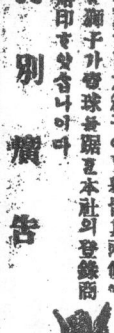

且夫敎科書라ᄂᆞᆫ것은思想이未熟ᄒᆞᆫ被敎育者가讀ᄒᆞᆯ것으로ᄡᅥ目的을숨ᄂᆞᆫ것인則旣히事理의辨別心이有ᄒᆞᆫ壹般人士의參考書와ᄂᆞᆫ其趣가特異ᄒᆞᆫ故로敎科書中의記事ᄂᆞᆫ片言片句라도愼重히ᄒᆞ야最히正確ᄒᆞᆫ敎材를選拔ᄒᆞ고謬見誤解가生ᄒᆞᆯ言說用辭ᄂᆞᆫ不可不排斥ᄒᆞᆯ지라此敎育方面으로觀ᄒᆞᆯ지라도此等政治的敎科書ᄂᆞᆫ殆히敎科書의本領을沒却ᄒᆞᆫ압제著書로見ᄒᆞᆯ것이오決코학徒가讀ᄒᆞᆯ것이아니어ᄂᆞᆯ今에實노此等危險ᄒᆞᆫ敎科書가旣히學生間에流布ᄒᆞᆫ者가不少ᄒᆞ야其結果로國家를爲ᄒᆞ야憂慮를不勝ᄒᆞᆯ것이有ᄒᆞ니要컨ᄃᆡ現時敎科書檢定에就ᄒᆞ야ᄂᆞᆫ其敎育方面의審査ᄂᆞᆫ此를稍寬케ᄒᆞᆯ지라도其社會的方面幷政治的方面에ᄂᆞᆫ最히嚴密取締ᄅᆞᆯ施ᄒᆞᆷ이至要ᄒᆞᆫ줄으로認ᄒᆞᆫ다ᄒᆞ더라 完

雜報

●何不頒給 大皇帝陛下께옵서去番南巡ᄒᆞ실時에大邱郡韓人의各學校와日人의게恩金을並賜下賜ᄒᆞ셧ᄂᆞᆫ데日人들의게ᄂᆞᆫ該金을卽爲頒給ᄒᆞ엿스나韓人들의게ᄂᆞᆫ尙未頒給홈으로韓邊輿論이沸騰ᄒᆞᆫ다더라

●總計未成 總理大臣李完用氏가內藏院卿崔錫敏[illegible]李謙濟侍從院副卿[illegible]土木局長劉猛[illegible]等五氏를[illegible]觀察使로轉任ᄒᆞ고其代에ᄂᆞᆫ自己의親近ᄒᆞᆫ人으로塡任ᄒᆞ기를運動ᄒᆞ다가其處에셔不可ᄒᆞᆷ으로反對가有ᄒᆞ야事不如意ᄒᆞ얏다더라

●二妖黨魁 總理李完用氏가辭職請願을提出ᄒᆞ얏다ᄂᆞᆫ說은已報ᄒᆞ얏거니와更聞ᄒᆞᆫ즉辭職ᄒᆞ던當日에리總理가農大臣趙重應氏를帶同ᄒᆞ고曾禰統監의官邸로訪問ᄒᆞ고趙農大가通譯으로其辭職意義를說明ᄒᆞ얏ᄂᆞᆫ대리總理의心腹되ᄂᆞᆫ前內部[illegible]辦김[illegible]氏도此議에干與ᄒᆞ얏다더라

●貸又亦逆 日本에滯在ᄒᆞᆫ宋秉畯이가韓國京城[illegible]門內居ᄒᆞᄂᆞᆫ金某에게電報ᄒᆞ되現今旅費困難을不堪ᄒᆞ겟다ᄒᆞ며무슨運動ᄒᆞᆫ事가有ᄒᆞ야多大ᄒᆞᆫ機關費를先用ᄒᆞᆫ後에可以圖得ᄒᆞ깃슨즉若干金錢을幾萬圜만速送貸與ᄒᆞ라ᄒᆞ얏다더라

●調査奈何 拾三道儒生金東[illegible]氏가宋秉畯의拔劍ᄒᆞᆫ事에對ᄒᆞ야中樞院에再次獻議ᄒᆞᆫ事ᄂᆞᆫ衆所共知어니와昨日에該會에서議會員康永何吳成瀧兩氏로調査委員을選定ᄒᆞ야該院으로派送ᄒᆞ고同獻議의眞假와聯名等의氏名居住를調査以去ᄒᆞ얏다더라

●路下石佛 承宣君李垂鎔氏가花界에放浪ᄒᆞ야不少ᄒᆞᆫ財團을蕩費홈은世所稔知어니와近日에同氏의夫人이此에傷心ᄒᆞ야恒時吐血ᄒᆞ다가因成痼疾ᄒᆞ야現今치療中이라더라

●履歷領收 學部에서各官公立학校敎師의履歷書를領受ᄒᆞᆫ다ᄂᆞᆫ데其內容인즉各학校敎師들이卒業証書가無ᄒᆞ야資格이不合ᄒᆞᆫ者ᄂᆞᆫ將次除汰ᄒᆞᆯ所以라더라

●電氣掌握 大阪에在ᄒᆞᆫ日人實業家들이近來韓國에電氣事業이勃興홈을趨勢ᄒᆞ야電氣社를組織ᄒᆞᆯ計劃인ᄃᆡ仁川電灯會社와도共同ᄒᆞ야放資ᄒᆞ기를希望ᄒᆞᄂᆞᆫ데大阪實業家들은此際를當ᄒᆞ야共同으로壹大會社를創立ᄒᆞ고鎭南浦及馬山浦其他諸餘處에電燈及電力을供給홀目的으로韓國의壹切電氣事業을統壹掌握코ᄌᆞᄒᆞ야其調査에着手ᄒᆞᆯ터이라ᄂᆞᆫ說이有ᄒᆞ더라

●社倉規程研究 備荒貯蓄에制度로社倉規程을制定ᄒᆞᆫ다ᄂᆞᆫ說은旣報ᄒᆞ얏거니와該規程案을目下度支部及內部間에交涉ᄒᆞ야研究中인ᄃᆡ不遠間에成案되야次官會議를經ᄒᆞ야발佈ᄒᆞ리라더라

●指路收稅 陽川郡搗倉項淺灘에[illegible]票를列挿ᄒᆞ야來往ᄒᆞᄂᆞᆫ諸船을指路ᄒᆞ고該船隻의稅를收納ᄒᆞ야該洞[illegible]經費로補用ᄒᆞ더니不意西江下中里居金順景吳俊泳等數拾人이作黨來到ᄒᆞ야該收稅를勞働會에附屬ᄒᆞ얏다ᄒᆞ고百般沮害ᄒᆞᆫ다더라

●有何事故 永平郡居ᄒᆞᄂᆞᆫ正三品李學[illegible]氏ᄂᆞᆫ上京逗留中인대何等事項이有ᄒᆞᆫ인지[illegible]蹤跡을其處에서秘密調探中이라더라

●蔚山民擾 蔚山郡에서ᄂᆞᆫ結錢을每結에十二圜六十錢式已納ᄒᆞ엿스나間或未納者가有홈으로各面面首가委員을帶同出來ᄒᆞ야收捧ᄒᆞᄂᆞᆫ뎌委員의게藥九拾兩을納賂케ᄒᆞ고牌旨價七兩五錢과每戶에足債貳兩式徵收ᄒᆞ더니幾日後에財務署長이巡査貳名과下人貳名을帶率出來ᄒᆞ야壹夜留宿ᄒᆞᄂᆞᆫ데酒食價三拾餘兩과下人足債貳拾兩財務長路資四圜을徵出홈으로怨聲이載路ᄒᆞᆫ다더라

●崔氏呼訴 西部阿峴居ᄒᆞᄂᆞᆫ崔秉仁氏가以浮浪悖類로雜技場에出沒ᄒᆞ야日人의錢을多數債用ᄒᆞ고其兄崔秉植氏의게勒徵ᄒᆞ라ᄒᆞᄂᆞᆫ故로崔秉植氏가該事由를西部警察署에呼訴ᄒᆞ얏다더라

●羅郡[illegible] 本月[illegible]日에全羅南道羅州郡邑距二十里地에서義兵八拾餘名이日本守備隊兵과交戰ᄒᆞ야日兵壹名이卽死ᄒᆞ고良民一名이負傷ᄒᆞ얏다더라

●義兵消息 傳說을據ᄒᆞᆫ즉楊州等郡으로出沒ᄒᆞᄂᆞᆫ義兵은漸次滋蔓ᄒᆞᄂᆞᆫ中에解散된兵丁及巡査等이多數投入ᄒᆞ야[illegible]極히整齊ᄒᆞ고紀律이甚히嚴肅ᄒᆞ다더라

●勞働病院 大韓勞働會員金在弘氏와蔡[illegible]李啓殷三氏가慈善的主義로[illegible]ᄒᆞ야西部西小門外에私立病所를設ᄒᆞ고壹般勞働人을診察治療케ᄒᆞᆫ다더라

●强盜處役 昨年十一月壹日夜에多數ᄒᆞᆫ强盜가驪城郡[illegible]家에闖入ᄒᆞ야[illegible]人을砍斫ᄒᆞ고人蔘을奪去ᄒᆞ얏슴으로[illegible]時에部警政課監視部員이嚴重히搜索ᄒᆞ야其嫌疑者數를逮捕ᄒᆞ야裁判ᄒᆞᆫ結果로장湍郡大南面居ᄒᆞᆫ일良外四名을役七年에處ᄒᆞ얏다더라

●商會研究 財政恐慌에對ᄒᆞ야京城商業會議所에서救濟方針을協議ᄒᆞ기爲ᄒᆞ야每日協議委員이會集ᄒᆞ고研究ᄒᆞᄂᆞᆫ中인대各實業團體에서도意見書를送交ᄒᆞ얏다더라

●會債淸帳 天道敎會에서二十五萬圜의債를負ᄒᆞ고多年不報ᄒᆞ야困況이殆甚ᄒᆞ더니今番敎人들이各自收斂ᄒᆞ야該債額을沒數淸帳ᄒᆞ얏다더라

●寄附韓會 天道敎主孫秉熙氏가何等思想이有홈인지大韓協會洋風建築에對ᄒᆞ야白米五百石을寄附ᄒᆞ기로決定ᄒᆞ고每朔五拾石式排納ᄒᆞᆫ다더라

●敎堂捐補 南門內[illegible]敎堂에[illegible]文川[illegible]特別注意ᄒᆞ야[illegible]金額을文川[illegible]寄附ᄒᆞᆫ다더라

●[illegible]綜合 [illegible]議長閔泳綺總務[illegible]諸氏가[illegible]辭免ᄒᆞᆫ故로[illegible]會에서本月上[illegible]選定ᄒᆞ고[illegible]

●[illegible]紀念 [illegible]敎育會에서[illegible]紀念式을[illegible]門外永道寺에서擧行ᄒᆞ얏다더라

●靑年討論 [illegible]日下午六時에[illegible]靑年[illegible]會에서討論會를[illegible]光東學校內에[illegible]討論ᄒᆞᆫ다더라

●成[illegible]討論 今日上午拾壹時에咸陽學生親睦會에서討論會를[illegible]校內로[illegible]ᄒᆞᆫ다더라

學界

●友界模範 漢城官立高等學校二年級生徒崔在應氏가日本에留學次로日昨에發程ᄒᆞᄂᆞᆫ데其親友들이時計等物을多數與執ᄒᆞ야該氏의旅費를捐付ᄒᆞ얏다더라

●學界의不幸 文化郡[illegible]里居ᄒᆞᄂᆞᆫ李澤弘李弘均等諸氏가子弟를敎育ᄒᆞ기爲ᄒᆞ야私立興三학校를設立ᄒᆞ고校費三千兩을鳩聚ᄒᆞ야存本殖利에校費를補用ᄒᆞ던대該郡葛山新交興學校에서興三학校支用ᄒᆞᄂᆞᆫ三千金을壓制力으로勒奪코ᄌᆞᄒᆞᄂᆞᆫ故로李澤弘李弘均兩氏가[illegible]學部에呼訴ᄒᆞ얏다더라

●宋氏有志 泰川郡에居ᄒᆞᄂᆞᆫ宋承殷시ᄂᆞᆫ皮工業으로資生ᄒᆞᄂᆞᆫ데[illegible]校에[illegible]衣食凡節[illegible]每朔[illegible]錢式을補助ᄒᆞ며郡內[illegible]에鍾이無홈을恨歎ᄒᆞ야鐘價十圜을補助ᄒᆞ얏다더라

●下[illegible]校 咸興郡五[illegible]村[illegible]市[illegible]敎育에熱心ᄒᆞ야[illegible]學校를設立ᄒᆞ고[illegible]分科[illegible]授ᄒᆞᄂᆞᆫ데[illegible]二拾餘名에達ᄒᆞ얏다더라

●普成有望 [illegible]鏡北道[illegible]郡內私立普成學校ᄂᆞᆫ校長許彪시外[illegible]勸勵로[illegible]敎授ᄒᆞ고[illegible]府尹朴元榮시ᄂᆞᆫ[illegible]에對ᄒᆞ야[illegible]喧藉ᄒᆞ더라

●勞働熱心 [illegible]安氏[illegible]이五六十名이[illegible]勞働夜學을[illegible]敎始ᄒᆞ고熱心授學ᄒᆞᄂᆞᆫ者ㅣ三拾餘人이라더라

●高氏熱誠 咸南洪原郡前湖里南興학校에校長高興遇시ᄂᆞᆫ素以貧寒殘族으로熱心時務ᄒᆞ야三十圜金을捐補ᄒᆞ고青年子弟를勸勉ᄒᆞ야知識을發達케ᄒᆞ다ᄒᆞ고人皆稱頌ᄒᆞᆫ다더라

●兩氏興學 黃海道장淵郡松川洞[illegible]學校ᄂᆞᆫ經費가不足ᄒᆞ야幾至廢校러니該校任員[illegible]鳳商시와[illegible]시가壹百圜式義金을各捐ᄒᆞ야熱心維持케ᄒᆞᆫ다ᄒᆞ고敎育界의稱頌이藉々ᄒᆞ더라

▲地方消息▼

▲本月九日黃海道沙里院東南方西拾里地에서義兵七名이[illegible]分遣所日憲兵[illegible]名及補助員과交戰ᄒᆞ얏다ᄒᆞ고

▲本月十日平[illegible]价川郡西南方七十里地에서義兵六名이[illegible]分遣所日憲兵[illegible]名及補助員[illegible]과交戰ᄒᆞ얏다ᄒᆞ고

▲本月[illegible]日[illegible]郡西南方三四里地에서義兵四拾餘名이[illegible]郡分遣所日憲兵[illegible]名及補助員[illegible]名과交戰ᄒᆞ얏다ᄒᆞ고

▲本月七日慶北[illegible]郡東方四十里地에서義兵五十餘名이[illegible]郡分遣所日憲兵[illegible]名과交戰ᄒᆞ얏다ᄒᆞ고

▲本月三日全羅南道장城郡東北方約五十里地에서義兵七名이[illegible]郡分遣所日憲兵一名及[illegible]六名과交戰ᄒᆞ얏다더라

●本社特電

三月拾二日神戶發

●美國의大學 美國아칸사쓰州全道에大暴동이起ᄒᆞ야[illegible]니至ᄒᆞᄂᆞᆫ實際[illegible]者의全數ᄂᆞᆫ如今未詳ᄒᆞ나的確ᄒᆞᆫ거슨死亡者가三拾名이오負傷者가多數ᄒᆞ다더라

▲四大妖物▼

▲土積成山을ᄒᆞ랴면[illegible]出焉ᄒᆞ깃야오水積成河하고보면蛟龍生焉이아닌가國家事도이와又치善政美俗을積ᄒᆞ면人與物을勿論ᄒᆞ고善良品만나깃마ᄂᆞᆫ韓國으로말ᄒᆞᆯ진대政令腐敗ᄒᆞᆫ結果로妖怪物만産出ᄒᆞᆷ일세

▲大臣이라ᄒᆞᄂᆞᆫ것은[illegible]刀를揮ᄒᆞ야蒼生魚肉을救濟ᄒᆞ고國家危亂을興復ᄒᆞᆫ後에忠良이되ᄂᆞᆫ지어ᄂᆞᆯ賣國求榮汨沒ᄒᆞ야百殺餘[illegible]出ᄒᆞ고奴顔婢膝[illegible]東之西附奔走ᄒᆞ니此中의妖怪物은李完用이第壹이오

▲觀察이라ᄒᆞᄂᆞᆫ것은[illegible]明敎ᄒᆞ고人民[illegible]般政令公平[illegible]이오

▲女子이라ᄒᆞᄂᆞᆫ것은[illegible]天然ᄒᆞ야行動擧止雍容ᄒᆞ고言語[illegible]에[illegible]極奢侈에[illegible]女子界의妖[illegible]

▲小說이라ᄒᆞᄂᆞᆫ것은政治風俗을關係ᄒᆞ야[illegible]政習慣改良ᄒᆞ고[illegible]思想鼓吹ᄒᆞ後에아全ᄒᆞ다ᄒᆞᆯ지어ᄂᆞᆯ[illegible]書籍界의妖怪物은[illegible]이오

▲人妖物怪라ᄒᆞᄂᆞᆫ品이充滿全國[illegible]本意가[illegible]希望[illegible]이라어ᄂᆞ날에和風뿌려妖怪之氣掃滅ᄒᆞ고文明天地되여볼가

物貨[illegible]校用品其他家用物品을一新俱備ᄒ고地方各學校가以書請求ᄒ시면以小包郵便으로高品廉價而信々酬응ᄒ깃삽　物品如下

屛[illegible]각種　紙石板각色　圖畫[illegible]각色　測量[illegible]附屬品　此外各種[illegible]

鉛筆각色　洋服內衣上下　印札紙각種　日用雜貨俱備

[illegible]活版機械를[illegible]新準備ᄒ엿스니[illegible]費만出資而書籍印刷業을同事利分키로廣告ᄒ니速速來議敬要

漢城[illegible]路[illegible]書舖[illegible]　告白

廣告

學員募集廣告

今番本校各語科「日語、英語、漢語、法語、德語、日語速成科」壹年級學員及各學年缺員若干人을募集ᄒ니志願者는來四月三日內로請願書에履歷書를添付ᄒ야本校에提出ᄒ事

但詳細ᄒ事는本校에來問ᄒ거나三月九日官報의廣告欄을參照ᄒ事

隆熙三年三月

官立漢城外國語學校

大邱友弦書樓內第[illegible]回測量卒業式을行ᄒ앗ᄂᄃ 最優等生

李相夏　[illegible]允[illegible]　金徹鉉

金在[illegible]　陳遠[illegible]　鄭[illegible]源

[illegible]濟[illegible]　[illegible]憲東　李[illegible]碩

金宗[illegible]　徐[illegible]　石[illegible]珠

崔在[illegible]　李宗[illegible]　文[illegible]

[illegible]俊[illegible]　徐子和　朴英[illegible]

黃洛鉉　[illegible]千洙　[illegible]應夏

[illegible]榮[illegible]　[illegible]　金昌[illegible]

等二拾四人이오 優等生

權[illegible]丕　徐廷珍　[illegible]潤得

徐[illegible]　[illegible]相[illegible]　呂[illegible]

[illegible]寅[illegible]　[illegible]運[illegible]　孫榮浩

[illegible]晶玉　[illegible]乘[illegible]　徐炳權

[illegible]成　朴華伯　[illegible]起命

[illegible]象[illegible]　[illegible]相泰　[illegible]振玉

[illegible]達[illegible]　[illegible]甲得　[illegible]成雨

[illegible]慶會　徐[illegible]　等廿七人

이온바玆에廣告홈

隆熙三年三月 日

所長徐丙奎　敎師李[illegible]　告白

本人이固城郡私立大成學校設立ᄒᄂ請願書及[illegible]樣書類學部에提呈ᄒ件을遺失ᄒ얏기廣告ᄒ오니誰某던지拾得ᄒ앗거던本人住所로傳致ᄒ시면厚賞ᄒ오리다

中部寬峴壹百三統五戶

魚[illegible]善[illegible]留[illegible]敬[illegible]　告白

純良ᄒ水를飲用ᄒ오

諸君은疾病으로[illegible]苦惱를當ᄒ셧ᄂ잇가

諸君은親友와愛子를永訣ᄒ미有ᄒ셧ᄂ잇가

諸君은恒常身氣가疲困ᄒ고精力이勞損ᄒ앗ᄂ잇가

純良ᄒ水를飲用ᄒ시면此等苦難을免ᄒ시리이다

純良ᄒ水를決코飲用ᄒ시고不良ᄒ井水ᄂ廢用ᄒ시와疾苦를免ᄒ시오

疾病과憂愁와苦惱를作ᄒᄂ者ᄂ即不純ᄒ飲料水요年々히親友와愛子를千百名式殺傷ᄒᄂ者도亦不良ᄒ水라ᄒ노라

汲水商이純良ᄒ漢江水로만飲料水를供給ᄒ믈決코注目ᄒ오

汲水商이腕上에記号徽章ᄒ牌를[illegible]ᄒ앗슴을細察ᄒ시오此牌가無ᄒ면水道水를販賣ᄒ[illegible]諸君을欺瞞ᄒᄂ者이오다

汲水商中에本會社号牌를腕에掛有치아니ᄒ者가本會社共用栓에서給水를[illegible]或販賣ᄒᄂ者ᄂ日本理事官三浦彌五郎시와警視總監丸山重俊시가承認ᄒ大韓水道會社別則第八條를照ᄒ야罰行賠償金貳拾圓을懲收ᄒ옴

此別則에對ᄒ야違越ᄒᄂ者를本會社에通告ᄒ시면本社의셔懲收ᄒᄂ罰行賠償金에半額으로酬勞ᄒ올이다

純良ᄒ漢江水를供給ᄒᄂ方法과每月給水料金과給水架設ᄒᄂ工事費에關ᄒ事ᄂ委託大韓水道會社에來問ᄒ시면詳細說明ᄒ올ᄂ이다

[illegible]城內에有ᄒ各戶에서同時에水道水를取用케되ᄂ境遇에ᄂ給水料[illegible]別히低廉케ᄒ깃ᄉ옵니다

有限責任　大韓水道會社　白

美國시아틀大博覽會 미국시아틀대박람회

請壹詳覽

本會社가創成立ᄒ以來로事多草[illegible]ᄒ오며世人이詳解키不能ᄒ야疑惑을抱ᄒ者ㅣ或有ᄒ더니今에ᄂ漸次로本社의目的과行動이世界에宣布되야多大ᄒ同情을得ᄒ야事務가[illegible]就整頓ᄒ오니喜幸이외다本社의目的即成立의原因은前告홈과如히韓美兩國間商業上連絡의親密홈을[illegible]造ᄒ고져홈이오니本社에셔信用을自擔ᄒᄂ이다

美國시아틀市ᄂ외잉돈道에在ᄒ太平洋沿岸에重要ᄒ商業的都會地이온ᄃ本年六月壹日부터該市에셔美國大博覽會를開ᄒ옵ᄂ이다

此大博覽會의費金은二千萬圓의巨額이오며出品物種의[illegible]額은[illegible]億圓에達ᄒ오니其[illegible]外出品의壯麗홈은可히想像ᄒ지로다

該博覽會期限은三[illegible]萬坪이온ᄃ十二大建築의出品陳列館과其他多數ᄒ家屋을構築ᄒ앗ᄉ오니[illegible]大博覽會라可稱홀지며太平洋沿岸에[illegible]係ᄒ諸國은出品치아니ᄒ國이無ᄒ오이다

然이나此博覽會에韓國物品도陳列될는지否라韓國政府의出品이預備되다ᄂ事ᄂ未聞ᄒ앗고[illegible]人民間에셔[illegible]ᄒ다ᄂ말도無ᄒ야韓美兩國商業關係를擴張ᄒᄂ本社의義務로責任이라本社ᄂ韓國을紹介ᄒ야시아틀大博覽會에世界各處로부터會集ᄒᄂ累百萬人에게韓國物産及手造品을縱覽케ᄒ며[illegible]韓國에셔도善良ᄒ美術과技能이有홈을廣布ᄒ야此博覽會의効益으로韓國商工業을發達홀터이오니此ᄂ本社에셔此博覽會에出品홈이韓國의[illegible]重ᄒ[illegible]이될지로다

本社에셔出品ᄒ時에韓國[illegible]物論某物ᄒ고本社에委任ᄒ실[illegible]라도[illegible]心處理홀터이외다[illegible]本社에셔[illegible]出品[illegible]

一　全世界에對ᄒ야韓人이能製造ᄒ며能有爲홈을表示홈이오

二　韓國物品을美國에多數로輸出ᄒ야商業上利益을增進홈이라

本社ᄂ日就擴張ᄒ고漸次鞏固ᄒ야永久[illegible]不能侵ᄒ게되얏스오나然이나現今實力으로[illegible]ᄒ기[illegible]難ᄒ와如左히方法을決定ᄒ얏ᄂ[illegible]以下의[illegible]

[illegible]

本社와直接으로[illegible]銀行換或郵換으로[illegible]金ᄒ시면本社에셔株券을[illegible]ᄒ오리다[illegible]

[illegible]

以上[illegible]陳홈에對ᄒ야詳細事況을更知코져ᄒ시ᄂ[illegible]本社에通信ᄒ시와速々히[illegible]ᄒ시옵

大韓帝國의商業及工業의宏大히振興홈을顯祝ᄒᄂ

韓美興業株式會社　謹啓

大韓[illegible]城郵便局郵函第四拾[illegible]号

(美國이라소나州法律認可社韓美興業總[illegible]事[illegible])

本社의各處代理人의氏名은如左홈

漢城代理人	[illegible]城南門內雜貨商店	金東宣
咸興代理人	咸興西門外	盧[illegible]洙
元山代理人	元山港	金以文
水原代理人	水原北部長安동	金[illegible]東
沙里院代理人 位置未定	漢城東部[illegible]里[illegible]新學校內	邦元重
海州代理人 位置未定	漢城西部麻浦二拾二統五戶	吳惟泳
群山代理人	群山太井洞	韓相[illegible]
大邱代理人	大邱新田里五十八統七戶	李相召
江景浦代理人 位置未定	西部龍山坊東幕中契廿七統貳戶	李寬浩
平壤代理人	平壤大同門內[illegible]洞	鄭基[illegible]
馬山浦代理人	馬山浦[illegible]主	孫[illegible]宇
濟[illegible]代理人	濟[illegible]港	張[illegible]
安城代理人 位置未定	水原北部長安洞	김유[illegible]
金田代理人 位置未定	漢城中部[illegible]洞貳統三戶	李孝[illegible]
天安代理人 位置未定	水原北部長安洞	尹聖求
全州代理人 位置未定	漢城西部阿峴二百廿二統二戶	兪致[illegible]
釜山代理人 位置未定	馬山浦午山里拾壹統九戶	辛相淑
麻浦附近代理人	西部麻浦貳拾七統二戶	李弼駿

이쪽을날마다자세히보시오

（金聚晩告 ... 金聚晩告）

本坊에臨時總會를本月拾四日(陰貳月貳拾一日)日曜正午拾貳時에 ... 東亭舘內에開ᄒᆞ고緊要事務를處ᄒᆞᆯ지오니五坊內 僉彦은屆期來臨ᄒᆞ심을爲要

城內西五坊會 告白

◎鐵寧郡餘物坪農務會趣旨書

夫農者ᄂᆞᆫ天下之大本이오民生之最要라其本固而天下寧ᄒᆞ고其要務而民生富라要不務則實業을雖可發達이오本不固則邦國을何期富强哉아生於農産之樂土ᄒᆞ야緣何生業之固瘁인지前瞻後顧ᄒᆞ고千思萬量ᄒᆞ니其故無他라斷由不學이로다況富饒ᄒᆞᆫ者ᄂᆞᆫ專事遊嬉而不治恒産ᄒᆞ고乾獨ᄒᆞᆫ者ᄂᆞᆫ雖勤勞而不過賃傭ᄒᆞ니由是而業何可闡發이며如是而民不貧弱乎아蓋此鐵寧郡餘物坪은山盡水廻ᄒᆞ고土沃風醇ᄒᆞ야라緯用而裕餘ᄒᆞ고農産이豊隆ᄒᆞ야命其名曰餘物坪이오人素稱曰勝地區리니海關已闢에風潮가劇烈ᄒᆞ고星度가屢換에文野가已分이로되但染舊膠에聞見이未博ᄒᆞ고徒守局見에知識이暗昧ᄒᆞ야其耕其獲을不思改良之策ᄒᆞ고乃磁乃畓을不究便利之用ᄒᆞ니是可曰力農이며是可曰營産乎아到此思想에不勝慨歎ᄒᆞ야本坪有志人士가奮發心力ᄒᆞ고協同詢議ᄒᆞ야設立壹會ᄒᆞ니名稱曰農務會라茲會規程은附陳于左而고발民智의實業을增進ᄒᆞ며擴張敎育의材器를養成ᄒᆞ야共濟의目的을到達ᄒᆞ고維持의範圍가遠大ᄒᆞ니同聲相應ᄒᆞ고同氣相求ᄒᆞ야茲會本旨를愈張ᄒᆞ시물千萬顒祝

崔洪五　金正洪

辯護士 朴星煥

律家의事를誠實迅速處理ᄒᆞᆷ니僉彦은陸續來臨ᄒᆞ시옴

事務所 大邱鍾路紅門下

◎학員募集廣告

本校에셔土木建築科及測量科를設施ᄒᆞ오니入학志願人은何日이라도本事務所로來臨ᄒᆞ와詳問ᄒᆞ시오

土木建築科

速成科	六個月
高等科	壹個年
特別科	三個月

測量科

速成科	六個月
高等科	壹個年
全夜學	壹個年
特別科	壹個月

京南部淸國領事館通
私立山崎實用土木建築測量算術製圖학校

◎學員募集廣告

本塾에셔第四回學員을募集ᄒᆞ오니志願人은三月卅壹日(陰閏貳月初拾日)內로請願書를提呈ᄒᆞᆷ(請願紙ᄂᆞᆫ本塾에請求)

試驗日字ᄂᆞᆫ四月壹日(陰閏貳月拾壹日)上午拾時

試驗科目은漢文讀書 國漢文作文 算術四則 但公私立普通科卒業証이有ᄒᆞᆫ人은免試ᄒᆞᆷ 資格拾五歲以上貳拾五歲以下身體健强者

開學日字四月拾壹日

北部觀峴徵文義塾

淸州新安居閔泳台大人前郡守閔儀鎬氏隆熙貳年拾壹日卯時別世하옵기 護喪金東萬 白

◎共愛堂大藥房製造各種藥品發引表

壯陽復元丹 此藥專治腦痛肺弱 房事色傷 心腎虛弱 遺精多夢 陽痿不起 病後虛弱 不下飮食 先天不足 眩暈頭痛 等症에並妙効가有ᄒᆞᆷ 壹週分壹圓 二週分三圓四拾錢 一二十分壹圓八拾錢 八十分六圓四拾錢

度修靈丹 壹般滯症胃腹痛消化不良心神鬱悶船暈酒醉化痰止咳口熱惡臭食慾不振等症에並神効

眼科聖藥淸眼水 壹般眼疾、時行眼疾、風熱眼疾、羞明流淚、眼內紅痒의症에撥雲見天之妙 壹瓶금拾錢

解瘡至寶丸 專治瘡疾即氣虛瘡、遠年瘡、하루二日하、雖難治之라도永久祛根ᄒᆞᆷ 壹包금拾錢

皮膚神藥靈効液 特治皮膚病疥癬은、皮風、諸般痒疹、두두러기、옷을넘데에神効ᄒᆞᆷ 壹瓶금三십젼

五淋專治通淋丸 急慢淋疾、赤白帶下、膀胱炎症、附炎及濃漏外他淋毒性諸症에神効ᄒᆞᆷ 壹劑금五拾錢

梅毒妙効神應丹 楊梅瘡에壹期二期三期를勿問ᄒᆞ고確實이有効、連珠瘡下疳瘡等에幷效 壹劑金二圓

新藥보하淸脾丸 專治小兒壹般腹痛、面黃、尿白、左脇驚腹에大有奇効ᄒᆞᆷ 一匣금十錢

久滯神効養胃散 專治種久滯積、呑酸吐瀉、霍亂、胃腹痛、大便不順等症에奏効如神 壹貼금五錢

治痰鎭咳丸 專治大人咳嗽、喘息、痰結등症에妙 一日分壹匣금二十錢

感冒特効消熱散 勿論內時瘟寒感冒、咽喉疼痛、寒熱往來肢節痛、似瘧非瘧等症에効 壹貼금十錢

耳病神効淸耳液 專治耳病即鼓膜炎、內外聽道炎、耳中灼熱疼痛、濃液流出등症에有効 壹瓶금십錢

百貼百勝妙妙膏 風寒濕氣、胸肩背에牽引疼痛、腰膝脚腿酸痛無力、骨節疼痛等症에如神 금十五錢

奏効如神能治膏 각양腫氣、小兒胎毒、부스럼、濕腫、生新에並神効 錢匣入금十젼

大腫拔根膏 大小腫에根때ᄂᆞᆫ약 價금十錢

解凝膏 멍울식히ᄂᆞᆫ약 價금十젼

寸虫去根藥 價금十젼

齒痛水 충치풍치신효 價금七젼五厘

止瀉丸 滯泄暑泄에神効 價금 젼

痢疾藥 赤白痢에神効 價금십五젼

各種上等官藥을 購納、東西洋有名賣藥、藥乾材都賣散賣其他各種藥이具備ᄒᆞ오니請求를依ᄒᆞ야小包로隨應ᄒᆞ깃ᄉᆞᆸ

發行所 皇城南部大廣橋十九統七戶 共愛堂大藥房

◎全國內藥商ᄒᆞ시ᄂᆞᆫ僉位의게ᄂᆞᆫ大割引大出賣ᄒᆞᆷ

化痰止咳ᄒᆞ고順氣消滯ᄒᆞ며水土不服에奇效가有ᄒᆞᆷ

內國博覽會에一等賞을領受ᄒᆞ얏ᄉᆞᆸ

淸心保命丹

大發行所

濟生堂第二支店 元山港上里
濟生堂第四支店 ◎晋州南門內
濟生堂第五支店 ◎馬山港東城
濟生堂第六支店 ◎宜川邑內
濟生堂第七支店 ◎大邱西門
濟生堂第一出張所 ◎平壤貫洞

大發行所

濟生堂第一支店 仁川港峴
濟生堂第二支店 開城南門內

痰飮積滯胸腹痛 水土不利咳嗽症
常恒長服左ᄒᆞᆷ能如 眞是靈藥立見胃

京城南大門內 濟生堂大藥房本舖

京城南部水閣橋 濟生堂第八分店

學部檢定 初等植物學 每課自ᄒᆞ 定價金二十錢
初等動物學 每課自ᄒᆞ 定價金四十錢
最新初等小學 文明國의小學讀本制度를模範ᄒᆞ야精美ᄒᆞᆫ圖畫을具ᄒᆞ고八卷 ... 貳冊合製定價金 ...
最新初等大韓地誌 定價金四十錢
最新高等大韓地誌 定價金 ... 文明國地誌制度를模倣ᄒᆞ야漢陽의沿革과十三道地圖와各港口와開市場과名山大川과名勝古蹟을具ᄒᆞᆷ
初等大韓歷史 文明國의歷史制度를從ᄒᆞ야我國의歷代沿革과疆土의關係와 ... 定價金七十錢
國家思想學 精神教育 定價金二十錢
憲法精義 義務教育 ...
右諸書를本書林에서發行ᄒᆞ오며 ... 具備ᄒᆞ오니 ...
京城南部 ... 街 ... 五 玉虎書林
京城 ... 各 ... 館 分賣所

漢城鍾路慈惠藥房에서官許拜受ᄒᆞᆫ二十三種封藥과舊藥局材와草材를大發賣ᄒᆞ고且石版印刷機械

第七卷

大韓每日申報

第壹千四拾八號

月報及隆斷
歲時日休刊

檀君開國四千二百四十二年
箕子元年三千三十一年
大韓開國五百十八年
日本明治四十二年
淸國宣統元年
陰曆己酉二月大廿五日乙亥

Responsible for Publication
Alfred Weekley Marnham.
發行兼編輯人英國人萬咸
發行所
京城石井洞號外地三層洋屋家
大韓每日申報社

論說

◎國家를滅亡케ᄒᆞᄂᆞᆫ學部

近日에所謂學部敎科書檢定의方法이各報에喧騰ᄒᆞ며閭巷에傳播되야一般한人同胞가此를驚駭ᄒᆞ며此를痛罵ᄒᆞ야狂ᄒᆞᆫ듯醉ᄒᆞᆫ듯衆議가紛々ᄒᆞ도다

本記者ㅣ曰嗚呼라諸君이今日此學部를엇더케韓國을利益케ᄒᆞᄂᆞᆫ學部로知ᄒᆞᄂᆞᆫ가乙巳年後學部丁未年後학部가한國을滅亡케ᄒᆞᄂᆞᆫ학部인줄을未知ᄒᆞ얏던가諸君이彼學部가韓國을利益케ᄒᆞᄂᆞᆫ학部로知ᄒᆞ면已어니와彼학部가韓國을滅亡케ᄒᆞᄂᆞᆫ學부인줄을知ᄒᆞᆯ진ᄃᆡ所謂敎科書檢定의如彼ᄒᆞᆷ을又何足怪리오然이나吾儕도已往에ᄂᆞᆫ彼학部가裏面은한국을滅亡케ᄒᆞᄂᆞᆫ學部라도外面은韓國을利益케하ᄂᆞᆫ학部로自處ᄒᆞᆷ을猶認하얏더니今此敎科書檢定方法을睹ᄒᆞ니外面ᄭᆞ지其本色이全然露出ᄒᆞ얏도다今에其方法의眞面을略擧ᄒᆞ야彼학部가分明히한國을滅亡케ᄒᆞᄂᆞᆫ學부인줄을普天下에公佈코저ᄒᆞ노라

彼가檢定의方面을政治的社會的敎育的三部에分ᄒᆞ얏스ᄆᆡ政治的方面에ᄂᆞᆫ曰偏狹ᄒᆞᆫ愛國心을鼓吹ᄒᆞᆷ이不可ᄒᆞ다ᄒᆞ고社會的方面에ᄂᆞᆫ曰現時한人의思想을變轉케ᄒᆞᆷ이不可ᄒᆞ다하고敎育的方面에ᄂᆞᆫ曰國家、義務等을論述ᄒᆞᆷ이不可ᄒᆞ다ᄒᆞ얏더라

嗚呼라偏狹ᄒᆞᆫ愛國心이不可ᄒᆞ면廣大ᄒᆞᆫ愛國心은何인가愛國心을鼓吹ᄒᆞᆷ이不可ᄒᆞ면亡國心을鼓吹ᄒᆞᆷ이可ᄒᆞᆯ가嗚呼라彼가한國을滅亡케ᄒᆞᄂᆞᆫ학부어니엇지한國의不亡을肯許ᄒᆞ리오彼旣한國의不亡을不許하ᄂᆞᆫ지라故로한人의愛國心을不許ᄒᆞ며彼旣한人의愛國心을不許ᄒᆞᄂᆞᆫ지라故로敎科書에愛國心鼓吹ᄒᆞᆷ을不許ᄒᆞᆷ이로다又現時한人의思想을變轉ᄒᆞᆷ이不可ᄒᆞ다ᄒᆞ니然則現時한人의腐敗劣蠢ᄒᆞᆫ思想만培養ᄒᆞ야一步도前進치못ᄒᆞ게함이可ᄒᆞᆯ가嗚呼라彼旣한國을滅亡케ᄒᆞᄂᆞᆫ학부어니엇지한人의思想啓發을希望ᄒᆞ리오只是豚犬的奴隸的의思想으로外人이나服事ᄒᆞ며滅亡이나自催하다가茫々魔窟裏에澌盡乃已ᄒᆞ여야於心에始快ᄒᆞ리로다又國家義務等을論述ᄒᆞᆷ이不可ᄒᆞ다ᄒᆞ얏스니國家思想을不知케ᄒᆞᆯ진ᄃᆡ敎育ᄒᆞ야何에用ᄒᆞ며國民義務를不知케ᄒᆞᆯ진ᄃᆡ敎育ᄒᆞ야何에用ᄒᆞ리오國家思想과國民義務를論述ᄒᆞᆷ이不可ᄒᆞ면無國無民ᄒᆞᆫ遊牧時代的狀態나論述ᄒᆞᆷ이可ᄒᆞᆯ가抑彼가以爲한人은無國人이라國家와義務를知ᄒᆞᆷ이不必要ᄒᆞ다ᄒᆞᆷ인가嗚呼라彼旣한國을滅亡케ᄒᆞᄂᆞᆫ학부어니엇지한人으로ᄒᆞ야금國家思想과國民義務를知케ᄒᆞ리오只是外國의屬民이나되며外人의奴隸나되게ᄒᆞᆷ이其目的이로다

彼가又曰近日適用ᄒᆞᄂᆞᆫ敎科書中에政治的意味를包含ᄒᆞᆫ幾種書籍이有ᄒᆞᆫᄃᆡ此等危險ᄒᆞᆫ書籍은寸毫라도借貸ᄒᆞᆯ餘地가無ᄒᆞ다하얏ᄂᆞᆫᄃᆡ今에該種類를擧ᄒᆞ야其眞意를說破ᄒᆞᆯ진ᄃᆡ

第一種은한國의現時狀態를痛論ᄒᆞᆫ者라ᄒᆞ얏스니

嗚呼라韓國의現時狀態를痛論ᄒᆞᆷ이不可ᄒᆞ면現時狀態를謳歌ᄒᆞ며舞蹈ᄒᆞ며頌祝ᄒᆞᆷ이可ᄒᆞᆯ더嗚呼라彼ᄂᆞᆫ韓國을滅亡케ᄒᆞᄂᆞᆫ故로畢竟한國現時狀態를大謳歌大舞蹈大頌祝ᄒᆞ리로다

第二種은過激ᄒᆞᆫ文字로自主獨立을說ᄒᆞ야國家의現狀을破壞ᄒᆞ라ᄂᆞᆫ精神을鼓吹ᄒᆞᄂᆞᆫ者라ᄒᆞ얏스니

嗚呼라彼가아모리韓國을滅亡케ᄒᆞᄂᆞᆫ學部인들彼도亦人이라豈半分人類的心性이有ᄒᆞ면엇지此等句語를忍吐ᄒᆞᄂᆞᆫ가彼가或韓人이自主獨立ᄒᆞᆯ자或한국의現狀이破壞될ᄭᆡ憂慮恐懼ᄒᆞ며如何如何하면韓國이亡ᄒᆞᆯ자如何히ᄒᆞ면한族이滅ᄒᆞᆯ까勞心焦思ᄒᆞᄂᆞᆫᄃᆡ가此妖計를思得ᄒᆞ야魔術을弄ᄒᆞᆷ이로다嗚呼라彼가아모리한國을利益케ᄒᆞᄂᆞᆫ학部ᄂᆞᆫ아닌들한國의亡에於彼에何快가有ᄒᆞ며한族의滅에於彼에何樂이有ᄒᆞ기에若是憂慮恐懼勞心焦思가如彼其甚ᄒᆞᆫ가

第三種第四種은本國情形을諷刺ᄒᆞᆫ者라ᄒᆞ얏스니

嗚呼라今日한國情形을諷刺ᄒᆞᆷ이不可ᄒᆞ면讚美ᄒᆞᆷ이可ᄒᆞ며誇張ᄒᆞᆷ이可ᄒᆞ며祝賀ᄒᆞᆷ이可ᄒᆞᆯ가嗚呼라彼학부ᄂᆞᆫ한國의滅亡을催促ᄒᆞᄂᆞᆫ者ㅣ라彼ᄂᆞᆫ世界萬國에對ᄒᆞ야한國의滅亡을讚美誇張祝賀코ᄌᆞᄒᆞ나니諷刺를엇지不可ᄒᆞ다不謂ᄒᆞ리오

第五種은國家論義務論을揭ᄒᆞ야憤慨的言辭를用ᄒᆞᆫ者라ᄒᆞ얏스니 此ᄂᆞᆫ已論ᄒᆞ얏기重言치아니ᄒᆞ노라

第六種은偏狹ᄒᆞᆫ愛國心을說ᄒᆞᆫ者라ᄒᆞ얏스니

嗚呼라韓國만愛ᄒᆞ면偏狹ᄒᆞᆫ愛國心인가然則世界萬國을愛ᄒᆞᆷ이可ᄒᆞᆯ가抑又東洋各國을愛ᄒᆞᆷ이可ᄒᆞᆯ가愛國心이不可ᄒᆞ면仇國心惡國心滅國心이可ᄒᆞᆯ가嗚呼라彼가한國을仇視ᄒᆞ야豈毫라도生命이有ᄒᆞᆯ자蠶脅憂悶ᄒᆞ야寢不安食不甘ᄒᆞ나니한人의愛國心을엇지抹殺치아니ᄒᆞ리오

第七種은日本及其他外國에關係가有ᄒᆞᆫ歷史事實中에壯烈ᄒᆞᆫ人物의事蹟을誇張ᄒᆞ야暗然히日本과及其他外국에對ᄒᆞᆫ敵愾心을鼓吹ᄒᆞᄂᆞᆫ者라ᄒᆞ얏스니

嗚呼라歷史中壯烈ᄒᆞᆫ人物의事蹟을誇張ᄒᆞᆷ이不可ᄒᆞ면歷史의卑劣妖怪凶惡等人物의事蹟을誇張ᄒᆞᆷ이可ᄒᆞᆯ가敵愾心을鼓吹ᄒᆞᆷ이不可ᄒᆞ면奴隸心을鼓吹ᄒᆞᆷ이可ᄒᆞᆯ가然則彼薛仁貴秦檜賈似道等賣國賊亡國賊의事蹟을誇張하야學生으로ᄒᆞ야금彼를效則ᄒᆞ며彼를崇拜ᄒᆞ야滔々相率ᄒᆞ야彼가되게ᄒᆞᆫ後에야可ᄒᆞ며附外心賣國心을養成ᄒᆞ야自然滅亡케ᄒᆞᆫ後에야可ᄒᆞᆯ가嗚呼라彼가한人으로ᄒᆞ야금亡國民되기를惟望ᄒᆞ나니엇지華盛頓瑪志尼갈蘇士等壯烈ᄒᆞᆫ人物의事蹟을得聞케ᄒᆞ며彼가한人으로ᄒᆞ야금魚肉되기를惟務하나니엇지敵愾心을發生케ᄒᆞ리오

第八種은本國의固有ᄒᆞᆫ言語風俗習慣을維持ᄒᆞ고外국을模仿ᄒᆞᆷ이不可ᄒᆞ다고說ᄒᆞᆫ者라ᄒᆞ얏스니

嗚呼라外國의長을取ᄒᆞ야本國의短을補ᄒᆞ며外國과彼我를鑑ᄒᆞ야我國의利를計ᄒᆞᆷ은文明進步의惟一門徑이어ᄂᆞᆯ엇지外國을模倣ᄒᆞᆷ이不可ᄒᆞ다言ᄒᆞ리오言語ᄂᆞᆫ國家에表準이오民族의精神이니엇지外國言語를ᄒᆞ야彼美洲黑奴와如히自國語ᄂᆞᆫ都忘ᄒᆞ고他國語만ᄒᆞ게ᄒᆞ리오嗚呼라彼ᄂᆞᆫ한人으로ᄒᆞ야外人의螟蛉이되게ᄒᆞ고자ᄒᆞᄂᆞᆫ너本國의言語習慣을都棄ᄒᆞ고外國을模仿케ᄒᆞ고자ᄒᆞᆷ이亦足怪ᄒᆞᆯ바아니로다

第九種은悲憤ᄒᆞᆫ文字로最近ᄒᆞᆫ歷史를敍述ᄒᆞᆫ者라ᄒᆞ얏스니

嗚呼라한國近世史ᄂᆞᆫ所謂慘담悲憤的歷史라一毫도血性이有ᄒᆞᆫ者ᄂᆞᆫ流涕痛哭치아니ᄒᆞᆯ者ㅣ無ᄒᆞ거늘彼ᄂᆞᆫ此를禁止하니彼ᄂᆞᆫ果是何樣人物인가又或彼가韓國近世史를樂觀으로睹ᄒᆞ야然ᄒᆞᆷ인가悲憤的文字를用ᄒᆞᆷ이不可ᄒᆞ면愉快的文字를用ᄒᆞᆷ이可ᄒᆞᆯ가嗚呼라彼ᄂᆞᆫ한國의滅亡이所願이어늘엇지其滅亡을悲憤케역이ᄂᆞᆫ文字로人心을奮起케ᄒᆞ리오

彼가又曰以上諸種書籍이大槪偏狹ᄒᆞᆫ愛國心을挑發ᄒᆞ야子弟를誤케ᄒᆞᆫ者라ᄒᆞ얏스니

嗚呼라此ᄂᆞᆫ可謂天下萬古에初有ᄒᆞᆫ語로다愛國心을挑발ᄒᆞ야子弟를誤ᄒᆞ면何를挑發ᄒᆞ여야子弟를利케ᄒᆞᄂᆞᆫ가彼ᄂᆞᆫ譫語者오魔鬼오豚犬이라余ㅣ彼에對ᄒᆞ야何를誅ᄒᆞ리오余寧히無言코ᄌᆞᄒᆞ노라

此外에도許多魔戱이張皇ᄒᆞ나但其支離를避ᄒᆞ야停筆ᄒᆞ노라

嗚呼라한人同胞여諸君은驚駭치도말며痛罵치도말지어다彼가한국을滅亡케ᄒᆞᄂᆞᆫ學부니此가又何足怪며又何足怪리오惟望컨ᄃᆡ諸君우腦中心中에한국은不滅亡이라ᄒᆞᆫ六字를深銘ᄒᆞ야父ᄂᆞᆫ是로子에게傳ᄒᆞ며兄은是로弟에게傳ᄒᆞ야永久不忘ᄒᆞ며彼가아모리한국을滅亡케ᄒᆞ고자ᄒᆞᆯ지라도한국은不滅亡ᄒᆞ며아모리한국을滅亡케ᄒᆞᄂᆞᆫ敎科書를爛用ᄒᆞ나한국은不멸亡ᄒᆞ리라

雜報

●乾元節叅拜　本月二拾五日은　大皇帝陛下乾元節인故로伊日午前拾時에內閣總理大臣以下각大臣及中樞院議長諸氏가叅賀ᄒᆞ엿더이오同時에宮內府와各府部院親任官及勅奏任官外他屬聘官吏等이叅賀ᄒᆞ엿더이오　親王及各君承候官宮內府親任官等은伊日午前九時에　熙政堂에서拜賀ᄒᆞ엿다더라

●酬酌頻繁　再昨日下午[illegible]時頃에總理大臣李完用農商工部大臣趙重應兩氏가何等事項을因ᄒᆞᆷ이던지內部大臣朴齊純氏를同私邸로訪問ᄒᆞ고數時間을爛熳酬酌ᄒᆞ엿다더라

●政府擬議　政府에서十[illegible]以內最上頑固者五十人을選拔ᄒᆞ야日本에派送ᄒᆞ야關東上에模範을遊覽歸國케ᄒᆞ기로現今擬議中이라더라

●韓氏獻議　前主事韓鳳[illegible]氏等이中樞院에獻議ᄒᆞ되觀察使와郡守闕報ᄒᆞᄂᆞᆫ章程을廢止ᄒᆞ고內部에서銓選方法을回復ᄒᆞ야時宜에安合ᄒᆞ도록內閣에請議ᄒᆞ야函圖方便케ᄒᆞ라ᄒᆞ엿다더라

●檢査局移轉　度支部構屋內에設置ᄒᆞ엿던會計檢査局을日昨西小門內稅關工事部로移轉ᄒᆞ고副檢査官을한日人각一名式任命ᄒᆞ엿다더라

●度量衡購入　農商工部에서去拾日에購買入札에付ᄒᆞᆫ度量衡을本年五月부터八月三拾日까지納入케ᄒᆞᆫ後에委任人의게委任ᄒᆞ야販賣ᄒᆞᆯ터인데尙且第二回購買入札에付ᄒᆞᆫ다더라

●朴氏擧訴　宮內大臣閔丙奭氏의生庭父親閔觀植氏가昔往平壤庶尹으로在任ᄒᆞ엿다가陜府에서因病卒逝ᄒᆞᆫ時에陜邑居朴昌奎氏가治喪凡百을極力周旋ᄒᆞ야運柩上京ᄒᆞᆫ미閔丙奭氏가厚恩을感謝ᄒᆞ더니該氏가其後平壤觀察使로到任ᄒᆞᆫ後에朴氏와同居ᄒᆞ던妓生山月이가朴氏와無端相別ᄒᆞ고閔丙奭氏의게[illegible]ᄒᆞ되朴氏가閔氏의生親喪時에錢財巨額을偸貸ᄒᆞ얏다ᄒᆞ미閔氏가該言을信聽ᄒᆞ고朴氏를拘囚牢刑에葉三拾萬兩을勒奪ᄒᆞᆫ지라朴氏가其錢을還推코져將爲擧訴ᄒᆞᆫ다더라

●[illegible]慘景　上海에滯留ᄒᆞ던李學均시가身故ᄒᆞᆫ事ᄂᆞᆫ已報어니와其詳細를追聞ᄒᆞᆫ즉同시가日前에淸人監獄署에被囚中이더니其死因은何如히됨인지不知어니와日人에게시의尸身을埋[illegible]ᄒᆞ고尙健시의게로通知[illegible]히報ᄒᆞᆯ리시[illegible]ᄒᆞ얏ᄂᆞᆫ더[illegible]家에서ᄂᆞᆫ靈柩[illegible]道가渺無ᄒᆞ야其八耄老母[illegible]幼子의叩地呼哭ᄒᆞᆷ은[illegible]忍見이라더라

●敎民呼怨　利川郡梨浦橋梁을每年[illegible]修築ᄒᆞ되附近洞人民이[illegible]赴役ᄒᆞ더니故判書[illegible]年에附近洞은自己墓下村이라ᄒᆞ야赴役을[illegible]施ᄒᆞ고十餘里外敎立里居民으로[illegible]赴役ᄒᆞ야于今싸지民弊[illegible]滋甚ᄒᆞᆫ지라敎立里居民等이抑冤ᄒᆞᆷ을不勝ᄒᆞ야郡及觀察[illegible]呼訴ᄒᆞᆫ즉郡題와府題가[illegible]爲裁[illegible]及其橋梁修築之[illegible]詰榮氏가前[illegible]之[illegible]具ᄒᆞ고多發官隷ᄒᆞ야敎立里人民을捉去ᄒᆞ야橋梁을修築케ᄒᆞᄂᆞᆫ故로民怨이浪藉ᄒᆞ다더라

●[illegible]行悖　西部新村居ᄒᆞᄂᆞᆫ[illegible]偵刑事巡査로視務ᄒᆞ다가解任된더인되近日에리興秀로變名ᄒᆞ고附近人民에게行悖가居多ᄒᆞᆷ으로稱寃이浪籍ᄒᆞ다더라

●幸勿沮遏　南來人의傳說을據ᄒᆞᆫ즉全南各郡에近日義兵이測量員의田畓測量ᄒᆞᆷ을沮遏ᄒᆞᄂᆞᆫ故로該地方人民들이각處에揭榜ᄒᆞ되現今田畓을測量ᄒᆞᆷ은外국人을爲ᄒᆞᆷ이아니라各其田土를保有ᄒᆞ기爲ᄒᆞ야測量圖本을實施ᄒᆞᆷ이니惟望義兵은誤解를氷釋ᄒᆞ고更勿沮戱ᄒᆞ라ᄒᆞ얏다더라

●安民呼訴　安邊郡財務署에서ᄒᆞ郡人民의勿施ᄒᆞᆫ軍根賭錢葉壹千二百二拾餘兩을星火督納ᄒᆞᄂᆞᆫ故로ᄒᆞ人民등이不勝抑冤ᄒᆞ야度支部에呼訴ᄒᆞ얏다더라

●長義逃走　加平郡地方에ᄂᆞᆫ近日에義兵이日益滋蔓ᄒᆞ야不虞의患難이種種有之ᄒᆞᆷ으로ᄒᆞ郡에駐在ᄒᆞᆫ한日巡査ᄂᆞᆫ擧皆逃走ᄒᆞ얏다더라

●興業社晩餐　磚洞한彔興業會社의益益興旺ᄒᆞᆷ은壹般共知어니와ᄒᆞ社社長마야氏가去土曜日大安門前西洋人旅館에서晩餐會를盛大히開ᄒᆞ고각社會와財政及實業界의著名ᄒᆞᆫ人士를多數請邀ᄒᆞ얏ᄂᆞᆫ더ᄒᆞ社[illegible]이ᄒᆞ社의趣旨와前途를懸仄說明ᄒᆞ고來賓中김允五한相龍梁起鐸某某諸氏가極口贊成ᄒᆞ얏ᄂᆞᆫ더ᄒᆞ社의前途擴張을指日可期라ᄒᆞ니吾儕ᄂᆞᆫᄒᆞ社로因ᄒᆞ야한국商業의發達됨을同聲贊祝ᄒᆞ노라

●酒商組合　漢城五部內에잇ᄂᆞᆫ酒商이數百名인대就中有志者數拾名이酒商組合所에會同ᄒᆞ야商路에前進과酒品을釐新改良케ᄒᆞᆯ方針을硏究中이라더라

●湖南承認　학부에서新頒布ᄒᆞᆫ學會令에依ᄒᆞ야湖南學會에서請願ᄒᆞ얏더니日昨에認可를承ᄒᆞ얏다더라

●藉校行悖　文化郡壹進支부會장金發煥김奎豐鄭信永等이該郡葛山坊內에文明학校를設立ᄒᆞ고校費를該郡人民의게排斂ᄒᆞ야[illegible]力으로勒請ᄒᆞᄂᆞᆫ대就中邑里居김應律氏等三人을該郡憲兵派駐所에指囑押囚ᄒᆞ야無數ᄒᆞᆫ困境을受ᄒᆞ얏다더라

●洪男沒覺　前郡守洪秉薰시의令男某氏가年少沒覺으로積城郡에在ᄒᆞᆫ自己田庄을僞造證明ᄒᆞ야外국人의게放賣코져ᄒᆞ다가情跡이現露ᄒᆞ야北부警察署에被囚ᄒᆞ얏다더라

●兩氏宣告　去土曜日[illegible]地方裁判所에서宮內府侍從[illegible]憲九氏ᄂᆞᆫ公貨欠逋罪로懲役三年으로前叅奉宋榮龜ᄂᆞᆫ勅紙僞造罪로懲役十年에宣告ᄒᆞ얏다더라

●趙氏白放　趙彰漢시가裁判所에被囚ᄒᆞᆷ은前報에揭載ᄒᆞ거니와其事實를聞ᄒᆞᆫ즉리徵翼시의誣告가分明ᄒᆞ야趙시ᄂᆞᆫ昨日에無罪白放ᄒᆞ고리시ᄂᆞᆫ反坐律에處ᄒᆞᆫ다더라

●李家回祿　再昨日下午七時頃에南부仁峴居ᄒᆞᄂᆞᆫ리晃洙시의子婦嚴召史가炊飯ᄒᆞᆯ時에火連積柴ᄒᆞ야舺家貳間이沒燒ᄒᆞ얏ᄂᆞᆫ데損害가五拾餘圓에達ᄒᆞ얏다더라

●窃取被囚　中부磚洞居ᄒᆞᄂᆞᆫ朴蒼陽은再昨日下午七時頃에泥峴何許日人商店에서多數物品을窃取ᄒᆞ다가所管警察署에被囚ᄒᆞ얏다더라

●僞貨犯被捉　北부三淸洞居ᄒᆞᄂᆞᆫ中耕植氏가紙幣及銀白銅貨를多數僞造ᄒᆞ야小安洞居申曼雨寺洞居김士明兩氏를指使ᄒᆞ야使用ᄒᆞ다가情跡이現露되야南부警察署에被捉取調中인ᄃᆡ其外에도從犯者가多有ᄒᆞᆷ으로現今詗捕中이라더라

●崔家賊警　去月二拾六日下午七時頃에平北龍川舊邑東門外崔時俊氏家에賊漢十二名이各持銃劍ᄒᆞ고突入內庭ᄒᆞ야汁物을沒數奪去ᄒᆞ얏ᄂᆞᆫ대崔氏가被打重傷ᄒᆞ야宜川濟衆院에서治療中이오隣人한孝成氏도中丸重傷ᄒᆞ야楊市醫院에서治療中이라더라

●到處賊警　去土曜日下午八時量에賊漢四名이各持六穴砲ᄒᆞ고齋洞居前協辦崔榮夏氏家에突入ᄒᆞ야家產汁物을搜索ᄒᆞᆯ際에該洞內巡査와附近洞支派所巡査等이齊聲히來到ᄒᆞᆫ미該賊漢四名이見機逃走ᄒᆞ얏다더라

●智德討論　智德共新會에서再昨日下午七時에勤勝於才란問題로互相討論ᄒᆞᆫ다더라

學界

●[illegible]擧規　平壤林原面上元洞居[illegible]養材學校에서年期試驗을擧行ᄒᆞᆫᄃᆡ近境有志紳士와學生의進就ᄒᆞᆷ을嘉尙히녀여[illegible]貧捐助로爭先出義ᄒᆞ야金額이乃至貳十圓이라多數物品으로[illegible]及弟者[illegible]賞ᄒᆞ고受業狀授與式을擧行ᄒᆞᆫ後에學徒父兄懇親會를開ᄒᆞ고校長鄭履穆시와敎師崔啓業시가敎育에有益ᄒᆞᆫ目的으로[illegible]場說明ᄒᆞ얏다더라

●[illegible]洞興明　忠淸北道堤川郡[illegible]洞에私立興明學校를設立[illegible]熱心敎育ᄒᆞᄂᆞᆫ대校장에閔泳復[illegible]監에한國東하監에崔永爽[illegible]에李相翼會計에伊寬鉉敎師에하翊東諸시인대生徒가百餘名에至ᄒᆞ얏다더라

●面里長熱心　楊州郡長興面面長한東敎시와里장尹曾奎李思文權升兩洪書春張鳳煥한致奎池鍾秀朴永弼池석永等諸시가敎育에熱心으로학校를設立ᄒᆞ고每日勤勉ᄒᆞᆫ다더라

●全白熱心　長湍郡蔭南二里舊社동居한文郁白鶴九全鳳九全鼎夏諸시가敎育이急先務로認知ᄒᆞ고聰俊子弟의優遊渡日ᄒᆞᆷ을慨嘆ᄒᆞ야昨年七月分의永新學校를設立ᄒᆞ고諸般用費를自擔타가當此今年ᄒᆞ야學界上熱心으로今番私立학校令에對ᄒᆞ야該校基本금이不足故로白文郁全鼎夏兩시가壹千圓을自當ᄒᆞ야학부認可를請願ᄒᆞ고該兩시와各任員諸시가學校諸般事務를極力周旋ᄒᆞᆷ으로人민이莫不稱頌ᄒᆞᆫ다더라

●紳士寄附　定山郡[illegible]面私立誠明학校ᄂᆞᆫ設立ᄒᆞᆫ지未幾에學徒가日加月增ᄒᆞ야大有進就之望인바其隣동居ᄒᆞᄂᆞᆫ有志紳士安承敎兪致舜兪鎭夏諸시가該校經用이窘拙ᄒᆞᆷ을慨嘆ᄒᆞ야旣往設立ᄒᆞᆫ契錢千餘兩을捐付ᄒᆞ얏다더라

◉咸荷義捐

平壤郡林原面上元西里都龍洞養材學校장鄭履穆氏가 **金壹圓** 을本社에寄附ᄒᆞ얏기玆에感謝를表ᄒᆞ노라

▲地方消息

▲本月十壹日夜全南靈光郡東北方二十里地에서義兵八十名이同郡日守備隊下士六名과交戰ᄒᆞ얏다ᄒᆞ고

▲本月六日京畿道楊州郡東方三拾里地에서義兵五拾名이同郡警察署ᄒᆞᆫ日巡査拾壹名과交戰ᄒᆞ얏다더라

▲破眠壹

覺世生

▲人生定限百年이나살어살기듬으도다七八拾을산다ᄒᆞ되도病던날과장던ᄯᅢ를歷歷打算ᄒᆞᆯ랑이면幾拾年이못되ᄂᆞᆫ터可憐ᄒᆞᆯᄉᆞ우리同胞男女老少勿論ᄒᆞ고잠ᄌᆞ기를汨沒ᄒᆞᆫ다

▲셔라셔라잠셔여라北城擊柝復欲罷에東方明星ᄯᅥ어온다四隣雞聲[illegible]凄凉ᄒᆞ이ᄂᆞᆫ곳에네야모리無[illegible]들黑酒洞天[illegible]가[illegible]엇지ᄒᆞᆯ고어[illegible]빗비잠ᄭᅢ여라

▲셔라셔라잠셔여라[illegible]花ᄯᅵ天地文明氣에雷動江山擾亂ᄒᆞ다競爭ᄒᆞᄂᆞᆫ이런[illegible]아녀어던아모方針[illegible]窟[illegible]의豚[illegible]어[illegible]차[illegible]잠[illegible]나어[illegible]빗비잠ᄭᅢ[illegible]

▲셔[illegible]잠셔[illegible]桃李片時春[illegible]이滄海桑田[illegible]히[illegible]腐ᄒᆞᆫ[illegible]何日[illegible]가어[illegible]빗비잠ᄭᅢ여라

▲셔라셔라잠셔[illegible]美人天[illegible]渺渺[illegible]悅忽[illegible]다이우집[illegible]農工商[illegible]精神[illegible]우리한[illegible]同胞[illegible]精神업다어[illegible]빗비잠ᄭᅢ여[illegible]

▲셔라셔라잠셔여라古[illegible]月昏에烏鵲亂飛[illegible]우리同胞장던것을死人으로아럿ᄂᆞᆫ지그腦髓[illegible]라ᄒᆞ고瓦[illegible]競모히[illegible]身體[illegible]엇[illegible]가어[illegible]빗비잠ᄭᅢ[illegible]

▲同胞[illegible]上事를勿論ᄒᆞ고各有其限ᄒᆞ[illegible]今[illegible]우[illegible]잠잘[illegible]더[illegible]期限들이[illegible]에답답ᄒᆞ[illegible]姑舍[illegible]잠못셔[illegible]니라

廣告

雲山郡文岩私立勞働學校를雲成學校로改稱홈

私立雲成學校 告白

本人이路上에서時計壹個를拾得ᄒᆞ얏ᄉᆞ오니遺失ᄒᆞ신이는本人家로來覓ᄒᆞ시오

北부苑洞拾七統七戶 梁見龍 白

安동前德이學校內에日어辨術夜學科로敎授中簿記五個月、測量三個月、加設敎授ᄒᆞ깃ᄉᆞ오니志願 諸員은陽曆本月貳十日內本塾主務家에來議爲要

上勳洞拾四統六戶主務 李起鍾

至羅北道益山郡西濤五面之間의淸心山盃山兩山이有ᄒᆞ니相距十里之野의답土가二千餘石落이오人戶가屢千家인데兩山之間大野之下에腰橋가有ᄒᆞ되深且廣焉ᄒᆞ야右野萬谷水가四時長流之水門故數千人家가耕作生活ᄒᆞ며或値夏水之漲ᄒᆞ면ᄉᆞ門이猶爲狹窄ᄒᆞ야水沉之患을難免ᄒᆞ더니不意에日本人片桐이稱有度支부認許ᄒᆞ고腰橋ᄉᆞ門을高築貯水ᄒᆞ기로挿木設役ᄒᆞ는고로五面民情이十端騷擾ᄒᆞ야該日人의계質問도ᄒᆞ며該郡守에계請願도ᄒᆞ나姑未出末故로多數人民이每日會集商議ᄒᆞ되哀我數萬人口가不意에壹個人의凶謀毒禍에酷被ᄒᆞ야답土와家屋을ᄉᆞ국의沉沒ᄒᆞ면生無所食之野오居無依歸之家ᄒᆞ야顚頭死亡을指日可待인즉該築堤之事를以私以公間의期於反對ᄒᆞ기로誓死決議ᄒᆞ얏기玆以廣告홈

代表人 金順植 林鍾日
栗村面 鄭永朝 김興叔
巳梯面 朴允甫 김元明
豆川面 宋枓烈 김坤黃
北壹面 卓敬瑞 等告白

普成專門學校學員募集廣告

本校에서今番法律專門科학員을再次增加募集ᄒᆞ오니願학僉員은左기에依ᄒᆞ야屆期入學ᄒᆞ시ᄋᆞᆷ

壹 試驗日子 三月二十一日上午十時(陰曆貳月三拾日)
壹 試驗科目本校入問事
壹 年齡二拾歲以上
壹 入學에關ᄒᆞᆫ用紙는本校에來購ᄒᆞᆯ事

漢城磚洞普成專門學校告白

◎學徒募集廣告

本塾에서夜학曰어申乙班과簿記科를增設ᄒᆞ고高名ᄒᆞᆫ敎師를迎聘ᄒᆞ야敎授ᄒᆞ오니有志僉彦은速々來議홈

中부校洞拾貳統拾戶貳層家 東壹義塾 白

本府古城面烟下洞所在艸體舍에坐와田六口畊과川麓二疊과陳坂壹時文券과又於本面龍山ᄒᆞᆫ所在祖父母墓山沓五斗落只文券과本人姓名圖章을本年陰正月晦日에偶然히失ᄒᆞ엿ᄉᆞᆸ기茲에廣布ᄒᆞ오니誰某拾得이ᄋᆞᆸ던지休紙로施行홈

義州古城面烟下洞 張履禧 告白

大皇帝陛下ᄭᅦ옵서西道御巡時에校徒國旗與生徒二十三名이祗迎祗送ᄒᆞ고回鑾路次에泰川郡居ᄒᆞᆫ在榮學亭鄭芮得心雲山北市居黃希珍兩시에셔午餐壹次式特待ᄒᆞᆫ故로敬爲ᄒᆞ시에感謝ᄒᆞᆫ厚意를表揭홈

私立雲成학校 告白

純良ᄒᆞᆫ水를飮用ᄒᆞ오

諸君은疾病으로ᄒᆞ여금苦惱를當ᄒᆞ심잇가

諸君은親友와愛子를永訣ᄒᆞ미有ᄒᆞ엿슴는잇가

諸君은恒常身氣가疲困ᄒᆞ고精力이勞損ᄒᆞ얏슴잇가

純良ᄒᆞᆫ水를飮用ᄒᆞ시면此等苦難을免ᄒᆞ실이다

純良ᄒᆞᆫ水를決코飮用ᄒᆞ시고不良ᄒᆞᆫ井水는廢用ᄒᆞ시와毒害를免ᄒᆞ시오

疾病과憂愁와苦難을作케ᄒᆞ는者는即不純ᄒᆞᆫ飮料水요年々히親友와愛子를千百名式殺傷ᄒᆞ는者도亦不良ᄒᆞᆫ水라ᄒᆞ노라

汲水商이純良ᄒᆞᆫ漢江水로만飮料水를供給홈을決코注目ᄒᆞ오

汲水商이腕上에記号捺章ᄒᆞᆫ牌를掛ᄒᆞ얏ᄉᆞᆸ는細察ᄒᆞ시오此牌가無ᄒᆞ면水道水를販賣ᄒᆞ올權利가無ᄒᆞ야곳諸君을欺瞞ᄒᆞ는者이오다

汲水商中에本會社号牌를腕上에掛有치아니ᄒᆞᆫ者가本會社共用栓에서給水를運搬或販賣ᄒᆞ는者는日本理事官三浦彌五郎시와警視總監丸山重俊시가承認ᄒᆞᆫ大韓水道會社別則第八條에照ᄒᆞ야非行賠償金貳拾圓을懲收ᄒᆞᆸ

此別則에對ᄒᆞ야違越ᄒᆞ는者를本會社에通告ᄒᆞ시면本社의셔懲收ᄒᆞ는非行賠償金에半額으로酬勞ᄒᆞ올이다

純良ᄒᆞᆫ漢江水를供給ᄒᆞ는方法과每月給水料金과給水架設ᄒᆞ는工事費에關ᄒᆞᆫ事ᄂᆞᆫ委細大韓水道會社에來問ᄒᆞ시면詳細說明ᄒᆞ올니다

壹坊城內에有ᄒᆞᆫ家戶에셔同時에水道水를取用케되는境遇에는給水料金을特別히低廉케ᄒᆞᆯ깃ᄉᆞᆸ니다

有限責任 大韓水道會社白

美國시아틀大博覽會 미국시아틀대박람회

垂詳覽

美國시아틀大博覽會記聞○一千九百九年六月一日開會○同年十月十六日閉會○

會場面積三十萬坪○會費二千萬圓○出品價額一億萬圓○空前絕後ᄒᆞᆫ美麗ᄒᆞᆫ大博覽會○

大韓帝國物品의唯一出品者는

大韓皇城磚洞韓美興業株式會社

이쪽을날마다자세히보시오

物貨이校用品其他家用物品을一齊俱備ᄒᆞ고地方各學校가以書請求ᄒᆞ시면以小包郵便으로商品販賣而信々酬응ᄒᆞᆯ깃슴 物品如下 紙石板자色 鉛筆자色 洋服內衣上下 印札紙자種 ... 用雜貨俱備 ... 此兄私益도莫過於此라 ... 石版機械와活版機械를壹新準備ᄒᆞ오니 ... 費만出ᄒᆞ면書籍印刷業을同事利分키로廣告ᄒᆞ니速來議定 ...

廣告

弊店에서 僉君子의 便宜ᄒᆞ기 爲ᄒᆞ야 上品細部測量機械를 日本東京으로서 直接輸入ᄒᆞ와 廉價放賣ᄒᆞ오니 僉員은 照亮ᄒᆞ와 即速來臨ᄒᆞ시와 買用ᄒᆞ시옵

平安北道宜川郡濟衆衫中商店

本人의 丈母는 即 [illegible]시種의 母親이라 [illegible]二拾四年前에 匿字五拾壹分田壹日耕을 結卜庫叱舊文券을 持ᄒᆞ고 而言曰 余欲賣此田ᄒᆞ야 買農牛ᄒᆞ노니 君이 從時價買置ᄒᆞ라ᄒᆞ거늘 本人曰 丈母가 雖寡居ᄒᆞ시나 門內至親이 多有ᄒᆞ고 婿는 外人이라 慮有後言ᄒᆞ니 往議于至親ᄒᆞ라ᄒᆞᆫ즉 君言이 是也라ᄒᆞ야 追後更來而言曰 從任道辰이가 欲買此田於渠之妻男ᄒᆞ니 以吾情念으로는 從任妻男之買得이 不如婿君之買得故로 却彼而來此라ᄒᆞ고 決價二百[illegible]而即成新買文券이되 賣主는 [illegible]子시種으로 填ᄒᆞ고 證人은 其從任道辰으로 填ᄒᆞᆫ 後二拾餘年에 本人이 無端耕農矣러니 不意昨冬에 시種이 不念其亡母之本意ᄒᆞ고 稱以權賣而來請還退故로 責其無據ᄒᆞ고 施以好語曰 爲念男妹之情ᄒᆞ야 君之前價條七百五拾兩을 [illegible] 田壹日耕에 三息耕을 ᄒᆞ고 且當分給ᄒᆞ마ᄒᆞ야 渠亦感服ᄒᆞ야 受分給新券而去ᄒᆞ더니 七八日後에 該券及五兩을 還持來ᄒᆞ야 期欲勤退故로 憎其悖擧ᄒᆞ야 還收該券ᄒᆞ고 即以前價條除之ᄒᆞ얏더니 시種이 終不悔悟ᄒᆞ고 誣訴于郡ᄒᆞ기로 臨正月貳拾壹日 兩班之場에 本人이 提供陳供ᄒᆞ야 本郡에서 面飭曰 事過二拾餘年에 違背期限規則이어날 誣認以多事而受理라ᄒᆞ시고 [illegible] 故로 本人이 出廷ᄒᆞ야 口訴ᄒᆞᆫ즉 郡에서 [illegible]曰 汝與丈母로 的實買收券은 昭然ᄒᆞᆫ 것시 汝若僞造賣券인ᄃᆡ 賣主는 已死ᄒᆞᆫ 丈母요 證人은 汝의 心腹人으로 [illegible] 售奸莫辨이라ᄒᆞ거신ᄃᆡ 賣主시種과 證人道辰을 依丈母書填ᄒᆞᆫ 二拾餘年에 暗昧淳俗으로 按例成券ᄒᆞᆫ 것을 直呈ᄒᆞ니 其眞情을 可知라 汝即測量該田ᄒᆞ며 但當許施ᄒᆞᄂᆞᆫ 所有權證明ᄒᆞ마ᄒᆞ시ᄂᆞᆫ 故로 自官察隱如神ᄒᆞ심을 攢頌ᄒᆞ얏더니 末乃本人을 落科ᄒᆞ오니 [illegible] 賣券之非僞造는 已有郡守之明燭處分則無復題辨이오 道辰證詞中 權賣는 即彼隻之[illegible]親에 同謀之言則不足爲立證이오 시種訴求中 匿字五拾田結二卜六束庫叱은 權賣後에 今納稅云ᄒᆞ니 是豈成說乎아 陳陳舊卷이 在於本人而五十壹分田結五卜也라 訴訟物의 相左가 如此ᄒᆞ니 事之曲直은 路人도 可知어늘 本人의 冤屈이 抑冤ᄒᆞᆫ 故로 京城地方裁判所에 申訴次로 入仁ᄒᆞ얏더니 [illegible] 이가 以何悉憾情으로 搆捏廣告於新聞故로 本人은 顧念姻誼ᄒᆞ야 不得已ᄒᆞ야 玆以抵置仰布ᄒᆞ오니 僉君子는 垂諒ᄒᆞ시옵

廣州磻潭居金順在 告白

東湖契는 即大同江岸의 陸揚ᄒᆞᄂᆞᆫ 何物이던지 諸般運搬擔負役에 從ᄒᆞᄂᆞᆫ 勞働都中인데 現今 製作國家에 已爲二拾餘年이라 以此契中任員即什長 李昌萬 崔寅寔 朴道恒 金元吳 金錫坤 等이 多年十장으로 盡觀勞働者之無識而欺ᄒᆞ고 會計上에 每多錯亂ᄒᆞ며 壓制使役은 無異奴隸ᄒᆞ기로 勞働者等이 會同ᄒᆞ야 爲先會計文簿를 調査ᄒᆞᆫ즉 [illegible]拾兩은 自服ᄒᆞ고 江邊各客主及各春精家 [illegible]에 勞働者의 死葬疾病에 互相救恤ᄒᆞ기 特附ᄒᆞᆫ 每百荷物에 棄錢五分式은 右十長輩가 昨年壹年間 擔負ᄒᆞᆫ 荷物合九萬六千九百三拾四兩에 盡爲收捧ᄒᆞ야 登千六拾六兩만 會計에 入錄ᄒᆞ고 餘在壹千七百八拾七兩은 潛食ᄒᆞ엿기 請願于警察署ᄒᆞ고 起訴于裁判所ᄒᆞ야 即爲徵捧ᄒᆞᆯ 次로 右李昌萬 等六名은 爲先除名黜送ᄒᆞ얏기 玆에 廣告홈

平壤東湖契勞働都中 告白

慶尙南道金海郡基督明德女學校義捐人氏名金額이 如左홈

朴廷秀 具貞植 各四十圓
徐琪均 三拾圓
裵相진 具永喜 朴大根 裵弘默 各二十圓
박胤洲 曺민承 各拾五圓
白일成 崔永默
裵昌道 許 관 崔東鳴 金泳銖
박秉秀 金世鉉 裵瓊리
嚴衡燮 許 설 尹命殷 許 발
裵憲柱 朱南淳 裵樂熙
박東俊 金鍾浩 曺秉勳
盧相燮 各十圓 韓東爽
河淑龜 鄭安斗 張錫爵
裵相八 金廷河 尹相殷
金鎭武 裵鎬昊 名五圓
金溯善 孫秀浣 嚴柱成
各五圓 裵漢周 三圓五十錢
金道汝 金致仲 吳敎賢
朴秀夏 金鍚準 김相斗
許宗欽 各三圓 李鍾榮
金湘墉 吳炳斗 盧相旭
李洛和 各二圓 金致明
金舜直 徐斗庸 谷壹圓
金海郡基督明德女學校
任員 具光瑞
李允宰 告白

北部觀峴徵文義塾

本塾에서 第四回學員을 募集ᄒᆞ오니 志願人은 三月卅壹日(陰閏貳月初拾日)內로 請願書를 提呈홈(請願紙는 本塾에 請求)

試驗日字는 四月壹日(陰閏貳月拾壹日) 上午拾時

試驗科目은 作文讀書 國漢文作文 算術四則 但公私立普通科卒業證이 有ᄒᆞᆫ 人은 免試홈 資格은 拾五歲以上 貳拾五歲以下 身體健强者

開學日字는 四月拾壹日

◎學員募集廣告

本校에서 土木建築科及測量科를 設施ᄒᆞ오니 入學志願人은 何日이라도 本事務所로 來臨ᄒᆞ와 詳問ᄒᆞ시오

土木建築科
速成科 六個月
高等科 壹個年
特別科 三個月
測量科
速成科 六個月
高等科 壹個年
全夜學 壹個年
特別科 壹個月

京南部淸國領事館通
私立山崎實用土木建築測量算術製圖學校

國語綴字捷徑

此書는 國文高下字와 綴字法을 速히 曉得ᄒᆞ게 ᄒᆞᆫ 捷徑인ᄃᆡ 其 [illegible]個人의 誤書ᄒᆞᄂᆞᆫ 것을 詳細說明ᄒᆞ고 國文綴字上下字를 相較ᄒᆞ야 明分ᄒᆞ고 國語를 著附ᄒᆞ야 初學者의 國語敎科에 適合ᄒᆞ오니 [illegible] 욱陸續購覽ᄒᆞ시옵

定價貳拾錢

發賣所 平壤 鍾路光明書館

安仁車

本人에 夾叔이 去丙午五月分 不幸棄世身 任門內 本派人을 會集ᄒᆞ시고 遺言曰 自己產業 本洞所在家垈三間과 沓拾二斗落과 田五日耕을 以曾祖々父生父香火條로 付之門中ᄒᆞ신 말삼이 尙在屬耳이온대 後妻한시가 嫁來時에 率入ᄒᆞᆫ 前夫之女를 極力補給次로 宗土를 暗欺本人ᄒᆞ고 盜買코져ᄒᆞ기 永保爲祖宗香火之意로 發姦시기고 玆以廣告홈

平北龍川南市 黃龍憲 告白

業書繙譯會에서 [illegible] 繙譯ᄒᆞᆫ 安仁車는 蓮洞[illegible]著者 [illegible]시 校閱ᄒᆞ고 本館에서 發賣ᄒᆞᄂᆞᆫ 仁車는 譯出發售ᄒᆞᆫ 바 此書는 道德心을 培養ᄒᆞ며 [illegible]一般士女의 智識을 啓發ᄒᆞᆯ 것이오니 陸續來購ᄒᆞ시옵

新舊書籍 歐美雜貨 及學徒需用品을 俱備發賣ᄒᆞᆷ

皇城東署蓮洞屛門
普 救書館 告白

學員募集廣告

今番本校各語科(日語、英語、漢語、法語、德語、日語速成科)壹年級學員及各學年補缺員若干人을 募集ᄒᆞ니 志願者는 來四月三日內로 請願書에 履歷書를 添付ᄒᆞ야 本校에 提出ᄒᆞᆯ事

但詳細ᄒᆞᆫ 事는 本校에 來問ᄒᆞ거나 三月九日官報의 廣告欄을 參照ᄒᆞᆯ事

隆熙三年三月

官立 漢城外國語學校

漢城鍾路慈惠藥房에서 官許拜受ᄒᆞᆫ 二十三種封藥과 舊藥鹿材와 草材를 大發賣ᄒᆞ고 且石版印刷機械[illegible]

[illegible]印刷機械를 大設ᄒᆞ고 各地方學校에서 校長과 校監敎員이 [illegible]

○測量器械○製圖器械○大發賣廣告

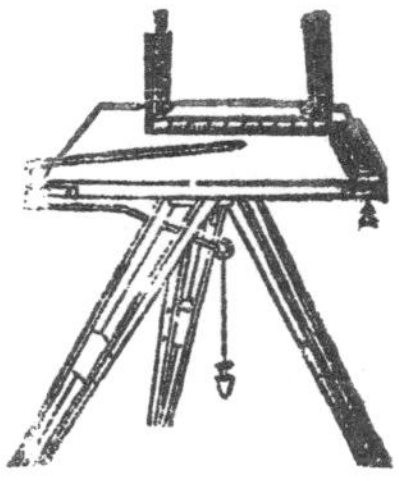

測板 壹尺五寸 金二圓
三脚 金二圓五十錢
雨覆 金五十錢
照準儀 九寸 金七圓
羅針 金一圓七十錢
布卷尺 六拾尺 金三圓三十錢
求心器 金四十錢
垂球 金三十錢
票桿 九尺 六尺 金八十錢 金五拾錢
小計 貳拾圓內 一圓除減 實十八圓

同價紅裳 保險付
大完全 同胞愛顧

照準儀 今番에 新發明된 全脉으로 純金鍍金 [illegible] 見ᄒᆞ고 木製에 變形된 것을 [illegible]
三脚臺 今番에 新發明된 折疊式으로 拙에 [illegible] 携帶ᄒᆞ기 便利ᄒᆞ고 小包로 郵便ᄒᆞᆷ

○測量用紙[illegible]籍○各種俱備 ◎學校用品
○學藝辭書紙

京鄉間注文은 [illegible] 前注意ᄒᆞ시면 十分完全ᄒᆞ게 不拘多少ᄒᆞ고 注文ᄒᆞ시면 小包로 引換金付ᄒᆞ와 迅速히 奉副ᄒᆞᆷ

漢城南署東洞六十二統十戶
農商工部[illegible] 商家 謹告

貿易商 KIM

○我國特產谷煙 [illegible] 香煙 新
大煙百本入一箱 一圓五十錢
中煙百本入一箱 七十錢
小煙百本入一箱 金四十錢
多數注文ᄒᆞ시면 割引ᄒᆞ야 進呈홈

隆熙三年八月十一日 明治四十二年八月十一日 (第三種郵便物認可) 水曜日 西曆一千九百九年八月十一日

大韓每日申報

第[illegible]卷
第千[illegible]百拾九號

月報及隨時發刊
月職日休廣

檀君開國四千二百四十二年
箕子元年三千[illegible]十一年
大韓開國五百十八年
日本明治四十二年
[illegible]宣統元年
陰曆己酉六月二十六日丙子

Responsible for Publication Alfred Weekley Marnham.
發行兼編輯人英國人萬 咸
發行所
南部石井洞號外地三層洋屋家
大韓每日申報社

寄書

◉招民權文

[illegible]萱生

闔來兮여民權아檀君故墟에朝鮮族二千萬을携ᄒᆞ고歡迎ᄒᆞᆷ을[illegible]ᄒᆞ야桂醑兮蘭槳으로爾의魂을招ᄒᆞ며舞蹈兮歡呼ᄒᆞ야爾의駕를迎하노니民權아歸來ᄒᆞ라

歸來兮여民權아爾가我의生命이아닌가爾가我의手足이아닌가爾가我의恩友가아닌가世界人類가爾를得ᄒᆞ면生ᄒᆞ고爾를失ᄒᆞ면死ᄒᆞ며凶賊을逢ᄒᆞ미爾가防衛ᄒᆞ며死地에陷ᄒᆞ미爾가拯出ᄒᆞᄂᆞᆫ도다

歸來兮여民權아爾가我의民族과並生치아니ᄒᆞ얏스며我의國家와並存치아니ᄒᆞ얏ᄂᆞᆫ가蓋天地가初闢ᄒᆞ고人類가初生ᄒᆞ미草木은榛々ᄒᆞ고鳥獸ᄂᆞᆫ蠢々ᄒᆞᆫᄃᆡ人類ᄂᆞᆫ蹄角과利와毛羽의衞가無ᄒᆞ야自活自衛키不能ᄒᆞᆫ지라드ᄃᆡ여團結成群ᄒᆞ야木實이나食ᄒᆞ며獸皮나衣ᄒᆞ미强者가攘奪을橫行ᄒᆞ야弱者ᄂᆞᆫ其權利를保存키不能ᄒᆞᆫ지라於是에衆이相約하고凡權利를見奪ᄒᆞᆫ者ᄂᆞᆫ其中知識이稍明ᄒᆞᆫ者에게就ᄒᆞ야曲直을辨ᄒᆞ야權利의保護를請ᄒᆞ니於是乎君長이有ᄒᆞ고政府가有ᄒᆞ고國家가有ᄒᆞ얏도다

然則人民이自己의權利를保護ᄒᆞ기爲ᄒᆞ야國家를創造ᄒᆞ얏스며自己의權利를保護ᄒᆞᄂᆞᆫ機關으로政府를設置ᄒᆞᆷ이아닌가國家에對ᄒᆞ야生存權利를請求ᄒᆞᆷ은人民의當然ᄒᆞᆫ權利며政府에對ᄒᆞ야政治權力에參與ᄒᆞᆷ은人民의當然ᄒᆞᆫ權利가아닌가於是乎民權이始生ᄒᆞ얏스니卽爾ᄅᆞᆯ이아닌가玆後로我ᄂᆞᆫ爾를恃ᄒᆞ고爾ᄂᆞᆫ我를惠ᄒᆞ야暫離치아니ᄒᆞ기로相信ᄒᆞ얏더니其間에不幸히幾個奸凶ᄒᆞᆫ民賊輩의所爲로爾我가別離를遂遭ᄒᆞ야悠々ᄒᆞᆫ數千載에我ᄂᆞᆫ爾를幾忘ᄒᆞ고爾ᄂᆞᆫ我를不顧ᄒᆞ야音信이杳然ᄒᆞ니於是에無數ᄒᆞᆫ惡政府가我의權利를勒奪ᄒᆞ야政治도政府의獨有오法律도政府의獨有며國家의壹般行動이無非政府의擅行이오人民은壹毫도與聞치못ᄒᆞ얏고此에만止ᄒᆞᆯ뿐아니라人民의知識을愚昧케ᄒᆞ야政治言談과法律條件도人民의聽知를不許ᄒᆞ야我도權利가無케ᄒᆞ고我로知識이無케ᄒᆞᆫ後에我의生命을奪ᄒᆞ며我의財産을奪ᄒᆞ야禽獸로視ᄒᆞ고奴隷로待ᄒᆞᄂᆞᆫ도다

嗚乎라我가權利를保護키爲ᄒᆞ야創造ᄒᆞᆫ國家가反히地獄이되며我가權利保護의機關으로設置ᄒᆞᆫ政府가反히豺狼이되야我의血을啜ᄒᆞ며我의皮를剝ᄒᆞ니悠々蒼天아此何人斯오

何幸陽春이太寒을逐ᄒᆞᄂᆞᆫ듯雷霆이頑陰을擊ᄒᆞᄂᆞᆫ듯[illegible]隅에[illegible]ᄒᆞᆫ好消息이歐洲에[illegible]ᄒᆞ야[illegible]動ᄒᆞ며今歐民族이欣然同聲으로爾를大呼ᄒᆞ니於是에爾가翩然히歐洲에偏行ᄒᆞ고西으로美洲에播ᄒᆞ야專政府를摧撲ᄒᆞ고人民의權利를保護ᄒᆞ얏도다

歐米兄弟가爾의手를握ᄒᆞ고偕ᄒᆞ[illegible]浴ᄒᆞ야無幾에爾가亞細亞民族을忍忘치못ᄒᆞ야大平洋을渡來하야日本에到ᄒᆞ미日本民族이爾를歡迎ᄒᆞ야其權利를緊得ᄒᆞ얏도다

歸來兮여民權아歐米人은爾를尋ᄒᆞᆫ지數百年에日本人은爾를尋ᄒᆞᆫ지數十年에[illegible]ᄒᆞ얏거ᄂᆞᆯ哀此韓半島ᄂᆞᆫ險崖草木인지覆盆土壤인지茫茫ᄒᆞᆫ苦海에慈航이無影ᄒᆞ고慘々ᄒᆞᆫ黑夜에燈光이不及ᄒᆞ야苛政ᄒᆞᆫ猛虎가搏ᄒᆞᄂᆞᆫ듯酷法은蛇蝎이噬ᄒᆞᄂᆞᆫ듯壓制의辣이ᄆᆞᆯ노甚ᄒᆞ도다於是乎二千萬兄弟가爾를思ᄒᆞ고爾를望ᄒᆞ고爾를謳歌ᄒᆞ며或大聲疾呼ᄒᆞ고或痛哭狂叫ᄒᆞ야爾를覓ᄒᆞ코저ᄒᆞ야中途에號泣ᄒᆞ거ᄂᆞᆯ抑亦한同胞의無能ᄒᆞᆷ인지爾가無靈ᄒᆞᆷ인지爾를呼ᄒᆞᆷ이日로愈急ᄒᆞ되爾ᄂᆞᆫ日로愈遠ᄒᆞ고이를待ᄒᆞᆷ이日로愈切ᄒᆞ되爾ᄂᆞᆫ日로愈退ᄒᆞᄂᆞᆫ도다

悲天이라此國同胞가爾의聲을聞치못ᄒᆞ며爾의形을見치못ᄒᆞ야此快樂ᄒᆞᆫ世界에獨히淚雨가淒凉ᄒᆞ거ᄂᆞᆯ이가엇지不憐ᄒᆞᄂᆞᆫ가爾를渴望ᄒᆞᆷ이如彼ᄒᆞ거ᄂᆞᆯ이가엇지不顧ᄒᆞᄂᆞᆫ가爾가並生ᄒᆞᆫ兄弟를忍棄ᄒᆞᄂᆞᆫ가이가昔日故誼를不思ᄒᆞᄂᆞᆫ가

歸來兮여民權아惡政府의壓制氣習이猛烈ᄒᆞ야이가아니면弱掃치못ᄒᆞ며弱族의身體生命이倒懸ᄒᆞ미爾가아니면救活치못ᄒᆞ나니爾가篤志永絶ᄒᆞ야歸來치아니하면哀此檀君子孫이盡死乃已ᄒᆞᆯ지라爾其賁然히來思ᄒᆞ야爾의福音을傳ᄒᆞ며爾의慈心을發ᄒᆞ야人民의天然ᄒᆞᆫ權利를保護ᄒᆞ야人民의國家와人民의政府와人民의政治와人民의法律을聚集ᄒᆞ야民權아歸來[illegible]

雜報

●無恥何極 總理大臣李完用氏가辭職ᄒᆞ얏다ᄂᆞᆫ說은屢揭ᄒᆞ엿거니와日前에軍部大臣李秉武氏가總理를訪問ᄒᆞ고言ᄒᆞ되閣下가君爲還任ᄒᆞ면吾儕幾人의椅子도自然還動ᄒᆞᆯ터이니閣下가辭任치말고吾儕의地位를鞏固케ᄒᆞᄂᆞᆫ것이妥當ᄒᆞᆯ듯ᄒᆞ다ᄒᆞ고壹塲說話를ᄒᆞ얏다더라

●觀光 被選 日昨總理李完用家에서日本觀光團에[illegible]官人을選擇ᄒᆞᄂᆞᆫᄃᆡ김宗漢閔泳韶趙命[illegible]尹吉求等諸氏가被選하얏다더라

●黃鐵丒生平 東萊黃鐵等地에㑹ᄒᆞᄂᆞᆫ申某ᄂᆞᆫ日語를粗解ᄒᆞᄂᆞᆫ터인ᄃᆡ頻々이某處에往ᄒᆞ야自己로觀察使를叙任ᄒᆞ며地方政務도壹層刷新케ᄒᆞᆫ다ᄒᆞ고大談ᄒᆞ며無數哀乞ᄒᆞᆫ다더라

●居留地交涉 淸國政府에셔한國釜山元山에居留地設定에就ᄒᆞ야交涉ᄒᆞᆫ다ᄒᆞᆷ은既報ᄒᆞ얏거니와去拾五日에日人側에셔ᄂᆞᆫ鍋島外務部長以下와淸國側에셔ᄂᆞᆫ摠領事馬廷亮以下諸시가統監府에會同ᄒᆞ야兩國交涉을開始ᄒᆞ얏스나其決定은約三個月을要ᄒᆞᆯ터이라더라

●稅官不法 晋州郡稅務官閔基鎬氏가追加伸告書라ᄒᆞ고每面에或八九結或六十結式山稅를催促ᄒᆞ니大抵結卜은出於田而徵於民하되量長地段ᄒᆞ야佃답字號가自有定額이거ᄂᆞᆯ只以壹片紙面으로量地於膀ᄒᆞ고作結於山頭ᄒᆞ야式以加促ᄒᆞ니風字답鬱字結도猶有字號ᄒᆞ고김之結리之徵ᄂᆞᆫ猶可爲也로되追加伸告ᄂᆞᆫ果是初聞初見也라哀我殘氓이當納도未能淸帳하야壞當執行이거ᄂᆞᆯ無土無人ᄒᆞᆫ[illegible]下을鐵床加屋으로火督ᄒᆞ니何以支保오ᄒᆞ고怨聲이漲天ᄒᆞ다더라

●孰不唾罵 西部警察署巡查閔致益氏ᄂᆞᆫ何破世請願辭免ᄒᆞ고남村某大官에게百般運動ᄒᆞ야[illegible]사々長을敍任ᄒᆞ고遷간의何如히濫用ᄒᆞ얏던지數萬圜經費를消耗ᄒᆞ야샤況이將廢ᄒᆞᆫ境에至ᄒᆞᆫ故로蕩子淫婦를登々誘引ᄒᆞ야殘금을奪人ᄒᆞ다ᄒᆞ고唾罵ᄒᆞᄂᆞᆫ者가多ᄒᆞ다더라

●閔氏牢却 陰城郡居李某가年前에輔國閔泳徽氏의父親閔斗鎬氏의게七十餘石秋收ᄒᆞᄂᆞᆫ田庄을見奪ᄒᆞ고價文을推尋次로閔氏父子의게屢度交涉ᄒᆞ야錢文二千五百兩과正租十石을幾爲推去ᄒᆞ고多數餘額은尙今未推ᄒᆞᆫ故로李氏가閔氏를再三往訪ᄒᆞ고히奇償을推尋ᄒᆞᆫᄃᆡ閔氏가答ᄒᆞ되到今ᄒᆞ야多少간補助ᄒᆞ라ᄂᆞᆫ거슨미커니와담償言論은萬不成說이라ᄒᆞ고牢却ᄒᆞ얏다더라

●坪民呼訴 安岳郡龍淵面々長김濟[illegible]氏ᄂᆞᆫ該面內司坪秋收時에挾雜ᄒᆞᆫ事實이現露되야히坪作人百餘名이會集ᄒᆞ야히財務署에爲呼訴ᄒᆞᆫ다더라

●衙民呼怨 交河郡衙동面長權遇聃氏가坡州郡財務署장宋燾源氏를符同ᄒᆞ야自己에公逋를該面內人民에게勒徵코ᄌᆞᄒᆞᆫ다ᄂᆞᆫ說은已揭報어니와崔氏가히署長에게又願ᄒᆞ야等訴ᄒᆞᆫ諸人을一並跟捕ᄒᆞ야統首박勝洙氏를二口提囚ᄒᆞ고各里장을招致ᄒᆞ야所謂崔氏公逋條를今月晦內舉納之意로勒捧契約ᄒᆞ얏ᄂᆞᆫ데民怨이浪藉ᄒᆞ되若此虐民醫장과犯逋面長을置之不治면民難支保라더라

●藤村又訴 日本人藤村英亮이가[illegible]의父親被害ᄒᆞᆫ賠償금을閔宗植氏와某々人의게徵出ᄒᆞᆯ意計로京城地方裁判所에起訴ᄒᆞ얏다가白退ᄒᆞᆫ事ᄂᆞᆫ已揭어니와히日人이또裁判所에起訴ᄒᆞ야本月三十日에裁判을開ᄒᆞᆫ다더라

●崔家賊子 前郡守崔英植氏의令男驟驊이가本以浮浪之類로自己父親을欺罔ᄒᆞ고交河郡所在沓土十餘石落文券을偷去ᄒᆞ야日人松宮竹次郎의게放賣코져ᄒᆞᆫ故로崔英植시가新聞上에廣告도揭載ᄒᆞ고屢度裁判ᄒᆞ야히日人이落科ᄒᆞ얏더니히日人이控訴院에何樣誣瞞ᄒᆞ얏던지히沓土의執行判決書를圖得以去ᄒᆞ얏다더라

●韓士淸奪 北部亭子동居김賢石氏가靑坡驛所屬田土十餘斗落을三四代以래로耕作稅納ᄒᆞ더니不意漕人姜品蘭爲名人이히田土를欲爲奪耕ᄒᆞᄂᆞᆫ故로김氏가財務監督局에呼訴ᄒᆞ얏다더라

●李洪鄙行 安岳郡內碑石洞居李承華氏ᄂᆞᆫ히郡蘆庄派員을圖得ᄒᆞᆯ次로百般運動ᄒᆞ다가使其子正奎으로김承權氏에姜牟月을誘引ᄒᆞ야財務署通譯洪宅섭氏의게槑媒作配ᄒᆞ고百媚納諂ᄒᆞ미히洪氏ᄒᆞ야蘆庄派員을期於圖給ᄒᆞ기로極力周旋ᄒᆞᆫ다ᄒᆞ고人皆唾罵ᄒᆞᆫ다더라

●鳴民決議 咸興郡新幕日憲兵補助員崔永泰爲名人이人民에게行悖가無雙ᄒᆞ고婦女를겁奸ᄒᆞ며錢財를勒奪ᄒᆞᆷ으로該地人民들이該城憲兵司令部에呼訴次로上京ᄒᆞ얏ᄂᆞᆫ대該地가壹向如是ᄒᆞ면人民이曾爲打殺ᄒᆞ기로決議ᄒᆞ얏다더라

●爲探派巡 仁川港警察署에서義兵을偵探ᄒᆞ기爲ᄒᆞ야該月朔旬頃에楊州抱川等地로變服巡查二拾餘名을派送ᄒᆞ얏다더라

●間島義兵 北間人의傳說을據ᄒᆞᆫ즉간島義兵大將리範允氏가强壯ᄒᆞᆫ軍卒과精銳ᄒᆞᆫ兵器를準備ᄒᆞ야現今教鍊中이라ᄂᆞᆫ風說이藉藉ᄒᆞ더라

●靈光消息 再昨日下午拾壹時頃에義兵八十餘名이靈光郡西面等地에리到ᄒᆞ야日兵과交戰ᄒᆞ얏ᄂᆞᆫ대한人巡查壹名과日人上等兵壹名이幷히重傷ᄒᆞ얏다ᄂᆞᆫ通信이某處에리着ᄒᆞ얏다더라

●姜某是誰 楊州郡에駐在ᄒᆞᆫ日憲兵分遣隊特務曹長日本人吉本이가該隊通譯姜某를帶同ᄒᆞ고抱川郡地方으로出張ᄒᆞ얏다가回還路에서姜某가該曹장을不意에砲殺하얏다더라

●酒商組合任員 昨日上午十時頃에壹般酒商數百名이任員을組織ᄒᆞ얏ᄂᆞᆫ데臨時所長崔麟永專務理事崔奎明會計김석胤諸氏라더라

●騙財露出 光州郡居池聖鉉爲名人이去乙巳年分에上京ᄒᆞ야稱以巨富ᄒᆞ고三淸동居田某를萬端誘引ᄒᆞ야紙貨二千六百圜을貸用後乘夜逃走ᄒᆞ야不知去處러니近頃에踪跡이現露ᄒᆞ야該郡警署에被捉ᄒᆞ얏다더라

●紀念斷髮 去土曜日에幡開학部紀念式을東大門外永道寺에서擧行ᄒᆞᄂᆞᆫᄃᆡ會員이不過十人이오학徒가十餘人이齊會ᄒᆞ얏ᄂᆞᆫᄃᆡ히會員中學皆有警之人이라히會에參席ᄒᆞᆫ리熙直김光濟張志淵三氏가히會員의斷髮ᄒᆞ기를勸勉ᄒᆞ미壹齊히剃髮ᄒᆞ얏다더라

●貞堂別會 再昨日부터貞동教堂에서굉高ᄒᆞ며李夏兩氏를聘邀說教ᄒᆞᆫ다더라

學界

●勞働校進就 信川郡勞働夜學校ᄂᆞᆫ昨年부터設始ᄒᆞ야有志紳士리悌瑚崔東詢諸시의熱心周旋ᄒᆞᆫ結果로進就之望이有ᄒᆞᆫ대近日에太井坊閔泳龍시가該校情況을顧念ᄒᆞ야金貨十圜을捐助ᄒᆞ얏다더라

●樵童熱心 華川郡上里樵童數十人이斟酌時宜ᄒᆞ고知識의愚昧ᄒᆞᆷ을慨歎ᄒᆞ야互相勉勵日吾儕가雖勞働界生活로暫無閑暇나歇夜之간이다도不可不進학이라ᄒᆞ고衆心壹致에庶有前進之望故로有志紳士程周鎬任聖準等諸시가熱心賛成ᄒᆞ야夜學校를設立ᄒᆞ고張元燮시ᄂᆞᆫ名譽로教授ᄒᆞᆫ다더라

●農校擴張 海州郡靑龍面農務學校任員諸시에團結誠力과教師朴祥求시의教育熱心으로壹夜學徒가現今六拾餘名에達ᄒᆞ얏ᄂᆞᆫ대校費에窘拙ᄒᆞᆷ을慨惜히너여公同協議ᄒᆞ고校舍를壹層擴張ᄒᆞ야學徒가더益進就ᄒᆞ다더라

●委員有志 海平郡地方委員安基正시가擴民至誠ᄒᆞ고鄰平和ᄒᆞ야郡賴以安인바兼且設立學校에晝夜로熱心教育ᄒᆞ야進就의望이確有ᄒᆞ다고人皆稱頌ᄒᆞᆫ다더라

◉可付壹笑

昨日某報第千四百四拾八號ᄂᆞᆫ近日의所謂學部教科書檢定에對ᄒᆞ야國家를滅亡케ᄒᆞᄂᆞᆫ學部란聞題로論述ᄒᆞ엿더니內部에셔治安妨害라稱ᄒᆞ고漢文及國文兩版을幷押收ᄒᆞ엿더라

◉感荷義捐

釜山港[illegible]居한人[illegible]師崔喆模氏가金壹圓을本사에寄附하얏기玆에感謝를表ᄒᆞ노라.

▲地方消息▼

▲本月三日全北求禮郡西南方約貳拾里地에셔義兵五名이該郡日守備隊少尉以下六名과交戰ᄒᆞ얏다ᄒᆞ고

▲本月四日全羅남道順天郡西北方約貳十里鶴口亭附近에서義兵三十餘名이求禮郡日守備隊와交戰ᄒᆞ얏다ᄒᆞ고

▲本月拾三日全羅南道光州郡北方二拾里地에서義兵五拾餘名이該郡日守備隊와交戰ᄒᆞ얏다ᄒᆞ고

▲本月三日全南谷城郡東南方貳拾里地에서義兵五拾餘名이南原군日守備隊伍長以下六名과交戰ᄒᆞ얏다ᄒᆞ고

▲本月二日全남兵營東南方賊拾五里地月亭場附近에서義兵五名이該場에出張ᄒᆞ얏던斥候兵과交戰ᄒᆞ얏다ᄒᆞ고

▲本月九日京畿道積城郡南方三拾里地에서義兵八十餘名이該郡分遣所의憲兵四名及補助員六名과交戰ᄒᆞ얏다ᄒᆞ고

▲本月十日慶尙道安義郡西方約六十里地에서義兵貳拾八名이茂朱郡駐在分遣所의憲兵二名及補助員과交戰ᄒᆞ얏다더라

▲大呼英雄▼

不屈生

▲每日申報 閱覽타가評論欄內엿보니自由紅의文明酒로合國同胞勸ᄒᆞ엿네이내몸微渺ᄒᆞ나國民中에壹分子라可舉痛飮大醉後에胃腸公鎖세어을고英雄歌를불너도다

▲仕宦界의英雄들아鄕誠精國더血心은忠義二字目的숨아別殺困難겪더라도百折不屈勇敢ᄒᆞ소客强主弱此時代에濟弱扶傾急히여네文明酒를痛飮ᄒᆞ고國家事業ᄒᆞ여보세

▲社會上의英雄들아熱誠愛國더血心은雞鳴星霜宵闔에自國精神煥發ᄒᆞ야自强不息勤勉ᄒᆞ소人民愚昧此時代에失魂喪魄急히여네文明酒를痛飮ᄒᆞ고國家事業ᄒᆞ여보세

▲學界上의英雄들아獨立基礎더血心은八域靑年모러다가別設學問教授ᄒᆞ야同心合力團結ᄒᆞ소弱肉强食此時代에疆土保護急히여네文明酒를痛飮ᄒᆞ고國家事業ᄒᆞ여보세

▲[illegible]政界의英雄들아[illegible]捐助더血心은[illegible]人讀念다바라公益思想奮發ᄒᆞ야培養人材ᄒᆞ여보소優勝劣敗此時代에活用睿摑急히여네[illegible]飮ᄒᆞ고國家事業ᄒᆞ여보세

▲山林간의英雄들아獨立愛國더血心은[illegible]잇ᄉᆞ〃葛巾野服脫ᄒᆞ고廣濟蒼生ᄒᆞ여보소人族滅亡此時代에用門ᄒᆞ기急히여네文明酒를痛飮ᄒᆞ고國家事業ᄒᆞ여보세

▲海外留學英雄들아[illegible]旋踪더血心은[illegible]彩願[illegible]가[illegible]變말아닐세[illegible]克復工夫ᄒᆞ소乘虛鬼侵此時代에主人도못急히여네文明酒를痛飮ᄒᆞ고國家事業ᄒᆞ여보세

〃英雄들아英雄들아[illegible]英雄일가作亡之秋此時[illegible]ᄒᆞ어서어서進步ᄒᆞ야大韓國[illegible]보여自由항의文明酒를相勸酌ᄒᆞ여가며[illegible]責任ᄒᆞᆫ問題로爛漫確論ᄒᆞ여보세

廣告

◎學員募集廣告

本校에서第二回第壹學年學員을募集ᄒᆞ오니志願人은今月三拾壹日內로請願書를提呈ᄒᆞᆷ(請願紙ᄂᆞᆫ本校에請求ᄒᆞᆷ)

試驗日字ᄂᆞᆫ四月壹日下午壹時

試驗科目은 讀書、作文、筭術四則、身體檢查、年齡拾五歲以上三拾歲以下

但公私立普通科卒業証이有ᄒᆞᆫ人은免試ᄒᆞᆷ

開學日은四月拾壹日

中部校洞私立西北協成學校

大韓民團趣旨書

人族團體의必要ᄂᆞᆫ壹般公衆의確認ᄒᆞᄂᆞᆫ者라陳述ᄒᆞᆯ비無ᄒᆞ거니와壹國에在ᄒᆞ야一國團體를要ᄒᆞ고壹鄉에在ᄒᆞ야壹鄉團體를要ᄒᆞ고乃至壹部分社會라도總히團體를成立ᄒᆞᆫ後에야其目的을到達키能ᄒᆞ나니遼近大小ᄂᆞᆫ雖異ᄒᆞ나義務의分擔과協力의結果ᄂᆞᆫ同壹ᄒᆞᆯ지라現今競爭時代에處ᄒᆞ야人族의完全ᄒᆞᆫ方法은人權과敎育과衛生과財政과庶務가最急ᄒᆞ니此를硏究應驗ᄒᆞ야平等幸福을希望ᄒᆞᆯ思想이人人固有ᄒᆞ나個人의智識으로發展키難ᄒᆞ며個人의能力으로維持交換키難ᄒᆞ며衆人의智識과衆人의能力을賴ᄒᆞ며團體的會의成績이特異ᄒᆞᆫ은天然ᄒᆞᆫ正理라惟我部會郡의父兄된者子弟된者ㅣ如何ᄒᆞᆫ責任이有ᄒᆞ며如何ᄒᆞᆫ境遇에在ᄒᆞ며如何ᄒᆞᆫ憂慮가有ᄒᆞ니此에有志ᄒᆞ야各히個人의熱心으로衆議를鼓吹ᄒᆞ야團體社會가成立ᄒᆞᆫ故로大韓民團을組織ᄒᆞ야硏究擴張코ᄌᆞᄒᆞ오니內面思想과志願趣旨ᄂᆞᆫ會員의實成ᄒᆞ야確實履行ᄒᆞ면豐富ᄒᆞᆫ本體에新鮮ᄒᆞᆫ利益이有ᄒᆞᆯ지오漸次全國의標準을作ᄒᆞ야永遠增進ᄒᆞᆫ幸福을享有ᄒᆞᆯ지니勉哉勉哉어다

發起人 徐興均 李완儀 崔處殷 姜士弼 等

普成專門學校學員募集廣告

本校에서今番法律專門科學員을再次增加募集ᄒᆞ오니願학ᄒᆞᄂᆞᆫ員은左기에依ᄒᆞ야屆期入學ᄒᆞ시옴

壹 試驗日子 三月二十一日上午十時(陰曆貳月三拾日)

壹 試驗科目本校入問事

㊀ 年齡二拾歲以上

壹 入學에關ᄒᆞᆫ用紙ᄂᆞᆫ本校에來購ᄒᆞᆷ事

漢城磚洞普成專門學校告白

純良ᄒᆞᆫ水를飮用ᄒᆞ오

諸君은疾病으로因ᄒᆞ여苦惱를當ᄒᆞ심잇가

諸君은親友와愛子를永訣ᄒᆞ미有ᄒᆞ엿슴ᄂᆞᆫ잇가

諸君은恒常身氣가疲困ᄒᆞ고精力이勞損ᄒᆞ야슴잇가

純良ᄒᆞᆫ水를飮用ᄒᆞ시면此等苦難을免ᄒᆞ실이다

純良ᄒᆞᆫ水를決코飮用ᄒᆞ시고不良ᄒᆞᆫ井水ᄂᆞᆫ廢用ᄒᆞ시와疑害를免ᄒᆞ시오

疾病과憂愁와苦難을作케ᄒᆞᄂᆞᆫ者ᄂᆞᆫ即不純ᄒᆞᆫ飮料水요年々히親友와愛子를千百名式殺傷ᄒᆞᄂᆞᆫ者도亦不良ᄒᆞᆫ水라ᄒᆞ노라

汲水商이純良ᄒᆞᆫ漢江水로만飮料水를供給ᄒᆞᆷ을決코注目ᄒᆞ오

汲水商이腕上에記号捺章ᄒᆞᆫ牌를掛ᄒᆞ얏슴을細察ᄒᆞ시오此牌가無ᄒᆞ면水道水를販賣ᄒᆞᆯ權利가無ᄒᆞ야곳諸君을欺瞞ᄒᆞᄂᆞᆫ者이오다

汲水商中에本會社号牌를腕上에掛치아니ᄒᆞᆫ者가本會社共用栓에서給水를運搬或販賣ᄒᆞᄂᆞᆫ者ᄂᆞᆫ日本理事官三浦彌五郎시와警視總監丸山重俊시가承認ᄒᆞᆫ大韓水道會社別規第八條에照ᄒᆞ야非行賠償金貳拾圓를懲收ᄒᆞ옴

此別則에對ᄒᆞ야違越ᄒᆞᄂᆞᆫ者를本會社에通告ᄒᆞ시면本社의서懲收ᄒᆞᄂᆞᆫ非行賠償金에半額으로酬勞ᄒᆞ올이다

純良ᄒᆞᆫ漢江水를供給ᄒᆞᄂᆞᆫ方法과每月給水料金과給水架設ᄒᆞᄂᆞᆫ工事費에關ᄒᆞᆫ事ᄂᆞᆫ鍾路大韓水道會社에來問ᄒᆞ시면詳細說明ᄒᆞ올지며

漢城內에有ᄒᆞᆫ各戶에서同時에水道水를取附케되ᄂᆞᆫ境遇에ᄂᆞᆫ給水料金를價廉히低減케ᄒᆞᆯ것이올시다

有限 大韓水道會社 告白

告白

本府古城面烟下洞所在艸體舍嶺坐와田六日畊과麓三疑과陳坂보時文券과又於本面龍山所在祖父母墓山畓五斗落只文券과本人姓名圖章을本年陰正月晦日에偶然ᄒᆞ게失ᄒᆞ엿ᄉᆞᆸ기玆에廣佈ᄒᆞ오니誰某拾得이옵던지休紙로施行ᄒᆞᆷ

義州古城面烟下洞張履禧 告白

告白

本校가剏立以來로八個月間을經ᄒᆞ야終無維持ᄒᆞᆯ校況이極爲艱乏ᄒᆞᆫ之望이러니本里內에有志諸시가矜悶本校之情況ᄒᆞ고多數金額을不惜ᄒᆞᆷ附ᄒᆞ야將有興就之望이기玆에義捐ᄒᆞ신諸시의시名과金額을揭載賀ᄒᆞᆷ

吉翊柱五拾錢 리昇燮二拾圜 梁俊尙 梁承漢 吉國柱 각拾圜 梁憲우五圜

平北寧邊郡新興學校 告白

美國시아틀大博覽會 회람박대틀아시국미

電 報

請垂詳覽

美國시아틀
大博覽會ᄂᆞᆫ
大功을成ᄒᆞ
게ᄉᆞ나이다

美國시아틀
大博覽會에
大韓帝國物
品의唯一出
品者ᄂᆞᆫ韓美
興業株式會
社ㅣ외다

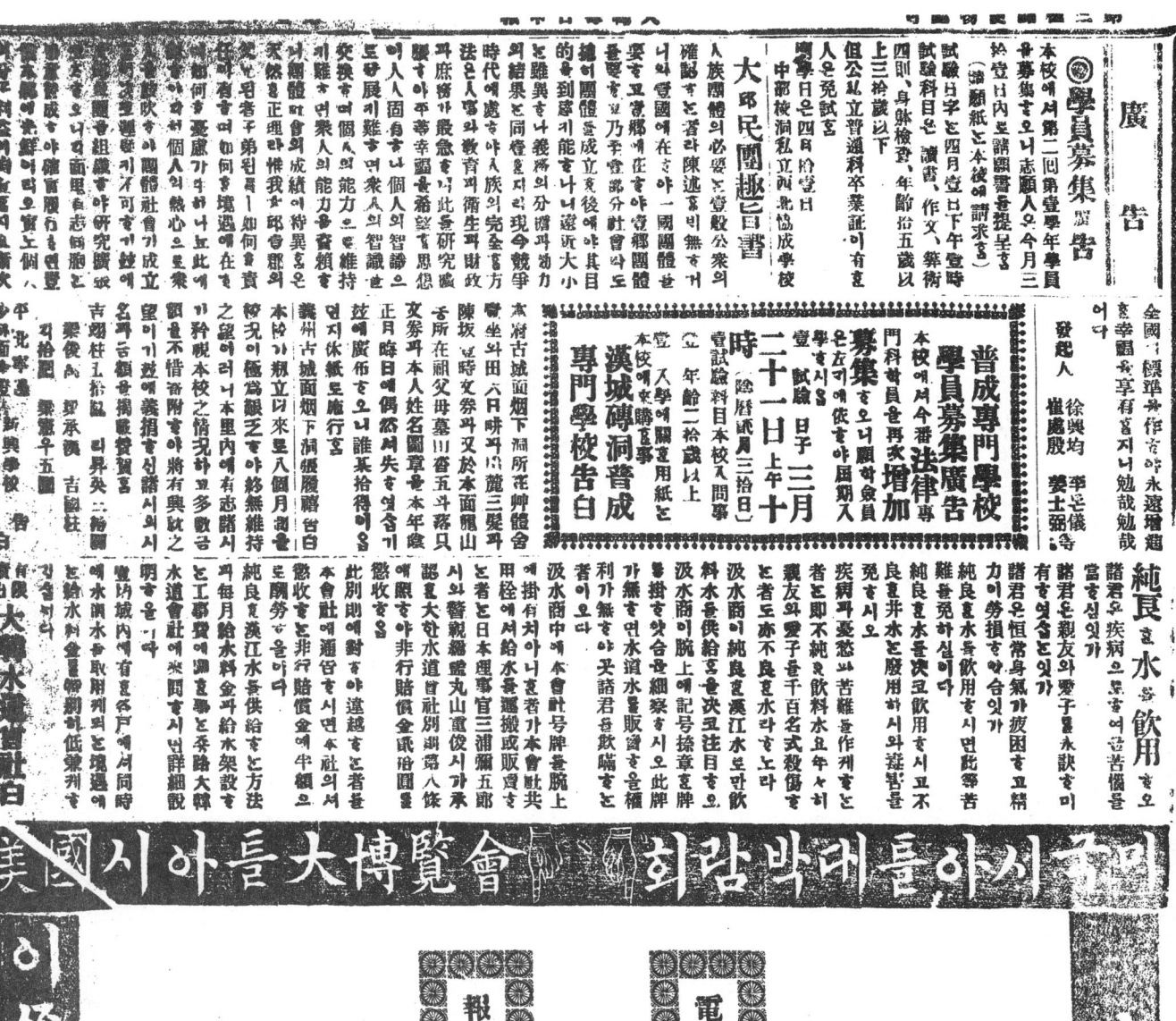

이쪽을날마다자세히보시오

廣告

◎學員募集廣告

本塾에서第四回學員을募集ᄒᆞ오니志願人은三月卅壹日(陰閏貳月初拾日)內로請願書를提呈ᄒᆞᆷ(請願紙ᄂᆞᆫ本塾에請求)

試驗　字ᄂᆞᆫ四月壹日(陰閏貳月拾壹日)上午拾時

試驗科目은漢文讀書　國漢文作文　筭術四則　但公私立普通科卒業證이有ᄒᆞᆫ人은免試ᄒᆞᆷ　資格拾五歲以上貳拾五歲以下身體健强者

開學日字四月拾壹日

北部觀峴徽文義塾

國語綴字捷徑

此書ᄂᆞᆫ國文高下字와綴字法을速히曉得ᄒᆞᄂᆞᆫ捷徑인ᄃᆡ爲先他人의誤書ᄒᆞᄂᆞᆫ것슬諸般說明ᄒᆞ고國文每字上下字를相較ᄒᆞ야明分ᄒᆞ고國語를畧[illegible]ᄒᆞ야初學ᄒᆞ는徒의國語敎科에適合ᄒᆞ오니僉彦은陸續購覽ᄒᆞ시옵

正價貳拾錢

發賣所　平壤鍾路光明書觀

◎학員募集廣告

本校에서土木建築科及測量科를設施ᄒᆞ오니入學志願人은何日이ᄃᆞ도本事務所로來臨ᄒᆞ와詳問ᄒᆞ시오

土木建築科

速成科	六個月
高等科	壹個年
特別科	三個月

測量科

速成科	六個月
高等科	壹個年
全夜학	壹個年
特別科	壹個月

京城[illegible]部淸國領事館通

私立山崎實用土木建築測量筭術製圖학校

平壤에在ᄒᆞᆫ東湖契ᄂᆞᆫ卽大同江岸의陸揚ᄒᆞᄂᆞᆫ荷物及諸般運搬擔負役에從事ᄒᆞᄂᆞᆫ勞働都中인대成契作團ᄒᆞᆷ이已爲二拾餘年이라[illegible]此契中任員卽什長李昌萬韓佳寅李東雲朴道恒金元旲[illegible]坤璣가多年ᄒᆞ장으로執綱[illegible]勞働者之無識而欺ᄒᆞ고會計上에[illegible]錯亂ᄒᆞ며壓制使役을無異奴隸ᄒᆞ기로勞働者等이會同ᄒᆞ야硏究會計文簿를調査ᄒᆞ즉韓佳寅의酒食債가谷八百八[illegible]辦納ᄒᆞᆫ것[illegible]江邊[illegible]客主[illegible]各春精[illegible]勞働者[illegible]死亡疾病[illegible]互相救恤[illegible]每負荷[illegible]葉錢五分式[illegible]右長[illegible]年壹年間擔[illegible]荷物[illegible]萬六千九[illegible]四貫[illegible]收捧[illegible]壹千六拾[illegible]計[illegible]入餘在[illegible]酒食[illegible]기[illegible]起訴于裁判[illegible]卽爲徵捧[illegible]右[illegible]除名黜送[illegible]廣告[illegible]

平壤東湖契勞働都中　告白

學員募集廣告

今番本校에語科「日語、英語、漢語、法語、德語、日語速成科」壹年級학員及各學年補缺員若干人을募集ᄒᆞ[illegible]志願者ᄂᆞᆫ來四月三日內로請願書에履歷書를添付ᄒᆞ야本校에提出ᄒᆞᆯ事

但詳細ᄒᆞᆫ事ᄂᆞᆫ本校에來問ᄒᆞ거나三月九日官報의廣告欄을參照ᄒᆞᆷ

隆熙二年三月

官立漢城外國語學校

▲特別廣告

南大門外通運사가設立以後五六次轉渡ᄒᆞ야此人彼人이朝得暮失ᄒᆞ고昨約今破ᄒᆞ야會社形便이顚倒之境이러니何幸김致允氏가丁未五月分에朴昶鎬[illegible]價紙五百圓을成約出給後本社主務를遒主三年에社員이合心ᄒᆞ고각支店會員에誓揚으로庶幾成[illegible]이을터니不意今春에三[illegible]를不見ᄒᆞ던朴昶鎬가帶同何許六人ᄒᆞ고本月九日下午拾壹時量에叩門闖入ᄒᆞ야爲言曰此社에汝有違越契約ᄒᆞ얏스니會社與文簿를當場出給ᄒᆞ라ᄒᆞ고其勢危險ᄒᆞ고衆口難防ᄒᆞ기로김致允시曰汝雖云違越契約이나我無背違約ᄒᆞ즉來此惹鬧가事理不當인즉依契約裁判歸決이可라ᄒᆞᆫ즉齊聲叱呼曰裁判所ᄂᆞᆫ何用이냐吾等裁判이一[illegible]ᄒᆞ고揚臂大談에無數詰亂ᄒᆞ며其翌日下午六時에渠等之知委無據ᄒᆞ고誌[illegible]爲還去ᄒᆞ왓스며且朴昶鎬가渠之姓名은隱匿不出ᄒᆞ고本사幽章을僞造ᄒᆞ야假稱通運社ᄒᆞ고新聞上에千萬不當ᄒᆞᆫ韓明源김俊杓趙[illegible]식을僞托ᄒᆞ야事務員名目으로廣告ᄒᆞ얏스니豈非悖類之狂擧이오[illegible]櫃壹坐를昇置于本社窓外ᄒᆞ고此內에[illegible]紙貨壹千五[illegible]云而捺章封鎖以去矣라ᄒᆞ니[illegible]渠等拾貳人이又爲來到ᄒᆞ야無數惹鬧라가拾日所爲에孰不可憎이리오衆人仲裁에竟至落[illegible]而去ᄒᆞ얏스니豈不忿且歎哉아如許ᄒᆞᆫ挾雜ᄒᆞ는渠之朴昶鎬之斷[illegible]請裁歸正이기玆以仰佈ᄒᆞ오니[illegible]三線各驛僉彦[illegible]內外國人은照亮ᄒᆞ시옵

南大門外通運社主[illegible]김致允

社員林炳周

韓[illegible]源

今月十日每日申報第壹千四百[illegible]三號廣告內에南大門驛通輸社主務김致允시를代理之任이라ᄒᆞ고該任을還收ᄒᆞᆫ다ᄂᆞᆫ句語에對ᄒᆞ야是何妄人의所搆인지誠甚忿歎이라與김致允시로同社營業幾個年에弊社之運送貨物은姑舍ᄒᆞ고各驛支社之巨額物貨가無ᄇᆡ不着ᄒᆡ되[illegible]無誤錯之端ᄒᆞ와內外國僉員의게共得信義ᄒᆞᆷ豈非同시之意勤觀務乎噫라新出[illegible]物[illegible]務員이니監督이니財務員이니稱ᄒᆞᄂᆞᆫ諸시ᄂᆞᆫ何來社員인지弊社ᄂᆞᆫ都不相關이옵고金致允시가萬[illegible]廢務ᄒᆞᄂᆞᆫ至境이면運輸之節을他社로契約ᄒᆞ오以廣[illegible]ᄒᆞ오니各驛支社僉員은以此照亮ᄒᆞᆷ

隆熙二年三月拾三日　章梁驛

김俊杓

[illegible]文植

김健永

什長李成玉

通運社

南大門驛通運사가此人彼人에朝得暮失ᄒᆞ[illegible]四五次[illegible]가김致允시가[illegible]務三年에信用을[illegible]得ᄒᆞ야庶幾就緒러니不意今者에有何曲折[illegible]지他人이主幹[illegible]면[illegible]關이깃[illegible]玆에仰[illegible]

大田通運사　[illegible]康浩

東署仁昌坊[illegible]里契[illegible]洞四統八戶瓦家[illegible]間半[illegible]賣買次[illegible]參[illegible]也

持主　[illegible]永贊

[illegible]證　[illegible]昌[illegible]

家儈　[illegible]春弘

京城[illegible]町八丁目[illegible]番[illegible]

大橋[illegible]三郞

이今般左記處에事務所를移設ᄒᆞ고諸般法律事務를誠實迅速處理ᄒᆞ오니僉彦은陸續來議ᄒᆞ시옵

辯護士　朴星煥

事務所　大邱鍾路紅門下

慶尙南道金海郡基督明德女학校義捐ᄒᆞ시名金額이如左ᄒᆞᆷ

朴廷秀	具貞植	各四十圓
徐琪杓	三拾圓	梁弘默
裵相진	具永喜	朴大根
박맹洲	曹민承	各二十圓
[illegible]일成	崔永騏	各拾五圓
박榮秀	全世鉉	裵[illegible]기
裵昌道	許　판	崔東鳴
嚴衡燮	김準基	[illegible]泳銖
許　섭	尹命殷	許　발
裵意杜	朱南淳	裵樂煥
박東俊	金鍾浩	曹秉勳
盧[illegible]夔	各十圓	韓東奭
河淑龜	鄭安斗	張[illegible]
裵相八	金[illegible]河	尹相殷
金[illegible]武	[illegible]錫旲	名五圓
[illegible]翔耆	孫秀浣	嚴柱成
各五[illegible]	裵[illegible]周	三圓五十錢
金道[illegible]	金致仲	吳致賢
[illegible]秀夏	全[illegible]準	김[illegible]斗
許宗欽	各三圓	李澤榮
[illegible]湘[illegible]	吳[illegible]斗	盧相旭
李[illegible]和	各二圓	[illegible]致明
[illegible]舜[illegible]	徐斗庸	各壹圓

[illegible]基督明德女학校

任員　具光瑞　李允[illegible]　告白

本人에叔이去丙午五月分不幸棄世ᄒᆡ門內[illegible]派人ᄒᆞ會集ᄒᆞ시고遺言曰自己産業ᄂᆞᆫ洞所在家垈三間과畓拾二斗落과田五日耕을以曾祖々父々父香火條로付之門中ᄒᆞ라신말삼이尙有[illegible]耳이온ᄃᆡ後妻한시가嫁來時에率入ᄒᆞᆫ前夫之子를極力補給[illegible]고[illegible]宗土를暗欺本人ᄒᆞ고盜賣코ᄌᆞ[illegible]ᄒᆞ기永保爲祖爲香火之意로發表시키고玆以廣告ᄒᆞᆷ

平北龍川南市　黃龍憲　告

本社에서活版機械壹[illegible]整備ᄒᆞ고各種印刷를廉價需應ᄒᆞ오니僉位ᄂᆞᆫ惠顧ᄒᆞ시옵社會公益上印刷ᄂᆞᆫ貳割特減ᄒᆞᆷ

本社에서直接太發賣書目

訴寃　吳榮根君　著

中等用器畵法　全　定價金七拾錢

本書ᄂᆞᆫ測量。建築。構造。機械見本。壹切實地應用製圖法

外國地誌　上下　定價金六拾錢

[illegible]書[illegible]學[illegible]敎科[illegible]適當[illegible]世界[illegible]國[illegible]情形[illegible]

二十世紀[illegible]　定價金[illegible]

新撰最新筭術　[illegible]

官[illegible]

本書[illegible]著[illegible]

多年經驗[illegible]

著者[illegible]校敎科[illegible]及獨習[illegible]

適當[illegible]

壹個月成本[illegible]筭術自解　[illegible]金

本書ᄂᆞᆫ日[illegible]

[illegible]簡易[illegible]

[illegible]成科[illegible]

弊[illegible]에서僉君子의便宜ᄒᆞ기爲ᄒᆞ야上品細絲測量機械를日本東京에서直接輸入ᄒᆞ와廉價放賣ᄒᆞ오니僉[illegible]은照亮後卽速來臨ᄒᆞ시와買用ᄒᆞ시옵

平[illegible]川[illegible]橋東杉中商店

學部檢定

初學植物學　每課有도　定價金二十錢

初등動物學

最新初等小學　[illegible]四十전

文明國의小學讀本[illegible]模範하야精美ᄒᆞᆫ圖[illegible]八卷

[illegible]卷으로合製貳冊合製定價金[illegible]

最新初等大韓地誌　定價[illegible]

最新高等大韓地誌　定價金[illegible]

文明國地誌[illegible]

[illegible]圖와各港口와開市場[illegible]名山大川과都會勝地[illegible]

初등大韓歷史

文明國의歷史制度를[illegible]

[illegible]

國家思想學　精神　[illegible]

[illegible]

新[illegible]大韓十三道遊覽　定價[illegible]

[illegible]

玉虎書林

鍾路[illegible]十二統二戶

漢城鍾路慈惠藥房에서官許拜受ᄒᆞᆫ二十三種封藥과舊藥局材와草材를大發賣ᄒᆞ고且石版印刷機械와活版印刷機械를大設ᄒᆞ고各地方學校에서校長과校監僉位의公函으로活版印刷物과黃金色花紋

第七卷　　大韓每日申報　　第一千五拾號
光武九年八月十一日第三種郵便物認可　隆熙三年八月十一日　木曜日

大韓每日申報

月報及隔日時休刊

紀元四千二百四十二年 大韓開國五百十八年 日本明治四十二年 清國宣統元年 陰曆己酉六月二十六日丁丑

Responsible for Publication Alfred Weekley Marnham.
發行兼編輯人英國人萬咸
發行所 南部石井洞毁外地三層洋屋家 大韓每日申報社

論說

◉商業의 奮鬪를 鼓舞홈

眼光을 擧ᄒᆞ야 半島江山의 天然形勢를 看破ᄒᆞ니 太平洋烟波가 其東에 橫ᄒᆞ고 亞細亞大陸이 其北에 控ᄒᆞ얏스며 三面海灣에 良港이 羅列ᄒᆞ고 到處沃野가 天然의 富饒ᄒᆞ니 此韓半島ᄂᆞᆫ 東洋商業界의 中心点을 作ᄒᆞᆯ지어ᄂᆞᆯ 乃此商業의 凋殘이 極度에 達ᄒᆞ야 其權利가 外人에게 在ᄒᆞ고 其利益이 外國으로 歸ᄒᆞ니 異哉라

此ᄂᆞᆫ 非他라 只是韓人이 商業의 奮鬪를 不知ᄒᆞᆫ 所以니라

商業의 奮鬪를 不知ᄒᆞᄂᆞᆫ지라 商業을 日末技라ᄒᆞ야 所謂士子輩ᄂᆞᆫ 珠算이 其家에 不入ᄒᆞ고 所謂商賈輩ᄂᆞᆫ 足跡이 他邦에 不到ᄒᆞ얏스며 商業의 奮鬪를 不知ᄒᆞᄂᆞᆫ지라 紈袴家農工家가 幾斗粟幾尺布를 賣却ᄒᆞ야 幾千圓幾萬圓을 儲蓄ᄒᆞ면 其金을 庫中에 深葬ᄒᆞ야 腐死物을 作케ᄒᆞ얏스며 商業의 奮鬪를 不知ᄒᆞᄂᆞᆫ지라 外國의 物貨가 滔々駈入ᄒᆞ며 自國의 金融이 愈々消耗ᄒᆞ되 抵制의 策을 講究치 못ᄒᆞ니라

於是乎外人의 商業權이 逐々膨脹ᄒᆞ야 仁川元山等地에 風帆浪舶이 雲霧갓치 往集ᄒᆞ나 日船이 아니면 俄船이오 漢城開城等地에 商店會社가 叢영ᄒᆞ며 相連ᄒᆞ얏스나 淸屋이 아니면 日屋이라 所謂韓人의 商業은 行商小商[illegible]에 不過ᄒᆞ고 有時陸上大商業을 經營ᄒᆞᄂᆞᆫ 者ᄂᆞᆫ 寥々罕見ᄒᆞᆷ에 至ᄒᆞ얏도다

是以로 輸出物도 外人이 介入ᄒᆞ야 輸出ᄒᆞ며 輸入物도 外人이 介入ᄒᆞ야 輸入ᄒᆞᆫ즉 韓人은 安坐ᄒᆞ야 輸出物은 低價로 賣却ᄒᆞ며 介入物은 高價로 買入ᄒᆞᄂᆞ니 嗚呼라 如此ᄒᆞ고야 民國이 엇지 今日狀態를 得免ᄒᆞ리오

只今은 世界各國이 商業을 奮鬪ᄒᆞ야 國利를 謀ᄒᆞ며 國光을 增ᄒᆞ야 其勢가 潮의 駈홈과 如ᄒᆞ며 火의 延홈과 如ᄒᆞ거ᄂᆞᆯ 乃者韓人은 尙此睡着樣으로 歲月을 度ᄒᆞ니 如此ᄒᆞ면 其將枯死乃已ᄒᆞ리로다 或日韓國의 工業品이 拙劣ᄒᆞᆫ 國이라 外國에 輸出코자ᄒᆞ나 엇지 可得ᄒᆞ리오ᄒᆞ며 又日韓國은 商業權이 墮落ᄒᆞᆫ 國이라 商業을 擴張코자ᄒᆞ나 엇지 可得ᄒᆞ리오ᄒᆞ나 此ᄂᆞᆫ 不通ᄒᆞᆫ 論이라 今日에 坐ᄒᆞ야 愈々奮鬪ᄒᆞ여야 工業品의 盛熖과 商業權의 雄飛를 得見ᄒᆞᆯ 날이 有ᄒᆞ리라

近日韓美興業會社에셔 商業奮鬪의 大活動을 試ᄒᆞ야 美國시아를 大博覽會에 韓國物產을 大介出ᄒᆞ야 韓國의 利益을 計ᄒᆞ며 韓國의 光榮을 售ᄒᆞ야 太韓帝國의 物產이 歐美市場의 壹席을 添케ᄒᆞᆯ 따ᄒᆞ니 吾儕ᄂᆞᆫ 同聲揚祝ᄒᆞᄂᆞᆫ 바어니와 果然該會社가 光明ᄒᆞᆫ 精神을 益々奮勵ᄒᆞ며 勇敢ᄒᆞᆫ 能力을 益々準備ᄒᆞ면 韓國商業界에 壹模範을 作ᄒᆞ리라ᄒᆞ노라

外報

據ᄒᆞᆫ즉 美國巡警家로가ᅵ도고우에렌씨ᄂᆞᆫ 特別委員의 委員長이 되야 該委員會에셔 近日에 베리아에 向ᄒᆞ야 出發ᄒᆞᆫ다ᄂᆞᆫ데 米國黑人殖民의 可否를 調査ᄒᆞ야 結末된 後에 該殖民地를 建設ᄒᆞᆯ 터이라ᄂᆞᆫ데 委員에 佔ᄒᆞᆫ 家兼詩人이오 黑人부ᅵ카ᅵ데ᅵ우오신돈씨라 米國의 黑人이 非常히 繁殖ᄒᆞ야 [illegible] 亞非利加의 適當ᄒᆞᆫ 思惟ᄒᆞ야 [illegible] 請求ᄒᆞ야 移住코져 ᄒᆞᆫ다ᄂᆞᆫ 論이 有ᄒᆞᆫ 以後에 리베리아共和國은 黑人移民의 大便益을 供給ᄒᆞᆷ이 [illegible] 意向을 發表ᄒᆞ고 故로 美國政府ᄂᆞᆫ 此를 從ᄒᆞ야 經營ᄒᆞᆫ다더라

美統領就任式 [illegible] 美國新大統領이 就任式을 元老院에셔 擧行ᄒᆞ얏ᄂᆞᆫ데 [illegible] 敎書를 朗讀ᄒᆞ매 聽衆이 熱心傾聽ᄒᆞ얏ᄂᆞᆫ데 其所論ᄒᆞᆫ바ᄂᆞᆫ 亞細亞移民案을 讓步로 解決ᄒᆞ고 關稅法을 公平히 改正ᄒᆞ고 陸軍은 強大히 準備ᄒᆞ고 [illegible] 의 發展을 維持ᄒᆞᆫ 等事件이라더라

雜報

◉正誤 昨日本報所付壹笑란 題下에 壹千四百四十八號ᄂᆞᆫ 壹千四十八號의 誤植이기 此誤홈

詞藻

◉吊壹進 新島玉

壹進會員너히들도、二千萬中壹分子도、三戰論에 迷惑맛고、四大綱領主唱타가、五條約에 宣言ᄒᆞ니、六大洲의 怪物이오、七賊들의 奴隷되니、八域民의 冤讐로다、九秋丹楓葉落ᄒᆞ니、十月蒼蠅可憐ᄒᆞ다、百年富貴求ᄒᆞ다가、千載遺臭되얏고나、萬歲呼唱[illegible]、[illegible]光蒼生[illegible]

特別廣告

德國일버펠드地方에在ᄒᆞᆫ파베파부리켄、故프레드、베이어會社ᄂᆞᆫ世界上에最大ᄒᆞᆫ各種染色料製造所인데 多少掛廣ᄒᆞᆫ商賈輩가 世人의 善知之ᄒᆞᄂᆞᆫ바 本社의 麒麟과 兩女의 商標等을 僞造ᄒᆞ며 又欲欺ᄒᆞ야 名號에 類似ᄒᆞᆫ 偽品을 [illegible]

此ᄂᆞᆫ本社의 紫色料와 靑色料 등 外他價金을 低ᄒᆞ고 價値가 無ᄒᆞᆫ 色料로써 替換混入ᄒᆞᄂᆞᆫ 事이 有ᄒᆞ니 韓人及淸人商業家諸友에셔 特別注意ᄒᆞ시기를 恐乞ᄒᆞᄂᆞ이다

其僞造를 特히 注意ᄒᆞ시오

且(順全隆)三字를 擇用ᄒᆞ시오

此ᄂᆞᆫ本社의 淸國地方에셔 行用ᄒᆞᄂᆞᆫ 名號이오 此名號ᄂᆞᆫ 毎筒에 書附ᄒᆞ얏숩

此外에도 德國과 其他各國에셔 登錄ᄒᆞ야 若干의 他種商標가 又有ᄒᆞ더니 此亦

皆是本社의 淸國地方에셔 行用ᄒᆞᄂᆞᆫ 名號이오 韓國內에셔ᄂᆞᆫ 從來로 行用ᄒᆞᄂᆞᆫ바이옵

又此外에 本社即일버펠드에、파베파부리켄、봄、프레드、베이어會社의 名號와 以上에 陳列ᄒᆞᆫ 商標等을 注意ᄒᆞ시오

本社의 用ᄒᆞᄂᆞᆫ 木箱子에ᄂᆞᆫ 擧皆其兩便에 牛與獅子가 壹球를 共踞ᄒᆞᆫ 本社의 登錄商標를 烙印ᄒᆞ얏숩나이다

特別廣告

雜報

●何顯謁見　再昨日에中樞院顧問李址鎔氏가 昌德宮에進詣す야 大皇帝陛下께 陛見す고同午後에 德壽宮에仍詣す야 太皇帝陛下께 謁見す얏다더라

●改名何事　慶尙南道鎭南郡을龍南郡으로改稱す기로昨日官報에 勅令으로頒布す얏다더라

●李邸晩餐　總理大臣李完用氏가三昨日에自己私邸에서新舊政府를會同す야晩餐會를盛設す얏다더라

●宴會出板　總理大臣李完用氏가前判書김宗漢氏의主設홍種木委員會會員諸氏를宴待す기爲す야再昨日下午二時에自己私邸에午餐會를盛設す고該委員壹同과各부大臣을請待하얏다더라

●閔氏還國　特使閔丙奭氏가歸國す는事에對す야總理大臣李完用氏以下宮내府官員數人이昨日午後四時二拾分의南大門發列車로水原의往す얏다더라

●廢設無常　度支部에서財産整理局을廢止す고土地整理局을設置홀터인데該事案에對す야昨日該部에서準備會를開す고爛商協議す얏다더라

●翻譯補再試　內部警務局에서翻譯官補四十八人을試取す야四拾八人이入參す얏더니日昨再試驗에拾九人이入格す얏다더라

●擇人爲最　警視廳에서警部二人의窠闕이有홈되額外可堪之人으로擇用홀と지該廳巡査中在勤之人으로塡充す는지現今撰議中이라더라

●救恤議定　再昨日下午에各宮廳高等官諸氏가中部壽進洞典十國內에會集す야文川郡饑饉에救恤홀事項을協議す얏と대勅奏判任官을勿論す고月俸百分의壹式收合す기로議定す얏다더라

●得花買花　近日에中樞院顧問李址鎔氏가校洞自己私邸에花套局을大設す고今貨幾千圜을賭得す얏と대妓生을逐夜招待す야同宿홍後에花價と多少를不惜혼다더라

●宴樂何樂　日本觀光團에參入홍諸氏가再昨日下午七時에泥峴天眞樓에서盛大홍懇親會를設하고盡心宴樂す얏다더라

●古蹟調査　내부에서는한國各地名所의古蹟을調査中이라더라

●不無此疑　龍仁郡守尹弼求氏가該郡境內田畓所有主들이證明書를成帖次로請願す면近日挾雜弊에疑點이不無す야證明書를成給지아니す는故로해田土所有主들이屢度交涉中이라더라

●陽民上京　陽川郡에歉荒이無前尤甚す야稅納을經議未捧す고民情이합합す야五面面長과紳士諸氏가監督局과度支部에請願す기로上京す얏다더라

●支線開工　天安郡小井里停車場에서公州郡錦江까지支線鐵路를敷設홀次로現今治道工役이浩大す다더라

●日人着手　南來人의傳說을聞혼즉京釜鐵路停車場에日本人農民의農器와種租를多數히輸來積置す얏と데將次三南各郡農土를着手耕作홀計料라더라

●日人의事業日就（鎭南浦通信府東）　鎭南浦築港工事と解氷後에卽爲着手홀터인데本年度工事費預算은十七萬圜餘라す고三和府廣興灣에と度支部로서鹽田을設置す기로解氷後卽爲着手홀터인데其工費と約二十五萬圜이라하고平南鐵道と아직工事着手하기에と至치못하얏스나此と巨大홍關係가鎭남浦에在홈으로더히地日人들이其敷設에對す야極力運動中이라하고水産事業은日人百餘名이此에從事す야本年부터さ漁網을使用홀計劃이라하고鑛業은江西郡靑山里鐵鑛과黃海道載寧安岳殷栗等郡에日人鑛業家들은皆是其根據를鎭南浦에置す얏と데此諸鑛에서昨年에採掘홍鐵鑛의數량이五萬噸이오本年에預算은六萬噸以上이라す고鎭남浦에と日人의精米所가兩個所인대每所에서每日에三百石式精造す야大連及日本內地로輸出혼다더라

●攜金遠渡　中부寺洞居す는리某는義兵을創起す기爲す야多數홍金貨를携帶す고日前의間島로渡去す얏다더라

●義兵消息　義兵大將리殷瓚氏가該部下에訓示す되大兵을行陣하야京城을侵入홀터이니京城形便을詳探以來す라홍故로해부下謀將尹某가幾拾名兵卒로す야금平服을着す고日前의上京す야各處로潛行す며竇切偵探以去す얏다더라

●道峯義屯　北漢道峯庵에義兵數百名이屯據す얏다と說聞이浪籍홈으로日前에警視廳에서한日巡査를秘密히派送す얏다더라

●模範林經營　農商工부에서本年度에と京城鞍峴山仁旺山과城大邱平壤各處의模範林을新經營홀터인데本月末或來月初의着手홀터이라더라

●楊郡小塵　去十二日에楊州郡니義兵幾拾名이日兵과交戰す얏と대慶北興海郡에서上來홍憲兵分遣所員壹名을砲殺す얏다と傳說이有す더라

●[illegible]　小西橋川邊에서木桂廬す는金某의次子某가本리酒色雜技로數千圜을蕩敗す얏と데數日前에有何事端인지鴉片을呑す後因爲致斃す얏다더라

●偽券被捉　中署東谷居す는李吉相權寧哲氏가水橋居す는□氏의家券을偽造す야典執債用す다가情跡이現露되야再昨日警察署에被捉す얏다더라

●逃囚還捉　再昨日上午九時량에監獄署罪囚를檻車에搭載す고大審院門前에到着す야車門을開홀際에罪囚壹人이逃躲하다가鍾路桂廬後동等地에서巡査에게還爲被捉す얏다더라

●養蠶發起　典洞居前侍從韓用環氏家에서去日曜日에有志紳士諸氏가養蠶會計發起會를開す얏と데當日出席人이貳百餘人이오股金은每人에五圜式募集す기로規則을制定す고蠶種을求來次로蠶業見習生二人을淸國山東等地로派送혼다더라

●靑會討論　今日下午七時에鍾路靑年會館에서醫學博士박瑞陽氏를請邀す야衛生의必要란問題로演說會를開혼다더라

學界

●承認上京　利川郡私立日新學校校長은海豐府院君尹澤榮氏인데該校々監崔基惠氏가該校認可文簿를學部에操呈す고承認홀次로上京하얏다더라

●敬校困難　安岳郡章郊面敬義學校と財政困難을因す야今至廢境인데該校長元楨淵氏と少無慨惜之心하고反以議計로稱以敎師延聘費라す고數千金替當홍財務員에게百餘兩을徵出す얏다더라

●測量助校　陽川郡有志紳士들이學校費를補助す기爲す야該郡에測量組合所를設置す고手數料合中十分二를學校에捐助す기로酌定す얏다더라

●測量卒業　수原郡測量學校에서卒業禮式을本月十二日에擧行す얏と데該郡觀察使及本郡守와其他紳士가多數參席하야褒賞勸勉す얏다더라

●延氏勸學　坡州郡汶山浦有志紳士諸시가浦民의暗昧홈을慨歎す야洞民을會集す고학校的思想으로壹場說明홍즉壹般人民이莫不聽從す며決心團體す야期欲成立中인데該洞居延永五氏と元來殖貨者로敎育과學問을斥實す야金十拾圜을自願捐す얏다고附近人民의稱頌이有す다더라

●洪氏勸學　平壤突串坊却金里居す는前進士洪在雲시가黃海道安岳龍門遠川에渡來す야該洞紳婆□金가年今二八인데家貧홈으로虛送歲月홈을慨歎す야학費及戶謝金과其至於日用雜費ㅅ지擔當す깃다す고該面奉二학校에入학케홈이該시의慈善勸學홈을莫不稱頌혼다더라

●兩氏名譽　安岳郡楊山學校中학科敎師박文業金明鎭兩시는該校財政에窮乏홈을慨歎す야三四拾圜月俸을辭却す고名譽로敎授혼다고稱頌이有す다더라

●吳氏熱心　文化郡오山居す는吳鎭元시가安岳郡楊山學校附設小學科를名譽로熱心敎授す야學徒가七八拾名에達す얏다더라

●家貧心熱　安岳郡內耳洞居す는李宅祚시는家勢가至貧す야販子保命之人으로敎育이擴張치못홈을慨歎す야順豊面新村小학校에名譽로熱心敎授혼다더라

●勞働設校　京畿道利川郡草面大대里에私立대新學校가漸次興旺す는데該동內에勞働학生二三十名이齊會議す되靑年들도亦國民된本分에자義務가自在이니如此히知識이蒙昧す고는未免世界上에愚昧이니此是可歎이라す고協議後夜學校를卽時設立す얏と대學徒가二拾名이라敎師는崔基正崔毅珣兩시가熱心敎授す야大有進就之望이라더라

▲地方消息

▲本月三日全羅南道靈光郡東方約二十里地의서義兵七名이該郡日守備隊巾隊長以下騎兵七名과交戰す얏다하고

▲本月十壹日楊州郡니와서義兵二十餘名이磨石隅분分遣所의憲兵三名及補助員六名과交戰す얏다す고

▲本月十二日慶北興海郡西方約四十里地의서義兵二十餘名이該郡分遣所日憲兵若干名과交戰す얏다더라

▲勸告愛讀▼

金花鼎

▲여보시오同胞님네 每日申報愛讀す소▼
▲腐敗思想除去す고 自由精神蘇生す네▼
▲北風寒雪찬긔운에 재아모리酷烈す나▼
▲石井동天砧立す여 確乎不拔大志도▼
▲醫世鍾을땅땅치여 우리同胞잠세우네▼
▲大慈大悲우리生佛 每日申報아닌가▼
▲衣服す소衣服す소 每人申報장服す소▼
▲奴隸思想업서지고 自由國民되오리라▼
▲그내筆鋒無私す여 亂臣賊子討罪す고▼
▲그내筆鋒至公す여 義人烈士표장す네▼
▲此申報를愛讀す면 自由國民될것이오▼
▲此申報를不讀す면 他人奴隸不免이라▼
▲여보시오우리同胞 깁히깁히생각す소▼
▲國權恢復이時代에 每日申報업서면▼
▲會社設立될수업고 학校敎育홀수업네▼
▲今日에는敎育唱導 明日에는實業勸勉▼
▲晝夜不休더熱誠에 許多結果미쳣도다▼
▲大韓每日申報社는 有志男兒養成所오▼
▲大韓每日申報社는 知識發達大學校오▼
▲大韓每日申報社는 瀕死回生良藥이오▼
▲大韓每日申報社는 大韓獨立基礎로다▼
▲愛讀す소愛讀す소 每日申報愛讀す소▼
▲이申報가擴張되여 二千萬枚되고보면▼
▲國家榮光人民榮光 自在其中す오리라▼

廣告

國朝寶鑑을行將出板이오니印奉코ᄌᆞᄒᆞᄂᆞᆫ者ᄂᆞᆫ三月三拾壹日內로本閣監印所(敦化門外西邊前宗親府朝房)에來議請求ᄒᆞᆷ이可ᄒᆞᆷ但所入은左와如ᄒᆞᆷ

壹秩紙六拾九束拾九張
粧工價四圜九十錢

曾本이有ᄒᆞ야新得만續成ᄒᆞᄂᆞᆫ者ᄂᆞᆫ

紙十四束七張
장工價壹圜貳拾錢

奎章閣

從貳品 **安基鉉** 에名字를以**基瑢**으로改名ᄒᆞ니知舊間照亮ᄒᆞᆷ

◎學員募集廣告

本塾에셔晝夜學速成科를設立ᄒᆞ고高明日師를延聘ᄒᆞ야敎受ᄒᆞ오니有志願人은(三月廿日)限本月二拾九日內로請願ᄒᆞᆷ

科　程

壹 測量算術 下午三時至五時
壹 簿記日語 下午五時至八時

期限　測量算術 壹個月
　　　日語簿記 四個月

東部黃橋登子洞統內三統六戶
私立萬東義塾 告白

外觀偽爲名人이今往東西ᄒᆞ며甚至於本社을盜竇云ᄒᆞ오니內外國人勿欺爲要

南大門外通運社 ᅟᅳᆫ 致尤告白

純良ᄒᆞᆫ水를飮用ᄒᆞ오

諸君은疾病으로ᄒᆞ여곰苦惱를當ᄒᆞ셧ᄉᆞᆸᄂᆞᆫ잇가

諸君은親友와愛子를永訣ᄒᆞ미有ᄒᆞ엿ᄉᆞᆸᄂᆞᆫ잇가

諸君은恒常身氣가疲困ᄒᆞ고精力이勞損ᄒᆞ얏ᄉᆞᆸᄂᆞᆫ잇가

純良ᄒᆞᆫ水를飮用ᄒᆞ시면此等苦難을免ᄒᆞ실이다

純良ᄒᆞᆫ水를決코飮用ᄒᆞ시고不良ᄒᆞᆫ井水ᄂᆞᆫ廢用ᄒᆞ시와蔘害를免ᄒᆞ시오

疾病과憂愁와苦難을作케ᄒᆞᄂᆞᆫ者ᄂᆞᆫ卽不純ᄒᆞᆫ飮料水요年々히親友와愛子를千百名式殺傷ᄒᆞᄂᆞᆫ者도亦不良ᄒᆞᆫ水라ᄒᆞ노라

汲水商이純良ᄒᆞᆫ漢江水로만飮料水를供給ᄒᆞᆷ을決코注目ᄒᆞ오

汲水商이腕上에記号徽章ᄒᆞᆫ牌를掛ᄒᆞ얏ᄉᆞᆸ는지細察ᄒᆞ시오此牌가無ᄒᆞ면水道水를販賣ᄒᆞᄂᆞᆫ權利가無ᄒᆞ야곳諸君을欺瞞ᄒᆞᄂᆞᆫ者이오다

汲水商中에本會社号牌를腕上에掛有치아니ᄒᆞᆫ者가本會社共用栓에셔給水를運搬或販賣ᄒᆞᄂᆞᆫ者ᄂᆞᆫ日本理事官三浦彌五郞시와警視總監丸山重俊시가承認ᄒᆞᆫ大韓水道會社別則第八條에照ᄒᆞ야非行賠償金一圜拾圜을懲收ᄒᆞᆷ

此別則에對ᄒᆞ야違越ᄒᆞᄂᆞᆫ者를本會社에通告ᄒᆞ시면本社의셔懲收ᄒᆞᄂᆞᆫ非行賠償金에半額으로酬勞ᄒᆞ올이다

純良ᄒᆞᆫ漢江水를供給ᄒᆞᄂᆞᆫ方法과每月給水料金과給水架設ᄒᆞᄂᆞᆫ工事費에關ᄒᆞᆫ事ᄂᆞᆫ鍾路大韓水道會社에來問ᄒᆞ시면詳細說明ᄒᆞ올나이다

京城內에有ᄒᆞᆫ各戶에셔同時에水道水를取用케되ᄂᆞᆫ境遇에ᄂᆞᆫ給水料金을特別히低廉케ᄒᆞᆯ지옵니다

有限責任 大韓水道會社 告白

◎學員募集廣告

本校에셔第二回明年壹學年學員을募集ᄒᆞ오니志願人은今月三拾壹日內로請願書를提呈ᄒᆞᆷ
(請願紙ᄂᆞᆫ本校에셔請求ᄒᆞᆷ)

試驗日字ᄂᆞᆫ四月壹日下午壹時

試驗科目은 讀書、作文、算術、筆跡、身體檢査、年齡拾五歲以上三拾歲以下

但公私立普通科卒業證이有ᄒᆞᆫ者ᄂᆞᆫ免試ᄒᆞᆷ

開學日은四月拾壹日

中部校洞

私立西北協成學校

美國시아틀大博覽會 회람박대틀아시국미

請垂詳覽

本會社가新成立ᄒᆞᆫ以來로事多草刱ᄒᆞ오며世人이詳解키不能ᄒᆞ야疑惑을抱ᄒᆞᆫ者ㅣ或有ᄒᆞ더니今에ᄂᆞᆫ漸次로本社의目的과行動이世界에宣布되야多大ᄒᆞᆫ同情을得ᄒᆞ야事務가已就整頓ᄒᆞ오니喜幸이이외다本社의目的卽成立의原因은前告ᄒᆞᆷ과如히韓美兩國間商業上連絡의關係ᄒᆞᆷ을創造ᄒᆞ고셔ᄒᆞᆷ이오니本社에셔此目的에對ᄒᆞ야少有疎忽이면此ᄂᆞᆫ卽本社에셔信用을自抛ᄒᆞᆷ이ᄋᆞᆸ다

美國시아틀市ᄂᆞᆫ와싱톤道에在ᄒᆞᆫ太平洋沿岸에重要ᄒᆞᆫ商業的都會인ᄃᆡ이온ᄃᆡ今年六月壹日로부터該市에셔萬國大博覽會를開ᄒᆞ옵나이다

此大博覽會의費金은二千萬圜의巨額이오며出品物種의價額은壹億萬圜에達ᄒᆞ오니其設費의宏大ᄒᆞᆷ과出品의壯麗ᄒᆞᆷ을可히想像ᄒᆞᆯ지로다

該博覽會地段은三拾萬坪이온ᄃᆡ十二大建築의出品陳列館과其他多數ᄒᆞᆫ家屋을建築ᄒᆞ얏ᄉᆞ니空前絶後ᄒᆞᆫ大博覽會라可稱ᄒᆞᆯ지며太平洋에有關係ᄒᆞᆫ諸國은出品치아니ᄒᆞᆫ國이無ᄒᆞ오이다

然이나該博覽會에韓國物品도陳列될ᄂᆞᆫ지否ᄂᆞᆫ韓國政府의出品을預備ᄒᆞᆫ다ᄂᆞᆫ事를未聞ᄒᆞ얏ᄉᆞᆸ니다然이나民間에셔詳知ᄒᆞᆫ다ᄂᆞᆫ言도無ᄒᆞᆫ지라

韓美兩國間商業關係를擴張ᄒᆞᆷ은本社의義務요責任이라本社ᄂᆞᆫ韓國을爲ᄒᆞ야시아틀大博覽會에世界各處로부터會集ᄒᆞᄂᆞᆫ累百萬人에게韓國物産及手造品을縱覽케ᄒᆞ며更히도ᄒᆞ야韓國에셔도善良ᄒᆞᆫ美術과技能이有ᄒᆞᆷ을廣布ᄒᆞ야此博覽會의功效도韓國商工業을開發ᄒᆞᆯ터이오니此ᄂᆞᆫ本社에셔此博覽會에出品ᄒᆞᆷ이韓國의永遠ᄒᆞᆫ幸福이될지로다

本社에셔出品時에韓國僉彦中에勿論某物ᄒᆞ고本社에委任ᄒᆞ실境遇라도盡心處理ᄒᆞᆯ터이외다○該會ᄒᆞ고本社에셔今回에出品ᄒᆞᆷᄋᆡ獲得ᄒᆞᄂᆞᆫ利得이니

壹 全世界에對ᄒᆞ야韓人이能製造ᄒᆞ며能有爲ᄒᆞᆷ을表示ᄒᆞᆷ이오

二 韓國物品을美國에夥數로輸出ᄒᆞ야商業上利益을增進ᄒᆞᆷ이라

本社ᄂᆞᆫ日就擴張ᄒᆞ고商業鞏固ᄒᆞ야永久ᄒᆞᆯ라ᄂᆞᆫ不能使ᄒᆞ게되얏ᄉᆞ오나然이나現今實力으로ᄂᆞᆫ希望과如히此博覽會에完美ᄒᆞᆫ出品物을獨力으로經營키結難ᄒᆞ와如左히方法을決定ᄒᆞ얏ᄂᆞᆫ데迄于今ᄭᅡ지ᄂᆞᆫ本社에셔株式을拾圜以下의株金은不受ᄒᆞ얏ᄉᆞ오나此規則을將來에도履行ᄒᆞᆯ것이오나特別ᄒᆞᆫ境遇에ᄂᆞᆫ特別ᄒᆞᆫ方法을應用ᄒᆞᆷ이必要ᄒᆞᆫ지라韓國國民의代表로써倍利益을獲得ᄒᆞᆯ此博覽會의出品을盛大히ᄒᆞ며衆人의心力을團合ᄒᆞ기爲ᄒᆞ야限壹千株ᄒᆞ고十株以內雖壹株라도株金으로備ᄒᆞ야ᄒᆞ깃ᄉᆞᆸ더니다此出品物은利益으로만論ᄒᆞ야도其利가有ᄒᆞᆯ터이오며此에對ᄒᆞᆫ利益配當은博覽會의閉會ᄒᆞᆫ後에ᄂᆞᆫ卽時分呈ᄒᆞ게될計劃이오며此機會를乘ᄒᆞ야美國에韓國物品을引進ᄒᆞ야本社의將來商路를開導ᄒᆞ야夥多ᄒᆞᆫ定期利益配當을分排ᄒᆞ게될ᄭᅥ的確ᄒᆞ오이다應募僉彦은該附近에在ᄒᆞᆫ本社代理人(氏名在下)과通信送金ᄒᆞ야本社代理人에게臨時領受證을領受ᄒᆞ시거나本社와直接으로銀行換或郵換으로送金ᄒᆞ시면本社에셔株券과卽時繕呈ᄒᆞ오리다時刻遲延치시고應募ᄒᆞ시오此ᄂᆞᆫ大利益이有ᄒᆞᆫ뿐不是라卽僉彦이 僉彦의國家와僉彦의登門와僉彦의香家에對ᄒᆞ야當當ᄒᆞᆫ責任이오義務라可稱ᄒᆞᆯ지라本社에셔出品物을準備ᄒᆞ기爲ᄒᆞ야多少時日을費ᄒᆞ깃ᄂᆞᆫ故로株金領受期限은今月三十一日內로定ᄒᆞ깃ᄉᆞᆸ고此限後에ᄂᆞᆫ拾株以下의株金申請은謝絶ᄒᆞ깃ᄉᆞᆸ니다

以上仰陳ᄒᆞᆷ에對ᄒᆞ야詳細事項을更知코ᄌᆞᄒᆞ시ᄂᆞᆫ 僉彦은本社에通信ᄒᆞ시되速々히ᄒᆞ시고少勿遲延ᄒᆞ시옵

大韓帝國의商業及工業의宏大히振興ᄒᆞᆷ을顒祝ᄒᆞᄂᆞᆫ

韓美興業株式會社 謹啓 大韓京城郵便局郵函第四拾号

(美國이나소나州法律認可韓美國總社事務所登錄)

本社의各處代理人의氏名은如左ᄒᆞᆷ

開城代理人	開城南門內雜貨商店	金東宣
咸興代理人	咸興西門外	盧昊珠
元山代理人	元山港	金以文
水原代理人	水原北部長安동	金유東
沙里院代理人 位置未定	漢城東部蓮洽里旺新學校內	邦元重
湖州代理人 位置未定	漢城西部麻浦二拾二統五戶	吳惟泳
群山代理人	群山太井洞	鄭相益
大邱代理人	大邱新田里五十八統七戶	李相召
江景浦代理人 位置未定	西部龍山坊東幕中契廿七統貳戶	李寓浩
平壤代理人	平壤大同門內店洞	鄭基煥
馬山浦代理人	馬山浦客主	孫德宇
淸津代理人	淸津港	張樂臣
安城代理人 位置未定	水原北部長安洞	김유東
金田代理人 位置未定	漢城中部外相思洞貳統三戶	李孝稙
天安代理人 位置未定	水原北部長安洞	尹聖求
全州代理人 位置未定	漢城西部阿峴二百廿二統三戶	全敎聲
釜山代理人 位置未定	馬山浦千山東拾壹統九戶	辛相淑
麻浦附近代理人	西部麻浦貳拾七統三戶	李瑥駿

이쪽을날마다자셰히보시오

廣告

本會臨時總會를今拾九日上午拾貳時에開ᄒᆞ오니同業僉員은齊會ᄒᆞ시오

大韓測量總管會　告白

國語綴字捷徑

此書는國文高下字와綴字法을速히曉得ᄒᆞ는捷徑인ᄃᆡ爲先他人의誤習ᄒᆞᆫ것을詳說明ᄒᆞ고國文每字上下字를相較ᄒᆞ야明分ᄒᆞ고國語를著ᄒᆞ야初等生徒의國語敎科에適合ᄒᆞ오니僉彦은陸續購覽ᄒᆞ시오

正價貳拾錢

原賣所　平壤　鍾路光明書館

[illegible]에朴琦淡시가[illegible]曰旣爲捐助ᄒᆞ기로發論則各其分股金[illegible]拾圓式지幷爲[illegible]ᄒᆞ기를先唱ᄒᆞ미[illegible]員拾七人이同聲相應ᄒᆞ야亦皆義捐ᄒᆞ엿기로人員與金額을如左히廣佈홈

車孝舜　김永瑞　리聖儀
洪健燮　車힝麟　朴昌燮
김龍瑞　崔宗純　林勉洙
김永당　洪敏섭　全秉化
崔翼煥　崔箕煥　朴性完
池性源　朴琦泳　김治壽

以上各貳拾圓

김永珪　리鍾在　리成汝
김景元　徐景化　김聖九
洪台숙　權成順　申學俊
全大[illegible]　朴昌盛　安興先
鄭景浩　李三山　洪桂俊

以上各拾圓

水原三一學校　告白

東幕[illegible]契貳下三稜[illegible]戶瓦家七間買土曹永玉舊板刻文券壹張新文記壹[illegible]執ᄒᆞ[illegible]見失ᄒᆞ야陰曆丙午拾貳月二十六七兩日의[illegible]每[illegible]第四百三拾七八號[illegible]戶와간數가誤錄故로[illegible]ᄒᆞ[illegible]內外國人간或得ᄒᆞ[illegible]休紙施行ᄒᆞ시요

劉文珪　姜[illegible]文　告白

◎學員募集廣告

本塾에셔第四回學員을募集ᄒᆞ오니志願人은三月卅壹日(陰閏貳月初[illegible]日)內로請願書를提呈ᄒᆞᆷ(請願紙는本塾에請求)

試驗은[illegible]四月壹日(陰閏[illegible])上午拾時

試驗科目은漢文讀書　諺漢文作文　算術(四則)　但公私立學校卒業證이有ᄒᆞᆫ人은免試ᄒᆞᆷ

資格은五歲以上貳拾五歲以下身體健强者

開學은[illegible]月拾壹日

北部觀峴徽文義塾

大[illegible]永瑞李聖儀朴琦泳諸씨가哀慶相助ᄒᆞ기爲ᄒᆞ야股[illegible]契를지不年에進興之望이有ᄒᆞ더니契員中李聖儀씨[illegible]今에最急[illegible]說明[illegible]後契中[illegible]打算ᄒᆞ야各員[illegible]分[illegible]餘額을[illegible]寄付ᄒᆞ야[illegible]提議[illegible]會에[illegible]公私[illegible]信用

◎特別廣告

本會[illegible]測量界에[illegible]規[illegible]目的을定ᄒᆞ온바茲에測量[illegible]事項을講究[illegible]技術이不完全ᄒᆞᆫ測量[illegible]冒[illegible]手數料[illegible]濫[illegible]弊源을嚴密[illegible]矯整ᄒᆞ기爲ᄒᆞ야檢查[illegible]教育[illegible]另設ᄒᆞ고技術[illegible]檢[illegible]合格[illegible]授興[illegible]執[illegible]憑信[illegible]不完全[illegible]格[illegible]敎育[illegible]授[illegible]閱[illegible]枝術

機械及藥品

[illegible]所[illegible]發明[illegible]

各種洗濯染色

[illegible]廉價로需應ᄒᆞ오며其種類는如左홈

洋服、襯衣、外套、帽子、項套、洋말、婦人洋服及[illegible]附屬品、毛織、毛紗、세루、馬尾緞、羅紗綢緞紗羅等[illegible]一切貴重品과[illegible]衣、주의、赤衫、[illegible]等屬洗濯及染色物[illegible]本所로通知ᄒᆞ시면即時自宅에進議ᄒᆞᆷ

學員、巡查、兵丁、及勞働諸君에對ᄒᆞ야定價의拾分之貳를特減홈

各地方[illegible]包料를添送ᄒᆞ시면誠實[illegible]呈홈

鍾路[illegible]門[illegible]拾貳統三戶

西洋洗濯部第一屋

測量

特別科　三個月
高等科　壹個年
速成科　六個月
土木建築科

大韓測量總管會　告白

◎學員募集廣告

本校에셔土木建築科及測量科를設施[illegible]志願人은何日이[illegible]本事務所로來臨[illegible]詳問ᄒᆞ시오

速成科　六個月
高等科　壹個年
全夜학
特別科　[illegible]個月

測量算術製圖학[illegible]
官房部濟國[illegible]
私立山崎實用土木建築

◎特別廣告

測量學

定價　九拾錢

俞吉濬　序
金澤吉　編纂

右冊은斯學에著名ᄒᆞᆫ金澤吉氏가編纂ᄒᆞᆫ바시가多年遊外ᄒᆞ야鑛山學을卒業ᄒᆞᆫ後測量[illegible]熱心從事ᄒᆞ야[illegible]完全ᄒᆞᆫ測量冊子가未有ᄒᆞᆷ을[illegible]測量[illegible]學[illegible]諸君이實地에[illegible]

請願格式과製圖方法

[illegible]細部圖根測量術[illegible]學[illegible]特別히設計及願書類와名簿製圖式樣을着彩[illegible]附錄[illegible]明瞭[illegible]私[illegible]新학[illegible]購覽ᄒᆞ시오

◎總發賣所　京城[illegible]

大韓測量總管會

京城[illegible]

◎特別[illegible]

[illegible]

西大門外[illegible]以後에[illegible]五六次[illegible]得業[illegible]形[illegible]頗倒之境[illegible]致[illegible]九月分에朴和[illegible]用紙五百圓[illegible]成約[illegible]宋[illegible]濟[illegible]總成[illegible]

[illegible]數十人[illegible]九日下午[illegible]時[illegible]社에[illegible]違越契約[illegible]對[illegible]危險[illegible]衆口難防[illegible]不當[illegible]契約裁判[illegible]用[illegible]裁判[illegible]

[illegible]

辯護士　朴星煥

大邱鍾路紅門下

事務所[illegible]

京城南部[illegible]紅門下

[illegible]

實[illegible]仁[illegible]契[illegible]洞四[illegible]統八戶瓦[illegible]

持主　金[illegible]
保證　金昌植
家儈　文春弘

京城本町八丁目[illegible]番戶　大橋商三郞

[illegible]東京에서[illegible]

平安北道宜川[illegible]

普成專門學校　學員募集　增加

[illegible]

二十一日　三月
時[illegible]十

[illegible]

漢城磚洞普成專門學校　告白

學部檢定

初等植物學
初等動物學
最新初等小學

定價金二十錢

[illegible]

大東[illegible]

[illegible]

光武九年八月拾一日 明治三十八年八月十一日 (第三種郵便物認可) 金曜日 西曆一千九百九年三月拾九日 (壹)

大韓每日申報

第七卷
第一千五拾壹號

月曆
時職
及日休
節慶刊

檀君開國四千二百四十二年
箕子元年三千三十一年
大韓開國五百十八年
日本明治四十二年
淸國宣統元年
陰曆己酉二月大廿八日戊寅

Responsible for Publication Alfred Weekley Marnham.
發行兼編輯人英國人萬咸
發行所
南部石井洞袋外地三層洋屋家
大韓每日申報社

論說

◎韓國社會의 模範的人物

如何ᄒ면韓國社會의模範的人物이라可謂ᄒ랴

新羅哲人崔孤雲과如히外國留學에其髮이白ᄒ야文學의光이万古에輝煌ᄒ고碩儒의名이四國에錚鳴ᄒ면可ᄒ랴曰否라是奚可ᄒ리오然則支那辯士蘇季子와如히懸河口辯이滔々雄鳴ᄒ야一笑에諸侯가其心을安ᄒ고一怒에諸侯가其色을失ᄒ면可ᄒ랴曰否라是奚可ᄒ리오大抵現世가同聲으로讚美ᄒ야日英雄이라ᄒ며後人이同手로膜拜ᄒ야日偉人이라ᄒ은何를觀ᄒ야然홈인가此ᄂᆫ只是其人이身을公理에獻ᄒ야公理가아니면不言ᄒ며公理가아니면不動ᄒ야光明普照ᄒᄂᆫ公腦가有ᄒᆫ所以니라

若此公腦가無ᄒᆫ人物이야아모리其不善을隱ᄒ고其善을著코즈ᄒ나世人의眼이鑑과如ᄒ야其肺肝ᄭᆞ지洞見ᄒ나니彼에게何利가有ᄒ리오

彼壹身의私慾이나爲ᄒ며壹家의私利나爲ᄒ야營々區々ᄒᄂᆫ鄙夫ᄂᆫ足히掛齒홀바ㅣ無ᄒ거니와抑又社會上人物의誰某라ᄂᆫ虛名이나惹得키爲ᄒ야奔走汨沒ᄒᄂᆫ者ㅣ比々有之ᄒ나實로可惜ᄒᆫ바ㅣ로다

男兒가其身을宇宙間에立ᄒ야何事業이던지我가行ᄒ면行ᄒ고我가止ᄒ면止홀지니엇지「楚王好高髻에四方髻尺楚王好細腰에宮中皆餓死」와如히世人이東으로往ᄒ면我도東으로往ᄒ며世人이西으로往ᄒ면我도西으로往ᄒ야世人의憐을買홈으로壹生事業을作ᄒ리오

故로公腦가有ᄒ여야危險도不畏ᄒ며安樂도不悅ᄒ며世人이皆毁ᄒ야도其志가不屈ᄒ며世人이皆譽ᄒ야도其志ᄅ不惰ᄒ야其腦裏에公理만有ᄒ며其眼底에公理만有ᄒ야其言論이公理오其行動이公理오其夢想이公理뿐이니라

此公腦가有ᄒ면冒險心은涅爾遜과如ᄒ지며此公腦가有ᄒ면鐵血心은俾斯麥과如ᄒ지며此公腦가有ᄒ면自由心은盧梭와如ᄒ지며此公腦가有ᄒ면愛國心은朴堤上과如ᄒ지며此公腦가有ᄒ면忍耐心은華盛頓과如ᄒ지니如此ᄒ여야可히現世의讚美를受ᄒ며後人의膜拜를受ᄒ지니라

嗚乎라試問ᄒ노니目下韓國社會에如此ᄒᆫ模範的人物이或有ᄒᆫ가余ㅣ爲ᄒ야其出現을期待ᄒ노라

外報

◉塞國通牒 倫敦電을據ᄒᆫ則塞爾維亞가羅馬를列國政府에發布ᄒ얏ᄂᆫ디墺國과親密ᄒ關係를維持코져ᄒ며보스니아及헤루지에고우이나合倂ᄒᄂᆫ事件은國際上問題라고指摘ᄒ야列國이此를裁決ᄒ기를希望ᄒ다ᄒ고墺國에게賠償ᄒᆫ不要ᄒ기로明言ᄒ얏다더라

◉露國要求拒絕 伯林電을據ᄒᆫ則土耳其산차즈구地方을塞爾維亞及몬테네크로에게讓與ᄒ라ᄂᆫ露國의要求를拒絕ᄒ얏다더라

◉露國의再戰準備 桑港電을據ᄒᆫ則美國海軍少將에완스氏가曰美日戰爭은過ᄒᆫ念慮가無ᄒ다ᄒ지라도露國이再戰準備ᄒ를汲々히ᄒ이아니나하얏다더라

◉淸領事의打電 香港電을據ᄒᆫ則新嘉坡駐在淸國領事가北京政府에打電ᄒ야日海峽殖民地에在留ᄒᄂᆫ淸國人이今番鐵港建設에三百萬弗을寄附ᄒᆫ더인ᄃ다만寄附者好意에不背ᄒ기를希望ᄒ다ᄒ얏다더라

◉廣東新聞의排日 香港電을據ᄒᆫ즉廣東新聞은日貨排斥ᄒ기를煽動ᄒ야尙今繼續運動ᄒ다더라

◉雲南暴動 同電을據ᄒᆫ즉雲南省에ᄂᆫ暴動이起ᄒᆫ故로鎭撫ᄒ기爲ᄒ야軍隊를派遣ᄒ얏다더라

◉孫氏의行動 大連電을據ᄒᆫ즉革命黨孫逸仙시의一派가軍器를輸入ᄒ야亂動을起홀形跡이有ᄒᆫ故로滿洲總督이警戒ᄒ다더라

詞藻

◉論介學 妓竹葉

十年劍舞、흐응。비운쏫은、흥。
축石樓노름을、 기드림이라、
아。
어티와、됴타、흐응。 닥치ᄂᆫ디
로、흥。

雜報

●乾元節夜宴 攝理大臣李完用氏가來十五日 乾元節에慶祝ᄒᆞ기爲ᄒᆞ야同日下午八時半에 慶壽宮內 惇德殿에夜宴을排設ᄒᆞ기로預定ᄒᆞ고各部大臣以下勅奏任官ᄭᆞ지請邀ᄒᆞᆫ다더라

●兼任旅費支給 日本觀光團에隨往ᄒᆞᄂᆞᆫ諸氏中某々大官幾人은視察로兼任ᄒᆞ야旅費를支給ᄒᆞ기로閣議에提出ᄒᆞᆫ다ᄂᆞᆫ說이有ᄒᆞ더라

●曾彌臨任 東京電을據ᄒᆞᆫ즉統監의後任을要ᄒᆞᄂᆞᆫ境遇에ᄂᆞᆫ曾彌副統監이臨任ᄒᆞᆫ다더라

●窮憤運盡 現今日本에滯在ᄒᆞᄂᆞᆫ宋秉畯事件에就ᄒᆞ야日本當局者간의五相協議ᄒᆞᆫ結果로急速逐出還國케ᄒᆞ기로作定되얏ᄂᆞᆫ데同宋秉畯은是를憂慮ᄒᆞ야伊藤統監에게哀乞ᄒᆞᆫ다더라

●財長犯逋 天安郡財務署長趙漢璧氏가結錢收刷에欠逋가巨額에達ᄒᆞᆫ지라捉囚督捧次로押上ᄒᆞᆫ다ᄂᆞᆫ說이有ᄒᆞ더라

●加額支撥 近日韓國巡査의月俸이至薄ᄒᆞ야生活程度의太端困難ᄒᆞ다더니近聞ᄒᆞᆫ즉警視廳에셔壹般巡査의月俸을加額支撥ᄒᆞ기로豫定ᄒᆞ얏다더라

●民怨漲天 再昨日度支部에셔漢城內各坊曲에家屋稅와酒草稅金徵收ᄒᆞᄂᆞᆫ廣佈를揭示ᄒᆞᆫ事에對ᄒᆞ야壹般民情이大端沸鬱ᄒᆞ다더라

●不留何爲 一進會에셔拾三道儒生김東弼氏等의獻議ᄒᆞᆫ事에對ᄒᆞ야何等問題를惹起코져ᄒᆞ미該會總務김某가絶力挽留曰宋秉畯의運動事가成立된後에起事ᄒᆞ여도尙不晩矣이니姑爲留待ᄒᆞ자ᄒᆞ야停止가되얏다더라

●萊氏上京 晉州郡地方裁判所釜山支部를移建ᄒᆞᄂᆞᆫ事에對ᄒᆞ야草梁居壹進會員朴泳吉氏가挾雜을做出ᄒᆞᆫ다ᄂᆞᆫ說은각報에已揭어니와該事件을因ᄒᆞ야東萊府沙中面民人等이法部에請願ᄒᆞᆯ次로吳泳淑氏를代表로選定上京ᄒᆞ얏다더라

●面長賞金 慶尙北道尙州郡中北面長金成漢氏와全郡介上面長金奎燮氏ᄂᆞᆫ該面에在ᄒᆞᆫ隆熙二三兩年度地稅를連續ᄒᆞ야完納ᄒᆞᆷ은職務上殫誠ᄒᆞᆫ바他面의模範이되게ᄒᆞᆷ으로度支部에셔賞與金十圓式給與ᄒᆞ얏다더라

●是何健訟 李海昌氏의令男李德柱氏가鄭章憲氏의紹介로何許鄕客의게齋郞壹窠를三萬五千兩에結價ᄒᆞ야該承旨李秉韶氏의게囑托ᄒᆞ야莊陵參奉借啣을圖得ᄒᆞ고其價額中에七千五百兩은鄭氏가中간乾沒ᄒᆞ지라李秉韶氏가該錢七千五百兩을李德柱氏의게償급ᄒᆞᆫ樣으로手票를勒捧ᄒᆞ얏ᄂᆞᆫ데李海昌氏가本錢七千五百兩만報償淸帳ᄒᆞᆫ즉李秉韶氏가不聽ᄒᆞ고邊上加利ᄒᆞ야多數ᄒᆞᆫ金額으로裁判所에起訴ᄒᆞ얏다더라

●法人不法 新門外新橋等地에居留ᄒᆞᄂᆞᆫ法國人壹名이北部仁洞居김鎭國김學潤兩氏와居歡協ᄒᆞ야設始營業ᄒᆞ기로契約金三百圓을領受ᄒᆞᆫ後에不知去處인故로兩김氏가日本理事廳에呼訴ᄒᆞ되法國領事館에移照ᄒᆞ야該法人을捉治嚴懲ᄒᆞ고右錢三百圓을卽爲推還ᄒᆞ라ᄒᆞ얏다더라

●鄭召史呼訴 廣州郡彦州里兩浦二동居ᄒᆞᄂᆞᆫ鄭召史의寡居ᄒᆞᆫ女息이年今拾六인데果川郡居ᄒᆞᄂᆞᆫ李富益朴春成朴箕然三人이ᄒᆞᆫ郡居李參奉某氏의게出嫁케ᄒᆞᆫ다ᄒᆞ고저召史의女息을誘引上京ᄒᆞ야陽洞居徐炳詢氏의게錢文四千五百兩에賣與ᄒᆞᆫ故로鄭召史가南部警察署에呼訴ᄒᆞ얏다더라

●何不措處 積城郡居ᄒᆞᄂᆞᆫ崔助汝氏가農桑資生ᄒᆞᄂᆞᆫ디인데該郡駐在所한人巡査曹某가박福祿爲名者로符同ᄒᆞ야崔氏가自己老母를以鎌刺傷ᄒᆞ얏다搆誣ᄒᆞ고沓士二斗落을奪入ᄒᆞ야他處에賣渡ᄒᆞᆫ故로崔氏에母親이上京ᄒᆞ야地方裁判所에擧實呼訴ᄒᆞᆫ지가已久ᄒᆞ되何如ᄒᆞᆫ措處가尙無ᄒᆞᆫ故로呼泣ᄒᆞᄂᆞᆫ情景을目不忍見이라더라

●名聞行殊 大邱郡大韓愛國夫人會摠務廉上恩氏ᄂᆞᆫ巳往嶺底의名妓翡翠인디現今年近五拾에數三年以來로耶蘇敎를信奉ᄒᆞ고社會에獻身ᄒᆞ야熱誠愛國ᄒᆞᄂᆞᆫ女子社會의壹模範人物이라京城에在ᄒᆞᆫ宮太閔丙奭氏의愛妾비翠ᄂᆞᆫ貌陋ᄒᆞᆫ行爲를快祛ᄒᆞ고彼太郞의비翠를模倣ᄒᆞ얏스면그醜名이他人의게延及지아니ᄒᆞᆯ깃다고閭巷批評이有ᄒᆞ더라

●孝感所致 抱川郡々內面稷頭里居徐永允氏가學來孝誠이到底ᄒᆞ기로該郡境內에셔莫不稱羨ᄒᆞᄂᆞᆫ디該氏의七耋老親이病勢甚篤ᄒᆞ야獐肉을得食코ᄌᆞᄒᆞ거ᄂᆞᆯ徐氏가附近水原山에前往ᄒᆞ야採薪歸路에獐이遮路不去ᄒᆞᆫ지라徐氏가該獐을捉去宰殺ᄒᆞ야以供其親에病卽快愈ᄒᆞ미人皆謂孝感所致라ᄒᆞᆫ다더라

●學門敗子 安岳郡居리秉衡氏가自巳宗中傳來ᄒᆞᄂᆞᆫ位土三日耕田을僞造文券ᄒᆞ야日人에게典執得債ᄒᆞᆫ故로其從叔李東鎭氏가決司에起訴次로上京ᄒᆞ얏다더라

●農商組合 中部東谷居ᄒᆞᄂᆞᆫ趙鳳鎬金泰鎭諸시가資金을鳩聚ᄒᆞ야該洞等地의한國農商組合社를組織ᄒᆞ고壹般農工商業者를實致操縱ᄒᆞ야발達擴張케ᄒᆞᆫ다더라

●天然痘發生 近日漢城內外에天然痘가發生ᄒᆞ야罹患者가多有ᄒᆞᆷ으로警視廳에셔別般注意ᄒᆞᄂᆞᆫ中이더라

●殺狗警察 仁川警察署에셔ᄂᆞᆫ種々狂犬의弊害가有ᄒᆞᆷ으로此를取締ᄒᆞ기爲ᄒᆞ야再昨日부터壹般犬種을撲殺ᄒᆞᆫ다더라

●行路甚難 東來人의傳說을據ᄒᆞᆫ즉京鄕間來往ᄒᆞᄂᆞᆫ行路人中牛馬를驅去ᄒᆞᄂᆞᆫ人外에ᄂᆞᆫ日兵이擧皆挽執ᄒᆞ고住所와去處를逞々質問하야無數ᄒᆞᆫ困境을當ᄒᆞᆫ다더라

●日遞夫喪魂 本月三日正午에全羅南道海南郵便取扱所遞傳夫日人一名이莞島로向ᄒᆞᄂᆞᆫ路에海南郡鹿山面三巨里峙에셔十餘名義兵의襲擊을受ᄒᆞ야所帶小包郵便物을放棄하고莞島로逃走ᄒᆞ엿다더라

●是何蠻漢 龍山에居留ᄒᆞᄂᆞᆫ日本人木下發次郞이가京義線壹山驛에셔韓人壹名을刺殺逃走ᄒᆞᆷ으로方在詗探ᄒᆞᄂᆞᆫ中이라더라

●趙氏逢賊 再昨日下午十壹時量에中部管內廣耳동居趙慶完시家의何許强盜三四名이各持銃劒ᄒᆞ고突入ᄒᆞ야諸般什物과金銀等屬을沒數奪去ᄒᆞᆫ故로該警察署에셔目下詗探中이라더라

●何事被囚 金炳일李희應兩氏가有何事件인지昨日憲兵司令部에被囚되얏다더라

●觀鎭捷會 再昨日下午七時에北部觀鎭坊會에셔觀鎭학校內에總會를開ᄒᆞ고債務整理와其他諸件을議決ᄒᆞ얏다더라

●會長辭免 觀鎭坊會副會長成岐運시ᄂᆞᆫ何事件을因ᄒᆞᆷ인지該會長을期於辭免ᄒᆞ기로請願書를提出ᄒᆞ얏다더라

●群港喜信 湖南학會委員姜畔리根容兩시가群港에셔贊成會를開ᄒᆞ고敎育普及과文野辨別이란問題로壹塲演說ᄒᆞᆫ즉該港紳士三百餘人이莫不感發ᄒᆞ야壹千圓을自願義捐ᄒᆞ기로定ᄒᆞ얏다더라

●畿湖總會 畿湖학會에셔本月二十日上午一時에通常總會를開ᄒᆞ고事務를處理ᄒᆞᆫ다더라

學界

●聖德任員改選 灘島私立聖德학校에셔該校々長洪肯燮시辭免ᄒᆞᆫ代에ᄂᆞᆫ李元增시로副校長은禹憲鼎시가被選되고以下壹般任員도壹體改選되얏다더라

●唯精唯壹 平安北道宣川郡邑內面新興學校ᄂᆞᆫ有志諸시의刱立ᄒᆞᆫ디인대校舍가不容ᄒᆞ야校長桂鶴瑞校監曹箕承兩시가境內諸員의게義捐을泣陳懇勸ᄒᆞ야費其巨額에校舍를竣工ᄒᆞ고改名曰唯壹學校라ᄒᆞ미校長以下壹般任員諸시가益々熱心ᄒᆞ야該郡內八千餘戶人民이每年每戶에寄付金三十錢式各自捐付하기로決心ᄒᆞ야學校의維持와生徒의進就가果是唯精唯壹ᄒᆞᆫ希望이確有하다더라

●諸氏熱心 忠北淸州郡地方裁判所書記리助元繙譯官박潤陽남補元郡主事高昇諸시가該郡人民이法律上의蒙昧ᄒᆞᆷ을慨歎ᄒᆞ야法律科를淸州에設成中學校內에設立ᄒᆞ고名譽로熱心敎授ᄒᆞᆫ다더라

●秦氏熱心 定平郡西北學會支會長秦效렴시ᄂᆞᆫ捐義敎育ᄒᆞ며獻身社會ᄒᆞ야舌焦唇枯ᄒᆞ며心窮思渴ᄒᆞ야立會設校ᄒᆞ니於是乎境內人士가感其血誠ᄒᆞ며激其忠告ᄒᆞ야響應影從ᄒᆞ니會務爲發達ᄒᆞ고敎育爲擴張ᄒᆞ야大有進就之望이러니히시가學校維持ᄅᆞᆯ永爲擔負ᄒᆞ고高等敎師ᄅᆞᆯ延聘ᄒᆞ야敎務ᄅᆞᆯ屢層擴張ᄒᆞ미學員이雲集하야校舍가難容이라ᄒᆞ고稱頌이有ᄒᆞ더라

●維新高等 寧邊郡維新學校校장池恩榮校監趙光晏학監申泰朗諸시ᄂᆞᆫ方設高等學校에巨大事務ᄅᆞᆯ晨夕不倦ᄒᆞ며會有ᄒᆞᆫ덕月俸을齊固辭ᄒᆞ니校費도豈足ᄒᆞ고학徒도雲集ᄒᆞ야熱心做去ᄒᆞ기로學員이欽賀ᄒᆞ고隣邑이仰慕ᄒᆞᆫ다더라

●校主表意 吉州郡普成學校任員與學徒가壹切斷髮ᄒᆞ야敎育을普廣刷新ᄒᆞᆷ으로該校主李鍾浩시가此擧에對ᄒᆞ야其盛意를稱頌不已ᄒᆞᄂᆞᆫ旨를表示ᄒᆞ기爲ᄒᆞ야該學徒의帽子二百個를自京製送ᄒᆞ얏다더라

▲地方消息

▲本月十八日夜에全南海南郡南方約三十里池大屯寺附近에셔暴兵六十名이該郡日守備隊兵二名과交戰ᄒᆞ얏다ᄒᆞ고又翌日錄寺西方十里地에셔義兵十五名이同守備隊와交戰ᄒᆞ얏다더라

▲天理難測

▲十日花紅업다ᄒᆞ고十年權利업단말은遺來格言이아닌가茫々天理變ᄒᆞᄂᆞᆫ지悠悠世態박귀ᄂᆞᆫ지韓國情形볼작시면此等格言을더업다變하라고祝願ᄒᆞᄂᆞᆫ腐敗習慣不變ᄒᆞ고變幻될새臣虛ᄒᆞᄂᆞᆫ天然理氣變ᄒᆞ여서風念聲가縱橫일세

▲總理大臣李完用은무슴事件잇셔ᄂᆞᆫ지辭職疏를奉呈後에退任될새겁이나서山亭門을굿이닷고來往人을謝絶ᄒᆞ야憂愁度日ᄒᆞᆫ다더니好消息늘드럿ᄂᆞᆫ지喜色滿面揚々ᄒᆞ야晩餐도판을쏫니彼輩의好結果가人民의겐惡結果요

▲樞院顧問李址鎔은花套局을大設ᄒᆞ고梧桐鳳凰힘을입어數千圓의巨額金을壹膝下에獲奉ᄒᆞ야壹等美色結緣ᄒᆞ고壹夜間에探花費를五拾圓式許給ᄒᆞ며제名譽를爲ᄒᆞ여셔不惜金錢ᄒᆞ다ᄒᆞ니彼輩들의名譽處가人民에겐毁謗處요

▲軍部大臣李秉武ᄂᆞᆫ李完用을訪問ᄒᆞ고阿諛求容ᄒᆞᄂᆞᆫ말이閣下미셔辭職ᄒᆞ면吾輩들의椅子ᄯᅡ지壹時遞倒ᄒᆞᆯ것이니아못됴록辭職말나哀乞勸告ᄒᆞ더라니他人에게ᄂᆞᆫ미인奴隷任意ᄒᆞ니되뜻ᄒᆞᆫ가彼輩들의僥幸事가人民에겐不幸事로

▲大逆不道宋秉畯은日本國에滯留ᄒᆞ야壹般輿論無視ᄒᆞ고內外妖物締結ᄒᆞ야재權利를回復코ᄌᆞ百般運動ᄒᆞᆫ다ᄒᆞ니宣言以後四五年에賣國事業그만ᄒᆞ여도遺臭萬年足ᄒᆞ려던더럿타시發狂ᄒᆞ니彼輩들의回復時가人民에겐敗亡時라

▲彼輩들아々々々運盡ᄒᆞᆯ날어느젼고너의들이幾久ᄒᆞᆯ런可憐ᄒᆞᆯ々더人民은盡込乃已하라로다昭昭ᄒᆞ신더天理ᄂᆞᆫ變幻될理업슬연댱至仁上帝무삼일노此等人物容恕ᄒᆞ샤々蔣ᄒᆞ게ᄒᆞ시ᄂᆞᆫ고야속ᄒᆞ다上帝시여불상ᄒᆞᆫ다人民이여

物貨히校用品其他家用物品을一新俱備ᄒᆞ고其大名目ᄂᆞᆫ기以書記ᄒᆞ고 ᄒᆞ시면以小包郵便으로高品廉價而信々酬응ᄒᆞ깃슴● 物品如下 錙鉔각色 洋服內衣上下 印札紙각種 日用雜貨俱備。 費만出資而書籍印刷業을同事利分키로廣告ᄒᆞ니速速來議敬要 京城鐘路滙東書舘리觀化 告白

廣告

今月十壹日本報廣告內남大門通運社主務金致尤시事에對ᄒᆞ여文簿調査委員으로記載ᄒᆞ와ᄉᆞᆸ기此是虛誕之事故卽爲上來ᄒᆞ야偸名廣告ᄒᆞᆫ人을採探ᄒᆞᆫ즉朴珽燮爲名人이以何凶獰之心으로初不相約而如是偸名廣告이옵기往責無理之據ᄒᆞᆫ즉渠雖發明豈可容喙이리요個々自服伏々謝罪故如是仰佈ᄒᆞ오니內外國人은鑑此眞實ᄒᆞ와金致尤시出社廣告ᄂᆞᆫ勿爲施行ᄒᆞ심을敬要

大邱驛通運社內李舜弼 告白

本人家舍ᄂᆞᆫ買得於文成培處而文哥先此典券於日人福田郁太郎處ᄒᆞ왓기典償을辭償ᄒᆞ고欲推家券則福田이가趁未出給ᄒᆞᆫ事로鳴冤于大日本理事廳警察係ᄒᆞ와福田을招致次往見則福田이가家券이現在他處인즉覔爲待ᄒᆞ마ᄒᆞ고卽逃不現ᄒᆞ오니內外國人僉知悉ᄒᆞᆷ

北部孟峴拾二統拾貳戶 金永奎

楊州新安居閔泳台大人前郡守閔儀鎬시陰二月拾壹日卯時別世ᄒᆞᆫ故照亮 護喪金東萬 白

本會에서測量技術檢定을今二十日에開始ᄒᆞ오니壹般同業員은照亮ᄒᆞᆷ

大韓測量總督會 告白

西部龍山坊靑坡四契下馬洞七拾三統二戶草家拾八間文券서失故休紙施行ᄒᆞᆯ터이오니內外國人照亮 廉聖根 告白

本人의法帖名畵가今番麴ᄒᆞ오니隨饒彦은來臨相議ᄒᆞᆷ

中部紬洞四統三戶 鐵台亭留

鎭山郡士人桂聖哉號 少堂

東幕中契貳十三統壹戶瓦家七間買主曹永玉舊板刻文券壹張新文記壹張을典執ᄒᆞ얏더니見失ᄒᆞ야陰曆丙午拾貳月二拾六七兩日의大韓每日申報第四百三拾七八號에廣告ᄒᆞ얏ᄂᆞᆫ데統戶와間數가誤錄故로更玆廣告ᄒᆞ니內外國人간或有拾得이여던休紙施行ᄒᆞ시옴

劉文鎭 姜允文 告白

本校**夜學日語科**壹貳參級補缺學員을募集ᄒᆞ오니願學人은本月二十壹日午正에來校應試ᄒᆞᆷ

洞口內貞洞民團

私立普光學校

本校ᄂᆞᆫ有志紳士秦效렴吳悌裕金在淵秦玉렴尹鏞善田宅容李秀根金景祿張斗軫元命建康鳳翔秦柄允諸시熱心奬勵ᄒᆞ며殫誠勉務ᄒᆞᆷ으로校況이日就ᄒᆞ고民智가稍開ᄒᆞ야爭先捐義에期有前進之望이기玆에諸시의感謝를表ᄒᆞ고捐義人士의시名과金額을爲先左開廣佈ᄒᆞᆷ

尹東協 田宅容 각四拾圜 秦玉렴 김學允 尹和珠 각六拾圜 김在淵 吳翼煥 김昌鎬 吳悌裕 각二拾圜 韓龍萬 拾五圜 김鼎權 김秋益 吉錫俊 高宗弼 秦柄允 한鼎鍵 張承雲 趙熙俊 김鶴海 김鶴俊 張浩善 秦召史 각拾圜 魯履龍 김興天 각八圜 朴明學 六圜 朴元赫 姜基業 김進澤 崔泰헌 秦玉렴 元命建 리秀根 張斗軫 각五圜 김昌河 西圜 박承燁 리斗龍 趙成섭 각三圜 김元激 張周衍 羅茂辰 김麟洙 姜基正 康鳳岡 한鳳逸 김鎭福 尹寬淳 김인섭 秦敬祿 김洛云 尹鏞善 김麟祚 각二圜 김履衡 鄭鉉萬 각壹

咸興定平郡西部協成支校

純良ᄒᆞᆫ水를飮用ᄒᆞ오

諸君은疾病으로ᄒᆞ여곰苦惱를當ᄒᆞ실잇가

諸君은親友와愛子를永訣ᄒᆞ미有ᄒᆞ엿ᄉᆞᆸᄂᆞᆫ잇가

諸君은恒常身氣가疲困ᄒᆞ고精力이勞損ᄒᆞ얏ᄉᆞᆸᄂᆞᆫ잇가

純良ᄒᆞᆫ水를飮用ᄒᆞ시면此等苦難을免ᄒᆞ실이다

純良ᄒᆞᆫ水를決코飮用ᄒᆞ시고不良ᄒᆞᆫ井水ᄂᆞᆫ廢用ᄒᆞ시와疾苦를免ᄒᆞ시오

疾病과憂愁와苦難을作케ᄒᆞᄂᆞᆫ者ᄂᆞᆫ卽不純ᄒᆞᆫ飮料水요年々하親友와愛子를千百名式殺傷ᄒᆞᄂᆞᆫ者도亦不良ᄒᆞᆫ水라ᄒᆞ노라

汲水商이純良ᄒᆞᆫ漢江水로만飮料水를供給ᄒᆞᆷ을決코注目ᄒᆞ오

汲水商이腕上에記号捺章ᄒᆞᆫ牌를掛ᄒᆞ얏슴을細察ᄒᆞ시오此牌가無ᄒᆞ면水道水를販賣ᄒᆞᆯ權利가無ᄒᆞ야곳諸君을欺瞞ᄒᆞᄂᆞᆫ者이오다

汲水商中에本會社号牌를腕上에掛有치아니ᄒᆞᆫ者가本會社共用栓에서給水를運搬或販賣ᄒᆞᄂᆞᆫ者ᄂᆞᆫ日本理事官三浦彌五郞시와醫觀總監丸山重俊시가承認ᄒᆞᆫ大韓水道會社別則第八條에照ᄒᆞ야非行賠償金貳拾圓를徵收ᄒᆞᆷ

此別則에對ᄒᆞ야違越ᄒᆞᄂᆞᆫ者를本會社에通告ᄒᆞ시면本社의셔徵收ᄒᆞᄂᆞᆫ非行賠償金에半額으로酬勞ᄒᆞ올이다

純良ᄒᆞᆫ漢江水를供給ᄒᆞᄂᆞᆫ方法과每月給水料金과給水架設ᄒᆞᄂᆞᆫ工事費에關ᄒᆞᆫ事ᄂᆞᆫ黃路大韓水道會社에來問ᄒᆞ시면詳細說明ᄒᆞ올니다

壹坊城內에有ᄒᆞᆫ各戶에셔同時에水道水를取用케ᄒᆞᄂᆞᆫ境遇에ᄂᆞᆫ給水料金을特別히低廉케ᄒᆞ깃습니다

有限責任 **大韓水道會社** 白

美國시아틀大博覽會 ☞ 미국시아틀대박람회

請垂。詳覽

美國시아틀大博覽會記聞○一千九百九年六月一日開會○同年十月十六日閉會○會場面積三十萬坪○會費二千萬圜○出品價額預量一億萬圓○空前絶後ᄒᆞᆫ美麗ᄒᆞᆫ大博覽會○大韓帝國物品의唯一出品者ᄂᆞᆫ

大韓皇城磚洞韓美興業株式會社

이쪽을[illegible]다자셰히보시오

廣告

本所總會를本月二拾日(陰二月貳拾九日)下午壹時에開ᄒᆞ오니　僉宗은南部美동貳統九戶事務所로來臨爲要

金海金氏宗約所 白

ᄒᆞ라ᄒᆞ거ᄂᆞᆯ本人曰丈母가雖寡居主產ᄒᆞ시나門內至親이多有ᄒᆞ고婿ᄂᆞᆫ外人이라慮有後言ᄒᆞ니往議于至親ᄒᆞ라ᄒᆞᆫ즉君言이是也라ᄒᆞ더니追後更來而言曰從任道辰이가欲賣此田於渠之妻男ᄒᆞ니以吾情念으로ᄂᆞᆫ從任妻男之買得이不如婿君之買得故로却彼而來此라ᄒᆞ고決價二百五拾兩而卽成買文券이되賣主ᄂᆞᆫ其子시種으로塡名ᄒᆞ고證人은其從任道辰으로塡名ᄒᆞ라ᄒᆞ매越價交易ᄒᆞᆫ後二拾餘年을本人이無事耕穫矣러니不意昨冬에시種이가不念其亡母之本意ᄒᆞ고至稱以積買而來請還退故로責其無據ᄒᆞ고施以好誼曰爲念男妹之情ᄒᆞ야君之前債條七百五拾兩은特爲蕩滌ᄒᆞ고該田壹日耕內에三息耕을且當分給ᄒᆞ마ᄒᆞᆫ즉渠亦感服ᄒᆞ야受分給新券而去러니七八日後에該券及五圖를持來ᄒᆞ야期欲勒退故로痛惜其悖擧ᄒᆞ야還收該券ᄒᆞ고錢則以前債條除之러니ᄒᆞᆫ잇더니시種이移悔悟ᄒᆞ고誣訴本郡ᄒᆞᆫ지라陰正月貳拾壹日頭質之場에本人이據實陳供ᄒᆞᆫ즉本郡守께서面飭曰事過二拾餘年ᄒᆞᆫ즉違背期限規則이거날誤認以昨冬事而受理라ᄒᆞ시고使시種으로率特證人道辰ᄒᆞ라ᄒᆞ신지三四日이過ᄒᆞ되尙無回報故로本人이出廷ᄒᆞ야口訴ᄒᆞᆫ즉郡守께서說喩曰汝與丈母로的實賣買ᄒᆞᆫ券과昭然ᄒᆞᆫ것시汝若偽造該券인되賣主ᄂᆞᆫ已死ᄒᆞᆫ丈母로ᄒᆞ고證人은汝의心腹人으로ᄒᆞ야售奸莫辨케ᄒᆞ거신되賣主시種과證人道辰을從丈母書塡書ᄒᆞᆫ二拾餘年前暗昧淳俗으로按例成券ᄒᆞᆫ것을直呈ᄒᆞ니其眞情을可知라汝卽測量該田ᄒᆞ야持來而言曰余欲賣此田ᄒᆞ야買農牛ᄒᆞ노니君이從時價買置

須ᄒᆞ얏더니末乃本人을落薄ᄒᆞ오니大抵該券之非偽造ᄂᆞᆫ已有郡守之明燭處分則無復辦明이오道辰證詞中權買ᄂᆞᆫ卽彼隻之親에同謀之言則不足爲立證이오시種訴求에匿字五拾田結二卜六束庫叱金權買後尙今稅納云ᄒᆞ니是豈成說乎아陳陳舊卷이在於本人而五十壹分田結五卜也라訴訟物의相左가如此ᄒᆞᆫ즉事之曲直은路人도可知어날本人의冤屈이抑寃ᄒᆞᆫ故로京城地方裁判所에申訴ᄒᆞ고자ᄒᆞ얏더니시種이가以何惡憾情으로搆捏廣告於新聞故로本人은顧念姻誼에不得已ᄒᆞ야玆以據實仰佈ᄒᆞ오니　僉君子ᄂᆞᆫ垂諒ᄒᆞ시옴

廣州樗潭居金順在　告白

國朝寶鑑을行將出板이오니印本을ᄒᆞ실者ᄂᆞᆫ三月三拾壹日內로本閣監印所(敦化門外西邊前宗親府朝房)에來議請求ᄒᆞᆷ이可ᄒᆞᆷ但所入은左와如ᄒᆞᆷ

壹秩紙六拾九束拾九張

粧工價四圜九十錢

舊本이有ᄒᆞ야新編만續成ᄒᆞᄂᆞᆫ者ᄂᆞᆫ

紙十四束七張

장工價壹圜貳拾錢

奎章閣

北部觀峴徵文義塾

◎學員募集廣告

本塾에서第四回學員을募集ᄒᆞ오니志願人은三月卅壹日(陰閏貳月初拾日)內로請願書를提呈ᄒᆞᆷ(請願紙ᄂᆞᆫ本塾에請求)

試驗日字ᄂᆞᆫ四月壹日(陰閏貳月拾壹日)上午拾時

試驗科目은漢文讀書　國漢文作文　筭術四則　但公私立普通科卒業證이有ᄒᆞᆫ人은免試ᄒᆞᆷ　資格拾五歲以上貳拾五歲以下身體健强者

開學日字四月拾壹日

本人의丈母ᄂᆞᆫ即李시種의母親也라二拾四年前에匿字五拾壹分田壹日耕結五卜庫叱舊文券을持來而言曰余欲賣此田ᄒᆞ야買農牛ᄒᆞ노니君이從時價買置

◎特別廣告

本會에서全國測量界에應用ᄒᆞᄂᆞᆫ規程을盡實履行ᄒᆞ기로目的을定ᄒᆞ온마玆에測量에關ᄒᆞᆫ事項을講究ᄒᆞ야技術이不完全ᄒᆞᆫ測量者가冒行營業ᄒᆞ고手數料를濫捧ᄒᆞᄂᆞᆫ弊源과嚴密이矯整ᄒᆞ기爲ᄒᆞ야檢査部와敎育部를另設ᄒᆞ고技術을檢定ᄒᆞ야合格者의게ᄂᆞᆫ檢閱證을授與ᄒᆞ야執務時에憑信效果케ᄒᆞ고不完全ᄒᆞᆫ者ᄂᆞᆫ資格에ᄯᆞ라敎育部에서敎授ᄒᆞ며檢閱證을領有ᄒᆞᆫ技術者ᄂᆞᆫ將來測量上壹切責任을本會에서負擔ᄒᆞ야公私間에信用을表明ᄒᆞᆫ意로細則을制定ᄒᆞ야就該當局에申請ᄒᆞ고各道府郡廳과各裁判所와警察署에會則暨件式送呈ᄒᆞ야測量에關ᄒᆞᆫ行政上에考據ᄒᆞᆫ鑑本을作케ᄒᆞ며各道에支會를次第設置ᄒᆞ야右項의目的을貫徹履行ᄒᆞ오니壹般關業員과全國內各社會同胞ᄂᆞᆫ　僉君子ᄂᆞᆫ照亮ᄒᆞᆷ

大韓測量總管會　告白

本塾에서晝夜學速成科를設立ᄒᆞ고高明日師를延聘ᄒᆞ야敎受ᄒᆞ오니有志願人은(三月廿日)陰本月二拾九日內로請願ᄒᆞᆷ

科　程

壹　測量筭術　下午三時至五時　期限　壹個月

壹　簿記日語　下午五時至八時　期限　測量筭術　壹個月　日語簿記　四個月

東部黃橋登子洞統內三統六戶

私立爲東義塾　告白

外祖鑄名人이東往東西ᄒᆞ며甚至於本社를盜賣云ᄒᆞ오니內外國人勿見欺爲要

南大門外通運社主金致允告白

◎學員募集廣告

本校에서第二回第壹學年學員을募集ᄒᆞ오니志願人은今月三拾壹日內로請願書를提呈ᄒᆞᆷ(請願紙ᄂᆞᆫ本校에請求ᄒᆞᆷ)

試驗日字ᄂᆞᆫ四月壹日下午壹時

試驗科目은讀書、作文、筭術四則、身體檢査、年齡拾五歲以上三拾歲以下

但公私立普通科卒業證이有ᄒᆞᆫ人은免試ᄒᆞᆷ

開學日은四月拾壹日

中部校洞

私立西北協成學校

◎特別廣告

新撰測量學

定價　九拾錢

兪吉濬　序

金澤吉　編纂

右冊은斯學에著名ᄒᆞᆫ金澤吉氏가編纂ᄒᆞ온바시가多年遊外ᄒᆞ야鑛山學을卒業ᄒᆞ고歸國後測量敎授에熱心從事ᄒᆞᆫ되現今完全ᄒᆞᆫ測量冊子가無ᄒᆞᆷ을嘆ᄒᆞ야測量初學ᄒᆞᄂᆞᆫ諸君이實地에當ᄒᆞ야諸般

請願格式과製圖方法에眩惑ᄒᆞᆷ을慨歎ᄒᆞ야細部圖根測量術을簡明ᄒᆞ게編纂ᄒᆞ고外에特別히設計及請願書類와各種製圖式樣을着彩ᄒᆞ야附錄에添付ᄒᆞ얏스니一覽明瞭ᄒᆞ야학習에도便利ᄒᆞ고從私議에도確實無碍ᄒᆞᆷ이오니斯학에有志ᄒᆞ신僉彦은陸續購覽ᄒᆞ시옴

○總發賣所

京城中部壽洞興士團內

大韓測量總管會

○分賣所

京城南部棗동그레와會

京鄉　各書舖

南大門外通運社사가設始以後에五六次轉渡ᄒᆞ야此人彼人이朝得暮失ᄒᆞ고昨約今破ᄒᆞ야會社形便이顚倒之境이러니何幸김致允氏가丁未五月分에朴昶鎬계紙五百圜을成約出給後本社事務를迺至三年에社員이合心ᄒᆞ고각賣店會員에贊揚으로庶幾成樣이온더니不意今者에三觀을不見ᄒᆞ던朴昶鎬가帶同何許六人ᄒᆞ고本月九日下午拾壹時量에叩門闖入ᄒᆞ야爲言曰此社에汝有違越契約ᄒᆞ얏스니會社與文簿를當場出給ᄒᆞ라ᄒᆞ고其勢危險ᄒᆞ고衆口難防이기김致允시曰汝雖云違越契約이나我無毫違約ᄒᆞᆫ즉此惹鬧가事理不當인즉依契約裁判ᄒᆞᆯ決이可타ᄒᆞᆫ즉齊聲叱呼曰裁判所ᄂᆞᆫ何用이냐吾等裁判이第一이라ᄒᆞ고揚臂大談에無數詰亂타가其翌日下午六時에渠等之知其無據ᄒᆞ고盡爲還去ᄒᆞ왓스며且朴昶鎬가渠之姓名은隱匿不出ᄒᆞ고本社圖章을偽造ᄒᆞ야假稱通運社ᄒᆞ고新聞上에千萬不當ᄒᆞᆫ說明源과俊杓를以外面에像名ᄒᆞ야事務員名目으로廣告ᄒᆞ얏스니豈非悖類之狂擧이오此小櫃를坐ᄒᆞ야昇置于本社窓外ᄒᆞ고此櫃에有紙貨壹千五百圜云而捺章封鎖後去矣러니十三日에渠等貳人이又爲來到ᄒᆞ야無數惹鬧타가拾日所謂에執不可惜이미로衆人仲裁에竟至落科而去ᄒᆞ얏스니豈不忿且歎哉아如許ᄒᆞᆫ挾雜年涯之朴昶鎬ᄂᆞᆫ斷當謂裁歸正에기로玆以仰布ᄒᆞ오니僉彦과內外國人은三線各驛에照亮ᄒᆞ시옴

南大門外通運社主務김致允

社員林炳周

韓明源

김俊杓

趙文植

김健永

拾長李成玉

東署仁昌坊往拾里契峽坨洞四統八戶瓦家壹間艸家貳間半

實買時價金參百圜也

持主　趙永贊

保證　金昌植

家儈　文春弘

京城本町八丁目九番戶

大橋源三郎

◎학員募集廣告

本校에서土木建築科及測量科를設施ᄒᆞ오니入學志願人은何日이라도本事務所로來臨ᄒᆞ와詳問ᄒᆞ시오

土木建築科

速成科　六個月

高等科　壹個年

測　量　科

特別科　三個月

速成科　六個月

高等科　壹個年

全夜학　壹個年

特別科　壹個月

京南部淸國領事館前

私立山崎實業土木建築

測量學校　[illegible]

普成專門學校

學員募集增加

本校에서今年度第[illegible]學員을募集ᄒᆞ오니志願人은[illegible]

壹　試驗日字ᄂᆞᆫ三月二十一日上午十時(陰曆貳月[illegible])

壹　試驗科目本校[illegible]

壹　年齡二拾歲以上

壹　入學請願書用紙ᄂᆞᆫ本校에來求ᄒᆞᆷ

漢城礴洞普成專門學校告白

光武九年八月拾一日 明治三十八年八月拾一日 (第三種郵便物認可) 土曜日 西曆壹千九百九年三月貳拾日 (四)

第七卷

大韓每日申報

第壹千五拾貳號

月[illegible] 臨時及日休刊 [illegible]節

[illegible]開國四千二百四十二年
[illegible]子[illegible]年二千[illegible]十一年
大韓開國五百十八年
日本明治四十二年
淸國宣統元年
陰曆己酉二月大廿九日己卯

Responsible for Publication Alfred Weekley Marnham.
發行兼編輯人英國人萬咸
發行所
南部石井洞號外地三層洋屋家
大韓每日申報社

寄書

◉偉大ᄒ事業은積功에在홈

無名少年

吾人이偉大ᄒ事業을成就ᄒ야偉大ᄒ人物이되라면반다시非常ᄒ工夫와非常ᄒ勤苦를要ᄒ거시오非常ᄒ工夫와非常ᄒ勤苦를積ᄒ라면期必코許多ᄒ光陰을費ᄒ야數十年或久ᄒ星霜을經過ᄒ여야可得홀지로다

故로古今東西를不問하고壹大偉業을成ᄒ야國家社會를文明發達케ᄒ英雄豪傑도彼의成功ᄒ原因을窮究ᄒ면亦是壹生을奮鬪ᄒ며壹生을勤苦ᄒ며壹生을忍耐ᄒ結果에不外ᄒ며壹團熱心을彈ᄒ야人類蒼生의幸福을圖謀增進케ᄒ賢人君子도彼의成功ᄒ裡面을觀察ᄒ면亦是長久ᄒ時日을費ᄒ야研究에研究를積ᄒ고練磨에練磨를加ᄒ야恒久不息ᄒ結果로因홈이的確ᄒ도다

據言ᄒ면英雄傑士의偉大ᄒ事業을成就홈은突然히成就홈도아니오偶然히成就홈도아니오天神의助力으로成就홈도아니오다못其成就ᄒ根源處를求ᄒ진ᄃ長久ᄒ時日을費ᄒ야多年勤勉을累積ᄒ結果인ᄃ

大抵偉大ᄒ事業은人이道를行홈과又치壹步에二步를進ᄒ고二步에三步를加ᄒ야秩序的으로登進ᄒ며順次的으로發展ᄒᄂ因ᄒ야成ᄒᄂ故로積功이小ᄒ면事業도自然小ᄒ거시오積功이長ᄒ면事業도또ᄒ大홈이其常例로다

假令李舜臣과如ᄒ英雄으로도彼가萬若少年時代부터武藝를積功치아니ᄒ얏더면엇지龜船을創造ᄒ며倭寇를擊滅ᄒ야偉功이一世를盖ᄒ얏스며華盛頓과如ᄒ偉人으로도彼가萬若測量技手時代부터其雄圖를積功치아니ᄒ얏더면엇지十三州를聯合하고獨立基礎를建設ᄒ야休光이萬古에垂ᄒ얏스리오

彼西人의傳道事業을觀ᄒ면距今三拾餘年前에耶蘇敎가我國에始入ᄒ時에ᄂ人種의奇異홈과敎典의異常홈으로人々마다誹謗是非ᄒ야其中甚ᄒ者ᄂ敎徒를凌辱ᄒ고敎堂을毁破ᄒ며牧師를虐待홈에至ᄒ더니今日에至ᄒ야ᄂ十字旗가全國에飜揚ᄒ며讚美聲이到處에傳聞ᄒ야敎徒가日加月增의盛勢를致홈은彼傳道師의恒久忍耐ᄒ性質로多年積功ᄒ結果로다偉哉壯哉라彼事業의偉大홈과積功의善美홈이여

願컨ᄃ吾輩靑年을은輕躁ᄒ思想과淺短ᄒ慾望을一切除去ᄒ고恒久忍耐ᄒ性質을養成ᄒ야偉大ᄒ積功으로偉大ᄒ事業을成就ᄒ지어다

外報

◉印度立憲可決 倫敦電을據ᄒ則英國上院은印度에立憲的改革의權能을賦與ᄒ지ᄂ印度議會法案을可決ᄒ얏다더라

◉威海衛還附 香港電을據ᄒ則淸國政府의威海衛還附要求問題에對하야有力ᄒ二三英字新聞은露國이旅順口를失ᄒ今日에英國이威海衛를還附홈은條約上忠實ᄒ事라하얏다더라

◉香港의黑死病 全電을據ᄒ則香港에ᄂ二月初로부터黑死病이발生ᄒ야五名이死亡ᄒ얏다더라

◉選擧特權廢止 伯林電을據ᄒ則羅馬法王은法王選擧에關ᄒ列國特權을廢止ᄒ얏다더라

◉徐氏抗議 大連電을據ᄒ則徐世昌시ᄂ東淸鐵道附屬地에居住ᄒᄂ淸國人에게課稅ᄒᄂ事件을露國에抗議ᄒ얏다더라

◉英暹條約調印 倫敦電을據ᄒ則暹羅盤谷에서英暹條約이調印되얏ᄂ데暹羅ᄂ英國에對ᄒ야켄란단、도리카、애라스의主權을放棄ᄒ게ᄒ얏고英國은在暹自國臣民의治外法權을漸次廢止ᄒ기로ᄒ얏다더라

◉公債募集可決 伯林電을據ᄒ즉佛國은雲南鐵道敷設에對ᄒ야壹萬壹千萬法의公債를募集ᄒ기로可決ᄒ얏다더라

◉兩國同盟 倫敦電을據ᄒ즉勃牙利ᄂ塞爾維亞와同盟ᄒ얏ᄂ데其理由ᄂ몬데네크로와共히墺地利에對ᄒ야七拾五萬名의軍隊를組織하ᄂ同盟이라더라

詞藻

◉雨後山

봄비개인후에、門外靑山보라보니、

濛々塵埃싯츤곳에、蒼鬱顚色서로워라、

언졔나、陷於塗炭우리國民、다와又치。

雜報

●幸行停止說 今番 大皇帝陛下께옵셔本月頃에春川함興等郡의 御巡狩ᄒᆞ옵신다ᄂᆞᆫ說은已爲報道ᄒᆞ얏거니와近日에有何事件인지姑爲停止가되얏다더라

●銓考法復舊 前主事韓鳳愚仲等이兩察使가郡守薦擧ᄒᆞᄂᆞᆫ規程을廢止ᄒᆞ고內部에서依前銓選케ᄒᆞ라고中樞院에獻議ᄒᆞᆫ事ᄂᆞᆫ已揭어니와再昨日에該院議長以下贊議諸氏가該事件에對ᄒᆞ야可否取決ᄒᆞᄂᆞᆫ대會致可決된故로昨日에內閣에請議ᄒᆞ얏다더라

●卒業無用 近日傳說을聞ᄒᆞᆫ즉從來로ᄂᆞᆫ美國에前往ᄒᆞ야幾個年遊學卒業ᄒᆞᆫ韓人은壹切敍用치안키로內閣에서決定ᄒᆞ얏다더라

●欠逋何多 度支部에서甲午以後各觀察使及郡守의巨額欠逋ᄂᆞᆫ壹々調査ᄒᆞ야該犯逋人이雖爲身死라도其子與孫의게這々督刷ᄒᆞ기로決定ᄒᆞ얏ᄂᆞᆫ대其欠逋者가二千餘名에達ᄒᆞ얏다더라

●警部豊年 近日한國各地方警察署에ᄂᆞᆫ한人警部의窠闕도少有ᄒᆞᆫ中에더러增員設置가最必要로確認ᄒᆞ고今番內部에서警部拾餘窠를額外敍任ᄒᆞ던지積事久勤으로在ᄒᆞᆫ巡査監督中으로選擇敍任ᄒᆞ야각道에配置ᄒᆞᆫ다ᄂᆞᆫ대此事에關ᄒᆞ야運動ᄒᆞᄂᆞᆫ者ㅣ多ᄒᆞ다더라

●富倅不法 富平郡守金國煥氏ᄂᆞᆫ何等不法行政이有ᄒᆞ던지該道觀察使김思默氏가內部로査報ᄒᆞ고相當處辦ᄒᆞ라ᄒᆞ얏다더라

●今日公開 宋秉畯이가閔忠正公錢所有富平郡牧養基址ᄅᆞᆯ占奪ᄒᆞᆫ事ᄂᆞᆫ衆所共知어니와該事件에對ᄒᆞ야再昨日京城地方裁判所에서第二回裁判을開ᄒᆞ라다가何等層節이有ᄒᆞ야今日로延期ᄒᆞ얏다더라

●食債督捧 三和港壹進會員朴孟吉爲名人이有何希望的營利던지自己家에壹進會事務所ᄅᆞᆯ權設ᄒᆞᆫ時에數多會員의게食價未捧이千有餘兩이라고現今騎兵署에呼訴ᄒᆞ야方欲督刷中이라더라

●上濁下不正 宮中顧問李允用氏의廳直輩들이잡박契ᄅᆞᆯ設始ᄒᆞ고再昨日에出桶ᄒᆞᄂᆞᆫ대有何挾雜이던지會場奔競이大起ᄒᆞ얏다더라

●强制徵收 今番衛生費徵收에就ᄒᆞ야無論貧富ᄒᆞ고尙今延拖不納ᄒᆞᄂᆞᆫ故로此ᄅᆞᆯ到底取締키爲ᄒᆞ야該費不納者ᄅᆞᆯ强制執行ᄒᆞ기로決定ᄒᆞ얏다더라

●三從何關 江華郡居ᄒᆞᄂᆞᆫ尹禮淑氏가自己에姪碧潭僧의畓五石落을僞造文券ᄒᆞ야奉侍韓錫東氏의게三萬三千兩에賣渡ᄒᆞ얏ᄂᆞᆫ데碧潭이가大氏의게右畓舊文記로放賣ᄒᆞ얏더니韓錫東氏가該畓價三萬三千兩을尹禮淑氏의三從尹相健氏ᄅᆞᆯ京畿觀察道로押上ᄒᆞ야不日督捧하ᄂᆞᆫ故로尹相健氏가不勝寃抑ᄒᆞ야京城地方裁判所에起訴ᄒᆞ얏다더라

●賂金退却 慶南龍南郡居ᄒᆞᄂᆞᆫ朴綏國氏가該郡에測量分派所ᄅᆞᆯ設立ᄒᆞᆯ計劃으로名不知金某ᄅᆞᆯ紹介ᄒᆞ야大한測量總管會員沈홍澤氏ᄅᆞᆯ往見ᄒᆞ고該事項을圖成以去ᄒᆞ얏ᄂᆞᆫ데幾日後에金氏가更來ᄒᆞ야朴氏의所傳이라ᄒᆞ고今貨拾圓을出給ᄒᆞ며烟草價나補用하라ᄒᆞ거ᄂᆞᆯ沈氏가牢却不受ᄒᆞ얏다더라

●書籍界의不幸 學部에서敎科書檢定規則을改定ᄒᆞᆫ後에各書舖에晉往印刷放賣ᄒᆞᄂᆞᆫ諸般敎科書中規則에違反되ᄂᆞᆫ者ᄅᆞᆯ壹切押收ᄒᆞ야不得發賣케ᄒᆞᆫ다ᄂᆞᆫ說이有ᄒᆞ다더라

●何不三復 白元圭氏가全州捧稅官在任時에張錫允氏의客主ᄒᆞ던文簿ᄅᆞᆯ見ᄒᆞ고各人所捧을收刷以給ᄒᆞ기로甘言ᄒᆞ야各處所捧中三千六十九圓十錢을捧與不給ᄒᆞᆷ으로張氏가呼訴不已ᄒᆞᆫ다더라

●餘骨見失 日憲兵特務正被吉本이가被殺ᄒᆞᆫ事ᄂᆞᆫ前報에已揭어니와該人의妻가吉本의尸體ᄅᆞᆯ火葬後餘骨을收拾ᄒᆞ야手帒中에儲置ᄒᆞ고歸國ᄒᆞᆷ次로日昨南大門外停車場에서車票ᄅᆞᆯ買ᄒᆞ다가該手帒ᄅᆞᆯ見失ᄒᆞ고尙今歸國지못ᄒᆞ얏ᄂᆞᆫ데該手帒ᄅᆞᆯ四面으로搜索中이라더라

●病院廢止說 近者日本人民間에셔設立ᄒᆞᆫ漢城病院은何等事件을因ᄒᆞᆷ인지廢止ᄒᆞ기로決定ᄒᆞ얏다더라

●訴狀白退 水原郡青蓮菴에居僧德化가該郡居朴容七의게錢壹千壹百七拾餘兩을債給ᄒᆞ얏더니朴氏가過限不報ᄒᆞ고避身上京ᄒᆞ야南門外何許人家에隱身ᄒᆞᆫ故로該僧이西部警察署에呼訴ᄒᆞᆫ즉該訴狀을白退ᄒᆞᄂᆞᆫ故로該僧이道路에接屑ᄒᆞᆫ다더라

●義將宣布 目今寵島에逗留ᄒᆞᄂᆞᆫ義兵大將李範允氏가某處로通文ᄒᆞ되現今軍備ᄅᆞᆯ整理ᄒᆞ고銃器ᄅᆞᆯ多數準備ᄒᆞ야今番의ᄂᆞᆫ決코各地義兵과連絡ᄒᆞ야韓國京城을侵入ᄒᆞ깃다ᄂᆞᆫ風說이有ᄒᆞ다더라

●賊警何多 三昨日下午十時量에南부訓鍊院等地에서何許賊漢이突出ᄒᆞ야過去人의衣冠什物과新貨二拾圓을奪取以去ᄒᆞ얏다더라

●義兵襲擊 近日群山木浦附近興德地方에義兵이橫行ᄒᆞᄂᆞᆫ데去六日에義兵貳陣이興德郡北面後浦에서日本人平井의家ᄅᆞᆯ襲擊ᄒᆞ야該人及其家族을砲殺ᄒᆞ고其家産을沒數燒燼ᄒᆞ얏다더라

●日商落魂 京城本町雜貨商ᄒᆞᄂᆞᆫ日人小本末雄、中野政郞及雲林磯吉三名이本月十三日에商業觀察次로汶山浦驛附近까지陸行ᄒᆞ야臨津江에서ᄂᆞᆫ海路로新義州에往ᄒᆞᆯ次로江岸에往ᄒᆞ다가道路가迷々ᄒᆞ야豊德郡領井浦한人家에宿泊ᄒᆞᄂᆞᆫ데十五日午後六時량에義兵四拾餘名이襲來ᄒᆞᆫ다ᄂᆞᆫ警報ᄅᆞᆯ接ᄒᆞ고即時壹名은逃走ᄒᆞ야海岸에繫留ᄒᆞᆫ船中에隱身ᄒᆞ고他二名은히家主의庇護ᄅᆞᆯ依ᄒᆞ야艱辛히脫身逃避ᄒᆞ얏다더라

●日兵被殺 去火曜日에楊州抱川郡接界에서義兵과日兵이交戰ᄒᆞ야日兵拾二名을砲殺ᄒᆞ엿ᄂᆞᆫ데該尸體ᄅᆞᆯ京城으로昇來ᄒᆞ엿다ᄂᆞᆫ說이有ᄒᆞ더라

●大役大戰 三昨日에全南光州郡大役面等地에多數義兵이來到ᄒᆞ야日兵과數時간을猛烈히交戰ᄒᆞ고居民의家屋幾戶ᄅᆞᆯ衝火燒燼ᄒᆞ얏다ᄂᆞᆫ急報이某處에來着ᄒᆞ얏다더라

●淸敎師特義 官立外國語學校漢語敎師淸國人杜方城氏가該校漢語副敎授柳光烈氏의鄕第에서回祿을遭ᄒᆞᆫ事에對ᄒᆞ야壹個月俸給壹百三十圓을寄附ᄒᆞ얏ᄂᆞᆫ대該氏의高義ᄅᆞᆯ人皆稱賀ᄒᆞᆫ다더라

●韓家賊警 日前夜에强盜六名이각持凶器ᄒᆞ고中部里橋居ᄒᆞᄂᆞᆫ한鐵達氏家에突入ᄒᆞ야主人을結縛成擒ᄒᆞ고宕巾等屬九十餘元價値ᄅᆞᆯ强奪以去ᄒᆞ얏다더라

●會館建築協議 再昨夜에大韓協會々館建築委員諸氏가該館內에會同ᄒᆞ야建築의便宜ᄒᆞᆫ方法을協議하얏ᄂᆞᆫ데其費額은二萬五千圓이라더라

●兩營演說 大廣橋川北邊에在ᄒᆞ던救世軍營을梨峴統內四街里貳層家屋으로移去ᄒᆞ얏ᄂᆞᆫ데來日曜日上午拾時半과下午二時半과同七時에總司令官正領許嘉와氏가同夫人ᄒᆞ고演說ᄒᆞ다ᄒᆞ며夜珠峴救世軍營에서ᄂᆞᆫ正校密敦氏가同夫人ᄒᆞ고演說ᄒᆞ다ᄒᆞ며下午二時에ᄂᆞᆫ特別婦人會ᄅᆞᆯ개ᄒᆞ고正領許嘉와氏夫人이演說ᄒᆞᆫ다더라

●靑會討論 今日下午七時三拾分에鍾路靑年會館에서討論會ᄅᆞᆯ개ᄒᆞ고文化蔚興이勝於武備發達이란問題로互相討論ᄒᆞᆫ다더라

●西北學會 西北學會에서緊急ᄒᆞᆫ事務ᄅᆞᆯ處理ᄒᆞ기爲ᄒᆞ야本日下午壹時에臨時通常會ᄅᆞᆯ該會館內에개ᄒᆞᆫ다더라

學界

●學生有義 日本東京早稻田大學校에現在한학生이貳拾餘員인데其中金振聲시가學費가窘拙ᄒᆞ야中途에廢工之境이라該同窓諸시가其情況을慨歎ᄒᆞ야每朔學費中으로幾圓式捐助ᄒᆞ야該시로ᄒᆞ야금如前修學케ᄒᆞᄂᆞᆫ故로該校諸시의有義熱誠을人皆稱頌ᄒᆞᆫ다더라

●閔氏寄附 日本早稻田大학校學生金振聲시의學費困難ᄒᆞᆷ은別項과如ᄒᆞ거니와今番渡日ᄒᆞ얏던特派大使閔丙奭시가此ᄅᆞᆯ愛惜ᄒᆞ야其令胤으로金二十圓을該시에게寄附ᄒᆞ얏다더라

●老而愈壯 兩來人의傳說을聞ᄒᆞᆫ즉義州居ᄒᆞᄂᆞᆫ前郭山府使金志은시가由來慈善家로年今六拾에其志가愈壯ᄒᆞ야境內각學校와龍鎭宣等隣邑사지隨處捐助ᄒᆞᆫ것이累萬金이오製紙殖林商業等發起ᄒᆞᄂᆞᆫ新事業에無不盡力ᄒᆞᆫ다고人皆稱頌ᄒᆞ더라

●學界模範 三和港各私立학校가經費艱乏ᄒᆞᆷ을因ᄒᆞ야每々恨歎ᄒᆞ더니何幸港內六洞里長과志士들이協議ᄒᆞ되若非民戶出義ᄒᆞ면實難維持라ᄒᆞ고各學校補助金을每朔以三百元으로恒定ᄒᆞ야完全로등按月捐歛ᄒᆞ즈며可決되고現今各學校經費用額을調査中이라ᄒᆞ니此擧가全國학界에模範이될듯ᄒᆞ다더라

●兩氏興學 平南中和郡隆浦居ᄒᆞᄂᆞᆫ尹廷聖、漢用兩시가隆成學校ᄅᆞᆯ設立ᄒᆞ고敎師ᄅᆞᆯ延聘ᄒᆞ야熱心敎育ᄒᆞᄂᆞᆫ데將進之望이有ᄒᆞ다더라

●塾舍難容 忠南天安郡小東面美竹里居ᄒᆞᄂᆞᆫ東黨에敎默兩시ᄂᆞᆫ元來學問이有餘ᄒᆞ고有志ᄒᆞᆫ人士인데該里에學美義塾을設立ᄒᆞ고隣近子弟ᄅᆞᆯ勸使入學ᄒᆞ야熱心敎育ᄒᆞᄂᆞᆫ대現今生徒가八拾餘名에達ᄒᆞ얏더니日々增加ᄒᆞ야塾舍가不能容이라더라

◉感荷義捐 聞慶郡內居ᄒᆞᄂᆞᆫ有志紳士黃範洞氏가

金壹圓 을本社에寄附ᄒᆞ얏기玆에感荷ᄅᆞᆯ表ᄒᆞ노라

牛耳誦經

▲道之大源이出自于天이아닌가昭著光明ᄒᆞᆫ天道가擧世인을弊ᄒᆞᆫ소냐愚痴暗昧ᄒᆞᆫ人들은不由其道ᄒᆞ다가서敗亡自取可憐키로아못ᄃᆞ록指導코ᄌᆞ費盡心力勸告하나牛耳誦經壹般일세

▲無知沒覺壹進會ᄂᆞᆫ前日罪惡何如턴지自今爲始悔改ᄒᆞ야善良人物되라하고無數勸告ᄒᆞ엿것만壹向舊習不悛하고漸赴地獄ᄒᆞ라하야豚犬곳흔宋賊졸을祖上갓치奉迎ᄒᆞ니狗尾三年싹이로다

▲荒淫無道承宣君은그罪말ᄒᆞᆯ진ᄃᆡ全國內의第壹이라아못ᄃᆞ록悔改ᄒᆞ야民國事에着手ᄒᆞ면可爲之道잇슴즉ᄒᆞ노無數勸告ᄒᆞ엿것만愈往愈甚淫溺ᄒᆞ야終不回悉自棄ᄒᆞ니狗尾三年싹ᄒᆞ도다

▲無廉無恥大官들은有國然後有身이라國亡身譴ᄒᆞ리니奸惡心腸悔改ᄒᆞ야救困扶危ᄒᆞ라ᄒᆞ고無數勸告ᄒᆞ엿것만所學爲食허보면ᄒᆞᆫ갓비亡ᄒᆞ기ᄅᆞᆯ催促無餘尤甚ᄒᆞ니狗尾三年싹ᄒᆞ도다

▲演劇設施無賴輩ᄂᆞᆫ婦孺輩의眩惑心神하지말고整新改良못ᄒᆞᆯ진ᄃᆡ撤廢ᄒᆞ라ᄒᆞ고無數勸告ᄒᆞ엿것만錢貪을내여愈出愈怪淫濁歌로傷風敗俗無餘ᄒᆞ니狗尾三年싹ᄒᆞ도다

▲下愚不移婦女들은前日習慣다바리고學問知識硏究ᄒᆞ야閨範回復ᄒᆞ며家庭模範되라ᄒᆞ고無數勸告ᄒᆞ엿것만步ᄅᆞᆯ수업고奢侈放縱愈甚ᄒᆞ야別別醜聲다ᄅᆞᆯ니狗尾三年싹ᄒᆞ도다

▲至鈍且愚牛字라도繫留鞭挫ᄒᆞᆫ것마ᄂᆞᆫ愚痴ᄒᆞᆫ諸君들은報館消瓊許多苦勸聽若不聞自若하며愈往愈甚頑惡ᄒᆞ니物中最靈사ᄅᆞᆷ되고禽獸만도못ᄒᆞᆫ손가天賦主性回復ᄒᆞ야狗尾之責免ᄒᆞ보소

廣告

本人이漢城材木柴炭株式會社第壹回二株株金領受証을路上서失ᄒᆞ얏ᄉᆞᆸ기玆에廣告ᄒᆞ오니誰某拾得ᄒᆞ시와도休紙施行홈

楊州下道面時雨洞 朴敬俊

本月二拾日(土曜)下午壹時에通常總會를開ᄒᆞ오니僉會員은屆期來臨ᄒᆞ시옵

畿湖興學會 告白

從二品 **安基鉉**에名字를以 **基璿** 으로改名ᄒᆞ니知舊間照亮홈

◉女學生募集廣告

本校에서第壹學年學徒를募集ᄒᆞ오니女子教育에有志ᄒᆞ신僉君子ᄂᆞᆫ本月三拾壹日內로親戚間女학生을帶同ᄒᆞ시고來校問議ᄒᆞ시오

私立 **明新高等女學校**　中部磚洞

挾雜輩가本人의圖章을偽造得債코ᄌᆞᄒᆞ니內外國人은切勿見欺홈

南部會洞八十九統一戶 鄭寅獻

鄭孝殷享官以下自甲辰四拾貳月로丙午陰九月至官飯米華未下條事에對ᄒᆞ야隆熙貳年六月과三年三月七日에本人이卞明請願于財務官廳ᄒᆞ야未下之公文이自在於本人ᄒᆞ와係官廳인대諸人等이有何證據로忘擧決定計料인지本人은擧實廣布ᄒᆞ오니殷諸人은照亮ᄒᆞ시옵

鄭孝殷廟主務奠吏 金允植

本人이歎醫師之未昆ᄒᆞ며同胞之憂患ᄒᆞ야特設病院ᄒᆞ니名曰仁濟院이라名稱的仁濟院이아니라實際的仁濟홈을目的ᄒᆞ고京南大門外美人病院에多年經驗ᄒᆞ신朱博士賢則시를延聘ᄒᆞ야陰拾二月부터事務를開始ᄒᆞ얏ᄉᆞ오니有病ᄒᆞ신僉同胞ᄂᆞᆫ速々來問ᄒᆞ시ᄋᆞᆸ

平北宣川郡仁濟病院主務 李鳳朝 告白

嗚呼痛矣라世上天下에安有此等悖類乎아人類之悖子逆孫이世或有之而未有如本人之從侄藥衛者也라藥衛이性不良ᄒᆞ야酒色雜技로爲業ᄒᆞ야貽憂於家中이非止壹再인中九生挾雜之慾ᄒᆞ야與面長孫應弼노互相締結ᄒᆞ여洞中統首를圖得ᄒᆞ야適當ᄒᆞᆫ事務ᄂᆞᆫ置之念外ᄒᆞ고但以雜技로歲月을虛送ᄒᆞ면서道關公錢欠縮이不少ᄒᆞ던지磨勘이沒覺ᄒᆞ야敢生凶計의與面長으로符同ᄒᆞ야世々傳來ᄒᆞ던祖業田三日耕을僞造文券ᄒᆞ여日人의게典執債出ᄒᆞ야同面長과分食ᄒᆞ고使其宗土로白失於外人之手ᄒᆞ게ᄒᆞ니其罪가有貳ᄒᆞᆫ지라壹則國之疆土를偽賣於外人ᄒᆞ니足以爲國賊이오貳則宗土를如是僞賣ᄒᆞ니亡家之逆孫이라本人이不勝憤冤ᄒᆞ야玆에廣告ᄒᆞ오니內外僉君子ᄂᆞᆫ照亮ᄒᆞ시와此等悖逆之類를切勿相關ᄒᆞ심을務望홈

安岳龍門面梅花洞 李東鎭 告白

純良ᄒᆞᆫ水를飮用ᄒᆞ오

諸君은疾病으로ᄒᆞ여곰苦惱를當ᄒᆞ심잇가

諸君은親友와愛子를永訣ᄒᆞ미有ᄒᆞ엿ᄉᆞᆸᄂᆞᆫ잇가

諸君은恒常身氣가疲困ᄒᆞ고精力이勞損ᄒᆞ얏ᄉᆞᆸ잇가

純良ᄒᆞᆫ水를飮用ᄒᆞ시면此等苦難을免ᄒᆞ실이다

純良ᄒᆞᆫ水를決코飮用ᄒᆞ시고不良ᄒᆞᆫ井水ᄂᆞᆫ廢用ᄒᆞ시와謀害를免ᄒᆞ시오

疾病과憂愁와苦難을作케ᄒᆞᄂᆞᆫ者ᄂᆞᆫ即不純ᄒᆞᆫ飮料水요年々히親友와愛子를千百名式殺傷ᄒᆞᄂᆞᆫ者도亦不良ᄒᆞᆫ水라ᄒᆞ노라

汲水商이純良ᄒᆞᆫ漢江水로만飮料水를供給홈을決코注目ᄒᆞ오

汲水商이腕上에記号捺章ᄒᆞᆫ牌를掛ᄒᆞ얏슴을細察ᄒᆞ시오此牌가無ᄒᆞ면水道水를販賣ᄒᆞᆯ權利가無ᄒᆞ야곳諸君을欺瞞ᄒᆞᄂᆞᆫ者이오다

汲水商中에本會社号牌를腕上에掛有치아니ᄒᆞᆫ者가本會社共用栓에서給水를運搬或販賣ᄒᆞᄂᆞᆫ者ᄂᆞᆫ日本理事官三浦彌五郎시와警視總監丸山重俊시가承認ᄒᆞᆫ大한水道會社別則第八條에照ᄒᆞ야非行賠償金貳拾圓를懲收ᄒᆞ옴

此別則에對ᄒᆞ야違越ᄒᆞᄂᆞᆫ者를本會社에通知ᄒᆞ시면本社의셔懲收ᄒᆞᄂᆞᆫ非行賠償金에半額으로酬勞ᄒᆞ올이다

純良ᄒᆞᆫ漢江水를供給ᄒᆞᄂᆞᆫ方法과每月給水料金과給水架設ᄒᆞᄂᆞᆫ工事費에關ᄒᆞᆫ事ᄂᆞᆫ鍾路大韓水道會社에來問ᄒᆞ시면詳細說明ᄒᆞ올니다

豐坊城內에有ᄒᆞᆫ各戶에서同時에水道水를取用케되ᄂᆞᆫ境遇에ᄂᆞᆫ給水料金을特別히低廉케ᄒᆞ깃ᄉᆞᆸ니다

有限責任 **大韓水道會社白**

◉學員募集廣告

本校에서第二回甲壹學年學員을募集ᄒᆞ오니志願人은今月三拾壹日內로請願書를提呈홈 (請願紙ᄂᆞᆫ本校에請求홈)

試驗日字ᄂᆞᆫ四月壹日下午壹時

試驗科目은 讀書、作文、算術四則、身體檢查、年齡拾五歲以上三拾歲以下

但公私立普通科卒業證이有ᄒᆞᆫ人은免試홈

開學日은四月拾壹日

中部校洞

私立西北協成學校

本會에서測量技術檢定을今二十日에開始ᄒᆞ오니壹般同業員은照亮홈

大韓測量總會 告白

美國시아틀大博覽會　미국시아틀박람회

請垂詳覽

電　報

美國시아틀大博覽會ᄂᆞᆫ 大功을成ᄒᆞ겟ᄉᆞᆸ나이다

美國시아틀大博覽會에 大韓帝國物品의唯一出品者ᄂᆞᆫ韓美興業株式會社뿐이외다

이쪽을날마다자세히보시오

廣告

本人의養次子韓在麒가行悖頑悖ᄒᆞ고父母의게不孝莫甚ᄒᆞ와罷養ᄒᆞ오니知舊僉照亮ᄒᆞ시오

楊州上道面墻內里二統九戶居

內官 李惇友 告白

朴昶鎬爲名人이往來東西ᄒᆞ며甚至於本社ᄯᆡ盜賣云ᄒᆞ오니內外國人切勿見欺爲要

南大門外通運社主金致九告白

本所總會를本月二拾日(陰二月貳拾九日)下午壹時에開ᄒᆞ오니僉宗은南部美동貳統九戶事務所로來臨爲要

金海金氏宗約所 白

國朝寶鑑을行將出板이오니印奉코ᄌᆞᄒᆞᄂᆞᆫ者ᄂᆞᆫ三月二拾壹日內로本閣監印所(敦化門外西邊前宗親府朝房)에來ᄒᆞ야議請求ᄒᆞᆷ이可ᄒᆞᆷ 但所入은左와如ᄒᆞᆷ

壹秩紙六拾九束拾九張

粧工價四圜九十錢

舊本이有ᄒᆞ야新刷만續成ᄒᆞᄂᆞᆫ者ᄂᆞᆫ

紙十四束七張

粧工價壹圜貳拾錢

奎章閣

國語綴字捷徑

此書ᄂᆞᆫ國文上下字의綴字法을速히曉得ᄒᆞᄂᆞᆫ捷徑인ᄃᆡ爲先他人의誤書ᄒᆞᆫ것을諸般說明ᄒᆞ고國文綴字上下字를相較ᄒᆞ야明分ᄒᆞ고國語를署附ᄒᆞ야初等生徒의國語教科에適合ᄒᆞ오니僉彦은陸續購覽ᄒᆞ시옵

正價貳拾錢

原賣所 平壤 鍾路光明書觀

◎學員募集廣告

本塾에서第四回學員을募集ᄒᆞ오니志願人은三月卅壹日(陰閏貳月初拾日)內로請願書를提呈ᄒᆞᆷ(請願紙ᄂᆞᆫ本塾에請求)

試驗은四月壹日(陰閏貳月拾壹日) 上午拾時

試驗科目은漢文讀書 國漢文作文 算術四則 但公私立普通科卒業證이有ᄒᆞᆫ人은免試ᄒᆞᆷ 資格拾五歲以上貳拾五歲以下身體健强者

開學은四月拾壹日

北部觀峴 徽文義塾

◎特別廣告

本會에서全國測量界에應用ᄒᆞᄂᆞᆫ規程을壹壹履行ᄒᆞ기로目的을定ᄒᆞ온바玆에測量에關ᄒᆞᆫ事項을講究ᄒᆞ야技術이不完全ᄒᆞᆫ測量者가冒行營業ᄒᆞ고手數料를濫捧ᄒᆞᄂᆞᆫ弊源을嚴防矯整ᄒᆞ기爲ᄒᆞ야檢査部와教育部를另設ᄒᆞ고技術을檢定ᄒᆞ야合格者의게ᄂᆞᆫ檢閱證을授與ᄒᆞ야執務時에憑信케ᄒᆞ고不完全ᄒᆞᆫ者ᄂᆞᆫ合格되도록教育部에서教授ᄒᆞ며檢閱證을領有ᄒᆞᆫ技術者ᄂᆞᆫ將來測量上壹切責任을本會에서負擔ᄒᆞ야公私間에信用을表明ᄒᆞᆯ意로會則을制定ᄒᆞ야此를當局에申請ᄒᆞ고各道府郡官廳과各裁判所警察署에會則覽件式送呈ᄒᆞ야測量에關ᄒᆞᆫ行政上에考據ᄒᆞᆯ鑑本을作케ᄒᆞ며各道에支會를次第設置ᄒᆞ야右項의目的을貫徹履行ᄒᆞ오니壹般同業員과全國內各社會同胞僉君子ᄂᆞᆫ照亮ᄒᆞᆷ

大韓測量總管會 告白

◎特別廣告

新撰測量學

定價 九拾錢

俞吉濬 序

金澤吉 編纂

右冊은斯學에著名ᄒᆞᆫ金澤吉氏가編纂ᄒᆞᆫ바시니多年遊外ᄒᆞ야鑛山學을卒業ᄒᆞ고歸國後測量教授에熱心從事ᄒᆞᄂᆞᆫ디現今完全ᄒᆞᆫ測量冊子가無ᄒᆞᆯ뿐아니라測量을初學ᄒᆞᆫ諸君이實地에當ᄒᆞ야諸般請願格式과製圖方法에眩惑ᄒᆞᆷ을慨歎ᄒᆞ야細部圖根測量術을簡明ᄒᆞ게摯切히編纂ᄒᆞᆫ外에特別히設計及請願書類와各種製圖式樣을着彩ᄭᆞ지附錄에添付ᄒᆞ야ᄒᆞᆫ눈에明瞭ᄒᆞ야學習에도便利ᄒᆞ고公私應用에도確實無碍ᄒᆞᆯ터이오니斯學에有志ᄒᆞ신僉彦은陸續購覽ᄒᆞ시옵

○總發賣所 京城中部壽洞興士團內

大韓測量總管會

○分賣所 京城南部美동금龍商會

京鄉各書舖

◎特別廣告

◎학員募集廣告

本校에서土木建築科及測量科를設施ᄒᆞ오니入學志願人은何日이라도本事務所로來臨ᄒᆞ와詳問ᄒᆞ시오

土木建築科

速成科 六個月

高等科 壹個年

測量科

特別科 三個月

速成科 六個月

高等科 壹個年

全夜科 壹個年

特別科 ?個月

京南部清國領事館前通

私立山崎實用土木建築測量算術製圖학校

本校夜學日語科壹貳參級補缺學員을募集ᄒᆞ오니願學人은今月二十壹日午正에來校應試ᄒᆞᆷ

洞口內貞慶民園

私立普光學校

普成專門學校學員募集廣告

本校에서今番法律專門科학員을再次增加募集ᄒᆞ오니願학僉員은左記에依ᄒᆞ야屆期入學ᄒᆞ시옵

壹 試驗日子 三月二十一日上午十時(陰曆貳月三拾日)

壹 試驗科目本校入學問事

壹 年齡二拾歲以上

壹 入學에關ᄒᆞᆫ用紙ᄂᆞᆫ本校에來購ᄒᆞᆷ事

漢城磚洞普成專門學校告白

大韓仁川峴和平堂大藥房效神靈藥

注意

阿烟初吸者ㅣ雖日見效나日久則遂成錮引ᄒᆞ야至於蕩敗家産者와未免殀死者ㅣ比比有之ᄒᆞ니豈不莫惜乎아故로本堂에셔盡心竭力ᄒᆞ고英國秘方을透得ᄒᆞ야阿片斷引ᄒᆞᄂᆞᆫ大效가잇ᄂᆞᆫ神藥을製造放賣ᄒᆞ오니欲戒阿引者ᄂᆞᆫ契約服用ᄒᆞ시되若無效驗이면藥價를還呈ᄒᆞ깃사오니照亮ᄒᆞ시옵

定가 壹劑八週分金五圜 半劑四週分金三圜

婦人이冷病積病과月經不調로因ᄒᆞ야孕胎치못ᄒᆞᄂᆞᆫᄃᆡ神效藥 壹月份壹劑金五圜

男女間楊梅遍珠下疳風濕頭瘡의百病에ᄒᆞᄂᆞᆫ妙藥이오 定價甲金二圜乙금二圜五十錢

男女間補陰補陽ᄒᆞ고元氣不足ᄒᆞᆫ者壹ᄒᆞ오 定價每拾日分금壹圜八十錢

健胃消滯ᄒᆞ며口味를助ᄒᆞ고痰을消ᄒᆞ고神을爽快케ᄒᆞᄂᆞᆫ靈藥이오 定價금十錢

此外에도東西洋각國名醫과德極上品金雞納이俱備ᄒᆞ오니陸速注文ᄒᆞ시옵

總발行所仁川港本峴支店 京城종路來閣前

和平堂主 李應善

○測量器械○製圖器械○大發賣廣告

同價紅裳 保險付

大完全 同胞愛顧

測板 壹尺五寸 金三圜

三脚 金二圜五十錢

雨覆 金五十錢

照準儀 九寸 金七圜

羅針 金一圜七十錢

布卷尺 六拾六尺 金三圜三十錢

求心器 金四十錢

垂球 金三十錢

票桿 九尺 金八拾錢 六尺 金五十錢

小計貳拾圜內壹割二圜除減 實十八圜

照準儀 今番의新發明되ᄂᆞᆫ金脉을純全鐵脈으로造成ᄒᆞ야木質의變形을無ᄒᆞᆷ

三脚臺 今番의新發明되ᄂᆞᆫ折상飾으로抽出케ᄒᆞ야小包로룡히付ᄒᆞ고輕便ᄒᆞᆷ

○測量의關ᄒᆞᆫ書籍 ○各種俱備ᄒᆞᆷ

○卒業證書紙 ○學校用品

京鄉間注文을應ᄒᆞ와倍前注意ᄒᆞ기로十分完全ᄒᆞ오니不拘多少ᄒᆞ시고注文ᄒᆞ시면小包로引換金付ᄒᆞ야迅速히奉副ᄒᆞ깃숩

漢城南署棗洞六十二統十戶

農商工部아래下 測南逸家 謹

貿易商

○我國特産谷香葉券烟草 香味佳新

大烟百本入一箱 一圜五十錢

中烟百本入一箱 金七十錢

小烟百本入一箱 金四十錢

多數히注文ᄒᆞ시면割引進呈ᄒᆞᆷ

漢城鍾路慈惠藥房에서官許拜受ᄒᆞᆫ二十三種封藥과舊藥材와草材를大發賣ᄒᆞ고且石版印刷機械

第七卷

大韓每日申報

第一千五拾三號

月歲 附時 及日 廣休 告刊

檀君開國四千二百四十二年
孔子光年三千三十一年
大韓開國五百十八年
日本明治四十二年
淸國宣統元年
陰曆己酉二月大三十日庚辰

Responsible for Publication Alfred Weekley Marnham.
發行兼編輯人英國人萬 咸
發行所
南部石井洞號外地三層洋屋家
大韓每日申報社

論說

◎人民은法律을自知ᄒᆞ야權利를自護홈이可홈

幾百年惡政府가韓國의腐敗를造ᄒᆞᆫ은路人도皆知ᄒᆞᄂᆞᆫ바ㅣ라更히贅論될바ㅣ無ᄒᆞ거니와此惡政府가何術로能히國家를腐敗케ᄒᆞ얏ᄂᆞᆫ가曰無法律三字니라

韓國에엇지法律이無ᄒᆞ얏ᄂᆞᆫ가彼大典通編大典會通太明律은法律이아니고何인가曰噫라此皆不完全ᄒᆞᆫ法典일ᄲᅮᆫ더러抑又法典이나有ᄒᆞ면法律이有ᄒᆞᆷ인가彼當時政府가壓民의術로人民의知識을愚昧케ᄒᆞ고愚民의術로法律의公佈ᄒᆞᄂᆞᆫ을禁ᄒᆞ야所謂法典은强豪吏의家에深々藏置ᄒᆞ고壹字半句라도人民의眼에照ᄒᆞᆯ가惟恐ᄒᆞ얏스니彼人民이何로從ᄒᆞ야法律을知ᄒᆞ며何로從ᄒᆞ야權利를主張ᄒᆞ리오此가無法律이아니오何인가

法律이無ᄒᆞᆫ지라官吏輩가夜叉의口를開ᄒᆞ고道郡에橫行ᄒᆞ야殘民을食ᄒᆞ며法律이無ᄒᆞᆫ지라勢族輩가盜跖의手를張ᄒᆞ고鄕曲에武斷ᄒᆞ야殘民을剝ᄒᆞ서勢力만有ᄒᆞ고曲直은無ᄒᆞ며賄賂만有ᄒᆞ고曲直은無ᄒᆞ며顔面만有ᄒᆞ고曲直은無ᄒᆞ며奸計만有ᄒᆞ고曲直은無ᄒᆞ며貪慾만有ᄒᆞ고曲直은無ᄒᆞ야殘民의自由를奪ᄒᆞ며殘民의身體를戕ᄒᆞ며殘民의財産을盜ᄒᆞ며殘民의生命을害ᄒᆞ니彼殘民이抱冤呼訴코저ᄒᆞ나其時에郡守도其人이며觀察도其人이며中央政府도其人이라彼可憐無勢ᄒᆞᆫ殘民이엇지安樂ᄒᆞᆫ生活을得ᄒᆞ얏스리오故로國家의腐敗가此에至ᄒᆞ얏도다

國家가腐敗ᄒᆞᆫ지라蔚然ᄒᆞᆫ黑雲이壹變ᄒᆞ야當年豺狼의勢力을誇ᄒᆞ던官吏勢族輩나當年猛杖嚴刑下에苦痛을吶ᄒᆞ던殘民이나皆是玉石이俱焚ᄒᆞ야鼎의肉이되얏스니彼官吏勢族輩가前日에ᄂᆞᆫ蛇蝎이되얏던지惡魔가되얏던지今日에ᄂᆞᆫ噬臍悔改ᄒᆞ야同胞를相憐ᄒᆞ며同胞를相救홈이可ᄒᆞ거ᄂᆞᆯ乃者如今에도或彼輩가前日魔葷을再長ᄒᆞ니悲夫라如是ᄒᆞ면韓國이終是滅亡ᄒᆞᆯ진뎌終其滅亡ᄒᆞᆯ진뎌

然이나此等凶怪輩ᄂᆞᆫ尙且勿論ᄒᆞ고殘民에게壹告ᄒᆞ노니諸君이萬壹如炬ᄒᆞᆫ眼光이有ᄒᆞ야權利思想을奮發ᄒᆞ며權利保護에勉勵ᄒᆞ얏스면엇지惡政府가諸ᄒᆞ얏스며엇지法律을不知ᄒᆞ얏스며엇지權利를不全ᄒᆞ얏스리오此亦諸君의自取인뎌

只今은凡天下一切人類가各히其權利를唱道ᄒᆞ서奮鬪ᄒᆞ야權利를保ᄒᆞ며生命으로權利를易ᄒᆞ나니諸君은엇지不悟의甚이如此ᄒᆞᆫ가今日은所謂裁判所도有ᄒᆞ며社會의公言도有ᄒᆞ며報館의公筆도有ᄒᆞ니惟願컨대諸君은法律을自知ᄒᆞ야權利를自護ᄒᆞᆯ지어다

本記者가此言을揭홈은今日韓國司法權如何를論코저홈이아니라但只人民이可及的目前의權利라도保護홈을望홈이며又韓人의法律的知識이明ᄒᆞ며法律的自由를得ᄒᆞ야完全ᄒᆞᆫ生活을得홈을尤望ᄒᆞ노라

外報

◎運河着手 伯林電을據ᄒᆞᆫ則露國에서ᄂᆞᆫ黑海로부터조구海를聯絡키爲ᄒᆞ야運河開鑿에着手ᄒᆞ얏다더라

◎墺政府의宣言 倫敦電을據ᄒᆞᆫ則墺地利政府ᄂᆞᆫ宣言ᄒᆞ야曰塞爾維亞의通牒은時局收拾의要點을缺ᄒᆞ고塞爾維亞가軍備及新接交涉에對ᄒᆞ야其意見을不述ᄒᆞ고又實은其要求를撤回홈이아니오列國에게移轉ᄒᆞ야求홈에不過ᄒᆞ다ᄒᆞ얏다더라

◎露新聞의非難 全體을發ᄒᆞᆫ露國新聞紙ᄂᆞᆫ壹般히墺地利가戰爭을挑發ᄒᆞᄂᆞᆫ意見이有ᄒᆞ다고非難ᄒᆞ얏다더라

◎土政府의恐懼 伯林電을據ᄒᆞᆫ즉土耳其政府ᄂᆞᆫ塞爾維亞와몬데네크로國이노우이빠즈ㅣ地方에侵入ᄒᆞᆯ가恐懼ᄒᆞᆫ다더라

◎兵器輸送禁止 伯林電을據ᄒᆞᆫ즉土耳其政府ᄂᆞᆫ同國領土를經過ᄒᆞ야兵器輸送ᄒᆞᆷ을禁止ᄒᆞ얏다더라

◎露國의訓令 海蔘威電을據ᄒᆞᆫ즉露國度支大臣이去拾壹日에稅關에訓令ᄒᆞ되二拾八日브터入港ᄒᆞᄂᆞᆫ貨物도稅關節次를不經ᄒᆞᆫ者ᄂᆞᆫ課稅ᄒᆞ라ᄒᆞᆫ故로內外人이恐慌ᄒᆞᆫ다더라

詞藻

◎借月光

더달아ㅣ보ᄂᆞ냐ㅣ、우리同胞들。明氣를빌녀라ㅣ、우리도ᄇᆞᆰ게、야、야。大來大來、흥。어서나빌녀라、흥。

雜報

●廢何存何　內部에서統監府顧會를因하야警務顧問을廢止하고顧問部에附屬하기로內定이되얏다더라

●最後運動　總理大臣李完用氏가自己에椅子를鞏固하기爲하야自己에秘書官囑托上村을紹介하야每日統監府와軍司令部에前往하야秘密運動中이라더라

●稅稅稅　日本當局者間에셔韓國內에各種穀稅를徵收하기로現今協議中이라는說이有하다더라

●財政迫日　日人某의說을得聞한즉近頃日本의財政이窘難하야商業界의金錢上去來가융通치못하야廢業者가多有한結果로諸般物品價額이極히下落하야當局者들이目今爛商協議한다더라

●何不渡日　總理大臣李完用氏가自己에運動力이一層減損한樣인데自己伯氏를對하야日卜海等地로棄官遠走하는거시上策이라하얏다더라

●猢猻之鼠　宮內府大臣閔丙奭氏가總理椅子의篡據할謀綸으로日本에滯留할時에某處로運動하다가未成歸國한故로來二十五日　乾元節後에又爲渡日한다더라

●是何學藝　日本觀光團에某々諸氏가前往한다는說은已爲揭載어니와曾經親勅任官과現帶職이有한元老大官中四色某々幾人은政府에서旅費를支撥하기로內定이되얏다더라

●種木勸勉　全北觀察使李斗璜氏가管下各郡人民의種木을기爲熱心勸勉하야種木하는訓飭을各面郡에揭示하얏다더라

●乞米郡守　任實郡守權鳳相氏가該郡境內에周行하며富饒한人에게糧米幾許와式無代金으로求乞한다는說이有하더라

●遜踞守餘　全羅南道長興郡居하는廢休隣氏는家勢가稍饒한人인데仕宦熱이大發하야中樞典洞居하는李乘洙氏의側圖囑하야長水郡守를極力周旋코져百般哀乞하고數百石秋收하는田庄을許給하얏더니김氏가壹千五百圓에典執得債하고逃走하얏다더라

●莫見乎隱　內閣書記官長한昌洙氏가昌原府尹在任時에該港口가新設이된故로外國人의租界를劃給하는데民有地段價를政府에서劃下하야人民의田畓과落價値를從하야須給하얏는데한氏가暗生不測之計로該田畓價를折半만出給하야折半錢十七萬兩을欺民偸食한故로該民等이不勝抑冤하다가同民의欺民偸食한罪狀을今始知得하고該港民金貞均朴性圭氏等이代表로上京하야辯護士의게委任裁判하야推尋하기로決心하얏는데한氏가此說을聞하고罔知攸措하야無事安決할次로昌原港居하는自己의爪牙洪淳八等數三人을電報로暗請하야方今穩密히民等의代表者의게紹介하야日幾千圓을出給할터이니利爲擧訴하라고哀乞하나該民等은政府에서領下한原額을盡數還推코저한다더라

●乞者發義　壹進會副會長洪肯燮氏가三昨日에何等不平한事가有한던지該會員某氏와大爲鬪鬨하고昨日該本部例會에參與치못하얏다더라

●帝社準備　帝國新聞社에서는該社舍屋을毀撤하고三層양屋을壹新建築할次로現今準備中이라더라

●日商狗苟　近日日本商民들이測量器械를多數히輸來積置하고한城內各測量學校에賣渡하기를百般懇囑하되價額도至賤放賣한다더이오口文도厚히計給한거시니各其自己의商店器械를賣去하라고請囑이답至한다더라

●裁判歸正　西部萬里峴居한雲경氏가該洞洞長朱寅植氏와所任徐致成을符同하야該洞居鄭錫祚氏의所有田土를한雲경氏의所有樣으로漢城府에誣告하야證明을圖得하얏다가裁判所에被訴歸正하얏다더라

●酒商認許　海州郡人士金錫永泳植氏等이該郡境內의壹般酒業者를組合하야淳良無害의同壹한釀酒法을實施하야衛生上最極宜하게할計劃으로酒商組合支所를認許하야달나事의對하야該本所壹般任員들이擧皆贊成하고卽爲認許하얏다더라

●丹郡大戰　本月十三日에義將金商台氏의率한一團이忠北丹陽郡東面附近地로通行함을該郡分遣所日憲兵隊와同郡駐在所日巡査隊가陸續追跡하야壹山谷에到하야는該義兵壹團約四十名이山中에隱伏하얏다가突然히狙擊하야互相應戰한지三時를互하얏스나義兵은精銳한武器를各々携帶하야益々勝勢함으同時에日兵及日巡查는彈丸이旣盡하야仍卽潰走하얏는데其死傷은詳細를未聞하얏스나韓人巡査二名은中丸暴死하얏다더라

●黃澗消息　去拾四日에忠淸北道黃澗郡에壹團의義兵이襲來하야人民의家二拾九戶를燒却하얏다는報道가內부에到着되얏다더라

●分岩小戰　本月拾七日에楊州郡分岩里에서義兵拾六名과히部日守備隊와交戰하얏다더라

●醫部被傷　再昨日楊州郡警察署醫部김某가同郡각里人民을曉喩次로出張하얏다가義兵을逢着하야中丸被傷하얏다는通信이某處來到하얏다니라

●積城風塵　三昨日에義兵九拾餘名이積城郡距十里地方에셔該郡에駐在한日守備隊兵과交戰하얏다는데兩陣死傷은未詳하다더라

●義擾漸盛　楊州抱川等地에서義兵의侵掠가去益熾盛한故로該地각面장들이避身上京한者가多數하다더라

●可痛可歎　圓覺社에서는新演劇을設始하야風俗을改良한고文明社會라自處하면서某々大官의別莊에게贊成票를多數締交하고逐夜誘人하야浮虛蕩子로暗自相遊케하야醜聲이日聞하니痛歎不已라고輿論이喧藉하다더라

●金氏慈善　南來人의傳說을聞한즉長城月坪里金奉圭益氏는本시慈善家인데再昨年拾壹月初에該郡南七里許에서義兵과日兵이交戰하야該附近梧桐村을日兵이衝火하야拾壹戶가延燒된지라金氏가自己先山松木을每戶에七拾一株式劃給結搆에不日入處케하고賭租四拾餘石을賑恤하고又昨年四月에出租三拾石하야附近里에奈窮하얏는데該郡人士의頌聲이藉々하다더라

●令員狂行　再昨日下午三時量에壹進會總務尹定植氏가中部廣橋等地에서過去하는婦女를向하야逐後放溺하는故로히掌內巡査가尹氏를警察署로押付하얏더니히署에서嚴諭放送하엿는데同日夜에히會員朴某와校洞何許酒家에서壹圓七拾錢가値의酒를買飮한後가額을不辦하고主人과相詰하다가同地警察署에尹박兩人이俱爲被囚하야박某는各種詩調를終夜亂唱함으로警般警官이嘲不絶하얏다더라

●天網難逃　警視廳과軍司令部에偵探으로有名하던李康鎬가累月呻吟하다가因卽致斃하얏다더라

●鷺津水賊　日前中部茶洞居하는金觀先씨가仁川等地에下往한次로諸般家産汁物을多數積載하고鷺梁津等地로行船하는데沈沈黑夜에何許水賊數十餘名이各持凶器突出하야壹邊示威放砲하며沒數奪取逃走한故로目下龍山警察署에서詗察하는中이라는데金氏가還爲上京하얏다더라

●府尹聚會　湖南學會委員姜曄와李容兩氏가扶溝港에서贊成會를하기로하얏다는說은已爲報道어니와該港府尹李懋榮氏가有事上京이라가該會에來參함을慨歎하야湖南學會로方訪하고義捐金三十圓을寄付하얏다더라

●靑年總會　今日下午六時에靑年同志會에서特別總會를安洞前德語학校內昌東義塾에서開하고重大한事項을處理한다더라

學界

●師範經試　今番師範학校에서入學試驗을經하얏는대入格한者가擧皆京畿忠淸兩道人이오其他각道에셔上來한人은擧皆落第하얏다더라

地方消息

▲本月拾日平安北道价川郡西南方約七十里地今谷里에서義兵四名이同郡分遣所日憲兵壹名及補助員三名과交戰하얏다하고

▲本月五日慶北順興郡內에서義兵二十餘名이豐春郡分遣所日憲兵二名及補助員三名과交戰하얏다하고

▲本月壹日京畿道麻田郡北方五十里地에서義兵三十餘名이同郡分遣所日憲兵三名及補助員四名과交戰하엿다하고

▲本月二日江原道蔚珍郡內에서義兵三名이히郡分遣所日憲兵三名及補助員四名과交戰하얏다하고

▲本月拾三日黃海道葛山附近에서義兵四拾名이히地分遣所日憲兵及補助員四名과交戰하얏다하고

▲本月拾貳日京畿道積城郡東南方約三拾里地華山里에서義兵拾名이히郡分遣所日憲兵三名及補助員六名과交戰하얏다하고

▲本月二日積城郡東南方約六拾里地에서義兵二十名이히地日守備隊上等兵以下八名과交戰하얏다더라

挾雜世界

▲南山밋헤밥솥걸어각樣穀을播種할때콩심은데콩이나고팟심은데팟치는다韓國人物議論컨대幾百年을내려오며挾雜으로爲主하던乃父乃祖그種子에挾雜子孫아니놀새그挾雜을試驗코져各處부터巡察일세

▲內部衙門도라드니察究치는간곳업고打鈴과浪雜하다奔邑守合薦權限觀察使야專行한제別別挾雜다나더니銓考法이復舊되면責任大臣큰수낫네

▲度支衙門도라드니任者들이업섯는지事務로가보와도强賓素客主張이오매課으로銘히어도겨舌点頭뿐이로다任者들이잘만하면他人들이犯할소나잘못하는主人이나잘하다는賓客이나於彼於此挾雜이오

▲農商衙門도라드니趙欣일은毫無하고農商工의모던權利他人에게다내주고午舍經綸座하고저日人巡査銃바람에精神업시산울너서無事奔走可觀일세이리가면快하다지더리가면利하다는지於彼於此挾雜이오

▲學部衙門도라드니李相怪常더하구나他人에게使用되어民智敗達仇視하고敎育興旺念慮하야數萬書冊檢定한제愛國思想抹殺하고附外性質提倡하니使用하는彼人이나使用되는此人이나於彼於此挾雜이오

▲法部衙門도라드니高生인지豪光인지純裏도흔天花粉은白日下에며달녀서아모所用업섯고나諸般訴訟處決後에奏本이나도라다姓名三字借給하니處決하는彼人이나借名하는此人이나於彼於此挾雜이오

▲軍部衙門도라드니軍官인지대借인지寂寞無人빈마당에兵丁會介볼수업고軍部大臣出入處에人力車만닛이로다解散키바드어하고徵兵할줄모론가挾雜으로忘世心腸徵兵한을셩할소냐於彼於此挾雜이오

▲內閣으로도라드니七大臣이모힌곳에壹大臣은간곳업고五大臣이나가後에當大臣이드러셧다五十누文어울니면게집놀드업단말은閔悲醜論이아닌가新爲政府令드러서挾雜들만하다가는더重論가맛치리라

廣告

本人이漢城材木柴炭株式會社第壹回二株株金領受証을路上에서失호얏숩기玆에廣告호오니誰某拾得하시와도休紙施行홈 楊州下道面時雨洞 朴敬俊

本人이今年十月分에北部鎭長坊三衙동十七統二戶草五間文券을써失하얏사오니誰某拾得하시와도休紙施行홈 家主 吳相根 白

本校에서測量校를設立호고校長郭周浩시와講師郭廷善시가協同호야熱心敎授호신지다今月十壹日에卒試後에卒業證을授與호얏는대最優等生은吳昌謂이오優等生은邊錫東이오及第生은權斗緖金仁圭郭相喆김文國김鐵赫邊元國姜海珠諸人이기玆以廣告홈
鳳山郡耶蘇敎測量학校 告白

延安郡蓬村五里居崔景五가各人從士를募集호여放資夫本郡에證明书尺호와本郡居人孫世煥을給호얏더니學間人孫世煥이가他人의게放賣호여주마ᄒ더니證明을此日彼日호고不給호니何人에게典執하며리도典當잡지마시오 崔景五 告白

本人이陰曆本年正月初四日姓名章을路失호고新造佩用호오니知舊間 照亮호오
中部磚洞第拾統八戶 戶主 李用善 告白

◉女學生募集廣告

本校에서第壹學年學徒를募集호오니女子敎育에有志호신僉君子는本月三拾壹日內로親戚女학生을帶同하시고來校問議호시오
中部磚洞 私立明新高等女學校

[illegible]僉君子의便宜호기爲[illegible]品調製[illegible]日本[illegible]輸入호와[illegible]니食品은[illegible]速[illegible]시옵 [illegible]

純良호水를飲用호오

諸君은疾病으로호여금苦惱를當호심잇가
諸君은親友와愛子를永訣호미有호엿숩는잇가
諸君은恒常身氣가疲困호고精力이勞損호얏숩잇가
純良호水를飲用호시면此等苦難을免하실이다
純良호水를決코飲用호시고不良호井水는廢用하시와蕃昌를免호시오
疾病과憂愁와苦難을作케호는者는即不純호飲料水요年々히親友와愛子를千百名式殺傷호는者도亦不良호水라호노라
汲水商이純良호漢江水로만飲料水를供給홈을決코注目호오
汲水商이腕上에記号捺章호牌를掛호얏슴을細察호시오此牌가無호면水道水를販賣호올權利가無호야곳諸君을欺瞞호는者이오다
汲水商中에本會社号牌를腕上에掛치아니호者가本會社共用栓에서給水를運搬或販賣호는者는日本理事官三浦彌五郎시와警視總監丸山重俊시가承認호大한水道會社別則第八條에照호야非行賠償金貳拾圓를懲收호옴
此別則에對호야違越호는者를本會社에通告호시면本社의서懲收호는非行賠償金에半額으로酬勞호올이다
純良호漢江水를供給호는方法과每月給水料金과給水架設호는工事費에關호事는종路大韓水道會社에來問호시면詳細說明호올니다
壹坊城內에有호各戶에서同時에水道水를取用케되는境遇에는給水料金을特別히低廉케호깃숩니다
有限會社 大韓水道會社 告白

美國시아틀大博覽會 미국시아틀대박람회

請垂詳覽

本會社가新成立호以來로事多草剏호오며世人이詳解키不能호야疑惑을抱호者ㅣ或有하더니今에는漸次로本社의目的과行動이世界에宣佈되야多大호同情을得호야事務가日就整頓호오니喜幸이외다本社의目的即成立의原因은前告홈과如히韓美兩國間商業上連絡의親密홈을創造호고저홈이오니本社에서此目的에對호야少有疎忽이면此는即本社에서信用을自抛홈이올다
美國시아틀市는와싱톤道에在호太平洋沿岸에重要호商業的都會地이온바本年六月壹日로부터該市에서萬國大博覽會를開호옵나이다
此大博覽會의費金은二千萬圓의巨額이오며出品物種의價額은壹億萬圓에達호오니其設費의宏大홈과出品의壯麗홈을可히想像홀지로다
該博覽會地段은三拾萬坪이온대十二大建築의出品陳列館과其他多數호家屋을建築호얏스니空前絶後호壹大博覽會라可稱홀지며太平洋에有關係호諸國은出品치아니홈國이無호오이다
然이나該博覽會에韓國物品도陳列될지否라韓國政府의出品을預備호다는事는未聞호얏숩니다然이나民間에서發起호다는言도無호바前陳홈과如히本社의名稱으로만看호더리도韓美兩國間商業關係를擴張홈은本社의義務요責任이라本社는韓國을爲호야시아틀大博覽會에世界各處로부터會集호는累百萬人에게韓國物産及手造品을縱覽케호며實却도호야韓國에서도善良호美術과技能이有홈을廣佈호야此博覽會의功效도한國商工業을開發홈이오니此는本社에서此博覽會에出品홈이韓國의永遠호幸福이될지로다
本社에서出品時에韓國僉彥中에勿論某物호고本社에委任호실境遇라도盡心處理홀터이외다( )敢宣言호고本社에서今回出品홈이一擧兩得이니
壹 全世界에對호야韓人이能製造호며能有爲홈을表示홈이오
二 韓國物品을美國에夥數로輸出호야商業上利益을增進홈이다
本社는더就擴張호고漸益鞏固호야永久라도不能侵호게되얏소오나然이나現今實力으로는希望과如히此博覽會에는美國의出品物과獨力으로는經營키姑難호와如左히方法을決定호얏는대迄于今더지는本社에서給株(每株四十圓)以下의株金은不受호얏소오니此規則을將來에도履行호깃사오나特別호境遇에는特別호方法을應用홈이必要호지라韓國國民의代表로倍利益을獲得홈此博覽會의出品을盛大히호여衆人의心力을圖合호기爲호야限壹千株호고十株以內雖壹株라도株金으로領受호깃숩니다此出品物의利益으로만論호야도莫利가有홀터이오며此에對호利益配當은博覽會의閉會호後에는即時分呈호게될計劃이오며此機를乘호야美國에韓國物品을引進호야本社의將來商路를導호야夥多호定期利益配當을分排호게될이的確하오이다應募 僉彥은該附近에在호本社代理人(氏名在下)과通信送金호야本社代理人에게應募하시면即今에應募하신本社와直接으로銀行換或郵換으로送金호시면本社에서株券을即時繕呈하오리니請勿遲延하시오應募코져하시는僉彥이有하시거든此는大利益이有홈을不是라即僉彥의國家와僉彥의壹門와청彥의壹家를對하야擔當호責任이오幾許利益을稱홀지라本社에서出品物을準備하기爲호야多少時日을費호깃는故로株金領受期限은今月三十一日內로定호깃숩고此限後에는十株以下의株는申請을謝絶하깃숩니다以上仰陳홈에對하야詳細事況을更知코져호시는僉彥은本社에通信호시되速々히호시고少勿遲延호시옵
大韓帝國의商業及工業의宏大히振興홈을顒祝호는
韓美興業株式會社　謹啓
大韓京城郵便局郵函四十號
(美國이리소나州法律認可駐韓美國總領事館登錄)

本社의各處代理人의氏名은如左홈

漢城代理人	漢城南門內雜貨商店	金秉宣
咸興代理人	咸興西門外	盧晏珠
元山代理人	元山港	金以文
水原代理人	水原北部長安동	金유東
沙里院代理人　位置未定	漢城東部蓮拾里旺新學校內	邦元重
淸州代理人　位置未定	漢城西部麻浦二拾二統五戶	吳惟泳
群山代理人	群山大井洞	韓相益
大邱代理人	大邱新田里五十八統七戶	李相召
江景浦代理人　位置未定	西部龍山坊東幕中契廿七統貳戶	李寬浩
平壤代理人	平壤大南門內店洞	鄭基煥
馬山浦代理人	馬山浦客主	孫德우
淸津代理人	淸津港	張樂臣
安城代理人　位置未定	水原北部長安洞	김유東
金田代理人　位置未定	漢城中部外相思洞貳統三戶	李孝植
天安代理人　位置未定	水原北部長安洞	尹聖求
全州代理人　位置未定	漢城西部阿峴二百廿二統二戶	兪敎壁
釜山代理人　位置未定	馬山浦午山里拾壹統九戶	辛相淑
麻浦代理人	西部麻浦貳拾貳統二戶	李弼殷

이쪽을날마다자세히보시오

廣告

國朝寶鑑을印行將用板이오니印出코ᄌᆞᄒᆞᄂᆞᆫ者ᄂᆞᆫ三月三拾壹日內로本閣監印所（敦化門外西邊前宗親府朝房）에來議請求ᄒᆞᆷ이可ᄒᆞᆷ但所入은左와如ᄒᆞᆷ

壹秩紙六엽九束拾九張

粧工價四圜九十錢

舊本이有ᄒᆞ야新編을續成ᄒᆞᆫ者ᄂᆞᆫ

紙十四束七張

粧工價壹圜貳拾錢

奎章閣

國語綴字捷徑

此書ᄂᆞᆫ國文高下字와綴字法을速히曉得ᄒᆞᄂᆞᆫ捷徑인ᄃᆡ爲先他人의誤書ᄒᆞᆫ것과諸般說明ᄒᆞ고國文綴字上下字를相較ᄒᆞ야明分ᄒᆞ고國語를畧解ᄒᆞ야初等生徒의國語教科에適合ᄒᆞ오니僉彦은陸續購覽ᄒᆞ시옵

正價貳拾錢

發賣所 鍾路光明書觀

◎學員募集廣告

本塾에서第四回學員을募集ᄒᆞ오니志願人은三月卅壹日（陰閏貳月初拾日）內로請願書를提呈ᄒᆞᆷ（請願紙ᄂᆞᆫ本塾에請求）

試驗ᄂᆞᆫ四月壹日（陰閏貳月拾壹日）上午拾時

試驗科目은漢文讀書 國漢文作文 筭術四則 但公私立普通科卒業証이有ᄒᆞᆫ人은免試ᄒᆞᆷ 資格은拾五歲以上貳拾五歲以下身體健强者

開學은四月拾壹日

北部觀峴 徽文義塾

◎학員募集廣告

本校에서土木建築科及測量科를設施ᄒᆞ오니入학志願人은何日이라도本事務所로來臨ᄒᆞ와詳問ᄒᆞ시오

土木建築科	
速成科	六個月
高等科	壹個年
特別科	三個月
測量科	
速成科	六個月
高等科	壹個年
全夜學	壹個年
特別科	三個月

京城部清國領事館道

私立山崎實用土木建築測量繪術製圖學校

本校夜學日語科壹貳參級補缺學員을募集ᄒᆞ오니願學人은本月二十二日午正에來校應試ᄒᆞᆷ

洞口內貞陵民園

私立 普光學校

普成專門學校學員募集廣告

本校에서今番法律專門科學員을增加募集ᄒᆞ오니願학僉員은不拘何人ᄒᆞ고依期來學ᄒᆞ시옴

試驗日子 三月二十一日上午十時（陰曆貳月三拾日）

當日試驗科目本校人問學

登 年齡二十歲以上

登 入學에關ᄒᆞᆫ用紙ᄂᆞᆫ本校에來購ᄒᆞᆷ

漢城礡洞普成專門學校告白

大韓仁川香峴和平堂大藥房效神靈藥

阿片斷烟丸

注意

阿烟初吸者ㅣ雖日時效ᄂᆞ久則遂成錮引ᄒᆞ야至於衰敗ᄒᆞᆫ者와未免夭死者ㅣ比比有之ᄒᆞ니豈不哀惜乎아故로本堂에서盡心竭力ᄒᆞ고萬方秘方을透得ᄒᆞ야阿片斷引ᄒᆞᆫ大效가잇ᄂᆞᆫ欲戒阿引者ᄂᆞᆫ製造放賣ᄒᆞ오니契約服用ᄒᆞ시되若效驗이有ᄒᆞ면藥價를還呈ᄒᆞ깃사오니照亮ᄒᆞ시옵

定가 壹劑八週分金五圜 半劑四週分金三圜

胎産調經丸

婦人이冷病經病과月經不調로因ᄒᆞ야孕胎치못ᄒᆞᄂᆞᆫ데神效藥

壹月份劑金五圜

黴毒消瘡丹

男女間楊梅運珠와疳瘡濕瘡頭瘡의百藥中의妙藥이오

定價甲金四圜乙금二圜五十錢

滋陽丸

男女間補陰補陽ᄒᆞ고元氣不足

定價每拾日分금壹圜八十錢

八寶丹

健胃消滯ᄒᆞ고口味를爽快케ᄒᆞᄂᆞᆫ靈藥이오

此外에도東西洋各國名藥과極上品을雜納이俱備ᄒᆞ오니速注文ᄒᆞ시옵

總발行所仁川港香峴支店

京城香路香閣

和平堂主 李應善

◎全國內藥商ᄒᆞ시ᄂᆞᆫ僉位의게ᄂᆞᆫ大割引大出賣ᄒᆞᆷ

化痰止咳ᄒᆞ고順氣消滯ᄒᆞ며水土不服에奇效가有ᄒᆞᆷ

內國博覽會에一等賞을領受ᄒᆞ얏ᄉᆞᆸ

清心保命丹

痰飲 積滯 腹痛 胸痛 痢疾 霍亂 水土不服 諸症

常備能服立見健胃

眞實藥

仁川港香峴 濟生堂第一支店

開城南門內 濟生堂第二支店

大發行所

◎元山港上里 濟生堂第三支店

◎全州南門內 濟生堂第四支店

◎馬山港東城 濟生堂第五支店

◎宣川邑內 濟生堂第六支店

◎大邱達西門 濟生堂第七支店

◎平壤大貫洞 濟生堂第一出張所

京城南大門側 濟生堂大藥房本舖

京城南部水閣橋 濟生堂第八分店

◎共愛堂大藥房製造各種藥品發引表

壯陽復元丹 此藥專治腦痛肺弱 房事色傷 心腎虛弱 遺精夢泄 病後虛弱 不下飲食 先天不足 眩暈頭痛等症에並妙効가有ᄒᆞᆷ

壹週分壹圜四拾錢 二週分貳圜八拾錢 八週分六圜

靈丹 壹般滯症胃腹痛消化不良心神鬱悶醉化痰止咳口熱惡臭食慾不振等症에並神効

清眼水 壹般眼疾、時行眼疾、熱眼疾、流淚、眼內紅痒等症

解瘧至寶丸 專治瘧疾卽氣虛瘧

神効液 特治皮膚病疥癬、諸般痒疹

通淋丸 急慢淋疾、赤白帶下、膀胱炎症 外他淋疾

神應丹 楊梅瘡第一期二期神効

清脾丸 小兒一般腹痛、面黃、大腹膨脹等에奇効

養胃散 久滯積、吞酸、吐瀉、霍亂、不順等症에神効

治痰鎭咳丸 專治咳嗽、喘息、痰等

妙妙膏

清耳液

消熱散

能消膏

大腫拔根膏

寸虫去根藥

止泄丸 滯泄異泄

痢疾藥

齒痛水

各種上品藥材와東西洋有名賣藥이具備ᄒᆞ오니請求에依ᄒᆞ야小包로隨應ᄒᆞᆷ

發行所

皇城南部大廣橋十九統七戶

共愛堂大藥房

漢城鍾路慈惠藥房에서官許拜受ᄒᆞᆫ二十三種封藥과舊藥材와草材를大發賣ᄒᆞ오며石版印刷發兌

光武九年八月拾一日 明治卅八年八月拾一日（第三種郵便物認可） 火曜日 西曆壹千九百九年三月廿三日（壹）

第七卷

大韓每日申報

第壹千五拾四號

月曜及祝日休刊

檀君開國四千二百四十二年
箕子元年三千三十一年
大韓開國五百十八年
日本明治四十二年
淸國宣統元年
己酉閏二月小初二日壬午

Responsible for Publication Alfred Weekley Marnham.
發行兼編輯人英國人萬咸
發行所
南部石井洞洞外地三層洋屋家
大韓每日申報社

論說

◉同化의悲觀

只今韓國社會가外國社會를模倣ᄒᆞᆷ이可ᄒᆞᆫ가曰不可ᄒᆞ니라模倣함이不可ᄒᆞᆫ가曰可ᄒᆞ니라可ᄒᆞᆷ은何故오曰同等的思想으로模倣ᄒᆞᆷ은可ᄒᆞ니라不可ᄒᆞᆷ은又何故오曰同化的思想으로模倣ᄒᆞᆷ은不可ᄒᆞ니라

如何ᄒᆞ면同等的思想의模倣이라ᄒᆞᄂᆞ뇨曰我가同等코ᄌᆞᄒᆞ야模倣ᄒᆞᆷ이니故로外國社會가文明에進ᄒᆞ면我도文明에進ᄒᆞ며外國社會가自由를愛ᄒᆞ면我도自由를愛ᄒᆞ며外國社會가學術을發揮ᄒᆞ면我도學術을發揮ᄒᆞ며外國社會가武力을奮興ᄒᆞ면我도武力을奮興ᄒᆞᄂᆞᆫ等模倣이是니라

又如何ᄒᆞ면同化的思想의模방이라ᄒᆞᄂᆞ뇨曰我가同化코ᄌᆞᄒᆞ야모방ᄒᆞᆷ이니我의精神은都無ᄒᆞ고彼를服從키만樂ᄒᆞ며我의利害ᄂᆞᆫ不計ᄒᆞ고彼를모範키만務ᄒᆞ야我가彼되기를僕僕自願ᄒᆞ다가畢竟我의身이彼의身으로化ᄒᆞ며我의國이彼의國으로化ᄒᆞ며我의族이彼의族으로化ᄒᆞ야其國家와其種族이消融乃已ᄒᆞᄂᆞᆫ모방이니라

故로同등的모방은鳥가飛를習ᄒᆞᆷ과如ᄒᆞ고同化的모방은螟蛉이果蠃를학ᄒᆞᆷ과如ᄒᆞ며同등的모방은後覺的의모방이오同化的모방은奴隸的의모방이니라

嗚乎라天下의事ㅣ同化에셔尤悲ᄒᆞᆫ者ㅣ無ᄒᆞ며同化에셔尤痛ᄒᆞᆫ者ㅣ無ᄒᆞ나니凡世界有精神ᄒᆞᆫ同胞ᄂᆞᆫ悲를自取치말며痛을自買치말지어다

近日한國社會의現狀을察ᄒᆞ미同化의熱이愈愈膨脹ᄒᆞ야其極이無ᄒᆞ니此ㅣ엇지可怪ᄒᆞᆫ者ㅣ아닌가余의言을不信ᄒᆞᆯ진ᄃᆡ余ㅣ請컨ᄃᆡ其壹二實例를擧ᄒᆞ리라

(壹)精神的同化 腦髓ᄂᆞᆫ我의腦髓로ᄃᆡ其中에彼의精神만充滿ᄒᆞ얏스며五體ᄂᆞᆫ我의五體로ᄃᆡ所爲가彼의精神만發現ᄒᆞ야彼、我、彼族、我族、彼國、我國、의別이無ᄒᆞᆷ에至ᄒᆞᆫ者니現今한國內에此等人物이屢屢出現ᄒᆞᄂᆞᆫ바ㅣ며

(二)言語文字上同化 大抵言語文字ᄂᆞᆫ國家와民族의壹標準이니言語文字가變ᄒᆞ면國家와民族의標準이變ᄒᆞ며言語文字가滅ᄒᆞ면國家와民族의標準이滅ᄒᆞᆷ이ᄯᅡ只今한國社會를睹ᄒᆞ건ᄃᆡ其標準을自變코ᄌᆞᄒᆞ며其標準을自滅코ᄌᆞᄒᆞᄂᆞᆫ者ㅣ엇지其多ᄒᆞᆫ가彼竪子輩를試看ᄒᆞ라逢別禮語에사요나라곤니지와必稱ᄒᆞ며書信往復에某方某殿이라必書치아니ᄒᆞᄂᆞᆫ가嗚乎라韓國禮語에「남셔안녕ᄒᆞ시오」ᄂᆞᆫ「평안히가십시오」等句語가如何히奇妙ᄒᆞ기에彼外語、不條理의語(彼語가外語인ᄲᅮᆫ아니라語義도韓語보다不美ᄒᆞᆷ)되ᄂᆞᆫ語를用ᄒᆞ며韓國書信에「某某某宅」이라ᄒᆞᆷ이如何히穩當ᄒᆞ기에彼外文、不條理의文(彼文이外文인ᄲᅮᆫ아니라文義도한文보다不美ᄒᆞᆷ)되ᄂᆞᆫ字로往復ᄒᆞᄂᆞᆫ가

(三)頭髮被服上同化 頭髮과被服은亦是言語文字와同等의關係가有ᄒᆞᆫ者어ᄂᆞᆯ彼無知輩의妄動이頻繁ᄒᆞ야斷髮이未燥ᄒᆞᆫ兒女가學校에入ᄒᆞ면或日髮이油膩ᄒᆞ고或日服이飄拂ᄒᆞᆯ때男子輩도或日服을着ᄒᆞᆫ者ㅣ有ᄒᆞ니此가果然何等怪狀인가

然ᄒᆞ나夫韓國社會에外國을모방ᄒᆞᆷ에ᄂᆞᆫ長을取ᄒᆞ야短을補ᄒᆞ며害를鑑ᄒᆞ야利를圖ᄒᆞᆷ이其法門이니故로外國의文物이或世界에普通되ᄂᆞᆫ者로我國固有의文物보다優勝或同等되ᄂᆞᆫ者ㅣ(卽洋服斷髮洋鞋等)이나不然하면普通은되지못ᄒᆞᄂᆞᆫ者라도特別히優勝ᄒᆞᆫ者를모방ᄒᆞᆯ지오若普通은되나有害ᄒᆞ거나又ᄂᆞᆫ普通도되지못ᄒᆞ고優勝치도못ᄒᆞᆫ者(卽日服婦服等)ᄂᆞᆫ모방치아니ᄒᆞᆯ지라엇지外國의文物이라ᄒᆞ면玉도拾ᄒᆞ며瓦도拾ᄒᆞ야奴隸的習慣을養成ᄒᆞ리오

嗚乎라한國同胞여自今이라도同化的모방은探湯ᄀᆞᆺ치拂去ᄒᆞ고同等的모방으로進ᄒᆞᆯ지어다

詞藻

●千古恨

易水上찬바람은、千古義俠冤恨이라

桑虛無厭져秦家에、白虹貫日아니ᄒᆞᆷ쟈

[illegible]간에놓아、더욱비料

雜報

●命招海豊 大皇帝陛下께옵서 近日海豊府院君尹澤榮氏가 負債로因하야家屋世界奪혼다는說을 洞燭하옵시고 數日前에 尹씨를 命招하사 前後事狀을 條條 下問하옵셧다더라

●大久保陛見 軍司令官大久保大將이 昨日上午十時에 大皇帝陛下께 陛見하고 同十時에 德壽宮에 詣하야 太皇帝陛下께 陛見하얏다더라

●渡日稍賭 摠理大臣李完用氏가 何등事件을 因홈인지 來式拾五日 乾元節後에 卽爲渡日하기로 預定하얏다더라

●贊議紛競 中樞院副贊議現闕이 不是中二窠는 前承旨尹祖榮 前觀察使李舜夏兩氏가 被任하기로 內定이되얏고 其餘三窠는 運動하는 者가 三百餘人이라더라

●三老觀圖 元老大臣이 日本觀光團에 前往혼다는 說은 已爲報道하얏거니와 大提학李容元 前大提학金鶴鎭 前判書李容直 三氏가 該團에 入參하얏는데 政府에서 旅費壹百圜式을 撥혼다더라

●警部試選 日前內部警務局에서 韓人警部試驗을 擧行하얏는데 漢城內外部巡査中에 最優等者 中部巡査玄東徹 表한鎬 박宗淳 三氏가 敍任하기로 內定이되얏다더라

●韓人何居 日人들이 韓國內各陳荒地와 未墾地를 拓墾하는 者가 多數渡韓혼다더라

●東拓宴會 東洋拓殖會社에서는 來四月四日頃에 慶福宮內 慶會樓上에서 大宴會를 設하고 官民八百名假量을 請邀혼다더라

●東門獻議 東部紅門洞居하는 柳殷相氏가 中樞院에 獻議하되 國內寡婦及女僧等을 選夫改嫁하야 和氣를 滋生케하라하얏다더라

●有何緊急 日本에 滯留혼 宋秉畯이가 壹進會本부로 電報하되 緊急所用이 有하니 金貨壹萬五千圜만 卽速付送하라하얏는故로 該會總務某某氏가 極力周旋中이라더라

●直接者退却 학部에서 今番司業試取하는 問對를 本月三十日사지 限收納하는데 各地方儒生들이 京城에 留連하야 試驗問對를 不由道郡하고 直接으로 학部에 繕呈혼 者는 一切退却하얏다더라

●公通逮捕 度支부에서 公通部中數名을 調査案件으로 督神廳으로 送交하고 先爲逮捕하라하얏다더라

●忠魂無依 前侍衛二聯隊參尉李忠純氏等拾餘人이 去丁未年六月分의 並히亂砲中에 殉死하얏스니 其情境의 慘不忍言인바 擧皆掩屍返葬이되 惟獨李忠純氏의屍는 이士壟中에 尙在하야 返葬故土가 全無其道는 該氏의本家가 至貧하야 返柩의費를 辦出키難홈이라 該氏의父親李[illegible]氏가 恤金을 特下하라고 軍部에 請願하얏는데 題旨에 情雖可憫이나 本無定例하니 不可支給이라하얏는대 前例가 無하니 姑舍하고 該究情憫하야 恐近迫隘라하더라

●勸博縱覽 近日昌德宮內의 有動物園과 博物館의 設備가 漸次完了혼故로 壹般公衆의 縱覽케하야 日間에 公開혼다더라

●痘瘡豫防 內부衛生局에서 痘瘡豫防홀目的으로 每年臘三四五拾拾壹六個月간에 每日午前拾時로 午後三時까지 壹般人民의게 對하야 無料로 種痘를 施하기로 酌定하얏다더라

●副會再辭 漢城府民會副會長尹孝定氏가 辭免請願書를 再次提出하얏는데 該會에서 請願書를 又爲繳還하얏다더라

●洪氏選長 壹進會副會장洪肯燮氏가 有何事端이던지 因하야 遞任되고 該會評議員金澤鉉氏로 選定하얏다더라

●檢閱生病 韓國內의 各新聞紙를 檢閱하는 警視廳繙譯官中村太郎이가 病祟를 因하야 目下大韓病院에서 治療中이라는대 其病勢가 危篤하야 回生하기가 極難하다더라

●糞尿賣 한城衛生會에서 東大門外所在屎尿를 壹般農業者에게 公賣혼다더라

●高等女師 尹孝定氏의令嬢尹貞媛氏는 十二歲에 日本에 留學하야 最高等學科를 卒業하고 近日比利時公使秋原과 件往하야 歐洲에 數年간 遊歷하다가 再昨日에 歸國하얏는데 高等女學校敎授를 被任하얏다더라

●學言怪常 國成社장李鍾雨氏는 家屋田庄을 典執하야 社會般倡夫의 月給을 支撥하며 久經持하는바 硏究中이라 近日에 自己親知人이 訪問하야 君에 何等謂何慾으로 關東학會의 補助金壹百五十圜은 于今經費도 送付치 아니하고 只是演劇場의 家庄을 放賣典執하야 如此消費하나냐 흔則李氏所答이 此等事로因하야 各新聞上의 揭布하얏는대 補助金을 發表하는 館의 寄附하면 新聞上의 批評을 得하고서 不得已捐補하다하더니 이기로 永爲拒絶하얏노라하얏다더라

●密賣爛賣 從來로 한國警視廳에서 壹般密賣淫女를 適別關査하야 娼妓와 如히 同壹檢査를 施行하더니 該法令이 懈弛하야 各演劇場의 密賣淫女가 每夜晉至하야 壹般靑年을 觀者茶飯을 作하고 人皆唾罵혼다더라

●演劇亂廢 中부寺동演興社에서 所謂褻辭雜打令을 設行하고 蕩子淫婦를 誘人하야 巨多한 金額을 奪取코자하야 別種凶計를 百倍做出하되 足히 觀覽홀 것이 無하야 每夜玩賞하는 男女의 數爻가 二十餘名에 不過홈으로 不遠간 廢止홀 慮가 有하다더라

●龍郡擾擾 本月二拾日平安南道龍岡郡에서 農事모範場寄금募集事에 對하야 人民約六百名이 郡衙에 直入하야 郡守及郡主事를 毆打혼지라 此를 禁止次로 出張혼 巡査二名이 負傷하얏고 其時暴動을 唱起하던 首謀者沿五名을 逮捕하야 現今取調中이라더라

●楊平不平 楊平郡地方에는 義兵이 近來猖獗하야 民간에 錢穀을 排斂하는故로 甚히 騷擾하야 避亂上京하는 者가 多有하다더라

●南寺熾盛 靈岩海南等郡에는 義兵남黨孤의 氣焰이 去益熾盛하야 日人을 逢着殺害하는故로 該郡地方에 居留하던 日人商民과 擧留民이 擧皆逃避하얏다더라

●嚴密調探 京畿長湍郡義兵將金洙敏氏가 日間西小門外石等地로 上來혼다는 說을 探聞하고 日今憲兵司令部에서 嚴密調探하는 中이라더라

●伊藤逢賊 去十六日頃에 日本東京에 所在伊藤統監邸에 何許日人强盜가 持兇器하고 突入하야 約壹千圜價額의 物品을 沒數奪去혼故로 該地警察署에서 目下嚴探하는 中이라는 報가 有하다더라

●僞貨逃躱 西부新門外居하는 閔廣植이名者가 何許日人과 符同하야 多額의 紙幣를 僞造하다가 情跡이 現露되야 警視廳에서 捕捉하라하미 知機逃躱혼故로 該廳에서 各署에 申飭하고 秘密히 搜探中이라더라

●僞貨被捉 南部草洞居하는 黃澤爲名人은 第壹銀行僞造拾圜자리를 東萊等地에서 使用하다가 太田停車場警察署의 被囚하얏다더라

●窃盜被捉 西部卜車橋居하는 朴孝煥爲名한이 日前西小門內何許濟州人家의 闖入하야 現金五十圜과 其他什物을 窃取하다가 北部警察署의 被捉하야 日下取調中이라더라

●金家賊警 再昨日下午二時頃의 北部小安洞居하는 金善卿氏家의 何許窃盜가 闖入하야 如干金銀등屬을 沒數奪去하얏다더라

●頑若甚 前前閣監吉相氏가 去番奉恩寺에서 嶠南學會紀念式을 擧行홀時에 頭髮을 勸削하얏더니 入城혼後에 玉貫子와 網巾을 不可廢라하야 還爲懸着하얏다더라

●勞働合同 沿江勞働會는 經費를 維持홀 道가 無하야 中부與洞에 設立혼 活民勞働會와 合併하기로 [illegible]

●纏鑛閉會 [illegible] 坊會에서 [illegible] 會를 [illegible] 勸勵하고 特別月捐金과 [illegible] 架貫는 自己하爲先捐出하기로 一場說明하얏다더라

●靑館演說 今日下午七時三拾分에 鍾路靑年會館에서 演說會를 開하고 大審院長渡邊暢이를 請邀하야 刑法과 其他法律及科學等의 關係란 問題로 演說혼다더라

學界

●朴氏勸勉 祥原郡下道面大井里居朴炳연氏는 素是學業上에 熱心하야 敎育中에 熱心을 [illegible] 面學校景況을 對하야 敎師를 延聘치 못홈을 矜悶하야 自擔하고 敎授를 晝夜勸勉하기로 生徒 三十餘名이 [illegible]하얏다더라

咸荷義捐

大龍洞居 金士演氏가 金貳圓을 本社에 寄附하얏기로 玆에 感意를 表하노라

地方

▲本月七日江原道旌善郡東面方約七拾里地에서 義兵三百餘名이 日本郡分遣所憲兵二名及補助員三名과 交戰하얏다하고

▲本月拾壹日殷山郡東方約四拾里地에서 義兵數十名이 日本分遣所憲兵二名及補助員三名과 交戰하얏다고

▲本月拾日 [illegible] 黃海道瓮田郡石隅附近에서 義兵 [illegible] 名이 分遣所憲兵 [illegible] 名及補助員二名과 交戰하얏더라

▲本月九日 [illegible] 郡東北方約四十里地에서 [illegible] 二名及補助員五名과 交戰하얏다하고

▲本月十一日 [illegible] 仁川 [illegible] 에서 義兵八 [illegible] 名이 [illegible] 分遣所憲兵 [illegible] 補助員五名과 交戰하얏다더라

◀世界公眼▶

不欺生

▲天作孽은 可違언정 自作孽은 不可逭이라 한國內에 잇는 人物 誰某誰某홀것업시 그 行動을 볼작시면 無非自作可痛일세 自過를 不知하고 欺人으로 爲主하니 燕작又흔 微物들도 不可欺라 일넛거든 世界公眼 속일소나

▲國民魔報 드러보라 報館이라 하는 것은 人民代表이 아닌가 善者어던 褒揚하고 惡者어던 懲戒어놀 爾輩思想 엇더길니 凶賊爲하여서 無廉無恥 辯護하는 報館의 狂大言論 爲敢生心하니 世界公眼 속일소나

▲壹進會員 드러보라 社會設立하는 目的은 腐敗習慣 改良하야 [illegible] 得失勸爭 아니러니 曖昧人民 모려다가 陷落魔窟 [illegible] 會아니을자 卽解散하라하고 勸告攻擊 無數하되 親日自鳴하나니 世界公眼 속일소나

▲演劇場 드러보라 曖昧人民 다 思想을 直接으로 鼓動하는 演劇場이 아닌가 古今來에 興亡史로 지안코 深蕩歌曲 專爭하야 眩惑人心홀뿐더러 蕩敗風俗하면 도 改良홀다 말은 아니 世界公眼 속일소나

▲經濟者 드러보라 한國日 最急務인 者 皆謂之經濟로다 經濟上에 對하여서 硏究함이 當然이라 에 執不贊成할 者이는 設立하지 幾許年에 進就함일 무엇이며 萬端疑点 包含하야 愛國假稱하니 世界公眼 속일소나

▲이사람의 [illegible] 諸君들의 [illegible] 我國 [illegible] 이다는 片丹衷이 내가 必學 [illegible] 關係업고 [illegible] 이러라시 [illegible] 々々反求諸己하시어다

廣告

國朝寶鑑을 行將出板이오니 印刷ᄒᆞ고ᄌᆞᄒᆞᄂᆞᆫ 者ᄂᆞᆫ 三月三拾壹日 內로 本閣監印所(敦化門外西邊前宗親府朝房)에 來議請求ᄒᆞ미 可ᄒᆞᆷ 但所入은 左와 如ᄒᆞᆷ

壹秩紙六拾九束拾九張
粧工價四圜九十錢

舊本이 有ᄒᆞ야 新印과 續成ᄒᆞᄂᆞᆫ 者ᄂᆞᆫ

紙十四束七張
장工價壹圜貳拾錢

奎章閣

◎學員募集廣告

本校에서 第貳回學員을 募集ᄒᆞ오니 願學者ᄂᆞᆫ 四月壹日內로 請願書를 提呈ᄒᆞᆷ

試驗ᄂᆞᆫ 字ᄂᆞᆫ 四月二日(陰閏貳月十貳日)

開學日字ᄂᆞᆫ 仝月拾貳日(陰閏貳月貳拾貳日)

試驗科目은 漢文讀書、作文(國漢文)、筭術四則、地誌歷史、年齡은 拾五歲以上貳拾五歲以下 身體健康品行이 端正ᄒᆞᆫ 者

請願用紙ᄂᆞᆫ 本校에 請求ᄒᆞᆷ

各學年級에 授科目은 如左

修身　中等修身　倫理學　心理學
國語　大韓文典　高等文典
作文　論文日用書함　論文記序　公文書式
外語　英語　日語
漢文　古今文選　御定五經百選
歷史　東國史略　中等萬國史
地理　大韓新地誌　中等萬國新地誌　地質地文學　天文학
數學　自四則至求積　代數　幾何　平三角　簿記
博物　高等小학理科　動物　植物礦　生理학　衛生학
理化학　新選小物理학　初等理化학　中等物理　中等化학
法制經濟　法학通論　經濟학
農학　農학入門　林業大要　水產大要
商業　商業大要
圖畫　自在畫　用器畫　地圖畫
音樂　單音唱歌　複音歌唱　樂器用法
體操　普通

隆熙三年三月拾八日

私立 協成安興學校告白
安州郡

◎學員募集廣告

本校에서 第二回壹學年學員을 募集ᄒᆞ오니 志願人은 今月三拾壹日內로 請願書를 提呈ᄒᆞᆷ(請願紙ᄂᆞᆫ 本校에 請求ᄒᆞᆷ)

試驗日字ᄂᆞᆫ 四月壹日下午壹時

試驗科目은 讀書、作文、筭術四則、身躰檢查、年齡拾五歲以上三拾歲以下

但公私立普通科卒業證이 有ᄒᆞᆫ 人은 免試ᄒᆞᆷ

開學日은 四月拾壹日

中部校洞

私立西北協成學校

◎學員募集廣告

本塾에서 第四回學員을 募集ᄒᆞ오니 志願人은 三月卄壹日(陰閏貳月初拾日)內로 請願書를 提呈ᄒᆞᆷ(請願紙ᄂᆞᆫ 本塾에 請求)

試驗ᄂᆞᆫ 字ᄂᆞᆫ 四月壹日(陰閏貳月拾壹日) 上午拾時

試驗科目은 國漢文讀書 國漢文作文 筭術四則 但公私立普通科卒業證이 有ᄒᆞᆫ 人은 免試ᄒᆞᆷ 資格拾五歲以上貳拾五歲以下身體健强者

開學日字ᄂᆞᆫ 四月卄壹日

北部觀峴 徵文義塾

◎학員募集廣告

本校에셔 土木建築科及測量科를 設施ᄒᆞ오니 入학志願人은 何日이라도 本事務所로 來臨ᄒᆞ와 詳問ᄒᆞ시오

土木建築科	
速成科	六個月
高等科	壹個年
特別科	三個月
測量科	
速成科	六個月
高等科	壹個年
全夜학	壹個年
特別科	壹個月

京城西部 淸國領事館通
私立山崎實用土木建築測量筭術製圖학校

京義鐵道支社甲辰期設

本人이 他人畓土四拾餘石落을 募集ᄒᆞ야 代表로 證明書를 繕出ᄒᆞ야 放賣ᄒᆞᆫ 次로 擧간 興成人孫世煥을 任給ᄒᆞ얏더니 延拖幾朔에 興成을 周旋ᄒᆞ야 못되게 證明書를 還給이 고 逃躱不現에 온즉 彼孫哥가 不良之心으로 內外國人間에 陰欺ᄒᆞ고 典執이 던지 放賣ᄒᆞ나 ᄒᆞᆯ뜻ᄒᆞ와 昨報에도 掲告ᄒᆞ얏거니와 或以見欺ᄒᆞ와 典執이나 買得ᄒᆞᆯ의려가잇셔 玆以更佈ᄒᆞ오니 無論內外國人ᄒᆞ고 勿勿見欺ᄒᆞ시옵

延安崔景三 告白

本人에 昌原所在庄土를 崔羽振이가 白徵稱冤이라고 本月十日 報廣告欄內에 整理局減下指令이 有ᄒᆞ다 稱托橫竪이 기 該局에 其理를 請願ᄒᆞᆫ즉 初無是事라ᄒᆞ기 玆에 廣告ᄒᆞ오니 崔羽振의 僞邪挾雜은 不在多辨ᄒᆞᆷ

吳衡淑 告白

本人이 京業岩朴侍御命悅許除二月二拾六日推尖當坪貳千兩魚音壹片中路셔 失故玆以廣告ᄒᆞ오니 無論內外國人ᄒᆞ고 拾得ᄒᆞ더라도 休紙施行ᄒᆞᆷ

安城湖基居陳相順 告白

京義支社甲辰期設 其翌年京義鐵道時에 本人이 摠務ᄒᆞ야 祀鎬와 指揮를 受ᄒᆞ여 京義간 二拾餘支社를 出張ᄒᆞ고 平壤社에 主務看事라가 丙午八月에 上來本社ᄒᆞ와 幹事員으로 京釜等支에 巡視ᄒᆞ고 京西大門支社를 確張成하則退간 貳三年에 財政則雖云朴이나 功勞ᄂᆞᆫ 惟獨本人而丁未春에 暫爲出他라가 聞本社財務를 改差ᄒᆞ야 致允之謝에 即譯探問於摠務則答曰我故로 他之致를 委於金致允契約에 昭然自在則有何後慮리오ᄒᆞ더니 至今에 김致允이 百般做謀而盜利益ᄒᆞ니 豈不痛愼哉아 김朴之契約文蹟은 前後裏許로 本人이 靜知인바 김致允之今不失約云者是豈成說乎아 本人則京義山張時에 家事를 全廢ᄒᆞ고 周年來往라가 蕩家敗產ᄒᆞ고 冤恨無比인바 又況今年九月에 韓館支사 朴元貞이 上來爲言ᄒᆞ되 京義各支사 事知사 八年 人 김致允이가 然故 幷改差 渠之親面人으로 付屬ᄒᆞ더라 韓館을 亦爲運動故上來云ᄒᆞ니 廢해人付渠人에 亦豈不 圖計耶 廢壹ᄒᆞ고 김致允之抑奪朴業事가 痛可駭故로 發明廣告ᄒᆞ오니 各支사 僉照ᄒᆞᆷ

京義支사 洪承泳 徐相玉 洪獻厚 史宗紀 김相益 洪斗植 김道信 朴元貞 崔世和 리枝華 김光潤 김敬秀 通運사 刱設사員 김潤爵 告白

慶南昌原港俄館租界所入田坂價을 推尋次로 김斗頭 徐奈瑞人의게 委任上京이더니 徐奎瑞가 從中挾雜ᄒᆞᆫ 意로 僞造ᄒᆞᆫ 各人簽札而欲奪文蹟라가 措跡이 綻露ᄒᆞ야 壹次裁判後에 自知其罪ᄒᆞ고 逃躱不現ᄒᆞ기로 解任ᄒᆞ고 安鍾赫 김貞植 兩시로 代任ᄒᆞᆷ

김敬律 告白

晋州地方裁判所 釜山支廳 東萊府別堂에 移設ᄒᆞ고 舊將建築인바 我今府尹府衙門基址內에 諸公廨空閑處가 數千坪이 有ᄒᆞ니 裁判所를 此地에 建築ᄒᆞ면 內外國人의 來往도 便宜ᄒᆞ고 役費도 太減ᄒᆞ야 較諸他處ᄒᆞ면 点에 事半功倍인즉 於公에 有益이오 於私에 無害이거날 府吏居朴泳吉이가 裁判所建築에 對ᄒᆞ야 自何利益点인지 暗히 計ᄒᆞ야 釜沙中面內人民에 義務的으로 捏後山峽村隅의 地段近千坪을 裁判所建築址에 寄附ᄒᆞᆫ다 假稱ᄒᆞ고 裁判所를 此地에 移建ᄒᆞ기 爲ᄒᆞ야 裁判所와 法부에 暗自誣報ᄒᆞ엿스오나 其所謂寄附地ᄂᆞᆫ 實是外國人所有로 不可空手借得이오 必以厚價請買인즉 價금之末流가 終歸何處리오 朴同腸幾個人의게 裁判所移建ᄒᆞᆫ 段價라ᄒᆞ고 甘言利說로 誘引ᄒᆞ야 或和圖或貳拾圓式 倍子의 寄附名色으로 列名ᄒᆞ야 民願이 如是라 逼勒ᄒᆞ고 百般運動ᄒᆞ니 渠之獨利ᄂᆞᆫ 從中必在오 民之共害ᄂᆞᆫ 於此可見이라 豈以個人肥己之謫로 歸之於衆民義務的乎아 且聞박이 伊時民議長을 ᄒᆞ고 豈不經議於人民ᄒᆞ고 民議장名義信章을 暗自擅捺ᄒᆞ야 任意誣報ᄒᆞ니 莫非欺公妄私이며 盖此瀛洲洞은 處在沙中面之中央이오 由來로 府衙의 置之地라 裁判所를 仍舊建築이면 基地自在에 不特助ᄒᆞ고 役費減省이니 稍有公益이라 民論이 當然ᄒᆞ야 裁判所誣報事件을 質問ᄒᆞ고 司報告에 取下ᄒᆞ라고 是非多端ᄒᆞᆫ바 抵抗ᄒᆞᆫ 朴泳吉은 以若民議長之任으로 當히 義務ᄂᆞᆫ 不爲熱心ᄒᆞ고 私利만 經營ᄒᆞ야 如此ᄒᆞᆫ 挾雜을 做出ᄒᆞ며 其他不正ᄒᆞᆫ 行爲가 亦多ᄒᆞ야 民怨이 敬敬ᄒᆞ옵기 玆에 廣佈ᄒᆞᆷ

東萊府沙中面瀛洲洞居民等
代表 吳泳淑

漢城鍾路慈惠藥房에서 官許拜受ᄒᆞᆫ 二十三種封藥과 舊藥局材와 草材를 大發賣ᄒᆞ고 且石版印刷機械

◎全國內藥商ᄒᆞ시ᄂᆞᆫ 僉位의게ᄂᆞᆫ 大割引大出賣ᄒᆞᆷ

化痰止咳ᄒᆞ고 順氣消滯ᄒᆞ며 水土不服에 奇效가 有ᄒᆞᆷ

內國博覽會에 一等賞을 領受ᄒᆞ얏슴

淸心保命丹

大發行所

濟生堂第二支店 ◎元山港上里
濟生堂第四支店 ◎晋州南門內
濟生堂第五支店 ◎馬山港巽城
濟生堂第六支店 ◎宣川邑內
濟生堂第七支店 ◎大邱達西門
濟生堂第一出張所 ◎平壤大貫洞

大發行所

濟生堂第一支店 仁川港寺峴
濟生堂第二支店 開城南門內

主治 痰飮 積滯 胸腹痛 土不利 咳嗽症

效能如左ᄒᆞᆷ 常佰長服 健胃腸 眞是靈藥 立見

京城南大門 濟生堂大藥房本舖
京城南部水閣橋 濟生堂第八分店

(壹) 西曆壹千九百九年二月廿四日 水曜日 (第三種郵便物認可) 明治三十八年八月拾一日 光武九年八月拾一日

大韓每日申報

第七卷 第壹千五拾五號

月曜日 及 祝日 休刊

大韓光武十三年 檀君紀元四千二百四十二年 大韓開國五百十八年 日本明治四十二年 淸國宣統元年 己酉閏二月小 三日 癸未

Responsible for Publication Alfred Weekley Marnham.
發行兼編輯人 英國人 萬咸
發行所 南部石井洞 外 三層洋屋家 大韓每日申報社

論說

◎學生界의 惡光景

近日에 鄕학生들이 학問에 熱誠이 有ᄒᆞᆫ 드시 百發이 紛々 往集ᄒᆞ고 各校에 頻々 往來ᄒᆞ야 今日 師範학校에 應試ᄒᆞ고 明日 工業傳習所에 應試하고 又明日 法官養成所에 應試ᄒᆞ다가 或 及第ᄒᆞ면 喜色이 滿面ᄒᆞ야 昔日 科擧取士時에 打麥翁의 子가 文科生進壹窠나 得中ᄒᆞᆫ 듯 雙笳雙笛으로 舞蹈欲狂ᄒᆞ던 狀態를 帶ᄒᆞ고 或 落第ᄒᆞ면 自己의 學力不足은 不顧ᄒᆞ고 試取ᄒᆞᄂᆞᆫ 者를 徒怨ᄒᆞ며 前途의 偉功成就ᄂᆞᆫ 不務ᄒᆞ고 山外地를 自悲ᄒᆞ야 或嘆或泣에 彷황躊躇ᄒᆞ니 其光景이 實로 可笑ᄒᆞ도다

嗚呼라 彼學生의 目的이 此이던가 訓導副訓導 壹窠 技手 壹窠 書記 壹窠가 其目的이던가 嗚呼라 學生이여 其目的이 엇지 如彼卑陋ᄒᆞᆫ가

其眼孔이 細小ᄒᆞ야 所見이 大功業大光榮에 不及하고 徒是衣食이나 得ᄒᆞ면 足ᄒᆞᆫ 때 初仕나 得ᄒᆞ면 壯ᄒᆞ다 ᄒᆞ면 是ᄂᆞᆫ 豚犬과 無異ᄒᆞ도다 彼豚犬을 試看ᄒᆞ라 主人이야 何人이던지 殘骨壹椀이나 得ᄒᆞ면 是幸이라 ᄒᆞ며 明日에ᄂᆞᆫ 死ᄒᆞ야도 今日 糞欄裏에 安臥ᄒᆞ면 是樂이라 ᄒᆞᄂᆞ니 彼가 엇지 此와 異ᄒᆞ리오

又或平時에 曰我ᄂᆞᆫ 國家를 爲하야 工夫ᄒᆞᆫ다 ᄒᆞ고 大談ᄒᆞ던 者도 其行動이 如彼卑陋ᄒᆞ야 何等 陰遲이나 望ᄒᆞ고 出此入彼ᄒᆞ야 又願[illegible]之地에 奔走ᄒᆞ니 是ᄂᆞᆫ [illegible] 間에 酒肉을 乞ᄒᆞ고 家에 還ᄒᆞ야ᄂᆞᆫ 貴交로 同遊ᄒᆞ얏다 ᄒᆞ고 自誇ᄒᆞᄂᆞᆫ 者와 何異ᄒᆞ리오

又壹大慨嘆ᄒᆞᆯ 事ᄂᆞᆫ 所謂 代試驗이 是라 학術의 發達키 難에 歎詐만 몬져 發達ᄒᆞ며 文明의 進步기 前에 腐敗만 몬져 進步ᄒᆞ야 所謂 학生輩가 此不法의 行爲를 甘作ᄒᆞ며 嗚呼라 彼가 誰를 欺코져 ᄒᆞᄂᆞᆫ가 天을 欺코져 ᄒᆞᄂᆞᆫ가 徒是自欺ᄒᆞᆷ이 아닌가

嗚呼라 학生이여 諸君의 身을 自顧ᄒᆞ라 諸君身上에 擔負가 如何ᄒᆞ뇨 重大ᄒᆞᆫ가 諸君이 今日에 在ᄒᆞ야 極히 正大、奮勵、强毅、忠直、等 各種 美德으로 日々 淬礪ᄒᆞ야도 彼重大ᄒᆞᆫ 擔負를 快盡키 猶難ᄒᆞ깃거ᄂᆞᆯ 如此히 微少、惰懦、邪僞、腐敗ᄒᆞᆫ 惡慣만 成ᄒᆞ니 余ᄂᆞᆫ 諸君을 爲ᄒᆞ야 痛哭ᄒᆞᄂᆞᆫ 바ㅣ며 又諸君을 爲ᄒᆞ야 痛哭ᄒᆞᆯ 뿐 아니라 大한帝國을 爲ᄒᆞ야 痛哭ᄒᆞᄂᆞᆫ 바ㅣ로라

外報

●英暹條約反對 倫敦電을 據ᄒᆞᆫ則 盤谷에 잇ᄂᆞᆫ 路透通信員 報道에 曰 同地에 居留ᄒᆞᄂᆞᆫ 印度支那人及英國人이 集會ᄒᆞ기로 ᄒᆞ고 英暹條約의 反對請願을 提出ᄒᆞ얏다더라

●兩國開戰 中央亞米利加報道를 據ᄒᆞᆫ則 니카라구아國과 쌀베아도ㅣ國이 戰爭을 開始ᄒᆞ야 去十日 海戰에 니카라구아國艦隊ᄂᆞᆫ 大敗ᄒᆞ야 退走ᄒᆞ얏다더라

●露國의 軍隊準備 伯林電을 據ᄒᆞᆫ則 露國은 塞爾維亞에 軍隊[illegible]를 準備ᄒᆞᆫ다더라

●美國軍艦準備 倫敦電을 據ᄒᆞᆫ則 美國은 中央亞米利加戰爭에 對ᄒᆞ야 墨西哥의 同意를 得ᄒᆞ야 軍艦派遣을 準備ᄒᆞᆫ다더라

●塞國의 戰備整理 伯林電을 據ᄒᆞᆫ則 塞爾維亞ᄂᆞᆫ 키 戰準備를 繼續整理ᄒᆞᆫ다더라

●塞國動兵 倫敦電을 據ᄒᆞᆫ則 塞爾維亞ᄂᆞᆫ 十五師團의 動兵ᄒᆞ기를 決定ᄒᆞ얏다더라

●兩統領協議 紐育電을 據ᄒᆞᆫ則 美國大統領은 中美戰爭에 對ᄒᆞ야 墨西哥大統領과 協議ᄒᆞ야 處理ᄒᆞ기로 決心ᄒᆞ얏고 墨西哥大統領은 干涉의 實行을 美國海軍에게 委任ᄒᆞ기로 決定ᄒᆞᆫ 意向이ᄂᆞᆫ 故로 美國巡洋艦五隻은 中美를 向ᄒᆞ야 出발ᄒᆞ얏다더라

詞藻

大東義俠行 呑氷生

君不聞滄海力士奮狙擊、鐵椎聲奪秦皇魄、又不聞東部紐由詐降賊、霜刃先透魏將脅、三國遺事泯乎泯、如此義俠知幾人、慶卿匕漸離筑、已許二公獨인슈、昨而忽得雲際月、又壹奇男高麗卒、高句麗卒問何似、我欲謳歌才思拙、憶昔隋廣瀆且窮、親驅醜旅侵大東、舳艫運海旗蔽空。鴨江險無渠目中、兩陣對壘猶未決、窺虛覘賽塗結轍、當時藏奮者誰子、義膽忠肝凛氷雪、隨使車。奉國書、五步之內三寸矢。壹發期圖君憂除、爲國獻身何其烈。傷胸能否且勿戰。楊氏兒楊氏兒。未到江都氣已絶。薩水鑿戰腥血紅、百萬雄師等撲蒙、敵愾若論先登功。掉頭不讓乙支公、金家史筆多疏脫、若此偉人付忽畧、趙[illegible]所著卒失姓名、千古同歎淚雨落、嗚呼老子心炯然、子據幽潛[illegible]、嗚呼三傑今安在。九原[illegible]

雜報

●慶祝預算 漢城府民會에서 今月二拾五日 皇帝陛下誕辰에 慶祝宴을 設行ᄒᆞᆯ터인ᄃᆡ 其經費ᄂᆞᆫ 三百圜으로 預算ᄒᆞ얏다더라

●頑固會同 日本觀光團에 前往ᄒᆞᆯ 人員은 當初에 伊藤統監이 五拾名만 頑固人으로 選拔入送ᄒᆞᆯ라ᄒᆞ얏ᄂᆞᆫᄃᆡ 總理大臣 李完用氏가 加額으로 六拾人을 選定ᄒᆞ야 合壹百拾人이 被選渡日ᄒᆞᆯ야더라

●渡日無用 總理大臣 李完用氏가 乾元節後에 渡日ᄒᆞᆫ다ᄂᆞᆫ 說은 其內容을 聞ᄒᆞᆫ즉 自己椅子를 永久히 鞏固케ᄒᆞᆯ 計劃이라더라

●閔詔登進 宮內府大臣 閔丙奭氏가 登進會副會長 洪肯燮氏를 請邀ᄒᆞ야 日近日에 貴會가 解散된다 勢力이 減損ᄒᆞ얏다ᄂᆞᆫ 壹種說이 浪藉ᄒᆞ나 貴下ᄂᆞᆫ 團若傳說을 信聽치말고 宋秉畯의 歸國ᄒᆞ기를 留待ᄒᆞ야 如前視務ᄒᆞ라ᄒᆞ얏다더라

●女師受勳 尹孝定氏의 令孃 尹自媛氏가 高等女學校 敎授를 被任ᄒᆞ얏다ᄂᆞᆫ 說은 已揭어니와 該氏가 再昨日에 內閣에 直入受勳ᄒᆞ얏다더라

●韓巡減額 警視廳과 各署에 現今 勤務ᄒᆞᄂᆞᆫ 韓人巡査가 七百餘名인ᄃᆡ 就中에 貳百名만 選置ᄒᆞ고 其餘ᄂᆞᆫ 壹切 減額ᄒᆞᆫ다ᄂᆞᆫ 說이 有ᄒᆞ더라

●全國五百 昨年九月以來로 實業ᄒᆞᄂᆞᆫ 私立學校令에 對ᄒᆞ야 近頃 地方官廳을 經由ᄒᆞ야 學部에 認可를 請ᄒᆞᆫ 者가 五百個以上에 達ᄒᆞ얏ᄂᆞᆫᄃᆡ 認可期限된 三月末ᄭᆞ지 至ᄒᆞ면 三四千以上이 되리라ᄂᆞᆫ 說이 有ᄒᆞ더라

●日敎師配置 來年부터ᄂᆞᆫ 各道各私立學校中 三拾校에ᄂᆞᆫ 日本人敎師 壹名式 配置ᄒᆞ기로 酌定ᄒᆞ얏ᄂᆞᆫᄃᆡ 學部에서 速々實施ᄒᆞ기로 決定ᄒᆞ얏다더라

●家稅免除請願 咸鏡南道觀察道에ᄂᆞᆫ 家屋稅免除를 請願ᄒᆞᄂᆞᆫ 人民 三百餘名이 來集ᄒᆞ얏다더라

●課賦金禁止 近來 各地方人民이 民會或民團이라 稱ᄒᆞ야 公共的團體를 組織ᄒᆞ고 課賦金을 徵收ᄒᆞ며 諸種弊害가 有ᄒᆞᆷ으로 內部에서 此를 取締ᄒᆞᆯ터인ᄃᆡ 課賦金 又ᄒᆞᆫ 것슬 壹切 禁止ᄒᆞᆫ다더라

●鍊場請借 來四月四日은 日本 孝明皇帝의 誕日인ᄃᆡ 自行車를 乘ᄒᆞᄂᆞᆫ 日本人들이 伊日訓鍊院에 會同ᄒᆞ야 自行車鍊習을 設行ᄒᆞᆯ터인 故로 該院內 鍊習場을 限一日 許借ᄒᆞ라고 軍部에 請願ᄒᆞ얏다더라

●惡鬼偵探 憲兵司令部 偵探者들이 有何罪인지 無罪ᄒᆞᆫ 人民을 誣報ᄒᆞ야 曖昧被捉ᄒᆞᆫ 人이 多有ᄒᆞᆷ으로 稱冤이 漲天ᄒᆞᆫ다더라

●全門呼訴 文獻備考新刊에 對ᄒᆞ야 全氏의 世系가 紊亂倒誤ᄒᆞᆫ지라 全洪奎氏等이 內閣에 呈單ᄒᆞ얏스나 尙無措處ᄒᆞᆷ으로 該三道 全氏들이 更爲呼訴次로 登齊上京ᄒᆞᆫ다더라

●君家濫刑 樓洞等地 某君家에 婦人은 各種刑具를 製造貯置ᄒᆞ고 男女奴婢中에 擧行疎忽ᄒᆞ면 毆打가 酷ᄒᆞ며 別般惡刑을 濫施ᄒᆞ미 奴婢等의 稱冤이 浪藉ᄒᆞᆯ뿐더러 如此文明時代에 男奴女婢를 壹切解放ᄒᆞ야 自由生活케 ᄒᆞᄂᆞᆫ 것이 於理에 當然ᄒᆞ거ᄂᆞᆯ 以若私家婦人으로 行此悖外之事ᄒᆞ니 可痛可駭ᄒᆞ다고 莫不嗟嘆ᄒᆞ다더라

●奴婢界活佛 陰城郡居ᄒᆞᄂᆞᆫ 前參奉 朴興鉉氏ᄂᆞᆫ 家勢稍饒ᄒᆞ야 慈善事業에 從事ᄒᆞᆷ으로 境內稱道ᄒᆞᄂᆞᆫ터인ᄃᆡ 近日에 多數ᄒᆞᆫ 男女奴婢를 壹切召集說明ᄒᆞ야 日 當此時代ᄒᆞ야 汝輩를 因此使用ᄒᆞᄂᆞᆫ 것은 罪實在我ᄒᆞ다ᄒᆞ고 種種說諭ᄒᆞᆫ 後에 傳來文券을 壹切燒燼ᄒᆞ고 每名下에 畓土五斗落式 給ᄒᆞ야 擧皆解放ᄒᆞ얏다더라

●統壹團體 從來 美國桑港에 在留ᄒᆞᄂᆞᆫ 韓國同胞들은 同地에 共立協會를 組織ᄒᆞ야 共立新報를 發行ᄒᆞ고 布哇에 在留ᄒᆞᄂᆞᆫ 同胞들은 合成協會를 組織ᄒᆞ야 合成新報를 발行ᄒᆞ고 共히 日本의 對韓政策을 비難ᄒᆞ더니 今回에ᄂᆞᆫ 該兩會가 合倂ᄒᆞ야 國民會라ᄒᆞ고 共立報와 新한民報로 合成ᄒᆞ야 報ᄂᆞᆫ 新한國報로 共히 名義를 變更ᄒᆞ얏ᄂᆞᆫᄃᆡ 其目的은 確乎不變ᄒᆞ고 去益奮勵ᄒᆞᆫ다더라

●新韓國報禁賣 布哇留駐韓人의 發行ᄒᆞᄂᆞᆫ 新韓國報 第一號貳號ᄂᆞᆫ 治安妨害라ᄒᆞ고 發賣頒佈를 禁止ᄒᆞ얏다더라

●金申可痛 金昇圭 申泰休 兩氏가 協同ᄒᆞ야 寺洞演興社經費를 擔當ᄒᆞ야 壹層擴張ᄒᆞ얏다가 觀覽人이 稀少ᄒᆞᆷ으로 幾千圓의 損害를 被ᄒᆞ고 維持ᄒᆞᆯ 希望이 絶無ᄒᆞᆫ지라 近日에 鄕客中 巨富名 不知成某를 誘入ᄒᆞ야 副總務로 選任ᄒᆞ고 巨額金을 納入補用ᄒᆞᆫ다더라

●甑氏在甑 平南각郡에서 農林모範場의 寄附金募集으로 因ᄒᆞ야 民情이 敖々ᄒᆞᆷ은 屢報어니와 甑山郡은 海隅에 在ᄒᆞ야 海坂은 多ᄒᆞ나 田畓이 少ᄒᆞᆷ으로 生活이 極難ᄒᆞᆫ 中에 此寄附金 四萬二千餘金을 擔納ᄒᆞᆯ 道가 無ᄒᆞ야 該郡에 呼訴ᄒᆞᆫ즉 自該郡으로ᄂᆞᆫ 不爲捧便이라ᄒᆞ기로 民情이 洶々ᄒᆞ다더라

●安民騷擾 安城郡陳田附近에ᄂᆞᆫ 義兵將 김鍾元氏가 各處富民의게 傳令ᄒᆞ고 銀錢米를 不日輸納ᄒᆞ라ᄒᆞ며 軍丁을 召募ᄒᆞᄂᆞᆫ 故로 民情이 騷擾ᄒᆞᆫ다더라

●義兵聯絡 楊州義兵將 延奇禹氏가 北關島義兵將 李範允氏의게 金貨五百圓을 送致ᄒᆞ고 洋銃五十柄을 請來ᄒᆞ얏다ᄂᆞᆫ 風說이 有ᄒᆞ더라

●全南義兵 靈岩海南等地에 義兵南壹派가 益々熾盛ᄒᆞ다ᄂᆞᆫ 說은 屢爲報道어니와 全南來人의 傳說을 更聞ᄒᆞᆫ즉 古阜泰仁等地에지 義兵이 衝突ᄒᆞ야 全南民情이 大端騷々ᄒᆞ다더라

●纛島火災 纛島里門洞에서 再昨日下午八時에 大火災가 有ᄒᆞ야 家屋四戶가 延燒ᄒᆞ얏ᄂᆞᆫᄃᆡ 穀苞累百石과 外他家庄什物을 沒數燒却ᄒᆞ얏다더라

●寧烟新香 中部外相洞에서 韓國所產 成川艸로 製造ᄒᆞᄂᆞᆫ 이란 卷烟 寧烟은 香味純良ᄒᆞ다더라

●敎育界에 魔賊 平南甑山郡 士民들이 敎育擴張ᄒᆞ기 爲ᄒᆞ야 昨年五月에 學會를 組織ᄒᆞ야 果有進就之望이더니 학部의 학會令을 依ᄒᆞ야 認許請願書를 學部에 提呈ᄒᆞᆫ즉 規則에 違反이 有ᄒᆞ니 該郡守와 觀察道에 經由ᄒᆞ야 更爲修報ᄒᆞ라ᄒᆞ기로 觀察道에 更爲修報ᄒᆞᆫ즉 認可請願書를 還送ᄒᆞ면서 訓令ᄒᆞ기를 地方官監督下에 학會有無가 少無關係니 卽爲解散ᄒᆞ라ᄒᆞᆷ으로 該地敎育界의 公論이 大端沸騰ᄒᆞᆫ다더라

●非特崔朴 前承旨 朴用黨氏와 前協辦 崔榮夏氏ᄂᆞᆫ 勿論某社會某학校ᄒᆞ고 義捐金은 壹分도 寄附치아니ᄒᆞᆫ다고 人皆嗟惜ᄒᆞ다더라

學界

●朴門設校 泰川郡北面馬場里居ᄒᆞᄂᆞᆫ 有志紳士 朴寬厚 朴寬碩 朴履壹 박謙諸시ᄂᆞᆫ 門이 壹心ᄒᆞ야 明義學校를 設立ᄒᆞ고 定州居ᄒᆞᄂᆞᆫ 金禎河시를 敎師로 延聘ᄒᆞ야 學徒가 六十名에 達ᄒᆞ얏다더라

●進明復明 懷仁郡進明학校에서 經費가 窘拙ᄒᆞ야 近爲廢止ᄒᆞ얏더니 該郡時齋任 禹珽淳시가 該校維持方針을 協議次로 境內士林을 該郡鄕校에 會集ᄒᆞ고 財政을 研究ᄒᆞᄂᆞᆫᄃᆡ 當日捐助金이 萬餘圜에 達ᄒᆞ고 該道事務官 元大奎시가 觀察次로 來到參席ᄒᆞ얏다가 五百金을 捐付ᄒᆞ얏다더라

●何不合校 泰川郡內 私立泰興學校ᄂᆞᆫ 有志紳士 韓應秀시가 熱心發起ᄒᆞ야 已設貳三載에 敎育程度가 日就月將ᄒᆞ야 학徒七八拾名이 熱心工夫ᄒᆞ더니 該郡儒林에서 見心學校를 鄕校內에 設ᄒᆞ고 若干財政을 收用ᄒᆞ미 已設ᄒᆞᆫ 泰興학校ᄂᆞᆫ 財政ᄭᆞ지 困難ᄒᆞᆫ 境에 至ᄒᆞ얏ᄂᆞᆫᄃᆡ 泰興學校ᄂᆞᆫ 敎育이 已爲擴張이어ᄂᆞᆯ 見心學校로 因ᄒᆞ야 財政만 虛費ᄒᆞᆫ다고 該地輿論이 紛騰ᄒᆞ다더라

△地方消息▽

▲本月拾三日 京畿道九化場西北方約二拾里 仙橋洞에서 義兵十餘名이 히場分遣所 日憲兵三名及補助員五名과 交戰ᄒᆞ얏다ᄒᆞ고

▲本月十壹日 全南同福郡西北方約二十里되ᄂᆞᆫ 屬山里에서 義兵二十餘名이 該郡分遣所 日憲兵及補助員四名과 交戰ᄒᆞ얏다ᄒᆞ고

▲本月拾三日 全南平郡西北方約십里地에서 義兵六十餘名이 同郡分遣所 日憲兵二名及補助員三名과 交戰ᄒᆞ얏다ᄒᆞ고

▲本月七日 全羅南道谷城郡南方約二十里되ᄂᆞᆫ 山中에서 義兵五十餘名이 同地分遣所 日憲兵壹名及補助員三名과 交戰ᄒᆞ얏다ᄒᆞ고

▲本月八日 全羅南道靈光郡西南方約二拾里地 三角山에서 義兵五十餘名이 同郡分遣所 日憲兵壹名及補助員六名과 交戰ᄒᆞ얏다ᄒᆞ고

▲本月拾壹日 全羅南道九幕院東北方約十里되ᄂᆞᆫ 山中에서 義兵拾二名이 히院分遣所 日憲兵二名及補助員壹名과 交戰ᄒᆞ얏다ᄒᆞ고

▲本月拾三日 陝川郡西南方約二拾五里地에서 義兵五拾名이 該郡分遣所 日憲兵壹名及補助員三名과 交戰ᄒᆞ얏다ᄒᆞ고

▲本月九日 淳昌郡西方約三十里地에서 義兵十五名이 히郡日守備隊上等兵以下四名과 交戰ᄒᆞ얏다ᄒᆞ고

▲本月十九日 長城郡北方約三拾里地에서 義兵七十名이 古阜郡日守備隊小尉以下十名과 交戰ᄒᆞ얏다ᄒᆞ고

▲本月十四日 同福郡內에서 義兵七拾五名이 玉果郡分遣所 日憲兵幾名及補助員四名과 交戰ᄒᆞ얏다더라

△可痛何多▽

▲韓國人物論컨대 世界中에 업스리라 世界中에 업다ᄒᆞ니 優等으로 알지마소 簡端ᄒᆞ게 말ᄒᆞᆯ진대 言語文字衣服飮食 그른것오 偏嗜ᄒᆞ고 學問知識政治技藝 됴흔것은 反對ᄒᆞ니 變ᄒᆞ기를 잘ᄒᆞ기도 世界中의 엇슴이오 變치안키 잘ᄒᆞ기도 世界中의 엇슴이오 變與不變 可痛일세

▲交際時代當ᄒᆞ여서 外國語를 비운 目的 外人交際이 아닌가 한人들은 엇지ᄒᆞ야 外國語를 畢業ᄒᆞ면 本國人을 對ᄒᆞ여도 外國語로 酬酌ᄒᆞᆯ제 사요나라 곤잇지와 外人바에란 語句로셔 握手点頭ᄒᆞ게 되면 開明으로 認定ᄒᆞ야 閭巷간의 婦孺ᄭᆞ지 此等惡習 盛行ᄒᆞ니 可痛ᄒᆞᆫ 일이 아닌가

▲改革時代當ᄒᆞ여서 思想이나 風俗이나 頑固腐敗ᄒᆞᆫ 것슬낭 壹新改良ᄒᆞ려니와 不變ᄒᆞ도 됴흔 일은 依舊遵守ᄒᆞᆯ터인대 婦人들은 日女머리 男子들은 男衣服으로 街路上에 橫行ᄒᆞᆫ즉 治容코저ᄒᆞᆷ인가 經濟코저 이러ᄒᆞᆫ가 他人所觀 可惜ᄒᆞ고 經濟上에 損害되니 可痛ᄒᆞᆫ 일이 아닌가

▲模倣時代當ᄒᆞ여서 棄短取長ᄒᆞᆷ이 第壹이라 他國人의 됴흔것은 본밧비 模倣ᄒᆞ야 내나라의 缺乏處를 補充進步ᄒᆞᆯ터인대 士農工商 四業中에 模倣ᄒᆞᆯ건 아니ᄒᆞ고 所用업ᄂᆞᆫ 文字들만 互相競爭 模倣ᄒᆞ야 御中이니 上랑이니 等 許多怪常文法 書函간에 成風하니 可痛ᄒᆞᆫ 일이 아닌가

▲經濟時代當ᄒᆞ여서 衣服飮食 日用事物 아못됴록 研究ᄒᆞ야 家國간에 利ᄒᆞ도록 擴張發達ᄒᆞᆯ것인대 全國內의 需用品이 全賴外人ᄒᆞᄂᆞᆫ것을 枚擧ᄒᆞᆯ수 업거니와 飮食으로 말ᄒᆞ여도 外國人의 料理들만 許多金젼 消耗ᄒᆞ야 旣辭且能ᄒᆞ망이면 文明人物 自處하니 可痛ᄒᆞᆫ 일이 아닌가

▲한人들아々々々 外人行動 엄허보라 在留한國 許多年에 한國風俗 模倣ᄒᆞᆷ을 諸君들이 보왓ᄂᆞᆫ가 外人으로 말ᄒᆞ며 上儒國中에 잇셔셔도 自國精神 지킈기를 더러타시 牢確ᄒᆞᆫ대 諸君들은 엇지ᄒᆞ야 自國內에 잇스면서 外國人의 그른風俗 ᄭᅳᆯ니가며 模倣하니 可痛ᄒᆞᆫ 일이 아닌가

廣告

本校附屬普通학校에서各학年학徒를今將募集ᄒᆞ니入학志願人은今月三拾壹日ᄭᆞ지入학請願書를提出ᄒᆞᆷ事

官立 **漢城師範學校**

●慶尙北道金山郡金泉面私立金泉廣興학校

設立者出資
安德壹 壹百圓 김道弘
石泰衡 文夏永 각五十圓
有志僉員義捐
本郡이마音陽 商業會議所
각五拾圓 南駿熙 權泰英
吳光돈 石泰元 김옥培
각壹百圓 裵壽昌 裵龍壽
각七十五圓 崔鎭台 리鍾衆
리相洛 한相鳳 張子賢
朴喜萬 각五拾圓 리鳳基
四十圓 方東植 五拾圓
崔聖九 卅ㅁ圓 黃壹河
陳景玉 각卅圓 한相泰
孫雲五 文武善 張錫俊
鄭完燮 文斗永 崔ㅁ植
黃鍾國 鄭在華 張긔遠
김致弘 裵相哲 洪景雲
宋始彦 리昶悅 裵文郁
朴成玉 각廿五圓 朴昌煥
정鍾太 趙聖道 김學瑞
김衡鎬 김東圭 文永周
리容鉉 文極明 趙致弘
尹永寅 文炳熙 鄭煥민
金五俊 각卄圓 崔炳祿 朴景七
金致ㅁ 崔光翼 朴尙熙 李成集
張ㅁ煥 裵璋喜 各拾五圓
金拜和 金德守 金聖必
金致萬 ㅁ聖化 全亨八
ㅁㅁ炳 朴鎬夏 李鍾寅
ㅁㅁ俊 文武樂 安士潤
ㅁ聖奎 曺化西 林鳳洙
김建西 朴相模 김云寶
成文和 裵錫熙 김銀洙
安子潤 ㅁ順九 崔允萬
朴載陽 朴世陽 裵順壹
黃奉瑞 洪士範 申士益
申致壹 裵南淑 徐芝華
鄭致順 김性道 鄭云西
文且益 申德雨 김致右
김致彦 리聖云 方元善
禹聖淑 林基準 한鎭서
各拾圓 裵國老七圓 김在鍊
朴春明 黃在謙 姜渭帆
文武君 林긔玉 리景帆
姜긔壹 崔錫柱 리允七
申在三 韓時仲 全文五
鄭子華 한鳳瑞 張學瑞 姜煥釆
全極老 全時競 安致永
林華先 張乙成 禹駿謨
한仲景 林基爽 김元秉
各五圓 崔順瑞 리雨鎭
김永植 김聖文 각三圓
김聖云 安義奎 白聖瑞
리啓善 朴元登 김德順
趙白元 各二圓 權哲洙
壹圓

國朝寶鑑을行將出板이오니印奉코ᄌᆞᄒᆞᄂᆞᆫ者ᄂᆞᆫ三月三拾壹日內로本閣監印所(敎化門外西邊前宗親府朝房)에來議請求ᄒᆞᆷ이可ᄒᆞᆷ但所入은左와如ᄒᆞᆷ
壹秩紙六拾九束拾九張
粧工價四圓九十錢
舊本이有ᄒᆞ야新撰만續成ᄒᆞᄂᆞᆫ者ᄂᆞᆫ
紙十四束七張
장工價壹圓貳拾錢
奎章閣

●測量製圖器械발賣
器械好品뿐아니라廉價로發賣ᄒᆞ옵고不完全ᄒᆞᆫ것이有ᄒᆞ면換付ᄒᆞᆯ깃슴니近郡僉員은購買ᄒᆞ심을爲ᄒᆞᆷ
京城永樂町宗門前
東京ㅁ谷川測量器ㅁ ㅁ舖
京城 北靑郡西門ㅁ 文店
ㅁ致和

純良ᄒᆞᆫ水를飮用ᄒᆞ오

諸君은疾病으로ᄒᆞ여곰苦惱를當ᄒᆞ셧ᄂᆞᆫ잇가
諸君은親友와愛子를永訣ᄒᆞ미有ᄒᆞ엿ᄂᆞᆫ잇가
諸君은恒常身氣가疲困ᄒᆞ고精力이勞損ᄒᆞ얏ᄂᆞᆫ잇가
純良ᄒᆞᆫ水를飮用ᄒᆞ시면此等苦難을免ᄒᆞ실이다
純良ᄒᆞᆫ水를決코飮用ᄒᆞ시고不良ᄒᆞᆫ井水ᄂᆞᆫ廢用ᄒᆞ시와災害를免ᄒᆞ시오
疾病과憂愁와苦難을作케ᄒᆞᄂᆞᆫ者ᄂᆞᆫ即不純ᄒᆞᆫ飮料水요年々히親友와愛子를千百名式殺傷ᄒᆞᄂᆞᆫ者도亦不良ᄒᆞᆫ水라ᄒᆞ노라
汲水商이純良ᄒᆞᆫ漢江水로만飮料水를供給ᄒᆞᆷ을決코注目ᄒᆞ오
汲水商이腕上에記号捺章ᄒᆞᆫ牌를掛ᄒᆞ얏슴을細察ᄒᆞ시오此牌가無ᄒᆞ면水道水를販賣ᄒᆞᆯ權利가無ᄒᆞ야곳諸君을欺瞞ᄒᆞᄂᆞᆫ者이오다
汲水商中에本會社号牌를腕上에掛有치아니ᄒᆞᆫ者가本會社共用栓에서給水를運搬或販賣ᄒᆞᄂᆞᆫ者ᄂᆞᆫ日本理事官三浦彌五郎시와警視總監丸山重俊시가承認ᄒᆞᆫ大韓水道會社別則第八條에照ᄒᆞ야非行賠償金貳拾圓을懲收ᄒᆞᆷ
此別則에對ᄒᆞ야違越ᄒᆞᄂᆞᆫ者를本會社에通告ᄒᆞ시면本社의셔懲收ᄒᆞᄂᆞᆫ非行賠償金에半額으로酬勞ᄒᆞ올이다
純良ᄒᆞᆫ漢江水를供給ᄒᆞᄂᆞᆫ方法과每月給水料와給水架設ᄒᆞᄂᆞᆫ工事費에關ᄒᆞᆫ事ᄂᆞᆫ鍾路大韓水道會社에來問ᄒᆞ시면詳細說明ᄒᆞ올이다
雙坊ㅁ內에在ᄒᆞᆫ會戶에셔同時에水道水를取用케되ᄂᆞᆫ境遇에ᄂᆞᆫ給水料金을特別히低廉케ᄒᆞ깃슴ᄂᆞ다
ㅁㅁ 大韓水道會社白

美國시아들大博覽會　미국시아들대박람회

請垂詳覽

電 報

美國시아들大博覽會ᄂᆞᆫ
大功을成ᄒᆞ겟슴나이다

美國시아들大博覽會에
大韓帝國物品의
唯一出品者ᄂᆞᆫ韓美興業株式會社ᄲᆞᆫ이외다

이쪽을날마다자세히보시오

廣告

平壤에在ᄒᆞᆫ東湖契ᄂᆞᆫ卽大同江岸의陸場ᄒᆞᆫ荷物及諸般運搬擔負役에從事ᄒᆞᄂᆞᆫ勞働部中인ᄃᆡ成契作團ᄒᆞᆫ이已爲二拾餘年이러니此契中任員卽什長李昌萬與佳寅李卿雲卞道恒金元昊김尙坤諸ᄂᆞᆫ多年什長으로蠶食勞働者之無識可欺ᄒᆞ고會計上에每多錯亂ᄒᆞ며壓制使役을無異奴隸ᄒᆞ기로勞働者等이合同ᄒᆞ야爲先會計文簿를調査ᄒᆞᆫ즉車佳寅의潛食ᄒᆞᆫ錢이合八百八拾兩은自服辦納ᄒᆞᆫ깃다ᄒᆞ얏고江邊各客主及各春精家僉員이勞働者의死葬疾病에互相救恤ᄒᆞᆷ에特附ᄒᆞᆫ每負荷物에葉錢五分式은右什長輩가昨年壹年間擔負ᄒᆞᆫ荷物合五萬六千九百三拾四負에盡爲收捧ᄒᆞ야壹千六拾六兩만會計에入錄ᄒᆞ고餘在壹千七百八拾七兩은潛食ᄒᆞ얏기請願于警察署ᄒᆞ고起訴于裁判所ᄒᆞ야卽爲徵捧ᄒᆞᆯ次로右李昌萬輩六名은爲先除名黜送ᄒᆞ얏기玆에廣告ᄒᆞᆷ

平壤東湖契勞働部中 告白

隋城[illegible]譜所ᄂᆞᆫ于加平梨谷里 金宗[illegible]東臨敬要

其益 光遠 告白

本人의昌原所在庄土를崔羽振이가白徵勒冤이라고本月十日本報廣告欄內에整理局減下指令이有ᄒᆞ다稱托橫竪이기該局에其理由를請願ᄒᆞᆫ즉初無是事라ᄒᆞ기玆에廣告ᄒᆞ오니崔羽振의僞邪挾雜은不在多辨ᄒᆞᆷ

吳衡根 告白

◎學員募集廣告

本校에셔第二回第壹學年學員을募集ᄒᆞ오니志願人은今月三拾壹日內로請願書를提呈ᄒᆞᆷ (請願紙ᄂᆞᆫ本校에請求ᄒᆞᆷ)

試驗日字ᄂᆞᆫ四月壹日下午壹時

試驗科目은讀書、作文、算術四則、身體檢査、年齡拾五歲以上三拾歲以下

但公私立普通科卒業證이有ᄒᆞᆫ人은免試ᄒᆞᆷ

開學日은四月拾壹日

中部校洞

私立西北協成學校

◎學員募集廣告

本塾에셔第四回學員을募集ᄒᆞ오니志願人은三月卅壹日(陰閏貳月初拾日)內로請願書를提呈ᄒᆞᆷ(請願紙ᄂᆞᆫ本塾에請求)

試驗日字ᄂᆞᆫ四月壹日(陰閏貳月拾壹日)上午拾時

試驗科目은漢文讀書 國漢文作文 算術四則 但公私立普通科卒業證이有ᄒᆞᆫ人은免試

資格拾五歲以上貳拾五歲以下身體健强者

隆熙三年三月拾壹日

北部觀峴 徽文義塾

▲女학員募集廣告▼

本학堂에셔今番에학員을增募ᄒᆞ오니志願人은四月[illegible]日內로請願書를提呈ᄒᆞᆷ

但請願紙ᄂᆞᆫ本학堂에請求ᄒᆞᆷ

入학에關ᄒᆞᆫ事項은前期來問ᄒᆞᆷ

開學日字ᄂᆞᆫ四月五日

西부貞洞梨花학堂

本人이陰二月七日에正字方圖章을見失이옵기自今勿施ᄒᆞᆷ

安州北面北松里 張允軾 告白

◎學員募集廣告

本校에셔第貳回學員을募集ᄒᆞ오니願學者ᄂᆞᆫ四月壹日內로請願書를提呈ᄒᆞᆷ

試驗日字ᄂᆞᆫ四月二日(陰閏貳月十貳日)

開學日字ᄂᆞᆫ仝月拾貳日(陰閏貳月貳拾貳日)

試驗科目은漢文讀書、作文(國漢文)算術四則、地誌歷史、年齡은拾五歲以上貳拾五歲以下

身體健康品行이端正ᄒᆞᆫ者

請願用紙ᄂᆞᆫ本校에請求ᄒᆞᆷ

各學年級授科目은如左

修身	中等修身 倫理學 心理學
國語	大韓文典 高等文典
作文	論文 日用書簡 論文記 序 公文書式
外語	英語 日語
漢文	古今文選 御定五經百選
歷史	東國史畧 中等萬國史
地理	大韓新地誌 中等萬國新地誌 地文學 天文학
數學	自四則至求積 代數 幾何 平三角 簿記
博物	高等小학理科 動物 植物 礦物 生理학 衛生학
理化학	新選小物理학 初等理化학 中等物理 中等化학
法制經濟	法학通論 經濟학
農학	農학入門 林業大要
商業	商業大要 水產大要
圖畫	自在畫 用器畫 地圖畫
音樂	單音唱歌 複音唱歌 樂器用法
體操	普通

隆熙三年三月拾八日

安州郡 私立協成安興學校告白

大韓仁川峴和平堂大藥房效神藥

阿片斷引丸

注 阿烟吸者ㅣ雖日刻이나日久則遂成錮引ᄒᆞ나於藥敗ᄒᆞ야不免夭死ᄒᆞᆫ니豈不哀惜ᄒᆞ리오故로本堂에셔盡心竭力ᄒᆞ고英藥秘方을透得ᄒᆞ야阿片斷引ᄒᆞᄂᆞᆫ大效가잇ᄂᆞᆫ藥을自製造放賣ᄒᆞ오니欲戒阿引者ᄂᆞᆫ契約服用ᄒᆞ시면若效驗이無ᄒᆞ면藥價를還呈ᄒᆞ깃사오니照亮ᄒᆞ시ᄋᆞᆸ

定價 壹劑八圓分金五圓 半劑八週分金三圓

胎產調經丸

婦人이帶病積病과月經不調로因ᄒᆞ야孕胎치못ᄒᆞᄂᆞᆫ데神效藥

壹份[illegible]劑金五圓

麝香消瘡丹

男女間楊梅遍珠下疳濕頭瘡의百[illegible]妙藥이오

定價甲金四圓乙金二圓五十錢

滋陽丸

男女間補氣補陽ᄒᆞ고元氣不足에[illegible]

定價每拾日分金壹圓八十錢

八寶丹

健胃消滯ᄒᆞ며口味를助ᄒᆞ며痰을消ᄒᆞ고神氣爽快케ᄒᆞᄂᆞᆫ靈藥이오 定價금十錢

此外에도東西洋各國名藥과德極上品金雞蠟이俱備ᄒᆞ오니陸續速注文ᄒᆞ시ᄋᆞᆸ

總발行所 仁川港[illegible]峴支店 京城鍾路[illegible]閣前

和平堂主 李應善

學部檢定

初等植物學 每課有圖 定價金三十錢

初등動物學

最新初等小學 每課有圖 定價金四十錢

文明國의小學讀本制度를模範ᄒᆞ야美[illegible]圖를具ᄒᆞ야四卷으로合製ᄒᆞᆫ 貳冊合製定價金五十錢

最新初等大韓地誌 定價金四十錢

最新高等大韓地誌 定價金七十錢

文明國의地誌制度를倣ᄒᆞ야[illegible]

初등大韓歷史

文明國의歷史制度를從ᄒᆞ야我國의[illegible]明王의[illegible]

國家思想學 定價金七十錢

忠臣烈士의影幀을具ᄒᆞ고

憲法要義 定價金二拾錢

國文大韓十三道遊覽 上下卷

京城[illegible]大[illegible]街 原賣所 玉虎書林

統五戶 黃海道[illegible]沙里院[illegible] 分賣所

◎共愛堂大藥房製造各種藥品發引表

壯陽復元丹 此藥專治腦與肺弱 房事色傷 心胃虛弱 遺精多夢 陽痿不起 病後虛弱 不下飲食 先天不足 眩暈頭痛 等症에並妙効가有ᄒᆞᆷ

修製靈丹 此藥能治滯症腹痛消化不良心神鬱悶 嘔吐 止嘔口熱 惡臭食慾不振等症에並神効

清眼水 專治一般眼病 紅痒眼疾 腦熱眼疾 差明流淚 眼內紅痒 等症 開瓶拾錢

解瘡至寶丸 專治諸般瘡疾 肥瘡 疥瘡 禿瘡 皮癬 諸般痒疹 等症

神効液 專治皮膚諸症

涌淋丸 專治五淋急慢淋疾 赤白帶下 膀胱炎症 等症에神効ᄒᆞᆷ

神應丹 專治梅毒 楊梅瘡 下疳 等症

清脾丸 專治小兒一般腹痛 脾胃 虛弱 等症에大有奇効

養胃散 專治久滯 積滯 吞酸 吐瀉 霍亂 胃腹痛等症에奏效如神

治痰鎭咳丸 專治大人小兒 咳嗽 喘息 痰結等症

消熱散 專治感冒 咽喉疼痛 頭痛 發熱 四肢痛 等症

清耳液 專治耳病 耳痛 耳鳴 重聽 等症에神効

妙妙膏 專治百般 腫物 手足 部 疼痛 跌打損傷

能治膏 專治各種 腫氣 小兒胎毒 무스럼 瘰癧 等症에神効

大腫拔根膏 大小腫에根拔 解凝膏

寸虫去根藥 價금十錢 齒痛水

止泄丸 滯泄暑泄에神効 痢疾藥 赤白痢에神効

各種上等[illegible]劑、東西洋有名賣藥이具備ᄒᆞ오니請求에依ᄒᆞ야小包로隨應ᄒᆞ겟ᄉᆞᆸ

發行所 皇城南部大廣橋十九統七戶 共愛堂大藥房

漢城鍾路[illegible]惠藥房에셔官許拜受ᄒᆞᆫ二十三種封藥과舊藥材와草材를大發賣ᄒᆞ고且石版印刷機械

第七卷

第一千五□號

大韓每日申報

月曆及時日暨休刊節

檀君開國四千二百四十二年
箕子元年三千三十一年
大韓開國五百十八年
日本明治四十二年
淸國宣統元年
陰曆己酉閏二月小初四日甲申

Responsible for Publication Alfred Weekley Marnham.
發行兼編輯人英國人萬 咸
發行所 京城石井洞□外地三層洋屋家 大韓每日申報社

論說

◉乾元節頌

本日은
大韓帝國大皇帝陛下의乾元慶節이라洪惟 陛下ㅣ三十六年前是月是日에誕生ᄒᆞ사隆熙元年에聖禪을受ᄒᆞ야皇極에御ᄒᆞ시니國威ᄂᆞᆫ六洲에將拂ᄒᆞ깃고邦독은萬世를可期ᄒᆞᆯ지라於戱休哉라是月是日이여於是乎肇을抽ᄒᆞ야謹頌曰

三角이瑞氣를鍾ᄒᆞ고
漢水에淸運이回ᄒᆞ야
甲戌年新月斯日에
聖人이誕生ᄒᆞ시니
日月이重光ᄒᆞ고
臣民이咸化로다
稽首再拜하고
聖壽를祝ᄒᆞ니
如松栢ᄒᆞ고
如岡陵이라
猗ᄒᆞ고도
休ᄒᆞ도다

錦又ᄐᆞᆫ半島에
文ᄒᆞ고武ᄒᆞ신太祖가
帝國을創建ᄒᆞ시고
漢陽에定鼎ᄒᆞ시니
寶독이益昌ᄒᆞ고
聖神이相繼로다
稽首再拜ᄒᆞ고
皇室을祝ᄒᆞ니
萬々年이오
萬々世이라
猗ᄒᆞ고도
盛ᄒᆞ도다

[illegible]

二千萬檀君의種族이
忠君心愛國誠으로
大活動大進步ᄒᆞ니
精神이日新ᄒᆞ고
實力이日新이라
稽首再拜ᄒᆞ고
國民을祝ᄒᆞ니
日文明ᄒᆞ고
日富强이라
猗ᄒᆞ고도
壯ᄒᆞ도다

官報

▲隆熙二年 十二月三日 官報

▲部令

學部所管日本國留學生規程을左ᄀᆞᆺ치定ᄒᆞᆷ (續)

第五條 官費留학生을被命ᄒᆞᆫ者ᄂᆞᆫ受命日로부터二拾日以내에居留地를出發ᄒᆞ야到着ᄒᆞᆫ後ᄂᆞᆫ迅速히留學生監督에게報告ᄒᆞᆷ이可ᄒᆞᆷ

第六條 留學生監督은官費留학生의入학ᄒᆞᆯ학校를指定ᄒᆞᆷ이可ᄒᆞᆷ

第七條 官費留學生에게ᄂᆞᆫ別表에依ᄒᆞ야往復旅費束裝費學資並及滯在費를支給ᄒᆞᆷ但學資金과滯在費ᄂᆞᆫ重疊支給치아니ᄒᆞᆷ

前項의學資金은학校納付金寄宿料被服費及圖書器械費에分ᄒᆞ야학校納付金은實費로써支給ᄒᆞ고其他ᄂᆞᆫ留학生監督이학校의種類及학校所在地[illegible]

[illegible]撰擇에其學資支給額이不同ᄒᆞᆫ時ᄂᆞᆫ其入학日ᄭᆞ지從來의학資金을支給ᄒᆞᆷ

第壹項外에必要로認ᄒᆞᆫ時ᄂᆞᆫ實費로써治療費修학旅行費及入學願하에要ᄒᆞᄂᆞᆫ旅費를支給ᄒᆞᆷ (未完)

外報

●戰爭準備 伯林電을據ᄒᆞᆫ則塞爾維亞及몬테늬그로國은戰爭을急々準備ᄒᆞᆫ다더라

●徵兵暴行 倫敦電을據ᄒᆞᆫ則露國노ㅣ에부레마新聞에日徵兵壹千五百名이高加索지야루ᄒᆞ아地方에進軍ᄒᆞᄂᆞᆫ中에拾個村落을燒燼ᄒᆞ고四個村의露國民은該兵士의게虐殺되얏다고ᄒᆞ얏더라

●淸德協約交涉 香港電을據ᄒᆞᆫ則北京確報에日淸德協約交涉은北京中央政府에서現今着々進行ᄒᆞᆫ다고ᄒᆞ얏더라

●露艦出發 伯林電을據ᄒᆞᆫ則露國黑海艦隊ᄂᆞᆫ波斯를向ᄒᆞ야出發ᄒᆞ얏다더라

●英德爭權 北京電을據ᄒᆞᆫ則德國은越漢鐵道借欵에對ᄒᆞ야英國과利權을爭ᄒᆞ고因ᄒᆞ야淸國政府에對ᄒᆞ야强硬ᄒᆞᆫ態度가有ᄒᆞᆫ다더라

●土民暴亂 伯林電을據ᄒᆞᆫ則獨逸領地사모아島土民이大暴亂을起ᄒᆞ얏ᄂᆞᆫ故로東양艦隊三隻을派遣ᄒᆞ얏다더라

詞藻

●乾元節慶祝歌

天地大白明ᄒᆞᆫ、大한帝國聖[illegible]大極國旗높흔곳에、乾元節을[illegible]

[illegible]

雜報

●天恩施盛 海豊府院君尹澤榮氏를日昨에自 上으로 命招ㅎ옵셔其負債額數를 下問ㅎ옵셧다ᄂᆞᆫ說은已爲報道ㅎ얏거니와其負債額을自內藏院으로排劃給與ㅎ라ᄉᆞᆸ신 處分을下ㅎ옵셧다더라

●顧問起復 宮中顧問官 允用氏가其母親喪을遭ㅎ얏더니起復行公ㅎ라신 勅敎를 奉承ㅎ얏다더라

●軍部將廢 近日閭巷傳說을聞ㅎ즉軍部를將次廢止ㅎ고軍務局만內閣에附屬ㅎ다더라

●伊藤困難 伊藤統監이韓國ㅎᆫ後로各政黨과民黨이該氏의對韓政畧이不端不善ㅎ다擧皆論駁ㅎᄂᆞᆫ故로該氏가尙在困難中인대還任ㅎᆯ期限은杳然無日이라ᄂᆞᆫ說이有ㅎ다더라

●其瓜亦苦 總理大臣李完用氏가本來自已心中에무合不平ㅎᆫ事가有ㅎ면其手瓜를以齒로嚼之ㅎᄂᆞᆫ例症이有ㅎ더니近日該氏가有何不平事인지其嚼瓜症이太發ㅎ얏다더라

●東拓宴會 拓殖會社에서來月三日에北闕內경會樓에서開會式을擧行하기로預定ㅎ고總理以下各部大臣과內外국高等官에게請牒을發送ㅎ얏다더라

●運動何多 壹進會에서ᄂᆞᆫ近日에何等運動이有ㅎᆫ지日本에滯在ㅎᆫ宋秉畯의게電報를逐時발送ㅎ며壹般會員이奔走無暇ㅎ다더라

●往還延期 日本觀光團에入參ㅎᆫ諸氏가來四月十日頃에發程ㅎ야往還期限은貳拾日로酌定ㅎ얏더니更히四拾日로延期ㅎ얏다더라

●本々過多乎 中樞院에서文則現館에對ㅎ야議長以下壹般官吏가救恤金을募集ㅎ얏ᄂᆞᆫ데合額이二十二圜三拾六錢이라더라

●賣花放花 前漢城判尹金永振氏가自已家에有名ㅎᆫ花盆數千個價値를取品ㅎ얏더니近日財政이窘拙ㅎ야該花盆을放賣ㅎ기로각處에紹介ㅎ며自已에同居하던別室二人도不得已別送ㅎ얏다더라

●知機逃躱 近日度支部에서公貨欠逋ㅎᆫ前郡守를這々調查ㅎ야韓觀廳에送交ㅎ야到底捉囚ㅎ다ᄂᆞᆫ事로已爲報道ㅎ얏거니와更聞ㅎ즉前郡守李龍九김天洙尹胄榮三氏가此消息을得聞ㅎ고日前에逃躱ㅎ야行衛가不明ㅎ다더라

●犯逋潛身 前郡守李稱翼氏가智島郡守在任時에巨額의公錢을欠逋ㅎᆫ故로近日에潛身隱避ㅎ얏다더라

●減又增 近日한國巡查를多數히減額ㅎ다ᄂᆞᆫ說은前報에已揭ㅎ얏거니와更聞ㅎ즉不日간日巡查가多數渡來ㅎ리인대各警察署의配置視務케ㅎ다더라

●土地整理會議 度支部國有財產整理局에서ᄂᆞᆫ各地方에測量隊出張所主任을召集ㅎ야昨日부터壹週日을爲限ㅎ고土地整理에關ㅎ야會議ㅎᆫ다더라

●露貴族視察 露國貴族院議員子대ᄊᆞ메와氏ᄂᆞᆫ夫人을同伴ㅎ고二拾二日大連을出發ㅎ야仁川을經ㅎ야京城을視察ㅎ고日本에向ㅎ리라더라

●民不賴生 近日에所謂軍司令部偵探者들이或說은義兵과干連이有ㅎ다ㅎ고或說은紙幣를僞造ㅎ다ㅎ고百種荒說로無辜人民을多數捕捉ㅎ야[illegible]辱者가不可勝數인딕此等偵探者들仍若罔之ㅎ면無辜良民이益死乃已라고輿論이藉々ㅎ다더라

●商民注意 各地方商民들이發論ㅎ고外國人小賣商에게ᄂᆞᆫ無論某物品이던지壹切購買치아니ㅎ고本國小賣商의게互相貿易ㅎ야商業發達ㅎᆯ目的을競爭ㅎ기로壹層注意ㅎᆫ다더라

●江倅治辭 江華郡居閔丙旭氏가故判書閔斗鎬氏의舍音으로廉犬의狀態를作ㅎ야該郡人民의田土를抑奪ㅎᆫ事로多年抱冤ㅎ얏던諸氏가維新時代를當ㅎ야伸冤訴狀이다至ㅎᄂᆞᆫ中東門內鄭基全氏의田土拾五斗落을閔丙旭氏의게見奪ㅎ얏다가鄭氏의告訴와証據로該土를還尋ㅎ얏ᄂᆞᆫ대該郡守韓永福氏의治績이神明ㅎᆷ을無不稱頌ㅎᆫ다더라

●投票不公 西來人의確報를據ㅎ즉三月十二日平壤農工銀行重役推選時에元容德氏等四人이各處支店株主代理委員을指嗾ㅎ야票數를多得ㅎ고重役被選이되얏스나히委員들이追後詳聞ㅎ더니該重役의身分과財產이不合ㅎᆷ으로後悔莫甚ㅎᆷ뿐더러各株主가大端怫鬱ㅎ야度支部에將次呼訴ㅎᆫ다더라

●洪家悲境 苑洞居洪宗憲氏가洪在祜氏와田畓事로被囚된지四五朔에裁判所에서歸決이無期ㅎᆫ故로該氏家眷이散在各處에呼哭道路ㅎᆷ은目不忍見이라더라

●觸處挾雜 大韓水道會社에서家庭內汲水栓을勸誘ㅎ기爲ㅎ야日本人居留地에ᄂᆞᆫ甲瑞米助를勸務員으로雇置ㅎ얏ᄂᆞᆫ데該會社收入金五百餘圓을盜食ㅎ거시發覺이되야該社에서該日人을爲先解雇ㅎ고今明간警察署로捉囚하라고決定ㅎ얏다더라

●商會移設 商業會議所에在ㅎᆫ商品陳列所를他處로移設ㅎᆯ터인故로日前부터該陳列所門을廢鎖ㅎ얏다더라

●脫網高飛 義兵將劉尙順氏가鐵山等地에서去月廿八日에한日巡查四名이警察署로結縛捉去ㅎᄂᆞᆫ中路에서劉氏가縛繩을斷ㅎ고巡查의軍刀를奪ㅎ야左衝右突에巡查壹名은重傷ㅎ고三名은微傷ㅎ얏ᄂᆞᆫ대劉氏ᄂᆞᆫ不知去處라더라

●義將入京 京畿道長湍郡에서義兵大將金洙敏氏가去二拾日에秘密히入京ㅎ야銃器其他物品을多數購去ㅎ얏다더라

●泰安鳳塵 本月拾九日頃에忠淸南道泰安郡西北方에서義兵九拾餘名이該郡에駐在日守備隊兵과猛烈히交戰ㅎ얏ᄂᆞᆫ데死傷은未詳ㅎ다ᄂᆞᆫ傳說이喧藉ㅎ더라

●積賊待主 中部警察署에서賊한의贓物을多數積置ㅎ고각主人의推去ㅎᆷ을待ㅎᄂᆞᆫ대各種양服洋鞋及時計等屬이라더라

●江西賊警 江西郡沙陽坊에賊한二名이突入放銃ㅎ며錢財를奪去時에壹洞人民이應聲出來則賊한이放銃ㅎ야里人二名이重傷ㅎ얏다더라

●洋服賊漢 龍岡郡東村五井面直洞居ㅎᄂᆞᆫ林來설시家에何許양服ㅎᆫ少年貳人이來ㅎ야전錢千兩을出ㅎ라ㅎ고催促ㅎᆯ時에壹洞人民이會集退却ㅎ얏다더라

●民會擴張 海州郡民會ᄂᆞᆫ設立된지八九朔에事務ᄂᆞᆫ浩繁ㅎ나財政이窘拙ㅎ야有志者의義欵ㅎᄂᆞᆫ바러니該郡內諸鄉約中父老십餘人이相議ㅎ되吾儕가維新時代를當ㅎ야舊規만墨守ㅎᆷ이不可ㅎ다ㅎ고壹齊斷髮ㅎ야民會를進就케ㅎ기로同盟ㅎ고鄉約에所有財產及文簿를壹切引繼ㅎᆫ이壹郡人民이觀感興起ㅎ야會務가益益擴張ㅎᆫ다더라

●中央總會 大韓中央學會에서通常總會를本月貳拾七日下午壹時에該會館內에지ㅎ고事務를處理ㅎᆫ다더라

●靑會演說 今日下午七時三拾分에鍾路靑年會館에서紳士李商在氏를請邀ㅎ야時期란問題로演說ㅎᆫ다더라

學界

●任氏熱心 平山郡財務署主事任台埏시ᄂᆞᆫ夜학校를自擔設立敎授ㅎ얏더러該郡私立永豐學校에資本이困乏ㅎ여廢校됨을慨歎ㅎ고晝夜紛走ㅎ야同胞의親不親을勿論ㅎ고何處에서던지義捐ㅎ기를熱心勸勉ㅎ야二三圜式이皆爲寄附ㅎᆷ으로五六日內에捐金이數百餘圜에達ㅎ야永久維持케되얏다더라

●鳳鳴大鳴 价川郡鳳鳴學校ᄂᆞᆫ該郡々守韓康炳과玄子奭씨延俊金順玉諸氏가熱心管轄ㅎᆷ으로敎育程度가日益進就ㅎᄂᆞᆫ대夜學校를又爲新設ㅎ고閑散子弟와實業人을勸喩入학케ㅎ야使此境人으로無不敎育하니該氏等은可爲敎育大家라고壹境이喧頌ㅎᆫ다더라

●妙年壯志 義州北化面張齊시씨ᄂᆞᆫ年今二十歲인대本是敎育上에熱心이有ㅎᆫ人이라該郡養實학院에金貨六百圜을捐付ㅎ얏다더라

●僧侶[illegible] 南長寺南明學校ᄂᆞᆫ設立不久에學員이六十餘名에達ㅎ고敎師金相淑시가熱心敎育ㅎᄂᆞᆫ대愛國思想四字ᄂᆞᆫ種々討論ㅎ민故聽ㅎᄂᆞᆫ者가無不贊成ㅎᆫ다더라

◎威荷義捐

南部大坪坊水下洞居ㅎᄂᆞᆫ有志紳士李丙豹氏가金壹圓을本社에寄付하얏기로玆에感意를表ㅎ노라

◎慶節休刊

本日은韓國 大皇帝陛下 乾元節인故로慶祝ㅎ기爲ㅎ야壹日을休刊ㅎᆷ

▲地方消息▼

▲本月二拾日抱川郡西方約三十里地에서義兵流拾名이積城郡日守備隊上等兵以下八名과交戰ㅎ얏다하고

▲本月拾五日積城郡紐山里東北方約二十五里造山里附近에서義兵三拾名이奇山里分遣所日憲兵과交戰하얏다ㅎ고

▲本月九日정善郡西남方約五拾里地에서義兵貳十四名과江道擺洞分遣所日憲兵二名及補助員四名과交戰ㅎ얏다ㅎ고

▲本月十四日慶尙南道陜川郡西南方二十里地에서義兵三拾餘名이同郡分遣所日憲兵四名及補助員七名과交戰ㅎ얏다더라

▲特別慶祝▼

▲大한江山너른곳에隆熙日月밝엇도다오날은何日인가乾元慶節되얏시고慶祝歌와萬歲聲무歡大喜뻐壯ㅎ도다國家情形생각허보니無限感情절노나네[illegible]者와[illegible]로特別慶祝ㅎ여보세

▲慶祝ㅎ세々々々々聖壽萬歲慶祝ㅎ세仕宦界의官吏들아平日行爲성각ㅎ면盡國病民ㅎ얏거니實地업시虛名으론何面目에慶祝인가民國事에獻身ㅎ야轉危爲安目的으로實地慶祝ㅎ여보세

▲慶祝ㅎ세々々々々國家興復慶祝ㅎ세敎育界의靑年들이國家地位성각ㅎ면累卵之勢急ㅎ거니實地업시虛名으론何景況에慶祝인가熱心으로工夫하야文明富強目的으로實地慶祝ㅎ여보세

▲慶祝ㅎ세々々々々民權擴張慶祝ㅎ세社會上의人士들아諸君責任回思ㅎ면改良發達杳然거니實地업시虛名으론何興味에慶祝인가好個方針研究ㅎ야完全成立目的으로實地慶祝ㅎ여보세

▲慶祝ㅎ세々々々々財政經濟慶祝ㅎ세實業界의諸公들아金融枯渴ㅎ엿ᄂᆞᆫ데涸鮒之困甚ㅎ거니實地업시虛名으론何筋力에慶祝인가[illegible]憤發整理ㅎ야豊富饒足目的으로實地慶祝ㅎ여보세

▲慶祝ㅎ세々々々々生命保護慶祝ㅎ세全國內의人民들아地方情形聽聞ㅎ니腥風血雨悽凉거니實地업시虛名으론何精神에慶祝인가互相救恤ㅎ야太平烟月目的으로實地慶祝ㅎ여보세

▲慶祝일세々々々所願成就慶祝일세各方面을勿論ㅎ고한字로그은듯시둥굴[illegible]막은듯시壹心으로團合ㅎ야太極國旗飄拂風에國威國光발揮ㅎ고十歲千歲萬歲萬々歲를慶祝일세

社告

本支社를左記兩郡에設置하고玆에仰佈하오니該兩郡附近地에셔本報를愛讀하실 僉君子는左開兩氏에게請求하심을務望

清津港新岩洞 張元浩
雲山北面橋洞 王冕儀

大韓每日申報社

廣告

通商總會를本月二十七日土曜下午一時에本會館內에셔開하겟사오니 僉會員은屆期來臨하시옵

大韓中央學會

本會特別總會를今二拾七日土曜下午七時에廟洞咸興夜學校로開하오니咸興夜學校第壹回學生僉員은來參하시되不參하시면會員으로不認홈 敦睦會

本人家舍는買得於文成培處而文哥先此典劵於日人福留郁太郞處하와기典債를辦償하고欲推家劵則福田이가趁未出給하[illegible]事로鳴訴于大邱[illegible]則福係하와福田을招致[illegible]田이가家劵이現在他處라하고覓爲待令하마하고即逃不現하오니內外國人은知悉홈

北部孟峴拾三統拾貳戶 [illegible]永奎

西洋砂果苗木出賣廣告

右外各苗木을賣하오니願買人은長橋福祉房으로至來購홈

[illegible] 告白

萬里峴居韓雲경시가前洞長朱寅植시를符同하야[illegible]本人의田土가아니라稱云景所居家떠인데的確한文劵을찾기로初不現出하얏더니該동長이疑其無據하야한시家屋幾間을捺章한온바本人이起訴하얏더니自洞中으로該人의文劵을强請하와謬賣歸正홈이오洞長及該所任이誣告홈을毫無하기玆에辨白홈

鄭錫祚 白

純良한水를飲用하오

諸君은疾病으로하여금苦惱를當하실잇가

諸君은親友와愛子를永訣하미有하엿습닛가

諸君은恒常身氣가疲困하고精力이勞損하엿습닛가

純良한水를飲用하시면能히苦難을免하실이다

純良한水를決코飲用하시고不良한井水는廢用하시와毒害를免하시오

疾病과憂愁와苦難을作케하는者는即不純한飲料水요年々히親友와愛子를千百名式殺傷하는者도亦不良한水라하노라

汲水商이純良한漢江水로만飲料水를供給하옴을決코注目하오

汲水商이腕上에記号捺章한牌를掛하얏슴을細察하시오此牌가無하면水道水를販賣하옴을[illegible]利가無하야곳諸君을欺瞞하는者이오다

汲水商中에本會社号牌를腕上에掛치아니한者가本會社와共用栓에셔給水를運搬或販賣하는者는日本理事廳三浦彌五郞시와警視總監丸山重俊시가承認한大韓水道會社別副第八條에照하야非行賠償金을徵收하옵

此別則에對하야違越하는者를本會社에通告하시면本社의셔懲收하는非行賠償金에半額으로酬勞하올이다

純良한漢江水를供給하는方法과每月給水料金과給水架設하는工事費에關한事와路次한水道會社에來問하시면詳細說明하올니다

豐坊城內에有한各戶에서同時에水道水를取用케되는境遇에는給水料金을特別히低廉케하깃습니다

有限責任 大韓水道會社白

美國시아들大博覽會 ☞ ☜ 미국시아들대박람회

請要詳覽

本會社가新成立홈以來로諸多草創하오며世人이詳解치不能하야疑惑을抱한者ㅣ或有하더니今에는漸次로本社의目的과行動이世界에宣布되야多大한同情을得하야事務가就整頓하오니喜幸이외다本社의目的即成立의原因은前告홈과如히韓美兩國商業上連絡의親密홈을創造하고저홈이오니本社에셔此目的에對하야少有疎忽이면此는即本社에셔信用을自拋홈이로다

美國시아들市는와싱톤道에在한太平洋沿岸에重要한商業的都會地이온뒤本年六月壹日로부터該市에셔萬國大博覽會를開하옵나이다

此大博覽會의費金은二千萬圜의巨額이오며出品物種의價額은壹億萬圜에達하오며其設費의宏大홈과出品의壯麗홈을可히想像할지로다

該博覽會地段은三拾萬坪이온뒤十二大建築의出品陳列館과其他多數한家屋을建築하얏스니空前絶後한壹大博覽會라可稱할지며太平洋에關係한諸國은出品치아니한國이無하오이다

然이나該博覽會에韓國物品도陳列될지否다韓國政府의出品을預備한다는事를未聞하얏습니다然이나民間에셔經營한다는言도無한바前陳홈과如히本社의名稱으로만看하더리도韓美兩國商業關係를擴張홈은本社의義務요責任이라本社는韓國을爲하야시아들大博覽會에出品[illegible]各處로부터會集하는累百萬人에게韓國物產及手造品을縱覽케하며對却도하야韓國에셔工藝良美術의技能이有홈을廣布하야此[illegible]의功效로한國商工業을開發홈이오니此는本社에셔此博覽會에出品홈이韓國의永遠한幸福이되겟사외다

本社에셔出品時에韓國僉彦中에勿論某物하고本社에委任하실境遇라도盡心處理홈이외다() 該[illegible]하고本社에셔今回出品홈이[illegible]이어니

壹 全世界에對하야韓人이能製造하며能有爲홈을表示홈이오 二 韓國物品의美益이聯絡로輸出하야商業上利益을增進홈이니

本社는已就擬定하고漸益鞏固하야水火라도不能侵하게되오나然이나現今實力으로經營키姑難하와如左히方法을決定하얏는뒤迄于今[illegible]本社[illegible]株(每株拾圜)以下의株金[illegible]하오니此規則을將來에도履行하깃사오나特別한境遇에[illegible]特別한方法을應用홈이必要하기[illegible]國民의代表로[illegible]倍利益을獲得[illegible]博覽會의出品을盛大히하며衆人의心[illegible]爲하야限壹千株하고千株以內雖壹株라도株金으로[illegible]此出品物은利益으로[illegible]利[illegible]此에對한利益配當[illegible]博覽會의閉會한後에는即[illegible]分配하게될計劃이오며此機[illegible]美國에韓國物品을引進[illegible]多한[illegible]利益配當을分排하게될的確[illegible] 僉彦은該附近에在한本社代理人(氏名在下)과通信送金하야代理[illegible]臨時領受證을領受하시거나本社와直接으로[illegible]銀行或郵換으로送金하시면本社의株劵을即[illegible]하시오此는大利益이[illegible]不是라即僉彦이[illegible] 僉彦의壹家에對하야[illegible]義務라可稱할지라本社에서出品物을準備하기[illegible]費하깃는故로株金領受期限은[illegible]三十一日內로定하깃습고[illegible]株以下의株[illegible]請求謝絶하깃습나이다

以上仰陳홈에對하야詳細한說明을更知코저하시는僉彦은本社에[illegible]通信하시되速々히하시고少勿遲延하시옵

大韓帝國의商業及工業의宏大히振興홈을顒祝하는

[illegible]美[illegible]業株式會社 謹啓 大韓京城郵便局郵函第四拾号

(美國이의소나州法律로認可를韓美國總領事館登錄)

本社의各處代理人의氏名은如左홈

開城代理人	開城南門內雜貨商店	金聚富
咸興代理人	咸興西門外	盧旻洙
元山代理人	元山港	金以文
水原代理人	水原北部長安동	金유東
沙里院代理人 位置未定	漢城東部蓮拾里旺新學校內	邦元重
海州代理人 位置未定	漢城西部麻浦二拾二統五戶	吳惟泳
群山代理人	群山太井洞	韓相益
大邱代理人	大邱新田里五十八統七戶	李相召
江景浦代理人 位置未定	西部龍山坊東幕中契廿七統貳戶	李寬浩
長湖院代理人 位置未定	陰城城山里	權泰錫
木浦代理人	木浦南橋洞	玄德鍾
平壤代理人	平壤大南門內店洞	鄭基煥
馬山浦代理人	馬山浦客主	孫錫宇
清津代理人	清津港	張樂臣
安州代理人 位置未定	水原北部長安洞	김유東
金堤代理人 位置未定	漢城中部外相思洞貳統三戶	李孝稙
天安代理人 位置未定	水原北部長安洞	尹聖求
全州代理人 位置未定	漢城西部阿峴二百廿二統三戶	俞徵聲
釜山代理人 位置未定	馬山浦午山里拾壹統九戶	辛相淑
麻浦附近代理人	西部麻浦貳拾五統三戶	李鍾駿
永同代理人 位置未定	漢城壽洞貳統壹戶	安[illegible]의

이쪽을날마다자세히보시오

廣告

測量製圖械器發賣

器械好品뿐아니라廉價로發賣ᄒᆞ옵고不完全ᄒᆞᆫ것이有ᄒᆞ면換付ᄒᆞᆯ지오니遠近郡僉員은購買ᄒᆞ심을爲ᄒᆞᆷ

京城永樂町赤門前

東京神谷川 測量器械舖

京城 支店

北靑郡西門外 張敬和

本人에게叔이去丙午五月分不幸棄世ᄒᆞᆫ에門內本派人을會集ᄒᆞ시고遺言曰自己產業本洞所在家屋三間과沓拾貳斗落과田五日耕을以曾祖ᄉᆞ父年父香火條로付之門中ᄒᆞ신말ᄉᆞᆷ이鉅有屬耳이온ᄃᆡ後妻ᄒᆞᆫ시가嫁來時에率入ᄒᆞᆫ前夫之女를極力補給ᄒᆞ고啟宗土를暗欺本人ᄒᆞ고盜買코져ᄒᆞ기永保爲祖爲香火之意로發表시기고玆以廣告ᄒᆞᆷ

平北龍川南市

黃龍憲 告白

◎學員募集廣告

本塾에셔第四回學員을募集ᄒᆞ오니志願人은三月廿壹日(陰曆貳月初拾日)內로請願書를提呈ᄒᆞᆷ(請願紙ᄂᆞᆫ本塾에請求)

試驗日字ᄂᆞᆫ四月壹日(陰曆貳月拾壹日)上午拾時

試驗科目은漢文讀書 國漢文作文 筭術四則 但公私立普通科卒業証이有ᄒᆞᆫ人은免試ᄒᆞᆷ 資格拾五歲以上貳拾五歲以下身體健强者

開學日字四月拾壹日

北部觀峴徵文義塾

◎學員募集廣告

本校에셔第一回第壹學年學員을募集ᄒᆞ오니志願人은今月三十壹日內로請願書를提呈ᄒᆞᆷ(請願紙ᄂᆞᆫ本校에請求ᄒᆞᆷ)

試驗日字ᄂᆞᆫ四月壹日下午壹時

試驗科目은讀書、作文、筭術四則、身體檢査、年齡拾五歲以上三拾歲以下

但公私立普通科本業証이有ᄒᆞᆫ人은免試ᄒᆞᆷ

開學日은四月拾壹日

中部校洞

私立西北協成學校

大邱郡養成學校內에私立測量講習所를設立ᄒᆞ와生徒七拾貳人을募集ᄒᆞᆫᄃᆡ所長徐鳳綺 敎師裵澄孫炳민 徐丙和 總務楊孫리諸시ᄂᆞᆫ敎育上에大端注意ᄒᆞ야測量科程에恪勤勉勉ᄒᆞᆷ뿐不啻ᄒᆞ며贊成長崔正尉崔在익시ᄂᆞᆫ敎科方針에壹層注意를加ᄒᆞ야逐夜勤勉ᄒᆞ고該所內에六個月燈油를自擔補助ᄒᆞ야卒業ᄒᆞᆫ生徒가五拾壹名에達ᄒᆞ얏ᄂᆞᆫᄃᆡ各員의精神力으로學業이成就ᄒᆞᆷ이기玆에廣布ᄒᆞᆷ

楊夏甲 김讚沃 尹光奭 沈廷燮 徐丞魯 石海秦 申濟철 具찬會 리泰昇 裵聖澤 리在完 洪必欽 郭佺영 徐鎭五 白南皓 김潤殷 ㅎ南英 ㅅ東煥 朴炳珣 洪亭洛 宋寅한 리三植 鄭弘瀚 崔南周 徐章煥 趙鏞히 崔相燁 金鳳圭 김賢 김基淵 郭鍾擇 김康植 辨洛 文永福 徐鶴允 崔震默 文永설 金爽鹹 徐鎭馨 김河선 朴洙玉 柳鎭碩 洪용燮 具壹書 朴東熙 리根友 徐丞準 리文植 殷錫杓 金汀杞 金戰哲等白

◎學員募集廣告

本校에셔學員을增加募集ᄒᆞ오니志願人은四月五日(陰閏二月十五日)內로請願書를提呈ᄒᆞᆷ

年齡은十歲로至十八歲

北部大安洞私立光東學校

德溫宮에셔去丙庚寅年에黃海道康翎郡龍淵面斗頭坪內에畓拾貳石落과田十五日耕을有ᄒᆞ얏ᄂᆞᆫᄃᆡ其時에該地附近民有田답을官基址라ᄒᆞ고收稅로名目ᄒᆞ야每結壹員上에正租二斗二升式勒捧ᄒᆞ더니去巳卯年分에至ᄒᆞ야稱以漢城府立旨ᄒᆞ고壹坪田畓을據欲奪秋收라가因民訴未就ᄒᆞ고依前捧稅가至今八年이라洞民이當此百度革新之時ᄒᆞ야欲伸抑鬱에擧訴於海州地方裁判所ᄒᆞ야呼冤壹士兩稅則德溫宮對訴가 경淑君主房下賜結貳百結을買得ᄒᆞ여稅納이라ᄒᆞ니堂々國結을買者誰며買者何人고此等法外之亂과不聚之態으로對質이무엇시며且所買二百結이면三千里를窮ᄒᆞᆯ지라도張旁準捧ᄒᆞᆯ지止捧ᄒᆞᆫ頭坪十餘結은乃貪夫廉耶아噫라居位者之爾後立志가事以剝民爲師ᄒᆞ야上以欺君ᄒᆞ고下以感民ᄒᆞ니國其不寒心이며奈何無今日之事乎아亦宮之非理ᄂᆞᆫ姑舍ᄒᆞ고壹士兩稅ᄂᆞᆫ訟案이自在ᄒᆞ니個中有何端인지洞民을落稅ᄒᆞ고訴訟費三分壹에處判ᄒᆞ미洞民들이不勝抑鬱ᄒᆞ야更히控訴ᄒᆞ여至於何競이라도期於歸正이옵기玆以廣告ᄒᆞᆷ

康翎郡洞民等 白

本講習所開學은陰閏月八日로科目은敎育物理筭術日語測量科로定인바有志僉員은入學爲望ᄒᆞᆷ

平壤協成書館內在ᄒᆞᆷ

大邱愛國婦人會에셔孤兒院設施ᄒᆞᆷ은已往揭載ᄒᆞ얏거니와大抵我韓婦女의財政權能이엇더ᄒᆞᆫ程度로孤兒院基本金을募集ᄒᆞᆷ이其愛國誠心에對ᄒᆞ야九重嘉尙ᄒᆞ기로該金額을玆에廣告ᄒᆞᆷ

大邱孤兒院基本金募集廣告

大皇帝陛下恩賜金二百圜으로立基ᄒᆞ고

二十圜 會長徐廟媛
壹百圜 總務廉上恩
五十圜 評議ᄂᆞᆫ김鳳貞
五十圜 書記廉敬恩
十圜 評議員한□恩
十圜 評議員文桂仁
三圜 副會長崔□□
三圜 事務員최□□
壹圜 評議員徐有榮
壹圜 評議員朴李玟
二拾錢 通常會員李敬□
五圜 評議員安桂淑
五圜 通常會員김南□

男社員
拾圜 顧問李恩雨
五圜 贊成員李□哲 大邱人
五圜 贊成員김준容 京城人
五圜 贊成員金允亨 善山人
五圜 贊成員黃鶴淵 □□人

未錄諸員은追後騰載ᄒᆞᆷ

本人等이경南河東郡의民有地測量擴張ᄒᆞ기爲ᄒᆞ야事務所를設ᄒᆞ옵고精細測量製圖ᄒᆞ오니僉彦은速々來議ᄒᆞ심을望ᄒᆞᆷ

京畿城測量出張事務所

所長 李倫軾
技術者 李世根
郭東桐 張泰燮 等
摠務 張斗勳

位置ᄂᆞᆫ河東邑內出張事務所白

大同運輸會社艸梁支店ᄋᆡ여跋子ᄂᆞᆫ熙亮ᄒᆞ심을敬要ᄒᆞᆸ기如是廣告ᄒᆞ오니僉君

艸梁支店總務 崔桂賢 朴大汝
財務員 崔時鳴

夫農者ᄂᆞᆫ天下之大本也라非農이면人이食이오不食이면不生은愚夫愚婦라도擧皆知之也어ᄂᆞᆯ我韓은農利之國이라ᄒᆞᆷ은列國도共知者也라噫다所謂農林模範場ᄋᆞᆫ平安南道平壤에設立次로義捐金七拾餘萬圜을拾九郡에三ᄉᆞ萬兩式分排徵捧ᄒᆞ니將來에益은必見ᄒᆞᆯ지나當時事勢ᄂᆞᆫ奈何々々오金銀炭礦과國有山林川澤은歸於外人ᄒᆞ니所存者ᄂᆞᆫ民有土地뿐이라譬컨ᄃᆡ至비졍리ᄂᆞᆫ沒失ᄒᆞ고耳만餘ᄒᆞ엿고義兵騷擾之餘에賊警이滋蔓ᄒᆞ야財錢을盡皆搜ᄒᆞ니所餘者ᄂᆞᆫ幾耕田畓이라譬컨ᄃᆡ수박속은他人이全食ᄒᆞ고所持者ᄂᆞᆫ박겁데기뿐이라到此地頭ᄒᆞ야此額을辦納ᄒᆞ자면田畓을盡賣ᄒᆞ여야可納이니無田者ᄂᆞᆫ農林模範을何에用ᄒᆞ리오深慮之言ᄒᆞ시오可痛哉라平南도地를賣却코져ᄒᆞ면我韓全國人은盡是白穀이니買受ᄒᆞᆯ者無ᄒᆞ야不可不外人에게賣却ᄒᆞ리니然則民有地도마ᄌᆞ外人의게歸ᄒᆞ야自然外人江山될터니ᄌᆞ셔히살피소셔耳를傾ᄒᆞ야聽ᄒᆞ시며目을拭ᄒᆞ고見ᄒᆞ시오ᄒᆞᆫ물며甑山온兩隅에在ᄒᆞ야海坂은多ᄒᆞ고田畓은小ᄒᆞ야生涯가極難ᄒᆞᆫ中에此同萬貳千餘원을辦納ᄒᆞᆯ道理가無ᄒᆞ야本郡에呼訴ᄒᆞ온즉自下로不爲擅便이라ᄒᆞ시기內部에嗚願코져ᄒᆞ되新報上에拾九郡人民이內部에呼訴ᄒᆞ얏다ᄒᆞ되如何ᄒᆞᆫ指令이無ᄒᆞ니甑山民人이極ᄒᆞᆫ稱冤ᄒᆞᆯ지라도特訓이無ᄒᆞᆯ듯ᄒᆞ고로ᄆᆞᆫ져新聞揭布ᄒᆞ오니本人의言이國庫民産을妨害가有ᄒᆞ면此額을即時制去ᄒᆞᆫ지오國勢民情에合當ᄒᆞ면右件을特許停止ᄒᆞ시을希望

人民代表

平安南道甑山郡自

正社 社長 孫觀柱

◎學員募集廣告

本校에셔土木建築科及測量科를設施ᄒᆞ오니入學志願人은何日이라도本事務所로來臨ᄒᆞ와詳問ᄒᆞ시오

土木建築科
速成科 六個月
高等科 壹個年
特別科 三個月

測量科
速成科 六個月
高等科 壹個年
全夜學 壹個年
特別科 三個月

京南部渭頭事務所

私立山崎實用土木建築測量筭術製圖學校

本社에셔活版機械를壹新整備ᄒᆞ고各種印刷를廉價需應ᄒᆞ오니僉位ᄂᆞᆫ惠顧ᄒᆞ시옵 社會公益上印刷ᄂᆞᆫ貳割特減ᄒᆞᆷ

本社에셔直接大發賣書目

新書 吳榮根君 著

中等用器畫法 全 定價金七拾錢

本書ᄂᆞᆫ測量、建築、構造、機械等一切實地應用製圖法을見ᄒᆞᆷ

外國地誌 上下 定價金六拾錢

本書ᄂᆞᆫ各學校敎科의適當ᄒᆞᆫ世界各國의情形을詳載ᄒᆞᆷ

二十世紀朝鮮論 定價金三拾五錢

最新算術 上下 定價金壹圜

官立高等學校敎授金夏鼎君著

本書ᄂᆞᆫ著者金君이實地敎授의多年經驗으로筭學要領을編撮ᄒᆞᆫ者니各學校敎科用及獨習의適當ᄒᆞᆷ

壹個月速成本業 筭術自解 定價金五十錢

本書ᄂᆞᆫ自初等數量으로求積法ᄭᆞ지簡易詳明케編纂ᄒᆞᆫ者니各速成科敎科用及自家獨習에甚便

鍾路里門上隅 十二統三戶 興文社

◎學員募集廣告

本校에셔第貳回學員을募集ᄒᆞ오니願學者ᄂᆞᆫ四月壹日內로請願書를提呈ᄒᆞᆷ

試驗日字ᄂᆞᆫ四月二日(陰閏貳月十貳日)

開學日字ᄂᆞᆫ仝月貳拾貳日(陰閏貳月貳拾貳日)

試驗科目은漢文讀書、作文、國漢文、筭術四則、地誌歷史、年齡은拾五歲以上貳拾五歲以下身體健康品行이端正ᄒᆞᆫ者

請願用紙ᄂᆞᆫ本校에請求ᄒᆞᆷ

各學年級敎授科目은如左

修身	中等修身 倫理學 心理學
國語	大韓文典 高等文典
作文	論文日用書翰 論文記序 公文書式
外語	英語 日語
漢文	古文選 御定五經百選
歷史	東國史略 中等萬國史
地理	大韓新地誌 中等萬國地誌 地文學
數學	自四則至求積 代數 幾何 平三角 簿記
博物	高等小學理科 動物 植物 礦物 生理學 衛生學
理化學	新選小物理學 初等理化學 中等物理 中等化學
法制經濟	法學通論 經濟學
農學	農學入門 林業大要 畜産大要
商業	商業大要
圖畫	自在畫 用器畫 地圖畫
音樂	單音唱歌 複音歌唱 樂器用法
體操	普通

隆熙二年三月拾八日

安州郡 私立協成安興學校告白

漢城鐘路蕃惠藥房에서官許拜受ᄒᆞᆫ二十三種封藥과舊藥種材와草材를大發賣ᄒᆞ고且石版印刷機械

隆熙二年八月十一日 (第三種郵便物認可) 光武九年八月十一日明治三十八年八月十一日 … 土 曜 日 … 西曆一千九百八年三月廿七日 (壹)

大韓每日申報

第七百十五號

月躔時日及慶節休刊

檀君開國四千二百四十一年
箕子元年三千三十一年
大韓開國五百十八年
日本明治四十一年
[illegible]
陰己酉閏二月小初六日丙戌

Responsible for Publication
Alfred Weekley Marnham.
發行兼編輯人英國人萬 咸
發行所
南署石橋洞城外地三層洋屋家
大韓每日申報社

論說

◎地圖를觀하다가所感을記함

檀君四千二百四十一年某月下에與地圖를試看하니南極의北、北極의南東西數千萬方里에許多邦國이星羅碁布하얏스니或大或小하며或强或弱하야異彩를各放하고其치를並立을하얏스나惟獨亞細亞동隅에韓半島는暗然히其光을晦하야愁雲이暗淡하니嗚呼라、埃及이迷亂을免이로다嗚呼라、半島아爾가何故로如此한悲運을遭하얏는가爾가彼英吉利와如히版圖가世界에遍滿치못하고彼獨逸과如히雄傑을奮치못하고彼美國과如히宏大한揮치못하고技術의光焰을發히燦爛輝하지못하얏스며乃此爾의面目이黯黑하며爾의威靈이墮落하야世界有情者로爾를對하미自然悲淚가盈衿케하니嗚呼라、韓半島아爾는彼古昔時代에在하야는英雄도産하며富强도産하며文明도産하야支那印度等國에其聲光을始奮하던時에爾가前後幷起하얏스며日本等國은草昧未創하야國號도無한時에爾는文化가泰運을已告하얏스니嗚呼라爾는支那印度等國의兄弟列이오日本等國의丈人行이아닌가乃者如今에는昔의餘輝가全消하야此悲運을遭하얏스니果然何故오

有한所謂六大强國과如히人種、山河、物産等各種資料가俱全치아니한가試聞하라人種은四千年文明의種族이棲息하며嵯峨揷天한白頭山이有하며洋々奔流하는五大江이有하며금銀鑛業森林魚物等各種天産이具有치아니한가爾가旣히列强에不讓할資料가有하거늘乃者此悲運을遭함은又果然何故오嗚呼라韓半島아爾가何時에나奮起하야彼世界列强과肩을比하며何時에나奮起하야彼古代文明의跡을蹈하깃는가余는爾를爲하야爾의奮起하는日을跳望又跳望하노라

▲隆熙二年貳月三日 官報
▲學部令

學部所管日本國留學生規程을左又치定함

第八條 前條의諸給與를支給하는境遇는左와如함

一 往復旅費

壹 本國에在하야官費留學生을被命出發하는時

二 留學期間이滿了하야歸國하는時

三 第十二條에依하야官費留學生을被免하야二十日以內에歸國하는時

二 裝束費

壹 本國에在하야官費留學生을被命 發하는時

三 學資금

[illegible] 期間의滿了하는日까지留學期間中이라도歸國한境遇에는其期간은學資금을支給치아니함但在學學校의休業中歸國한時는其休業期간中이오父母喪을因하야歸國한時는三十日간을限하야特히此를支給함 未完

外報

●兩相調印 伯林電을據한則土耳其와葡牙利兩國에關한露國財政的關係의議定書는露國外相과土國外相이調印을畢하얏다더라

●英國의海軍豫算 倫敦電을據한則英國下院에서海軍豫算會議에海軍大臣이論述하되獨逸은旣히도레드노ー드戰艦四隻이有하고又三隻을製造中이오其他大砲等準備가着々進步하다고하얏는데該國人의大感動이되얏다더라

●列國의行動 伯林電을據한則露國이塞爾維亞에對하야其行動을漸止함으로近東의狀態가頗히良好하고墺塞의戰爭이有하면列國은其區域을定코자하고墺國은軍事에關한諸報告를檢閱하고土耳其外相은伯林에到着하얏다더라

●關稅法實施 東京電을據한則日本에서는樺太島의港口를開하고關稅法을實施한다더라

詞藻

◎壹心經 壹心生

功名도니즈네요、富貴도니젓노라。九曲肝腸맷친마음、國權回復뿐이로다。同胞는、一心々々變치말고、나라[illegible]

[illegible]壹千[illegible]被[illegible]

特別廣告

德國일버펠드地方에在한파벤파부리켄、故푸례드、빼이어會社는世界上에最大한各種染色料製造所인데多少無措慮한商賈輩가世人이善知之하는本社의麒麟과兩女의商標等을僞造하며又彼輩가名聲이顯著하고品質이最良한本社의紫色料와靛靑色料와外他價金이低하고價値가無한色料로써替換混入하는事이有하니韓人及淸人商業家諸友께서特別注意하시기를懇乞하나이다

其僞造를特이注意하시오

且(順全隆)三字를擇用하시옵此는本社의淸國地方에서行用하는名號이오此名號는每筒에書附하얏슴此外에도德國과其他各地에서登錄한若干의他種商標가又有하더此亦皆是本社의淸國地方에서行用하는名號이오又此外에本社卽일버펠드에、파벤파부리켄、붕、프례드、빼이어會社의名號와以上에陳列한各商標等을注意하시오

本社의用하는木箱子에도舉皆其兩便에牛翼한獅子가壹球를踞한本社의登錄商標를烙印하얏슴나이다

特別廣告

◎學員募集廣告

本校에서第壹學年級學徒를募集하오니志願者는四月二日內로本校에入學請願書를呈出할事入學試驗은四月五日上午拾時試驗科目●讀書、作文、筭術四則、身體檢査

年齡은十五歲以上二十五歲但入格된者에게는入學金壹圜月謝金[illegible]式收함

漢城私立普成中學校

官立漢城師範學校

本校附屬普通학校에서各학年학徒를今將募集하니入학志願人은今月三十日까지入학請願書를提呈할事

◎女學生募集廣告

本校에서[illegible]年學徒를募集하오니女子教育에有志하신僉君子는本月三十一日內로親戚間女학生을帶同하시고本校에問議하시오

中部磚洞
私立明新高等女學校

◎特別廣告

本銀行에서[illegible]僉君子의當座預金에對하야特別히信憑保管함은勿論이오[illegible]하는바利子는如左함

無定期當座預金은年步三圜六拾五錢
三個月定期預金은年步五圜六個月定期預金은年步五圜拾錢
壹年定期預금은年步六圜

營業時간은 自上午九時 至下午五時

鐘路韓美電氣會社二層
漢城 [illegible]銀行 告白

雜報

●神誥官覲見 大皇帝陛下께오셔今日上午拾時三拾分에動駕하오셔 神誥官에 親詣하오시고同下午四時에還 御하오신다더라

●新興慶祝 再昨日 乾元慶節에東部新興學校에서慶祝하기爲하야該校敎任員과學徒九十餘名이각其旗燈하고下午七時量에敦化門前에進詣하야敎師가慶祝歌로唱하고山呼萬歲하얏스며 大皇帝陛下께오셔侍從을 命하샤學生의衆氣를賞하고多時가會集慶祝하니今此日寒夜深에幼稚學生의艱難은不可無念이라即旋歸校하야工夫를尤爲勤勉케하라신 勅敎를傳하야學生等이 天恩을感謝하얏다더라

●聖誕慶祝 再昨日은 大皇帝陛下 誕辰인故로各官私立學校男女학徒들은國旗를揭하고齊히敦化門前에齊進하야萬歲를嵩呼하고各社會에서는각其慶祝宴을盛設하고한城府尹張憲植氏는각實業家와其他有志紳士들同日下午七時에明月館으로請邀하야慶祝宴을設行하얏다더라

●敎護慶宴 內閣에서再昨日夜 敎護殿慶祝宴에進參한人을奏任官以上으로內外國官吏의게送致한請帖이壹千五百餘度에達하얏는데연尾服이無한者는不參하얏다더라

●辯論會口 三昨日리完用氏家에各大臣이會集하야秘密相議하얏는데其內容을得聞한즉現今太臣의地位를鞏固케爲하야리完用氏와太子少師를宋秉畯에게讓與하기로決議하얏다더라

●調停宋勝 宋秉畯이가太子少師를任命되기로決定된은則頂과如하거니와此事件을因하야宮大臣丙奭氏가 勅命을奉承치日로하엿다더라

●銓選協議 三昨夜에內部大臣任善準氏가總理大臣李完用氏의私邸에訪問하고郡守銓選할案件을協議하얏다더라

●無物可奧 宋秉畯이가內大臣在任時에宮內府所管美術品工場費금十萬圓中大萬圓을携帶渡日하얏다더라

●任懇辭代 表勳院總裁리載克氏가遞任되고其代에前軍部大臣趙희淵氏가被任하기로內定되얏다더라

●何以辭免 近日宮議會의紛擾이朔今沉息지못하야大韓協會는탈退하고 日昨의該會總務委員始炳氏가辭免請願書를提出하얏다더라

●屍體通行 漢城內에無論官民하고屍體가漢城각門內門外로通行을由來嚴禁하는것이不可하다하야當局者의協議한結果로近頃에는各屍體가각門으로自由通行하기로決定하얏다더라

●理屈再落 前郡守리周鉉氏가高陽郡守在任時에首書記리永模氏의錢財二萬六千餘兩을奪食하고至今未報할지라리永模氏가不勝抑鬱하야京城地方裁判所에呼訴하얏더니리周鉉氏가對質落科한後控訴院에申訴裁判하다가리周鉉氏가又爲落科하얏다더라

●金氏起訴 謝收租官김학濟氏가江原道收租官으로驛屯賭를收刷할時에上納錢壹萬兩을其時觀察道主事리東根氏에게傳送替納하얏더니리東根氏가該錢壹萬兩中七千兩만上納하고三千兩은匪徒에게消融이되얏다하는故로現今該院에서判中이라더라

●木下虛民 天安郡財務署日人主事木下가性本頑惡하야人民을侵虐하는데近日에財務內각部으로周行하며結錢未納한民家에突入하야釜鼎等屬을搜探以去하는故로當此窮春하야民情이嗷嗷하다더라

●楊民呼訴 東大門外楊州金谷居民二百餘名이再昨日農商工部에來하야大臣을面接코자하얏다는데其理由를詳聞한則該地附近에在한 陵墓가宮內府에所管된것을近日에農商工部所管으로認定됨으로其不服함을呼訴함이라더라

●閔氏擧訴 中部相思洞居하는閔仲植氏가資금萬圓을鳩集하야鍾路에三長商會를設立하고김炳徹趙某等二人과同事하더니閔氏가不幸身故한故로其兄閔濂植氏가김趙兩人을對하야日此會는家弟의所設한바이니弟旣身死하얏슨즉我는此會에對하야干涉할必要가無하니利益금을姑舍하고原入資금이나推給하라한즉김趙兩人의所答이貴弟의所入額이本無한史에라反省하라하고還求爲拒絕함으로閔氏가擧其事實하야京城地方裁判所에呼訴하얏다더라

●女生勇氣 再昨日下午八時量에校洞等地로女학員壹人이過去하는데何許日人이該학員을對하야何等無禮한說이有한던지該학員이日人을拳石逐去하며該理曉責한데該日人이逃過走하얏다더라

●立門悲景 立峴運氏의在囚함은已揭이니와現今痢症으로食飮을全廢하고命在頃刻故로其家族들이呼哭道路하며其人十月老父母는監獄署附近旅店에서留宿하고晝夜飮泣한다더라

●日兵出陳 京城에駐在한日兵數十名이昨日午前九時量에兵器十八馱를輸運하야東大門外로出陳하얏다더라

●人民何罪 黃澗郡附近地에서數日前에義兵과日兵이交戰하야日兵이人民의家屋三拾餘戶를衝火하얏다는說이有하더라

●民不聊生 南來人의傳說을聞한즉忠淸道溫陽禮山等地에는日人强盜가盛行하야民財를討索함으로人心이甚히騷々하더라

●楊郡饗屯 楊州郡內에義兵五百餘名이屯聚하야勢甚熾盛함으로該郡에駐在한日憲兵分遣所에서京城某處로報告하고防禦할兵丁幾拾名을至急히派遣하라하얏다더라

●義將詗探 忠淸南道로橫行하는義兵大將朴正彬氏는近日에何等事件을帶하고暗夜上京하야龍山附近에隱伏하얏다함으로當地憲兵隊에서秘密調察한다더라

●義將消息 義兵大將潘基弘氏는義兵五六十名을領率하고淸州附近으로橫行한다더라

●殺急投海 本月二十日興陽郡等地에서義兵五百餘名이順天警察署巡査一名을砲殺하며其屍體를海中에投하얏다더라

●朴氏暖昧 日昨西小門內居하는박李煥氏가竊盜犯으로北署에被捉하얏더니事는已報이니와追後探聞한즉竊盜李鳳完爲名人이被捉되야審査한즉金貨幾圓을朴氏의게任置하얏다함으로該署에서即時朴氏를捉囚取調하며所犯情跡이全無한故로無事放送하얏다더라

●實業美事 近日實業家의幷安基中諸氏가金貨五千圓을出資하야한國內各商業界의발興을營圖할次로互相協議하고機械壹座를買入하얏다더라

●度支小火 再昨夜八時量에舊度支部內에서起火하야旋即撲滅하얏다더라

●議署何多 日前에何許賊漢이大邱警院內에所在石油倉庫를破壞潛入하야各種汁物을盜取窃去한故로目下搜探中이라더라

●救世軍擴張 救世軍이京城에駐剳以後로漸次發展됨은屢報이니와南村各地方五六處에支營을派駐하며該各地人民이多數入參한다는바今番에本營에來到함으로부터正校와敎氏와新任參校林文相氏가各地에巡回傳道次로今日에釜列車로搭乘下往하얏다더라

●救世開演 來日曜日上午十時半下午二時半同七時에夜珠峴救世營과鍾內四街救世軍營에서演說한다하며下午二時에夜珠峴救世軍營樓上에서特別婦人會를可設하고正領許嘉과及夫人과正校谷氏夫人이演說한다더라

●靑年討論 今日下午七時三拾分에鍾路靑年會館에서討論會를開하고敎人之方은以身行之가勝於以言敎之란問題로互相討論한다더라

學界

●三浦二氏 三和港私立學校林共注氏來瑞三시가測量의時急함을慨嘆하고測量專務所을設立하야一般人民에게測量할기홈勤勉하며將來의良好를基趣하야重擴張하기를希望한다더라

●臨陂興任 臨川郡署理主事趙圭煥氏와地方委員趙潛氏가公私立學校에對하야財政方針과敎育上에熱心하기로學徒가大段興旺한다더라

●金泉曙光 金山郡金泉面黃興學校는該地有志紳士安聖豐石裵衡文夏永許東潤諸氏가倡議設立한지數年에財政이窘乏하야幾乎廢止之境矣러니該校職員과其他任員諸氏의熱心鼓舞한結果로今年壹月頃에壹面이合議하야壹呼百諾에各出義捐하야不過壹期之內에三千餘圓巨額이成立하야諸般規模가壹層擴張하고生徒가增至百餘名에達하야發展이大有希望이라더라

●成荷義捐 大邱郡內私立壽昌學校長徐鳳綺氏가金壹圓을本社에寄付하얏기玆에感謝를表하노라

▲地方情息▼

▲去月十五日全羅南道寶城郡北方約三十里地에서義兵八十餘名이同郡分遣所日憲兵壹名及補助員二名과交戰하얏다하고

▲三月拾四日忠淸北道平澤北方約三拾里되는山中에서義兵七名이同地憲兵分遣所日兵貳名과補助員貳名과交戰하얏다더라

▲變之爲大▼

▲春秋傳을則讀하니萬古聖人孔子께서王綱道를護持하고管仲功을嘆賞하며隣書를硏究하며보니孔夫子의大聖으로도賤文尊武하엿더라는道德家弊에아닌가隨時變易하는것은天之道가太矣이오因時制宜하는것은人之道가美矣로다

▲天與地도말할진대變易치아니하면不成節序이아닌가春夏秋冬四時節이互相變易하며萬에化育萬物을하더라億千萬年無窮이란年之歲之하고서도收之藏之엿지보면至變하신天地로도그機關이쉬울지니變치안코못되리라

▲금玉으로말하여도變易하지아니하면不成器用이아닌가眞木그과崑崙玉이美則美矣오지마는琱琢磨한然後에絕世寶貝될는지라匠工中에못저잇서그形質을不變하면亂沙頑石無異하고歸罷하리도다릴지니變치안코못되리라

▲蛇與魚도말하여도變易하지아니하면不成蛟龍이아닌가江河間에蟄伏하야發精蓄脾한然後에造化無窮하리니와如乎鉤餌食을비고淺淵短溪往來하며揣揣潑潑하게되면變成蛟龍能슬하고殘命쉬지즉은지니變치안코못되리라

▲國政으로말하여도變易하지아니하면不成富强이아닌가腐敗習俗改革하고亂暴政令除去하야全國人民모리더가精修甲兵한然後에爭衡天下하리니와舊習을安지하며는富强커니와合하고人種까지亡할지니變치안코못되리라

▲天地萬物勿論하고窮하거던變할지며變하며는通하나니國家이나人民이나天然간의變物이라危亡之時를當하여서變革함종보도며는永久維持못할뿐에他人에게삐길지니變而爲興도흠은가變而亡도흠은가請自擇者할지어다

物貨하校用品其他家用物品을一[illegible]便利하고[illegible]方[illegible]하시면以小包郵便으로商品廉價而信々酬응하깃숩 物品如下 綢緞각色 洋服內衣上下 印札紙각種 日用雜貨俱備 [illegible]此외私[illegible]於此[illegible]石版[illegible]活版[illegible] 費만出資而書籍印刷業을同事利分키로廣告하니速速來議敬要 한城鐘路[illegible]書舖리觀化 告白

廣告

◎學員募集廣告

大韓婦人會養蚕講習所에서女生徒二拾人을募集하오니入學志願者는請願書에履歷書를添付하야陽曆四月拾日內로本所에提呈하시옴

試驗日字는陽曆四月拾日이요入學은同拾五日이온대在學中에는食費도自本所로서金六圓式支給홈

龍山大한婦人會養蚕講習所

本人의舍는買得於文成培處而文哥先此典券於日人福田郁太郞處하얏기典價를辦償하고欲推某券則福田이가踰末出給홈으로事로鳴冤于大日本理事廳警察係하와福田을招致次往見則福田이가某券이現在他處인즉覓爲待合하마하고即逃不現하오니內外國人은知悉홈

北部孟峴拾三統拾貳戶 김永奎

本會臨時總會를今貳拾八日(日曜)上午十貳時에개하오니同業僉員은屆期枉臨하시옴

大한測量總會 白

◎학員募集廣告

本校에서土木建築科及測量科를設施하오니入학志願人은何日이던지本事務所로來臨하와詳問하시오

十木建築科
速成科 六個月
高等科 壹個年
特別科 三個月

測量科
速成科 六個月
高等科 壹個年
全夜학 壹個年
特別科 壹個月

京南部淸國領事館後
私立山崎實用土木建築測量學術製圖학校

大同運輸會社艸梁支店을刊設하얏기如是廣告하오니 僉君子는照亮하심을敬要

艸梁支店 摠務 權桂贊
林大汝
財務員 崔時鳴

純良한水를飮用하오

諸君은疾病으로쇼여苦惱를當하심잇가

諸君은親友와愛子를永訣하미有하엿숩는잇가

諸君은恒常身氣가疲困하고精力이勞損하엿숩잇가

純良한水를飮用하시면此等苦難을免하실이다

純良한水를決코飮用치마시고不良한井水는廢用하시와疾害를免하시오

疾病과憂愁와苦難을作케하는者는即不純한飮料水요年々히親友와愛子를千百名式殺傷하는者도亦不良한水라하노라

汲水商이純良한漢江水로만飮料水를供給홈을決코注目하오

汲水商이腕上에記号捺章한牌를掛하얏슴을細察하시오此牌가無하면水道水를販賣하올權利가無하야곳諸君을欺瞞하는者이오다

汲水商中에本會社号牌를腕上에掛有치아니한者가本會社共用栓에서給水를運搬或販賣하는者는日本理事官三浦彌五郎시와警視總監丸山重俊시가承認한大韓水道會社別則第八條에照하야非行賠償金貳拾圓를徵收하올

此別則에對하야違越하는者를本會社에通告하시면本社의서徵收하는非行賠償金에半額으로酬勞하올이다

純良한漢江水를供給하는方法과每月給水料金과給水架設하는工事費에關한事는季路大한水道會社에來問하시면詳細說明하올니다

豐坊城內에有한各戶에서同時에水道水를取用케되는境遇에는給水料金을特別히低廉케하깃숩니다

有限責任 大韓水道會社白

美國시아들大博覽會　미국시아들대박람회

請垂詳覽

本會社가新成立한以來로事多草剏하오며世人이詳解키不能하야疑惑을抱한者ㅣ或有하더니今에는漸次로本社의目的과行動이世界에宣布되야多大한同情을得하야事務가日就整頓하오니喜幸이외다本社의目的即成立의原因은前告홈과如히韓美兩國商業上連絡의親密홈을創造하고저홈이오니本社에셔此目的에對하야少有疎忽이면此는即本社에셔信用을自抛홈이로다

美國시아들市는와싱톤道에在한太平洋沿岸에重要한商業的都會地이온더本年六月壹日로부터該市에셔萬國大博覽會를開홀옵나이다

此大博覽會의費金은二千萬圓의巨額이오며出品物種의價額은壹億萬圓에達하오니其設費의宏大홈과出品의壯麗홈을可히想像홀지로다

該博覽會場段은三拾萬坪이온더十二大建築의出品陳列館과其他多數한家屋을建築하얏스니空前絶後한壹大博覽會라可稱홀지며太平洋에有關係한諸國은出品치아니한國이無하오이다

然이나該博覽會에韓國物品도陳列될써否라韓國政府의出品을預備호다는事는未聞하얏습니다然이나民間에셔經營한다는言도無한바

前陳홈과如히本社의名稱으로만看하여도韓美兩國商業關係를擴張홈은本社의義務요責任이라本社는韓國을爲하야이시아틀大博覽會에世界各處로부터會集하는累百萬人에게韓國物産及手造品을縱覽케하며賣却도하야韓國에셔도善良한美術과技能이有홈을廣佈하야此博覽會의功效로한國商工業을開發홀더이오니此는本社에셔此博覽會에出品홈이韓國의永遠한幸福이될지로다

本社에셔出品時에韓國僉彦中에勿論某物하고本社에委任하실境遇라도盡心處理홀거시외다○敢曾하고本社에셔出品홈에一擧兩得이니

壹 全世界에對하야韓人이能製造하며能有爲홈을表示홈이오　二 韓國物品을美國에輸出하야商業上利益을增進홈이다

本社는日就擴張하고漸益鞏固하야永久不能侵하게되얏스오나然이나現今實力으로는希望과如히此博覽會에完美한出品物을獨力으로經營키姑難하와如左히方法을決定하얏는바迄于今하지는本社에셔株(每株拾圓)以下의株金은不受하얏스오ㅣ此規則을變更하야도履行하깃사오나特別한境遇에는特別한方法을應用홈이必要한지라韓國國民의代表로배借利益을獲得한此博覽會의出品을盛大히하기爲하야限壹千株하고十株以內雖壹株라도株金으로써發賣하깃습니다此出品物은利益으로만論하야도至厚利가有홀거이오며此에對한利益配當은博覽會의閉會한後에는即時分呈하게될計劃이오며此機를乘하야美國에韓國物品을引進하야本社의將來商務를擴張하야多少定期利益配當을分排하게됨이的確하오이다應募

僉彦은該附近에在한本社代理人(氏名在下)과通信送金하야本社와直接으로銀行換或郵換으로送金하시면本社에셔株券을即時繕呈하오리다爾勿遲延하시고應募코자하시는僉彦이여應募치아니하시면即今에應募하시오此는大利益이有홀뿐不是라即僉彦의國家와僉彦의壹己와僉彦의賣家에對하야難當한責任이오나應募하야準備하기爲하야多少時日을費하깃는故로株金領受期限은今月三十一日內로定하깃습고此限後에는株以下의株는謝絶하깃습니다以上仰陳홈에對하야詳細事兄을更知코자하시는僉彦은本社에通信하시되速々히하시고少勿遲延하시옵

大韓帝國의商業及工業의宏大히振興홈을願祝하는

韓美興業株式會社 謹啓

大韓京城郵便[illegible]函[illegible]号
(美國이리소나州法律認可駐韓美國總領事館登錄)

本社의各處代理人의氏名은如左홈

開城代理人 開城南門內雜貨商店 金秉宣
咸興代理人 咸興西門外 盧昌洙
元山代理人 元山港 金以文
水原代理人 水原北部長安동 金允東
沙里院代理人 位置未定 漢城東部桂拾里旺新學校內 邦元重
海州代理人 位置未定 漢城西部麻浦三拾二統五戶 吳惟泳
群山代理人 群山太井洞 韓相益
大邱代理人 大邱新田里五十八統七戶 李相召
江景浦代理人 位置未定 西部龍山坊東幕中契廿七統貳戶 李寬浩
陰湖院代理人 位置未定 陰城城山里 權泰錫
木浦代理人 木浦南橋洞 玄德鍾
金堤代理人 位置未定 金堤郡白石面水閣 金升基
平壤代理人 平壤大同門內店洞 鄭基煥
馬山浦代理人 馬山浦客主 孫錫宇
淸津代理人 淸津港 張樂臣
[illegible]代理人 位置未定 水原北部長安洞 김유東
金田代理人 位置未定 漢城中部外相思洞貳統三戶 李孝植
天安代理人 位置未定 水原北部長安洞 尹聖求
全州代理人 位置未定 漢城西部阿峴二百廿二統三戶 김敎聲
釜山代理人 位置未定 馬山浦午山[illegible]拾壹統九戶 辛相淑
麻浦新代理人 西部麻浦貳拾[illegible]統二戶 李弼殷
永同代理人 位置未定 漢城韓洞貳統壹戶 安 이
晉州代理人 位置未定 昌原郡馬山浦城山 孫德宇

이쪽을날마다자세히보시오

廣告

西洋 砂果苗木出賣廣告文

右外에苗木을賣ᄒᆞ오니願買人은橋廳藥房으로來議購ᄒᆞᆷ

漢城 [illegible] 告白

▲女학員募集廣告▼

本학堂에서今[illegible]에학員을增募ᄒᆞ오니志願人은四月[illegible]日內로請願書를提呈ᄒᆞᆷ

但請願紙는本학堂에請求ᄒᆞ며入학에關ᄒᆞᆫ事項은前期에[illegible]

開學日字는四月五日

西부貞洞梨花학堂

學員募集廣告

本校에서학員을增加募集ᄒᆞ오니志願人은四月五日內(陰閏二月十五日)內로請願書를提呈ᄒᆞᆷ

年齡은十七歲로至廿八歲

北部大安洞私立光東學校

大韓中央學會

通商總會를本月二十七日午前[illegible]下午一時에本會館內에서開ᄒᆞ깃사오니僉會員은屆期來臨ᄒᆞ시옴

◎學員募集廣告

本塾에서第四回學員을募集ᄒᆞ오니志願人은三月卅壹日(陰閏貳月初拾日)內로請願書를提呈ᄒᆞᆷ(請願紙는本塾에請求)

試驗日字는四月壹日(陰閏貳月拾壹日)上午拾時

試驗科目은漢文讀書 國漢文作文 筭術四則 但公私立普通科卒業證이有ᄒᆞᆫ人은免試ᄒᆞᆷ 資格拾五歲以上貳拾五歲以下身體健强者

開學日字四月拾壹日

北部觀峴徽文義塾

大邱愛國婦人會에서孤兒院設施ᄒᆞᆷ은已往揭載ᄒᆞ얏거니와大抵我한婦女의財政權能이업ᄂᆞᆫ程度로孤兒院基本金을募集ᄒᆞᆷ이其愛國誠心에對ᄒᆞ야尤極嘉尙ᄒᆞ기로該金額을玆以廣告ᄒᆞᆷ

大邱孤兒院基本金募集廣告

大皇帝陛下恩賜金二百圜으로立基ᄒᆞ고

二十圜 會장徐[illegible]媛
壹百圜 總務廉上恩
五十圜 評議長김鳳貞
五十圜 書記廉敬恩
十圜 評議員한[illegible]恩
十圜 評議員文桂仁
三十圜 副會長崔[illegible]
三圜 事務員최[illegible]
壹圜 評議員徐[illegible]榮
壹圜 評議員朴李玻
二拾錢 臨常會員李敬[illegible]
五圜 評議員安桂淑
五圜 臨常會員김[illegible]

男社員

拾圜 殷[illegible]李恩雨 大邱人
五圜 贊成員李[illegible]哲 京城人
五圜 贊成員김준[illegible] 善山人
五圜 贊成員金允亨 [illegible]山人
五圜 贊成員黃鶴淵 [illegible]경人

未錄諸員은追後登載ᄒᆞᆷ

私立西北協成學校

◎學員募集廣告

本校에서第二回第壹學年學員을募集ᄒᆞ오니志願人은今月三拾壹日內로請願書를提呈ᄒᆞᆷ(請願紙ᄂᆞᆫ本校에請求ᄒᆞᆷ)

試驗日字ᄂᆞᆫ四月壹日下午壹時

試驗科目은讀書、作文、筭術四則、身體檢査、年齡拾五歲以上三拾歲以下

但公私立普通科卒業證이有ᄒᆞᆫ人은免試ᄒᆞᆷ

開學日은四月拾壹日

中部校洞

私立西北協成學校

●김海김시寄付金隆熙二年

[illegible]月四日廣告

[illegible] 김秀 [illegible]惠 각十圜
雲培 銀식 宗석 각五圜
潤成 四圜 [illegible] [illegible]
[illegible]惠 각三圜 [illegible]植 聖文
[illegible]培 [illegible]台 [illegible] [illegible]
[illegible]泰 淑 元培 [illegible]
聖云 漢益 [illegible]祥 顯玉
[illegible]식 [illegible]培 寅培 [illegible]元
[illegible]國 元根 元仲 [illegible]
宗九 [illegible]鍾 [illegible] [illegible]
[illegible]商 [illegible]培 각貳圜 필[illegible]
[illegible] 五拾錢 元培 文[illegible]
[illegible]浩 永[illegible] 석[illegible] [illegible]
[illegible] 漢[illegible] 桂[illegible] 升[illegible]
[illegible]浩 萬基 [illegible]植 각壹圜
[illegible]培 淳[illegible] [illegible] [illegible]植
[illegible] [illegible]洙 각五拾錢 未完
右寄付金中 [illegible] [illegible]
永[illegible] 學洙 [illegible] [illegible]
[illegible]鶴 [illegible]漢 [illegible]衛 [illegible]培
升[illegible] 益培 德浩 [illegible]
[illegible]植 得珠 석[illegible] [illegible]
종植 文[illegible] 종商 [illegible]석
[illegible]澤 [illegible]植 敬植 [illegible]台
경秀 [illegible] 漢益 석[illegible]
필[illegible] 聖云 元根 元仲
聖文 [illegible]基 [illegible]사 昌[illegible]
[illegible] 潤成 [illegible]培 [illegible]惠

諸시는已納ᄒᆞ얏스니壹般宗人은照亮ᄒᆞ시옴

本所會館을已爲願定에[illegible]은先已越[illegible]이오나其存在ᄂᆞᆫ不容不星火擧給ᄒᆞ깃스니未納諸宗씨ᄂᆞᆫ剋卽劃送ᄒᆞ심을望ᄒᆞᆷ

金海金氏宗約所 白

世[illegible]者ᄂᆞᆫ何也오追此時代壹變에列强이環逼ᄒᆞ야利用厚生이是崇ᄒᆞ며學問이日新ᄒᆞ며百度가增進이어ᄂᆞᆯ唯我本浦ᄂᆞᆫ本以[illegible]陋ᄒᆞ고無以暗昧[illegible]識ᄒᆞ야[illegible]此寥寥無聞ᄒᆞ니何以異於泥소木偶乎아况處在鐵道附近ᄒᆞ야交涉頻繁ᄒᆞ니若不知更張之義務ᄒᆞ고徒喪天賦之良知면烏得免黑奴紅番之歸哉아ᄒᆞ니誠所宜急先務而[illegible]本人千의奮發激厲之狀也라故로本人等이斷然히另設一校于本浦ᄒᆞ고名之曰문昌學校設立的主義를絕叫ᄒᆞ야[illegible]이라ᄒᆞ오니[illegible]各須奮發志慮ᄒᆞ며預圖於終頭ᄒᆞ야若使肯年子弟로熱心告誡ᄒᆞ야成就學問則傾頹之國權도自期挽回요需世之器用도次第甄拔이리니此實爲國家億萬年基礎之本也오非獨我문山數百戶人民之幸也云爾

隆熙三年三月日발起人李[illegible]永
睦雲相 리원[illegible] 김在聲
黃河壹 리文才 盧永壎
成樂選

京畿坡州七井面문山私立문昌學校任員錄

副校長 成樂選
校監 리원用
學監 睦雲相
會計總務 김在聲
會計 리文才 김昌[illegible]
會計參務 盧永壎
리[illegible]範
書記 李承[illegible] 리植益
韓昌化 尹돈五 成樂容
幹事 한元植 김泰慶
成樂선 崔永[illegible] 宋[illegible]洙
金相允 김鎭河 洪在範
리奇永 김[illegible]云 리建桓
김允先 김允根 한德裕
金奎漢 李泰陽
贊成員長 리根永
義捐諸시列名錄

成樂選 六十圜 리根永
[illegible]其貝 [illegible] 김在聲
리원用 許[illegible] [illegible]永五
각五十圜 [illegible]伯永 尹敦五
[illegible]道賢 曹[illegible]植 리[illegible]允
林永[illegible] 한[illegible]順 李文哉
朴春基 [illegible]鳳[illegible] 申석[illegible]
김德允각貳拾錢
成樂壹 [illegible]智 睦雲相
리成七 呂[illegible]歎 [illegible]泳
리十成 宋[illegible]洙 [illegible]永壎
千明五 崔弘[illegible] 리景元
林[illegible]豊 李[illegible]豊 김和三
김庚[illegible] 成돈永
積城郡守盧炳稷 朴元植
申[illegible]玉 [illegible]甫 리春殷
정雲商 安景[illegible] 金昌선
[illegible]觀 리奇永 朴[illegible]赫
沈基化 [illegible]賢 리[illegible]
千[illegible]弘 리芝秀 [illegible]昌鳳
리在亨 김[illegible] [illegible]敬[illegible]
각[illegible]圜 [illegible]俊[illegible] 車元裕
리萬甫 리致明 김昌根
김道[illegible] 各五拾錢 김鳳俊
四拾錢 成順三 四拾錢
郭聖賢 [illegible]仁集 각三拾錢
김鳳煥 [illegible]聖必 金基俊
각貳拾錢 리泳[illegible] 金萬鉉
김致文 리德甫 文順奎
孫漢[illegible] 김永培 李之衡 김[illegible]植
리德在 延[illegible]敬 張利賢
金相允 曹点鳳 리昌根
許 增 리公敏 朴士英
리聖業 [illegible]城忠橋具本完
各五圜 金鎭河 리雲[illegible]
洪在範 林[illegible] [illegible]光弼
韓聖起 한元[illegible] 김炳[illegible]
각三圜 慶[illegible]七 김光善
鄭東[illegible] 김[illegible] 朴士興
[illegible]聖[illegible] 리[illegible]範 김永春
리鴻九 鄭東彬 黃泰植
白光[illegible] 김聖文 [illegible]龍[illegible]
리永春 文聖云 姜泰泳
김成云 [illegible]浩榮 安召史
[illegible]化春 리友三 리永[illegible]

徐[illegible] 金[illegible]璣 崔永[illegible]
김相[illegible] [illegible]民東 各貳圜
金文玉 壹圜五拾錢 [illegible]阿[illegible]
李興伯 徐[illegible]老 成樂[illegible]
리景[illegible] 崔順景 金順植
朴允用 崔春根 趙春興
沈平三 [illegible]永根 [illegible]鳳[illegible]
[illegible] 김[illegible]順 김在璟 沈肯之
김[illegible]來 리正淳 崔聖瑞
洪[illegible] 다[illegible] 金介根
김玉[illegible] 李仁瑞 朴聖殷
[illegible]亨식 [illegible]昌化 安[illegible]
[illegible]春[illegible] 리景心 리[illegible]彬
김永文 朴舜[illegible] 김七孫
[illegible]學信 김昌連 朴春景
鄭宗[illegible] 康汝七 김士連
全基업 리根明 千[illegible]春
김[illegible]澤 [illegible]석基 尹明五
朴允[illegible] 리元[illegible] 김圭한
김鳳식 김[illegible] 한明[illegible]
千[illegible] 李[illegible]武 鄭聖春
리聖賢 黃河壹 한德裕
리석煥 朴春식 金聖老
[illegible]南[illegible] 김成五 申석[illegible]
各壹圜

坡州郡문山문昌學校 告白

◎學員募集廣告

本校에서第貳回學員을募集ᄒᆞ오니願學者ᄂᆞᆫ四月壹日內로請願書를提呈ᄒᆞᆷ

試驗日字ᄂᆞᆫ四月二日(陰閏貳月十貳日)

開學日字ᄂᆞᆫ仝月拾貳日(陰閏貳月貳拾貳日)

試驗科目은漢文讀書、作文(國漢文、筭術四則、地誌歷史、)年齡은拾五歲以上貳拾五歲以下身體健康品行이端正ᄒᆞᆫ者

請願用紙ᄂᆞᆫ本校에請求ᄒᆞᆷ

各學年級의授科目은如左

修身 中等修身 倫理學 心理學
國語 大韓文典 高等文典
作文 論文 [illegible] 論文記 序 公文書式
外語 英語 日語
漢文 古今文選 御[illegible]五經百選
歷史 東國史略 中等萬國史
地理 大韓新地誌 中等萬國新地誌 地文學 天文학
數學 自四則至求積 代數 幾何 平三角 簿記
博物 高等小學理科 動物 植物 礦 生理학 衛生학
理化학 新選小物理학 初等理化학 中等物理 中等化학
法制經濟 法학通論 經濟학
農학 農학入門 林業大要 [illegible]産大要
商業 商業大要
圖畫 自在畫 用器畫 地圖畫
音樂 單音唱歌 複音歌唱 樂器用法
體操 普通

隆熙二年三月拾八日

安州郡 私立協成安興學校告白

本講習所學員을月初八日科目教育學과輿地誌筭術로測量等科願學人員居期入學務望

平壤[illegible]預備講習所[illegible]鄭[illegible]命

本校에서本月拾六日에卒業例式을擧行ᄒᆞ얏기左에卒業生徒를揭載ᄒᆞᆷ

甲班優等生吉[illegible]柱崔相稷김承元김龍淵李桂鳳及第生김寅煥吳應奎김龍澤김亨澤김澄植吉寅傑김龍倫김鍾淳宜[illegible]리河龍[illegible]賢[illegible]發明奎김益炯[illegible]鼎珠乙班優等生김[illegible]用車錫俊宋澄奎김東河高明[illegible]康道澄及第生鄭璉석姜[illegible]崔永泰中基成朴基梧

寧邊郡私立測量養成學校告白

光武九年八月十一日 明治三十八年八月十一日（第三種郵便物認可）　日曜日　西曆壹千九百九年三月廿八日（發）

大韓每日申報

第七卷　第壹千五拾八號

月謝 [illegible]時及日曜休刊

檀君開國四千二百四十二年
箕子元年三千三十一年
大韓開國五百十八年
日本明治四十二年
[illegible]
己酉閏二月小初七日丁亥

Responsible for Publication Alfred Weekley Marnham.
發行兼編輯人英國人萬咸
發行所
南部石井洞號外地三層洋屋家
大韓每日申報社

別報

◉儒生公函

十三道儒生會員李相喆宋鍾洙李鍾夏金相澄楊禎衍台秉權鍾九宋憲榮吳爾植朴鍾來李暁榮尹寧求等二十六人이中樞院에再次公函을發交이如左ᄒᆞ더라

敬啓者本人等이賊臣衆咬의大逆不道事件에對ᄒᆞ야貴院에稟讞建議任案이온바彼以罔赦ᄒᆞ儒節이暴刻을容貸치못ᄒᆞ짓거날貴院은職在言責ᄒᆞ야尙此鑿々ᄒᆞ오니賊咬이海外에漏網ᄒᆞᆷ으로然ᄒᆞᆷ인지豈殷討逆ᄒᆞᄂᆞᆫ地에在ᄒᆞ야苟即友邦에聲明ᄒᆞ오면可以不引渡ᄒᆞ거ᄂᆞᆯ誰를憚ᄒᆞ야不爲ᄒᆞ나잇가國民의痛心ᄒᆞᆷ이此에止ᄒᆞᆯ뿐아니라且第二衆咬輩가內地에尙在ᄒᆞ야無父無君ᄒᆞᆫ胞과에서胚胎ᄒᆞ얏合으로頭州頭沒ᄒᆞᄂᆞᆫ者ㅣ不知爲幾個衆舍爲이니所謂壹進會本部가是라何以徵諸오其賊咬이拔劍玉輅ᄒᆞᆫ日에凶聞이京中에訛傳ᄒᆞ되侍從武官魚潭이內部大臣宋秉畯으로御側에서鬪鬨ᄒᆞ야魚潭이가拔劍刺宋ᄒᆞ다가未果云云이온바聞來에孰不大驚罔措ᄒᆞ오릿가適自壹進會本部로總代五人을漢城府尹張憲植의게委送ᄒᆞ야宣言ᄒᆞ기를公은京兆尹이라責任이不避ᄒᆞᆷ諷探ᄒᆞᆷ에在ᄒᆞ거늘今에魚潭이가莫嚴輦轂咫尺에拔劍私鬪ᄒᆞ얏ᄉᆞ니是ᄂᆞᆫ目中無君이라合置重辟이오니注意勿過云云이온바

大駕還御ᄒᆞ시ᄂᆞᆫ日에及ᄒᆞ야府尹張憲植이祇迎次로開城郡에前往ᄒᆞ야總理大臣閣下ᄅᆞᆯ其旅邸林鳳植의三寸家에서訪問ᄒᆞ고魚宋爭鬪事를詳問ᄒᆞ온즉總理大臣曰當日拔劍ᄒᆞᆫ實은內部大臣이오非原侍從이다ᄒᆞ며此事를爭論ᄒᆞ면號大ᄒᆞᆫ慮가有ᄒᆞ니更勿煩說ᄒᆞ라ᄒᆞ온바事實이如右ᄒᆞ오니假使壹進會로半點兒尊君ᄒᆞᆫ心이苟有ᄒᆞ오면魚宋에不擇ᄒᆞᆷ이可ᄒᆞ거ᄂᆞᆯ大抵當日拔劍이在魚則爲大逆이오在宋則爲大忠이온지抑未知壹進會의宅心이以爲賊臣의無君이久矣라하야度外에置ᄒᆞᆷ인지其爾個를爲ᄒᆞ야君父를忘域에置ᄒᆞᆷ인지其然ᄒᆞᆫ가豈其然ᄒᆞ리오苟爲不然ᄒᆞ면何其然耶오魚潭인즉曾欲殺之無釋ᄒᆞ야未及還原에所謂總代를不留時刻ᄒᆞ고京尹에派送ᄒᆞ야猶恐稽遲라가衆咬에大逆所爲인줄을知ᄒᆞ고ᄂᆞᆫ彼魍魎갓不若ᄒᆞ고시虎도不食ᄒᆞᄂᆞᆫ妖孼輩가抱頭鼠竄ᄒᆞ야噤無壹言ᄒᆞ니究厥狼肚ㅣ腸ᄒᆞ면彼輩目中에果有我　大韓皇室乎잇가吾必曰壹進會目中에ᄂᆞᆫ只有賊臣衆咬이오我　大皇帝陛下의尊嚴ᄒᆞ옵심을無視ᄒᆞᆫ奴隸로定ᄒᆞ호니此等賊類ᄂᆞᆫ衆舍에浮ᄒᆞ거날貴院에서ᄂᆞᆫ言責을尸素ᄒᆞ고逆類을縱容ᄒᆞ야恬若不聞ᄒᆞ오니怕兵觸燃而然乎잇가抑抄不知而然乎잇가擧裏廣漱ᄒᆞ言不知毀ᄒᆞ外冒瀆實多이오나輿情을起惕ᄒᆞ옵고將此建議于內閣ᄒᆞ와嚴斷賊黨을並卽捕縛ᄒᆞ야殲厥巨魁ᄒᆞ시ᄒᆞ옵고脅從으란曉解散ᄒᆞ오며賊咬을照會卽引渡ᄒᆞ야以正邦憲ᄒᆞ오셔以尊重我神聖之皇室ᄒᆞ압고毋惱我萬民同胞케ᄒᆞ심을伏望

外報

●日商質問　海蔘威電을據ᄒᆞᆫ則海蔘威居留ᄒᆞᄂᆞᆫ日本人商業團體에서自由港廢止ᄒᆞᆫ時에日領事館의行動이緩慢ᄒᆞᆷ으로商機를失ᄒᆞ얏다ᄒᆞ고該領事館에質問書를提出ᄒᆞ얏다더라

●貿易活潑　伯林電을據ᄒᆞᆫ즉歐洲각國의貿易場은巴爾幹各國의戰雲을不拘ᄒᆞ고繼續活潑ᄒᆞ다더라

●印度摠督反對　倫敦電을據ᄒᆞᆫ則英國上院에서ᄂᆞᆫ諸種改革을包含ᄒᆞ야印度의參政議會法案에對ᄒᆞ야慎重히討論ᄒᆞᆫ後에滿場壹致로可決되얏ᄂᆞᆫ대此法案을最히反對ᄒᆞᆫ者ᄂᆞᆫ前印度摠督가ㅣ즌卿이라더라

●巴爾幹悲觀　全電을據ᄒᆞᆫ則巴爾幹形勢ᄂᆞᆫ露國의態度ㅣ不定ᄒᆞᆷ을因ᄒᆞ야益々悲觀되ᄂᆞᆫ貌樣이라더라

●日露戰爭期待　倫敦電을據ᄒᆞᆫ즉露國皇帝ᄂᆞᆫ教育을受ᄒᆞᆫ각種豫備兵을召集ᄒᆞ얏ᄂᆞᆫ대此ᄂᆞᆫ日露戰爭以後에初次召集이라ᄒᆞ야露國新聞紙ᄂᆞᆫ壹般히戰爭을期待ᄒᆞᆫ다더라

詞藻

●功成身退

江湖에期約두고、十年을분주ᄒᆞ니。
無心ᄒᆞᆫ白子들은、더듸온다ᄒᆞ것마ᄂᆞᆫ。
到處、虎豹豺狼다잡고야、기리로다。

雜報

●三殿祇迎 大皇帝陛下ㅣ오옵서 壽宮에 親幸ᄒᆞ신事ᄂᆞᆫ昨報에已揭어니와 動駕ᄒᆞ옵실時에 孤兒院학徒와明進女학校학員과 養英私立학校학員들이 壽宮邸門等處에서 祇迎ᄒᆞ얏다더라

●督彌陛見 明日午前十時에督彌副統監은韃淸榮諸書記官ᄒᆞ리손氏와拓殖會社々員數人을帶同 陛見ᄒᆞᆫ다더라

●時間改定 四月一日부터各府부院廳의壹般員人의執務時간을改定ᄒᆞ얏ᄂᆞᆫ데每上午九時의仕進ᄒᆞ야同午後四時의退任ᄒᆞᆫ다더라

●儒生擬議 拾三道儒生金東弼氏等이宋秉畯拔劒ᄒᆞᆫ事에對ᄒᆞ야中樞院에累次獻議ᄒᆞ얏스되政府에서如何ᄒᆞᆫ指處가無ᄒᆞᆷ으로히儒生等이質問書를又爲提出ᄒᆞᆯ次로現今擬議中이라더라

●三稅實施 度支부에서漢城內家屋稅와酒草稅收納을現將實施ᄒᆞᆯ터인데ᄒᆞᆫ부에서警視廳에通知ᄒᆞ야五署內各坊居民中可堪人을調查選報ᄒᆞ야히稅金을收刷ᄒᆞ기로酌定ᄒᆞᆫ다ᄂᆞᆫ데히人의月俸은奏任待遇로支撥ᄒᆞᆫ다더라

●漸臻蘇完 海壹府院君尹澤榮氏가身病을因ᄒᆞ야東門外塔洞僧房에서治療中이라더니近頃에快復되야昨日에歸家ᄒᆞ얏다더라

●困難何惜 永宣君李埈鎔氏ᄂᆞᆫ新配別室의게蠱惑ᄒᆞᆷ인지典執得債ᄒᆞᆫ金額이消耗已盡ᄒᆞ야經用의困難이日甚ᄒᆞᆫ다더라

●家眷渡日 宋秉畯의家族은한人의憚惡ᄒᆞᆷ을不堪ᄒᆞ야不遠閣日ᄂᆡ으로沒數携去ᄒᆞᆫ다더라

●公民獻議 公州郡財務署長嚴龍玉氏ᄂᆞᆫ莅任以來로撫民公直ᄒᆞᆫ인터近日辭免歸家ᄒᆞᆫ다ᄂᆞᆫ說이有ᄒᆞᆷ으로히郡壹境人民이昨日中樞院에獻議ᄒᆞ되勿許遞歸ᄒᆞ고卽爲還任케ᄒᆞ라ᄒᆞ얏다더라

●韓氏行動 內閣書記官長한昌洙氏가昌原監理在任時에히港埠段價乾沒ᄒᆞᆫ事ᄂᆞᆫ已報어니와港段價推尋次로上來ᄒᆞᆫ히港民代表金貞均氏를韓氏가秘密紹介ᄒᆞ야日히港民人等處에金貨壹千圓을出給ᄒᆞᆯ터이니畧々히分給ᄒᆞ고金貞均氏ᄂᆞᆫ慶尙남道中現有窠闕ᄒᆞᆫ郡守中指窠圖差以給ᄒᆞᆯ터이니姑爲安叙ᄒᆞ라ᄒᆞ고慶南觀察黃鐵氏의게緊札을暗得出付ᄒᆞ고郡守薦狀이來ᄒᆞ기를渴望ᄒᆞᆫ다더라

●瀛洲民怨 釜山港地方裁判所建築事에對ᄒᆞ야前府尹韓致愈氏在任時에該郡衙門前官有空閑地千餘坪에建築ᄒᆞᆯ次로該裁判所에서該府尹에게承認ᄒᆞ여測量圖本사지ᄒᆞ얏ᄂᆞᆫ되草梁居壹進會員朴永吉氏가該裁判所를草梁山狹壹隅의外國人所有地를建價買得ᄒᆞ고히價額을民斂ᄒᆞ기로百般運動ᄒᆞᆫ다ᄂᆞᆫ說은각報에已揭어니와更聞ᄒᆞᆫ즉時府尹김彰漢氏가朴永吉氏의紹介를甘聽ᄒᆞ고暗目反對ᄒᆞ야瀛洲洞民狀을自退不決ᄒᆞ니府尹의政務가不公平ᄒᆞ다고民怨이喧藉하다더라

●憲分隊廢設 慶尙南道活爐의在ᄒᆞᆫ日本憲兵分遣隊ᄂᆞᆫ廢止ᄒᆞ고三千浦의新設ᄒᆞ며忠淸南道論山分遣隊ᄂᆞᆫ廢止ᄒᆞ고한山의新設ᄒᆞᆫ다더라

●魔鬼改遞 國民新報社長한錫振氏가히新報上에壹進會事件에關ᄒᆞ야무슨觀念ᄒᆞᆫ事가有ᄒᆞᆫ던지히會에서한錫振氏의社長任務를遞免ᄒᆞ고前觀察使嚴在瓚氏를選定ᄒᆞ기로決議ᄒᆞ얏다더라

●何不永逝 壹進會總務員崔永年氏가히會에서何等不協ᄒᆞᆫ事件이有ᄒᆞᆫ지總務를辭免ᄒᆞ얏다더라

●亂家多鬧 壹進會에서昨日獨立館에出往하야演說會를ᄒᆞᆫ다더니히會員中에서何등紛鬧이惹起ᄒᆞ야姑爲停止ᄒᆞ얏다더라

●月館日旗 三昨日 乾元節에明月館에서何等思想이有ᄒᆞᆷ이던지한日國旗를交叉ᄒᆞ얏다고人皆嘔罵ᄒᆞ얏다더라

●韓貲한擔 한興農會장金鎔濟氏가壹般農業을獎勵ᄒᆞ기爲ᄒᆞ야東大門外積置ᄒᆞᆫ屎尿를引繼買渡ᄒᆞᆯ次로漢城衛生會와交涉ᄒᆞ다더니日昨히會에서漢城府尹을經ᄒᆞ야히農會에認許ᄒᆞ얏다더라

●死中生心 桂山학校에서日昨에月終試驗을經ᄒᆞ얏ᄂᆞᆫ데落第ᄒᆞᆫ학員幾名이其憤愧ᄒᆞᆷ을不勝ᄒᆞ야龍山江頭에前往ᄒᆞ야沈沒永死ᄒᆞ기로決議ᄒᆞ고再昨日히江邊에出往將沒之際에該近居李福萬氏가挽執ᄒᆞ야百方曉喩入送ᄒᆞ얏다더라

●警部部行 月前에西부警察署警부金某가前警부沈鍾豐氏家에前往ᄒᆞ야飮酒泥醉ᄒᆞ고沈氏의出他ᄒᆞᆫ時間을乘隙ᄒᆞ야沈氏의別室과有何不美事이던지沈氏가其別室을卽地棄去ᄒᆞ고金氏의不正ᄒᆞᆫ行爲를嘔罵ᄒᆞ얏다더라

●密賣何多 各警察署에서漢城內隱密히賣淫ᄒᆞᄂᆞᆫ女人을調查ᄒᆞ얏ᄂᆞᆫ대其數爻가貳千五百餘名이라더라

●印刷運動 近日龍山印刷局職員壹同이發起ᄒᆞ야來四月三日頃에西署孔德里等地에서運動會를開ᄒᆞᆫ다더라

●柞蠶飼養 柞蠶合資會社에서柞蠶飼養ᄒᆞᄂᆞᆫ方法을刊行ᄒᆞᆫ지數月에購買ᄒᆞᄂᆞᆫ人이多數ᄒᆞ기로其酬應이大端紛忙ᄒᆞ다더라

●伯樂何在 三昨日下午十二時量에南大門外停車場等地에서馬壹匹이放逸ᄒᆞ야히附近으로橫行ᄒᆞᄂᆞᆫ데西부警察署에서히馬를繫留ᄒᆞ고其主人을現今探問中이라더라

●日兵又東 楊州永平地方에留屯ᄒᆞᆫ義兵을討伐ᄒᆞᆯ次로昨日午前九時量에日人尉官壹名과步兵三名이軍物三拾餘駄를輸運ᄒᆞ고東大門外로又爲出往ᄒᆞ얏다더라

●義將高言 義兵大將李殷瓚氏ᄂᆞᆫ부下七百名을領率ᄒᆞ고楊州郡地方으로橫行ᄒᆞᄂᆞᆫ대히氏ᄂᆞᆫ不日入京ᄒᆞᆫ다고高言ᄒᆞᆫ다더라

●銃彈貿去 去拾八日頃에江原道義兵將金某가上京ᄒᆞ야諸般銃器彈藥을多數貿去ᄒᆞ얏다ᄂᆞᆫ說이有ᄒᆞ더라

●木商見貝 南大門內居ᄒᆞᄂᆞᆫ李潤甫시가去月頃의木商營業ᄒᆞᆯ次로金貨三千圓을携帶ᄒᆞ고忠淸北道永同郡等地의下往ᄒᆞ야幾日간을留連ᄒᆞᄂᆞᆫ데義兵將李某가軍需錢으로히金貨三千圓을奪去ᄒᆞ얏다더라

●公貨奪去 本月拾二日義兵將김奎秀시ᄂᆞᆫ부下七拾餘名을領率ᄒᆞ고忠淸南道海美郡北面々長殷壹濟시의게入ᄒᆞ야公貨壹千餘圓을奪去ᄒᆞ얏다더라

●靑川義兵 淸州義兵將한鳳瑞氏가部下精兵三百名을領率ᄒᆞ고히郡靑川等地에留陣ᄒᆞ얏ᄂᆞᆫ디居民에게侵虐ᄒᆞᄂᆞᆫ弊端이頓無ᄒᆞ다더라

●賊將被捉 全羅南北道義兵將朴鳳瑞氏ᄂᆞᆫ去月頃의日兵의게被捉되야嚴重審查ᄒᆞᆫ後珍島郡으로流配次로下去ᄒᆞ다가因以逃走하야行衛가不明ᄒᆞᆫ故로其蹤跡을嚴密搜探中이라더니日昨水原警察署에서逮捕ᄒᆞ야目今牢囚ᄒᆞ얏다더라

●瘋犬咬日 日昨에仁川港等地에何許日人이過去ᄒᆞᄂᆞᆫ디其時하狗壹首가突出ᄒᆞ야該日人의全體를無數咬吠ᄒᆞ야因以重傷ᄒᆞᆫ故로該港附近病院으로擔昇以去ᄒᆞ얏다더라

●困財吞鴉 再昨日下午에南部石井洞居ᄒᆞᄂᆞᆫ崔永寬氏ᄂᆞᆫ近日財政이窘拙ᄒᆞᆷ을因ᄒᆞ야甚大ᄒᆞᆫ米穀商業을失敗閉鎖ᄒᆞ고燥鬱難堪ᄒᆞ야呑鴉致斃ᄒᆞ얏다더라

●貪賊捕捉 三昨日中部警察署에서從來로各日商店에多數히金錢物品을掠奪ᄒᆞ던有名竊盜犯黃龍得名漢을捕捉ᄒᆞ야目下嚴密取調ᄒᆞᄂᆞᆫ中이라더라

●日人스리盜賊 近日日人스리라ᄂᆞᆫ賊漢數三名이作黨ᄒᆞ야京龍간往來ᄒᆞᄂᆞᆫ電車를搭乘ᄒᆞ고乘車人의金錢物品을秘密奪取ᄒᆞ야한人의被害者가多數ᄒᆞᆫ故로目今히漢의踪跡을查探ᄒᆞᄂᆞᆫ中이라더라

●農牛見奪 楊州郡柴北面直洞居ᄒᆞᄂᆞᆫ柴商朴萬淳氏가三昨日下午九時頃에新門外等地로過去ᄒᆞᄂᆞᆫ대何許賊漢이突出ᄒᆞ야該農牛與柴를奪去ᄒᆞ얏다더라

●贊成開會 湖西학生贊成會에서來日下午當時에臨時總會를湖西興학會館內에開ᄒᆞ고重要事項을處理ᄒᆞᆫ다더라

學界

●普校請願 南來人의傳說을據ᄒᆞᆫ즉禮山普明學校에서昨年에學部에承認ᄒᆞ고熱心敎育ᄒᆞᄂᆞᆫ대學部에서旣爲認許ᄒᆞᆫ학校에도更爲請認ᄒᆞ라ᄂᆞᆫ飭訓이有ᄒᆞ야該校에서該郡에屢次訴因을請ᄒᆞ야도見退ᄒᆞᆷ으로該校長李尙珪시가上京ᄒᆞ야학部에請願ᄒᆞ얏다더라

●本社特電

貳拾六日神戶發

●前統領紐育發 美國前大統領루스벨트氏와隨員諸人이昨日에紐育을發ᄒᆞ야亞弗利加로向ᄒᆞ얏ᄂᆞᆫ대伊時에群衆이埠頭에會集ᄒᆞ야餞別ᄒᆞ얏다더라

三月貳拾六日發

●淸國提議 北京에在ᄒᆞᆫ라임쓰新聞通信員모리손氏의言을據ᄒᆞᆫ즉淸國이正式으로日本에提議ᄒᆞ기를兩國간에關係되ᄂᆞᆫ滿洲에對ᄒᆞᆫ事件은壹々히海牙仲裁々判에委付ᄒᆞ자ᄒᆞ얏다더라

●破工者就業 法京巴里及各地에서郵便及電信局에傭員들이同盟破工ᄒᆞᆷ은旣報어니와히事件이結末되야다시就業ᄒᆞ얏ᄂᆞᆫ대政府에서衆人의要求ᄒᆞᆫ바를拾分聽從ᄒᆞ기로許諾ᄒᆞᆷ이라더라

▲偵探者一覽▼

▲閭巷傳說드러본즉理事廳과司令部며某某각處往來ᄒᆞᄂᆞᆫ偵探者의名色들이無罪可憐人民들을義兵干連이니ᄒᆞ며僞貨使用ᄒᆞᆫ다ᄒᆞ고百方으로構陷하야讒謗俱揚滔天ᄒᆞ니嚴責警告ᄒᆞ리로다

▲偵探者야々々々勿爲惟肋ᄒᆞ랑이면生口不網ᄒᆞᆫ단ᄆᆞᆯ너라이런時代當ᄒᆞ여서忠良名류된다던지濟世君子된다던지許多事業다바리고他人鷹犬甘作ᄒᆞ야제同胞를殺害하니苟有人心이러ᄒᆞᆯ사

▲偵探者야々々々二千萬人議論컨대同胞兄弟ㅣ아닌가兄弟姊妹手足인데如干金錢食을내여그手足을斷去ᄒᆞ고自以爲安ᄒᆞ랴ᄒᆞᆫ즉手足업ᄂᆞᆫ네身體도不幾日에죽을지니苟有人心이러ᄒᆞᆯ사

▲偵探者야々々々飮食에ᄂᆞᆫ他人이오구진일엔族屬이라ᄒᆞ日無事ᄒᆞᆯ때에ᄂᆞᆫ互相爭鬪ᄒᆞ지라도患難危急當ᄒᆞ거던極力相救ᄒᆞᆯ터인대제同胞를죽이라고反爲構陷不測ᄒᆞ니苟有人心이러ᄒᆞᆯ사

▲偵探者야々々々南山兎가죽게되면北山狐가命히ᄒᆞᆷ은互傷其類이아닌가黑死中에잇ᄂᆞᆫ同胞實有所犯ᄒᆞᆯ지라도極力辯護ᄒᆞᆯ터인터白白無瑕善良人을驅入死地爲主ᄒᆞ니苟有人心이러ᄒᆞᆯ사

▲偵探者야々々々牛馬又흔動畜들도제同類의죽은皮肉路上布棄當ᄒᆞ며ᄂᆞᆫ駭躍超驚避走커던너의名色사ᄅᆞᆷ으로同胞死亡보게되면鼓舞欣忭稱快ᄒᆞ야殺人으로爲賭ᄒᆞᄂᆞ니苟有人心이러ᄒᆞᆯ사

▲偵探者야々々々乃父乃祖싱각ᄒᆞ라他人偵探안코서도爲富爲貴다ᄒᆞᆺ거던國讐를온엇지ᄒᆞ며頻此生活ᄒᆞ라ᄂᆞᆫ나壹向如是ᄒᆞ게되면社會志士托名ᄒᆞᄂᆞᆫ高等偵探姓名부터公布大討ᄒᆞ깃노라

셤ᄋᆞᆯᄒᆞ校用品其他家用物品을一新俱備ᄒᆞ고地方各處校가以書請求ᄒᆞ시면以小包郵便으로商品廉價而信ᄒᆞ게ᄋᆞᆸᄂᆞᆫ곳 物品如下 肩章ᄌᆞ種 鉛筆ᄌᆞ色 紙石板ᄌᆞ色 洋服內衣上下 圖畫紙ᄌᆞ色 印札紙ᄌᆞ種 測量器械附屬品 白尺雜貨俱備 此오私益도莫過於此라 四開和가石版校ᄋᆞ活版校 費만出ᄒᆞ면書籍印刷業을同事利分ᄒᆞ기로廣告ᄒᆞ니速速來議ᄒᆞ시오 漢城鍾路慈惠書館리觀化 告白

廣告

本館에서各種果木及雜木苗種을多數廉價發賣ᄒᆞ오니植木의注意ᄒᆞᄂᆞᆫ僉員은陸續來購ᄒᆞ심을

平壤大橋書館事務 李德煥白

本人의姓名圖章을昨年拾月十五日分에本府南門外等地에서셔失이오니知悉照亮ᄒᆞᆷ

義州水鎭面美山洞居崔永楫白

本人의姓名章을見失이기新章으로改造이고舊章은勿施ᄒᆞ오니內外國人은以此照亮ᄒᆞᆷ

忠北黃澗西面栢子田柳영熏白

本人의姓名章을三月貳拾四日路上에서見失ᄒᆞ얏ᄉᆞ오니誰某拾得ᄒᆞ와도休紙施行ᄒᆞ시옴

平壤大橋書館內安泰國 告白

本人이去甲辰年分에李宗雲處의龍川北面所在畓과延安西門外兩處畓券을典執인바其子賭欲放賣云ᄒᆞ니內外國人은勿見欺ᄒᆞ시옴 金昌模 告白

昨年收稅事通文多有안造僞奸故幷爲勿施並更發通望京鄕僉宗照諒

南陽洪氏京宗中 白

測量製圖機器發賣

器械好品뿐아니라廉價로發賣ᄒᆞ옴고不完全ᄒᆞᆫ것이有ᄒᆞ면換付ᄒᆞ깃ᄉᆞᆸ기近郡僉員은購買ᄒᆞ심을爲ᄒᆞᆷ

京城永樂町赤門前

東京本鄕谷川 測量器械舖

京城 支店

光智郡西門外 張敬和

本韓民勞働組合에서認許를承ᄒᆞ얏기方今勞働을組織ᄒᆞᆫ바러不日間地方各處와沿江에도支組合을出張ᄒᆞ야事務에着手ᄒᆞ깃ᄉᆞ니勞働諸君은以此照亮ᄒᆞ시오

中部典洞四拾五統八戶

活民勞働組合本部 告白

本人이室人이月事不調로積年病廢러니大韓醫院에昇去請治而本院長醫師日人藤井虎彦시가不避苦勞ᄒᆞ고百方救療ᄒᆞ야不啻라通間朝夕供饋를自院으로擔任ᄒᆞ지壹朔之久에久病이快去ᄒᆞ고儼成完人인바所謂酬勞금은壹分도不受ᄒᆞ니如此盛德醫師ᄂᆞᆫ俯仰今古에罕有其儔기로世界同胞에게茲에敬告ᄒᆞᆷ

南部圖井洞金日容

東부梨花동八統六戶朴家大간文券去乙巳年分셔失故玆以廣告誰某拾得休紙施行

李基煥 告白

本講習所學除閏月初八日科目敎育學史與地誌算術日語測量等科願學僉員屆期入學務望

平壤師範預備講習所 鄭在命

本校에서학員을增加募集ᄒᆞ오니志願人은四月五日限閏二月十五日內로請願書를提呈ᄒᆞᆷ

年齡은 十歲로 至十八歲

北部大安洞私立光東學校

本校에서本月拾六日에卒業例式을擧行ᄒᆞ엿기左에卒業ᄒᆞᆫ生徒를揭載廣布ᄒᆞᆷ

甲班優等生吉秉柱崔相稷김承元김龍淵李桂鳳及第生김寅煥吳應奎김龍澤김亨澤김溶植吉寅傑김泥翰김鍾淳宜容濟리河龍姜賢國姜明奎김益燦金爾洙乙班優等生김歷用車錫俊宋溶奎김秉河高明奎康道瀅及第生鄭瑱석姜鳳謙崔永華申基成朴基梧

寧邊郡私立測量養成學校告白

本학堂에서今番에학員을增募ᄒᆞ오니志願人은四月晦日內로請願書를提呈ᄒᆞᆷ

但請願紙ᄂᆞᆫ本학堂게請求ᄒᆞᆷ

入학에關ᄒᆞᆫ事項은前期來問ᄒᆞᆷ

入學日字ᄂᆞᆫ四月五日

西今貞洞梨花학堂

純良ᄒᆞᆫ水를飲用ᄒᆞ오

諸君우疾病으로ᄒᆞ여금苦惱를當ᄒᆞ심잇가

諸君은親友와愛子를永訣ᄒᆞ미有ᄒᆞ엿ᄉᆞᆸᄂᆞᆫ잇가

諸君은恒常身氣가疲困ᄒᆞ고精力이勞損ᄒᆞ얏ᄉᆞᆸᄂᆞᆫ잇가

純良ᄒᆞᆫ水를飲用ᄒᆞ시면此等苦難을免ᄒᆞ실이다

純良ᄒᆞᆫ水를決코飲用ᄒᆞ시고不良ᄒᆞᆫ井水ᄂᆞᆫ廢用ᄒᆞ시와撮害를免ᄒᆞ시오

疾病과憂愁와苦難을作케ᄒᆞᄂᆞᆫ者ᄂᆞᆫ即不純ᄒᆞᆫ飲料水요年々히親友와愛子를千百名式殺傷ᄒᆞᄂᆞᆫ者도亦不良ᄒᆞᆫ水라ᄒᆞ노라

汲水商이純良ᄒᆞᆫ漢江水로만飲料水를供給ᄒᆞᆷ을決코注目ᄒᆞ오

汲水商이腕上에記号接章ᄒᆞᆫ牌를掛ᄒᆞ얏ᄉᆞᆷ을細察ᄒᆞ시오此牌가無ᄒᆞ면水道水를販賣ᄒᆞᆯ權利가無ᄒᆞ야곳諸君을欺瞞ᄒᆞᄂᆞᆫ者이오다

汲水商中에本會社号牌를腕上에掛有치아니ᄒᆞᆫ者가本會社共用栓에서給水를運搬或販賣ᄒᆞᄂᆞᆫ者ᄂᆞᆫ日本理事官三浦彌五郞시와警視總監丸山重俊시가承認ᄒᆞᆫ大한水道會社別則第八條에照ᄒᆞ야非行賠償金貳拾圓를懲收ᄒᆞ옴

此別則에對ᄒᆞ야違越ᄒᆞᄂᆞᆫ者를本會社에通告ᄒᆞ시면本社의셔懲收ᄒᆞᄂᆞᆫ非行賠償金에半額으로酬勞ᄒᆞ옵이다

純良ᄒᆞᆫ漢江水를供給ᄒᆞᄂᆞᆫ方法과每月給水料金과給水架設ᄒᆞᄂᆞᆫ工事에關ᄒᆞᆫ事ᄂᆞᆫ大한水道會社에來問ᄒᆞ시면詳細說明ᄒᆞ옵니다

京城坊城內에有ᄒᆞᆫ各戶에서同時에水道水를取用케ᄒᆞᄂᆞᆫ境遇에ᄂᆞᆫ給水料金을特別히低廉케ᄒᆞ깃ᄉᆞᆸ니다

有限責任 大韓水道會社

미국시아틀대박람회

美國시아틀大博覽會

請垂詳覽

美國시아틀大博覽會記開○一千九百九年六月一日開會○同年十月十六日閉會○會場面積三十萬坪○會費二千萬圓○出品價額預量一億萬圓○空前絶後ᄒᆞᆫ美麗ᄒᆞᆫ大博覽會○大韓帝國物品의唯一出品者ᄂᆞᆫ

大韓皇城磚洞韓美興業株式會社

이쪽을날마다자세히보시오

廣告

新撰測量學

定價 九

俞吉濬 序
金澤吉 編纂

右冊은 斯學에 著名ᄒᆞᆫ 金澤吉氏가 編纂ᄒᆞᆫ 온바 시가 多年 遊外ᄒᆞ야 鐵川學을 卒業ᄒᆞ고 歸國後 測量敎授에 熱心從事ᄒᆞᄂᆞᆫ 티 此의 完全ᄒᆞᆫ 測量冊子가 無ᄒᆞᆷ을 嘆ᄒᆞ야 測量을 初學ᄒᆞᄂᆞᆫ 諸君이 實地에 當ᄒᆞ야 諸般 請願格式과 製圖方法에 眩惑ᄒᆞᆷ을 慨歎ᄒᆞ야 細部圖根測量術을 簡明 摯切히 編纂ᄒᆞᆫ 外에 特別히 設計及請願書類와 各種製圖式樣을 着彩ᄭᆞ지 附錄에 添付ᄒᆞ얏ᄉᆞᆫ즉 壹見明瞭ᄒᆞ야 學習에도 便利ᄒᆞ고 公私應用에도 確實無碍ᄒᆞᆯ터이오니 斯學에 有志ᄒᆞ신 僉彦은 陸續購覽ᄒᆞ시옴

○總發賣所
京城中部寺洞興士團內
大韓測量總管會
○分賣所
京城南部棗洞
金龍商會
北部小安洞
大韓書林
京鄉 各書舖

阿烟斷引丸

大韓仁川港峴 和平堂大藥房 效神靈藥

阿烟을 吸ᄒᆞᄂᆞᆫ 者ㅣ 雖日見効ᄒᆞ나 日久ᄒᆞ면 遂成錮引ᄒᆞ야 至於蕩敗產業ᄒᆞ고 未免疾死ᄒᆞᄂᆞ니 豈不哀惜이리오 比比有之ᄒᆞ니 是故로 本堂에서 苦心竭力ᄒᆞ고 英國의 秘方을 透得ᄒᆞ야 阿片斷引大效가 잇ᄂᆞᆫ 神藥을 製造放賣ᄒᆞ오니 欲戒阿引ᄒᆞ시ᄂᆞᆫ 이ᄂᆞᆫ 契約服用ᄒᆞ시고 若無效驗이면 藥價를 還呈ᄒᆞ깃ᄉᆞ오니 照亮ᄒᆞ시옴

注意

定價 壹劑八圜 分劑五圜 半劑 每週分金三圜

胎產調經丸

婦人이 冷病積病과 月經不調로 因ᄒᆞ야 孕胎치 못ᄒᆞᄂᆞᆫ 데 神效藥
壹劑 金五圜

靈寶消瘡丹

男女間 楊梅連珠下疳 濕瘡頭瘡 외 百病中에 妙藥이오
定價 甲金四圜 乙금二圜五十錢

滋陽丸

男女間 補陰補陽ᄒᆞ고 元氣不足에 第一이오
定價 每日分금 壹圜八十錢

八寶丹

健胃消滯ᄒᆞ며 口味를 助ᄒᆞ고 痰을 消ᄒᆞ고 精神을 爽快케ᄒᆞᄂᆞᆫ 靈藥이오
定價 금十錢

此外에도 東西洋 各國名藥과 德國 上品 金雞納이 俱備ᄒᆞ오니 陸續速注文ᄒᆞ시옴

總發行所 仁川港 峴支店
京城 鍾路 分舖

和平堂主 李應善

◎共愛堂大藥房 製造各種藥品發引表

壯 復元丹　先天不足 房事色傷 遺精多夢 虛弱 病後虛弱 心腎虛弱 等症에 並妙効

慶 靈丹　止咳化痰 解鬱消食 不振等症 非神効

眼科 淸眼水　各般眼疾 赤爛眼疾 暴熱眼疾 羞明流淚 眼內紅赤 等症

解瘧至寶丸　專治瘧疾 間日瘧 連日瘧 三日瘧에 根治ᄒᆞᆷ

皮膚 靈効液　專治皮膚 疥癬 瘡 皮風 諸種 濕疹 神効

淋 通淋丸　急慢淋疾 赤白帶下 膀胱炎症 其他 淋毒性 疾에 神効

梅春 神應丹　楊梅瘡에 第一期 第二期 妙効

小兒 淸脾丸　當治小兒 各般 腹痛 疳疾 泄瀉 等症

久滯 養胃散　專治 久滯積 呑酸吐瀉 霍亂 腹痛 不順 等症에 奏効如神

治痰鎭咳丸　專治大人 咳嗽 喘息 痰結 等症에 妙

特胃 消熱散　勿論內外 時氣 感冒 咽喉 腫痛 熱性 肢節痛 似瘧非瘧 等症 効

耳病 淸耳液　專治耳病 中耳炎 內外聽道炎 耳中灼熱疼 並癢 濃液流出 等症 神効

百貼 妙妙膏　風寒濕氣 胸肩背 筋骨疼痛 腰膝脚腿 酸痛 無力 等症 如神

奏効 能治膏　各種 腫氣 小兒胎毒 부스럼 瘰癧 生新肌 神効

大腫拔根膏　大小腫에 根拔 解凝膏

寸虫去根藥　齒痛水

止 泄丸　痢疾藥

各種上等 藥乾材 東西洋有名寶藥 其他各種藥이 具備ᄒᆞ오니 請求를 依ᄒᆞ야 小包로 遵應ᄒᆞ깃ᄉᆞᆷ

發行所 皇城南部大廣橋十九統七戶 共愛堂大藥房

◎全國內藥商ᄒᆞ시ᄂᆞᆫ 僉位의게ᄂᆞᆫ 大割引大出賣ᄒᆞᆷ

化痰止咳ᄒᆞ고 順氣消滯ᄒᆞ며 水土不服에 奇效가 有

內國 博覽會에 一等賞을 領受ᄒᆞ얏ᄉᆞᆷ

淸心保命丹

痰咳 霍亂 積滯 胸腹痛 土不伏 滯症

常備ᄒᆞ면 立見奇效

京城 南大門 內 濟生堂大藥房本舖
京城 南部水閣橋 濟生堂第八分店

大發行所
仁川港 峴 濟生堂第一支店
開城 南門內 濟生堂第二支店
◎元山港 上里 濟生堂第三支店
◎安州 南內 濟生堂第四支店
◎馬山港 東城 濟生堂第五支店
◎宣川 邑內 濟生堂第六支店
◎大邱 西門 濟生堂第七支店
◎平壤 濟生堂第一出張所

學部 檢定 初等 植物學　定價 金三十錢
初等 動物學　定價 金四十錢
最新 初等小學　文明國의 小學讀本制度를 模範ᄒᆞ야 美妙圖畵를 挿入
最新 初等 大韓地誌
最新 高等 大韓地誌　文明國地誌例를 做ᄒᆞ야 大韓山水의 各港口와 名勝古蹟을 記載
初等 大韓歷史　文明國의 歷史制度를 從ᄒᆞ야 我國 歷代 帝王과 忠臣烈士의 影幀을 挿入
國家思想學　精神 敎育　定價 金二十五錢
憲法要義　國文 大韓十三道遊覽 上下卷
우리 大韓 十三道 名山大川과 都會 勝地를 구경코자 ᄒᆞ시ᄂᆞᆫ 僉君子ᄂᆞᆫ 速速 購覽ᄒᆞ시오
右 敎科書 外 各種 書籍이 具備ᄒᆞ오니 僉君子ᄂᆞᆫ 速速 來購ᄒᆞ시옴

發賣所 京城 南部 銅峴 大門 街 第三十五統五戶 玉虎書林
分賣所 黃海道 ... 京鄉各處 名 書舖

第七卷

大韓每日申報

第壹千五拾九號

月曜及日曜時 休刊 節

檀君開國四千二百四十二年
箕子元年三千三十一年
大韓開國五百十八年
日本明治四十二年
耶蘇降生一千九百九年
己酉閏二月小初九日己丑

Responsible for Publication
Alfred Weekley Marnham.
發行兼編輯人 英國人 萬咸
發行所
京城石井洞外地三層洋屋
大韓每日申報社

論說

◉秋聲子의게 答홈

可惜ᄒᆞ다 秋聲子여 疎忽ᄒᆞ다 秋聲子여 文字를 讀過키만 ᄒᆞ고 研究치ᄂᆞᆫ 아니ᄒᆞ며 研究치ᄂᆞᆫ 아니ᄒᆞ고 攻駁키만 ᄒᆞ니 可惜ᄒᆞ다 秋聲子여 疎忽ᄒᆞ다 秋聲子여

君이 日前 本報紙上에 學生界의 悲觀이라ᄂᆞᆫ 言論을 仇視又仇視ᄒᆞ야 長言短辭로 支離攻擊ᄒᆞ야 餘地가 無홈에 至ᄒᆞ얏스니 君乎君乎여 咄々怪哉로다

君이 日 初春의 花를 霜으로 猜ᄒᆞ며 眉髮의 兒를 鞭으로 追홈이라 ᄒᆞ얏스니 此가 果然 何言인가

大抵 初春의 花를 戒ᄒᆞ야 曰 爾ᄂᆞᆫ 名花가 되고 惡花가 되지 말나 ᄒᆞ며 眉髮의 兒를 戒ᄒᆞ야 曰 爾ᄂᆞᆫ 英雄이 되고 鄙夫가 되지 말나 홈이 可ᄒᆞᆫ가 否ᄒᆞᆫ가 是가 果然 霜으로 猜홈인가 抑又 花를 培養ᄒᆞ며 兒를 奮勵홈인가 君이 此를 指ᄒᆞ야 曰 霜으로 猜ᄒᆞ다 鞭으로 追ᄒᆞᆫ다 ᄒᆞ니 君의 言이 果然 何言인가

君이 又曰 私立學校令 頒布 後로 學生界의 志氣가 十分 沮喪ᄒᆞᆫ즉 此等 言論을 揭홈은 不可ᄒᆞ다 ᄒᆞ니 是가 又 何言인가

私立學校令이 頒布된 故로 本報가 學生에게 益々 警告ᄒᆞᄂᆞᆫ 바ㅣ며 學生界의 志氣가 十分 沮喪된 故로 本報가 學生의 志氣를 益々 奮起ᄒᆞᄂᆞᆫ 바ㅣ 아니ᄂᆞᆫ가 萬一 敎育의 方法이 發展되얏스며 學生界의 志氣가 雄大ᄒᆞ면 本報가 此等 言論을 提起ᄒᆞ야 何等 必要가 有ᄒᆞ것ᄂᆞᆫ가

又曰 時局의 現像은 不究ᄒᆞ고 豚犬不若의 語로 橫駕信題ᄒᆞ얏다 ᄒᆞ얏스니 嗚乎라 君의 言이여 君이 時局의 現像을 如何히 知ᄒᆞᄂᆞᆫ가 此時局에 在ᄒᆞᆫ 학生이 細少ᄒᆞᆫ 腐敗ᄒᆞ여야 可ᄒᆞᆯ 時代인가 抑又 大功業에 其眼을 着홈이 可ᄒᆞᆫ 時代인가 本報ᄂᆞᆫ 학生으로 ᄒᆞ야금 大功業을 勉强ᄒᆞ라 ᄒᆞ얏거ᄂᆞᆯ 君이 如是 反對ᄒᆞ니 君은 可謂 時勢를 審究ᄒᆞᆫ 者로다

蓋人의 感情을 深切히 奮激케 ᄒᆞ고ᄌᆞ ᄒᆞ면 其言論이 不可不 深切홈을 要ᄒᆞᄂᆞ니 今에 本報가 ᄡᅥ 志氣가 腐敗ᄒᆞᆫ 學生에게 對ᄒᆞ야 曰 此等 腐敗의 志氣가 有ᄒᆞᆫ 者ᄂᆞᆫ 豚犬과 無異ᄒᆞ다 홈은 此乃 學生의 志氣를 大奮大激발코ᄌᆞ 홈이라 此가 엇지 橫駕信題홈인가

又曰 학生輩가 此를 觀ᄒᆞ고 憤懣의 心을 發ᄒᆞ얏다 ᄒᆞ니 此ᄂᆞᆫ 本報에서 希望又希望ᄒᆞᄂᆞᆫ 바ㅣ라 此等 腐敗行爲를 憤懣ᄒᆞ고 新鮮ᄒᆞᆫ 精神을 奮發ᄒᆞ야 活潑ᄒᆞᆫ 事業을 經營홈이 何等 不利가 有ᄒᆞ관ᄃᆡ 君이 此를 嘗言ᄒᆞ고 吾儕가 筆을 執ᄒᆞᆫ 以來로 七八歲된 小학兒童만 見ᄒᆞ야도 崇拜ᄒᆞ야 曰 彼가 韓國의 天使라 ᄒᆞ며 樂觀ᄒᆞ야 曰 彼가 韓國의 大功臣이 되리라 ᄒᆞ야 寐를 臨ᄒᆞ야도 不忘ᄒᆞ며 食을 對ᄒᆞ야도 不忘ᄒᆞᄂᆞ니 吾儕가 半分이나 學生에게 不利ᄒᆞᆫ 言辭를 發ᄒᆞ리오 日前 此論을 揭홈은 特히 學生 中 墮落ᄒᆞᆫ 少數의 行爲 腐

敗ᄒᆞᆫ 者에게 對ᄒᆞ야 警告를 與ᄒᆞᆫ 바ㅣ라 此에 對ᄒᆞ야 何等 疑問이 起ᄒᆞᆫ 바ㅣ인가

抑又 君의 此質問도 不過是 當時 誤解에 出ᄒᆞᆫ 者인즉 吾儕ᄂᆞᆫ 君의 所言과 如히 「自不覺笑噱之」나 然이나 君의 疑惑은 打破키 爲ᄒᆞ야 數言으로 區々ᄒᆞ노라

外報

◉亞人排斥議決　紐育電을 據ᄒᆞᆫ즉 加州議會ᄂᆞᆫ 亞細亞人排斥案을 議決ᄒᆞ야 中央議會에 附送ᄒᆞ얏다더라

◉英國海軍變更　倫敦電을 據ᄒᆞᆫ則 倫敦新聞에 曰 英國은 德國의 製艦工事를 見ᄒᆞ고 豫算 以上의 海軍計劃을 變更ᄒᆞ리라 ᄒᆞ얏다더라

◉墺塞과 列國　伯林電을 據ᄒᆞᆫ則 墺國은 至今ᄭᆞ지 繼續ᄒᆞ야 軍隊를 動ᄒᆞᄂᆞᆫ대 塞爾維亞政府와 墺國에 對ᄒᆞᆫ 回答은 現今 보스니아、헤루즈에고우이나 地方에 同國豫備隊 到着ᄒᆞ기ᄭᆞ지 延期되리라 ᄒᆞᄂᆞᆫ대 露國議會에ᄂᆞᆫ 列國會議에 提出홈이 可ᄒᆞ다고 主張ᄒᆞ고 德國은 보스니아 問題와 列國會議에 提出코져 ᄒᆞ고 伊太利ᄂᆞᆫ 此會議의 協定事項을 次第로 決定코ᄌᆞ ᄒᆞᄂᆞᆫ대 墺國은 德伊兩國의 提議를 歡迎ᄒᆞᄂᆞᆫ 貌樣이오 英露法三國은 頻々히 塞國의 强硬ᄒᆞᆫ 態度를 抑制ᄒᆞᆫ다더라

詞藻

■掃除法

不如歸不如歸라、杜鵑聲을 못듯나냐。더웰수의 원숭이ᄂᆞᆫ、連續不絕 건너온다。암ᄎᆔ나、掃除法을 行ᄒᆞ야、그 길막어。

雜報

●永宣吟病 永宣君李埈鎔氏가身病으로呻吟혼다호야再昨日에 太皇帝陛下ㅣ셔셔承寧府侍從官一人을派遣호옵셔下詢호셧다더라

●專管銓選 日昨夜總理大臣李完用氏家의各大臣이會集호야郡守銓選件을協議호얏다는바已爲覆道어니와從今以後로는各觀察使의郡守薦選은廢止호고內部大臣이專管薦用호기로決議호얏다더라

●法大愁色 法部大臣高永喜氏가近日의何等不平호事狀이有혼지愁色이滿面호야壹切賓客을謝絶혼다더라

●探偵何用 日本에滯留호는宋秉畯이가壹進會本部로電報호되今番觀光團의渡日호는者가擧皆頑固뿐더러就中의何樣事項이必有홀터이니密探以報호라하얏다더라

●膳長云遞 宋秉畯의隨員으로渡日혼典膳課長安淳煥氏는何事件을因홈인지不遠間遞任된다는巷說이有호더라

●壹進秘議 壹進會員한南奎熙某々人이中部廣通坊都契家의逐日會集호야現政府辭職勸告홀事項을秘密協議혼다더라

●難免何事 中樞院贊議南奎熙氏가副議長김允植氏를對호야言호되今番에日本觀光團에遊覽호는勢所難免이나旅費는辦出無期인즉本員의來月度俸給을預先支給호라호얏다더라

●義民獻議 太皇帝陛下ㅣ셔셔去番 西巡時에平北義州人民이 奉迎節次의勤勞홈을特念호샤 恩賜金千餘圜을나리셧는대觀察道에서其 下賜金으로宴會를設備호고韓日兩國人民을招請호야慰勞會라稱호고 恩金을消費호는故로該府人民이莫重 恩金으로壹日醉飽의資를爲홈은道理에不當호니萬年紀念홀意로銃軍亭前立碑케호라고獻議書를觀察道에提呈호얏다더라

●鵬翻凝察 忠州郡의居住호는正三品孫海鵬氏가該道관찰使를得호기爲호야금貨三千圜을準備호야內部大臣朴齊純의게極力運動혼다더라

●皇巡減額 現今 皇宮係에巡査捻數가壹百拾三人假量인대其半數를減額호고日巡査로塡充케혼다더라

●巡査召集 警視廳에서무삼論事가有혼지未知어니와日間에한日巡査를壹齊히該廳으로召集혼다더라

●次第捉囚 度支부의서甲午以後各官吏의欠逋가有혼者를壹々調査호야該案件을警視廳으로送交호고氏名住所를繼又調査혼다는說은屢報어니와該部의서警視廳으로更爲通知호고次第捉囚호야不日徵納호라호얏다더라

●肉稅又出 近日家屋稅와酒草稅를壹般徵收호는事는已所共知어니와한國內各獸肉販賣商의게稅則을磨鍊호야該肉稅를從當徵收혼다더라

●何不均施 各地方人民이義兵과日兵騷擾에被害혼者를政府에서其救恤金을擧皆支撥호얏스되惟獨安峽郡人民은義兵과日兵간에被燒혼家屋이七十四戶오被殺혼人命이四人이로되壹觀之下에其救恤金을尙今사지得蒙치못혼故로該郡人民中李洛夏氏가代表로上京호야日昨內部에其救恤金支撥호기를請願호얏다더라

●學校令改 官立漢城師範학校同高等學校高等女학校와外國語학校及普通학校令中의完備치못홈을以호야不日간其校令을改正혼다더라

●學界感情 近日에各私立法律학校에서卒業혼人이百餘人이有혼대其中에紹介호야需用된人이拾人에不過호고法官養成所第壹回第貳回卒業生七拾餘人은沒數히判檢事書記로叙用호얏스며商業학校로晉호야도私立에는卒業生을壹不需用하얏스니其內容인즉官立을擴張호고私立을拘束호야妨害호는密計라고壹般학界에感情이生호야大端憤騰혼다는說이有호다더라

●廉氏自薦 艸溪郡居廉秉達氏가自已로該郡鄕校直員을叙任호야달나고日昨학部에請願호얏다더라

●賊肚漸漲 平壤郡正陽門外永歸路는自來로該郡儒林의所管이더니該路가鐵道에犯入혼後에鐵道調查局長朴義秉氏가該地段價을儒林에게未及支撥호고該郡外川內川兩坊里長의게支給호얏더니該道觀察使李軫鎬氏가該兩坊里長을捉囚威脅호고該地段價를沒數奪取호얏다더라

●韓法發展 近日韓法烟艸會社에서日昨에該社總務李寅榮氏가上海烟草會社와契約호고不日間該社各項物品을多數渡來홀터이라는대壹般人이極力贊成혼다더라

●洪氏避身 前判書洪淳馨氏가近日의京畿道楊州郡榛治鄕第의下去호야宿泊홀際의義兵數拾名이襲來하야금貨二千圜을奪去홈으로洪氏가避身上京호얏다더라

●商務風波 日前中部漢洞商務組合所에서該所公事員김商敎氏가規則章程印刷費中에서二十圜을暗自乾沒혼故로該所任員들이김氏를對호야無數質問호며即時逐出하얏다는대伊時에大風波가起호얏다더라

●其夫其妻 慶尙北道慈仁郡守及該郡守의妻는鴉片吸烟器具를隱密히貯藏혼것이綻露되얏다더라

●日兵侵漁 楊州郡德沼附近地에는日兵이來到호야義兵을搜索혼다稱호고우民에게侵漁之弊가太甚혼다는說이有호더라

●梁婿叵測 太平동居호는梁召史에女婿崔好燁이가本以浮浪之類로蓮洞居호는李順甫氏에게錢七千貳百六拾兩을得用호고梁召史의게橫徵코저호나梁召史가不肯報償호미崔氏가鴉片烟을呑호고將欲致斃어는崔氏諸族이梁召史를威脅恐喝호되好燁이가永死홀地境이면梁召史에게代殺하깃다홈으로該召史가其事由를警察署에呼訴호얏다더라

●回念劬勞 全南光州郡에出駐호는監獄看守長閔泳甲氏의父母가龍仁郡陵谷에在호야家勢가至貧홈으로七窟斗間을僅搆居接호는터인디該氏는昨年八月頭에同職을圖得赴任혼後自已父母의게는會度書信이絶혼뿐더러其父母는當此窮春호야糊口無策에時口難保라고物議가籍々호다더라

●強盜逮捕 本月十四日午前壹時頃의鎭山郡扶西面富谷里의居호는미聖佩氏家의武器를携帶혼强盜四名이闖入호야主人夫婦를毆打호고壹圜銀貨七十壹枚及其他綿布類를强奪호얏다는데該道가該郡巡査駐在所의逮하얏슴으로한日巡査가出張호야共謀者二名을捕縛호얏다더라

●憲補被殺 忠淸北道丹陽郡竹嶺山上의서義將申某의領率혼義兵六十餘名이該地憲兵隊와互相接戰호야補助員三名이被殺호얏고日憲兵은重傷호얏다더라

●한巡被押 慶尙南道晉州巡査駐在所한人巡査壹名이本月貳拾五日의三嘉郡의서義兵의게押去호얏다더라

●義將消息 義兵將鄭某가部下三百餘名을領率하고三昨日의高陽郡西面의來到호야居民의게軍需錢을排斂携帶호고미城地로轉向호얏다더라

●石峙交戰 京畿道義兵將尹仁淳氏가數日前에楊州石峙等地에서日兵과交戰호얏다는說이有호더라

●商務挾雜 商務組合部에서各道商民을壹切組織호야商規로操束하고商業을발達코저호야各道에公正혼人을派送혼다홈은前報에已揭어니와帝國實業會에서挾雜輩를派送호야無依혼商民을欺騙호는대史姓人이太起호야商民의呼冤이狼藉호고劉智赫氏는今北頭領으로諸商民의게討索이太甚홈으로組合部頭領鄭熏漸시가劉氏의不正혼行爲를鐵山警察署에呼訴호얏다더라

●親睦保險 諸郡守리會冕等諸氏가治平安民의目的으로親睦保險會를組織홀計劃으로目下運動中이라더라

●[illegible] 再昨夜에嘉安坊會에서擾留치기로該坊內任員의게通帖을預先輪致호고進字를書示호라호얏더니進字를書送혼任員이二十餘人인데及其피會호야는出席혼人員이不過三人인故로不得已停會호얏다더라

●畿湖總會 畿湖學會에서本月三拾日火曜下午四時에臨時總會를該동校會館內에開호고緊急會務를處理혼다더라

●靑會開演 今日下午七時三拾分에鍾路靑年會館에서演說會를開혼다는대去貳拾三日大審院장渡邊暢演說時에雨勢를因호야未개호고今日에開혼다더라

學界

●旅行運動 近日普成中學校靑年학校興化學校三校가聯合호야旅行運動을開始홀次로京城간기城地方으로發向혼다더라

●反對何意 東部梨峴新興學校에每朔經費는該洞에서義務金으로擔負호야학徒는百餘名에達호얏는디該洞居實業家布木店某시와典當局某시만惟獨反對호고壹分도出捐치아니호며收金에弊端가不少호야該洞中是非가紛紜호다더라

●兩校斷髮 明川郡石峴士垣兩校任員及학徒들이壹齊斷髮호얏는대該校主李奎浩시가感謝를表호기爲호야帽子등屬을寄付호얏다더라

●洪氏熱心 咸南北靑郡內居하는김治鈺氏와春伯朱鳳元氏其環諸시가該地私立普通학校에責任熱心호야效果를奏호야校務隆進之望이頗有호다더라

博覽會出品

▲美國시아를市에서大博覽會를設호고世界萬國의各種物品을相競爭輸出케홀터인디惟獨大韓國에서輸出品이업슬소냐如干物品고만두고世界中의第壹가는妖怪物로輸出호세

▲政府中에드러가서皇室有權忠臣인데俄人得勢俄黨인데日人執柄日黨인데改頭換面依附호야欺君罔上爲主호고貪虐生靈專事호는亡國奴와賣國賊을壹大几에묵거넛코

▲각地方에누러가서外國人을符同호야公有物과民有地를擅自賣喫호는者와미明模範藉托호고浚民膏澤汨沒호야僞亡手段잘부리는觀察使와守令들을壹大几에묵거넛코

▲各社會에드러가서演壇上에올나서면愛國이니熱心이니激昻慷慨言論호나仕宦熱에몸이달고偵探費에살이저서惑世誣民縱橫호는假志士와偵探者를壹大几에묵거넛코

▲女子界에드러가서日女머리와洋服에無廉無恥醜行으로婦女社會濁亂호며守節혼다稱托호고新寡孀잠이깁혀家庭破壞亂호는淫蕩婦와妖惡女를壹大几에묵거넛코

▲簪纓家에드러가서今日勢力澎漲혼재宗社를亡케혼矢코肥已之欲으로저잇써賣國事業또호라고勢力家를追逐호야奴顏婢膝乞호는輔國判書元老輩를壹大几에묵거넛코

▲宗親家에드러가서國家敗亡不計호고花套局에從事호며酒色場에沉惑호야許多金錢消融호고社會를反對호며諂附外人運動호는誰某誰某君大監을壹大几에묵거넛다

▲韓人으로만진ᄃᆡ輸出權限업셧스니뉘게다가委托홀고한美韓興業社에서韓國物產各種物品不遠輸出혼다호니該會社에委托호야大韓內에此等妖物世界上에發表호세

ᄒᆞ시던以小包郵便으로高品廉價而信用을ᄒᆞᆯ깃ᄉᆞᆸ 物品如下 鉛筆각色 洋服內衣上下 印札紙각種 日用雜貨俱備 費만出資而書籍印刷業을同事利分키로廣告ᄒᆞ니 遠近 [illegible] 漢城鍾路[illegible] 告白

廣告

本月二十日(水曜)下午四時에臨時總會를校洞本會館內에서ᄒᆞ고要緊事件을處理ᄒᆞᆯ터이오니 僉會員은齊臻來臨ᄒᆞ심을爲要

畿湖興學會 告白

北부昭格洞六統七戶瓦家三間草五間半契券을遺失ᄒᆞ얏기漢城府에請願ᄒᆞ야板劵을出ᄒᆞᆯ터이니誰某拾得이라도休紙施行ᄒᆞᆷ

家主 河召史 告白

本支會에서測量技術을檢定ᄒᆞ야合格者의게ᄂᆞᆫ檢定證을繕給ᄒᆞ야精密히測量케ᄒᆞ오니各種測量을依賴코ᄌᆞ ᄒᆞ시ᄂᆞᆫ僉君子ᄂᆞᆫ本支會로來問ᄒᆞ시옵

延安郡內

海西測量總管支會

純良ᄒᆞᆫ水를飮用ᄒᆞ오

諸君은 [illegible] 諸君은親友와愛子를永訣ᄒᆞᆫ事가有ᄒᆞᆫ일슴ᄂᆞᆫ잇가 諸君은恒常身氣가疲困ᄒᆞ고精力이勞損ᄒᆞᆫ일슴잇가 純良ᄒᆞᆫ水를飮用ᄒᆞ지 [illegible] 苦難을免ᄒᆞ실지라 純良ᄒᆞᆫ水를汲ᄒᆞ야飮用ᄒᆞ시고不良ᄒᆞᆫ井水ᄂᆞᆫ廢用ᄒᆞ시와疾害를免ᄒᆞ시오 疾病과憂愁와苦難을作케ᄒᆞᄂᆞᆫ者ᄂᆞᆫ即不純ᄒᆞᆫ飮料水요年々히親友와愛子를千百名式殺傷ᄒᆞᄂᆞᆫ者도亦不良ᄒᆞᆫ水라ᄒᆞ노라 汲水商의게純良ᄒᆞᆫ漢江水로만飮料水를供給ᄒᆞᆷ을決코注目ᄒᆞ오 汲水商이腕上에記号捺章ᄒᆞᆫ牌를掛ᄒᆞ얏슴을細察ᄒᆞ시고此牌가無ᄒᆞ면水道水를販賣ᄒᆞᆯ權利가無ᄒᆞ야곳諸君을欺瞞ᄒᆞᄂᆞᆫ者이오니 汲水商中에本會社号牌를腕上에掛有치아니ᄒᆞᆫ者가本會社共用栓에서給水를運搬或販賣ᄒᆞᄂᆞᆫ者ᄂᆞᆫ日本理事官三浦彌五郞씨와警視總監丸山重俊시가承認ᄒᆞᆫ大韓水道會社別則第八條에違ᄒᆞ야非行賠償金貳拾圓을懲收ᄒᆞ옵 此別則에對ᄒᆞ야違越ᄒᆞᄂᆞᆫ者를本會社에通告ᄒᆞ시면本社의셔懲收ᄒᆞᆫ非行賠償金에半額으로酬勞ᄒᆞᆷ을이다 純良ᄒᆞᆫ漢江水를供給ᄒᆞᄂᆞᆫ方法되ᄂᆞᆫ每月給水料金과給水架設ᄒᆞᄂᆞᆫ工事費에關ᄒᆞᆫ事ᄂᆞᆫ鍾路大韓水道會社에來問ᄒᆞ시면詳細說明ᄒᆞ올이다 [illegible] 城內에有ᄒᆞᆫ各戶에서同時에水道水를取用케되ᄂᆞᆫ境遇에ᄂᆞᆫ [illegible] 水 [illegible] 則의低廉케ᄒᆞ오니內外國人은 [illegible]

大韓水道會社

本人이丁未年分에錢壹萬兩을呂南植의게借給인바其后六百兩은推尋ᄒᆞ고餘文九千四百兩은此탈彼탈ᄒᆞ고屢度違限不報이다가呂哥가壹室同居人吳哥가右債務를渠自履行云ᄒᆞ고着名納票키로老人이敬永으로使之往覓之場에吳呂兩人이又ᄒᆞ謀計ᄒᆞ야使之勸酒泥醉케ᄒᆞ고暗奪票紙後에終不報給故로不勝憤冤ᄒᆞ야往訴于司法部ᄒᆞ와捉致之際에吳哥ᄂᆞᆫ知機逃躱ᄒᆞ니究厥所騰케된呂也吳也俱是靑畧盜之流故로確實揭布ᄒᆞ오니內外國人은勿爲 [illegible] 시옵

[illegible]

美国시아틀大博覽會 미국시아틀박람회

請要詳覽

本會社가新成立ᄒᆞᆫ以來로事多草創ᄒᆞ오며 [illegible] 詳解키不能ᄒᆞ야疑惑을抱ᄒᆞᆫ者ㅣ或有ᄒᆞ오ᄆᆡ [illegible] 漸次로本社의目的과行動이世界에 [illegible] 多大ᄒᆞᆫ同情을得ᄒᆞ야事務가稍就整頓ᄒᆞ오니實幸이외다本社의目的即成立의原因은前告ᄒᆞᆷ과如히韓美兩國 [illegible] 連絡과 [illegible] 創造ᄒᆞ고져ᄒᆞᆷ이오니本社에서此目的에對ᄒᆞ야少有疎忽이면此ᄂᆞᆫ即本社에서信用을自抛ᄒᆞᆷ이올시다

美國시아틀市ᄂᆞᆫ와싱톤道에在ᄒᆞᆫ太平洋沿岸에最要ᄒᆞᆫ商業的都會港이온ᄃᆡ本年六月壹日부터該市에셔萬國大博覽會를開ᄒᆞᆸᄂᆞ이다 此大博覽會의費金은二千萬圓의巨額이오며出品物種의價額은壹億萬圓에達ᄒᆞ오니其設費의宏大ᄒᆞᆷ과出品의壯麗ᄒᆞᆷ을可히想像ᄒᆞᆯ지라 該博覽會地段은三拾萬坪이온ᄃᆡ十二大建築의出品陳列館과其他多數ᄒᆞᆫ家屋을建築ᄒᆞ얏스니空前絶後의大博覽會라可稱ᄒᆞ지며太平洋에關係ᄒᆞᆫ諸國은出品치아니ᄒᆞᆫ國이無ᄒᆞ오이다 然이나韓國博覽會에韓國物品도陳列될ᄯᅡ否ᄂᆞᆫ [illegible] 政府의出品을準備ᄒᆞᆫ다ᄂᆞᆫ [illegible] 聞ᄒᆞ야合 [illegible] 이나 [illegible] 言을 [illegible] 陳ᄒᆞᆷ과如히本社의名稱으로 [illegible] 看ᄒᆞ여 [illegible] 關係를擴 [illegible] 義務요責任이라 [illegible] 各處로부터會集ᄒᆞᆫ累百萬人에게韓國物產及手造品을 [illegible] 却 [illegible] 에서도善良ᄒᆞᆫ美術과技能 [illegible] 功效로ᄒᆞᆫ國商工業을開發ᄒᆞᆯ터이오니此ᄂᆞᆫ本社에셔此博覽會에出品ᄒᆞᄂᆞᆫ韓國의永遠ᄒᆞᆫ幸福이될지로다

本社에셔出品時에韓國僉彥의 [illegible] 勿論某物ᄒᆞ고本社에委任ᄒᆞ실境遇라도盡心處理ᄒᆞᆯ터이외다() 敝社 [illegible]

一 壹 全世界에對ᄒᆞ야韓人이能製造ᄒᆞ며能有爲ᄒᆞᆷ을表示ᄒᆞᆷ이오 二 韓國物品을獎勵ᄒᆞ야彩紋로輸出ᄒᆞ야上利益을增進ᄒᆞᆷ이라

本社ᄂᆞᆫ此就擴張ᄒᆞ고漸次鞏固케ᄒᆞ야水久히不能侵ᄒᆞ게되얏ᄉᆞ오나然이나現今實力으로ᄂᆞᆫ希望과如히此博覽會에完美ᄒᆞᆫ品物을獨力으로經營키姑難ᄒᆞ와如左히方法을決定ᄒᆞ얏ᄂᆞᆫ바迄今 [illegible] 本社에셔ᄂᆞᆫ株(每株五圓)以下의株金으로不便ᄒᆞ얏스오니此 [illegible] 을 [illegible] 行ᄒᆞ깃사오나特別ᄒᆞᆫ境遇에ᄂᆞᆫ特別ᄒᆞᆫ方法을應用ᄒᆞᆷ이必要ᄒᆞᆫ [illegible] 國民의代表로幾倍利益을獲得ᄒᆞᆫ此博覽會의出品을 [illegible] ᄒᆞ며 [illegible] 의心力을 [illegible] 爲ᄒᆞ야限壹千株ᄒᆞ고十株以內雖壹株라도株金으로應募ᄒᆞ깃ᄉᆞᆸ니다此出品物은利益으로勿論ᄒᆞ고國利ᄒᆞ야有ᄒᆞᆯ터이오며 [illegible] 對ᄒᆞᆫ利益配當은博覽會의閉會ᄒᆞᆫ後에ᄂᆞᆫ卽時分呈케될計劃이오며此機로ᄒᆞ야美國에韓國物品을引進ᄒᆞ야本社에將來商路를 [illegible] ᄒᆞ야夥多ᄒᆞᆫ定期利益配當金을分排ᄒᆞ게될이的確ᄒᆞ오이다 應募僉彥은該附近에在ᄒᆞᆫ本社代理人(其名在下)과通信送金ᄒᆞ야本社代理人의게領收證을領受ᄒᆞ시거나本社와直接으로銀行換或郵換으로送金ᄒᆞ시면本社에서株券을即時繕呈ᄒᆞ오리니 [illegible] 勿遲延ᄒᆞ시오應募코ᄌᆞᄒᆞ시ᄂᆞᆫ僉彥ᄭᅦ셔 [illegible] ᄒᆞ시면即今에應募ᄒᆞ시오此ᄂᆞᆫ大利益이有ᄒᆞᆯ쁜不是라卽僉彥이 僉彥의國家와僉彥의壹己와청彥의壹家에對ᄒᆞ야擔當ᄒᆞᆫ責任이오義務 [illegible] 本社에서出品物을準備ᄒᆞ기爲ᄒᆞ야多少時日을費ᄒᆞ깃ᄂᆞᆫ故로株金領受期限은今月三十一日內로定ᄒᆞ깃ᄉᆞᆸ고此限後에ᄂᆞᆫ [illegible] 株以下의株 [illegible] 請을謝絶ᄒᆞ깃ᄉᆞᆸ니다 以上仰陳ᄒᆞᆷ에對ᄒᆞ야詳細事兒을更知코ᄌᆞᄒᆞ시ᄂᆞᆫ 僉彥은本社에通信ᄒᆞ시되速々히ᄒᆞ시고少勿遲延ᄒᆞ시옵 大韓帝國의商業及工業의宏大히振興ᄒᆞᆷ을願祝ᄒᆞᄂᆞᆫ

韓美興業株式會社 謹啓

大韓漢城郵便局郵函第四号

(美國의리소나洲法律部可認韓美國籍 [illegible] 館登錄)

本社와各處代理人의氏名은如左홈

平壤代理人	平壤大同門內店洞	鄭基煥	開城代理人	개城南門內雜貨商店	金東宣
馬山浦代理人	馬山浦各主	孫德宇	咸興代理人	咸興西門外	盧旻洙
淸津代理人	淸津港	張樂臣	元山代理人	元山港	金以文
安邊代理人 位置未定	水原北部 [illegible] 洞	김유東	水原代理人	水原北部長安동	金유東
金田代理人 位置未定	[illegible] 中 [illegible] 相思洞貳拾三戶	李孝稙	沙里院代理人 位置未定	漢城東部蓮花坊 [illegible] 里旺新學校內	邦元重
天安代理人 位置未定	水原北部長安洞	尹聖求	湖州代理人 位置未定	漢城西部麻浦二拾二統五戶	吳惟泳
全州代理人 位置未定	漢城西部阿峴二百廿二統二戶	김敎聲	群山代理人	群山太井洞	韓相益
釜山代理人 位置未定	馬山浦 [illegible] 山里 [illegible] 九戶	辛相淑	大邱代理人	大邱新田里五十八統七戶	李相召
麻浦附近代理人	西 [illegible] 麻浦 [illegible] 戶	[illegible] 弼駿	江景浦代理人 位置未定	西部龍山坊東幕中契廿七統貳戶	李寬浩
永同代理人 位置未定	漢城 [illegible] 洞貳 [illegible] 壹戶	安 [illegible]	長湖院代理人 位置未定	陰城城山里	權泰鎭
晋州代理人 位置未定	慈原 [illegible] 馬山浦城山	孫德宇	木浦代理人	木浦南 [illegible] 洞	玄德鍾
漢江附近代理人	[illegible] 漢江 [illegible] 戶	李宗默	金堤代理人 位置未定	金堤郡 [illegible] 石面水閣	[illegible] 升基

廣告

本港士商會社에서金五百圓과務安府敎育會에서金二拾圓을永興中學校에義助하엿스오니敎育上에이갓치熱心賛助하심을感荷하옵

木浦港耶蘇敎永興中學校告白

本港埠頭勞働人牌長李化淑鄭汝玉金希伯張致瑞朴仁佑權德彦金相兼李順善嚴敬瑞김仁玉宋元伯具致化李成實김龍南諸氏가壹般同胞의財產保護하기爲하야勞働하는四百餘人의屆價中鳩聚한金額七百餘圓으로禁火機械를準備하야家屋失火에大端便宜케하엿스니以若如是熱心이世所稀罕故로玆以仰佈함

務安木浦港府內面長金膺春

木浦港私立商業학校學年試驗卒業生

優等 金永祜 康根昊
及第 金奉國 任大銓 朴鏞奎 金千斤 金炳允 金洪錫

木浦私立商業補習학校長金仲善 白

大韓每日申報第壹千三拾七號에揭載한本人의父子叔任이勞働夜학徒와男女耆학徒를熱心敎育하고諸般經費를自擔이라하엿스오나本洞有志紳士의熱心保護이오本港敎育會長朴鏞처氏와士商會社長金仲善氏의熱心保護를賴하야永遠維持가되깃사오니於國於民에幸福이이오本人의壹家로만熱心敎育이라홈이不可하압기玆以布告함

木浦溫錦洞洪淳弼 告白

本人의姓名章을昨年陰正月貳日에本里에서見失하고陰曆章을新刻行用하니知舊間照亮하시오

義州光城面正心洞 崔世均白

本會에서現今開設한각測量會에對布하오니各郡管內에同業員은與支會에技術檢定을受하고檢閱證을領有하야測量上에信用을表顯케하시옵

忠南支會長閔泳弼 位置舒川郡
全北支會長李鎬成 位置群山港
慶南支會長趙義淵 位置昌原府
海西支會長邊錫周 位置延安郡
平北支會長金熙綽 位置宣川郡

大韓測量總管會 告白

德溫宮康翎田土는自慶淑惠主房으로越來者而已丑年에純元皇后買賜者也其地가土廣하여或堅或陳故每登貢之患에使出賭租貳斗二升者今近數百年矣中間의下知何許作人輩가更爲私相買賣其土하니其所由則雖出賭租라도其總廣하여有餘利故也德溫宮之捧賭租今爲八十年而彼作人輩忽地起訟謂以豈土兩稅라하니此豈可與同論乎德溫宮은自有證案及四次移券之文券矣今番海州裁判之場에諸作人輩가謂以文券者不過幾拾年文券이오舊券則幾治人家之券이皆入於水災云하고至於告白於申報社의日有何事端인지裁判所에서洞民을落科식엿다하니此訟理之曲直은京鄕皆知하여不須申複이오以賊反覆杖之說로欲證豈世하니彼注意則往控訴院故使醫院審判者로疑之計耳

德溫宮 告白

晉州觀察使黃鐵氏가彰烈祠樂育齋의池役夫郡守爲執等事에不正한行爲가有하다하야各新聞에屢次揭載하엿사오나該事件에對하야確有不然이라彰烈祠段은士林尊奉之地而去年陰十月日本憲兵이不得所住하야來告觀察使故答曰公廨은無借與書라如是而已矣러니其數日後憲兵이屑察城內城外하다가至彰烈祠하야認是公廨하고來言暫住則喩以實由曰此非公廨오乃是尊奉之地而士林之所會也不可以接住라하야終不聽從이러니擅自接住則非觀察使認許也오樂育齋段은此是公立而財政이窘拙하야維持方針이無하기로郡학校를合處則似得方便故로如是而發會於衆座者也오非廢公立而設私立也오蓮池段은日人石井이年前에請願於內部하야池折半은以毁城土石으로塡塞作平하야以爲營業之意旣爲承認이오非觀察使之所擅賣者也오役夫段은國有道々有道々인바爲道로已爲修築而本道도今爲修治之地에役夫雇價는無政府之劃下則觀察使가豈可自擔乎不得不赴役이나豈無矜憐가與本郡守爲可議이오郡守爲報民은取其資格則不可不越境爲堅하야擇其資格之可合이며平日行爲之如何然後에拔其優等者條報인즉實者에獨有人而審査에豈無人乎擇得其資格後에도亦有嫌薦之嫌하야任使觀察하야病難擬然後에乃爲薦報者也라今以官吏不正之行爲에對하야記載廣布는雖是義務나然이나未知其確實事由하고記載者不公이오聽言者不信而今者黃鐵시至於五條事件에는確無所據故玆에遞條하야明其理由하오니照亮하시옵

昌原 崔祥鵬 金基賢
金海 金相潤 金慶煥
梁山 李士圓 김台鎭
龍南 김炳鎬 卓在瀾
密陽 김敎炷 김明援
蔚山 朴毅基 朴有文

京城中部中部洞大拾八統四戶 李根培家 留

本館에서各種果木及雜木苗種을多數廉價發賣하오니植木의注意하는僉員은陸續來購하옵

平壤太極書館事務 李德煥白

本人의姓名章을見失이기新章으로改造이고舊章은勿施하오니內外國人은以此照亮함

楊州郡西面栢子田洞영熏白

昨年收錢事通文多有안造僞奸故幷僞勿施並發通告京鄕僉宗照諒

南陽洪氏京宗中 白

本講習開學은閏月初八日科目敎育學女典地誌算術日語測量學願學會員居期入學希望

平壤師範預備講習所內鄭在命

◎學員募集廣告

大韓婦人會藝術講習所에서女生徒二拾人을募集하오니入學志願者는請願書에履歷書를添付하야陽曆四月拾日內로本所에提呈하시옵

試驗日字는陽曆四月拾日이요入學은同拾五日이온데在學中에는食費도自本所로서金六圓式支給함

龍山大한婦人會養蚕講習所

學員募集 廣告

本校에서학員을增加募集하오니志願人은四月五日(陰閏二月十五日)內로請願書를提呈함

年齡은十歲로至十八歲

北部大安洞私立光東學校

大同運輸會社艸梁支店을可設하얏기如是廣告하오니僉君子는照亮하심을敬要

艸梁支店總務 崔桂賢
朴大汝
財務員 崔時鳴

◎學員募集廣告

本校에서第二回第壹學年學員을募集하오니志願人은今月三拾壹日內로請願書를提呈함

(請願紙는本校에請求함)

試驗日字는四月壹日下午壹時

試驗科目은讀書、作文、算術四則、身體檢査、年齡拾五歲以上三拾歲以下

但公私立普通科卒業證이有한人은免試함

開學日은四月拾壹日

中部校洞

私立西北協成學校

◎학員募集廣告

本校에서土木建築科及測量科를設施하오니入학志願人은何日이던지本事務所로來臨하야詳問하시오

土木建築科
速成科 六個月
高等科 壹個年
特別科 三個月

測量科
速成科 六個月
高等科 壹個年
全夜학 壹個年
特別科 壹個月

京城[illegible]部濟國鎭學館通

私立山崎實用土木建築測量算術製圖학校

新撰測量學

定價 九拾錢

俞吉濬 序

金澤吉 編纂

右冊은斯學에著名한金澤吉氏가編纂한온바시가多年遊外하야鑛川學을卒業하고歸國後測量敎授에熱心從事하는디現今完全한測量冊子가無할뿐아니라測量을初學하는諸君이實地에當하야諸般法에眩惑함을慨歎하야細部圖根測量術을簡明學切히編纂하고外에特別히設計及請願書類와各種製圖式樣을着彩하야附錄에添付하얏스니壹見明瞭하야학習에도便利하고公私應用에도確實無碍할터이오니斯학에有志하신僉彦은陸續購覽하시옵

○總發賣所 京城中部[illegible]洞興士團內 大韓測量總管會

○分賣所 京城南部棗洞 金龍商會

北部小安洞 大韓書林

京鄕各書舖

大韓仁川港峴和平堂大藥房效神靈藥

阿片斷引丸

注意

阿烟初吸者ㅣ雖曰暫効나日久則遂成錮引하야至於蕩敗家產者와未免殀死者ㅣ比比有之하니豈不哀惜乎아故로本堂에서苦心竭力하고英國秘方을透得하야阿片斷引하는大效가잇는師藥을製造發賣하오니欲戒阿引者는契約服用하시되若無效驗이면藥價를還呈하깃사오니照亮하시옵

定價 壹劑八圜分金五圜 半劑 四圜分金三圜

意

胎産調經丸

婦人이冷病積病과月經이因하야孕胎치못하는데神效藥 調經 壹月份壹劑金五圜

消瘡丹

男女間楊梅毒疾과疳瘡과濕頭瘡의百般惡瘡에妙藥이오 定價甲金四圜乙金二圜[illegible]錢

滋陽丸

男女間補陰補陽하야元氣不足 消滯壹劑오 定價每劑壹分金壹圜八十錢

八寶丹

健胃消滯하며口味를助하고爽神하야爽快케하는靈藥이오 定價金十錢

此外에도東西洋各國名醫와德樞上品金雞納이俱備하오니陸速注文하시옵

總發行所仁川港峴支店

京城鍾路南闕前

和平堂主 李應善

漢城鍾路濟衆藥房에서官許郵受를二十三種封藥과[illegible]材와草材를大發賣하고且[illegible]

第七卷

大韓每日申報

第壹千六拾號

月曆及時日及休刊節

檀君開國四千二百四十二年
箕子元年三千五十一年
大韓開國五百十八年
日本明治四十二年
淸國宣統元年
己酉閏二月小初十日庚寅

Responsible for Publication Alfred Weekley Marnham.
發行兼編輯人英國人萬咸
發行所
京城西署石井洞統外地三層洋屋家
大韓每日申報社

論說

◉終是狂鐵

狂鐵狂鐵何不速死란晉州人의童謠를惹起ᄒᆞᄂᆞᆫ前鬼魍ᄯᅩ狂鐵現晉州觀察使黃鐵氏가只今皇城新聞社와裁判ᄒᆞᆫ다ᄂᆞᆫ뎌其裁判問題ᄂᆞᆫ卽前日皇城新聞社에셔黃鐵시의彰烈祠實與事件을揭載ᄒᆞᆫ所以라더라

嗚乎라黃鐵시여過가有ᄒᆞ면改ᄒᆞᆷ이可ᄒᆞ거ᄂᆞᆯ君은도로혀辨明코ᄌᆞᄒᆞ며罪가有ᄒᆞ면畏ᄒᆞᆷ이可ᄒᆞ거ᄂᆞᆯ君은도로혀抵抗코ᄌᆞᄒᆞ니君이엇지其頑冥如此ᄒᆞᆫ가

君의言과如히彰烈祠實與事件은本無ᄒᆞ다ᄒᆞᆯ지라도君은試思ᄒᆞ라君의罪가如何ᄒᆞᆫ가

君의罪ᄂᆞᆫ東海水를傾ᄒᆞ야南山竹에書ᄒᆞᆯ지라도盡記치못ᄒᆞᆯ지나兒童走卒도皆昭々知了ᄒᆞᄂᆞᆫ바인즉吾儕가贅論치아니ᄒᆞ거니와君이裁判이나ᄒᆞ면狂鐵을免ᄒᆞ깃ᄂᆞᆫ가

아모리裁判ᄒᆞᆯ지라도世人의公眼이有ᄒᆞ거던엇지狂鐵을免ᄒᆞ며

아모리裁判ᄒᆞᆯ지라도世人의公言이有ᄒᆞ거던엇지狂鐵을免ᄒᆞ며

아모리裁判ᄒᆞᆯ지라도世人의公史가有ᄒᆞ거던엇지狂鐵을免ᄒᆞ리오君이狂鐵을免코ᄌᆞᄒᆞ면早々悔改ᄒᆞ야狂鐵의面目을改ᄒᆞ며狂鐵의心腸을變ᄒᆞᆷ이可치아니ᄒᆞᆫ가

大抵新聞社가君의罪를數ᄒᆞᆷ은君의悔改키를望ᄒᆞᆷ이어ᄂᆞᆯ君이悔改치ᄂᆞᆫ아니ᄒᆞ고乃者其擧을再長ᄒᆞ야二重罪를加犯코ᄌᆞᄒᆞ니此ᄂᆞᆫ實노君을爲ᄒᆞ야痛惜ᄒᆞ바ㅣ라

昔에壹人이被酒狂叫ᄒᆞ거ᄂᆞᆯ隣人이皆狂者로呼ᄒᆞ더니其人이其後에ᄂᆞᆫ酒를不飮ᄒᆞ고도故意로狂叫不已ᄒᆞᄂᆞᆫ지라人이其故를問ᄒᆞᆫ대答ᄒᆞ야曰人이我를狂者로呼ᄒᆞ니今에狂叫치아니ᄒᆞᆯ들엇지狂者의名을脫ᄒᆞ리오ᄒᆞ얏다ᄒᆞ더니君이彼를効빈코ᄌᆞᄒᆞᆷ인가

君不然ᄒᆞ면엇지故犯을自甘ᄒᆞᆷ이如此ᄒᆞᆫ가

君子ᄂᆞᆫ過를聞ᄒᆞ면樂ᄒᆞ고小人은過를聞ᄒᆞ면怒ᄒᆞ나니惟願컨대君은君子가되고小人이되지말지어다智者ᄂᆞᆫ過를悔ᄒᆞ고愚者ᄂᆞᆫ過를長ᄒᆞ나니惟願컨대君은智者가되고愚者가되지말지어다

然則君이皇城新聞社를爲ᄒᆞ야頂禮頌祝ᄒᆞᆷ이可ᄒᆞ며皇城新聞記者를爲ᄒᆞ야再拜稱謝ᄒᆞᆷ이可ᄒᆞ거날乃者此ᄂᆞᆫ不能ᄒᆞ고도리혀裁判을請ᄒᆞ니嗚乎라君이여君이終是狂鐵을不免ᄒᆞᆯ지로다

官報

▲隆熙二年拾貳月三日 官報

部令

學部所管日本國留學生規程을左갓치定ᄒᆞᆷ 續

滯在費

壹 到着日로부터學校入學前ᄭᆞ지

貳 學部大臣의命令又ᄂᆞᆫ留學生監督의指揮에依ᄒᆞ야休學ᄒᆞᆫ期間

三 留學期間滿了日로부터在留地出발前日ᄭᆞ지

四 第三條第貳項에依ᄒᆞ야實地硏究期間 (未完)

詞藻

●敬和壹心生 先鋒靑年

富貴功名願ᄒᆞ기ᄂᆞᆫ、人之常情이라것만。

斷々壹心君의所願、國權回復뿐이라네。

壯ᄒᆞ도다、壹心生의壹心大志、나도조차。

外報

●塞國의決議 倫敦電을據ᄒᆞᆫ즉塞爾維亞內閣에서會議를ᄀᆡᄒᆞ고決議ᄒᆞ되英露佛三國이武備를廢止ᄒᆞ라고要求ᄒᆞᄂᆞᆫ同時에墺國의攻擊을不受케ᄒᆞᆫ다고保證ᄒᆞ면卽時此를承諾ᄒᆞᆷ이可ᄒᆞ다ᄒᆞᆫ故로戰爭이不起ᄒᆞᆯ듯ᄒᆞ다더라

●在野黨宣言 全電을據ᄒᆞᆫ즉英國在野黨領袖바루후오ㅣ아氏ᄂᆞᆫ모데즈도노ㅣ도戰鬪艦製造ᄒᆞᄌᆞᄂᆞᆫ政府議案은帝國의安全을保證키不足ᄒᆞ다고宣言ᄒᆞ야政府彈劾의動議를議院에提出ᄒᆞ얏다더라

●外人漁業禁止 全電을據ᄒᆞᆫ즉布哇에셔外國人의漁業禁止ᄒᆞᄌᆞᄂᆞᆫ案件中日本人에對ᄒᆞᆫ法案은上院을通過ᄒᆞ얏다더라

●女皇攝政 全電을據ᄒᆞᆫ즉淸國皇嗣子가卽位ᄒᆞᄂᆞᆫ境遇에ᄂᆞᆫ現女皇이攝政이된다더라

●孫氏行動 香港電을據ᄒᆞᆫ즉淸國에ᄂᆞᆫ孫逸仙黨派가銃器三萬挺內에壹萬挺은暹羅로送ᄒᆞ고該地에셔又南淸地方으로密輸入ᄒᆞᆫ다ᄂᆞᆫ南京總督의觀奏가有ᄒᆞ얏다더라

雜報

●德壽宮問候　再昨日에義親王妃殿下와各大官의命婦가德壽宮에詣進ᄒᆞ야謁ᄒᆞ얏ᄂᆞᆫᄃᆡ太皇帝陛下께ᄋᆞᆸ셔賜饌ᄒᆞ시고軍樂을送奏ᄒᆞ얏다더라

●內閣擬議　度支部에셔已往觀察郡守의巨額欠逋를調査督刷ᄒᆞᆫ다ᄂᆞᆫ說은屢報어니와更聞ᄒᆞᆫ즉各其所逋外에民未收와差人替納欠縮條ᄂᆞᆫ一切勿論ᄒᆞ기로內閣에셔擬議中이라더라

●氷山豈久　宮內府官吏리某ᄂᆞᆫ總理大臣李完用氏의至親인故로大臣의勢力을憑藉ᄒᆞ고貧寒ᄒᆞᆫ人民의게行惡이無雙ᄒᆞᆷ으로稱寃이浪藉ᄒᆞ다더라

●應試寥星　學部에셔各道儒生의經義問對를本月三十日까지定限領收ᄒᆞ더니更히來月五日까지延期收納ᄒᆞ기로決定ᄒᆞ얏스나各地方儒生들은新학問問題에生疎ᄒᆞ야試券을製呈ᄒᆞᄂᆞᆫ人이寥星ᄒᆞ다더라

●去將何爲　韓國閔泳徽氏가淸國上海로移寓ᄒᆞᆫ다더니近日에此事를因ᄒᆞᆷ인지各處田庄을沒數放賣ᄒᆞᆫ다ᄂᆞᆫ說이有ᄒᆞ더라

●乘馬思奴　鎭川郡守朴初陽氏ᄂᆞᆫ辭職請願書를提出ᄒᆞ고觀察使를運動ᄒᆞᆫ다더라

●比民上京　慶尙北道比安郡守權重萬시가近日該管下의發訓ᄒᆞ야官廳修理費와十八面面長의手當料를支撥ᄒᆞᆫ다稱ᄒᆞ고該郡原結四千六百七拾餘結에每結頭五十錢式星火督捧ᄒᆞᄂᆞᆫ故로民不聊生이라ᄒᆞ고該郡人民等이內部에呼寃次로上京ᄒᆞ얏다더라

●避退維谷　前判書洪淳馨氏가京第에在ᄒᆞ면各學校義捐金請助ᄒᆞᆷ을甚苦ᄒᆞ야閉門下鄕ᄒᆞ고鄕第로下往ᄒᆞ면義兵의侵討ᄒᆞᆷ을難堪ᄒᆞ야所向無處라더라

●法則不完　春川觀察使리圭完氏가該道富客池奎文시의게貸錢千五百圜을受賂ᄒᆞ고郡守를薦擧ᄒᆞ얏더니內部에셔知其虛實ᄒᆞ고該薦報案件을即爲繳退ᄒᆞ얏다더라

●米書記出發　淸國北京에駐在ᄒᆞᆫ米國公使館貳等書記官하리손시ᄂᆞᆫ今三拾日朝에京城을出發ᄒᆞ야安東縣奉天을經ᄒᆞ야大連으로向ᄒᆞ얏다더라

●日暮途窮　一進會에셔各處債帳을勸償無期ᄒᆞ야該會館을何許日人의게典執次로現今周旋中이라더라

●巡査配置件　近日韓國巡査를多數減額ᄒᆞᆫ다ᄂᆞᆫ說은壹般世人이皆知ᄒᆞᄂᆞᆫ바어니와更히得聞ᄒᆞᆫ즉依數減額ᄒᆞ야各地方警察署에隨意下送ᄒᆞᆫ다ᄂᆞᆫᄃᆡ若志願者가無ᄒᆞ면從當恩賜金을支撥ᄒᆞᆫ다더라

●李氏向島　前舒川郡守李鍾奭氏가該郡在任時에公貨欠逋가夥多ᄒᆞ야現今警視廳에셔捉致ᄒᆞ라ᄂᆞᆫ故로李氏가知機ᄒᆞ고三昨日西懸島地方으로下去ᄒᆞ얏다더라

●魔報運盡　國民新報ᄂᆞᆫ宋秉畯의主張으로財政을專擔ᄒᆞ야壹般社員의俸給을按月例給ᄒᆞ더니宋秉畯의勢力이減損ᄒᆞᆷ以後로ᄂᆞᆫ該報購覽者의數爻가日以零星ᄒᆞ야每日所刊이幾百張에不過ᄒᆞ고各種經費를支撥無期ᄒᆞ야困難이殆甚ᄒᆞ다더라

●漁基承認　釜山居崔君三시가咸興利原文川端川等郡漁基를日昨農商工部에請願承認ᄒᆞ얏다더라

●亡釖亡釖　嶺東혀氏의姪婿宗煥시가本以浮浪으로鐵財를多數蕩敗ᄒᆞ고避身遠走ᄒᆞ얏더니近日에還爲入來ᄒᆞ야其叔父嶺東혀氏에게鐵財를又爲請討ᄒᆞ거ᄂᆞᆯ其叔父가不得已七拾元을辦給ᄒᆞᆫ즉猶爲不足타ᄒᆞ고其叔母를毆打ᄒᆞ야吐血症이發ᄒᆞ고其叔父를對ᄒᆞ야詬辱無雙ᄒᆞ얏다더라

●面장挾雜　淸州郡에ᄂᆞᆫ二十四面面長이符同ᄒᆞ야壹般人民의게無名雜稅를徵收ᄒᆞᄂᆞᆫ故로民寃이瀰天ᄒᆞ다더라

●日曹長被殺　楊州郡憲兵分遣所通譯姜淳弼이가去二十日頃에히所內에셔諸般銃器를修繕ᄒᆞᄂᆞᆫᄃᆡ彈丸이誤發ᄒᆞ야適其時在傍ᄒᆞ얏던憲兵曹長壹名이被殺ᄒᆞᆫ故로該隊에셔即時姜氏를捕捉ᄒᆞ야京城憲兵司令部로押上牢囚ᄒᆞ얏다더라

●工校風波　日昨東部官立工業傳習所內에셔壹場風波가大起ᄒᆞ얏다ᄂᆞᆫᄃᆡ其根因을得聞ᄒᆞᆫ則히塲內塗漆ᄒᆞᄂᆞᆫ日人工夫奧田의所有自轉車를何許學員이遊戲的으로히車後輪空氣를放出ᄒᆞᆫ지라奧田이가不勝憤怒ᄒᆞ야所持鐵斧로該學生의面部를毆打ᄒᆞ야因以重傷ᄒᆞᆫ지라壹般傳習所學員이齊聲突出ᄒᆞ야該日人을打殺코져ᄒᆞᆫ則因以逃走ᄒᆞ얏다ᄂᆞᆫᄃᆡ其重傷ᄒᆞᆫ學員은即時大韓醫院으로擔舁ᄒᆞ야方今治療ᄒᆞᄂᆞᆫ中이라더라

●宋氏呼寃　黃澗郡居宋賓憲시의先山이懷德郡에在ᄒᆞᆫᄃᆡ其山直宋學洙시가其押近處에偸葬逃避라가又於昨秋에營壙地를該郡鄭禹謨시의게盜賣ᄒᆞᆫ지라宋賓憲시가擧訴掘去矣러니鄭시가該道地方裁判所에誣訴得囑ᄒᆞ야宋賓憲시가反爲落科ᄒᆞᆫ故로不勝抑鬱ᄒᆞ야京城裁判所으로呼寃次로上京ᄒᆞ얏다더라

●陶器改良　廣州九川面風納里ᄂᆞᆫ自古로有名ᄒᆞᆫ陶器店인ᄃᆡ近者에有志紳士朴春植氏가發起ᄒᆞ야陶器組合所를設立ᄒᆞ고壹般陶器를改良製造ᄒᆞᆫ다더라

●趙翁太頑　星州郡居ᄒᆞᄂᆞᆫ趙誠直氏가新학問에有意ᄒᆞ야京城에上來ᄒᆞ야隆熙學校에斷髮入學ᄒᆞ얏더니히氏의父親이其剃髮ᄒᆞᆷ을聞知ᄒᆞ고歸鄕ᄒᆞ라ᄂᆞᆫ書信이拾餘度에遝ᄒᆞᆫ지라히시가親命을難違ᄒᆞ야廢學下鄕ᄒᆞ얏ᄂᆞᆫᄃᆡ其父親이永히挽執ᄒᆞ고不得出門케ᄒᆞᆫ다더라

●理髮紀念　京城理髮組合所에셔今月上午十二時에西部芳猶洞善婦人會館內에셔第壹回紀念式을設行ᄒᆞᆫ다더라

●賊黨何多　再昨日下午四時量에南部管內銅井동等地로何許女人이過去ᄒᆞᄂᆞᆫᄃᆡ히附近地에셔賊漢二名이突出ᄒᆞ야히女人의所持金銀等屬과諸般衣服汁物을沒數奪去ᄒᆞ얏다더라

●怒甲移乙　前宜陽郡吉相시가其頭髮을勒削ᄒᆞᆷ은前報에已揭어니와히시가此로因憾ᄒᆞ야嶺南學會에已往酬定ᄒᆞᆫ義捐金百圜을寄付치아니ᄒᆞ기로決心ᄒᆞ얏다더라

●巡査挾雜　西部警察署巡査申益均시가中부校洞居ᄒᆞᄂᆞᆫ金永洽시家에留連ᄒᆞᄂᆞᆫ名不知梁某가鴉片烟을暗買ᄒᆞ얏다構誣ᄒᆞ고新貨貳十五圜을奪取ᄒᆞᆫ情跡이綻露되야再昨日該署에捉囚되얏다더라

●徐熖非畏　慶北觀察道事務官徐相奎氏ᄂᆞᆫ觀察使朴重陽氏의爪牙인ᄃᆡ咸昌郡守李鍾浩氏의게書簡을拾二次送致ᄒᆞ며時郡主事김奎燦을遞去ᄒᆞ고本郡居岩碑權奐爲로薦報ᄒᆞ라ᄒᆞ기로李郡守가徐氏의勢熖을畏겁ᄒᆞ야郡主事金奎燦을暗請ᄒᆞ야日徐事務官의書托이如是ᄒᆞ니君可請願自退ᄒᆞ라若不請願이면吾可遞탈ᄒᆞ리라ᄒᆞ미郡主事日此非正格이니不可聽從이라ᄒᆞᆫ[illegible]니李郡守가徐氏의勢熖을畏ᄒᆞ야請願ᄒᆞ라고百般懇請ᄒᆞᄂᆞᆫ故로김奎燦氏가不得已請願ᄒᆞ얏다더라

●義將消息　義兵將鄭海朝시ᄂᆞᆫ부下數百名을領率ᄒᆞ고高陽郡地方에셔橫行ᄒᆞᆫ다더라

●英陽風塵　本月貳拾七日英陽郡에셔義兵五拾餘名이大邱警察署巡查及憲兵隊와交戰ᄒᆞ얏다더라

●山上僵屍　再昨日에何許人이仁王山上峯頭에上去ᄒᆞ야無故自縊ᄒᆞ얏ᄂᆞᆫᄃᆡ巡山巡査가往觀ᄒᆞᆫ즉麻履壹部를携帶ᄒᆞ고囊中에ᄂᆞᆫ白銅貨幾十兩을儲置ᄒᆞ얏ᄂᆞᆫᄃᆡ該人의居住를探問ᄒᆞᆫ則迎秋門外等地에셔居生ᄒᆞᄂᆞᆫ人이라더라

●報恩義兵　義兵大將韓奉龍氏ᄂᆞᆫ近日에部下百餘名을領率ᄒᆞ고報恩郡俗離산下附近에留屯ᄒᆞ야人民을何如撫戢ᄒᆞ얏던지人皆感悅ᄒᆞ야져穀을自願獻納ᄒᆞᆫ다더라

●偵探極秘　楊州郡에出沒ᄒᆞ던義兵이多數上京ᄒᆞ야部下形便을秘密視察ᄒᆞᆫ다ᄂᆞᆫ風說이喧藉ᄒᆞᆷ으로憲兵司令部에셔警視廳과交涉ᄒᆞ야各坊內에偵探客을多數派送ᄒᆞ야偵探이極히秘密ᄒᆞ다더라

學界

●委員熱心　海南郡地方委員安基正시가撫民安堵ᄒᆞ고外交에道ᄒᆞ야該郡에합營中設立學校에自擔經費ᄒᆞ야熱心教育ᄒᆞᆫ故로雜就之望이可賀ᄒᆞᆫ다고頌聲이藉々ᄒᆞ더라

●江倅興學　江界郡守俞鎭浩氏가到郡以後로학校가興旺치못ᄒᆞᆷ을慨歎ᄒᆞ야二十一面에徒步로行ᄒᆞ야家喩戶說에學校가拾餘處에至ᄒᆞ얏ᄂᆞᆫᄃᆡ教師資格이無ᄒᆞᆷ을尤益慨嘆ᄒᆞ야郡內에協新학院과淸源商務학校를設立ᄒᆞ고該氏의令男文澤氏ᄂᆞᆫ協新學院教師를熱心教授ᄒᆞᆫ다고稱頌이喧藉ᄒᆞ다더라

▲地方消息▼

▲本月七日全南興陽郡北方約五十里地에셔義兵五拾名이히郡日守備隊上等兵以下五名과交戰ᄒᆞ얏다ᄒᆞ고

▲本月七日海南郡南方約五拾里地兩倉에셔義兵二拾餘名이히郡日守備隊와交戰ᄒᆞ얏다ᄒᆞ고

▲本月二十五日開城郡東南方約二拾里地德勿山附近에셔義兵二拾三名이同郡日守備隊上等兵以下五名과交戰ᄒᆞ얏ᄂᆞᆫᄃᆡ日兵壹名이負傷ᄒᆞ얏다ᄒᆞ고

▲本月二拾六日朔寧郡仙壁附近에셔義兵三十名이同郡日守備隊小尉以下八名과交戰ᄒᆞ얏다ᄒᆞ고

▲本月二十二日忠北鎭川郡東方三十里地에義兵拾七名이히郡分遣所日憲兵下士壹名上等兵二名及補助員四名과交戰ᄒᆞ얏다ᄒᆞ고

▲本月拾六日全남長城郡東北約五拾里地에셔義兵貳十餘名이同郡分遣所憲兵下士以下六名과交戰ᄒᆞ얏다더라

▲賣淫女야▼

▲醫官談話드러본즉漢城內의賣淫女가現行檢査勿論ᄒᆞ고隱慝者ᄂᆞᆫ稱托ᄒᆞ야秘密賣淫ᄒᆞᄂᆞᆫ者가五六千名됨ᄒᆞ니此不淸檢査ᄒᆞ다ᄒᆞ니놉낫고도可憐ᄒᆞ다 여보라 寔大手로못숨잡고數語警告ᄒᆞ깃노라

▲賣淫女야々々々々너도亦是사ᄅᆞᆷ이라너의父母너ᄅᆞᆯ낫코金玉ᄀᆞᆺ치길너적에貞烈夫人바랏것다너의父母그르더냐네行世가글넛더냐貞烈夫人못될망졍賣淫女가되단말가可憐ᄒᆞ다네身勢야

▲賣淫女야々々々々豚犬ᄀᆞᆺ흔動畜들도化育時期아니며ᄂᆞᆫ그行動이泰然커던堂々國民分子로서花朝月夕쉴ᄉᆡ업시會哥携手歡迎ᄒᆞ고學郞接吻諸從ᄒᆞ야送舊迎新汨沒ᄒᆞ니可憐ᄒᆞ다네身勢야

▲賣淫女야々々々々上帝께서사ᄅᆞᆷ낼ᄯᆡ男女分等업섯도다이런時代當ᄒᆞ여서羅蘭耶安본을밧고論介桂月못될망졍웅덩바람억게춤과얼々절々흥타령에鄙陋雜년牌차니可憐ᄒᆞ다네身勢야

▲賣淫女야々々々々女子裝身ᄒᆞᄂᆞᆫ法이手足을만露出히도見辱히나ᄒᆞ엿ᄂᆞᆫᄃᆡ賣淫女ᄂᆞᆫ못들이여病之有無檢査ᄒᆞᆯ제至密且密ᄒᆞᆫ身體를生後初面男子에게駭怪擧動다뵈이니可憐ᄒᆞ다네身勢야

▲賣淫女야々々々々花言으로면蝶來々來無情歲月流波洋險上春色늙어지면어느郞君차질소냐놉히써면ᄯᅥ장이요내ᄯᅥᆨᄒᆞᆫ거佩瓢로다二尺短軀죽은後에收埋ᄒᆞᆯ者가업슬저니可憐ᄒᆞ다네身勢야

▲可憐ᄒᆞ다賣淫女야天不生無祿之人ᄒᆞ고地不長無名之草라ᄒᆞ니爾輩도아ᄂᆞᆫ비라勿怠惟勤학량이면어느地方이던지못살니이러ᄒᆞᆫ行다바리고어서밧비悔改ᄒᆞ야모든事業ᄒᆞ고사ᄅᆞᆷ노릇ᄒᆞ

美國시아틀大博覽會 회람박대틀아시국미

光武九年八月十一日創刊 明治三十八年八月十一日(第三種郵便物認可) 木曜日 西曆一千九百九年四月壹日(壹)

第四卷

大韓每日申報

第一千六拾壹號

月曜日及節日休刊

檀君開國四千二百四十二年
箕子紀元三千三十一年
大韓開國五百十八年
日本明治四十二年
清國宣統元年
陰己酉閏二月小十一日辛卯

Responsible for Publication Alfred Weekley Marnham.
發行兼編輯人英國人萬咸
發行所
南部石井洞越外地三層洋屋家
大韓每日申報社

論說

◎精神과實力

或曰立國의要素ᄂᆞᆫ精神이라精神만有ᄒᆞ면實力이無ᄒᆞᆯ지라도可ᄒᆞ다ᄒᆞ며又或曰立國의要素ᄂᆞᆫ實力이라實力만有ᄒᆞ면精神이無ᄒᆞᆯ지라도可ᄒᆞ다ᄒᆞᄂᆞᆫ도다余ㅣ二說을聞ᄒᆞ고何說에던지左袒치아니ᄒᆞ노라

其理由ᄂᆞᆫ何인가曰精神만有ᄒᆞ고實力이無ᄒᆞ야도不可ᄒᆞ며又實力만有ᄒᆞ고精神이無ᄒᆞ야도不可ᄒᆞ나니但實力만有ᄒᆞ고精神이無ᄒᆞᆷ보다ᄂᆞᆫ寧히精神만有ᄒᆞ고實力이無ᄒᆞᆷ이可ᄒᆞᆯ뿐이니라

精神만有ᄒᆞ고實力이無ᄒᆞ면其結果가如何ᄒᆞᆯ것ᄂᆞᆫ가壹言으로喩ᄒᆞᆯ진ᄃᆡ手에銃一挺이無ᄒᆞ며庫에穀壹石이無ᄒᆞ면아모리斯巴達的軍隊의死心이有ᄒᆞᆫ들赤手로戰場에赴ᄒᆞᆷ이엇지可ᄒᆞ며綿布壹尺을織組치못ᄒᆞ고葉錢壹分을貯蓄치못ᄒᆞ얏스면아모리商技가巧妙ᄒᆞ며商事에勤勉ᄒᆞᆫ들無資ᄒᆞᆫ家로商業을競爭ᄒᆞᆷ이엇지可ᄒᆞ리오此ᄂᆞᆫ余가第壹說을不贊成ᄒᆞᄂᆞᆫ바ㅣ며

實力만有ᄒᆞ고精神이無ᄒᆞ면其結果가如何ᄒᆞᆯ것ᄂᆞᆫ가壹言으로喩ᄒᆞᆯ진ᄃᆡ敵愾心이無ᄒᆞ며戰鬪力이無ᄒᆞ면아모리銳器가精銳ᄒᆞ며糧道가豊富ᄒᆞᆫ들怯兵을驅ᄒᆞ야戰場에赴ᄒᆞᆷ이엇지可ᄒᆞ며商利에慧眼이無ᄒᆞ며商事에熱心이無ᄒᆞ면아모리商品이丘山又치堆ᄒᆞ며資金이屋瓦又치多ᄒᆞᆫ들擬漢을驅ᄒᆞ야商業을競爭ᄒᆞᆷ이엇지可ᄒᆞ리오此ᄂᆞᆫ余가第貳說을不贊成ᄒᆞᄂᆞᆫ바ㅣ로다

然이나精神만有ᄒᆞ고實力이無ᄒᆞ면或成功을奏ᄒᆞᆯ壹道가有ᄒᆞᆫ지나萬壹實力은有ᄒᆞ나精神이無ᄒᆞ면到底히滅亡을不免ᄒᆞᆯ지니試思ᄒᆞᆯ지어다今에壹盜가有ᄒᆞ야我를殺코져ᄒᆞᄂᆞᆫ대盜ᄂᆞᆫ凶器를持ᄒᆞ고我ᄂᆞᆫ空拳뿐이나我가精神을奮勵ᄒᆞ면其禍ᄅᆞᆯ可避ᄒᆞᆯ道가或有ᄒᆞ거니와萬壹我도凶器ᄂᆞᆫ具有ᄒᆞ나我가對抗ᄒᆞᆯ精神이無ᄒᆞ면決코可避치못ᄒᆞᆯ지니此ᄂᆞᆫ卽余가精神만有ᄒᆞ고實력이無ᄒᆞᆷ이實力만有ᄒᆞ고精神이無ᄒᆞᆷ보다可ᄒᆞ다ᄒᆞᄂᆞᆫ바ㅣ로다

然則精神과實力이均是立國要素에必要不可缺ᄒᆞᆫ바ㅣ나但精神은몬져修養ᄒᆞᆯ때精神을몬져噓起ᄒᆞᆷ이可ᄒᆞᆯ뿐이니라

故로實業을興ᄒᆞᄂᆞᆫ者도精神으로以ᄒᆞ며教育을興ᄒᆞᄂᆞᆫ者도정신으로以ᄒᆞ며政治를興ᄒᆞᄂᆞᆫ者도정신으로以ᄒᆞ야實력을培養치아니ᄒᆞ면已어니와培養코져ᄒᆞ면반다시정신으로以ᄒᆞᆯ지오萬壹정신과實력을並有치못ᄒᆞᆯ진대寧히實력을捨ᄒᆞ고정신을取ᄒᆞᆯ지니라

近日何許妖怪輩가亂唱ᄒᆞ야曰實력만有ᄒᆞ면生活ᄒᆞᆫ다實력만有ᄒᆞ면存立ᄒᆞᆫ다ᄒᆞ야정신을大抹殺코져ᄒᆞ야其害毒이教育界까지波及ᄒᆞ니悲夫라

然이나余ᄂᆞᆫ決코此輩의魔術이破壞될줄노據保ᄒᆞ노니現今韓人同胞가아모리幼稚ᄒᆞᆫ들엇지此等術中에야肯落ᄒᆞ리오余ᄂᆞᆫ도리혀此를以ᄒᆞ야韓人同胞의福利를增進케ᄒᆞᆷ이라ᄒᆞ노니

今日부터ᄂᆞᆫ已往을種種無정신ᄒᆞᆫ同胞들도必也反思ᄒᆞ야曰정신이何이기로정신을抹殺코져ᄒᆞᄂᆞᆫ가ᄒᆞ야정신을益益奮發ᄒᆞᄂᆞᆫ反動力이起ᄒᆞᆯ所以니라

外報

◎預備兵解除 倫敦電報를據ᄒᆞᆫ즉塞爾維亞ᄂᆞᆫ列國의忠告를容ᄒᆞ야其豫備兵을解除ᄒᆞᆫ다더라

◎墺皇明言 仝電을據ᄒᆞᆫ즉墺國皇帝가匈牙利國委員에게明言ᄒᆞ야曰同皇帝ᄂᆞᆫ平和維持를確信ᄒᆞᆫ다ᄒᆞ얏다더라

◎列國狀態 伯林電을據ᄒᆞᆫ則塞爾維亞ᄂᆞᆫ列國提言을從ᄒᆞ야보스니아問題ᄂᆞᆫ既히土耳其墺地利間議定書에依ᄒᆞ야解決ᄒᆞ기로宣言ᄒᆞ얏고列國은塞爾維亞의戰爭準備中止ᄒᆞ기를忠告ᄒᆞ얏고勃牙利ᄂᆞᆫ露國紹介로其獨立을承認케ᄒᆞ기로勉力ᄒᆞᆫ다더라

◎愛國討論盛起 仝電을據ᄒᆞᆫ즉墺國議會에서現今時局에對ᄒᆞ야愛國的討論이盛起ᄒᆞ얏ᄂᆞᆫ대臨時新兵을募集하기로決定ᄒᆞ얏고德國은墺國에對ᄒᆞ야同盟上忠實ᄒᆞᆷ을感謝ᄒᆞ얏다더라

詞藻

◎崇義理

솔가에더松竹은、四時에푸르렀고。
春風에桃李花는、꼬흔빗출자랑ᄒᆞᆫ다。
우리는、國民義務굿게지혀、義理자랑。

雜報

●運動無效 向日宮內大臣閔丙奭氏가渡日ᄒ야熱心運動ᄒ事件을得聞ᄒ즉日本內閣에對ᄒ야韓政府各大臣의地位를豈屆鞏固케ᄒ기로懇切哀乞ᄒ다가日本에權黨에서到底反對ᄒ며當致排斥하ᄂᆫ故로勢不得已ᄒ야空還ᄒ얏다더라

●必得何得 漢城財務監督局에서酒艸家屋二稅徵收ᄒᄂᆫ事에對ᄒ야心得書를刊出ᄒ고昨日各署로分傳ᄒ야人民으로ᄒ야금知悉케ᄒ라ᄒ얏다더라

●金氏再請 永興郡璿源殿分奉常寺主事김雄鎬氏가自戊申年壹月度以後로至拾二月ᄭ지月俸을未推ᄒᆫ故로掌禮院에請願ᄒ얏더니指令이模糊ᄒᆷ으로更히宮內府에請願ᄒ얏다더라

●狂總眞狂 皇城新聞社에서晉州觀察使黃鐵氏의不法行爲를揭載ᄒ얏더니黃시가京城區裁判所에起訴ᄒ얏다ᄂᆫ說은本報論文에已揭어니와昨日에도該新聞社長柳瑾시와該編輯이되얏다더라

●辯護更設 辯護士李冕宇氏가昨年裁判所開廳時에京城控訴院判事를被任ᄒ얏더니今에其職을辭ᄒ고辯護士事務所를更設ᄒ야民刑商事와其他諸般法律關係를迅速處理ᄒ다더라

●紹介何用 近日[illegible]會에서發起會員이提議ᄒ고東洋拓殖會社에對ᄒ야極力贊成ᄒ目的으로東洋拓殖紹介組合社를發起組設ᄒ고任員을選定ᄒ얏다더라

●可堪募集 警視廳에서近日刑事巡査等의偵探이生疎ᄒ야良民을誤捉ᄒᄂᆫ弊가種種有之라ᄒ야此等巡査ᄂᆫ多數除汰ᄒ고前日左右捕廳機關捕校中可堪者를募集ᄒ다더라

●典組總合 永宜君李埈鎔氏ᄂᆫ各處에在ᄒᆫ所有土地를典執ᄒ야典當總合所를設立ᄒ기로計劃中이라더라

●統監府移轉 統監府ᄂᆫ龍山軍司令部로移轉ᄒ기로內定ᄒᆷ으로因ᄒ야統監府邸ᄂᆫ軍司令官의官舍로移定ᄒ다더라

●宋族渠渡 宋秉畯의家族이日前으로渡去ᄒ다ᄂᆫ說은已揭어니와追聞ᄒ즉不遠間渡航ᄒ기로預定ᄒ고旅費를現今周旋中이라더라

●雪上加霜 前丞旨尹泰吉氏가六忠祠宇를建築ᄒ다稱ᄒ고咸鏡南北道에下去ᄒ야各富民의게金貨五千圓을收斂ᄒ야因以乾沒ᄒᆫ情跡이綻露되야警視廳에被捉되엿든事ᄂᆫ已爲報道ᄒ얏거니와近日該金을見奪ᄒᆫ人民等이不勝抑鬱ᄒ야逐々推尋ᄒ고日前에上京ᄒ야警視廳에呼訴ᄒ얏다더라

●作人相詰 前參判沈相翊氏와杳士가懷德郡柳川太田等地에在ᄒᆫ데今年에김委員爲名人이其舍音ᄒ도得下來ᄒ야作人을無故히移作ᄒ되上沓壹斗落에ᄂᆫ八十錢下답壹斗落에ᄂᆫ四拾錢式收貰移作ᄒ미舊作人들이議답을雖陳蕪라도期於奪耕치아니ᄒ기로相詰中이라더라

●書類移渡 昨日圖書館에서北漢山城에積置ᄒᆫ諸般書類를沒數히該館으로移來ᄒ얏다더라

●溫泉治道 天安停車場에서溫陽郡溫泉ᄭ지行人의來往을便利ᄒ기爲ᄒ야治道를一新히ᄒ고馬車를通行케ᄒ다더라

●有罪難逃 中部蛤洞居ᄒᄂᆫ尹行根爲名人이趙義淵氏의家劵를典執ᄒ야該金壹萬圓을携帶逃走ᄒ야行衛가不明ᄒ다더니再昨日警視廳에서該尹哥를開城等地에서速捕ᄒ야現今押上牢囚ᄒ얏다더라

●金氏慘死 前郡守金星奎氏가長城郡守在任時에咸平郡吏登名을杖斃ᄒᆫ事가有ᄒᆫ더니該吏의子가多年徹天之痛을深抱ᄒ고雪冤ᄒ기를苦待ᄒ더니數日前에金星奎氏가木浦港으로부터長城郡으로向往ᄒᄂᆫ中路에서該吏의子가김氏의腹部를以刀剖割ᄒ얏다더라

●天痘預防 近日龍山等地에天然痘가熾盛ᄒ야韓日人間에罹染者가多數ᄒᆫ故로近日警察署에서極力預防ᄒᆫ다더라

●石村慘況 信川郡加串面間石村은本是殘民三拾六戶가成村居生이더니不幸히去月二拾日午點鐘에該村居ᄒᄂᆫ金正浩氏家에서失火ᄒ야三拾戶가沒燒ᄒ고百餘名人口가道路에呼泣樓屑中인데該坊內에서救恤金을方今募集中이라더라

●開民渴望 開城郡蔘圃에서去丙午年秋에造蔘ᄒᆫ水蔘價三萬四千餘圓을昨秋에帝室財産整理局에서已爲調査ᄒ야皇室債務의當然ᄒᆫ趣旨가下ᄒ얏는디經年ᄒ도록尙今不撥ᄒᄂᆫ故로該郡圃民이圃農方般에支撥ᄒ기를渴望ᄒᄂᆫ中이라더라

●日兵出張 昨日上午八時량에日兵二小隊가卜馬四拾餘匹을帶同ᄒ고東大門外로出往ᄒ얏다더라

●義將行動 安城郡에留屯ᄒ얏던義兵將金士星氏가日前에部下五十餘名을領率ᄒ고陽城郡德茂居ᄒᄂᆫ前參尉吳大根氏家에來到ᄒ야軍需錢百餘圓을收去ᄒ얏다더라

●開國會組織 西部[illegible]居住ᄒᄂᆫ김秉鎮氏等拾餘人이民智를開發ᄒᆯ目的으로目下開國會를組織ᄒᄂᆫ中이라더라

●李氏消息 中部寺洞居ᄒᄂᆫ李某가義兵을創起ᄒᆫ次로多數金貨를携帶ᄒ고間島로向去ᄒ얏다ᄂᆫ說은已揭어니와近日에北靑郡으로下去ᄒ야軍丁을募集ᄒ다ᄂᆫ傳說이有ᄒ다더라

●義將向背 義兵將朴正彬氏가上京ᄒ야龍山附近에서留連ᄒ다ᄒᆷ은已揭어니와追聞ᄒ즉軍物을買收ᄒ고全남等地로轉向ᄒ얏다더라

●義將被捉 楊州郡義兵將李殷瓚氏가京城形便을視察ᄒ기爲ᄒ야部下幾名을秘密帶同ᄒ고日前에上京ᄒ야西部龍山附近에留連ᄒ다가再昨日上午貳時量에當地憲兵隊에被捉取調中이라더라

●義將處絞 再昨日에京城地方裁判所에서義兵將金顯國氏를處絞ᄒ게宣告ᄒ얏다더라

●興華紹介 安岳郡金昌奎김用模申鳳華諸氏가實買上에紹介人이無ᄒ여交易에擴張치못ᄒᆷ을慨歎ᄒ야興業紹介所를設立ᄒ얏다더라

●到底賊警 再昨夜下午拾二時量에南部午洞附近에서何許賊漢壹名이突出ᄒ야過去女人에長衣及銀簪其他什物을逐々奪去ᄒ얏다ᄒᆷ으로十時後부터ᄂᆫ行人의通行이阻絕ᄒ얏다더라

●金家小火 再昨日午後四時量에南部山林洞居ᄒᄂᆫ김召史家에서失火ᄒ야旋卽撲滅ᄒ얏더라

●救恤演奏 漢城內各般妓生이[illegible]川郡饑饉에對ᄒ야救恤金을募集寄附ᄒᆯ計劃으로今日부터國覺社를借用ᄒ야一旬間演奏會를開設ᄒ다더라

●半島支店 半島卷烟의興旺은本報에屢揭ᄒ얏거니와近日에支店請求가답至ᄒᄂᆫ中現今支店特許ᄂᆫ陳川永興嘉山安州等各郡이라더라

●靑會演說 今日下午七時三拾分에鍾路靑年會館에서國民振興의必要란問題로日本關西학院신學部教頭美國人늬우돈시를請邀演說ᄒ다더라

學界

●普專紀念 礡洞普成專門學校에서ᄂᆫ四月三日은該校第四回創立紀念日인故로同日上午十時에東小門外新興寺에서紀念式을設行ᄒ다더라

●汶山曙光 坡州郡汶山浦ᄂᆫ昌학校ᄂᆫ同地居成樂瓚시가居民과協議ᄒ야設立ᄒᆫ것인ᄃᆡ大小人民이誠心贊助ᄒᄂᆫ故로進就之望이有ᄒ다더라

●昌校大昌 平山舟嚴面창東學校ᄂᆫ設立有年에維持ᄒᆯ方策이無ᄒ야幾乎廢止ᄒ얏더니細上面有志人士宋弼奎李相홍閔泳默리範龜諸시가발論ᄒ야該學校位置를細上面禮川場基地로移設ᄒ고各其出貲ᄒ야校務를擴新擴張ᄒ며敎師를延聘ᄒ야附近各靑年을募集敎育ᄒᄂᆫ더학員이爲先八拾餘名에達ᄒ얏다더라

●三校合慶 戶川郡勞動夜校와東明學校와師範講習所가聯合ᄒ야乾元節慶祝會를거ᄒ고盡日宴樂ᄒᄂᆫ데각任員及學徒들이慶祝歌를齊唱ᄒ고각학校連路巡에色燈千餘個를羅懸ᄒ고壹大盛況을呈ᄒ얏다더라

●沈氏興學 通津郡大坡面藥山里에서新明義塾을設立ᄒ지半年에校舍가狹窄ᄒ고財政이艱에建築方針이無ᄒ더니澈溪奉沈宜林시가敎育에熱心ᄒ여家金二拾兩圓을寄附ᄒ얏다더라

▲地方消息▼

▲去月二拾四日京畿道[illegible]山浦東方四拾里熊潭里에서義兵七名이該地分遣所日憲兵下士以下七名과交戰ᄒ얏다ᄒ고

▲去月二十五日朔寧郡東北方約三十里兎岩里에서義兵三十名이해郡日守備隊兵卒三名과交戰ᄒ얏다ᄒ고

▲去月二拾三日全羅北道高山郡東方約三十里地에서義兵拾五名이同郡分遣所日憲兵四名과交戰하얏다ᄒ고

▲去月十五日順興郡東北方約四十里地에서義兵拾餘名이해郡分遣所憲兵及榮川分遣所上等兵以下十名及巡査二名과交戰ᄒ얏다ᄒ고

▲去月貳拾貳日[illegible]郡內에서義兵拾餘名이平南藥介洞分遣所上等日憲兵以下四名과交戰ᄒ얏다ᄒ고

▲去月二拾七日京畿道通津郡東南約二拾里地에서義兵三拾餘名이該郡憲兵分遣所上等兵以下三名及巡査四名과交戰ᄒ얏다ᄒ고

▲去月貳拾日全南靈光郡東方貳十里余砧洞에서義兵五拾餘名이該郡憲兵分遣所下士以下貳拾六名과交戰하얏다더라

▲畏懼心▼

▲世界中의畏者가何樣物이第壹될새虎豹豺狼이아니며太砲彈丸이아닌가可畏ᄒ고ᄒ잇지만猶能除之ᄒ려니와이너所謂最畏ᄒᆷ은心志磊確[illegible]이라그原因을며강울어世人에게公布로다

▲되나니라々々々濁亂天下澄淸하야國家傾覆中興ᄒ고生民塗炭救濟ᄒ야縱橫群凶掃除ᄒ고陳荒疆土ᄅ開拓ᄒ야國威遠光發揮하여與世爭衡ᄒᄂᆫ것도心志磊確ᄒᆫ然後에絕世英雄되나니라

▲되나니라々々々百萬大兵陣間에決機ᄒ고矢石中에立身ᄒ야強暴敵兵擊退ᄒ고荊棘中의잇ᄂᆫ國家盤石깃치安寧ᄒᆷ도心志磊確ᄒᆫ然後에報國忠臣되나니라

▲되나니라々々々富貴爵祿不淫하고貧賤困窮不動ᄒ야死生榮枯關係업시春秋義理깃게잡고人民善惡褒貶ᄒ야亂國[illegible]의罪人으로使自知罪ᄒᆫ것도心志磊確ᄒᆫ然後에百世標準되나니라

▲되나니라々々々腐敗社會改良ᄒ고愚昧民智開發ᄒ야全國人衆모러다가壹大團體成立ᄒ고貪官汚吏暴虐政治不得肆行ᄒ게ᄒ야民權擴張ᄒᄂᆫ것도心志磊確ᄒᆫ然後에民黨首領되나니라

▲되나니라々々々[illegible]學問研究ᄒ야古今東西모던歷史燎然貫徹ᄒᆫ後에러國粹主義培養ᄒ고附外性質消却ᄒ야國內靑年敎育ᄒ여指揮服從ᄒᄂᆫ것도心志磊確ᄒᆫ然後에全國師範되나니라

▲可惜ᄒ다韓人이여言論ᄒ제ᄃ러보면英雄豪傑自處ᄒ고忠臣義士뎌분이ᄂᆞ實地行動ᄒᆯᄯᅢ에心志磊確姑舍ᄒ고風浪中의浮萍깃치東吹西搖不定ᄒ니心志를비이러코ᄂᆫ脫免羈絆못되니라

物貨와校用品其他家用物品을一新俱備ᄒᆞ고遠方名하敎기以書請求ᄒᆞ시면以小包郵便으로高品廉價而信々購응ᄒᆞ깃슴 物品如下 肩章과稚 紙石板과色 鉛筆과色 洋服內衣上下 印札紙과稻 圖畫紙과色 測量機械附屬品 日用雜貨俱備 此외名色으로爰追次止ᄒᆞ며기石版機械와活版機械를壹新準備ᄒᆞ와 貴만出資야書籍印刷等을同事利分키로廣告ᄒᆞ니速速來議敬要 漢城鐘路慈惠書舘主人 觀化 告白

社告

本支社를左기兩郡에設置ᄒᆞ고玆에仰佈ᄒᆞ오니該兩郡附近地에서本報를要讀ᄒᆞ실 僉君子는左開兩氏에게請求ᄒᆞ심을務望

南津浦新岩洞 張元浩

雲山北面橋洞 王冕儁

大韓每日申報社

●大成宗教會趣旨書

人不可以穴處 莫安宅而居之 又不可以肉飛 由正路而行之 安宅者 非瓊宮瑤臺之謂也 仁義禮智是已 正路者 非國途市街之謂也 孝悌忠信 是已故 堯舜爲在君師之位 敎民彝倫 莫安之宅 廣矣孔孟爲當行道之任 繼往可來 由正之路 大矣而 宅古而不補則傾 路舊而不治則荒 理之常也 挽近以來 奇新之門戶 擄比相望 捷行之蹊逕 縱橫相連而至於 堯舜所莫之宅則上雨而旁風 孔孟所由之路則左茅而右荊 所需冠儒服儒者孰不咨嗟而揶이也哉 乃與有志章甫 特設壹會命名曰大成宗敎 凡我尊慕先聖者各取可饒之士 爭礪可蹈之刃 溫故知新 奮力勇進 補其缺漏 剪其蕪穢 闕失所者 自有畏縮之樂 履行者 亦有指南之方而斯文 不墜 士氣 復振 國家文明之治 盤泰之安亦可竚覩矣 同志僉彥 其各勉旃哉 其各勉旃哉

發起人 白樂旻 尹憲炳 崔濶 崔永禹 리필和 吗爻求 尹天晉 鄭臣永 吗會臣 姜斗炳 徐鴻烈 金鍾 徐相台 趙炳樞 金宇鉉 리敎英 김潤子 曹圭承 崔仁愼 鄭東鎬

廣告

本人의先塋이在於廣州中垈面文井洞案山인바局內松楸를五拾餘年禁養以來이더니名不知愼哥가挾雜輩를符同ᄒᆞ야今欲盜賣云云이기로玆以廣告ᄒᆞ오니內外國人은切勿見欺ᄒᆞᆷ

京畿峴天主敎堂內 吳滋學 告白

本舘에셔各種果木及雜木苗種을多數廉價發賣ᄒᆞ오니植木의注意ᄒᆞ는僉員은陸續來購ᄒᆞ심

平壤太極書舘事務 李德煥 白

辯護士 法律

本人이判事의任을辭ᄒᆞ고左記處에事務所를更設ᄒᆞ오며民刑商事及諸般法律顧問事項을擔當ᄒᆞ오며迅速精密히處理ᄒᆞ오니抱冤未伸ᄒᆞ시거나又는有疑未解ᄒᆞ시ᄂᆞᆫ僉君子는陸續來議ᄒᆞ심을望ᄒᆞᆷ

內部唐皮洞三統四戶

前敎事 判事 辯護士 李冕宇

舘內府主事李春榮以春馨改正ᄒᆞᆷ

李春馨 告白

本支會에셔測量技術을檢定하야合格者의게는檢閱證을繕給ᄒᆞ야精密히測量케ᄒᆞ오니各種測量을依賴코져ᄒᆞ시는僉君子는本支會로來問ᄒᆞ시옵

延安郡內

海西測量總管支會

慶北尙州郡東郭面承旨鄭夏默氏가戊申陰二月十九亥時別世知舊에게照亮ᄒᆞᆷ

護喪 姜敎默 告白

純良ᄒᆞᆫ水를飮用ᄒᆞ오

諸君은疾病으로ᄒᆞ여곰苦惱를當ᄒᆞ심잇가

諸君은親友와愛子를永訣ᄒᆞ미有ᄒᆞ엿슴ᄂᆞᆫ잇가

諸君은恒常身氣가疲困ᄒᆞ고精力이勞損ᄒᆞ셧슴잇가

純良ᄒᆞᆫ水를飮用ᄒᆞ시면此等苦難을免ᄒᆞ실이다

純良ᄒᆞᆫ水를決코飮用ᄒᆞ시고不良ᄒᆞᆫ井水ᄂᆞᆫ廢用ᄒᆞ시와病害를免ᄒᆞ시오

疾病과憂愁와苦難을作케ᄒᆞᄂᆞᆫ者ᄂᆞᆫ即不純ᄒᆞᆫ飮料水요年々히親友와愛子를千百名式殺傷ᄒᆞᄂᆞᆫ者도亦不良ᄒᆞᆫ水라ᄒᆞ노라

汲水商이純良ᄒᆞᆫ漢江水로만飮料水를供給ᄒᆞᆷ을決코注目ᄒᆞ오

汲水商이腕上에記号掛章ᄒᆞᆫ牌를掛ᄒᆞ얏ᄉᆞᆸ나細察ᄒᆞ시오此牌가無ᄒᆞ면水道水를販賣ᄒᆞᆯ權利가無ᄒᆞ야곳諸君을欺瞞ᄒᆞᄂᆞᆫ者이오다

汲水商中에本會社号牌를脫上에掛有치아니ᄒᆞᆫ者가本會社共用栓에셔給水를運搬或販賣ᄒᆞᄂᆞᆫ者ᄂᆞᆫ日本理事官三浦彌五郎시와警視總監丸山重俊시가承認ᄒᆞᆫ大韓水道會社別則第八條에照ᄒᆞ야非行賠償金을徵收ᄒᆞᆷ

此別則에對ᄒᆞ야違越ᄒᆞᄂᆞᆫ者를本會社에通告ᄒᆞ시면本社의셔徵收ᄒᆞᄂᆞᆫ非行賠償金에半額으로酬勞ᄒᆞ올이다

純良ᄒᆞᆫ漢江水를供給ᄒᆞᄂᆞᆫ方法과每月給水料金과給水架設ᄒᆞᄂᆞᆫ工事費에關ᄒᆞᆫ事ᄂᆞᆫ좌路大韓水道會社에來問ᄒᆞ시면詳細說明ᄒᆞ올니다

會坊城內에各家各戶에셔同時에水道水를取用케되ᄂᆞᆫ境遇에ᄂᆞᆫ給水料金을特別히低廉케ᄒᆞ깃ᄉᆞᆸ니다

有限責任 大韓水道會社 白

美國시아틀大博覽會 미국시아틀대박람회

請垂詳覽

美國시아틀大博覽會記開○一千九百九年六月一日開會○同年十月十六日閉會○

會場面積三十萬坪○會費二千萬圓○出品價額預量一億萬圓○空前絕後ᄒᆞᆫ美麗ᄒᆞᆫ大博覽會○大韓帝國物品의唯一出品者ᄂᆞᆫ

大韓皇城礡洞韓美興業株式會社

이쪽을날마다자세히보시오

廣告

八省之內에서 春睡深夢으로 未覺時勢ᄒᆞᆫ 本部之人이 晴壹搖首ᄒᆞ야 ... 者酒色에 耽著班常이 오學者碁博에 勉ᄒᆞ며 諺冊인가 本郡守之憫誠勤勉으로 設校邑中ᄒᆞ야 經敎育靑年ᄒᆞ고 嘔棄義金ᄒᆞ야 經用校費ᄒᆞ며 育智啟識로 壹齊斷髮에 日就月長ᄒᆞ야 今至六七朔에 財政이 乏絕ᄒᆞ야 將爲閉校之境故로 財務署主事任台珽氏가 不勝慨歎ᄒᆞ야 鼓動戶鄕ᄒᆞ니 有志紳士가 互相爭捐ᄒᆞ야 不過幾日에 已至百有餘圓이 기 義捐人氏名金額을 姑先左開廣告ᄒᆞᆷ

李奎泓 全秉淳 各六圜
任台珽 尹學基 各五圜
佐藤作太郎 全東欽 張鳳官
薛章鎬 김昌禹 盧麟默
各三圜 鎌田正夫 張完都
리環燦 鄭基鳴 洪俊植
趙光秀 朴泰植 朴根春
김炳亮 張鳳演 柳永奎
張庚洙 김益濟 朴文龜
리瑞欽 김敬玉 吳錫최
김奉奎 申永縣 各貳圜
김悌善 리斗昌 各壹圜五拾錢
星野波次郎 白南鐵 김能烈
尹泰壹 田炳雲 申순
張斗河 김昌默 閔玄植
趙炳學 김大俊 張世弘
安景鎬 文種榮 吳鼎熙
鄭敬燁 盧在祐 리鵬相
崔根植 吳東英 리振修
리東都 리致修 孫興俊
高日弘 黃鎭基 김有鏞
朴殷甲 張宅根 宋龍七
리象萬 김成憲 全永晩
洪淳九 崔鳳錫 盧泰根
朴元實 賓鴻來 宋仁善
各壹圜 薛東석 五十錢
以上計合金百廿壹圜五拾錢也

平山郡私立永豐學校
任員 全秉淳 告白

◎特別廣告

本支會에서 來四月十日부터 測量技術을 檢定ᄒᆞ오니 管內測量員은 照亮ᄒᆞᆷ

宣川郡內大韓測량總管會
平北支會檢査部 白

文川郡飢饉을 爲ᄒᆞ야 漢城妓生組合所에서 陰閏月十壹日로 限十日演奏會를 設行於圓覺社ᄒᆞ여 多少間寄附ᄒᆞ올 圓覺社誠意尤極感謝ᄒᆞ와 玆以公布ᄒᆞ오니 僉君子는 枉臨ᄒᆞ심을 望ᄒᆞᆷ

漢城妓生組合所 白

本所에서 富平 金浦 陽川 三郡의 測量技術을 檢定ᄒᆞ야 合格者는 檢閱證을 繕給ᄒᆞ고 未合格者는 壹二個月講習케 ᄒᆞ여 測量製圖도 精密ᄒᆞ기를 注意ᄒᆞ오니 管內외 技術者와 壹般人民은 照亮ᄒᆞ시옴

大韓測量總管會富平分事務所

咸昌大佳場李乘七號松골素以嗜酒沈惑酒技蕩敗家產誰某給錢白失乃已內外國人幸勿見欺

舍兄乘壹 告白

本人의 畓土가 在於白川郡이온 바 再昨年拾月分에 延安郡居金九萬이가 白川居張鼎文으로 符同ᄒᆞ야 價錢을 乾沒逃走ᄒᆞ기로 昨年五月分에 呈訴于警視廳ᄒᆞ와 捉囚兩人ᄒᆞ고 對質後本人의 所用錢壹千四百圜은 右畓을 放賣ᄒᆞ야 報給ᄒᆞᆯ 意로 判決ᄒᆞ오나 尙未賣土ᄒᆞᆫ 所致로 未報이온대 金九萬이가 今又呈訴于警廳이오나 自本廳으로 右土未賣ᄒᆞᆷ을 洞燭ᄒᆞ시고 該訴狀을 退却ᄒᆞ엿ᄉᆞ오니 知悉照亮ᄒᆞᆷ

西部龍山沙湖拾貳統壹戶
崔東煥 告白

대한에셔광고ᄒᆞ 상업에긴요ᄒᆞ오

商業에 緊要ᄒᆞᆫ 거슨 此看板이라 故로 外國商業人은 壹家屋上에 看板이 壹貳三板이라 是以로 本人이 諸看板製造所를 鍾路魚物廛七房에 設置ᄒᆞ고 商業前進코저 ᄒᆞ시는 同胞兄弟에 所用을 廉價로 隨應코저 ᄒᆞ오니 如或以小利라도 同胞에 有益ᄒᆞ을 ... 同價紅漆之物을 注意ᄒᆞ심을 敬位兄弟ᄂᆞᆫ 代ᄒᆞ오 本舖에셔 各色漆로 ... 에 유리 ... 각 ... 유리 ... 廉價ᄒᆞ오

鍾路魚物廛七房 看板洋漆商
主人 朴右陽 李源浩 告白

◎學員募集廣告

本校에서 第一回中等學年學員을 募集ᄒᆞ오니 志願人은 今月三拾壹日內로 請願書를 提呈ᄒᆞᆷ

(請願紙는 本校에 請求ᄒᆞᆷ)

試驗日字는 四月壹日下午壹時
試驗科目은 讀書、作文、算術四則、身體檢査、年齡拾五歲以上三拾歲以下
但公私立普通科卒業證이 有ᄒᆞᆫ 人은 免試ᄒᆞᆷ
開學日은 四月拾壹日

中部校洞
私立西北協成學校

測量製圖械器發賣

測量製圖械器好品뿐 아니라 廉價로 發賣ᄒᆞ옵고 不完全ᄒᆞᆫ 것이 有ᄒᆞ면 換付ᄒᆞᆯ 것이오 近郡僉員은 購買ᄒᆞ심을 爲ᄒᆞᆷ

京城永樂町赤門前
東京神谷川 測量器械舖
京城支店
北靑郡西門外 張敬和

測量製圖器械 其他附屬品文具 都賣散賣

本社에셔 活版機械를 壹新備ᄒᆞ고 各種印刷를 廉價로 應ᄒᆞ오니 僉位ᄂᆞᆫ 惠顧ᄒᆞ시옴

本社에셔 直接太發賣書目

社會公益上印刷ᄂᆞᆫ 貳割特減ᄒᆞᆷ

阮堂 吳榮根君 著

中學用器畵法 全 定價金七拾錢

本書ᄂᆞᆫ 測量、建築、構造、機械見本、壹切實地應用製圖法

外國地誌 上下 定價金六拾錢

本書ᄂᆞᆫ 各學校敎科의 適當ᄒᆞ며 世界各國의 情形을 詳載ᄒᆞᆷ

二十世紀朝鮮論 定價金三拾五錢

新訂最新算術 上下 定價金壹圜

官立高等學校敎授金夏鼎君著

本書ᄂᆞᆫ 著者金君이 實地敎授의 多年經驗으로 算學要領을 摘撮ᄒᆞᆫ 者니 各學校敎科用及獨習의 適當ᄒᆞᆷ

成本算術自解 定價金五十錢

壹個月速成本書ᄂᆞᆫ 自初等數量으로 求積法까지 簡易詳明케 編纂ᄒᆞᆫ 者니 各速成科敎科用及自家獨習甚便

鍾路里門上隅十二統三戶 興文社

新撰測量學

定價 九拾錢
俞吉濬 序
金澤吉 編纂

右冊은 斯學에 著名ᄒᆞ신 金澤吉氏가 編纂ᄒᆞ온바 시가 多年遊外ᄒᆞ야 鑛川學을 卒業ᄒᆞ고 歸國後測量敎授에 熱心從事ᄒᆞ는 터 現今完全ᄒᆞᆫ 測量冊子가 無ᄒᆞᆯ 뿐아니라 測量의 初學을 ...

諸君이 實地에 當ᄒᆞ야 諸般請願格式과 製圖方法에 眩惑ᄒᆞᆷ을 慨歎ᄒᆞ야 細部圖根測量術을 簡明切하게 編纂ᄒᆞ고 外에 特別히 設計及請願書類와 各種製圖式樣을 着彩ᄒᆞ야 附錄에 添付ᄒᆞ얏ᄉᆞᆫ즉 壹見明瞭ᄒᆞ야 학習에도 便利ᄒᆞ고 公私應用에도 確實無碍ᄒᆞᆯ 터이오니 斯학에 有志ᄒᆞ신 僉彦은 陸續購覽ᄒᆞ시옴

○總發賣所
京城中部壽洞與土國內
大韓測量總管會
○分賣所
京城南部 ...
金龍商會
北部小安洞
大韓書林
中部典洞 光東書局
京鄕 各書舖

大韓仁川港峴和平堂大藥房神效靈藥

阿片斷引丸

注意
阿片初吸者ㅣ 雖日異效나 日久則遂成錮引ᄒᆞ야 至於滅敗ᄒᆞᄂᆞᆫ 者의 未免厥死ᄒᆞᆷ ㅣ比比有之ᄒᆞ니 豈不哀惜乎아 故로 本堂에서 苦心竭力ᄒᆞ고 英國藥方을 透得ᄒᆞ야 阿片斷引에 大效가 잇는 聖藥을 製造放賣ᄒᆞ오니 欲戒阿片者ᄂᆞᆫ 契約服用ᄒᆞ시되 若無效驗이면 藥價를 還呈ᄒᆞᆯ지오니 照亮ᄒᆞ시옴

定價 壹劑八週分金五圜 半劑四週分金三圜

胎産調經丸

婦人의 冷病으로 月經不調로 因ᄒᆞ야 孕胎치 못ᄒᆞᄂᆞᆫ데 神效藥 壹月份劑金五圜

黴毒消瘡丹

男女間黴毒連珠下疳濕瘡頭瘡의 百毒百中ᄒᆞᄂᆞᆫ 妙藥이오 定價甲金四圜乙금二圜五十錢

滋陽丸

男女間補精補陽ᄒᆞ고 元氣不足에 壽藥이오 定價每拾日分금壹圜八十錢

八寶丹

健胃消滯ᄒᆞ며 口味를 助ᄒᆞ고 痰을 消ᄒᆞ고 神을 爽快케ᄒᆞ는 靈藥이오 定價금十錢

此外에도 東西洋각國名藥과 德國極上品金雞納이 俱備ᄒᆞ오니 陸續注文ᄒᆞ시옴

總발行所 仁川港峴
支店 京城鍾路香閣前
和平堂主 李應善

學部 檢定

初等 植物學 每課有圖 定價金二十錢
初등 動物學 每課有圖 定價金四十전
最新 初等小學 文明國의 小學讀本制度를 模範ᄒᆞ야 精美ᄒᆞᆫ 圖畵를 具ᄒᆞ고 八卷을 四卷으로 合製ᄒᆞ 貳冊合製定價金五십錢
最新初等 大韓地誌 定價金四十錢
最新高等 大韓地誌 定價金七拾錢

文明國地誌制度를 模倣ᄒᆞ야 漢陽의 山水며 各圖關係와 附十三道地區와 名港口와 都市와 名山大川과 都會勝地의 地圖를 具ᄒᆞᆷ

初등 大韓歷史 文明國의 歷史制度를 從ᄒᆞ야 我國의 興替와 明王의 事實과 忠臣烈士의 影幀을 具ᄒᆞᆷ 定價金七十錢

國家思想學 精神敎育 定價金二十五錢
憲法要義 法學敎育 定價金一拾五錢
國文 大韓十三道遊覽 上下卷 定價金四十錢

우리 大韓國의 十三道의 名山大川과 都會勝地를 昭晰ᄒᆞᆫ 書籍이라 僉君子ᄂᆞᆫ 速速購覽을 企ᄒᆞ시며 右敎科書와 各種書籍을 發行ᄒᆞ오며 此外에 各種書籍이 具備ᄒᆞ오니 ... 僉君子ᄂᆞᆫ 速速來購ᄒᆞ심을 望

原發賣所
京城南部銅峴大廣通街第三十五統五戶
玉虎書林
分賣所 黃海道鳳山郡沙里院朝陽書館
京鄕各有名書舖

漢城鍾路藏惠藥房에서 官許拜受ᄒᆞᆫ 二十三種封藥과 唐藥材와 草材를 大發賣ᄒᆞ고 且石版印刷機械

光武九年八月十一日 明治三十八年八月十一日 (第三種郵便物認可) 金曜日 西曆壹千九百九年四月貳日 (雙)

大韓每日申報

第七卷 第壹千六拾貳號

月讖 陽時 及日 曜休 節刊

檀君開國四千二百四十二年
箕子元年三千三十一年
大韓開國五百十八年
日本明治四十二年
[illegible]年
己酉閏二月小十二日壬辰

發行兼編輯人英國人 萬咸
Responsible for Publication Alfred Weekley Marnham.
發行所
京城南部石井洞洞外地三層洋屋家 大韓每日申報社

論說

◉宋魔의凶腸

嗚乎라師傅職務의重大함이여人은模範的動物이라乙이甲을模範하면乙이반다시甲곳흔人物이되고丙이乙을模範하면丙이반다시乙곳흔人物이되나니故로英雄을模範하면英雄이되고白痴를模範하면白痴가되고聖人을模範하면聖人이되고鄙夫를模範하면鄙夫가되나니라且幼者는模範性이最富하야他人이手를搖하면幼者도手를搖하며他人이口를開하면幼者도口를開하야其狀態가恰然히實買傳授와如할지라彼支那聖人孟軻의幼時歷史를試看하라孟軻와如한聖賢으로도人類的常例를能脫치못하야墓地附近에往하면葬埋를習하고市廛附近에往하면商賈를習하고學校附近에往하면粒爾를習하지아니하얏는가然而師傅라하는人은何職務가有한가日人을敎導하는職務가有하니師傅라하는人을何故로置하는가日幼者가學習키爲함이니라壹言으로蔽하면師傅는幼者로하야금模範케하는的標準的人物이니嗚呼라師傅의職務가엇지重大치아니하리오故로彼田舍翁이其兒孫을敎育함에도반다시師傅를選擇하거던況將來帝國의主가되、萬姓의長이되고千萬歲皇室을承繼할皇儲를敎育함에야其師傅選擇이如何히愼重하깃는가是以로自古皇室에서師傅를置함에반다시才德이出衆하고言行이端하고表裡가正하야發言登動이金곳고玉곳하足히他人의모範될者를擇하나니試看하라歐洲馬其頓王후이리포는哲學者로有名한아리스토-도루를擇하야皇儲의師傅를숨은故로萬古英主亞歷山大王이出하얏스며支那殷王成湯은先覺의聲光이赫赫한伊尹을擇하야皇儲의師傅를숨은故로太甲의不肖로도故過遷善하야天下가安樂을謳歌하얏고他邦은姑舍하고韓國으로論하야도高麗松嶽에才韓의獨步로稱한三太師가有함으로高麗太祖가統壹天下한功을奏치아니하얏는가而況今日韓國은岌業이非常한時代라國家萬世의計가皇儲에계係하얏스며億兆民의望이皇儲에게歸하나니、日韓國皇室의師傅選擇이、如何히愼重할깃는가乃者宋秉畯이、大子少師의椅子를竊占하야、臺의奸民의凶腸으로春宮左右에應對하며玉珞拔劍의拳으로鶴駕前後에彷徨하니嗚呼라彼秉畯의無嚴함이엇지此極에至하는가秉畯아爾罪가既極하얏스니爾惡을再肆치말지어다爾의前에도無하고爾의後에도無한賊畯아爾가敢히魔鬼의面目을換하고의寶座을上帝의前에出現코자하니爾가何必腸고又現今內閣에서武臣을秉畯으로擬望한다니果然인가果然이면吾儕는秉畯의罪에姦等을加하야內閣의罪를論討코자하노라

外報

●英德開戰預度 倫敦電을據한즉英國의某新聞은德國의貳心이有함을批難하야日英國이曾千九百拾年以내에德國과開戰할터인즉新戰鬪艦八隻을建造하자하얏다더라

●德相說明 倫敦電을據한즉德國外相시에氏는德國議會에서說明하야日英國이內容으로海軍規約을締結코자하는意見이有하나此는不從할터이오德國海軍은自國防衛를爲함이오他國을壓迫코자함이아니라고하얏다더라

●墺土協約 伯林電을據한즉墺地利와土耳其兩國에서協方防衛를爲하야共同動作의協約을成立코자한다더라

●露國의反對 仝電을據한즉塞爾維亞問題로墺國首相이墺國駐箚英國大使와商議한事件은只今까지維也納에서繼續商議하는中인데露國이此商議에對하야異議가有하는確知치못하지라露國內閣會議는戰爭을全然反對하는意로宣言하얏다더라

詞藻

◉松雲曲 花和份

世上消息드러보니、참아어이누엇스랴。
松雲지님뜻을받어、帷幄中에드러가니。
더니、延장三、鳥與、掃탕코저。

雜報

●完興陛見 昨日下午壹時에完興君李載冕氏가德壽宮에詣ᄒᆞ야太皇帝陛下께謁見ᄒᆞ얏다더라

●親耕勸農 大皇帝陛下께옵셔勸農ᄒᆞ시ᄂᆞᆫ聖意를朝野人民에게表示ᄒᆞ기爲ᄒᆞ야本月上旬니에東籍田에親耕ᄒᆞ실旨로詔勅을下ᄒᆞ오셧다더라

●總理訪問 再昨日에總理大臣李完用氏가曾禰副統監을其官邸로訪問ᄒᆞ고東洋拓殖會社에關ᄒᆞᆫ事項을壹場爛議ᄒᆞ얏다더라

●拓社決議 東양拓殖會社에셔來月上旬頃에日本農民八百餘名을招來ᄒᆞ야한국各處要害地에排置ᄒᆞ고陳荒地를開墾케ᄒᆞ고驛屯土를引渡耕作케ᄒᆞ기로決議ᄒᆞ얏다더라

●自退者多 日本觀光團에入參ᄒᆞᆫ諸氏들이旅費를不能辦備ᄒᆞ야自退ᄒᆞᄂᆞᆫ者가多數ᄒᆞ다더라

●李邸晩餐 再昨日下午七時에承寧府侍從리恒九氏가自己私邸에晩餐會를盛設ᄒᆞ고同寮諸氏를請邀ᄒᆞ야終夜宴樂ᄒᆞ얏다더라

●柳氏申訴 晋州觀察使黃鐵氏와皇城新聞社長柳瑾氏가贓判ᄒᆞᆫ다ᄂᆞᆫ說은本報에已揭ᄒᆞ니와柳瑾氏가抑鬱히落科ᄒᆞ야笞壹百에處ᄒᆞᆫ故로黃氏가更히控訴院에申訴ᄒᆞ다더라

●兩夫人招待 再昨日京城地方裁判所에셔閔忠正家事件에對ᄒᆞ야有何質問이던지閔忠正의大夫人과其夫人兩貞敬夫人을招待ᄒᆞ얏ᄂᆞᆫᄃᆡ當日은閔忠正의令男冠禮인故로不得出席ᄒᆞ지노라하얏다더라

●警察變更說 近日한巡查를多數減額ᄒᆞᆫ다ᄂᆞᆫ說은屢次報道ᄒᆞ얏거니와目下한人警부가多數解變更하야各警察署에한警부壹人式配置하야日勤視務케ᄒᆞᆫ다ᄂᆞᆫ더니總督巡查도日勤으로酌定ᄒᆞ야諸般刑事訴訟事件을警부와同壹히處理ᄒᆞᆫ다ᄂᆞᆫ說이有ᄒᆞ다더라

●債券勸奪 前郡守리周鉉氏가强制力으로高陽郡中면馬頭里居ᄒᆞᄂᆞᆫ한愚錫氏의家舍文券을僞造勸奪코ᄌᆞᄒᆞᄂᆞᆫ故로한氏가昨日京城地方裁判所에呼訴ᄒᆞ얏다더라

●靑倅善績 靑山郡守리觀九니ᄂᆞᆫ莅任以後로村閭에躬行ᄒᆞ야愚昧ᄒᆞᆫ農民을盡心撫恤ᄒᆞ고懶怠ᄒᆞᆫ學生을握手勸勉ᄒᆞ미賊黨이自戢ᄒᆞ고壹境이賴安이라고남來人의傳說이有ᄒᆞ다더라

●沈門協議 京城니에居生ᄒᆞᄂᆞᆫ靑松沈氏들이再昨日에前協判沈相翊氏家에會集ᄒᆞ야宗族사會를組織ᄒᆞ고산林及土地測量ᄒᆞᄂᆞᆫ事件을協議ᄒᆞ얏다더라

●是何人斯 鐵原北면古岩산上頂은古寺遺墟인ᄃᆡ數年前에김樂瀅爲名人이自西關來到ᄒᆞ야皇帝擧이라創名ᄒᆞ야天皇宮을建築ᄒᆞᆫ다藉托ᄒᆞ고山下七邑居民處에數萬금額을前已討食ᄒᆞ얏ᄂᆞᆫ더天皇宮을今又修補ᄒᆞᆫ다假稱ᄒᆞ고附近所在ᄒᆞᆫ有主松楸ᄂᆞᆫ無價執奪ᄒᆞᆷ으로其不測ᄒᆞᆫ行動을人皆唾罵ᄒᆞᆫ다더라

●黃龍挾雜 傳說을聞ᄒᆞᆫ則近日忠淸북道木川郡伏龜亭居ᄒᆞᄂᆞᆫ黃龍植爲名人이閔忠正公祠宇를壹新建築ᄒᆞᆫ다ᄒᆞ고各人民등에게收歛ᄒᆞᆫ金貨壹千八百圜을暗自乾沒ᄒᆞᆫ故로該郡人民數十名이日前에上京ᄒᆞ야니부警務局에呼訴ᄒᆞ다더라

●憲隊查問 慶북比安郡守權重萬시가近日자人民의게諸般修理費와手當料를支撥ᄒᆞ라稱ᄒᆞ고無理督捧ᄒᆞᆫ다ᄂᆞᆫ說은已爲揭報어니와此事件에關ᄒᆞ야該地日憲兵隊에셔郡權시와면장數人을招致查問ᄒᆞᄂᆞᆫ中이라더라

●禍及地方 大邱郡에ᄂᆞᆫ京城에셔協律社가下去ᄒᆞ야逐夜演劇을設ᄒᆞᆫᄃᆡ宮地蕩子淫婦를이會集ᄒᆞ야觀賞料금이每夜에二百圜假量을消費ᄒᆞᆷ으로該郡人民의呼冤이浪藉ᄒᆞ다더라

●李氏呼訴 中部官동居리戰乾氏의屢代傳來ᄒᆞᄂᆞᆫ宗산數拾石落이林川郡可化면等地에在ᄒᆞᆫ더其族人中浮浪悖類者가外國人을符同ᄒᆞ야宗土文券을僞造放賣코ᄌᆞᄒᆞᄂᆞᆫ故로리載乾氏가此를防禦ᄒᆞ기爲ᄒᆞ야法司에呼訴ᄒᆞ다더라

●技償督促 東部於義궁洞居ᄒᆞᄂᆞᆫ呂兩植氏가再昨年分에紙貨를僞造ᄒᆞ다가警視廳에被捉ᄒᆞ야役七年半에處ᄒᆞ야納贖得放ᄒᆞ얏ᄂᆞᆫᄃᆡ旣往紙貨를僞造ᄒᆞᆯ時에북部孝街동居김甲奎氏를誘引設技ᄒᆞ야幾百圜을負ᄒᆞ얏던지現今呂氏가前習을未改ᄒᆞ고허錢을推尋次로김甲奎氏家의逐往督促ᄒᆞᆫ다더라

●國社將廢 國成사장리益兩氏가近日財政이窘挹ᄒᆞᆫ인지壹般倡夫의雇금을支撥치아니ᄒᆞᆷ으로每日督促이滋甚ᄒᆞᆫ다ᄂᆞᆫᄃᆡ近日觀覽者가極히零星ᄒᆞ야不日廢止ᄒᆞ기로決定ᄒᆞ얏다더라

●衛生危生 西부警察署에셔ᄂᆞᆫ한日巡查가五六名式作伴ᄒᆞ야該管니民家로周行ᄒᆞ며衛生費을督促하ᄂᆞᆫᄃᆡ釜鼎等屬이라도搜奪以去ᄒᆞᆫ다威脅하ᄂᆞᆫ故로民皆呼冤ᄒᆞ다더라

●金巡行悖 京城居吳興根氏가商業次로平康郡에多年往來ᄒᆞ더니壹進會員金盖吉處에錢兩을收捧次로言及ᄒᆞᆫ즉金哥ᄂᆞᆫ本是敗流로壹進會를依勢ᄒᆞ고吳氏와無端詰亂ᄒᆞᆯ際에該郡巡檢김相億은壹進會員으로巡檢을圖得ᄒᆞᆫ者라此兩人의是非ᄂᆞᆫ分析치아니ᄒᆞ고吳氏를無數亂打ᄒᆞ야幾至死境이라더라

●義將供辭 三昨日京城地方裁判所에서義兵將김顯國氏를處絞에宣告ᄒᆞ얏다ᄂᆞᆫ說은已揭어니와追聞ᄒᆞᆫ즉同氏가該所에셔取調ᄒᆞᆯ時에所供이爲人臣子ᄒᆞ야忠憤을不堪ᄒᆞ고擧此義旅ᄒᆞ야欲報國恩ᄒᆞ얏더니事已至此ᄒᆞ얏슨즉是乃命運이라ᄒᆞ고장泣不已ᄒᆞ얏다더라

●楊郡民怨 楊州郡에ᄂᆞᆫ巡查隊가下去ᄒᆞ야各면장과里장을이義兵과干連이有ᄒᆞ다指稱ᄒᆞ고拘禁逮捕ᄒᆞ야嚴刑訊問ᄒᆞᆷ으로民冤이漲天ᄒᆞ다더라

●義將蜂起 慶북義兵將申돌文시가近日該管下각郡의通文을발ᄒᆞ야義兵을倡起ᄒᆞᄂᆞᆫᄃᆡ現今響應志願ᄒᆞᄂᆞᆫ者가八百餘名의達ᄒᆞᆫ故로其部下를揮同ᄒᆞ야豊基順興等地로橫行ᄒᆞᆫ다더라

●海南義兵 去月二拾七日頃에全南義兵將全某가部下二百餘名을引率ᄒᆞ고海남郡大谷里에來到ᄒᆞ야同地富客김光鉉氏家에셔軍需錢五百圜을收去ᄒᆞ얏다ᄂᆞᆫ說이有ᄒᆞ다더라

●假探被捉 리奎益卞鎭九兩氏가日憲兵司令部偵探客이라假稱ᄒᆞ고技局을探知ᄒᆞ야錢財를勒討ᄒᆞ다가再昨日該部에被捉取調中이라더라

●日兵被擒 交河郡에出張ᄒᆞ얏던日憲兵貳名은該郡北面等地에셔義兵의게被擒ᄒᆞ얏다더라

●干義被捉 尙州郡居趙善淵氏가三淸동等地에留連ᄒᆞᄂᆞᆫᄃᆡ義兵의干連이有ᄒᆞ던지再昨日警視廳에被捉ᄒᆞ얏다더라

●巡查重傷 日前夜에南部警察署巡查리熙昶시가該管니園井洞等地로巡察ᄒᆞᆯ時에適其時何許賊漢이以石亂投ᄒᆞ야리시의頭부가重傷ᄒᆞ며因以昏倒ᄒᆞ얏ᄂᆞᆫᄃᆡ該賊漢은卽時逃走ᄒᆞ얏다더라

●賊入醫院 再昨日大한醫院醫育부建築場에何許賊漢이闖入ᄒᆞ야諸般鐵斧機械諸具를竊取以去ᄒᆞᆫ故로目下嚴探ᄒᆞᆫ다더라

●報社移接 各種緊要ᄒᆞᆫ학問을純國文으로譯刊ᄒᆞᄂᆞᆫ敎育月報가漸益發達ᄒᆞᄂᆞᆫᄃᆡ該月報사가今日鍾路靑布廛近處로移接ᄒᆞᆫ다더라

學界

●吉興將興 咸北吉州郡暮沾洞吉興학校ᄂᆞᆫ任員의熱心으로校務가漸進ᄒᆞ더니今番 大皇帝陛下乾元節에慶祝ᄒᆞ기爲ᄒᆞ야허校主務長陸世鳳시와諸학生이壹切薙髮ᄒᆞ지ᄒᆞ얏ᄂᆞᆫ더進就之望이大有ᄒᆞ다더라

●諸氏熱心 괴山郡南中面典法里居有志紳士趙宗鎬金濱義金相賢諸시가村內靑年子弟와樵童牧竪의知識을계發코져ᄒᆞ야夜학校를設立ᄒᆞ고校長은김相賢시校監은김濱회시가衆望을依ᄒᆞ야被選되고敎師趙漢郡雲漢학監김洛瑞諸시가熱心敎授ᄒᆞ미學徒가日々增加ᄒᆞᆫ다더라

●金溝校況 全北김溝郡院坪里私立학校ᄉᄉ長리濱觀副校長김炳廷校監金千壹학監崔致殷諸시가學校를設立ᄒᆞ고財政을鳩聚ᄒᆞ야熱心敎育ᄒᆞᄂᆞᆫᄃᆡ學徒가九十餘名에達ᄒᆞ얏다더라

●韓倅勸學 安岳郡守한貞奎시ᄂᆞᆫ邑內各學校에周行ᄒᆞ며熱心勸奬ᄒᆞ고安新女學校에ᄂᆞᆫ金百元을捐補ᄒᆞᆫ後壹塲勸勉ᄒᆞ얏다더라

●女校光明 雲山北面獨洞계셔私立光明女학校를設立ᄒᆞᆫ지拾餘朔에該校장平慶植校監리昌林財務金永煥事務朴永根諸시가熱心視務ᄒᆞᆷ으로敎育程度가日就月將ᄒᆞ야학徒가貳三拾名에達ᄒᆞ얏다더라

●培校大明 祥原郡培化面에셔培化학校를設立ᄒᆞ고該面紳士朴載琦金澤珣鄭胤燃鄭舜朝鄭寅赫鄭永弼諸시가熱心勸勉ᄒᆞᆷ으로該面內에셔義捐ᄒᆞᆫ金額이六七百圜에達ᄒᆞ얏다더라

◉咸荷義捐

馬산港城산有志紳士金兌權씨가金壹圓을本社에寄附ᄒᆞ얏기玆에感謝를表ᄒᆞ노라

[illegible] 方 [illegible] 白

▲去月二十四日全북鳩項島西북方約二拾里地中栢里東남方谷地에서義兵三拾名이희岡口守備隊上等兵以下二名과衝突ᄒᆞ얏다ᄒᆞ고

▲去月二十日全남谷城郡桐溪里西남方約二十五里院亭附近에셔義兵約四拾名이日守備隊特務曹장以下拾九名과交戰ᄒᆞ얏다ᄒᆞ고

▲去月拾九日全남羅州郡東남方約十五里國士동북方高地에서賊兵五十名이同地日守備隊上等兵三名과衝突ᄒᆞᆫ際에他處로從來ᄒᆞᄂᆞᆫ日守備隊上等兵以下八名이來援ᄒᆞ얏다더라

▲成立無期▼

▲國家이다ᄒᆞᄂᆞᆫ것은團結人衆ᄒᆞᆫ後에야成立ᄒᆞᄂᆞᆫ것이어ᄂᆞᆯ今日國勢試觀ᄒᆞᆫ진ᄃᆡ愛國熱誠擇中者ᄂᆞᆫ幾個人도難見이오各自爲心渙散ᄒᆞ야私已之慾뿐을이니成立ᄒᆞᆷ은姑舍ᄒᆞ고滅亡ᄒᆞᆷ을自取ᄒᆞᆫ다각心者여々々々

▲個人으로말ᄒᆞᆯ진ᄃᆡ正其心而誠意ᄒᆞ고修其才而養德ᄒᆞ야磊磊落落ᄒᆞᆫ心志가斧鉞當前ᄒᆞᆯ지라도勇往直進ᄒᆞᆫ然後에立身成立ᄒᆞᆯ터인ᄃᆡ그志氣가鄙陋ᄒᆞ고그性行이麁陋ᄒᆞ야自保其身猶難커던어느결에成立될쌔

▲家門으로말ᄒᆞᆯ진ᄃᆡ父子兄弟親睦ᄒᆞ야學問知識勸勉ᄒᆞ고農商工業注意ᄒᆞ야衣與食이豊足ᄒᆞ고隣里擅名ᄒᆞᆫ然後에壹家成立ᄒᆞᆯ터인ᄃᆡ父子兄弟相仇ᄒᆞ고遊衣遊食懈怠ᄒᆞ야蕩敗之患念힘거던어느결에成立될쌔

▲鄕黨으로말ᄒᆞᆯ진ᄃᆡ德業으로相勸ᄒᆞ며患難에相救ᄒᆞ야壹人有慶ᄒᆞᆯ지도千百人이和之ᄒᆞ고壹家有急ᄒᆞᆯ지라도百家應之ᄒᆞᆫ然後에鄕黨成立ᄒᆞᆯ터인ᄃᆡ弱肉强食ᄒᆞ야互相殘賊若仇어던어느결에成立될쌔

▲國으로말ᄒᆞᆯ진ᄃᆡ政令刑法明愼ᄒᆞ고精甲利兵整修ᄒᆞ며忠良人材擇用ᄒᆞ고奸猾小人退斥ᄒᆞ야上下壹心ᄒᆞᆫ然後에國成立ᄒᆞᆯ터인ᄃᆡ政令刑法不覺ᄒᆞ고亂臣賊黨縱橫ᄒᆞ야滅亡ᄒᆞ기만催促커던어느결에成立될쌔

▲엇지ᄒᆞ야오도다한人들아危急存亡此時局에二分五裂이러ᄒᆞ고百孔千瘡저러코야무ᄉᆞᆷ希望잇ᄉᆞᆯ손가諸君들의希望ᄒᆞᄂᆞᆫ바諸君들도아ᄂᆞᆫ비니愛國二字佩符삼어壹心團結ᄒᆞ여보소非常之事잇고서야非常之功잇ᄂᆞ니라

物貨하校用品其他家用物品을一新俱備호고地方各學校가以書請求호시거든以小包便으로高品廉價而信々購응호깃습 物品如下 肩甲각種 紙石板각色 鉛筆각色 洋服內衣上下 圖畫機각色 測量機械附屬品 印札紙각種 담用雜貨俱備 此요私益도莫過於此다 리觀和가石版機械와活版機械를壹新準備햇스니雖某던지紙物價와飜譯費만出資하面書籍印刷ᄒᆞᆯ同事利分키로廣告ᄒᆞ니速速來議敬要 한城鐘路慈惠書舘리觀化 謹白

●大成宗敎會趣旨書

人不可以穴處　奠安宅而居之　又不可以肉飛　由正路而行之　安宅者　非瓊宮瑤臺之謂也　正路者　非國途市街之謂也　仁義禮智是已　孝悌忠信　是已故　堯舜爲在君師之位　敎民彝倫　奠安之宅　廣矣孔孟爲當行道之任　繼往可來　由正之路　大矣而　宅古而不補則傾　路舊而不治則荒　理之常也　挽近以來　奇新之門戶櫛比相望　捷行之蹊逕　縱橫絡繹而至於　堯舜所奠之宅則上雨而旁風　孔孟所由之路則左茅而右荊　所謂冠儒服儒者孰不咨嗟而涕泣也哉　乃與有志章甫　刱設壹會命名曰大成宗敎　凡我尊慕先聖者各取可안之士　爭赴可蹈之刃溫故知新　奮力勇進　補其缺漏　剪其蕪穢則失所者　自有爰居之樂　履行者　亦有指南之方而斯文　不墜　士氣　復振　國家文明之治　盤泰之安亦可跂睹矣　同志僉彦　其各勉旃哉　其各勉旃哉

發起人　崔永禹　尹惠炳
崔　淵　白樂旻　리필和
李文求　尹天普　鄭臣永
李會臣　姜교秉　徐鴻烈
金　鍾　徐相台　趙炳權
金宇鉉　리敎英　김潤구
曹圭承　崔仁植　鄭東鎬

廣告

純良호水를飮用호오

諸君은疾病으로호여금苦惱를當호십잇가

諸君은親友와愛子를永訣호미有호엿습는잇가

諸君은恒常身氣가疲困호고精力이勞損호얏습잇가

純良호水를飮用호시면此等苦難을免하실이다

純良호水를決코飮用호시고不良호井水는廢用하시와疾哲을免호시오

疾病과憂愁와苦難을作케호는者는即不純호飮料水요年々히親友와愛子를千百名式殺傷호는者도亦不良호水라호노라

汲水商이純良호漢江水로만飮料水를供給홈을決코注目호오

汲水商이腕上에記号捺章호牌를掛호얏슴을細察호시오此牌가無호면水道水를販賣호을權利가無호야곳諸君을欺瞞호는者이오다

汲水商中에本會社号牌를腕上에掛有치아니호者가本會社共用栓에서給水를運搬或販賣호는者는日本理事官三浦彌五郎시와警視丸山重俊시가承認호大韓水道會社別則第八條에依호야非行賠償金貳拾圓을徵收홈

此別則에對호야違越호는者를本會社에通告호시면本社의서徵收호는非行賠償金에半額으로酬勞호옵이다

純良호漢江水를供給호는方法과每月給水料金과給水架設호는工事費에關호事는鐘路大韓水道會社에來問호시면詳細說明호옵니다

豐坊城內에有호各戶에서同時에水漲水를取用케되는境遇에는給水料金을特別히低廉케호깃습니다

有限責任 大韓水道會社白

學員大募集廣告

[illegible]測量實地와製圖를特別敎授호오니陰閏月拾七日內로請願호시오

日語文法을專門敎授호오니同日內로請願호시오

北部齋동一統拾戶 測量新塾

美國시아틀大博覽會 ☞ ☞ 미국시아틀박람회

請垂詳覽

本會社가新成立호以來로事多草刱호오며世人이群解키不能호야疑惑을抱호者ㅣ或有하며니今에는漸次로本社의目的과行動이世界에宣布되야多大호同情을得호야事務가日就整頓호오니喜幸이외다本社의目的과即成立의原因은前告홈과如히韓美兩國間商業上連絡의親密홈을創造호고저홈이오니本社에서此目的에對호야少有疎忽이면此는即本社에서信用을自抛홈이로다

美國시아틀市는와싱돈道에在호太平洋沿岸에重要호商業的都會地이온디本年六月壹日로부터該市에서萬國大博覽會를開호옵나이다

此大博覽會의費金은二千萬圓의巨額이오며出品物種의價額은壹億萬圓에達호오니其設費의宏大홈과出品의壯麗홈을可히想像홀지로다

該博覽會地段은三拾萬坪이온디十二大建築의出品陳列舘과其他多數호家屋을建築호얏스나空前絶後호壹大博覽會라可稱홀지며太平洋에有關係호諸國은出品치아니호國이無호오이다

然이나韓國은此博覽會에韓國物品도陳列될는지否다韓國政府의出品을預備된다는事를未聞호얏습니다然이나民間에서稱譽호다는言도無호마謂陳홈과如히本社의名稱으로만看호더라도韓美兩國間商業關係를擴張홈은本社의義務요責任이라本社는韓國을爲호야시아틀大博覽會에世界各處로부터會集호는累百萬人에게韓國物產及手造品을縱覽케호며賣却도호야韓國에서도善良호美術과技能이有홈을廣布호야此博覽會의功效로한國商工業을開發홀더이오니此는本社에서此博覽會에出品홈이韓國의永遠호幸福이될지로다

本社에서出品時에韓國僉彦中에勿論某物호고本社에委任호실境遇라도盡心處理홀터이외다(一)敢壹言호고本社에서今回出品홈이實學附得이니

壹　全世界에對호야韓人이能製造호며能有爲홈을表示홈이오　二　韓國物品을美國에夥數로輸出호야商業上利益을增進홈이라

本社는日就擴張호고漸益鞏固호야水火라도不能侵호게되얏ᄉᆞ오나然이나現今實力으로는希望과如히此博覽會에完美호出品物을獨力으로經營키枯難호와如左히方法을決定호얏는디迄于今ᄭᅡ지는本社에서五株(每株五圓)以下의株金은不受호얏ᄉᆞ오나此規則을將來에도履行호깃사오나特別호境遇에는特別호方法을應用홈이必要호지라韓國國民의代表로幾倍利益을獲得홀此博覽會의出品을盛大히호며衆人의心力을團合호기爲호야限壹千株호고十株以內雖壹株라도株金으로領受호깃ᄉᆞᆸ니다此出品物은利益으로만論호야도厚利가有홀더이오며此에對호利益配當은博覽會의閉會호後에는即時分呈호게될計劃이오며此機를乘호야美國에韓國物品을引進호야本社의將來商務를關導호야夥多호定期利益配當金을分排호게됨이的確호오이다應募　僉彦은該附近에在호本社代理人(氏名在下)과通信送金호야本社代理人에게臨時領受證을領受하시거나本社와直接으로銀行換或郵換으로送金호시면本社에서株券을即時繕呈하오리다關勿遲延하시오應募코져호시는僉彦께여有益호시면即今에應募호시오此는大利益이有홀뿐不是라即僉彦이　僉彦의國家와僉彦의壹巳와쳠彦의壹家에對하야擔當호責任이오義務라可稱홀지라本社에서出品物을準備하기爲호야多少時日을費호깃는故로株金領受期限은今月三十一日內로定호깃ᄉᆞᆸ고此限後에는五株以下의株金申請오謝絶하깃ᄉᆞᆸ니다

以上仰陳홈에對하야詳細事況을更問코져호시는　僉彦은本社에通信호시되速々히호시고少勿遲延　시옵

大韓帝國의商業及工業의宏大히振興홈을顯祝호는　韓美興業株式會社　謹啓　大韓京城郵便局郵函第四拾号

(美國아리소나道法律認可駐韓美國總領事館登錄)

本社의各處代理人의氏名은如左홈

漢城代理人	漢城南門內雜貨商店	金東宣
咸興代理人	咸興西門外	龐旻珠
元山代理人	元山港	金以文
水原代理人	水原北部長安동	金유東
沙里院代理人 位置未定	漢城東部蓮拾里旺新學校內	邦元重
海州代理人 位置未定	漢城西部麻浦二拾二統五戶	吳惟泳
群山代理人	群山大井洞	韓相益
大邱代理人	大邱新田里五十八統七戶	리相召
江景浦代理人 位置未定	西部龍山坊東幕中契廿七統貳戶	李寬浩
湖院代理人 位置未定	陰城城山里	權泰鎭
木浦代理人	木浦南橋洞	玄德鍾
會堤代理人 位置未定	會堤郡白石面水閣	金升基
義州代理人 位置未定	義州枇峴 崔善玉	朴奉燁
東部代理人	東部里卜甘井洞四統五戶	金聖泰

平壤代理人	平壤大門內店洞	鄭基煥
馬山浦代理人	馬山浦客主	孫德宇
淸津代理人	淸津港	張樂臣
安城代理人 位置未定	水原北部長安洞	김유東
金田代理人 位置未定	漢城中部鍾峴廟洞貳統三戶	李孝稙
天安代理人 位置未定	水原北部長安洞	尹聖求
全州代理人 位置未定	漢城西部阿峴二百廿二統二戶	김致聲
釜山代理人 位置未定	馬山浦午山里拾壹統九戶	辛相淑
麻浦附近代理人	西部麻浦貳拾七統三戶	李聖殷
永同代理人 位置未定	漢城齊洞貳統壹戶	安익
晉州代理人 位置未定	昌原舊馬山浦城山	孫德宇
漢江附近代理人	南部漢江十八統二戶	李宗默
江界代理人 位置未定	義州枇峴 張濟拭	朴奉燁
鐵原至代理人	鐵원至龍井동	張鼎翰

이쪽을날마다자셰히보시오

廣告

沒廉無恥한崔東煥이가敢生壹女兩寶之賊心하야僞造畓案으로四面放賣코자하다가至今大한每日申報에虛無孟浪之說로廣告하야耳目을欺蔽하고錢財를騙取코자하나嶺聽聞에昨年五月訟案이自在하니爾雖搆誣나人豈信聽耶아니外國人은崔東煥의白川田沓事에切勿見欺하음

崔哥田畓放賣時居間人
張顯文　김聖鉉　告白

本人이陰貳月初生에土物壹兩壹錢八分重을南門外陽동서客主에게道明處에賣却하고價錢은明日로推尋키로約矣러니限日에推尋次로言及한즉崔某言이昨夜에盜賊을맛앗다하고出給치아니함으로從當裁判할터오니外國人은如此한경滑을照亮하시옵

孫德浩　告白

◎帽子製造大發賣

本所에서織造한疋木으로學生帽子를精撰製造하와大發賣하오니僉同胞는壹次試驗하시오

甲號帽子　金五拾錢
乙號帽子　금四拾五錢
學生洋服次組織及織造
最新運動帽子各種製造

外方에서請求하시면小包郵便으로迅速酬應하겟슴니다

皇城宗廟越邊
中谷染織工所主　金德昌　告白

昌寧郡호倉居盧而玉이本是浮浪으로發出釜港龜浦等地하야欺人騙財專事懲族하니外國人은切勿見欺함

盧周大　告白

文川郡飢饉을爲하야漢城妓生組合所에서陰閏月一壹日로限十日演劇會를設行於團成社하여多小間寄附하음더同覺社誠意를尤極感謝하와茲以公布하오니僉君子는枉臨하심을望하옵

漢城妓生組合所　白

鐵原郡關東學會支會에서會務를特爲하야捐助한人員이如左함

趙종大 壹百二十圜　리範夏 五十圜　김命濟 리鳳夏 각三圜　朴觀秉 廿四圜　郡守김彰鉉 김昌胤 각廿圜　리益壽 李德亮 朴楚陽 리풍斗 趙基允 김汝基 각拾圜　김喆曾 崔昇 각六圜　리暢夏 黃明淑 김俊璟 柳寶榮 각五圜　徐○浩 리應明 박勝혁 池勝豪 각三圜　尹基洙 四圜　리俊九 김泳權 김定鎬 박桂鳳 姜○呂 申相義 각二圜　리鳳增 리석澄 朴勝俊 池恒鎭 리覺夏 각壹圜　리한俊 五拾錢　任敬淳 二十錢　리회瑒 卅錢

關東學會鐵原支會　告白

測量製圖械器發賣

器械好品뿐아니라廉價로發賣하옵고不完全한것이有하면換付하겟삽기近郡僉員은購買하심을爲함

京城永樂町赤門前
東京長谷川　測量器械舖
京城支店
北青郡西門外　張敬和

睦有吉이가忠淸南道平澤부면新換浦畓十四石落五斗貳升落을光武七年拾二月拾五日에出地契券하야至翌年本人越價買得後右契券을다閪失故茲廣告하오니此券休紙施行함

京西부月岩洞三拾八統六戶　金弘洙　告白

○人이昨年典동等地에서姓名圖章을失하앗사오니雖某拾得이던지勿爲施行

閔弘植

本人의姓名四方圖章과黃英俊으로相訟을判決하와本壹件幷除貳月二拾四日夜路上에서見失하앗삽기茲廣告하오니知舊間照亮하시옵

平壤郡下○洞文承鍋家留　薛炳疇　白

大韓愛國婦人會에서孤兒院設施함은已往揭載하앗거니와大抵我한婦女의財政權能이업는程度로孤兒院基本金을募集함이其要ㄹ誠心에對하야尤極嘉尙하기로該金額을茲以廣告함

大韓孤兒院基本金募集廣告

大皇帝陛下恩賜金二百圜으로宣基하고

會장	徐周綬	二十圜
總務	康上鳳	壹白圜
評議員	김鳳員	五十圜
書記	康敬恩	五十圜
評議員	한鳳恩	十圜
評議員	文桂仁	十圜
副會長	崔德璞	三圜
事務員	최聖麟	三圜
評議員	朴學玫	壹圜
評議員	徐有榮	壹圜
通常會員	學校日	二拾錢
評議員	安桂淑	五圜
通常會員	김兩壽	五圜

男社員

顧問	李恩雨	拾圜	大邱人
贊成員	李寅哲	五圜	京城人
贊成員	김준容	五圜	善山人
贊成員	金允亨	五圜	○山人
贊成員	黃鶴淵	五圜	閔경人

未錄諸員은追後謄報함

本人의先塋이在於廣州中대面文井洞案山인바局內松楸를五價哥가挾雜輩符同하야今欲盜賣云云이기로茲以廣告하오니內外國人은切勿見欺함

京畿觀大主敎堂內尹滋學　告白

測量製圖器械 其他附屬品文具 都賣散賣

京城本町郵便局前
篠崎器械店
平壤南門通二丁目
篠崎支店

◎特別廣告

本支會에서來四月十日부터測量技術을檢定하오니管內測量員은照亮함

宣川郡內大韓測량總管會
平北支會檢査部　白

대한에처음광고요
상업에긴요홈

商業에第壹緊要한거슨此看板이라故로外國商業人은看家屋上에看板이壹貳二板이라是以로本人이錦看板製造所를鐘路魚物廛七房에設置하고商業하시는兄弟에所用이되고자하오니同胞에게는廉價로應酬하오며紅葉之意를注意하실僉位兄弟께伏願함本舖에서洋漆에各色漆도하고窓戶에유리도박고유리도販賣하오

鐘路魚物廛七房前看舖洋漆商　主人朴右陽　李應浩　告白

新撰測量學

定價 九拾錢
俞吉濬 序
金澤吉 編纂

右冊은斯學에著名한金澤吉氏가多年遊外하야鑛山學을卒業하고歸國後測量敎授에熱心從事하는데現今完全한測量冊子가無할뿐아니라測量을初學한諸君이實地에當하야諸般請願格式과製圖方法에苦憾함을慨歎하야細部圖根測量術을簡明히編纂하고外에特別히設計及請願書類와各種製圖式樣을着彩하야附錄에添付하얏슨즉壹見明瞭하야학術에도便利하고公私應用에도確實無碍할터이오니斯학에有志한신僉彦은陸續購覽하시옵

○總發賣所　京城中部寺洞興士團內　大韓測量總管會
○分賣所　京城南部壯동　金龍商會
北部小安洞　大韓書林
中部典洞　光東書局
京鄉各書舖

本月三日(陰月拾三日)下午壹時任員會로總會를舉行하오니僉宗은屆期來臨함

金海金氏宗約所　白

本校에서測量速成科를並設하고敎師權泰說시가熱心敎授하야三月二十六日에卒業式을行하얏는데東班優等生에리鍾稷리慶雨等五人이오及第生에김聖煥林學淵等六人이오西班優等生에정成종리相旭등五人이오及第生에리鍾晉盧敬圭等五人이기로茲以廣告함

慶북함昌郡聖醫學校測量科

長湍郡守리奭宰시가莅任이未滿兩朔에德化가洽洽하고中竹枝廉가도卒壹書記하고周旋鑛도民擦함革거하고學界에熱心勤勉하야財政不贍한學校에多數捐助하며附近饒戶에盡力勸諭하야當日義助금이八千餘兩에達하니一境이伏何來暮오하며頌聲이藉藉하기如是廣佈함

長湍郡장華학校　告白

本人이南陽郡所任錢畓을丙午年拾一月分에故判書김世基시가定하야葉錢五拾萬兩으로買得하고價금六萬四千兩만先給이더니餘額금은不給하고以凶計로謀工만勒奪코저하여非理訴를하다가京城地方裁判所에서落科된거슨新報에已揭어니와敎시의子가控訴院으로更爲學訴에對하야本人에代理人최鎭시가確據를辯護하얏더니第壹回裁判에公決되야二拾九日宣示에김시訟軸은却下라하엿삽기로廣告함

東部后井洞百拾六統二戶　陳昌錫　告白

學部檢定　每課有圖　初등植物學　定價金三十錢
每課有도　初등動物學　定價金四十전
最新初等小學　文明國의小學讀本制度를模範하야精美한圖畵를具하고八卷을四卷으로合製하고貳冊合製定價金五십錢
最新初等大韓地誌　定價金四拾錢
最新高等大韓地誌　定價金七拾錢　文明國地誌制度를模倣하야漢城의山水며宮闕圖와拾三道地圖와各港口와都市와名山大川과名勝地의圖를具함
初등大韓歷史　文明國의歷史制度를從하야我國의聖帝明王과賢相과忠臣烈士의影幀을具함　定價金七十錢
國家思想學　精神敎育　定價金二十五錢
憲法要義　義務敎育　定價金二拾五錢
國文大韓十三道遊覽　上下卷　定價二拾錢　우리大韓國十三道의名山大川과名勝地를구경코저하는僉君子는遠遊하지말고此書를購覽하소서

右敎科書는本書林에서發行하오며此外에도各種書籍이具備하오니학界僉君子는陸續來購하심을爲望

原賣所　京城南部銅峴大四街里三十五統五戶　玉虎書林
分賣所　黃海道鳳山郡沙里院朝陽書館　京鄉各有名書舖

光武九年八月一日 明治三十八年八月一日第三種郵便物認可 土曜日 西曆一千九百九年四月三日

大韓每日申報

第七卷 第一千六拾二號(?)

月曆及時日休刊廣告

檀君開國四千二百四十二年
箕子元年三千三十一年
大韓開國五百十八年
日本明治四十二年
隆熙三年
己酉閏二月小十三日癸巳

Responsible for Publication Alfred Weekley Marnham.
發行兼編輯人英國人萬 咸
發行所
南部石井洞號外地三層洋屋家
大韓每日申報社

論說

◎小資本으로大利益을取ᄒᆞ는道

今日이是何日고經濟의戰爭이日迫ᄒᆞ야外人은愈去愈勝ᄒᆞ고韓人은愈去愈敗ᄒᆞ니不用幾日에庚癸의聲이閭巷에相聞ᄒᆞ고餓莩의色이道路에載盈홀지라今日이是何日고

然則是時에在ᄒᆞ야勤儉의道를務ᄒᆞ며保守의策을講ᄒᆞ야一分錢이라도虛費치아니ᄒᆞ며一粒粟이라도輕用치아니ᄒᆞ야勤々家生홈이可ᄒᆞ도다

然이나敎育實業等新事業을奮厲치아니ᄒᆞ고다만勤儉ᄒᆞ며아모리保守ᄒᆞ야도畢竟生活을不得ᄒᆞ나니何故오新事業에致力치못ᄒᆞ면彼猛烈宏壯ᄒᆞᆫ經濟的戰爭을抵抗치못ᄒᆞ는所以니라

目下韓國內에所謂資本家가太半富ᄒᆞ고聚ᄒᆞ야新事業에其力을供치아니ᄒᆞ고守錢虜로其身을終코저ᄒᆞ니可惜ᄒᆞ도다是輩여

彼無知蕩子와如히酒色場料理店으로破産을營홀지언뎡學校나會社에는分銅을惜ᄒᆞ는輩는足論홀바ㅣ無ᄒᆞ거니와或私己的觀念만抱ᄒᆞ고公益的思想이無ᄒᆞ야敎育實業費는無用의物로認ᄒᆞ는者ㅣ多ᄒᆞ니是는實로吾儕의所惜ᄒᆞ는者ㅣ라

京城中에有名ᄒᆞᆫ富豪李鍾健씨는…가地方同胞의…을各獻홈에在ᄒᆞ나니諸시는旣下에往ᄒᆞ야贖罪코저홈노라ᄒᆞ며咸興의第壹業封家김秉彦시는敎育實業을夢外로看過ᄒᆞ야地方同胞의唾罵를買ᄒᆞ니其頑冥不悟가此에서甚ᄒᆞᆫ者ㅣ無ᄒᆞ도다嗚乎라現今韓國資本家에李鍾健金秉彦兩시가아닌者ㅣ幾人이나有ᄒᆞᆫ가

然ᄒᆞ거나此皆何故오但其慧眼이甚小ᄒᆞ야未來의大利益을看破치못ᄒᆞ는所以니라

彼資本家諸시가利益을甚愛ᄒᆞ니吾儕는諸시에게向ᄒᆞ야小資本으로大利益을取ᄒᆞ는道를一言코저ᄒᆞ노라

如何히ᄒᆞ면小資本으로大利益을取홀가曰新事業을奮勵홈이是니라

試聞ᄒᆞ라敎育實業을勉强홈에其費가幾千圓幾萬圓에不過ᄒᆞ되此敎育實業을勉强ᄒᆞ면畢竟人民이自由臺에登ᄒᆞ고國家가文明域에進ᄒᆞ야太平歌曲을奏홀지니此가엇지小資本으로大利益을取ᄒᆞ는道가아닌가

萬一此小資本을惜ᄒᆞ야新事業을奮勵치아니ᄒᆞ면畢竟國이亡ᄒᆞ고人이滅홀지니此는小資本을惜ᄒᆞ야大失敗를遺함이로다

嗚乎라諸시여諸시가彼堤川더鄕(?)의□□시를不見ᄒᆞ는가幾石沓을盡傾ᄒᆞ야各社會에呈ᄒᆞ며又元港鄕(?)의□□시를不見ᄒᆞ는가□□□人으로其家屋을學校에付ᄒᆞ얏스니惟望컨디諸시는彼兩시로模範을作ᄒᆞ지어다

…入抵國□(?)의在立은國民에其力을…허財力을具ᄒᆞᆫ者라若其財力을國家에不獻ᄒᆞ면是ㅣ엇지國家의罪人이아니리오

余는諸君이早々奮勵ᄒᆞ야小資本으로大利益을取ᄒᆞ기를頂祝不已ᄒᆞ노라

外報

●列國仲裁排斥 伯林電을據ᄒᆞᆫ즉□□는列國의仲裁를排斥ᄒᆞ다는金報가有ᄒᆞ벗아즉確報는未接ᄒᆞ얏다더라

●巴爾幹問題 伯林電을據ᄒᆞᆫ즉巴里에서發行ᄒᆞ는新聞紙로巴爾幹問題의危機後를論ᄒᆞ야曰獨帝가個人의資格으로露帝에게□□ᄒᆞ는文書를送하고又秘密히墺帝에게對ᄒᆞ야戰爭破裂에援助를與ᄒᆞ기로預約ᄒᆞ얏다ᄒᆞ얏는대此는虛搆홈이라더라

●塞太子退位 塞爾維國皇太子는其臣下의逼迫으로以ᄒᆞ야王位繼承權을拋棄ᄒᆞ고벨그레드地方으로退去ᄒᆞ얏다더라

●美淸과日本 紐育電을據ᄒᆞᆫ즉美國國務省은淸國이間島及其他各問題로海牙仲裁裁判所에付ᄒᆞ을公式提議를受ᄒᆞ얏는대美國政府는아즉何等발表가無ᄒᆞ며日本은元來此提議를不喜ᄒᆞ는지라淸國이米國의援助를促ᄒᆞ야同意케홈은美國의援助를希望홈이라고預想ᄒᆞᆫ다더라

詞藻

●風雲起

뒤人잔에…안게지…바람후러쳐서리칠제、눈이올지비가올…습ᄒᆞ며、잣ᄒᆞ고、압너에…포습아、이러나소。

雜報

●親耕日時 大皇帝陛下게옵서籍田에 幸行 親耕하신다는事는已報하얏거니와本月五日午前[illegible]時에敎化門으로出御하샤東大門外先農壇洞口로從하샤東籍田에臨 御하옵셔親耕하옵시고同日午後[illegible]時에還 御하옵실터이라더라

●統監復渡 伊藤統監은統監의政務를曾禰副統監의게委任하고日本에渡去하얏더니曾進會議度의如何를依하야漢城政界에風雲이何境에及할는지推測키難할形勢가有함으로更히歸任할터인데其期日은確定치아니하얏스나來月上旬으로豫想할지다더라

●韓人韓人 日本國會에서對韓政策에關하야諸般事項을議決하얏다는說이有하더라

●內大訪問 內부大臣朴齊純氏가昨日에曾禰副統監을訪問하고地方情況의安戢할事項과其他諸件을壹場協議하얏다더라

●無孫何爲 侍從院侍從徐丙麥氏가身故하얏는데農商工部大臣趙重應氏가自己從孫으로叙任케하기爲하야總理大臣李完用宮內府大臣閔丙奭兩氏에게極力運動하는中이라더라

●納賂登進 再昨日攝理大臣李完用氏가金貨五百圜을登進會에送致하고宋秉畯이還國할時까지會經費에補用하라하얏다더라

●秘密何多 登進會總務洪允祖氏가昨日에內부衛生局長廉仲模氏를訪問하고何等秘密案件을提議하얏다더라

●頑彼心腸 近日政府에서한國內元老派와頑固派中에壹百人을選擇하야日本觀光團에入叅함은已報어니와何等事項이有할며허入叅人員을도知得지못함은아니나此機會를乘하야日後에要功코자함이라는說이有하더라

●統監府預算 本年度統監府預算을減削하야壹百七拾萬圜으로決定하얏는데昨年度에比하면略五十萬圜이減少하얏다더라

●富倅免官 富平郡守金國煥氏가不法行政이多有함으로免官되얏는데[illegible]道警察署에서全氏의不法할事를壹壹調査하야昨日內部로報告하얏다니라

●表裏不同 從二品閔宗植氏와日人藤井英亮이가賠償金事件으로以하야裁判한다는說은屢報어니와更聞한즉허裁判事件이表面으로는個人의訴訟인듯하나其內容인즉何等重大한問題가有하다는說이有하더라

●康民愛惜 黃海道前康翎郡主事盧蒼顯氏는英年材器로補官撫民하고新式에嫻熟하며境內紳士를每月에三回式召集하야進明開發함을勸勉하기로人民이稱頌하더니該郡을廢하야甕津郡에合하미盧氏도亦往該郡하야在勤稅務故로康翎郡人民들이愛惜不已한다더라

●衛生風波 再昨日北部警察署에서該掌內人民이衛生費徵納하는者를壹齊提致하야衣冠을脫置하고終日牢囚하얏다가還爲放送하얏다더라

●民心激仰 近日各警察署에서漢城內人民의게衛生費를督納한다는說은別項과如하거니와校洞과北壯洞等地에서는巡査들이人家에突入하야家産을强制執行하는故로民心이激仰하야坊曲에揭榜々지하얏다더라

●尹氏被招 再昨日警視廳에서大忠祠建築費乾沒한事에對하야最初의首發起한尹弘求氏를招致하야現方前後事狀을審問한다더라

●此弊愈甚 高陽郡派駐所日憲兵補助員들이無罪平民을捉去侵討하는弊가愈甚한故로居民이難保라더라

●打夫奪妻 南部梨太院居정今鳳氏가多年靡室靡家하다가鐵路役夫拾장을圖得하야如干資本을儲置하야可合한寡婦를得配同居하더니陰本月初壹日下午壹時量에該地憲兵補助員五名이平民二名을領率來到하야정氏를捉去亂打에其妻까지勒奪하얏다더라

●南民嗷々 南來人의傳說을據한즉忠南각郡에財務署長이각郡에周行하며結民의게稅錢을强制執行하는故로民情이大端嗷々하다더라

●密賣密探 警視廳에서漢城內密賣淫女를調査하미其數爻가貳千五百名에達하얏다는說은已報어니와追聞한즉該廳에서從今以後로는平服巡査를각坊曲과각處劇場으로派送하야秘密偵探하고隨現捉致하야相當한律文을照하고甚한者는或個年懲役에處하기로現今擬議中이라더라

●日民暴行 挽近以來로日人들이別般詭計로北間島에在한韓人의財産을侵奪하며且該地森林을斫伐하야八拾餘里를運輸하는디壹次往來하는履價가小不下拾餘圜假量인디該人民으로하야금自當하라하니饒足한人이라도抵當키難하거는況乎貧窮한殘民이엇지當하며昨年七八九月부터는義兵을鎭壓[illegible]다하고會寧上里等地에派駐한日兵의百般暴虐은罄筆難記며軍隊의馬蹄를刈하는데每日貳拾餘名을使役하되屢가는壹分도不給하고만일聽從치아니하면無數毆打하야死境에至한故로該地人民의冤聲이浪藉하다고京鄕報에揭載하얏더라

●毆打巡査 去月貳拾六日平安南道咸和郡에한人某가遺骨을改葬하는데土地所有權의犯한다고平壤警察署에來訴함으로同署에서한人巡査를出張하야被告를捉去하고更히日巡査壹名과한巡査二名을出張하야被告를取調할際에會集하얏던한人貳百三拾餘名이突然히巡査를毆打하야輕傷을被하얏슴으로[illegible]犯人壹名은捕縛하고他犯人은逃避하얏다더라

●似是義兵 再昨日下午二時量에巡査貳名이何許人壹名을捕縛하야洋銃三柄을携帶하고南大門으로入來하는데必是義兵인듯하다더라

●義兵消息 間島義兵將崔君心氏가壯丁을多數募集하야現今訓練하다는傳說이有하더라

●長城義兵 長城郡葛峴에義兵이多數屯據하야日兵의來往을阻絶한故로該郡附近에는日兵이不敢接足한다는說이有하다더라

●求禮[illegible] 去月二十八日頃에義兵將김某가部下八十餘名을領率하고全北求禮郡에來到하야該郡에駐在한日守備隊兵과交戰하얏다더라

●逢則被殺 長城郡에서日前에壹進會員五名이義兵에게被殺하얏다더라

●憲補被殺 本月貳十八日全南昌平郡內에서義兵幾拾名이同郡分遣所上等日憲兵幾名及補助員三名과交戰하얏는데補助員二名이被殺되엿다더라

●人所不忍 京畿道義兵將李殷瓚氏가龍山警察署에被捉한事는已報어니와該評報를據한즉偵探客某가該氏와平日交誼가親密한터인데某處에서支撥한는機密費四百圜을捧喫하고該氏의所住를密報捉納하얏다더라

●同福義兵 去月二拾七日全羅南道同福郡西面新村居前郡守李某家에義兵金海山시가부下百餘名을率하고來到하야軍需錢으로壹千圜을收去하얏다더라

●北岳火光 近日義兵들이入城한다는風說이盛行함으로壹般疑懼하는바인대三昨夜北岳山上에서何許火炬가照耀함으로北部警察署에서巡査壹同이追往偵探하얏스나該踪跡을不知하얏다는巷說이有하더라

●不愧爲兄 官立外國語學校日語部生徒金駿東氏는日本에留學次로日間發程한다는데其仲兄金昱東氏가留學費는如壹酬應할터이니勤實做工하야何時까지라도卒業하기前에는歸國치말나고勸勉하얏다더라

●西北通常 西北학會에서今日下午二時에月例通常會를開한다더라

●筆勝於舌 今日下午七時三拾分에鐘路靑年會館에서討論會를開하고筆勝於舌이란問題로互相討論한다더라

學界

●女校卒業 北壯洞私立進明學校에서本日下午三時에第[illegible]回卒業式을擧行한다더라

●銀河背明 南來人의傳說을據한즉忠南結城郡銀河面面長朴性默시가興학에熱心하야학校를設立하고校名은普明학校라命名하며境內有志紳士諸시와學校維持方針을協議하미自願捐助가日至하며學徒는四十餘名의達하얏다더라

●紳士同盟 陰川郡加串面龍井동居申秀永시가教育에時急함을慨歎하야自己舍廊을修理하고학校를設立하야熱心教導하다가財政이窘拙함으로旣至廢校之境이러니該敎師리基泰시와該동人士리允善延世迪시等拾餘人이期於確立키로合意同盟하고其中에會尙得시가爲先금拾圜을義捐하얏다더라

●進成大成 宣川院川進成學校는生徒가[illegible]校舍에狹不能容이러니桂守昌鄭用奎金元彦吳用賢諸시가各出義捐하야更加建築하고壹層擴張함으로校况이倍興하다는대諸시의熱心敎授함은壹境에莫不稱頌한다더라

●金氏有志 平壤郡鑛務局主事김宗燮氏는該地背山學校에熱心敎授하고日晝學할餘暇에한人을開發하기爲하야夜學校를設立敎授한다고人皆稱頌한다더라

●敎師熱誠 平安南道順安郡長才里興學校敎師李柱시는本以有志紳士로서熱心敎育하야大有進就之望뿐더러新貨二十圜을該校에義捐하얏다더라

▲放杖問星▼

▲鬱鬱慷慨못이기여夜深한줄모로고서街上에徘徊하다가多情月色明朗키로仰察天文하며보니許多星辰稀迷한데行星만完然하다五行이라하는것은在天하면成像이오在地하면成形이라放杖壹問하여볼까

▲西方金星무러보자금融枯渴此天地에二千萬衆뎌人民은生活方道杳然하다어린妻子밥달나고늙은父母칩다한들分錢變通할수잇느냐조하니國家근심살자한니計策업다大韓情形이러할대누를爲해밝엇나냐

▲東方木星무러보자木石心腸아니어던이런悲境當하여서揮淚痛哭아닐者가男女勿論업스련만야속할사뎌人民은互相愛恤姑舍하고自相殘賊하여가며孜々爲惡汨沒하니大韓情形이러할대누를爲해밝엇나냐

▲北方水星무러보자슈陸衝에모든利益他人에게다내주고무엇먹고生活할가溝壑在前하엿것만黑暗中의잇는同胞千萬年을혼자살듯益益思想바이업고肥已窺行뿐이로다大韓情形이러할대누를爲해밝엇나냐

▲南方火星무러보자火炎崑崗하엿는지玉石俱焚웬일인가京鄕道에勿論하고偵探通譯惡魔들이人罪過自無間에少不如意하게되면搆陷死地爲能하야冤聲恨氣漲天하니大韓情形이러할대누를爲해밝엇나냐

▲中央土星무러보자土地家屋업고보면生命維持못할련만公有地는말할[illegible]官吏가파라먹고私有地를말할진디百姓을이파는도다若過數年하고보면片土尺地업슬지니大韓情形이러할대누를爲해밝엇나냐

▲밝고밝은뎌九星아이내말을드럿나냐若果聽亦하엿스면이나라의慘담景況爾知悲感하더이러感慨感慨하지어다감감漆夜한人에게어서明氣빌이어서列國文明人들과並立分爭하게한다急急如律令娑婆訶

物貨와 校用品其他家用物品을 一新俱備ᄒ고 地方各학校가 以書請求ᄒ시면 以小包郵便으로 高品廉價而信ᄉ閑응ᄒ깃슴 物品如下 肩鞋각種 紙石板각色 鉛筆각色 洋服內衣上下 圖畵具각色 測量器械附屬品 印札紙각種 日用雜貨俱備 此요私冨도莫過於此리己 貧窮ᄒ기 石版機械와 活版機械를 壹新準備ᄒ얏스니 誰某던지 紙物價만 出資而 書籍印刷業을 同事利分키로 廣告ᄒ오니 速速來議敬要 漢城鍾路 惠書館 리覲化 告白

●大成宗敎會趣旨書

人不可以穴處 莫安宅而居之 又不可以肉飛 由正路而行之 安宅者 非瓊宮瑤臺之謂也 仁義禮智是已 正路者 非國途市街之謂也 孝悌忠信 是已ᄂᆡ 堯舜爲在君師之位 敎民彝倫 莫安之宅 廣矣孔孟 爲當行道之任 繼往개來 由正之路 大矣而 宅古而不補則傾 路舊而不治則荒 理之常也 挽近以來 奇新之門戶 櫛比相望 捷行之蹊逕 縱橫相通而至於 堯舜所奠之宅則 上雨而旁風 孔孟所由之路則 左茅而右莿 所謂冠儒服儒者 孰不咨嗟而涕비也哉 乃與有志章甫 特設壹會命名曰 大成宗敎 凡我尊慕先聖者 各取可만之士 爭礪비蹈之刃 溫故知新 奮力勇進 補其하漏 剪其蕪穢則失所者 自有爰居之樂 履行者 亦有指南之方而斯又 不墜 士氣 復振 國家文明之治 盤然之安 亦可跂見矣 同志僉彦 其各勉旃哉 其各勉旃哉

發起人 崔永禹 尹惠炳
崔 淵 白樂旻 리필和
李文求 尹天智 鄭臣永
李會臣 姜斗秉 徐鴻烈
金 鍾 徐相台 鄭炳德
金宇鉉 리敎英 강濟子
曺圭承 崔仁楨 鄭東鎬

純良ᄒᆞᆫ 水를 飮用ᄒᆞ오

諸君이 疾病으로 因ᄒᆞ야 苦惱를 當ᄒᆞ십잇가
諸君은 親友와 愛子를 永訣ᄒᆞ미 有ᄒᆞ엿슴ᄂᆞᆫ잇가
諸君은 恒常身氣가 疲困ᄒᆞ고 精力이 勞損ᄒᆞ얏슴잇가
純良ᄒᆞᆫ 水를 飮用ᄒᆞ시면 此等苦難을 免ᄒᆞ실이다
純良ᄒᆞᆫ 水를 決코 飮用ᄒᆞ시고 不良ᄒᆞᆫ 井水ᄂᆞᆫ 廢用ᄒᆞ시와 諸害를 免ᄒᆞ시오
疾病과 憂愁와 苦難을 作케ᄒᆞᄂᆞᆫ 者ᄂᆞᆫ 卽 不純ᄒᆞᆫ 飮料水요 年年히 親友와 愛子를 千百名式 殺傷ᄒᆞᄂᆞᆫ 者도 亦 不良ᄒᆞᆫ 水라ᄒᆞ노라
汲水商이 純良ᄒᆞᆫ 漢江水로만 飮料水를 供給ᄒᆞᆷ을 決코 注目ᄒᆞ오
汲水商이 腕上에 記号掾章ᄒᆞᆫ 牌를 掛ᄒᆞ얏슴을 細察ᄒᆞ시오 此牌가 無ᄒᆞ면 水道水를 販賣ᄒᆞᆯ 權利가 無ᄒᆞ야 곳 諸君을 欺瞞ᄒᆞᄂᆞᆫ 者이오다
汲水商中에 本會社号牌를 腕上에 掛치아니ᄒᆞᆫ 者가 本會社共用栓에서 給水를 運搬或販賣ᄒᆞᄂᆞᆫ 者ᄂᆞᆫ 日本理事官三浦彌五郞시의 警視總監丸山重俊시가 承認ᄒᆞᆫ 大韓水道會社別則第八條에 照ᄒᆞ야 非行賠償金貳拾圓을 懲收ᄒᆞ오
此別則에 對ᄒᆞ야 違越ᄒᆞᄂᆞᆫ 者를 本會社에 通告ᄒᆞ시면 本社의서 懲收ᄒᆞᄂᆞᆫ 非行賠償金에 半額으로 酬勞ᄒᆞ옵이다
純良ᄒᆞᆫ 漢江水를 供給ᄒᆞᄂᆞᆫ 方法과 每月給水料金과 給水架設ᄒᆞᄂᆞᆫ 工事費에 關ᄒᆞᆫ 事ᄂᆞᆫ 鍾路大韓水道會社에 來問ᄒᆞ시면 詳細說明ᄒᆞ옵니다
漢城內에 有ᄒᆞᆫ 各戶에서 同時에 水道水를 取用케되ᄂᆞᆫ 境遇에ᄂᆞᆫ 給水料金을 特別히 低廉케ᄒᆞ깃슴니다

有限責任 大韓水道會社 白

廣告

學員大募集廣告

細部測量實地와 製圖를 特別敎授ᄒᆞ오니 陰閏月內七日內로 請願ᄒᆞ시오
日語文法을 專門敎授ᄒᆞ오니 同日內로 請願ᄒᆞ시오
北部齋동三統拾戶 測量新塾

美國시아틀大博覽會　회람박대틀아시국미

請垂詳覽

本會社가 新成立ᄒᆞᆫ 以來로 事多草刱ᄒᆞ오며 世人이 詳解치 不能ᄒᆞ야 疑惑을 抱ᄒᆞᆫ 者ㅣ 或有ᄒᆞ더니 今에ᄂᆞᆫ 漸次로 本社의 目的과 行動이 世界에 宣布되야 多大ᄒᆞᆫ 同情을 得ᄒᆞ야 事務가 日就整頓ᄒᆞ오니 喜幸이외다 本社의 目的 卽 成立의 原因은 前告ᄒᆞᆷ과 如히 韓美兩國商業上 連絡의 親密ᄒᆞᆷ을 創造ᄒᆞ고저 ᄒᆞᆷ이오니 本社에서 此目的에 對ᄒᆞ야 少有疎忽이면 此ᄂᆞᆫ 卽 本社에서 信用을 自抛ᄒᆞᆷ이로다

美國시아틀市ᄂᆞᆫ 와싱톤道에 在ᄒᆞᆫ 太平洋沿岸에 重要ᄒᆞᆫ 商業的 都會地이온ᄃᆡ 本年六月壹日로부터 該市에서 萬國大博覽會를 開ᄒᆞ옵나이다

此大博覽會의 費金은 二千萬圓의 巨額이오며 出品物種의 價額은 壹億萬圓에 達ᄒᆞ오니 其設費의 宏大ᄒᆞᆷ과 出品의 壯麗ᄒᆞᆷ을 可히 想像ᄒᆞᆯ지로다

該博覽會地段은 三百萬坪이온ᄃᆡ 十二大建築의 出品陳列館과 其他多數ᄒᆞᆫ 家屋을 建築ᄒᆞ얏스니 空前絶後ᄒᆞᆫ 壹大博覽會라 可稱ᄒᆞᆯ지며 太平洋에 自關係ᄒᆞᆫ 諸國은 出品치아니ᄒᆞᆫ 國이 無ᄒᆞ오이다

然이나 該博覽會에 韓國物品도 陳列될ᄭᅡ 否라 韓國政府의 出品을 預備ᄒᆞ다ᄂᆞᆫ 事ᄂᆞᆫ 未聞ᄒᆞ얏슴니다 然이나 民間에서 經營ᄒᆞᆫ다ᄂᆞᆫ 言도 無ᄒᆞ온ᄯᅳ 韓陳ᄒᆞᆷ과 如히 本社의 名稱으로만 看ᄒᆞ더ᄅᆡ도 韓美兩國商業關係를 擴張ᄒᆞᆷ은 本社의 義務요 責任이라 本社ᄂᆞᆫ 韓國을 爲ᄒᆞ야 시아틀大博覽會에 世界各處로부터 會集ᄒᆞᄂᆞᆫ 累百萬人에게 韓國物產及手造品을 縱覽케ᄒᆞ며 賣却도ᄒᆞ야 韓國에서도 善良ᄒᆞᆫ 美術과 技能이 有ᄒᆞᆷ을 廣佈ᄒᆞ야 此博覽會의 功效로 韓國商工業을 開發ᄒᆞᆯ터이오니 此ᄂᆞᆫ 本社에서 此博覽會에 出品ᄒᆞᆷ이 韓國의 永遠ᄒᆞᆫ 幸福이 될지로다

本社에서 出品時에 韓國僉彦中에 勿論某物ᄒᆞ고 本社에 委任ᄒᆞ실 境遇라도 盡心處理ᄒᆞᆯ터이외다 (一) 敢壹言ᄒᆞ고 本社에서 今回出品은 一擧兩得이니

壹 全世界에 對ᄒᆞ야 韓人이 能製造ᄒᆞ며 能有爲ᄒᆞᆷ을 表示ᄒᆞᆷ이오 二 韓國物品을 美國에 夥數로 輸出ᄒᆞ야 商業上 利益을 增進ᄒᆞᆷ이라

本社ᄂᆞᆫ 日就擴張ᄒᆞ고 漸益鞏固ᄒᆞ야 永久라도 不能侵ᄒᆞ게 되얏사오나 然이나 現今實力으로ᄂᆞᆫ 經營키 姑難ᄒᆞ와 如左히 方法을 決定ᄒᆞ얏ᄂᆞᆫᄃᆡ 迄于今ᄭᆞ지ᄂᆞᆫ 本社에서 拾株 每株拾圓 以下의 株金은 不受ᄒᆞ얏사오나 此規則을 將來에도 履行ᄒᆞᆯ깃사오나 特別ᄒᆞᆫ 境遇에ᄂᆞᆫ 特別ᄒᆞᆫ 方法을 應用ᄒᆞᆷ이 必要ᄒᆞᆯ지라 韓國國民의 代表로 特倍利益을 獲得ᄒᆞᆯ 此博覽會의 出品을 盛大히 ᄒᆞ며 衆人의 心力을 團合ᄒᆞ기 爲ᄒᆞ야 限壹千株ᄒᆞ고 十株以內難壹株라도 株金으로 館受ᄒᆞ깃슴니다 此出品物은 利益으로 勿論ᄒᆞ야도 顧利가 有ᄒᆞᆯ터이오며 此에 對ᄒᆞᆫ 利益配當金은 博覽會의 閉會ᄒᆞᆫ 後에ᄂᆞᆫ 卽時分配ᄒᆞ게될 計劃이오며 此機를 乘ᄒᆞ야 美國에 韓國物品을 引進ᄒᆞ야 本社의 將來商路를 開導ᄒᆞ야 夥多ᄒᆞᆫ 定期利益配當金을 分排ᄒᆞ게됨이 的確ᄒᆞ오이다 應募 僉彦은 該附近에 在ᄒᆞᆫ 本社代理人(氏名在下)과 通信送金ᄒᆞ야 本社代理人에게 臨時館受證을 領受ᄒᆞ시거나 本社와 直接으로 銀行換或郵換으로 送金ᄒᆞ시면 本社에서 株券을 卽時鑽呈ᄒᆞ오리다 勿遲延ᄒᆞ시고 應募코자ᄒᆞ시ᄂᆞᆫ 僉彦이여 有意ᄒᆞ시면 卽今 應募ᄒᆞ시오 此ᄂᆞᆫ 大利益이 有ᄒᆞᆯ ᄲᅮᆫ不啻라 卽 僉彦이 僉彦의 國家와 僉彦의 豈戶와 僉彦의 商家에 對ᄒᆞ야 博當ᄒᆞᆫ 責任이오 義務라 可稱ᄒᆞᆯ지라 本社에서 出品物을 準備ᄒᆞ기 爲ᄒᆞ야 多少時日을 費ᄒᆞ깃ᄂᆞᆫ 故로 株金領受期限은 今月三十一日內로 定ᄒᆞ깃삽고 此限後에ᄂᆞᆫ 拾株以下의 株ᄂᆞᆫ 申請을 謝絶ᄒᆞ깃슴니다

以上 仰陳ᄒᆞᆷ에 對ᄒᆞ야 詳細事를 更知코자ᄒᆞ시ᄂᆞᆫ 僉彦은 本社에 通信ᄒᆞ시되 速速히 ᄒᆞ시고 少勿遲延ᄒᆞ시옵

大韓帝國의 商業及工業의 宏大히 振興ᄒᆞᆷ을 願祝ᄒᆞᄂᆞᆫ 韓美興業株式會社 謹啓
(美國이리소나道法律認可 韓美興業總事館登錄) 大韓京城郵便局郵函第四拾号 서울

本社의 各處代理人의 氏名은 如左홈

開城代理人 개城南門內雜貨商店 金東宜
咸興代理人 咸興西門外 盧昊洙
元山代理人 元山港 金以文
水原代理人 水原北部長安동 金유東
沙里院代理人 位置未定 載寧東部陸拾里旺新學校內 邦元重
海州代理人 位置未定 漢城西部麻浦二拾二統五戶 吳惟泳
群山代理人 群山太平洞 韓相益
大邱代理人 大邱新田里五十八統七戶 리相召
江景浦代理人 位置未定 西部龍山坊東幕中契廿七統貳戶 李寬浩
鳥致院代理人 位置未定 鎭城山里 權秉鳳
木浦代理人 木浦南橋洞 玄德鍾
金堤代理人 位置未定 金堤郡白石面水閣 金升基
義州代理人 位置未定 義州枇峴 崔聲玉 朴奉煒
東部代理人 新里上甘井洞四統五戶 金聖泰
平壤代理人 平壤大門外店洞 鄭基煥
馬山浦代理人 馬山浦客主 孫德宇
淸津代理人 淸津港 張樂臣
安城代理人 位置未定 水原北部長安洞 김유東
金田代理人 位置未定 漢城中部相志洞貳統三戶 李孝植
天安代理人 位置未定 水原北部長安洞 尹聖求
全州代理人 位置未定 漢城西部阿峴二百廿二統三戶 김敎聲
釜山代理人 位置未定 馬山浦午山里拾壹統九戶 辛相淑
麻浦附近代理人 西部麻浦貳拾七統三戶 李弼殿
永同代理人 位置未定 漢城壽洞貳統壹戶 安 익
晉州代理人 位置未定 昌原舊馬山浦城山 孫德宇
漢江附近代理人 西部漢江十八統 戶 李宗默
江界代理人 位置未定 楊州枇峴 張濟拭 朴奉煒
鐵原平代理人 鐵남坙龍井号 張麟翰

이쪽을날마다자세히보시오

廣告

本組合은 農商工部의 認許를 承ᄒᆞ야 各地에셔 勞動을 組織ᄒᆞ고 沿江과 各地方에 支組合을 出張ᄒᆞ얏ᄂᆞᆫ데 鳳川 沙里院에다 支組合을 本組合代位로 設置ᄒᆞ고 黃海道內 勞動各支組合顧問을 沙里院 秦鎬善시로 撰定派送ᄒᆞ오니 勞動諸君은 照亮後 支組合을 成立코자 ᄒᆞ거던 該顧問에게 請願設立ᄒᆞ시던지 沙里院보담 城이 近ᄒᆞ거던 即來本部ᄒᆞ시던지 隨意請立ᄒᆞ시오

京城中署典洞四拾五統八戶
活民勞動組合本部 告白

法學研成會 告白

來四日 定期總會를 本月拾八日(日曜)로 退定ᄒᆞ얏기 玆廣告ᄒᆞᆷ

本校가 謝者齊民學校로 創立時에 各官員의 義捐ᄒᆞᆫ 誠意를 公布키 爲ᄒᆞ야 氏名과 金額을 左開ᄒᆞᆷ

谷山郡守 李承七 十圜
延安郡守 리範昌 五圜
長連郡守 朴喜宅 拾圜
遂安郡守 元世祿 拾圜
信川郡守 金禹熙 廿圜
豐川郡守 成樂英 廿圜
康翎郡守 리宜植 廿圜
長淵郡守 俞鎭明 五圜
文化郡守 金台望 拾圜
瑞興郡守 리駿鎬 十圜
殷栗郡守 리升采 十圜
載寧郡主事 鄭健裕 拾五圜
安岳郡守 리寅奎 十圜
平山郡守 리奎泓 五圜
兎山郡守 俞致勳 十圜
兎山郡主事 印壽昌 拾圜
海州私立海同學校校監 安承圭

本月壹日 各新聞雜報欄內에 本人이 開國에 組織ᄒᆞ다ᄂᆞᆫ 事ᄂᆞᆫ 初是虛荒無根之說이기 玆에 廣告ᄒᆞᆷ
西署弼雲臺 金泰鉉

本人이 東谷麟蹄동 김永根處에 百圜手記를 展ᄒᆞ다가 失ᄒᆞ얏ᄉᆞ오니 休紙施行ᄒᆞᆷ
梨峴 김圭喆

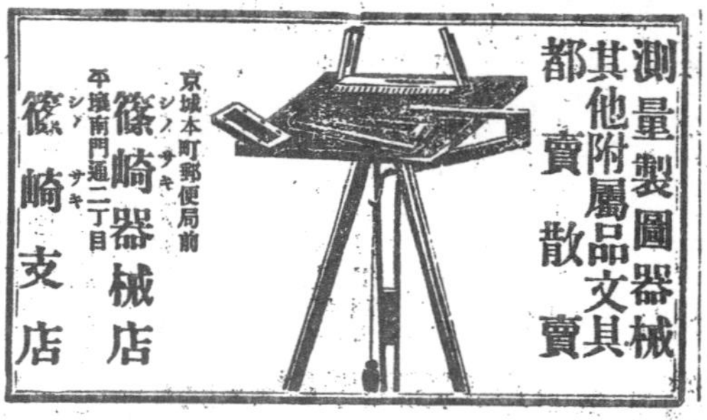

本人이 安山瓦里面元ᄒᆞ里 尹헌氏의 中船壹隻과 網子壹部를 定價四百圜에 契約ᄒᆞ야 新文記를 成立ᄒᆞᆫ 後 價額은 拾日後에 越價ᄒᆞ기로 契約ᄒᆞ고 該文券二張을 가지고 請價次로 水原 松山面 蘇谷 學命信 學秦家에 債錢을 不給ᄒᆞ고 以舊債로 文券을 勒奪ᄒᆞᆷ으로 船價ᄂᆞᆫ 過限不報ᄒᆞ얏ᄉᆞ며 船主가 價額不捧ᄒᆞ얏기로 該文券을 以無效ᄒᆞᄂᆞᆫ 知到ᄒᆞ얏기 該文券은 休紙施行ᄒᆞ고 玆에 廣告ᄒᆞ오니 內外國人은 切勿見欺ᄒᆞ시옵
安山瓦里面草芝洞 閔亨植 白

◎特別廣告

本支會에서 四月十日부터 測量技術을 檢定ᄒᆞ오니 管內測量員은 照亮ᄒᆞᆷ
宜川郡內 大韓測량總會
平北支會檢查部 白

大邱孤兒院基本金募集廣告

愛國婦人會에서 孤兒院에 施賑ᄒᆞᆫ 已往捐款을 抵我 女子의 財政 能力程度로 孤兒院基本金을 募集ᄒᆞ미 其愛國誠心을 對ᄒᆞ야 尤極嘉尚ᄒᆞ기로 該金額을 玆以廣告ᄒᆞᆷ
大皇帝陛下께옵서 二百圜으로 下賜ᄒᆞ옵시고

二十圜 會장 徐相媛
壹百圜 總務 廉上恩
五十圜 評議員 김鳳員
五十圜 書記 廉敬恩
十圜 評議員 한鳳恩
十圜 評議員 文桂仁
三圜 副會長 崔德璜
三圜 事務員 최鑾禪
壹圜 評議員 徐有榮
壹圜 評議員 朴季玹
二拾錢 通常會員 李敬日
五圜 評議員 安桂淑
五圜 通常會員 김爾壽

男社員
拾圜 顧問 李恩雨 大邱人
五圜 贊成員 李熙哲 京城人
五圜 贊成員 김준容 善山人
五圜 贊成員 金允亨 山人
五圜 贊成員 黃鶴淵 聞경人
未錄諸員은 追後續報ᄒᆞᆷ

◎帽子製造大發賣

本所에서 織造ᄒᆞᆫ 帽子ᄂᆞᆫ 本人으로 學生帽子를 精撰製造ᄒᆞ와 大發賣ᄒᆞ오니 僉同胞ᄂᆞᆫ 壹次 試驗ᄒᆞ시오

甲號帽子 金五拾錢
乙號帽子 金四拾五錢
學生洋服次組織及裁縫
新運動帽子各種製造
外方에서 請求ᄒᆞ시면 小包郵便으로 迅速酬應ᄒᆞ깃습니다
皇城宗廟越邊
中谷染織工所主 金德昌 告白

◎共愛堂大藥房製造各種藥品發引表

壯陽延元丹 此藥專治腦病肺虧 遺精多夢 咳痰 房事色傷 病後虛弱 心腎虛弱 不下飲食 先天不足 腹痛等症에 立妙效가 有ᄒᆞᆷ 壹週分三圜四拾錢 一介分壹圜八拾錢 八介分六圜四拾錢

舞丹 止咳口熱 諸般滯症 胸腹痛 消化不良 食慾不振 瘴氣 鬱悶 飲酒醉化 痰 等症 神效

淸眼水 眼科聖藥 諸般眼疾 時行眼疾 熱眼疾 差明流淚 眼內紅痒等症 撥雲見天之妙 壹瓶금拾錢

解瘴王寶丸 專治瘴疾 即氣虛瘴 難治之症이라도 永永祛根ᄒᆞᆷ 每包금拾錢

舞効液 皮膚神藥 特治皮膚病 疥癬 皮癢 諸般瘡瘍 두두러기 옷을벗 神効 每瓶금三십전

淸淋丸 專治 淋疾 赤白帶下 膀胱炎症 尿道炎及漏濃 其他淋毒性諸症 神效 每劑金一拾錢

醍醐丹 梅毒妙效 梅瘡 第一期 第二期 第三期 勿問ᄒᆞ고 確實이 有效 連珠瘡 疳瘡等에 并効 每劑金二圜

淸脾丸 新藥 小兒 諸般腹病 大有奇効 一匣금五十錢

養胃散 久滯神効 專治久滯積 呑酸吐瀉 霍亂 腹痛 大便不順等症에 奏効如神 每貼금拾五錢

治痰鎭咳丸 專治大人咳嗽 喘息 痰結等症에 妙 每分匣금三十錢

消熱散 感冒特効 勿論四時 傷寒感冒 咽喉疼痛 寒熱性 肢節痛 似瘧非瘧에 奇効 每貼금十錢

淸耳液 耳病神効 專治耳病 即鼓膜炎 內外聽道炎 耳中灼熱疼痛 濃液流出等症에 効 每瓶금십錢

妙妙膏 百貼百應 風寒濕氣 胸肩背 牽引疼痛 腰膝腳腿痠痛 無力 骨節疼痛等症 如神 금十五錢

能治膏 奏効如神 각種腫氣 小兒胎毒 부스럼 瘡腫 生新에 並神効 鐵匣入금十전

大腫拔根膏 大小腫에 根때는약 價금十錢 **解凝膏** 멍울석히는약 價금十전

寸虫去根藥 價금貳十전 **齒痛水** 충치풍치신효 價금七전五厘

止泄丸 滯泄暑泄神効 價금十전 **痢疾藥** 赤白痢에 神効 價금십전

各種上等에 藥材와 東西洋有名寶藥과 洋藥乾材都賣散賣 其他各種藥이 具備ᄒᆞ오니 請求를 依ᄒᆞ야 小包로 隨應ᄒᆞ깃습

發行所
皇城南部大廣橋十九統七戶
共愛堂大藥房

學部檢定 初等植物學 定價金三十錢
學部檢定 初等動物學 每課有圖 定價金三十錢
最新初等小學 每課有圖 定價金壹圜十전
文明國의 小學讀本制度를 模範ᄒᆞ야 精美ᄒᆞᆫ 圖畫를 具ᄒᆞ고 八卷을 分ᄒᆞ야 公布ᄒᆞᆷ
最新初等大韓地誌 定價金四拾錢 全冊合製 定價金五십錢
最新高等大韓地誌 定價金七拾錢 我國의 地誌制度를 模倣ᄒᆞ야 大韓全國圖와 拾三道地圖 各港口와 都市와 名山大川과 古跡名勝의 地圖를 具ᄒᆞᆷ
初等大韓歷史 文明國의 歷史制度를 從ᄒᆞ야 我國의 聖帝明王과 忠臣烈士의 影幀을 具ᄒᆞᆷ
國家思想學 精神教育 定價金七十錢
憲法要義 義務教育 定價金二拾五錢
國文大韓十三道遊覽 上下卷 定價金二拾五錢
우리 大韓國의 拾三道에 名山大川과 都市勝地를 구경코자 ᄒᆞ시ᄂᆞᆫ 僉君子ᄂᆞᆫ 速速購覽ᄒᆞ소서
右教科書ᄂᆞᆫ 本書林에서 發行ᄒᆞ오며 此外에 各種書籍이 具備ᄒᆞ오니 學界 僉君子ᄂᆞᆫ 速速來購ᄒᆞ심을 望
原賣所 京城南部銅峴八四街里三十五統五戶 玉虎書林
分賣所 黃海道鳳山郡沙里院朝陽書館 京鄉各有名書舖

江原道洪川西面八峯里 貸子員 齊十於斗落 畓叱乙 京居 金李가 暗自測量 欲賣於他人處 內外國人은 勿爲見欺
中部中谷六拾二統十戶 金裕東 告白

殷栗郡 金勳鎬 鄭春默 鄭毅鉉 諸시가 該面內 興進學校에 測量學務를 擴張ᄒᆞ고 圖根測量 卒業生 차哲欽 시를 雇聘ᄒᆞ얏기로 玆以公布ᄒᆞᆷ
정祖鉉 告白

◎學員募集廣告

本校에서 第壹學年 學員을 試取ᄒᆞᆯ 去壹日(木曜)에 經過ᄒᆞ얏ᄂᆞᆫ디 滿數에 未及ᄒᆞᆫ기 來拾日(土曜)에 繼續試取ᄒᆞᆷ 但請願紙ᄂᆞᆫ 本校에 請求ᄒᆞ며 試驗科目은 前廣告에 詳載ᄒᆞᆷ
私立西北協成學校

社告

○申報價

壹張代金	新貨貳錢五厘	
壹個月前納	三拾錢	
參個月	九拾錢	
陸個月	壹圜七拾錢	
壹個年	參圜四拾錢	
郵稅壹張	新貨五厘	
壹個月	拾參錢	

○廣告料

西號活字拾參字詰
每日壹寸(英尺)에 新貨廿五錢
貳週日壹寸에 貳圜五拾錢
壹個月壹寸에 五圜
(自壹行至四行이 爲壹寸)
其期限과 短과 字行의 多寡를 依ᄒᆞ야 增減ᄒᆞᆷ이 有함

漢城鍾路德惠藥房에셔 官許를 拜受ᄒᆞ고 二十三種封藥과 唐鄕藥材와 草材를 大發賣ᄒᆞ고 且石版印刷機械

第七卷

大韓每日申報

第一千六拾四號

月曆陽時及日廢休節刊

檀君開國四千二百四十二年
箕子元年三千三十一年
大韓開國五百十八年
日本明治四十二年
淸國宣統元年
陰己酉閏二月小十四日甲午

Responsible for Publication Alfred Weekley Marnham.
發行兼編輯人英國人萬咸
發行所 京城南部石井洞駿外地三層洋屋
大韓每日申報社

論說

◉奇怪ᄒᆞᆫ光景

近日日本人이發起ᄒᆞᆫ人日本觀光團에各種凉血的人物百餘人이參入ᄒᆞ야蠅又치集ᄒᆞ고인又치結ᄒᆞ야日本으로渡去ᄒᆞᄂᆞᆫᄃᆡ總理大臣以下가金品을寄附ᄒᆞ다內閣이大贊成ᄒᆞ다漢城府民會에서餞別旗를高揭ᄒᆞ야南大門驛에餞別會를開ᄒᆞ다ᄒᆞ야其光景이人의目을驚ᄒᆞᆫ만ᄒᆞ며라嗚乎라此光景이여此가何樣光景인가日本觀光이何이기로彼輩의行이如此ᄒᆞ며觀光團이何이기로彼輩의崇拜가如此ᄒᆞ가問ᄒᆞ노니觀光團이外國文明을輸來ᄒᆞᄂᆞᆫ觀察行인가日否ㅣ라不過是長崎大阪의山水風景을觀覽ᄒᆞᄂᆞᆫ旅行이니라觀光團이皇華使命을帶去ᄒᆞᄂᆞᆫ使節行인가日否라不過是神戶東京의都市人物을觀覽ᄒᆞᄂᆞᆫ私行이니라觀光團이如此ᄒᆞ거ᄂᆞᆯ金品을寄附ᄒᆞᄂᆞᆫ者ᄂᆞᆫ何意思인가彼平生에학校에ᄂᆞᆫ分錢을不捐ᄒᆞ던總理以下가觀光團에金品을寄附ᄒᆞ니此가實로奇怪ᄒᆞ며大贊成을寄ᄒᆞᄂᆞᆫ者ᄂᆞᆫ何意思인가彼前日에國民新聞事業에ᄂᆞᆫ毫도贊成을不與ᄒᆞ던內閣이觀光團에大贊成을寄ᄒᆞ니此가實로奇怪ᄒᆞ며餞別旗를高揭ᄒᆞ고餞別會를盛設ᄒᆞᄂᆞᆫ者ᄂᆞᆫ何意思인가彼他日에許多紳士許多學生이日本에旅行ᄒᆞ야도何等餞別이無ᄒᆞ던漢城府民會에서餞別會를盛設ᄒᆞ니此가實로奇怪ᄒᆞ도다

嗚乎라外國의觀光ᄒᆞᄂᆞᆫ人에게金品을寄附ᄒᆞ면外國에留學이나ᄒᆞᄂᆞᆫ人에게ᄂᆞᆫ千金賞萬戶侯를與ᄒᆞᆷ이可ᄒᆞ며外國을觀光ᄒᆞᄂᆞᆫ人에게大贊成을寄ᄒᆞ면國利民福에나爲ᄒᆞ야外國에旅行ᄒᆞᄂᆞᆫ人에게ᄂᆞᆫ膜拜와獻ᄒᆞᆷ이可ᄒᆞ며外國을觀光ᄒᆞᄂᆞᆫ人에게ᄂᆞᆫ別旗를高揭ᄒᆞ고전別宴을盛設ᄒᆞ면公使特使로나外國에渡航ᄒᆞ면勝戰鼓나鳴ᄒᆞ고數尺銅像이나鑄立ᄒᆞᆷ이可치아니ᄒᆞᆫ가此가實로奇怪ᄒᆞ고奇怪ᄒᆞ도다

或曰近日韓國社會에媚外熱이膨脹ᄒᆞ얏스니此亦媚外術로出來ᄒᆞᆫ事라ᄒᆞ나此ᄂᆞᆫ決코不然ᄒᆞ니아모리媚外熱이膨脹ᄒᆞ얏슨들此等奇怪ᄒᆞᆫ光景이야豈有ᄒᆞ리오

嗚乎라觀光團이여彼가奇怪ᄒᆞᆫ圖이며觀光團行이여彼가奇怪行이며觀光團崇拜物이여彼가奇怪物이아닌가

彼觀光團中에無限奇怪ᄒᆞᆫ意味가包含치아니ᄒᆞ얏스면엇지彼奇怪ᄒᆞᆫ光景이有ᄒᆞ리오吾儕ᄂᆞᆫ目을拭ᄒᆞ고後日光景을眺望ᄒᆞ노라

▲隆熙二年拾貳月三日 官報

▲學部令 (續)

學部所管日本國留學生規程을左又치定ᄒᆞᆷ

第九條 官費留學生은其居所及姓名의變更又ᄂᆞᆫ身分의異動이有ᄒᆞᆫ時ᄂᆞᆫ每度留學生監督에게報告ᄒᆞᆷ이可ᄒᆞᆷ

第十條 官費留學生은留學地를離ᄒᆞ거나又ᄂᆞᆫ休學ᄒᆞᄂᆞᆫ事를得지못ᄒᆞᆷ

休暇中旅行이나其他事故에依ᄒᆞ야留學地를離코자ᄒᆞᆫ時又ᄂᆞᆫ疾病其他不得已ᄒᆞᆫ事故에依ᄒᆞ야休學코져ᄒᆞᄂᆞᆫ時ᄂᆞᆫ期間을預定ᄒᆞ야留學生監督에게申請ᄒᆞ야許可를受ᄒᆞᆷ이可ᄒᆞ고其期間을延長코져ᄒᆞᄂᆞᆫ時도亦同ᄒᆞᆷ

(未完)

外報

●兄退弟讓 伯林電을據ᄒᆞᆫ즉塞國王께서次子아라기스따아시ᄂᆞᆫ長兄退位ᄒᆞᆫ後에皇太子되기를不肯ᄒᆞᆫ다더라

●巨艦新造運動 倫敦電을據ᄒᆞᆫ즉英國에서海軍戰艦八隻을新造ᄒᆞ기로運動ᄒᆞᆫ다더라

●露國의軍艦調査 倫敦電을據ᄒᆞᆫ즉露國은海軍을調査ᄒᆞ기爲ᄒᆞ야審査委員會를設ᄒᆞ기로可決되얏다더라

●測量隊組織 奉天來電을據ᄒᆞᆫ則當地에셔ᄂᆞᆫ測圖學校卒業生壹百八拾名을雇聘ᄒᆞ야資金拾貳萬圓으로써東三省陸地測量隊를組織ᄒᆞ고先히北滿의露淸兩國境界에셔測量을着手ᄒᆞᆯ計劃이라더라

●露新聞의論述 倫敦電을據ᄒᆞᆫ즉露國新聞紙ᄂᆞᆫ憤慨의心을발表ᄒᆞ야日德國의勢力이露國의政策을破壞ᄒᆞ고又巴爾幹問題에對ᄒᆞᆫ權力을墮落케ᄒᆞ얏다고論述ᄒᆞ얏다더라

詞藻

花柳節

간밤에비오더니、봄消息이宛然ᄒᆞ다。
無情ᄒᆞᆫ花柳를도、ᄯᅢ를따러퓌엿ᄂᆞᆫ데。
엇지타、二千萬의뎌人衆은、잠쎌줄을。

雜報

●俱樂部決議 大皇帝陛下께옵서ㅂ籍田에 親臨 親耕하옵실 詔勅이有호셧스바敎育俱樂部에서審議興士團內에開會호고漢城內各學校學徒는觀耕호옵실時에齊々侍衛호기로議決호後委員을選定호야各學校에前往說明케호며御日唱歌는該部에서製印호야各학校에分給호더인더各校에서推去호기를切望혼다더라

●籍田看審 宮內府大臣閔丙奭氏가再昨日에總理以下各大臣과東籍田에前往호야看審호後에閔氏는裕陵에지前往호야 奉審以來호얏다더라

●諸果被任 表勳院總裁李載克氏가遞任혼代에旣報와如히趙義淵氏가被任호얏다더라

●秘議凡宴 再昨日午後壹時量에總理大臣李完用氏家에各大臣이齊會同호야何等事件을秘密協議호고同午後三時에東門外永道寺에出往호야宴樂盛遊호다가六時頃에還爲入城호얏다더라

●拾週紀念 韓國群山을開港혼지滿拾週年에相當홈으로官民이壹致協議호고來五日壹日에盛大혼紀念式을共同設行홀다더라

●回思國恩 近日某處의偵探家이多數히漢城內各坊曲에周行호야人民의殊常혼行動을探知호다는대南村某大官은高等偵探으로每朔月給廿百圜式受혼다는說이有호더라

●漁基請願 昌原郡居호는曹錫允氏가本以漁業資生인대舊熊川加德面所在坪浦及雙巖은數十年陳荒地라曾氏가該地에漁業을營始하기爲호야農商工部에漁基請願書를提呈호얏다더라

●統監召集 北부警務署에서日昨에各坊曲統監을召集호고히統監의身分과所有財産을壹々詳問혼後에各人民의衛生費徵收홀事件을曉喩以送호얏다더라

●萬歲曆押收 警視廳에서學부照會를因호야京城及各地方冊肆에서발賣호는萬歲曆을壹切押收호다더라

●鐵民怨聲 南來人의傳說을聞호즉鐵川郡守朴初陽氏가向者 大皇帝陛下南 巡호실時에經費를聯用호故로各面各洞에分排홀計劃으로每戶壹兩에二圓二等에壹圓三等에五拾錢式星火督捧호는故로該郡人民의怨聲이藉々호다더라

●裁判延期 韓桑判閔宗植氏와日人藤井英亮의裁判事件은昨報에已揭어니와去月曜日에裁判을未決호고來拾四日에延期裁判호기로姑爲停止호얏다더라

●辯護委托 日本人藤井英亮이韓桑判閔宗植氏의게賠償金을勒徵홀事로裁判홀다는說은別項과如호거니와奉侍姜錫鎬旦と該事件에對호야有何關係인지姜氏가辨明호기爲호야辯護士太明식氏에게委任호얏다더라

●金氏呼訴 月前에何許人이荷車壹個를물取호야南부뼈동與舖營業하는김應基氏의게典執호고幾個月이已過호야도來不推覓호는故로因以放賣호얏는데再昨日下午에何許日人이金시家에前往호야該物을出給호던지其時典執호賊漢의住所를指示호라호고督促惹鬧호는故로김시가南署에呼訴호얏다더라

●別巡擇定 近日각警察署에壹般韓人刑事가無罪良民을捕捉호야無數煅鍊홀뿐더러諸般刑事上에暗昧가多하다호야已往識察捕校를募集호다는說은已揭어니와追聞호즉日昨警視廳에서前日勤務호던別巡檢을還々招致호야壹々檢察혼後爲先卅餘名을擇定호얏다는딕各警察署에配付호더이라더라

●金氏抑冤 日人中村再造가東部駱洞居金학奎氏의家舍를勒奪호는事에對호야屢度裁判호더니中村再造가何樣運動호얏던지金學奎氏가抑冤히落科호지라金氏가不勝抑冤호야日本理事廳에呼訴호얏더니該廳에서貳十餘日만에白退호는지라김氏가또統監府에呼訴호즉히府에서嚴査措處호라고理事廳으로히訴狀과諸般書類를送交호얏다더라

●商票査問 近日來로中부漢동商務組合所에서商票를多數發刊호야各地方에下送發賣홀다는說이浪藉홈으로再昨日東署에서該所任員을引致호고商票發賣與否를壹々取調호얏다더라

●貴人則明 近日警察官吏中에鴉片을爛吸하는者가多有하면서壹般平民의吸與호는者는隨捉處役호니亦壹可歎홀事이라고輿論이浪藉호다더라

●僞貨生弊 京城居호는某某人이何許日人과符同호야巨額의紙幣를僞造携帶호고忠淸南北道各郡으로下去호야出沒使用호는故로曖昧被捉혼者가多有하다더라

●巡査行悖 南부警察署巡查李熙敬시가日前夜에히管內石井동何許酒家에서飲酒泥醉호야名不知沈曹兩人을亂打重傷호야尙氏委痛中이라더라

●幸不致命 再昨日下午六時頃에南부舟橋居호는洪德柱시家에何許二拾餘歲假量된女人이何等憾情이有호얏던지洋灰수를多數呑下호고幾至死境이라가醫師의極力看護홈으로僅爲保命호얏다더라

●義將訊問 日昨義兵將趙殷瓚氏가龍山警署에被捉호後現今嚴重히訊問호는中이라는대趙리氏가顏色을不變호야少無畏겁호고當時警官에게對호야厲聲大罵호얏다더라

●廣州義擾 近日廣州義兵將金光喜金光洙兩氏가부下八百餘名을領率호고該郡村落에橫行호다는디日討伐隊가不敢接戰호다고히郡來人의傳說이有호더라

●兩義合陣 近日義兵將俞鶴根安商根兩氏가合陣호야江原道鐵原寶蓋山近地로橫行호다는디其部下가四百餘名이라는說이有호다더라

●郵便不便 近日加平郡等地에義兵이徘徊홈으로京城에서連絡호는郵使護送이極히危險호다더라

●砲殺會員 義兵將潘基鶴氏가清州郡地方에往來혼다는說은已揭어니와該郡西面等地에서何許壹進會員壹名을砲殺호얏다더라

●困儒呑鴉 北부白狗동居하는姜益柱시는官報課에雇傭호더니近日에巨額의技債를負호고辨償이無期하야昨日上午六時頃에鴉片烟을吸醉호고仍即致斃호얏다더라

●農桑組合請認 前議官睦俊模馬駿圭張明相趙鍾遇諸氏가大韓農桑組合을發起호야桑鄕과蠶農을奬勵홀目的이며位置는西部孔德里로定하고農商工部의請願承認호얏다더라

●湖西評議 湖西學生會成會에서昨日下午三時에臨時評議會를開호고湖學會內에開호얏다더라

●青年演說 青年同志會에서今日下午六時에演說會를安동前德語學校內周東養塾에서開호고辯士의鄭雲復愈光濟陸相弼諸氏가演說호는대傍聽을許혼다더라

●關東總會 關東學會에서今日下午壹時에定期總會를本會館內에開호고諸般會務를處理혼다더라

●青會講道 今日下午二時에鐘路青年會館에서福音會를開호고救世軍正領許嘉과氏를請邀講道호다더라

學界

●倅善政 北來人의傳說을聞호즉慈山郡守金命弼시가農桑에注意호야桑杳를培種호고該郡南部面春等戶布를捐俸自擔호며振明학校에每年五百圜式을捐付호기로自擔호얏다더라

●勞働有校 忠北堤川郡塔內村에勞働學校를設立호야학員이五拾餘名에達호얏는대位置는該村居前承旨李秀華시가自已家屋을借給호고經費도實心支應호는故로該郡現駐內外國官吏와紳商이爭先捐助호야校況이頗有進就호더諸任員은鄭강鄉樂容李鍾夏鄭집정相緯崔永庠李殷雨諸시가推選되고敎師는정奎奭李光雨兩시인대實心敎育호다더라

●申氏義捐 慶北興기郡三處學校를賛成호기爲호야該郡財務署長申鋼求시가各學校에金五圜式寄付호얏다더라

●樺坡新昌 洞口內私立樺源義塾內에서有志諸시가夜學校를設立호고數學簿記日語三科를隨意學習케혼다더라

●開城勸學 開城郡守金宇鉉시가學界를勸奬호기爲호야種々學會館에來到호야學務上硏究를協賛호며各학校生徒의게양紙及鉛筆等屬으로賞給호는故로該郡敎育이漸次興旺혼다더라

●任氏熱心 平山郡財務署主事任台珽시는夜학校를自擔設立教授혼연여러해郡私立永豊학校의資本이困乏호여廢校될을慨歎호고費用紛走호야同胞의親不親을勿論호고何處에서던지義捐하기를熱心勸勉호야二三圜式皆爲寄付홈으로五六日內에捐금이數百餘圜에達호야永久維持케되얏다더라

感荷義捐

太田驛新村居宋成憲氏가金壹圓을本社에寄付호야기玆에感謝를表호노라

●風本無根 東部於義洞居호는呂남鎭ㅣ가北部李街洞居호는김甲圭氏의財政上關係로現今控訴院에서裁判호는中인대呂氏가紙貨를僞造호다가役七年에處호얏다는說은無根風說이라더라

更加壹試

▲當世人生名利見로며無病者가貴호지마無病者도잇스려던한國內의官吏들은內外國人勿論호고病客될만히도다데病客을곳치려저盡心力호거마는醫究之道어섯스니이내醫術不足홀가有病者의不服인가更加壹試호여보세

▲晉州관察黃鐵이눈不法行政許多호야慶南人民呼怨聲에壹片鐵이뫼는다고各郡에揭歐인데怪々호다더狂鐵을惕然醒悟호야眞品鐵이못되고서皇城報와裁判호야掩藏罪惡호랴호니荒鐵이가瘋狂이라頂門壹針노허볼쌰

▲平南觀察李軫鎬는開明호다自稱호나그行政을볼작시면愚昧호긴弟鼠이라漢瀧場을藉托호고各郡內에聯合호야寄附金을募集호제幾萬兩式勒徵타가무合精神노릿든지姑爲停止호엿다니此機會를일치말고回神丹을써여볼쌰

▲江原觀察李圭完은別般학問업지마는文明經歷이그天性이剛直호야觀察赴任호以後로諸般行政잘혼다고稱頌之聲이喧藉터니治民키에勞力하야心經血이호렷는지部令資格厲報호제受賂症이섯겻다니淸心丸을勸히볼쌰

▲大邱觀察朴重陽은壹郡守로잇슬띠는該部人民病드리고壹道長官된後에는壹道人民暴虐키로無數論駁호엿것만聽若不聞尤甚호니耳聾病이잇셧는지膏肓疾이되엿는지病勢沉重저려코야回甦之道잇슬소냐紙燭이나보내볼쌰

▲病者를아々々々너의壹身病드러서發狂을호는데마을에金國人民다죽는다이내醫術不足호야盛氣滯屁못치기는肝膽에계不足이나너의病을곳치어서全國人民살니기는華陀扁鵲復生히도少不讓頭호뒷스니壹層注意호지어다

廣告

本郎愛國婦人會에서 孤兒院設施흠은 已往揭載흠을 앗거니와 大抵我한 婦女의 財政權能이 업는 程度로 孤兒院基本金을 募集흠이 其愛國誠心에 對흐야 尤極嘉尙흐기로 該金額을 玆以廣告흠

本郎孤兒院基本金募集廣告

大皇帝陛下恩賜金二百圜으로 立基흐고

二十圜 會長徐[illegible]媛
壹百圜 總務[illegible]上恩
五十圜 許議員김[illegible]
五十圜 書記[illegible]恩
十圜 許議員[illegible]恩
十圜 許議員文桂仁
三圜 副會長[illegible]
三圜 事務員[illegible]
壹圜 許議員徐[illegible]
壹圜 許議員朴[illegible]
二拾錢 通常會員[illegible]
五圜 許議員安[illegible]
五圜 通常會員김[illegible]

男社員

拾圜 顧問李[illegible] 大邱人
五圜 贊成員李[illegible]哲 京城人
五圜 贊成員김[illegible] 善山人
五圜 贊成員金允亨 [illegible]山人
五圜 贊成員黃[illegible] 開[illegible]人

未餘諸員은 追後廣報흠

◉ 帽子製造大發賣

本所에서 織造흔 疋木으로 學生帽子를 精撰製造흐와 大發賣하오니 僉同胞는 壹次試驗흐시오

甲號帽子 金五拾錢
乙號帽子 금四拾五錢
學生洋服次組織及[illegible]製
最新運動帽子各種製造

外方에서 請求흐시면 小包郵便으로 迅速酬應흐깃슴니다

皇城宗廟越邊

中谷染織工所主 金德昌 告白

◉ 共愛堂大藥房製造各種藥品發引表

壯陽復元丹 此藥專治腦痛肺弱 遺精多夢、陽痿[illegible] 心腎虛弱 不下飲食 先天不足 眩暈頭痛 等症에 並妙効가 有흠 [illegible]二圜四拾錢 [illegible]六圜四拾錢

慶修靈丹 一般滯症胃腹痛消化不良 止咳口熱惡臭食慾不振等症에 並神効 [illegible]

眼科聖藥 清眼水 一般眼疾、時行眼疾、[illegible]眼疾 內紅[illegible]에 [illegible] [illegible]拾錢

解瘡至寶丸 專治瘡疾即氣虛瘡 雖難治之症이라도 [illegible]

皮膚神藥 靈効液 特治皮膚病疥癬、皮風、[illegible] 一瓶금三십전

五淋專治 通淋丸 急慢淋疾、赤白帶下、 外他淋毒性諸症에 神効 [illegible]金五拾錢

梅毒妙効 神應丹 梅毒에 第一期、第二期、連珠瘡下疳瘡 [illegible] 金三圜

부하新藥 清脾丸 專治小兒一般腹痛、[illegible] 大有奇効흠 一匣금五十錢

久滯神効 養胃散 專治久滯積、呑酸吐瀉、 不順等症에 奏効如神 [illegible]

治痰鎮咳丸 專治大人咳嗽、喘息、痰結等症에 妙 [illegible]三十錢

特胃感効 消熱散 勿論內時寒感冒、咽喉疼痛、似瘧非瘧等症[illegible] [illegible]十錢

耳病神効 清耳液 專治耳病即鼓膜炎、耳中灼熱 [illegible] 一瓶금십錢

百貼百應 妙妙膏 風寒濕氣、胸肩背[illegible] 骨節疼痛等症에 [illegible]

奏効如神 能治膏 각種腫氣、小兒胎毒 [illegible] 生新에 並神効 [illegible]

大腫拔根膏 大小腫에 根을 [illegible] 價금十錢

寸虫去根藥 價금貳十전 齒痛水 [illegible]

止泄丸 滯泄[illegible]泄神効 價금十五전 痢疾藥 赤白痢에 神効 價금십五전

各種上等人蔘、鹿茸、東西洋有名賣藥과 洋藥乾材都賣散賣其他各種藥이 具備흐오니 請求를 依흐야 小包로 隨應흐깃슴

發行所 皇城南部大廣橋十九統七戶 共愛堂大藥房

初等植物學 每課有圖 定價金三十錢

初等動物學 每課有圖 定價[illegible]

學部檢定 最新初等小學 定價金四十전 文明國의 小學讀本制度를 模範흐야 精美흔 圖本을 具흐고 八卷을 四卷으로 合製흠 貳冊合製定價金 五십錢

最新初等大韓地誌 定價金四拾錢

最新高等大韓地誌 定價金七拾錢 文明國地誌制度를 模倣흐야 漢陽의 山水며 圖繪와 拾三道地圖와 各港口와 都市場과 名山大川과 都會勝地와 地圖를 具흠

初等大韓歷史 定價金七十錢 文明國의 歷史制度를 從흐야 我國의 聖帝明王의 聖德과 忠臣烈士의 影幀을 具흠

國家思想學 精神教育 定價金二十五錢

憲法要義 義務教育 定價金二拾五錢

國文 大韓十三道遊覽 上下卷 定價[illegible] 우리 大韓國拾三道에 名山大川과 都會勝地를 [illegible]

僉君子는 速々購覽흐소서 右教科書는 本書林에서 發行흐오며 此外에各種書籍이 具備흐오니 學界僉君子는 陳速來臨흐심을 爲望

販賣所 京城南部銅峴大四街里三十五統五戶 玉虎書林
分賣所 黃海道鳳山郡沙里院明陽書館 京鄉各有名冊肆

◎ 全國內藥商흐시는 僉位의게는 大割引大出賣흠
化痰止咳흐고 順氣消滯흐며 水土不服에 奇效가 有흠
內國博覽會에 一等賞을 領受흐얏슴

清心保命丹

土水不服 積滯腹痛 利痢咳嗽 症痛 滯食

京城南大門側 濟生堂大藥房本舖
京城南部水閣橋 濟生堂第八分店

大發行所

仁川港 [illegible]峴 濟生堂第一支店
開城南門內 濟生堂第二支店

◎元山港上里 濟生堂第三支店
◎[illegible]州南門內 濟生堂第四支店
◎[illegible]山港[illegible] 濟生堂第五支店
◎宣川邑內 濟生堂第六支店
◎大邱[illegible]西 濟生堂第七支店
◎平壤大貫[illegible] 濟生堂第一出張所

大發行所

新撰測量學

定價 九拾錢

金澤吉 編纂
俞吉濬 序

右冊은 斯學에 著名흔 金澤吉氏가 編纂흔 바 시가 多年遊外흐야 鑛山學世卒業흐고 歸國後測量敎授에 熱心從事흐던 바 現今完全흔 測量冊子가 無흠을 [illegible] 測量[illegible]를 [illegible]흠

諸君이 實地에 [illegible]

請願格式과 製圖方法에 眩惑흠을 慨歎흐야 細部圖根測量術을 簡明 學切히 編纂흔 外에 特別히 設計及請願書類와 各種 製圖式樣을 着彩흐지 하야 附錄에 添付흐얏스니 見明瞭하고 學習에도 便利흘 뿐 아니라 公私勝[illegible]에도 確實無碍[illegible] 斯학에 有志흐신 僉君子는 [illegible] 購覽흐시옵

◎總發賣所 京城中部[illegible]洞興士團內 大韓測量總管[illegible]
◎分賣所 京城[illegible] 金龍商會
[illegible]部小安洞 大韓書林
中部典洞 光東書局
京鄉 [illegible]

漢城[illegible]藥房에서 官許特受흔 二十三種對症과 [illegible]材와 草材를 大發賣흐고 [illegible]

第七卷

大韓每日申報

第壹千六拾五號

月曜及日曜休刊

檀君開國四千二百四十二年
箕子元年三千三十一年
大韓開國五百十八年
日本明治四十二年
[illegible]
陰己酉[...]月小十六日丙申

Responsible for Publication Alfred Weekley Marnham.
發行兼編輯人英國人 萬咸
發行所 京城南部石井洞昳外地三層洋屋 大韓每日申報社

論說

◉樂觀的韓國

吾儕가年來에韓國을悲觀的으로만觀察ᄒᆞ야年々月々日々時々悲觀的光景이眉際에溢ᄒᆞ며悲觀的精神이腦子에鍾ᄒᆞ야思가悲觀的이오言이悲觀的이며筆이悲觀的이오夢이悲觀的이며魂이悲觀的이러니忽然樂觀的眼孔을擧ᄒᆞ야樂觀的으로觀察ᄒᆞ니前後左右가皆樂觀的이며東西南北이皆樂觀的이오過去未來가皆樂관的이라ᄒᆞ노라

昨日은悲관的이러니今日은樂관的이되며俄頃은悲관的이러니只今은樂관的이되니其故가何故오

日吾儕의此言을不信ᄒᆞᄂᆞᆫ가不信ᄒᆞᆯ진대吾儕ᄂᆞᆫ支離ᄒᆞᆷ을不辭ᄒᆞ고槪畧을道破코져ᄒᆞ노라

大抵現在의苦痛은未來安樂의種子라何者오安樂ᄒᆞ야死ᄒᆞ고憂患에生ᄒᆞᆷ은古人의格言이라爲韓國으로言ᄒᆞ야도今甲午以前時代로置ᄒᆞ야海口에外船이不到ᄒᆞ고國中이太古의猶夢케ᄒᆞ얏더면何等忿憤이발生ᄒᆞ며何等奮勵心이發ᄒᆞ며何等勇進心이發生ᄒᆞᆯ것ᄂᆞᆫ가只今은아모리苦痛ᄒᆞ지만是時에忿憤ᄒᆞ며奮勵ᄒᆞ며勇進ᄒᆞ면頭日月에ᄂᆞᆫ安樂을探得ᄒᆞᆯ時가有ᄒᆞᆯ지니即吾儕의所謂苦痛은安락의種子라ᄒᆞᆷ이라此非락觀이오

大抵他動은反動을招喚ᄒᆞᄂᆞᆫ機械라何者오他動이無ᄒᆞ면反動이無ᄒᆞᆷ은不易의定理니例컨ᄃᆡ寒ᄒᆞᆫ後에야暖을感ᄒᆞ며病ᄒᆞᆫ後에야健을感ᄒᆞ며悲ᄒᆞᆫ後에야喜를感ᄒᆞᄂᆞ니韓人으로論ᄒᆞ야도今日苦境에陷치아니ᄒᆞ얏스면엇지自由와不自由며獨立이니不獨立이니生存競爭이니優勝劣敗니ᄒᆞᄂᆞᆫ感念이起動ᄒᆞ리오只今부터此感念을不忘不措ᄒᆞ면畢竟好時代好世界好國家를製出ᄒᆞᆯ지니即吾儕의所謂他動은反動을招喚ᄒᆞᄂᆞᆫ機械라ᄒᆞᆷ이라此가二樂觀이오

大抵刺激은吾人을淬礪ᄒᆞᄂᆞᆫ良師라何者오荊山白玉이아모리良寶나沙石이아니면光潤을得用치못ᄒᆞᄂᆞ니此와如히刺激이라ᄒᆞᄂᆞᆫ物은余의志氣를勇壯케ᄒᆞ며余의精神을堅確케ᄒᆞ며余의人格을高尙케ᄒᆞᄂᆞᆫ物이라則激을受ᄒᆞᆯ時ᄂᆞᆫ感覺을不知ᄒᆞᄂᆞᆫ者ᄂᆞᆫ엇지死人이아니리오即吾儕의所謂刺激은吾人을淬礪ᄒᆞᄂᆞᆫ長師라ᄒᆞ야此가三樂觀이니라

然ᄒᆞ나此가眞實ᄒᆞᆫ락觀이될ᄂᆞᆫ지又或永久ᄒᆞᆫ悲관이될ᄂᆞᆫ지是ᄂᆞᆫ韓人同胞에게在ᄒᆞ니惟我同胞ᄂᆞᆫ락관을變ᄒᆞ야永久ᄒᆞᆫ悲관을造치말고悲관을變ᄒᆞ야眞實ᄒᆞᆫ락관을造ᄒᆞᆯ지어다

▲隆熙二年拾貳月三日 官報

▲學部所管日本國留學生規程을[...]左ᄀᆞ치定ᄒᆞᆷ (續)

但疾病에依ᄒᆞ야休학ᄒᆞ거나或留학地를離코자ᄒᆞᄂᆞᆫ時ᄂᆞᆫ醫師의診斷書를添付ᄒᆞᆷ이可ᄒᆞᆷ

第拾壹條 官費留學生은留學期間中에官費留학生을辭免ᄒᆞᆷ을得치못ᄒᆞᆷ若留學ᄒᆞ기不能ᄒᆞᆫ事由가生ᄒᆞᆫ時ᄂᆞᆫ其旨를具ᄒᆞ야學部大臣에게申請ᄒᆞᆷ이可ᄒᆞᆷ (未完)

外報

●塞國의狀態 伯林電을據ᄒᆞᆫ즉塞爾維亞ᄂᆞᆫ平和的狀態가確有ᄒᆞ나軍隊中에ᄂᆞᆫ皇太子를爲ᄒᆞ야運動을起코져ᄒᆞᄂᆞᆫ形勢가有ᄒᆞᆫ故로革命이起ᄒᆞᆯ模樣이라더라

●波斯騷亂 伯林電을據ᄒᆞᆫ즉波斯國의騷亂은至今ᄭᆞ지增大ᄒᆞᆫ다더라

●德國의黨裂 伯林電을據ᄒᆞᆫ則德國議會에셔保守黨과自由黨間에合議가되지못ᄒᆞᆷ으로政黨裂決의狀態가有ᄒᆞ다고警報가有ᄒᆞ나海軍費豫算은既已可決되얏다더라

●探險家歸着 全體를據ᄒᆞᆫ則九百八年壹月壹日에出發ᄒᆞᆫ英國南極探險隊사굴논中尉等은無事히歸着ᄒᆞ얏ᄂᆞᆫᄃᆡ南緯八十八度廿三分되ᄂᆞᆫ地点ᄭᆞ지達ᄒᆞ야海拔壹萬尺되ᄂᆞᆫ高原을探ᄒᆞ고歸ᄒᆞ얏다더라

詞藻

●莫坐在 韓曈生

여보余同胞들、호응。날따러나셔오、홍。
안져만잇스면、못살니로다、아
◦위구지구、호응。에느저갑되

雜報

●親耕人海 旣報와如히 大皇帝陛下씌옵서昨日에文武百官을率ᄒᆞ시고 先農壇에 御臨ᄒᆞ옵서籍田을 親耕ᄒᆞ옵셧ᄂᆞᆫᄃᆡ 祇迎 祇送ᄒᆞᄂᆞᆫ男女老幼들이人山人海를成ᄒᆞ얏다더라

●剿義地圖 統監府에셔義兵을剿滅ᄒᆞᆯ計劃으로韓國地도全幅을畵出ᄒᆞ야義兵有無地를詳細調査ᄒᆞ야每道에三區域을分定ᄒᆞ고鎭壓ᄒᆞᆯ方針을實施ᄒᆞᆯ次로該도本월부式을各官廳으로送交하얏다더라

●爲詔送金 軍부大臣李秉武氏가近日宋秉畯이가不遠間還國ᄒᆞᆫ다ᄂᆞᆫ說을得聞ᄒᆞ고昨日에金貨三百圓을壹進會로送致ᄒᆞ야該會費에補用케ᄒᆞ라ᄒᆞ얏다더라

●錦亭宴會 再昨日下午六時에東洋拓殖會社理事韓相龍氏가東부錦石亭에서宴會를排設ᄒᆞ고各社會紳士를請邀ᄒᆞ야妓악으로送宕盛遊ᄒᆞ얏다더라

●韓人注意 日本側의確報를據ᄒᆞᆫ즉東洋拓殖會社에서第壹着手ᄒᆞᆯ事業은河川을修整ᄒᆞ며堤坊을改築ᄒᆞ야韓國의模範的農園을作ᄒᆞᆯ터이오第二ᄂᆞᆫ山林經營인ᄃᆡ漸次全國에及ᄒᆞᆯ지며其次ᄂᆞᆫ韓國漁業經營에着手ᄒᆞ고其後ᄂᆞᆫ한政府와共同하야港灣鐵道等交通機關도無漏着手ᄒᆞᆯ지며又한國에五百萬名移住民收容ᄒᆞᆯ地가有ᄒᆞ다ᄒᆞ야次次移民을奬勵ᄒᆞᆯ터이라더라

●小手工組合 近日兪吉濬趙鎭泰等諸氏가諸般小手工匠等을組合ᄒᆞ야愈々發興ᄒᆞᆯ計劃으로互相協議ᄒᆞ고漢城小手工組合所를設立ᄒᆞᆯ차로昨日에兪吉濬氏가趙重應氏와同伴ᄒᆞ야李完用氏家에前往紹介ᄒᆞ고內閣에提議ᄒᆞ야爲先四百圓을貸下ᄒᆞ라ᄒᆞᆫ즉李總理가應諾貸與ᄒᆞ기로決定ᄒᆞ얏다더라

●燒胎注意 북부警察署장鈴木軍民이가漢城內人民들이産後兒胎를각其門前에서燒火ᄒᆞᄂᆞᆫ事에對하야각支所巡査의게訓示ᄒᆞ되從玆以後로ᄂᆞᆫ産後兒胎를城門外에出往燒火ᄒᆞᆯ意로管內人民의게指揮ᄒᆞ라ᄒᆞ얏다더라

●稅主不法 鐵川郡財務署主事金某ᄂᆞᆫ諸般稅政上에大有民弊이라ᄂᆞᆫᄃᆡ去三拾日頃에該郡西面居ᄒᆞᄂᆞᆫ柳淳文氏가結錢壹圓五拾錢을延拖不報ᄒᆞ얏더니金氏가該柳氏家에所有農牛壹雙을奪去ᄒᆞᆫ지라柳氏가不勝抑寃ᄒᆞ야即其時辦納하고該牛를出給ᄒᆞ라ᄒᆞᆫ즉百般謀計를醸出ᄒᆞ야于今까지永不出給ᄒᆞᄂᆞᆫ故로此事由를擧ᄒᆞ야公州郡裁判所에起訴ᄒᆞ얏다더라

●兩社裁判 帝國新聞社에셔韓美興業株式會社任員의林某리某등無根之說로搆陷揭載ᄒᆞᆷ에對ᄒᆞ야此가但該兩氏의名譽上關係뿐아니라該會社에도不美ᄒᆞᆫ影響이及ᄒᆞᆯ念慮가有ᄒᆞᆫ故로該社에서帝國新聞社와將次裁判을提起ᄒᆞᆫ다더라

●李家執行 前참判李容善氏ᄂᆞᆫ何許日人에게家劵을典執ᄒᆞ고債用ᄒᆞ고하錢을過限不報ᄒᆞᆫ故로再昨日에하日人이李氏의家舍를逐出ᄒᆞ고家舍를執行ᄒᆞ얏다더라

●君燦風波 日前韓日巡査等이都正宮에來到ᄒᆞ야昌山君李海昌시를見ᄒᆞ고衛生費를督促ᄒᆞ거ᄂᆞᆯ李海昌시가答ᄒᆞ되宮에ᄂᆞᆫ衛々費가無ᄒᆞ다ᄒᆞᆫ대日巡査ᄂᆞᆫ宮內에日本은東壁에도衛生費를徵收ᄒᆞ거ᄂᆞᆯ況乎아ᄒᆞ고리시를提出門外ᄒᆞ야押去之境에當ᄒᆞᆫ지라不得已히費를辦給免除ᄒᆞ얏다더라

●辭勝於任 國民新報社장韓錫振시가該社長을辭免ᄒᆞ얏다ᄂᆞᆫᄃᆡ其리由를詳聞ᄒᆞᆫ즉同新報ᄂᆞᆫ壹進會에機關이라宋秉畯等의指導를受ᄒᆞᄂᆞᆫ바인대東京에在ᄒᆞᆫ宋秉畯이가閔忠正夫人의對ᄒᆞ야무숨不美ᄒᆞᆫ事件을同紙上에揭載ᄒᆞ라고한시의게指揮ᄒᆞᆫ즉한시가不應揭布ᄒᆞ얏더니宋哥ᄂᆞᆫ自己의意를從치아니ᄒᆞᆫ다ᄒᆞ야히社장을解免ᄒᆞᆷ이라더라

●醫師謝過 昨日醫院에서醫學徒를試取ᄒᆞᄂᆞᆫ대醫부丁奎鳳氏가應試人을對ᄒᆞ야牛酔로酩酊ᄒᆞᆫ대說中壹人이丁氏를面辱ᄒᆞ야曰君은名色이何等人이기로應試人을對ᄒᆞ야牛酔로下待ᄒᆞ나ᄒᆞᆫ대丁氏가切々謝過ᄒᆞ얏다더라

●宜乎嚴懲 西部藥峴等地에ᄂᆞᆫ何許巫女가愚昧ᄒᆞᆫ婦女를欺瞞ᄒᆞ야多數ᄒᆞᆫ錢財를奪人ᄒᆞᆫ다ᄂᆞᆫ聽聞이喧藉ᄒᆞᆷ으로警視廳에셔該女를提致嚴懲ᄒᆞᆯ次로現今調査中이라더라

●糞稟又出 再昨日漢城衛生會에셔第三回衛生費를徵收ᄒᆞᆯ次로各警察署에配送ᄒᆞ얏다더라

●春期運動 近日學부에셔各官私立學校를聯合ᄒᆞ야春期大運動會를開設ᄒᆞᆯ計劃으로現今日字를擬議中이라더라

●厭世可惜 前위原郡守리觀榮氏ᄂᆞᆫ年今七拾二歲인ᄃᆡ世事를慨嘆ᄒᆞ고陰今月初八日에藍浦中臺寺로入去ᄒᆞ야削髮爲僧ᄒᆞ얏다더라

●何事嗣索 近日北부安洞居ᄒᆞᄂᆞᆫ洪在鵬朴魯天兩氏ᄂᆞᆫ有何事件인지警視廳에서別般調察ᄒᆞᄂᆞᆫ中이라더라

●假探何多 再昨夜에何許人이軍司令部偵探客이라詐稱하고中部洞口內何許色酒家에서無故作梗ᄒᆞᄂᆞᆫ故로該附近人民이會集逐送하얏다더라

●水雷出帆 仁川에ᄌᆡ港ᄒᆞ야碇泊ᄒᆞ얏던日本驅雷艇四艘ᄂᆞᆫ昨日午前七時三拾分에出帆ᄒᆞ얏다더라

●欺財逃走 立風郡新基居ᄒᆞᄂᆞᆫ鄭根永氏가太田停車場에來到ᄒᆞ야히地에셔商業ᄒᆞᄂᆞᆫ리大承시와同爲營業之意로百般誘引ᄒᆞ야葉錢四千兩을欺取逃走ᄒᆞᆫ故로리시가其縱跡을四處로探問中이라더라

●義將慷慨 義兵大將리殷瓚氏가日前龍山警察署에被捉ᄒᆞᆫ則該署에셔리시를極히精美ᄒᆞᆫ房內에安置ᄒᆞ고每日각種料理를供饋待遇ᄒᆞᆫ다ᄂᆞᆫ대리氏가壹般警官을對ᄒᆞ야痛哭ᄒᆞ기를吾儕ㅣ今日我韓國勢危急之秋를當ᄒᆞ야外侮ᄂᆞᆫ日迫ᄒᆞ고國命은倒懸ᄒᆞ기로不勝憤慨ᄒᆞ야擧義報誠코ᄌᆞᄒᆞ얏더니多年積憤을未伸ᄒᆞ고此境에至ᄒᆞ얏슨즉壹般我帝國二千萬同胞를對ᄒᆞ야不勝赧然이나然이나死歸皇天이라도惟是冥々ᄒᆞᆫ靈魂이必有俯觀矣리니吾命은此에至ᄒᆞᆯ뿐이라ᄒᆞ고慷慨ᄒᆞᆫ血淚가縱橫ᄒᆞ얏다ᄂᆞᆫᄃᆡ리氏의年齡은現今三拾三歲라더라

●并金無影 并邑邑底居金箕東氏ᄂᆞᆫ元來富饒ᄒᆞᆫ人인ᄃᆡ月前에義兵이來到ᄒᆞ야히氏를捉去ᄒᆞ얏ᄂᆞᆫᄃᆡ至今까지其影響을不知다더라

●葛峴路絶 長城郡葛峴等地에ᄂᆞᆫ多數의義兵이駐屯ᄒᆞᆫ故로目下行路가杜絶ᄒᆞ얏다더라

●軍師府長 韓國十三道軍師府장權重설氏가目今多數義兵을敎鍊ᄒᆞ며각郡義陣에巡交ᄒᆞ야諸般兵器彈藥을修繕整理ᄒᆞ라ᄒᆞ며現今각處에潛伏ᄒᆞᆫ義徒를倡起ᄒᆞᆫ다더라

●義將行動 義兵將金洙敏氏가多數軍卒을領率ᄒᆞ고積城郡에留屯ᄒᆞ야人民에게錢穀을收納ᄒᆞᆫ다더라

●日漁船襲擊 木浦日本리事官의電報를據ᄒᆞᆫ즉去二日에康津에繫留ᄒᆞᆫ日本漁船을義兵이襲擊ᄒᆞ얏ᄂᆞᆫᄃᆡ該船에搭乘ᄒᆞ엿던日人六名中二名은卽死ᄒᆞ고二名은重傷하얏다더라

●千義砲殺 南來人의所傳을聞ᄒᆞᆫ즉井邑郡東面蹄進士의令男某가義兵의千連이有ᄒᆞ다ᄒᆞ야日兵이捉去砲殺ᄒᆞ얏다더라

●救卻砲日 順興郡안셜場市에서義兵四百餘名이日兵과交戰ᄒᆞ야日兵一名이死ᄒᆞ고壹名은重傷ᄒᆞ얏ᄂᆞᆫᄃᆡ其時에義兵이補助員을放送ᄒᆞ야日爾亦한人이기로救還ᄒᆞ노라ᄒᆞ고日兵은砲殺ᄒᆞ얏다ᄂᆞᆫ說이有ᄒᆞ더라

●報恩義兵 去月三拾日頃에多數ᄒᆞᆫ義兵이報恩郡俗離山附近에서日兵과交戰ᄒᆞ야日兵幾名을砲殺ᄒᆞ얏다ᄂᆞᆫ傳說이有ᄒᆞ더라

●日雜被捉 泥峴居留ᄒᆞᄂᆞᆫ北村宗壹은何許人의錢財를奪取ᄒᆞ엿다가情跡이現露되야再昨日에南부理事廳에被捉하얏다더라

●新興寺賊警 昨日上午三時量에何許强盜七八名이各持銃劍ᄒᆞ고東小門外新興寺에突入ᄒᆞ야壹般僧徒를結縛ᄒᆞ고諸般什物을强奪ᄒᆞᆯ際에東부警察署에서韓日巡査를多數出派ᄒᆞ야極力防禦ᄒᆞᆫ故로該賊漢等은擧皆逃走하얏다더라

●申家小火 再昨日上午二時量에남부履동居申喜永氏家廊下에서起火ᄒᆞ야瓦家二間이燒燼하얏ᄂᆞᆫᄃᆡ其損害額은約七十餘元이라더라

●民國設契 中部貞慶民國에서ᄂᆞᆫ經費를補用ᄒᆞ기爲ᄒᆞ야該坊內人民에게多少收斂ᄒᆞ야殖利契를設立ᄒᆞ기로現今擬議中이라더라

●商會演說 今日下午七時三拾分에鐘路商年會館에서演說會를開ᄒᆞᆫ다더라

學界

●吳氏寄附 三和港三崇學校建築에對ᄒᆞ야鐵山吳熙源시가金二拾圓을捐助ᄒᆞ얏다고該校任員들이感荷不已ᄒᆞᆫ다더라

●講習擴張 平壤郡紳士鄭在命金允和兩시가敎育界刷新을計圖ᄒᆞ야年來로冬夏兩期에各處俊彥을募集敎授ᄒᆞ고其資格을從ᄒᆞ야各學校敎師로需應ᄒᆞᄂᆞᆫ대成績이頗良ᄒᆞᆷ으로更히壹層擴張ᄒᆞ야每春秋兩期ᄂᆞᆫ師範初等科로冬夏兩期ᄂᆞᆫ高等科로講習케ᄒᆞᆯ計劃으로方今學員을募集ᄒᆞᆫ다더라

▲可謂人乎▼

▲伊尹又ᄒᆞᆫ聖人을은天下事를自任ᄒᆞ야壹夫不得其所ᄒᆞ야도若撻于市ᄒᆞ엿거던이내責任말ᄒᆞ지더全國代表ᄒᆞ기로苦心開導ᄒᆞᆯ것이아ᄂᆞᆫ壹進會ᄂᆞᆫ壹向歸順아니ᄒᆞ니이내良誠不足인가醜不聽은在彼ᄒᆞ나更願壹言ᄒᆞᆯ지노라

▲壹進會야々々々네아모리無知ᄒᆞᆫ들幼穉小兒못보ᄂᆞ냐제父母를ᄉᆞ랑ᄒᆞ야他人家의兒孩들에제父母를侮辱ᄒᆞ면呼哭相鬪ᄒᆞᆯ것마ᄂᆞᆫ너의心腸엇더길ᄃᆡ제父母를排斥ᄒᆞ고他人崇拜沿沒ᄒᆞ니네가비록壯成ᄒᆞ나더兒孩만못ᄒᆞ도다

▲壹進會야々々々네아모리無知ᄒᆞᆫ들豚犬을못보ᄂᆞ냐저의門戶굿게지혀他人家의豚犬들이제집안을犯ᄒᆞ며ᄂᆞᆫ互相噬逐ᄒᆞᆯ것마ᄂᆞᆫ너의心腸엇더길ᄃᆡ제家屋을헐거리처讓與他人狂ᄒᆞ니네가비록人形이나더豚犬만못ᄒᆞ도다

▲壹進會야々々々네아모리無知ᄒᆞᆫ들더烏鵲을못보나냐林木爲巢ᄒᆞ기칠제鵲巢들이侵奪ᄒᆞ면無數烏鵲成群ᄒᆞ야悲鳴怒喙相救어던네心腸은엇더길ᄃᆡ他人에게鷹犬되여謀害同胞奔走ᄒᆞ니네가비록人生이나더烏鵲만못ᄒᆞ도다

▲壹進會야々々々네아모리無知ᄒᆞᆫ들더蝗螂을못보나냐蚺망間에微虫으로大車當前ᄒᆞᆯ지라도兩個觸足놉히들고小不畏避抗拒ᄒᆞ던너의心腸엇더길ᄃᆡ奴隷노릇ᄒᆞ랴ᄒᆞ고俯首聽命哀乞ᄒᆞ니네가비록人命이나더蝗螂만못ᄒᆞ도다

▲너의罪惡성각ᄒᆞ면役諸鬼神ᄒᆞᆯ지어도더鬼神이怒ᄒᆞᆯ지며役諸禽獸ᄒᆞ여리도더禽獸가맷ᄇᆞ소나너의所望말ᄒᆞᆯ진ᄃᆡ他人의鷹犬되여輪遷ᄒᆞ나먹으라다鬼化狗烹反受ᄒᆞ니何不反省歸化ᄒᆞ고早速歸化ᄒᆞ랑이면全國同胞歡迎ᄒᆞ리

物貨와校用品其他家用物品을一新俱備ᄒ고批大各种貨ᄒ기以備請求ᄒ시면以小包郵便으로高品廉價而信々酬응ᄒ깃ᄉ옵 物品如下 紙不枚ᄀ色 眉ᄊ各種 鉛筆各色 洋服內衣上下 印札紙各種 日用雜貨俱備 器械附屬品 此乃私益도莫過於此ᄒ나 費만出資而書籍印刷業을同事利分키로廣告ᄒ니速速來議敬要 한城鐘路慈惠書舖리觀化 告白

社告

本支社를左개三郡에設置ᄒ고 旣에仰佈ᄒ오니各該郡附近地에서本報要讀ᄒ실 僉君子는左開三氏에게請求ᄒ심을務望

淸津港新岩洞 張元浩
雲山北面楯洞 王冕鎬
沙里院活民勞動救火會任敬宰

大韓每日申報社

太韓測量總管會京畿支會長徐丙贊 位置水原
臨時事務所典洞四拾四統九戶
徐丙奭家

本人이本壹日夜의悍黨의게布木廛物과姓名圖章을被失ᄒ얏사오니知舊間照亮ᄒ심을伏望
平北龍川光化龍遊洞 金致祥

廣告

本人이中部典洞에事務所를設置ᄒ고辯護에從事ᄒ든바僉賢洞悉ᄒ온바어니와今般右記之處에移轉ᄒ야事務所를壹層擴張ᄒ고諸般法律事務를親切處理ᄒ오니有疑未解와抱冤未伸ᄒ신僉君子는陸續來議事

辯護士 藤井太郎
中部壽進坊磚洞拾壹統壹戶
特許代理業者

本人下金富事性本浮浪多得外債從事色技蕩敗家産散多家督擴屑道路今猶不足欲圖債路內外國人勿爲見欺
連山 金敬日 告白

本人姓名도章을漏車內에서失ᄒ얏기로此도章은勿施ᄒ깃ᄉ오니知舊內外國人은照亮ᄒ심
仁川府內面龍洞居金敬源 白

人而歡心崔東愼이丁未拾月에田畓價額三萬兩을君의雙手로據用ᄒ고셔至今壹千四百圜만所用이라ᄒ며符同이니逃走니虛無之說로大韓每日申報에揭載ᄒ야損人名譽ᄒ고僞造殺案假證明으로豈土而賣ᄒ賊心으로圖謀ᄒ니君之罪惡은難逭刑法이다內外國人間崔哥의白川紙尺面田畓事에切勿見欺ᄒ시옵
崔哥田畓放賣時證人 張熙文 金聖鉉 告白

◎特別廣告

本會趣旨와目的은技術을精密케ᄒ야維新時代에實業上公益을普及케홀方法으로檢定을開始ᄒ지壹週가繼過ᄒ얏ᄉ나其間에檢定合格ᄒ人이十僅一貳人이온즉以若技術로冒沒營業을ᄒ거시엇지人道에正義며實業에信用이有ᄒ다謂ᄒ리오本會檢定에合格된人은已無可言이어니와不合格ᄒ人도各其學力대로更加實習ᄒ야再經檢定이면合格이非晩이니豈時見落으로遺憾이有홀理는必無ᄒ오나普通人情이落榜稱寃之歎은無라謂키不能ᄒ니此는熟思加勉ᄒ야苦心修學ᄒ던本意를不墮ᄒ고精益求精ᄒ야公益을增進케ᄒ는國民의當然義務를自効ᄒ시기를熱誠警告ᄒ오며

地方各支會

는事實上에不可無홀理由로本會會則에揭明ᄒ바이오나事務處理上에壹毫라도疎漏之歎이或有ᄒ야會則을違反ᄒ거나目的을遺失ᄒ는行動이發生ᄒ는時에는本會面目만汚損홀뿐不是라全國測量機關을撲滅ᄒ는惡評을難逃홀터이니凡我同業僉彦은十分戒愼ᄒ야今日維新法令下에優越홀名譽를表著ᄒ시기를日夜頂祝ᄒ오며且各地方通信을據ᄒ즉或者는本會員이라自稱ᄒ고測量을獨專코ᄌᄒ야他人의開業을沮害或毆逐ᄒᄂ者도有ᄒ다ᄒ며ᄯ或本會를官廳에承認이니默認이니做作浮言에毁譽煽動ᄒ야聽聞을眩惑케ᄒ는端이間有ᄒ다ᄒ니此等情狀은詐僞로牟利코ᄌᄒ는者가아니면分明是本會目的을反對ᄒ야公益을侵損ᄒ는陰計에不過홀지라本會에서는全國測量者를團合ᄒ야有限ᄒ山林測量과各處에十地賣買ᄂ請求를不分爾我ᄒ고同心合力ᄒ야公私便利를務도ᄒ主義이온즉自今以後로此等弊端이又有ᄒ거던卽其時本會로通知ᄒ시거나又는司法에告訴ᄒ야實業에大障害를禁止케ᄒ시기를切望홈

大韓測量總管會 告白

大邱愛國婦人會에서孤兒院設施홈은已往揭載ᄒ얏거니와大抵我韓婦女의財政權能업는程度로孤兒院基本金을募集홈이其愛國誠心에對ᄒ야尤極嘉尙ᄒ기로該金額을玆以廣告홈
大邱孤兒院基本金募集廣告
大皇帝陛下恩賜金二百圜으로立基ᄒ고

二十圜	會장徐周媛	
壹百圜	總務廉上恩	
五十圜	評議長김鳳貞	
五十圜	書記康敬恩	
十圜	評議員한鳳恩	
十圜	評議員文桂仁	
三圜	副會長崔德璟	
三圜	事務員서聖睟	
壹圜	評議員徐有榮	
壹圜	評議員朴季玟	
二拾錢	通常會員李敬日	
五圜	評議員安桂淑	
五圜	通常會員김南春	
	男社員	
拾圜	顧問李恩雨	大邱人
五圜	贊成員李睟哲	京城人
五圜	贊成員김준容	善山人
五圜	贊成員金允亨	善山人
五圓	贊成員黃鶴淵	聞경人

未餘諸員은追後廣報홈

美國시아틀大博覽會 미국시아틀대박람회

請垂詳覽

本社에서美國시아틀大博覽會出品事件으로廣告홈에對ᄒ야僉彦의多大ᄒ贊成을得ᄒ야株金의應募와書札의往復과僉彦의訪問이日日浩繁ᄒ와事務를處理홈에暫時라도遲延之歎이或有ᄒ며ᄯ도本會社의親友及株主僉位는洞諒ᄒ기를望ᄒ오나本社에서는壹層信實히注意ᄒ야能力所及에는怠慢치아니ᄒ는것은僉彦의認定ᄒ심을確信ᄒ옴

本社之印章

本社之商標

大博覽會出品事件에對ᄒ야拾株以下라도領受ᄒ는期限이已過ᄒ얏ᄉ오나遠方에在ᄒ 多彦을爲ᄒ야更히延期ᄒ와本月拾五日(陰閏二月廿五日)까지退定ᄒ얏ᄉ오니急速應募ᄒ시옵本社에對ᄒ야公衆의同情과贊成은感謝不盡이오며僉彦의如此히相愛相信ᄒ심에對ᄒ야秋毫라도孤負홈이無ᄒ을自期ᄒ옵고玆에公衆에對ᄒ야誓約ᄒ옵나이다

大韓皇城磚洞(京城郵便局郵函第四拾號) 韓美興業株式會社 謹啓
(大美國에리쇼나道法律認可 駐韓美國總領事館登錄)

本社의各處代理人의氏名은如左홈

開城代理人		개城南門內雜貨商店
平壤代理人		平壤大西門內店洞
咸興代理人		咸興西門外
馬山浦代理人		馬山浦客主
元山代理人		元山港
淸津代理人		淸津港
水原代理人		水原北部長安동
安城代理人		水原北部長安洞
沙里院代理人	位置未定	漢城東部蓮池里旺新學校內
金泉代理人	位置未定	漢城中部外相思洞貳統三戶
全州代理人	位置未定	漢城西部麻浦二拾二統五戶
天安平澤代理人	位置未定	水原北部長安洞
群山代理人		群山太井洞
全州代理人	位置未定	漢城西部阿峴二百廿二統三戶
大邱代理人	位置未定	大邱新田里五十八統七戶
釜山代理人	位置未定	馬山浦午山里拾壹統九戶
江景浦代理人		西部龍山坊東幕中契廿七統貳戶
麻浦附近代理人	位置未定	西部麻浦貳拾七統三戶
富湖院代理人	位置未定	陰竹城山里
永同代理人		漢城壽洞貳統壹戶
木浦代理人	位置未定	木浦南橋洞
晋州代理人	位置未定	昌原舊馬山浦城山
金堤代理人		金堤郡白石面水閣
漢江附近代理人	位置未定	南部漢江十八統二戶
義州代理人		義州枇峴
江界代理人	位置未定	義州枇峴
東部代理人		東部里上甘井洞四統五戶
鎭南浦代理人		鎭남포龍井동

發起人

金東宣	鄭基煥
盧炅洙	孫晉누
金以文	張樂說
金유東	김유ᄒ
邦元圭	李孝植
吳惟泳	尹聖求
韓相益	김敎聲
이林召	辛相淑
李聖浩	李弼鍛
權重義	安昌浩
杜鎭鉉	孫晉宇
金升基	李宗試
卞仁得	朴春坊
白樂善	鄭漢檢
崔鎬下	張東拭

이쪽을날마다자세히보시오

廣告

前淵明採菊…人山…欲…斷耕田而食ᄒᆞ라ᄒᆞ니…無去…之茫々…로다…相ᄒᆞ야 輔國安民ᄒᆞ랴ᄒᆞ야니 無才無能ᄒᆞᆫ 이身世어ᄂᆡ곳 向ᄒᆞᆯ손가 伯夷叔齊ᄎᆞᄌᆞ 首陽山가랴ᄒᆞ야 ᄃᆡ니 義不食周粟에 라ᄒᆞ고 採薇ᄒᆞ려갓ᄉᆞᆸᄂᆡ다 屈原ᄎᆞᄌᆞ 汨羅水가려ᄒᆞ얏더니 月黃昏에 爲期兮여 强中途而敗路ᄒᆞ더라 沼…橫ᄎᆞᄌᆞ 嗚呼島가려ᄒᆞ얏더니 薤露가 ᄒᆞᆫ 曲調에 島樹何日死ᄒᆞ얏더라 四皓ᄎᆞᄌᆞ 바둑두러가랴ᄒᆞ얏더니 四皓出後 商山이 平地되얏더라 陶淵明ᄎᆞᄌᆞ 五柳村가려ᄒᆞ얏더니 問征夫而前路ᄒᆞ니 恨晨光之熹微로다 李太白ᄎᆞᄌᆞ 采石江가려ᄒᆞ얏더니 李白이 騎鯨上天後 江南風月이 閑多年ᄒᆞ더라 張志和ᄎᆞᄌᆞ 錦花村가랴ᄒᆞ얏더니 青약笠綠蓑衣로 斜風細雨不須歸ᄒᆞ얏더라 梁章師차져 採藥ᄒᆞ러가랴ᄒᆞ얏더니 松下에 問童子ᄒᆞ니 雲深不知處라ᄒᆞ더라 漁舟를 타고 桃源가려ᄒᆞ얏더니 春來遍是桃花水라 不辨仙源何處尋고 갈곳업ᄂᆞᆫ 이身世야 入山落髮ᄒᆞ고 念佛이나 ᄒᆞ다가 極樂世界차져갈지어다

南無阿彌陀佛

盡心滌盤於坐氷　忠孝人間恨未能　如今無限傷時淚　花落空山嘗老僧

盧浦中臺守僧　李觀榮

測量製圖器械
其他附屬品文具
都賣　散賣

京城本町郵便局前
篠崎(シノサキ)器械店
平壤南門通二丁目
篠崎(シノサキ)支店

◎帽子製造大發賣

本所에서 織造ᄒᆞᆫ 正木으로 學生帽子를 精撰製造ᄒᆞ와 大發賣ᄒᆞ오니 僉同胞ᄂᆞᆫ 壹次試驗ᄒᆞ시오

甲號帽子 金五拾錢
乙號帽子 金四拾五錢
學生洋服次紺絨及裁縫
最新運動帽子各種製造

外方에서 請求ᄒᆞ시면 小包郵便으로 迅速酬應ᄒᆞ깃ᄉᆞᆸᄂᆡ다

皇城宗廟越邊
中谷染織工所主
金德昌 告白

測量製圖械器發賣

器械好品뿐아니라 廉價로 發賣ᄒᆞ옵고 不完全ᄒᆞᆫ 것이 有ᄒᆞ면 換付ᄒᆞ깃ᄉᆞᆸ기 近郡僉員은 購買ᄒᆞ심을 爲ᄒᆞᆷ

京城永樂町赤門前
東京松谷川 測量器械舖
京城 支店
北青郡西門外 張敬和

◎共愛堂大藥房製造各種藥品發引表

壯陽復元丹 此藥專治腎虛陽痿、遺精多夢、陽痿不起、房事色傷、病後虛弱、心腎虛弱、不下飲食、先天不足、眩暈頭痛等症에 並妙效가 有홈 一劑分四圓四拾錢 一劑分三圓貳拾錢 二分劑八拾錢 八分分六圓四拾錢

慶修靈丹 止咳口熱惡臭食慾不振等症에 並神效 專治一般滯症胃腹痛消化不良心神鬱悶船車酒醉…

眼科聖藥清眼水 專治一般眼疾、時行眼疾、風熱眼疾、羞明流淚、眼內紅障等症에 撥雲見天之妙 壹瓶金拾錢

解瘧至寶丸 專治瘧疾即氣虛瘧、遠年瘧、하루걸니ᄂᆞᆫ 二日瘧、難瘧治之하이라도 不々根瘧 壹包金拾錢

皮膚神藥奏效液 專治皮膚病疥癬이나、皮腫、諸般痒疹、두드러기、옷ᄂᆞᆫ데 다 神效ᄒᆞᆷ 每瓶金三십전

五淋專治通淋丸 急慢淋疾、赤白帶下、膀胱炎症、便炎及濃漏外他淋毒性諸症에 神效ᄒᆞᆷ 每劑金五拾錢

梅毒妙效神應丹 楊梅瘡에 壹期二期三期를 勿問ᄒᆞ고 確實이 有效、連珠瘡下疳瘡等에 并效 每劑金三圓

부랑新藥清脾丸 專治小兒壹般腹痛、面黃、尿靑、左脇脹腹에 大有奇效ᄒᆞᆷ 一匣金五十錢

久滯神效養胃散 專治積久滯積、吞酸吐瀉、霍亂、胃腹痛、大便不順等症에 奏效如神 每貼金拾五錢

治痰鎮咳丸 專治大人咳嗽、喘息、痰積等症에 奏妙 三日分每匣金三十錢

特胃感効消熱散 勿論內時氣寒感冒、咽喉疼痛、寒熱往來肢節痛、似瘧非瘧等症有效 每貼金十錢

耳病神効清耳液 專治耳病即鼓膜炎、內外聽道炎、耳中灼熱疼痛、濃液流出等症有効 每瓶金십전

百貼百應妙妙膏 風寒濕氣、胸肩背에 牽引疼痛、腰膝脚腿酸痛無力、骨節疼痛等症에 如神 金廿五錢

奏効如神能治膏 각樣腫氣、小兒胎毒、부스럼、瘰癧。生新에 並神効 每匣八十錢

大腫拔根膏 大小腫에 根拔는약 價金十錢

解凝膏 멍울삭히는약 價金十전

寸虫去根藥 價金貳十전

齒痛水 충치쑤시는데 價金七전五厘

止泄丸 滯泄暑泄神効 價金十五전

痢疾藥 赤白痢에 神効 價金십五전

各種上等[illegible]網、東西洋有名賣藥、洋藥乾材都賣散賣其他各種藥이 具備ᄒᆞ오니 請求ᄒᆞ심을 依ᄒᆞ야 小包로 隨應ᄒᆞ깃ᄉᆞᆸ

發行所
皇城南部太廣橋十九統七戶
共愛堂大藥房

◎소國內藥商ᄒᆞ시ᄂᆞᆫ 僉位의게ᄂᆞᆫ 大割引大出賣홈
化痰止咳ᄒᆞ고 順氣消滯ᄒᆞ며 水土不服에 奇效가 有홈
內國博覽會에 一等賞을 領受ᄒᆞ얏습

清心保命丹

痰飲 積滯胸腹痛 水土不利咳嗽症 故能如左ᄒᆞᆷ
常宿長服健脾胃 眞是靈藥立見效

京城南大門內 濟生堂大藥房本舖
京城南部水閣橋 濟生堂第八分店

大發行所
濟生堂第二支店 ◎元山港上里
濟生堂第四支店 ◎公州南門內
濟生堂第五支店 ◎馬山港東城
濟生堂第六支店 ◎宣川邑內
濟生堂第七支店 ◎大邱達西
濟生堂第一出張所 ◎平壤大貫洞

大發行所
濟生堂第一支店 仁川港峴
濟生堂第二支店 開城南門內

新撰測量學

定價 九拾錢
俞吉濬 序
金澤吉 編纂

右冊은 斯學에 著名ᄒᆞᆫ 金澤吉氏가 編纂ᄒᆞᆫ 바 시가 多年遊外ᄒᆞ야 鑛山學을 卒業ᄒᆞ고 歸國後 測量敎授에 熱心從事ᄒᆞ던 現今完全ᄒᆞᆫ 測量冊子가 無ᄒᆞᆷ을 … 測量을 初學ᄒᆞᄂᆞᆫ 諸君이 實地에 當ᄒᆞ야 … 請願格式과 製圖方法에 眩惑ᄒᆞᆷ을 慨歎ᄒᆞ야 細部圖根測量術을 … 挈切히 編纂ᄒᆞ고 外에 特別히 設計及請願書類와 各種製圖式樣을 着彩ᄒᆞ야 附錄으로 添付ᄒᆞ얏ᄉᆞᆫ즉 … 明瞭ᄒᆞ야 … 便利ᄒᆞᆫ … 私願人에 도 確實無碍ᄒᆞᆯ 이어 오니 斯學에 有志ᄒᆞ신 … 購覽ᄒᆞ시오

○總發賣所
京城中部壽洞興七國內
大韓測量總管會
○分賣所
京城南部…
金龍商會
北部小安洞
大韓書林
中部典洞 光東書局
京鄉 各書舖

漢城鍾路慈惠藥房에서 官許拜受ᄒᆞᆫ 二十三種封藥과 …藥[illegible]材와 藥材를 大發賣ᄒᆞ고 且石版印刷機械

第七卷

大韓每日申報

第壹千六拾六號

…新刊書籍과 修學書籍과 各種書冊을 請求ᄒᆞ시면 …ᄒᆞ야 以小包郵便으로 酬應ᄒᆞ옵니이다

月曜及日曜休刊

檀君開國四千二百四十二年
孔子誕生二千四百六十年
大韓開國五百十八年
日本明治四十二年
隆熙三年
陰己酉閏二月小十七日丁酉

Responsible for Publication Alfred Weekley Marnham.
發行兼編輯人英國人萬咸
發行所
京城南部石井洞外地三層洋屋
大韓每日申報社

論說

◎經濟恐慌의 原因

悲夫라 今日韓國의 經濟狀況이여 其恐慌이日로甚ᄒᆞ고月로甚ᄒᆞ야幾千萬同胞가涸轍의魚又치覆巢의卵又치沒滅乃已ᄒᆞᆯ地頭를漸迫ᄒᆞ얏스니悲夫라此狀況이여吾儕가願日에는彼同胞에게對ᄒᆞ야恒日滅亡치말라ᄒᆞ며又恒日勉勵치아니ᄒᆞ면장ᄎᆞ滅亡ᄒᆞ리라ᄒᆞ얏슴이러니畢竟今日을當ᄒᆞ미滅亡의原因되는經濟의恐慌이大起ᄒᆞ야其危險ᄒᆞᆫ狀況이此에至ᄒᆞ니悲夫라此狀況이여此를將奈何오嗚乎라矯救의策을求ᄒᆞ라면먼저其原因을探究ᄒᆞ이可ᄒᆞ며又矯救ᄒᆞ치못ᄒᆞᆯ디라도其原因이나知得ᄒᆞ이可ᄒᆞ다ᄒᆞᆯ가故로吾儕는其中最著ᄒᆞᆫ數種을擧ᄒᆞ야其畧說明ᄒᆞ노라

(壹)貨幣의減縮 大凡貨幣는國家의血脉이오民生의資料여늘韓國은元來貨幣의運用이發達치못ᄒᆞ얏다가十餘年來로는金融機關이外人의手로全歸ᄒᆞ며第一銀行券外國銀行券外國貨幣等各種貨幣를今年에許通ᄒᆞ다가明年에禁止ᄒᆞ고今日에頒行ᄒᆞ다가明日에還收ᄒᆞ야法規上으로도日財政整理曰貨幣改良이라ᄒᆞ나其實效는不見ᄒᆞ고只是變遷의頻繁을隨ᄒᆞ야各種原因으로貨幣의減少를漸生ᄒᆞ고又災變等을因ᄒᆞ야貨幣의損失이不尠ᄒᆞ거날政府에서는本來正貨의不備와金銀銅鐵의不贍과其他原因等의影響을被ᄒᆞ야將來矯弊의策이亦枯然ᄒᆞ다ᄒᆞ니嗚乎라貨幣의減縮이如此ᄒᆞᆫ則經濟의運用이困迫ᄒᆞᆷ을當ᄒᆞᆷ은不可免의事이오、

(二)外人의消費 大凡本國의金錢이本國人에게로循環ᄒᆞ여야其經濟가頹敗를始免ᄒᆞ나니此韓國에도已往에는民間의金錢이政府로還入ᄒᆞ며政府의金錢이民間으로還出ᄒᆞ여其他何等境遇이던지與ᄒᆞᄂᆞᆫ者도韓人이오受ᄒᆞᄂᆞᆫ者도韓人인故로以若當時狀態로도生活을能得하얏스며又今日萬國交通의時代를當ᄒᆞ야는假令韓人의金百萬圓이外人에게歸ᄒᆞ면此와相等ᄒᆞᆫ外人의金百萬圓이韓人에게로入ᄒᆞ여야經濟의融通을始得ᄒᆞᆯ지라今日韓國狀態를論ᄒᆞ면民間의金이政府로만收入되고政府의金이民間으로還出ᄒᆞᄂᆞᆫ者ㅣ甚少ᄒᆞ며其他何等境遇이던지與ᄒᆞᄂᆞᆫ者는韓人이며受ᄒᆞᄂᆞᆫ者는大半外人뿐이라此가即經濟恐慌의大原因이되나니今에其種類를細別ᄒᆞ면

(甲)官吏 只今所謂政府를試看ᄒᆞ라內部에도外人、法部에도外人、學部에도外人、度支部에도外人、其他각부가無非外人、地方官도外人、司法官도外人、警察官吏도外人、官公立學校職員도外人、各廳直에도外人其他何官廳何公廨이던지到處에外人이充滿ᄒᆞ야銀貨와金貨의俸給이許多ᄒᆞ며其金錢은皆是韓人의手로出ᄒᆞᆫ者어날及其還出ᄒᆞ야는韓人에게는壹分도不落ᄒᆞ고外人에게永歸ᄒᆞ나니此가其壹이오

(乙)商工 只今韓國內에居留ᄒᆞᄂᆞᆫ外人의商工營業者를試看ᄒᆞ라銀行會社等으로始ᄒᆞ야石油商、鱗寸商、倭餠商ᄭᆞ지皆是外人이오製造工場、建築業等으로始ᄒᆞ야靴工、寫眞工、机子工ᄭᆞ지皆是外人이라此를因ᄒᆞ야韓人의金이外人의手로만日入ᄒᆞ니此가其二오

(丙)交通 韓國의交通機關이外人에게壹歸ᄒᆞᆫ後에는鐵道郵便電信航路等各種交通을因ᄒᆞ야許多ᄒᆞᆫ韓金이外人에게로歸ᄒᆞ니此가其三이오

(丁)雜種 以上畧擧ᄒᆞᆫ外에도尙且雜種方面으로外人의消費가甚多ᄒᆞ야勝記키難ᄒᆞ니라

(未完)

外報

●列國希望 伯林電을據ᄒᆞᆫ즉列國은塞爾維亞가文書로써讓步하는宣言을發表ᄒᆞ기를希望ᄒᆞᆫ다더라

●連合陳情 香港電을據ᄒᆞᆫ즉淸國張之洞氏가越漢鐵道에對ᄒᆞ야干涉政策을用ᄒᆞᆷ은不好ᄒᆞᆫ批評이有ᄒᆞ야廣東等地에서連合陳情書를送ᄒᆞ얏고株主中有志者들은大會를開催ᄒᆞ고政府政策에對ᄒᆞᆫ方針을協議ᄒᆞᆫ다더라

詞藻

●崑項羽

項羽야말무러보쟈、自刎而死무ᄉᆞᆷ일가。江東子弟있거늘、再起兵을못ᄒᆞ고셔、烏江을아니건너、千古貽恨。

雜報

●警名問安 昨日上午拾壹時에總理大臣以下內外國高等官諸氏가 咸德宮에進詣ᄒᆞ야署名 問安을擧行ᄒᆞ얏다더라

●淑明授業 去三日上午拾二時에淑明女학校에서新門外獨立館內에서授業證式을擧行ᄒᆞ얏ᄂᆞᆫᄃᆡ伊日에內外貴紳十가多數枠參ᄒᆞ야학生의勸勉的으로設明ᄒᆞ얏고 皇貴妃殿下ᄭᅦ옵셔ᄂᆞᆫ鉛筆三百打空冊五百卷石板三百枚를 下賜ᄒᆞ옵시고熱心勉强ᄒᆞ야ᄡᅥ圖成就ᄒᆞ라신 辭를 下ᄒᆞ신故로壹般학員이擧皆感頌ᄒᆞ얏다더라

●歷軍絶脚 再昨日 太皇帝陛下ᄭᅦ옵셔東籍田에 御親耕ᄒᆞ옵신事ᄂᆞᆫ衆所共知어니와伊日觀光男女가人山人海를成ᄒᆞ야雜踏ᄒᆞᆫ中에何許拾三歲兒가不幸히電車에被壓되야左脚이絶斷된故로卽時大韓醫院으로擡昇以去ᄒᆞ얏다더라

●各校休學 각學校學員들이再昨日 太皇帝陛下ᄭᅦ옵셔幸行 親耕ᄒᆞ옵실時에 祇迎祇送ᄒᆞ야終日困惱ᄒᆞᆷ으로昨日은休학ᄒᆞ얏다더라

●到處被逐 再昨日壹進會에셔先農壇 御幸行에就ᄒᆞ야往迎 陪賀ᄒᆞᆯ次로該壇門에入去코ᄌᆞᄒᆞᆫ則壹切拒絶逐出ᄒᆞᄂᆞᆫ故로該會員壹同이擧皆空還ᄒᆞ얏다더라

●第二毄鎗 大皇帝陛下ᄭᅦ옵셔去番西南兩道 御巡時에各觀察道에 金貨壹千圓式 下賜ᄒᆞ신事에對ᄒᆞ야忠北觀察使權鳳洙氏ᄂᆞᆫ同金額을持ᄒᆞ고實業을發達ᄒᆞᆯ目的으로該道에勸業模範場을設立ᄒᆞ고各郡守에게訓令ᄒᆞ되此에對ᄒᆞ야各面長과有志士와協議ᄒᆞ야人民에贈力捐補ᄒᆞ기를請求ᄒᆞ라ᄒᆞ얏더니開城郡守事務官모氏ᄂᆞᆫ此를遲滯ᄒᆞ고每面에金貨二十圓式을勸懲ᄒᆞᆷ으로民冤이沸騰하다더라

●下京何爲 近日各地方壹進會ᄒᆞᆫ員들이有何事件인지多數히上京ᄒᆞ얏다더라

●又爲延期 今番成均館에셔司業試取ᄒᆞᄂᆞᆫ각道儒生들의經義問對冊을受ᄒᆞᄂᆞᆫ期限을학部에셔漢城府로通知ᄒᆞ되四月三十日ᄭᆞ지延期捧受ᄒᆞ라ᄒᆞ얏다더라

●郡主不法 慶北比安郡主事金濟夏ᄂᆞᆫ郵便事務를取扱ᄒᆞᄂᆞᆫ대各人民에게通知ᄒᆞ되郵票價가騰貴ᄒᆞ얏다稱ᄒᆞ고每壹枚에四錢或四錢五里式加捧ᄒᆞᆷ으로民怨이沸騰ᄒᆞ고新聞及書札等屬을拾餘日式分傳처아니ᄒᆞᆷ으로該地人民의代表者數人이外部에事實을訴ᄒᆞ다더라

●語能警察 警視廳에셔각警察署에訓飭ᄒᆞ야韓人巡査中聰慧가有ᄒᆞᆫ者ᄂᆞᆫ壹齊히각其該署內에셔日語를敎授ᄒᆞ라ᄒᆞ얏다더라

●朴氏請願 開城郡南面昌陵里居朴炳五氏가京畿種痘事務委員金宗培韓箕鶴兩氏의게內部訓令을承準ᄒᆞ야該郡境內未痘兒를施術ᄒᆞ더니該郡警察署에셔禁止ᄒᆞᄂᆞᆫ故로朴氏가昨日內部衛生局에認許ᄒᆞ기를請願ᄒᆞ얏다더라

●面長再任 仁川府內面面長朴元淳氏ᄂᆞᆫ무슴不美ᄒᆞᆫ事가有ᄒᆞᆫ던지人民의是非가紛騰ᄒᆞᆷ으로不得已請願辭免ᄒᆞ고其代에巳往面長金弘潤氏로各洞人民이該府에會集ᄒᆞ야投票選定ᄒᆞ얏다더라

●三鄭同海 前郡守鄭氏三人이共謀協議ᄒᆞ고現今時局을慨嘆이너여家産什物을沒數放賣ᄒᆞ고再昨日에共히淸國上海로渡往ᄒᆞ얏다더라

●實業校改定 學部에셔實業敎育을普及케爲ᄒᆞ야實業學校를設立코ᄌᆞᄒᆞ야不日內히校令을制定발布ᄒᆞᆯ터인ᄃᆡ발布ᄒᆞᄂᆞᆫ同時에ᄂᆞᆫ官立仁川日語학校와釜山港城에在ᄒᆞᆫ학校를實業학校로改定될터이라더라

●漁業請願頻數 漁業法이發布된後로韓日人間에請願者가頻數하야每日四五人에不下ᄒᆞ다ᄂᆞᆫᄃᆡ日本側에셔ᄂᆞᆫ長崎、佐賀、福岡、熊本、鹿兒島、山口、島根、廣島等廿餘縣에水産組合所에請願ᄒᆞᄂᆞᆫ者가二百餘名이라此로觀ᄒᆞᆫ즉本年中에貳萬人이나請願ᄒᆞᆯ줄豫想ᄒᆞ깃다더라

●永民敝々 永同郡境內에京釜鐵路의犯入ᄒᆞᆫ民有田土를近日에始爲調査ᄒᆞ야地段價를現將支撥ᄒᆞᆯ터이라ᄂᆞᆫᄃᆡ前日에他邑地段價ᄂᆞᆫ每坪三拾전式을出給ᄒᆞ더니到今ᄒᆞ야該郡地段價ᄂᆞᆫ每坪에七錢式을支給ᄒᆞᆫ다ᄂᆞᆫ說이有ᄒᆞᆫ故로民情이吻々ᄒᆞ다더라

●交民歸願 去丙午年分에京義鐵路始役時에交河郡支石面支石里居民의墳墓가該鐵路에犯入ᄒᆞ야三拾壹塚을移葬ᄒᆞᄂᆞᆫᄃᆡ移葬費ᄂᆞᆫ每塚에四拾전式支給하기로鐵道監督이票証을書給ᄒᆞ고當限推去ᄒᆞ라ᄒᆞ더니尙今ᄭᆞ지延拖不報ᄒᆞᄂᆞᆫ故로該面장柳冀三里장李成純兩氏가內部調査局에該票証을帖聯請願ᄒᆞ얏다더라

●時非賭局 北部紫霞洞壹村은奉侍諸氏가連壇居生ᄒᆞᄂᆞᆫᄃᆡ壹自減綱以後으로無所事爲ᄒᆞ야虛度光陰ᄒᆞ더니自幾月以來로ᄂᆞᆫ某々人이消遣의策으로該洞居孫氏家에逐日會同ᄒᆞ야設技賭錢ᄒᆞᆷ으로前總巡崔某ᄂᆞᆫ巨額의錢財를得ᄒᆞ고其他某々人은蕩産ᄒᆞᆫ境에至ᄒᆞ얏다더라

●大東報禁止 大東共報ᄂᆞᆫ還間停刊되엿다가更히發刊되얏ᄂᆞᆫᄃᆡ第貳百四拾六號ᄂᆞᆫ治安妨害라稱ᄒᆞ고內部에셔發賣頒布를禁止ᄒᆞ얏다더라

●是何骨戰 平壤郡沈商鉉氏의先山이中和郡上道面楸井洞에在ᄒᆞᆫᄃᆡ數百年禁護ᄒᆞ더니該郡宋景俊氏가沈塚拾步에勒葬코져ᄒᆞᆫ즉沈氏가欲爲禁埋어ᄂᆞᆯ宋氏가多數黨類를符同ᄒᆞ야拔刀持杖ᄒᆞ고沈族東鉉氏를亂打重傷ᄒᆞᆫ지라히氏가該郡巡査駐在所에往訴ᄒᆞᆫ즉한日巡査二人을派遣ᄒᆞ얏더니宋黨이該巡査三人을圍匝驅逐ᄒᆞ며奪取銃劍ᄒᆞ고抑勒人葬ᄒᆞ얏ᄂᆞᆫᄃᆡ自警署로宋黨四人은先爲捉囚ᄒᆞ고餘黨은皆爲逃躱ᄒᆞᆷ으로方在譏詗中이라더라

●李某呼訴 北部苑洞居ᄒᆞᄂᆞᆫ李學媛氏가年前에自己廊漢의女息十五歲兒를收養女로養成ᄒᆞ다가鐵原郡居ᄒᆞᄂᆞᆫ名不知吳龍川家에金貨六拾圓을受ᄒᆞ고賣渡ᄒᆞ얏ᄂᆞᆫᄃᆡ該女의三寸李某가昨日北部警察署에呼訴ᄒᆞ얏다더라

●日巡請來 內部警務局警部及巡査部長은日本熊本及廣島縣地方에巡査募集ᄒᆞ기爲ᄒᆞ야再昨日에出張되얏다더라

●誤捉旋放 永同郡守備兵派駐所에셔茂州郡居民을義兵의干連이有ᄒᆞ다ᄒᆞ야該派駐所로捉來ᄒᆞ얏더니茂州郡守가該所에來到ᄒᆞ야良民誤捉ᄒᆞᆷ을極力辨明ᄒᆞ야旋卽放還케ᄒᆞ얏다더라

●興陽匪擾 日前全南興陽郡地方에셔多數ᄒᆞᆫ義兵이該郡에駐在ᄒᆞᆫ日守備隊兵과數時間을交戰ᄒᆞ야日兵幾名을砲殺하얏다ᄂᆞᆫ急報가某處에來着ᄒᆞ얏다더라

●義將消息 義兵將延基祐氏가近日部下三百餘名을領率ᄒᆞ고各義陣에周行ᄒᆞ면셔其中精銳勇壯ᄒᆞᆫ兵士를多數擇選ᄒᆞ야現今鐵原寶蓋山下峯에在ᄒᆞᆫ石屈中에潛伏ᄒᆞ고多數ᄒᆞᆫ軍糧器具를積置ᄒᆞ얏다더라

●줄浦襲擊 本月壹日午前二時頃에義兵五拾名이古阜郡줄浦에來襲ᄒᆞ야該地駐屯日兵四名과居留日人貳拾餘名과壹時間을交戰ᄒᆞ얏다더라

●海賊橫行 忠淸道近海에셔ᄂᆞᆫ海賊이橫行ᄒᆞᄂᆞᆫᄃᆡ忠南居林命坤金芳奭兩氏가帆船壹隻에玄米壹千八拾餘石을積載ᄒᆞ고仁川港에迴漕ᄒᆞᄂᆞᆫ中去月三拾日에은島附近에셔海賊數名이襲來ᄒᆞ야玄米百七十七石을强奪逃走ᄒᆞ얏다더라

●宋家賊警 龍岡郡新井面梅村居ᄒᆞᄂᆞᆫ宋召史家에賊漢四五名이闖入ᄒᆞ야該召史를毆打ᄒᆞ고如干財物을掠奪以去ᄒᆞ얏다더라

●演場落淚 三昨日永道寺에셔普成小學校卒業式을擧行ᄒᆞ얏ᄂᆞᆫᄃᆡ尙瀨氏가壹場演說ᄒᆞᆫ時에言辭가激切ᄒᆞ야來賓及傍聽人들이落淚ᄒᆞᆫ者가有ᄒᆞ얏다더라

學界

●豐德進明 豐德郡南面興江里居朴敎勳시가自己家舍에養進義塾을設立ᄒᆞ고敎師朴夏鎭李炳德兩시를雇聘ᄒᆞ야校長李潤七시로더부러熱心敎育ᄒᆞᆷ으로學徒가雲集ᄒᆞ야校舍難容에大有進就之望이라고稱頌이藉々ᄒᆞ다더라

●兩老熱誠 安岳郡楊山학校ᄂᆞᆫ財政이窘乏ᄒᆞ야幾至廢境이러니細洞面居ᄒᆞᄂᆞᆫ金孝英시와龍石面居ᄒᆞᄂᆞᆫ朴士淸시가年각八旬인ᄃᆡ同校情況을慨惜ᄒᆞ야邑中紳士와協議ᄒᆞ야同校贊務會를組織ᄒᆞ고永久維持ᄒᆞᆯ方針을協議ᄒᆞ미同兩老人의熱誠을一境이感服ᄒᆞᆫ다더라

●安郡大明 安峽郡々主事黃宗衛시가敎育에注意ᄒᆞ야該郡人士를會集ᄒᆞ고時務를演論ᄒᆞ얏ᄂᆞᆫᄃᆡ義捐金이千餘圓에達ᄒᆞᆫ지라學校를設立ᄒᆞ고該郡子弟를敎育ᄒᆞ며各村私塾訓師를募集ᄒᆞ야新학文을速成敎授ᄒᆞ야各村學生ᄭᆞ지敎育케ᄒᆞᆫ다더라

●官民熱心 三和港內私立학校를調査ᄒᆞᆫ즉耶蘇敎會內設立男女學校가十六處오該會設立이四處오天主敎會內設立이二處오現方設立코ᄌᆞ經營ᄒᆞᄂᆞᆫ각面학校가十四處인대經營ᄒᆞᄂᆞᆫ面學校ᄭᆞ지完成되면共合三十六處와至今經營ᄒᆞᄂᆞᆫ面學校를爲ᄒᆞ야該府尹김永燦시가巡論面里ᄒᆞ며각面長들도熱心周旋中이라더라

●識荷義捐

美領布哇湖港에在留ᄒᆞᄂᆞᆫ韓人紳士尹漢李韓龍奎致元趙丙堯四氏가本社의目的을贊成ᄒᆞ기爲ᄒᆞ야金八圓을寄附ᄒᆞ얏기玆에感意를表ᄒᆞ노라

掃淸魔鬼

▲國家文明ᄒᆞ라ᄒᆞ면魔鬼부터掃淸인ᄃᆡ온世界로遊覽ᄒᆞ도魔鬼輩가充滿ᄒᆞᆫ韓半島가第壹이라從前學ᄂᆞᆫ且置ᄒᆞ고春和日暖도라오니魔鬼猖獗尤甚일세壹大繩을푸러내여次第ᄂᆞᆫ묵거볼ᄭᅡ

▲有志者로自處ᄒᆞ며壹大團體成立ᄒᆞ야表面으로볼작시면祖國情神잇ᄂᆞᆫ듯시全國人民牢籠ᄒᆞ나그內容을觀察ᄒᆞ면亡國機關부러이셔世界耳目壅蔽코ᄌᆞ運動ᄒᆞᄂᆞᆫ魔鬼輩를壹號令에묵거내고

▲頑固者로自處ᄒᆞ고黑暗中에蟄伏ᄒᆞ야晝思夜度ᄒᆞᄂᆞᆫ것이엇지ᄒᆞ면階梯엇어外國人을結連ᄒᆞ야賣國事業ᄒᆞᆯᄭᅡᄒᆞ고됴비비듯發狂ᄒᆞ며觀光團에得參ᄒᆞ야歡迎ᄒᆞᄂᆞᆫ魔鬼輩를壹號令에묵거내고

▲開明者로自處ᄒᆞ고社會上에出沒ᄒᆞ야錦衣洋服에同權을ᄎᆞᆺ다고某校某會設立ᄒᆞ나그行動을調査ᄒᆞ면諸般惡症俱備ᄒᆞ야幼穉未成女子ᄭᆞ지染汚ᄒᆞᄂᆞᆫ魔鬼輩를壹號令에묵거내고

▲縉紳者로自處ᄒᆞ고花遊場에揺身ᄒᆞ야부르나니騷世歌잇키나니梧桐鳳凰이나社會上에分錢義捐아니ᄒᆞ고此等事를當ᄒᆞ며ᄂᆞᆫ惜千金浪費ᄒᆞ야豪蕩ᄒᆞᄂᆞᆫ魔鬼輩를壹號令에묵거보세

▲魔鬼묵거놋코處置方法研究ᄒᆞ니地獄으로보내자니人情所到못ᄒᆞᆯ지라仁愛ᄒᆞ신上帝께셔韓國人衆살니려고救世軍을보냇슨즉該軍으로驅人하야新鮮潔淨ᄒᆞ게懺悔ᄒᆞ야良君子되게ᄒᆞ세

物貨하校用品其他家用物品을一新俱備ᄒ고坊方各學校가以書請求ᄒ시면以小包郵便으로高品廉價而隨々酬應ᄒ깃슴 物品如下
肩章각種 紙石板각色 圖畫機각色 測量機械附屬品 鉛筆각色 洋服內衣上下 印札紙각種 日用雜貨俱備
此요私發로莫過於此라리觀和ᄒ石版機械와活版機械를壹新準備햇스나誰某던지紙費만出資而書籍印刷業을同事利分키로廣告ᄒ니速速來議敬要 漢城鍾路慈惠書舖 告白

雜報

◎秘探僞貨 北部樓閣洞等地에紙貨僞造者가潛身出沒ᄒ다는聽聞이浪藉ᄒ으로司令部에서秘密偵探中이라더라

廣告

文川郡飢饉을爲ᄒ야漢城妓生組合所에서陰閏月十壹日로限十日演奏會를設行於圓覺社ᄒ야多小間寄附ᄒ을되圓覺社誠意尤極感謝ᄒ와玆以公布이오니僉君子는枉臨ᄒ심을望ᄒ옴

漢城妓生組合所 白

全남智島郡荷衣上台下台三島土地는本是民有地라京城居洪祐祿이가籍托貞明公主房賜牌라ᄒ기로該島人民等이京城地方裁判所에呼訴ᄒ야現今裁判中이온ᄃᆡ洪시가該島土地를外國人의게放賣ᄒ다는說이有ᄒ니此土地는民有地뿐더러方幾裁判歸正中이오니內外國人間勿見欺ᄒ

右三島人民 朴公振 申奉玄等 告白

本人이中部典洞에事務所를設置ᄒ고辯護에從事ᄒ온바僉圍洞悉ᄒ온바어니와今般○記之處에移轉ᄒ야事務所를擴張ᄒ고諸般法律事務를親切處理ᄒ오니有疑未解와抱寃來伸僉君子는陸續來議ᄒ

辯護士 藤井太郎
中部壽進坊磚洞 特許代理業者

◎帽子製造大發賣

本所에서纖造ᄒ正木으로學生帽子를精撰製造ᄒ와大發賣ᄒ오니僉同胞는壹次試驗ᄒ시오

甲號帽子 金五拾錢
乙號帽子금四拾五錢
學生洋服次組織及最新運動帽子各種製造

外方에서請求ᄒ시면小包郵便으로迅速酬應ᄒ깃슴니다

皇城宗廟越邊

中谷染織工所主 金德昌 告白

◎特別廣告

本會趣旨와目的은技術을精密케ᄒ야維新時代에實業上公益을普及케ᄒ方法으로檢定을開始ᄒ지壹週가纔過ᄒ엿스ᄂ其間에檢定合格人이十僅一貳ᄂ이온즉以若技術로冒沒實業ᄒ면서가지人道에正義며

實業에信用이有ᄒ다謂ᄒ리오本會檢定에合格된人은已無可言이어니와不合格된人도各其學力대로更加實習ᄒ야再經檢定이면合格이非晚이니豈時見落으로遺憾이有ᄒ理는必無ᄒ오나普通人情이落榜稱冤之歎은無라謂키不能ᄒ니此는熱思加勉ᄒ야苦心修學ᄒ던本意를不墮ᄒ고精益求精ᄒ야公益을增進케ᄒᄂ國民의當然義務를自效ᄒ시기를熱誠警告ᄒ오며

地方各支會는事實上에不可無ᄒ理由를本會則에揭明ᄒᄇᆡ이오나事務處理上에毫라도疎濶之歎이或有ᄒ야會則을違反ᄒ거나目的을遺失ᄒᄂ行動이發生ᄒᄂ時에ᄂ本會面目만汚損ᄒᄇᆞᆫ不是라全國測量機關을撲滅ᄒᄂ惡評을難逃ᄒ리이니凡我同業은紛分戒愼ᄒ야今日維新法令下에優越ᄒ名譽를表著ᄒ시기를日夜頂祝ᄒ오며且各地方通信을據ᄒ즉或者ᄂ本會員이라自稱ᄒ고測量을獨專코ᄌᄒ야他人의開業을沮害或毆逐ᄒᄂ者도有ᄒ다ᄒ며又或本會를官廳에承認ᄒ이니默認이니做作浮言에聲響을煽動ᄒ야聽聞을眩惑케ᄒᄂ端이間有ᄒ다ᄒ니此等情狀은詐僞를不免ᄒ卑劣코ᄌᄒᄂ者가아니면分明是本會目的을反對ᄒ야公益을侵損ᄒᄂ陰計에不過ᄒ지라本會에서ᄂ全國測量者를團合ᄒ야有限ᄒ山林測量과各處에士地賣買ᄂ請求를不分爾我ᄒ고同心合力ᄒ야公私便利를務도ᄒᄂ主義이온즉自今以後로此等弊端이又有ᄒ거던卽其時本會로通知ᄒ시거나又ᄂ司法에告訴ᄒ야實業에大障害를禁止케ᄒ시기를切盼ᄒ

大韓測量總管會 告白

美國시아틀大博覽會 미국시아틀대박람회

詳覽

此廣告中央에宛然ᄒ圓形은何物이뇨本社의印章이올시다。此本社의商標이올시다熱心으로詳覽ᄒ시오此會彥의心中에印搭ᄒ시고永久히記念ᄒ시오本社에서此를設ᄒ야完全히設立ᄒ因ᄒ야沸沸히活動을至此로大한帝國의各方面에親熱히搭知ᄒ信케되도록盡力ᄒ깃이올시다此가永久히正直ᄒ고富強自立ᄒ깃이올시다此가大韓國製造物品의名稱과聲譽를擔負ᄒ고世界각地方에橫行ᄒ것이오今日에ᄂ大美國各處에서此가大韓國及大韓國의工匠이代表ᄒ깃이올시다大韓國內에서ᄂ未久에此가高等ᄒ商品을確立ᄒᄂ것이오ᄂ商品의何種이뇨○世界各處의最大製造工廠으로부터特約直輸入ᄒ本社의現今까지著名ᄒ三種商品의代理人을經ᄒ야廉價로ᄂ放賣ᄒ깃이올시다有志ᄒ신僉彥이여本社의內容과本社의發達及本社의行動을詳知코져ᄒ시거던書札로通奇ᄒ시되어ᄃᆡ로ᄒ실고

大韓皇城磚洞(京城郵便局郵函第四拾号)
韓美興業株式會社 謹啓
(大美國에리소나州法律認可 駐韓美國總領事館登錄)

本社의各處代理人의姓名은如左ᄒ

開城代理人 平壤代理人 咸興代理人 馬山浦代理人 元山代理人 清津代理人 水原代理人 安城代理人 沙里院代理人 全泉代理人 海州代理人 天安平澤代理人 群山代理人 全州代理人 大邱代理人 釜山代理人 江景浦代理人 麻浦附近代理人 昌湖院代理人 永同代理人 木浦代理人 晋州代理人 金堤代理人 漢江附近代理人 義州代理人 江界代理人 東部代理人 鎭南浦代理人

位置未定 位置未定 位置未定 位置未定 位置未定 位置未定 位置未定 位置未定 位置未定 位置未定 位置未定 位置未定 位置未定 位置未定

開城南門內雜貨商店 平壤大同門內店舖 함興西門外 馬山浦務生 元山港 清津港 水原北부安 水原北부養安 漢城東부往 附里旺新학校內 漢城中部外泪愿氏 貳統二戶 漢城南부마浦三十貳統九戶 水原北부장安 群山大井洞 漢城西부阿峴二百廿二統三戶 大邱新田里五拾八統七戶 馬山浦午山里壹統九戶 西部龍山坊東幕契廿七統貳戶 西部麻浦貳十七統三戶 陰城山里 永城壽동貳統壹戶 木浦附橋동 昌原德馬山浦城山 金堤郡白石面水閣 남部漢江拾八통貳戶 義州桃峴 義州桃峴 往十里甘井동四통五戶 鎭남浦龍井洞

金東宣 吳[illegible]淳 咸晏洙 孫[illegible]宇 金以文 李[illegible] 金유[illegible] 金유[illegible] 邦元直 李[illegible] 吳惟泳 尹聖求 [illegible]相益 김敎聲 리[illegible]召 辛[illegible]淑 리寶浩 리錫鼓 權[illegible] 安德의 玄[illegible]宇 孫[illegible] 김升基 리宗默 박奉燁 朴[illegible]燁 金聖[illegible] [illegible]翰

이손을놉히마다자셰히보시오

光武九年八月拾一日 明治三十八年八月拾一日 (第三種郵便物認可) 木曜日 西曆壹千九百九年四月八日 (壹)

大韓每日申報

第七卷 第壹千六拾七號

月曆 陽時 及日 暇休 節刊

檀君開國四千二百四十二年 [illegible]子九年三千三十一年 大韓開國五百十八年 日本明治四十二年 [illegible] 己酉閏二月小十八日戊戌

Responsible for Publication Alfred Weekley Marnham. 發行兼編輯人英國人萬 咸 發行所 京城南部石井洞就外地三層洋屋 大韓每日申報社

論說

◉經濟恐慌의原因 (續)

(三)殖産의頹廢 外國經濟界의攻擊을被ᄒᆞ야舊殖産은漸衰ᄒᆞ고新殖産은未展ᄒᆞᆷ으로經濟의狀况이此에至ᄒᆞᆷ은一般知了ᄒᆞᄂᆞᆫ바ㅣ어니와詳論ᄒᆞᆷ을必要가無ᄒᆞ도다

(四)交通의杜絶 外人의交通機關이逐々發達ᄒᆞᆫ後로已往韓人間의小交通은殆히影響이不留ᄒᆞ얏고數年來로拖力壓援을因ᄒᆞ야鐵道輪船이不及ᄒᆞᆫ地方에ᄂᆞᆫ交通이微々不振ᄒᆞ얏고又新種原因을隨ᄒᆞ야資本家가金錢을固鎖不出ᄒᆞᄂᆞᆫ等各種弊害가有ᄒᆞᆷ으로交通이杜絶ᄒᆞ야經濟恐慌의一原因을成ᄒᆞ얏고

(五)物價의懸隔 外國産物價ᄂᆞᆫ低廉ᄒᆞ고本國産物價ᄂᆞᆫ騰貴ᄒᆞ거나外國産物價ᄂᆞᆫ內國産物價가平衡을不失ᄒᆞ여야本國經濟界의失敗가無ᄒᆞᆯ지어ᄂᆞᆯ只韓國에ᄂᆞᆫ內國産物價(米穀等)ᄂᆞᆫ暴落ᄒᆞ고外國産物價ᄂᆞᆫ貴騰ᄒᆞ니此亦經濟恐慌의一原因이오

(六)雜稅의層出 昨年以來로各種雜稅가頻々新出ᄒᆞ미此皆將來經濟上의大恐慌을釀出ᄒᆞᆯ者일뿐아니라只今도多少間恐慌을發生케ᄒᆞᄂᆞᆫ바ㅣ며

此外에도通貨가外國으로流出ᄒᆞᆷ과失業ᄒᆞᆫ遊民이增加ᄒᆞᆷ等諸種原因이有ᄒᆞ나枚擧치아니ᄒᆞ고止ᄒᆞ노라

悲夫라同胞여此經濟恐慌의危險을矯救치못ᄒᆞ면畢竟老幼男女가道路에流離ᄒᆞ며兄弟妻子가溝壑에俱塡ᄒᆞ야滅亡乃已ᄒᆞᆯ지니同胞ᄂᆞᆫ速々히矯救ᄒᆞᆯ策을講究ᄒᆞᆯ지어다

此恐慌을矯救ᄒᆞ랴면먼저其原因을矯救ᄒᆞᆷ이可ᄒᆞᆫ지라故로吾儕ᄂᆞᆫ以上原因을畧擧ᄒᆞ야矯救의材料를供ᄒᆞᄂᆞᆫ바ㅣ어니와其原因을矯救ᄒᆞᄂᆞᆫ方法은一言으로蔽ᄒᆞᆷ진대生存的能力을奮揮ᄒᆞᆷ에在ᄒᆞ니라

彼世界列强이軍艦大砲로海陸에橫奔ᄒᆞᄂᆞᆫ者ㅣ徒然히鼓聲만震動코ᄌᆞᄒᆞᆷ이아니라其實은民族의生存을爭ᄒᆞᆷ이며世界人類가精神的物質的으로進步를愈競ᄒᆞᄂᆞᆫ者ㅣ徒然히人文만增張코ᄌᆞᄒᆞᆷ이아니라其實은民族의生存을求ᄒᆞᆷ이니嗚呼라今日競爭은彼上古中古的競爭으로만認ᄒᆞ면其民族은生存을不得ᄒᆞᆯ진뎌

或曰只今韓人이아모리生存的能力을奮揮코ᄌᆞᄒᆞ나阻碍가交至ᄒᆞ고苦痛이轉甚ᄒᆞ니엇지奮揮를得ᄒᆞ리오ᄒᆞ나此ᄂᆞᆫ不然ᄒᆞ니只今에라도朝에奮揮ᄒᆞ며夕에奮揮ᄒᆞ야日々奮揮ᄒᆞ면阻碍가何에며苦痛이何리오畢竟其能力이勃々然興起ᄒᆞ야可過치못ᄒᆞᆷ에至ᄒᆞ나니라 (完)

外報

●露度支의明言 倫敦電을據ᄒᆞᆫ즉露國度支大臣은議會에서豫算案을贊成ᄒᆞ야曰財政이鞏固ᄒᆞ면準備金이十貳億留에超過ᄒᆞᆯ지오剩餘金이四億八千萬留에達ᄒᆞ리라고明言ᄒᆞ얏다더라

●淸政界의變動 大連電을據ᄒᆞᆫ즉淸國에ᄂᆞᆫ徐總督一派의彈劾을因ᄒᆞ야政界變動이出ᄒᆞᆫ다더라

●淸帝의下諭 北京電을據ᄒᆞᆫ즉淸廷은上諭가有ᄒᆞ야日立憲豫備事項을催促ᄒᆞᄂᆞᆫ것과御史等의時局上奏ᄂᆞᆫ愼重히處理ᄒᆞᆷ이可ᄒᆞ다ᄒᆞ얏다더라

●兩宮葬禮決定 東京電을據ᄒᆞᆫ즉淸國兩宮의葬禮ᄂᆞᆫ五月一日로決定ᄒᆞ얏ᄂᆞᆫ데列國大使가參列ᄒᆞᆫ다더라

●印度의危險 紐育電을據ᄒᆞᆫ則印度土兵五百名이有名ᄒᆞᆫ印度壯士구레ㅣ지ㅣ스네ㅣ구를隨ᄒᆞ야營番將校一名을殺戮ᄒᆞ고脫營出奔ᄒᆞ얏ᄂᆞᆫ데其危險이重大ᄒᆞ고又其外不平人士가叅入ᄒᆞᆯ貌樣이有ᄒᆞ다더라

●塞太子冊立 伯林電을據ᄒᆞᆫ즉塞爾維亞問題에對ᄒᆞᆫ列國會議ᄂᆞᆫ全히其目的을建ᄒᆞ야墺國은大滿足ᄒᆞ고塞爾維亞의形勢ᄂᆞᆫ平穩ᄒᆞ야塞爾維亞第二王子아레기산다아시ᄂᆞᆫ皇太子로新冊立되얏다더라

●塞王辭位 伯林電을據ᄒᆞᆫ則塞爾維亞國가라、게오루게우이즈네부統은近日王位를辭ᄒᆞᆫ다ᄂᆞᆫ風說이有ᄒᆞ다더라

詞藻

●今番路 期必生

할메여팔에걸고、칼갈어엽헤차고、萬斤鐵椎번듯들고、百萬貔卒指揮ᄒᆞ니。期必코、天下大勢挽回키는、이번길에。

雜報

●德壽宮內宴 昨日 德壽宮에서內宴을設ᄒᆞ얏ᄂᆞᆫᄃᆡ各大官의命婦가咸齊히詣 闕進參ᄒᆞ얏다더라

●醫院經費槪算 內部衛生局에서慈惠醫院에今年度經費를壹萬四千圓으로槪算ᄒᆞ얏다더라

●額外先叙 法部에서司法官任用令을頒布ᄒᆞ기로起艸ᄒᆞ얏다ᄂᆞᆫᄃᆡ該法令을頒布ᄒᆞᆫ즉額外人으로ᄂᆞᆫ叙任키不得홈으로第三回叙任ᄒᆞᆫ司法官은先히額外로叙任ᄒᆞᆫ後에該法令을頒布ᄒᆞ기로內定이되얏다더라

●自借自督 向者韓國政府에서日本興業銀行에周旋을因ᄒᆞ야借入ᄒᆞᆫ外債貳千萬圓은只今日本大藏省에保管ᄒᆞ얏다더라

●小人例態 宋秉畯이가安淳煥氏를甘誘ᄒᆞ야多數錢財를貸用ᄒᆞ며敎密ᄒᆞᆫ情誼가兄弟와無異ᄒᆞ더니安氏가伊藤統監에게頻數면會ᄒᆞ미宋秉畯이가猜疑ᄒᆞᄂᆞᆫ心이忽發ᄒᆞ야安氏를極爲薄待ᄒᆞᆫ다더라

●宋乎賊肚 漢성美術品製造工場理事長李鳳來시ᄂᆞᆫ奉侍姜錫鎬시를符同ᄒᆞ야 太皇帝陛下의 隆崇ᄒᆞᆫ 天恩을偏蒙ᄒᆞ야登身에榮貴가極ᄒᆞ얏ᄂᆞᆫᄃᆡ不思報效ᄒᆞ고反히宋秉畯과糾合設計ᄒᆞ고 皇室財産을偸出ᄒᆞ야所謂美術工場을設立ᄒᆞ고秉畯의運動費를酬應ᄒᆞ고ᄌᆞᄒᆞ야日本美術을視察ᄒᆞᆫ다稱ᄒᆞ고秉畯과符同ᄒᆞ야 皇室財産을秘密히調査ᄒᆞᆫ다ᄂᆞᆫ說이有ᄒᆞ더라

●李觀察電報 全北觀察使李斗璜氏가義兵을剿滅ᄒᆞᆯ方策을從速研究ᄒᆞ야不日訓示ᄒᆞ라고統監府에直接電報ᄒᆞ얏다ᄂᆞᆫ說이有ᄒᆞ다더라

●法次歸國 法部次官倉富勇三郎이가昨日歸國ᄒᆞᆯ次로발程ᄒᆞ얏다ᄂᆞᆫᄃᆡ其歸國ᄒᆞᆫ너容은日本司法會議에出席ᄒᆞ기를爲ᄒᆞᆷ이라더라

●閔家風波 宮內府大臣閔丙奭氏ᄂᆞᆫ何等事項이有ᄒᆞᆫ던지其別室翡翠와爭鬪ᄒᆞ야家庭風波가大起ᄒᆞ얏다더라

●壹進擬議 壹進會에서ᄂᆞᆫ各大臣에게義捐金을請求ᄒᆞ되如意치못ᄒᆞᆫ故로地方會員每名에게補助金幾圓式收斂ᄒᆞᆯ次로現今擬議中이라더라

●大監獄建築 法部에서今年度에京성과平壤大邱三個地에大監獄署를建築ᄒᆞ기로決定ᄒᆞ얏ᄂᆞᆫᄃᆡ京성監獄의工事預算은三十萬圓을支用ᄒᆞ야壹千五百人의囚徒를收容ᄒᆞᆯ터이오此를模範ᄒᆞ야平壤及大邱에各七萬圓의預算으로囚徒壹千人을收容케ᄒᆞᆯ預定이라더라

●兩夫人招訊 昨日京성地方裁判所檢事局에서閔忠正大夫人과其夫人兩貞敬夫人을招致ᄒᆞ야히事件을訊問하얏다더라

●閔氏到釜 上海에滯留ᄒᆞ던閔泳瓚氏가歸國ᄒᆞᆯ次로該地에서離發ᄒᆞ야日本東京으로轉還渡來ᄒᆞᆫ다ᄂᆞᆫᄃᆡ昨日釜산에到着ᄒᆞ얏다더라

●作人呼訴 安岳郡龍潭面面장金濟根氏가該面內司坪秋收時에有何挾雜이던지該情跡이現露되여遞任되고金啓植氏가代任ᄒᆞ얏ᄂᆞᆫᄃᆡ히氏가昨年에히坪作人으로히坪無名雜稅와草爬ᄒᆞᆫ다고諸作人에게浮費千餘兩를勒徵ᄒᆞᆯ뿐더러舊面長秋收時에도히氏가符同挾雜이어ᄂᆞᆯ今此히시가面長이되면壹坪人民은雖爲支保라고諸作人이該郡財務署에呼訴하얏다더라

●判決無期 前參領李甲시ᄂᆞᆫ雲峴宮庄土訴訟의委托을受ᄒᆞ야壹進會와屢次裁判ᄒᆞ얏ᄂᆞᆫᄃᆡ尙未判決되야去月三拾壹日에또裁判이됨으로히시가平北宣川으로更爲下往하얏ᄂᆞᆫᄃᆡ裁判이又爲延期되미歸決이無期라더라

●金氏號哭 金德壽氏가多年熱手로受價條三萬二千餘圓을財産整理局에서支撥ᄒᆞᄂᆞᆫᄃᆡ日人辯護士辰市와該局債務課장曾田이가諸人을符同ᄒᆞ야中間分食ᄒᆞ고金氏ᄂᆞᆫ壹分도推用치못ᄒᆞᆫ故로金氏가再昨日히局에前往ᄒᆞ야號哭質問ᄒᆞ얏다더라

●朴氏自現 龍仁郡居李侃氏가自巳親산을貳拾年前에該郡慕賢면新基後麓에入葬ᄒᆞ얏ᄂᆞᆫᄃᆡ該산坂은朴伯善氏의屢世先산이라朴氏가屢訴落科에不勝抑鬱ᄒᆞ야月前에李氏의親산을私自掘去ᄒᆞ고京성地方裁判所에自現ᄒᆞ얏다더라

●彼亦無理 三昨日午後四時頃에何許鄕客이南部筆동等地로過去하다가日人商店에各種陳列品을玩賞ᄒᆞᄂᆞᆫᄃᆡ巡査가該鄕客을無故乱打ᄒᆞ야腕部가重傷ᄒᆞ얏다더라

●罷産者多 近日韓國內財政이去益窘拙ᄒᆞ야壹般商業界에金錢上融通이阻絶ᄒᆞᆫ故로近日內에鋪店逃走ᄒᆞᄂᆞᆫ者ㅣ多數ᄒᆞ다더라

●安氏慈善 三和港商民崔昇瓚氏가各人의債錢을報償ᄒᆞᆯ道가無ᄒᆞ야히商店을斥賣淸帳ᄒᆞᆫ後糊口가末由ᄒᆞ더니히港居ᄒᆞᄂᆞᆫ安貞植氏가多數錢穀을寄付ᄒᆞ얏다고安氏의慈善心을人皆稱道ᄒᆞᆫ다더라

●馬不知主 再昨日下午五時量에西部서轎橋上에서商賈馬四이其馬夫를蹄蹴咬噬ᄒᆞᄂᆞᆫᄃᆡ傍人의救濟를賴ᄒᆞ야致斃ᄒᆞᆷ을免ᄒᆞ얏다더라

●劇團合設 近日錢政이太端艱難ᄒᆞ야漢성內各演劇場에觀覽人이零星홈으로團覺社를廢止ᄒᆞ고洞口內團成社로附屬ᄒᆞ야合同演劇을設行ᄒᆞᆫ다더라

●蒼生可憐 楊州郡地方에서ᄂᆞᆫ日巡査隊가各村으로出沒ᄒᆞ며無罪良民을義兵千連이有ᄒᆞ다搆誣ᄒᆞ고捕縛作梗ᄒᆞᄂᆞᆫ故로히人民等이不勝困難ᄒᆞ야男負女戴ᄒᆞ고避身上京ᄒᆞᄂᆞᆫ者가不可勝數라더라

●禍不單行 咸興普昌學校學徒韓奭설시가定平郡自巳私第에서該校로前往ᄒᆞᄂᆞᆫ路에東鳳寺에入去ᄒᆞ얏더니不意義兵이來到ᄒᆞ야偵探客으로致疑하고詰難ᄒᆞᆫ際에日憲兵과補助員이適入放砲ᄒᆞ미義兵은散去ᄒᆞ고張시가橫被押去ᄒᆞ야無數困境을當하다가無事放出ᄒᆞ얏ᄂᆞᆫᄃᆡ張시와同郡居姜齊文이窃盜로히憲兵의게被捉ᄒᆞ야張시와同謀ᄒᆞᆫ樣으로誣囑ᄒᆞ야張시를拾五年에處役ᄒᆞᆫ故로張시가不勝冤抑ᄒᆞ야京城控訴院에申訴하얏다더라

●義將入京 慶尙道義兵將申某가上京ᄒᆞ야北部紫霞동等地에潛身逗遛ᄒᆞᆫ다홈으로日憲兵司令部에서申氏의行跡을秘密偵探ᄒᆞᄂᆞᆫ中이라더라

●義兵募集 全羅南道義兵召募將俞종煥氏가壯丁을募集ᄒᆞ기爲ᄒᆞ야該各郡으로往來ᄒᆞ며各坊曲에訓示를揭付하고多數의軍卒을召募ᄒᆞᄂᆞᆫ中이라더라

●加平義擾 再昨日京畿加平郡外西面大升里等地에義兵三拾餘名이突入ᄒᆞ야賊堆分遣所憲兵補助員과壹時間을激烈히接戰ᄒᆞ얏다ᄂᆞᆫᄃᆡ兩陣死傷은未詳ᄒᆞ다더라

●坡郡義兵 日前에義兵幾拾名이坡州郡에來襲ᄒᆞ야該郡守洪禹觀氏를押去ᄒᆞ얏다가卽時放還ᄒᆞ얏다더라

●日賊出沒 天安全義等郡각停車場에ᄂᆞᆫ日人ᄉᆞ리賊漢이五六名식作伴出沒ᄒᆞ며行客의전財를暗自奪去홈으로行路가甚히不便ᄒᆞ다더라

●義將行動 義兵將延基浩시가部下數百名을領率ᄒᆞ고京畿道廣田積성等地에서橫行ᄒᆞ며本月拾五日頃에入京ᄒᆞ기를企圖ᄒᆞᆫ다더라

●積城赤腿 積성郡北方에서日前에義兵八十餘名이日憲兵及補助員二拾餘名과數時間을交戰ᄒᆞ얏ᄂᆞᆫᄃᆡ日兵은三名이被殺ᄒᆞ고義兵은拾餘名이被害ᄒᆞ얏다더라

●令人酸鼻 鎭岑郡南면美眞里居ᄒᆞᄂᆞᆫ朴某의妻가間夫와通奸ᄒᆞ야其本夫朴氏를殺害ᄒᆞ야其家墻邊에埋置築墻ᄒᆞ고家舍를放賣後에히郡邑底로搬移ᄒᆞ얏ᄂᆞᆫᄃᆡ其情跡이現露ᄒᆞ야太田警察署에被囚ᄒᆞ얏더니히女가獄中에서結項自縊ᄒᆞ얏다더라

●憲探被捉 昨日上午九時頃에中部廟동居ᄒᆞᄂᆞᆫ憲兵隊偵探韓相鎬시가有何事件인지警視廳에被捉되얏다더라

●何事被捉 南部仁峴居ᄒᆞᄂᆞᆫ李敏台氏ᄂᆞᆫ何事件을因홈인지日昨憲兵司令部에被捉ᄒᆞ야現今取調中이라더라

●銀房賊警 大安동西巨里銀房ᄒᆞᄂᆞᆫ安應祚시家에서三昨夜에何許賊漢이突入ᄒᆞ야各色製造ᄒᆞᆫ銀物三百餘圓價値를奪去ᄒᆞ얏다더라

●洪氏寄附 三昨日東小門內居ᄒᆞᄂᆞᆫ洪稷杓시가靑年會에白米十石과金貨五拾圓을寄附ᄒᆞ얏다더라

●李氏寄附 日本東京에滯留ᄒᆞᆫ李鳳來氏가히地大韓基督靑年會에金五十圓을寄附ᄒᆞ얏다더라

●醫士演說 今日下午七時三拾分에鐘路靑年會館에서濟衆院醫士허스토氏를聘邀하야衛生의健康性이란問題로演說ᄒᆞᆫ다더라

學界

●寄附奬勵 辯護士崔鎭시가長薰학校에金百元을寄附ᄒᆞ고該校經費를補充ᄒᆞ라고說明ᄒᆞ얏다더라

●明守眞明 咸北明川郡守尹相翊시ᄂᆞᆫ該郡上加面학校를該面內에서義務敎育制度로維持케ᄒᆞ얏다더라

●牛商義擧 鐵原郡內牛市에稅欵이苑徵이러니商民미元俊旦南順金昌浩崔元直諸시가該郡公立普通學校에財政窘艱홈을悶歎ᄒᆞ고敎育의急務됨을覺悟ᄒᆞ야商民을會同ᄒᆞ고商議決定後에牛稅를更設ᄒᆞ야該校에收捧助用케ᄒᆞᆯ意로請願書를該郡에提呈ᄒᆞ엿다더라

●江郡中校 平北江界郡々主事金南杰直員金鳳喜學務委員金健植田虎憲諸시가該郡鄕校에協新學院을設立ᄒᆞ얏더니敎育을壹層擴張ᄒᆞ기爲ᄒᆞ야各面里에周察ᄒᆞ야敎育에必要홈을說明ᄒᆞ미面里洞에서各自出義ᄒᆞ야鄕校에中學校를設立ᄒᆞ고靑年子弟를熱心敎育ᄒᆞ미此四시의학界上血誠을皆稱頌ᄒᆞᆫ다더라

▲勸靑年▼

▲全國人民靑年들로져限定잇ᄂᆞᆫ이내腦力限定업시쓰고나니ᄭᅡ知中에困惱ᄒᆞ야收拾精神어렵도다鬱積心懷快暢次로壹大白을飮器ᄒᆞ니滔々醉興절노ᄂᆞᆫ다案頭羅世진어를고事業歌를시어내여靑年에게勸히봅ᄉᆡ

▲西山落照지ᄂᆞᆫ히ᄂᆞᆫ齊景公의눈물이라蜉蝣ᄀᆞᆺ흔우리人生艸露ᄀᆞᆺ치시러진다世界風雲擾乱ᄒᆞᆫ데무슴長況잇섯길너ᄊᆞ홈업시遊衣遊食虛送歲月ᄒᆞᆫ단말가齒目懈怠다바리고하ᄂᆞᆯ밧비事業ᄒᆞ야興國之民되여보소

▲汾水秋風너ᄂᆞᆫ바람漢武帝의嘆息이라東園桃李ᄂᆞᆺ가지ᄂᆞᆫ三月春風도라오미依舊更發ᄒᆞ려니와人生ᄒᆞᆫ번늙어지면更少年이어려워라優遊時間업슬ᄲᅢ에容身處가어ᄃᆡ미요하ᄂᆞᆯ밧비事業ᄒᆞ야興國之民되여보소

▲汨羅水의셔넌潮水屈三閭의氣魂이라繁華富貴能幾時오壹場春夢可笑로다國家이나同胞의게熱誠으로獻身ᄒᆞ야名譽ᄒᆞᆫ번엇고보면千秋歷史流傳ᄒᆞ니生世責任이ᄲᅮᆫ이라하로밧비事業ᄒᆞ야興國之民되여보소

▲浣花江의물소리ᄂᆞᆫ陸放翁의근심이라君山秋夜달밝ᄂᆞᆫ데壁上霜劒ᄀᆞᆫ에잇고六韜三略싸인곳에談兵者가누구런고牛島江山도라보니氛埃之氣充滿ᄒᆞ고東天에ᄂᆞᆫ李星ᄭᆞ지[illegible]밧비事業ᄒᆞ야興國之民되여보소

▲靑年들아々々々々貴盡腦力이내말을熱讀玩味하랑이면無限意想漸發ᄒᆞ미垂垂楊柳千萬絲나가ᄂᆞᆫ春風잡을소나검은머리白髮되고宗社生靈魚肉되면後悔ᄒᆞᆫ들莫及이니鐵노만단옷을닙고千萬墜翁되어보다

ᄒᆞ시면以小包郵便으로商品㴱價而信々酬응ᄒᆞ깃슴　物品如下
肩鍳각種　紙石板각色　鉛筆각色　洋服內衣上下　印札紙각種　日用雜貨俱備
費만出資而書籍印刷業을同事利分키로廣告ᄒᆞ니速速來議敎
漢城鍾路慈惠書籍

廣　告

學員大募集廣告

細部測量實地와製圖를特設敎授ᄒᆞ오니陰閏月二拾日內로請願ᄒᆞ시오
日語文法을專門敎授ᄒᆞ오니同日內로請願ᄒᆞ시오
北部齋동三統拾戶測量新塾

北部溫井洞四十壹統拾捌戶草家文券을서失ᄒᆞ고로玆以廣告ᄒᆞ오니誰某拾得ᄒᆞ와도休紙施行홈
金昌顯　告白

辯護士

本人이諸般訴訟을迅速處理홈

事務所　中部泥洞一百二統三戶

前檢事判事　李徵善

田畓山林漁場家屋을放賣或擔保典當ᄒᆞ라ᄂᆞᆫ人이有ᄒᆞ거던本所로來問ᄒᆞ시옵
京城南部詩洞三拾壹統捌戶　內外組合仲介臨時事務所告白

◉夜學生募集廣告

本校에셔特別히夜學速成科를增設ᄒᆞ고學員을募集ᄒᆞ오니入學코ᄌᆞᄒᆞ시ᄂᆞᆫ僉君子ᄂᆞᆫ四月十日陰閏二月二十日內로本校에來議ᄒᆞ시옵
科程　日語　算術　簿記
隨意入學홈
入學金五拾젼日謝ᄂᆞᆫ壹科二十五錢貳科四拾젼三科五拾錢
卒業期限은壹個年
尙동敎堂內　新醒夜學校

特別廣告　定價金壹圜

遂道大全　三冊

愼村先生黃泌秀編纂

先生再辭徵辟家居敎授開放外舍招諭新學涵養本源爲求速成已於數十年前撮經史中關彛倫及修身而易行者以訓蒙士成績頗多年前自學部經義問對施賞始用此書有志敎育者稍々知得亦欲備之學課久無專賣購求爲難識者病焉今此발售爲副其請繼刋諺解將欲普及於女子與勞働學校之用豈毀學界毋貴羊質而虎皮克念玉蘊而山輝先以此書求其培本遂枝之效是祝

專賣所南門外紫巖新舊書林
分賣所　京鄕各處有名書舖

蚕桑普及ᄒᆞ기爲ᄒᆞ야本所에셔慶尙南道二拾九郡에桑苗를無代로大郡은壹萬株요小郡은五千株式持去ᄒᆞ라고本郡々守의照會에對ᄒᆞ야未持去ᄒᆞᆫ各郡守ᄂᆞᆫ卽持去ᄒᆞ옵고個人이라도請求ᄒᆞ시면無代로配付ᄒᆞ오리다
慶尙南道安義郡島峴里
島峴蚕桑會私傳習所長　金秉先　告白

平安북道昌셩郡靑산면下水陽리에在ᄒᆞᆫ黑鉛礦圖本과請願狀을四月七日下午四時頃에慶備下南川邊에셔失故로廣布ᄒᆞ오니誰某拾得ᄒᆞ셧거던南部弘門동捌統壹戶張輔衡시家로來ᄒᆞ시면厚謝ᄒᆞ깃슴　白雲炳白

本人이昨秋에田興善의家契를見失ᄒᆞᆫ故로每日申報에限貳日發刊廣告ᄒᆞ되尙未推覓ᄒᆞ얏기玆更廣告ᄒᆞ오니誰某拾得이라도休紙施行홈
仁港多所面新村里張希泰告白

本人이去壹月分에吉善處所捧錢八百兩票를見失이옵기玆以廣告誰某拾得이면休紙施行ᄒᆞᆷ
義州古城面合山洞白元獸告白

測量製圖器械
其他附屬品文具
都賣　散賣

京城本町郵便局前
篠崎器械店
平壤南門通二丁目
篠崎支店

本人姓名도章을流車內에셔셔失ᄒᆞ얏기此도章은勿施ᄒᆞ깃ᄉᆞ오니知舊內外國人은照亮ᄒᆞᆷ
仁川府內面龍洞居金敎源　白

本人이中部典洞에事務所를設置ᄒᆞ고辯護에從事ᄒᆞᆫ온會圖洞悉ᄒᆞ온바이어니와今般左記之處에移轉ᄒᆞ야事務所를壹層擴張ᄒᆞ고諸般法律事務를親切處理ᄒᆞ오니有疑未解와抱冤未伸僉君子ᄂᆞᆫ陸續來議事
中部壽進坊磚洞捌壹統壹戶
辯護士　藤井太郞
特許代理業者

本院에셔學員을募集ᄒᆞ오니入學志願ᄒᆞ시ᄂᆞᆫ僉員은本月十二日(陰閏二月二拾二日)內로請願書를提出ᄒᆞ시옵
壹試驗科目、讀書、作文、算術「四則」身躰檢査
壹試驗日子、四月拾三日「陰閏二月二十三日」
壹年齡　拾五歲以上二拾五歲以下
但詳細ᄒᆞᆫ節次ᄂᆞᆫ本院에來問ᄒᆞ서옵
私立　尙동靑年學院

美國시아틀大博覽會　미국시아틀대박람회

請番詳覽

本社에셔美國시아틀大博覽會出品事件으로廣告ᄒᆞᆷ에對ᄒᆞ야僉彦의多大ᄒᆞᆫ贊成을得ᄒᆞ야株金의應募와書札의往復과僉彦의訪問이日日浩繁ᄒᆞᆷ와事務를處理ᄒᆞᆷ에暫時라도遲延之歎이或ᄒᆞ야도本社의親友ᄂᆞᆫ株主各位ᄂᆞᆫ洞諒ᄒᆞ기를望ᄒᆞ오나本社에셔ᄂᆞᆫ壹層信實히注意ᄒᆞ야能力所及에ᄂᆞᆫ怠慢치아니ᄒᆞᆯ것은確信ᄒᆞ심을確信ᄒᆞᆷ

本社之印章

AMERICAN KOREAN TRADING COMPANY. 韓美興業株式會社章

本社之商標

太博覽會出品事件에對ᄒᆞ야拾株以下라도領受ᄒᆞᄂᆞᆫ期限이已過ᄒᆞ얏ᄉᆞ오나遠方에在ᄒᆞᆫ僉彦을爲ᄒᆞ야更히延期ᄒᆞ와本月拾五日(陰閏二月廿五日)ᄭᆞ지退定ᄒᆞ얏ᄉᆞ오니急速應募ᄒᆞ시옵本社에對ᄒᆞ야公衆의厚情과贊成은感謝不盡이오며僉彦의如此히相愛相信ᄒᆞ시에對ᄒᆞ야秋毫라도孤負ᄒᆞᆷ이無ᄒᆞᆷ을自期ᄒᆞ옵고玆에公衆에對ᄒᆞ야誓約ᄒᆞ옵나이다

大韓皇城磚洞（京城郵便局郵函第四拾號）
韓美興業株式會社　謹啓
（大美國에립소나道法律認可　駐韓美國總領事館登錄）

本社의各處代理人의氏名은如左홈

開城代理人	開城南門內雜貨商店	
平壤代理人	平壤大門內店洞	
咸興代理人	咸興西門外	
馬山浦代理人	馬山浦客主	
元山代理人	元山港	
淸津代理人	淸津港	
水原代理人	水原北部長安동	
安城代理人	水原北部安洞	位置未定
沙里院代理人	漢城東部[illegible]里旺新學校內	位置未定
金泉代理人	漢城中部外相思洞貳統三戶	位置未定
海州代理人	漢城西部麻浦三拾二統五戶	位置未定
天安平澤代理人	水原北部長安洞	位置未定
群山代理人	群山太井洞	位置未定
全州代理人	漢城西部阿峴二百廿二統三戶	
大邱代理人	大邱新田里五十八統七戶	
釜山代理人	馬山浦午山里拾壹統九戶	位置未定
江景浦代理人	西部龍山坊東幕中契廿七統貳戶	位置未定
麻浦湖代理人	西部麻浦貳拾七統三戶	位置未定
西湖院代理人	陰城城山里	位置未定
永同代理人	漢城壽洞貳統壹戶	
木浦代理人	木浦南[illegible]洞	位置未定
晋州代理人	昌原舊馬山浦城山	位置未定
金堤代理人	金堤郡白石面水閣	
漢江附近代理人	南部漢江十八統二戶	位置未定
義州代理人	義州枇峴	位置未定
江界代理人	義州枇峴	
東部代理人	性[illegible]甘井洞四統五戶	
鏡南巫代理人	[illegible]龍井谷	

[illegible]　[illegible]玉　[illegible]拭

金東寅　鄭[illegible]煥　盧晏洙　孫[illegible]宇　金以文　張樂[illegible]　金升東　김升東　邦元重　李孝稙　吳[illegible]泳　尹[illegible]求　韓[illegible]益　김[illegible]達　미[illegible]召　辛相潡　李[illegible]浩　李[illegible]峻　楊[illegible]熾　中[illegible]의　文[illegible]鍾　孫[illegible]宇　金升[illegible]　李宗默　朴[illegible]燁　朴[illegible]燁　金[illegible]　張[illegible]翰

이쪽을날마다자세히보시오

隆熙三年 … 第千六百七十號

各種藥品을總發行所는京城[illegible]濟生堂大藥房本舖

天下無雙蔘茸大補元

◎此蔘茸大補元은大韓名産人蔘鹿茸에洋藥名品을補材하야和劑한大補元이니
性質이適當하며多年研究發明한바今에先服試驗하니我國兄弟의腸胃에
果然今世之藥이라故로主治效能은左開와如하니試驗한兄弟는何不早圖一試하시오
（主治能效）勿論男婦老幼하고先天不足 健忘不眠 腦痛虛弱 心腎俱虛
勝事多用 傷腰痛 陽痿不起 遺精多夢 神經衰弱 房事時早漏 不快
手足厥冷 重病後弱 貧血症 食物不消 奇效가特有

壹週日分金壹圓 二週分金壹圓八拾錢 四週分三圓四拾錢 八週分六圓四十錢 拾四週分十圓九拾錢

大韓一川 寺峴 神效靈藥

阿片新吉丸

阿片初吸者ㅣ雖日暫效나久則遂成錮引하야至於蕩敗家産하니豈不哀惜이리오 … 本堂에서英國秘方을透得하야阿片斷引에大效가잇는新藥을製造放賣하오니阿片引者는購服하시요

注意 定價 壹劑八週分金五圓 半劑四週分金三圓

胎產調經丸

婦人의冷病積病과月經不調로因하야孕胎치못하는데神效藥 壹月份壹劑金五圓

驗瘡消瘡丹

男女間楊梅瘡과下疳風濕頭瘡에百發百中하는妙藥이오 定價甲金四圓乙金二圓五十錢

滋陽丸

男女間補陰補陽하고元氣不足에靈藥이오 定價每日分金壹圓八十錢

八寶丹

健胃消滯하고口味를動하고消痰하고神氣를爽快케하는靈藥이오 定價金十錢
此外에도東西洋各國名藥과德國極上品을雜納具備하오니陸速注文하시오

總發行所 仁川港寺峴 支店 京城 …

和平堂主 李應善

學部檢定 初等植物學 每課有도 定價金三十錢
初等動物學
最新初等小學 定價金四十錢
文明國의小學讀本制度를模範하야精美한圖本을具하고八卷을四卷으로合製 定價金五十錢
最新初等大韓地誌 定價金四拾錢
最新高等大韓地誌 定價金七拾錢 文明國地誌制度를模倣하야我國의山水와道路와各港口와開市場과名山大川과都會勝地를具함
初等大韓歷史 文明國의歷史制度를從하야我國의聖帝明王의事蹟과忠臣烈士의影幀을具함 定價金七十錢
國家思想學 精神教育 定價金二十五錢
憲法要義 義務教育 定價金二拾五錢
國文大韓十三道遊覽 上下卷 定價金四拾錢
우리大韓國拾三道에名山大川과都會勝地를ㅣ子가速히購覽하소서
右敎科書는本書林에서發行하오며此外에各種書籍이具備하오니僉君子는速速來購하심을爲望

京城南部銅峴大四街第三十五統五戶
販賣所 玉虎書林
分賣所 黃海道鳳山郡沙里院朝陽書館 京鄉各有名書舖

◎共愛堂大藥房製造各種藥品發引表

壯陽復元丹 先天不足 眩暈頭痛 等症에並妙效가有함 … 房事過度 心腎虛弱 遺精多夢 陽萎不起 病後虛弱 不下飲食
虎靈丹 專治一般滯症 胃腹痛 消化不良 心神鬱悶 船暈 酒醉 化痰 止咳 口熱惡臭 食慾不振等症에並神效
清眼水 眼科聖藥 一般眼疾、時行眼疾、風熱眼疾、羞明流淚、眼內紅痒等症에 …
解瘡至寶丸 專治瘡疾即氣虛瘡、遠年瘡 … 永永根治
皮膚靈效液 特治皮膚病疥癬、皮風、諸般痒疹 … 壹瓶金三十錢
淋通淋丸 專治急慢淋疾、赤白帶下、膀胱炎症、尿道炎及濃漏外他淋毒性諸症에神效함 壹劑金五拾錢
神應丹 梅毒妙效 楊梅瘡에壹期二期三期를勿問하고確實히有效、連珠瘡下疳瘡等에幷効 壹劑金三圓
清脾丸 新藥 專治小兒一般腹痛、面黃、尿赤、左脇堅腹에大有奇効함 一匣金五十錢
養胃散 久滯神效 專治積久滯積、吞酸吐瀉、霍亂、腹痛大便不順等症에奏効如神 壹貼金拾五錢
治痰鎭咳丸 專治大人咳嗽、喘息、痰結等症에妙 三日分壹匣金三十錢
消熱散 特胃感効 勿論四時傷寒感冒、咽喉疼痛、寒熱往來肢節痛、似瘧非瘧等症有効 壹貼金十錢
清耳液 耳病神効 專治耳病即鼓膜炎、內外聽道炎、耳中灼熱疼痛、濃液流出等症有効 壹瓶金六十錢
妙妙膏 百貼百療 風寒濕氣、胸肩背牽引疼痛、腰膝脚腿酸痛無力、骨節疼痛等症에如神 壹貼金五錢
能治膏 奏効如神 各種腫氣、小兒胎毒、부스럼、瘰癧、生新에並神效 鐵匣入金十錢
大腫拔根膏 大小腫에根本을取하야解凝膏 價金十錢
寸虫去根藥 價金貳十錢 齒痛水 價金七錢五厘
止泄丸 滯泄暑泄神効 價金 … 痢疾藥 赤白痢에神効 價金十五錢
各種上等丹、丸、膏、散、東西洋有名寶藥과藥乾材都賣散賣其他各種藥이具備하오니
請求를依하야小包로隨應하겟슴

發行所 皇城南部大廣橋十九統七戶 共愛堂大藥房

新撰測量學

定價 九拾錢
俞吉濬 序
金澤吉 編纂

右冊은斯學의著名한金澤吉氏가編纂한것이온바이시

…

大韓測量總管會

○總發賣所 京城中部壽洞興士團內
○分賣所 京城南部…

金龍商會

大韓書林 北部小安洞 中部興化坊 京鄉 光東書局 …

光武九年八月拾一日 明治卅八年八月拾一日（第三種郵便物認可） 金曜日 西曆一千九百九年四月九日（壹）

大韓每日申報

第七卷　第一千六拾八號

月曜及日曜節翌日休刊

檀君開國四千二百四十二年
箕子元年三千三十一年
大韓開國五百十八年
日本明治四十二年
耶蘇降生一千九百九年
陰己酉閏二月小十九日己亥

Responsible for Publication Alfred Weekley Marnham.
發行兼編輯人英國人萬咸
發行所 京城南部石井洞號外地三層洋屋 大韓每日申報社

論說

◉英雄産出의時代

英雄云々々々호니英雄이果何等人고

壹言이出호미天下가金玉又치愛奉호며壹動이現호미後人이法律又치遵守케호는人이英雄이며其血은世界를爲호야流호며其腦는世界를爲호야働하는人이英雄이며現世에福音을傳호며來世에慧燈을照호는人이英雄이며今人이天神으로尊호며來人이良師로信케호는人이英雄이며衆生을爲호야生호며衆生을爲호야死호야千古萬古萬々古에大天使大司命이되는人이英雄이니라

然이나彼國力이未强大하고人文未膨脹호時代에在호야는英雄이産出호려니와至若國力이已强호고人文이已膨脹호時代에는英雄이産出치못홀지니何故오此時代에在호야는英雄이着手홀事業이無호며英雄이起作홀機會가無호야英雄이鄙夫와壹般、鄙夫가英雄과壹般이라英雄이라호면人々마다英雄이오英웅이아니라하면人々마다英웅이아니니英웅이엇지産出호리오

實例를看홀지라도彼英、法、德、美와如히文明의步가跳躍하며自由의花가璀璨호야國勢가六洲를橫絶호고民族이福利를舞蹈호는時代에야아모리英웅이라도只是前英웅의下에屈服호야其惠波를浴홀뿐이오아모리鄙夫라도亦是前英웅風下에屈服호야其惠波를浴홀뿐이라故로華盛頓俾斯麥又흔人物이有홀지라도能히華盛頓俾斯麥이되지못호며秦檜賈似道又흔妄子가有홀지라도敢히秦檜賈似道가되지못홀나니라

是以로沙漠에枯々호고야樹만蓁々호亞剌比亞에서麻하末又흔英웅이出하얏스며山河가暗黑호고牧隊만橫走호는蒙古에서忽必烈又흔英웅이出호얏스며蠻烟이鎖호고白日이光을隱호露西亞에서聖彼得갓흔英웅이出치아니호얏는가

只今韓國은國家는累卵이漬호고人民은苦海에墜하야大東有國四五千年以來에最危險最悲痛호時代를遭호얏스니此時代가何時代오

萬壹此時代에在호야壹大大的好男兒가出호야國家를泰산又치措호고人民을樂園으로導하야快樂莊嚴호時代를造호면其人이是英雄인뎌

故로吾儕는말호되韓國時代를名호야日英雄産出의時代라호노라

外報

●日本과淸國　倫敦電을據혼즉北京타임쓰通信에日本은淸國外務部에對호야滿洲問題를海牙仲裁에付홈이不可홀旨를通告호얏다더라

●淸國의鴉片烟禁止　香港電을據혼즉淸國의鴉片烟禁止가甚烈호야輸入者가減少되는데此에對하야民政次長구레멘도시가英公使와協議호고아片烟禁止되는同時에何等要求홀事件을淸政府에提出키爲호야去一日에北京으로向호얏다더라

●塞王退位決定　伯林電을據혼즉丁抹國王이塞爾維亞王位를繼承호고現王은退位호기로決定되얏다는說이有호다더라

學苑

●憲法總論　自由鐘主人

序

國以憲法而國治民安호고國以專制而國亂民散者는天壤間古今에通行之義諦也라彼英德等國은以憲法而富强호고土淸等國은以專制而敗弱호니豈其偶然哉리오噫라憲法이是何物而國家之治亂盛衰가係乎此而左右之ㅣ若是乎아

盖憲法者는國家組織之規矩오國家生存之材料也라有憲法則以全國人으로治其國하고無憲法則以君主壹人으로治其國하나니以壹人治之가孰若以全國人治之哉리오以故로現世列邦이鑑其實而務其利호야駸駸驅入於憲法之範圍而奔走之屈服之호나니畢竟은全世界가同歸於憲法之壹轍下而乃已矣라

惟我大韓은數千年以來로專制之氣焰이勃勃長且而雖或有一二聖君賢相之隆治나此不過是壹時道德政治而季世以降으로專制之毒이日益蔓延호야遂致今日之慘狀호니然則今日韓國之至此者ㅣ壹則無憲法故也오貳則無憲法故也로다

秦서古史로論之호면剖判以來幾千年에都無憲法之治호고專行壓制호야戰爭이不息호고文明이無由라가英國이首倡之호야其人民이享此憲法中權利호야以致昇平者ㅣ爲百餘年之久而良法美規ㅣ亦通於普法白美等國호야或有君主民主之別而人民之行動於自由는壹也라

現今日本이爲東亞之先覺호야行之四十年에維新憲法이與泰西列强으로并駕於宇內호니上所云以憲法而國治民安호고以專制而國亂民散者ㅣ豈不爲鑑戒於此乎아

惟我全國이長夜乾坤에酣夢을未醒호야歐風美潮ㅣ至及於扶桑五島이되不能覺悟而憲法을不知爲何件物則將何以脫於羈絆之外乎아我等이亦宜講究憲法호야上以爲參贊化育호고下以爲自由行動이면入東帝國之業을可以興隆矣오泰西列强之勢를可以抗衡矣로다

近聞支那政府가亦將以憲政施行事로布論於人民云호니其外數國專制之治ㅣ亦必同歸于憲法平和之域矣라天將以東서諸國人民으로不失自由之權利而共享福樂於憲法範圍之내歟아

日本志士東野梓君이著國憲汎論於憲法未成之前而今其國憲法이已成立호고淸志士周伯勛이著萬국憲法志於憲法未成之前而今其國이繼已布論호니余亦慨然于此호야竝將兩志士所著之書호야以參諸國及日本憲法之成效者로參互之而譯述之호노니凡我국民은觀感而興起哉어다

詞藻

●韜畧

萬古영웅漢沛公은、鴻門宴에忿を품직。天下事를潛룡出現호는날에、未定호니。더러듯、寬弘호韜畧은、後人感慕。

廣告

本館에서各種果木及雜木苗種을多數廉價發賣호오니植木의注意호는僉員은陸續來購호심
平壤太極書館事務 李德煥 白

法 律 辯 護

本人이判事의任을辭호고左記處에事務所를更設호오며民刑商事及諸般法律顧問事項을營居迅速精密히處理호오니
抱冤未伸又는有疑未解호시는僉君子는陸續來議호심을望홈
西部唐皮洞三統四戶
辯護士 前判事 李冕宇

●特別廣告●
濟生堂에서平安南北道第壹出張所를平壤鍾路로位置를定호고壹層擴張호야各種藥品을本舖와同壹호價格으로大發賣하오니同道內僉位는그리로請求호심을敬要
漢城남門內濟生堂大藥房本舖

本人이京성大韓測量事務所에得聘觀務호니土地測量之員은請求本所홈
三和港大韓測量出張所所長 閔亨湜 告白

四香山林漁場家屋을放賣或典保호라는人이有호거던本所로來問호시옵
京城南部詩洞三拾壹統捌戶
內外組合仲介臨時事務所告白

本人姓名도章을汽車內에서세失호얏기此도章은勿施호깃스오니知舊內外國人은照亮
仁川府內面龍洞居金敎讓 白

全남智島郡荷衣上台下台三島土地는本是民有地며京城居洪祐祿이가藉托貞明公主房賜牌라호기로該島人民等이京城地方裁判所에呼訴하야現今裁判中이온대洪시가該島土地를外國人의게放賣홀다는說이有호니此土地는民有地인데러方場我判歸正中이오니內外國人間切勿見欺홈
右三島人民代公中奉玄等告白

◉帽子製造大發賣

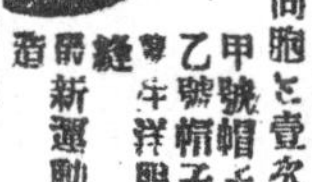

本所에서織造호正本으로學生帽子를精撰製造호와大發賣하오니僉同胞는壹次試驗호시오
甲號帽子 金五拾錢
乙號帽子 金四拾錢
純紬 洋服次紹織及毅
新運動帽子各種製造
外方에서請求호시면小包郵便으로迅速酬應호깃숩니다
皇城宗廟越邊
中谷染織工所主 金德昌 告白

本人의子錫允이가年今五拾壹인대去庚寅年出他에消息이無호와玆以廣告호오니誰某시던지有處를知호시거든本人處로通知호면厚謝를表示호깃숩
平北定州五山六里九統九戶
盧應燮 告白

◉夜學生募集廣告
本校에서特別히夜學速成科를增設호고學員을募集호오니入학코자호시는僉君子는四月十日除閏二月二十日內로本校에來議호시옵
科程 日語 算術 簿記
隨意入학홈
入학金五拾젼月謝는壹科二十五錢貳科四拾젼三科五拾錢
本學期限은壹個年
尙洞敎堂內 新醒夜學校

雜報

●北道幸行說 大皇帝陛下께옵서 本月下旬頃에 북關地方을 御巡狩ᄒᆞ사 一般民情을 御覽ᄒᆞ시기로 近日의 니定되얏다ᄂᆞᆫ 說이 有ᄒᆞ다더라

◉聯邦政策 日本에서 韓國에 對ᄒᆞ야 聯邦政策을 實施ᄒᆞ기로 決議ᄒᆞ얏다ᄂᆞᆫ 巷說이 大端浪藉ᄒᆞ더라

●擧手運動 日本에 滯留ᄒᆞᆫ 宋秉畯이가 韓國에 在ᄒᆞᆫ 統監府ᄂᆞᆫ 廢止ᄒᆞ고 韓日兩國을 合倂ᄒᆞ기 爲ᄒᆞ야 現今運動ᄒᆞᄂᆞᆫ 中이라ᄂᆞᆫ 傳說이 有ᄒᆞ다더라

●傀儡團會 來月曜日에 니閣諸大臣이 度支部大臣任善準氏家에 會集ᄒᆞ야 何等事를 協議ᄒᆞᆫ다ᄂᆞᆫ더 該事件을 探聞ᄒᆞᆫ즉 目今日本에 滯在ᄒᆞᄂᆞᆫ 宋秉畯을 急速還국케ᄒᆞ기로 運動ᄒᆞᆫ 事이라더라

●牌能鎭義 統監府에서 各地方義兵을 鎭壓ᄒᆞᆯ 計劃으로 號牌를 製造ᄒᆞ야 一般人民의게 分給ᄒᆞ기로 提議中이라더라

●儒生周旋 한국十三道儒生김東弼시等二拾餘人이 宋秉畯事件의 對하야 照法懲治ᄒᆞᆯ 次로 中樞院의 獻書를 數次提呈ᄒᆞ얏ᄂᆞᆫ더 尙今如何ᄒᆞᆫ 實効가 無ᄒᆞᆫ 故로 허시等이 不遠間日本의 渡去ᄒᆞ야셔라도 期於懲戒ᄒᆞᆯ 次로 極力周旋하ᄂᆞᆫ 中이라더라

●三日歸國 大審院長渡邊暢과 檢事總장國分三亥와 控訴院장셩敎馬가 日本司法官會議에 出席ᄒᆞ기 爲ᄒᆞ야 昨日에 歸國ᄒᆞ얏다ᄂᆞᆫ더 其內容인즉 該會議ᄲᅮᆫ 아니라 壹大問題가 有ᄒᆞ다ᄂᆞᆫ 說이 有ᄒᆞ더라

●調査委員選定 度支部에서 土地調査ᄒᆞᆫ 後에 測量技手를 各地方에 派送ᄒᆞ야 土地를 測量ᄒᆞᆯ터인 故로 韓國調査委員拾餘人을 選定ᄒᆞᆫ다더라

●兩毆永官 宮內府大臣秘書官金東完氏가 丞宣君李埈鎔氏의게 무슨 鑄財를 推尋ᄒᆞᆯ 事가 有ᄒᆞ야 日에 往見ᄒᆞ고 言性官來계 金氏가 丞宣君을 壹場면毆ᄒᆞ얏다더라

●丞官狼狽 丞宣君李埈鎔氏가 금貨七百餘圓을 準備ᄒᆞ야 寺동演興社등居擴張ᄒᆞ얏다며 니近日에 觀覽者가 甚히 稀少ᄒᆞ야 每夜賣票가 二拾枚에 不過ᄒᆞ다더라

●春察幹事 江原道觀察使李圭完氏가 每日公退餘暇에 支械를 負ᄒᆞ고 登산採薪ᄒᆞ며 其令男은 每日泉田市에 前往ᄒᆞ야 못지餠을 放售ᄒᆞ며 其甥姪某氏ᄂᆞᆫ 食水를 汲ᄒᆞᆫ다더라

●貯金圖富 晉州郡居ᄒᆞᄂᆞᆫ 客商某가 多數金額을 貯置ᄒᆞ고 該道事務官을 圖得ᄒᆞᆯ 次로 某處에 絕力運動ᄒᆞᆫ다더라

●籍田管理 農商工부의셔 日前의 御親耕ᄒᆞ신 東籍田을 管理ᄒᆞᆯ 計劃으로 其方法을 目下協議中인데 허[illegible]圍의 鐵條網을 張設ᄒᆞᆫ다더라

●李邸花局 中樞院顧問李址鎔氏가 近日自已私邸에서 花賽局을 大設ᄒᆞ고 崔鎭澤氏의 金貨貳萬圓을 奪喫ᄒᆞ얏다ᄂᆞᆫ 說이 有ᄒᆞᆷ으로 憲兵司令部에서 該事를 詗探ᄒᆞᆫ다더라

●設花棄樂 中樞院顧問李址鎔氏ᄂᆞᆫ 音樂社를 設始ᄒᆞ기 爲ᄒᆞ야 某々人과 現今擬議中이라더라

●閔氏入京 上海에 滯留ᄒᆞ던 閔泳瓊氏가 既報와 如히 日昨에 入셩ᄒᆞ얏ᄂᆞᆫ데 淸女別室壹人을 帶同入來ᄒᆞ얏다더라

●公逋淸勘 陽智郡木岳面々장吳必杳氏가 去丁未年度公錢中所逋未勘이 百餘圜인데 赤立之勢로 辦備無路ᄒᆞ야 懲役之境에 達ᄒᆞ얏더니 該동附近里宗族과 知舊中諸氏가 허氏의 情勢를 矜惻히 녁여 各出捐助ᄒᆞ야 허公逋를 淸帳ᄒᆞ얏다더라

●李氏歸國 日본의 渡往ᄒᆞ얏던 敎育家李鍾浩시ᄂᆞᆫ 再昨日의 歸國ᄒᆞ엿ᄂᆞᆫ되 多數ᄒᆞᆫ 學徒와 紳士들이 남門外의 出往迎接ᄒᆞ얏다더라

●向海何多 砥平郡守申泰喆氏가 公貨犯逋가 壹千餘圜의 達ᄒᆞᆫ 故로 旅費를 辦備ᄒᆞ고 日前의 上海等地로 渡往ᄒᆞ얏다더라

●食贓自服 慶북比安郡守權重萬氏가 該郡元結總이 四千六百七拾餘結인데 每結頭의 五十전式星火督捧ᄒᆞᆫ 事로 該地憲兵隊의셔 壹壹提致査問ᄒᆞᆫ 事ᄂᆞᆫ 已爲揭報어니와 其後確說을 聞ᄒᆞᆫ則 該權氏가 郡主事김濟夏氏와 符同ᄒᆞ야 加斂條二千三百三十餘圜를 各其分排乾沒하고 十捌멘장의 月俸은 壹分도 支撥치아니ᄒᆞᆫ 情跡을 這這自服ᄒᆞ얏다더라

●果則善變 從貳品鑑[illegible]昇氏의 妄濫ᄒᆞᆫ 行爲ᄂᆞᆫ 人所共知어니와 近日該氏가 무合精神이 도랏ᄂᆞᆫ지 多年同居ᄒᆞ던 別室을 謝別ᄒᆞ고 壹殺買情ᄒᆞᄂᆞᆫ 女類를 半却ᄒᆞ며 現時情況에 有意ᄒᆞᆫ다ᄂᆞᆫ더 其裏由를 探聞ᄒᆞᆫ則 美國에 留學ᄒᆞᄂᆞᆫ 該令弟의 忠告를 因ᄒᆞ야 悔改ᄒᆞᆷ이라더라

●美艦來仁 米國太平洋第三艦隊ᄂᆞᆫ 本年七月末에 仁川에 寄港ᄒᆞᆫ다더라

●日巡鬱行 伊川郡警察署日人巡査壹名이 該邑底平民의 婦女를 强奸ᄒᆞ고 因爲逃躲ᄒᆞ얏다ᄂᆞᆫ 說이 有ᄒᆞ더라

●黑巡罷免 通川郡警察署巡査等이 民間에 勒討ᄒᆞᆫ 贓錢이 數萬兩에 達ᄒᆞ야 壹切罷免하얏다더라

●有何秘探 近日北部花開洞昭格동等地에 有何偵探事인지 別巡査가 多數히 該동等地에 周行ᄒᆞ야 秘密詗探ᄒᆞᆫ다더라

●寺洞淫窟 中部寺동俱樂隊서墻邊에 居하ᄂᆞᆫ 某人家에셔ᄂᆞᆫ 每夜에 賣淫女數拾名式招引ᄒᆞ야 浮浪者流를 甘誘同樂케ᄒᆞ고 多數錢財를 奪入ᄒᆞᆫ다더라

●釜港의 兩氏 釜산港居金永奎崔有鵬兩시ᄂᆞᆫ 元來有志ᄒᆞᆫ 紳士라 社會에 熱心으로 商業會議所를 設立ᄒᆞ고 務圖擴張ᄒᆞ야 愈爲發展ᄒᆞᄂᆞᆫ데 該地人士들이 該兩氏를 信仰ᄒᆞᄂᆞᆫ 者가 多ᄒᆞ다더라

●憲補行悖 忠南鴻산郡에 駐在ᄒᆞᆫ 憲兵補助員等某某人이 日兵과 符同ᄒᆞ야 各村으로 出沒ᄒᆞ며 無罪良民을 義兵干連이 有ᄒᆞ다 構誣ᄒᆞ고 錢財를 侵奪ᄒᆞ며 婦女를 劫奸ᄒᆞ고 其他行悖가 無所不至ᄒᆞ야 民冤이 浪藉ᄒᆞ다더라

●果出於義 本月四日頃의 楊州議政府憲兵分遣所補助員二名이 同郡니松산비벌酒店의셔 飮酒泥醉ᄒᆞ야 惹鬧ᄒᆞᆫ 際의 何許義兵二名이 突出ᄒᆞ야 該補助員을 結縛ᄒᆞ고 白般으로 曉喩하기를 汝亦대한人種으로 外人의 鷹犬을 甘作하여 無罪ᄒᆞᆫ 同胞를 殺害ᄒᆞ니 罪當砲殺이로더 爾亦同胞인 故로 不忍殺之라ᄒᆞ고 因以解送ᄒᆞ얏다더라

●義將上京 義兵將金德景氏가 日前의 上京ᄒᆞ야 中부管니의 逗留ᄒᆞᆫ다ᄂᆞᆫ 聽聞이 浪藉ᄒᆞᆷ으로 日今所管警察署의셔 別般詗探ᄒᆞᆫ다더라

●絞屍發屍 忠淸남道沔川郡竹林면几節산附近에서 何許貳拾五六歲假量된 男子壹名을 毛織手巾으로 絞殺ᄒᆞ야 因以土中에 埋置ᄒᆞᆫ 것을 去月貳拾日頃에 洪州警察署에셔 發見ᄒᆞ얏다더라

●綾邑風塵 日前에 全남綾州郡距貳拾里地에셔 多數ᄒᆞᆫ 義兵이 該郡에 駐在ᄒᆞᆫ 日守備隊兵과 交戰하얏ᄂᆞᆫ대 日兵三名은 卽死하고 貳名은 重傷ᄒᆞ얏다ᄂᆞᆫ 急電이 某處에 來到ᄒᆞ얏다더라

●財務被害 남來人의 傳說을 聞ᄒᆞᆫ則 全州財務署장某氏가 數日前에 義兵의게 被害ᄒᆞ얏다ᄂᆞᆫ 說이 有ᄒᆞ더라

●貴家小火 再昨日下午四時量에 大安동黃昌煥氏家에셔 起火하얏ᄂᆞᆫ대 旋卽撲滅ᄒᆞ얏다더라

●私鑄干連被捉 木川郡梅堂里居前參判尹丙綬氏의 令男尹重燮氏가 京셩에 留連ᄒᆞ다가 月前에 下鄕하얏ᄂᆞᆫ대 何許人의 私鑄錢干連으로 公州警察署에 被捉ᄒᆞ얏다더라

●僞貨被捉 東小門外셩북동居ᄒᆞᄂᆞᆫ 朱應信爲名人이 각種新貨를 多數私鑄ᄒᆞ야 暗自使用ᄒᆞ다가 該情跡이 綻露되야 日前東部警察署에 捉囚되얏다더라

●朴家賊警 再昨日上午二時量에 남部午橋居ᄒᆞᄂᆞᆫ 朴善景氏家에 何許竊盜가 闖入ᄒᆞ야 諸般鍮器等物을 這々竊取以去ᄒᆞ얏다더라

●西北親睦 서北學生親睦會에셔 來日曜日上午十貳時에 臨時總會를 該會館內에 기ᄒᆞ고 緊要ᄒᆞᆫ 事務를 處理ᄒᆞᆫ다더라

●罰鍰捐會 來日曜上午拾壹時에 罰鍰坊會에서 臨時總會를 該會館內에 開ᄒᆞ고 諸般事務를 處理ᄒᆞᆫ다더라

學界

●庚氏熱心 南來人의 傳說을 聞ᄒᆞᆫ즉 日本에 多年留學ᄒᆞ던 庚祐시가 湖中에 學問이 至昧ᄒᆞ야 靑年敎育의 進步치 못ᄒᆞᆷ을 慨歎히 녁여 忠南洪州郡北門外校洞居某々諸시로 더부러 該坊에 整理學院을 創設하고 熱心敎授ᄒᆞᆫ다더라

●洪氏熱心 黃海道殷栗郡左栗面洪之里洪秉善시가 敎育에 熱心ᄒᆞ야 隆藝學校에 多數捐助ᄒᆞ고 학業을 勸奬ᄒᆞ며 학生日增ᄒᆞ야 大有前進之望이라고 人皆稱頌ᄒᆞᆫ다더라

●巡査有人 益山郡私立箕英학校학員이 現今五十餘名에 達ᄒᆞ얏ᄂᆞᆫ데 該郡警察駐在所巡査金秉文시가 該校에 熱心贊助ᄲᅮᆫ 不是라 且학界勸勉的義務로 殘俸을 不惜ᄒᆞ고 紙筆等物을 多數擔備ᄒᆞ야 학徒五拾餘名에게 壹々均施ᄒᆞ다며 人皆稱頌ᄒᆞᆫ다더라

●鍊洞鍊學 安岳郡鍊洞居ᄒᆞᄂᆞᆫ 申鴻華시가 自已舍廊에 夜學校를 設立ᄒᆞ고 동內子弟를 募集ᄒᆞ얏ᄂᆞᆫ데 該동金판海劉世華리喬三시가 名譽로 敎授ᄒᆞᆫ다더라

◉名節休刊 今明兩日은 西洋의 大名節이 故로 本報를 兩日休刊홈

◉感荷義捐 慶南河東郡外橫면新立日新學校에서 金一圓을 本社에 寄附ᄒᆞ얏기 茲에 感荷를 表ᄒᆞ노라

▲編餘漫筆▼

▲魔報記者韓석振은 宋秉畯의 指囑밧어 午漫馬勃荒唐說노 人民耳目을 眩亂터니 陰險ᄒᆞᆫ 宋秉畯이 閔忠正家內庭事를 搆陷不測揭布ᄒᆞ고 저 再三督促ᄒᆞᄂᆞᆫ 事에 絕力反對ᄒᆞ다가 社에 逐免되엿다니 그 良心이 可賀로다

▲大韓新聞 더記者ᄂᆞᆫ 네 아모리 卑劣ᄒᆞ야 無腦政府機關인들 觀光團의 奇怪行動極力贊成ᄒᆞᆯ 쌍 머러ᄒᆞᆫ 一般輿論無視ᄒᆞ고 正大報筆論毆ᄒᆞ니 跖之狗의 吠堯로다 不足掛論ᄒᆞ거니와 爾亦韓人이 것마ᄂᆞᆫ 그 心膓이 可痛일세

▲觀光團의 入參者ᄂᆞᆫ 龍門에나 오른듯시 數百圜式虛費ᄒᆞ야 新鮮洋服쩔쳐입고 활기치며 가ᄂᆞᆫ 貌樣 沐猴而冠彷彿ᄒᆞ다 觀光싱각緊ᄒᆞ거던 自由觀光못ᄒᆞ고셔 제돈드려 觀光ᄒᆞ며 他人拘束밧고 가니 그 行動이 可笑로다

▲窮凶極惡 宋秉畯은 明月館主 安淳煥의 各色料理 얻어먹고 多少金錢貸用ᄒᆞ야 그 情誼가 親密키로 典膳과장식이엇고 日本와지 同行터니 伊藤氏와 交際ᄒᆞᆯ제 무삼 感情잇셧ᄂᆞᆫ지 互相시忌로 다ᄒᆞ니 그 情態가 可憎일세

▲宮內大臣閔丙奭은 翡翠에게 蠱惑ᄒᆞ야 麁雜之聲浪藉ᄒᆞ게 되낫의 別室例事라고 東손접어 容恕터니 妖惡ᄒᆞᆫ 소더비 翠ᄂᆞᆫ 무슨 不美ᄒᆞᆷ잇던지 家庭風波々起란즉 齊家法이 쎄러지고 이亡國大夫아니될세 그 歷史가 可觀일세

▲知覺업ᄂᆞᆫ 永宜君은 靑年敎育쎄깃다고 敦明義塾設立ᄒᆞ더니 登二年에 못되여셔 廢止ᄒᆞᆷ은 무슨일가 쓸터입ᄂᆞᆫ 花洞연許多田庄典當ᄒᆞ야 [illegible]式엽셔엽셔 文明機關學校에ᄂᆞᆫ 이럿타시 無心ᄒᆞᆫ지 그 思想이 可惜일세

廣告

寡人의宗沓이木川貳東面新村艢坪에잇ᄂᆞᆫᄃᆡ(奄字衡字宅字)合貳拾貳斗五升落과宅字田貳拾斗落을族孫鶴圭가金昌根과符同ᄒᆞ야文券과證明을僞造ᄒᆞ야欲爲得價與放賣코ᄌᆞᄒᆞ오니內外國人은切勿見欺하시옵

木川細城面孔村(城陽)居
門長　黃석源
黃相穆　告白

本組合은農商部에認許를承ᄒᆞ야ᄀᆡ本部勞働을組織ᄒᆞ고各地方에支組合을出張하얏ᄂᆞᆫᄃᆡ至南務安郡木浦港과羅州郡의榮山浦에支組合장은務安豊老面竹山居金性佑시로選定ᄒᆞ고顧問에洪淳秉黃龍雲兩시로派送ᄒᆞ오니勞働諸君은以此照亮ᄒᆞ시옵

活民勞働組合本部　告白

本人의名字가以泰勳으로行ᄒᆞ앗더니現今에以基用으로改名ᄒᆞ오니知舊間照亮ᄒᆞ옵

朴基用　告白

本人姓名章을交河地에서見失ᄒᆞ얏기로此章은勿施ᄒᆞ깃사오니知舊內外國人照亮ᄒᆞᆷ

中部太廟洞李冕鎬　白

全南智島郡荷衣三島ᄂᆞᆫ本以貞明公主房　賜牌所有地이온ᄃᆡ前己亥年에橫入於內藏院이라가昨年에自內閣으로還給故로本人이讓與於所有主洪祐勝ᄒᆞ온後繕出證明於洪祐勝則本人이關係가無ᄒᆞ고又放賣ᄒᆞᆯ權限이無ᄒᆞ거ᄂᆞᆯ島民朴公振이本人을搆訴於地方裁判所ᄒᆞ고又以此土를本人이放賣ᄒᆞ엿다고廣告ᄒᆞ오니他人의土地를本人이放賣ᄒᆞᆯ理由와權限이無ᄒᆞ오니知舊間照亮ᄒᆞ시옵

典洞　洪祐祿　告白

中部貞善坊泥洞契七拾三統四戶已瓦拾間半家契를見失ᄒᆞ얏ᄉᆞ오니內外國人間拾得ᄒᆞ와도休紙로施行ᄒᆞᆷ

秋漢貞　告白

본人의名字를以英主으로改名ᄒᆞ오니知舊間照亮ᄒᆞᆷ

前技手　安宗主　백

本人이本月七日下午四時頃에黑鉛鑛鑛業請願書에收入印紙拾圓拾枚를廣橋等地에셔失ᄒᆞ얏더니同日下午六時頃에慈善夫人會房直김俊大氏가拾得ᄒᆞ야訪問統戶에盡心傳ᄒᆞ기感意를表ᄒᆞ기爲ᄒᆞ야拾圓金을寄付ᄒᆞ야도固謝不受ᄒᆞ고行々然歸去ᄒᆞ니此人이滿腔慈善에物慾自滅하야渾然天成이옵기玆에廣告ᄒᆞᆷ

白雲炳　告白

農商工部認許大韓測量事務所支事務所位置를公州郡縣內面知足谷에定ᄒᆞ엿ᄉᆞ오니測量ᄒᆞ실僉君子ᄂᆞᆫ來臨請求ᄒᆞ심을望ᄒᆞᆷ

事務員　李承燮　告白

慶南梁山郡居鄭載熙爲名者가自稱本人과戚誼가有ᄒᆞ다ᄒᆞ야本人의世傳답七拾貳斗落을曰本人의게暗自盜賣ᄒᆞ다가未遂現露ᄒᆞ와如許心法은路人所知이기玆에廣告ᄒᆞᆷ

慶南蔚山郡內廂面西동
金泳皓　告白

本人의子乙星이가年今四歲에衣服은眞紅赤古里唐木바지에眞紅周衣연두돌띄를着ᄒᆞ고陰閏二月拾七日午前拾時게失路ᄒᆞ여不知去處ᄒᆞ오니無論某人ᄒᆞ옵고携來ᄒᆞ시면厚謝ᄒᆞ깃ᄉᆞᆸ니다

西部紫巖洞四拾四統六戶
泰興社客主崔泓琦　告白

水標橋順信社契第貳統四十四號金光燮遞票ᄅᆞᆯ셔失故로以廣告ᄒᆞ오니告ᄒᆞ고更爲成票以去ᄒᆞ오니前票ᄂᆞᆫ誰某가得하여도休紙施行ᄒᆞᆷ

本社契員　李濟奎　告白

本人이昨秋에田興善의家契을見失ᄒᆞᆫ故로每日申報에限貳日發刊廣告로되尙未推覓ᄒᆞ얏기玆更爲廣告ᄒᆞ오니誰某가得이라도休紙施行ᄒᆞᆷ

仁港多所面新村里張碩焌　告白

測量製圖械器發賣

器械好品뿐아니라廉價로發賣ᄒᆞ옵고不完全ᄒᆞᆫ것이有ᄒᆞ면換付ᄒᆞ깃ᄉᆞᆸ기近郡僉員은購買ᄒᆞ심을爲ᄒᆞᆷ

京城永樂町赤門前
東京澁谷川　**測量器械舖**
京城支店
北部西門外　**張敬和**

本院에셔學員을募集ᄒᆞ오니入學志願ᄒᆞ시ᄂᆞᆫ僉員은本月十二日(陰閏一月二拾二日)內로請願書를提出ᄒᆞ시옵

試驗科目、讀書、作文、算術「四則」身體檢查

試驗日子、四月拾三日「陰閏一月二十三日」

年齡　拾五歲以上二拾五歲以下

但詳細ᄒᆞᆫ節次ᄂᆞᆫ本院에來問ᄒᆞ시옵

私立　尙洞靑年學院

本人이南署誠明坊大山林洞八拾二統四戶家舍三百圜에典執ᄒᆞᆫ漢성府契約書를遺失故玆以廣告ᄒᆞᄂᆞ니誰某拾得勿施ᄒᆞᆷ

吳志鵬　白

辯護士

本人이諸般訴訟을迅速處理ᄒᆞᆷ

事務所
中部泥洞一百二統三戶

前判事 前檢事　李徽善

美國시아틀大博覽會　회람박대틀아시국미

請垂詳覽

此廣告中央에宛然ᄒᆞᆫ圓形은何物이뇨本社의印章이올시다。此本社의商標이올시다熱心으로此를詳覽ᄒᆞ시오僉彥의心中에印搭ᄒᆞ시오永久히記念ᄒᆞ시오本社에셔此를依ᄒᆞ야完全히保全ᄒᆞ고此를因ᄒᆞ야圓滿히活動ᄒᆞ고此를大韓帝國內各方面에親熟히相知相信케되도록盡力ᄒᆞᆯ것이올시다此가永久히正直ᄒᆞ고高尙ᄒᆞ고公平ᄒᆞ야自强自立ᄒᆞᆯ것이올시다此가大韓國製造物品의名譽와聲譽를擔負ᄒᆞ고世界各地方에橫行ᄒᆞᆯ것이오今日에ᄂᆞᆫ大美國

各處에셔此가大韓國及大韓國의工匠을代表ᄒᆞᆯ것이올시다未久에此가高尙ᄒᆞᆫ物品을爲ᄒᆞ야本國內에셔ᄂᆞᆫ特約直輸入ᄒᆞᆯ것이오니商品은何種이던지世界各處의最上製造工廠으로부터本社가現今이미着手ᄒᆞᆫ代理人을經ᄒᆞ야廉價로放賣ᄒᆞᆯ것이올시다有志ᄒᆞ신僉彥이여本社의內容과本社의事業進步及本社의行動을詳知코져ᄒᆞ시거던書札로通奇ᄒᆞ시되이대로ᄒᆞ실事

大韓皇城磚洞（京城郵便局郵函第四拾号）

韓美興業株式會社　謹啓

（大美國에리소나州法律認可　駐韓美國總領事館登錄）

本社의各處代理人의氏名은如左ᄒᆞᆷ

開城代理人　平壤代理人　咸興代理人　馬山浦代理人　元山代理人　淸津代理人　水原代理人　安城代理人　沙里院代理人　金泉代理人　海州代理人　天安平澤代理人　群山代理人　全州代理人　大邱代理人　釜山代理人　江景浦代理人　麻浦附近代理人　湖南代理人　永同代理人　木浦代理人　晋州代理人　金堤代理人　漢江代理人　義州代理人　江界代理人　東部代理人　鎭南浦代理人

位置未定（各處）

開城南門內雜貨商店　平壤大同門內店　함흥西門外　馬山浦客主　元山港　淸津港　水原북문안　水原북문밧安동　漢城東부庄洞里旺新학校內　漢城中部外相思동貳統三戶　漢城西부마浦二十貳統九戶　水原北부상동　群山大井洞　漢城西부阿峴二百廿二統三戶　大邱新田里五拾八統七戶　馬山浦 山 九戶　西部 山坊東幕契廿七統貳戶　西部麻浦十十統三戶　陰 山 　城 동貳統壹戶　木浦南 동　晋州馬山浦城山　金堤郡石面　남部江 八동貳戶　義州枇峴　義州枇峴　往十里甘井동四동九戶　鎭남浦井洞

金東宣　鄭基煥　盧旻洙　孫德宇　金以文　張학경　金유봉　金元貞　邦元植　李承稙　吳惟泳　尹聖來　韓相弼　김敎聲　리相召　辛寶淑　리寶浩　리弼駿　權奉聲　安德의　玄德宇　孫升基　김宗默　김升호　박奉烨　朴奉烨　金聖烨　鄭應翰　崔善玉　張炳拭

이속을날마다자세히보시오

物貨와校用品其他家用物品을一新具備ᄒᆞ고增方名에 …… ᄒᆞ시면以小包郵便으로高品廉價而屢々酬응ᄒᆞ깃ᄉᆞᆸ　物品如下　鉛筆각色　洋服內衣上下　印札紙각種　只用雜貨俱備　費만出貧而書籍印刷物를同事利分ᄒᆞ기로廣告ᄒᆞ니迅速ᄒᆞ게請求　漢城鍾路慈惠書舖　告白

中部貞善坊下漢陽契第五十七統一戶徐廷旭姓名圖章을昨年陰十月分의失放하고新刻圖章으로施行홈　徐廷旭 告白

◎移轉廣告

本會館位置를中部承洞三拾二統一戶（承洞禮拜堂前寮寺동洞典洞後谷）로定하고本月十一日에移接하오니京鄕間同業彦은照亮홈

大韓測量總管會 告白

閔宮丈丙奭시가癸巳年平壤觀察在任時에其夫妾이稱自上處分하며賣具亡父하기를本人이其父의怪疾卒世時에臨終而多取전財와執葬하고本人의家產錢財를籍沒奪取하고도猶爲不足하야戊戌年에觀察趙民熙시로하야곰又殺本人之子而餘在家舍답을再奪하얏스니前後奪條藥八十壹萬五千餘兩이라右條로推尋次로甲辰冬의日本事館의呼訴하얏슬時의는閔시가使樓동居刺客千哥로暗殺本人하는거슬幸不被殺하얏더니今에는又本人이起訴하다고閔시의錢財任置人茶동居金建河가自家의셔對人大談하되朴某가今若閔시로更爲起訴則銃殺하고宋秉준이渡日之日의는終身處獄시긴다하더니又김建河가蓮花峯閔시家의셔閔시從侄용起와互相飲酒晉之日吾兩人이박某를期於殺之하되以死相約힛다하더니今月十四日午前二時의本人家大門簷端이忽被衛火而燒하엿스니自此로本人이在家火死하나或晝夜間行路上이라도若被所害면此는即閔金兩人之所害를確認而本人의子五兄弟가報讎하고如是同胞의 僉員 佈告

草동八綜捌統捌戶寓朴條奎 告

蚕業普及하기爲하야本所에셔慶尚南道二拾八郡에蠶苗를無代로大郡은壹萬株요小郡은五千株式持去하라고本郡郡守의照會에對하야未持去한各郡만即持去하되個人이라도請求하시면無代로配付하오리다

慶尚南道安義郡島峴里
島峴蚕業會
附傳習所長 金秉先 告白

特別廣告　定價金壹圜

逢道大全 三冊

愼村先生黃泌秀 纂

先生이辭徵辟하고家塾教授闡發外舍招論新學涵養本源爲求速成及於數年前纂經史中關彝倫已修身而易行者以訓蒙하고成績頗多年前自學部經義調對施賞始用此書有志教育者稍知得亦欲備之學課久無書購求爲難識者病焉今此발售爲副其請繼刊諺解將欲普及於女子與勞動學校之用凡般學界母費半價而虎皮克念玉蘊而山輝光以許書求其培本達枝之效是視

專賣所 南門外紫巖 新舊書林
分賣所 京鄕各處有名書舖

各種藥品은總發行所는京城南大門側濟生堂大藥房本舖

天下無雙 蔘茸大補元

◎此蔘茸大補元은大韓名產人蔘鹿茸에西洋名材를和하야我國兄弟의腸胃와性質에適當토록多年研究發明한바今에先服人의累試累驗에皆差하니兄弟는何不早圖一試오 果然今世之靈藥이라故로主治效能을左開布하노니

（主治能効）勿論男婦老幼하고

先天不足　健忘不眠　腦痛虛弱　心腎俱虛
房事多用하야色傷腰痛　陽痿不起　遺精多夢　神經衰弱　事時早漏不快
手足厥冷　重病後弱　貧血症　食物不消　虛弱가特有토

壹週日分金壹圜　二週分에圜八拾전　四週分三圜四拾錢　期週分六圜五十錢　拾四週分에圜五拾전

學部檢定

初等 植物學　每課有圖　定價金三十錢

初等 動物學　每課有圖　定價金四十전

最新 初等小學　文明國의小學讀本制度를模範하야精美한圖畫를具하고八卷

最新初等 大韓地誌　定價金

最新高等 大韓地誌　定價金七十錢　文明國地誌制度를模倣하야各道의山水며關圖와各港口와都市場과名山大川과都會勝地를具함

初等 大韓歷史　文明國의歷史制度를從하야我國의歷史를具함

國家思想學　定價金七十錢　精神教育

憲法要義　定價金二十五錢　義務教育

國文 大韓十三道遊覽　上下卷 定價　우리大韓國의三道의名山大川과都會勝地를十數頁

右教科書는本書舖에셔發行하오니僉君子는速速來購하시오

原賣所 京城南部銅峴大門街第三十九統五戶 玉虎書林

分賣所 黃海道鳳山郡沙里院朝陽書館 京鄕各有名書舖

◎共愛堂大藥房製造各種藥品發引表

壯陽復元丹　此藥專治腦痛肺弱 遺精多夢 陽痿不起 房事色傷 病後虛弱 心腎虛弱 不下飲食 先天不足 眩暈頭痛等症에並妙効가有홈　壹週分壹圜 二週分二圜四拾錢 一朔分六圜四拾錢

處 □丹　壹般滯症胃腹痛消化不良心脾鬱悶船上酒醉化痰止咳口熱惡臭食慾不振等症에並神効

眼科 清眼水　壹般眼疾、時行眼疾、風熱眼疾、羞明流淚、眼內紅痒等症에撥害先天之妙（壹瓶금拾錢）

解瘧至寶丸　專治瘧疾即氣虛瘧、遠年瘧、하루걸니、一日학、雖難治之학이라도永々祛根홈　每包금拾錢

皮膚 神藥 □効液　特治皮膚病疥癬음、皮風、諸般痒疹、두두러기、옷올님데다神効홈　每瓶금三십전

專治 通淋丸　急慢淋疾、赤白帶下、膀胱炎症、腎炎及濃漏外他淋毒性諸症에神効홈　每劑금

梅毒 妙効 神應丹　梅瘡에一期二期三期를勿問하고確實이有効、連珠瘡、疳瘡等에并효　每劑金二圜

복학 妙藥 清脾丸　專治小兒壹般腹痛、面黃、屎泄、左脇鱉腹에大有奇効홈　一匣金□錢

久滯 神効 養胃散　專治積久滯積、呑酸吐瀉、霍亂、胃腹痛、大便不順等症에奏效如神　每貼금拾五錢

治痰鎭咳丸　專治大人咳嗽、喘息、痰結등症에神妙　一日分每匣금二十錢

特胃 感効 消熱散　勿論內外時氣寒感冒、咽喉疼痛、寒熱性四肢節痛、似瘧非瘧等症에神効　每貼금十錢

耳病 神効 清耳液　專治耳病即鼓膜炎、內外聽道炎、耳中灼熱疼痛、濃液流出등症에有効　每瓶금十五錢

百貼 百應 妙妙膏　風寒濕氣、胸肩背에牽引疼痛、腰膝脚腿酸痛無力、骨節疼痛等症에如神　每貼금十錢

奏効 如神 能治膏　各種腫氣、小兒胎毒、부스럼、濕腫、生新이並神効　每匣금十전

大腫拔根膏　價금十錢　大小腫에根째빠는약

解凝膏　멍울삭히는약　價금十전

寸虫去根藥　價금貳十전

齒痛水　충치풍치신효　價금七十五전

止泄丸　滯泄暴泄神効　價금十五전

痢疾藥　赤白痢에神効　價금十전

各種上等名[illegible]納、東西洋有名賣藥、浮藥乾材都賣散賣其他各種藥이具備하오니請求에依하야小包로隨應하깃슴

發行所 皇城南部大廣橋十九統七戶
共愛堂大藥房

大韓每日申報

第七卷

月曜及[illegible]休刊

檀君開國四千二百四十二年
箕子元年三千三十一年
大韓開國五百十八年
日本明治四十二年
淸國宣統元年
己酉閏二月小廿三日癸卯

Responsible for Publication Alfred Weekley Marnham.
發行兼編輯人英國人萬咸
發行所
京城南部石井洞[?]三層洋屋
大韓每日申報社

論說

◉國民의模範

咸北으로從來ᄒᆞᄂᆞᆫ人의傳說을聞ᄒᆞᆫ則近日함북明川郡에可賀的好消息이有ᄒᆞ니卽教育界의勃興이是라

蓋此郡은守舊의心이最頑ᄒᆞ고新進의풍이不振ᄒᆞ야文明의發展이堅々其難ᄒᆞ더니近日에至ᄒᆞ야忽然往昔狀態가豈變ᄒᆞ야新進家의步武ᄂᆞᆫ益々前往ᄒᆞ고守舊家의劣慣마漸々氷釋ᄒᆞ야教育의風潮가蔚然히興起ᄒᆞ얏도다

於是乎熱心家ᄂᆞᆫ其勇氣를竭ᄒᆞ며財產家ᄂᆞᆫ其資力을供ᄒᆞ며各面各洞은共公財產을傾ᄒᆞ며儒林家ᄂᆞᆫ集成閣을獻ᄒᆞ니於是에七面에七校가立ᄒᆞ야壹郡山川이文明普及의曙光을呈ᄒᆞᄂᆞᆫ도다

吾儕ᄂᆞᆫ此에對ᄒᆞ야欽賀不已ᄒᆞ노니豈온此郡熱心家를爲ᄒᆞ야欽賀ᄒᆞᄂᆞᆫ바ㅣ며豈온此郡財產家를爲ᄒᆞ야欽賀ᄒᆞᄂᆞᆫ바ㅣ며豈온此郡各面各동을爲ᄒᆞ야欽賀ᄒᆞᄂᆞᆫ바ㅣ어니와吾儕의第壹大欽賀ᄒᆞᄂᆞᆫ바ᄂᆞᆫ卽此郡儒林家라

大抵何道何郡을勿論ᄒᆞ고最히武斷의勢力이有ᄒᆞ며最히頑固의思想이有ᄒᆞᆫ者ᄂᆞᆫ儒林家가是라儒林의勢力이愈强ᄒᆞᆫ地方에ᄂᆞᆫ頑固의思想이愈烈ᄒᆞ며頑固의思想이愈烈ᄒᆞᆫ地方에ᄂᆞᆫ文明의事業이[illegible]ᄒᆞ나니故로國中新進家가[illegible]儒林家를指目ᄒᆞ야[illegible]

此明川郡으로論ᄒᆞ야도自來儒林家의頑固勢力이甚强ᄒᆞᆫ地方이라數年來로時勢를知ᄒᆞ고國家를愛ᄒᆞᄂᆞᆫ幾個新進家가出ᄒᆞ야學校의創設을爭唱ᄒᆞ미彼守舊家의抵抗力이猛發ᄒᆞ야所謂集成閣을各面에建立ᄒᆞ니其主張은曰儒教를扶植ᄒᆞ며聖人을尊奉ᄒᆞ다ᄒᆞ나其內容은不過新進派를反對ᄒᆞᄂᆞᆫ一巢窟을作ᄒᆞᆷ이라是以로新進家가或晩喩ᄒᆞ며或攻擊ᄒᆞ야文明實界에並登키를祈禱ᄒᆞ더니畢竟前日에文明을仇視ᄒᆞ며文明을力排ᄒᆞ던守舊家들이忽然新進家로變ᄒᆞ야新進의旗를並竪ᄒᆞ며新進의鼓角을共鳴ᄒᆞ야其光彩ᄂᆞᆫ曉頭의明星이照ᄒᆞᄂᆞᆫ듯其風聲은夜中의警鐘이鳴ᄒᆞᄂᆞᆫ듯時局의眼이關ᄒᆞ며暗黑의夢이破ᄒᆞ야集成閣이學校로變ᄒᆞ며集成閣의財產이學校의財產으로變ᄒᆞ니壯ᄒᆞ도다此郡儒林家여

故로吾儕ᄂᆞᆫ此郡儒林家를爲ᄒᆞ야大欽賀를不已ᄒᆞ노라

吾儕ᄂᆞᆫ因ᄒᆞ야全國儒林家에게[?]告ᄒᆞ노니新教育을擴張치아니ᄒᆞ면아모리孔孟을崇奉ᄒᆞ나此ᄂᆞᆫ虛崇奉이며아모리儒教를扶植ᄒᆞ나此ᄂᆞᆫ虛扶植이라何者오新教育이擴張치못ᄒᆞ면[?]諸公이悲慘窟中에永墮ᄒᆞ야回生ᄒᆞᆯ日이無ᄒᆞ리니如是ᄒᆞ면孔孟을崇奉ᄒᆞᆫ者가誰며儒教를扶植ᄒᆞᆫ者가誰[illegible]

[illegible]

雜報

布哇特報 (新韓民報照謄)

北美居留韓人同胞의發行ᄒᆞᄂᆞᆫ新韓民報에布哇特報라ᄒᆞ고新韓國報를照謄ᄒᆞᆫ全文이如左ᄒᆞ더라

第壹次共同會記事

二月十九日에本港英字報잇버라잇스新聞에揭載ᄒᆞᆫ東京發電을據ᄒᆞᆫ則其事實이極히痛憤ᄒᆞ야心胆이裂ᄒᆞᄂᆞᆫ듯ᄒᆞ며耳로忍聞치못ᄒᆞᆯ것인데其全文이左와如ᄒᆞ니

韓國이장ᄎᆞ日本에合併이되리로다

貳月十九日東京電을據ᄒᆞᆫ則韓國內部大臣宋秉畯이揚言ᄒᆞ되現今韓國에二政府를置ᄒᆞᆷ이[?]益ᄒᆞᆫ事이오財政만消費ᄒᆞᄂᆞ니[?]國의希望과平和가一個政府를置ᄒᆞᆷ에在ᄒᆞ다ᄒᆞ얏고伊藤은此事를實行ᄒᆞᆯ計劃으로同月廿二日에東京으로還ᄒᆞᆫ다ᄒᆞ얏스니韓國에壹大政策의變更될것이此에達ᄒᆞ얏도다

日本이韓國을典執ᄒᆞ지ᄂᆞᆫ아니ᄒᆞ얏스되韓國이日本에負債가果々ᄒᆞᆫ故로此機會를因ᄒᆞ야韓國을日本에附屬ᄒᆞ려ᄒᆞᆷ이오又合衆國加拿太의排日運動이劇烈ᄒᆞᆫ故로敢히太平洋沿岸에投足지못ᄒᆞ고其人民을駈ᄒᆞ야韓國에植民ᄒᆞᆯ計劃이로다

以上은英字報照謄

本港에在留ᄒᆞᄂᆞᆫ韓人數百人이此에對ᄒᆞ야大激昂ᄒᆞᆷ을起ᄒᆞ야當日下午八時에韓人會堂에會集ᄒᆞ야第壹次共同會를開ᄒᆞ니諸同胞의祖國을愛ᄒᆞᄂᆞᆫ熱誠이壹體[illegible]

[illegible]

ᄒᆞ의陰謀를防禦케ᄒᆞᆯ事라

以上二個事件에對ᄒᆞ야一致可決ᄒᆞ고電報費ᄂᆞᆫ對ᄒᆞ야義捐金으로當席收入ᄒᆞᆫ金額이六拾餘圜이라閔贊鎬李來沫諸시가京城과東京에電報를發ᄒᆞ얏ᄂᆞᆫ데其電文이如左ᄒᆞ니

◎大韓內部大臣宋秉畯

留日本外務省

어지ᄒᆞ야大韓帝國을日本에附屬ᄒᆞ라ᄂᆞ나萬[?]悔ᄒᆞ시아니ᄒᆞ[?]國의生命이危殆ᄒᆞ[?]

布哇韓人共同會

○大韓總理大臣李完用

大韓民族

宋秉畯이韓國을日本에附屬ᄒᆞ기를周旋ᄒᆞ니宋秉畯의逆謀를防禦ᄒᆞ야韓國人民을救援ᄒᆞ라

布哇韓人共同會

第二次共同會議決

同月貳拾貳日下午八時本港在留韓人들이國民會館에會同ᄒᆞ야二次共同會를開ᄒᆞ얏ᄂᆞᆫ데(外界)昨夜兩處에電報ᄒᆞᆫ事件을更論ᄒᆞᆫ즉彼凶險ᄒᆞᆫ者에게對ᄒᆞ야懲戒나勸喩가無益ᄒᆞᆯ줄을知ᄒᆞ고도行ᄒᆞᆫ事이라와更히日皇에게電報ᄒᆞ야其意向을問ᄒᆞ기로議定ᄒᆞ야同月二十四日上午에日皇에게電文을發ᄒᆞ얏ᄂᆞᆫ데其電文이如左ᄒᆞ니라

東京日本皇帝陛下

陛下께서已往淸國과露國과宣戰을布告ᄒᆞᆯ時에萬國에公布ᄒᆞ기를此戰爭은大韓帝國의獨立과東洋의平和를保全ᄒᆞᆷ이라ᄒᆞ지아니ᄒᆞ얏나잇가今에愚痴ᄒᆞᆫ宋秉畯의言을聽ᄒᆞ고韓國을合併ᄒᆞ려ᄒᆞ니宋은韓國을代表ᄒᆞᆫ者도아니오權利를委托ᄒᆞᆫ者가아니라愚痴ᄒᆞᆫ宋秉畯의合併陰謀를拒絕ᄒᆞ시고韓國의獨立을確立케ᄒᆞ야東洋의平和를維持케ᄒᆞ소셔[illegible]

[illegible] 布哇韓人共同會

雜報

●法官任用令 四月九日에法官任用令을勅令으로發布하얏ᄂᆞᆫᄃᆡ判檢事의資格은司法官試驗의合格者요又ᄂᆞᆫ隆熙元年法律第十號裁判所構成法에依하야設立된裁判所檢事의職에在ᄒᆞᆫ者와法官養成所卒業生及外國大학校法律科卒業生이라더라

◉合併問題 去月曜日에總理以下각大臣이統監府에會同ᄒᆞ야例會를開ᄒᆞ고韓日兩國合併問題에對ᄒᆞ야可否를[illegible]ᄂᆞᆫᄃᆡ可ᄒᆞ다ᄒᆞᆫ大臣이多有ᄒᆞ다ᄂᆞᆫ說이浪藉ᄒᆞ다더라

●吹去東風 日本觀光團에入參ᄒᆞᆫ諸氏가再昨日上午八時에京釜列車를搭乘ᄒᆞ고發程ᄒᆞᄂᆞᆫᄃᆡ總理以下各部大臣과統監府高等官吏가韓日兩國軍樂을迭奏ᄒᆞ고남大門外停車場에서餞別ᄒᆞ얏다더라

●爾何頑固 觀光團이발程ᄒᆞᆷ은別項과如ᄒᆞ거니와前承旨辛成默氏ᄂᆞᆫ頑固의舊式衣冠을着ᄒᆞ고旅費ᄂᆞᆫ總理大臣李完用氏가壹百五圓을寄付ᄒᆞ얏다더라

●民乎校乎 日本觀光團發行이發程ᄒᆞᄂᆞᆫᄃᆡ한城府民會에셔ᄂᆞᆫ韓日國旗를交揭餞送ᄒᆞ고大東專門학校에서도出往餞別ᄒᆞ얏다더라

●史庫看審 江華郡鼎足산셩史庫에奉安ᄒᆞᆫ史冊을看審ᄒᆞ기爲ᄒᆞ야內閣에서書記官壹人과主事壹人을昨日에派送ᄒᆞ얏다더라

●閔又渡日 上海에滯留ᄒᆞ던閔泳璨氏가日本으로부터歸國ᄒᆞ얏다ᄂᆞᆫ說은已報어니와宋秉畯과부상秘密事件에未妥ᄒᆞᆫ處가有ᄒᆞᆫ지不遠間日本으로又爲渡往ᄒᆞᆫ다더라

●秘探行動 統監府에서何事件을因ᄒᆞᆷ인지上海로自ᄒᆞ야歸國ᄒᆞᆫ閔泳璨氏의行動을秘密調查ᄒᆞᄂᆞᆫ中이라더라

●代表會組織 中樞院議長金允植等諸氏가發起ᄒᆞ야人民의知識을啓發ᄒᆞ고문明을進步ᄒᆞᆯ目的으로代表會를組織ᄒᆞ고再昨日下午七時에洞口內普光학校內에서발起總會를開ᄒᆞ고任員을選定ᄒᆞ얏다더라

●區長招上 近日天道敎主孫秉熙氏가何等緊急協議ᄒᆞᆯ事이有ᄒᆞᆫ지각地方에在ᄒᆞᆫ敎區長을書齊上來ᄒᆞ라ᄒᆞ얏다더라

●爲夫安葬 故軍部大臣安경壽氏ᄂᆞᆫ昨年에至寃ᄒᆞᆫ 天恩으로伸冤ᄒᆞᆫ後에其貞夫人李氏가該氏의屍身을今春에ᄂᆞᆫ期於히緬葬ᄒᆞ라ᄒᆞ야陰今月二拾五日에楊智先山으로緬禮ᄒᆞᆯ터인ᄃᆡ費用은夥大ᄒᆞ고家勢ᄂᆞᆫ貧寒ᄒᆞ야該夫人의情景이可矜ᄒᆞ다더라

●寄附緬葬 故安경壽氏의緬葬ᄒᆞᄂᆞᆫ事ᄂᆞᆫ別項과如ᄒᆞ거니와總理大臣李完用氏가金貨壹百圜과趙重應氏가白米四石金貨貳拾圜을寄附하얏다더라

●別樣奪金 仁王산에設사ᄒᆞᆫ다ᄂᆞᆫ說은已爲報道어니와該役費ᄂᆞᆫ日人의게五십萬圜으로都給ᄒᆞ얏다더라

●貪贓調查 比安郡守權重萬氏의貪虐民財ᄒᆞᆫ다ᄂᆞᆫ說은已報어니와內部에서該氏의不法行政을得聞ᄒᆞ고現今秘密히調查ᄒᆞᆫ다ᄂᆞᆫ說이有ᄒᆞ다더라

●日漸增加 三月中에京셩居留ᄒᆞᄂᆞᆫ日人의戶數增加ᄒᆞᆷ이壹百五拾三戶인ᄃᆡ男이四百七十壹人이오女가四百二人이라더라

●杜人出發 杜蘭斯發前國務大臣쓰ᅳ엘氏ᄂᆞᆫ明日當地에서出發ᄒᆞ야西比利亞를經由ᄒᆞ야和蘭으로歸ᄒᆞᆫ다더라

●兩報禁賣 美國桑港에在留ᄒᆞᄂᆞᆫ韓人이發行ᄒᆞᄂᆞᆫ新韓民報第壹百二十三号와布哇에在留ᄒᆞᄂᆞᆫ韓人이發行ᄒᆞᄂᆞᆫ新韓國報第四号ᄂᆞᆫ治安妨害라ᄒᆞ야發賣를禁止ᄒᆞ얏다더라

●面長得人 陰城郡笙洞面面長金魯興氏ᄂᆞᆫ民間雜費를全減ᄒᆞ며又壹面虛卜五十餘結을調查ᄒᆞ고又該面十七洞申告書時旅費貳千餘兩을自爲擔當ᄒᆞ고無依無托ᄒᆞᆫ戶數를調查ᄒᆞ야戶布를除減ᄒᆞ기로壹面人民의稱頌이口碑를成ᄒᆞ얏다더라

●壹婦含冤 何許七十餘歲된老婆가何等痛冤ᄒᆞᆫ事가有ᄒᆞ야京城地方裁判所에呼訴ᄒᆞᆫ지가于今數三朔이過ᄒᆞ도록如何ᄒᆞᆫ措處가無ᄒᆞᆫ지라昨日正午에該老婆가該所門前에來到ᄒᆞ야其裏由를質問ᄒᆞ고訴狀이나還爲出給ᄒᆞ라ᄒᆞ며呼哭不已ᄒᆞ미日人壹名이韓日巡查를指揮ᄒᆞ야該老婆를押逐ᄒᆞᄂᆞᆫᄃᆡ其情景은令人難見하깃더라고輿論이喧藉하더라

●烟草組合 漢셩內烟艸商들이會同하야烟艸組合所를設立하고漢셩財務監督局에請願ᄒᆞ얏다더라

●妖日打韓 再昨日下午壹時에典洞等地에서鶴丸店日女가韓國勞働人壹名을亂打하야頭骨이破碎에流血이浪藉ᄒᆞᆫ디該學內巡查가該日女를中署로押去ᄒᆞ얏다더라

●活佛又生 楊根郡서終面外汝湖[illegible]村居[illegible]具然秦氏가自己家世傳ᄒᆞᄂᆞᆫ奴僕男女를召集ᄒᆞ고文券을燒火ᄒᆞᆫ後에壹齊解散ᄒᆞ야各其自由生活케ᄒᆞ얏다더라

●傳道亂道 日本東京에在ᄒᆞᆫ聖書公院에서聖經을工夫ᄒᆞ고年前에歸國ᄒᆞᆫ金相준鄭彬兩氏ᄂᆞᆫ京셩內의福音會傳道館을設立ᄒᆞ고熱心傳道ᄒᆞᄂᆞᆫᄃᆡ城內各敎會의信男信女들이何에迷惑인지從風而靡ᄒᆞ야晝夜往聽者가不知其數라其講道의趣旨를得聞ᄒᆞᆫ즉太히乖常ᄒᆞ다ᄒᆞ고一般敎人及外人의批評이浪藉ᄒᆞᆫᄃᆡ就中數種을擧ᄒᆞ건ᄃᆡ病者의醫院治療와死者의葬儀預備와信者의학교工夫와敎會의학교設立等事가無非偶像을崇奉ᄒᆞᆷ과壹般인즉地獄을不免이라ᄒᆞ야各敎會와信徒들을攻擊毁謗ᄒᆞᆫ다더라

●義將聲言 義兵將延基浩氏ᄂᆞᆫ不遠間에入京ᄒᆞ기를準備ᄒᆞ야不日內로入京ᄒᆞᆫ다고聲言ᄒᆞᆫ다더라

●馬洞小壘 本月貳日에咸鏡南道三台洞東方約十里地에서義兵數名이該道馬轉[illegible]分遣隊憲兵貳名과交戰ᄒᆞ얏다더라

●南壹分派 全南義兵남壹派가扶安邊산에屯據ᄒᆞ얏더니本月初四日에古阜靈光김堤興德茂장[illegible]等各郡에該部下兵을貳拾名式分派ᄒᆞ얏다더라

●遠峯空虛 楊州郡於等山面遠峯村居民들은日憲兵補助員의侵討를不堪ᄒᆞ야三십餘戶가擧皆逃躱ᄒᆞ얏다더라

●淳昌풍盤 日前에全北淳昌郡에서義兵百餘名이日兵과交戰ᄒᆞ야兩陣死傷이多數ᄒᆞ얏다더라

●李氏被捉 南部仁峴居ᄒᆞᄂᆞᆫ李敏台氏가何等事件을因ᄒᆞᆷ인지憲兵司令部에被捉ᄒᆞ얏다더니該部에서審查ᄒᆞ고昨日에京城地方裁判所로押交ᄒᆞ얏다더라

●日賊渡韓 近日日本內地에浪行侵奪ᄒᆞ던스리賊漢이多數히秘密渡韓ᄒᆞ야各港市에連絡橫行ᄒᆞ며諸般금貨를隨現奪取ᄒᆞᆫ다ᄒᆞᆷ으로目下嚴重히詗察ᄒᆞᆫ다더라

●救世擴張 救世軍正領許嘉와參謀長趙重吉兩氏가已往平壤郡에下去ᄒᆞ야傳道演說ᄒᆞᄂᆞᆫᄃᆡ滿場喝采에或垂淚者가有ᄒᆞ야救援을受ᄒᆞᆫ者가千餘名에達ᄒᆞ엿다더니今에更히該地人士의紹介를因ᄒᆞ야正領許嘉와參謀趙重吉兩氏가日昨該地로下往ᄒᆞ얏ᄂᆞᆫᄃᆡ該地人士의特別ᄒᆞᆫ思想과歡迎의發展됨을人皆稱頌ᄒᆞᆫ다더라

●靑會演說 今日下午七時三十分에鍾路靑年會館에서演說會를開ᄒᆞ고新羅名將金庾信氏의事蹟으로崔炳憲氏가演說ᄒᆞᆫ다더라

●孔德會設立 北部齋洞居洪某諸氏가孔孟道를闡發ᄒᆞᆯ目的으로目下孔德會를組織中이라더라

學界

●聯合運動 平南順川郡有志紳士諸시가靑年學生의體育을完全키爲ᄒᆞ야春期各學校聯合大運動會를來拾五日에宏壯히擧行ᄒᆞᆫ다더라

●志士寄附 平남順天郡各學校聯合運動會ᄂᆞᆫ別項과如ᄒᆞ거니와大寺동唯壹書館主남宮埈시가義太利少年二十部와新式體操法二拾部를該會에義捐ᄒᆞ얏다더라

●塾長熱心 白川郡上今석面下壹里寒井洞畔新義塾長金基[illegible]씨가敎育에熱心從事하ᄂᆞᆫᄃᆡ自己所有家屋과田畓日耕과畓給斗落을該塾에寄附ᄒᆞ얏ᄂᆞᆫᄃᆡ該面面會에서不動產買賣ᄒᆞᄂᆞᆫ時에居間의口文은全數이寄付ᄒᆞ라고決議되미資產家들이諸시의熱誠을感慕ᄒᆞ야該塾을永久維持ᄒᆞᆯ希望이有ᄒᆞ다더라

●四氏熱心 載寧郡左栗面津坪里金正洪시가昌明학校를設立ᄒᆞ고熱心敎育ᄒᆞᆷ은已報어니와校号를晉明으로改稱ᄒᆞ고任員을選定ᄒᆞ얏ᄂᆞᆫᄃᆡ校長은金正洪시로校監은羅秉翊시로학監은崔濟弘시로被選되야校況이日益旺盛ᄒᆞᆯ뿐不啻라趙[illegible]二시ᄂᆞᆫ女子敎育에出義ᄒᆞᆷ을尤極稱歎하야多數義捐을爭出ᄒᆞ야女학校를又設ᄒᆞ고敎師를延聘하야熱心敎導ᄒᆞ미不滿壹朔에학徒가三拾餘名에達ᄒᆞ얏다더라

●縣校更成 牙山郡屯浦縣[illegible]成학校ᄂᆞᆫ四年前에故郡守[illegible]시가紳士鄭泳澤柳寅玩等諸시가極力設立ᄒᆞ고于今維持ᄒᆞ더니間因財拙ᄒᆞ야廢止ᄒᆞᆯ境의至ᄒᆞ얏ᄂᆞᆫᄃᆡ紳士李載龍宋允洙金彦과趙重석崔在玩等諸시가敎育이不振ᄒᆞᆷ을慨歎ᄒᆞ야百方周旋ᄒᆞ야男女學徒가六拾餘名에至ᄒᆞ야校況이日漸擴張되얏다더라

◉感荷義捐 海州郡私立海同학校監學金承圭氏가

金一圓을本社에寄附ᄒᆞ얏기[illegible]에感謝를表ᄒᆞ노라

守錢虜

▲今日[illegible]政府[illegible]錄廣의郭言이라ᄒᆞ며會上과敎育界의維持成立못되기ᄂᆞᆫ財政업이지마ᄂᆞᆫ實狀은[illegible]ᄂᆞᆫ緣故인즉守錢虜로말ᄒᆞᆯ진ᄃᆡ豚犬만도못ᄒᆞ도다

▲守錢虜야々々々財產이라ᄒᆞᄂᆞᆫ것은積而能散이貴ᄒᆞ도다古昔英雄本을밧어周敎壹世못ᄒᆞᆯ망졍兄弟叔侄至情間에餓莩相續ᄒᆞᆯ지라도楚越ᄀᆞᆺ치相視ᄒᆞ니豚犬不若이아닌가

▲守錢虜야々々々々國泰民安ᄒᆞᆫ때에ᄂᆞᆫ무ᄉᆞᆷ事業ᄒᆞ라ᄒᆞ야도別機會가업셧지만現今情形論ᄒᆞ며보라財產을만잇고보면別々事業ᄒᆞᆯ터에分錢粒穀셤을내니豚犬不若이아닌가

▲守錢虜야々々々々前倉後庫ᄃᆡ財產을他人侵犯아니ᄒᆞ고獨自享樂ᄒᆞᆯ지라도用於用處當然커던於彼於此셋길財產제것으로認定ᄒᆞ야안쓰기로爲主ᄒᆞ니豚犬不若이아닌가

▲守錢虜야々々々々爾가世上나올때에赤手空拳나왓스며爾가[illegible]바릴때도赤手空拳갈터인ᄃᆡ空手去來더中間에事業ᄒᆞᆫ번못히보고蜉유ᄀᆞᆺ치시러지니豚犬不若이아닌가

▲守錢虜야々々々々此時代를當ᄒᆞ야셔吝財心이잇슬소냐於公於私盡力ᄒᆞ야國財地를保全코야維持ᄒᆞᆯ다ᄒᆞᆯ터인ᄃᆡ滅種禍를當코안져爾獨生活ᄒᆞ라ᄒᆞ니豚犬不若이아닌가

▲守錢虜야々々々吝財ᄒᆞᄂᆞᆫ本意가ᄂᆡ一身을爲ᄒᆞᆷ인가ᄂᆡ身이죽을지며ᄂᆡ子孫을爲ᄒᆞᆷ인가ᄂᆡ子孫도죽을지니누를爲ᄒᆞᆷ인가豚犬不若이아닌가

▲守錢虜야々々々々이러타시勸ᄒᆞᄂᆞᆫ말을제야모도精神차려셔쓰면[illegible]ᄒᆞᆯ것이오事業[illegible]되ᄂᆞᆫ날은國家文明[illegible]되리

雜報

●風說捺撫 昨日本報雜報欄內金信慘死라題下에金星圭시가咸平郡吏의子에게被殺하얏다는事는確報를據흔則當時風聞의誤傳이오果無是事라더라

廣告

本人姓名도章을流車內에서서失하얏기로此도章은勿施하깃사오니知舊內外國人은照亮흠 仁川府內面龍洞居金敎源 白

本人先塋在於始興西面加里峯而位답九斗落田四區를金龍漢稱以宗孫欲爲偸賣故光武十壹年四月貳拾五日廣告而彼漢이臟에敎田답券을竊取逃走하다偸賣或典當흘慮가不無故更告하니內外國人切勿見欺흠 忠北文義南嘉湖金箕東 告白

本人姓名圖章을仁港서去月二十五日見失하와廣告흠 韓命履

中部貞善坊大廟洞契가廟洞五統壹戶김召史家舍家八間文券을十年前에燒火하얏기로玆以廣告흠 김召史 告

◎學員募集廣告

本校에서壹학員을募集하오니志願人은四月十九日（陰閏月廿九日）內로請願書를提呈하옵 但請願紙는本校用紙로흠 壹試驗科目은國漢文讀書作文 壹試驗日字는四月廿日（음三月壹日）上午十時 但詳細흔節次는來問하옵

中部典洞

私立中東學校 告白

本人의名字麟奎를晶圭로改定하얏사오니知悉照亮흠 崔晶圭 白

信川魚蘆西幕浦居金炳淵許去戊申年月分의租十拾六石價[illegible]間忘失故玆以[illegible]外國人閒若拾흠

本人이鏡城居高君三處에捧欠銅貨二百捌拾圓拾六錢票서失而錢捧上故로不忘記成給廣告흠 金君玉 告白

[illegible]이면서休紙施行흠 黃海道載寧郡西湖面石村里元明로告白

連山郡陽良所面梧山에私立進明勞動學校를鳩財設立하고校장李中喆總務金炳柱校監學鍾總學監金琦鉉敎師金衡鎭金炳勳李漢榮崔淳學梁完基諸시가村內靑年子弟와樵童牧竪를熱心敎育하야男女學徒가六拾餘名에達하얏기玆以廣告흠

辯護士

本人이諸般訴訟을迅速處理흠

事務所 中部泥洞一百二統三戶

前判事 前檢事 李徽善

本島寓居人들이서지가家貧不贍이로되洞里에至貧同胞를顧念하야每家에食口數대로每月에牟麥斗升式貳個月을分給하고五拾餘戶의數百人命이迫此窮春하야生計完全하니誠시之大義요慈悲活佛이라不可例視故로玆에佈告

全羅南道莞島郡八禽島居民 金敏五 崔仲擧 徐學仲等 白

本人이陽四月拾日에北部廣通橋內拾七統四戶草家大間家券壹丈을路中에서失하얏스니誰某가得하와도休紙施行흠 家主李元善 借主崔[illegible] 告白

●함南洪原郡新翼面前津私立南興학校贊成記

南興里中 二百圓 全學契田四日耕代金八百圓 合壹百圓 瓦家七間代금六百圓 樵契六拾圓 歸厚契五拾圓 同胞契四拾圓 少年契廿圓 履信契拾五圓 西興里中二百圓 崔泰煥 四十圓 高命逸卅圓 김寶柱 車厚吉 崔昌龍 각廿圓 김載善 김基섭 梁進洪 각拾五圓 車訓仁 車壽汝 朴縣根 高命鉉 高辰天 高仁鳳 朴昌在 李相翊 리敬老 崔乘允 리長淳 리尙冕 馬亨信 馬完春 文在憲 정秀用 리相弼 리相奎 각拾圓 金元秀 朴학奎 김載翰 梁承漢 車貞男 리泰淳 리完國 高永鳳 김尙浩 朴基俊 朴基守 각大圓 김君心 리학秀 孫孝鳳 鄭斗漢 崔承煥 김丙洛 김寬弘 林仲相 김基信 黃雲起 朱應燮 김斗炯 崔壯仲 崔乘翊 김京化 盧丙浩 김珉송 高敬奭 南丙善 각五圓 薛成壹 리辰河 김應洙 리般甲 김用鉉 리昌洙 김載鎭 馬亨坤 리永서 김京淳 全尙淳 각四圓 리泰運 韓成益 김成돌 左京白 韓京鐵 각三圓

隆熙三年閏二月貳拾貳日 本학校事務員 김乘華

美國시아를大博覽會 회람박대를아시국미

詳覽

本社에서美國시아틀大博覽會出品事件으로廣告흠에對하야僉彥의多大흔贊成을得하야株[illegible]往復과僉彥의訪問이日日浩繁하와事務를處理흠에暫時라도遲延之歎이或有하여다本社의朋友를[illegible]位는洞諒하기를望하오나本社에서는壹層信實히注意하야能力所及에는怠慢치아니하는것은僉彥이認定하심을確信하옵

太博覽會出品事件에對하야拾株以下라도領受하는期限이已過하얏스오나誠力이在흔僉彥[illegible]延期하와本月拾五日（陰閏二月廿五日）까지退定하얏스오니愈愈應募하시옵고社에對하야公衆의情과發表를感謝不盡하오며僉彥의如此히相愛相信하심에對하야秋毫도孤負흠이無흠을自期하옵고玆에公衆에對하야誓約하옵나이다

本社之印章

本社之商標

大韓皇城磚洞（京城郵便局郵函第四拾號）

（大美國에리쇼나州法律認可）

韓美興業株式會社 謹啓

駐韓美國總領事館登錄

本社의各處代理人의姓名은如左흠

開城代理人		開城南門內雜貨商店
平壤代理人		平壤大同門內店洞
咸興代理人		咸興西門外
馬山浦代理人		馬山浦客主
元山代理人		元山港
淸津代理人		淸津港
水原代理人		水原北部長安洞
安城代理人	位置未定	水原北部長安洞
沙里院代理人	位置未定	漢城東部[illegible]里旺新學校內
金泉代理人	位置未定	漢城中部外相思洞貳統三戶
海州代理人	位置未定	漢城西部麻浦二拾二統五戶
天安平澤代理人		水原北部長安洞
群山代理人		群山大井洞
全州代理人	位置未定	漢城西部阿峴二百廿二統二戶
大邱代理人		大邱新出里五十八統七戶
釜山代理人	位置未定	馬山浦平山里壹統九戶
江景浦代理人	位置未定	西湖龍山坊東幕中契廿七統貳戶
麻浦附近代理人		西部麻浦貳拾七統三戶
長湖院代理人	位置未定	陰城城山里
永同代理人	位置未定	漢城西部洞貳統壹戶
木浦代理人	位置未定	木浦南橋洞
晋州代理人	位置未定	昌原馬山浦城山
金堤代理人		金堤郡白石面水閣
漢江附近代理人	位置未定	南部漢江十八統二戶
義州代理人	位置未定	義州枇峴
江界代理人		義州枇峴
東萊代理人		漢城北部上甘井洞四統九戶
慶南平代理人		鐵山至龍井洞

[illegible] 鄭基煥 盧炅洙 孫德부 金以文 張樂臣 金유東 김유東 邦元重 李孝植 吳惟泳 尹聖求 韓相益 김敎勳 리주召 辛相淑 李寬浩 李弼駿 楊泰[illegible] 安德鍾 安悳의 孫應宇 金升基 李宗默 朴奉燁 朴聖泰 金聖[illegible] 張[illegible]輸 崔錫玉 張濟拭

이쪽을낫낫다자세히보시오

漢城鍾路濟惠藥房에서官許拜受ᄒᆞᆫ二十三種

◀卞誣廣告

本郡守金宇植시ᄂᆞᆫ熟於新式ᄒᆞ와外審가播於京鄕ᄒᆞ야以ᄉᆞ薦郡守之任으로自爲交涉于各署ᄒᆞ야邑村에無事ᄒᆞ고捐俸助校에熱心勸勉ᄒᆞ야學校가興旺ᄒᆞ얏ᄉᆞ오며所謂士林高濟學朴勝淑은常在鄕校ᄒᆞ야校中諸事를恣意舞弄ᄒᆞ다가今當明哲郡守에不敢弄奸故로空自挾憾ᄒᆞ야新聞上에構誣揭載ᄒᆞ니萬々痛惡이라然而白々無瑕則不可呶々多辨이나今此高朴之行爲不正은錦山壹郡之所共知니有誰信聽이리오以隱結事로受侮於財署라ᄒᆞ니官隱結이百餘結인대今則結稅가係於財署ᄒᆞ야郡守ᄂᆞᆫ相關이업기로到任卽時隱摠ᄒᆞ얏스니何以大受侮며以士人議刑事로見責於警署라ᄒᆞ니高濟학이가鄕校담世司馬齋私契沓이라稱稱ᄒᆞ고私自放賣ᄒᆞ야稱托於濟남學校設立ᄒᆞ다ᄒᆞ기로時校任이此담은鄕校담이오非司馬齋契담이니不可放賣라ᄒᆞ야時校任을無數亂打ᄒᆞ야校任高濟學之子與任이成群作黨ᄒᆞ야呼訴於官庭則郡守가非木石이어던知其事狀ᄒᆞ고誰無憤痛之心乎아因被裹ᄒᆞ야痛治悖惡이어늘何以見責於警署며以邑橋新築費中四拾圜加排ᄒᆞ니修築後剩餘金이四拾圜이기로與各署로相議ᄒᆞ야落成宴費로用之也라何以見困於各署며以郡北書員三分壹條分食이라ᄒᆞ니書員은係於財署ᄒᆞ야郡守가初不相關이오以校壇任差出事ᄂᆞᆫ依其鄕中薦望差出이오郡守自意로不差出則何以失望於士林이며斷髮令示事ᄂᆞᆫ親察道訓令謄本이오壹無加減則何以歸怨於郡守며以濟南학校沮害라ᄒᆞ니鄕校담을司馬齋私契담이라ᄒᆞ야稱托學校ᄒᆞ고私自放賣ᄒᆞ기로卞時鄕校齊이오非學校沮害이며今堂上에셔反爲宗敎ᄒᆞ기南舊勸新ᄒᆞ야共臻文明之域ᄒᆞ자고演說ᄒᆞ얏더니曠彼頑固輩가隨時變易과因時制宜은古聖之遺訓而今時之急務어늘渠自誤解宗敎ᄒᆞ고反害宗敎라ᄒᆞ니誠甚慨嘆이며諸般改良이初不協於民事라ᄒᆞ니此乃上府訓飭이오郡守自意로ᄂᆞᆫ豈不敢民ᄒᆞ얏스며不協於民事ᄒᆞᆫ事가毫無ᄒᆞ며實會時攪頭唱歌ᄒᆞ야全失威儀라ᄒᆞ니乾元節에率錦新학校生徒六十餘名ᄒᆞ고躬唱慶賀歌ᄒᆞ야勸勉學徒ᄒᆞ얏더니鄕頑固輩가初見ᄒᆞ고失其威儀라ᄒᆞ니容或無愧이며詞訟聽受賂不公이라ᄒᆞ니시之廉潔은遠近이皆知ᄒᆞ니確知受賂則何不指名詳言乎아曠彼挾雜輩가以其私憾으로汚人名譽ᄒᆞ오니內外 僉君子ᄂᆞᆫ切勿信聽ᄒᆞ옵소서

錦山郡鄕校儒林 朴周陽
直員李德基 義壇有司金榮洙
梁仕成 郡主事金在薰
書記韓澤文 정萬鍾
各面面長 鄭道亨 權士元
金敬先 池永瑞 金局瑞
鄭汝玉 黃仁西 金允執
吉炳용 等 告白

본人의名字를以英圭으로改名ᄒᆞ오니知諸間照亮ᄒᆞᆷ
前技手 安宗圭 백

慶南梁山郡居鄭敬熙爲名者가自稱本人과戚誼가有ᄒᆞ다ᄒᆞ야本人의世傳답七斗貳斗落을日人의게暗自盜賣ᄒᆞ다가未遂現露ᄒᆞ니如許心法은路人所知이기玆에廣告ᄒᆞᆷ
慶南蔚山郡內廂面西동 金泳皓 告白

農商工部認許大韓測量事務所支事務所位置를公州郡縣內面知足谷에定ᄒᆞ엿ᄉᆞ오니測量ᄒᆞ실 僉君子ᄂᆞᆫ來臨請求ᄒᆞ심을望ᄒᆞᆷ
事務員 李承燮 告白

本人이昨秋에田興晉의家契를見失ᄒᆞᆫ故로每日申報에限貳日發刊廣告ᄒᆞ되尙未推覓ᄒᆞ얏기玆更廣告ᄒᆞ오니誰某拾得이라도休紙로施行ᄒᆞᆷ
仁港多所面新村里 驪希泰 告白

水標橋順信社契第貳號四十四號金先峰名票ᄅᆞᆯ失故玆以廣告ᄒᆞ고更爲成票以去ᄒᆞ오니前票ᄂᆞᆫ誰某拾得ᄒᆞ여도休紙施行ᄒᆞᆷ
本社契員 李樂奎 告白

中部貞善坊洞家契七拾三統四戶瓦拾間半家契를見失ᄒᆞ얏ᄉᆞ오니內外國人間拾得ᄒᆞ와도休紙로施行ᄒᆞᆷ
秋漢貞 告白

本院에서學員을募集ᄒᆞ오니入學志願ᄒᆞ시ᄂᆞᆫ僉員은陰曆十二日(陰曆二月一日)內로請願書를提出ᄒᆞ시옵
一試驗科目、讀書、作文、算術「四則」身體檢査
一試驗日字、四月拾三日「陰曆二月二十三日」
一年齡 拾五歲以上二拾五歲以下
但詳細ᄒᆞᆫ節次ᄂᆞᆫ本院에來問ᄒᆞ시옵
私立 尙友青年학院

測量製圖器械發賣
器械好品만아니라廉價로發賣ᄒᆞ옵並不完全ᄒᆞᆫ것이有ᄒᆞ면換付ᄒᆞ깃ᄉᆞ오니近郡僉員은購買ᄒᆞ심을爲要
京城永樂町赤門前
東京神谷川 測量器械舖
京城 支店
北青郡西門外 張敬和

測量製圖器械 其他附屬品文具 都賣 散賣

京城本町郵便局前 篠崎器械店
平壤南門通二丁目 篠崎支店

蠶業普及ᄒᆞ기爲ᄒᆞ야本所에서慶尙南道二十九郡에桑苗를無代로大郡은壹萬株요小郡은五千株式持去ᄒᆞ다本郡々守의照會에對ᄒᆞ야未持去ᄒᆞᆫ各郡守ᄂᆞᆫ即持去ᄒᆞ옵고個人이라도請求ᄒᆞ시면無代로配付ᄒᆞ오리다
慶尙南道安義郡島峴里
島峴蠶業會
蠶業傳習所長 金聲先 告白

特別廣告

達道大全 三冊
定價金壹圜

愼村先生黃泌秀所纂
先生이辭徵辟ᄒᆞ고家居敎授開放外合招聯新學涵養本源爲求速成及於敎 年前撰譯史中國彝倫已修身而易行ᄒᆞ고訓蒙士成績顯多年前目學部經濟問對施賞始用此書ᄒᆞ야有志教育者稍々知得亦欲備之學課久無專賣購求ᄒᆞ難識ᄒᆞ야病爲今此발售爲副其請繼刊誘解將欲普及於文子與勞働學校之用으로一般學界毋貴羊質而虎皮克念玉蘊而山輝光書求其踏本達枝之效是祝
專賣所 南門外紫巖新舊書林
分賣所 京鄕各有名書舖

光武九年八月十一日 明治卅八年八月十一日（第三種郵便物認可） 木曜日 西曆一千九百九年四月拾四日 (號)

第七卷

大韓每日申報

第一千七拾□號

月曆 隔時及休日 隨刊

檀君開國四千二百四十二年
箕子元年三千三十一年
大韓開國五百十八年
日本明治四十二年
隆熙三年
陰曆己酉閏二月小廿四日甲辰

Responsible for Publication Alfred Weekley Marnham.
發行兼編輯人英國人萬咸
發行所
京城南部石井洞號外地三層洋屋
大韓每日申報社

論說

◎觀光團送別記

午砲의掛鐘은七點聲을打罷하고東窓의紅日은庭樹影을曳照하는데記者ㅣ衾褥을始斂하고悄然趨坐러니瞥眼間兩三火砲聲이굉굉히來하야雙耳를驚하는지라記者ㅣ蹶然驚起하야日此가何聲인가因하야日余ㅣ暫忘하얏도다今日에四月十壹日이지今日이觀光團渡日하는日이지今日이漢城府民會에셔觀光團餞別하는日이지此聲이觀光團送別爆竹聲이로다

於是에帽를着하고鞋를穿하고短杖을携하고南大門驛으로直向하니

驛頭壯觀이로다送觀光團餞別綠門이半空에聳立하고送觀光團餞別旗가四面에飄拂하고壹邊에는軍樂이哀鳴하고壹邊에는俗樂이昇亮하고壹邊에는日本人의彩花旗가爛熳하고又壹邊에는各大官이于于擁立하얏더니忽然汽笛은鳴하고汽車는發하는데觀光團萬歲의聲이天地를震動하더라

記者ㅣ覽畢에凄然히數行淚를拭罷하고遠히觀光團諸君에게路聽숨아數言을寄送하얏노라（其言은左와如홈）

命하다觀光團이今日觀光團이萬里海外日本行을臨發하얏는데余는綠門도無하고旗旄도無하고音樂도無하고又他人과갓치送場에擁立하야萬歲도唱치못하고只是慘담悲憤한數行淚로諸君을餞別하니此는實로余의遺憾이라然則余는何로以하야諸君의贐을作할가於是乎數言으로贈하노니諸君은耳를傾하야聽할지어다

命하다觀光團아三千里錦繡江山을雙肩에擔하고扶桑東風에浮去하는觀光團아四十三紳士歷史를雙手에奉하고不可思議의遊覽場으로入去하는觀光團아此壹去에萬古流芳見도되고此壹去에百世遺臭見도될

觀光團아

命하다觀光團아諸君이南大門驛에서굉굉飛走하는汽車를乘하고釜山海에서濶濶駛行하는汽船을乘하거던諸君이日我輩도밧비文明하야此等工業術을世界에橫行하리라하며諸君이馬關을從하야大阪、京都等地로過去하다가大都市大港口軍艦大砲陸海軍大學校大會社를관覽하거던諸君이日我輩도밧비進步하야此等實力을培養하야全球를凌駕하리라하며諸君이東京에到着하야各國大使館公使館을관瞻하거던諸君이日我輩도밧비獨立하야此等國家權力을覓還하리라하며諸君이日本國中에貴族院衆議院各種地方團體、壹般人民權利를觀察하거던諸君이日我輩도밧비自由하야此等人民權利를保有하리라하며又諸君에게壹語를添送하노니諸君이或何等奇怪怪々한光景을觀하더라도諸君이曰我輩는四千載神聖한大韓國民이라何如한妖怪輩가甘誘를할지라도我輩를奈何하며何如한凶慘輩가威嚇을할지라도我輩를奈何하리오我비록死할지언뎡亡國民이되지아니하리라하야大奮發大勇作하야祖國精神을大揮揚할지어다

記者ㅣ言을畢하고遙遙히送하니汽聲이漸微하고汽烟이漸遠한지라記者ㅣ釜山으로直向하더라

記者ㅣ論曰怪異하도다此事가實로怪異하도다幾個頑舊輩가觀光次로渡日하는데何故로送別의光景이如彼宏壯하며何故로各大官輩가大崇拜하며何故로韓日本人이大謳歌하며何故로日本政府가大奬勵하며何故로日本各地方에서大歡迎하는가怪異하도다此事가實로怪異又怪異하도다

外報

●北淸의軍隊敎育 北京電을據한즉北淸에駐屯한八旗兵과洋鎗營鐵兵은脫營兵이頗有함으로軍隊敎育을隔日執行하고隔日休憩케한다더라

●財政制度觀察 伯林電을據한즉淸國唐紹怡씨는銀行及其他財政制度를觀察하기爲하야伯林에到着하얏다더라

●塞國否認 伯林電을據한즉丁抹國親王이塞爾維亞王이되리라는傳說이有한데同國官憲이皆否認하얏다더라

●土領의反亂 東京電을據한즉土耳其領亞剌比亞에서는反亂이蜂起하얏다더라

學苑

●憲法總論 自由主人

緖言

上天이無私하사個人마다自由權利를賦與하시니此權利는强者와弱者와貴者와賤者가均壹히享有할바이어늘乃者强者는强을恃하야弱者의權利를奪하며貴者는貴를藉하야賤者의權利를奪하야弱者와賤者는完全한生活을不得함에至하는지라於是乎憲法을設立하야弱者와賤者의權利를保有케하니憲法이란者는即君民이共同設立한壹表準的規則이니라嗚呼라國은其國人民의國이오君主壹人의國이아니어날噫彼專制政治之國은君主가自己壹人의國으로認하야幾千萬人民의自由를奪之壓之하다가畢竟自國의君權國權을他國에게失하야或羈絆이나或殄滅하는境遇에至하니慘哉며惜哉로다專制政治의毒이여個人의權利를奪壓하기로源流가되야全國의權利를見失하는데까지至하니엇지可懼치아니하리오惟我貳千萬同胞는此를鑑戒하야壹心團體로憲法을講究하야自己의自由와權利를失치아니하면全國의已失한權利도可以恢復할지니勉哉勗哉어다

雜報

●君家卞明 昌山君李海昌사가衛生費로因하야日巡査에게見辱하얏다는說은純是虛言이라고該君家에셔來卞하기玆에正誤홈

詞藻

●有意去 鐵心生

관光團가는것을、世上사람웃지마는。이번길에鐵心生은、뜻이잇셔自屬이라。아마도、더강뿐박멸기는、이내손에。

廣告

前承書官馬錫龍改以勝宇施行홈

大邱達洞 馬勝宇 告白

本館에셔各種果木及雜木苗種을多數廉價發賣하오니檜木의注意하는僉員은陸續來購하옵

平壤太極書館事務 李德煥 告白

本人의宗沓이木川武東面新村前坪에잇는데(奄字衛字宅字)合貳拾貳斗五升落과宅字田貳拾斗落을族孫鶴圭가金昌根과符同하야文券과證明을僞造하야欲爲得價與放賣코져하오니內外國人은一切勿見欺하시옵

木川細城面孔村(城陽)居 門長 黃석源 黃相穆 告白

◎帽子製造大發賣

本所에셔製造한正本으로學生帽子를精撰製造하와大發賣하오니僉同胞는壹次試驗하시오

甲號帽子 金五拾錢
乙號帽子 금四拾五錢
學生洋服次組織及裁縫
最新運動帽子各種製造

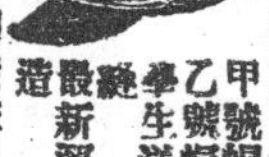

外方에셔請求하시면小包郵便으로迅速酬應하깃슴니다

皇城宗廟越邊 中谷染織工所主 金德昌 告白

本人이判事의任을辭하고左記處에事務所를更設하오며民刑商事及諸般法律顧問事項을覺居迅速精密히處理하오니抱冤未伸又는有疑未解하시는僉君子는陸續來議하심을望홈

西部唐皮洞三統四戶

辯護士 前判事 前檢事 李冕宇

本人이京城大韓測量事務所에得認親務하니土地測量之員은請求本所홈

三和港大韓測量出張所所長 閔亨湜 告白

本人의子錫允이가年今五拾壹인데去庚寅年出他에向無消息하와玆以廣告하오니誰某시던지有處를知하시는이는本人處로通知하면厚意를表示하깃슴

平北定州五山大里九統九戶 盧應燮 告白

◎學員募集廣告

本校에셔壹學員을募集하오니志願人은四月廿九日(陰閏月廿九日)內로請願書를提呈하되請願紙는本校用紙로홈

壹試驗科目은國漢文讀書作文

壹試驗日字는四月廿日(陰三月壹日)上午十時

但詳細한節次는來問하옵

中部典洞 私立中東學校 告白

●夜學生募集廣告

本校에셔特別히夜學速成科를增設하고학員을募集하오니入학코져하시는僉君子는四月十日(陰閏二月二十日)內로本校에來議하시옵

科程 日語 算術 簿記

隨意入학홈

入학金五拾錢月謝는壹科二十五錢貳科四拾錢三科五拾錢

卒業期限은壹個年

南署敎堂內 新韓夜학校

雜報

●恩宮感恩 恩彦宮主人이完銘氏가年前에何許日人에게被寫券을幾紙를고金貨三千圜을借用호後尙今不報홈을앗지니近日에該日人이頻數索督홈으로困難이殆甚하다는說이 太皇帝陛下께 入聞된지라 陛下께옵셔殷㓗하신聖數 下賜하시고即速還給하라하셧다더라

●金口頌巧 曾彌副統監이日前에日本觀光團에前往하는諸氏를對하야曰日本山川과風致를逍遙觀光하고還하야壹層勤勉하미히諸氏가다其隨意答辭하는대就中金宗漢氏는奸巧한唇舌로答하되余는別無觀光底意思오但학問에高等한人을雇聘하야韓國人民을敎育하깃다하얏다더라

●韓氏辭職 內閣書記官자韓昌洙氏는豫히辭職홀意가有하더나不日內로辭表를提出홀터이라더라

●老慾亂動 자地方人民의戶牌를實施하기爲하야從二品金炳薰氏가統監府에請願하얏다더니日昨에또內部에請願하얏다더라

●兩閔同舟 輔國閔泳徽氏는何等運動事가有홈인지陰本月晦日에閔泳瓚氏와作伴渡日홀次로旅費及其他行具를準備中이라더라

●內官會同 前奉侍金義澤氏가再昨日下午에今番減額退出한壹般內侍를會同하야何事件을協議하얏다는대續聞한則幾年間宮中奉侍에勤務라가壹朝減額解散을當하야壹般糊口에策이絕無할대러困難이莫甚하니生活方針을指示하다고統監府에質問書를提呈하다더라

●清娼淸面 日昨宮大閔丙奭氏가上海로歸國한閔泳瓚氏와[illegible]氏의愛妾淸女등明月館으로請邀하야茶話會를開하얏다는데其時에淸女한人은總理李完用氏大韓重應兩氏와上海情形을壹々探問하는데閔泳瓚氏가其間韓國所경歷史를逕々詳問한後該淸女에게淸語로酬辯한則該淸女가李氏頭面에對하야數三次를唾罵하얏다더라

●翡翠亂鳴 宮內府大臣閔丙奭氏가其愛妾翡翠와有何不平이던지家庭風波가大起하얏다는說은已報어니와該理由를詳聞한則該氏가翡翠를叱責하여曰爾가演興社倡夫와潛通하야醜聲이各新聞에喧藉홈으로對人擧顔치못하겟노라하고再三鍛鍊하미비翠가答曰余本賤妾이라此等行爲가容或例事이나所謂壹國大臣의夫人이骨肉間淫亂하야蓮花洋屋에羞月妬花홈을擧家共知호대君獨不知하고內外國으로往來하던如吾賤妾의行爲不正으로만羞恥가되나냐하며聲々大言曰此等行淫事에도妻妾을分等하나냐하야壹場風波가太起홈이라더라

●信斧斫足 忠淸北道觀察使權鳳洙氏가自己族人되는茶동居權某를百般誘引하야陰성郡守를圖得以給하마하고金貨五百圜을暗自乾沒한故로該權某가不勝忿冤하야日間法部에呼訴하다더라

◉淸日衝突 間島에駐屯한淸國軍隊가該地居留韓人의堡長을捕去하얏는대日本統監府出張所에서憲兵을派遣하얏더니淸兵이日憲兵을擊殺한지라日人便에서再次憲兵及軍隊를派遣한즉淸國軍隊가又爲擊殺하얏더니去八日에龍岩浦日本騎兵隊가急報를接하고長驅殺入하야淸兵과接戰하얏는데彼此間死傷이多하얏다더라

●舊貨通用期限 舊白銅貨는五月三拾壹日부터通用을禁止하는데인즉白銅貨를持한者의注意홀비라더라

●李氏妄想 國成社에서財政이窘拙하야廢止하얏다는대該社長李命兩氏가期於維持하기爲하야圓覺社倡夫를多數雇用하기로預定하고不遠間繼續設行한다더라

●李妾逃躱 耆老所守直官李國寅氏가數日前에自直所로歸家한즉自己의別室이諸般家産什物을輕寶로數百圜價値를捜取逃躱하야不知去處라더라

●固倅善績 南來人의傳說을據한則固城郡守尹命殷氏가莅任以來로視民如傷하고交隣有道하야壹境賴安에頌聲이載路하다더라

●鳥飛梨落 西部西湖居하는文光臨爲名人이魚物商을營業홈次로仁川港等地에下去하얏다가日前에上京하야히家에來到한즉適其時히妻가隣家居崔明允家에서出來하는지라文哥가不勝憤怒하야互相通姦하얏다하고即時崔哥를以劍刺殺하고仍以逃走하얏다더라

●獸口獸日 南部明洞居留하는何許日人은渠의母와潛通하야孕胎한지가于今七朔에達하앗는데彼國人間에도唾罵를受한다더라

●役夫呼冤 仁王山破사하는役夫가三百名인대該役夫의雇價를每日五拾錢式計算하야日人牌長이五日間에壹次式支撥하되拾錢은牌장應食條로除減分給하더니數日前에該日人牌장二名이役夫三百名의雇價를乾沒逃躱한지라該役夫들이四處探問하야新門外停車場等地에서牌장壹名을捉得하야警視廳으로押去한즉該廳에서役夫를對하야日雇價를何不先辦하고外上赴役하얏나냐하고壹齊退送한故로役夫의呼冤이浪藉하다더라

●日人密探 北部昭格동附近에는義兵의投入하얏던者六七名이來留한다는說이浪藉홈으로日人偵探者들이密行調査中이라더라

●日兵派巡 坡州長湍등郡에義兵數百名이來據하야勢甚熾盛하다하미[illegible]로京城憲兵隊에서日憲兵四拾餘名을派送하얏다더라

●退院風塵 數日前東小門外退溪院等地에서義兵과日兵이多時間交戰하얏다더라

●砲殺日兵 全남茂長郡에서日前에義兵壹百五拾七名이該郡守備隊와交戰하야日兵四名을卽地砲殺하얏다더라

●廣岩義兵 日前에楊州廣岩面等地에義兵三拾餘名이突入하야新貨二拾六圜을軍需錢으로收去하얏다더라

●과靈義屯 義兵將朴抱大全海山等諸氏가部下八十餘名을領率하고目下茂장郡과靈山에屯據하얏다더라

●申家小火 再昨日下午六時量에南部舟橋居하는申召史家에서起火하얏는데旋卽撲滅하앗다더라

●威脅請貸 泥峴居留하는日人石作太郎이가日前에其隣居日人租見壹男을往見하고金貨拾十圓을貸與하라하거날租見壹男의所答이現今은所貯가絕乏하니姑待幾日하라호즉石作太郎이가六穴砲로威脅作梗홈際에히擧치巡査가適過押去하얏다더라

●日女行賊 泥峴居留하는日女富永우窃盜로行賊하다가所管警察署에被捉하얏다더라

●僞寶被捉 再昨日警視廳에서 御寶僞造者金某를新門外等地에서捕捉하야現今牢囚取調中이라더라

●救世傳道 救世軍正尉密敎參尉林文相兩氏가忠南恩津郡에下往傳道하야救援을受한人士가五百五拾餘名에至하얏는대就中李鳳均氏가愈爲熱心傳道한다더라

學界

●光校不幸 開城郡私立光明학校는土木工匠들이互相贊成하야每日每人의雇金七拾錢中拾錢式各捐하야校費를擔任한지于今四五年에학校가興旺이더니不意에該郡郡[illegible]梁在璣시가該工匠等을招引叱責曰雇金이太多하니十錢式減하라홈지라此雇金를減하면工匠의糊口는姑舍하고校費를何以抵當하리오하고怨聲이大端하다더라

●協成紀念 龍山協成학校에서本月十五日에第壹周年創立紀念式을擧行홀다더라

●吳氏設校 白川郡雲산面四里吳翊善氏는學校를設立하얏는데大明學校라稱하고其子慶順시와其孫英根시로科程을各히分擔하야熱心敎授하미學徒가日々增加하야進就之望이有하다더라

◉可付一笑

昨日本報雜報欄內에布哇特報라한題下에布哇에在留韓人들이故國이將來에日本에合倂이되리라는事에對하야宋秉畯과李完用及日皇에게電報한記事를揭載하얏더니內部에서治安妨害라稱하고國漢文及國文兩報를並押收하얏다더라

▲地方消息▼

▲去月廿四日全羅南道順天郡西北方約四十里地仙岩寺에서義兵數名이該郡日守備隊特務曹장以下六名及巡査二名과交戰하엿다하고

▲本月六日全南海南郡右水營東南方約二拾里地에서義兵拾餘名이乘船하고該郡日守備隊太尉以下六名과交戰하엿다하고

▲本月五日江原道麟蹄郡西北方約十里地에서義兵貳十餘名이該郡日守備隊中尉以下六名及巡査二名과交戰하얏다하고

▲本月四日忠淸남道保寧郡西北方約二十里地에서義兵十五名이該郡分遣所日憲兵一名及補助員三名과交戰하얏다하고

▲本月三日全羅南道東南方約拾里에서義兵五名이該道古幕院分遣所日憲兵二名及補助員五名과交戰하엿다하고

▲本月五日全羅남道靈光郡北方拾里地에서義兵百餘名이該郡分遣所日憲兵二名及補助員三名과交戰하엿다하고

▲本月九日江原道芝浦東方約二十里地에서義兵拾五名이同地分遣所日憲兵壹名及補助員四名과交戰하엿다더라

▲經濟의悲觀▼

▲守錢虜의모던罪惡屢屢論述하거니와經濟界로말하여도興經濟가잇슬지며亡經濟가잇깃거늘愚昧한사韓人들은엇지하면興할는지엇지하면亡할는지經濟本意何如홈은硏究치도아니하고亡經濟만崇尙하니[illegible]하노라

▲國家經濟말홀진대農商工業研究하야多數物品製造하고輸入輸出計算하야出多入少홀然後에興經濟라홀이인되輸出品은姑舍하고國庫中의稅納까지外人에게消耗하며國土이나賣喫하고借款으로爲主하니亡經濟가이아닌가

▲家庭經濟말홀진대男女執業勤孜하야私益에도補充하고公益에도應用하야互相幷濟홀然後에興經濟라홀이인대驕奢淫佚專事하야壹分錢이셍기며는二三分式濫費하되公益上의쓸는것은怪變으로認定하니亡經濟가이아닌가

▲個人경제말홀진대각種技術工夫하야多少金錢버러다가入以事其父兄하고出以救其同胞라야興經濟라홀이인대挾雜에나從事하야陷人不測하여가며如干錢財에서다가綾羅錦衣를처닙고訪花隨柳汨沒하니亡經濟가이아닌가

▲社會經濟말홀진대別般方針定하여서塗炭中의잇는人民就業之方을講究하야各得其所홀然後에興경제라홀이인대會와團을組織하고寄附金을强募하야事務擴張한다하고茶烟費와柴炭價로許多金錢消融하니亡경제가이아닌가

▲韓國人의亡경제가將得止此홀뿐아니라此外에도許多亡條壹難短篇紙記이로姑此數種舉明이나生存競爭此時代에이러하니愚昧하니興復할날바이업다嗚呼韓國同胞들아경제興復은先務니경제부터回復하며國權을從此而復하리

社告

本支社를左기三郡에設置ᄒᆞ고玆에仰佈ᄒᆞ오니각該郡附近地에서本報를愛讀ᄒᆞ실 僉君子ᄂᆞᆫ左開三氏에게請求ᄒᆞ심을務望

淸津港新岩洞 張元浩
雲山北面橋洞 王冕儁
沙里院活民勞勸救火會任敬宰

大韓每日申報社

廣告

本人이鑄島二契卄八統三戶河長日의與家五間文券을典執ᄒᆞ얏다가셔失故로玆廣告ᄒᆞ니誰某拾得勿施홈 鑄島僧凡伊 白

本人이四月십壹日南大門外停車場에셔手帖을遺失ᄒᆞ엿ᄂᆞᆫ대其裏에尹氏铉의推尋홀二萬五千兩通票壹度와壹萬五千兩通票壹度와壹萬兩通票壹度와名啣五張을並入ᄒᆞ야셔失ᄒᆞ얏기에玆以廣佈ᄒᆞ오니誰某던지拾得ᄒᆞ야도休紙로施行홈

東湖居高允默 告白

本年壹月壹日부터測量講習所를特設ᄒᆞ고敎師金秉제시를延聘ᄒᆞ야晝夜로熱心敎授ᄒᆞ오며卒業期限은本月三拾日로確定ᄒᆞ얏ᄉᆞ오니京鄕有志僉員은照亮홈

隆熙三年四月六日

扶安半浦南韓測量講習所

所長 金鼎濟 告白

本人의養子錫과錢子ᄂᆞᆫ仁弼이가性本浮浪ᄒᆞ와陷身於酒色雜技之場ᄒᆞ야蕩盡庄土를非止壹再에終不悛過기옹기不得已罷養ᄒᆞᆸᄂᆞᆫ故以廣告ᄒᆞ오니僉同照亮ᄒᆞ시ᄋᆞᆸ

全羅北道扶安郡右部面晉本里 裵昌道

辯護士

本人이諸般訴訟을迅速處理홈

事務所 中部泥洞一百二統三戶

前判事 前檢事 李徽書

●特別廣告

本人이家親金德秀에代理가되여度支部財産整理局에未受價條三萬貳千七十壹圓을去三月卄七日에委任ᄒᆞᆫ法學士辰市本丸시를經ᄒᆞ야本人이推尋홀事가確實ᄒᆞᆫ바家親이年老ᄒᆞ야意識喪失ᄒᆞᆫ거슬姊夫尹益炳이가利用ᄒᆞ야借從于財産整理局而支撥ᄒᆞᆫ金額을壹分도不受ᄒᆞᆫ줄노말ᄒᆞ게ᄒᆞᆫ것과去八日大韓每日申報第壹〇六七号에記載內開의管田書記官及辰市本丸시外諸人이右金額을分食ᄒᆞᆫ줄노記載ᄒᆞᆫ事가白無根之說이기로尹益炳은去八日에詐欺取財未遂罪端許出郡로警視廳에被捉ᄒᆞ얏지라要之ᄒᆞ니以上事實의許審에基ᄒᆞ야僉閣下에名譽損傷된일이丹必痛歎ᄒᆞ야玆에壹便謝過狀을發布ᄒᆞ와管田書記官及辰市本丸에淸廉ᄒᆞ심을辦明ᄒᆞ며兼ᄒᆞ야辰市本丸의盡力을感謝홈

京城南部茶洞貳統五戶

金德秀子 昌一

本部測量學校에셔卒業式을行ᄒᆞ얏ᄂᆞᆫ대六拾餘人학員中에最優等은金基述崔永洪等拾五人이오優等은金洛疇李建鎬等拾六人이오及第ᄂᆞᆫ李萬炯金澄述等六人인대凡他諸校ᄂᆞᆫ壹朔或二三朔에皆受卒業證호되校長학監과敎師學宗植시가實地上에少無差誤之意로滿六朔熱心敎育ᄒᆞ야期於無性不及然後에乃擧卒業式ᄒᆞ니敎之不倦과학之就精을人皆稱服키로玆廣布홈

扶安郡民人 告白

理科師生

本書ᄂᆞᆫ著者가理科思想의普及과壹般需要를爲ᄒᆞ야普通理科의概要天文地文植物動物鑛物에關ᄒᆞᆫ新學理及俗論의迷惑에對ᄒᆞᆫ解說等을敎科師와學生의問答討論으로平易編成ᄒᆞᆫ者ㅣ니

壹各學校入학及各種定期試驗을準備ᄒᆞᄂᆞᆫ者의好顧問이오

壹普通理科敎授의說明을準備又ᄂᆞᆫ自家硏究ᄒᆞᄂᆞᆫ者의良材料요

壹江湖人士의迷夢을打起ᄒᆞ고頑腦를劈開ᄒᆞᄂᆞᆫ鍾鼓斧斤이오

壹新學問新思想의眞鏡을窺入코져ᄒᆞᄂᆞᆫ者의門戶殿階ㅣ라此新時代의美想을抱ᄒᆞᄂᆞᆫ諸君은早速히此壹書를來求ᄒᆞ라

發行所 京城鐘路靑年會館上傍 文雅堂

發賣所 滙東書館 廣學書舖 唯壹書館 中央書館

美國시아틀大博覽會 미국시아틀대박람회

請垂詳覽

●特別廣告

謹告于本社株主僉位

現今에ᄂᆞᆫ本社事務의進行이確實히成功ᄒᆞ야歐美各國으로太韓物品의注文이답至ᄒᆞ야本社의大利益이되깃사오며外國으로셔輸入ᄒᆞᄂᆞᆫ物品도未久에到着ᄒᆞ야本社의振興을立待ᄒᆞ깃ᄉᆞᆸᄂᆞ다公衆이應募ᄒᆞᄂᆞᆫ株금의餘額이無幾이온中應募者의답至함에因ᄒᆞ야每株十圓의本社株券을來五月一日로부터每株十貳圓으로作定하오니本社의創設初로부터入株하야備嘗辛苦ᄒᆞᆫ我株主諸公에對ᄒᆞ야感謝不盡이오며將來方針에對하야本社에셔未曾有ᄒᆞᆫ大成功을企圖ᄒᆞ야心力을殫竭ᄒᆞ야確効가有ᄒᆞᆷ을自期ᄒᆞᆸ나이다

敬告于公衆僉位

本社에셔每株十圓의本社株券을來五月一日로부터每株十二圓으로作定ᄒᆞ얏ᄉᆞᆸᄂᆞ다到今ᄒᆞ야ᄂᆞᆫ本社의大成就될것은的確히顯著ᄒᆞ오니有志僉彦이여速速히本社株금에應募ᄒᆞ시ᄋᆞᆸ本社株券의價値와暴騰은預定ᄒᆞᆫ事이오니今年內로每株價値가二十圓까지高登ᄒᆞᆯᄂᆞᆫ지도不知ᄋᆞᆸᄂᆞ이나

本社之印章

AMERICAN KOREAN TRADING COMPANY 韓美興業株式會社章

本社之商標

京城銅峴

(京城郵便局郵函第四十號)

韓美興業株式會社

大美國에셔소나道法律認可
駐韓美總領事館登錄

●特別廣告

이쪽을날마다자세히보시오

시면以小包郵便으로高品廉價而信々酬응ᄒᆞᆯ것ᄉᆞᆸ 物品如下 鉛筆각色 洋服內衣上下 印札紙각種 日用雜貨俱備 貴만出資而書籍印刷業을同事利分키로廣告ᄒᆞ니速速來議

廣告

本人姓名圖章을仁港서去月一十五日見失ᄒ와廣告홈
韓命履

中部貞善坊大廟洞契大廟洞五統壹戶김召史家舍家六間文券을十年前에燒火ᄒ얏기로玆以廣告홈
김召史 告

本人의名字麟奎를晶圭로改定ᄒ얏ᄉ오니知舊僉照亮홈
崔晶圭 白

本所는外國에서專門卒業ᄒ技師와官費로卒業ᄒ技手를團合ᄒ야測量所를設立ᄒ고農商工部認許를承ᄒ야各種測量製圖設計에從事ᄒ지已經三年인바現今全國內山林測量에期限이漸迫ᄒ온是憂ᄒ야各郡에出張所를設置ᄒ고山林及各種測量을隨請施行ᄒ오되請求者의信用을得ᄒ기爲ᄒ야本所에서各出張員의게所票를携帶케ᄒ오며報酬料ᄂ低廉케ᄒ고壹切法式은極盡精細케ᄒ야合格됨을負擔ᄒ고從事에益益勤勉ᄒ오니測量을要請ᄒᄂ僉君子ᄂ本所나或出張所에來議ᄒ시옵
農商工部官許
大韓測量事務所所長 盧秉熙

片村工務所

土木灌漑排水等水利事業耕地整理山林土地漁場等之測量製圖及設計에委托을酬應홈
京城御成町東側大里門洞

金泳判宗圭가生家五代祖祭位畓을好道理로自任ᄒ고至今와서三斗落은減ᄒ고拾年所出은不報ᄒ며裁判ᄒ라ᄒ매行悖ᄒ니不得已ᄒ야裁判ᄒ오니宗中에서共知ᄒ시오
金炳燮 告白

本人姓名圖章을漢城內에서失ᄒ얏기此도章은勿施ᄒ고知舊內外國人은照亮홈
仁川府內面龍洞居金敎源 白

本人先塋在於始興西面加里峯而位답五斗落田四區를京龍漢稱以宗孫欲爲偸賣故光武拾壹年四月貳拾五日廣告而京龍漢昨臘에該田답券을竊取逃走ᄒ니偸賣或典當이虞不無故更告ᄒ니內外國人切勿見欺홈
忠北文義南嘉湖金箕東 告白

信川魚蘆西嘉浦居金炳濶許去戊申拾壹月分牟租七拾六石積置票受持이라니中間見失故玆以廣布ᄒ오니內外國人間若拾이면以休紙施行홈
黃海道載寧郡西湖面石村里元明로告白

遂山郡陽良所面梧山에私立進明勞動學校를鳩財設立ᄒ고校장李中喆總務金炳柱校監李鍾彬學監金琦鉉敎師金衡鎭金炳勳學漢榮崔淳學梁完基諸시가村內靑年子弟와樵童牧竪를熱心敎育ᄒ야男女學徒가六拾餘名에達ᄒ얏기玆以廣告홈

本島寓居人金永석시가家貧不贍이로되洞里에至貧同胞를顧念ᄒ야每家에食口數대로每月에牟壹斗五升式貳箇月로分給ᄒ옵五拾餘戶의數百人命이迫此窮春ᄒ야全ᄒ니誠시之大義ᄂ慈悲活佛이라不可例覰故로玆에佈告
全羅南道莞島郡八禽島居民
金敏五
崔仲擧
徐擧仲等 白

本人이陽四月拾日에北部湄鳳溪新橋內拾七統四戶草家六間家券壹丈을路中에서失ᄒ얏스니誰某拾得ᄒ와도休紙施行홈
家主李元善 借主崔濟弼 告白

本人이鏡城居高君三處에捧來ᄒ百捌拾圓拾六錢票서失而錢捧ᄒ故로不忘記成給廣告홈
金君玉 告白

●함南洪原郡新興面前津私立南興학校贊成記

南興里中 二百圓
全學契田四日耕代金八百圓
금宮百圓
瓦家七間代금六百圓
橋契六拾圓 歸厚契五拾圓
同鄕契四拾圓
少年契卄圓 履信契拾五圓
西興里中二百圓
崔泰煥 四十圓 高命逸卅圓
김秉柱 車厚吉 崔昌龍
각卄圓 김載善 김基섭
梁進洪 각拾五圓
車訓仁 車龍汝 朴賢根
高命鉉 高辰天 高仁鳳
朴昌在 李相翊 리敬老
崔秉允 리昆淳 리尙晃
馬亨信 馬完春 文在憲
정秀用 리相弼 리相奎
각拾圓
金元秀 朴학奎 김載翰
梁承漢 車貞男 리奉淳
리完國 高永鳳 김尙浩
朴基俊 朴基守 각六圓
김君心 리학秀 孫孝鳳
鄭斗漢 崔承煥 김丙洛
김寬弘 林仲相 김基信
黃雲起 朱應燮 김斗炯
崔壯仲 崔秉翊 김聖化
盧丙浩 김琨奎 高敬奐
南丙善 각五圓 薛成壹
리辰河 김應洙 리般甲
김用鉉 리昌洙 김載煥
馬亨坤 리永석 김京淳
全尙淳 각四圓 리泰運
韓成益 김成돌 左京白
南京燮 각三圓

隆熙三年閏二月貳拾貳日
本학校事務員 김秉柱

○下誣讀告

本郡守金宇植시는熟於新式ᄒ와名譽가播於京鄕ᄒ야公薦郡守之任으로ᄡ爲變涉于各署ᄒ야邑村이無事ᄒ고捐俸助校에熱心勸勉ᄒ야學校가興旺ᄒ얏ᄉ오며所謂士林高濟學朴勝淑은常在鄕校ᄒ야校中諸事를恣意舞弄ᄒ다가今當明哲郡守에不敢弄奸故로空自挾憾ᄒ야新聞上에捧誣揭載ᄒ니萬々痛惡이라然而白々無瑕則不可呶々多辨이나今此高朴之行爲不正은錦산壹郡之所共知니有誰信聽이리오以隱結事로受侮於財署라ᄒ나官隱結이百餘結인데今則結稅가係於財署ᄒ야郡守는相關이업기로到任卽時益據하얏스니何以大受侮며以士人蓋刑事로見責於警署하ᄂ니高濟하이가鄕校답卌司馬齋私契沓이라藉稱ᄒ고私自放賣ᄒ야稱託於濟남學校設立ᄒ다하기로時校任이此답은鄕校답이오非司馬齋契답이니不可放賣라ᄒ야時校任을無數亂打ᄒ야校任이呼訴於官庭則郡守가非木石이어던知其事狀ᄒ고誰無憤痛之心乎아因被稟하야痛治悖惡이어늘何以見責於警署며以邑橋新築費中四拾圓加排라ᄒ니修築後零餘金이四拾圓이기로與各署로相議하여落成宴費로用之也라何以見困於各署며以鄕北書員三分壹條分食이라ᄒ니書員은係於財署ᄒ야郡守가初不相關이오以校壇任差出事ᄂ依其鄕中薦案差出이오郡守自意로豈不差出則何以失望於士林이며斷髮令示事ᄂ觀察道訓令謄本이오壹無加減則何以歸怨於郡守며以濟南학校沮害라ᄒ니鄕校답을司馬齋私契답이라ᄒ야藉托學校ᄒ고私自放賣ᄒ기로卞ᄒ鄕校당이오非學校沮害ᄒ며明倫堂上에서反背宗敎라ᄒ니革舊就新ᄒ야共隸文明之域ᄒ쟈고演說ᄒ얏더니噫彼頑固輩가隨時變易과因時制宜은古聖之遺訓而今時之急務어ᄂ漠自誤解宗敎ᄒ고反害宗敎라ᄒ니誠甚慨嘆이며諸般政民이初不協於民事라하니此乃上府訓飭이오郡守自意로ᄂ豈不敢良ᄒ얏스며不協於民事ᄒ事가毫無ᄒ며宴會時撓頭唱歌하야全失威儀라ᄒ니乾元節에李錦新학校生徒六十餘名ᄒ고躬唱讚頌歌ᄒ야勸勉學徒ᄒ얏더니鄕儒頑固輩가初見ᄒ고失其威儀라ᄒ니容或無愧이며詞訟賄受賂不公이라ᄒ니시之廉潔은遠近이皆知ᄒ시니確知受賂則何不指名詳言乎아噫彼挾雜輩가以其私憾으로汚人名譽ᄒ오니內外僉君子ᄂ切勿信聽ᄒ옵소서

錦山郡鄕校儒林 朴周陽
直員李德基 義壇有司金榮洙
梁在成 郡主事金在薰
書記韓準文 정萬鐘
各面面長 鄭道亨 權士元
金敬先 池永瑞 金局瑞
鄭汝玉 黃仁西 金允執
吉炳용 等 告白

測量製圖器械
其他附屬品文具
都賣 散賣

京城本町郵便局前
篠崎(シノサキ)器械店

平壤南門通二丁目
篠崎(シノサキ)支店

●蠶業普及ᄒ기爲ᄒ야本所에서慶尙南道二拾九郡에桑苗를無代로大郡은壹萬株요小郡은五千株式持去ᄒ라고本郡守의顯會에對ᄒ야未持去ᄒ各郡守ᄂ卽持去ᄒ옵고個人이라도請求ᄒ시면無代로配付ᄒ리다
慶尙南道安義郡鶴峴里
鶴峴蠶業會
附傳習所長 金秉先 告白

中部貞善坊泥동契七拾三統四戶已瓦拾間半家契을見失ᄒ얏ᄉ오니內外國人間拾得ᄒ와도休紙로施行홈
秋漢貞 告白

測量製圖械器發賣

器械好品뿐아니라廉價로發賣ᄒ옵고不完全ᄒ것이有ᄒ면換付ᄒ깃습기近郡僉員은購買ᄒ심을爲ᄒ
京城永樂町赤門前
東京長谷川測量器械舖
京城支店

本院에서學員을募集ᄒ오니入學志願ᄒ시ᄂ僉員은本月十二日(陰閏二月二拾二日)內로請願書를提出ᄒ시옵
一試驗科目、讀書、作文、算術「四則」身體檢查
一試驗日子、陽月拾三日「陰閏二月二十三日」
一年齡 拾五歲以上二拾五歲以下
但詳細ᄒ節次ᄂ本院에來問ᄒ시옵
私立 尙동靑年학院
北靑郡西門外 張敬和

新撰測量學

定價 九拾錢

俞吉濬 序
金澤吉 編纂

右冊은斯學에著名ᄒ金澤吉氏가編纂ᄒ온바시가多年遊外ᄒ야鑛山學을卒業ᄒ고歸國後測量敎授에熱心從事ᄒᄂ더現今完全ᄒ測量冊子가無ᄒ뿐아니라測量을初學ᄒ諸君이實地에當ᄒ야諸般請願格式과製圖方法에眩惑ᄒ믈慨歎ᄒ야細部圖根測量術을簡明ᄒ고切히編纂ᄒ외에特別히設計及請願書類와各種製圖式樣을着彩ᄭ지ᄒ야附錄에添付ᄒ얏슨즉一覽見明瞭ᄒ야학習에도便利ᄒ뿐不啻라應用에도確實無碍ᄒ더이오니斯학에有志ᄒ신僉彦은陸續購覽ᄒ시옵

○總發賣所
京城中部壽洞興士團內
大韓測量總管會
○分賣所
京城南部棗동
金龍商會
北部小安洞
大韓書林
中部典洞 光東書局
京鄕各書舖

漢城鍾路濟衆惠藥房에서官許를受ᄒ二十三種材料와舊藥材와草材를大發賣ᄒ고且石版印刷機械

第七卷

大韓每日申報

第壹千七拾壹號

月曜日及節日休刊

檀君開國四千二百四十二年
箕子元年三千三十一年
大韓開國五百十八年
日本明治四十二年
淸國宣統元年
陰曆己酉三月小廿五日乙巳

Responsible for Publication Alfred Weekley Marnham.
發行兼編輯人英國人萬咸
發行所
京城南部石井洞駿外地三層洋屋
大韓每日申報社

論說

◎日商의 商標僞造에 對ᄒᆞᆫ 辨駁

近者에 韓國內의 商權及商標에 關ᄒᆞ야 日本에 在ᄒᆞᆫ 日人과 英人의 各新聞에 數種論文을 揭載ᄒᆞ얏ᄂᆞᆫ디 世所善知ᄒᆞᄂᆞᆫ 德國染色料製造商會 일버펠드 地方에 在ᄒᆞᆫ 파벤파부릭켄、푸레드、베이어會社와 大阪에 在ᄒᆞᆫ 藤井洋行에 關ᄒᆞ야 特別事件을 大阪時事報에 揭布ᄒᆞ얏고 又저판크로늬클報에도 此를 轉載ᄒᆞᆫ지라 其特別條件은 即藤井洋行에셔 某某記號로ᄡᅥ 日本에 登錄을 得ᄒᆞ야 德國會社所有權으로 請求ᄒᆞᆫ바인ᄃᆡ 本社에셔 吾輩에게 通知ᄒᆞᆫ 左開事實을 吾讀者諸君이 聞知ᄒᆞ면 興味가 可有ᄒᆞᆯ지로다 此會社에셔 從來로 其營業ᄒᆞᄂᆞᆫ 兩個唐女가 幅簇子를 對看ᄒᆞᄂᆞᆫ것과 其二ᄂᆞᆫ 壹個仙女가 壹匹奇獸를 騎ᄒᆞᆫ 記號等을 用ᄒᆞ야 其染料를 淸國으로 輸入케ᄒᆞ고 彼處에셔 更히 韓國으로도 輸出케ᄒᆞᆫ지 既已許多年間인ᄃᆡ 此兩種記號ᄂᆞᆫ 德國特許局에 正當히 登記ᄒᆞ얏고 又淸國沿海稅關에 委托ᄒᆞ야ᄡᅥ 本社를 保護ᄒᆞ야 各種의 僞造등을 防過ᄒᆞ도록 淸國에셔도 爲之設力ᄒᆞᄂᆞᆫ바이오 其仙女標ᄂᆞᆫ 過去拾壹年前에 日本에도 登錄ᄒᆞ얏것마ᄂᆞᆫ 其兩女標ᄂᆞᆫ 不幸히 其防備를 注意치못ᄒᆞ얏다가 至於昨年ᄒᆞ야 日本에 登錄ᄒᆞ기를 請願ᄒᆞ즉 此標ᄂᆞᆫ 既是小西淸松者에게 占有ᄒᆞᆫ바되여 早已日本特許局에 登錄이 되얏스미 遂히 大吃驚ᄒᆞᆷ을 始覺ᄒᆞ얏거니와 同時에 又壹吃驚事가 現出ᄒᆞᆫ것은 彼小西淸松者가 以上에 說明ᄒᆞᆫ바 仙女가 奇獸를 騎ᄒᆞᆫ 德國會社의 標와 極히 恰似ᄒᆞᆫ 標를 모드러 請願ᄒᆞ야 登錄을 認許ᄒᆞ얏ᄂᆞᆫ대 是ᄂᆞᆫ 巧猾히 模倣ᄒᆞᆫ 壹詐飾的 僞造의 最完全ᄒᆞᆫ 模型이오 其實少差ᄒᆞᆫ것은 但只德國會社의 標에 有ᄒᆞᆫ 其右便壹隅에 蝴蝶은 壹鳥로ᄡᅥ 其仙女의 所遮ᄒᆞᆫ 日傘은 壹旗로ᄡᅥᄒᆞ고 換做ᄒᆞᆫ것 뿐이니 其情形이 如是ᄒᆞᆷ애 人人이 皆能推想ᄒᆞᆯ지로다 彼小西의 弄出ᄒᆞᆫ 謀計ᄂᆞᆫ 洞見ᄒᆞ기 不甚難ᄒᆞᆫ지라 彼가 此兩件記號ᄂᆞᆫ 韓國內에셔 歡用ᄒᆞ야 名號와 聲譽가 有ᄒᆞ고 彼國內에셔도 曾用ᄒᆞ야 敏速히 賣買되ᄂᆞᆫ것을 深察ᄒᆞᆫ故로 自己의 名으로 日本에 登錄을 得ᄒᆞ기를 試圖ᄒᆞᆷ이며 兩女票ᄂᆞᆫ 其認許를 幸得ᄒᆞ얏고 其仙女票ᄂᆞᆫ 當權ᄒᆞᆫ 原主가 早已登錄ᄒᆞ얏스ᄆᆡ 勢無奈何라 於是에 因而生計ᄒᆞ야 以上에 所陳ᄒᆞᆫ바 如히 詐飾的 僞造를 標出ᄒᆞᆷ이어니와 德國本會社에셔ᄂᆞᆫ 此仙女票僞造를 反對ᄒᆞ야 其登錄을 消却ᄒᆞ라고 日本特許局에 請求ᄒᆞ얏다더라 此德國會社에셔 反對ᄒᆞᆫ 事實上陳說은 此事件에 對ᄒᆞ야 異彩를 呈ᄒᆞ얏거니와 吾輩所料에ᄂᆞᆫ 日本과 韓國의 特許局當局者들은 外國會社의 獲得ᄒᆞᆫ 商權을 侵奪ᄒᆞᄂᆞᆫ 事를 贊助ᄒᆞ기를 肯意ᄒᆞᆯ숭가無ᄒᆞ주 特히 前事를 戒鑑ᄒᆞ여 此와 類似ᄒᆞᆫ 案件을 考究ᄒᆞ야 其등록을 認許ᄒᆞ기 前에 極히 注意ᄒᆞᆯ만ᄒᆞᆫ 일이라ᄒᆞ노라

外報

◎英國收入增加 倫敦電을 據ᄒᆞᆫ즉 英國前年度收入은 非常히 增加ᄒᆞ야 總額이 壹億[illegible]千百五拾七萬磅에 達ᄒᆞ얏다더라

◎徐總督과 日本 東京電을 據ᄒᆞᆫ즉 淸國東三省總督徐世昌씨ᄂᆞᆫ 日本에 對ᄒᆞ야 安奉線守備兵警察權을 撤去ᄒᆞ기를 要求ᄒᆞ얏다더라

◎空中船試行 伯林電을 據ᄒᆞᆫ즉 조에베린伯은 新空中船을 乘ᄒᆞ고 長途의 旅行을 試ᄒᆞ야 미유니조히地方에셔부터 후리ᄃᆞ리히쉬ᄒᆞ펜地方에 到着ᄒᆞ얏다더라

◎國境問題開會 香港電을 據ᄒᆞᆫ즉 廣東自治會ᄂᆞᆫ 國境問題로 會를 開ᄒᆞ고 澳門을 回復ᄒᆞ기 爲ᄒᆞ야 强硬ᄒᆞᆫ 決議가 有ᄒᆞ얏다더라

寄書

◎大韓每日申報主筆閣下

敬啓者 貴報紙上에 左開所陳을 惠佈ᄒᆞ심을 懇望ᄒᆞ나이다 韓美興業株式會社ᄂᆞᆫ 自定ᄒᆞᆫ 方針대로 其事業을 極力熱心으로 着着進行ᄒᆞ며 他人에게 損害를 貽ᄒᆞᆷ이 毫無ᄒᆞᆫ것마ᄂᆞᆫ 本社의 大發展됨은 恰然히 某某者로ᄒᆞ야곰 妬忌之心을 致生ᄒᆞ야 全然히 自己들의 體面을 自損ᄒᆞ며 尊重을 自失ᄒᆞᆷ에 至케ᄒᆞᄂᆞᆫ듯ᄒᆞ도다 數月前에 某新聞은 殆히 其全面에 最重히 責罰ᄒᆞᆯ만ᄒᆞᆫ 謊說을 記載ᄒᆞ얏더니 今番에 又他壹紙面에 揭佈ᄒᆞ얏ᄂᆞᆫ디 其記事가 雖然無稽ᄒᆞ나 本社의 營業은 妨害ᄒᆞ며 本社와 韓人兩사의 名譽를 毀損ᄒᆞᆫ지라 韓美興業會社理事等은 私已上에 關ᄒᆞ야ᄂᆞᆫ 此를 少無介意ᄒᆞᆫ지나 然이나 既是各株主의 大團體를 代表ᄒᆞ얏슨즉 不得已ᄒᆞ야 彼帝國新聞의 記事ᄂᆞᆫ 怨恨之黨와 妬忌之心에 基因ᄒᆞᆫ 惡口者의 謊說임을 公衆의게 告知ᄒᆞᆷ이 本社의 職分으로 思料ᄒᆞ옵나니 大抵發展되ᄂᆞᆫ 營業은 何者를 勿論ᄒᆞ고 各種의 攻擊을 受ᄒᆞ기 易ᄒᆞ거니와 然이나 太半是各國에셔ᄂᆞᆫ 此等人을 輕蔑히 待遇ᄒᆞᆯ뿐 아니라 且人民을 保護ᄒᆞ야 此等卑劣ᄒᆞᆫ 攻駁은 處罰ᄒᆞᄂᆞᆫ 法律이 自在ᄒᆞᆫ것마ᄂᆞᆫ 韓國이나 或他國이라도 法律이라ᄒᆞᄂᆞᆫ것은 迅速히 處辦키 難ᄒᆞᆫ故로 損害가 隨日延長ᄒᆞ옵나이다 本社와 本社의 理事等은 何等激烈ᄒᆞᆷ을 不拘ᄒᆞ고 明白又公正ᄒᆞᆫ 世評을 招求ᄒᆞᄂᆞᆫ바이어니와 然이나 吾儕ᄂᆞᆫ 公衆의게 告訴ᄒᆞ야 此等攻駁은 誰某가 其眞假를 考定치도 안코 做出ᄒᆞᆷ인지 其發說者들이 畢竟에ᄂᆞᆫ 此等事件이 都是謊說에 不外ᄒᆞ다고 許多時를 費ᄒᆞ야 極口說明ᄒᆞᄂᆞᆫ것을 看出케ᄒᆞ려ᄒᆞ옵나니 貴紙面의 空欄을 許借ᄒᆞ야 此를 揭載ᄒᆞ심을 爲ᄒᆞ야 先此感謝ᄒᆞ나이다 敬具

僕韓美興業株式會社長 馬野 謹白

詞藻

◎捉魔經 捉魔生

잘잇거라 三角山아、다시보자 漢江水야。우리疆土 ᄯᅥ나가녀、참아엇지 안젓스리。到處에、無數ᄒᆞᆫ 魔鬼들、다잡고야。

◎文川饑饉捐助金廣告

任允中 壹圓三拾五錢 安井鐵次郎 貳圓 白胤基 任慶春 禹夏亨 禹永安 각壹圓 趙奎哲 六拾錢 吳昌源 張彥從 白明선 金天植 金基석 任殷文 崔俊瑞 玄光壹 申[illegible]翰 韓俊永 曹允昇 박昌源 劉亨植 裴冕烈 玄殷祥 馬際駿 李東煥 각五拾錢 金道淳 韓奎元 각三十젼 리운植 貳十五錢 김贊國 김奎武 각卄젼 김敎順 崔光鎭 高漢興 梁道淳 김德成 王利浩 리大鳳 高建華 각拾젼 以上合貳拾圓

雜報

●皇后陛下幸行 韓國 皇后陛下께옵서不遠間東門外 先蠶壇에 御幸行하옵신다는說도有하고更聞한則同 陛下께옵서來月上旬頃에京畿水原郡에 御幸行하옵서同地農林模範場과桑蠶學校를臨 覽하옵시기로內定되얏다는說도有하더라

●皇后親蠶 韓國 皇后陛下께옵서 蠶業을奬勵코져하샤蠶虫을 親히飼育하실터인故로女子蠶桑會附屬蠶業講習所卒業生韓國婦人一名을召하고同所主任은岩田技師及同夫人이監督할預定인故로大日에岩田技師及水原模範場技師장岡은 農相을隨하야宮內에參入하야 蠶室撰定과其他準備에着手하얏다더라

●恩金支給 昨日宮內府에서 各番解散된各 陵軍等을一齊會同하야 恩賜金을支撥하얏다더라

●蓮峯午餐 宮大閔丙奭氏가本十八日正午에午餐會를蓮花峯私邸에盛設하고總理大臣以下各部大臣과其他內外國高等官을多數請邀하야寬待하기로預定하얏다더라

●訪宋何爲 前輔國閔泳徽氏와閔泳瓚氏가作伴渡日한다는說은已爲報道어니와其渡日함은內容을探聞한즉宋秉畯을訪問하기爲함이라더라

●重大何事 一進會에서는何等重大한問題를又爲做出함인지再昨日下午四時頃에宋秉畯의게急電을發送하얏다더라

●民會規約印刷 漢城府民會에서自治의精神을周知하고衆民으로將來自治制度의實施하기를準備할次로十三道各地의民會規約을頒布할터인대目下同規約五千部를印刷中이라더라

●莫可平隱 典膳司장金珏鉉氏가三年前에法部協辦을運動함時에自己家券을日本人에게典當하고四千圜에得債하야써費에消用하고其後典膳司長을被任한後에家券與執에利子를히司內公貨를每朔壹百圜式暗自備하야償還하다가發覺되야目今調査한다는데金氏가此를憂慮하야萬端掩匿하기로極力運動中이라더라

●又爲延期 日人藤井英亮이가前叅判閔宗植氏의게賠償金勒徵事件에對하야再昨日京城地方裁判所에서再次裁判하얏는데아즉未決하고來二十二日로延期裁判한다더라

●建衙請願 竹山郡衙舍가昨年陰二月頃에無根의火를因하야沒燒하얏다는說은已報어니와該郡人民等이更爲建築하기로協議하고該郡에朴載翼具然설氏等이上京하야昨日內部에請願하얏다더라

●可謂民母 信川郡守金禹鼎氏의夫人은愛民如子하야民間의火災가有하면親往汲水하며病者가有하면親往問病함으로稱頌이浪藉하더니去番加串面間村에서三十戶가沒燒한事에對하야數拚里에躬往하야醬餅으로百餘名人民을慰恤하얏다더라

●金某高義 去七日下午四時量에平安北道寧邊郡居하는白雲衆氏가昌城郡所在鉛礦營處를請願함次로該圖本과請願狀에金壹百圜印紙를付着하고郵便局으로前往하다가大廣橋近地에서失함故로該人이四處探問하되下落을不知하얏더니西大門外紫善婦人會房直金某가適其時廣橋川邊에서壹封書를拾得하야觀한즉鉛山請願狀에百圜印紙가有한지라金某가卽時其統戶를覓往한즉弘門洞張輔衛氏家인故로拾得한事由를說明하며適其時白氏는不在하고其主人張氏가其盛意를致賀하며金拾圜을自辦出給한대김某가固辭不受하다가不得已酒用次로壹圜金만持去하얏다더라

●貪銀競爭 圓覺社倡夫申明銀爲名兒는年今拾八에歌舞가嫻熟하야令人可泣케하는故로演劇을觀光하는淫女輩가明銀을貪慾하야互相結緣코져壹大競爭이惹起하얏다더라

●有罪難逃 南來人의傳說을聞한則忠淸南道懷德郡各面長이災結與無名雜稅를濫捧하기로壹郡人民이不堪其弊하야吉縣淳氏等이度支部에呼訴하얏더니財務監督局에서公州監督局에指令하기를懷德各面長의不法懲收를詳査處理하라하얏다는데太田警察署에서吉縣淳氏와各面長及財務署主事邊泰淳等이對質之拹의偸食條를壹々히自服하고무슴後慮가有하던지邊泰淳은自處하고面長金憲經은妻子를率하고不知去處로逃走하얏스며諸面長은公州刑事室로次第拿致하다더라

●楊花津惨劇 楊花津에서數日前에行人壹同을搭載한津船壹隻이風浪에覆沒되야二拾餘名이溺死하얏다더라

●兩壹聲勢 扶安郡茁浦에서日本人이多數據接하더니本月初에兩壹派義兵이陣이茁浦口로過去하는데居接하던日人들이喫㥘遠走하얏다더라

●義兵漸盛 全羅南道는目下義兵의出沒이頻繁하고義將金海山氏以下百名以上의義兵이聯合하얏다는報道를因하야該地分遣隊에서는多數의憲兵을增派하얏다더라

●錦川義擾 去十日頃에忠北錦川郡芳洞花城里等地에義兵二十餘名이突入하야該地民家十餘戶를放火燒燼하얏는데米穀百餘石이沒燒하얏다더라

●麻田義兵 數日前에義兵將延基浩氏가마田郡西面上凰村에來到하야富民을招致하고軍需貳百圜을卽速輸納하라하얏다더라

●義兵入京 黃海道海州郡地方에서橫行하던義兵約四拾名이京城을侵犯하야目下西部管內各洞에潛伏하야漢城에諸般形勢를偵探한다더라

●監獄騷波 再昨夜十一點十五分에近日被捉한義兵六七名이新門外京城監獄署에서脫獄逃逃하얏는데其內容을詳聞한則其義兵들이壹監房에同處하더니夜半에一齊히房門을破壞突出하야木柵을攀越하고樹林間으로逃避하지日人看守들이追從放銃하야砲聲이찡々하며婦人들이來助하는대義兵을再捉하면用하라고六尺되는捕繩을準備하얏고騎馬憲兵들은其附近村落을搜索하다하고更히探聞한즉其時에日人看守壹名은該義兵의拳鬪에이前齒가打破되고面部가重傷되여因以退役하얏다더라

●漁船覆沒 本月十日에江原道江陵郡에서漁船三隻이暴風을遭하야沉沒되얏는대乘組員十五名이行衛가不明하다더라

●詐欺犯被捉 南部長통坊居하는鞍□三爲名人이詐欺取財한事가發覺되야日前에東部警察署에捉囚되얏다더라

●二捕壹失 近日仁川港에서日人鬪漢三名이酒商家와財產家에突入하야錢財를掠奪하다가二名은該港警察署에被捉하고壹名은失捕하얏다더라

●日賊何多 再昨日永登浦等地에서日巡査가日人强盜壹名을捕縛하야京城으로入來하얏다더라

●立廛賊徒 三昨夜에鍾路立廛하는白潤洙氏廛房에何許賊漢이突入하야數千圜價值를偸去하얏다더라

●米商遭賊 仁川德積島居金榮林 命權兩氏가玄米를輸送함次로全羅道益山郡에서發하야仁川으로來하는道中에洪州墟島附近에서海賊拾餘名이襲擊하야船中物品을太半掠去하얏다더라

●誰援其溺 今日下午七時三十分에鍾路靑年會館에서誰援天下之溺이란問題로壹場演說을하얏다더라

●靑年斷指 大安洞靑年同志會에서再昨日에會員이壹心進就하기로同盟하고會員中七人이斷指하얏다더라

●宗敎開會 再昨日上午拾二時에大成宗敎會에서第壹會발起總會를京城孤兒院內에開하고偏성三十餘人이出席한後諸般事件을協定하고李필和씨가臨時會長을被選하얏다는데本日上午拾二時頃에該院內에總會를又開한다더라

學界

●文化蔚興 平南順川郡守朴容관시의教育上熱心은本報에累揭에니와該郡境內에各部에設한學校總數가四拾餘處라더라

●新校興旺 平安南道江西郡葛岩面梅秋동私立新明학校教師張晃夏시가熱心教授함으로生徒가日益進步하야快有將就之望이라더라

●運動盛況 黃海道載寧郡守金經夏시와各학校主務及各面面長諸시와학務會員及外他有志紳士諸시가以학界上熱心으로該郡內各학校春期運動會를組織하고今五日에運動會를開設하얏는데貳拾五학校生徒가約壹千名이오女학徒가約五六拾名이오觀光人이數萬名에達하얏다더라

●智島智明 智島郡智明學校校監朴陽均시와財務員權炳文金寶과三시가校務를專擔하야熱心擴張함으로該校況이興旺하야壹境人士가無不贊頌한다더라

●弘德蔚興 平安南道平壤郡外川面私立弘德학校教師金燮庸시가教導有術함으로學生徒가日益興旺하야前進之望이有하다더라

●馬港夜學 馬山港居有志紳士玄琪煥시等某々諸시가該港議所內에普通夜學科를設施하고熱心教授하는데學員이六十餘名에達하야將進之望이有하다더라

●感荷義捐 黃海道信川邑有志紳士高瓚規氏가本社에對하야經費窘拙함을慨惜하야金一圜을寄付하얏기茲에感謝를表하노라

地方情報

▲去月二拾九日全羅南道古阜郡間에서義兵十餘名이該郡警察과及日討伐隊와交戰하엿다더라

▲奇觀可▼

▲觀光團々々々하니무엇하러觀光인가네집形便살펴보니무순물에觀光인가제國中에잇슬때도來人指目밧던人物外國쌔지건너가서숭잡히러觀光인가文明制度輸入코져熱心이나서觀光인가그行動이非常하다

▲떠나갓네々々々觀光團이떠나갓네厚祿古套식洋服에三千疆土둥에지고漏苗壹聲나는곳에扶桑東天건너가서孤島비色마즘갓네어느누가眼力되화酷熱함수터日光에廢盲이나아니될새그도亦是可慮로다

▲떠나갓네々々々觀光團이떠나갓네爲人臣子더道理도煌詔勅切嚴히도아니짝던더高髻가觀光國에써러질네日本子경하기前에써러라시發狂함즉정말觀光할양이면五鵬서지안색일게그도亦是可慮로다

▲떠나갓네々々々觀光團이떠나갓네同胞救濟姑舍하고제親族이죽는대도頓不顧見하던心膓觀光旅費쓰라하고家舍싸지典執힛네幺麼觀光저럴제야太臣이나식인대몇園土이나아니팔새그도亦是可慮로다

▲떠나갓네々々々觀光團이떠나갓네發個人의主倡者는學論함비업거니와外他諸人말함진대그裏由를아럿는디幸行時에미지又치쫄넝쫄넝隨去하니彼輩들이다녀오면奇怪歷史아니될새그도亦是可慮로다

▲諸君들아々々々猛虎에게물녀가도精神을만추리며는살道理가잇다하나다坂東繁華場에遊觀光할때마다祖國悲慘생각하야부대精神일치말고文明制度비워가지고우리國도남과又치拜稱宇宙하지어다

廣告

本人의 李倖의 倖字를 傢字로 改定하오니 族戚知舊는 以此照亮하시오 前博士 李 卞

前參奉 柳東熙를 奎榮으로 改名하오니 知舊僉照亮함 柳奎榮 告白

本校에서 昨年年終試驗을 經하얏는대 甲乙班 시名은 如左에 記함

甲班優等 林炳鶴 金필南 金錫勛 金玉과 金丙模等 拾貳人 乙班 金善坤 盧永泰 崔永煥 崔學中 林炳奇等 十五人 及第 李榮益 李幾璣 김在평 林正夏 김大泰 金日出等 貳拾人이온대 漸次進就之望이 有하옵기 玆에 公布함

廣新學校 告白

辯護士

本人이 諸般訴訟을 迅速處理함

事務所 中部泥洞一百二統三戶

前判事 前檢事 李徽善

金海智島郡荷衣上台下台는 本人외 八代祖母貞明公主房所有之土也라 數百年傳來秋收이다가 去己亥年에 奪入內藏院矣러니 昨年에 自內閣으로 還爲下給于本人之再從祐祿하시와 有下給證書與訓令故로 本人之再從이 讓與於本人하야 轉出該郡證明則本人之所有權이 的確하거늘 今에 公振이 稱以民有地하고 請願於裁判所이오며 誤以本

人之再從祐祿으로 爲藉托放賣云하야 廣佈於新聞하니 是豈成說乎아 內閣證書와 該郡證明을 歸之於藉托하면 此是本人之僞造乎아 都是挾雜輩興訛造산之計也니 知舊僉照亮하시옵

洪祐勝 告白

特別廣告

本人이 家親 金德秀의 代理가 되여 度支部財產整理局에 未受價條三萬貳千七十壹圓을 去三月廿七日에 委任한 法學士 辰市本丸시를 經하야 本人이 推尋한 事가 確實한바 家親이 年老하야 意識喪失한 거슬 姊夫 尹益炳이가 利用하야 借거干財產整理局而支撥한 金額을 壹分도 不受한 줄노 말하개 한 것과 去八日大韓每日申報第壹〇六七號의 記載內에 管田書記官 及 辰市本丸시 外 諸人이 右金額을 分食한 줄노 記載한 事가 白地無據之說이가로 尹益炳은 去八日에 詐欺取財未遂 罪端으로 做出하야 警視廳에 被捉한지라 要之컨대 以上외 事實은 全然虛誕이고 此에 關하야 閣下의 名譽를 損傷하엿스니 丹忱甚悶痛歎하야 玆에 壹便謝過狀을 發布하와 管田書記官 及 辰市本丸氏의 淸廉함을 辯明하며 兼하야 辰市本丸氏의 辦方을 感謝함

京城[illegible]茶[illegible]統五戶 金德秀子 昌一

本院에서 學員을 募集하오니 入學을 願하시는 僉員은 本月十二日(陰閏二月二十二日)內로 請願書를 提出하시옵

壹 試驗科目、讀書、作文、筭術「四則」身躰檢查

壹 試驗日子、四月拾三日「陰閏二月二十三日」

壹 年齡 拾五歲以上二拾五歲以下

但 詳細한 節次는 本院에 來問하시옵

私立 尙동靑年학院

理科師生

本書는 著者가 理科思想의 普及과 壹般需要를 爲하야 普通理科의 槪要 天文地文植物動物鑛物에 關한 新學理及俗論의 迷惑에 對한 解說等을 敎科師와 學生의 問答討論으로 平易히 編成한 者ㅣ니

壹 各學校入學及各種定期試驗을 準備하는 者의 好顧問이오

壹 普通理科敎授의 說明을 準備하고 又는 自家研究하는 者의 良材料요

壹 江湖人士의 迷夢을 打起하고 頑腦를 劈開하는 鐘鼓斧斤이오

新學問新思想의 眞鏡을 窺入코저하는 者의 門戶殿階ㅣ라 此新時代의 美想을 抱하는 諸君은 早速히 此寶書를 來求하라

發行所 京城鍾路靑年會館上傍 文雅堂

發賣所 滙東書館 廣學書舖 唯一書館 中央書館

美國시아틀大博覽會 미국시아틀대박람회

請垂詳覽

此廣告中央에 宛然한 圓形은 何物이뇨 우리의 印章이올시다。또 우리의 商標이올시다 熱心으로 此를 詳覽하시오 會彦의 心中에 印將하시오 永久히 記念하시오 本社에서 是에 依하야 完全히 立하고 此를 因하야 關沸히 活動하고 此를 大韓帝國內 各方面에 親熟히 相信케되도록 盡力할 것이올시다 是가 永久正直한 으로 爲함이 平盃에 猶하야 自强自立할 것이올시다 大韓國製造物品의 販賣를 擔負하고 各地方에 橫行할 것이오 本社는 大美國

AMERICAN KOREAN TRADING COMPANY.

韓美興業社

各處에서 此가 大韓國及大韓國의 工匠이 代表할 것이올시다 大韓國內에서 未久에 此가 高價한 新品을 要하야 設立할 것이오 何種이뇨 ○ 世界로 最大製造工廠으로부터 特約直輸入하야 本社의 現今 切至主三十餘處의 代理人을 經하야 賣買로 大放賣를 것이올시다 有志하신 僉彦이여 本社의 內容과 本社에 新進及本社의 行動을 詳知코저하시거든 書札로 通奇하시되 이곳으로 하십

大韓皇城磚洞(京城郵便局郵函第四拾號)

韓美興業株式會社 謹啓

(在美國에 다소나마 法律認可 駐韓美國總領事館登錄)

本社의 各處代理人의 名은 如左함

開城代理人 位置未定 開城南門內雜貨商店 金東宣

平壤代理人 位置未定 平壤大同門內店舍 韓基渙

咸興代理人 位置未定 咸興西門外 盧炅珠

馬山浦代理人 馬山浦新市 孫祚宇

元山代理人 元山港 金以文

淸津代理人 淸津港 閔락臣

水原代理人 位置未定 水原北부 安舍 金유봉

安城代理人 位置未定 水原북부 安舍 金유송

沙里院代理人 位置未定 漢城東부 任始坪 旺한 邦元圭

全州代理人 位置未定 漢城中署 罷洞 貳號 邦元道

羅州代理人 漢城西부 마洞 二十三統五戶 吳椎泳

天安新場代理人 位置未定 水原 尹聖求

群山代理人 群山大井洞 韓相益

金州代理人 位置未定 漢城西부 阿峴 二百廿二號三戶 김敬

大邱代理人 大邱新田里 五拾八統七戶 金貞召

釜山代理人 位置未定 馬山浦 午山里 辛相淑

江景浦代理人 位置未定 西部 盤山坊 東幕中契 廿七統貳戶 李寬浩

麻浦近代理人 西部麻浦 貳十七統三戶 韓留殷

興湖市代理人 位置未定 漢城 城山里 楊泰錫

永同代理人 位置未定 漢城 貳統 貳戶 安용의

木浦代理人 位置未定 木浦 方德宇

晋州代理人 位置未定 晋州 孫한宇

金堤代理人 位置未定 金堤郡 石面 水閣 김升基

漢江附近代理人 南部 漢江 八號 이宗獻

義州代理人 位置未定 義州 枇峴 盧善玉 박奉燁

江界代理人 位置未定 義州 枇峴 張鳳拭 朴聖泰

東部代理人 十里 甘井 四號 九戶 李根宅 金翊漸

鎭南浦代理人 鎭南浦 龍井洞 金相杰 郭寅珠

定州代理人 位置未定 郭山 吉州

이쪽을 낫낫치 자세히 보시오

前略以小包郵便으로 高品賤價而信人 … 印札紙각種 日用雜貨俱備 貴만出賣而書籍印刷發兌同事利分기로廣告하니 速速來購敬要 한城鍾路總惠書館

廣告

法律事務所
中部廣通二拾四統守戶
辯護士 李容成

本人姓名도章을滊車內에서失ᄒᆞ얏기로此도章은勿施ᄒᆞᆯ것소오니知舊內外國人은照亮ᄒᆞᆷ
仁川府內面龍洞居金敎源 告白

本人이四月廿壹日南大門外停車場에셔手帖을遺失ᄒᆞ엿ᄂᆞᆫᄃᆡ其裏에尹氏宅의推尋ᄒᆞᆯ二萬五千兩通票壹度와壹萬五千兩通票壹度와壹萬兩通票壹度와名啣五張을前人ᄒᆞ야셔失ᄒᆞ얏기에玆以廣佈ᄒᆞ오니誰某던지拾得ᄒᆞ야도依紙施行ᄒᆞᆷ
東湖居高允默 告白

東萊嚴弓居客主朴允七시ᄂᆞᆫ家業未贍ᄒᆞ나意在濟恤ᄒᆞ야常歎日我同胞의貧乏ᄒᆞᆫ資本이無ᄒᆞ야營業치못ᄒᆞᆫ故로吾客主를設ᄒᆞᆫ得ᄒᆞᆫ利金으로貧窮ᄒᆞᆫ同胞를周給ᄒᆞ더니人ᄋᆡ게資本을支給ᄒᆞ야營爲케ᄒᆞ다가若其人이見損ᄒᆞ야辦報치못ᄒᆞ면原金도永爲蠲減ᄒᆞ니嗟시惠德은古今罕有라本人이此言을聞ᄒᆞ고贊揚ᄒᆞ기爲ᄒᆞ야玆에廣布ᄒᆞᆷ
靈山道泉里醫師趙璜 告白

◎帽子製造大發賣

本所에셔織造ᄒᆞᆫ疋木으로學生帽子를精撰製造ᄒᆞ야大發賣ᄒᆞ오니僉同胞ᄂᆞᆫ壹次試驗ᄒᆞ시오
甲號帽子 金五拾錢
乙號帽子 金四拾五錢
學生洋服次組織及裁縫最新運動帽子各種製造

外方에셔請求ᄒᆞ시면小包郵便으로迅速酬應ᄒᆞ깃ᄉᆞᆸᄂᆡ다
皇城宗廟越邊
中谷染織工所主 金德昌 告白

◎蚕桑普及ᄒᆞ기爲ᄒᆞ야本所에셔慶尙南道二拾九郡에桑苗를無代로大郡은壹萬株요小郡은五千株式持去ᄒᆞ라고本郡守의照會에對ᄒᆞ야未持去ᄒᆞᆫ各郡守ᄂᆞᆫ即持去ᄒᆞ옵고個人이라도請求ᄒᆞ시면無代로配付ᄒᆞ리다
慶尙南道安義郡鶴峴里
鶴巖蚕業會附傳習所長 金榮先 告白

本人의子錫允이가年今五拾壹인ᄃᆡ去庚寅年出他에節無消息ᄒᆞ와玆以廣告ᄒᆞ오니誰某시던지有處를知ᄒᆞ시ᄂᆞᆫ이ᄂᆞᆫ本人處로通知ᄒᆞ면厚意를表示ᄒᆞ깃ᄉᆞᆸ
平北定州五山六里九統九戶
盧應燮 告白

本人先塋在於治興面加里峯而位답九斗落田區를龍漢稱以宗孫欲爲偸賣故光武十壹年四月貳拾五日에廢而晉漢이家藏에該田답券을竊取逃走ᄒᆞ엿ᄉᆞ니偸賣或典當ᄒᆞᆯ慮가不無故로ᄒᆞ니內外國人은一切勿施ᄒᆞᆷ
忠北文義南嘉湖金寅東 告白

◎夜學生募集廣告

本校에셔特別히夜학速成科를增設ᄒᆞ고학員을募集ᄒᆞ오니入학코자ᄒᆞ시ᄂᆞᆫ僉君子ᄂᆞᆫ四月二十日以內로本校에來議ᄒᆞ시옴
科程 日語 算術 簿記
隨意入학ᄒᆞᆷ
入학金五拾전日謝ᄂᆞᆫ壹科一十五錢貳科四十錢三科五拾錢
卒業期限은壹個年
尙賢義塾內 新醒夜學校

大韓仁川本峴和平堂大藥房神效靈藥

阿烟斷引丸

注意
阿烟初吸者ㅣ雖日見效나日久則遂成錮引ᄒᆞ야至於蕩敗家產者ㅣ未免於死者ㅣ比比有之ᄒᆞ니豈不哀惜乎아故로本堂에셔誠心竭力ᄒᆞ고英國秘方을透得ᄒᆞ야阿片斷引에大效가잇ᄂᆞᆫ藥을製造放賣ᄒᆞ오니欲戒阿引者ᄂᆞᆫ契約服用ᄒᆞ시되若無效驗이며藥價를還呈ᄒᆞ깃사오니照亮ᄒᆞ시옴

定價 壹劑八週分金五圜 半劑四週分金三圜

胎産調經丸

婦人이冷病積病과月經不調로因ᄒᆞ야孕胎치못ᄒᆞᄂᆞᆫᄃᆡ神效藥
壹月份壹劑金五圜

蘇香消瘡丹

男女間楊梅連珠下疳風濕頭瘡의百ㅣ百中ᄒᆞᄂᆞᆫ妙藥이오
定價甲金四圜乙금二圜五十錢

滋陽丸

男女間補陰補陽ᄒᆞ고元氣不足ᄒᆞᆫ藥이오
定價每拾日分금壹圜八十錢

八寶丹

健胃消滯ᄒᆞ며口味를助ᄒᆞ고痰을消ᄒᆞ고神氣爽快케ᄒᆞᄂᆞᆫ藥이오 定價금十錢

此外에도東西洋各國名藥과德國極上品金雞納이俱備ᄒᆞ오니陸遠注文ᄒᆞ시옴
總발行所仁川港本峴
支店京城鍾路布廛前
和平堂主 李應善

各種藥品은總發行所ᄂᆞᆫ京城南大門側濟生堂大藥房本舖

天下無雙　蔘茸大補元

◎此蔘茸大補元은大韓名產人蔘鹿茸에西洋名補材를混和ᄒᆞ야性質이適當ᄒᆞ고多年研究發明ᄒᆞᆫ今에先服ᄒᆞ신이의果試果驗ᄒᆞ신我國兄弟의皆差ᄒᆞᆫ바
果然今世之靈藥이오故로主治能이左開廣布ᄒᆞ오니兄弟ᄂᆞᆫ何不早圖一試ᄒᆞ시오
（主治能列）勿論男婦老幼ᄒᆞ고先天不足 健忘不眠 腦痛虛弱 心胃俱虛
房事多用ᄒᆞ야色傷腰痛 陽痿 起 遺精多夢 神經衰弱 房事時早漏不快
手足厥冷 重病後閼 貧血症 食物不消에 陰痿가特有ᄒᆞᆫ
壹週日分金壹圜 二週分壹圜八拾전 四週分三圜四拾錢 捌週分六圜四十錢 拾四週分拾圜五拾전

◎共愛堂大藥房製造各種藥品發引表

壯陽復元丹　此藥專治腦痛腎弱 房事色傷 心腎虛弱 遺精多夢 陽痿不起 病後虛弱 不下飮食 先天不足 眩暈頭痛等症에並妙効가有ᄒᆞᆷ　壹週分壹圜 四週分三圜四拾錢 二乔分壹圜八拾錢 八乔分六圜四拾錢

度[illegible]丹　壹般滯症胃腹痛消化不良心神鬱悶醉酒醉化痰止嘔口熱惡臭食慾不振等症에並神効

清眼水　眼科聖藥 壹般眼疾、時行眼疾、風熱眼疾、羞明流淚、眼內紅痒等症에撥雲見天之妙(壹瓶금拾錢)

解瘫至寶丸　專治瘫疾即氣虛瘫、遠年瘫、하루口二日학、雖難治之학이라도永々祛根ᄒᆞᆷ 壹包금拾錢

靈効液　皮膚神藥 特治皮膚病疥癬옴、皮點、諸般痒疹、두두러기、옷을니데ᄯᅥ神効ᄒᆞᆷ 每瓶금三십전

通淋丸　五淋專治 急慢淋疾、赤白帶下、膀胱炎症、ᄯᅩ炎及濃漏外他淋毒性諸症에神効ᄒᆞᆷ 每劑金五拾錢

神應丹　梅毒妙藥 楊梅瘡에壹期二期三期를勿問ᄒᆞ고確實히有効、連珠瘡下疳瘡等에幷効 壹劑金二圜

清脾丸　부하新藥 專治小兒壹般腹痛、面黃、尿白、左脇痞腹에大有奇効ᄒᆞᆷ 一匣금五十錢

養胃散　久滯神効 適治經久滯積、呑酸吐瀉、霍亂、胸腹痛及便不順等症에奏効如神 壹貼금拾五錢

治痰鎭咳丸　專治大人咳嗽、喘息、痰結등症에妙 四分壹匣금二十錢

消熱散　特胃感効 勿論四時傷寒感冒、咽喉疼痛、寒熱往來肢節痛、似瘧非瘧等症有効 壹貼금[illegible]錢

清耳液　耳病神効 專治耳病即鼓膜炎、內外聽道炎、耳中灼熱疼痒、濃液流出등症有効 每瓶금[illegible]

妙妙膏　百貼百應 風寒濕氣、胸肩背에牽引疼痛、腰脇脚腿痠痛無力、骨節疼痛等症에奇効 [illegible]

能治膏　奏効如神 各種腫氣、小兒胎毒、[illegible]、濕腫、生瘡에並神効 每匣八금十전

大腫拔根膏　大小腫에根ᄯᅢ는약 價금十錢　解凝膏　멍울삭이ᄂᆞᆫ약 價금十전

寸虫去根藥　價금貳十전　齒痛水　충치풍치신효 價금七전五厘

止泄丸　滯泄暑泄神効 價금十五전　痢疾藥　赤白痢에神効 價금五전

各種上等金雞納、東西洋有名賣藥、洋藥乾材都賣散賣其他各種藥이具備ᄒᆞ오니請求를依ᄒᆞ야小包로隨應ᄒᆞ깃ᄉᆞᆸ

發行所 皇城南部大廣橋十九統七戶
共愛堂大藥房

漢城鐵路慈惠藥房에서官許拜受ᄒᆞᆫ二十三種封藥과舊藥[illegible]……且石版印刷發成

大韓每日申報

月曆 隔時 及日 曆休 節刊

[illegible]四千二百四十二年
箕子紀元三千三十一年
大韓開國五百十八年
日本明治四十二年
淸國宣統元年
陰己酉閏二月小廿六日丙午

Responsible for Publication Alfred Weekley Marnham.
發行兼編輯人英國人萬咸
發行所
京城西部石井洞外地三層洋屋
大韓每日申報社

論說

◎將安適歸

余ㅣ數日前에杖을携ᄒᆞ고步를散ᄒᆞ야漢城南北村으로來往躑躅ᄒᆞᄂᆞᆫ데坊坊曲曲히巨甍이空聳ᄒᆞ고華欄이日乎曜하ᄂᆞᆫ大家高屋은太半外人의門牌라余ㅣ無數ᄒᆞᆫ慨嘆을發ᄒᆞ야悽然히「公侯邸宅皆新主」의感念이有ᄒᆞ야彷徨不忍歸하얏더니又近日海西來人의談話를聞ᄒᆞᆫ則黃海道延安白川等地에何許妖妄輩가生ᄒᆞ야金又玉又ᄒᆞᆫ良田沃沓을外人에게도無數히賣渡ᄒᆞᆫ다ᄒᆞᄂᆞᆫ지라余又慨嘆ᄒᆞᆷ을不已ᄒᆞ얏노라

嗚乎라彼家屋이漢城內만然ᄒᆞᆯ뿐이면余의慨嘆이엇지此에至ᄒᆞ리오만은全國中都市府郡이皆然ᄒᆞᆫ지라余ㅣ엇지慨嘆치아니ᄒᆞ며彼田沓이延安白川만然ᄒᆞᆯ뿐이면余의慨嘆이又엇지此에至ᄒᆞ리오만은全國中沃野肥壤이皆然ᄒᆞᆫ지라余ㅣ엇지慨嘆치아니ᄒᆞ리오

大抵此世界ᄂᆞᆫ決코種族精神이無ᄒᆞᆫ人民의遺存을不許ᄒᆞᄂᆞ니故로我의種族이면力을極ᄒᆞ야相保ᄒᆞ며我의種族이아니면力을極ᄒᆞ야相排ᄒᆞᆷ은現世人類의通例라往年에某國人이某國馬種을愛ᄒᆞ야重賞으로該國人民을誘ᄒᆞ야馬種을求ᄒᆞ되該國人民이壹人도肯許ᄒᆞᄂᆞᆫ者ㅣ無ᄒᆞᆫ지라當時에余ㅣ此說을聞ᄒᆞ고居然히現世人情을感ᄒᆞ얏노라

盖此說이果然인지ᄂᆞᆫ未知ᄒᆞᄂᆞᆫ바ㅣ나萬壹果然이면彼國民의國粹가果然如何ᄒᆞᆫ가彼가如是ᄒᆞᆫ故로强國으로世界에鳴ᄒᆞ고如是ᄒᆞᆫ故로强族으로世界에顯ᄒᆞᆷ이로다嗚乎라今此韓人은엇지彼와相反ᄒᆞᆷ이若是히甚ᄒᆞᆫ가

嗚乎라韓人同胞여諸君은彼敗家의不肖子를不見ᄒᆞᄂᆞᆫ가乃祖乃父가勤勉勞苦ᄒᆞ야幾石담幾罷家를其兒孫에게遺傳ᄒᆞᆷ은兒孫의産業을作ᄒᆞ며兒孫의生命을保ᄒᆞᆷ이어ᄂᆞᆯ不幸히其兒孫이不肖ᄒᆞ면酒色雜技로家産을傾盡ᄒᆞ며豪兒强族에게祖業을見奪ᄒᆞ야其家가破ᄒᆞ고其身이亡ᄒᆞᄂᆞ니彼ㅣ엇지可憐치아니ᄒᆞᆫ가嗚乎라諸君이此와何異ᄒᆞ리오

諸君의始祖檀君이風雨를櫛沐ᄒᆞ고山川을開拓ᄒᆞ야家屋을營ᄒᆞ며田畓을作ᄒᆞ야以來로父가子에게傳ᄒᆞ며子가孫에게傳ᄒᆞ야四千餘年을傳々ᄒᆞ야諸君에게至ᄒᆞᆷ은諸君의樂居를爲ᄒᆞᆷ이며諸君의衣食을爲ᄒᆞᆷ이어ᄂᆞᆯ乃者諸君이家屋도賣渡ᄒᆞ고田畓도賣渡ᄒᆞ야幾千載傳來祖業을外人의게供獻ᄒᆞ고滅亡을自催ᄒᆞ니諸君의不肖가엇지如此ᄒᆞᆫ가

試思ᄒᆞ라諸君이어只今韓國의利權이誰手에在ᄒᆞᆫ가金鑛銀坑이剝奪ᄒᆞ고鐵列ᄒᆞ얏스나其營業者ᄂᆞᆫ歐美人이아니면大和兒며漁舟鯨船이大洋에林立ᄒᆞ얏스나其營業者ᄂᆞᆫ日客이아니면俄人이오其他商業工業官吏勞動者等各種職業이無非外人의手에歸하얏거ᄂᆞᆯ況此韓國의生命되ᄂᆞᆫ農業의資本(田沓)과容身ᄒᆞᆯ居所(家屋)ᄭᆞ지外人에게讓與ᄒᆞ면諸君은장ᄎᆞ何를食ᄒᆞ며何에居코져ᄒᆞᄂᆞᆫ가

願ᄒᆞ노니諸君은只今부터라도猛省ᄒᆞ며戒懼ᄒᆞᆯ지어다

官報

▲隆熙 ▲二年 拾貳月三日 官報

部令

學部所管日本國留學生規程을左又치定ᄒᆞᆷ 續

學部大臣이前項의申請을許可ᄒᆞᆫ時ᄂᆞᆫ其情狀에依ᄒᆞ야已給ᄒᆞᆫ往復旅費東裝費學資金及滯在費의全部或幾部分을償還케ᄒᆞᄂᆞᆫ事가有ᄒᆞᆷ

第拾二條 疾病又ᄂᆞᆫ學業이不進ᄒᆞ야成業의所望이無ᄒᆞᆷ으로認ᄒᆞᆫ者에게對ᄒᆞ야ᄂᆞᆫ學部大臣은官費留學生됨을免除ᄒᆞᆷ이可ᄒᆷ (未完)

外報

◎土人의保護請求 伯林電報를據ᄒᆞᆫ즉波斯國에在留ᄒᆞᄂᆞᆫ土耳其人이本國政府에保護를請求ᄒᆞ얏다더라

◎露國議會沸騰 仝電을據ᄒᆞᆫ즉露國議會에서ᄂᆞᆫ德國態度와法國의軍事狀態를攻擊ᄒᆞᄂᆞᆫ者ㅣ多ᄒᆞ야議論이沸騰ᄒᆞ얏다더라

◎叛徒捕縛 仝電을據ᄒᆞᆫ즉塞爾維亞軍隊에서ᄂᆞᆫ陸軍士官들이現王을謀叛ᄒᆞ다가其首謀者가捕縛되얏다더라

◎美國暴風雨 紐育電을據ᄒᆞᆫ則美國中部及西部에暴風雨가有ᄒᆞ야死ᄒᆞᆫ者가五拾人이오負傷者가多ᄒᆞ다더라

◎日人烟草禁賣 大連電을據ᄒᆞᆫ則淸國吉林省官吏ᄂᆞᆫ日本烟艸의販賣를禁止ᄒᆞ얏다더라

◎塞太子運動 伯林電을據ᄒᆞᆫ則塞爾維亞國前皇太子ᄂᆞᆫ政治的運動을始作ᄒᆞᆫ다더라

◎露國의占領 同電을據ᄒᆞᆫ則倫敦報道 日露國은波斯다브리스를防禦ᄒᆞ기爲ᄒᆞ야세루바이치아우地方을占領ᄒᆞ리라더라

◎淸人迫日 大連電을據ᄒᆞᆫ즉淸國奉天總督은今番에更히日本에對ᄒᆞ야滿鐵附近地의行政權의返還을迫請ᄒᆞ얏다더라

◎運河竣工의期 倫敦電을據ᄒᆞᆫ則美州파나마運河의竣工은三個年後에完成되리라더라

◎淸國要求와日本 大連電을據ᄒᆞᆫ則淸國이日本에對ᄒᆞ야安奉線의警察權及守備兵을撤還ᄒᆞ라ᄒᆞ고要求ᄒᆞᆫ事에對ᄒᆞ야日本이斷然히論駁拒絶ᄒᆞ얏다더라

◎淸日對抗 仝電을據ᄒᆞᆫ則淸國이日本烟艸販賣를禁止ᄒᆞᆷ은日本이淸日條約을違反ᄒᆞᆫ故인데近來淸國官吏가每事를日本에對ᄒᆞ야對抗ᄒᆞᆫ다더라

詞藻

頌祝大韓每日申報 美國留 望西生

日月은至明ᄒᆞ고。雷霆은至嚴ᄒᆞ다。昭昭乎無物不照ᄒᆞ니。萬象이畢露ᄒᆞ고。赫赫然無物不動ᄒᆞ니。百邪가함伏이라。春秋의筆法으로。衆公斥邪ᄒᆞ니。知我考我罪我者가現然ᄒᆞᆷ은。光明ᄒᆞ고嚴壯ᄒᆞᆫ우리大韓每日申報그아닌가。비나니。於千萬年에。日月ᄀᆞᆺ치長明ᄒᆞ고。雷霆ᄀᆞᆺ치장嚴ᄒᆞ소。

雜報

●醫療院設置 內部에서 淸州公州咸興各地에 醫療院을 設置할計劃으로 目下 度支部와 交涉하는데 該院官及大臣會議를 經하야 勅令으로 發布할터이라더라

●巷說浪藉 向日統監府例會에 各部大臣이 聯邦制度에 對하야 可否取決하얏다는 說은 已爲報道어니와 當日會席에서 總相李完用氏가 否字로 書하는 人을 對하야 日否字를 百番書하야도 無效할것이니 可字를 書하라 하얏다는 巷說이 藉々하다더라

●犯逋者運動 近日總理大臣李完用氏가 各郡守의 犯逋한 公貨를 八箇年으로 作定하고 分排報納할 計劃으로 百般運動한다는데 此는 犯逋郡守의 別般運動한 所由라고 輿論이 藉々하다더라

●戶牌請願繳還 김炳薰氏가 各地方의 戶牌를 實施하기로 內部에 請願한事는 已報어니와 內部大臣 박齊純氏가 該請願書를 繳還하고 炳薰氏의게 逆入傳喝하되 該事件은 政府에서 已有歸正하니 更勿煩請하라 하얏다더라

●調査委員會同 北關內法典調査局에서 習慣問對하는 委員을 齊除汰하고 更히 法律과 習慣에 嫺熟한 人을 選定하야 土曜日에 調査局으로 會同問答한다더라

●是何口氣 弼雲小學校에서 日昨 軍部大臣 李秉武氏의게 補助金을 請求하얏더니 該氏가 答하되 余는 各社會와 學校에 義捐金을 分도 今까지 寄付한 事가 無하니 不可捐助라고 拒絶하얏다더라

●恩金支撥交涉 宮司七宮에 解散한 員役의 恩賜金을 日間 支撥하기로 宮內府에서 統監府와 交涉中이라더라

●松井訪金 昨日正午에 內部警務局장 松井茂가 中樞院議장 金允植氏를 訪問하고 韓國에 由來 警察上 何如를 問議하얏다더라

●何事調査 警視廳에서 何事件을 因함인지 今番日本觀光團에 渡去한 諸氏의 平日爲人과 其他行動을 調査하는 中이라더라

●民團操縱 近日韓國內各民團坊會가 組織發起하야 自治制度를 實施하기 爲함인데 近聞한즉 統監府에서 該坊團을 一致操縱하야 這這히 句管할 次로 日昨에 團束令을 擬議制定하얏다더라

●法官不法 平山郡居하는 辛東奎氏의 親辛相玉氏는 年今七十二라 義兵許命天氏에게 金十圓과 單衣貳件을 見奪하얏는대 海州地方裁判所에서 許氏를 流拾年에 判決한 것을 平壤控訴院에서 잡消放免하얏는데 同地方裁判所 刑事判事 우종雨氏와 日人 津末等이 聽何囑托이던지 辛氏를 反히 流二年半에 執行하고 其不法한 情狀이 脫露될가 憂慮하야 辛氏의 訴狀을 壹不接受함으로 辛奎氏가 其事實과 法律에 違反된 條目을 臚列하야 統監府와 內閣及法部에 提呈하얏다더라

●非禮勿受 日本에 滯留하는 李容九氏가 留學生諸氏의게 學資金 五十圜을 捐付하얏더니 該학生들이 鄙陋한 一進會장의 寄付金을 領受하는 것이 不可하다 하야 還爲退却하얏다더라

●仁民請救 仁川郡境은 昨年에 兩暘이 不均하야 廢眠이 居多함으로 當此窮春하야 民情이 嗷嗷하지라 該郡人民代表李炳과 崔洪석 趙基완 三氏가 昨日中樞院에 獻議하되 內閣에 請議하야 救恤方法을 亟施하라 하얏다더라

●監獄增築 新門外新建築한 監獄署가 狹窄하야 罪囚를 難容인故로 更히 增築하기로 擬議中이라더라

●是何無理 三和府一進會에서 有何用處인지 壹進會에 入會하얏던 人民은 毋論現存與退會하고 壹從名簿하야 每名에 壹圜式 勒斂하는故로 寃聲이 載路하다더라

●和港淸弊 三和港에 居住하는 淸人輩가 人財를 掠取할 計로 鴉烟館을 設하고 且所謂 三拾六技를 設하야 財物掠奪이 不知其數라 該港人民의 생命財産이 緣此俱沒하짓다고 該地輿論이 藉藉하다더라

●新韓民報禁賣 桑港에 在留하는 韓人이 發行하는 新韓民報 第百二十四號는 內部에서 治安妨害라하고 發賣를 禁止하얏다더라

●媒淫賣生 北부觀峴居하는 尹某의 母親은 年今六十餘인데 密賣淫女를 居媒하기로 從事하야 생活하는데 近日에는 賣淫女十三名을 自己家에 招集하고 靑年蕩子들을 甘誘하야 巨額의 錢財를 奪入하는故로 傾家敗産한 境에 至한 者가 多有하다더라

●淸人演劇 近日淸國倡夫八十餘名이 巨額에 資金을 辦出하야 該演劇諸具를 準備하고 洞口內 장安社에서 日間開場한다더라

●日人暴行 再昨日上午에 時頃에 東門外採石場에 雇用하는 何許日人貳名이 泥醉하야 東門內派出所巡査를 無端히 詬辱毆打하며 在傍하얏던 運車手에 外套를 裂破하며 行悖가 罔測함으로 所管警察署에서 巡査를 多數派送하야 該暴行한 日人을 捕縛以去하얏다더라

●義兵氣勢 韓國三南義陣都總督申乭乂氏가 目今 部下五百餘名을 四隊로 分하야 慶北靑松盈德安豐基順興等郡으로 橫行하면서 軍容을 整肅히 하고 各郡의 潛伏한 多數砲軍을 這這 倡起하며 互相聯絡한다더라

●義將橫行 義兵將延基祜氏가 部下三百餘名을 領率하고 京畿等地로 橫行하는데 日前에 日憲兵이 逢着하야서도 敢히 接戰치 못하얏다더라

●咸平擊戰 本月拾四日 全羅南道咸平郡附近에서 義兵將全海山氏가 領率한 義兵三百餘名이 靈光郡分遣所上等兵三名及補助員七名과 七時間을 交戰하얏다더라

●義將被捉 三部에 義兵將玄某가 龍山警察分署에 被捉하얏는데 該義將의 帶持한 金貨가 三千餘圜이라더라

●連倅論責 連山郡普明學校에서 強制補助함은 已報어니와 該郡豆磨面에서 不勝抑鬱하야 李舜시를 代表로 選定하야 學部에 請願하얏더니 學部에서 該道觀察使의게 訓令하기를 李舜의 請願을 據한즉 該郡普明學校는 曾無認許한데 所謂校長金顯百은 藉托학校費하야 租麥等으로 分排民間이며 郡守는 信聽之言하고 強制徵收를 敢作하야 民心이 嗷々에 至하니 嚴査該郡하야 另飭禁戢하야 以安衆心하며 形止를 馳報하라 하얏다더라

●木浦人士開明 木浦港에 在京韓國人士들이 壹齊會同하야 民議所를 設立하고 議長壹人 理事四人 書記壹人 委員拾人을 投票選定하얏다더라

●興學總會 畿湖학會에서 通常總會를 本月拾七日下午壹時에 校洞該會館內에 開하고 事務를 處理한後에 紳士柳壹宣趙완九兩氏가 演說하는데 傍聽을 許한다더라

學界

●閔氏勞瘁 韓國閔泳徽시의 設立한 徽文義塾의 敎育程度가 日益進就함은 人所共知어니와 今에 該塾基礎를 鞏固키 爲하야 千餘石秋收하는 田畓으로 基本을 確立하고 秋收中 每朔五百元을 支出하야 經費를 資用케 하고 壹切責務는 該塾長에게 委任하얏다더라

●北士靑々 日本에 多年留學하던 北靑人 李復源시는 旅費와 乏絶함을 因하야 昨年冬에 無聊歸國하야 萬里의 鵬程을 未遂함으로 抱恨이 宿甚이러니 北靑諸朴석勳시及其他某々有志八士가 多數捐하야 學費를 優資함으로 昨月에 更渡留學한다는데 北靑人士에 慈善心은 人皆欽嘆한다더라

●谷倅興學 黃海道谷山郡守 承시는 資本을 鳩聚하야 樂英明倫兩校를 設立하고 盧憲容 李鍾 諸시와 熱誠敎授하는데 학徒가 百餘名에 達하얏다더라

●淸人熱心 淸國人張上達시는 日本留학생으로 韓國에 渡來하야 華商總會館에서 漢語夜학校를 設立하고 韓國人을 募集하야 熱心敎授한다고 人皆稱頌한다더라

●懸板紀念 普成小學校卒業生등이 紀念하기 爲하야 該學校懸板을 製送하얏는데 該諸시의 愛校心을 人皆稱頌한다더라

●仙館雜就 積城館등慶感昭시家에서 靑年勞動을 夜夜募集하야 仙館書齋라 名稱하고 慶顯시가 名譽로 敎授하야 廉이 日就月將한다더라

◎咸荷義捐

南部由洞居하는 有志紳士 梁在薰氏가 本社의 經費窘拙함을 慨惜하야 **金貳圓**을 寄附하얏기 玆에 感意를 表하노라

地方消息

▲本月十壹日 京畿道退溪院西북方約十里地에서 義兵二十餘名이 該院分遣所日憲兵과 交戰하얏다하고

▲本月十一日 全州東北方約五拾里地에서 義兵三十餘名이 該郡分遣所日憲兵과 及補助員六名과 交戰하얏다고

▲本月八日 慶북郡東方約三十里地에서 義兵百三拾餘名이 該分遣所日憲兵下士以下補助員五名과 交戰하얏다하고

▲本月六日 京畿道浦西南方約二十里地山中에서 義兵十餘名이 浦分遣所日憲兵三名及補助員六名과 交戰하엿다하고

▲本月十一日 全南巨文島附近에 義兵이 橫行한다는 報道가 有함으로 釜山守備隊將校以下十壹名을 派遣하엿다더라

閭巷聽怨

▲韓國人의 困難情狀 尺童子아는바라 更論할 것업거니와 衞生法을 實施後로 尤極困難 말못되여 閭巷物議 드러보면 이리가 또怨聲이오더미가 또怨聲이니 民성呼怨이 멋코야 무슨일이成就될까 涙默無言할수업서 隨聞揭布하깃노라

▲못살깃네々々々々 나는 眞情못살깃네 汚穢雜物 掃除하고 新鮮空氣 맛는 것이 衞生上의 必要인데 糞桶設施한 以後로 蝸殼갓흔 이내집에 房門열고 나서며는 糞桶廚廚한데 밧히 暖日和風드러붐제 食氣糞臭 渾合하니 嘔逆나서 못살깃네

▲못살깃네々々々々 나는 眞情못살깃네 衣與食이 饒足하야 寒暖飢飽 適宜함이 衞生上의 必要인데 金融枯渴 此天地에 朝夕絶火 이내살님 父母妻子 呼哭할 救急之方 업는 中에 衞生費를 내라하고 날마다 督促하니 精神업서 못살깃네

▲못살깃네々々々々 나는 眞情못살깃네 志氣活潑 快發하야 心志快樂한 것이 衞生上의 必要인데 죽지 못허 사는 生 巡査의 더둥쌀에 戶戶掃除 아니하고 掃打恐喝 滋甚키로 單刀直만나게되면 몸써 따기소서 치니 驚겁할이 못살깃네

▲못살깃네々々々々 나는 眞情못살깃네 男女間에 相配하야 各自安寧하는 것이 衞生上의 必要인데 有夫女의 曾淫浪蕩之不問하고 서로 寡婦되여 出嫁코조할 二男子 看함을 滯하며 또잡어다가 諸般檢査하라 하니 淫猥업서 못살깃네

▲可憐하다 더사 동포들이 내말을 드러보라 個人가 國家이나 自由權이 잇고 보며 壓制束縛 밧는 것은 不得免의 일이로다 幸福이 하는 것은 困難中에 생기나니 쌀데 업시 恨嘆 밀고 自强力을 培養하야 自由權만 찻고 보면 此等困難 업스리라

시면以小包郵便으로高品廉價而屆々開옹흘것슴 物品如下 ……日村…… 賣만出資而書籍印刷業을同事利分키로廣告ᄒᆞ니速速來議敎要 漢城鍾路……告白

廣告

本月十七日(土曜)下午壹時에通常總會를校洞本會館內에開ᄒᆞ고事務를處理ᄒᆞᆫ後演說ᄒᆞ오니僉會員及傍聽諸시ᄂᆞᆫ屆期來臨하심을望홈

演題　　　　演士

運命의개拓　　柳壹宣

本會의將來　　趙완九

畿湖興學會　告白

夜학員募集廣告

本校가左의科程으로學員을募集ᄒᆞ니今月二拾日內로來問홈

英語商業壹個年　日語十個月

各科入학金九拾錢

月謝金英商兩科各五拾錢

日語科三拾전

隆熙三年四月十六日

梨峴新興학校附屬夜學部告白

農商工部官許大韓測量事務所慶南支事務所를位置ᄂᆞᆫ定于晋州ᄒᆞ고任員은左開ᄒᆞ오니本道僉員은以此照亮ᄒᆞ시옴

大韓測量慶南支事務所　告白

臨時事務所ᄂᆞᆫ京城中부下中谷大十六統四戶崔俊達家

左開

所長　韓鎭行

副所長　鄭鴻석

贊成長　朴在九

贊成員　李泰宗

總務　成煐寔

評議장　尹炳文

評議員　姜轍秀

事務協　朴泰東

片村工務所

土木灌漑排水等水利事業及耕地整理山林土地漁場等之測量製圖及設計ᄋᆡ委托을酬應홈

京城御成町東側大里門洞

◉特別廣告

本人이家親金德秀의代理가되여度支部財產整理局에未受價餘三萬貳千七十壹圓을去三月廿七日에委任ᄒᆞᆫ法學士辰市本丸시ᄂᆞᆫ經確實ᄒᆞᆫ바家親이年老ᄒᆞ야意識喪失ᄒᆞᆫ거슬姊夫尹益炳이가利用ᄒᆞ야借往于財產整理局而支撥ᄒᆞᆫ金額을壹分도不受ᄒᆞᆯ줄노말ᄒᆞ게ᄒᆞᆫ것과去八日大韓每日申報第壹〇六七号의記載內에管田書記官及辰市本丸시外諸人이右金額을分食ᄒᆞᆫ줄노記載ᄒᆞᆫ事가白々無根之說이기로尹益炳은去八日에詐欺取財未遂로端做出ᄒᆞ야로警視廳에被捉ᄒᆞᆫ지라要之ᄒᆞ니以上의事實은全然虛說이고此에關ᄒᆞ야僉閣下의名譽를損傷ᄒᆞ엿스니丹心甚悶痛歎ᄒᆞ야玆에壹體謝過狀을發布ᄒᆞ와管田書記官及辰市本丸氏의淸廉ᄒᆞᆫ실을辨明ᄒᆞ며辰市本丸氏의盡力을感謝홈

京城南部茶洞貳統五戶

金德秀子　昌一

本人이실죽도장ᄒᆞ부지즁서실으로종도당도장으로ᄒᆞ미차ᄒᆞ오니너외국인은그리아옴

孔德里二十五統四戶崔順天白

法律事務所

中部廣洞二拾四統壹戶

辯護士　李容成

西部盤松坊壯元洞契壹百四拾貳統戶草家三間文券을서失ᄒᆞ엿기玆以廣告ᄒᆞ오니誰某拾得하와도休紙施行ᄒᆞ시옴

金成洙　告白

各人測量諸求에便利키爲ᄒᆞ야慶尙남道支事務所를設立ᄒᆞ고各種測量設計를迅速酬應키로支所長은韓鎭行시로位置ᄂᆞᆫ晋州郡이오니以此照亮ᄒᆞ시옴

農商工部官許大韓測量事務所

理科師生

本書ᄂᆞᆫ著者가理科思想의普及과壹般需要를爲ᄒᆞ야普通理科의槪要天文地文植物動物鑛物에關ᄒᆞᆫ新學說及俗論의迷惑에對ᄒᆞᆫ解說等을敎科師와學生의問答討論으로平易編成ᄒᆞᆫ者ㅣ니

壹各學校入학及各種定期試驗을準備ᄒᆞᄂᆞᆫ者의好顧問이오

壹普通理科敎授의說明을準備ᄒᆞ고又ᄂᆞᆫ自家硏究ᄒᆞᄂᆞᆫ者의良材料요

壹江湖人士의迷夢을打起ᄒᆞ고頑腦를劈開ᄒᆞᄂᆞᆫ鍾斂斧斤이오

壹新學問新思想의眞鏡을窺入코저ᄒᆞᄂᆞᆫ者의門戶殿階ㅣ라此新時代의美想을抱ᄒᆞᄂᆞᆫ諸君은早速히此壹書를來求ᄒᆞ라

發行所京城鍾路靑年會館上傍　文雅堂

發賣所　滙東書館　滙學書館　唯壹書館　中央書館

本人이姓名圖章을서失ᄒᆞ얏기玆에廣告ᄒᆞ오니知舊間照亮홈

北部樓閣동八拾貳統壹戶

徐相律

美國시아틀大博覽會　미국시아틀대박람회

請垂詳覽

本社에서美國시아틀大博覽會出品事件으로廣告홈에對ᄒᆞ야僉彦의多大ᄒᆞᆫ贊成을得ᄒᆞ야株金의應募와書札의往復과僉彦의訪問이日에浩繁ᄒᆞ와事務를處理홈에暫時라도遲延之歎이或有하며라도本會社의親友及株主僉位ᄂᆞᆫ洞諒ᄒᆞ기를望ᄒᆞ오나本社에서ᄂᆞᆫ實層信實히注意ᄒᆞ야能力所及에ᄂᆞᆫ怠慢치아니ᄒᆞᄂᆞᆫ것은첨彦의認定ᄒᆞ심을確信ᄒᆞ옴

本社之印章　本社之商標

大博覽會出品事件에對ᄒᆞ야拾株以下라도領受ᄒᆞᄂᆞᆫ期限이已過ᄒᆞ얏ᄉᆞ오나遠方에在ᄒᆞᆫ僉彦을爲ᄒᆞ야更히延期ᄒᆞ와本月拾五日(陰閏二月廿五日)ᄭᆞ지退定ᄒᆞ얏ᄉᆞ오니急速應募ᄒᆞ시옵本社에對ᄒᆞ야公衆의同情과贊成은感謝不盡이오며僉彦의如此히相愛相信ᄒᆞ시에對ᄒᆞ야秋毫라도孤負ᄒᆞᆷ이無ᄒᆞ믈自期ᄒᆞ옵고玆에公衆에對하야誓約ᄒᆞ믈내다

大韓皇城磚洞(京城郵便局郵函第四拾號)　韓美興業株式會社　謹啓

(大美國에在ᄒᆞᆫ나道法律認可　駐韓美國總領事館登錄)

本社의各處代理人의氏名은如左홈

開城代理人　平壤代理人　咸興代理人　馬山浦代理人　元山代理人　淸津代理人　水原代理人　安城代理人　沙里院代理人　金泉代理人　海州代理人　天安代理人　群山代理人　全州代理人　大邱代理人　釜山代理人　江景浦代理人　麻浦附近代理人　長湖院代理人　永同代理人　木浦代理人　晋州代理人　金堤代理人　漢江附近代理人　義州代理人　江界代理人　東萊代理人　鏡南至代理人　定州代理人　城津代理人

位置未定　位置未定　位置未定　位置未定　位置未定　位置未定　位置未定　位置未定　位置未定　位置未定　位置未定　位置未定　位置未定　位置未定　位置未定　位置未定　位置未定

開城南門內雜貨商店　平壤大同門內店洞　咸興西門外　馬山浦客主　元山港　淸津港　水原北部長安동　水原北部長安洞　漢城東部性拾里旺新學校內　漢城中部外相思洞貳號三戶　漢城西部麻浦二拾二統五戶　水原北部長安洞　群山大井洞　漢城西部阿峴二百廿二統三戶　大邱新田里五十八統七戶　馬山浦午山里拾壹統九戶　西部龍山坊東幕中契廿七統貳戶　西部麻浦貳拾七統三戶　陰城城山里　漢城西部洞貳統壹戶　木浦南隅洞　昌原馬山浦城山　金堤郡白石面水閣　南部漢江十八統二戶　義州枇峴　義州枇峴　住洽里上甘井洞四統五戶　鏡남至龍井동　郭山郡　吉州郡

金東寅　鄭基煥　盧晏洙　孫德宇　金以文　張樂臣　金유東　김유東　邦元直　李孝稙　吳惟泳　尹聖求　權惟益　김敎瑩　리桂召　辛相淑　李鼎浩　李弼駿　權寧處　안德이　左德鍾　孫德宇　金升基　李宗默　朴奉燁　朴奉燁　金聖泉　張鳳翰　金宇濂　鄭寅洙

崔鳳玉　張潤拭　金相杰　李根宅

이쪽을날마다자세히보시오

第七卷

大韓每日申報

第一千七拾三號

月報 隔時 及日曜休 節刊

檀君開國四千二百四十二年
箕子元年三千三十一年
大韓開國五百十八年
日本明治四十二年
隆熙三年
己酉閏二月小廿七日丁未

Responsible for Publication Alfred Weekley Marnham.
發行兼編輯人英國人萬 咸
發行所
京城 南署石井洞(?)…三層洋館
大韓每日申報社

論說

◉精神的團體

團體ᄂᆞᆫ精神에在ᄒᆞ고形式에不在ᄒᆞ니라

何者오精神的團體ᄂᆞᆫ其外觀은團體가아닐지라도內容은團體며形式的團體ᄂᆞᆫ其外觀은團體일지라도其內容은團體가아니니萬若外觀만觀察ᄒᆞ고內容은不問ᄒᆞ면彼市日에集合ᄒᆞᆫ多數人을指ᄒᆞ야曰團體라ᄒᆞᆯ지며彼伊太利의少年黨이라도四方에散在ᄒᆞ면團體가아니라ᄒᆞᆯ지로다然ᄒᆞ나大抵市日에集合ᄒᆞᆫ人은아모리多數ᄒᆞᆯ지라도此ᄂᆞᆫ團體가아니며伊太利의少年黨은아모리四方에散在ᄒᆞᆯ지라도此ᄂᆞᆫ團體니其故ᄂᆞᆫ其精神이團體인所以니라

某紳士가靑年을訓戒ᄒᆞ여曰(諸君의團體코ᄌᆞᄒᆞ면精神으로以ᄒᆞᆯ지어다不然ᄒᆞ야形式으로만團體ᄒᆞ면是ᄂᆞᆫ瓦石의集合ᄒᆞᆷ과如ᄒᆞ야小兒가推ᄒᆞ야도離散ᄒᆞᆷ에至ᄒᆞ나니라)ᄒᆞ엿스니壯ᄒᆞ도다此言이여蓋瓦石은精神이無ᄒᆞᆫ故로아모리集合ᄒᆞ얏슬지라도其集合이鞏固치못ᄒᆞ야小兒의手로도能히離散케되나니人類의團體도無精神ᄒᆞ면團體ᄂᆞᆫ此瓦石과恰似ᄒᆞ니라

不幸ᄒᆞ다耶蘇의四海同胞中의…와루ᄉᆞ소의萬姓平等說이其効를奏치못ᄒᆞ야不過十五億의人類가公然히蠻族我族을分立ᄒᆞ야强族은刀又ᄒᆞᆫ牙로弱族의肉을食ᄒᆞ며文族은材又ᄒᆞᆫ勝으로野族의命을害ᄒᆞ야暴風烈雨가宇宙를波盪ᄒᆞ니嗚呼라此世界여此世界의無人道가엇지此極에至ᄒᆞᆫ가然ᄒᆞ나我가苦海에墮ᄒᆞ야險灘을逢ᄒᆞᆫ지라一片慈航을携ᄒᆞ고慇懃히救濟ᄒᆞᆯ者가誰오我의同胞ᄲᅮᆫ이며我가地獄에陷ᄒᆞ야火刑을臨ᄒᆞᆯ제數丈鐵門을闢ᄒᆞ고腥血을拯出ᄒᆞᆯ者가誰오我의同胞ᄲᅮᆫ이니라

是以로我同胞의團體가鞏固ᄒᆞ면國은强ᄒᆞᆫ國이오文ᄒᆞᆫ國이며其同胞의團體가鞏固치못ᄒᆞ면國은弱ᄒᆞᆫ國이오野ᄒᆞᆫ國이니라

今日韓人同胞의團體가果然鞏固ᄒᆞᆫ가抑又鞏固치못ᄒᆞᆫ가吾儕ᄂᆞᆫ韓人同胞를爲ᄒᆞ야團體二字를唱道ᄒᆞ며又唱道ᄒᆞ야筆이禿ᄒᆞ고舌이焦ᄒᆞᆫ精神的團體를唱道ᄒᆞᆷ이오形式的團體를唱道ᄒᆞᆷ이아니러니近日各學會에서其月報를共同發刊ᄒᆞ기로議定ᄒᆞ얏다ᄂᆞᆫ風說이滔滔ᄒᆞ니果然인가蓋此亦團體를鞏固ᄒᆞᄂᆞᆫ壹方法으로出ᄒᆞᆷ이라ᄒᆞ나吾儕ᄂᆞᆫ此를歡迎치아님은아니로되因ᄒᆞ야遺憾이不無ᄒᆞ니何故오此가形式的이오精神的은아닌所以니라

果然精神的으로團體ᄒᆞ면月報를鎔千鑄百ᄒᆞ야發刊ᄒᆞ야도此ᄂᆞᆫ其團體를無害ᄒᆞᆯ자며精神的이아니면이모리一室에셔발刊ᄒᆞ야도此ᄂᆞᆫ其團體에無益ᄒᆞᆯ가有ᄒᆞᆷ

지나月報와共同不共同이果然何關係가有ᄒᆞ리오惟望컨대諸公은形式을務치말고精神을務ᄒᆞᆯ지어다

官報

▲隆熙三年四月三日 官報

部令

學部所管日本國留學生規程을左又치定ᄒᆞᆷ(續)

第十三條 官費留學生이左의各號의壹에該當ᄒᆞᆫ時ᄂᆞᆫ學部大臣은官費留學을罷ᄒᆞ고已給ᄒᆞᆫ往復旅費東裝費學資金及滯在費의全部或幾部分을償還케ᄒᆞᆷ

一 品行이不良ᄒᆞ야留學生의體面을汚損ᄒᆞᆫ所爲가有ᄒᆞᆫ者

二 學部大臣又ᄂᆞᆫ留學生監督의命令에服從치아니ᄒᆞ거나或在學校의規則을違背ᄒᆞᆫ者

第十四條 官費留學生이留學期限이滿了ᄒᆞᆫ時ᄂᆞᆫ其翌日로부터二十日以內에出발ᄒᆞ야歸國ᄒᆞᆫ後ᄂᆞᆫ學部大臣에게迅速報告ᄒᆞᆷ이可ᄒᆞᆷ

前項境遇에ᄂᆞᆫ別記第二號書式의留學始末書를提呈ᄒᆞᆷ이可ᄒᆞᆷ

第十五條 第十條及第十四條의境遇에疾病이나其他不得已ᄒᆞᆫ事故에依ᄒᆞ야其期間內에出발키難ᄒᆞᆫ時ᄂᆞᆫ事由를具ᄒᆞ야第五條의境遇에ᄂᆞᆫ學部大臣에게第十四條의境遇에ᄂᆞᆫ留學生監督에게申請ᄒᆞ야許可를受ᄒᆞᆷ이可ᄒᆞᆷ

第十六條 官費留學生이留學期限이滿了ᄒᆞᆫ後歸國ᄒᆞᆫ時ᄂᆞᆫ其留學期間과同ᄒᆞᆫ期間은學部大臣의指定ᄒᆞᆫ職務에從事ᄒᆞᄂᆞᆫ義務가有ᄒᆞᆷ

前項의義務를盡치아니ᄒᆞᆫ時ᄂᆞᆫ已給ᄒᆞᆫ往復旅費東裝費學資金及滯在費의全部或幾部分을償還케ᄒᆞᆷ

第十七條 留學生監督은學部大臣의命을承ᄒᆞ야學部所管日本國官費留學生及私費留學生을監督ᄒᆞᆷ

第十八條 留學生監督이官費留學生의履修학科又ᄂᆞᆫ留學期間을變更ᄒᆞᆷ이必要ᄒᆞᆷ을認ᄒᆞᆫ時ᄂᆞᆫ其事由를具ᄒᆞ야學部大臣에게申請ᄒᆞᆷ이可ᄒᆞᆷ (未完)

外報

◉澳貨排斥鎭靜 倫敦電을據ᄒᆞᆫ즉몬테늬그로國에셔ᄂᆞᆫ澳貨排斥이鎭靜되고國境의軍隊ᄂᆞᆫ引退ᄒᆞ얏다더라

◉露國의行動 伯林電을據ᄒᆞᆫ즉露國은다ᄅᆡ네루스問題를提起ᄒᆞ리라더라

◉淸國의植木勸喩 大連電을據ᄒᆞᆫ즉淸國奉天總督은東三省各府州縣에命令ᄒᆞ야植木을勸喩ᄒᆞ얏다더라

◉鐵道借欵과德國 倫敦電을據ᄒᆞᆫ즉淸國越漢鐵道借欵ᄒᆞᄂᆞᆫ事에關ᄒᆞ야德國政府가公文을發ᄒᆞ야日德國은此에關係가無ᄒᆞ고英國이不滿ᄒᆞᆫ点이有ᄒᆞ면直接으로淸國에協議ᄒᆞᆷ이可ᄒᆞ다더라

詞藻

借小游園　憂國翁

春山에花ᄂᆞᆫ녹엿바람ᄯᅡᄯᅳᆺᄒᆞᆫ듯불고갈곳업다…저근것비러ᄯᅡ外、이ᄯᅢ白髮…여봅가…ᄉᆞ엿마ᄂᆞᆫ、나라…

廣告

雜報

●總理訪問 日前에總理大臣李完用氏가曾禰副統監을訪問ᄒᆞ고晉ᄒᆞᆫ되韓日兩國의聯邦問題ᄂᆞᆫ果是由急ᄒᆞ니貴國政府에電議ᄒᆞ야即速決定ᄒᆞ라ᄒᆞ얏다ᄂᆞᆫ恭說이喧藉ᄒᆞ더라

●總理渡日 總理大臣李完用氏가韓日合併政策을實行ᄒᆞ기爲ᄒᆞ야本月貳拾日頃에日本으로急速渡往ᄒᆞᆫ다ᄂᆞᆫ說이有ᄒᆞ더라

●觀光團의眞相 今回觀光團員에內容을確聞ᄒᆞᆫ則韓國內閣諸大臣의極力運動과漢城府民會長兪吉濬氏等의絕力周旋으로團員이多數入參ᄒᆞ얏ᄂᆞᆫ데此ᄂᆞᆫ聯邦政策에保證人으로登致渡航ᄒᆞ야成立締結ᄒᆞᆫ後來月下旬頃에統監과同伴時還ᄒᆞᆫ다ᄂᆞᆫ說이有ᄒᆞ더라

●始暗終明 前軍部大臣尹雄烈氏와其令男尹致昊氏가日本觀光團에入參ᄒᆞ야追後에發程ᄒᆞᆫ다더니更聞ᄒᆞᆫ즉尹氏父子ᄂᆞᆫ觀光之行을永爲停止ᄒᆞ얏다더라

●權氏運動 近日中樞院顧問權重顯氏가總理李完用氏를伴日訪問ᄒᆞ고太臣登寵을圖得ᄒᆞ기로紹介運動ᄒᆞᆫ다더라

●內大發明 日前에內部大臣朴齊純氏가自己族人某氏를對ᄒᆞ야極口發明ᄒᆞ기를我가年前外部大臣으로在ᄒᆞ야五條約締結時에極惡極凶ᄒᆞᆫ罪名을得ᄒᆞ고伸雪ᄒᆞᆯ期日이全無ᄒᆞ야悶懆ᄒᆞ더니今番合併政策에入參ᄒᆞ얏다ᄂᆞᆫ說이喧藉ᄒᆞ면鬼神도不知케死ᄒᆞᆯ터인즉到今思想으로ᄂᆞᆫ從此時機ᄒᆞ야早速辭退ᄒᆞᆯ깃다고ᄒᆞ얏다더라

●築路築怨 內部大臣朴齊純氏가花開洞口內自巳門前의道行ᄒᆞᄂᆞᆫ道路邊에人民家屋을毁撤ᄒᆞ고道路를豐新修築하ᄂᆞᆫ데該新作路左右에在ᄒᆞᆫ民家에셔呼怨이浪藉ᄒᆞ다더라

●李閔談話 永宣君李埈鎔氏가日前에閔泳璨氏를訪問ᄒᆞ고本來所經과時勢의炭棄ᄒᆞᆷ을長時談話ᄒᆞ얏다더라

●唾罵還非 日前에閔忠正公의夫人과其夫人이裁判所에呈來ᄒᆞ야裁判ᄒᆞ얏스되閔泳璨氏ᄂᆞᆫ自巳家에晏然偃臥ᄒᆞ야頓不顧見ᄒᆞ얏다고擧皆唾罵ᄒᆞᆫ다더라

●何事會集 近日警視廳에셔有何協議事인지각警察署에勤務ᄒᆞᄂᆞᆫ壹般日巡查를日間該廳으로遣々招集ᄒᆞᆫ라더라

●動物縱覽 東闕內動物園에셔新建築ᄒᆞᄂᆞᆫ工役을舉了ᄒᆞ고諸般物品을準備ᄒᆞᆫ故로來五月壹日爲始ᄒᆞ야各人民의玩覽을開始ᄒᆞᆫ다더라

●壹止壹名 銅峴警察分署日人巡查壹名은性甚頑惡ᄒᆞ야韓人同寮에게虐待가無所不至ᄒᆞᆷ으로請願自退코ᄌᆞᄒᆞᄂᆞᆫ人이多有ᄒᆞ다더라

●比民上京 比安郡守權重萬氏가纍日에貪虐民財ᄒᆞᆫ事件으로該地憲兵隊에셔捉致審查ᄒᆞᆫ後各人民에게通知ᄒᆞ고貪贓錢을還遣督捧以給ᄒᆞ기로決定되얏ᄂᆞᆫ대于今ᄭᆞ지壹向分給지아니ᄒᆞᆷ으로該見奪ᄒᆞᆫ民人等이遺還覔ᄒᆞᆯ次로再昨日에上京ᄒᆞ야內部에呼訴ᄒᆞᆫ다더라

●韓童排日 京城新聞의貧兒可殺이라題ᄒᆞᆫ記事를據ᄒᆞᆫ즉近日에何許韓國兒童이京城內日人家에셔雇傭ᄒᆞᄂᆞᆫ韓兒가日人兒를負ᄒᆞᆷ을見ᄒᆞ고捉去叱責曰爾가日兒를負ᄒᆞ얏스니此ᄂᆞᆫ敵을負ᄒᆞᆷ이라今에彼兒를殺치아니ᄒᆞ얏다가彼等이장成ᄒᆞ면再傳의성命을斷ᄒᆞᆯ디라ᄒᆞ얏더라

●冤及古塚 開城來人의傳說을據ᄒᆞᆫ즉近日該郡境內에ᄂᆞᆫ日人들이瓷器를搜取ᄒᆞ기爲ᄒᆞ야高麗葬을掘ᄒᆞᄂᆞᆫ者가多數ᄒᆞ다더라

●偵探行悖 憲兵司令部偵探者閔某가再昨年八月에義兵에投入ᄒᆞ야各地方으로出沒ᄒᆞ며民財를侵奪ᄒᆞ다가勢窮力乏ᄒᆞ야日兵이逮捕코ᄌᆞᄒᆞ미逃走上京ᄒᆞ야該部偵探에又爲投身ᄒᆞᆫ데인데近日에京城內外各處로橫行ᄒᆞ며無罪良民을義兵干連이有ᄒᆞ다搆誣ᄒᆞ야橫罹被害者가多有ᄒᆞ다고民冤이漲天ᄒᆞ다더라

●喪人調查 抱川郡義兵將申某ᄂᆞᆫ部下百餘名을領率ᄒᆞ얏ᄂᆞᆫ대該軍丁을喪人의服色을着ᄒᆞ야각地로往來ᄒᆞᄂᆞᆫ대該郡에駐在ᄒᆞᆫ日兵이行路ᄒᆞᄂᆞᆫ喪人을逢則調查ᄒᆞᄂᆞᆫ故로行路가甚히不便ᄒᆞ다더라

●義將行動 慶尙北道義兵將文泰秀氏가部下五百餘名을領率ᄒᆞ고全北錦山龍潭茂朱等各郡에橫行ᄒᆞ면서各處砲軍을多數募集ᄒᆞᄂᆞᆫ中이라더라

●何事呑鴉 外相洞居宋致文의子가內部大臣朴齊純氏의廳直으로擧行ᄒᆞ더니昨日에鴉片烟을呑下ᄒᆞ고竟至死境이라더라

●令人酸鼻 日昨社稷壇墻垣後水門通에何許人이新생兒를棄置ᄒᆞ얏ᄂᆞᆫ데烏鵲이其兒頭骨을亂啄ᄒᆞ야慘不忍見이라더라

●金家慘命 廣州郡儀谷面浦貳里居ᄒᆞᄂᆞᆫ金元植氏家ᄂᆞᆫ隣家厠間에셔起ᄒᆞᆫ火가延燒ᄒᆞ야二拾餘間이沒燒ᄒᆞ고母女二人이燒死ᄒᆞ얏다더라

●益山大火 本月拾三日午後壹時貳拾分에全羅北道益山郡春浦面에셔失火ᄒᆞ야五拾餘戶가延燒ᄒᆞ얏ᄂᆞᆫ데死者가壹名이오爛傷者四名이오其外三百餘名의人口가道路에屑邊ᄒᆞᆷ으로該道에셔ᄂᆞᆫ吏員을派遣ᄒᆞ야救助의方法을協議ᄒᆞᆫ다더라

●逃囚還捉 日昨新監獄署에셔越獄逃躲ᄒᆞᆫ罪囚中壹名이再昨日北漢等地에셔逃山ᄒᆞᄂᆞᆫ巡查의게被捉ᄒᆞ얏ᄂᆞᆫ데警視廳에셔ᄂᆞᆫ該巡查의게賞與金百圓을支給ᄒᆞ얏다더라

●行賊卒業 泥峴居留ᄒᆞᄂᆞᆫ日女三名이各處로出沒行賊하다가三昨日南部警察署에被捉ᄒᆞ얏ᄂᆞᆫ데賊物은各色紬緞이數百餘疋에達ᄒᆞ얏다더라

●婁家賊醫 三昨日上午二時에南部水口門內東山里居ᄒᆞᄂᆞᆫ婁潤學氏家에何許強盜六名이각持銃劍突入ᄒᆞ야該婁氏를威務結縛ᄒᆞ고諸般什物을沒數奪去ᄒᆞ얏ᄂᆞᆫ데損害額이約二百餘圜價値라더라

●可謂慈善 慈善婦人會에셔文川郡饑饉에對ᄒᆞ야同胞의慘境을救恤ᄒᆞᆯ次로華天慶爲敬蘇崔璋子千尙宮嚴晶子諸氏等三拾婦人이義捐金을鳩集ᄒᆞ야貳拾二圜四拾五錢을該地로寄贈ᄒᆞ얏다더라

●妓生義 漢城內妓生壹同이文川郡饑饉에對ᄒᆞ야救恤ᄒᆞᆯ目的으로圓覺社에셔慈善演奏會를設ᄒᆞᆫ다ᄂᆞᆫ說은巳報이니와其純益金二百圜을該郡으로寄送ᄒᆞ얏다더라

●懇親可笑 憲兵司令部偵探客壹同이再昨日下午에該部로會同ᄒᆞ야懇親會를개ᄒᆞ고送宕宴樂ᄒᆞ얏다더라

●靑會討論 今日下午七時三十分에종路靑年會館에셔討論會를開ᄒᆞ고勞心이勝於勞力이란問題로互相討論ᄒᆞᆫ다더라

學界

●養校遠足 養正義塾에셔昨日水原農林模範場近境에前往ᄒᆞ야遠足會를設行하얏다더라

●池氏當論 醫학校에셔日前에學員을新募集ᄒᆞᄂᆞᆫ데日人敎師ᄂᆞᆫ日語嫺熟ᄒᆞᆫ者만選擇코자ᄒᆞ고該校長池錫永시ᄂᆞᆫ學問이有餘ᄒᆞ고資格이可合ᄒᆞᆫ者로選擇ᄒᆞᆫᄌᆞᄒᆞ야互相詰難中인대該事件에對ᄒᆞ야諸學員의게意見書를提出ᄒᆞ라ᄒᆞ얏다더라

●斷指勸勉 博川郡南部振明학校敎師趙任甫姜德淳金化鼎沈鵬제四시가去三月二拾七日에該校內에셔登壇演說ᄒᆞ야日今日國勢의危急을回復ᄒᆞᆯ것은我幾箇靑年학生에專在ᄒᆞ다ᄒᆞ면서각其手指를斷ᄒᆞ미壹塲이感泣ᄒᆞ고當日勸告를각自佩服ᄒᆞ야期於成就ᄒᆞᆯ意를表ᄒᆞ얏다더라

●黃倅治蹟 黃州郡守兪鎭明시가莅任未幾에勸勉學校ᄒᆞ야年久痼瘼을壹幷蠲減ᄒᆞ며外交에嫺熟ᄒᆞ야闔境이安堵다고頌聲이藉々ᄒᆞ다더라

●河東夜學 慶南河東郡有志靑年들이勞動夜學校를設立ᄒᆞ고敎師鄭大基시가名譽로敎授ᄒᆞᄂᆞᆫ데校務視務于副校長趙東胤監督李宋洪河漢東諸시가熱心贊助ᄒᆞ야生徒가五六十名에達ᄒᆞ얏다더라

●新豐時習 平安北道碧川郡新豐面西里에셔有志紳士諸시가靑年을敎育ᄒᆞᆯ次로私立時習學校를設立ᄒᆞ고敎師金제澤시를羅騁ᄒᆞ고生徒를募集敎導ᄒᆞᆫ다더라

●金氏願務 함鏡北道會寧郡居ᄒᆞᄂᆞᆫ士人金顯淳시ᄂᆞᆫ該郡會興女學校의校舍가狹窄ᄒᆞ고財政이窘拙ᄒᆞᆷ을顧慮ᄒᆞ야爲先金二十圜을捐助ᄒᆞ고擴張方策을極力研究ᄒᆞ며諸般事務를熱心贊助ᄒᆞᆷ으로該校의進興之望이快有ᄒᆞ다더라

●文倅尙文 南來人의傳說을聞ᄒᆞᆫ즉文義郡守吳永田시가敎育界熱心으로躬行村閭하야人民을說喩ᄒᆞ고該邑中에文興學校를發起ᄒᆞ야薄俸을捐出하야百餘圜을寄付ᄒᆞ미境內有志紳士가無不感服ᄒᆞ야爭出義捐ᄒᆞ며外村學校에도躬臨贊成ᄒᆞ고幾十圜式寄付ᄒᆞ야邑村合학校가五六處에達ᄒᆞ얏ᄂᆞᆫ데該郡守의熱誠은人皆稱頌ᄒᆞᆫ다더라

◎感荷義捐

西부紫岩居ᄒᆞᆫ志紳士金昞根氏가本社에經費窘拙ᄒᆞᆷ을慨惜ᄒᆞ야金一圓을寄附ᄒᆞ얏기玆에感謝ᄒᆞᆷ을表ᄒᆞ노라

▲地方消息

▲去月貳拾五日全羅南道兵營西方約拾里地에셔義兵二十名이該地分遣所上等日憲兵以下八名과交戰ᄒᆞ얏다ᄒᆞ고

▲本月貳日全南谷城郡東南方五拾里地에셔義兵拾餘名이該郡分遣所上等兵以下五名과交戰ᄒᆞ얏다더라

時事叢論

▲壹進會장李容九ᄂᆞᆫ留學生을爲ᄒᆞ여셔五十圜을寄附ᄒᆞᆫ즉忠憤激發ᄒᆞᆫ학生이部隨人의寄付라고還爲退却ᄒᆞ엿다니志士의附갓고보면分錢인들안밧을싸ᄅᆞᆯ知覺업ᄂᆞᆫ데財物이此等蕩神밧으면셔惡人手만차저가니그理致를알수업고

▲軍部大臣李秉武ᄂᆞᆫ强盜等中學校에셔補助金을請求ᄒᆞᆫ즉因辯ᄒᆞᆯᄉᆞ데賄物이各社會나各학校에義捐ᄒᆞᆯ일업다ᄒᆞ고拒絕過甚ᄒᆞ엿다니該學에게請助ᄒᆞᆷ이該학校에失數지만제이모리賣國奴나仇視학校이러ᄒᆞᆯ싸그心腸을알수업고

▲內部大臣朴齊純은弊政으로以舍때ᄂᆞᆫ三層洋屋지너라고各人怨聲듯더니만內部大臣된後에ᄂᆞᆫ多少人家毁撤ᄒᆞ야新作路를너너바고怨上加怨演藉ᄒᆞ니賣國하ᄂᆞᆫ데事業이家屋세에못되면가道路세에못되면가그計策을알수업ᄂᆞ

▲山林會長李夏榮은昭義學校校장으로分저義捐站舍ᄒᆞ고班席ᄒᆞᆫ번아니라가何等狂疾發엿ᄒᆞ야여徒品行그르다고關防ᄒᆞ라聊合ᄒᆞ니賣國黨이아니여ᄂᆞᆫ校長材料업섯던가被擬ᄒᆞᆫ노릇자널제自謙其辱이아닌가그形便을알수업고

▲總理大臣李完用은陶菴以後數百年에世卅公卿고만두고제身을얄ᄒᆞ여도食肉富貴五拾年에別般行樂다ᄒᆞ엿고各種罪逆그만히도遺臭萬年自足커던로재저般運動汨沒ᄒᆞ니그性質을알수업고

▲大逆不道宋秉畯은內外國을出沒ᄒᆞ며諸般凶計며부러셔民國俱亡ᄒᆞ거노코무삼禍機또내라고歐美各國遊覽코ᄌᆞ不遠發程ᄒᆞᆫ단말이今新聞에喧藉ᄒᆞ니何人指囑밧엇던지崇拜ᄒᆞ던日本國을排斥思想드럿던가그行動을알수업다

…小包郵便으로高品廉價而信々酬응ᄒᆞᆸ 物品如下 鉛鐵각色 洋服內衣上下 印札紙각種 日用雜貨俱備 貿만出貲而書籍印刷兼營同事利分키로廣告ᄒᆞ니速速來議敬要 한城鐵路愁惠書舖리賤化 告白

社告

本支社를左기三郡에設置ᄒᆞ고玆에仰佈ᄒᆞ오니각該郡附近地에서本報愛讀ᄒᆞ실 僉君子는左開三氏에게請求ᄒᆞ심을務望

淸津港新岩洞 張元浩

雲山北面橋洞 王冕僞

沙里院活民勞動救火會任敬宰

大韓每日申報社

廣告

湖南학싱親睦總會를來日曜日下午壹時에ᄒᆞ학會館門에셔開ᄒᆞ오니諸彦은屆期來臨ᄒᆞ시음을望ᄒᆞᆷ

湖南學生親睦會

夜學員集募廣告

本校日語科와算術科학員更募壹個年速成教授志願人本月貳十日內請願書提呈細則來議本校

南部小鑄동光南학校夜학部

本人이去拾壹日乾紅面溫井湯에서沐浴이다가姓名圖章을見失이오니內外國僉君子는照亮ᄒᆞᆷ

黃海道安岳郡碑石洞楊明恒白

土木灌漑排水等水利事業耕地整理山林土地漁場等之測量製圖及設計에委托을酬應ᄒᆞᆷ

京城御成町東側大里門洞

片村工務所

本社에서牛島紙卷烟發賣未收ᄒᆞᆫ文簿를崇禮門外水口門橋梁近處에서셔失ᄒᆞ얏사오니誰某拾得ᄒᆞ시거든本社에來傳ᄒᆞ시면厚謝ᄒᆞᆯ깃ᄉᆞᆸᄂᆞ니다

北部齋洞二統拾一戶

牛島製烟社事務員

皮業植 告白

本人의籍居地ᄂᆞᆫ함北道鏡城郡水南社물아리洞이옵더니丙午年分에商業次로出家時에有貳男壹女이오나其間死生을不知ᄒᆞ와玆에告白ᄒᆞᆷ

現江原道蔚珍郡近南面川前洞劉又榮旅留ᄒᆞᄂᆞᆫ

七十二歲劉贊輔 告白

●特別廣告

本人이家親 **金德秀**의代理가되여度支部財產整理局에未受價條三萬貳千七十壹圓을去三月廿七日에委任ᄒᆞᆫ法學士**辰市本丸**시를經ᄒᆞ야本人이推尋ᄒᆞᆫ事가確實ᄒᆞᆫ바家親이年老ᄒᆞ야意識喪失ᄒᆞᆫ거슬娣夫 **尹益炳**이가利用ᄒᆞ야借往于財產整理局而支撥ᄒᆞᆫ金額을壹分도不受ᄒᆞᆫ줄노말ᄒᆞ게ᄒᆞᆫ것과去八日大韓每日申報第壹〇六七号의記載內關에 **管田書記官**及 **辰市本丸**시外諸人이右金額을分食ᄒᆞᆫ줄노記載ᄒᆞᆫ事가白地無根之說이기로 **尹益炳**은去八日에詐欺取財未遂罪端做出罪로警察署에告提ᄒᆞᆯ지라要之ᄒᆞ니以上의事實은全然虛說이고此에關ᄒᆞ야僉閣下의名譽를損傷ᄒᆞ엿스니丹心甚悶痛歎ᄒᆞ야玆에壹便謝過狀을發布ᄒᆞ와 **管田書記官** 及 **辰市本丸**氏의淸廉ᄒᆞ심을辨明ᄒᆞ며衆ᄒᆞ야 **辰市本丸**氏의盡力을感謝ᄒᆞᆷ

京城南署茶洞貳統五戶

金德秀子 昌一

測量製圖械器發賣

器械好品뿐아니라廉價로發賣ᄒᆞ옵고不完全ᄒᆞᆫ것이有ᄒᆞ면換付ᄒᆞᆯ깃ᄉᆞᆸ기近郡僉員은購買ᄒᆞ심을爲ᄒᆞᆷ

京城永樂町赤門前

東京長谷川 測量器械鋪

京城 支店

北靑郡西門外 張敬和

理科師生

本書ᄂᆞᆫ著者가理科思想의普及과壹般需要를爲ᄒᆞ야普通理科의槪要天文地文植物動物鑛物에關ᄒᆞᆫ新學理及俗論의迷惑에對ᄒᆞᆫ解說等을敎科師와學生의問答討論으로平易編成ᄒᆞᆫ者ㅣ니

壹各學校入學及各種定期試驗을準備ᄒᆞᄂᆞᆫ者의好顧問이오

壹普通理科敎授의說明을準備ᄒᆞᄂᆞᆫ又ᄂᆞᆫ自家硏究ᄒᆞᄂᆞᆫ者의良材料요

壹江湖人士의迷夢을打起ᄒᆞ고頑腦를劈開ᄒᆞᄂᆞᆫ鍾皷斧斤이오

壹新學問新思想의眞髓를窺入코저ᄒᆞᄂᆞᆫ者의門戶殿階ㅣ라此新時代의美想을抱ᄒᆞᄂᆞᆫ諸君은早速히此壹書를來求ᄒᆞ라

發行所京城鐘路靑年會館上傍 文雅堂

發賣所 滙東書館 廣學書館 唯一書館 中央書館

法律事務所

中部寺洞二拾四統壹戶

辯護士 李容成

美國시아틀大博覽會 회람박대틀아시美國

請 垂 詳 覽

●特別廣告

謹告于本社株主僉位

現今에ᄂᆞᆫ本社事務의進行이確實히成功ᄒᆞ야歐美各國으로大韓物品의注文이담至ᄒᆞ야本社의大利益이되겟사오며外國으로셔 **輸入** ᄒᆞᄂᆞᆫ物品도未久에到着ᄒᆞ야本社의振興을立待ᄒᆞᆯ깃ᄉᆞᆸ니다公衆이應募ᄒᆞᄂᆞᆫ株금의餘額이無幾이온中應募者의담죠함에因ᄒᆞ야 **每株十圓** 의本社株券을來 **五月一日** 로부터 **每株十貳圓** 으로作定ᄒᆞ와사오니本社의創設初로부터入券ᄒᆞ야信義相孚ᄒᆞᆫ我株主諸公에對ᄒᆞ야感謝不盡이오며將來方針에對ᄒᆞ야本社에서未曾有ᄒᆞᆫ大成公을企圖ᄒᆞᆷ에心力을殫竭ᄒᆞ야確效가有ᄒᆞᆷ을自期ᄒᆞ옵나이다

本社之印章

KOREAN AMERICAN TRADING COMPANY.

韓美興業株式會社章

本社之商標

敬告于公衆僉位

本社에셔 **每株十圓** 의本社株券을來五月一日로부터 **每株十二圓** 으로作定ᄒᆞ얏ᄉᆞᆸ니다

到今ᄒᆞ야ᄂᆞᆫ本社의大成就될것은的確히顯著ᄒᆞ오니有志僉彦이여速速히本社株금에應募ᄒᆞ시옵本社株券의價値의騰貴ᄂᆞᆫ預定ᄒᆞᆫ事이오니今年內로ᄂᆞᆫ每株價値가二十圓까지高登ᄒᆞᆯᄂᆞᆫ지도不知ᄒᆞ옵ᄂᆞ이나

皇셩磚洞

(京셩郵便局郵函第四十號)

韓美興業株式會社

大美國에리소나道法律認可

駐韓美總領事館登錄

●特別廣告

이쪽을날마다자세히보시오

新撰測量學

定價 九拾錢

俞吉濬 序

金澤吉 編纂

右冊은斯學에著名호金澤吉氏가編纂호온바시

가多年遊外하야鐵川學을卒業

호고歸國後測量教授에熱心從

事호논바現今完全호測量冊子

가無호믈아니라測量을初學호

諸君이實地에當호야階級

請願格式과製圖方

法에眩惑호을慨歎호야細

部圖根測量術을簡明

計及請願書類와各種

製圖式樣을着彩ᄭ지

學部檢定

植物學

動物學

初等小學

大韓地誌

大韓歷史

國家思想學

憲法要義

大韓十三道遊覽

同仁新引丸

大韓仁川港峴和平

胎産調經丸

蘇香消瘡丹

滋陽丸

八寶丹

和平堂主 李應善

天下無雙 蔘茸大補丸

◎此蔘茸大補丸은大韓名產人蔘鹿茸에西洋有名호補材를配合하야我國兄弟의腸胃와性質에適當호도록多年研究發明인바今에先服호人의累試累驗이오症皆差호니果然今世之靈藥이라故로主治效能을左開廣布호노니僉兄弟는何不早圖一試호

（主治能効）勿論男婦老幼호고 先天不足 健忘不眠 腦痛虛弱 心腎俱虛 房事多用호야 色傷腰痛 陽萎 遺精多夢 神經衰弱 房事時早漏 手足厥冷 重病後羸 貧血症 食物不消에 脾胃가虛弱

壹週日分金壹圓　二週分貳圓八拾전　四週分三圓五拾錢　捌週分六圓四十錢　拾六週分拾圓二拾전

◎共愛堂大藥房製造各種藥品

壯陽復元丹

靈丹

清眼水

解瘧至寶丸

癬効液

淋丸

神應丹

清脾丸

養胃散

治痰鎮咳丸

消熱散

清耳液

妙妙膏

能治膏

大腫拔根膏

寸虫去根藥

止泄丸

各種上等藥材와東西洋有名賣藥이具備

請求를依하야小包로隨應하깃슴

發行所

皇城南部大廣橋十九統七戶

共愛堂大藥房

光武九年八月拾一日 明治三拾八年八月拾一日 (第三種郵便物認可) 日 曜 日 西曆一千九百九年四月拾八日 (壹)

大韓每日申報

第一千七拾四號

月曆
陽曆及日曜休刊

檀君開國四千二百四十二年
箕子元年三千三十一年
大韓開國五百十八年
日本明治四十二年
清國宣統元年
陰己酉閏二月小廿八日戊申

Responsible for Publication Alfred Weekley Marnham.
發行兼編輯人英國人萬咸
發行所
京城南部石井洞胡外地三層洋屋
大韓每日申報社

論說

●少年雜誌를祝홈

未來韓國을把ᄒᆞ야英法德俄等舞臺에並登ᄒᆞᆯ者ㅣ誰오少年이며오未來韓國을把ᄒᆞ야埃波安緬等魔窟에永投ᄒᆞᆯ者ㅣ誰오其亦少年인뎌

然이나無精神無知識無志氣ᄒᆞᆫ少年으로ᄂᆞᆫ能히此重大ᄒᆞᆫ責任을快擔ᄒᆞᆯ자ㅣ日未可ᄒᆞ리니라 然則少年의精神을鼓吹ᄒᆞ며少年의知識을啓발ᄒᆞ며少年의志氣를奮勵ᄒᆞᆷ이엇지堂急務가아닌가

嗚呼라今日韓國에鐵血思想으로少年의耳膜을鼓動ᄒᆞ며國粹主義로少年의腦髓에注入ᄒᆞ기에汲汲ᄒᆞᄂᆞᆫ者ㅣ誰오即少年雜誌社主人崔南善시로다

氏가此雜誌를創刊ᄒᆞ야少年雜誌四字에其腦를腐ᄒᆞ며少年雜誌壹篇에其血을嘔ᄒᆞ야大韓全國少年界에供獻ᄒᆞ니氏乎시乎여

此雜誌가出ᄒᆞᆫ後로韓國少年의精神이益奮ᄒᆞᆯ지며韓國少年의知識이益發ᄒᆞᆯ지며韓國少年의志氣가益壯ᄒᆞᆯ지로다

余가此雜誌를祝ᄒᆞ노니惟望컨ᄃᆡ此雜誌가韓國少年의勇敢心을陶鑄ᄒᆞᄂᆞᆫ良治가되며此雜誌가韓國少年의忍耐性을鼓舞ᄒᆞᄂᆞᆫ留樂이되며此雜誌가韓國少年의自信力을培養ᄒᆞᄂᆞᆫ糧米가되며此雜誌가韓國少年의頑迷腦를劈破ᄒᆞᄂᆞᆫ巨斧가될지어다

且韓國에幾個雜誌가有ᄒᆞ얏스나或財政이困乏ᄒᆞ야二三號七八號에止ᄒᆞᆫ者ㅣ太半이며或奮發力이不足ᄒᆞ야壹貳號에ᄂᆞᆫ稍히可觀ᄒᆞᆯ句語가有ᄒᆞ나三四號以下에至ᄒᆞ면遂乃尋常重複ᄒᆞ야半个萬靭이紙面에塡充ᄒᆞᆫ者ㅣ往々皆然ᄒᆞ나此等雜誌로엇지人心을喚起ᄒᆞ며엇지國運을增進ᄒᆞ리오余ᄂᆞᆫ此少年雜誌의壽命이長ᄒᆞᆷ을祝ᄒᆞ며此少年雜誌의奮發力이愈久愈壯ᄒᆞᆷ을祝ᄒᆞ노라

此雜誌의事業이비록淺近ᄒᆞ나其責任이極重ᄒᆞ며此雜誌의發行이비록不久ᄒᆞ얏스나其信仰이甚大ᄒᆞ나니嗚呼崔君이여益層着力ᄒᆞ야其終을克ᄒᆞᆯ지어다

官報

▲隆熙二年拾貳月三日 官報

▲部令

第拾九條 留學生監督은第拾二條及第拾三條에該當ᄒᆞᆫ者가有ᄒᆞᆫ時ᄂᆞᆫ事實을詳具ᄒᆞ야學部大臣에게申報ᄒᆞᆷ이可ᄒᆷ

第貳拾條 留학生監督은第十條及第十五條에基因ᄒᆞ야留학生의申請에對ᄒᆞ야許可ᄒᆞᆫ時ᄂᆞᆫ每度事由를具ᄒᆞ야學部大臣의게報告ᄒᆞᆷ이可ᄒᆷ

(未完)

本社特電

四月十六日神戶發

●土內閣新組織 土耳其內閣은辭職ᄒᆞ고新內閣이組織되얏ᄂᆞᆫ데其理由인즉土耳其皇帝가過般에謀叛ᄒᆞᆫ軍隊를獎勵ᄒᆞ야[illegible]形勢ᄂᆞᆫ軍隊와人民이[illegible]表ᄒᆞ야[illegible]軍隊를[illegible]稱ᄒᆞ얏다더라

●誤殺辨文 同國首都에서騷擾ᄒᆞᆫ土耳其陸軍部大臣이失火ᄒᆞᆫ結果로刺客이暗殺ᄒᆞ라다가不幸히司法大臣이誤殺되얏ᄂᆞᆫ데目下土都君士但丁堡ᄂᆞᆫ靜穩에歸ᄒᆞ얏다더라

外報

●合併同意 倫敦電을據ᄒᆞᆫ즉英伊墺三國이보스니아及헤르즈고뷔나의合併에同意ᄒᆞ얏ᄂᆞᆫ대露佛兩國도亦同意ᄒᆞᆯ貌樣이라더라

●徐總督의彈劾 大連電을據ᄒᆞᆫ즉淸國徐總督의彈劾으로長春道臺及吉林省內知府知縣等免官된者가貳拾名이라더라

●法海軍의缺点 倫敦電을據ᄒᆞᆫ즉戰鬪艦及火藥等視察次로巴黎에滯在ᄒᆞᆫ法國議會委員은同國海軍의缺陷点이多ᄒᆞᆷ을論ᄒᆞ얏다더라

●海軍事項上奏 北京電을據ᄒᆞᆫ즉淸國海軍大臣肅親王等이海軍事項을上奏ᄒᆞ얏다더라

●英新聞의言論 倫敦電을據ᄒᆞᆫ즉英國新聞紙所謂에日摩洛哥問題에關ᄒᆞ야法德兩國의協約ᄒᆞᆫ것은不關ᄒᆞ고德國領事가德國商館에對ᄒᆞ야礦山採掘權을確保ᄒᆞᆫ은兩國間關係를紛亂케ᄒᆞ미라ᄒᆞ얏다더라

雜報

●侍之者誤 前奉侍金義淳시가內侍院과協議ᄒᆞ고統監府

詞藻

●讚賀大韓每日申報 金兌權

丘흩씨고丘흩씨고
每日申報丘흩씨고
國權墮落此時代에
每日申報丘흩씨고
朝野全昧此天地에
每日申報丘흩씨고
全國同胞魚若우에
每日申報丘흩씨고
壯ᄒᆞ도다壯ᄒᆞ도다
一隻大筆鋒壯ᄒᆞ도다
義人烈士褒揚ᄒᆞ고
二千萬族警醒이라
快ᄒᆞ도다快ᄒᆞ도다
至公無私快ᄒᆞ도다
論難者를論罪ᄒᆞ고
攻擊者를攻擊일세
警鍾일네警鐘일네
每日申報警鍾일네
昏昏黑夜大韓乾坤
警世堂々每日報라
全昧未覺우리同胞
每日申報警鍾聲에
革舊刷新日增ᄒᆞ야
各社會를成立ᄒᆞ고
愛國思想做出ᄒᆞ니
自由國民基礎로다
他人奴隷自處者도
必是改過ᄒᆞ거시오
仕宦路에沒覺者도
自然悔改ᄒᆞ거사오
絲絲[illegible]ᄒᆞᆫ同胞도
愛國思想自至로다
貪官酷吏더官吏도
爲政々心如前ᄒᆞ시
山河俱是憂處ᄒᆞ고
二千萬人愛國ᄒᆞ니
是誰功고是誰功고
每日申報功德일네
維持ᄒᆞ소維持ᄒᆞ소
天地同盟維持ᄒᆞ소

雜報

●大皇帝御種痘 大皇帝陛下ᄭᅦ옵셔再昨日에太醫院副院長을招入ᄒᆞ사 御種痘를施ᄒᆞ셧다더라

●此凶彼凶

近日에韓日聯邦問題가有ᄒᆞ미韓人들이聯邦이지今邦인지憤慨를不勝ᄒᆞ야此를歡迎ᄒᆞᆯ여妨害ᄒᆞ며兩論이喧藉ᄒᆞᆫ데就中에各黨派의運動을確有ᄒᆞᆫ지라李完用의現內閣派ᄂᆞᆫ元老黨을收攬ᄒᆞ며汲々ᄒᆞ야先著에ᄂᆞᆫ[illegible]閔(前名張博)氏를贊成卿으로登用ᄒᆞ고其次에ᄂᆞᆫ趙義淵氏를表勳院總裁로叙任ᄒᆞ고民間에ᄂᆞᆫ漢城府民會長兪吉濬氏를籠絡ᄒᆞ야頌德表를呈케ᄒᆞ얏스미李氏ᄂᆞᆫ其地位를鞏固코져ᄒᆞᄂᆞᆫ術策이著々奏效ᄒᆞ얏고舊政府派의權重顯氏ᄂᆞᆫ朴齊純氏를相抱ᄒᆞ고現內閣을顚倒ᄒᆞ랴ᄂᆞᆫ意向이有ᄒᆞ다ᄒᆞ고又大韓協會의黨은其政敵되ᄂᆞᆫ宋秉畯이已去ᄒᆞ고該會의趣味를抱ᄒᆞᆫ朴齊純氏가其後任을襲ᄒᆞ얏스미何等惡感情을持치아니ᄒᆞ며日內閣은一角을得ᄒᆞ야ᄂᆞᆫ不滿足이니此際를當ᄒᆞ야排日이라標榜ᄒᆞᆫ진대地方의勢力을益益擴장ᄒᆞᆯ터이니今에數年을經ᄒᆞ면內閣의全部ᄂᆞᆫ自然히吾黨의所有이오況且今日情形에在ᄒᆞ야內閣의一角을得ᄒᆞᆫ진댄人心을失ᄒᆞᆯ而已인즉統監의意嚮도吾黨을非계녀이지안ᄂᆞᆫ다ᄒᆞ야此黨도勢力을鞏固케ᄒᆞ기에汲々ᄒᆞ다ᄒᆞ고一進會의黨은會長李容九시가多少의運動費를圖得ᄒᆞ고歸國ᄒᆞᆫᄂᆞᆫ데인즉今後에又如何ᄒᆞᆫ運動을ᄒᆞᆯᄂᆞᆫ지

●曾禰相換 伊藤統監은日本總理大臣을被任ᄒᆞ고總理大臣桂太郞은統監을被任渡韓ᄒᆞ기로內定되얏다ᄂᆞᆫ說이有ᄒᆞ다더라

●曾禰北行 曾禰副統監이北關島를視察ᄒᆞᆯ次로佐竹國分兩書記官과其武官幾人을帶同ᄒᆞ고本日上午八時에京釜線列車로搭乘ᄒᆞ고釜山에下往ᄒᆞ야廣濟號로發往ᄒᆞᆫ다더라

●曾禰園遊 曾禰副統監은來日拾五日頃에韓日文武百官及紳士紳約等千五百餘人을請邀ᄒᆞ야園遊會를開催ᄒᆞᆫ다더라

●學部本黑 平南觀察使李軫鎬氏가高等學校校長洪奭鉉氏와日本에서同留ᄒᆞᆯ때에李氏가洪氏의게金貨百圓을貸用ᄒᆞ고歸國ᄒᆞᆫ後에報償ᄒᆞ기로契約을ᄒᆞ얏더니歸國ᄒᆞᆫ後屢度見促ᄒᆞ되李氏ᄂᆞᆫ終不報給ᄒᆞᄂᆞᆫ故로洪氏가將次起訴라도ᄒᆞ야期於히推尋ᄒᆞᆯ計料라더라

●何事協議 再昨日에一進會에서何等協議ᄒᆞᆯ事이有ᄒᆞᆫ지各地方支會장을一切指揮ᄒᆞ야本月二十五日內로急速上來ᄒᆞ라ᄒᆞ얏다더라

●兩夫人入參 宋秉畯이가閔忠正公家牧養基址를占奪ᄒᆞᆫ事에對ᄒᆞ야京城地方裁判所에서豫審裁判을開ᄒᆞᆫ事ᄂᆞᆫ已報어니와昨日上午拾壹時에該所에서具信默兩廷觀兩人을證據人으로提出與審ᄒᆞ얏ᄂᆞᆫ데閔公의大夫人及夫人이乘轎入參ᄒᆞ얏다더라

●總代派送 각學會에寄付ᄒᆞᆫ學部直氏의답土를證明도成圖ᄒᆞ고秋收도收捧次로各學會에서南宮薰氏로總代委任ᄒᆞ야日間派送ᄒᆞᆫ다더라

●흔春淸營 淸國政府에서ᄂᆞᆫ흔春等地에兵卒六七千名을排置ᄒᆞ기爲ᄒᆞ야現今兵營을新建築ᄒᆞᆫ다ᄂᆞᆫ데其基址ᄂᆞᆫ約六萬坪假量이라더라

●趙哥畧人 東部中谷居ᄒᆞᄂᆞᆫ趙爾善爲名人이楊州蘆原居ᄒᆞᄂᆞᆫ十四歲女兒를誘引ᄒᆞ야西部龍洞等地何許酒商에게九拾餘圓에賣渡ᄒᆞ얏ᄂᆞᆫ데該女兒의父母가知其事實ᄒᆞ고不勝抑冤ᄒᆞ야女兒를覓給ᄒᆞ고趙哥에게嚴懲ᄒᆞ라고東部警察署에呼訴ᄒᆞ얏ᄂᆞᆫ데尙今如何ᄒᆞᆫ決末이全無ᄒᆞᆫ故로該事狀을枚擧ᄒᆞ야警視廳에呼冤ᄒᆞᆫ다더라

●測量强制 安城郡守金英鎭氏가日人技師를雇聘ᄒᆞ야測量組合所를設立ᄒᆞ고人民으로ᄒᆞ야금强制測量을行ᄒᆞ고手數料를勒取ᄒᆞᆷ으로民冤이漲天ᄒᆞ다더라

●是何行動 昨日上午貳時量에日兵二中隊假量이自黃土峴으로鍾路까지來往ᄒᆞ야散操演習을ᄒᆞ얏ᄂᆞᆫ데人民은其行動을拾分疑訝ᄒᆞ얏다더라

●日人蠻行 再昨夜八時量에梟埋門前司畜洞通路上에서韓國女人壹名이過去ᄒᆞᄂᆞᆫ데何許日人二名이吸餘卷烟을該女人口中에納入ᄒᆞ거날該女人이日人을顧見ᄒᆞ고其野蠻의行爲를極口唾罵ᄒᆞᆫ대該日人이逃走ᄒᆞ얏다더라

●通譯行悖 傳說을聞ᄒᆞᆫ則楊州憲兵隊通譯李敬五爲名人이去月頃에父喪을當ᄒᆞ야該附近人民에게葬費金을抑勸으로請求ᄒᆞᄂᆞᆫ데或應從치아니ᄒᆞ면恐喝ᄒᆞᆷ으로民冤이漲藉ᄒᆞ다더라

●面長不法 慶北比安郡定西面長禹德中氏가該面人民에게考債條라稱ᄒᆞ고每結頭二拾錢式督捧ᄒᆞ야暗自乾沒ᄒᆞᄂᆞᆫ者或遇ᄒᆞ면家産汁物을强制執行ᄒᆞᄂᆞᆫ故로民怨이漲天ᄒᆞ다더라

●偵探募集 近日憲兵司令部에서探偵事務를敏速得聞키爲ᄒᆞ야京城內外에探偵客을目今多數募集ᄒᆞᆫ다더라

●俱樂部決議 各學會俱樂部에서各學會月報를合同發刊ᄒᆞ기로決議ᄒᆞ얏다더라

●雙頭牛犢 兩來人의傳說을聞ᄒᆞᆫ즉沃川郡[illegible]何許人家에서農牛가雙頭犢을生ᄒᆞ얏다더라

●絞刑不服 故殺人犯金元翼을日前에京城地方裁判所에서絞刑에宣告ᄒᆞ얏더니該絞刑을不服ᄒᆞ고大端痛冤ᄒᆞ다ᄒᆞ야控訴院에泣訴申告ᄒᆞ얏다더라

●日巡挾雜 近日中部警察署에勤務ᄒᆞᄂᆞᆫ日人巡査原田이가韓人挾雜輩를締結符同ᄒᆞ야別般計劃으로徐爲範氏를恐喝取財ᄒᆞ다가該事端이발覺되야罷免拘留ᄒᆞ얏다더라

●義將通牒 長湍郡義兵將金洙敏氏가麻田郡義兵將延基浩氏의게通牒ᄒᆞ되現今兵勢가日異月變ᄒᆞ야湖南의救活이渺然無期ᄒᆞ야人民의禍色이迫頭ᄒᆞ얏즉從今以後로ᄂᆞᆫ兩陣이聯合ᄒᆞ야京城에侵入ᄒᆞ야早速圖之ᄒᆞᄂᆞᆫ이만不如ᄒᆞ다ᄒᆞ얏다ᄂᆞᆫ說이有ᄒᆞ다더라

●湖南義擾 海南郡來人의所傳을聞ᄒᆞᆫ즉該郡境內에義兵이多數縱橫ᄒᆞ야田畓測量人을齊逐送ᄒᆞ고村間에設立ᄒᆞᆫ學校ᄂᆞᆫ擧皆沮毁廢止ᄒᆞ얏다더라

●槐郡義兵 去月頃에義兵三拾餘名이괴山郡葛論等地에來到ᄒᆞ야當地居民에게軍需錢을排斂以去ᄒᆞ얏다더라

●何痛可駭 演興社唱夫得伊이란名稱이色傷으로沉病ᄒᆞᆫ時에該漢과平日有情ᄒᆞ던所謂南村大官某氏의別室二十餘人이各其盡心으로延醫看護ᄒᆞ다가竟爲致斃ᄒᆞ얏ᄂᆞᆫ데該女二十名이協議ᄒᆞ고各捐百圓式收合ᄒᆞ야數日後淨土寺에서該漢을爲ᄒᆞ야佛供ᄒᆞ기로方今準備中이라ᄂᆞᆫ데此ᄂᆞᆫ風化所關의壹大變怪라警視廳에서此等淫女輩를宜當嚴査懲治ᄒᆞᆯ일이라고巷說이漲藉ᄒᆞ더라

●宋子竟斃 昨報에揭載ᄒᆞᆫ宋秉畯의子ᄂᆞᆫ內大의隨直인ᄃᆡ鴉片烟을吞下ᄒᆞ고竟爲致斃ᄒᆞ얏다더라

●車夫安往 再昨日下午六時頃에北部三淸洞學苑橋等地에서車牛가橫奔ᄒᆞᆫ際에適其時紅覓門內居ᄒᆞᄂᆞᆫ七十四歲된老婆가車轂에被觸ᄒᆞ야頭部가重傷ᄒᆞ얏다더라

●淫窟解散 中部塔洞軍樂隊西邊某家에서密賣淫女를每夜數拾名式聚ᄒᆞ야靑年子弟의多數錢財를騙取ᄒᆞᆫ다ᄂᆞᆫ說은已揭어니와所管警察署에서卽往調査ᄒᆞᆫ즉果如所報인故로該家主를說諭放ᄒᆞ얏더니伊後로ᄂᆞᆫ該家에留連ᄒᆞ던女가皆逃走ᄒᆞ얏다더라

●似出構誣 北部觀峴居ᄒᆞᄂᆞᆫ尹某의母親이密賣淫女를居媒資生ᄒᆞᆫ다ᄂᆞᆫ說은已報어니와追聞ᄒᆞᆫ즉再昨日에各警察署에서巡査를多數派遣ᄒᆞ야嚴密히調査ᄒᆞ미事實이未分明ᄒᆞ고何許人의構誣인듯ᄒᆞ다더라

●韓倅被捉 安岳郡守韓自東氏가黃州郡守在任時에何許人의게多額의資物을暗受ᄒᆞ얏다가其情跡이現露된故로日前에中部警察署에被捉ᄒᆞ얏다더니該署에서日前에瑞興郡警察署로押送ᄒᆞ얏다더라

●窮車被捉 再昨日에何許拾六歲假量된金寶聲名이南大門停車場에서自轉車壹個를窃取ᄒᆞ야暗自與執ᄒᆞ다가綻露되야東部警察署에捉囚ᄒᆞ얏다더라

●尹家賊警 三昨夜에强盜四名이各持凶器ᄒᆞ고陰竹郡山田里에突入ᄒᆞ야該地富客尹某를威脅毆打ᄒᆞ고金貨百元을奪去ᄒᆞ얏다ᄂᆞᆫ傳說이有ᄒᆞ다더라

●農桑設場 近日西部公洞居ᄒᆞᄂᆞᆫ許極氏가農桑에關ᄒᆞᆫ事業을發達ᄒᆞ기爲ᄒᆞ야巨額에資金으로永登浦等地에韓國桑葉模範場을設立ᄒᆞᆯ經營으로該附近地段을廣占買收ᄒᆞ얏다더라

●兩營開演 夜珠峴救世軍壹營과統內二營에서今日上午拾時半下午二時半同七時半에演說ᄒᆞᄂᆞᆫ데壹營에서ᄂᆞᆫ正領許嘉斗氏의夫人이오貳營에서ᄂᆞᆫ正尉班禹巨氏가引導演說ᄒᆞᆫ다더라

●歡迎會發起 各婦人社會에서尹貞媛氏의歡迎會를發起ᄒᆞ기로趙鳳植李府鎭兩氏가發起ᄒᆞ야歡迎會를準備ᄒᆞᆫ다더라

●感會摠會 합同學生親睦會에서今日下午壹時에特別總會를敦化門前養源學校內에서開ᄒᆞᆫ다더라

◎感荷義捐

稷山郡邑內兩甲居有志紳士金相喆氏가本社의經費窮絀ᄒᆞᆷ을慨嘆ᄒᆞ고

金一圓

을寄付ᄒᆞ얏기玆에感謝를表ᄒᆞ노라

◀旣閱且閱

▲錦繡江山을누가누라서亡ᄒᆞ엿ᄂᆞᆫ가四色分黨士夫된士夫中의누구런고爲人들이專權이오四人中의누구런고勵感을이어아닌가勵感中의누구런고閔家들이亡ᄒᆞ엿고閔家中의누구런고閔泳徽가판막엇네

▲亡國大夫閔泳徽ᄂᆞᆫ이내말을드러보라親戚之誼內結ᄒᆞ고君臣之名外托ᄒᆞ야聚神文武ᄒᆞ신皇上陛下竭忠輔佐아니ᄒᆞ고肥己로마爲主ᄒᆞ야十年間을專權ᄒᆞᆯ제順之者ᄂᆞᆫ有福ᄒᆞ고逆之者ᄂᆞᆫ有禍ᄒᆞ니公의罪가ᄒᆞᆫ가지오

▲亡國大夫閔泳徽ᄂᆞᆫ이내말을드러보라爵祿이다ᄒᆞᄂᆞᆫ것은堂堂國家公器어ᄂᆞᆯ私囊物노認作ᄒᆞ야非親이면不用ᄒᆞ고非財이면莫擧ᄒᆞᆯ재顓曾萱葛잇더라도千里又치排斥ᄒᆞ고小人滿朝ᄒᆞ엿스니公의罪가두가지오

▲亡國大夫閔泳徽ᄂᆞᆫ이내말을드러보라人民이라ᄒᆞᄂᆞᆫ것은立國ᄒᆞᄂᆞᆫ根本인대守令方伯다닐재ᄂᆞᆫ그膏血을親이절고政堂上에잇셔서ᄂᆞᆫ貪官汚吏보내여서全國土皮벅겨가[?]置田園ᄒᆞ엿스니公의罪가세가지오

▲亡國大夫閔泳徽ᄂᆞᆫ이내말을드러보라甲午以後말ᄒᆞ여도愛國ᄒᆞᄂᆞᆫ志士들이國家扶植ᄒᆞ랴ᄒᆞ고社會學校設立이나財政을困難ᄒᆞ야維持方策杳然ᄒᆞᆫ만分錢義捐姑舍ᄒᆞ고秦瘠越視恬然ᄒᆞ니公의罪가네가지오

▲亡國大夫閔泳徽ᄂᆞᆫ이내말을드러보라五百餘年더宗社를自己手로亡히노코이런時代當ᄒᆞ여서竭力輔忠ᄒᆞᆯ자업시公의몸身避難코저俠眷超海ᄒᆞ랴ᄒᆞ니甘吞苦吐분介잇시苟存人心이러ᄒᆞᆫ가公의罪가다섯이라

▲公의罪를數之컨대罄竹難書五百이러만近日에ᄂᆞᆫ改悛ᄒᆞᆫ지千餘石의大田庄을徽文塾에永付ᄒᆞ니壯ᄒᆞ기ᄂᆞᆫ壯ᄒᆞᆫ지만徽文塾의壹個로ᄂᆞᆫ贖罪키極難이니數百校의徽文塾을各處에다設立ᄒᆞ며將功贖罪ᄒᆞ더로소

物貨中校用品其他家用物品을一新作備하고[illegible] 이시면以小包郵便으로高品廉價而信々酬응할깃삼 物品如下 鉛筆각色 洋服兩衣上下 印札紙각種 日用雜貨俱備 [illegible] 한城鍾路[illegible]書舘 告白

廣告

本人이磚洞[illegible]三統[illegible]戶李東根處紙貨二十圜任置票를路서失故玆以廣告하니該票는休紙施行

柳[illegible]燦 告白

本所와支所를江華永宗喬桐三處에設하고臨時事務所를江華東面謂井洞李昶鎬시家로定하오니照亮하심

內外組合仲介所 告白

◎卞誣廣告

本郡守金宇植氏가莅玆以後로捐義助校하고熱心勸하미오기自本校로推薦校장하야庶幾有就新之望이온더以若無瑕로被誣於本郡悖民高濟학李서九等하온事로本郡儒鄕及人民代表各面面장이先請卞誣於每日申報하고本郡守가論報本道觀察使이온즉不必贅說이오나蓋此惡民之搆誣諸條가確有卞明証據하야會隱縉之到任卽時에稱道匪總과詐稱司馬私督이的確無疑한鄕校督이오邑橋新築時加排四拾圜이的用於落成宴費는日本官吏之所共知也오校壇任之差出以公은鄕校에서多士會圈하고薦望記가昭在하고 內部에서斷髮訓令中若違勅令定니이면放射소滅之句語는非郡守之添入이라 內部訓令이昭在이고明倫堂中會集演說時에反害宗敎하야得罪先聖云者는因 道訓令하야皇上陛下南巡時에維新慶賀하라신勅語를大小民人의게頒布後에論語를引證하야革舊就新을勸勉하얏고詞訟에受賂云者는郡守之公正廉潔은隣近之所共知也라彼若確知捧賂면何不指名詳言이며濟南學校를沮害云者는高濟學等錫九輩가學校設立을藉托하고鄕校답八斗落을私自賣用할것슬其時校任等이告官報道하야作嫌이오冬에稱以學校所用하고葉錢五千餘兩을私自排斂於拾壹面矣러니非但民不從이라郡守가亦不贊成하야遂至狼狽라하야怨恨이괭中에甚至於誣佈新聞하야欲雪其憤하고損人名譽하니高濟學等用心凶獰이莫此爲甚이오며今月拾壹日에本郡守가高濟學李서九等五人을招致郡庭하야廣廳傍聽하고上項諸條를逐條質問에每示證據公文則無辭爲答하고但稱此事做謀가都緣於城主가濟南학校를不爲贊成하야至於廢校되嫌怨이라하얏고押付警署後에片岡左壹郞警部가壹次審問時에도濟學等所告가亦以濟校不贊成으로作嫌擧事라고與官庭所供으로同壹無異이며又有壹層凶慝者하니於今에挾其私憾하고搆虛捏誣하야毀官名譽者ㅣ但是李高等五六人이綢繆成黨하야做謀設事이오別錄此人助桀者이거니와及其上告文字나又或公函叉牒에는첨稱全郡人民등請願이라하고又稱士林中公議라하고虛張聲勢하야眩惑衆하니此乃挾雜奸輩가空設旗幟之慣例이나若以具眼人으로鈞得看破면尤豈不切々痛恨也哉아惟願 僉君子는 照亮하시와渠輩之所書僞稱士林과借名人民等奸計에切勿見瞞하심을希望함

隆熙三年四月拾五日

全羅北道錦山郡錦新學校

副校長 前委員 金漢根
摠務 郡主事 김在薰
學監 前監役 李來翼
校監 前主事 박台緒
事務 박昌緒
財務 鄭在耆
賛成 韓澤文

夜學員募集廣告

本校日語科簿記科學員更募集하오니限個月速成敎授志願人은本月貳拾日內請願書提呈細則來議本校

南部小銅洞光南學校夜學部

本人이昨日에[illegible]洞等地에서陰陽刻姓名圖章을見失하얏스니知舊間無效로知함

金斗鉉

理科師生

本書는著者가理科思想의普及과壹般需要를爲하야普通理科의槪要天文地文植物動物鑛物에關한新學理及俗論의迷惑에對한解說等을敎科師와學生의問答討論으로平易編成한者ㅣ니壹홈學校入학及各種定期試驗을準備하는者의好顧問이오壹普通理科敎授의說明을準備하며又는自家研究하는者의良材料요

壹江湖人士의迷夢을打起하고頑腦를劈開하는鍾皷斧斤이오

壹新學問新思想의眞髓를窺入코저하는者의門戶殿階ㅣ라此新時代의美想을抱하는諸君은早速히此壹書를來求하라

發行所京城鍾路靑年會舘上傍

文雅堂

發賣所 滙東書館 廣學書舖 唯壹書館 中央書館

法律事務所

中部廣洞二拾四統壹戶

辯護士 李容成

本人의圓形姓名章을今月拾壹日에見失하얏기自今으로方形章을行用하오니知悉照亮함

海州南門內李良植 告白

美國시아틀大博覽會 회람박대틀하시국미

請垂詳覽

此廣告中央에宛然한圓形은何物이뇨本社의印章이올시다예此은本社의商標이올시다熱心으로此圓形을印撈하시오永久히記念하시오本社에서此를依하야完全히設立하고此를因하야關沸히活動하고此를大韓帝國內各方面에觀熟하고相知相信케되도록力할것이올시다此가永久正直하고高尙하고平和하야自强自立할것이올시다此가大韓國製造物品의商標가되여世界各地方에橫行할것이오今日에는大韓國

各處에서此가大韓國及大韓國의工匠들이代表할것이올시다大韓國內에서未久에此가高尙한商品을製하야設立할것이오니商品의何種이든지世界各處의最大製造工廠으로부터特約直輸入하야本社의現今지差定한各處의代理人을選擇하야寵擁하게大放賣할것이올시다有志하신僉彥이여本社의內容과本社의事務進行及本社의行動을詳知코저하시거던書札로通奇하시되어다로오십시오

大韓皇城磚洞（京城郵便局郵函第四拾号）

韓美興業株式會社 謹啓

（大美國에서소나틀法律認可 駐劄美國總領事舘登錄）

本社의各處代理人의姓名은如左함

開城代理人
平壤代理人
咸興代理人
馬山浦代理人
元山代理人
淸津代理人
水原代理人
安城代理人
沙里院代理人
金泉代理人
海州代理人
天安代理人
群山代理人
金州代理人
大邱代理人
釜山代理人
江景浦代理人
麻浦附近代理人
長湖院代理人
永同代理人
木浦代理人
晋州代理人
金堤代理人
漢江附近代理人
義州代理人
江界代理人
東部代理人
鎭南浦代理人
定州代理人
城津代理人

位置未定 位置未定 位置未定 位置未定 位置未定 位置未定 位置未定 位置未定 位置未定 位置未定 位置未定 位置未定 位置未定 位置未定 位置未定 位置未定 位置未定 位置未定

開城南門內雜貨[illegible]店
平壤大同門內店동
함흥西門外
馬山浦[illegible]
元山港
淸津港
水原北부[illegible]安동
水原[illegible]부[illegible]安동
漢城東부[illegible]里旺[illegible]학校內
漢城[illegible]恩동貳統三戶
漢城西부아浦三十貳統五戶
水原北부장安동
群山大井洞
漢城西부阿峴二百廿二統三戶
大邱新田里[illegible]拾八統七戶
馬山浦[illegible]里[illegible]統九戶
서部[illegible]山坊東幕中契廿七統貳戶
西部麻浦[illegible]十七統三戶
陰城城山[illegible]
漢城[illegible]동貳統壹戶
木浦[illegible]동
鐵原[illegible]馬山浦城山
金堤郡[illegible]石面[illegible]
남부漢江拾八동貳戶
義州枇峴
義州枇峴
往十里[illegible]甘井동四동五戶
鎭남浦龍井洞
郭山郡
吉州邑

金東宣 鄭基煥 盧昊洙 孫[illegible]宇 金以文 [illegible]각臣 金유[illegible] 金유[illegible] 邦元重 李孝植 吳[illegible]泳 尹聖求 韓[illegible] 김敎[illegible] 리相召 辛相淑 리寬浩 리弼驗 [illegible] 安德[illegible] 玄德宇 孫鍾宇 김升基 리宗默 박泰煒 朴奉[illegible] 金聖[illegible] 張[illegible]翰 金時漸 郭寅洙

金相杰 李根[illegible] 崔[illegible]玉 張濟拭

이쪽을날마다자세히보시오

新撰測量學

定價 九拾錢

俞吉濬 序
金澤吉 編纂

右冊은斯學에著名ᄒᆞᆫ金澤吉氏가多年遊外ᄒᆞ야該門學을卒業ᄒᆞ고歸國後測量事에…

諸君이實地에…

請願格式과製圖方法에…

部圖根測量術…

計及請願書類와各種製圖式樣을着彩…

京城中署寺洞 … 大韓測量總管會

京城 … 金龍商會

北部小安洞 大韓書林

中部典洞 京鄕 各書舖

學部 檢定 初等植物學 定價金三十錢
初等動物學
最新初等小學
大韓地誌
大韓歷史
國家思想學
憲法要義
大韓十三道遊覽

京城 … 玉虎書林

阿片斷引丸

注意

胎産調經丸

瘡毒消痰丹

滋陽丸

八寶丹

和平堂主 李應善

各種藥品을總發行所는京城南門內濟生堂大藥房本舖

天下萬人快

◎此는 …

共愛堂大藥房製造各種藥品發引表

壯陽復元丹
眼科清眼水
解瘧至寶丸
皮膚癬瘡液
五淋通淋丸
梅毒神應丹
清脾丸
養胃散
治痰鎭咳
消熱散
清耳
妙妙膏
能治膏
大腫拔根膏
寸虫去根藥
止泄丸 痢疾藥
各種上品乾材都賣散賣其他各種藥
請求에依ᄒᆞ야小包로隨應ᄒᆞᆷ

發行所 皇城南部大廣橋十九統七戶 共愛堂大藥房

漢城南署… 官許 …

隆熙三年四月貳拾日 明治四拾貳年四月貳拾日 (第三種郵便物認可) 火曜日 西曆一千九百九年四月貳拾日 (一)

第七卷

大韓每日申報

第壹千七拾五號

月曆 時隔 及日 發休 節刊

檀君開國四千二百四十二年
箕子元年三千三十一年
大韓開國五百十八年
日本明治四十二年
淸國宣統元年
己酉三月小初一日庚戌

Responsible for Publication Alfred Weekley Marnham.
發行兼編輯人英國人萬 咸
發行所
京城西部石井洞外地三層洋屋
大韓每日申報社

論說

◎先進社會의缺点

將來韓國의濶步를試ᄒᆞ며將來世界의神光을奮ᄒᆞᆯ者ㅣ誰오曰後進社會니라

然이나此後進社會의模範을垂ᄒᆞ며後進社會의前途를開ᄒᆞᆯ者ㅣ誰오曰先進社會니라

然則先進社會의責任이實로重大ᄒᆞ며實로艱難ᄒᆞ거ᄂᆞᆯ乃者今日所謂先進社會를睹ᄒᆞᆫ則其滔々流風이令人慨然ᄒᆞᆫ者ㅣ甚多ᄒᆞ도다

彼妖恠、凶惨、刼竊、睹懶等人物로國家의蟊賊이되며社會의廢物이된者ᄂᆞᆫ吾儕가恐言치아니ᄒᆞ거니와乃者名譽가有ᄒᆞ며氣魄이有ᄒᆞ야先進社會에出沒橫行ᄒᆞᄂᆞᆫ者도其眼界가卑ᄒᆞ며其行動이劣ᄒᆞ야先進의責任을墮落ᄒᆞᄂᆞᆫ者ㅣ多ᄒᆞᆫ지라

彼가壹會를集ᄒᆞ며壹社를結ᄒᆞ미爭鬪가紛生ᄒᆞ며裂缺이繼後ᄒᆞ야其狀態가昔日色黨戰爭과殆似ᄒᆞᆷ에至ᄒᆞ니如此ᄒᆞ고야엇지先進의責任을可擔ᄒᆞ리오故로吾儕ᄂᆞᆫ其缺点을擧ᄒᆞ야諸公悔改의資料를作코ᄌᆞᄒᆞ노라

(壹)曰私黨이니大抵大活動을計ᄒᆞ라면不可不多數人物을要ᄒᆞᆯ지라故로世界何國을勿論ᄒᆞ고太半政黨이有ᄒᆞᆫ바ㅣ나然이나彼黨은公을爲ᄒᆞ야團結ᄒᆞ며公을爲ᄒᆞ야鼓動ᄒᆞ며公을爲ᄒᆞ야奮國ᄒᆞᄂᆞᆫ故로其國家의發光이益々膨脹ᄒᆞ나니萬若私를爲ᄒᆞ야樹立ᄒᆞᆫ私黨은國家의惡孽이될뿐이며

(貳)曰小謀니大抵國이泰ᄒᆞ고民이安ᄒᆞ야天下衆生이太平樂을頌ᄒᆞᄂᆞᆫ時代라도其希望이殘ᄒᆞ며其動作이小ᄒᆞ면不可ᄒᆞ거던況此韓國時代인가太希望大動作으로世界에雄飛ᄒᆞᆫ精神이有ᄒᆞᆯ지라도오히려其目的을達키難ᄒᆞ거ᄂᆞᆯ乃彼其謀가甚小ᄒᆞ야小名譽小事業으로沾々自足ᄒᆞ니此等人物에게何를足取ᄒᆞ리오

(參)曰不忍이니太抵衆人이會集ᄒᆞ면其思想이或不同ᄒᆞ며其意見이或不合ᄒᆞᆷ은人類不免의弱点이라然이나小憤을不忍ᄒᆞ면大謀를必亂ᄒᆞᄂᆞ니彼輩로互相包容ᄒᆞ며互相融和ᄒᆞᆷ이可ᄒᆞ거ᄂᆞᆯ彼乃小憤을不忍ᄒᆞ야衝突을惹招ᄒᆞ니如此ᄒᆞ고야엇지遠大ᄒᆞᆫ功을奏ᄒᆞ리오

以上과如ᄒᆞᆫ缺点이有ᄒᆞᆫ故로其爭鬪가如彼ᄒᆞ며其裂缺이如彼ᄒᆞ니此로以ᄒᆞ야敵黨의戒懼를不已ᄒᆞ니[illegible]

是로因ᄒᆞ야彼後進社會에자지其影響을被ᄒᆞ야先進社會의餘習이累々ᄒᆞ니此가엇지先進社會의[illegible]리오

然이나吾儕ᄂᆞᆫ後進社會에壹告ᄒᆞ노니先進社會ᄂᆞᆫ或腐敗ᄒᆞ얏슬지라도此腐敗ᄒᆞᆫ劣慣을樸滅ᄒᆞ고新鮮ᄒᆞᆫ事業을鼓舞ᄒᆞᆷ이亦是後進社會의責任이니라

官報

▲隆熙二年拾貳月三日 官報

▲學部令

第貳拾壹條 留學生監督은官費留학生의入學ᄒᆞᆫ學校의名稱所在地학科課程及修業年限을학部大臣에게報告ᄒᆞᆷ이可ᄒᆞᆷ但학科課程及修業年限은已報ᄒᆞᆫ學校에對ᄒᆞ야ᄂᆞᆫ省畧ᄒᆞᆷ을得ᄒᆞᆷ (未完)

外報

◎波斯와英國 倫敦電을據ᄒᆞᆫ즉波斯부샤에셔ᄂᆞᆫ不法의掠奪이橫行ᄒᆞᄂᆞᆫ대英國軍艦후오구즈號ᄂᆞᆫ同地에水兵을下陸케ᄒᆞ얏다더라

◎英日同盟解除 維也納電을據ᄒᆞᆫ즉諸新聞이倫敦報를記載ᄒᆞ얏ᄂᆞᆫ대其言에曰日本과英國兩國이淸國에對ᄒᆞᆫ行動이不合ᄒᆞ고英俄協約에對ᄒᆞ야도不安ᄒᆞᆫ思想이有ᄒᆞᆷ으로英日同盟은解除된다더라

◎湖北의騷亂 漢口電을據ᄒᆞᆫ즉淸國湖北省境內에ᄂᆞᆫ暴徒가蜂起ᄒᆞ얏ᄂᆞᆫ데武昌에셔軍隊를派送ᄒᆞ얏다더라

◎希臘의戰爭復起 倫敦電을據ᄒᆞᆫ즉크리ㅣ트島와希臘間에ᄂᆞᆫ戰爭이復起ᄒᆞᆯ形勢가有ᄒᆞ다더라

學苑

◎憲法總論 自由室主人

憲法의意義

憲法이如何ᄒᆞᆫ法인가ᄒᆞᆷ에對ᄒᆞ야其意義를發揮코ᄌᆞᄒᆞ노라

憲法에如何ᄒᆞᆫ規定이有ᄒᆞᆫ가曰國家의基礎와直接機關의組織及其作用等에關ᄒᆞᆫ規定이有ᄒᆞ니라

國家의基礎라ᄒᆞᆷ은何인가曰國土、國民이니라

國家의直接機關이라ᄒᆞᆷ은何인가曰君主議會等이니라

君主가何故로國家의直接機關인가曰彼古昔에國家觀念이發達치못ᄒᆞ야國家를君主의所有物로認ᄒᆞ며君主를國家의主體로認ᄒᆞ던時代에ᄂᆞᆫ君主를國家의機關이라云치아니ᄒᆞ얏스나今日은社會의人文이漸次進步ᄒᆞᄂᆞᆫ同時에國家의法理도自然明白ᄒᆞ야國家를壹人格으로認ᄒᆞᆷ에至ᄒᆞ얏슨즉此國家ᄂᆞᆫ法人을爲ᄒᆞ야動作ᄒᆞ며此國家ᄂᆞᆫ法人을爲ᄒᆞ야存在ᄒᆞᆫ君主가國家의機關이아니요何인가

然而君主ᄂᆞᆫ直接으로是國家의機關이되얏고何等他人의命令或委任을受ᄒᆞᆫ者ㅣ아닌故로曰君主ᄂᆞᆫ國家의直接機關이라ᄒᆞᄂᆞ니라

議會ᄂᆞᆫ何故로直接機關이되ᄂᆞᆫ가曰議會도亦是直接으로是國家의意思를代表ᄒᆞᄂᆞᆫ所以니라

直接機關의組織이라ᄒᆞᆷ은何인가曰直接機關의權限組織인是니라

其作用이라ᄒᆞᆷ은何인가曰直接機關이如何히作用ᄒᆞᆷ이니라

憲法이公法인가私法인가曰公法이니라何故오曰法律의規定ᄒᆞᆫ바가國家와國家間이던지國家와人民間이던지兩方或壹方이國家되ᄂᆞᆫ時ᄂᆞᆫ公法이오兩方이皆人民인時ᄂᆞᆫ私法이니今此憲法은國家의關係를規定ᄒᆞᆫ者라然則憲法은公法이니라

故로吾儕ᄂᆞᆫ憲法의意義를下ᄒᆞ야曰憲法은國家의基礎、直接機關의組織及其作用을規定ᄒᆞᆫ公法이라ᄒᆞ노라

大抵只今地球上에所謂文明國이라ᄒᆞᆷ은憲法이確立ᄒᆞᆫ國을指稱ᄒᆞᆷ에不過ᄒᆞᆫ지라此果何故오憲法이無ᄒᆞ야君主壹人의專制를放任ᄒᆞᆫ國은决코長久의生存을不得ᄒᆞᄂᆞ니何者오其君主가英明ᄒᆞᆫ時代에ᄂᆞᆫ其國이安寧福利를享ᄒᆞᆯ지나君主도亦是自然人인즉當々英明ᄒᆞᆫ君主를得ᄒᆞᆷ은不可望의事라故로英明ᄒᆞᆫ君主의死去를隨ᄒᆞ야其國家도死去를不免ᄒᆞ더니와憲法이有ᄒᆞᆫ則一般國務를人民이與知ᄒᆞ야君主가堯舜又ᄒᆞᆫ聖主라도聖主가되지못ᄒᆞ고君主가桀紂又ᄒᆞᆫ暴主라도暴主가되지못ᄒᆞ나니故로現世列邦이憲法의成立與否를隨ᄒᆞ야文野强弱의別을生ᄒᆞᄂᆞ니라

雜報

◎隨聞更揭 宮大閔丙奭시가其小室과家庭事로爭詰ᄒᆞᆫ事ᄂᆞᆫ本報에已揭ᄒᆞ얏거니와更聞ᄒᆞᆫ즉ᄒᆡ시ᄂᆞᆫ本來其小室의게對ᄒᆞ야何等事를置之不問ᄒᆞᄂᆞᆫ디이며風波大起ᄒᆞᆷ이全無ᄒᆞᆫ즉此ᄂᆞᆫ必是或者가ᄒᆡ시의게나或其家庭에有嫌ᄒᆞ야其愛妾의事를虛托ᄒᆞ고世間賤妾輩의惡意惡說노其嫡夫人을妬陷ᄒᆞᄂᆞᆫ常態를假想模倣ᄒᆞ야做出ᄒᆞᆫ無稽之說이라ᄒᆞ나其當事者들은此流言之日을當ᄒᆞ야益々戒懼ᄒᆞᆯ바이어니와本社에셔ᄂᆞᆫ事實을詳探更報ᄒᆞ겟노라

詞藻

◎義氣學

嗚吁短歎滿腔悲懷뿐이리오、누엇다가、[illegible] 橫竪雜書바라보니、俠傳을閱覽ᄒᆞ니、壯ᄒᆞ도다、聶政要離더義氣를、본밧고저。

雜報

◉派人密探 總理大臣李完用氏는今番日本觀光團에渡去ᄒᆞᆫ諸人의行動을秘密偵探ᄒᆞ기爲ᄒᆞ야自己에게殷篤親切ᄒᆞᆫ人某某四人을派遣ᄒᆞᆫ바旅費는各三百圓式을給ᄒᆞ얏다더라

◉內大晚餐 內部大臣朴齊純氏가今日午後六時半에警務局長以下判任等官四十四名을捌翠樓에請邀ᄒᆞ야晩餐會를開ᄒᆞᆫ다더라

◉管田歸國 財產整理局債務課長管田勇이가有何事件인지日間歸國次로發程ᄒᆞᆫ다더라

◉會頭出席 大韓山林協會副總理李夏榮氏가該會會頭事務를臨時代辦으로理務ᄒᆞ더니前表勳院總裁李載克氏가正任會頭로推選되여日昨부터出席視務ᄒᆞᆫ다더라

◉華山種木 農商工部에서木根壹萬株를新門外金華山에培植次로日間出送ᄒᆞᆫ다더라

◉運動協議 學部에서各學校春期大運動事件에對ᄒᆞ야本日下午二時에各學校任員壹人式該部學務局으로會同ᄒᆞ야運動準備홈을協議ᄒᆞᆫ다더라

◉運柩發程 現今上海에滯在ᄒᆞᄂᆞᆫ玄尙健氏가再昨日에故李學均氏家로발電送致ᄒᆞ고該李氏의屍體를急速運柩以去ᄒᆞ되往來經費는玄氏가擔當支給ᄒᆞ깃다ᄒᆞᆫ故로李氏家人이昨日에발程渡往ᄒᆞ얏다더라

◉穩探商務 近日警視廳에서有何事件인지商務組合所壹般任員의行動을秘密偵探ᄒᆞᆫ다더라

◉有何事端 內部主事崔台永氏는何等事件을因홈인지警視廳에서該氏의行動을秘密調査ᄒᆞᆫ다더라

◉尹氏歡迎 各婦人社會에서尹自媛氏歸國홈을爲ᄒᆞ야歡迎會를開ᄒᆞᆫ다ᄒᆞᄂᆞᆫ說은已報어니와某々女士中에서는該國女子가外國에留學ᄒᆞᆫ것시是何盛事이완ᄃᆡ個人資格으로는歡迎홀망뎡各社會에서歡迎홈은不可라ᄒᆞ야反對不贊ᄒᆞᆫ다더라

◉財主行惡 괴山郡財務署主事任元宰ᄂᆞᆫ結稅未納者의게牛馬及家産什物을奪入ᄒᆞ야廉價放賣ᄒᆞ며行惡이無雙홈으로民怨이漲天ᄒᆞᆫ다더라

◉壯哉斯童 三和港五星學校生徒金濟商氏가年今九歲인ᄃᆡ自校歸家홀際에賣淫ᄒᆞᄂᆞᆫ日女壹名이金童의幼穉홈을輕視ᄒᆞ고帽子를途中에奪去ᄒᆞᆫ則金童이其蠻行을叱責ᄒᆞ고日警署에論訴ᄒᆞ야責曰文明國女行이如斯乎아我帽를還完ᄒᆞ고日女의蠻行을懲治ᄒᆞ라ᄒᆞ미日巡査가該地에來査ᄒᆞᆫ즉果然金童의言과如ᄒᆞᆫ지라即時該帽子를覓給ᄒᆞ고該日女ᄂᆞᆫ嚴懲放送ᄒᆞ얏다더라

◉畜洞民怨 南大門內司畜洞에在ᄒᆞᆫ漢城府所管肥料場은何許日人이認許를得ᄒᆞ야家屋을建築ᄒᆞ얏ᄂᆞᆫ지不知어니와該附近肥料物을路邊에棄置홈으로該洞人民의怨聲이有ᄒᆞ더라

◉日人無理 東萊郡에在留日本人壹名이禽獸를獲獵次로放銃ᄒᆞ다가該郡養正小學校生徒壹名을誤中傷ᄒᆞᆫ故로該校에서該日人을警察署로押付ᄒᆞ얏더니該署에서該日人을失捕ᄒᆞᆫ지라該校에서該日人을更捉ᄒᆞ야該校內에牢囚ᄒᆞ얏더니該地居留日人輩가作黨ᄒᆞ야放銃惹鬧ᄒᆞ얏ᄂᆞᆫᄃᆡ該日人은當地警察署에서捉去ᄒᆞ얏다더라

◉兩處行悖 西部月岩洞居ᄒᆞᄂᆞᆫ張貞容氏ᄂᆞᆫ所謂衛生費를已爲勸納ᄒᆞ얏ᄂᆞᆫ데三昨日에韓日巡査二名이該氏家內房에突入ᄒᆞ야衛生費를何不來納ᄒᆞ얏나ᄒᆞ며婦女를威脅作梗홈으로擧家가驚動ᄒᆞ얏다더라

◉媒淫調査 警視廳에서漢城內外賣淫女를壹々調査ᄒᆞ얏다ᄂᆞᆫ說은已報어니와近日에ᄂᆞᆫ該賣淫女를居媒資生ᄒᆞᄂᆞᆫ老婆等을繼爲調査ᄒᆞᆫ즉該數爻가壹千八百七拾餘名에達ᄒᆞ얏ᄂᆞᆫ데該女等을大繩捉囚ᄒᆞ야罰金도壹拾圓式徵出ᄒᆞ려니와甚ᄒᆞᆫ者ᄂᆞᆫ幾個年懲役에處ᄒᆞᆫ다더라

◉沙院來佛 黃海道鳳山沙里院에서任允中白胤基趙奎哲朴致文김道淳學운植金贊福金敬順諸氏等三拾九人이文川郡饑饉에對ᄒᆞ야金二拾元을醵集寄附次로皇城新聞社에委托ᄒᆞ얏다더라

◉日人負傷 本月拾七日午後二時頃에京義線汗浦驛附近臨津江橋梁越便毛無村에義兵이來到ᄒᆞ야附近家屋을燒火ᄒᆞ얏ᄂᆞᆫ데日本人壹名이負傷ᄒᆞ야汗浦驛으로避難ᄒᆞ얏다더라

◉砲殺會員 本月十五日頃에全南寶城郡等地에서義兵數名이一進會員二名을砲殺ᄒᆞ얏다ᄂᆞᆫ傳說이有ᄒᆞ다더라

◉兩陣死傷 西來人의傳說을據ᄒᆞᆫ즉數日前에義兵二拾餘名이[illegible]德郡[illegible]面杏馬洞에突入ᄒᆞ야該郡에駐在ᄒᆞᆫ日憲兵과數時間을交戰ᄒᆞ얏ᄂᆞᆫ데義兵은二名이被害ᄒᆞ고日兵은三名이被殺ᄒᆞ얏다더라

◉砲殺面長 日昨廣州郡古邑面面長俞某家에義兵數十名이突入ᄒᆞ야有何層折이던지面長을砲殺ᄒᆞ얏다더라

◉紅桃自落 北部紫霞洞居ᄒᆞᄂᆞᆫ紅桃爲名女가有何憾情이던지日昨에飮藥自盡ᄒᆞ얏다더라

◉斷頭喚金 日昨에北部外郊管內高陽郡等地에何許賊漢이該附近에所在何許人의墳墓를發掘ᄒᆞ고其頭部를斬去ᄒᆞ고金貨四千圓를持來ᄒᆞ야該頭骨을覓去ᄒᆞ라고聲言ᄒᆞᆫ故로目今北署에서別般詗探ᄒᆞᄂᆞᆫ中이라더라

◉巡査千義被捉 北部警察署刑查巡查延昌壽박弘植張元謙三氏가義兵千連이有ᄒᆞ다ᄒᆞ야銅峴警察分署에서捉致訊問ᄒᆞ고三昨日에京城地方裁判所로越交ᄒᆞ얏다더라

◉億兩慘火 三和港億兩機에서本月拾日夜에名不知全都監家에서失火ᄒᆞ야十二戶가延燒ᄒᆞ야家產什物의損害가畧五六千圓에達ᄒᆞ얏ᄂᆞᆫ데就中至貧無依ᄒᆞᆫ人民等의扶老携幼ᄒᆞ고途路에彷徨ᄒᆞ며哀哭之聲은不忍聞見이라더라

◉蠶種配布 龍山에在ᄒᆞᆫ大韓婦人會養蠶講習所에서現今春期養蠶을際ᄒᆞ야健全無病ᄒᆞᆫ最良ᄒᆞᆫ蠶種을希望者의請願을依ᄒᆞ야無代價로配布ᄒᆞᆫ다더라

◉稀世婦人 去土曜日救世軍舘壹營에서男女信者들이多數會集ᄒᆞ야祈禱演說홀時에婦人中田壽歌氏가現今國家情形에對ᄒᆞ야演說ᄒᆞᄂᆞᆫ데其言辭가激切慷慨홈으로滿場喝采에或垂淚者有ᄒᆞᆫ지라如此ᄒᆞᆫ婦人은眞女子社會에稀罕ᄒᆞᆫ女士라고稱頌이有ᄒᆞ더라

◉靑會山口 今日下午七時三十分에鍾路靑年會舘에서日人山口縣平을請邀ᄒᆞ야日本의敎育過去現在未來로演說ᄒᆞᆫ다더라

學界

◉金興其興 金川郡金興學校校主金顧碩시가該校經費를自擔ᄒᆞ고其胞慶洙시ᄂᆞᆫ校務를專任擴張ᄒᆞ야熱心敎育홈으로學徒가日益增加ᄒᆞ야六十餘名에達ᄒᆞ미同시의兄弟ᄂᆞᆫ國民的義務를確實履行ᄒᆞᆫ者이라고西來人의稱頌이藉藉ᄒᆞ더라

◉工業卒業 官立工業傳習所에서第壹回卒業式을本月二十日下午二時에擧行ᄒᆞᆫ다더라

◉柳氏慈善 平壤柳蔚基淵시가三年前에八歲된孤兒를收養ᄒᆞ야親子와如히入校修학케홈으로有志紳士가柳시의慈善心을贊成ᄒᆞ기爲ᄒᆞ야該孤兒養育凡節의補用ᄒᆞ라고義助ᄒᆞᆫ金額이八拾八圓인ᄃᆡ該地居ᄒᆞᄂᆞᆫ鄭先達이該兒의敏悟홈을欽羨ᄒᆞ야自己가養育ᄒᆞ깃다고柳시의게懇請ᄒᆞ얏ᄂᆞᆫ대柳시ᄂᆞᆫ右義捐金八拾八圓中三拾八圓은該兒三年收養費로消耗되고五拾圓은京城孤兒院에寄付ᄒᆞ얏다더라

◉經緯完全 稷山郡私立經緯學校는上年九月分에刱設인ᄃᆡ該郡守池喜烈氏가赴任以來로維持方針을確立ᄒᆞ야校況이漸就ᄒᆞ고該校講師徐光前시가日本으로歸國ᄒᆞᄂᆞᆫ歷路에校況의希望이有홈을目도ᄒᆞ고自願赴校ᄒᆞ야晝夜敎授홀ᄲᅮᆫ더러今月拾壹日에학部認許까지承ᄒᆞ야完全ᄒᆞᆫ학校를成ᄒᆞ엿다더라

◉普昌益昌 長湍郡皐浪浦私立普昌學校ᄂᆞᆫ許東暉시가設立ᄒᆞ얏다가허시가歸北ᄒᆞᆫ以後로校況이萬不成樣이더니徐光鎬金계榮諸시가熱心善導로校장을推薦ᄒᆞ고校務를處理케ᄒᆞᆫ後附近各洞有志諸시와該里居民들이各其出義ᄒᆞ야高明ᄒᆞᆫ教師를延聘ᄒᆞ고학徒를募集ᄒᆞᄂᆞᆫ데漸次興旺ᄒᆞᆫ다고稱頌이有ᄒᆞ더라

◉麗水奬學 麗水郡守金鍾悠시와郡主事金漢昇시가該郡鄕老黃義淵郭景煥諸시로協同設校ᄒᆞ미來讚가齊發ᄒᆞ야出捐金額이數百圓에至ᄒᆞ얏다더라

◉羅門設校 龍岡郡智峴居ᄒᆞᄂᆞᆫ羅氏門中에서學校를設立ᄒᆞ고高名ᄒᆞᆫ教師를延聘ᄒᆞ야教授ᄒᆞᄂᆞᆫ대學徒가三十名에達ᄒᆞ얏다더라

◉鄭氏熱心 함南來人의傳說을據ᄒᆞᆫ즉端川郡西門外居鄭南基시가昔明義塾을設立ᄒᆞ고教師沈洛種시를雇聘ᄒᆞ야貧民子弟六拾人을募集敎授ᄒᆞᄂᆞᆫ대寒者를衣之ᄒᆞ고飢者를食之ᄒᆞᆫ다고該시의教育上熱心을人皆稱頌ᄒᆞᆫ다더라

◉感荷義捐 北部松峴居女士의權명완氏가本社에經費窘絀홈을慨惜ᄒᆞ야金一圓을寄付ᄒᆞ얏기玆에感意를表ᄒᆞ노라

◉再感義捐 京城南部由洞居有志紳士梁在黨氏ᄂᆞᆫ本以赤立ᄒᆞᆫ家勢로本社의經費窘絀홈을慨嘆ᄒᆞ고向者에金二圓을寄附ᄒᆞ더니今에金一圓을又爲寄付ᄒᆞ얏기其感意를特히表ᄒᆞ노라

▲地方消息

▲本月五日江原道麟蹄郡內에서義兵三拾餘名이該郡北倉分遣所日憲兵數名及補助員三名과交戰ᄒᆞ얏다더라

▲喜戚交集▼

▲國家運數否塞ᄒᆞ니天道조쳐變ᄒᆞᆫ도다所恃者天韓國人民累月不雨근심되여閭巷物論嗷々ᄒᆞ더니明明上帝感應ᄒᆞ샤三尺甘雨나리셧네不勝喜悅ᄒᆞᄂᆞᆫ듯해無限悲感도도ᄂᆞᆫ다

▲뎌上楊柳千萬絲ᄂᆞᆫ枝々葉々서름위라慇懃東風부ᄂᆞᆫ대로너울々々춤을추니그景致가됴타마ᄂᆞᆫ憂國으로病든志士國家形便생각ᄒᆞ고네擧動을相對ᄒᆞ면感舊悲懷졀노나리

▲東園桃李灼灼花ᄂᆞᆫ무근ᄯᅢ군셋처내고新容貌가悅惚ᄒᆞ다淡粧美人對ᄒᆞᆫ듯시그景致도됴타마ᄂᆞᆫ賦制下의잇ᄂᆞᆫ人民束縛情况생각ᄒᆞ고네貌樣을구경ᄒᆞ면感舊悲懷졀노나리

▲上坪下坪牟麥은回生散世먹은듯시푸릇푸릇소셔올나錦繡가창둘넛스니그景致도됴타마ᄂᆞᆫ兵火中의流離蹤跡父母兄弟생각ᄒᆞ고네形色을바라보면感舊悲懷졀노나리

▲萬壑千峯碧溪水ᄂᆞᆫ層々層落合流ᄒᆞ여浩浩蕩蕩흘너갈제萬馬爭奔擾亂ᄒᆞ니그景致도됴타마ᄂᆞᆫ獄中의又起人生苦界浮沉생각ᄒᆞ고네[illegible]보랑이면感舊悲懷졀노나리

▲南山北川杜鵑花ᄂᆞᆫ봉을봉을되여나서[illegible]山川이文[illegible]界로[illegible]려내니그景致도됴타마ᄂᆞᆫ塗炭의[illegible]재身勢생각ᄒᆞ고네[illegible]보면感舊悲懷졀노나리

▲草木群生너의들은雨露之澤밧아서[illegible]질기것만可憐ᄒᆞᆫ々韓國同胞봄이와도봄인가觸物悲感이로다어느ᄯᅢ나獨立自由國民된後에與爾共榮ᄒᆞ여볼지

ᄒᆞ시면以小包郵便으로高品廉價而信々酬응ᄒᆞᆯ것슴 物品如下 [illegible] 原紙各種 紙石板각色 鉛筆각色 洋服內衣上下 印札紙각種 日用雜貨俱備 測量機械附屬品 此요私營도莫過於此ᄅ[illegible]石版[illegible]ᄀ 費만出資而書籍印刷業을同事利分ᄏᆡ로廣告ᄒᆞ니速速來議敬要 漢城[illegible] 告白

社告

本支社[illegible]三[illegible]設置[illegible]茲에仰佈ᄒᆞ오니각處에所近地에서本報愛讀ᄒᆞ실 僉君子ᄂᆞᆫ左開三氏에게請求ᄒᆞ심을務望

清津港新岩洞 張元浩
雲山北面橋洞 王冕鎬
沙里院活民勞動救火會任敬宰

大韓每日申報社

廣告

本人이磚洞拾三統四戶李秉根處紙貨二拾圜任置票中路서失故玆以廣告誰某拾得休紙施行

柳基燦 告白

學員募集廣告

本會에서測量技術을精密히養成ᄒᆞ기爲ᄒᆞ야教育部를設置ᄒᆞ고教育方法을壹層擴張ᄒᆞ온바入學志願人과又ᄂᆞᆫ檢定不合格ᄒᆞᆫ諸시의講習을便利케ᄒᆞ기爲ᄒᆞ야教授科目과開學日字를左開公佈ᄒᆞ오니志願諸시ᄂᆞᆫ入학申請書를提出ᄒᆞᆷ

科目

細部實習科

圖根實習科(但此科에ᄂᆞᆫ平板測量卒業ᄒᆞᆫ人을教授ᄒᆞ되器械使用法과各種設計請願格式과製圖方法을實地應用에無碍ᄒᆞ도록教授ᄒᆞᆷ)

卒業에優等ᄒᆞᆫ人은本會檢查部員으로選用도ᄒᆞᆷ

開學日字ᄂᆞᆫ本月二十五日

中部丞동三十二統三戶

大韓測量總管會

檢查部長兼教育部장 金澤吉

本所[illegible]門[illegible]서[illegible]門[illegible]業[illegible]技[illegible]費[illegible]技[illegible]合[illegible]ᄒᆞ야測量[illegible]立[illegible]農商工部認許[illegible]各種測量製圖設計에從事ᄒᆞᆫ지已經三年인바現今全國內山林測量에期限이漸迫ᄒᆞᆷ을是憂ᄒᆞ야各郡에出張所를設置ᄒᆞ고山林及각種測量을隨請施行ᄒᆞ오되請求者의信用을得ᄒᆞ기爲ᄒᆞ야本所에서各出張員의게所票를携帶케ᄒᆞ오며報酬料ᄂᆞᆫ低廉케ᄒᆞ고壹切法式은極盡精細케ᄒᆞ야合格됨을負擔ᄒᆞ고從事에益益勤勉ᄒᆞ오니測量을要請ᄒᆞᆯ僉君子ᄂᆞᆫ本所나或出張所에來議ᄒᆞ시옵

再 測量技術이不完全者를實習케ᄒᆞ기爲ᄒᆞ야京성南部棗동大拾三統九戶貳層洋屋內에

測量實習所

를設ᄒᆞ고學員을募集教授ᄒᆞ오니有志僉彥은本所에來議ᄒᆞ시옵

農商工部官許

大韓測量事務所所長 盧秉熙

閏月二拾七日朝에本人名啣匣서失ᄒᆞ얏ᄂᆞᆫ듸其中李基榮朴淵德金容燦二處錢票가在ᄒᆞ니誰某發見休紙施行

張紀淵 告白

本人이今年陰正月二十六日에本市場에서姓名圖章을서失이옵기玆以廣告ᄒᆞ오니誰某拾得ᄒᆞ와도休紙施行ᄒᆞᆷ

黃海道鳳山郡沙里院市 韓龍洙 告白

土木灌漑排水等水利事業耕地整理山林土地漁場等之測量製圖及設計에委托을酬應ᄒᆞᆷ

京城御成町東側大里門洞

片村工務所

理科師生

本書ᄂᆞᆫ著者가理科思想의普及과壹般需要를爲ᄒᆞ야普通理科의概要天文地文植物動物鑛物에關ᄒᆞᆫ新學理及俗論의迷惑에對ᄒᆞᆫ解說等을教科師와學生의問答討論으로平易編成ᄒᆞᆫ者ㅣ니

壹各學校入학及各種定期試驗을準備ᄒᆞᄂᆞᆫ者의好顧問이오

壹普通理科教授의說明을準備又ᄂᆞᆫ自家研究ᄒᆞᄂᆞᆫ者의良材料요

壹江湖人士의迷夢을打起ᄒᆞ고頑腦를劈開ᄒᆞᄂᆞᆫ鍾鼓斧斤이오

壹新學問新思想의眞鏡을窺入코져ᄒᆞᄂᆞᆫ者의門戶殿階ㅣ라此新時代의美想을抱ᄒᆞᆫ諸君은早速히此聖書를來求ᄒᆞ라

發行所 京城鍾路靑年會館上傍 文雅堂
發賣所 滙東書館 廣學書舖 唯壹書館 中央書館

測量製圖械器發賣

器械好品뿐아니라廉價로發賣ᄒᆞ옵고不完全ᄒᆞᆫ것이有ᄒᆞ면換付ᄒᆞ깃ᄉᆞ오며近郡僉員은購買ᄒᆞ심을爲ᄒᆞᆷ

京城永樂町永禧殿前

東京麴谷川 測量器械舖

京城支店

北署鄉西門外 張敬和

美國시아틀大博覽會 회람박대틀아시미

本社에서美國시아틀大博覽會出品事件으로廣告ᄒᆞᆷ에對ᄒᆞ야僉彥이多大ᄒᆞᆫ贊成을得ᄒᆞ야株[illegible]往復과僉彥의訪問이日日浩繁ᄒᆞ와事務를處理ᄒᆞᆷ에暫時라도遲延之歎이或有ᄒᆞ여라도本會社의朋友[illegible]位ᄂᆞᆫ洞諒ᄒᆞ기를望ᄒᆞ오나本社에서ᄂᆞᆫ壹層信實히注意ᄒᆞ야能力所及에ᄂᆞᆫ怠慢치아[illegible]ᄒᆞᆯ는것은[illegible]確信ᄒᆞ옵

謹告

本社之印章

KOREAN AMERICAN TRADING COMPANY

本社之商標

大博覽會出品事件에對ᄒᆞ야新株以下라도領受ᄒᆞᄂᆞᆫ期限이已過ᄒᆞ얏ᄉᆞ오나遠方에在ᄒᆞᆫ僉彥을爲ᄒᆞ[illegible]延期ᄒᆞ와本月拾五日(陰閏二月廿五日)까지退定ᄒᆞ얏ᄉᆞ오니急速應募ᄒᆞ시옵本社에對ᄒᆞ야公衆의同情과精誠은感謝不盡이오며僉彥의如此히相愛相信ᄒᆞ심에對ᄒᆞ야秋毫라도孤負ᄒᆞᆷ이無[illegible]自期ᄒᆞ옵고玆에公衆에對ᄒᆞ야[illegible]誓約ᄒᆞ오ᄂᆡ다

大韓皇城磚洞 (京城郵便局郵函第四拾號)

韓美興業株式會社 謹告

(大美國에ᄅᆞ쇼나道法律認可 駐韓美國總領事館登錄)

本社의各處代理人의氏名은如左ᄒᆞᆷ

南城代理人		南城南門內雜貨商店
平壤代理人		平壤大門內店洞
咸興代理人		咸興西門外
馬山浦代理人		馬山浦客主
元山代理人		元山港
清津代理人		清津港
水原代理人	位置未定	水原北部長安동
安城代理人	位置未定	水原北部長安洞
沙里院代理人	位置未定	漢城東部乾杺里旺新[illegible]內
金泉代理人	位置未定	漢城中部外相[illegible]洞貳統二戶
[illegible]州代理人	位置未定	漢城西部麻浦二拾二統五戶
天安代理人	位置未定	水原北部長安洞
群山代理人		群山太井洞
全州代理人	位置未定	漢城西部阿峴二百廿二統三戶
大邱代理人		大邱新田里五十八統七戶
釜山代理人	位置未定	馬山浦午山里拾壹統九戶
江景浦代理人	位置未定	西部龍山坊東幕中契廿七統貳戶
麻浦附近代理人	位置未定	西部麻浦貳拾七統三戶
長湖院代理人		陰城城山里
永同代理人	位置未定	漢城壽洞貳統壹戶
木浦代理人	位置未定	木浦南橋洞
晉州代理人	位置未定	昌原[illegible]山浦城山
金堤代理人	位置未定	金堤郡白石面水閣
漢江附近代理人	位置未定	南署漢江十八統二戶
義州代理人	位置未定	義州枇峴
江界代理人	位置未定	義州枇峴
東萊代理人		性[illegible]里ㅣ甘井洞西統五戶
鎭南浦代理人	位置未定	鎭남포龍井동
定州代理人	位置未定	郭山郡
城津代理人		吉州郡

金相杰 [illegible]宅
[illegible]玉 張[illegible]拭

金[illegible]寬 鄭[illegible] 孫[illegible]洙 孫[illegible] 金以[illegible] 張[illegible] 金[illegible] 김[illegible] 邦[illegible] 李[illegible]祐 李[illegible]泳 吳[illegible] 尹[illegible] [illegible] 김敎[illegible] 이[illegible] 李[illegible] 李[illegible]浩 李弼[illegible] 權[illegible] 宋[illegible] 玄[illegible]鍾 孫德宇 金升基 李宗默 朴奉[illegible] 朴奉[illegible] 金聖[illegible] 鄭[illegible]翰 金[illegible] 郭[illegible]

이글을마다자세히보시오

新撰測量學

定價 九拾錢

俞吉濬 序

金澤吉 編纂

右冊은斯學에著名혼金澤吉氏가編纂혼온바시가多年遊外하야鑛山學을卒業후고歸國後測量敎授에熱心從事후는디現今完全혼測量冊子가稀少홈으로…諸君이實地에當후야諸般請願書式과製圖方法에眩惑홈을慨歎후야細部圖根測量術을簡明히學하도록特別히設計及請願書類와各種製圖式樣을着彩까지하야附錄에添付하얏스니…便利혼지라…斯學에有志혼신僉彦은陸續購覽후시옴

○總發賣所 京城中部壽洞典士園內 大韓測量總管會

○分賣所 京城南部罷洞 金龍商會

北部小安洞 大韓書林

中部典洞 光東書局

京鄕 各書舖

學部檢定

初等植物學 定價金三十錢

初等動物學

最新初等小學 每課有도 定價金四十전

文明國의小學讀本制度를模範하야精美혼圖畵를具하고八卷을四卷으로合製혼

最新初等大韓地誌 定價金四十錢

最新高等大韓地誌 定價金七十錢

文明國地誌制度를模倣하야漢陽의山水며宮闕圖와拾三道地圖와各港口와開市場과名山大川과都會勝地의圖도具홈

初等大韓歷史 文明國의歷史制度를從하야我國의聖帝明王의御眞과忠臣烈士의影幀을具홈 定價金七十錢

國家思想學 精神敎育 定價金二十五錢

憲法要義 義務敎育 定價金二拾五錢

國文大韓十三道遊覽 上下卷 定價…

우리大韓十三道에名山大川과都會勝地를구경코자하는僉君子는速速購覽하소셔

右敎科書와本書林에셔發行하오며此外에各種書籍이具備하오니僉君子는速速來購하심을爲望

原賣所 京城南部銅峴大廣通街第二十五統五戶 玉虎書林

分賣所 黃海道海州… 京鄕各有名書舖

大韓仁川港峴和平堂大藥房神效靈藥

阿片斷引丸

注 阿片初吸者ㅣ雖日見效나…久則遂成錮引하야…蕩敗家產者의末免殀死ㅣ哀惜…故로本堂에셔…藥品을…透得하야…服用하면…效驗이有하오니…

定價 壹劑八週分金五圜 半劑四週分金三圜

胎產調經丸

婦人이命病과月經不調로因하야孕胎치못하…神效藥 壹月份壹劑金五圜

婦人消瘡丹

男女間…瘡…頭瘡…妙藥이오 定價甲金二圓五十錢

滋陽丸

男女間補陰補陽하고元氣不足…定價每劑日分금壹圜八十錢

八寶丹

健胃消滯하며口味를助하고…爽快케하는…藥이오 定價금十錢

此外에도東西洋各國名藥과德國極上品金雞納이俱備하오니陸續注文하시옵

總發行所仁川港峴 支店京城…

和平堂主 李應善

各種藥品을總發行所는京城南大門側濟生堂大藥房本舖

天下無雙 蔘茸大補元

◎此蔘茸大補元은大韓名產人蔘鹿茸에西洋有名補材를混和하야我國兄弟의腸胃와性質에適當하도록多年研究經驗인바今에先服혼人의累試累驗에證症皆差하니果然今世之靈藥이라故로主治效能을左開廣布하오니兄弟는何不早圖一試오

（主治能効）勿論男婦老幼하고 先天不足 健忘不眠 腦痛 虛弱 心腎俱虛 色傷腰痛 陽萎不起 遺精多夢 神經衰弱 房事時早漏 專事多用 手足厥冷 重病後虛 貧血症 食物不消 等症에特有효험

壹週日分金壹圜… 二週分金壹圓八拾錢 四週分金三圓四拾錢 …六圓四十錢 …拾四圓

◎共愛堂大藥房製造各種藥品發引表

壯陽復元丹 此藥은專治腦痛肺弱 房事色傷 心腎虛弱 遺精多夢、陽痿不起 病後虛弱 不下飮食 先天不足 …등症에并妙效가有홈 每週分壹圓 四週分三圓四拾錢

靈丹 壹般滯症胃腹痛消化不良心神鬱悶船車酒醉化痰止咳口熱惡臭食慾不振等症에并神效 二十分壹圓八拾錢 八十分六圓四拾錢

眼科聖藥 淸眼水 壹般眼疾、時行眼疾、熱眼疾、羞明流淚、眼內紅痒等症에撥雲見天之妙 壹瓶금拾錢

解瘡至寶丸 專治瘡疾即氣虛瘡、遠年瘡、每壹日二回式、雖難治之症이라도永永祛根홈 壹包금拾錢

皮膚神藥 奇効液 特治皮膚病疥癬及皮風、諸般痒疹、두두러기、옷올으는데에神效홈 每瓶금三십전

五淋專治 通淋丸 急慢淋疾、赤白帶下、膀胱炎症、外他淋毒性諸症에神効홈 壹劑金五拾錢

梅毒妙効 神應丹 楊梅瘡에壹期二期三期을勿問하고確實이有効、連珠瘡과疳瘡等에并効 壹劑金二圓

小兒新藥 淸脾丸 專治小兒의壹般腹痛、面黃、尿…、左脇癥腹에大有奇効홈 壹匣금十錢

久滯妙劑 養胃散 積年久滯積、呑酸吐瀉、霍亂、胃腹痛과大便不順等症의奏效如神 壹貼금五錢

治痰鎭咳丸 專治大人咳嗽、喘息、痰結等症에妙 一匣金三…

特胃感効 消熱散 勿論四時寒感冒、咽喉疼痛、寒熱往來、肢節痛、似瘧非瘧等症에効 每貼금十錢

耳病神効 淸耳液 專治耳病即鼓膜炎、內外聽道炎、耳中灼熱疼痛、濃液流出等症에効 壹瓶금십錢

百貼百驗 妙妙膏 風寒濕氣、胸肩背가牽引疼痛、腰膝脚腿酸痛、骨節疼痛等症에如神 금十錢

腫藥神効 能治膏 각種腫氣、小兒胎毒、…、瘰癧、生新肉并神效 壹匣금十전

大腫拔根膏 大小腫에根까지…빼는약 價금十錢 解凝膏 멍울삭히는약 價금十전

寸蟲去根藥 價금貳十전 齒痛水 충치풍치신효 價금七젼五厘

止瀉丸 滯泄暑泄神効 價금十전 痢疾藥 赤白痢에神効 價금십五전

各種上等藥材、東西洋有名賣藥及洋藥乾材都賣散賣其他各種藥이具備하오니請求를依하야小包로隨應하깃삼

發行所 皇城南部太廣橋十九統七戶 共愛堂大藥房

光武九年八月拾壹日 明治卅八年八月拾壹日 〔第三種郵便物認可〕 水曜日 西曆壹千九百九年四月廿壹日 (壹)

第七卷

大韓每日申報

第壹千七拾六號

過卒業證과修業證과各種書冊을請求ᄒᆞ시면特減又減ᄒᆞ야以小包郵便으로酬應ᄒᆞ옵나이다

月曜及慶節
歲時日休刊

檀君開國四千二百四十二年
箕子元年三千三十一年
大韓開國五百十八年
日本明治四十二年
淸國宣統元年
陰己酉三月小初二日辛亥

Responsible for Publication Alfred Weekley Marnham.
發行兼編輯人英國人 萬咸
發行所
京城南部石井洞號外地三層洋屋
大韓每日申報社

論說

◉宗教界에妖物

吁라宗教界에妖物이出ᄒᆞ얏도다嗚乎라宗教界에妖物이橫行ᄒᆞᄂᆞᆫ도다

余ᄂᆞᆫ聞ᄒᆞ건대宗教ᄂᆞᆫ世ᄅᆞᆯ救ᄒᆞᆫ다ᄒᆞᄂᆞᆫ대彼ᄂᆞᆫ世ᄅᆞᆯ滅코쟈ᄒᆞ며信者ᄂᆞᆫ罪ᄅᆞᆯ贖ᄒᆞᆫ다ᄒᆞᄂᆞᆫ대彼ᄂᆞᆫ罪ᄅᆞᆯ投코쟈ᄒᆞ니彼가엇지其怪妄ᄒᆞᆫ가嗚乎라彼旣妖物이어니엇지怪妄치아니ᄒᆞ리오

嗚乎라韓國信者여余가此妖物을逐ᄒᆞ노니諸君도此妖物을逐ᄒᆞᆯ지어다嗚乎라韓國同胞여余가此妖物을誅ᄒᆞ노니諸君도此妖物을誅ᄒᆞᆯ지어다

此妖物이是誰오日所謂韓人所謂基督教信者所謂日本東京聖書公院修業者某々兩三人이니라

彼輩가外國에往ᄒᆞ야多年研究ᄒᆞᆫ結果로近日歸國ᄒᆞ야公衆에게講道ᄒᆞ야日耶蘇教々會에셔學校ᄅᆞᆯ設立ᄒᆞᆷ과耶蘇教信者가學校에工夫ᄒᆞᆷ은大不可ᄒᆞ야偶像을崇拜ᄒᆞᆷ과同般이라쟈ᄂᆞᆫ地獄에入ᄒᆞᆫ다ᄒᆞ야妄誕悖說로信者의耳目을蠱惑케ᄒᆞᆫ다ᄒᆞ니

嗚乎라此輩여

彼가淸教徒와如히國民의精神을鼓動치못ᄒᆞ고回々教徒와如히尙武의氣力을培養치못ᄒᆞ고路得先生新教徒와如히舊代의迷信을打破치못ᄒᆞ고乃者宗教界의教育을抹殺ᄒᆞ야國民으로ᄒᆞ야곰聾盲을作코쟈ᄒᆞ며信者의學問을阻害ᄒᆞ야青年으로ᄒᆞ여곰冷血虫을作코쟈ᄒᆞ니彼가果然何樣妖物인가

大抵韓國의靈線命脈이何에在ᄒᆞᆫ가ᄒᆞ면彼小兒牧竪도擧皆喧々對日教育이라ᄒᆞ며學問이라ᄒᆞ거날彼ᄂᆞᆫ獨히教育을嫉視ᄒᆞ며學問을排斥ᄒᆞ니彼가何心腸이고

彼의此言을聞ᄒᆞ면彼가分明히韓人의心腸은아니며彼가分明히韓國을亡코쟈ᄒᆞᄂᆞᆫ者며彼가分明히假信者로다

彼가胸中에許多요怪ᄒᆞᆫ心腸을包藏ᄒᆞ고信者의面目을假장ᄒᆞ야宗教界의教育學問을豐切撲滅코쟈ᄒᆞᄂᆞᆫ者가아니면彼의言이엇지若是ᄒᆞ리오

嗚乎妖物아爾輩의主唱ᄒᆞᄂᆞᆫ怪說이何許聖經에셔出ᄒᆞᆫ者인가何許西洋牧師가發明ᄒᆞᆫ言인가何許信男善女가聖神의感化ᄅᆞᆯ敎ᄒᆞᆫ言인가此果何說오

嗚乎妖物아爾輩가一般宣教師와信道者의게對ᄒᆞ야地獄을免ᄒᆞ리라ᄒᆞ나地獄에入ᄒᆞᆯ者ᄂᆞᆫ爾輩로다同胞ᄅᆞᆯ滅코쟈ᄒᆞ며祖國을毁코쟈ᄒᆞᄂᆞᆫ爾輩의罪에셔先大ᄒᆞᆫ罪가世에豈有ᄒᆞ리오爾輩의罪가如此ᄒᆞᆫ즉爾輩가地獄에不入ᄒᆞ고誰가入ᄒᆞ리오

嗚乎妖物아嘗聞ᄒᆞᆫ즉隴山老狐가古塚을毁ᄒᆞ고古骨을探ᄒᆞ야花容月態의美人樣을換着ᄒᆞ고或歌或泣ᄒᆞ며或笑或嚬ᄒᆞ야行人을迷惑케ᄒᆞ야溝壑에搆殺ᄒᆞᆫ다더니爾輩가妖怪ᄒᆞᆫ心腸으로信者의面目을托ᄒᆞ야教育界學問界ᄅᆞᆯ踏破코쟈ᄒᆞ니嗚乎라爾輩ᄂᆞᆫ宗教界의大妖狐로다然이나爾輩가아모리妖怪ᄒᆞᆫ千變萬化가有ᄒᆞᆯ지라도韓國男女同胞의照妖眼이炯々昭々ᄒᆞ나니爾輩가엇지敢逃ᄒᆞ리오戒ᄒᆞ노니爾輩ᄂᆞᆫ速々悔改ᄒᆞ야妖物이되지말고眞實ᄒᆞᆫ信男이될지어다

▲隆熙二年拾貳月三日 官報

學部令

第二十二條 留學生監督은官費留學生의學業成績及品行을調査ᄒᆞ야每年壹回以上學部大臣에게報告ᄒᆞᆷ이可ᄒᆞᆷ但其進級及卒業은每度此ᄅᆞᆯ報告ᄒᆞᆷ이可ᄒᆞᆷ

第貳拾三條 私費留學生은其姓名과所屬學校의名稱所在地及履修學科ᄅᆞᆯ具ᄒᆞ야留學生監督에게報告ᄒᆞᆷ이可ᄒᆞᆷ其變更ᄒᆞᄂᆞᆫ境遇에도亦同ᄒᆞᆷ

第二拾四條 留學生監督은私費留學生의操行에關ᄒᆞ야不正當ᄒᆞᆷ으로認ᄒᆞᄂᆞᆫ時ᄂᆞᆫ其事實을具ᄒᆞ야學部大臣에게報告ᄒᆞᆷ이可ᄒᆞᆷ

第貳拾五條 留學生監督은私費留學生에게對ᄒᆞ야修學上必要ᄒᆞᆫ證明을與ᄒᆞᆷ을得ᄒᆞᆷ

第貳拾六條 留學生으로부터學部大臣에게提出ᄒᆞᄂᆞᆫ文書ᄂᆞᆫ總히留學生監督을經由ᄒᆞᆷ이可ᄒᆞᆷ
留學生監督은前項의文書ᄅᆞᆯ受ᄒᆞᆫ時ᄂᆞᆫ意見을附ᄒᆞ야提呈ᄒᆞᆷ이可ᄒᆞᆷ

第貳拾七條 留學生監督은留學生의監督에關ᄒᆞ야學部大臣이特히囑托ᄒᆞᆫ日本國政府官吏와協議ᄒᆞᆷ을要ᄒᆞᆷ

第二十八條 留學生監督은學部大臣의認可ᄅᆞᆯ受ᄒᆞ야本規程施行에關ᄒᆞᆫ細則을定ᄒᆞᆷ을得ᄒᆞᆷ

附則

第貳拾九條 本規程은隆熙三年壹月壹日로부터施行ᄒᆞᆷ

第三拾條 光武十一年學部令第三號學部所管日本國留學生規程은本規程施行日로부터廢止ᄒᆞᆷ

別表

往復	旅費	速裝費
一便	貳拾五圓	拾五圓
學資金	壹個年	滯在費
	三百六拾圓以內	每日七十錢

第壹號書式

誓約書

住所
某道(郡)男姓名
年月日生

右人이學部所管日本國官費留學生을被命ᄒᆞ온바學部所管日本國留學生規程을遵守ᄒᆞ야誠勤修業ᄒᆞ깃사오며且本人身上에關ᄒᆞᆫ諸般事務ᄂᆞᆫ保證人이擔當ᄒᆞᆷ은勿論이옵고學費同規程에依ᄒᆞ야已受ᄒᆞᆫ給與費償還의命이有ᄒᆞᆫ境遇에ᄂᆞᆫ本人과保證人이合力ᄒᆞ야速히償還ᄒᆞ깃삽기玆에誓約書ᄅᆞᆯ提呈ᄒᆞᄋᆞᆸ나이다

年月日

住所 留學生姓名印
住所 保證人姓名印
住所 保證人姓名印

學部大臣 閣下

第二號書式

留學生始末書

何年何月受命本國官費留學生 姓名
年月日生
履修學科

壹 往返旅費

出發 何年何月何日에某地ᄅᆞᆯ發ᄒᆞ야何月何日何港에着(何港經由何月何日부터何日ᄭᆞ지何事由ᄅᆞᆯ因ᄒᆞ야某地에滯留)

到着 何年何月何日에某地에拔ᄒᆞ야何月何日에某地에到着ᄒᆞᆷ

出發 何年何月何日에某學校에卒業(疾病或學業不進을因ᄒᆞ야歸國을被命ᄒᆞ거나又ᄂᆞᆫ何事由ᄅᆞᆯ因ᄒᆞ야歸國의認可ᄅᆞᆯ受)ᄒᆞ야何月何日某地에셔出發ᄒᆞ야何月何日某港에셔解纜ᄒᆞᆷ(何月何日부터何日ᄭᆞ지何事由ᄅᆞᆯ因ᄒᆞ야某地에滯留)

(未完)

外報

◉露艦到着 伯林電을據ᄒᆞᆫ즉露國艦隊ᄂᆞᆫ波斯國엔스구리港에到着ᄒᆞ얏다더라

◉軍民爭鬪 仝電을據ᄒᆞᆫ즉土耳其京城君士坦丁堡에셔人民과軍隊間에爭鬪가起ᄒᆞ얏다더라

◉土國의大紛亂 倫敦電을據ᄒᆞᆫ즉土耳其君士坦丁堡에셔陸軍이謀叛ᄒᆞ야議院을包圍ᄒᆞ고宰相과下院議長과陸軍大臣의辭職을勸告ᄒᆞ얏ᄂᆞᆫ대此ᄂᆞᆫ聯合進步黨과自由黨間에不和ᄒᆞᆫ形勢가非常히切迫ᄒᆞᆫ所以라더라

◉廣西匪雲 香港電을據ᄒᆞᆫ則淸國廣西省에ᄂᆞᆫ暴徒가蜂起ᄒᆞ얏ᄂᆞᆫ되官軍이出擊ᄒᆞ야二晝夜ᄅᆞᆯ交戰ᄒᆞ얏다더라

◉英國의要求 仝電을據ᄒᆞᆫ즉英國政府가淸國에對ᄒᆞ야租借地擴張을要求ᄒᆞ얏다더라

詞藻

◉快丈夫

大丈夫의快ᄒᆞᆫ일이、거무엇시第一인고。挾泰山以超北海와、乘장風萬里波浪과、揮장劍退敵斬邪와、出奇計濟世安民이라。不義의、草介功名이야、부러울쌰。

雜報

●李猶有意 前判書李容稙氏가今番觀光團行으로渡日ᄒᆞᆫ時에무슴장書와度를製成ᄒᆞ야日本政府에提呈ᄒᆞᆯ次로帶去ᄒᆞ얏다ᄂᆞᆫᄃᆡ其장書內容을槪聞ᄒᆞᆫ즉日本政府을反對ᄒᆞ고韓國의구弊方針의機件이라더라

●議長贊成 李容稙氏가장書를帶去ᄒᆞ얏다ᄂᆞᆫ說은別項과如ᄒᆞ거니와該장書意趣를中樞院議장金允植氏의게問議ᄒᆞᆫ則金氏가其書意를贊成ᄒᆞ얏다더라

●司令部會議 本二拾四日午前九時에軍司令部에憲兵隊장明石警務局장松井警視總監若林通信管理局장池田及각旅團장이出席ᄒᆞ야義兵鎭壓ᄒᆞᆯ方略을協議ᄒᆞᆫ다더라

●美國新任 美國人시월드시가韓國京城駐在米國總領事에被任되얏다더라

●海路生火 日本觀光團을行ᄒᆞ던歸國ᄒᆞᆫ後에ᄂᆞᆫ農商工部大臣趙重應氏가繼又渡日ᄒᆞ기로預定ᄒᆞ얏다더라

●別殿盛宴 再昨日에總理以下各部大臣이曾禰副統監을餞別ᄒᆞ고宮內府大臣閔丙奭氏와蓮花峯私邸로會同ᄒᆞ야盛宴을開ᄒᆞ고終日迭宕히遊樂ᄒᆞ얏다더라

●輪回晩餐 今日下午六時에農商工部大臣趙重應氏가泥峴翠樓에셔晩餐會를盛設ᄒᆞ고總理以下各部大臣과其他內外國紳等官들을多數請待ᄒᆞᆫ다더라

●往來俱疑 近日에日人高等官이歸國ᄒᆞᄂᆞᆫ者가多有ᄒᆞᆫ다ᄂᆞᆫᄃᆡ兩國聯邦問題에對ᄒᆞ야何等運動이有ᄒᆞ야渡去ᄒᆞᆫ인지未知ᄒᆞ거니와疑訝ᄒᆞᄂᆞᆫ者가多ᄒᆞ다더라

●有何運動 前農商書記官崔岡氏ᄂᆞᆫ年前에軍艦揚武號에關係가有ᄒᆞ야國部의書記官을圖得被任ᄒᆞ얏ᄂᆞᆫ가其事件이善美치못ᄒᆞᆫ結果로免官被囚ᄒᆞ야多月辛苦ᄒᆞ다가免放ᄒᆞ얏고今番에日本觀光團에參入ᄒᆞ얏다가不爲叫發ᄒᆞ고本月十五日에발程ᄒᆞ얏ᄂᆞᆫᄃᆡ同氏가有何運動이던지東進會와連絡ᄒᆞ야日本에滯留ᄒᆞᆫ宋秉畯李容九兩人을訪見ᄒᆞ기爲ᄒᆞ야渡日ᄒᆞ얏다ᄂᆞᆫ巷說이藉藉ᄒᆞ더라

●何事做出 壹進會總務金奎昌氏等十餘人이中部洞口內居ᄒᆞᄂᆞᆫ韓某氏家에逐日會同ᄒᆞ야何等事件을做出코ᄌᆞᄒᆞᆷ인지極히秘密ᄒᆞ다더라

●有何事項 扶餘郡守박逸憲氏ᄂᆞᆫ莅任以來로善否의聲聞이無ᄒᆞ더니近日에何等事項을因ᄒᆞᆷ인지不知ᄒᆞ거니와該道警察署에셔朴郡守의行止를現今密探中이라더라

●改正何多 學部에셔各학校敎科書를改正ᄒᆞᆯ次로方今協議中이라더라

●履歷探問 日前에警視廳刑事巡査가漢城府民會장俞吉濬氏家에前往ᄒᆞ야同氏에身分上關ᄒᆞᆫ履歷을昭詳探問以去ᄒᆞ얏다더라

●閔氏妄說 再昨日韓國閔泳徽氏가自己家에茶話會를開ᄒᆞ고閔泳瓚氏를請邀宴待ᄒᆞ얏다ᄂᆞᆫᄃᆡ伊時閔泳徽氏가言ᄒᆞ되我가不還間에海로率眷渡往ᄒᆞᆫ다고各新聞上에揭載ᄒᆞ얏거니와此ᄂᆞᆫ彼處人民이金額을見奪ᄒᆞ얏다ᄒᆞ야裁判과質問이非覺非再昨에新聞에攻擊이滋甚ᄒᆞ야萬口의唾罵를受ᄒᆞᆫ則末來에何等不測ᄒᆞᆫ生梗이有ᄒᆞᆯᄂᆞᆫ지不知ᄒᆞ깃기로今番에ᄂᆞᆫ決心ᄒᆞ고率眷渡航ᄒᆞ야世人의猜疑를謝絶코자ᄒᆞᆫ다ᄒᆞ며閔泳瓚시도ᄒᆞ야伊後同伴渡往ᄒᆞ기로決定ᄒᆞ얏다더라

●面長有人 海州郡席洞面長吳龍濟氏ᄂᆞᆫ財產도有餘ᄒᆞ고德望이素著ᄒᆞᆫ人인ᄃᆡ臨事明決ᄒᆞ고愛人以德ᄒᆞ야前後郡會費와春秋도例捧ᄒᆞᄂᆞᆫ紙筆代金을沒數自擔ᄒᆞ고該金으로面內各里에新聞雜誌를購覽케ᄒᆞ야文明幸福을共享코져ᄒᆞᆫ다더라

●別室界의特誠 故輔國趙秉式氏가別世ᄒᆞ야天安郡에時葬ᄒᆞᆷ은衆所共知어니와趙氏의別室咸興집이于今三年을每朔一次式該墓所에下往哭泣ᄒᆞᆫ다더니趙氏의再葬이迫迫ᄒᆞᆷ으로各種祭需를致誠廢備ᄒᆞᆫ다ᄒᆞ야人皆稱嘆ᄒᆞᆫ다더라

●偵探規則 日軍司令部에셔ᄂᆞᆫ多數ᄒᆞᆫ偵探客을監督ᄒᆞ기爲ᄒᆞ야監督者一人을置ᄒᆞ고偵探規則을發布ᄒᆞᆫ다더라

●總督會非理 測量總督會에셔強制力으로各人의게入會金과月謝金을徵收ᄒᆞᄂᆞᆫ事에對ᄒᆞ야各測量事務所에셔稱怨이浪藉ᄒᆞ며各社會에셔도反對가次第로起ᄒᆞᆫ다더라

●醉平在耶 再昨夜에北壯洞居金般圭氏가閔宗植氏家에來到ᄒᆞ야該家에留宿ᄒᆞ던元永氏를訪問ᄒᆞ거ᄂᆞᆯ該廊에셔留ᄒᆞᄂᆞᆫ李容珪氏가答以無行則ᄒᆞ니金氏가橫竪說去에詬辱이無雙ᄒᆞᆷ으로도히氏의行爲를人皆唾罵ᄒᆞ얏다더라

●偵探行悖 日前에憲兵司令部偵探客閔某崔某兩人이北部壯洞何許內酒家에셔二圓價値의酒를買飲ᄒᆞ고價金을不給ᄒᆞᄂᆞᆫ지라該酒婆가價金의支給을懇乞ᄒᆞ미該兩人이反히作鬧ᄒᆞ야老婆를毆打ᄒᆞ얏다더라

●憲補虐民 延豐郡安寶驛에駐在ᄒᆞᆫ日憲兵分遣所補助員等은無罪人民을構誣ᄒᆞ야捉致奪財ᄒᆞᆷ으로破產流離ᄒᆞᄂᆞᆫ者가不可勝數라ᄒᆞ니東來人의傳說이有ᄒᆞ더라

●露兵移去 慶興郡對岸에在ᄒᆞᆫ俄國兵營은年前日俄戰爭時에建築ᄒᆞᆫ것인ᄃᆡ去月부터該兵營을毁撤ᄒᆞ야俄領延秋로遷去ᄒᆞᆫ다더라

●日人被殺 日人和田太市가雜貨及糧食品等을船上에搭載ᄒᆞ고對馬島에셔出帆ᄒᆞ야去七日統營에到ᄒᆞᆫ同時에巨濟島附近에셔義兵四拾餘名이衝突ᄒᆞ야一齊히亂射ᄒᆞᆷ으로船夫二名은艱辛히逃去ᄒᆞ얏고該日人은中丸致斃ᄒᆞ고所載物貨ᄂᆞᆫ沒數히被奪ᄒᆞ얏다더라

●禍及隣比 陰曆去月貳十日頃에義兵數名이坡州郡午坡面居ᄒᆞᄂᆞᆫ韓承旨某家에來到ᄒᆞ야軍需錢幾百兩을請求ᄒᆞᆫ즉韓氏가責以賊類ᄒᆞ고使下隸로結縛ᄒᆞ야邑日憲兵派駐所에送致ᄒᆞᆫ지라義兵陣에셔該事實을聞知ᄒᆞ고壹齊히韓氏家에到衝火ᄒᆞᄂᆞᆫ대該洞二拾餘戶內에拾九戶가沒燒ᄒᆞ얏다더라

●暑人犯押 南大門外南廟前居ᄒᆞᄂᆞᆫ董七甫等名人과本原郡居ᄒᆞᄂᆞᆫ七歲된金姓兒를誘引ᄒᆞ야何許酒商에셔八十餘圓에暗自賣渡ᄒᆞᆫ事跡이綻露되야再昨日東部警察署에셔捉致審査ᄒᆞ고昨日京城地方裁判所로越送ᄒᆞ얏다더라

●青年會大觀 英國紐育萬國基督敎青年會總會捷委辦擔務구과氏ᄂᆞᆫ東洋에著名ᄒᆞᆫ壹大偉人이라今番東洋을觀察次로本月二拾三日에漢城에到着ᄒᆞ야二十四日土曜上午拾時에ᄂᆞᆫ青年會館에셔各禮拜堂牧師長老及青年會各部委員을會同ᄒᆞ야談話會를開ᄒᆞ고仝日下午七時三拾分에ᄂᆞᆫ漢城內壹般人民을請邀ᄒᆞ야演說會를開ᄒᆞ고二十五日日曜下午二時에ᄂᆞᆫ福音會를開ᄒᆞ고二拾六日月曜下午四時에ᄂᆞᆫ各학校敎師를請邀談話ᄒᆞ고仝日下午七時三拾分에ᄂᆞᆫ各학校학生을請邀演說ᄒᆞ고二拾七日에ᄂᆞᆫ上海로發行ᄒᆞᆫ다더라

學界

◎東淸牧民 東淸韓人牧民學校에셔熱心敎育ᄒᆞᆷ은已報ᄒᆞ얏거니와現今학徒를益加募集ᄒᆞᄂᆞᆫ데敎科ᄂᆞᆫ普通敎育과漢語及諸般法律인대特히武術학을專力ᄒᆞᆫ다더라

●東校興旺 平安南道龍岡郡多美面小安동私立東壹학校敎師姜觀英시가敎育ᄒᆞᄂᆞᆫ法度가甚히精密ᄒᆞᆷ으로該學生의進就가日益興旺ᄒᆞᆫ다더라

●韓興將興 平北泰川郡西面松隅韓興학校校長白仁섭學監白圭範校監채敎師羅義坤諸시가血誠敎育ᄒᆞᆷ으로學徒가五拾餘名에達ᄒᆞ얏다더라

●萬里協成 西部龍山坊萬里倉에셔ᄂᆞᆫ興大振시가時局에形便을慨歎ᄒᆞ야龍山協成學校를設ᄒᆞ고與台煥시로協議ᄒᆞ고自巳舍廊에設學校ᄒᆞ야命名曰協成分場이라ᄒᆞ고青年子弟를熱心敎授ᄒᆞ셔晝夜학員이五拾餘名에達ᄒᆞᆫ지라敎科를自擔ᄒᆞ고家喩戶說에壹洞이賊從ᄒᆞ야大有進就之望이라더라

●兩氏熱心 江東郡內測量학校敎師金商俊시ᄂᆞᆫ亘國金응自擔ᄒᆞ야학校를設立ᄒᆞ고青年을募集ᄒᆞ야該校任員元景鉉시와並히熱心敎育ᄒᆞᆷ으로該校에進就之望이快有ᄒᆞ다더라

地方消息

▲本月十八日에全羅南道장城郡北三面에셔義兵七十餘名이該郡分遣所日憲兵下士壹名上等兵壹名及補助員九名과交戰ᄒᆞ얏고其翌日他義兵五十餘名이該憲兵隊와交戰ᄒᆞ얏다ᄒᆞ고

▲本月十四日全羅南道靈光郡北方約二拾里蔵味附近에셔義兵二百五十餘名이該羅山日守備隊와分遣所上等日憲兵三名及補助員七名과交戰ᄒᆞ얏다ᄒᆞ고

▲本月六日夜에全南장城郡西北方二拾里地에셔義兵四拾餘名이該郡分遣所日憲兵三名及補助員四名과交戰ᄒᆞ얏다ᄒᆞ고

▲本月八日慶尙北道西碧里西方約拾里地에셔義兵貳拾餘名이該道乃城分遣所日憲兵三名及補助員四名과交戰ᄒᆞ얏다ᄒᆞ고

▲本月六日慶南固城郡內에셔義兵拾餘名이該道泗川分遣所日憲兵二名及補助員四名과交戰ᄒᆞ얏다ᄒᆞ고

▲本月九日忠淸北道陰城郡東南方約三拾里山中에셔義兵二拾餘名이該郡分遣所日憲兵三名及補助員三名과交戰ᄒᆞ얏다더라

◎草堂聽鳥

▲草堂春睡느지셔여前後窓戶여러노코不巾不말안젓스니面面春風和暢ᄒᆞ매門外數峯더蒼山은鬱人無語屹立ᄒᆞᆫ데셔소리만淚釋ᄒᆞ니心事自然悦惚ᄒᆞ다각種飛禽봄니내에이내말을付托ᄒᆞ사

▲聲聲啼血더杜鵑아네게ᄒᆞᆯ말付托ᄒᆞ쟈寂寞空川깁흔곳에슯히痛哭말고日本國에건너가셔觀光團員客窓下에亡國恨을울어私罵安念셔로리고하로밧비還國토록不如歸라우러다오

▲三更夜月더기러기야네게ᄒᆞᆯ말付托ᄒᆞ쟈네아모리忽遽ᄒᆞ나瀟湘庭까지말고韓國地方다니면서他人에게奴隸되여제同胞를殺害ᄒᆞᄂᆞᆫ偵探通譯더무리도너의行動本을밧어友愛토록우러다오

▲層岩絶壁더復國아네게ᄒᆞᆯ말付托ᄒᆞ쟈靑山讒臣無人處에누물爲히痛哭이나纘纓世家차저가셔令監大監더窓밧게廉恥업ᄂᆞᆫ이걸ᄒᆞ야國恩想思두지말고偏彼國恩갑흐라고復國復國우러다오

▲飢不啄粟더鳳凰아네게ᄒᆞᆯ말付托ᄒᆞ쟈岐山朝陽됴ᄒᆞᆫ데마다ᄂᆞᆫ네元來良禽이라南方各郡내려가셔無罪人을剝奪ᄒᆞᄂᆞᆫ貪官污吏더무리노네性質을模倣ᄒᆞ야淸廉寡慾悔改ᄒᆞ고良吏되라우러다오

▲擇木棲枝더黃鳥야네게ᄒᆞᆯ말付托ᄒᆞ쟈遼西夢을깨쳐다가征夫怨聲듯지말고隱淪村에ᄂᆞᆫ니며別室들이情든愛夫못보와ᄂᆞᆫ삼ᄋᆞᄂᆞᆫ紗窓밧게乘氣行ᄒᆞ며오래셔貞女되라우러다오

▲學鶴渡더大鵬아네게ᄒᆞᆯ말付托ᄒᆞ쟈鄕客僻一夫ᄒᆞᆫ길에京城青年에게國家情形急ᄒᆞᆫ젓스니너의志氣몸을밧어어셔밧비造步ᄒᆞ야獨立權世차지라고疾呼우러다오

物品과 校用品其他家用物品을 一新俱備하고 期方各校기以書請求 [illegible] 품시면 小包郵便으로 高品廉價而 [illegible] 應하깃슴 物品如下 肩[illegible]各種 紙石筆각色 洋服外衣各種 [illegible]各色 [illegible] 印札紙각種 日用雜貨俱備 [illegible] 莫適於此 [illegible] 印刷業을 同事利分키로 廣告하오니 速速來議敬要 [illegible] 告白

社告

本社에셔 左기三郡에 發賣所를 設置하고 該地에 仰佈하오니 各該郡附近地에셔 本報를 要讀하실 僉君子는 左開三氏에게 請求하심을 務望

清津港新岩洞 張元浩
雲山北面橋洞 王冕鎬
沙里院活民勞動救火會 任敬宰

大韓每日申報社

雜報

◉普專講義 磚洞普成專門學校에셔 各地方에 校外生으로 講義錄請求하는 方法을 便利케 制定하얏는대 校外生入학을 請願하면 法律經濟講義錄을 每月壹次式 配付하는대 授業料는 壹個月 五拾錢이오 質問도 應答하며 卒業과 本校編入의 規程도 有하다더라

廣告

始興郡登浦居文善本洞前坪壹日半耕田文券本人典執矣不知中에 失故로 玆以廣告하오니 內外國人照亮 東幕居 景文元 白

同胞中에 豈有徐丙悅之冤抑乎 然而甲辰正月分에 爲開郡裁判時金惠善이 當々納考四百七拾兩을 同年拾月分邊合六百兩擇上하고 浮費는 懲納廿五元으로 爲約姑不推하얏더니 凶彼金惠善祖父金永基가 誣訴於區裁判所民事刑事하야 在囚監獄이 爲拾餘日하고 裁判이 爲二次에 尙未判決하오니 伏想獄中은 人生生理所라 司法官吏도 洞燭獄情하실연만 無冤者로 判決出送하여 八拾祖母와 六拾兩親이 食堂에 여獄이라 하면 有無罪開奈至生還치 못하ㄴ 줄아시는 [illegible] 遠케 [illegible] 소서 徐九年 告白

◉民刑訴訟其他法律에 關한 事務를 誠實하고 迅速하게 處理함 鑑定料金은 不要함 漢城南部 [illegible] 橋洞拾九統四戶

辯護士 前判事 李珍雨 前檢事 朴勝彬 聯合法律事務所

在京하신 全羅南北道測量학員은 重要協議할 事가 有하오니 陰三月三日下午壹時에 本會館으로 壹齊來臨하와 無至後悔하심을 望함

湖南學會 告白

本所에서 米商을 組合하옵고 買賣上大端便利케 하오니 內外國米商僉員은 陸續來臨하심을 敬要

京城南大門內倉洞精米所內 米商組合所 告白

本人의 眞諺雙刻方形圖章을 間爲서 失하얏삽기 更以圓形으로 雕刻하얏사오니 僉君子는 照亮하심

中部장通坊板井洞六拾七統七戶 林春成 告白

本商會와 故閔中植相續人間에 淸算에 關하야 相詰하옵는바 本月五日 該人의 委任한 辯護士 崔鎭과 皆川廣濟가 閔中植과 無關係한 壹切帳簿를 無理히 勒奪押去하얏삽으로 因하야 大昌洋行과 韓佛興業社 兩社가 各其委托하얏든 商品을 還收하얏삽合으로 不得已閉店하는 不幸한 運을 當하얏삽기 玆에 仰布하오니 本店에 對하야 債權이 有한 僉位는 壹週日內에 計算書를 交付하시며 又債務가 有한 신諸公은 本商會의 領收印章이 無하거든 支拂치마소셔

京城鍾路 三昌商會 社長 金鍾徽 總務 趙勉承 告白

理科師生

本書는 著者가 理科思想의 普及과 一般需要를 爲하야 普通理科의 槪要 天文地文植物動物鑛物에 關한 新學說及俗論의 迷惑에 對한 解說 等을 敎科師와 學生의 問答체論으로 平易히 成한 著ㅣ니 壹各學校入學及各種定期試驗을 準備하는 者의 好顧問이오 壹普通理科敎授의 說明을 準備 又는 自家研究하는 者의 良材料요 壹江湖人士의 迷夢을 打起하고 頑腦를 勢開하는 鐘鼓斧斤이오 壹新學問新思想의 眞鏡을 窺入코저하는 者의 門戶殿階ㅣ라 此新時代의 美想을 抱하는 諸君은 早速히 此壹書를 來求하라

發行所 京城鍾路 [illegible] 會館上傍 文雅堂
發賣所 滙東書館 [illegible] 唯一書館 中央書館

辯護士

本人이 判事의 [illegible] 으로 左記處에 [illegible] 設하오며 民刑事 [illegible] 諸般法律顧問事項을 [illegible] 迅速精密히 處理하오니 抱冤未伸 又는 有疑未解하시는 僉君子는 陸續來議하심을 望함

西部唐皮洞三統四戶 辯護士 前判事 前檢事 李冕宇

美國시아틀大博覽會 미국시아들대박람회

[illegible] 詳

◉特別廣告

謹告于本社株主僉位

現今에는 本社事務가 進行이 確實히 成功하야 歐美各國으로 大韓物品의 注文이 답至하야 本社의 大利益이 되깃사오며 外國으로서 輸入하는 物品도 未久에 到着하야 本社의 振興을 立待하깃삽니다 公衆이 應募하는 株金의 餘額이 無幾이온 中應募者의 답至함을 因하야 每株十圓의 本社株券을 來五月一日로부터 每株十貳圓으로 作定하야사오나 本社의 創設初로부터 入參하야 信義相孚로 我株主諸公에 對하야 感謝不盡이오며 將來方針에 對하야 本社에셔 未曾有한 成功을 企圖함에 心力을 殫竭하야 確效가 有함을 自期하옵나이다

本社之印章　本社之商標

AMERICAN KOREAN TRADING COMPANY.

敬告于公衆僉位

本社에셔 每株十圓의 本社株券을 來五月一日로부터 每株十二圓으로 作定하얏삽나이다 到今하야는 本社의 大成就될 것은 的確히 顯著하오니 有志僉彥이여 速速히 本社株金에 應募하시오 本社株券의 價値가 暴騰될 것은 預定할지니 今年內로 每株價値가 二十圓까지 高登할는지도 不知오나이다

皇城磚洞 (皇城郵便局郵函第四十號)

韓美興業株式會社

大美國에리소나道法律認可 駐韓美國領事館登錄

◉特別廣告

[illegible] 보시오

漢城鍾路恭惠藥房에서官許를受ᄒᆞ고二十三種材藥과…材와草材를大發賣ᄒᆞ고且石版印刷營業

廣告

本縣에서蠶桑果業兩科를設ᄒᆞ고…

江華 黃璟淵 告白

慶尙南道…支…事務所位置는左와如홈

총무 李容和 告白

學部 檢定

初等 植物學 每冊有도 定價金三十錢

初등 動物學 每冊有도 定價金三十錢

最新 初等小學 定價金四十錢

最新高等 大韓地誌 定價金…

初등 大韓歷史

國家思想學 定價金二十五錢

憲法要義 定價金二拾五錢

國文 大韓十三道遊覽 上下卷

京城南部…玉虎書林

阿片斷引丸

大韓仁川 峴和平堂大藥房神效靈藥

滋陽丸

八寶丹

和平堂主 李 … 謹告

各種藥品은總發行所는京城南大門側濟生堂大藥房本舖

蔘茸大補丸

◎此蔘茸大補丸은…

◎共愛堂大藥房製造各種藥品發引表

壯陽復元丹

清眼水

解癬至寶丸

淋丸

消熱散

清耳液

妙妙膏

能治膏

大腫拔根膏

寸虫去根藥

痢疾藥

齒痛水

解凝膏

各種上等藥材、東西洋有名賣藥、洋藥乾材都賣散賣其他各種藥이具備ᄒᆞ오니請求에依ᄒᆞ야小包로隨應ᄒᆞ깃슴

發行所 皇城南部大廣橋十九統七戶 共愛堂大藥房

第七卷
大韓每日申報
第壹千七拾七號

…을 大韓各地方學校에서 校長과 校監僉位의 公函으로 …
卒業證과 修業證과 各種書冊을 請求하시면 特減又減하야 以小包郵便으로 酬應함을 …

月曜及慶節
歲時日休刊

檀君開國四千二百四十二年
箕子元年三千三十一年
大韓開國五百十八年
日本明治四十二年
淸國宣統元年
陰己酉三月小初三日壬子

Responsible for Publication Alfred Weekley Marnham.
發行兼編輯人英國人 萬咸
發行所
京城南部石井洞號外地三層洋屋
大韓每日申報社

論說

◉漁業法施行에 對하야

近日漁業法施行의期를際하야其請願의狀況을據하건대多少의注意할者ㅣ有하도다

年來로鑛產及未墾地利用法森林法等에韓人과外人의競爭優劣로韓人의受害는韓人의暗昧를因함이어니와尤恐할것은無하나大抵此等法律을發布하는韓人의利害는事이라其權利競爭에雖相等할듯하나內觀的理許를察하면日人은此等法律을發布前에漏聞함이有하야所謂先得權이라는權을請구하기로礦業도必覺彼輩가先占多得하고陳荒地森林도亦然하야自來實例가有하거니와最近漁業法으로論하건대其미傳한者ㅣ甚多하니

一、漁業法實施前에日人側에請願한者ㅣ不下數百名이라하니此等은必其法令을先爲漏聞한處가必有할거시오

一、四月以後로日人請願者가沓至하며且傳說을聞한則慶尙全羅沿岸에日人들의請願한것이不下萬餘區라하니此는日人의對하야優勝한聯絡便宜를供給함이必有한바요

一、漁業에對한規定도日人側에는寂寞하야說明과書類에下하야…國官吏…는木偶와如히坐視하야人民은此를全然不知함에至하고

一、右請願者는地方장官을經由할것이니日本理事廳에는其經由의遲速詳細를圖하나觀察府는人民으로此를履行케하기는姑舍하고自己도不知하야遷延하고

一、其中에最히可怕할問題는所有權證明이니原來韓人은自古로海藻海業에洞有하私有니하는者ㅣ本來特別한文券이無하고習慣으로轉來하던者를皆朝에免許請願의理許를難辨할뿐아니라其所有의證明을擧하기難할事勢가或有할리니蓋此等은他業과異하야所有權이無하면漁船漁網의巨大한資本을費하기不得할지니此는殺地父老의口頭證明이最必要한者라彼人은此를口實로하고强迫的使用할意思가有하니此問題가特히重大한者라

以上을擧하건대三面環海에漁產은總히他手에歸하리로다況若干韓人側에請願한者幾人이有하다하나地方經由에時日이遲延하고其新法을難解하며聞得한處가無하고乘하야免許狀이付與할방으로經由하야下付하니府郡吏輩에侵漁가亦有할지라礦業과如히某城에居住所를制定하고直接하는것보다多少幣害가生하리니況幾個鄕曲의愚蠢한漁民으로地方府郡을經由하야提呈受하면其弊가必多할지라別般方針을設하야人民으로其便宜를從케하야意外侵害를免케하며又特別히其請願方法을省略케하야人民으로均霑의利益을圖케할은當局者의게希望하는바니當局者는此에對하야秦脊을越視치말고數百年相傳하야食斯衣斯하던것으로他人手에全歸치아니하도록萬分注意하야圖할지며惟我同胞는此際에猛省하야百折不屈의勇力으로復無厭無恥의木偶갓치坐한官吏만恃치말고各其相戒陷勸하야三面環海에無盡藏한水產을他人에게專歸케말지어다

近者에東洋拓殖會社가韓國內水產을統營할主意로交涉하는바々하고調査가留々하다하니嗚呼同胞여엇지戒懼치아니하리오

▲隆熙二年拾貳月三日 官報

部令 （續）

歸國 何年何月何日某港에拔호 何月何日歸某港에歸着

修學狀況

預習 何年何月何日에某地官(公私)立某학校又는某地某修학所에入學하야或教師某를從하야何年何月何日에지左記學科目을研究함

（未完）

外報

◉土國暴動과列國 伯林電을據한즉土耳其京城의軍隊暴動이有한同時에前大臣들이마사營派의保守反動을因하야內閣은辭職하얏는데勃牙利와마케도니아問題를提起하고各國은구리ㅣ도島問題를提起할形勢가有한故로新內閣組織을波々히하는데露國京城에서此政變을歡迎하고아무바니아地方人民은動搖를始하얏다더라

◉土耳其動諭 倫敦電을據한즉土耳其軍隊暴動에對하야皇帝는卽時遷法하야詔勅을下하얏다더라

◉土內閣의變更 仝電을據한즉土耳其皇帝는內閣의辭職을許하고新內閣組織을命하얏는데衆民이喝采하야皇帝의萬歲를唱하얏다더라

◉土國暴動後報 倫敦電을據한즉土耳其軍隊暴動에法部大臣은殺害하고海軍大臣은負傷하얏고陸軍大臣은捕虜되얏고希臘戰爭의司令장官되얏던도햄빠샤시가陸軍大臣을新任하얏는데軍隊及衆民이歡呼로迎接하더라

◉土國의靜穩 仝電을據한즉土耳其는漸次鎭靜이되얏다더라

◉英露宣言 伯林電을據한則英露兩國은宣言하야日今猶波斯에孤兵을派遣할時機에不過라하얏다더라

◉露兵增加 大連灣電을據한則北滿洲府駐屯한露兵이還去를拒絕하고益々增加함으로淸總督은北京政府에打電하야露國에抗議를提議하얏다더라

詞藻

◉占時候 大笠生

西天에등둥、호옹。더黑黑이、
北風을應하여、大雨가되노나、
…
어라화、됴라、보용。悍勉…
는다、홍。

廣告

雜報

●聯邦成乎　目今日本에滯在ᄒᆞᆫ宋秉畯이가其處에셔致ᄒᆞᆫ電報概意를聞ᄒᆞᆫ則韓日聯邦에結果가圓滿成就되여伊藤統監과同伴歸還ᄒᆞ깃노라ᄒᆞ얏다더라

●宮大云辭　宮內府大臣閔丙奭氏가有何事端이던지辭職請願을提出ᄒᆞ다ᄂᆞᆫ說이有ᄒᆞ다더라

●年老多病　中樞院議장金允植氏ᄂᆞᆫ近日病祟가圍發ᄒᆞ야一切賓客을謝絶ᄒᆞ고現方調理中이라더라

●儀式變更建議　學舜夏等諸氏가冠婚喪祭儀式變更에關ᄒᆞ야中樞院에建議書를提出ᄒᆞ얏다더라

●納賂酬勞　軍部大臣李秉武氏가熱心運動ᄒᆞ야前叅領姜昌熙氏로江原道麟蹄郡守를敍任ᄒᆞ얏더니姜倅가日前에彰義門內所有家屋三十餘間을納付ᄒᆞᆫ故로李氏가近日에該家를壹新修理ᄒᆞᆫ다더라

●納媚懇乞　忠淸北道忠州郡居ᄒᆞᄂᆞᆫ富客鄭章泰氏ᄂᆞᆫ本以內大박齊純氏에多年門人인ᄃᆡ郡守一窠를運動ᄒᆞ기爲ᄒᆞ야朴氏에게納媚懇乞ᄒᆞᆫ다더라

●因鴉免職　日昨中部警察署部長定求氏가免官되얏다ᄂᆞᆫᄃᆡ其裏許인則鴉片烟嫌疑라더라

●淸日不穩　近日淸日兩國間에一大間島가惹起ᄒᆞ야互相不穩ᄒᆞᆫ態度가有ᄒᆞ다ᄂᆞᆫ說이閭巷에籍々ᄒᆞᆫᄃᆡ此ᄂᆞᆫ必是滿洲問題인지

●行路不便　近日漢城內外에窃發之患이滋甚ᄒᆞ야到處逢賊이多有ᄒᆞᆫ다ᄒᆞᆷ으로각警察署에셔此를嚴重取締ᄒᆞᆯ次로每夜十一時以後이면行人의身分을到底搜探ᄒᆞᆫ다ᄒᆞᆷ으로人民通行의極爲不便ᄒᆞ다더라

●交換可笑　再昨日下午에憲兵司令部探偵客壹同이鍾路韓[illegible]龍氣會社後谷何許人家에셔偵探交換會를開ᄒᆞ고互相談話ᄒᆞ얏다더라

●裁判延期內容　日人藤井英亮이가前參判閔宗植氏와裁判ᄒᆞᆫ이延期된內容을漏聞ᄒᆞᆫ즉姜석鎬氏의曾往自現ᄒᆞᆫ供案을考閱ᄒᆞᆫ後에裁判을判決ᄒᆞᆯ터인ᄃᆡ該供案書類가何處에在ᄒᆞᆫ지搜索지못ᄒᆞᆫ所以라더라

●倭履竊盜　前驛役表任駿氏가日昨에其鄕第에셔産業壹同을搬移ᄒᆞ야京釜列車를乘ᄒᆞ고南大門停車場에到着ᄒᆞ야什物을運輸ᄒᆞᆫ際에適其時何許削髮ᄒᆞᆫ豊雇人이倭履를着ᄒᆞ고逗留ᄒᆞ다가人海中紛擾ᄒᆞᆫ隙을瞰ᄒᆞ야其手俗를盜去ᄒᆞ야蹤跡을莫知ᄒᆞ얏다ᄂᆞᆫᄃᆡ表氏ᄂᆞᆫ鉅大ᄒᆞᆫ失物을被ᄒᆞ얏을ᄲᅮᆫ아니라緊要ᄒᆞᆫ簿書와藥材等의損失이多ᄒᆞᆷ으로現今困難中이라더라

●審查越爻　中部警察署巡查原田이가徐禹範氏를恐喝取財ᄒᆞ다가罷免拘留ᄒᆞ얏다ᄂᆞᆫ說은已報어니와詳聞ᄒᆞᆫ則該原田이가陸軍步兵少尉某와韓人挾雜輩鞠某等을締結符同ᄒᆞ야東小門內等地에셔徐禹範氏를對ᄒᆞ야金貨壹千圜을辦出ᄒᆞ라고威脅毆打ᄒᆞᆫ際에何許日人이適其時過去ᄒᆞ다가該光景을見ᄒᆞ고急히東部警察署에密告ᄒᆞᆫ지라該署에셔即時巡查를派送逮捕ᄒᆞ야此事件을審查ᄒᆞ고再昨日에漢城地方裁判所로越交ᄒᆞ얏다더라

●先直後曲　慶尙南道草溪郡鄕校直員을該郡守가初次에ᄂᆞᆫ士林中擇差ᄒᆞ야盧秉濂氏를擧報ᄒᆞ얏더니同郡居李鍾壹氏가該郡守에게如何私囑이던지盧氏를還拔ᄒᆞ고李氏를換擧ᄒᆞᆫ故로該郡士林이不勝憤拂ᄒᆞ야學部에等訴ᄒᆞ얏다더라

●奚但此地　忠州郡ᄂᆞᆫ湖擾以來로市에셔近日財政의恐慌이大起ᄒᆞ야該市廛이三日을廢止되얏다더라

●巡查蠻行　再昨日下午三時에北部警察署巡查金某가泥醉ᄒᆞ야中部中谷等地高某家內庭에突入ᄒᆞ야買淫ᄒᆞ라고無數詰亂ᄒᆞᆫᄃᆡ適其時附近人民이多數會集ᄒᆞ야其蠻行을唾罵毆打ᄒᆞᆫ則該巡查가即爲逃走ᄒᆞ얏다더라

●巡查行悖　西部顯峴居ᄒᆞᄂᆞᆫ學副俊氏ᄂᆞᆫ年今七耋에家勢가至貧ᄒᆞ야不遑他暇인ᄃᆡ再昨日에韓日巡查三名이來到ᄒᆞ야淸潔費를何不來納ᄒᆞ얏나고ᄒᆞ며허氏를軍刀로亂打ᄒᆞ더니韓巡查二名이內房에突入ᄒᆞ야허氏의子婦二十貳歲된婦人을威嚇作梗ᄒᆞᆷ으로該婦人은孕胎ᄒᆞᆫ지가至今五朔에達ᄒᆞ얏ᄂᆞᆫᄃᆡ喫겁動ᄒᆞ더에幾至死境ᄒᆞ야現方治療ᄒᆞᆫ다ᄒᆞ니此等巡查ᄂᆞᆫ人民을保護ᄒᆞ기ᄂᆞᆫ姑舍ᄒᆞ고反히妨害가殆甚ᄒᆞ다고呼寃이浪藉ᄒᆞᆫ다더라

●終歸何處　全羅南道榮山浦附近은元來土地가肥沃ᄒᆞᆫ故로日本人이日加月增ᄒᆞ야移住ᄒᆞᄂᆞᆫ者가不知其數인ᄃᆡ皆是商業과農業에從事ᄒᆞ며第一緊務ᄒᆞᄂᆞᆫ것은農庄을設ᄒᆞ고開墾을汲々ᄒᆞ며役夫ᄂᆞᆫ韓人을使用ᄒᆞᆫ다ᄒᆞ며如此히日人의移住者가去益增加ᄒᆞ미彼愚蚩沒覺ᄒᆞᆫ韓人들은漸々山間僻地로轉移ᄒᆞ니土地를難保라고南來人의慨歎이有ᄒᆞ더라

●全南義勢　全羅南道의義兵形勢ᄂᆞᆫ依然히熾盛ᄒᆞ야其小部隊가各處에셔沒橫行ᄒᆞᄂᆞᆫᄃᆡ就中에光州장城靈光等郡은最히不穩ᄒᆞ야義兵의橫行이頻繁ᄒᆞᆫ地点이오其義兵將은全海山鄭太洪鄭大仁樂相基氏等壹派이오羅州榮山浦附近의義兵將은姜敬秀安桂源等壹派인ᄃᆡ彼義將等은國家思想이熱中ᄒᆞ야湖南義兵大將이라稱ᄒᆞ고憲兵補助員及各地方에檄文을屢々히散佈ᄒᆞ야民心을煽動ᄒᆞ며但兵官吏를擒殺ᄒᆞᆯᄲᅮᆫ아니라快히罵倒ᄒᆞᄂᆞᆫ고로居民은義兵을歡迎ᄒᆞ며其行動을秘匿ᄒᆞ미義兵의出沒은去益穩全自在ᄒᆞ며義兵은東閃西忽에出沒無常ᄒᆞ야其行動이頗히巧妙ᄒᆞᆫᄃᆡ歸民을도義兵에漸益投入ᄒᆞᆫ다더라

●義兵入京　京畿道義兵將延基浩鄭寨兩氏가部下數百名을領率ᄒᆞ고麻田郡에來襲留陣ᄒᆞ얏다더니延氏ᄂᆞᆫ京城情形을偵探ᄒᆞ기爲ᄒᆞ야日前에上京ᄒᆞ얏다ᄂᆞᆫ說이浪藉ᄒᆞᆷ으로憲兵司令部에셔該蹤跡을搜探ᄒᆞᄂᆞᆫ中이라더라

●俗離義屯　南來人의傳說을聞ᄒᆞᆫ즉近日報恩俗離山에義兵이根據地를숨고多數屯集ᄒᆞ야其勢가頗大ᄒᆞ다ᄂᆞᆫ說이有ᄒᆞ더라

●趙家不幸　奎章閣卿趙同熙氏의鄕第가洪州郡舟村에在ᄒᆞᆫᄃᆡ恰餘日前에義兵이該家에來到ᄒᆞ야趙氏의家人一名을捉去ᄒᆞ야趙氏의父子罪目을壹々討罪ᄒᆞ고拔劍斷頭ᄒᆞ얏다더라

●兩郡火災　本月拾四日夜에公州郡利仁驛村에셔失火ᄒᆞ야人民家屋十餘戶가延燒ᄒᆞ얏고石城郡柴山村에셔도失火ᄒᆞ야民家七八戶가延燒ᄒᆞ고居民三名이致燒ᄒᆞ얏다더라

●商店賊警　再昨夜沙器廛洞上隅에이세婦人商店에何許賊漢이突入ᄒᆞ야多數物品을掠奪以去ᄒᆞ얏다더라

●賊贓何多　再昨日上午壹時에東部二橋下居ᄒᆞᄂᆞᆫ日人久保典當家에何許賊漢이突入ᄒᆞ야諸般什物等屬을奪取以去ᄒᆞ얏다더라

●到處賊警　本月拾五日夜에賊漢數名이陰竹郡山田里居ᄒᆞᄂᆞᆫ前義州郡守尹某家에突入ᄒᆞ야婦女를結縛威脅ᄒᆞ고多數錢財를奪去ᄒᆞ얏다더라

●法會評議　法學協會에셔本日下午四時에評議會를開ᄒᆞ고任員을改選ᄒᆞᆫ다더라

●青館開演　今日下午七時三拾分에鍾路青年會館에셔演說會를開ᄒᆞ고金明濬氏가演說ᄒᆞᆫ다더라

學界

●體育完全　徽文義塾敎師趙瑗熙씨ᄂᆞᆫ體操學藝으로多年熱心從事이더니今番에該任을辭免ᄒᆞ고青年을體育케ᄒᆞ기爲ᄒᆞ야體育에關ᄒᆞᆫ奇異ᄒᆞᆫ冊子를多數購來ᄒᆞ야精選譯述ᄒᆞ며普通으로各學校體操敎師와連絡ᄒᆞ야體操講習所를特設ᄒᆞ고熱心研究ᄒᆞᆫ다ᄂᆞᆫᄃᆡ壹般學生界에體育이從此完全ᄒᆞ깃다고莫不贊賀ᄒᆞᆫ다더라

●升明復明　黃海道信川郡升明학校ᄂᆞᆫ本是該郡儒林의刱建ᄒᆞᆫ것文會齋遺物과邑中有志紳士의捐助로聯合設立ᄒᆞᆫ바昨年冬에經費가艱拙ᄒᆞ야廢학ᄒᆞᆫ境遇에至ᄒᆞ얏더니該郡二拾四面面里長들이敎育에失時ᄒᆞᆷ을慨歎ᄒᆞ야各其月給中壹圜五十錢式義捐ᄒᆞ고該郡守와各首吏가亦爲捐助ᄒᆞ야合爲七百餘圜이오文會齋土地所出을合計ᄒᆞ면總數가千餘圜에稱ᄒᆞᆫ지라更爲開학ᄒᆞ고학員을募集ᄒᆞᄂᆞᆫᄃᆡ面里장들의敎育上高義와該郡守의奬학熱心은人皆稱頌ᄒᆞᆫ다더라

●源泉混混　海州郡泉決面源泉학校ᄂᆞᆫ該面長李建永시와紳士呂義燮諸시가設立ᄒᆞ고校장은李建永시로校監은呂義燮시로選定ᄒᆞ고校舍ᄂᆞᆫ呂義燮시舍廊에設ᄒᆞ고敎師를延聘ᄒᆞ며敎科書를一新具備ᄒᆞ야學徒二十餘名을敎授ᄒᆞᆫ지于今週年에進就之望이有ᄒᆞ다고人皆稱頌ᄒᆞᆫ다더라

地方消息

▲本月七日慶尙北道奉化郡東方約三十里地에셔義兵三十餘名이該郡分遣所下士壹名及補助員五名과交戰ᄒᆞ얏고

▲本月十四日海州郡內에셔義兵拾五名이該地分遣所憲兵三名及補助員八名과交戰ᄒᆞ얏고

▲本月拾八日全羅南道古阜院南方約十里地에셔義兵八拾餘名이該院分遣所日憲兵兩名及補助員六名과交戰ᄒᆞ얏고

▲本月拾五日京畿道陽谷東北方約四拾里地에셔義兵十餘名이該地分遣所日憲兵三名及補助員六名과交戰ᄒᆞ얏다더라

恨嘆世界

▲東西各國遊覽ᄒᆞᆫ재何許國中도러가文明制度備ᄒᆞ고何許國境지내며ᄂᆞᆫ漢漢荒塵이러나고何許國民보랴이면文明코[illegible]準備터니大韓國을구경ᄒᆞᆫ즉君臣[illegible]擾亂ᄒᆞᆫᄃᆡ到處마다恨嘆일세

▲民智發達된然後에國家文明ᄒᆞ깃기로殫竭誠力獻身ᄒᆞ야京鄕각處往來ᄒᆞ며靑年子弟募集ᄒᆞ야敎育이나ᄒᆞ자ᄒᆞ니時機急迫ᄒᆞᆫ때에妨害者가反多ᄒᆞ니이를將次엇지ᄒᆞᆯ고敎育家의恨嘆이오

▲社會成立된然後에人民團體ᄒᆞ깃기로他人誹謗不計ᄒᆞ고同志者를收合ᄒᆞ야民志風俗改良ᄒᆞ고社會擴張ᄒᆞ쟛더니他人拘束姑舍ᄒᆞ고挾雜輩만모히드니이를將次엇지ᄒᆞᆯ고社會志士恨嘆이오

▲書籍具備된然後에敎育完全ᄒᆞ깃기로困苦勞瘁모로고셔內外歷史叅互ᄒᆞ야愛國主義提倡ᄒᆞ고民志鼓動ᄒᆞ쟛더니檢定遷延勿論ᄒᆞ고愛國句語删去ᄒᆞ니이를將次엇지ᄒᆞᆯ고著述家의恨嘆이오

▲財源豊足된然後에人民生活ᄒᆞ깃기로利害關頭不計ᄒᆞ고各商會를組織ᄒᆞ야多少物品貿易ᄒᆞᆫ재商業發展ᄒᆞ쟛더니興旺ᄒᆞ기ᄂᆞᆫ尙矣도다資本々지消融되니이를將次엇지ᄒᆞᆯ고商業界의恨嘆이오

▲言論自由된然後에勸善懲惡ᄒᆞ깃기로新聞雜誌刱設ᄒᆞ야治安方針研究ᄒᆞ고公言直筆論述ᄒᆞ야民志警醒ᄒᆞ쟛더니妨害ᄒᆞᆫ다自稱ᄒᆞ고覆板ᄒᆞ거나押收ᄒᆞ니이를將次엇지ᄒᆞᆯ고報館의恨嘆일세

▲恨嘆마라々々々恨嘆中에되나니라三十年前고만두고甲午以後부터라도此等恨嘆ᄒᆞ엿더면오날날을當ᄒᆞ여셔ᄂᆞᆫ喜樂時機될것인ᄃᆡ自取其禍ᄒᆞ엿ᄂᆞᆫ가이恨嘆을쉬지말고奮發前進ᄒᆞ랑이업

物貨ᄒᆞ며 校用品其他家用物品을一新促備ᄒᆞ고地方各학校가以書請求ᄒᆞ시면以小包郵便으로商品廉價而信ᄋᆞ로酬應ᄒᆞ깃슴 物品如下

筆墨各種 紙石板各色 鉛筆各色 洋服內衣上下 印札紙各種 日用雜貨俱備 測量機械附屬品 此외私設로莫過於此ᄒᆞ리라 石版機械와活版機械를新準備ᄒᆞ고 諸君의書籍印刷를圖ᄒᆞ니 速速來議ᄒᆞ십 漢城鍾路慈惠書舘 告白

廣告

大韓測量總督京畿支會位置를水原郡內北部長安洞趙榮燁家에定ᄒᆞ고四月二十二日開會視務ᄒᆞ니同業僉員은照亮ᄒᆞᆷ

京畿支會 告白

長水郡天川面春洞居康道文이가乙巳年에本郡春동等地에在畓拾四石拾九斗落을本郡本洞居金聖熙處에白銅貨拾四萬七千五百兩을京城李路布商人李性奎를保證ᄒᆞ고右金을典당ᄒᆞ얏ᄂᆞᆫ데移去ᄒᆞ고右畓文券을本人의게受與ᄒᆞᆫ後右畓賭租를昨年至四年條를捧ᄒᆞ얏ᄂᆞᆫ데客年月分의康道文이가挾雜人申昌善의符同으로强盜之心이宅出ᄒᆞ야本郡에와光州郡地方裁判所檢事에誣告ᄒᆞ기로右畓을本人의게移賣치안코求仕ᄒᆞ기로本人의게騙取ᄒᆞᆫ樣으로方在裁判中이나右畓假越渡ᄒᆞ李性奎保證이明白ᄒᆞ이온ᄃᆡ虛無ᄒᆞᆫ言을ᄒᆞ고起訟ᄒᆞ얏스며本人은病臥ᄒᆞ야子敎祥이가右裁判ᄒᆞ次로光州郡에去ᄒᆞ乘ᄒᆞ야康道文이가보낸바七八人이光州巡査로다假稱ᄒᆞ고本人의父子게家로內庭突入ᄒᆞ며右裁判의得訟ᄒᆞ엿다ᄒᆞ고家內汁物을奪取ᄒᆞ라ᄒᆞ며捕捉ᄒᆞ와다ᄒᆞ고右家에老幼間毆打ᄒᆞ니世上에如此ᄒᆞᆫ事ᄂᆞᆫ漢城法庭에明決ᄒᆞ시러니와本人이忿발ᄒᆞ와玆以廣告ᄒᆞᆷ

長水郡天川面春洞右畓買人 金聖熙 告白

三和港碑石洞에大韓測量總督會第二號出張所를設立ᄒᆞ엿사오니測量ᄒᆞ실僉員은來議本所ᄒᆞ심을望ᄒᆞᆷ

三和測量事務所 人元容吉 白

西署盤松坊池下契館後洞壹百四十一統二戶草家二間文券을遺失ᄒᆞ엿기玆以廣告ᄒᆞ오니誰某拾得ᄒᆞ와도休紙施行ᄒᆞ십

金成珠 告白

本人西部龍山坊靑坡三契五拾五統八戶朴景瑞瓦家九間刊刻文券펴瑞ᄂᆞᆫ秉右人手標壹張果本人에金壹百拾五圓出給標壹片을錢給受納後姑未훗ᄒᆞ留置다가陰三月壹日夜逢賊時同爲遺失이오니內外國人은切勿見欺ᄒᆞᆷ

西部靑坡 金萬根 白

◉夜學員募集廣告

本校에서左科目으로學員을募集ᄒᆞ온旣廣告어니와未備ᄒᆞᆫ事項을因ᄒᆞ야更히上學日字를今月三拾日로延期ᄒᆞ고學員을募集ᄒᆞ오니僉員은來問ᄒᆞᆷ事

英語科壹個年　日語科　甲班六個月　乙班壹個年

但商業은日語甲班에合付ᄒᆞᆷ事

詳細ᄂᆞᆫ本校에來問ᄒᆞᆷ

隆熙三年四月二拾壹日

梨峴新興學校 告白

始興郡登浦居文善本洞前坪壹日半耕田文券本人典執矣不知中에失故玆以聲告內外國人照亮

東幕居 崔文元 白

○民刑訴訟其他法律에關ᄒᆞᆫ事務를誠實ᄒᆞ며迅速ᄒᆞ게處理ᄒᆞ되但鑑定에ᄂᆞᆫ料金을不要ᄒᆞᆷ

漢城南部장橋洞拾九統四戶

聯合法律事務所

辯護士 前判事 李珍雨　前檢事 朴勝彬

在京ᄒᆞ신全羅南北道測量ᄒᆞ員은重要協議事가有ᄒᆞ오니陰三月三日下午壹時에本會館으로齊來臨ᄒᆞ와無至後悔ᄒᆞ심을望ᄒᆞᆷ

湖南學會 告白

本所에서 米穀의買入及賣出을便利且敏活케ᄒᆞ오나右買賣를願ᄒᆞ시ᄂᆞᆫ僉位ᄂᆞᆫ左記處所로來議하십

京城南大門內倉洞精米所內

米商組合社 告白

法法法法法法法法

本人이判事의任을辭ᄒᆞ고左記處에事務所를更設ᄒᆞ오며民刑訴訟及諸般法律顧問事項을辦ᄒᆞ여迅速精密히處理ᄒᆞ오니

抱冤未伸又ᄂᆞᆫ有疑未解ᄒᆞ시ᄂᆞᆫ僉君子ᄂᆞᆫ陸續來議ᄒᆞ심을望ᄒᆞᆷ

西部唐皮洞三統四戶

辯護士 前判事 前檢事 李冕宇

律律律律律律律律

理科師生

本書ᄂᆞᆫ著者가理科思想의普及과壹般備要를爲ᄒᆞ야普通理科의概要天文地文植物動物鑛物에關ᄒᆞᆫ新學理及俗論의迷惑에對ᄒᆞᆫ解說等을理科師와學生의問答討論으로平易히成ᄒᆞᆫ書ㅣ니

壹各學校入學及各種定期試驗을準備ᄒᆞᄂᆞᆫ者의好顧問이오

壹普通理科敎授의說明을準備ᄒᆞ며又ᄂᆞᆫ自家硏究ᄒᆞᄂᆞᆫ者의良材料요

壹江湖人士의迷夢을打起ᄒᆞ고頑腦를劈開ᄒᆞᄂᆞᆫ鍾鼓斧斤이오

壹新學問新思想의眞鏡을窺入코저ᄒᆞᄂᆞᆫ者의門戶殿階ㅣ라

此新時代의美想을抱ᄒᆞᄂᆞᆫ諸君은早速히此壹書를來求ᄒᆞ라

發行所 京城鍾路靑年會舘上傍　文雅堂

發賣所 滙東書館　廣學書舖　唯壹書館　中央書舘

美國시아틀大博覽會　미국시아틀대박람회

請詳覽

此廣告中央에宛然ᄒᆞᆫ圓形은何物이뇨本社의印章이올시다 於是乎本社의商標에올시다 熱心으로此印章을보시오 會彥의心中에印搭ᄒᆞ시오 永久히記念ᄒᆞ시오 本社에셔ᄂᆞᆫ此를依ᄒᆞ야完全히成立ᄒᆞ고此를因ᄒᆞ야鬥沸히活動ᄒᆞ고此를大韓帝國에各方面에親熟히相知相信케되도록盡力ᄒᆞᆯ것이올시다 故로永久正直ᄒᆞ고高尙ᄒᆞ고不平ᄒᆞᆫ에依ᄒᆞ야自强自立ᄒᆞᆯ것이올시다 此가大韓國製造物品의게ᄂᆞᆫ따라壽를擔負ᄒᆞ고世界各地方에橫行ᄒᆞᆯ것이오今日에ᄂᆞᆫ大美國

各處에서此가大韓國及韓國의工匠을代表ᄒᆞᆯ것이올시다 大韓國內에서ᄂᆞᆫ未久에此가高尙ᄒᆞᆫ商品을製造ᄒᆞ야創立ᄒᆞᆯ것이오 此商品은何種가五○世界各處의最大製造工廠으로부터特約直輸入ᄒᆞ야本社의現今ᄒᆞ지ᄒᆞᆫ三拾餘處의代理人을配ᄒᆞ야販賣ᄒᆞᆯ大放賣ᄒᆞᆯ것이올시다 有志ᄒᆞ신僉彥이어本社의內容과本社의擧將進行及本社의行動을詳知코저ᄒᆞ시거던郵札로通寄ᄒᆞ시되어ᄃᆡ로ᄒᆞ실고

大韓皇城磚洞（京城郵便局郵函第四拾号）

韓美興業株式會社 謹啓

（大美國에리소나州法律認可　駐韓美國總領事館登錄）

本社의各處代理人의姓名은如左ᄒᆞᆷ

開城代理人　南門內雜貨商店
平壤代理人　中城大同門內店房
咸興代理人　西門外
馬山浦代理人　馬山浦新港
元山代理人　元山港
淸津代理人　淸津港
水原代理人　水原北部長安동
安城代理人　位置未定
沙里院代理人　位置未定
金泉代理人　位置未定
海州代理人　位置未定
天安代理人　位置未定
群山代理人　位置未定
全州代理人　位置未定
大邱代理人　位置未定
釜山代理人　位置未定
江景浦代理人
麻浦附近代理人
湖南代理人
永同代理人
木浦代理人
晋州代理人
金堤代理人
漢江附近代理人
義州代理人
江界代理人
東部代理人
鎭南浦代理人
定州代理人
城津代理人

水原北部長安동　漢城東部往仲里旺新학校內　漢城中部中寺洞思동貳統三戶　漢城西부마浦三十貳統五戶　水原北부장安동　群山大井洞　漢城西부阿峴二百廿二統三戶　大邱新田里五拾八統七戶　馬山浦午山里壹統九戶　西部龍山坊東幕中契廿七統貳戶　西部麻浦貳十七統三戶　陰城城山里　漢城南部동貳統壹戶　木浦南橋동　馬山浦城山　金堤郡白石面水閣　南部漢江拾八통貳戶　義州枇峴　往十里甘井동四통五戶　鎭남浦龍井洞　郭山郡　吉州郡

金東宣　鄭基煥　閔晃洙　孫鎭宇　金以文　權학臣　金유종　金유동　邦元重　李義植　吳相泳　尹鎭求　鄭相彦　김쳐　리相召　辛相淑　리寶浩　리弼駿　權泰鎬　安德　安의　孫鎭宇　김升基　리宗默　박奉燁　朴奉燁　金聖經　洪鎭翰　金時漸　郭宣洙　崔善玉　張海拭　李根宅　金相杰

이쪽을넘기다자세히보시오

廣告

本塾에서 蚕業果業兩科를 設ᄒᆞ오니 有志諸人은 陰三月六日內로 請願爲要
[illegible]學校內昌東義塾白

本商會와 故閔中樞相鎬氏間에 商業上에 關ᄒᆞ야 相詰ᄒᆞ온바 本月二十五日 該人의 委任辯護士 鎭川 皆川廣濟가 閔中樞와 無關係 帳簿를 押去ᄒᆞ야 [illegible] 因ᄒᆞ야 大昌押行와 韓佛興業社兩社가 各其委托 商品을 還收ᄒᆞ압 [illegible] 不得已 閉店ᄒᆞ는 不幸ᄒᆞ오니 本店에 對ᄒᆞ야 債權이 有ᄒᆞ신 僉位는 計算書를 交付ᄒᆞ시고 [illegible] 本店의 [illegible] 印章이 無ᄒᆞ거든 支拂치마쇼셔

三昌商會 [illegible] 金 [illegible] 徵 [illegible] 告白

[illegible]

總務 [illegible] 告白

學部檢定

最新 初等小學 植物學 動物學
最新 初等 大韓地誌
最新高等 大韓地誌
初等 大韓歷史
國家思想學
憲法要義
國文 大韓十三道遊覽
京城 [illegible] 玉虎書林

大韓仁川 和平堂大藥房 神效靈藥

阿片 [illegible]
[illegible]
麝香消痰丹
滋陽丸
八寶丹
和平堂主 李 [illegible]

各種藥品은 總發行所는 京城南大門側 濟生堂大藥房本舖

胃腸病 (?) [illegible]

◎此 [illegible] 果然今世之 [illegible] 大韓 [illegible] 藥 [illegible] 名產人蔘 [illegible]
[illegible]

◎共愛堂大藥房 製造各種藥品發引表

壯陽復元丹
淸眼水
解瘴至寶丸
五淋通淋丸
神應丹
淸脾丸
養胃散
治痰鎭咳丸
消熱散
淸耳液
妙妙膏
能治膏
大腫拔根膏
寸虫去根藥
止泄丸 痢疾藥 齒痛水 解凝膏

各種上等 [illegible] 藥乾材都賣散賣其他各種藥이 具備ᄒᆞ오니 請求를 依ᄒᆞ야 小包로 隨應ᄒᆞ깃슴

發行所 皇城南部太廣橋十九統七戶 共愛堂大藥房

第七卷

大韓每日申報

第壹千七拾八號

歲時月曜日及慶節休刊

檀君開國四千二百四十二年
箕子元年三千三十一年
大韓開國五百十八年
日本明治四十二年
淸國宣統元年
陰己酉三月小初四日癸丑

發行兼編輯人英國人 裵說
發行所
京城南部石井洞殿外地三層洋屋
大韓每日申報社
Responsible for Publication Alfred Weekley Marnham.

論說

◎西間島의來信

偶然히西間島의消息을得聞ᄒ고悽愴ᄒ筆을擧ᄒ야其槪況을記ᄒ고又數言을付ᄒ노라

西間島의形勢。西間島ᄂ韓國西北邊境鴨綠江北岸淸領地方이니卽平北列邑江界渭原楚山碧潼地와對峙ᄒ高麗島니其全幅이千有餘里니長白山脉이蜿蜒ᄒ야走下ᄒ야星羅棋布ᄒ얏고北邊에ᄂ婆底江이滔々奔流ᄒ고南邊에ᄂ鴨綠江이洋々來繞ᄒ야山河形勢가天然的壯麗의光景이有ᄒ고山의中間과江의左右에ᄂ大野가茫々ᄒ고鬱蒼ᄒ森林은山野를蔽ᄒ며肥沃ᄒ土壤은天府를作ᄒ얏스니材木藥料畜類穀物山蔘養蔘蜂蜜果物이到處産ᄒ니實로結廬耕食홀만ᄒ樂園이로다

西間島의韓人移住 山明水麗ᄒ고土肥泉甘ᄒ西間島ᄂ幾百年前에ᄂ空然히宇宙間에曾閑地를作ᄒ야艸木만蓁々ᄒ고鳥獸만蹌々ᄒ더니幾拾年前에淸人이開拓을始ᄒ야天荒을破ᄒ얏고三拾年前부터韓人이逐々移住ᄒ얏ᄂ데挽近에ᄂ韓人의移住者가愈々增加ᄒ야戶數ᄂ二萬餘오人口ᄂ數拾萬인데其風俗은韓國舊風이仍在ᄒ며其營業은農牧諸種이稍繁ᄒ고淸國人民은韓人과雜居ᄒ야鱗比ᄒ야頗히親密ᄒ狀態를呈ᄒ며淸國官吏ᄂ韓人의勸作을放任ᄒ야陵의仁慈이有ᄒ고近日에ᄂ耶蘇敎와天道敎가稍々對興ᄒ며又第壹可憫ᄒ者ᄂ卽狩獵에從事ᄒᄂ砲手니其技가甚巧ᄒ며其膽가甚猛ᄒ야依然히武士의風이發現ᄒ더라

西間島의韓人狀態 官吏의暴虐을避ᄒ야桃源山水로逃入ᄒ얏더니魔鬼가又隨入ᄒ야數年以來로所謂管理派員爲名者가官吏의名號를藉ᄒ고人民의膏血을浚ᄒ더니近來에ᄂ此弊가漸杜ᄒ야壹島人民이如升ᄒ小天地에自屈自伸ᄒ나嗟彼人民이生活에困ᄒ고學識이淺ᄒ야所知ᄂ但日三時食이오所學은天皇氏木德뿐이라祖國精神이何로從ᄒ야其光을奮ᄒ며同族主義가何로從ᄒ야其聲을振ᄒ리오是以로其耳目이鹵莽ᄒ야新迎의風이漸々ᄒ얏도다

西間島의新曙光 天이西間島同胞의寥々을不許ᄒ사去年秋로부터幾個有志敎育家가遷入ᄒ야數個新學校를創立ᄒ고島中子弟를敎育ᄒ니於是乎前日苦々ᄒ間島에忽然明星의光彩가燦爛ᄒ얏도다

嗚乎라間島同胞여首를回ᄒ야南으로祖國을望ᄒ라羣山列岫가金甌를蔽ᄒ고魑魅魍魎이妖焰을弄ᄒ나니諸公이야모리數千里外에在ᄒ나엇지袖手ᄒ야心을可弛ᄒ리오 彼布哇桑港等地에居留ᄒᄂ同胞ᄂ其滿腔熱血이鼎沸ᄒ고水곳치湧ᄒ며其團體精神이膠의漆곳치固ᄒ야實力準備에汲々又汲々하거늘乃者諸公은獨히他人背後에立ᄒ니此가엇지羞愧치아니ᄒ가

而況此地ᄂ古代高句麗의發祥地이라西馬韓下ᄒ야國史의靈光을揮ᄒ東明王도此地에서肇ᄒ얏스며東征西伐ᄒ야民族의名譽를遺ᄒ漆樂王도此地에서起ᄒ얏나니幾千年後今日에在ᄒ야此地에居留ᄒᄂ韓人同胞가其高山流水를俯仰ᄒ고엇지感歎憤慨치아니ᄒ리오 吾儕ᄂ實로同胞諸公을爲ᄒ야慨憤을振興ᄒᄂ바ㅣ라

然이나近日에敎育家가春風雨露의好手腕으로此地에入ᄒ야敎育二字를唱道ᄒ니從今以로間島人民의愛國思想을奮起ᄒ지며萬世韓國의文明基礎를助成ᄒ지로다 嗚呼라同胞여此間島ᄂ天然形勢가壹大國의自由天地를可作ᄒ地方이니同胞ᄂ勉ᄒ고勵ᄒ지어다

▲隆熙二年拾貳月三日 官報 (續)

部令

入學。何年何月何日에某地官(公私)立某學校某科第何學年에入學홈

轉學。何年何月何日何等事故를因ᄒ야某地官(公私)私立學校某科第何學年에轉學홈

進級。何年何月何日第何學年에進級홈

卒業。何年何月何日某地官(公私)立某學校某科를卒業홈在學中研究ᄒ學科目은左記와如홈

旅行及休業。何年何月何日부터修學ᄒ기爲ᄒ야某地에旅行ᄒ야何月何日에歸着홈

何年何月何日부터何月何日ᄭ지何病으로治療ᄒ기爲하야某地某所에滯留

何年何月何日부터何月何日ᄭ지疾病或何等故를因ᄒ야休學홈

壹 褒賞及卒業證書

褒賞。何年何月何日某學校第何學年修業時에成績優等에依ᄒ야賞狀或何賞品을授受홈

證書。卒業證書（卒業證書無ᄒ時ᄂ修業證書）의謄本은左記와如홈

壹 前項以外緊要事項

何

右ᄂ正確無差홈

年 月 日

住所

姓名 印

學部大臣 閣下 （完）

▲隆熙三年二月拾三日 官報

法律

朕이家屋稅法을裁可ᄒ야玆에頒佈케ᄒ노라

隆熙三年二月八日

御名 御璽

內閣總理大臣 李完用
度支部大臣 任善準
法部大臣 高永喜

法律第貳號

家屋稅法

第壹條 市街地에在ᄒ家屋을所有ᄒ者에ᄂ本法을依ᄒ야家屋稅를課홈

本法을施行ᄒᄂ地域에ᄂ戶稅를課치아니홈

第壹項市街地ᄂ勅令으로써此를指定홈

第二條 本法에在ᄒ야家屋이라稱홈은永久使用의目的으로써營造ᄒ建物을謂홈

第三條 家屋稅ᄂ每一戶에左의等級課稅標準及稅率에依ᄒ야每年에此를賦課홈

（未完）

外報

◎日船장被殺 東京電을據ᄒ則南洋土人이日本船장을殺ᄒ얏다더라

◎露國의戰備 現今露國은秘密히戰爭準備를始ᄒᄂ데其內容은德國의海軍事件을因ᄒ야英德戰爭이必有ᄒ지니此時에露國이英國을助홀意思라ᄂ데其準備ᄂ陸軍準備라더라

◎淸國의敎育 淸國은大學校를建ᄒ고分科大學을置ᄒ얏ᄂ데經學科法制科理科農科文科醫科商科工科라더라

◎土國의靑年 土耳其靑年黨은사로니가에會集ᄒ야第三軍團과共히京城으로進軍ᄒᄂ中이라더라

◎土國과英新聞 今番土耳其政變에英國倫敦諸新聞이論述ᄒ日今番土國政權이何黨에歸ᄒ던지立憲만擁護ᄒ면英國이救援을與ᄒ리라ᄒ얏더라

◎土國의憲法 土耳其皇帝ᄂ憲法이成立케ᄒ얏ᄂ더아즉議會가決議權을有치못ᄒ얏다더라

詞藻

◎死方文 普通學校生

이동디동창나니、어느醫員방문내며。長곡短곡病곡던며、好도리가바이업다。目하에、錢渴症으로、도邊僵屍。

雜報

北京雜信 日本首相桂太郎이統監을敎會ᄒ야下遠間渡韓ᄒ다ᄂ說은已聞이어니와桂太郎이統監을ᄒ任ᄒᄂ디에ᄂ日人官吏中行伍郎悖ᄒ者ᄂ幷除汰ᄒ깃다ᄂ說ᄋ發言ᄒ얏다ᄂ說이有ᄒ더라

儒生決議 韓日兩國聯邦問題에對ᄒ야嶺南三道儒生金甲弼等諸氏가不可ᄒ意見으로儒彌川統監에게長書를提出ᄒ기로決議ᄒ얏다더라

二百萬圓 統監府에서今年度機密費를貳百萬圓으로增加ᄒ얏ᄂ데其中人이韓人偵探客을多數雇用ᄒ야機密費를支給ᄒ깃다自稱ᄒ고ᄆ前에五千圓을支撥以來하야ᄒ얏다ᄂ說이有하다더라

院費半減 度支部에서曾往에孤兒院經費를每朔三十圓式支撥ᄒ더니本年度爲始ᄒ야ᄂ每何曆節인지該經費를減額ᄒ야拾五圓式支撥ᄒ다더라

下愚不移 壹進會에서ᄂ각地方會員에게義捐금을募集ᄒ야三千圓에達ᄒ얏ᄂ데該額을宋秉畯旅費로送交ᄒ터이라더라

刺客是誰 今番觀光團에同行中에宋秉畯을刺殺ᄒ기爲ᄒ야刺客貳名이隨往ᄒ얏다ᄂ說이有ᄒ으로東京警察署에[illegible]實의有無를調査ᄒ얏다더라

韓會行動 大韓協會ᄂ統監에게感謝狀을發送ᄒ計畫이라ᄂ디其目的은伊藤統監을挽留ᄒ며威壓政策을排斥ᄒ다고滿朝報에揭載ᄒ얏더라

韓會秘議 大韓協會에서ᄂ近日에何等秘密事件을提議ᄒ다ᄒ야警視廳에서極力調査ᄒ다더라

黃鐵新聞 慶尙觀察使黃鐵氏ᄂ陛下各郡守와官民에게累萬圓의義捐金을募集ᄒ야續道에新聞社를刱設ᄒ기로現今準備ᄒ기라더라

裁判延期 宮內府大臣閔丙奭氏가慶尙觀察使在任時에龜城郡居ᄒ有聲氏가閔氏의게被奪ᄒ[illegible]有ᄒ던지[illegible]을推尋次로京城地方裁判所에起訴ᄒ얏ᄂ데閔氏가落科ᄒ얏더니該何曆節인지本月初九日에更爲裁判ᄒ기로延期ᄒ얏다더라

茸商起訴 京城地方裁判所仁川居住에서原州商人安在臣江華郡守韓永源兩氏의裁判事件을聞ᄒ즉去丙午陰曆七月에原州安氏의有鹿茸壹對를原州郡에서定價買入ᄒ야進上物品으로觀察道에上送ᄒ얏더니進獻이停封됨으로其時觀察使가該茸을韓氏로ᄒ야금原州郡으로還送ᄒ라ᄒ것을韓氏가不爲下送ᄒ고東西推諉ᄒ기로安氏가不得已起訴ᄒ얏ᄂ디口供과書類가的確明白ᄒ다더라

偵探頭領 日軍司令部에서偵探客의頭領을設置ᄒ다ᄂ說은已報어니와日憲兵隊通譯朴泳基氏로該頭領을差定ᄒ야多數ᄒ偵探客의探報를調査ᄒ야該部에報告케ᄒ얏다더라

差任不公 仁港來人의傳說을據ᄒ즉該府面長의任員人民이會議ᄒ야公薦ᄒ後差任ᄒ은自來慣例인ᄃ今番에該府尹이突然히公選無徵ᄒ面長을勸告辭免ᄒ라ᄒ고崔錫翰으로自意差出ᄒ故로民情이沸鬱ᄒ야府에게聯名假願ᄒ즉警視의所囑이라稱托ᄒᄂ故로警視의게質問ᄒ미警視ᄂ初無相關이라ᄒ고對下之場에府尹이自服ᄒ얏다더라

財政恐慌 近日韓國內財政이去益窘拙ᄒ야金融枯渴이愈甚ᄒ恐慌을所致ᄒ고京城內外에罷産者가多有ᄒ다더라

秘密調査 近日各郡學校事務員이라稱ᄒᄂ者이多數上京ᄒ야漢城內外로周行ᄒ면서補助금을無難請求ᄒᄂ디此에關ᄒ야學部에서警視廳으로通知ᄒ고主務大臣에認許有無를秘密詳探ᄒ라ᄒ얏다더라

盧氏申訴 濟州郡居ᄒᄂ盧啓泰氏가前郡守漢府氏의게葉萬兩을見奪ᄒ事에對하야京城地方裁判所에屢度裁判하여니히裁判所에서反以賄賂律로盧氏를落科ᄒ故로盧氏가不勝抑鬱ᄒ야控訴院에伸訴ᄒ다더라

盈德民運動 慶北盈德郡을家屬賦稅地域으로編入ᄒ되對ᄒ야同郡民等이此를取消ᄒ기爲ᄒ야請願書를提出ᄒ기로目下運動中이라더라

高陽民怨 高陽郡守崔恆錫氏가學校를設立ᄒ다ᄒ고각面각洞에發關ᄒ야每戶에十七錢式星火督捧ᄒᄂ故로民怨이浪藉ᄒ다더라

女生郡行 再昨夜一二時에何許半洋服을着ᄒ自稱女學生壹名이泥醉ᄒ야梨峴地에서彷徨醉唱ᄒ며각種唱歌를嗚呼ᄒᄂ디其行動이甚爲悖慢ᄒ故로히學內巡査가據理責之ᄒ고百般說諭以送ᄒ얏다더라

廣補行悖 黃海道瑞興郡泉部面桑楡洞居ᄒᄂ周玉氏ᄂ無他血肉ᄒ고但有壹女ᄒ야率婿居生이러니婿가商業次로出他ᄒ지數年이라新聞日憲兵補助員申太爾爲名人이去月頃에李氏家에來到ᄒ야該女를捕縛恐喝ᄒ야日前가與吾同居ᄒ야已어니와若不然則憲兵隊로捉去ᄒ다ᄒ며錢幾百兩을勒奪以去ᄒ얏고其他作弊가無雙ᄒ으로民怨이浪藉ᄒ다ᄒ엿라

韓日漁夫衝突 東萊沙下面甘水里海岸에서韓人漁夫二百餘名이日本漁夫拾餘名을包擊ᄒ얏ᄂ데日本漁夫二名은重傷을被ᄒ야幾至死境이오ᄯ히附近韓人들이日人漁夫常吉等을逐出코ᄌᄒ다더라

義將賦詩 龍山警察에被捉ᄒ얏던義兵將리殷瓚氏ᄂ去二拾日에京城地方裁判所로護送ᄒ야監獄署에在囚中인ᄃ龍山署에在ᄒ時에日人署장에게對ᄒ야言ᄒ槪意를聞ᄒ즉[illegible]의擧義ᄂ韓國만爲ᄒ이아니라東洋을爲ᄒ일너니今에宿志를未遂ᄒ고此境에至ᄒ얏슨즉自身의榮辱을爲ᄒ지안커니와只是憂國慨世의感이不撫ᄒ노라ᄒ고因ᄒ야壹詩를作ᄒ엿ᄂ딕曰壹枝李樹作爲船、欲濟蒼生泊海邊、未得寸功身先溺、誰筭東洋樂萬年고ᄒ엿더라

義兵又起 安城郡居前[illegible]其ᄂ義兵을糾起ᄒ야多數軍丁을募集ᄒ고現今鎭川郡境內에留陣ᄒ야糧穀을貯置ᄒ이라ᄒ며라

坊園喜聞 中部[illegible]澄坊民園에서ᄂ管內民戶에게義捐金募集ᄒ額數가四萬圜假量인ᄃ爲先收入ᄒ것이五千餘圜이라ᄒ지라該額으로小學校를設立ᄒ기爲ᄒ야現方協議中이라ᄒ며

然與有光 東來人의傳說을據ᄒ즉原州郡의有志者들이壹會를組成ᄒ야命名曰光與基絶親睦會라趣旨則修約儀義를是侚하야自强의實力을培養ᄒ고維新의軌道를履行ᄒ기로設習勸勉ᄒ後壹體斷髮하얏ᄂ딕不幾日에會員이九拾餘名에達ᄒ얏다더라

學界

養正卒業 私立養正義塾에셔明日下午壹時에第貳回卒業式을設行ᄒ다더라

楊郡破荒 江原道楊口郡은自來幽僻ᄒ山鄕으로習俗이貿貿ᄒ고敎育에全昧ᄒ더니該郡守李克烈시가巡面勸學ᄒ야학校創設ᄒ方針을硏究ᄒᄂᄃ該郡南面々長李喜叙同面居前主事金永翰兩시가敎育上熱心으로學校를設立ᄒ고靑年을募集ᄒ시不幾日에學徒가數十名에達ᄒ미名其학校曰晉成이라ᄒ고敎師를雇聘ᄒ며維持ᄒ方畧을熱心硏商ᄒ야永久發達케ᄒ따더라

協校興旺 咸남端川郡居有志紳士崔秉珍金允衡兩시가敎育振起ᄒ思想으로境內人士와協力同心ᄒ야協成학校를設立ᄒ얏ᄂᄃ六千圜義金을醵集ᄒ야基本을積立ᄒ고諸般設備가完全進就ᄒ미生徒가日增ᄒ야一百餘名에達ᄒ얏다ᄒ고北來人의稱頌이藉々ᄒ더라

整理學院 日本에留學ᄒ던庚석祐시가忠南洪州郡北門外校洞에整理學院을刱設ᄒ고熱心敎授ᄒᄂ說이報에已揭어니와同郡有志紳士朴陽來朴成來毛甚俊田慶壹金尙淑諸시가多數ᄒ金額을捐補ᄒ얏다더라

玉峯開慶 慶南晉州郡玉峯面開慶洞居儒生金默鎬시가數年前부터農民의知識이無ᄒ을慨嘆ᄒ고農民을敎育ᄒ기爲ᄒ야自己家內에夜學校를設立ᄒ고名曰開慶이라敎師ᄂ金俊鎬金永學權得龜諸시를招聘ᄒ야名譽로熱心敎授ᄒᄂᄃ男學徒가三拾四人이오女學徒가二拾人에達ᄒ얏다더라

金陵設校 安城郡金谷居鄕元參李基古全亨培김仁植宋圭憲諸시가金陵義塾을設立ᄒ고靑年子弟募集ᄒ야熱心敎育ᄒ으로各紳士의義捐ᄒᄂ者가多ᄒ야漸次興旺ᄒ다더라

秋伊明新 海州秋伊面明新學校ᄂ該面紳士鄭鳳顯劉景弘許運諸시의發起로設立되여校舍ᄂ鄭鳳顯시家로定ᄒ고敎師를延聘ᄒ야生徒四十餘人을募集敎授ᄒ더니今年二月에鄭시가有何心腸인지生徒等을逐出ᄒ으로許시가自己數間草屋을修理敎授케ᄒ얏스나狹小ᄒ能ᄒ야難以支過ᄒ으로將次新建築ᄒ기로熱心周旋ᄒ다더라

地方消息

▲本月十九日全羅北道古阜郡釜浦東北方約二拾里地에서義兵百餘名이該郡日守備隊와交戰ᄒ얏다ᄒ고

▲本月拾壹日全북淳昌郡東북方約三十里地에서義兵十五名이該郡日守備隊上等兵以下七名과交戰ᄒ얏다ᄒ고

▲本月五日全羅北道古阜郡東북方約貳拾里地에서義兵二十名이ᄒ地日守備隊曹長以下騎兵五名과分遣所日憲兵二名及補助員二名과交戰ᄒ다ᄒ고

▲本月貳拾日全羅南道順天郡雙岩場에서義兵百餘名이該郡日守備隊上等兵以下六名과壹時間을持戰ᄒ야日上等兵壹名이戰死ᄒ고貳名이重傷ᄒ얏다더라

▲外來喜聞▼

▲內地人士ᄂ말ᄒ여도愛國ᄒᄂ熱心志士업ᄂ것은아니로대太厦將崩此時機에壹木으로難支키로常慨嘆ᄒ엿더니在留外國韓人들의그行動을探聞ᄒ즉祖國을對ᄒ思想喜消息이許多ᄒ도다

▲淸領[illegible]島上海에在留ᄒᄂ韓人들은親戚墳墓다바리고孤鳴絶域에生活ᄒ제困難情形이며리ᄇ祖國慘狀을念ᄒ내고學校雜誌각設ᄒ야靑年子弟모러다가智識發達ᄒ더ᄒ니喜消息이이아닌가

▲海參威와布蘭島에寓留ᄒᄂ韓人들은父母國을바리고서外國領地붓쳐살제ᄉ른事情만호련ᄇ亡國恨이撑ᄂ야新報國體組設ᄒ고愛國思想主唱하야民志鼓舞ᄒ다ᄒ니喜消息이이아닌가

▲布哇島와北米洲에在留ᄒᄂ韓人들은愛國丹心抱하고合成共立統壹ᄒ야靈民大會成立ᄒ고機關新聞雜誌를刊出義捐발刊ᄒ야國權回復但知하고自身을忘ᄒ未知ᄒ니喜消息이이아닌가

▲日本國에留生은父母妻子離別ᄒ고萬里他國건너가서百[illegible]集ᄒᄂ것은[illegible]國뿐이로다互相團合目的으로各黨各會聯合ᄒ야工夫ᄒᄂ間暇틈타서학報씨지發刊ᄒ니喜消息이이아닌가

▲海外留學諸君들의斷々目的祖國興復뿐이로다각自樹黨ᄒ지말고壹致事件에殫誠ᄒ야六十處가統壹ᄒ야諸君目的到達이에ᄉ散在諸君들도非不注意ᄒ건마ᄂ吾儕忠告이ᄒ엿세

物貨이 被用品其他家用物品을 一覽作保ᄒᆞᆫ [illegible] ᄒᆞ시면 以小包郵便으로 高品廉價而信々購응ᄒᆞᆯ 것슴 物品如下 鉛筆각色 洋服內衣上下 印札紙각種 日用雜貨俱備 賣만出賣而書籍印刷業을 同事利分ᄒᆞ기로 廣告ᄒᆞ니 速速來議ᄒᆞᆷ 漢城鍾路 慈惠書館 [illegible] 告白

廣告

本商會와 故閔[illegible]가 相續ᄒᆞᆫ 間에 淸算ᄒᆞᆷ에 關ᄒᆞ야 相詰ᄒᆞ옵든바 本月拾五日 [illegible]人의 委任ᄒᆞᆫ 辯護士 崔鎭과 皆川廣濟가 [illegible]과 無關係ᄒᆞᆫ 壹切帳簿를 [illegible]理ᄒᆞ야 勸奪押去ᄒᆞ얏슴으로 因ᄒᆞ야 大昌洋行과 韓佛興業社 兩社가 [illegible]其委托하얏든 商品을 還收ᄒᆞ얏슴으로 不得已閉店ᄒᆞ는 不幸ᄒᆞᆫ 運을 當ᄒᆞ얏슴기 玆에 仰布ᄒᆞ오니 本店에 對ᄒᆞ야 債權이 有ᄒᆞᆫ 僉位는 壹週日內에 計算書를 交付ᄒᆞ시며 又債務가 有ᄒᆞ신 諸公은 本商會의 領收印章이 無ᄒᆞ거든 支拂치마쇼셔

京城鍾路 三昌商會

社員 金聚徵 趙勉淳等 告白

特別廣告

本人等이 測量聯合會를 組織ᄒᆞᆫ 本意는 地方官吏가 誤解ᄒᆞ야 測量者를 或有沮禁之弊故로 度支部에 請願救弊ᄒᆞ며 總管會에서 檢閱證이 無ᄒᆞᆫ 人은 無效로 認ᄒᆞ다고 公函各道郡ᄒᆞ얏스니 對ᄒᆞ야 壹般測量界에 不勝激昂ᄒᆞ야 聯合衆議而不關檢證ᄒᆞ고 自由營業ᄒᆞ오니 壹般技術員은 照亮ᄒᆞᆷ

京城 韓國測量聯合會

總務 任昌宰 崔鎭見

代表者 京畿 盧宗[illegible]

黃海 崔承宇 平南 文錫祜

平北 李鍾宣 慶南 朴鎭晟

慶北 鄭爽朝 忠南 李[illegible]林

忠北 李聚立 全南 金國瑞

全北 金基燦 咸南 [illegible]用宗

咸北 朱聚洙 江原 李奎鎬

本人이 [illegible]市會計股金壹株票를 昨年七月二拾日 [illegible]分에 失ᄒᆞ얏스니 雖某[illegible]得ᄒᆞ야도 休紙施行ᄒᆞᆷ 龍川郡下面眞興洞 崔[illegible]使白

去年春간에 本人의 名譽를 毁謗ᄒᆞ는 虛妄ᄒᆞᆫ 言으로 上海大同保[illegible]의 [illegible]廣告ᄒᆞ얏슨 [illegible]人이 其[illegible]外에 [illegible] 하니 廣[illegible]得覽치 못ᄒᆞᆫ 故로 [illegible] 辨質치 못ᄒᆞ얏더니 今은 如此ᄒᆞᆫ 事緣을 廣告ᄒᆞᆫ 理由가 初無ᄒᆞ기에 玆에 辨明ᄒᆞ오니 壹般知[illegible]는 廣告가 離奸猜疑에 僞造ᄒᆞᆫ 明確ᄒᆞᆫ 줄노 照亮ᄒᆞ시옵

義州人 朴永運 告白

◎夜學員募集廣告

本校에서 左科目으로 學員을 募集ᄒᆞ오 旣廣告어니와 未備ᄒᆞᆫ 事項이 有ᄒᆞ야 更히 上學[illegible]字를 今月三拾日까지 延期ᄒᆞ고 [illegible]員을 募集ᄒᆞ오니 僉員은 來問ᄒᆞᆷ

英語科 壹個年 日語科 甲班 六個月 乙班 壹個年

[illegible]商業은 日語甲班에 合付ᄒᆞᆫ 事

詳細는 本校에 來問ᄒᆞᆷ

隆熙三年 月二拾壹日

梨峴 新興學校 告白

本人의 子 昌珪가 年少沒覺ᄒᆞ고 往來浮[illegible]의 意에 本洞 [illegible]金 某使金道[illegible]名人은 悖類로 有名ᄒᆞᆫ 者라 誘引昌珪ᄒᆞ야 僞造文券ᄒᆞ야 得償코저ᄒᆞ오니 京鄉內外國人은 勿見欺ᄒᆞ시오

忠南 燕岐郡 西面 月亭居 李宜植

本人이 悖子 前副尉 閔夏植 各居 [illegible] 餘年이로 亡身敗産而去益放肆 ᄒᆞ니 莫可回心故로 屢次 新聞而今生 不測意思ᄒᆞ야 無據荒說노 將與其兄 裁判云而本人田畓이 散在 竹山 忠州 鎭川 등지 前에 多率 雜類ᄒᆞ야 [illegible]地ᄒᆞ야 以放賣次鑄[illegible] 田畓을 踏驗云而 [illegible]ᄒᆞ며 [illegible]ᄒᆞ니 內外國人은 間切勿見欺相[illegible]ᄒᆞ시옵

閔召史 告白

理科師生

本書는 著者가 理科思想의 普及과 壹般需要를 爲ᄒᆞ야 普通理科의 槪要 天文地文 植物 動物 鑛物에 關ᄒᆞᆫ 新學理及俗論의 迷惑에 對ᄒᆞᆫ 解說 等을 敎科師의 學生의 問答討論으로 平易ᄒᆞ게 編成ᄒᆞᆫ 者ᄒᆞ니 壹各學校入學及 各種定期試驗을 準備ᄒᆞᆫ 이의 好顧問이오 壹普通理科 敎授의 說明을 準備ᄒᆞ는 이와 又는 自家硏究ᄒᆞ는 者의 良材料요

壹江湖人士의 迷夢을 打起ᄒᆞ고 頑腦를 劈開ᄒᆞ는 鍾鼓오 壹新學問新思想의 眞鏡을 窺入코저ᄒᆞ는 者의 門戶殿階ㅣ라 此新時代의 美想을 抱ᄒᆞ는 諸君은 早速히 此壹書를 購求ᄒᆞ라

發行所 京城鍾路 耶蘇敎書會 [illegible]

文雅堂

發賣所 滙東書館 廣學書館 唯壹書館 中央書館

法法法法法法法法法

本人이 判事의 任을 辭ᄒᆞ고 左記處에 事務所를 更設ᄒᆞ오며 民刑訴事及諸般法律顧問事項을 負擔ᄒᆞ야 迅速精密히 處理ᄒᆞ오니 抱寃未伸 又는 有疑未解ᄒᆞ시는 僉君子는 陸續來議ᄒᆞ심을 望ᄒᆞᆷ

西部 唐皮洞 三統四戶

辯護士 前判事 前檢事 李晃宇

律律律律律律律律律

美國시아틀大博覽會・미국시아틀대박람회

本社에서 美國시아틀大博覽會出品事件으로 廣告ᄒᆞᆷ에 對ᄒᆞ야 僉彦의 多大ᄒᆞᆫ 贊成을 得ᄒᆞ야 株金의 應募와 書札의 往復과 僉彦의 訪問이 [illegible] 浩繁ᄒᆞ야 事務를 處理ᄒᆞ기 暫時라도 遲延之歎이 或[illegible] 有ᄒᆞ야 [illegible] 諒ᄒᆞ시기를 望ᄒᆞ오나 爲計에서 는 壹層 信實히 注意ᄒᆞ야 能力所及에는 怠慢치 아니ᄒᆞᆯ 줄은 [illegible] 確信ᄒᆞ옵

本社之印章 本社之商標

太博覽會出品事件에 對ᄒᆞ야 拾株以下라도 領受ᄒᆞ는 期限이 已過ᄒᆞ얏스오나 遠方에 在ᄒᆞᆫ 僉彦의 各[illegible]에 對ᄒᆞ야 延期ᄒᆞᆷ과 本月拾五日(陰閏二月廿五日)까지 退定ᄒᆞ얏스오니 急速應募ᄒᆞ시옵 本社에 對ᄒᆞ야 公衆의 [illegible] 情이 特ᄒᆞ며 僉彦의 如此히 相愛相信ᄒᆞ신에 對ᄒᆞ야 秋毫라도 孤負ᄒᆞᆷ이 無ᄒᆞᆷ과 自期ᄒᆞ옵기 玆에 公衆에 [illegible] 感激不盡ᄒᆞ[illegible] 謝[illegible]ᄒᆞᄂᆡ다

大韓 皇城 磚洞 (京城郵便局郵函第四拾號) 韓美興業株式會社

(大美國에 리쇼나道 法律認可 駐韓美國總領事館登錄)

本社의 各處代理人의 名은 如左ᄒᆞᆷ

開城代理人	可城南門外 雜貨商店	
平壤代理人	平壤大同門內店洞	
咸興代理人	咸興西門外	
馬山浦代理人	馬山浦 [illegible]主	
元山代理人	元山港	
濟津代理人	濟津港	
水原代理人	水原北部長安洞	
安[illegible]代理人	水原北部長安洞	
沙里院代理人	漢城東部 [illegible]拾里旺新[illegible]校內	
金泉代理人	漢城中部[illegible]貳統三戶	
[illegible]州代理人	漢城西部[illegible]浦三拾二統五戶	
天[illegible]代理人	水原北部長安洞	
群山代理人	群山本井洞	
全州代理人	漢城西部阿峴二百廿二統二戶	位置未定
大邱代理人	大邱新田里五十八統七戶	位置未定
釜山代理人	馬山浦 [illegible]山里拾壹統九戶	位置未定
[illegible]浦代理人	西部龍山坊東幕中契廿七統貳戶	位置未定
麻浦代理人	西部麻浦[illegible]拾七統三戶	位置未定
[illegible]湖院代理人	[illegible]城山[illegible]	位置未定
永同代理人	漢城[illegible]洞貳統壹戶	位置未定
木浦代理人	木浦南[illegible]洞	位置未定
晉州代理人	昌原[illegible]山浦城山	位置未定
金堤代理人	金堤郡[illegible]石面水閣	位置未定
漢江附近代理人	南部漢江十八統二戶	位置未定
義州代理人	[illegible]州枇峴	位置未定
江界代理人	杜[illegible]甘井洞四統五戶	位置未定
東萊代理人	鎭남포龍井동	位置未定
鎭南浦代理人	郭山郡	位置未定
定州代理人	吉州郡	位置未定
城津代理人		

崔[illegible]玉 [illegible]拭 金相杰 李根宅

[illegible] 孫[illegible] 郭元重 吳[illegible]泳 尹[illegible] 李[illegible] 孫升宇 李[illegible] 朴奉燁 [illegible] 金[illegible]

廣告

大韓測量總管學校支部位置를 水原郡內北部安洞趙學鎬家로 定ᄒᆞ고 陰四月二十二日 開校ᄒᆞ니 同業僉員은 照亮ᄒᆞᆷ
京畿支會 告白

○民刑訴訟其他法律에 關ᄒᆞᆫ 事務를 誠實ᄒᆞ며 迅速ᄒᆞ게 處理ᄒᆞᆷ
但鑑定에ᄂᆞᆫ 料金을 不要ᄒᆞᆷ
漢城南部長橋洞拾九統八戶
辯護士 前判事 李珍雨
前檢事 朴勝彬
聯合法律事務所

本所에서 米穀의 買入及賣出을 便利且敏活케 ᄒᆞ고 ᄂᆡ 右買賣를 願ᄒᆞ시ᄂᆞᆫ 僉位ᄂᆞᆫ 左記處所로 來議ᄒᆞ시ᄋᆞᆷ
京城南大門內倉洞精米所內
米商組合社 告白

광고

영광묘장면남동거ᄒᆞᄂᆞᆫ 한수연이가 정월二月二十五日에 출타ᄒᆞ여 소식이 돈절ᄒᆞ더니 정미삼월분에 서울셔 죽엇다ᄂᆞᆫ 편지가 잇셔 셔 ᄉᆞ셩에 부ᄂᆞᆫ 무지ᄒᆞ고 그 ᄋᆞ 돌문쳐가 윤四月二十七日에 판매ᄒᆞ고 그 날 쏫발ᄒᆞ여 재무천차 지러간 ᄯᆞᆺ 나 간후 우금 소식이 무ᄒᆞ여 문쳐의 모친이 조석에 소식을 몰나 ᄌᆞᆨ아 ᄯᆞ라 가 셩병되여 위지ᄉᆞ경인 고로 여셔 광고ᄒᆞ오니 첨군ᄌᆞᄂᆞᆫ 죠량ᄒᆞ신후 즉 ᄯᅩᆼ긔ᄒᆞᆫ시와 너 또 재ᄒᆞᆫ 시몰희망 목포향거 류ᄃᆞᆫ송 방하 ᄋᆞᆫ시옵
한덕중 고백

三和港碑石洞에 大韓測量總督會第二號出張所를 設立ᄒᆞᆯ 왓ᄉᆞ오니 測量ᄒᆞᆯ 실僉員은 來議ᄒᆞ옵 所
三和測量事務所長元容吉 白

學部檢定

初等 植物學 每課有圖 定價金三十錢
初等 動物學 每課有圖
最新 初等小學 定價金四十錢
文明國의 小學讀本制度를 模範ᄒᆞ야 編纂ᄒᆞᆫ 圖...
最新 大韓地誌 定價金九十錢
最新高等 大韓地誌 定價金四拾錢
初等 大韓歷史
國家思想學 精神教育 定價金二十五錢
憲法要義 義務教育 定價金二拾五錢
國文 大韓十三道遊覽 上下卷 定價各四十錢
京城 玉虎書林 鍾路 ... 分賣所

光武九年八月拾壹日 明治卅八年八月拾壹日〔第三種郵便物認可〕 曜日 西曆壹千九百九年四月廿四日 (壹)

第七卷

大韓每日申報

第壹千七拾九號

月曜時及日休慶節刊

檀君開國四千二百四十二年
箕子元年三千三十一年
大韓開國五百十八年
日本明治四十二年
淸國宣統元年
陰己酉三月小初五日甲寅

Responsible for Publication Alfred Weekley Marnham.
發行兼編輯人英國人 萬咸
發行所 京城南部石井洞號外地三層洋屋 大韓每日申報社

寄書

◉團體의意義

정운택

夫團體者는大而有國民團體와社會團體하고小而有鄕村團體와家族團體하니小而合에爲大團體하고大而分에爲小團體하야大小分合에莫不有團體也라韓國이自近年以來로二字에名詞가始爲誕生하야演壇之舌端과報社之筆頭가莫不以此二字로爲警世之大問題하야大聲疾呼하고曲論暢論하야時々耳端에刺人하며日々眼前에呈出하되全國人民이若聾若瞶하야如痴鈍之蒙孩하야徒能誦讀에但紀二字之音畫하고不解硏究에全昧其字之意義하야大小團體를勿論하고其思想精神이豈不發生하야肥瘠을有若越視하며痛癢을漠不相關하야聚沙成山에觸之必崩하고以油入水에渾之必分하나니何以則使此二字로印入於國民心胸耶오

團體二字로爲國民讀하야如塾師之訓蒙하야其意義를反覆辨論하노니團字는謂曰(둥글단)하니團結團合之意를含有하고體字는謂曰(몸톄)하니壹體全體之義가自在한則曰國民團體者는國民이結合全壹한後에야可以爲國이오肉骨이結合全壹한後에可以爲人이니若四肢不完하고五官不備者를可曰謂人乎아人而若是면是曰廢人이오國而若是면是曰廢國이니라

自己의壹身에壹點血을刺出하고一擲肉을割却하면莫不叫苦號痛에斯須難忘이온至於壹國하야는分裂之苦와割剝之痛이鱗生疊至하되淡然漠然하야少不動念하니倫有忍耐之性이知關公刮骨이며剛斷之氣가如壯士解腕乎아此等性質은用於外形이어니와其於剖肚割腸에何哉오壹國團體가盡爲崩壞하면自己壹身에團體가豈能獨全久保乎아

嗚乎라手脚은壹身에壹分子오人民은壹國에壹分子이라豈可手自手하고脚自脚하야不顧捍衛哉아當此悲境하야團體意義를猶不覺悟하면豈可曰國民乎아韓國々民이여團體의思想精神이全沒하며空侗한團體의形殼만僅具하면木雕土捏한會齋偶像과恰如하야折肱斷股에晏然不動하고任自消毁而已로다東西古今에無論何國하고國民이團體則興하고不團體則亡하나니團體者는國民의身體를壹繩捆束하야竝立共處함이아니라其心을結하고其力을全壹케함이니二千萬民의之心之力을結合全壹하면精誠所到에金城을可作이오呼邪聲에泰山을可擧하야國之獨立과民之自由가皆從團體中出來하리니團體發達이或有其期乎아嗚乎國民이여團體의意義를研究할지어다

外報

◉土國革黨의應援 伯林電을據한則土耳其兵은京城을運領中이라稱하엿는되小亞細亞市에서應援하기爲하야六大隊兵員이土國京城을向하야出發하고獨墺駐箚한大使館武官은土耳其靑年黨의委員을應援하엿다더라

◉土國人民의反對 倫敦電을據한則亞細亞土耳其는秩序가回復하엿스나土耳其靑年黨十名이被殺하엿스며니가에서는新政府를承認키拒絶하고人民이協同하야壹大反對를準備한다더라

◉土海軍의暴亂 全電을據한則土耳其海軍은新政府를反對하야示威運動을行하며巡洋艦司令을捕縛하엿는대司令官은私刑에處하엿는데此司令官은聯合準備委員을援助한所以라더라

學苑

◉憲法總論

自由生

憲法設立

憲法設立이豈容易事ㅣ리오마는專制國이憲法을設立하면皇室이愈尊하고國權이益固하건만은君主가此에昧하야民의權利를侵奪하며民이그虐을不堪하야로相激相抗하야君民의權限을定하기爲하야憲法을設立하야歐西各國도當初에는强族이弱族을壓하며大族이小族을陵하야威權을藉하며權利를擅하더니拾七之下半世紀에憲法設立의思想이歐米人民의腦中에漸益膨脹하야汲々實行하얏스나各國이立憲을始成할時에太半이數萬頭人頭를擲하고幾千斛의鮮血을流하야成하엿이니憲法의立이엇지易事라하리오其風潮가日本에漸入하야幾十年專制의日本이居然히立憲國을成하엿지라惟

我韓人民도同心團結하야憲法을成立하면皇室에愈尊하고國權을重恢하리니果然如是할진대泰西의擲頭流血하던事에較論하면엇지幸福이아니리오

◉憲法의三種政體

泰西政理家에셔政體一種의論이잇스니하나흔合衆政體오貳는寡人政體오三은獨裁政體라此三種政體의可히行치못할理由를說明하노라

合衆政체는權이民간에在하니其法이良하다할듯하나國人々히全國人의게委任하야治理케할라하면人々마다그職業을舍하고政務만治理할수도無하며全國의許大한事務를엇지人々히自斷하야치理하며또人衆이壹場의聚하면喧勞의發生함과如하야議論이頗多하야決行키難하도다古時에雅典에셔合衆政체를行하야成效가有하얏스나國境이狹小하야鼓聲이相聞할뜻하미會同함이易하고奴隷가衆多하야主人의生産을代하야처리함으로人々마다廢棄함이無하고閑暇에專力함일너라

寡人政體는權이貴族數人이나或一人의게存하니我國에世道라稱함과如함이라搖壹二人이全國의權柄을掌握하면思想이情欲을因하야動하며自己의利益의先及할故로人民의權限을掠奪하고社會의利權을侵하야自己의利益을만드는지라모刺屈斯頓이항상此政체를稱善하되才智잇는者가生케하다하나才智는腦에만잇고勞役하는者의게도잇는것이니貴族에居無한人이才智가何從而生이리오모屈의言을吾斯之未信이노라

獨裁政躰는施行便利한道가有하나專制過甚한弊가有하니君이仁聖하면國民의有益하고君이不仁하면國民의遺害가多하지라古今來에善人은少하고惡人이多하기로人君도亦然하야聖明之君은罕觀하고過庸君이闇昧한이多하야獨裁政體는治少亂多하니亦不可不改良하리로다

三種政체의壹善이旣無하즉무合政체가可히適合할고지英國의現行政체가獨히取法할만하도다이는代議政체ㅣ니英國이此政체를行하야君民이共治하고海內에雄視하야그成效가著見함이라

大概代議政體는合衆과獨裁의二政體에短을補하고長을取하야裁成함이니君主國에도宜하고民主國에도宜한지라그國民이代議를選하야써國政에參與하니此는民에宜함이오그施行判決하는權은君의게歸하니此는君에宜하고且君의專制하는國의도대議政體를行함은莫大한利가在하도다今日民智가아시舊日民智가아니오天下가舊日天下가아니라民氣를難伸이오民力이反抗하야그國이危하리니巴黎의滿城慘殺과美州의聯邦獨立이다此로由함이라대議政체는人民의氣를伸하며人民의力을緩케하야壓極變生하고激極反抗함에至치아니하고또는그全權이人君의게歸함이니英法의轍이엇지민規가아니리오英法의前轍을可히殷鑑할지어다

雜報

◉李道栒의捉致와顚末

太皇帝陛下의御璽를僞造하며制書를僞造하야排日運動이라稱하고上海에在한閔泳翊과尙健과李允在의게爲하야百萬元을詐取하야大陰謀를做出코져三月九日에上海로赴하라다가南大門驛에셔被捉하야四月七日京城地方裁判所로押送된京城人李道栒는才氣가穎悟하고善言多智한者라曰今에義兵이各處에蜂起하미義士天地에排日空氣가充滿하얏스되此好機를可失치아니하야到底히驅逐하며制策을하겟스되機는不하고空手로難爲라乃此祕密謀를做出한대

閔泳翊에게密書에槪意는慷慨悲忿的文字를用하야韓國政界의形勢가日非함을世痛歎하야日此를當하야猛然而起하야天下志士를糾合하고國威에振起와國權의回復을謀치아니하면國家의前途가危於累卵이니此機를不失하고舉事함이可하되軍需錢에就하야는辛卯壬辰兩年所送紅蔘代金七八拾萬圓을此去李道栒의게出給하라云々

李允在의게密書의槪意는故學容翊이가上海露淸銀行에預置한二拾貳萬元을引出하야排日運動費로充用함이緊急必要하니至急히李道栒의게金數를出給하라云々

尹尙健의게密書槧意도略同하야一樣意味를包含하얏다더라

詞藻

◉왜왓나 普通

왜나왓나왜나왓나、다죽으러왜나왓나。
법모르는너의종자、뉘덕으로살어나리。
영전엣、미리알아예방할것、왜모르나。

雜報

●狷勁觀善 韓國官立學校에서本月三十日에開餞院에서春期聯合運動을擧行ᄒᆞᆫ다ᄂᆞᆫ說은既報ᄒᆞ얏거니와伊時에日氣가和暢ᄒᆞ면 大皇帝陛下ᄭᅴ옵서도 親臨ᄒᆞ실터이오各大臣及韓日가武官도添列ᄒᆞᆯ터이라더라

●閨塾盛況 去十九日에新門外養閨義塾에서第二回卒業式을擧行ᄒᆞ얏ᄂᆞᆫ데 皇后陛下ᄭᅴ옵서卒學生에게錦囊壹介式下賜ᄒᆞ옵서學業을勸奬ᄒᆞ옵시기로壹般任員及學生이萬歲를三呼ᄒᆞ야 天恩의感激ᄒᆞᆷ을謝ᄒᆞ며女史의尹自媛紳士玄은等諸氏가次第로勸勉演說ᄒᆞ고學生이園心歌를齊唱ᄒᆞ며園心社에遊戲ᄒᆞ야盡日도록盛況을呈ᄒᆞ미觀光ᄒᆞᄂᆞᆫ壹般婦人과人士가女子의學問必要ᄒᆞᆷ을莫不感歎ᄒᆞ야幼女의姊妹로入학ᄒᆞ기를請願ᄒᆞᄂᆞᆫ者ㅣ多數ᄒᆞ얏다더라

●長書辭意 判書李容植氏가今番觀光團壹行으로渡去時에장書를製成帶去ᄒᆞ얏다ᄂᆞᆫ說은已揭어니와허장書槪意를聞ᄒᆞᆫ則壹은韓國內徵兵令을實施ᄒᆞ야義兵을剿討鎭壓ᄒᆞᆯ事오貳ᄂᆞᆫ憲兵補助員을壹切廢止ᄒᆞᆯ事오三은東洋拓殖會社를姑爲中止ᄒᆞ야民心을收拾ᄒᆞᆯ事오四ᄂᆞᆫ韓國內壹般日本官吏를除汰ᄒᆞᆯ事오五ᄂᆞᆫ稅納賦課金徵收에關ᄒᆞᆫ事ᄂᆞᆫ壹切韓人이專管處理ᄒᆞᆯ等事이라더라

●傳說難信 日本에渡去ᄒᆞᆫ觀光團壹行이韓日聯邦問題에對ᄒᆞ야可否取決하얏ᄂᆞᆫ대聯邦ᄒᆞᆫᄂᆞᆫ것이兩國交誼의九爲敎留ᄒᆞᆯ깃이라ᄒᆞ고擧皆可字를書ᄒᆞ얏스되前判書李容植氏ᄂᆞᆫ特히否字를書ᄒᆞ얏다ᄂᆞᆫ傳說이喧藉하나準信키難ᄒᆞ다더라

●花亦笑君 再昨日午後壹時頃에總理李完用洪大爲承喜內大朴齊純宮內閔丙奭農々趙重應諸氏가東門外孫哥亭에所在ᄒᆞᆫ越克亭子에壹齊出往ᄒᆞ야賞花宴을開ᄒᆞ고消宕遊遊ᄒᆞ다가下午六時에還爲入城ᄒᆞ얏다더라

●瞻彼地方 內部大臣朴齊純ᄯᅵ가花洞로通路를自己門前ᄭᅡ지毁家修築ᄒᆞ얏다ᄂᆞᆫ說은已報어니와安洞等地ᄭᅡ지道路를壹新修改ᄒᆞ고日昨부터馬車를搭乘ᄒᆞ고來往ᄒᆞᄂᆞᆫ데保護巡査貳人은自轉車를乘ᄒᆞ야朴內大宋秉畯의出入과恰似ᄒᆞ다더라

●閔氏ㅣ宴 前輔國閔泳徽氏가來五月五日頃에自巳私邸에서盛大ᄒᆞᆫ宴會를排設ᄒᆞ고韓日文武高等官及曾禰副統監과各社會紳士를多數請邀ᄒᆞ야特別宴待ᄒᆞᆫ다더라

●醫部辭免 銅峴醫察分署에勤務ᄒᆞᄂᆞᆫ醫師리普榮氏가近日에有何層節이던지辭免請願書를提呈ᄒᆞ얏다더라

●聯邦과人心 近日에聯邦ᄒᆞᆫ다ᄂᆞᆫ說이浪藉ᄒᆞᆷ으로地方人心이尤爲騷擾하다더라

●到處貽害 清國安東縣究東洋行에서雇傭ᄒᆞᆫ日人倉吉利가該洋行에貯置ᄒᆞᆫ金貨數萬圜을窃取携帶ᄒᆞ고不知去處로逃走ᄒᆞ얏다ᄂᆞᆫ說이有ᄒᆞ다더라

●秘探洗跡 目今日本軍司令部에서何等事件이有ᄒᆞᆫ지不知ᄒᆞ거니와前坡州郡守沈還澤氏의蹤跡과行動을秘密偵探ᄒᆞᆫ다더라

●年齡財産調査 韓國閔泳徽氏ᄂᆞᆫ何事件을因ᄒᆞᆷ인지日憲兵司令部에서該氏의年齡職任와財産을壹々히調査ᄒᆞᄂᆞᆫ中이라더라

●偵探爭功 憲兵司令部偵探客金某等五六人이日前에中部마동居ᄒᆞᄂᆞᆫ徐召史家에서酒를買飮ᄒᆞ고偵探의效勞를互相爭功ᄒᆞ다가壹場風波가惹鬧ᄒᆞ얏다더라

●必有此患 近日某處偵探客이漢城內各閭巷에晝夜로多數히周行探知ᄒᆞ야人民의言語와行動을秘密偵察ᄒᆞᆫ다ᄂᆞᆫ데此를因ᄒᆞ야誤爲被捉者가多數ᄒᆞ다더라

●行路尤難 近日漢城內外에賊警이大熾ᄒᆞᆫ故로此를到處取締키爲ᄒᆞ야各巡査派出所에셔每夜拾二時後에通行ᄒᆞᄂᆞᆫ人을這々詷探ᄒᆞᆫ다ᄂᆞᆫ데數日內로各醫察署에被捉ᄒᆞᆫ者가多有ᄒᆞ다더라

●旗手呼冤 關門旗手原額이三拾二名內에拾二名은丙午六月分에減額ᄒᆞ얏고二拾名은戊申年分에永히解散ᄒᆞ얏ᄂᆞᆫ데宮內府에서其追後解散ᄒᆞᆫ二拾名은 恩賜金을支給ᄒᆞ고其前減額ᄒᆞᆫ拾二名은 恩賜金을支撥치아니ᄒᆞᆫ故로壹視之下에不勝抑冤ᄒᆞ야宣春根金默等拾二人이昨日宮內府에呼冤ᄒᆞ얏다더라

●巡査失職 咸鏡北道咸興郡居魏承煥爲名人이西門外盆洞客主楊就赫氏家에留宿ᄒᆞᄂᆞᆫ데魏某가金六圓을主人의게任置ᄒᆞ얏더니主人이出他後에該任置錢을還出ᄒᆞ라ᄒᆞ미其主人內室에서卽時依數還給則魏某가任置錢이八圓이라ᄒᆞ고詰主人의게對ᄒᆞ야辱說이無雙ᄒᆞ며러히家에使喚兒를無數亂打ᄒᆞ거ᄂᆞᆯ히兒가不勝忿冤ᄒᆞ야巡査에게呼訴ᄒᆞᆫ奇巡査가臨若不聞ᄒᆞ니巡査의職任이安在오ᄒᆞ고批評이有ᄒᆞ다더라

●何不措處 三和港商業會議所에셔農商工部에定欵請願書를提呈ᄒᆞᆫ지가于今數朔이已過ᄒᆞ얏스되如何의措處가尙無ᄒᆞᆷ으로該事件의關係를因ᄒᆞ야上京逗留ᄒᆞᄂᆞᆫ人은旅費에困難이殆甚ᄒᆞᆯ뿐더러其他損害도多大ᄒᆞ다더라

●三昌裁判 三昌商會와閔源植氏間에相詰ᄒᆞᄂᆞᆫ事로起訴ᄒᆞᆫ야閔氏邊에ᄂᆞᆫ辯護士崔鎭氏의게委任ᄒᆞ고三昌商會에서ᄂᆞᆫ金正稷氏의게委任하얏ᄂᆞᆫ데日昨에崔鎭氏가該商會에來到ᄒᆞ야壹切帳簿를押去ᄒᆞᆷ으로該商會에셔該事件에對ᄒᆞ야裁判所에起訴ᄒᆞ얏다더라

●義將辭色 義兵將李殷瓚氏가龍山醫察署에被捉ᄒᆞ얏다가京城地方裁判所로越交ᄒᆞ야監獄署에在囚ᄒᆞᆷ은已報ᄒᆞ얏거니와右裁判所에서審問ᄒᆞᆯ時의供辭를漏聞ᄒᆞᆫ즉李氏의言辭가慷慨ᄒᆞ고氣色이凜烈ᄒᆞ야曰余가日人과大小四十餘戰에斬殺日兵이四百七十餘라ᄒᆞ고裁判所官吏及巡査에게對ᄒᆞ야小不畏屈ᄒᆞ고稱爾等ᄒᆞ며又曰我의金額用餘가二百圓이尙在ᄒᆞ니此金消融ᄒᆞᄂᆞᆫ날은卽吾死日이라寧爲餓死언정官食은不食ᄒᆞ깃다ᄒᆞ며壹般罪囚에게도食物을辦買ᄒᆞ야種種犒饋ᄒᆞ얏다ᄂᆞᆫ대言笑神色이自若ᄒᆞ다더라

●義將流刑 再昨日京城地方裁判所에서義兵將金敬萬氏를流三年에宣告하얏다더라

●揮義春戰 黃海道義兵將朴某ᄂᆞᆫ日前에部下五拾餘名을領率ᄒᆞ고春川郡地에來襲ᄒᆞ야해郡에駐在ᄒᆞᆫ日兵과交戰ᄒᆞ얏다더라

●漁夫遭難 咸南咸興郡東溟面居徐昌奎氏外捌名이元山港에서拾五里되ᄂᆞᆫ海中에서採漁ᄒᆞ다가暴風을遭ᄒᆞ야進退無路됨으로三日을漂泊ᄒᆞ다가海蔘威로向ᄒᆞᄂᆞᆫ汽船의救助를賴ᄒᆞ야西湖津에上陸ᄒᆞ얏다더라

●寧邊鐵工 平北寧邊郡有志紳士明以禎申泰朝諸氏가發起ᄒᆞ야鐵工株式會社를設立ᄒᆞ고技手ᄂᆞᆫ美國에多年留學ᄒᆞ야鐵工學科를卒業ᄒᆞᆫ張鳴鎭氏로雇聘ᄒᆞ며現在株金을募集ᄒᆞᄂᆞᆫ대本月拾八日發起會에募集ᄒᆞᆫ株金이壹千三百餘元에達ᄒᆞ얏다더라

●湖南反對 再昨日湖南學會에셔測量總督會를反對ᄒᆞ기爲ᄒᆞ야全羅南北道測量技術員을會同開會ᄒᆞ얏더니當日會員이僅兩道人뿐아니라各道技術員이多數來參ᄒᆞᆫ故로更히拾三道紳士가會同協議ᄒᆞ기로延期閉會ᄒᆞ얏다더라

●慈善演劇 棄兒收養所에서經費가絶乏ᄒᆞ야維持方針이無ᄒᆞᆷ으로詩洞演興社와契約ᄒᆞ고慈善演劇會를昨日부터明日ᄭᅡ지設行ᄒᆞᆫ다더라

●구괴演說 今日下午七時三拾分에鍾路靑年會館에셔演說會를開ᄒᆞ고昨日에到着ᄒᆞᆫ米國紐育萬國基督敎靑年會總務總委辦部宗敎部總務구괴氏를請邀ᄒᆞ야國家發達이란問題로演說ᄒᆞᆫ다더라

學界

●五山維持 定州郡五山學校ᄂᆞᆫ元來該郡鄕校와公共財産으로經費를用ᄒᆞ더니妨害点이多ᄒᆞ야沒數히還送하미該校經費가來出ᄒᆞᆯ지라該郡居李昇薰시ㅣ儒林界에名望이素著ᄒᆞᆫ바며該氏의倡導로平北各郡에設立ᄒᆞᆫ學校가幾十處인대此五山校의情形을慨嘆ᄒᆞ야不得已슴處紳士에게月捐을募集ᄒᆞ야扶持ᄒᆞ게되얏ᄂᆞᆫ데허시의誠力과該地人士의熱心을西來人이稱頌不已ᄒᆞᆫ다더라

●西道人士의熱誠 定州郡五山학校에셔經用이窘絀ᄒᆞ야月捐金을募集ᄒᆞᆫ다ᄒᆞᆷ은別項과如ᄒᆞ거니와平安南北道各郡有志紳士壹百八이實務會를組織ᄒᆞ고月捐金을收合ᄒᆞᄂᆞᆫ데當朔收金定額이三十五圓七十五錢이라더라

地方擾息

▲本月貳十日抱川郡東北方約二十里地에셔義兵十五名이該郡分遣所日憲兵二名及補助員과交戰ᄒᆞ얏다ᄒᆞ고

▲本月拾二日[illegible]城郡東南方約三拾里地에셔義兵八名이該郡分遣所日憲兵三名及補助員四名과交戰ᄒᆞ얏다ᄒᆞ고

▲本月拾四日楊口郡內에셔義兵貳十三名이狼川郡分遣所日憲兵二名及補助員六名과交戰ᄒᆞ얏다ᄒᆞ고

▲本月拾九日高陽郡東北方約四拾里地에셔義兵約貳拾名이該郡分遣所日憲兵貳名及補助員四名과交戰ᄒᆞ얏다ᄒᆞ고

▲本月拾九日平山郡西南方約四拾里地에셔義兵壹百三拾名이該郡分遣所日憲兵二名及補助員四名과交戰ᄒᆞ얏다더라

學筆一問

▲逐日官報를閱覽ᄒᆞᆷ에官職叙任은보게되면無限慨惜ᄒᆞ나지마ᄂᆞᆫ嘗之鑄心ᄒᆞ고만두고其他條件을不지와도漁業礦産森林開拓四件事의勅語部令面圖幅이發呈ᄒᆞ니韓國人을爲ᄒᆞᆷ인가外國人을爲ᄒᆞᆷ인가[illegible]ᄒᆞ도다韓人에게試問ᄒᆞ여보세

▲韓人들아무리보아도漁業權이잇셔나形式으로는잇지마ᄂᆞᆫ外人들노말ᄒᆞᆯ진뎌個人마다網漁ᄒᆞ고官吏들이保護ᄒᆞᆫ다可憐ᄒᆞᆫᄉᆞ韓人들은漁業法이무엇인지全然曚昧ᄒᆞᆫ데다가其魚肉되어官吏侵漁不堪ᄒᆞ건ᄃᆞᆫ무슨景況漁業인가

▲韓人들아무리보아도鑛産權이잇셔나形式으로는잇ᄂᆞᆫ듯ᄒᆞ나外人으로말ᄒᆞᆯ진뎌採掘法에卒業ᄒᆞ고資本들도豊足ᄒᆞ나可憐ᄒᆞᆫᄉᆞ韓人들은曚昧ᄒᆞᆫ려니와生命維持ᄒᆞᆯ수업서金銀銅鐵外넌곳에塡充物이되엿ᄂᆞᆫ데무슨景況鑛産인가

▲韓人들아무리보아도森林權이잇셔나形式으로는잇지마ᄂᆞᆫ外人들노말ᄒᆞᆯ진뎌森林法도有理ᄒᆞ고金融期力도具備ᄒᆞ얏ᄂᆞᆫ데可憐ᄒᆞᆫᄉᆞ韓人들은政府[illegible]ᄒᆞ고認許狀으로잘[illegible]ᄉᆞ韓人들은承認[illegible]敗糞自由도못ᄒᆞᆯ뿐더러草屋잇던것도保存權限업셔ᄭᅥ무슨景況森林인가

▲韓人들아무리보아도開拓權이잇셔나形式으로는잇다ᄒᆞ지마ᄂᆞᆫ外人들노말ᄒᆞᆯ진뎌[illegible]ᄒᆞ고金融期力이有ᄒᆞ야可憐ᄒᆞᆫᄉᆞ韓人들은政府[illegible]賣渡沮沒ᄒᆞᆯ뿐더러[illegible]ᄂᆞᆫ것도他人에게[illegible]景況開拓인가

▲漁業礦産森林開拓四件事로말ᄒᆞᆯ진ᄃᆡ國家成立의[illegible]平斯境[illegible]도ᄃᆡ國權은[illegible]勿論ᄒᆞ고知識部의結果에니滅種之患欲免ᄒᆞ건ᄃᆡ智識精神育ᄒᆞ고소天下萬事모의[illegible]中에困來ᄒᆞ다

…以小包郵便으로高品廉價而信々酬응ᄒᆞᆯ깃슴 物品如下 綿緞각色 洋服內衣上下 印札紙각種 日用雜貨俱備 …

廣告

現今漢城北部齋洞下衆谷二拾三統二戶尹丞旨찬氏宅의留ᄒᆞ시ᄂᆞᆫ桂先生聖哉시ᄂᆞᆫ精與當가法家翹楚이옵기薦褒ᄒᆞ오니內外國僉君子ᄂᆞᆫ來臨請求하시옵

諱號　少堂
別號　西河釣叟
前永平金鋼旭　廣告

本人이高陽金惠善捧債事戊申納ᄒᆞ고가勒捧이라ᄒᆞ고金永基가搆虛捏無ᄒᆞ야區裁判所에刑事로誣訴ᄒᆞ야十四日滯囚되가今爲ᄒᆞ放ᄒᆞ오니司法之明決을感祝萬萬이오나同胞中負債如金永基健訟誣告가法理에萬無이온주本人이雖不似나早讀父書ᄒᆞ고年將弱冠에前程萬里를豈傷爾年之志乎잇가만은凶彼金永基輩가損名譽於靑春ᄒᆞ고驅路人於黑天ᄒᆞ되若非法司之明白이면豈望出獄乎엿가誣訴도有律ᄒᆞ오니伏望同胞兄弟ᄂᆞᆫ當捧當報ᄒᆞ고勿效永基ᄒᆞ야勿爲健訟ᄒᆞ시옵고勿爲自殘同胞하야同濟貞觀之治ᄒᆞ고同進文明之域ᄒᆞ야保國家於泰山을千萬顒祝ᄒᆞ옵니다

西倉洞徐丙悅　告白

◎醫學生募集

來五月一日新學期開始

詳細ᄂᆞᆫ郵便又ᄂᆞᆫ葉書로通奇ᄒᆞ면規則書를卽呈ᄒᆞᆯ깃슴

公立平壤同仁醫院附屬　平壤醫學校

務安港民議所會計

丁峻晋　南宮森　吳乃衡
洪□範　김□炫　각五拾錢
房春有　文致明　각□圓
김止善　宋□성　김仲善
각卅圓　金啓春　金奉珪
김相華　李善直　車貞淳
朴成午　리根培　車成遠
趙基元　채平善　각二拾圓
梁麟植　丁秦鉉　趙祐天
각拾貳圓　庾璟鳳　徐致奎
錢機烈　리圭燦　鄭□朝
曾玉承　安大辰　韓昌淳
리潤源　牌長麟　洪士執
崔臣華　김亨仲　姜致德
安忠基　김永驥　김思見
김鳳洙　朴明亩　각拾圓
리云權　洪莊賢　리祥奎
朴元英　朴□奎　리圭晋
權國憲　鄭汝玉　리順善
각五圓　林若仲　三圓
崔景瑞　李承泰　각二圓

理事朴啓春　告白

務安港民議所設立補助諸氏名錄

姓名
金□遠　玄基奉　각壹百圓
…

測量實習所

本所ᄂᆞᆫ外國에셔專門卒業ᄒᆞᆫ技師와官費로卒業ᄒᆞᆫ技手를團合ᄒᆞ야測量所를設立ᄒᆞ고農商工部認許를承ᄒᆞ야各種測量製圖設計에從事ᄒᆞᆫ지已經三年인바現今全國內山林測量에期限이漸迫ᄒᆞᆷ을是憂ᄒᆞ야各郡에出張所를設置ᄒᆞ고山林及각種測量을隨請施行ᄒᆞ오되請求者의信用을得ᄒᆞ기爲ᄒᆞ야本所에셔各出張員의게所票를携帶케ᄒᆞ오며報酬料ᄂᆞᆫ低廉케ᄒᆞ고壹切法式은極盡精細케ᄒᆞ야合格됨을負擔ᄒᆞ고從事에益益勤勉ᄒᆞ오니測量을要請ᄒᆞᄂᆞᆫ僉君子ᄂᆞᆫ本所나或出張所에來議ᄒᆞ시옵
再　測量技術이不完全者를實習케ᄒᆞ기爲ᄒᆞ야京성西部棗동六拾三統九戶貳層洋屋內에測量實習所를設ᄒᆞ고學員을募集敎授ᄒᆞ오니有志僉彦은本所에來議ᄒᆞ시옵

農商工部官許　大韓測量事務所所長　□□□

理科師生

本書ᄂᆞᆫ諸君의理科思想의普及과一般需要를爲ᄒᆞ야普通理科의槪要天文地文植物動物鑛物에關ᄒᆞᆫ新學理及俗論의迷惑에對ᄒᆞᆫ解說等을敎科師와學生의問答討論으로平易케成ᄒᆞᆫ者ㅣ니

壹各學校入학及各種定期試驗을準備ᄒᆞᄂᆞᆫ者의好顧問이오

壹普通理科敎授의說明을準備又ᄂᆞᆫ自家硏究ᄒᆞᄂᆞᆫ者의良材料요

壹江湖人士의迷夢을打起ᄒᆞ고頑腦를劈開ᄒᆞᄂᆞᆫ鉅斧斤이오

壹新學問新思想의眞髓를窺入코져ᄒᆞᄂᆞᆫ者의門戶殿階ㅣ라此新時代의美想을抱ᄒᆞᆫ諸君은早速히此壹書를來求ᄒᆞ라

發行所　京城鍾路靑年會館上傍　文雅堂

發賣所　滙東書館　廣學書舖　唯壹書館　中央書館

法律　辯護士

本人이判事의任을辭ᄒᆞ고左記處에事務所를更設ᄒᆞ오며民刑商事及諸般法律顧問事項을皆厝迅速精密히處理ᄒᆞ오니抱冤未伸又ᄂᆞᆫ有疑未解ᄒᆞ시ᄂᆞᆫ僉君子ᄂᆞᆫ陸續來臨ᄒᆞ심을望홈

西部唐皮洞三統四戶

前判事　前檢事　辯護士　李冕宇

美國시아틀大博覽會・미국시아틀박람회

請詳覽

●特別廣告

謹告于本社株主僉位

現今에ᄂᆞᆫ本社事務의進行이確實히成功ᄒᆞ야歐美各國으로大韓物品의注文이답至ᄒᆞ야本社의大利益이되겟사오며外國으로셔輸入ᄒᆞᄂᆞᆫ物品도未久에到着ᄒᆞ야本社의振興을立待ᄒᆞᆯ깃슴니다

公衆이應募ᄒᆞᄂᆞᆫ株金의餘額이無幾이온中應募者의답至함에因ᄒᆞ야每株十圓의本社株券을來五月一日로부터每株十貳圓으로作定하얏사오니本社의創設初로부터ᄂᆞᆫ維持하야信義相孚ᄒᆞᆫ我株主諸位에對ᄒᆞ야感謝不盡이오며將來方針에對ᄒᆞ야本社에셔未曾有ᄒᆞᆫ大成公益을企圖ᄒᆞᆷ에心力을殫竭ᄒᆞ야確效가有ᄒᆞᆷ을自期ᄒᆞ옵나이다

本社之印章　本社之商標

AMERICAN KOREAN TRADING COMPANY.

敬告于公衆僉位

本社에셔每株十圓의本社株券을來五月一日로부터每株十二圓으로作定ᄒᆞ얏슴니다

到今ᄒᆞ야ᄂᆞᆫ本社의大成就될것은的確히顯著ᄒᆞ오니有志僉彦이여速速히本社株金에應募ᄒᆞ시옵本社株券의價値의暴騰은預定ᄒᆞᆫ事이오며今年內로每株價値가二十圜까지高登ᄒᆞᆯᄂᆞᆫ지도不知ᄒᆞ옵ᄂᆞ이다

皇城磚洞　韓美興業株式會社

（京城郵便局郵函第四十號）

大美國에리소나道法律認可
駐韓美國領事館登錄

●特別廣告

이쪽을날마다자세히보시오

東部蓮花坊龜洞三十五統拾戶瓦家九間草家二間文券壹張과田券壹張을三月二十一日夜間에漢의게見失ㅎ앗사오기玆以廣告ㅎ오니內外國人間照亮ㅎ시옴

김弘起 告白

○民刑訴訟其他法律에關ㅎ事務를誠實ㅎ며迅速히處理홈 但鑑定에ᄂ料金을不要홈

漢城南部長橋洞拾九統四戶

辯護士 前判事 **李珍雨** 前檢事 **朴勝彬**

聯合法律事務所

本所에서 **米穀의買入及賣出**을便利且敏活케ㅎ오니右買賣를願ㅎ시ᄂ僉位ᄂ左記處所로來議ㅎ시옴

京城南大門內倉洞精米所內

米商組合社 告白

本人의子昌桂가年少沒覺ㅎ고性本浮虛터니不意에本洞居金甚俊金道日兩名人은悖類로有名ㅎ者라誘引昌桂ㅎ야僞造文券ㅎ야得債코ᄌㅎ오니京鄕間內外國人은勿見欺ㅎ시오

忠南燕岐郡西面月亭居李宜稙

土木灌漑排水等水利事業耕地整理山林土地漁場等之測量製圖及設計에委托을酬應홈

京城御成町東側大里門洞

片村工務所

本人이閏二月廿日測量次로下往楊州라가문서미畓地에서本人의墓田抱川茂林里所在牛日耕文記三張과本人이丁未二月分에典執ㅎ楊州柴北面直洞居學徒家에栗園山板文記二張과本人手記典當札을路中遺失故로玆에廣佈ㅎ오니內外國人間拾得ㅎ와도休紙施行홈

下中谷居李弘烈 告白

學部檢定

初等植物學 每課有도 定價金三十錢

初等動物學

最新初等小學 每課有도 定價金四十전

文明國의小學讀本制度를模範ㅎ야精美ㅎ圖를具ㅎ고八卷을四卷으로合製홈 試冊合製定價金五십錢

最新初等大韓地誌 定價金四拾錢

最新高等大韓地誌 定價金七拾錢

文明國地誌制度를模倣ㅎ야漢陽의山水며宮闕圖와拾三道疆界와各港口와開市場과名山大川과郡의勝地의地도를具홈

初等大韓歷史 文明國의歷史制度를從ㅎ야我國의聖帝와明主와賢相과忠臣烈士의影幀을具홈 定價金七十錢

國家思想學 精神教育 定價金二十五錢

憲法要義 義務教育 定價金二拾五錢

國文 **大韓十三道遊覽** 上下卷 定價各四拾錢

우리大韓國十三道에名山大川과都會勝地를子세히記錄ㅎ야僉君子의遊覽ㅎ기를便케ㅎ오며

右教科書를本書林에서發行ㅎ오며此外에各種書籍이具備ㅎ오니學界僉君子ᄂ速速來購ㅎ심을敬望

京城南部銅峴大街第二十五統五戶

玉虎書林

分賣所 京鄕各有名書館 黃海道鳳山郡沙里院明陽書館

阿片斷引丸

注意 阿烟을吸ㅎ야雖日功效니至於日久ㅎ면遂成痼癖ㅎ야敗家亡身者와未免死歿者ㅣ比比有之ㅎ니豈不哀惜ㅎ리오故로本堂에서殫心竭力ㅎ고英國秘方을透得ㅎ야阿片斷引에大效가잇ᄂ丸藥을製造放賣ㅎ오니欲戒阿引者ᄂ契約服用ㅎ시되若無效驗이면藥價를還呈ㅎ깃사오니照亮ㅎ시옴

胎產調經丸

婦人이冷病으로孕胎치못ㅎᄂ데神效藥 定價 壹劑八週分金五圓 中劑ᄂ四週分金三圓

麝香消瘡丹

男女間楊梅毒瘡과疳瘡濕頭瘡의百發百中ㅎᄂ妙藥이오 定價甲金四圓乙金二圓

金治丸

男女痲疹珠癧에會주治ㅎᄂ神奇妙藥이오 壹劑金三圓

滋陽丸

男女間補陰補陽ㅎ고元氣不足과虛勞와精遺이오 定價每拾日分金壹圓八十錢

八寶丹

健胃消滯ㅎ니口味香美ㅎ고心神을爽快케ㅎᄂ靈藥이오 定價금十錢

國內上品金雞納이具備ㅎ오며此外에도東西洋各國名藥과德國藥을陳注文ㅎ시옴

總發行所仁川港外峴 支店京城鍾路英國前

和平堂主 李應晉

各種藥品은總發行所ᄂ京城南大門側濟生堂大藥房本舖

天 無雙 蔘茸大補丸

◎此蔘茸大補丸은大韓名產人蔘鹿茸에西洋有名ㅎ補材를調和ㅎ야我國兄弟의腸胃와性質에適當ㅎ도록多年研究發明ㅎ엿ᄂ니今에先服人의果試果驗ㅎ니諸症皆差ㅎᄂ니果然今世之要藥이라故로主治效能은左開羅布ㅎ오니食兄弟ᄂ同不早圖一試ㅎ오

（主治能効）勿論男婦老幼ㅎ고 先天不足 健忘不眠 腰痛虛弱 心腎俱虛

嘉事多用ㅎ야色傷腰痛 陽萎 悲 遺精多夢 神經衰弱 房事時早漏 不快

手足厥冷 產病後 貧血症 食物不消 胃弱 精有害

壹週日分金壹圓 二週分貳圓八拾전 四週分三圓四拾錢 六週分六圓四十錢 拾週分拾圓

◎共愛堂大藥房製造各種藥品發引表

壯陽復元丹 此丹專治腎虛肺弱 房事色傷 心腎虛弱 遺精夢泄 陽痿不起 病後虛弱 不下飲食 先天不足 腰痛 等症에並妙効가有홈 一週分壹圓 二週分壹圓八拾錢 八週分六圓四拾錢

靈丹 止咳口熱惡臭食慾不振等症에並神効

清眼水 眼科聖藥 壹般眼疾、時行眼疾、風熱眼疾、羞明流淚、眼內紅瘴에撥雲見天之妙 壹瓶금拾錢

解瘧至寶丸 專治瘧疾即氣虛瘧、遠年瘧、時瘧 口二日瘧、難瘧治之을이기도ᄌ야祛根홈 壹包금拾錢

皮膚神効液 特治皮膚와疥癬음、皮疣、諸般痒疹、두두러기、옷올니데ᄂ神効 壹瓶금三십전

通淋丸 五淋專治 急慢淋疾、赤白帶下、膀胱炎症、尿道炎 其他淋毒性諸症에神効홈 壹劑금壹拾錢

神應丹 梅毒妙効 楊梅瘡과壹期二期三期等勿論ㅎ고遺珠瘡과疳瘡等에并効 壹劑金二圓

清脾丸 新發明 專治小兒의般腹痛、面黃、泄、左腦病 大有奇効홈 一匣금五十錢

養胃散 久滯神効 專治積久滯積、呑酸吐瀉、霍亂、腹痛、胃不順等症에奏効如神 壹貼금五錢

治痰鎭咳丸 專治大 咳嗽、喘息、痰結等症에妙 二十日分壹匣금三十錢

消熱散 感冒特効 勿論傷寒感冒、咽喉疼痛、寒熱疼、頭痛、似瘧非瘧等症에有効 壹貼금十錢

清耳丸 耳病神効 專治耳內의鼓膜炎、內外聽道炎、耳의灼熱、耳鳴、膿液流出等症에神効 壹瓶금貳拾錢

妙妙膏 百貼百效 風寒濕氣、腰背肩疼痛、引疼痛、腰膝脚腿痠痛、筋骨疼痛等症에如神 壹貼금五錢

能治膏 發效如神 外科腫氣、小兒胎毒、부스럼、濕瘡에并神効 鐵匣金十五錢

大腫拔根膏 大小腫에妙 價금十錢

解凝膏 멍울삭히ᄂ약 價금十전

寸虫去根藥 價금五十전

齒痛水 충치쑤신ᄃᄂ데 價금七전五厘

止泄丸 滑泄赤泄神効 價금五전

痢疾藥 赤白痢에神効 價금七전

各種上品金雞納、東西洋有名賣藥、洋藥乾材都賣散賣其他各種藥이具備ㅎ오니

請求를依ㅎ야小包로隨應ㅎ겟슴

發行所

皇城西部大廣橋十九統七戶

共愛堂大藥房

光武九年八月拾壹日 明治卅八年八月拾壹日 〔第三種郵便物認可〕 日曜日 西曆壹千九百九年四月廿五日 (二)

第七卷

大韓每日申報

第一千八十號

月歲 曜時 及日 慶休 節刊

檀君開國四千二百四十二年
箕子元年三千三十一年
大韓開國五百十八年
日本明治四十二年
淸國宣統元年
陰己酉三月小初六日乙卯

Responsible for Publication Alfred Weekley Marnham.
發行兼編輯人英國人 萬咸
發行所
京城南部石井洞외外地三層洋館
大韓每日申報社

論說

◎商工業의大戰場

數百年來로商工業의戰場이公然大開ᄒᆞ야商隊工隊가東西에橫行ᄒᆞ고商戰工戰이宇宙를震撼ᄒᆞ야止息이無ᄒᆞ니장壯ᄒᆞ도다此戰場이여

此戰場에立ᄒᆞ야勝利를得ᄒᆞᆯ진면商工的智力을準備ᄒᆞ며商工的勇氣를竭皷ᄒᆞ야拾生九死의風潮를冒ᄒᆞ며知彼知己의機變을隨ᄒᆞ야其戰이愈烈ᄒᆞᆯ수록其進이愈銳ᄒᆞ여야於可ᄒᆞᆯ지니라

數十年前부터此戰爭의風雲이韓半島를亂蔽ᄒᆞ야大韓의商工場이世界의商工場으로變ᄒᆞ거於是乎世界의商工隊가雲霧又對蝟集ᄒᆞ며世界의商工戰이潮水又치驅入ᄒᆞ야東擊西擊에勝負를賭爭ᄒᆞ도다

幾千年鎖國裏에在ᄒᆞ야兒戲의小商工으로自生自樂ᄒᆞ던韓人이忽然此壯麗ᄒᆞᆫ劇烈ᄒᆞᆫ大戰場을當ᄒᆞ며眼花가自眩ᄒᆞ야戰爭은姑舍ᄒᆞ고敢히正視치도못ᄒᆞ야不戰自敗에歸ᄒᆞ얏도다

近日에韓國將來의經濟問題를夢想ᄒᆞᄂᆞᆫ者ㅣ或日韓國은農業國이라只今韓國을爲ᄒᆞ야研究ᄒᆞᆯ問題ᄂᆞᆫ農業을改良發達ᄒᆞᆯ따름이라ᄒᆞ며或은此等議論을助ᄒᆞ야故로農業은天産物을産出ᄒᆞ나니如商工業은人造物을[illegible]貨物과交通이[illegible]産出은有限ᄒᆞ고人造物은[illegible]

와貨物의交通은無限ᄒᆞ나니有限의物로無限의物과競爭코ᄌᆞᄒᆞ면엇지其可ᄒᆞ리오故로商工業이發達치못ᄒᆞ면아모리農業이發達ᄒᆞ야도其國은貧弱을不免ᄒᆞᆯ지니라

向者에何許日本人이揭論ᄒᆞ야日韓人으로ᄒᆞ야금農業만知케ᄒᆞᆷ이可ᄒᆞ고商工業은發達케ᄒᆞᆷ은不可ᄒᆞ니何者오韓人의商工業이發達ᄒᆞ면日本人과競爭이生ᄒᆞ야日本人이利益을獨占치못ᄒᆞᆯ所以라ᄒᆞ고其例를言ᄒᆞᆯ진ᄃᆡ南韓은棉花業에適宜ᄒᆞ나韓人으로紡績業을振興케ᄒᆞᆷ은不可ᄒᆞ니何者오萬一振興ᄒᆞ면日本人의紡績業을妨害ᄒᆞᆯ지며北韓은養蠶業에適宜ᄒᆞ나韓人으로製絲業을振興케ᄒᆞᆷ은不可ᄒᆞ니[illegible]

[illegible]

本社特電

四月廿二日神戶發

●小亞細亞의紛亂 亞爾美尼人과回々敎人間의紛亂에英國宣敎師二人이阿多奈地方(亞細亞土耳其境內)에서被殺ᄒᆞᆫ事件에對ᄒᆞ야英國巡洋艦二隻을派遣ᄒᆞ야極速力으로알넥산드렛타港으로向ᄒᆞ얏다더라

同日發

●英國海軍 英國셀마우쓰伯讓에ᄭᅦ메떼쓰포드海軍大將의私函을讀出ᄒᆞᆷ을因ᄒᆞ야大英全國이運大히激勵되얏ᄂᆞᆫ데該大將이其書中에註明ᄒᆞ기를海軍이戰爭準備를아니ᄒᆞ면危殆ᄒᆞᆫ지라他國의海軍이如何히做去ᄒᆞᄂᆞᆫ實事를知察ᄒᆞᆫ진英國은狼狽ᄒᆞᆫ歸ᄒᆞ리라ᄒᆞ얏다더라

이發達케ᄒᆞ면發運ᄒᆞ고發達치못ᄒᆞ게ᄒᆞ면發達치못ᄒᆞ리오嗚呼韓人이여汲々히商工戰爭의能力을養成ᄒᆞ야商工戰爭의勝利를圖得ᄒᆞᆯ지어다

에借款ᄒᆞ기로作定하얏다더라

●海軍卿의演說 美國海軍卿은보스돈에서演說ᄒᆞ야日美國은太平洋에大西洋과壹般되ᄂᆞᆫ戰鬪艦隊를不備치못ᄒᆞ리라ᄒᆞ얏다더라

●列强派兵 伯林電을據ᄒᆞᆫ則小亞細亞騷亂에對ᄒᆞ야列强은各其軍艦을派遣ᄒᆞ야自國民을保護ᄒᆞᆫ다더라

外報

●土皇과人民 全電을據ᄒᆞᆫ則土耳其皇帝ᄂᆞᆫ세ᄯᅡ미조구寺院에臨ᄒᆞ야群衆歡呼中에서人民과誓約ᄒᆞ야日憲法을保護ᄒᆞ야敢히撤銷치아니ᄒᆞ리라ᄒᆞ얏다더라

●土國騷亂又起 全電을據ᄒᆞᆫ則土京에兵士ᄂᆞᆫ土耳其靑年黨을搜索殺ᄒᆞᆫᄂᆞᆫ데死者가多數ᄒᆞ고亞細亞土耳其에서도[illegible]

[illegible]

寄書

敬告我龍岡同胞 盈鍋[illegible]

惟我龍岡은ᄯᅢ江以南에枕任ᄒᆞ야流時의形勝이有ᄒᆞ니古鮮于諒의所都黃龍國이即此地라前代의偉大ᄒᆞᆫ人物을槪論컨ᄃᆡ儒德冠世ᄒᆞᆫ金慕齋金思齋와武藝絶倫ᄒᆞᆫ金襄毅와學可掌孝烈著異ᄒᆞᆫ김敏昇田佑民과性理精究ᄒᆞᆫ김尙學金勉值諸公의稱號를指不可勝數라

凡吾龍郡人士ᄂᆞᆫ善繼人志ᄒᆞ며克篤前烈ᄒᆞ야國家臣民의責任을恪修ᄒᆞᆷ이可ᄒᆞ거ᄂᆞᆯ挽近以來로腐敗ᄒᆞᆫ惡思想이浹髓充腦ᄒᆞ야擧世文明風潮가日踰月至ᄒᆞ야도依然ᄒᆞᆫ井蛙의眼과風鼠의門戶를不出ᄒᆞ고舊習을[illegible]ᄒᆞ야感論心說虛로山林을[illegible]ᄒᆞᄂᆞᆫ者도有ᄒᆞ고或擁護[illegible]風月을籠絡ᄒᆞ야永先不讓으로癖嫌自居ᄒᆞᄂᆞᆫ者라

一個具眼人이此를論談ᄒᆞ야人格을作成치아니ᄒᆞ면決國家를治平ᄒᆞᆯ計畫도無ᄒᆞ고

拾世紀競爭時代에頡頏前時乎라오歐米人의智能은次第發展ᄒᆞ야各種器械가愈出愈奇ᄒᆞ니昔日에乘ᄒᆞ던바蓬車葉船으로今日陸地에行코ᄌᆞᄒᆞ며瓦片의汽船을追及키不能ᄒᆞ며昔日에使ᄒᆞ던바桑弧호矢로今日戰場에臨코ᄌᆞᄒᆞ면克老朴의大砲를抵敵키不能ᄒᆞᆯ지어假使孔孟이復生ᄒᆞ야今日治平의策을講究ᄒᆞᆯ지라도不可不此等學術을採用ᄒᆞᆯ지라故로易에日窮則變ᄒᆞ고變則通이라ᄒᆞ고又日隨時變易이라ᄒᆞ얏스니此ᄂᆞᆫ聖人의時措之義라

吾郡의最文明ᄒᆞᆫ면[illegible]族으로最野昧ᄒᆞᆫ人類의名稱을得ᄒᆞᆷ은寧不寒心가若覺向執迷不悟면是ᄂᆞᆫ孔孟의祖先의豈大罪人이리라余도龍郡同胞의壹分子로越視秦瘠과如치못ᄒᆞ고割肉의苦痛이有ᄒᆞ기로旅館寒燈에耿耿不寐ᄒᆞ야悌泣疾呼ᄒᆞ노니伏惟吾族은徵言賤으로空想妄論에歸치말고再思三思ᄒᆞ야財産을財産으로出力ᄒᆞ고敎育에擔務ᄒᆞ야人材의家도敎育으로[illegible]ᄒᆞ야吾郡人士ᄂᆞᆫ祖先의志를繼ᄒᆞ며祖先의事를述ᄒᆞ야吾郡으로ᄒᆞ야금文明의焦点이되며特吾郡의慶幸뿐이리오實로大韓全國의榮光이有ᄒᆞᆯ지니同胞여勗哉勗哉어다

詞藻

●못먹어 普通生

못먹어오리, 아ᄎᆞᆷ성선[illegible]
이걸녀, 굼곤가시[illegible]
[illegible]

雜報

●王宮巡覽 昨日午後壹時頃에度支部大臣任善準氏가何等事件을因홈인지 英親王宮에往호야宮闕을巡覽호얏다더라

●撥油救火 總理大臣李完用氏가日前에內大臣朴齊純氏와方問호고地方騷擾鎭壓홀事項을協議호얏는대憲兵과補助員을多數派送호기로內定되얏다더라

●協議可惜 近日總理大臣李完用氏家에各大臣이逐夜會集호야某問題를互相討議호며目今時勢를擧호야秘密協議혼다더라

●因何調査 學部大臣李載崑氏는有何曆節인지憲兵司令部에서該大臣의財産과履歷을秘密調査혼다더라

●不平派亦 日人이발行흔는京城日報社에서主張호야更히第二回觀光團을募集中이라는더니番에는不平派로召集혼다더라

●解散好方 壹進會에서宋秉畯에게電報호되本會는貴下의勢力을依仰維持호며近日에는經費를辦出無期호야任員의俸給을支撥치못호얏스니來頭好個方針을卽速指示호라호얏다더라

●壹進末境 壹進會에서는財政이枯渴호야壹般任員에게貳個月俸給을不爲支撥홈으로會員間不穩혼狀態가種種有之흔다더라

●非罷伊辭 中部警察署李定來氏가鴉片事로罷免되얏다는說은已報어니와更聞혼즉該氏가身病을因호야辭免호얏고罷免됨은아니라더라

●纛島遠足 度支部會計檢査局官吏等同에昨日東門外纛島에前往호야遠足會를設行호얏다더라

●救恤請願 黃海道留川郡加串面閭石村에火災를當혼人民이流離彷徨호는데該郡守의夫人이酒餠으로施濟하얏다는說은已報어니와該郡居李瓚規氏가村人들의게救恤호야如前히居接케호여달나고內部에請願호얏다더라

●灘民侵魚 坡州郡臨灘面面장金元熙시가 恭陵 永陵位畓作人을多數汰去호야渠族에게移作혼故로該郡守와學監를또等이財務監督局에呼冤호되七人等이有罪見汰혼거슬構誣面長을압스면反坐의相當홀律을自甘홀거시오面장이强奪호앗스면面長을黜汰호고不法行爲는嚴懲치아니호면壹面人民이魚肉이되깃다호엿다더라

●紙判又停 日人藤井英亮이가前參判閔宗植氏의게賭償金勒徵事로裁判혼다는說은屢報호얏거니와三昨日該事案에對호야三次裁判을開호얏는대該裁判所에서또推托未決호되證據人이日本에在혼즉該人을招渡호거나무삼證據書類가有혼然後에判決호깃다호고又爲停止호얏다더라

●探問何多 日前에警視廳高等探偵各某시가大韓農會總裁趙회淵시를訪問호고히시의身分履歷과農會에目的事項을壹壹探問以去하얏다더라

●面役得人 水川郡修身面面長與基시는公錢收刷와其他事務에少不懈怠홈으로當地人民이皆贊頌혼다더라

●槐面溺職 괴山郡主事洪承濬氏는鄕廳事務를兼任혼더인데各處로發送호는書札을多日沉滯不轉호는故로人民의抗聲이頗多호며稱冤이喧藉호다더라

●李氏呼訴 中部中谷居李英植氏家會文券을家僧黃顯祿이仁鄕李景云等三人이暗爲典執호고逐爲逃躱혼故로李英植氏가中部警察署에呼訴호얏다더라

●韓日爭鬪 近日以來로海蔘威에居住호는韓國人들이感情이特甚호야日人을反對호며爭詰호는事가種々有之호다더라

●日巡行悖 數日前에北部諫洞居李某家에韓日巡査等이來到호야衛生費를推尋호는대日巡査가不問曲直호고內庭에突入호야房門을開覘호고何樣惹鬧호얏던지리氏의夫人이孕胎혼지七朔인대不勝驚㤼호야因爲落胎호얏다더라

●兩熱手抑冤 度支部財産整理局에서熱手牌李奉大尹德源兩氏의게受價條를勒徵호즉該例로拾分에三分을支給호즉該兩氏가抑鬱히녀겨該金額을不受호얏다더라

●背夫何去 東署孝橋居호는鄭大用시가自己妻權姓女와互相不和혼事件이有호던지再昨日에該女자家內什物을淸數取取호야暗夜逃走혼故로鄭시가何事由를擧호야覓給하야달나고東部警察署에呼訴호얏다더라

●高氏反對 南部詩洞에設施혼大韓測量連合會는測量總管會와目的과無異홈으로日昨에高仁석氏가此를反對호야該會會장梁在翊氏를往見호고卽時破會之意로壹場勸勉호얏다더라

○三淸花柳 漢城典舖總會에서昨日北部三淸동太和宮內에花柳會를設호고任員諸氏가壹切會同호야妓樂으로迭宕宴樂호얏다더라

●是何妖女 南部藤井동等地에居호는何許女人이稱以觀相者호고貴賤吉凶禍福을判斷호다明晋홈으로近日男女老少勿論호고히家門前에畓至혼다더라

●義將悲忿 忠淸北道堤川郡各地로擧義橫行하던義兵將리康年氏의部下秘書將으로從事호던金圭恒시는리시가不幸逝去호後로히義陣이解散혼境에至혼故로不勝悲忿호야義兵將으로出頭호야氣焔이愈々張大하더니金시가何等緊務를帶호고去年拾壹月頃에上京하얏다는說이喧藉홈으로警視廳과日憲兵司令部에서其蹤跡을秘探호다가刑事巡査魚得珍金仁淳等이히시를齋洞等地에서捕捉호야警察署에引致取調호後京城地方裁判所로越交하얏다더라

●永同交戰 數日前에義兵三拾餘名이忠北永同郡北面等地에來到留屯호는中에日兵幾名이侵入호야互相交戰호얏다더라

●盡何賊盜 日昨上午壹點鐘에東部壺洞居호는庭園金監貫시家에何許强盜가突入호야放銃威脅호며如干家産什物을强奪以去호얏다더라

●몰크伯爵渡韓 丁抹國侍從長으로久時被任호얏던몰크伯爵이來六月五日에漢城에到着하야鍾路靑年會를訪問혼다는데該氏가丁抹國靑年會에서活動호던것곳처大韓靑年會로互相連絡홀目的으로來訪홈이라더라

●救世漸進 救世軍副官密救氏와參尉林文相氏가原籍大邱太田石城等地에救世軍支營을設立홀次로去月에出發홈은已報어니와該各地救世軍이拾分興旺호야林文相氏는該각地에巡回派住호고密救副官은昨日에還營호얏다더라

●救世演說 今日夜珠峴救世軍壹營에서正領許嘉와氏와林內二營에서正尉金禹巨氏가救世主耶穌氏의事蹟으로上午拾時半과下午二時半과同七時半에開會演說호고下午二時에壹營ㅏ層에서婦人會를開호고正尉班禹巨氏夫人이演說혼다더라

●塾友開會 養正義塾에서本日彰義門外月桂亭에前往호야塾友會를開혼다더라

●靑年討論 靑年同志會에서今日下午七時에討論會를安洞儆德語學校內昌東義塾에開호고討論호는데傍聽을許혼다더라

學界

●間島合校 西間島에在혼韓人牧民學校의情況은已報어니와該校는本是愛國志士等의熱心創立혼者라遠近에名望이頗有홀뿐더러該附近幾陷里外에在혼廣韓學校도有志諸시의熱心創建혼者이나不幸敎授와經理法等에桃無人혼故로牧民分校를作호고同壹혼規則으로協力進就호기를相議中이라호더니今日大韓國民은團合力이無홈을切歎호는바라吾儕는此兩校에團合維務홈을同聲祝賀호노라

●江原熱心 江原道橫城郡甲川面釜洞里鄭蘭基氏葉鄭寅錫沈能杞四시가勞働學校를設立호고該里勞働者에게至誠勸勉하며壹般經費를自擔호야學徒가三拾餘名에達호야學業程度가日就月將홈으로該郡守의關東支會學校에서躬往贊成호고灯油紙筆을特別捐助호얏다더라

●學生特義 安岳郡居김錫成은早孤無依호야京城孤兒院에入학코자上京호얏는데蓮洞儆新學校生徒諸시가該兒의情形을矜憫호야救護修學케홀目的으로義金收額이數拾圜에至혼지라數月學費를可支홀터인데右年徒中平壤郡居趙昌浩시가該兒의前途를自擔호고平壤自已鄕第로下送하얏다더라

●通明廣通 長湍郡守李興宰시가赴任未幾에教育上에熱心호야該郡內私立通明學校에躬到勸奬호고兩班捐助호야諸任員과學徒들이皆居感激호며村閭에躬行호야四五處에學校를勸設호야人民을開發호고히徒를募集호야蔚興之望이有호다더라

●捐金勉學 麻田郡主事鄭譽漢시는元來文學之士로譽聲夙著호더니現留漢城이라가新門外私立廣成學校에紙貨五圓을捐助호얏다더라

●普昌卒業 江華郡私立普昌中學校에서三學年試驗을經호後卒業式을擧行호얏는데內外國紳士가來臨勸勉호고賞品을優數授與호얏다더라

狗尾三年

▲閭巷物論드러보고內外新聞살펴보면日本人의모든行爲可痛혼일許多호다國與國際交際政策은莫非奸惡이如홈은從權貶論하려니와男女間의個人行爲가明키는姑舍하고野蠻中의第壹이니三年묵은狗尾가貴毛되기極難일세

▲日本人의行爲보소所生親母通姦하야孕胎七朔되엿다니子息나서養育홀제愛夫舍目的인가그젓먹고生長호야報恩코져그러홀가호는놈은何人이며주는년은是誰런고聚麀之樂相對홀제昭昭天日不畏헌가암만히도野蠻일네

▲日本人의爲行보소二三五五作黨호야京鄉各處出沒하며行賊키예奔走호니聰明헛가自稱호며各種教育잇는中에盜賊學校업스려던가순學問못비와서此等卒業호엿던고東洋壹隅孤島中의鼠狗之行저러호니암만히도野蠻일네

▲日本人의行爲보소제집죠처怪常호야盜賊질노일삼따가警察署에發捉되니女子이악홀노것만國民陶鑄工匠인가어미行實이덜데서도敎育은빗온子息完全홀理萬無하다文明制度誇張하나社會行爲種種하니암만히도野蠻일네

▲日本人의行爲보소福禱等을등에지고兩便다니벌죽々々그中에다男子보면淫키를懇請호는少年女子曾淫홈은敎育업다호려니와彼輩들은왜그런고賣淫으로有名키는世界上에第壹이라이런말이어데잇나암만히도野蠻일네

▲日本人의行爲보소他人商標僞造호야제가發明홈대호고他人物品빼드더니他人賣藥貽害호니競爭이라호는것은於千萬不硏究호야智力制勝홈이어놉奸狡心腸못바리고欺人으로爲主호야道德心은毫無호니암만히도野蠻일네

社告

本支社를 左기 西部에 設置ᄒᆞ고 玆에 仰佈ᄒᆞ오니 각郡附近地에셔 本報를 愛讀ᄒᆞ실 僉君子는 左開四氏에게 請求ᄒᆞ심을 務望

清津港新岩洞　張元浩
雲山北面檜洞　王冕鎬
沙里院活民勞動救火會 敬宰
甑山郡內利用里　崔諗爽

大韓每日申報社

廣告

本人이 龜浦 徐宇洪 許推次 金貨 壹千參百圓手標를 南大門停車場에셔 見失ᄒᆞ얏기 廣告ᄒᆞ오니 原票勿施ᄒᆞᆷ

裵任駿　告白

在京ᄒᆞ신 拾三道 測量員은 陰三月 六日 上午拾二時에 南部冷井동八統五戶로 壹齊來臨ᄒᆞ심을 敬要

拾三道測量協議所　告白

◎農事組合趣旨

我國由來의 生活經濟는 卽農事業務가 其大部位를 占ᄒᆞ나니 今日現狀에 就ᄒᆞ야 論ᄒᆞ면 此에 改良이 最히 急先ᄒᆞᆫ 務라 謂ᄒᆞ야도 過言이 아니라ᄒᆞ노니 何謂哉아 地產物의 收益과 未墾地의 利用과 水道灌漑와 農作器用과 農事金融에 許多必要ᄒᆞᆫ 事를 講究經營ᄒᆞ야 十分程度에 增進ᄒᆞᆷ을 圖ᄒᆞᆫ 然後에야 其安固ᄒᆞᆫ 利益을 可히 期獲ᄒᆞᆯ지니 吾儕가 同志의 聯合을 求ᄒᆞ야 壹農事組合을 組織ᄒᆞᆷ은 其意在斯乎ᄂᆞᆫ뎌

隆熙三年四月　日

發起人　金允植　金宗漢
金嘉鎭　李道宰
金裕成　趙鍾緖
閔泳宋　吳正根
李普應　吳麟善
李春世　安晚洙

隆熙三年陰三月壹日 西署樂善坊 日館洞契 四拾三統八戶 草八間家券을 路中에셔 失故로 玆以廣告

金千汝　告白

本人이 四月廿日에 姓名圖章을 見失ᄒᆞ얏기로 玆以廣告ᄒᆞ오니 知舊內外國人은 勿欺ᄒᆞ심을 爲要

仁川港金谷里 朴明順　告白

中部入寺洞十統貳戶 順成號典當舖 從今休業ᄒᆞ옵기 玆以廣告ᄒᆞ오니 典執 僉員은 限二朔內 速速故去ᄒᆞᆷ

順成號典舖主 趙爾吉　告白

正三品 前茂山府使 趙公聲九氏가 以宿患으로 本月初八日(陰閏貳月拾八日)에 別世ᄒᆞ엿ᄉᆞ오니 知舊 僉尊照亮ᄒᆞ시옵

護喪　朴春壹

本人이 昨年九月三日에 西署五宮洞 二拾九統二戶 瓦拾壹間草壹間半 文券所有主 文學成許의 只以口頭契約으로 借金貳百八十元에 典執이옵다가 昨夜逸賊에 失이옵기 廣告ᄒᆞ오니 誰某던지 切勿見欺ᄒᆞ심을 爲望

김鍾元　告白

現今 漢城北部 齋洞下東谷 二拾三統二戶 尹丞旨 천氏宅의 留ᄒᆞ시는 桂先生 聖敎시는 書與藥가 法家翹楚이옵기 廣佈ᄒᆞ오니 內外國 僉君子는 來臨請求ᄒᆞ시옵

齋號　少堂
別號　西河釣叟
前永平金顯旭　廣告

◎醫學生募集
來五月一日 新學期 開始

詳細는 郵便又는 葉書로 通奇ᄒᆞ면 規則書를 郵呈ᄒᆞᆯ 지숌

公立平壤同仁醫院
附屬 平壤醫學校

理科師生

本書는 著者가 理科思想의 普及과 啓蒙講習을 爲ᄒᆞ야 普通理科의 槪要 天文地文 植物動物 鑛物에 關ᄒᆞᆫ 新學理及俗論의 迷惑을 對ᄒᆞ야 解說 等을 敎科師와 學生의 問答討論으로 平易히 成ᄒᆞᆫ 者ㅣ니 壹各學校入學及 各種 定期試驗을 準備ᄒᆞ는 者의 好顧問이오 壹普通理科敎授의 說明을 準備ᄒᆞ고 又는 自家研究ᄒᆞ는 者의 良材料요

壹江湖人士의 迷夢을 打起ᄒᆞ고 頑腦를 劈開ᄒᆞ는 鍾皷斧斤이오

壹新學問 新思想의 眞鏡을 窺入코저 ᄒᆞ는 者의 門戶階段이라 此新時代의 美想을 抱ᄒᆞᆫ 諸君은 早速히 此壹書를 來求ᄒᆞᆯ지어다

發行所 京城鍾路靑年會館上傍　文雅堂
發賣所　滙東書館　匯東書館
唯一書館　中央書館

辯護士 李冕宇

本人이 判事의 任을 辭ᄒᆞ고 左記處에 事務所를 更設ᄒᆞ오며 民刑訴訟及諸般法律顧問事項을 營爲ᄒᆞ와 迅速精密히 處理ᄒᆞ오니 抱冤未伸 又는 有疑未解ᄒᆞ시ᄂᆞᆫ 僉君子는 陸續來議ᄒᆞ심을 望ᄒᆞᆷ

西部皇華坊三統四戶
辯護士 李冕宇

美國시아듵大博覽會 · 미국시아듵대박람회

本社之商標

本社之印章

請垂詳覽

● 特別廣告

本社株券의 每株價値가 十圓式은 今日로 부터 五日 동안 이오 五月一日 부터 十二圓式이 외다

大韓皇城磚洞
(京城郵便局郵函第四十號)
韓美興業株式會社　謹啓

● 特別廣告

이쪽을 날마다 자세히 보시오

物貨와 校用品 其他家用物品을 一新具備ᄒᆞ고 [illegible]ᄒᆞ시면 以小包郵便으로 高品廉價而信々酬應ᄒᆞᆯ 지숌　物品如下　鉛筆各色　洋服內衣上下　印札紙各種　日用雜貨俱備　[illegible]器械附屬品　此소 私設로 莫過於산라 [illegible]ᄒᆞᆫ 出資而書籍印刷業을 同事 [illegible]

告

京城蓮花坊壺洞三拾五統拾戶瓦家九間草家三間文券壹張과 甲券壹張을陽三月二拾壹日夜間에於漢城에셔見失ᄒᆞ얏ᄉᆞ기玆以廣告ᄒᆞ오니內外國人간照亮ᄒᆞ시옴

金弘韶 告白

本人이咸陽金嘉善條債事로戊申秋에金永甚가搆捏誣告ᄒᆞ야平理院裁判所에刑事로起訴ᄒᆞ야十四日滯因ᄒᆞ야가今爲放ᄒᆞ오니司法之明決을感祝萬萬이오나同胞中負債如金永甚輩가誣訟誣告가法網에罹無이온즉本人이雖不似나早讀父書ᄒᆞ고年將弱冠에前程萬里를豈傷靑年之志乎잇가만은凶彼金永甚輩가損名譽於靑春ᄒᆞ고驅人於黑獄ᄒᆞ니若非法司之明이면豈免黑獄乎잇가誣訴도有律ᄒᆞ오니伏願同胞兄弟는當捧當債ᄒᆞ야勿效永甚ᄒᆞ야勿爲健訟ᄒᆞ지옵고勿爲自殘同胞ᄒᆞ야同濟與觀之治ᄒᆞ고同躋文明之域ᄒᆞ야保國家於泰山을千萬顒祝ᄒᆞ옵나니다

西倉洞徐內悅 告白

本所에셔米穀의買入及賣出을便利ᄒᆞ게ᄒᆞ오니右買賣를願ᄒᆞ시는僉位는左記處所로來議ᄒᆞ시옴

京城南大門內倉洞精米所內

米商組合社 告白

○民刑訴訟其他法律에關ᄒᆞᆫ事務를誠實ᄒᆞ며迅速ᄒᆞ게處理ᄒᆞᆷ 但鑑定에ᄂᆞᆫ料金을不要ᄒᆞᆷ

漢城南部장橋洞拾九統四戶

辯護士 前判事 李珍雨 前檢事 朴勝彬

聯合法律事務所

學部檢定 修課有도 初等 植物學 定價金三十錢

初等 動物學

每課有도 最新 初等小學 定價金四十전

文明國의小學讀本制度를模範ᄒᆞ야精美ᄒᆞᆫ圖本을具ᄒᆞ고八卷을四卷으로合製ᄒᆞᆷ 貳冊合製定價金五십錢

最新初等 大韓地誌 定價金四拾錢

最新高等 大韓地誌 定價金七拾錢

文明國地誌制度를模倣ᄒᆞ야漢陽과山水며官關圖와拾三道地圖와各港口와都市場과名山大川과都會勝地의要로를具ᄒᆞᆷ

初等 大韓歷史 定價金七十錢

文明國의歷史制度를從ᄒᆞ야我國의 學帝 聖王과 賢眞과 忠臣烈士의影幀을具ᄒᆞᆷ

國家思想學 精神 敎育 定價金二十五錢

憲法要義 義務 敎育 定價金二拾五錢

國文 大韓十三道遊覽 上下卷 定價金四拾錢

우리大韓國沿三道에名山大川과都會勝地를구경코ᄌᆞᄒᆞ는僉君子는速々購覽ᄒᆞ소셔

右教科書는本書林에셔發行ᄒᆞ오며此外에各種書籍이具備ᄒᆞ오니學界僉君子는速速來購ᄒᆞ심을爲望

發賣所 京城南部銅峴大四街第三十五統五戶 玉虎書林

黃海道鳳山郡沙里院朝陽書館 分賣所 京鄉各有名書舖

阿片新丸

陳痰正氣丸

全治丸

滋陽丸

八寶丹

和平堂主 李應善

◎共愛堂大藥房製造各種藥品發引表

壯陽復元丹

淸眼水

解毒至寶丸

皮膚療效液

淸肺丸

養胃散

治痰鎭咳丸

淸耳液

消熱散

妙妙膏

能治膏

大腫拔根膏

寸虫去根藥

痢疾藥

齒痛水

止泄丸

各種上等쇠藥料、東西洋有名賣藥과各種藥乾材都賣散賣其他各種藥이具備ᄒᆞ오니請求ᄒᆞ심을依ᄒᆞ야小包로隨應ᄒᆞ깃ᄉᆞᆸ

發行所 皇城南部大廣橋十九統七戶 共愛堂大藥房

各種藥品을總發行所는京城南大門側濟生堂大藥房本舖

淸心保命丹

◎至急히注意ᄒᆞᆯ事件

本堂에셔製造發賣ᄒᆞᄂᆞᆫ(淸心保命丹)은內外國僉君子의愛顧ᄒᆞ심으로十分發達이온中近日何藥房에셔但(保命丹)三字만써行賣ᄒᆞ오니京鄉閭買用ᄒᆞ시ᄂᆞᆫ兄弟姉妹ᄂᆞᆫ勿爲見欺ᄒᆞ심을敬要

本堂製藥은(淸心保命丹)이라五字가分明ᄒᆞᆫ데彼賣藥에ᄂᆞᆫ(淸心)二字ᄂᆞᆫ無ᄒᆞ고(保命丹)이라三字만쓴거슨丁寧本堂製造品이아니오니特別注意ᄒᆞ시옵

漢城南部濟生堂大藥房
淸心保命丹本舖告白

漢城鍾路彩票局藥房에서官許拜受ᄒᆞᆫ二十三種封藥과當藥材와草材를大發賣ᄒᆞ고且石版印刷機械

光武九年八月拾壹日 明治卅八年八月拾壹日〔第三種郵便物認可〕 火曜日 西曆壹千九百九年四月廿七日 (壹)

第七卷

大韓每日申報

第壹千八拾壹號

月曜及慶節
歲時日休刊

檀君開國四千二百四十二年
箕子元年三千三十一年
大韓開國五百十八年
日本明治四十二年
淸國宣統元年
陰己酉三月小初八日丁巳

Responsible for Publication Alfred Weekley Marnham.
發行兼編輯人英國人 萬咸
發行所
京城南部石井洞殿外港三層洋屋
大韓每日申報社

論說

◎韓人官吏에게 一告홈

悲夫라 同胞思想이 無ᄒᆞᆫ 輩여 鳥雀도 其同胞를 知ᄒᆞ며 豚犬도 其同胞를 知ᄒᆞ며 蜂蟻도 其同胞를 知ᄒᆞ거날 彼ᄂᆞᆫ 同胞를 不知ᄒᆞ니 彼ᄂᆞᆫ 卽禽獸不若昆虫不若ᄒᆞᆫ 物이라 彼果何物고

大抵國家가 無事ᄒᆞ야 同胞가 相樂ᄒᆞ며 康衢烟月에 擊壤의 歌를 奏ᄒᆞᆯ 時에도 其同胞의 團體가 鞏固ᄒᆞ며 其同胞의 精神이 輝煌ᄒᆞ여야 於是乎 他族의 蹂躪을 防ᄒᆞ고 自家의 安樂을 得ᄒᆞᆯ지어날 況國家가 危亡에 臨ᄒᆞᆫ 時인가

只今 韓國에 政治經濟實業等壹切勢力이 外人의 手中物을 作ᄒᆞ얏ᄉᆞᆫ즉 此ᄂᆞᆫ 贅論ᄒᆞᆯ바ㅣ 無ᄒᆞ나 講壹政治界로 論ᄒᆞᆯ진ᄃᆡ 目下外人官吏의 數가 韓人官吏보다 二三倍以上에 達ᄒᆞᆯ뿐아니라 韓人官吏ᄂᆞᆫ 擧皆無力無用ᄒᆞᆫ 地位에 立ᄒᆞ얏고 又同等地位에 立ᄒᆞ얏슬지라도 擧皆土偶의 身勢를 作ᄒᆞᆫ지라 今日에 在ᄒᆞ야 韓人官吏된 者가 倍倍奮勵ᄒᆞ야 韓民을 保護ᄒᆞᆯ지라도 오히려 不足ᄒᆞ거늘 況同胞思想은 萬分의 壹도 無ᄒᆞ고 地位鞏固로 第壹政策을 作ᄒᆞ며 侵漁掠奪로 第壹職業을 作ᄒᆞᄂᆞᆫ 者ㅣ오 又此를 아니ᄒᆞ면 反히 外人의 氣焰을 藉ᄒᆞ야 同胞의 膏血을 唆ᄒᆞᄂᆞᆫ 者도 有ᄒᆞ도다

嗚呼라 現今所謂韓人官吏가 本乎此輩라 哀彼韓民이 엇지 其生命을 保ᄒᆞ리오

只今韓人은 失母의 兒와 如ᄒᆞ며 覆巢의 卵과 如ᄒᆞ야 人民官吏貴賤貧富를 勿論ᄒᆞ고 同舟의 溺을 遭ᄒᆞ얏거ᄂᆞᆯ 彼와 無異ᄒᆞ니 如此ᄒᆞᆫ 時에 彼ᄂᆞᆫ 人情이 無ᄒᆞᆫ 者인가 嗚呼라 此輩여

彼仇讐도 危險을 遭ᄒᆞ면 援助를 擧ᄒᆞ거날 況同胞인가 嗚呼라 此輩여

此輩도 韓人이라 韓人이 滅亡ᄒᆞ면 自己도 亦滅亡ᄒᆞᆯ지어늘 此輩가 乃如彼ᄒᆞ니 此輩ᄂᆞᆫ 韓人이 아닌가 嗚呼라 此輩여

或曰 韓人官吏ᄂᆞᆫ 本來才能도 無ᄒᆞ고 又勢力도 無ᄒᆞ니 아모리 韓民을 保護코ᄌᆞ ᄒᆞ나 엇지 바得ᄒᆞ리오 ᄒᆞ나 此가 雖然ᄒᆞ나 오才能이 無ᄒᆞ고 勢力이 無ᄒᆞᆫ 故로 益益奮勵ᄒᆞ여야 可ᄒᆞᆯ지니라

此皆何故오 卽同胞思想이 無ᄒᆞᆫ 所以라 自今以後로 同胞思想을 鼓發ᄒᆞ야 壹分이라도 同胞保護ᄒᆞ기 注意ᄒᆞ면 庶幾ᄒᆞᆯ지로다

且韓國人民은 自來壓制下에 生長ᄒᆞ야 官吏를 天神又치 知ᄒᆞ며 官衙를 天堂又치 知ᄒᆞᄂᆞᆫ 隨習이 尙存ᄒᆞ나니 若官吏된 者가 人民을 導ᄒᆞ야 文明의 區域으로 趨向케ᄒᆞ면 其步武의 前進이 敏速을 可見ᄒᆞᆯ지니라

吾儕ᄂᆞᆫ 韓國民의 公僕된 韓人官吏를 爲ᄒᆞ야 恒常祈禱ᄒᆞ노라

▲隆熙 [illegible]

部令 (續)

法律第二號

家屋稅法

等級 課稅標準及稅率

壹等 三十間以上 甲種金八圜 乙種金五圜

二等 十 間以上 甲種金二圜 乙種金壹圜卅錢

三等 四 間以上 甲種金八拾錢 乙種金五拾錢

四等 四 間未滿 甲種金四拾錢 乙種金三拾錢

甲種이라ᄒᆞᆷ은 石造●煉瓦造●或ᄂᆞᆫ蓋瓦葺의 家屋을 謂ᄒᆞ고 乙種이라ᄒᆞᆷ은 甲種에 屬지아니ᄒᆞᆫ 家屋을 謂ᄒᆞᆷ

層上의 間數ᄂᆞᆫ 二間을 一間으로 計算ᄒᆞᆷ

間으로써 計算키 難ᄒᆞᆫ 構造에 家屋은 方六尺을 壹間으로 計算ᄒᆞᆷ

壹間未滿의 端數ᄂᆞᆫ 此를 舍去ᄒᆞᆷ

第四條 左揭ᄒᆞᆫ 家屋에ᄂᆞᆫ 家屋稅를 課치아니ᄒᆞᆷ

壹 帝室所有家屋

貳 官有家屋

三 道●郡●面●村●里●洞●其他公共團體에서 公用又ᄂᆞᆫ 公共의 用에 供ᄒᆞᄂᆞᆫ 家屋 但有料貸家ᄂᆞᆫ 此限에 在치아니ᄒᆞᆷ (未完)

外報

●青年黨優勢 伯林電을 據ᄒᆞᆫ則 青年土耳其黨은 非常ᄒᆞᆫ 優勢가 有ᄒᆞ야 스데후아노를 進ᄒᆞᄂᆞᆫᄃᆡ 議黨에셔 擧帶의 陰謀本部及陸軍省將校에 對ᄒᆞ야 憤怒를 發ᄒᆞ고 英法艦隊ᄂᆞᆫ 아다나附近 메루시나港에 來泊ᄒᆞ얏스며 其軍隊ᄂᆞᆫ 尙且進軍ᄒᆞᄂᆞᆫᄃᆡ 該軍隊ᄂᆞᆫ 布告ᄒᆞ야 曰 土京에 在ᄒᆞᆫ 外人의 生命財産을 保證ᄒᆞ다ᄒᆞ얏다더라

●進步會氣勢 倫敦電을 據ᄒᆞᆫ즉 土耳其聯合進步會司令官은 土京各國使館에 告ᄒᆞ되 外人을 保護ᄒᆞ리라ᄒᆞ얏고 聯合進步會軍隊九千名이 砲兵七中隊와 共히 차달자 地方에 行過ᄒᆞ얏ᄂᆞᆫᄃᆡ 該軍隊ᄂᆞᆫ 皆完全ᄒᆞᆫ 武備가 有ᄒᆞ고 又訓鍊이 素有ᄒᆞᆫᄃᆡ 土京十八哩相距되ᄂᆞᆫ 地方에 到着ᄒᆞ얏고 他地方各砲兵隊ᄂᆞᆫ 壹齊히 土京을 向ᄒᆞ야 進入ᄒᆞᆫ다더라

●露國派軍 全電을 據ᄒᆞᆫ즉 波斯아스도랏밧도 地方에서 虐殺을 當ᄒᆞᆫ 者가 二千名이라ᄂᆞᆫᄃᆡ 露國이 同地에 軍隊를 派遣ᄒᆞᆫ다더라

●土皇讓位 全電을 據ᄒᆞᆫ즉 土耳其皇帝ᄂᆞᆫ 讓位를 決定ᄒᆞ고 英國大使館으로 避入ᄒᆞ얏다ᄂᆞᆫ 風說이 有ᄒᆞᆫ 故로 人心의 洶洶이 非常ᄒᆞ고 青年土耳其黨에 屬ᄒᆞᆫ 軍隊三萬七千名은 하뎀코이를 進發ᄒᆞ얏ᄂᆞᆫᄃᆡ 廿日夜間에ᄂᆞᆫ 土都를 包圍ᄒᆞᆯ터이라ᄒᆞ더라

●土勃協約調印 全電을 據ᄒᆞᆫ즉 土耳其와 勃牙利의 協約은 土都에셔 調印되얏다더라

雜報

●其然未然 平海郡主事徐徹奎氏의 郡守運動費와 學校夜學費及新聞價排斂事ᄂᆞᆫ 前報에 已揭ᄒᆞ얏거니와 更聞ᄒᆞᆫ즉 徐氏의 所爲ᄂᆞᆫ 아니라ᄒᆞ니 其確實을 詳探更報ᄒᆞᆯ것노라

詞藻

●今出 白頭翁

白頭山石窟에셔、 五拾餘年隱身터니。
이너장劍써노ᄂᆞᆫ데、 청아어이 누엇스리。
年光七拾이나、 ᄒᆞᆫ번나와、 [illegible]가。

雜報

●君家窘艱　永宥君李奎鎔氏ᄂᆞᆫ近日에使用이窘艱ᄒᆞᆷ을因ᄒᆞ야數名眷率을接濟키難ᄒᆞᆷ으로北今海郡에在ᄒᆞᆫ蘆田及其他庄土를何許日人에게典執ᄒᆞ고二萬圜을債用ᄒᆞ얏ᄂᆞᆫ데現今周旋中이라더라

●宴會競爭　東洋拓殖會社副摠裁閔泳綺氏가再昨日에該社任員과總理以下各大臣을三淸洞太和宮內로請邀ᄒᆞ야盛宴을開設ᄒᆞ얏다더라

●妙蓮午餐　今日正午에總理大臣李完用氏가東大門外妙蓮庵에出往ᄒᆞ야午餐會를盛設ᄒᆞ고內閣書記官張燾昌珠氏以下壹般官吏를請邀宴待ᄒᆞᆫ다더라

●方針是何　農商工部大臣趙重應氏가去土曜日下午에商業會議所에前往ᄒᆞ야商業界에財政流通ᄒᆞᆯ方針을會場에說明ᄒᆞ얏다더라

●開園築亭　內大朴齊純氏가自己의宅後果園을開拓ᄒᆞ고山亭을新建築ᄒᆞ기로巨額을準備ᄒᆞ야現今就役ᄒᆞ얏다더라

●引繼着手　東洋拓殖會社에서交涉ᄒᆞ던驛屯土引繼件은協議를經ᄒᆞᆫ故로不日內에實地引繼에着手ᄒᆞᆫ다더라

●辯護試驗廢止　法部에서前法試驗規則을頒布ᄒᆞᆫ後에辯護士試驗은壹切廢止ᄒᆞ얏다더라

●醫師盡職　淸州郡醫察醫部安鍾烈氏ᄂᆞᆫ已往에中部醫部로在任時에各新聞에攻擊을當ᄒᆞᆫ後로恪勤職務ᄒᆞᆯᄲᅮᆫ더러巡査區域의東ᄒᆞᄂᆞᆫ人民을安堵케ᄒᆞᄂᆞᆫ故로稱頌의說이有ᄒᆞ더라

●反對의反對　總督을反對ᄒᆞᆫ目的으로國民協同會에서大韓測量聯合會를設立ᄒᆞ미該會에入籍者들이及其親會之時에條明本務ᄒᆞᄂᆞᆫ者도會議會員이오命장樂在翼氏도當選會員이라壹般技術員들이反對ᄒᆞ야日昨會에入參ᄒᆞ고會員을受ᄒᆞ며각方에下去ᄒᆞ야衆人의指目을受ᄒᆞ리라ᄒᆞ고一齊히退出ᄒᆞ야ᄂᆞᆫ韓測量事務所로入參ᄒᆞ얏다더라

●秘苑縱覽　近日秘苑에春色이爛熳ᄒᆞ야頗히賞色을供ᄒᆞᆷ으로再日午后壹時로부터五時ᄭᆞ지韓日文武高等官領事團及각國維代表者의觀覽을許ᄒᆞᆫ다더라

●心膓可痛　再昨日上午에中部廟洞居ᄒᆞᄂᆞᆫ韓南奎氏家에一進會員二十餘名이會集ᄒᆞ야何事件을協議ᄒᆞ얏ᄂᆞᆫ되追聞ᄒᆞᆫ則現今宋秉畯이가財政이窘拙ᄒᆞ야困難이莫甚ᄒᆞᆫ故로一般會員이極力鳩財ᄒᆞ야費用에補助ᄒᆞᆯ次로金永祐氏가爲先三千五百圜을擔當辦出ᄒᆞ기로決定ᄒᆞ얏ᄂᆞᆫ디韓氏等三人이該金額을携帶ᄒᆞ고日本에渡去ᄒᆞᆫ다더라

●行動調査　近日各警察署에서高等探偵刑事를緊密히大韓協會에派送ᄒᆞ야各般事項과諸般會員에協議行動을秘密探探ᄒᆞᄂᆞᆫ中이라더라

●調査何多　日前에偵探客某氏가學務局장尹致旿氏를該部로往訪ᄒᆞ고今番組織ᄒᆞᆫ感舊會의設立年月日及目的과壹般會員의數와職氏에財産年齡履歷을這々探査以去ᄒᆞ얏다더라

●移民日增　全羅南道光州郡에ᄂᆞᆫ日人의移住ᄒᆞᆷ이逐日閱月에益々激增ᄒᆞ야現在男女數가八百餘名에達ᄒᆞ얏ᄂᆞᆫ대其多數ᄂᆞᆫ商業에從事ᄒᆞᆫ다더라

●種痘施術　昨日上午拾壹時에東部醫察署에서該管內人民을新興學校內로這々招集ᄒᆞ야一齊種痘를施ᄒᆞ얏다더라

●巡査酗酒　日昨에巡山巡査二名이貞陵齋室에入來ᄒᆞ야陵官을對ᄒᆞ야酗酒悖說이無雙ᄒᆞ며適其時히官의族親이自鄕來到ᄒᆞ얏ᄂᆞᆫ되巡査가義兵이라執責ᄒᆞ고無數詰難ᄒᆞ얏다더라

●毁塔取寶　陜川郡海印寺ᄂᆞᆫ千餘年된古刹인ᄃᆡ同郡權氏兄弟及魯某가該寺의五重塔을破毁ᄒᆞ고塔中에古金銀을取去ᄒᆞᆫ지라該寺僧侶이其金銀을覓還ᄒᆞ얏고該塔을破壞ᄒᆞᆫ者ᄂᆞᆫ大邱警察署로押送ᄒᆞ얏다더라

●甚於閔　安州郡李召史가閔泳徽氏의河田庄見奪ᄒᆞᆷ을果度裁判ᄒᆞᆷ은世所共知어니와其後紹介者되얏던裵化俊氏를李召史가證人으로招出ᄒᆞ얏더니今月二拾日裁判時에閔氏가對質ᄒᆞ기를紹介된事가本無ᄒᆞ다ᄒᆞ고其主人朴仁섭시家에歸ᄒᆞ야其友文錫祐氏與某々人을對ᄒᆞ야言ᄒᆞ되田庄見奪事ᄂᆞᆫ確實히知ᄒᆞ나輔國閔泳徽氏ᄂᆞᆫ切親ᄒᆞ기가父子間又고李召史子金泰華ᄂᆞᆫ前者에不好ᄒᆞᆫ事가有ᄒᆞ기로今番裁判場에本無干涉이라ᄒᆞ엿노라ᄒᆞ얏다ᄂᆞᆫ대허氏의好狡ᄒᆞᆷ은閔氏보다尤甚ᄒᆞᆫ者이라고ᄒᆞ더라

●面長行悖　安岳郡順豐面面長金基섭氏ᄂᆞᆫ該面居金昌有崔貞林兩氏와有何憾情이던지亂棒毆打에以致危境ᄒᆞᆫ지라該懸崖村民이如斯不法之事ᄂᆞᆫ設或責敎者이事當然이어니와身爲面장ᄒᆞ야行悖如是ᄒᆞ니面長之任을卽爲除汰ᄒᆞ라고該面內人小人民이會同ᄒᆞ야該郡々廳과財務署에呈訴ᄒᆞ얏다더라

●日人打巡　再昨日下午八時頃에何許日人壹名이西小門內附近路邊에서放溺ᄒᆞ거ᄂᆞᆯ當場派出所韓人巡査가其路邊에放溺ᄒᆞᆷ을禁止ᄒᆞ되該日人이突然히該巡査를亂打叱辱ᄒᆞ다가軍刀를閃揮ᄒᆞ야危險ᄒᆞᆫ境에至ᄒᆞᆫ지라該巡査中壹名이艱辛得脫ᄒᆞ야呼角을乱吹ᄒᆞ미該日人이因卽逃走ᄒᆞ얏다더라

●偵探作梗　近日에憲兵司令部偵探客들이該部의勢力을依賴ᄒᆞ고各處에橫行ᄒᆞ며人民을誣陷ᄒᆞ야作梗이殆甚ᄒᆞ다고稱冤ᄒᆞᄂᆞᆫ者가多有ᄒᆞ다더라

●測量種木　安岳郡內北山은國有地로邑中人民에柴木最緊處ᄋᆡ라邑中大小人民이會同協議ᄒᆞ고植木次로昨冬에南北山을測量ᄒᆞ야部分林條例로써農商工部에請願ᄒᆞ고今春에邑中人民數千名이各三十株式植木ᄒᆞ얏다더라

●黃山測量　前郡守黃演秀黃瑩秀諸氏가該宗山을測量키爲ᄒᆞ야宗約所를設立ᄒᆞ얏다더라

●豪富入參　米國豪富漫遊團一行七名이日本으로부터貳拾五日夜에到着ᄒᆞ야貳拾六日京城各所를觀光ᄒᆞ고二拾七日에大連으로向ᄒᆞᆫ다더라

●行路阻絶　木浦來信을據ᄒᆞᆫ즉全羅南道각郡에ᄂᆞᆫ義兵가去益熾盛ᄒᆞ야行路의阻絶ᄒᆞᆫ處가多ᄒᆞ다더라

●三湖戰塵　義兵將김士星氏가前에部下百餘名을領率ᄒᆞ고忠州郡장湖院等地로過去ᄒᆞᄂᆞᆫ되日兵數名이突出ᄒᆞ야互相交戰ᄒᆞ얏다ᄂᆞᆫ傳說이有ᄒᆞ더라

●吳氏被殺　鐵山郡居ᄒᆞᄂᆞᆫ吳碧澤氏ᄂᆞᆫ富饒ᄒᆞᆫ資産으로合學校에優數히捐助ᄒᆞ야名譽가籍ᄒᆞ더니日前에賊漢數拾名이銃劍을携帶ᄒᆞ고突入ᄒᆞ야吳氏를刺殺ᄒᆞ얏다더라

●賣淫被捉　中部承洞居ᄒᆞᄂᆞᆫ金召史ᄂᆞᆫ賣淫女를居留媒ᄒᆞᆯᄲᅮᆫ더러自己도種々行淫ᄒᆞ다가事跡이現露되야三昨日에所管警察署에捉囚審査ᄒᆞᆫ다더라

●智德開演　西部宗橋智德會에서今日下午七時에臨時演說會를開ᄒᆞ고傍聽을許ᄒᆞᆫ다더라

●大塚演說　今日下午七時三拾分에鍾路靑年會館에서日本東京萬國基督敎靑年會總務大塚素가人間最大希望이란問題로演說ᄒᆞᆫ다더라

學界

●警部熱心　蔚珍郡警部李寓喜시ᄂᆞᆫ本郡鳳鳴學校事務員으로名譽著ᄒᆞᆯᄲᅮᆫ더러壹自赴任以後로公事에恪勤ᄒᆞ고敎育에熱心ᄒᆞ야郡校體操課를自擔敎授ᄒᆞᆷ으로官民이莫不稱道ᄒᆞᆫ다더라

●儆惺進就　海州郡茄佐面翠野市私立儆惺學校ᄂᆞᆫ校舍建築에役費가浩大ᄒᆞ야債務가多數ᄒᆞᆷ으로善後의策이無ᄒᆞ야廢校ᄒᆞᆯ嘆이有ᄒᆞ더니去月에校장以下任員과贊成員鄭斗燮以外諸시가會同協議ᄒᆞ고該奎華金昌坤郭應律鄭斗燮諸시ᄂᆞᆫ校內經費를負擔ᄒᆞ고金可三學淳數永淑諸시가多數義捐ᄒᆞ야債欵을了勘ᄒᆞ미該校進就의希望은人皆讚賀ᄒᆞᆫ다더라

●東彰運動　東彰학校長權輔相시가數日前에壹般學徒八拾餘名을領率ᄒᆞ고東大門外永道寺에出往ᄒᆞ야春期運動會를開ᄒᆞ고諸般競走를ᄒᆞ얏ᄂᆞᆫ대該校長權輔相시가優數ᄒᆞᆫ賞品을給與ᄒᆞ얏다더라

●隆熙閉校　隆熙法律학校에서財政이窘拙ᄒᆞ야不得已廢校ᄒᆞ얏ᄂᆞᆫ대該학生들이各其自意로專門學校에請願入학ᄒᆞ얏다더라

●琉明擴張　仁川郡新峴面等地에居ᄒᆞᄂᆞᆫ正三品鄭炯澤시가敎育上에熱心注意ᄒᆞ야其弟禹澤시와協議ᄒᆞ고自己家에進明義塾을設立ᄒᆞ고多數ᄒᆞᆫ經費를辦出ᄒᆞ야各種敎科書를買置ᄒᆞ고熱心敎授ᄒᆞᆫ다ᄂᆞᆫ대近日鄭禹澤시가該塾內에勞働夜學科를又爲附設ᄒᆞ고極力看過ᄒᆞ미學員이三拾餘人에達ᄒᆞ야大有進就之望이라더라

●德新日新　忠淸北道淸州郡西面德村德新學校ᄂᆞᆫ有志人士의困難中設立ᄒᆞᆫ者인故로恆常窘拙ᄒᆞᆷ을因ᄒᆞ야程度가未完ᄒᆞ야發展키難ᄒᆞ더니敎師吳完泳시가敎授ᄒᆞᆷ以來로諸般方法이精勵ᄒᆞᆯᄲᅮᆫ더러熱誠所到에學徒父兄ᄭᆞ지漸々開悟ᄒᆞᆷ으로來頭效果를可期라더라

地方消息

▲本月二十壹日慶北順興郡東北方約貳拾里地에서義兵百餘名이安東郡分遣所下士三名及上等兵三名과補助員二拾名과交戰ᄒᆞ엿ᄂᆞᆫ데日上等兵一名이被殺ᄒᆞ얏다ᄒᆞ고

▲本月二十日全羅南道靈光郡內에서義兵四十餘名이該郡分遣所를襲ᄒᆞ야憲兵壹名과補助員五名과交戰ᄒᆞ얏다더라

下愚不移

▲他人毁謗ᄒᆞ랴ᄒᆞ고勞心焦思血誠으로勸善懲惡ᄒᆞ얏더니國同胞爲ᄒᆞ인가내몸을爲ᄒᆞ야[illegible]인가不得已智者[illegible]ᄒᆞ고[illegible]義務[illegible]愈往愈甚ᄒᆞᆫ니가下愚不移可歎일세

▲知覺업ᄂᆞᆫ大官들은제아모리無心ᄒᆞ나耳目들이업섯ᄂᆞᆫ지國家形便危急ᄒᆞ고人民情況塗炭인대國家人民不顧ᄒᆞ고무ᄉᆞᆫ興味엇섯관ᄃᆡ春風花柳돌니가며迭宕宴樂ᄒᆞᆫ을ᄯᅥᄂᆞ니下愚不移이아닌가

▲知覺업ᄂᆞᆫ一進會ᄂᆞᆫ제아모리暗昧ᄒᆞ나心腸들이엇지ᄒᆞ야年來로欺ᄒᆞ엿것만翻然回惑못ᄒᆞ고저ᄅᆡ逆不道宋秉畯을무ᄉᆞᆫ餘望잇다ᄒᆞ고泰山又치怙特ᄒᆞ야萬端으로哀乞ᄒᆞ니下愚不移이아닌가

▲知覺업ᄂᆞᆫ대한協會제아모리卑劣ᄒᆞ나精神을못차리고무ᄉᆞᆫ功으로食ᄒᆞ내며무ᄉᆞᆫ運動ᄒᆞ노라고外面으로보게되면排日이라標榜ᄒᆞ나그內容을살펴보면怪異疑霧充塞ᄒᆞ니下愚不移이아닌가

▲知覺업ᄂᆞᆫ觀光團은제아모리愚痴ᄒᆞ나心腸들은야속ᄒᆞᆫ지祖國情形엇더ᄒᆞ고남의나라擧動보ᄂᆞᆫ悲淚慷慨ᄒᆞᆫ던마ᄂᆞᆫ到處마다歡迎會에群羊又치몰녀가며揚揚自得ᄒᆞ다ᄒᆞ니下愚不移이아닌가

▲知覺업ᄂᆞᆫ少年들은제아모리孝誠ᄒᆞ나思想들이업서길너奴隸境에陷落ᄒᆞ야貴ᄒᆞᆫ저바리고挾倡帶妓歌舞ᄒᆞ며訪花隨柳沿漫ᄒᆞ며許多ᄒᆞᆫ錢財浪費ᄒᆞ야蕩敗子의佩號ᄒᆞ니下愚不移이아닌가

▲下愚不移諸君들아牛馬又흔動物들도受人指導ᄒᆞᆯ이언뎡左右하여듯고蚯蚓又흔微虫들도발피면搖動커든諸君들은엇지되야忠告反對ᄒᆞ고[illegible]

…ᄒ시면以小包郵便으로商品廉價而徑々酬응ᄒ깃슴 物品如下
錦緞각色 洋服內衣上下 印札紙각種 日用雜貨俱備
費만出資而書籍印刷業을同事利分키로廣告ᄒ오니速速來議ᄒ시ᄋ 漢城鍾路…

社告

本支社를左기姓名으로移轉ᄒ오니 兹에仰佈ᄒ오니僉君子는 本報를愛讀ᄒ실 左開四氏에게請求ᄒ심을務望

清津港新岩洞 張元浩
雲山北面橋洞 王冕僖
沙里院活民勞動救火會任敬宰
甑山郡內利用里 崔診爽

大韓每日申報社

本人이陰三月壹日鎭南浦港冠洞金治市家에서留宿타가太極紋陽圖章을失ᄒ얏ᄉᆞᄋᆞ니此圖章을照亮後勿行ᄒ심을伏望 金永根 告白

本所에셔測量事務를擴張ᄒ고諸般測량을請求人의게測製需應ᄒ오니 僉彥은來議ᄒ오 但貧寒同胞의게ᄂᆞᆫ無料로ᄒ
平北熙川郡光熙測量事務所白
所長 李榮勳
總務 韓明俊

廣告

農商工部官許大韓測量事務所平北二拾壹郡聯合支所長會賓承시로還任ᄒ고位置ᄂᆞᆫ宣川郡에定ᄒ얏ᄉᆞ오니道內 僉員은來議ᄒ심을伏望
代辦總務 李鍾登 告白

平北寧邊郡泰平面館上龍東兩里有志紳士某々諸시가學校를設立ᄒᆫ趣旨ᄂᆞᆫ當此時代에人才를培養ᄒ야內爲作室之棟樑ᄒ며外爲築墻之楨幹이最爲々國之機關故로各其義捐ᄒ니數三日內에鳩聚資本이萬有餘金에達ᄒ얏ᄉᆞ니各任員諸시와金額을左開ᄒᆷ

校장 金洛과
副校長 金昌온
校監 金奉圭
學監 宋洛寅
監督 宋錫琰
事務 尚華 崔俊吉
贊成 金允炳 鄭承禧
孫泳實 宋某욱
書記 朴昌浩
金선과 김錫禧 각五拾圓
金奉圭 四十圓 金禧과
卅五圓 朴泳회 崔俊吉
김奉植 各廿五圓 宋錫琰
林興堯 각廿圓
館上里合金五百九拾五圓
館東里合金壹百廿圓
泰上學校 告白

官許大韓測量事務出張所 定位置于忠清南北道燕岐淸州之界烏致院
諸般測量迅速需應
僉君子 照亮至要
本所員 崔演鎬 朴寅碩 李元永 趙東直 朴昌圭 告白

本校今番卒業에優等生이崔成轍리東元金洛基等拾貳人이오及第生이金顯성溫寧珍等貳拾六人이기로玆에廣布ᄒᆷ
今溝溪
私立新明測量學校 告白

本人이今月貳拾四日에龍山居金仁植處에貳萬三千五百兩과貳萬兩於音兩張과金仁範處三萬兩於音을並ᄒ야失ᄒ얏ᄉᆞ오니誰某拾得ᄒ와도休紙施行ᄒᆷ
阿峴 梁命煥 告白

本人이去陰二月晦於路에圓形木造牛篆名章을路上에서失ᄒ얏고現用은篆新章이오니 僉位照亮
本人 閔圭 白

土木灌漑排水等水利事業耕地整理山林土地漁場等之測量製圖及設計를委托ᄒ심을顒願ᄒᆷ
京城御成町東側大里門洞
片村工務所

理科師生

本書ᄂᆞᆫ著者가理科思想의普及과一般需要를應ᄒ야普通理科의概要天文地文植物動物鑛物에關ᄒᆫ新學理及俗論의迷惑에對ᄒᆫ解說等을教科師와學生의問答討論으로平易編成ᄒᆫ著ㅣ니
壹各學校入학及各種定期試驗을準備ᄒᄂᆞᆫ者의好顧問이요
壹普通理科教授의說明을準備ᄒ又ᄂᆞᆫ自家研究ᄒᄂᆞᆫ者의良材料요
壹江湖人士의迷夢을打起ᄒ고頑腦를劈開ᄒᄂᆞᆫ鍾鼓斧斤이오
壹新學問新思想의眞鏡을窺入코저ᄒᄂᆞᆫ者의門戶殿階ㅣ라
此新時代의美想을抱ᄒᄂᆞᆫ諸君은早速히此壹書를來求ᄒ라
發行所 京城鐘路靑年會館上傍 文雅堂
發賣所 滙東書館 廣學書舖 匯東書館 中央書館

法法法法法法法
本人이判事의任을辭ᄒ고左記處에事務所를更設ᄒ오며民刑商事及諸般法律顧問事項을豐富迅速精密히處理ᄒ오니
抱冤未伸又ᄂᆞᆫ有疑未解ᄒ시ᄂᆞᆫ僉君子ᄂᆞᆫ陸續來議ᄒ심을望ᄒᆷ
西部書度洞三統四戶
前判事 辯護士 李晃宇
律律律律律律律

美國시아틀大博覽會　시아틀대박람회

請垂詳覽

●特別廣告

本社株券의每株價値가十圓式이ᄋᆞᆫ今日로부터三日동안뿐이오 五月一日부터十二圓式이외다

本社之印章

AMERICAN KOREAN TRADING COMPANY.
韓美興業株式會社

本社之商標

大韓皇城磚洞
(京城郵便局郵函第四十號)
韓美興業株式會社 謹啓

●特別廣告

이쪽을날마다자세히보시오

◎特別廣告

現今測量에技術程度가不完全하야公私信用을不得할지라本會에서此로矯整할目的으로會則을製定하야技術家와依賴人의信用을兌케할趣旨를屢回廣佈하얏스오나一般瀰諒키시는바어니와今에國民協同測量組合所에서京城韓測量聯合會를發起하야會장은得聯合副會長은發起시되圖會長은盧乘稱시로任昌宰시로推薦하고本會를排虛反對하야人民의疑惑을滋起하니該會의目的이不完全한技術者의醫藥을爲함인지依賴人의公益을爲함인지其內容은揣度키難하나時急測務에障碍가됨은再論할바아니어니와本會의目的은此를因하야本會도汚損될理가無하니同業諸氏와全國同胞는照亮하시옴

大韓測量總管會　告白

本所에서米穀의買入及賣出을便利且敏活케하오니右買賣를願하시는僉位는左記處所로來議하시옴

城內大廣橋內倉洞精米所內

米商組合社　告白

○民刑訴訟其他法律에關한事務를誠實히迅速하게處理함

鑑定에는料金을不要함

漢城南部長橋洞拾九統四戶

辯護士　前判事 李珍雨　前檢事 朴勝彬

聯合法律事務所

本人이四月廿日에姓名圖章을失하얏기로玆以廣告하오니知悉하신內外國人은勿欺하시옴

仁川港金谷동朴明順　告白

學部檢定

教課用　植物學　定價金三十錢

初等　動物學

最新　初等小學　定價金四十錢

文明國의小學讀本制度를摸範하야精美한圖畫을具하고八卷을四卷으로製하야定價金五十錢

最新初等　大韓地誌　定價金四十錢

最新高等　大韓地誌　定價金七十錢

初等　大韓歷史

文明國의歷史制度를從하야我國의歷代와聖王의忠臣烈士의事蹟을具함　定價金七十錢

國家思想學　精神教育　定價金二十五錢

憲法要義　義務教育　定價金二十五錢

國文　大韓十三道遊覽　上下卷　定價金四十錢

우리大韓十三道에名山大川과都會勝景을구경코자하시는僉君子는速히購覽하시옵

右此外에各種書籍을具備하오니僉君子는遠近을勿論하고購買하시옵

原賣所　京城南部銅峴大四街第三十五統五戶　玉虎書林

分賣所　黃海道鳳山郡沙里院朝陽書館　京鄉各書舖

阿片斷引丸

滋陽丸

全治丸

八寶丹

胎養調經丸

麝香消瘡丹

和平堂主　李應善

◎共愛堂大藥房製造各種藥品發引表

壯陽復元丹

腎陽丹

清眼水

解瘧至寶丸

瘡疥液

淋濁丸

神應丹

清脾丸

養胃散

治痰鎮咳丸

消熱散

清耳濟

妙妙膏

能治膏

大腫拔根膏

寸虫去根藥

止泄丸

痢疾藥

齒痛水

解凝膏

各種上等金鷄蠟、東西洋有名賣藥、各藥乾材都賣散賣其他各種藥이具備하오니

請求를依하야小包로隨應하깃삽

發行所　皇城南部大廣橋十九統七戶　共愛堂大藥房

各種藥品은總發行所는京城南大門側濟生堂大藥房本舖

清心保命丹

◎至急히注意할事件

本堂에서製造發賣하는(清心保命丹)은內外國僉君子의愛顧하심으로十分發達하온中近日何藥房에서但(保命丹)三字만써行賣하오니京鄉買用하시는兄弟姉妹는勿爲見欺하심을敬要

本堂製藥은(清心保命丹)이라五字가分明하온대彼贋賣藥은(清心)二字는無하고(保命丹)이라三字만쓴거슨丁寧本堂製造品이아니오니特別히注意하시옵

京城南大門內濟生堂大藥房　清心保命丹本舖告白

光武九年八月拾壹日 明治卅八年八月拾壹日 〔第三種郵便物認可〕 水曜日 西曆壹千九百九年四月廿八日 (壹)

第七卷

大韓每日申報

第壹千八拾貳號

月曜及慶節
歲時日休刊

檀君開國四千二百四十二年
箕子元年三千三十一年
大韓開國五百十八年
日本明治四十二年
淸國宣統元年
陰己酉三月小初九日戊午

Responsible for Publication Alfred Weekley Marnham.
發行兼編輯人英國人 萬咸
發行所 京城南部石井洞殿洞三層洋屋
大韓每日申報社

寄書

◎空談者를論홈

友狂生

萬古의歷史를仰視ᄒ며世界의現形을觀察ᄒ며古今을無論ᄒ고當世에事業을成ᄒ者ᄂ靡不萬般의苦勞를不辭ᄒ며百折의危境을芥視ᄒ야櫛風沐雨에寢食을不暇ᄒ며淚盡舌弊에身家를不顧ᄒ야大業을成ᄒ은自己의職分을盡ᄒ然後라ᄂ一塊血心으로着々奮勵ᄒ얏도다嗚乎라我韓國今日의形勢가비록無極히慘담ᄒ나實로無窮ᄒ事業家를釀成ᄒ時代라謂ᄒ지여날是乃國運의不幸인가民族의無福인가山川의不靈ᄒ인가何其空談者가輩出ᄒᄂ가家鄕을勿論ᄒ고所謂愛國者가初에ᄂ拔腕擊牌ᄒ야曰我ᄂ敎育界를擴張ᄒ며我ᄂ實業界를發展ᄒ다依然히醫世鑑으로自處ᄒ야無數ᄒ氣焰에蹈數ᄒ다가未幾則曰愚民이不應ᄒ다曰障碍가踵起ᄒ다ᄒ야無可奈何一聲에落心病에自發ᄒ야國家思想이全然歇滅ᄒ니엇지可痛치아니ᄒ가故로余가數言으로所謂愛國者에게切々痛告ᄒ노라愛國者야々々々々公等이何로써國을愛ᄒ며何로써責을盡코ᄌᄒ나뇨某會館에壹場演說이山巷村閭의無數夢中耳를警醒키不能ᄒ며某雜誌에數行論文이頑因의無數盲者眼을洞開키不能ᄒ니如此ᄒ고야엇지左顧右眄에苦勞ᄂ辭避ᄒ고名譽만圖得ᄒ다ᄂ世評을免ᄒ리오嗚乎愛國者여苦勞를辭避ᄒ을可得ᄒ며名譽를圖得ᄒ을可得ᄒ하것ᄂ가學校이니集會結社이니如此히不似ᄒ것도創起ᄒ地方이甚少ᄒ야太半이나學校가何인지集會結社가何인지全然不知ᄒᄂ지라此等人物을喚戶說ᄒ지라도猶恐不及ᄒ지니惟我諸公은跳足乞食ᄒ지라도風雨寒暑를莫憚ᄒ고周行勸諭ᄒ으로써自己責任을盡ᄒ으면成不成은在後치ᄒ國民義務를盡ᄒ얏슨즉不愧天不愧人ᄒ지니再思三思ᄒ고勉之勉之ᄒ지어다

▲隆熙三年貳月拾三日 官報

勅令 (續)

四 收利를目的으로아니ᄒ고直接祭祀。宗敎。慈善。敎育又ᄂ학藝의用에供ᄒᄂ家屋

第五條 家屋稅ᄂ每年四月現在家屋에依ᄒ야此를賦課홈

第六條 家屋稅ᄂ左開貳期에分納홈이可홈

第壹期 五月三拾壹日限稅額二分의壹

第二期 十壹月三拾日限稅額二分의一

第七條 左開境遇에在ᄒ야ᄂ家屋稅를減免홈을得홈 但旣納ᄒ稅金은此를還付치아니홈

壹 極貧ᄒ야納稅의資力이無ᄒ다認ᄒ時

二 家屋이滅失ᄒ時

第八條 財務官吏ᄂ家屋稅의調査上必要가有ᄒ時ᄂ納稅義務者로認ᄒᄂ者에對ᄒ야訊問을ᄒ고又ᄂ家屋內에臨檢홈을得홈

第九條 家屋의構造或은間數를變更ᄒ거나又ᄂ家屋을新築滅失ᄒ거나或은讓受ᄒ時ᄂ其當該家屋所在地를管轄ᄒᄂ財務署에申告홈이可홈

第十條 前條의申告를不爲ᄒ고虛僞의申告或은答辯을ᄒ거나又ᄂ財務官吏의職務執行을拒ᄒ거나或은此에障碍를加ᄒᄂ者ᄂ貳圓以上二十圓以下의罰금에處ᄒ고其脫稅ᄒ者ᄂ其脫稅金을壹時에徵收홈

附 則

本法은隆熙三年分으로부터此를施行홈

市街에家屋을所有ᄒ者ᄂ隆熙三年三月三拾壹日까지家屋의所在構造及間數를壹戶마다家屋所在地를管轄ᄒᄂ財務署에申告홈이可홈

前項의申告를怠ᄒ거나又ᄂ虛僞의申告를ᄒ者ᄂ二圓以上二十圓以下의罰金에處홈

朕이酒稅法을裁可ᄒ야玆에頒布케ᄒ노라

御名 御璽

隆熙三年二月八日

內閣總理大臣 李完用
度支部大臣 任善準
法部大臣 高永喜

法律第三號

酒稅法

第壹條 酒類를製造ᄒᄂ者에ᄂ本法에依ᄒ야酒稅를賦課홈

第二條 本法에在ᄒ야酒類라ᄒ믄左開三類에[illegible]

(未完)

外報

◎土國騷亂情形 伯林電을據ᄒ즉土國아다나地方에ᄂ戒嚴令을發布ᄒ얏고君士坦丁堡에ᄂ形勢가益々險惡ᄒ야將校의暗殺이繼續ᄒ고近衛兵은完全ᄒ戰鬪準備를始ᄒ얏스나彼等은抵抗力이不足ᄒ고第貳及第三軍團은君士坦丁堡附近에進軍ᄒ고第四軍團은[illegible]에서靑年土耳其黨을包圍ᄒ고黑國黑海艦隊ᄂ보스보라스海峽門路附近에서游弋ᄒ고후아도將軍은暗殺이되얏다더라

◎土國可憂 倫敦電을據ᄒ즉土國사로니가步兵壹千六百名이뎀고이城을包擊ᄒ얏ᄂ대守備兵은乘夜逃去ᄒ고聯合進步委員會軍七千名은拾八日에同地에到着ᄒ러인디아드리아노플에서援兵二萬이不到ᄒ면謀反者를抵抗키不能ᄒ고軍隊ᄂ協議ᄒ政府委員을退却ᄒ고一般人民은土京에激變과人種上暴動이起ᄒ가憂慮ᄒ다더라

雜報

◎正誤 扶餘郡守朴逸憲시의行動을數昨本報雜報에셔揭載ᄒ바ᄂ該은已報어니와該시ᄂ扶餘郡守가아니뇌該시ᄂ此事實이無ᄒ다더라

詞藻

◎何不爲

枯々大海에ᄂ고기、거칠것시바이업고。
萬里長空에ᄂ서ᄂ、任意대로잘도난다。
하믈며、大丈夫로삼긴몸이、저[illegible]웨못ᄒ리。

雜報

●香火請捐 呂州郡江漢寺에宋尤庵의影幀이在ᄒᆞᆫ故로自上으로春秋香火費를下賜하ᄋᆞ시더니近年에該香火費가廢止된지라該郡儒生等이該香火費를請捐ᄒᆞᆯ次로通文ᄒᆞ야輪示ᄒᆞᆫ다더라

●切望勸告 慶州郡儒生李瀾氏ᄂᆞᆫ近日에閣部大臣에게辭職勸告書를提出ᄒᆞ얏ᄂᆞᆫ데其理由ᄂᆞᆫ現內閣이成立以後로國家今日에全然不擧ᄒᆞ미로國民은現內閣을對ᄒᆞ야嫌惡의念이有ᄒᆞᆷ이라ᄒᆞ얏다더라

●留欽維持 日本에滯在ᄒᆞᆫ宋秉畯이가宮內府大臣閔丙奭氏에게電報ᄒᆞ되壹進會의經費가窘拙ᄒᆞ야維持ᄒᆞ기難ᄒᆞᆫ즉閣下가左右周旋ᄒᆞ야無至解散케ᄒᆞᆷ을希望ᄒᆞ노라ᄒᆞ얏다더라

●壹進多事 今番觀光團壹行中에宋秉畯을刺殺ᄒᆞᆯ刺客二名이隨往ᄒᆞ얏다ᄒᆞᆷ으로壹進會에서該團壹行의居住氏名을調査ᄒᆞ기에極히困難ᄒᆞ다더라

●勸勉剃髮 內部大臣朴齊純氏가近日에存髮ᄒᆞᆫ紳士를對ᄒᆞ야剃髮ᄒᆞ기를勸勉ᄒᆞ야曰衛生上에大端有益ᄒᆞ고凡事動作에便利莫甚ᄒᆞ다ᄒᆞ더라

●辭職圖郡 銅觀察分署警部李普榮氏가辭職請願書를提出ᄒᆞ얏다ᄂᆞᆫ說은已報어니와追聞ᄒᆞᆫ즉郡守를圖得ᄒᆞᆯ次로現今周旋ᄒᆞᄂᆞᆫ中이라더라

●生牛輸出額 韓國에서每年日本淸國及露領으로輸出ᄒᆞᄂᆞᆫ生牛ᄂᆞᆫ昨年度에貳萬四千六百三十頭니대此의價額은七拾壹萬七千〇五拾四圜이나此ᄂᆞᆫ稅關鑑定價格이오其實價를正히百萬圜以上이될으로韓國輸出品中嚆矢가되ᄂᆞᆫ지라農商工部에서ᄂᆞᆫ輸出奬勵ᄒᆞᆯ目的으로檢疫所를設立ᄒᆞᆯ預定인故로目下官制案을起艸中이라더라

●收小費太 政府에서葉錢을整理ᄒᆞ기爲ᄒᆞ야納稅。交換。買入諸方法으로回收ᄒᆞᆫ以來로本月十五日ᄭᆞ지合計八十七萬四千五百[illegible]三元이오整理費金은一百七十二萬八百三拾七元이라더라

●救恤金 前日에全羅남道[illegible]산郡春浦面에火災가有ᄒᆞ야五十餘戶가燒燼ᄒᆞᆫ다合으로內部에서該被燒ᄒᆞᆫ每戶에對ᄒᆞ야救恤金二圜式을支出ᄒᆞ더이라

●何事質問 日昨壹進會에서何事件을因홈인지不知ᄒᆞ거니와帝國新聞記者鄭雲復氏에게到底質問ᄒᆞ기로壹致決議ᄒᆞ얏다더라

●西洋人調査 近日憲兵司令部에서有何事件인지探偵客을各處에密派ᄒᆞ야漢城內外에西洋人을秘密調査ᄒᆞᆫ다더라

●家僧調査 近日以來로各警察署에서有何事件인지漢城內外에一般家僧에住所姓名과履歷資産을壹壹調査ᄒᆞ얏다더라

●公民將訴 度支部에서家屋酒草三稅를頒布ᄒᆞᆫ事에對ᄒᆞ야忠南公州郡人民이憤鬱홈을不勝ᄒᆞ야該令을請願還收케ᄒᆞᆯ次로目下周旋中이라더라

●禁松取斧 泰陵參奉리麟九氏가該陵內에禁松을가爲ᄒᆞ야樵軍의斧와鎌을多數히奪取ᄒᆞ야自已鄕第로輸送ᄒᆞ얏다더라

●鄭氏大宗會 近日延日鄭氏大宗會를發起組織ᄒᆞᆯ次로鄭觀澤鄭禹澤等數十人이協議ᄒᆞ고再昨日에各道各郡으로發文하야壹齊上來ᄒᆞ라ᄒᆞ얏다더라

●撤家越境 慶興郡土巽村은自來居民의戶數가不過七八戶이더니近日에該居民等이一齊히撤家하야海蔘威等地로越去ᄒᆞ얏다더라

●贖錢見奪 坡州郡居金順石氏의妻孫召史가有何所犯이던지京城地方裁判所에서笞三拾에處ᄒᆞᆫ지라該召史가笞贖을徵納次로家産을放賣ᄒᆞ야錢二圜을帶持上京ᄒᆞ야裁判所를問ᄒᆞᆫ즉何許年少者壹人이該召史의贖錢을裁判所에善爲代納ᄒᆞ마ᄒᆞ고因爲逃躱ᄒᆞ얏다더라

●斷指何罪 咸興郡普昌學校學徒中斷指同盟ᄒᆞᆫ張昊錫氏가日憲兵의게誤捉ᄒᆞ야咸興裁判所에서役拾五年에處ᄒᆞ얏다ᄂᆞᆫ說은已報어니와該氏가不勝抑冤ᄒᆞ야控訴院에申訴ᄒᆞᆫ즉該院에서其斷指ᄒᆞᆫ事에對ᄒᆞ야汝雖非强盜나斷指決心홈이足히義兵과內亂을煽動하깃다ᄒᆞ고依前判決ᄒᆞᆫ故로又大審院에申訴ᄒᆞᆫ다더라

●義氣少年 再昨夜장安社演劇場에서多數ᄒᆞᆫ韓人男女가買票入場ᄒᆞᄂᆞᆫ딕對ᄒᆞ야適其時在傍觀光ᄒᆞ던何許斷髮ᄒᆞᆫ靑年壹人이該會集ᄒᆞᆫ人들을對ᄒᆞ야涕淚警告ᄒᆞ기를目今財政이拙窘ᄒᆞ야商業界에罹産逃走ᄒᆞᄂᆞᆫ者가不少ᄒᆞ고壹般同胞의餓死之患이迫在朝夕인ᄃᆡ金錢을費ᄒᆞ야演劇場賞花界에沈惑ᄒᆞ야虛費歲月이可乎아ᄒᆞᆫ즉多數觀光人들이擧皆嘆賞不已ᄒᆞ며卽時散歸ᄒᆞ얏다더라

●何事溺死 本月上旬頃에何許三拾歲假量된名不知韓人壹名이有何痛寃事이던지南部豆毛浦江邊에서終日痛泣ᄒᆞ다가因以江中에躍下溺死ᄒᆞᄂᆞᆫ際에該地浦民들이見ᄒᆞ고卽時極力拯出ᄒᆞᆫ則已無及矣라該附近派駐所巡査가晝夜看守하며屍親을廣探ᄒᆞ야도覓去人이無ᄒᆞᆫ故로該地에埋葬ᄒᆞ얏다더라

●砂觸致命 再昨日에東部往拾里等地에서車夫嚴泰吉爲名人이馬車壹座를驅去ᄒᆞᄂᆞᆫ딕適其時何許五歲兒가被壓致命ᄒᆞᆫ지라該車夫를所管警察署에서捉致牢囚ᄒᆞ얏다더라

●義將戰死 再昨年以來로京畿道各郡에橫行하던義兵擔將朴來秉氏의參謀長이되야各陣에義將과義兵을指揮ᄒᆞ다가朴來秉氏가戰亡ᄒᆞᆫ後에ᄂᆞᆫ其地位를襲ᄒᆞ야魁將軍이라稱号ᄒᆞ야各處義兵이無不畏敬ᄒᆞ던金夏氏ᄂᆞᆫ昨年八月에部下를率ᄒᆞ고楊州등에서壹時歸順ᄒᆞ얏다가其後에再次起兵ᄒᆞ야麟郡楊平永平等郡地方으로出沒ᄒᆞ더니永平東面生卓동北方山中에서日憲兵及補助員과交戰하다가戰死ᄒᆞ얏다더라

●萬頃風塵 日前에萬頃郡北面等地에서義兵百餘名이憲兵補助員數十名과交戰ᄒᆞ야補助員幾名이被殺ᄒᆞ얏다ᄂᆞᆫ傳說이有ᄒᆞ더라

●干義破押 楊州郡柴北面歸藥里居ᄒᆞᄂᆞᆫ金雲龍氏ᄂᆞᆫ義兵과干連이有ᄒᆞ다ᄒᆞ야該郡警察署에捉囚審問ᄒᆞ고日前에京城地方裁判所로押上ᄒᆞ얏다더라

●賊贓何多 南門外居金養善氏가搬移次로衣服과諸般什物을十餘歲兒에게負送하얏더니美洞等地에서何許賊漢이該兒를誘引奪去ᄒᆞᆫ故로김氏가南部警察署에呼寃ᄒᆞ얏다더라

●淸兵無知 昨年九月에咸北鐘城間島學洞에有志士許泳金九松金泰英金致英諸氏가私立中正書塾을剏設ᄒᆞ고學生三十餘名을募集敎育ᄒᆞ더니淸兵이該塾敎師及學生이斷髮洋服ᄒᆞᆷ을見ᄒᆞ고日人에게附ᄒᆞ야淸人을反對ᄒᆞᆫ다疑ᄒᆞ야七名이突入塾內ᄒᆞ야학監ᄋᆡ升完氏의左耳를刀斷ᄒᆞ고敎師金泰英氏의兩臂를劍斫ᄒᆞ며金九松氏의髀肉을劍刺ᄒᆞ야無限苦楚를經ᄒᆞ얏다더라

●運動準備 開城郡各學校에서來月壹日에聯合大運動을擧行ᄒᆞᆯ次로各項節次를盛大히準備ᄒᆞᄂᆞᆫ中이라더라

●救恤金寄付 中部장通坊會에서文川郡饑饉에對ᄒᆞ야救恤金貳[illegible]四圜六拾錢을寄付ᄒᆞ얏다더라

學界

●三重大進 平安南道三和府西里面栗谷里基督三重學校校務員九安석民安學源安昇源諸시가極力贊務ᄒᆞ며敎師徐能시ᄂᆞᆫ熱心敎授홈으로生徒가日增ᄒᆞ야百餘名에達ᄒᆞ얏다더라

●沃郡東明 沃川郡伊南面坪山里박敎領金喆曾昌烈朴權諸시가義捐金을各出ᄒᆞ야勞動東明學校를設立ᄒᆞ고名譽로熱心敎授ᄒᆞ야生徒가八拾六名이오又赤嶺所道兩里에支校를設施ᄒᆞ야生徒가四拾九名에達ᄒᆞ얏다더라

●三興設校 瑞興淸聯坊國에서三興學校를設立ᄒᆞ얏ᄂᆞᆫ딕校長은白完赫시오副校長은劉秉璡시로推薦ᄒᆞ얏다더라

○金氏有志 平壤城內舜동居ᄒᆞᄂᆞᆫ前議官金延模시ᄂᆞᆫ學校를設立ᄒᆞ고時時勸勉ᄒᆞ기를愛國心이無ᄒᆞ면非人이오國體心이無ᄒᆞ면非人이라ᄒᆞ고ᄒᆞ야親疎가無히愛育ᄒᆞ며敎師金蓮濟시의拾餘家眷을救護홈으로其慈惠心을人皆稱頌ᄒᆞᆫ다더라

●校主熱心 金川郡金興學校主金禧碩시가靑年敎育에熱心ᄒᆞ야生徒가日增ᄒᆞ미校舍가狹窄ᄒᆞ거놀同시가尤爲奮發ᄒᆞ야二拾餘間家舍를寄付ᄒᆞ고多少經費를盡力擔用ᄒᆞᆫ다고西來人의稱頌이藉藉ᄒᆞᆫ다더라

●朴氏有志 甑山赤芹里合成學校장朴汶信시ᄂᆞᆫ年今六拾에時務爲急ᄒᆞᆷ을覺悟하고該附近人民의게勸勉ᄒᆞ며校監朴寅昌시와協議ᄒᆞ야靑年을熱心敎育ᄒᆞᆫ다더라

●庶幾大昌 平南甑山郡草谷面私立大昌學校ᄂᆞᆫ設立四年에經費가不贍ᄒᆞ야僅僅支過ᄒᆞ더니今年에ᄂᆞᆫ甚爲困難ᄒᆞ야幾至廢境됨으로該洞有志紳士諸氏黃環元等九人이該附近地方人들의게熱心勸勉ᄒᆞ야補助ᄒᆞ기를請ᄒᆞᆫ다더라

▲地方消息

▲本月十五日夜에江原道洪川郡東北方約拾里地에서義兵十餘名이該郡守備隊中尉以下六名과日憲兵幾名及補助員一名과交戰ᄒᆞ얏다더라

▲擊柝一聲

▲苦痛後에幸福잇고失敗後에成功됨은千古格言이아닌가슈ᄒᆞ도다韓人들은臨事推辭ᄒᆞ도안코絶望이先발ᄒᆞ야自暴自棄ᄒᆞ니可惜ᄒᆞᆫ諸公이야落心말고奮發ᄒᆞ라

▲志士들아紛紛滅亡波에沉溺ᄒᆞ야絶望病에罹ᄒᆞᆫ者이今日實力腐敗ᄒᆞ야國權挽回極難ᄒᆞᆷ을落心痛哭ᄒᆞ지마ᄂᆞᆫ痛哭ᄒᆞᆷ을쓸데잇나더實力을養成차면勇往直前히야ᄒᆞ리

▲敎育家야ᄋᆞᄋᆞ腐敗域에失路ᄒᆞ야絶望病에罹ᄒᆞᆫ者이今日學界魔障만하敎育發達極難ᄒᆞᆷ을落心呻吟ᄒᆞ지마ᄂᆞᆫ呻吟ᄒᆞᆷ을쓸데잇나더魔障을消滅차면嘗膽臥薪히야ᄒᆞ리

▲學生들아ᄋᆞᄋᆞ奴隷窟에陷入ᄒᆞ야絶望病에罹ᄒᆞᆫ者이今日敎科不完ᄒᆞ야發達極難ᄒᆞᆷ을落心揮淚ᄒᆞ지마ᄂᆞᆫ揮淚ᄒᆞᆷ을쓸데잇나더敎科를成美차면發憤勵精히야ᄒᆞ리

▲新聞家야ᄋᆞᄋᆞ魍魎穴에失魂ᄒᆞ야絶望病에罹ᄒᆞᆫ者이今日自由剝奪되야直筆公論極難ᄒᆞᆷ을落心太息ᄒᆞ지마ᄂᆞᆫ太息ᄒᆞᆷ을쓸데잇나더自由를恢復차면熱心奮勵히야ᄒᆞ리

▲農業家야ᄋᆞᄋᆞ憂鬱泥에顚倒ᄒᆞ야絶望病에罹ᄒᆞᆫ者이今日異族侵入ᄒᆞ야農業生活極難ᄒᆞᆷ을落心悲呼ᄒᆞ지마ᄂᆞᆫ悲呼ᄒᆞᆷ을쓸데잇나더異族을對抗차면戮力勤勉히야ᄒᆞ리

▲商業家야ᄋᆞᄋᆞ恐慌市에喪膽ᄒᆞ야絶望病에罹ᄒᆞᆫ者이今日金融枯渴ᄒᆞ야商業維持極難ᄒᆞᆷ을落心憂愁ᄒᆞ지마ᄂᆞᆫ憂愁ᄒᆞᆷ을쓸데잇나더金融을流通차면敏活競爭히야ᄒᆞ리

▲工業家야ᄋᆞᄋᆞ黑暗洞에墮落ᄒᆞ야絶望病에罹ᄒᆞᆫ者이今日製造幼稚ᄒᆞ야輪送興旺極難ᄒᆞᆷ을落心恨歎ᄒᆞ지마ᄂᆞᆫ恨歎ᄒᆞᆷ을쓸데잇나더製造를發明차면奮膽敢良히야ᄒᆞ리

▲落心말고奮發ᄒᆞ라落心말고奮發ᄒᆞ라絶望病이漸長ᄒᆞ면國死身死乃已로다本報館의刪方으로起死回生希望丹을無料製呈ᄒᆞᆯ것이니空心服에試用하야病根消除하여보라

學校用品其他家用物品을一新俱備ᄒᆞ고地方各郡에서以書請求ᄒᆞ시면以小包郵便으로高品廉價而答々酬응ᄒᆞ깃삽 物品如下 鉛筆각色 洋紙 表上下 印札紙각種 測量機械附屬品 日用雜貨俱備 此外私設도莫過於此ᄒᆞ며和石版機械와活版機械를新準備ᄒᆞ야各種書籍印刷業을同事利分ᄒᆞ기로廣告ᄒᆞ니速速來議ᄒᆞ심을敬要 漢城鍾路慈惠書舖 李觀化 告白

社告

本社를左기四郡에設置ᄒᆞ고鼓에仰佈ᄒᆞ오니各該郡附近地에서本報를愛讀ᄒᆞ실僉君子는左開四氏에게請求ᄒᆞ심을務望

淸津港新岩洞　張元浩

雲山北面橋洞　王冕鎬

沙里院活民勞動救火會任敬宰

甑山郡內利用里　崔診爽

大韓每日申報社

本人의姓名을正字圖章을四月拾日以郡運動會에서見失ᄒᆞ여기茲에廣告홈

平南順川郡厚德面金二封 白

農商工部官許大韓測量事務所平北二拾壹郡聯合支所長曹寔承시로選任ᄒᆞ고位置는宜川郡에定ᄒᆞ얏ᄉᆞ오니道內僉員은來議ᄒᆞ심을伏望

代辦總務　李鍾壹　告白

雜報

●窃盜被捉　再昨夜十韓醫院에서諸般物品과多數金錢을毎每逢賊ᄒᆞ야其損害가不貲ᄒᆞ더니該賊漢等이日前에警察署에被捉되야現今訊問ᄒᆞᄂᆞᆫ中이라더라

●嘉安停會　嘉安坊會에서昨夜에第七次總會를開ᄒᆞ얏다가任員이準備치못ᄒᆞ야또停會ᄒᆞ얏다더라

本所에서測量事務를擴張ᄒᆞ고諸般測량을請求人의게測製需應ᄒᆞ오니僉彥은來議ᄒᆞ옵 但貧寒同胞의게ᄂᆞᆫ無料로홈

平北熙川郡光熙測量事務所白

所長　李榮勳

總務　韓明俊

土木灌漑排水等水利事業耕地整理山林土地漁場等之測量製圖及設計에委托을酬應홈

京城御成町東側太里門洞

片村工務所

廣告

本人이丙午年分宣參植處에肅川郡高里面八里所在畓四日三時耕買得文券을今月壹日에서失이옵기玆廣告ᄒᆞ오니內外國人間拾得이라도休紙施行ᄒᆞᆷ

安州靑山面鬱興里

金世杜 白

法法法法法法法法法法

本人이判事의任을辭ᄒᆞ고左記處에事務所를更設ᄒᆞ오며民刑商事及諸般扶律顧問事項을帶居迅速精密히處理ᄒᆞ오니抱冤未伸又ᄂᆞᆫ有疑未解ᄒᆞ시ᄂᆞᆫ僉君子ᄂᆞᆫ陸續來議ᄒᆞ심을望홈

西部唐皮洞三統四戶

辯護士　前判事　前檢事　李冕宇

新興학校附屬夜學部五字를改定ᄒᆞ야夜학講習所라홈

夜學講習所　告白

宜川郡光宜測量事務所長李鍾壹시와技術員이總管會貪賂之所爲를反對ᄒᆞ고農商工部의許可大韓測量事務所로更爲請願ᄒᆞ야認可ᄒᆞ얏ᄉᆞ오니僉員은照亮홈

代辦總務劉文弘　告白

本人이去陰二月晦간에圓形木造半篆名章을路上에서失ᄒᆞ고現在偽造가有ᄒᆞ야新章을用ᄒᆞ오니僉位照亮

成周鎬　白

阿片斷引丸

阿烟(鴉片)吸者ㅣ雖曰幾劾나日久則遂成痼引ᄒᆞ야至於蕩敗家産者와未免疾死者ㅣ比比有之ᄒᆞ니豈不哀惜乎아故로本堂에서盡心竭力ᄒᆞ고英國醫方을透得ᄒᆞ야阿片斷引에大效가잇ᄂᆞᆫ靈藥을製造放賣ᄒᆞ오니欲戒阿引者ᄂᆞᆫ契約服用ᄒᆞ시되若無效驗이면藥價를還出ᄒᆞ깃사오니照亮ᄒᆞ시옵

注意

婦女調經丸

婦人이冷病積病과月經不調로因ᄒᆞ야孕胎치못ᄒᆞᄂᆞᆫᄃᆡ神效藥

定가　壹劑八圓分金五圓　中劑四圓分金三圓　壹月份一劑金五圓

毒消瘡丹

男女間楊梅連珠下疳風濕頭瘡의百般瘡에ᄂᆞᆫ妙藥이오

定價甲金四圓乙금二圓五錢

金治丸

男女間遺精과白濁을全治ᄒᆞᄂᆞᆫ神奇妙藥이오定價金三圓

補陽丸

男女間補陰補陽ᄒᆞ고元氣不足에第一이오

定價每拾日分금壹圓八十錢

八寶丹

健胃消滯ᄒᆞ며口味를助ᄒᆞ고食을消ᄒᆞ고精神을爽快케ᄒᆞᄂᆞᆫ藥이오　定價금十錢

此外에도東西洋各國名藥과德國製上品金雞納이俱備ᄒᆞ오니陸速注文ᄒᆞ시옵

總發行所仁川港香峴

支店京城鍾路

和平堂主　李應善

美國시아틀大博覽會　미국시아틀대박람회

本社之商標

本社之印章

請要詳覽

●特別廣告

本社株券의每株價値가十圓式인ᄃᆡ今日로부터二十日동안에五月一日부터十二圓式이외다

大韓皇城磚洞

(京城郵便局郵函第四十號)

韓美興業株式會社 謹啓

●特別廣告

이쪽을날마다자세히보시오

學部檢定

中等 植物學 定價金三十錢

初等 動物學 每課有圖

最新 初等小學 每課有圖 定價金四十錢

文明國의小學讀本制度를模範하야精美히編纂하고八冊으로合製 貳冊合製定價金五拾錢

最新 初等 大韓地誌 定價金三拾錢

最新 高等 大韓地誌 定價金七拾錢

文明國地誌制度를模倣하야我韓의山水며沿革과十三道地圖와各港口와開港場과名山大川과都會勝地의圖를具함

初等 大韓歷史

文明國의歷史制度를從하야我國의聯帶朝王의御眞과忠臣烈士의影幀을具함 定價金七十錢

國家思想學 精神教育 定價金二十五錢

憲法要義 國家教育 定價金二拾五錢

國文 大韓十三道遊覽 上下卷 定價金四拾錢

우리大韓國十三道의名山大川과都會勝地를子細히記載하야僉君子는速々購覽하소셔

右數種書籍은本書林에셔發行하오며此外에各種書籍이具備하오니僉君子는遠近을勿論하고購覽하심을爲望

京城南部銅峴大廣通街第三十五統五戶 玉虎書林

分賣所 黃海道鳳山郡沙里院 京鄉各有名書舖

◎共愛堂大藥房製造各種藥品發引表

壯陽復元丹 先天不足 腎虛腰痛 此藥專治腦痛肺弱 房事色傷 心腎虛損 不下飮食 等症에並妙効가有홈 遺精多夢 陽痿不起 病後虛弱 壹週分壹圜 二分分壹圜八拾錢 八分分六圜

靈丹 止嘔口熱 一般滯症 胃腹痛 消化不良 心胸鬱悶 等症에 神効

眼科 清眼水 一般眼疾 時行眼疾 風熱眼疾 羞明 內紅 等症에 神効

解瘧至寶丸 專治瘧疾 即氣虛瘧 老年瘧 一日瘧 隔日瘧 難治之瘧이라도 永々根絶

皮膚 靈效液 特治皮膚病 疥瘡 皮癬 諸般瘡疹

五淋 通淋丸 專治 淋疾 赤白帶下 外他淋疾性諸症에 神効

梅毒 神應丹 妙効 梅毒瘡에 壹劑二劑로 連珠瘡 下疳瘡 等에 并効

新藥 清脾丸 專治小兒 一般腹痛 面黃 大有奇效

久滯 養胃散 神効 久滯積 吞酸吐瀉 霍亂 不問新舊 奏效如神

治痰鎭咳丸 專治大人咳嗽 喘息 痰結 等症에 妙 三日分壹匣 금三十錢

消熱散 特胃感効 勿論內外 感冒 咽喉痛 似瘧非瘧 等症有効

清耳液 耳病神効 專治耳鳴 鼓膜炎 內外聽道炎 耳中灼熱 痒 流液 流出 等症有効 壹瓶 금

妙妙膏 百貼百效 風寒濕氣 胸肩背 引痛 腰脚 無力 骨節疼痛 等症에 如神

能治膏 奏効如神 각種腫氣 小兒胎毒 부스럼 瘡腫 生肌에 神効 飲膏 匣

大腫拔根膏 大小腫에 解凝膏 價금十錢

寸蟲去根藥 價금貳十錢 齒痛水 價금七錢五厘

止泄丸 滯泄 瀉泄 神効 價금十五錢 痢疾藥 赤白痢에 神効 價금拾五錢

各種上等金鷄蠟、東西洋有名賣藥과 藥乾材都賣散賣 其他各種藥이 具備하오니

請求를 依하야 小包로 隨應하깃슴

發行所 皇城南部太平洞十九統七戶 共愛堂大藥房

各種藥品은總發行所는京城南大門側濟生堂大藥房本舖

濟心保命丹

◎至急히注意할事件

本堂에서製造發賣하는 (濟心保命丹)은 內外國僉君子의愛顧를受하야 十分發達하온즉 近日何藥房에서 但 (保命丹) 三字만써서行賣하야 京鄕 買用하시는 兄弟姊妹는 勿爲見欺하심을 敬要

本堂製藥은 (濟心保命丹)이라 五字가分明하온 彼行賣藥에는 (濟心) 二字는無하고 (保命丹)이라 三字만써거슨 丁寧本堂製造品이 아니오니 特別히 注意하시옵

京城南大門內 濟生堂大藥房 濟心保命丹本舖告白

社告

○申報價

壹張代金 新貨貳錢五厘

壹個月前納 三拾錢

參個月 九拾錢

陸個月 壹圜八拾錢

壹個年 參圜四拾錢

郵稅壹張 新貨五厘

壹個月 拾參錢

○廣告料

四號活字拾參字詰

每日壹寸(英尺)에 新貨廿五錢

貳週日壹寸에 貳圜五拾錢

壹個月壹寸에 五圜

(自壹行至四行이爲壹寸)

其期限의長短과字行의多夥를 從하야 增減홈이 有함

◎大韓每日申報 各處支社廣告

平安道

平壤鍾路太極書館 安泰國

三和港牌石洞 金澄柱

邑성郡校洞 許 환

義州南門外서西大藥房 鄭有寬

鐵山邑東部 安 灝

車輦館 金明鉉

定州南門內書舖 洪成麟

寧川郡邑내市洞 金翼檑

安州城內義井洞 金翼河

宣川郡校洞 李基秀

龍川楊市 黃菊保

龍川南面松亭海東書會 金賢志

龍川남市 鄭継鎬

朔州邑남門내 朱伯禧

孟川邑館前洋서說 李正蕃

寧邊郡耶蘇教冊肆 김致億

江西邑內 金昌煥

成從郡耶蘇教堂 張炳奎

成川郡上部面 馬應三

宜川邑橋南 金亨俊

江界邑內 김泰외

郭山郡南面湖우里 金鍾涵

雲山郡邑面 梁允紋

甑山郡內利洞 崔診炎

雲山北面橋洞 王冕鎬

黃海道

海州남門內 朴昌錫

安岳細동坊 康濟民

長淵邑南門內 權撲

殷栗邑倉洞 金泰榮

信川邑六里 丁一

黃州南門外 崔濟

白川邑文明館 趙雲泳

沙里院活民勞働救火會 朴敬洙

咸鏡道

咸興郡新社西門外 曺壽

元山港 南正杰

定平郡

洪原南門外鄭賦數冊肆 方茂

永興南山 梁

鏡城羅南新興洞 鮮于

清津港 趙元浩

全羅道

金溝水流面豆亭 趙三

木浦항 申得

京畿道

仁川府新冊々 李東珠

開城남大門內興學書舖 黃

江華邑

忠淸道

結城

慶尙道

大邱 李正

釜山港 徐錫

長기郡 吳

江原道

鐵原邑

蔚珍 朱鎭默

光武九年八月拾壹日 明治卅八年八月拾壹日〔第三種郵便物認可〕 木 曜 日 西曆壹千九百九年四月廿九日 (壹)

第七卷

大韓每日申報

第壹千八拾三號

月歲 曜時 及日 慶休 節刊

檀君開國四千二百四十二年
箕子元年三千三十一年
大韓開國五百十八年
日本明治四十二年
清國宣統元年
陰己酉三月小初十日乙巳

Responsible for Publication Alfred Weekley Marnham.
發行兼編輯人英國人 萬咸
發行所
京城南部石井洞外地三層洋屋
大韓每日申報社

論說

◎精神上國家

世界何國을勿論ᄒ고몬저精神上國家(抽象的國家)가有ᄒᆫ後에야形式上國家(具體的國家)가始有ᄒ나니鐵血政畧家의精神上國家가有ᄒᆫ後에獨逸의形式上國家가有ᄒ며拾三州議會의精神上國家가有ᄒᆫ後에合衆國의形式上國家가有ᄒ며少年伊太利黨의精神上國家가有ᄒᆫ後에伊太利의形式上國家가有ᄒ며其他何國이던지皆然ᄒ니

鳴乎라精神上國家ᄂᆞᆫ即形式上國家의母인져

精神上國家라홈은何를謂홈인가曰其民族의獨立ᄒᆫ精神、自由ᄒᆫ精神、生存ᄒᆫ精神、不屈ᄒᆫ精神、國權을保全ᄒᆫ精神、國威를奮揚ᄒᆫ精神、國光을煥發ᄒᆫ精神等을謂홈이니라

形式上國家라홈은何를謂홈인가曰疆土、主權、君主、政府、議會、官吏、軍艦、大砲、陸軍、海軍、等의集合體를謂홈이니라

鳴乎라精신上國家가亡ᄒ면形式上國家ᄂᆞᆫ不亡ᄒ얏슬지라도其國은已亡ᄒᆫ國이며精신上國家만不亡ᄒ얏스면形式上國家ᄂᆞᆫ亡ᄒ얏슬지라도其國은不亡ᄒᆫ國이니라

何故오曰其民族이獨立ᄒᆫ精신이無ᄒ며自由ᄒᆫ精신이無ᄒ며生存ᄒᆫ精神이無ᄒ며不屈ᄒᆫ精神이無ᄒ며國權을保全ᄒᆫ精神이無ᄒ며國威를奮揚ᄒᆫ精신이無ᄒ며國光을煥發ᄒᆫ精신이無ᄒ면疆土가有ᄒ야도無用이오主權이有ᄒ야도無用이오君主가有ᄒ야도無用이오政府가有ᄒ야도無用이오議會가有ᄒ야도無用이오官吏가有ᄒ야도無用이오軍艦이有ᄒ야도無用이오大砲가有ᄒ야도無用이오陸軍이有ᄒ야도無用이오海軍이有ᄒ야도無用이니如此ᄒᆫ國은今日不亡ᄒ면明日亡ᄒ고明日不亡ᄒ면又明日亡ᄒ야必亡乃已ᄒ나니라

是와反ᄒ야其獨立自由等정신이有ᄒ면疆土、主權、等形式이無ᄒᆯ지라도其目中心中에國家가完存ᄒ며其腦裏腔裏에國家가雄飛ᄒ야其國民頭上에ᄂᆞᆫ其國의天이有ᄒ고其國民足下에ᄂᆞᆫ其國의地가有ᄒ며其國民壹身에ᄂᆞᆫ其國의獨立自由等의實力과光彩가有ᄒ야畢竟其國家를建立ᄒᆯ日이有ᄒᆯ지니如此ᄒᆫ國은今日不立ᄒ면明日立ᄒ며明日不立ᄒ면又明日立ᄒ야必立乃已ᄒ나니라

故로形式上國家를建立코ᄌᆞᄒ면몬저정신上國家를建立ᄒᆯ지며形式上國家를保全코ᄌᆞᄒ면몬저정신上國家를保全ᄒᆯ지며形式上國家의亡ᄒᆷ을憂ᄒᆯ진대몬저정신上國家의亡ᄒᆷ을憂ᄒᆯ지니라

余ㅣ普天下愛國同胞에게向ᄒ야정신 國家의竪立을祝ᄒ노라

▲隆熙三年貳月拾三日 官報

勅令 (續)

第壹類 釀成酒
清酒。藥酒。白酒。濁酒。過夏酒。其他釀造製成ᄒᆫ酒類

第二類 蒸류酒
燒酒其他蒸류製成ᄒᆫ酒類

第三類 混成酒
釀成酒又ᄂᆞᆫ蒸류酒에他物을混和製成ᄒᆫ酒類其他釀成酒又ᄂᆞᆫ蒸류酒아인酒精含有飲料

第三條 酒類를製造코ᄌᆞᄒᄂᆞᆫ者ᄂᆞᆫ製造場壹個所마다政府의免許를受ᄒᆷ이可ᄒᆫ其製造를廢止코ᄌᆞᄒᆯ時ᄂᆞᆫ免許의取消를求ᄒᆷ이可ᄒᆷ

前項에依ᄒ야免許를與ᄒᆫ者에ᄂᆞᆫ準牌를交付ᄒᆷ

第四條 酒類製造者ᄂᆞᆫ製造場의易見處에準牌를恒常揭榜ᄒᆷ이可ᄒᆷ

第五條 酒類製造者ᄂᆞᆫ每年拾壹月末日ᄭᆞ지翌年에製造ᄒᆯ酒類及造石數를定ᄒ야製造場을管轄ᄒᄂᆞᆫ財務署에申告ᄒᆷ이可ᄒᆷ

第六條 酒稅ᄂᆞᆫ酒類製造場壹個所마다造石額에應ᄒ야左開區別에從ᄒ야每年此를納付ᄒᆷ이可ᄒᆷ

第壹類 釀成酒
五石ᄭᆞ지 金壹圓
拾石ᄭᆞ지 金二圓
貳拾石ᄭᆞ지 金四圓
五拾石ᄭᆞ지 金拾圓
百石ᄭᆞ지 金二十圓
百石을超過ᄒᄂᆞᆫ者ᄂᆞᆫ五拾石ᄭᆞ지를增ᄒᆯ마다金十圓을加ᄒᆷ

第二類 蒸류酒
壹石ᄭᆞ지 金壹圓
貳石ᄭᆞ지 金二圓
五石ᄭᆞ지 金五圓
十石ᄭᆞ지 金拾圓
貳十石ᄭᆞ지 金貳十圓
五拾石ᄭᆞ지 金五拾圓
五十石을超過ᄒᄂᆞᆫ者ᄂᆞᆫ三十石ᄭᆞ지를加ᄒᆯ마다金三拾圓을加ᄒᆷ

第三類 混成酒
二石ᄭᆞ지 金六圓
五石ᄭᆞ지 金十五圓
拾石ᄭᆞ지 金三拾圓
二拾石ᄭᆞ지 金六拾圓
五十石ᄭᆞ지 金百五拾圓
五十石을超過ᄒᄂᆞᆫ者ᄂᆞᆫ三十石ᄭᆞ지를增ᄒᆯ마다金九拾圓을加ᄒᆷ

第七條 酒稅의納期를左開貳期로ᄒᆷ
第壹期五月稅額貳分의壹
第二期拾壹月稅額二分의壹

第八條 準牌를受ᄒᄂᆞᆫ者ᄂᆞᆫ準牌料金十錢을納付ᄒᆷ이可ᄒᆷ

第九條 財務官吏ᄂᆞᆫ酒類製造者又ᄂᆞᆫ酒類販賣者의所持에係ᄒᆫ酒類其製造出入에關ᄒᆫ壹切帳簿酒類及酒類製造又ᄂᆞᆫ販賣上必要ᄒᆫ建築物材料器械其他의物件을檢査ᄒ고訊問ᄒᆷ又ᄂᆞᆫ逋稅의念慮가有ᄒᆷ으로認ᄒᄂᆞᆫ時ᄂᆞᆫ監督上必要ᄒᆫ處分을ᄒᆷ을得ᄒᆷ

第拾條 第三條의免許를受치아니ᄒ고酒類를製造ᄒᆫ者ᄂᆞᆫ二圓以上貳百圓以下의罰金에處ᄒᆷ

第拾壹條 酒類製造者가其製造石數를詐ᄒ거나其他不正ᄒᆫ行爲로써脫稅ᄒ거나脫稅코ᄌᆞᄒᆫ者ᄂᆞᆫ其金額의二倍에相當ᄒᆫ罰金에處ᄒᆷ

第十二條 前貳條에該當ᄒᄂᆞᆫ者에對ᄒ야ᄂᆞᆫ脫稅에係ᄒᆫ稅金은納期에不拘ᄒ고即時徵收ᄒᆷ을得ᄒᆷ

(未完)

外報

◎墺皇勞兵 伯林電을據ᄒᆫ즉墺國皇帝ᄂᆞᆫ今番巴爾幹半島의危險이停止된것은軍隊의注意로因ᄒᆷ이라ᄒ야該軍隊에게慰勞의布告를發ᄒ야日爾半이今番事變에善히維持의態度가有ᄒ얏다云ᄒ얏다더라

◎徐氏項直 大連電을據ᄒᆫ즉清國徐世昌시가强硬히日本의滿鐵事件을對抗ᄒᆫ다더라

◎露國辨明 伯林電을據ᄒᆫ즉露英佛三國은新協約을締結ᄒ다ᄂᆞᆫ風說이浪藉ᄒᆫ디露國은辨明ᄒ야曰北氷洋及大西洋의漁業問題에關ᄒᆫ事件뿐이라ᄒ얏다더라

◎墺民表忠 仝電을據ᄒᆫ즉墺京維也納人民은墺國皇帝에게熱心으로忠誠을表明ᄒ얏다더라

◎波斯飢饉 仝電을據ᄒᆫ즉波斯國다에프리스地方은現今大飢饉을當ᄒ얏다더라

◎日本抗英 仝電을據ᄒᆫ즉露京에在ᄒᆫ倫敦타임스通信員報道에日現今日本東京에서ᄂᆞᆫ英國을對抗ᄒᆯ目的으로德日協約을成立ᄒ기로交涉이有ᄒ다ᄒ얏다더라

詞藻

◎떠ᄉ 떠ᄉ 시

떠ᄉ떠ᄉ시죽을망졍、義아니면屈치마쇼。
斧鉞當前ᄒ더ᄅ도、니義理를이즐손가。
豈時에、無道ᄒ더위협을、겁낼거시。

雜報

●秘苑親臨 今日午前拾壹時에 大皇帝陛下ᄭᅴ옵셔秘苑에親臨ᄒᆞ샤各大臣을 命召ᄒᆞ옵셔 賜饌ᄒᆞ신다더라

●秘密會排日 韓日兩國官吏가親密聯樂ᄒᆞ기爲ᄒᆞ야親勅奏任官이排日會同ᄒᆞ야宴會를設ᄒᆞᆫ다ᄂᆞᆫᄃᆡ自 上으로셔 賜饌ᄒᆞ옵신다더라

●塞耳掩鈴 日前에總理大臣李完用氏가內閣壹般官吏를會集ᄒᆞ고言ᄒᆞ되本閣에셔秘密히提議ᄒᆞᄂᆞᆫ事項이本新聞에先爲露出ᄒᆞᆷ은實所難測ᄒᆞᆫ事이라從今以後로ᄂᆞᆫ別定方針하야各新聞記者의게門票를繕給ᄒᆞ고壹々招入ᄒᆞ야相當ᄒᆞᆫ新聞材料를ᄯᅢ々給ᄒᆞᆯ터이니雖某件지秘密事項은愼勿露出케ᄒᆞ라ᄒᆞ얏다더라

●靑岩盛遊 三昨日上午拾貳時에承宣君李埈鎔承寧府總管趙民熙理事吳壹泳諸氏가妓生貳名과倡夫貳名을領率ᄒᆞ고東門外靑岩寺에出往ᄒᆞ야晝夜를迭宕盛遊ᄒᆞ고再昨日下午六時에入城ᄒᆞ얏다더라

●淸涼花柳 再昨日에內閣官吏壹同이東大門外淸涼寺에前往ᄒᆞ야花柳會를開ᄒᆞ얏ᄂᆞᆫᄃᆡ該費資ᄂᆞᆫ總理大臣李完用氏가支撥ᄒᆞ얏다더라

●閔氏入參 日人의發行하ᄂᆞᆫ京城日報社에셔第二回觀光團員을募集ᄒᆞᆫ다ᄂᆞᆫ說은已報어니와前輔國閔泳徽氏ᄂᆞᆫ有何思想인지該團募集ᄒᆞᄂᆞᆫ同時에參入ᄒᆞ야日本에渡往ᄒᆞ기로決定ᄒᆞ얏다더라

●有何重要 警視總監과副監이各署署長과警監官邸로召集ᄒᆞ야重要ᄒᆞᆫ問題로會議ᄒᆞ얏다더라

●明石歸國 日憲兵隊少將明石이가日本帝國議會議에出席ᄒᆞ기爲ᄒᆞ야再昨日下午拾時에京釜列車로發程歸國ᄒᆞ얏다더라

●通譯繙譯 內部에셔各警察署의事務ᄂᆞᆫ通譯生을壹切繙譯官補로敍用ᄒᆞ야地方各郡으로派送ᄒᆞᆫ다더라

●運動設備 明日에設行ᄒᆞᄂᆞᆫ官私立學校聯合運動의設備委員壹同은昨日學部에會同ᄒᆞ야諸般設備를協議ᄒᆞ얏다더라

●醫師派送 聯合運動은別項과如ᄒᆞ거니와當日에大韓醫院에셔醫師二名及看護婦三名을派送ᄒᆞ야應急救護케ᄒᆞᆫ다더라

●未墾地許可 再昨年九月拾五日부터韓國未墾地利用法實施以來로利用許可請願ᄒᆞᆫ者가壹千三百拾六件인ᄃᆡ此에總面積이拾萬壹千壹百九拾五町이라더라

●漁業實施 漁業法實施以來로內外國人漁業請願에對ᄒᆞ야昨日ᄭᆞ지農商工部水産局에셔接受ᄒᆞᆫ中免許漁業狀이貳百二件이오許可漁業狀이二拾八件이라더라

●種木地調査 農商工部에셔昨日에官吏를派送ᄒᆞ야新門外金華山에漢城府民會에셔種木ᄒᆞᆫ地段을調査ᄒᆞ얏다더라

●報館赤貧 國民新報社에셔財政이困難ᄒᆞᆷ을因ᄒᆞᆷ인지何許日人에게越賣ᄒᆞ기로協議中이라ᄂᆞᆫ藉說이有하다더라

●僧侶運動 京鄕僧侶가近日東大門外元興寺로會同ᄒᆞ야佛敎로韓國宗敎를삼아政府에請願承認ᄒᆞᆯ事件을協議ᄒᆞᆫ다더라

●金氏美擧 元山港居金秉彦氏가已往穩城郡守로在任時에도善治ᄒᆞ얏고其於該郡六社에居民들이以道路橋梁修築等事로每爲痼弊矣러니昨年에萬餘金을出捐ᄒᆞ야以補其弊ᄒᆞᆷ으로六社人民이幸賴安堵에頌聲이載路ᄒᆞᆫ다더라

●郵信多滯 各郡主事들이郵遞事務를兼任ᄒᆞᆫ터인ᄃᆡ各處로發送ᄒᆞᄂᆞᆫ書信及新聞을拾餘日式沉滯不傳ᄒᆞᆷ으로人民의妨害가多有ᄒᆞᆷ뿐더러稱寃이浪藉ᄒᆞ되所管上官에셔此等主事들은晏然掩置ᄒᆞ니可歎ᄒᆞᆯ事이라고物論이沸騰ᄒᆞᆫ다더라

●東變爲白 南來人의傳說을據ᄒᆞᆫ즉忠北鎭川郡附近各處에ᄂᆞᆫ甲午年東學餘黨이更起ᄒᆞ야白衣黨이라自稱ᄒᆞ고人民을煽動ᄒᆞᆫ다더라

●多數入會 測量總管會에셔派送ᄒᆞᆫ忠南支會長閔泳弼氏가太田停車場에셔各測量技術員의게入會금壹圓과月謝金八拾錢式收捧ᄒᆞᄂᆞᆫᄃᆡ入會員이多數하다더라

●委員召還 全南各郡에義擾가益々熾盛ᄒᆞ야行路가阻絶ᄒᆞᆫ故로湖南學會에셔派送ᄒᆞᆫ員該道委員을還爲召還ᄒᆞ얏다더라

●是何醜行 北部小安洞等地에居ᄒᆞᄂᆞᆫ김某ᄂᆞᆫ渠의女息을暗自指使ᄒᆞ야行淫케ᄒᆞ고花債ᄂᆞᆫ渠自往督ᄒᆞᆫ다ᄂᆞᆫ聽聞이喧藉ᄒᆞᆷ으로警廳에셔現今探採中이라더라

●愈壓愈起 全羅南北道에義兵이益々盛熾ᄒᆞᆷ으로鎭壓ᄒᆞ기爲ᄒᆞ야京城憲兵司令部에셔地方各郡으로通知ᄒᆞ고日憲兵과補助員幾名式을增派하얏다더라

●任實屢塵 陰本月三日頃에全北任實郡地方에셔義兵數百名이日憲兵五十名과猛烈交戰ᄒᆞ야兩陣死傷이多數ᄒᆞ다ᄂᆞᆫ急電이某處에來到ᄒᆞ얏다더라

●日漁民被殺 全남木浦地方에ᄂᆞᆫ義兵이熾盛ᄒᆞ야巨文島에셔日人荒木和助及外他六人이義兵의襲擊을遭ᄒᆞ야二名은卽死ᄒᆞ고二名은重傷ᄒᆞ고又二名은逃走ᄒᆞ얏다ᄒᆞ고又帆島及列島에셔日人三名의乘ᄒᆞᆫ漁船을義兵이襲擊ᄒᆞ야二名은卽死하고壹名은海中에生投ᄒᆞ얏다ᄂᆞᆫ報가有ᄒᆞᆫ즉水産組合所의調査를據ᄒᆞᆫ즉昨年九月拾壹日로부터本年三月壹日ᄭᆞ지被殺ᄒᆞᆫ日人이二拾六名이오家屋燒燬ᄒᆞᆫ것이三十六戶라더라

●仁港技弊 仁港傳說을據ᄒᆞᆫ즉該港內에所謂상떼리라ᄒᆞᄂᆞᆫ賭技의習이盛行ᄒᆞ야自正初로至于今無日不然ᄒᆞ야無恒心者流가日夜奔汨ᄒᆞ야家産을蕩敗ᄒᆞᆫ境에至ᄒᆞᆫ者ㅣ多有ᄒᆞ더니日昨에藥舖醫業ᄒᆞᄂᆞᆫ金直煥氏가상으로因하야負債가夥多ᄒᆞᆷ으로飮藥自斃ᄒᆞ얏다더라

●金氏奪金 再昨日午前二時頃에强盜三名이兵丁의短刀를各自携持ᄒᆞ고前西部警察署內에居ᄒᆞᄂᆞᆫ김白鉉氏家에突入ᄒᆞ야主人을威脅ᄒᆞ고금貨三十圓과其他物品을强奪以去ᄒᆞ얏다더라

●斷指何關 日前에靑年同志會에셔김錫진氏等七人이該會를維持擴張ᄒᆞ고靑年同志에學業을益々勉强ᄒᆞᆯ計劃으로壹齊斷指同盟ᄒᆞ얏다ᄂᆞᆫ說은已報어니와現今某處에셔此事件에對ᄒᆞ야可疑處가有ᄒᆞ다ᄒᆞ고秘密詗探하ᄂᆞᆫ中이라더라

●靑館開演 今日下午七時三拾分에鍾路靑年會館에셔그링피드氏가演說ᄒᆞᆫ다더라

學界

●阿峴進明 西門外阿峴車子里契居盧淳根李起夏趙命浩金春夏諸시가該洞靑年子弟와壹般勞働者의學識을誘導ᄒᆞ고저進明講習所를發起ᄒᆞ야該洞에在ᄒᆞᆫ契舍를借得ᄒᆞ야國漢文算術日語四科를設ᄒᆞ고每夜에自擔敎授ᄒᆞ더니學員이漸加ᄒᆞ야七拾餘名에達ᄒᆞᆫ지라該洞中諸시가此를感嘆ᄒᆞ야林在元趙鍾植兩시ᄂᆞᆫ各히自己의所有田을寄附ᄒᆞ야該所建築基址를作케ᄒᆞ며金鳳奎林晋煥金春煥諸시等은優數ᄒᆞᆫ錢財를捐付ᄒᆞ야所舍를建築ᄒᆞ며諸般事務를熱心經用ᄒᆞᆷ으로人皆稱頌ᄒᆞᆫ다더라

●此亦善擧 長湍郡內敎育家로熱心ᄒᆞᄂᆞᆫ崔職淳張翼洪鄕得河諸시가發起하야中學預備講習所를該郡鄕校養士齋에設立ᄒᆞ고邑村開學文이未備ᄒᆞ야高等學校에나中學校에入학지못ᄒᆞᆫ者와年齡이已長ᄒᆞ야小學校資格에不合ᄒᆞᆫ靑年을募集ᄒᆞ야算術地誌漢文등專門速成科로講習케ᄒᆞᆫ다더라

●兩氏血誓 平北龍川外下面順川洞金京煥同面做義洞尹希俊兩시ᄂᆞᆫ維新學校夜學生이라時代의發棄ᄒᆞᆷ을恨ᄒᆞ고義務敎育이未施ᄒᆞᆷ을歎ᄒᆞ야晝則幹家ᄒᆞ고夜則讀書ᄒᆞ며遂嚙指共誓曰心誰也登하고事業也登ᄒᆞ야顚沛爲國ᄒᆞ며死生爲國ᄒᆞ되違之則神明이可質이오背之則天眼이可畏라ᄒᆞ고勤々修業ᄒᆞᆫ다ᄒᆞ고人皆稱道ᄒᆞᆫ다더라

●韓日學校 壹進會에셔某處交涉을因ᄒᆞ야獨立館等地에中學校를設始ᄒᆞ고韓日兩國학員中資格이可合者를選拔ᄒᆞ야學校에合同入학케ᄒᆞᆫ다더라

●北郡東興 咸北會寧郡居閔錫奉陳鼎涉시ᄂᆞᆫ自己所居廳舍를捐附ᄒᆞ야東興夜學校를設立ᄒᆞ고農夫와樵童三拾餘名을募集ᄒᆞ야每夜拾壹時ᄭᆞ지熱心敎授ᄒᆞᆷ으로進興의望이快有ᄒᆞᆫ지라陳시의義務를人皆稱頌ᄒᆞᆫ다더라

●刺股同盟 安州郡南面長興夜學校ᄂᆞᆫ該面洪昌鎭王廷鎭金潤國리元邦諸시가熱心贊轄ᄒᆞᆷ으로敎育程度가日益進就ᄒᆞᄂᆞᆫ데高等生徒十五人이愛國誠으로壹齊刺股ᄒᆞ고血誓同盟ᄒᆞ얏다더라

▲地方消息▼

▲本月十四日全羅南道남原郡西北方約三十里地에셔義兵四十餘名이該郡日守備隊伍장以下六名과交戰ᄒᆞ얏다ᄒᆞ고

▲去月三十日全北金州郡東남方樹驛附近에셔義兵五名이該郡日守備隊中尉以下騎兵六名과交戰ᄒᆞ얏다ᄒᆞ고

▲本月拾四日全南靈光東南方約三拾里地에셔義兵數名이該郡日守備隊曹長以下數名과交戰ᄒᆞ얏다ᄒᆞ고

▲本月十三日慶北醴陽東方約二十里地에셔義兵十餘名이慶남咸昌郡日守備隊下士以下五名과交戰ᄒᆞ얏다ᄒᆞ고

▲本月二十四日夜全羅남道智島에셔義兵二十餘名이該道警察部장以下數名巡査와交戰ᄒᆞ얏다더라

▲筆下短評▼

▲窓外三更細雨時에往來無人寂寞ᄒᆞ다心事鬱々ᄒᆞ여러안저新聞軸을펼쳐노코이리뎌리閱覽ᄒᆞᆫ제可笑事도만커니와痛嘆ᄒᆞᆯ일며웃만다論人長短ᄒᆞᄂᆞᆫ것이더내本心아니언만醒責任至重키로某々大官近日行動壹擧下의評論일세

▲總理大臣李完用은무슴妄發ᄒᆞ얏던지妄發풀리ᄒᆞ너라고壹大宴을ᄒᆞ얏다더니完用에身分으로妄發이란웨잇스리戱談間에妄發ᄒᆞᆷ도羞恥될줄알바에ᄂᆞᆫ民國事에妄發ᄒᆞ야全國唾罵밧ᄂᆞᆫ것은羞恥인줄왜모ᄅᆞ나좀々ᄒᆞ다이當身아

▲內部大臣朴齊純은錦宅果園開拓ᄒᆞ고新亭子를짓ᄂᆞᆫ다니宗廟社稷도러보라荊棘中에드러잇고地方人民슯혀도다途際邊에栖屑일세公의일홈齊純이라齊家ᄒᆞᆯ줄알바에ᄂᆞᆫ公의字가憲平이라平天下術왜모로나답々ᄒᆞ다이當身아

▲農商大臣趙重應은商會所에前往ᄒᆞ야財政流通더力을道々說明ᄒᆞ얏다니能言鸚鵡쓸ᄃᆡ잇나喋々利口말만ᄒᆞ고主管者가되야거던實施ᄒᆞᆯ것이지無事奔走웬일인고知而不行ᄒᆞᄂᆞᆫ것은不如不知이니너가좀々ᄒᆞ다이當身아

▲輔國大夫閔泳徽ᄂᆞᆫ內外國人高等官과紳士를請邀ᄒᆞ야盛宴開設ᄒᆞᆫ다ᄒᆞ니接賓各五처마ᄂᆞᆫ公의身分생각ᄒᆞ라今日地位何如ᄒᆞᆫ가쓸ᄃᆡ업ᄂᆞᆫ接賓말고徵文塾에助力하든饗應ᄒᆞᄂᆞᆫ더浮費로學校에나寄附ᄒᆞ지좀々ᄒᆞ다이當身아

▲樞院議長金允植은觀光團員組織ᄒᆞᆫ제某々人十數ᄒᆞ여서贊成勸告ᄒᆞ엿다ᄂᆞᆫᄃᆡ公은乃讀書士라反對치ᄂᆞᆫ못ᄒᆞᆯ망정精神至처일엇던가日本國을遊覽時에日本魂이드렷던가八拾當年老昏ᄒᆞ야妄念症이생겻나답々ᄒᆞ다이當身아

社告

本支社를左기西點에設置ᄒᆞ고玆에仰佈ᄒᆞ오니자觀郡附近地에셔本報愛讀ᄒᆞ실僉君子ᄂᆞᆫ左開四氏에게請求ᄒᆞ심을務望

清津港新岩洞　張元浩
雲山北面橋洞　王冕鎬
沙里院活民勞動救火會長敬平
甑山郡內利用里　崔諺爽

大韓每日申報社

廣告

本社에셔水路行商ᄒᆞ시ᄂᆞᆫ僉君子의危險홈을念慮ᄒᆞ고申速便利ᄒᆞ기를爲ᄒᆞ야新製ᄒᆞᆫ輪船貳艘로內地各浦에諸殺貨物을運輸ᄒᆞ오며船客의通涉을安全케ᄒᆞ오니內外國僉彥照亮ᄒᆞᆷ

南大門通運社
水陸運送部　告白

正三品前陸軍副尉孫禹永氏가以宿患으로陰今月初六日酉時에別世이옵기玆以仰佈ᄒᆞ오니知舊間照亮ᄒᆞᆷ

長任孫奎東　告白

本人의弟義聲이가七八年前美國桑港에往ᄒᆞ야但以勞動으로求命徒生ᄒᆞ더니昨年九月分偶然히數拾日沉病ᄒᆞᆯ時에共立協會壹般會員이義捐을鳩聚ᄒᆞ와盡心救效타가終如是別世ᄒᆞ오미極力厚葬ᄒᆞ신것도感謝ᄒᆞ거던又況金幾貨ᄒᆞ百九如圓ᄀᆞ出付于本人ᄒᆞ엿ᄂᆞ오ᄀᆞ仁愛ᄒᆞ厚ᄒᆞ와感謝ᄒᆞᆷ을告ᄒᆞᄂᆞ이다

江原道洛陽邑[illegible]里

法法法法法法法法法

本人이判事의任을辭ᄒᆞ고左記處에事務所를更設ᄒᆞ오며民刑訴訟及諸般法律顧問事項을覺盾迅速精確히處理ᄒᆞ오니抱冤未伸ᄒᆞᆫ것과有疑未解ᄒᆞ시ᄂᆞᆫ僉君子ᄂᆞᆫ陸續來議ᄒᆞ심을望ᄒᆞᆷ

西部唐皮洞三統四戶

辯護士　前判事 前檢事　李冕宇

律律律律律律律律律

本所ᄂᆞᆫ外國에셔專門卒業ᄒᆞᆫ技師와官費로卒業ᄒᆞᆫ技手를團合ᄒᆞ야測量所를設立ᄒᆞ고農商工部認許를承ᄒᆞ야各種測量製圖設計에從事ᄒᆞᆫ지已經三年인바現今全國內山林測量의期限이漸迫ᄒᆞᆷ을是憂ᄒᆞ야各部에出張所를設置ᄒᆞ고山林及각種測量을隨請施行ᄒᆞ오되關求者의信用을得ᄒᆞ기爲ᄒᆞ야本所에셔各出張員의게所聚를携帶케ᄒᆞ오며報酬料ᄂᆞᆫ低廉케ᄒᆞ고壹切法式은極盡精細케ᄒᆞ야合格됨을負擔ᄒᆞ고從事에益益勤勉ᄒᆞ오니測量을要請ᄒᆞᄂᆞᆫ僉君子ᄂᆞᆫ本所나或出張所에來議ᄒᆞ시옵

再, 測量技術이不完全者를實習케ᄒᆞ기爲ᄒᆞ야京城南部棗洞大廟三統九戶新層洋屋內에

測量實習所를設ᄒᆞ고學員을募集敎授ᄒᆞ오니有志僉彥은本所에來議ᄒᆞ시옵

農商工部官許
大韓測量事務所所長　盧[illegible]

本人이昨年夏에大邱商買扇[illegible]三百餘[illegible]買得而于今[illegible]價值[illegible]

阿片新言丸

阿片初吸者ㅣ雖日時效나日久則遂成錮引ᄒᆞ야至於滅敗家產者의未免死者ㅣ比比有之ᄒᆞ니豈不哀惜乎이故로本堂에셔殫心竭力ᄒᆞ고英國藥方을透得ᄒᆞ야阿片斷引ᄒᆞᄂᆞᆫ大效가잇ᄂᆞᆫ靈藥을製造放賣ᄒᆞ오니欲戒阿引者ᄂᆞᆫ契約服用ᄒᆞ시되若無效驗이면藥價를還呈ᄒᆞᆯ지사오니照亮ᄒᆞ시옵

注意　定價 壹劑八週分金五圓 中劑四週分金三圓

太乙調經丸

婦人이冷病種病과月經不調로因ᄒᆞ야孕胎치못ᄒᆞᄂᆞᆫ대神效藥壹日份壹劑金五圓

癬瘡消瘡丹

男女間楊梅瘡毒下疳瘰癧頭瘡의百發百中ᄒᆞᄂᆞᆫ妙藥이오定價甲金一圓乙금二圓五十錢

王治丸

男女遺精疝氣를全治ᄒᆞᄂᆞᆫ대神奇妙藥이오壹劑金三圓

救陽丸

男女間補陰補陽ᄒᆞ고元氣不足에第壹이오定價每拾日分금壹圓八十錢

八寶丹

健胃消滯ᄒᆞ며口味를助ᄒᆞ고痰을消ᄒᆞ고心神을爽快케ᄒᆞᄂᆞᆫ靈藥이오定價금十錢

此外에도東西洋각國名藥과德國香上品金雞納이俱備ᄒᆞ오니陸續注文ᄒᆞ시옵

總發行所仁川港[illegible]號　支店京城[illegible]

美國시아틀大博覽會　회람박대틀아시미

本社之商標

本社之印章

請求詳覽

●特別廣告

本社株券의每株價値가十圓式은今日로부터壹口동안에五月一日부터十二圓式이외다

大韓皇城磚洞
(京城郵便局郵函第四十號)
韓美興業株式會社　謹啓

●特別廣告

漢城鍾路惠粟房에서官許拜受ᄒᆞᆫ二十三種封藥과舊藥材와草材를大發賣ᄒᆞ고且石版印刷機械

學部檢定

初等植物學　每課有圖　定價金三十錢

初等動物學　每課有圖　定價金四十錢

最新初等小學　文明國의小學讀本制度를模範ᄒᆞ야精美ᄒᆞᆫ圖本을具ᄒᆞ고八卷貳冊合製定價金五十錢

最新初等大韓地誌　定價金四拾錢

最新高等大韓地誌　定價金七拾錢　文明國地誌制度를模倣ᄒᆞ야漢陽의山水며宮闕圖와拾三道地圖와都會勝地와名山大川과都會勝地도具ᄒᆞᆷ

初等大韓歷史　文明國의歷史制度를從ᄒᆞ야我國의檀帝　明王의御眞과忠臣烈士의影幀을具ᄒᆞᆷ　價金七十錢

國家思想學　精神教育　定價金二十五錢

憲法要義　義務教育　定價金二拾五錢

國文大韓十三道遊覽　上下卷　定價金四拾錢　우리大韓國拾三道에名山大川과都會勝地를구경코ᄌᆞᄒᆞ는僉君子는速々購覽ᄒᆞ소서

右敎科書는本書林에서發行ᄒᆞ오며此外에各種書籍이具備ᄒᆞ오니학界僉君子는速速來購ᄒᆞ심을爲望

原賣所　京城南部銅峴文閣街里三十五統五戶　玉虎書林

分賣所　黃海道鳳山郡沙里院朝陽書舖　京鄕各有名書舖

◎共愛堂大藥房製造各種藥品發引表

壯陽復元丹　先天不足 此藥專治腦痛肺弱 房事色傷 心腎虛弱 遺精多夢 陽萎不起 病後虛弱 不下飲食 等症에並妙効가有ᄒᆞᆷ　壹週分壹圓 二週分二圓四拾錢

慶修靈丹　止咳口熱惡臭食慾不振等症에並神効 壹劑消化不良心腹痛 船車酒醉化痰 二十分壹圓八拾錢 八十分六圓四拾錢

眼科聖藥淸眼水　壹般眼疾、時行眼疾、風熱眼疾、羞明流淚、眼內紅翳等症에並神効 壹瓶金拾錢

解瘧至寶丸　專治瘧疾卽氣虛瘧、遠年瘧、하루걸이、二日학、雖難治之학이라도不々祛退ᄒᆞᆷ 壹包금拾錢

皮膚神藥靈効液　特治皮膚病 疥瘡、疣痒、諸般濕疹、우두러기、옷올녀ᄂᆞᆫᄃᆡ 神効 壹瓶금三십전

五淋專治通淋丸　能治淋疾、赤白帶下、膀胱炎症、尿道炎及淋濁、外他淋毒性諸症에神効ᄒᆞᆷ 壹劑金五拾錢

梅毒妙効神應丹　梅毒에壹期二期三期를勿問ᄒᆞ고確實이有效、連珠瘡下疳瘡等에幷效 壹劑金三圓

新藥淸脾丸　小兒壹般腹痛、面黃、疳積、左右脾腫에大有奇効 一匣금五十錢

久滯神効養胃散　通治經久滯積、吞酸吐瀉、霍亂、腹痛大便不順等症에奏効如神 壹貼금拾五錢

治痰鎭咳丸　專治大人咳嗽、喘息、痰結等症에妙 三日分壹匣금三十錢

特胃感効消熱散　勿論四時傷寒感冒、咽喉疼痛、寒熱往來肢節痛、似瘧非瘧等症에神効 壹貼금十錢

耳病神効淸耳液　專治耳病卽鼓膜炎、內外耳道炎、耳中灼熱疼、耳聾、膿液流出等症에奇効 壹瓶금십錢

百貼百應妙妙膏　風寒濕氣、胸膈背部痛、腰膝腳腿酸痛無力、骨節疼痛等症에如神 금廿五錢

奏効如神能治膏　각종腫氣、小兒胎毒、부스럼、瘰癧、生瘡에並神効 鉄匣入금十전

大腫拔根膏　大小腫에根째빼야解凝膏 價금十錢 명울삭히는약 價금十전

寸虫去根藥　價금貳十전　齒痛水 충치쑤시는데 價금七전五厘

止泄丸　諸泄暑泄神効 價금十五전　痢疾藥 赤白痢에神効 價금십五전

各種上等[illegible]、東西洋有名賣藥、藥乾材都賣散賣其他各種藥이具備ᄒᆞ오니

請求를依ᄒᆞ야小包로隨應ᄒᆞ깃슴

發行所　皇城南部太廣橋十九統七戶　共愛堂大藥房

各種藥品을總發行所는京城南大門側濟生堂大藥房本舖

淸心保命丹

◎至急히注意ᄒᆞᆯ事件

本堂에서製造發賣ᄒᆞ는(淸心保命丹)은內外國僉君子의愛顧ᄒᆞ심으로十分發達ᄒᆞ온中近日何藥房에셔但(保命丹)이라三字만써行賣ᄒᆞ오니京鄕[illegible]買用ᄒᆞ시는兄弟姉妹는勿爲見欺ᄒᆞ심을敬要

本堂製藥은(淸心保命丹)이라五字가分明ᄒᆞᆫ데彼行賣藥에는(淸心)二字는無ᄒᆞ고(保命丹)이라三字만쓴거슨丁寧本堂製造品이아니오니特別히注意ᄒᆞ시옵

京城南大門內濟生堂大藥房

淸心保命丹本舖告白

社告

○申報價

壹張代金　新貨貳錢五厘

壹個月前納　三拾錢

參個月　九拾錢

陸個月　壹圓七拾錢

壹個年　參圓四拾錢

郵稅壹張　新貨五厘

壹個月　拾參錢

○廣告料

四號活字拾參字詰

每日壹寸(英尺)에新貨廿五錢

貳週日壹寸에　貳圓五拾錢

壹個月壹寸에　五圓

(自壹行至四行이爲壹寸)

其期限의長短과字行의多寡를依ᄒᆞ야增減홈이有함

◎大韓每日申報各處支社廣告

平安道

平壤鍾路太極書館　安泰國

三和港牌石洞　金澄杜

邑성郡校洞　許환

義州南門外西大藥房　張有寬

鐵山邑東部　安瀕

車輦館　金明鉉

定州南門內當舖　洪成麟

博川郡邑니빙洞　金翼權

安州城內義井洞　金翼河

京義線枇峴驛前　李基秀

龍川楊市　黃菊保

龍川南面松鳳海東書會　金賢赤

龍川남市驛　韓森鎬

朔州邑남門니　朱伯英

泰川邑館前洋약局　李正華

寧邊郡耶蘇敎冊々　김致儀

江西邑內　金昌鎬

咸從郡耶蘇敎堂　張炳흥

成川郡上部面　禹應三

平남順川郡邑[illegible]　鄭[illegible]

宣川邑橋南　金亨俊

江界邑內　김泰희

郭山郡郡面湖우里　金德酒

殷山郡邑面上里　梁允植

价川郡內利用里　崔診爽

雲山北面橋洞　王冕鎬

黃海道

海州남門內　朴昌鎬

安岳細동坊成洞　張道善

長淵邑南門內　[illegible]

殷栗邑倉前里　金秦[illegible]

信川邑六里　丁一[illegible]

黃州南門外卅肆　崔[illegible]

白川邑文明館　趙雲泳

沙里院活民勞動救火會　任敬宰

咸鏡道

咸興州南社西門外　曺喜林

元山港創業社內　[illegible]用正杰

高原邑　[illegible]

定平郡舊川　張[illegible]

洪原南門外耶蘇敎書肆　方萬[illegible]

永興南山동書舖　[illegible]

鏡城羅南新興洞　[illegible]干鎭

淸津港新岩동　張元浩

全羅道

金溝水流面豆亭　趙德三

木浦항陽동　리得[illegible]

京畿道

江華邑川[illegible]　[illegible]

開城남大門內興學書舖　姜助遠

仁川축峴開新冊々　李東琮

忠淸道

結城[illegible]川小[illegible]동　李啓식

慶尙道

大邱西門外友弦書樓側　李正由

釜山港佐川약局　徐錫[illegible]

長기郡縣面[illegible]部　吳根[illegible]

江原道

鐵原邑[illegible]동　趙秀大

蔚珍遠남面梅花里　朱鎭[illegible]

光武九年八月拾壹日 明治卅八年八月拾壹日 第三種郵便物認可 金曜日 西曆壹千九百九年四月三拾日 (壹)

大韓每日申報

第七卷 第壹千八拾四號

月曜及時日休刊 歲慶節

檀君開國四千二百四十二年
箕子元年三千三十一年
大韓開國五百十八年
日本明治四十二年
淸國宣統元年
陰己酉三月小十一日庚申

Responsible for Publication Alfred Weekley Marnham.
發行兼編輯人英國人 萬咸
發行所
京城南部石井洞報外地三層洋屋
大韓每日申報社

論說

◎漁業法問題를 辨論함

大韓新聞에서 漁業法과 申報라 題하고 橫說竪說로 本報를 無數論駁하얏더라

大抵本報가此를辨論치아니흠을誰가참鬼報와韓新聞을信흐며誰가現政府機關報大韓新聞을信흐리오

又彼가新聞의價値나有흐면或爭論을試하깃지만彼狗又太吠흐며인又太鳴흐는大韓新聞과何를爭論흐리오彼와爭論하면反히本報의名譽를損傷흠이며彼와爭論하면反히本報의資格을損흠이로다

然이나或彼의惡孽이漸장흐야神明흔韓族同胞의精神을迷惑케흘까慴흐야不得已筆을壹擧흐노라

彼가劈頭에日每日申報가評論을試흐야日狡猾흔日本人이旣得權이라假托흐고漁場中最良好흔部分을奪흐얏다고云흐얏다흐얏스니

本報漁業法施行에關흔論文에는所謂狡猾이니漁場中最良好흔部分을奪흐얏니니흔는等文字가初無흐거늘彼가此等文字를加入흐야本報를痛擊흐얏스나彼가本報를構誣코져흠이나實은彼도亦曰人이狡猾흐며漁場中最良好흔部分을奪흔줄을知了흠이아닌가可謂自椎自擊이로다

又彼가當局者가日人에게厚待흠이無흐다고極口辨明흐야日漁業法의頒布된後로實施期까지三個月餘暇가有흔즉若人民이漁業法을不知흔者ㅣ有흐면此는人民의責이라하얏스니

彼는當局者를庇護흔精神에人民의關係는都忘흐얏도다아모리二個月餘暇가有흐다흘지라도此를到底解示흐야人民으로洞知케흠이엇지官吏의責任이아니리오我韓國人民인가又此가足히日人厚待의責을免흔證據가되는가彼가又五條目을擧흐야次第論駁흐얏는데

(壹)彼가曰漁業法實施前에日人請願者가有흐나當局者가漁業實施法에依흐야請願흐라고注意흐얏다하얏스나

本報에日日人請願者는漏聞흔處기必有흐다云云흐얏거늘彼가如彼云云흐얏스니此何謂問東答西이로다

(二)彼가曰韓日人의請願을希望흐야如何히政府에서韓人을勸諭흐며라도不應흐다흐얏스니

本報에는日人에게便宜聯絡이必有흐다흐얏거늘彼가徒曰政府에서韓人을勸諭흐야도韓人이不應흐다흐얏스니此가日人에게便宜聯絡이無흐다는理由가되지못흘뿐아니라

又如何히糊塗說明흐야라도人民의輿論가自在하기던敢히誰를欺흐리오 未完

官報

▲隆熙三年貳月拾三日 官報

部令(續)

第十三條 酒類를製造흐는者가財務官吏의職務執行을拒逆흐며又는忌避흐거나此에拘碍를加흔時는二圜以上貳十圜以下의罰金에處흐되其刑法大全에正條가有흔者는該規定에依흠

附則

本法은隆熙三年分으로부터此를施行흠

本法施行에부터繼續흐야酒類를製造흐는者는本法公布日로부터九十日以內에本法에依흐야免許를受흠이可흠

朕이烟草稅法을裁可흐야玆에頒布케흐노라

御名 御璽

隆熙三年二月八日

內閣總理大臣 李完用
度支部大臣 任善準
法部大臣 高永喜

法律第四號

烟草稅法

第壹條 烟草耕作者又는烟草販賣業者는政府의免許를受흠이可흠

其耕作又는販賣業을廢止코져흔時는免許의撤消를請求흠이可흠

前項을依흐야免許를與흔者에게는準牌를交付흠

第貳條 烟草稅를分흐야烟草耕作稅와烟草販賣稅二種이라흠

第三條 烟草耕作稅는左開種別에從흐야烟草耕作者에게此를徵收흠

第壹種耕作(植付根數九百以上된者)壹個年五十錢

第貳種耕作(植付根數九百을超過흔者)每個年金壹圓

第四條 烟草販賣稅는左開種別을從흐야烟草販賣業者에게此를徵收흠

第壹種販賣(都賣를行흐는者)壹個年金十圜

第貳種販賣(散賣를行흐는者)壹個年金二拾圜 (未完)

外報

◎勃牙利獨立 東京電을據흔즉英佛露三國은勃牙利의獨立을承諾흐얏다더라

◎土國의虐殺 倫敦電을據흔즉土耳其報道에日시리아市에서虐殺을當흔알메니아人族이壹萬人에達흐얏는디英大使館調査에日虐殺의數가壹萬五千人이라더라

◎土皇廢位可決 伯林電을據흔즉土耳其上下兩議院이土耳其皇帝의廢位를可決흐얏는디改革反對黨은希臘雅典으로逃走흐얏다더라

◎露兵과波斯 全電을據흔즉露兵八百名이波斯諸部落을占領흐얏다더라

◎土國의狀態 倫敦電을據흔즉土耳其議會는現帝의兄으로皇位에卽케흐기로宣言흐얏는데지에무겻노元帥는皇帝에게打電흐야廢位의說을否認흐고包圍軍의使命은憲法의不可侵을維持흠에不過흐다더라

詞藻

◎尙義理

桃園에봄이드니、가지〃〃쫒쳐로다。同死同生흐ᄌᆞ흐고、祭天結義흐던때라。우리、劉關張의神天義理、본을받어。

雜報

●親臨陪從 大皇帝 皇后兩陛下께옵서今日官私立各學校大運動場에 御臨 御覽ㅎ실旨을 下ㅎ셧故로總理以下각部大臣과高等官諸氏가多數陪從ㅎ다더라

●義王還乘 義親王殿下께서韓國將校貳十餘騎를率ㅎ시고今日午前十壹時에東小門外에遠乘會를行ㅎ다더라

●君何王何 永宣君께서爲錫氏가親王致命ㅎ기를極力運動ㅎ는뎌不濟間被命된다는說이有ㅎ다더라

●內閣會議 總理大臣以下各部大臣이昨日午前十壹時에詣闕ㅎ야各部政務에關ㅎ야內閣會議를開ㅎ얏다더라

●拓殖花會 東洋拓殖會社副總裁閔泳綺氏가來月上旬에花卿會를盛設ㅎ고總理以下各部大臣과其他高等官을請邀宴待ㅎ기로預定ㅎ얏다더라

●長醫何事 奉化郡楓山居이承魯氏가現政府에對ㅎ야무슨장書를製述ㅎ야中樞院에獻議次로上京ㅎ얏다가某々人의勸告를因ㅎ야還爲下鄕ㅎ얏다며라

●有何方法 內部에서十三道觀察使에게秘密訓飭ㅎ되義兵有無區域을辟查報來ㅎ며剿討의方法을函施ㅎ깃다ㅎ얏다더라

●面上牛鼠 日前에警視總監若林賚藏이가各署長을該官廳으로會集議決하얏다는說은昨報에已揭어니와該內容을漏聞ㅎ즉韓人警部及巡查로瞥緊이不明ㅎ야人民에게反有妨害ㅎ니日人으로壹切叙用ㅎ는것이妥當ㅎ矣ㅎ다하얏다더라

●合格六人 學部에서去番에無試驗檢定으로合格者六人을選拔ㅎ얏는데其六人은滿六個年間에官立普通學校漢文專門科副訓導로許可狀을繕給ㅎ얏다더라

●納育叢方針協議 再昨日에北村某々官諸氏가漢城內實業家某々人을招集ㅎ야韓國內實業을發達ㅎ方針으로數時間互相協議ㅎ後各二萬圜式辦出ㅎ기로決定ㅎ얏다더라

●鐵義開會 去二十四日司令部에서義兵履歷々議를開ㅎ얏는데其履歷方法은甚히秘密하다는데其若干漏聞을據ㅎ즉義兵을出擊ㅎ는同時에軍隊와警察官吏가互相協議ㅎ야日本人旅行者를保護ㅎ기로決定ㅎ얏다더라

●運動科目 漢城內外官私立各學校가春期運動會를今日訓鍊院에서開하는데其運動科目은集合正列ㅎ後에運動唱歌를合唱ㅎ고聯合體操等拾六科目으로運動ㅎ다더라

●生男設宴 日前에承寧府摠管趙民熙氏가別室에서生男ㅎ故로趙氏가不勝喜悅ㅎ야宴會를排設ㅎ고政府各般官吏와內閣諸大臣을請邀宴待ㅎ얏다더라

●楊郡民怨 楊州郡에는巡查等이各村里로橫行ㅎ며義兵을搜索ㅎ다藉托ㅎ고無罪良民을構誣行悖ㅎ는故로民怨이漲天ㅎ다는傳說이有ㅎ더라

●申氏慈善 前明禮宮庫直申泰植氏는前官員役等에게貸與ㅎ金額이不小ㅎ데日前에該人等을壹切招集ㅎ고貸金文簿를燒却ㅎ얏다고同氏의濫善을擧ㅎ야皆稱頌ㅎ다더라

●果則宜落 長水郡春동居金聖顯氏가去乙巳年分에該동居康道文氏의게三百石秋收하는沓土를葉錢二萬九千五百兩에買渡ㅎ얏더니康氏가叵測之心으로당價를不捧ㅎ얏다ㅎ고該郡及觀察道의遞訴裁判ㅎ다가康氏가落科를얏다더라

●詗探吸烟 南部會동居ㅎ는鄭某는何許淸人과交涉ㅎ야鴉片을嘲吸ㅎ다는聽聞이喧藉ㅎ으로當地警察署에서鄭氏의行動을詗探ㅎ는中이라더라

●互相偵探 元山港에在ㅎ俄國領事館通譯韓人金某가日前에上京逗留ㅎ다는聽聞이喧藉ㅎ으로目下日憲兵司令部에서는金氏의蹤跡行動을極力探偵ㅎ다더라

●知機先避 再昨日에日憲兵隊에서多數히探偵客을派送ㅎ야北部宍洞等地何許人家에上京潛伏ㅎ楊州義將金殷杢氏를捕捉ㅎ次로該家에突入搜索ㅎ則金氏가預히知機避身ㅎ故로皆空還ㅎ얏다더라

●學費窘艱 前判書趙鼎九氏의令男趙南復氏가昨年二月頃에美國에遊學ㅎ次로渡去하얏는데近頃에學費가大端窘拙ㅎ야逐出之境을當ㅎ지라多少間에從速付送ㅎ라고該氏에急電이再昨日該本第에來到ㅎ얏다더라

●全南義擾 近日에全南康津靈巖等郡에는義兵이益益熾盛ㅎ야民心이騷擾ㅎ으로當地人民中에避難上京ㅎ는者가日益增加ㅎ다더라

●是何心腸 竹山郡木岳里居ㅎ는黃用成氏가昨年分에陽智郡派駐所憲兵補助員名不知某와義兵에同入ㅎ얏다가黃氏는歸家安業ㅎ고쉬某는憲兵補助員의投入ㅎ얏더니壹日은쉬人이平服으로黃氏를來訪誘引ㅎ야憲兵所在處로結縛以去하다가中路에서炮殺ㅎ얏다더라

●日警砲殺 數日前에義兵七名이有何偵探이던지日人의衣服을着ㅎ고忠淸南道木川郡沙器所동里에入去ㅎ얏더니該동居하는학生韓某가日人으로誤認ㅎ고日語로酬酢ㅎ미該義兵이그學生을卽地砲殺ㅎ얏다더라

●被傷載車 去二拾六日下午二時量에日兵五六名이東大門으로入來ㅎ는데就中의被傷者壹名은人力車에搭載以來ㅎ얏다더라

●日兵又東 再昨日上午拾時量에日兵幾拾名이卜馬四拾餘駄를領率ㅎ고東大門外로出往ㅎ얏다더라

●賣淫被捉 中部磚동居ㅎ는崔召史는年今拾九인데秘密賣淫ㅎ다가再昨日所管警察署에被捉ㅎ얏다더라

●窃盜被捉 再昨日下午拾時頃에北部弘濟동居金興基氏家에何許賊漢四名이突入ㅎ야衣藏汁物을掠取ㅎ時에該洞中人民들이齊聲逐送ㅎ얏더니該賊漢等이逃走ㅎ다가巡山巡查에게被捉되얏다더라

●靑會運動 鍾路靑年會館에會員壹同이春期運動會를五月八日上午八時에惠化門外三仙坪으로明往設行ㅎ다더라

●週會演說 今日下午七時半에貞洞耶蘇敎堂內貞洞學會에서世之光이라問題로金一善氏가演說ㅎ다더라

學界

●財務有志 慶南陝川郡財務署장리性和시는稅務에勤實ㅎ야擴氏慈善ㅎ고敎育에熱心ㅎ며義捐金額ㅎ야학校를成立케홈으로人民이咸須服從ㅎ다더라

●靈泉麟鳳 黃海道鳳山郡靈泉面壽城里에서麟鳳學校를設立ㅎ얏는데校長金應念校監姜弼周學監崔植郡監督崔植汝敎師崔植穆諸시가熱心敎授ㅎ야學徒가六十餘人에達ㅎ야進就之望이有ㅎ다더라

●兩氏寄付 楊州郡闕里居紳士諸시가闕里學校를設立ㅎ고子弟를敎育ㅎ는데該洞居前郡守申泰衡시는校舍攔隨를寄付ㅎ고隣洞居李惠應시는自己所有田壹日耕을捐付ㅎ얏다더라

●金氏有志 淸州郡私立新明學校講師金厚坤시는學識이贍富ㅎ고志氣가磊落ㅎ야舌耕으로營業ㅎ야每年所得이租拾包에不過ㅎ더니民智가未開ㅎ을慨嘆ㅎ야該租包를沒數히학校에寄付ㅎ야書籍을購聚ㅎ며聽俊을募集ㅎ야熱心啓학하미生徒가雲集ㅎ며學問이日就ㅎ야稍히前進之望이有ㅎ다더라

●進校漸成 慶南密陽郡私立進成學校가設立ㅎ지未滿三年에校監孫寬鉉시가熱心賛務ㅎ야生徒가百餘名에達ㅎ얏다더라

●東彰運動 本月二拾二日에私立東彰學校에서春季運動을永濟寺附近으로擧行ㅎ時에壹般任員及學徒父兄이來參賛成ㅎ야捐金을優數各出ㅎ고來賓의賀憲植等諸시가次第勸學ㅎ고各出捐金ㅎ야該運動費를補用케ㅎ얏다더라

●瑞興瑞典 黃海道瑞興郡瑞明學校任員諸시와一般學徒가夜學速成科를設立ㅎ고本月貳拾日에開學禮式을擧行ㅎ얏는데該郡裁判所判事李漢吉시와訟記宋泰用시가名譽로敎授ㅎ는데不過四五日에學徒가四十餘名에達ㅎ야進就之望이有하다더라

●婦人熱誠 龍崗郡智峴里시門中에서設校ㅎ여敎育에熱心ㅎ다는說은已揭어니와更聞ㅎ즉婦人들도國勢가岌業ㅎ을慨歎이녀여學校에壹二圜式義捐ㅎ얏는데貧寒無路ㅎ婦人들의如此ㅎ熱誠을人皆稱誦ㅎ다더라

●牧民盛況 西間島에在ㅎ牧民학校는該校任員高鍾湖張贊鉉朴鵬涉자致勤金秀貞韓禧善趙勵鉉諸시가校務에熱心協力ㅎ얏더라朴永遷씨는校總敎師의任을兼帶ㅎ고熱心敎授ㅎ며其夫人朱剛淑시는英語唱歌等을擔任敎授ㅎ고敎師朴秉均張景淳시는漢語를敎授ㅎ는데右諸시가皆名譽로敎授ㅎ는故로該校名望이遠近에播揚ㅎ미各處學生이日益雲集ㅎ야附近各地에支校를廣設ㅎ고兼ㅎ여女학部를組織ㅎ는데女子學生이十餘名이라더라

▲春城遊覽

▲雲溪風輕近午天에訪花隨柳遊覽코저어느村落노라드니壹部荒凉亂家中에우름소리漲溢ㅎ다携杖徐步차저가니主人翁은잠만자고兒童들만모혀안저呼天叫地痛哭ㅎ니나그理由무러보자 (ᄎ뎨너보)

▲이兒孩야말드러라무슴일노痛哭이나鷄百年來相依ㅎ든土地家屋에내陸棄越便ㅎ의며主人이지운빗도엽섯는뒤近日動靜ㅎ여본즉아조제것만ㅎ야고百般運動ㅎ는貌樣그를슬허痛哭이오 (그럿켓다)

▲뎌兒孩야말드러라너는어이痛哭이나看檢ㅎ여죽달제도乃積乃倉ㅎ든穀과南田北沓ㅎ든土地를分配粒穀못써보고쓸音壹個못닛거든아조제것되고보면生活方策업슬지니그를슬허痛哭이오 (올흔말이다)

▲뎌兒孩야말드러라너는어이痛哭이나뎌에거슨다든後는內房舍廊뎌의차지土地錢穀뎌의차지山亭別堂行廊ᄭ지뎌의차지될것이니어느房에留處ㅎ며어느山에埋葬ㅎ고그를슬허痛哭이오 (불상ㅎ다)

▲뎌兒孩야말드러라너는어이痛哭이나大韓二日時에ㅎ고家族二十이다뎌게越便에의뎌主人이우리집의主人되며우리兄弟姊妹와父母되심꼿이事業ㅎ니그를슬허痛哭이오 (착흑ㅎ다)

▲뎌兒孩야말드러라너는어이痛哭이나越便ᄭ의뎌主人이며러타시運動ㅎ은不義慰心이時代에無賴輩의例로언마우리집의奴隸輩가뎌것들ㅎ야詢問ㅎ야몽거리쳐너주라니그를슬허痛哭이오 (분ㅎ긔다)

▲놀납고도슯흐도다네아모리痛哭ㅎ들痛哭으로免ㅎ소냐니不爲히前較권된쥐리니너희세리精神차려壹心團合ㅎ然後에百折不屈ㅎ는힘이면제아모리暴虐히도犯ㅎ수가업나니라 (귀희도다)

廣告

忠淸北道忠州郡金遷面樓巖里鄭奉鄭普源의普字를以尙字로改名ᄒᆞ엿ᄉᆞ오니知舊間照亮
鄭尙源　告白

本人의累代先山在於廣州郡池谷이온바近百年守護ᄒᆞ던秋楸를龍仁郡陵洞居支孫이龜城郡守泳勛이가敢生不測之心ᄒᆞ야暗自偸賣ᄒᆞ고져ᄒᆞ오니若有興成者면當裁判處決矣리니內外國人은切勿見欺　宗孫閔宰植

甲辰年分에申容植氏가明禮宮庫直으로擧行時에該宮員役四十餘名이各其所貸條가或百兩數百兩乃至幾千兩幾萬兩이온대都無壹督促이옵기日前에諸員等이申氏가에往問理由ᄒᆞ온즉申시의所答이當此緞荒ᄒᆞ야諸君이以何報償乎아ᄒᆞ고致富ᄒᆞᆫ子를燒却ᄒᆞ야曰從今以後로ᄂᆞᆫ與吾로償錢相關은決不據ᄒᆞᆫ다ᄒᆞ오니同氏의厚德을感謝ᄒᆞ와並以廣告ᄒᆞ오니內外國僉彦은咸須照亮ᄒᆞᆷ　朱漢吉

本人이去乙巳年에本郡本面本里所在당壹百七拾石收賭ᄂᆞᆫ土地를給價葉錢貳萬九千五百兩ᄒᆞ고買得於本里居康道文處時에互相契約이되後에土地品이瘠薄ᄒᆞ거나賭數外如言치못ᄒᆞ면還退ᄒᆞ던지不然이면三百石收賭하ᄂᆞᆫ假量으로充數ᄒᆞ여주마ᄒᆞ기로依其言約證書를受ᄒᆞ고買得이다자其翌年에收賭ᄒᆞ여본즉初言과不同ᄒᆞᆫ지라其理由를言及於康道文ᄒᆞᆫ즉同道文이自思理屈ᄒᆞ여三十石收賭하ᄂᆞᆫ土地를加給ᄒᆞ며渠之父子가哀乞ᄒᆞ며壹洞諸人이扶同勸告故로不得已三十石收賭ᄂᆞᆫ田畓을加捧ᄒᆞ고互相妥帖ᄒᆞ야四年秋收後凶彼康哥ㅣ扶雜申昌義로符同ᄒᆞ야右土放賣ᄒᆞᆯ時에土畓를未捧ᄒᆞ고土地를先給ᄒᆞ얏다ᄒᆞ고誣訴於郡이야가渠自落科ᄒᆞ고又誣于光州地方裁判所ᄒᆞ고假巡査를帶來ᄒᆞ야惹鬧ᄒᆞ며申昌이와雄唱雌和ᄒᆞ야方今徵事ᄒᆞᄂᆞᆫ中인대同道文이上京ᄒᆞ얏기로本人이隨後上京ᄒᆞ야京城에서記人李聖奎와欲爲質判코ᄌᆞᄒᆞ온즉康哥가自覺理屈ᄒᆞ고越墻逃躱ᄒᆞ얏ᄉᆞ오니穹壤之間에豈有如許賊習乎아事甚孟浪ᄒᆞ야玆에廣布ᄒᆞ오니世上公眼은覽此事實ᄒᆞ오
長水郡天川面春洞居金聖熙白

辯護士

法律

本人이判事의任을辭ᄒᆞ고左記處에事務所를更設ᄒᆞ오며民刑商事及諸般法律顧問事項을覽層迅速精密히處理ᄒᆞ오니

抱冤未伸ᄒᆞ고又ᄂᆞᆫ有疑未解ᄒᆞ시ᄂᆞᆫ僉君子ᄂᆞᆫ陸續來議ᄒᆞ심을望ᄒᆞᆷ

西部唐皮洞三統四戶

辯護士　前判事　前檢事　李晃宇

◎私立東彰學校春季運動時寄附諸氏名錄

張憲植拾圓　權輔相六圓
嚴俊九　朴齊斌각五圓
徐相勛　三圓　李圭植
呂圭亨　李興根　각貳圓
權啓德壹圓廿五錢　金宜坤
咸鏴植　黃允昌　權世煥
崔在植　李潤在　白鍾斗
李有泌　徐興秀　리敦禎
朴春相　金夏濟　崔順成
리祥源　각壹圓　金丙珠
劉鵬鎭　洪水源　金斗鍾
金晚植　金英濟　각五十錢
洪敬在　四拾錢　孫云昌
白米　梅景春　각壹升
張寅根貳圓　空冊九拾卷
私立東彰學校　告白

阿烟斷引丸

注意

阿烟을吸ᄒᆞᆫ자ㅣ雖日暫效나日久則遂成錮引ᄒᆞ야至於蕩敗家産者와未免厥死者ㅣ比比有之ᄒᆞ니豈不哀惜乎아故로本堂에서殫心竭力ᄒᆞ고英國秘方을透得ᄒᆞ야阿片斷引에大效가잇ᄂᆞᆫ靈藥을製造放賣ᄒᆞ오니欲戒阿引者ᄂᆞᆫ契約服用ᄒᆞ시되若無效驗이면藥價를還呈ᄒᆞ깃사오니照亮ᄒᆞ시읍

定價　壹劑八週分金五圜　半劑四週分金三圜

生婦調經丸

婦人이冷病帶病과月經不調로因ᄒᆞ야孕胎치못ᄒᆞᄂᆞᆫ데神效藥
壹月份壹劑金五圜

癬瘡消瘡丹

男女間楊梅瘡과百般瘡中에ᄒᆞᄂᆞᆫ妙藥이오
定價甲金二圜乙金二圜五十錢

王治丸

男女淋病과珠瘡됴을至治去根ᄒᆞᄂᆞᆫ神奇妙藥이오壹劑金三十錢

滋陽丸

男女間腎虛陽衰ᄒᆞ고元氣不足에第壹이오
定價每拾日分금壹圜八十錢

八寶丹

健胃消滯ᄒᆞ며口味를助ᄒᆞ고痰을消ᄒᆞ고心神을爽快케ᄒᆞᄂᆞᆫ靈藥이오　定價금十錢

此外에도東西洋各國名藥과德國製品金雞納이俱備ᄒᆞ오니陸續注文ᄒᆞ시옵
總발行所仁川港奇峴支店中部寺洞
和平堂主　李慶善

美國시아틀大博覽會　미국시아틀대박람회

本社之商標

AMERICAN KOREAN TRADING COMPANY.
韓美興業株式會社

本社之印章

●特別廣告

本社株券의每株價値가十圓式은今日로부터今日동안이오五月一日부터十二圓式이외다

大韓皇城磚洞
(京城郵便局郵函第四十號)
韓美興業株式會社　謹啓

●特別廣告

請來詳覽

이쪽을날마다자세히보시오

○測量器械○製圖器械○大發賣廣告

測板 壹尺五寸 金三圓
三脚 金一圓五十錢
雨覆 金五十錢
照準儀 九寸 金七圓
羅針 金一圓七十錢
布卷尺 六拾六尺 十壹圓
金三圓三十錢
求心器 金四十錢
垂球 金三十錢
票桿 九尺 金八拾錢 六尺 金五十錢
小計貳拾圓에 壹割二圓除減 實十八圓

同價紅裳
保險付

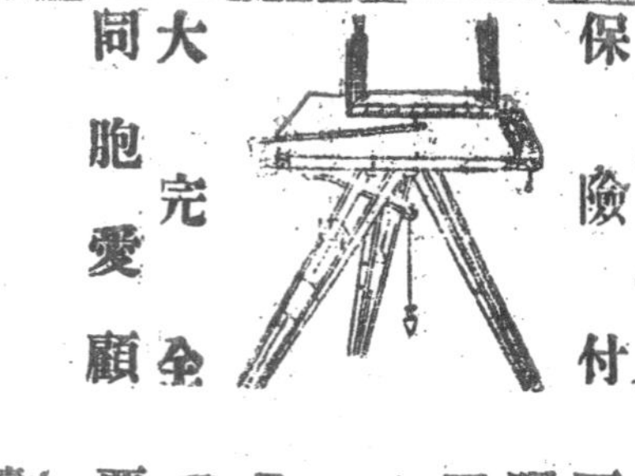

大完全
同胞愛顧

新式照準儀 今番의新發明되는全躰가純金鉄屬으로造成ᄒᆞ고다水質과變形이無ᄒᆞᆷ 加金貳圓
新式三脚臺 今番의新發明되는折疊飾으로抽出케ᄒᆞ와小包에도붓치付ᄒᆞ고輕便ᄒᆞᆷ 加金貳圓五拾錢

金澤吉氏著○測量에關ᄒᆞᆫ書籍 ○各種
新撰測量學 ○卒業證書紙 ○學校用品
京鄉間注文을應ᄒᆞ와倍前注意키로十分
完全ᄒᆞ오니不拘多少ᄒᆞ시고注文ᄒᆞ시면
小包로迅速히奉副ᄒᆞ깃ᄉᆞᆸ但先金을要ᄒᆞᆷ
漢城南署廣洞六十二統十戶
農商工部아ᄅᆡ下測南進家 謹告

貿易商

KIM

○我國特産谷香葉劵煙草 香味生新
大煙百本入一箱 一圓五十錢
中煙百本入一箱 金七十錢
小煙百本入一箱 金四十錢
多數히注文ᄒᆞ시면割引을進呈ᄒᆞᆷ

學部定 最新初等小學 每課有畫 定價金三十錢
又動物學 植物學

文明國의小學讀本例에依ᄒᆞ야精美ᄒᆞᆫ圖畫를具ᄒᆞ고八卷

最新高等大韓地誌 定價金七拾錢
文明國地誌例를倣ᄒᆞ야我國의山水와宮闕圖와拾三道地圖와各港口와開市場과名山大川과郡邑勝蹟의地圖를具ᄒᆞᆷ

大韓地誌 定價金四拾錢

初等大韓歷史 定價金七十錢
文明國의歷史制度를從ᄒᆞ야我國의聖帝明王과名臣烈士의影幀을具ᄒᆞᆷ

國家思想學 精神教育 定價金二十五錢

憲法要義 定價金二拾五錢

國文大韓十三道遊覽 上下卷 定價金四十錢
우리大韓國十三道에名山大川과郡邑勝地를구경코ᄌᆞ
ᄒᆞ시ᄂᆞᆫ僉君子ᄂᆞᆫ速々購覽ᄒᆞ소셔
右教科書ᄂᆞᆫ本書林에셔發行ᄒᆞ오며此外에各種書籍이具備ᄒᆞ오니학교와僉君子ᄂᆞᆫ遠近來購ᄒᆞ심을敬望

原賣所 京城南部銅峴大四街第三十三統五戶 玉虎書林
分賣所 黃海道殷山郡沙里院朝陽書舖 京鄉各有名書舖

◉共愛堂大藥房製造各種藥品發引表

壯陽復元丹 此藥ᄂᆞᆫ專治腦痛肺弱、房事色傷、心腎虛弱、遺精多夢、陽痿不擧、病後虛弱、不下飮食、先天不足、眩暈頭痛等症에並妙効가有ᄒᆞᆷ 一週分壹圓 一介分금圓八拾錢、八介分六圓四拾錢

靈丹 一般滯症胃腹痛消化不良心神鬱悶船車酒醉化痰止咳口熱惡臭食慾不振等症에並神効 一週分三圓四拾錢

眼科要藥 清眼水 一般眼疾、時行眼疾、熱眼疾、羞明流淚、眼內紅疼痛等에撥雲見天之妙 壹瓶금拾錢

解瘡至寶丸 專治瘡疾即氣虛瘡、遠年瘡、頑瘡等一切難治之瘡이라도永々袪根ᄒᆞᆷ 每包금拾錢

皮膚神藥 靈効液 特治皮膚病과癬瘡、皮風、諸般瘡疹、두두러기、옷올니ᄂᆞᆫ데神效ᄒᆞᆷ 壹瓶금三十錢

五淋專治 通淋丸 急慢淋疾、赤白帶下、膀胱炎症、前立炎及濃漏其他淋毒性諸症에神効ᄒᆞᆷ 壹劑金五拾錢

梅毒妙效 神應丹 梅毒瘡에壹期二期三期를勿問ᄒᆞ고難實이有效、連珠瘡과痔瘡等에幷効 壹劑金一圓

小兒新藥 清脾丸 備治小兒一般腹痛、面黃、尿白、左脇脹腹에大有奇効ᄒᆞᆷ 一匣금五十錢

久滯神效 養胃散 通治積久滯積、呑酸吐瀉、霍亂、胃腹痛과其他不順等症에奏効如神 每貼금拾五錢

治痰鎭咳丸 專治大人咳嗽、喘息、痰結등症에妙 三日分壹匣금三十錢

特胃感效 消熱散 勿論內時節寒感冒、咽喉疼痛、寒熱往來肢節痛、似瘧非瘧等症에効 每貼금十錢

耳病神效 清耳液 專治耳病即鼓膜炎、內外聽道炎、耳中灼熱疼痒、濃液流出등症에効 壹瓶금십錢

百貼白德 妙妙膏 風寒濕氣、胸肩背에牽引疼痛、腰膝脚腿酸痛無力、骨節疼痛等症에如神 금拾五錢

奏效如神 能治膏 神效 각종腫氣、小兒胎毒、부스럼、濕腫。生新에並 鉄匣入금十전

大腫拔根膏 大小腫에模해ᄂᆞᆫ약 價금十錢

解凝膏 멍울삭히ᄂᆞᆫ약 價금十전

寸虫去根藥 價금貳十전

齒痛水 충치통치신효 價금七전五厘

止泄丸 滯泄醫泄神効 價금十五전

痢疾藥 赤白痢에神効 價금십五전

各種上等을[redacted]納、東西洋有名賣藥、藥乾材都賣散賣其他各種藥이具備

請求를依ᄒᆞ야小包로隨應ᄒᆞ깃ᄉᆞᆸ

發行所 皇城南部大廣橋十九統七戶 共愛堂大藥房

各種藥品을總發行所ᄂᆞᆫ京城南大門側濟生堂大藥房本舖

清心保命丹

◉至急히注意ᄒᆞᆯ事件
本堂에셔製造發賣ᄒᆞᆫ(清心保命丹)은內外國僉君子의愛顧ᄒᆞ심으로十分發達이온中近日何藥房에셔但(保命丹)이라三字만써行賣ᄒᆞ오니京鄉買用ᄒᆞ시ᄂᆞᆫ兄弟姊妹ᄂᆞᆫ勿爲見欺ᄒᆞ심을敬要
本堂製藥은(清心保命丹)이라五字가分明ᄒᆞ온데彼行賣藥에ᄂᆞᆫ(清心)二字ᄂᆞᆫ無ᄒᆞ고(保命丹)이라三字만쓴거슨丁寧本堂製造品이아니오니特別히注意ᄒᆞ시옴
京城南大門內濟生堂大藥房 清心保命丹本舖告白

第七卷

大韓每日申報

第壹千八拾五號

月曜及日曜休刊 慶節

歲時 檀君開國四千二百四十二年 箕子元年三千三十一年 大韓開國五百十八年 日本明治四十二年 淸國宣統元年 陰己酉三月小十二日辛酉

Responsible for Publication Alfred Weekley Marnham.
發行兼編輯人英國人 萬咸
發行所 京城南署石井洞坡外地三層洋屋 大韓每日申報社

論說

◉漁業法問題를辨論함 續

(三)彼가曰漁業法을公佈할時에水産局長庵原等이各觀察道及理事廳에派往하야詳細說明하얏슨則此를不解한者는自己의罪라하얏스니 本報에는韓人側에는說明書類가有하나韓人官吏는木偶又치坐視하야人民이此를不知하얏다하얏거늘彼의所謂가如彼하니然則韓人官吏가木偶又치坐視한것은自然明白하고彼가又不解者의罪라고主張하나官吏가通知치아니한罪는如何한가不敎하고罰함은罔民이아닌가

(四)彼가曰農商工部에서各觀察道에此等請願은迅速處理하라고諭達하얏거날每日申報는地方執務만知하고如此히臆測함은甚히不可하다하얏스니 本報의此句語는地方官만論함이오農商工部를論함은아니어날彼는如彼云云하니地方執務의不完을彼도亦許諾함이아닌가彼가何를本報가不可하다하는가不可한者는諸君이彼가彼를自顧할지로다

(五)彼가曰每日申報에서從來漁業에면者는請願함이必要가無하다고云하얏다하얏스니本報에는曰本來韓國에는漁業等은特別한文券이無한則所有를證明키難하나但故鄕父老의口頭證明이必要하다하얏거늘彼가如彼云云하고因하야曰每日申報는漁業法을議曉치못함을立證하깃다하고又曰漁業法은不知하고本報가엇지請願함必要가無하다하얏는가彼가황說誣辭의甚한者라하얏스니嗚呼라此言을試함은不謹愼하다하야本報를毁辱하고反히漁業法을不知하다不謹愼하다하니彼衆何心腸고彼는本報를不顧하고虛喝을試함인가彼는譫語者인가又彼는盲者인가엇지其無知、悖妄、痴怪가如此한가

最末에彼가曰每日申報가曰無能한政府官吏를依賴치말고各自奮發하야他國人에게漁業權을占有치아니케하라하야煽動的言辭를用하얏다하얏스니嗚呼悲夫라本報는韓人이萬分의一이라도漁業權을全失치말라하얏거날彼가何心腸으로此說을仇視하야曰煽動的이니何이니하야反히攻擊을試하니彼가韓人은壹厘漁基도得有치못하고沒數히外人에게歸하기를希祈禱、勉勵、祝願하는者가아니면엇지此等語句가有하리오吾儕는韓人이漁業權을失할까憂慮하거늘彼는韓人이漁業權을得할까憂慮하니實로奇怪하도다

然이나吾儕는此를不怪하노니彼가참鬼新聞이거던엇지不然하며彼가現政府機關新聞이거던엇지不然하리오惟此賣國同胞는此等魔說을力排하고益益奮勵함이可하니라 (完)

▲隆熙三年貳月拾三日 官報

部令 (續)

第五條 煙艸稅는每年左開의期에徵收함

壹 煙艸耕作稅 拾壹月

壹 煙艸販賣稅 壹月

第六條 準牌를受하는者는準牌料金拾錢을納付함이可함 準牌의再交付를受할時도亦同함

第七條 準牌는店前其他易見處에恒常揭榜함이可함

第八條 財務官吏는煙艸耕作地又는煙艸販賣業者의店舖에向하야訊問又는檢査함을得함

第九條 免許를受치아니하고烟艸를耕作하며又는烟草의販賣를한者는壹圜以上貳十圜以下의罰金에處함

第拾條 煙草耕作者又는烟草販賣者가第一條又는第四條의細則을詐欺하고其他不正의行爲에因하야脫稅하거나或은脫稅코저하는時는其金額의一倍에相當한罰金에處함

第十壹條 前二條에該當한者에對하야는脫稅에係한稅金은納期에不拘하고即時徵收함을得함

第拾二條 煙艸耕作者又는煙艸販賣者가財務官吏의職務執行을拒逆하거나此에拘碍를加한時는貳圜以上二十圜以下에罰金에處하되其刑法大全에正條가有한者는該規程에依함

附 則

本法은隆熙三年分으로부터此를施行함

但隆熙二年分烟草販賣稅는免許의際에此를徵收함

本法施行前으로부터繼續하야烟艸를耕作하거나又는烟艸販賣業을營하는者는本法公布日부터九十日以內에本法에依하야免許를受함이可함 (完)

▲▲隆熙三年二月二拾六日 官報

法 律

朕이國稅徵收法을裁可하야玆에頒布케하노라

隆熙三年二月十八日

御名 御璽

內閣總理大臣 李完用
度支部大臣 任善準
法部大臣 高永喜

法律第五號

國稅徵收法

第壹章 總則

第壹條 國稅의徵收는國稅其他別로規定한者外에는此法律에依함

第二條 國稅徵收는總히他公課及債權에先함 但左開各號에該하야는此限에在치아니함

壹 國稅滯納處分着手以前에在하야他公課에對하야督促狀을發하며或은滯納處分에着手한時又는强制執行의開始가有한時는其督促手數料滯納處分費及競賣費用 未完

外報

◉虐殺繼續 小亞細亞地方에는虐殺이依今繼續한다더라

◉波斯와露國 波斯皇帝는飢餓에陷한同國타부리즈地方에糧食을送하깃다는約束을破壞한故로露國에서加索總督은同市에軍隊를派遣하얏다더라

◉王宮陷落 土京電을據한則마제도니아軍은砲兵으로사무라임보―크의正門을擊破하고因하야엘딧쓰王宮에進軍하야約五時間을激戰하야더키신兵營을奪取하고爾後王宮을包圍하얏는대土帝의王宮正門을守한兵士는對戰치아니함으로王宮이陷落된貌樣이라더라

◉土皇被殺 土京電을據한즉土耳其皇帝는廢位된後에或被殺되얏는지도不知한다더라

◉淸光帝葬禮 淸國光緒皇帝葬禮에參列키爲하야各國親王大使가北京에來到하얏는대親王이一人이오大使가十四人이라北京에旅館을難容함에至하얏다더라

◉勃內閣總辭職 東京電을據한즉勃牙利內閣은總辭職하얏다더라

◉立憲軍大勝 東京電을據한즉去三月廿四日午前에土京에서靑年立憲軍이官軍과交戰하얏는대官軍이大敗하야死傷이數千名이오土耳其皇帝는立憲軍에게屈服되얏고土耳其假議會는대사도國王을帝位에推戴하고土帝는軍隊와妥協하얏다더라

詞藻

◉捉爾 余

百花가爛熳할때、나러드는나븨들아。

도혼데를맛난듯시、가지가지안ㅅ지마라。

이곳에、줄ㅅ느린거뮈줄이、너를잡어。

雜報

●聖勅懇切 既報와如히官私立각學校에서昨日에聯合大運動會를設行하얏는데 大皇帝陛下와 皇后兩陛下께옵서 親臨하셧다가何等拘碍가有함을因하야停止하시고 皇上께옵서侍從리明九氏를派遣하샤 勅語를下하심이如左하니 朕이官私立學校의聯合大運動의盛擧를聞하고喜心에甚히嘉悅하야玆에特히侍從을派遣하야勞問하노니爾學徒는克히 朕意를體하야학業을勉勵하야써 朕의望을副하라하시고金貨百圜을幾又 下賜하셧다더라

●運動盛況 別項과如히官私立각學校에서聯合大運動會를設行하얏는데總理大臣以下각部大臣과其他內外國高等官이多數來臨하얏고각學校生徒가幾萬貳千餘名이오外他觀覽者가數萬名에達하야韓國에初有한盛擧를呈하얏다더라

●不休自休 昨日은總理以下各部大臣과次官局장等諸般官吏가春期大運動場에齊齊히出席한故로各府部院廳이自然休暇되얏다더라

●大寄附 學部大臣리載崑氏가昨日運動會에金貨五十圜을寄附하얏다더라

●經義考試 學部에서昨日지지各道儒生의經義問對試卷을捧受하야日間考試한다는데該試卷數爻가千餘度에達하얏다더라

●入場券頒給 今番各학校春期大運動에學部에서入場券을特別히製造하야來賓의게頒給하얏다더라

●何事調査 日前에警視廳高等刑事가南部壺洞居하는前判書리凞斯氏를訪問하고有何事件인지該氏에게前日履歷과年齡財產及現時行動을調查하얏다더라

●衛生費收 各警察署에서隆熙三年度第二回衛生費徵收를納入告知書를昨日부터各人民의게頒給하얏다더라

●엇何必 北部警察署에서自二十六日로九日지지管掌內統首를每日百餘名式召集하고警部鈴木이가衛生上에必要한目的을逐々曉諭하얏다더라

●預備悖惡 近日各警察署에預備刑事라는勸務하는者들이漢城內外各人民에言語行動을密行探偵하며無罪良民을捕捉鍛鍊하야行悖無雙하다고輿論이藉藉하다더라

●技價議判 朴有豊氏가年前에前協辦崔榮夏氏家에서蹲踞하는리浩永氏와雜技局을設하고以雜賭技하야幾百圓을賠하얏던지錢을推尋次로昨日京城地方裁判所에서對質裁判을하얏다더라

●坊々此弊 中部典동等地에人韓氈店에何許斷髮한人幾名이逐日轉移하야金貨를多數消融하는데再昨日오暫時間에八元사지見失하야該人의行爲가甚히浮浪한지라該掌內巡查가該人을結縛하야支所에拘留하얏다가曉諭解送하얏다더라

●油商損害 三昨日에警視廳警部壹人이自轉車를乘하고東拾字閣水門橋等地로過去하는데油商老婆가抵觸하야油缸을沒數破碎하얏는데該婆의損害가不少하얏다더라

●金巡行悖 加平郡巡查金煥基氏가行爲不正하야人民訴訟을勿論某事하고無不干涉하야挾雜이多端하고有無罪間에平民을任意捉囚하는故로民怨이漲藉하다더라

●郡事痛嘆 近日某某大官들이資金을準備하야東大門內光武臺를復設하고最新奇한名演劇各種을設行하는데五個月後에는因以廢止하기로酌定하얏다더라

●悖巡과輿論 昨日運動場에서東部警察署韓人巡查某가人民을保護한다稱하고橫行하면서法官養成所學生某氏를無難打頰하며某新聞記者를對하야凌辱悖說하는故로壹般觀覽人이擧皆憤鬱하얏슬뿐不啻라此等巡查를仍若掩置면人民保護는姑舍하고反히人民의殘害를不已하깃다고輿論이沸騰하다더라

●演場風波 再昨夜洞口內團成社에서何許日人이活動寫眞과各種演劇을設行하는데伊時에觀光男女가多數히會集한故로該日人이大端奔踏하다하야手持木棒하고無難亂打하야仍以解散케하는故로該觀光人들이不勝忿怒하야壹齊擧石投入하며壹場風波가惹起하얏다더라

●兩報押收 海蔘威에서韓人이發行하는大東共報第三拾二号와桑港에서韓人이發行하는新韓民報第百二拾六號는治安妨害라稱하고內部에서並押收하얏다더라

●何不解放 東部壺洞居하는前觀察使趙某家에多年使役하던拾七歲婢子壹名이自由生活하기를趙따의게累次哀乞하되壹向不許하는지라該女가憤情이發生하야飮藥自斃할思想이恒有하더니再昨日下午七時에忽然出他하야不知去處한故로目今探索中이라더라

●忠義向念 南來人의傳說을聞한則忠淸各郡義兵은近日에沒數히全羅南道로向去하야團體가完成한模樣이라더라

●義將布檄 木浦附近에義兵가尤極熾盛함은既爲報道어니와義兵將某氏가近日木浦附近各面要處에檄文을發送하얏는대其辭意는陰曆三月貳拾二日에義兵壹萬名을擧動하야木浦를突擊하고全部의日人을鏖殺할터이니韓民은預爲避身하라하얏다더라

●或死或生 去月二拾六日午前三時三拾分에義兵三拾餘名이全羅南道務安郡三鄉場에在한臨時日憲兵出張所를襲擊하얏는대日憲兵의妻及四歲幼兒는中丸負傷하얏고屬備者壹名은即死하고憲兵補助員壹名은重傷하얏다더라

●日商被燒 去月拾七日下午八時半에金川郡九水面補당里에在留하는雜貨商店日人石川鍛에義兵數拾名이來襲하얏는대同居하던日人牟田善五郞은重傷을被하고該家는全燒하얏고該日人의家族三人及小兒等은艱辛히逃避하얏다더라

●南岳交戰 去月二十五日頃에義兵二拾餘名이忠北報恩郡南岳里에來襲留宿하는대日兵幾名이追後入來하야互相交戰하얏다더라

●盧氏下明 大韓測量事務所장盧秉熙氏는元來測量에注意하는故로大韓測量聯合會가設立됨을聞하고其處理方法을暫察코저該會에前往한즉該會中者가擧皆壹進會員인故로該會에서氏로副會장推薦한것을即時辭免하얏는대測量總管會에서는有何心意로該氏를排擠하야新聞上에廣告하얏다고本社에來告하더라

●討論會組織 近日中部典동居하는鄭寅源氏가國民討論會를組織하기로熱心發起한다더라

●精神과實力 今日下午七時三十分에鍾路靑年會館에서討論會를開하고事業成就는精神이勝於實力이라問題로互相討論한다더라

●西北月例 西北학會에서今日下午壹時에月例通常會를開한다더라

●引導會組織 鍾路靑年會館에서上月貳拾四日特別演說과貳拾五日福音會에該館內査經會를擴張하기로公布하얏더니入會하는人이八百餘人에達한故로該會에서聖經引導會를組織하고引導人을擇定하야각班을新設實施한다더라

學界

●普明大明 坡州郡條理面竹院里普明學校는宋君一·宋興植·林鳳俊·林善及·盧元善五시가設立하고金容國시로副校長兼敎師로壹夜視務하는데財政이窘拙하야慨歎不已러니該面장李裕興·里長宋鎭泳兩시가該洞紳士盧鐘元·崔允鍾諸시를召集하고國家急務는靑年敎育에在하다고說明한즉數百戶居民이自願하야每戶에十錢式每朔捐助하고學徒父兄들도正租壹石式每年收納케하며崔允鍾시는熱誠이尤發하야학費不足條를每朔擔當하야熱心視務함으로學徒가五十餘名에達한지라去三月二十貳日에開校式을設行하는데校長趙희淵시가敎育을擴張하기로演說後에會同諸시가補助한合金이壹百七拾餘圜이라더라

▲地方消息

▲去月二拾日順興郡東北方約貳拾里地에서義兵拾五名이安東郡日憲兵分遣所下士以下三名及補助員과交戰하얏다하고

▲同地附近에서連貳日을交戰하얏다하고

▲去月二十日洪州郡남方西十里地에서義兵十二名이해郡日憲兵分遣所上等兵壹名及補助員三名과交戰하얏다하고

▲去月二拾壹日平남江東郡西北方約四拾里地에서義兵十餘名이해郡分遣所上等兵壹名及補助員二名과交戰하얏다하고

▲去月二拾壹日茂朱郡南方八拾里地에서義兵三名이該郡分遣所日憲兵과交戰을하얏다하고

▲去月二拾四日永平郡內에서義兵三拾名이해郡分遣所日憲兵壹名及補助員三名과交戰하얏다하고

▲去月二拾六日木浦港東北方約卅里地三鄉場에서義兵約卅名이襲來하야該場分遣所日憲兵及補助員과交戰하야補助員壹名이負傷하얏다하고

▲去月十五日谷城郡남方約二十里地에서義兵十五名이해郡分遣所日憲兵及補助員五名과交戰을하얏다하고

▲去月十六日靈巖郡西南方約四十里地廣巖등에서義兵三千餘名이해郡日守備隊上等兵以下及日憲兵分遣所下士以下三名과補助員五名과交戰하얏는대日兵壹名이負傷하얏다더라

▲丈夫歌▼

▲暮春風日和暢한데春服既成하엿도다春酒를韲엽해끼고二三同志作伴하야春山春水登臨한데徘徊顧眄하여보니丈夫흥灑洒落하다丈夫歌를한번불너韓人에게供覽하새

▲三角山을바라보니萬疊千峯鬱嵯峨에靑天削出金芙蓉은大丈夫의氣槪로다어화韓國同胞들아山岳又치磊確하야雷霆霹靂하고歷千萬劫지내여도屹然特立하여보소

▲漢江水를바라보니鏡水湛湛也自波하야浩々蕩々千里去는大丈夫의前途로다어화韓國同胞들아江河又치長流하야亂山深谷錯雜한데百折千倒할지라도奮鬪前進하여보소

▲南山松栢바라보니四時長春푸르럿고霜雪霹靂에聳出함은大丈夫의節義로다어화韓國同胞들아松栢又치高尙하야風雨霜雪侵犯하고千斧萬刃시침리도死而不變하여보소

▲海上層巒바라보니疊々壘々多奇峯에萬千氣像怳惚함은大丈夫의造化로다어화韓國同胞들아雲霞又치變化하야能大能小莫測하니千態萬狀幻出하야令人不測하여보소

▲滿山花卉바라보니形形色色各自新에融和方暢及時氣는大丈夫의知識이라어화韓國同胞들아艸木又치發生하야時乎치말고風雨紛紛할지라도日新又新하여보소

▲九萬長天바라보니浩々茫々無際涯에昭々明々象光은太丈夫의道德이라어화韓國同胞들아日光又치健强함이留滯따로쉬지말고至仁且明目的으로韓國救衆하여보소

▲大丈夫의모든目的이다라시許多한韓人들노날하여보무삼가조심하라던지不만언정非不絕에丈夫事業못되보고吾輩人聲息무슴나가내말을泛聽말고丈夫노릇하여보라

귀시며以小包郵便으로商品賖價而信々購용ᄒᆞ깃숨　物品如下　錦緞각色　洋服內衣上下　印札紙각種　日用雜貨俱備　賣[illegible]出貨而書籍印刷業을同事利分ᄒᆞ기로廣告ᄒᆞ니速速來購敬要　京城鍾路[illegible]開化　告白

社告

本支社ᄂᆞᆫ左긔四郡에設置ᄒᆞ고玆에仰佈ᄒᆞ오니각該郡附近地에셔本報愛讀ᄒᆞ실　僉君子ᄂᆞᆫ左開四氏에게請求ᄒᆞ심을務望

清津港新岩洞　張元浩

雲山北面橋洞　王冕稙

沙里院活民勞動救火會任敬宰

甑山郡內利用里　崔諺爽

大韓每日申報社

本人의累代先山在於廣州郡池谷이온바近百年守護ᄒᆞ던秋楸ᄂᆞᆫ龍仁郡陵洞居支孫에[illegible]鍾城郡守泳勛이가敢生不測之心ᄒᆞ야暗自偸賣코져ᄒᆞ오니若有興成者면當裁判處決矣리니內外國人은切勿見欺

宗孫閔宰植

本人이陰三月壹日夕에貴土峴等地에셔姓名圖章과鄭昌瑞許에推尋條壹萬四千兩手票壹片을셔失ᄒᆞ얏ᄉᆞ오니誰某拾得勿施ᄒᆞᆷ

高陽文峯任聖基　白

廣告

◉出帆廣告

輪船漢江號용山號陰曆三月拾九日始ᄒᆞ여左開處에間日出帆

土亭里發　楊花津行

金浦雲陽里　江華月串行

豊德蟹岩　白川星湖行

通運社水陸運輸部

土亭里支社　告白

本人이昨年夏에大邱商賈閑강다리을三百餘兩買得而于今陳任[illegible]價値放爲計오니遠近僉尊員은照諒買去[illegible]ᄒᆞᆷ

元산ㅏ里上洞坐市

權東湜　白

坡州汶산前議官張[illegible]夏氏其父親侍湯九年暫不離側嘗糞[illegible]手誠禱天孝子哉斯人々々守祖以孝格天其孫者是又孝可謂是祖是孫也

辛각浩　洪淳炯　李漢설

○民刑訴訟其他法律에關ᄒᆞᆫ事務를誠實ᄒᆞ며迅速ᄒᆞ게處理ᄒᆞᆷ但鑑定ᄒᆞᄂᆞᆫ料金을不要ᄒᆞᆷ

漢城南部장橋洞拾九統四戶

辯護士　前判事　李珍爾　前檢事　朴勝彬

聯合法律事務所

◎至急廣告

本水道會社에셔汲水商貳百名을卽速募用ᄒᆞ여共用전에셔給水ᄒᆞᆯ各戶에供給販賣케ᄒᆞᆯ터이기로原來水商으로만限用ᄒᆞᆯ터이나該數額이未滿ᄒᆞ면普通人夫를隨便使備ᄒᆞᆯ터이며使備ᄒᆞᄂᆞᆫ壹切方法은鍾路本會社에셔說明ᄒᆞᆯ터인ᄃᆡ每名에保證金陸圓을辦納ᄒᆞ고本水道水를運搬販賣ᄒᆞᄂᆞᆫ稅金으로每朔에陸圓式先納ᄒᆞᆯ事

誰某던지先來請求者면差定ᄒᆞᆯ事

壹千九百九年四月二拾九日

大韓水道會社支配人巳咸

◎醫學生募集

來五月一日新學期開始

詳細ᄂᆞᆫ郵便又ᄂᆞᆫ葉書로通奇ᄒᆞ면規則書를郵呈ᄒᆞ깃숨

公立平壤同仁醫院

附屬　平壤醫學校

注意

阿烟斷引丸

阿烟初吸者ㅣ雖日見效나日久則遂成錮引ᄒᆞ야至於蕩敗家産者와未免殀死者ㅣ比比有之ᄒᆞ니豈不哀惜乎아故로本堂에셔盡心竭力ᄒᆞ고英國秘方을透得ᄒᆞ야阿片斷引에大救가잇ᄂᆞᆫ靈藥을製造放賣ᄒᆞ오니欲戒阿片引者ᄂᆞᆫ契約服用ᄒᆞ시되若無效驗이면藥價를還呈ᄒᆞ깃사오니照亮ᄒᆞ시옵

壹劑八週分金五圜　半劑四週分金三圜

生生調經丸

婦人이冷病積病과月經不調로因ᄒᆞ야孕胎치못ᄒᆞᄂᆞᆫᄃᆡ神效藥

壹月份壹劑金五圜

瘡消瘡丹

男女間楊梅瘡毒下疳風濕頭瘡의百藥[illegible]하ᄂᆞᆫ妙藥이오定價甲金[illegible]圜乙금二圜五十錢

全治丸

男女[illegible]珠[illegible]을全治去根ᄒᆞᄂᆞᆫ而神奇妙藥이오壹劑金三圜

壯陽丸

男女間補陰補陽ᄒᆞ고元氣不足에補靈藥이오定價每拾日分금壹圜八十錢

八寶丹

健胃消滯ᄒᆞ니口味을動ᄒᆞ고痰을消ᄒᆞ고心神이爽快케ᄒᆞᄂᆞᆫ靈藥이오　定價금十錢

此外에도東西洋각國名藥과德國極上品金雞納이俱備ᄒᆞ오니陸續注文ᄒᆞ시옵

總발行所仁川港杏峴

支店　京城鍾路[illegible]

和平堂主　李應善

美國시아틀大博覽會　미국시아틀대박람회

이쪽을날마다자세히보시오

此廣告中央에宛然ᄒᆞᆫ圓形은何物이뇨本社의印章이올시다。又本社의商標이올시다熱心으로此를詳覽ᄒᆞ시오會彦의心中에印搭ᄒᆞ시오永久히記念ᄒᆞ시오本社가[illegible]依ᄒᆞ야完全確立ᄒᆞ고此에因ᄒᆞ야團沸히活動ᄒᆞ고此를大韓帝國內各方面에親熱히相知相信케되도록盡力ᄒᆞᆯ것이올시다此가永久正直ᄒᆞ고高尙ᄒᆞ고公平ᄒᆞᆫ[illegible]ᄒᆞ야自强自立ᄒᆞᆯ것이올시다此가大韓國製造物品의[illegible]와聲譽를擔負ᄒᆞ고世界각地方에橫行ᄒᆞᆯ것이오今日에ᄂᆞᆫ入美國ᄒᆞ야[illegible]高尙ᄒᆞᆫ商品을[illegible]ᄒᆞ야將立各處에셔此가大韓國及大韓國의工匠을代表ᄒᆞᆫ것이올시다大韓國內에셔ᄂᆞᆫ未久에此가高尙ᄒᆞᆫ商品이오니商品의何種이뇨○世界各處의最大製造工廠으로부터特約直輸入ᄒᆞ야本社의現今ᄭᆞ지確定ᄒᆞᆫ三十餘處의代理人을經ᄒᆞ야發賣ᄒᆞᆯ것이올시다有志ᄒᆞ신　僉彦이여本社의內容과本社의發展進行及本社의行動을詳知코져ᄒᆞ시거던書札로通奇ᄒᆞ시되어더로ᄒᆞ실고

大韓皇城磚洞（京城郵便局郵函第四拾号）　韓美興業株式會社　謹啓

（大美國에리소나州法律認可　駐韓美國總領事館登錄）

AMERICAN KOREAN TRADING COMPANY　韓美興業株式會社

本社의各處代理人의氏名은如左ᄒᆞᆷ

開城代理人　開城南門內雜貨商店　金東宜
平壤代理人　平壤大同門內店亭　鄭[illegible]煥
咸興代理人　咸興西門外　咸[illegible]珠
馬山浦代理人　馬山浦客主　孫[illegible]宇
元山代理人　元山港　金[illegible]文
清津代理人　清津港　[illegible]
水原代理人　水原北부[illegible]安동　金유[illegible]
安城代理人　水原부부長安동　金유동
沙里院代理人　漢城東부往[illegible]旺[illegible]학校內　邦元道
金泉代理人　漢城中部外相思동貳統三戶　李[illegible]植
[illegible]州代理人　漢城西부마浦二十貳統五戶　吳[illegible]泳
天安代理人　水原北부장安동　尹[illegible]求
群山代理人　群山大井洞　韓[illegible]益
全州代理人　漢城西부阿峴二百廿二統三戶　김[illegible]聲
大邱代理人　大邱薪田里五拾八統七戶　[illegible]召
釜山代理人　馬山浦午山里[illegible]壹統九戶　辛[illegible]淑
江景浦代理人　西部盤山坊東幕中契廿七統貳戶　田[illegible]浩
麻浦附近代理人　西部麻浦[illegible]十七統三戶　[illegible]
湖南代理人　陰城城山里　[illegible]
永同代理人　[illegible]城[illegible]동貳統壹戶　安[illegible]의
木浦代理人　木浦[illegible]동　[illegible]德[illegible]
晉州代理人　昌原[illegible]馬山浦城山　孫[illegible]宇
金堤代理人　金堤郡白石面水閣　김升基
漢江[illegible]代理人　남部美江拾八동貳戶　[illegible]宗鉉
義州代理人　義州枇峴　박奉燁
江界代理人　義州枇峴　朴[illegible]輪
東部代理人　往十里上甘井동四동五戶　[illegible]
鎭南浦代理人　鎭남浦[illegible]井洞　金[illegible]漸
定州代理人　郭山郡　郭[illegible]珠
城津代理人　吉州[illegible]　李[illegible]
浦項代理人　浦項上里拾二統拾貳戶　朱[illegible]憲
太田代理人　太田新대

位置未定（各處）

[illegible]　張[illegible]拭　李[illegible]宅　金相杰　洪淳[illegible]　宋[illegible]憲

社告
○申報價
壹張代金 新貨貳錢五厘
壹個月前納 三拾錢
參個月 九拾錢
陸個月 壹圓七拾錢
壹個年 參圓四拾錢
郵稅壹張 新貨五厘
壹個月 拾參錢
○廣告料
四號活字拾參字詰
每日壹寸(英尺)에 新貨廿五錢
貳週日壹寸에 貳圓五拾錢
壹個月壹寸에 五圓
(自壹行至四行이爲壹寸)
其期限의長短과字行의多寡를依ᄒᆞ야增減ᄒᆞᆷ이有함

㊞大韓每日申報各處支社廣告
平安道
平壤鐘路太極書館 安泰國
三和港牌石洞 金濬杜
昌城郡校洞 許 𤨒
義州南門外西大藥房 張有寬
鐵山邑東部 安 濂
車輦館 金明鉉
定州南門內 洪成麟
博川郡邑 金鳳樞
安州城內義井洞 金鳳河
京義線枇峴驛 李基秀
龍川楊市 黃榮保
龍川南面松峴海東書會 金賢雨
龍川南市驛 韓保衡
朔州邑南門 朱伯壽
泰川邑館前 李正善
寧邊郡邸 金致億
江西邑內 金昌德
成川郡 張炳瓚
咸從郡 咸應三
宣川邑橋南 鄭裕昌
江界邑 金亨俊
郭山郡 金觀涵
龜山郡 梁允恒
雲山郡 崔龍奭
王冕錫
黃海道
海州南門內 朴昌鎬
安岳郡 康道善
長淵邑 崔乾亨
殷栗邑 金泰鉉
信川邑 丁一善
載寧邑 張錫鳳
黃州南門外 張世鎬
沙里院 崔東治
咸鏡道
咸興 曾泰林
元山 蔡周正
高原邑 李敬哲
安邊 崔鎭哲
洪原 朴國賢
鏡城 李鎭泰
淸津港 張元浩
京畿道
金浦水流面 趙鶴三
木浦 朴得龍
仁川 李東珠
開城 金鎭祚
江華邑 宋翼鎬
忠淸道
淸州 李啓서
慶尙道
大邱西門外 李正由
釜山 徐錫疇
晉州 吳根普
江原道
鐵原 趙秉大
原州 朱鐵默

第七[illegible]

大韓每日申報

第壹千八拾六號

月識 陳時 及日 畫休 節刊

檀君開國四千二百四十二年
箕子元年三千三十一年
大韓開國五百十八年
日本明治四十二年
隆熙三年
己酉三月小十三日壬戌

Responsible for Publication Alfred Weekley Marnham.
發行兼編輯人 英國人 萬咸
發行所 京城南部石井洞英外鳥三層洋屋 大韓每日申報社

論說

◎哀哉라裴公이여 痛哉라裴公이여

本社前社長裴說氏가昨日上午拾壹時半에奄然장逝ᄒᆞ엿ᄂᆞᆫ대此訃音世佈告ᄒᆞ려筆을執ᄒᆞ미深切痛悼ᄒᆞᆷ을不勝ᄒᆞ도다

氏가入還日前부터不幸히病에罹ᄒᆞ야呻吟ᄒᆞ다가二週日前期로自ᄒᆞ야病勢가轉劇이라百方으로試驗等節은餘憾이無ᄒᆞ도록ᄒᆞ엿스나病勢漸漬ᄒᆞ야因以溘然ᄒᆞ엿슨즉

氏와平日에相愛ᄒᆞ던親知間에ᄂᆞᆫ此報를接ᄒᆞ면其所痛悼를曷忍言哉라오擧筆臨楮에手戰心焦ᄒᆞ야字字淚落ᄒᆞᄂᆞᆫ도다

氏의嚴히紀念ᄒᆞᆯ만ᄒᆞᆫ行蹟은可學ᄒᆞᆯ지라高尙ᄒᆞᆫ膽畧이라壹平生臨事에懸命奮鬪ᄒᆞ기를臨終時ᄭᆞ지少無間斷ᄒᆞ엿ᄂᆞᆫ더其夙宿精이剛硬好勇ᄒᆞ야抵抗者의게對ᄒᆞ야조곰無挫意ᄒᆞ고少不屈心ᄒᆞ엿더라

氏의早天ᄒᆞᆫ年齡은三十七歲라韓國同胞들이其最信望ᄒᆞ고敬愛ᄒᆞᄂᆞᆫ朋友中에壹人을已失ᄒᆞ얏스니可勝痛哉ᄂᆞᆫ져

氏가韓國에到來ᄒᆞ던第壹日부터韓國同胞를爲ᄒᆞ야立志刻心ᄒᆞ기를自家事로認擔ᄒᆞ고天生의剛硬品質로精力을盡ᄒᆞ고膽勇을竭ᄒᆞ야心助ᄒᆞ기幇ᄒᆞ얏ᄂᆞᆫ더氏가自己私身上利害關係ᄂᆞᆫ全然不顧ᄒᆞ고其知識精力을全費ᄒᆞ야韓國內외日本行動을咨責ᄒᆞ기의事務ᄒᆞ얏ᄂᆞᆫ지라

大抵氏의膽勇과氏의平生價値이날日人의게對ᄒᆞᆫ處置를因ᄒᆞ야神經이殆히衰敗ᄒᆞ고心經이遂히損傷ᄒᆞ야終命의至ᄒᆞᆫ것이不無疑点이로다

嗚呼痛哉라天何不佑오此ᄀᆞᆺ치剛勇ᄒᆞᆫ好男兒의死去를隨ᄒᆞ야壹强壯ᄒᆞᆫ精靈을埋送케ᄒᆞ니天何不佑오嗚呼痛哉로다

凡於斯世의人生이其雖才或缺点이나短處가無ᄒᆞ리오마ᄂᆞᆫ氏의親知되ᄂᆞᆫ吾輩諸人은氏를尊重ᄒᆞᆫ父兄이오敬愛ᄒᆞᄂᆞᆫ家丈이오眞實信望ᄒᆞᄂᆞᆫ朋友오崇奉ᄒᆞᆯ만ᄒᆞᆫ男兒오勇敢忠義ᄒᆞᆫ紳士로認定ᄒᆞ거니와

於今의氏의心法과行狀을纂纂ᄒᆞᆯ者ㅣ其誰오

法律（續）

▲隆熙三年二月二拾六日 官報

二 第三者가國稅納期限壹個年前에納稅者의財産上에典當權을有ᄒᆞᆫ事를證明ᄒᆞᆫ時ᄂᆞᆫ該物件의價格을限度로ᄒᆞ야其債權

第三條 國稅의督促手數料及滯納處分費ᄂᆞᆫ國稅其他壹切公課及債權에先ᄒᆞ야此를徵收ᄒᆞᆷ但第貳條第壹號의手數料及費用에就ᄒᆞ야ᄂᆞᆫ此限에在치아니ᄒᆞᆷ

第四條 納稅者左開境遇에該當ᄒᆞᆫ時ᄂᆞᆫ아직納期가到達치아니ᄒᆞ야도旣히納稅義務의確定ᄒᆞᆫ國稅ᄂᆞᆫ據히此를徵收ᄒᆞᆷ을得ᄒᆞᆷ

壹 國稅及其他公課의滯納에因ᄒᆞ야滯納處分을受ᄒᆞᄂᆞᆫ時

二 强制執行을受ᄒᆞᄂᆞᆫ時

三 競賣의開始가有ᄒᆞᆫ時

四 破産宣告가有ᄒᆞᆫ時

五 法人이解散ᄒᆞᆫ時

六 納稅者가脫稅를圖謀ᄒᆞᆫ行爲가有ᄒᆞᆷ으로認ᄒᆞᆫ時

第五條 相續開始의境遇에在ᄒᆞ야ᄂᆞᆫ國稅及其督促手數料滯納處分費ᄂᆞᆫ相續財團又ᄂᆞᆫ家督相續、遺産相續人으로부터徵取ᄒᆞᆷ

第六條 共有物又ᄂᆞᆫ共同事業에對ᄒᆞᆫ國稅及其督促手數料滯納處分費에就ᄒᆞ야ᄂᆞᆫ納稅者連帶ᄒᆞ야其義務를負擔ᄒᆞᆷ

第七條 納稅者가納稅地에居處를有치아니ᄒᆞᆫ時ᄂᆞᆫ代理人을定ᄒᆞ야納稅에關ᄒᆞᆫ事項을處理케ᄒᆞᆷ이可ᄒᆞᆷ但特別의規定이有ᄒᆞᆫ者ᄂᆞᆫ此限에在치아니ᄒᆞᆷ

第八條 納稅의告知、督促及滯納處分에關ᄒᆞᆫ書類ᄂᆞᆫ宛名人의住所又ᄂᆞᆫ居所에送達ᄒᆞᆷ

書類의送達을受ᄒᆞᆯ者가其住所又ᄂᆞᆫ居所에서書類의受收를拒絶ᄒᆞᆫ時又ᄂᆞᆫ帝國內에住所居所를有치아니ᄒᆞᆫ時或은其住所居所가不分明ᄒᆞᆫ時ᄂᆞᆫ書類의要旨를公示ᄒᆞᆷ

前項의公示를爲ᄒᆞᆫ時ᄂᆞᆫ書類를送達ᄒᆞᆫ者로看做ᄒᆞᆷ

第二章 徵收

第九條 面은度支部大臣의指定에依ᄒᆞ야面內各種의國稅를徵收ᄒᆞ야此를國庫에納稅ᄒᆞᆷ이可ᄒᆞᆷ

政府ᄂᆞᆫ面이國庫에納入ᄒᆞᆫ金額에應ᄒᆞ야度支部大臣의定ᄒᆞᆫ바에依ᄒᆞ야其面에交付金을給ᄒᆞᆷ

第拾條 國稅를徵收코ᄌᆞᄒᆞᆯ時ᄂᆞᆫ財務官吏又ᄂᆞᆫ面長은納稅者에對ᄒᆞ야其納金額納期日及納付場所를名知ᄒᆞᆷ이可ᄒᆞᆷ

未完

學報

●講數院卒業生 北部三淸洞私立講數院에서第四回卒業式을四月三拾日에擧行ᄒᆞ엿ᄂᆞᆫ데其시名이如左ᄒᆞᆷ

金[illegible] 孫英哲 金相業
吳國元 趙衡賢 金榮運
任亮熙 金榮水 崔纘璟
文柄賢 盧學根 金永實
金平華 金顯璟 李鳳九

●普昌學校卒業生 江華郡私立月期普昌학校에서初等普通科卒業式을擧行ᄒᆞ얏ᄂᆞᆫ데

優等生 林吉陽 朴允培
金鎭培 劉龍甲 及第生
김聖瑞 김東회 崔聖昌
김舜鶴

●本社特電

神戶發四月二十日

●殺人生燒 小亞細亞아다나에서殺戮이連續ᄒᆞ여有ᄒᆞ얏다ᄂᆞᆫ데耶蘇敎를反對ᄒᆞᄂᆞᆫ黨派가美國耶蘇敎人千餘名을火中에生投燒死ᄒᆞ얏다더라

●新帝誓告 土國皇帝의弟에헤드와드메듸오로皇位即ᄒᆞᆷ을布佈ᄒᆞ고命名曰메헤메드第五ㅣ라ᄒᆞ고憲法의實行과國民의自由를許ᄒᆞ기로誓告ᄒᆞ얏다더라

●前皇閑養 土國前皇帝ᄂᆞᆫ皇太子等과夫人十餘名과下人壹同을率ᄒᆞ고君士坦丁皇闕을離ᄒᆞ야쌀노니카城으로往ᄒᆞ야此에서餘年을閑養ᄒᆞᆫ다더라

外報

●猶太人宣言 猶太京都에루살렘에서ᄂᆞᆫ各階級의人衆이聚會ᄒᆞ야土耳其에打電ᄒᆞ여新內閣承認ᄒᆞᆷ을拒絶ᄒᆞ야曰萬若憲法으로ᄡᅥ復舊를企圖치아니ᄒᆞ면팔네스틴獨立을宣言ᄒᆞ깃다ᄒᆞ얏다더라

●激烈砲聲 倫敦電을據ᄒᆞᆫ즉去二拾四日로부터土耳其國일데쓰스宮附近丘陵에서激烈ᄒᆞᆫ砲聲이有ᄒᆞ얏ᄂᆞᆫ데此ᄂᆞᆫ사로니가軍隊와일데쓰스宮護衛兵과交戰ᄒᆞᆷ이라더라

●德帝歷訪 伯林電을據ᄒᆞᆫ則德國皇帝께서ᄂᆞᆫ五月에코르부港에서發ᄒᆞ야伊國皇帝와會見ᄒᆞ고歸途에墺國皇帝를訪問ᄒᆞᆯ터이라더라

●鐵道協議成立 香港電을據ᄒᆞᆫ則廣東과墺門間에鐵道布設에關ᄒᆞ야葡萄牙公使ᄂᆞᆫ北京外務部와交涉中이더니兩使協議가成立되야本月中에調印된다더라

雜報

●於塩害 旣任本報上에官大閔丙奭시의家庭騷擾를揭載된것、然即所聞을據ᄒᆞ야正誤ᄒᆞᆫ바ᄒᆞᆺ거니와本社에서更爲詳探則同시ᄂᆞᆫ小家間에如何ᄒᆞᆫ言辭가初無ᄒᆞ고何許不遜之輩가此家를對ᄒᆞ야以何嫌憾으로毀言을加코자ᄒᆞ야如此凶說을做出傳播ᄒᆞᆷ이確實ᄒᆞ고又日本에滯在ᄒᆞᆫ實業家가一進會를爲ᄒᆞ야宮大에게運動ᄒᆞ얏다ᄒᆞᆷ도亦是無根之說이더라

詞藻

雪恥心

이몸이죽어죽어、百千萬番다시죽어。
白骨이塵土되여、ᄭᅩ궤上가ᄯᅩ變ᄒᆞ여도。
못變ᄒᆞ리、壹片丹 미친마음、爲國雪恥。

雜報

◎命耶運耶 本社前社長裵說氏는身病으로數日呻吟하다가□日上午拾壹時三拾分에因爲逝去하엿더라

◎裵公葬禮 裵說氏의逝去홈은前項과如하거니와本日下午三時三拾分에該氏本邸에서葬禮儀式을擧行하고即爲發靷하야會葬諸人들은齊히楊花渡外國人義葬地로隨往하리라

[illegible]

◎特別休刊 本社社長裵說氏의喪事와吊禮를表하기爲하야翌日을休刊홈

△地方情報

▲去月二十日京畿道□□郡西南方約二十里地에서義兵八名이該郡分遣所의憲兵二名及補助員四名과交戰하얏다하고

▲去月二十五日□昌郡西方約一名과交戰하얏다하고

▲去月拾九日全北淳昌郡約二十里地에서義兵四拾餘名이該郡守備隊少尉以下六名과交戰하얏다하고

▲去月二拾六日平安南道三登郡西北方約三十里地에서義兵三十名이該郡分遣所의憲兵三名及補助員三名과交戰하얏다하고

▲去月二十三日抱川郡內에서義兵拾餘名이該郡分遣所의憲兵二名及補助員二名과交戰하얏다더라

▲效力一束▼

▲天地萬物생긴後에各有其效이오自由獨立못홈은

[illegible]

社告

本支社를左기西部에設置ᄒᆞ고玆에仰佈ᄒᆞ오니각該部附近地에서本報를愛讀ᄒᆞ실　僉君子는左開西支에게請求ᄒᆞ심을務望
淸津港新岩洞　張元浩
雲山北面橋洞　王冕鎬
沙里院活民勞働救火會任敬宰
甑山郡內利用里　崔診奭
大韓每日申報社

林潤相　朴召史　各廿圜
開城玉雨根　朴允成　崔□□
閔允心　各廿錢　李允仲
拾圜　海州安承圭　孔殷植
綱木仙吉　金하瑞　崔相翊
全承洪　命暢栽　崔承서
學聖弼　張晉鎬　康召史
各拾圜　孫永昌　六圜
車浩俊　五圜　龍井貞遵
三圜　甲召史　貳圜
鳳南學校　告白

廣告

◎出帆廣告
輪船漢江號龍山号陰曆二月拾九日始ᄒᆞ야左開處에間日出帆
十亭里發　楊花津行
金浦雲陽里　江華月串行
豐德智岩　白川星湖行
通運社水陸運輸部
土亭里支社　告白

◉至急廣告
本水道會社에셔汲水商貳百名을卽速募用ᄒᆞ야共히전ᄒᆞ야셔給水를各戶에供給販賣케ᄒᆞᆯ터이기로願來水商으로ᄂᆞᆫ바限ᄒᆞ얏ᄂᆞᆫ더이나該數爻이未滿ᄒᆞ면普通人夫로隨便使傭ᄒᆞᆯ터이며使傭ᄒᆞᄂᆞᆫ一切方法은鍾路本會社에셔說明ᄒᆞᆯ터인디每名에保證은陸圜을辦納ᄒᆞ고本水道水를運搬販賣ᄒᆞ고稅金으로每朔에陸圜式先納ᄒᆞᆯ事
誰某던지先來請求者면差定ᄒᆞᆯ事
壹千九百九年四月二拾九日
大韓水道會社支配人巴威

臨時總會를來日曜日(五月九日)下午二時로退定ᄒᆞ오니僉會員은照亮ᄒᆞ시옵
西北學生親睦會

本人等이姓名章을本月壹日에遺失ᄒᆞ얏기玆에廣告ᄒᆞᆷ
開城郡東部面　韓潤玉
　　　　　　　金興렴　白

○民刑訴訟其他法律에關ᄒᆞᆫ事務를誠實ᄒᆞ며迅速ᄒᆞ게處理ᄒᆞᆷ
但鑑定에ᄂᆞᆫ料金을不要ᄒᆞᆷ
漢城南部長橋洞拾九統四戶

辯護士
前判事 李珍雨
前檢事 朴勝彬
聯合法律事務所

◎黃海道延安郡私立鳳南學校義捐金
莊明成　壹百圜
張冊翰　壹百圜
鄭陽建　八拾圜
宋奎采　孔炳憲　黃戴滔
박伯鎬　鄭鳳翰　각五拾圜
鄭南鎬　張奎翰　각四十圜
張殷協　林明厚　李殷瑞
崔仁源　各廿圜　金化京
黃世淵　각廿五圜　尹衡涉
金東圭　李寺宰　金永東

本人이年今四拾에嗣續이無ᄒᆞ와莫大ᄒᆞᆫ孝를免치못ᄒᆞᆫ니니族兄彥과시가其情景을憐恤하야其堂侄容殷으로써承繼后케ᄒᆞ엿ᄉᆞ오니本人은可謂枯木生花이온故로族兄의敦睦之誼를天下에廣佈ᄒᆞᆷ
小安洞金麗珠　白

阿片斷引丸

注意
阿烟을吸ᄒᆞᆫ一雖日에効ᄂᆞ日久則遂成錮引ᄒᆞ야甚至於蕩敗家産ᄒᆞ고未免疾死ᄒᆞ니哀惜ᄒᆞᆫ 此比有之ᄒᆞ니豈不哀惜乎이故로本堂에셔盡心竭力ᄒᆞ고英美藥力을透得ᄒᆞ야阿片斷引의大效가잇ᄂᆞᆫ藥丸을製造放賣ᄒᆞ오니欲服阿片者ᄂᆞᆫ契約服用ᄒᆞ시되若無效驗이면藥價를還呈ᄒᆞ깃ᄉᆞ오니照亮ᄒᆞ심을

胎産調經丸
定價　壹劑八匣分金五圜　中劑ᄂᆞᆫ圜ᄇᆞ金三圜
婦人이冷病ᄋᆞ로病과月經不調로因ᄒᆞ야孕胎치못ᄒᆞᄂᆞᆫ데神效藥
壹份日劑金五圜

毒瘡消瘡丹
男女間楊梅瘡珠ᄂᆞ疳瘡濕瘡頭瘡와百發百中하ᄂᆞᆫ妙藥이오
定價中劑ᄂᆞᆫ壹圜乙금二圜五拾錢

全治丸
男女淋疾珠瘡에ᄒᆞᄂᆞᆫ神奇妙藥이오壹劑金二圜

滋陽丸
男女間補腎補陽ᄒᆞ고元氣不足ᄒᆞᆫ者에第一藥이오
定價每粉百分金壹圜八十錢

八寶丹
健胃消滯ᄒᆞ니口味가動ᄒᆞ고胃消化ᄒᆞᆷ이神奇爽快케ᄒᆞᄂᆞᆫ靈藥이오　定價金十錢
此外에도東西洋各國名藥과韓國藥品을雜貨에俱備ᄒᆞ오니晴澳注文ᄒᆞ시옵
總發行所仁川港香洞
支店京城鍾路
和平堂主 李應善

美國시아틀大博覽會 미국시아틀대박람회

자세히보시오

本社에셔美國시아틀大博覽會出品事件으로廣告ᄒᆞᆫ에對ᄒᆞ야僉彥의多大ᄒᆞᆫ賛成을得ᄒᆞ야株金의應募ᄂᆞᆫ踏札ᄒᆞ와往復과僉彥의訪問이甚히浩繁ᄒᆞ와多數를處理ᄒᆞᆷ에暫時라도遲延之歎이或有ᄒᆞᆯ터라도本會社의親友及株主諸位ᄂᆞᆫ洞諒ᄒᆞ기를望ᄒᆞ오나本社에셔ᄂᆞᆫ層層信實히注意ᄒᆞ야能力所及에ᄂᆞᆫ怠慢치아니ᄒᆞᆷ은것은僉彥의認定ᄒᆞ심을確信ᄒᆞᆷ

本社之商標　本社之印章

太博覽會出品事件에對ᄒᆞ야株券領受ᄒᆞᄂᆞᆫ期限이已過ᄒᆞ얏ᄉᆞ오나遠方에在ᄒᆞᆫ僉彥의爲ᄒᆞ야更히延期ᄒᆞ와本月拾五日(美國一月廿五日)까지退定ᄒᆞ얏ᄉᆞ오니急速應募ᄒᆞ시ᄋᆞᆷ本社에對ᄒᆞ야公衆의同情과賛成을感謝不盡이오며僉彥의如此히相愛相信ᄒᆞ시에對ᄒᆞ야秋毫라도孤負ᄒᆞᆷ이無ᄒᆞᆷ을自期ᄒᆞᆷ을玆에公衆게誓約ᄒᆞᆷ니다

大韓皇城磚洞(京城郵便局郵函第四拾號)
韓美興業株式會社 謹告
(大美國에셔오나道法律認可　駐韓美國總領事館登錄)

本社의常務代理人의氏名은如左ᄒᆞᆷ

開城代理人	位置未定	開城南門內雜貨商店
平壤代理人	位置未定	平壤大門外店洞
咸興代理人		咸興西門外
馬山浦代理人		馬山浦客主
元山代理人		元山港
淸津代理人		淸津港
水原代理人	位置未定	水原北部장安동
安州代理人	位置未定	水原北部普成洞
沙里院代理人	位置未定	南城東部性善里旺新學校內
金泉代理人	位置未定	漢城中部相思洞貳統三戶
湖州代理人	位置未定	漢城西部麻浦二拾二統五戶
天安代理人	位置未定	水原北部長安洞
群山代理人	位置未定	群山太井洞
全州代理人	位置未定	漢城西部阿峴二百廿二統三戶
大邱代理人	位置未定	大邱新出里五十八統七戶
釜山代理人	位置未定	馬山浦午山里拾壹統九戶
江景浦代理人	位置未定	西部龍山坊東幕契廿七統貳戶
麻浦代理人	位置未定	西部麻浦貳拾七統三戶
陽湖代理人	位置未定	陰竹城山里
永同代理人	位置未定	漢城壽洞貳統壹戶
木浦代理人	位置未定	木浦南橋洞
晉州代理人	位置未定	長湍高浪山浦城山
金堤代理人	位置未定	金堤郡白石面水閣
漢江附近代理人	位置未定	南部漢江十八統二戶
義州代理人	位置未定	義州批峴
江界代理人	位置未定	義州枇峴
東萊代理人	位置未定	城東甘井洞四統五戶
鎭南浦代理人	位置未定	鎭南浦龍井子
定州代理人	位置未定	郭山郡
城津代理人		合州郡
太田代理人		太田新町
浦項代理人		浦項仁里拾貳統拾二戶
浦潮代理人		烏致院漢城壽洞貳統壹戶

崔善玉　金相杰　李根宅　宋始憲　洪淳萱

金東宣　鄭秉煥　盧旻珠　孫德字　金以文　張樂臣　金유東　김유東　邦元重　李孝禎　吳昌泳　尹聖求　黃正益　김敎聲　리允召　辛相淑　李文浩　李弼駿　權泰鎬　安德鍾　孫德宇　金升基　李宇獻　朴奉燁　張奉拭　張聖翰　金時敏　郭寅珠　宋晉鉉　李鍾能　安익

學部檢定

記學 植物學 定價金三十錢 部課有工
初等 動物學

最新 初等小學 定價金四十전 組課有完

文明國의小學讀本이라學部를摸範하야 美하며 全八卷 全八冊으로合製定價金 ㄱ석錢

最新初等 大韓地誌 定價金拾錢

最新高等 大韓地誌 定價金 拾錢

文明國地誌制度를模倣하야 其國內山水며宮殿과며拾三道府와各港口와開市場과名山大川과名勝을具함

初等 大韓歷史 文明國의歷史制度를從하야 我國의 聖帝 明王과 御賢과 忠臣烈士의影幀을具함 定價金七拾錢

國家思想學 精神 教育 定價金二十五錢

憲法要義 義務 教育 定價金二拾五錢

國文 大韓十三道遊覽 上下卷 定價金 四拾錢

우리大韓國의三道에名山大川과都會勝地를구경코져ᄒᆞ는僉君子는速々購覽ᄒᆞ소셔

右教科書와本書林에서發行ᄒᆞ오며此外에各種書籍이具備ᄒᆞ오니학界僉君子는速速來購ᄒᆞ심을爲望

原賣所
京城南部銅峴大四街里三十五統五戶 玉虎書林
分賣所 黃海道鳳山郡沙里院朝陽書館 京鄉各有名書舖

◎共愛堂大藥房製造各種藥品發引表

壯陽復元丹 此藥專治腦痛肺弱 遺精多夢、陽痿不起 房事色傷 病後虛弱 心腎虛弱 不下飲食 先天不足 諸虛百損等症에並妙効가有ᄒᆞᆷ 一週分壹圓 四週分三圓四拾錢 一劑八拾錢 八劑分六圓四拾錢

□靈丹 壹般滯症、胃腹痛、消化不良、心神鬱悶、船車酒醉、化痰止咳、口熱惡臭、食慾不振等症에並神効

眼科聖藥 清眼水 壹般眼疾、時行眼疾、風熱眼疾、羞明流淚、眼內紅痒等症에撥雲見天之妙（壹瓶금拾錢）

解瘧至寶丸 專治瘧疾、卽氣虛瘧、遠年瘧、하야壹日二日瘧、雖難治之하야라도永々祛根ᄒᆞᆷ 壹包금拾錢

皮膚神藥 癬効液 特治皮膚病疥癬、皮□、諸般痒疹、두두러기、옷올너데다神効ᄒᆞᆷ 壹瓶금三십젼

五淋 通淋丸 專治急慢淋疾、赤白帶下、膀胱炎症、其外他淋毒性諸症에神効ᄒᆞᆷ 壹劑金五拾錢

梅毒妙効 神應丹 楊梅瘡에壹期二期三期를勿問ᄒᆞ고確實이有効、連珠瘡下疳瘡等에幷效 壹劑金三圓

小兒聖藥 清脾丸 補治小兒壹般腹痛、面黃、尿□、左腸□腹에大有奇効ᄒᆞᆷ 一匣금五十錢

久滯神効 養胃散 補治累久滯積、吞酸吐瀉、霍亂、胃腹痛、大便不順等症에奏効如神 壹貼금五錢

治痰鎭咳丸 專治大人咳嗽、喘息、痰結등症에妙 二日分壹匣금三十錢

特胃感効 消熱散 勿論四時傷寒感冒、咽喉疼痛、寒熱往來、肢節痛、似瘧非瘧等症有効 壹貼금十錢

耳病神効 清耳液 專治耳病卽鼓膜炎、內外聽道炎、耳中灼熱及流出、疼癢、濃液流出등症有効 壹瓶금십錢

百貼百應 妙妙膏 風寒濕氣、胸肩背에牽引疼痛、腰膝脚腿酸痛無力、骨節疼痛等症에如神 금□五錢

奏効如神 能治膏 각種腫氣、小兒胎毒、부스럼、濕腫●生新에並神効 鐵匣入금十젼

大腫拔根膏 大小腫에根때는약 價금十錢 解凝膏 멍울삭히는약 價금十전

寸虫去根藥 價금貳十전 齒痛水 충치쑤시는데 價금七전五厘

止泄丸 滯泄暑泄神効 價금十五전 痢疾藥 赤白痢에神効 價금십五전

各種上等●●納、東西洋有名賣藥●洋藥乾材都賣散賣其他各種藥이具備ᄒᆞ오니請求ᄒᆞ심을依ᄒᆞ야小包로隨應ᄒᆞ깃숨

發行所
皇城南部大廣橋十九統七戶
共愛堂大藥房

各種藥品을總發行所는京城南大門側濟生堂大藥房本舖

清心保命丹

◎至急히注意ᄒᆞᆯ事件

本堂에서製造發賣ᄒᆞ는（清心保命丹）은內外國僉君子의愛顧ᄒᆞ심으로十分發達이온바近日何藥房에서但（保命丹）三字만써行賣ᄒᆞ오니京鄉買用ᄒᆞ시는兄弟姉妹는勿爲見欺ᄒᆞ심을敬要

本堂製藥은（清心保命丹）이라五字가分明이온ᄃᆡ彼行賣藥에는（清心）二字는無ᄒᆞ고（保命丹）이라三字만쓴거슨丁寧本堂製造品이아니오니特別히注意ᄒᆞ시옵

京城南大門內濟生堂大藥房
清心保命丹本舖告白

○申報價
壹張代金 新貨貳錢五厘
壹個月前納 三拾錢
參個月 九拾錢
陸個月 壹圓七拾錢
壹個年 參圓四拾錢
郵稅壹張 新貨五厘
壹個月 拾參錢

○廣告料
四號活字拾參字詁
每日壹寸（英尺一寸）新貨廿五錢
貳週日壹寸에 貳圓五拾錢
壹個月壹寸에 五圓
（自壹行至四行까지壹寸）
其期限의長短과字行의多寡를依ᄒᆞ야增減ᄒᆞᆷ

◎大韓每日申報各處支社

平安道
平壤鍾路大□□□ 安□國
三和港牌石洞□堂 裵亨湜
義州南門外□□大藥房□□ □□
鐵山邑東部 □□
車輦館 □□□
定州南門□□ 金成□
博川郡邑□□□ 金□□
安州城內□□ □□□
□□□□ □□□
龍川楊市 □□保
龍川南面□□□ □□□
龍川남市 □□
朝州邑남門□ □伯□
泰川邑館前□□ 李正□
寧邊郡耶蘇□□ 김致億
江西邑內 □□□
成從郡□□ □□□
□川□□ □□三
平남順川□□ □□□

黃海道
宣川邑橋南 申基周
江界邑耶蘇教冊肆 김泰회
郭山郡郡面湖수里 金□□
□□郡邑面上里 梁允植
□山郡□利用里 崔診爽
雲山北面橋洞 王冕□
海州남門內書館 □昌□
安岳邑石面□□洞 金□浩
□淵邑校洞□□文□會□ □聖元
□栗邑倉□□ □□□
□川邑□□ □□□
殷寧邑乾材商 李鼎均
黃州南□□□ □□□
白川邑文明館 □□□
沙里院活□□勤救火會 任敬宰

咸鏡道
咸興州南社西門外 曹喜林
元山港創□□內 □南正杰
□□邑 □□□
□平□□川 □□□
□□□□□□□ □□□
永興□□□□□□□ □聚元
□□□□□□ 許十鐵
清津港□岩□ □元浩

全羅道
金溝□□□ □□三
木浦□□□ □得珠

京畿道
仁川□□□□ □京□
開城□□□□□□ □□道
江華邑□□ □鎮植

忠清道
□□□□□ □□祚

慶尙道
大邱□□□□□□□□ □李正由
□□□□□□ □□□
□□□□□□ □□□

江原道
□原□□□ □□□
□□□□□□ □□□

漢城鍾路慈惠藥房에서官許稗受ᄒᆞᆫ二十三種封藥과舊藥材와草材를大發賣ᄒᆞ고且石版印刷製版

光武九年八月拾壹日 明治卅八年八月拾壹日 〔第三種郵便物認可〕 水曜日 西曆壹千九百九年五月五日 (壹)

第七卷 第壹千八拾七號

大韓每日申報

月曆歲時及日休慶節刊
檀君開國四千二百四十二年
箕子元年三千三十一年
大韓開國五百十八年
日本明治四十二年
清國宣統元年
陰己酉三月小十六日乙丑

Responsible for Publication Alfred Weekley Marnham.
發行兼編輯人英國人 萬咸
發行所 京城南部石井洞統外地三層洋屋 大韓每日申報社

論說

◎本報愛讀者여

輝혁燦爛한義俠旗를竪하야韓國同胞를兄弟갓치扶護하던비說시가逝去하앗도다

淵潑莊嚴한鐵血舞를演하야四面妖魔를仇讐갓치奮擊하던裵說시가逝去하앗도다

此에對하야自來로비說시를愛하며本報를愛하는諸君子가或淚를洒하고비說시의逝去를失望을作하야日上帝가我公을旣奪하앗스니我輩를扶護할者가誰오하며又或脾를拊하고本報의將來를憂慮하야日如今에비說시가이믜逝去하앗슨즉氏의熱血을誰가復續하며氏의敏腕을誰가復奮하리오할者ㅣ有할지로다

本記者는諸君子에게對하야感謝의意가無함은아니나因하야壹言을呈하노니惟我諸君子는비說시의逝去를哀悼키는하되失望치는말지며本報의將來를愛護키는하되憂慮치는말지어다

何故로然할가비說시의肉體는死하앗스나其精神은不死하앗스며비說시의肉體는死하앗스나其氣節은不死하앗스며비說시의肉體는死하앗스나其事業은不死할所以니라

大抵諸君子가비說시를崇拜할은何를以함인가彼비說시가大英紳男子로此韓國에遠遊하야韓國同胞의苦痛을哀憐하며韓國同胞의生命을圖保하야食은忘할지언뎡韓國同胞는不忍忘하며寢은忘할지언뎡韓國同胞는不敢忘하야其悲其喜與哀其樂其憂慮其思想其言論其動作이壹切韓國同胞를爲하는精神과氣節과事業이有한所以가아닌가然則此精神과此氣節과此事業을有한者는無非비說시라此精神이愈愈膨脹하며此氣節이愈愈活躍하며此事業이愈愈振興케할者가繼起又繼起하나니엇지비說시의肉體가死함으로失望을作하리오

吾儕는비說시의精神遺傳者오비說시의氣節代表者오비說시의事業相續者라비說시의精神으로本報의筆法을益益鼓奮하며비說시의氣節로本報의勢焰을益益揮動하며비說시의事業으로本報의目的을益益抵達할지니엇지비說시의肉體가死함으로本報의將來를憂慮하리오

而況비說시가逝去하는前一日에本記者의手를握하고丁寧히壹言을遺하야日「我는死하나申報는永生케하야韓國同胞를救하라」하고因하야世를辭하앗스니嗚呼라人으로하야곰氣가短하고心이傷케함이엇지此에서過할者가有하리오本記者가此一言을耳에留하며此壹言을腦에銘하야曰分이라도敢히시의英魂을不負코저하노라

嗚呼라諸君子여本報는愈愈奮勵하나니諸君子는愈愈愛顧할지어다本記者는愈愈勉强하나니諸君子는愈愈眷顧할지어다

本記者가筆을執한以來로諸君子와休戚을同하며哀慶을同하야相扶의情이甚切한故로筆을擧하야相勉의意를表하노라

法律（續）

▲隆熙二年二月二拾六日官報

第拾壹條 面은財務署長의認許한公錢領收員으로하야금國稅의領收及納入의處分케함을得함

第拾二條 公錢領收員이避치못할災害를因하야既收한稅金을失한時는其事實을證明하야度支部大臣에게稅金納入의免除를請願함을得함

前項에請願이有한時는度支部大臣은其事實을審査하야此를免除함을得함

第十三條 公錢領收員이無故히其領收한稅金을國庫에納지아니하는境遇에在하야는第二條第三條及滯納處分에關한規定을準用함

第拾四條 納稅者가納期를過하고稅金을完納치아니하는時는財務官吏는更히期限을指定한督促書를發함이可함

督促書를發한時는督促手數料를稅金額百分之壹에相當한金額을徵收함但錢位未滿에端數는會去함

督促手數料는最少限을金十錢으로함

第二章 滯納處分

第拾五條 左의境遇에在하야는財務官吏는納稅者의財産을押收함이可함

壹 納稅의督促을行하야도督促手數料及稅金을完納치아니한時

貳 第四條에依하야納稅의告知를爲한境遇에稅金을完納치아니한時

未完

外報

◎葡國地震 倫敦電을據한則葡萄牙國리바히요배나우엔트及사모라地方에서激烈한地震이有하야家屋이倒潰하야死者가三十九名이오負傷者가百餘名이오行衛不明한者가百二十九名이오또리쓰본에도激震이有하앗다더라

◎謀反者就逮 倫敦電을據한즉去土曜ㄱ以後로土耳其京都에서一萬人이捕縛되앗다더라

◎露軍出發 倫敦電을據한즉露國步兵二千名과砲兵二大隊가다부리쓰를向하야지리쓰增方으로出發하앗다더라

◎新帝歡迎 倫敦電을據한즉土耳其新帝의即位式을擧行할時에陸軍省에서祝賀式에對하야莊嚴하게奉行하앗고人民等은歡迎하앗다더라

◎波斯排露 伯林電을據한즉波斯에서는露國排斥運動을惹起하앗다더라

詞藻

奉挽大韓每日申報社前社長裵說公

天遣公來又奪公
歐洲義血灑溟東
翩翩壹紙三千里
留得芳名照不窮
謙谷

大英男子大韓衷
壹紙光明黑夜中
來不偶然何遽奪
欲將此意問蒼穹
雩岡

雜報

●檀陵改築 江東郡에在호檀君의陵所를收封築호라신聖旨가下호심은人所共知어니와其後改築等節을內部에서將次磨鍊호야該地方官吏에게指揮호다더라

●裴公葬式 本社前社長裴說氏의葬式은前報와如히三昨日下午三時半에擧行호얏는데會葬員은歐米各國總領事館員以下각紳士와각敎會牧師宣敎師男女八拾餘名이오韓國人은각社會敎會학校婦人社會新聞社代表者其他각個人의紳士들이數千餘名이오觀光者는城郭上下와道路左右에塡塞호야人山人海를成하얏고同四時에發靷호야靑紅紗灯籠數雙만華三雙銘旌壹本이先導에羅列호야楊花渡義葬場으로向호시壹般韓人中에는本邸에來호야靈柩前에再拜哭吊호는者도有호며婦人들은該邸近處樹下에會集호야痛哭호는者도有호며路傍에서도往往히落淚호는者가多數호며封墳時에도落淚호는者도有호며哭拜者도有호고同五時半에下棺호야英國牧師더너氏가禮式를引導호고韓國牧師金德基시가祈禱홀後에成墳호얏는데葬儀에會葬호人員은內外國人幷호여千餘名이더라

●追悼會設行 本社前社장 **裴說氏** 葬式을去二日의擧行홈은別項과如호거니와紳士吳允默시等拾二人과婦人金에다시等三人이發起호여本日下午三時半의東門外 **永道寺** 에前往호여 **追悼會** 를擧行호는데追悼詞는俞吉濬安昌浩兩시를請邀호야演說케호다더라

●尙有餘件 伊藤統監이遞任된다에여러追聞호즉何等六條事件을提出携帶호고本月下旬에更爲渡韓호기로預定호얏다더라

●[illegible]增壓 統監府에서地方騷擾鎭定홀方法을現今起草中이라는데不遠間에軍隊及警察을各地方으로多數派送홀터이라더라

●規則案決定 內部에서地方費規則案을審査호다홈은各報에累揭어니와更聞호즉該案을決定호얏다는데其內容을據호즉人民에게는別無關係오地方各市場에서已往徵收호던각項稅納을徵納홀터이라더라

●病院巡觀 再昨日上午九時頃에總理大臣李完用氏가馬車를搭乘호고大韓醫院에前往호야實體視察하얏다더라

●學大晩餐 학部大臣李載崑氏가再昨日下午六時에京城旅館에서晩餐會를設호고新任各道학務主事와학部內外國高等官을請邀宴待홀時에학務主事에게對호야演說호기를本國의학問程度가幼穉호야特別히諸君으로호야금각該道학務를委任홈인즉熱心勸務호야實效가有케호라호얏다더라

●農大設宴 農商工部大臣趙重應氏가商業에關홈事項을硏究홀目的으로不遠간明月館에盛大홈宴會를開設하고商業及財產家某某氏를請待協議호기로現今準備中이라더라

●社寺觀察 內部社寺課장宋之憲氏는社寺의關홈事務를觀察호기爲호야韓日主事某某人을帶同호고日間平壤開城等地로出張홀다더라

●測量汲汲 民有山坂에關可明限이漸迫홈으로京城附近人民들은所有地段을測量製圖호야農商工部에認許請願호는者가每日답至호다호니地方人民들도此를覺悟홈이急先務가되리라더라

●會計法見習 각府部院廳의物品出納을는官吏諸氏가昨日부터度支部에前往호야會計法을見習호다더라

●何事調査 近日警視廳에서別巡查를密派호야平安北道厚昌郡당리觀植시에有無를別般調査호다더라

●全氏請願 太祖高皇帝外家三墓가咸鏡南道永興郡에在호대其享祀費는各墓에七結五十負式劃給호야五百餘年奉祀호더니今春墓祭儀를改定호는데漏落이되얏기로掌禮院에二次呈호고度支部에發次를呈하되歸正이無홈으로宮內府에請願호다더라

●興業擴張 韓美興業株式會社에서吉納咸林炳恒兩氏가大邱慶州浦項等地에觀察事務를畢了호고日前에還京호얏는데大邱에서多數홈株主의應募者가有호얏고慶州에서는支社를發起호얏는데校村崔俊氏가擔當호야總財務의事務를熱心勸執호고權英澤氏는總事務의任에在호야竭力周旋하야前途發達을指日可期호다더라

●社長渡美 韓美興業會社장美國人馬野氏는美國시아들大博覽會의準備事에對호야美國에서電報가來호故로日前에發行渡美호야博覽會事務及諸般輸出輸人의處理方法을協議確定호後에三四朔後에還京호預定이라더라

●協會新聞 大韓協會에서來月一日부터月報는廢止호고新聞을刱刊호기로現今準備中인데名稱은大韓協報라호다더라

●釀酒作梗 三昨夜에泥峴居留하는日人梅谷留壹이가飲酒大醉호야南部山林동居留호는淸國人孫開先氏家에前往호야家產汁物을打破호고作梗이殆甚호故로該地內巡查가押去호얏다더라

●醉倒致命 再昨日下午六時頃에日人黑澤梅次郎이가南山上麓에서飲酒泥醉호야散步亂行호다가八十丈되는石壁에墮落호야重傷된故로治療하기爲호야安東病院으로舁去호얏더니仍爲致死호얏다더라

●只許刑巡 近日漢城內각演劇場에韓巡查가非番日이면多數히入場홈이不可호다호야中部警察署에서此弊習을取締호기爲호야從今以後로는刑事巡查以外에는壹切他巡查는不許入場케호기로指令호얏다더라

●因稅動兵 酒草家屋二稅를須佈홈事에對호야江原道各郡에人民이騷動호고義兵이益益蜂起호다호야日憲兵司令部에서昨日에憲兵拾餘名과軍物數十駄를春川郡으로派送호얏다더라

●韓氏有意 南部育學橋居호는韓瓊[illegible]氏는年今十九歲인데去年頃에文학雜法이優勝호야女학界에贊揚이有호리氏와作配호얏더니韓氏가文明에有意호야日前에自己父兄에게此事由를說明호고日間日本에渡往호야拾年을爲限호야熱心遊학홀것다호고目今旅費를準備호는中이라더라

●壹進員被殺 本月壹日에順天郡東面某地에서義兵數拾名이壹進會員朴某를砲殺호얏다는當報가某處에來到호얏다더라

●[illegible]被捉 楊州郡警察署에서[illegible]學順甫兩氏가義兵과干連이有호다호야捉囚審問호고該郡昨日에京城地方裁判所로押上호얏다더라

●妖女被捉 東小門內土橋等地에居호는리召史召名女가年今三十餘歲인대稱以關聖帝君이下降이라호고該家에諸般邪鬼偶像을掛置하고多數男女를誘引奪財호다는聽聞이浪藉홈으로昨日東部警察署에서刑事巡查를派送호야該女를捕捉牢囚호얏다더라

●비家賊警 再昨日上午二時頃에中部東谷居호는前議官비鼎台氏家에何許强盜五六名이突入호야諸般物品을掠奪홀際에該學內巡查가追人호즉賊漢等이即時逃走호얏다더라

●金氏逢賊 日昨下午十時頃에中部中谷居호는前郡守金榮瀨氏家에賊漢四五名이闖入호야諸般什物을沒數奪去호얏다더라

學界

●郡守熱心 大興郡守李學起完시가行政上에敏活홀뿐더러薄俸을捐出호고自家田土를放賣호야該郡學校에補助호야熱心敎育홈으로稱頌이藉藉호다더라

●洪氏美擧 豐德郡南面照江居洪承玉시가敎育上에熱心호야境內學校十餘處에頻往勸勉하며校中所用諸般物品을自己資金으로京市에서貿買호야다가本價로分給호다더라

●學父兄熱心 再昨日聯合大運動時에內部技師沈宜碩시는向洞靑年學院과攻玉男女學生의朝飯과午餐을專當호고朴正徽시는粥包三百介요濟生堂主人리庚鳳시는金五圓을攻玉學校에寄付호얏다더라

●巫能知時 西來人의俳說을據호즉安州郡松面立石市에居호는別名장薇동巫女崔氏는時局의發達홈을慨嘆호야敎育의義務로該面西興學校에自己家屋을寄附하얏다더라

◉感荷義賻 本社前社장裴說氏喪事에對호야本社關東支社員某氏가五圓又無名시가二圓을袖傳寄賻호얏기로玆에其盛意를感荷호노라

▲地方消息

▲去月二十七日에羅남靈光郡西南方約四十里地에서義兵百餘名이該郡日守備隊特務曹장以下九名의兵卒과交戰호얏는데義兵이村落으로頑强히抵抗홈으로守備隊에서騎兵六名을更히派送호야合拾七時間을激烈히交戰호얏는데騎兵下士壹名과兵卒壹名이負傷호얏다호고

▲去月二十五日夜에永平郡東方約三拾里地에서義兵四拾餘名이金化郡日守備隊中尉以下九名의兵卒과交戰호얏고

▲去月廿六日에全州郡南方約四拾里地에서義兵七名이該郡日守備隊下士以下騎兵五名과交戰호얏고

▲本月壹日泰仁郡西北方約廿里地에서義兵七拾餘名이羣山斥候兵과交戰호얏다호고

▲去月廿二日奉化郡東方約五拾里地에서義兵四拾餘名이東郡分遣所日憲兵과交戰하얏다하며

▲去月二十四日果川郡東方六拾里地에서義兵八名이一部分遣所日憲兵壹名及補助員四名과交戰호얏다더라

廣告

本號住廣東潮州府普邑口沙瀧鎭開莊親自督揀頂上細緊花細葛滑水定織波蘿袍料項與각色夏布發客歷有餘年久蒙貴客歡迎近有無恥之徒假冒本號元昌字號暗將次貨充塞魚目混珠希圖漁利今於己酉年爲始特加盧字爲首凡蒙仕商賜顧者須將盧元昌字號認明庶不致誤

盧元昌主人 謹白

測量學員大募集

普通科速成科로製圖實地를特別敎授ᄒᆞ오니陰三月廿三日內願請ᄒᆞ시오

北部齋동二統拾戶

測量新塾

新塡官宋元用의元子를宜浮로改定ᄒᆞ오니僉諒ᄒᆞ시옵

釜山 宋宜用 告

本人이 昨年夏에 大邱商賈扇(강다리)을三百餘釜買得而于今陳在則廉價直放爲計오니遠近閒僉商員은照諒買去切望홈

元산上里上洞坐市場東堤 白

吾金이或有悖宗하야私自收單ᄒᆞ야濫設譜所ᄒᆞ고挾雜討財ᄒᆞ야使殘宗으로不能支保케ᄒᆞ니此實得罪先祖ᄒᆞ고貽笑當世故로本所에서嚴立規則ᄒᆞ야痛禁私譜이거날金海居奎東과淸道居鳳과가金海蕨巖齋에서私自設譜云故로本所에서前後以書以言으로使之撤罷이되奎東이嚮向不悛홈으로將欲訴法司ᄒᆞ야斷當嚴懲ᄒᆞ깃스니其見欺送單ᄒᆞᆫ宗人은即爲荷單ᄒᆞ고且出單法之地에亦勿追悔홈

金海金氏宗約所 廣告

本人의子潤植이가忽地性浮ᄒᆞ야家券典質錢携帶而去ᄒᆞ고圖草도亦爲持去ᄒᆞ니無論內外國人ᄒᆞ고切勿見欺홈

西部眞醴동趙承泰 告白

本人이姓名章을路中遺失ᄒᆞ얏기玆에廣告홈

中部貞善坊宮동七十一統十五戶 朴奎栗 告白

中에瑞進淸聯坊에서小學校를設立ᄒᆞ고學員을新募ᄒᆞ오니有志人士드ᄅᆞᆫ學齡에適ᄒᆞᆫ子弟들即速請願ᄒᆞ시오

一 年齡은九歲以上의男子
一 試驗科目은國漢文讀書
一 試驗日字ᄂᆞᆫ五月八日
一 開學日字ᄂᆞᆫ五月拾日

隆熙三年五月三日

中部內相洞五統拾戶

私立三興學校長 白完혁

李甲戊사五月四日（陰三月拾五日）上午九時別世知舊間照亮ᄒᆞ시옵

弟用召 用台 告白

마浦普成校에셔有年敎授ᄒᆞ던金聚濟시가月俸中金捌拾圓을本校維持ᄒᆞ기로寄付ᄒᆞ옵기感謝表홈

마浦普成學校 告白

朴長煥氏旅中

京仁鐵路在외邑村去來人이會同協議ᄒᆞ고幾年비경을작정ᄒᆞ고速키오시기를바라오며本人을尋訪次로上送ᄒᆞ기에如是仰告ᄒᆞ오니速히來臨ᄒᆞᆷ을伏望홈

海州 金鳳國 告白

本人의姓名圖章을陰三月拾四日에路上서失故로玆에廣佈ᄒᆞ오니誰某拾得勿施홈

梨峴 李白應 白

中部大寺동十統二戶順成號典當舖從今休業ᄒᆞ옵기玆以廣告ᄒᆞᆷ典執僉員限二朔內速速放去홈

順成典舖主趙順吉 告白

本人이年今四拾에嗣續이無ᄒᆞ와莫大ᄒᆞᆫ不孝를免치못ᄒᆞ니族兄彦과시가其情景을憐恤ᄒᆞ야其從侄容般으로率養繼后케ᄒᆞ엿ᄉᆞ오니本人은可謂枯木生花이온故로族兄의敦睦之誼를天下에廣布홈

小安洞 金麗球 白

至急廣告

本水道會社에셔汲水商貳百名을即速募集ᄒᆞ여共用전에셔給水를各戶에供給販賣케ᄒᆞᆯ터이기로限來水商으로만限用ᄒᆞᆯ터이나該數額이未滿ᄒᆞ면普通人夫를隨便使備ᄒᆞᆯ터이며使備ᄒᆞᄂᆞᆫ一切方法은鐘路本會社에셔說明ᄒᆞᆯ터인ᄃᆡ每名에保證金陸圓을籌納ᄒᆞ고本水道水를運搬販賣ᄒᆞᄂᆞᆫ稅金으로每朔에陸圓式先納ᄒᆞᆯ事

誰某던지先來請求者면差定홈

壹千九百九年四月二拾九日

大韓水道會社支配人巴威

本人이光武拾年十月二拾五日에北部齋동二拾九統八戶瓦家三間幷家二間合五間을秋明秀許의四拾圓金을推尋後貰給이다가翌年四月分에貰金은還給이옵고貰文券을서失ᄒᆞ얏기로玆以廣告홈

金光彦 告白

中部觀光坊古墨동三拾五統九戶所在幹家拾間去丙午年分英親宮所管家를買入居生이더니中間에셔失故郎其時에廣告于新聞ᄒᆞ옵고今又新聞에布告ᄒᆞ오니內外國人誰某拾得ᄒᆞ와도休紙施行홈

金學天 告白

美國시아틀大博覽會 미국시아틀대박람회

此廣告中央에宛然ᄒᆞᆫ圖形은何物이뇨本社의印章이올시다。何。또本社의商標이올시다熱心으로此博覽會彦의心中에印搭ᄒᆞ시오永久히記念ᄒᆞ시오本社에셔此를依ᄒᆞ야完全獨立ᄒᆞ고此를因ᄒᆞ야發達ᄒᆞ고活動ᄒᆞ야大韓帝國內各方面에殺熱히相知相信케되도록盡力ᄒᆞᆯ것이올시다此가永久正直ᄒᆞ고高尙ᄒᆞ고完全ᄒᆞ야自强自立ᄒᆞᆯ것이올시다此가大韓國製造物品의商標와聲譽를擔負ᄒᆞ고世界各地方에橫行ᄒᆞᆯ것이오今日에ᄂᆞᆫ美國...

AMERICAN KOREAN TRADING COMPANY 韓美興業株式會社

各處에셔此가大韓國及大韓國의工匠을代表ᄒᆞᆯ것이올시다大韓國內에셔ᄂᆞᆫ未久에此가高尙ᄒᆞᆫ商品을一吉ᄒᆞ야超過ᄒᆞᆯ것이오니商品은何種이든지五〇世界各處의最大製造工廠으로부터特約直輸入ᄒᆞ야本社의現今ᄭᅡ지ᄅᆞᆯ本社의內容과本社의事務進行及本社의活動을詳知코저ᄒᆞ시거던書札로照會ᄒᆞ시되어ᄃᆡ로ᄒᆞ실...

大韓皇城磚洞（京城郵便局郵函第四拾号）

韓美興業株式會社 謹啓

（大美國에리소나州法律認可 駐韓美國總領事館登錄）

本社의各處代理人의姓名은如左홈

開城代理人
平壤代理人
咸興代理人
馬山浦代理人
元山代理人
淸津代理人
水原代理人
安城代理人
沙里院代理人
金泉代理人
尙州代理人
天安代理人
群山代理人
全州代理人
大邱代理人
釜山代理人
江景浦代理人
麻浦附近代理人
果川代理人
永同代理人
木浦代理人
晉州代理人
金堤代理人
漢江附近代理人
義州代理人
江界代理人
東部代理人
鎭南浦代理人
定州代理人
城津代理人
浦項代理人
太田代理人
淸州代理人

位置未定 (×18)

開城南門內雜貨商店
平壤大同門內店중
함興西門外
馬山浦客主
元山港
淸津港
水原北부長安동
水原남부北門안동
漢城東부往十里旺新學校內
漢城中部外沼思동貳統三戶
漢城西부마浦三十貳統五戶
水原北부장동
群山大井洞
漢城西부阿峴二百廿二統三戶
大邱新田里五拾八統七戶
馬山浦午山里拾壹統九戶
西部麻浦山坊東幕中契廿七統貳戶
西部麻浦洞十七統三戶
陰竹山里
京城郵동貳統壹戶
木浦南橋동
廣州蠶室浦城山
金堤郡石面水閣
南部漢江拾八동貳戶
義州枇峴
義州枇峴
往十里甘井동四동五戶
鎭남浦龍井洞
郭山郡
吉州郡
浦項上里廿二統拾貳戶
太田新町
烏致院漢城商동二統壹戶

金東宣
鄭基煥
盧旻珠
孫錫宇
金以文
張막臣
金유종
金유종
邦元重
李孝植
吳推泳
尹聖求
韓相益
김敎鉉
의相召
辛相澈
리寬浩
리弼駿
權泰鎬
安종의
文德宇
孫升基
김宗默
의奉燁
박奉燁
朴聖燦
金聖泰
吳時翰
金時漸
郭寅洙
리鍾龍
宋容憲
安의

崔善玉
張濟拭
李根宅
金相杰
洪淳壹
宋炳憲

이쪽을날마다자세히보시오

告

洪規명 金和霖 金乃善
羅道秉 金興俊 金載成
趙山鍊 洪炳璣 韓得平

趙麟周趙晉國右人處에各壹張
於音鄭允秉於音三張趙用九黃
元涉李昌華洪用學朴宋沈基
旬朴宗鎬金成玉朴興吉李成澤
趙山福右人處에各壹張手標趙
命烈處標貳張韓得平鄭允秉趙
麟周相保標貳張과姓名圖章及
日新房章其外去來標字等을再
昨日下午六点量南市內에서서
失故玆以廣布ᄒᆞ오니雖某拾得
ᄒᆞ와도定勿施行ᄒᆞ시옵
隆熙三年己酉二月拾二日
平北龍川南市驛邊鄭大鏞告白

義州廣坪面廣務學校校長前注
書尹東乾前博士尹昌龍兩시는
本哲學家로細部測量學을設立
ᄒᆞ고校師尹義燮尹正燮尹河英
三시가不受壹分月給ᄒᆞ고血心
敎育ᄒᆞ야四月七日에細部卒業
禮式을擧ᄒᆞ시卒業生如左ᄒᆞᆷ
優等金致奎 崔祥麟 尹雨섭
尹昌로 及第尹昌렴 尹鏞섭
李龍權 崔孝鎭 尹旻섭
張致俊 尹秉섭 尹昌鴻
朴亨祿 張君락 金用櫓
任君鎬 任明宰 任用宰
尹景섭 崔廷敏 리之浩
尹璉섭 崔儀鳳 崔文浩
義州廣務學校 告白

本店에各種新舊書籍과學校物
品이具備ᄒᆞ온中夏節韓服衣와
洋服及學徒에服裝的合ᄒᆞᆫ各樣
織組를製造ᄒᆞ와廉價大發賣ᄒᆞ
오니
僉君子는陸續請求ᄒᆞᆷ을望ᄒᆞᆷ
宣川郡橋남商務同事總支店白

自宅治療 電氣帶 廣告

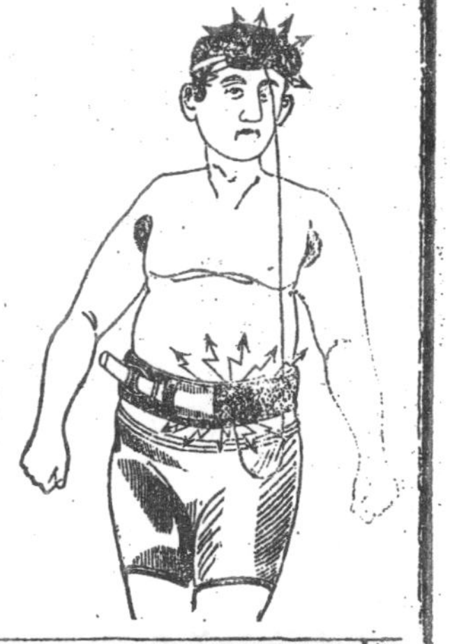

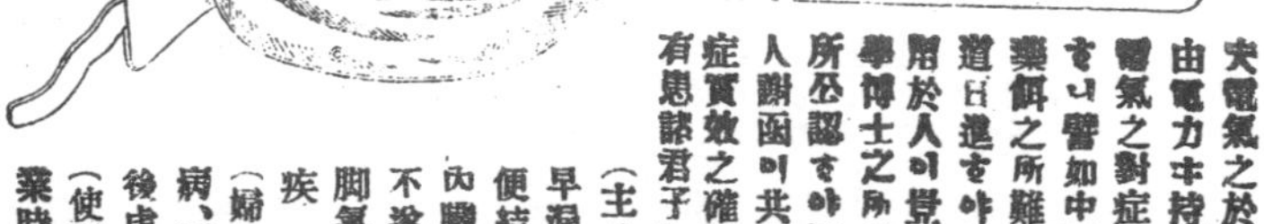

夫電氣之於人에爲關이甚大ᄒᆞ니人之百體가皆由電力之持ᄒᆞ야有電則生ᄒᆞ고無電則死ᄒᆞ나니電氣之對症施治에見功取效之神速이百倍于藥ᄒᆞ니譬如中風麻痺(不遂)痙攣陽위等症은古來藥餌之所難治之病이니然而至于今ᄒᆞ야는醫道日進ᄒᆞ야以電으로施療에無不奏效ᄒᆞ니電之利用於人이益發鮮哉라今此電氣帶는係是美國醫學博士之所發明者也ㅣ라伊來幾年에爲地球上所公認ᄒᆞ야因不日效驗者로다現計각國受效人謝函이共三拾壹萬九千有餘則可知電氣帶治症實效之確據요乃醫療界最爲特色者ㅣ也ㅣ라有患諸君子는早圖壹試ᄒᆞ시오

（主治効能）神經衰弱諸症不眠。遺精、早漏不快、陽위不起、消化器無力、常習便結、消化不良。營養不良。遺尿。壹般內臟衰弱。疝症。半身不遂。或全身不遂。手足厥冷、諸神經痛。頭痛腰痛。脚氣及脚痛。記臆力及忍耐力減退、癎疾

（婦人諸病）血分不足、月經不調、子宮病、憂鬱、脊髓諸病、偏頭痛、不姙症。病後虛弱、帶下、窒痙攣等症에無不如神

（使用法）은至極簡便ᄒᆞ야睡眠時나就業時에恒常腰間에環珮ᄒᆞ되小無妨碍ᄒᆞ고每日使用ᄒᆞ셔도壹個年以上을環珮ᄒᆞᆯ付屬品은頭痛時使用ᄒᆞ는것과藥을包括ᄒᆞ는것이有ᄒᆞ오니請求ᄒᆞᆯ실ᄯᅢ에腰圍를測量(비ᄂᆞᆷ이ᄯᅵᆷ에서허리둘ᄅᆡ오시오)ᄒᆞ야보니시면發電使用法과說明書를添付ᄒᆞ야小包代金便으로發呈ᄒᆞᆯ지오

正價 上號 拾四圓 中號 拾貳圓

發賣所 皇城南部太廣橋十九統七戶 共愛堂 大藥房

浦本房藥大堂生濟 側門大南 城京 는所行發總 을品藥種各

（各種藥品을總發行所는京城南大門側濟生堂大藥房本浦）

清心保命丹

◉至急히注意ᄒᆞᆯ事件

本堂에서製造發賣ᄒᆞ는（清心保命丹）은內外國僉君子의愛顧ᄒᆞ심으로十分發達ᄒᆞ온바中近에何藥房에서但（保命丹）三字만써行賣ᄒᆞ오니京鄕僉員用ᄒᆞ시는兄弟姊妹는勿爲見欺ᄒᆞ심을敬要

本堂製藥은（清心保命丹）이라五字가分明ᄒᆞ온데彼行賣藥은（清心）二字는無ᄒᆞ고（保命丹）이라三字만쓴거슨丁寧本堂製造品이아니오니特別히注意ᄒᆞ시옵

京城南大門內濟生堂大藥房
清心保命丹本舖告白

社告

○申報價
壹張代金 新貨貳錢五厘
壹個月前納 三拾錢
參個月 九拾錢
陸個月 壹圓七拾錢
壹個年 參圓四拾錢
郵稅壹張 新貨五厘
壹個月 拾參錢

○廣告料
四號活字拾參字詰
每日壹寸（英尺）에 新貨廿五錢
貳週日壹寸에 貳圓五拾錢
壹個月壹寸에 五圓
（自壹行至四行이爲壹寸）
其期限의長短과字行의多寡를依ᄒᆞ야增減ᄒᆞᆷ이有ᄒᆞᆷ

◉大韓每日申報 各處支社廣告

平安道

平壤鍾路太極書館	安泰國
三和港牌石洞敎堂	劉亨湜
義州南門外西大藥房	劉有寬
鐵山邑東部	安灝
車發館	金明鉉
定州南門內書舖	洪成麟
博川郡邑니堂洞	金翼樞
安州城內義井洞	金翼河
京義線枇峴驛前	李基秀
龍川楊市	黃菊保
龍川南面松峴寨東齊會	金贊元
龍川남市驛	韓燦禧
朔州邑남門外	朱伯濬
泰川邑舘前洋남	李正華
寧邊郡邑蘇齋冊사	김致億
江西邑內	金昌燮
咸從郡邑蘇敎堂	張炳寔
成川郡上部面	高應三
平남順川郡邑	鄭裕岡
宣川邑瀛南	申基周
江界邑耶蘇敎冊肆	김泰치
郭山郡邑南湖우里	金鎭潤
雲山郡邑面上里	梁允植
龜山邑利用里	崔診爽
寧山北面橋洞	王冕鎬

黃海道

海州남門外書舖	朴昌緖
安岳香石面訓鍊洞	金允浩
長淵邑校洞西北支學會內	盧東元
殷栗邑倉前里	金光礪
信川邑六里	丁一奎
載寧邑乾材局	李鼎均
黃州南門外冊肆	崔鎭衡
白川邑文明館	趙雲泳
沙里院活民勞動敎火會	任敬宰

咸鏡道

咸興州南社西門外	曹喜林
元山港創業社內	羅正杰
高原邑	[illegible]
定平郡豊川	[illegible]
洪原南門外耶蘇敎醫院	[illegible]
永興南山洞洪明學校內	梁元常
鏡城羅南新興洞	鄭千鎰
清津港	張元浩

全羅道

金溝水流面豆亭	趙鍾三
木浦항陽동	미得珠

京畿道

仁川畓峴新舖	李東瞻
開城남大門內興學書舖	姜助遠
江華邑	徐鎭植

忠淸道

結城邑	李啓祚

慶尙道

大邱西門外友弦書樓側	李正由
釜山港佐川약국	徐錫麟
鎭기郡縣西面南部	吳漢默

江原道

鐵原邑	趙吾大
蔚珍遠남面梨花里	朱鎭瀅

漢城鍾路[illegible]惠藥房에서官許得受ᄒᆞᆫ二十三種封藥과醫藥[illegible]材와草材를大發賣ᄒᆞ고且[illegible]板印刷發賣

光武九年八月拾壹日 明治卅八年八月拾壹日〔第三種郵便物認可〕　木曜日　西曆壹千九百九年[illegible]月[illegible]日

大韓每日申報

第七卷 第千八拾[illegible]號

[illegible]卒業證과 修業證과 各種書册을 請求ᄒᆞ시면 特減又減ᄒᆞ야 以小包郵便으로 酬應ᄒᆞ옵나이다

月曜及慶節
歲時日休刊

檀君開國四千二百四十二年
箕子元年三千三十一年
大韓開國五百十八年
日本明治四十二年
淸國宣統元年
陰己酉三月小十七日丙寅

Responsible for Publication Alfred Weekley Marnham.
發行兼編輯人英國人 萬咸
發行所 京城南部石井洞[illegible]三層洋屋 大韓每日申報社

寄書

◎哭大韓每日申報前社長裵說氏

李交慶

天久而不墜也ㅣ 氣오 地久而不陷也ㅣ 德이오 人久而不死也ㅣ 義니 壯哉라 公이여 公來自西에 날雰雨其濛이러니 公曰迺歸ᄒᆞ니 我心西悲로다 公去悠々ᄒᆞ심이여 我心悼々로다 哀哉라 吾人이여 生也夢死也覺ᄒᆞ니 公乃覺我乃夢乎아 生也醉死也醒ᄒᆞ니 我乃醉公乃夢乎아 生也寄死也歸ᄒᆞ니 寄乃辱歸乃榮乎아 生於憂苦요 死於安樂ᄒᆞ니 公乃厭苦而取樂者乎아 公之於吾人에 其譽祐也ㅣ 多矣라니 今乃薄情也ㅣ 大矣로다 悠々蒼天아 天胡忍斯오 我二千萬兄弟姉妹가 可同聲으로 齊擧大哭이로다

公去無言이어늘 我欲諦聽엇서 既有太感於吾公者ᄒᆞ니 以公之宏義로 恨不得見容於此日이오 又有所感於此人者ᄒᆞ니 以余之賤劣로 不得攀拜於平日이라 此人也ㅣ 此日此哭이 非哭公也오 乃哭我也라 俯仰天地에 孰無吾人今日之痛哉아 嗚乎라 公이여 望楊花津ᄒᆞ니 無數楊花가 飛々[illegible]ᄒᆞ야 送人渡江來渡江去而已矣로다 痛哉라 公이여 [illegible]腔拂血이 上焦를 湧化爲淚ᄒᆞ야 [illegible]의 灑杜宇紅이로다

嗚呼라 我同胞아 其無福가

▲隆熙三年 二月二十六日 官報

法律（續）

第十六條　押收處分을 行ᄒᆞᄂᆞᆫ 財務官吏ᄂᆞᆫ 其命令을 受ᄒᆞᆫ 官吏된 證票를 示ᄒᆞᆷ이 可ᄒᆞᆷ

第拾七條　押收ᄒᆞᆫ 財産에 價格이 督促手數料及滯納處分費及 第二條에 依ᄒᆞ야 控除ᄒᆞᆯ 金額에 充ᄒᆞ고 殘餘를 得ᄒᆞᆯ 所望이 無ᄒᆞᆫ 時ᄂᆞᆫ 滯納處分의 執行을 止ᄒᆞᆷ

第十八條　滯納者의 財産中 典當에 供ᄒᆞᆫ 物件이 有ᄒᆞᆫ 時ᄂᆞᆫ 其典當에 供ᄒᆞᆫ 時期에 如何를 不問ᄒᆞ고 權利者ᄂᆞᆫ 財務官吏에 對ᄒᆞ야 典當物의 交付를 拒絶ᄒᆞᆷ을 得치 못ᄒᆞᆷ

第拾九條　左揭ᄒᆞᆫ 物件은 此를 押收ᄒᆞᆷ을 得치 못ᄒᆞᆷ

壹　滯納者及其同居家族의 生活上 不可缺ᄒᆞᆫ 物件
二　祭祀禮拜에 必要ᄒᆞᆫ 것으로 認ᄒᆞᄂᆞᆫ 物及墓碑墓地
三　系譜其他滯納者의 家에 必要ᄒᆞᆫ 日記書類及信章
四　職務上 必要ᄒᆞᆫ 制服。祭服。法衣
五　勳章其他名譽의 證票
六　滯納者及其同居家族의 修學上必要ᄒᆞᆫ 書籍器具
七　發明又ᄂᆞᆫ 著作에 係ᄒᆞᆫ 物로써 아직 公行치 아니ᄒᆞᆫ 者

第貳拾條　押收의 効力은 押收物로 生ᄒᆞᄂᆞᆫ 果實에 及ᄒᆞᆷ

ᄒᆞᆫ 滯納處分은 裁判上의 假押收又ᄂᆞᆫ 假處分으로 其執行을 妨害ᄒᆞᆯ 事가 無ᄒᆞᆷ

第二拾壹條　財務官吏가 財産의 押收를 爲ᄒᆞᆯ 時ᄂᆞᆫ 滯納者의 家屋倉庫及筐匱를 搜索ᄒᆞ며 又ᄂᆞᆫ 閉鎖ᄒᆞᆫ 門戶筐匱를 開케ᄒᆞ며 或은 自己가 此를 開ᄒᆞᆷ을 得ᄒᆞᆷ

滯納者의 財産을 占有ᄒᆞᆫ 第二者가 其財産의 交付를 拒絶ᄒᆞᆫ 時亦同ᄒᆞᆷ

第三者의 家屋·倉庫及筐匱에 滯納者의 財産을 藏匿ᄒᆞᆫ 疑点이 有ᄒᆞᆫ 時ᄂᆞᆫ 財務官吏ᄂᆞᆫ 前項에 準ᄒᆞ야 處分ᄒᆞᆷ을 得ᄒᆞᆷ

前二項에 依ᄒᆞ야 搜索ᄒᆞ기ᄂᆞᆫ 日出로부터 日沒ᄭᆞ지에 限ᄒᆞᆷ

第二十二條　財務官吏가 前條의 處分을 行ᄒᆞᆯ 時ᄂᆞᆫ 滯納者或은 前條에 揭載ᄒᆞᆫ 第三者又ᄂᆞᆫ 其家族·雇人·成年者或은 警察官吏를 會同케 ᄒᆞᆷ이 可ᄒᆞᆷ

第二拾三條　通貨·有價證券 其他動産의 押收ᄂᆞᆫ 財務官吏가 占有ᄒᆞ야 此를 行ᄒᆞᆷ 但押收物件運搬ᄒᆞ기에 困難ᄒᆞᆷ으로 認ᄒᆞᆯ 時ᄂᆞᆫ 滯納者又ᄂᆞᆫ 第三者로 ᄒᆞ야곰 保管케 ᄒᆞᆷ을 得ᄒᆞᆷ 此境遇에 在ᄒᆞ야ᄂᆞᆫ 封印其他의 方法으로써 押收를 明白케 ᄒᆞᆷ이 可ᄒᆞᆷ

第二拾四條　債權을 押收ᄒᆞᆫ 時ᄂᆞᆫ 財務官吏ᄂᆞᆫ 此를 債務者에게 通知ᄒᆞᆷ이 可ᄒᆞᆷ

（未完）

外報

●淸露人爭鬪　東京電을 據ᄒᆞᆫ즉 露國과 淸國勞働者等이 哈爾賓附近에서 爭鬪ᄒᆞ야 死傷者가 [illegible] 出兵ᄒᆞᆫᄂᆞᆫ데 [illegible]ᄒᆞ얏다더라

●火藥爆裂　同電을 據ᄒᆞᆫ즉 大坂砲兵工廠에서 火藥이 爆裂되여 死者가 壹名이오 重傷者가 二名이라더라

●虐殺何多　倫敦電을 據ᄒᆞᆫ즉 멜시나에 在ᄒᆞᆫ 데엘리메일通信員이 報告ᄒᆞᆫ바를 據ᄒᆞᆫ즉 二聯隊의 軍隊ᄂᆞᆫ 去土曜日에 아다나에 進軍ᄒᆞ야 再次虐殺을 開始ᄒᆞ야 알메늬아人數千名이 殺戮을 當ᄒᆞ엿고 向州部에서ᄂᆞᆫ 死者가 數三萬名이라ᄒᆞ더라

●殖民地의 地震　伯林電을 據ᄒᆞᆫ즉 西部阿弗利加의 獨逸殖民地 가메란에 地震이 有ᄒᆞ엿다더라

學報

●大進測量學校卒業　四月二十六日에 私立大進測量學校에서 二回卒業式을 擧行ᄒᆞ얏ᄂᆞᆫ데

最優等　鄭鏡熙　李根昌
李世胤
優等生　리韓應　鄭來원
及第生　鄭琦容　趙振遠

詞藻

◎哭裵說公

大英爲士著聲名
壹夜騎箕上玉京
華衆春秋傳館報
心懸日月抗隣盟
奮不顧身天下事
死猶扶義海東情
三十七年如許壯
存歿撰流讀平生
紫雲

二千萬衆未成國
公獨匡扶我大韓
有志未成身遠去
西城明月照心肝
春谷

雜報

●運搬北關 江華郡傳燈寺에積置ᄒᆞᆫ冊子와 列聖朝의 御製百餘櫃ᄅᆞᆯ昨日 慶福宮으로運搬ᄒᆞ얏다더라

●面長職制規定 地方各郡의面장職制ᄅᆞᆯ規定ᄒᆞ야內閣會議ᄅᆞᆯ經ᄒᆞᆫ後에實施ᄒᆞᆯ次로統監府에同意ᄅᆞᆯ請ᄒᆞ얏더니該府에서ᄂᆞᆫ此ᄅᆞᆯ審査ᄒᆞ되判任待遇의制定ᄒᆞᆫ즉相當ᄒᆞᆫ官吏라야等官吏ᄅᆞᆯ地方에增置ᄒᆞ면實際視務에弊端이生ᄒᆞᆯ재疑慮ㅣ이라ᄒᆞᄂᆞᆫ데其實施與否ᄂᆞᆫ副統監歸任後에決定이되리라더라

●麗王陵擬改사 開城郡에在ᄒᆞᆫ 麗王陵寢이合四十二所라將次改修ᄒᆞᆯ터인ᄃᆡ所入經費ᄂᆞᆫ該郡守가貳千四百圜으로槪算ᄒᆞ야該 部에報告ᄒᆞ얏더니該部에서官吏ᄅᆞᆯ派遣ᄒᆞ야實地ᄅᆞᆯ視察ᄒᆞᆫ後開役에着手ᄒᆞᆯ터이라더라

●寺刹監督 地方各寺刹을內部에서主管ᄒᆞ나其財團에關係가有ᄒᆞᆷ으로弊端이層生ᄒᆞᄂᆞᆫ지라此ᄅᆞᆯ嚴重히監督ᄒᆞ기爲ᄒᆞ야職員을設置ᄒᆞᆫ다더라

●屠獸場規則 屠獸場의規則을制定ᄒᆞ야法令으로頒佈ᄒᆞᆫ다ᄂᆞᆫ데其條規ᄅᆞᆯ槪聞ᄒᆞᆫ즉漢성內에ᄂᆞᆫ府尹이處理ᄒᆞ고各地方에ᄂᆞᆫ該觀察使가處理ᄒᆞᆯ터이라더라

●次第渡韓 頃者內部警務局에서日巡査ᄅᆞᆯ募集ᄒᆞ기爲ᄒᆞ야日本廣島熊本兩縣에警部ᄅᆞᆯ派送ᄒᆞ야其間에五拾名을募集ᄒᆞᆫ內에貳拾貳名은昨朝韓國에渡來ᄒᆞ얏고其殘名은今夕에渡來ᄒᆞᆯ터이라더라

●三回觀光 第壹回觀光團壹行은來拾日에歸國ᄒᆞ고第二回觀光團은下平黨으로組織ᄒᆞᆫ다ᄒᆞ며第三回觀光團은各郡에一人式募集ᄒᆞᆫ다더라

●電韓兩分 近日傳說을聞ᄒᆞᆫ즉壹進會ᄂᆞᆫ日韓協會라改稱ᄒᆞ야本部ᄂᆞᆫ韓國京城에置ᄒᆞ고壹部ᄂᆞᆫ日本東京에置ᄒᆞᆫ다ᄂᆞᆫ데東京에ᄂᆞᆫ該會長을日本人으로選定ᄒᆞ고韓國에셔ᄂᆞᆫ該會장을리容九氏로選定ᄒᆞᆫ다ᄒᆞ며常議員百餘名을推選ᄒᆞᆫ다ᄒᆞ니果然인지

●監督巡査試取 昨日上午九時에警視廳에서監督巡査現闕二窠ᄅᆞᆯ試取補充키爲ᄒᆞ야各署에日語通解者二名式召集하야壹齊試驗ᄒᆞ얏다더라

●獎忠壇運動 內部와警視廳과漢城府及大韓醫院에서來日요日에獎忠壇에셔聯合運動會ᄅᆞᆯ開ᄒᆞᆯ터이라더라

●財政協議 前輔國閔泳徽氏가近日韓國內財政이去益枯渴ᄒᆞ야商業界에破產者가多數ᄒᆞᆫ故로此ᄅᆞᆯ慨嘆히녁여日昨數家에茶話會ᄅᆞᆯ設ᄒᆞ고農大臣趙重應氏와其他實業家某某人을請邀하야財政流通ᄒᆞᆯ方針을數時間이나爛商協議ᄒᆞ얏다더라

●何不回避 楊州郡宮동居徐守元氏가 光陵位沓五斗落을多年耕作이더니不意에該面장리冕相氏가臨農奪耕ᄒᆞ야飢死之境에至ᄒᆞᆫ故로該事由로漢城財務監督局에三四次呼寃ᄒᆞ되如何ᄒᆞᆫ回題가無ᄒᆞ다더라

●閔氏申訴 魯城郡居尹秀炳氏가恩津郡論山居前郡守閔泳석氏의게沓土ᄅᆞᆯ抑勒히見奪ᄒᆞ고公州地方裁判所에屢度裁判ᄒᆞ다가勢力所致로閔氏가反爲落科ᄒᆞᆫ지라京城控訴院에由訴ᄒᆞᆫ次로上來ᄒᆞ얏다더라

●坊長慈善 장通坊會장리根洪氏가日昨東小門外에出往ᄒᆞ얏다가該等地治道ᄒᆞᄂᆞᆫ데古塚骸骨이露出ᄒᆞ야其慘狀을不忍見이라ᄒᆞ며氏가坊會任員을派送ᄒᆞ야骸骨을收聚火葬ᄒᆞ얏ᄂᆞᆫ데該火葬費ᄂᆞᆫ리根洪氏가專擔ᄒᆞ얏다더라

●巫術嚴禁 近日漢城內外에多數妖女가潛伏ᄒᆞ야惑世誣民과欺人奪財ᄒᆞᄂᆞᆫ者類가男女勿論ᄒᆞ고去益增加ᄒᆞ야民心을眩惑케ᄒᆞᄂᆞᆫ故로此ᄅᆞᆯ到底取締키爲ᄒᆞ야警視廳에서發訓ᄒᆞ고別般詗探ᄒᆞ야這這捕捉ᄒᆞ라ᄒᆞ얏다더라

●憲補派送 近日全羅南北道와忠淸道各地方에義兵이日益熾盛ᄒᆞ야民心이恟恟ᄒᆞ다ᄂᆞᆫ報가有ᄒᆞᆷ으로日憲兵司令部에서日前에補助員을多數募集ᄒᆞ야日間該地方으로急速出駛ᄒᆞᆫ다더라

●吳巡行悖 西部警察署巡査吳某가日巡査ᄅᆞᆯ作伴ᄒᆞ야所管各동으로橫行ᄒᆞ며衛生費ᄅᆞᆯ督促ᄒᆞᄂᆞᆫ디或婦女의頰도打ᄒᆞ며行悖가極甚ᄒᆞᆫ故로當地民怨이漲天ᄒᆞ다더라

●私校困難 度支部에서該部所管公廨에設施ᄒᆞᆫ私立學校에對ᄒᆞ야家舍費ᄅᆞᆯ督納ᄒᆞᄂᆞᆫ故로校費도窘絀ᄒᆞᆫ中此ᄅᆞᆯ徵納無計ᄒᆞ야困難이莫甚ᄒᆞ다더라

●朴氏向南 日憲兵隊務領朴榮喆氏가全羅南北道ᄅᆞᆯ巡察ᄒᆞᆯ次로昨日發程ᄒᆞ야榮山浦로向往ᄒᆞ얏다더라

●義將入京 京畿抱川郡으로橫行ᄒᆞ던義兵將金某가日前上京ᄒᆞ야東門外等地에潛身逗留ᄒᆞᆫ다ᄒᆞᆷ으로憲兵偵探客들이該附近에彷徨ᄒᆞ면서極力搜探ᄒᆞᆫ다더라

●兩郡大火 全羅北道扶安郡上西面에서失火ᄒᆞ야燒失ᄒᆞᆫ家屋이二拾三戶오畜產七十餘頭가燒死ᄒᆞ얏고興德郡壹東面에셔火災가有ᄒᆞ야拾五戶가燒燼ᄒᆞ얏ᄂᆞᆫ데其損害額이壹萬八千圜이오小兒壹名이燒死ᄒᆞ얏다더라

●何事被捉 鎭岑郡居ᄒᆞᄂᆞᆫ故閔泳殷氏의子某氏가有何事端인지太田警察署에被捉ᄒᆞ얏다더라

●窃盜押交 由來大韓醫院에셔隨ᄒᆞ야服役하며該院內所有物品及多數錢財ᄅᆞᆯ窃取ᄒᆞᆫ窃盜犯金致三金千福等四名을逮捕審査ᄒᆞ고再昨日京城地方裁判所로押送ᄒᆞ얏다더라

●孤院月報 孤兒院에셔月報ᄅᆞᆯ發刊ᄒᆞ되每月三次式刊行ᄒᆞ기로酌定ᄒᆞ고有名ᄒᆞᆫ學問家諸氏의게贊成員을選定ᄒᆞᆫ다더라

●商會總會 京城商業會議所會頭金基永氏ᄂᆞᆫ辭免된故로去土曜日에該所에셔總會ᄅᆞᆯ開ᄒᆞ고趙鎭泰趙秉澤白完赫三氏ᄅᆞᆯ投票選定ᄒᆞ얏ᄂᆞᆫ디趙秉澤氏가最高点으로被選되얏고常議員金宗國비東혁兩氏辭免ᄒᆞᆫ代에ᄂᆞᆫ尹晶석金顯玉兩氏가被選되얏다더라

●書林紀念 大韓書林에셔第壹回紀念式을本日에設行ᄒᆞᆫ다더라

●河村演說 今日下午七時三拾分에鍾路靑年會에셔日人農學士河村九淵氏ᄅᆞᆯ請邀ᄒᆞ야農業의必要로演說ᄒᆞᆫ다더라

學界

●三山育校 平北雲산郡北면狄里三산學校ᄂᆞᆫ昨年十月부터設立인ᄃᆡ該校監表成龍財務員李永根學監崔昌烈三시가各捐巨貲ᄒᆞ고親自着手하야宏大ᄒᆞᆫ校舍ᄅᆞᆯ建築ᄒᆞ고熱心勸勉하ᄆᆡ학徒가四十餘員이오基本金이壹千餘圜에達ᄒᆞ얏ᄂᆞᆫ데經費中不足額은該三시가自擔ᄒᆞ기로立證ᄒᆞ얏더라

●德城의學氏 北靑郡德城面羅荷대李柱晳시가農夫夜學校ᄅᆞᆯ設立ᄒᆞ고各様學校用費ᄅᆞᆯ自當ᄒᆞ야학徒八十五名을募集ᄒᆞ고普通教科書와雜誌等類ᄅᆞᆯ國文으로翻譯ᄒᆞ야熱心敎授ᄒᆞᆫ다더라

●選于喬木 載寧郡牧監巨立學校가新立ᄒᆞᆫ지已經三週年인ᄃᆡ今春期試驗에成績이最優ᄒᆞᆫ學徒五人의게卒業證書ᄅᆞᆯ授與ᄒᆞᆫ지라該學徒等이勞働을廢止ᄒᆞ고期於히普通科에入학ᄒᆞ기로決心ᄒᆞᆫ다더라

●東壹興旺 平南용岡郡多美면東壹학校ᄂᆞᆫ有志紳士玉昇權정基漸金燦翊宋昌獻諸시의義捐으로設立ᄒᆞ얏ᄂᆞᆫ데講師ᄂᆞᆫ李觀承玉斗燦시ᄅᆞᆯ雇聘ᄒᆞ야熱心教育ᄒᆞᄂᆞᆫ故로黃州人韓用림시가該시等의目的을贊成키爲ᄒᆞ야金貨五圜을捐助ᄒᆞ얏다더라

●諸氏熱心 德源郡上里壹동居朴文樞시가數千圜金錢을捐付ᄒᆞ야普通觀說夜學館을設立ᄒᆞ고학員을募集ᄒᆞ야熱心敎育ᄒᆞᄂᆞᆫ디該洞居金基淳시가敎育에熱心으로學費ᄅᆞᆯ捐補ᄒᆞ며敎師趙純善安恒濟兩시ᄂᆞᆫ名譽로盡力敎授ᄒᆞᆷ으로諸시의義務ᄅᆞᆯ人皆稱頌ᄒᆞᆫ다더라

●兩金設校 全南智島郡其佐面金有堅金昨權兩시가耶蘇敎會內에學校ᄅᆞᆯ設立하얏ᄂᆞᆫ데永信학校라稱ᄒᆞ고熱心管轄ᄒᆞᆷ으로教育도進就ᄒᆞ고島內도賴先ᄒᆞ다고稱頌이藉藉ᄒᆞ더라

●大山大昌 昌原郡大山面葛田里居禹君瑞金應坤文東儀金聖樞諸시가教育上에熱心ᄒᆞ야該面內에大昌학校ᄅᆞᆯ創建ᄒᆞᄂᆞᆫᄃᆡ就中禹君瑞시ᄂᆞᆫ自己財產과田畓貳百七拾餘斗落을寄付ᄒᆞ고金應坤시ᄂᆞᆫ門中錢與畓과齋室壹坐ᄅᆞᆯ許給ᄒᆞᄆᆡ各洞有志人士가爭先義捐ᄒᆞ얏고現今生徒ᄅᆞᆯ多數募集ᄒᆞᄂᆞᆫ대大有進就之望이라더라

●金氏美學 麗水郡居金漢炫시가教育에熱心ᄒᆞ야自己子弟와隣동居靑年을敎授ᄒᆞ되自己田庄을典執得債ᄒᆞ야學校ᄅᆞᆯ壹層修理ᄒᆞᆫ다더라

●靑伴獎學 靑山郡守李觀九시ᄂᆞᆫ赴任以後로躬行村閭ᄒᆞ며流離ᄒᆞᄂᆞᆫ殘民을百方慰撫ᄒᆞ며各處學校에熱心勸勉ᄒᆞᆫ다더라

◉感荷義聘 本社前社長비說氏喪事에對ᄒᆞ야蔚珍人黃某氏가一圓學海人金某氏가一圓을袖傳寄賻ᄒᆞ얏기茲에其盛意ᄅᆞᆯ感荷ᄒᆞ노라

◉感荷義捐 錦山郡敎官朴氏表시가本社의經費窘絀ᄒᆞᆷ을補助키爲ᄒᆞ야金壹圓을寄附ᄒᆞ얏기茲에感謝ᄅᆞᆯ表ᄒᆞ노라

▲希望寶丹▼ 續

▲報館病聾聵醒코저正論으로爲君ᄒᆞ고自由權을加入ᄒᆞ야第六丹을비저내니正論自由丹이로다此壹丹곳服下ᄒᆞ면公論으로主張ᄒᆞ야斥邪衛世自在ᄒᆞ니재아모리拘束ᄒᆞᆫ들自在公論엇지ᄒᆞᆯ재希望點이여긔잇다

▲商界病人拯出코저富強으로爲君ᄒᆞ고競爭心을加入ᄒᆞ야第七丹을비저내니富強競爭丹이로다此壹丹곳服下ᄒᆞ면富強源出ᄒᆞᄂᆞᆫ道ᄅᆞᆯ商戰上에爭得ᄒᆞ야商業興旺ᄒᆞᄂᆞᆫ날은民國富強ᄒᆞᄂᆞᆫ時라希望源이여긔잇다

▲工業病匠指導코저發明으로爲君ᄒᆞ고進興勢ᄅᆞᆯ加入ᄒᆞ야第八丹을비저내니發明進興丹이로다此壹丹곳服下ᄒᆞ면各種物品製造ᄒᆞ야發展進步되ᄂᆞᆫ날에輸入漸衰輸出興ᄒᆞ니富前後強自在로다希望機가여긔잇다

▲農家病夫回春코저務本으로爲君ᄒᆞ고開拓策을加入ᄒᆞ야第九丹을비저내니務本開拓丹이로다此壹丹곳服下ᄒᆞ면荒蕪開墾熱心ᄒᆞ야家給人足ᄒᆞᆯ이니더侵奪이彌至ᄒᆞᆫ들保[illegible]奪이라希望道가여긔잇다

▲政黨病客猛治코저忠良으로爲君ᄒᆞ고愛國心을加入ᄒᆞ야第拾丹을비저내니忠良報恩丹이로다此壹丹곳服下ᄒᆞ면媚敵報國壹心으로文明強國成立ᄒᆞ야賣國惡名버셔치고中興功業될것이라希望血이여긔잇다

▲國의病을欲治컨ᄃᆡ救醫으로立志ᄒᆞ고立志後에至誠이오至誠後에百折不回不回後에希望이니身爲希望爲希望動動希望無他心은希望由ᄒᆞᆫ源이니各自希望有心ᄒᆞ면國權挽回奚止리오世界盟主亦可期라

▲服 法

▲勿藥自效ᄒᆞᄂᆞᆫ道ᄂᆞᆫ養氣蓄精第壹이오服藥見效ᄒᆞᄂᆞᆫ法은確信藥效第壹이라自病自治ᄒᆞᄂᆞᆫ것은誰恃誰仰ᄒᆞ리마ᄂᆞᆫ其服을論ᄒᆞ건ᄃᆡ自心中에絕望ᄒᆞ면自身希望隨亡ᄒᆞ고自心中에希望ᄒᆞ면前途希望必至오다

雜報

●云無是事 日昨本報欄內에 巡査酗酒란題下의 貞陵等地에巡山ᄒᆞᄂᆞᆫ巡査二名이酗酒悖說ᄒᆞ얏다ᄒᆞ기에隨聞揭載ᄒᆞ얏더니更聞ᄒᆞᆫ즉初無是事라더라

廣告

本人이本洞居ᄒᆞᆫ丁奭鎭에게戊申五月에葉壹千三百兩을前坪所在답六斗落과田四區와家舍壹座를典執ᄒᆞ고限爲己酉二月로後得給ᄒᆞ얏더니가當其限月ᄒᆞ야田沓을賭ᄒᆞ야報償ᄒᆞ다ᄒᆞ고該文券을還給ᄒᆞᆫ다ᄒᆞ얏더니今年貳月二拾日에該文券을見失ᄒᆞ엿다ᄒᆞ기로典執ᄒᆞ얏던田沓과外他諸件物로了償ᄒᆞᆷ으로歸定ᄒᆞ고該手票ᄒᆞ얏ᄉᆞ오니內外國人은照亮ᄒᆞ오셔誰某가得ᄒᆞ와도休紙施行ᄒᆞᆷ을望ᄒᆞᆷ

忠南木川細城面孔村 金友鎭 白

本人이四月二十二日(陰三月三日)夜에姓名章을竊盜에게見失ᄒᆞ얏ᄉᆞ니內外國人은以此照亮ᄒᆞᆷ

礦山財務署在勤主事 金炳喜 白

本人의舍弟早死而只有壹子名ᄋᆞᆫ權인ᄃᆡ年纔七에爲人이愚昧浮浪ᄒᆞ야沉惑色塲에家産을蕩敗ᄒᆞᆯ지境인故로餘存田地文券을本人이推尋藏置ᄒᆞ고玆以廣布ᄒᆞ오니照亮後毋論內外國人ᄒᆞ고切勿見欺給償ᄒᆞ시ᄋᆞᆷ

鐵山邑三巨里居 金樂善 告白

本號住廣東潮州府普邑 沙瀧鎭開莊親自督揀頂上細緊花綢葛清水定織波羅袍料頂與各色夏布兼客歷有餘年久蒙貴客歡迎近有無恥之徒假冒本號元昌字樣暗將次貨充作魚目混珠希圖漁利今於己酉年爲始特加盧字爲首凡蒙仕商賜顧者須將盧元昌字號辨明庶不致誤

盧元昌主人 謹白

本水道會社에서汲水商貳百名을部速募用ᄒᆞ여共用전에서給水를各戶에供給販賣케ᄒᆞᆯ터이기로原來水商으로만限用ᄒᆞᆯ터이나該數額이未滿ᄒᆞ면普通人夫를隨便使傭ᄒᆞᆯ터이며使傭ᄒᆞᄂᆞᆫ壹切方法은鍾路本會社에서說明ᄒᆞᆯ터인ᄃᆡ每名에保證金陸圓을辦納ᄒᆞ고本水道水를運搬販賣ᄒᆞᄂᆞᆫ稅金으로每朔에陸圓式先納ᄒᆞᆯ事

誰某던지先來請求者면差定ᄒᆞᆯ事

壹千九百九年四月二拾九日

大韓水道會社支配人 巴威

本人이光武拾年十月二拾五日에北部齋동二拾九統八戶瓦家三間艸家二間合五間을秋明秀許의四拾圜金을推尋後貰給이라가翌年四月分에貰金은還給이옵고貰文券은見失ᄒᆞ얏기로玆以廣告ᄒᆞᆷ

金光甫 告白

本店에서각種新舊書籍과학校物品이具備ᄒᆞ온中夏節韓服次와洋服及學徒에服裝的合ᄒᆞᆫ各樣織組를製造ᄒᆞ와廉價大發賣ᄒᆞ오니

僉君子ᄂᆞᆫ陸續請求ᄒᆞ심을望ᄒᆞᆷ

宣川郡橋남商務同事總支店 白

本人이昨年夏에大邱商賈丁某에게本人의子潤植이가忽地性浮ᄒᆞ야家券與償錢携帶而去ᄒᆞ고圖章도亦爲持去ᄒᆞ니無內外國人ᄒᆞ고切勿見欺ᄒᆞᆷ

西部司醞동趙永泰 告白

今陳在則廉價直放爲計오니遠近開僉商員은照諒買去됨을望ᄒᆞᆷ

元산上里上洞坐市場東堤 白

中部太寺동十統二戶順成號與當舖從今休業ᄒᆞ옵기玆以廣告與執當員限二朔內速速放去ᄒᆞᆷ

順成與舖主趙寅杰 告白

注意　阿片斷引丸

阿烟初吸者ㅣ雖日見效나日久則遂成錮引ᄒᆞ야至於蕩敗家産者와未免夭死者ㅣ比比有之ᄒᆞ니豈不哀惜乎아故로本堂에서盡心竭力ᄒᆞ고英國醫方을透得ᄒᆞ야阿片斷引에大效가잇ᄂᆞᆫ靈藥을製造放賣ᄒᆞ오니欲戒阿引者ᄂᆞᆫ契約服用ᄒᆞ시되若無效驗이면藥價를還呈ᄒᆞᆯ터이오니照亮ᄒᆞ시ᄋᆞᆷ

胎養調經丸

定價 壹劑八週分金五圜　中劑四週分金三圜

婦人이冷病積病과月經不調로因ᄒᆞ야孕胎치못ᄒᆞᄂᆞᆫᄃᆡ神效藥壹月份壹劑金五圜

癬瘡消瘡丹

男女間楊梅瘡瘰珠下疳風濕頭瘡의百發百中ᄒᆞᄂᆞᆫ妙藥이오定價甲金ᄂᆞᆫ圜乙금二圜五十錢

全治丸

男女痲通珠瘰를全治去根ᄒᆞᄂᆞᆫ神奇妙藥이오壹劑金三圜

滋陽丸

男女間補陰補陽ᄒᆞ고元氣不足에第壹이오定價每拾日分금壹圜八十錢

八寶丹

健胃消滯ᄒᆞ며口味를助ᄒᆞ고痰을消ᄒᆞ고心神을爽快케ᄒᆞᄂᆞᆫ靈藥이오定價금十錢

此外에도東西洋각國名藥과德國極上品金雞納이俱備ᄒᆞ오니陸速注文ᄒᆞ시ᄋᆞᆷ

總發行所仁川港本町

支店京城鍾路泰闓前

和平堂主 李應善

美國시아틀大博覽會　미국시아틀대박람회

本社에서美國시아틀大博覽會出品事件으로廣告ᄒᆞᆷ에對ᄒᆞ야僉彦의多大ᄒᆞᆫ贊成을得ᄒᆞ야株金의應募와書札의往復과僉彦의訪問이日日浩繁ᄒᆞ와事務를處理ᄒᆞᆷ에暫時라도遲延之歎이或有ᄒᆞᆯ터이오나本會社의親友及株主는位ᄂᆞᆫ洞諒ᄒᆞ기를望ᄒᆞ오나本社에서ᄂᆞᆫ壹層信實히注意ᄒᆞ야能力所及에ᄂᆞᆫ怠慢치아니ᄒᆞᆯᄂᆞᆫ것은僉彦의認定ᄒᆞ심을確信ᄒᆞᆷ

本社之印章　　本社之商標

太博覽會出品事件에對ᄒᆞ야拾株以下라도領受ᄒᆞᄂᆞᆫ期限이已過ᄒᆞ얏ᄉᆞ오나遠方에在ᄒᆞᆫ僉彦을爲ᄒᆞ야更히延期ᄒᆞ와本月拾五日(陰閏二月廿五日)까지延定ᄒᆞ얏ᄉᆞ오니急速應募ᄒᆞ시ᄋᆞᆷ本社에對ᄒᆞ야公衆의同情과贊成은感謝不盡이오며僉彦의如此히相愛相信ᄒᆞ신에對ᄒᆞ야秋毫라도辜負ᄒᆞᆷ이無ᄒᆞᆷ을自期ᄒᆞ옵고玆에公衆에對ᄒᆞ야誓約ᄒᆞᆸ나다

大韓皇城磚洞(京城郵便局郵函第四拾號)　韓美興業株式會社 謹啓

(大美國에리쇼나道法律認可　駐韓美國總領事館登錄)

本社의各處代理人의氏名은如左ᄒᆞᆷ

漢城代理人　漢城南門內雜貨商店　金東宣
平壤代理人　平壤大南門內店洞　鄭基煥
咸興代理人　咸興西門外　盧旻珠
馬山浦代理人　馬山浦客主　孫秉弘
元山代理人　元山港　金以文
淸津代理人　淸津港　張樂臣
水原代理人　水原北部장안동　金亨東
安城代理人　水原北部長安洞　김유
沙里院代理人　漢城東署性谷里旺新學校內　邦元重
金泉代理人　漢城中部外相思洞貳統三戶　李孝楨
海州代理人　漢城西部麻浦二拾二統五戶　吳惟泳
天安代理人　水原北部長安洞　尹鍾永
群山代理人　群山太井洞　韓敬益
全州代理人　漢城西部阿峴二百廿二統三戶　김敎聲
大邱代理人　大邱新田里五十八統七戶　리相召
釜山代理人　馬山浦午山里拾壹統九戶　辛相淑
江景浦代理人　西部龍山坊東幕中契廿七統貳戶　李寬浩
麻浦附近代理人　西部麻浦貳拾七統三戶　李弼駿
長湖院代理人　陰城邑城山里　權泰燮
永同代理人　漢城壽洞貳統壹戶　安德鍾
木浦代理人　木浦開港洞　玄鍾익
晉州代理人　昌原舊馬山浦城山　孫鎬
金堤代理人　金堤郡白石面水閣　金昇
漢江附近代理人　南署漢江十八統二戶　李宗勳
義州代理人　義州枇峴　朴奉燁
江界代理人　義州枇峴　朴奉燁
東萊代理人　性果里ㅣ甘井洞四統五戶　金璟論
鎭南浦代理人　鏡남巫館井동　金時敏
定州代理人　郭山郡　郭寅洙
城津代理人　吉州郡　宋贊勝
太田代理人　太田新町　李鍾勝
浦項代理人　浦項土里拾貳統拾二戶　安
羅州代理人　鳥致院漢城壽洞貳統壹戶　金萬섭
吉州代理人　古阜門外貳十捌戶　李孝楨
瑞山代理人　漢城中署外相思洞二統三戶　李榮
延安代理人　延安郡磨玉洞　金時彬
伊川代理人

位置未定　位置未定　位置未定　位置未定　位置未定　位置未定　位置未定　位置未定　位置未定　位置未定　位置未定　位置未定　位置未定　位置未定　位置未定　位置未定

崔善玉　張濟拭　李相宅　金相杰　洪淳壹　宋始憲

學部檢定

高等 植物學 每課有도 定價金二十錢

初等 動物學

最新 初等小學 每課有도 定價金四十전

文明國의小學讀本制度를模範하야精美ᄒᆞᆫ圖畵를具ᄒᆞ고八卷을四卷으로合製ᄒᆞᆷ 貳冊合製定價金五십錢

最新初等 大韓地誌 定價金四拾錢

最新高等 大韓地誌 定價金七拾錢

文明國地誌制度를模倣ᄒᆞ야漢陽의山水며道關圖와拾三道地誌와各港口와開市場과名山大川과都會勝地의地도를具ᄒᆞᆷ

初等 大韓歷史

文明國의歷史制度를從ᄒᆞ야我國의 聖帝 明王과 碩輔와忠臣烈士의影幀을具ᄒᆞᆷ 定價金七十錢

國家思想學 精神 敎育 定價金二十五錢

憲法要義 法律 敎育 定價金二拾五錢

國文 大韓十三道遊覽 上下卷 定價金 四拾錢

우리大韓帝國十三道에名山大川과都會勝地를구경코져ᄒᆞ시는僉君子는速々購覽ᄒᆞ소셔

右敎科書는本書林에서發行ᄒᆞ오며此外에各種書籍이具備ᄒᆞ오니ᄒᆞ學 僉君子는速速來購ᄒᆞ심을爲望

原賣所

京城南部銅峴大四街里三十五統五戶 玉虎書林

黃海道鳳山郡沙里院朝陽書館

分賣所 京鄕各有名書舖

自宅治療 電氣帶 廣告

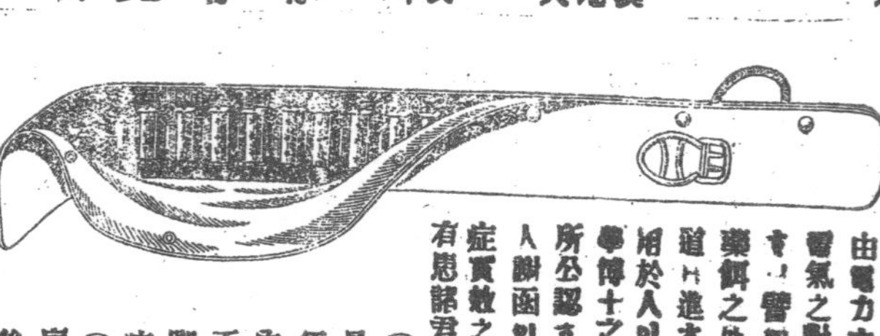

夫電氣之於人에爲關이甚大ᄒᆞ니人之百體가皆由電力ᄒᆞ야持ᄒᆞ야有電則生ᄒᆞ고無電則死ᄒᆞ니電氣之對症施治에見功取效之神이白倍千藥ᄒᆞ니醫知中風麻痺(不遂)痙攣등위重症은古藥餌之所難治之病이나然而至于今道ㅣ進ᄒᆞ야以電으施療에無不奏效ᄒᆞᆫ電之利用於人이甚淺鮮哉아今此電氣帶는係是美國醫學博士之所發明者也ㅣ라 保來幾年에世界地球所公認ᄒᆞ야問ㅣ其效驗賀者是다現計刻國受效人數函이共三拾壹萬九千有餘則可知電氣帶於症實效之確據요乃醫療界最爲特色者ㅣ也ㅣ라有患諸君子는早圖嘗試ᄒᆞ시오

(主治效能)神經衰弱諸症失眠。遺精、早漏不快、陽위不起、消化器無力、慢習便結、消化不良。營養不良。遺尿。腦髓內臟衰弱。疝症。半身不遂。或全身不遂。手足厥冷、諸神經痛。酒痛腰痛。脚氣及脚痛。記臆力及忍耐力減退、痼疾

(婦人諸病)血分不足、月經不調、子宮病、憂鬱、脊髓諸病、偏頭痛、不姙症。病後虛弱、帶下、窒痙攣等症、無不如神

(使用法)은至極簡便ᄒᆞ야睡眠時나就業時에恒常腰間에環珮ᄒᆞ되小無妨碍ᄒᆞ고隨日使用ᄒᆞ셔도壹個年以上을環珮ᄒᆞ고付屬品은頭痛時使用ᄒᆞᆯ는것과陰囊을包括ᄒᆞ는것이有ᄒᆞ오니請求ᄒᆞ실ᄯᅢ에腰圍를測量(비單어립에셔허리둘레오시오)ᄒᆞ야보니시면電氣使用法과說明書를添付ᄒᆞ야小包代金引換으로運送ᄒᆞ깃슴

正價 上號 拾四圜 中號 拾貳圜

發賣所 皇城南部太廣橋十九統七戶 共愛堂 大藥房

各種藥品을總發行所는京城南大門側濟生堂大藥房本浦

淸心保命丹

◎至急히注意ᄒᆞᆯ事件

本堂에셔製造發賣ᄒᆞ는(淸心保命丹)은內外國僉君子의愛顧ᄒᆞ심으로十分發達이온中近日何藥房에셔但(保命丹)이라三字만써行賣ᄒᆞ오니匪鄕貴用ᄒᆞ시는兄弟姊妹는勿爲見欺ᄒᆞ심을敬要

本堂製藥은(淸心保命丹)이라五字가分明이온ᄃᆡ彼行賣藥에는(淸心)二字는無ᄒᆞ고(保命丹)이라三字만쓴거슨丁寧本堂製造品이아니오니特別히注意ᄒᆞ시옵

京城南大門內濟生堂大藥房
淸心保命丹本舖告白

社告

○申報價

申報代金	新貨貳錢五厘	
壹個月前納	三拾錢	
參個月	九拾錢	
陸個月	壹圜七拾錢	
壹個年	參圜四拾錢	
郵稅壹張	新貨九厘	
壹個月	拾參錢	

○廣告料

四號活字拾參字詰每니壹寸(英尺)에新貨廿五錢
貳週ㅣ壹寸에 貳圜五拾錢
壹個月壹寸에 五圜
(自壹行至四行이爲壹寸)
其期限의長短과字行의多寡를依ᄒᆞ야增減ᄒᆞᆷ이有ᄒᆞᆷ

◎大韓每日申報各處支社廣告

平安道

平壤鍾路太極書館	安泰國
三和港牌石洞敎堂	裵亨湜
義州南門外西大藥房	張有寬
鐵山邑東部	安 灝
車輦館	金明鉉
定州南門內書舖	洪成麟
博川郡邑ㅣ章洞	金襄樞
安州城內養井洞	金翼河
京義線枇峴驛前	李基秀
龍川楊市	黃瑚保
龍川南面松鶴海東書會	金賢忠
龍川남市驛	韓燦禧
朔州邑남門외	宋伯瀚
碧川邑館前洋약局	李正濟
寧邊郡邸森然冊々	김致儉
江西邑內	金昌爕
咸從鄕蘇敎堂	張炳瑩
成川郡上部面	馬應三
平남順川郡鐽등	鄭裕ㄱ

黃海道

白川邑備南	申基周
江界邑外森敎備肆	김용최
郭山郡邸南湖수里	金德淵
雲山郡邑面上里	梁允植
龍山郡 利用里	崔診爽
鳳山北面橋洞	王晃鉉
海州남門ㅅ書舖	朴昌緖
安岳雪石面網鍊洞	金允浩
長淵邑校洞西北支學會內	權東元
殷栗邑倉南里	金光礦
信川邑六里	丁一
載寧邑乾材局	李鼎均
黃州南門外冊肆	崔鎭奧
白川邑文明館	趙雲泳
沙里院活從勞動敎火會	任敬宰

咸鏡道

咸興州南社西門外	曺喜懷
元山港創業社內	盧用止
高原邑	申敎吉
定平郡龍川	吳麟협
洪原南門外郵蘇敎醫藥方局	
永興南山景洪明學校內	樂元常
鏡城羅南新興洞	鮮于鎭
淸津港今岩등	張元浩

全羅道

金溝水流面豆亭	趙鹽三
木浦향陽등	리得珠

京畿道

仁川奇峴開新舖々	李東輪
開城남大門內興學書舖	姜助遠
江華邑川橋	金鎭植

忠淸道

結城郡川小龍등	李啓祚

慶尙道

大邱西門外友弦醫樓側	李正由
釜山港佐川약局	徐錫鎭
長기郡縣內面有部	吳根默

江原道

鐵原邑泉등	趙恭[illegible]
蔚珍遠남面德花里	朴[illegible]

光武九年八月拾壹日 明治卅八年八月拾壹日 〔第三種郵便物認可〕 金曜日 西曆壹千九百五年八月九日

第七卷

大韓每日申報

第壹千八拾九號

月歲
曜時
及日
騰休
節刊

檀君開國四千二百四十二年
箕子元年三千三十一年
大韓開國五百十八年
日本明治四十二年
淸國宣統元年
陰己酉三月小十八日丁卯

Responsible for Publication
Alfred Weekley Marnham.
發行兼編輯人英國人 萬咸
發行所
京城南部石井洞錢外港三層洋屋
大韓每日申報社

別報

◉裴說公의畧傳

第壹節 叙論

大韓을爲하야筆을執하던裴說公이이믜卒하지라公의行狀世滅하노니此行狀을睹하면公의七分精神을可히想像할지로다公은英國人이라壹千八百七十二年에生하야壹千九百九年에卒하니年이僅三拾七歲라此三十七歲의光陰이甚히短하며甚히速하지만其間에許多經綸과許多活動과許多困難과許多奮鬪가公의身上에充滿하얏도다

第二節 公의家勢

公의先世는英國倫敦西方부리스톨에居하지라公의父親이七歲에不幸히父를喪하고伶仃可憐한身勢로歲月을度하다가及其壯成에玩物商業으로勤勉勞苦하야累萬의財產을致하고三子二女를生하니公이其第壹子러라

第三節 公의產出

西曆壹千八百七十二年(大韓開國四百八拾壹年)拾壹月三日에公이부리스톨에서生하니其歲는韓國太皇帝即位하신後九年이오其月日은現日本天皇의天長節과同月日이라이하야天稟神彩가後人의眼目을驚하고烈々한氣象은後日의活動을豫現하더라

第四節

公의性質

公의性質을槪括的으로道破하진대義俠剛毅四字에不過하니以故로百折不屈의節이有하며以故로千金重諾의信이有하며以故로輕財好義의氣가有하며以故로奮鬪好事의勇이有하야果然大英國民的氣質이具備하고又各種遊戲를好하야活潑勇壯한風이發現하더라,

第五節 公의幼年

生한지數歲에父親을隨하야倫敦에移住하니嗚呼라曠世男兒며加里波的가舟夫家中에身勢를韜하고萬古奇傑路得이僧徒門下에殘卷을把하얏도다我英特奇魁、猛壯한公이不幸히貧家子를作하야學業은高等學校를僅卒하얏는디家親은自手生活을頻促하야不得已學을離하고商으로就하니嗚呼라公의幼年時대여然이나其早歲困難이隱然히男兒의精神을淬礪하더라

第六節 公의東來

당々한髫齡(拾五歲)로老父의命을受하야東洋日本에到하니其營業은玩物商이오其身勢는啻羈兒라其悽凉不快의懷가胷中에跳躍하나然이나堅忍의心과儉約의道로父親의業을助하야巨富의家를成하니其父親의계助供한財產은姑舍하고公의手中에도六七萬圜의資本이有

拾餘年勤苦로若干資本을得弄하얏더니不幸히能席業壹擧에將來公의壹身과戰하며公의生命과觀한日本人의衝突을遭하야공의身勢가再次可恰한境에陷하니崎嶇하도다公의身勢여

第八節 公의活動

忽然露日戰雲이極東天地를蓋하니公의活動時機가始來하얏도다此戰爭에公이倫敦新聞通信員이되야東洋時事를採察하니公의胷懷가於是乎快活의步를始하고公의經綸이於是乎進作의基를造하얏도다

第九節 公의來韓

壹千九百四年「光武捌年」三月拾日에通信員으로韓國에始到하니佳麗한江山은公을歡迎하며暗담한風雲은公을煩惱하야實노男兒의滿강的熱血을激動하는지라公이韓國의現狀을도하며東洋에局勢를察하고其大慈의心과悲憤의氣가暴風迅雷又치起來하더라 未完

▲隆熙二年 二月二拾六日 官報

法律(續)

債項의通知를受한債務者는財務官吏에對하야其債務를履行할義務를有함其義務의消滅하기以前에債權者의게行한履行은無效로함

債權及所有權以外의財產權의押收를行한時는財務官吏는其權利者에게通知함이可함

第二十五條 財務官吏의押收한財產에就하야第三者가其所有權을主張하야還推함을請求할時는賣却決行五日以前內에所有者된証憑을具하야財務官吏에게申出함이可함

第貳拾六條 滯納者가財產의押收를免하기爲하야故意로其財產을讓與한時는政府는其行爲에繳消를求함을得함 但讓受人又는轉得者가行爲當時에其情을不知한때는此限에在치아니함

第貳拾七條 押收한有價證券、動產、不動產及第二拾四條에依하야債務者로給付를受한物件은通貨를除한外公賣에付함 未完

外報

●波斯와英露 伯林電을據한즉波斯의內閣은英露兩國에壓迫을受하고憲法을復舊하얏다더라

●信徒爭鬪 倫敦電을據한즉亞細比亞國아딘所報를據한즉回回敎預言者미유라의信徒間에激論이有하야爭鬪한結果로多數에死者가有하야一千名이英國領地로遁去하얏다더라

學報

●光宜測量學校卒業生 平北宜川郡私立光宜測量學校에서五月四日에卒業禮式을行하얏는디

優等生 申應寬 尹景楨
甲英浩 吳成律
及第生 金應晉

詞藻

●哭裴公

仁兮何不壽 詞章鳴冤屈
三拾七其年 節義蹈齊遠
大韓心獨也 春暮花如雨
上海謹胡然 空山有杜鵑
영然
慟哭裴公死 我韓同志恨
山川面々悲 又是落花時
李苂담

廣告

雜報

●義王問安 義親王殿下께옵셔再昨日下午五時頃에 德壽宮에進詣하샤 太皇帝陛下께問安하옵셧다더라

●學大陛見 학部大臣李載崑氏가昨日下午三時에官立漢城高等女학校학徒를帶同ᄒᆞ고 皇后陛下께 陛見ᄒᆞ얏다더라

●諡座協議 大皇帝陛下西巡狩時에 鮮于道南의節惠之典을特議ᄒᆞ실은一般知了ᄒᆞᄂᆞᆫ바어니와內閣에셔其諡座를設置ᄒᆞ라고現今協議中이라더라

◎裵公의追悼會

各有志紳士諸氏가發起ᄒᆞ야本社總務裵說氏의追悼會를東門外永道寺에셔設行ᄒᆞᆷ은前報에已揭어니와再昨日下午四時에各社會敎會各團體新聞社대表諸氏와其他各學校學生及學校敎會中婦人과西洋人男女千有餘名이來參ᄒᆞ야裵氏의夫人及令男과相見禮를行ᄒᆞᆫ後禮式을擧行ᄒᆞ얏ᄂᆞᆫ데祈禱讚美後에梁允熙氏ᄂᆞᆫ開會趣旨를說明ᄒᆞ고梁起鐸氏ᄂᆞᆫ氏의行狀을陳述ᄒᆞ고邦元國安昌浩林炳恒三氏가聯ᄒᆞ야追悼辭를演說ᄒᆞᆫ後에氏의夫人과李氏가答辭ᄒᆞ고讚美祈禱後閉會ᄒᆞ얏더라

●奇怪命令 각官公立학校敎師로써私立夜학校의敎師로延聘되야或日語라던지或算術이라던지科程을隨ᄒᆞ야敎授ᄒᆞᄂᆞᆫ데此에對ᄒᆞ야或心志가專壹치못ᄒᆞᆷ이有ᄒᆞ다ᄒᆞ고학部大臣이命令ᄒᆞ기를此例를廢止ᄒᆞ라ᄒᆞ얏다더라

●三溪花柳 農商工部大臣趙重應氏가來土曜日에三溪洞에셔花柳會를設ᄒᆞ고現內閣大臣과元老某々氏를請邀設寓ᄒᆞ기로準備中이라더라

●顧問落鄕 中樞院顧問權重顯시가永同으로搬移ᄒᆞᆯ事項을決定ᄒᆞ고其去就를統監府ᄭᆞ지通知ᄒᆞ얏다더라

●驛屯觀察 再昨日에東洋拓殖會社總裁宇佐川은監事趙鎭泰松平子野田을帶同ᄒᆞ고纛島에前往ᄒᆞ야該處附近에在ᄒᆞᆫ驛屯土를觀察ᄒᆞ얏다더라

●地方沿革參考 地方각郡에自來沿革과其他政治에關ᄒᆞᆫ件을參考ᄒᆞᆯ必要가有ᄒᆞ야內部에셔溯考ᄒᆞᄂᆞᆫ中이라더라

●運動何多 近日壹進會에셔有何運動인지目今日本에滯在ᄒᆞᆫ宋秉畯에게何等事件을運動周旋ᄒᆞ기爲ᄒᆞ야該會員吳成龍氏를選定ᄒᆞ야日間渡日ᄒᆞᆫ다더라

●壹進質問 壹進會에셔무ᄉᆞᆷ協情이發生ᄒᆞᆫ인지日前에評議會를開ᄒᆞ고大韓協會에質問ᄒᆞ기로壹致決議ᄒᆞ얏다더라

●醫捕視察 醫院總監은昨日에醫部職名을帶同ᄒᆞ고五部警察署를觀察ᄒᆞ얏다더라

●新稅調査 度支部에셔今番實施ᄒᆞᆫ新稅를調査ᄒᆞ기爲ᄒᆞ야該部主事金丞과金貨壽兩氏를忠淸南北道及慶尙南北道에日間派送ᄒᆞᆫ다더라

●經義考試 學部에셔各道儒生의經義問對를考試ᄒᆞ되試官은金有濟尹致旿魚允迪金健植氏等某々六人이被選ᄒᆞ야其試卷을ᄯᅡ라其分數를考試ᄒᆞᆫ다더라

●學事觀察 學務局長尹致旿氏가大邱密陽東萊等郡의學事를觀察ᄒᆞ기爲ᄒᆞ야今日上午八時의京釜列車로發程ᄒᆞᆫ다ᄂᆞᆫ데今番觀光團一行과同伴歸國ᄒᆞᄂᆞᆫ其夫人尹高羅氏를來拾日釜山에셔迎接ᄒᆞᆯ터이라더라

●是何能習 軍部主事趙鵬習學仁永兩氏ᄂᆞᆫ文官普通銓衡委員의銓衡을經ᄒᆞᆫ後敘任ᄒᆞᆯ것이라ᄂᆞᆫ데前郡守鄭秉氏ᄂᆞᆫ該兩氏에게對ᄒᆞ야要功ᄒᆞ기를余가軍部大臣과契分이有ᄒᆞᆷ으로某職敘任ᄒᆞ얏다ᄒᆞ고謝陽晉氏에게二圜式을兩次求乞ᄒᆞ얏다ᄒᆞ고其鄙陋ᄒᆞᆷ을唾罵ᄒᆞᆫ다더라

●書籍押收 昨日上午에警視廳에셔漢城五部署內各書店에所有越남亡國史二拾餘部紀朝鮮論과東國史略幼年必讀並荐義와우숨소리等各種冊子를壹切押收ᄒᆞ얏ᄂᆞᆫ데其時觀光者들이擧皆痛嘆不已ᄒᆞ얏다더라

●別別調査 近日各警察署에셔ᄂᆞᆫ有何事件인지不知ᄒᆞ거니와漢城內外에한人醫師에姓名住所를秘密調査ᄒᆞᆫ다더라

●諺簡調査 昨日黃土峴代書所에셔何許女人이闕內에納ᄒᆞᆫ諺簡一度를書去ᄒᆞᄂᆞᆫ데不意에某處偵探客과日人이借來ᄒᆞ야其諺簡辭意를這這調査以去ᄒᆞ얏다더라

●閔氏樓屛 前參判閔宗植氏가貴家文券을典執ᄒᆞ얏다가過限見奪ᄒᆞ고所住無處ᄒᆞ야道路에接屛ᄒᆞᄂᆞᆫ中이라더라

●必也無訟 近日京鄕間財政이去益窘拙ᄒᆞᆫ故로各裁判所에訟民들이印紙를買付ᄒᆞ기難ᄒᆞ야民事로訴訟ᄒᆞᄂᆞᆫ者가不過幾人이라더라

●勞働擴張 活民勞働組合所가設立된지未幾에各處支所가多數出張ᄒᆞ야事務가漸次擴張ᄒᆞᆫ다더라

●義將上京 義兵將金珠敎氏가日前에上京逗留ᄒᆞᆫ다ᄒᆞᆷ으로近日韓觀團에셔別般詗探ᄒᆞᄂᆞᆫ中이라더라

●義將被捉 再昨日下午拾壹時頃에憲兵司令部에셔楊州義兵將金奎植氏를逮捕投囚ᄒᆞ얏다더라

●殺人被囚 東小門外淸水洞居ᄒᆞᄂᆞᆫ王仲善爲名人이靑岩寺主僧과何等嫌疑가有ᄒᆞ던지日前에該僧을誘引ᄒᆞ야其後山麓松樹에結縛ᄒᆞ고因以打殺ᄒᆞᆫ지라該地巡査가發覺ᄒᆞ야卽時逮捕牢囚ᄒᆞ얏다더라

●西河被驚 京城孤兒院總務李淑子氏의令男命永氏ᄂᆞᆫ四五年身病으로呻吟ᄒᆞ다가再昨日上午八時에逝去ᄒᆞ얏ᄂᆞᆫ데家勢가至貧ᄒᆞᆷ으로埋葬沒策ᄒᆞ야呼泣ᄒᆞᄂᆞᆫ情景은令人難見이라더라

●放溺被捉 再昨日上午五時量에北部齋洞等地에셔何許衣冠人이路邊에셔放溺ᄒᆞ다가該學內警察支派所에一時間을拘留ᄒᆞ얏다더라

●學家賊警 日昨下午十二時量에中部中谷居ᄒᆞᄂᆞᆫ前總巡李某家에何許賊漢이突入ᄒᆞ야如干汁物等屬을竊取以去ᄒᆞ얏다더라

●學生特性 淸州郡公立普通학校에셔落成式을擧行ᄒᆞᄂᆞᆫ데該校敎師日人幾田이가壹般學徒를對ᄒᆞ야韓日國旗를交揭ᄒᆞ리라ᄒᆞ거ᄂᆞᆯ該학徒가壹齊히反對不揭ᄒᆞ얏다더라

●湖南窘拙 湖남학會에셔近日經費가窘拙ᄒᆞ야該會月報를數朔停止ᄒᆞ얏다가更히刊行ᄒᆞ기로內部에請願ᄒᆞ얏다더라

●理會演說 今日下午七時半에眞理학會에셔死生의關係란問題로俞星濬氏가演說ᄒᆞᆫ다더라

●關東親睦 關東학生親睦會에셔本月九日上午十一時에懇親會를關東학會館內에開ᄒᆞᆫ다더라

●韓會開會 大韓協會에셔明日下午壹時에該會事務所內에셔總會를開ᄒᆞ고會務를處理ᄒᆞᆫ다더라

學界

●吏胥學擧 安岳郡退吏諸氏와書記諸시가會同協議後에前作廳契錢六百圜을楊山학校에寄付ᄒᆞ얏다더라

●光南進就 南部光南學校夜학部에셔學業進就를期ᄒᆞ고학員의事力을顧ᄒᆞ야入學金과月謝金을特減ᄒᆞᆷ으로학員이日々增加ᄒᆞᆫ다더라

●面長有人 載寧郡左栗面長金正洪시ᄂᆞᆫ학校와農業에進就키ᄒᆞᆷ注意ᄒᆞ고각洞에農會를每月壹次式設ᄒᆞᆫ後의敎育에發展ᄒᆞᆷ과農業의發達되며農債收良ᄒᆞᆯ方法을屢々說明ᄒᆞᆯ뿐不啻라自已太小舍廊에私立學校를設立ᄒᆞ고熱心敎育ᄒᆞ야男女學徒가六十餘人에達ᄒᆞ고夜학徒가又爲拾餘人이라校室이狹窄ᄒᆞᆫ故로校舍를方今新建築ᄒᆞᄂᆞᆫ中이라더라

●熱誠感人 楊州郡坪村里居宋榮弼시가漢東學校를設立ᄒᆞ고更히郡內洞에도明進學校를又爲設立ᄒᆞ야學徒가七拾餘名에達ᄒᆞ얏ᄂᆞᆫ데熱心敎育ᄒᆞᆷ으로該地人士가此를感激ᄒᆞ야義捐金을寄附ᄒᆞᄂᆞᆫ者가多有ᄒᆞ다더라

●崔氏美擧 今番聯合大運動時에東部於義洞居崔在植시가私立東彰學校에對ᄒᆞ야壹般任員과학徒의午餐을自擔供饋ᄒᆞᄂᆞᆫ대其所入이數千金에達ᄒᆞ야各項食料가豐裕ᄒᆞᆷ으로壹般任員과學徒가其感謝ᄒᆞᆷ을齊聲致賀ᄒᆞ엿다더라

●開城運動 開城學會에셔本月一日에各學校를聯合ᄒᆞ야春期大運動을該郡南部反求亭前에셔擧行ᄒᆞ얏ᄂᆞᆫ데參加ᄒᆞᆫ學校ᄂᆞᆫ公立韓英培義開城普昌光明孟東永昌松明孜善彰成西湖進彰東興商業江남通明學校[illegible]郡精華女학校合二拾학校에학徒가壹千三百三拾餘人이오觀光ᄒᆞᄂᆞᆫ人士가數萬人인대壹大盛況을呈ᄒᆞ얏다더라

●光化春風 安邊郡世淸社科下里居ᄒᆞᄂᆞᆫ申春鳳시ᄂᆞᆫ本是文學家의子弟로多年外國에漫遊歸國ᄒᆞ야該郡衛益社內坪洞에私立光化學校를設立ᄒᆞ고靑年子弟壹百三拾餘名을募集ᄒᆞ야名譽로熱心勸勵ᄒᆞᆫ다더라

●老年熱心 平安北道義州府多智面居黃基源시ᄂᆞᆫ年今七十에時局情形을慨嘆ᄒᆞ고靑年을敎育ᄒᆞ기爲ᄒᆞ야夜학校를設立ᄒᆞ고熱心勸勉ᄒᆞᆫ다더라

●東一硏成 成昌永韓錫命兩시가禮山邑에東一硏成夜學校를設立ᄒᆞ엿ᄂᆞᆫ데校況이豐備ᄒᆞᆯ뿐不啻라生徒에進就之望이顯有ᄒᆞ다더라

◎感荷義聘 本社前社長裵說氏喪逝에對ᄒᆞ야李文慶氏가壹圜學某氏가壹圜五拾錢을寄聘ᄒᆞ얏기玆에幷히感意를表ᄒᆞ노라

▲聽歌有感▼

▲北山下엣더古屋은是誰家오々々々東頹西圮말못되여顚覆之患險ᄒᆞ도다多少役軍모와ᄂᆞ야血誠으로修築코ᄌᆞ壹心歌唱和答ᄒᆞ며互相勸勉ᄒᆞ며勸勉은命ᄒᆞ고도壯ᄒᆞ도다그노래가엇더턴가

▲役軍들아々々々이집ᄒᆞᆫ번顚覆되면依托ᄒᆞᆯ곳專無로다廢敗棟樑가라내고傾頹礎石바로잡어門戶增垣修築ᄒᆞ야百方準備ᄒᆞᆫ後에야永久維持ᄒᆞᆯ것이니暫時勞苦辭讓말고壹心밧어곳쳐보세

▲役軍들아々々々日氣平穩ᄒᆞᆯ때라도昨日今日比較ᄒᆞ면日復日漸傾頹커던더군다나四面으로暴風急雨모러치셔父母兄弟모든家屬陷沒地境되엿스니暫時勞苦辭讓말고壹心밧어곳쳐보세

▲役軍들아々々々前後左右盜賊놈은侵奪코저圍立ᄒᆞ고窮凶極惡奴隸놈은제一身만생각ᄒᆞ야생ᄒᆞᆫ村木골나가며賣食케에競爭이라朝夕難保엇지ᄒᆞᆯ샤暫時勞苦辭讓말고壹心밧어곳쳐보세

▲役軍들아々々々頹顔此屋重修ᄒᆞ면吾人들이살녀니와重修ᄒᆞ지못ᄒᆞ며ᄂᆞᆫ彼我勿論다죽으리他人家의壯麗ᄒᆞᆷ을秋毫라도羨치말소내의집이第壹이니暫時勞苦辭讓말고齊心밧어곳쳐보세

▲役軍들아々々々壹新修築ᄒᆞᆫ然後에門戶墻垣完固ᄒᆞ고前倉後庫堅實ᄒᆞ야내主權만찻고보면强暴ᄒᆞ던더盜賊과奸猾ᄒᆞ던더奴隸가敢生心犯ᄒᆞᆯ손가暫時勞苦辭讓말고壹心밧어곳쳐보세

▲韓人들아韓人들아壹心歌를드러보고韓國情形생각ᄒᆞ야同胞相憐이아닌가敵家傾覆ᄒᆞᆯ망이면容身處가어ᄃᆡ리오더役軍을模範ᄒᆞ야千辛萬苦辭讓말고齊心으로閣台ᄒᆞ야不日興起ᄒᆞ여보소

廣告

慶南龍南郡은南方地盡頭에偏小흔地方으로人物은繁盛ᄒ나武陵春夢을未覺ᄒ고舊日習慣으로昏昏度日터니本郡守高判殷시가莅任兩載에行政事務를淸平處理ᄒ시며文明氣像을主意唱導ᄒ시와自由的思想으로壹心團體에新法令을服從ᄒ야自治制度에義務를擔負케ᄒ실意로家喩戶說에勸勉ᄒ시ᄂ目的으로有志諸人이提議發起ᄒ게至士衆心을合同ᄒ야民議所를組織ᄒᆯ際에本道觀察使貿鐵시가適時行到ᄒ시와極加贊成ᄒᄂ故로衆心이漸開에壹層奮發ᄒ야大韓疆土龍南郡이龍南郡人의龍남郡으로思量ᄒ야其安寧ᄒ과疲弊ᄒᆷ이龍南郡人의責任인줄을覺認ᄒ고團合自治的으로民議所를現已開設確立에ᄒ야進之諒이實有ᄒ온지라蓋我龍南郡人에發聚示明ᄒ人은卽本郡守高判殷시也而後日芳名은可期ᄒᆯ지나請由上京에趁不還郡ᄒ션故로願詔興情에現在鬱鬱ᄒ으ᄂ玆에廣告ᄒ

慶南龍南郡民議所에表人　李種鎬　告白

本月八日(土曜)下午一時本會事務所內에셔定期總會를開ᄒ고會務를處理ᄒ오니 僉會員은來臨ᄒ시옴

大韓協會　告白

本人의姓名圖章을ᄒ셔失故毁造마옵기要告ᄒ

崔文淳

本人名圖章을圖模을改之ᄒ오니知悉照亮ᄒ시오

[illegible]

●學員募集廣告

本校에서高明ᄒ講師를更延ᄒ고十五個月速成中학科夜學員을增募ᄒ오니本月貳十日內로請願ᄒ시오

但詳細事ᄂ本校에來議事

科程　法律　經濟　物理　化학　生理　植物　筭術　日語

北部大安동光東學校　告白

本人이本洞居ᄒ丁爽鎭에게戊申五月에葉壹千三百兩을前坪所在답六斗落과田四區와家舍壹座를典執ᄒ고限爲已酉一月ᄒ後得給ᄒ얏다가當其限月ᄒ야田畓을買ᄒ야報償ᄒ다ᄒ고該文劵을還給ᄒ얏더니今年貳月二拾日에該文劵을見失ᄒ엿다ᄒ기典執ᄒ얏던田畓과外他諸件物로了償ᄒ으로歸定ᄒ고捧其手票ᄒ얏ᄉ오니內外國人은照亮ᄒ오서誰某拾得ᄒ와도休紙施行ᄒ심을爲要

忠南木川細城面孔村金友鎭　白

本人舍弟早死而只有壹子名ᄉ稹인ᄃ年纔拾七에爲人이愚昧浮浪ᄒ야沉惑悖類ᄒ야産을蕩敗ᄒᆯ지瑰인故로餘存田地文劵을本人이推尋藏置ᄒ고玆以廣佈ᄒ오니照亮後毋論內外國人ᄒ고勿勿見欺給償ᄒ시옴

鐵山邑三巨里居金樂善　告白

本人의所居帅家十五間(?)瓦刻家劵을ᄒ셔失ᄒ얏삽기玆에廣布ᄒ오니誰某拾得ᄒ야도休紙施行홈

西部盤松坊阿峴二合二拾四統七戶　金興泰　告白

本人家에畓二石四斗落田拾日耕文卷任置於女息崔駿興之矣今於還推之際考其張數則缺張ᄒ셔失故로玆以廣告或有拾得之人休紙用ᄒ

海州郡[illegible]面[illegible]

●至急廣告

本水道會社에서汲水商貳百名을卽速募用ᄒ여共用전에셔給水를各戶에供給販賣케ᄒᆯ터이기로原來水商으로만限用ᄒᆯ터이나該數額이未滿ᄒ면普通人夫를隨便使傭ᄒᆯ터이며使傭ᄒᄂ할方法은韓國本會社에서說明ᄒᆯ터인ᄃ每名에保證金陸圓을繳納ᄒ고本水道水를運搬販賣ᄒᄂ稅金으로每朔에陸圓式先納ᄒ事

誰某던지先來請求者면差定ᄒ事

壹千九百九年四月二拾九日

大韓水道會社支配人巴威

本店에ᄂ各種新舊書籍과학校物品이具備ᄒ온中夏節韓服衣와洋服及學徒에服裝的合ᄒ各樣織組를製造ᄒ와廉價大發賣ᄒ오니

僉君子ᄂ陸續請求ᄒ심을望ᄒ

宣川郡橋남商務同事總支店白

本人이昨年夏에大邸商買扇(강다리)을二百錢金買得而于今陳在則廉價直放爲計오니遠近商賈僉員은照諒貿主쳥望ᄒ

元산上里上洞坐市倫東提　白

●朴長頓氏旅中

京仁債主와邑村去來人이會同協議ᄒ고幾年비경을작정ᄒ고速히오시기를바라오며本人을尋訪次로上送ᄒ기에如是仰告ᄒ오니速히來臨을伏望ᄒ

海州　金萬福　告白

本號住廣東潮州府普邑口沙灘鎭開莊專自督揀頂上細緊花緞葛絹水定綃波羅袍料頂與각色夏布發客屢有餘年久蒙貴客欵迎近有無恥之徒假冒本號元昌字號嗜將次貨充塞魚目混珠希圖漁利今於己酉年爲始特加盛字爲首凡貴仕商賜顧者須將盛元昌字號認明庶不致誤

盛元昌主人　謹白

美國시아틀大博覽會　미국시아틀대박람회

此廣告中央에宛然흔圖形은何物이뇨本社의印章이올시다에。또本社의商標이올시다熱心으로此廣告를詳覽ᄒ시오會彦의心中에印搭ᄒ시오永久히記念ᄒ시오本社에서ᄂ比를愼ᄒ야完全히設立ᄒ고此를因ᄒ야髣沸히活動ᄒ고ᄡ大韓帝國內各方面에親熟히相知相信케되도록盡力ᄒᆯ것이올시다이것이永久正直ᄒ고懇同ᄒ고平흔에依ᄒ야自强自立ᄒᆯ것이올시다此가大韓國製造物品의名譽와聲譽를擔負ᄒ고世界各地方에橫行ᄒᆯ것이오今日에ᄂ大美國各處에서此가大韓國及大韓國의工匠과代表ᄒᆯ것이올시다今에韓國內에셔ᄂ未久에此가高尙ᄒ商品을創立ᄒᆯ것이오니商品은何種이뇨○世界에最大製造工廠으로부터特約直輸入ᄒ야本社의現今ᄭ지設定ᄒ三拾餘處의代理人을經ᄒ야廉價로大放賣ᄒᆯ것이올시다有志ᄒ신會彦이여本社의內容과本社의事務進行及本社의行動을詳知코저ᄒ시거던書札로通奇ᄒ시되어ᄯᅥ로ᄒ실ᄭ

大韓皇城磚洞(京城郵便局郵函第四號)　韓美興業株式會社　謹啓

(大美國에리소나道法律認可　駐韓美國總領事館登錄)

本社의各處代理人의氏名은如左홈

開城代理人、平壤代理人、咸興代理人、馬山浦代理人、元山代理人、淸津代理人、水原代理人、安城代理人、沙里院代理人、金泉代理人、海州代理人、天安代理人、群山代理人、全州代理人、大邱代理人、釜山代理人、江景浦代理人、麻浦附近代理人、西湖院代理人、永同代理人、木浦代理人、晉州代理人、金堤代理人、漢江口代理人、義州代理人、江界代理人、東部代理人、鎭南浦代理人、定州代理人、城津代理人、浦項代理人、太田代理人、南州代理人、吉州代理人、證山代理人、延安代理人、舒川代理人、濟州道代理人

位置未定　位置未定　位置未定　位置未定　位置未定　位置未定　位置未定　位置未定　位置未定　位置未定　位置未定　位置未定　位置未定　位置未定　位置未定　位置未定

開城南門內雜貨商店、平壤大同門內店주、함興西門外、馬山浦客主、元山港、淸津港、水原北부安동、水原남부??동、漢城東부往?甲旺학校內、漢城中部外相思동貳統三戶、漢城西부마浦二十貳統五戶、水原北부장安동、群山大井洞、漢城西부阿峴二百廿二統三戶、大邱新田里八統七戶、馬山浦午山里?號九戶、西部龍山坊東幕契廿七統?戶、西部麻浦?十七統三戶、陰城邑山里、華城?號貳統壹戶、木浦?橋동、晉州?山浦城山、金堤郡白石面?、北部?江拾八號?戶、義州枇峴、江界枇峴、往十里上甘井号四号五戶、鎭남浦龍井洞、郭山郡、吉州郡、浦項上里?二統?戶、太田新?、鳥致院漢城?第二統壹戶、吉州西門外?二?統三戶、漢성?部外相思、延安?部磨玉洞、開城南部都?

金相杰　李根宅　崔善玉　張濟拭　宋?憲　洪淳壹　金景?

金東宣　?基煥　權昊淳　孫?宇　金以文　河?敬　金유書　金유동　邦元直　李?植　吳?泳　尹聖求　?相鉉　?致?　리相召　辛相淑　吉相浩　리영啓　權?錫　安?이　文德종　孫?宇　김升基　리宗?　박奉?　朴奉?　金聖翰　張?燦　金時?　郭寅浙　리鍾?　宋?儀　安?　金萬석　李?稙　李?榮　金?彬　曹?德

丁年十一月分에姓名書를曠漢處見奪ᄒᆞ얏기更造廣告ᄒᆞ오니京鄕知舊ᄂᆞᆫ照亮ᄒᆞᆷ

稷山郡三西面瓦字里
前參奉鄭喆圭 告白

忠南靑陽邑內에靑武學校를設立ᄒᆞ얏ᄂᆞᆫ데郡場市牛市稅及各處庵肆稅三千餘兩을劃付經費ᄒᆞ고又有各人補助金數千金ᄒᆞ야校資가自足이거ᄂᆞᆯ該校任員學補兩가乘時地方奸員ᄒᆞ야藉托校費不足ᄒᆞ고本郡守黃祐燦ᄒᆞᆫ符同ᄒᆞ야結稅中每結壹圓式勒斂ᄒᆞ오니剩餘貳萬餘兩을將用何處오民情憤懣ᄒᆞ야呈訴公州觀察府矣러니加結을勿施之意로至有告示이되郡守黃祐燦이가掩置告示ᄒᆞ고結民明濟喆林璧周等五人을捉囚嚴笞八十度式ᄒᆞ야幾至死境ᄒᆞ오니其虐政을民不堪勝ᄒᆞ와度支部의懸訴ᄒᆞ고上來ᄒᆞ야期於招致裁判乃已ᄒᆞᆷ

靑陽北面에동居 明義柱

昇興財務署장李灝宇시가莅錢二載에剛柔抑揚과廉潔勤儉은我郡初見之官이온則乎際此擾攘危險之時ᄒᆞ야每於各面用賬督稅에巡査憲兵을壹不帶同ᄒᆞ고但與署員壹二人으로遍行村閭ᄒᆞ야體行正直에舌論懇切ᄒᆞ니無罪驚困人民이小無驚動ᄒᆞ고且無貽弊ᄒᆞ지라到處無不歡迎ᄒᆞ야欣欣相告日庶幾吾郡이安堵之秋也라ᄒᆞ고新稅施行과舊稅收納이雍容就緖ᄂᆞᆫ不言可知어니와列郡消息을四方探知ᄒᆞ야도無敵之仁과有主之義와至廉之威와至儉之節이此署장壹人이옵기公衆이國合廣告

隆熙二年五月壹日金南昌興郡

人民代表
金斗善 金九京 白和寅
馬重學 周昌懸 朴鳳來

自宅治療 電氣帶廣告

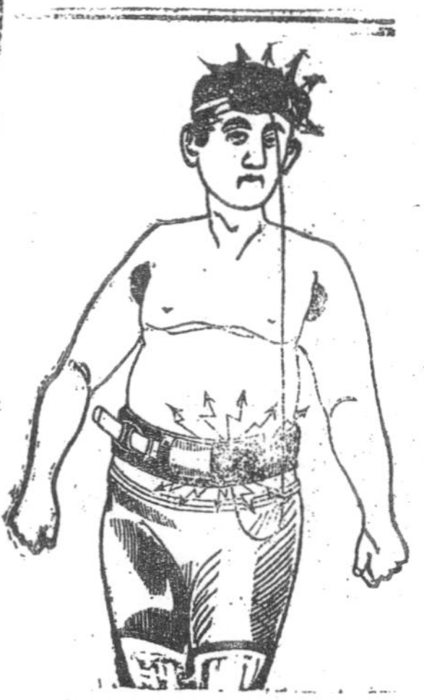

夫電氣之於人에爲關이甚大ᄒᆞ니人之百體가由電力主持ᄒᆞ야有電則生ᄒᆞ고無電則死ᄒᆞ니電氣之對症施治에見功取捷之神速이百倍于他ᄒᆞ니譬如中風麻痺(不遂)痙攣脇위等症은古藥餌之所難治之病이ᄂᆞᆫ然而至于今日ᄒᆞ야ᄂᆞᆫ道日進ᄒᆞ야以電氣施療에無不奏效ᄒᆞ니電之利用於人이豈淺鮮哉아今此電氣帶ᄂᆞᆫ係是英國醫學博士之所發明者也ㅣ라自來幾年에自地球所公認ᄒᆞ야罔不見效購買者ㅣ다現計각國의人數函이共三拾壹萬五千有餘則可知電氣帶의症實效之確據요乃醫療界最爲特色者ㅣ也ㅣ有患諸君子ᄂᆞᆫ早圖試ᄒᆞ시오

(主治効能)神經衰弱諸症不眠。遺精、早漏不快、腸위不起、消化器無力、慢性便結、消化不良。營養不良。遺尿。衰老內臟에衰弱。疝症。半身不遂。或全身不遂。手足厥冷、諸神經痛。頭痛腰痛、脚氣及脚痛。記臆力及忍耐력減退、精疾

(婦人諸病)血分不足、月經不開、子宮病、憂鬱、脊髓諸病、偏頭痛、不姙症。病後虛弱、帶下、窒痙攣等症에無不如神

(使用法)은至極簡便ᄒᆞ야睡眠時나就業時에恒常腰間에環珮ᄒᆞ되小無妨碍ᄒᆞ고每日使用ᄒᆞ셔도壹個年以上을環珮ᄒᆞ며附屬品은頭痛時使用ᄒᆞᄂᆞᆫ것과藥을包括ᄒᆞᄂᆞᆫ것이有ᄒᆞ오니請求ᄒᆞ실때에腰圍를測量(비옵어딥에서허리를지오시오)ᄒᆞ야보너시면發賣使用法과說明書를添付ᄒᆞ야小包代金便으로送呈ᄒᆞ깃ᄉᆞᆸ

正價 上號 拾四圜 中號 拾貳圜

發賣所
皇城南部大廣橋十九統七戶
共愛堂 大藥房

各種藥品을總發行所는京城南大門側濟生堂大藥房本舖

清心保命丹

◎至急히注意ᄒᆞᆯ事件

本堂에서製造發賣ᄒᆞᄂᆞᆫ(清心保命丹)은內外國僉君子의愛顧ᄒᆞ심으로十分發達이온中近日何藥房에서但(保命丹)三字만써行賣ᄒᆞ오니鄕邨愚識ᄒᆞ신兄弟姉妹ᄂᆞᆫ勿爲見欺ᄒᆞ심을敬要

本堂製藥은(清心保命丹)이라五字가分明이온대彼行賣藥에ᄂᆞᆫ(清心)二字ᄂᆞᆫ無ᄒᆞ고(保命丹)이라三字만쓴거ᄉᆞᆫ丁寧本堂製造品이아니오니特別히注意ᄒᆞ심을

京城南大門內濟生堂大藥房
清心保命丹本舖告白

社告

○申報價

壹張代金	新貨貳錢五厘
壹個月前納	三拾錢
參個月	九拾錢
陸個月	壹圓七拾錢
壹個年	參圓四拾錢
郵稅壹張	新貨五厘
壹個月	拾參錢

○廣告料

四號活字拾參字詰

每日壹寸(英尺)에	新貨卄五錢
貳週日壹寸에	貳圓五拾錢
壹個月壹寸에	五圓

(自壹行至四行이爲壹寸)

其期限의長短과字行의多寡를依ᄒᆞ야增減ᄒᆞᆷ이有ᄒᆞᆷ

◎大韓每日申報各處支社廣告

平安道

平壤鍾路太極書館 安泰國
三和港牌石洞敎堂 吳亨湜
義州南門外東西大藥房 鄭有寬
鐵山邑東部 安瀷
車輦館 金明銑
定州南門內藥鋪 洪成麟
博川郡邑內賞洞 金翼福
安州城內養井洞 金翼河
寧邊梧枇嶼藥市 李基秀
龍川楊市 黃菊保
龍川南面松嶼海東書會 金賢植
龍川南市場 韓保龍
朔州邑南門內 朱伯淳
泰川邑館前洋廿局 李正燮
寧邊郡耶蘇敎冊肆 김致億
江西邑內 金昌燮
咸從郡耶蘇敎堂 張炳瓚
成川郡上部面 馬應三
順川郡達동 鄭裕寶
宣川邑[illegible] 中基周
江界邑耶蘇敎冊肆 김泰희
郭山郡邑面湖우里 金德涵
寧邊郡邑面上里 梁允植
鐵山郡利用里 崔彦寬
雲山北面[illegible]洞 王冕鎬

黃海道

海州남門內藥鋪 朴昌鎬
安岳郡石面[illegible]洞 金允浩
長淵邑校洞西北學會內 崔東元
殷栗邑倉洞里 金光禱
信川邑[illegible]里 丁一燮
載寧邑乾材局 李鼎均
黃州南門外冊肆 [illegible]
白川邑文明館 [illegible]
沙里院活成勞動敎火會社 趙雲誠

咸鏡道

咸興州南社西門外 [illegible]
元山港創新社內 羅周正
高原邑 [illegible]
定平郡[illegible]川 張麗鈞
洪原南門外耶蘇敎冊肆 方萬甲
永興[illegible]山洪明學校內 梁元常
鏡城郡南[illegible]興洞 薛于鉉
清津港[illegible]岩洞 張元浩

全羅道

全州水流面豆亭 趙國三
木浦항[illegible]동 미得珠

京畿道

仁川[illegible]峴新舖 李東輝
開城남大門內興學書舖 姜助還
江華邑[illegible] 金鎭植

忠淸道

結城[illegible]川小[illegible] 李啓祚

慶尙道

大邱南門外友弦書樓側 李正由
釜山港佐川약局 徐錫蓄
晉州[illegible]阿有部 吳根猷

江原道

鐵原邑[illegible]동 趙[illegible]
蔚珍[illegible]남面[illegible]花里 朱[illegible]

光武九年八月拾壹日　明治卅八年八月拾壹日〔第三種郵便物認可〕　土曜日　西曆壹千九百九年五月捌日　（壹）

大韓每日申報

第七卷　第壹千九拾號

月歲 曜時 及日 慶休 節刊

檀君開國四千二百四十二年
箕子元年三千三十一年
大韓開國五百十八年
日本明治四十二年
淸國宣統元年
陰己酉三月小十九日戊辰

Responsible for Publication Alfred Weekley Marnham.
發行兼編輯人英國人　萬咸
發行所
京城南部石井洞俠外地三層洋屋
大韓每日申報社

別報

◉裵說公의畧傳（續）

第拾節　公의事業

暗黑垂死ᄒᆞᆫ韓國同胞를對ᄒᆞ며公의熱淚가自ᄒᆞ며公씨義膽이自動ᄒᆞ야韓國을扶護ᄒᆞᆷ으로自家의責任을作ᄒᆞᆷ서於是에公이來韓ᄒᆞᆫ지三個月後에壹新聞社를創設ᄒᆞ야大韓每日申報라命名ᄒᆞ고六月二拾九日에樣子新聞을刊行ᄒᆞ야世界에公布ᄒᆞ고七月拾八日부터第壹號新聞紙를發行ᄒᆞ야今日까지至ᄒᆞ니公의義務이此紙上에活動ᄒᆞ며公의壯圖가此紙上에踊躍ᄒᆞ야韓人二千萬의警夜鍾을作ᄒᆞ며東西大大洲의照妖眼을作ᄒᆞ야茫々黑暗ᄒᆞ던韓半島에文明의花가光彩를始放ᄒᆞ얏도다

蓋公이此新聞社를設ᄒᆞᆷ애自家財産을傾ᄒᆞ며重信員月給과乃至其婦人의私財까지新聞社에供獻ᄒᆞᆫ지라其義俠의心이果然男子의表準的　物이로다

第十壹節　公의冒險心

韓國의時事가愈變ᄒᆞᆯ사록공의熱血이愈激ᄒᆞ야常曰「韓國을爲ᄒᆞ야冒險은我의天職이니如何ᄒᆞᆫ事機가來ᄒᆞ던지我가身命을不顧ᄒᆞ리라」ᄒᆞ얏스니壯哉라此言이여奇哉라此心이여公의熱誠과血心이何故로此에至ᄒᆞ난고曰只於韓國을愛ᄒᆞᄂᆞᆫ故니라

第拾二節　公의遭難

公이日本의對韓政策을反對ᄒᆞᆷ으로日本統監府에셔英國法庭에控訴ᄒᆞ야新聞社事件으로二年間에兩度裁判을經ᄒᆞ고畢竟英國法律上三週日監禁에處ᄒᆞᆫ지라英國臣民은君命을順服ᄒᆞᄂᆞᆫ故로因ᄒᆞ야上海의行을作ᄒᆞ니時ᄂᆞᆫ壹千九百八年六月二拾日이라英國政府가軍艦으로載送ᄒᆞ고上海에到ᄒᆞ야韓英人의歡迎ᄒᆞᆷ을受ᄒᆞ고三週日間恥辱의裏에生活을作ᄒᆞ얏스나此에對ᄒᆞ야韓人만公씨冒險磊落을愈々感服ᄒᆞᆯ뿐아니라世界人도皆公의此恥辱을反히榮光으로仰ᄒᆞ더라其刑期가過ᄒᆞᆫ後에卽時韓國으로渡來ᄒᆞ니라

第十三節　公의罹病

公이兩度裁判을經ᄒᆞᆫ以來로腦經에觸傷ᄒᆞ더니壹千九百玖年二月初旬부터心臟病이發ᄒᆞ야嘔血이衿膺에淋漓ᄒᆞ고病祟가益復愈酷ᄒᆞ야百藥이其효을奏치못ᄒᆞ더라

第拾四節　公의逝去

無情ᄒᆞᆫ蒼天이공의長壽를不許ᄒᆞ사畢竟壹千九百九年（隆熙三年）五月壹日上午十時計分에韓國京城西大門外에셔卒逝ᄒᆞ니於是乎韓人同胞ᄂᆞᆫ考妣의喪又치悲ᄒᆞ며內外國人이哀痛치아니ᄒᆞᄂᆞᆫ者ㅣ無ᄒᆞ더라

第拾五節　公의遺言

公의逝去ᄒᆞ기前壹日에本記者의手를執ᄒᆞ고遺言ᄒᆞ야曰「我ᄂᆞᆫ死ᄒᆞ나申報ᄂᆞᆫ永生케ᄒᆞ야韓國同胞를救ᄒᆞ라」ᄒᆞ얏더라

第十六節　公의遺族

公이距今拾年前에夫人을娶ᄒᆞ니其夫人은英國히쓰링스人이라公이日本으로부터故國에還渡ᄒᆞᆯ時에結婚ᄒᆞ고日本에셔成禮ᄒᆞ얏ᄂᆞᆫ데其後壹年을越ᄒᆞ야一男을生ᄒᆞ니名은찜이라夫人은年今三十六인데其膽壯好ᄒᆞᆷ이足히夫공과肩을比ᄒᆞᆯ만ᄒᆞᆫ지라私財를傾ᄒᆞ야新聞社의籌斧를供ᄒᆞ얏고只今도自當ᄒᆞ야曰「余ᄂᆞᆫ決코亡夫의事業을繼續ᄒᆞ리라」ᄒᆞ며子찜니ᄂᆞᆫ其年이八歲인데氣骨의英特과志槪의勇敢이隱然히父공을變ᄒᆞ야父의志를繼ᄒᆞᆯ기로自保ᄒᆞ며又只今부터韓國을愛ᄒᆞᄂᆞᆫ精神이有ᄒᆞ야漢文을學ᄒᆞ며韓服을好ᄒᆞ더라

第拾七節　結論

蔽言ᄒᆞ고공은卽壹般韓人이永世不忘의紀念碑를立ᄒᆞᆫ人物이라今에공을傳ᄒᆞᆷ에時刻이太忽〻ᄒᆞ야嘉言善行을悉擧치못ᄒᆞ거니와竊히古今歷史中人을抽ᄒᆞ야공의比擬를求ᄒᆞᆫ다면梭論其人뿐인져其義俠公憤만梭論에同ᄒᆞᆯ뿐아니라生地의英國됨도同ᄒᆞ며獻身處의半島國됨도同ᄒᆞ며壽의三拾七됨도同ᄒᆞ도다然이나梭倫의希臘半島에遺ᄒᆞᆫ跡은壹賦詩歌뿐이어니와此每日報야엇지壹賦詩歌뿐인가此ᄂᆞᆫ又공이梭論에過ᄒᆞᆫ者ㅣ로다　完

官報

▲隆熙三年二月二拾六日　官報

法律（續）

公賣에付ᄒᆞ야도買收人이無ᄒᆞ거나又ᄂᆞᆫ其價格이預料價格에達치못ᄒᆞᆫ時ᄂᆞᆫ其預料價格으로써政府에서買上ᄒᆞᆷ을得ᄒᆞᆷ

預料價格三拾圓未滿의物件은隨意契約으로써賣却ᄒᆞᆷ을得ᄒᆞᆷ

債權及所有權以外의財産權에就ᄒᆞ야ᄂᆞᆫ前三項의規定을準用ᄒᆞᆷ

第貳十八條　滯納者及財務官吏ᄂᆞᆫ直接과間接을不問ᄒᆞ고賣却物件을買受ᄒᆞᆷ을得치못ᄒᆞᆷ

第貳拾九條　滯納處分費ᄂᆞᆫ財産의押收。保管。運搬。公賣에關ᄒᆞᆫ費用及遞信費로ᄒᆞᆷ

（未完）

外報

◉土王歸國　東京電을據ᄒᆞᆫ즉日本의滯在ᄒᆞ던杜爾哈土王은本月四日夜에出發ᄒᆞ야歸國의途에就ᄒᆞ얏다더라

◉日將渡美　同電을據ᄒᆞᆫ즉日本海軍中將은夫人과共히本月五日에美國에渡往ᄒᆞ얏다더라

◉杜絶開通　東京電을據ᄒᆞᆫ즉阿富汗土族과印度間에紛議를以ᄒᆞ야壹時杜絶되얏던가이발山道（印度와阿富汗國境山路）ᄂᆞᆫ阿富汗王의友誼行動으로開通되얏다더라

詞藻

◎哭裵說公

大名垂宇宙　[illegible]片松亭月
直筆放春秋　惆悵使人愁
惆悵散人
天生裵說公　玉骸能傾血
執筆大韓東　有誰與[illegible]同

小醉

雜報

◉御題下賜 學部大臣이育立高等女學校教授를帶同 臨見ᄒᆞᆷ은已報ᄒᆞ얏거니와其時狀況을追聞ᄒᆞᆫ즉判任官이自來로臨見ᄒᆞᆷ은例가無ᄒᆞ야私式으로招入ᄒᆞ옵시고、賜饌ᄭᆞ지ᄒᆞ옵셧다더라

◉裴氏渡日 本社前社長裴說氏의季氏ᄂᆞᆫ日本에在留ᄒᆞ더니其令伯의喪事를爲ᄒᆞ야渡韓ᄒᆞ얏다가昨日上午에第壹番列車로還往ᄒᆞ얏다더라

◉薦報廢止 內閣에셔各觀察使의郡守薦報ᄒᆞᄂᆞᆫ章程은永爲廢止ᄒᆞ고內部에銓考敘用ᄒᆞ기로決議ᄒᆞ얏다더라

◉編纂何用 各大臣이輪次로詩會ᄒᆞᆫ詩軸을將次編纂刊行ᄒᆞ기로準備中이라더라

◉詩會可笑 內閣에셔中樞院에通知ᄒᆞ고副贊議卞鼎相鄭丙朝兩氏의履歷書를請交ᄒᆞ라ᄒᆞ얏ᄂᆞᆫ데其內容인즉此兩氏가太田詩會에參與ᄒᆞᆫ故로品階를隨ᄒᆞ야席次를定ᄒᆞᆯ所以라더라

◉工匠教授 財政融通ᄒᆞᆯ方針으로農商工部大臣이實業家諸氏와協議ᄒᆞᆷ은已報어니와更聞ᄒᆞᆫ즉小手工組合所를設立ᄒᆞ야雖細微ᄒᆞᆫ物品을製造ᄒᆞᄂᆞᆫ工匠이라도募集敎授ᄒᆞ야物品을製造放賣케ᄒᆞᆫ다ᄂᆞᆫ데敎授ᄂᆞᆫ今番工業傳習所卒業生三拾餘名을相當ᄒᆞᆫ月給을支撥雇聘ᄒᆞᆯ터이라더라

◉手工規則制定 小手工組合所를設置ᄒᆞᆷ은別項과如ᄒᆞ거니와其規則은農商大臣이制定ᄒᆞ야內閣會議를經ᄒᆞᆫ後에發布成立ᄒᆞᆫ다더라

◉明年爲始 地方政治에關ᄒᆞᆫ事件을改善ᄒᆞᆯ터이나此를實行ᄒᆞ자면經費가不少ᄒᆞᆫ즉明年度爲始ᄒᆞ야預算을增加ᄒᆞ기로內閣에셔擬議中이라더라

◉梁壁者弟(?) 宋秉畯의季弟되ᄂᆞᆫ宋秉(?)氏가日前에自己兄의게致函ᄒᆞ얏다ᄂᆞᆫ데其槪意를漏聞ᄒᆞᆫ즉貴兄이曩者에七條約締結時의도莫大ᄒᆞᆫ困難을經過ᄒᆞ얏ᄂᆞᆫ데于今ᄭᆞ지改過치못ᄒᆞ고這間 尊嚴之地에셔擅自拔劍ᄒᆞᆫ事에對ᄒᆞ야萬口唾罵를受ᄒᆞᆯ뿐不是라大逆不道에陋名을永世不免ᄒᆞᆯ것ᄂᆞᆫ데況今日本의渡去ᄒᆞ야聯邦政策에首謀者가되다ᄒᆞ야民論이擧皆沸騰ᄒᆞ야期於코捕捉嚴懲코ᄌᆞᄒᆞᆫ則甚히可畏ᄒᆞᆯ事이라故로貴兄으로ᄒᆞ야我家(?)ᄀᆞᆺ은何辜로豈般唾罵를甘受ᄒᆞ리오生活支保ᄒᆞ기가甚爲極難ᄒᆞᆫ則早速히周旋ᄒᆞ야金口家眷을領率渡去ᄒᆞ여야從來不測ᄒᆞᆯ事端을免ᄒᆞᆯᄭᆡᄒᆞ노라ᄒᆞ얏다더라

◉審查後敘任 內部主事李浩升氏ᄂᆞᆫ地方官資格審查會를設ᄒᆞᆫ後에郡守로敘任ᄒᆞᆫ다더라

◉金有良姪 觀光團壹行이去番日本에前往ᄒᆞᆯ時에閔泳韶氏가前觀察使金永惠氏를對ᄒᆞ야同伴渡去ᄒᆞ기를勸勉ᄒᆞ미金氏가旅費와衣服等節을不可辦備다ᄒᆞᆫ디閔氏가旅費를全數專擔ᄒᆞ마ᄒᆞ야도金氏가固辭牢却ᄒᆞ얏다더라

◉學部各校 學部에셔新募ᄒᆞᆫ敎科用圖書를各普通학校生徒에게從茲以後로ᄂᆞᆫ在학中에ᄂᆞᆫ貸與ᄒᆞ되卒業又ᄂᆞᆫ退學ᄒᆞᆯ境遇에ᄂᆞᆫ此를返納케ᄒᆞ기로酌定ᄒᆞ고此를施行ᄒᆞᆯ意로學部에셔各普通學校에訓令ᄒᆞ얏다더라

◉菊池訪閣 農商工部商工局長菊池武壹이가何事件을因ᄒᆞᆷ인지再昨日에內部地方局장을訪問ᄒᆞ고幾時間을談話ᄒᆞ얏다더라

◉洵眼窺探(?) 日人藤井英亮이가起訴ᄒᆞᆫ事에對ᄒᆞ야各地方被告人諸氏가對質次로京城에逗留ᄒᆞ며某處偵探客들은무슴別運動이나有ᄒᆞᆫ가ᄒᆞ고其諸氏의行動을空然히偵探ᄒᆞᆫ다더라

◉島民請願 鬱陵島ᄂᆞᆫ釜山을距ᄒᆞ야壹千八百六拾海里의海上에在ᄒᆞᆫ孤島인디夏季兩三回外에ᄂᆞᆫ郵便이無ᄒᆞᆫ지라該島에居住ᄒᆞᄂᆞᆫ韓人은四千名이오日本人이六百名이되ᄂᆞᆫ中通信에太不便利ᄒᆞᆫ結果로該島民等이命令航路船을寄港케ᄒᆞ라고請願ᄒᆞ얏다더라

◉何事調查 近日警視廳에셔有何事件인지中部茶洞居ᄒᆞᄂᆞᆫ尹滋承氏에係ᄒᆞᆫ實業組合所에行動을秘密調查ᄒᆞᆫ다더라

◉俞氏健訟 白南恒氏의所有沓을尹致昭氏가買得ᄒᆞ야文券과量案이昭然自在ᄒᆞᆫ데不意俞致稷氏가白시의報償人金商直시의게自稱越價ᄒᆞ고公州裁判所에誣訴ᄒᆞ다가如意치못ᄒᆞ야現今控訴院에又爲起訴裁判ᄒᆞᆫ다더라

◉日巡行悖 楊州(?)邑駐在所日巡查蘆立安正은日事飲酒ᄒᆞ야人民을虐待ᄒᆞ고街路上에셔過去ᄒᆞᄂᆞᆫ人民을無故亂打ᄒᆞ니巡查의責任이人民을毆打ᄒᆞᆷ인지致巡查의鬱習ᄒᆞᆫ人皆唾罵ᄒᆞ며冤聲이漲籍ᄒᆞ더라

◉怨聲漲天 近來所謂探偵이라稱ᄒᆞᄂᆞᆫ者들이漢城內外에密行ᄒᆞ면셔無罪良民을搆誣捕捉ᄒᆞ야無數毆鍊ᄒᆞᄂᆞᆫ故로怨聲이漲天ᄒᆞ다더라

◉是何行悖 慶尙南道金海郡進永里에居留ᄒᆞᄂᆞᆫ日本人三名이五月壹日에穀物을買入次로該附近村落에出往ᄒᆞ얏다가該地居民金炳洛김日洛氏家에셔飼養雞子를銃殺逃走ᄒᆞᆷ으로多數의韓人이包圍ᄒᆞ얏더니其日人이發砲ᄒᆞ야金炳洛의頭部가負傷ᄒᆞ얏ᄂᆞᆫ데該日人은該附近警察署에捉囚ᄒᆞ얏다더라

◉賣何退何 開城郡居廉洛基氏가該北部鉢峙洞居金召史의답土二拾餘石落을二拾餘萬兩에結價ᄒᆞ야及其越價之日에該召史가興成을還退ᄒᆞᄂᆞᆫ故로廉氏가損害金을徵出次로地方裁判所에起訴ᄒᆞ얏다더라

◉農產會組織 平安남道飯산郡黃象面有志諸氏가相議ᄒᆞ야農產會를組織ᄒᆞ얏ᄂᆞᆫ데同會ᄂᆞᆫ學校에基金을立ᄒᆞ기爲ᄒᆞ야約一萬坪되ᄂᆞᆫ民有山野에松赤楊木柳等의苗木一萬株를栽植ᄒᆞ얏고同面歌豐里居ᄒᆞᄂᆞᆫ朴昌厦氏ᄂᆞᆫ栗種四斗를種ᄒᆞ얏고또農產會에셔ᄂᆞᆫ瓦石을製造ᄒᆞᆯ計劃으로製造所를建築ᄒᆞᆯ預定이라더라

◉是何陰謀 錦山郡上島村衙仁里居任某가同郡居ᄒᆞᄂᆞᆫ朴某를金二百圜과租三十石을給ᄒᆞᆯ줄노甘誘ᄒᆞ고朴某의百餘年된先塋을移掘ᄒᆞ라ᄒᆞᆫ다더라

◉大東韓禁賣 海蔘威에在留韓人이發行ᄒᆞᄂᆞᆫ大東共報第三十三号及三十四號ᄂᆞᆫ治安妨害라稱ᄒᆞ야發賣頒布를禁止ᄒᆞ얏다더라

◉學生義務(?) 養正義塾講師李用戊氏가逝去하야再昨日弘濟院等地에安葬ᄒᆞ얏ᄂᆞᆫ데該塾壹般學員이齊齊히前往會葬ᄒᆞ고葬費四拾餘元을義捐ᄒᆞ얏다더라

◉似是疑獄 문山浦上동에居留ᄒᆞᄂᆞᆫ日人靑尾橋三郞家에運轉ᄒᆞ던宋興善氏ᄂᆞᆫ元來殘弱多病ᄒᆞᆫ人이라日前에靑尾가忽然中夜被害ᄒᆞ얏ᄂᆞᆫ데宋氏를致疑ᄒᆞ얏던지宋氏가被捉ᄒᆞ야京城監獄署에押囚되얏다더라

◉憲兵投義 憲兵補助員康道根氏가日前에諸般軍物을携帶하고義陣으로逃走ᄒᆞ얏다ᄒᆞᄂᆞᆫ故로目下該部에셔嚴探搜索ᄒᆞᄂᆞᆫ中이라더라

◉靑會運動 鍾路靑年會에셔第五回春期大運動會를今日上午에東小門外三仙坪에셔設行ᄒᆞᄂᆞᆫ데該會員이多數來參ᄒᆞ고內外國貴賓도請邀參觀케ᄒᆞᆫ다더라

學界

◉奮倅勸學 장淵郡守李寅奭(?)시ᄂᆞᆫ敎育에熱心ᄒᆞ여邑村各학校에徒步巡行ᄒᆞ며敎育을勸奬하고학齡된童蒙을入學케ᄒᆞ며該郡리湖面春期각학校運動時에優數締賞하고多數ᄒᆞᆫ학徒와人民에게敎育上必要로懇切히說明ᄒᆞ얏다더라

◉女校賞花 明新女學校學員壹同이昨日北關에入去ᄒᆞ야賞花會를設ᄒᆞ얏다더라

◉永成進就 甕津郡康翎富民面廉元有趙光琳李錫龍金秀麟諸시가該面에永成義塾을設立ᄒᆞ고校舍를壹新建築ᄒᆞ며敎科書를具備購入ᄒᆞ고紳士柳濟民시를敎師로延聘敎授ᄒᆞᆫ지不過二朔에학徒가日增ᄒᆞ야進就之望이太有ᄒᆞ다더라

◉德興中興 咸鏡南道德源府德興學校ᄂᆞᆫ去乙巳年에設立ᄒᆞ얏ᄂᆞᆫ데其間經費가困難ᄒᆞᆷ으로幾乎廢止러니何幸該地紳士朴道淵金必夏諸시가慨嘆時局之暗昧ᄒᆞᆷ과東奔西走에新舊論少ᄒᆞ야咸邑上下里所謂果田里沓을沒數附校ᄒᆞ며校舍은該府衙軒에移設ᄒᆞ고학徒八拾餘名을募集ᄒᆞ야熱心으로教育ᄒᆞᆫ다더라

◉體育勸奬 平安北道雲山郡北面紳士朴鳳潤시ᄂᆞᆫ學界上熱心이素著ᄒᆞᆫ바더러壹般靑年의體育을勸奬ᄒᆞ기爲ᄒᆞ야春期聯合大運動會를發起組織ᄒᆞ고金貨壹百圜을先自義捐ᄒᆞ야方今鳩財中인데同志李永根韓明道시가各三十圜式義捐ᄒᆞ고其他韓석泰廉子善諸시도各二十圜式爭先出義ᄒᆞ고該面々장숭連福시ᄂᆞᆫ另加贊成ᄒᆞᆫ다더라

◉前津前進 咸南洪原郡前津里ᄂᆞᆫ該郡守鄭冕鎬시와高命逸金秉柱韓俊석諸시의熱心周旋으로남興學校를設立ᄒᆞ고巨額金을義捐ᄒᆞ야學員이五拾餘名에達ᄒᆞ얏다더라

◉感荷義賻 婦人松雪

曰ᄂᆞᆫ本社前社장裴說氏喪事에對ᄒᆞ야金貳圜을寄賻ᄒᆞ얏기茲에其厚意를表ᄒᆞ노라

◀地方消息▶

▲去月拾六日興陽郡東北方約四拾里地에서義兵四名이全南麗水郡日守備隊中尉以下六名과交戰ᄒᆞ엿다ᄒᆞ고

▲去月三拾日全北全州郡西南方約三拾里에셔義兵三名이該郡日守備隊上等兵以下騎兵七名과交戰ᄒᆞ엿다더라

◀恨餘一筆▶

▲京鄕物論드러본즉財政恐慌尤甚ᄒᆞ야寒儉者가만ᄒᆞ니有志者ᄂᆞᆫ落淚ᄒᆞ며從此辨論ᄒᆞ려니와이러ᄒᆞᆫ悲慘ᄒᆞᆫ때도知覺업ᄂᆞᆫ무리ᄂᆞᆫ털끗만毫不動念ᄒᆞ더그行動을볼작시면판ᄂᆞᆫ짓만ᄒᆞᄂᆞᆫ도다

▲官吏界로말ᄒᆞᆯ진대國家安危엇더ᄒᆞ던生靈塗炭되던말던秦처越瘠不顧ᄒᆞ고재地位만鞏固ᄒᆞ며재壹身만安樂ᄒᆞ야太平烟月맛ᄂᆞᆫ듯서草綠江邊羣羊又치花朝月夕돌녀가며晩餐會에판이나고

▲紳縉界로말ᄒᆞᆯ진대不학無識ᄒᆞᆫ의資格文明國에나고보면勞働者도못될것이偏僻固慾ᄒᆞ여것만報酬성각毫毛ᄒᆞ고勢力家를盤連ᄒᆞ야大臣觀察圖得코ᄌᆞ家產田土파려다가運動費에판이나고

▲少年界로말ᄒᆞᆯ진대남의집의靑年을은학問硏究熱心ᄒᆞ건만그런일은鼻笑ᄒᆞ고乃父乃祖모혼財產空것으로認定ᄒᆞ야東園桃李花開夜와綠陰芳草勝花時에東奔西走몰녀가며酒色場에판이나고

▲女子界로말ᄒᆞᆯ진대이런時代當ᄒᆞ여서아못도록工夫ᄒᆞ야同等權을回復ᄒᆞ고男子들과並力ᄒᆞ여文明進步못ᄒᆞ고서油頭粉面綾羅錦繡요리죠리貌樣내고如干佩物잡혀다가演劇場에판이나고

▲勞働界로말ᄒᆞᆯ진대坊曲에列坐ᄒᆞ야풍寒暑濕고로ᄋᆞ서狂言悖說짓거릴제他人廊下붓쳐잇ᄂᆞᆫ不勝飢寒저의妻子望眼欲穿苦待ᄒᆞᆫ란이것더것不計ᄒᆞ고如干錢兩싱기며ᄂᆞᆫ母酒家에판이ᄂᆞᆫ다

▲이달도다諸人이여民國事에獻身커나家族事에힘다가판나기ᄂᆞᆫ姑舍ᄒᆞ고生命ᄭᆞ지죽더라도痛恨ᄒᆞᆯ비업거니와身分上과名譽間에敗亡코ᄌᆞᄒᆞᆫ이나니冤痛ᄒᆞᆫ일이아닌가精神좀차리라니

廣告

金日洙의日字를親字로改定ᄒᆞ얏사오니知舊間照亮ᄒᆞ심을爲要

金親洙 告白

西部養生坊倉동十四統●五戶草家五間立旨를與執ᄒᆞ얏더니閪失ᄒᆞ얏기廣布ᄒᆞ오니內外國人間拾得이라도休紙施行ᄒᆞᆷ

開城府北部毬橋리 召史 告白

本會에서陰本月二拾日(日曜)下午壹時에臨時總會를開ᄒᆞ고全北支會에對ᄒᆞᆫ特別協議ᄒᆞᆯ事가有ᄒᆞ오니本道人士ᄂᆞᆫ壹齊光臨ᄒᆞ심을敬要

湖南學會 告白

忠南靑陽邑內에靑武學校를設立ᄒᆞ엿ᄂᆞᆫᄃᆡ該郡塩市学塩斗塩及各寺庵肆稅三千餘兩을劃付經費ᄒᆞ고又有各人補助金數千金ᄒᆞ야校費가自足이거ᄂᆞᆯ該校任員리補雨가兼帶地方奸員ᄒᆞ야藉托校費不足ᄒᆞ고本郡守黃祐燦을符同ᄒᆞ야結稅中每結壹圓式勒爲加斂ᄒᆞ오니剩額貳萬餘兩을將用何處오民情洶々ᄒᆞ야呈訴公州監督局矣러니加結물勿施之意로至有告示이되郡守黃祐燦이가掩置告示ᄒᆞ고結民明濟喆林聖肅等五人을捉囚毆笞入於度ᄒᆞ야幾至死境ᄒᆞ오니其虐政을民不堪勝ᄒᆞ와度支部에呈訴次로上來ᄒᆞ야期於招致裁判乃已ᄒᆞᆷ

靑陽北面대동居 明義社

慶北禮安郡芳岑私立測量學校에셔校장局東振시와校監金泳翼시와學監리中화시가義金을支出ᄒᆞ야晝夜敎師部測量科를成立ᄒᆞ고卒徒二拾五人의게卒業証書를施與ᄒᆞ고一般同胞에게玆以廣佈ᄒᆞᆷ

本校 告白

黃海道黃州郡正方山城成佛寺에主執ᄒᆞᄂᆞᆫ朴麗壁시가該寺에禪敎宗務支院과正新學校를設置ᄒᆞ고該道各郡각寺庵諸僧을請座ᄒᆞ야학校急務를說明ᄒᆞᆫ즉諸老少僧侶가各願補助ᄒᆞ야熱心敎育ᄒᆞᄂᆞᆫ中에生徒의年齡은十貳歲以上으로二拾四歲以下에지定限ᄒᆞ고生徒의衣食과紙筆墨等節은該事務所에서至當ᄒᆞ되誰某道某郡某寺에居ᄒᆞᄂᆞᆫ僧侶ᄂᆞ도該校에來赴ᄒᆞ야請願ᄒᆞ면許入ᄒᆞᄂᆞᆫᄃᆡ只今은生徒가三拾餘人이나不過五六朔에至ᄒᆞ면百餘人개至ᄒᆞᆯ機이니該校당朴龍璧시와該校事務李雲溪渠萬永賛成員金海峯財務員李漢峯書務員表成大敎師表應海諸시의殺力과該各寺僧侶諸시의協力으로校樣이漸盛ᄒᆞ고生徒가漸進ᄒᆞ니見者와聞者가該道各寺僧侶ᄂᆞᆫ國恩을能報ᄒᆞ깃다賛發이日成ᄒᆞᆷ으로玆以揭布ᄒᆞᆷ

懷德郡吉喜淳權肯采等不法行爲吉喜淳權肯采等이各面々長을圖得ᄒᆞ라다아니되즉宋敬仁을付同ᄒᆞ고각面長에려전문壹千兩을말나ᄒᆞ다가姜等川面長姜履淡시한테목침으로맛고분괴을이기지못ᄒᆞ야誣訴呈章ᄒᆞ다가成事자아니된즉誣訴로中閭비기를錦山財務主事邊泰淳시ᄂᆞᆫ生存ᄒᆞᆯ수업을自處ᄒᆞ다ᄒᆞ고山內面長金憲經시ᄂᆞᆫ공무의분요한데술가도쥬ᄒᆞᆯ다ᄒᆞ고各面長敗剛의굴문한데중녀ᄒᆞ다ᄒᆞ오나무소신몬닛시나吉喜淳權肯采等의무소인ᄒᆞᆷ가지오

宋憲泰 告白

西部蓮陶坊數六拾九統十壹戶金文明瓦家五間文券丙午年에失ᄒᆞ얏서內外國人誰某拾得休紙施行ᄒᆞᆷ

金文明 告白

本人이本居京城而廿八年前本妻가不合ᄒᆞ야各立ᄒᆞ고流落義州而得妻ᄒᆞ야生壹男三女ᄒᆞ고酒賣爲業이러니五年前壹男子來訪曰父親이셔小子孕胎된지五朔만에母親을各立ᄒᆞ고此處에來留ᄒᆞᆫ다ᄒᆞ옵기尋來로라ᄒᆞ며年은二拾四歲오名은俊成이오住所ᄂᆞᆫ江原道楊口郡北面公睿동이라ᄒᆞ니子尋其父가甚貴ᄒᆞ야數次來往路費을每給이러니昨冬에來言生計窘艱云故로爲父之道에聞甚悶々ᄒᆞ야此處로來ᄒᆞ라ᄒᆞ얏더니前月分에渠의母며妻子를率ᄒᆞ고來ᄒᆞ얏ᄂᆞᆫᄃᆡ何許女가率子兒同來ᄒᆞᆫ지라其同來事實을聞則該女가其夫出他時를乘ᄒᆞ야同來云故로仍爲逐送코저ᄒᆞᆫ즉該女曰俊成이가渠錢壹百五拾兩을用이라ᄒᆞ기故로右錢을本人이辦出還送ᄒᆞᆫ즉俊成이母子가有何疑點이던지隨該女還去故로三拾里를追ᄒᆞ야俊成이母子를挽執歸家이러니不數日에又欲還去ᄒᆞ니每々挽留ᄒᆞᆯ슈업셔家券을典當ᄒᆞ고新貨壹千四拾兩을得ᄒᆞ야給送이러니後三日에何許鄭姓人이來日我妻子가來此라ᄒᆞ고威務코저ᄒᆞᄂᆞᆫ故로該女의來往事實과俊成의母子來往事를照詳ᄒᆞᆫ則該鄭시가無言還去ᄒᆞᆫ지라該後傳言을聞ᄒᆞᆫ즉俊成이가京城滯在ᄒᆞ야本人과게徵出ᄒᆞᆯ意로外債를四處로圖得코저ᄒᆞᆫ다ᄒᆞ니本人의家產은酒盆壹個뿐이며俊成이가心法이不良ᄒᆞᆫ즉誰某던지買分錢이라도債給ᄒᆞ면白失ᄒᆞᆯ터이오니內外國人間에勿另欵ᄒᆞᆷ

義州府州內面東部里黃順汝 白

本人名顯澤을顯模로改之ᄒᆞ오니知舊間照亮ᄒᆞ시오

前正尉 金顯模

○測量器械○製圖器械○大發賣廣告

測板	寄尺五寸	金三圓
三脚		金二圓五十錢
雨覆		金五十錢
照準儀	九寸	金七圓
羅針		金一圓七十錢
布卷尺	六拾六尺 十寄間	金三圓三十錢
求心器		金四十錢
垂球		金三十錢
標桿	九尺 / 六尺	金八拾錢 / 金五十錢

小計二拾圓內 壹割貳厘除減 實十八圓

新式三脚臺 今番의新發明ᄒᆞᆫ折쟝飾으로抽木케ᄒᆞ와小包의도롱허부ᄒᆞ고輕便ᄒᆞᆷ 加金五拾錢

今番新發明ᄒᆞᆫ照準儀ᄂᆞᆫ氣泡의感覺이銳敏ᄒᆞ와僉君子의使用에甚히便利ᄒᆞ옵니다

京鄕間注文을應ᄒᆞ와倍前注意키로十分完全ᄒᆞ오니不拘多少ᄒᆞ시고注文ᄒᆞ시면小包로迅速히奉副ᄒᆞ깃습

京城本町(長洞)郵便本局前 시노사기 篠崎測量器械店

平壤南門通二丁目 篠崎器械支店

至急廣告

本水道會社에서汲水商貳百名을即速募用ᄒᆞ여共用전에서給水를各戶에供給販賣케ᄒᆞᆯ터이기로原來水商으로만限用ᄒᆞᆯ터이나該數額이未滿ᄒᆞ면普通人夫를隨便使備ᄒᆞᆯ터이며使備ᄒᆞᄂᆞᆫ一切方法은鍾路本會社에서說明ᄒᆞᆯ터인ᄃᆡ每名에保證ᄒᆞ야陸圓을辦納ᄒᆞ고本水道水를運搬販賣ᄒᆞᄂᆞᆫ稅金으로每朔에陸圓式先納ᄒᆞᆯ事

誰某던지先來請求ᄒᆞ면差定ᄒᆞᆷ

壹千九百九年四月二拾九日

大韓水道會社 支配人 巴威

吾宗이或有悖宗ᄒᆞ야私自收單ᄒᆞ야濫修譜所ᄒᆞ고挾雜討財ᄒᆞ야使殘宗으로不能支保케ᄒᆞ니此實得罪於先祖ᄒᆞ고貽笑當世故로本所에셔嚴立規則ᄒᆞ야痛禁私譜이거ᄂᆞᆯ金海居李東과淸道居鳳과가金海蔵譜齋에셔私自設譜云故로本所에셔論以書以言으로嚴飭撤罷이되李氏一向不悛ᄒᆞ기로將欲提訴法司ᄒᆞ야斷當嚴懲ᄒᆞ깃스니其見欺送單ᄒᆞ신宗人은即爲還單ᄒᆞ고日後查出照法之地에亦勿追悔ᄒᆞᆷ

金海金氏宗約所 廣告

本人이寓居帥家十五間板刻家券을閪失ᄒᆞ얏습기玆에廣布ᄒᆞ오니誰某拾得ᄒᆞ야도休紙施行ᄒᆞᆷ

西部盤松坊阿峴二二統四統七戶 金興燦 告白

本人이今月拾貳日頃에東大門內廣藏會社에米商金石祚에게推尋ᄒᆞᆫ紙貨三拾圓과를路中에서失故로玆以告白ᄒᆞ오니誰某拾得ᄒᆞ야도休紙施行ᄒᆞᆷ

西部龍山坊龍山면리 告白

美國시아틀大博覽會　미국시아틀대박람회

●特別廣告

經濟學原則에云ᄒᆞ얏스되夥多ᄒᆞᆫ產物에分排ᄒᆞᆫ고因ᄒᆞ야最大ᄒᆞᆫ權力이發生ᄒᆞᆫ다ᄒᆞ얏스니其權力을用ᄒᆞ야可爲善이오其權力을用ᄒᆞ야可爲惡이라

其權力을其產物과及其產出者의改良進就ᄒᆞᆷ을爲ᄒᆞ야完全히善良ᄒᆞ게利用ᄒᆞ면其權力의强大ᄒᆞᆷ을不可量ᄒᆞᆯ지라

我韓美興業株式會社ᄂᆞᆫ大韓帝國의商工業의基礎를建築而擴張ᄒᆞ고改良而發達ᄒᆞᆯ壹大强力의團合體이오이다

世界各國이不遠間에韓國의產物이有ᄒᆞᆷ을知得ᄒᆞ깃ᄉᆞ오니此曷故焉고此ᄂᆞᆫ非他라本會社에셔大韓同胞를代表ᄒᆞ야韓人의能히產物을產出ᄒᆞᄂᆞᆫ能力이有ᄒᆞᆷ을世界各方에發表ᄒᆞᆷ이니이다

本社之印章

AMERICAN KOREAN TRADING COMPANY. 韓美興業株式會社

本社之商票

是故로本會社에서ᄂᆞᆫ大韓帝國同胞中에思想이有ᄒᆞ야더眞相을料得ᄒᆞ야各自身分이及自其國家에對ᄒᆞ야擔負ᄒᆞᆷ이有ᄒᆞ고其國家가自己의게擔負ᄒᆞᆷ은無ᄒᆞᆷ을知得ᄒᆞᄂᆞᆫ者로더부러聯合ᄒᆞ기를願ᄒᆞᆸᄂᆞ이다

皇城磚洞

(京城郵便局郵函第四十號)

韓美興業株式會社

大美國에서ᄒᆞᆫ나渡法律認可
駐大韓國美國總領事館登錄

●特別廣告

社告

○申報價

壹張代金	新貨貳錢五厘	
壹個月前納	三拾錢	
參個月	九拾錢	
陸個月	壹圜七拾錢	
壹個年	參圜四拾錢	
郵稅壹張	新貨五厘	
壹個月	拾參錢	

○廣告料

四號活字拾參字詰
每行壹寸(英尺)에新貨廿五錢
貳週□壹寸에貳圜五拾錢
壹個月□壹寸에□圜
(自壹行至四行에爲壹寸)
其期限의長短과字行의多寡를依ᄒᆞ야增減ᄒᆞᆷ이有ᄒᆞᆷ

◎大韓每日申報各處支社廣告

平安道
平壤鍾路太極書館 安泰國
三和港牌石洞敎堂 □亨混
義州南門外西大藥房 □有寬
鐵山邑東部 安濬
車輦館 金明濬
定州南門內□□ 洪成麟
□川□邑□敎□ 金□□
安州□內□□洞 金□河
□□□枇□□□□ 李基秀
□川場市 黃□保
龍川南面楊□□□會 金□□
龍川남市□ 韓□□
朔州邑남門□ 朱伯□
□川邑館前洋□局 李正□
□邊部□蘇敎□ 김致□
江西邑內 金□□
咸從□□蘇敎堂 張炳□
成川郡上部面 □應三
平남□川郡□□ 鄭□□

黃海道
江界邑耶蘇敎□肆 김泰□
郭山郡□面湖□里 金□□
□山郡邑面上里 梁允□
□山郡□利用□ 崔□□
□山北面橋洞 王□□
海州남門內書□ 外昌□
安岳□石面□□洞 金允浩
長淵邑校洞西北支學會內 □東元
殷栗邑倉□里 □光□
信川邑六里 丁一□
載寧邑乾材□ 李□□
黃州南□□册肆 □□□
□川邑文明館 □□□
沙里院□□□□□□□ □□□

咸鏡道
咸興州南社西門外 □□□
元山港□□社內 □□□
□□邑 □□□
定平郡□川 □□□
洪原南門外□□蘇敎□□ □□□
永興□山□洪明學校內 □□□
鏡城□□□興洞 □干□
清津港□岩□ □元浩

全羅道
金溝水流面豆亭 □□三
木浦항陽동 □得□

京畿道
仁川奇峴□□□ 李東□
開城남大門內興學書舖 □□□
江華邑□□ □□□

忠清道
鎭城□川小龍동 李□□

慶尙道
大邱南門外友弦書□側李正由
釜山港佐川약局 徐□□
□기郡□□面□部 吳□□

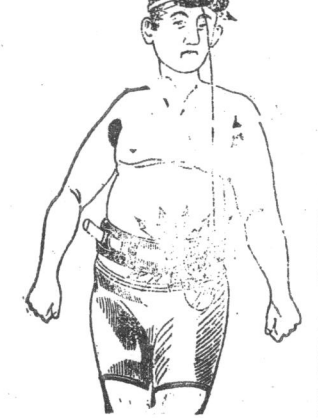

江原道
鐵原邑□동 □□大
□□郡남面□花里 朱□□

第七卷 大韓每日申報 第壹千九拾壹號

月曜及慶節
歲時日休刊

檀君開國四千二百四十二年
箕子元年三千三十一年
大韓開國五百十八年
日本明治四十二年
清國宣統元年
陰己酉三月小二十日己巳

Responsible for Publication Alfred Weekley Marnham.
發行兼編輯人英國人 萬咸
發行所
京城南部石井洞號外地三層洋屋
大韓每日申報社

論說

◎禽獸說

壹日에本記者ㅣ倚机閒坐러니忽然東窓下에談話聲이隱々相聞ᄒ기지라耳를傾ᄒ고聽ᄒ니何許數人이對坐ᄒ야禽獸를說ᄒ더라

가 余가往年에壹獵師를從ᄒ야兎를逐ᄒ는ᄃ其兎가後足을鳴ᄒ야其群兎에게急을告훔으로群兎가仍皆逃避ᄒ는지라余ㅣ此를睹ᄒ고彼의同類相救를甚感ᄒ얏노라

나 余는某倫理學講師의演論을聞훈則象群이野에下ᄒ고ᄌᄒ면먼저壹象으로ᄒ야금先導를作ᄒ야危險을探훈後에야其群象이下去훈다ᄒ니蓋彼壹象이同群을爲ᄒ야危險을冒훔은實로可驚훈바ㅣ아닌가

다 余는某歲에亞弗利加에旅行하는대山谷間으로獰々의壹隊가下來ᄒ야犬群을遭ᄒ야且戰且走ᄒ는ᄃ不幸히壹兒비가犬群에게被圍ᄒ야悲聲으로呼號훈즉忽然數四兒비가急走하야犬圍를衝ᄒ고兒비를奪去하는지라彼兒비의慈悲心과勇敢心은實로壯ᄒ도다

라 余는客秋에黃海沿岸에遊ᄒ다가壹海鳥羣을見ᄒ고射擊을試ᄒ즉羣鳥가驚飛ᄒ는뎌壹鳥는不幸히羽翮이被傷ᄒ야高飛치못ᄒ는지라他鳥數雙이還飛ᄒ야傷鳥를左右扶翼ᄒ고飛去하거날余又射擊ᄒ니他鳥가又多數飛集ᄒ며니相代扶翼ᄒ고益疾飛하야他島로避入ᄒ는지라余ㅣ其義勇을感ᄒ야참아復射치못하얏노라

因ᄒ야相對嘆息日禽獸도同類相救가如彼ᄒ거날況人인가禽獸도同群을爲ᄒ야危險을冒훔이如彼ᄒ거늘況人인가禽獸도慈悲心과勇敢心이如彼ᄒ거늘況人인가禽獸도義勇이如彼ᄒ거늘況人인가ᄒ더라

本記者ㅣ聽畢에瞿然히驚ᄒ며悽然히悲ᄒ며忸然히愧ᄒ여日此는韓國同胞二千萬의게提供훈만훈美談이라ᄒ고因ᄒ야其音을記ᄒ노라

▲隆熙三年 二月二十六日 官報

法 律 (續)

第三十條 物件의賣却代金押收훈通貨及第貳拾四條에依ᄒ야債務者로부터給付를受훈通貨는督促手數料滯納處分費及稅金에充ᄒ고尙且殘餘가有훈時는此를滯納者의게交付훔

賣却훈物件이與當權의目的物된時는其代金으로爲先督促手數料滯納處分費及稅金을控除ᄒ고次에其債務額에充훈額을債權者에게交付ᄒ고尙且殘餘가有훈時는此를滯納者에게交付훔但第二條第二號에揭훈與當權의目的된物件에關훈야는其代金으로爲先手數料及滯納處分費를徵ᄒ고次에其債務額에充훈額를債務者에게交付ᄒ고次에稅金을控除ᄒ고尙且殘餘가有훈時는此를滯納者에게交付훔

第三拾壹條 滯納處分을結了ᄒ며或은中止훈時는納稅義務及督促手數料滯納處分費納付의義務는消滅훔

第四章 罰則

第三拾貳條 惡意로써納稅를拒絕ᄒ거나又는教唆煽動ᄒ야納稅를拒絕케훈者는笞刑五拾以下에處훔

第三拾三條 左開境遇에在ᄒ야는其犯人을貳年以下의役刑又는禁獄에處훔

壹 滯納者又는滯納者에財產을占有훈者가其財產을藏匿脫漏ᄒ며又는虛僞의契約을行훈時

貳 押收物件의保管者가其保管에係훈物件을藏匿脫漏費消或은故意로毀損훈時

情을知ᄒ고前項의所爲를幇助ᄒ며又는虛僞의契約을承諾훈者는各本刑에壹等을減훔

第三十四條 本法施行에關훈細則은度支部大臣이此를定훔

附 則

第三拾五條 本法은頒布日부터施行훔

光武拾年勅令第六拾號租稅徵收規程은本法施行日로부터廢止훔 完

雜報

◎吊大韓每日申報前社長裴說氏

嗚呼裴說氏여自由天地에生장ᄒ야無限의幸福과無疆의快樂을享有ᄒ던公의몸에韓國에一着ᄒ야萬疊不自由의困厄과諸般可怪的의危險이日로來ᄒ고時로遍ᄒ지라도此에小不屈小不撓훈밧外타反히自甘自慰ᄒ며셔緊々前進훔은正論의鐘鋒을高揮ᄒ야妖魔를掃蕩ᄒ고警世의木鐸을打鞭ᄒ야昏夢을醒起식여韓國을死亡에서拯出훈目的이러니

痛哉ㅣ뎌不料今者에公이天召를被ᄒ야遽而昇化하얏스니悠々蒼天아此何忍斯오蒼天이韓國의運命을不祐ᄒ심인가韓人의自强力을奮培ᄒ심인가

嗚呼裴시여公이生에貳千萬의殘族을扶ᄒ얏스나其恩을何謝며公이死에三十七의壯年에永終ᄒ얏스니其憾을難慰로다

嗚呼裴시여公의雄畧이壹朝에浮雲과共散ᄒ얏스니其恨이尤深이며公의大志를臨終에繼續者에게遺托ᄒ얏스니其義가難配로다

嗚呼裴시여公旣長逝이나靈無不知이나雖在冥々中이라도尤加陰助ᄒ야公의多年熱血의功業이大韓의國運과共히萬世에永有케훈지여다嗚呼裴시여

隆熙三年六日 李相진 拜哭

外報

◎病者全數 日本內地에陸軍及各隊의現役兵이十有餘萬인ᄃ其中罹病者數를調査훈則壹昨年中에罹病者總數가爲萬人에達ᄒ얏고死亡者ㅣ九百七拾人名이라더라

◎密獵密輸禁止 海蔘威電을據훈則密獵及密輸入을禁止次로露領沿岸에모후號는薩哈運을向ᄒ얏고스드로지號는인배따룹灣에向ᄒ얏다더라

◎日本의火事 東京電을據훈則本月二日午前三時日本弘前市에住ᄒ는田森政吉家에서失火ᄒ야其隣戶四十七戶가燒燼ᄒ고該家雇 三浦忠次郞夫婦는燒死ᄒ얏다더라

◎土耳帝의政綱 伯林電을據훈즉土耳其新帝모하메드五世는其政綱의平和及秩序를恢復ᄒ고人種的憎惡를擯棄ᄒ고自由思想과回々教義를調和케ᄒ깃다고切言하얏고오쓰트만銀行支店五十六個所의平和及秩序를恢復ᄒ얏다더라

◎戰鬪艦製造 倫敦電을據훈즉墺國政府는도레쓰드녹트型의戰鬪艦三四隻을製造훈意가有ᄒ며墺匈議會에對ᄒ야軍費增加額五億끄라운支出키를要求하얏는ᄃ此는보스늬아에軍備로要훔이라더라

◎英帝歸國 同電을據훈즉英國皇帝께서는本國을向ᄒ야네불쓰港에서御出發ᄒ셧다더라

學報

◎克明學校卒業生 平安北道義州府批峴面堂後동克明학校速成師範科에서卒業試驗을行ᄒ얏는ᄃ

優等生金載裕 白善豊
金景翮 趙鳳九 朴世仲
趙宗瑞 及第生趙鳳琪
張時彦 리用和 김炳奎
白學淵 尹석烈

詞藻

◎吊裴說 如

西國奇男出 丹心明水鏡
東方偉烈高 飛筆勝龍刀
芳名留竹史 祭靈靈不散
幻殼付鴻毛 羣妖死無逃

立 生

公來公去忙 誰諒春秋筆
萬里海雲長 家々盡得藏

淡 石

雜報

●統監政策의改革

伊藤統監이今回에歸國ᄒᆞᆫ덧은統監府官制改革을斷行ᄒᆞ야冗官을除汰ᄒᆞ고한國內閣學部를改正ᄒᆞ야現在二三部에大臣을置ᄒᆞ고外他ᄂᆞᆫ長官制度로改定ᄒᆞᆯ터이라더라

●副統監入京 國內沿岸을視察ᄒᆞ던曾禰副統監은昨日에仁川港으로부터下午八時頃에入城ᄒᆞ얏ᄂᆞᆫ데總理大臣以下各部大臣과中樞院顧問諸氏가仁川港까지前往迎接하얏다더라

●曾禰園遊 曾禰副統監이來拾五日에韓日各高等官及其家族과在京各國總領事及夫人과民間有志者及新聞記者通信員等約壹千六百名을統監邸로招待ᄒᆞ야園遊會를開ᄒᆞᆫ다더라

●手工組合贊成 漢城니地계小手工組合所를設置ᄒᆞᆫ다ᄂᆞᆫ說은昨報에已揭어니와總理大臣리完用氏가極力贊成하고閣議에提出ᄒᆞ야四拾萬圜을貸下補助ᄒᆞ기로決定ᄒᆞ얏다더라

●餞別顧問 前報와如히中樞院顧問權重顯氏가永同其鄕第로搬移次昨日上午八時에京釜列車로發程ᄒᆞ얏ᄂᆞᆫ디總理以下各大臣과軍部領尉官들이南大門外停車場에前往餞別ᄒᆞ얏다더라

●派巡調查 近日각警察署에셔何事端인지日本에前往ᄒᆞᆫ觀光團諸氏家에巡查를派送ᄒᆞ야觀光團에隨員有無를這々調查ᄒᆞᆫ다더라

●遺族調查 地方각地의暴徒를因ᄒᆞ야被害ᄒᆞᆫ遺族에게特別히恤金을支給ᄒᆞᆯ次로這々調查報來하라고內部에서各道觀察使에開知ᄒᆞ얏다더라

●賞狀規則制定 地方人民中에善行이有ᄒᆞ면褒賞狀을주ᄂᆞᆫ部에서賞給ᄒᆞᄂᆞᆫ데其賞狀規則을現方制定ᄒᆞᄂᆞᆫ中이라더라

●學部督飭 今春각學校卒業生에志願書를學部에셔領收ᄒᆞ야來ᄒᆞ라ᄒᆞ얏다ᄂᆞᆫ데其內容인즉각卒業生의時勢趨向하ᄂᆞᆫ程度를推測코자홈이라더라

●理事開會 度支部에서來二拾日頃에각手形組合理事를召集ᄒᆞ야理事會를開ᄒᆞᆫ다더라

●自何見機 龍岡郡守高義俊氏가[?]會에投入코자ᄒᆞ던該會에서許入지아니ᄒᆞᄂᆞᆫ故로日昨에高氏가再三懇請ᄒᆞ되該會에셔終不許入ᄒᆞ얏다더라

●呂倅報告 朱尤庵의影幀이呂州郡江漢祠에在하야壹年壹次享祀費ᄂᆞᆫ國庫金으로支撥ᄒᆞ더니近日에至ᄒᆞ야ᄂᆞᆫ該支撥금을勿施ᄒᆞ얏다ᄂᆞᆫ데該郡守리儒哲氏가此를整理하기爲ᄒᆞ야有司를選定ᄒᆞ야니部大臣께其理由를報告하얏다더라

●擧石紅顏 清州府下居김在萬氏가前郡守리應復氏의게加下條葉壹萬貳百五拾兩을推尋次로日人辯護士莊子斌의게委任ᄒᆞᆫ지拾餘日에該辯護士가起訴치아니ᄒᆞ고浮費十五圜만勒討ᄒᆞᆫ다더라

●鄭氏救恤 麗津郡牛伊村面道谷里居前議官鄭泰源氏가窮春饑荒을當ᄒᆞ야隣近동리八拾戶人民의饑饉慘景을見ᄒᆞ고若干田畓及家舍를典執得債ᄒᆞ야壹々分賑ᄒᆞ야賴以活ᄒᆞ고繼以着農케ᄒᆞ얏다고該民의慈善心을人皆感頌ᄒᆞᆫ다더라

●商民呼冤 前郡守文昌석氏가帝國實業會々長이라稱ᄒᆞ고全羅兩道에下往ᄒᆞ야農商工部認許가有ᄒᆞ다ᄒᆞ고各商民의게商票壹張에二圜式을勒捧ᄒᆞᄂᆞᆫ故로商民의稱冤이大端ᄒᆞ다더라

●媒賣拜探 普親齋에서각警察署에指揮ᄒᆞ되漢城니閭巷에隱密히賣淫ᄒᆞᄂᆞᆫ女와其居間人을秘密히調查捉ᄒᆞ라ᄒᆞᆫ故로巡查들이閭巷에晝夜巡行ᄒᆞ며秘密調探中이라더라

●漁民呼冤 北來人의傳說을據ᄒᆞᆫ則城津府에居ᄒᆞᄂᆞᆫ康希元氏가漁業法實施以後로日人壹名을帶同ᄒᆞ고原來營業主가自在ᄒᆞᆫ五津藿岩基址를測量ᄒᆞᆷ으로該處漁民의怨聲이漲藉ᄒᆞ다더라

●落石傷工 再昨日下午五時量에東大門外採石場에서淸人이採石ᄒᆞ더니適其時大石이墜落ᄒᆞ야膊部가絶斷된故로卽時大韓醫院으로昇去ᄒᆞ얏다더라

●上流下濕 再昨夜洞口니團成社에서각種演劇을設行ᄒᆞᄂᆞᆫ데觀光男女가四百餘名에達ᄒᆞ지라其時上層婦人席에서何許女人이次第로無難放溺ᄒᆞ야其中等婦人席으로流下ᄒᆞ야壹般女人에衣裳을汚濕케ᄒᆞᆫ故로互相爭鬪가되야壹場風波가惹起ᄒᆞ얏다더라

●朴道無道 西部孔德里居ᄒᆞᄂᆞᆫ米商朴道鉉爲名人이其隣居ᄒᆞᄂᆞᆫ拾四歲女兒를抑勒으로強姦ᄒᆞ다가發覺되야所管警察署에被捉ᄒᆞ얏다더라

●爾凶不知耶 近日果川郡에居ᄒᆞᄂᆞᆫ何許김召史爲名女가自稱神接ᄒᆞ야吉凶禍福을明斷ᄒᆞ다ᄒᆞ매人心을眩惑케ᄒᆞ야多數錢財를款奪ᄒᆞᆫ다ᄂᆞᆫ聽聞이藉々ᄒᆞ다더니日前에該女가京城에上來ᄒᆞ야愚夫愚婦의百般欺惑ᄒᆞ다가昨日東部警察署에被捉ᄒᆞ얏다더라

●關東義擾 東來人의所傳을據ᄒᆞᆫ즉江原道橫東九郡等地에近日義擾가漸次熾盛ᄒᆞ야民情이激々ᄒᆞ다더라

●義兵望月 月前에義兵二十餘名이楊州郡望月寺에突入ᄒᆞ야午飯을喫ᄒᆞᆫ後卽時發往ᄒᆞ얏ᄂᆞᆫ데伊時에寺里가擧皆驚擾ᄒᆞ얏다더라

●學校引繼 釜山港開城學校를韓國政府에셔引繼ᄒᆞ야實業高等학校로決定ᄒᆞ얏ᄂᆞᆫ데其引繼의方針如何와需用ᄒᆞᆯ物品을調查ᄒᆞ기爲ᄒᆞ야學部事務官小杉과비학監督士鐵平兩人이明日該地로出發ᄒᆞᆫ다더라

●婦人特義 北部齋동居崔夫人門卿氏가上海에在ᄒᆞᆫ韓人의組織ᄒᆞᆫ太同保國會의趣旨를得聞ᄒᆞ고壹般公義에慕仰心으로金貨五拾圜을義捐ᄒᆞ얏ᄂᆞᆫ데崔夫人의特別ᄒᆞᆫ思想은婦人界에模範이될뿐아니라壹般守錢虜에게도警鐘이될만ᄒᆞᆫ事라고人皆稱頌ᄒᆞᆫ다더라

●惜哉退學 北部私立觀鐵學校장鄭永澤氏가日昨에該校內情與學生을壹齊聚立後에說明ᄒᆞ기를入學ᄒᆞᆫ지가于今幾朔에校中規則을不遵ᄒᆞ니此ᄂᆞᆫ太不可ᄒᆞᆫ事이라不日內로薙髮치아니ᄒᆞ면事由를學部에報告ᄒᆞ고學父兄을捉囚ᄒᆞ고薙髮케ᄒᆞ깃다ᄒᆞᆫ즉致有學生徒中或退學ᄒᆞᆫ者가有ᄒᆞ다더라

●先何後何 青坡居ᄒᆞᄂᆞᆫ리汝幹氏가幾동青蓮학校에補助金을去貳月로爲限ᄒᆞ고成聚ᄒᆞ지ᄒᆞ얏ᄂᆞᆫ티日前에該校任員이推尋次로往言ᄒᆞᆫ즉리氏가有何恩想인지ᄒᆞ야標를交周拒絶ᄒᆞ얏다더라

●收金不呈 湖남學會에서全羅南北道各紳士에게收納ᄒᆞᆫ贊捐金額이合爲七萬餘圜인데近日財政이枯渴ᄒᆞᆫ所致로捐助收入이大端零星하다더라

●普專總會 普成專門학校々友會에서本日東小門外[?]寺에前往ᄒᆞ야第四回總會를開設ᄒᆞᆫ다더라

●國民討論 近頃鄭應源氏等이國民討論會를發起組織ᄒᆞᆫ다ᄂᆞᆫ說은已報어니와該會目的을得聞ᄒᆞᆫ則政治上에ᄂᆞᆫ毫無關係ᄒᆞ고但히壹般國民이團合討論ᄒᆞ야知識을發達ᄒᆞᆫ目的이라더라

●畿南親睦 畿南學生親睦會에서今日下午二時에通常總會를開ᄒᆞ고學問上問題로討論ᄒᆞᆫ다더라

●測量協議開會 今日下午壹時에南部冷井동十三道測量局協議會에서總會를開設ᄒᆞᆫ다더라

學界

●柳氏熱心 [?]津郡[?]洲面長柳成奎시ᄂᆞᆫ該面私立明臨新塾內에測量科를附設ᄒᆞ고壹切經費를自擔ᄒᆞ야熱心敎授ᄒᆞᆫ다더라

●大興設校 咸興郡[?]州서面에셔大興학校를設立ᄒᆞᄂᆞᆫ디該面長韓用均弘玖學彬韓秀鉉崔用坤과柴韓炳과楊昌奎박根섭諸시가發起ᄒᆞ야養育熱心ᄒᆞ미壹面人民이感應服從ᄒᆞᆫ다더라

●谷倅獎學 谷山郡守李承七시ᄂᆞᆫ敎育에熱心ᄒᆞ야多數ᄒᆞᆫ學校를設立ᄒᆞ고永久維持ᄒᆞ기爲ᄒᆞ야邑內에ᄂᆞᆫ明倫學英兩학校를合ᄒᆞ야倫英이라ᄒᆞ고村에ᄂᆞᆫ東美興寧兩학校를合ᄒᆞ야美寧이라ᄒᆞ고文興淸明兩학校를合ᄒᆞ야彰東이라ᄒᆞ고學徒三百餘名을熱心養成ᄒᆞᆫ다더라

◉咸荷義聽

本社前社長裵說氏喪事에對ᄒᆞ야城外峴西其漢文私塾의敎師朴某氏外金五拾錢과又ᄂᆞᆫ學童拾名이傾囊醵出ᄒᆞ야合金八拾錢을寄贈ᄒᆞ얏기玆에其盛意를表ᄒᆞ노라

▲地方消息▼

▲去月二十七日夜에永平郡東方約拾里地에서義兵三名이抱川郡日守備隊少尉以下十六名과交戰ᄒᆞ얏다ᄒᆞ고

▲去月二十五日抱川郡北方約七十里地에서義兵十二名이江原道[?]川郡分遣所日憲兵二名及補助員四名과交戰ᄒᆞ얏다ᄒᆞ고

▲去月二十八日木포西南方約二拾里地에셔義兵貳拾餘名이該郡駐在日憲兵壹名과交戰ᄒᆞ얏ᄒᆞ고

▲去月三拾日黃海道鶴嶺南方約四拾里地에셔義兵三十餘名이該嶺分遣所日憲兵과交戰ᄒᆞ얏다ᄒᆞ고

▲去月二十六日京畿道九化場西方約二十里地에셔義兵十餘名이該場分遣所日憲兵二名及補助員四名과交戰ᄒᆞ얏다ᄒᆞ고

▲去月二拾六日忠淸北道鈴溪西方約四拾里地에셔義兵二拾餘名이該地分遣所日憲兵壹名及補助員二名과交戰ᄒᆞ얏다ᄒᆞ고

▲去月二拾三日慶北順興郡東方三拾里地에셔義兵十餘名이安東郡駐在日憲兵十七名과交戰ᄒᆞ얏다ᄒᆞ고

▲去月三拾日全北泰仁郡東方約拾里地에셔義兵拾二名이該郡分遣所日憲兵貳名及補助員三名과交戰ᄒᆞ얏다더라

▲學筆祝賀▼

勸善懲惡ᄒᆞᄂᆞᆫ것은報館筆端義務로다차ᄒᆞᆫ일을勸獎키ᄂᆞᆫ記者惟責ᄒᆞᆯ뿐내러言者부터도거니와그른일은攻擊키ᄂᆞᆫ不得已외行ᄒᆞᆷ이라居常慨嘆ᄒᆞ엿ᄂᆞᆫ데近日傳說드러본즉祝賀ᄒᆞᆯ일셩것도다

▲長通坊장李根洪은東門外에나갓다가滿地暴露더니骨骸諸殷經費自擔ᄒᆞ야收取火葬ᄒᆞ얏다니君家兄弟今日行爲貪虐爲主ᄒᆞᄂᆞᆫ中에君의風度特出ᄒᆞ야慈善心이發ᄒᆞᆫ인즉祝賀ᄒᆞᆯ일이아닌가

▲徽文塾主閔泳徽ᄂᆞᆫ財政界의대恐慌이다復ᄒᆞ기말못되여民情勞々근심ᄒᆞ고流通方針研究코ᄌᆞ實業家의某某人과會集協議ᄒᆞ엿ᄂᆞ니肥已爲主ᄒᆞ던人事公益心이發生인즉祝賀ᄒᆞᆯ일이아닌가

▲豪蕩有名趙南昇은時局形便感覺ᄒᆞ고弟勸告甘受ᄒᆞ야色技上에斷念ᄒᆞ고多年同居別室ᄉᆞ지送別曲을불넛ᄂᆞ니花柳場에生覺ᄒᆞ야中無所主ᄒᆞ던터에勇進心이發生인즉祝賀ᄒᆞᆯ일이아닌가

▲宮大別室더翡翠ᄂᆞᆫ新聞攻擊當ᄒᆞᆫ後에粉壁紗窓구지닷고綾羅錦繡脫去ᄒᆞ야產業에도有意ᄒᆞ고학問研究ᄒᆞᆫ다ᄒᆞ니花朝月夕됴흔띠에淸歌妙舞送宕라기悔改心이發ᄒᆞ엿인즉祝賀ᄒᆞᆯ일이아닌가

▲人孰無過ᄒᆞ리마ᄂᆞᆫ改之爲貴이아닌가過日ᄭᅥ로그른일은春氷갓치消融ᄒᆞ고今日부터爲始ᄒᆞ야發生ᄒᆞᄂᆞᆫ이마ᄋᆞᆷ은春草갓치培養ᄒᆞ야소日新又新ᄒᆞᆯ량이면全國祝賀받을지니勉之々々ᄒᆞᆯ지어다

廣告

本會에서 來日曜日下午二時에 開會하오니 僉員은 照亮홈

西北學生 輔仁會 告白

日語算術學員募集

甲乙班時間과 學費는 陽曆五月內로 願學員은 來問志願하시오

鍾路廣耳洞拾壹統六戶 大濟旅館 專門講習所

◉特別廣告

官許大韓測量事務所認許狀이 今爲徵銷하야시니 各地方에 該事務所官許名義로 出張한 各支所가 失望失業之慮가 不無할지라 凡我同業同은 拾分注意하야 本會目的을 同情코자할 時에는 勿嫌收容하야 和衷에 有限測務를 完全進行케하시옵

大韓測量總督會 告白

本所에서 測量各科를 實地로 成敎授하오니 會員은 來請하시오 科는 製圖及設計

茶洞國協同測量組合所 告白

本人名을 顯漢으로 改之하오니 知舊間照亮하시오

前正尉 金顯漢

本人의 姓名圖章을 陰三月拾七日에 南大門外路上에서 見失호 故로 茲에 廣布하오니 誰某拾得勿施홈

東湖新村 曾炳允 告白

東湖曾炳根田 本月晦日推次於晉三千捌百兩과 東湖金周鉉許 本月晦日推次於晉四千五百兩을 見失故로 廣告홈

김와敗 告白

府部薰陶坊 戶 金文明 瓦家五間文券丙午年 見失毋論內外國人誰某拾得休紙施行홈

金文明 告白

平安남道永柔郡西部面槐井里居金召史의 子貞福이가 年少悖類로 敗家蕩産할者라 本月壹日에 離家하야 締結雜類하고 僞造田券手標로 典執得債코저하니 內外國人은 切勿見欺홈

金召史 告白

江華郡下道面장串私立彰成學校는 昨年三月에 師十諸시가 共同設立하야 學員이 四拾餘人에 達하얏고 去月에 進級試驗을 經하얏는디 甲班優等生朱時寶 等五人이오 及第生 等五人이오 乙班優等生金良起 等 人이오 及第生 顯圭朱時珍 等二人이오 及諸生 等拾六人인디 校長朱潤 校監金根培 學監 贊成長尹 敎師尹正儀 丁寅성 贊成員朱尤讚 김顯祚等諸시가 賞品을 優數히 贈與하고 學業에 對하야 激勵히 勸勉하며 學徒의 誠勤함과 校況의 日新흥이 進就期望이 大有하기로 此에 廣告홈

彰成學校 朱灣昌 告白

서山郡財務署長任元宰시가 勤務三朔에 以賴 何許 事 公正 照亮홈

서山郡民人 徐偉淳 金 泓 安光植等 告白

○測量器械○製圖器械○大發賣廣告

測板 壹尺五寸 金三圓

三脚 金二圓五十錢

兩覆 金五十錢

照準儀 九寸 金七圓

羅針 金一圓七十錢

布卷尺 六拾六尺 十雙 金三圓三十錢

求心器 金四十錢

垂球 金三十錢

票桿 九尺 金八拾錢 六尺 金五十錢

小計二拾圓 實十八圓

新式三脚臺 今番의 新發明되는 折疊飾으로 抽出케하와 小包로 郵便홈 加金五拾錢

今番의 新發明한 照準儀는 氣泡의 感覺이 銳敏하와 僉君子의 使用에 甚히便利하옵니다

京鄕間注文을 應하와 倍前注意하와 十分完全하오니 不拘多少하시고 注文하시면 小包로 迅速히 奉副하겟솝

京城本町(長洞) 郵便本局前 시노사끼 篠崎測量器械店

平壤南門通二丁目 篠崎器械支店

●至急廣告

大韓水道會社

壹千九百九年四月二拾九日

金海金氏宗約所 廣告

西部盤松坊

初等 植物學 定價金三十錢

初等 動物學

最新 初等小學

最新初等 大韓地誌

初等 大韓歷史

國家思想學

憲法要義

大韓十三道遊覽

京城南部銅峴大廣街 玉虎書林

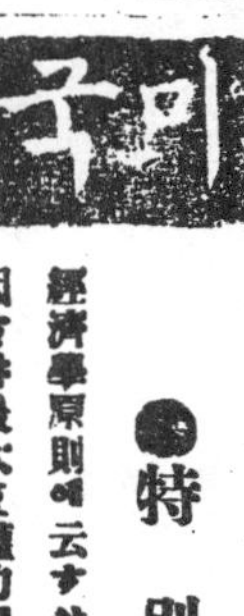

美國시아틀大博覽會 · 미국시아틀대박람회

◉特別廣告

經濟學原則에 云하얏스되 夥多한 産物에 分排함을 因하야 最大한 權力이 發生된다 하얏스니 其權力을 用하야 可爲善이오 其權力을 用하야 可爲惡이라 其權力을 其産物과 及其産出者의 敎育進就함을 爲하야 完全히 善良케 利用하면 其權力의 强大함을 不可量할지라 我韓美興業株式會社는 韓帝國의 商工業의 基礎를 建築하며 擴張하고 改良하며 發達할 大勢力의 團合體이오이다 世界各國이 不遠間에 韓國에 産物이 有함을 知得할 것이오니 此는 本會社에서 大韓同胞를 代表하야 韓人이 能히 産物을 産出할 能力이 有함을 世界各方에 發表하나이다 是故로 本會社에서는 大韓帝國同胞中에 思想이 有하야 眞相을 料得하야 自身分에 及自其國家에 對하야 擔負함이 有하고 其國家가 自己에게 孤負함은 無함을 知得하는 者로 더부러 聯合하기를 願하나이다

本社之印章　本社之商票

KOREAN AMERICAN TRADING COMPANY. 韓美興業

皇城碑洞 (京城郵便局郵函第四十號)

韓美興業株式會社

大美에리오나州法律認可 駐大韓總領事館登錄

◉特別廣告

漢城鍾路濟衆藥房에서官許得受ᄒᆞᆫ二十三種封藥과藥材와草材를大發賣ᄒᆞ고石版印刷機械

阿片斷引丸

注意

阿烟을吸者ㅣ雖曰嘗試나日久則遂成錮引ᄒᆞ야至於敗家亡身者와未免夭死者ㅣ比比有之ᄒᆞ니豈不哀惜乎아故로本堂에서殫心竭力ᄒᆞ고美國醫方을透得ᄒᆞ야阿片斷引에大效가잇ᄂᆞᆫ神藥을製造發賣ᄒᆞ오니欲戒阿引ᄒᆞ실이와契約服用ᄒᆞ시되若其效驗이업스면藥價를還呈ᄒᆞ깃사오니照亮ᄒᆞ시옵

定價　壹劑八週分金五圓　半劑四週分金三圓

胎生調經丸

婦人의冷病과月經不調로因ᄒᆞ야孕胎치못ᄒᆞᄂᆞᆫ데神效藥　壹貼份에金五圓

麝香消瘡丹

男女間楊梅瘡과下疳과濕瘡頭瘡의百般惡瘡에治ᄒᆞᄂᆞᆫ妙藥이오　定價甲은壹圓乙은二圓五十錢

全治丸

男女의蠱珠瘰癧을全治去根ᄒᆞᄂᆞᆫ데神奇妙藥이오　壹劑金三圓

滋陽丸

男女間補腎滋陽ᄒᆞ고元氣不足을補ᄒᆞ오　定價每劑四分금壹圓八十錢

八寶丹

健胃消滯ᄒᆞ며口味를助ᄒᆞ고廣消ᄒᆞ고精神을爽快케ᄒᆞᄂᆞᆫ靈藥이오　定價금六錢

此外에도東西洋각國名藥과德國極上品金雞納이俱備ᄒᆞ오니遠近諸彦은注文ᄒᆞ시요

總發行所仁川港呑峴　支店京城香洞閣前

和平堂主　李應善

自宅治療　電氣帶　廣告

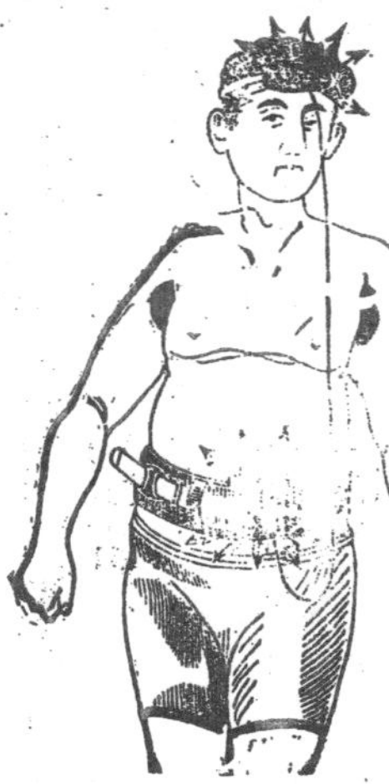

夫電氣之於人에爲關이甚大ᄒᆞ니人之百體가皆由電力支持ᄒᆞ야有電則生ᄒᆞ고無電則死ᄒᆞᄂᆞ니電氣之對症施治에見功取効之神速이百倍于藥ᄒᆞ니譬如中風麻痺(不遂)痙攣等症은古今藥餌之所難治之病이ᄂᆞ然而至于今日ᄒᆞ야ᄂᆞᆫ醫道日進ᄒᆞ야以電氣施療에無不奏效ᄒᆞ니醫之利用於人이豈淺鮮哉아今此電氣帶ᄂᆞᆫ係是英國醫學博士之所發明者也ㅣ라伊來幾年에爲地球上所公認ᄒᆞ야同不異效驗買者로다現計外國受效人數ㅣ共三拾壹萬五千有餘則可知電氣帶治症實效之證據요乃醫療界最爲特色者ㅣ也ㅣ라有患諸君子ᄂᆞᆫ早圖壹試ᄒᆞ시오

(主治効能)神經衰弱諸症不眠。遺精、早漏不快、陽위不起、消化器無力、胃腸便結、消化不良。營養不良。遺尿。膀胱內臟에衰弱。疝症。半身不遂。或全身不遂。手足厥冷、諸神經痛。頭痛腰痛。脚氣及脚痛。記臆力及忍耐力減退、癇疾

(婦人諸病)血分不足、月經不調、子宮病、冷帶、脊髓諸病、偏頭痛、不妊症。病後虛弱、帶下、窒症、攣症에無不卽神

(使用法)은至極簡便ᄒᆞ야睡眠時나就業時에恒常腰間에環珮ᄒᆞ되小無妨碍ᄒᆞ고每日使用ᄒᆞ셔도幾個年以上을環珮ᄒᆞ며付屬品은頭痛時使用ᄒᆞᄂᆞᆫ것과診斷을包括ᄒᆞᄂᆞᆫ것이有ᄒᆞ오니請求ᄒᆞ실때에腰圍를測量(비ᄃᆞᆷ어리에셔허리를재오시오)ᄒᆞ야보니시면發電使用法과說明書를添付ᄒᆞ야小包代金便으로趨呈ᄒᆞ깃ᄉᆞᆸ

正價　上號　拾四圓　中號　拾貳圓

發賣所　皇城南部太廣橋十九統七戶

共愛堂　大藥房

各種藥品을總發行所ᄂᆞᆫ京城南大門側濟生堂大藥房

清心保命丹

◉至急히注意ᄒᆞᆯ事件

本堂에서製造發賣ᄒᆞᄂᆞᆫ(清心保命丹)은內外國僉君子의愛顧ᄒᆞ심으로十分發達이온中近日何藥房에셔但(保命丹)三字만써行ᄒᆞ야賣ᄒᆞ오니鄉僻에셔貿用ᄒᆞ시ᄂᆞᆫ兄弟姉妹ᄂᆞᆫ勿爲見欺ᄒᆞ심을敬要

本堂製藥은(清心保命丹)이라五字가分明ᄒᆞ온디彼行賣藥에ᄂᆞᆫ(清心)二字ᄂᆞᆫ無ᄒᆞ고(保命丹)이라三字만쓴거슨丁寧本堂製造品이아니오니特別히注意ᄒᆞ시요

京城南大門內濟生堂大藥房

清心保命丹本舖告白

社告

○申報價

郵稅代金　新貨貳錢五厘

壹個月前納　三拾錢

參個月　九拾錢

陸個月　壹圓七拾錢

壹個年　參圓四拾錢

郵稅壹張　新貨五厘

壹個月　拾參錢

○廣告料

四號活字拾參字詰

每日壹寸(英尺)에新貨廿五錢

貳週日壹寸에　貳圓五拾錢

壹個月壹寸에　五圓

(自壹行至四行이爲壹寸)

其期限의長短과字行의多寡를依ᄒᆞ야增減홈이有함

◉大韓每日申報各處支社廣告

平安道

平壤鐘路太極書舘　安泰國

三和港牌石洞敎堂　裵亨湜

義州南門外西大藥房　張有寬

鐵山邑東部　安濬

車輦舘　金明鎭

定州南門內書舖　洪成麟

寧川郡邑니東洞　金翼權

安州城內義井洞　金鎭河

京義線枇峴停車場前　李基秀

龍川楊市　黃菊保

龍川南面松川海東書會　金賢益

龍川남市場　[illegible]

朔州邑남門너　宋伯燾

寧川邑舘前洋너局　李正奎

寧邊郡耶蘇敎冊사　김致億

江西邑內　金昌煥

咸從郡耶蘇敎堂　張炳翼

成川郡上部面　高應三

平남順川郡遠동　鄭裕晉

黃海道

長淵邑郡[illegible]　中央舘

江界邑耶蘇敎冊肆　김泰均

郭山郡郡面湖수里　金德涵

雲山郡邑面上里　梁允根

龜山郡內利用里　呂診爽

雲山北面橋洞　王晃鎬

海州남門內書舖　朴昌鍾

安岳郡石面調錄洞　金允浩

長淵邑校洞西北支學會內　崔東元

殷栗邑倉廟里　金光禮

信川邑六里　丁一鎔

載寧邑乾材局　李鼎均

黃州南門外冊肆　崔鉉閔

白川邑文明館　田雲泳

沙里院活民勞動救火會　任敬燮

咸鏡道

咸興州南社西門外　曹晉林

元山港創業社內　羅甫正杰

高原邑　申敎吉

定平郡豊川　張鍾奎

洪原南門外耶蘇敎醫興方局　[illegible]

永興南山동洪明學校內　[illegible]樂元常

鏡城羅南新興洞　鮮于巖

清津港新岩동　張元浩

全羅道

金溝水流面豆亭　趙觀三

木浦항陽동　李得珠

京畿道

仁川奇峴開新冊사　李東輝

開城남大門內興學書舖　吳致道

江華邑川橋　金鎭櫃

忠清道

結城廣川小龍동　李鎬祚

慶尙道

大邱西門外友弦書舖側李正由

釜山港佐川약局　徐錫泰

提기郡縣內面有部　吳根試

江原道

鐵原邑冥동　崔成大

蔚珍遠남面梅花里　朱鎭鎬

光武九年八月拾壹日 明治卅八年八月拾壹日 〔第三種郵便物認可〕 火曜日 西曆壹千九百九年五月拾壹日 (壹)

第七卷 第壹千九拾貳號

大韓每日申報

月歲 曜時 及日 慶休 節刊

檀君開國四千二百四十二年
箕子元年三千三十一年
大韓開國五百十八年
日本明治四十二年
淸國宣統元年
陰己酉三月小廿二日辛未

Responsible for Publication Alfred Weekley Marnham.
發行兼編輯人英國人 萬咸
發行所
京城南部石井洞駁外地三層洋屋
大韓每日申報社

論說

◉韓國內美國宣敎師의問題

去三月二拾三日에日本東京에셔發行ᄒᄂᆫ讀賣新聞第壹萬壹千四百三拾壹號에「我國基督敎에게望ᄒᆷ」이라ᄂᆫ題下에「韓國內美國宣敎師問題」라ᄒᆷ을揭ᄒ야如左히論述ᄒ얏ᄂᆫ대此新聞은日本國諸種新聞中最年高者요重大ᄒᆫ勢力이有하야足히人民을開論提醒ᄒᄂᆫ能力이具ᄒᆫ同時에信仰心이全國을操縱ᄒᄂᆫ者ㅣ라其論에曰

韓國에在ᄒᆫ美國宣敎師問題에就ᄒ야由來種々의批難을聞ᄒᆫ바ㅣ有ᄒᆫ지라韓人의基督敎徒가信敎를利用ᄒ야統監政治를反抗하고排日感情을煽動ᄒᆷ은壹邊으로美國宣敎師의後援을得ᄒᆷ이라ᄒ노니彼等의行動은上帝의福音을傳ᄒᄂᆫ대不在하고惡魔의使用物이라고痛擊을試ᄒᆯ지로다

我國統監政治ᄂᆫ即基督敎에도適合ᄒ나니彼外國宣敎師等은我國統監府에同情을表하고韓國新設施(日本人)에援助를與ᄒ야共同히韓國民의發達ᄒᆷ을盡力ᄒᆷ이可ᄒ거ᄂᆯ事實이往々此와相反ᄒᆷ이有ᄒᆫ것은至極히遺憾ᄒᆫ事라고云ᄒᆯ지라我輩ᄂᆫ外國宣敎師에게對ᄒ야韓國保護上에同情을請ᄒ고援助를求ᄒᆯ지ᄂᆫ아니ᄒᆯ지라도彼等이公平無私히ᄒ야「宗敎에無國境」이라ᄂᆫ本意을明케ᄒ고秩序가無히俗界에染ᄒ야無智ᄒᆫ愚民을敎唆煽動ᄒ야我保護政治에妨害ᄒᄂᆫ事가無ᄒ기를望ᄒᄂᆫ바라.

又此種事件에對하야韓國前內部大臣宋시의談話로世上에傳ᄒ며東京駐箚米國大使가伊藤統監에게問ᄒᆫ바ㅣ有ᄒᆫ지라其時에統監은宋시의談話를否認ᄒ야이의目下韓國에在ᄒᆫ美國宣敎師의態度ᄂᆫ毫末도批難ᄒᆯ處가無ᄒᆯ뿐아니라善히統監府의意旨를了解ᄒ야我保護政治를協力ᄒᆫ다고明言ᄒ얏지만我輩ᄂᆫ多數ᄒᆫ美國宣敎師中에無論統監의云ᄒᆷ과如ᄒᆫ人이不無ᄒ다고ᄂᆫ思ᄒ나其中에또ᄒᆫ宋시의談話에暗示ᄒᆷ과如ᄒᆫ人物의存在를不疑ᄒ고統監外交的手段은반다시事實의眞面을言及ᄒᆫ者ㅣ아님을信ᄒ노라

然ᄒ나我輩ᄂᆫ다만韓國에在ᄒᆫ美國宣敎師問題의如何를論ᄒᆷ보다몬저我國基督敎信徒의奮勵ᄒᆷ을深望ᄒ노니我國의宗敎家가韓國에在하야傳道事業을着手치아니ᄒᆫ것은아니지만오히려遺憾이不無ᄒᆫ지라佛敎中에ᄂᆫ眞宗或淨土宗敎가各地에設敎所를設ᄒ야布敎에從事ᄒ고又其外에基督敎徒도韓國에敎會를設ᄒᄂᆫ者가또ᄒᆫ漸次增加ᄒ여今에韓國에在ᄒᆫ日本基督敎의中心된組合派ᄂᆫ勿論美以美敎派ㅣ在ᄒ미傳道局을置하고頻々히傳道金을募集中이지만은傳道布敎의目的은在留邦人에게多在ᄒ고韓民에게ᄂᆫ不及ᄒᄂᆫ지라

因ᄒ야我輩ᄂᆫ此際에我國에宗敎及基督敎徒가韓國內地의傳道를盡力ᄒ야米國宣敎師中에統監의明言ᄒᆷ과如ᄒᆫ者가有ᄒ면此等과協力ᄒ고彼惡魔의行爲를讚美ᄒᄂᆫ宣敎師輩ᄂᆫ對抗ᄒ야此等을驅除ᄒᆷ에努力ᄒ면其效果ㅣ實로著大ᄒᆫ者라고思ᄒ노니

宗敎本分을不違케만ᄒ며信敎ᄂᆫ軌道를不踰키만ᄒ면間接으로ᄂᆫ統監政治를援助ᄒᆷ이오또ᄒᆫ宗敎의本旨가아닌가回顧컨ᄃᆡ我國基督敎徒中에如斯ᄒᆫ思慮가全無ᄒᆷ은아니지만은我國基督敎徒ᄂᆫ少數라勢力이微弱ᄒ야自己의屬ᄒᆫ敎會財政을整理ᄒᆷ에도非常히困難에迫ᄒᄂᆫ故로心中에ᄂᆫ韓國傳道가急務인줄感覺ᄒ나傳道費의不足ᄒᆷ을因ᄒ야着手키不能ᄒᆫ事情이有ᄒᆫ지라 (未完)

外報

●三頭獅捕獲 紐育電을據ᄒᆫ즉美國人로쓰우일트시ᄂᆫ三頭의獅子를捕獲ᄒ얏다ᄂᆫ說이有ᄒ다더라

●風雨爲災 同電을據ᄒᆫ즉미시십피低原地方에서大暴風雨가有ᄒ야死者가百八十二人이오負傷者가七百人이라더라

●德人被捉 東京電을據ᄒᆫ즉德國人二名이淸國雲南省에서殺戮을當ᄒ얏다더라

●反動派處絞 同電을據ᄒᆫ즉土耳其反動派(廢帝派)拾三名의人士ᄂᆫ軍法會議에서死刑에宣告ᄒᆫ後君士坦丁堡에서絞殺ᄒ얏다더라

●職工衝突 東京電을據ᄒᆫ즉黑龍江烏蘇里에서露國職工間에衝突이起ᄒᆫ原因을聞ᄒᆫ즉鐵道工事에서支那人의賃銀이廉ᄒᆷ을因ᄒ야露國職工을拒絶ᄒ고支那人을使用ᄒᆷ으로罷役夫等이不穩世抱ᄒ야衝突ᄒᆷ이라ᄒ더라

雜報

◎挽大韓每日申報社前社長裵說氏

嗚呼라登千丈萬丈億丈之高峯ᄒ야憶千古萬古億萬古之義士ᄒ니古往今來에剛毅者ㅣ其誰其誰오迺見當今에生於西死於東ᄒᆫ前大韓每日申報社長裵說시ㅣ是也라公이以太西文明國山川淑氣로鍾出ᄒ신英邁品質노坐乎剛毅慷慨有大節ᄒ야唯天이賦與ᄒ신高明志氣로闡明義理ᄒ야修人事於當世ᄒ고順天命於今日ᄒ니實千萬歲ㅣ上下에其無愧也者로다公에巨大ᄒᆫ德業과剛直ᄒᆫ心法이普及於天下일서尤有切於吾人ᄒ니嗟呼吾人아豈爲酬公於萬壹哉아由公百世之下ᄒ야等公百世之上이랴도其彷彿而像想者ㅣ幾希也哉ᄂᆫ뎌嗚呼噫哉라裵說시여公之下世後第三日密陽朴允善哭

●正誤 本報第壹千九十壹號廣告欄內의山民人金德泓이란金字ᄂᆫ全字의誤植이기로玆에正誤ᄒᆷ

詞藻

◎哭裵說公

雲自吾公駐漢城
東天日月萬方明
楊花渡口嗚々水
猶是英雄去後聲
羅석긔奉呈

痛哭我韓不爲公
春秋筆下獨專功
西城春夕紅沉日
盼待明朝更出東
盧義瑢奉呈

廣告

●特別廣告

本所에서總管會의迄今角立됨本意ᄂᆫ該會行動을槪論ᄒ면壹은自稱總管會라ᄒᆷ은法律에抵觸되ᄂᆫ事요壹은自由營業을束縛ᄒ니此ᄂᆫ壹切公理에違反ᄒᆫ事오壹은理外金錢을濫索ᄒ니此ᄂᆫ私慾을充코ᄌᆞᄒᄂᆫ事오壹은本所의公認을運動녀으로還收ᄒ엿다ᄒ고揚言ᄒ니此ᄂᆫ農商工部를無視ᄒᄂᆫ事이라由是로本所에서正式으로請願과裁判을請ᄒ야歸正ᄒᆯ意로玆에仰布ᄒ오니京鄕間各支所나出張所ᄂᆫ代表壹員을選定ᄒ야本月拾七日에本所로上來ᄒ심을敬要

京城中部貢土峴
大韓測量事務所 告白

●朴長煥氏旅中

京仁債主와邑村去來人이會同協議ᄒ고幾年비정을작정ᄒ고速히오시기를바라오며本人을尋訪次로上送ᄒ기에如是仰告ᄒ오니速히來臨을伏望ᄒᆷ

海州 金萬福 告白

本號住廣東潮州府普邑口沙瀧鎭開莊親自督揀頂上細緊花縐葛滑水定織波蘿袍料項與각色夏布發客歷有餘年久蒙貴客歡迎近有無恥之徒假冒本號元昌字號暗將次貨充還魚目混珠希圖漁利今於己酉年爲始特加盧字爲首凡蒙仕商賜顧者須將盧元昌字號認明庶不致誤

盧元昌主人 謹白

本所에서測量各科를實地로速成敎授ᄒ오니 僉員은來議ᄒᆷ
學科ᄂᆫ製圖及設計細部圖根

茶洞國民協會測量組合所告白

敬告咸南文川同胞

貴郡饑饉慘狀에對ᄒ야同胞間救恤의情을表ᄒ고저義金拾七圜을收合ᄒ야 貴郡守閣下에게郵便替呈ᄒ야ᄉᆞᆸ기玆以敬告ᄒᆷ

京城西部龍山印刷所
工場職員一同

本人의圓形楷字圖章을陰三月拾四日에楊州서오리嶺에서見失ᄒ엿ᄉᆞ오며篆字로新刻ᄒ얏ᄉᆞ오니知舊間照亮ᄒᆷ

保民동拾統四戶 李周錫 告白

本店에各種新舊書籍과學校物品이具備ᄒ온中夏節韓服衣와伴服及學徒의服裝的合宜各樣織組를製造ᄒ와廉價大發賣ᄒ오니僉君子ᄂᆫ陸續請求ᄒ심을望ᄒᆷ

宣川郡橋남商務同事總支店白

●美國直輸入 懸鐘(禮拜堂과學校의用) 時計 大發賣廣告

本人이今般에本國內地에敎會兄弟와學界同胞의購買便利ᄒ기爲ᄒ야懸鐘。時計。兩種을美國으로輸入ᄒ야廉價發賣ᄒ오니有志僉彦은爭先購買ᄒ시오但遠方에셔注文ᄒ시면郵便代金印還으로寄呈도ᄒᆯ깃ᄉᆞᆸ

懸鐘 大壹個拾壹圜 中仝 捌圜廿錢 小仝 五圜七拾五전
時計 上品壹箇九圜九拾錢 仝次 六圜五拾錢
郵貸 時計懸鐘 本肆自擔 不要ᄒᆷ

開城南門內鉢谷口
明新冊肆 主 李禎錫

日語算術學員募集

甲乙班時間과學費ᄂᆫ陽曆五月內로願學員은來問志願ᄒ사오

鍾路廣耳洞拾壹統六戶
大濟旅館 專門講習所

雜報

●懷抱蠶業 水原勸業模範場의 春蠶狀況을 皇后陛下께오서 御覽코ᄌᆞ 하사 動駕ᄒᆞ시기로 內定되얏다ᄂᆞᆫ 說은 前報에 已揭어니와 該模範場任員 諸氏가 數三日前부터 祇迎節次를 設備中이라더라

●義王觀花 義親王殿下께옵셔 再昨日 午后 兩點半에 東門外 妙蓮庵으로 出往ᄒᆞ야 觀花宴을 開設ᄒᆞᆫ다더라

●師夫人請牒 曾禰副統監이 本十五日 統監邸에서 園遊會를 設行ᄒᆞᆫ다 ᄒᆞᆷ은 已報어니와 親勅奏任官의게 請牒을 發送ᄒᆞ얏ᄂᆞᆫᄃᆡ 擧皆 同夫人을 ᄃᆞ리라 ᄒᆞ얏다더라

●茶會繁朴 再昨日上午 十二時頃에 度支部大臣 任善準氏가 東大門內 李學士 大別庄에 茶화會를 設ᄒᆞ고 總理大臣 以下 各大臣을 請邀ᄒᆞ야 款待ᄒᆞ얏ᄂᆞᆫᄃᆡ 伊時 內部大臣 朴齊純氏ᄂᆞᆫ 參會치 아니ᄒᆞ얏다더라

●陳荒巨占 總理大臣 李完用氏가 自己 堂姪 某氏를 派送ᄒᆞ야 木浦 近處 陳荒地 數拾萬坪을 占領ᄒᆞ고 木根 貳十萬株를 培種ᄒᆞ얏다더라

●觀光團到着 觀光團 一行은 昨夜 八時十分에 南大門驛에 到着ᄒᆞ얏다더라

●親睦送宕 韓日兩國人이 親睦會를 組織ᄒᆞ고 本月十六日 北闕內 慶會樓에서 宴會를 開設ᄒᆞ고 韓日 兩國 妓樂을 送奏ᄒᆞᆫ다ᄂᆞᆫᄃᆡ 當日 宴費ᄂᆞᆫ 七千圜 假量이라더라

●應從稀少 漢城府民會 會長 俞吉濬 漢城府尹 張憲植 兩氏가 發起ᄒᆞ야 韓日兩國 睦會를 組織ᄒᆞ고 各府部院廳 奏任官의게 通牒ᄒᆞ고 發起人 되기를 請求ᄒᆞ얏다ᄂᆞᆫᄃᆡ 應從ᄒᆞᄂᆞᆫ 者가 稀少ᄒᆞ다더라

●各校反對 再昨日에 漢城府民會長 俞吉濬氏가 今番 觀光團 一行이 還國ᄒᆞᄂᆞᆫᄃᆡ 對ᄒᆞ야 歡迎ᄒᆞᆷ으로 各社會와 各民團과 各學校에 通帖ᄒᆞ얏ᄂᆞᆫᄃᆡ 各學校에셔 一齊히 反對ᄒᆞ얏다더라

●宜乎論警 漢城府尹 張憲植氏가 觀光團入城의 對ᄒᆞ야 各官立學校의 通牒ᄒᆞ야 提灯歡迎ᄒᆞ라 ᄒᆞ얏ᄂᆞᆫᄃᆡ 主務長官의 協議도 無ᄒᆞ고 直接通牒ᄒᆞᆷ은 越權인즉 論警이 不無ᄒᆞᆯ듯ᄒᆞ다ᄂᆞᆫ 物議가 有ᄒᆞ다더라

●美領事出發 美國副領事 골든 씨ᄂᆞᆫ 昨日에 京城을 發ᄒᆞ야 安東縣 奉天을 經ᄒᆞ야 哈爾賓으로 向ᄒᆞ얏다더라

●俵孫晚餐 學部次官 俵孫一氏ᄂᆞᆫ 今日下午 六時에 日本人 俱樂部에셔 晚餐會를 設ᄒᆞ고 該部 高等官과 各官立學校 校監 校長 諸氏를 請邀ᄒᆞ야 宴待ᄒᆞᆫ다더라

●會費各辦 再昨日 內部에셔 該部所屬 觀察 及 漢城府와 韓醫院 官吏 一同을 帶同ᄒᆞ고 獎忠壇에 往ᄒᆞ야 運動會를 擧行ᄒᆞ얏ᄂᆞᆫᄃᆡ 會費ᄂᆞᆫ 該官吏 三百餘名에게 各其 營辦式 辦備ᄒᆞ얏다더라

●不足補捐 今番 內部所屬 官廳의 官吏聯合 運動費가 合爲 六百餘圜이라ᄂᆞᆫᄃᆡ 排斂外 不足額은 高等官의게 特別 捐助를 請求ᄒᆞ얏다더라

●國庫支出 間島에셔ᄂᆞᆫ 昨年來로 普通學校를 設立ᄒᆞ고 該島 居住 韓人子弟를 敎育ᄒᆞᆷ은 人所共知어니와 本年度의 就學兒童이 漸次 增加ᄒᆞᆷ으로 校舍가 狹隘ᄒᆞᆫ 境에 至ᄒᆞ매 今般에 國庫에셔 壹萬二千圜을 支出ᄒᆞ야 該校舍를 建築ᄒᆞᆯ터이라더라

●民籍實施 近日 各警察署에셔 韓國에 民籍法을 着々 實行ᄒᆞᆯ 터인ᄃᆡ 爲先 警察官의게 對ᄒᆞ야 實施ᄒᆞᆯ 次로 家族 有無 實數와 年齡 性別을 詳細 調査ᄒᆞᆫ다더라

●稅主行悖 忠北 報恩郡 稅務主事 金光鉉 稅務書記 金鎭元 兩氏가 公錢 欺瞞次로 該郡 彈琴臺에 出張ᄒᆞ야 該里 李明林氏를 無數亂打의 幾至死境ᄒᆞ얏ᄂᆞᆫᄃᆡ 該郡 警察署에 牢囚ᄒᆞᆫ지라 李氏의 弟 海林氏가 雪冤次로 起訴코ᄌᆞ ᄒᆞᆯ 際의 主事 書記 兩人이 海林氏를 又爲亂打ᄒᆞ고 牢囚警廳ᄒᆞᆫ 故로 該地 輿論이 大端 沸騰ᄒᆞᆫ다더라

●日女呼訴 從二品 金甲洙氏의 令男 某氏가 泥峴 等地 日女 中 松商店에셔 무삼 物件價 二十九圜과 貸用錢 二拾五圜 合五拾餘圜을 欺取ᄒᆞ고 隱避不現ᄒᆞᄂᆞᆫ 故로 該日女가 該掌內 警察支派所에 呼訴ᄒᆞ얏다더라

●無所顧也 逋欠事件으로 因ᄒᆞ야 免官被囚되얏던 前 積城郡守 盧秉稷氏가 該官職을 繼又復續ᄒᆞᆯ 次로 東小門內 等地에 居ᄒᆞᄂᆞᆫ 何許 妖女에게 百般 委托ᄒᆞ야 巨額의 金으로 盛大ᄒᆞᆫ 菓物을 排設ᄒᆞ고 每夜에 熱心 祈禱 祝願ᄒᆞᆫ다더라

●裁判次上京 淸州府下 居 朴宗九 金衡植 崔鳳權 崔仁燁 吳成甫 崔鉉商 諸氏가 前郡守 [illegible]氏의게 勒爲見奪ᄒᆞᆫ 錢財가 有ᄒᆞᆫ지 裁判推尋次로 壹齊 上京ᄒᆞ얏다더라

●四入玄門 前正領 玄興澤氏가 近日 多數負債를 因ᄒᆞ야 日前에 何許 日人에게 家屋을 見奪ᄒᆞ고 方今 道路에셔 棲屑ᄒᆞᆫ다더라

●不失者誰 寧邊財務署主事 宋武鉉氏ᄂᆞᆫ 年今 三十인ᄃᆡ 本以 貧寒所致로 僅々 支保ᄒᆞ더니 去月頭에 宋氏가 偶然 失眞ᄒᆞ야 逃走上京ᄒᆞ얏ᄂᆞᆫᄃᆡ 近日 漢城內外로 脫衣橫行ᄒᆞᄂᆞᆫ 情景이 太端 궁慘ᄒᆞ다더라

●運輸不公 郭山郡 李國善氏가 因事上京ᄒᆞ얏다가 轎子 數座를 買得ᄒᆞ야 大韓運輸會社의 委託ᄒᆞ야 汽車로 付送ᄒᆞᆯᄉᆡ 貨金 五圜을 支給ᄒᆞ얏더니 及其 物貨의 ᄂᆞᆫ 該國人 拾錢이 미막히디시가 其 理由를 質問ᄒᆞ되 終不答示ᄒᆞᄂᆞᆫ 故로 將次 地方裁判所에 起訴ᄒᆞᆫ다더라

●測量界의 不幸 大韓測量總事務所와 大韓測量總會에셔 互相 葛藤된 것은 測量界의 遺憾이어니와 此의 對ᄒᆞ야 孰是孰非를 判斷코저 ᄒᆞᆯ진ᄃᆡ 再昨日 本報 廣告欄內의 總會 廣告와 本日 大韓測量事務所 廣告를 參考ᄒᆞ면 世人의 可히 瞭然 覺得ᄒᆞᆯ바ㅣ 有ᄒᆞᆫ지라 當此 測量 發業之秋ᄒᆞ야 互相 讓步和衷ᄒᆞ기를 不圖ᄒᆞ고 權利競爭으로 爲主ᄒᆞ야 總管會에셔ᄂᆞᆫ 該會者의 測量事務所의 官許를 還收케 運動ᄒᆞᆫ다 ᄒᆞ더니 果然 再昨日의 本社社員이 在傍ᄒᆞᆫ 時의 該會主務員이 揚言大談ᄒᆞ기를 該 官許를 還收케 ᄒᆞᆷ은 本會의 運動力이라 ᄒᆞ니 自家의 營業을 擴張코저 ᄒᆞᆷ은 可也어니와 他人의 營業을 妨害ᄒᆞ며 運動力을 誇張ᄒᆞᆷ은 是何主見인고 然이나 農商工部에셔ᄂᆞᆫ 一個 私々 營業團體의 私囑을 聽納ᄒᆞ야 無過無罪ᄒᆞᆫ 營業者의 官許를 終乃 還收ᄒᆞᆯ 理가 無ᄒᆞ다더라

●到底嚴禁 近日 巫女 及 雜術輩가 祈禱이니 觀相이니 許多名稱으로 愚民을 惑ᄒᆞ야 財貨를 騙取ᄒᆞᄂᆞᆫ 弊端은 已報어니와 此弊端이 去益熾盛ᄒᆞᆷ으로 警視廳에셔 到底히 嚴禁ᄒᆞ기로 決定ᄒᆞ얏다더라

●大宗敎發起 河相易 洪鍾梁 崔헌 尹天普 康完基 諸氏 等 三拾人이 大宗敎를 發始ᄒᆞ기로 發起ᄒᆞ고 該敎趣旨書를 輪示ᄒᆞᆫ다더라

●誘引暗賣 水原郡 居ᄒᆞᄂᆞᆫ 何許 李某가 日前에 該附近 居ᄒᆞᄂᆞᆫ 二拾歲된 有夫女를 誘引上京ᄒᆞ야 暗賣ᄒᆞᆫ 情跡이 綻露되야 南部警察署에셔 捉囚審査ᄒᆞᆫ 後 該女ᄂᆞᆫ 當日 拘留ᄒᆞ얏다가 該女 本夫를 指揮上京케 ᄒᆞ야 眼同下去ᄒᆞ고 誘引犯 李某ᄂᆞᆫ 現今 牢囚ᄒᆞ얏다더라

●漁民決死 七山海面에셔 每年 韓人이 石魚漁業으로 生資ᄒᆞ더니 今年에ᄂᆞᆫ 日人이 農商工部 認可를 圖得ᄒᆞ고 該漁業을 掠奪ᄒᆞ야 韓國漁民이 飢死ᄒᆞᆯ 境遇에 至ᄒᆞᆫ 故로 該漁民 等이 決死隊를 組織ᄒᆞ고 日人을 多數 殺害ᄒᆞ얏다더라

●妻母呑鴉 中部 한동 居 前郡守 李源永氏가 年今 六十에 子與孫과 衣與食이 饒足ᄒᆞ더니 近日에 偶然 時局을 慨歎ᄒᆞ야 數三日 痛哭ᄒᆞ다가 去念五日에 鴉片烟을 呑下ᄒᆞ고 因爲長眠ᄒᆞ얏다더라

●面民救恤 坡州郡 坪平面 面長 朴熙陽氏가 以不贍之財産으로 當此 歉歲窮春ᄒᆞ야 該面內 各里에 饑爭을 救恤코ᄌᆞ 租穀을 捐出ᄒᆞ야 三次 賑給ᄒᆞ기로 決心ᄒᆞ고 爲先 本月 五日에 各里 飢戶를 招集分給ᄒᆞ얏고 兩次를 行將 分給ᄒᆞᆫ다더라

●工匠義捐 龍山印刷局 工場 職員 韓人 一同이 文川郡 饑饉에 對ᄒᆞ야 金拾七圜을 收合寄付ᄒᆞ얏다더라

●詐欺犯宣告 日昨 京城地方裁判所에셔 前 義州 內에 家券與 執金 壹萬圜을 携帶逃走ᄒᆞᆫ 尹行模 爲名人을 懲役 七年에 宣告ᄒᆞ얏다더라

●强盜押交 强盜 黃子彦이가 日昨 龍山警察署에 被捉ᄒᆞ야 地方裁判所로 押交ᄒᆞ얏다더라

●舟橋賊警 再昨夜 貳時頃에 南部 舟橋 等地에셔 何許 賊漢 數名이 過去人의 衣冠 什物을 竊取以去ᄒᆞ얏다더라

●商會賦意 去八日 基督校 靑年會 運動時에 銅峴 金龍商會에셔ᄂᆞᆫ 空冊 六拾卷을 寄付ᄒᆞ고 鐘路 漢陽商會에셔ᄂᆞᆫ 飲茶所를 設ᄒᆞ고 壹般 會員과 來賓 諸氏에게 香茶 菓器式 供給ᄒᆞ얏다더라

●靑台演說 今日下午 七時三十分에 鐘路 靑年會館에셔 紳士 金壹善氏를 請邀ᄒᆞ야 演說ᄒᆞᆫ다더라

學界

●韓山大明 韓山郡守 金丙濟氏가 人民의 敎育을 發達ᄒᆞ기 爲ᄒᆞ야 各面長과 有志紳士를 熱心勸勉ᄒᆞ야 六個月 內에 該郡境內에 八個 學校를 創設ᄒᆞ야 生徒가 四五百名에 達ᄒᆞ얏ᄂᆞᆫᄃᆡ [illegible]市에 居民 男女가 爭先 捐出ᄒᆞ야 該費를 補助ᄒᆞ며 壹郡 人民이 二拾年 爲限ᄒᆞ고 每名下에 四圜式 擔負ᄒᆞ되 稍饒ᄒᆞᆫ 人은 貳拾年條 或 拾年條를 先出ᄒᆞ고 窮貧ᄒᆞᆫ 人은 年例로 二拾錢式 辦助ᄒᆞ야 各學校의 二拾年 維持ᄒᆞᆯ 基本을 確立ᄒᆞ얏다더라

感荷義

聘 本社 前社長 裵說氏 喪事에 對ᄒᆞ야 北部 帶동 居 龍岩氏가 金二圜을 寄賻ᄒᆞ얏기 玆에 感意를 表ᄒᆞ노라

北關拜覽記

▲草堂春日 遲遲ᄒᆞᆫ대 不勝困惱ᄒᆞ야 누엇더니 陽春이 나를 불너 烟景處로 ᄎᆞᄌᆞ서 信步轉往ᄒᆞᄂᆞᆫ 길에 北闕 지나 四面殿閣 欄比中에 綠陰景色 可觀이구 眼前 物色 感觸ᄒᆞ야 八景懷抱 堪일세

▲光化문 접어드니 百官出入ᄒᆞ던 곳에 辟除聲도 寂寞ᄒᆞ고 內外巡邏 往來時에 鐵刀소ᄅᆡ ᄲᅮᆫ이로다 御溝水에 ᄯᅥ러진 空月 靑々시 보ᄋᆞ고 芳草離々ᄒᆞ니 론마당 玩賞者가 縱橫ᄒᆞ니 感舊之懷 절노난다

▲勤政殿에 드러가니 左右 班列 品階石 草田 中에 뭇쳐 잇고 月昇下 龍榻上에 雜人 掃除 廳塊 보다 無心ᄒᆞᆫ 새 더 연작은 飛來飛去 喃々ᄒᆞ니 오 外國人의 拜覽者는 互相 聯絡 笑語ᄒᆞ니 感舊之懷 절노는다

▲慶會樓 돌녀드니 雕樑畫棟 燦爛ᄒᆞᆫ데 鳳凰 翻翔 擧動ᄒᆞ며 이장々 日人들은 번달기에 汨沒ᄒᆞ고 彷徨ᄒᆞᄂᆞᆫ 韓人들은 臨水恨嘆 새로다 四隱 靜浪 蓮못에 金부어와 遊泳ᄒᆞ니 感舊之懷 절노는다

▲咸集門 닙어가니 咸成殿后 昇遐地에 穢業荒凉ᄒᆞ고 宮花 含淚 寂寞ᄒᆞᆫᄃᆡ 其鳴 啾々ᄒᆞ며 黃鳥ᄂᆞᆫ 千古怨恨 불너내고 殿閣 簷端 悲聲은 萬端悲懷 ᄉᆞ어내니 感舊之懷 절노난다

▲神武門을 나가니 林間의 春情 遣懷ᄒᆞ고 指點에 依俙ᄒᆞ고 乾濟에 더 邁못ᄒᆞ 彩纜 舟어ᄯᅢ 又노 康寧殿과 交泰殿은 山落日反射되고 思政門과 延祐堂은 鳥跡獸跡 縱橫ᄒᆞ니 感舊之懷 절노는다

▲集賢門 을 도러드니 粉墻 畫壁 頹敗ᄒᆞ고 針房 繡房 전은 內人 針刺질에 汨沒ᄒᆞ고 老宮女 三三五五 모혀 안져 穿鑿論ᄒᆞ고 現今 情形 ᄒᆞ며 舍에 거 ᄒᆞ니 感舊之懷 절노ᄂᆞ나

廣告

亡兄學用戊申初終及葬禮時에贊誼를願念ᄒᆞ시ᄂᆞᆫ僉位에서勞苦를不憚ᄒᆞ시고時々慰問ᄒᆞ시며事々助力ᄒᆞ신盛意에對ᄒᆞ야本人等의感銘ᄒᆞᆷ을敢以壹言奉謝ᄒᆞ옵나이다

弟　用召　用台　告白

◉特別廣告

各地方警察官吏가測量者에對ᄒᆞ야度支部測量證票가無ᄒᆞ며測量ᄒᆞᆷ을不許ᄒᆞᆫ다聲言ᄒᆞ고私測을禁斷ᄒᆞ야測量人의損害와依賴人의不便利가間或有之ᄒᆞ지라此를各警察署에更訓ᄒᆞ야測에障碍가無케ᄒᆞᆷ을度支部에申請ᄒᆞ얏더니該部指令內開本月拾六日提呈ᄒᆞᆫ請願은閱悉인바巡查의私測禁止ᄒᆞᄂᆞᆫ事ᄂᆞᆫ是乃不正ᄒᆞᆫ行爲가有ᄒᆞᆫ者를禁止ᄒᆞᆷ인즉人民의依賴를因ᄒᆞ야測量ᄒᆞᆷ을禁止ᄒᆞᆷ이無ᄒᆞ니以此知悉ᄒᆞ기온바玆에公布ᄒᆞ오니國內官民間同胞僉彦은照亮ᄒᆞ시옵

大韓測量總管會

金日洙의日字를昶字로改定ᄒᆞ얏ᄉᆞ오니知舊間照亮爲要

金昶洙　告白

本人家券을路中에서失ᄒᆞ얏ᄉᆞ니雖某拾得ᄒᆞ와도休紙施行ᄒᆞ시오

西署冷洞壹百七拾九統拾壹戶　李明來

本湯을停止이옵다가今에水道를引用開業ᄒᆞ오니僉君子ᄂᆞᆫ愛顧ᄒᆞ시옵

寺洞天一　沐浴湯

南部薰陶坊椒洞六拾九統十壹戶金文明瓦家五間文券丙午年에서失ᄒᆞ얏기內外國人誰某拾得ᄒᆞ여도休紙施行ᄒᆞᆷ

金文明　告白

大宗教趣旨書

天有無形上帝ᄒᆞ시고人有無邪恒性ᄒᆞ니性乃天이오天乃道오道乃我라我之心이正則天地之心이亦正이라正其心이所以事天故로東洋先聖은以忠君之道로事上帝ᄒᆞ시고西洋先聖은以孝父之道로事天主ᄒᆞ시니忠孝般이오消理同倫이라凡我皇天上帝之臣子者孰不感化哉아惟皇　上帝降衷于下民ᄒᆞ샤若有恒性之道ᄂᆞᆫ自來未始有夫로至未始無夫ᄒᆞ야億萬古今과億萬世界에眞主宰大宗教也시니能盡其性則能盡人物之性이오能盡人物之性則可以贊天地之化育이오可以與天地參矣라函二爲壹ᄒᆞ고壹本萬殊之理를將惡乎求之오求之於心則得之ᄒᆞ고不求則不得其道ᄒᆞ나니其道ᄂᆞᆫ即我道라我道之性이오天性은即我性이오我性은即天心法이오聖之宗統이오本然之天樂이自然感化於心ᄒᆞ야有當然音響之節奏而不能已焉하니此則　皇天上帝之所以愛我赤子ᄒᆞ샤欲救之於億千萬劫而躋之於仁壽之域也라是以로上帝之降衷이本之於五常之天性ᄒᆞ샤達之於人物之五音하니其音은維何오吟아어咿唔요其義ᄂᆞᆫ維何오蔭我語悟是也니如此至簡至易之道를兼善天下ᄒᆞ며天理人道上에當然ᄒᆞᆫ教ᄒᆞ凡我　皇天ᄂᆞᆫ帝에世般臣子[illegible]ᄂᆞᆫ執[illegible]蔭我語며悟宗旨[illegible]感應ᄒᆞ며[illegible]夫子曰易簡而天下之理得矣니天下之理得而成位乎其中矣라ᄒᆞ시니惟我蔭我語之悟五個字를歌ᄒᆞ口誦心[illegible]心則不知手之舞之足之蹈之ᄒᆞ야口不絕吟于千聖萬賢之文ᄒᆞ고手不停筆于陰陽造化之書ᄒᆞ니雖知所以神哉아不學而能ᄒᆞ고不教而成ᄒᆞ고不言而信ᄒᆞ고不令而行ᄒᆞ고無爲而化ᄒᆞ고無思而得ᄒᆞ고不怒而威ᄒᆞ고不賞而勸ᄒᆞ니是孰使之然哉아惟我　皇天上帝降衷于蔭我語悟五箇字而已라自古神聖之衛道正統이都出於此어ᄂᆞᆯ後學이不明ᄒᆞ야不能得之於心ᄒᆞ고行之於道하니可不惜哉아天之救濟ᄂᆞᆫ非手携之라以道携之요非面命之라以心懸之니惟　上帝ᄂᆞᆫ不常ᄒᆞ샤作善이어든降之百祥ᄒᆞ시고作不善이어든降之殃ᄒᆞ시나니不愧于人이어니와不畏于天가畏天之威ᄒᆞ야于時保之어다惟明哲이保身ᄒᆞ고惟神聖은保天ᄒᆞ나니保天之道ᄂᆞᆫ易以오詠歌於蔭我語理悟하고舞蹈於蔭我語며悟에天樂이自在ᄒᆞ야與天地同其和ᄒᆞ나니方今世界學術이다趨於新々인시ᄂᆞᆫ新吾心이면新智識과新思想이只願　上帝蔭我新理悟而已라萬口和字에並爲讚談ᄒᆞ야半ᄂᆞᆫ可破呼執主張是오惟我上帝오孰全能是오惟我上帝시니上帝ᄂᆞᆫ即道오道ᄂᆞᆫ即性이오性은即我니是以로萬物에皆備於我ᄒᆞ야萬化가生乎身이로다

孔子誕降二千四百六十年

西曆紀元壹千九百九年

河相易　慶錫거　鮮于健
廉完基　金太濟　朱天奎
崔　[illegible]　金永坤　朴登明
洪[illegible]榮　李永泰　申聖雲
[illegible]建容　金元基　南明熙
尹天[illegible]　金炯斗　崔昉[illegible]
金鎬濟　金恒培　鄭潤元
[illegible]鉉　金[illegible]泰　[illegible]圭容
[illegible]　[illegible]　[illegible]容憲
[illegible]　閔[illegible]植　金光喜

○測量器械○製圖器械○大發賣廣告

測板　尺五寸　金三圓
三脚　金二圓五十錢
雨覆　金五十錢
照準儀　九寸　金七圓
羅針　金一圓七十錢
布卷尺　六拾六尺　十壹間　金三圓三十錢
求心器　金四十錢
垂球　金三十錢
票桿　九尺　金八拾錢　六尺　金五十錢
小計二十拾圓에壹割貳割除減　實十八圓
新式三脚臺　今番의新發明되야折疊飾으로抽出케ᄒᆞ와小包로도郵送ᄒᆞ고郵便에　加金　五拾錢

今番의新發明ᄒᆞᆫ照準儀ᄂᆞᆫ氣泡의感覺이銳敏ᄒᆞ와僉君子의使用에甚히便利ᄒᆞ옵니다

京鄕間注文을應ᄒᆞ와倍前注意키로十分完全ᄒᆞ오니不拘多少ᄒᆞ고注文ᄒᆞ시면小包로迅速히奉副ᄒᆞ깃습

京城本町(長洞)郵便本局前
시노사게
篠崎測量器械店
平壤南門通二丁目
篠崎器械支店

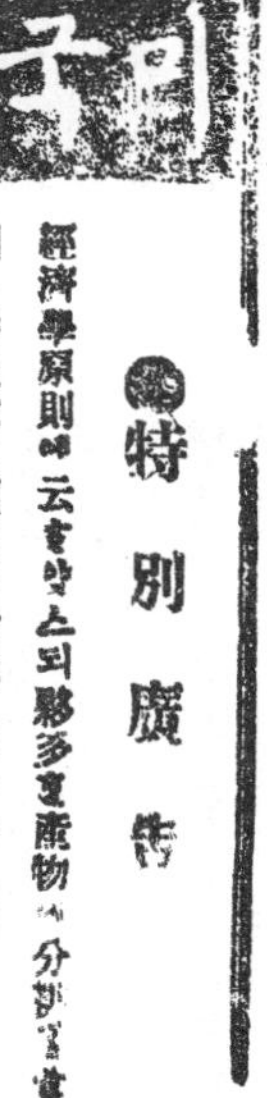

初等植物學　定價金三十錢
初等動物學　每課有圖　定價金[illegible]
最新初等小學　定價金四十錢
文明國의小學讀本制度를模範하야精美ᄒᆞᆫ圖畫을具ᄒᆞ고八卷을四卷으로合製ᄒᆞ고式冊合製定價金五十錢
最新初等大韓地誌　定價金四拾錢
最新高等大韓地誌　定價[illegible]
文明國地誌制度를模倣ᄒᆞ야[illegible]山水며[illegible]圖와拾三道와港口와都市와名山大川과部會勝蹟의[illegible]具ᄒᆞᆷ
初等大韓歷史　文明國의歷史制度를從ᄒᆞ야我[illegible]明王과[illegible]烈士의影幀을具ᄒᆞᆷ　定價金七十錢
國家思想學　精神教育　定價金二十五錢
憲法要義　[illegible]
國文大韓十三道遊覽　上下卷　定價金二拾五錢
[illegible]

卞虎書林
京城南部[illegible]

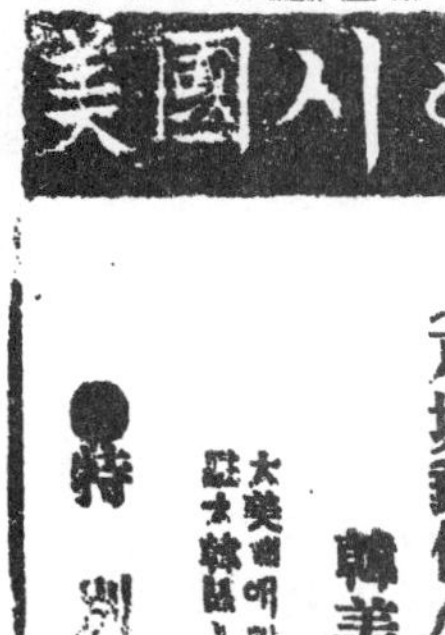

美國시아틀大博覽會　미국시아틀대박람회

◉特別廣告

經濟學原則에云ᄒᆞ얏스되夥多ᄒᆞᆫ產物이分散ᄒᆞᆷ을因ᄒᆞ야最大ᄒᆞᆫ權力이發生ᄒᆞᆫ다ᄒᆞ얏스니其權力을用ᄒᆞ야可爲善이오其權力을用ᄒᆞ야可爲惡이라其權力과其產物과及其產出者의改良進就ᄒᆞᆷ을爲ᄒᆞ야完全히善良ᄒᆞ게利用ᄒᆞ면其權力의强大ᄒᆞᆷ을不可量일지라

我韓美興業株式會社ᄂᆞᆫ大韓帝國의商工業의基礎를建築而擴張ᄒᆞ고改良而發達ᄒᆞᆯ壹大强力의團合體이오이다

世界各國이不遠間에韓國에產物이有ᄒᆞᆷ을知得ᄒᆞᆯ깃ᄉᆞ오니此局故爲로此ᄂᆞᆫ非他라本會社에셔大韓同胞를代表ᄒᆞ야韓人의能히產物을產出ᄒᆞᄂᆞᆫ能力이有ᄒᆞᆷ을世界各方에發表ᄒᆞ나이다

本社之印章

AMERICAN KOREAN TRADING COMPANY.

本社之商標

是故로本會社에셔ᄂᆞᆫ大韓帝國同胞에思想이有ᄒᆞ야眞相을料得ᄒᆞ야各自身分이各自其國家에對ᄒᆞ야擔負ᄒᆞᆷ이有ᄒᆞ고其國家가自已에게孤負ᄒᆞᆷ은無ᄒᆞᆷ을知得ᄒᆞᄂᆞᆫ者로ᄲᅥ무러聯合ᄒᆞ기를願ᄒᆞ옵나이다

皇城磚洞
（京城郵便局郵函第四十號）
韓美興業株式會社

●特別廣告

大美國에셔ᄂᆞᆫ法律認可　駐大韓國[illegible]

社告

○申報價
壹張代金 新■貳錢■厘
壹個月前納 ■■■錢
參個月 九拾錢
陸個月 壹圜七拾錢
壹個年 參圜四拾錢
郵稅壹張 新貨五厘
壹個月 ■參錢

○廣告料
四號活字拾參字詰
每日壹寸(英尺) ■■■■五錢
貳週日壹寸 ■■■拾錢
壹個月壹寸 ■■五圜
(自壹行至四行外■■寸)
其期限의長短과字行의多寡를依ᄒᆞ야增減■■■■ᄒᆞᆷ

◉大韓每日申報各處支社廣告

平安道

平壤鐵路太極書館	安泰國
三和港牌石洞教堂	裵亨湜
義州南門外큰西大藥房販賣處	安濟
鐵山邑東部 車敬館	金明鎬
定州東門內書舖	洪成麟
博川郡邑내寶■	金翼■
安州城內義洴洞	金觀河
京義線枇峴驛醫■	李基秀
龍川揚市	黃■保
龍川南面松■■■■書會食賞■	
龍川남市驛	韓■■
朔州邑남門내	宋伯■
泰川邑館前洋■■	李正■
■邊郡耶蘇教冊々	김致億
江西邑內	金昌■
咸從郡耶蘇教堂	張炳奎
成川郡上部面	馬■三
平남順川郡蓮동	鄭裕■
宣川邑■■	申基■
江界邑耶蘇教冊肆	김■■
郭山郡邑面湖우里	金■■
雲山郡邑面上里	梁允■
■山郡■利■里	■■■
■山北面■■	王冕■

黃海道

海州남門內書舖	朴昌■
安岳■石面■■洞	金允浩
長淵邑校洞西北支學會內	■東元
殷栗邑倉■■	金光■
信川邑六里	丁一■
載寧邑乾材局	李鼎均
黃州南門外■■	■■■
白川邑文明館	■雲■
沙里院活民勞働救火會任敬■	

咸鏡道

咸興州南社西門外	■■■
元山港創業社內	■■正杰
高原邑	■漢吉
定平郡■川	■■■
洪原南門外耶蘇教醫肆方■■	
永興南山동洪明學校內梁元■	
鏡城羅南新興洞	鮮于■
淸津港新岩동	■元浩

全羅道

金溝水流面豆亭	趙■三
木浦항陽동	리得珠

京畿道

仁川츰峴■■冊々	李東■
開城남大門內興學書舖	姜助遠
江華邑川■	■鎭植

忠淸道

結城廣川小■동	李■■

慶尙道

大邱西門外友弦書樓側李正由	
釜山港佐川약局	徐■■
長기郡縣々面■■	吳根■

江原道

鐵原邑■동	趙■大
蔚珍遠남面梅花■	朱■■

第七卷

大韓每日申報

第壹千九拾三號

…卒業證과修業證과各種書册을請求ᄒᆞ시면特減ᄒᆞ야以小包郵便으로酬應ᄒᆞ옵ᄂᆞ이다

月曜時日及休日廢刊節

紀元四千二百四十二年
箕子元年三千三十一年
大韓開國五百十八年
日本明治四十二年
淸國宣統元年
陰己酉三月小十三日壬申

Responsible for Publication Alfred Weekley Marnham.
發行兼編輯人英國人 萬咸
發行所
京城南部[illegible]三層洋屋
大韓每日申報社

論說

◎韓國內美國宣教師의問題 續

此論에說ᄒᆞ야基督教徒以外非信仰者라도相當ᄒᆞᆫ金錢을寄捐ᄒᆞ야크게此事業을助力ᄒᆞᆷ이最緊最大ᄒᆞᆫ事로다況我國基督教徒中에由來風雲兒라云ᄒᆞᆫ人物이不少ᄒᆞ니彼等이半은宗教家의心이며半은冒險者의態度로써韓國에渡去ᄒᆞ야多大히我保護政治를爲ᄒᆞ야盡力ᄒᆞᆷ을睹ᄒᆞ건ᄃᆡ此가彼等의快活ᄒᆞᆫ事業이아닌가種々韓國으로부터歸客의談화ᄀᆡ感動ᄒᆞᆫ바ㅣ가有ᄒᆞᆫ故로如此히彼等의奮勵를希望ᄒᆞ노라ᄒᆞ엿더라

嗚乎라韓國信教界諸君子여諸君子ᄂᆞᆫ此를不憤ᄒᆞᄂᆞᆫ가吾儕ᄂᆞᆫ諸君子를爲ᄒᆞ야甚憤ᄒᆞ며諸君子ᄂᆞᆫ此를不懼ᄒᆞᄂᆞᆫ가吾儕ᄂᆞᆫ諸君子를爲ᄒᆞ야甚懼ᄒᆞ노라

大抵美國宣教師ᄂᆞᆫ從來韓國에勤勉設教ᄒᆞ야豪分이라도政治的手段을不試ᄒᆞ얏거날彼가韓人信教者를惡魔라指目ᄒᆞ며美國宣教師를惡魔의使用物이라指目ᄒᆞ얏스니彼가白玉又ᄒᆞᆫ宣教師를萬丈窟陷에推入코ᄌᆞᄒᆞᆷ이아닌가

又彼가美國宣教師들이統監府에同情을表치아니ᄒᆞᆫ다ᄒᆞ고日本人에게援助를與치아니ᄒᆞᆫ다고遺憾이無限ᄒᆞ얏스니彼가天使又ᄒᆞᆫ宣教師를奴隷로使役코ᄌᆞᄒᆞ얏던가

又彼가韓國在留日本基督教信徒가其布教의勢力이韓人에게不及ᄒᆞᆷ을痛論ᄒᆞ얏스니彼가自國信徒를激勵ᄒᆞ야宗教上精神ᄭᅡ지斷去ᄒᆞ야韓國基督教信者로ᄒᆞ야금彼韓國無知佛徒가日僧手下에奔走ᄒᆞᄂᆞᆫ者와如히ᄒᆞ고ᄌᆞᄒᆞᆷ이아닌가

又彼가自國信徒로ᄒᆞ야금韓國內地에極力傳道ᄒᆞ되美國宣教師中에統監의政治를協力ᄒᆞ면已어니와萬一不然ᄒᆞ면對抗驅逐ᄒᆞ라고指嗾ᄒᆞ얏스니嗚乎라彼가美國宣教師를逐出ᄒᆞᆯ勢力이有ᄒᆞ던가부蝣가大樹를撼코ᄌᆞᄒᆞᆷ이로다

又彼가信徒들이統監政治를援助ᄒᆞᆷ이宗教의本旨라云ᄒᆞ얏스니嗚乎라彼의宗教本旨ᄂᆞᆫ如此ᄒᆞᆫ던가其本旨ᄂᆞᆫ實로可怪ᄒᆞ도다

又彼가自國信徒의勢力이微弱ᄒᆞᆷ을憂慮ᄒᆞ야非信仰者라도此事業에一齊助力ᄒᆞ기로鼓勵ᄒᆞ얏스니彼의勞心이實로極ᄒᆞ도다

又彼가日本基督教徒들이冒險의態度로韓國에渡來ᄒᆞ야多大히保護政治에盡力ᄒᆞᆷ을極口贊美ᄒᆞ얏스니彼의獎勵心이實로極度에達ᄒᆞ얏도다

嘗言으로道破ᄒᆞᆫ진ᄃᆡ彼가韓國宗教界의勢力을自家手中에驅入ᄒᆞ고外國宣教師를驅逐ᄒᆞ야他國의宗教勢力을壹切撲滅코ᄌᆞᄒᆞᆷ이로다

嗚乎라美國宣教師여十分注意ᄒᆞᆯ자어다嗚乎라韓國信教者여ᄀᆞ分警醒ᄒᆞᆯ지어다

然이나此亦韓國同胞의反動력을喚起ᄒᆞᄂᆞᆫ善良師라韓國同胞가此에戒懼ᄒᆞ며此에奮發ᄒᆞ야着々進行ᄒᆞᆯ진ᄃᆡ惟我過去未來億兆蒼生의罪惡을救援ᄒᆞ시ᄂᆞᆫ敎主예수그리스도ᄯᅴ셔畢竟大慈大悲의手로文明의光澤을下賜ᄒᆞ실지니라

（完）

▲隆熙三年 二月二十六日 官報

法律 （續）

朕이出版法을裁可ᄒᆞ야玆에頒布케ᄒᆞ노라

隆熙三年二月二十三日

御名 御璽

內閣總理大臣 李完用

內部大臣臨時署理 高永喜

法部大臣 高永喜

法律第六號

出版法

第壹條 機械와其他如何ᄒᆞᆫ方法을勿論ᄒᆞ고發賣又ᄂᆞᆫ頒布를目的ᄒᆞᆷ이ᄂᆞᆫ文書와圖畫를印刷ᄒᆞᆷ을出版이라ᄒᆞ고其文書를著述ᄒᆞ거나又ᄂᆞᆫ翻譯ᄒᆞ거나又ᄂᆞᆫ編纂ᄒᆞ거나又ᄂᆞᆫ圖畫를作爲ᄒᆞᄂᆞᆫ者를著作者라ᄒᆞ고發賣又ᄂᆞᆫ頒布를擔當ᄒᆞᄂᆞᆫ者를印刷者라홈 （未完）

外報

●美國의通告 紐育電을據ᄒᆞᆫ즉米國政府ᄂᆞᆫ新關稅法制定ᄒᆞᆷ을因ᄒᆞ야現行ᄒᆞᄂᆞᆫ通商條約을廢止ᄒᆞᆯ旨로諸外國에通告ᄒᆞ얏다더라

●土國의新內閣 倫敦電을據ᄒᆞᆫ즉土耳其內閣은辭職ᄒᆞ고힐미파시아新內閣을組織ᄒᆞ얏ᄂᆞᆫᄃᆡ內閣員中에聯合進步黨員數名이有ᄒᆞ다더라

●南美의騷亂 同電을據ᄒᆞᆫ즉南美亞丁國에노丛에ᄃᆡ쓰에서革命社會黨의暴動가發生ᄒᆞ얏슴으로二千名의軍隊ᄂᆞᆫ당備軍을應援키爲ᄒᆞ야同地에到着ᄒᆞ얏고同港內에商業機關은一切中止ᄒᆞ얏고罷盟同盟者가數三萬人에達ᄒᆞ얏다더라

學報

●通明學校卒業生 江原道通川郡順達面庫底里私立通明學校에서陰月十五日에第壹回卒業式을擧行ᄒᆞ얏ᄂᆞᆫᄃᆡ

最優等生朴在선 최저泳
김奧濟 優等生李寅求
金演台 及第生朴澤珍
李寅求

雜報

●正誤 昨日廣告欄內에保ᄒᆞ李周鎬시의鎬字ᄂᆞᆫ錫字의誤植이기玆에正誤ᄒᆞᆷ

詞藻

◎哭殺說公

風凄々而雨霾兮、我失路兮延佇、商人又此瞎馬兮、彼瞿塘而激灘、從皆指其秦鹿、人不辨其魯魚、壹紙勝於百萬兮、公西來兮何暮、罵不絕於嚼齒、鋒猶勁於董史、野狠跳而蜂毒兮、彼百魔之奔吞、霎翳中之太陽、歲寒後之松栢、天不吊乎我公兮、喬嶽而棟折、三千里而如聾、二千萬而掩泣、愛我恩而虐我讐兮、秉彛之所同然、渡頭楊花春寂々兮、我淚無從如泉、公死而不死兮、字々句々大韓每日申報、公死而不死兮、他日大韓同胞自由 石蘭生 再拜哭

壹腔衆公懲善淫
百般難屈鐵剛心
如此英才何遽去
楊江落月夢中侵

聞巖生

雜報

●曾禰臨任　伊藤統監의退職問題ᄂᆞᆫ頃日來로桂首相도伊藤統監은老軀로屢々韓國에往返ᄒᆞᆷ이不可ᄒᆞ다ᄒᆞ야今回에曾禰副統監에게至急히歸朝ᄒᆞ기를命ᄒᆞ자ᄂᆞᆫ協議가有ᄒᆞᆫ結果로曾禰씨가統監으로臨任이될터이라더라

●不合者合格　韓日協會를組織ᄒᆞᆫ다ᄂᆞᆫ說은前報에已揭어니와其內容을漏聞ᄒᆞᆫ즉會員을募集ᄒᆞ되資格과身分이可合ᄒᆞᆫ人을許入ᄒᆞ며該會가完成ᄒᆞᄂᆞᆫ日에ᄂᆞᆫ伊藤統監과桂太郞兩人中에總裁를選定ᄒᆞᆫ다ᄂᆞᆫ說이有ᄒᆞ더라

●往發有說　韓日親睦會에서本月念六日北闕內慶會樓에서宴會를瓣設ᄒᆞᆫ다ᄂᆞᆫ說은己爲報道ᄒᆞ얏거니와漢城府民會에서無論某人이던지當日宴費三拾錢式額收ᄒᆞ고該會席에同參ᄒᆞ기로定ᄒᆞ얏다더라

●乘陵窮途　今番觀光團來信을據ᄒᆞᆫ즉日本에滯在ᄒᆞᆫ宋秉畯이ᄂᆞᆫ現方旅費의困難ᄒᆞᆯ뿐아니라所營은何事件인지ᄉᆞ知ᄒᆞ거니와如意치못ᄒᆞ야歸國의期望이杳無ᄒᆞ다더라

●故行尤悄　漢城府尹張憲植시가각학校에通牒ᄒᆞ고觀光團을提燈歡迎ᄒᆞ라ᄒᆞᆫ事ᄂᆞᆫ已報어니와허府官吏의言을聞ᄒᆞᆫ즉今番通牒이越權인줄은覺悟ᄒᆞᆫ바어니와不得已行ᄒᆞᆫ事이라ᄒᆞ고ᄒᆞ더라니官吏가故意로不得已行ᄒᆞᆷ은未安ᄒᆞᆫ事이라고物論이有ᄒᆞ더라

●專門專迎　觀光團登行이再昨日入城ᄒᆞᄂᆞᆫ時에각學校에서壹齊히反對ᄒᆞ야出往迎接지아니ᄒᆞ고惟獨大東專門學校에서만歡迎次로壹日停학ᄒᆞ얏다더라

●民志難奪　再昨日觀光團登行이入城ᄒᆞᆯ時에漢城府民團에서城內商民은無論大小ᄒᆞ고一齊히南大門外停車場으로出往ᄒᆞ야提燈歡迎ᄒᆞ기로指揮ᄒᆞ얏ᄂᆞᆫᄃᆡ閭巷殘商들이反對ᄒᆞ야日罰金을徵出ᄒᆞᆯ지언정觀光團을歡迎ᄒᆞᆷ슈업다고巷議가沸騰ᄒᆞ얏다더라

●不得質報　平南觀察使李軫鎬氏가內部에質報ᄒᆞ되管下江東郡에在ᄒᆞᆫ　檀君　陵所의改封築과護守節을恪別擧行ᄒᆞ라신　勅令이頒布ᄒᆞᆫ지久에如何指示가無ᄒᆞ니諸般節次를精詳指揮ᄒᆞ라ᄒᆞ얏다더라

●李氏落科　前判書李根澔시가東大門外元興寺를自己의所有家屋으로因作코ᄌᆞᄒᆞ야極力周旋ᄒᆞᆷ은人所共知어니와辯護士의辯護ᄒᆞᆫ結果로리시가理屈落科되얏다더라

●有何運動　尹始炳氏가何樣運動ᄒᆞᆯ計劃으로日間에日本에渡去ᄒᆞᆫ다더라

●驅民黑暗　內部에서頒布ᄒᆞᆫ出版法에依ᄒᆞ야幼年必讀其他某々冊子ᄂᆞᆫ治安을妨害ᄒᆞᆫ다ᄒᆞ야發賣頒布를禁止押收ᄒᆞ얏거니와허事件에對ᄒᆞ야學部에셔漢城府와各觀察道에訓令ᄒᆞ기를허冊子ᄂᆞᆫ敎科書로使用치못ᄒᆞᆷ은宜例遵行ᄒᆞᆯ바어니와각敎師가叅考書로도使用치못ᄒᆞᆯ意로각학校에指飭ᄒᆞ라ᄒᆞ얏다ᄂᆞᆫᄃᆡ人民으로ᄒᆞ야곰暗黑中에驅入ᄒᆞᆷ이라고巷議가藉々ᄒᆞ더라

●別方拘束　學部에셔각학校敎師의敎材配當表를現今制定中인ᄃᆡ畢了되ᄂᆞᆫᄃᆡ로各敎師의게分給ᄒᆞᆫ다더라

●陵軍犯斫　宮內府官制를改正頒布ᄒᆞ야곰陵軍을陶汰ᄒᆞᆷ은一般知了ᄒᆞᄂᆞᆫ바어니와許多陵寢의生活程度가困難ᄒᆞ야陵垓字內松楸를斫伐放賣ᄒᆞᄂᆞᆫ事가比々有之ᄒᆞ되所謂陵官은禁之不得이라더라

●張氏違例　大韓測量總管會會長張鼎周氏ᄂᆞᆫ現任宮內府監查院卿이라官人으로社會에叅入지못ᄒᆞᆷ은一般通例인ᄃᆡ而況宮內府의重任을現帶ᄒᆞ고營業上團體의首領으로處ᄒᆞᆷ은大失格이라고輿論이喧藉ᄒᆞ다더라

●到處作孼　日本人이電桿木使用이라ᄒᆞ고金浦郡　章陵의松楸를任意斫伐ᄒᆞᄂᆞᆫ지라허陵官이禁止不得ᄒᆞ야其事由를宮內府로報告ᄒᆞ얏다더라

●惡種行悖　黃海道遂安郡城동坊陶河市居韓興俉爲名人이該地로交通ᄒᆞᄂᆞᆫ補助員의食主人으로補助員을符同ᄒᆞ야食費라稱ᄒᆞ고昨年拾二月부터該坊人民의게每戶에每月三錢或五錢式勒斂이되或拒絕者가有ᄒᆞ면補助員의게誣囑ᄒᆞ야毆打勒捧ᄒᆞ더니去二月에韓某의情跡이綻露되야該地分遣所에셔捉致質問ᄒᆞ고其弊習을痛禁ᄒᆞ엿ᄂᆞᆫᄃᆡ韓某가此를挾嫌ᄒᆞ고補助員을敎囑ᄒᆞ야民間에行悖無雙ᄒᆞᆷ으로該坊人民이其虐炎을難堪ᄒᆞ야更히戶斂以給ᄒᆞ기로協議中이라더라

●花柳學校　北部警察署甲乙兩部巡查官同이遞番ᄒᆞ야花柳會를開ᄒᆞᄂᆞᆫᄃᆡ甲部巡查官同은去日曜日에彰義門內金嘉鎭氏亭子에前往ᄒᆞ야花柳會를盛設ᄒᆞ고乙部巡查官同은來日曜日에設行ᄒᆞᆫ다더라

●慨時落鄕　北部明善坊長元운氏가近日時局을觀念ᄒᆞ고慨嘆을不勝ᄒᆞ야該坊長을辭免ᄒᆞ고日間木浦港等地로束裝下去ᄒᆞᆫ다더라

●奚至斯境　青坡居ᄒᆞᄂᆞᆫ李汝幹氏가青進學校에寄附金을交周拒絕ᄒᆞᆷ은已報ᄒᆞ얏거니와허氏가絕對的反對ᄒᆞᆷ으로허洞中에셔ᄂᆞᆫ此等野昧ᄒᆞᆫ人은期於逐出ᄒᆞᆷ이可ᄒᆞ다ᄒᆞᆫ다더라

●民兄歸放　前郡守黃用性시가韓山郡守在任時公逋와江界郡稅務官在任時公逋事件으로現今監獄署에滯囚中인ᄃᆡ該氏의弟黃俊性氏가再昨日度支部에請願ᄒᆞ되兩郡欠逋가自有歸正之道ᄒᆞ니自己와兄用性氏를放釋ᄒᆞ야달나ᄒᆞ얏다더라

●得尖致誠　西江居李召史가年今貳拾餘歲인ᄃᆡ日前에喪夫ᄒᆞ야新門外奉元寺에前往ᄒᆞ야致誠ᄒᆞᆯ際에同寺僧安某와雲雨의樂을成ᄒᆞᆫ後에同僧이因卽退俗ᄒᆞ야夜珠峴等地에셔居生ᄒᆞᄂᆞᆫᄃᆡ리召史의所有財產인즉壹年秋收가壹百三十四拾石이오其他什物도不少ᄒᆞ다더라

●財長殺人　淳昌郡財務署長李晚洙氏가今年陰曆二月頃에結錢을督刷次로同郡南面柴谷里에出張ᄒᆞ야同里戶首金弘俊氏를重杖ᄒᆞ얏더니杖毒이大發ᄒᆞ야其後二十餘日만에因爲致斃ᄒᆞᆫ지라金氏의妻與其姪이卽爲告官ᄒᆞᆫ즉該警察署에셔卽日巡查가眷齊히出去ᄒᆞ야檢尸ᄒᆞᆫ後에李晚洙氏가葬費三百兩을出給ᄒᆞ고任實郡財務署장과相換ᄒᆞ얏다더라

●間島義兵　北間島義兵將崔君必氏가近日에砲軍을募集ᄒᆞ고軍器를整備ᄒᆞ야每日敎鍊實習ᄒᆞᆫ다ᄂᆞᆫ說이有ᄒᆞ더라

●興陽戶擾　全羅南北道地方이騷擾ᄒᆞᆷ은無日不揭ᄒᆞᄂᆞᆫ바어니와興陽郡巡查隊가義兵과衝突交戰ᄒᆞ야巡查ᄂᆞᆫ溯三外人民數名이被害ᄒᆞ얏다ᄒᆞ고허警察署에셔其理由를內部警務局으로査報ᄒᆞ얏다더라

●義將上京　義兵將김洪敎氏가日前上京ᄒᆞ야潛伏詗探ᄒᆞᆫ다ᄒᆞᄂᆞᆫ故로司令部偵探客들이壹致變裝ᄒᆞ고熱心探索ᄒᆞᄂᆞᆫ中이라더라

●義將處絞　京畿各郡으로橫行ᄒᆞ던義兵大將李殷瓚氏의被捉ᄒᆞᆫ事ᄂᆞᆫ屢報어니와本月十日에京성地方裁判所에셔處絞에宣告ᄒᆞ얏다더라

●視死如歸　前月에龍山停車場附近에셔逮捕된義兵大將李殷瓚氏를去拾日에處絞로宣告ᄒᆞᆷ은別項과如ᄒᆞ거니와허시가伊時의大聲發言曰我가國家를爲ᄒᆞ야義兵을倡起ᄒᆞ고大事를擧ᄒᆞ랴ᄃᆞ가不幸히縲絏의恥를當ᄒᆞ고今의處絞의宣告ᄒᆞ엿스니感慨ᄒᆞᆫ心懷가豈無ᄒᆞ리오마ᄂᆞᆫ事到此境ᄒᆞ야生不如死인즉我當視死如歸라ᄒᆞ얏다더라

●義將訊問　日昨下午十時量에ᄂᆞᆫ憲兵司令部에셔廣州義兵將魯某를逮捕牢囚ᄒᆞ고現今訊問ᄒᆞᄂᆞᆫ中이라더라

●殺人犯押交　東門外淸水洞居ᄒᆞᄂᆞᆫ王仲善爲名人이青岩寺主僧을結縛打殺ᄒᆞ얏다ᄂᆞᆫ說은前報에已揭어니와허犯을訊問ᄒᆞᆫ後再昨日에京城地方裁判所에押交ᄒᆞ얏다더라

●火及隣家　再昨日下午四時量에北部仁洞居巡查韓性敎氏家廚下에셔起火ᄒᆞ야其隣居劉遠源氏家에延燒ᄒᆞ야損害가夥多ᄒᆞ얏다더라

●懇親義捐　去日曜日上午拾壹時에關東學生의懇親會를開ᄒᆞ얏ᄂᆞᆫᄃᆡ來賓中金癸根車相鶴李魯儀三시가多少金額을義捐ᄒᆞ얏다더라

●青會特演　英國學塾靑年會總務감블氏ᄂᆞᆫ學問이高明ᄒᆞ고敎育에熱心ᄒᆞᄂᆞᆫ著名ᄒᆞᆫ壹大偉人인ᄃᆡ東洋各處를觀察次로日昨漢城에到達ᄒᆞ얏ᄂᆞᆫᄃᆡ靑年學界의活動發展ᄒᆞᄂᆞᆫ目的으로今日下午七時三拾分에鍾路靑年會館에셔演說ᄒᆞᆫ다더라

●隨問更揭　昨日本報雜報欄니와日入支門이란題下에前正領支興澤씨가近日多數負債로因ᄒᆞ야日人의게家屋을見奪ᄒᆞ고道路의서棲屑ᄒᆞᆫ다ᄂᆞᆫ說은更聞ᄒᆞᆫ즉全是誤聞이오支씨ᄂᆞᆫ其本第의서閑養ᄒᆞ야初無此等之弊인ᄃᆡ此風說은該시와宿嫌이有ᄒᆞᆫ者의做出인듯ᄒᆞ다더라

●感荷義捐

泰仁郡紳士諸氏가本社의經費窘拙ᄒᆞᆷ을補助ᄒᆞ기爲ᄒᆞ야金壹圓을寄附ᄒᆞ얏기玆에其感意를表ᄒᆞ노라

▲地 方 消 息▼

▲鐵原平康朔寧兎山郡各地方의ᄂᆞᆫ義兵將延基浩與濂鬫城郡各地方의ᄂᆞᆫ金敏河聖伯平山白川郡各地方의ᄂᆞᆫ리鎭龍韓貞萬등諸시의率ᄒᆞᆫ義兵이出沒ᄒᆞ다ᄒᆞ며

▲楊州抱川高陽積城郡地方에ᄂᆞᆫ尹仁淳鄭用大等諸시의率ᄒᆞᆫ義兵이日憲兵隊와數次交戰ᄒᆞ얏다ᄒᆞ고

▲利川龍仁郡內의셔ᄂᆞᆫ義兵四五拾名이出沒ᄒᆞᆫ다ᄒᆞ고

▲豊德金浦通津郡內의ᄂᆞᆫ數拾名의義兵이出沒不絕ᄒᆞ야日憲兵과數次衝突ᄒᆞ얏다더라

▲洗濯新設▼

▲漢城內外도러보니內外國人勿論ᄒᆞ고洗濯所가마치마ᄂᆞᆫ完全ᄒᆞᆫ者別無로다特別方法硏究ᄒᆞ야洗濯所를新設ᄒᆞ니忠義敎의文明椎과全國內의汚穢心腸無價遺漏收拾ᄒᆞ야無料洗濯ᄒᆞ여볼ᄭᅡ

▲各地方에내려가서觀察使와守令이며其他貪官汚吏輩의無辜生難貪虐ᄒᆞ고財產田土勒奪ᄒᆞ며外國人과符同ᄒᆞ야제同胞를殘害ᄒᆞᄂᆞᆫ敎育妨害汚穢心腸無壹遺漏모러다가ᄒᆞᆫ쑥지에미여노코

▲財政家에드러가서大小勿問守錢虜가姻親戚黨窮交間에餓莩地境救濟안코各學校와社會의財政窘拙말못되나分錢義捐아니ᄒᆞᄂᆞᆫ仇敵反對汚穢心腸無壹遺漏모러다가ᄒᆞᆫ쑥지에미여노코

▲頑固黨에드러가서某之子와某之孫의班閥이나誇張ᄒᆞ고文明制度誹謗ᄒᆞ며輔國判書求官私利心腹中에가득ᄒᆞ야남사ᄅᆞᆷ凌侮ᄒᆞᄂᆞᆫ妄自尊大汚穢心腸無壹遺漏모러다가ᄒᆞᆫ쑥지에미여노코

▲開化派에드러가셔志士라고自稱者가斷髮洋服살쭉鏡에短杖이나내두루고外人에게鷹犬되야心中에ᄂᆞᆫ無君父오眼下에ᄂᆞᆫ無長幼ᄒᆞᆫ國粹撲滅汚穢心腸無壹遺漏모러다가ᄒᆞᆫ쑥지에미여노코

▲政黨界로드러가셔黜任勅任과大官이大小禮服爲車轎에內外巡査擁衛ᄒᆞ고國家安危何如런지肥己之慾ᄎᆡ우고져互相競爭追逐ᄒᆞᄂᆞᆫ百般醜類汚穢心腸無壹遺漏모러다가ᄒᆞᆫ쑥지에미여노코

▲여러솩지收合ᄒᆞ야忠義釜에집어넛코獨醒水를지릉부러文武火로살문後에自由簡에건져내여文明椎로두다려셔獨立에쥬ᄒᆞᆫ번미고維新空氣㗒㗒ᄒᆞ其他各色汚穢物은後日에와洗濯ᄒᆞ고져

廣告

顯達咸主事東奎兄欲與其家親書信而相面閱月未知住處玆以揭布如有諒氏相知之員卽爲通知切望々々事係緊急故耳
大韓每日申報社留環

惟我金氏肇自百濟登至大韓勳封巨卿簪纓餘慶顯於東土忝世遭人亡文殘學弛朝野文獻每々漏誤則誰可曰有祖有孫之動舊氏族乎爲其后孫者莫不慨然痛哭之秋也況今政府新增文獻備考시族考之紊亂倒誤藝文考之殆盡流漏亦多誤姓故屢訴政府期於正誤以雪祖宗之辱以免雲仍之罪倒誤事件塡修齊孝友敦睦勉之勉之
文獻備考拾卷氏族考에金시始祖諱閼智新羅太輔公今祖以七世孫諱率公은誤譖後孫이요七世孫諱宣新羅旌善君은倒書始祖之上行이고각貫派始祖는紊亂誤諱이며三拾七卷科考試官全孝印誤金試官金昇誤金壯元全伯英誤金二拾八卷壯元全有亨誤金四拾貳卷藝文考白玉洞書院全禔誤金忠愍祠全尙毅誤金淸溪書院全致遠誤金慕忠祠全德麟誤金四拾五卷政丞全承澤誤金四拾七卷弘文靖忠建公全樂誤達文靖公全世柱誤金忠肅公全忠佑誤金誤節武節公全仁亮誤金安敬公全普門誤普文平公全伯英誤金忠簡公全禔誤金義愍公全有亨誤金敏大東紀年第三卷八張前面全有亨誤金拾六張後面价川郡守全尙毅誤金四拾張前面全禔誤金第四卷拾貳張後面捕盜大將全東屹誤金

旌善君諱宣公墓所가在於旌善瑞雲山而戊子年山訟已掘地에倫塚又逼이며政丞號巖谷諱承禪公墓所가在於鐵原高巖山而墓域崩頹이며石陵君諱龍及墓所가在於始興雲山而倫塚散逼흠오

京西小門外治洞貳拾六統九戶
金氏大同譜所　告白

教育界에著名흔咸鏡道定平郡居韓鎭幣시가本郡에來寓흔지逾年이라시가教育이不振흠을慨歎흐야本面에權常會權恒國金昌玉채明默崔郁栢諸시로協議흐야本校를設立흐고教師朴雲洪시를延聘흐야年來熱心教導흔結果로太有前進之望이라然而基本이不贍흠으로稍爲缺点이러니本面內紳士諸시의각自捐義흔金額과또흔각其里의傳來흐던里錢與學契錢移付額이八百餘圓에達흐얏스니諸시의熱心贊成을感謝不已흐야氏名과金額을左에廣布흠

鄕約契錢　五十五圓
倉里里錢　六拾五圓
東昌里里錢四拾壹圓二十六錢
壯壬洞學契錢　七圓五拾전
如雲作洞錢　拾五圓九十錢
全洞學契錢　二拾五圓
吉現里里錢五拾六圓貳拾전
內站契전　拾七圓五拾전
全洞學契錢　三拾圓
仁義洞洞錢　五圓五拾三전
莫大契錢壹百二十捌圓七十전

東谷學契錢　二十圓三十錢
方平國　權常會　崔郁栢
權晦根　權惠根　權恒國
各十圓
崔元甲　채明默　金昌玉
孫宗秀　金用石　朴雲洪
權相勳　安燮珉　李仁化
金光鉉　崔信日　金日海
金永集　崔承謙　채元默
權丙國　權化國　崔仲達
리文弘　崔萬植　각五圓
金宋奎　文尙하　金元學
申□俊　김光石　權贊國
安成基　石俊達　車永仁
車允國　權汝根　각一圓
崔昌念　崔孝植　金大海
김用涉　崔承烈　崔丙祥
芮云瑞　崔允涉　崔裕洽
金光洙　趙允珏　崔尙念
김仁亨　姜用文　崔順五
崔信亨　崔昌用　朱化運
김永祚　鄭尙春　金基正
金用仁　金京祚　金元豐　각貳圓
李永弘　김元有　金贊國
姜昌民　高元乾　韓成用
金致涉　崔順植　김處順
김右涉　姜用國　朴時默
金允洽　崔奉向　김應度
林處弘　邊正德　崔恒民
鄭良甫　金必成　金有海
尹明哲　朴明河　魏承奉
金洛立　최弘九　安文益
趙二俊　金弘俊　崔承贊
채光默　金明祚　최丙俊
金基順　崔俊玉　김丙祚
朴利三　박承夏　金致立
任京嗣　朴士協　高亨達　각壹圓
李　길　徐基正　元允甫
각五十전
平壤寧遠新昌面
昌德學校　告白

本人이東萊東上面鳴藏里居孫秦洪所持盃丁員畓拾二斗地放賣文里民等採章흔新文券二丈을陰三月십七日遺失이오니內外國人은給흔에도休紙施行흠
東萊府邑校洞金士現　告白

本人이陰三月七日府中에往來흐다가姓名圖章을失흐얏기玆以廣告흐오니知舊內外國人은切勿見欺하심을爲要
永興郡順寧面原川里　宋璟憲　告白

本人이의從弟燦欽이가姓□浮浪흐야本人의田畓을僞券借債云흐니與內外國人은勿見欺흠
忠北報恩三升面遠山李衍欽白

日語算術學員募集

甲乙班時間과學費는陽曆五月內로願學員은來問志願흐시오
大漢旅館　鍾路廣耳洞拾壹統六戶

專門講習所

本人이今六日陰三月拾七日에姓名章을서失흐얏스오니內外國人은照亮흠
黃州南門外최鍛衡　告白

◎特別廣告

各地方警察官吏가測量者에對흐야度支部測量證票가無흔에測量을不許흐다聲言흐고私測之禁斷흐야測量術의損害와依賴人의不便利가間或有之흔지라此를各觀察署에更訓흐야私測에碍碍가無케흠事로度支部에申請흐앗더니該部指令內開本月拾六日提出흔請願은閱悉이바巡査의私測禁止하는事는是乃不正흔行爲가有흔者를禁止흠인즉人民의依賴를因흐야測量흠을禁止흠비無흐니以此知悉이온바玆에公布하오니今國內官民間同胞僉彦은照亮흐시옵
大韓測量總管會

學部檢定
初等植物學　定價金三十錢
初等動物學
最新初等小學　定價金四十전
文明國의小學讀本制度를模範하야精美完備흐게具흐고八卷을貳冊으로分製흠 定價金五십錢
最新初等大韓地誌　定價金四拾錢
最新高等大韓地誌　定價金七拾錢
文明國地誌制度를模倣흐야遂國의山水며宮闕國의拾三道境界와各港口와開市場과名山大川과都會勝地의里程을具흠
初等大韓歷史　定價金七十錢
文明國의歷史制度를從흐야我國의聖帝明王의御眞과忠臣烈士의影幀을具흠
國家思想學　精神教育　定價金二十五錢
憲法要義　義務教育　定價金二拾五錢
國文大韓十三道遊覽　上下卷　定價金四拾錢
우리大韓國拾三道에名山大川과都會勝地를子細히보지못흐는僉君子는速々購覽흐소서
右教科書는本書林에서發行흐오며此外에各種書籍이具備흐오니學界僉君子는速速來購흐시옵을爲望
京城南部銅峴大四街第三十五統五戶
玉虎書林
黃海道鳳山郡沙里院新陽書館分賣所

美國시아들大博覽會　미국시아들대박람회

●特別廣告

經濟學原則에云흐얏스되彩多흔産物에分排흐흠因흐야最大흔權力이發生흔다흐얏스니其權力을用흐야可爲善이오其權力을用흐야可爲惡이라
其權力을其産物과及其所出者의改良進就흠을爲흐야完全히善良흐게利用흐면其權力의强大흠을不可量흘지라
我韓美興業株式會社는大韓帝國의商工業의基礎를建築而擴張흐고改良而發達흔壹大强力의團合體이오이다
世界各國이不遠間에韓國에産物이有흠을知得흐깃ぐ오니此를故爲고此는非他라本會社에서大韓同胞를代表흐야韓人이能히産物을産出흐는能力이有흠을世界各方에發表흐나이다
是故로本會社에서는大韓帝國同胞中에思想이有흐야眞相을料得흐야자自身分이며自其國家에對흐야擔負흠이有흐고其國家가自己의게孤負흠은無흠을知得흐는者로더부러聯合흐기를願흐옵나이다

本社之印章
本社之商票

皇城磚洞
(京城郵便局郵函第四十號)
韓美興業株式會社

●特[illegible]

大美國에러셔나法律認可
對大韓國[illegible]

漢城鍾路濟惠藥房에서 官許拜受하야 二十三種封藥과 唐藥草材와 草材를 大發賣하고 且石版印刷機械

第七卷

大韓每日申報

第壹千九拾四號

月歲 曜時 及日 慶休 節刊

檀君開國四千二百四十二年
箕子元年三千三十一年
大韓開國五百十八年
日本明治四十二年
淸國宣統元年
陰己酉三月小廿四日癸酉

Responsible for Publication Alfred Weekley Marnham.
發行兼編輯人英國人 萬咸
發行所
京城貞洞(?)外地三層洋屋
大韓每日申報社

論說

◉國은卽一大家

大抵國은卽一大家라彼古人所謂國이라ᄒᆞᄂᆞᆫ者ᄂᆞᆫ卽家의大ᄒᆞᆫ者를意味홈이라云홈이實로謎言이아니로다

東西에羅列ᄒᆞᆫ各國이皆其民族의家니故로其民族이其國을失ᄒᆞ면是ᄂᆞᆫ其家를失홈이며其國을存ᄒᆞ면是ᄂᆞᆫ其家를存홈이니라

此大韓帝國으로論ᄒᆞ야도亞細亞東方에巍然建立ᄒᆞᆫ壹大家니卽大한民族의家로다

近日에何許妖妄輩가自國과他國을壹家로뎌唱ᄒᆞᄂᆞᆫ者ㅣ有ᄒᆞ니嗚呼라此輩여

自國과他國을壹家라ᄒᆞ면兩家中에覺家ᄂᆞᆫ無ᄒᆞ여야可ᄒᆞᆯ지니甲國이라ᄂᆞᆫ壹家가無ᄒᆞ던지乙國이라ᄂᆞᆫ壹家가無ᄒᆞ던지左右間壹家ᄂᆞᆫ無ᄒᆞᆯ지로다

嗚呼라韓國諸君子여諸君子ᄂᆞᆫ四千年的家譜가有ᄒᆞ며三千里的家庄이有ᄒᆞ며二千萬的家族이有ᄒᆞ야煌々儼々ᄒᆞᆫ壹大家를有ᄒᆞᆫ人種이아닌가

家ᄂᆞᆫ自毁ᄒᆞᆫ後에人이毁ᄒᆞ나니萬一毁치아니ᄒᆞ얏스면誰가敢히毁ᄒᆞ리오

只今은世界人類가其家聲을ᄯᅥᆯ振ᄒᆞ며其家業을ᄯᅥᆯ展ᄒᆞ야勉々維持ᄒᆞ며奮々發興ᄒᆞ야國家를造ᄒᆞ며名家를造ᄒᆞ며强家를造ᄒᆞ거ᄂᆞᆯ今此諸君子ᄂᆞᆫ家聲을墮ᄒᆞ며家業을廢ᄒᆞ야畢竟禍家亂家亡家를造ᄒᆞ니可痛ᄒᆞ도다諸君子여

大抵民族이家를失ᄒᆞ면其民族은滅亡을未免(?)ᄒᆞ나니此ᄂᆞᆫ不可避의定理라

壹個人으로論ᄒᆞ야도其家를失ᄒᆞ면學道路에塡死ᄒᆞ거나不然ᄒᆞ고他家에入ᄒᆞ야他家의壹部를成ᄒᆞ면斷髮奴隷가되나니况民族이리오

諸君子ᄂᆞᆫ力을盡ᄒᆞ야基礎를固ᄒᆞ며身을捨ᄒᆞ야棟樑이되야大韓帝國이라ᄂᆞᆫ大家를華嚴壯麗케建立ᄒᆞᆯ지어다

法律

▲隆熙三年 二月二拾六日 官報

法 律 (續)

第二條 文書圖畫를出版코ᄌᆞ ᄒᆞᄂᆞᆫ時ᄂᆞᆫ著作者又ᄂᆞᆫ其相續者와及發行者가連印ᄒᆞ야稿本을添ᄒᆞ야地方長官(漢城府에서ᄂᆞᆫ警視總監으로홈)을經由ᄒᆞ야內部大臣에게許可를申請홈이可홈

第三條 官廳의文書圖畫或은他人의演說又ᄂᆞᆫ講義의筆記를出版코ᄌᆞᄒᆞᆯ時와又ᄂᆞᆫ著作權을有ᄒᆞᆫ他人의著作物을出版코ᄌᆞᄒᆞᄂᆞᆫ時ᄂᆞᆫ前條의申請書에該官廳의許可書又ᄂᆞᆫ演說者講義者著作權者의承諾書를添附홈을要홈

前項의境遇에在ᄒᆞ야ᄂᆞᆫ許可又ᄂᆞᆫ承諾을得ᄒᆞᆫ者로써著作者로看做홈

第四條 私立學校。會社。其他團體에서出版ᄒᆞᄂᆞᆫ文書圖畫에對ᄒᆞ야ᄂᆞᆫ該學校。會社其他團體를代表ᄒᆞᄂᆞᆫ者와及發行者가連印ᄒᆞ야第二條의節次를行홈이可홈

前項의代表者ᄂᆞᆫ著作者로看做홈

第五條 第二條의許可를得ᄒᆞ야文書와圖畫를出版ᄒᆞᆫ時에ᄂᆞᆫ卽時製本二部를內部에納付홈이可홈

第六條 官廳에서文書圖畫를出版ᄒᆞᆫ時에ᄂᆞᆫ其官廳에서製本二部를內部에送付홈이可홈

第七條 文書圖畫의發行者ᄂᆞᆫ文書圖畫를販賣홈으로營業ᄒᆞᄂᆞᆫ者에만限홈但著作者又ᄂᆞᆫ其相續者ᄂᆞᆫ發行者를兼홈을得홈

第八條 文書圖畫의發行者와印刷者ᄂᆞᆫ其姓名。住所。發行所印刷所及發行印刷의年月日을該文書圖畫의末尾에記載홈이可ᄒᆞ고印刷所가營業上慣用ᄒᆞᄂᆞᆫ名稱이有ᄒᆞᆫ境遇에ᄂᆞᆫ該名稱도記載홈이可홈

數人이協同ᄒᆞ야發行又ᄂᆞᆫ印刷를營ᄒᆞᄂᆞᆫ境遇에ᄂᆞᆫ業務上의代表者를發行者又ᄂᆞᆫ印刷者로看做홈

第九條 文書도畫를再版ᄒᆞᄂᆞᆫ境遇에ᄂᆞᆫ著作者나又ᄂᆞᆫ其相續者와발行者가連印ᄒᆞ야製本二部를添ᄒᆞ야地方長官을經由ᄒᆞ야內部大臣에게申告홈이可홈但改正增減ᄒᆞ거나註解附錄。繪畫等을添加코ᄌᆞᄒᆞᆫ時ᄂᆞᆫ第二條의節次를依홈이可홈 未完

外報

●學生放火 東京電을據ᄒᆞᆫ즉本月八日에高等商業學校에서失火ᄒᆞ야敎室給料(?)가連燒홈에對ᄒᆞ야其原因이不明홈으로目下紛擾인ᄃᆡ或說은學生이放火홈이라더라

●土廢帝의財團 伯林電을據ᄒᆞᆫ즉土耳其廢帝하미드시의財產正貨로壹千萬磅을沒收ᄒᆞ고且일데이쓰소宮에셔財產整理委員이四拾五萬磅의銀行爲替와多額의寶石及七萬五千磅의珠玉을發見ᄒᆞ얏다더라

●巴黎訪問 同電을據ᄒᆞᆫ즉獨國皇帝及皇后兩陛下께셔ᄂᆞᆫ巴黎를訪問ᄒᆞ실터이라더라

●葡萄內閣總辭職 同電을據ᄒᆞᆫ즉葡萄牙內閣은總辭職ᄒᆞ얏다더라

●獅子捕獲 倫敦電을據ᄒᆞᆫ즉前大領루스벨트시ᄂᆞᆫ阿弗加나이로비에서獅子六頭를捕獲ᄒᆞ얏다더라

●憲法裁可宣言 同電을據ᄒᆞᆫ즉波斯王은憲法의制定의裁可를宣言ᄒᆞ심으로議會에셔ᄂᆞᆫ七月拾九日에議員을召集ᄒᆞ기로豫定ᄒᆞ얏다더라

雜報

◉吊裵公

嗚呼라十年以前을仰想ᄒᆞᆫ則民智가未開에야頑的陋習만有ᄒᆞ고自新的精神이無ᄒᆞ야半島江山에慘담悲雨가渾濛이라全國이知時好男兒와產出을大旱에雲霓와如히望ᄒᆞ던時代라니物爾則變이라

公이壹渡以後此時現像을看破ᄒᆞ고悲憤的義氣와慈善的大志로此를開導코ᄌᆞ勞心焦思에壹報를刊出하니命名曰大韓每日申報라春秋義理와日月明光으로褒ᄒᆞᆯ者ᄂᆞᆫ褒ᄒᆞ고懲ᄒᆞᆯ者ᄂᆞᆫ懲ᄒᆞ시許多困難을累次經過에百折不屈ᄒᆞ고活潑ᄒᆞᆫ大步로着々前進ᄒᆞ야七八星霜이奄然已過에文明花의開發을指期ᄒᆞ야余가於公에每常敬服ᄒᆞ야壹次拜見을希望이러니余의不顧인가公의薄情인가餘擊이未盡ᄒᆞ고時運이不幸이라去二日雜報命耶運耶閣下를閱覽이라가心膽이冷에把執ᄒᆞᆫ報紙의墮落을不覺이로다訃音이是何事也며訃音이是何言也오夢耶아生耶아命耶아運耶아

公之卒日에我韓同胞의昏夢을警醒ᄒᆞᆫ鍾鼓와如ᄒᆞ야敎育의普及과風化의開導와公益의增進을盡責喚醒에幾乎筆鈍舌禿이라辭香이尙在ᄒᆞ고筆痕이未乾이어ᄂᆞᆯ

公其何歸아嗚乎哀哉라彼蒼이年을不假ᄒᆞ야僅纔三拾有七而早逝ᄒᆞ니是何忍斯며是何忍斯오嗚乎慟哉라天其無心乎아韓其不福乎아何其短也며何其薄也오楊花津을西望에雙淚가滂々ᄒᆞ야所言을不知ᄒᆞ고蕪辭를敢搆ᄒᆞ야壹次吊哭ᄒᆞᆷ을不已ᄒᆞ노니

公其有感가嗚乎哀哉嗚乎慟哉

隆熙三年五月八日 申錬정

●正誤 昨日本報廣告欄內京城西部龍山印刷局의局字가所字로誤植이기玆에正誤홈

詞藻

○哭裵說公

英士裵公去 族異誠何惜
韓人擧失聲 義氣感群情
滿天風雨夕 身夭名千世
獨唱喈々聲 公何有憾情
六載報館筆 豐翅留人寵
東西振義聲 全英耀國情

玉 山

茫々海外船 是非顚倒中
滿載義氣來 壹筆萬眼開
隻手戰强敵 無辭誠何故
强敵無敢辭 義盜懸龍豕
公豈怨於敵 慷慨男兒志
天畀不敢欺 有誰更續之

臥 雲

廣告

●特別廣告

本所에셔總管會와迄今角立됨은本意ᄂᆞᆫ該會行動을槪論ᄒᆞ면壹은自稱總管會라홈은法律에抵觸되ᄂᆞᆫ事요壹은自由營業을束縛ᄒᆞ니此ᄂᆞᆫ壹切公理에違反ᄒᆞᆫ事오壹은理外金錢을徵索ᄒᆞ니此ᄂᆞᆫ私慾을充코ᄌᆞᄒᆞᄂᆞᆫ事오壹은本所의公認을運動녀스로還收ᄒᆞ엿다고揚言ᄒᆞ니此ᄂᆞᆫ農商工部를無視ᄒᆞᄂᆞᆫ事이라由是로本所에셔正式으로請願과裁判을請ᄒᆞ야歸正ᄒᆞᆯ意로玆에仰佈ᄒᆞ오니京鄕間各支所나出張所ᄂᆞᆫ代表壹員을選定ᄒᆞ야本月拾七日에本所로上來ᄒᆞ심을敬要

京城中部貢土峴
大韓測量事務所 告白

本湯을停止이옵다가今에水道를引用開業ᄒᆞ오니僉君子ᄂᆞᆫ愛顧ᄒᆞ시옵

寺洞天一 沐浴湯

本號住廣東潮州府普邑ㅣ沙瀧鎭開莊親自督揀頂上細緊花緻葛淸水定織波蕉袍料頂與각色夏布發客歷有餘年久蒙貴客歡迎近有無恥之徒假冒本號元昌字樣暗將次貨充運魚目混珠希圖漁利今於己酉年爲始特加盧字爲首凡蒙仕商賜顧者須將盧元昌字號認明庶不致誤

盧元昌主人 謹白

本店에각種新舊書籍과학校物品이具備ᄒᆞ온中夏節韓服次와洋服及學徒에服裝的合ᄒᆞᆫ各様織組를製造ᄒᆞ와廉價大發賣ᄒᆞ오니僉君子ᄂᆞᆫ陸續請求ᄒᆞ심을望홈

宣川郡橋남商務同事總支店白

雜報

●何事若忙　近日에閔總理大臣以下各大臣이何等事件을因ᄒᆞᆷ인지奔走不暇ᄒᆞ야輪回訪問ᄒᆞ며세耳語가頻頻ᄒᆞᆫ다더라

●有何歡迎　總理大臣李完用氏가同觀光團員諸氏를歡迎ᄒᆞ기爲ᄒᆞ야日間明月館에셔宴會를排設ᄒᆞ고請邀ᄒᆞ기로預定ᄒᆞ얏다더라

●政府變更　伊藤統監이遞任되고曾禰副統監이陞任되리라ᄒᆞᆷ은內外國各新聞에頻頻揭載되얏거니와更히甘確實ᄒᆞᆫ內容을聞ᄒᆞᆫ즉伊藤統監이來月上旬頃에還任ᄒᆞ야中央政治와地方政治를變更組織ᄒᆞᆯ터이라더라

◉一人當百

日前에歸國ᄒᆞᆫ觀光團員某氏의談話를聞ᄒᆞᆫ즉觀光團一行이渡日ᄒᆞᆫ時에馬關셔부터日本景色을玩覽ᄒᆞ고所謂元老及紳士의歡羨不已ᄒᆞᆫ것과鹿鄙ᄒᆞᆫ行色은壹壹揭載키難ᄒᆞ거니와東京大倉喜八郞家에셔晩餐會를設ᄒᆞ고觀光團一行을接待ᄒᆞᆫ時에統監伊藤氏가韓日의親睦으로演說ᄒᆞᆫ後에該團中閔泳韶氏가壹進會員芮宗錫氏로韓國漢城府民代表로推薦ᄒᆞ야答辭ᄒᆞ기로公佈ᄒᆞᆫ後芮氏가演壇에立ᄒᆞ거ᄂᆞᆯ鄭寅寬氏가忿然出席ᄒᆞ야厲聲大叱日爾芮宗錫아爾何名色으로民會에代表라敢稱ᄒᆞ고演壇에上ᄒᆞᄂᆞ뇨我國이雖微弱ᄒᆞ나以汝ᄂᆞᆫ爲代表ᄒᆞ면更無餘運일뿐더러汝乃壹進會中挾雜으로著名者인ᄃᆡ何敢唐突乃爾오若不下壇ᄒᆞ면卽當拳汝逐出ᄒᆞ깃노라ᄒᆞᄆᆡ芮氏가赧然而退ᄒᆞ니團中岡氏가鄭寅寬시를對ᄒᆞ야辨論ᄒᆞ여日芮宗錫시ᄂᆞᆫ漢城府民會에兪吉濬시가府民代表로渡送ᄒᆞᆫ者인ᄃᆡ君何敢如是오ᄒᆞ거ᄂᆞᆯ鄭시가便作色日兪吉濬은何許人이관ᄃᆡ一般府民에게公布도無ᄒᆞ고代表를擅自選定乎아君이兪吉濬의目的은可ᄒᆞ다ᄒᆞ야認定ᄒᆞ나나ᄂᆞᆫ豈肯認責ᄒᆞ리오ᄒᆞ니岡시도亦默然退去ᄒᆞ얏다더라

●觀光報復　日本에셔將次觀光團拾名이韓國에渡來ᄒᆞ야韓國內奇怪ᄒᆞᆫ物品을觀光ᄒᆞᆫ다더라

●政府支撥　今番觀光團一行의往還費가萬餘圜인ᄃᆡ此費를政府에셔沒數히支撥ᄒᆞ얏다더라

●肉塊戰々　前韓國閔泳韶氏가今番日本에觀光ᄒᆞᆫ時에鄭雲復氏에게言語關答에有何失禮이던지鄭氏가大端論駁ᄒᆞ얏다더라

●入場券送交　居留民團長熊谷이가來日曜日北闕內慶會樓에셔韓日親睦會를開設ᄒᆞᄂᆞᆫ事에對ᄒᆞ야當日使用ᄒᆞᆯ入場券을昨日에漢城府尹張憲植氏와漢城府民會長兪吉濬氏의게各五百枚式送交ᄒᆞ얏다더라

●改線竣工　京仁鐵道改線竣工이됨으로來拾六日仁川에셔宴會를設ᄒᆞᆯ터인ᄃᆡ總理以下各大臣其他元老에게請牒ᄒᆞ고同夫人을請ᄒᆞ얏다더라

●金融課增設　度支部內에將次金融課를設置ᄒᆞ고財政流通의方略을整理ᄒᆞᆫ다ᄂᆞᆫᄃᆡ必要ᄒᆞᆫ官吏幾名을增置ᄒᆞᆯ터이라더라

●醫師試取　內部醫務局에셔近日各地에配置下送ᄒᆞᆯ韓人醫師를試取ᄒᆞ기爲ᄒᆞ야日間에該局內에셔擧行ᄒᆞᆫ다더라

●巡査減額　近日以來로韓國巡査를多數減額ᄒᆞᆫ다ᄂᆞᆫ說은果報어니와近聞ᄒᆞᆫ則不遠間韓國巡査를減額ᄒᆞᆯ次로各警務署에셔ᄂᆞᆫ勤務年數를調査ᄒᆞ기에頗히精密ᄒᆞ다ᄂᆞᆫᄃᆡ旣히調査를終了ᄒᆞᆫ後에ᄂᆞᆫ恩賜金을逐年支撥ᄒᆞ야壹齊減額ᄒᆞ기로酌定되얏다더라

●森林調査　農商工부에셔昨年度에平安북道雲산에森林壹萬九千捌拾捌町步와江原道麟蹄에壹萬五千町步를實査ᄒᆞ얏슴으로本月에ᄂᆞᆫ技術官을全羅南道、江原道、平安북道에派遣ᄒᆞ야森林調査에着手ᄒᆞᆯ터이라더라

●宜乎査出　大韓協會에셔大韓公報라ᄂᆞᆫ新聞을創刊ᄒᆞᆫ다ᄒᆞᆷ은已報ᄒᆞ얏거니와近聞ᄒᆞᆫ즉何許人이該會를妨害的으로發표ᄒᆞᆷ인지此를憑藉ᄒᆞ야欺人騙財ᄒᆞᆯ目的인지不知ᄒᆞ거니와各觀知人에게聲言ᄒᆞ기를大韓公報라ᄂᆞᆫ新聞을設立ᄒᆞᄂᆞᆫ境遇이면已往貪虐官吏의行績을無不公布ᄒᆞᆯ터이니新聞設始初에捐金幾十圜式을預先寄付ᄒᆞᄂᆞᆫ것이安合ᄒᆞ다고勸誘ᄒᆞᄂᆞᆫ者가有ᄒᆞ다ᄂᆞᆫᄃᆡ該會에셔ᄂᆞᆫ此挾雜輩를査出코저ᄒᆞᆫ다더라

●貧戶調査　近日漢城內衛生費에對ᄒᆞ야貧民에怨聲이藉々ᄒᆞᆯ뿐더러收費金을辦出無路ᄒᆞ다ᄒᆞᆫ즉警廳에셔措處ᄒᆞ기爲ᄒᆞ야不日內로漢城內貧戶를選還調査以送ᄒᆞ라고漢城衛生會에셔再昨日에警務廳에照會ᄒᆞ얏다더라

●巡査竊用　近日以來로漢城內外各巫女輩가諸般妖言을做出ᄒᆞ야新禱이니發願이니稱ᄒᆞ고多數男女를誘引ᄒᆞ야東大門外往十里等地祠廟생황당에每日雲集ᄒᆞᆫ다ᄂᆞᆫᄃᆡ該附近派出所巡査ᄂᆞᆫ知而不禁ᄒᆞᆫ다고輿論이藉藉ᄒᆞ다더라

●面長頌德　槐山郡內山面々長□□□氏ᄂᆞᆫ前任勤務를自己家事와如히ᄒᆞ야當此農□時期에壹面이均樂業ᄒᆞᄂᆞᆫ故로一面內외셔一牌頌德ᄒᆞᆫ다더라

●嗚呼　淸州郡東部面基谷居ᄒᆞᄂᆞᆫ□□□氏가同郡[illegible]의抑勒히錢財를多數히被奪ᄒᆞᆫ가稱ᄒᆞ야京城地方裁判所에一狀을提ᄒᆞ얏다더라

●堂直招致　新門外慕華館等地使臣城隍堂에셔妖巫輩들이惑衆惑神ᄒᆞ야錢財를歛取ᄒᆞᄂᆞᆫ弊가近日尤甚ᄒᆞᆫ故로再昨日北部警察署에셔該堂直을招致訊問ᄒᆞ얏다더라

●圓覺廢止　西部夜珠峴圓覺社演劇場에셔ᄂᆞᆫ近日財政이枯渴ᄒᆞ야觀覽이最히零星ᄒᆞᆷ으로再昨夜부터因以廢止ᄒᆞ얏다더라

●崔氏慈善　南門外□興社客主崔□□씨가李源喆氏의生計無路ᄒᆞᆷ을矜惻ᄒᆞ야濟生堂과交涉ᄒᆞ야賣藥業케ᄒᆞᆷ으로崔氏의慈善心을稱頌ᄒᆞᆫ다더라

●砲殺巡査　日前에興陽郡에셔義兵數名이日巡査隊와交戰ᄒᆞ야巡査壹名을砲殺ᄒᆞ얏다더라

●義將入京　義將南某氏가日前上京ᄒᆞ야京城形便을探聞ᄒᆞᆫ다ᄂᆞᆫ故로憲兵司令部에셔秘密偵探ᄒᆞᆫ다더라

●强盜越獄　警廳에셔强盜李谷三等四名을捉得ᄒᆞ야審査後에京城地方裁判所로越交ᄒᆞ얏다더라

●謀殺日人　淸州府下居□昌根李基石兩氏가日人을謀殺ᄒᆞ다가[illegible]에日憲兵의게被捉ᄒᆞ야現今監獄署에滯囚ᄒᆞ얏ᄂᆞᆫᄃᆡ此事件에對ᄒᆞ야淸安郡西面九汀洞酒店居金應西氏를証人으로呼出ᄒᆞ야本日地方裁判所에셔訊問ᄒᆞᆫ다더라

●運動寄附　官立工業傳習所에셔昨日女學校運動會에懸賞品으로木綿絲十疋을寄付ᄒᆞ얏다더라

學界

●誠不在多　楊州郡上道面嘉梧堂에셔有志諸시가敎育을發達ᄒᆞ기爲ᄒᆞ야隆熙二年十壹月부터爲先勞働夜學校를設立ᄒᆞ고生徒五拾人을敎授ᄒᆞᄂᆞᆫᄃᆡ有志諸시가該校經費를多小不拘ᄒᆞ고爭先寄付ᄒᆞ며該里居ᄒᆞᄂᆞᆫ李模成시ᄂᆞᆫ家勢가貧寒ᄒᆞ야優數히寄附치못ᄒᆞᆷ을慨歎ᄒᆞ고其所吸ᄒᆞᄂᆞᆫ烟竹을放賣ᄒᆞ야該學校의持來寄附ᄒᆞ고學校의維持ᄒᆞᆷ을壹揚勤勉ᄒᆞ얏다더라

●婦人熱誠　黃海道長淵郡林主事元鎬씨太夫人은年滿七旬에各학校演說이나運動會에每々優數ᄒᆞᆫ賞品을捐給ᄒᆞ고人皆稱頌ᄒᆞᆫ다더라

●女師被選　東部蓮洞貞信女中학校學生黃惠愛시가釜山港私立女學校에敎師로被選된故로今夏期卒業后ᄂᆞᆫ下去敎授ᄒᆞᆯ터인ᄃᆡ將次釜港女子의進步가從此發達되리라더라

●運動盛況　五月四日黃海道松禾郡에셔海西聯合運動會를設ᄒᆞ얏ᄂᆞᆫᄃᆡ學生八百餘名이會集ᄒᆞ야終日活動에吳慶善林元相시가多數히施賞ᄒᆞ야諸學生의銳氣를勸奬하얏다더라

◎感荷義賻

大邱郡愛國婦人會에셔本社新聞社被說民表事에對ᄒᆞ야金三圜을寄贈ᄒᆞ얏기玆에感荷를表ᄒᆞ노라

▲地方消息

▲去月二拾九日靈岩郡亭揚북方約三拾里地에서義兵壹百五拾餘名이康津分遣所日憲兵九名及補助員貳拾七名과交戰ᄒᆞ얏다ᄒᆞ고

▲去月廿貳日淮陽郡서南方約四拾里地에셔義兵五拾餘名이同郡分遣所日憲兵壹名及補助員貳名과交戰ᄒᆞ얏다ᄒᆞ고

▲去月二十九日光州서南方約拾里地에셔義兵五拾餘名이木浦分遣所日憲兵下士壹名以下七名과補助員二十名과交戰ᄒᆞ얏다ᄒᆞ고

▲去月五日江原道芝岳東南約三拾里地에셔義兵十四名이同浦分遣所日憲兵壹名及補助員二名과交戰ᄒᆞ얏다ᄒᆞ고

▲本月一日白川郡서북方約四十里地에셔義兵四名이同郡分遣所日憲兵壹名及補助員三名과交戰ᄒᆞ얏다ᄒᆞ고

▲去月二十三日聞慶郡東북方約六拾里地에셔義兵六名이同郡分遣所日憲兵及巡査二名과交戰하얏다ᄒᆞ고

▲本月六日咸興郡서南方約八十里地에셔義兵七拾餘名이同郡邑산分遣所上等日憲兵壹名及補助員四名과交戰ᄒᆞ얏ᄂᆞᆫᄃᆡ補助員壹名이卽死하얏다ᄒᆞ고

▲本月壹日靑陽郡內에셔義兵拾五名이洪주警察署巡査와交戰ᄒᆞ얏다더라

五老字評

▲西山曉月依俙ᄒᆞ고東方曙色點어온ᄃᆡ晴窓加水蠟炬殘에時局事를慨嘆ᄒᆞ고愀然整襟危坐ᄒᆞ니鬚眉皓白五老人이叩門卽入列坐ᄒᆞ고紙筆墨을請ᄒᆞᆫ後에各各壹幅내던지고拮々然히歸去키로追後披閱ᄒᆞ여보니字々評論有味로다

▲第壹幅을펼쳐보니어질仁字評論일세仁字槪意말ᄒᆞᆯ진ᄃᆡ心之德과愛之理라어질仁字標準삼어事君ᄒᆞ면忠臣이오事親ᄒᆞ면孝子로다德以養身ᄒᆞᆯ것이오愛以交人ᄒᆞᆯ량이면其誰無敵ᄒᆞᆯ티인ᄃᆡ韓國今日此悲境은仁愛업ᄂᆞᆫ結果니라

▲第二幅을펼쳐보니옳을義字評論일세義字槪意말ᄒᆞᆯ진ᄃᆡ處得其宜이아닌가옳을義字標準삼어普天下를다준ᄃᆡ도非義어던不受ᄒᆞ고百斧鉞이當前ᄒᆞ되非義어던不屈ᄒᆞ면生死猶榮ᄒᆞᆯ티인ᄃᆡ韓國今日此悲境은義理업ᄂᆞᆫ結果니라

▲第三幅을펼쳐보니예돈禮字評論일세禮字槪意말ᄒᆞᆯ진ᄃᆡ國之幹과人之履라예돈禮字標準삼어修齊治平凡於事에非禮어던勿行이면누가敢히凌侮ᄒᆞᆯ사於國於人無禮코ᄂᆞᆫ必亡乃已ᄒᆞᆯ티인ᄃᆡ韓國今日此悲境은禮節업ᄂᆞᆫ結果니라

▲第四幅을펼쳐보니지혜智字評論일세智字槪意말ᄒᆞᆯ진ᄃᆡ心之機요化之妙라지혜智字標準삼어富强之術研究ᄒᆞ며文明之道發達ᄒᆞ며帷幄中에籌策ᄒᆞ고列强間에決勝ᄒᆞ면虎視天下ᄒᆞᆯ티인ᄃᆡ韓國今日此悲境은智識업ᄂᆞᆫ結果니라

▲第五幅을펼쳐보니밋을信字評論일세信字槪意말ᄒᆞᆯ진ᄃᆡ四端中에根本이라밋을信字標準삼어政令刑法必信ᄒᆞ고行功爵賞必當ᄒᆞ며國與國과人與人間於千萬事必信ᄒᆞ면天下歸重ᄒᆞᆯ티인ᄃᆡ韓國今日此悲境은信用업ᄂᆞᆫ結果니라

▲至哉로다此言이여不易之理이아닌가贅論ᄒᆞᆯ바업거니와又壹字를更加컨ᄃᆡ勇猛이란勇字로다韓人들이柔弱ᄒᆞ야此五端의興亡關係不知ᄒᆞᆫ것은아니언만知而不行ᄒᆞᄂᆞᆫ것은勇斷업ᄂᆞᆫ結果이니勇猛勇字標準삼어急急行進ᄒᆞᆯ지어다

社告

寧邊支社員金致億辭免ᄒᆞᆫ代에紅門里鄭德昇시로擇定ᄒᆞ고長淵支社員崔載淳氏辭免ᄒᆞᆫ代에崔東元氏로擇定ᄒᆞ얏스니各該郡에셔本報購覽ᄒᆞ시ᄂᆞᆫ 僉君子ᄂᆞᆫ照亮ᄒᆞ신後各該氏와交涉ᄒᆞ시옴

大韓每日申報社

雜報

●何事被捉　前判書閔泳錫氏家에載寧이라稱號ᄒᆞᄂᆞᆫ黃召史가有ᄒᆞᆫ대有何事件이던지日昨北部警察署에被囚ᄒᆞ얏다더라

●興廢無常　帝國實業會ᄂᆞᆫ壹般會員이解散되얏고商務組合部가更히擴張實施된다더라

●靑會開演　今日下午七時三拾分에鍾路靑年會館에셔紳士崔錫夏氏를請邀ᄒᆞ야演說ᄒᆞᆫ다더라

廣告

本人의姓名圖章을陰三月拾六日夜에遺失故로玆에廣告ᄒᆞ오니誰某拾得ᄒᆞ야도勿施ᄒᆞᆷ

慶南鎭海西面新安里李鎭誥 白

本人의所有始興ᄂᆞᆫ北面遠之牧里山坂의墓幕拾間文券과典執ᄒᆞᆫ上北面沙村權景奎의畓三斗落及草坪證明書와同里尹弘植山文券과下北牛坡里韓致寬의畓三斗落田半日耕文券과永金仁壽의家券을今年三月讀拾日夜失火時에並爲燒燼이기로玆以廣告ᄒᆞ오니內外國人은照亮ᄒᆞ옴

始興郡下北面上方下串里
黃主事晟淵

本所에셔細部圖根을敎授ᄒᆞ고鑛山遊基未墾地製圖書類를實習ᄒᆞ오니 僉員은來議ᄒᆞᆷ

上茶洞國民協同測量組合所 白

尹錫孝履源을以性燦으로改名ᄒᆞ오니知舊間照亮ᄒᆞᆷ鄕錄名은履燦

平北嘉山東面甘草里尹性燦 白

本島ᄂᆞᆫ處在鴨綠江中ᄒᆞ야每年潦漲에莫接이未由故로居民等이土屯壹坐를成築코저ᄒᆞᄂᆞᆫ데府下居金重涉시가生命保護ᄒᆞᄂᆞᆫ心으로土壤貳千坪을捐助ᄒᆞ야土屯을成讓케ᄒᆞ얏스니其恩意를難忘ᄒᆞ야玆에齊聲廣告ᄒᆞᆷ

義州光城面擲草島人民等 告白

本人이陽曆五月初四日에姓名圖章을서失ᄒᆞ얏스오니知舊間照亮ᄒᆞ시옴

平安北道龍川府府內面雲興洞十二統壹戶
金基鏞 白

准我西面이偏被歉荒ᄒᆞ야春窮이莫甚에糊口가無策ᄒᆞ고農貸가無路ᄒᆞ더니前面長李承儀와本面居紳士尹爕榮尹爲榮三시가人民救濟方針을演究ᄒᆞ야穀商劉仲行에게契約ᄒᆞ고租包三百石을貿來ᄒᆞ되代金은寬限擔當ᄒᆞ고租包를壹面에分給ᄒᆞ야落種을應用케ᄒᆞ며農糧을辦備케ᄒᆞ니民産保安에其惠가莫大ᄒᆞ니救恤에熱心을如此히注意ᄒᆞᆷ미於國於民에豈非萬幸也ㅣ리요李尹三시에河澤을難忘故로玆以廣布ᄒᆞᆷ

仁川西面民人等　李命夏　朴炳奎　鄭雲商　吳麗泳　鄭允澤

本人이本室에無子ᄒᆞ야再娶寡女ᄒᆞ니該女가前夫所生兒를持來ᄒᆞᆫ지라貳拾年을養育ᄒᆞ니姓은趙오名은孝俊이라再昨年에成娶시켜昨年에買家分居ᄒᆞ고錢三百兩을주엇더니孝俊이가性本浮浪ᄒᆞ야右錢을雜技에虛費ᄒᆞᆫ故로今年에家與鍮鼎器며根食家用汁物을買給ᄒᆞ엿더니雜技所負債에鍮鼎을賣給ᄒᆞ며外債를得用ᄒᆞ야本人의게懲出코ᄌᆞᄒᆞᆫ즉本人은與趙哥로少無關係이오니內外國人은勿見欺ᄒᆞᆷ

義州府南門外鄭汝尙 告白

大韓每日申報支社員鮮于鐵시가不幸이累月呻吟ᄒᆞ옵다가昨四月二拾四日下午壹時에逝去ᄒᆞ오니痛歎々々이라該시가本是平北鐵山郡人으로聚妻于三和郡甑南港이고自前年分의以興利次로來到經營ᄒᆞ와偶以身病으로閱月苦痛이옵ᄂᆞᆫ데該鄕則於該人許의四顧無親之地옵ᄂᆞᆫ데浦津港主人盧合甫시가憐其無奈之勢ᄒᆞ와昇去自巳之家ᄒᆞ여百藥治療而終無差效이옵다가竟至此境이오니亡人則本無壹分錢財而還聯藥價八拾餘圓을合甫시가全數擔當而出喪費가亦至四拾餘圓도히시가壹々擔當이기爲始老少間孰不稱讚이오며朴炳燮시도亦以亡人當病時와日夜侍不離側ᄒᆞ고至於小大便時의親自扶護을無異於自家兄弟之求病故로近人民이幷拍額口曰盧朴兩시ᄂᆞᆫ今世間兩시而已라如此兩시를必當頒布於天下이옵기로如是廣佈ᄒᆞᆷ

鐵城支社員安正진 告白

●朴長鎭氏族中京仁債主와邑村去來人이會同協議ᄒᆞ고數年비정을작정ᄒᆞ고速히오시기를바라오며本人을罪防次로上送ᄒᆞ기에如是仰告ᄒᆞ오니速히來臨을伏望ᄒᆞᆷ

海州　金萬鎬　告白

本會員尹始炳시가辭免ᄒᆞ얏습기公佈ᄒᆞᆷ

大韓勞動會　告白

●美國直輸入 懸鐘(禮拜堂과학校의用) 時計 大發賣廣告

本人이今般에本國內地에敎會兄弟와學界同胞의購買便利ᄒᆞ기爲ᄒᆞ야懸鐘。時計。兩種을美國으로輸入ᄒᆞ야廉價勵賣ᄒᆞ오니有志僉彦은爭先購買ᄒᆞ시고但遠方에셔注文ᄒᆞ시면郵便代金印還으로寄贈도ᄒᆞ깃습

懸鐘　大壹個 合貳圓　中小 捌圓廿錢　小小 五圓七拾五전

時計　上品壹箇九圓五拾錢　全次 大圓五拾錢

郵貨　時計懸鐘 本肆 自擔 不要ᄒᆞᆷ

京城南門內鉢谷口
明新 儈肆主 **李禎錫**

日語算術學員募集

甲乙班時間과學費ᄂᆞᆫ陽曆五月內로願學員은來問志願ᄒᆞ시오

鍾路廣耳洞大戶
大東旅館 **專門講習所**

本人이今大日陰三月拾七日에姓名章을서失ᄒᆞ얏스오니內外國人은照亮ᄒᆞᆷ

黃州南門外劉鎭衡　告白

學部檢定

初等 **植物學**　每課有도　定價金二十錢

初等 **動物學**　每課有도　定價金四十전

最新 **初等小學**　文明國의小學讀本制度를模範ᄒᆞ야精美ᄒᆞᆫ圖本을具ᄒᆞ고八卷을兩等으로合製　貳冊合製定價金五十錢

最新初等 **大韓地誌**　定價金四拾錢

最新高等 **大韓地誌**　定價金七拾錢

文明諸國地誌制度를模倣ᄒᆞ야漢陽의山水며各開港과拾三道郡縣과各港口와開市場과名山大川과都會勝地의形便을具ᄒᆞᆷ

初等 **大韓歷史**　文明國의歷史制度를從ᄒᆞ야我朝의 聖帝 明王과 賢相과 名臣烈士의彰蹟을具ᄒᆞᆷ　定價金七十錢

國家思想學　精神敎育　定價金二十五錢

憲法要義　國家敎育　價金二拾五錢

國文 **大韓十三道遊覽**　上下卷　定價金四拾錢

우리大韓國〈一道에名山大川과都會勝地를ᄌᆞ세히記載ᄒᆞᆫ故로 僉君子ᄂᆞᆫ次々證覽ᄒᆞ소셔

右敎科外ᄂᆞᆫ本書舖에셔發行ᄒᆞ오며此外에各種書籍이具備ᄒᆞ오니학校와 僉君子ᄂᆞᆫ來購ᄒᆞ심을爲望

販賣所
京城南部銅峴大廣街第三十五統五戶　**玉虎書林**
黃海道鳳山郡沙里院朝陽書館
分賣所　京鄕各有名書舖

미국시아틀대박람회　美國시아틀大博覽會

●**特別廣告**

經濟學原則에云ᄒᆞ얏스되夥多ᄒᆞᆫ產物에分排ᄒᆞᆷ을因ᄒᆞ야最大ᄒᆞᆫ權力이發生ᄒᆞᆫ다ᄒᆞ얏스니其權力을附ᄒᆞ야可爲善이오其權力을用ᄒᆞ야可爲惡이라其權力을其產物과及其產出者의改良進就ᄒᆞᆷ을爲ᄒᆞ야完全히善良ᄒᆞᆫ게利用ᄒᆞ면其權力의強大ᄒᆞᆷ을不可量ᄒᆞᆯ지라

我韓美興業株式會社ᄂᆞᆫ大韓帝國의商工業의基礎를建築而擴張ᄒᆞ고改良而發達ᄒᆞᆫ壹大強力의團合體이오이다

世界各國이不遠間에韓國에產物이有ᄒᆞᆷ을知得ᄒᆞᆯ깃ᄉᆞ오니此是故爲ᄒᆞ고此ᄂᆞᆫ非他라本會社에셔大韓同胞를代表ᄒᆞ야韓人이能히產物을產出ᄒᆞᄂᆞᆫ能力이有ᄒᆞᆷ을世界各方에發表ᄒᆞᆷ나이다

本社之印章

本社之商票

是故로本會社에셔ᄂᆞᆫ大韓帝國同胞中에思想이有ᄒᆞ야以眞相을料得ᄒᆞ야자自身分이各自其國家에對ᄒᆞ야擔負ᄒᆞᆷ이有ᄒᆞ고其國家가自巳의게孤負ᄒᆞᆷ은無ᄒᆞᆷ을知得ᄒᆞᄂᆞᆫ者로ᄆᆡ부러聯合ᄒᆞ기를願ᄒᆞ옵나이다

皇城磚洞
(京城郵便局郵函第四十號)
韓美興業株式會社

大美國에리쇼나省法律認可
副大韓駐美國總領事館登錄

●**特別廣告**

光武九年八月拾壹日 明治卅八年八月拾壹日 〔第三種郵便物認可〕 金曜日 西曆壹千九百九年五月拾四日 (壹)

大韓每日申報

第七卷 第壹千九拾五號

本社에서 ... 各種書冊을 請求하시면 特減 ... 以 ... 郵便으로 酬應하옵나이다

歲月 時曆 及日 休慶 節刊

檀君開國四千二百四十二年
箕子元年三千三十一年
大韓開國五百十八年
日本明治四十二年
淸國宣統元年
陰己酉三月小二十五日甲戌

Responsible for Publication Alfred Weekley Marnham.
發行兼編輯人 英國人 萬咸
發行所 京城南部石井洞外地三層洋屋 大韓每日申報社

論說

◎測量界의 怪狀

嗚呼라 私有山林測量事件이여 彊域은 數千里인대 測量을 卒業호 者ㅣ 幾人이며 期限은 數朔뿐인대 測量에 着手호 者ㅣ 幾人인고

凡此壹國同胞가 互相勸勉호며 互相保護호야도 오히려 不及호갯거늘 況此에 對호야 壹毫라도 妨害를 謀호며 魔戱를 試하는 者는 國民의 公賊이로다

近日에 所謂 大韓測量總管會와 大韓測量事務所가 頻々 爭鬪호야 全國測量界의 小風潮를 釀出호니 此果何等怪事오

大抵 測量이나 營業은 國民의 自由오 何許人의 命令 制勢를 不俟호는 者ㅣ라 何人이던지 測量技術을 學習홈도 自由오 測量事務所를 設立홈도 自由오 測量을 實施홈도 自由어날 彼所謂 測量總管이니 測量組合이니 호는 者는 果是何物인가

彼爭鬪의 孰非孰是는 世人眼中에 自在호즉 吾儕가 重疊論辨홀 必要가 無호지만 但只公憤을 忍치못호야 耳聞目睹호바ㅣ로 數言을 述호노라

大韓測量事務所의 何等弊害는 吾儕가 至今까지 得聞치못호얏슨즉 論評홀바 無호거니와 彼大韓測量總管會의 所爲는 豈船山人이 皆知호는바ㅣ라

彼가 已往 測量組合所의 後身으로 其面目을 改호야 大韓測量總管會가 되고 其勢力을 壹層擴張호니 其主張은 日 測量을 獎勵홈다호나 其精神은 私益을 獲取홈에 在호지라 於是乎 勢力家를 推호야 任員으로 戴호고 於是乎 檢閱證을 出호야 自由營業을 禁호고 於是乎 各道各邑에 支會를 設하야 保護金을 徵收호고 於是乎 會員에게 入會金과 月捐金을 收捧호고 於是乎 地方官吏의 勢力을 借호야 人民의 自由測量을 嚴禁호고 於是乎 大韓測量事務所의 官許를 繳消케 호야 他人의 營業을 撲滅호기로 極力運動하야 其勢焰이 愈去愈烈하도다

嗚呼라 彼에 彼가 何物이기 敢히 總管會라 自稱호며 彼가 何物이기에 敢히 檢閱證이 無호 者의 測量은 無效라 호며 彼가 何物이기에 敢히 人民의 自由營業을 禁止호는가 此가 實로 可痛하며 彼가 何心腸으로 保證金을 受호며 何心腸으로 入會金을 受하며 何心腸으로 月捐金을 受호야 此가 實로 可痛하며 又第壹可痛홀 者는 卽官府의 勢力을 借호야 人民의 自由를 壓迫호며 人民의 營業을 撲滅홈이 是라

彼가 各道各郡 地方官吏에게 圖囑호야 總管會 以外의 人民은 測量 萌芽를 며따도 証明을 與치아니케호니 嗚呼ㅣ라 總管會의 所爲는 姑舍호고 彼官吏輩는 總管會의 官吏이던가 엇지 其總管會의 命令을 忠順服從호며 ... 호는가

又 彼가 農商工部에 極力運動하야 大韓測量事務所의 官許를 자還케호고 反히 其勢力을 誇張호니 彼아모리 他人의 營業을 妨害호들 其無恥이 엇지 此極에 至호는가

蔽壹言호고 此皆 憑公營私 四字中으로 出來호 所爲라 嗚呼라 彼輩여 此日이 何日이며 此時에 此等不正호 手段을 弄호야 豚犬이 殘骨을 爭호는 狀態를 作호는가

又 此輩의 所爲는 黑白을 辨홀바ㅣ 無호거니와 彼地方人民이 或 此等風潮를 睹호고 疑惧의 心이 生호야 自由로 測量치못호고 撤督官을 延人호는 者가 許多호다 호니 嗚呼라 彼人民이여 其愚昧가 엇지 如此호가

吾儕는 公論을 秉호 者라 敢히 誰를 ... 며 誰를 惡호리오 只是正當호 者를 愛호고 不正當호 者를 惡호뿐이니라

因호야 全國人民에게 壹言을 告호노니 彼輩가 아모리 爭鬪를 事하며 아모리 變怪를 釀호더라도 諸公은 介意홀바ㅣ 少無호며 諸公은 躊躇홀바ㅣ 少無호며 諸公은 ... 慮홀바ㅣ 少無호지라 早々히 山林測量에 勉力호야 測量을 卒業호 者는 沒수히 測量호는 實施호며 山林이 ... 者도 沒수히 測量호야 ... 權利를 自獲호면 此는 法律範圍內의 自由行動이니 總管會가 奈何호며 官吏가 奈何호며 政府가 奈何호리오

雜報

大韓慶北大邱郡 愛國婦人會 ... 具紙燭代金 ... 獻又 數行하야 仰呈于 故大韓每日申報前社長 裵說氏之夫人 崩城之下曰

公은 英人也ㅣ라 惟我半島 ... 旣非同文之族 則 初無骨肉之誼而公之一節이 如爽同父母者는 執使之然也오 窮以爲義는 天地之正氣也ㅣ라 此氣壹從 自天地休而人道ㅣ 滅호나니 故로 天以日月星辰으로 照布之호고 地以山岳江河로 森列之호야 亘元流行에 無所間斷호니 公은 得其粹者也ㅣ라

本是邦호야 以壹筆노 砥柱於中流에 回狂瀾於旣倒하야 聾者ㅣ 始有聞호고 瞽者ㅣ 始有覺이라 臨我二千萬固有之靈臺호야 使各知所立이 雖貫膏血而不能勇호고 儀秦이 不能辯者ㅣ 存焉호니 嗚呼ㅣ라 向所謂昭乎森列者ㅣ 塞于兩間호야 以東西之遼而無異致則復何親疎之眼目哉아

今日之哭公者는 非哭其死也ㅣ라 哭其此氣之或泯也ㅣ러니 每每赤日東出에 見公之腔血이 亘萬古而不死也ㅣ라 復何痛哉아 伏惟 順變寬抑호야 從公之志而流公之業 ... 遂辭於是夫是 寔 ... 千萬千萬

詞藻

◎哭裵說公

月林生

東隣西海新芳年
造物無端太促緣
倘使其人還說勵
幻生高麗福音傳

壹往未來肉身何
芳名百世命 ... 歡
英男直筆功無暇
三月楊花淚送波

來自新國 筆吹雖容
任我東隣 節直無倫
中途 ... 眠 名姓 ... 雖
水咽山頹 ... 散 ... 人

小松散人

廣告

本湯을 停止이옵다가 今에 水道를 引用 開業호오니 僉君子는 愛顧호시옴

寺洞天一沐浴湯

本號住 廣東潮州府 普邑 曰 沙瀧 鋪開莊 親自督揀 頂上細緊花緇 葛清水定織 波羅袍料 頂與 각色 夏布 發客 歷有餘年 久蒙貴客歡迎 近有無恥之徒 假冒 本號元昌字樣 暗將次貨充雜 魚目混珠 希圖漁利 今於己酉年 爲始 特加盧字爲首 凡蒙仕商賜顧者 須將盧元昌字號 認明 庶不致誤

盧元昌主人 謹白

本店에 各種新舊書籍과 學校物品이 具備호온中 夏節 韓服 夾와 伴服 及 學徒 韓服 裝的 合宜 各樣織組를 製造호와 廉價 大發賣호오니 僉君子는 陸續 請求호심을 望홈

宣川郡 橋남 商務同事 總支店 白

本人의 所有 始興上北面 還之牧里 山坂 及 墓幕 殆間 文券과 典執호 上北面沙村 權景奎의 畓三斗落 及 草坪 証明書와 同里 李弘植 山文券과 下北牛坡里 律致寬의 畓三斗落 田半日耕 文券과 本金仁壽의 家券을 今年 三月 ... 拾日 夜 失火時에 並爲燒燼이기로 玆以廣告호오니 內外國人은 照亮호옵

始興郡下北面 上方下串里 黃主事 晟淵

本人이 陽曆 五月 初四日에 姓名圖章을 서 失호얏ㅅ오니 知舊間 照亮호시옴

平安北道 龜川府 府內面 ... 興洞 十二統 壹戶 金基範 白

京仁 ... 邑村 去來 ... 協議호고 ... 速히 오시기를 바라오며 本人을 尋訪 ... 上送 ... 如是仰告호오니 速히 來臨을 伏望홈

海州 金萬福 告白

本所에서 細部圖根을 敎授호고 鎭山漁基 去壁 ... 製圖書類 ... 買習 ... 오니 僉國 ... 來 ... 홈

上茶洞 國民協同測量組合所 白

美國直輸入 懸鐘(禮拜堂과 學校에 用) 時計 大發賣廣告

本人이 今般에 本國에 ... 地에 敎會兄弟와 學界同胞의 購買便利를 기爲호야 懸鐘·時計·兩種을 美國으로 輸入호야 廉價 酬應호오니 有 ... 彦은 爭先購買호시고 但 ... 方에서 注文호시면 郵便代金印還으로 寄 ...

懸鐘 大壽 個拾壹圓 中仝 捌圓卄錢 小仝 五圓七十五錢

時計 上品 壹箇 九圓五拾錢 仝次 六圓五拾錢

鄕貨 時計 懸鐘 本肆 自擔 ...

京城 北門內 鉢谷口 明新冊肆 主 李禎錫

日語算術學員募集

甲乙班 時間과 學資는 陽曆 五月 內 本館 學員은 來問 志願호사오

鍾路 廣耳洞 拾壹統 六戶 大濟旅館 專門講習所

本人이 今六日 陰三月 拾七日에 姓名章을 서 失호얏ㅅ오나 內外國人은 照亮홈

黃州 南門外 ... 告白

雜報

●運動御覽　大皇帝　皇后兩陛下께옵셔再昨日　大殿壇內에自內로　動駕ᄒᆞ옵셔官立高等女學校학徒等의運動擧行ᄒᆞᆷ을　御覽ᄒᆞ옵시고　皇后陛下께셔ᄂᆞᆫ賞金壹百圜을　下賜ᄒᆞ옵셧다더라

●來賓拉繩　再昨日官立女學校運動場에　大皇帝　皇后兩陛下께옵셔　御覽ᄒᆞ시기爲ᄒᆞ야婦人來賓中으로拉繩ᄒᆞ얏고　皇后陛下께옵셔還　御ᄒᆞ실時에ᄂᆞᆫ被奏任敎授二名을入　侍케ᄒᆞ셧다더라

●官吏敬安　大皇帝皇后兩陛下께옵셔再昨日女學校運動場에　親臨ᄒᆞ셧다가還　御ᄒᆞ시ᄂᆞᆫ路邊에洋服을着ᄒᆞᆫ官吏四名이不敬ᄒᆞᆫ態度로卷烟을吸煙ᄒᆞ얏다ᄂᆞᆫ데當時에捕捉치못ᄒᆞ고警察官吏가其官吏의氏名을現方偵探ᄒᆞᄂᆞᆫ中이라더라

●賞金寄付　再昨日　大報壇內에서官立高等女學校學徒가運動을擧行ᄒᆞᆷ은別項과如ᄒᆞ거니와總理大臣以下各部大臣이壹齊히進參ᄒᆞ얏ᄂᆞᆫ데總理리完用시가賞金二拾圜과리源鎔氏가十圜과尹高羅氏가五圜을寄付ᄒᆞ얏다더라

●會議數件　昨日內閣에서閣議案件을漏聞ᄒᆞᆫ즉地方費徵收件과吏員設置件과吏員監督의權限制定ᄒᆞᄂᆞᆫ件을提議ᄒᆞ얏다ᄂᆞᆫ대日간頒佈되리라더라

●接待預備　日本에서觀光團四拾名이渡韓ᄒᆞᆫ다ᄂᆞᆫ說은昨報에已揭어니와政府大臣과漢城民團에서該壹行出來ᄒᆞᄂᆞᆫ日에歡迎節次와接待節을預弊準備中이라더라

●團員苦惱　近日觀光團員壹同이今回渡韓ᄒᆞᆫ事에對ᄒᆞ야其가昨年經歷과何等事件을做用協議ᄒᆞ야存ᄒᆞᆫ가ᄒᆞ야兩日內로각團體偵察員들이輪回로逐々訪問ᄒᆞ며行動을觀察ᄒᆞᄂᆞᆫ故로該觀光團員의困難이莫甚ᄒᆞ다더라

●亡國事業　農商工部大臣趙重應시가本大臣被任後로諸般行政을概擧ᄒᆞᆫ즉森林修業次로ᄂᆞᆫ年度에橡實二百餘石을日本서轉入經冬ᄒᆞᆫ지라十分의九分은擧皆朽敗ᄒᆞ야不得種植케되얏고水原郡勸業模範場은累萬圜의巨額을費ᄒᆞ야設置ᄒᆞᆫ것인ᄃᆡ各項穀種과菜蔬等을人民이模範키ᄂᆞᆫ姑舍ᄒᆞ고ᄒᆞᆫ갓日本官吏의食料品으로用盡無餘라ᄒᆞ고且水原郡西屯防築에養魚ᄒᆞᆫ다稱ᄒᆞ고生鮮種子를日本에注文以來ᄒᆞ얏ᄂᆞᆫ데太半이나失縮되얏다더라

●學大批評　學部大臣리載崑시가學事視察ᄒᆞ기爲ᄒᆞ야來貳拾日頃에江原及咸鏡南道等地로發程ᄒᆞᆫ다이라ᄂᆞᆫ데來往期日은三週日로定ᄒᆞ얏다더라

●彼亦明見　韓日親睦會를發起組織ᄒᆞᆷ은近日以來로喧藉ᄒᆞᄂᆞᆫ바어니와此事에對ᄒᆞ야日人側에셔도或批評ᄒᆞ기를親睦ᄒᆞᆫ다ᄂᆞᆫ名稱은雖好ᄒᆞ나空然히會費만虛費ᄒᆞ고形式에不過ᄒᆞᆷ이라ᄒᆞᆫ다더라

●學次聲明　學部次官俵孫壹이가학部內外國官吏의게聲明ᄒᆞ기를今番韓日親睦會에參不參은自由爲之ᄒᆞ고人의勸告ᄂᆞᆫ勿聽ᄒᆞ라ᄒᆞ얏다더라

●岡氏宴會　內部次官岡喜七郞이가昨日下午六時에翡翠樓에셔晩餐會를設ᄒᆞ고度支部大臣과財務會議事로上來ᄒᆞ얏던地方各財務監督局長을請邀宴待ᄒᆞ얏다더라

●不精失官　宮內府官房日本人主事佐野를免本官ᄒᆞ기로內定되얏다ᄂᆞᆫ데其理由를聞ᄒᆞᆫ즉府官某氏의出入ᄒᆞᄂᆞᆫ門牌를見失ᄒᆞ얏다가佐野의周旋으로門牌를更得ᄒᆞᆫ後로自然情分이有ᄒᆞᆫ데官吏의不精ᄒᆞᆫ態度라ᄒᆞ야免官ᄒᆞᆷ이라더라

●離鄕死所　內部鐵道調査局에永同郡鐵道에犯入ᄒᆞᆫ民有地段을調査ᄒᆞᆫ後에ᄒᆞᆫ價額을尙今延拖不給ᄒᆞᄂᆞᆫ故로ᄒᆞᆫ地主가該局에入去ᄒᆞ야價金을推尋ᄒᆞᆫ즉該局日人官吏가延期推托ᄒᆞ며堪邊柳枝를指示ᄒᆞ야日飢死之境이거던彼柳枝에結項自縊ᄒᆞ라ᄒᆞ미該地主가不勝憤鬱ᄒᆞ야退出ᄒᆞ얏다더라

●官吏納賄　大韓칙냥總督會에셔大韓칙냥事務所를謀害코져ᄒᆞ야事務所의官許를작還ᄒᆞ도록運動ᄒᆞᆫ다ᄒᆞᆷ은已揭어니와ᄒᆞ會에셔農商工部의韓人官吏壹二人을暗托私賄ᄒᆞ야期於작還케ᄒᆞᆫ다ᄒᆞ나ᄒᆞ部當局者들은此事實을調査ᄒᆞ야穩當歸正하기로ᄒᆞᆫ다ᄒᆞ니吾儕도此를調査ᄒᆞ야彼壹二官吏輩의姓名도露出ᄒᆞ려니와其挾雜의行動도攻討ᄒᆞ겟노라

●別般禁止　近日各巫女輩가多數男女를歎惑ᄒᆞ야東小門外往十里城황堂에每日雲集祈禱ᄒᆞᆫ다ᄂᆞᆫ說은昨報에已揭어니와更聞ᄒᆞᆫ즉當地警察署에셔別般禁戢ᄒᆞᆷ으로別巡査를密派ᄒᆞ야這々捕捉ᄒᆞ기로決定하얏다더라

●會長改選　壹進會副會장洪肯燮氏ᄂᆞᆫ近日에何等事件을因ᄒᆞᆷ인지ᄒᆞ任을辭免ᄒᆞᆫ代에尹始炳氏가被選ᄒᆞ얏다더라

●營業障碍　西部盤石坊家僧某某等이七八年을家僧로營業ᄒᆞ다가他所幹이有ᄒᆞ야壹個年廢業이다가更히該營業을開設코저ᄒᆞᆫ즉銅峴家僧洪昌益等이百般沮毁曰契中에錄文四百兩을辭納ᄒᆞᆫ後開業ᄒᆞ라ᄒᆞ며無數詰難ᄒᆞᄂᆞᆫ故로該家僧等이漢城府에呼訴ᄒᆞ얏다더라

●永民恐惶　永川郡來人의傳說을據ᄒᆞᆫ즉小太白산附近地에義兵이屯據ᄒᆞ야勢甚熾盛ᄒᆞ다ᄒᆞᆷ으로永川郡守備隊에셔討伐次準備ᄒᆞ고小太白산近地人民의게豫先告示ᄒᆞ기를居留人民들이他處로移居치아니ᄒᆞ면可謂玉石이俱焚될더이라ᄒᆞ얏다ᄂᆞᆫ데該々ᄒᆞᆫ情狀이塗炭을難免이라고ᄒᆞᆫ다더라

●藉勢行惡　북部龍동居崔四文이가鐵路雇傭으로外人을藉勢ᄒᆞ고平民의게行惡이無雙ᄒᆞ더니數日前에該동居ᄒᆞᄂᆞᆫ兪永根氏를無端亂打에衣冠을裂破ᄒᆞᆫ지라兪氏가再昨日北部警察署에呼訴ᄒᆞ얏다더라

●轉毬風波　再昨日下午八時냥에何許人力車夫二名이泥醉ᄒᆞ야南部竹동近地日人轉毬店에셔轉毬遊戲를多數히ᄒᆞ야其間損失금이夥多ᄒᆞᆫ지라忿痛ᄒᆞᆷ을不勝ᄒᆞ야ᄒᆞᆫ금을還爲出給ᄒᆞ라ᄒᆞ고ᄒᆞᆫ日人을對ᄒᆞ야無數恐喝詬辱ᄒᆞ며因以ᄒᆞᆫ店을擊破ᄒᆞᆷ으로ᄒᆞᆫ다가壹塲풍波가大起ᄒᆞ얏다더라

●李氏還來　太韓新聞社장李人稙氏가日本에前往ᄒᆞ야屢月逗留ᄒᆞ다가日昨에還國하얏다더라

●畿湖通常會　畿湖흥學會에셔本月拾五日土曜下午二時에通常總會를該會館에開ᄒᆞ고事務를處理ᄒᆞᆫ後에학問家로著名ᄒᆞᆫ柳壹宣氏와呂夏兩氏가演說ᄒᆞᆫ다ᄂᆞᆫ데傍聽을許ᄒᆞᆫ다더라

學界

●祥原祥東　祥原郡祥雲學校ᄂᆞᆫ光武十年度의設立인바經費가窘拙ᄒᆞ야成樣末由이더니該校事務員田龍鉉시가大小事項을觀若已任ᄒᆞ고熱心勸勉ᄒᆞᆷ不是라同郡同面祥東學校任員의게何如히勸告ᄒᆞ얏던지該校任員이壹致可決되여兩校를合設壹校ᄒᆞ고紳士諸시가義捐을爭先ᄒᆞ야五六百圜에達ᄒᆞ고該동居驪州學氏ᄂᆞᆫ門契田數拾日耕과동契田을多數寄附ᄒᆞ야學校를壹層擴張ᄒᆞ고校名은祥東學校라改稱ᄒᆞ얏ᄂᆞᆫ데生徒가百餘名이오校況이日益興旺ᄒᆞ야將有進就之望이라더라

●學界希望　黃海道松禾郡吳慶善시ᄂᆞᆫ有名ᄒᆞᆫ財產家나頑梗ᄒᆞᆫ心膓을버셔지못ᄒᆞ얏더니該郡運動會時에各學生의活潑ᄒᆞᆫ運動에感服이되여當塲에嗣獎ᄒᆞ고敎育에從事치못ᄒᆞᆷ을衆人中에說明ᄒᆞ고自今以後로ᄂᆞᆫ학界에獻身ᄒᆞ기로決心自願ᄒᆞ얏다니松禾郡敎育界ᄂᆞᆫ從此擴張이될줄노希望ᄒᆞᆫ다더라

●曾昌發達　金川郡地方委員朴元培시가該郡私立曾昌學校實務長으로敎育을熱心勸獎ᄒᆞ더니今春에錢千四百兩을捐助ᄒᆞ얏다고該地人士가稱頌ᄒᆞ며又該郡商務社에셔該社所有沓八斗落을寄付ᄒᆞ여校費를補用케ᄒᆞ얏다더라

●隆德興旺　黃海道鳳山郡私立隆德學校ᄂᆞᆫ經費가艱絀ᄒᆞ고任員이缺乏ᄒᆞ야將至廢閉러니本郡守申佐均시와郡主事李寅根시와本校與學模殊시等이血誠으로國郡有志紳士와協力ᄒᆞ야捐金을收聚ᄒᆞ고敎師權必現시를延聘ᄒᆞ야熱心敎導ᄒᆞᆷ으로進就之望이有ᄒᆞ다더라

◉感荷義賻　本社前社長裴說氏의喪事에對하야本社支社員徐相鎬氏가金五圓을賻儀ᄒᆞ얏기로其盛意를感表ᄒᆞ노라

▲地方消息▼

▲五月壹日全羅南道綾州郡西方約拾里地에셔義兵拾五名이仝地分遣所日憲兵壹名과補助員三名及巡查壹名과衝突ᄒᆞ얏다ᄒᆞ고

▲五月壹日全羅南道장城郡南方約二十里地에셔義兵約五拾名이天安日兵分遣隊에셔發ᄉᆞ포分隊로派遣ᄒᆞ엿가ᄂᆞᆫ日憲兵三名及補助員九名과衝突ᄒᆞ얏다ᄒᆞ고

▲五月壹日長城郡西南方約拾五里地에셔義兵八名이同郡東북方約三拾里藥水亭分遣所日憲兵壹名及補助員四名과衝突하얏다더라

▲九曲春境▼

▲靑天白日빗쳐업고洌풍暴雨漠々ᄒᆞ니暗黑乾坤되얏고나此日此時大丈夫가鬱々久居참아ᄒᆞᆯ가靑芒鞋를썰쳐신고短竹杖을넙며집고名산名水ᄎᆞᄌᆞ가셔ᄎᆞ례ᄎᆞ례玩賞ᄒᆞ다

▲壹曲山水도라드니上層下層向陽岸에芳艸쳐々도다ᄂᆞᆫ다아름답다더芳艸ᄂᆞᆫ大寒小寒겨그면셔再生心ᄒᆞ漸장ᄒᆞ야芳香芬色일우웟네見物生心우리들도져艸心이더와ᄀᆞᆺ치

▲二曲山水도라드니碧溪之上白雲間에大岳屹々雄立이라아름답다더大岳은千秋萬歲지나면셔確立志를不變ᄒᆞ야於古於今壹般일세見物生心우리들도確立志를더와ᄀᆞᆺ치

▲三曲山水도라드니層岩絶壁崎嶇ᄒᆞᆫ데靑松鬱々獨秀로다아름답다더靑松은寒풍嚴霜지나면셔堅忍節을구지직혀四時장春푸르럿네見物生心우리들도堅忍節을더와ᄀᆞᆺ치

▲四曲山水도라드니千峯萬壑雄壯ᄒᆞᆫ데幽林深藪隱映ᄒᆞ다아름답다더林藪ᄂᆞᆫ含雲吐霧變ᄒᆞ면셔大經綸을包藏ᄒᆞ야草木群生化育ᄒᆞ네見物生心우리들도大經綸을더와ᄀᆞᆺ치

▲五曲山水도라드니百道飛泉모혀드러壹平川이되얏도다아름답다더平川은晝夜不息흘으면셔勇往心을益奮ᄒᆞ야放于河海到達ᄒᆞ네見物生心우리들도勇往心을더와ᄀᆞᆺ치

▲六曲山水도라드니萬丈千丈石壁上에瀑布水가걸녓도다아름답다더瀑布ᄂᆞᆫ奇巖怪石헤처면셔活動力을奮發ᄒᆞ야飛珠噴雪ᄒᆞ려오네見物生心우리들도活動力을더와ᄀᆞᆺ치

▲七曲山水도라드니兩岸복숭嬋姸ᄒᆞᆫ데名花爛發ᄒᆞ얏도다아름답다더名花ᄂᆞᆫ和풍暖雨밧으면셔文明彩를發揮ᄒᆞ야錦綉香國일우웟네見物生心우리들도文明彩를더와ᄀᆞᆺ치

▲八曲山水도라드니衆山漸斷水漸平에隅平野멀니뵌다아름답다더平野ᄂᆞᆫ刀山劍水ᄯᅥ친곳에福樂園을일우고져明水媚平舒힛네見物生心우리들도福樂園을더와ᄀᆞᆺ치

▲九曲山水도라드니ᄉᆞ鏡水川曾潤ᄒᆞᆫ데別有天地여긔로다아름답다더天地ᄂᆞᆫ名山名水도흔곳에太平世를自成ᄒᆞ야華嚴奇麗壯觀일세見物生心우리들도太平世를더와ᄀᆞᆺ치

社告

李逵支社員金致億辭免ᄒᆞᆫ代에紅門里鄭德昇시로擇定ᄒᆞ고長淵支社員崔戩淳氏辭免ᄒᆞᆫ代에崔東元氏로擇定ᄒᆞ얏스니各該郡에셔本報購覽ᄒᆞ시ᄂᆞᆫ 僉君子ᄂᆞᆫ照亮ᄒᆞ신後各該氏와交涉ᄒᆞ시옵

大韓每日申報社

雜報

●靑會懇親　今日下午七時三拾分에鍾路靑年會館에셔聖經研究ᄒᆞᄂᆞᆫ諸員이懇親ᄒᆞ기爲ᄒᆞ야茶果會를設行ᄒᆞᆫ다더라

●隨聞更揭　帝國實業會의壹般會員이解散ᄒᆞ얏다ᄒᆞᆷ은隨聞揭載ᄒᆞ얏더니更聞ᄒᆞᆫ則該會所를將次移接ᄒᆞᆯ터인故로門牌를撤去ᄒᆞᆫ所以로一時誤傳ᄒᆞᆷ이라더라

廣告

本月十五日(土曜)下午二時에通常總會를本會館內에開ᄒᆞ고事務를處理ᄒᆞᆫ後傍聽을許ᄒᆞ고演說ᄒᆞ깃ᄉᆞ오니本會員은齊齊來臨ᄒᆞ시옵

演題　國民의覺性　演士　崔錫夏

成功은我의確立ᄒᆞᆫ位置에셔決定ᄒᆞᆷ　柳豈宣

畿湖興學會　告白

本店에셔運送營業을擴張ᄒᆞ기爲ᄒᆞ야合資금을積立ᄒᆞ고今月부터運搬貨物을取扱ᄒᆞ오니京鄉各社에셔照亮爲望

新安州驛前 東華運送合資支店

摠務 林錫珠　財務 崔燦奎 김자敏 崔成恒

靑坡三契居崔景玉處三千兩貸用手票壹丈과壹契拾統九戶張錫煥神家大廣立旨貳丈과二契拾大統七戶申鎣燁神家七間立旨二丈과四契五拾九統十壹戶李士弘家神家三間立旨二丈을並逢賊ᄒᆞ야失ᄒᆞ얏기로玆以廣告ᄒᆞᆷ　西部靑坡三契　崔兌鉉

本人名字　澤字改名ᄒᆞᆷ　辛暎德

南部明哲坊雙林洞壹百三拾九統五戶草家拾四間文券을世서失ᄒᆞ얏스니誰某拾得ᄒᆞ여라도休紙施行ᄒᆞᆷ　家主許俊明　白

本所總會를本月拾五日下午壹時(陰三月廿六日)에開ᄒᆞ니僉宗은居期來臨ᄒᆞ시옵

金海金氏宗約所　白

本島ᄂᆞᆫ處在鴨綠江中ᄒᆞ야每年潦漲에莫接이未由故로居民等이土屯壹坐를成築코저ᄒᆞᄂᆞᆫ디府下居金重涉시가生命保護ᄒᆞᄂᆞᆫ心으로土疤貳千坪을捐出ᄒᆞ야土屯을成様케ᄒᆞ얏스니其恩意를難忘ᄒᆞ야玆에齊聲廣告ᄒᆞᆷ

義州光城面柳草島人民等告白

惟我金氏肇自百濟豈至大韓勳封巨卿積德餘慶蹯於東土繇世遷人亡文殘學弛朝野文獻每每漏誤則誰可曰吾祖有孫之勳倦氏族乎爲其后孫者莫不慨然痛哭之秋也况今政府新增文獻備考시族考之紊亂倒誤藝文考之殆盡流漏亦多誤姓故屢訴政府期於正誤以雪祖宗之辱以免雲仍之罪倒誤事件墳墓等節左開廣布各派僉宗務盡文獻備考拾卷族考에金氏始祖諱酉百濟歡城君子諱虎翼恩率公은誤書後孫이고七世孫諱宣新羅旌善君은倒書始祖之上行이고자貫派始祖ᄂᆞᆫ紊亂誤諱이며二拾十卷科考試官全孝印誤金試官全昇誤金壯元全伯英誤金拾八卷壯元全有亨誤金四拾貳卷藝文考白玉洞書院全提誤金忠愍祠全尙毅誤金淸溪書院全致遠誤金慕忠祠全德麟誤金四拾五卷政丞全承澤誤金四拾七卷弘文考忠建公全樂誤建文靖公全世桂誤金忠肅公全忠佑誤金諡武節公全仁亮誤金安敬公全晉門誤晋文平公全伯英誤金忠簡公全提誤金義愍公全有亨誤金敏大東紀年第三卷八張前面价川郡守全尙毅誤金四拾張前面全提誤金第四卷拾貳張後面捕盜大將全東屹誤金

旌善君諱宣公墓所가在於旌善瑞雲山而戊子年山訟已掘地이偸塚又逼이며政丞號巖谷諱承澤公墓所가在於鐵原巖山而墓域崩頹이며石陵君諱龍公墓所가在於始興雲山而偸塚散逼ᄒᆞᆷ

京西小門外冶洞貳拾六統九戶　全氏大同譜所　告白

本人의姓名圖章을陰三月拾六日夜에遺失故로玆에廣佈ᄒᆞ오니誰某拾得ᄒᆞ야도勿施ᄒᆞᆷ

慶南鎭海西面新安里學校議

●慶北寧海郡南面丑山居私立爲山學校發起人晉約書全文如左

凡我同志八金有鎰朴鳳弼朴永植等三拾四人이締結誓約日現下學校設始가無處無之인바慶北本省으로言之라도郡邑에已皆設立이되惟我全郡이睡夢을未醒ᄒᆞ야徒尙舊習에使靑年子弟로終日向壁而坐ᄒᆞ야誦讀爲事에腦髓가貫徹치못하고思想이奮揚치못ᄒᆞ야學問上效果가無ᄒᆞᆯ뿐不啻라身體上保護도難ᄒᆞᆯ새慮ᄒᆞ여또ᄒᆞᆫ身脉과個人의身體라도國家의關係가不尠ᄒᆞ니雖其曾日이라도余等이엇지早自圖成치아니ᄒᆞ리오이에財政을鳩聚ᄒᆞᄌᆞ基本財産又ᄂᆞᆫ寄付出資金收入額이貳千圓에達ᄒᆞ니可謂完全ᄒᆞᆫ학校라稱ᄒᆞᆯ지라來頭校況興旺은惟我三拾四人의雙肩上에擔任이되고國家에振興ᄒᆞᆯ希點은학徒全般의雙肩에專任이로大ᄒᆞ도다此에對ᄒᆞ야義務熱心이雖寢食間이라도豈可少弛乎아况我賢侯具鍾鳴氏가前後訓誨勤勉ᄒᆞ신言이節節이感謝ᄒᆞᆯ뿐더러學校設立ᄒᆞᆯ當地에지觀察하시니余等이益益勵ᄒᆞ야堅乃志氣ᄒᆞ야爲山學校에程度가九仞에到達ᄒᆞ기까지壹心贊成ᄒᆞ기爲ᄒᆞ야誓約을成立하노라

監督 具鍾鳴　校장 김有鎰　校監 朴鳳弼　贊成장 洪在祺

學部檢定

初等植物學　每課有圖　定價金三十錢

初등動物學　每課有圖　定價金四十錢

最新初等小學　文明國의小學讀本制度를模範하야精美ᄒᆞᆫ圖本을具ᄒᆞ고八冊을四卷으로合製ᄒᆞᆷ　貳冊合製定價金五십錢

最新初等大韓地誌　定價金四拾錢

最新高等大韓地誌　定價金七拾錢　文明國地誌制度를模倣ᄒᆞ야漢陽의山水며宮闕圖와拾三道地圖와各港口와開市場과名山大川과都會勝地를具ᄒᆞᆷ

初등大韓歷史　文明國의歷史制度를從ᄒᆞ야我國의聖帝明王의勳賢과忠臣烈士의影幀을具ᄒᆞᆷ　定價金七十錢

國家思想學　精神敎育　定價金二十五錢

憲法要義　義務敎育　定價金二拾五錢

國文大韓十三道遊覽　上下卷　定價金四拾錢　우리大韓國拾三道에名山大川과都會勝地를구경코ᄌᆞᄒᆞᄂᆞᆫ僉君子ᄂᆞᆫ速速購覽ᄒᆞ소셔

右敎科書ᄂᆞᆫ本書林에셔發行ᄒᆞ오며此外에各種書籍이具備ᄒᆞ오니外鄉僉君子ᄂᆞᆫ速速來購ᄒᆞ심을爲望

原賣所　京城南部銅峴大四街第三十五統五戶　玉虎書林

分賣所　黃海道鳳山郡沙里院明新書館　京鄉各有名書舖

美國시아틀大博覽會　미국시아틀대박람회

●特別廣告

經濟學原則에云ᄒᆞ얏스되夥多ᄒᆞᆫ産物을分析ᄒᆞᆷ을因ᄒᆞ야最大ᄒᆞᆫ權力이發生ᄒᆞᆫ다ᄒᆞ얏스니其權力을用ᄒᆞ야可爲善이오其權力을用ᄒᆞ야可爲惡이라

其權力과其産物과及其産出者의改良進就ᄒᆞᆷ世爲ᄒᆞ야完全히善良ᄒᆞ게利用ᄒᆞ면其權力의强大ᄒᆞᆷ을不可量ᄒᆞᆯ지라

我韓美興業株式會社ᄂᆞᆫ大韓帝國의商工業의基礎를建築而擴張ᄒᆞ고改良而發達ᄒᆞᆯ寬大强力의團合體이오이다

世界各國이不遠間에韓國에産物이有ᄒᆞᆷ을知得ᄒᆞ깃ᄉᆞ오니此ᄂᆞᆫ故爲ᄒᆞ고此ᄂᆞᆫ非他라本會社에셔大韓同胞를代表ᄒᆞ야韓人이能히産物을産用ᄒᆞᄂᆞᆫ能力이有ᄒᆞᆷ을世界各方에發表ᄒᆞ나이다

本社之印章

本社之商標

是故로本會社에셔ᄂᆞᆫ大韓帝國同胞에게思想이有ᄒᆞ야ᄯᅥᆫ眞相을料得ᄒᆞ야각自身分이各自其國家에對ᄒᆞ야擔負ᄒᆞᆷ이有ᄒᆞ고其國家가自已의게孤負ᄒᆞᆷ은無ᄒᆞᆷ을知得ᄒᆞᄂᆞᆫ者로며부러聯合ᄒᆞ기를願ᄒᆞᆷ을나이다

皇城磚洞

(京城郵便局郵函第四十號)

韓美興業株式會社

●特別廣告

大美國에라쇼난肖法律認可ᄒᆞᆫ韓國에國總領事館登錄

社告

○申報價

壹張代金 新貨…

壹個月前納 …

參個月 …

陸個月 …

壹個年 …

郵稅壹張 新貨…

壹個月 …

◎廣告料

四號活字拾參字詩每日壹寸(英尺)貳週日壹寸에壹個月壹寸에

(自壹行至四行…)其期限의長短에依ᄒᆞ야增減홈이有ᄒᆞᆷ

◎大韓每日申報各處支社

平安道

平壤鍾路太…

三和港牌石洞…

義州南門外…

鐵山邑東部…

車輦館

定州南門內…

博川郡邑…

安州城內…

京義線…

龍川楊市

龍川南面…

龍川남市驛

朔州邑남門…

泰川邑館前…

寧邊郡…

江西邑內

成川郡上部面

…川郡…

黃海道

海州…

安岳…

長淵邑…

咸鏡道

…州南…

沙里…

全羅道

…

京畿道

仁川…

忠淸道

…

慶尙道

大邱…

江原道

鐵原邑…

光武九年八月拾壹日 明治卅八年八月拾壹日 〔第三種郵便物認可〕 土 曜 日 西曆壹千九百九年五月拾五日 （壹）

大韓每日申報

第七卷 第壹千九拾六號

月曜及慶節
歲時日休刊

檀君開國四千二百四十二年
箕子元年三千三十一年
大韓開國五百十八年
日本明治四十二年
淸國宣統元年
陰己酉三月小廿六日乙亥

Responsible for Publication Alfred Weekley Marnham.
發行兼編輯人英國人 萬咸
發行所
京城南部石井洞第外地三層洋屋
大韓每日申報社

寄書

◉無名의多數小英雄을求홈

李榮勳

大抵英雄이時勢를造하고時勢가英雄을造하나니全世界歷史上에法國의拿破崙과美國의華盛頓과德國의俾斯麥과意太利의瑪志尼加里波的이다近世에著名흔英雄이오我大韓歷史上에永樂大王、乙支文德、金庾信、姜邯贊、李舜臣諸氏는卽我東方에古來로最著흔英雄이니此幾個英雄은皆時勢를造하야千萬古에不世의英雄事業을建立흔者라

噫라我한現今時代가卽英雄을渴望하는時代라謂흘지라如斯히悲境에至흔國運을挽回하며死地에陷흔民族을拯濟흘者가英雄其人이아니면誰리오所以로遲國輿情이莫不拭目而待之曰乙支文德金庾信諸氏와如흔英雄이何處에隱逸하얏스며拿破崙華盛頓俾斯麥과如흔英雄이何時에現出하깃나뇨하야或默々히上天에祈禱하는者도有하며或名山佳谷과屠販市井之間에尋訪하는者도有하나愚의渴望하는바는著名흔幾個大英雄에在치아니하고無名흔多數小英雄에在하다하노니何謂오假使拿破崙手下에多數흔無名小英雄이아니면席捲全歐의大事業을成치못하얏슬거시오華盛頓手下에多數흔無名小英雄이아니면獨立自主의大事業을成치못하얏슬거시오俾斯麥手下에多數흔無名小英雄이아니면雪恥中興의事業을成치못하얏슬지며永樂大王乙支文德金庾信諸氏의手下에多數흔無名小英雄이아니면엇지權貨遺都에非常흔大光輝를顯하얏스리오

然흠으로現今我韓에도多數흔無名小英雄이아니면雖幾個大英雄이輩出흘지라도救國治民의大功業과獨立自由의大事業을成치못흘지니然則我韓今日에最히渴望흘者는多數흔無名小英雄이아니며오所謂無名흔小英雄者는甘茂之才도아니오孟賁之勇도아니오項羽의力拔山하던氣槪도아니오張子房의決勝千里하던謀策도아니라惟是愛國的熱血이腦髓에充滿하야起居坐臥에心不離於國하며飮食談笑에心不忘乎國하며生於愛國하며死於愛國하야精神도愛國이오夢寐도愛國이오活動도愛國인男子가是也라壹般社會界에도此小英雄이多數하고各校學生界에도此小英雄이多數하고農工商實業界에도此小英雄이多數하고女子社會에도此小英雄이多數하고勞働社會界에도此小英雄이多數하면東洋半島에嶄新大帝國이突然獨立하야中興光輝가全球에照耀하야萬歲無疆흔福樂을享受하리니와若此無名흔小英雄이아니며비록大英雄이有흘지라도藉手成功흘바無흘지로다所以로愚의渴望하는바는無名흔小英웅에在하다하노니惟我壹般同胞는忠君愛國하는熱誠으로其英웅事業에對하야他人을待치말고自已를英웅으로確信하며他人의게讓치말고自己를英웅으로自任흘지어다英웅이別人이아니라個々身上에英웅事業이自在흠인즉惟我二千萬同胞가個々愛國的思想이奮發하면二千萬個大영웅이出來흘줄노確認하노니엇지華盛頓乙支文德이更無흠을慮하리오惟我二千萬영웅同胞여

▲隆熙三年二月二拾六日 官報

法律（續）

第十條 書簡。通信。報告。社則。引札。廣告。諸藝의次第書。諸種의用紙의類及寫眞을出版하는者는第二條第六條第七條에依흠을不要흠 但第拾壹條第壹號第二號第三號에계當하는境遇에는本法을依하야處分흠

第十壹條 許可를得치아니하고出版흔著作者。發行者는左의區別을依하야處斷흠

壹 國交를阻害하거나政體를變壞하거나國憲을紊亂하는文書圖畫를出版흔時는三年以下의役刑

貳 外交와軍事의機密에關흔文書圖畫를出版흔時는二年以下의役刑

三 前二號의境遇外에安寧秩序를妨害하거나又는風俗을壞亂하는文書도화를出版흔時는十個月以下의禁獄

四 其他의文書도화를出版흔時는百圜以下의罰金이라

前項文書도화의印刷를擔當흔者의罰도亦同흠

第十貳條 外國에서發行흔文書도화와又는外國人이內國에서發行흔文書도화로安寧秩序를妨害하거나又는風俗을壞亂흠으로認하는時는內部大臣은其文書도화를內國에서發賣又는頒布흠을禁止하고其印本을押收흠을得흠

第拾三條 內部大臣은本法을違反하야出版흔著書도화의發賣又는頒布를禁止하고該刻版印本을押收흠을得흠

第拾四條 發賣頒布를禁止흔文書도화인줄을知情하고此를發賣又는頒布하거나外國에서輸入흔者는六個月以下의禁獄에處흠但其出版物로第拾壹條第壹項第壹號乃至第三號의一에해當흔時는同條例에照하야處斷흠

附則

第拾五條 本法施行前旣히出版흔著作物을再版코져하는時는本法의規定을從흠이可흠

第拾六條 內部大臣은本法施行前旣히出版흔著作物로安寧秩序를妨害하거나又는風俗을壞亂흔虞가有흠으로認흔境遇에는其發賣又는頒布를禁止하고該刻版印本을押收흠을得흠

外報

◉日本船人被害 伯林電을據흔則日本帆船船장及水夫若干名이아르미랄데島（濠洲뉴기늬島附近）에서土人의게殺害흠을當하얏슴으로該地에在흔獨逸殖民地官憲은調査하는中이라더라

◉露國增兵 同電을據흔則露國은今年度에四十五萬六千六百三十五人의新兵을募集흔다더라

◉不正者付裁 同電을據흔則佛國政府는구라소會社에서陸海軍器賣渡에關하야不正흔事件을裁判에附하기로命令하얏다더라

◉土兵向東 倫敦電을據흔즉土國政府는小亞細亞諸州의질序를回復하기爲하야數個大隊의兵士를派送하얏다더라

◉多數被害 紐育電을據흔즉今米國宣敎局의調査를依흔즉今日지지小亞細亞아다나州에서虐殺을當흔基督敎徒는其數가二萬三千人에至하얏다더라

◉德人被害 北京電을據흔즉德國皇帝의命令으로淸國動物을研究하기爲하야外務部에旅行券을携帶하고緬甸으로부터雲南에入去하야材料를採收하던高等官貳名은麗江惟西縣에서土人의게慘殺을當하얏다더라

雜報

◉哭大韓每日申報社副社長裴說公文

嗚乎라天可必乎며理可諶乎아天如可必이면天必假竊於善이오理或可諶이면理必登善於義니余今於裴公之歸에嘗曰天不可必이오理難可諶이로다何者오公은本一大英之奇偉魁傑이라男子로渡西盟東에卓立於大洲世界하야眷顧我半島區域하니吁我貳千萬民族이依賴有所하얏스니其慈善之宏猷이人莫先於公이오猗歟三拾七年甲으로立俠이無儔하니其節義之偉傑이人莫及於公이라然則公은能有慈善節義이나上有福善之天하고下有善義之理면公必當享其遐齡隆譽而奈之何로不遺之하시고奄然奪之하시니余自以謂不可必者天이오難可諶者理也라學念公之東渡之日에以滿腔的熱血로察東洋之勢局하고憤激我韓之現狀하야鋒鏃血紙로奮飛於域에其屬氣節이有若炯星迅雷然이라喫苦多年에傾于始終하니剛明을老猜하고忠情을必厭은理或有之라上海之譴을忍爲言之리오公乃遠化에孰能忍斯오遠望榑津에花飛無語로다然이나生寄死歸는勢之所使라今我此哭이實出灑血而憐我同胞之無祿하야敢將短引壹哭耳

徐[illegible]

詞藻

◎哭裴說公

恨然一哭望洋西
天忍奪公雨亦凄
宿鑑堂々申報社
二千萬衆頭聲齊

恨然二哭望洋東
公忍棄吾淚亦濛
大義堂々韓半島
億千萬載價聲雄

哭二哭終更四三
欲禁我淚止難堪
恨望楊花津上立
有誰續此大영男

尹祥圭

召命超然玉帶樓
思公不見白雲悠
長夜警鍾勤五鼓
靑簡義筆誓千秋
百身難贖悲同志
半世猶情未白頭
去後精靈如有感
陰助韓人樂自由
葬公三月渡楊花
赴吊千人雙淚斜
半島江山何忍別
滿腔心血正堪嗟

金炳[illegible]

雜報

●昇平世界　再昨日午后三時頃에總理大臣李完用氏以下各大臣들이東小門外城北동別庄에同往宴樂ᄒ고同七時半에還爲入城ᄒ얏다더라

●改定何時已　觀察使가郡守屬報ᄒᄂᆫ官制를廢止ᄒ고內部의銓考로叙任케ᄒᆫ다ᄒ여니更聞ᄒᆫ즉用人의道가不便ᄒ다ᄒ야可堪之人이면內部에서도直接叙任ᄒ며觀察使가可堪之人을屬報ᄒᄂᆫ境遇이면隨報叙任도ᄒ기로官制를改定ᄒᆯ터이라더라

●樽井登程　曩日에韓日聯邦論의主唱者로世人이共知ᄒ던日人樽井藤吉씨ᄂᆫ近日京城에潜伏ᄒ이더니事不如意ᄒ얏ᄂᆫ지再昨十三日에退去ᄒ야釜山으로向ᄒ얏다더라

●地力費報告　內部法令審査會에서決定ᄒᆫ地方費法에依ᄒ야賦課金。種目。名稱。數量等事件은地方長官이選定ᄒ고其狀況을內部로報告케ᄒ얏다더라

●托改關俸　耆老所官制를改定頒布ᄒᆫ次로該所官吏及員役의月俸을三朔이되야도支撥치아니ᄒᆷ으로怨聲이藉々ᄒ다더라

●調査員派送　度支部臨時財産整理局에서全國內驛屯土를調査整理次로該局主事兩國官吏拾餘名을昨日上午八時에慶尙南北道各郡으로派送ᄒ얏다더라

●更加細則　師範高等普通各學校令으로頒布ᄒᆫ學部에對ᄒ야學部에서施行細則을條定ᄒ얏ᄂᆫ데將次內閣에經議ᄒᆫ後頒佈ᄒ다더라

●宜有是評　今番韓日親睦會組織은漢城府民會에서發起ᄒᆷ은人所共知어니와近日物議를聞ᄒᆫ즉所謂府民會가組織以後로人民의利益은姑舍ᄒ고如干金額만消耗ᄒᆷ이라고批評이有ᄒ다더라

●實不睦　內部日本官吏들이所謂韓日親睦會를反對的思想이有ᄒᆫ인지不知어니와該官吏들은壹不參會ᄒ기로內定되얏다더라

●黃氏渡日　中部廟洞居ᄒᄂᆫ前主事黃最性氏ᄂᆫ近日有何事件인지旅費를辦備ᄒ야日昨日本에急速渡去ᄒ얏다더라

●陵屬呼訴　洪陵解散된陵屬이各其名下로陵土를耕作ᄒ다가田畓이漢城財務署에附屬된後에本陵書員金喜益이가陵屬에게聲言ᄒ기를陵屬壹同이我를代表로薦ᄒ면該田土ᄂᆫ如舊히永々耕食케周旋ᄒ리라ᄒ기로各々圈名以給ᄒ얏더니財務署長이東門外開雲寺에來ᄒ야陵屬을招集曉諭曰汝等이金喜益으로代表를定ᄒ얏스니後言이無ᄒ깃나냐ᄒ거ᄂᆯ嗇齊應諾ᄒ얏더니喜益이委任을受ᄒᆫ後에ᄂᆫ已爲落種ᄒᆫ田土를任意奪耕ᄒᄂᆫ故로該陵屬壹百六拾餘人이財務署에呼訴ᄒ얏다더라

●憲花孔方　大韓測量事務所와大韓測量總督會가再昨日에각히總代三人式選送ᄒ야會同ᄒ야共同連合ᄒ고敗長撰張ᄒᆫ事로議定ᄒ얏다가翌日에總督會에서何等意思가有ᄒ던지財政方針改良과檢閱證改良事件을更히反對ᄒ야連合을中止ᄒ고져ᄒᆫ다더라

●投書告奸　不知何許人이內部警務局장松井茂에게投書ᄒ얏ᄂᆫ대其辭意인즉富平郡서베우面長沈魯弘爲名人이結稅에對ᄒ야東犮卜으로徵納ᄒ야許多貧民이其虐政을難堪ᄒ니特別措處ᄒ라ᄒ얏다더라

●報費借款　大韓協會에서大韓公報를創刊ᄒ다ᄒᆷ은已報ᄒ얏거니와尹孝定吳世昌沈宜性三시가白寅基시의게經費五百圜을借款ᄒ기로契約ᄒ얏다더라

●興團成　任實郡韓興석氏가現今京성에寓生ᄒᄂᆫ中인ᄃᆡ圖成社를壹層擴張ᄒ고玩覽者를紹介ᄒᄂᆫ中이다더라

●演劇熱者　寺洞居ᄒᄂᆫ在浩爲名人은北間島에演劇場을設置次로本月末에率倡發向ᄒᆯ準備를ᄒᄂᆫ中이라더라

●演劇亦模　圓覺社가財政의窘拙로廢止ᄒ얏다더니更聞ᄒᆫ즉諸般演劇은日本演戲를模範擴張ᄒᆯ次로倡夫及工人數가壹朔爲限ᄒ고日本演劇을練習ᄒᄂᆫ中이라더라

●興新新興　韓日兩國紳士가協同ᄒ야大韓興新所를刱設ᄒ고股金을募集ᄒ야不動産物品을典執ᄒ며또月報를刊行ᄒ기로協議ᄒ얏다더라

●李氏蒙放　彰義門外居ᄒᄂᆫ리明植氏가社稷동居[illegible]致煥과竹洞居김召史의債錢事件으로誤捉被囚ᄒ야監獄署에拘滯留ᄒ엿더니再昨日裁判에無罪放免ᄒ얏다더라

●橫被質問　安城栗동面泥田居金鳳星氏의守操端아ᄒᆷ은壹鄕이所共知인바何許嫌疑者의做出妄言인지韓氏가義兵의消連이有ᄒᆫ듯시新聞上에揭載가됨으로陽城日憲兵分派所로서再三偵探質問ᄒᆷ으로旣爲卞明은ᄒ얏스나其令男金基氏가貿辦次로上京ᄒ얏다더라

●吳氏慈善　北部七牌巡山巡査吳興謙氏ᄂᆫ隣家의無父母ᄒᆫ小兒張貴봉이飢死之境에至ᄒᆷ을見ᄒ고白米五升을給ᄒ야生命을保全케ᄒ얏다더라

●斷指何疑　青年同志會에서近間斷指事를因ᄒ야何等探偵事이特別ᄒᆫ지近日其處探偵客들이熱心으로其根因을査探ᄒ며該會行動을祕密調察ᄒᆫ다더라

●金氏救人　安岳郡紳士金[illegible]濟시ᄂᆫ其親知鄭[illegible]洙시가家勢貧寒ᄒ야生活末由ᄒᆷ을見ᄒ고[illegible]川境鬼院場에所在ᄒᆫ二百圜價値되ᄂᆫ家舍를特爲捐給ᄒ야使之居生케ᄒ얏다더라

●南氏慈善　龍山社倉里居金明洙氏가商業에失敗ᄒ고窘迫ᄒᆷ은勿論ᄒ고妻子ᄂᆫ道路에棲屑ᄒ며什物은각錢主에게[illegible]ᄒ고南大門外里門洞居리應三氏가銅貨二百兩과南部龍동居金士演시가三百兩을捐助ᄒ야家屋을建築居生케ᄒ얏다더라

●鳳山測量　鳳산郡主事李寅根씨와該郡각面々長及紳士李鎭珠리德基梁柱天리台健宋駿喆等諸氏가現今山林測量의期限急迫ᄒᆷ을是憂ᄒ야各面里人民으로協議出資ᄒ야該郡內大韓測量支事務所를設立ᄒ고測量技術者權必現리容勳氏等拾餘人을延聘ᄒ야壹郡土地를次第測量ᄒᄂᆫ데手數料도至廉ᄒᆫ바더貧寒ᄒᆫ同胞의게ᄂᆫ無料酬應ᄒᆫ다더라

●江西勸測　江西郡守姜[illegible]大氏가山林측량의時急ᄒᆷ을憂慮ᄒ야該郡人民에게熱心勸諭ᄒᆫ結果로壹郡人民이壹體測량에着手ᄒᆫ다더라

●祭器偷賣　平南[illegible]邑內合壹學校任員某々兩人이該校日人敎師酒井左右馬와和同ᄒ고鄕校所有書冊祭器等物品을鎭南浦로乘夜偸送ᄒ야暗賣코져ᄒᄂᆫ故로儒林代表金世鳳吳承善兩氏가裁判次로日間觀察府에請願ᄒᆫ다더라

●學家賊警　三昨日上午壹時量에强盜壹名이龍山等地何許學家에突入ᄒ야諸般什物을沒數奪去ᄒ얏ᄂᆫ데損害額이約四拾餘圜의達ᄒ얏ᄂᆫ故로所管警署에서該犯人을搜索ᄒᄂᆫ中이라더라

●炭賊被捉　不知何許人壹名이再昨日上午四時頃에石炭二石을擔負ᄒ고銅峴交署로過去ᄒᄂᆫ데行色이殊常ᄒ야警察官吏가其情跡을探聞코져ᄒᆫ즉該漢이巡査의佩刀를奪取惹鬧ᄒ다가勢寡不敵ᄒ야終末에被捉되야審問ᄒᆫ즉장橋居ᄒᄂᆫ李春範爲名漢이라더라

●賊警日至　再昨日上午一時量에西部管內倉洞居ᄒᄂᆫ리永詐氏家에强盜幾名이각持銃劒突入ᄒ야허리서를威脅毆打ᄒ고夥多ᄒᆫ汁物을沒數奪去ᄒ얏다더라

●馬盜被捉　安東郡居ᄒᄂᆫ馬一千爲名漢이上京ᄒ야行盜ᄒᆫ情跡이綻露됨으로昨日中部警察署에被捉되얏다더라

●來賓義捐　去日曜日關東學生懇親會에來賓金儀南兩氏가二圜을義捐ᄒ얏다더라

●任員新定　湖西學生贊成會에서會장은리道宰시로總務ᄂᆫ리春世시로選定ᄒ얏ᄂᆫ데事務所ᄂᆫ校洞畿湖興學會에서借與ᄒ야同會館內에定ᄒ얏다더라

●靑會討論　今日下午七時三十分에鍾路靑年會館에서局量이勝於學問이라ᄂᆫ問題로互相討論ᄒᆫ다더라

學界

●普學院運動　女子普學院에서ᄂᆫ昨日景福宮內에서春季運動을設行ᄒ얏다더라

●進明校運動　紫霞동進明女學校에서本日上午八点鍾에春期運動會를訓鍊院에서擧行ᄒᆫ다더라

●婦人熱誠　釜山港草梁私立女學校ᄂᆫ昨秋에新建築하야학生이七拾餘人인데議長金聖佑시大夫人이此를維持ᄒ기爲ᄒ야年今七旬에不顧身勞ᄒ고捐補次로上京滯留ᄒᆫ다더라

●海西濟東　白川郡道上面濟東學校ᄂᆫ該面居ᄒᄂᆫ安德鎬安成鎬諸시의熱心設立ᄒᆫ바인ᄃᆡ校舍가狹窄ᄒᆷ으로安德鎬시ᄂᆫ自己家舍ᄭᅡ지借給ᄒ고優數의義金을捐助ᄒ야熱心贊務ᄒᆫ다더라

◉咸荷義捐

博川郡無名氏三拾九人이金七圜三拾三錢五厘를收合ᄒ야本社經費에補助ᄒ얏기玆에感謝ᄒᆫ意를表ᄒ노라

▲地方消息▼

▲本月九日京畿道抱川郡東方約二拾里地에서義兵二拾餘名이該郡分遣所日憲兵三名及補助員三名과交戰ᄒ얏다ᄒ고

▲去月二拾七日忠北順興郡內山中에서義兵約百名이永春郡分遣所日憲兵壹名及補助員三名과交戰ᄒ얏다ᄒ고

▲本月五日全南榮山浦西南方約二拾里地에서義兵八拾餘名이該浦分遣所日憲兵五名及補助員拾壹名과交戰하얏다더라

▲屛門酬酌▼

▲暮春三月장安街에屛門社會親舊들이멍석자리새라노코三々五々둘너안저밤낫할판놀고나서其中壹人出論키를오날도심심ᄒ니죠댱空論ᄒ야볼새

네말도라그리보ᄌ

▲ᄒᆫ사ᄅᆞᆷ이나셔조며여보게들
내말듯게兩班인지돈半인지기
ᄅᆞᆯ풀아두兩半가兩班거녕돈半
에도안살것은兩班이매셕어지
고갑시업ᄉ니兩班노릇못ᄒᆯ네라
셕엇스면냄ᄉ나날걸

▲또ᄒᆫ사ᄅᆞᆷ나안즈며여보게ᄂᆞᆯ
내말듯게大신인지等身인지신
이커셔大신인가大신거녕等身
만도못ᄒᆫ것은大신이데압뒤巡
邏동쌀봉에大신노릇못ᄒᆯ네라
막말ᄒ단잡혀가리

▲또ᄒᆫ사ᄅᆞᆷ나안즈며여보게들
내말듯게情夫인지地府인지鑽
淫女와情夫인가정부거녕地府
라도權利自在ᄒᆯ것마ᄂᆫ노례셩
질ᄒ진者ᄂᆫ不如無의악情夫라
情夫ᄯᅡ러仁川갈새

▲또ᄒᆫ사ᄅᆞᆷ나안즈며여보게들
내말듯게社會인지生膾인지굴
셥ᄯᅡ에死灰인가死灰거녕生膾
라도各其所用되것마ᄂᆫ정신단
합못ᄒᆫ會ᄂᆫ不如無의死社라
산사회나마죵가ᄌ

▲또ᄒᆫ사ᄅᆞᆷ나안즈며여보게들
너말듯게志士인지網絲인지야
홍打令之事인가亡事러나興事
러나與否之事업셧고나獻身報
國못ᄒᆫ진대제가무삼志士러나
假志士ㄴ줄몰낫ᄭᅢ나

▲또ᄒᆫ사ᄅᆞᆷ나안조며여보게들
내말듯게衛生인지苦生인지위
협퓌스危生인가苦生이나罔
生이나무말업시회셩이지먹을
것도업ᄂᆫ살님ᄲᅮᆼ갑낼돈어ᄃᆡ잇
나　뉘듯에나제밋붓흘

社告

學務支社員金致億辭免호代에紅門里鄭德昇시로擇定호고長湍支社員崔載淳氏辭免호代에崔東元氏로擇定호얏스니各該郡에셔本報購覽호시는 僉君子는照亮호신後各該氏와交涉호시옵

大韓每日申報社

雜報

興業支社新設 韓美흥業株式會社의셔ᄌ부支社를創立호次로義州龍川等地에有名호資本家鄭積原리世勳林英俊鄭宅周白孝俊白鎭圭玉朴奉燁諸氏가發起하야該社에請願得認호얏는데株主의應募者가現今多數호다더라

廣告

本月十五日(土曜)下午二時에通常總會를本會館內에開호고事務를處理호後傍聽을許호고演說호깃ᄉ오니本會員은壹齊來臨호시옵

演題　　演士

國民의覺性　崔錫夏

成功은我의確立호位置에서決定홈　柳壹宣

畿湖興學會 告白

東部往拾里下井洞十二統二戶宋萬奉所有三間板券을不知中서失호얏스니誰某拾得호와도休紙施行홈　宋萬奉 告白

東部仁昌坊往十里契곽亭洞三統八戶草家八間판券을不知中서失故로玆에廣告홈　吳潤植 告白

本事務所를典동 磚동安洞三街中部與동四十八統八戶에移接호얏ᄉ오니京鄕間僉彥은照亮호시옵 京城中部貫士峴

大韓測量事務所 告白

萬頃郡測量學校卒業生如左홈

金容順　金庸과　朴弼中　리希再　裴允執　任和俊

測量學校 告白

本人父俞章濬의正書姓名圖章과짓挾囊票와證書를陽五月拾壹日에大邱北門內에셔見失호얏ᄉ오니內外國 僉員은本章과票를切勿信用홈

慶北高靈郡邑內面快洞人以現在大邱北門內毀雲若家留　俞祥玟 告白

本面衙谷完庄洞月谷三洞昨年及再昨年兩次火災에五戶被燒時에漢城府尹張憲植씨特念同面共井之誼米布錢多數捐助衆人之頌聲載路其廣庇之惠汲引之心孰不欽仰本人現在面長亦爲壹面代表故玆以處揭

龍仁縣門面面長孔在瑢等 白

韓日人親睦會를依左開設行호오니照亮光臨호심을敬要

壹會場　西大門內慶熙宮(西闕)

壹開會日時　本月拾六日(日曜)下午壹時(雨天順延)

壹會費金　三拾錢(入場券壹枚의配當)

壹入場券　本事務所(漢城府官廳門)로請求홈 但當日會場門外에臨時로도發給하되餘興券에配當호會費金으로三拾錢을受取홈

壹模擬店　韓日料理로會場內에隨處設備홈

壹餘興　花火、爆竹、會員運動、兩國音樂隊、兩國藝技、演戲、舊軍樂、倡夫繩戲、日人角力、日人奇術、日人劇戲 演技

隆熙二年五月拾四日

韓日人大親睦會事務所 告白

●特別廣告

本店火災時燼餘各種綢緞을廉價發賣하오니 請 僉位는早速來購호시오

京城銅峴 華商 同順泰 告白

●昨長湍旅中 京仁債主와邑村去來人이會同協議호고錢年비정을작정호고速히오시기를바라오며本人을尋訪次로上送호기에如是仰告호오니速히來臨을伏望홈

海州 金萬福 告白

本湯을停止이옵다가今에水道를引用開業호오니僉君子는愛顧호시옵

寺洞天一 沐浴湯

本號住廣東潮州府普邑의沙灘鐵開莊親自督揀頂上細緊花綢葛清水定織波蘇袍料頂與各色夏布發客歷有餘年久蒙貴客歡迎近有無恥之徒假冒本號元昌字號暗將次貨冒充魚目混珠希圖漁利今於己酉年爲始特加盧字爲首凡蒙仕商賜顧者須將盧元昌字號認明庶不致誤

盧元昌主人 謹白

本店에셔각種新舊書籍과학校物品이具備호온中夏節韓服次와洋服及學徒에服裝的合意호樣織組를製造호와廉價大發賣호오니 僉君子는陸續請求호심을望홈

宣川郡橋南商務同組合店

本店에셔運送營業을擴張호기爲호야合資금을積立호고今月부터運搬貨物을取扱호오니京鄕各社에셔照亮爲望

新安州驛前 東華運送合資支店

總務 林鍾洙　財務 崔燦奎 김자鉉 崔成恒

●美國直輸入 懸鍾(禮拜堂과학校의用) 時計 大發賣廣告

本人이今般에本國內各地에敎會兄弟와學界同胞의購買便利호기爲호야懸鍾。時計。兩種을美國으로輸入호야廉價發賣호오니有志僉彥은爭先購買호시오 但遠方에셔注文호시면郵便代金引還으로寄送도호깃습

懸鍾　大壹個拾四圜　中全 捌圜卄錢　小全 六圜七拾五전

時計　七品壹箇九圜五拾錢　全次 六圜五拾錢

鄭貨 時計懸鍾 本肆 自擔 不二價 홈

京城南門內鉢谷口 明新冊肆主 李禎錫

西部西坡三契居崔景玉處三千兩貸用手票壹丈과同契拾統九戶張錫煥艸家大間立旨紙文과二契拾大統七戶申泰燁艸家七間立旨二丈과四契五拾九統十壹戶李士弘家艸家三間立旨一丈을並遺賊서失이옵기로玆以廣告홈

西部西坡三契 崔兌鉉

南部明哲坊雙林洞壹百三拾九統九戶草家拾四間文卷을서失호얏ᄉ오니誰某拾得호여라도休紙施行홈

家主許俊明 白

本所에셔細部圖版을敎授호고鐵川測量地圖를本價貿賣호오니 僉彥은來議홈

茶洞國民測量組合所 白

學部 初等植物學 每課有도 定價金三十錢

學部 檢定 初등動物學 每課有도

最新 初等小學 每課有도 定價金四十전

文明國의小學讀本制度를模範하야精美호圖本을具호고八卷을四卷으로合製 定價金九십錢

最新初等 大韓地誌 定價金四拾錢

最新高等 大韓地誌 定價金七拾錢

文明國地誌制度를模倣호야漢陽의山水며宮闕圖와拾三道地圖와各港口와開市場 名山大川과都會勝地의寫眞을具홈

初등 大韓歷史 文明國의歷史制度를從호야我國의 聖帝明王과 賢相과 忠臣烈士의影幀을具홈 定價金七十錢

國家思想學 精神敎育 定價金二十五錢

憲法要義 義務敎育 定價金二拾五錢

國文 大韓十三道遊覽 上下卷 定價金四拾錢

우리大韓帝國拾三道에名山大川과都會勝地를子細히記호엿스니 僉君子는速히購覽호소서

右敎科書는本書林에셔發行호오며此外에各種圖書籍이具備호오니학界 僉君子는陸續來購호심을爲望

發賣所 京城南部銅峴大四街里三十五統五戶 玉虎書林

分賣所 黃海道鳳山郡沙里院 京鄕各有名書舖

美國시아틀大博覽會　미국시아틀대박람회

●特別廣告

經濟學原則에云호얏스되夥多호産物에分排호을因호야最大호權力이發生호다호얏스니其權力을用호야可爲善이오其權力을用호야可爲惡이라

其權力은其産物과及其産出者의改良進就홈을爲호야完全히善良호게利用호면其權力의强大홈을不可量홀지라

我韓美興業株式會社는大韓帝國의商工業의基礎를建築而擴張호고改良而發達호壹大强力의團合體이오이다

世界各國이不遠間에韓國에産物이有홈을知得호깃ᄉ오니此局故로此는非他라本會社에셔大韓同胞를代表호야韓人이能히産物을産出호는能力이有홈을世界各方에發表호나이다

本社之印章

AMERICAN KOREAN TRADING COMPANY.

本社之商票

是故로本會社에셔는大韓帝國同胞中에思想이有호야의眞相을料得호야各自身分이各自其國家에對호야擔負홈이有호고其國家가自巳의게孤負홈은無홈을知得호는者로더부러聯合호기를願호옵나이다

皇城磚洞

(京城郵便局郵函第四十號)

韓美興業株式會社

大美國에리소나省法律認可　社大韓國農商工部登錄

●特別廣告

社告

○申報價金 新[illegible]
壹張代金 [illegible]
壹個月前納 [illegible]
參個月 [illegible]
陸個月 [illegible]
壹個年 [illegible]
郵稅壹張 [illegible]
壹個月 [illegible]

○廣告料
四號活字拾參字詰
每日壹寸（英尺）[illegible]五錢
貳週日壹寸에 [illegible]
壹個月壹寸에 [illegible]五圜
（自壹行至四行[illegible]寸）
其期限의長短[illegible]多少
를依ᄒᆞ야增減ᄒᆞᆷ[illegible]

◎大韓每日申報 各處支社廣告

平安道
平壤鍾路太極書館 安泰國
三和港牌石洞[illegible] 裴亨湜
義州南門外[illegible]西大藥房 [illegible]有寬
[illegible]山邑東部 安[illegible]
[illegible]車[illegible]館 金明[illegible]
定州南門內[illegible] 洪成[illegible]
[illegible]川郡邑[illegible]洞 金[illegible]
安州城內義井洞 金[illegible]河
京義線[illegible] 李基秀
[illegible]川場市 [illegible]保
[illegible]川南面[illegible]會[illegible] [illegible]
[illegible]川[illegible]市 [illegible]
朔州邑[illegible]門[illegible] 宋伯[illegible]
泰川邑館前洋[illegible] 李正[illegible]
[illegible]邊郡[illegible]冊[illegible] 김致[illegible]
江西邑內 金昌[illegible]
成川郡上部面 [illegible]三
平[illegible]順川郡[illegible] 鄭[illegible]

[illegible]川[illegible] 申[illegible]
[illegible]邑邪[illegible] 김[illegible]
郭山郡[illegible] 金[illegible]
雲山郡邑面[illegible] 梁[illegible]
[illegible]山[illegible]利[illegible] [illegible]
[illegible]山北面橋洞 王[illegible]

黃海道
海州[illegible]門內[illegible] 朴[illegible]
安岳[illegible]石面[illegible] 金[illegible]
長淵邑校洞西北支學會內 [illegible]
殷栗邑倉[illegible]里 [illegible]
信川邑六里 丁[illegible]
載寧邑乾材[illegible] 李[illegible]
黃州南門外[illegible] [illegible]
白川邑文明館 [illegible]
沙里院活[illegible]勞動[illegible]會 [illegible]

咸鏡道
咸興州南社西門外 [illegible]
元山港創業社內 [illegible]
高原邑 [illegible]
定平郡[illegible]川 [illegible]
洪原西門內保命局 羅[illegible]
永興[illegible]山[illegible]洪明學校內 [illegible]
鏡城羅南新興洞 安[illegible]
淸津港新岩[illegible] [illegible]

全羅道
金溝水流面豆亭 [illegible]
木浦[illegible]陽[illegible] [illegible]

京畿道
仁川[illegible]觀[illegible]新[illegible] 李東[illegible]
開城[illegible]大門內[illegible] [illegible]
江華邑[illegible] [illegible]

忠淸道
結城[illegible]川小[illegible] [illegible]

慶尙道
大邱[illegible]門外友[illegible] [illegible]
釜山港佐川[illegible] [illegible]
[illegible]郡[illegible]面[illegible] [illegible]

江原道
鐵原邑[illegible] [illegible]
[illegible]珍[illegible]面[illegible]花里 [illegible]

光武九年八月拾壹日 明治卅八年八月拾壹日〔第三種郵便物認可〕 日 曜 日 西曆壹千九百九年五月拾六日 (壹)

大韓每日申報

第七卷 第壹千九拾七號

月曆及慶節
歲時日休刊

檀君開國四千二百四十二年
箕子元年三千三十一年
大韓開國五百十八年
日本明治四十二年
淸國宣統元年
陰己酉三月小廿七日丙子

Responsible for Publication Alfred Weekley Marnham.
發行兼編輯人英國人 萬咸
[illegible]
[illegible]外地三層洋屋
大韓每日申報社

論說

◉測量普及의方法

吾儕가測量事件을屢々揭論하야至再至三홈은只是韓國同胞의私有土地가烏有에不歸홈을希望하는바ㅣ여늘乃者各地方에測量消息이于今寥々홈은實로可惜홀바ㅣ라

彼各地方人民이近日에至하야는測量의必要를頗히得知하얏스나所謂測量總管會가勢力을鴟張하며所謂地方官吏가總管會檢閱證이無흔者의測量은證明을不與하는所以로彼人民의疑怪가去益層出하야個人技術者의測냥은無效로認하야技術이有흔者도敢히測量치못하고或多大한路費를擲하야京城總管의支會를請願하며或總管會事務所의技術者를雇傭하야總管會가繫하면測量을못하는줄로信홈으로費用만虛多하고測냥은自遲하니嗚呼라彼人民이여其不思가엇지如此홈가此皆其方法을不知하는所以라故로吾儕는數個意見을陳述하노라

(壹)人民의自由測냥 黃海道鳳山郡에서는四人名이該郡測냥의依賴를受코져하거날該郡人이逐送하야曰我國의山林은我國人이測냥하다하고又總管會에서派員威脅하거늘該郡人이又逐送하며曰我國의山林은我輩가測냥하리라하고於是乎郡會를開하고該邊으로測냥學校를立하며實地로山林測냥을始하야着々實行홈다하니果然이면該郡人士의美擧는實로贊賀를不已홀바ㅣ라惟願컨대全國人民은此鳳山鬱郡과又치自由測냥[illegible]하고空然히치냥總管會니何이니하는浮物을信賴치말지어다

(二)有誌者의熱善치냥 大抵只今地方人民이或은치냥을無用으로信하야치냥치아니하는者도有하며或은치냥코즈하되勞金이無하야치냥치못하는者도有하며或은如何히홀方法을不知하야치냥치못하는者도有하며或은不得已의事故를因하야치냥치못하는者도有하나니畢竟私有山林이十의八九는白失을遺홀지라嗚呼라此時에在하야同胞를爲하야衛救護하는慈善家가無홀가大韓치냥事務所에서該方法을研究하얏는데치냥區域은凡拾等에分하야壹等은百萬坪으로定하고百萬坪치냥手數料는十圓으로定하얏고其以下는遞次減下하야最下等에는五十錢으로定하얏스며其手數料가치냥者의旅費도不足케定홀지라此는但只公益을爲홈이라더며果然이면大韓치냥事務所는公益을爲하야勞心焦思홈이實로吾儕로하야금感然起敬케하는도다

吾儕는該事務所長以下諸員이此方法을實地施行하야同胞를救護하야치냥의活佛이되기를攅脫하며又全國有志者가慈善의心을奮發하야公益을振興하기를爲하야捐稅하노라嗚呼라同胞여願컨대同胞는吾儕의此勸告를泛聞치말지어다此勸告가雖[illegible]하나諸公에게大關係가有하며吾儕의此勸告를[illegible]하며義捐金치말지어다此勸告가雖輕하나諸公에게大利益이有하니라

▲隆熙三年三月二十六日 官報

法律(續)

朕이地稅及戶稅의納期에關호件을裁可하야玆에頒布케호노라

隆熙三年貳月[illegible]十貳日

御名 御璽

內閣總理大臣 李完用
度支部大臣 任善準

勅令第二十[illegible]號

第壹條 地稅는左開納期에依하야每期總額의十分之五를徵收홈

一 平安南北及咸鏡南北의四道
第壹期 其年貳月
第貳期 同十壹月

二 前號에揭載치아니혼各道
第壹期 其年十二月
第二期 翌年貳月

第二條 戶稅는其年[illegible]月及九月兩期에分하야每期總額의十分之五를徵收홈

附 則

本令은頒布日로부터施行홈 (完)

外報

◉波斯革命 伯林電을據혼즉波斯革命黨은[illegible]에서[illegible]스에서[illegible]所住處를向하야進軍하야테헤란附近에서兩軍이衝突홈으로該地方은目下非常히騷動中이라더라

◉進軍遲緩 倫敦電을據혼즉露國壹百名의高索克兵이大砲二門을携하고테헤란西方三拾里地에[illegible]하고[illegible]를保護하고又로來往하며[illegible]革命黨은進軍하야勢力을示하기[illegible]하더라

◉[illegible] [illegible]電을據혼즉露國公使館에서國民黨領袖시마달의게[illegible]하야日革命黨이其兵을召還치아니하면[illegible]國은自由行動을採하깃다하얏다더라

◉紐育民困 紐育電을據혼즉紐育에서는小麥價格이非常히騰貴홈을因하야下等人民은困窮홈을不堪하야數千名의婦人은救濟하라고街路上에서大叫하며麵麭商을襲擊한者ㅣ多하야其被害者가又多하얏다더라

雜報

◉韓會寄函 大韓協會에서本社에公函을寄홈이左와如하니

貴申報는我國人의國家思想을鼓動獎勵하며自立自治의精神을栽培發揚홈으로國民의賢愚를勿論하고滿心懽迎하는바本會數般의感謝歡迎홈이他人에九倍홈은本會의目的이全國內의思想과此精神을統一하야國民의政見을發表하야國家의前途를救濟코기에在홈則貴社之與本會가名稱과行動은雖異하나其目的의所在는可謂同歸홈所以어니近來貴報記事中에本會가伊藤統監에게感謝狀을郵送홈計劃이有하다홈과排日을標榜하고親日의心底가有하다홈은此豈貴社가本會를中傷코저하는本意에流出홈者ㅣ리오或外報를謄載하거나或探聞을採用하기에不過홈者오且本會에서도如此홈事實이未有홈以上은記事의無實은不久自辨홀지나此等記事가發佈되는同日에該讀者의疑眩을惹起하야本會의不利가隨生홀줄은想應亮會이실쥐此는右手의[illegible]妄之過로써左手를折傷홈과恰似홈즉은지라本會가事實上으로惡意非行이確有홈을明見한時에는公筆의力을盡하야攻擊懲戒하실지本會도反히感謝의意를表하려니와至若探聞의採擇이나外報가加三思하시고事實을考察하오서兩矢兩傷의義意를深諒하시며此非但本會의幸甚

哭大韓每日申報社前社長裵說文

嗚呼痛哉라다唯其裵公之於關係我報者ㅣ果何如耶아唯我大韓之民族이當今時勢와變之形像을不察하고黑暗장夜에妖魔鬼가枕上兩眼之中에橫行홈야春夢을未覺하며奸巧혼외구가勝隊亂入하야奪我國權하며較滅我韓之民族하야危如一髮에未免涸轍之魚러니唯幸時運이太開하야大英國大男兒裵說시가活潑혼單身으로大韓을渡來하야於是乎報館을創設하니是社之命名은大韓每日申報라黑暗이幾死혼韓國의民族을爲하야公의雙眼에熱淚가滂々히下하며公의義腸에奮心이自然挑戰하야韓國을維持홈으로써自己의所任을作하고勞心苦腸하며忘寢廢饌하야暑雨凉露를不關하고百折不屈의心志를奮擧하야警世之鐸鋒으로回復我國權하며保護我民族하야我同胞之至今生存者ㅣ皆吾裵公之恩功이러니忽然히壹朝에凶音을傳聞하니我心이先已摧哀를禁이로다嗚呼慟矣라天何不惜之如此乎며天何薄情之如斯乎아夫豈生豈死는萬古不變之常理이어니와孰不哀於裵公之如斯夭壽乎아我는曾經愛覽貴甲報著也라裵公之與我에旣有大感焉하니以余之鹵莽으로不得視拜於平日이나然이나追悼之懷를不禁하야玆以謹構되詞數首하옵고以布空節絶俗之衷哀하오니伏乞上天之靈魂은下[illegible]焉하소서

詞藻

◎哭裵說公 西湖

東渡我韓新報明 堂々節義筆鋒鳴
胸有獨懷心寶劍 事無二決勢强兵
雲去水流餘故國 鳥啼花落暮春城
靑山最是難埋骨 正是留芳百世名

英人[illegible]客報智樓 扶植常綱正俗流
萬國文明同日月 壹枝筆法獨春秋
瑤琴夜缺[illegible]山面 王樹風吹碧海頭
三十七年天奪速 交隣不忘好盟子

雲坡散人

天眷大英佑大韓 降生才智決疑難
文明日月通心上 鐵法春秋掉舌端
三十七年歸太速 二千萬衆淚相看
玉京往想今寧 木鐸鳴聲獨嘆

雲圃

傈邦休戚懸民望 爲己猶難況爲人
假使九原如復作 老而無憎易吾身

檀圃

雜報

●曾禰陛見 昨日上午十時量에曾禰副統監이 太皇帝陛下께 陛見ᄒᆞ고同拾壹時에ᄂᆞᆫ德壽宮에 進詣ᄒᆞ야 太皇帝陛下께 陛見ᄒᆞ얏다더라

●掩蔽君德 太皇帝陛下께셔巡狩時에 慶尙北道에 敎育費로二千圜과 共事業費로 貳千圜을下賜ᄒᆞ셧ᄂᆞᆫ데 該道觀察使朴重陽氏ᄂᆞᆫ何惡所想인지 有ᄒᆞᆫ지 三千圜을 第二普通學校設立에 盡用ᄒᆞ얏다고 學部와 內部에 報告ᄒᆞ얏더니 該兩部에서 嚴訓ᄒᆞ기를 勅敎대로 需用ᄒᆞᄂᆞᆫ것은 可커니와 此를 違反ᄒᆞ야 自意擅用은 不可ᄒᆞ다ᄒᆞ얏다더라

●東儲巡遊 東京電을 據ᄒᆞᆫ즉韓國 皇太子殿下께옵셔ᄂᆞᆫ 來八月頃에 伊藤統監을 帶同ᄒᆞ시고 日本北海道地方에 御巡遊ᄒᆞ실터이라더라

●道傍盜室 江東郡에 在ᄒᆞᆫ檀君墓所와 開城部 麗王陵을 改莎草ᄒᆞᆫ다ᄒᆞᆷ은 已報ᄒᆞ얏거니와 其設費支用件에 對ᄒᆞ야 壹邊에서ᄂᆞᆫ 西巡狩時에 旅費餘額中으로 支用ᄒᆞ자ᄒᆞ고 壹邊에서ᄂᆞᆫ 度支部로 豫外支出ᄒᆞ자ᄒᆞ야 議論이 不壹ᄒᆞ다더라

●曾禰他轉 曾禰副統監이 統監으로 陞任ᄒᆞᆫ다ᄂᆞᆫ 事ᄂᆞᆫ 前報에已揭ᄒᆞ얏거니와 此에 對ᄒᆞ야 某大官이 否認ᄒᆞᆫ合으로 曾禰ᄂᆞᆫ大藏大臣이나 或他官으로 轉任ᄒᆞᆫ다더라

●曾禰歸國 曾禰副統監은 今日午前九時에 南大門發京釜列車를 搭乘ᄒᆞ고 歸國ᄒᆞᆫ다더라

●總理憂慮 近日以來로 總理大臣李完用氏ᄂᆞᆫ 內閣이 變更된다ᄂᆞᆫ 說을 得聞ᄒᆞ고 是를 憂慮ᄒᆞᆷ인지 何樣運動中이라더라

●徽章是榮 韓日人親睦會에對ᄒᆞ야 其發起人으로 入參ᄒᆞᆫ者에게ᄂᆞᆫ 假花로 製造ᄒᆞᆫ 徽章幾枚式을 送交ᄒᆞ야 入場時에 使用케ᄒᆞ얏다더라

●不願出外 內部各局課中에高等俸給主事로 郡守敍任ᄒᆞ기로 發論ᄒᆞ얏더니 該主事諸氏ᄂᆞᆫ郡守ᄂᆞᆫ 所願이 아니라ᄒᆞ야 擧皆不肯ᄒᆞ얏다더라

●牛痘施行 內部官吏들이 明日에 衛生局에서 牛痘를 施術ᄒᆞᆯ터이라더라

●宋氏還任 開城及江東地方에 養蠶次로 發程ᄒᆞ얏던 內部社寺課長宋之憲시ᄂᆞᆫ 再昨日에 還任ᄒᆞ얏다더라

●立保受困 桂洞居ᄒᆞᄂᆞᆫ 主事趙重翊씨가 何許人의 計債錢三百圜을 得用ᄒᆞ고 紅峴居ᄒᆞᄂᆞᆫ 承旨李範升씨로 立保ᄒᆞ얏더니 該債錢相續에 對ᄒᆞ야 趙重翊氏ᄂᆞᆫ 隱避不現ᄒᆞᆫ 故로 保人李範升氏가 方在困難中이라더라

●金氏長逝 中樞院議長金允植氏의 令男度支部書記官金裕曾氏ᄂᆞᆫ 身病으로 累月 呻吟ᄒᆞ다더니 昨日에 因爲卒逝ᄒᆞ얏다더라

●請願不受 大東專門學校速成科卒業生李喆永氏等이 法部에 請願ᄒᆞ되 本人等이 壹個年을受業ᄒᆞ얏스니 法官養成所第二年級에 編入ᄒᆞ야 달나ᄒᆞ얏더니法部에서 退却ᄒᆞ얏다더라

●姑爲寬限 社稷洞居前郡守李瑢珪시가 海美郡守在任時에同郡堂率面長李秀仁시의게 新貨二百圜을 手標도 업시 貸用ᄒᆞ얏더니 居未久에 遞任上京ᄒᆞᆷ으로 李秀仁시가 卽時上京ᄒᆞ야 該金額을 督促ᄒᆞᆫ즉 姑爲寬限ᄒᆞ야달나ᄒᆞ고 延拖時日ᄒᆞ미 該面長이不勝忿激ᄒᆞᆫ다더라

●牢刑尙存 本月拾貳日下午에 西部警察署에서 刑事巡査들을派送ᄒᆞ야 紫門洞居安斗璿氏家에 留連ᄒᆞᄂᆞᆫ 鄕客朴奎煥安鍾贊安鍾翰安秦璿安敬賓安敬五安鍾愚諸氏와 該家主安斗璿을賁升捉囚ᄒᆞ고 무삼 投書ᄒᆞᆫ 事로逐々訊問ᄒᆞᄂᆞᆫ데 安斗璿朴奎煥兩氏ᄂᆞᆫ 牢刑을 當ᄒᆞ야 幾至死境ᄒᆞᆫ지라 當夜를 訊問ᄒᆞᆫ 後에 該氏가 無事白放ᄒᆞ얏스나 安斗璿朴奎煥兩氏ᄂᆞᆫ 食飮을 全廢ᄒᆞᆫ다더라

●騙財逃走 北部樓閣洞居ᄒᆞᄂᆞᆫ裕奎이가 度支部主事ㅣ라 假稱ᄒᆞ고 人民의 錢財를 欺取ᄒᆞᆫ다더니 日前에 申錫龍氏가 리氏의게見奪ᄒᆞᆫ 錢五拾餘圜을 推尋次로裁判所에 告訴ᄒᆞ얏더니 리氏가率家逃走ᄒᆞ얏다더라

●黃巡悖行 東闕等地에서 南妹假家ᄒᆞᄂᆞᆫ 壹老夫가 日昨에 柴商에게 木을 與成ᄒᆞᄂᆞᆫ데 中部警察署巡査黃寅秀氏가 該老人을無數히 毆打ᄒᆞ야 卽倒氣塞之境에 至ᄒᆞᆫ지라 黃寅秀氏ᄂᆞᆫ 當場恐㤼逃避ᄒᆞ얏ᄂᆞᆫ데 該署內諸巡査가 來到ᄒᆞ야 該老夫를 救護回生ᄒᆞ얏다더라

●何事刺殺 再昨日下午九時頃에 何許日人이 京城泥峴附近地에서 有何嫌疑이던지 日人人力車夫에 腹部를 以劍刺殺ᄒᆞ고卽時逃走ᄒᆞ얏다더라

●義將聲言 近日義兵砲領將金應潤崔允鶴兩氏가 其部下砲兵을 領率指揮ᄒᆞ야 陰六月頃에京城을 突入襲擊ᄒᆞ깃다고 각處에 揚言ᄒᆞᆫ다더라

●靈光郡擾 義兵百餘名이 四月貳十七日上午十時에 靈光郡六昌面梧洞村에 突入ᄒᆞ야 該郡守備隊兵과 咸平駐在所日憲兵와 衝突交戰ᄒᆞ얏ᄂᆞᆫ데 民家八戶가 延燒되얏고 人民二名이 被害ᄒᆞ야 嗷々ᄒᆞᆫ 情狀은 萬不成說이라고 該觀察使가 內部로 報告ᄒᆞ얏다더라

●延氏宣告說 義將延基浩氏의 消息을 聞ᄒᆞᆫ즉 北部警察署刑事에 勤務ᄒᆞ더니 義兵干連으로逮捉되야 日間 京城地方裁判所에서 宣告가 되얏다더라

●萬心癡心 戶曹橋邊水商金萬心이 가히 동諸人家에 汚濁水를 汲注ᄒᆞᆫ 故로 該동居人들이警察署에 呼訴ᄒᆞ야 水商金萬心을 捉囚ᄒᆞ얏다더라

●鴻邑蚕業 忠淸南道鴻山郡下西面에 居ᄒᆞᄂᆞᆫ 리斗衡시夫人趙敎寧堂시와 趙寅驗夫人姜貞淑齊시가 京城龍山婦人養蚕講習所優等卒業生으로 鄕里에 養蚕課를 新設ᄒᆞ고 昨年拾月分에 下去ᄒᆞ야 蚕室과 蚕箔을 備置ᄒᆞ얏ᄂᆞᆫ데 趙敎寧堂시ᄂᆞᆫ 商工部에서 全羅南道光州府敎師로推薦ᄒᆞ야 日間 發程ᄒᆞᆫ다ᄂᆞᆫ데 鄕第에 新設ᄒᆞᆫ 蚕業課ᄂᆞᆫ 零星ᄒᆞᆯ 慮가 不無ᄒᆞ다더라

●申氏捐金 慶北安東郡居ᄒᆞᄂᆞᆫ 申汶容시가 日昨에 始一道測量協議所에 來參ᄒᆞ야 義務를 贊成ᄒᆞ고 該會의 經費窘絀ᄒᆞᆷ을 憂惜히 녀여 金拾圜을 捐助ᄒᆞ얏다더라

●傳道還京 韓國駐在救世軍大尉짜늣기시ᄂᆞᆫ 曩日에 宗敎를 擴張ᄒᆞ기 爲ᄒᆞ야 翠山地方에前往ᄒᆞ야 傳道ᄒᆞ다가 昨日午後에 入城ᄒᆞ얏다더라

●南民最愚 湖南學會에서 湖南民智를 發達ᄒᆞ기 爲ᄒᆞ야 該會學規를 湖南 각郡에 送交ᄒᆞ얏더니 惟獨南原郡人士ᄂᆞᆫ 拒而不受者가 五十人에 達ᄒᆞ얏다더라

●靑會講道 今日下午二時에鍾路靑年會館에서 福音會를 開ᄒᆞ고 牧師金德基시가 講道ᄒᆞᆫ다더라

學界

●牧師歡迎 去陰三月三日에平北楚山渭原等內地에 在ᄒᆞᆫ 基督敎高等尋常學校合兩處學徒가 聯合ᄒᆞ야 生徒壹同을 領率ᄒᆞ고 西間島에 在ᄒᆞᆫ 牧師學校를 訪問ᄒᆞ고 該校가 外地에 獨立ᄒᆞ야國家命運을 自擔ᄒᆞᆫ 愛國誠力을致賀ᄒᆞ며 該校任員及學徒壹般은 歡迎문을 立ᄒᆞ며 歡迎會를 開ᄒᆞ얏고 其翌日에 歡迎會를 再開ᄒᆞ얏ᄂᆞᆫ데 洋鼓와 喇叭을 奏ᄒᆞ고愛國歌와 運動歌를 合唱ᄒᆞ며 各種體操及散操等兵式敎鍊을 試觀ᄒᆞ고 因ᄒᆞ야 演說會를 開ᄒᆞ얏ᄂᆞᆫ데 敎育에 必要ᄒᆞᆫ 問題로 演說ᄒᆞᆷ시 其中拾餘歲되ᄂᆞᆫ 學徒等에 演說이 尤極悲慘ᄒᆞ야 滿場來賓이激仰慷慨ᄒᆞᆷ을 不禁ᄒᆞ얏스며 最後에 級長정朴永運시가 數時間을演說ᄒᆞ얏ᄂᆞᆫ데 來賓은 該地淸國官民과 韓國人民及基督敎人壹同이 參ᄒᆞ얏고 宴費三十餘圜은 全히 該地敎人有志者들이 義捐ᄒᆞ얏다더라

●金門義塾 忠淸南道洪州葛山里有志紳士金炳鴻金炳秀金炳완金善圭김佐鎭諸시가 敎育界에 熱心注意ᄒᆞ고 所有財産을都聚ᄒᆞ야 昨年七月分에 湖明中學科小學科를 設施敎授ᄒᆞᄂᆞᆫ데現今學生이 小學徒ᄂᆞᆫ 大約餘名中學生은 五十餘名에 達ᄒᆞ얏고又法律專門科를 設立ᄒᆞ기 爲ᄒᆞ야 法律學者尹桂鳳시를 先爲屈聘ᄒᆞ고 又高名ᄒᆞᆫ 法學講師를 求ᄒᆞᄂᆞᆫ 中이라더라

●芝校禮式 安山郡瓦里面草芝普通學校ᄂᆞᆫ 該郡主事金敬善시가 刱立ᄒᆞᆫ지 三個年에 諸般經費를 獨自擔當ᄒᆞ야 熱心敎育ᄒᆞ더니 本月拾五日에 第三回紀念禮式을 擧行ᄒᆞ얏ᄂᆞᆫ데 校監李敏善시가 大旨를 說明ᄒᆞᆫ 後 敎師趙澄玉劉轍珠兩시와 來賓에 鄭圭錫諸시ᄂᆞᆫ 勸勉的으로 登場演說ᄒᆞ고 該學生中金鍾弼시가 答辭ᄒᆞ고 入拾八名學徒ᄂᆞᆫ 體操唱歌로 慶賀를 祝呈ᄒᆞ니 六七百名 觀光者의 贊頌이 非常ᄒᆞ여 盛況을 呈ᄒᆞ얏다더라

▲地方消息

▲本月四日夜 全羅南道綾州東北方約拾五里地에서 義兵約拾名이 羅山守備隊 步兵以下七名과 交戰ᄒᆞ얏다ᄒᆞ고

▲本月四日夜 淳昌郡西北方約四十里地에서 義兵約四十名이南原日守備隊中尉以下十五名과 交戰ᄒᆞ얏다ᄒᆞ고

▲本月拾壹日夜에 抱川郡西方約二十五里地에서 義兵約二十名이 該郡日守備隊軍曹以下八名과 交戰ᄒᆞ얏다ᄒᆞ고

▲本月六日 扶餘郡西北方約三十里地에서 義兵八名이 該郡分遣所日憲兵壹名及補助員兩名과 交戰ᄒᆞ얏다ᄒᆞ고

▲慶尙北道奉化西乃城東北方約六拾五里地에서 義兵約二拾名이 乃城日憲兵分遣所上等兵三名及補助員七名과 衝突ᄒᆞ얏다ᄒᆞ고

▲本月五日 奉化郡東北方約八拾里地에서 義兵約三拾名이 該郡分遣所日憲兵二名及補助員四名과 交戰ᄒᆞ얏다더라

●歲裏九九

▲孤燈寒窓三四更에 北隣翁과南隣客이 黃巾野服對ᄒᆞ얏셔 時酒相屬四五盃에 時局談을 말ᄒᆞ다가 生涯타령 ᄉᆞ러내여 甲唱乙和問答ᄒᆞ니 그 情景이 可矜ᄒᆞ다 傾耳諦聽ᄒᆞ고나니 참[illegible]노나네

▲靑葉扁舟綠波上에 大[illegible] 밧비실어 巨口細鱗잡아다가 漁夫生涯ᄒᆞ여 보셰 여보시게 말을 말게 漁業法이 實施라네 巨口細鱗잡으려면 鑑札許狀어더잇나 어리셕다 지네 말도 독장수[illegible]로세

▲空山曠野너른곳에 山[illegible] 山獸잡고 野[illegible] 夫生涯ᄒᆞ여 보셰 여보시게 말을 말게 狩獵法이 實施라네 [illegible] 銃器携帶 [illegible] 어리셕다 지네 말도 독장수[illegible]로세

▲兩山之下[illegible] 밧출갈고 [illegible]煙草심거 [illegible] 生涯ᄒᆞ여 보셰 여보시게 말을 말게 煙草稅가 實施라네 [illegible] 어리셕다 지네 말도 독장수[illegible]로세

▲上瓜下苽綠林사거 [illegible] 비져내여 小樽小樽채여 [illegible] 生涯ᄒᆞ여 보셰 여보시게 말을 말게 酒稅法이 實施라네 酒비즈랴면 酒稅를 [illegible] 어리셕다 지네 말도 독장수[illegible]로세

▲東[illegible] 書冊圖書 [illegible] 版生涯ᄒᆞ여 보셰 여보시게 말을 말게 出版法이 實施라네 [illegible] 어리셕다 지네 말도 독장수[illegible]로세

▲背山臨水조흔곳에 [illegible] 지여노코 詩酒琴書 [illegible] 家生涯 [illegible] 말게 家屋稅가 實施라네 [illegible] 어리셕다 지네 말도 독장수[illegible]로세

社告

寧邊支社員金致億辭免ᄒᆞᆫ代에紅門里鄭德昇시로擇定ᄒᆞ고長淵支社員崔載淳氏辭免ᄒᆞᆫ代에崔東元氏로擇定ᄒᆞ얏스니各該郡에셔本報購覽ᄒᆞ시ᄂᆞᆫ 僉君子ᄂᆞᆫ照亮ᄒᆞ신後各該氏와交涉ᄒᆞ시ᄋᆞᆸ

大韓每日申報社

寄書

●警告頑固同胞　龍岳山　姜裕錫

蓋自天地剖判ᄒᆞ고書契始造로以來로三墳五典과九丘八索中에未曾聞未曾睹ᄒᆞ던可驚可畏ᄒᆞᆫ壹句新문字가現出ᄒᆞ니曰生存競爭이라今日二十世紀에至ᄒᆞ야ᄂᆞᆫ個人과國家를勿問ᄒᆞ고此壹句의眞諦를知ᄒᆞᄂᆞᆫ者ᄂᆞᆫ生存의安樂을得ᄒᆞ고知치못ᄒᆞᄂᆞᆫ者ᄂᆞᆫ覆滅의慘禍를受ᄒᆞ니此世에生存을圖ᄒᆞᄂᆞᆫ者ᄂᆞᆫ此壹句의文字를不知홈이決코不可ᄒᆞ도다

生存競爭의熱이現世에至ᄒᆞ야如此劇烈ᄒᆞ젼된古代에ᄂᆞᆫ何由로此熱이隱伏未發ᄒᆞ얏스며古에ᄂᆞᆫ何由로此熱이始乃發生ᄒᆞ얏스며近世에ᄂᆞᆫ何由로此熱이漸次弘大ᄒᆞ얏스며現世에ᄂᆞᆫ何由로如此劇烈ᄒᆞᆫ要義를我同胞가講究치아니홈이大不可ᄒᆞ지라

漢光武曰人이苦不知足ᄒᆞ야既得隴ᄒᆞ고復望蜀이라ᄒᆞ니此ᄂᆞᆫ絶世ᄒᆞᆫ英雄의萬古人情을쳐破ᄒᆞᆫ格言이라誰人이足홈을不知ᄒᆞᄂᆞᆫ常情은賢愚를莫論ᄒᆞ고各其腦裡에存在홈이固其天賦에出ᄒᆞᆫ者니容易히除去키不能ᄒᆞ고此情은卽天下萬事에進步發展ᄒᆞᄂᆞᆫ原素가되ᄂᆞᆫ者나但其道德과法律의範圍를脫ᄒᆞ고其弊習이或百乘之家로千乘을弑ᄒᆞ며或千乘之家로萬乘을弑ᄒᆞ기에至ᄒᆞ니此를是懼ᄒᆞ샤聖人이不厭之慾을是戒ᄒᆞ셧거니와君道德과法律以內에셔此情을利導ᄒᆞ면現今歐米각邦의琉璃世界와黃金生活이亦皆得隴望蜀ᄒᆞᄂᆞᆫ常情에셔流出ᄒᆞᆫ結果니個人이던지國家이던지所謂生存競爭의起因은實노此情을由ᄒᆞ야發生ᄒᆞᆫ者로다

昔聞ᄒᆞ니堯가天下를許由에게讓ᄒᆞ신ᄃᆡ許由가不受ᄒᆞ고恥而逃隱이라ᄒᆞ니天子의貴와四海의富ᄂᆞᆫ人人의所欲이라自三代以降으로曠世豪傑이乘時蹶起ᄒᆞ야殺萬生靈ᄒᆞ며[illegible]에糜爛ᄒᆞ며血肉至親이蕭墻에相殘홈은莫非是富를是貴를是簒是奪이거ᄂᆞᆯ讓ᄒᆞᄃᆡ猶且不受ᄒᆞ고恥ᄒᆞ야反히逃隱ᄒᆞ니抑或古人의性은盡善ᄒᆞ고今人의性은盡惡歟아抑或得隴望蜀의情이古代에ᄂᆞᆫ絶無ᄒᆞ고中古로부터始萌ᄒᆞᆫ者인가日否라古대의人도天賦ᄒᆞᆫ情이絶無키不能ᄒᆞ나但時에의境遇를因ᄒᆞ야是情이隱伏未發홈而已로다　（未完）

廣告

本人이篆字圖章을見失ᄒᆞ고正字圖章으로改造ᄒᆞ얏사오니知舊間照亮ᄒᆞᆷ

前參奉　鄭象春　告白

本洞家後園林은本人에數百年守護局內而　宣廟朝時에我先祖和成君賜牌ᄒᆞ신地段也崔德仁名人이不良貝流로欺人偸賣ᄒᆞ려ᄒᆞ니此漢에凶計를難測故로玆以廣布ᄒᆞ오니內外國人과邑村僉君子ᄂᆞᆫ切勿見欺홈

載寧郡方理ㅈ마洞居崔鼎壹白

本人의姓名眞字圖章을已酉臘二月初五日平壤西城籌宗吉家에셔見失ᄒᆞ옵기玆에廣告ᄒᆞ니內外國人은拾得勿施홈

尹基洛　告白

本人이昨年分金呂說處所報條九千七百八拾五兩을戊申四月晦日出次로於音發給이ᄋᆞᆸ다가幾許兩式出給ᄒᆞ야於音邊에先給을書ᄒᆞ고在條三千五百兩은本月二拾貳日에依數計給ᄒᆞ고於音을推來이ᄋᆞᆸ다가梧市路中에셔失이옵기玆廣告ᄒᆞ오니內外國人間拾得ᄒᆞ니休紙施行ᄒᆞ시옴

義州州內南弘南洞　金斗沃　告白

本事務所를典동磚동安洞三街通衙中部典동四十八統八戶에移接ᄒᆞ얏사오니京鄕間僉彦은照亮ᄒᆞ시옴

京城中部黃土峴

大韓測量事務所　告白

靑陽郡靑武學校經費ᄂᆞᆫ本郡協市場鹽牛隻各庖肆稅三千餘兩과各人補助金數千兩으로劃用自足이거ᄂᆞᆯ該校任員李晉雨가本以挾韓之輩로兼帶地方委員ᄒᆞ야稱以校費不足ᄒᆞ고符同本郡守ᄒᆞ야每結當圖式加捧코자ᄒᆞ야結民을捉囚嚴笞ᄒᆞ야幾至死境故로民心憤鬱ᄒᆞ야奔訴監督局及度支ᄒᆞᆷ 郡守黃祐燦시가更以五十錢式加捧코자ᄒᆞ야各里長을招集ᄒᆞ야脅勒受押ᄒᆞ얏스니리晉雨의奸計를難遂ᄒᆞ야不念民情ᄒᆞ니期於裁判歸正이라도加結은斷不徵納홈

靑陽郡民代表　明濟喆　韓世敎　裵洛基　林聖周　尹湜　尹赫求　卜文欽等

●特別廣告

本店火災時燼餘各種網緞을廉價發賣하오니請　僉位ᄂᆞᆫ早速來購ᄒᆞ시오

京城銅峴　商　同順泰　告

●美國直輸入　懸鐘（禮拜堂과학校의用）　時計　大發賣廣告

本人이今般에本國內地에散在ᄒᆞᆫ兄弟와學界同胞의購買便利ᄒᆞ기爲ᄒᆞ야懸鐘◦時計◦兩種을美國으로輸入ᄒᆞ야廉價放賣ᄒᆞ오니有志僉彦은爭先購買ᄒᆞ시오但遠方에셔注文ᄒᆞ시면郵便代金印還으로送呈도ᄒᆞ깁슴

懸鐘　大壹個拾壹圜　中仝捌圜廿錢　小仝五圜七拾五錢

時計　上品壹個九圜五拾錢　仝次六圜伍拾錢

鄭貫　時計懸鐘　本肆　自諸不[illegible]홈

開城南門內鉢谷口

明新冊肆主　李禎鎬

本店에각種新舊書籍과학校物品이具備ᄒᆞ온中夏節韓服次와洋服及學徒에服裝的合當ᄒᆞᆫ各樣織組를製造ᄒᆞ와廉價大發賣ᄒᆞ오니

僉君子ᄂᆞᆫ陸續請求ᄒᆞ심을望홈

宣川郡

橋남商務同事總支店　白

●仁川長峴居旅中

京仁債主와邑村去來人이會同協議ᄒᆞ고幾年비정을자정ᄒᆞ고速히오시기를바라오며本人을尋訪次로上塔ᄒᆞ기에如是仰告ᄒᆞ오니速히來臨을伏望홈

海州　金賞國　告白

學部檢定

初等植物學　每課有도　定價金三十錢

初等動物學　每課有도　定價金四十전

最新初等小學　文明國의小學讀本制度를模範ᄒᆞ야精美ᄒᆞᆫ圖畫를具ᄒᆞ고八冊을四卷으로合製홈　定價金五십錢

最新初等大韓地誌　定價金四拾錢

最新高等大韓地誌　定價金七拾錢　各國地誌制度를模倣ᄒᆞ야漢城의山水며富國圖와十三道地圖와各港口와開市場과名山大川과勝地와地도를具홈

初等大韓歷史　文明國의歷史制度를從ᄒᆞ야我聖帝明王의御眞과忠烈士의影幀을具홈　定價金七十錢

國家思想學　精神敎育　定價金二十五錢

法要義　義務敎育　價金二拾五圜

國文上下卷　大韓十三道遊覽　定價金四拾錢

우리大韓國拾三道에名山大川과郡邑地誌를알지못ᄒᆞᄂᆞᆫ僉君子ᄂᆞᆫ速速購覽ᄒᆞ소셔

右敎科書ᄂᆞᆫ本館에셔發行ᄒᆞ며此外에各種書籍이具備ᄒᆞ오니僉君子ᄂᆞᆫ速速來購ᄒᆞ심을爲望

發賣所　京城南部銅峴大四街第三十五統五戶　玉虎書林

分賣所　黃海道鳳山郡沙里院明東書館　京鄕各有名書舖

●特別廣告

本社의各處代理人의氏名은如左홈

開城代理人　開城南門內雜貨商店　金東寬

平壤代理人　平壤大門內店洞　鄭[illegible]煥

咸興代理人　咸興西門外　盧受洙

馬山浦代理人　馬山浦客主　孫鍾우

元山代理人　元山港　金以文

淸津代理人　淸津港　張樂臣

水原代理人　水原北部장안동　金유東

安岳代理人　位置未定　水原北部長安洞　김유東

沙里院代理人　位置未定

金泉代理人　位置未定　漢城東部蓮[illegible]拾里旺新學校內　邦元重

海州代理人　位置未定　漢城中部[illegible]相思洞貳統三戶　李孝楨

天安代理人　位置未定　漢城西部麻浦三拾二統五戶　吳[illegible]洙

群山代理人　水宗[illegible]長安洞　尹聖求

全州代理人　位置未定　群山太井洞　白根쏠

大邱代理人　漢城西部[illegible]峴二百廿二統三戶　김敎贊

釜山代理人　位置未定　大邱新田里五十八統七戶　리村召

江景浦代理人　位置未定　馬山浦午山里拾壹統九戶　辛相淑

麻浦附近代理人　位置未定　西部龍山坊東幕契廿七統貳戶　李鳳浩

長湖院代理人　位置未定　西部麻浦貳拾七號二戶　李弼載

永同代理人　[illegible]洞所[illegible]壹戶　朴[illegible]龜

本浦代理人　位置未定　水浦[illegible]德洞　安[illegible]의

晉州代理人　位置未定　馬山浦城山　玄德鍾

金堤代理人　位置未定　金堤郡[illegible]石面水閣　張[illegible]宇

漢江附近代理人　南[illegible]漢江十八統戶　[illegible]

義州代理人　位置未定　義州批峴　崔[illegible]玉

江界代理人　位置未定　[illegible]州枇峴　張[illegible]拭

東萊代理人　[illegible]甘井洞四統五戶　李宗默

德源代理人　鐵남[illegible]龍井동　朴[illegible]燁

定州代理人　位置未定

城津代理人　位置未定　郭山郡　金相杰　李相宅　金特蘭

太田代理人　太田新町　吉[illegible]館　郭寅珠

浦項代理人　浦項七里[illegible]貳統拾二戶　洪淳壹　宋鍾[illegible]

南州代理人　鳥致院漢[illegible]壽洞[illegible]統壹戶　李鍾龍

吉州代理人　吉州[illegible]門外[illegible]捌戶　安익

礪山代理人　漢城中部外相思洞二統三戶　金[illegible]섭

延安代理人　延安郡磨玉洞　李孝楨

舒川代理人　李[illegible]榮

濟物浦代理人　位置未定　開城南部橋　金[illegible]模　金[illegible]彬　[illegible]德

●特別廣告

大韓皇城　韓美興業株式會社　謹告

（京城郵便局郵函第四號）

大美國에依ᄒᆞᆫ法律認可　駐韓美國總領事館에登錄

社告

○申報價金 …

○廣告料 …

◎大韓每日申報 各處支社廣告

平安道

京畿道

忠淸道

慶尙道

江原道

咸鏡道

黃海道

…

第七卷

大韓每日申報

第壹千九拾八號

月曆 曜時 及日 慶休 節刊

檀君開國四千二百四十二年
箕子元年三千三十一年
大韓開國五百十八年
日本明治四十二年
淸國宣統元年
陰己酉三月小廿九日

Responsible for Publication Alfred Weekley Marnham.
發行兼編輯人英國人 萬咸
發行所
京城南署石井洞號外地三層洋屋
大韓每日申報社

寄書

●寄呈于李觀榮氏

金龍寺僧侶退耕生權藥說

前淸原郡守이던觀榮시여今에盧浦中臺寺僧侶리觀榮시여前食祿官吏리觀榮시가今에念佛上人리觀榮시가되고前에高粱厭飫ᄒᆞ던리觀榮시가今에禪悅飽子ᄒᆞᄂᆞᆫ리觀榮시가되고前에高髻大袖인리觀榮시가今에圓頂方袍인리觀榮시가되고前에趨蹌勢途ᄒᆞ던리觀榮시가今에逍遙方外ᄒᆞᄂᆞᆫ리觀榮시가되고前에百里分勞ᄒᆞ던리觀榮시가今에獨善其身ᄒᆞᄂᆞᆫ리觀榮시가되얏도다

시의棄官入山ᄒᆞᆫ事에對ᄒᆞ야或者ᄂᆞᆫ急流勇退로시를贊賀ᄒᆞ지나余ᄂᆞᆫ疑雲이百疊이기로鈍筆의壹拙을不得已ᄒᆞ노라

시여此時ᄂᆞᆫ改革時代라舊染을棄ᄒᆞ고文明에進ᄒᆞ자면宗教부터改良ᄒᆞᆯ지며墜失ᄒᆞᆫ國權과民權을挽回키로自誓ᄒᆞᆯ진ᄃᆡ金庚僞과如히深山에入ᄒᆞ야上天에祈禱ᄒᆞᆯ지니시의落髮ᄒᆞᆫ本體가其或有壹於是ᄒᆞᆫ가

其或身體髮膚를受之父母ᄒᆞ얏스니寧히如來에게歸依ᄒᆞ야戒刀로削除ᄒᆞᆯ지언뎡威脅力과羈潮頭에被削코져아니ᄒᆞᆷ인가

余ᄂᆞᆫ시가此擧를晉ᄒᆞ야田門하며步々가地獄이오擧眼ᄒᆞ면形々이羅刹인즉此刼界를解脫ᄒᆞ고樂邦에趨向코져ᄒᆞᄂᆞᆫ獨善의策이아닌가余ᄂᆞᆫ大韓每日申報一千六十五號廣告欄內에셔시의落髮歌를讀ᄒᆞ고시의本旨가如此ᄒᆞ심을感ᄒᆞ노라

시여今에同胞의春夢이困ᄒᆞ니시ᄂᆞᆫ壁上掛圖로孔明을ᄎᆞᄌᆞ梁父吟이나學ᄒᆞᆯ지며今에國家의倒懸이甚ᄒᆞ니시ᄂᆞᆫ流涕痛哭ᄒᆞᆫ賈誼를ᄎᆞᄌᆞ治安策이나進ᄒᆞᆯ지며시의年이七旬有餘라國恩이非不厚也며民情을繇不忝焉ᄒᆞ니老當益壯의心도可ᄒᆞ며主蠡島의勇도可ᄒᆞ며登樓攬轡의志도可ᄒᆞ거ᄂᆞᆯ酒瓢과詩百篇으로江南風月에平生을浪送ᄒᆞᆫ李太白과靑蒻笠綠簑衣로煙波鷗鷺에與世相忘ᄒᆞᆫ張志和와經濟에無關ᄒᆞᆫ梁摹師와板籍에逃漏ᄒᆞᆫ桃源村을ᄎᆞᄌᆞ랴ᄒᆞ니於此에시의方寸을可窺ᄒᆞᆯ지로다

시가一向게泥塑木雕와如히緘口結跌ᄒᆞ고沈空滯寂ᄒᆞ다가泡幻의身은烟焰中에成灰ᄒᆞ고淸淨의魂은蓮花上에托胎ᄒᆞᆷ으로佛道의最上乘으로知ᄒᆞᆷ이니此ᄂᆞᆫ不善ᄒᆞᆷ은아니나但只自求解脫ᄒᆞᆯ而已라엇지知覺이圓滿ᄒᆞ고志氣가卓犖ᄒᆞᆫ男子의甘做ᄒᆞᆯ바ㅣ리오衆生이有病ᄒᆞᆷ셔我亦有病은維摩의不貳法門이오自未得度ᄒᆞ고先度他人은菩薩의無上發心이며摩羅拏ᄂᆞᆫ鼓腹退兵ᄒᆞ고鄧隱峯은飛錫降敵ᄒᆞ고薩水大戰에七活佛이誘賊沉殺ᄒᆞ고壬辰巨役에靈圭大師ᄂᆞᆫ木槍赴義ᄒᆞ고松雲和尙은梯航臨瀚ᄒᆞ얏스며皆堂々ᄒᆞᆫ道力과幷々ᄒᆞᆫ血誠으로義分을盡ᄒᆞᆷ이니佛法中에向上事가如是而已라시ᄂᆞᆫ已上諸哲을模倣ᄒᆞᆯ지

시가能히模倣ᄒᆞ면可히ᄂᆞᆫ俯仰間에愧赧이無ᄒᆞ며死後에靑史冊上에馨香을傳ᄒᆞ야宗教와國家에齊擧兩全의利락가러ᄒᆞ와萬世獨善코져ᄒᆞᆯ진대大ᄒᆞᆫ天恩을孤負ᄒᆞᆷ은不是라淸淨ᄒᆞᆫ佛教에도汚點이不尠ᄒᆞᆯ지니시ᄂᆞᆫ以爲何如오

前年에聞慶郡守辛龍鉉시가印綬를解ᄒᆞ고惠國寺에祝髮ᄒᆞ지不幾日에觀察이復召ᄒᆞᆫ즉如恐不及ᄒᆞ야急々히冒雨往見ᄒᆞ고聞慶을復職ᄒᆞ니시의名譽가千層에落下ᄒᆞᆫ지라도辛시와同轍에歸ᄒᆞᆯ가恐ᄒᆞ노라

시여樂世에ᄂᆞᆫ杜杖錫盂로如何히逍遙ᄒᆞᆯ지라도亂世를當ᄒᆞ거던戒刀를仗ᄒᆞ고喝棒을擧ᄒᆞ야智慧力으로惡魔黨을掃除ᄒᆞ야本地風光을不失ᄒᆞ고巍々落々히獨尊의地에處ᄒᆞᆷ이山人의本分事ㅣ니시ᄂᆞᆫ此世를何世라ᄒᆞᄂᆞᆫ가袈裟下에셔本分事를行치못ᄒᆞ면閻羅王鐵棒이在々相隨ᄒᆞ나니시ᄂᆞᆫ三思ᄒᆞᆯ진저

退耕生이本社에寄函ᄒᆞ야李觀榮시에게寄呈ᄒᆞᆫ文字를登載ᄒᆞ기를囑ᄒᆞᆫ깃기에右와如히記ᄒᆞ거니와盖古來韓國僧徒의仗義奏功은實로彼國의異彩를增ᄒᆞᆫ바ㅣ며又世界人의欽羨ᄒᆞᄂᆞᆫ바ㅣ라至今에도何人이던지休靜松雲諸太師의偉蹟을得聞ᄒᆞ면擧皆起敬嘆服치아니ᄒᆞᄂᆞᆫ者ㅣ無ᄒᆞ니此ᄂᆞᆫ果然韓國僧徒界의金石遺訓이라다今此退耕生의峻論을聞ᄒᆞᆫ즉其慷慨忠義가悅然히古代僧徒의餘風을襲ᄒᆞ야救世主義가胸中에踊躍ᄒᆞᄂᆞᆫ狀態가有ᄒᆞᆫ지라凡此全國頭胎ᄂᆞᆫ僧俗을勿論ᄒᆞ고厭世主義의李觀榮시를勿學ᄒᆞ고救世主義의退耕生을模範ᄒᆞᆯ지어다

外報

●幸而得免 紐育電을據ᄒᆞᆫ즉加奈陀太平洋汽船會社汽船昇아뭉號ᄂᆞᆫ짐은쓰港에航行ᄒᆞᆫ途中에氷山과衝突ᄒᆞ야其船頭가破損ᄒᆞ얏ᄂᆞᆫ디該船을搭乘ᄒᆞᆫ船客壹千餘名은無事ᄒᆞ엿다더라

●土國秩序恢復 伯林電을據ᄒᆞᆫ즉土耳其政府ᄂᆞᆫ小亞細亞地方의政局을改善ᄒᆞ야列國代表者의게十分保證을與ᄒᆞ고同地方의秩序를恢復ᄒᆞ얏스며第四十大隊의兵을動員ᄒᆞ얏시나總督을軍法會議에附ᄒᆞ얏다더라

●英兵行動 伯林電을據ᄒᆞᆫ즉벨지스탄地方에셔英國巡邏隊가土民을襲擊ᄒᆞ얏다더라

●土國皇子計圖 同電을據ᄒᆞᆫ즉土耳其廢帝의皇子ᄂᆞᆫ아루바니와에셔反亂을起ᄒᆞ고此機를乘ᄒᆞ야父皇을脫身逃避케ᄒᆞ랴ᄒᆞᆫ다더라

●波政府變更 同電을據ᄒᆞᆫ즉波斯國王께셔ᄂᆞᆫ再次憲法을容許ᄒᆞ야自由派의新內閣을組織ᄒᆞ고政治犯의大赦를行ᄒᆞ얏다더라

●勇能闢犀 米國前大統領父子ᄂᆞᆫ勇敢ᄒᆞᆫ猛獸의狩獵을行ᄒᆞᆫ다ᄂᆞᆫ데近日에루스벨트시ᄂᆞᆫ犀와格鬪ᄒᆞ야艱辛히危險을免ᄒᆞ얏다ᄂᆞᆫ報가有ᄒᆞᆷ으로世人의驚駭를惹起ᄒᆞ얏다더라

●反對孤踪 聖彼得堡電을據ᄒᆞᆫ則露國首相스토리빈內閣을反對ᄒᆞᆫ守舊派의陰謀ᄂᆞᆫ中이나成功ᄒᆞ고露帝께셔ᄂᆞᆫ海軍參謀部改革案의裁可를拒絶ᄒᆞ얏다더라

●淸國鐵道事件 倫敦電을據ᄒᆞᆫ즉德、英、淸、佛諸銀行代表者ᄂᆞᆫ拾三日伯林에會同ᄒᆞ야淸國鐵道에關ᄒᆞᆫ借款를協議ᄒᆞᆫ結果로各關係者等은滿足히解決ᄒᆞ얏고德國은粵漢鐵道에對ᄒᆞᆫ權利를讓步ᄒᆞ고川漢鐵道에對ᄒᆞᆫ權利를獲得ᄒᆞᆫ깃다더라

●吳시赴任 曩者間島에駐劄ᄒᆞ야功勞가著ᄒᆞᆫ吳祿貞은去拾壹日에都統으로移任되여東三省金體와邊務大臣의事務를管轄ᄒᆞ기爲ᄒᆞ야不日內로赴任ᄒᆞᆯ터인ᄃᆡ官衙ᄂᆞᆫ寧古塔에置ᄒᆞ고學校를建築ᄒᆞᆯ터이라더라

雜報

●衛日猛醴 官立工業傳習所陶器科에셔去土曜日에科學員中某々人이戲水相戲ᄒᆞ다가技科에셔器備ᄒᆞᄂᆞᆫ日人衣服에水痕이濺侵ᄒᆞ얏더니日人이該學員某氏를無禮히毆打ᄒᆞ거ᄂᆞᆯ該學員壹同이不勝憤鬱ᄒᆞ야日人을打殺ᄒᆞ기로一齊히協議ᄒᆞ고該科技師의게說明ᄒᆞ엿슨즉技師가學員諸氏를曉諭挽執ᄒᆞ고該日人은卽爲逐出ᄒᆞ얏다더라

●靑館演說會 今日下午七時三十分에鍾路靑年會館에셔演說會를開ᄒᆞ고主義와忍耐란問題로安國善氏가演說ᄒᆞᆫ다더라

●哀大英義士裵說시文

嗚呼라裵公之逝也에我大韓貳千萬同胞兄弟와及歐米各國人이지皆悲痛之ᄒᆞ며慷慨之ᄒᆞ되余獨謳歌之ᄒᆞ며蹈舞之ᄒᆞ노라然則世皆以悲痛慷慨之心으로도猶未能盡其情이어ᄂᆞᆯ此를歌之舞之ᄂᆞᆫ人或謂狂生이라ᄒᆞᆯ지나實노不然ᄒᆞ니壹千九百九年五月壹日에但肉體上裵公은逝矣ㅣ나情神上裵公은永生ᄒᆞ야又有壹千九百九年이라도히시의精神的機關作用되ᄂᆞᆫ每日申報ᄂᆞᆫ安如磐石ᄒᆞ야觸之者碎ᄒᆞ고熾如炎火ᄒᆞ야犯之者銷ᄒᆞᆯ지니此其謳歌蹈舞之謂也ㅣ라是以로形式上肉體ᄂᆞᆫ雖已飄淪於楊花之津上이나眞個的精神은亘立於石非和天ᄒᆞ야與申報偕同則惟我同胞諸君은非哭肉軀上裵公而謳歌精神上裵公ᄒᆞ면惟公之精神은卽申報之精神인故로將來精神上裵公之壽ᄂᆞᆫ同每日申報之期圖不壞之無窮矣리라

李榮培 拜呈

詞藻

半島壹人去 生爲海王國
蒼穹找報仇 遊於亞細洲
慈悲還腔子 創彼申報日
願我韓農區 慰此辛苦秋
遊歷瑪尼跡 世喧口碑誦
博夢墨十謀 時無耳雷收
磨頂且放踵 世人頻鶴瞻
不貳遊幽 不忘賢公遊
以我平心論 百歲無愛桑
似公者稀儔 便同一髑髏
英年兵芳名 今吾當痛哭
死有何羞 非爲公去留
嗜恩本邦事 會聲洲千年
使余心悠悠 大鐸三百州
精靈萬萬里 精靈如在此
豈去平安不 豈忘舊家憂
於公盤桓處 公魂丁寧在
便是晉升樓 善言我綿愁

秋聲子

哀君生之壯齡兮百折不屈之氣慨渡我韓而執筆兮使奸凶而戰栗遭時運之不幸兮辭伏館而閑臥未伸餘懷而卒逝兮我韓同志之遺憾聞噩報之凶信兮忘寢食而悲泣君其有靈鑑此寸心嗚呼哀哉

北部觀光坊大安洞 秀松

雜報

●曾禰臨任 前報와如히伊藤統監은遞任되고曾禰副統監이臨任ᄒᆞ얏ᄂᆞᆫ데本月二拾日에親任式을擧行ᄒᆞ다더라

●統監新任後情況 昨拾七日午前拾時에各大臣이內閣의會同ᄒᆞ야例會를開ᄒᆞ얏ᄂᆞᆫ데同席上의ᄂᆞᆫ閣臣等은統감更任의對ᄒᆞ야閣ᄂᆞᆫ의關係談을試ᄒᆞ엿ᄂᆞᆫ데多數의閣臣等은伊藤이辭任ᄒᆞ고曾禰가統감으로臨任ᄒᆞᆷ은必然코武斷派의操縱으로來이溫柔政策을一變ᄒᆞ야壓迫을加ᄒᆞᆯ터이라고甚ᄒᆞ憂慮하ᄂᆞᆫ데現內閣의反對派와大韓協會의셔ᄂᆞᆫ統감이更任ᄒᆞᆫ結果로라完用의內閣은變更ᄒᆞ리라고隱然히喜悅ᄒᆞᆫ다더라

●親睦會景況 前報와如히再昨日慶熙宮內에서韓日人이親睦會를設ᄒᆞ얏ᄂᆞᆫ데內外國人이多數會同ᄒᆞ야整列ᄒᆞᆫ後에日本居留民團長의先唱으로韓國大皇帝陛下의萬歲를三唱ᄒᆞ얏고其次에ᄂᆞᆫ總理大臣李完用시의首唱으로日本天皇陛下의萬歲를崇呼ᄒᆞ얏다더라

●東奔西走 曾禰副統감이再昨日上午八時에京釜鐵道列車로發程歸國ᄒᆞ얏ᄂᆞᆫ데각大臣中에惟獨總理大臣李完用氏ᄂᆞᆫ水原郡ᄭᆞ지往餞送ᄒᆞ고即時韓日人親睦會에往參ᄒᆞ얏다더라

●茶菓會往參 統감府鐵道管理局長이再昨日仁川港萬石洞에셔茶菓宴을設行ᄒᆞ얏ᄂᆞᆫ데학太리戴嵐法大嘉永喜宮中顧問리允用義陽君리觀覽諸시가往參ᄒᆞ얏다더라

●過恭非禮 向ᄂᆞᆫ曾禰副統감이北韓沿岸을巡察ᄒᆞᆯ時에東萊府尹彰漢은가觀察使의寵飭이有ᄒᆞ다ᄒᆞ고히境內各學校와官廨에飛飾ᄒᆞ야韓日國旗를交叉迎ᄒᆞ라ᄒᆞ며又沿路民家에懸飾ᄒᆞ야兩國旗를揭ᄒᆞ라ᄒᆞᆷ으로該ᄀ에ᄂᆞᆫ學徒와人民이官令을違ᄒᆞ야府尹府衙로來會ᄒᆞ얏ᄂᆞᆫ데府尹이領率ᄒᆞ고埠頭에前往ᄒᆞ야歸路에셔巡査를派送ᄒᆞ야ᄀ副統監의今行은微行이라歡迎ᄒᆞᆷ必要가無ᄒᆞ니即自歸去ᄒᆞ라ᄒᆞᆷ으로各學徒와人民等이羞恥를不堪ᄒᆞ야抱頭掩面而歸ᄒᆞ얏다더라

●飮食之人 再昨日에韓日親睦會를開ᄒᆞ야셔旣報와如히設行ᄒᆞ얏ᄂᆞᆫ데總理大臣李完用農商大臣趙重應侍從院卿閔丙奭榮諸氏와大久保大將과曾禰統監과其外韓日某某官吏와人民이多數히參會ᄒᆞ야料理店에셔飮食을互相對食ᄒᆞᆫᄂᆞᆫ데日本人들은麥酒와麵餠等屬을自由飽食ᄒᆞ고韓人은醯麥酒壹盃다도下得同飮者가多數ᄒᆞ야當場不好光景이激起ᄒᆞ얏다니회會ᄂᆞᆫ親睦會가아니오反目會라고齊穀輿論이喧藉ᄒᆞ다더라

●花郞之戲 再昨日韓日親睦會를設行ᄒᆞᆷ은別項과如ᄒᆞ거니와農大趙重應氏가散會ᄒᆞᆫ後에蕉軍六角妓生團成社等諸牌를帶同ᄒᆞ고漢城府民會로前往ᄒᆞ야韓日兩國萬歲를崇呼ᄒᆞ얏다더라

●不如無學 黃裳과넙저大郎兩女人이總理大臣李完用氏家에不美說話로互相爭鬪ᄒᆞᆷ은已報어니와起訴裁判코저ᄒᆞ더니리總相에서黃裳을招致慰諭ᄒᆞ야日구라여余家事件에對ᄒᆞ야裁判ᄭᆞ지ᄒᆞᆷ은것시不可ᄒᆞ니停止ᄒᆞ라ᄒᆞ고萬端曉諭ᄒᆞ얏다더라

●國分詩宴 統監府秘書官國分象太郎이가來二拾二日에龍山八景園에셔茶話會를設ᄒᆞ고各部大臣과其他某某高等官과請邀宴待ᄒᆞ기로請牒을發送하얏다더라

●三氏賻儀 度支部書記官金裕晳시本逝에對ᄒᆞ야內部大臣朴齊純시ᄂᆞᆫ北布二疋紙貨貳圓으로永宜君리重鎔시ᄂᆞᆫ三十圓으로학務局장尹致昨시ᄂᆞᆫ二十圓으로捐助하얏다더라

●韓氏還國 日本水道工事에關ᄒᆞᆫ機械를觀察次로渡日ᄒᆞ얏던內部土木局技師韓旭시ᄂᆞᆫ再昨日에歸國ᄒᆞ얏다더라

●稅務訓諭 再昨日上午拾壹時에漢城財務監督局長이京城五部內新差稅務囑托員을訓鍊院으로暨齊會同ᄒᆞ야家屋酒艸三稅徵收에關ᄒᆞᆫ事項을懇切訓喩ᄒᆞ얏다더라

●旅費追撥 警視廳에서隆熙元年度각地方巡査除出ᄒᆞᆫ旅費를留今ᄭᆞ지支撥치아니ᄒᆞ얏더니日前에야旅費請求書를繕呈ᄒᆞ얏다더라

●財務委權限 地方費賦課金에關ᄒᆞ야內部에셔漢城府와各관察道에發訓ᄒᆞ기를賦課金減免及延期ᄂᆞᆫ道令으로規定ᄒᆞᆯ바이니其實行은徵收의權限을財務署장이擔任케ᄒᆞ기로協議ᄒᆞ라ᄒᆞ얏다더라

●勸業場新定 農商工部에셔西門內農商館을勸業博覽陳列館數設場로認定ᄒᆞ얏다더라

●講習協議 講習會員諸시가再昨日에學務局장尹致昨시家의會同ᄒᆞ야金裕晳시의追悼會設行ᄒᆞᆯ事와捐助金募集ᄒᆞᆯ事와各其規章關議ᄒᆞᆯ事項을協議ᄒᆞ얏다더라

●請願不理 拾三道測量員協議會에셔測量總督會를撤破케ᄒᆞᆯ意로內部에請願ᄒᆞ얏ᄂᆞᆫ데該部에셔ᄂᆞᆫ如何ᄒᆞᆫ處理가無ᄒᆞ다더라

●宋氏健訟 前參奉崔일永시가去年分에鍮峇郡居宋珏老氏의請借ᄒᆞᆷ을因ᄒᆞ야白米五石을給ᄒᆞ고沓四斗落文券을典執ᄒᆞ얏다가過限ᄒᆞᆫ持ᄒᆞ얏더니宋氏가ᄯᅩ該沓文券을僞造ᄒᆞ야其族人宋鼎顯ᄯᅡ의게更賣ᄒᆞ지라昨年分에崔宋兩氏가起訴ᄒᆞ야對質之場에宋珏老言ᄒᆞ되宋鼎顯買得券은果是僞造오崔參奉의典執券은實狀記라ᄒᆞ야以此判決에宋鼎顯시가落科하얏더니到今ᄒᆞ야宋氏가ᄯᅩ該郡에更訴ᄒᆞ얏다더라

●花盆注文 宮內府에셔官立工業傳習所의製品으로制造ᄒᆞᆫ花盆幾拾個를注文ᄒᆞ얏다더라

●衛生害生 西部弼雲臺에ᄂᆞᆫ衛生會社에셔每週에數三次式糞桶을쳐가더니近日에ᄂᆞᆫ糞商의게쳐가라하얏던지糞商은糞만건져가고桶에水가充滿ᄒᆞᆫ故로不得已溝渠에바리서覺똥에惡臭가彌滿ᄒᆞ니衛生費ᄂᆞᆫ加徵히徵求ᄒᆞ면서衛生을反害ᄒᆞᆫ다고怨聲이藉々ᄒᆞ다더라

●日巡惡行 近日各警察署에셔ᄂᆞᆫ春季大淸潔法을實施ᄒᆞ기爲ᄒᆞ야日巡査輩가漢城內外各民家에檢査ᄒᆞᆫ다稱ᄒᆞ고內庭에突入ᄒᆞ야威脅恐喝ᄒᆞᄂᆞᆫ故로婦人들이恐嚇難耐라더라

●柞蠶見習 典洞柞蠶組合所에셔柞蠶을發達ᄒᆞ기爲ᄒᆞ야組合員의子侄로見習生四拾名을募集ᄒᆞ야二拾名은雇聘ᄒᆞᆫ淸人의게見習케ᄒᆞ고其餘ᄂᆞᆫ水原郡勸業模範場에派送ᄒᆞ야학問을見習케ᄒᆞ기로決定ᄒᆞ얏다더라

●宜嚴禁 坡州郡境內의鐵嫖輩가各項雜技局을設行ᄒᆞ고로財產을蕩敗ᄒᆞᆫ者가多ᄒᆞ다고各新聞의已爲論駁하얏거니와此郡守洪陽관시와郡吏가協議하야此弊習을嚴禁ᄒᆞᄂᆞᆫ中이라더라

●藥市欲移 大邱郡西上面內洞居民은自來로春秋藥令을開市ᄒᆞ야營業發生ᄒᆞ더니不意로郡南門等居民이該藥市를作勢奪去ᄒᆞᆫ故로內등居大小民人等이姜永周氏로代表를派送上京ᄒᆞ야農商工部에呼冤ᄒᆞ얏다더라

●不肖子孫 平山申시의始祖瑩이春川郡非芳동에在ᄒᆞᆫ데其丘木을日本人에게放賣次로賭子孫中申觀熙시等七人이聯署契約ᄒᆞᆫ事가綻露되야甲시宗中에셔再昨日에相동申佐熙시家에서宗會를設ᄒᆞ고聯署契約을勿施ᄒᆞ기로協議ᄒᆞ얏다더라

●與魚注意 日前에東門外紅樹洞居ᄒᆞᄂᆞᆫ何許學某가ᄂᆞᆫ鮮을買得ᄒᆞ야數多春藏이魚卵을喫ᄒᆞ얏ᄂᆞᆫ데忽然全身이浮靑ᄒᆞ며精神이昏々ᄒᆞ야命家이殆至死境이러니時學內巡査가急히醫士를請來ᄒᆞ야急速診斷施療ᄒᆞᆫ緣幸히免死ᄒᆞ얏다더라

●演場投石 再昨夜洞口內團成社에셔各種演劇을設行ᄒᆞᄂᆞᆫ대伊時何處에셔投石이雨下ᄒᆞ야演場騷擾가起ᄒᆞ얏다더라

●延氏處絞 義兵將延某浩氏에弟延昌壽氏가被捉되야日前地方裁判所에셔宣告된다ᄂᆞᆫ說은已報어니와再昨日監獄署에셔延氏의死刑을執行ᄒᆞ얏다더라

●長興義兵 兩來人의傳說을據ᄒᆞᆫ則長興郡에義兵將金某가部下八十餘名을領率ᄒᆞ고該郡境內에逗留ᄒᆞᆫ다더라

●義將被捉 日憲兵司令部에셔京畿抱川楊州郡으로出沒橫行ᄒᆞ던義兵將徐鳳三氏를逮捕ᄒᆞ야目下訊問中이라더라

●義兵被捉 昨日上午拾一時頃에東大門外等地에셔何許擔銃ᄒᆞᆫ義兵三名을捕縛ᄒᆞ야南部警察署로押去ᄒᆞ얏다더라

●犯人捕捉 京城泥峴附近地에셔何許日人이人力車夫에腹部를刺殺逃走ᄒᆞ얏다ᄂᆞᆫ說은前號에已揭어니와追後更聞ᄒᆞᆫ즉南部警察署에셔該犯人을逮捕審問ᄒᆞᄂᆞᆫ中이라더라

●處處賊警 再昨夜上午二時量에强盜幾名이西部管內安定寺에突入하야壹般僧徒등威脅恐喝ᄒᆞ고如干汁物等을奪取以去ᄒᆞ얏다더라

●此宴後宴 昨日下午五時의日本慶應義塾同窓會員韓人諸시가惠泉館의會同ᄒᆞ야日本時事新聞記者久田의送別宴을設ᄒᆞ얏다더라

●代表人發程 紳士리熙直시가公益上熱心으로傳來所有沓土를各社會에義捐ᄒᆞᆫ事ᄂᆞᆫ一般稔知ᄒᆞᄂᆞᆫ바어니와鐵靑土을證明次로畿湖學會任員리春世氏가各社會에委任을受ᄒᆞ야리熙直氏와同車ᄒᆞ야明日第二列車로發行ᄒᆞᆫ다더라

●智德演說 本日下午八点鐘의西部宗橋智德共新會의셔演說會를開ᄒᆞᆫ다더라

◎宣川人追悼

宣川郡너壹般人士가本社前社長裵說氏의追悼會를開ᄒᆞ고讚揚祈禱ᄒᆞ며裵公의歷事를說明ᄒᆞ며激切ᄒᆞᆫ演說로一塲悲况을呈ᄒᆞ얏다더라

◎感荷賻儀

本社前社長裵說氏喪事에對ᄒᆞ야林川郡居ᄒᆞᄂᆞᆫ李某氏가金二圓젼을賻儀ᄒᆞ얏기其厚意를表ᄒᆞ노라

四大五官

▲사ᄅᆞᆷ이되ᄒᆞᆫ것은四肢百體를具體ᄒᆞ야合爲壹身ᄒᆞ엿나니壹身中에各機關이固有本能자逞ᄒᆞ야活動利用ᄒᆞᄂᆞᆫ비라其本能이何如ᄒᆞᆫ지各言ᄒᆞ야聞ᄒᆞ여볼삭

▲心아니면有何能이리오나의本能말ᄒᆞᆯ진ᄃᆡ具衆理而應萬事에壹身이亡無不保ᄒᆞ니全躰主宰되여ᄒᆞ며百體從令ᄒᆞ비라排壹邪氣目的으로壹國精神敎國일세

▲目아니면有何能이리오나의本能말ᄒᆞᆯ진ᄃᆡ觀其眸子人焉廋오擧世善惡能逃ᄒᆞ녀燭之而定位ᄒᆞ여萬象機密總攬이라排壹惡擧目的으로壹光明照妖일세

▲耳아니면有何能이리오나의本能말ᄒᆞᆯ진ᄃᆡ言無足而飛千里니壹々詳聞是乃吾耳內外輪廓通信門은傳外音운待時期라排壹警敵目的으로壹國希望捷報일세

▲口아니면有何能이리오나의本能말ᄒᆞᆯ진ᄃᆡ興戎出好ᄒᆞᆷ이縱橫之術을自在ᄒᆞ녀出日樞機ᄒᆞ니談이同聲相應ᄒᆞ리라排壹惇習目的으로壹國輿論吞倂일세

▲鼻아니면有何能이리오나의本能말ᄒᆞᆯ진ᄃᆡ三斗되ᄂᆞᆫ醋이라도吸盡無餘非難事니經久涉難堅忍性은文明空氣可吸이라排壹魔障目的으로壹團勉勵文明일세

▲手아니면有何能이리오나의本能말ᄒᆞᆯ진ᄃᆡ萬機活動運用時의與心相應先着ᄒᆞ니拳拳到處無私情은所向無敵是快事라排壹不法目的으로壹國淸掃奸일세

▲足아니면有何能이리오나의本能말ᄒᆞᆯ진ᄃᆡ勇往邁前ᄒᆞ며거름行天下無難이라有進無退進步ᄒᆞ야千萬惡怪蹴蹂ᄒᆞ니排一無道目的으로壹國氣力救世일세

▲此社會의全體던지壹國家의全體던지ᄒᆞᆷ個人의壹身ᄀᆞᆺ치各機關이活動ᄒᆞ야各逞其能ᄒᆞ여가며壹心符合ᄒᆞᆫ然後야方可謂之全國體니可不勉哉可不愼가

寄書

●警告頑固同胞 續
龍岳山人　姜昶鎬

蓋上古ᄂᆞᆫ曠邈ᄒᆞᆫ原野에稀少ᄒᆞᆫ人類가耕田而食ᄒᆞ고鑿井而飮ᄒᆞ야其中所求ᄂᆞᆫ飢食渴飮에不過ᄒᆞ고其君上의所居가土階茅茨에自安ᄒᆞᆷ을맛은즉其衣食程度를亦可推知라故로其民의生活은淳朴而不爭ᄒᆞ며其君의治化ᄂᆞᆫ無爲而揖讓ᄒᆞ니此ᄂᆞᆫ競爭의熱이未萌ᄒᆞᆫ時代라可謂ᄒᆞᆯ지며

中古以來로ᄂᆞᆫ有限ᄒᆞᆫ土地에無限ᄒᆞᆫ人口가漸次繁殖ᄒᆞ야遺利가罕少ᄒᆞ고貧富와貴賤이懸殊ᄒᆞ야人々이富貴를艶羨ᄒᆞ며貧賤을厭避ᄒᆞᆷ은常情으로써衣食과金錢을貯蓄코ᄌᆞᄒᆞᄂᆞᆫ心과合倂코ᄌᆞᄒᆞᄂᆞᆫ慾으로漸々生活의困難을感覺ᄒᆞ니此ᄂᆞᆫ競爭의熱이發生된時代라可謂ᄒᆞᆯ지며

近古에ᄂᆞᆫ國交의進步를因ᄒᆞ야東西環球의交誼를互講ᄒᆞ고黃白人種이貿易을相通하ᄂᆞᆫ大勢가自動ᄒᆞ니盖地球ᄂᆞᆫ人類의共同生活ᄒᆞᄂᆞᆫ基礎가되ᄂᆞᆫ故로萬國法規의所許ᄒᆞᆫ界限과各國法律의所定ᄒᆞᆫ範圍以內에서移住와生活과經濟의發展을何人이던지可試ᄒᆞᆯ것은天의指命에出ᄒᆞᆫ者로認定ᄒᆞ야各國이互相貿易을行ᄒᆞ니此ᄂᆞᆫ國與國間에競爭의熱이漸次弘大ᄒᆞᆫ時代라可謂ᄒᆞᆯ지로다

右ᄂᆞᆫ人情의自然과時勢의必要로써生存競爭의不可得已ᄒᆞᆫ書의原則을擧ᄒᆞ야論定ᄒᆞᆷ이라然則今日에生存競爭을到底히免코ᄌᆞᄒᆞ여도可免치못ᄒᆞᆯ者니個人이던지國家이던지我가彼를制勝키不能ᄒᆞᆫ同時에ᄂᆞᆫ반다시彼의下風에屈奇ᄒᆞ야種々滅亡에至ᄒᆞᆷ을覺悟치아니ᄒᆞᆷ이不可ᄒᆞ고盖他人의下풍에屈奇ᄒᆞ야滅亡에竟至ᄒᆞᆷ은雖何人이라도厭避코저아니ᄒᆞᆯ者無ᄒᆞ니此ᄂᆞᆫ競爭의熱이劇烈極度에達ᄒᆞᆫ現時代를形成ᄒᆞᆫ所以로다 (未完)

[illegible]丸

注意

阿片吸食者ㅣ雖日無妨ᄒ나日久則遂成痼引ᄒ야至於滅敗家產者과卒致夭死者ㅣ比比有之ᄒ니豈不哀惜乎아故로本堂에셔苦心竭力ᄒ고英藥을萬方透得ᄒ야阿片斷引丸을製造發賣ᄒ오니欲戒阿片者ᄂᆫ契約服用ᄒ시되若無效驗이면藥價를還呈ᄒ깃사오니照亮ᄒ시옵

定價 壹劑八圜分으로五圜 半劑에金三圜

[illegible]丸

婦人의帶病과月經不調로因ᄒ야孕胎치못ᄒᄂᆫ디神效藥 壹月份에二劑金五圜

[illegible]消瘡丹

男女間楊梅瘡과疳瘡과頭瘡의百發百中ᄒᄂᆫ妙藥이오 定價甲金에二圜乙金二圜五十錢

金治丸

男女淋疾과疳瘡을除去ᄒᄂᆫ神奇妙藥이오 毒劑金三圜

滋陽丸

男女間補陰補陽ᄒ야元氣不足에第一이오 定價每拾丸分은壹圜五十錢

八寶丹

健胃消滯ᄒ며口味를助ᄒ고痰을消ᄒ고精神을爽快케ᄒᄂᆫ靈藥이오 定價금十錢

此外에도東西洋各國名藥과德國極上品金雞納이具備ᄒ오니陸續注文ᄒ시옵

總發行所仁川港 支店京城 和平堂主 李應善

自宅治療 電氣帶廣告

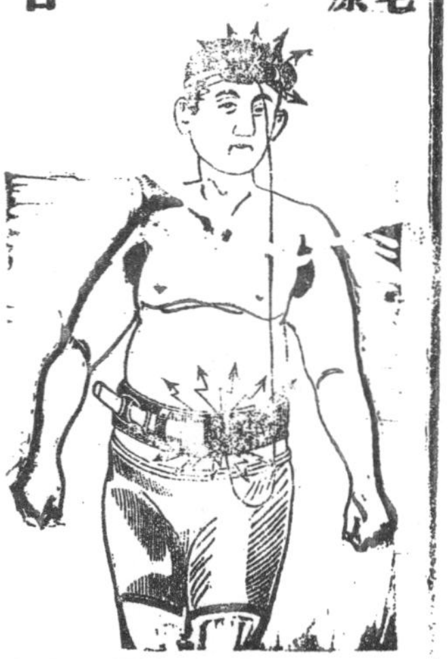

夫電氣之於人에爲關이甚大ᄒ니人之百體가皆由電力主持ᄒ야有電則生ᄒ고無電則死ᄒ나니電氣之對症施治에見功取效之神速이百倍于藥ᄒ니譬如中風癱瘓(不遂)痙攣陽위等症은古今藥餌之所難治之病이ᄂᆞ然而至于今日ᄒ야ᄂᆞᆫ醫道日進ᄒ야以電氣施療에無不奏效ᄒ니電之利用於人이豈淺鮮哉아今此電氣帶ᄂᆞᆫ係是英國醫學博士之所發明者也ㅣ라伊來幾年에爲地球所公認ᄒ야罔不奏效感謝者로다現計各國受效人謝函이共三拾壹萬五千有餘則可知電氣帶之症實效之確據요乃醫療界最爲特色者ㅣ也ㅣ라有患諸君子ᄂᆞᆫ早圖壹試ᄒ시오

(主治効能)神經衰弱諸症不眠。遺精、早漏不快、陽위不起、消化器無力、常習便結、消化不良。營養不良。遺尿。或全身內臟에衰弱。疝症。半身不遂。手足厥冷、諸神經痛。頭痛腰痛。脚氣及脚痛。記憶力及忍耐力減退、痼疾

(婦人諸病)血分不足、月經不調、子宮病、憂鬱、脊髓諸病、偏頭痛、不姙症。病後虛弱、帶下、窒塞攣等症에無不如神

(使用法)은至極簡便ᄒ야睡眠時나就業時에恒常腰間에環佩ᄒ되小無妨碍ᄒ오니此帶ᄂᆞᆫ壹個年以上를環佩ᄒᆞᆯ付屬品은頭痛時에使用ᄒᄂᆞᆫ것과藥을包括ᄒᄂᆞᆫ것이有ᄒ오니請求ᄒ실ᄯᅢ에腰圍를測量(비몸어딤에셔허리를재오시오)ᄒ야보니시면發送ᄒ오며使用法과說明書를添付ᄒ야小包代金便으로送呈ᄒ깃ᄉᆞ옵

正價 上號 拾四圜 中號 拾貳圜

發賣所 皇城南部太廣橋十九統七戶 共愛堂 大藥房

合種藥品은總發行所ᄂᆞᆫ京城南大門側濟生堂大藥房本舖

清心保命丹

◎至急히注意ᄒᆞᆯ事件

本堂에셔製造發賣ᄒᄂᆞᆫ(清心保命丹)은內外國僉君子의愛顧ᄒ심으로十分發達이온바近日何藥房에셔但(保命丹)三字만써行賣ᄒ오니鄉闆에셔貿用ᄒ시ᄂᆞᆫ兄弟姊妹ᄂᆞᆫ勿爲見欺ᄒ심을敬要

本堂製藥은(清心保命丹)이라五字가分明이온디彼行賣藥은(清心)二字ᄂᆞᆫ無ᄒ고(保命丹)이라三字만쓴거슨丁寧本堂製造品이아니오니特別히注意ᄒ시옵

京城南大門內濟生堂大藥房 清心保命丹本舖告白

社告

○申報價

每張代金 新貨貳錢五厘

壹個月前納 三拾錢

參個月 九拾錢

陸個月 壹圜八拾錢

壹個年 參圜四拾錢

郵稅壹張 新貨五厘

壹個月 拾參錢

◎廣告料

四號活字拾參字詰

每日壹寸(英尺)에 新貨廿五錢

貳週日壹寸에 貳圜五拾錢

壹個月壹寸에 五圜

(自壹行至四行에壹寸)

其期限의長短과字行의多寡를依ᄒ야增減ᄒᆞᆷ이有ᄒᆞᆷ

◎大韓每日申報

各處支社廣告

平安道

平壤鍾路太極書館	安泰國
三和港牌石洞教堂	裵亨湜
義州南門外ᄒᆞᆫ西大藥房濟有寬	
鐵山邑東部	安　灝
車輦館	金明濬
定州南門內普興	洪成麟
博川郡邑니篁洞	金翼儔
安州城內義井洞	金致河
京義線枇峴驛前	李基秀
龍川楊市	崔賓保
龍川南面松峴海東書館	金賢濟
龍川남市驛	鄭保龍
朔州邑남門니	徐伯濂
楚川邑館前洋약局	李正瀚
寧邊郡耶蘇教冊肆	김致俊
江西邑內	金昌鎬
成川郡上部面	洪德三
平남順川郡蓮동	鄭裕德

黃海道

白川邑樣局	申慈鎰
江界邑耶蘇教冊肆	김泰혁
郭山郡南湖千里	金麗涵
雲山郡邑面上里	梁允植
龜山郡內利堤里	崔鎭爽
瓮山北面橋洞	王晃錫
海州남門內書舖	朴昌鎬
安岳邑石面觀鎮洞	金文浩
長淵邑校洞西北支學會內	盧東元
殷栗邑倉舖里	金光碩
信川邑六里	丁一燮
载寧邑乾材局	李鼎均
黃州南門外冊肆	崔經衡
白川邑文明館	羅雲泳
沙里院活版勞動救火會任敬宰	

咸鏡道

咸興州南社西門外	田春林
元山港創藥社內	金南正杰
高原邑	朴敦誥
定平郡新川	張麟赫
洪原西門內保命局	羅炳壽
永興邑山동洪明學校內	梁元常
鏡城羅南新興洞	安正진
清津港南岩동	張元浩

全羅道

金溝水流面豆亭	趙德三
木浦항陽동	叫得琢

京畿道

仁川香峴衙新街々	李東鉉
開城남大門內興學書舖姜助選	
江華邑川舖	金鎭植

忠清道

結城廣川小鶴동	李啓祚

慶尙道

大邱西門外友弦書機側李正由	
釜山港佐川약局	徐鳴鍾
長기郡內面有部	吳根默

江原道

鐵原邑泉동	趙鎔大
蔚珍遠남面梯花里	朱鎭聯

漢城鍾路惠藥房에셔官許拜受ᄒᆞᆫ二十三種封藥과精製草材와草材를大發賣ᄒ고且石版印刷機械

第七卷

大韓每日申報

第壹千九拾九號

月歲 曜時 及日 慶休 節刊

檀君開國四千二百四十二年
箕子元年三千三十一年
大韓開國五百十八年
日本明治四十二年
清國宣統元年
陰己酉四月大初一日己卯

Responsible for Publication Alfred Weekley Marnham.
發行兼編輯人英國人 萬咸
發行所
京城南部石井洞外地三層洋屋
大韓每日申報社

論說

◉大勢의研究

今日韓國에一尺童子라도皆紛々唱道흐야曰實力을養成흐자實力을養成흐자흐야立國의道가實力養成四字뿐인줄知하는者ㅣ多흐도다

本記者도亦是實力養成을主唱흐며實力養成을歡迎흐나然이나又不然훈者ㅣ有흐니但只實력養成만知흐는者는決斷코完全훈立國의道를知흐는者라云키不能흔所以니라

大抵此時代는壹二國對立의時代가아니라千百國對立의時代며此世界는壹二國競爭의世界가아니라千百國競爭의世界니萬一此時代此世界에在흐야外界의光을覺覩치못흐면是는盲者며外界의聲을得聞치못흐면是는聾者니라

아모리內部에는宏大的强壯的의實력이膨脹흐얏슬지라도盲國民聾國民을驅흐야何勝利를得흐리오

故로此에 記者ㅣ恒常其眼光을宇宙에張흐고其耳膜을東西에注傾하야內部의實력이日々上進흐는同時에外界의大勢를無漏收拾흔後에야始可흐니라

故로余가大勢研究四字로苦叫흐는바ㅣ라

凡我理想家冒險家는狹小的偏僻的의思潮를變하고廣大的圓還的의思潮를奮起흐야身은局外에在흐나耳目은局外에遊흐야甲國의興亡은我에게何關係가有흔지乙國의强弱은我의게何關係가有흔지甲洲는如何흔形勢가有흔지乙洲는如何흔運命을帶흐얏는지天下大勢를胸中에網羅흘지어다

萬壹不然흐면偏處窒礙흐야盲杖夜行의狀態를不免흘진더 [illegible]實력은[illegible]흐고體가健康흐여라도聞見이鹵莽흐면[illegible]壹只癈가될뿐이니라

嗚呼同胞여內部로는實력을養成흐고外界로는大勢를觀察흐야健全明흔國民이될지어다

◉隆熙三年四月二十九日 官報

部令

辯護士名簿登錄規則을左又치定흠

隆熙二年四月二十七日 法部大臣 高永喜

法部令第七號

辯護士名簿登錄規則

第壹條 辯護士名簿에登錄을請흐는者는登錄請願書에辯護士法第十三條의手數料金額에相當흔收入印紙를貼附흐야登錄을受코자흐는地方裁判所檢事局을經由흐야此를法部大臣에게提出흠이可흠

登錄換을請흐는時도亦同흠

第二條 地方裁判所檢事局에서登錄請願書를受理흔時는檢事가請願者의資格에關흔事項을調査흐고意見을附흐야此를法部大臣에게提出흠이可흠

第三條 辯護士名簿의登錄은法部大臣의命令을因흐야地方裁判所檢事局에서此를行흠

第四條 辯護士名簿에는左에諸件을記入흠이可흠

壹 辯護士의住所。姓名。及年齡
二 登錄의年月日
三 辯護士會에入흔年月日
四 事務所
五 登錄자消及他地方裁判所에登錄換을行흔年月日
六 懲戒

第五條 辯護士名簿登錄의消는左開의地方裁判所檢事局에서此를行흠

壹 懲戒에有흔時
二 死亡흔時
三 除名흔時
四 役刑以上의刑의處흔時

第六條 地方裁判所檢事局에서辯護士名簿의登錄을行흔時는其登錄의番號及年月日을法部大臣의게報告흐고且此를本人의게通知흠이可흠

登錄의消[illegible]흔時도亦前項의準흠 (未完)

外報

◉極東政界改革 伯林電을據흔則極東沿海州及사할린島에서는行政을改革흐고該地에在留흐는日本人의露國領內에서經濟的利益을獲得흠을拒絕흐는法案을露國會議에提出흐야第一第二會議를經過흐얏다더라

◉革命黨要求 同電을據흔則波斯國々民黨은國王의廢立을要求흐고[illegible]에對흐야[illegible]을約圖하얏다더라

◉軍物檢査 同電을據흔則葡牙利亞軍部大臣은軍隊所有子彈란소ㅣ砲를嚴密히檢査흘旨로命令흐얏다더라

◉死刑執行 同電을據흔則土耳其國都君士坦丁堡에서는反亂의首謀者貳拾人의死刑을執行흐얏다더라

◉軍費支出議決 同電을據흔則露國議會에서는軍費로八千八百萬留를臨時支出하기로決定흐얏다더라

◉郵便局紛亂 倫敦電을據흔則巴里에서本月拾日夕에壹萬人의郵便局員이會集흐야同盟罷業흐기로決議흐얏고郵便物區分者도夜間에勞働을癈흐고산、나젤造船職工등도파나마로送付흐는郵便物搭載를拒絕흐얏다더라

雜報

◉宗教家將到 露國宗教家제엔스시及몰오스오프쎌시쭈兩氏가京城內露教會를巡觀흐次로日本으로離흐여京城에來흘더이라더라

◉維新其會 西來人의傳說을據흔則黃州郡永豐面장동은順興安氏의數百戶村인데累十年來班習으로時局情況을覺悟흐고村內老少가壹齊協議흐야學會를設立흐고名稱을維新이라흐야捐金을募集흐고山林을改良흐야現今植木에從事흐기로決定흐얏다더라

◉寡女再婚 中部壇谷居金俊氏가其子를果川郡楊村李永植氏의令孃과結婚흐고其女兒를成體흐기前四五年을敎育하얏더니今年春에金氏가該女兒를無端率去흐야他人에게定婚흔故로金氏가京城區裁判所에起訴흐얏다더라

◉無所施術 安岳郡에서淸國人이所謂三十六契라흐는賭技場을處處에設施흐고民財를騙取흐다고本報에累揭흐얏거니와該郡邑底板橋面에서淸國人이該技를試設코쟈흐다가壹人도玩覺흐는者ㅣ無흠으로該淸人等이十餘日逗留흐다가旅費만空費흐고撤去흐얏다더라

◉惡習宜禁 近日仁川安山始興等地에所謂籌桶契雜百契等契가稍흐야殘盤을醵聚흐고數百이爲群흐야此日此洞이오明日彼洞이며又技局을設흐고酒後相鬪흐니飮荒人情이隣援益甚흔이라如此惡習은官廳으로禁斷흠이安當흐다더라

吊裴說公

嗚呼痛矣公之別世是何事也是何變也聰耶眞歟非夢似夢公去我有我有若無公之來韓萬人蹈舞公之別韓萬人含淚聞此訃音孰不哀痛山思水懷雲慘風悲公之肉身雖歸地下公之靈魂歸天上公之聲音寥々無聞公之精神凛烈報紙褒善懲惡千秋戒鑑萬古垂訓生無精神其生惟死有精神其死猶生伏願尊靈永享福勿負遺言以死救生哭祝

申鉉九

詞藻

◉哭裴議公 姜徽武

吾公節義擅東西 千古芳名日月齊
愁雨悲風斜日路 楊花無語鳥空啼

上帝降衷兮 惜有五歲兮
篤生大英 壯遊東瀛
平公不私兮 威武不屈兮
爵節煌々 大義堂々
壹去不還兮 萬古不泯兮
山川留精 宇宙垂名
漢水滔々兮 嗚呼裴公兮
我泪如波 奈蒼生何

雜報

●諸陵狀況 今番京畿平安兩道에殿陵調査한者의談話를據한즉開城에在한 麗朝各陵은開城附近山中에散在하야其數가四拾二所인데泥沙에古瓷器를掘하는者가多하야荒廢의慘況은實로記키難하며惟獨 [illegible]陵七祠의 陵은稍히完全하나修理를行할計劃이오又江東郡에在한 檀君陵은大朴산荒田中에在하야甚狀態가極히蕭條한故로今番內部에서二千圜을支出하야 殿宇를建立한다더라

●御什物運搬 德壽宮內각殿閣의積置하얏던諸般什物을數日前부터 慶運宮으로運搬한다더라

●缺席停會 昨日은統감府火曜例會인데副統감의歸國을因하야例會를停止하얏다더라

●統監赴任期 曾禰副統監이統감을臨任한다는說은已報에已揭어니와該氏가親任式을擧行한後該週日間東京서留連하다가渡韓赴任할預定이라더라

●內閣變更說 曾禰가統감으로臨任渡韓한後에內閣이當體變更된다는데總理大臣은內部大臣朴齊純氏가被任한다는說이有하더라

●以葉掩目 統監府에서야모리韓國의實狀을隱蔽코져하나義兵의蜂起가不絶하야統治가益々困難함은無疑의事實이라고日人京城新報에揭載하얏더라

●柔蒙政策 日本人이發行한朝鮮日々新聞에는鮮國耶蘇敎徒中에排日暴動하는者ㅣ多한즉日本當局者는耶蘇敎宣敎師의行動을注意監視하고日本僧侶의渡韓을奬勵하야佛敎를振興함이可하다고論評하얏더라

●勸行停止 北부에原已發嵩시가新捐地方의事를觀察코로防限한다더니하부次官의歸國을因하야姑爲停止하얏다더라

●丈夫得意 大韓協會顧問大垣丈夫는曾禰統監과親密한故로其部次官이된다는說이有하다더라

●永存會名 韓日兩國會를發行할은緊親하얏거니와現聞한즉該會名稱을永久組織하야每年春秋兩次에當次式設行한다는데會장及副會장과其他任員도將次組織選置할터이라더라

●犯逋調查 近日度支部司稅局에서觀察使郡守觀察使公錢欠逋之人을每日招待하야該欠逋條를逐條質問하고督約書를受納한다더라

●漁業認許說 漁業法이實施以來로本月拾四日까지觀察府及農事廳을經由하야農商工部에서接受한請願書數爻가六百拾六件中에七拾壹件은免許狀을受하얏다더라

●巡查減額 二昨日警視廳에서巡查를漸次減下할計劃으로爲先감督巡查婁秦龍氏外三人을減額하얏다더라

●法部討論會 法부에서本月二십四日의大審院控訴院審般官吏가各地方裁判所의判事諸시와各典獄을會同하야法律上事項을討論한다는데該事件의對하야提出할事件이有하거던意見을疎通케하라고各府부院廳의輪牒을發하얏다더라

●打辱猶甘 日前韓日人親睦會의셔日本妓生이舖幕內의셔歌舞를遊戲할際의漢성府尹[illegible]漢城서가酒를現覽하기爲하야韓연韓服例으로窺觀하거늘日本人이가비부쥐을毆打하여擊脫로攻毆하미하야尹은頹然退去하얏다더라

●蠶蔘改良 開城에서는紅蔘을從來舊慣式으로製造하거나此를改良하야本年부터는蒸溜를應用하야製造할計劃으로去四月에起工하야工場을建築中인데來七月中의竣工될터이라더라

●學資試驗 學부에서本月二十日午前十時에各官立학校의職員及生徒를齊集痘苗製造所에會同하야牛痘를施術한다더라

●韓田俳撰述 [illegible]田明雲兩氏의合傳을美國에留韓人이撰述하얏는데各地同胞에게無價發送한다더라

●民報請認 大韓協會의셔發刊한大韓公報는大韓民報로改稱하고條規를製定하야昨日警視廳의經由하야內부의認許를請하얏다더라

●測圖遲延 各人民의所有산林測量事務가時急한은一般知了하는바어니와量上관下각郡의서는成測量事務所도設置하고成測量학校도設置敎授하는데太郎財務監督局의서指飭한기를政府의서精實한測量技術者를各地方의派送測量할터이라함으로人民等은半信半疑하야妨害가不少하다더라

●所有權棄退 平安北道義州威化面舊島는百年前에國家에서人民에게壹升稅墾耕作을許한지라但히島가水沈處이多한故로査定한田結이無하고聲歎을隨하야納稅하더니官廳에서公土라稱하고田告書를勒索하는故로島民等이今番弼로代表를定하야度支部에呼訴하고指令을得하야平壤監督局에到付하고民有되는證據를到底히卞明한後에財務局과本邑財務署에서的確한民有로認定하다고島民의게指令하얏다더라

●憤於오이 西部洞居金賢云氏가再昨日下午時頃의아洞等處로泥醉過去하는데警副감具然壽氏의人力車軍이오이ㅅㅅ하거늘金氏가激憤함을不勝하야人力車軍을對하야日汝는何人種이기의日本語를如是賤待하나하고詰하미交通妨害者라하야日然時의命令으로所管警察署의押交하얏다가數時자後의放送하얏다더라

●事係可疑 去月分에黃海道黃州鳳山沙里院載寧等各處에서憲兵補助員과附近分遣所補助員中에서選拔함이幾十名을汽車로載去한지于今數朔에去處를未知하야補助員等의父母들이晝夜憂慮하더니日前에其中壹名이滿州에서其本家에書를送하얏는데死生을難辨이라한故로現今該郡에서補助員을充數하기爲하야募集廣告를揭付하앗스나應募하는者ㅣ無하다더라

●日巡虐政 西部人民의傳說을聞한則梁山郡警察署巡查野村賢治가到任以來로人民의保護警察目的은全然不知하고罰刑事訴訟을無不干涉하야裁判之場에出席不計하며男女를勿論하고拘囚多日에卽不判決하으로該郡人民이支保無路라더라

●慈母情景 安山郡九龍동居하는리大鉉氏의別堅은召史와多年相生하다가어年分에該何不合한端이던지相爲分離하앗는데其後昨年十月貳十七日夜에賊漢二十餘名이리召史親家의突入하야其父母를倶爲殺害한지라리召史가罔極之痛으로水原警察署에告訴하되리大鉉氏가其父母兩人을殺害하엿다하야리氏가現今監獄署에押囚되얏다는데其慈親이法司에呼冤次로上京하야道路에서接追號哭之狀은目不忍見이라더라

●羅州義兵 木浦港來人의傳說을據한즉羅州郡三鄕面等地에義兵이多數來到하야該地에居留하는日人男女數三人을殺害하얏고將次木浦港을衝突襲擊한다聲言하는故로該港民情이大端恐懼中이라더라

●火災旋滅 再昨日下午五時량에北部九然동居하는金萬春氏家에서失火하얏는데幸卽撲滅하얏다더라

●吸烟被捉 東部蓮동居하는朴東植爲名人이自家에서鴉片을無難吸烟하다가再昨日警視廳에被捉되얏다더라

●鄙行被捉 徽文義塾工匠室의셔使役하는김聖弘崔相德兩人이再昨日下午九時의안洞等地로過去하는女子의게鄙行을施코자하다가風俗을乖亂케한는者라하고北부警察署의셔捉囚하얏다가說諭放送하얏다더라

●李召史逢賊 再昨日上午壹時量에何許强盜四五名이東부蓍士동居하는리召史家에突入하야現金六拾圜과其他紬緞汁物을沒數奪去하얏다더라

●禮拜堂礎 西城郡耶蘇敎會에서女學堂을建築한다는데昨日下午부터定礎禮式을擧行함으로學大부學務局장尹致旿學務官上村正已諸시가昨日上午八時에京義鐵道列車를搭乘往來하얏다더라

◉感賀賻儀 本社前社長裵說氏喪事에對하야宣川郡人士들이一齊히追悼會를設行하엿다함은昨報에已揭어니와其中三拾壹人이各々收斂하여合二十圜七十錢을賻儀하엿기로其盛意를感賀함

騷壇鼓角

▲曾日에는心天君이靈臺上에坐定하야五官百工모히노코軍國大計論議하다가神機妙算研出하야各授奇計調發次로動員令을直下하니俯伏聽令諸將들에각自攘臂摩拳하며意氣揚々出陣한다

▲腦元帥를불너여令日汝는挑戰計로中軍大隊領率하고南項山嶺長林속에彼此兩陣對壘하며關陣法을先行할제長蛇陣을排列하다가八門으로變陣하야先攻其心挫銳後에擂鼓吶喊追擊하라

▲目遊擊을불너여令日汝는勝敵하면左右翼을領率하고天庭소下兩林間에中軍鼓聲을聞커던左翼伏兵先出하야戰佯敗至五敗에右翼伏兵更出하야且戰且走亦如之하며若木々지到하라

▲口舖官을불너여令日汝는絶糧計로士卒枝兵을領率하고三十成里喉嶺넘어不厭詐하는兵家事ㅣ換着服隊混入隊에虛傳將令運粮하되何到某處使醉後에待其睡濃屎哉하고賊陣軍糧搬來하라

▲鼻謀將을불너여令日汝는疑敵計로中岳소上의나가셔待紅旗를들고잇다攄隊行에紅旗들며賊東行에靑旗들어疑兵行動指點하며他路間走奚하도록旗幟鎗劍森立하야四面虛張聲勢하라

▲手先鋒을불너여令日汝는奇兵計로十萬鐵甲領率하고靑龍소左門虎零에東去五里埋伏하다가岳紅旗飄拂커던號砲登聲논後에生力兵이내다르며賊의中軍截斷하고左衝右突掩擊하라

▲足大將을불너여令日汝는奇兵計로兩路分隊領率하고兩雙橋에埋伏하다가虎砲聲을니거던應援次로北進하야先鋒軍과合勢하고前後左右夾攻하야賊의歸路杜絶하고一場廝殺陷沒하게

▲耳翼將을불너여令日汝는疑兵計로別動隊領率하고長林兩邊路에瞭望하다敗殘兵이來到커던出其不意突出하야前面截擊으前路遮斷하며軍은殿軍襲擊鎗稍相似[illegible]來하라

▲乃曰余는待捷하야凱旋宴을設謀次로司令하卒隊伍率하고太平[illegible]留守하다가七路諸軍凱旋日에가셔歡迎하며獨立萬歲三唱後에論功行賞할터인데賊魁를擒來者로第一功世記하리라

▲外防兵이彼計而行하얏는데賊의末將登敗塗地南走할제先鋒軍의追擊하고應援軍이陷沒하고士卒殘兵敗하더니縱隊에救國하야四面楚歌單騎로셔脫出하고困極難하야若木坡는져리잇다

▲困가咳心賊의末將不敢戀戰自刎際에先鋒將이更至하야直入하니縛住하고太太醫에獻納하야轅門밧기護送하니納頭乞命하는지라네姓名은무엇인다[illegible]天이나實本名은[illegible]

孟方圓

社告

寧邊支社員金致億辭免ᄒᆞᆫ代에紅門里鄭德昇시로擇定ᄒᆞ고镸淵支社員崔載淳氏辭免ᄒᆞᆫ代에崔東元氏로擇定ᄒᆞ얏스니各該郡에셔本報購覽ᄒᆞ시ᄂᆞᆫ　僉君子ᄂᆞᆫ照亮ᄒᆞ신後各該氏와交涉ᄒᆞ시옵

大韓每日申報社

雜報

●李氏還囚　간獄署에曖昧히多日滯囚ᄒᆞ든明植氏가去土曜日裁判에無罪放免ᄒᆞ얏다더니更聞ᄒᆞᆫ즉同日裁判時에內部主事安宅顯氏를証據人으로招待訊問ᄒᆞᆫᄃᆡ安氏가何樣糊塗說去ᄒᆞ얏던지還爲滯囚ᄒᆞᆫ故로李氏가將次安氏와起訴裁判ᄒᆞᆫ다더라

廣告

本人이陰三月分의帥家三十板劑文券을不知中셔失故로此에廣告ᄒᆞ오니誰某拾得ᄒᆞ와도休紙施行ᄒᆞᆷ

南署대漢江十二統壹戶
家主김順昌　告白

本人所有抱川郡加山面凤字十斗落積字田壹日耕文券昨年七月에小門外新洞리召史로贈與ᄒᆞ야洪召史家의典執ᄒᆞ고當錢壹千兩債이러니召史敢生賊心ᄒᆞ야何債를中間의서穀給ᄒᆞ고偷得文券ᄒᆞ야今年四月符同渠之女婿김履貞ᄒᆞ야潛送抱川ᄒᆞ야欺瞞面里장ᄒᆞ고瞞告官庭圖出證明ᄒᆞ여欲爲賭賣ᄒᆞ니內外國人은勿爲見欺ᄒᆞᆷ

리圭東　白

敬啓者本會장金允植시장子金聲晉시ᄂᆞᆫ卽本會員이온ᄃᆡ本月拾五日에卒逝ᄒᆞ온바發引이陰四月初二日下午八時인故로至會員을召集ᄒᆞ야商議ᄒᆞᆯ暇隙이無ᄒᆞᆸ기로本人等이敢히少數의意見으로左開事項을議定仰佈ᄒᆞ오니　照亮ᄒᆞ신後贊同ᄒᆞ시ᄂᆞᆫ同情을表ᄒᆞ시기를切望ᄒᆞᆷ

隆熙三年五月拾六日發起人

兪吉濬　김奭浩　徐光世
鄭寅興　兪星濬　盧伯麟
鄭丙朝　具然壽　尹致晟
徐相輔　尹致旿　鄭鎭弘
리敏설

左開

壹　本月二拾日內의賻金을隨력ᄒᆞ야本會幹事尹致旿시에게送致ᄒᆞᆯ事

壹　發靷時의會齊ᄒᆞ야김允植시家의會同ᄒᆞ야셩門外ᄭᆞ지護送ᄒᆞᆯ事

講讀會員　僉閣下

本人이西部社직동居金順億의手票壹丈과東大門內居徐廷求의手票壹丈을並ᄒᆞ야失ᄒᆞ얏사오니誰某拾得ᄒᆞ여도休紙施行ᄒᆞᆷ

西部巡署居　朴萬俊　告白

濟州居鄭東植字華西爲名人이安城松山居韓順元의妻와九歲女兒를誘引逃走ᄒᆞ얏사오니誰某相見ᄒᆞ시던지通寄ᄒᆞ시면厚謝ᄒᆞ깃슴

安城南面松山店韓順元　告白

本事務所를典동磚동安洞三街通衢中部典동四十八統人戶에移接ᄒᆞ얏스오니京鄕間僉彦은照亮ᄒᆞ시옵

京城中部典土峴

大韓測量學務所　告白

本人의黃楊木姓名圖章을昨年陰七月十二日에西壯洞等地에셔失ᄒᆞ고黑角으로更刻ᄒᆞ얏기玆以廣布ᄒᆞᆷ

남壯子盧相鎬　告

京畿道陽川郡三井面桑綠동々中에셔緊用處ᄒᆞ와紙貨壹百圜을債用次로동中에셔成文券ᄒᆞ야指來ᄒᆞᆫ京리가同還之際에該동中ᄭᆡ券을淸中에셔失ᄒᆞ얏삽기玆에廣告ᄒᆞ오니內外國人은知悉이오고此동中文券은休紙施行ᄒᆞᆷ

京畿道陽川郡三井面桑綠동々中
代表呼昌宇　告白

本人이去丙午年陰七月分에中部貞善坊廟동所在二統拾戶瓦家二拾二間半을廟와東部昌拳坊拾十號所在日本人畑彌右衛門所有三拾九統四戶瓦家貳拾四間半과相換ᄒᆞ올時에本人이壹千八百圜을加給ᄒᆞᆯ意로成文後에二百圜은直錢으로給與ᄒᆞ고在條壹千六百圜은壹分邊을定ᄒᆞ야拾個月에排報ᄒᆞ기로相約ᄒᆞ얏더니該日人이年約ᄒᆞᆫ後에存條를畢報ᄒᆞ라고威脅無雙故로不耐其督ᄒᆞ야八個月만에畢報存條ᄒᆞ고該家券을欲推ᄒᆞᆫ즉該日人이新持不還故로勢不得已ᄒᆞ야右事實을委托於日本辯護士和泉治敷三ᄒᆞ야理事廳에屢次呈訴ᄒᆞ나畑彌에理屈이昭露官庭ᄒᆞ야畑彌를落科에歸ᄒᆞ고判決後에執行ᄒᆞ야該家券을今才覓ᄒᆞ얏슴기事甚快悅ᄒᆞ야玆에廣布ᄒᆞ오니內外國　僉君子ᄂᆞᆫ以此照亮ᄒᆞ시오

東部昌善坊拳士蓮三拾九統四戶
鄭光植　白

仁川府多所面松峴洞三拾九統四戶에서開京券壹張을失故如是廣布ᄒᆞ오니誰某拾得ᄒᆞ야도休紙施行ᄒᆞᆷ

家主金鍾燮　白

◉特別廣告

本店火災時燒餘各種綢緞을廉價發賣ᄒᆞ오니請　僉位ᄂᆞᆫ早速來購ᄒᆞ시오

京城銅峴　商
同順泰　告白

拜堂과學校의用）懸鐘（禮）時計大定

發賣廣告
本人이今般에本國에셔敎會兄弟와學界同胞의購買便利ᄒᆞ기爲ᄒᆞ야懸鐘。時計。兩種을美國으로輸入ᄒᆞ야廉價放賣ᄒᆞ오니有志僉彦은爭先購買ᄒᆞ시고但遠方에셔注文ᄒᆞ시면郵便代金印還으로寄呈도ᄒᆞ깃슴

懸鐘　大壹個價金拾參圜　中仝　捌圜廿錢　小仝　五圜七拾五錢
時計　上品壹個九圜五拾錢　仝次　大圖五拾錢
郵貨　時計懸鐘　本肆　自擔

京城南門內鉢谷口
明新冊肆主　李禎錫

青陽郡靑武學校經費를本郡各人補助金數千兩으로割用ᄒᆞ야市場廛稅二千餘兩을該郡의自足ᄒᆞ게ᄒᆞᆯ時에任員李昇雨가本以挾雜之輩로乘隙地方委員ᄒᆞ야稱以校費不足ᄒᆞ고符同本郡守ᄒᆞ야每結每戶式加捧코ᄌᆞ하야結民을捉囚嚴笞ᄒᆞ야致至死境故로民心憤鬱ᄒᆞ야奔訴度支部와內部等局에中貴祐燦시가更以五十錢式加捧코ᄌᆞᄒᆞ야各里長을招集ᄒᆞ야脅勒受押ᄒᆞ얏스니리昇雨의奸計를醜施ᄒᆞ야不念民情ᄒᆞ니期於裁判歸正이되도加結은斷不徵納ᄒᆞᆷ

青陽郡民代表
明濟喆　韓世敎　裵洛基
林聖湖　尹混　尹赫求
卜文欽

學部檢定　初等植物學　定價金三十錢
初等動物學　定價金四十전
最新初等小學
最新高等大韓地誌
大韓地誌　定價金四拾錢
大韓歷史
國家思想學　精神敎育　定價金二十五錢
憲法要義　義務敎育
大韓十三道遊覽　上下卷　四拾錢

京城南部銅峴大四街　二十五統五戶
黃海道鳳山郡沙里院朝陽書館
玉虎書林

◉特別廣告

本社의各處代理人의氏名은如左홈

代理人	位置	住所	氏名
開城代理人	位置未定	개城南門內雜貨商店	金東宜
平壤代理人		平壤大東門內店洞	鄭基煥
咸興代理人		咸興西門外	盧旻洙
馬山浦代理人		馬山浦將主	孫鍾宇
元山代理人		元山港	金마文
濟津代理人		濟津港	鄭樂臣
水原代理人		水原北部ᄌᆞ安동	金유東
安州代理人		水原北部長安洞	김유東
沙里院代理人	位置未定	漢城東部蓮池里旺新學校內	邦元重
全泉代理人	位置未定	漢城中部外相思洞貳統三戶	李孝稙
湖州代理人	位置未定	漢城西部麻浦三拾二統五戶	吳性泳
天安代理人	位置未定	水原北部長安洞	尹聖求
群山代理人		群山太井洞	鄭在益
全州代理人	位置未定	漢城西部阿峴二百廿二統三戶	김敎鑾
大邱代理人		大邱新田里五十八統七戶	리相呂
釜山代理人	位置未定	馬山浦午山里拾壹統九戶	辛相淑
江景浦代理人	位置未定	西部龍山坊東幕中契廿七統貳戶	李道浩
麻浦潛近代理人		西部麻浦坊拾七統三戶	李弼駿
龍湖院代理人	位置未定	陰城縣山里	權泰錫
永同代理人	位置未定	漢城南部洞貳統壹戶	安德鍾
木浦代理人		木浦南洋洞	孫鍾宇
晉州代理人	位置未定	昌原府馬山浦城山	金升基
金堤代理人	位置未定	金堤郡白石面水閣	李宗默
漢江附近代理人		南部漢江十八統二戶	朴奉燁
義州代理人	位置未定	義州批峴	朴奉燁
江界代理人		漢州批峴　張濟栻	
東萊代理人	位置未定	性洞里十廿井洞四統十戶	金聖泉
鐵原代理人		鎭南浦龍井동	張師翰
定州代理人	位置未定	郭山郡　金相杰	金時瀚
城津代理人		吉州郡	郭寅洙
太田代理人	位置未定	太田驛前　宋始憲　洪淳壹	宋寶鉉
浦項代理人		浦項北里拾貳統拾二戶	李鍾龍
湖州代理人		鳥致院漢城旅館貳統壹戶	安익
南州代理人		吉州南門外第貳十捌戶	金영섭
鎭山代理人		漢城中部外相思洞二統一戶	李孝稙
延安代理人		延安郡磨玉洞	李時乘
舒川代理人			金彬
濟物浦代理人	位置未定	開城南部都橋金敎模	曹璟德

大韓皇城磚洞（京城郵便局私書函第四拾號）
韓美興業株式會社　謹啓

◉特別廣告

大韓政府에由ᄒᆞ야法律認可
駐韓美國總領事館登錄

各種藥品總發行所 京城南大門內 濟生堂大藥房本舖

◎特別注意 홈요

本堂製造ᄒᆞᄂᆞᆫ各種藥品은其效靈에成蹟이十分結果됨으로內外國間에醫盾著名ᄒᆞ야壹日輪門의價値가千金에達ᄒᆞ니其商業의發展ᄒᆞᆷ이幾百年來의初有ᄒᆞᆫ實業을成ᄒᆞ지라

本堂의支店이海外에設立된者貳拾餘個處所를成ᄒᆞ지라其興旺의功績은日々奏唱ᄒᆞ야東西競爭ᄒᆞᄂᆞᆫ中에特別ᄒᆞᆫ名價를樹ᄒᆞ거ᄂᆞᆯ

至於內國ᄒᆞ야ᄂᆞᆫ民智가未開ᄒᆞ고商法에未展ᄒᆞ야人人이舊式의商業에慣熟ᄒᆞ고新式商況은暗昧ᄒᆞ야設或好ᄒᆞᆫ實藥이有ᄒᆞᆯ지라도能히需用치못ᄒᆞᄂᆞᆫ지라如ᄒᆞᆫ經濟上에觀究ᄒᆞᆫ狀態와焦紬ᄒᆞᆫ形式을自招自蔽ᄒᆞᄂᆞᆫ境遇에多ᄒᆞ니豈不爲此恨心哉아

本堂에셔各處에支店及出張所特約代理店을非不多設이오나今에割引ᄒᆞ야特히廉價로ᄒᆞ야各處에支店을加設ᄒᆞ겟ᄉᆞ오니

壹은同胞에救急을普渡ᄒᆞᆷ이本旨요 壹은兄弟에産業을進就ᄒᆞᆷ目的이라

誠意로廣告ᄒᆞ오니此를有意ᄒᆞ시ᄂᆞᆫ兄弟ᄂᆞᆫ(自陽六月壹日至同月二十日)(自陰四月十四日至五月拾二日)本堂에來議ᄒᆞ시되遠地에셔ᄂᆞᆫ書信으로郵便通知ᄒᆞᆷ을敬要

京城南大門內濟生堂本舖 告白

種東西洋藥과韓國唐草材大發賣所 京城鍾路 仁川梧峴 和平堂藥房

依方製藥 廉價酬應

阿烟斷㶳引藥

一劑 金五圓　半劑 金三圓

注意

阿烟을吸ᄒᆞ야!雖曰鴉片이나日久ᄒᆞ면遂成錮引ᄒᆞ야至於破家亡身者와不免於死者ㅣ比比有之ᄒᆞ니豈不哀惜乎아故로本堂에셔殫心竭力ᄒᆞ야阿片斷引의妙劑를透得ᄒᆞ야大衆에施ᄒᆞ오니阿烟에引入ᄒᆞᆫ者ᄂᆞᆫ此藥을服用ᄒᆞ시면若神効驗이有ᄒᆞ오니照亮ᄒᆞ시ᄋᆞᆷ

定價 壹劑八圓分金五圓 半劑四圓分金三圓

注意

◎共愛堂丸藥房製造各種藥品發行表

壯陽復元丹

此藥은專히腦痛肺弱、房事過度、腎虛弱、陽萎不起、遺精多夢、神經衰弱、病後虛弱、健忘不眠、貧血諸症、先天不足、飮食不下、眩暈頭痛…의妙効…

…男女老幼를勿論ᄒᆞ고此丸이又無比之妙劑라…

一帝分 壹圓八拾錢　四帝分 二圓四十錢 八帝分 六圓四拾錢

靈丹

止咳口熱、消渴與食慾不振等症에並神効

淸眼水

眼科聖藥 一般眼疾、時行眼疾、風熱眼疾、羞明流淚、眼內紅赤에…

解瘧至寶丸

專治瘧疾卽氣虛瘧、遠年瘧、日瘧、二日瘧…

皮膚齋効液

特治皮膚病疥癬、皮風、諸般腫瘡…

五淋通淋丸

專治五淋、急慢淋疾、赤白帶下、膀胱炎症、外他淋疾…

神應丹

妙効 專治小兒雷般腹痛、腸胃…

淸脾丸

專治脾胃…

養胃散

久滯積、呑酸吐瀉、霍亂、胃腹痛…

治痰鎭咳丸

專治大人咳嗽、喘息、痰結等症에妙

消熱散

特效 勿論四時感冒、咽喉疼痛、寒熱往來…

一日分 價金三十錢

淸耳液

耳病神効 專治耳病卽鼓膜炎、內外聽道炎、耳中灼熱…

妙妙膏

百病 貼 …

能治膏

如神 …

大腫拔根膏

大小腫… 價金十錢

解凝膏

價金十錢

寸虫去根藥

價金七錢五厘

齒痛水

止泄丸

滯泄濕泄神効 價金二十錢

痢疾藥

赤白痢에神効 價金十五錢

各種上等…網、東西洋有名賣藥及洋藥乾材都賣散賣其他各種藥이具備ᄒᆞ오니請求ᄒᆞ시ᄂᆞᆫ대로小包로隨應ᄒᆞ깃ᄉᆞᆸ

發行所 皇城南部大廣 十九統七戶 共愛堂大藥房

社告

○申報價

新聞代金 新貨貳錢五厘
壹個月前納 三拾錢
參個月 九拾錢
陸個月 壹圓七拾錢
壹個年 參圓四拾錢
郵稅壹張 新貨五厘
壹個月 拾參錢

○廣告料

四號活字拾參字詰
每日壹寸(英尺)에新貨廿五錢
貳週日壹寸에 貳圓五拾錢
壹個月壹寸에 五圓
(自壹行至四行이爲壹寸)
其期限의長短과字行의多寡를依ᄒᆞ야增減ᄒᆞᆷ이有함

◎大韓每日申報各處支社廣告

平安道

平壤鍾路太極書館	安泰國
三和港牌石洞敎堂	國亨湜
義州南門外西大藥房販有寬	
鐵山邑東部	安瀾
車輦館	金明鉉
定州南門內…	洪成麟
博川郡邑…	金鎭樞
安州城內義井洞	金鎭河
肅川…	李基秀
龍川楊市	黃瑚保
龍川南面松峴海東書會	韓賢濟
龍川…	韓傑濟
朔州邑남門	朱伯奎
寧邊…	李正雨
博川…	김致信
江西邑內	金昌…
成川…	馬處三
平壤…	鄭裕…

黃海道

瓮川邑稿…	申基…
江界邑…	김…
郭山郡…	金…
雲山郡邑…	…
載寧郡內利用里	…
殷山北面…	王…
海州남門內…	朴昌…
安岳…	金文浩
長淵邑…	…
殷栗邑倉前里	金光…
信川邑六里	丁一…
載寧邑乾材局	李…
黃州南門外冊肆	…
白川邑文明館	
沙里院活民勞動…	…

咸鏡道

咸興…	…
元山…	…
高原邑	
定平郡…	
洪原…	…
永興…	…
鏡城羅南新興洞	…
淸津港…	…

全羅道

金溝水流面豆亭	…
木浦…	…

京畿道

仁川…	李東…
開城…	…
江華邑…	…

忠淸道

結城…	李…

慶尙道

大邱西門外友弦書樓…	李…
釜山港佐川약局	…
長기郡…	吳…

江原道

鐵原邑…	趙…
蔚珍…	朱…

光武九年八月拾壹日 明治卅八年八月拾壹日 〔第三種郵便物認可〕 木曜日 西曆壹千九百九年五月貳拾日 (壹)

第七卷

大韓每日申報

第壹千壹百號

◉月歲曜時及日販休節刊

檀君開國四千二百四十二年
箕子元年三千三十一年
大韓開國五百十八年
日本明治四十二年
淸國宣統元年
陰己酉四月大初二日庚辰

Responsible for Publication Alfred Weekley Marnham.
發行兼編輯人英國人 萬咸
發行所
京城南部石井洞製外地三層洋屋
大韓每日申報社

別報

◉德國의國民歌

在倫敦 鐵脚生

鐵脚生이일즉德國도른에라는地方에遊ㅎ다가農夫와水夫가歌曲相和ㅎ는聲을聞ㅎ고氣가自奮ㅎ며肩이自聳ㅎ야耳를傾ㅎ고靜聽ㅎ나言語를不解ㅎ는故로其歌曲의意味는不知ㅎ고但只山岳을動ㅎ는歌曲의音調만耳에入ㅎ는지라鐵脚生이無限ㅎ遺憾을抱ㅎ얏다가後에伯林에遊ㅎ서又擱街小兒가前日과如ㅎ歌曲을唱ㅎ는지라鐵脚生이壹友人을訪ㅎ야其歌曲의意味를問ㅎ고因ㅎ야記ㅎ얏노라

大抵此歌는德國國民歌니德國에는官民老少男女를勿論ㅎ고恒常唱和ㅎ야茶飯으로供ㅎ는歌曲이니其歌曲을聞ㅎ며라도德國이世界强國으로東西를虎攫ㅎ는原因이其國民에게在ㅎ을可知ㅎ깃모다

今에其歌曲을譯述ㅎ노니翻譯이能치못ㅎ며曲調가合ㅎ지못ㅎ나다만其人民의勇壯ㅎ氣力과活潑ㅎ精神을思惟ㅎ면此歌曲을唱ㅎ며起舞를不已ㅎ지로다

德國々民歌

(壹)우리뭇ㅎ소리귀에마져
벙쟝과劍戟곳치두드지
며
으라인(國境)으라인德國
으라인
뉘가너를防備ㅎ고으라인
아
後猷우러말아父母國아
으라인把守여긔잇스니
걱정말아사랑ㅎ는祖國아
으라인把守굿게셧다

(二)勇猛잇는류온民族
여러마음壹體奮發
冒險ㅎ기鍊習ㅎ야
祖國疆土직히여라

(三)千萬番죽을지라도
法國百姓아니될지라
살는피으라인의洪水되야
英雄의血대德國에가득ㅎ
리

(四)놉히보라더하놀에
九天英雄니려다본다
德國가삼으로방패숨아
世傳之物엘치마새

(五)德國피가식기前에
德國環刀부듸지안코
德國魂手銃을불제
德國에에발우철獸兵업네

(六)홈니가는시너물에
有進無退盟誓ㅎ고
우리國旗놉히들어
나아가새소리인으로

外報

●道伕遇賊 倫敦電을據ㅎ즉北部유제미아駐在官때난시는三名의歐羅巴人及二拾五名의警官을從ㅎ야會長을任命ㅎ기爲ㅎ야五拾哩를距ㅎ한地方에赴ㅎ는途中에伏兵을遭ㅎ야에난시會장及十壹名의警官이殺害ㅎ얏는데此를討伐ㅎ기爲ㅎ야征討除를派遣ㅎ얏다더라

●佩劍式終了 伯林電을據ㅎ즉土耳其京都에서土耳其新帝의刀劍佩用式을無事히終了ㅎ얏다더라

●電發節略 北京電을據ㅎ즉目下淸國의電信은四萬五百餘淸里와電柱數殆五萬餘株ㅣ라此를修護ㅎ는巡査及工夫의費用이每年約捌萬圓인디今年度부터는殆二萬元으로節約ㅎ얏다더라

雜報

○哭閔說公

仁哉라公也여仁은愛之理而以愛自己之心으로我國의同胞를愛ㅎ며以愛自國之精神으로我國을愛ㅎ은以其仁이니仁而不壽는非公之命而乃天道之不公이오義哉라公也여義는由仁得宜而以見義即勇之心으로我國에申報社를設立而獎ㅎ며貶惡ㅎ며筆削을嚴ㅎ야春秋도同壹ㅎ은以其義ㅣ니義而不生은非公之不幸而乃我國之運也로다

公兮々々여昔公來之時에는其上帝之天使며北陸之春信이며警世之鐘이며장夜之鐸인듯ㅎ더니今公去之後에石井獨雲은含悲而飛以徘徊ㅎ고楊花津水는慨然而鳴以鳴咽ㅎ야故로我之臥時의念도公也며坐時의想도公也며其懸也도公也며其哭也도公也而我ㅣ曰祈禱之ㅎ며我ㅣ曰詠歎之ㅎ노니蒹葭蒼々에所謂伊人이云誰之思오西邦英人이라人雖英人이나仁則我韓이며身雖英身이나義則我韓이니仁哉云忍이나公之仁에는痛心을不忍이오義哉云不取나公之義에는血誠을可取이로다

公의年則三十七이라ㅎ니形雖夭折이나實則장壽하니肉體는死ㅎ얏스나仁則不死ㅎ며肉體는死하얏스나義則不死ㅎ야以仁義之心으로成生前之功業ㅎ니生前之功業이身後不滅하야蒼陸二千萬同胞의口碑에는銘而頌之ㅎ며靑竹四千餘年歷史에는垂而不泯ㅎ리니人生年齡의眞價는其功業으로測定ㅎ는此世에엇지短命이라謂ㅎ리오假仁ㅎ齊之管仲이周室을尊ㅎ보다猶過ㅎ고杖鐵ㅎ南陽孔明이漢室을扶ㅎ과無二ㅎ도다噫夫라公은他國之人으로他國을愛ㅎ거던嗟乎ㅣ我國同胞는況我國之人으로我國乎아斯公을慕而學之ㅎ며思而模之ㅎ라此公이百世에芳名을流ㅎ벼不是라吾人의千古의龜鑑ㅎ바ㅣ라嗚乎라公의仁에歸爲ㅎ고痛哉라公의義를取之ㅎ노이다

金在衡 拜哭

詞藻

◉哭裵說公

慟哭伊人誰可儔
曾朝脫作帝鄕遊
好緣何薄胥邸國
遺憾想多上海洲
無私報筆春秋直
有恨軍情大地悠
楊花古渡黃昏雨
我淚滂々正不休

金星鎭

巍星來照東海城
晴夜成圖向渙明
筆柴春秋皆畏亂
功垂宇宙自分明
心如玉石無深淺
氣似銓衡止重輕
泣歎公歸泉後事
永垂申報滿新聲

朴鎭

廣告

◉特別廣告

大韓測量總管會와大韓測量事務所間에主角이發生된事는壹般同業員의稔亮ㅎ시련바이어니와今에兩方面으서履回講究妥議ㅎ結果로互相和衷ㅎ同情을表示ㅎ고衆ㅎ야義務와責任을同壹擴展ㅎ目的으로本月拾九日(陰四月初壹日)上午拾時에特別總會를中部丞洞三拾貳統三戶總管會內에서開ㅎ오니遠近間同業僉彦은壹齊臨席ㅎ시옵

大韓測量總管會
大韓測量事務所 告白
代表人 李載煥

本人이陰三月五日장湖苔湖市외서姓名章을見失ㅎ얏기諸圖章은勿施ㅎ깃스니知悉間照亮

海州月谷面李學朝 告白

淸州居鄭東植字華西爲名人이安城松山居韓順元의妻와九歲女兒를誘引逃走ㅎ얏사오니誰某相見ㅎ시면지通寄ㅎ시면厚謝ㅎ깃슴

安城南面松山店韓順元 告白

本事務所를典동磚동安洞三街通衢中部典동四十八統八戶에移接ㅎ얏스오니京鄕間僉彦은照亮ㅎ시옴

京城中部貢土峴
大韓測量事務所 告白

東部東門外官洞十三統二戶居金德鉉許陰三月二十五日推尺於晉一片金壹百圓서失故로玆에廣告ㅎ

京上米廛后동二十九統三戶居
안敬支 告白

敬啓者本會장金允植시장金裕晉시는卽本會員이온디本月拾五日(陰)에卒逝ㅎ온바發引이陰四月初二日下午八時인故로全會員을召集ㅎ야商議ㅎ을暇隙이無ㅎ옵기로本人等이敢히少數의意見으로左開事項을議定仰佈ㅎ오니照亮ㅎ신後贊同ㅎ시는同情을表ㅎ시기를切望喜

隆熙三年五月拾六日發起人
兪吉濬 김舜浩 徐光世
鄭寅興 兪星濬 盧伯麟
鄭丙朝 具然壽 尹致晟
徐相輔 尹致旿 鄭鎭弘
리敏설

左開

壹 本月二十日內의賻金을隨力ㅎ야本會幹事尹致旿시게로送致ㅎ事

壹 發靷時의壹齊히김允植시家의會同ㅎ야셩門外ᄶ지護送ㅎ事

講習會員 僉閣下

◉美國直輸入懸鍾(禮拜堂과學校의用)時計大發賣廣告

本人이今般에本國大地에敎會兄弟와學界同胞의購買便利를爲ㅎ야懸鍾。時計。兩種을美國으로輸入ㅎ야廉價販賣ㅎ오니有志僉彦은爭先購買ㅎ시오但遠方에서注文ㅎ시면郵便代金印還으로寄呈도ㅎ깃슴

懸鍾 大壹個拾壹圓 中仝 捌圓廿錢 小仝 五圓七拾五전
時計 上品壹箇九圓五拾錢 仝次 六圓五拾錢
郵費 時計懸鍾本肆自擔 不要 喜

京城南門內鉢谷口
明新書肆主 李禎鎬

雜報

●三犯處絞 强盜殺人犯리大賢金奉三金錫三三名을絞에處홀意로法부大臣이上奏裁可ᄒ셧는ᄃ본月拾四日에執行ᄒ얏다더라

●舊貨收納期限 舊白銅貨는五月三拾壹日ᄭ지通用滿期로定ᄒ얏고公納에對ᄒ야는拾二月末日ᄭ지限ᄒ기로閣議의決定ᄒ얏合으로不日內의 勅令으로頒布ᄒ다더라

●翠雲亭新 完興君리載完氏가翠雲亭基址를將次修築ᄒ計劃으로該基址界限에標木을列揷ᄒ얏다더라

●又有他說 曾爾統監이新內閣을日本에서壹體組織ᄒ야赴任ᄒ後卽爲頒布가된다ᄂ說이有ᄒ더라

●爲用臺灣表 統監府의서臺灣戶口調査表를蒐集刊行ᄒ얏다ᄂ대허冊子를內부로送交하고各觀察道의壹부式配付ᄒ다라

●宋氏云歸 日本에滯留ᄒ宋秉畯은統監渡韓ᄒ時에作伴歸國ᄒ預定이라더라

●國中有意 今番鐵鬼罪中의閔鈍鎬臣赫鄭殷朝等씨彰崔思永리吉善趙彰漢七人이精米機械貳坐를買收ᄒ야不遠間到達ᄒ다더라

●辭職渡滬 宮中顧問미尤用시가近日厭世의情이發生ᄒ인지該職을辭免ᄒ고淸國上海等地로渡去ᄒ기로預定ᄒ얏다ᄂ說이有ᄒ더라

●旅費規程 度支부의서財務官吏의旅費支給規程을制定頒布ᄒ다ᄂᄃ奏任官은壹夜宿泊料를二圜五拾錢으로判任官은壹圜五拾錢으로ᄒ고外國人은列國式이라더라

●議事開會 大韓協會에서再昨日下午八時에議事員會를開ᄒ고무슨秘密事項을協議ᄒ얏다ᄒ라

●派遣隊渡韓 本月拾五日부터日本第壹師團司令部內에設立ᄒ臨時派遣隊司令部ᄂ諸般準備가整頓되얏合으로本月二拾二三日頃게ᄂ日本各部隊에서司令官의命令을受ᄒ後卽時渡韓ᄒ터이라더라

●交遞兵歸國 昨年五月分에韓國義兵을討伐ᄒ기爲ᄒ야渡韓ᄒ步兵第貳拾七聯隊及日本皇太子渡韓時에護衛ᄒ기爲ᄒ야渡來ᄒ얏던騎兵四個中隊ᄂ第拾二旅團과同時에歸國ᄒ다더라

●偵探客增募 한城內에留連ᄒᄂ鄕客中에或義兵의干連者도有ᄒ고或其他殊常ᄒ運動客이有ᄒ다ᄒ야日憲兵司令部에서此를秘密히偵探하기爲ᄒ야偵探客男子五십名과女子五十名을不遠間에增募ᄒ다더라

●數過二萬 釜山理事廳管內居留ᄒᄂ日人을調査ᄒ즉男이壹萬貳千三百三拾人이오女가壹萬○九百六拾三人인ᄃ前年에比較ᄒ면六百六十二人이增加ᄒ얏다더라

●仍舊貫如何 本年度에內부臨會議에新建築ᄒ다ᄒ은已稱ᄒ바어니와將次工役을開始ᄒ터이라ᄂᄃ該直房에渭接ᄒ人民等은去處無路ᄒ야現方敷々ᄒ貌樣이라더라

●水桶設備 侍從院卿尹德榮시ᄂ飮料水를應用次로私邸內에水道를敷設코저ᄒ야數日前부터着手開設하얏다더라

●是何酒狂 學부大臣리載崑시가再昨日下午拾時頃에小安洞으로過去ᄒ다가不知何許人이人力車를挽執ᄒ고狂言悖談으로凌辱ᄒᄂ지라保護巡査가所管警察署로押交問招ᄒ즉姓名은孤兒院事務員리愚賢시오其惹鬧事項은酒醉을不勝ᄒ이라더라

●醫吏茶會 來今曜日下午二時에醫務官吏가醫察官練習所에서茶果會를設行ᄒ터이라ᄂ데今番에地方을視察ᄒ고歸任ᄒ醫官諸시가該觀察情況을說明ᄒ다더라

●派員監督 東洋拓殖會社에서引受ᄒ驛屯土에對ᄒ야灌漑와水利의便ᄒ地에ᄂ해社에서社員을派遣ᄒ야監督케ᄒ터인ᄃ其地方은漢江上流의利川驪州요洛東江流域의ᄂ慶州요大同江流域의ᄂ載寧等郡이라더라

●嚴訓逓行 日昨에警視廳第壹課長永谷이가各警察署로嚴訓ᄒ고漢城內各門에屍體運行을각人民處에自由許給ᄒ얏ᄂᄃ近日以來로각門巡査가壹切禁止ᄒ다ᄒ니其切痛嘆이라從今以後로ᄂ無碍運行케ᄒ라ᄒ얏다더라

●貸穀窮民 京畿道陽川等郡에서昨年에凶農ᄒ事에對ᄒ야內부에서度支부와協議ᄒ고社還米六百四石을窮民의게貸與ᄒ기로決定ᄒ얏다더라

●社還復舊 從來로社還米를軍용米로社倉에貯蓄ᄒ얏더니到今ᄒ야ᄂ軍용의必要가無ᄒ으로此를貧民의게救助ᄒ터인ᄃ韓國全道內에貯蓄ᄒ米穀이五六萬石의達ᄒ지라春牟窮民의게貸與ᄒ다가收獲時의還納케ᄒ다더라

●辛氏抗告 平山郡辛東奎시의老親相玉氏가年今七十二에海州地方裁判所에서無罪히被判됨은前報에揭載ᄒ얏거니와該氏가獄中에서五月五日再審申提書를ᄒ얏더니今十三日에全州裁判所에서決定却下로宣示ᄒ얏기로今拾四日抗告書를提出ᄒ고辯護人委任狀ᄂ親子東奎氏로ᄒ얏ᄂᄃ韓興獄技芋川正義를經由ᄒ야全州裁判所로移交接受ᄒ얏더라

●測量手困難 한城內測量技手等이각其事務所를設始ᄒ고各々의田畓을測量ᄒ者ᄂ有ᄒ나手術料ᄂ箇取치못ᄒ故로各事務所經費가窘拙莫甚하다더라

●灌漑器發明 連川郡金某가農庄에灌漑ᄒ汲水機械를硏究發明ᄒ얏다ᄂᄃ農商工부水產局장鄭鎭洪시가發起ᄒ야農利水道會社를組織成立次로昨日에南村居리趙元시家에서發起會를設行ᄒ얏다더라

●所以有權 安山郡九龍洞居ᄒᄂ李大鉉씨가其妾李姓女의誣陷을因하야監獄署에多月被囚ᄒ은己爲報道ᄒ얏거니와該李姓女ᄂ水原警察署通譯俞某로作配同居ᄒ다더라

●界外蓋收 家屋稅에對ᄒ야義州府성內外東西兩부만市街地로 勅令頒布ᄒ은人所共知어니와該郡財務署에서ᄂ勅令을不見ᄒ인지市街地外에도家屋稅를徵收次로各人民의게申告書를請求ᄒ으로人民等이現今激憤ᄒᄂ中인ᄃ此를施行ᄒᄂ境遇이면民情이大端不穩ᄒ影響이有ᄒ다더라

●敎習習射 內部敎習巡査壹同이今日上午九時부터南部獎忠壇射擊場에서實彈習射ᄒ다더라

●張家偵探 弼雲臺居ᄒᄂ張議官爲名人이大宗敎會臨時敎育所라門牌를揭ᄒ고何等雜術로人民을眩惑케ᄒᄂ弊가有ᄒ다ᄒ고入聞됨으로警視廳에서再昨日에巡査를該家에派送ᄒ야諸般情況을壹々偵探ᄒ얏다더라

●津夫組合 西江栗島津夫等이波津組合所를設立하고凡於人의波津을便利케ᄒ고貰金中折半은該島牛山學校로寄付ᄒ야用費에萬壹을充用케ᄒ다더라

●延氏大志 義兵將延基浩氏가數日前에自己家에糧米幾石을買給ᄒ고曰我基浩가最初倡義ᄒ目的은幾年國恥를快雪코저ᄒ이러니天이不祐ᄒ사同志諸人이次第被捉ᄒ고基浩誅斂等幾個人이于今生存ᄒ얏스나極力盡心ᄒ야決死同盟ᄒ者ㅣ幾人이有ᄒ고基浩ᄂ當勇奮發ᄒ야以圖大事ᄒ기로決心ᄒ고淸國等地로渡往ᄒ노라ᄒ고因爲發程ᄒ얏다더라

●담々리擧義 全南通信을據ᄒ즉寶城郡居담々리라稱ᄒᄂ安某가義兵을多數募集ᄒ야該郡境內에逗留ᄒᄂᄃ附民에게ᄂ侵漁之弊가秋毫도無ᄒ다더라

●商日被害 礪山郡碩串浦에서數日前에義兵四名이來到ᄒ야商船에在ᄒ日人二名을砲殺ᄒ얏다더라

●僞貨搜索 金相萬시冊肆支店이金海郡에在ᄒ데該支店人이僞造紙幣를使用ᄒ얏던지所管警察署에捕捉된緣由로中부警察署에서ᄂ金海郡警察署의通知를因ᄒ야再昨日에金相萬시冊肆를搜探ᄒ얏다ᄂᄃ疑還되ᄂ事가毫無ᄒ으로無事ᄒ얏다더라

●犯罪被押 인川區裁判所書記玄寶昇氏ᄂ犯罪嫌疑로因ᄒ야日昨京城地方裁判所로押付ᄒ얏다더라

學界

●旺校運動 東門外往十里旺新學校에서學期試驗을經ᄒ後壹般學生을活動ᄒ기爲하야副校장金明濟씨監督諸씨가洋紙空冊鉛筆菓子等物品을多數購來ᄒ야三仙坪에서運動을施行ᄒᄂᄃ水下洞居ᄒ志人士鄭基鎬시ᄂ鉛筆十打와空冊五拾卷으로贈送ᄒ얏고[illegible]시ᄂ空冊拾卷을該校에補給贊成ᄒ얏다더라

感賀 賻儀

本社前社長裴說氏喪事에對ᄒ야平壤鍾路靑年拾九人이各々收斂ᄒ야金壹圜八拾錢을賻儀ᄒ얏기玆에其盛意를感謝ᄒ노라

●正誤 昨日本報感荷賻儀欄內의宜川人士의賻儀젼二十圜七十錢中三十錢은郵換費로印除送來ᄒ

地方消息

▲本月八日全羅北道장溪場東北方約二十里許에서裕仁을占領ᄒ義兵壹百三拾餘名이慶南咸陽郡日守備隊上等兵以下五名及장水駐在巡査幾名과交戰ᄒ얏다ᄒ고

▲去月貳拾七日全南海南郡西北方約五拾里地에서義兵四名이同郡日守備隊大尉以下四名과交戰ᄒ얏다ᄒ고

▲本月九日晉州東方約千米突地에서義兵三名이宜寧郡日守備隊上等兵以下四名과交戰ᄒ얏다ᄒ고

▲本月拾二日全羅남道長興東북約三十里距離에서義兵百五十名이全남兵營分遣隊兵卒四名과交戰ᄒ얏ᄂᄃ日兵壹名이戰死하얏다더라

一筆漫弄

▲李完用君드러보소當統監은歸去ᄒ고新統監이來ᄒ미何等權力中ᄒ야自己黨派鞏固키로奔走運動ᄒ다ᄒ니餘慾未充ᄒ가그러ᄒ기换舊迎新ᄒ그러ᄒ가患得患失ᄒ다ᄂ말於君何誅리만은君의事도可憐ᄒ오

▲大垣丈夫드러보소曾彌統監在任時에君의兩肩을聳하야如有所得ᄒ드시南山捷徑奔走ᄒ미交椅子在前ᄒ다니俟秋而吟ᄒ그러ᄒ가協會事業그러ᄒ가忽地出脚ᄒ다ᄂ말果然인지모르지만君의事도可笑이오

▲閔泳徽君드러보소徽文義塾講師에게差定ᄒ[illegible]給ᄒ야講師의게儀情사ᄂ他例式알면셔도特別ᄒ故行인가舍音을差定ᄒ던그餘習으로轉用인가ᄒ더있나君의事도可惜ᄒ오

▲李軫鎬君드러보소[illegible]을設施ᄒ고多數金錢收斂ᄒ다가民擾ᄒ니지넘게ᄒ고先收入ᄒ數萬圜을還給지도아니ᄒ며農林局長ᄯ라지實業振興그러ᄒ가먹으라고그러ᄒ가其心思를難知로세君의事도可痛이오

▲金彰漢君드러보소曾彌氏를歡迎次로학生人民威脅하야韓日國旗交叉ᄒ고出埠苦待ᄒ다가서統監의質問밧고無聊見退ᄒ엿다니媚日ᄒ지그러ᄒ가事人以忠그러ᄒ가이런媚外ᄒ이니君의事도可惜ᄒ오

▲[illegible]稙君드러보소演劇改良ᄒ다ᄒ고日本ᄭ지건너가서여러달을留連ᄒ가近日에와ᄂ다ᄒ니무ᄉ演劇비와왓나演劇改良ᄒ고만두고東奔西走出沒ᄒᄂ君의形狀볼작시면演劇보다滋味잇네君의事도可嘆이오

社告

寧邊支社員金致億을辭免ᄒᆞᆫ代에 紅門里鄭德昇氏로擇定ᄒᆞ고長淵支社員崔載淳氏辭免ᄒᆞᆫ代에 崔東元氏로擇定ᄒᆞ얏스니各郡에서本報購覽ᄒᆞ시는僉君子는照亮ᄒᆞ신後各該氏와交涉ᄒᆞ시옴

大韓每日申報社

雜報

●館學生消暢　成均館學生은年例로음曆春三月晦日이면門外에出往消暢ᄒᆞ는故로再昨日에鼓舖洞金有濟氏가設一般學員을帶同ᄒᆞ고新興寺에前往ᄒᆞ야運動을擧行ᄒᆞ얏다더라

●靑會演說　今日下午八時에鍾路靑年會館에서演說會를開ᄒᆞ고紳士石鎭衡氏를請邀ᄒᆞ야演說ᄒᆞᆫ다더라

●正誤　本報第壹千捌十捌號雜報欄內何不回題라ᄒᆞᆫ題下에面장리冕相氏의冕字는容字의誤植이기로玆의正誤ᄒᆞᆷ

廣告

本人에從弟纘乙이가性本浮浪ᄒᆞ야浮雜之類와酒色之場에揮却蕩產이오니毋論內外國人ᄒᆞ고纘乙處에錢兩借給이다가毋至日後追悔ᄒᆞᆷ

安州文谷面上坪里
居　從兄　安纘昭　白

本人의姓名四方圖章과私人外上記를陰三月貳拾四日夜에鍾漢의게見失ᄒᆞ고圓形圖章을新用ᄒᆞ오니照亮ᄒᆞ시옴

平壤古順和坊後廣島
金昌祿　白

本舖에서陰二月分에盜賊失物은隣里가所共知ᄒᆞᆫ바어니와官部에서도已爲照燭ᄒᆞ옵신바本舖가此等事件에對ᄒᆞ야不得擅便이기陰四月初四日에與舖擧首에서從公歸決ᄒᆞ깃사오니本舖에自戊申陰九月노至陰貳月貳十日ᄭᆞ지金銀尺物典執ᄒᆞ신僉彦은該總會로各持典票ᄒᆞ시고來臨ᄒᆞ시기를望ᄒᆞᆷ

當日不參則依當日歸決例

總會位置는北部水門洞壹統五戶

北部桂洞廣興號　白

開東敎를太極敎宗으로改稱ᄒᆞ오니內外國人은照亮ᄒᆞ시옴

太極敎宗本部　告白

◉特別廣告

本店火災時燼餘各種綢緞을廉價發賣ᄒᆞ오니請　僉位는무速來購ᄒᆞ시오

京城鍋峴
李商　同順泰　白　告

鐵港居前主事李承祚氏現今敎育에熱血이沸騰ᄒᆞ는志士로許多財政을各處學校에爭先義捐이옵더니今委承祚氏가日前海州過路時에本校의建築困難을聞歎ᄒᆞ시고金壹百圜을義捐ᄒᆞ옵기不勝感謝ᄒᆞ와玆에廣告ᄒᆞᆷ

載寧郡私立養元學夜　告白

忠南靑陽郡鐵湖支學會에서靑武學校維持事로郡內士民이會集ᄒᆞ야每結頭에五拾錢式捐助ᄒᆞ기로可決ᄒᆞ얏는ᄃᆡ無賴輩吳湜等이地方委員리晋兩氏가本部에貴黛燦시와符同ᄒᆞ야勒徵ᄒᆞᆫ다고각新聞에揭載ᄒᆞ얏기로玆에卞明ᄒᆞᆷ

壹邑代表人李龍夏　金容헌　徐相臣　方漢模　明商鎭　崔欽玉　리심위　林競喆　崔養在等　告白

測量製圖器械大發賣

平板　三脚
照準儀
羅針　求心器
目票　布卷尺
製圖器各種
其他附屬品
以上今般東京製上品
着荷大安價
大　發　賣
永禧殿前
京城南部竹洞
長谷川測量器械舖
(永樂町　二丁目)

學部檢定

初等植物學　每課有도　定價金三十錢

初등動物學　每課有도　定價金四十전

最新初等小學　文明國의小學讀本制度를模範ᄒᆞ야精美ᄒᆞᆫ圖今을具ᄒᆞ고八卷을四冊으로合製ᄒᆞᆷ　貳冊合製定價金五십錢

最新初等大韓地誌　定價金四拾錢

最新高等大韓地誌　定價金七拾錢　文明國地誌制度를模倣ᄒᆞ야漢城의山水며宮闕圖와拾三道地圖와各港口와開市場과名山大川과都會勝地의圖도를具ᄒᆞᆷ

初등大韓歷史　文明國의歷史制度를從ᄒᆞ야我國의聖帝明王의盛德과忠臣烈士의影幀을具ᄒᆞᆷ　定價金七十錢

國家思想學　精神敎育　定價金二十五錢

憲法要義　義務敎育　正價金二拾五錢

國文大韓十三道遊覽　上下卷　定價金　西此錢

우리大韓帝國拾三道의名山大川과都會勝地를子弟로不도ᄂᆞᆫ僉君子는逐々購覽ᄒᆞ소셔右敎科書는本書舖外에各種書籍이具備ᄒᆞ오며此外에義務書籍을發行ᄒᆞ오니학界僉君子ᄂᆞᆫ陸續來購ᄒᆞ심을爲望

販賣所
京城南部銅峴大廣通街第三十五統五戶
下虎書舖
廣濟書舖龍山郡沙里院分賣所　京鄕各處書舖

◉特別廣告

本社의代理人의姓名은如左ᄒᆞᆷ

漢城代理人　京城南門內雜貨商店　金東宣
平壤代理人　平壤大門內店洞　鄭基煥
咸興代理人　咸興西門外　盧旻珠
馬山浦代理人　馬山浦客主　孫鍾午
元山代理人　元山港　金以文
淸津代理人　淸津港　張鍾臣
水原代理人　水原北部장안동　金유東
安州代理人　水原北部□□洞　김유東
沙里院代理人　位置未定
金泉代理人　位置未定　漢城東部拾里旺新學校內　邦元重
海州代理人　位置未定　漢城中部外相思洞貳統三戶　李孝植
天安代理人　位置未定　漢城西部麻浦三拾二統五戶　吳惟泳
群山代理人　水原北部長安洞　尹聖求
全州代理人　群山太井洞　鄭□益
大邱代理人　位置未定　漢城西部阿峴二百廿二統三戶　김敎聲
釜山代理人　大邱新出里五十八統七戶　미□召
江景浦代理人　位置未定　馬山浦中山里拾壹統九戶　辛相淑
麻浦增代理人　位置未定　西部龍山坊東幕中契廿七統貳戶　李鼎浩
□湖代理人　西部麻浦貳拾七統二戶　李弼駿
永同代理人　位置未定　漢城□□城山□　□□□
木浦代理人　位置未定　漢城泰洞貳統壹戶　崔□鍾
晋州代理人　位置未定　木浦南□洞　李宇黙
金堤代理人　位置未定　黑原驪山浦城山　孫□宇
□□代理人　金堤部白石面水閣　金升□
義州代理人　位置未定　□□□江十八統二戶　□宇黙
江界代理人　位置未定　義州枇峴　朴□燁
東萊代理人　□州枇峴　朴春燁
鐵原代理人　□□□甘井洞四統下戶　□聖□
定州代理人　位置未定　鐵□□□井号　□□□
城津代理人　郭山郡　吉州邑　金相杰　李根宅
太田代理人　位置未定　太田□□宋始憲　洪□□
浦項代理人　浦項上里□□貳統拾二戶　金□漸
□州代理人　鳥致院漢□□□貳統壹戶　郭寶珠
吉州代理人　吉州南門外□貳□捌戶　宋寶憲
□山代理人　漢城中部外相思洞二統二戶　李鍾□
延安代理人　延安□□玉□　安□□
舒川代理人　位置未定　金□섭
濟物浦代理人　開城南部□□金□□　李孝植
□□代理人　□□□　金□□
　金□彬
　□愛德

大韓皇城磚窯(京城郵便局郵函第四號)　韓美興業株式會社　謹啓

◉特別廣告

大韓國에서立ᄒᆞᆫ法律에依ᄒᆞ야駐韓美國總領事館登錄

各種藥品은總發行所는京城南大門側濟生堂大藥房本鋪

◎特別注意ᄒᆞᆫ廣告

本堂製造ᄒᆞᄂᆞᆫ各種藥品은其效驗에成蹟이拾分結果되으로內外國間에膺屠善名ᄒᆞ야壹日輪用의價額이千金에殆ᄒᆞ미其商業에發展ᄒᆞᆫ이幾百年來의初有ᄒᆞᆫ實業을成ᄒᆞᆫ지로다

隨ᄒᆞ야本堂의支店이海外에設立된者貳拾餘個處所를成ᄒᆞᆫ지라其興旺의功績을日々奏唱하야東西競爭ᄒᆞᄂᆞᆫ中에特別ᄒᆞᆫ名價를樹ᄒᆞᆫ거늘

至於內國ᄒᆞ야ᄂᆞᆫ民智가未開ᄒᆞ고商法에未展ᄒᆞ야人人이舊式의商業에慣熟ᄒᆞ고新式商況은暗昧ᄒᆞ야設或好ᄒᆞᆫ實物이有ᄒᆞᆯ지라도能히廣用치못ᄒᆞᄂᆞᆫ貨物을經濟上에硏究ᄒᆞᆫ狀態와焦縮ᄒᆞᆫ形式을自招自致ᄒᆞᄂᆞᆫ境遇에多ᄒᆞ니豈不爲此恨心哉아

本堂에서各處에支店及出張所特約代理店을非不多設이오나今에割引을特이廉價ᄒᆞ야各處에支店을加設하겟ᄉᆞ오니

壹은同胞에救急甘普渡ᄒᆞᆷ主旨요
壹은兄弟에產業을進就ᄒᆞᆷ目的이라

就至玆에廣告ᄒᆞ오니此를有意ᄒᆞ시ᄂᆞᆫ僉兄弟ᄂᆞᆫ(自陰六月初七至同月三十日)(自陽四月十四日至五月拾三日)本堂에來議ᄒᆞ시되遠地에서ᄂᆞᆫ書信으로郵便通知ᄒᆞ심을敬要

京城南大門內濟生堂本鋪　告白

各種東西洋藥과韓國唐草材大發賣所　京城鍾路仁川社峴　和平堂藥房

依方製藥　廣價酬應

注意
阿烟初吸者ㅣ雖日幾効ㅣ日久則遂成錮引ᄒᆞ야至於蕩敗家產者ㅣ比比有之ᄒᆞ니豈不哀惜乎아故로本堂에서精心ᄒᆞ고英藥을得ᄒᆞ야阿片斷引을大效ᄒᆞᆫ藥을製造ᄒᆞ야放ᄒᆞ오니阿片引을犯ᄒᆞ시若無效驗이면藥價를還呈ᄒᆞ깃ᄉᆞ오니照亮ᄒᆞ시옵

注意
壹劑八週分金五圓
半劑四週分金三圓

阿烟斷引藥

一劑　金五圓
半劑　金三圓

◎共愛堂大藥房製造各種藥品發引表

壯陽復元丹

ᄒᆞᆫ劑一十分價八拾錢
一分三圓四十錢
八分六圓四錢

[illegible]精多夢○腎虛弱○陽萎○遺精○神經衰弱○病後虛弱○健忘○不眠○貧血諸症○先天不足○飮食不下○眩暈頭痛○諸症에此丸을服ᄒᆞ면神魂飛肉躍의妙效가有ᄒᆞ니[illegible]

太乙丹　專治一般滯症胃腹痛消化不良心神鬱悶醉酒化痰ᄒᆞᆫ止咳口熱惡臭食慾不振等症에並神効

清眼水　眼科聖藥　風熱眼疾、羞明流淚、眼內紅赤[illegible]壹瓶금拾錢

解毒至寶丸　專治梅毒痳疾卽氣虛症、遠年痼毒에[illegible]包금拾錢

皮膚神効液　專治皮膚病疥癬癢、皮風、諸般痒疹、두두러기、옷올니데神効　壹瓶금三십젼

五淋神淋丸　專治淋疾、赤白帶下、膀胱炎症、其他淋疾等諸症에神効　壹瓶金五拾錢

梅毒神應丹　梅毒痼疾에第一期二期三期를勿論ᄒᆞ고神効、連珠瘡下疳瘡等에并効　壹劑金二圓

清脾丸　專治小兒의一般腹痛、面黃、屎泄、左腸鷲腹에神効　一匣금五十錢

養胃散　久滯積、呑酸吐瀉、霍亂、胸腹痛、大便不順等症에奏効如神　壹貼금拾五錢

治痰鎭咳丸　專治大人咳嗽、喘息、痰結等症에神妙　一日分壹匣금三十錢

消熱散　勿論內外感寒感冒、咽喉疼痛、寒熱、四肢節痛、似痘非痘等症에神効　壹貼금十五錢

清耳膏　耳病神効　專治耳聾、鼓膜炎、內外聽道炎、耳中灼熱疼痛、立癢、膿液流出等症에有効　壹瓶금十錢

妙妙膏　百貼神應　風寒濕氣、胸肩背痛、牽引疼痛、腰膝脚腿痛에無不神効　금十錢

能消膏　奏効如神　각종腫氣、小兒胎毒、부스럼、濕腫、生新에止痛神効　價금七전五厘

大腫拔根膏　大小腫에根을ᄲᆡᆫ다　價금十錢

解凝膏　[illegible]　價금十錢

寸虫去根藥　價금二十전

齒痛水　價금十전

止泄丸　滯泄暑泄神効　價금十전

痢疾藥　赤白痢疾에神効　價금십오전

各種上等[redacted]材、東西洋有名賣藥及洋藥乾材都賣散賣其他各種藥이具備ᄒᆞ오니請求에依ᄒᆞ야小包로隨應ᄒᆞ깃습

發行所　皇城南部大廣橋十九統七戶　共愛堂大藥房

社告

○申報價
每月代金　新貨貳拾五錢
壹個月前納　三拾錢
參個月　九拾錢
陸個月　壹圓七拾錢
壹個年　參圓四拾錢
郵稅壹張　新貨五厘
壹個月　拾參錢

○廣告料
四號活字拾參字詰
每日壹寸(英尺)에新貨廿五錢
貳週에壹寸에　貳圓五拾錢
壹個月壹寸에　五圓
(自壹行至四行이爲壹寸)
其期限의長短과字行의多寡를依ᄒᆞ야增減ᄒᆞᆷ이有ᄒᆞᆷ

◎大韓每日申報各處支社廣告

平安道
平壤鐘路太極書館　安泰國
三和港牌石洞數聖　閔亨混
義州南門外壹西大藥房服有寬
鐵山邑東[illegible]　安濂
車輦館　金明鍊
定州南門內[illegible]　洪成麟
博川郡邑申寶洞　金[illegible]
安州城內[illegible]　金[illegible]河
京義線[illegible]　李基秀
龍川楊市　黃菊保
龍川南面松鯤洞東[illegible]會　金賢哉
龍川남市　韓燦國
朔州邑남門[illegible]　朱伯[illegible]
泰川邑館[illegible]　李正[illegible]
寧邊郡[illegible]　김致[illegible]
江西邑內　金[illegible]
成川[illegible]　馬應三
平남順川郡[illegible]　鄭裕[illegible]

黃海道
宣川邑[illegible]　申[illegible]
江界邑耶蘇敎會[illegible]　김[illegible]
郭山郡邑面[illegible]　金[illegible]
雲山郡邑面上里　梁九[illegible]
甑山郡內[illegible]　[illegible]
黃山北面[illegible]　王[illegible]
海州남門內書舖　朴昌[illegible]
安岳[illegible]石面[illegible]洞　金又浩
長淵邑校洞西北支學會內　[illegible]東元
殷栗邑倉[illegible]里　金光[illegible]
信川邑六里　丁一[illegible]
載寧邑乾材局　李鼎均
黃州南門外冊肆　[illegible]
白川邑文明館　[illegible]

咸鏡道
沙里院活民勞動[illegible]會仕[illegible]
咸興州南社西門外　[illegible]
元山港創業社內　[illegible]南正杰
高原邑　[illegible]
定平郡[illegible]川　[illegible]
洪原西門內保命局　羅炳[illegible]
永興東山[illegible]洪明學校內　[illegible]
鏡城羅南新興洞　[illegible]正[illegible]
清津港新岩[illegible]　[illegible]元浩

全羅道
金溝水流面豆亭　趙[illegible]三
木浦항[illegible]　[illegible]得珠

京畿道
仁川[illegible]新[illegible]　李東[illegible]
開城남大門內興學書舖　[illegible]
江華邑[illegible]　[illegible]

忠淸道
結城廣川小[illegible]　李[illegible]

慶尙道
大邱西門外友弦書[illegible]側李正由
釜山港佐川약局　徐[illegible]
[illegible]郡[illegible]面[illegible]　吳根[illegible]

江原道
鐵原[illegible]　趙[illegible]
蔚珍遠남面[illegible]花里　朱[illegible]

光武九年八月拾壹日 明治卅八年八月拾壹日〔第三種郵便物認可〕 金曜日 西曆壹千九百九年五月廿壹日 (壹)

大韓每日申報

第七卷

第壹千壹百壹號

月歲陰時及日休慶節刊

檀君開國四千二百四十二年
箕子元年三千三十一年
大韓開國五百十八年
日本明治四十二年
淸國宣統元年
陰己酉四月大初三日辛巳

Responsible for Publication Alfred Weekley Marnham.
發行兼編輯人英國人 萬咸
發行所
京城南部石井洞洞外地三層洋屋
大韓每日申報社

論說

◎國民魔報記者야

裵說公이逝去ᄒᆞᆫ디ᄆᆡ乎己公과不共戴天의讐敵되는國民魔報記者가眼中에釘을拔ᄒᆞᆫ듯ᄒᆞ시獨立戰爭에勝戰功이나立ᄒᆞᆫ듯ᄒᆞ시自家에大慶事나來ᄒᆞᆫ듯ᄒᆞ다고相慶相賀ᄅᆞᆯ不已ᄒᆞ다가於是乎魔筆을擧ᄒᆞ야不忍默過라ᄂᆞᆫ魔題를大書特書ᄒᆞ고魔說을弄ᄒᆞ야無數狂吠ᄒᆞ얏ᄂᆞᆫ대其口法이甚히怪惡ᄒᆞ야耳로忍聞치못ᄒᆞᆯ것더라

嗚乎라魔報記者여爾가曰「笑矣乎英國人裵說시의死ᄒᆞᆷ이여」ᄒᆞ얏스니大抵裵說시가五六星霜이나爾의國을扶ᄒᆞ며爾의族을護ᄒᆞ야其身을爾의國에獻ᄒᆞ며其力을爾의國에供ᄒᆞ다가不幸히世를辭ᄒᆞ얏스니爾ᄂᆞᆫ姑舍ᄒᆞ고傍觀者라도爲ᄒᆞ야哭을放ᄒᆞᆯ지며傍觀者ᄂᆞᆫ姑舍ᄒᆞ고禽獸라도爲ᄒᆞ야淚를墮ᄒᆞᆯ지어날乃者爾ᄂᆞᆫ所謂人類며所謂韓國人이어던笑矣乎三字가爾의口로出ᄒᆞᄂᆞᆫ가

又裵說公의逝去가아모리爾의慶事일지라도爾가自幸ᄒᆞᆷ은或可ᄒᆞᆯ지언뎡엇지챵아笑ᄒᆞ며自笑ᄒᆞᆷ은或可ᄒᆞᆯ지언뎡엇지챵아新聞紙에셔자發佈ᄒᆞᄂᆞᆫ가

嗚乎라爾여爾가五條約에嘗笑ᄒᆞ고丁未政變에又笑ᄒᆞ고日協約에亦笑ᄒᆞ더니今에裵公逝去에第四笑ᄒᆞᄂᆞᆫ다

怪哉라爾의笑여韓國이興ᄒᆞᆫ다면嘆하고韓國이亡ᄒᆞᆫ다면笑ᄒᆞ며韓國에慶事가有ᄒᆞᆫ면泣ᄒᆞ고韓國에慘景이有ᄒᆞᆫ면笑ᄒᆞ니怪哉라爾의笑여

然이나余ᄂᆞᆫ爾의笑를不怪ᄒᆞ노니裵說公은爾의讐敵이라爾ᄂᆞᆫ韓國을滅亡케ᄒᆞᄂᆞᆫ外人의창鬼가되거ᄂᆞᆯ公은韓國을救護ᄒᆞ며爾ᄂᆞᆫ同胞의魔鬼가되거ᄂᆞᆯ公은爾를擊ᄒᆞ야炬火又ᄒᆞᆫ公의眼이爾의妖를照ᄒᆞ며雷霆又ᄒᆞᆫ公의筆이爾의罪를討ᄒᆞ니爾가恒常公을恐ᄒᆞ며公을惡ᄒᆞ며公을恨ᄒᆞ야公의死를呪咀ᄒᆞ며公의死를祈禱ᄒᆞ며公의死를渴望ᄒᆞ얏슬지라忽然公의逝去를當ᄒᆞᆷ이爾가엇지笑치아니ᄒᆞ리오笑ᄒᆞᆯ뿐아니라舞ᄒᆞᆯ지며舞ᄒᆞᆯ뿐아니라歌ᄒᆞᆯ지로다嗚乎라魔報記者아爾亦人類어날爾의不義가胡至此極고嗚乎라爾의게不義를責ᄒᆞᆷ은豚犬에게不義를責ᄒᆞᆷ과一般이라余又何를足責ᄒᆞ리오

爾가又本報裵說公略傳第十四節에韓國同胞가公의逝去를悲痛ᄒᆞ다ᄂᆞᆫ語를論ᄒᆞ야曰韓國人情이公의死去에對ᄒᆞ야如是哀痛ᄒᆞᆯ理由가無ᄒᆞ다ᄒᆞ얏스니嗚乎라爾여爾ᄂᆞᆫ眼도無ᄒᆞ며耳도無ᄒᆞᆫ가公의逝去에對ᄒᆞ야凡此韓國同胞가모다同情의淚를灑ᄒᆞ야吊哭者ㅣ踵ᄒᆞ며儀者ㅣ輓詞者가雲又지集ᄒᆞ며霧又치聚ᄒᆞ던것을不聞不見ᄒᆞ얏ᄂᆞᆫ가韓國同胞가爾又치無義無恥無廉無膓無知ᄒᆞᆫ딘公의逝去에對ᄒᆞ야哀痛치아니ᄒᆞᆯ지며爾와又치笑ᄒᆞ기도ᄒᆞᆯ긋지며惟此韓國同胞ᄂᆞᆫ聰慧ᄒᆞ고正義ᄒᆞ고仁善ᄒᆞᆫ君子라엇지公의逝去에哀痛치아니ᄒᆞ리오

嗚乎라爾여爾가公의逝去를哀痛치아니ᄒᆞ며爾가公의逝去를笑ᄒᆞᆷ은또韓國同胞도모다哀痛치아니ᄒᆞ니ᄒᆞ며韓國同胞도모다笑ᄒᆞᄂᆞᆫ줄로知ᄒᆞᄂᆞᆫ가爾ᄂᆞᆫ眞正ᄒᆞᆫ韓人이아니라哀痛치아니ᄒᆞ며爾ᄂᆞᆫ眞正ᄒᆞᆫ韓人이아니라笑ᄒᆞ지만眞正ᄒᆞᆫ韓人이야엇지爾와又ᄒᆞ리오

嗚乎라爾가爾를韓人으로知ᄒᆞᄂᆞᆫ가爾ᄂᆞᆫ韓人이아니니라爾가魔報記者以前에ᄂᆞᆫ韓人이엿지만魔報記者以後에ᄂᆞᆫ韓人이아니니라嗚乎라爾여爾가韓人이면엇지公의逝去를哀痛치아니ᄒᆞ며엇지公의逝去를笑ᄒᆞ리오可惜乎여爾ᄂᆞᆫ魔報記者가아니되얏더면只今ᄭᆞ지韓人이되야二千萬同胞와同히哀慶ᄒᆞ며同聲休戚ᄒᆞᆯ지어날乃爾가不幸ᄒᆞ야魔報記者가되야一人의恩人裵說公의逝去를哀痛치못ᄒᆞ고도리혀笑柄을作ᄒᆞ야一人이모다哀痛ᄒᆞᄂᆞᆫ데爾ᄂᆞᆫ獨히喜樂ᄒᆞ며一人이모다淚를下ᄒᆞᄂᆞᆫ데爾ᄂᆞᆫ獨히笑를作ᄒᆞ니可惜乎라爾여

嗚乎라魔報記者여爾가公의名譽를毁傷코ᄌᆞᄒᆞ며本報의名譽를陰害코ᄌᆞᄒᆞ야一人이모다悲痛ᄒᆞ거날本報ᄂᆞᆫ曰韓人이悲痛ᄒᆞᆫ다ᄒᆞ얏거날이ᄂᆞᆫ曰韓人이悲痛치아니ᄒᆞᆫ다ᄒᆞ며이의中心에ᄂᆞᆫ笑를蓄ᄒᆞᆫ思가無ᄒᆞᆫ것을强히笑ᄒᆞᄂᆞᆫ態度를作ᄒᆞ며强히笑矣乎二字를發ᄒᆞ야世人의耳目을衒惑코ᄌᆞᄒᆞᄂᆞᆫ妖計가아닌가

然이나이가한國의魔鬼ᄂᆞᆫ될지언뎡한國民은아니며이가한國의豺狼은될지언뎡한國同胞ᄂᆞᆫ아니니이가아모리時々笑ᄒᆞ며日々소ᄒᆞ며食을廢ᄒᆞ고笑ᄒᆞ며寢을忘ᄒᆞ고소ᄒᆞ야百소千소ᄒᆞᆯ지라도是ᄂᆞᆫ卽魔鬼의소며豺狼의笑이라이의소를誰가한人의소라ᄒᆞ리오

嗚呼라魔報記者아이亦人類여날이의不義가胡至此極고嗚呼라이에게不義를責ᄒᆞᆷ은豚犬에게不義를責ᄒᆞᆷ과壹般이라余又何를足責ᄒᆞ리오

未完

外報

◎德皇歡迎 伯林電을據ᄒᆞᆫ則獨逸皇帝皇后兩陛下ᄭᅦ셔ᄂᆞᆫ維也納에御着ᄒᆞ사墺國皇帝陛下及墺國官民의熱心歡迎을受ᄒᆞ셧ᄉᆞ며兩國新聞紙ᄂᆞᆫ三國同盟維持의必要를極言ᄒᆞ얏다더라

◎法兵撤還 同電을據ᄒᆞᆫ則法國政府ᄂᆞᆫ摩洛哥國ᄯᅡ우이아州에派遣ᄒᆞ얏던三千名의守備兵을撤去ᄒᆞ얏다더라

◎同盟無效 同電을據ᄒᆞᆫ則法國郵便局員의同盟罷業은失敗에歸ᄒᆞ얏다더라

詞藻

◎哭裵說公

報館東洋著人名堂々直筆來心傾崇因公憤仍長逝萬口嗟辭嗟情

落月依々色長曛烈々聲可憐生下水嗚咽人河嗚

州土鑑何氣東洋著此名筆錄猶似希心鑑月同明水淵長天色曛嗚萬里聲斯人胡不壽舉世共傷情

石谿生

長夜乾坤燭 中流砥柱山 生何奪何事 天意正謊謔

金?誠

雜報

●觀光團召待 太皇帝陛下께옵서今日午後壹時에觀光團員閔泳韶와宗候리容稙外九十四名을 德壽宮으로召見ᄒᆞ시고觀光ᄒᆞᆫ情形을 下問ᄒᆞ시고賜饌ᄒᆞ실터이라더라

●旌閭協議 太皇帝陛下께서巡狩時에天聽된孝子烈女의게特異ᄒᆞᆫ者만列錄協定ᄒᆞ야旌閭次로宮內府及掌禮院에셔聯署 奏聞ᄒᆞ기로現今協議中이라더라

●巷說眞耶 軍부와法부와農商工부等은將次廢止ᄒᆞᆯ모양이라ᄂᆞᆫ名稱으로壹人式選置ᄒᆞᆫ다ᄂᆞᆫ데該장은日本人으로推選ᄒᆞᆫ다ᄂᆞᆫ巷說이浪藉ᄒᆞ더라

●協會爲榮 數日來로閭巷風說이膾炙ᄒᆞ기ᄅᆞᆯ大韓協會장김嘉鎭시ᄅᆞᆯ大臣椅子壹座로需用ᄒᆞᆯ줄노너定이되얏다ᄂᆞᆫ說이有ᄒᆞ다더라

●因病不接 農商大臣趙重應氏가政府變動事에對ᄒᆞ야大韓協會會장金嘉鎭氏와무슴協議事가有ᄒᆞᆫ던지三昨日에金嘉鎭氏ᄅᆞᆯ訪問ᄒᆞᆫ즉金氏가身病을稱托ᄒᆞ고不爲接見ᄒᆞ얏다더라

●魔鼠相嚇 近日內閣이變更된다ᄂᆞᆫ說이有ᄒᆞᆷ으로摠理大臣李完用氏와탁부大臣朴齊純兩氏間에有何事端이지互相猜疑ᄒᆞᆫ다ᄂᆞᆫ說이有ᄒᆞ더라

●運動有望 中樞院顧問趙址鎬氏ᄂᆞᆫ內부大臣을再任코저屢月前부터運動中이라ᄂᆞᆫ데今回에ᄂᆞᆫ可望이有ᄒᆞᆯ다더라

●兩日轉任 統監府總監石林은內部警務局장으로轉任ᄒᆞ고현局장松井茂ᄂᆞᆫ內部次官으로陞任ᄒᆞᆫ다더라

●有勢必得 日本에滯在ᄒᆞ얏던리裕磐시ᄂᆞᆫ伊藤統監의緊托으로慶남觀察使를被任ᄒᆞᆫ다더라

●實業有意 近頃에리根澤리根湘兩氏가某日人과協議發起ᄒᆞ야合資金貳萬圓으로룡산等地에太한土木工組合所ᄅᆞᆯ設立ᄒᆞᆯ次로現內閣大臣에게贊成을要求ᄒᆞᆫ다더라

●觀光團設宴 今回觀光團員壹同이聯合ᄒᆞ야京셩日報社員壹同과其他民國各新聞記者ᄅᆞᆯ宴待ᄒᆞᆫ다ᄒᆞᆷ은各新聞에揭載된바어니와更聞ᄒᆞᆫ즉會同日字ᄂᆞᆫ來日曜日로ᄒᆞ고位置ᄂᆞᆫ奬忠壇으로指定ᄒᆞ얏다더라

●籍田視察 趙農相이再昨日午后壹時에農務局장中村을帶同ᄒᆞ고東부所管東籍田의前往ᄒᆞ야農作物及樹木等을觀察ᄒᆞ얏다더라

●劇場視察 曾禰統監은昨日에城內各演劇場의情況과壹般妓生의狀況을壹々觀察ᄒᆞ얏다더라

●觀察道移設請 平북觀察道ᄅᆞᆯ成川郡으로移轉設置ᄒᆞᆫ다ᄂᆞᆫ것이行政에便利ᄒᆞᆷ으로한번兩郡居民들이內부에請願ᄒᆞ얏다더라

●地方官會議 來七月一日부터너부에서各觀察道書記官會를一週間開會ᄒᆞᆫ後에ᄂᆞᆫ자道觀察使會議ᄅᆞᆯ繼續施行ᄒᆞᆯ預定이라더라

●銀行新建說 韓國中央金庫의出納事務ᄅᆞᆯ日本人第壹銀行에委托施行ᄒᆞᆷ은世所知了ᄒᆞᄂᆞᆫ바어니와近聞ᄒᆞᆫ즉何等事件을因ᄒᆞᆷ인지政府에서中央銀行所ᄅᆞᆯ設立ᄒᆞ고該事務ᄅᆞᆯ引繼ᄒᆞᆫ다ᄂᆞᆫ說이有ᄒᆞ다더라

●陳曆何用 學부에서隆熙三年度의曆書ᄅᆞᆯ多數發刊ᄒᆞ얏다가各處人의顧買ᄒᆞᆯ가無ᄒᆞᆷ으로二萬餘부ᄅᆞᆯ尙今ᄭᆞ지積置ᄒᆞ얏ᄂᆞᆫ데向日에宮내府에納呈ᄒᆞ고鄕曲農民에게頒給ᄒᆞ라ᄒᆞ얏더니該府에서退却ᄒᆞ얏ᄂᆞᆫ지莫重國庫金으로如是發刊ᄒᆞ얏다가歸於虛地케ᄒᆞᆷ은慨惜ᄒᆞᆫ事이라고들ᄒᆞᆫ다더라

●輿論探聞 近日某處探偵客들이漢城內外로秘密周行ᄒᆞ면서今回統監更迭事에對ᄒᆞ야民間輿論을探知中이라더라

●補廢探存 憲兵隊에서ᄂᆞᆫ憲兵補助員은廢止ᄒᆞ고探偵客은嚴히敏滑知事人으로若干選定ᄒᆞ기로內定되얏다더라

●留學生擴代 日本官費留학生리相鎭시ᄂᆞᆫ病을因ᄒᆞ야退학ᄒᆞ얏ᄂᆞᆫ데其代에ᄂᆞᆫ後補生兪珏鍾시로塡充ᄒᆞ라고학부에서留학生監督局으로發訓ᄒᆞ얏다더라

●署長失敗 남來人의傳說을據ᄒᆞᆫ즉忠淸南道公州郡財務署장趙漢璧시ᄂᆞᆫ當地蔘嶺에飢餓結民을多日滯囚ᄒᆞ야戶布錢을督捧ᄒᆞ며轉답을臨農移作ᄒᆞᆷ으로民心이嗷々ᄒᆞ다더라

●朴氏歸國 全羅남道義兵을偵探次로前往ᄒᆞ얏던日憲兵隊嘉領朴榮喆시가本月二十七日頃에入城ᄒᆞ다더라

●日巡渡來 曾禰統監에서ᄂᆞᆫ近頃에日巡査ᄅᆞᆯ應來ᄒᆞᆯ準備中이러니日昨巡査三百名假量이現今渡한ᄒᆞ얏다ᄂᆞᆫ說이有ᄒᆞ다더라

●帽子同樣 曾禰統監及各警察署한人巡査가昨日爲始ᄒᆞ야壹齊히日本巡査의帽子ᄅᆞᆯ改着ᄒᆞ얏다더라

●衛生苦生 북부管內에ᄂᆞᆫ衛生費徵收에關ᄒᆞ야警察官吏가人民의게勸告ᄒᆞ야帽子에定期捺章케ᄒᆞ고經過ᄒᆞᄂᆞᆫ境遇이면星火督促케雖保之境이라더라

●和衷化衛 大한測量總會와大한測量事務所間에互相和衷ᄒᆞ기爲ᄒᆞ야再昨日에該兩邊會員과各處測量事務員百餘名이中부勝洞總會內에會同ᄒᆞ야總會ᄅᆞᆯ開ᄒᆞ얏ᄂᆞᆫ더總會에서ᄂᆞᆫ會名과金額徵收ᄒᆞᄂᆞᆫ件은仍舊施行ᄒᆞ기로主張ᄒᆞ고測量事務所員은此에對ᄒᆞ야日會라ᄒᆞ면法律上關係가有ᄒᆞ고測量에對ᄒᆞ야ᄂᆞᆫ各其義務ᄅᆞᆯ擔當ᄒᆞᆷ이可ᄒᆞ거날金額徵收ᄒᆞᆷ은不可ᄒᆞ다ᄒᆞ고極力反對ᄒᆞ미各處測量事務員들이壹齊히總會ᄅᆞᆯ反對ᄒᆞ야人民의錢財ᄅᆞᆯ討食ᄒᆞᆷ을論駁ᄒᆞᆷ으로和衷은姑舍ᄒᆞ고壹場風波만되며臨時會장과總督會摠務ᄂᆞᆫ後門으로逃走ᄒᆞ얏다더라

●兩氏治圃 元산港에居留ᄒᆞᄂᆞᆫ農學士英人片爲益시의俳大七年동안實地見習으로農理ᄅᆞᆯ研究ᄒᆞ던尹秉壽씨正華兩시ᄂᆞᆫ四五年前부터新式菓圃에各樣菓樹ᄅᆞᆯ五六百株式英國에注文ᄒᆞ며栽植ᄒᆞ얏ᄂᆞᆫ데苗木을多數接穀ᄒᆞ야將且內地에農業發達을計圖ᄒᆞ며또近間에該兩시가京城近處에菓圃模範場을設ᄒᆞ기爲ᄒᆞ야基地ᄅᆞᆯ廣求ᄒᆞᄂᆞᆫ中이라더라

●日人濫行 宮內부主馬課에셔馬車積置庫幾間을日人木手가現今建築ᄒᆞᄂᆞᆫ中인대該役場에散在物品을該隸使令이監處收拾ᄒᆞᄂᆞᆫ거슬竊取코ᄌᆞᄒᆞᆫ다고致疑ᄒᆞ야該使令의眸子ᄅᆞᆯ衝之ᄒᆞ야流血이淋漓昏倒ᄒᆞ얏다ᄂᆞᆫ데治療次大韓醫院으로昇去ᄒᆞ야死生은未辨이라日人木手의行悖ᄂᆞᆫ發行의不過ᄒᆞ다고人皆唾罵ᄒᆞ얏다더라

●懲淫懲戒 泥峴等地에日本賣淫女二拾壹名이警察所에被捉ᄒᆞ야三日監禁을當ᄒᆞ고昨日에解放되얏다더라

●義將押交 日昨東草警察署에서京畿廣州郡等地로出沒橫行ᄒᆞ던義兵將申昌用氏ᄅᆞᆯ逮捕審査ᄒᆞᆫ後再昨日地方裁判所로押交ᄒᆞ얏다더라

●日校開校式 日本居留民이設立ᄒᆞᆫ中학校의開校式을明日에設行ᄒᆞᆫ다ᄂᆞᆫ데各大臣及社會代表者ᄅᆞᆯ京셩旅館으로請邀宴待ᄒᆞᆯ터이라더라

●龍山賊警 昨日上午四時量에强盜五名이룡산居金德俊시家에突入ᄒᆞ야銀品製造와錢財ᄅᆞᆯ掠奪而去ᄒᆞ얏다더라

●初無支店 廣학書舖主人金相萬氏와金海郡支店의事ᄅᆞᆯ許報에隨聞記載ᄒᆞ얏더니更聞則金海郡에ᄂᆞᆫ金시의支店이初無ᄒᆞ다더라

學界

●可謂任員 平安南道永柔郡永成學校校長李學셩學監金龍澤總監李祥運三시가晝夜熱心으로贊成學校ᄅᆞᆯ設立ᄒᆞ고學徒大七十名을募集敎授ᄒᆞᄂᆞᆫ디三시가成場市ᄅᆞᆯ가면食品을放賣ᄒᆞ야학徒의鉛筆等屬을사다주며朝夕으로학校에來ᄒᆞ야學徒ᄅᆞᆯ勸奬ᄒᆞ고朝夕을사지대여준다더라

●咸荷賻儀 本社前社장張說氏喪事에對ᄒᆞ야錫命與民가今登團을賻儀ᄒᆞ얏기玆에其感意ᄅᆞᆯ表ᄒᆞ노라

▲地方消息

▲本月八日全남巨文島西北方約五拾里地海上의셔義兵大名이韓島日守備隊少尉以下七名파交戰ᄒᆞ엿다ᄒᆞ고

▲從來關東區域에ᄂᆞᆫ義兵의出沒이頻繁ᄒᆞ더土民은義兵에加入ᄒᆞᄂᆞᆫ者ㅣ多ᄒᆞ고日本官吏의게ᄂᆞᆫ依賴치안엿ᄲᅮᆫ아니라도로혀不遜ᄒᆞᄂᆞᆫ氣色이有ᄒᆞ더나現今에ᄂᆞᆫ義勢가稍減ᄒᆞ야旅行이安全ᄒᆞ다ᄒᆞ고

▲鐵原區域에ᄂᆞᆫ義勢漸衰ᄒᆞ야多數集團의義兵은無ᄒᆞ나小數의義兵이鐵原平康金化永平각郡에徘徊ᄒᆞ며義將柳학根安昌根等은時々檄文을發ᄒᆞ야軍需錢을强請ᄒᆞᆫ다ᄒᆞ고

▲春川區域에ᄂᆞᆫ稍히平穩ᄒᆞ나洪川郡니에서義兵과日憲兵의衝突이壹次有ᄒᆞ얏고其他麟蹄楊口兩郡에ᄂᆞᆫ間或小集團의義兵이橫行ᄒᆞᆫ다ᄒᆞ고

▲高셩區域에난북倉及麟蹄郡니에만數名의出沒이或有ᄒᆞ다ᄒᆞ고

▲原州區域의난近來平穩ᄒᆞᆫ데橫셩郡地方에ᄂᆞᆫ故義兵將김鉉榮시派의小々ᄒᆞᆫ義兵이時々出沒ᄒᆞ여民情은嗷々ᄒᆞ야特이排日ᄒᆞᄂᆞᆫ義가多ᄒᆞ며今回發布ᄒᆞᆫ新稅法에對ᄒᆞ야도不平情이殷甚ᄒᆞ다ᄒᆞ고

▲江陵區域의난旌善平昌郡地方의少數의義兵이橫行出沒ᄒᆞ고三陟區域셔부에도少數의義兵이出沒ᄒᆞᆫ다ᄒᆞ고

▲黃海道新院瓮學及新溪郡의난特々小集團의義兵이出沒ᄒᆞ며谷산及樂水等附近에서義兵數十名이日憲兵과數三次衝突ᄒᆞ얏다ᄒᆞ고

▲平안道順川郡니에서난數名乃至二十名의義兵이出沒ᄒᆞ며자ᄭᅳᆷ에ᄂᆡ난郡蘇敎信者가日々增加ᄒᆞᄂᆞᆫ데敎徒와宣敎師ᄂᆞᆫ表面上으로ᄂᆞᆫ妨害ᄒᆞᆷ이無ᄒᆞ나暗然히排日思想을抱ᄒᆞ얏다더라

▲興而賦也▼

▲白頭산을바라보며흰ᄯᅩ흔옥셔거ᄂᆞᆫ물지고鬱積ᄒᆞᆫ스이내心懷慨敍說明ᄒᆞᆯ곳업서無聊披胃안젓더니壹鄕友가來到커ᄂᆞᆯ握手欣迎茶禮畢에時局事ᄅᆞᆯ議論이라

▲蟋蟀ᄅᆞᆯ을못보ᄂᆞᆫ다더ᄂᆞᆫ비록微物이나變化氣質乘時ᄒᆞ야冷暑秋節當케되면懶婦들을ᄭᆡ와셔우노라終夜促織鳳鳴커ᄂᆞᆯ엇지타서사ᄅᆞᆷ되고警醒ᄒᆞᆯ줄모ᄅᆞᄂᆞᆫ고

▲螻蟻ᄅᆞᆯ을못보ᄂᆞᆫ다더ᄂᆞᆫ비록微物이나發號聽令散役ᄒᆞ야天將大雨ᄒᆞ게되면제巢穴을安保노라壹心協力封垤커ᄂᆞᆯ엇지타서사ᄅᆞᆷ되고保身ᄒᆞᆯ줄모ᄅᆞᄂᆞᆫ고

▲螳螂ᄅᆞᆯ을못보ᄂᆞᆫ다더ᄂᆞᆫ비록微物이나護身鎌을能知ᄒᆞ야巨轍當前ᄒᆞ게되ᄂᆞᆫ獨ᄌᆞ로防禦노라兩脚擧之拒커ᄂᆞᆯ엇지타서사ᄅᆞᆷ되고防禦ᄒᆞᆯ줄모ᄅᆞᄂᆞᆫ고

▲蚯蚓을못보ᄂᆞᆫ다더ᄂᆞᆫ비록微物이나奮發ᄒᆞ면自在ᄒᆞ야人의蹴踏ᄒᆞ게되면勝負ᄅᆞᆯ抵抗노라超上空中搖ᄒᆞ거ᄂᆞᆯ엇지타서사ᄅᆞᆷ되고抗ᄒᆞᆯ줄모ᄅᆞᄂᆞᆫ고

▲蜜蜂ᄅᆞᆯ을못보ᄂᆞᆫ다더ᄂᆞᆫ비록微物이나君臣圖綱鞏固ᄒᆞ야外敵侵人ᄒᆞ게되면戮力排外노라殺擲報門커ᄂᆞᆯ엇지타서사ᄅᆞᆷ되고排外ᄒᆞᆯ줄모ᄅᆞᄂᆞᆫ고

▲蜘蛛ᄅᆞᆯ을못보ᄂᆞᆫ다더ᄂᆞᆫ비록微物이나循[illegible]羅網ᄒᆞ야夏秋兩節當케되면無數飛族捕縛노라羅網經綸計커ᄂᆞᆯ엇지타서사ᄅᆞᆷ되고設計ᄒᆞᆯ줄모ᄅᆞᄂᆞᆫ고

▲客이聽고憮然嘆曰余亦國民壹分子로爲國之心은잇지마ᄂᆞᆫ血心苦痛못ᄒᆞ며先生諷諭듯고보니舊習心이절노나오ᄂᆞ而不如昆虫인된살이잇서羞愧ᄒᆞ노라

社告

寧邊支社員金致億氏가辭免ᄒᆞᆫ代에紅門里鄭德昇氏로擇定ᄒᆞ고長湍支社員崔載淳氏辭免ᄒᆞᆫ代에崔東元氏로擇定ᄒᆞ얏스니各該郡에서本報購覽ᄒᆞ시ᄂᆞᆫ僉君下ᄂᆞᆫ照亮ᄒᆞ신後各該氏와交涉ᄒᆞ시옴

大韓每日申報社

寄書

●警告頑固同胞 (續)　龍岳山人 姜翹錫

我國도近年에世界의風潮가流入ᄒᆞ야四千年以來로鎖閉ᄒᆞ얏던港灣이皆開ᄒᆞ매外人의侵入이日增月加ᄒᆞᆷ으로生存競爭의劇烈을從此感覺ᄒᆞᆯ지라農家ᄂᆞᆫ耕耘과稼穡과選種과器械의改良을謀ᄒᆞ야秋穫의增益을致ᄒᆞ며商家ᄂᆞᆫ機敏과智巧를運用ᄒᆞ야貿易의多大ᄒᆞᆫ利益을求ᄒᆞ며工家ᄂᆞᆫ世人의嗜好를明察ᄒᆞ야物品의製作을精緻케ᄒᆞ며士人은學術을硏究ᄒᆞ야實際에應用ᄒᆞ되政治의改良과國民의指導로써自任ᄒᆞ야非但個人의生存競爭이라國家의生存競爭을計圖치아니ᄒᆞᆷ이不可ᄒᆞ니蓋優勝劣敗ᄂᆞᆫ人事의常이며弱肉强食은現世의例어ᄂᆞᆯ我國形便을鑑照ᄒᆞ미壹層深感을不堪ᄒᆞᆯ者多有ᄒᆞ니農商工士의事業이能히域外에出ᄒᆞ야他國의利權을競爭ᄒᆞᆷ은姑舍ᄒᆞ고自國의利權도擧皆他人의게揖讓ᄒᆞᆷ과如ᄒᆞ니然ᄒᆞ고如此ᄒᆞᆫ劇烈時代를安全無過ᄒᆞᆯ者豈有ᄒᆞ리요國家ᄂᆞᆫ河上에船을溯運ᄒᆞᆷ과如ᄒᆞ야若或櫓터를不動ᄒᆞ며帆檣을放停ᄒᆞ야他船은時를計ᄒᆞ야向上進去ᄒᆞ고我獨下流에流下ᄒᆞᆷ을難預ᄒᆞᆯ지라人이百步를進ᄒᆞ거던我ᄂᆞᆫ百十步를進코저ᄒᆞᄂᆞᆫ心으로能히實行ᄒᆞᆫ然後에야乃히他人의게落後ᄒᆞᄂᆞᆫ恥辱을免ᄒᆞᆯ지니現今我國의疆域周圍를觀察ᄒᆞ며同胞의生活程度를言念ᄒᆞ면誰가猛省奮進ᄒᆞᄂᆞᆫ感慨淚를揮灑치아니리요此果何如ᄒᆞᆫ世界乎아生存競爭을不知ᄒᆞ면個人이能히奴隸의恥辱을免ᄒᆞᆫ者未有ᄒᆞ며國家가能히版圖의色을不變ᄒᆞᆫ者未有ᄒᆞᆫ今日二十世紀에生存ᄒᆞᆫ凡我同胞ᄂᆞᆫ生存競爭의要義를勵精深究ᄒᆞᆷ을渴祝又望ᄒᆞ노라 (完)

雜報

●鑛業有望　咸鏡남道安邊郡永豊社銅鑛은元산港居ᄒᆞᄂᆞᆫ正華시가認許를得ᄒᆞ얏난ᄃᆡ該시난近間에採掘에着手ᄒᆞᆯ次로技師를派送ᄒᆞᆫ다ᄒᆞ며其鑛石을據ᄒᆞᆫ즉북한에有名ᄒᆞᆫ甲산銅鑛보다優勝ᄒᆞᆫ好結果가有ᄒᆞᆷ으로鑛主ᄂᆞᆫ新式의設備를計劃中인故로方今紛忙中이라더라

●無處不侵　嶺東沿海一帶地ᄂᆞᆫ處々鹽田이오鹽産地로有名ᄒᆞᆫ바이러니又漁業根據地라近來에日人이日々增加ᄒᆞ야鹽田과漁業을占有ᄒᆞᆫ다더라

●負債失家　監獄署에被囚되얏다가保放ᄒᆞᆫ李玄映시ᄂᆞᆫ日本人淸水三郞의게負債가不少ᄒᆞ다ᄂᆞᆫᄃᆡ該日人이李시의家屋을昨日에執行ᄒᆞ얏다더라

●崔哥悖惡　會山下里九룡洞居ᄒᆞᄂᆞᆫ兪永根氏가該洞鐵道雇傭ᄒᆞᄂᆞᆫ崔哥의게被打ᄒᆞᆫ事가有ᄒᆞ야北部警察署에起訴ᄒᆞ얏ᄂᆞᆫᄃᆡ被捉囚幾日에放送ᄒᆞ얏더니崔哥ᄂᆞᆫ이가此를含嫌ᄒᆞ야兪永根을又亂打ᄒᆞ고룡산軍司令部에誣訴ᄒᆞᆫ故로該洞民人等이昨日北部警察署에等訴ᄒᆞ되軍司令部와交涉ᄒᆞ야無罪ᄒᆞᆫ兪永根을放免케ᄒᆞ라ᄒᆞ얏다더라

●化學敎授　化學에嫺熟ᄒᆞᆫ博士朴瑨陽氏가今日下午八点鍾及明日下午八点鍾에丞동學校內에서化학을實地敎授ᄒᆞᆯ터인ᄃᆡ八錢券을使用ᄒᆞᆯ터이니男女學員은多數來臨ᄒᆞ기를希望ᄒᆞᆫ다더라

●處處賊警　中部校동居ᄒᆞᄂᆞᆫ黃君變시家에三昨日下午에何許賊漢이闖入ᄒᆞ야諸般汁物을竊取以去ᄒᆞ얏다더라

●盜貨被押　■群來氏가金永祐氏의金貨四百圜을帶持逃躲ᄒᆞ얏다가南部警察署에被捉ᄒᆞ야昨日地方裁判所로押交ᄒᆞ얏다더라

●學員旅行　水原郡公立普通學校學員二十餘名이來貳拾貳日頃에修학旅行次로仁川港을觀覽ᄒᆞ고卽時上京ᄒᆞ야景福、昌德兩宮闕을拜觀ᄒᆞᆯ豫定이라더라

廣告

本社의서總務朴重哲씨身病을因ᄒᆞ여事務를未能實施터니當今남장洞壹百壹統二戶에各項物品客主를開設ᄒᆞ고本社事務를通管ᄒᆞ오니內外僉位ᄂᆞᆫ照亮ᄒᆞ시옴

京城남大門驛　千眼運輸會社　告白

社장 曹可煥　副社장 任泳鎬
總務장 朴重器　督 金潤奎
林嘉太郞　監務 金應直
金濟根　財務 宋秉會
金仁植　贊成 徐榮九
檢査員 盧光益　書記 劉永喆
秦導源　鄭夏永　從業 河룡鎬　戶
閔武景　趙永基　金明煥

本人이積字沓拾壹과落峴田壹日晴문券을去乙未年壹月貳十日夜에盜賊而致文券을서失이오니內外國人은照亮ᄒᆞᆷ

장湍郡上道面巨路里　朴用轄　告白

本人이去陰曆二月分에四方姓名圖章을路中에서失ᄒᆞ옴고圖章을新造ᄒᆞ와現行ᄒᆞ오니內外僉彦은照亮ᄒᆞ시오

宜川郡邑內貨溪　李碩根　告白

本人의次子리承祜(承禧)가年少沒覺之致로酒色에放蕩ᄒᆞ야出沒東西ᄒᆞ며締結雜類ᄒᆞ야現欲得債ᄒᆞ오니內外人은切勿見欺ᄒᆞ시옴

宜川郡東部面松洞王召史　廣告

本人의姓名匠字圖章을託於韓美興業會社장하야四月初八日에刻送郵便ᄒᆞ엿고同月十壹日에抵本郡取扱所ᄒᆞ고同月拾二日에抵本人領受ᄒᆞ야當場見失ᄒᆞ엿시니內外國人은照亮ᄒᆞ옴

盧章漢　告白

本舖에서陰二月分에逢賊失物은隣里가所共知ᄒᆞᆫ바어니와官部에서도已爲照燭ᄒᆞ옵신바本舖가此等事件에對ᄒᆞ야不得擅便이기陰四月初四日에典舖撤■에서從公歸決ᄒᆞ겟사오니本舖에自戊申陰九月노至陰貳月貳十日까지金銀尺物典執ᄒᆞ신僉彦은該總會로各持典票ᄒᆞ시고來臨ᄒᆞ시기를望ᄒᆞᆷ 當日不參則依當日歸決例 總■位置ᄂᆞᆫ北部水門洞壹統五

北部桂洞典興號　白

本人의姓名은崔■■이옵더니■字를以聖字로改名이옵기玆以伏告ᄒᆞ오니知舊間照亮ᄒᆞ시옴

平北原昌郡內■興학留　崔聖■

本事務所를興동碑동安洞三街通衛中部典동■十八統八戶에移接ᄒᆞ얏사오니京鄕間僉彦은照亮ᄒᆞ시옴

京城中部■士峴　大韓測量事務所　告白

■■■直輸入　懸鐘(■■)　時計　大

拜堂과학校의用　發賣廣告

本人이今般에本國內■■敎會兄弟와學界同胞의購買便利ᄒᆞ기爲ᄒᆞ야懸鐘。時計。兩種을美國으로輸入ᄒᆞ야廉價酬賣ᄒᆞ오니有志僉彦은爭先購買ᄒᆞ시오 但遠方에셔注文ᄒᆞ시면郵便代金引換으로寄呈도ᄒᆞ깃숩

懸鐘　大■ 八角附 ■圓　中全 捌圓卄錢　小全 五圓七拾五錢

時計　上品 壹圓九圓五拾錢　全次 大■五拾錢

郵費　時計 懸鐘　本肆 自擔 不要ᄒᆞᆷ

京城■■內鉢谷口　明■冊肆　主　李禎鎬

忠淸靑陽郡湖支學會에서武學校維持學로郡內士民이會集ᄒᆞ야■結■에五拾餘式捐助ᄒᆞ기로可決ᄒᆞ얏ᄂᆞᆫᄃᆡ無賴輩尹■等이■方委員리暗■■가本郡守黃■燦시와符同ᄒᆞ야物徵ᄒᆞ마ᄒᆞ고다新聞에揭載ᄒᆞ얏기로玆에卞明ᄒᆞᆷ

靑邑代表人　李龍夏　金容현
徐相■　方漢■　明■■
崔欽玉　■■위　林競喆
崔■在　告

●特別廣告

本社의各處代理人의氏名은如左ᄒᆞᆷ

開城代理人　平壤代理人　咸興代理人　馬山浦代理人　元山代理人　淸津代理人　水原代理人　安州代理人　沙里院代理人　金泉代理人　海州代理人　天安代理人　群山代理人　全州代理人　大邱代理人　釜山代理人　江景浦代理人　麻浦代理人　西湖代理人　永同代理人　木浦代理人　晋州代理人　金堤代理人　漢江附近代理人　義州代理人　江界代理人　東萊代理人　鎭南浦代理人　定州代理人　城津代理人　太田代理人　浦項代理人　慶州代理人　吉州代理人　礪山代理人　延安代理人　舒川代理人　濟物浦代理人

開城南門內雜貨商店　平壤大同門內店洞　咸興西門外　馬山浦客主　元山港　淸津港　水原北部장安동　水原北部長安洞　位置未定　位置未定　漢城東部桂洞拾里旺新學校內　位置未定　漢城中部外相思洞貳統三戶　位置未定　漢城西部麻浦三拾二統五戶　位置未定　水原南部長安洞　群山太井洞　位置未定　漢城西部阿峴二百廿二統三戶　大邱新北里五十八統七戶　位置未定　馬山浦午山里拾壹統九戶　位置未定　西部龍山坊東幕中契廿七統貳戶　西湖麻浦貳拾七統三戶　位置未定　漢城龍山里　位置未定　漢城■■洞貳統壹戶　木浦南■■　■■山浦城山　金堤郡白石面水閣　■■漢江十八統二戶　位置未定　位置未定　義州北峴　安州枇峴　位置未定　■■里十甘井洞四統五戶　鐵山■井■　位置未定　郭山郡　金相杰　■■宅　吉州邑　位置未定　太田■■　宋始憲　洪淳■　浦項■里■統拾二戶　鳥致院漢■■統■戶　吉州■門外■■統捌戶　漢城中部外相思洞二統二戶　延安郡■玉洞　位置未定　開城■■部■■金■模

金東宣　鄭■■　盧昊洙　孫■宇　金■文　張樂臣　金有東　김유東　邦元重　李孝稙　吳■泳　尹聖求　盧■益　김敎聲　최杵召　李相淑　李■浩　李弼駿　柳■■　安■이　孫■宇　金升星　李■默　朴奉輝　朴奉輝　金聖■　■■翰　金時濂　鄭寅洙　宋寶憲　李鍾龍　■■이　金永석　李孝稙　李時榮　金彬　曹■德

大韓皇城磚■　韓美興業株式會社　謹告　(京城郵便局郵函第四拾號)

本社■■에■■■■■■■■■■

●特別廣告

[illegible] 京城南大門內 濟生堂大藥房 [illegible]

◎特別注意를 要홈

本堂製造ᄒᆞᄂᆞᆫ各種藥品은其效靈이成蹟이十分結果됨으로內外國間에聲名이藉著ᄒᆞ야曾日輪內의價額에千金으로建ᄒᆞ미其商業의發展홈이幾百年來의初有혼實業을成홈지로다

現今本堂의支店이海外에設立된者貳拾餘個處所에達홈지라其卿旺의功績을日々奏唱ᄒᆞ야東西競爭ᄒᆞᄂᆞᆫ中에特別혼名價를樹ᄒᆞ거니와

至於內國ᄒᆞ야ᄂᆞᆫ民智가未開ᄒᆞ고商法이未展ᄒᆞ야人人이舊式의商業에慣熟ᄒᆞ고新式商況은暗昧ᄒᆞ야設或好혼實驗이有홀지라도能히磨用치못ᄒᆞᄂᆞᆫ故로經濟上에研究혼狀態와焦點혼形式을自招自敗ᄒᆞᄂᆞᆫ境遇에多ᄒᆞ니豈不爲此恨心哉아

本堂에셔各處에支店及出張所特約代理店을非不多設이오나今에割引을特히廉價ᄒᆞ야各處에支店을加設ᄒᆞ겟ᄉᆞ오니

本堂은同胞에救急을普渡홈主旨요
本堂은兄弟에產業을進就홈目的이다

故로茲에廣告ᄒᆞ오니此를有意ᄒᆞ시ᄂᆞᆫ兄弟ᄂᆞᆫ(自陽六月壹日至同月二十日)(自陰四月十四日至五月拾二日)本堂에來臨ᄒᆞ시되遠地에셔ᄂᆞᆫ書信으로郵便通知ᄒᆞ심을敬要

京城南大門內濟生堂 本舖 告白

各種東西洋藥品 韓國唐草材大發賣所 仁川橫[illegible] 和平堂藥房

阿烟斷引藥

一劑 金五圓　　半劑 金三圓

注意

阿烟初吸者ㅣ雖曰見效ᄒᆞ日久則遂成錮引ᄒᆞ야[illegible]敗ᄒᆞᄂᆞᆫ者ᄅᆞ永免死亡ᄒᆞ니[illegible]有之ᄒᆞ[illegible]豈不良惜乎[illegible]故[illegible]發心[illegible]刀ᄒᆞ[illegible]透得ᄒᆞ야[illegible]斷引[illegible]服用[illegible]效驗[illegible]藥[illegible]

定價 壹劑 金五圓 半劑 金三圓

注意

依方製藥 [illegible]

壯陽復元丹

◎共愛堂大藥房製造各種藥品發引表

此藥은專治腦病肺病[illegible]腎虛弱○陽痿○遺精多夢○神經衰弱○[illegible]漏不快○病後虛弱○健忘○眼瞖○[illegible]天不足○飲食不下○眩暈頭痛○等症[illegible]試服此丸[illegible]法服ᄒᆞ면[illegible]過[illegible]ᄒᆞ立妙效ᄒᆞ야魂飛肉躍ᄒᆞ니[illegible]精神[illegible]爽覺[illegible]快ᄒᆞ[illegible]症이輕者ᄂᆞᆫ服ᄒᆞ[illegible]挽回[illegible]其症[illegible]頻重[illegible]服[illegible]八[illegible]能ᄒᆞ[illegible]無疑ᄒᆞ[illegible]無[illegible]之[illegible]試用[illegible]此劑[illegible]血[illegible]筋而壯骨[illegible]十[illegible]之八[illegible]未[illegible]如[illegible]還[illegible]不敢[illegible]自欺[illegible]此[illegible]又無論男婦老幼[illegible]世[illegible]無比之妙劑[illegible]位

[illegible]週分[illegible] 一分[illegible]圓八拾錢　[illegible]分三圓[illegible]　[illegible]分[illegible]四拾錢

靈丹 [illegible] 止咳口[illegible]良心神鬱悶諸症酒醉化滯[illegible]

清眼水 [illegible]眼疾、[illegible]眼疾、羞明流淚、眼[illegible]

解毒至寶丸 專治[illegible]疾[illegible]瘧[illegible]遠[illegible]

皮膚[illegible]效液 [illegible]皮膚[illegible]癬[illegible]

淋丸 [illegible]淋疾、赤[illegible]帶下、膀胱炎症[illegible]

神應丹 [illegible]效、連珠瘡[illegible]腹痛、[illegible]

清脾丸 [illegible]

養胃散 [illegible]

治痰鎭咳丸 [illegible]大人咳嗽、[illegible]

消熱散 [illegible]感冒、咽喉疼痛[illegible]

清耳液 [illegible]耳[illegible]耳炎[illegible]

妙妙膏 [illegible]骨節疼痛[illegible]

能消膏 [illegible]小兒胎毒[illegible]

大腫拔根膏 [illegible]

解凝膏 [illegible]

寸虫去根藥 價金[illegible]

齒痛水 [illegible]價金七[illegible]

止泄丸 [illegible]泄[illegible]效 價金[illegible]

痢疾藥 赤白痢[illegible]效 價金[illegible]

各種上等[illegible]、東西洋有名寶藥、皮洋

藥乾材都賣散賣其他各種藥이具備ᄒᆞ오니

請求ᄅᆞ依ᄒᆞ야小包로隨應ᄒᆞ깃슴

發行所

皇城[illegible]部大[illegible]十九統七戶

共愛堂大藥房

○申報價

[illegible]月前納	三拾錢	
[illegible]代金	新貨貳拾[illegible]	
參個月	九拾錢	
陸個月	壹圓七拾錢	
壹個年	參圓四拾錢	
郵稅壹張	新貨五厘	
壹個月	拾[illegible]錢	

○廣告料

西號活字[illegible]參字語

每行壹寸(英尺)에 新貨廿五錢

貳圓[illegible]壹寸에 貳圓五拾錢

壹個月壹寸에 [illegible]

(自[illegible]行至[illegible]行이爲壹寸)

其期限과長短과字行의多少에依ᄒᆞ야增減홈이有홈

◎大韓每日申報 各處支社廣告

平安道

平壤鍾路太極書館	安泰國
三和港[illegible]石洞[illegible]	[illegible]亨湜
義州南門外西大藥房	張有寬
[illegible]邑[illegible]	安[illegible]
肅川[illegible]	金明鉉
定州[illegible]門[illegible]	洪成麟
[illegible]邑[illegible]	金[illegible]
安州[illegible]	金[illegible]河
寧邊[illegible]	李基秀
龍川[illegible]	黃菊保
鐵川南面[illegible]會	[illegible]
龍川[illegible]	[illegible]
朔州邑[illegible]	朱伯[illegible]
泰川邑[illegible]	李正[illegible]
[illegible]郡[illegible]	김致[illegible]
江西邑內	金昌[illegible]
成川[illegible]	馬德三
平[illegible]川郡[illegible]	鄭裕[illegible]

黃海道

宣川邑[illegible]	[illegible]
江界邑[illegible]	[illegible]
郭山郡[illegible]湖[illegible]里	[illegible]
雲山郡[illegible]里	[illegible]
[illegible]山郡內利用[illegible]	[illegible]
[illegible]山[illegible]橋洞	王[illegible]
海州[illegible]	朴昌[illegible]
安岳[illegible]石面[illegible]	金文浩
長淵邑[illegible]洞西北支學會內	[illegible]東元
殷栗邑[illegible]里	[illegible]光[illegible]
信川邑六里	丁一[illegible]
[illegible]邑乾材局	李[illegible]
黃州[illegible]門外[illegible]	[illegible]
白川邑文明館	[illegible]
沙里院[illegible]會任[illegible]	

咸鏡道

咸興[illegible]南[illegible]門外	[illegible]
元山港[illegible]社內	[illegible]正[illegible]
高原邑	[illegible]
定平郡[illegible]川	[illegible]
洪原[illegible]門內[illegible]	[illegible]
永興[illegible]洪明學校內	[illegible]元[illegible]
鏡城[illegible]新興洞	安正[illegible]
清津港新岩[illegible]	[illegible]元浩

全羅道

全州[illegible]水流面豆亭	[illegible]三
木浦항[illegible]	[illegible]得[illegible]

京畿道

仁川[illegible]新[illegible]	李東[illegible]
開城[illegible]大門[illegible]興學書館	[illegible]
江華邑[illegible]	[illegible]

忠淸道

[illegible]城[illegible]川小[illegible]	李[illegible]

慶尙道

大邱西門外友弦書[illegible]側	李正[illegible]
釜山港佐川[illegible]	徐[illegible]
[illegible]郡[illegible]面[illegible]	吳根[illegible]

江原道

鐵原邑[illegible]	[illegible]
蔚珍[illegible]面[illegible]花里	朱[illegible]

光武九年八月拾壹日 明治卅八年八月拾壹日〔第三種郵便物認可〕 土曜日 西曆壹千九百九年五月卄貳日 (壹)

大韓每日申報

第七卷 第壹千壹百貳號

月歲 曜時 及日 慶休 節刊

● 檀君開國四千二百四十二年
箕子元年三千三十一年
大韓開國五百十八年
日本明治四十二年
淸國宣統元年
陰己酉四月大初四日壬午

Responsible for Publication: Alfred Weekley Marnham.
發行兼編輯人 英國人 萬咸
發行所 京城西部新門內洞三層洋屋 大韓每日申報社

論說

◎國民魔報記者야 (續)

大抵裴說公이本報를創立ᄒᆞᆫ以來로萬險을冒ᄒᆞ며萬難을冒ᄒᆞ야鞠躬盡瘁에死而後已ᄒᆞᆷ은其所以가何에在ᄒᆞ고但只其慈悲의心이活佛又ᄒᆞ며其公正의筆이春秋又ᄒᆞ야自己ᄂᆞᆫ苦痛을當ᄒᆞᆯ지라도韓人의安樂을得ᄒᆞ면是가其所願이오自巳ᄂᆞᆫ生命을失ᄒᆞᆯ지라도韓國이生存ᄒᆞᆷ을得ᄒᆞ면是가其所樂이라以故로自巳의家財를傾ᄒᆞ고自己의家財만傾ᄒᆞᆯ뿐아니라其夫人의私財ᄭᆞ지傾ᄒᆞ얏스며以故로兩三裁判을經ᄒᆞ야도其志가不屈ᄒᆞ며上海苦行을作ᄒᆞ야도其血이愈熱ᄒᆞ얏스며以故로千槍萬劍中에獨往獨來ᄒᆞ야無數ᄒᆞᆫ困難。危險。煩悶。障碍。와奮戰ᄒᆞ야有功者ᄂᆞᆫ賞ᄒᆞ며有罪者ᄂᆞᆫ罰ᄒᆞ고善은善ᄒᆞ다ᄒᆞ고惡은惡ᄒᆞ다ᄒᆞ야其精神이公益에在ᄒᆞ고私益에不在ᄒᆞ며其目的이韓國에在ᄒᆞ고自己에게不在ᄒᆞᆷ을엇거날乃者爾가奇々怪々ᄒᆞᆫ荒誕悖說로公을無數毁辱ᄒᆞ다가畢竟에ᄂᆞᆫ乃曰公의本報를創立ᄒᆞᆷ이營利를目的ᄒᆞᆷ에專在ᄒᆞ다ᄒᆞ며乃曰營利의目的을到達키爲ᄒᆞ야政府를彈劾ᄒᆞ며地方騷亂을鼓吹ᄒᆞ얏다ᄒᆞ며乃曰公이捧虛担無ᄒᆞ얏다ᄒᆞ며乃曰本報의影響이全國人으로ᄒᆞ야금病이骨髓에入케ᄒᆞ얏다ᄒᆞ며乃曰韓人이本報를嗜讀ᄒᆞᆷ은甚히慨歎ᄒᆞᆯ바ㅣ라ᄒᆞ얏도다

嗚乎라魔報記者아爾가曰公이營利를目的ᄒᆞ얏다ᄒᆞ니公이營利를目的ᄒᆞ야爾와又치政府의機關新聞이되며變通會의機關新聞이되야資金이나官爵을釣取ᄒᆞ얏ᄂᆞᆫ가

公이營利를目的ᄒᆞ야爾와갓치勢家의權을甘吮ᄒᆞ며外人의命을順服ᄒᆞ야國을賣ᄒᆞᆯ지언뎡私囊을經營ᄒᆞᄂᆞᆫ醜行이有ᄒᆞ얏ᄂᆞᆫ가

公이生前에ᄂᆞᆫ其家財를傾盡ᄒᆞᆯ뿐이오其生命을不惜ᄒᆞᆯ뿐이오羣妖衆魔가噬嚙亂跳ᄒᆞᄂᆞᆫ中에셔正義를獨扶ᄒᆞᆯ뿐이며死後에ᄂᆞᆫ家에擔石이無ᄒᆞ고庫에尺帛이無ᄒᆞ거날爾가營利目的이라ᄒᆞᆷ이果然何說고

嗚呼라魔報記者아爾가曰公이營利의目的을到達키爲ᄒᆞ야政府를彈劾ᄒᆞ며地方騷亂을鼓吹ᄒᆞ얏다ᄒᆞ니大抵公이韓國政府의不與ᄒᆞᆷ을痛嘆ᄒᆞ야或曉喩ᄒᆞ며或攻擊ᄒᆞᆷ은自己를爲ᄒᆞᆷ이아니라政府를爲ᄒᆞᆷ이며政府를愚ᄒᆞᆷ이아니라政府의悔悟를望ᄒᆞᆷ이라爾ᄂᆞᆫ保護를歡舞歡迎ᄒᆞ며爾ᄂᆞᆫ政府大臣을大功臣으로崇拜ᄒᆞ며爾ᄂᆞᆫ韓國의滅亡을弊衣의締又치苦待ᄒᆞᄂᆞᆫ故로政府를每日讚美ᄒᆞ며每日膜拜ᄒᆞ거니와公은韓國의自存을歡迎ᄒᆞ며政府大臣을嘆惜ᄒᆞ며韓國滅亡을痛恨ᄒᆞᄂᆞᆫ지라故로政府를彈劾ᄒᆞᆷ이니此가엇지營利를爲ᄒᆞᆷ인가

公이地方騷亂을記ᄒᆞᆷ은韓國의實況을記ᄒᆞᆷ이며又實況을記ᄒᆞᆷ뿐이오毫毛도鋪張ᄒᆞᆷ은아니라

爾ᄂᆞᆫ魔者며狂者며凶者라故로鹿도馬라ᄒᆞ며犬使도魍魎이라ᄒᆞ거니와公은其筆이直ᄒᆞ며其筆이正ᄒᆞ며其筆이公ᄒᆞᆫ지라故로義면義라ᄒᆞ며不義면不義라ᄒᆞᄂᆞ니此가엇지鼓舞ᄒᆞᆷ이며此가엇지煽動ᄒᆞᆷ인가又爾가此를公의營利目的이라ᄒᆞ니此가公에게何等營利가되ᄂᆞᆫ가此를云ᄒᆞ야直筆이라ᄒᆞᆷ은可커니와鼓舞이라ᄒᆞᆷ은不可ᄒᆞ며正義라ᄒᆞᆷ은可커니와營利라ᄒᆞᆷ은不可ᄒᆞ니라

嗚呼라魔報記者아爾가曰公이捧虛担無ᄒᆞ얏다ᄒᆞ니公이捧虛担無ᄒᆞ야韓國이獨立ᄒᆞᆫ것을不獨立ᄒᆞ얏다ᄒᆞ얏ᄂᆞᆫ가韓國이富强ᄒᆞᆫ것을貧弱ᄒᆞ다ᄒᆞ얏ᄂᆞᆫ가韓人이安樂ᄒᆞᆫ것을苦痛ᄒᆞ다ᄒᆞ얏ᄂᆞᆫ가當進智가不賣國ᄒᆞᆫ것을賣國ᄒᆞ얏다ᄒᆞ얏ᄂᆞᆫ가國民新聞이魔報아닌것을魔報라ᄒᆞ얏ᄂᆞᆫ가何가捧虛担無인가

嗚呼라魔報記者아爾가曰本報의影響이全國에及ᄒᆞ야病이骨髓에入ᄒᆞᆫ다ᄒᆞ얏스니韓國을頑迷케ᄒᆞᆫ者ㅣ自在ᄒᆞ거날頑迷ᄒᆞᆷ을提醒ᄒᆞᄂᆞᆫ本報를爾가曰病이라ᄒᆞ며韓國을被保護되게ᄒᆞᆫ者ㅣ自在ᄒᆞ거날被保護된世界를哭ᄒᆞᄂᆞᆫ本報를爾가曰病이라ᄒᆞ니異哉라爾의所謂病이여

嗚呼라魔報記者아爾가韓人의本報愛讀ᄒᆞᆷ을無限嫉妬ᄒᆞ야曰甚히慨嘆ᄒᆞᆯ바ㅣ라ᄒᆞ니試思ᄒᆞᆯ라爾의魔報ᄂᆞᆫ糞桶에投ᄒᆞ면셔本報ᄂᆞᆫ愛讀ᄒᆞᆷ이是何故오其故가但只公正不公正에在ᄒᆞᆷ뿐이니라爾가本報를怨尤치만말고爾의目的을改ᄒᆞ야公正ᄒᆞᆫ道로說ᄒᆞ면韓人이亦是愛讀ᄒᆞᆯ지니爾ᄂᆞᆫ早々히悔改ᄒᆞ라

嗚呼라魔報記者아爾亦人類어날爾의不義가胡至此極고嗚呼라爾에게不義를責ᄒᆞᆷ은豚犬에게不義를責ᄒᆞᆷ과一般이라余又何를足責ᄒᆞ리오

大抵爾가公을毁ᄒᆞᆷ은跖犬이堯를吠ᄒᆞᆷ과一般이며醜婦가莊姜을妬ᄒᆞᆷ과一般이며魔鬼가天使를辱ᄒᆞᆷ과一般이라爾가아모리辱上에辱을加ᄒᆞ야公을辱ᄒᆞ며毁上에毁를加ᄒᆞ야公을毁ᄒᆞᆯ지라도公에게何傷이되리오마ᄂᆞᆫ余의所惜ᄒᆞᄂᆞᆫ바ㅣᄂᆞᆫ爾가爾의本性을失ᄒᆞ고爾의祖國을忘ᄒᆞ야魔境에永墮ᄒᆞᆷ이是라故로余ᄂᆞᆫ爾를爲ᄒᆞ야警鼎를試ᄒᆞ노니爾ᄂᆞᆫ靜聽ᄒᆞ라居ᄒᆞ야曰

嗚呼哀哉라魔報記者여爾가本來韓人이거날何許妖鬼에게爾의魂을失ᄒᆞ고他人의魂을換着ᄒᆞ야爾의讐敵을歡迎ᄒᆞ며爾의父母國을自攻ᄒᆞ며爾의恩人裴說公을毁辱ᄒᆞᄂᆞᆫ가嗚呼哀哉라 完

外報

◎海蔘革命黨 海蔘威電을據ᄒᆞᆫ즉本月十二日夜에各處에서革命黨員이會集ᄒᆞᆷ으로露國官憲은不穩ᄒᆞᆫ幾味를嫌ᄒᆞ고憲兵巡査를派遣ᄒᆞ야解散케ᄒᆞ고目下警戒中이라더라

◎香港水災 香港電을據ᄒᆞᆫ즉香港에ᄂᆞᆫ本月拾貳日頃에大雨가暴注ᄒᆞ야北江及西江이汎濫ᄒᆞ야沿岸에流失ᄒᆞᆫ家屋이數萬이요殘民은非常ᄒᆞᆫ窮况에陷ᄒᆞ얏다더라

◎鐵道費分擔 倫敦電을據ᄒᆞᆫ즉粤漢鐵道敷設에關ᄒᆞ야德英佛三國은材料를分等供給ᄒᆞ고獨亞銀行、香上銀行及印度支那銀行은五百五拾萬磅을均等分擔ᄒᆞ기로妥定ᄒᆞ얏다더라

雜報

○哭大韓每日申報前社長裴說公

嗚呼痛哉며慟斯慟矣라惟我裴公이여以慷慨俠心으로創社說筆者ㅣ至爲五星霜인ᄃᆡ勸善懲惡ᄒᆞ며扶弱抑强ᄒᆞ시니信是春秋史筆이요月旦評案이라國權이尙이不泯ᄒᆞ고民衷이幾乎成國이라拾丈銅像이不能表其大義요百幅赫幀이何可繡其偉績가嗚呼々々라八週羅恙에百刑無靈ᄒᆞ야竟至皐復ᄒᆞ니悠々蒼天이胡寧忍斯오峩々山色은奄帶愁慘之色이요滔々河流ᄂᆞᆫ空訴嗚咽之聲이라時事乖常ᄒᆞ야往歲初夏에報館事業을讓授於萬咸氏라가臨訣遺言曰我雖死나申報ᄂᆞᆫ永生케ᄒᆞ라ᄒᆞ셧스니壯哉斯言이며烈哉斯言이여靈爽臨天에言尤驚衆ᄒᆞ니其剛毅大節이亘萬古不朽也라慰誠忡々에感淚零々이라言之拙也니萬圖不識

楊命爽 哭拜上

詞藻

○哭裴說公

一幅創新萬目明
褒貶懲惡果衡平
壯哉天下讜論讜
天奕海東我獨驚
驚翻水咽楊花渡
日落山空社宇聲
傳淚聞公事業
實應埋骨不埋名

嚴熙셥

伏餞牛淮裴 筆習嚴於鉞
代言佐斷說 二人化覺傑
倚劒云何旰 繁花灑淚漏
宇宙有此別 小灘吞聲咽

西湖

雜報

●幸行準備 韓國 皇后陛下께옵셔는 來六月壹日에 水原勸業模範場에 幸行하실터인 故로 宮內府에서 方今 準備中이라더라

●殿陵處理未定 歷代 殿陵處理問題에 對하야 內閣에셔 硏究中이라는데 或은 從前처럼 理하던 方法으로 政府에셔 處理하자 하고 或은 該子孫으로 하야금 守護케하자 하야 尙今 擬議中이라더라

●總理移家說 總理大臣 李完用氏가 自己勢力이 減損하야 現住하는 家舍를 某人의게 讓與할는지 未知하거니와 藥峴前參判 金晩秀氏 家屋을 買渡 搬移하기로 決定하얏다더라

●更加奔走 農商大臣 趙重應氏는 有何緊議事項인지 近日에 內部大臣 朴齊純氏 私邸에 逐日 訪問한다더라

●理由調探 宮中顧問 리允用氏가 淸國上海로 渡去하다는 說이 有한 以後로 警察官吏가 其理由及情況을 調探하는 中이라더라

●有何層節 承寧府院君 尹澤榮씨와 大리 戰崑氏等이 周旋하야 上海에 留連하던 金澤榮氏를 出來케함은 已爲報道한 바어니와 其內容을 聞한즉 內閣에셔 將次 高麗以上史記를 纂發刊할터이라는데 何等層節이 有한지 現方 貳論中이라더라

●餞別晩餐 學部次官 俵孫一氏가 日間 歸國할터인고로 昨日下午六時半에 日本人俱樂部에서 晩餐會兼餞別宴을 設하고 該部大臣以下及壹般高等官을 請邀宴待하얏다더라

●婦人文壇將次進 學部大臣 李載崑氏의 大小家婦人으로 하야금 漢文教育을 發展코저하야 前宣官리錦完順君의 賢完氏等가 發起하야 私塾을 設立하고 教師는 七十歲老人으로 延聘할터이라더라

●新聞新傳 日本某新報社에셔 新聞壹度와 書簡壹度式 同封하야 日本에 前往하얏던 觀光團諸氏에게 壹々히 傳致하얏다더라

●日商渡來 日本서 觀光團組織하야 渡韓한다는 說은 已報어니와 日本紳商中 五拾名을 選拔하야 本月三拾日頃에 同伴渡來한다더라

●定款送付 度支部財務監督局에셔 酒造組合所에게 發調하고 該所定款規式 各警察署에 送交하라한 故로 再昨日에 該酒造組合에셔 送付하얏다더라

●愚民妙計 教科用圖書에 關하야 學部에셔 不認可件은 壹幷 押收하라고 漢城府及各觀察道에 訓令하얏다더라

●愼莫近前 御苑事務局囑托 劉漢性시가 再昨日上午十二時에 自行車를 乘하고 金虎門外로 過去하다가 其路次에 在한 崔在浩시가 被觸됨으로 其不愼함을 論責하얏더니 劉시가 崔시에게 對하야 示威하야 日 汝는 何名色이냐하고 無數批頰하고 及其終末에는 支署巡查에게 委托하야 警視廳으로 押去하다함으로 該劉시의 行動을 人皆唾罵하얏다더라

●金氏虛妄 婁關鎭氏가 年前에 金士星시에게 田畓을 買得하야 九年間을 秋收ㅅ지 하얏다는데 金시는 見奪함으로 地方裁判所에 起訴하야 婁시를 捉囚審查한즉 買賣證據가 分明함으로 日間 蒙放된다더라

●缺席不當 典祀補 朴羲寅氏가 七千五百兩價値되는 洋服을 諸戰道氏의 與鋂에 壹千二百兩에 典當하얏더니 該典舖主人이 該洋服을 放賣한지라 朴희寅氏가 該양服을 推尋次로 地方裁判所에 起訴하고 有緊急事하야 該判을 延期請願하고 鄕第에 下往하얏더니 裁判所에셔 缺席判決하얏다더라

●測量所決議 大韓測量事務所에셔 所謂總管會와 不法行動하는 事를 臚列하야 農部와 內部及警視廳에 請願書를 提出하고 期於裁判ㅅ지 한다더라

●總管狼狽 測量總管會에셔 不法行動하는 事가 現露出되야 全國測量者들이 團合하야 如此히 不測한 自稱總管會는 期於破潰한 後乃已라하고 各方面으로 攻擊이 담至함으로 該會가 非久에 解散될 모樣이라하야 前日 各道支會의 保證金預給한 人들이 上京하야 還推하라 한다더라

●柞會測山 柞蠶會社에셔 各人의 山林을 測量하되 拾年을 契約하고 測量手數料를 每年에 幾許圓式 領受하기로 酌定한다더라

●高守秉公 高山郡守 李秉民시가 大韓測量總督會公函을 자還하고 各測量員이 人民의 田土를 各其自由로 測量하기를 勸勉하얏다더라

●日巡惡習 日昨에 何許日巡查가 春季淸潔을 實行한다 籍稱하고 남部舟橋下附近 趙某家에 突入하야 家庭이 不潔하다하고 其家婦人을 對하야 恐喝하며 甚至於以拳打頰한 故로 不勝長劫하야 擧皆逃走하는지라 伊時觀光者들이 該日巡查의 蠻行을 唾罵하얏다더라

●競賣嚴禁 近日以來로 警視廳에셔는 有何事件인지 漢城內 各競賣所의 諸般物品競賣함을 壹切嚴禁하나더라

●李氏心法 故副領 리昌九시의 舍男 益兩사는 向日 關東學會에 金壹百五拾圓을 捐助하다 自手書給하고 于今不給하는 事에 對하야 其親友某시가 其處事의 不善함을 論責한즉 所答이 錢壹百五拾圓이 有하며 余의 所愛하는 妓生을 挾同하고 淸料理와 日料理에 幾日蕩遊하깃다 하얏다더라

●兵員移送 全羅南北地方이 騷擾함은 各新聞에 每日 揭布하는바어니와 近聞한즉 此를 鎭壓하기 爲하야 京畿及忠淸南北道에 配置하얏던 憲兵補助員을 騷擾한 地方으로 派送하얏다더라

●興士宴會 興士團內 教育俱樂部에셔 本日 松石園에 前往하야 宴會를 開하는데 當日宴費는 會員이 各其三十錢式 辦備한다더라

●喫錢腹坼 手形組合所 專務理事 趙井이가 該所에 錢을 多數히 犯用하고 報償이 無路하던지 日昨 自家에셔 大穴砲로 自殺하얏다더라

●義將被捉 京畿楊州抱川等郡으로 出沒橫行하던 義兵將 金聖均씨가 再昨日에 東部警察署에 被捉되얏다더라

●騙財被押 學務俊爲名人이 自稱度支部財產整理局主事라하고 數人을 騙財하다가 率家逃走하얏더니 更聞한즉 該人이 昨日에 憲兵司令部에 被捉하야 日前에 該地方裁判所로 押交하얏다더라

●賊黨何多 日昨上午三時量에 强盜二名이 各持銃劍하고 東部統內 何許雜貨店에 突入하야 各種汁物을 多數奪去하얏다더라

●奬勵會組織 각私立女學校에셔 教育을 發展키 爲하야 聯合奬勵會를 組織할次로 發起하얏다더라

●婦人會幻燈 中部壽進洞 京城孤兒院內 慈惠婦人會館에셔 本月初五日下午八点鍾에 幻燈會를 開設한다더라

●靑年討論 今日下午七時三十分에 鍾路靑年會館에셔 討論會를 開하고 進化之要는 工業이 勝於農業이란 問題로 可否便이 互相討論한다더라

學界

●協成協贊 龍山協成學校 去月 第壹回 創立紀念式에 經費用은 該校總監 李址鎔시가 金當하얏고 同日에 修業授與式을 擧行하얏는데 該洞居 崔承彩 方漢台 尹仁植 金光鉉 金翼鎭 朴炯培 李容華 黃興德시가 空冊鉛筆을 優數寄付하얏고 今年春季大運動時에 朴炯培 尹仁植 金允鉉 林振浩시는 廣木各壹疋 李容華 延應羽시는 廣木各半疋 吳顯根시는 飯米四拾升 朴基俊시는 金三圜三拾錢 東門外契中에셔 拾圓 灘契 兄弟井契 郭契公園에셔 各四圓을 寄付하고 朴興瑞시는 當日饌需를 全當하얏더라

●同塾困難 私立同德女子義塾 團監 宋始講師 千東晫시와 漢文講師 根呂炳시는 學識이 贍富할뿐더러 行爲가 端正한 人인데 名譽로 一年이나 專心教授하더니 何層節인지 幷히 請願하고 該塾의 辭務치아니함으로 該塾情況이 不可形言이라더라

●溫古知新 溫陽郡紳士 李奎承 張雲植 張澤秀 盧完洙 南祖源 沈宜晉 諸시가 本郡守 任民宰시와 協議하야 鄕校明倫堂에 明倫學校를 設하고 學徒를 募集하야 五月二日에 開學式을 行하얏는데 校長은 張雲植으로 副校長은 張澤秀로 校監은 李奎承으로 副校監은 南祖源으로 校務委員은 沈宜晉 盧完洙 諸시로 選定하고 本郡守는 贊督으로 選定하얏는데 財政은 義捐金이 壹百五拾圓과 本校官沓土의 每年賭租四拾石으로 基本을 立하얏고 該郡九面々장이 熱心協議하야 校樣을 擴張하기로 決心하얏다더라

感荷賻儀

本社社員 자裵說氏 喪事에 對하야 尹永培氏가 金壹圓을 賻儀하얏기 其盛意를 感荷하노라

地方消息

△忠淸道에셔는 安東 順興 丹陽 淸風 聞慶 永春 각郡에 義兵總大將 김國輪시가 부下六百名을 率하얏는데 銃器를 携帶한 者一五百名이오 召募大將은 리明相 金相奎 兩시오 都總大將은 리春三시오 右翼大將은 元根善시오 左翼大將은 金聖天시인데 元根善시는 二百名 리春三시는 二十名 閔泳八시는 卅名을 각각 領率하고 金大將은 리明相 金相奎 兩시를 從하야 順興郡小泉에 往하야 陰曆二月廿日頃에 지本陣을 設하고 其部下는 五月拾日ㅅ지 각所에셔 沒케하야 三月頃으로부터 其全부의 行動을 始하얏더니 三月十五日에 義兵五十名이 丹陽分遣所日憲兵과 聞慶郡東魯面에셔 衝突하고 또 四月八日에 忠州郡산山面에셔도 閔泳八시가 率한 義兵二十三名이 淸풍分遣所日憲兵과 交戰하얏다더라

日可日否

△現今時代도라보니 東西各國交通하야 風俗禮節各不同에 東과서가 懸殊하다 其例法과 議論컨대 日可日否難言이나 交通時代당힌스니 兩法參用可하도다

△西洋人의 交際法은 賓客을 當迎送할제 머리冠을 脫하고 東洋人은 必着하니 何其相反如此한가 兩法參用하자커든 西服에는 脫하고 東服에는 必着할事

△西洋婦人待遇法은 그權限이 借勝하야 男子不敢對等하고 東洋에는 不然하니 何其相反如此한가 兩法參用하자커든 학識者는 優待하고 無학識者는 賤待할事

△서洋에는 婦人들이 男子ㅅ지 出入하며 官職ㅅ지 同參하고 東洋에는 幽囚하니 何其相反如此한가 兩法參用하자커든 貞操者는 出入하고 淫亂者는 幽囚할事

△서洋人의 喪制法은 送死喪하는 時의 其服色을 黑色으로 東洋人은 何白하니 何其相反知此한가 兩法參用하자커든 白服色으로 孝心制法을 採用할事

△서洋人의 舞蹈法은 宴樂에나 醉興時에 男女勿論 발노舞蹈 洋人은 此手로하니 何其相反如此한가 兩法參用하자커든 蹈을者는 以足하고 舞할者는 以手할事

△서양人의 致禮法은 偶然時에 서지도 兩個手를 뒤잡지고 東洋人은 合揖하니 何其相反如此한가 兩法參用하자커든 지말고 揖도말고 영거주춤하여볼事

△서洋人의 寫字法은 自東徂西하여가고 東양人은 不同하야 自上달下하여가니 何其相反如此한가 兩法參用하자커든 서文字다업애고 速記符號를 採用할事

△東시球의 此畫彼夜하니 人의 高卑平卑 此外에도 相反事가 比比有之한것마는 編纂이 甚忽忙키로 大綱이나 陳明하노니 讀者諸君 玩味로서 壹次供覽함이로다

社告

寧邊支社員金致億氏辭免ᄒᆞᆫ代에紅門里鄭德昇氏로擇定ᄒᆞ고長淵支社員崔載淳氏辭免ᄒᆞᆫ代에崔東元氏로擇定ᄒᆞ얏스니各該郡에서本報購覽ᄒᆞ시ᄂᆞᆫ 僉君子ᄂᆞᆫ照亮ᄒᆞ신後各該氏와交涉ᄒᆞ시요

大韓每日申報社

雜報

●全南義民形勢　目下韓國內에義兵이最多ᄒᆞ고且大集團이橫行ᄒᆞᄂᆞᆫ處ᄂᆞᆫ全羅南道인ᄃᆡ其義兵將의姓名은如左ᄒᆞ다더라

全海山氏ᄂᆞᆫ全南義兵中에著名ᄒᆞᆫ主將인ᄃᆡ全北古阜人이니往年東學黨이起ᄒᆞᆯ時에大將이되여威振三南이라가獄中에서竟死ᄒᆞᆫ全琫準氏의令男이라原來陸軍將校로現今部下數百名을領率ᄒᆞ고全남北部全北南部를帶ᄒᆞ야作戰區域을定ᄒᆞ고橫行退咸ᄒᆞᆫ다ᄒᆞ며

리初家氏ᄂᆞᆫ全海산의參謀당인ᄃᆡ曾往日本에留學ᄒᆞ야日語도善解ᄒᆞ며斷髮洋服에將官의風度가頗有ᄒᆞ고元來近衛步兵參尉로서恒常先鋒의任을當ᄒᆞᆫ다ᄒᆞ며

金永伯시ᄂᆞᆫ샹城人인ᄃᆡ部下七十名을領率ᄒᆞ고敵郡과川原驛等地로出沒ᄒᆞᆫ다ᄒᆞ며

朴化玉시ᄂᆞᆫ原來群산港巡檢으로서金永伯氏의副將이되여並力橫行ᄒᆞᆫ다ᄒᆞ며

沈南一시ᄂᆞᆫ장興寶城綾州靈巖等地에在ᄒᆞᆫ義兵中에最히優勢를占ᄒᆞᆫ남當派의主將인ᄃᆡ其部下ᄂᆞᆫ壹百五拾名이有ᄒᆞ다ᄒᆞ며

都又洪氏ᄂᆞᆫ部下六十名이有ᄒᆞ고其弟鄭大인시ᄂᆞᆫ部下四拾名이有ᄒᆞ야共히茂장咸平長城靈光등郡에橫行ᄒᆞᆫ다ᄒᆞ며

리大國시ᄂᆞᆫ靈光人인ᄃᆡ有力ᄒᆞᆫ義兵將이라부下壹百五十名이有ᄒᆞ다ᄒᆞ며

張基元시ᄂᆞᆫ부下에四十名만有ᄒᆞ나頗히得勢揚威ᄒᆞᄂᆞᆫ義兵將이라장興康津海南間에橫行ᄒᆞᆫ다ᄒᆞ며

許京旭시ᄂᆞᆫ靈光人인ᄃᆡ부下五十名을領率ᄒᆞ고咸平務安等地로出沒ᄒᆞᆫ다ᄒᆞ며

吳正實시ᄂᆞᆫ咸平人인ᄃᆡ或名은三奉이라부下七十名이有ᄒᆞ다ᄒᆞ며

金公三시ᄂᆞᆫ茂장人인ᄃᆡ부下六十名을領率ᄒᆞ고高敞茂장間에出沒ᄒᆞᆫ다ᄒᆞ며

리起善시ᄂᆞᆫ咸平人인ᄃᆡ부下에五十名이有ᄒᆞ다ᄒᆞ며

金元國시ᄂᆞᆫ光州人인ᄃᆡ部下七拾名이有ᄒᆞ다ᄒᆞ며

김炳吉시ᄂᆞᆫ부下三十名을領率ᄒᆞ고務安附近地로出沒ᄒᆞᆫ다ᄒᆞ며

朴平남시ᄂᆞᆫ부下捌拾名을領率ᄒᆞ고靈岩附近으로出沒ᄒᆞᆫ다ᄒᆞ며

안桂洪시ᄂᆞᆫ部下百名을領率ᄒᆞ고橫行ᄒᆞᆫ다ᄒᆞ며

리德三시ᄂᆞᆫ부下三十名을領率ᄒᆞ고海南郡에橫行ᄒᆞᆫ다더라

●是兄是弟　平北古之面城峴居金씨萬시ᄂᆞᆫ年今二十九歲인ᄃᆡ教育振起를擔任ᄒᆞ야家產을傾盡ᄒᆞ며疾病을强作ᄒᆞ야熱心做去ᄒᆞ더니不幸히重病에罹ᄒᆞᆷ이其弟錫鼎의手를握ᄒᆞ고遺言曰我의志願은教育事業이라汝ᄂᆞᆫ我를爲ᄒᆞ야團體를繼ᄒᆞᆷ모자我의遺恨이無케ᄒᆞ면死無餘憾이라ᄒᆞ고因爲장逝ᄒᆞᆫᄂᆞᆫᄃᆡ其季시가乃兄의志를繼ᄒᆞ야附近學校教育을決心擔任ᄒᆞᆫ다더라

廣告

美國시아틀大博覽會・미쥬시아틀대박람회

漢城銅峴惠民藥房에서官許拜受ᄒᆞᆫ二十三種封藥과舊藥草材와草材를大發賣ᄒᆞ고且石版印刷機械

各種藥品을總發行所ᄂᆞᆫ京城南大門內側濟生堂大藥房

◎特別注意ᄒᆞᆯ廣告

本堂製造ᄒᆞᄂᆞᆫ各種藥品은其效驗에成績이拾分結果됨으로內外國間에特廣著名ᄒᆞ야當日輸出의價額이千金에達ᄒᆞ미其商業에發展됨이幾百年來의初有ᄒᆞᆫ實業을成ᄒᆞᆫ지라

續ᄒᆞ야本堂의支店이海外에設立된者ㅣ拾餘個處所를成ᄒᆞᆫ지라其興旺의功績을日々奏唱ᄒᆞ야東西競爭ᄒᆞᄂᆞᆫ中에特別ᄒᆞᆫ名價를樹ᄒᆞ얏거ᄂᆞᆯ至於內國ᄒᆞ야ᄂᆞᆫ民智가未開ᄒᆞ고商法이未展ᄒᆞ야人人이舊式의商業에慣熟ᄒᆞ고新式商況은暗昧ᄒᆞ야設或好ᄒᆞᆫ實物이有ᄒᆞᆯ지라도能히磨用치못ᄒᆞᄂᆞᆫ것과如ᄒᆞ야經濟上에艱究ᄒᆞᆫ狀態와焦燥ᄒᆞᆫ形式을自招自微ᄒᆞᄂᆞᆫ境遇에多ᄒᆞ니豈不爲此恨心哉아本堂에서各處에支店及出張所特約代理店을非不多設이오나今에割引을特이廉價ᄒᆞ야各處에支店을加設ᄒᆞ얏ᄉᆞ오니

一은同胞에게救急ᄒᆞᆷ을普及ᄒᆞᆯ主旨요
一은兄弟에産業을進就ᄒᆞᆯ目的이라

故로玆에廣告ᄒᆞ오니此를注意ᄒᆞ시ᄂᆞᆫ僉兄弟ᄂᆞᆫ(自陽六月壹日至同月三十日)(自陰四月十四日至五月拾三日)本堂에來議ᄒᆞ시되遠地에서ᄂᆞᆫ書信으로郵便通知ᄒᆞ심을敬要

京城南大門內濟生堂本舖　告白

各種東西洋藥과韓國唐草材大發賣所 仁川杻峴 和平堂藥房

阿片斷煙引藥

一劑　金五圓　　半劑　金三圓

注意

阿片初吸者ㅣ雖日見效나日久則遂成痼引ᄒᆞ야至於家敗産者와未免死者ㅣ比比有之ᄒᆞ니豈不哀惜乎아故로本堂에서苦心硏究ᄒᆞ야英國醫方을依ᄒᆞ야阿片斷引ᄒᆞᄂᆞᆫ藥을製ᄒᆞ오니欲戒阿片者ᄂᆞᆫ契約服用ᄒᆞ면效驗이有ᄒᆞᆯ지니試驗ᄒᆞ시옵

注意　壹劑八週分金五圓　半劑四週分金三圓

依方製藥　廉價酬應

◎共愛堂大藥房製造各種藥品發引表

壯陽復元丹

壹劑分壹圓　二주分壹圓八拾錢　四주分三圓四十전　八주分六圓四拾錢

此藥은專히腎臟痛肺弱、房事過度○心腎虛弱○陽萎○早漏○遺精多夢○神經衰弱○病後虛弱○健忘不眠○貧血諸症○老人衰弱○飮食不下○眩暈頭痛○等症에妙效ᄒᆞ야魂飛肉躍ᄒᆞᄂᆞᆫ試用을蒙ᄒᆞ면即時奏效ᄒᆞᄂᆞ니其症이輕ᄒᆞᆫ者ᄂᆞᆫ二週에快效ᄒᆞ고重ᄒᆞᆫ者ᄂᆞᆫ八週만服ᄒᆞ면必能히全治ᄒᆞᄂᆞ니此劑ᄂᆞᆫ補血而强筋而壯骨ᄒᆞᄂᆞᆫ妙劑라男婦老幼를勿論ᄒᆞ고服用ᄒᆞ면有效ᄒᆞ니世가無比之妙劑也라

靈丹　止嗽口熱　胃腹痛消化不良心神鬱悶과酒醉化滯에並神効

淸眼水　眼科聖藥　壹瓶金拾錢

解瘧至寶丸　專治瘧疾　壹包금拾錢

皮膚蟹効液

五淋通淋丸

專治梅毒神應丹

淸脾丸

久滯養胃散

治痰鎭咳丸　專治大人咳嗽、喘息、痰結등症에妙

特胃消熱散　勿論四時霍亂感冒、咽喉痰痛、寒熱性四肢節痛、似瘧非瘧等症에神効

耳病淸耳液　專治耳病即鼓膜炎、內外聽道炎、耳中灼熱疼痛

百日咳妙妙膏

如神能治膏

大腫拔根膏　價금十錢

解凝膏　價금十錢

寸虫去根藥　價금四十錢

齒痛水　價금七錢五厘

止泄丸　價금十五錢

痢疾藥　赤白痢에神効　價금십오전

各種上等〇〇綱、東西洋有名寶藥、皮洋藥乾材都賣散賣其他各種藥이具備ᄒᆞ오니請求를依ᄒᆞ야小包로隨應ᄒᆞ깃ᄉᆞᆸ

發行所　皇城南部太平洞十九統七戶　共愛堂大藥房

社告

○申報價

壹張代金　新貨貳錢五厘
壹個月前納　三拾錢
參個月　九拾錢
陸個月　壹圓七拾錢
壹個年　參圓四拾錢
郵稅壹張　新貨五厘
壹個月　拾參錢

○廣告料

四號活字拾參字詰
每日壹寸(英尺)에新貨廿五錢
貳週ᄂᆞᆫ壹寸에　貳圓五拾錢
壹個月壹寸에　五圓
(自壹行至四行이爲壹寸)
其期限의長短과字行의多寡를從ᄒᆞ야增減홈이有홈

◎大韓每日申報各處支社廣告

平安道
平壤鍾路太極書舘　安泰國
三和港碑石洞敎堂　(安?)
義州南門外西大藥房　(金)有寬
鐵山邑東部　安濬
車輦館　金明鍊
定州南門內書舖　洪成麟
博川郡邑　金(?)
安州城內(?)井洞　金(?)河
京義線(?)　李基秀
龍川楊市　黃菊保
龍川南面松嶼(?)東會　(?)
龍川(?)市　(?)
朔州邑南門　朱伯(?)
泰川邑(?)　李正(?)
寧邊郡(?)冊肆　김致(?)
江西邑內　金昌(?)
成川郡上席面　(?)廣三
平남順川郡(?)　鄭(?)

黃海道
江界邑(?)　申基(?)
郭山郡(?)　김(?)
雲山郡邑面上里　金(?)
(?)山郡內利用(?)　梁允(?)
(?)山北面(?)洞　(?)
海州南門內書舖　王(?)
安岳郡石面(?)　朴(?)
長淵邑(?)北支學會內　金文浩
康翎邑(?)里　(?)東元
信川邑六里　金(?)
載寧邑乾材局　丁一(?)
黃州南門外(?)　李(?)
白川邑文明舘　(?)

咸鏡道
沙里院活版勞動夜學會事務所　(?)
咸興(?)西門外　(?)
元山港創業社內　(?)
高原邑　(?)
定平郡豊川　(?)
洪原西門內保命局　(?)
永興南山(?)洪明學校內　羅(?)
鏡城(?)新興洞　(?)
清津港新岩(?)　(?)元浩

全羅道
全州水流面豆亭　(?)三
木浦(?)陽(?)　(?)得(?)

京畿道
仁川(?)開新(?)　李東(?)
開城(?)大門內興學書舖　(?)
江華邑(?)　(?)

忠淸道
結城(?)川小龍(?)　李(?)

慶尙道
大邱西門外友弦書舖　李正由
釜山港佐川약局　徐(?)
(?)郡(?)面(?)部　(?)

江原道
鐵原邑(?)　(?)
蔚珍(?)面(?)花里　朱(?)

光武九年八月拾壹日 明治卅八年八月拾壹日 〔第三種郵便物認可〕 日曜日 西曆壹千九百九年五月三十日 (壹)

大韓每日申報

第七卷 第壹千壹百三號

……卒業證과修業證과各種書冊을請求ᄒᆞ시면特減又減ᄒᆞ야以小包郵便으로酬應ᄒᆞ옵나이다

月歲曜時及日慶休節刊

檀君開國四千二百四十二年
箕子元年三千三十一年
大韓開國五百十八年
日本明治四十二年
淸國宣統元年
陰己酉四月大初五日癸未

Responsible for Publication Alfred Weekley Marnham.
發行兼編輯人英國人 萬咸
發行所 京城南部石井洞懸外地三層洋屋 大韓每日申報社

論說

◎國民。大韓兩魔 頭上各一棒

昨日에壹魔를討ᄒᆞᆫ지今日에又壹魔가奏ᄒᆞ니此筆이雖鈍이나左闕右應이其亦良苦로다雖然ᄒᆞ나鄒孟氏有言하되「余豈好辯哉余不得已也」ᄒᆞᄂᆞᆫᄂᆞ니嗚乎라記者ㅣ彼兩魔를誅討ᄒᆞᆷ이亦豈樂爲ᄒᆞᄂᆞᆫ바리오實로不得已에出ᄒᆞᆷ이니라

不得已라ᄒᆞ면不知者ᄂᆞᆫ必曰裵公ᄂᆞᆫ本社故主오記者ᄂᆞᆫ公의舊屬ᄒᆞᆫ故로裵公을爲ᄒᆞ야辨護ᄒᆞᆷ이라ᄒᆞᆯ지나是ᄂᆞᆫ萬々不然ᄒᆞ니盖裵公의愛韓熱誠은太韓全國信男善女의個々夙認하ᄂᆞᆫ바이오且公은旣已白雲을乘ᄒᆞ야帝鄕에登ᄒᆞ얏스니彼輩가千億萬無量數의舌을擧ᄒᆞ야公을呪罵ᄒᆞ야도公에無損ᄒᆞ며吾輩가千億萬無量數의舌을擧ᄒᆞ야公을讚揚ᄒᆞ야도公에無加ᄒᆞ리니不必辨護者(壹)이오古語에曰薰蕕가不同器ᄒᆞ고氷炭이不相容이라ᄒᆞ니彼輩ᄂᆞᆫ即外韓內의鼠賊이며[illegible]純의狗奴오裵公은即彼輩의讐敵이니寧히死後에彼輩의狂吠가無ᄒᆞ면即裵公의裵公된비아닐것이라彼吾輩도寂寞ᄒᆞᆫ感을ᄒᆞ얏슬지니不必辨護者(二)오彼輩가裵公을誣揑ᄒᆞᆷ이二件이有ᄒᆞᆫ디日國債償金을偸食이라ᄒᆞᆷ과不報ᄒᆞ고國民精神을眩亂케ᄒᆞ다ᄒᆞᆷ이是니噫라附日者가國民精神을眩亂케하ᄂᆞᆫ가不附日者ㅣ國民精神을眩亂ᄒᆞᄂᆞᆫ가附賊者가國民精神을眩亂케ᄒᆞᄂᆞᆫ가不附賊者ㅣ國民精神을眩亂ᄒᆞᄂᆞᆫ가是ᄂᆞᆫ讀者諸君子의自知ᄒᆞᆯ바며又國債償金事件에至ᄒᆞ야ᄂᆞᆫ今社員裁判時에萬目이共視ᄒᆞᆫ바ᄂᆞ니吾輩가又何必此二件을爲ᄒᆞ야노々ᄒᆞ리오不必辨護者(三)이오且吾輩가裵公을爲ᄒᆞ야辨護ᄒᆞᆯ것이無ᄒᆞᆯ뿐아니라即彼魔의邪篇妖文도足히與辨ᄒᆞᆯ비無ᄒᆞ니何也오蓋魔를可畏ᄒᆞᆯ것은其魔面을掩ᄒᆞ고佛身을現ᄒᆞ야其口로ᄂᆞᆫ佛言을出ᄒᆞ고其手로ᄂᆞᆫ魔火를爆ᄒᆞ며其身에ᄂᆞᆫ佛衣를被ᄒᆞ고其鼻로ᄂᆞᆫ魔毒을吐ᄒᆞ야不知不覺間에人을昏倒케ᄒᆞᄂᆞᆫ故로此를可畏라ᄒᆞᆷ이어니와今彼兩魔ᄂᆞᆫ不然ᄒᆞ야敢히昭々明々ᄒᆞ게靑天白日下에其妖喙를張ᄒᆞ야日本保護가多幸이라ᄒᆞ니是ᄂᆞᆫ叛國怪鬼됨을自鳴ᄒᆞᆷ이며日條約政府가無罪라ᄒᆞ니是ᄂᆞᆫ某黨鷹犬됨을自首ᄒᆞᆷ이라辭氣偃仰의間에魔手魔脚이畢露ᄒᆞ얏스니彼가비록中庸大學聖經賢傳을引ᄒᆞ야巧飾ᄒᆞ얏스나此ᄂᆞᆫ尺童이掌日識字가要患이라ᄒᆞᆯ비며彼가비록中世史新世史古事今文을擧ᄒᆞ야亂ᄒᆞ얏스나此ᄂᆞᆫ村嫗가掩耳曰狐狸가來ᄒᆞᆫ다ᄒᆞᆷ비며彼가비록二日四日十行百行의妖文을蛛赫ᄀᆞᆺ치吐ᄒᆞ얏스나此ᄂᆞᆫ皆登船買客의扼腕唾罵에供ᄒᆞᆯ뿐이니吾輩가又何必此猪의吼를樹ᄒᆞ야其怪狀을燭ᄒᆞ리오만은但彼亦人類로서魔刦에久沉ᄒᆞᆷ은是豈ᄒᆞ야不得已痛棒을施ᄒᆞᄂᆞᆫ바로라

雖然이나即今大韓全國內에現存ᄒᆞᆫ魔類가許多ᄒᆞ야政治界에ᄂᆞᆫ外人에게趨附ᄒᆞ야爵利를貪渡ᄒᆞᄂᆞᆫ魔가百으로計ᄒᆞᆯ지며譯界ᄂᆞᆫ外兵을指嗾ᄒᆞ야同胞를戕殺ᄒᆞᄂᆞᆫ魔가千으로計ᄒᆞᆯ지며東西에出沒ᄒᆞ야奸猾手段으로欺人騙財ᄒᆞᄂᆞᆫ經濟界의魔며黨衆을聚集ᄒᆞ야卑劣思想으로趨附外國ᄒᆞᄂᆞᆫ國體界의魔며個人主義를主ᄒᆞ야愛國心을薄弱케ᄒᆞᄂᆞᆫ敎育界의魔며外人을依賴ᄒᆞ야擧谷에橫行ᄒᆞᄂᆞᆫ風俗界의魔며其他道德界의마와思想界의마와宗敎界의마와儒界의마와太마小마祖마孫마가除ᄒᆞ면逐ᄒᆞ야物質界를ᄒᆞ면物質界의寶國賊이되며精神界에入ᄒᆞ면精神界의寶國賊이되야沉々장夜에得意ᄒᆞ야自鳴ᄒᆞᄂᆞᆫ者ㅣ無非마類인ᄃᆡ此兩마報記者ᄂᆞᆫ即此마類窟穴中壹個寄生虫에不過ᄒᆞᆫ者라太阿의劒으로蚊을擊ᄒᆞᆷ이丈夫의氣短處이어兩마아速退ᄒᆞᆯ라

且彼兩마의情狀을推究ᄒᆞ면實로可憐ᄒᆞᆫ餓鬼며畜生後身이人道ᄂᆞᆫ不知ᄒᆞ고斗筲小才가文字ᄂᆞᆫ粗能ᄒᆞ니서尾를宋朴門下에搖ᄒᆞ고涎을壹進部에流ᄒᆞ며頂을幾十圓月銀에繫ᄒᆞ야傀儡的으로活動ᄒᆞ나니其罪를論ᄒᆞ면바ᄂᆞᆫ盜賊이오其禍를論ᄒᆞ면鳥足之血이라完全ᄒᆞᆫ魔鬼價値가實無ᄒᆞ니他日韓國이獨立ᄒᆞᆫ後復ᄒᆞᆫ後에壹大賊마을叙ᄒᆞ며磨ᄒᆞ야許多罪마를沒提ᄒᆞ야十八層阿鼻地獄裡에投ᄒᆞᆯ時를當ᄒᆞᆯ지라도此兩妖마에對ᄒᆞ야ᄂᆞᆫ必也新聞記者資格으로責備치안코特별情狀을酌量ᄒᆞ야壹等을減ᄒᆞ라ᄒᆞ지니今에記者의筆劒이雖銳ᄒᆞ나爾可憐餓鬼의頭上에遽加ᄒᆞᆷ을不忍ᄒᆞ노니兩마乎여速退ᄒᆞᆯ다

況ᄒᆞ六洲大局에龍戰이正酣ᄒᆞ고半島全幅에鷄鳴이將近ᄒᆞ야吾儕의筆鋒을試ᄒᆞᆯ舞臺가多多ᄒᆞ니奚暇에與爾閒爭鋒하리오兩마乎여速退ᄒᆞᆯ라急々如律令

雜報

◎弔裵說公

嗚呼々々銅山之崩에街鐘自鳴ᄒᆞ고磁石之現에强鐵이自引은理之常也ㅣ라僕은生平杜門者로會識壹面於公之在日이나豈片靈犀ᄂᆞᆫ未嘗不瞻而仰慕而轎矣러니忽於壹日에讀新報紙ᄒᆞ니公之訃告ㅣ載在劈頭라不勝驚愕ᄒᆞ야擲報頹坐ᄒᆞ니夢耶眞耶아公乎公去에大局이輕重이라天胡忍斯며地何無靈ᄒᆞ고豈生必死ᄂᆞᆫ古今常理라然이나奈之何使此二十世紀矢英之偉人裵說시로夭於三十七乎아不覺會潸沼々ᄒᆞ고淚雨滂々이라嗚呼라公의溫良品質과磊尙志氣와正明義理와剛直心法은世所罕儔者而覺의東渡以來로報舘主筆이已經屢度星霜이라舌斧ㅣ雖死ᄒᆞ고筆鋒이無私ᄒᆞ야韓國事를認以自家事ᄒᆞ야懸命奮鬪에孕不挫屈ᄒᆞ고少無間斷而激感的思想과勸勉的手段으로言是論非와斥邪闢正에惟公是正이시日幾日雨와日晝日宵에不辭勞苦ᄒᆞ고冒涉艱難하야使我韓半島異域同胞로期圖共濟矣러니公之運命이何其促也오只憐我二千萬之無福也ㅣ로다韓聞公之臨終時遺言則(我ᄂᆞᆫ死ᄒᆞ나申報ᄂᆞᆫ永生케ᄒᆞ야韓國同胞를救護)ᄒᆞ라하얏다ᄒᆞ니公은可謂韓國同胞로生死不忘이로다

嗚呼噫哉라公의十七節歷史를閱覽ᄒᆞ건ᄃᆡ公의幼年家勢와法事乘遭難事過去事를可以綜詳解得而愈慕愈感에不敢贅論이어니와至於拾三節公의罹病이라ᄒᆞᆫ題下ᄒᆞ야ᄂᆞᆫ不覺痛哭且歎息이로다何故오公이兩度裁判을經ᄒᆞᆫ後에神經이觸傷ᄒᆞ야因爲病祟에ᄂᆞᆫ藥이無效ᄒᆞᆷ을見ᄒᆞᆫ즉公之死也ㅣ非韓於公之命也오實死於韓國事也ㅣ라然則公은死於人之事ᄒᆞ고我ᄂᆞᆫ不死於我之事ᄒᆞ니公之死我之生이何其失衡乎아此人ᄂᆞᆫ此日此哭은非哭公也ㅣ라先自哭我也ㅣ니靈若有知ㅣ어던反弔我苟生不死也ᄒᆞ라把毫臨楮에ᄂᆞᆫ子々淚落ᄒᆞ얏서身戰心悼ᄒᆞ야不能殫息이라略擧數語ᄒᆞ고繼挽詞ᄒᆞ노니嗚呼嗚呼櫻花落日에凄雨愁雲而已로다

嚴熙燮 拜哭

詞藻

◎弔裵說公

韓天暮兮日晦 人淹ᄒᆞ哀々何
公渡東兮天借 鍾警扮而申報
聲閃々兮神閃 魅魍惛々疾首
日維ᄒᆞ而誰惜 弔公愼兮公襄
奈奄忽兮ᄒᆞ塗 蒼生淚ᄒᆞ雨下
懸日月於環球 盡ᄒᆞ光於人英
公爲沒兮未沒 烈靑史而遺芳
公塚屹落日紅 其下帳江深復深
公塚孤隻手憐 韓ᄒᆞ灑淚自傷心
公乎降彼蒼々 英雄義氣快胸襟
痛哭裵公塚 碣石不盡流
恐添韓國淚 寄灑五洋洲

韓人덕齊生 拜哭

雜報

●陵寢改稱件 高麗以上의각殿陵을宮內府新官制後로內部에서句管處理케ᄒᆞ고登載知丁ᄒᆞᄂᆞᆫ바어니와헌殿陵의參奉職名을配員이라改稱ᄒᆞᄂᆞᆫ것도無妨ᄒᆞ며殿陵所在郡守로ᄒᆞ야금兼務케ᄒᆞᄂᆞᆫ것도無妨ᄒᆞ다ᄒᆞ야內部에서現方擬議中이라더라

●兪氏出脚說 晉州觀察이更爲渡韓後에ᄂᆞᆫ現內閣이變更될지ᄂᆞᆫ데總理大臣은漢城府民會會長兪吉濬氏가被任ᄒᆞᆫ다ᄂᆞᆫ風說이有ᄒᆞ다더라

●輪回訪問 中樞院顧問李址鎔시ᄂᆞᆫ近日有何秘密事인지內閣大臣들을逐日甚私邸로輪回訪問ᄒᆞ며酬酢이爛熳ᄒᆞ다더라

●副監將遞 近聞ᄒᆞᆫ즉醫觀副監具然壽氏가將次遞任ᄒᆞ야他職으로轉任ᄒᆞᆫ다ᄂᆞᆫ說이有ᄒᆞ다더라

●行動探聞 近日警視廳에서高等探偵한多數秘派ᄒᆞ야現內閣大臣의行動과言詞를秘密探偵ᄒᆞᆫ다더라

●法官開會 法部에서司法官會議를開ᄒᆞ기爲ᄒᆞ야大審院長及同檢事總長과各控訴院長及同檢事長과各地方裁判所長及同檢事장과各監獄에典獄等諸氏를召集ᄒᆞ야開會ᄒᆞ기爲準備中이라더라

●出品計劃 統監府에서ᄂᆞᆫ來年五月에倫敦에開ᄒᆞᄂᆞᆫ英日博覽會에對ᄒᆞ야韓國각種의製作品을出品ᄒᆞᆯ計劃인데其經費의支出에關ᄒᆞ야日本大藏省에交涉中이라더라

●草商抗稅 近頃新三稅徵收에關ᄒᆞ야稅中各地方葉草爲業者들은該稅款에對ᄒᆞ야擧皆不廳ᄒᆞ며自今年으로ᄂᆞᆫ葉草種子를不給栽培ᄒᆞ기로決定ᄒᆞ얏다더라

●軍部落訟 軍部에서訓鍊院附近人民의所有菜田을陸軍部敎鍊場으로勒奪코저ᄒᆞᄂᆞᆫ故로該田所有主들이起訴裁判ᄒᆞᆫ다ᄒᆞ매나十餘朔만에作判決이되엿ᄂᆞᆫ데軍部에서落訟ᄒᆞ얏다더라

●亭子賣渡 大韓協會長金嘉鎭시ᄂᆞᆫ有何緊用인지不知ᄒᆞ거니와白雲洞에在ᄒᆞᆫ亭子를日本人의게四千圜에賣渡ᄒᆞ기로契約ᄒᆞ고該基址를測量製圖ᄒᆞ야漢城府에請願ᄒᆞ얏더니該製圖內에農商工部所管造林基址가犯入됨으로農商工部及漢城府에서官吏를派送ᄒᆞ야實地를踏査ᄒᆞ얏다더라

●沒覺郡守 楊州郡平邱居鄭某가測量技術을卒業ᄒᆞ고該郡에前往ᄒᆞ야人民土地를測量ᄒᆞᆯ새該郡守가禁止ᄒᆞ야日總督에測量을不可測量이라ᄒᆞ거ᄂᆞᆯ該某가不得已上京ᄒᆞ야農部에前往ᄒᆞ야該理由를質問ᄒᆞᆫ즉該部에셔該郡守鄭弘氏가答ᄒᆞ되該測量會ᄂᆞᆫ挾雜이오該郡守ᄂᆞᆫ沒知覺ᄒᆞᆫ郡守이라此를勿拘ᄒᆞ고自由測量ᄒᆞ라ᄒᆞ얏다더라

●總管會營利 測量總管會에셔務沈弘澤시ᄂᆞᆫ私利를營ᄒᆞᆯ計劃으로其勢力을全國測量界에伸張ᄒᆞ야測量者의自由를束縛ᄒᆞ고金錢을强收ᄒᆞ며個人의營業을侵奪코ᄌᆞᄒᆞ야大韓測량事務所官許를圖囑ᄌᆞᆨ銷ᄒᆞ얏다揚言ᄒᆞᆷ으로大韓測量事務所와沖突을種種惹起ᄒᆞ고登報輿論이沸騰ᄒᆞ거날該會會長과評議員은此를不知ᄒᆞᄂᆞᆫ지或如何ᄒᆞᆫ他思想이有ᄒᆞ야掩過인지弊瘼이不無ᄒᆞ다고批評이有ᄒᆞ다더라

●困窮接濟 平安南道損害會支會장崔長顯시가同道宜川郡에支會를設立ᄒᆞ고該道內測量者의게勸收ᄒᆞᆫ金額이六百餘圜에達ᄒᆞ얏ᄂᆞᆫ데現今該會가破裂됨으로ᄒᆞ야與款諸人의責推가달至ᄒᆞ므로崔氏가大端困難中이라더라

●近衛隊習射 近衛隊將校以下一般兵丁이來日요日以內로三日間을獎忠壇에셔射擊演習을設行ᄒᆞᆯ터인데經費ᄂᆞᆫ領尉官들시가分排ᄒᆞ야拾錢式收歛支用ᄒᆞᆫ다더라

●合格然後醫可 醫藥及藥局을設置ᄒᆞ고醫業資生ᄒᆞᄂᆞᆫ諸人을大韓醫院에셔醫術을試取ᄒᆞ야合格ᄒᆞᆫ者이면內部衛生局에셔合格者에게醫業認許證을繕給施行케ᄒᆞ기로準備中이라더라

●僧徒挾雜 本院寺幹事某시가該寺僧과平壤남道各寺刹總攝이라稱ᄒᆞᄂᆞᆫ者들符同協議ᄒᆞ야統監府에承認ᄒᆞ야平安南北道각寺刹을ᄒᆞᆫ寺에附屬保護케ᄒᆞᆫ다ᄒᆞ고該각寺所管田畓文券을沒數調査收來ᄒᆞ얏다ᄂᆞᆫ데統監府認許ᄂᆞᆫ無ᄒᆞ고田畓文券만見奪ᄒᆞ얏다ᄒᆞ야各寺僧徒가文券을推尋次로上京ᄒᆞ얏다더라

●先貸難推 毓祥宮小大知崔宗煥氏가曾往에該宮경費가窘絀ᄒᆞ야金學濟氏의錢壹千七百餘圜을擧用ᄒᆞ야諸員役의月給과諸般경費를先貸ᄒᆞᆫ事가有ᄒᆞ던지金學濟氏가右錢을該宮에解散된諸員役의게推尋次로起訴ᄒᆞ얏다더라

●何事詞探 近日日憲兵司令部에서有何事件인지不知ᄒᆞ거니와探偵客을密派ᄒᆞ야中部廟洞居ᄒᆞᄂᆞᆫ前郡守兪鎭沃氏에住所有物을秘密探知ᄒᆞ얏다더라

●看護幼兒 北部警察署에서陜洞內每戶에曉諭ᄒᆞ되幼兒가門外에出去遊戲ᄒᆞ야車馬之行에抵觸ᄒᆞᆯ慮가有ᄒᆞ니操心保護ᄒᆞ라ᄒᆞ얏다더라

●日本水災 本月十六日에日本國島附近에暴雨가有ᄒᆞ야各川이漲溢ᄒᆞ야堤防과道路橋梁의破損이多大ᄒᆞ얏고個夫郡과佐倉雙葉郡木戶田村에在ᄒᆞᆫ各小學校가潰倒ᄒᆞ고其他民家도潰圮ᄒᆞ야數拾人畜이死傷되얏고養蠶에大失敗를貽ᄒᆞ얏ᄂᆞᆫ대前後損害를計ᄒᆞᆫ즉五十萬圜에達ᄒᆞ얏고足尾縣에ᄂᆞᆫ連日暴雨를因ᄒᆞ야家屋破壞가夥多ᄒᆞ얏고宇原岸下에셔墜落ᄒᆞᆫ家屋이拾餘戶에達ᄒᆞ얏다더라

●種種投石 再昨夜團成社에셔演劇을設ᄒᆞ고玩賞客男女가乘興列坐ᄒᆞ얏더니不意에何許人이石子를亂投ᄒᆞ야其演劇을敗興케ᄒᆞ얏다더라

●義死義生 義兵大將리康年氏가前死ᄒᆞᆫ後에該氏의令允某氏가其父親의尸體를反柩下鄕ᄒᆞ야致誠安葬ᄒᆞ고其父親의遺志를繼述코ᄌᆞᄒᆞ야其父親의前日部下兵을領率ᄒᆞ고義兵을多數增募ᄒᆞᆫ다더라

●大東報押收 海蔘威에在留ᄒᆞᆫ韓人發行ᄒᆞᄂᆞᆫ大東共報第三拾八號ᄂᆞᆫ治安妨害라ᄒᆞ야其發賣頒布를禁止押收ᄒᆞ얏다더라

●大宗開會 大宗敎會를設立ᄒᆞ기로河相易某諸氏가발起ᄒᆞᆫ事ᄂᆞᆫ前報에已揭ᄒᆞ엿거니와該會를不遠間에開會ᄒᆞᆯ터인故로各地方會員들이一齊히上京ᄒᆞᆫ다더라

●醫師慈悲 皇城醫進洞孤兒院에孤兒가病에罹ᄒᆞ면醫師[illegible]基昌氏가勞苦를不憚ᄒᆞ고誠心診療ᄒᆞ며又三種新藥을發明ᄒᆞ앗스니壹은淸滯預防丹이오二ᄂᆞᆫ久滯香砂丹이오三은小兒口病에用ᄒᆞᄂᆞᆫ口瘡散이라더라

●建築科新設 現今韓國에煉瓦屋을建築ᄒᆞᄂᆞᆫ工業이漸次進就ᄒᆞᄂᆞᆫ데韓工業에韓人으로嫻熟ᄒᆞᆫ工手가甚少ᄒᆞᆷ으로有志者의憾歎ᄒᆞᄂᆞᆫ바이러니基督敎靑年會敎育部에셔協議ᄒᆞ고該館內에煉瓦建築科를新設ᄒᆞ고學生을募集ᄒᆞ야敎授ᄒᆞᆫ다더라

●奴婢解放 吉州郡居申命元氏ᄂᆞᆫ少年英妙ᄒᆞᆫ志士인ᄃᆡ近日에自家奴婢五人을沒數放送ᄒᆞ얏다더라

●李氏入城 西北學會咸鏡南北部募金委員리東暉시가敎育振起와會務發展의目的을到達키爲ᄒᆞ야寒暑飢渴을甘受ᄒᆞ고艱苦辛酸을備嘗ᄒᆞ야關北道각郡의父老와靑年을勸ᄒᆞ야唇焦舌弊ᄒᆞ고淚盡血繼ᄒᆞ야支會와支校가次第興起ᄒᆞ야敎育의義務를發致知得ᄒᆞ며각自擔任케ᄒᆞ고首尾壹周星霜에今纔還京ᄒᆞ얏ᄂᆞᆫ데明日下午七点에西北學會會員諸시가該會館內에셔歡迎會를開ᄒᆞᆫ다더라

●學校設立議 中部[illegible]通坊民들이坊內에學校를設立ᄒᆞ기爲ᄒᆞ야該坊內에募集ᄒᆞᆫ寄附金三千圜으로義務敎育을實行ᄒᆞᆯ次로目今擬議ᄒᆞᄂᆞᆫ中이라더라

●活寫寫眞 今月貳拾四日月曜下午八時에龍山鐵道靑年會에셔美國有名ᄒᆞᆫ活動寫眞을鍾路靑年會館內에設ᄒᆞ고入場券을使用ᄒᆞᆫ다더라

●靑年開會 今日下午七時에靑年同志會에셔討論會를大安洞前德部學校昌東義塾內에開ᄒᆞ고力强이勝於智能이란問題로討論ᄒᆞᄂᆞᆫ데會員及傍聽이多數來臨ᄒᆞ심을希望ᄒᆞᆫ다더라

●學生講論 畿湖學生親睦會에서ᄂᆞᆫ通常總會를來日曜日下午二時에開ᄒᆞ고各其所究ᄒᆞᆫ學科中으로次第講論ᄒᆞᆫ다더라

學界

●李氏黜學 漢城官立師範學校學年級學員리敎喆氏가入學ᄒᆞᆫ後에壹向上學치아니ᄒᆞᄂᆞᆫ故로該校에셔黜學ᄒᆞ얏다더라

●感荷賻儀

本社前社長裵說氏喪事에對ᄒᆞ야丁學善氏가金壹圜을賻儀ᄒᆞ얏기玆에其盛意를感表ᄒᆞ노라

▲暗殺人者▼

▲兵刃도可殺人이며銃砲도可殺人也며毒獸도可殺人也나兵刃銃砲아니언만人의腸을能斷ᄒᆞ며毒獸도아니언만人의命을能傷ᄒᆞᄂᆞᆫ이상야릇別物件이世上에셍겨나서남모로게殺人ᄒᆞ니是何物고研究ᄒᆞ세

▲맛을보면쌉쌀ᄒᆞᆫ人蔘又고모소ᄒᆞᆫ긴셔목又고샐아보면식원ᄒᆞ며爽快ᄒᆞ고그性質은毒을기가霜이여惡ᄒᆞ기가爲雜인디利用法은別別事가다만치만民不血刃滅國傾家에利用件도되엿나니이物件이무엇인가

▲花柳巷에돌아들며娼女의게情夫又고蕩子의게愛妾又ᄒᆞ죽어져도못놋켓네살아셔도못떼겟네목숨ᄭᅡ지라도다줄지고호옴셀꼬기음셀제五臟六腑장ᄂᆞᆫ자고四肢百脈녹아져셔精神이야들나낭나낭이物件이무엇인가

▲재아모리壯士라도ᄒᆞᆫ번달녀들게되면不知中에瘦瘠ᄒᆞ야半分筋力엽셔지고재아모리鐵心ᄒᆞ나ᄒᆞᆫ번두番試驗ᄒᆞ면萬事無心中竿竹에죵血虫이되게ᄒᆞ니毒ᄒᆞ기도ᄒᆞ려니와惡ᄒᆞ기도惡ᄒᆞ지업다이物件이무엇인가

▲與致엇고滋味나셔畫夜乾坤醉ᄒᆞ드시六大洲는ᄒᆞᆫ줌이오天地ᄂᆞᆫ黃金이라天子呼來不顧ᄒᆞ니富貴榮華이ᄲᅮᆫ이라父母도나몰나라妻子라도나몰나라엿ᄂᆞᆫ쪽쪽팔아먹자먹어야만나살긴네이物件이무엇인가

▲흉番始作ᄒᆞᆫ번되고四五次에몸이달아이달져달ᄒᆞᆫ이길어주머니人돈ᄯᅥ러지면집안논도렬어마저家藏什物蕩敗ᄒᆞ고家屋ᄭᅡ지賣盡ᄒᆞᆫ後또팔것이업셔지면爲先妻子팔아먹고父母不賣多幸事라이物件이무엇인가

▲敗家亡身이身世를어떠ᄒᆞ야셔支接ᄒᆞ리헐수업시ᄶᅩᆨ박차고먹든燈盞그냥ᄯᅴ고거리거리흘른죰소명乞躡乎모화셔ᄂᆞᆫ또ᄒᆞᆫ대물셀고나니코홀니고눈ᄭᅩᆸ제에먹칠ᄒᆞᆫ안주린창ᄌᆞᄭᅳᆺ치ᄯᅳ나여네이物件이무엇인가

▲버거우에ᄒᆞᆫ번누면無藥장之衙門이오무섀번을셀ᄂᆞᆫ보면眼上인지馬上인지與擬相違痲甲子로낫지되면조름이오밤이되면經夜ᄒᆞ야惡鬼세리몰녀단여잡패지의전에가서두말업시잣바지니이物件이무엇인가

▲胸痛腹痛各色病에暫時救急ᄒᆞ기에ᄂᆞᆫ良藥中에臺等이오人의精神에여내여樂而忘返終身키ᄂᆞᆫ마鬼다도不及ᄒᆞ야妖物中에鴉等이니楊貴妃의眞液으로만들어낸物件이니이物件이무엇인가

▲嗚呼韓人男女들아이物件을알앗스면두렵기도ᄒᆞ려니와놀납기도ᄒᆞᆯ터인ᄃᆡ살기슬건그져죽지殺身成仁못ᄒᆞ고서無罪妻子잡아먹고제몸ᄭᅡ지滅滯ᄒᆞ니이몸고도痛憤ᄒᆞ다이내말을驚懷거던그物件을避之ᄒᆞ라

雜報

●救世演說 來日曜日 夜珠峴救世軍營에서正領許嘉와氏가統內貳營에서는正尉班禹巨氏가救世主耶蘇氏의事蹟으로上午拾時半과同八時半에開會演說ᄒ고下午二時半에는壹營上層에서正領許嘉와氏夫人이特別婦人會를開ᄒ고演說ᄒᆫ다더라

廣告

平安北道寧邊郡居金亨澤金承元兩氏가本實習所에서講習ᄒ야技術이優等이오며業ᄒ야本所支所를許設ᄒ야비郡倉下里百統四戶金龍淵氏家에設立ᄒ엿ᄉ오니僉彥은照亮ᄒ야各種測量請求ᄒ심을爲要
京城大韓測量事務所 告白

本舖에서去陰二月二拾日夜의所執典物中金銀貝物等屬을見失ᄒᆫ데對ᄒ야典物主와漢城典舖總會代表가本月二拾二日北部水門洞昌信號典舖의會同ᄒ야和衷妥辦ᄒ기을貝物과佩物외는價額本錢의依ᄒ야倍懲ᄒ고金銀에는工錢勿論ᄒ고從時價計給ᄒ되本錢及二日至邊利는排計ᄒ고金之層色은以八升으로計給ᄒ事로同意決定ᄒ엿고本舖主事情을矜念ᄒ와陰四月拾五日로推去ᄒ기로決定ᄒ事에對ᄒ야本舖主는典物主諸씨의게感謝ᄒᆷ을表ᄒ기爲ᄒ야玆에告白ᄒᆷ
北部桂洞廣興號典舖主 白

本館에서煉瓦屋建築法을敎授키爲ᄒ야煉瓦築造科를新設ᄒ오니願學僉君子는本月三拾日以內에本館學監室로來臨入學ᄒ심을務望
皇城基督敎靑年會 告白

慶州[illegible]先祖益齋公山所가在於慶尙道金川이바局內測量이萬々時急에費額이不少而獨當ᄒᆫ子孫이無ᄒᆫ故로事勢不得已宗中ᄒ고收錢有司를進士泉雨를擇差派送이오나或有侠雜輩奸作之慮ᄒ야泉雨의寫眞을眼同ᄒ오니照亮ᄒ신後隨其家勢ᄒ야寫眞眼同ᄒ온泉雨에게收合寄付ᄒ시와俾無晩時之歎케ᄒ심을敬要
宗孫 鍾선 鍾弼 相慶

本人이得儀之賞鳥致院居ᄒᆫ成鳳云前김과煥의日貸四百圓得償手票를三月貳十三日備成而拒論ᄒ다가右償을不得ᄒ고歸家之斷의右手票를去二月廿四日不知何處見失ᄒ얏ᄉ오니內外國人閒誰某拾得勿爲施行ᄒᆷ
淸州郡金과煥 白

본인이각학원에 모자점을설립ᄒ온바 영총확장키위ᄒ야각쳐단속운동모자와목꼬구다모자와리화표도제조ᄒ오니경향간쳠군자는만히사가시기를망ᄒᆷ
京城大安洞武陵理髮樓下 帽子店 延箕元 告白

嗚呼이오며痛忿ᄒ옵니이다宋姓이온며何許人은以此唆字로名을作ᄒ고無嚴不敬ᄒᆷ이天陞에자미칠고도忠君愛國ᄒ는各社會에서公論과輿論이並起ᄒ야唆賊이니賊唆이니ᄒ는唾罵를現世와後世에難免이온즉耳聞目見에孰不痛忿이리오至於本人ᄒ야는曾祖上에血脈으로된同姓者에라尤爲不勝痛恨ᄒ옵기本人은以此唆字로名을作ᄒ고至嚴至敬ᄒ和氣로本人의名字俊文을晙用으로改名行世ᄒ오니內外國僉彥은照亮ᄒ시옵
仁川港各國居留地米商人佗雲仙家留 宋晙用

南部明哲坊남小洞契第壹百○五統九戶草家五間朱太山家舊家券大願을장마에家屋이滲漏되야朽敗無餘故로漢城府에請願次玆先廣告ᄒᆷ
朱太山 告白

本人의宜川合山面吉星里에所有답三石落과田壹日耕을同郡居崔弘植處에年年宗賭委任이더니今爲僞券貿食故로起訴次爲先公佈ᄒᆷ
平北鐵山居 裴時鏞

咸鏡南道定平郡內通政大夫孔錫詐시가隆四月四日別世
隆熙三年四月四日
京部壽進坊壯洞統十戶 宜召史 白

本人이積字沓拾壹斗落과田壹日畊을勞券을去乙未年에壹月貳十日夜에逢賊而該文券을見失이오니內外國人은照亮ᄒᆷ
장湍郡上道面巨路里 朴用輔

本人이去陰閏二月分에四方姓名圖草를路中에서失ᄒ였으로圖草를新造ᄒ와現行ᄒ오니內外僉彥은照亮ᄒ시오
宜川郡邑內 李碩根 告白

本人南署薰陶坊政承契靜洞三十統五戶鄭洛鎔內次立旨貳度를逢賊時에失ᄒ와內外國人誰某拾得ᄒ드라도休紙施行ᄒᆷ
李鳳來 告白

本校에서左開와如ᄒ야日語專門速成科를特設ᄒ고學員을募集ᄒ오니有志諸人은本月二拾日內로來募ᄒ시오
敎授時間은每日下午五六時
卒業期限은六箇月로定ᄒᆷ
敦化門前普光學校 告白

本社에서總務朴寅鎬시와身病을因ᄒ여事務를未能實施ᄒ니當今남장洞壹百壹統二戶에各項物品營主를開設ᄒ고本社事務를董管ᄒ오니內外國僉位는照亮ᄒ시옵

(安)

京城남大門驛 千里馬輸會社 告白
社長 李會可　副社長 任泳鎬
總務 장朴寅鎬　會計 [illegible]
林嘉太郞　監督 金庸旣
金海根　財務 宋基[illegible]
金仁植　發成 徐榮九
檢査員 崔光鉉　書記 劉永喆
蔡導源 鄭夏永　從事 河容鎭
金明煥 崔奐伯 [illegible]

大韓測量支事務所를平北宜川郡內玉洞에定置ᄒ고測量事務를處理ᄒ오니各部技術員은來議ᄒ시옵
農商工部官許 大韓測量道支所 告白

●美國直輸入 懸鐘(通拜堂과학校의用) 時計 大發賣廣告

本人이今般에本國內地에敎會兄弟와學界僉彥의購買便利ᄒ기爲ᄒ야懸鐘。時計。兩種을美國으로輸入ᄒ야廉價放賣ᄒ오니有志僉彥은爭先購買ᄒ시옵
但遠方에서注文ᄒ시면郵便代金引還으로寄呈도ᄒ깃ᄉ

懸鐘　大壹個洽壹圓　中仝 拾圓廿錢　小仝 五圓七拾五전
時計　上品壹箇九圓拾錢　仝次 大圓五拾錢
郵賃　時計 懸鐘 本舖 自擔 不要ᄒᆷ

京城南門內鍮谷口
明新冊肆主 李禎錫

本人의次子리承祜(承詳)가年少沒覺之致로酒色에放蕩ᄒ야出沒東西ᄒ며締結雜類ᄒ야現欲得債ᄒ오니內外人은信勿見款ᄒ시옵
信川郡東部面松洞 王召史 廣告

美國시아틀大博覽會 · 미국시아틀대박람회

●特別廣告

本社의各處代理人의氏名은如左ᄒᆷ

開城代理人　平壤代理人　咸興代理人　馬山浦代理人　元山代理人　[illegible]港代理人　水原代理人　安城代理人　沙里院代理人　金泉代理人　海州代理人　天安代理人　群山代理人　全州代理人　大邱代理人　釜山代理人　江景浦代理人　[illegible]浦代理人　義州代理人　永同代理人　木浦代理人　晉州代理人　金堤代理人　漢江附近代理人　黃州代理人　江景代理人　東萊代理人　鎭南浦代理人　定州代理人　成津代理人　太田代理人　通川代理人　鏡州代理人　吉州代理人　群山代理人　延安代理人　兔山代理人　濟物浦代理人

位置未定 (各處)

개城南門內新雜貨商店　平壤大同門內店洞　咸興南門外　馬山浦客主　元山港　[illegible]港　水原北部장安동　水原北門內[illegible]安洞　[illegible]城[illegible]里旺新學校內　金泉市場共信商店　漢城[illegible]二拾二統五戶　水原[illegible]長安洞　群山本町洞　大邱西部[illegible]二百廿二統三戶　大邱[illegible]田里五十八統七戶　馬山浦午山[illegible]壹統九戶　西[illegible]山坊東部契廿七統貳戶　西[illegible]七統三戶　[illegible]洞貳統壹戶　[illegible]城山里　本町[illegible]洞　[illegible]山浦城山　[illegible]右面本洞　[illegible]江十八統二戶　[illegible]　[illegible]甘井洞四統九戶　郭山郡　吉[illegible]郡　太田驛前　[illegible]上里拾貳統拾二戶　鳥致院漢[illegible]貳統壹戶　吉州[illegible]貳十四戶　漢城[illegible]外[illegible]洞二統三戶　延安[illegible]玉[illegible]　兔山郡兔山市　開城[illegible]橋

崔[illegible]玉　張濟拭　李根宅　金相杰　洪淳[illegible]　宋始憲　金數[illegible]

[illegible]東官　[illegible]基[illegible]　[illegible]學　[illegible]文　[illegible]臣　金유東　김유東　邦[illegible]　[illegible]稙　吳[illegible]泳　[illegible]求　[illegible]益　[illegible]盤　[illegible]召　辛相[illegible]　[illegible]浩　[illegible]馥　[illegible]　李德[illegible]　[illegible]鍾　孫[illegible]　金升[illegible]　[illegible]宗默　朴奉烽　朴[illegible]　[illegible]　金時[illegible]　[illegible]　[illegible]의　金[illegible]석　李淳稙　[illegible]榮　[illegible]　[illegible]

大韓皇城磚洞 (京城郵便局郵函第四拾號)

韓美興業株式會社 謹告

[illegible]法律認可 [illegible]登錄

●特別廣告

漢城鍾路□惠藥房에서 官許拜受ᄒᆞᆫ二十三種封藥과 舊藥草材와 草材를 大發賣ᄒᆞ고 且石版印刷機械

各種藥品을總發行所ᄂᆞᆫ京城南大門內濟生堂大藥房本舖

◎特別注意를請함

本堂製造ᄒᆞᆫ各種藥品은其效驗에成蹟이十分結果됨으로國內外間에廣布著名ᄒᆞ야賣出이驟增ᄒᆞ야價額이千萬에達ᄒᆞ며其營業이發展ᄒᆞ야過百年來의初有ᄒᆞᆫ實業을成ᄒᆞ엿ᄉᆞ오며本堂의支店이海外에設立ᄒᆞᆫ者貳拾餘個處所라其藥의功績을日々奏唱ᄒᆞ야東西競爭ᄒᆞᄂᆞᆫ中에特別ᄒᆞᆫ名價를樹ᄒᆞ거니와我國內에ᄂᆞᆫ民智가未開ᄒᆞ고商法이未展ᄒᆞ야人民이舊式의商業에慣熟ᄒᆞ고新式商况은暗昧ᄒᆞ야設或好意의營業이有ᄒᆞᆯ지라도能히應用치못ᄒᆞᄂᆞᆫ□□□ᄒᆞ야經濟上에硏究ᄒᆞᆫ狀態와焦燥ᄒᆞᆫ形式을自招自擴ᄒᆞᄂᆞᆫ境遇에多ᄒᆞ니豈不爲此恨心哉아本堂에서各處에支店及出張所特約代理店을非不多設이오나今에割引을特히廉價ᄒᆞ야各處에支店을加設ᄒᆞ겟ᄉᆞ오니

壹은同胞에救急을普波ᄒᆞᆫ主旨요
壹은兄弟에産業을進就ᄒᆞᆫ目的이라

故로玆에廣告ᄒᆞ오니此를有意ᄒᆞ시ᄂᆞᆫ僉兄弟ᄂᆞᆫ(自陽六月壹日至同月三十日)(自陰西月十四日至五月拾三日)本堂에來議ᄒᆞ시되遠地에ᄂᆞᆫ書信으로郵便通知ᄒᆞ심을敬要

京城南大門內濟生堂本舖　告白

各種東西洋藥과韓國唐材艸材大發賣所　仁川[illegible]峴 鍾路[illegible]　和平堂藥房

依方製藥　廉價酬應

阿片斷引藥

一劑　金五圓　半劑　金三圓

注意

阿片初吸者ㅣ雖曰□效나日久則遂成錮引ᄒᆞ야至於蕩敗家產者ㅣ未免疾死者ㅣ比比有之ᄒᆞ니豈不哀惜乎아故로本堂에셔藏心竭力ᄒᆞ고奏□醫方ᄒᆞ야透得ᄒᆞ야阿片斷引에大效가잇ᄂᆞᆫ神藥을製造放賣ᄒᆞ오니欲戒阿引者ᄂᆞᆫ契約服用ᄒᆞ시되若無效驗이어든藥價를還呈ᄒᆞ깃사오니照亮ᄒᆞ시옵

壯陽復元丹

(諸般虛弱에適合ᄒᆞᆫ補劑) 壹劑 二十分劑 八拾錢 …

精多夢泄、精神衰弱、男子色慾、腎虛陽痿、遺精、不眠、健忘、…… 頭暈眼花、過勞、胸悶、…… 氣血虛弱 …… 效ᄒᆞ니試用ᄒᆞ시오

男女老幼ᄂᆞᆫ毋論ᄒᆞ고服用ᄒᆞ면…又無比之妙劑니라

靈丹 止咳口渴、心神鬱悶、酒醉化痰 ……

淸眼水 眼疾、流行眼疾、眼赤、羞明流淚 ……

解毒至寶丸 專治癩疾、黴毒、瘡腫 ……

皮膚妙劾液 治皮膚病、疥癬、皮風、諸瘡 ……

痲淋丸 淋疾、赤白濁、膀胱炎症 ……

神應丹 治痢疾、泄瀉、腹痛 ……

淸腸丸 小兒驚風、腹痛 ……

養胃散 久滯積、吞酸吐瀉、霍亂、胃腹痛、大便 ……

治咳鎭咳丸 大人小兒咳嗽、喘息、痰症 ……

消冒解熱散 感冒、咽喉疼痛、發熱、四肢節痛 ……

淸耳膏 耳病、中耳炎、耳內灼熱疼痛 ……

妙妙膏 貼之、骨節疼痛、腰膝脚腿痠痛 ……

能□膏 神效

大腫拔根膏 價金十錢

解凝膏

寸蟲去根藥 價金三十錢

齒痛水 價金七錢五厘

止泄丸 價金十五錢

痢疾藥 價金十五錢

各種上等雞納、東西洋有名賣藥及洋藥乾材都賣散賣其他各種藥이具備ᄒᆞ고니請求를依ᄒᆞ야小包로隨應ᄒᆞ깃슴

發行所　皇城南部太廣橋十九統七戶　共愛堂大藥房

○申報價

壹張代金	新貨貳錢	
壹個月前納	三十錢	
參個月	八拾錢	
陸個月	壹圓六拾錢	
壹個年	參圓	
郵稅壹張	新貨五厘	
壹個月	拾參錢	

○廣告料

四號活字拾參字詰
每日壹寸(英尺)에 新貨廿五錢
貳週日壹寸에 貳圓五拾錢
壹個月壹寸에 五圓
(自壹行至四行이爲壹寸)
其期限의長短과字行의多寡를依ᄒᆞ야增減ᄒᆞᆷ도有함

◎大韓每日申報各處支社廣告

平安道

平壤鍾路太極書館	安泰國
三和港碑石洞敎堂	鄭亨湜
義州南門外東西大醫房	張希寬
鐵山邑東部	安　瀰
車輦館	金明鎬
定州南門內	洪成麟
寧川郡邑內	金鳳瑞
安州城內	金鳳河
京義線	李基秀
龍川楊市	黃菊保
龍川南面	金賢泰
龍川남市	崔□謨
朔州邑남門內	朱伯□
泰川邑館前	李正燮
寧邊郡	김致億
江西邑內	金昌鎬
成川郡上部面	張□三
平남順川郡	鄭□□
宣川邑	[illegible]
江界邑	吉□□
郭山郡	金□□
雲山郡邑面	梁尤誠
價山郡	崔彰煥
龍山	王冕鎬

黃海道

海州남門內	朴昌□
安岳邑	金□浩
長淵邑	崔東元
殷栗邑	金允鎬
信川邑	李悌□
載寧邑乾材局	李鼎均
黃州	崔□□
白川邑文明舘	[illegible]
沙里院	[illegible]

咸鏡道

咸興	[illegible]
元山港	鄭[illegible]
端川邑	[illegible]
定平郡	[illegible]
洪原西門內	羅□□
永興	[illegible]
鏡城羅南新興洞	[illegible]
淸津港	□元浩

全羅道

全州	趙□三
木浦항陽	崔得珠

京畿道

仁川	李東峻
開城	孫勤□
江華邑	[illegible]

忠淸道

公州	李□□

慶尙道

大邱南門外	李正由
釜山港佐川	徐錫□
□기郡	吳□□

江原道

鐵原	[illegible]
□珍	宋□□

光武九年八月拾壹日 明治卅八年八月拾壹日〔第三種郵便物認可〕 火曜日 西曆壹千九百九年五月廿五日 (壹)

第七卷

大韓每日申報

第壹千壹百四號

月歲曆時及日慶休節刊

檀君開國四千二百四十二年
箕子元年三千三十一年
大韓開國五百十八年
日本明治四十二年
淸國宣統元年
陰己酉四月大初七日乙酉

Responsible for Publication Alfred Weekley Marnham.
發行兼編輯人英國人 萬咸
發行所 京城南部石井洞鐵牆外地三層洋屋
大韓每日申報社

論說

◉急進과緩進

急進이可호냐緩進이可호냐此問題는古來로國을愛호는仁人志士가腦를苦호야研究호던바ㅣ라

大抵急進派는其主義가急激호며其働作이劇烈호야飈風捲地의氣勢가有호고緩進派는其主義가遲緩호며其働作이沉深호야處女守閨의狀態가有호지라故로急進派는曰今日에進치아니호면다시進홀日이無호나니一日이遲호면苦痛이一日甚호고二日이遲하면苦痛이二日深홀지라今日에進치아니호고何日에進호리오호며

緩進派는曰實力이無호고急進키만호면進키는姑舍호고도리혀害가되나니徐々히實力을養成호야後日活動을準備홈이엇지得策이아니리오호는도다

或은曰此二派의主張이각히利害가相伴호니急進主義는勇往不屈의利益이有호나氣力과理想이幷進키難호弊害가有호며人民의精神을鼓舞호야新風潮를製造호는利益이有호나反動의壓制力을增加호는弊害가有호며目下의惡擊을抵抗호는利益이有호나働作이甚히困難호弊害가有하고

緩進主義는氣力과理想이幷進하는利益이有호나退屈萎靡의弊害가有호며壓制力을柔緩케호는利益이有호나人民을販호야魔境에漸陷케호는弊害가有호며働作의困難이少호利益이有호나惡孽의漸장을獎勵호는弊害가有호다호며

然이나吾儕의眼으로觀호건ᄃ急進派가되더라도太急지말며緩進派가되더라도太緩치말아急邊으로는勇進을勉强하고緩邊으로는實力을養成호야兩主義의折衷을用홈이可호다호노라

外報

◉淸商經營 香港電을據호즉香港及廣東에在호淸國豪商等은滿洲를經營홀計劃으로資本을擧호야吉林方面으로向호얏는ᄃ吉林巡撫陳昭常시는此等의淸商을保護호여山林、礦山開發의方針을研究홀터이라더라

◉火山鳴動 東京電을據호즉日本北海道樽前산噴火의鳴動은止호고又는岐阜硫黃岳의噴火가鳴動을始호얏다더라

◉平和是主 倫敦電을據호則土耳其皇帝陛下는아메늬아人의委員을慇懃히引接호고回々敎徒에對호야아메늬아人이互相平和를維持하고虐殺과掠奪을行치말기로宣告書를發布호지고晉約호얏다더라

◉戰艦製造 伯林電을據호則伊國政府는드렛노트型戰艦을建造홀次로費額五千萬法을要求홀計劃이라더라

◉皇子無罪 同電을據호則土耳其殿下의皇子에잔에후엔지는父子謀反千連이有호嫌疑로捕縛되얏더니審査호後無罪放免되얏다더라

◉還付賠財 香港電을據호즉英國政府는威海衛를淸國에還附홈에對호야其經營費의賠償을要求호얏스나淸國은財源이無홈으로兩廣總督巡撫의게對호야處理方法을諮問호얏다더라

◉波王移御 伯林電을據호則波斯皇帝는其居所를구시스단州살다나맛豆殿에移御호얏고同國의諸州는露國軍隊의侵人을抗拒호얏다더라

◉密獵嚴禁 倫敦電을據호則美國政府는아라스카地方에在호海豹獵場에日本密獵者가盛홈으로嚴重히警戒호다더라

雜報

○祝每日報

本人은巴陵散人也라當此維新時代호야四境에風潮는急激호며砲烟彈雨가觸目慘淡호니三千里疆土가列强의囊中物로看做호는지라所謂二千萬生靈이塗炭에淪骨호야沈々호黑洞中에昏夢호니先覺호리未有호리라호얏더니維天降臨호사我韓을眷顧호야歐洲大陸에豈大活佛을生하야東半島에警世責任을命호시니

閣下의筆鋒東來호심이此其日也로다貴報履歷을推想호건ᄃ孔夫子의筆法을模倣호며瑪志尼의演舌을苦鳴호야亂臣賊子의類를筆로誅호며狼心狗行의徒를正心케호며頑固聾애頂門에壹鍼을加호야自由思想을覺悟케호며納諂附外者流를自國精神으로絶때호니

直哉라壁端이여美哉라心法이여黑暗時代에壹線明光이照耀호며杳冥野路에指南이前導호도다

嗟乎라韓土에生호야韓穀을食호며韓衣를衣호고도祖國宗祀를毁敗호며同胞兄弟를魚肉호는者를比호면霄壤도不足호도다然而彼狂犬魔輩는誘산敢加호며邪喙를敢弄호니彼雖千喙萬搖나何欽於貴報哉아本人은塵埃에浮沈호야漆이의歎이怨發호야晴窓殘燈에貴報를手에披호야黑輪展復호다가時事揭載에至호야眼淚沾襟홈은遐鄕에雖未承顔이나膽心이相照홈然故로다亂日已哉라天이斯民을殄滅코ᄌ홀진ᄃ此報不售호려니와將爲開導斯民也시니貴報未來의福력을祝賀호며預認호노이다

巴陵散人

◉隨聞更揭 向日本報에淸州人이前郡守리漢膺시에게見奪호錢을推來上來호엿다홈은更聞호즉前郡守의族復氏에게見奪호錢을還推홀이라더라

詞藻

◉哭裵說公

愛吾裵說公　古今無如公
死後有名公　東西盡哭公
啼鳥應憐公　上帝若知公
落花又別公　其何不惜公

硯農

愛我大韓裵說公
公歸不幸大韓東
二千萬淚將何洗
非乃哭公哭我東

蘭庭

夜讀新聞々訃音
悲懷轉劇作呻吟
雖將全國同胞淚
難得平生慷慨心

車文都

廣告

雜報

●會彌槃陸 伊藤統監이遞任되고曾彌副統監이陞任ᄒᆞᆫ다고各新聞과壹般物論이喧藉ᄒᆞ얏스나正式으로公布ᄒᆞᆫ事가無ᄒᆞ더니右上陳述과如히落着되얏다는電報가再昨日統監府와各大臣家에來到ᄒᆞ얏다더라

●役費支出提議 漢城內壺川의役을開始ᄒᆞ라ᄒᆞ나度支部에서該役費를支出치아니ᄒᆞᆫ故로昨日內閣例會에其支出件을提議ᄒᆞ얏다더라

●責任統監乎 曾彌統監이歸任ᄒᆞᆫ後에는內閣이變動되리다홈은人所共知어니와伊藤統監의政黨으로來ᄒᆞᆫ諸人도壹切變動되리라더라

●辭大譏長 學大의觀崑氏는將次遞任되고成均舘장을敘任ᄒᆞ기로內定되얏다는說이有ᄒᆞ다더라

●李氏奸計 總理大臣리完用시는現方所有家屋을大臣遞任以後에는他人의게見失ᄒᆞᆯ慮가有ᄒᆞ야日本人과交涉ᄒᆞ야日人의門牌를書揭케ᄒᆞ고自己는藥峴김晩秀시家로移接ᄒᆞ기로決定ᄒᆞ얏다더라

●兄愚弟嘆 宮中顧問리允用氏가總理리完用氏를訪問曰我가上海等地에轉往ᄒᆞᆯ計劃도烏有에歸ᄒᆞ얏고其他運動이擧皆無效인즉極력周旋ᄒᆞ야現內閣이變更되더라도我兄弟의地位를鞏固ᄒᆞ도록ᄒᆞ미리完用氏가日今番統監更迭에就ᄒᆞ야總理椅子가決코搖動될터이라ᄒᆞ며嘆息不已ᄒᆞ얏다더라

●有何歡迎 한城府民會에서韓國觀光團歡迎委員十人을選定ᄒᆞ얏다는데該委員은韓[illegible]서振미人稙鄭雲復柳瑾韓裕東等諸氏라더라

●感何慰勞 再昨日에觀光團諸氏가京城日報社社員을慰勞ᄒᆞ기爲ᄒᆞ야旣報와如히獎忠壇에前往ᄒᆞ야宴會를盛設ᄒᆞ얏는데其經費는觀光團諸氏가各其五圓式醵備ᄒᆞ얏다더라

●還日宴會 閔泳徽氏가昨日下午六時에總理以下各部大臣과其他政界의韓日官吏를請邀宴待ᄒᆞ얏다더라

●俵係歸國 學部次官俵孫一시가前報와如히本日上午八時에京釜列車를搭乘歸國ᄒᆞᆫ다는디該部內外國高等官이남門外停車場에서餞別ᄒᆞ얏다더라

●拓社派督 동양拓殖會社에서水産經營으로全羅南道와慶尙道方面에技師及島新藏을派遣ᄒᆞ야調査케ᄒᆞᆫ다더라

●檀陵開役 檀君陵所의丁字閣及其他各項石物修理費를三千五百餘圓으로預算ᄒᆞ얏다는디將次該地方장官에게委任開設케ᄒᆞᆫ다더라

●樞院寄附 中樞院에서該院議장리슌允金裕會氏喪逝에對ᄒᆞ야該院壹般官吏가各其分等寄賻ᄒᆞ얏다더라

●釀金買屋 淸國에滯留ᄒᆞ던김澤榮시가歸國ᄒᆞ얏는디該氏의知舊諸氏가其家舍壹座를二百圓에結價買給ᄒᆞ는디閔衡植氏가五拾圓을出捐ᄒᆞ얏다더라

●鐵道事件調査 度支部財産整理局에서湖南鐵道會社事件을現方調査ᄒᆞ는中이라더라

●農事組合設立 리道宰김允植김宗漢其他某某氏等이發起ᄒᆞ야農事組合所를設立ᄒᆞᆯ次로規則을製定ᄒᆞ얏다는디其槪意를聞ᄒᆞᆫ즉資本金은十萬圓으로定ᄒᆞ고存立期限은五十年으로定ᄒᆞ고中央事務所는漢城에存置ᄒᆞᆫ다더라

●閔家晬宴 閔輔國泳徽氏夫人의回甲이再昨日인디其親戚親知가多數來參ᄒᆞᆯ뿐아니라徽文義塾學員百餘名이來到ᄒᆞ야各其祝杯를勸ᄒᆞᆫ後에其令男衡植氏가感謝ᄒᆞᆫ意를表ᄒᆞ얏다더라

●法官不公 宋鍾燦시와義州居朴泳재시로裁判ᄒᆞᆫ다는事는已報어니와同府裁判所判事楊孝健시가不公判決ᄒᆞ야宋시가不服ᄒᆞ고平壤地方裁判所에申訴ᄒᆞᆫ次로來ᄒᆞ얏다더라

●戰場視察 德國陸軍砲兵大尉스덴헬시는戰爭觀察ᄒᆞᆯ目的으로滿韓地方에巡行中이더니今番歸國ᄒᆞ는途次에昨日入京ᄒᆞ얏다더라

●獐腦視察 伯林商業會議所員람콘시는去二拾三日日本을經ᄒᆞ야韓國에來着ᄒᆞ얏는데시는支那臺灣에獐腦를視察ᄒᆞᆯ터이라더라

●兩報禁賣 大東共報三拾三號와新韓民報百貳拾七號는治安을妨害ᄒᆞᆫ다ᄒᆞ야發賣頒佈를禁止ᄒᆞ얏다더라

●宜有此議 漢城衛生會에서汚穢物을宜例히所管消却場으로掃除積置ᄒᆞ는것인디北部社稷洞玉洞樓閣洞境界地에汚穢物을積置ᄒᆞᆷ으로惡臭가其附近人民家에充滿ᄒᆞ야該洞人民들은衛生費를徵給지아니ᄒᆞᆯ意로發起協議ᄒᆞ얏다더라

●爲心何乎 龍川郡守高義駿氏가壹進會에參入ᄒᆞ기爲ᄒᆞ야該郡양을請勸ᄒᆞ고屢度懇請ᄒᆞ되該會에서有何層節인지許入치아니ᄒᆞ다더니日昨該會에서評議會를開ᄒᆞ는대高氏가又爲往參ᄒᆞ야再三懇請ᄒᆞ는故로該會에서可否取決ᄒᆞᆫ後許入ᄒᆞ얏다더라

●公州日人 公州郡에는日本人의來住가漸次增加ᄒᆞᆫ中織工土工者가最多ᄒᆞ며彼等의來住ᄒᆞᆫ正規가無ᄒᆞ야計算키不能ᄒᆞ나近來에增加ᄒᆞᆫ者ㅣ二百餘名이오農業經營者도漸次增加ᄒᆞ는貌樣이라더라

●北部指揮 北部警察署에서一般巡查에게指揮ᄒᆞ되每朔月終에月給을支撥ᄒᆞ거던각商民에게酒價와卷烟等諸般物價를這這報償ᄒᆞ야警察巡查의體例를損失ᄒᆞᆷ이無케ᄒᆞ라ᄒᆞ얏다더라

●生徒種痘 官立漢城外國語學校壹般生徒가昨日濟衆痘苗製造所에前往ᄒᆞ야種痘ᄒᆞ얏다더라

●到處壓迫 再昨日下午三時頃에何許韓人荷車가泥峴등地로過去ᄒᆞ는데適其時日人馬車가互相衝突ᄒᆞ야其側에在ᄒᆞᆫ商店에路般器具를破傷ᄒᆞᆫ지라日人이韓人車夫를詬辱毆打ᄒᆞ며損害금을辦出ᄒᆞ라ᄒᆞ고因以驅去ᄒᆞ는지라勢不得已ᄒᆞ야금錢圓을辦償ᄒᆞ얏다더라

●宜乎嚴禁 南部舟橋居ᄒᆞ는김義明爲名人의妻가近日關聖帝君이下降ᄒᆞ얏다ᄒᆞ고愚昧ᄒᆞᆫ男女를誘引ᄒᆞ야每日踏至ᄒᆞᆫ다는說이浪藉ᄒᆞ되該所管派出所巡查는知而不禁ᄒᆞᆫ다고輿論이藉藉ᄒᆞ다더라

●乘夜殺人 再昨夜에何許人이東門外伏車橋居ᄒᆞ는六拾歲된申某와何等嫌疑가有ᄒᆞᆫ던지毆打殺害ᄒᆞ고逃走ᄒᆞᆫ지라伊時行巡巡查가該屍體를發見ᄒᆞ고所管警察署에急報ᄒᆞ야該部以下及醫士가該尸身을解剖檢驗ᄒᆞᆫ後該犯人을搜探捕捉ᄒᆞ얏다더라

●誤丸平民 陰曆本月初二日에楊州醫尾沙村에서義兵幾名이逗留ᄒᆞ는디日兵이忽地에放砲突入ᄒᆞ미義兵은避去ᄒᆞ고該里居平民二名이中丸致死ᄒᆞ얏다더라

●兩地義擾 淸州松面과尙州靜寧等地에서義兵四五百名이出沒橫行ᄒᆞ는故로閭里가騷擾ᄒᆞᆫ다더라

●玉虎新帽 南部銅峴玉虎書林主人鄭寅琥氏가多年研究ᄒᆞ야馬毛로각種帽子를新發明製造ᄒᆞᆷ은本報廣告에詳載ᄒᆞ엿거니와其精潔緻密ᄒᆞᆷ이可히帽子製造界의最優占을得ᄒᆞᆯ것이라더라

●召史烈義 龍川郡於項左流川洞居ᄒᆞ는車召史는出嫁三月에寡居ᄒᆞ야年今六拾인디其節行은隣里가稱頌ᄒᆞ는바ㅣ라再昨年國債報償에錢拾圓을出付ᄒᆞ엿스며數百金을費ᄒᆞ야大路에橋梁을架設ᄒᆞ고本坊明新學校에錢二圓을捐補ᄒᆞ얏다더라

●李氏慈善 全南光州郡大峙面門內里居리평淳氏는今年陰正月에遠近族戚을會同ᄒᆞ야自己田답盤百拾捌斗五升落을壹切分給ᄒᆞ고又正租六拾餘石을捐出ᄒᆞ야面內貧民을救給ᄒᆞ며各人處에捧債ᄒᆞᆫ文證을壹切燒火掃除ᄒᆞ얏다더라

●淸店起火 再昨日下午拾時量에中部布屛內何許淸人商店에서起火ᄒᆞ얏는대伊時消防隊에盡력으로幸히撲滅ᄒᆞ얏다더라

●强盜刺巡 日間에東部警察署韓日刑事巡查三人이有名ᄒᆞᆫ强盜犯韓某를逮捕ᄒᆞᆫ次로楊州郡等地에出張ᄒᆞ야該犯의同犯을捕縛ᄒᆞ라ᄒᆞᆯ際에該犯이暗自拔劍ᄒᆞ야該巡查에腹部와손脉을無數亂刺ᄒᆞᄆᆡ勢甚危急ᄒᆞᆫ지라韓人刑事壹人이其危險ᄒᆞᆫ光景을見ᄒᆞ고極력捕縛ᄒᆞ얏는데韓日刑事二人이重傷을被ᄒᆞ야瀕死境인故로即時大韓醫院으로舁去ᄒᆞ얏다더라

學界

●金氏熱心 平安北道博川郡內面昌德里居김贊韶시가基督新明學校에義金을多出ᄒᆞ야設立五年에熱心勸奬ᄒᆞ며今番春期聯合運動에學徒四十餘名의往返之費를自擔ᄒᆞ얏다더라

◎咸荷義捐 全北錦山郡

富北面濟原四里里長金建仲姜元弼許鷹律金德善四氏가本社에經費를補助ᄒᆞ기爲ᄒᆞ야金四拾錢을寄附ᄒᆞ얏기玆에感意를表ᄒᆞ노라

▲兩戒同盟

▲담비먹고술안먹는白主事가어느날은술만먹고담비不喫康副尉를차자가니담빗대는안내노코술床부터吩咐ᄒᆞ미술은사다뭐세쓰료이러더러酬酌間에消寂삼아辯論ᄒᆞᆫ다

▲(白)술이란것伐性狂藥이라는데웨잡수오 康 情近親故遠來時와珍羞盛饌對ᄒᆞᆫ時와與人交際談論時와萬事傷心憂愁時와山水樓臺登臨時와花朝月夕됴흔때에아니먹곤못살겟소

▲(白 酒客들의恒茶飯말흔이稱托그러치만술못먹어죽은鬼神古今天地에어듸잇나그만것ᄇᆞ못ᄒᆞ오리酒之爲害알고보면죽드리도아먹을셥 康 죽은대면안먹지만속버못世노치못허

▲(白)술의害를드러보오앗가운돈浪費ᄒᆞ니經濟妨碍敗되고腹臟燒熱火起ᄒᆞ니衛生妨害減壽되고精神昏迷ᄒᆞ니或歌或哭發狂ᄒᆞᆫ다이러ᄒᆞᆫ줄모르시오(康)그러서는못먹지오

▲(白)그뿐더러甚ᄒᆞ여는잘ᄂᆞᆫ드시喧噪타가捕幕拘留懲役이오他人是非가로맛허毆打殺人容易ᄒᆞ고飢腹猝冗腸府되야路上僵尸가可畏라(康 果然伐性狂藥이니盟誓ᄒᆞ고딱끈켓소

▲(康)담비란건損精蠹物이라는디웨잡수오(白)對客에는初人事오食後에는第味오입헙헙ᄒᆞᆯ때藥이되고님성각에벗이되고梧桐秋雨吟詠時와旅舘寒灯不眠時에아니먹곤못견ᄃᆡ오

▲(康 當身님도밥을마오그겻더것다핑게오銃에마져碎骨ᄒᆞᆫ들堅忍無退勇稱커ᄂᆞᆫ그[illegible]을못견ᄃᆡ리烟之爲害알고보면決心코서안먹을셥(白)뭔된다면안먹지만입버릇이굿어져서

▲(康 烟의害를드러보오飢寒不關空說에經濟關係不無ᄒᆞ고腦力減消神氣縮에衛生關係不無ᄒᆞ고口中燃火腹吐烟에儀表乖常可惜ᄒᆞ며이러ᄒᆞᆫ줄모르시오(白)그러서는못먹지오

▲(康)그뿐더러甚ᄒᆞ여는是競이時代에黃금時間虛費ᄒᆞ야作業妨碍懶怠ᄒᆞ고중勢急嚴落火되면人家灰燼될것이오生命財産亦危ᄒᆞᆫ네(白)果然損精蠹物이니盟誓ᄒᆞ고딱끈켓소

▲兩人이互相談笑間에酒草不喫全牧師가在傍ᄒᆞ다가勸誘ᄒᆞ기를自今爲始同盟ᄒᆞ야戒酒戒烟ᄒᆞ자ᄒᆞᆫ대左右諸人이可決ᄒᆞ야酒草幷喫朱哨官도此同盟에加入ᄒᆞᆫ後趣旨書를頒布ᄒᆞ더라

廣告

本人의上面太極英字國漢文圖章을見失故廣告홈
金思泳 告白

本人의家券의附屬ᄒᆞ얏던尹丙求가貰居時貰立紙를遺失ᄒᆞ얏기로此에廣告ᄒᆞ오니誰某던지休紙施行홈
北部昭格洞契六拾貳統四戶 權重完

西署龍山坊東門外契第二統九戶瓦家二拾壹間典當後契約書壹張遺失故玆以廣告矣日後現出則休紙施行事
家主車德順 告白

西署積善坊月宮동契第四拾七統六七戶瓦家七十二間典當後契約書壹張遺失故玆以廣告矣日後現出則休紙施行事
家主李필和 告白

本人이去陰閏貳月分에四方姓名圖章을路中에서失ᄒᆞ온바圖章을新造ᄒᆞ와現行ᄒᆞ오니內外僉彦은照亮ᄒᆞ시오
宜川郡邑內曾溪 리碩根 告白

本人에田畓이在於海州來城壹員인바延安居金鳳乃爲名人이稱托孝谷金知事塗錫所使ᄒᆞ고本人의田畓所屬萬戶浦에築堰作畓云故로事實을問于金知事則此는非吾所使外라今始初聞이라ᄒᆞ온즉都是金鳳乃之譎計이기將行裁判ᄒᆞ고爲先廣告홈
近衛隊副尉 리浩錫

◎仁川각學校聯合運動時에義捐ᄒᆞᆫ諸氏가如左홈
仁川府尹 金潤晶 拾圓
信夫理事官 鉛筆二拾打
警察署警視 官舍 貞壹四圓
醫部 김允福 二圓 二宮恒尾
岡本三吉 野村大太郎 각壹圓
裁判所檢事 渡邊助治郎
判事朴용台 각二圓 近東壽穗
壹圓 塚原友太郎 貳圓

主事 崔殷稙 朴齊恒 文翼昇
김瓚泳 각壹圓 長谷場長寬
本田榮 小林廣志 尾田滿
財務署主事 西宮恒雄
각二圓五拾錢 洪翻厚
馬箕善 각五十錢 燈臺局長
島置治五圓 課장三포矩明
三島鹿乙助 小林謙藏
主事安定基 미山田良
原田三次 推名赤男 각壹圓
日本民團助役橫山謙五圓
本山分監長留五郎壹圓
日本小學校장佐藤正作空冊
拾四卷 鉛筆六打 石筆貳匣
仁川府內面々장崔鎭翰 五圓
勸業社 平洞々中 各十圓
柴炭會社 六圓 鄭永化
孫星七 沈能德 崔禹政
金鍾允 鄭贊澤 俞鎭泰
金道善 리秉浩 丁致國
張乃興 朴元淳 魚商會社
艀船組合所 각五圓 김世卿
리平汝 尹衡叔 盧應三
각三圓 김鏞泰 리東晧
鄭順澤 朴三洪 김斗基
김相俊 金文玉 라有永
水商共業所 리駿九
林常潤 各二圓 甲鉉鎭
리世興 각壹圓五拾錢
朴○一 林常津 徐相彬
金漢卿 白子健 金昌永
池相玉 具昌祖 朱聖模
崔爾賢 鄭禹根 姜海遐
朱仁模 리春植 金順永
리裕寬 邵城神學所 金星七
沈能𪟝 朴昌洙 金弘潤
金仁澤 濟生病院 金善鶴
金明在 리宰九 張世益
趙鏞敎 金得永 鄭永吉
金善佑 姜鎭煥 朱仁默
申昇均 河聲容 林萬奎
成爲範 宋昌柱 田士文
리光春 趙聖瑞 김泰順
姜敬重 金昌浩 리承鉉
리在根 徐雲集 리光祥

金永德 張基彬 朴鉉甫
宋樂仲 리應善 崔敬善
崔相현 康承澤 南柱元
各壹圓 리昌奎 金俊成
俞殷弼 韓連鳳 徐丙文
張道淳 리世廷 池宗薰
리時永 劉昆賢 김興國
盧基彦 鄭興澤 朴來興
金炳雲 池元成 김總賢
崔興錄 박昌善 리公振
吳永熙 申永浩 全迺明
리春植 崔敬善 李基善
鄭道元 張敬澤 金聖瑛
宋文洙 리春俊 宋明瑞
崔鳳成 金今玉 崔永祚
金龍順 韓道煥 각五拾錢
리基豊 玄敬三 崔伯勛
박根守 리元敎 리士允
金炳소 리德昌 김益培
文昌珠 각拾錢 河雲在
尹義善 南天玉 朴根培
리致旧 趙亨奎 각廿五錢
洪完基 柳正甫 金漢根
韓長鎬 鄭聖煥 리鍾澤
林龍植 池雲瑞 安致景
許在東 리福賢 丁士益
洪益二 各廿錢 崔元奎
金德元 各拾五錢 鄭義成
金學允 金連祚 崔龍珠
각拾錢 金弘潤 白紙壹軸
米商會社 洋紙百張 鉛筆二打
紳商會社
洋紙二百張 空冊八拾卷
內洞洞中 本國製空冊九卷
日本人
玉栢商店 空冊五拾卷
鬼頭商店 紙石盤四百卅枚
大浦茂彦 空冊壹百卷
藤本合資會社 鉛筆四打
貞安商店 白紙五束
轉運社役夫 七拾二人
面議所引繩 三拾把
萬石洞洞中 四圓
리聚浩 運動帽子 拾壹件
仁川聯合運動會 告白

美國시아틀大博覽會 미국시아틀대박람회

●特別廣告

本社의各處代理人의氏名은如左홈

京城代理人 平壤代理人 咸興代理人 馬山浦代理人 元山代理人 晋津代理人 水原代理人 安城代理人 沙里院代理人 金泉代理人 海州代理人 天安代理人 群山代理人 全州代理人 大邱代理人 益山代理人 江景浦代理人 麻浦附近代理人 黃湖院代理人 永同代理人 木浦代理人 晋州代理人 金堤代理人 漢江附近代理人 義州代理人 江界代理人 東萊代理人 鐵原代理人 定州代理人 城津代理人 太田代理人 浦項代理人 淸州代理人 吉州代理人 鏡山代理人 延安代理人 兎山代理人 濟物浦代理人

位置未定 位置未定 位置未定 位置未定 位置未定 位置未定 位置未定 位置未定 位置未定 位置未定 位置未定 位置未定 位置未定 位置未定 位置未定 位置未定 位置未定 位置未定 位置未定 位置未定

京城南門內雜貨商店
平壤大同門外店洞
咸興西門外
馬山浦客主
元山港
濟洋港
水原北部장安동
水原北部우安洞
京城東部蓮池洞里旺新學校內
金泉市場共信商店
海州西部麻浦三拾二統五戶
水原城新長安洞
群山太井洞
漢城西部阿峴二百廿二統三戶
大邱新田里五十八統七戶
馬山浦午山里拾壹統九戶
西部龍山坊東幕中契廿七統貳戶
西部麻浦貳拾七統三戶
陰城城山里
漢城壽洞貳統壹戶
木浦南濱洞
昌原舊馬山浦城山
金堤郡白石面水閣
南部漢江十八統二戶
義州批峴
海州批峴
性船里甘井洞四統五戶
鏡남巫雙井동
郭山郡
吉州郡
太田新村
浦項上里拾貳統拾二戶
鳥致院漢城壽洞貳統壹戶
吉州東門外藥峴廿十八戶
漢城中署外相思洞二統二戶
延安郡磨玉洞
兎山郡兎山市
開城南部都橋 金永模

崔善玉 張濟拭 李相宅 金相杰 洪淳寶 宋始憲

大韓皇城磚洞 (京城郵便局郵函第四拾號)

韓美興業株式會社 謹啓

美國에셔立ᄒᆞᆫ道法律認可
駐韓美國領事館登錄

●特別廣告

社告

○申報價

壹張代金	新貨貳錢五厘
壹個月前納	三拾錢
參個月	九拾錢
陸個月	壹圓七拾錢
壹個年	參圓四拾錢
郵稅壹張	新貨五厘
壹個月	拾參錢

○廣告料

四號活字拾參字晤

每日壹寸(英尺)에	新貨卄五錢
貳週일壹寸에	貳圓五拾錢
壹個月壹寸에	五圓

(自壹行至四行이爲壹寸)
其期限의長短과字行의多寡를依ᄒᆞ야增減홈이有함

◎大韓每日申報各處支社廣告

平安道

平壤鐘路太極書舖	安泰國
三和港牌石洞敎堂	鄭亨湜
義州南門外西大藥房	張有寬
鐵山邑東部	安瀷
車輦館	金明鍊
定州南門內書舖	洪成麟
博川郡邑ㅣ篁洞	金英僑
安州城內義井洞	金鎭河
京義線批峴驛前市	李基秀
龍川楊市	黃菊保
龍川南面松峴海東會	金賢爀
龍川남市驛	韓樂譿
朔州邑남門ㅣ	朱伯露
泰川邑館前洋낙局	李正薰
寧邊郡郡衆敎冊々	김致僖
江西邑內	金昌煥
成川郡上部面	馬應三
平남順川郡邑ᄂᆞᆫ	鄭裕天

黃海道

白川邑藥舖	申繼潤
江界邑耶蘇敎冊肆	吉華秀
郭山郡郡面湖千里	金鍾鎬
豊山郡邑面上里	朴允錫
鳳山郡內利用里	崔駿煥
瑞山北面橋洞	王晃朝
海州남門內書舖	許鎭彬
安岳書石面調鉉洞	金文洛
長淵邑校洞西北支學會內	崔東元
殷栗邑倉洞里	金亮源
信川邑西里	李悌司
載寧邑乾材局	李鼎均
黃州南門外冊肆	崔觀爀
甕川邑文明館	趙東桓
沙里院活版勞動夜學會	任敬德

咸鏡道

咸興府南門外	崔鳳洙
元山港創業社內	羅相浚
端川邑	
定平郡郡川	
洪原西門內保命局	羅道淳
永興南山洞洪明學校內	
鏡城羅南新興洞	
淸津港新港	

全羅道

全州本町宣亭	崔熙三
木浦港陽洞	尹得珠

京畿道

仁川港龍岡新舖々	李東織
開城남大門內興學書舖	金勳遠
江華邑川邊	崔炳璜

忠淸道

結城郡川小新洞	李奎晫

慶尙道

大邱南門外友弦書樓側	李正麟
釜山港佐川藥局	徐鶴齡
晉州郡內面有部	吳復默

江原道

鐵原邑新巷	趙素弘
蔚珍遠남面梅花里	朱鎭奎

第七卷

大韓每日申報

第壹千壹百五號

月歲 曜時 及日 慶休 節刊

檀君開國四千二百四十二年
箕子元年三千三十一年
大韓開國五百十八年
日本明治四十二年
隆熙三年
陰己酉四月大初八日丙戌

Responsible for Publication Alfred Weekley Marnham.
發行兼編輯人英國人 萬咸
發行所
京城南部石井洞駅外地三層洋屋 大韓每日申報社

論說

◉經濟界의 小方法

嗚呼라韓家同胞여死는惡ᄒ고生은好ᄒ면져도生ᄒᆯ道는講究치아니ᄒ니是는食을不謀ᄒ고飽를好ᄒᆷ과譬ᄒ건대엇지其可ᄒ리오

近日에韓人이眼前의痛을不忍ᄒ야田券이有ᄒᆫ者ᄂ田券을携ᄒ며家券이有ᄒᆫ者ᄂ家券을携ᄒ야拓殖會社典執物에供ᄒ고ᄌᄒᄂ者ㅣ多ᄒ다ᄒ니嗚乎라此輩여目下韓國에金融恐慌이轉甚ᄒ야今日이昨日보다甚ᄒ며明日이今日보다甚ᄒᆫ悲境에陷ᄒ얏나니田宅을典執ᄒᆫ後에何力으로能히其價額을辨償ᄒ리오典執ᄒᄂ日이即賣却ᄒᄂ日이니라

若是ᄒᆯ已ᄒ면畢竟全國不動産이盡히他人의手로歸ᄒᆯ지라엇지可懼치아니ᄒ리오

或曰只今韓人이無限ᄒᆫ困境에陷ᄒ야豈分錢을得見ᄒ기가鳳毛麟角과如ᄒ니明日은死ᄒᆯ지라도今日은生ᄒᆷ이可ᄒ다ᄒ야모리典執이不可ᄒᆫ줄知ᄒ나亦將奈何오ᄒᄂ도다

噫라韓人의今日悲境이皆此故오韓人의前途悲觀이亦此故로다

如此히今日이有ᄒᆷ만知ᄒ고明日이有ᄒᆷ은不知ᄒᄂ者야엇지人類라得謂ᄒ리오

然則如何ᄒ면此를可救ᄒᆯ지曰勞働과節儉뿐이니라

(壹)勞働 自來韓國에大地主의地位를占領ᄒᆫ者ᄂ太半이나鍾鳴鼎食의豪族家가아니면[illegible]氏의世臣[illegible]라彼가已往에僥倖乃祖乃父의遺業을繼ᄒ며外任內職의要位를占ᄒ야十指를不動ᄒ고玉을食ᄒ며錦을衣ᄒ야妻가織을不知ᄒ며子가耕을不知ᄒ다가一朝에風雲이大變ᄒ미오히려其懶惰遊逸의風習은依然히不改ᄒ야劇場酒樓에行樂이頻繁ᄒ고午睡吸烟으로光陰을浪送ᄒᄂ니此輩로ᄒᄂ日에田을典執ᄒ고明日에家를典執ᄒᄂ外에他計가無ᄒᆫ지라然則勤勉히勞働ᄒ야或은精神으로勞働ᄒ며或은肉體로勞働ᄒ야其力을자食ᄒ여야可ᄒ고

(二)節儉 彼가自來로豪奢放蕩ᄒ야錦繡로其身을飾ᄒ며肉食으로其腹을充ᄒ며淫佚로其生을作ᄒ다가忽然今日을當ᄒ미오히려其奢華의陋慣은舊日과如ᄒᆫ지라豈分도殖産은無ᄒ고消費ᄂ增加ᄒ니此又困迫에陷ᄒᄂ原因이라然則奢華를禁ᄒ고消費를省ᄒ야節儉의風을尙ᄒᆷ이可ᄒ니라

如是ᄒ면今日經濟界에利益을作ᄒᆯ豈方法이될지니凡此同胞ᄂ三省ᄒᆷ을望ᄒ노라

外報

◉探偵被殺 倫敦電報를據ᄒ즉去三月十五日에紐育警察廳에서探偵으로派遣ᄒᆫ米國探偵에도시노ᄉ의豈友人은紐育에서暴漢의게射殺을當ᄒ얏ᄂ데犯人은即時失捕ᄒ얏다더라

◉民亂黨捕縛 露京電을據ᄒ즉莫斯科에서社會民主黨十六名이會集ᄒ야秘密히會議ᄒ다가捕縛되얏ᄂ데有力ᄒᆫ證據가發見되얏다더라

◉同盟罷業援助 倫敦電을據ᄒ則巴黎에在ᄒᆫ勞働者大會에서ᄂ市內에貼紙로郵便局員의同盟罷業을援助ᄒ엿다더라

◉猶太人暴動 紐育電을據ᄒ즉紐育市에ᄂ三사잇드에住ᄒᄂ猶太人은暴動을起ᄒ야甚至於商店을攻擊ᄒᆷ으로多數의巡査隊를派遣ᄒ야秩序를恢復케ᄒ얏다더라

◉橫須賀大火 東京電을據ᄒ則日本橫須賀에大火災가有ᄒ야八百餘戶가燒失ᄒ얏다더라

雜報

大韓測量總務所에서公益ᄉ世ᄒ기爲ᄒ야盡力ᄒᆫ은向日論說에揭布ᄒ얏거니와該所에서全國內民有山林을六個月以內에畢測ᄒᆯ趣旨와方法及手數料規則을製定ᄒ야各道各郡測量員의게送付ᄒᄂ全文이如左ᄒ더라

壹 趣旨書

現今測量이必要ᄒ고又岌岌ᄒ다ᄒᆷ은何者오山之於各種鑛山과水之於多般漁業과陸之於未墾地帶無窮利源은非測術이면莫可故로必要라謂ᄒᆷ이오家屋과土地의測量에至ᄒ야ᄂ賣買讓與相續抵當에關ᄒᆫ以外에ᄂ限界가無ᄒ온法令이昭徹ᄒ나可惡ᄒᆯ비無ᄒ거니와至若民有山林ᄒ야ᄂ期限이漸迫ᄒ되所有者ᄂ測量이何物인지期限이何時인지蹤然不知ᄒᄂ者ㅣ居多ᄒ고稍有知覺者ᄂ以爲ᄒ되如何ᄒ지期限前에만ᄒ면無慮라ᄒ며因循拘忌者ᄂ手數料金額支出에困難ᄒᆫ事情도不無ᄒᆫ지라由是而荏苒度了ᄒ다가限日이徒過ᄒ면自己所有權을自己가拋棄ᄒ야自失ᄒᆷ이니可謂及今ᄒᆫ者此也라誠如是면幾千年保有ᄒᆫ先壠이果安在哉아興言及此에一覺猛心이라本所ᄂ測量界에最先登分子오且同胞中一物이라此際ᄒ야敢히袖手傍觀치못ᄒ야愚拙을不拘ᄒ고我今國內의民有山林을六個月以內에畢測ᄒᆯ方法과報酬料金額을義務的普通上에分할로減定ᄒ야左開仰佈ᄒ오니同聚僉員과山林이有ᄒᆫ一般同胞ᄂ亟々實施ᄒ심을敬要

壹 方法

一郡內에有志ᄒᆫ人士가國會會ᄒ야山林測量의時急ᄒᆫ狀況이며手數料의特別減小ᄒᆫ義務를逐々說明ᄒ야使同胞로壹々曉解케ᄒ며該郡에信實ᄒᆫ人士幾員을依賴人의代表者가되야該郡境內에在ᄒᆫ測量者를壹同召集ᄒ야登郡內民有山林의測量을負擔ᄒ고承諾을得ᄒᆫ後에依賴人과代表者壹人과測量代表者壹人이각其責任負擔ᄒᄂ契約書를作成ᄒ고進行ᄒᄂ秩序ᄂ何山을勿論ᄒ고本郡郡廳所在地中心에서始ᄒ야四方으로壹遠測ᄒ게ᄒ며手數料排刷方法은六個月에排擽ᄒ되郡會代表者가分擔ᄒᆷ

一 測量同業界에釋疑

左開ᄒᆫ手數料規則이減小ᄒᆷ을拘碍ᄒᆯ慮가不無ᄒ오나民有山林測量法式이實測이아니라略圖로ᄒᆷ거ᄂ法令에自徹ᄒ니坪數가設或有小差라도大關係가無ᄒ고面積과地形報告가實要領인즉手數料가至廉ᄒᆷ이아니니勿勿疑沮ᄒ오며假使實測으로말ᄒ면壹日에十萬坪에不過ᄒᆯ지나略測은五十萬坪以上에無慮히達ᄒ리니深究諒ᄒ시옵

但測量者의實費로前例를依ᄒᆷ

民有山林報酬料特別規則

壹等 九十萬坪至百萬坪壹區丁圓 二等七十萬坪至八拾萬坪壹區九圓 三等五十萬坪至七十萬坪壹區捌圓 四等三拾万坪至四十萬坪壹區七圓 五等拾萬坪至二十萬坪壹區六圓 六等九萬坪至十萬坪壹區五圓 七等七萬坪至捌萬坪壹區四圓 捌等五萬坪至六萬坪壹區三圓 九等三萬坪至四萬坪壹區貳圓五拾錢 拾等壹萬坪至二萬坪壹區貳圓

無等秩

入千坪至九千坪壹區壹圓九十錢 七千坪至捌千坪壹區壹圓捌拾錢 六千坪至七千坪壹區壹圓七拾錢 五千坪至六千坪壹區壹圓六拾錢 四千坪至五千坪壹區壹圓五拾錢 三千坪至四千坪壹區壹圓四拾錢 二千坪至三千坪壹區壹圓二拾錢 壹千坪至貳千坪壹區壹圓貳拾錢 七百坪至九百坪壹區壹圓 四百坪至六百坪壹區捌拾錢 二百坪至三百坪壹區五拾錢 百坪無料

但零數에ᄂ四拾五入으로ᄒᆷ

詞藻

◉哭殷說公

太英高見警韓人
報筆騰傳每日新
正直頑針醫病俗
森嚴舌斧抗強隣
三拾七年遺事業
二千萬衆失精神
壯志未成天奪速
西風灑淚泣殘春

日雲

廣告

雜報

●皇后行啓日時 韓國 皇后陛下께옵셔六月壹日에水原勸業模範塲에 幸行ᄒᆞ신다홈은已報어니와伊日午前十時에敎化門으로出 御ᄒᆞ샤同拾時三十分에南大門停車塲에셔御號車ᄒᆞ옵시고同拾壹時三拾分에水原停車塲에 御着ᄒᆞ야同十壹時五拾七分에勸業模範塲에臨 御ᄒᆞ시와養蚕의實況을御 覽ᄒᆞ시고同午後三時三十分에同塲에셔發 輦ᄒᆞ샤同三時五十分에水原停車塲에셔列車를 搭乘ᄒᆞ시고同四時五拾分에南大門外停車塲에 御着ᄒᆞ옵셔因ᄒᆞ야 還御ᄒᆞ옵신다더라

●御路修理擧行 宮內府에셔內로照會ᄒᆞ기를 皇后陛下께옵셔來六月壹日에水原勸模範塲에 養蚕實況을 御覽ᄒᆞ실徵旨를頒佈ᄒᆞᆫ바어니와沿途警衛等節과道路橋梁의修理事項을擧行케ᄒᆞ라ᄒᆞ얏다더라

●御憩所準備 農商工部大臣趙重應시ᄂᆞᆫ明日水原郡에下往ᄒᆞ야該道觀察使와協議ᄒᆞᆫ後에勸業모範塲에 皇后陛下께옵셔暫時 休憩ᄒᆞ실處所와其他節次를準備ᄒᆞ야臨時窘迫의歎이無케ᄒᆞᆫ다더라

●親任後歸任 統監으로臨任된曾禰子爵은本月三拾日頃에親任式을擧行ᄒᆞᆫ後에卽時歸任ᄒᆞᆫ다더라

●農大云遞 近聞ᄒᆞᆫ즉農商大臣趙重應氏ᄂᆞᆫ遞任되고其代에리鳳來氏가被任ᄒᆞᆫ다ᄂᆞᆫ說이有ᄒᆞ다더라

●何事渡日 農商大臣趙重應氏ᄂᆞᆫ遞任된다ᄂᆞᆫ說과別項과如ᄒᆞ거니와趙氏가何等運動ᄒᆞᆯ事가有ᄒᆞᆫ지不遠間日本에渡去ᄒᆞᆯ次로目下準備中이라더라

●完用可合 大東學會長申箕善氏가卒逝ᄒᆞᆫ後에該會長을于今ᄭᆞ지選定치못ᄒᆞ얏ᄂᆞᆫ데金鶴鎭이哀元남廷哲閔泳韶金宗漢과李種리完用等諸氏中에現時推薦ᄒᆞᆫ다더라

●各所觀察 韓國皇族某々시及리總理以下各大臣等諸시ᄂᆞᆫ明日午後二時半에農鄕技師道家을帶同ᄒᆞ고白雲洞植栽鬼及京城林業事務所와苗圃를觀察ᄒᆞᆯ터이라더라

●何往得快 日本에滯在ᄒᆞᆫ宋秉畯이이무合不測ᄒᆞᆫ事端을釀出코저極力運動ᄒᆞ다가今回統監逕迭에對ᄒᆞ야凶計가瓦解ᄒᆞ야歸ᄒᆞᆫ故로置身ᄒᆞᆯ處가無ᄒᆞ야渡洋ᄒᆞᆯ計劃으로旅費三千圓을辦遞ᄒᆞ자고昨日下午八時頃에其處로急電이來到ᄒᆞ얏다더라

●沿路民怨 向者에曾禰氏가遊覽次로汽船을搭乘ᄒᆞ고延日郡포項津에到泊ᄒᆞᆫ際에該道觀察使朴重陽氏가歡迎ᄒᆞᆫ다稱ᄒᆞ고農務方般에治道令飭이猛烈如火ᄒᆞ야沿路人民의怨聲이漲天ᄒᆞ얏다더라

●服務規則製定 法部에셔服務規則及書式을製定ᄒᆞ야各司法醫察官과其他巡査에게各壹部式을分給ᄒᆞ얏다더라

●司法官會議 目下法部에셔開會ᄒᆞᄂᆞᆫ同法官會議의目的은各裁判所의現況을咨問ᄒᆞ야民刑事訴訟規則을統一ᄒᆞᆯ事와典獄事務를統壹ᄒᆞᆯ事項이라더라

●莞島森林保護 莞島森林을盜伐ᄒᆞᄂᆞᆫ弊端도有ᄒᆞᆯ뿐不啻라近來全南地方에義徒가甚ᄒᆞ야莞島郡衙及巡査駐在所도焚燹襲擊을遭ᄒᆞᆫ지라同島森林을保護ᄒᆞ기爲ᄒᆞ야日本人將務囑托을派遣ᄒᆞ야調査ᄒᆞᆫ다더라

●三稅額調査 家屋及酒草稅를今年度부터實施ᄒᆞ기爲ᄒᆞ야度支部에셔調査ᄒᆞᆫ바를據ᄒᆞᆫ즉烟草稅의預定額이四拾八萬六千圓이오家屋稅가貳拾貳萬六千圓이오酒稅가拾六萬三千圓이라此를合計ᄒᆞ면八拾八萬六千七百圓인디右三稅와家屋及酒稅ᄂᆞᆫ今月度부터徵收ᄒᆞ리인디其收納金이貳拾萬圓假量이라더라

●是何惡習 高山郡守리秉民시ᄂᆞᆫ親山을去丁亥年分에交河郡與面孟谷後麓에移葬ᄒᆞ얏ᄂᆞᆫ대장城郡居趙文奎氏의先祖산과步數가濶遠ᄒᆞᆫ지라趙시가年前에起訴裁判ᄒᆞ다가落科ᄒᆞ얏더니不意에本去月二十七日夜에趙氏等數人이이乘民氏의親山을暗掘ᄒᆞ야至於破棺碎骨ᄒᆞ얏다더라

●蠍倅苛斂 南來人의傳說을聞ᄒᆞᆫ즉泰安郡守崔鶴來氏ᄂᆞᆫ民間의祈禱를禁斷ᄒᆞᆫ다ᄒᆞ고人民의게罰金을拾圓或五圓式勒徵ᄒᆞᆷ으로民怨이喧藉ᄒᆞ다더라

●溫倅不溫 南來人의傳說을聞ᄒᆞᆫ즉自天安停車塲으로溫陽溫泉ᄭᆞ지治道ᄒᆞᆯ次로舊路ᄂᆞᆫ廢止ᄒᆞ고新路를作ᄒᆞᄂᆞᆫ대沿路田답幾百石落이價準人ᄒᆞ얏스며溫泉主管ᄒᆞᄂᆞᆫ日人이催促沿路新昌天安牙郡守에게人民의赴役을督求ᄒᆞᆫ즉兩郡守ᄂᆞᆫ富此農務가方般에不可施行이라ᄒᆞ고强硬ᄒᆞ게不從ᄒᆞ얏스나惟獨溫陽郡守ᄂᆞᆫ猶恐不及ᄒᆞ야人民으로五戶式排日赴役케ᄒᆞ고日當ᄂᆞᆫ毫分도不給ᄒᆞᆷ으로冤聲이漲天ᄒᆞᆫ다더라

●似此構捺 廣州郡纓谷居ᄒᆞᄂᆞᆫ安鍾嶷氏等幾人이紫門洞捕安과還家에關連ᄒᆞ다가何許人의投書를因ᄒᆞ야西部警察署에晝夜를被囚旋放ᄒᆞᆫ事ᄂᆞᆫ前報에已揭어니와또何許人이水原警察署에投書ᄒᆞ되安鍾嶷氏等이義兵의千連이有ᄒᆞ되廣州郡警察署와同郡面長里長等이扶護掩匿ᄒᆞᆫ다고叵測之說로百般搆揑ᄒᆞ얏다ᄂᆞᆫ데其投書根因인즉必是安鍾嶷氏와嫌疑者의所爲인듯ᄒᆞ다더라

●蒔賢挾雜 呂州郡江漢祠에學儀의鍾鴻시가上京ᄒᆞ야各人處에言論ᄒᆞ기를尤菴宋先生의享祀費를多少間捐助ᄒᆞ라ᄒᆞ야或幾拾圓或幾拾錢式을收取ᄒᆞᆷ으로該시의行動은挾雜에不過ᄒᆞ다ᄒᆞ야物論이藉々ᄒᆞᆫ다더라

●爲探捉探 黃海道地方에橫行ᄒᆞ던義兵將鄭鎭시가上京逗留ᄒᆞᆫ다ᄂᆞᆫ說이有ᄒᆞᆫ대此를詗捉키爲ᄒᆞ야巡査가探知ᄒᆞᆫ다더니日昨演興社를觀覽次로到來ᄒᆞ얏던司令部偵探客리振用시를警視廳에셔誤捉ᄒᆞ야壹夜를拘留ᄒᆞ얏다가因卽放送ᄒᆞ얏다더라

●縱覽開始 近日 昌德宮內動物苑과博物館의設備가旣爲完了ᄒᆞᆷ으로昨昨日부터壹般公衆에게縱覽을開始ᄒᆞ얏다더라

●民報社員組織 大韓民報의第壹號發刊ᄒᆞᆯ期日이漸迫ᄒᆞ야該新報社任員을組織ᄒᆞ얏ᄂᆞᆫ데社장은吳世昌시로編輯兼發行人은張孝根시로內定ᄒᆞ얏다더라

●宜平痛禁 國成社倡夫申明銀爲名兒ᄂᆞᆫ年今十七歲인대某某官人의別室로多般酒通ᄒᆞ야其行爲가風俗上에大端乖亂ᄒᆞᆫ故로各警察署에셔ᄂᆞᆫ此를到底取締ᄒᆞ기爲ᄒᆞ야該兒의行動을秘密探知ᄒᆞ며互相潛通ᄒᆞᄂᆞᆫ別室輩에姓名을調査ᄒᆞᆫ다더라

●烈行貫天 永興郡仁興面東平里居ᄒᆞᄂᆞᆫ李東燮氏가海外에多年遊歷ᄒᆞ다가露國境에셔不幸身故ᄒᆞᆫ計聞이其家에來到ᄒᆞ미其夫人金氏가罔極哀痛ᄒᆞ야卽欲往赴러니其舅姑께挽留ᄒᆞᆷ을因ᄒᆞ야出發치못ᄒᆞ얏다가舅姑의喪을又遭ᄒᆞᆫ지라三祥을經ᄒᆞᆫ後에해외에往ᄒᆞ야其夫君의遺骨을收合ᄒᆞ야萬天萬里에無事歸還ᄒᆞᆷ으로其夫人의烈行을人皆欽誦ᄒᆞᆫ다더라

●義兵消息 近日永平抱川兩郡地方에ᄂᆞᆫ義兵이去益熾盛ᄒᆞ야義將命鎬根安商根崔良瑞金淵默諸氏等이決死同盟ᄒᆞ고하部에潛伏ᄒᆞᆫ砲軍을多數募集ᄒᆞ며銃器諸具를這這整頓ᄒᆞᆫ다더라

●呑鴉致命 北部紫橋居金永根氏가多年湯飯商業으로如干財産을收聚ᄒᆞ얏더니其子某가酒色에浸惑ᄒᆞ야家産을蕩敗ᄒᆞᄂᆞᆫ지라金氏가其子를責之曉之ᄒᆞ되終不聽訓ᄒᆞ고去益縱恣ᄒᆞ거ᄂᆞᆯ金氏가日昨에鴉片烟을呑下ᄒᆞ고因爲永眠ᄒᆞ얏다더라

●捉何放何 桂洞居김明濟시ᄂᆞᆫ何事件을因ᄒᆞᆷ인지昨日北部警察署에被招되얏다가卽時蒙放되얏다더라

●殺人犯越交 昨年分에北部巡山巡査리東熹시를殺害ᄒᆞᆫ許平順이라ᄒᆞᄂᆞᆫ者를日昨北部警察署에셔捉得審査ᄒᆞᆫ後에地方裁判所로越交ᄒᆞ얏다더라

學界

●李氏美擧 把城學校ᄂᆞᆫ近日經費가窘拙ᄒᆞ야廢止ᄒᆞᆫ境에至ᄒᆞ얏다ᄂᆞᆫ데리根洪시가千圓을義捐維持케ᄒᆞ얏다더라

●昌東施賓 平山郡舟岩組上洞面人士가昌東義塾을復設ᄒᆞᆫ後에學徒가六拾餘人에達ᄒᆞ얏ᄂᆞᆫ데初次에月終試驗을經ᄒᆞ고校監李相豐시가賞品을多數分給ᄒᆞ얏스며有志ᄒᆞᆫ申喆永시와敎師李泰夏시와학徒父兄諸시가懇切히勸勉ᄒᆞ얏ᄂᆞᆫ대兩面人士의熱心으로進就之望이大有ᄒᆞ다더라

●日新日新 平壤龍岡郡下安川面葛谷里에新學校ᄂᆞᆫ昨冬에該里有志人士가義捐으로設立ᄒᆞ얏ᄂᆞᆫ데學徒六十餘名이一齊薈萃ᄒᆞ야奮發向학ᄒᆞᄂᆞᆫ故로內外人士가莫不感服稱頌ᄒᆞᆫ다더라

●安定有校 豐基郡有志紳士가協議ᄒᆞ야私立安定學校를設立ᄒᆞ고校長은黃樂成시요總務ᄂᆞᆫ李豐煥시로敎師ᄂᆞᆫ宋寅勉兩氏를復聘ᄒᆞ고相五三시로校監은驥相喜시로選定ᄒᆞ고趣旨書를發佈ᄒᆞ얏다더라

●忠州普興 忠州周柳面柳村倉田里에셔有志紳士趙某九李容魯趙某惑諸시가陰本年貳月에洞中諸시와爛商協議ᄒᆞᆫ後私立普興義塾을新設ᄒᆞ고學員四拾餘名을募集ᄒᆞ야日語敎師韓寅敎丁奎煥시와算術敎師趙東潤시와體操敎師金琴恪諸시가熱心敎授ᄒᆞᆫ다더라

翠雲遊覽

▲鬱鬱慷慨不勝ᄒᆞ야尋芳코저上山ᄒᆞ다가翠雲亭門다다르니車馬如雲宏壯ᄒᆞ다蒼頭奴子불너내여그理由물으러보즉軍部大臣以外에ᄂᆞᆫ各部大臣다모혀셔消暢宴樂ᄒᆞ며기여次第遊覽ᄒᆞ엿도다

▲第壹區를도라드니軟綠亭子縹緲ᄒᆞᆫ데內部大臣朴齊純은座席으로坐定ᄒᆞ고農商大臣趙重應은亭下亭奔走ᄒᆞ며金國璧土ᄯᅥ나가도더희들은宴樂하니石間消消淸泉水에더心腸을洗濯ᄒᆞᆷ새

▲第二區를도라드니色物淋漓ᄒᆞᆫ데度支大臣任善準은軒檻外에徘徊ᄒᆞ고學部大臣李載崑ᄋᆞᆫ굼실々々上來로다全國人民다죽어도더희들은飽飫ᄒᆞ니三角山前風陽頭에더心腸을曝晒ᄒᆞᆷ지

▲第三區를도라드니綠陰芳草平鋪ᄒᆞᆫ데法部大臣高永喜ᄂᆞᆫ當風佇立觀望이오兩口老人蹲坐ᄒᆞ야吠風月에壯觀일다全國풍塵擾亂ᄒᆞ나더희들은安閑ᄒᆞ니華陀扁鵲善手術로더心腸을換做ᄒᆞᆷ새

▲第四區를도라드니奇岩怪石層々ᄒᆞᆫ데總理大臣李完用은哭鼠ᄀᆞᆺ치出沒하고大갈將軍尹德榮은晩步逍遙往來로다全國情形悲慘ᄒᆞ나더희들은盛遊ᄒᆞ니萬頃蒼波너른물에더心腸을漂流ᄒᆞᆷ새

▲第五區를도라드니人力車가錯雜ᄒᆞᆫ대奴隸輩의奴隸들이三三五五모혀앉어左側에ᄂᆞᆫ蚕전이오右便에ᄂᆞᆫ花蚕로다他人犯法容恕업고제奴隸ᄂᆞᆫ歎許ᄒᆞ니千斤刀와百斤椎로더心腸을破碎ᄒᆞᆷ새

▲ᄎᆞᆺ惡ᄎᆞᆺ惡이내心法엇지ᄒᆞ야如是論毆ᄒᆞ리마ᄂᆞᆫ民家情形싱각ᄒᆞ고諸君行動헤여보니至寃極痛ᄒᆞ셔더러壹般輿論喧藉키로不得已而擧筆인즉ᄭᆞ答余言警醒ᄒᆞ면公私俱幸이아닌가諸君들이

雜報

●日人失馬　日前에何許賊漢이京城泥峴等地에在한日人의荷車馬를四疋을窃取以去한故로目下調探하는中이라더라

廣告

本人이陽五月廿二日夜에四方姓名章을韓漢에서遺失하엿스기쓰廣告하오니僉君子는照亮하시오
平壤大興面四里鄭利獻　告白

本人이本以全州崔萬福의子로二歲에爲收養於張漢翼하온바生父母는移居于忠淸道天安郡하야己爲俱沒이오나在襁呱呱之時로養父母를至若奉侍하다가次第俱沒에服喪三年이온즉養父母收養之恩은實所難忘이오나生父母는倫理所係에人莫莫掩이기還爲本姓於理에可合於情에當然하므로今以崔致權으로行하오니僉君子는照亮하시오
咸鏡北道富寧郡四里居
崔致權子　璟源
　　　　　　　　　　　龍　告白

海西測量總管支會　告白

黃州鳳山兩郡分事務所는黃州郡在昇市에位置하고鳳山郡銀波市로設寧安岳殷栗三郡分事務所는文化郡灘시로位置하고殷寧郡으로定하고技術檢閱과敎育測量事務를開始하오며各種測量을懇篤實施하오니同業僉員과請求諸시는照亮하심을

本人이倉洞田畓票卽出次當坪五千六百八拾六兩壹錢을遺失하얏스니誰某拾得하던지休紙로施行함
姜世弘　白

本校에서左開에依하야日語專門速成科를特設하고學員을募集하오니志願人은本月三十日內로應募하시오
一 敎授時間은每日下午五六時오
一 卒業期限은六個月로定함
敦化門前普光學校　告白

本人이五月十一日釜山셔上京時에車中에셔私匣壹介셔失而匣內에洪淳旭씨處에癸未七月初五日價給藥二千兩標幷失하얏사오니誰某拾得하와도休紙로施行함
　漢城郡水下洞　　　統　戶
　　　　　　　　　　　　　告白

● 美國直輸入 懸鐘 時計 (禮拜堂과學校의用) 大發賣廣告

本人이今般에本國內地에敎會兄弟와學界同胞의購覽便利를爲하야懸鐘時計兩種을美國으로輸入하야廉價販賣하오니有志諸彥은爭先購買하시오며遠方에셔注文하시면郵便代金引還으로寄送하겠사오니

懸鐘　大壹個拾圜　中全　拾圜廿錢　小全　五圜七拾五錢

時計　上品壹個九圜五拾錢　全次　大圜五拾錢

時計 懸鐘 卸賣 本舖　自擔不要함
城內鍾路谷口
明新冊肆主　李禎錫

總管　聯合兩會를撤罷함은京鄕間惑諒인줄로本會設立하옴은陰曆四月九日(木曜)下午에南部冷井洞本會에서總會를開하오니在京하신測量會員은光臨爲要
十三道測量員聯合會
代表者　陸天齡　告白

專賣特許 帽子

本書林에서帽子는大韓의最新發明한帽子를世界에廣告함

登錄商票

中山帽子　價金五圓五〇〇
中折帽子　四圓五〇〇　三圓五〇〇　貳圓五〇〇
上全
女子用帽子
上全
學徒帽子　二圓五〇〇　二圓〇〇〇　壹圓五〇〇

敬啓者本新發明한帽子는圖와如히金毛馬尾로製成하야春夏秋冬에適宜하고經過多年에도弊無하며汗에浸洗하야도即時淸新하야衛生에必要한天下에無雙한冠帽오故로專賣特許를得하고世界에比類가無한登錄하얏사오니僉君子는定價와四等으로適宜하신대로購求하시오
大韓帝國京城中部銅峴大街里王虎書林附屬帽子商店

本人이陽曆五月二十二日分에前監理署에서給한坪兩四里周洞第三統捌統壹戶에家契壹丈監德面三里板橋洞第三拾四統二戶에家契壹丈江西秀山등壹坪三斗四升落叉田五拾五斗落證明書幷大並三丈을盜賊에게被奪하얏사오니內外國僉君子는勿爲見欺하시옵
平壤隆德面四里
　　　　　리유鍾　告白

●韓美興業株式會社發起趣旨

維我富民殷이事業이旺에在함은東西古今을無論하고確然明白한바라現時代에實業의競爭이甚於干戈之爭이라我韓實業界의思想的興業의發達에進步치못함은恒常吾人의浩歎하는바ㅣ러니今此韓美興業株式會社가漢城에屹立하오是乃兩國實業家의發起이며文明한法律下에組成인바其宗旨의範圍는時勢와營業에止함이不是라至在於農工商諸般事業을發展에嚆矢될은吾儕도登般同情으로協贊不已者ㅣ라所以로本人等이同志이發起하야今承하社之認許이온바實業上新事業에對하야多論을不俟하고贊力勇進함이爲期하노니惟我平北有意人士는互相勉勵하야期圖하支社之完全함이며同爲家國之殷富할지어다
隆熙三年五月拾九日
　發起人　鄭濟原　리世勳
　　　　　林英俊　鄭宅周
　　　　　白孝俊　白鎭珪
　　　　　朴寧燁　崔善玉
　　　　　金敏淮　鄭衡奭
　　　　　金錫湜　金敬念
　　　　　鄭演裕　韓淳都

미국시아들대박람회　米國시아들大博覽會

●特別廣告

本社의各處代理人의氏名은如左함

平壤代理人		平壤南門通鍾樓貿易店	金東奎
咸興代理人		咸興府南門外店洞	鄭東燦
馬山浦代理人		馬山浦將主	朴昊株
仁川代理人		元山港	張炳式
元山代理人			金益三
濟州代理人		濟州港	金成敏
水原代理人		水原北部大寺安洞	金允東
安城代理人	位置未定		김유東
沙里院代理人	位置未定	漢城東部蓮花坊里旺新學校內	邦元源
金泉代理人		金泉市場共信醫店	朴孝植
開州代理人	位置未定	東萊府麻浦二十二統五戶	吳淳泳
天安代理人	位置未定	水原長安洞	尹翼彦
群山代理人		群山大井洞	權基益
全州代理人	位置未定		卞教鍾
大邱代理人		漢城西部阿峴二百廿二統三戶	김世位
釜山代理人	位置未定	大邱新田里五十八統七戶	孫日淑
江景浦代理人	位置未定	馬山浦午山里倉登統九戶	李元浩
麻浦代理人		西部盤松坊東幕契廿七統貳戶	李鎬駿
楊花津代理人	位置未定	西部麻浦瓦署七統二戶	韓德益
永同代理人	位置未定	陰竹盧山里	文鍾憲
木浦代理人		木浦竹洞	孫昌學
晋州代理人	位置未定	漢城西部倉洞貳統壹戶	金成奎
金堤代理人	位置未定	晋州安峴洞	宋正獻
漢江附近代理人		金堤郡內石面本閣	朴東錫
義州代理人	位置未定	漢城西江十八統一戶	崔善玉 張潤植
江界代理人	位置未定	義州本町	朴元熙
東萊代理人		江界邑上甘井洞四統九戶	金顯洙
鐵原代理人		東萊郡	金相杰　李相宅
定州代理人	位置未定	郭山郡	金錫鉉
城津代理人	位置未定	吉州郡	鄭寬德
太田代理人		太田新町	宋始憲　洪淳晳
浦項代理人		浦項上里拾貳統拾二戶	朴鎬龍
端川代理人		鳥致院	金英熙
吉州代理人		吉州西門外韓兩十捌戶	金英倍
鐵山代理人		漢城中部外村息洞二統一戶	李英植
延安代理人		延安郡磨玉洞	李華榮
兎山代理人		兎山郡兎山市	崔鍾俊
濟物浦代理人	位置未定	開城府南部橋金景模	曹宋顯

大韓皇城磚洞（京城郵便局郵函第四拾號）
韓美興業株式會社　謹告
大美國ㅅㅣ아ㅌㅣㄹ博覽會韓國出品館

●特別廣告

◎特別注意를要함

本堂製造ᄒᆞᄂᆞᆫ各種藥品은其效靈에成蹟이拾分諳果됨으로門外國間에販路著名ᄒᆞ야壹日輸出의價額이千金에達ᄒᆞ며其商業의發展홈이幾百年來의初有한實業을成ᄒᆞ지라

□本堂의支店이海外에設立된者亦拾餘個處所를嚴定ᄒᆞ지라其興旺의功績을日々奏唱ᄒᆞ야東西競爭ᄒᆞᄂᆞᆫ中에特別ᄒᆞᆫ名價를樹ᄒᆞ거ᄂᆞᆯ至於內國ᄒᆞ야ᄂᆞᆫ民智가未開ᄒᆞ고商法이未展ᄒᆞ야人人이舊式의商業에慣熟ᄒᆞ고新式商況은晴昧ᄒᆞ야設或好意實驗이有ᄒᆞᆯ지라도能히磨用치못ᄒᆞᄂᆞᆫ경과如ᄒᆞ야經濟上에艱究ᄒᆞᆫ狀態와焦燥ᄒᆞᆫ形式을自招自致ᄒᆞᄂᆞᆫ境遇에多ᄒᆞ니豈不爲此恨心哉아本堂이셔各處에支店及出張所特約代理店을非不多設이오나今에割引을特히廉價ᄒᆞ야各處에支店을加設ᄒᆞ겟ᄉᆞ오니

這은同胞에救濟ᄒᆞᆫ普波로主旨요
一은兄弟에産業ᄒᆞᆫ進就ᄒᆞᆫ目的이라

故로玆에廣告ᄒᆞ오니此를留意ᄒᆞ시ᄂᆞᆫ僉兄弟ᄂᆞᆫ(自陽六月四日至同月二十日)(自陰四月十四日至五月拾二日) 本堂에來議ᄒᆞ시되遠地에셔ᄂᆞᆫ書信으로郵便通知ᄒᆞ심을敬要

京城南大門內濟生堂本舖 告白

各種東西洋藥과韓國唐草材大發賣所 (京城銅峴 布川) 和平堂藥房

阿烟斷引藥

一劑 金五圓　半劑 金三圓

注意

阿烟相毆者ㅣ雖曰殉効이나久服遊放錮引ᄒᆞ야至於敗身者ㅣ未免夭死者ㅣ比比有之ᄒᆞ니豈不哀惜乎아故로本堂에셔精心ᄒᆞ고英國藥方을透得ᄒᆞ야阿片斷引에大效잇ᄂᆞᆫ新藥을製造放賣ᄒᆞ오니欲戒阿引者ᄂᆞᆫ契約服用ᄒᆞ시면特別效驗이有ᄒᆞᆫ藥價를減呈ᄒᆞ깃사오니原商ᄒᆞ시오

代方製藥 [illegible]

◎共愛堂大藥房 [illegible] 藥品割引表

土肉寶丸

二百分 [illegible] 八拾錢 / 四百分 [illegible] 四十錢 / 八百分 [illegible] 錢

此丸은 [illegible]

一靈丹 止嗽口熱 [illegible]

清眼水 眼科聖藥 [illegible]

解癧至寶丸 [illegible]

皮膚靈效液 [illegible]

五淋通淋丸 專治 [illegible]

神應丹 [illegible]

清脾丸 [illegible]

養胃散 [illegible]

治痰鎭咳丸 [illegible]

消熱散 [illegible]

清耳水 [illegible]

妙妙膏 [illegible]

能治膏 [illegible]

大腫拔根膏 [illegible]

寸虫去根藥 [illegible]

止瀉丸 [illegible]

解凝膏 [illegible]

齒痛水 [illegible]

痢疾藥 [illegible]

各種上 [illegible] 雜納、東西洋有名賣藥及洋藥乾材都賣散賣其他各種藥이具備ᄒᆞ오니請求에依ᄒᆞ야小包로隨應ᄒᆞ깃슴

發行所　皇城南部太廣橋十九統七戶　共愛堂大藥房

京城鍾路慈惠大藥房에서製造賣藥三十四種은大韓醫院衛生試驗部에檢査ᄒᆞᆫ藥이오니衛生家와京鄉賣藥家에서多數請求ᄒᆞ시오

平胃丸	金十錢	漢城百應膏	金十錢
補益丸	金一円	消痰鎭咳藥	金三十錢
清明眼藥水	金十錢	養兒寶散	金十五錢
保命丹	金十錢	蛔虫沒出丸	金二十錢
陳々濕滯消積丸	金五十錢	寸虫拔根藥	金三十錢
咽喉藥	金三十錢	鐵精丸	金一円
小兒咳嗽散	金三十五錢	吐瀉霍亂蘇生水	金三十錢
痢疾靈散	金三十錢	止瀉濕疸丸	金二十錢
毒感解熱散	金二十錢	大腫拔根膏	大瓶入 金二円
消食滯生味甘露水	金三十錢	輕腫根治膏	大瓶入 金二円
疥瘡藥	金四十錢	去瘀生新膏	大瓶入 金二円
痲疹丸	金三十錢	濕腫根治膏	大瓶入 金二円

光武九年八月拾壹日 明治三十八年八月拾壹日〔第三種郵便物認可〕 木曜日 西曆壹千九百九年五月廿七日 (壹)

第七卷

大韓每日申報

第壹千壹百六號

歲時及月曜日慶節休刊

檀君開國四千二百四十二年
箕子元年三千三十一年
大韓開國五百十八年
日本明治四十二年
淸國宣統元年
陰己酉四月大初九日丁亥

Responsible for Publication: Alfred Weekley Mernham.
發行兼編輯人英國人 萬咸
發行所
京城南部石井洞疑外地三層洋屋
大韓每日申報社

別報

◎英日同盟破壞說

英日連絡의太媒介되と英日同盟이破壞되다ᄒᆞ며東洋政策의大條件되と英日同盟이破壞되다ᄒᆞ매世界舞臺의大關係되と英日同盟이破壞되다ᄒᆞと特說이東西喧藉ᄒᆞ며全世界人이目을注ᄒᆞ야顧眄ᄒᆞ며全世界人이耳를傾ᄒᆞ야探聞ᄒᆞ던바ㅣ어니와只今所謂此問題의眞面을揭載ᄒᆞᆫ者と四月廿五日維也納알게마이네、짜이퉁新聞이라더라

彼新聞에世界政策의變轉이라題ᄒᆞ고論述ᄒᆞ야曰

(壹)倫敦通信의確報

倫敦으로從來ᄒᆞと世界政策의大變轉된다と報道를聞ᄒᆞ니即日本이英日同盟의廢止를豫告코ᄌᆞᄒᆞᆫ다ᄒᆞと說이라四月拾日倫敦報에日東京通信을依ᄒᆞᆫ則日本政府と英日同盟廢止를豫告ᄒᆞᆯ意思가有ᄒᆞᆫ지라盖此同盟은千九百五年中에十個年期限으로締結된바ㅣ인대其期限中이라도壹年前에廢止의通告를得爲ᄒᆞ기로ᄒᆞᆫ者라

嘗聞ᄒᆞᆫ則東京에有力ᄒᆞᆫ日本政治家가外國外交官을對ᄒᆞ야秘密談話ᄒᆞ야曰日本政府가不遠에英日同盟을廢止ᄒᆞᆯ意가有ᄒᆞᆷ은明白ᄒᆞᆫ事實이라云ᄒᆞ얏스되其理由と壹方에と英日兩國이滿洲에對ᄒᆞ야經濟上劇烈ᄒᆞᆫ競爭이起ᄒᆞ얏스며壹方에と英露協約의成立은日本의惡感情을惹起ᄒᆞᆫ所以라大槪日本은恒常露國이復讐戰을起ᄒᆞᆯ까憂慮ᄒᆞと더英國이他日日本에讐敵될露國과特히親密ᄒᆞᆫ關係를結ᄒᆞᆷ은英日同盟의價値를變感케ᄒᆞと者인즉日本政府と不遠에此同盟의廢止를豫告ᄒᆞ고自衛的政策으로亞細亞에서自由行動을試코ᄌᆞᄒᆞᆷ이라ᄒᆞ고

(二)外交官社會의意見

英日同盟廢止에關ᄒᆞ야重大ᄒᆞᆫ地位에在ᄒᆞᆫ壹外交官이本社編輯員에게語ᄒᆞ야日日本이英國과同盟廢止ᄒᆞᆯ意가有ᄒᆞᆫ事實을世人이모다信用ᄒᆞᆷ은余도已聞ᄒᆞᆫ바ㅣ라盖日本이英國에對ᄒᆞ야不滿ᄒᆞᆫ意를抱ᄒᆞᆷ은已久ᄒᆞ얏나니英國이旣히露國과親近ᄒᆞ고今又美國과親近코ᄌᆞᄒᆞᆷ은即日本政府의猜忌되と所以라盖露美兩國은日本과競爭ᄒᆞと者인대日本은自國과同盟國된英國이將來敵國될露美와政治上親密ᄒᆞᆫ關係를結ᄒᆞᆷ에苦心ᄒᆞと故로日本이不快의感念을起ᄒᆞᆷ이라ᄒᆞᆫ지라

日本政府가其事實上確定된英日同盟의廢止를實行ᄒᆞ면其結果가重大ᄒᆞᆯ지니英日同盟이廢止되면(中畧)英國은政策上大反響이有ᄒᆞᆯ지오又英國은東亞海上에强大ᄒᆞᆫ艦隊를留置ᄒᆞᆯ必要가有ᄒᆞᆯ지라(下畧)

余と思惟컨더英國外交政策의根本되と英日同盟이廢止되면其結果가列國과列國間에至大ᄒᆞᆫ影響을遺ᄒᆞ야政治上經濟上과其他許多關係의大影響이有ᄒᆞᆯ지나今에壹々히此를論述치못ᄒᆞ노라ᄒᆞ얏더라

記者ㅣ評曰大抵此と甚히重大ᄒᆞᆫ問題라輕論키難ᄒᆞ거니와盖所謂外交上條約이라ᄒᆞと者と國際上信義도不無ᄒᆞ다ᄒᆞ나實은國際上利益競爭을因ᄒᆞ야翻雲覆雨의狀態를不免ᄒᆞ나니吾儕と筆을停ᄒᆞ고後日風雲을睨望ᄒᆞ노라

▲隆熙三年四月二拾九日 官報

部令

辯護士名簿登錄規則 續

第七條 辯護士名簿에登錄을行ᄒᆞ거나又と登錄을取消ᄒᆞᆫ時と法部大臣은官報로써此를公告ᄒᆞᆷ

第八條 辯護士가死亡ᄒᆞᆫ時と辯護士會會長은其死亡者의姓名及死亡ᄒᆞᆫ年月日을所屬地方裁判所檢事局에報告ᄒᆞᆷ이可ᄒᆞᆷ

辯護士會의設立이無ᄒᆞᆫ地에在ᄒᆞ야と死亡者의親族又と故舊로부터前項의報告를行ᄒᆞᆷ이可ᄒᆞᆷ

第九條 辯護士會會長은辯護士會에新入ᄒᆞᆫ者의姓名及新入ᄒᆞᆫ年月日을所屬地方裁判所檢事局에報告ᄒᆞᆷ이可ᄒᆞᆷ

附 則

第拾條 辯護士法第三拾三條에依ᄒᆞ야登錄을請求ᄒᆞと者에對ᄒᆞ야と登錄手數料를免除ᄒᆞᆷ

第拾壹條 本令은隆熙三年法律第拾八號辯護士法施行日로부터此를施行ᄒᆞᆷ

第拾貳條 光武九年法部令第四號辯護士名簿記錄規則은此를廢止ᄒᆞᆷ (完)

外報

◎或休或議 伯林電을據ᄒᆞᆫ즉德國帝國議會と六月十五日까지休會ᄒᆞ고財政委員은休會中에新稅及財政改革案을議定ᄒᆞᆯ터이라더라

◎基督敎請願 同電을據ᄒᆞᆫ즉알메니아基督敎長은알메니아人을保護ᄒᆞ라고露國政府에請願ᄒᆞ얏다더라

◎虐殺何多 倫敦電을據ᄒᆞᆫ즉最近에아다나市에서と二千名을虐殺ᄒᆞ얏と더其中二百名은回回敎徒인더同州部에서と五千名을虐殺ᄒᆞ얏다더라

◎兩國軍艦 同電을據ᄒᆞᆫ즉地中海곽후港에碇泊ᄒᆞ얏던德國巡洋艦한불취號를멜시나에派遣ᄒᆞ얏고英國軍艦은八百名의水兵을上陸ᄒᆞ얏다더라

◎勃加利獨立 同電을據ᄒᆞᆫ즉德澳伊三國同盟은勃加利의獨立을承認ᄒᆞ얏다더라

◎土勃條約調印 倫敦電을據ᄒᆞᆫ즉土耳其勃加利의條約은英露佛三國委員의面前에서調印ᄒᆞ얏다더라

◎觀察狀況上奏 北京電을據ᄒᆞᆫ즉英國憲政視察ᄒᆞᆫ淸國大臣汪大燮시と二拾日에淸國皇帝께謁見ᄒᆞ고英國에서憲政觀察ᄒᆞᆫ狀況을上奏ᄒᆞ얏다더라

雜報

◎哭裴說公

嗚呼라公來何遲며公歸何疾고吾於公에疑天理之難悟ᄒᆞ며僧人言之不虛ᄒᆞ노라公以壹筆로我刀山劍水慘雲迷霧中의大韓에立ᄒᆞ야太聲疾呼ᄒᆞ며揮毫指斥ᄒᆞ야我同胞를提醒코자ᄒᆞ던舌焦호ᄃᆡ終不見自由ᄒᆞ니可謂丈夫의能事가未畢이어날公遽皆歸ᄒᆞ니古云天道無親ᄒᆞ야不與善人者ㅣ非也耶아我同胞의塗炭이日甚ᄒᆞ고風潮의飄蕩이日極ᄒᆞ니可謂志士의壯志가未伸이어날公又告終ᄒᆞ니俚諺所謂禍不單行者ㅣ非也耶아嗚呼蒼天아此何忍斯며此何忍斯오二千萬我韓民族은非蒼天之赤子也耶아

胡然送裴說士ᄒᆞ고又胡然奪之ᄒᆞ니吾於公에疑天意之不助ᄒᆞ며爲民族之將暴ᄒᆞ노라嗚呼라大韓師ㅣ逝矣오不諱友ㅣ去矣라復有誰ᄒᆞ야金비로我의眼瞶를팔ᄒᆞ며木鐸으로我의耳聾을警ᄒᆞᆯ고然이나公의幻化色身은雖死ᄒᆞ엿스나唯大韓每日申報ㅣ存焉則公의精神氣魄과手澤遺跡과壯志大業은不死ᄒᆞᆯ지라公이雖冥々之中에셔라도必歎賀我大韓每日申報ᄒᆞ야永刼保存ᄒᆞ야我大韓國土를愛護ᄒᆞ며我大韓民族을眷恤ᄒᆞᆯ지니伊誰繼之오嗚呼라吾ㅣ以此自慰於心ᄒᆞ며以此厚望於公靈ᄒᆞ며以此深勸於繼公爲者ᄒᆞ노라嗚呼哀哉

柳懋說 拜哭

詞藻

◎哭裴說公

公藏義血滿腔中
靄我三千里海東
史筆縱橫開耳目
大名自此保無窮
晦堂

義氣堂々裴說公
大名不死大洋東
報章誰嚴多感慨
悲歌欽頌萬人同
文軒

廣告

今年陰貳月分에本人이西港에서桂賢과同事客主營業ᄒᆞ야徐相돈시에게懇請ᄒᆞᆫ바借金이옵더니到今客主營業을不成ᄒᆞᆫ즉別無滋味故本人과徐相돈시と自退ᄒᆞ오니內外國人은以此照亮ᄒᆞᆷ

大路西上面新洞 幸寬尙 告白

嗚呼이오며痛忿ᄒᆞ옵니다宋姓가은더何許人은以此竣字로名을作ᄒᆞ고無嚴不敬ᄒᆞᆷ이天陛에까지밋쳐고忠君愛國ᄒᆞと各社會에서公論과輿論이並起ᄒᆞ야竣賊이니賊竣이니ᄒᆞと唾罵를現世와後世에難免이온즉耳聞目覩에孰非痛忿이리오至於本人ᄒᆞ야と登祖上에血脈으로된同姓者에라尤益不勝痛恨ᄒᆞ옵기本人은以此竣字로名을作ᄒᆞ고至嚴至敬ᄒᆞ깃삽기로本人의名字俊文을竣用으로改名行世ᄒᆞ오니內外國僉彦은照亮ᄒᆞ시옵

仁川港各國居留地
米國人佗雲仙家留
宋竣用

黃州鳳山兩郡分事務所長은鄭在昇시로位置と鳳山郡銀波市로觀事安岳殷栗三郡分事務所長은文章瀨시로位置と觀事郡內로定ᄒᆞ고技術檢閱과敎育傳習事務를開始ᄒᆞ오며각種測量을懇篤實施ᄒᆞ오니同業僉員과請求諸시と照亮ᄒᆞᆷ

海西測量總管支會 告白

本人이陽五月廿二日夜에四方姓名章을漢城에게遺失ᄒᆞ엿ᄉᆞ기玆廣告ᄒᆞ오니僉君子と照亮

平壤大興面西里鄭利猷 告白

雜報

●夫人陪從 韓國 皇后陛下께옵서水原模範場에 行啓하실時에 陪從員은 皇族夫人과其他各大臣의夫人들로略略排定홀터이라더라

●兩犯處絞 故殺人犯申正雨盧仁先兩人을處絞홀意로法部大臣이上 奏 裁可되얏다더라

●從擬例行 京城會本部에서日本서渡來ᄒᆞᄂᆞᆫ觀光團京同을來六月貳日頃에獨立館으로請邀款待홀次로現今準備中이라더라

●豈進同功 日本서渡來ᄒᆞᄂᆞᆫ觀光團을迎接ᄒᆞᆯ準備로漢城府民會에서協議ᄒᆞᆷ은已報ᄒᆞ얏거니와其準備事務에對ᄒᆞ야芮宗錫氏를顧問을選定ᄒᆞ얏고歡迎費ᄂᆞᆫ壹千圜으로槪算ᄒᆞ얏다더라

●豈屬可笑 昨日에內閣諸大臣의夫人들이壹致協議ᄒᆞ고其家君의地位鞏固ᄒᆞᆯ計劃으로千餘圜에巨金을辦出ᄒᆞ야東小門外新興寺에서盛大ᄒᆞᆫ齋를擧行ᄒᆞ얏ᄂᆞᆫ대伊日觀光男女가數千餘名에達ᄒᆞ얏다더라

●何爲落淚 日本에滯留ᄒᆞᄂᆞᆫ李容九氏의何等感想이再昨日에該本第로來到ᄒᆞ얏ᄂᆞᆫ데何樣辭意가有ᄒᆞᆫ지不知ᄒᆞ거니와리氏의夫人이該書札을閱覽ᄒᆞ고不勝悲感ᄒᆞ야自己親知에婦人을多數請邀ᄒᆞ야書札辭意를朗讀ᄒᆞ며壹齊落淚不已ᄒᆞ얏다더라

●似出釣名 漢城府民會發會吉澤氏가南門外종구서에植林次로北向ᄒᆞᄂᆞᆫ데草鞋를掛着ᄒᆞ고各種植機械를携以去ᄒᆞᄂᆞᆫ事에對ᄒᆞ야物論이有ᄒᆞ기를吉澤氏가此等事業을實心修業ᄒᆞᄂᆞᆫ지他人의게釣名인지不知ᄒᆞ깃다고ᄒᆞᆫ다더라

●道書記會議 地方費實施ᄒᆞ기爲ᄒᆞ야來月壹日부터道書記會議를개ᄒᆞᄂᆞᆫ데該會議ᄂᆞᆫ統監府任後歸決된다더라

●開意行動 城郡甘味面居리來가上京逗留ᄒᆞᄂᆞᆫ中인대何等事項이有ᄒᆞᆫ지警察官吏가憲兵司令部에서其行動을嚴重ᄒᆞᆫ다더라

●政焚書 出版法에依ᄒᆞ야각部에서禁止된書籍中押收ᄒᆞᆫ數가三千七百餘冊이라ᄂᆞᆫ데或播傳된處가有ᄒᆞ다ᄒᆞ야燒火ᄒᆞᆫ다더라

●各處見 地方에在ᄒᆞᆫ私立學校中擴張ᄒᆞᆫ三十餘處를學部에서公立으로認定ᄒᆞᆷ은已報어니와此를現實ᄒᆞ기爲ᄒᆞ야該部屬學官이四五處로發程ᄒᆞᆯ터이라더라

●三稅實數 三稅施行에對ᄒᆞ야徵收額의夥多ᄒᆞᆷ은旣報ᄒᆞ얏거니와全國에釀酒米石數ᄂᆞᆫ約七拾萬石에達ᄒᆞ깃고燒酒ᄂᆞᆫ死濾ᄒᆞ게多ᄒᆞ며烟草가三百三十萬貫인데平南及慶北全南地方에多ᄒᆞ고家屋은貳百二拾萬戶인데家屋稅를賦課ᄒᆞᄂᆞᆫ者가壹百九拾壹萬戶라더라

●是何狹 慶尙道某郡에居ᄒᆞᄂᆞᆫ朴在九外拾四人이共謀ᄒᆞ야昨年에政府에서改定ᄒᆞᆫ結稅制度에對ᄒᆞ야自己黨의運動으로結價를低落케되얏다稱ᄒᆞ고辛貸會證性淳氏에게慰勞金을要求ᄒᆞᆫ事가警官에게捉囚되엿다더라

●總督何物 三昨日漢城府에서大韓測量事務所員壹人과測量總督會長壹人을招致ᄒᆞ야兩方의를々探問ᄒᆞᆫ時에據警官에서壹般測量者를檢閱ᄒᆞᄂᆞᆫ事에對ᄒᆞ야府尹이說明ᄒᆞ기를檢閱로制裁ᄒᆞᄂᆞᆫ것은政府法令으로도此에至치못ᄒᆞᆯ理由가有ᄒᆞ거ᄂᆞᆯ況壹社會로서如此行動은極爲不可라고詰責ᄒᆞ얏다더라

●郡主不法 林川郡主事趙東翊氏가日人을符同ᄒᆞ야各面領受員의게結代전을督納ᄒᆞ야郡守運動費로出賦이拾百餘圜이오ᄯᅩ面領受員을威脅恐喝ᄒᆞ야發覺지못ᄒᆞ게ᄒᆞ며學校를設立ᄒᆞᆫ다還稱ᄒᆞ고每戶에租二斗式勒捧ᄒᆞ되不納者에게ᄂᆞᆫ巡査를派送ᄒᆞ야不日督捧ᄒᆞᆷ으로民怨이漲天ᄒᆞᆫ다더라

●動物園雜役 德壽宮內에動物園을現今設置可役中인데來七月頃에ᄂᆞᆫ竣工ᄒᆞᆫ後壹般公衆에게觀覽케ᄒᆞᆫ다더라

●兩報禁賣 桑港에在ᄒᆞᆫ韓人이發行ᄒᆞᄂᆞᆫ新韓民報第壹百三十號及布哇에서發行ᄒᆞᄂᆞᆫ新韓國報第拾一號ᄂᆞᆫ治安妨害라ᄒᆞ야二十六日에押收ᄒᆞ고其發賣를禁止ᄒᆞ얏다더라

●金山暴雨 向者慶尙北道金山郡에ᄂᆞᆫ暴雨를因ᄒᆞ야田畓間損害가夥多ᄒᆞᆫ데田이二十八斗落이오秋麥이壹千二百三十斗요小麥이三拾九斗요木花가三百斤이라더라

●探問事情 國民社에서將次安州리召史의抑冤ᄒᆞᆫ事件으로新演劇을設行ᄒᆞᆫ다고大韓新聞에揭佈ᄒᆞ얏더니각更聞ᄒᆞᆫ즉該리召史를請邀ᄒᆞ야其前後事情을壹々探問ᄒᆞᄂᆞᆫ中이라더라

●投石頻々 再昨夜國放社에서各種演劇을次第設行ᄒᆞᄂᆞᆫ데觀光男女가三百餘名에達ᄒᆞᆫ지라伊時何處에서投石이雨下ᄒᆞᆷ야壹場騷擾가惹起ᄒᆞᆫ故로卽時該演劇을廢止ᄒᆞ얏다더라

●地方委員遭難 江原道楊口郡地方委員田明善氏가家屋及酒幣稅를因ᄒᆞ야水入面面長家에留宿ᄒᆞ더니去十五日午後九時頃에義兵六七名이銃劒을携持ᄒᆞ고猝然이來到ᄒᆞ야執탈ᄒᆞ야曰汝가納稅를稱托ᄒᆞ고附民을困苦케ᄒᆞ니汝를銃殺ᄒᆞ깃다ᄒᆞ고脅迫ᄒᆞ며田氏를捕縛ᄒᆞ야場에勒入ᄒᆞ야銃劒으로脛部를刺ᄒᆞ고仍卽退去ᄒᆞ얏다더라

●全南義兵 全羅남道에ᄂᆞᆫ義兵百餘名이聯合되야徘徊ᄒᆞᄂᆞᆫ地方은榮山浦와羅州남平장城靈光茂長浦古阜院等地라ᄒᆞ더라

●雜技犯捕縛 昨昨日中部中谷居ᄒᆞᄂᆞᆫ四九戶家에셔亂雜ᄒᆞᆫ雜技를設ᄒᆞ고青年子弟를多數誘引ᄒᆞ야百餘圜을賭ᄒᆞᄂᆞᆫ聲聞이籍々ᄒᆞᆷ으로該部警察署에서捉되야目下訊問ᄒᆞᄂᆞᆫ中이라더라

●被捉旋放 南署詰捕出所氏가何事를因ᄒᆞᆷ이연지憲兵司令部에被捉되얏다가卽時放釋ᄒᆞ얏다더라

●窃盜再犯 判甲洙氏의合男金容五氏가窃盜犯으로懲役壹年에宣告ᄒᆞ얏다가滿期解放ᄒᆞᆷ은已爲報道ᄒᆞ얏거니와聞ᄒᆞᆫ즉該氏가日女商店에서四圓價值物品을窃取ᄒᆞ다가再次被捉되얏다더라

●非賊是誰 남大門內梁校事務員金榮植氏가去初九日夜에紙貨壹百餘圜을見失ᄒᆞ얏ᄂᆞᆫ데賊漢의所爲가아닌듯ᄒᆞ다ᄒᆞ야現今探問中이라더라

●兩校相持 楊州郡平邱私立普通學校에서經費가窘拙ᄒᆞ야히동場市牛廛口文을위校經費로補用ᄒᆞᄂᆞᆫ데히郡楚正里鳳鳴學校에서도히牛廛口文을奪去코ᄌᆞᄒᆞ야히郡守의指示를圖得ᄒᆞ고鳳鳴학校任員이場市에來到ᄒᆞ야牛廛口文을收刷ᄒᆞ거ᄂᆞᆯ普通學校諸任員이齊히出往ᄒᆞ야互相爭詰ᄒᆞ다가鳳校任員이畢竟逐ᄒᆞ얏다더라

●青年會開演 今日下午八時에鍾路青年會館에서演說會를開ᄒᆞ고美國人韓大衛氏가演說ᄒᆞᆫ다더라

學界

●郡主熱心 三陟郡主事崔祺氏가각面各村에普通學校와勞働夜學을勸勉設立ᄒᆞ고於校於塾에自己月俸을傾棄捐付ᄒᆞ며漁採의稅金을便宜劃給ᄒᆞ야海戶漁民이各安其堵ᄒᆞ고頌聲이籍々ᄒᆞ더라

●吉州의李氏 吉州郡東海社산城리炳翊씨ᄂᆞᆫ학界에熱心ᄒᆞ야該地人士에게義捐을募集ᄒᆞ야敎育을奬勵ᄒᆞᄂᆞᆫ데貧寒ᄒᆞᆫ學徒의食供시지當ᄒᆞᆫ다더라

●淵校進 淵郡에서今番春期境內各七學校聯合運動會에郡守리宰시와財務署長金照시와各學校任員과各面面장이주力行ᄒᆞᆫ데優等은內進明學校學生尹弘섭시라더라

●吉郡有人 咸鏡北道吉州郡私立普成必東學校敎師申命敏太明準兩시가敎務에熱心ᄒᆞ야敎況이日益ᄒᆞᄂᆞᆫ데普通測量兩科生徒二百餘名을薰之陶之ᄒᆞ야文明ᄒᆞᆫ線이該郡에지波及ᄒᆞ니該兩시의敎育熱誠은一郡이欽仰ᄒᆞᆫ다더라

●兩氏義捐 咸興郡西雲田面官西里普涉學校에咸興來賓典祀吳默시가金貨二十圜을寄付ᄒᆞ고壹般學徒에게日新又日新ᄒᆞ라ᄒᆞ고本里介任씨ᄂᆞᆫ平生所業ᄒᆞ던賃金을寄付ᄒᆞ니此是細物이나所持者此반이라貪ᄒᆞᆫ을熱心工夫ᄒᆞ기를圖ᄒᆞ노라ᄒᆞ얏다더라

●權奬學 平南江東郡補湖學校ᄂᆞᆫ該郡主事李澄金顯爽學變李浩均李鉉郡守元鵬七시가合心同盟ᄒᆞ야設立ᄒᆞ야擔任ᄒᆞ고鳩聚ᄒᆞᆫ金額이千餘圜에達ᄒᆞ얏ᄂᆞᆫ데其中에夫人東郁祖의慈親리시가貳拾圜을寄附ᄒᆞ엿스며每年不足ᄒᆞᆫ經費ᄂᆞᆫ右七시가各其義捐補充ᄒᆞᆫ다더라

●壽補助 太郞의私立文昌學校에現今學徒가百餘名이요測量夜學이二所요勞働夜學이一所라校舍增築에對ᄒᆞ야負債가多ᄒᆞᆷ으로當地紳士諸시가慮ᄒᆞ야多少間補助가還至ᄒᆞ엿ᄂᆞᆫ데其中李在玉徐相夏馬驥李鉉兩春리宗勉丙奎諸시가優數ᄒᆞ엿다더라

●敎育界歡迎 日前李甲暉시가京城에上來ᄒᆞᆫ道次에元山港에至ᄒᆞᆫ則셔歡迎接待ᄒᆞᆷ이甚ᄒᆞ엿ᄂᆞᆫ데히시가敎育에熱心ᄒᆞ야勞苦를不憚ᄒᆞᄂᆞᆫ所以라더라

●宋李興學 京城居ᄒᆞᄂᆞᆫ宋榮鎭시ᄂᆞᆫ금百圜을出ᄒᆞ야楊州郡乾川面坪村里洞中諸시와協議ᄒᆞ야漢東學校를設立ᄒᆞ고學徒四十名을敎授ᄒᆞ얏고又本郡接洞面內洞居ᄒᆞᄂᆞᆫ李壽應시와協議ᄒᆞ고金壹百五拾圜을出ᄒᆞ야洞에明進學校를設立ᄒᆞ고學徒七十名을敎授ᄒᆞ더니該洞諸시가補助金을鳩聚收合ᄒᆞ야校況이興旺ᄒᆞ다더라

▲石上問答▼

▲賣抹翁隔芳草綠에二淸洞門을나가니濟溪白石泉至邊에玉貫絲笠壹老人과斷髮洋服壹少年이互相接膝對坐ᄒᆞ야亡國恨欵論難ᄒᆞ재頑固開化分析ᄒᆞ야오고가ᄂᆞᆫ그酬酌이可笑롭고駭絡ᄒᆞ다

▲頑固老人ᄒᆞᄂᆞᆫ말이我韓東方四千載에衣冠文物極備ᄒᆞ고禮義道德崇尙ᄒᆞ야君子之國擅名터니國家運數不幸ᄒᆞᆫ지魍魎ᄀᆞᆺ흔무리들이開化ᄒᆞᆫ다稱托ᄒᆞ고賣國手段亡ᄒᆞᆫ스니可痛ᄒᆞᆫ일이아닌가

▲開化少年ᄒᆞᄂᆞᆫ말이廉恥업ᄂᆞᆫ이老人아幾百年前姑舍ᄒᆞ고中古以後試看ᄒᆞ라欺君罔上ᄒᆞ기누구며貪虐殘民ᄒᆞ거누군가완古棄의諸君들이宗社生靈亡케ᄒᆞ노코開化者에歸咎ᄒᆞ니可痛ᄒᆞᆫ일이아닌가

▲頑固老人ᄒᆞᄂᆞᆫ말이妖惡ᄒᆞ다이少年아開化ᄒᆞᆫᄂᆞᆫ것은興國코ᄌᆞᄒᆞᆷ이어날爾輩들의開化目的外人에게依附ᄒᆞ야滅倫敗常爲主ᄒᆞ고富貴求榮ᄒᆞ련거도頑固者를反抬ᄒᆞ니可痛ᄒᆞᆫ일이아닌가

▲開化少年ᄒᆞᄂᆞᆫ말이氣막힌다이老人아開化者를指目ᄒᆞ야賣國求榮ᄒᆞᆫᄃᆞ나賣國ᄒᆞᆫ은더무리를開化者로알엇던가乃祖乃父素稱頑固開化랄을假상ᄒᆞ야民國俱亡ᄒᆞ엿二니可痛ᄒᆞᆫ일이아닌가

▲頑固老人ᄒᆞᄂᆞᆫ말이鼠竊ᄀᆞᆺ흔이少年아亡國罪를말ᄒᆞ여도頑固者의亡國ᄒᆞᆷ은自已手로亡ᄒᆞᆫᄉᆞ命無痛恨ᄒᆞ거니와開化者의亡國ᄒᆞᆷ은他人毒手비러다가撲滅無餘ᄒᆞ엿스니可痛ᄒᆞᆫ일이아닌가

▲頑固者나開化者야是非曲直위잇스리둘너처나매여치나缺裂破壞壹般이니쓸ᄃᆡ업ᄂᆞᆫ爭鬪말고頑固던지開化던지亡國ᄒᆞᄂᆞᆫ選手段과興國精神相換ᄒᆞ야互相團合前進ᄒᆞ면獨立權이自至ᄒᆞ리

社告

信川 邑支社 閔丁壹善氏辭免ᄒᆞᆫ代에 韓邑西里리 悌ᄒᆞ氏로 擇定ᄒᆞ고

寧邊 支社長 金致億氏辭免ᄒᆞᆫ代에 紅門里鄭德昇氏로 擇定ᄒᆞ고

長淵 支社員 崔載淳氏辭免ᄒᆞᆫ代에 崔東元氏로 擇定ᄒᆞ얏스니 各其郡에셔 本報購覽ᄒᆞ시ᄂᆞᆫ 僉君子ᄂᆞᆫ 照亮ᄒᆞ신後 各該處와 交涉ᄒᆞ시옵

大韓每日申報社

廣告

本人家券을 五月九日 同縣에셔 失故로 玆에 廣告홈

仁洞 壹統六戶 崔□甫 告白

本人이 陽曆五月二十二日分에 前盟理署에셔 繕給ᄒᆞᆫ 平壤隆德面四里周洞第三拾捌統壹戶 青家契와 文隆德面三里板橋洞第三拾四統 戶 青家契 丈江西 秀山동답二拾三斗 四升落又田 五拾五斗落證明書와 文並三丈을 强盜에게 被奪ᄒᆞ얏사오니 內外國 僉君子ᄂᆞᆫ 勿爲見欺홈

平壤隆德面四里 리유鍾 告白

美國直輸入 懸鍾(禮拜堂과 학校의用) 時計 大

發賣廣告

本人이 今般에 本國內地에 散在ᄒᆞᆫ 兄弟와 學界同胞의 購買便利ᄒᆞ기 爲ᄒᆞ야 懸鍾、時計、兩種을 美國으로 輸入ᄒᆞ야 廉價發賣ᄒᆞ오니 有志僉彥은 爭先購買ᄒᆞ시고 但遠方에셔 注文ᄒᆞ시면 郵便代金印還으로 寄呈도 ᄒᆞ겟습

懸鍾 大壹個拾貳圓 和全 捌圓卄錢 小全 五圓七拾五전

時計 上品壹個九圓五拾錢 全次 六圓五拾錢

發賣所 京城鐘路 內鉢谷口

明新冊肆主 李禎錫

奉安郡守 □鶴가 시가 祈禱를 禁斷ᄒᆞᆫ다ᄒᆞ고 人民의게 罰金拾圓式 或五圓式 徵收ᄒᆞ고 施政도 善良타稱ᄒᆞ며 返해 酷政을 日苛케ᄒᆞ고 直屬에게도 壹百五拾圓을 捧ᄒᆞ고 火災를 當ᄒᆞ거슬 稱托ᄒᆞ고 學校義捐金 二百餘圓을 沒吞ᄒᆞ고 隱結도 四百圓을 暗爲喫之ᄒᆞ야 諸般虐政에 民難支保키 惡勸懲ᄒᆞ기 爲ᄒᆞ야 廣布홈

元貞燦 白

本人 五月十壹日 釜山셔 上京時 외車中에셔 □匣을 介셔 失而匣內에 洪淳旭시 處에 癸未七月初五日 借給葉 二千兩 票幷失ᄒᆞ엿스오니 離其拾得ᄒᆞ와도 休紙施行홈

南部水下洞十六統五戶 鄭觀允 告白

十三道測量員 協議會

總管 聯合兩會를 撤罷ᄒᆞ고 更히 本會를 設立ᄒᆞ온 京鄕間 僉諒인바 陰四月九日(木曜)下午壹時에 南部谷井洞 本會에서 總會를 開ᄒᆞ오니 在京ᄒᆞ신 測量員은 光臨ᄒᆞ심을 望홈

代表者 盧天齊 告白

本人이 陰三月初五日夜에 紙七張과 姓名圖章을 中路에셔 見失故로 玆以廣告ᄒᆞ오니 日後 現出ᄒᆞ면 休紙施行홈

李경夏

專賣特許 중 帽子

登錄商票

本書林의 帽子廣告ᄂᆞᆫ 底可販行옵기 大韓의 商界에 新發明ᄒᆞᆫ 帽子를 世界에 紹介홈

種類	價
山고帽 中	五〇〇
中帽	四五〇 三五〇 貳五〇 折
上	全
女子用帽	
上	全
學徒帽子	二五〇 二〇〇 壹五〇

敬啓者 本新發明ᄒᆞᆫ 帽子ᄂᆞᆫ 圖와 如히 金銀絲를 加用ᄒᆞ야 堅牢美麗ᄒᆞ며 毛織으로 成ᄒᆞ기 故로 春夏秋冬에 適宜ᄒᆞ고 多年을 使用ᄒᆞ여도 變形이 無ᄒᆞ고 汗濕을 吸取ᄒᆞ야 水에 洗ᄒᆞ여도 變形이 無ᄒᆞ며 衛生에 便利ᄒᆞ고 故로 世人의 愛用ᄒᆞᄂᆞᆫ 바이라 天下에 第一이오 專賣特許를 得ᄒᆞ고 登錄商票를 定ᄒᆞ얏ᄉᆞ오니 僉君子ᄂᆞᆫ 請求ᄒᆞ시옵

定價ᄂᆞᆫ 四等으로 分ᄒᆞ야 適宜ᄒᆞ게 ᄒᆞ오니 購求ᄒᆞ시옵

發賣所 京城南部 大廣橋 中署 □林

特別廣告

全氏宗親會 中睦

宗中 紳士及 學生이 親睦을 爲ᄒᆞ야 設會ᄒᆞ고 玆에 廣布ᄒᆞ오니 有志ᄒᆞ신 僉宗은 來日 曜日下午三時에 光臨ᄒᆞ심

北部三淸洞 □敎院事務所

韓美興業株式會社平北支社發起趣旨

維國富之殷이 專在實業興旺에 在ᄒᆞ믄 東西古今을 無論ᄒᆞ고 確然明瞭矣라 現時代의 實業競爭은 金革兵戈之爭보다 尤甚ᄒᆞ며 我韓의 實業界ᄂᆞᆫ 幼稚ᄒᆞᆫ 狀態에 在ᄒᆞ야 發達이 進步치 못ᄒᆞᆫ 事情을 常常歎息ᄒᆞ더니 今에 韓美興業株式會社가 漢城에 屹立ᄒᆞ니 是乃兩國實業家의 發起ᄒᆞᆫ바 文明的 法律下에 組成인바 其宗旨의 範圍ᄂᆞᆫ 特히 完全無缺ᄒᆞ야 不啻라 至在於農工商의 諸般事業의 大發展에 嚆矢라 其資本은 優數ᄒᆞ고 協贊不已者ㅣ라 所以로 本人等이 同志를 糾合ᄒᆞ야 今承本社之認許ᄒᆞ고 實業上前途에 對ᄒᆞ야 多論을 不俟ᄒᆞ고 齊力邁進홈을 爲圖ᄒᆞ노니 惟我 光有志人士ᄂᆞᆫ 互相勸勉ᄒᆞ야 期圖本支社之完全ᄒᆞ며 開滿級之殷富를 千萬顒望

隆熙三年五月拾九日

發起人 鄭濟殷 이□勳 林 □ 鄭宅尚 白孝俊 □錫珪 朴□□ 張□玉 金□淮 鄭□鎰 金□□ 金□□ 鄭□□ 鄭□□ 金□□ □□□

미국시아들대박람회 米國시아들大博覽會

特別廣告

本社의 各處代理人의 所名은 如左홈

代理人	位置	
開城代理人		開城南門外雜貨商店
平壤代理人		平壤大西門外
咸興代理人		咸興南門內廟洞
馬山浦代理人		馬山浦 鄉主
元山代理人		元山港
濟州代理人		濟州港
水原代理人	位置未定	水原北部帝安洞
安城代理人	位置未定	本原北部帝安洞
沙里院代理人		漢城東部□□里 旺新學校內
金泉代理人	位置未定	金泉市場長信昌店
海州代理人	位置未定	海州西部廣浦二拾二統五戶
天安代理人		水原北部長安洞
群山代理人	位置未定	群山 □井洞
公州代理人		漢城西部阿峴二百廿二統三戶
大邱代理人	位置未定	大邱南山里五十八統七戶
釜山代理人	位置未定	馬山浦午山□□統九戶
江景浦代理人		西部□山坊□□中契廿七統貳戶
麻浦代理人	位置未定	西部□□□貳統三戶
楊州代理人	位置未定	漢城□洞貳統壹戶
永同代理人		陰城城山里
春川代理人		木浦□□洞
晉州代理人	位置未定	昌原□□山浦城山
全州代理人	位置未定	全羅部□石□水閣
漢江浦代理人		□□漢江十八統二戶
義州代理人	位置未定	義州北□
江界代理人	位置未定	□州□□
鎭南浦代理人		鎭南浦上甘井洞四統五戶
定州代理人	位置未定	鐵□至□井등
城津代理人	位置未定	郭山部
鏡城代理人		吉州部
太田代理人		太田郡
浦項代理人		浦項上里□貳統拾二戶
靖州代理人		鳥致院漢□□貳統壹戶
吉州代理人		吉州南門外貳十捌戶
鐵山代理人		漢城中部外相思洞二統二戶
延安代理人		延安邑□□
兎山代理人		兎山郡兎山市
濟物浦代理人	位置未定	開城南部都橋
公州代理人	位置未定	太田新□

金相杰　宋始憲　李根宅　洪淳會　崔善玉　張濟拭

大韓皇城磚洞(京城郵便局郵函第四拾號)

韓美興業株式會社 謹啓

本社ᄂᆞᆫ 美國에 在ᄒᆞᆫ 法律認可ᄅᆞᆯ 得ᄒᆞ야 □登錄

金東宣 鄭□□ 盧昊洙 孫□□ 金以文 張□臣 金□東 김유東 邦□重 □李植 吳滄泳 尹□求 韓治益 □□勳 □□台 □□淑 □□浩 □□駿 □□□ 安□□ 李□□ □□宇 孫□□ 金□□ 李□□ 朴□□ 金□□ □□□ 宋□□ 金□□ 李□□ □□□ □□□ 宋始憲

光武九年八月拾壹日 明治卅八年八月拾壹日〔第三種郵便物認可〕 金曜日 西曆壹千九百九年五月廿八日 (壹)

第七卷

大韓每日申報

第壹千壹百七號

月曆及時日休刊節慶

檀君開國四千二百四十二年
箕子元年三千三十一年
大韓開國五百十八年
日本明治四十二年
淸國宣統元年
陰己酉四月大初十日[illegible]子

Responsible for Publication
Alfred Weekley Marnham.
發行兼編輯人英國人 萬咸
發行所
京城[illegible]外地三層洋屋
大韓每日申報社

論說

◉帝國主義와民族主義

颶風이起ᄒᆞᄂᆞᆫ듯洪水가漲ᄒᆞᄂᆞᆫ듯雷霆이鳴ᄒᆞᄂᆞᆫ듯潮가打ᄒᆞᄂᆞᆫ듯火가焚ᄒᆞᄂᆞᆫ듯二十世紀帝國主義여（領土와國權을擴張ᄒᆞᄂᆞᆫ主義）

神聖ᄒᆞᆫ門羅主義（我가他人을干涉지아니ᄒᆞ고他人도我를干涉지못ᄒᆞᄂᆞᆫ主義）가白旗를竪堅ᄒᆞᆫ後로東西六洲에所謂六大强國이니八大强國이니ᄒᆞᄂᆞᆫ列强이모다攘臂盧誠으로此帝國主義를崇拜ᄒᆞ며모다奮鬪爭先ᄒᆞ야此帝國主義에屈服ᄒᆞ야世界舞臺가皆帝國主義的活劇場을成ᄒᆞ얏도다

然則此帝國主義를抵抗ᄒᆞᄂᆞᆫ方法은何인가曰民族主義（他民族의干涉을不受ᄒᆞᄂᆞᆫ主義）를奮揮홈이是니라

此民族主義ᄂᆞᆫ實로民族保全의不二的法門이라此民族主義가强健ᄒᆞ면拿破崙又ᄐᆞᆫ大英雄으로도露都殘焰에窮鬼를作ᄒᆞ고民族主義가薄弱ᄒᆞ면豆剌飛又ᄐᆞᆫ大傑男으로도錫蘭孤島에離黍의哭을ᄒᆞ나니嗚呼라民族을保全코ᄌᆞᄒᆞᄂᆞᆫ者ㅣ此民族主義를捨ᄒᆞ고何를當取ᄒᆞ리오

是故로民族主義가膨脹的雄壯的堅忍的의光輝를揚ᄒᆞ면如何ᄒᆞᆫ劇烈的怪惡的帝國主義라도敢히侵入지못ᄒᆞ나니要컨대帝國主義ᄂᆞᆫ民族主義가薄弱ᄒᆞᆫ國에반ᄃᆞ시入ᄒᆞᄂᆞ니라

嗚乎ㅣ라花ᄀᆞᆺᄒᆞᆫ韓半島가今日에至ᄒᆞ야黯黑然披靡然히魔窟에陷홈은何故오卽韓人의民族主義가强健치못ᄒᆞᆫ所以니

惟望컨ᄃᆡ韓國同胞ᄂᆞᆫ民族主義를大奮發ᄒᆞ야「我族의國은我族이主張ᄒᆞᆫ다」ᄒᆞᄂᆞᆫ一句로護身符를作ᄒᆞ야民族을保全ᄒᆞᆯ지어다

▲▲隆熙三年 三月六日 官報

法律

朕이民籍法을裁可ᄒᆞ야玆에頒布케ᄒᆞ노라

隆熙三年三月四日

御名 御璽

內閣總理大臣 李完用
內部大臣 朴齊純
法部大臣 高永喜

法律第八號

民籍法

第壹條 左記各號의壹에該當ᄒᆞᆫ事實이在ᄒᆞ야ᄂᆞᆫ其事實發生日로부터拾日以內에本籍所轄面長에게申告홈이可홈但事實의發生을知ᄒᆞ기不能ᄒᆞᆫ時ᄂᆞᆫ其事實을知ᄒᆞᆫ日로부터起算홈

壹 出生
貳 死亡
三 戶主變更
四 婚姻
五 離婚
六 養子
七 罷養
八 分家
九 一家創立
十 入家
拾壹 廢家
拾貳 廢絕家再興
十三 附籍
十四 移去
十五 改名

前項의事實로二面以上의所轄에涉ᄒᆞᄂᆞᆫ時ᄂᆞᆫ申告書各本을作ᄒᆞ야申告義務者의所在地所轄面長에게此를申告홈이可홈

第貳條 第壹條의申告義務者ᄂᆞᆫ左와如홈

壹 出生死亡戶主變更分家一家創立廢家廢絕家再興改名及移居의境遇에ᄂᆞᆫ當該戶主
貳 養子及罷養의境遇에ᄂᆞᆫ養家의戶主
三 婚姻及離婚의境遇에ᄂᆞᆫ婚家의戶主
四 入家의境遇에ᄂᆞᆫ入家ᄒᆞᄂᆞᆫ人의戶主
五 附籍의境遇에ᄂᆞᆫ附籍ᄒᆞᄂᆞᆫ人의戶主 （未完）

外報

◉土帝宣誓 伯林電을據ᄒᆞᆫ즉土耳其帝及內閣員은憲法에對ᄒᆞ야宣誓ᄒᆞ고又詔勅을降ᄒᆞ야國內各種族의懇睦을勸ᄒᆞ고北亞細亞아다나의騷亂을鎭壓ᄒᆞ야國內의秩序安寧을維持ᄒᆞ기로誓約ᄒᆞ얏다더라

◉私金振替 倫敦電을據ᄒᆞᆫ즉土耳其國王은各銀行에預入ᄒᆞᆫ壹百萬磅以上의私有預金을政府에振替ᄒᆞ기로調印ᄒᆞ얏다더라

◉印度兵撤還 伯林電을據ᄒᆞᆫ즉英國은波斯에派遣ᄒᆞᆫ印度兵을布時耳港으로부터撤還ᄒᆞ얏다더라

◉[illegible]國使節 同電을據ᄒᆞᆫ즉美國에駐在ᄒᆞᆫ淸國使節唐紹怡시의一行은獨國憲法研究를畢ᄒᆞ얏슴으로漢堡로부터[illegible]號를搭乘歸國ᄒᆞᆫ다더라

◉橫濱의美艦 東京電을據ᄒᆞᆫ즉美國驅逐艦四隻이馬尼刺로부터長崎에寄港ᄒᆞ얏다가貳拾五日頃에橫濱에向ᄒᆞ얏ᄂᆞᆫᄃᆡ噸數ᄂᆞᆫ各六百五拾噸이나되ᄂᆞᆫᄃᆡ日本에ᄂᆞᆫ初航ᄒᆞᄂᆞᆫ軍艦이라더라

◉佛國下院의協議 同電을據ᄒᆞᆫ즉佛國下院은養蠶飼育者에對ᄒᆞ야本年五月壹日부터貳個年間每壹吉瓦그람에對ᄒᆞ야六錢산지무의補助를與ᄒᆞᆯ意로協議中이라더라

雜報

◉哭裴說公

大韓國人金大哲爲文致吊于大英國人裴說公曰嗚乎公本四人[illegible]年東渡大膽熱血糖眼直舌公輸衛筆五六星霜曼々長夜玉燭新鑑[illegible]々有聲烈々有光雷[illegible]衆生震聲諸魔隻手障河壹柱擎天滴歎盡公遊時英雄巨匠吹薰群妖影從兇肚包禍惡口噬喋危如是劇險如是雖特立不撓直前勇往大哉公志雖成九仞不幸命短中歲天折問其事業者有子保安無恙閣眞報館萬歲시存克著纖述公之高義韓人崇拜公之令名煒史煒々公之幽宅韓都之南壹早三尺行路指點楊之水吾孤月沈寒楊之山吾紅日照上惟公孫孫執不吝嗟嗚乎吾公生旣爲榮死復何恨靈如不昧庶幾鑑諒

詞藻

◉哭裴說公

公歸何太早 正比春秋筆
千載有餘芳 明爭日月光

石[illegible]

雜報

●朴氏困難　海曹府院君朴泳孝氏가誹殺僧侶으로因ᄒ야各僧擁者에督促이滋甚하야頗히困難ᄒ다ᄂ說은一般知了ᄒᄂ바이어니와近聞혼즉日前에前後困難혼事實을擧ᄒ야　大皇帝陛下께上　奏ᄒ얏더니姑待處分ᄒ라신　批旨를　下ᄒ옵셧다더라

●帶同陛見　再昨日에法部大臣高永喜氏가今番司法官會議에參席혼大審院장以下法官諸人을帶同ᄒ고　昌德宮에進詣ᄒ야　大皇帝陛下께　陛見하얏ᄂᄃ　陛下께옵서　賜饌ᄒ옵셧다더라

●宮制改正　歷代　殿　陵의宮制를內部에서現今改正中인ᄃ結了되ᄂᄃ로內閣會議에決議頒布홀預定이라더라

●觀光變合　總理大臣李完用氏가來月五日頃에韓日兩國觀光團을北關內廳에樓로請邀ᄒ야宴會를設ᄒ다더라

●金門如市　近日中樞院議長金允植氏私邸에來賓이雜至ᄒ야門庭이如市ᄒ다더라

●兩妖緊密　近日閔泳綺리址鎔兩氏가現內閣變動된다ᄂ事에對ᄒ야有何運動事인지每日리氏家에會集ᄒ야何等事件을秘密協議ᄒᄂᄃ頗히緊密ᄒ다더라

●代死圖生　度支部書記官金裕晉시가身故홈으로其代를圖得ᄒ라ᄒᄂ者가該部大臣任善準시邸에雜至혼다더라

●兄弟運動　李根澔李根澤兩氏가現今統監交迭ᄒᄂ時를當ᄒ야大臣을運動中이ᄆ統監府에囑託某人의게紹介ᄒ야甚至於納賂ᄭ지ᄒ얏다ᄂ巷說이有ᄒ다더라

●李氏得放　前表勳院總裁李殷克氏ᄂ日本憲兵司令部에被捉되얏다가即時得放ᄒ얏다ᄂᄃ其內容을聞혼즉該部에被囚된李趙炷氏와錢財相關이라더라

●織蘇輯部　京畿署下開城마田等部에在혼歷代　陵殿의春等享祀費를各該部에서先遣排備ᄒ얏ᄂ데經費用을即速支撥ᄒ라고京畿觀察使가內部로報告ᄒ얏다더라

●郡主請辭　陰城郡主事府宮模시의不美혼行動이各新聞에揭佈됨을該部新任郡守睦源學시가憎惡ᄒ얏던지到任初에不爲接見홈으로該府宮模시가辭免請願ᄒ얏다더라

●屯田調査　東洋拓殖會社ᄂ韓國政府의出資혼驛屯土中畿島方面에在혼二百四拾町步를實地로調査ᄒ기爲ᄒ야日本人書記八坂某를派遣ᄒ야四日間에調査ᄒ다더라

●李氏客料　帝國實業會忠北支會장리相佑氏가商民의게對索之弊가有ᄒ면지商務組合支部장朴琮祚氏가리氏의不法行爲를清州警察署에還[illegible]ᄒ야리氏가落科見送ᄒ얏다더라

●測量自由　農商工部에서番滿方에訓令ᄒ고所謂測量總督會員을勿施케ᄒ라홈은已報ᄒ앗거니와更聞혼즉該部에서도將次測方官吏의게發訓ᄒ고測量技術者로自由測量케혼다더라

●財民綱民　陰城財務署장滿玄澤시ᄂ酒稅徵收에對ᄒ야人民에게公佈ᄒ기를六戶內에一戶式酒造放賣케ᄒ고稅금을勒徵홈으로民怨이有ᄒ다ᄂᄃ此ᄂ財務官吏가아니라綱民官吏라ᄂ議論이有ᄒ다더라

●宜當罷免　外詞洞居ᄒᄂ丁昌煥爲名者가日昨에泥醉ᄒ야其老母를毆打ᄒ야背部가重傷ᄒ얏도해附近警察官吏ᄂ此를置之勿問ᄒ얏다고해警察官吏ᄂ罷免을當홀다더라

●黃裴兩石　典膳司장金珏鉉시의少室黃裴의家가於義洞에在ᄒᄃ再昨日下午拾壹時頃에投石이兩下홈으로附近支署에告發ᄒ야搜查가該家內를重々搜索ᄒ얏다더라

●美國武官出發　東京에駐在혼美國大使館武官陸軍中佐아이요데쓰시ᄂ夫人을帶同ᄒ고來京中이러니廿九日京城을出發ᄒ야歸任의途에就ᄒ다더라

●領事歸任　前日京城에滯留ᄒ던馬山露國領事[illegible]시ᄂ貳十五日午前八時四十分에京城을出發ᄒ야歸任ᄒ얏다더라

●妨害何意　長淵郡古浜浦居柳學實氏等이合資ᄒ야旅閣을設立ᄒ고營業ᄒ기로農商工部에承認ᄒ야方今設施中인ᄃ該隣近居韓光女金寶鳳兩氏가有何挾雜인지該營業을妨害ᄒᄂ故로柳氏等이農部에更訴ᄒ얏다더라

●兩昌不昌　남部茶洞居金昌一은醫熟乎胖장金錫秀氏의子인ᄃ本是浮浪蕩子로其四寸金昌億과挾雜ᄒ야藏兆錢으로發賣ᄒ야其父의多年所聚ᄒ債券三萬餘圓을受取逃避ᄒ故로金錫秀氏가其婿尹發鎭을招致ᄒ後財産整理所에措往ᄒ야呼寃ᄒ哭이러니其後에昌一을覓數三人이無理ᄒ尹發炳氏를誅害ᄒ야至於滯囚ᄒ야聚衆裁判ᄒ後白放되고金昌億은採縱ᄒ蹤跡이現露되야其所帶巡查의任ᄭ지罷免되얏다더라

●日女行悖　再昨夜에華劇園에서日女娼名이錯誤히人力車夫朴獎吉을追逐하야烟竹으로毆打ᄒ야流血이淋漓ᄒ야殆至失魂ᄒ얏ᄂᄃ해日女를中部警察署로押付ᄒ고人力車夫ᄂ濟衆院으로擔昇以送ᄒ얏다더라

●義兵消息　京畿朔寧郡居ᄒᄂ朴某氏가義兵을募集ᄒ야部下三百餘兵을領率ᄒ고京畿各地方으로橫行혼다ᄂ說이有ᄒ다더라

●扶安義兵　남來人의傳說을聞혼즉扶安郡남面石橋等地에義兵七拾餘名이각持銃劍ᄒ고饒富ᄒ人民의게軍餉錢을收取혼다더라

●金氏慈善　樂仁郡古縣內居ᄒᄂ前議官金東洙氏ᄂ素以慈善家로時局을慨歎ᄒ야奴婢를解放ᄒ고학校를設立ᄒ며窮乏貧族을盡心救恤홈으로鄕里가感服혼다더라

●鄭倅被拘　牙山郡에ᄂ無賴輩가田畓文券을僞造ᄒ야該郡守의게證明을承認ᄒ後에日人의게放賣ᄒ지라日人이該田畓을踏査코저ᄒ미片土도無ᄒ미郡守정翰明시와被裁判ᄒ야該郡守ᄂ該警察에被囚되얏다더라

●轎洞賊現　再昨夜拾二時量에下於轎洞等地에서明盜幾名이發現ᄒ야中部警察署에서刑巡査十餘名씩六穴砲를帶持派送ᄒ얏다더라

●三家回祿　再昨日上午拾壹時量에京部犁洞路리徵玉시家에서起火ᄒ야隣家二戶가延燒ᄒ얏다더라

●井力救火　陰三月二十七日安岳郡文山面二里馬산洞에서偶然失火ᄒ얏ᄂᄃ風烈火猛에村이燃至燼러니[illegible]督昌學校敎師金서鎭氏가學徒三十人을領率ᄒ고馬山洞에來到ᄒ야學徒와幷力滅火ᄒ얏다더라

●湖西會　湖西學生親睦會에서本月三拾日日曜上午拾二時에特別總會를校洞湖興學會々館內에開홀다더라

●靑會査經　今日下午三時全五時全七時三拾分에鐘路靑年會館에서查經會를合三次開ᄒ다더라

學界

●光東獎勵　遂山郡陽良所面梧山에서私立通明勞働學校를設立ᄒ未幾에生徒가漸增ᄒ미니有志紳士李容燮시가維持方針을九爲贊成ᄒ야高明ᄒ敎師와科聘시를延聘ᄒ고學校內에諸項費藥을擔施ᄒ야學校를營繕擴張ᄒ고校名은光東이라改稱ᄒ얏ᄂᄃ學徒가百餘名에達ᄒ고校長李中詰氏와柄洸氏ᄂ學粟獸李漢榮金衡鎭諸氏ᄂ義捐을續續ᄒ시가熱心勸奬ᄒ야將有進就之望이라더라

●養生敎授　西部養生坊倉洞에서養生義塾을設立ᄒ고有志諸시가經費를擔力分擔ᄒ야熱心敎授홈으로將就之望이大有ᄒ다더라

●學校進級　陽竹郡內私立鳳鳴학校에서第二年級試驗을經ᄒ얏ᄂ데該任員과資金을優數히授與ᄒ고熱心勸勉ᄒ얏다더라

●郡守熱心　陰城郡守尹錫禹시가到任初에儒紳을招集勸諭ᄒ야郡學校를設立ᄒ고約進名面ᄒ야敎育上必要홈을說明ᄒ니發程人民이各自當擇ᄒ야各面에學校를設立ᄒ고靑年을敎育홈으로文풍이漸々振興ᄒ며

▲地方消息▼

▲本月八日全羅北道長水郡東北方約廿里地德裕山附近에서義兵九名이咸陽日守備隊上等兵以下五名과交戰ᄒ얏다ᄒ고

▲本月拾七日全羅南道潭陽郡東南方約二十里地에서義兵三十五名이該郡分遣隊長以下六名及巡查四名과交戰ᄒ얏다ᄒ고

▲本月五日南原葛潭北方約四拾里鷄山中에서義兵貳十名이該郡日守備隊特務曹長以下十二名과交戰ᄒ얏다ᄒ고

▲本月十貳日羅州面北方約十五里地에서義兵二十名이全羅南道伏岩日憲兵臨時派遣所上等兵貳名及補助員五名과交戰ᄒ얏다ᄒ고

▲本月拾四日寶城郡東남方約三十五里地에서義兵三名이該郡分遣所上等日憲兵貳名及補助員三名과交戰ᄒ얏다ᄒ고

▲本月十三日全羅北道中溪西北方約十五里地에서義兵四名이該郡憲兵臨時分遣所　憲兵貳名及補助員二名과交戰ᄒ얏다ᄒ고

▲本月十四日求禮南方約卅里全羅南道求禮本邑附近에서義兵四拾餘名이求禮郡日守備隊와交戰ᄒ얏다ᄒ고

▲本月拾八日全羅南道靈巖내남方約五里되ᄂ市場에서義兵約三拾名이靈巖日守備隊兵을狙擊ᄒ야本軍一名은即死ᄒ고二名은負傷ᄒ얏다더라

▲禿筆尙 続▼

▲傀儡닭ᄒ여ᄲ고奴隷性을모리내며無恥無恥ᄒ며靦然ᄒ게廟堂闕에奔走ᄒ야生靈塗炭越蹈ᄒ고엇지ᄒ야肥己ᄒ랴엇지ᄒ[illegible]弄權ᄒ야移轉堂金不聽ᄒᄂ더大官의作事行爲去去益甚可笑키로更李完用論評ᄒ건ᄃ

▲總理大臣李完用은伊藤博文信仰ᄒ기를上典으로알엇다가統監選任意外로世變勢去ᄒ고보면喚聲見春金鹿되여日人門牌揭付ᄒ고搬移傷處홀ᄯᆡ한니門牌를인데日人은腹痛ᄂ서못ᄒ니ᄭ그計策이可笑로다

▲宮中顧問李允用은禁澤富貴數拾年에厭世之懷싱겻ᄂ지轄往上海ᄒ라다가李完用을對ᄒ여서自己늘의兄弟位置固ᄒᄌ一ᄒ며라니實問樂柴그만히도自足혼줄모로고서平생恣戀座잇ᄂ가그否論이可笑로다

▲學部大臣李載崑은敎育管轄數三年에私設東籍다ᄒᆞᆫᄂ며成功ᄒ호ᄒᆞᆫ가不齋闘에遐任되고成均館장徵任ᄒ기로已爲內定되얏더니任官印이ᄲ앗슨를自巳智轄ᄒ던곳에及第不塊ᄇ가그廉恥가可笑로다

▲農商大臣趙重應은七協約을成立홀제總理大臣李完用을白方으로阿媚ᄒ야法部大臣을得ᄒ더니近日行動ᄃ려본즉內部大臣朴齊純을與動擠鬪ᄒ다ᄒ니무슨運動을ᄒ라고더러마시奔走ᄒᆞᆫ가그行動이可笑로다

▲樞院顧問李址鎔은滋定書와五條約을讓成ᄒᆞᆫ그功勞로無雙富貴掀天ᄒ다가打滿退臥數三年에무삼成功을ᄒ고다시內大運動홀ᄯᅢᄒ니無知沒覺ᄒ分數잇지國家敗亡ᄒ더리로제엇속만貪ᄒ엇가그心腸가可笑로다

▲諸公等의悔改ᄒ기를嘗敢祝天ᄒ待ᄒ건마ᄂ秋毫라도곳치ᄂ건想閱에ᄭ슈업고日所爲ᄒ드러본즉去益甚爲ᄒ여가며國家運數不幸인가諸公들이잘ᄂ면昭昭ᄒ신上帝께셔그罪惡을讓ᄒ지니試驗삼어悔改ᄒ소

雜報

●確據更搊　向日本兵備方消息內에順川郡에義兵이出沒호미教徒와宣教師ᄂᆞᆫ表面上으로妨害홈이無호나暗然히排日思想을抱호얏다ᄂᆞᆫ事ᄂᆞᆫ更히確報를聞호즉該郡에ᄂᆞᆫ義兵의影子도無호고教徒와宣教師들은敉會에만從事홀ᄲᅮᆫ이오此等虛妄之說은傳之者의誤이라더라

廣告

北部諫洞[illegible]三統[illegible]戶에召史家舍文券을難某시던지債給치마시옵　忠淸韓山斗文里[illegible]白

本人이去月晦日에路中에서姓名圖章을失호얏스오니知悉照亮홈　[illegible]十四統十四[illegible]義俊

本人의子朴光鉉이[illegible]작고연두길에나갓다고[illegible]홍紅色[illegible]本月初六日에失去호얏스오니[illegible]보시거던[illegible]厚謝호깃슴　朴召史　告白

◉特別廣告

本人先山在於交河孟谷三百餘年守護矣拾餘年前山下居李璟民勒葬其親於逼近[illegible]壓所府[illegible]乃理屈納[illegible]限掘移[illegible]運拖[illegible]千餘[illegible]位土[illegible]侵[illegible]之位土於[illegible]何[illegible]本[illegible]去月廿七日私掘[illegible]現然逼迫[illegible]而換人位土專行[illegible]之[illegible]內外國人은照亮홈

金[illegible]　告白

國[illegible]松坊[illegible]新村三十[illegible]統[illegible]六戶의[illegible]家舍[illegible]本人이本年陰正月에買入호얏ᄂᆞᆫ데文券을未及換[illegible]이國人호야[illegible]陰四月初七日夜에[illegible]이國人호야[illegible]하기[illegible]廣告호오니[illegible]文券은休紙施行홈　[illegible]允植　告白

黃海道遂安谷山兩郡에本事務所支所를設置호고支所長은方駿聲시오[illegible]定[illegible]所에[illegible]教育部를附設호고高名호技術[illegible]聘[illegible]오니僉彥[illegible]照亮홈

大韓測量事務所 告白

◉營業大擴張廣告

京城南大門驛에셔大同運輸會社와東美運送部와通運社와三通運送部가年來로各自運營호옵더니今에四運輸會社가營業을擴張호고資本金을合同호야合資普興運輸組를組織호옵고內外國鐵道貨物의海陸運輸를營爲호오니愛顧호시던僉君子ᄂᆞᆫ照亮호심을務望

一、資本金壹萬圓
一、位置　前東美運送部
京城南大門驛
合資普興運輸組
社長　尹[illegible]
[illegible]
社員　[illegible]
[illegible]
[illegible]
金致允

專賣特許 모자 帽子

中山帽子	價	五〇金
中折帽子		四五〇
上 仝		三五〇
女子帽下用		二五〇
上 仝		
學徒帽子	價	二五〇
		二五〇
		一五〇

登錄商票

敬啓者本新發明[illegible]帽子[illegible]금과[illegible]毛[illegible]春夏[illegible]適[illegible]多年[illegible]天下[illegible]人[illegible]

本書林의廣告[illegible]大韓의[illegible]新聞[illegible]帽子[illegible]世界에廣告[illegible]

◉特別廣告

宗中僉紳及學生이親睦會를爲호야鼓廣佈호니教育하심을會宗은來日曜日下午三時에光臨호심을

全氏宗中親睦會

北部三淸洞[illegible]

◉韓美興業株式會社平北支社發起趣旨

諸國富民股이[illegible]旺에在홈은東西古今을無論호고確然明瞭矣라現時代에實業의競爭은金甚於兵戈之爭[illegible]我國[illegible]理想的興業의[illegible]步치못홈은恒常吾人의憂歎호ᄂᆞᆫ바ㅣ러니今此韓美興業株式會社가漢城에屹立홈은是乃兩國實業家의發起이며文明호法律下에組成인바其定款의範圍ᄂᆞᆫ[illegible]至在於農工商諸般發大發展에[illegible]吾[illegible]同情으로[illegible]不已者ㅣ라所以로本人等이同支社를發起호야今承本社之認許이온바實業上新務에對호야多論을下俟호고實力을[illegible]爲[illegible]호노니惟我平北有志人士ᄂᆞᆫ互相勉勵호야期圖不[illegible]社之完全호며[illegible]之股金[illegible]千萬[illegible]

隆熙二年五月[illegible]九日

發起人　[illegible]

美國시아들大博覽會 · 미국시아들대박람회

◉特別廣告

本社의各處代理人의名은如左홈

平壤代理人	位置未定	
成川代理人	位置未定	
鎭南浦代理人		
元山代理人		
淸津代理人		
水原代理人		
安城代理人		
沙里院代理人		
金泉代理人		
淸州代理人		
天安代理人		
群山代理人		
全州代理人		
大邱代理人		
釜山代理人		
江景浦代理人		
麻浦附近代理人		
黃州代理人		
永同代理人		
木浦代理人		
晉州代理人		
金堤代理人		
漢江附近代理人		
義州代理人		
江界代理人		
東萊代理人		
鐵原代理人		
定州代理人		
城津代理人		
太田代理人		
浦項代理人		
淸州代理人		
吉州代理人		
鏡城代理人		
延安代理人		
兒山代理人		
濟物浦代理人		
公州代理人		

大韓皇城磚洞（京城西部[illegible]第四拾號）

韓美興業株式會社 謹啓

◉特別廣告

各種藥品을總發行所는京城(南大門內側)濟生堂大藥房本舖

特別注意를要홈

本堂製造ᄒᆞᆫ各種藥品은其效驗에成蹟이十分就果됨으로國內外開明ᄒᆞᆫ醫師著名ᄒᆞ야每日輸出의價額이千餘에達ᄒᆞ미其商業에發展홈이幾百年來의初有ᄒᆞᆫ實業을成ᄒᆞ얏ᄉᆞ오다

職ᄒᆞᆫ本堂의支店이海外에設立된者貳拾餘個處所를成ᄒᆞ지라其興旺의功績을日々奏唱ᄒᆞ야東西競爭ᄒᆞᄂᆞᆫ中에特別ᄒᆞᆫ名價를樹ᄒᆞ얏거ᄂᆞᆯ

至於內國ᄒᆞ야ᄂᆞᆫ民智가未開ᄒᆞ고商法이未廣ᄒᆞ야人人이舊式의商業에慣熟ᄒᆞ고新式商況은昧昧ᄒᆞ야設或好ᄒᆞᆫ實驗이有ᄒᆞᆯ지라도能히磨用치못ᄒᆞᄂᆞᆫ것과知ᄒᆞ야經濟上에觀究ᄒᆞᆫ狀態와焦燥ᄒᆞᆫ形式을自招自致ᄒᆞᄂᆞᆫ境遇에多ᄒᆞ니豈不爲此恨心哉아

本堂에서各處에支店及出張所特約代理店을非不多設이오나今에割引ᄒᆞ야特히廉價ᄒᆞ야各處에支店을加設ᄒᆞ얏ᄉᆞ오니

堂은同胞에救急ᄒᆞ는普渡ᄒᆞ는主旨요
堂은兄弟에産業을進就ᄒᆞᆫ目的이라

故로玆에廣告ᄒᆞ오니此를留意ᄒᆞ시ᄂᆞᆫ僉兄弟ᄂᆞᆫ(自陽六月望至同月三十日)(自陰四月十四日至五月拾二日)本堂에來議ᄒᆞ시되遠地에서ᄂᆞᆫ書信으로郵便通知ᄒᆞ심을敬要

京城南大門內濟生堂本舖　告白

各種東西洋藥과韓國唐草材大發賣所 京城鐘路 仁川栢峴 和平堂藥房

阿片斷引藥

一劑 金五圓　　半劑 金三圓

注意

阿片初吸者！雖曰一時之快나日久則遂成錮引ᄒᆞ야至於身敗家敗者와未免失死者！比比有之ᄒᆞ니豈不哀惜乎아故로本堂에서豫히心竭力ᄒᆞ고英國醫師方을透得ᄒᆞ야阿片斷引에大效가잇ᄂᆞᆫ靈藥을製造放賣ᄒᆞ오니欲戒阿片者ᄂᆞᆫ契約服用ᄒᆞ시되若無效驗이면藥價를還呈ᄒᆞ깃사오니服用ᄒᆞ시옵

依方製藥 照價酬應

共愛堂大藥房製造各種藥品發引表

壯陽復元丹

壹劑分壹圓 二十分價圓八拾錢 四十分三圓四十錢 八十分六圓四拾錢

此藥은專對房事過度、精多夢、遺精、腎虛、陽萎不起、貧血、諸症、元氣不足、飮食不下、眩暈、頭痛等症에特效 …

- 靈丹 …
- 淸眼水 …
- 解毒至寶丸 …
- 皮膚靈效液 …
- 通淋丸 …
- 神應丹 …
- 淸脾丸 …
- 養胃散 …
- 治痰鎭咳丸 …
- 消熱散 …
- 淸耳液 …
- 妙妙膏 …
- 能治膏 …
- 大腫拔根膏 …
- 解凝膏 …
- 寸虫去根藥 …
- 齒痛水 …
- 止泄丸 …
- 痢疾藥 …

各種上等參、雞納、東西洋有名賣藥及洋藥乾材都賣散賣其他各種藥이具備ᄒᆞ오니請求를依ᄒᆞ야小包로隨應ᄒᆞ깃슴

發行所 皇城南部太廣橋十九統七戶 共愛堂大藥房

京城鍾路慈惠大藥房에서製造賣藥十四種은大韓醫院衛生試驗部에檢査ᄒᆞᆫ藥이오니衛生家와京鄕賣藥家에서多數請求ᄒᆞ시오

平胃丸	金十錢
補益丸	金一円
淸明眼藥水	金十錢
保命丹	金十錢
膈滯消積丸	金五十錢
咽喉藥	金五十錢
小兒咳嗽散	金三十五錢
痢疾靈散	金三十錢
毒感解熱散	金二十錢
消食滯生味甘酸水	金三十錢
疥瘡藥	金四十錢
痳疾丸	金五十錢

漢城百應膏	金十錢
消痰鎭咳藥	金三十錢
養兒寶散	金十五錢
蛔虫沒出丸	金二十錢
寸虫拔根藥	[illegible]
鐵精丸	金一円
吐瀉霍亂救急水	金三十錢
止瀉潤腸丸	金二十錢
大腫拔根膏	大瓶入 金二円
輕腫拔毒膏	大瓶入 金二円
去腐生新膏	大瓶入 金二円
濕腫根治膏	大瓶入 金二円

光武九年八月拾壹日 明治三十八年八月拾壹日 [第三種郵便物認可] 土曜日 西曆壹千九百九年五月廿九日 (壹)

第七卷

大韓每日申報

第壹千壹百八號

月曆及時日休慶節刊

檀君開國四千二百四十二年
箕子元年三千三十一年
大韓開國五百十八年
日本明治四十二年
清國宣統元年
己酉四月大十一日己丑

Responsible for Publication Alfred Weekley Marnham.
發行兼編輯人英國人 萬咸
發行所
京城南部○○○石井洞外地三層洋屋
大韓每日申報社

論說

◎韓人의憂ᄂᆞᆫ韓國에在ᄒᆞ니라

今日韓人의憂가何에在ᄒᆞᆫ가世界에在ᄒᆞᆫ가曰不然ᄒᆞ니라東洋에在ᄒᆞᆫ가曰不然ᄒᆞ니라韓人의憂ᄂᆞᆫ只是韓國에在ᄒᆞ니라

吾儕가恒常韓人을對ᄒᆞ야曰世界太勢를觀察ᄒᆞ라東洋大勢를觀察ᄒᆞ라ᄒᆞᆷ은世界大勢를把ᄒᆞ야韓國에利用ᄒᆞ라ᄒᆞᆷ이며東洋大勢를把ᄒᆞ야韓國에利用ᄒᆞ라ᄒᆞᆷ이어날

乃者韓國人士中에或其憂가東洋에在ᄒᆞ야彼白人所謂亞細亞民族統壹主義를發成ᄒᆞᄂᆞᆫ者ㅣ有ᄒᆞ니惜哉라

果然幾拾年幾百年後에彼黃白種競爭說과又ᄂᆞᆫ黃人種白人種이太平洋이나大西洋左右에셔大戰爭을開ᄒᆞ고大勝敗를決ᄒᆞᆯ지라도韓人은今日에在ᄒᆞ야此를憂ᄒᆞᆷ이決코不必要ᄒᆞ니라

或曰今日東西洋現狀을回顧ᄒᆞ건ᄃᆡ歐美의勢力이亞洲로驅入ᄒᆞ고亞洲의主義ᄂᆞᆫ歐美와對與ᄒᆞ야兩力이相撲ᄒᆞᆯ시歐米ᄂᆞᆫ雄國이多ᄒᆞ고亞洲ᄂᆞᆫ弱邦이多ᄒᆞ니今日東洋에在ᄒᆞᆫ者ㅣ엇지東洋을不憂ᄒᆞ리오ᄒᆞ나此ᄂᆞᆫ實로오客의言이라

今日東洋에在ᄒᆞᆫ者라도清國이나日本又ᄒᆞᆫ國은或此를憂ᄒᆞᆷ이可ᄒᆞ거니와又ᄒᆞᆫ國은此를憂ᄒᆞᆷ이不可ᄒᆞ니何故오消國은彼가既獨立ᄒᆞ며彼가既自由ᄒᆞᄂᆞᆫ지라故로遠大ᄒᆞᆫ憂라도憂ᄒᆞᆷ이亦可ᄒᆞ되至若安남等國은其國이丘墟를既成ᄒᆞ고其族이半島를既作ᄒᆞᆫ지라何暇에東洋西洋黃種白種의憂를憂ᄒᆞ리오

然則韓人이東洋을憂ᄒᆞᆷ이可ᄒᆞᆯ가抑又不可ᄒᆞᆯ가今日韓人은急ᄒᆞ게韓國을憂ᄒᆞ야國家를鞏固ᄒᆞ며民族을保全ᄒᆞᆯ지오彼東西黃白等問題ᄂᆞᆫ第二問題라他日韓國이既獨立ᄒᆞ며既自由ᄒᆞᆫ後에나或此問題를論ᄒᆞᆷ이可ᄒᆞ니라

試思ᄒᆞ라韓國이亡ᄒᆞ고韓族이滅ᄒᆞ면東西洋競爭에東洋이勝ᄒᆞ고西洋이敗ᄒᆞ야歐米各國이東洋人의天堀가된들韓人에게何益이有ᄒᆞ며又西洋이勝ᄒᆞ고東洋이敗ᄒᆞ야亞洲諸族이西양人의奴隸가된들韓人에게何害가有ᄒᆞᆯ지ᄂᆞᆫ가今日韓人이東양을憂ᄒᆞᆷ은彼無子ᄒᆞᆫ婦人이福祿을憂ᄒᆞᆷ과壹般이니라

抑又吾儕ᄂᆞᆫ彼英國某黨人과又ᄂᆞᆫ黃禍說을主張ᄒᆞᄂᆞᆫ者ㅣ아니라設或白人이文明舞臺에先登ᄒᆞ얏다ᄒᆞᆯ지라도此를因ᄒᆞ야黃人의憂慮를作ᄒᆞᆷ보다寧히黃人의文化를激勵ᄒᆞᆷ이可ᄒᆞ니黃人이熱々奮鬪ᄒᆞ야善히文明을模仿ᄒᆞ며善히文明을消化ᄒᆞ면將來黃金世界에黃白兩種이同時嗣興ᄒᆞ야福樂을共享ᄒᆞ리라ᄒᆞᆯ도可ᄒᆞ니엇지黃禍니白禍니ᄒᆞᄂᆞᆫ說을善心迷信ᄒᆞ리오

如何ᄒᆞᆫ던지今日韓人이東양을憂ᄒᆞᆷ은空憂며痴憂며妄憂니라

吾儕가何故로此論을揭ᄒᆞᄂᆞᆫ가即韓人이或此東洋憂를因ᄒᆞ야韓國憂가漸弱ᄒᆞ며此東양憂를因ᄒᆞ야韓國憂가消磨ᄒᆞᆯ까恐ᄒᆞᆷ이로라

嗚乎라한人이여今日韓國이如何ᄒᆞᆫ境에在ᄒᆞᆫ가諸公은寢ᄒᆞᆯ時에도韓國憂를忘치말며食ᄒᆞᆯ時에도韓國憂를忘치말아韓國憂以外에他思想이無ᄒᆞ며韓國憂以外에他動作이無ᄒᆞ야韓國憂로惟壹無二最大最重의憂를作ᄒᆞᆷ이可ᄒᆞ다ᄒᆞ노라

官報

▲隆熙三年三月六日 官報 續

▲法律第八號

民籍法

前項境遇에在ᄒᆞ야戶主가申告를行ᄒᆞᆷ이能치못ᄒᆞᆫ時ᄂᆞᆫ戶主를代ᄒᆞᆫ主宰者主宰者가無ᄒᆞᆫ時ᄂᆞᆫ家族又ᄂᆞᆫ親族家族又ᄂᆞᆫ親族이無ᄒᆞᆫ時ᄂᆞᆫ事實發生ᄒᆞᆫ處所又ᄂᆞᆫ建物을管理ᄒᆞᄂᆞᆫ者或은隣家에서申告를行ᄒᆞᆷ이可ᄒᆞᆷ

第三條 婚姻離婚養子罷養의申告ᄂᆞᆫ實家戶主의連署로써行ᄒᆞᆷ이可ᄒᆞᆷ但連署를得ᄒᆞ기能치못ᄒᆞᆫ時ᄂᆞᆫ申告書에其旨를附記ᄒᆞᆷ이可ᄒᆞᆷ

第四條 第二條의申告義務者가本籍地以外에居住ᄒᆞᄂᆞᆫ境遇에在ᄒᆞ야ᄂᆞᆫ其居住地所轄面長에게申告ᄒᆞᆷ을得ᄒᆞᆷ

第五條 民籍에關ᄒᆞᆫ申告ᄂᆞᆫ書面으로써行ᄒᆞᆷ이可ᄒᆞᆷ但現今間은口頭로써行ᄒᆞᆷ을得ᄒᆞᆷ

第六條 第壹條의申告를懈怠ᄒᆞᆫ者ᄂᆞᆫ五十以下의笞刑又ᄂᆞᆫ五圜以下의罰金에處ᄒᆞ고詐僞의申告를行ᄒᆞᆫ者ᄂᆞᆫ六個月以下의懲役笞刑又ᄂᆞᆫ百圜以下의罰金에處ᄒᆞᆷ

第七條 本法에依ᄒᆞᆫ申告ᄂᆞᆫ面長이無ᄒᆞᆫ地에在ᄒᆞ야ᄂᆞᆫ面長으로準ᄒᆞᆫ者에게此를行ᄒᆞ고漢城府에在ᄒᆞ야ᄂᆞᆫ所轄警察官署에此를行ᄒᆞᆷ이可ᄒᆞᆷ

第八條 本法施行에要ᄒᆞᄂᆞᆫ規程은內部大臣이此를定ᄒᆞᆷ

附則

本法은隆熙三年四月壹日로부터此를施行ᄒᆞᆷ

建陽元年勅令第六十壹號戶口調査規則은本法施行日로부터此를廢止ᄒᆞᆷ

完

外報

◎清使陛見 倫敦電을據ᄒᆞᆫ즉英國에駐在ᄒᆞᆫ清國公使李經芳사ᄂᆞᆫ英國皇帝께陛見ᄒᆞ고信任狀及清帝의親翰을捧呈ᄒᆞ얏다더라

◎鉄道條約延期 北京電을據ᄒᆞᆫ즉德、英、佛鐵道條約은二十貳日에調印ᄒᆞᆯ터이나協議ᄒᆞᆯ事가有ᄒᆞᆷ으로延期되얏다더라

◎養蚕獎勵 佛國代議院은養蚕業者의게奬勵金을附下ᄒᆞ기로可決ᄒᆞ얏다더라

◎移民屆入 布哇에在ᄒᆞᆫ日本人同盟罷工은益々盛旺ᄒᆞ며耕主ᄂᆞᆫ壹般日本人以外勞働者를傭給으로屆入ᄒᆞ며布哇移民局은歐洲에人員을派遣ᄒᆞ야移民을屆入ᄒᆞᆯ터이라더라

◎波斯貸金 露國은波斯政府에十萬磅을貸與ᄒᆞᆯ터인ᄃᆡ其使用에就ᄒᆞ야ᄂᆞᆫ十分嚴密ᄒᆞᆫ監督을加ᄒᆞᆯ터이오且英國公使도右金額貸借에對ᄒᆞ야協議를受ᄒᆞ얏다더라

雜報

◎吊故太英志士裵說公文

公生太西我在亞東殊文絕域異音他種公之寄跡我何關焉以直報直以德報德吾師遺訓公哀我寄我哀公歸嗚呼哀哉曷忍言也公生在世健哉公之志也覺立而百折不屈壯哉公之氣也豈起而千挫不撓來住是邦職在報社贊揚貶罰間不容髮諸賢勵精群奸戰栗昔々乎煽發我民族之思想汲々乎挽回我邦國之運命仁自進化義包兼善處仁蹈義宜食其報忽然登朝奄成千古嗚呼痛矣可勝歎哉天胡忍斯不吊我懲二拾七公年豈其限命也二千萬我衆皆是無翻也言念及此雙淚龍鍾不能掩抑敢綴拙辭以慰之曰寸心乘公歸常自期於史魚之直片言折獄猶恐不及於仲由之勇蹈東海而終身眞天下士之高義使懦夫而立志誠百世師之淸風

杏史生 哭呈

詞藻

◎哭裵說公　梁寅鐸

扶弱抑强死不休
春秋以後又春秋
斜陽成壞人歸盡
渡口楊花共水流

裵公不來春　裵公不求吊
萬人稱裵公　萬人哭裵公
人而襟人道
吾不悲裵公

石汀

間氣歐西客海東
抑强扶弱是豪雄
死如可贖人將百
壹紙新聞萬世功

禹相浩

綠楊三月暮春天
廬叅吾公遊上仙
可憐曲終人不見
空山慘淡蘚啼鵑

金元燮

廣告

雜報

●奉迎擧行 皇后陛下께옵서 水原郡에 行啓하실時에 該郡人民이 依例히 祗送 祗迎홈이어니와 皇后陛下께옵서 如此히 幸行ᄒᆞ심은 古來로 稀貴ᄒᆞᆫ 事라ᄒᆞ야 沿路農家婦女들노ᄒᆞ야금 特別히 送迎節次를 擧行케ᄒᆞ얏다더라

●學部大臣 學部大臣李載崑氏가 遞任된다는 說은 已爲揭載어니와 其代에는 觀光團中 李容稙氏가 被任ᄒᆞᆯ터이라는 說이 有ᄒᆞ더라

●市門朝暮 李容稙氏가 學部大臣을 被任ᄒᆞᆫ다는 說을 因홈인지 近日에 總理大臣李完用 度支大臣任善準 農商大臣趙重應 承寧府總管趙民熙 諸氏와 其他某某官吏가 李氏寓邸에 頻數히 往訪ᄒᆞᆫ다더라

●總理謝客 現內閣이 變更된다는 說이 種々홈으로 總理大臣李完用氏는 自己權位가 搖動될가 憂慮ᄒᆞ야 一切來賓을 謝絶ᄒᆞᆫ다더라

●輪回訪閣 內閣諸大臣以下各大臣들이 有何事件인지 內部大臣朴齊純氏를 其私邸로 每日輪回訪問ᄒᆞ면서 密議ᄒᆞᆫ다더라

●翠雲工役 完順君李載完氏가 翠雲亭基址를 新修築ᄒᆞᆫ다는 說은 前報에 已揭어니와 再昨日에 該亭內居接ᄒᆞ던 人民을 一齊히 逐出ᄒᆞ얏는데 工役을 不日着手ᄒᆞᆫ다더라

●親不如內 前郡守徐丙奭氏는 內大朴齊純氏의 內從姪이오 鐵川郡守朴初陽氏는 朴齊純氏의 親從姪인더 徐兩氏가 內部秘書官을 內大의게 互相圖囑ᄒᆞ다가 畢竟徐氏가 被任되더 朴初陽氏는 自然憾情이 發生ᄒᆞ얏다더라

●統府通知 漢城府民會에서 日本서 渡來ᄒᆞᆯ 觀光團歡迎ᄒᆞᆯ 準備를 盛大히 홈은 一般知了ᄒᆞᄂᆞᆫ바이어니와 近聞ᄒᆞᆫ즉 統監府에서 該會로 通知ᄒᆞ기를 觀光團歡迎ᄒᆞ는 事에 對ᄒᆞ야 如是히 巨額의 金을 消耗ᄒᆞᆯ 必要가 無ᄒᆞ다ᄒᆞ얏다더라

●歡迎費加鉼 漢城府民會에서 日本觀光團歡迎費를 數千圓으로 鉼定ᄒᆞ얏다더니 更聞ᄒᆞᆫ즉 太半不足이라ᄒᆞ야 七千圓으로 加鉼ᄒᆞ얏ᄉᆞ나 支出ᄒᆞᆯ 道가 極難ᄒᆞ야 現方議論中이라더라

●高邸盛宴 法部에서 現今設行ᄒᆞ는 司法官의 會議는 數三日後면 終了ᄒᆞᆯ다는데 該部大臣이 自己私邸에서 盛大ᄒᆞᆫ 宴會를 設ᄒᆞ고 請邀宴待ᄒᆞ기로 準備中이라더라

●各觀察會議 各觀察使의 會議는 來月旬望間에 設行ᄒᆞ기로 豫定ᄒᆞ얏다는데 該會議를 畢了ᄒᆞᆫ 後에는 郡守薦擬에 醜聲이 有ᄒᆞ던 觀察使는 一切免官을 ᄒᆞ기로 內定되얏다더라

●實彈射擊 軍部大臣以下一切軍官들이 獎忠壇에서 連三日實彈射擊을 設行하얏는데 永宣君李埈鎔氏는 陸軍副將의 資格으로 參與ᄒᆞ야 上等賞品을 受與ᄒᆞ얏다더라

●調査救恤 本月初에 金山郡에 暴雨가 注下홈을 因ᄒᆞ야 田八[illegible]斗落과 壹百十九斗落이 成川浦落되얏다는 說은 已報어니와 該地方官으로 更ᄒᆞ야금 精實히 調査ᄒᆞᆫ 後에 特別히 救恤金을 支給ᄒᆞ기로 內部에서 協議中이라더라

●唱歌查例 學部에서 京城及地方각學校의 唱歌詞를 或時宜에 不妥ᄒᆞᆫ 何語를 削除ᄒᆞᆫ 外에는 無論官私立ᄒᆞ고 唱歌는 一例로 施行케ᄒᆞᆫ다더라

●學閥建築 大邱協成中學校事件은 本報에 屢揭ᄒᆞ얏거니와 該校財團은 自來로 道內儒林의 公同所有物인디 觀察使朴重陽氏가 以何野心으로 該校를 閉鎖ᄒᆞ고 財團을 勒奪ᄒᆞ야 第貳公立普通學校로 變更ᄒᆞ라ᄒᆞ미 物論이 激昂하야 學部에 請願ᄒᆞ얏더니 該部에서 發訓ᄒᆞᆫ즉 觀察使가 喪實ᄒᆞᆫ 報告를 ᄒᆞᆫ 故로 學部에서 延拖未決ᄒᆞᆫ지라 士論이 益々沸騰ᄒᆞ야 嶠南教育會內에 評議會를 開ᄒᆞ고 學部에 報告ᄒᆞ얏더니 該道로 事實을 說明ᄒᆞ라고 嚴論ᄒᆞ얏다더라

●캐벽結婚 京城英國總領事家館書記官캐벽시는 同總領事家庭教師佛國婦人과 婚約을 結ᄒᆞ야 不日內로 結婚式을 擧行ᄒᆞᆫ다더라

●請願沓至 度支部臨時財產整理局에서 帝室債務를 審查終了ᄒᆞ얏ᄉᆞ나 債錢支撥에 或遲滯ᄒᆞᆫ 弊端이 有홈으로 各債務者들의 支撥請願이 逐日沓至ᄒᆞᆫ다더라

●商務挾雜 咸鏡南道商務組合所都頭領羅日永氏가 月前에 何許金某를 誘引ᄒᆞ야 元山港商務組合所長을 暗自差出ᄒᆞᆫ 後金貨貳拾五圓을 徵收沒食ᄒᆞᆫ 情跡이 綻露되야 方在困難中이라더라

●壞亂風俗 開城社와 演興社及其他演劇場에 名稱은 風俗을 改良ᄒᆞᆫ다ᄒᆞ나 近日演戲를 據ᄒᆞᆫ즉 풍俗程度의 腐敗홈은 改良은 姑舍ᄒᆞ고 豪客蕩子의 如干錢財만 消耗ᄒᆞ니 可痛ᄒᆞᆫ 事이라ᄒᆞ고 ᄒᆞ다더라

●成川雨雹 平安남道成川郡靈山面地方에는 雞卵과 如ᄒᆞᆫ 大雹雨가 一時間이나 降ᄒᆞ야 農作物의 損害가 多大ᄒᆞ다더라

●家稅督納 各坊曲租稅據上處捐들이 該坊內人民의 所該屋稅를 納入通知書를 交付ᄒᆞ고 該稅金을 本月三十壹日內로 繳納ᄒᆞ라ᄒᆞ얏다더라

●爲弟呼冤 鎭津郡居韓顯澤氏가 陰曆閏月初二日에 靈巖郡自己先山에 省楸次로 前往ᄒᆞ는 中路에 義兵의 千逃者로 日兵의게 被捉되야 開城郡警察署에 移囚ᄒᆞ얏다가 現今京城監獄署에 押囚ᄒᆞ얏는데 其兄韓雲澤氏가 其弟의 曖昧被囚홈을 法司에 呼冤ᄒᆞ고 號泣道路ᄒᆞᆫ다더라

●貧民呼冤 廣州郡小雙嶺에 在ᄒᆞᆫ 小石谷의 山坂은 自來國有地인데 民人等이 此를 起墾耕食ᄒᆞ고 稅金은 該司용況에 徵納ᄒᆞ는 것인데 該處宮主[illegible]敬義氏가 此를 占領ᄒᆞ야 勿爲起耕케홈으로 人民等이 漢城財務署에 其抑冤홈을 呼訴ᄒᆞ얏다더라

●晝夜巡警 近日에 [illegible]部管內에 賊警이 去益滋甚ᄒᆞᆫ 故로 此를 別般嚴警ᄒᆞ기로 巡査를 遞選ᄒᆞ야 會同ᄒᆞ야 該署內로 晝夜巡警ᄒᆞᆫ다더라

●棄兒慘命 再昨日에 南部中林下에 何許人이 新生兒를 投棄ᄒᆞ얏는데 其情景이 慘不忍見이라더라

●日兵出發 昨日上午十時量에 日兵貳拾名이 軍物八十餘駄를 帶同ᄒᆞ고 東大門外로 發向ᄒᆞ얏다더라

●義將傳檄 한國十三道軍師府義兵總將鄭容大氏가 日昨에 京城에 在ᄒᆞᆫ 外國領事諸氏의게 何許檄文數度式을 送致ᄒᆞ얏다는 說이 有ᄒᆞ다더라

●兩陣死傷 茂州郡德裕山義兵將文某가 部下五六百名을 領率ᄒᆞ고 該郡境內에 逗留ᄒᆞ는디 數日前에 日兵이 四面으로 圍集ᄒᆞ야 互相交戰ᄒᆞ야 義兵과 日兵의 被害者가 多數ᄒᆞ얏다더라

●義將橫行 京畿義兵將鄭某氏가 李殷瓚氏의 部下兵을 領率ᄒᆞ고 楊州抱川郡等地에서 橫行ᄒᆞᆫ다더라

●李家小火 再昨日午후에 新門外故郡守李肅稙氏家에서 起火ᄒᆞ얏다가 卽爲撲滅ᄒᆞ얏다더라

●私鑄被捉 仁川港萬石洞居朴及池順京許致俊等이 江華郡에서 私鑄ᄒᆞᆫ 事가 綻露되야 池順京爲名者는 仁川警察署에서 捕捉ᄒᆞ야 現今取招中인디 其餘는 逃走ᄒᆞ얏다더라

●強盜捕捉 近日以來로 東部城內雜貨店에 強盜가 種々突入ᄒᆞ야 多數汁物을 奪去ᄒᆞᆫ 故로 目下調探中이라ᄒᆞᆫ 說은 已報어니와 三昨日에 觀廳에서 該賊漢을 捕捉ᄒᆞ얏다더라

學界

●三山遠足 東小門外城北洞三山義塾에서 [illegible]日에 遠足會를 [illegible]에서 設行ᄒᆞᆫ다더라

●協成運動 西北協成學校에서 本日上午八時에 運動會를 東小門外三仙坪에서 設行ᄒᆞᆫ다더라

●普明修業 水原郡南谷面梅洞普明學校內師範學速成科에서 五月二十壹日에 修業試驗을 經ᄒᆞ얏는데 證書授與와 修業式을 擧行ᄒᆞ고 夏期放學時에 設行ᄒᆞᆫ다더라

●普明學會 水原郡南谷普明學校教師鄭基瓚시는 學父兄과 有志紳士들과 協議ᄒᆞ야 學校를 永久維持ᄒᆞᆯ 方針으로 臨時月二拾六日上午拾時에 特別會를 開ᄒᆞ고 擴張協議ᄒᆞᆫ다더라

●南谷普明 水原郡南谷面勸洞에서 普明學校를 設立ᄒᆞ얏는대 校監姜翼中 總務徐攬河 學監金東鎬 三시가 靑年子弟를 熱心勸勉홈으로 校況이 大有進就之望이라더라

●兩氏有志 鳳山郡沙里院居金遇應 鄭鳳順 兩시가 靑年教育에 熱心注意ᄒᆞ야 夜學校를 設立ᄒᆞ고 教師金昌균시를 雇聘ᄒᆞ야 熱心教育ᄒᆞᆯ 뿐아니라 貧寒ᄒᆞᆫ 人은 救濟ᄒᆞ며 資本이 無ᄒᆞᆫ 人은 資本金을 貸給ᄒᆞ야 商業케홈으로 開學ᄒᆞᆫ지 不過壹週間內에 學徒가 貳拾餘名에 達ᄒᆞ얏다더라

●仁港運動 本月十四日 仁川港各學校에서 聯合運動ᄒᆞ는데 陽川郡公私立學徒百有餘人이 往參ᄒᆞ얏는데 府尹金潤晶시가 幼穉의 학徒를 遠來홈을 嘉尙히 녀겨 茶果와 夕餐을 請饋ᄒᆞ고 會長鄭永化 紳士[illegible]允永 朴昌洙 李景元 宋東皓 諸시가 朝飯과 行中午餐을 準備ᄒᆞ얏ᄉᆞ며 仁明학校에서는 茶果로 親睦送別ᄒᆞ엿다더라

●金氏善擧 雲산郡有志紳士金鷹洙시가 同志幾人으로 協議ᄒᆞ고 女子教育이 急先務라ᄒᆞ야 自己家로 拾三歲以下女子拾餘名을 招集ᄒᆞ야 國文을 教授ᄒᆞ니 不過壹朔에 蒙昧ᄒᆞᆫ 女子들이 能히 國文教科書籍을 解ᄒᆞ야 快有漸就之望이라더라

●校長熱心 錦山郡濟源濟南學校長朴恒來시가 靑年子弟를 對ᄒᆞ야 勤勉勸力ᄒᆞ고 愛護如子ᄒᆞ야 使之就學케ᄒᆞ며 測量員을 雇聘ᄒᆞ야 公有ᄒᆞᆫ 山林을 測量ᄒᆞ고 又高光升시로 協力ᄒᆞ야 濟南學校를 設立ᄒᆞ야 八拾餘名生徒를 熱心教授ᄒᆞᆫ다더라

▲筆下格言▼

▲窓外白日遲遲ᄒᆞᆫ대 孕務餘暇를 타서 架頭書籍을 考ᄒᆞ야 文字類聚에 여□고 이리더리 閱覽ᄒᆞᆫ즉 閭巷俗說張皇ᄒᆞ나 箇中格言만 혼지라 時局形勢에 비교ᄒᆞ니 觸目驚心ᄒᆞᆫ 것이 다 格言으로 諺語評論을 ᄒᆞ엿도다

▲착 大臣의 夫人들은 家產이 [illegible] 窮困ᄒᆞ고 壹致協議ᄒᆞᆫ 然後에 千餘圓의 巨額金을 各自辦出合資ᄒᆞ여 東小門外新興寺에 燃大佛供ᄒᆞ엿다니 그 大臣의 夫人이를 無識ᄒᆞ다ᄒᆞ나 그 心腸이 그게도 목 染ᄒᆞ다 天生配匹格言일세

▲觀光本部會員들은 日本國서 渡來ᄒᆞ는 觀光團을 歡迎ᄒᆞᆫ다고 大門外獨立館에 請邀宴待ᄒᆞ라ᄒᆞ고 現今準備ᄒᆞᆫ다ᄒᆞ니 彼輩들의 目的이 日人에게 獻忠ᄒᆞ는 附和[illegible] 더할가 下愚不移格言일세

▲漢城府民會員들은 自己國의 觀光團이 日本國을 건너갈 제 輿論不關歡送ᄒᆞ고 日本의 觀光團이 渡來ᄒᆞ면 盛大히 歡迎準備ᄒᆞᆫ다ᄒᆞ니 於彼於此그른 일은 [illegible] 施行ᄒᆞᆫ즉 어[illegible] 民族이 何以國運新關格言일세

▲[illegible]會員李容九는 自己本第家屬이 편지로 ᄒᆞ고 知婦人請邀ᄒᆞ야 [illegible]辭를 期讀ᄒᆞ며 [illegible]사연이 잇셧던지 그 漢ᄒᆞ엿더니 家君不睦[illegible] 몸인가 寶國奴의 屬람 身敗[illegible] 물일가 可憐人中格言일세

▲學部大臣李載崑은 [illegible] 學校인지 法令이 [illegible] 止發賣押收書籍三千七百餘冊子를 搭傳될 念慮로 여 盡幷燒火ᄒᆞ다ᄒᆞ니 人民知識發達되면 妨害될 일 있나 丞相이도 [illegible] 人[illegible]格言일세

雜報

●靑會討論 今日下午八點에 鍾路靑年會館에서討論會를開ᄒᆞ고智育이勝於體育이라問題로可否便이互相討論ᄒᆞᆫ다더라

廣告

本人이佩囊遺失時姓名圖章並遺失故로該圖章은勿施ᄒᆞᆷ을告白ᄒᆞ오니拾得ᄒᆞ신이가致ᄒᆞ시면厚謝ᄒᆞ깃ᄉᆞᆸ 中署茶洞 金喆容 告白

◎測量學員大募集 本塾에器械具備ᄒᆞ야實地와製圖를特別敎授ᄒᆞ오니陰四月十六日內請願ᄒᆞ시오 北署齋洞三統十戶 測量新塾

●西部龍山坊靑坡石橋契學校基本金出捐諸氏 [illegible]

本人이大安門川邊客主[illegible]

本人의圓形圖章을昨年拾壹月에沙[illegible]에서失ᄒᆞ엿기로方形圖章을改造ᄒᆞ얏기로廣告ᄒᆞᆷ 朱宰謙 告白

本部에서[illegible]事務所를設置ᄒᆞ고支所長은方[illegible] 黃海道遂安谷山兩郡에本事務所支所를設置ᄒᆞ고支所長은[illegible]

大韓測量事務所 告白

李寶政[illegible]氏大人[illegible] 陰三月貳拾二日未時別世 護喪 金卜成 訃告

◎業務大擴張廣告

京城南大門驛에서大同運輸會社와東美運送部와通運社ᄊᆡ三通運送部가年來로各自運輸營業ᄒᆞ옵더니今에四運輸會社가業務를擴張ᄒᆞ고資本金을合同ᄒᆞ야合資普興運輸組를組織ᄒᆞ고內外國鐵道貨物의海陸運輸를營業ᄒᆞ오니愛顧ᄒᆞ시면僉君子ᄂᆞᆫ照亮ᄒᆞ심을務望

資本金壹萬圓 位置京城南大門驛前 東美運送部

合資普興運輸組 京城南大門驛 社長 [illegible] 社員 [illegible]

專賣特許 帽子

本書林의[illegible]大韓의[illegible]世界에[illegible]

致啓者本新發明ᄒᆞᆫ各樣[illegible]帽子ᄂᆞᆫ[illegible]

本人家內에서去陰曆三月二十四日逢賊失物ᄒᆞᆫ時에本人의父親姓名圖章을並失ᄒᆞ얏ᄂᆞᆫ[illegible] 康革鉉 告白

本人의姓名圖章을陰本月九日에途上遺失ᄒᆞ얏기勿施之意로茲以廣佈ᄒᆞᆷ 全北任實郡新安面梨村 [illegible]

◎韓美興業株式會社發起趣旨

維國富民殷이事業興旺에在ᄒᆞᆷ은東西古今을無論ᄒᆞ고確然明瞭ᄒᆞᆫ바라現時代에實業의競爭은[illegible]

隆熙二年五月拾九日 發起人 [illegible]

美國시아틀大博覽會 미국시아틀대박람회

●特別廣告

本社의各處代理人의氏名은如左ᄒᆞᆷ

平壤代理人	平壤[illegible]門內店洞	[illegible]
馬山浦代理人	馬山浦[illegible]主	
元山代理人	元山港	
濟州代理人	濟州港	
水原代理人	水原北部[illegible]	
安城代理人	位置未定	
沙里院代理人	位置未定	
全州代理人	全州[illegible]書店	
開城代理人	位置未定	
天安代理人	位置未定	
群山代理人	群山[illegible]洞	
全州代理人	位置未定	
大邱代理人	大邱新田里五十八統七戶	
釜山代理人	位置未定	
江景代理人	位置未定	
[illegible]代理人	位置未定	
永同代理人	位置未定	
木浦代理人	木浦南[illegible]洞	
晉州代理人	位置未定	
金堤代理人	金堤郡白石面水閣	
鎭江[illegible]代理人	位置未定	
義州代理人	義州批峴	
江界代理人	位置未定	
東萊代理人	位置未定	
[illegible]代理人	[illegible]甘井洞四統五戶	
定州代理人	位置未定	
城津代理人	位置未定	
太田代理人	太田新町	宋始憲
補[illegible]代理人	[illegible]	
海州代理人	[illegible]	
吉州代理人	吉州郡	金相杰
延安代理人	延安[illegible]	
兎山代理人	兎山郡兎山市	
濟物浦代理人	開城[illegible]	
公州代理人	公州[illegible]	
論山代理人	位置未定	

大韓皇城磚洞 (京城郵便局郵函第四十號) 韓美興業株式會社 謹啓

●特別廣告

[illegible]

商品總發行所 京城南大門內 濟生堂大藥房本舖

◎特別注意를要告

當製造ᄒᆞᄂᆞᆫ各種藥品은其效驗에成蹟이拾分結果됨으로國外國間에聲聞藉名ᄒᆞ야當日輸出의價額이千金에達ᄒᆞ며其商業에發展됨이幾百年來의初有ᄒᆞᆫ實業을成ᄒᆞᆯ지로다

嗟ᄒᆞᆸ다本堂의支店이海外에設立된者貳拾餘個處所를成ᄒᆞᆫ지라其興旺의功績을日々奏唱하야東西競爭ᄒᆞᄂᆞᆫ中에特別ᄒᆞᆫ名價를樹ᄒᆞ거ᄂᆞᆯ

至於內國ᄒᆞ야ᄂᆞᆫ民智가未開ᄒᆞ고商法이未展ᄒᆞ야人人이舊式의商業에慣熟ᄒᆞ고新式商况은暗昧ᄒᆞ야設或好ᄒᆞᆫ實驗이有ᄒᆞᆯ지라도能히需用치못ᄒᆞᄂᆞᆫ바라如此ᄒᆞ야經濟上에觀究ᄒᆞᆫ狀態와煩瑣ᄒᆞᆫ形式을自招自誤ᄒᆞᄂᆞᆫ境遇에多ᄒᆞ니豈不爲此恨心哉아

本堂에셔各處에支店及出張所特約代理店을非不多設ᄒᆞ오나今에割引을特히廉價ᄒᆞ야各處에支店을加設하겟ᄉᆞ오니

壹은同胞에救濟ᄒᆞᆫ普波ᄒᆞᆫ主旨요
壹은兄弟에産業을進就ᄒᆞᆫ目的이라

故로玆에廣告ᄒᆞ오니此를留意ᄒᆞ시ᄂᆞᆫ僉兄弟ᄂᆞᆫ(自陽六月貳日至同月三十日)(自陰四月十四日至五月拾三日)本堂에來臨ᄒᆞ시되遠地에셔ᄂᆞᆫ書信으로郵便通知ᄒᆞ심을敬要

京城南大門內濟生堂本舖 告白

各種東西洋藥과韓國唐草材大發賣所 京城鐘路 仁川相峴 和平堂藥房

阿烟斷癮引藥

一劑 金五圓　半劑 金三圓

注意

阿烟初吸者ㅣ雖日覺效나日久則遂成錮引ᄒᆞ야至於敗家亡身者와未免殀死者ㅣ比比有之ᄒᆞ니豈不哀惜乎아故로本堂에셔經驗ᄒᆞᆫ刀圭로秘方을透得ᄒᆞ야阿片斷引에大效가잇ᄂᆞᆫ神藥을製造發賣ᄒᆞ오니欲戒阿引ᄒᆞ시ᄂᆞᆫ員은契約服用ᄒᆞ시되若無效驗이면藥價를還呈ᄒᆞ깃사오니照亮ᄒᆞ시옵

依方製藥 照價酬應

◎共愛堂大藥房製濟各種藥品發引表

壯陽復元丹

壹劑分壹圓　二十分壹圓八拾錢　□□分三圓四十전　八十分六圓四拾錢

此藥은專治腦痛肺癆、房事色慾○心腎虛弱○陽萎不起○遺精多夢○神經衰弱、房事時早泄不快○病後虛弱○健忘不眠○貧血諸症○先天不足○飲食不下○眩暈頭痛○等症ᄒᆞ나니試[illegible]

靈丹 止嗽口熱惡臭食慾不振等症에並神效

淸眼水 眼科聖藥

解瘧至寶丸

靈効液 皮膚神藥

通淋丸 五淋專治

神應丹 梅毒妙効

淸脾丸

養胃散

治痰鎭咳丸

消熱散 感効

淸耳水 耳病神効

妙妙膏 百貼百應

能治膏 奏効如神

大腫拔根膏

解凝膏

寸虫去根藥

齒痛水

止泄丸

痢疾藥

各種上等名雞納、東西洋有名賣藥及洋藥乾材都賣散賣其他各種藥이具備ᄒᆞ오니請求를依ᄒᆞ야小包로隨應ᄒᆞ깃습

發行所 皇城南部太廣橋十九統七戶 共愛堂大藥房

京城鐘路慈惠大藥房에서製造賣藥二十四種은大韓醫院衛生試驗部에檢查ᄒᆞᆫ藥이온ᄃᆡ衛生家와京鄕賣藥家에셔多數請求ᄒᆞ시오

平胃丸	金十錢	漢城百應膏	金十錢
補益丸	金一円	消痰鎭咳藥	金三十錢
消明眼藥水	金十錢	養兒寶散	金十五錢
保命丹	金十錢	蛔虫沒出丸	金二十錢
喉ᄉᆞ滯消積丸	金五十錢	寸虫拔根藥	金三十錢
咽喉藥	金五十錢	鐵精丸	金一円
小兒咳嗽散	金二十五錢	吐瀉霍亂救急水	金三十錢
痢疾靈散	金三十錢	止瀉潤腸丸	金二十錢
毒感解熱散	金二十錢	大腫拔根膏	大瓶入 金二円
消食滯生味甘酸水	金三十錢	輕腫根治膏	大瓶入 金二円
疥瘡藥	金四十錢	去液生新膏	大瓶入 金二円
瘧疾丸	金五十錢	濕腫根治膏	大瓶入 金二円

光武九年八月拾壹日 明治卅八年八月拾壹日 (第三種郵便物認可) 日曜日 西曆壹千九百九年五月三拾日 (壹)

第七卷

大韓每日申報

第壹千壹百九號

月曆
歲時及日節慶休刊

檀君開國四千二百四十二年
箕子元年三千三十一年
大韓開國五百十八年
日本明治四十二年
淸國宣統元年
陰己酉四月大十二日庚寅

Responsible for Publication Alfred Weekley Marnham.
發行兼編輯人英國人 萬咸
發行所
京城中署石井洞外地三層洋屋
大韓每日申報社

論說

◎此亦志士界의責任

年來韓國에所謂有志者가實業을唱道ᄒ야曰工業을改良ᄒ자曰商業을改良ᄒ자曰農業을改良ᄒ자ᄒ야前唱後應에頭側弁走ᄒ나實狀을觀ᄒ건대太半是筆端舌端뿐이라此實可惜ᄒ바로다

農商은姑捨ᄒ고工業으로만試論ᄒ야도全國敎育界에可稱홀工學校가或有ᄒ며全國學者界에可稱홀工學者가或有ᄒ며全國書籍界에可稱홀工學書籍이或有ᄒᆫ가

所謂工學校ᄂᆞᆫ彼官立의工業傳習所壹個뿐이며所謂工學者ᄂᆞᆫ外國留學生幾名外에ᄂᆞᆫ工業傳習所卒業生뿐이오所謂工學書籍은工業傳習所學生의發行ᄒᆫᄂᆞᆫ工業界一卷뿐이라嗚乎라如此ᄒ고야엇지工業發達을望ᄒ리오

以故로彼外人들이韓人을笑ᄒ야曰懶惰人種이라ᄒᄂᆞ니此가엇지國民의大恥辱이아닌가

然則今日에在ᄒ야壹工學者가出ᄒ면此를大良師로敬愛ᄒ며壹工學書籍이出ᄒ면此를聖經寶傳又치崇奉ᄒ여야可히將來의工業風潮를奮起ᄒ며可히日下工業競爭을抵抗ᄒᆯ지니라

盖彼工業界ᄂᆞᆫ工業傳習所學生諸氏가若干의食費를捐ᄒ야發行ᄒᆫ바ㅣ니彼諸氏의苦心은實로可謂홀者ㅣ라此雜誌가비록極少ᄒ나工藝思想을奮揮ᄒ며工業智識을傳播홈에엇지壹大機關이아니리오

然이나彼諸氏가此雜誌를發行홈에其經費가實로困難ᄒᆯ지라凡此雜誌에對ᄒ야彼無知識ᄒᆫ小兒라도手를拱ᄒ야感謝홀지며彼無關係ᄒᆫ路人이라도力을盡ᄒ야贊助ᄒᆯ지어날況所謂志士야엇지差趄坐視ᄒ리오

惟望컨대志士界에서此를贊成ᄒ며此를獎勵ᄒ야此雜誌로ᄒ야금其壽命이悠久케홀지어다

萬壹不然ᄒ야此雜誌가夭逝乃已ᄒ면此實工業前途에壹缺憾을損홈이니然則此를維持홈이엇지志士界의責任이아니리오故로吾儕ᄂᆞᆫ此로以ᄒ야志士界에望ᄒᄂᆞᆫ바ㅣ며又志士界에서大奮發大勉勵ᄒ야工業奮鬪를準備홈을深望ᄒ노라

外報

◎淸公使演說　伯林電을據ᄒᆫ즉在德淸公使ᄂᆞᆫ紐育平和會議에서仲裁會議의必要에對ᄒ야盛美히演說ᄒ얏다더라

◎德皇還幸　伯林電을據ᄒᆫ즉德國皇帝皇后兩陛下ᄂᆞᆫ昨日에還幸ᄒ셧다더라

◎法艦失敗　倫敦電을據ᄒᆫ즉法國軍艦단돈號ᄂᆞᆫ進水式을擧行ᄒ다가失敗가되야僅히四拾四米突을進行ᄒ고停止되얏ᄂᆞᆫ데社會主義派의陰謀에因홈이라ᄂᆞᆫ說이浪藉ᄒ다더라

◎土聘德將　伯林電을據ᄒᆫ則土耳其政府에서ᄂᆞᆫ陸軍敎官으로德國將校拾四人을雇聘ᄒ얏다더라

◎美國海軍擴張　倫敦電을據ᄒᆫ즉美國海軍長官은壹千九百十壹年까지戰鬪艦貳隻과水雷艇五隻을增加ᄒ기로計劃ᄒᆫ旨를發布ᄒ얏다더라

雜俎

◎哭裵說公

余ㅣ曾讀大韓每日申報에淸晨而起ᄒ야盥手披讀ᄒ야于玆五年이라或値押收ᄒ야壹日不讀則茫然如失에鬱々不樂ᄒ더니此蓋故焉ᄒ고全世界直擧正論이可以將頑迷오可以懾妖怪ᄒ니惟此壹紙로다

天地純剛至正之氣가國萬劫而不沒ᄒ야誅少正卯刃과擊朱泚笏이復鍾於今ᄒ야爲裵公之報筆ᄒ니眞魑魅照妖鏡也라非裵公之剛毅英勇之質이면安得鍾此正氣哉아

客月에聞說公之病篤ᄒ고自語於心曰天不欲喪我大韓인된必當勿藥遄復ᄒ리라ᄒ고切欲往見ᄒ되以晉語之不通으로不得遂意ᄒ고種々致問於其比隣이러니今月二日에偶然晴晨開門則申報分傳人來投報紙故로忙手接見則初頭에大書哀悼裵公四字라不覺失聲痛哭에昏倒無測이라가悠然而覺ᄒ니家人이驚怪問故어ᄂᆞᆯ答曰天亡我韓也로다

國之忠良이오民之師表가只有裵說公이어ᄂᆞᆯ今焉死矣라吾儕가求不免禽獸妖鬼之域矣니豈不痛哉아如醉若夢에終其日而無醒覺이더니是夜之夢에朱衣仙官이駕鶴臨門ᄒ야揖余而言曰諸君은勿以裵說之死로認眞而傷痛ᄒ라裵說人이鍾東西大陸至正之氣而生者也라豈徒然而來라가徒然而逝哉아肉軀가雖死나英靈이上天ᄒ야訴其三十七年歷史ᄒ고發揮大韓民國俱陷之狀于天父ᄒ면自天上으로還生幾百員英雄豪傑ᄒ야佑我大韓에掃淸妖氣ᄒ시며國力之恢復과民生之拯濟를指日可待ᄒ리니君勿痛哭이어다ᄒ고倏然而去라ᄒᆫ즉瞬難가약々에驚覺而思之ᄒ니仙官之言이果的確ᄒ도다

大廈之傾에非壹木之可支오奔流之勢ᄂᆞᆫ非一丸之可塞이라噫氏之死가非眞死也라靈魂關歷幾萬年不昧ᄒ리니實爲我韓大勢而暫歸也로다

噫彼又疾之輩가傳訃音而相慶ᄒ며打鑼鼓而賀云ᄒ니怪鬼之徒가不料桀犬亡之秋ᄒ고乃反雀躍而喜ᄒ니眞可笑也로다把墨欲叙에手戰臟塞ᄒ야不能述哀惜之萬壹ᄒ노이다

癡々生

詞藻

◎哭裵說公

昔我公之西來兮
負義俠之男子
秉直筆而彈劾兮
羣邪不得肆恣
我韓民之綠祿兮
胡天奪之速也
長太息而奄歸兮
惟事業之未就
使精靈而不泯兮
應在天而默佑

三巢生

天不恁遺裵說公
悲風慘雨過吾東
數行短句相時諱
汗漫終歸鬢骨中

痴々生

雜報

●德壽宮問安 皇后陛下께옵셔來月壹日水原郡模範場에幸行하샤 還御하실時에 德壽宮에 問安하옵실 旨를下하신故로時間及 御路를變更하얏는데同日下午四時五拾分에南大門外停車場에 御着하사即時 德壽宮에 問安하시고同六時에 還御하옵실預定이라더라

●曾禰狀態 曾禰副統監의親任式을頒布치아니홈은人과共知어니와其內容을聞혼즉已往에는對韓軍權을統監의指導로承行케하얏더니今番에는其軍權을給與치아니홈으로曾禰統監이不滿足히思量혼所以인듯하다더라

●曾禰統監渡韓 曾禰統監은來月五日에親任式을終하고十日頃에舊統監伊藤씨와同伴渡韓혼다는消息이有하다더라

●牛磨將遞 曾禰統監이就任혼後에는各部次官이壹切變動되리라는事는已揭어니와近間혼즉內部地方局長澤田牛磨도遞任되리라더라

●歡迎委員發程 日本觀光團歡迎委員鄭雲復其他某々시는昨日釜山港으로下往하얏다더라

●未墾地經營 東洋拓殖會社는未墾地를經營할기爲하야只今農商工部와協議혼다더라

●驛屯引繼 東洋拓殖會社에서驛屯土引繼하기爲하야昨日에該會社調查委員이該地에出張하얏다더라

●農事組合內容 前韓書會宗漢氏와中樞院議장金允植시가農事組合所를刱設하기로發起하야股金을募集하되每股千圜式으로定하고拾萬圜을收聚하기로預算하야金鶴鉉李址鎔吳晶根趙鍾緒閔泳采等諸시가股金을應募혼다는데該組合所內容인즉土地家屋等物을典執하기로主張하나終乃에는拓殖會社仲介가될贊本이라고물輿論이藉々하더라

●內大招宴 內部大臣朴齊純시는昨日午后六時에目下滯京혼各司法官을花月樓에招待設宴하얏다더라

●姓名注錄 北部警察署에서管轄內各支所巡查의게日本人官吏와勅任官以下奏任官以上高等官吏의姓名을壹々注錄成冊하야壹曆式分給하얏다더라

●調查執行 度支部未勘金調查課에서各觀察郡守觀察等諸人의欠逋條를逐日調查하야該人의家屋을爲先執行케혼다더라

●奴婢贖良規則 警視廳에서各警察署와會同을開하고協議혼事項을概聞혼즉各班家에婢자로放賣되얏다가贖良을請求하는境遇에不爲諾準하는者는相當한罰金을徵出하기로決議되얏다는데將次히規則을頒布혼다더라

●稱病不進 李根澔氏의使喚高進學夫妻事件은各新聞에屢爲揭載어니와該事件을訊問하기爲하야昨日中部警察署에서李根澔씨를招待하얏더니該氏가稱病不進하얏다더라

●閔氏詩金 前韓國閔泳徽氏가孟峴等地에家屋을洋制로新建築하次로現今工役을着手하얏는데間數는百餘間假量이오役費는參萬圜預算이라더라

●舊銅貨收額 舊日銅貨의公納使用期限은本月三拾壹日인데本月二十日까지回收혼額은實上三億七千六百二十六萬三千五十二枚에達하얏는데價額이九百拾三萬三千九百六十八圜이라더라

●民會又起 某某紳士가발起하야壹大民會를組織하기로現今協議中이라는데該會가成立後에會장은今番觀光團에入參하얏던李元老로推選혼다는說이有하다더라

●救恤金支撥 從來로各郡에서面장이義兵에게被害를當하는者ㅣ有하면該遺族에게對하야吊慰金을頒給하고救恤金壹千八百圜을豫算外支出혼다더라

●鐵橋落成 大同江의第壹第二鐵橋全部가竣工되얏슴으로來月六日에落成式을擧行혼다더라

●美武官入京 去卅三日에入京혼駐日美國大使館付武官쓴쓰시는目下貞洞孫卓嬢邸에留宿中인데京城의諸般狀況을觀察혼다더라

●畜產會社 近日漢城內實業家某々諸시가協議發起하고合資金六千圜으로新門外等地에韓國畜產會社를設立혼經營으로目下準備中이라더라

●別般調察 近日大韓協會員金嘉鎭시家에는來往賓客이每日踏至하야其門前에車馬가連絡不絶혼다는故로各偵探들이該附近에彷徨하면셔別般調查혼다더라

●討義方針 日前에大久保軍司令官이憲兵隊將校以下를會同하고各地方에橫行하는義兵을剿討하기爲하야討伐方策을又爲研究하얏다더라

●退待措處 近日慶北軍威郡財務署長이根據시가該郡各面面장을暗自招同하야何許랄債를陸續혼다稱하고前日랄價條壹兩頭에結卜十頁式加斂하는故로該郡人民等이不勝抑冤하야該事由로再昨日에度支部에呼訴하얏더니該部에서因以題辭하기를該部에서不日間當署로發訓하야該弊瘼을革거혼데이니爾爲下去하라혼故로昨日에擧皆발往하얏다더라

●財主虐民 南來人의傳說을據혼즉鐵川郡財務主事金相契시가該郡民情을不察하고隣境閭里에出張하야結錢을督刷하되如干鼎鐺汁物을强制執行하야該洞閭民家에任置하얏다가暗自放賣하는故로民怨이浪藉하다더라

●趙婦呼訴 西部阿峴居休德尤氏의妻趙召史가家勢赤貧하야東十字橋崔泗川家에針母로雇傭하더니崔氏家廊下居咸介元의老母가彼此限之說을做出하야趙召史가主人崔某와還奸하얏다하는故로趙召史가北部警察署에呼訴하얏다더라

●阿不診訴 外相洞越便婦人商店主人의淑賢氏가昨年二月分에黃土峴典舖主人崔載鏞氏의自行車를借去하얏는데第幾日에崔氏家人韓圭政氏가崔氏의奇別로自行車를推하거날淑賢시가懸疑出給하얏더니韓某가該車를間發하얏던지不意致期만에崔시가該車價를淑賢시의게徵推차로中部警察署에起訴하얏다더라

●學氏起訴 崔載鏞시가自行車價를리淑賢에게徵推하야部警察署에呼訴하얏다는說은別報와如하거니와昨日에淑賢시를招待訊問하고自行車價를强制徵收코져하야威脅恐喝하거날淑賢시가地方裁判所에起訴하얏다더라

●鄭氏更訊 東門外居하는鄭永元시가加平郡居許采시와官印僞造事件에有何相關이던지監獄署에被囚하야役五年에宜處하얏더니許시를調捉押上한故로鄭시는現今更히訊問하는中이라더라

●失金還覓 再昨日下午八時量에何許鄕客壹人이中部水標橋等地에日人韓球店에셔數次韓球遊戲를하는데同人이暗自換弄하야金貨錢壹圜을奪取하지라該人이知覺하고所管警察署에告訴하고金額을還覓코져하야無數惹鬧한則該日人이勢不得已하야沒數給與하얏다더라

●種痘方法教授 漢城內各年장한婦人의게種痘를施術하기爲하야大韓醫院에서醫學志願者를募集하야種痘施術하는方法을教授혼다더라

●宣卽還退 趙秉潤氏의大夫人이陰曆前月에農圃居하는李雲瑞의十五歲女息을二十圜에買渡하얏는데到今하야雲瑞가其女息을還退하야달나하되趙夫人이不許하매니雲瑞가中部警察署에告訴하겟다하며昨日에該署에서該夫人을招致하얏는데夫人이其族人趙鍾夏氏로代送하얏다더라

●憲兵派遣 近日全羅남道에義兵이處處蜂起하야去益熾盛혼故로平壤에在혼憲兵補助員大拾名을該地方으로急히出發하얏다더라

●日兵又來 昨日上午九時量에日兵十名이軍物七駄를帶同하고東門外楊州地方으로又爲出發하얏다더라

●掘塚斷頭 前都守洪奎潤氏의親山이楊州郡沙等村鶴生里後麓에在혼데本月貳十六日에賊漢이該山을破掘하고頭骨을斷去하얏다더라

●孤院風波 再昨日孤兒院에서該院長閔泳린氏가各社會有志紳士諸氏를請邀하야該院維持할方針을協議하다가有何事端이던지一場풍波가太起하얏다니라

●測量會演說 十三道測量員協議會에셔今日下午壹時에南部冷井洞本會內에셔總會를開하고測量을妨害하는所爲가國家와社會에對혼犯罪란問題로高仁錫氏가演說혼다더라

學界

●百餘運動 義州府內百壹院前坪에서陰四月十五日에各學校聯合大運動을擧行혼다더라

▲地方消息▼

▲本月二十四日午前壹時半에全羅南道綾州東南方約五十里地에서義兵約百名이該郡守備隊特務曹長以下十壹名과交戰하얏는데兩陣死亡이各覺名이라하고

▲本月拾六日黃海道兎山西南方約三十里地에서義兵二拾五名이京畿道朔寧守備隊少尉以下拾名과交戰하얏다하고

▲本月十四日平安南道殷山西南方約六拾五里地에서義兵五名이全郡分遣所日憲兵壹名及補助員貳名과衝突하얏다하고

▲本月拾一日全羅北道川原驛北方約十五里地에서義兵餘名이川原驛日憲兵分遣所下士壹名上等兵貳名及補助員五名과衝突하얏다더라

▲善惡幷擧▼

▲善行者를褒揚함은使人效則이어니와惡行者를攻擊함은人懲戒이아닌가韓人들의諸般行動是非善惡勿論하고耳聞目見하는대로壹幷並擧하거니와善者어던勸勵하고惡者어던遷善하면壹擧兩得되리로다

▲玉虎洞林鄕寅琥는多年研究結果로써馬총으로織組하야男女用冠適宜로독特紋帽子新製造에精緻精潔하야韓國에도製造品이如此發展하양이면外貨排斥아니하여도自聞無效혼것인즉工業界의幸福이오

▲長通坊장學根洪은教育振興注意하고千圜金을出捐하야把成학校困難함을永久維持케하니根澔趙澤緖兄弟에比等偉人잇슴을誠是慮外이아닌가

盜跖之弟鄕下某某는열손죽財救家에濟貧이오

▲太邱觀察朴重陽은一省腐敗公同物노協成學校를設立인데제가무合野心으로該校門을閉鎖하고財團까지勒奪하야公立普通變更하니愚昧한感勸鬼하야開發된謀못함망정다시妨害하니教育界의厲階로다

▲大韓協會總務는現今過盛더關係가何等炭業으로잇는지不得時刻進行치도惟恐不及하며인데歲不我與며期限은落末을도성각안코勢利에競爭하던습관가測量界의不幸이오

▲京城富豪는노빌어爆發한재民이腐敗를醒이시쳐俗僻弛改良이니니관賤行動名허본즉醒改良姑얹고淫婦子모러다가錢財奪取汨沒하고殺聰聞駭然하니風俗上의禍擧일세

廣告

日前大韓每日申報雜報欄內에申觀默시等七人이春川菲芳洞始祖山所松楸伐賣契約勿施事라홈은平山申시都宗中財政不贍흠으로勢將伐賣인즉각派有司와協議契約흐지홈이요暗自偸賣흐려홈은아니기如是廣告홈
平山申시都宗中 告白

本人이慶北榮川郡啓陳坪溝前後請願文券을장橋中部洞南大門等地에遺失흐여쓰니該券은엇더한者가得하얏거던남大門外千里運輸會社로持來흐면厚賜흐리다
榮川 金洛喆 告白

大韓每日申報第壹○七號雜報欄內에南昌不兩비란題下의事實의不公은각新聞에前已廣告則不必贅論이나每日申報愛讀僉彦의疑訝가不無키로姑爲擧略辨明인바 尹益炳 이가自作之孽노醫院與監獄에多日囚禁라가笞五十에處判흐거슨衆所共知어날無罪白放이라흐며허金圓을領受後各處負債를壹壹淸帳은親族與知舊가洞悉흐는事오領受日子와淸帳日子가玆在흐깃슬金昌一은粹退蕩자라金昌億學漢兆는挾雜輩로受用逃避라흐면其誰信聽가欲掩眞悖나 益炳 悖니可付一笑오김昌億의巡査之任은辭願依免指令이玆在이거날謂免이라흐니可付二笑오金家之事에炳益이何關가可付三笑者라김昌億리漢兆兩시는白々無瑕흐거슬玆以廣告홈
金昌壹 白

本人이去壬寅年分에當港居金命裕處에億兩機所在基址壹千七百五拾米突을五拾圓에買收러니該券을써失故로玆에廣告흐니誰某拾得흐와도休紙施行
三和港億兩機主 東旭 告白

本人買受仁川府花村洞第八統四戶草家三間廊此第拾九號洞券今月廿五日路上서失而方欲更撥次로以廣告誰某拾得休紙施行
徐鉉泰 廣告

◉太極教宗立說

太極者也天地萬物之祖儒教心也萬化爲之本人道以教爲宗而教之宗曰儒々教以心爲宗而心之宗曰理々者太極也故夫子曰易有太極周子曰無極而太極又曰立人極邵子曰道爲太極又曰心爲太極朱子曰夫子其太極儒教之所宗師惟夫子而名其教曰太極者蓋有以也世級漸降路教多岐薰香并臭之相雜而難辨蚌胎魚目之同混而莫别予思予所謂詩曰具曰予聖誰知烏之雌雄者政爲此道也嗚呼極理不明則乾坤或幾乎息矣儒教不立則人道將底於喪矣此吾儕所以憂深慮遠不顧是非之旁趨竊淺諫濂極知僭踰之爲罪而思欲倡明斯道者也與政相分卽時措之得宜也信教自由亦世界之公法也必以政自政教自教之好個題目著作區别之標準使無相干涉凡我儒心儒行之同胞君子其亦有講究而默會者矣今此儒教之若是乎懈弛垂絶者非教之罪也乃吾儒不能講明實踐之罪也稽古證今敎教立法卽遵吾夫子爲萬世開太平繼往聖之大道而吾種族亦須以保有性命之關鍵也然亦不無知我罪我之懼而曰知我罪我者惟太極教宗乎敢爲之說而敬告于同志諸君子伏願發謀協贊觀圖儒教之更明於天下焉

孔子誕降二千四百六拾年己酉二月甲子　太極教宗本部 告白

黃海道遂安谷山兩郡에本事務所支所를設置흐고支所長은方駿聲시로確定開務케흐고該支所內에敎育部를附設흐고高名흔技師를聘聘教授케흐오니僉彦은照亮흐심

大韓測量事務所 告白

本人의兒子晙民이가離家已久에四處尋訪에影響이終無흐와死生을難知故로玆以廣告흐오니晙民을아시는僉君子는勸喩흐시와보내심을切望

中和郡龍山洞 禹仁權

李贊政載現氏大人參判公
陰三月貳拾二日未時別世
護喪 金卜成 訃告

陰三月二拾七日夜에強盜七名이本人家에突入흐야家藏汁物을奪去흘時에金海台也面新明員답四拾斗地田三拾斗地와同郡進禮面田里員답四拾斗地와金海台也面新明里山四區와昌原府新員답六十斗地文券을同失하얏기로玆以廣佈흐오니誰某던지該文券을休紙施行홈
金海郡台也面新明里 中在圭

◉韓美興業株式會社平北支社發起趣旨

維我富民殷이鄕業旺에在흔은東西古今을無論흐고確然明瞭矣라現時代에實業의競爭은愈甚於兵戈之强弱이시我壹境에理想的興業의發達이進步치못흠이恒常吾々의憂歎흐는마ㅣ러니今此韓美興業株式會社가漢城에屹立흠은是乃兩國實業家의發起이며文明흔法律下에組成인바其定款의範圍는特히壹事壹業에止흘뿐不是라至在於農工商諸般業大發展에嚆矢됨을吾儕는壹般同情으로協贊不已者ㅣ라所以로本人等이同支社를發起흐야今承本社之認許이온바實業上新務에對흐야多論을不俟흐고齊力勇進흠을爲期흐노니惟我平北有意人士는互相勉勵흐야期圖本支社之完全흐며同衛家國之殷富를千萬顒望

隆熙三年五月拾九日

發起人 鄭濟原 李世勳 林炳駿 鄭宅周 白孝俊 白鎭桂 朴??燁 崔??玉 金敏淮 鄭??? 金鎬湜 金敎忠 鄭濟崙 鄭尙獻 金??鎰 韓??郁

◉咸南洪原郡龍源面私立中成學校義捐諸氏

校長 金翰奎 金十五圓
贊成長 高昌裕 金三圓
校監 洪允變 金五百圓
前議官 陳憲鍾 金貳拾圓
會計 前令 陳昇鍾 金壹千圓
委員 金希奎 金二圓
前主事 金蓮源 金十圓
朴治鍊 金三圓
陳尙岐 金二圓
前議官 洪性必 金壹圓
金祥鎭 金貳圓
韓孝淵 金五圓
金世能 金二圓
前令 金鍾龍 金二圓
韓孝淳 金三圓
陳厚鎰 金二圓

私立中成學校 告白

美國시아틀大博覽會 · 미국시아틀대박람회

AMERICAN KOREAN TRADING COMPANY.

皇城磚洞（京城郵便局郵函第四拾號）韓美興業株式會社
（大美國에리쇼나道法律認可）
（駐大韓國美國總領事館登錄）

本社의各處代理人의姓名은如左홈

漢城代理人 漢城門內雜貨商店
平壤代理人 平壤大門內店洞
咸興代理人 咸興西門外
馬山浦代理人 馬山浦客主
元山代理人 元山港
清津代理人 清津港
水原代理人 水原北部장안동
安城代理人 位置未定 安城東部?里旺新橋內
沙里院代理人 位置未定 水原北部安?洞
金泉代理人 金泉市場共信商店
羅州代理人 位置未定 羅州西部廊浦三拾二統五戶
天安代理人 位置未定 水原?長安洞
群山代理人 群山太平洞
全州代理人 位置未定 漢城?阿峴二百廿二統三戶
大邱代理人 大邱新由里五十八統七戶
釜山代理人 位置未定 馬山浦中山?拾壹統九戶
江景浦代理人 位置未定 西部?山坊東幕中契廿七統貳戶
麻浦代理人 位置未定 西部麻浦貳拾七統二戶
儀湖院代理人 位置未定 漢城?城山里
永同代理人 位置未定 漢城?洞貳統壹戶
木浦代理人 木浦?洞
晉州代理人 位置未定 昌原?馬山浦城山
金堤代理人 位置未定 金堤?石面水閣
漢江浦代理人 漢?漢江十八統二戶
義州代理人 位置未定 義州?
江界代理人 位置未定 江界?
東萊代理人 位置未定 ?里上甘井洞四統五戶
寶城代理人 位置未定 ?井동
定州代理人 位置未定 郭山郡
城津代理人 吉州郡
太田代理人 太田?
浦項代理人 浦項上里拾貳統拾二戶
鴻州代理人 鳥?院漢?貳統壹戶
吉州代理人 吉州西門外?貳十捌戶
鏡城代理人 漢城?外相思洞二統二戶
延安代理人 延安郡磨玉洞
兎山代理人 兎山郡兎山市
濟物浦代理人 位置未定 開城?都橋
公州代理人 位置未定 太田新?
臨津代理人 位置未定 公州中灘面松亭里

金相杰 宋始憲 李根宅 洪淳奎 金景模

金東宣 鄭基珠 崔晏宇 孫啓文 金國文 ?? 金允京 金允東 ?元?? ?學?? 吳?泳 ??? 朴?? 金數贊 朴??石 李相淑 ?寶浩 李?鎔 ?鍾? 金德宇 孫升基 李?欽 朴??? 朴??? 金??? 金??? 宋鍾? 鄭?? 宋??? 李鍾? 金萬植 ?孝? 金孝榮 ?鍾? 宋始憲 申??

◎特別注意홈 廣告

本堂製造ᄒᆞᄂᆞᆫ各種藥品은其效驗에成蹟이拾分結果됨으로內外國間에齊名ᄒᆞ야壹日輸出의價額이千金에達ᄒᆞ며其商業에發展홈이幾百年來의初有ᄒᆞᆫ實業을成ᄒᆞ지라

賜ᄒᆞ야本堂의支店이海外에設立된者貳拾餘個處所를成ᄒᆞᆫ지라其興旺의功績을日々奏唱ᄒᆞ야東西競爭ᄒᆞᄂᆞᆫ中에特別ᄒᆞᆫ名價를樹ᄒᆞ얏거니와

至於兩國ᄒᆞ야ᄂᆞᆫ民智가未開ᄒᆞ고商法이未展ᄒᆞ야人人이舊式의商業에慣熟ᄒᆞ고新式商況은昧味ᄒᆞ야設或好ᄒᆞᆫ貨物이有ᄒᆞᆯ지라도能히磨用치못ᄒᆞᄂᆞᆫ

것을知ᄒᆞ야經濟上에硏究ᄒᆞᆫ狀態와無端ᄒᆞᆫ形式을自招自致ᄒᆞᄂᆞᆫ境遇에多ᄒᆞ니豈不爲此恨心哉아

本堂에서各處에支店及出張所特約代理店을非不多設이오나今에特히廉價ᄒᆞ야各處에支店을加設ᄒᆞ겟ᄉᆞ오니

僉兄弟ᄂᆞᆫ(自陽六月望日至同月三十日)(自陰四月十四日至五月拾三日)本堂에來議ᄒᆞ시되遠地에서ᄂᆞᆫ書信으로郵便通知ᄒᆞ심을敬要

故로玆에廣告ᄒᆞ오니此를留意ᄒᆞ시ᄂᆞᆫ

僉은同胞에救急ᄒᆞᆷ을普及ᄒᆞᆷ이主旨요僉은兄弟에產業을建就ᄒᆞᆷ目的이라

京城南大門內濟生堂本舖 告白

各種東西洋藥과韓國唐草材大發賣所 仁川和平堂藥房

阿片斷引藥

一劑 金五圓　半劑 金三圓

注意

阿片初吸者ㅣ雖曰風氣나日久成癮ᄒᆞ야斷引을不得ᄒᆞ야至於敗家亡身者ㅣ比比有之ᄒᆞ니豈不哀惜乎아故로本堂에셔精心硏究ᄒᆞ야新方을製造ᄒᆞ야阿片斷引에大效가잇ᄂᆞᆫ卽時藥을製造ᄒᆞ야欲戒阿片者ㅣ服用ᄒᆞ시면效驗이有ᄒᆞ오니購求ᄒᆞ시ᄋᆞ

和平堂藥房

◎共愛堂大藥房謹告各種藥品發引表

壯陽復元丹

此藥은腎精多勞○陽痿○遺精○腎虛○神經衰弱○房事過度○貧血○心悸○先天不足○飲食不下○眩暈○頭痛○健忘等症에……

價 一劑 三圓四十錢 ……

靈丹 止咳口熱……

清眼水 ……

解毒至寶丸 ……

皮膚妙効液 ……

淋丸 ……

神應丹 ……

清脾丸 ……

養胃散 ……

治痰鎭咳丸 ……

消熱散 ……

清耳液 ……

妙妙膏 ……

能消膏 ……

大腫拔根膏

寸虫去根藥　齒痛水

解凝膏

止瀉丸

痢疾藥

各種上品雞納、東西洋有名賣藥、乾材都賣散賣其他各種藥이具備ᄒᆞ오니請求ᄒᆞ심을依ᄒᆞ야小包로隨意ᄒᆞ시옵

發行所 皇城南部大廣橋十九統七戶 共愛堂大藥房

京城鍾路慈惠大藥房에서製造ᄒᆞᆫ藥五十四種은大韓醫院衛生試驗部에檢査ᄒᆞᆫ藥이온바衛生家와本鄕賣藥家에셔多數請求ᄒᆞ시오

平胃丸	金十錢	百應膏	金十錢
補益丸	金一円	鎭咳藥	金三十錢
清明眼藥水	金十錢	養兒實散	金十五錢
保命丹	金十錢	蛔虫沒出丸	金三十錢
消積丸	金五十錢	寸白拔根藥	金三十錢
咽喉藥	金五十錢	鐵精丸	金一円
小兒咳嗽散	金三十五錢	吐瀉霍亂救急水	金二十錢
痢疾靈散	金三十錢	泄瀉調腸丸	金二十錢
毒感解熱散	金二十錢	大腫拔根膏	大瓶入 金二円
消食甘酸水	金三十錢	輕腫根治膏	大瓶入 金二円
疥瘡藥	金四十錢	去腐生新膏	大瓶入 金二円
痲疾丸	金五十錢	濕腫根治膏	大瓶入 金二円

光武九年八月拾壹日 明治卅八年八月拾壹日 (第三種郵便物認可) 火曜日 西曆壹千九百九年六月壹日 (壹)

大韓每日申報

第七卷 第壹千壹百拾號

月歲 曜時 及日 休刊 節

檀君開國四千二百四十二年
箕子元年三千三十一年
大韓開國五百十八年
日本明治四十二年
[illegible]紀元年
陰己酉四月大十四日壬辰

Responsible for Publication Alfred Weekley Marnham.
發行兼編輯人英國人 萬咸
發行所
京城南部[illegible]三層洋屋
大韓每日申報社

論說

◉人民이何其愚오

壹二人의擧措를嗚ᄒ야日前가我曼從ᄒ면是非도不知ᄒ고囹圄悲愴ᄒ야追附ᄒ며壹二人이口를騰ᄒ야日我가爾를稱ᄒ다ᄒ면眞僞도不計ᄒ고尾를亂搖ᄒ야歡迎ᄒ니嗚呼라彼人民이何其愚오

近日에或韓人觀光團이日本으로往ᄒ며或日人觀光團이韓國으로來ᄒ며或觀光團을餞別ᄒ며或觀光團을歡迎ᄒ며或東城에서韓日聯陸會를開ᄒ며成場方에서韓日聯陸會를開ᄒ야其奔走陸續의光景이頗히人의耳目을驚ᄒ나此가果然人民의衷情으로出홈인가

壹二人이曰日本觀光이好ᄒ다ᄒ면彼도其理由가何인지도不知ᄒ고唯々ᄒ며壹二人이曰日人觀光團을歡迎홈이可ᄒ다ᄒ면彼도理由가何인지도不知ᄒ고唯々ᄒ며壹二人이曰韓日親睦會를開홈이利ᄒ다ᄒ면彼도其理由가何인지도不知ᄒ고唯々ᄒ야盲者가杖을倚ᄒ듯ᄒ니嗚呼라彼人民의愚가엇지此에至ᄒᄂᆫ가

抑余ᄂᆫ國人民이皆然홈은아니오但只幾個愚人民에不過ᄒ나此亦韓國民族에게壹大汚點을遺ᄒᄂᆫ바니라

大抵國民된者가其國有ᄒ國粹를奮ᄒ야進退ᄒ며其固有ᄒ目的을向ᄒ야[illegible]ᄒ여야可히國民의威光을不墜ᄒ지니엇지壹二人의手腕에係ᄒ며壹貳人의指揮를隨ᄒ야他人의精神으로進退ᄒ며他人의指麾로動靜ᄒ리오

古人이有言曰「莫見於隱莫顯於微」라ᄒ니假或妖怪輩가아모리袖에ᄂᆫ刀를藏ᄒ고口에ᄂᆫ蜜을吐ᄒ며左手로肯을擊ᄒ고右手로麻를摩ᄒ야使人의耳目을掩코ᄌᆞᄒ나誰가此를信ᄒ리오만은彼人民이彼壹二人의命令下에遂遂홈은其根性이劣弱홈이며其知識이蒙昧홈이라故로吾儕가此를悼ᄒ노라

或曰彼人民이엇지眞心으로此擧作이有ᄒ리오不過是時勢의壓迫을因ᄒ야外面으로唯々ᄒᄂᆫ바이라ᄒ나余ᄂᆫ此說에對ᄒ야또壁觀不已ᄒ노니大抵外面으로만唯々ᄒ다ᄒ지라도壹唯々ᄒ며再唯々ᄒ며唯々二字에々ᄒ며至ᄒ야麻痺ᄒ며乃曰官與獨立ᄒ면畢竟中心으로唯ᄒ지니엇지可懼치아니ᄒ리오

嗚呼라彼當局人의所爲ᄂᆫ吾가不言ᄒ야도國人이共睹ᄒᄂᆫ바이며國人이共知ᄒᄂᆫ바ㅣ라故로此를論ᄒ고此ᄂᆫ아니어니와彼人民의愚를苦惜ᄒ야警言으로喚醒ᄒ노라

雜報

○李儁大韓每日申報社장國漢公文

隆熙三年五月辛酉에大韓每日申報社장國漢公以狹昇化于藩滿致義之門外ᄒ니其甦日에鄭于碣花之渡ᄒ세兩外士女之奔走慰唁ᄒ야互相赴而者指不勝屈이라越八月戊辰에漢陽后人鄭喆衡以鄉曲末流로遠未能執紼ᄒ고敢效古人絹辭千里ᄒ以寓壹哀之儀ᄒ야拂淚緘瀆ᄒ고文以弔之曰嗚呼라惜蘭之摧ᄂᆫ爲其香也오傷麟之踣ᄂᆫ爲其瑞也ㅣ라夫旣香而瑞而欲其久於時而不可得者ᄂᆫ物之理也ㅣ니惟我公이知之라公은歐洲男子라稟天地之正氣ᄒ고抱春秋之義理ᄒ야自渡東으로維持在韓ᄒ야鐵鐵森嚴ᄒ고百折不撓ᄒ야志猶衛韓이라於是乎四千載歷史가賴以有光ᄒ고二千萬生靈이賴以得全이라嗚呼功固大矣며措泰山之岳ᄒ야較其輕重ᄒ면未知孰勝이며酌東海之水ᄒ야量其深淺ᄒ면不足爲讓이라夫環球之ᄂᆫ聲氣所通ᄒ고名聞所泊이라雖任喑聾跛躄이나嗟不欲慕而欽仰이어ᄂᆞᆯ嗚呼以公之英特節로도不能享其壽ᄒ고遽然罹疾에竟至於華扁에無功ᄒ고彭상이異夢ᄒ니天之於公에胡忍飫斷이며公之於韓에何忍棄오抑將旬天無人而造物者猜戲耶아

嗚呼公之臨訣에猶以救大韓聞說로屢其知己ᄒ야勝不丁寧ᄒ니嗚呼我韓國을如是之愛自餓者於是爲益驗而衆所蘊蓄을從以可知矣오且公之志業을旣得其人而付之ᄒ야以永其傳ᄒ게ᄒ얏슨則譬諸大厦雖撓나危木이能支矣니是乃公之無憾而亦爲世界之幸福也ㅣ라

嗚呼我同胞ᄂᆫ他感憤遲而自强其力ᄒ야皆以公平自由로樹立으로自期獨立ᄒ야國光ᄒ며扶植世敎에何雖之有며오不昧者靈은顧以是冥佑也ᄒ소셔已矣乎라靑峯에無路ᄒ고黃壤이永閉ᄒ니蘭然鳳節을何由復得고倘或幸魂에盈歸而歸之耶아莊周春夢에化蝶而來之耶아聲聲痛에蒼天이欲裂이라

嗚呼嗟々萬里陳荒에魂兮未歸ᄒ고碣花古渡에有時去來用故國이遂矣라蒼國이觸淚ᄒ고往事가茫茫이에惧永가鳴咽이라嗟噫悲矣라謂之爲公嗟惜而傷嘆者ㅣ奚啻若蘭之摧麟之踣而止之哉아儀乎其業이며偉然其烈이여宜其輝映竹葉ᄒ고輪囷리常이로다山谷은可遷이어니와公名은不朽이로다嗚呼人皆爲哀시惜ᄒ되吾以爲天下痛ᄒ노라嗚呼哀哉

鄭喆衡

挽

隻手猶能擎九天
大東紀念億千年
六洲同哭靑山葬
烈士今名永有傳

鄭喆衡

學報

●林東洞公立普通學校本校
北部松峴私立幸東洞普通學校에서四月壹日에本年業式을擧行ᄒ얏ᄂᆫ데
最優等生 林亭相 李[illegible]
優等生 金正[illegible] 優等生 [illegible]
安[illegible] 朴[illegible]
及第生 [illegible] 安[illegible]

詞藻

◎哭國漢公

欲書誰寄異遠遠
活動可期死不期
哀淚幾添紅杜宇
靈魂滑沓白楊枝
異矣公論誰有主
確然蒼穹更無時
靈榜翠傘歸去路
江聲嗚々[illegible]々

學堂

大鵬鐵生獨義傳
壯年東作外津達
[illegible]邪誰去春秋筆
[illegible]來歐亞洲
楊津暮春芳草[illegible]
玉樓千載[illegible]
來何晩也歸何速
長使韓人淚不休

李應求

廣告

宮報

●行啓陪從 本日 皇后陛下께옵서水原郡 行啓時에各皇族夫人이 陪從홀다홈은已報호얏거니와 義親王妃義陽君리載覺夫人侍從卿尹德榮夫人承寧府總管趙民熙夫人 皇后宮大夫尹寓善夫人과務局長尹致昨夫人等이 陪從하라신面諭가有호옵셧다더라

●署名問安 皇后陛下께옵서水原郡 行啓호시と事에對호야宗親文武百官이明日上午十時부터同拾貳時ᄭ지 仁政殿正門에서署名 問安의禮를行혼다더라

●學部指揮 學部에서각官私立學校와其他女학校에指揮호되 皇后陛下 行啓時와還御時에各학校任員이학徒를領率호고南門外停車場에서 祇迎호라호얏다더라

●坊會總會 北部貞慶坊會에서臨時總會를再昨日에養源약校內에開호고該坊內義捐金收合事件과本日 皇后陛下 行啓時에 祇送 祇迎事件과日本觀光團渡來時에代表로五十人을選定호야提灯歡迎홀事件을協議호얏다더라

●俱樂何樂 翠雲亭은各大臣의詩會處所로新建築호더니更聞혼즉官人俱樂園으로擴張建築혼다と대發起人은리載晃리載覺리載完리載崑리完用朴齊純尹德榮閔丙奭김允植等諸氏이라と디該事由를 大皇帝陛下에上 奏호얏다더라

●新任統監政策 正任統監이歸任後에と諸般政治를變更홀다홈은人所稔知호と바어니와更聞혼즉總理의事務と統監이總察호고法部と大審院으로農商工部と내部로附屬혼다と說이喧藉호다더라

●詩會亡會 各大臣의詩會軸을刊行혼다홈은已報호얏거니와第壹號를巳爲發刊하고序文ᄭ지添付刊行호얏다と디其題旨인즉詩會로豈團體를組織홈이라더라

●廳規改定 本日부터內部大臣官房에서道書記官會議를開홀터이라と대各其意見提出中에觀察使가警務廳報홀と專權을改定혼다더라

●以老訪老 前判書리容元氏と再昨日中樞院議長金允植시를訪問하고數時間을談話호얏다더라

●顧問訪問 中樞院顧問리根澤氏と尋訪을因홈인지有何協議홀事件인지不知어니와再昨日에永同郡居權顧問重顯氏를訪問호고即時上京호얏다더라

●永道晚餐 학部大臣리載崑氏と去土曜日에該部高等官을帶同호고東門外永道寺에前往호야晚餐會를開호고同日下午七時頃에入城호얏다더라

●大第渡韓 日本셔渡來호と第壹回觀光團은日間入城호고第二回觀光團と來月初旬頃에渡來홀預定이라더라

●通信員渡韓 倫敦타임스新聞社外訪課王任바렌다얼、지롤시와顧脈북家通信員모리손시가去月三拾壹日에東京을出發호야渡韓한다고統監府에電報가來호얏다더라

●露領事歸國 元산及생津駐在露國名譽代辦領事니꼬라스밀후시가療養으로賜暇歸國홀中에と同國捕領事館通譯官센코웰랑크시를臨時로城津에派遣혼다더라

●彼何開明 近日所謂開明上有益호と各官吏들이人력車를乘호고談車夫로服從服色을着혼者가多호다と더其實인즉허氏等이前日大官의威儀를效倣코즈홈이라고一般輿論이莫不鼻笑혼다더라

●農事組合總會 再昨日前參判吳貞根氏家에서農事組合所總會를開호고金宗漢리址鎔等諸氏가會集호야任員을選定호얏다더라

●燈臺設置 忠淸南道沿岸瑞산半島에設置홀燈대에셔と本月壹日爲始호야日沒時부터日出時ᄭ지燈火를設置홀計劃이라더라

●慰魂祭設行 去甲午年分에褓負商七百餘名이古阜郡白산面黃土峴에서豊齊히被害하얏스되御今ᄭ지慰魂祭를許行치못호얏더니商務組合本部장李학宰氏가公事員리宵承學務員明時洙兩氏와全北支部長具元謨氏를派送호야陰本月大日에慰魂祭를舉行호と더古阜郡守鄭용基郡主事殷世瀛兩氏와該道商民三千餘名이來參호고韓日巡查와日憲兵及補助員等이多數히來到保護호얏다더라

●色必亡身 利川郡邑底居殷明三氏에子璉五氏가多年鰥居호더니陰去月初六日夜에隣居리明甫가何許寡婦를携來호야同居호기를勸誘호거날殷氏가不得已同居호더니第數日後日憲兵派駐所에서來到調査호고該郡警察署로殷氏를捉去호야羅州郡으로移囚호얏다가更히水原警察署로押囚호얏다더라

●民報發刊 大韓民報發홍士團에委托發刊혼다홈은已報호얏거니와機械費及刊出費를倭鄉壹百五拾圓으로契約호고本月貳日부터發刊혼다と더五大千歲假量이라더라

●寄附民報 輔國閔泳徽시と大韓協會機關紙大韓民報社에金貳百圓을寄附호얏다더라

●總督失牌 拾三道測量員協議會에서再昨日에開會호고高仁서氏가演說호다가니太醫量總督會의門牌를摘拔호고中部警察署에告訴하얏다더라

●金氏移交 前郡守金興基氏가警務廳에多日滯囚호더니昨日地方裁判所로移交하얏다더라

●義不服義 全羅南道各郡日憲兵派駐所에義兵의檄文이遞到호と대該檄文이來到호と데도日文으로繙譯하야日人들이朗讀호고義理文字가何々激切홈으로莫不歎賞혼다더라

●義兵增募 廣州郡에서義兵과日兵이交戰호얏다と說은前報에揭載호얏거니와該兵將文某氏가更히義兵을增募혼故로現今沃川郡等地境內에逗留혼다더라

●曖昧被捉 加平郡居老儒洪鍾善시と年過七旬에杜門讀書가已有年久터니何許偵探者의構陷을被혼인지義兵의干連으로該憲兵隊에被捉되얏다더라

●莫見乎隱 申莊願朴魯天趙春淵三시と著名혼人인데近來에陰謀詭計로義將라假稱서를誘引捉致혼事と世人이共知어니와尙今其惡習을未改호야其行動이頻히殊常호다더라

●雜技犯被捉 북部諫洞居吳光泳시가日昨某處에서雜技局을設호고賭錢혼事가綻露되야中部警察署에被捉되얏다더라

●女校奬學 再昨日漢城內各女학校가進明女학校內에會同호야聯合奬학會를開호と대에任卿氏로臨時會장을選定호고該會組織홀方針을說明호얏다더라

學界

●普黑又新 長湍郡皐浪面普昌學校가漸次로開進호나他人의沮戲로相持호더니該校長魚용善시가躬往호야從容處理호結果로該郡內名譽家金계榮光鎬兩氏와趙東魯우학연諸시가校務를擔任호고郡守리與學시가該校에來臨호야激勸히勸勉홈으로七拾三名學徒가壹齊히斷髮하야校況이日新又新호다더라

●學此熱心 信川郡於項左と貧坊인故로學校設立홀形便이無호더니該坊居호と前博士李有成시가凡務를全當호야明新學校를設立호고熱心敎育홈으로人皆稱頌혼다더라

●是男是妹 忠州可興面綾巖里居호と金春培시와京[illegible]格동居하と韓璦시と男妹之間也러니是貳拾歲靑年으로敎育에現今急先務됨을深覺호고爛商協議後에金시と自己家에私立格致義塾을新設호고韓시と名譽로敎授호다더라

●鄭氏奬學 水原郡南谷面龜禮洞私立普明學校敎授정基奐시と敎育에熱心不啻라학校中經費窘乏혼者를自己로俸給으로出捐호야使之就學케혼故로院趾洞人士들이莫不稱頌호다더라

●萊府運動 去拾六日東萊府에셔各公私立學校聯合大運動會를擧行호얏と데生徒總數と壹千二百七拾九人이오此外[illegible]梁山金海三郡學徒百餘名이來參호얏と대각학徒と我國所選晉州水扇衣를着호고徒步競走計算競走商品競走障碍物競走同人 脚其他各種運動을호얏と더優勝者에게と多數貴品을給與호얏고當日正午에日本東京留學生의祝電이來到호얏스며각學徒의活潑혼氣像과勇壯혼精神은文明之機關이오觀賞者と三萬六千餘名에達호야人山人海를成호야壹大盛擧를呈호얏다더라

●英明測量 英陽郡邑內面甘川洞居吳鉉台시가英明測量學校를設立호고學務를自擔호야熱心勤勉호고普通科程을兼以敎授호야頗有前進之望이라더라

▲地方消息▼

▲去月拾九日光州西方約二拾里尾에서義兵約五十名이[illegible]日憲兵聯合搜索隊와交戰호얏다호고

▲去月廿日茂朱郡內에서義兵約四十名이全羅南道四街店에憲兵臨時派遣所憲兵貳名及補助員六名과衝突호얏다호고

▲去月拾二日辰時安興驛北方約大拾里地에셔義兵五名이安興分遣所憲兵壹名及補助員貳名과衝突호얏다더라

●訛說無根 日前本報雜報欄內에讀表勳院總裁李載克시가[illegible]시와錢財上關係로日司令部에被捉되엿다と說은純是無根訛說이더라

▲資本家一覽▼

▲天下萬事議論컨디錢物이면不成이라韓國에도志士들이國家衰를憂慎호야文明을勸導호라호고熱心周旋호것마と赤手空拳으로수업셔と또로셔絕命호나是誰걸고〃〃〃〃資本家의罪責이라發表勸告호여볼까

▲資本家의諸君들아財產이따호と것은生命인즉然後에야能自保守이어날現今時勢窮寒持못호며と山藏水積財産인들所用處가어디잇と他人에게쌔길바엔事業이나호여보소

▲資本家의諸君들아守錢虜다〃〃〃〃累次攻擊호엿지만守錢虜다호と것도幾分自由가지고야佩號따도호려니와諸君諸形말호건디守錢虜가되라호을그權利나잇셧던가於彼於此죽을바엔事業이나호여보소

▲資本家의諸君들아脆門빗게나을ᄯ에赤手空拳나왓스며黃泉으로갈ᄯ에도赤手空拳가리로다財産으로말호진다나고죽と그中間에應用品에不過호니매고가며지고갈가於生於死空手인즉事業이나호여보소

▲資本家의諸君들아子孫爲호計較마라病身子孫따호라고預先自期호엿던가子孫敎育잘만호면壹分祖業업더라도天下事를皆可爲오그子孫에不肖호면遺金萬籯쓸데업니於左於右用인즉事業이나호여보소

▲資本家의諸君들아그子孫을爲호여셔家道를保全호라호올재壹身가잇셔야此生子도保存호것인듯今日形勢생각호라무合能力살듯호가子孫들이잇셔야만計策인들호다호지於上於下不及이니事業이나호여보소

▲資本家의諸君들아碧海萬里풍浪中에孤舟絕饑그ᄭ은데獨自生活호라호리그腸호어리석고大廈將崩그아리에獨自安免호라호니그思想도ᄆ속호다諸君地位생각호야조곰整異호가事業호여보소

▲資本家의諸君들아내알픈聽不聽은諸君에게ᄆ여잇지와悲〃切〃勸호는中에幼子따도個個人丼로게되며極력拯救호더인디事人民況沒홈을目不忍見이如是生存方法研究호야次第로勸告호겟노라

雜報

●智德研演　智德共硏會에서 今日下午七時三十分에 演說會를開ᄒᆞ고崔서夏씨를請邀演說ᄒᆞᆫ다더라

●仁者無敵　今日下午捌時에 畿路靑年會舘에서演說會를開ᄒᆞ고鄭士의東暉氏를請邀ᄒᆞ야仁者無敵이란問題로演說ᄒᆞᆫ다더라

廣告

兪永根崔士文은北署館山下里九龍洞邊墻接屋之人으로貳十日前에有爭梗ᄒᆞ야兪永根이先訴於北署而士文捉去ᄒᆞ고同永根裁判則永根이理屈故士文放送ᄒᆞ니永根不勝忿怒ᄒᆞ야又訴於司令部ᄒᆞ야捉致士文永根ᄒᆞ야裁判則又無理屈故無罰放送而太湖會裁判又落科ᄒᆞ니又訴於新聞ᄒᆞ얏스니世豈有如何道잇가不勝痛恨故로如此事實을玆以廣布홈　崔石元　告白

◉特別廣告

本所에서各種測量에關ᄒᆞᆫ事務를營業擴張ᄒᆞ고實業을尤極注意ᄒᆞ야 礦山未墾地 漁業 其他 水陸 寶藏을 發見又經營코ᄌᆞᄒᆞᄂᆞ篤志同胞의 計劃을確實成立되도록盡力需應ᄒᆞ오며又事業發에關ᄒᆞ야告意莫遂ᄒᆞᆫ同胞에게ᄂᆞᆫ贊同便利를供ᄒᆞᆯ지ᄉᆞ오니有志僉彦은來臨ᄒᆞ시옴

中部丞洞三拾貳統三戶

會同測量事務所長 金澤吉

田台鎬　金昌熙　李燦聖　朴箕璨

本人의陰三月二十四日分에圖章을서失이옵기自今勿施홈
安州ㅅ北面龍淵里　咸基聖　告白

●學員募集廣告

今般本校에서學員約五拾名을募集ᄒᆞ니入학志願者ᄂᆞᆫ速히履歷書를添付ᄒᆞ야入學請願書를提出ᄒᆞᆯ事

入學志願者ᄂᆞᆫ左記事項을注意ᄒᆞᆯ事

壹 六月三日午前九時旨에來校ᄒᆞᆯ事

貳 試驗科目

普通學校卒業生에게對ᄒᆞ야ᄂᆞᆫ日語。算術의各科目에就ᄒᆞ야試驗을行ᄒᆞᆯ事

其他志願者에게ᄂᆞᆫ日語。漢文。算術의。各科目에就ᄒᆞ야試驗을行ᄒᆞᆯ事

三 鉛筆、白紙를携帶ᄒᆞᆯ事

四 入學請願書及履歷書用紙ᄂᆞᆫ本校에請求ᄒᆞᆯ事

公立釜山實業學校

本人이本年陰四月五日에鳳山沙里院南坪里에서載事左栗坊外장河安宅洛許推來戊申拾月拾五日本壹百七兩八錢標와同宋比里金鉉奎許推來己酉二月二拾日本三百兩標와同內長河魯聖淳許推來己酉二月五日本壹百四拾四兩二錢標와同火殺壹石標와仝右栗谷村安應涉許推來己酉二月二拾九日本壹百兩票와鳳山洞仙坊德峴金炳澤許推來戊申拾貳月二十五日本四千五百兩票를써失이옵기玆에廣佈ᄒᆞ오니誰某拾得ᄒᆞ와도勿施홈

黃海左栗坊內長河李敬祿　白

本人이陰五月拾日南門外에서和盛의推次當坪壹千四百六拾兩과壹千二拾五兩於音二片을路中에서失ᄒᆞ고玆以廣布ᄒᆞ오니誰某拾得ᄒᆞ와도休紙施行홈
樓閣洞　崔順泳　白

本人이本年陰三月分에姓名圖章을路中에서失ᄒᆞ와新圖章을施行ᄒᆞ오니知悉ᄒᆞ심을
西署盤石坊蓮池洞九拾六統貳戶　金昌鉉　告白

●韓美興業株式會社平北支社發起趣旨

維我富民殷이邦所以旺에在홈은東西古今을勿論ᄒᆞ고皆昭明ᄒᆞ얏다現時代에實業의競爭은愈甚ᄒᆞ야干戈之强弱보다甚ᄒᆞᆫ環境의經濟的興業이進步치못ᄒᆞᆫ恒常吾人의遺憾이오나今此韓美興業株式會社가漢城에屹立ᄒᆞ온是乃兩國實業家의發起이며文明ᄒᆞᆫ法律下에組成된바其定款의範圍ᄂᆞᆫ特히豐富ᄒᆞ야此ᄒᆞᆯ난不足ᄒᆞ야至在於農工商諸般業大發展에嚆矢됨을吾儕ᄂᆞᆫ慶賀ᄒᆞᆷ을不已ᄒᆞᆷ이라所以로本人等이同支社를發起ᄒᆞ야今承本社之認許이온바實業上新務에對ᄒᆞ야多論을不俟ᄒᆞ고齊力勇進ᄒᆞ기爲期ᄒᆞ노니惟我平北有志人士ᄂᆞᆫ互相贊助ᄒᆞ야期圖本支社之完全ᄒᆞ며同補家國之殷富를千萬顒望

隆熙三年五月拾九日

發起人　鄭濟原　피世勳　林昇鎭　鄭宅周　白學俊　白錫瓊　朴奉煒　崔秉玉　金時淮　鄭尙鎬　金鎬焜　金敬愆

美國시아들大博覽會・미국시아들대박람회

[illegible]

◎特別注意할廣告

本堂製造한各種藥品은其效驗에成蹟이拾分確實됨으로內外國門에聲名을揚하야當日輸出의價額이千金에達하미其商業에發展이將百年來의初有한實業을成하기로다

茲에本堂의支店을海外에設立한者凡拾餘個處所를設하니其興旺의功績을日々奏唱하야東西洋界에中外特別한名價를樹하거니와

至於內國하야는民智가未開하고商法이未展하야人人이舊式의商業에慣熟하고新式商況은昧昧하야設或好한實驗이有할지라도能히應用치못하는고로如此한經濟上에研究치못하고狀態와組織한形式을自招自敗하는弊가多하니豈不爲此恨心哉아

本堂에서各處에支店及出張所特約代理店을非不多設이오나今에割引을特히廉價하야各處에支店을加設하겟사오니

本堂은同胞에敎鑑을普波할主旨요
本堂은兄弟에産業을進就할目的이다

茲로並에廣告하오니此를有意하시는僉兄弟는(自陰六月望日至同月三十日)(自陰四月十四日至五月拾三日) 本堂에來臨하시되遠處에서는書信으로郵便通知하심을敬要

京城南大門內濟生堂本舖 告白

各種東西洋藥과唐國草材大發賣所 仁川[illegible] 和平堂藥房

阿烟斷引藥

一劑 金五圓　半劑 金三圓

注意

阿片初吸者ㅣ雖日見效나日久則遂成錮引하야至於壽敗[illegible]者와未免疾死者ㅣ比比有之하니豈不哀惜乎아故로本堂에셔盡心竭力하고英國[illegible]方을遵得하야阿片斷引에大效가잇는藥을製造放賣하오니欲戒阿片者諸員은契約服用하시되若無效驗이면藥價를還呈할지사오니購覽하시옵

[illegible]方製藥 [illegible]

◎共愛堂大藥房製造各種藥品價引表

土[illegible]元丹

[illegible]

淸心丸　消化丹　解熱至寶丸　清眼水　皮膚病藥液　淋[illegible]丸　神應丹　消腫丸　養胃散　治痰鎭咳丸　消熱散　清耳液　百貼妙妙膏　[illegible]膏

大腫拔根膏　解凝膏　寸虫去根藥　齒痛水　止瀉丸　痢疾藥

各種上品雞納、東西洋有名賣藥、皮洋藥乾材都賣散賣其他各種藥이具備하오니請求를依하야小包로隨應하깃숩

發行所 皇城南部太廣橋十九統七戶 共愛堂大藥房

京城鍾路慈惠大藥房에서製造한藥三十四種은大韓醫院衛生試驗部에檢查한藥이온바衛生界와京鄉賣藥家에셔多數請求하시오

平胃丸	金十錢	漢城百應膏	金十錢
補益丸	金一円	消痰鎭咳藥	金二十錢
清明眼藥水	金十錢	養兒寶散	金十五錢
保命丹	金十錢	蛔虫沒出丸	金二十錢
滯消積丸	金十錢	寸虫拔根藥	金二十錢
咽喉藥	金二十錢	鐵精丸	金一円
小兒咳嗽散	金十五錢	吐瀉霍亂散	金二十錢
痢疾藥	金二十錢	止瀉潤腸丸	金二十錢
毒解熱散	金二十錢	大腫拔根膏	大瓶入 金二円
消食滯生果甘酸水	金三十錢	輕腫消治膏	大瓶入 金二円
疥瘡藥	金四十錢	皮膚病新膏	大瓶入 金二円
痲疾丸	金三十錢	濕腫根治膏	大瓶入 金二圓

(壹) 西曆壹千九百九年六月貳日 水曜日 (第三種郵便物認可) 明治三十八年八月拾壹日 隆熙三年六月貳日

第七卷

大韓每日申報

第壹千壹百拾壹號

月曜及慶節 歲時日休刊

檀君開國四千二百四十二年
箕子元年三千三十一年
大韓開國五百十八年
日本明治四十二年
淸國宣統元年
舊己酉四月大十五日癸巳

Responsible for Publication: Alfred Weekley Marnham.
發行兼編輯人英國人 萬咸
發行所
京城南部石井洞城外地三層洋屋
大韓每日申報社

寄書

◎讀支那史ᄒᆞ다가 責焚書賊

悲世子

虞夏ᄂᆞᆫ忽然沒ᄒᆞ고孔孟은夕陽時라周家八百年社稷은虧月이已傾ᄒᆞ고山東十二國故都ᄂᆞᆫ秋草만自沒ᄒᆞ얏ᄂᆞᆫ데咸陽城中阿房宮에對ᄒᆞ야又ᄒᆞᆫ秦皇이暴를逞ᄒᆞ며狐又ᄒᆞᆫ李斯가虐世勛ᄒᆞ야焚書令을下ᄒᆞ고天下書를火ᄒᆞ니牛溲馬渤又ᄒᆞᆫ卜筮種樹數卷만其命을僅保ᄒᆞ고支那開化數千年에文明의太光彩가煥然燦然ᄒᆞ던伏羲黃帝堯舜禹湯又ᄒᆞᆫ衆聖의經史와周公孔子老莊荀墨又ᄒᆞᆫ群哲의文字가모다壹炬火에付ᄒᆞ얏더라

余ㅣ此에至ᄒᆞ야髮이怒立ᄒᆞ며眦가怒裂ᄒᆞ야卷을地에擲ᄒᆞ고大聲疾呼ᄒᆞ야曰

嗚呼焚書賊아爾가山河要險의基를旣據ᄒᆞ며國富兵強의力을旣藉ᄒᆞ야天理를順ᄒᆞ며人心을撫ᄒᆞ야山東六國의國基를扶ᄒᆞ야磐石에措ᄒᆞ며天下人民의自由를許ᄒᆞ야春城에導ᄒᆞ얏더면爾의國이泰山又치安ᄒᆞ며爾의身이上帝又치尊ᄒᆞ야海晏河淸ᄒᆞ며雨順風調ᄒᆞ야二世三世로至于萬世히傳之無窮ᄒᆞ야時人이爾의功을歌ᄒᆞ며後人이爾의德을頌ᄒᆞᆯ지어날

乃爾狼子의眼이此에不及ᄒᆞ며豺奴의計가此에不出ᄒᆞ야愚黔首三字로治國大經法을作ᄒᆞ야前世文明의儲蓄器되ᄂᆞᆫ書籍을焚ᄒᆞ며現世文明의生殖器되ᄂᆞᆫ書籍을焚ᄒᆞ며來世文明의播種器되ᄂᆞᆫ書籍을焚ᄒᆞ야光明天地를打破ᄒᆞ야暗黑世界를幻造ᄒᆞ얏스니爾性이何其惡이며爾計가何其拙고

大抵數千年支那의文明이모다此書籍中에留在ᄒᆞ야精神文明도此中에在ᄒᆞ며物質文明도此中에在ᄒᆞ며聖人賢哲도此中에在ᄒᆞ며英雄豪傑도此中에在ᄒᆞ며忠臣名將도此中에在ᄒᆞ며孝子烈女도此中에在ᄒᆞ며哲學文學도此中에在ᄒᆞ며政학法학도此中에在ᄒᆞ야聖英의魂과聖哲의精이모다此中에在ᄒᆞ거ᄂᆞᆯ爾가無焰을壹揮ᄒᆞ야古代文明이掃地無餘ᄒᆞ얏스니爾의罪가壹이오

大抵人民의精神氣力이모다此書籍中으로從出ᄒᆞ야自由心도此中에서出ᄒᆞ며富强力도此中에서出ᄒᆞ며愛國精神도此中에서出ᄒᆞ며民族主義도此中에서出ᄒᆞ거ᄂᆞᆯ爾가怪燐을壹弄ᄒᆞ야人民의目을盲ᄒᆞ며人民의耳를防ᄒᆞ며人民의智識을錮ᄒᆞ야聰明雋俗ᄒᆞᆫ民族을壓ᄒᆞ야愚蠢ᄒᆞᆫ非의人物을造ᄒᆞ얏스니爾의罪가二오

爾가人民을旣愚케ᄒᆞ고魔術을賜ᄒᆞ며妖誕을編ᄒᆞ야衆生으로爾의犧牲을作ᄒᆞ며天下로爾의私物을作코자ᄒᆞ니爾의罪가三이라爾가天壤間에不容ᄒᆞᆯ此三大罪가有ᄒᆞ고엇지不亡ᄒᆞ리오

爾의火가雖烈ᄒᆞ나書籍은焚ᄒᆞᆯ지언뎡人民의心은可焚치못ᄒᆞ며書籍은焚ᄒᆞᆯ지언뎡人民의氣ᄂᆞᆫ可焚치못ᄒᆞᆯ지라焚書의烟이海內에遍ᄒᆞ며天下人心이騷々然曰彼賊이我를愚코져ᄒᆞᆫ다ᄒᆞ며六國志士가躍々然曰彼賊이我를殺코자ᄒᆞᆫ다ᄒᆞ야歎ᄒᆞ다가悲ᄒᆞ며悲ᄒᆞ다가哭ᄒᆞ며哭ᄒᆞ다가憤ᄒᆞ며憤ᄒᆞ다가起ᄒᆞ야於是乎陳勝吳廣의徒가壠畝에서旗를奮ᄒᆞ며項梁劉季의群이市井에서兵을驅ᄒᆞ야壹夫가呼에萬夫가應ᄒᆞ야揭竿이天下에遍ᄒᆞᆫ지라

天下將士가且驅且走ᄒᆞ야焚書賊의血을飮코焚書賊의肉을飽코져蜂又치起ᄒᆞ며虎又치奔ᄒᆞ야咸陽城으로注集ᄒᆞᆫ셔漢沛公壹劍에三世嬰이面縛ᄒᆞ고楚伯王壹炬에函谷關이破碎되고壹蹴再蹴에咸陽城이沼가되야阿房宮殿은炬火로化ᄒᆞ며秦家諸族은天劍을哭ᄒᆞ며驪山凶屍ᄂᆞᆫ毒鞭을嚐ᄒᆞ야蜂目萬世의計가三世에止ᄒᆞ얏스니嗚呼라當年焚書愚民의効가何地에在ᄒᆞᆫ가

嗚呼라爾여爾가此焚書壹事에爾의家가亡ᄒᆞ며爾의國이亡ᄒᆞ야古人도爾를罵ᄒᆞ며今人도爾를誅ᄒᆞ야爾의頭上에萬鍼이交下ᄒᆞ며爾의胸前에萬矢가交注ᄒᆞ야天下萬古의人民이爾를作ᄒᆞ얏스니爾何其無知如此오

官報

▲隆熙貳年拾壹月拾壹日 官報

法律

朕이漁業法을裁可ᄒᆞ야玆에頒佈케ᄒᆞ노라

隆熙二年十一月七日

御名 御璽

內閣總理大臣 李完用
農商工部大臣 趙重應

法律第二十九號

漁業法

第壹條 本法에漁業이라稱ᄒᆞᆷ은營利의目的으로水產動植物採捕又ᄂᆞᆫ養殖ᄒᆞᄂᆞᆫ業을謂ᄒᆞᆷ이오漁業權이라稱ᄒᆞᆷ은第二條를依ᄒᆞ야免許를受ᄒᆞᆫ漁業을做ᄒᆞᄂᆞᆫ權利를謂ᄒᆞᆷ

第二條 左開ᄒᆞᆫ種類에漁業은農商工部大臣의免許를受치아니ᄒᆞ면做業ᄒᆞᆷ을不得ᄒᆞᆷ

壹 壹定ᄒᆞᆫ水面에漁具를建設又ᄂᆞᆫ敷設ᄒᆞ고壹定ᄒᆞᆫ漁期間을守置ᄒᆞ야做ᄒᆞᄂᆞᆫ漁業第壹種免許漁業

二 壹定ᄒᆞᆫ區域內에서捕具採藻又ᄂᆞᆫ養殖을ᄒᆞᄂᆞᆫ漁業第二種免許漁業

(未完)

外報

●皇位式舉行 伯林電을據ᄒᆞᆫ즉和蘭女皇의登位擁立式은六月五日에舉行ᄒᆞ얏다더라

●兩國相持 同電을據ᄒᆞᆫ즉모로코國모가듈에서獨澳兩國의居留人자볼名은戰地土人의게抑留되얏슴으로放救ᄒᆞ기爲ᄒᆞ야手段을用ᄒᆞ야도到底히放還ᄒᆞ게難ᄒᆞᆫ貌樣이라더라

●海軍預算增加 倫敦電을據ᄒᆞᆫ즉伊國海軍豫算案은六年을繼續ᄒᆞ야壹千七百六拾萬磅을支出ᄒᆞ기로決定ᄒᆞᆫ外에五百八拾七萬磅을增加ᄒᆞ얏다더라

●海軍同盟 同電을據ᄒᆞᆫ즉말介港에在ᄒᆞᆫ法國海軍豫備水兵等間이同盟罷業을決議ᄒᆞ고九日에出帆ᄒᆞᆯ터이라더라

雜報

●弔大韓每日申報社前社長裵公文

嗟哉公之來也惜哉公之去也公之來何其晚也公之去何其忙也公之來也日月光公之去也江山無色公之有疾也憂我大韓而發歟公之此去也爲我大韓而行歟嗚乎慟哉嗚乎悲哉公其無情耶我其無福耶公豈無情也我豈無福也生寄死歸古今不易之常理也然則今日之慟非爲公而慟也即爲我同胞而慟也今日之悲非爲公而悲也即爲我同胞而悲也尙忍言哉可勝哀哉然而公之精靈必不泯滅而往配于 上帝矣倘爲我大韓同胞昭告今日大韓情景明明上天何獨不仁於我韓也乃眷顧于我韓保有我國家於盤泰之上拯我臣民於水火之中公之死也反有榮於生也公之去也反有情於留也我何慟哉我何悲哉嗚乎裵公嗟乎同胞因收淚而吟曰

何不予仁者壽
將斯語訴蒼穹
江上風江雨
楊花口杜鵑紅

何玉金順媛

詞藻

◎哭裵說公

公之凶報夢耶眞
痛哭斜陽回首頻
三拾七齡奇偉士
貳千萬衆仰望人
春秋報筆大日
宇宙流名濟世民
嗚咽漢江流不盡
爲誰遺恨在東隣

竹史

左海觀風羈旅斯
報文主筆六年移
明知日月春秋義
頹盡一千萬口碑
遺願ㅣ寧遲遲期
熱心惟恨醒遲遲
英靈不泯留待
決覩讎恢復時

劉東秀

雜報

●銀章頒給　南西 巡幸時에紀念章을銀製頒給하기로 勅令이 下ᄒᆞ얏ᄂᆞᆫᄃᆡ 皇族과其他勅任官以上及重要奉迎員과日本文武官과其他重要奉迎員에게頒給ᄒᆞᆫ다더라

●氏名調査　南西 巡狩時에紀念章을銀製頒給ᄒᆞᆫ다ᄒᆞᆷ은別項과如ᄒᆞ거니와韓日兩國의重要奉迎員의氏名을現今調査中이라더라

●行啓節次　前報와如히 皇后陛下ᄭᅦ옵셔昨日上午拾時에出宮ᄒᆞ샤水原郡에 行啓ᄒᆞ옵시ᄂᆞᆫᄃᆡ儀仗節次가如左ᄒᆞ니儀仗兵數拾名式前後에警衛ᄒᆞ얏고宮大閔丙奭氏가乘馬車先導ᄒᆞ얏스며其次에 皇后陛下ᄭᅦ옵서 御馬車를乘ᄒᆞ셧ᄂᆞᆫᄃᆡ完興君리載冕氏의夫人과女官[illegible]名이同乘 陪坐ᄒᆞ얏고其次에ᄂᆞᆫ總理리完用侍從院卿尹德榮兩氏가同馬車를乘ᄒᆞ얏고其次에ᄂᆞᆫ完興君리載冕農大臣趙重應兩氏가同馬車로 陪從ᄒᆞ얏스며各大臣夫人과其他 皇族貴夫人들은停車場에서 祗送ᄒᆞ얏고各官私立학校生徒들은停車場沿路左右로부터南門ᄭᆞ지羅立祗送하얏고 御馬車가停車場에 御着ᄒᆞ시ᄆᆡ軍樂을奏ᄒᆞ고 皇禮砲를連發ᄒᆞ얏고同日下午四時五拾五分에 德壽宮에 問安ᄒᆞ시고六時에還 御ᄒᆞ옵셧더라

●俞氏落傷　내閣法制局長俞星濬氏가昨日에 皇后陛下祗送次로南門外停車場到着時人力車에落傷ᄒᆞ야因卽歸家ᄒᆞ얏다더라

●民會送迎　漢성府民會에서昨日 皇后陛下 幸行ᄒᆞ시ᄂᆞᆫ事에對ᄒᆞ야각坊園에通知ᄒᆞ되每坊에셔人民五拾名式選送ᄒᆞ야二拾五名은上午에 祗送케ᄒᆞ고二拾五名은下午에 祗迎케ᄒᆞ얏다더라

●運動祗迎　東부曾羅학校ᄂᆞᆫ昨日南門外停車場에셔 祗送ᄒᆞ고南關王廟後園에셔運動ᄒᆞ다가 皇后陛下還 御時에因ᄒᆞ야 祗迎ᄒᆞ얏다더라

●撤消償金　孫償金中에셔支出ᄒᆞᆫ件을日國會議를經ᄒᆞ야決議되얏ᄂᆞᆫᄃᆡ湖南鐵道敷設認許를撤消ᄒᆞᆫ償金이二十二萬九千百三十五圜이라더라

●觀光延期　日本觀光團이再昨日에渡韓ᄒᆞᆫ다더니何事件을因ᄒᆞᆷ인지來七日로延期되얏다더라

●反對宜起　日本觀光團歡迎ᄒᆞᄂᆞᆫ事에對ᄒᆞ야漢성府民會에셔각坊園을指揮ᄒᆞ야每坊에셔五十人式選定ᄒᆞ야韓日兩國旗를交持歡迎하라ᄒᆞ얏ᄂᆞᆫᄃᆡ國旗交叉問題에對ᄒᆞ야曾前反對가起ᄒᆞᆷ으로準備委員이困難ᄒᆞᆫ貌樣이라ᄒᆞ더라

●卒業生叙用　度支部에셔今番에財務監督局主事及財務署主事를採用叙任ᄒᆞᆯᄃᆡ인ᄃᆡ各학校卒業生中文官資格이有ᄒᆞᆫ者와品行이良好ᄒᆞ며年齡이相當ᄒᆞᆫ者를需用ᄒᆞ기로議定ᄒᆞ얏다더라

●용台庸胎　仁川港區裁判所判事朴용台氏가司法官의威信을保有치아니ᄒᆞ고酒色에沉惑ᄒᆞ야花柳靑樓에逐日來往ᄒᆞ다가甚至於毆打ᄭᆞ지被ᄒᆞ얏다더라

●雄唱雌和　漢城府尹張憲植氏가學部의照會를因ᄒᆞ야各학校에訓示ᄒᆞ얏스ᄃᆡ去番學部令으로押收ᄒᆞᆫ敎科書와각小說等書를切勿參考케ᄒᆞ라ᄒᆞ얏다더라

●國有地調査　度支部에셔本年度부터國有地를實測調査ᄒᆞ기爲ᄒᆞ야手續ᄒᆞᆫ다ᄂᆞᆫᄃᆡ今回에調査ᄒᆞᆯ것은度支部所管國有地라其種類ᄂᆞᆫ槪前ᄃᆡ驛屯土와各宮庄土와陵園墓附屬土地의驛土와及其他國有地인ᄃᆡ土地에就ᄒᆞ야ᄂᆞᆫ其所在、地番、地目、面積、四標、習名稱、實納小作料。及銓定小作料。小作人住所姓名等이라ᄒᆞᄂᆞᆫᄃᆡ各財務監督局에調査班을設ᄒᆞ고調査員貳人測量員壹人을置ᄒᆞᆫ다더라

●恩金調査　宮내府에셔各陵解散ᄒᆞᆫ員役의恩賜金을頒給ᄒᆞ얏ᄂᆞᆫᄃᆡ該金額을中間挾雜之弊가多有ᄒᆞᆫ故로解散ᄒᆞᆫ員役을逐々히調査ᄒᆞᆫ다더라

●總會未曾　日昨南漢判吳貞根氏家에農事組合總會를開ᄒᆞ얏다ᄂᆞᆫ說은昨報에已揭어니와更聞ᄒᆞᆫ즉當日該所의出席ᄒᆞᆫ任員이未備ᄒᆞ야開會치못ᄒᆞ얏다더라

●是何政令　南小洞居朴昇夏氏의所有田土가南部山林板井兩동에在ᄒᆞᆫᄃᆡ今年春에臨時財産整理局에셔該田土文券을蕩々調査ᄒᆞᆫ後에私有地가分明ᄒᆞ다ᄒᆞ고文券을還給ᄒᆞ엿ᄃᆡ니不意去月에自漢城財務署로該田土에票不에揷留ᄒᆞ얏다더라

●財務官貪虐　公州財務官白樂普氏가商장을符同ᄒᆞ야純稅加捧과戶斂과勒排가不覺非再ᄒᆞ야民難支保라고怨聲이嗷々ᄒᆞᆫ다더라

●私測禁止　近日挾雜輩가測量技術을학習ᄒᆞ얏다稱ᄒᆞ고地方에下去ᄒᆞ야愚迷ᄒᆞᆫ人民으로ᄒᆞ야금所有土地를測量케ᄒᆞ야不當ᄒᆞᆫ手數料를勒捧ᄒᆞᄂᆞᆫ弊가有ᄒᆞᆷ은人所共知어니와度支部에셔此弊를禁止ᄒᆞ기爲ᄒᆞ야漢성府尹과各觀察使에게訓飭ᄒᆞ야禁止케ᄒᆞ얏다더라

●沃民請願　仁川郡西面前面長리承儀氏가租包二百石을救恤ᄒᆞ야窮春貧民을救濟ᄒᆞᆫ事가各新聞에揭載되얏더니全北沃溝郡人民等이內部에請願ᄒᆞ되還接每日申報則仁川府西面面長리承儀氏가穀包三百石을外劃ᄒᆞ야窮民을救恤ᄒᆞ얏다ᄒᆞ니該氏ᄂᆞᆫ前本縣監李時宇氏子也라往在己丑에適値大歉ᄒᆞ야飢死人民을救恤安堵ᄒᆞ야區歐戶誦에至今表記터니今此乃子의承儀氏가濟貧恤窮은非徒乃父之風也오且以民情言之라도連歉之餘에多月曠官ᄒᆞ야民情이嗷々ᄒᆞ오니若非賢府尹이면莫可支保어ᄋᆞᆸ기全府民望으로리承儀氏를本府尹으로選送ᄒᆞ기를渴望이라ᄒᆞ얏다더라

●其言曠官　각地方商民等이抑鬱ᄒᆞᆫ事와伸冤次로商務組合本部에來訴ᄒᆞᄂᆞᆫ者가답至ᄒᆞᄂᆞᆫ데農商工部에셔ᄂᆞᆫ該本部에牢却ᄒᆞ야日本部에셔ᄂᆞᆫ但商民을組織ᄒᆞ야商務를發達케ᄒᆞᆯ뿐이오裁判ᄒᆞᄂᆞᆫ權限은無ᄒᆞᆫ즉抑鬱ᄒᆞᆫ事가有ᄒᆞ거던法司에往訴ᄒᆞ라ᄒᆞ얏다더라

●兩郡雹災　去月拾九日午後五時頃에江原道旌善郡서면과郡내면과道岩면과寧越郡豐[illegible]面에셔ᄂᆞᆫ約三拾分間을雹雨가降ᄒᆞ야農作物에大損害가有ᄒᆞ고麥과麻와野菜等에도損害가不少ᄒᆞ다더라

●寶城風塵　去月二十五日寶城郡東方約二十里地亭谷에셔數未詳ᄒᆞᆫ義兵이光州郡日憲兵守備隊特務曹長以下十一名과綾州郡守備中尉以下特務曹장及兵卒七名과鳥정院日憲兵分遣所上等兵一名及補助員三名과交戰ᄒᆞ얏ᄂᆞᆫᄃᆡ上等兵이戰死ᄒᆞ얏다더라

●日人被殺　莞島에ᄂᆞᆫ昨秋에義兵이襲擊ᄒᆞᆫ後로日守備隊에셔兵卒을增加ᄒᆞ야크게警戒ᄒᆞ얏ᄂᆞᆫᄃᆡ去月拾七日에義兵數拾名이同島津隔永洞에來襲ᄒᆞ야同地에繫留ᄒᆞᆫ日本木船의日人二名을殺害ᄒᆞ얏다더라

●呑鴉致命　東部廟洞산직골居學某가妻妾間에不和ᄒᆞᆫ事를因ᄒᆞ야三昨日下午二時쯤에鴉片烟을呑下ᄒᆞ고同五時쯤에化去ᄒᆞ얏다더라

●內亂犯越交　日本憲兵司令部에셔ᄂᆞᆫ內亂犯嫌疑로金[illegible]等九名을日昨地方裁判所로越交ᄒᆞ얏다더라

●太極講會　太極敎宗에셔本月六日下午二時에[illegible]敎育會館內에講研會를開ᄒᆞ고儒敎의太極眞理와敎宗名義라ᄂᆞᆫ問題로講論ᄒᆞᄂᆞᆫᄃᆡ傍聽을許ᄒᆞᆫ다더라

●奴婢解放　北靑郡上老德면更里居ᄒᆞᄂᆞᆫ前郡守金완氏가自己家에傳來ᄒᆞ던婢子를免賤ᄒᆞ야自由生活케ᄒᆞ얏다더라

學界

●工業講習　北部觀峴學校內에工業講習所를新設ᄒᆞ고諸般經濟에必要ᄒᆞᆫ工학及實驗을敎授ᄒᆞ기로定ᄒᆞ고학員을多數募集ᄒᆞᆫ다더라

●何幸黜學　皇城基督敎靑年會內학館에셔學館生徒李豊漢金得片炳吉奎承純종五人이規則을不遵ᄒᆞᆷ으로黜學ᄒᆞ얏다더라

●貞信卒業　本日下午二時에蓮洞貞信女학校에셔卒業禮式을設行ᄒᆞᆫ다ᄂᆞᆫᄃᆡ학部大臣이親臨ᄒᆞ고[illegible]島氏가往參ᄒᆞᆫ다더라

●三校合一　敎育會監學官[illegible]시가北韓으로自ᄒᆞ야上京ᄒᆞᄂᆞᆫ路에永興郡에來到ᄒᆞ야該邑內三校를聯合ᄒᆞ야校名은明倫이라ᄒᆞ고任員을公選ᄒᆞ얏ᄂᆞᆫᄃᆡ校長은前郡守崔濟億시로選定ᄒᆞ얏다더라

●西湖興學　黃海道鳳山郡西湖面禾旨有志紳士諸시가各出義捐ᄒᆞ야私立廣明학校를設立ᄒᆞ얏ᄂᆞᆫᄃᆡ該洞中池濱과시가名譽로熱心敎授ᄒᆞᄂᆞᆫ故로將有進就之望이라더라

●龍源中成　洪原郡龍源面에셔有志紳士金翰奎高昌裕陳應鍾洪允義陳昇鍾[illegible]命義朴容洙諸시가私立中成學校를設立ᄒᆞ얏ᄂᆞᆫᄃᆡ開학未幾에生徒가八拾餘名에達ᄒᆞ얏다더라

●校主有人　黃海道金川郡金興學校々主金禧鎭시의熱心敎育은屢報어니와該校中에貧困ᄒᆞᆫ학徒五人의食費를自擔ᄒᆞ야敎師康國普金鎭源鄭恒根二사ᄂᆞᆫ名譽로熱心敎授ᄒᆞᆫ다더라

●維新益新　平安南道柔鄕面維新學校ᄂᆞᆫ隆熙元年에設立인ᄃᆡ該面志士金義鏞李快燮金永桂諸시가該校事務를擔任ᄒᆞ야熱心奬勵에學業이專層擴張ᄒᆞ기爲ᄒᆞ야多數金額을捐助ᄒᆞ고또面內富饒ᄒᆞᆫ人의게捐助를勸勉ᄒᆞ야基本金을豐富케ᄒᆞ고敎師[illegible]龍鎭시를延聘ᄒᆞ야熱心敎育ᄒᆞᄂᆞᆫ故로前途의望이大有ᄒᆞ다더라

▲資本家擔責▼

▲資本家에對ᄒᆞ야서現今情形을評論ᄒᆞ고文明事業을ᄒᆞ려도財政업셔못ᄒᆞᆫ다ᄂᆞᆫ것은資本家의罪過니私ᄒᆞ고自己及ᄒᆞᆫ저니와國財ᄅᆞᆯᄂᆞᆫ모던方法新式으로研究ᄒᆞ야今始頒布ᄒᆞᄂᆞᆫ도다

▲敎育界의情形보라京鄕各處勿論ᄒᆞ고設立者도學校이며閉止者도學校로다昨日設立ᄒᆞᆫ學校가今日閉止ᄒᆞ니設立ᄒᆞᆫ것은有志者의熱誠이오閉止ᄒᆞᄂᆞᆫ것은財政窮乏이아닌가資本家의擔責이오

▲商業界의情形보라日債淸償ᄒᆞ려다가外國物貨貿易ᄒᆞ야商店名色設施ᄒᆞ나物貨貿買ᄒᆞ야되고外債督促滋甚ᄒᆞ고昨日陳列ᄒᆞ던商店今日執行撤閉ᄒᆞ니資本家의擔責이오

▲工業界의情形보라工業發達姑舍ᄒᆞ고如干發明製造品도研究者의熱誠으로繼續發現ᄒᆞ얏다가不幾日에停廢되여利益은볼수업고損害額이不少ᄒᆞ니資本家의擔責이오

▲社會界의情形보라亡國ᄒᆞᄂᆞᆫ社會ᄂᆞᆫ亡ᄒᆞᆯ사록됴컨마ᄂᆞᆫ그것들은維持ᄒᆞ고民國間利益되ᄂᆞᆫ各種社會設立ᄒᆞᆫ것은維持方針困難ᄒᆞ야完全成立杳然ᄒᆞ니資本家의擔責이오

▲報館界의情形보라人民知識啓發ᄒᆞᄂᆞᆫ新聞雜誌創刊ᄒᆞ면雜誌ᄂᆞᆫ노말ᄒᆞ라도六七號에不過ᄒᆞ야停刊者가許多ᄒᆞ고其他數種잇ᄂᆞᆫ것도維持ᄒᆞᆯ길업셧스니資本家의擔責이오

▲親知界의情形보라窮交斷와貧族들이流離丐乞栖屑ᄒᆞ야塡于溝壑되엿스며其他同胞兄弟들이饑饉矢火經劫ᄒᆞ야死者相續慘酷ᄒᆞ고傷者未起悽凉ᄒᆞ니資本家의擔責일세

▲諸君들이努力ᄒᆞ야모던責任擔荷ᄒᆞ면公益事業發展되고公益事가發展되면國家自然文明이오國家文明되고보면諸君들의資本金이永久維持ᄒᆞᆯ것이니各自研究ᄒᆞᆯ지어다

社告

信川 邑支社員丁[illegible]善氏辭免ᄒᆞᆫ代에 載邑四里[illegible]氏로 擇定ᄒᆞ고

寧邊 支社員 金致億氏辭免ᄒᆞᆫ代에 紅門里鄭德昇氏로擇定ᄒᆞ고

長淵 支社員 崔載淳氏辭免ᄒᆞᆫ代에 崔東元氏로擇定ᄒᆞ얏ᄉᆞ오니 各郡部에셔 本報購覽ᄒᆞ시ᄂᆞᆫ 僉君子ᄂᆞᆫ 照亮ᄒᆞ신後 各該氏와 交涉ᄒᆞ시오

大韓每日申報社

廣告

西署용산坊栗門外契第三統九戶瓦家貳拾壹間典當後漢셩府契約을 遺失ᄒᆞᆫ故로 玆以廣告ᄒᆞ오니 誰某拾得ᄒᆞ여도 休紙施行홈

家主 車健淳 告白

本會館을 西部奉常司동捌統六戶로 移接ᄒᆞ얏ᄉᆞ오니 京鄉僉員은 照亮홈

帝國實業會 告白

本洞居李元容辛德佑와 [illegible]面內洞居宋泰登本部書記趙楨應晉州居姜弼秀等이 去年冬에 [illegible]部守李紹鎭시 在任時에 誘嚇協謀ᄒᆞ야 本人等所有本面外洞員蘆田金坪을 盜賣ᄒᆞ고 文券與證明書를 僞造成出이라가 綻露ᄒᆞ야 本人等이 晉州地方裁判所 釜산支部檢事局에 呈訴ᄒᆞ야 李元容은 押囚ᄒᆞ고 僞券은 方在查實中이오니 右人等이 該僞券을 放賣ᄒᆞ여도 內外國人은 切勿見欺홈

慶南咸安馬輪面外洞 李根昌 洪鍾瓚 趙性善 等 告白

◉特別廣告

本所에셔 各種測量에 關ᄒᆞᆫ 事務를 壹層擴張ᄒᆞ고 實業을 尤極注意ᄒᆞ야 礦山 未墾地 漁業 其他 水陸寶藏을 發見ᄒᆞ며 又經營코ᄌᆞᄒᆞᄂᆞᆫ 篤志同胞의 計劃을 確實成立되도록 盡力ᄒᆞ오며 事業에 關ᄒᆞ야 有意莫遂ᄒᆞᄂᆞᆫ 同胞의게ᄂᆞᆫ 贊同便利를 供ᄒᆞᆯ지오니 有志僉彦은 來議ᄒᆞ시오

中部丞洞三拾貳統二戶

會同測量事務所長 金澤吉

田佐爾　金冕熙　李源聖　林賢秉

◉業務大擴張廣告

京城南大門驛에셔 大同運輸會社와 東美運送部와 通運社와 三通運送部가 年來로 各自運輸營業ᄒᆞ옵더니 今에 四運輸會社가 業務를 擴張ᄒᆞ고 資本金을 合同ᄒᆞ야 合資普興運輸組를 組織ᄒᆞ옵고 內外國鐵道貨物의 海陸運輸를 營爲ᄒᆞ오니 愛顧ᄒᆞ시ᄂᆞᆫ 僉君子ᄂᆞᆫ 照亮ᄒᆞ심을 務望홈

資本金 壹萬圓

位置 前東美運送部

京城南大門驛

合資 普興運輸組

社장 尹晶鎬　[illegible]

社員 [illegible]　洪文[illegible]　林炳周　金致九

專賣特許駿帽子

中山帽子 價金 五圓〇〇

中折帽子 四圓五〇　三圓五〇　貳圓五〇

上仝

女子帽子

上仝

學徒帽子 二圓〇〇　二圓五〇　壹圓五〇

登錄商票

敬啓者 本新發明ᄒᆞᆫ 駿帽子ᄂᆞᆫ 圖와 如히 [illegible] 毛絲로 織成ᄒᆞ야 春夏秋冬에 適宜ᄒᆞ고 多年을 經過ᄒᆞ야도 [illegible] 汗汚가 無ᄒᆞ며 水에 洗ᄒᆞ면 即時 潔新ᄒᆞ야 衛生에 必要ᄒᆞᆫ 天下에 第一이오 [illegible] 冠飾美麗ᄒᆞᆫ 故로 特許를 得ᄒᆞ고 專賣權을 登錄ᄒᆞ얏ᄉᆞ오니 世界各國의 人士ᄂᆞᆫ 請求ᄒᆞ심을 [illegible] 定價ᄂᆞᆫ 帽子마다 四等으로 分定ᄒᆞ얏ᄉᆞ오니 [illegible] 購求ᄒᆞ시옴

大韓京城鍾路 [illegible] 街里玉虎書林 附屬帽子商店

本書林의 廣告ᄂᆞᆫ 庶可知之而 이 大韓의 [illegible] 新發明ᄒᆞᆫ 帽子를 世界에 廣告홈

◉測量科員大募集

本塾에 器械具備ᄒᆞ야 實地와 製圖를 特別敎授ᄒᆞ오니 陰四月十六日內로 請願ᄒᆞ시오

北部齋洞三統十戶

測量新塾

本人의 陰三月二十四日에 圖章을 遺失이옵기 自今勿施홈

安州北面龍淵里 成基聖 告白

◉韓美興業株式會社平北支社發起趣旨

維國富民殷이 專在於實業之興旺ᄒᆞ니 明은 東西古今을 無論ᄒᆞ고 雖然明暸矣라 現時代에 實業의 競爭은 愈甚於兵戈之强弱이니 我國의 現에 理想的 興業의 發達이 進步치 못ᄒᆞᆷ은 恒常吾人의 遺歎ᄒᆞᄂᆞᆫ 바ㅣ러니 今에 此韓美興業株式會社가 漢城에 屹立ᄒᆞᆷ은 是乃兩國實業家의 發起ᄒᆞ야 文明ᄒᆞᆫ 法律下에 組成인바 其宗旨의 範圍ᄂᆞᆫ 特히 登錄을 要ᄒᆞ야 止ᄒᆞᆯ뿐不是라 全在於農工商諸般業大發展에 囑矢ᄒᆞᆷ을 吾儕ᄂᆞᆫ 壹般同情으로 協贊不已者ㅣ라 所以로 本人等이 同支社를 發起ᄒᆞ야 今承本社之認許이온바 實業上新務에 對ᄒᆞ야 多論을 不俟ᄒᆞ고 齊力勇進ᄒᆞᆷ을 爲期ᄒᆞ노니 惟我平北有意人士ᄂᆞᆫ 互相勉勵ᄒᆞ야 期圖本支社之完全ᄒᆞ며 同濟家國之殷富를 千萬願望

隆熙二年五月拾九日

發起人　鄭濟原　李世勳　林準鎬　鄭宅周　白孝俊　白鎭珪　朴鍾烽　崔善玉　金啟淮　鄭尙瑩　金[illegible]　金[illegible]　鄭[illegible]　鄭[illegible]　金[illegible]　韓[illegible]　張起弦　車得煥

미국시아틀대박람회 · 미국시아틀大博覽會

韓美興業株式會社

皇城磚洞（京城郵便局郵函第[illegible]拾號）（大韓國에리슨나道法律認可）（駐大韓國美國總領事館登錄）

本社의 各處代理人의 氏名은 如左홈

開城代理人		開城南門外 [illegible]貨商店	金[illegible]
平壤代理人		平壤大同門內店洞	鄭其洙
咸興代理人		咸興西門外	盧昇洙
馬山浦代理人		馬山浦客主	孫[illegible]宇
元山代理人		元山港	金[illegible]文
淸津代理人		淸津港	金[illegible]臣
水原代理人		水原北部장安동	김유東
安[illegible]代理人	位置未定	本[illegible]北部安洞	경유東
沙里院代理人	位置未定	載寧[illegible]里旺新學校內	邦元重
金泉代理人		金泉市場共信商店	李[illegible]植
[illegible]州代理人	位置未定	漢城北部廣通坊二十二統五戶	吳[illegible]
天安代理人	位置未定	水原[illegible]長安洞	尹[illegible]益
群山代理人		群山[illegible]井洞	尹相[illegible]
全州代理人	位置未定	漢城西部阿峴二百廿二統三戶	[illegible]聲
大邱代理人		大邱新田里五十八統七戶	[illegible]召
釜山代理人	位置未定	馬山浦午山里拾壹統九戶	辛[illegible]淑
江景浦代理人	位置未定	西部龍山坊東幕中契廿七統貳戶	[illegible]浩
麻浦代理人		西部麻浦貳拾七統三戶	李[illegible]殷
長湖院代理人	位置未定	[illegible]城山里	[illegible]
永同代理人	位置未定	漢城[illegible]洞貳統壹戶	安[illegible]
木浦代理人		木浦南橋洞	[illegible]
晉州代理人	位置未定	昌原[illegible]山浦城山	孫[illegible]宇
金堤代理人	位置未定	金堤郡白石面水閣	金升基
漢江附近代理人		西部漢江十八統二戶	李[illegible]默
義州代理人	位置未定	義州批峴	朴奉[illegible]
江界代理人	位置未定	黃州批峴	朴[illegible]
[illegible]代理人		[illegible]里上甘井洞四統五戶	[illegible]
鎭南浦代理人		鎭南浦龍井子	金相杰
定州代理人	位置未定	郭山郡	郭[illegible]
城津代理人	位置未定	吉州郡	[illegible]
太田代理人		太田新町	宋始憲
浦項代理人		浦項上里拾貳統拾二戶	李鍾[illegible]
濟州代理人		鳥致院漢城[illegible]貳統[illegible]戶	安[illegible]
吉州代理人		吉州[illegible]門外	金[illegible]
[illegible]山代理人		漢城中[illegible]外相思洞二統二戶	[illegible]
延安代理人		延安郡磨玉洞	李[illegible]
兎山代理人		兎山郡兎山市	[illegible]
濟物浦代理人		開城[illegible]郡[illegible]	金景模
公州代理人	位置未定	太田新町	宋始憲
論山代理人	位置未定	公州牛灘面松亭里	申[illegible]雨

各種藥品을總發行所는京城南大門內側濟生堂大藥房本司

◎特別注意ᄒᆞᆯ廣告

本堂製造ᄒᆞ는各種藥品은其效驗에成蹟이拾分結果됨으로內外國間에特居著名ᄒᆞ야壹日輸出의價額이千金에達ᄒᆞ며其商業에發展됨이數百年來의初有ᄒᆞᆫ實業을成ᄒᆞᆫ지라

讀다本堂의支店이海外에設立된者貳拾餘個處所를成ᄒᆞᆫ지다其興旺의功績을日々奏唱하야東西競爭ᄒᆞ는中에特別ᄒᆞᆫ名價를樹ᄒᆞ거늘

至於內國ᄒᆞ야는民智가未開ᄒᆞ고商法이未展ᄒᆞ야人人이舊式의商業에慣熟ᄒᆞ고新式商況은暗昧ᄒᆞ야設或好ᄒᆞᆫ實物이有ᄒᆞᆯ지라도能히磨用치못ᄒᆞ는것과如ᄒᆞ야經濟上에研究ᄒᆞᆫ狀態와焦點ᄒᆞᆫ形式을自招自散ᄒᆞ는境遇에多ᄒᆞ니豈不爲此恨心哉아

本堂에서各處에支店及出張所特約代理店을非不多設이오나今에割引을特히廉價ᄒᆞ야各處에支店을加設하겟ᄉᆞ오니

一 壹은同胞에救急世普渡ᄒᆞᆷ이主旨요
一 壹은兄弟에産業을幾就ᄒᆞᆷ目的이라

故로玆에廣告ᄒᆞ오니此를有意ᄒᆞ시는僉兄弟는(自陽六月暫日至同月三十日)(自陰四月十四日至五月拾三日) 本堂에來議ᄒᆞ시되遠地에서는書信으로郵便通知ᄒᆞ심을敬要

京城南大門內濟生堂本舖 告白

各種東西洋藥韓國唐草材大發賣所 仁川龍岡峴 京城鍾路 和平堂藥房

阿片斷引藥

一劑 金五圓　半劑 金三圓

注意

阿片初吸者ㅣ雖日見効나日久則遂成錮引ᄒᆞ야至於㾗敗家產者와未免厥死者ㅣ比比有之ᄒᆞ니豈不慨惜乎아故로本堂에셔監心竭力ᄒᆞ고英國藥方을透得ᄒᆞ야阿片斷引에大效가잇는藥을製造放賣ᄒᆞ오니欲戒阿片者는契約服用ᄒᆞ시되若無效驗이면藥價를還呈ᄒᆞ깃사오니照亮ᄒᆞ시옵

依方製藥 廉價酬應

壯陽復元丹

共愛堂大藥房製造各種藥品減價引表

一劑 金五圓 八拾錢　半劑 金三圓四十錢　(八劑分 六圓四拾錢)

[illegible]

- 靈丹 [illegible]
- 清眼水 [illegible]
- 解腫至寶丸 [illegible]
- 膿疼効液 [illegible]
- 淋淋丸 [illegible]
- 神應丹 [illegible]
- 消脾丸 [illegible]
- 養胃散 [illegible]
- 治痰鎭咳丸 [illegible]
- 消熱散 [illegible]
- 清耳液 [illegible]
- 妙妙膏 [illegible]
- 能治膏 [illegible]
- 大腫拔根膏 [illegible] 解凝膏 [illegible]
- 寸虫去根藥 價금二十전 齒痛水 [illegible]
- 止瀉丸 價금十五전 痢疾藥 價금十五전

各種上等金雞納、東西洋有名賣藥及洋藥乾材部寶散賣其他各種藥이具備ᄒᆞ오니請求를依ᄒᆞ야小包로隨遞ᄒᆞ깃숩

發行所 皇城南部大廣橋十九統七戶 共愛堂大藥房

京城鍾路慈惠大藥房에서製造賣藥二十四種은大韓醫院衛生試驗所에檢查ᄒᆞᆫ藥이니衛生家와外鄕賣藥家에셔多數請求ᄒᆞ시오

平胃丸	金十錢	漢城百應膏	金十錢
補益丸	金一円	消痰鎭咳藥	金二十五錢
消明眼藥水	金十錢	養兒寶散	金十五錢
保命丹	金十錢	蛔虫瀉出丸	金二十錢
噎滯消積丸	金五十錢	寸虫拔根藥	金五十錢
咽喉藥	金三十錢	鐵精丸	金一円
小兒咳嗽散	金二十五錢	吐瀉霍亂救急水	金三十錢
痢疾靈散	金三十錢	止瀉潤腸丸	金二十錢
毒感解熱散	金二十錢	大腫拔根膏	大瓶入 金二円
消食滯生味甘酸水	金三十錢	輕腫根治膏	大瓶入 金二円
疥瘡藥	金四十錢	去瘀生新膏	大瓶入 金二円
痲疾丸	金五十錢	濕腫根治膏	大瓶入 金二円

第七卷

大韓每日申報

第壹千壹百拾貳號

歲時 月曜日及慶節休刊

檀君開國四千二百四十二年
箕子元年三千三十一年
大韓開國五百十八年
日本明治四十二年
淸國宣統元年
陰己酉四月大十六日庚午

Responsible for Publication Alfred Weekley Marnham.
發行兼編輯人 英國人 萬咸.
發行所 京城西署石井洞外第三層洋屋
大韓每日申報社

論說

◉實業家의注意

昨日에壹會社가成立되얏다가今日에忽廢倒하며今日에壹工場이新設되얏다가明日에旋閉門하니此에對하야吾儕ㅣ此를長太息할바아니라凡韓國有志紳士는모다至懼하는바어니와

只今生計競爭場에立하야如此하고는到底히劣敗를不免할지니라

大抵實業界에此缺點이有함은其原因이何에在할가

或曰韓人은資本이少한지라故로每敗하면再起할力이無하거날彼外人들은此를看破하고宏大한財力으로競爭을試하니韓人이엇지此를抵抗하리오하나此는不然하니資本이雖少하나益々奮鬪키만하면何를足患하리오

又或曰韓人은實業能력이少함이라比較的知識技能이鹵莽하거날彼外人들은先進의銳鋒으로劇烈히競爭하니韓人은頹敗乃已를다하나此又不然하니能력이雖少하나奮勵으로能력을啓發하며奮勵으로競爭을勉强하면何가不足하리오

又或曰彼外國은政府가其人民의實業을保護하며實業을奬勵하거날我韓國은妨害는할지언뎡保護는無하며禁遏은할지언뎡奬勵는無하니韓人이엇지勝利를得하리오하나此又不然하니此弊가雖有하나人民이果然熱腸前進하면妨害가何에며禁遏이何인가

凡此等事件도實업前途에壹困難을作함이아님은아니나其最可懼할原因이有하니即企業心의太急과競爭心의薄弱이是라

(壹)企業心의太急 大抵企業者가小資本으로太利益을希望함은企業家의常例나然이나韓人은此企業心이太急하야僅히千金으로目的을作하는者ㅣ多하니以故로目前의利益이無하면冷情이遂生하야遠大한利益을遺棄하는지라此其不可한者며

(二)競爭心의薄弱 生計의戰이益々激烈하야國家와國家의戰도此에在하며個人과個人의戰도此에在하니此戰場에在한者ㅣ堅忍의力을鼓舞하며勇進의氣를奮發하야壹敗하면再起하고再敗하면三起하야其奮勵를繼續하여야可히失敗를轉하야勝利를作할지어날韓人은外人의衝突을被하야失敗를壹遭하면志氣가沮喪하야復起치못하나니此其不可한者라

凡此韓國實業家는自今이라도企業心을遲緩히하며競爭心을强壯히하야大利益大勝利를圖得할지어다

法律

▲隆熙▲貳年 拾壹月拾壹日 官報

三 暗礁又는巖礁等에瑞点을壹定하야漁網을曳揚又는曳寄하는場所로하고壹定한漁期間에類數使用하는漁業第三種免許漁業

四 一定한水面을漁網의建設又는敷設하는場所로하고壹定한漁期間에類數使用하는漁業第四種免許漁業

前項外에壹定한水面에對하야資本과勞力을投하고漁類를集合케하는漁法으로써經營하는漁業第五種免許漁業에關하야는漁業者의請願을依하야農商工部大臣은漁業免許를與하고此를保護함을得함

第三條 漁業免許期間은拾個年以內로함

但農商工部大臣은漁業權者의申請을依하야期間을更定함을得함

第六條를依하야漁業權을停止한期間은前項의期間에算入치아니함

第四條 同壹한漁場에在하야는同壹한漁期에同壹한種類漁業을免許치아니함

但第二條第壹項第三號及第四号의漁業은此限에不在함

第五條 漁業權은相續讓渡共有擔保及貸付의目的으로함을得함

但農商工部의登錄을經치아니하면其效力이生치못함

第六條 農商工部大臣은水産動植物의蕃殖과其他公益上必要가有함으로認할時는漁業權은制限或停止하고又는條件을付함을得함

第七條 左開境遇에는農商工部大臣은漁業權을取銷함을得함

壹 正當한理由가無하고漁業의免許를受한日로부터壹個年以內에手치아니하거나又는連續히二個年以上休業한時

二 本法又는本法에基하야發하는命令又는處分에違背한時

三 前條의事由가有한時

四 漁業權의制限又는條件에違背한時

五 法定又는指定의期間內에漁業稅又는罰金을納入치아니한時

漁業權의貸付를受한者의所爲로看做하야前項의規定을適用함

第八條 漁場의區域漁業의方法其他漁業權의範圍에對하야漁業者間에爭論이有한時는利害關係者의申請을依하야農商工部大臣이此를裁決함

第九條 左開한種類의漁업은農商工部大臣의許可를受치아니하면做업함을不得함

壹 陸地又는岩礁等에漁網을曳揚又는曳寄하는漁業으로第貳條第壹項第三號의漁業에屬지아니한者

二 증力漁船又는潮流를依하야漁網을水中에引曳하는漁業

三 人力을借하거나又는機力을應用하고漁網으로써漁類를圍網하야漁網에操揚하는漁業

四 潛水器械를使用하는漁業

五 第貳條第貳項의漁業으로免許를受치아니한者

第拾條 第貳條第一項及前條에規定한漁업以外에漁업을하고져하는者는郡守或府尹의게申告하야鑑札을受함이可함

個漁업을하고져하는者가日本人이면日本理事官의게申告하야鑑札을受함이可함

(未完)

外報

◉禍不單行 紐育電을據한즉시가고及米國西部中央部地方을亘하야激烈한地震이連續하고火災가起하야多數의損害를被하얏다더라

◉同盟能業創起 同電을據한즉또지아州中央鐵道에서는大規模의同盟罷業을創起하얏는대鐵道ㅣ또지아州우에구로스로부터大히南部諸州에營業하는者이라今回罷業은其事態가頗히重大함으로汽車를倉庫에積置하고貨物運送이杜絶되얏다더라

◉築城大計劃 倫敦電을據한즉파나마運河築城設計書는大統領의手로提出하얏는대其費用은百五拾萬磅이요重砲가大拾門이요守備兵四千五百人을置할터이라더라

學報

◉測量卒業 全北珍山私立英學校內測量夜學課에서第壹回卒業試驗을經하얏는대

優等生 鄭英謨 朴來英
趙炳升 及第生 趙璨韓
柳漢홍 文석現 朴成來
柳永根

平北宜川南面鳳洞測量學校에서卒業試驗을經하얏는대

優等生 朴治鎬 朴治韶
及第生 權寅濂 朴鋼采
朴治績

雜報

●奉旨發訓　皇后陛下띄옵셔 國內蠶업을 發展ᄒᆞᆯ 微旨를 下ᄒᆞ옵셧ᄂᆞᆫ데 措辦太가 此를 奉承ᄒᆞ야 昨日 漢城府及各觀察使의게 飭訓ᄒᆞ고 人民으로ᄒᆞ야금 務勸케ᄒᆞ라 ᄒᆞ얏다더라

●行啓概算　今番 皇后陛下 行啓ᄒᆞ신 時에 對ᄒᆞ야 所入費ᄂᆞᆫ 壹千圓으로 概算ᄒᆞ얏다더라

●別庄午餐　內部大臣朴齊純氏ᄂᆞᆫ 再昨日에 皇后陛下를 祗送ᄒᆞ고 卽時 阿江別庄에 往ᄒᆞ야 同志諸人을 請邀ᄒᆞ야 午餐會를 開ᄒᆞ얏다더라

●新曆頒給請願　[illegible]基永氏等이 本年度曆書 四萬部를 內部에 送交ᄒᆞ고 請願ᄒᆞ기를 大皇帝陛下띄옵셔 親耕籍田ᄒᆞ샤 勸農의 聖旨를 頒布ᄒᆞ실 때에 該曆年이 卽 陽曆으로 爲ᄒᆞᄂᆞᆫ 發刊ᄒᆞ얏스나 鄕曲閭閻에셔ᄂᆞᆫ 暗昧不知ᄒᆞ즉 此曆書를 各道各郡에 頒給ᄒᆞ라 ᄒᆞ얏다더라

●內大訓諭　昨日內部道書記官會席에 該部大臣이 參席ᄒᆞ야 會議事件으로 上京ᄒᆞᆫ 事와 其他政治에 改善ᄒᆞᆯ 趣旨를 訓諭ᄒᆞ얏다더라

●韓人例習　宮內府所屬으로 宗正府에 圖書館을 設置ᄒᆞᆫ 것은 人皆知了ᄒᆞᄂᆞᆫ 바이어니와 該館에셔 官吏를 選置ᄒᆞᆯ 터인데 紛競이 太甚ᄒᆞ다더라

●爲貸典執　拓殖會社副總裁 閔泳綺氏가 永宣君 李埈鎔氏의 田庄文券을 該社에 典執ᄒᆞ기로 約定ᄒᆞ얏다ᄂᆞᆫ데 其理由인즉 典執ᄒᆞᆫ 後에 金額三分의 壹을 貸用ᄒᆞᆯ 計劃이라ᄂᆞᆫ 說이 有ᄒᆞ더라

●建築預算　翠雲亭基址에 官吏俱樂部를 建築ᄒᆞᆫ다ᄂᆞᆫ 說은 已爲揭載어니와 該建築費를 貳萬圓으로 預算ᄒᆞ얏다더라

●道路修理　政府에셔 漢城府에 道路修理費로 一萬九千三百五合八圓을 預算ᄒᆞ야 預備金中支出ᄒᆞ기로 決定ᄒᆞ얏다더라

●鐵網建築　仁川水道局所關鐵網室을 新建築ᄒᆞ기로 入札法을 經ᄒᆞ얏ᄂᆞᆫ데 所入費ᄂᆞᆫ 壹萬八百圓에 至ᄒᆞ얏다더라

●修理有役　德壽宮內各殿閣과 其他欠缺의 處所를 修繕ᄒᆞ기 爲ᄒᆞ야 日前부터 脩役ᄒᆞ얏다더라

●俵氏表門　學部次官俵孫一氏 官邸를 新建築ᄒᆞ얏거니와 表門及墻垣을 繼續建築ᄒᆞᆯ 터이라더라

●野松渡韓　[illegible]ᄒᆞᆫ데 새 政任者中野有光이 明日渡韓ᄒᆞᆫ다ᄂᆞᆫ데 向者에 [illegible] 歸國ᄒᆞ얏던 內部警務局長松井茂와 同伴渡來ᄒᆞᆫ다더라

●金融組合增設　韓國政府에셔ᄂᆞᆫ 昨年度에 地方에 金融組合所五十箇所를 設立ᄒᆞ고 壹萬圓의 資金을 下付ᄒᆞ얏ᄂᆞᆫ데 今年에도 五拾箇所를 增設ᄒᆞ기로 決定ᄒᆞ야 五月中에 設置ᄒᆞ얏고 其殘數二拾五箇所도 本月中에 設置ᄒᆞᆯ 터인데 該所理事ᄂᆞᆫ 東洋協會出身者로 備用ᄒᆞᆯ 터이라더라

●檢疫法制定　外國으로 輸出ᄒᆞᄂᆞᆫ 牛隻檢疫法을 政府에셔 制定발佈ᄒᆞᆫ다ᄂᆞᆫ데 現今에 牛隻介出업에 從事ᄒᆞᄂᆞᆫ 者ᄂᆞᆫ 悉皆日本人이라 其實施의 便宜ᄂᆞᆫ 農商工部所管檢疫所에 委任ᄒᆞᆯ 터이라더라

●軍用地免稅　日本海軍防備隊의 收용地도 咸鏡南道永興郡鎭南面에 在ᄒᆞᆫ 田五結十五負四束은 其結稅를 免除ᄒᆞᆯ 事로 內閣會議를 經ᄒᆞ야 裁可를 得ᄒᆞ얏다더라

●宜有此弊　各裁判所部長判事가 擧皆日人이 被任ᄒᆞᆷ은 一般共知ᄒᆞᄂᆞᆫ 바이어니와 該官吏가 韓國人民의 習慣과 人情風俗에 昧昧ᄒᆞ야 民刑事斷訴訟을 間々誤決ᄒᆞᄂᆞᆫ 弊가 有ᄒᆞᆫ 故로 訟民의 怨聲이 浪藉ᄒᆞ다더라

●朝四暮三　近日漢城內에 事務所를 設置ᄒᆞᆫ 日本人辯護士들이 각 訴訟人民에게 紹介ᄒᆞᆷ을 請囑ᄒᆞ되 手數料를 先捧치 아니ᄒᆞ고 起訴判決後 料金을 領受ᄒᆞᆯ 터이니 財政의 窘拙ᄒᆞᆷ을 勿慮ᄒᆞ고 隨事委任ᄒᆞ기를 無數懇請ᄒᆞᆫ다더라

●派遣隊上陸　日本에 臨時派遣隊第壹聯隊第二大隊ᄂᆞᆫ 昨日에 木浦에 上陸ᄒᆞ야 守備地로 向ᄒᆞ얏고 第壹聯隊第二大隊ᄂᆞᆫ 今日群山에셔 上陸ᄒᆞ야 守備地로 向ᄒᆞ얏고 臨時派遣隊司令부도 大邱에 着ᄒᆞ얏다더라

●器工會社　강炳旭氏等十四人이 器工會社를 設始ᄒᆞ기로 協議ᄒᆞ고 器工에 需用ᄒᆞᆯ 器械를 金貨五千圓에 酌定ᄒᆞ고 日本에 注文ᄒᆞ얏ᄂᆞᆫ데 爲先 二千圓만 送交ᄒᆞ고 餘額三千圓은 現今募集中이라더라

●陋物爲會　平壤某人의 傳說을 聞ᄒᆞᆫ則 五月二十九日에 韓日懇親會를 該郡日人埋葬地에 哀悼碑下에셔 開ᄒᆞ얏ᄂᆞᆫ데 達其時韓人往參者가 數百名에 達ᄒᆞᆫ 中 一進會員이 三分의 貳오 其餘ᄂᆞᆫ 前日에 挾雜으로 著名ᄒᆞ던 儒林中에 鄙陋ᄒᆞᆫ 老物輩라ᄒᆞ더라

●不無民怨　承寧府侍從吳敬泳氏가 해府所關家屋을 自己가 任意로 擅便ᄒᆞ야 人民을 無故히 逐出許入ᄒᆞᄂᆞᆫ 故로 民怨이 不無ᄒᆞ다더라

●救恤金送致　漢城府民會에셔 文川郡救恤金을 收合ᄒᆞᆫ 것이 合爲壹百七拾圓이라ᄂᆞᆫ데 日昨漢城府로 送致ᄒᆞ야 支給케ᄒᆞ얏다더라

●法人起訴　法國人龍東氏가 昨年分에 中部批琶동居學宜聘氏의 三拾間家屋을 典執ᄒᆞ고 金貨幾百圓을 得給ᄒᆞ얏더니 學氏가 過限不報ᄒᆞᄂᆞᆫ 故로 龍東氏가 日本理事廳에 査正書를 成出ᄒᆞ야 起訴ᄒᆞ얏다더라

●辭探吏報　內部[illegible]等官某氏의 令孃이 今年 貳分에 小安동 兪某家로 出嫁ᄒᆞ더니 曾何不奐事이던지 該某氏가 其令孃을 自己家로 率去拘留ᄒᆞ야 飢死絶命케ᄒᆞᆫ다ᄒᆞ니 其品行의 美否ᄂᆞᆫ 姑舍ᄒᆞ고 至情간에 生命을 勒死ᄒᆞᆷ이 人道上의 不忍ᄒᆞᆫ 事이라고 批評이 浪藉ᄒᆞ다더라

●沈氏起訴　小安동居學錫煥氏의 所有家舍七間을 齋洞居鄭文弼氏가 貿々記錄을 僞造ᄒᆞ야 笠동居沈聖澤氏에게 典當ᄒᆞ고 金貨五拾圓을 得用ᄒᆞ얏ᄂᆞᆫ데 沈氏가 日昨에 僞券인줄을 知得ᄒᆞ고 現行起訴中이라더라

●兩民廢農　남來人의 傳說을 確聞ᄒᆞᆫ즉 茂朱龍潭鎭安鎭水安義居昌等六郡에 駐在ᄒᆞᆫ 日憲兵과 補助員이 合勢ᄒᆞ야 去番茂朱郡義兵將文某와 交戰ᄒᆞᆫ 後에 各郡駐所ᄒᆞ야 義兵의 干連者를 隨現捉去ᄒᆞᄂᆞᆫ 故로 該地方居民은 廢農ᄒᆞᆯ 境에 至ᄒᆞ얏다더라

●月溪戰　三昨日에 楊州郡과 尾ᄂᆞᆫ 溪등地에셔 義兵과 日兵이 交戰ᄒᆞ야 日兵이 多數被殺ᄒᆞ얏다ᄂᆞᆫ 說이 有ᄒᆞ더라

●千義當役　義兵干連으로 被捉되얏던 金基國 漢植氏等四人은 役拾年으로 任海準 申응文氏等은 役七年으로 宣告ᄒᆞ얏다더라

●金門宗會　仙源前監兄弟의 古家舊俗軒이 計稷洞에 在ᄒᆞ더니 其宗孫이 此家屋을 日本人의게 典執償用ᄒᆞ고 日本으로 逃走ᄒᆞ얏다ᄂᆞᆫ데 金氏들이 昨日에 宗會를 開ᄒᆞ고 該家屋을 還退ᄒᆞ기로 발起ᄒᆞ얏다더라

●覓骨安葬　前郡守洪泰潤氏의 親山을 賊漢이 掘去ᄒᆞ얏던 事로 已報ᄒᆞ얏거니와 金額持來ᄒᆞ라ᄂᆞᆫ 處所로 前往ᄒᆞᆫ즉 賊漢이 果有ᄒᆞᆫ지라 其問措ᄒᆞᆫ 情狀을 陳述ᄒᆞ고 乞ᄒᆞ며 其頭骨所在處를 指示ᄒᆞᆷ으로 還覓安葬ᄒᆞ얏다더라

●其父安在　西부孔德里居韓희俊氏家에 六歲된 男兒孔秉順이ᄂᆞᆫ 本月拾四日에 入來ᄒᆞ얏ᄂᆞᆫ데 該兒의 父兄은 速爲覓去ᄒᆞ기를 苦待ᄒᆞᆫ다더라

●青會演說　今日下午捌時에 鍾路青年會館에셔 演說會를 開ᄒᆞ고 青年유瑞光氏 原質이란 問題로 金聲善氏가 演說ᄒᆞᆫ다더라

學界

●仁校擧學　官立仁川實업學校에셔 來五日에 開校式을 設行ᄒᆞᆫ다ᄂᆞᆫ데 學部高等官을 請邀ᄒᆞᆫ다더라

●學校引繼　中部私立把成小學校ᄂᆞᆫ 近日에 財政이 窘拙ᄒᆞ야 廢止ᄒᆞᆯ 境에 至ᄒᆞ얏ᄂᆞᆫ데 長通坊會에셔 去五月三十日에 東門外塔洞으로 代表總會를 開ᄒᆞ고 該校를 引繼ᄒᆞ기로 決議ᄒᆞ얏다더라

●是母是子　東萊釜山面養眞女學校々宇를 上年春에 鄭氏와시가 新有山亭을 修理借與ᄒᆞ야 學徒가 至爲百餘名이오 於今校舍를 新建에 同시가 金百圓을 寄付ᄒᆞ고 去月聯合運動에 同시의 入壹母親이 扶杖隨往ᄒᆞ야 女學徒百餘名을 自擔供饋ᄒᆞ니 是母是子의 義務ᄂᆞᆫ 稱讚이 無不揆ᄒᆞ더라

●講師有人　北部觀鎭學校內에 工業講習所를 設立ᄒᆞᆷ은 已報어니와 講師ᄂᆞᆫ 木工卒업 金選植 金工卒업 金漢弼 鄭致燦 染織卒업 尹正燮 南基洪 應用化學卒업 鄭海설 土木卒업 沈相大 陶器卒업 崔翼進 諸시를 聘請ᄒᆞ야 工學講義錄을 新編敎授ᄒᆞᆫ다더라

●稷山學校　직山郡[illegible]學校ᄂᆞᆫ 本年陽月에 學部認許를 承ᄒᆞᆫ 以後로 校況이 稍稍興旺ᄒᆞ며 講師徐光國시의 熱心敎授로 學員前進之望이 確有ᄒᆞ다더라

●安郡瑞雲　南來人의 傳說을 據ᄒᆞᆫ즉 京畿道安城郡木村面保體里에셔 該面面長吳仲鉉 鄭寅恒 鄭寅儻 二시가 瑞雲義塾을 設立ᄒᆞ얏ᄂᆞᆫ데 設立之初에 反對者가 多ᄒᆞ더니 距三시가 其面內某某紳士를 會集ᄒᆞ고 時代形便과 敎育上義務를 懇討論ᄒᆞ야 落淚ᄒᆞ거날 坐中諸시가 咸爲贊成ᄒᆞ야 학徒이 三拾餘名에 達ᄒᆞ얏다더라

●三朴熱心　平北博川郡石隅村에셔 朴裕根 朴濟楨 朴爲松 諸시가 時代의 思想을 感覺ᄒᆞ고 學校를 設立ᄒᆞ고 該儒林深에 著名ᄒᆞᆫ 學員元시를 延聘ᄒᆞ야 新학問을 熱心講論ᄒᆞ며 將進之望이 有ᄒᆞ다더라

感荷賻儀

西小門外居紳士[illegible]玉擧氏가 本社前社長裵說氏 喪事에 對ᄒᆞ야 金二圓을 寄贈ᄒᆞ얏기 玆에 其盛意를 表ᄒᆞ노라

收金會社

▲財政枯渴ᄒᆞ엿다고 物論이 敝々ᄒᆞ나 韓國又흔 [illegible]國은 世界上의 第壹이라 金錢들이 업고 보면 當行事도 못ᄒᆞ거던 韓人行實行社를 組織ᄒᆞ고 收金委員選定ᄒᆞ야 金錢을 收合ᄒᆞᆫ새

▲演劇場을 드러가니 淫蕩子會集ᄒᆞ야 入場券을 競買ᄒᆞᆯ제 金錢소리 擾亂ᄒᆞ다 特等上等列坐ᄒᆞ야 拍手喝采ᄒᆞᄂᆞᆫ 貌樣 妻子ᄂᆞᆫ 굶더라도 個人마다 滑手ᄒᆞ니 公益인가 私益인가 暴殄天物ᄒᆞ얏감도다 그 金錢을 收ᄒᆞᆯ세

▲雜技局을 드러가니 無賴輩가 會集ᄒᆞ야 花套骨牌버린 곳에 銀錢紙錢 銅貨이시글々々往來로다 梧桐鳳凰 松鶴等에 瓦花草 家財나가고 二七갑오 당 물구에 良田沃畓 업셔지니 暴殄天物ᄒᆞ얏감도다 그 金錢을 收合ᄒᆞ고

▲料理店을 드러가니 破落戶가 會集ᄒᆞ야 挾娼唱妓노ᄂᆞᆫ 곳에 色料理淋漓ᄒᆞ고 魚菜肉膾모와 水에 三판錦盃며 一夜費幾十圓式이 업지니 돈이 엇더 허락인가 비가 곱허 充腸인가 暴殄天物ᄒᆞ얏감도다 그 金錢을 收合ᄒᆞ고

▲園樓房을 드러가니 蕩少年이 會集ᄒᆞ야 紛壁紗窓 錦屛에 絶代佳人 안고 누어 聲嗽更次도 지내 [illegible] 暴殄天物ᄒᆞ얏감도다 그 金錢을 收合ᄒᆞ고

▲官吏들의 드러가니 [illegible]國政가 會集ᄒᆞ야 [illegible] 水陸[illegible] 中에 [illegible] 詩酒宴樂ᄒᆞ야 多金錢消融ᄒᆞ니 太平[illegible]인가 비가 불너 晩餐인가 暴殄天物ᄒᆞ얏감도다 그 金錢을 收合ᄒᆞ세

▲暴殄天物 此金錢을 々々收合ᄒᆞᆫ 然後에 더 會社[illegible]ᄒᆞ고 支配人을 指定ᄒᆞ고 [illegible] 投票ᄒᆞ야 各隨資格 選定ᄒᆞ고 敎育界와 各社會에 適宜로 分支拂ᄒᆞ야 永久維持 發達ᄒᆞ면 文明富强될

雜報

●淸商回祿　再昨日下午十時量에西小門內伏車橋淸人商店에서失火ᄒᆞ얏ᄂᆞᆫ디損害가不少ᄒᆞ다더라

廣告

◉特別廣告

本報第壹號ᄂᆞᆫ本月貳日發行이온바拾箇日間을休刊ᄒᆞ고拾三日(日曜日)부터繼續發刊ᄒᆞ오니　愛讀僉彦은速히本社로請購ᄒᆞ시옴

漢셩中部壽洞(濟藥尙宮內)

大韓民報社　告白

本人姓名章與金昌默處三拾貳圜五拾錢票九月廿六日에失ᄒᆞ엿스니誰某던지得ᄒᆞ거든休件施行홈

平壤隆德面九里金龍瑞　告

◉美國直輸入　懸鐘(禮拜堂과학校의用)　時計　大發賣廣告

本人이今般에本國內總代理를兄弟와學界同胞의購買便利ᄒᆞ기爲ᄒᆞ야懸鐘。時計。兩種을美國으로輸入ᄒᆞ야廉價販賣ᄒᆞ오니有志僉彦은爭先購買ᄒᆞ시오
但遠方에서注文ᄒᆞ시면郵便代金印送으로寄呈도ᄒᆞ깃ᄉᆞᆸ

懸鐘　大壹個拾壹圜　中仝　捌圜廿錢　小仝　五圜七拾五전

時計　上品壹箇九圜五拾錢　仝次　六圜五拾錢

郵賃　時計　懸鐘　本肆　不要　自擔　홈

明新書肆主　李禎錫

京城南門內鉢谷口

◉特別廣告

本所에서各種測量을擴張호事務를壹層擴張ᄒᆞ고實業을九極注意ᄒᆞ야礦山未墾地漁業其他水陸寶藏을發見又經營코ᄌᆞᄒᆞᄂᆞᆫ篤志同胞의計劃을確實成立되도록盡力需應ᄒᆞ오며又事業費에關ᄒᆞ야有意莫遂ᄒᆞᄂᆞᆫ同胞의게ᄂᆞᆫ贊同便利를供ᄒᆞ깃ᄉᆞ오니有志僉彦은來議ᄒᆞ시옴

中部丞洞三拾貳統三戶

會同測量事務所長

金澤吉

田在禧　金晃熙
李源聖　朴寅秉

◉業務大擴張廣告

京城南大門驛에서大同運輸會社와東美運送部와通運社三運送部가年來로各自運輸營業ᄒᆞ옵더니今에四運輸會社가營業을擴張ᄒᆞ고資本金을合同ᄒᆞ야合資普興運輸組를組織ᄒᆞ옵고內外國鐵道貨物의海陸運輸를專營爲ᄒᆞ오니愛顧ᄒᆞ시던僉君子ᄂᆞᆫ照亮ᄒᆞ심을務望

資本金　壹萬圜

營業位置　前東美運送部

京城南大門驛

合資普興運輸組

社長 [illegible]
社員 [illegible]

專賣特許駿帽子

本書林의廣告ᄂᆞᆫ廣可發布옴이大韓의有名新發明ᄒᆞᆫ帽子를世界에廣佈홈

登錄商票

中山子　價圜　五〇〇　四五〇　三五〇　貳五〇
中折帽子
上仝
女子帽
上仝
學生帽子　價圜　二五〇　二〇〇　二〇〇　壹五〇

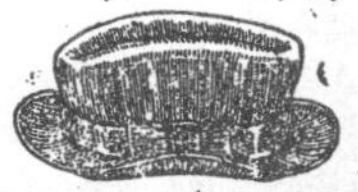

敬啓者本新發明ᄒᆞᆫ帽子ᄂᆞᆫ[illegible]

本人의圖章을名은澤善으로篆刻ᄒᆞ고字ᄂᆞᆫ浩然으로正刻施行이더니本月二拾八日(陰四月初十日)에馬山港等地에서紛失이온바從今改章이되名은正刻字ᄂᆞᆫ圖文으로刻用ᄒᆞ오니內外國人은照亮하시옴

金海郡下界面會山里김澤善白

本人의牛篆刻ᄒᆞᆫ姓名圖章을隆熙六月二日에遺失하얏사오니知舊僉彦照亮하시오

鄭寅相　告白

◉韓美興業株式會社平北支社發起趣旨

維我富强文明의事業이旺盛ᄒᆞᆷ은東西古今을無論ᄒᆞ고確然明瞭ᄒᆞ矣라現時代ᄂᆞᆫ實業의競爭은愈甚於兵戈之强ᄒᆞ니吾人이로서實業을發達ᄒᆞ야發展ᄒᆞ야 環境에理想的興業의發達이進步치못ᄒᆞ면恒常吾人의幸福이無ᄒᆞ리니今此韓美興業株式會社가漢城에屹立ᄒᆞ오니是乃國民實業家의發起이며文明ᄒᆞᆫ法律下에組成된바其完全ᄒᆞᆫ範圍ᄂᆞᆫ特히實業界에上等이되깃도다 [illegible] 이同支社를設立ᄒᆞ야本社를承ᄒᆞ고實業上에對ᄒᆞ야多論을不俟ᄒᆞ고實力勇進ᄒᆞ야 [illegible] 人士ᄂᆞᆫ互相勸勉ᄒᆞ야期圖支社之完全ᄒᆞ며同濟實業之殷盛을千萬顒望

隆熙二年五月拾九日

發起人

[illegible]

美國시카고大博覽會 · 미국시카고대박람회

郵濟專原則에云ᄒᆞ얏스되夥多ᄒᆞᆫ產物의分排ᄒᆞᆷ을因ᄒᆞ야最大ᄒᆞᆫ權力이發生ᄒᆞᆫ다ᄒᆞ얏스니其權力을用ᄒᆞ야可爲善이오其權力을用ᄒᆞ야可爲惡이라

本社之印章

本社之商標

其權力을其產物과及其謄出者의改良發就ᄒᆞ기爲ᄒᆞ야完全히發展ᄒᆞ며利用ᄒᆞ면其權力의强大홈이不可量이라我韓美興業株式會社ᄂᆞᆫ大韓帝國의商工業에擴張ᄒᆞ고改良이建設ᄒᆞᆫ壹ᄌᆞ强力의團合體이오이다世界各國이不窺閭ᄒᆞ던韓國에產物이有홈을知ᄒᆞᄂᆞᆫ此局에ᄂᆞᆫ此產物의能力에世界에代表ᄒᆞ야[illegible]

皇城磚洞(京城郵便局郵函第四拾號)　韓美興業株式會社

(大美國에리소나道法律認可　駐大韓國美國總領事館登錄)

本社의各處代理人의姓名은如左홈

開城代理人　南大門外雜貨商店
平壤代理人　大同門外店등
咸興代理人
馬山浦代理人　馬山浦舍주
元山代理人　元山港
淸津代理人　淸津港
安州代理人
義州代理人
沙里院代理人
全州代理人
海州代理人
天安代理人
群山代理人
金州代理人
大邱代理人
釜山代理人
仁川代理人
鎭南浦代理人
[illegible]代理人
公州代理人
木浦代理人
晋州代理人
金堤代理人
江界代理人
[illegible]
位置未定
[illegible]

金東宜　鄭基煥　盧昊洙　孫宇　[illegible]

第七卷

大韓每日申報

第壹千壹百拾三號

月曜日及歲時慶節休刊

檀君開國四千二百四十二年
箕子元年三千三十一年
大韓開國五百十八年
日本明治四十二年
清國宣統元年
歲己酉四月大十七日乙未

Responsible for Publication Alfred Weekley Marnham
發行兼編輯人 英國人 萬咸
發行所 京城 大韓每日申報社

論說

◉韓國의新國民

新國民을造成ᄒᆞᆯ지新國民을造成ᄒᆞᆯ지니如何ᄒᆞᆫ國民이新國民인가

柔順的國民인가日否라柔順은怯懦를生ᄒᆞ고怯懦는退縮을生ᄒᆞ고退縮은劣敗를生ᄒᆞ고劣敗는滅亡을生ᄒᆞ나니今此腥風血雨가東西에漲滿ᄒᆞᆫ時代에在ᄒᆞ야柔順的國民을造成ᄒᆞᆷ은譬컨ᄃᆡ群虎가亂攫ᄒᆞ는中에羊을放ᄒᆞᆷ과壹般이라엇지其可ᄒᆞ리오

穩靜的國民인가日否라穩靜은保守를生ᄒᆞ고保守는衰弱을生ᄒᆞ고衰弱은劣敗를生ᄒᆞ고劣敗는滅亡을生ᄒᆞ나니今此龍爭虎鬪ᄒᆞᄂᆞᆫ宇宙를當ᄒᆞᆫ時代에在ᄒᆞ야穩靜的國民을造成ᄒᆞᆷ은譬컨ᄃᆡ洪水가臨ᄒᆞ는ᄃᆡ에睡人을留ᄒᆞᆷ과壹般이라엇지其可ᄒᆞ리오

然則如何ᄒᆞᆫ國民인가日猛壯的勇進的의國民이니라

何故오日刀山劍水가縱橫ᄒᆞ고百怪千魔가亂躍ᄒᆞ는此時代에猛壯的國民이아니면彼를抵敵치못ᄒᆞ며勇進的國民이아니면彼와奮戰치못ᄒᆞᆯ所以니라

近에何許妖妄輩가頻々唱道ᄒᆞ야曰柔順的穩靜的國民을造成ᄒᆞ자ᄒᆞ야人心을眩惑ᄒᆞ며民氣를摧折ᄒᆞ는者ㅣ多ᄒᆞ니凶險ᄒᆞ도다彼輩의妄想이여

彼輩는韓國을滅亡코ᄌᆞᄒᆞ는지라故로滅亡ᄒᆞᆯ國民을造成코ᄌᆞᄒᆞᆷ이며滅亡ᄒᆞᆯ國民을造成코ᄌᆞᄒᆞ는지라故로柔順的穩靜的의國民을造成코ᄌᆞᄒᆞᆷ이아닌가

大抵守成時代라도猛壯的勇進的의國民이아니면不可커든況韓國의改革時代이며飛躍時代라도猛壯的勇進的의國民이아니면不可커든況韓國의準備時代인가

世界가皆柔順的國民을造成ᄒᆞᆯ지라도韓國은猛壯的國民을造成ᄒᆞᆯ지어날況世界가皆猛壯的國民을造成ᄒᆞᆷ이며世界가皆穩靜的國民을造成ᄒᆞ야도韓國은勇進的國民을造成ᄒᆞᆯ지어날況世界가皆勇進的國民을造成ᄒᆞᆷ인가

如何ᄒᆞ던지今日에在ᄒᆞ야柔順的穩靜的國民을唱ᄒᆞ는者는韓國의公賊이며韓人의公仇니라

嗚乎라余의愛ᄒᆞ는韓國同胞여猛壯的國民이될지어다嗚乎라余의敬ᄒᆞ는韓國同胞여勇進的國民이될지어다

余가韓國同胞를爲ᄒᆞ야香火로祝ᄒᆞ노라

法律

▲隆熙貳年 拾壹月拾壹日 官報

法律第貳拾九號 (續)

漁業法

第十壹條 農商工部大臣은水產動植物의蕃殖保護又는漁業의取締에關ᄒᆞ야必要ᄒᆞᆫ命令을發ᄒᆞᆷ을得ᄒᆞᆷ

第拾貳條 漁業權을不依ᄒᆞ고第二條第壹項에規定ᄒᆞᆫ漁業을ᄒᆞ거나又는第九條或은第十條의規定에違背ᄒᆞᆫ者는百圜以下의罰金에處ᄒᆞ고採捕物又는所有漁具는何人의所屬을不問ᄒᆞ고此를沒收ᄒᆞᆷ既히採捕物을讓渡ᄒᆞ거나又는消費ᄒᆞᆫ時는其代價를追徵ᄒᆞᆷ

漁業權의停止中又는免許或은許可에條件에違背ᄒᆞ야漁業을ᄒᆞᆫ者도前項과同ᄒᆞᆷ

第拾三條 使用人及漁夫其他從業者의所爲는漁業者의所爲로看做ᄒᆞ야前條의罰則은此를漁業者에게適用ᄒᆞᆷ

第拾四條 本法施行에必要ᄒᆞᆫ細則은農商工部大臣이此를定ᄒᆞᆷ

附 則

第拾五條 本法施行期日은勅令으로此를定ᄒᆞᆷ

第拾六條 如何ᄒᆞᆫ名義를不問ᄒᆞ고本法施行前에受ᄒᆞᆫ漁業의免許又는從來의慣行을因ᄒᆞ야第二條의事項에規定ᄒᆞᆫ漁業을ᄒᆞᄂᆞᆫ者는本法施行日로부터一個年以內에第二條의規定을依ᄒᆞ야免許를請願ᄒᆞᆷ이可ᄒᆞᆷ

本法施行日에漁業鑑札의下付를受ᄒᆞᆫ者는本法施行後에도其鑑札의有效期間內는第九條又는第拾條에規定ᄒᆞᆫ漁業을ᄒᆞᆷ을得ᄒᆞᆷ

(未完)

訓令

▲隆熙三年 六月貳日 官報

度支部訓令第六五號

漢城府尹
各道觀察使

近來土地測量이盛行ᄒᆞᆷ을乘ᄒᆞ야狡猾之輩가巡遊地方ᄒᆞ며搆設虛說ᄒᆞ야各自所有地를測量ᄒᆞ야疆界를不爲明確이면父祖傳來之良田美沓도竟至亡失이라ᄒᆞ고宣言ᄒᆞ고欺瞞愚民ᄒᆞ야圖得錢財之依賴ᄒᆞ며假飾을如出公議之測量ᄒᆞ야依賴量地케ᄒᆞ고收不當之料金者가續出이라ᄒᆞ니似此者는其弊害가非但沮喪民力이라將來土地整理上에貽妨難測이오今也自政府로全國土地를行將無料實測ᄒᆞ야各人所有地를明確境界ᄒᆞ며查定面積ᄒᆞ야作成地圖ᄒᆞ야務圖자所有者之便益次로有所計畫인즉此際에地主等이因其自己之必要ᄒᆞ야或測量地于他者는勿問이어니와不然者는測量을停止ᄒᆞ야毋陷於彼奸輩詐術ᄒᆞ도록管下壹般人民에게懇切訓示ᄒᆞ야毋或違舛이可ᄒᆞᆷ事

隆熙三年五月二拾壹日

度支部大臣 任善準

外報

●財政家의遺產 倫敦電을據ᄒᆞᆫ則英國倫敦市財政家좌르스모리손시가逝去ᄒᆞ얏는ᄃᆡ同시의遺產은壹千萬磅乃至壹千五百萬磅이라더라

●仲裁運動失敗 紐育電을據ᄒᆞᆫ則美國亞지아州中央鐵道에서同盟罷業은人種上에紛爭이發ᄒᆞ야漸々熾盛ᄒᆞᆷ으로仲裁運動은失敗에歸ᄒᆞ얏다더라

●奮鬪的獲獸 倫敦電을據ᄒᆞᆫ則前大統領루스벨트시가今日ᄭᆞ지捕獲ᄒᆞᆫ巨獸가八十六頭오小獸가八百頭라더라

●燒嶽噴火 東京電을據ᄒᆞᆫ則日本飛驒에在ᄒᆞᆫ燒嶽에서去月二拾八日午前三時半에大噴火가起ᄒᆞ야附近壹面이暗黑ᄒᆞ야降灰가數拾里에及ᄒᆞ얏다더라

●兩國人의安全 伯林電을據ᄒᆞᆫ則모로코國모가돌에서土民에게抑留되얏던佛人及墺地利人의生命은安全ᄒᆞ다더라

廣告

雜報

●興七國狀態 興七國을設立ᄒᆞᆫ以後로何等事業을做出ᄒᆞ얏ᄂᆞᆫ지表示ᄒᆞᆫ것은無ᄒᆞ고 大皇帝陛下께옵서 下賜ᄒᆞ신御題額으로觀은何處에盡用ᄒᆞ얏ᄂᆞᆫ지該國任員의俸은數朔을支撥치못ᄒᆞ얏다더라

●園島何知 近日日本東京各新聞을閱覽ᄒᆞᆫ즉各政黨이韓國事에對ᄒᆞ야不撤晝夜ᄒᆞ고討論과演說ᄒᆞ며或秘密會議도ᄒᆞ며韓國地位를如何ᄒᆞᆫ程度에置ᄒᆞᆯ새ᄒᆞ고研究ᄒᆞᄂᆞᆫ中인ᄃᆡ韓國內閣大臣과各元老들은毫도政治上利害를注意치아니ᄒᆞ고詩會나ᄒᆞ며官人俱樂園을建築ᄒᆞ기에奔忙ᄒᆞ다고一般輿論이莫不唾罵ᄒᆞᆫ다더라

●統監과反對 曾禰副統監이統監의陞任ᄒᆞᆫ事에對ᄒᆞ야日本民黨에서反對가激起ᄒᆞ얏다ᄂᆞᆫ說이有ᄒᆞ더라

●康氏獻議 中樞院에서昨日木曜例會를開ᄒᆞ고贊副議諸氏가會同ᄒᆞ얏ᄂᆞᆫᄃᆡ正三品康洪斗氏가獻議ᄒᆞ기를近日現內閣諸大臣과其他貴族들이詩會를輪回設行ᄒᆞᆷ은一般知了ᄒᆞᄂᆞᆫ바어니와地方人民中에失業擾屑ᄒᆞᆷ을救濟方針과地方騷擾鎭靜ᄒᆞᆯ方法을講究치아니ᄒᆞ고無用의詩會를設ᄒᆞᄂᆞᆫ것보다地方安靜ᄒᆞᆯ研究會라名稱을改ᄒᆞᄂᆞᆫ것이時宜에妥當ᄒᆞ니內閣에建議ᄒᆞ라ᄒᆞ얏다더라

●獻議退却 各大臣詩會에對ᄒᆞ야康洪斗氏가中樞院에獻議ᄒᆞᆷ은別項과如ᄒᆞ거니와贊議諸氏ᄂᆞᆫ何規則을違ᄒᆞᆫ인지該獻議書를退却ᄒᆞ얏다더라

●參會何用 今番司法官會議에日本人官吏만會集ᄒᆞ고韓國高等官은韓人도參席지못ᄒᆞ얏다ᄒᆞ며道書記官會議에도參皆日人高等官만出席ᄒᆞ고韓國人은韓人도參會치못ᄒᆞ얏다더라

●書記官提出 昨日에各道書記官會에各道書記官이意見書를提出ᄒᆞ얏ᄂᆞᆫᄃᆡ爲先地方費實施에關ᄒᆞ야各府郡에研究ᄒᆞ얏다더라

●學大晩餐 學部大臣李載崑氏ᄂᆞᆫ本月十日에晩餐會를設ᄒᆞ고各高等官을請邀接待ᄒᆞ얏다더라

●履歷書繕交 內閣에서學部로通牒ᄒᆞ고各官立學校職員中에奏任官以上의履歷書를繕交ᄒᆞ라ᄒᆞ얏다더라

●株券交付 東洋拓殖會社에서ᄂᆞᆫ本月三日에株券交付를開始ᄒᆞ얏ᄂᆞᆫᄃᆡ韓國政府의六萬株를同日에交付ᄒᆞ얏다더라

●後渡後韻 前軍部大臣尹雄烈氏가去番에日本觀光團으로追後渡去ᄒᆞ야多日觀光ᄒᆞ다가再昨日下午八時量에歸國ᄒᆞ얏다더라

●民會可惜 漢城府民會에서今番日本서渡來ᄒᆞᄂᆞᆫ觀光團을迎接ᄒᆞ기爲ᄒᆞ야韓日國旗五百竿과球燈五百個를釜山部民會로送交ᄒᆞ얏다더라

●觀光三派 日本서渡來ᄒᆞᄂᆞᆫ觀光團이東京派ᄂᆞᆫ初六日에渡來ᄒᆞ고大坂派ᄂᆞᆫ拾三日에渡來ᄒᆞ고神戶派ᄂᆞᆫ拾四日에渡來ᄒᆞᆯ다더라

●何其熱心如此 漢城府民會장俞吉濬氏가各私立學校에通牒ᄒᆞ기를日本서渡한ᄒᆞᄂᆞᆫ觀光團이來六日부터連三次繼續渡來ᄒᆞᆯ터이니官公任員諸氏가十歲以上學徒를領率ᄒᆞ고韓日國旗를交叉ᄒᆞ며提燈歡迎ᄒᆞ라ᄒᆞ얏다ᄂᆞᆫᄃᆡ一般輿論에府民會에서ᄂᆞᆫ日本觀光團에對ᄒᆞ야歡迎ᄒᆞ기에何其熱心如此오ᄒᆞ야批許이有ᄒᆞ더라

●迎接下往 日本서渡來ᄒᆞᄂᆞᆫ觀光團을迎接ᄒᆞ기爲ᄒᆞ야鄭雲復氏가釜山에下往ᄒᆞ얏더니該團의行이延期됨으로中止ᄒᆞ고來ᄒᆞ얏다가昨日에서야漢城府에서國旗五百個를出給下往케ᄒᆞ얏다더라

●歡迎次請願 京城內商務組合所에서日本觀光團을歡迎ᄒᆞ깃다고內部에請願ᄒᆞ얏다더라

●觀察訓示 京畿觀察使金思默氏ᄂᆞᆫ管下各郡에訓示ᄒᆞ되測量技術員이各 陵寢內外垓字附近處에入來ᄒᆞ야測量ᄒᆞᄂᆞᆫ者가有ᄒᆞ거던捉囚馳報ᄒᆞ라ᄒᆞ얏다더라

●特許法實施 意匠法、商標法、著作權法의實施에對ᄒᆞ야昨年八月拾六日부터四月末ᄭᆞ지韓人과美人과日人의請願ᄒᆞᆫ數가八百十九件에達ᄒᆞ얏ᄂᆞᆫᄃᆡ其中特許가二百拾四件이오意匠이貳拾壹件이오商標가五百七拾八件이오著作權이六件인대旣히登錄에記ᄒᆞᆫ特許가百五十件、商標가百七十四件이오意匠이十四件著作權이六件이라더라

●分遣所撤去 咸鏡北道女貞坪分遣隊ᄂᆞᆫ去月貳拾八日에撤去ᄒᆞ엿고黃坡鎭分遣隊ᄂᆞᆫ廿九日에撤去ᄒᆞ엿고古豐山分遣隊도同日에撤去ᄒᆞ엿다더라

●亡國人의慘狀 淸國汕頭埠消息을據ᄒᆞᆫ즉該地海關近傍에留學生模樣으로行裝을裝束ᄒᆞᆫ二名이道路에彷徨ᄒᆞ며淸國言語를通치못ᄒᆞ거날該地警察官이警務局으로同往ᄒᆞ야紙筆을給ᄒᆞ고筆談ᄒᆞ기를請ᄒᆞ니該二人이其姓名을書ᄒᆞᄂᆞᆫᄃᆡ一은阮景林이오一은阮金肯인ᄃᆡ皆是越南人이라其文筆이精通ᄒᆞ며言論이慷慨ᄒᆞ야隱然히志士의氣槪가有ᄒᆞᆫ지라警察官이爲ᄒᆞ야其所懷를問ᄒᆞ니答曰年前에越南으로부터秘密히海를渡ᄒᆞ야日本東京에留學ᄒᆞᆫ지旣히二年이되얏ᄂᆞᆫᄃᆡ學費가窮拙ᄒᆞ고또書信을本鄕에送ᄒᆞ다가不幸히其書信이法國官吏의게現露되야父兄이다慘酷ᄒᆞᆫ刑罰을被ᄒᆞ얏ᄂᆞᆫ지라此時로부터生覺이悽담ᄒᆞ고狀況이凄凉ᄒᆞ야學業을難卒이기로不得已本國으로歸去코저ᄒᆞ나越南으로直往ᄒᆞ면法人의게被捉될ᄭᆞ恐ᄒᆞ야淸國으로도라셔歸ᄒᆞ노라ᄒᆞ고悲淚가兩下ᄒᆞ며哀詩를作ᄒᆞ야冤痛ᄒᆞᆫ情勢를記ᄒᆞ고出發ᄒᆞ얏다ᄒᆞ니悲夫라亡國民의慘景이此와如ᄒᆞ도다

●巡査點檢 警視廳에서昨日부터各警察署出番巡查를會集ᄒᆞ야點檢式으로銃技藝를敎授ᄒᆞᆫ다더라

●殷何關會 西來人의傳說을聞ᄒᆞᆫ즉令川郡守李升采氏ᄂᆞᆫ前郡郡主事與書記廳引及諸般所屬이皆該氏가殷栗郡守로在任時에使役ᄒᆞ던倖幸之人으로差出ᄒᆞᆷ으로該郡紳民의怨聲이漲溢ᄒᆞᆫ다더라

●高氏被囚 十三道測量協議會會頭高仁翊氏가大韓測量總督門牌를摘拔ᄒᆞᆫ事ᄂᆞᆫ已爲報道어니와該事件에對ᄒᆞ야再昨日高氏가中部警察署에被囚ᄒᆞ얏다더라

●李孀吞鴉 康昌鎬氏의令孃이壹進會장李容九氏의從姪婦가되얏ᄂᆞᆫ데其夫와有何不合事端인지日昨에鴉片烟을呑下ᄒᆞ고因爲致斃ᄒᆞ얏다더라

●特待外自備 內部會計課에서ᄂᆞᆫ各局課에輪候ᄒᆞ기를從今以後로ᄂᆞᆫ各局課에서支用ᄒᆞᄂᆞᆫ茶料를特別히接待ᄒᆞᄂᆞᆫ外에ᄂᆞᆫ各其自備ᄒᆞ라ᄒᆞ얏다더라

學界

●宣郡運動 平安北道宣川郡에서春期聯合運動會를組織ᄒᆞ다가該郡警察署에서禁止ᄒᆞᆷ을因ᄒᆞ야地方運動會를陰四月九日에設行ᄒᆞᄂᆞᆫᄃᆡ鐵山車輦館韓興學校에서觀光次前往ᄒᆞ다가該郡警察署에서禁力遮道ᄒᆞᆷ으로不得不參ᄒᆞ고宣川郡邑村間參參ᄒᆞᆫ學校가七十二校오生徒가貳千二百餘人이라活潑ᄒᆞᆫ氣像으로兩日을擧行ᄒᆞ얏다더라

●安郡運動 安州郡內에서有志諸시가靑年學生에敎育을勸奬ᄒᆞ기爲ᄒᆞ야春期聯合運動을去二拾四日에設行ᄒᆞ얏ᄂᆞᆫ데活潑ᄒᆞᆫ氣像으론莫大ᄒᆞᆫ盛況을呈ᄒᆞ며內外國觀光ᄒᆞᆫ士女ᄂᆞᆫ萬餘名에達ᄒᆞ얏고同郡南松面嗇徵洞居ᄒᆞᄂᆞᆫ巫女崔시가觀光次로到ᄒᆞ얏다가金十圓을運動會에義捐ᄒᆞ얏다더라

●妙年壯志 水原南門外居李善益시ᄂᆞᆫ年今貳拾餘에敎育이時務에最急ᄒᆞᆷ을通曉ᄒᆞ야熱心贊成ᄒᆞ더니學務에趨就됨을勸奬ᄒᆞ기爲ᄒᆞ야金額을專擔ᄒᆞ고郡內三登兩女學校를聯合케ᄒᆞ야上柳川下에運動을設行ᄒᆞ얏ᄂᆞᆫᄃᆡ盛況을呈ᄒᆞ얏다더라

●宣川의桂氏 宣川深川面의桂禎賀시ᄂᆞᆫ測量期限이急迫ᄒᆞᆷ을知ᄒᆞ고靑年子弟를募集ᄒᆞ야自己私邸에校舍를設ᄒᆞ고校費를專擔ᄒᆞ야受業ᄒᆞᄂᆞᆫ生徒가貳拾餘名이오또新學文敎育을擔任ᄒᆞ야數鄕內에義成學校를建築ᄒᆞᄂᆞᆫᄃᆡ所費ᄂᆞᆫ自擔ᄒᆞᆷ으로一方의熱心을人皆稱頌ᄒᆞᆫ다더라

●敎師有人 廣州中垈面松坡私立廣成學校ᄂᆞᆫ設立ᄒᆞᆫ지四五年에校況이零星ᄒᆞ더니敎師金昌鎭시가敎育에熱心ᄒᆞ야學生中赤貧者ᄂᆞᆫ書冊紙筆費를自擔辦給ᄒᆞ며樵夫牧童이라도盡力勸勉ᄒᆞ야晝夜學生이數百餘名에達ᄒᆞ얏다더라

▲地方消息▼

▲去月拾九日華川郡內에서義兵拾名이楊口猳川分遣所日憲兵二名及補助員五名과交戰ᄒᆞ엿고其翌日에華川楊口附近에서再次交戰ᄒᆞ얏다ᄒᆞ고

▲去月二十九日全羅北道月城里西方約貳十里地에서義兵三十餘名이餘里分遣所日憲兵二名及補助員三名과交戰ᄒᆞ얏다ᄒᆞ고

▲去月十三日長津郡內에서義兵八억이咸鏡남道下碣隅分遣所日憲兵壹名과補助員四名과交戰ᄒᆞ얏다ᄒᆞ고

▲去月二十日丹陽郡남方約五十里地에서義兵七拾餘名이該郡分遣所日憲兵一兵과補助員大名及巡査三名과交戰ᄒᆞ얏다ᄒᆞ고

▲去月十九日江原道栗實里東南方約十里地에서義兵拾八名이該里分遣所日憲兵三名及補助員貳名과交戰ᄒᆞ얏다ᄒᆞ고

▲去月貳拾五日淸風郡內에서義兵百餘名이該郡分遣所日憲二名과補助員兩名及巡査貳名과交戰하얏다더라

▲轉球賭錢▼

▲日落待時散步次로遊場曲을지너ᄂᆞᆫ데老幼冠蓋圍ᄒᆞ고ᄒᆞ야그狀態가怪異키로登次試習ᄒᆞ여보니어리석은韓人들은轉球賭錢에沒ᄒᆞ고벌거숭이더店主ᄂᆞᆫ手執鞭鞭往來ᄒᆞ며돈소ᄉᆞᄒᆞ다가도無地轉沒壯觀일세

▲어리셕다韓人이여巧詐ᄒᆞᆫ사더日人이韓人에게對ᄒᆞ여셔秋毫만ᄒᆞᆫ利益이업ᄂᆞᆫ夢想中에아니ᄒᆞᆫ줄을恍然指掌이아닌가諸君들의財政恐慌分錢生血ᄒᆞᆯ더인더囊中分전받어여氣를쓰고너여주니익달고도可痛일세

▲어리셕다韓人이여花鬪骨牌두전鬪屬雜技中의賭錢이나그것으로말ᄒᆞᆯ지더亡身敗家ᄒᆞᆯ지라도楚人得失되지마ᄂᆞᆫ百轉百敗暗術中에外人의게돈일홀닛眼目絶命ᄒᆞᄂᆞᆫ것도分數들이잇셔야지익달고도可痛일세

▲어리셕다韓人이여平板上에轉球ᄒᆞ야僥倖取利ᄒᆞ려ᄒᆞ도彼我關係생각ᄒᆞ라心腸들이잇고보면斷不爲此ᄒᆞᆯ터더러韓人에게利가되고彼輩에게害가되면아니ᄒᆞ긴姑舍ᄒᆞ고自[illegible]악겟ᄂᆞᆫ가익달고도可痛일세

▲어리셕다韓人이여累萬金이성긴ᄃᆡ도苟且取得아니ᄒᆞ음은大丈夫의本色인ᄃᆡ妄想虛慾무ᄃᆡ발ᄒᆞ여互相競爭轉球타가少不如意ᄒᆞ량이면魍魎又ᄒᆞᆫ日人에게毆打叱辱慘酷ᄒᆞ다재돈주고엇마지니익달고도可痛일세

▲어리셕다韓人이여이못된ᄃᆡ목研究ᄒᆞ야外人들의ᄊᆞᆫ金저攫取思想못ᄒᆞ고망정萬目所視白晝下에더ᄃᆡ러시ᄉᆞᆷ學ᄒᆞᆯ세轉球ᄒᆞᄂᆞᆫ그돈으로路上乞人주게되면곰압다고ᄒᆞᆯ터인ᄃᆡ怨聲含것무엇잇나익달고도可痛일세

▲슴호도다韓人이여彼輩들의叵測計로僞千萬店번민ᄒᆞ도諸君들이사름이면互相禁斷ᄒᆞᆯ것이어니재아모리獰惡ᄒᆞᆫ들嚴閉안코무엇ᄒᆞ리이것으로推測컨ᄃᆡ國際上의모든關係이와곳치自取일ᄉᆞ今日悲境恨歎마라

廣告

今番
皇后陛下 啓行時에本學校학生의諸具未備홈을慨歎ᄒᆞ야本洞諸氏가슴貨와物品을寄附ᄒᆞ야壹新需用케홈으로玆에廣告
寄附諸氏
김弘俊 韓義壹百件
리有泌 리昶載 朴春相
리聰根 김景良 石泰根
車景柱 김爾濟 權啓德
孫云昌 각二圜 리憲在
徐興秀 리潤在 吳鼎根
劉冰煥 宋聖初 김俊植
각壹圜 金永根 四十錢
私立東彰학校 告白

本人의十五대先塋이在於果川郡上北面城后里于今累百年이러니不意에陽城덕에枝孫炳世가素以敗類로賊單案山을任意偷賣코져ᄒᆞ기에玆以廣告ᄒᆞ오니內外國人은切勿見欺홈
京畿交河郡杜逸宗孫 柳□九

◉特別廣告

坡州汾水院 文蘭公산所 致祭祗奠日字以陰曆四月十九日擇定京鄉 僉宗中照亮

坡平尹氏宗會所

本會館을北部奉常司東洞統六戶로移接ᄒᆞ엿ᄉᆞ니京鄉僉員은照亮홈
帝國實業會 告白

本總部를中部大寺洞十九統捌戶로移接ᄒᆞ엿기玆에廣告홈

天道教中央總部

本人의당호畓百三十斗落이在於淸道郡上남中南兩處인바去丙午年에密陽郡法山居孫貞春에게横奪ᄒᆞ와四年間平理院ᄭᆞ지呼訴ᄒᆞ야得蒙遠勝後依府令執行ᄒᆞ야放賣矣러니匪彼良善子亮淑이與浪類로僞造당分ᄒᆞ야欲爲奥執云이기玆廣告ᄒᆞ오니內外國人은切勿見欺홈
慶北淸道郡梧塘裴召史告白

◉平安北道龜城芳峴面吉南里祥明學校義捐諸시如左
尹基益 壹百二十圜
李龍淡 朴뫼□ 각卅圜
前郡守尹鼎弼 安貞贊
朴弘석 白樂洽 鄭鎬敬
洪正遠 金炳坤 金均弼
조義順 각拾圜 康正璜
梁仁恒 金春植 金均禧
許成國 □□柱 □明賢
崔允賓 李昌年 김用三
각五圜 金용璟 朴致濟
許得麟 洪聖圖 朴道日
邊應贊 姜亨順 金枝伯
리鎬性 韓命周 林俊相
각二圜 林宗柱 貳圜五十錢
崔宰旭 □□鎬 朴宗如
許賢明 張文□ 孫啓祥
조明寬 李聖老 尹貞學
金泳洽 리賢甫 朴亨三
朴仲甫 姜석元 각貳圜
鄭致祿 禹奉周 林景贊
元석化 朴京順 趙基俊
金致明 崔道俊 邊□輔
金用學 李鳳話 리聖甫
金文恒 金德順 許夢祥
崔致寬 洪景植 金廷相
리仁芳 □濟敎 禹章浩
朴泳植 리貞瑞 각壹圜
金成柱 張龍範 張□□
각五拾錢
發起人 毛永□ 金석倫
文鎭白 鮮于□ 各拾圜

本書林의新廣告는旣爲愛布이옵거니와大韓의帝帝新發明ᄒᆞᆫ帽子를世界에廣告홈

專賣特許 駿帽子

登錄商票

中山子 價買 金五圜 五圜五十錢 四圜九十錢 三圜五十錢 貳圜九十錢
中折帽子 上仝
女子帽 上仝
學徒帽子 壹圜 二圜五十錢 二圜 壹圜七十錢

敬啓者本林에서新發明ᄒᆞᆫ駿帽子는各種各色의圖와毛飾이精巧ᄒᆞ고輕便ᄒᆞ야春夏秋冬에適用ᄒᆞ고多年을經ᄒᆞ여도弊가無ᄒᆞ며汗汚가生ᄒᆞ여도水洗ᄒᆞ면卽時新樣이되ᄂᆞ니此는天下에無比ᄒᆞᆫ冠帽라世人의嘉賞을得ᄒᆞ야特許와登錄을得ᄒᆞ얏ᄉᆞ오니世界各國人士는購求ᄒᆞ심을望ᄒᆞ오며價는帽子의四等으로分定ᄒᆞ얏ᄉᆞ오니購求ᄒᆞ시옵
南大門通 玉虎書林 □帽子專賣店

◉特別廣告

本報第壹號는本月貳日發行이온바十日間을休刊ᄒᆞ고拾二日(日曜日)부터繼續發刊ᄒᆞ오니 愛讀僉彦은速히本社로請購ᄒᆞ시옵

大韓民報社 告白
漢城中部壽洞(前韓進宮內)

◉韓美興業株式會社平北支社發起趣旨

嗚呼라現時代에實業의競爭은東西古今을無論ᄒᆞ고確然明瞭矣라我韓國民은實業의競爭에愈甚於兵戈之强弱이시環我疆域에理想的興業의發達이進步치못홈은恒常吾人의恐歎ᄒᆞ든바ᅵ러니今此韓美興業株式會社가漢城에屹立홈은是乃兩國實業家의發起이며文明ᄒᆞᆫ法律下에組成된바其宗旨의範圍는特히登록事業에止홀ᄲᅮᆫ不是라全在於農工商諸般業大發展에嗚矢된을吾儕는登載同情으로協贊不已者ᅵ라所以로本人等이兩支社를發起ᄒᆞ야今承本社之認許이온바實業上新務에對ᄒᆞ야多論을不俟ᄒᆞ고齊力勇進홈을爲期ᄒᆞ노니惟我平北有意人士는互相勸勵ᄒᆞ야期圖本支社之完全ᄒᆞ며同濟家國之殷富를千萬顒望
隆熙三年五月拾九日
發起人 鄭濟原 리世勳
林□峻 鄭□周
白孝俊 白□□
朴□燁 崔□玉
金致□ 鄭□□
金□□ 金致□
鄭□□ 鄭□□
金□□ 韓□都
張起鉉 車得煥

미국시아거롤박대회람회 · 會覽博大는아시

本社의各處代理人의氏名은如左홈
皇城磚洞(京城郵便局郵函第四拾號) 韓美興業株式會社
(大美國에리쇼나道法律認可)
(駐大韓美國總領事館登錄)

AMERICAN KOREAN TRADING COMPANY. 韓美興業株式會社之章

代理人	位置	姓名
開城代理人	개城南門內雜貨商店	金東宜
平壤代理人	平壤大同門內店洞	鄭□煥
甘浦代理人	城外□門外	盧受琳
馬山浦代理人	馬山浦客主	孫錫宇
元山代理人	元山港	金□文
淸津代理人	淸津港	張樂臣
水原代理人	水原北部장安동	金유東
安岳代理人	安岳北部□□洞	김유東
沙里院代理人	位置未定	邦元重
金泉代理人	位置未定	李孝植
淸州代理人	金泉市場共信局店	吳□□
天安代理人	位置未定	尹□求
群山代理人	位置未定	韓□益
全州代理人	水原□□長安洞	김敎□
大邱代理人	位置未定	리□淑
釜山代理人	位置未定	李相浩
江景浦代理人	位置未定	리□□
麻浦代理人	位置未定	李□□
東萊代理人	位置未定	崔□□
永同代理人	位置未定	安□□
木浦代理人	位置未定	安□□
晋州代理人	位置未定	孫□宇
金海代理人	位置未定	金□□
西江附近代理人	位置未定	張□□
義州代理人	位置未定	朴□□
江界代理人	位置未定	朴□□
東萊代理人	位置未定	金□□
開南平代理人	位置未定	金□□
定州代理人	位置未定	邢□□
城津代理人	位置未定	宋□□
太田代理人	位置未定	李鍾□
浦項代理人	位置未定	安□□
淸州代理人	位置未定	金□□
吉州代理人	位置未定	리孝植
鐵山代理人	位置未定	李□□
延安代理人	位置未定	리鍾□
兎山代理人	位置未定	曺□□
漢城西部代理人	位置未定	宋始□
公州代理人	位置未定	申□雨
論山代理人	位置未定	

漢城西部阿峴二百廿二統三戶
大邱新出里五十八統七戶
馬山浦午山里冶□統九戶
西部龍山坊東幕中契廿七統貳戶
西部麻浦□拾七統三戶
陰城城山里
漢城□□洞貳統壹戶
太浦□□洞
昌原□□山浦城山
金海郡白石面本閣
開城漢江十八統二戶
義州批峴
雲州批峴 　崔錫璉 張濟拭
性□里甘井洞四統五戶
鐵山平龍井洞 　金相杰 李根宅
郭山郡
吉州郡
太田新□
浦項上里拾貳統拾二戶
鳥紅院漢□貳統壹戶 　宋始憲 洪淳壹
吉州南門外貳十捌戶
漢城中部外相思洞二統三戶
延安郡磨玉市
兎山郡兎山市
開城□□□□
太田新□ 　金畳澳
公州中灘面松亭里

各種藥品을總發行所는京城南大門內濟生堂大藥房本舖

◎特別注意ᄒᆞᆷ

本堂製造ᄒᆞᄂᆞᆫ各種製品은其效驗에成績이拾分結果됨으로內外國間에醫局署名ᄒᆞ야每日輸出의價額이千金에達ᄒᆞ미其商業에發展됨이幾百年來의初有ᄒᆞᆫ實業을成ᄒᆞᆯ지로다

噫라本堂의支店이海外에設立된者貳拾餘個處所를成ᄒᆞᆯ지라其興旺의功績을日々贊唱하야東西競爭ᄒᆞᄂᆞᆫ中에特別ᄒᆞᆫ名價를樹ᄒᆞ거ᄂᆞᆯ

至於內國ᄒᆞ야ᄂᆞᆫ民智가未開ᄒᆞ고商法이未展ᄒᆞ야人人이舊式의商業에慣熟ᄒᆞ고新式商况은晴昧ᄒᆞ야設或好ᄒᆞᆫ貨物이有ᄒᆞᆯ지라도能히磨用치못ᄒᆞᄂᆞᆫ것과如ᄒᆞ야經濟上에頹敗ᄒᆞᆫ狀態와無納ᄒᆞᆫ形式을自招自敗ᄒᆞᄂᆞᆫ景遇에多ᄒᆞ니豈不爲此恨心哉아

本堂에서各處에支店及出張所特約代理店을非不多設이오나今에割引을特이廉價ᄒᆞ야各處에支店을加設ᄒᆞ겟ᄉᆞ오니

本堂은同胞에救急을普渡ᄒᆞᆷ이主旨요
貴兄弟에廣藥을遍就ᄒᆞᆷ目的이라

故로茲에廣告ᄒᆞ오니此를有意ᄒᆞ시ᄂᆞᆫ貴兄弟ᄂᆞᆫ(自陰六月晦日至同月三十日)(自陰四月十四日至五月拾三日)本堂에來臨ᄒᆞ시되遠地에셔ᄂᆞᆫ書信으로郵便通知ᄒᆞ심을敬望

京城南大門內濟生堂本舖　告白

各種東西洋藥과韓國唐草材大發賣所　京城鍾路仁川相峴　和平堂藥房

阿烟斷引藥

注意

阿烟初吸者ㅣ雖曰見效나日久漸遂成錮引ᄒᆞ야至於爛敗殞亡者와未免厥死者ㅣ比比有之ᄒᆞ니豈不哀惜乎아故로本堂에셔費心竭力ᄒᆞ고英國秘方을透得ᄒᆞ야阿片斷引에大效가잇ᄂᆞᆫ藥을製造發賣ᄒᆞ오니欲戒阿片ᄒᆞ시ᄂᆞᆫ諸員은契約服用ᄒᆞ시되若無效驗이면藥價를還呈ᄒᆞ깃사오니照亮ᄒᆞ시옵

依方製藥　無價酬應

一劑　金五圓　半劑　金三圓

◎共愛堂大藥房製造各種藥品發引表

壯陽復元丹

[illegible]

修度靈丹 [illegible]

清眼水 [illegible]

解毒至寶丸 [illegible]

瘰癧效液 [illegible]

通淋丸 [illegible]

神應丹 [illegible]

清脾丸 [illegible]

養胃散 [illegible]

消痰鎭咳丸 [illegible]

消熱散 [illegible]

清耳液 [illegible]

妙妙膏 [illegible]

能治膏 [illegible]

大腫拔根膏 [illegible]

解凝膏 [illegible]

寸虫去根藥 [illegible]

齒痛水 [illegible]

止瀉丸 [illegible]

痢疾藥 [illegible]

各種上等色雞納、東西洋有名賣藥及洋藥乾材鄕寶散賣其他各種藥이具備ᄒᆞ오니請求를依ᄒᆞ야小包로郵遞ᄒᆞ깃숩

發行所　皇城南部大廣橋十九統七戶　共愛堂大藥房

京城鍾路慈惠大藥房에서製造ᄒᆞᆫ藥二十四種은大韓醫院衛生試驗部에檢查ᄒᆞᆫ藥이오니衛生家와京鄉賣藥家에셔多數請求ᄒᆞ시오

平胃丸	金十錢	漢城百應膏	金十錢
補益丸	金一円	消痰鎭咳藥	金三十錢
清明眼藥水	金十錢	養兒寶散	金十五錢
保命丸	金十錢	蛔虫瀉出丸	金二十錢
痰滯消積丸	金五十錢	寸虫拔根藥	金三十錢
咽喉藥	金五十錢	鐵精丸	金一円
小兒咳嗽散	金三十五錢	吐瀉霍亂救急水	金三十錢
痢疾靈散	金三十錢	止瀉潤腸丸	金二十錢
毒感解熱散	金二十錢	大腫拔根膏	大甁入 金二円
消食生保甘酸水	金三十錢	輕腫根治膏	大甁入 金二円
疥瘡藥	金四十錢	去液生新膏	大甁入 金二円
痳疾丸	金五十錢	濕腫根治膏	大甁入 金二円

光武九年八月拾壹日 明治卅八年八月拾壹日〔第三種郵便物認可〕 土曜日 西曆壹千九百九年六月五日 (壹)

第七卷

大韓每日申報

第壹千壹百拾四號

月曜及曜節
歲時日休刊

檀君開國四千二百四十二年
箕子元年三千三十一年
大韓開國五百十八年
日本明治四十二年
淸國宣統元年
歲己酉閏四月大十八日丙午

Responsible for Publication: Alfred Weekley Marnham.
發行兼編輯人 英國人 萬咸
發行所 京城[illegible]
大韓每日申報社

論說

◉自由神의飛臨時代

花又고綉又혼二拾世紀大舞臺中에自由神이儼然히臨ᄒᆞ야其威靈을揚ᄒᆞ며其寶光을放ᄒᆞ니數千年專制怪鬼가모다其首를納ᄒᆞ고鶴萬々天下衆生이모다其功을歌ᄒᆞᄂᆞᆫ도다

今日과如히文明의花가燦々ᄒᆞ고富强의實이離々혼二十世紀福利時代를造혼者ᄂᆞᆫ此自由神이다自由神의功이實로大ᄒᆞ도다

蓋此自由神은衆生을救護키爲ᄒᆞ야來혼신이라故로福音으로도衆生을導ᄒᆞ며寶筏으로도衆生을濟ᄒᆞ며樂國으로衆生을養ᄒᆞ며衆生이飢커던食을與ᄒᆞ며衆生이渴커던水를與ᄒᆞ며衆生이病커던藥을與ᄒᆞᄂᆞ니此自由神은衆生의活佛이오救主오父母로다嗚乎라此神이여此神이何處로從來혼神인가

然이나此神은救護를不困ᄒᆞᄂᆞᆫ者에게ᄂᆞᆫ救護를不與ᄒᆞᄂᆞ니嗚乎라此神이人을選ᄒᆞᆷ이아니라人이此神을選ᄒᆞᆷ이니라

然則此神을近ᄒᆞᄂᆞᆫ道ᄂᆞᆫ何ᄋᆞᆫ가日此神을謳歌ᄒᆞ며此神을崇拜ᄒᆞ며此神을歡迎ᄒᆞᆷ이是니라

前代事ᄂᆞᆫ論치아니ᄒᆞ고近日事로만論ᄒᆞ야도彼土耳其靑年黨의立憲戰爭을試看ᄒᆞ라大抵土耳其ᄂᆞᆫ數十世專制老帝國이라瑞世又明[illegible]歐洲巴ᄯᅡ에서至今까지土耳其的狀態를不免ᄒᆞ야國子가濁塵혼中에國勢의面目을獨援ᄒᆞ고舊日國教徒의暴縱經만爲諸ᄒᆞ야人民을殺戮로待ᄒᆞ고國家로地獄을作ᄒᆞ던國이러니忽然사도니가에靑年黨機가發現ᄒᆞ야井々혼陣과堂々혼軍이君士坦丁堡를進逼ᄒᆞ니於是乎일멀하미ᄃᆞ二世가降幡을竪하고服命을乞ᄒᆞᆫ지라

立憲의基礎가是에鞏固ᄒᆞ고民族의光榮이是에當起ᄒᆞ야前日老人土耳其가忽然少年土耳其가되고前日暴虐土耳其가忽然文明土耳其가되고前日地獄土耳其가忽然天國土耳其가되엿도다

此가何故오卽靑年黨이自由신을謳歌혼所以며靑年黨이自由신을崇拜혼所以며靑年黨이自由신을歡迎혼所以니다

嗚乎라自由신이여何時에나韓國을臨ᄒᆞ실는가嗚乎라自由신이여엇지韓國을不救하ᄂᆞᆫ가嗚乎라自由신이여速히韓國에來臨ᄒᆞᆯ지어다

然이나韓人이此自由신을謳歌ᄒᆞ며崇拜ᄒᆞ며歡迎ᄒᆞ여야自由신의顧를得ᄒᆞᆯ日이有ᄒᆞ리로다

法律

▲隆熙貳年拾壹月拾壹日 官報

法律第貳拾九號

漁業法 (續)

許可와規定ᄒᆞᆫ者아니고現에第九條又ᄂᆞᆫ第拾條에規定ᄒᆞᆫ漁業을ᄒᆞᄂᆞᆫ者ᄂᆞᆫ本法施行日로부터三個月以內에第九條又ᄂᆞᆫ第拾條에規定을依ᄒᆞ야漁業의許可를請願又ᄂᆞᆫ申告ᄒᆞᆷ이可ᄒᆞᆷ

第壹項又ᄂᆞᆫ第三項의漁業者ᄂᆞᆫ請願의許否處分을受ᄒᆞ기까지又ᄂᆞᆫ申告를依ᄒᆞ야漁業鑑札의下付를受ᄒᆞ기까지ᄂᆞᆫ從前의例를依ᄒᆞ야漁業을ᄒᆞᆷ을得ᄒᆞᆷ (完)

▲隆熙三年六月二日 官報

部令

光武十年農商工部令第四十號農商工部所管農林學校規則을左와如히改正ᄒᆞᆷ

隆熙三年六月壹日

農商工部大臣 趙重應

農商工部令第二號

農商工部所管農林學校規則

第壹章 總則

第一條 本校ᄂᆞᆫ農林業에關ᄒᆞ야必要ᄒᆞᆫ智識과技能을敎授ᄒᆞ며兼ᄒᆞ야德性을涵養ᄒᆞᆷ으로ᄡᅥ目的ᄒᆞᆷ

第二條 本校에本科及研究科를置ᄒᆞᆷ

時宜에依ᄒᆞ야本校에速成科를設ᄒᆞᄂᆞᆫ事도有ᄒᆞᆷ

第三條 本科의修業年限은三個年으로ᄒᆞᆷ

第四條 研究科ᄂᆞᆫ本科卒業生으로農學或은林學中特殊ᄒᆞᆫ科目을專攻코ᄌᆞᄒᆞᄂᆞᆫ者를爲ᄒᆞ야設置ᄒᆞᆷ이니其修業年限은壹個年以內로ᄒᆞᆷ

第五條 速成科ᄂᆞᆫ農業林業又ᄂᆞᆫ獸醫에關ᄒᆞᆫ學科目中特殊ᄒᆞᆫ者를修業케ᄒᆞᆷ이니其修業期限은壹個年以內로ᄒᆞᆷ

第六條 本校生徒의定員은本科에百貳拾名研究科에四十名으로ᄒᆞ며速成科定員은設置時에當ᄒᆞ야農商工部大臣이此를定ᄒᆞᆷ

第七條 本校ᄂᆞᆫ授業料를徵收치아니ᄒᆞᆷ

第八條 本校生徒에게ᄂᆞᆫ壹個月金六圜의學資를支給ᄒᆞᆷ但在學壹個月이未滿ᄒᆞᆫ者ᄂᆞᆫ計日支給ᄒᆞᆷ

在學中學資의全部를自辦코ᄌᆞᄒᆞᄂᆞᆫ者有ᄒᆞᆫ時ᄂᆞᆫ學校長은特히此를許可ᄒᆞᆷ을得ᄒᆞᆷ

第九條 學資의支給을受ᄒᆞᆫ者ᄂᆞᆫ自己의便宜를依ᄒᆞ야退學ᄒᆞᄂᆞᆫ時又ᄂᆞᆫ退學을命ᄒᆞᆫ時或은放校에處ᄒᆞᆫ時ᄂᆞᆫ學校長은在學中에支給ᄒᆞᆫ學資의全部或은幾部를還納케ᄒᆞᄂᆞᆫ事를得ᄒᆞᆷ

(未完)

外報

●總工者罷黜 倫敦電을據ᄒᆞᆫ즉布哇에耕主ᄂᆞᆫ總工ᄒᆞᆫ日本人의게對ᄒᆞ야退去ᄒᆞᆯ事를命ᄒᆞ고營造二로ᄂᆞᆫ費用ᄒᆞᆷ을不拘ᄒᆞ고同盟總工ᄒᆞᆫ黨을雇入ᄒᆞ지아니ᄒᆞ기로決議ᄒᆞ얏다더라

●試驗官任命 北京電을據ᄒᆞᆫ즉東西留學生試驗大臣은外部尙書梁敦彦、學部侍郞嚴修、吏部侍郞唐景崇等諸시로任命ᄒᆞ얏고答案委員은大槪東西洋留學生出身者로任命하얏다더라

●革命黨行動 倫敦電을據ᄒᆞᆫ즉佛國無政府黨員은巴里와난시이間에在ᄒᆞᆫ電信電話를切斷ᄒᆞ얏다더라

●滿官辭職 同電을據ᄒᆞᆫ즉滿洲內閣은總辭職을ᄒᆞ얏다더라

●淸地旱魃 東京電을據ᄒᆞᆫ즉淸國安徽、北江蘇、河南、山東地方에ᄂᆞᆫ旱魃이有ᄒᆞ다더라

雜報

●尹婦陛見 學務局長尹致旿氏의夫人尹高羅氏ᄂᆞᆫ本日下午二時에 皇后陛下의 召命을奉承ᄒᆞ야詣闕陛見ᄒᆞᆫ다더라

●塾主賞冊 今月壹日 皇后陛下 幸行時에私立三山義塾學徒가 祗迎ᄒᆞ고歸路에廟洞塾主黃壽延氏邸에入ᄒᆞᆫ則ᄒᆡ塾主가학員七拾餘人에게空冊貳百卷과鉛筆壹百五拾個를賞給ᄒᆞ고茶果로接待ᄒᆞ얏다더라

●書記訪趙 統監府書記官某氏가再昨夜에觀光團員趙命緖氏를訪問ᄒᆞ고數時間談話ᄒᆞ얏다더라

●所言何私 觀光團員趙命緖氏가再昨夜十時量에農大趙重應氏를往訪ᄒᆞ고무슨耳語가密勿ᄒᆞ얏다더라

●俱樂園設 官人俱樂園設立委員兪星濬氏가각發起人에게通牒ᄒᆞ기를本園設立事項에對ᄒᆞ야緊急協議ᄒᆞᆯ事가有ᄒᆞ니萬事를除却ᄒᆞ고本日下午貳時에翠雲亭으로會同ᄒᆞ라ᄒᆞ얏다더라

●趙氏設宴 承寧府總管趙民熙씨가再昨日에三淸洞感恩亭에宴會를設ᄒᆞ고ᄒᆡ府內外國一般官吏를同을請邀宴待ᄒᆞ얏다더라

●計出取利 農商工部內에設置ᄒᆞᆫ商品陳列館은設施以後로商工業의模範發展은姑舍ᄒᆞ고壹般觀覽者에게入場券을賣却ᄒᆞ야人民의如干殘錢만攫取ᄒᆞᆫ다고批評이有ᄒᆞ다더라

●助手擇用 關稅局에셔燈臺助手를多數需用ᄒᆞᆯ터이라ᄂᆞᆫ데각학校로通牒ᄒᆞ고志願者가有ᄒᆞ거던履歷書를送交ᄒᆞ라ᄒᆞ얏다더라

●陵寢募集 各陵寢에配置ᄒᆞᆯ山軍百名을本日主殿院에셔募集ᄒᆞᆫ다더라

●民籍頒給 內部民籍課에셔民籍冊本紙를印刷ᄒᆞᄂᆞᆫ役이結梢됨으로此冊本紙를各道로發送ᄒᆞ고人民에게表示ᄒᆞ라고ᄒᆡ部에셔訓令ᄒᆞᆫ다더라

●兪氏通牒 漢城府民會長兪吉濬시가학務局長에게通牒ᄒᆞ되日本紳士관光團歡迎에對ᄒᆞ야ᄒᆡ학校生徒를通牒ᄒᆞᆫ바ᄂᆞᆫ壹團純潔ᄒᆞᆫ학徒ᄂᆞᆫ歡迎의例에參케홈은平和로誠心을表홈이오二則活潑ᄒᆞᆫ학徒로盛壯ᄒᆞᆫ聲勢를發表홈이오三則幼穉ᄒᆞᆫ학徒ᄂᆞᆫ友誼上의疲困홈을忘케홈이나擅自選擇가甚難ᄒᆞ니主務當局者가각학校에示明ᄒᆞ라ᄒᆞ얏다더라

●不願者居多 漢城府民會장이日本觀光團渡韓事에對ᄒᆞ야歡迎ᄒᆞᆯ事로各私立학校에通牒ᄒᆞᆷ은已報ᄒᆞ얏거니와追後로各私設物議가漠漢ᄒᆞ야학校가漢城府民會에有何相關이며日本관光團歡迎에有何必要리오ᄒᆞ야此歡迎에不參ᄒᆞᆯ짓다ᄂᆞᆫ학校가居多ᄒᆞ다더라

●稅納處分作定 家屋及酒稅賃貸에對ᄒᆞ야反對者가多ᄒᆞ야或은廢稅或은延期施行을請願ᄒᆞᄂᆞᆫ者ㅣ多至ᄒᆞ나度支부當局者ᄂᆞᆫ韓人의게ᄂᆞᆫ依例徵收ᄒᆞ려니와外國人의게對ᄒᆞ야도容恕치안코徵稅를强行ᄒᆞᆯ터인데若不遵者가有ᄒᆞ면本年貳月拾八日法律第五號에依ᄒᆞ야發布ᄒᆞᆫ國稅徵收法中滯納處分에照ᄒᆞ야處分ᄒᆞ기로作定ᄒᆞ얏다더라

●未墾許可 國有未墾地利용法에依ᄒᆞ야利용許可를得ᄒᆞᆫ者ㅣ四人인데其中日人이一名이오韓人이三名이라더라

●請多許少 昨年壹月森林法實施以來로客月末日까지부分林設定ᄒᆞ기로請願ᄒᆞᆫ者가貳百六十餘人에達ᄒᆞ얏ᄂᆞᆫ대其中許可를得ᄒᆞᆫ者ㅣ七人이라더라

●明石還京 日憲兵小將明石이가月前에歸國ᄒᆞ얏다가三昨夜에入城ᄒᆞ얏다더라

●既勒且威 平壤來信을據ᄒᆞᆫ즉甑山郡所在皇室所有地ᄂᆞᆫ原來皇廟朝에셔人民에게耕墾ᄒᆞᆷ을許ᄒᆞ시고民有로定ᄒᆞ야百餘年을耕食ᄒᆞ더니리允用氏가宮內大臣在任時에ᄒᆡ地를勒奪ᄒᆞ야鄭鳳朝方興周兩氏를歸結ᄒᆞ야二千圓에賣渡云이러니現今에甑산人民이起訴ᄒᆞᆫ故로平壤에來到ᄒᆞᆫ方鄭兩氏가探聞ᄒᆞ고리允用氏를請來ᄒᆞ야ᄒᆡ人民들의게示威運動中이라더라

●有何不穩 平安及咸鏡兩道各私立학校에셔製定使用ᄒᆞᄂᆞᆫ唱歌中에同胞警醒歌와精신歌ᄂᆞᆫ敎育上에不穩當ᄒᆞ다ᄒᆞ야학部에셔將次各ᄒᆡ道에發訓ᄒᆞ고禁止ᄒᆞᆫ다더라

●毋或誤解 日前度支부에셔土地測量事件에對ᄒᆞ야發布ᄒᆞᆫ訓令은已揭ᄒᆞ얏거니와ᄒᆡ訓令中所謂測량上弊害가有ᄒᆞ고又度支부에셔無料實測ᄒᆞᆫ다인즉地主가因其自己之必要ᄒᆞ야測량을依賴ᄒᆞᄂᆞᆫ者外에ᄂᆞᆫ測量을停止케ᄒᆞ라고각道에訓令ᄒᆞᆷ은近來에田답測량者가許多ᄒᆞᆫ故로必要가업시田답을測량ᄒᆞᄂᆞᆫ者를停止ᄒᆞᆷ이오山林測量에對ᄒᆞ야言ᄒᆞᆷ바ㅣ아니어ᄂᆞᆯ或民間에셔此訓令을誤解ᄒᆞ야산林測量까지停止ᄒᆞᆫ다ᄂᆞᆫ줄노知ᄒᆞᄂᆞᆫ者가有ᄒᆞ니此ᄂᆞᆫ決코不可ᄒᆞᆫ者이나山林은人民이速速히私下測量홈이可ᄒᆞ다더라

●再拔門牌 測量協議會에셔測量總管會門牌를拔去ᄒᆞᆫ事ᄂᆞᆫ前報에已揭ᄒᆞ얏거니와更聞ᄒᆞᆫ즉ᄒᆡ總管會에셔南署에呼訴ᄒᆞ야ᄒᆡ門牌를還推建付ᄒᆞ얏더니高仁석시等이不勝憤激ᄒᆞ야三昨日에ᄒᆡ門牌를又爲摘取ᄒᆞ야南署에往ᄒᆞ여如彼不測ᄒᆞᆫ捕督會를撤廢치아니ᄒᆞ면公益上에大妨害가有ᄒᆞᆯ터이니官廳에셔解散ᄒᆞ라고告訴ᄒᆞ얏다더라

●自郡自測 珍山郡民會에셔決議ᄒᆞ기를ᄒᆡ郡人民의所有山林은ᄒᆡ郡測量學校卒業生으로齊히測量ᄒᆞ되手料ᄂᆞᆫ酌定ᄒᆞ고각面內人民의게勸勉ᄒᆞ얏다더라

●居留戶口數爻 京城民團役所에셔五月末日에京城居留民戶口를調査ᄒᆞ얏ᄂᆞᆫ대戶數總合이七千壹百三拾五戶이요人口ᄂᆞᆫ男이壹萬三千八百五十人이요女가壹萬壹千壹百八拾四人이라더라

●敎婦相訪 天道敎主海月先生의婦人이黃海道平산郡에在ᄒᆞᆫ데敎主孫秉熙시의婦人이ᄒᆡ處에下往訪問ᄒᆞ고再昨日에入城ᄒᆞ얏다ᄂᆞᆫ데ᄒᆡ敎人數百名이남門外停車場에셔迎接ᄒᆞ얏다더라

●鐵守威儀 鐵原郡守金彰鉉시ᄂᆞᆫ閭里에行ᄒᆞᆯ時에官隷를多率ᄒᆞ고辟除混雜히홈으로人民이側目逃避ᄒᆞᆫ다더라

●李氏有志 黃海道鳳山郡沙院面面長리德基氏ᄂᆞᆫ公薦으로被任ᄒᆞ야諸般事務를盡心處理ᄒᆞ며日로各學校를訪問ᄒᆞ고學徒를勸勉ᄒᆞ며新聞을購覽ᄒᆞ고壹面에輪示警醒ᄒᆞ며無識ᄒᆞ야能讀지못ᄒᆞᄂᆞᆫ者ᄂᆞᆫ讀而聞之ᄒᆞ고解釋而喩之ᄒᆞ야曚昧의俗을期於開發코저ᄒᆞ더니有何層節인지面長을辭免코저홈으로帶面之民이失望ᄒᆞ다더라

●宋氏訟山 東來人의傳說을聞ᄒᆞᆫ즉廣州草月面居宋良日시가ᄒᆡ地所在ᄒᆞᆫ自己의累代先塋山坂에ᄒᆡ洞人民拾餘人이放火燒耕코저홈으로ᄒᆡ事由를ᄒᆡ郡裁判所에呼訴ᄒᆞ야現今裁判中이라더라

●得之更失 東小門外小陵洞居ᄒᆞᄂᆞᆫ金鳳得이가日昨永道寺에셔藥桶契一千兩을得ᄒᆞ야自己家에儲置ᄒᆞ얏더니當日夜에賊漢이知機突入ᄒᆞ야ᄒᆡ金額을奪去ᄒᆞ얏다더라

●權氏失婚 楊花津坪村居權春完가十餘年前에寡婦崔召史를作配同居ᄒᆞ야貳男壹女를産生ᄒᆞ얏더니崔召史가陰一月分에京城內需司內親家에往觀ᄒᆞᆫ다稱ᄒᆞ고ᄒᆡ三男妹兒를帶同上京ᄒᆞ야不知去處인故로權氏가上京ᄒᆞ야四處에探知中이라더라

●卜術惑衆 黃澗郡居李某가連山郡ᄒᆡ郡內에寓居ᄒᆞ야賣卜爲業ᄒᆞᄂᆞᆫ데卜術이何等신通ᄒᆞᆫ던지百餘里外에셔問卜次로來ᄒᆞᄂᆞᆫ人이沓至ᄒᆞ야每日百餘名에達ᄒᆞᆫ다더라

●警吏不法 鐵原郡警務駐在所에셔私捉罪人을無數亂打ᄒᆞ야獄中에셔卽死ᄒᆞ얏다더라

●洪氏被囚 憲兵司令부에셔義兵干連洪文敎시를捉囚審問中이라더라

●洪氏手巧 平北熙川郡新豐面西里有志士洪嶸九시가自己舍廊에測量학校를設立ᄒᆞ고敎師정基龍시를延聘ᄒᆞ야生徒를募集敎導ᄒᆞᄂᆞᆫ데測量機械를貿來코저ᄒᆞ더니隣居洪基協시가來言曰測量機械를壹見則自當製造ᄒᆞ겟다ᄒᆞ고本郡測量三樂학校에委往ᄒᆞ야形樣을詳模圖來ᄒᆞ야四五日研究後에壹個機械를製造ᄒᆞ엿스며又매국鍾을見ᄒᆞ고深思研究ᄒᆞ야亦爲製造ᄒᆞ얏ᄂᆞᆫ디其智巧를莫不稱道ᄒᆞᆫ다더라

●兵士學測 近衛隊將校壹名이下士數三拾名을領率ᄒᆞ고日昨부터圖根測量法을實習케ᄒᆞᆫ다더라

學界

●廣倅勸學 廣州郡守吳泰泳시ᄂᆞᆫᄒᆡ郡松坡廣成學校를設立以後로校務를熱心贊助ᄒᆞ야校况이漸次興旺홈으로ᄒᆡ郡人民의頌聲이大有ᄒᆞ다더라

●學監義務 白川郡에셔各學校運動時에ᄒᆡ郡西村面龜岩洞大興學校學監尹敬民시가ᄒᆡ郡養英學校學員六拾餘員을ᄒᆡ氏家에留宿케ᄒᆞ고盛饌으로寬待ᄒᆞ얏다더라

●李氏踐約 靑坡居ᄒᆞᄂᆞᆫ李汝翰시가ᄒᆡ洞靑蓮學校義捐金에對ᄒᆞ야約條를違背ᄒᆞ얏다ᄂᆞᆫ事ᄂᆞᆫ已揭어니와更聞ᄒᆞᆫ즉ᄒᆡ시가約條대로捐助ᄒᆞ얏다더라

●李氏奬學 長湍郡下道面德山里池上洞居李根直시가學校를設立ᄒᆞᄂᆞᆫ디校室이挾小홈을慨歎이녀여自己家舍를修理ᄒᆞ고生徒를募集ᄒᆞ야壹朔之內에大拾餘名에達ᄒᆞ고학校經費를自擔홈으로人皆稱頌ᄒᆞᆫ다더라

●珍郡聚英 珍山郡聚英學校ᄂᆞᆫᄒᆡ郡紳士趙炳淳宋鍾善趙炳蘭諸시가義金을捐出ᄒᆞ야明倫堂에設立ᄒᆞᆫ지不過數朔에學徒가五十餘人에達ᄒᆞ얏ᄂᆞᆫ디ᄒᆡ郡主事柳僖회시가敎育에熱心ᄒᆞ야境內人士를勸勉ᄒᆞ며敎師金容兌校長趙炳淳校監尹寅序學監柳成準諸시가熱心敎育홈으로進就之望이有ᄒᆞ다더라

▲윤지갈지▼

▲美者에ᄂᆞᆫ한人들이日本觀光가니라고壹場紛擾ᄒᆞ더니近日에ᄂᆞᆫ日人들이韓國觀光오ᄂᆞ라고亦壹紛擾壯觀일세觀光은壹般이나韓人들은無意去오日人들은有意來라奇怪怪ᄒᆞᆫ計策을壹言道破ᄒᆞ겟노라

▲大韓國에觀光團이日本에渡往ᄒᆞᆯ제馬關至於東京에지一般歡迎準備ᄒᆞ야上等으로待遇ᄒᆞ기ᄂᆞᆫ아못도록本國의文明制度施設홈을愚昧莫甚ᄒᆞᆫ韓人의게示威코ᄌᆞ觀光이오誇張코ᄌᆞ觀光이니壹言으로道破ᄒᆞ노라

▲日本國의觀光團이大韓國을渡來홈은善與惡이皆吾師라文明國을觀光ᄒᆞ야模倣前進ᄒᆞᆯ것이오敗亡國을觀光ᄒᆞ야懲毖發動홈이로다互相觀光ᄒᆞᄂᆞᆫ것이親睦이라ᄒᆞᆯ지마ᄂᆞᆫ其實인즉計策이니壹言으로道破ᄒᆞ노라

▲大韓國에觀光團이日本國을渡往ᄒᆞᆫ제元老備林實業家며各社會의代表者에專心업고精神업ᄂᆞᆫ頑固輕薄人物들로각部分에選擇홈은螟蛉又흔人格으로과贏精신注入코ᄌᆞ홈用力이아닌가壹言으로道破ᄒᆞ노라

▲日本國의觀光團이大韓國을渡來홈은各黨派를勿論ᄒᆞ고學問知識贍富ᄒᆞ며經綸家宏博者로擇之又擇選定ᄒᆞ야一次觀光ᄒᆞ고가면着着進行施政上에利害的과難易点을覺得ᄒᆞ고自이로다一言으로道破ᄒᆞ노라

▲韓國人의觀光團은彼學들의滿腹經綸이런階梯맛ᄎᆞ에仕宦개나엇으라고熱이나서잔것이나日本人의韓光團은엇지ᄒᆞ면利國ᄒᆞᆯ자엇지ᄒᆞ면便民ᄒᆞᆯ사熱이나서渡來ᄒᆞᆫ면韓人들은이런關係知得者가잇슬는지

社告

信川 支社員 □□善氏辭免호代에 韻邑四□소리悌ㄱ氏로擇定호고

寧邊 支社員 金致億氏辭免호代에 紅門里鄭德昇氏로擇定호고

長淵 支社員 崔戰淳氏辭免호代에 崔東元氏로擇定호얏스니各郡에셔本報購覽호시는僉君子는照亮호신後各該氏와交涉호시옴

大韓每日申報社

雜報

◉法會總會 法學總會에서昨日上午十時에定期總會를開호고諸般事項을處理호다더라

◉靑會討論 今日下午七時三拾分에鐘路靑年會에서討論會를開호고知己가難於知人이란問題로互相討論혼다더라

廣告

大韓每日申報六月三日雜報中永宜君邸下께서拓殖會社副總裁閔泳綺시의게田庄文券典執호기로約定호얏다혼事는實이無호기에卞明홈

安基弘 告白

本社烟草을設立多月에漸至發達이온ㄷ前捲烟學輔技시가有故改差혼代에柳冀南시가被選호온바前日製造品에猶未盡善者를益益改良호와京鄕愛吸호시는僉君子의盛意를供答호깃삽기玆에廣告호오니陸續請求호심을務望홈

北부孟峴牛島製烟社 告白

本人手帖과五月三十日夜賊漢盜去호온其內有圖形圖章與大韓測量事務所票를幷失故로廣告

平壤店洞共同組合留處允明白

本人의姓名篆字章을五月三十壹日夜賊漢의게見失故로更刻正字姓名章호야通用호오니照亮호시옴 但舊章으로通用은金鼎潤시處에債用二百圓標뿐이오

平壤外川面壹里 洪在윤 告白

本人의답토壹百三斗落이在於淸道郡上남中南兩處인바去丙午年에密陽郡法山居孫貞善에게橫奪호와四年間平理院셔大審院ᄭ지呼訴호야得蒙進勝後依附令執行하야放賣호려니瞻彼貞善子亮淑이與濃類로僞造담券호야欲爲典執云이개玆廣告호오니內外國人은切勿견欺홈

慶北淸道郡楗塘 裵召史 告白

本人이陰四月初四日分에水色停車場에서角函圖章을見失이옵기自今勿施홈

安州郡新平洞 金龍勳 告白

◉特別廣告

坡州汾水院 文廟公산所致祭祗受日字以陰曆四月二十九日擇定京鄕 僉宗中照亮

坡平尹氏宗會所

本總部를中部大寺洞十九統捌戶로移接호얏ᄉ기玆에廣告홈

天道敎中央總部

專賣特許駿帽子

本書林의廣告는底可普布옵기大韓의有名新發明혼帽子를世界에廣告홈

登錄商票

中山帽子 價金 五〇〇 四五〇 三五〇 貳五〇

中折帽子 上仝

女子平帽 上仝

學徒帽子 圓 二〇〇 二五〇 二〇〇 壹七〇

敬啓者本新發明혼各樣色駿帽子는圖와如히全體를毛로鑄成호야伸縮이無혼故로春夏秋冬에適用이오 [illegible] 特許를蒙호고商標를登錄호얏ᄉ오니 [illegible] 定價는帽子마다四等으로分定호얏ᄉ오니 [illegible] 請求호시옴

[illegible] 玉虎書林 附屬帽子商店

◉特別廣告

本報第壹號는本月貳日發行이온바當日間을休刊호고拾三日(日曜日)부터繼續發刊호오니 愛讀僉彦은速히本社로請購호시옴

漢성中部壽洞(舊壽進宮內)

大韓民報社 告白

◉韓美興業株式會社平北支社發起趣旨

維我富民殿이事業興旺에在홈은東西古今을無論호고確然明瞭矣라現時代에實業의競爭은愈甚於兵戈之强弱인ㄷ我壹般의理想的興業의發達이進步치못홈은恒常吾人의恐歎호는바ㅣ러니今此韓美興業株式會社가漢城에屹立홈은是乃兩國實業家의發起ㅣ며文明혼法律下에組成인바其宗款의範圍는特히壹般實業에止홈뿐不是라全在於農工商諸般業大發展에嚆矢됨을吾儕는壹般同情으로協贊不已者ㅣ라所以로本人等이同支社를發起호야今承本社之認許이온바實業上新務에對호야多論이不俟호고齊力勇進홈을爲期호노니惟我平北有志人士는互相勉勵호야期圖本支社之完全호며同濟寒困之殷富를千萬顒望

隆熙二年五月拾九日

發起人 鄭濟原 리世勳 林基峻 鄭宅周 白孝俊 白鎭珪 朴奉燁 崔善玉 金敬淮 鄭向鎣 金鎬湜 金敬念 鄭濟崙 鄭尙默 金益鉉 林道都 □起鉉 車得煥

미국시아틀대박람회　米國시아틀大博覽會

經濟學原則에云호얏스되夥多혼產物의分排홈을因호야最大혼權力이發生혼다호얏스니其權力을用호야可爲善이오其權力을用호야可爲惡이라

本社之印章

其權力을實產物과及其產出者의改良進就홈을爲호야全히善良호게利用호면其權力의强大홈은不可量홀지라我韓美興業株式會社는大韓帝國의商工業의基礎를建築而擴張호고改良이發達홈을壹大强力의團體로世界各國이不遠間에韓國의產物이有홈을知得호깃스오니此를爲홈이此는非他라本會社에셔는大韓同胞의代表로야한人의能히產出호는能力이有홈을世界各方에發表호나니是故로本會社에셔는大韓帝國同胞의思想이有호야以ㅣ眞相을料得호야各自身分이自其國家에對호야擔負홈이有호고其國家가自己의게孤負홈은無홈을知得호는者로더부러聯合호기를願호노이다

本社之商標

皇城磚瀾(京城郵便局郵函第四拾号) 韓美興業株式會社

(大美國에리소나道法律認可 駐大韓國美國總領事館登錄)

本社의各處代理人의氏名은如左홈

開城代理人 開城南門外雜貨商店 盧旻洙

平壤代理人 平壤大同門內店동

咸興代理人 함흥南門外

馬山浦代理人 馬山浦客主

元山代理人 元山港

淸津代理人 淸津港

水原代理人 水原北부發安동

安城代理人 水原북부發安동

沙里院代理人 漢城東부往ᄉ里旺新坊校內

金泉代理人 漢城中部外相思동貳統三戶

海州代理人 漢城서부아浦二十壹統五戶

天安代理人 水原北부장安동

群山代理人 群山大井洞

全州代理人 漢城西부阿峴二百廿二統三戶

大邱代理人 大邱新田里拾八統七戶

釜山代理人 馬山浦午山里壹統九戶

三浪津代理人 西部麻浦山木東幕中契廿七統貳戶

麻浦附近代理人 西部麻浦十統三戶

陽湖代理人 位置未定

東萊代理人 位置未定

木浦代理人 位置未定

晋州代理人 位置未定

金堤代理人 位置未定

漢江別代理人 位置未定

義州代理人 位置未定

江界代理人 位置未定

東部ᄉ代理人 位置未定

鎭南浦代理人 位置未定

定州代理人 位置未定

城津대리인

浦項대리인

太田대리인

濟州대리인

吉州代理人

禮山대리인

延安대리인

兎山대리인

濟物浦대리인

公州代理人 位置未定

論山代理人 位置未定

洪原代理人 位置未定

陰城郡山里 水浦 城山浦 金堤郡石面 南部江八統貳戶 義州枇峴 義州枇峴 往十里甘井洞四統五戶 鎭남浦 郡山郡 吉州郡 浦項ㅣ里 太田新대 鳥致院 吉州西門外 漢성中部外相思동二統三戶 延安郡磨玉洞 兎山郡兎山市 開城南部都 太田新대 公州牛灘松亭里 咸興郡荷里

閔馨玉 顯濟拭 李根宅 金相杰 洪淳瓚 金貴穆

金東宜 鄭基煥 鄭錫耐 孫錫宇 張락文 金유송 邦元植 尹□洙 金□ 辛□ 安德 孫升 朴奉燁 朴聖 金鍾 郭鍾 金萬 李根 李孝 曾 宋 申 金普

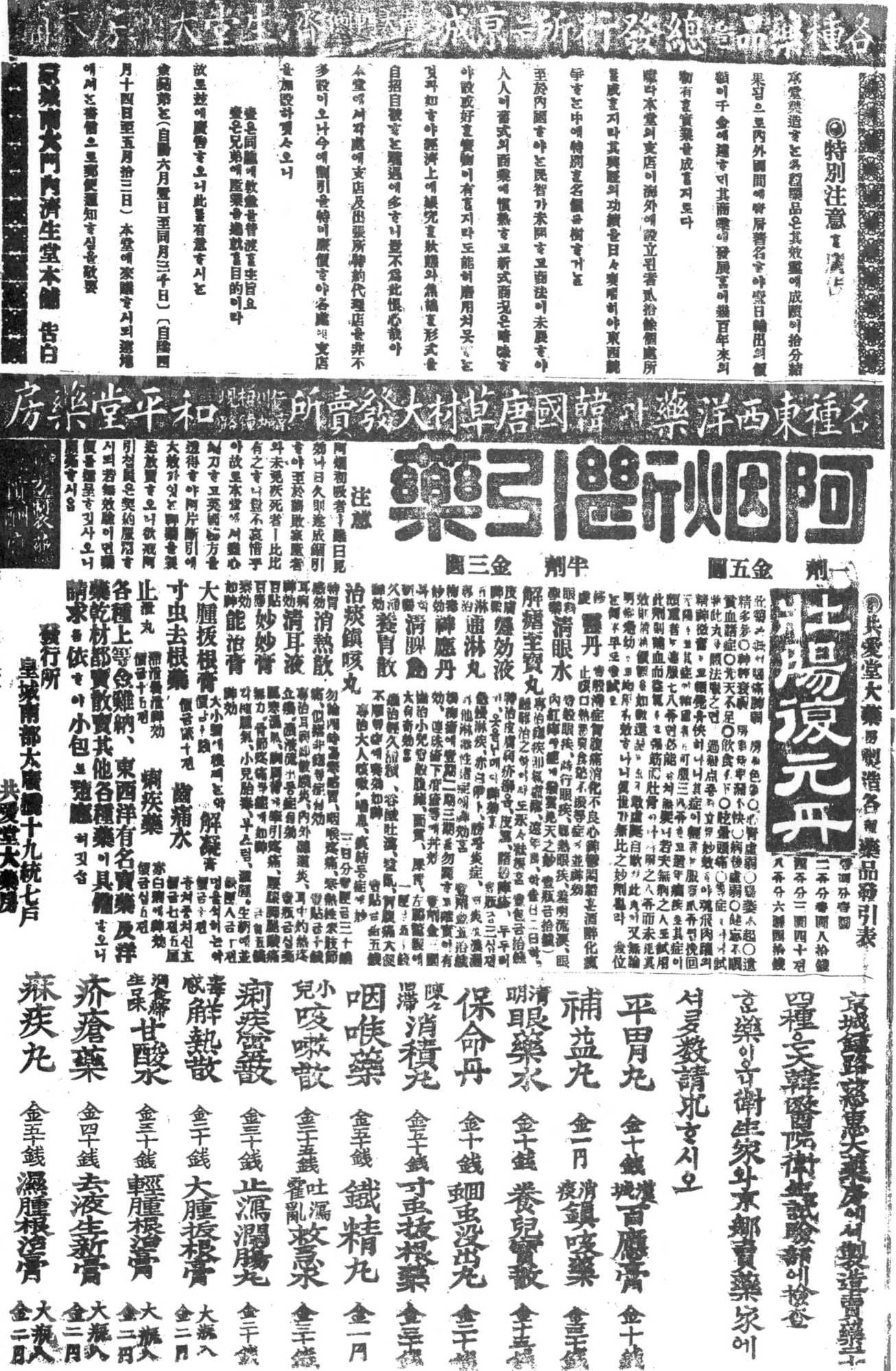

第七卷

大韓每日申報

第壹千壹百拾五號

月曆及曜日時休刊節慶

檀君開國四千二百四十二年
孔子降生二千四百六十年
大韓開國五百十八年
日本明治四十二年
淸國宣統元年
陰己酉四月大十九日丁酉

Responsible for Publication Alfred Weekley Marnham.
發行兼編輯人 英國人 萬咸
發行所 京城■■石井洞外港三層洋屋 大韓每日申報社

論說

◉媚外派의愚計

日人觀光團이出來ᄒᆞ미彼媚外黨壹派가自家의上典이나來ᄒᆞᄂᆞᆫ드시歡欣鼓舞ᄒᆞ며乃歌乃舞ᄒᆞ야大歡迎會ᄅᆞᆯ開ᄒᆞ고ᄯᅩ歡迎心을表ᄒᆞᆫ다ᄒᆞ니盖亦甚奇怪ᄒᆞᆫ媚外術이로다

此에對ᄒᆞ야吾儕ᄂᆞᆫ足論ᄒᆞᆯ바無ᄒᆞ니何者오大抵彼輩가아모리各學校學生을指揮ᄒᆞ야歡迎歌를亂唱ᄒᆞ며彼輩가아모리東奔西走ᄒᆞ야迎接禮를盛備ᄒᆞ며彼輩가아모리日本國旗를交叉ᄒᆞ고東西軍樂을節奏ᄒᆞ야歡迎宴을大排設ᄒᆞᆯ지라도韓國同胞가모다扼腕ᄒᆞ야曰媚外輩의妄動이라ᄒᆞ며全世界人이모다掩口笑曰媚外家의滑稽라ᄒᆞᆯ지니彼輩의術이果然何等效力이有ᄒᆞ깃ᄂᆞᆫ가

然則吾儕가何를足論ᄒᆞ리오만ᄂᆞᆫ但彼輩의自棄所足ᄒᆞ야甚惜ᄒᆞ야一言으로彼輩에게告ᄒᆞ노라

然이나彼輩에게對ᄒᆞ야道德이니不道德이니正義니不正義니ᄒᆞᄂᆞᆫ等高尙ᄒᆞᆫ言論으로告ᄒᆞᆷ은譬컨ᄃᆡ五六歲되ᄂᆞᆫ無知小兒에게中庸大學詩傳書傳으로訓戒ᄒᆞᆷ과혹殷이라故로吾儕ᄂᆞᆫ道德正義等說은且置勿論ᄒᆞ고彼輩의私利上으로만論ᄒᆞ고ᄌᆞᄒᆞ노라

大抵彼輩가此等妄動을作ᄒᆞᆷ은私利二字를爲ᄒᆞᆷ이나然이나彼輩此擧에百害만有ᄒᆞ고一利도無ᄒᆞ니

彼輩가如何히顧頭婢膝로區々奔走ᄒᆞ며라도其所望은太則大臣次官이오小則觀察郡守에不過ᄒᆞ거날乃者此慾望을充ᄒᆞ면第一李完用第二宋秉畯을不免ᄒᆞᆯ지니壹大臣壹觀察을雙ᄒᆞ야李完用이나宋秉畯을作ᄒᆞᆷ은愚婦도不肯ᄒᆞᆯ바ㅣ오

又彼輩가元來無名小卒이아니라自來로世人이志士라稱ᄒᆞ며紳士라尊ᄒᆞ며先進이라呼ᄒᆞ던人物이어날此壹擧로媚外奴의汚名을着ᄒᆞ면設或貴金屋에居ᄒᆞ며大勳章을佩ᄒᆞ야大匡輔國崇祿大夫가되려ᄒᆞ야도此ᄂᆞᆫ得不補喪이오

又如此히奔走ᄒᆞ야萬壹其慾望을充치못ᄒᆞ면是ᄂᆞᆫ錙網을俱失ᄒᆞᆷ이라

嗚呼라彼輩의愚計여其不思와甚이어지如此ᄒᆞᆫ가

或曰彼輩의此事가外面을粉飾ᄒᆞ고實利를圖ᄒᆞᆷ이라云ᄒᆞ나此亦不可ᄒᆞ니如此ᄒᆞ고ᄂᆞᆫ到底히功은無ᄒᆞ고害만有ᄒᆞ니라

然이나彼輩의此事가必是一時誤解에出ᄒᆞᆫ者니惟望컨ᄃᆡ只今부터ᄂᆞᆫ公益을爲ᄒᆞ던지私益을爲ᄒᆞ던지此等愚計ᄂᆞᆫ復踐치말지어다

官報

▲隆熙三年六月二日 官報

部令

農商工部令第一號（續）

農商工部所管農林學校規則

第十條 在學中學費의給與를受ᄒᆞᆫ本校卒業生及修業生은卒業又ᄂᆞᆫ修業日로起算ᄒᆞ야學費支給을受ᄒᆞᆫ月數의貳倍의期間을學校長의指定ᄒᆞᆫ職務에從事ᄒᆞᆷ義務를負ᄒᆞ나니若此를辭免ᄒᆞᆫ時ᄂᆞᆫ學校長은在學中에支給ᄒᆞᆫ學費의全額或은幾部를返納케ᄒᆞᆷ을得ᄒᆞᆷ

第十一條 本校生徒ᄂᆞᆫ本校寄宿舍에入ᄒᆞᆷ이可ᄒᆞᆷ但學校長의許可를受ᄒᆞᆫ者ᄂᆞᆫ此限에不在ᄒᆞᆷ

第二章 學年學期及休業日

第十二條 學年은四月壹日에始ᄒᆞ야翌年三月三拾壹日에終ᄒᆞ니此를三期에分ᄒᆞ되其區分은如左ᄒᆞᆷ

第壹學期 自四月壹日로至八月三十壹日

第貳學期 自九月壹日로至十二月三拾壹日

第三學期 自壹月一日로至三月三拾壹日

第十三條 本校의休業은左와如ᄒᆞᆷ

日曜日

大祭及祝日

開校記念日 九月拾日

春季休學 自四月로至四月拾日

夏季休學 自七月十壹日로至捌月三拾壹日

冬季休學 自十二月二拾一日로至翌年壹月七日

第拾四條 學校長은實習의必要에應ᄒᆞ야夏季休學의期間을短縮ᄒᆞᆷ을得ᄒᆞᆷ

第三章 學科課程

第拾五條 本校의學科目教授時數及其課程이如左ᄒᆞᆷ

但實習은必要를應ᄒᆞ야學校長은其時數를變更ᄒᆞᆷ을得ᄒᆞᆷ

（未完）

外報

●抗議提出 伯林電을據ᄒᆞᆫ즉近東鐵道問題에關ᄒᆞ야勃加利亞와土耳其의談判은失敗에歸ᄒᆞᆷ으로勃加利亞政府ᄂᆞᆫ該問題의遷緩ᄒᆞᆷ에對ᄒᆞ야更히强硬ᄒᆞᆫ抗議를提出ᄒᆞ엿다더라

●濠洲內閣의瓦解 同電을據ᄒᆞᆫ즉濠洲聯邦의후이쓰시아內閣은瓦解되고後繼者ᄂᆞᆫ聯合黨主領데이긴시가更히總選擧를擧行ᄒᆞ엿다더라

●該國의海軍會議 同電을據ᄒᆞᆫ즉該國海軍會議ᄂᆞᆫ一千九百貳拾年까지二萬二千五百噸의巨艦三拾三隻을建造ᄒᆞ기를要求ᄒᆞ엿다더라

●同盟罷業繼續 紐育電을據ᄒᆞᆫ즉또지아州鐵道同盟罷業은尙且繼續ᄒᆞᆷ으로下級人民의困苦가非常ᄒᆞᆫ데ᄂᆞᆫ警察及守備隊等은白人과黑人間衝突을防備ᄒᆞ기爲ᄒᆞ야目下警戒ᄒᆞᆫ다더라

●法艦航行 東京電을據ᄒᆞᆫ즉法國軍艦알젤號ᄂᆞᆫ長崎에碇泊ᄒᆞ얏다가去月貳十九日에同港을發ᄒᆞ야上海로航行ᄒᆞ얏다더라

學報

●韓東卒業 四月二拾日에私立韓東測量學校에서第壹回卒業式을擧行ᄒᆞ얏ᄂᆞᆫ대

最優等 林奉相 李演珪

李潤徵 金正錫 優等生

安錫範 리치柔 朴時陽

張奎鎬 夏榮

雜報

●對韓政策

本日四日東京電을據ᄒᆞᆫ즉曾彌副統監이統監으로陞任ᄒᆞᆫ後에伊藤山縣桂太郎等諸氏가協議ᄒᆞ야統監에게左와如ᄒᆞᆫ事件을實行케ᄒᆞ기로決定ᄒᆞ얏ᄂᆞᆫ데

(壹) 韓國政府(內、法、學、軍、度支、農商工부)의組織을變更ᄒᆞ야壹武部를作ᄒᆞ고其權力을新統監에게與ᄒᆞᆯ事

(壹) 兵馬權은如舊ᄒᆞᆯ事

(壹) 日人次官의權利를擴張ᄒᆞ야大臣中壹二名은日本人으로ᄒᆞ게ᄒᆞᆯ事

(壹) 地方官을日本人으로任命ᄒᆞᆯ事

(壹) 日本人의產業을保護ᄒᆞᆯ事이라ᄒᆞ얏더라

●通信員入京　倫敦타임스新聞外交部長처를氏와通信員모리손氏가再昨日에入城ᄒᆞ얏다더라

●英領館歡迎　今回韓國을觀察ᄒᆞ기爲ᄒᆞ야渡韓ᄒᆞᆫ모리손、처를、兩시를爲ᄒᆞ야昨日正午에英國領事館에서歡迎會를開ᄒᆞ얏다더라

●通信員出發　京城에在留ᄒᆞ던처를、모리손兩시ᄂᆞᆫ明日에京城에셔發ᄒᆞ야京義線을從ᄒᆞ야滿洲로向ᄒᆞᆫ다더라

●歡迎買備　統監府에셔ᄂᆞᆫ모리손시及처를시를歡迎ᄒᆞ기爲ᄒᆞ야昨日에統監官邸에歡迎會를設ᄒᆞ고英國領事대理레이시及內太朴齊純等諸시가該兩시를歡迎ᄒᆞ얏고今夜에ᄂᆞᆫ掬翠樓에셔日本及朝鮮料리로接待ᄒᆞᆯ터이라더라

●松井入城　內部警務局長松井茂가月前에歸國ᄒᆞ얏더니再昨日下午八時量에入城ᄒᆞ얏다더라

●面長職制의反對　各郡面長의職制를判任官待遇로ᄒᆞᆫ다ᄒᆞᆷ은다新聞에累報ᄒᆞ얏더니와今番書記官會에提出ᄒᆞ얏더니反對가起ᄒᆞ야曰此를圖得ᄒᆞ라ᄂᆞᆫ者의傾軋과紛擾이層生ᄒᆞᆯ터이니不可ᄒᆞᆫ事이기오韓國人의習慣으로ᄂᆞᆫ論之ᄒᆞ면官職을圖得ᄒᆞ라ᄂᆞᆫ것이吾事이나月俸에ᄂᆞᆫ別노히念이無ᄒᆞ고但壹個宕巾을有ᄒᆞᆷ인즉面長은從前대로施行ᄒᆞ자ᄒᆞ야議論이不一ᄒᆞ다더라

●有何必要　各府부院廳의官吏數交ᄂᆞᆫ官制頒布中에原定數가有ᄒᆞᆷ인데近日內부에셔ᄂᆞᆫ何等必要를因ᄒᆞᆷ인지技手를多數設置ᄒᆞᆫ다더라

●何良無策　近日에所謂地方部守등圖得ᄒᆞᆫ者가赴任ᄒᆞ처도아니ᄒᆞ고數三朔을經過ᄒᆞ야가辭職依免後에所謂退官恩賜金을幾日間式受與ᄒᆞᄂᆞᆫ事에對ᄒᆞ야無廉ᄒᆞᆫ事이라고批評이有ᄒᆞ다더라

●地方沿革修定　內부에셔ᄂᆞᆫ何事件을因ᄒᆞᆷ인지自來로地方行政에關ᄒᆞᆫ沿革을壹々히修定ᄒᆞᄂᆞᆫ中이라더라

●特別何人　度支부에셔財務署主事를現今募集敍任ᄒᆞᄂᆞᆫ데特別ᄒᆞᆫ資格이有ᄒᆞᆫ者ᄂᆞᆫ無試驗敍任ᄒᆞ고其外에ᄂᆞᆫ履歷과資格如何를試驗ᄒᆞᆫ後에需用ᄒᆞᆫ다더라

●官吏例習　家屋買賣者에게對ᄒᆞ야家儈들이漢城府에板刻文券認許를請求ᄒᆞ면空然히三四朔을延拖未決ᄒᆞᆷ으로각買賣者들의遲延困難은姑舍ᄒᆞ고損害도自然不少ᄒᆞ다고民怨이有ᄒᆞ다더라

●職員聯會　각官立학校職員諸氏가昨日학부에會同ᄒᆞ야職員會를開ᄒᆞ고各히校의管理方法과其他教授上에必要ᄒᆞᆫ事項을協議ᄒᆞ얏다더라

●度量衡實施　新度量衡器實施에對ᄒᆞ야農商工부에셔ᄂᆞᆫ今年度부터約百個所에新器를實施ᄒᆞᆯ터인ᄃᆡ其標本을始三道郡에陳列ᄒᆞ야壹般人民의게示ᄒᆞ기로決定ᄒᆞ얏다더라

●爲親設宴　再昨日은前軍부大臣尹雄烈氏의生日인故로其令允尹致昊氏가開城郡本第에셔盛宴을設ᄒᆞ고自己父親을奉迎下往ᄒᆞ얏다더라

●欠逋督刷　度支부에셔각觀察使와郡守의欠逋未納條를調查督刷ᄒᆞᆫ다ᄂᆞᆫ說은屢報ᄒᆞ얏거니와該人의게招帖을再三照送ᄒᆞ야若不來待ᄒᆞ면該人의所納條를相當ᄒᆞᆫ價值로家屋과田土를執行ᄒᆞᆫ다더라

●沈氏公逋　前郡守沈選澤氏가曾往所經郡邑이六郡인ᄃᆡ四郡公逋가多數ᄒᆞᆫ故로度支부에셔再次招帖을沈氏家에發送ᄒᆞ얏다더라

●民怨可畏　各郡面長의手數料ᄂᆞᆫ각該面內人民의게排斂支給ᄒᆞ기로內부에셔擬議中이라ᄒᆞ더니更聞ᄒᆞᆫ즉現今財政의恐慌ᄒᆞᆫ時를當ᄒᆞ야人民의生活程度가困難ᄒᆞᆫ中에又此排斂이有ᄒᆞ면民怨이惹起ᄒᆞᆯ터이라ᄒᆞ야姑爲中止ᄒᆞ얏다더라

●閔亦苦矣　韓國閔泳徽氏가平安監司在任時에義州郡居金寧鎭氏의게咸從郡守를差帖ᄒᆞᆫ後金氏의財產을强奪ᄒᆞ고猶爲不足ᄒᆞ야該金氏의三寸金禹用氏의所有田畓까지勒奪ᄒᆞ얏ᄂᆞᆫ데金禹用氏가閔氏의勢力을畏겁ᄒᆞ야不敢起訴ᄒᆞ고于今抱恨이러니金氏가今番地方裁判所에起訴得訟ᄒᆞᆫ故로閔氏가旣往勒奪ᄒᆞᆫ財產을沒數還給ᄒᆞ게되얏다더라

●奎章閣의日賊　法典調查局屬員赤川令修가三昨日下午五時量에奎章閣에儲置ᄒᆞᆫ御筆과其他重要ᄒᆞᆫ書類를竊取出來ᄒᆞ다가光化門把守巡查洪吉求氏의게發捉ᄒᆞ야日本리事廳으로押付ᄒᆞ얏다더라

●舌斧虐民　平北博川郡에셔巡查金昌武氏ᄂᆞᆫ日語를粗解ᄒᆞᆷ을藉恃ᄒᆞ고橫行村閭ᄒᆞ야雜技軍에게捧賂許可ᄒᆞ며訴訟者에게捧金得情ᄒᆞ고其他貪贓이乃至巨額ᄒᆞ야民情이大端嗷々ᄒᆞ다더라

●軍威民怨　軍威郡來人의傳說을據ᄒᆞᆫ즉該郡학校校長金과[illegible]氏가該郡財務署主事[illegible]氏와符同하야校費를藉托ᄒᆞ고稅錢每結頃에壹圜五十錢式加斂ᄒᆞ며境內各姓門中에補助金을優數히强請ᄒᆞᄂᆞᆫ故로民怨이浪藉ᄒᆞ다더라

●衛兵打巡　再昨夜九時量에北부警察署巡查張駿榮氏가迎秋門外로過去ᄒᆞᄂᆞᆫ대近衛隊兵貳名이泥醉ᄒᆞ야張巡查를無數히執責毆打ᄒᆞ야危險ᄒᆞᆫ境에至ᄒᆞᆫ지라北署韓日巡查拾餘人이壹齊히發往ᄒᆞ야該兵丁을捕縛ᄒᆞ고저ᄒᆞᆫ즉該兵丁이逃走ᄒᆞ얏다더라

●義將橫行　義兵將延起羽氏가部下六拾餘名을領率ᄒᆞ고朔寧鐵原漣川麻田四郡等地로橫行ᄒᆞᆫ다더라

●日本의大雹　日本門司通信을據ᄒᆞᆫ즉去月貳拾八日에門司에ᄂᆞᆫ八拾年來罕有ᄒᆞᆫ大雹雨가降ᄒᆞ야福岡縣으로부터福島地方ᄭᆞ지延亘ᄒᆞ얏ᄂᆞᆫ데此雹雨到處에窓門琉璃及障子가破壞ᄒᆞ얏다더라

●兩犯處絞　故殺人犯金鎭哲、정允協兩人을絞에處ᄒᆞᆯ意로法부大臣이上奏ᄒᆞ야裁可되야執行宣告ᄒᆞ얏다더라

●偉人演說　丁抹國伯爵兼侍從몰크氏ᄂᆞᆫ政治학에著名ᄒᆞᆫ偉人으로年來에政界를辭退ᄒᆞ고宗教와教育界에熱心獻身하얏ᄂᆞᆫ데現今에東洋宗教와教育을觀察키爲ᄒᆞ야支那각地方을歷ᄒᆞ야韓國의平壤開城을周覽ᄒᆞ고昨日下午十時에漢城에到着ᄒᆞ얏ᄂᆞᆫ데明日下午八時에鍾路靑年會館에셔演說ᄒᆞᆫ다더라

●關東總會　關東학會에셔本日下午壹時에定期總會를本會館內에셔開ᄒᆞ고事務를處理ᄒᆞᆫ다더라

●西北開會　西北학生親睦會에셔今日下午壹時에西北학會館內에셔定期總會를開ᄒᆞ고任員改選과其他重要事件을處리ᄒᆞᆫ다더라

學界

●學校必興　西來人의傳說을聞ᄒᆞᆫ즉延安郡德義學校와懸明學校가設立數年에經費窘絀ᄒᆞ야將至廢鎖이더니該郡守莊成시가德義懸明兩校를合ᄒᆞ야鳳남學校라改稱ᄒᆞ고壹百圜을捐補ᄒᆞ고邑內人士를會同하야教育이急務됨을說明ᄒᆞ니人心이自然鼓動되야爲先捐金이千餘圜에達ᄒᆞ얏ᄂᆞᆫ데就中東部居ᄒᆞᄂᆞᆫ朴召史ᄂᆞᆫ貳拾圜을捐補ᄒᆞ고東部居康召史ᄂᆞᆫ十圜을捐助ᄒᆞ고南部居申召史ᄂᆞᆫ二圜을捐助ᄒᆞ얏지마ᄂᆞᆫ郡守가該三婦人의出義홈을讚歎ᄒᆞ야各히食物壹卓을備送ᄒᆞ야其盛意를表ᄒᆞ얏다더라

●陽校可讚　仁川港官公私立合十壹學校가春期聯合大運動會에壹大盛況을呈ᄒᆞᆫ바就中陽川普通學校에셔自願來參ᄒᆞ얏ᄂᆞᆫ데學生의凡節을觀察ᄒᆞ미鄕谷資品으로도外華ᄂᆞᆫ鮮明치못ᄒᆞ나擧皆行動이端肅ᄒᆞ야會場中에超出ᄒᆞᆷ으로壹般學員이莫不欽賞ᄒᆞ얏다더라

●東明興旺　平南成川郡東明學校에셔三月三十日에第壹回卒業式을擧行ᄒᆞ얏ᄂᆞᆫ데卒業生이拾二人中金觀鏞시ᄂᆞᆫ該校教師로被任되고韓正述시ᄂᆞᆫ中學校에工夫次로卽今上京ᄒᆞ얏ᄂᆞᆫ데校況이日益興旺ᄒᆞᆷ으로生徒가二百餘名에達ᄒᆞ얏다고西來人의傳說이有ᄒᆞ더라

●佳成佳成　平南成川四佳面有志紳士韓석煒리炳슈시等이教育을發達ᄒᆞ기爲ᄒᆞ야該面內에佳成학校를設立ᄒᆞ고熱心教授ᄒᆞᆷ으로生徒가七十餘名에達ᄒᆞ얏ᄂᆞᆫ디教育을壹層擴張ᄒᆞ기爲ᄒᆞ야夜학科를設立ᄒᆞ고勞働者를募集教授ᄒᆞᆷ으로果有進就之望이라고西來人이莫不稱頌ᄒᆞ더라

●兩氏熱心　黃海道金川郡金興학校教師康昌善全鐵源盧恒根二시가設校數年에于今名譽로熱心教授하야학徒가八拾餘名에達ᄒᆞ얏고校主金禧鎭시가該校中학徒五人의學費困難ᄒᆞᆷ을見ᄒᆞ고食費를自擔ᄒᆞ게ᄒᆞᆷ으로히兩시의熱心을人皆稱頌ᄒᆞᆫ다더라

●感荷賻儀

本社前社長裴說氏喪事에對ᄒᆞ야平北龍川郡學衆諸氏가金五十錢의賻儀를送ᄒᆞ얏기로玆에其盛意를感表ᄒᆞ노라

▲忍耐力▼

▲事業進就ᄒᆞᄂᆞᆫ것은冒險經難안코셔ᄂᆞᆫ到底成立못ᄒᆞ나니그런고로忍耐力이事業上에要素로다世界列國文明ᄒᆞᆷ은그原因을말ᄒᆞᆯ진ᄃᆡ忍耐력의結果며오韓國今日衰敗ᄒᆞᆷ은그原因을말ᄒᆞᆯ진ᄃᆡ忍耐力의缺乏일세

▲학生界로말ᄒᆞ여도학問이라ᄒᆞᄂᆞᆫ것은匡山磨杵標準숨고蘇秦刺股本을밧어壹膝之功업고셔ᄂᆞᆫ目的到達못ᄒᆞ거던今日에ᄂᆞᆫ此학校로明日에ᄂᆞᆫ彼학校로出此入彼轉학ᄒᆞ다가於焉間에失時ᄒᆞ니忍耐力이업슴이오

▲農業界로말ᄒᆞ여도農業이라ᄒᆞᄂᆞᆫ것은諸般準備ᄒᆞᆫ然後에隨時耕耨안코셔ᄂᆞᆫ目的到達못ᄒᆞ거던寒節에ᄂᆞᆫ칩다ᄒᆞ야杜門蟄伏不出ᄒᆞ고盛炎에ᄂᆞᆫ덥다ᄒᆞ야綠陰下에잠자다가於焉間에失時ᄒᆞ니忍耐力이업슴이오

▲工業界로말ᄒᆞ여도工業이라ᄒᆞᄂᆞᆫ것은晝夜間에研究ᄒᆞ야他人에게失勢말고至精至美堅實토록切磋琢磨안코셔ᄂᆞᆫ目的到達못ᄒᆞ거던物品製造麄率ᄒᆞ고優遊度日지너다가於焉間에失時ᄒᆞ니忍耐力이업슴이오

▲商業界로말ᄒᆞ여도商業이라ᄒᆞᄂᆞᆫ것은一敗여던再起ᄒᆞ고再敗여던三起ᄒᆞ고十敗十起안코셔ᄂᆞᆫ目的到達못ᄒᆞ거던一次見敗落望ᄒᆞ야更起之心바이업고主着업시덤비다가於焉間에失時ᄒᆞ니忍耐力이업슴이라

▲韓人들아々々々忍耐력이업고셔ᄂᆞᆫ今日難境姑舍ᄒᆞ고來頭慘禍엇지ᄒᆞ랴旣往事ᄂᆞᆫ勿論이어니와今日부터爲始ᄒᆞ야何事業을經營ᄒᆞ던지生死苦樂不計ᄒᆞ고忍耐勇進ᄒᆞᆯ량이면目的到達ᄒᆞᆯ것이니十分注意ᄒᆞᆯ지어다

社告

信川 邑支社 員丁壹善氏辭免ᄒᆞᆫ代에 該邑四里리 ᄭᅧᆼ氏로 擇定ᄒᆞ고

寧邊 支社員 金致億氏辭免ᄒᆞᆫ代 紅門里鄭德昇氏로 擇定ᄒᆞ고

長淵 支社員 崔戰淳氏辭免ᄒᆞᆫ代에 崔東元氏로 擇定ᄒᆞ얏스니 各郡部에셔 本報購覽ᄒᆞ시ᄂᆞᆫ 僉君子ᄂᆞᆫ 照亮ᄒᆞ신後 各該氏와 交涉ᄒᆞ시오

大韓每日申報社

廣告

本人의 弟承祐가(承禧) 性行이 不敏ᄒᆞ야 挾雜亂類輩로 日常動作ᄒᆞ오니 內外人은 見欺치마시오

三和 潘億兩機李承祚

本社烟葉을 設立多月에 漸至發達이온ᄃᆡ 前總務李韓炫氏가 有故改差ᄒᆞᆫ대 ᄀᆡ 趙冀爾시 라 改選ᄒᆞ온바 今日製造品에 猶未盡善者ᄂᆞᆫ 益ᄋᆞ改良ᄒᆞ와 食都吸ᄒᆞ시ᄂᆞᆫ 僉君子의 盛意를 供答ᄒᆞ깃삽기 玆에 廣告ᄒᆞ오니 陸續請求ᄒᆞ심을 務望ᄒᆞᆷ

北부孟峴中島製烟社 告白

南署誠明坊 山林洞四統五統七戶 崔泳ᄋᆞ 篆字도쟝을 실ᄒᆞ고 正字도쟝을 新刻이옵기 廣佈ᄒᆞᆷ

崔泳大 告白

㊉ 隆熙四年曆發賣人募集公告

學部出版隆熙四年曆을 發賣코ᄌᆞᄒᆞᄂᆞᆫ者ᄂᆞᆫ 左記要項을 遵ᄒᆞ야 直接학部에 請願ᄒᆞᆷ이 可ᄒᆞᆷ

壹 請願期間은 六月 二拾日ᄭᆞ지 限ᄒᆞᆷ

貳 請願書에ᄂᆞᆫ 請願人의 住所姓名과 其所要部數를 明記ᄒᆞᆷ이 可ᄒᆞᆷ

壹人의 所要部數ᄂᆞᆫ 壹千部에 下ᄒᆞᆷ은 不得ᄒᆞᆷ

貳人以上이 合同ᄒᆞ야 발賣코ᄌᆞᄒᆞᄂᆞᆫ 境遇에ᄂᆞᆫ 其代表者壹人의 名으로ᄡᅥ 請願ᄒᆞᆷ이 可ᄒᆞᆷ

三 請願者ᄂᆞᆫ 請願書提呈ᄒᆞᄂᆞᆫ 同時에 其所要部數에 對ᄒᆞᆫ 賣下代金總額의 拾分壹에 該當ᄒᆞᆫ 保證金을 학部에 納入ᄒᆞᆷ이 可ᄒᆞᆷ

四 曆書發賣의 定價ᄂᆞᆫ 壹部金拾錢으로 ᄒᆞ고 발賣人의게ᄂᆞᆫ 壹부 金六錢으로 賣下ᄒᆞᆷ

五 曆書印刷製本은 來九月三拾日에 完了ᄒᆞᆷ

六 발賣人은 印刷製冊이 完了ᄒᆞᆫ기 期에 其所要部數에 對ᄒᆞᆫ 代金總額에셔 前納ᄒᆞᆫ 保證金을 控除ᄒᆞ고 其殘額을 학부에 納入ᄒᆞᆷ 학부ᄂᆞᆫ 右納入의 順序에 依ᄒᆞ야 曆書를 發送ᄒᆞᆷ 但曆書發送費ᄂᆞᆫ 학부에셔 負擔ᄒᆞᆷ

七 발賣人이 ᄋᆞ月十日ᄭᆞ지 所要總數에 對ᄒᆞᆫ 代金을 納入치 아니ᄒᆞᆫ時ᄂᆞᆫ 該발賣人의 資格이 消滅ᄒᆞᆫ者로 見做ᄒᆞ고 旣納ᄒᆞᆫ 保證金은 學부에셔 沒收ᄒᆞᆷ

八 代金納入ᄒᆞᆯ 際에 現金의 代로 相當ᄒᆞᆫ 有價證券(公債證書又ᄂᆞᆫ 政府의 補助를 受ᄒᆞᄂᆞᆫ 會社銀行株券又ᄂᆞᆫ 其債券)을 提供ᄒᆞᄂᆞᆫ 者에 限ᄒᆞ야 來十貳月末日ᄭᆞ지 代金納入을 延期ᄒᆞᆷ도 有ᄒᆞᆷ 但有價證券은 時價의 入割에 換算ᄒᆞᆷ

隆熙三年六月 日 學部

本書林의 廣告ᄂᆞᆫ 庶可普佈오 기 太韓의 第壹 新發明ᄒᆞᆫ 帽子를 世界에 廣告ᄒᆞᆷ

專賣特許 驟帽子

登錄商票

中山子	中折帽子	上수	女學生帽子	上수	學徒帽子
價金	圜五〇	四五〇	三五〇	貳五〇	圜二〇〇 二五〇 二〇〇 壹七〇

敬啓者本新發明ᄒᆞᆫ 驟帽子ᄂᆞᆫ 各色樣과 圖와ᄀᆞ치 全體ᄂᆞᆫ 毛緖로 製ᄒᆞᆫ 形으로 無毛飾縮이 成效ᄒᆞᆫ이 편편ᄒᆞ고 夏用에 宜ᄒᆞ고 多年을 經過ᄒᆞ야도 弊가 無ᄒᆞ고 汗汚ᄂᆞᆫ 分時間에 水洗ᄒᆞ면 卽出ᄒᆞ야 精潔如新ᄒᆞᆫ 振ᄒᆞ야 衛生에 必要ᄒᆞ온바 天下에 第一이라 世人의 冠에 戴ᄒᆞ 最美ᄒᆞᆫ故로 政府에 專賣特許를 得ᄒᆞ고 商標를 登錄ᄒᆞ얏ᄉᆞ오니 各國 人士ᄂᆞᆫ 請求ᄒᆞ심을 務望ᄒᆞᆷ 定價ᄂᆞᆫ 帽子마다 四等으로 分ᄒᆞ오니 適合ᄒᆞ신 ᄃᆡ로 購求ᄒᆞ시오

南部銅峴大廣橋越邊 街里玉虎書林 附屬帽子商店

本人의 姓名篆字章을 五月三十壹日夜賊漢의게 見失故로 更刻正字姓名章ᄒᆞ야 通用ᄒᆞ오니 照亮ᄒᆞ시오 但舊章으로 通用은 金鼎潤시處에 債用二百圜標紙이오

平壤外川面壹里 洪在문 告白

㉿韓美興業株式會社平北支社發起趣旨

維國富民殷이 專在實業興旺ᄒᆞᆷ은 東西古今을 無論ᄒᆞ고 確然明瞭矣라 現時代에 實業의 競爭은 愈甚於兵戈之強弱일시 環我世界에 理想的興業의 發達이 進步치 못ᄒᆞᆷ은 恒常吾人의 憂歎ᄒᆞᄂᆞᆫ바ㅣ러니 今此韓美興業株式會社가 漢城에 屹立ᄒᆞᆷ은 是乃兩國實業家의 發起ᄒᆞ이며 文明ᄒᆞᆫ 法律下에 組成인바 其定款의 範圍ᄂᆞᆫ 特히 壹種壹業에 止ᄒᆞᆯ뿐不是라 全在於農工商諸般業의 大發展에 嚆矢됨을 吾儕ᄂᆞᆫ 壹般同情으로 協贊不已ᄒᆞᄂᆞᆫ바 所以로 本人等이 同支社를 發起ᄒᆞ야 今承 ᄒᆞ社之認許이온바 實業上新務에 對ᄒᆞ야 多論을 不俟ᄒᆞ고 齊力勇進ᄒᆞᆷ을 爲期ᄒᆞ노니 惟我平北有意人士ᄂᆞᆫ 互相勉勵ᄒᆞ야 期圖本支社之完全ᄒᆞ며 同濟家國之殷富ᄅᆞᆯ 千萬顒望

隆熙二年五月拾九日

發起人

鄭濟原	리世勳
林ᄋᆞ峻	鄭宅周
白孝俊	白鎭珪
朴泰煒	崔善玉
金敏淮	鄭尙益
金鎬湜	金敬念
鄭濟谷	鄭尙默
金益鉉	韓道都
張起弦	車得煥

미국시아틀대박람회　美國시아틀大博覽會

皇城磚洞(京城郵便局郵函第四拾號) 韓美興業株式會社

(大美國에리쇼나道法律顧問)
(駐大韓國美國總領事館登錄)

本社의 各處代理人의 氏名은 如左ᄒᆞᆷ

代理人	位置	姓名
開城代理人	미城南門內雜貨商店	廬昊洙
平壤代理人	平壤大同門內店洞	
咸興代理人	咸興南門外	
馬山浦代理人	馬山浦客主	
元山代理人	元山港	
濟津代理人	濟津港	
水原代理人	水原北部장安동	
安城代理人	位置未定	
沙里院代理人	位置未定	
金泉代理人	金泉市場共信商店	
尙州代理人	位置未定	
天安代理人	位置未定	
群山代理人	群山[illegible]井洞	
全州代理人	位置未定	
大邱代理人	大邱新田里五十八統七戶	
釜山代理人	位置未定	
江景浦代理人	位置未定	
麻浦代理人	位置未定	
龍湖代理人	位置未定	
永同代理人	位置未定	
木浦代理人	木浦[illegible]洞	
晋州代理人	位置未定	
金堤代理人	位置未定	
漢江附近代理人	位置未定	
義州代理人	義州[illegible]批峴	崔善玉
江界代理人	位置未定	張濟拭
東萊代理人	位置未定	
鐵原代理人	位置未定	
全州代理人	位置未定	李相宅
城津代理人	位置未定	
太田代理人	太田驛前	洪淳壹
浦項代理人	浦項上里拾貳統拾二戶	宋始憲
鳥致院代理人	鳥致院漢城壽商貳統壹戶	
吉州代理人	吉州西門外	
鏡山代理人	位置未定	
延安代理人	延安郡磨玉洞	
兎山代理人	兎山郡兎山山	
濟物浦代理人	位置未定	金昌模
公州代理人	公州牛海面松亭里	
論山代理人	位置未定	
洪原代理人	位置未定	

[illegible]

光武九年八月拾壹日 明治卅八年八月拾壹日 〔第三種郵便物認可〕 火曜日 西曆壹千九百九年六月捌日 (壹)

第七卷 第壹千壹百拾六號

大韓每日申報

月歲 曜時 及日 慶休 節刊

檀君開國四千二百四十二年
箕子元年三千三十一年
大韓開國五百十八年
日本明治四十二年
淸國宣統元年
陰己酉四月大廿一日己亥

Responsible for Publication Alfred Weekley Marnham.
發行兼編輯人英國人 萬咸
發行所 京城南部石井洞越外地三層洋舘 大韓每日申報社

寄書

◉大呼韓國宗教界偉人

盧基崇

太槪國家가有ᄒᆞᆫ後면政治組織이必有ᄒᆞ야安寧秩序와國利民福을維持增進ᄒᆞᆷ은政治社會에立ᄒᆞᆫ者의責任이오又國教가必有ᄒᆞ야良風美俗과博愛正義에各自爲先의民性을指導ᄒᆞᆷ은宗教社會에立ᄒᆞᆫ者의責任이라故로拾八世紀英國존지二世가冷落ᄒᆞᆫ劫運을當ᄒᆞ야政界의濁亂과民俗의腐敗가極ᄒᆞᆫ지라於是乎政界엔핏트가出ᄒᆞ야政界를掃滌ᄒᆞ며國民을喚醒ᄒᆞ야北米印度의大領地門戶를開ᄒᆞ며宗教界엔우에스레가出ᄒᆞ야社會의外飾淫亂放蕩을痛論ᄒᆞ야東奔西馳에壹生의二十二萬餘英里를跋ᄒᆞ며四萬以上說教로兩々相持ᄒᆞ야英國의新面目을鑄出ᄒᆞᆷ이古今歷史上奇觀을作ᄒᆞᆫ지라

嗚呼라今日韓國社會여所謂上流社會는文弱虛飾에流ᄒᆞ며下等社會는薄志怠惰ᄒᆞ며女子社會는劣弱蕩逸ᄒᆞ야其所釀出ᄒᆞᆫ結果가國家面目이方今世界劣等地位에墮ᄒᆞᆫ지라其咎何在오一은政界에咎罪를歸ᄒᆞ려니와二는宗教社會에立ᄒᆞᆫ者에歸ᄒᆞᆯ지라今日韓國에二三種教가有ᄒᆞ니

一日儒教니儒教는堂々ᄒᆞᆫ治平主義이나韓國의所謂儒教는狹義的少康派에不過ᄒᆞ야只히修身ᄒᆞ되儀飾에流ᄒᆞ며齊家ᄒᆞ되灑掃에不過ᄒᆞ야太同派的大志로國家蒼生의大救拯을布ᄒᆞᆯ能力이缺ᄒᆞ며

二日佛教니佛教도亦是救世主義로本源을作ᄒᆞ거늘韓國의所謂佛教는亦是小乘派에不過ᄒᆞ야行乞ᄒᆞ고小囊이盈ᄒᆞ면入山退臥ᄒᆞ야餘生을松風明月下에送ᄒᆞᆯ뿐이오佗佛當時에苦界衆生을普濟ᄒᆞ기爲ᄒᆞ야舍衛城等地에서大布道ᄒᆞ던大乘派的慈悲圖入觀이無ᄒᆞ며

三日耶蘇教니耶蘇教도亦是博愛主義로法門을作ᄒᆞ거늘韓國耶蘇教界를看ᄒᆞᆫ건대或者는過度히安樂界에處ᄒᆞ야活動力이乏ᄒᆞ며近來엇던部分에셔宗教界에學校를立ᄒᆞᆷ과患者投藥이萬萬不可라ᄒᆞ니其弊害가殆히極端에達ᄒᆞᆫ지라此는世界文明을背馳ᄒᆞ며學術界를暗黑에驅入코ᄌᆞᄒᆞᆷ이로다

耶蘇當時에勿藥施病ᄒᆞ엿스나此는神人時代의事라讀給世記今日은日宗教界入道時代라엇지今日實施가可ᄒᆞ리오然而엇던部分에셔는傳道佈教의活力이多大ᄒᆞᆫ지만에무살님을望ᄒᆞ고耶蘇를耶蘇의實派와教徒를悔改케ᄒᆞ야使徒彼得의責罪와歐洲의大變動을起ᄒᆞᆫ路得의大熱心大能力을未見ᄒᆞᆯ지로다宗教社會에立ᄒᆞᆫ諸公이여速히韓國우에스레를自期ᄒᆞ야大熱心大活動으로全國社會에惡魔를掃除ᄒᆞ며腐敗를掃滌ᄒᆞ야無極樂國을作ᄒᆞ기를希望ᄒᆞ옵니라

官報

▲隆熙三年六月二日 官報

▲部令

農商工部令第二號(續)

農商工部所管農林學校規則

第壹學年

學科目	時數	課程
修身	(壹)	人倫道德의要旨
國語	(二)	讀書。作文
日語	(四)	會話。書取。讀書
數學	(四)	珠算。筆算
地理	(二)	內外國地理
物理	(二)	力學。物性학。熱學。光학。音響학
化學	(二)	無機化학 有機化學
博物	(三)	動物。植物。鑛物
土壤학		
肥料학		
作物論	(貳)	農학通論 普通作物論
畜產학		
蚕絲학	(壹)	蚕本解剖及生理 飼育法
農產製造학		
作物病虫학		
造林학論	(壹)	林학通論
森林生產학	(二)	造林학 保護학
森林經營학		
獸醫학大意		
經濟及法規		
計	貳六	
實習	無定時	

第貳學年

學科目	時數	課程
修身	(壹)	人倫道德의要旨
國語	(二)	讀書。作文
日語	(四)	會話。讀書。作文
數學	(四)	代數 幾何
地理	(壹)	外國地理
物理	(壹)	磁氣학。電氣학 氣象학
化學	(壹)	有機化학
博物	(三)	動物。植物。人體生理
土壤학	(壹)	土壤학
肥料학		
作物論	(貳)	園藝作物論
蠶絲學	(一)	飼育法。蠶體病理製種法
農產製造학		
作物病虫학	(二)	作物害虫학
林학通論		
森林生產學	(三)	造林학利用학 林產製造학
森林經營학		
獸醫학大意	(一)	解剖학及生리학
經濟及法規		
計	二七	
實習	無定時	

第三學年

學科目	時數	課程
修身	(壹)	人倫道德의要旨
國語	(貳)	讀書。作文
日語	(三)	會話。讀書。作文
數學	(三)	測量
地理		

未完

外報

◉軍制改定 伯林電을據ᄒᆞᆫ즉土耳其皇帝께서詔勅을發ᄒᆞ사前陸軍教頭꼴쓰將軍으로軍隊編成改正을委任ᄒᆞ얏다더라

◉議長演說 倫敦電을據ᄒᆞᆫ즉伊國下議院議長모라시는陸軍擴張演說을施ᄒᆞ야同國人心을激昂케ᄒᆞ엿다더라

◉加奈陀의計劃 同電을據ᄒᆞᆫ즉加奈陀政府는壹千九百拾年으로부터艦隊建造及海軍豫備兵組織을開始ᄒᆞᆯ터인ᄃᆡ其設備에對ᄒᆞ야英國商會와交涉中이라더라

◉兩總督의懇請 香港電을據ᄒᆞᆫ즉兩廣總督은香港大學校設立資金에對ᄒᆞ야中央政府에相當ᄒᆞᆫ補助를懇請ᄒᆞ엿다더라

雜報

●歡迎費支發　漢城府民會에셔觀光團을歡迎ᄒᆞᄂᆞᆫ費ᄂᆞᆫ內閣과交涉支出케ᄒᆞᆫ다ᄂᆞᆫ데將次內閣으로셔三千圜을支撥ᄒᆞ기로擬議ᄒᆞᆫ다더라

●翠雲會同　去土요日下午二時에俱樂園設立發起員들이翠雲亭에會同ᄒᆞ야經費支用件과其他事務를協議ᄒᆞ얏ᄂᆞᆫ대當日會費ᄂᆞᆫ學部大臣李載崑氏가擔當ᄒᆞ얏다더라

●觀光入城　日本서渡來ᄒᆞᄂᆞᆫ觀光團發行이再昨日에入城ᄒᆞᆯ다더니釜山海面에셔風浪을遭ᄒᆞ야下陸지못ᄒᆞᆫ故로壹日延期되야昨日下午八時쯤入城ᄒᆞ얏다더라

●民會損害　漢城府民會員이日本觀光團의歡迎宴을昨日上午十二時에景福宮內慶會樓에셔設行ᄒᆞᆯ次로各社會에通牒ᄒᆞ야準備ᄒᆞ얏다가ᄂᆞᆫ데該觀光團의入城時期를延期ᄒᆞᆷ으로損害가不少ᄒᆞ다더라

●坊園反對　漢城府民會장俞吉濬氏가日本觀光團渡來에對ᄒᆞ야薰陶坊會에通牒ᄒᆞ고壹齊歡迎ᄒᆞ라ᄒᆞ얏더니該坊園에셔反對ᄒᆞ야日本방에셔何名目으로歡迎ᄒᆞᆯ必要가有ᄒᆞ리오日本에渡去ᄒᆞ얏던觀光團員으로ᄒᆞ야금歡迎케ᄒᆞ라ᄒᆞ얏다더라

●反對激起　今番日本서渡來ᄒᆞᄂᆞᆫ觀光團을迎接ᄒᆞ기爲ᄒᆞ야學部에서各學校에指揮하되漢城府民會에서各坊園에通知ᄒᆞ되韓日國旗를交叉ᄒᆞ고南大門外停車場에齊往迎接ᄒᆞ라ᄒᆞ얏ᄂᆞᆫ데각학校에셔反對가激起ᄒᆞ얏다더라

●李氏歸國　一進會長李容九氏가本日京釜線列車로入城ᄒᆞᆫ다더라

●拓總入京　東洋拓殖會社總裁宇佐川은去三日에秘書를帶同ᄒᆞ고東京을出發ᄒᆞ야昨日下午捌時三拾分에入성ᄒᆞ얏다더라

●尹氏有疑　前郡守尹英烈氏의壽宴을日昨安洞尹致晟氏家에서設行ᄒᆞ고妓樂이迭蕩ᄒᆞ지라其咸시尹致昊시가他事故를因ᄒᆞ야晩來觀光하고言ᄒᆞ기를太平無事의時라도妓樂이別無新奇어날況今民情이塗炭에陷ᄒᆞᆫ時를當ᄒᆞ야此擧가萬萬不可라고一場論辯ᄒᆞ얏다더라

●曆書發賣　學部에서出版ᄒᆞᆫ隆熙四年度曆書ᄂᆞᆫ一般人民의게發賣를許ᄒᆞ얏슴으로希望者ᄂᆞᆫ本月三拾日까지限하고學部에請願케ᄒᆞᆫ다더라

●票注文　山林協會에서會票萬個를日本에注文ᄒᆞ고該價額三千圜을送交ᄒᆞ얏다더라

●決死還推　西來人의傳說을聞ᄒᆞᆫ즉測量總督會平北支會長金鼎綽檢査部長崔景植氏等이道內壹般技術員의게檢閱證을與ᄒᆞ다稱ᄒᆞ고入會金과保證金이捐等金을多數討食ᄒᆞᆫ거시八百餘圜에達ᄒᆞᆫ지라現今該會의失敗됨을乘ᄒᆞ야各郡技術員諸氏가其錢을還推코ᄌᆞᄒᆞ야決死隊를組織ᄒᆞ고陰本月貳十二日에宜川郡總督支會內에壹齊會集ᄒᆞ기로各郡에發文ᄒᆞ얏다ᄂᆞᆫ說이漲藉ᄒᆞ미金崔兩氏가此說을聞ᄒᆞ고隱身逃避ᄒᆞ얏다더라

●殊常何人　日前海蔘威等地에셔殊常ᄒᆞᆫ人四五人이入城ᄒᆞ얏다ᄂᆞᆫ데現今警視廳에셔其人의行動을調査中이라더라

●屋稅督捧　近日漢城內家屋稅徵收囑托員等이該稅受捧에對ᄒᆞ야日本人을帶同ᄒᆞ고人民門前에셔强迫督促이大端ᄒᆞ다더라

●審査後牢囚　宮中顧問리允用氏가慶北觀察使在任時에該氏勢力을憑藉ᄒᆞ야挾雜ᄒᆞ던責某ᄂᆞᆫ해府公錢을犯逋ᄒᆞᆫ事로度支部에셔審査ᄒᆞᆫ後警視廳으로押送牢囚케ᄒᆞ얏다더라

●償金頒給　湖남鐵道認許權撤消에對ᄒᆞ야償金을支給ᄒᆞᆫ다ᄒᆞᆷ은已報어니와十萬九千餘圜을去土요日度支部에셔頒給ᄒᆞ얏다더라

●宋氏家庭　內部社寺課長宋之憲氏ᄂᆞᆫ家事를整頓ᄒᆞᆯ事가有ᄒᆞ야沃川鄕第로下往ᄒᆞ얏다더니何等不美ᄒᆞᆫ事를因ᄒᆞᆷ인지不知어니와其夫人을逐出ᄒᆞ얏다ᄂᆞᆫ물論이有ᄒᆞ기를夫人을逐出ᄒᆞᄂᆞᆫ것보다所謂別室이라ᄒᆞᄂᆞᆫ惡苦를作別ᄒᆞᄂᆞᆫ것이妥當ᄒᆞ다고들ᄒᆞᆫ다더라

●新聞又刊　中部典동居정應源鄭芝澤許金等諸氏가共同發起ᄒᆞ야時事日報라ᄂᆞᆫ新聞을將次發刊ᄒᆞᆯ次로熱心計劃中이라ᄂᆞᆫ데目下內部에請願ᄒᆞᆯ事項을協議中이라더라

●貧民行悖　傳說을聞ᄒᆞᆫ즉楊州郡柤산里에駐在ᄒᆞᄂᆞᆫ憲兵補助員리元榮리賢弼兩人이該所通譯林敬鎬를符同ᄒᆞ야附近각面各洞으로橫行ᄒᆞ면셔日憲兵에請求라稱ᄒᆞ고各人民處에錢穀柴炭과其他鷄卵等物를討索ᄒᆞᆷ으로該地民怨이漲藉ᄒᆞ다더라

●演劇變更　近日漢城內各處演劇이풍俗上에大端紊亂ᄒᆞ야壹般人心을眩惑케ᄒᆞᄂᆞᆫ故로警視廳에셔此를取締ᄒᆞ기爲ᄒᆞ야日本演劇을模倣設行케ᄒᆞᆯ次로該規定을製成ᄒᆞ야各警察署에壹件式配付ᄒᆞ얏다ᄂᆞᆫ대將次壹致變更ᄒᆞᆫ다더라

●韓氏貶敗　全羅道任實郡居하ᄂᆞᆫ前參奉韓榮錫氏가巨額에金을辦出ᄒᆞ야國成社長을被任ᄒᆞᆫ後僅히數月을支過ᄒᆞ더니漸次閱覽ᄒᆞᄂᆞᆫ人이零星ᄒᆞᆷ을因하야貶敗ᄒᆞ야鄕ᄒᆞ고日人池田이가日今繼續設行ᄒᆞᆫ다더라

●揚水器購入　農商工部에셔ᄂᆞᆫ淸國保定附近에셔使用하ᄂᆞᆫ揚水器(龍骨車)를購入ᄒᆞ야前日부터水原模範場에셔試驗하ᄂᆞᆫ中인대揚水量은每壹時자에五拾石이오淸國에셔ᄂᆞᆫ驢馬를使用ᄒᆞᄂᆞᆫ대該場에셔ᄂᆞᆫ牛를使用ᄒᆞᆫ다더라

●義將發文　義兵將姜基東南鶴瑞吳壽泳金明達四氏가各其部下兵幾拾名式領率ᄒᆞ고抱川楊州春川坡州等地로橫行ᄒᆞ며延ᄋᆞ羽氏와連絡ᄒᆞ야李殷瓚氏의被捉ᄒᆞᆷ을憤激ᄒᆞ고期於히了郡에派駐ᄒᆞᆫ日憲兵兵站所를擊破ᄒᆞ기로發文ᄒᆞ얏다더라

●義兵又起　麻田郡居王某가義兵을糾起ᄒᆞ야砲軍數十名을領率ᄒᆞ고平康伊川等地方으로出沒橫行ᄒᆞᆫ다더라

●崔巡挾雜　警視廳第壹課에勤務ᄒᆞᄂᆞᆫ巡査崔正鳳氏가有何挾雜이던지情跡이綻露되야日前에中部警察署에捉囚되얏다더라

●三越交　高仁서盧天壽李乾炯三氏가中部警察署에被囚ᄒᆞ얏더니昨日裁判所로越交ᄒᆞ얏다더라

●太極講硏　太極敎에셔講硏ᄒᆞᆫ다ᄂᆞᆫ說은已揭어니와再昨日播揚敎育會館內에셔開會ᄒᆞ고臨時會長은鄭敎求시로推薦ᄒᆞ야相揖禮를行ᄒᆞ고敎正呂永祚시ᄂᆞᆫ該敎倡立趣旨를朗讀ᄒᆞᆫ後敎宗原因을發明ᄒᆞ고本柢眞理와敎宗名義란問題에對ᄒᆞ야講師金聲根金鶴鎭南廷哲閔種默四氏가講義를論著ᄒᆞ야記權相益氏로朗讀ᄒᆞ고會員數百人中에各講員이次第附演ᄒᆞ얏다더라

●人員未備　再昨日에嘉安坊會에셔總會를齋동官立普通학校內에開ᄒᆞ얏ᄂᆞᆫ대會員이未備ᄒᆞ야諸般事項을處理치못ᄒᆞ고不得已閉會하얏다더라

●靑年演說　今日下午捌時에鍾路靑年會館에셔演說會를開ᄒᆞ고靑年은國光의原質이란問題로金壹善氏가演說ᄒᆞᆫ다더라

學界

●北鎭義務　平北雲山郡北鎭居ᄒᆞᄂᆞᆫ實業家朴鳳淵시ᄂᆞᆫ元來該郡內에名望이頗著ᄒᆞᆫ人士로서壹鄕人民의知識이暗昧ᄒᆞᆷ을慨惜ᄒᆞ야今春부터義務學校를設立ᄒᆞ고多數ᄒᆞᆫ金額을特捐ᄒᆞ야校舍를建築ᄒᆞ며諸般經費를自擔ᄒᆞ야聰俊子弟를募集敎導ᄒᆞ며校監卓桂胃敎師姜尙祖卓茂齊諸시ᄂᆞᆫ敎育事務에晝夜勤孜ᄒᆞᆷ으로開校未幾에學員이壹百餘名에達ᄒᆞ얏다더라

●人存校存　義州批峴少年學校에셔經費가窘拙ᄒᆞ야幾乎廢止러니該校長金澈謙校主張[illegible]拭兩시가每年에各貳百圜式自擔ᄒᆞ고雖幾拾年이라도身家存亡을晉同학校와갓다고自擔ᄒᆞᆷ으로兩시의敎育上熱心을人皆稱頌ᄒᆞᆫ다더라

●運動盛況　義州大運會를今月貳日에設行ᄒᆞ얏ᄂᆞᆫ데會集ᄒᆞᆫ學校가四拾六箇所오學徒가貳千餘名인대淸國學徒도來參ᄒᆞ얏고觀光者가萬餘名에達ᄒᆞ얏ᄂᆞᆫ데決死隊와騎馬突擊으로賞紅兩隊에分ᄒᆞ야互相衝突ᄒᆞ얏다더라

●農民運動　慶南晉州郡大安面姜璟錫시가農民夜學校를設立ᄒᆞ야熱心敎授ᄒᆞᆷ은已報어니와該시가今番春期에農民運動會를設行ᄒᆞ얏다더라

●海校運動　海州郡州內面公私立各학校에셔五月捌日該郡東部二里학校運動場에셔聯合大運動會를設行ᄒᆞ얏ᄂᆞᆫ데來參ᄒᆞᆫ男학徒가六百餘名이오女학徒가七拾餘名이라來賓과觀光者가人山人海를成ᄒᆞ야壹大盛況을呈ᄒᆞ얏다더라

●密城宿儒　慶尙南道密陽郡府北面德谷里有志紳士諸시가私立尙德義塾을新設ᄒᆞ얏ᄂᆞᆫ대該校校長孫秉陸校監孫性壎講師李鎭澤諸시가熱心敎授ᄒᆞᄂᆞᆫ故로學術未幾에生徒가日益漸進ᄒᆞ야將有進就之望이라더라

●信川運動　信川郡紳士林璨規李悌瓚시等五六人이발起ᄒᆞ여陰四月初捌日에地方聯合運動會를設ᄒᆞ얏ᄂᆞᆫ대當日入參學校가四十五處요學徒가壹千四百名可量이오觀光者가人海를成ᄒᆞ얏ᄂᆞᆫ데該郡守金禹鼎시ᄂᆞᆫ同夫人이壹場勸勉後에多數物品을施賞ᄒᆞ얏다더라

●婦人演說　信川郡守金禹鼎시夫人이該郡聯合運動에對ᄒᆞ야壹場勸勉ᄒᆞᆷ은別項과如하거니와翌日上午八時에各학校餞別會를該邑訓鍊洞에開設ᄒᆞ고同夫人이我國에女子敎育이急務란問題로壹場演說ᄒᆞ얏ᄂᆞᆫ데傍聽諸人이莫不欽嘆하얏다더라

▲悖風尙存▼

▲韓國內에惡종悖習이多ᄒᆞᆫ中嫡庶分別이最惡ᄒᆞᆫ대其弊端을말ᄒᆞᆫ진대社會國家大妨害라五百年來外他冤氣聞之寒心이어니와文明風潮輸入後로稍爲減損ᄒᆞ얏스나其餘弊가鄕閭間에尙存ᄒᆞᆫ새

▲父子間을말ᄒᆞᆯ진대父子間도分別이잇나外庭에ᄂᆞᆫ서님이오內庭에ᄂᆞᆫ마님일세同是父母兩般인대엇던者ᄂᆞᆫ呼父呼母自若ᄒᆞ고엇던者ᄂᆞᆫ서님마님웬일인가父子間에이러코야家庭睽離업슬손가

▲兄弟間을말ᄒᆞᆯ진대兄弟間도分別잇나外庭에ᄂᆞᆫ서방님과內庭에ᄂᆞᆫ아씨로세兄弟叔姪一般인대엇던者ᄂᆞᆫ呼兄呼弟自若ᄒᆞ고엇던者ᄂᆞᆫ아씨尊稱웬일인가兄弟간에이러코야友愛之情잇슬손가

▲家族으로말ᄒᆞᆯ진대家族간도分別잇나右族名色되고보면姪行孫行일지라도手下待接不敢ᄒᆞ고左族名色되고보면叔行祖行일지라도爾汝相稱웬일인가家族間에이러코야[illegible]이슬손가

▲君臣간을말ᄒᆞᆯ진대君臣간도分別잇나士夫名色되고보면豚犬不若일지라도華職淸宦自在ᄒᆞ고賤命名色되고보면偉才傑出일지라도平生감軻웬일인가君臣간에이러코야其國興旺바랄손가

▲朋友간을말ᄒᆞᆯ진대朋友간도分別잇나所謂士夫名色들은王후장相對ᄒᆞ야도平等보다下對ᄒᆞ고所謂庶孽名色들은孫曾年紀對ᄒᆞ여도執事尊待웬일인가朋友간에이러코야情誼交通바랄손가

▲韓人들아드러보소四色黨論싱긴後에國家興亡ᄒᆞ關ᄒᆞ고白黨偏護ᄒᆞᆫ이러니左族右族偏僻됨은四色보다百倍ᄒᆞ니國民國合될수잇나이런悖風어서밧비互相勸戒除根ᄒᆞ야民族團體될지어다

廣告

本人의 姓名章을 四月拾壹日路中에서 遺失한 故로 特別히 花邊上와 新刻하오니 知悉하심을 照亮홈

權翊相 告白

本會 特別總會를 今八日(火曜) 上午十一時에 丞洞本會館에서 開하오니 會員諸氏는 齊來臨敬要

大韓測量總管會 告白

本女가 抱川人 李圭東으로 五六年前부터 同居하고 依托終身홈을 意로 寡居時所有財產을 世鳩合하야 右人原居抱川郡加山面所在田壹日畊와 畓十斗落을 買得時에 右人의 姓名으로 成文記이러니 不意今春에 分離하야 本女가 交居他女하더니 離午에 許하야 日前新聞에 廣告하되 西小門外布洞李中召로 居間하야 洪召史의 田畓文券을 與執하얏어니 李召史가 中간으로 報償하고 文券을 偷得하야 瞞眩公眼하니 當初與執한 事實이 無明證이 確有하오니 內外國人은 勿以準亮홈

李召史 告白

本人이 四從弟 弘植에 第貳子 縣炳으로 欲爲率養而不許矣러니 其叔父 平縣燦이가 庚子年分武官學徒抄選時에 自願本人之子하고 已爲薦入矣라 究厥事理則雖涉不當에나 其在擢選從仕之際에 不可迫拒하야 仍許度之者于今十年이나 不啻不爲歸養이라 可謂親若路人하며 渠之行動도 浮浪頑悖에 豈不受訓하고 傾敗是事하니 似此爲人을 豈可指身以爲不獲已하야 永爲罷養하고 所이며 父子情理가 又何在焉이오 所니 京鄉僉君子는 照亮하시오

忠淸南道 洪州郡 孟洞面 孟洞居 鄭海稙 告白

東署崇信坊亭子洞契四拾壹統四戶草家七간半文券을 失故로 茲以廣告홈

家主 崔哲馥

本人이 陽今月三日에 梧市往還之路에 鏡纓에 暗紙囊하야 所藏正字圖面丹汁姓名章을 遺失하앗사오니 內外國人間에 拾得하는도 勿爲施行홈을

義州 令南面 弘化洞 崔奉春 告白

從二品 前監理 劉智赫은 本以高明有志紳士인바 帝國實業會平北支會長으로 組織上에 熱心注意하야 山郡江邑에 발涉驅馳하며 我同胞에게 對하야 農工商實業興否는 生存上 壹大關係則此務를 富強케 하야 遂케로 懇激勸勉하며 我國前途發達에 殖產興業에 在하다는 演圖로 亟口說明하야 人民이 莫不感悟爭先키로 茲에 廣告하오니 僉君子는 照亮홈望

楚山西門外 戴學五 告白

嗚呼이오며 痛忿하온나이다 宋姓가 온데 何許人은 以此 晙字로 名을 作하고 無嚴不敬홈이 天壤에서 지밋치고 忠君愛國하는 各社會에서 公論與論이 並起하야 賊이니 賊晙이니 하는 唾罵를 現世와 後世에 難免이온즉 耳聞目見에 孰不痛忿이리오 至於本人하야는 一祖上에 血脈으로 된 同姓者이라 尤忿不勝痛恨을 옵기 本人은 以此 晙字로 名을 作하고 至嚴至敬을 킷기로 本人의 名字 俊文을 晙用으로 改名行世하오니 內外國僉彥은 照亮하시옵

仁川港 外國秀留住 米國人 佗禮偷家留

宋晙用

本人이 西署 盤石坊 七拾六統拾貳戶林壹文家를 買居이옵더니 貫文券을 失故로 茲以廣告홈

買得人 李始裕

本洞居 李元容 平德術 本面內洞居 宋泰益 本道書記 趙棣熙 邑人 趙箕斗 晉州居 姜弼秀 等이 前本郡守 李紹鍾씨 在任時에 誘贓協謀하야 本人等 所有 本面外等員 芦田 余坪을 盜賣호 文券與證明書를 僞造成出이라가 綻露하야 本人等이 晉州地方裁判所釜山支部檢查局에 告訴하야 李元容은 押囚하고 僞券은 方在查覓中이오니 右人等이 執僞券을 請賣홈에 도 內外國人은 切勿見欺홈

慶尙南道 咸安郡 馬輪面 外洞 李恨昌 洪鍾纘 趙性善 等 告白

本人의 弟 承禎가 (承禎) 性行이 不敏하야 挾雜亂類輩로 日常動作하오니 內外人은 見欺치마시옵

三和港 僑商 兩機李 承祚

本教時臨教育所를 北部樓閣洞 九拾壹統拾戶로 權設홈

大宗教 告白

本社烟菜를 設立多月에 漸至發達이온 前總務 李暉炷氏가 有故改差흠을 대에 柳冀南씨가 被選하온바 前日製造品에 猶未盡善하야 京鄉愛吸하시는 僉君子의 盛意를 供答하기 益益改良하와 茲에 廣告하오니 陸續請求하심을 務望홈

北罕孟峴 半島製烟社 告白

韓美興業株式會社 平北支社發起趣旨

維我國富民殷이 專賴於一壯한 在홈은 東西古今을 無論하고 確然明瞭矣라 現時代에 實業의 競爭은 愈甚於兵戈之強弱이라 將來我國이 環境에 理想的 興業의 發達이 進步치 못홈은 恒常吾人의 遺歎하는 바ㅣ러니 今此韓美興業株式會社가 漢城에 屹立홈은 是乃兩國實業家의 發起이며 文明한 法律下에 組成인바 其定款의 範圍는 特히 農業과 實業에 止홈만 不是라 至於農工商諸般業이 大發展에 嚆矢됨을 吾儕는 壹般同情으로 協贊不已者ㅣ라 所以로 本人等이 同支社를 發起하야 今承本社之認許이온바 實業上前途에 對하야 多論을 不俟하고 奮力勇進홈을 爲期하노니 惟我平北有意人士는 互相勉勵하야 期圖 本支社之完全하며 同濟家國之殷富를 千萬顒望

隆熙三年五月拾九日

發起人

鄭濟原　리世勳
林英畯　鄭宅周
白学俊　朴鎮桂
朴寧燁　崔善玉
金麟淮　鄭尙奎
金鎬湜　金敬念
鄭濟崙　鄭爾默
金益鉉　韓道郁
張起弦　車得煥

美國直輸入 懸鐘(禮拜堂과 학校의用) 時計 大

發賣廣告

本人이 今般에 本國內地에 敎會兄弟와 學界諸氏의 購買便利하기 爲하야 懸鐘이 時計 兩種을 美國으로 輸入하야 廉價로 發賣하오니 有志僉彥은 爭先購買하시오며 但遠方에서 注文하시면 郵便代金引還으로도 寄呈호 옵깃숨

懸鐘 (每個價格 壹圓)
小全 五圓七拾五錢
中全 捌圓廿錢

時計
上品壹個 九圓五拾錢
全次 六圓五拾錢

賣本 自擔 時計懸鐘 本舖 不要 홈

京城鍾路南 鍮谷口

明新冊肆 主 李禎爕

本人이 本年陰四月分에 姓名圖章을 失하고 圓形圖章을 新刻施行하오니 知悉照亮홈

西署 餘慶坊 刀子洞 契第八統七戶 韓興元 告白

美國시아틀大博覽會・회람박대틀아시국미

經濟學原則에 云하얏스되 夥多한 產物의 分排홈을 因하야 最大한 權力이 發生한다 하얏스니 其權力을 用하야 可爲善이오 其權力을 用하야 可爲惡이라

本社之印章

其權力을 其產物과 及其產出者를 改良進就케 홈을 爲하야 完全히 善良하게 利用할진더 其勢力의 強大홈을 不可量이리라 我韓美興業株式會社는 大韓帝國의 商工業에 基礎를 建築而擴張하며 改良이 發達케 홈은 壹 強力의 團合體이 기오 世界各國이 不適間에 韓國에 產物이 有홈을 知치 못하니 此局面으로 此는 非他라 本會社에서 大韓同胞를 代表하야 韓人이 能히 產物出홈을 能力이 有홈을 世界各方에 發表하니 本社가 是와 本會社에서는 한帝國同胞中에 思想이 有하야 眞相을 料得하야 各自身分이 各自其國家에 對하야 擔負홈이 有하고 其國家와 自己의게 孤負홈은 無홈을 知得하는 者로 더부러 聯合하기를 願하옵나이다

本社之商標

韓美興業株式會社 皇城磚洞(京城郵便局郵函第四拾号)

(美國애리소나州法律認可 駐大韓國美國總領事館登錄)

本社의 各處代理人의 氏名은 如左홈

開城代理人　開城南門外雜貨商店　盧昊珠
平壤代理人　平壤大同門內店등
咸興代理人　한城西門外
馬山浦代理人　馬山浦客主
元山代理人　元山港
清津代理人　清津港
水原代理人　水原北부長安동
安城代理人　水原남부長安동
沙里院代理人　漢城東부往拾里旺新학校內
金泉代理人　漢城中部外相思동貳統三戶
海州代理人　漢城서부마浦三十壹統九戶
天安代理人　水原北부장安동
群山代理人　群山大井洞
全州代理人　漢城西부阿峴二百廿二統三戶
大邱代理人　大邱新田里五拾八統七戶
釜山代理人　馬山浦今山里拾壹統九戶
江景浦代理人　西部龍山坊東幕中契廿七統貳戶
麻浦近代理人　西部麻浦貳十七統三戶
長湖院代理人　陰城邑山里
永同代理人　漢城壽동貳統壹戶
木浦代理人　木浦南橋동
晉州代理人　昌原郡馬山浦城山
金堤代理人　金堤郡白石面水明
漢江附近代理人　남部漢江拾八統貳戶
義州代理人　義州枇峴
江界代理人　義州枇峴
東部代理人　往十里上廿井동四統五戶
鎭南浦代理人　鎭남浦碑井洞
定州代理人　郭山郡
城津代理人　吉州邑
浦項代理人　鏡城上里拾二統拾貳戶
太田代理人　太田新町
南原代理人　鳥致院漢城橋동二統壹戶
吉州代理人　吉州西門外제二拾八戶
高山代理人　漢성中部外相思동二統三戶
延安代理人　延安郡磨玉洞
兎山代理人　兎山郡兎山市
濟州浦代理人　開城郡遊城郡
公州代理人　太田郡北
論山代理人　公州牛灘面松亭里
漢原代理人　成興郡中荷里

位置未定 (各處)

洪淳壹　李根宅　金相杰　宋柄憲　金景標　崔善玉　張濟拭

金東宣　鄭基煥　孫錫宇　金以文　張학臣　金유송　金유송　邦元圭　李孝稙　吳州泳　尹聖求　鄭柏燮　金顯召　辛寬淑　리致浩　리弼驗　權寧　安德의　文錫宇　孫升基　김宗默　리奉燁　박奉燁　朴聖欽　鄭庠翰　金時漸　郭鍾浙　리稙瑢　安성의　金萬섭　李孝稙　리時榮　李相煥　曹秉極　宋始憲　申泰雨　金晉鎬

各種藥品을總發行所 [illegible] 濟生堂大藥房

◎特別注意ᄒᆞ심을

本堂製造ᄒᆞᄂᆞᆫ藥品은其效能의感應이十分結果됨으로內外國間에聲譽가普著ᄒᆞ야[illegible]의價額이千金에達ᄒᆞ며其商業이發展됨이殆百年來의初有ᄒᆞᆫ實業을成ᄒᆞᆯ지로다

現今本堂의支店이海外에設立된者凡[illegible]餘個處所를成ᄒᆞᆫ지라其興旺의功績을日々贊唱하야東西競爭ᄒᆞᄂᆞᆫ中에特別ᄒᆞᆫ名價를樹ᄒᆞ거니와

至於內國ᄒᆞ야ᄂᆞᆫ民智가未開ᄒᆞ고[illegible]未展ᄒᆞ야人人이舊式의商業에慣熟ᄒᆞ고新式商況은晴昧ᄒᆞ야設或好ᄒᆞᆫ實業이有ᄒᆞᆯ지라도能히應用치못ᄒᆞᄂᆞᆫ[illegible]硏究ᄒᆞᆫ狀態와情節을形式ᄒᆞᆯ自招自敗ᄒᆞᄂᆞᆫ境遇에多ᄒᆞ니[illegible]恨心哉아

本堂에셔各處에支店及[illegible]代理店을非不多設이오나今에[illegible]支店을加設하겟ᄉᆞ오니

[illegible]兄弟에게[illegible]藥을進就ᄒᆞᆯ目的이라

故로玆에廣告ᄒᆞ오니[illegible]兄弟ᄂᆞᆫ(自陰六月[illegible])(自陽四月十四日至五月拾三日) 本堂에來臨ᄒᆞ시되遠地에셔ᄂᆞᆫ書信으로郵便通知ᄒᆞ심을敬要

京城南大門內濟生堂本舖 告白

各種東西洋藥과韓國唐草材大發賣所 京城鍾路 [illegible] 和平堂藥房

阿烟斷癮引藥

一劑 金五圓　半劑 金三圓

[illegible]

依方製藥 [illegible]

壯陽復元丹

◎共愛堂大藥房製造各種藥品價引表

[illegible]

神應丹　淸肺丸　養胃散　消痰[illegible]　[illegible]熱散　淸耳[illegible]　妙妙膏　能[illegible]膏　大腫拔根膏　解凝[illegible]　寸虫去根藥　齒痛[illegible]　止瀉丸　痢疾藥

各種上等人蔘、雞納、東西洋有名賣藥、皮洋藥乾材都賣散賣其他各種藥이具備ᄒᆞ오니請求를依ᄒᆞ야小包로送遞ᄒᆞ깃숩

發行所

皇城南部太廳[illegible]十九統七戶

共愛堂大藥房

京城鍾路慈惠大藥房에셔製造ᄒᆞᆫ藥과

四種은大韓醫院衛生試驗部에셔檢定ᄒᆞᆫ藥이오衛生家와京鄕賣藥家에셔多數請求ᄒᆞ시오

平胃丸	金十錢	淸城百應膏	金十錢
補益丸	金一円	淸痰鎭咳藥	金三十錢
淸明眼藥水	金十錢	養兒寶散	金十五錢
保命丹	金十錢	蛔虫沒出丸	金二十錢
咳喘消積丸	金二十錢	寸虫拔根藥	金三十錢
咽喉藥	金五十錢	鐵精丸	金一円
小兒咳嗽散	金二十五錢	吐瀉霍亂救急水	金三十錢
瘰癧膏	金三十錢	止瀉潤腸丸	金十錢
感冒解熱散	金十錢	大腫拔根膏	大瓶入 金二円
消食生甘酸水	金三十錢	輕腫根治膏	大瓶入 金二円
疥瘡藥	金四十錢	去液生新膏	大瓶入 金二円
痳疾丸	金五十錢	濕腫根治膏	大瓶入 金二円

光武九年八月拾壹日 第三種郵便物認可 明治卅八年八月拾壹日 水曜日 西暦壹千九百九年六月九日(壹)

第七卷

大韓每日申報

第壹千壹百拾七號

月曆及曜時日休慶節刊

檀君開國四千二百四十二年
箕子元年三千三十一年
大韓開國五百十八年
日本明治四十二年
淸國宣統元年
隆熙三年 己酉四月大二十二日庚子

Responsible for Publication Alfred Weekley Marnham
發行兼編輯人 英國人 萬咸
發行所 京城南部石井洞外地三層洋屋 大韓每日申報社

論說

◎湖南鐵道에 對한 論

京城에셔 起하야 東南으로 釜山에 至하는 京釜線과 西北으로 義州에 至하는 京義線과 西南으로 仁川에 至하는 京仁線이 모다 誰家의 所有物이며 京城으로부터 元山에 通하는 京元線과 元山으로부터 平壤에 通하는 平元線이 모다 誰家의 經營物인가 如此히 諸般 廣闊한 大鐵道가 모다 外人掌中에 歸하고 所謂 韓人의 經營하는바ㅣ는 只是 其延長이 數百里에 不過하는 湖南鐵道 壹個뿐이러니 近日에 至하야는 此鐵道까지 又政府에셔 其敷設權을 回收하얏도다 大抵 此鐵道는 數年來로 徐午淳氏와 實業家 諸氏가 苦心唱道하야 股金을 募集하고 工役에 手를 下하얏던바ㅣ라 吾儕는 恒常 心祝하야 日後 此로 韓人도 亦是 鐵道를 敷設하얏다는 名譽的 紀念을 世界에 公布하고 又壹半分이라도 韓國에 利權을 韓人이 享有할가 하얏더니 好事가 多魔라 不幸히 妖魔輩의 惡戲를 因하야 工事를 停止하얏다가 畢竟 今日에 至하야 同收를 當하니 此ㅣ엇지 筆을 擲하고 慨然長嘆할바ㅣ아닌가 嗚乎라 韓國同胞여 二千萬의 民族이여 有志諸公이여 湖南鐵道發起人 諸公이여 個得치 못하나 諸公의 前途를 엇지 忍言하리오 此에 對하야 諸公만 責할바ㅣ아니지만 最히 痛惜할바ㅣ는 諸公의 奮發이 遲々함이 是라 只今 韓國人民된者ㅣ壹寸의 利權이라도 爭하며 壹毛의 利權이라도 齒로 切하고 保하야도 오히려 溝壑의 枯死를 難免할거날 況 奮發이 如是遲々하고야 엇지 可하리오 此鐵道는 姑舍하고 彼礦山의 利權이 誰手에 在하며 漁業의 利權이 誰手에 在하며 農商工의 利權이 誰手에 在하며 其他 百般 千般의 利權이 모다 誰手에 在한가 如此히 利權을 都失하고야 生存코자 한들 엇지 得하리오 嗚乎라 諸公이여 至今에도 不悟하는가 諸公도 恒常 生存競爭을 唱하나니 此語가 何를 謂함인가 萬族이 其競爭에 生存이 無關하면 엇지 生存競爭이라 하리오 競爭에 敗하면 生存을 不得하는 故로 生存競爭이라 함이어니 諸公은 試思하라 全國의 利權이 모다 他人에게 歸하고야 諸公이 엇지 生存을 得하겟는가 嗚乎라 諸公이여 自今으로라도 活潑한 勇壯的 氣力으로 日로 奮發하며 時로 奮發하야 韓國의 利權은 韓人이 享有하는 善果를 圖得할지여다

官報

▲隆熙三年 六月三日 官報

部令

農商工部令 第二號(續)

農商工部所管 農林學校規

物理
化학
博物
土壤學
肥料學(貳) 肥料학
作物論(壹) 工藝作物論
畜産學(二) 畜産學
蠶絲학「壹」 栽桑法製絲法
農産製造학「壹」 農産製造學
作物病虫학「二」 作物病리학
林학通論
森林生産學(壹) 造林학
森林經營學(貳) 測樹學 經營學
獸醫학大意(貳) 病理학 衛生學
經濟及法規(貳) 經濟及法規
計 二五
實習 無定時

第拾六條 研究科에 關한 規定은 학校장이 別로히 此를 定함

第四章 入학及退學

第拾七條 生徒의 募集은 每학年初에 行하되 其期日은 預先公告함 但 速成科生徒는 臨時로 此를 募集함 (未完)

外報

◎兩帝會見 伯林電을 據한즉 露國皇帝의 希望을 依하야 七月下旬에 芬蘭에서 德露兩皇帝가 會見한다더라

◎土民激昂 倫敦電을 據한즉 英國에서 昨年五月에 爆裂彈을 投한 事件에 關하야 該犯者를 去月七日에 禁錮에 判決하얏더니 미三나불 土民三名이 控訴院에 無罪를 宣告하기를 訴한 事에 對하야 人心이 大段激昂하다더라

◎日漁船의 火災 東京電을 據한즉 本月五日夜에 日本靑森縣海에서 日本漁船 第五日本丸에서 火災가 起하야 日本漁夫 壹百三拾名과 其他船員이 燒死하얏다더라

雜報

◎日人同盟失敗 同電을 據한즉 布哇에 耕主는 葡萄牙人으로 使役하기를 決하얏슴으로 日本人의 同盟은 失敗에 歸하얏다더라

◎日人無理 日人滿武가 何許挾雜輩에게 欺款을 하엿던지 字號卜數와 坐落及四標가 不明한 證明書를 持하고 昨秋에 釜山理事廳官吏와 共히 金海郡에 據統來到하야 人民數百名의 所有土地 數千斗落에 恣意揷標하고 該郡守의게 認證을 請求함으로 各土主가 抗拒하고 關係官吏가 所有文券을 持來하면 當該調査還給云하는 故로 據其書出給이러니 調査는 아니하고 該郡守에게 認證을 督促하기로 土主들이 抵死抗拒한 結果로 今春二月分에 晉州觀察道書記官 [illegible]이 來到하야 各人所有文券을 還推하고 釜山理事官에게 所有文券을 還推以給하얏스며 法務院에서도 各人所有의 確證을 爭하야 實地調査하고 該郡財務署吏와 지實地調査以報하얏는데 滿武가 何以運動하얏던지 今又該郡守에게 認證을 督促하야 數百人民의 所有土地를 使奪코저하는데 郡守가 督迫을 不堪하야 辭職하고 去하얏는데 郡守가 認證을 成給하면 다도 數百名土主들이 決死抗拒한다더라

學報

◎杷成學校卒業 中部批杷洞私立杷成학校에서 六月五日에 卒業式을 擧行하얏는데

卒業生 李秉善 高희觀 安哲준 韓有東 崔用德 金溫玉

廣告

左開한 家屋을 放賣코저하오니 願買人은 大韓每日申報社로 來議하시옵 林崙正 告白

館井洞五十壹統八戶 草家九間半
諫洞二十五統二戶 瓦家八間
廟洞百二十四統五戶 瓦家八間

價額은 來議함

◎業務大擴張廣告

京城南大門驛에서 大同運輸會社와 東美運送部와 通運社와 三通運送部가 年來로 各自運輸營業하옵더니 今에 四運輸會社가 業務를 擴張하고 資本金을 合同하야 合資普興運輸組를 組織하옵고 內外國貨物의 海陸運輸를 營爲하오니 愛顧하시는 僉君子는 照亮하심을 務望

壹。位置 前 東美運送部
壹。資本金 壹萬圓

京城南大門驛 合資 普興運輸組

社장 尹晶錫
社員 리濟享 리鍾植 洪文성 林炳周 金致光

本人이 陽今月三日에 梧市往還之路에서 [illegible] 瑞正字圓面丹汁姓名章을 失하얏사오니 內外國人間 拾得하와도 勿爲施行하옵 義州內面弘北洞 李奉春 告白

雜報

●內閣例會 再昨日은內閣例會日인故로總理以下各部大臣이伊日午前拾壹時에 昌德宮內에會同ᄒ야各部政務에對ᄒ야協議ᄒ고午后三時에閉會ᄒ얏다더라

●農與官會議 統監府와農與官會議를統監府에開會ᄒ고驛屯土中陳荒地와國有未墾地利用法에依ᄒ야處分ᄒᆯ事를協議ᄒ얏다더라

●預金支出 去月分에國庫豫備金으로支出ᄒᆫ金額合計가拾萬七千餘圓인ᄃᆡ其中義兵鎭壓費가三萬四千三百七拾三圓이오郵便物遞送費가貳萬三千七百拾五圓이오補償償還費가壹萬二千圓等이라더라

●衷憤所激 今番日本관光團出來ᄒᄂᆫ時를際ᄒ야所謂五條件實行等奇怪ᄒᆫ說이電報로來ᄒᆫ故로韓人中에或觀光團을歡迎코ᄌᆞᄒ던者도憤心이發出ᄒ야歡迎치아니ᄒᄂᆫ者들이有ᄒ얏다더라

●歡迎唾罵 再昨日에日本觀光團이京성에來着ᄒ얏ᄂᆫᄃᆡ該國人員이모다不似ᄒᆫ人物뿐인故로傍觀者들이도로혀歡迎ᄒᄂᆫ者를唾罵ᄒ야日將來에ᄂᆫ日本의犬이來ᄒ야도歡迎ᄒ리라고들ᄒ얏다더라

●四校納忠 再昨日에日本觀光團이南大門外停車場에到着ᄒᆫ時에各학校에서歡迎ᄒᆷ을擧皆反對ᄒ얏ᄂᆫᄃᆡ惟獨進明女學校와孤兒院과嶺南學校와共成학校四校학徒만出往迎接ᄒ얏다더라

●觀光宴待 漢城府民會에서昨日上午拾二時에慶會樓에서宴會를設ᄒ고日本觀光團을宴待ᄒ얏다ᄂᆫᄃᆡ妓樂으로盛大히遊樂ᄒ얏다더라

●有何戒嚴 昨日慶會樓에서宴會와件우別項과如ᄒ거니와迎秋門으로出入ᄒᄂᆫᄃᆡ何等戒嚴ᄒᆯ事이有ᄒ던지韓察官吏가沿路左右에서羅立示威ᄒ얏다더라

●公園觀覽 日本서渡來ᄒᆫ觀光團諸人이本日下午二時에塔洞公園을觀覽ᄒ다더라

●道書記官開會 本月八日에度支部에서道書記官會議를開ᄒ고度支部所管事務와度支部所管事務를協議ᄒ얏ᄂᆫᄃᆡ伊時에次官대鈴木以下各局課장이參席ᄒ야次第演述ᄒ얏다더라

●妓生四 再昨夜에統監府高等官某々四人이韓國妓生四名을帶同ᄒ고明月館에서送宕ᄒ遊樂ᄒ얏다더라

●翠樓宴會 學部大臣李載崑氏가今日下午六時에泥峴翠樓에서宴會를設ᄒ고道書記官과이部局高等官들同을請邀宴待ᄒ다더라

●長盜貿渡 麟蹄郡에黃腸山坂이有ᄒᆫᄃᆡ近日에至ᄒ야盜伐ᄒᄂᆫ者가種々有之ᄒᆷ으로內閣에서ᄂᆫ此를日本人에게貿渡ᄒᆯ次로現今協議中이라더라

●日人例態 內部技師日本人佐野ᄂᆫ月俸의多額을圖取코ᄌᆞᄒ야該技師의任은辭願依免ᄒ고囑托으로敍任ᄒ얏다ᄂᆫᄃᆡ取利之方에至ᄒ야可謂神出鬼沒이라고批評이有ᄒ다더라

●何事渡日 金在珣李基東兩氏가有何運動인지旅費를準備ᄒ고日本에渡去ᄒ다더라

●拓社先農 東洋拓殖會社에서營業을開始ᄒᄂᆫ同時에爲先農業에着手ᄒᆯ터인ᄃᆡ此에需用ᄒᆯ農夫ᄂᆫ日本의移民으로써充用ᄒᆯ方針으로日本각府縣에서募集委員을選置ᄒ야爲先壹府縣에서百名乃至百五拾名式募集ᄒᆫ後同移民에게對ᄒ야會社에서所定의保護를與ᄒᆯ터이라더라

●美統領入城 美國副統領이韓國을遊覽ᄒ기爲ᄒ야私行으로日間入성ᄒ다더라

●李徐相持 農部大臣李秉武氏가忠州郡에六百石秋收ᄒᄂᆫ沓土를買得ᄒ고該郡守徐晦輔氏의게囑託ᄒ야該土地의證明을出給ᄒ라ᄒ얏더니該郡守가答電ᄒ기를當事者의請願이有ᄒᆫ後에야施行ᄒᄂᆫ章程이라ᄒ고應從치안커날李秉武氏가強制로請求ᄒᄂᆫ지라現今相持ᄒᄂᆫ中이라더라

●罵直不直 江陵郡에서直員을罵報ᄒᆯ時에각面에서壹人式罵ᄒ야作文試取ᄒᄂᆫᄃᆡ甲等은崔綱福氏오乙等은김秉軾氏라該郡守崔祺鎬地方委員리與周兩氏가김氏와符同ᄒ야김氏로罵報ᄒ얏ᄂᆫᄃᆡ崔氏가此를憤激ᄒ야該道에鳴冤ᄒ고上部에呈訴ᄒ다더니畢竟김氏가被任ᄒᆫ故로崔氏ᄂᆫ冤恨을抱ᄒ얏다더라

●警察所建築 敦化門沿邊에警察派出所를建築ᄒᆯ次로附近上麻동承門洞大廟洞等地에在ᄒᆫ人民의家屋은該工役竣了前ᄭᆞ지ᄂᆫ或典當이나買賣나讓與等節을勿施케ᄒ기로內部에서告示하얏다더라

●訴誤 文獻備考氏族考에世系倒誤와藝文考에流漏誤錯事로全渙奎氏等이內閣에歷訴ᄒᆫ則措飭內에有此錯誤ᄂᆫ係是欠事라固當不日校正이나彝外支出을亦難擬議니退待ᄒ라ᄒᆷ으로職名更訴次로金氏가多數上京ᄒ얏다더라

●面長有人 忠南保寧郡木忠面面長洪在厚氏ᄂᆫ親任三歲에優績이有ᄒᆫ지라地方騷擾에外人交涉을嫺熟히ᄒ고地稅收納에民情을顧恤ᄒ야一境이賴安ᄒᆷ으로頌聲이載路ᄒ고木碑가林立ᄒ얏다더라

●黃雀在後 花開洞居ᄒᄂᆫ金秉熏은近衛兵司令部에偵探으로從事ᄒ얏ᄂᆫᄃᆡ何人의게嫌疑를被ᄒᆫ事가有하던지日昨夜에刺客이突入作梗ᄒ라ᄒᆷ으로當場驚劫ᄒ얏을뿐아니라後慮를預防코ᄌᆞᄒ야東門內階近洞으로搬移ᄒ얏다더라

●家倫總會 漢城內家倫會를組織ᄒ기爲ᄒ야中部瑞麟坊漢明社에서발起總會를開ᄒ고諸般事項을處理ᄒ다더라

●反對決定 觀光坊會에서ᄂᆫ무合事件이던지漢城府民會의指示ᄒᄂᆫ事ᄂᆫ一齊反對不從ᄒ기로決定ᄒ얏다더라

●三昌復昌 三昌商會에서多日廢業ᄒ얏더니日間開業ᄒ다더라

●甘勿降雹 本月壹日頃에忠州郡甘勿面等地에ᄂᆫ雨雹이降下ᄒ야牟麥과其他穀物의損害가不少하다더라

●假巡査被捉 東門外彌阿里居ᄒᄂᆫ魯某가近日北部刑事巡査라假稱ᄒ고漢城內外各處로橫行ᄒ면서無罪良民을捕捉毆鍊ᄒ야錢財를無數強奪ᄒ다ᄂᆫ說이喧藉ᄒᆷ으로昨日警視廳에捕捉되야目下訊問ᄒᄂᆫ中이라더라

●負債自斃 中部廟동居ᄒᄂᆫ李文相氏ᄂᆫ年今二拾歲인대負債가夥多ᄒ야債主에督促이屢火와如ᄒᆷ으로困難을不堪ᄒ야三昨日에飮藥自斃ᄒ얏다더라

●石油可畏 社稷洞居ᄒᄂᆫ勞働人李文德父子가寢居ᄒ더니再昨夜拾二時量에醉睡中石油燈을足蹴起火ᄒ야該人父子가俱爲燒死ᄒ얏다더라

●趙家被劫 再昨日下午九時量에强盜三名이中部富弄趙晃淳氏家의突入ᄒ야金貨五拾圓과銀貨五拾圓價値를奪去ᄒ얏다더라

學界

●反對何意 果川郡鷺梁津에서文學模範學校를趙安福汝府散錫諸시가巨額金을鳩聚ᄒ야學校를建築ᄒ야熱心竣工ᄒ고학徒를募集ᄒ야將次開학ᄒᆯ터인ᄃᆡ該洞中某々시의反對가非常ᄒ야事務進就에多端困難ᄒ다더라

●養成測量 大邱養成學校內에私立測量夜學講習所를設立ᄒ고生徒七拾名을募集ᄒ야所長徐鳳綺시와敎師李[illegible]孫炳芒徐炳和三시가敎授ᄒ며贊成장崔在익시ᄂᆫ該校에서用ᄒᄂᆫ六個月燈油를自擔關聡ᄒ얏스며卒業ᄒᆫ生徒가五拾壹名에達ᄒ얏다더라

●龍仁興學 龍仁郡守尹弼求시ᄂᆫ敎育을爲ᄒ야郡內에學校를設立ᄒ고학徒를募集ᄒᄂᆫᄃᆡ不過壹朔에학徒가捌九拾名에至ᄒ고自願義捐者가數百餘名에達ᄒ얏다더라

●養成卒業 寧邊郡有志紳士金應銓崔永滲朴成佾裵晉慶諸시가測量養成학校를設立ᄒ고熱心敎育ᄒ더니去五月十六日에卒業式을行ᄒ얏ᄂᆫᄃᆡ校長及來賓諸시가多數ᄒᆫ賞品을出ᄒ야壹般학生에게獎勵勸勉ᄒ얏다더라

●前熱後冷 開城郡孟洞義塾主金鎭九시ᄂᆫ元來資産家로敎育에熱心ᄒ야학校를設立ᄒ고校內用費를壹切擔着ᄒ더니近日에至ᄒ야ᄂᆫ有何思想인지熱誠이稍冷ᄒ기로該校學生들이無不落心이라고該地輿論이有ᄒ다더라

●平校決議 楊川郡平湖학校에서學徒七十餘名이壹齊히斷髮ᄒ기로決議하고日昨京城에서帽子를買去ᄒ얏다더라

●尹氏美擧 南署樓洞居趙膺夏시가留학次로日本에渡去ᄒ야學費가窘拙ᄒ더니該地留學尹炳희시가金額을捐付ᄒ고學業을勸勉ᄒ다더라

●學界美擧 私立普成專門학校학員壹同이該講師李用戊시卒逝ᄒᆫ事에對ᄒ야賻儀ᄒᆯ意로壹般학員이爭先出捐ᄒ야八拾餘圜에達ᄒ얏고各班의摠代二員式選定ᄒ야致奠禮를行ᄒ얏다더라

●勞洞義學 東部於義洞居紳士金弘俊시가其家勢도本是不贍ᄒᆫᄃᆡ에학界上에熱心注意ᄒᆷ으로東大門內私立彰信校학徒에게對ᄒ야雜襲壹百件을寄附ᄒ야壹新需用케ᄒᆷ으로該동紳上諸시가該弘俊시의美擧를賛ᄒ고各出捐[illegible]ᄒ야該學生等의食箱子壹百件을寄附하얏다더라

●純精有秘 咸興郡川西東興村에서리舜鳳朱敎[illegible]朱형시等이發起ᄒ야純精학校를設立ᄒ고晝夜科를分設ᄒ야夜則農夫를敎育ᄒ니生徒가七拾餘名에達ᄒᆫ지라里人이貧富勿論ᄒ고各出義捐ᄒ며隣里會上居ᄒᄂᆫ리用舜시等이該里錢六百圜을寄附ᄒ고同心協贊ᄒ야大有進就之望이라더라

◀救世聽演▶

提山散人

▲厭絕世道數拾年 世外鄕을몰넛더니每日申報闔覽ᄒ今聞塵世界發達ᄒ다京城情形說來코ᄌᆞ西大門外을도러드니未櫓鳳揭ᄒᄂᆫ곳에救世軍이會集ᄒ야演說會를開ᄒᄂᆫᄃᆡ靜肅ᄒ가可聽키로대강드러記草ᄒ다

▲救世正領許嘉斗씨登壇演說ᄒᄂᆫ말에내가비록淺ᄒ나하나님의指導로써韓國同胞救하코ᄌᆞ萬里海外渡來ᄒ야此營門을設立ᄒ재韓人으로同志삼고獻身目的ᄒ다ᄒ니幾人으로爲韓ᄒ자獻身홀윤特異ᄒ뇨

▲發謀자의趙重吉씨繼續演說ᄒᄂᆫ말이英人으로말ᄒ엿스니他國慘狀救濟코ᄌᆞᄒ더러三시熱心인ᄌᆞ우리韓國同胞ᄂᆫ互相愛恤ᄒ며合ᄒ야全國魔鬼撲滅ᄒ고壹等天國되ᄌᆞ合ᄒ야維新建國急務ᄒ다

▲救世正校鄭順[illegible]씨繼續演說ᄒᄂᆫ말이天父께서주신自由權을失ᄒ고보면生死失ᄒ이넌가世界各國遊覽ᄒ면韓國悲慘ᄒ壹인ᄌᆞ天父救援ᄒ하받어地獄慘狀免ᄒ니自由恢復못ᄒ면은地獄慘狀못免ᄒ리

▲넘대업ᄂᆫ日本泥ᄒ인지뭐여들어[illegible]세계안져內外國人演說ᄒ을何가雄聽ᄒ며니만揷々領袖삼작신注目ᄒᄂᆫᄃᆡ統樣ᄂᆫ出林驚兒ᄒ며넛고人등박등ᄒᆫ騷動은孤陋ᄒᆫ嶽格言이라마ᄂᆫ嗟嘆可嘆ᄒ네

▲命호로다韓英國係不及ᄒ런더러種族ᄭᆞ지懸殊키넘보大偉人國說ᄂᆫ每日申報揭載ᄒ야우리韓國同胞ᄒ라[illegible]과氏다시와서救世軍設施ᄒ야우리同胞救援ᄒ니秸々天理難測이라無限感慨절노ᄂᆫ다

社告

信川 邑支社 員丁奎善氏辭免ᄒᆞᆫ代에該邑四里미悌경氏로擇定ᄒᆞ고

長淵 支社員 崔載淳氏辭免ᄒᆞᆫ代에崔東元氏로擇定ᄒᆞ얏스니各히部에셔本報購覽ᄒᆞ시ᄂᆞᆫ僉君子ᄂᆞᆫ照亮ᄒᆞ신後各該氏와交涉ᄒᆞ시오

大韓每日申報社

廣告

黃土峴試暦洋屋(前女藥商會)은劉時燦시의게貰人ᄒᆞ고해典當舖에ᄂᆞᆫ本人은相關이無ᄒᆞᆷ

朴弘석 白

◉本校設立이已過四個年에經費不贍ᄒᆞ야幾至廢校이러니今貳月日에本面有志紳士가擴張敎育키爲ᄒᆞ야熱心贊成ᄒᆞ여以充經費ᄒᆞ고高明敎師貳人을延聘ᄒᆞ며聰俊學徒八拾人을募集ᄒᆞ야普通科程을期有成就케ᄒᆞ니面內紳士ᄂᆞᆫ識時務라可稱ᄒᆞᆯ깃기贊成錄을左에記載ᄒᆞ여以示貳千萬同胞ᄒᆞᆷ

校長 韓榮順 副校長 朱鳳律 校監 李若根 學監 康益湄 贊成長 趙又璈 副贊成 鄭錫甲 會計 崔聖仁 面長 金秉彝

각拾圓 趙興喆 捌圓 徐所鎔 六圓 金鳳鉉 五圓 嚴柱九 貳圓 林鳳禹 韓召史 각四圓 吳宗奎 三圓 張道源 金守默 金錫甲 鄭仁甫 鄭宗協 吳永斗 각貳圓 金顯鉉 金在協 金守億 姜秉模 리智默 鄭基晃 리命性 白致淳 吳晋鉉 金守烈 김양協 宋麟淑 각壹圓

김[illegible]三圓 嚴東齋百八拾圓 [illegible]齋百六拾圓 松山齋

貳十圓 湧泉齋 三興齋 松臺齋 松峴齋 盤[illegible]齋 觀瀾齋 山陽齋 각八拾圓 養武지 捌拾壹圓希道지 七拾圓 松堅지 竹山지 龍淵지 각六十圓 松岳지三十貳圓 春都지 鄕約所 明新지 각貳拾圓 東山지 栗山지 新興지 雙龍지 각三拾圓

隆熙三年五月二十八日
咸鏡南道北靑郡龍湖面中里私立明誠學校任員 吳得鉉

◉美國直輸入 懸鐘 時計 (禮拜堂과학校의用) 太

發賣廣告

本人이今般에本國內地에敎會兄弟와學界同胞의購買便利ᄒᆞ기爲ᄒᆞ야懸鐘、時計、兩種을美國으로輸入ᄒᆞ야廉價酬應ᄒᆞ오니有志ᄒᆞ신彦은爭先購買ᄒᆞ시오但遠方에셔ᄂᆞᆫ注文ᄒᆞ시면郵便代金印還으로寄呈도ᄒᆞᆯ것ᄉᆞᆸ

懸鐘 大壹個拾壹圓 中仝 捌圓廿錢 小仝 五圓七拾五錢

時計 上品壹個九圓五拾錢 仝次 六圓五拾錢

鄕貫 時計懸鐘 本肆 自擔ᄒᆞᆷ 不變

京城鍾路內鉢谷口

開新 冊肆 主 李禎錫

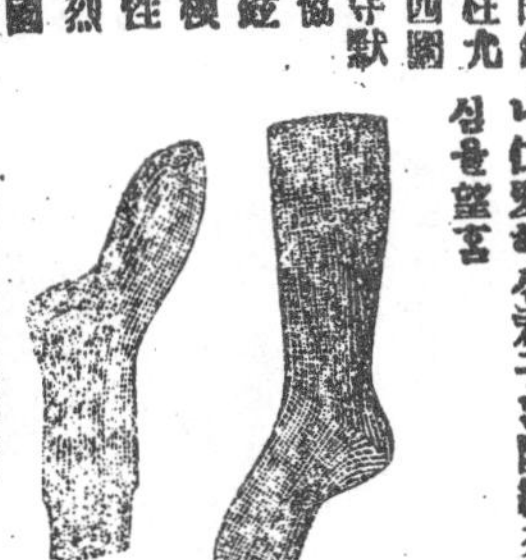

同胞에愛顧ᄒᆞ시기를望ᄒᆞ옵고完實ᄒᆞᆫ衣次와洋襪을織組ᄒᆞ오니仁愛ᄒᆞ신君子ᄂᆞᆫ陸續來購ᄒᆞ심을望ᄒᆞᆷ

南門內會洞敎堂前 韓興織組會社 告白

◉隆熙四年曆發賣人募集公告

學部出版隆熙四年曆을발賣코ᄌᆞᄒᆞᄂᆞᆫ者ᄂᆞᆫ左記要項을遵ᄒᆞ야直接학部에請願ᄒᆞᆷ이可ᄒᆞᆷ

壹 請願期間은六月三拾日ᄭᆞ지限ᄒᆞᆷ

貳 請願書에ᄂᆞᆫ請願人의住所姓名과其所要部數를明記ᄒᆞᆷ이可ᄒᆞᆷ

壹人의所要部數ᄂᆞᆫ壹千部에下ᄒᆞᆷ을不得ᄒᆞᆷ

貳人以上이合同ᄒᆞ야발賣코ᄌᆞᄒᆞᄂᆞᆫ境遇에ᄂᆞᆫ其代表者壹人의名으로써請願ᄒᆞᆷ이可ᄒᆞᆷ

三 請願者ᄂᆞᆫ請願書提呈ᄒᆞᄂᆞᆫ同時에其所要部數에對ᄒᆞᆫ賣下代金總額의拾分壹에該當ᄒᆞᆫ保證金을학部에納入ᄒᆞᆷ이可ᄒᆞᆷ

四 曆書발賣의定價ᄂᆞᆫ壹冊金拾錢으로定ᄒᆞ고발賣人의게ᄂᆞᆫ壹부金六錢으로賣下ᄒᆞᆷ

五 曆書印刷製冊은來九月三拾日에完了ᄒᆞᆷ

六 발賣人은印刷製冊이完了ᄒᆞ기前에其所要部數에對ᄒᆞᆫ代金總額에셔前納ᄒᆞᆫ保證金을控除ᄒᆞ고其殘額을학부에納入ᄒᆞᆷ學부ᄂᆞᆫ右納入의順序에依ᄒᆞ야曆書를發送ᄒᆞᆷ但曆書發送費ᄂᆞᆫ학부에셔負擔ᄒᆞᆷ

七 발賣人이十月十日ᄭᆞ지所要部數에對ᄒᆞᆫ代金을納入치아니ᄒᆞᆫ時ᄂᆞᆫ발賣人될資格이消滅ᄒᆞᆫ者로見做ᄒᆞ고旣納ᄒᆞᆫ保證金은學부에셔沒收ᄒᆞᆷ

八 代金納人ᄒᆞᆯ際에現金代로相當ᄒᆞᆫ有價證券(公債證書又ᄂᆞᆫ政府의確認ᄒᆞᆫ[illegible]會社의株券及[illegible]債券)을提供ᄒᆞᆷ을得ᄒᆞᆷ但[illegible]十一月末日ᄭᆞ지ᄂᆞᆫ金納入을延期ᄒᆞᄂᆞᆫ事도有ᄒᆞᆷ

但有價證券은時價의八割에換算ᄒᆞᆷ

隆熙三年六月 日 學部

本人의姓名章을四月拾壹日路中에셔遺失ᄒᆞᆫ故로特別히花邊노와新刻ᄒᆞ오니知舊간照亮ᄒᆞᆷ

權翊相 告白

◉韓美興業株式會社平北支社發起趣旨

維國富民殷이專在於實業興旺에在ᄒᆞᆷ은東西古今을無論ᄒᆞ고確然明瞭矣라現今代에實業의競爭은愈甚於兵戈之强ᄒᆞ야如是ᄒᆞᆫ環境에理想的興業의發達이進步치못ᄒᆞᆷ은恒常吾人의憂歎ᄒᆞᄂᆞᆫ바ㅣ러니今此韓美興業株式會社가漢城에屹立ᄒᆞᆷ은是乃兩國實業家의發起이며文明ᄒᆞᆫ法律下에組成인바其定款의範圍ᄂᆞᆫ特히壹藥에止ᄒᆞᆯ뿐不是라全在於農工商諸般業大發展에嚆矢됨을吾儕ᄂᆞᆫ壹般同情으로協贊不已者ㅣ라所以로本人等이同支社를發起ᄒᆞ야今承本社之認許ᄒᆞ온바實業上新務에對ᄒᆞ야多論을不俟ᄒᆞ고齊力勇進ᄒᆞ기로爲期ᄒᆞ노니惟我平北有志人士ᄂᆞᆫ互相勉勵ᄒᆞ야期圖本支社之完全ᄒᆞ며同濟家國之般富를千萬顒望

隆熙三年五月拾九日

發起人 鄭濟原 리世勳 林英峻 鄭宅周 [illegible]孝俊 [illegible]鎭珪 朴濟煒 崔善玉 金濟淮 鄭尙鎰 金錫湜 金敬念 鄭濟璐 鄭尙默 [illegible] 韓[illegible]郁 鄭起弦 卓衍燦

美國시아틀大博覽會 미국시아틀대박람회

皇城磚洞(京城郵便局郵函第四拾號) 한美興業株式會社
(大美國에리소나道法律認可 [illegible]大韓國美國總領事館登錄)

本社의各處代理人의[illegible]은如左ᄒᆞᆷ

代理人	位置	住所	姓名
開城代理人		개城[illegible]門外雜貨商店	盧昊洙
平壤代理人		平壤大[illegible]門[illegible]店洞	
함興代理人		咸興[illegible]門外	
馬山浦代理人		馬山浦[illegible]主	
元山代理人		元山港	
淸津代理人		淸津港	
水原代理人	位置未定	水原[illegible]장安동	
安州代理人	位置未定	安州北[illegible]安洞	
沙里院代理人	位置未定	[illegible]拾里旺新學校內	
金泉代理人	位置未定	金泉市場共信商店	
南州代理人	位置未定	[illegible]浦[illegible]拾二統五戶	
天安代理人	位置未定	水原[illegible]安洞	
群山代理人		群山大井洞	
全州代理人	位置未定	漢城西[illegible]阿峴二百廿二統三戶	
大邱代理人		大邱新[illegible]里五十八統七戶	
釜山代理人	位置未定	馬山浦[illegible]里拾壹統九戶	
江景浦代理人	位置未定	西[illegible]坊[illegible]中契廿七統貳戶	
麻浦[illegible]代理人	位置未定	西[illegible]浦[illegible]統二戶	
[illegible]湖[illegible]代理人	位置未定	[illegible]山里	
永同代理人		漢[illegible]洞貳統壹戶	
木浦代理人		木浦[illegible]洞	
晋州代理人	位置未定	昌原[illegible]山浦城山	
金堤代理人	位置未定	[illegible]石[illegible]水閣	崔[illegible]玉 張[illegible]拭
漢江附近代理人		[illegible]漢江十八統[illegible]戶	
義州代理人	位置未定	[illegible]州[illegible]峴	
江界代理人	位置未定	[illegible]甘井洞四統五戶	
漢城[illegible]代理人		[illegible]龍井[illegible]	金相杰 李[illegible]宅
[illegible]平[illegible]代理人		郭山[illegible]	
定州代理人	位置未定	吉[illegible]	
城津代理人	位置未定	太田[illegible]	宋始憲 洪[illegible]
太田代理人		浦項上里拾貳統拾二戶	
浦項代理人		鳥致院漢[illegible]貳統壹戶	
淸州代理人		吉州[illegible]貳拾戶	
吉州代理人		漢城中[illegible]洞二統三戶	
鐵山代理人		延安[illegible]玉洞	
延安代理人		兎山[illegible]	
兎山代理人		開城[illegible]橋	金[illegible]模
濟物浦代理人	位置未定	太田[illegible]	
公州代理人	位置未定	公州中[illegible]松亭里	
[illegible]代理人	位置未定	咸興[illegible]中荷里	
洪原代理人	位置未定	西[illegible]里[illegible]百[illegible]四統[illegible]戶	
漢城[illegible]리人			

[illegible]

遺漏・城津士物내所在沓泗石落文券을失ᄒ얏기賣買ᄒ오니該券을見ᄒ거든拾得ᄒ야도休紙施行홀터이오니內外國人은照亮ᄒ시옴
京城南部紫岩二統九戶　趙俊福　白

醫院洞仁遜의名字를以普煥으로改定ᄒ오니京鄕間僉彦은照亮ᄒ심을敬要
羣瀞坊財洞三統五戶　醫普煥　白

全北扶安郡守朴逸憲시가教育上에實心說務ᄒ야丁未二月分에法律學校를私立ᄒ얏ᄂᆞᆫ데有志員과義捐金이如左ᄒ얏고同年六月에至ᄒ야財政이窘竭홈으로廢止홈
郡守朴逸憲　壹百圜
郡主事辛棟鎬　三拾圜
前副尉李宗洙　四百圜
前主事李興善　四十圜
前郡守金祺中　壹百圜
前參奉崔渾永　二十圜
　　　　　　　　　　　　　　　　　　　　明學校　告白

全北扶安郡에丁未五月에至ᄒ야明新學校를私立ᄒ얏더니財政이窘乏ᄒ야至於廢止러니本郡守朴逸憲시와郡內諸시가教育에熱心愛惜ᄒ야贊成金과月捐金을義務로教育을復立인대諸시의贊成金과捐金이如左홈
隆熙三年六月日　本校　告白
郡守朴逸憲　捌金七圜
郡主事辛棣鎬　五圜
地方委員金泳旭　壹圜
前議官金泰炯　五圜
校장金炳均與監金榮셩각壹圜
학監金衡均　事務員金榮權
金鍾權　書記朴東俊
士人辛基鎬　辛긔연　金鍾셩
辛鍾教　각五十錢
前參奉辛奎錫　五圜
士人辛景辰　三圜
前主事姜泰猷　貳圜

士人李秀逸　壹圜五十錢
財務主事李모림　貳圜
士人辛基儉　리能春
辛鍾薰　김詰潤
趙承遠　張修燦
李永斗　前郵察吳炳煒
金惠七　士人朴京文　김炳現
각壹圜
각五拾젼　辛基溫
前主事吳在述　각六十錢
本郡守備隊中尉大高成哉
　　　　　　　　　　　　　賛成金　五圜
守備隊軍曹保坂　壹圜
守備隊通譯中島春吉　壹圜
古阜取扱所新田錠三　五圜
財務主事金相浩　六圜
財務主事黃貞淵　拾圜
鄕校鄕장金用鶴　五圜
齋장崔炳郁　掌議朴弼相
각二圜　直員김洛震
掌務金厚述　色掌李源澈
각三圜　許煥五圜　高濟英
士人李毅述　韓容振　辛基溫
김昇旭　辛威良　金興業
金應七　리泰善　김相鳳
각二圜　前議官李헌璣
二百圜　前議官金始旭
捌拾圜　前掌官辛聲석四圜
前令金泰헌　前參奉金奎洙
각二拾圜　面장趙恒啓
校장金炳均　各三圜
校監金榮셩　五圜
面長李丙湜　士人崔聲猷
김基炯　辛基鎬　朴來薰
각壹圜　리仁述　二圜
趙永述六圜　張京五四圜

本社烟葉을設立多月에漸至發達이온ᄃ前總務李輔炫氏가有故改差홈대에辦實南시가被選ᄒ온바觧日製造品에酒末露善等을益々改良ᄒ와京滿需要에하시온　僉君子의盛意를俟答ᄒ깃삽기玆에廣告ᄒ오니陸續購求ᄒ시믈務望홈
北阜孟峴半島製烟社　告白

◉本堂과支店에位置と如左

京城南大門內	濟生堂	本舖
仁川　寺峴	仝	分店　李濟新
開城南大門內	仝	支店　具又賢
京城水閣橋	仝	分店　張基茂
平壤鍾路	仝	出張所　田恒峻
元山上里	仝	支店　리鳳林
海州鍾路	仝	出張所　金洛鉉
釜山草梁	仝	支店　朴昌鎭
馬山東城	仝	出張所　孫雲卿
大邱達西橋	仝	崔寅琪
鎭南浦后浦	仝	出張所　吳南駿
沙里院場	仝	趙奎哲
宣川邑內	仝	支店　魯晶權
晉州大安洞	仝	南正午
露國海蔘威	仝	出張所　朴宗煥
淸國奉天府	仝	庚一宣
淸國大連	仝	金鍾國
淸國九連城	仝	元東杓
淸國鳳凰城	仝	支店　王世昌
淸國遼陽	仝	伊藤幸一
仝　煙台	仝	張出所　張浩哲
仝　天津	仝	司馬靖
仝　營口	仝	支店　蘇喆艮

◉其他內外國에設立ᄒᆫ代理店特約店에數と紙面이不足ᄒ야一一枚錄치못ᄒ거니와隆熙三年五月三十日調査ᄒᆫ表가如左홈
內國에四千六百五十四處요
外國에八百六十九處요
都合五千五百二十三處也
京城　濟生堂大藥房本舖　告白

佛蘭西巴里빠ᄶ에兄弟商會漢城特派員이東大門內光武臺에서來六月捌日부터每日午后八点鍾부터活動寫眞을開設ᄒᄂᆞᆫᄃ며空氣를應用ᄒ야發出ᄒᄂᆞᆫ留聲器로歐米各國奇妙ᄒᆫ歌曲과壯快ᄒᆫ軍樂을吹奏ᄒ며全國景致風俗을撮寫ᄒ야新鮮美麗ᄒ고本은每日別種으로交換ᄒ오니恒常보아도서롭습니다
嶄新宏壯活動寫眞

觀覽料
壹等　四拾錢
二等　二拾錢
三等　拾錢

本人의前承諱가(承祚)性行이不敏ᄒ야挾雜亂類輩로日常動作ᄒ오니內外人은見欺치마시옴
三和港僑兩機李承祚

嗚呼이오며痛忿ᄒ옵나ᄃ다宋姓가온ᄃ何許人은以此畯字로名을作ᄒ야至無嚴不敬홈이天陛에ᄯ지밋쳐고忠君愛國ᄒᄂᆞᆫ各社會에셔公論과輿論이並起ᄒ여畯賊이니賊畯이라ᄒᆫ즉睡罵를現世와後世에難免이온즉耳聞目見에孰不痛忿이리오至於本人ᄒ야ᄂᆞᆫ一祖上에血脉으로된同姓者이라尤益不勝痛恨ᄒ옵기本人은以此畯字로名을作ᄒ고至誠至敬ᄒ깃기로本人의名字使文을畯用으로改名行世ᄒ오니內外國僉彦은照亮ᄒ시옴
仁川港外國居留地米國人佗製仙承留
宋畯用

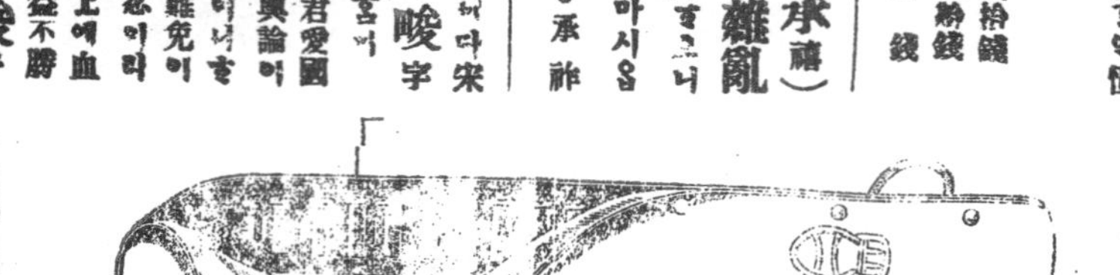

自宅治療
電氣帶
廣告

夫電氣之於人에爲關이甚大ᄒ니人之百體가皆由電力支持ᄒ야有電則生ᄒ고無電則死ᄒ나니電氣之對症施治에見功取効之神速이百倍于藥ᄒ니譬如中風麻痺(不遂)痙攣腸위等症은古來藥餌之所難治之病이나然而至于今日ᄒ야ᄂᆞᆫ醫道日進ᄒ야以電氣施療에無不奏效ᄒ니醫之利用於人이豈淺鮮哉아今此電氣帶ᄂᆞᆫ係是英國醫學博士之所發明者也ㅣ라伊來幾年에爲地球上所公認ᄒ야罔不見效獨賀者ㅣ多ᄒ니現計各國受效人謝函이共三拾壹萬五千有餘則可知電氣帶治症實效之確據요乃醫療界最爲特色者ㅣ也ㅣ라有患諸君子ᄂᆞᆫ早圖嘗試ᄒ시오

(主治効能)神經衰弱諸症不眠。遺精、早漏不快、陽위不起、消化器無力、慣習便結、消化不良。營養不良。遺尿。壹般內臟에衰弱。疝症。半身不遂。或全身不遂。手足厥冷、諸神經痛。頭痛腰痛。脚氣及脚痛。記臆力及忍耐력減退、癩疾

(婦人諸病)血分不足、月經不調、子宮病、憂鬱、脊髓諸病、偏頭痛、不姙症。病後虛弱、帶下、窒症攣等症에無不如神

(使用法)은至極簡便ᄒ야睡眠時나就業時에恒常腰間에環珮ᄒ되小無妨碍ᄒ고每日使用ᄒ셔도壹個年以上을環珮홀付屬品은頭痛時使用ᄒᄂᆞᆫ것과險囊을包括ᄒᄂᆞᆫ것이有ᄒ오니請求ᄒ실때에價圖를測量(비ᄒᆞᆷ어딤에서허리를지오시오)ᄒ야보너시면發電使用法과說明書를添付ᄒ야小包代金便으로邀呈ᄒ깃ᄉᆞ옴

上號　拾四圜　中號　拾貳圜

正價
發賣所
皇城南部大廣橋十九統七戶
共愛堂　大藥房

第七卷

大韓每日申報

第壹千壹百拾八號

月歲 曜時 及日 慶休 節刊

檀君開國四千二百四十二年
箕子元年三千三十一年
大韓開國五百十八年
日本明治四十二年
淸國宣統元年
歲己酉四月大十三日辛丑

Responsible for Publication Alfred Weekley Marnham.
發行兼編輯人英國人 萬咸
發行所
京城南部石井洞後外地三層洋屋
大韓每日申報社

論說

◎困難은奮發을催홈

吾儕ㅣ엇지韓國敎育界의現狀을忍言하리오吾儕ㅣ엇지此를忍言하리오

官公立敎育界는尙矣라勿論ᄒᆞ고私立敎育界까지其面目을全變ᄒᆞ얏도다

試ᄒᆞ야今日私校干涉主義를壹看ᄒᆞ라彼敎育界의現狀이果然如何ᄒᆞᆫ가

此로不足ᄒᆞ야私立학校에外人을置ᄒᆞ며此도又不足ᄒᆞ야私立학校의唱歌를禁ᄒᆞ다ᄒᆞ는도다

此에對ᄒᆞ야韓國有志ᄒᆞᆫ士가모다嘆息ᄒᆞ며모다憂懼ᄒᆞ야敎育界의悲觀을吊ᄒᆞ나吾儕는도ᄯᅳ此로以ᄒᆞ야韓國人士의利益이될光陰이라ᄒᆞ노니何故오此를因ᄒᆞ야敎育家들은發々憤ᄒᆞ야曰私校에外人을置ᄒᆞ니其主義가胡至此極고ᄒᆞᆯ지며敎育者들은益々興奮ᄒᆞ야曰歌曲等句도自由치못ᄒᆞ니此를奈何오ᄒᆞ며又已往에無精神ᄒᆞᆫ同胞도驚怪ᄒᆞ야曰學校를如彼拘束ᄒᆞ니其意思가必有ᄒᆞ다ᄒᆞ야漸次覺醒ᄒᆞᆯ지니此가엇지韓國人士의利益이아닌가

古人이曰三軍의帥는可奪ᄒᆞᆯ지언뎡匹夫의志는可奪치못ᄒᆞᆫ다ᄒᆞ얏스니苟其精神만有ᄒᆞᆯ진ᄃᆡ如何ᄒᆞᆫ困難이有ᄒᆞ며如何ᄒᆞᆫ障碍가有ᄒᆞᆫ들何가懼ᄒᆞ리오

近日某地方來人의傳說을聞ᄒᆞᆫ則該地某私立學校에서는外人敎師가來ᄒᆞᆫ다는消息을接ᄒᆞ고敎師가모다退歸코ᄌᆞᄒᆞ며生徒가모다解散코ᄌᆞᄒᆞ야校堂이空殼만餘ᄒᆞᆫ境에至ᄒᆞ얏다ᄒᆞ니嗚乎라此가果然이면吾儕는實로慨嘆ᄒᆞᆷ을不已ᄒᆞ노니外人은姑舍ᄒᆞ고天魔가來ᄒᆞᆯ지라도敎授ᄒᆞᆷ에益々熱心ᄒᆞ며工夫에益々熱心ᄒᆞ야百折不撓의大氣魄을발揮ᄒᆞᆯ지니退歸는何故며解散은何故오吾儕는甚히惜ᄒᆞ노라

吁嗟乎라敎育家諸君子여愈困커던愈奮ᄒᆞ며愈難커던愈勵ᄒᆞᆯ지어다

他山의石이玉을攻ᄒᆞᄂᆞ니라

官報

◎隆熙三年六月三日 官報

部令

農商工部令第二號 (續)

農商工部所管農林學校規則

第拾捌條 入학志願者는左의資格이具備ᄒᆞᆷ을要홈

壹 本科는滿十五歲以上滿二十五歲以下되는者로普通학校卒業以上의학力이有ᄒᆞᆫ者

速成科는滿二十歲以上滿三拾歲以下者로ᄒᆞ되其학力은募集ᄒᆞᆯ時에학校長이此를定홈

二 身體强健ᄒᆞ고品行이端正ᄒᆞᆫ者

三 在學中家事의係累가無ᄒᆞᆫ者

第十九條 入학志願者에게는入학試驗을行ᄒᆞ되試驗科目은每其時학校長이此를定홈

第貳拾條 入학志願者는第壹號書式의入학願書에第二號書式의履歷書를添付ᄒᆞ야학校장의게提出ᄒᆞᆷ이可홈

第二十壹條 入학의許可를受ᄒᆞᆫ者는正副保證人을定ᄒᆞ야第三號書式의在학證書를提出ᄒᆞᆷ이可홈

第二十二條 保證人은成年以上의男子로壹家를成立ᄒᆞᆫ者로ᄒᆞᆷ但其中壹人은水原又는京城에居住ᄒᆞ는者를要홈

保證人이死亡ᄒᆞᆫ時又는前項의資格을失ᄒᆞᆫ時는更히保證人을定ᄒᆞ야在학證書를提出ᄒᆞᆷ이可홈

第二拾三條 疾病其他不得已ᄒᆞᆫ事故를因ᄒᆞ야退學코ᄌᆞᄒᆞᆯ時는其事由를詳記ᄒᆞ야正副保證人이連署ᄒᆞᆫ後學校長에게出願ᄒᆞᆷ이可홈但疾病을因ᄒᆞᆫ者는醫師의診斷書를添付ᄒᆞᆷ이可홈

第二拾四條 在학生徒로左記諸項의壹에該當ᄒᆞᆯ時는學校長은退學을命ᄒᆞᆷ을得홈

壹 性行이不良ᄒᆞ야改善ᄒᆞᆯ所望이無ᄒᆞᆷ으로認ᄒᆞᆫ者

二 二個年以上原級에留ᄒᆞᆫ者又는學業의成績이劣等ᄒᆞ야成業의所望이無ᄒᆞᆷ으로認ᄒᆞᆫ者

三 正當ᄒᆞᆫ理由업시壹個月以上繼續欠席ᄒᆞᆫ者

四 壹個年以上繼續欠席ᄒᆞᆫ者

第貳拾五條 本科各學年課程의修了를認定ᄒᆞᆷ은학年의成績及操行을考査ᄒᆞ야此를定홈

(未完)

外報

◎遊幸中止 東京電을據ᄒᆞᆫ즉伊太利皇太后는身病이有ᄒᆞᆫ故로日本遊幸을中止ᄒᆞ얏다더라

◎戰艦製造 全電을據ᄒᆞᆫ즉露國政府는戰鬪艦四隻을製造ᄒᆞ얏다더라

◎土相往英 土耳其國首相希되바사시는重大ᄒᆞᆫ事件을帶ᄒᆞ고英國으로往ᄒᆞ얏다더라

學苑

◎憲法總論 自由室主人

㊀立憲宗旨

立憲의宗旨는國之本務에在ᄒᆞ고國之本務는三大要事에在ᄒᆞ니壹曰生存이오二曰富厚오三曰平等이라此三大要事를保全치못ᄒᆞ면社會의安寧을維持치못ᄒᆞᆯ지라故로國을立ᄒᆞᆷ에반다시秩序를整ᄒᆞᆷ이니만일秩序가無ᄒᆞ면반다시侵掠ᄒᆞᆷ이甚ᄒᆞᆯ지오侵掠ᄒᆞᆷ이甚ᄒᆞ면弱者가凌ᄒᆞᆷ을被ᄒᆞ며寡者가暴ᄒᆞᆷ을被ᄒᆞ야安寧을維持키難ᄒᆞᆯ지라是故로國을立ᄒᆞᆷ에반다시秩序의安寧을求ᄒᆞᆷ은生存과富厚와平等의三大要事를保全ᄒᆞ는ᄃᆡ在ᄒᆞ니三大要事는國之本務가되고國之本務는立憲의宗旨가되는도다

日生存曰富厚曰平等은卽人生의三大要事이오此를保全ᄒᆞᆷ은卽國家存立의基本이라國이此三大要事를保全치못ᄒᆞ면人民이生存치못ᄒᆞ며國權이保有치못ᄒᆞᆯ지니故로保全의權能은三大要事를擁護ᄒᆞ는器具라人民이此三大要事가生活上必要됨을思料ᄒᆞ야國權을保全ᄒᆞᆯ지니國權을保全ᄒᆞ는方法은憲法을設立ᄒᆞᆷ이是니라

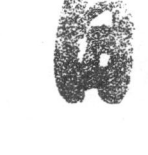

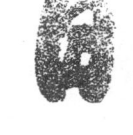

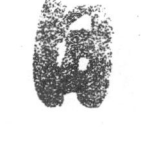

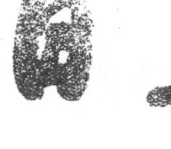

然이나平等이無ᄒᆞ면生存과富厚도恃ᄒᆞᆯ바가無ᄒᆞᆫ故로平等이生存富厚의本이되나니平等을保全ᄒᆞᆷ이卽國家憲法의必要니라

雜報

●旌褒啟可 掌禮院에셔孝烈卓異ᄒᆞᆫ咸北성津故金養喆之妻金州李氏와金昶鉉之妻咸州金氏와其他四氏를旌褒ᄒᆞ기爲ᄒᆞ야上奏 諾可ᄒᆞ얏다ᄒᆞ더라

●日廷警告 曾彌統監이對韓政策에對ᄒᆞ야壹二部를存廢ᄒᆞᆫ다ᄂᆞᆫ問題가各新聞에揭布되얏거니와此ᄂᆞᆫ無根의說이라ᄒᆞ고日本政府에셔韓國政府로電報가來ᄒᆞ얏다더라

●來韓觀光 日本觀光團壹行이昨日上午九時에 昌德宮秘苑을拜觀ᄒᆞ고同給府에셔大韓醫院을觀光ᄒᆞ고同拾二時에壹進會에셔主催ᄒᆞᆫ明月館宴會에往參ᄒᆞ고同下午四時에ᄂᆞᆫ京仁列車로仁川港에下往觀覽ᄒᆞ고本日은平壤義州方面으로向ᄒᆞ얏다가十貳日에歸京回國ᄒᆞᆫ다더라

●破鑰則過失 再昨日漢城府民會에셔北闕內慶會樓에宴會를設ᄒᆞ고日本觀光團을接待ᄒᆞᆫ事ᄂᆞᆫ昨報에已揭ᄒᆞ얏거니와當日宴待ᄒᆞᆫ料理ᄂᆞᆫ明月館에注文치아니ᄒᆞ고惠泉館에注文ᄒᆞ얏더니與信司事선安淳煥氏가此에對ᄒᆞ야憾情이生ᄒᆞ얏던지該宴會席에셔妓生項莊舞를觀覽ᄒᆞᆫ데인ᄃᆡ妓生의服裝이圖覽社庫에儲置ᄒᆞ고闕金이安淳煥氏에게在ᄒᆞᆫ지라府民會에셔安氏에게開金을請求ᄒᆞᆫ則安氏가送ᄎᆞ치아니ᄒᆞᆷ으로府民會에셔警視廳에通知ᄒᆞ야巡査를派送ᄒᆞ야鎖鑰을破碎ᄒᆞ고妓生의服裝을持去ᄒᆞ얏다더라

●迎接何太急 日本셔追後渡來ᄒᆞᄂᆞᆫ觀光團의壹派ᄂᆞᆫ拾三日入城ᄒᆞ고壹派ᄂᆞᆫ拾四日入성ᄒᆞᆯ預定인ᄃᆡ商務組合部장李學宰氏가此二派觀光團을迎接ᄒᆞ기爲ᄒᆞ야昨日京釜線列車를搭乘ᄒᆞ고大邱ᄭᆞ지前往留待ᄒᆞᆫ다더라

●支校方針協議 旣報와如히江書記官들이昨日부터學部에셔開會ᄒᆞ고地方各普通학校를地方費로推持ᄒᆞᆯ方針을協議ᄒᆞ얏다더라

●參考件頒給 學部에셔新刊ᄒᆞᆫ敎科用圖書壹通을參考ᄒᆞᆯ事로各普通學校에二部式發送ᄒᆞ얏다더라

●歡迎費關係 平壤郡守安承烈시가日人觀光團歡迎ᄒᆞᆯ次로某々雜類輩를招待하고歡迎節次를議論ᄒᆞᄂᆞᆫ데彼人等이歡迎費額은民間에勒排收用하ᄌᆞᆫᄒᆞ얏다ᄂᆞᆫ說이漏傳되미人皆憤然疾視ᄒᆞᆫ다더라

●擅務擴張 韓國의需用鹽은壹年內에大畧三億萬斤인ᄃᆡ韓政府에셔ᄂᆞᆫ數年來로製鹽ᄒᆞ야試驗ᄒᆞᆫ이良好ᄒᆞᆷ으로目下에經營ᄒᆞᄂᆞᆫ鹽田에셔製出ᄒᆞᄂᆞᆫ計數가壹億二拾萬斤인ᄃᆡ每石에壹圓貳拾전式每百斤에五十五전式發賣ᄒᆞᆯ터이라ᄒᆞ더라

●舊陵修築反對 歷代陵寢을改사草ᄒᆞᆯ次로內部에셔實地調査ᄭᆞ지ᄒᆞᆷ은已報어니와更聞ᄒᆞᆫ즉本朝 陵寢의保護等節도極困ᄒᆞᆫ時를當ᄒᆞ야歷代 陵寢의奉築ᄒᆞᆷ必要가無ᄒᆞ다ᄒᆞ야反對가或有ᄒᆞ다ᄂᆞᆫ데其結果ᄂᆞᆫ姑未詳知ᄒᆞ깃다더라

●何不指飭 廣州郡에在ᄒᆞᆫ靜陵垓字內에松楸를盜伐ᄒᆞᄂᆞᆫ者가種々有之ᄒᆞᆷ으로 陵官이其事由를宮內府及掌禮院에報告ᄒᆞ고別般禁止케하라ᄒᆞ얏다ᄂᆞᆫ데如何ᄒᆞᆫ指飭이尙無ᄒᆞ야該弊端은比前尤甚ᄒᆞ다더라

●佐野出發 內部技師日人佐野藤次郎은平壤郡水道局을視察次로昨日에京義線으로出發ᄒᆞ얏다더라

●媚外風來 미동鳳鳴학校에셔日本觀光團을歡迎ᄒᆞᆷ은昨報에已揭어니와該校학生들은各학校에셔도壹齊歡迎ᄒᆞ자ᄒᆞ고信聽ᄒᆞ고不得已出往ᄒᆞ얏더니歡迎場에及到ᄒᆞᆫ즉壹貳학校에不過ᄒᆞᆷ으로自然無色ᄒᆞ여장成ᄒᆞᆫ學生은擧皆退校ᄒᆞ고幼穉ᄒᆞᆫ生數十人이只餘ᄒᆞᆫ中에稍長ᄒᆞᆫ者들이亦欲退去ᄒᆞ니昨日에該校主李鳳來시가校門을堅閉ᄒᆞ고媚外的精神으로演說ᄒᆞ미該幼穉학生을도亦皆憤發ᄒᆞ여帽子票를摘去ᄒᆞ고超欲退去ᄒᆞᆫ즉該校主가上학ᄒᆞ도록無理威脅ᄒᆞ얏다더라

●契約奇案亦怪 內閣法制局장俞星濬氏와其他某某局等官이발起ᄒᆞ야東園契를組織成立ᄒᆞ얏다ᄂᆞᆫ데其內容인즉每月第壹土요日이면契員壹同이會同ᄒᆞ야討論을設行ᄒᆞᆫ다더라

●오備燥鬱 學部에셔各道儒生의經義問對試券을收積置ᄒᆞᆫ지于今數朔이로되考試ᄒᆞᆫ다ᄂᆞᆫ說이頃無ᄒᆞᆫ故로該儒生들이其理由를莫知ᄒᆞ야燥鬱益甚ᄒᆞ다더라

●蒙恩賜 光武九年通信院引繼時京城及各地方郵電兩司의奏仕ᄒᆞᆫ人員이合三百餘名인ᄃᆡ還爲貳百餘人은還任되고其餘ᄂᆞᆫ해官廳例로恩賜金도得蒙치못ᄒᆞᆫ故로將次統監府에呼訴ᄒᆞᆫ다더라

●日巡又募 內部에셔日本人으로巡査貳百餘名을更히募集ᄒᆞ기로提議되얏다ᄂᆞᆫ데寺島警視等이募集費壹千二百餘圓을携帶ᄒᆞ고今日京釜鐵道列車로歸國ᄒᆞ얏다더라

●登非風說 韓國內에駐在ᄒᆞᆫ日兵이有何事端인지一齊히撤歸本國ᄒᆞ기로決定ᄒᆞ얏다ᄂᆞᆫ說이有ᄒᆞ다더라

●天府之國 韓國礦物의產額은其正數를知키難ᄒᆞ나太畧六百萬圓으로槪算ᄒᆞᆯ지니砂金礦產과實營ᄒᆞᄂᆞᆫ礦產을除ᄒᆞᆫ外에礦業權許可를得ᄒᆞᆫ營業者의探掘調査ᄒᆞᆫ즉昨年下半季의產額을計算ᄒᆞ야도少不下數百萬圓에達ᄒᆞ고其礦產의類別을擧ᄒᆞ건ᄃᆡ如左ᄒᆞ다더라

金礦 始興陰城居昌州州(以上韓人) 雲山美人 金溝文義(以上日人) 銀礦(以下皆日人) 高靈 銅礦 仁同昌原 鐵礦 江西安岳黃州 黑鉛礦 江陵 永興咸昌龜城龍川靑山 石炭礦 鏡城居昌이더라

●休暇規定 警視廳에셔壹般巡査의休暇規則을制定發佈ᄒᆞᆫ데인ᄃᆡ壹個年勤務ᄒᆞᆫ巡査ᄂᆞᆫ三周日로六個月勤務ᄒᆞᆫ巡査ᄂᆞᆫ一周日로休暇를磨鍊ᄒᆞᆫ다더라

●家稅督納 北部管內에所在家屋稅金을本月二拾日內로徵納지아니ᄒᆞ면漢城財務監督局에셔官吏를派送ᄒᆞ야家屋稅에相當ᄒᆞᆫ價値되ᄂᆞᆫ物品을執行以去ᄒᆞᆫ다더라

●相持起訴 利川郡守趙鏞夏氏와該郡學校任員이有何相持事인지該校任員이起訴裁判次로上京ᄒᆞ얏다더라

●妄訴誤決 寺洞趙鍾萬시가光武八年에金鎬承의請求로趙鍾緖의錢壹千圓을紹介借給ᄒᆞ얏더니金氏가過限不報ᄒᆞᆷ으로債權者가起訴得訟ᄒᆞ야債務金은金氏가負擔케判決된지라中部金氏가控訴ᄒᆞ야趙鍾萬氏에게中部로分擔ᄒᆞ라고判決되얏스니當初에同利ᄒᆞᆷ도ᄌᆞᄂᆞᆫ契約도無ᄒᆞ고借金時에保證票ᄂᆞᆫ上年에債權者와債務者가合席取消ᄭᆞ지ᄒᆞ얏거날金氏ᄂᆞᆫ[illegible]ᄂᆞᆫ罔念ᄒᆞ고嫌厭의慾만徒耐ᄒᆞ며兩證을不立ᄒᆞ고生徵의判決은何據를依ᄒᆞᆷ인지不知커니와趙氏ᄂᆞᆫ實分可擔의證이斷無ᄒᆞᆷ으로更上告伸寃ᄒᆞ기로酌定ᄒᆞᆫ다더라

●商界好消息 韓美興業株式會社長馬野시가美國씨아들博覽會에到達ᄒᆞ야該地商況과物議를周察ᄒᆞᆫ後에該社ᄂᆞᆫ確信ᄒᆞ얏ᄂᆞᆫ데該社商況은將就之望이太有ᄒᆞ고韓國輸出物品이擧皆適合ᄒᆞᆫ中鍮器ᄂᆞᆫ非但博覽會의所用이라各商業界에셔爭先請求ᄒᆞᆫ즉韓國鍮物이將次歐美에多數需用되깃다더라

●義將被捉 義兵總大將李麟榮氏ᄂᆞᆫ近來에其聲聞이寥寥ᄒᆞ더니去七日夜에忠北黃澗郡內에셔太田分遣所日憲兵에게被捉ᄒᆞ얏다더라

●七人被殺 本月五日上午二時頃에義兵十餘名이京畿道松山是巖里에突入ᄒᆞ야韓人家에셔宿泊ᄒᆞᄂᆞᆫ日人五名을襲擊ᄒᆞ야三名은即地致斃ᄒᆞ고二名은僅히逃避ᄒᆞ얏다더라

●三犯宣告 義兵千連尹敬九리奎相兩人은役五年으로殺人犯金泰元은處絞ᄒᆞᆯ意로宣告ᄒᆞ얏다더라

●金此逢賊 再昨日下午八時量에强盜九名이各持六穴砲ᄒᆞ고帶洞居金在植氏家에突入ᄒᆞ야二名은門前에把守ᄒᆞ고三名은內房을搜索ᄒᆞ야金銀衣服等物을沒數奪去ᄒᆞ얏다더라

●竊盜被捉 昨日上午三時量에典洞支所巡査崔海鍾氏가竊盜學殷喆을捕縛ᄒᆞ야中部警署로押交ᄒᆞ얏ᄂᆞᆫ데該賊漢이翼廊洞居金東賦氏家什物을竊去ᄒᆞ다가情跡이現露되야被捉ᄒᆞ얏다더라

●研學任員推選 徵文義塾內에研學園을設置ᄒᆞᆫ다ᄒᆞᆷ은이新聞에已報ᄒᆞ얏거니와再昨日에발起會를開ᄒᆞ고任員을選定ᄒᆞ얏다ᄂᆞᆫ데園長은閔泳徽氏로講話會長은柳瑾宣시로總務會長은任景宰시로推選ᄒᆞ얏다더라

●靑年會演說 今日下午八時에鍾路靑年會館에셔演說會를開ᄒᆞ고美國人韓大衛氏가演說ᄒᆞᆫ다더라

學界

●杷成校卒業式 本月五日下午壹時에杷成학校에셔第貳回卒業及進級式을設行ᄒᆞ얏ᄂᆞᆫ데來賓中金晉善權東鎭玄은諸시가懇切히勸勉ᄒᆞ미학員中卒業生崔회禎시와三年生金圭承시가答辭를ᄒᆞ고장薦學校에셔卒業證書及進級證書合七十張과韓永源시가鉛筆二打와玄은시가石板貳打石筆壹匣과趙德煥吳仁鐸全光默崔文鎬諸시ᄂᆞᆫ空冊각二十件과玄檗시가空冊拾五件과金得鍊시가空冊二十件과學根洪시가空冊三拾件鉛筆六打와長通坊坊國에셔空冊入拾件鉛筆十打를寄附ᄒᆞ얏다더라

●同德擴張 南部大廣橋等地私立同德女子義塾은近日漸次發展ᄒᆞ야學業이日就月장ᄒᆞᆯ뿐더러女子學員이日々增加ᄒᆞ야大有前進之望이라더라

●夏期講習 北部大安동居ᄒᆞᄂᆞᆫ申肅堂은今年夏期放학間에각女학校학生들이工夫에放心이될ᄭᅡ念慮ᄒᆞ야自己私邸에夏期講習所를設ᄒᆞ고高明ᄒᆞᆫ講師를延聘ᄒᆞ야每日上午에二點間을普通학科中第壹緊要ᄒᆞᆫ科術을專門으로敎授코ᄌᆞᄒᆞ야各女학校에公函ᄒᆞ고학生을募集ᄒᆞᆫ다더라

▲聽鳥有感▼

竹垣生

▲勝日尋芳追逐來ᄒᆞ니信步踏靑到壹處에左右靑山如畵ᄒᆞ고白雲流水閑暇ᄒᆞᆫ데鬱々蒼々樹林間에飛去飛來衆鳥들이各有寃情和鳴ᄒᆞ며上帝前에控訴ᄒᆞ니隨物生感이내ᄆᆞᄋᆞᆷ思ᄌᆞᆫ곳마다愁懷로다

▲第壹鳥가날어드니ᄭᅡᆨ々짓ᄂᆞᆫᄭᅡ치로다喜消息을傳ᄒᆞ나나ᄆᆞᆫ含寃情알외나나사々含枝拮据ᄒᆞ야經營巢ᄒᆞ얏ᄂᆞᆫ데엽ᄂᆞᆫ非道理가强奪占據ᄒᆞ얏스니上帝前에控訴ᄒᆞ야직還巢ᄶᅡᆨ々々々

▲又[illegible]鳥가날어드니젹々우ᄂᆞᆫᄉᆡᆼ이로다[illegible]趾關ᄒᆞᆫ공勤이나九章服에蟋蟀이나耿介之性子ᄂᆞᆫ志操有志之士彷彿ᄒᆞ더校兎를오爰爰거날[illegible]羅大設代羅ᄒᆞ나上帝前에控訴ᄒᆞ야[illegible]撤[illegible]々々々

▲又一鳥가날어드니숫적다ᄂᆞᆫ豐年시라숫시적[illegible]舍思想네잇나나[illegible]진디財的磬渴尤[illegible]차ᄌᆞ고보면哀此[illegible]上帝前에控訴ᄒᆞ[illegible]젹々

▲又一鳥가날어[illegible]ᄯᅵ쇽리라俗耳針[illegible]氣皷吹네우ᄂᆞ나[illegible]民族救拯方針[illegible]友不已ᄒᆞ야合心[illegible]上帝前에控訴[illegible]ᄯᅩ리롱

▲又齊鳥가날어[illegible]복국셔라故國[illegible]國血誠네우ᄂᆞ나[illegible]와라自由權도ᄯᅥ[illegible]豈心圖決ᄒᆞ야此[illegible]니上帝前에控訴[illegible]복국々々

雜報

◉奬學會任員　再昨日下午四時에女子奬學會總會를開ᄒ고任員을選定ᄒᆞᆺᄂᆞᆫ대會長은余秩利黃으로副會長은尹貞媛氏로總務ᄂᆞᆫ河蘭史氏로推薦되얏다더라

廣告

今에測量事務所를左開處에設置ᄒᆞ얏ᄉᆞ오니遠近　僉君子ᄂᆞᆫ愛顧ᄒᆞ심을務望

西部石岩亭子洞八拾五統五戶

唯一測量事務所

事務員　金鳴泳
　　　　李振鎔

◉學員募集廣告

本校에서日語　算術　法律三科學員을增募ᄒᆞ오니願學僉員은來拾五日（陰四月貳十八日）火曜日內로請願書를提呈ᄒᆞ시옵

但詳細ᄒᆞᆫ節次ᄂᆞᆫ來問ᄒᆞ옵

典洞私立中東夜學校　告白

一　本部講習所校舍ᄂᆞᆫ磚洞普成中學校로定홈

一　入學試驗은七月四日（日曜）上午九時에普成中學校에서擧行홈

一　開學日字ᄂᆞᆫ入學試驗場에서頒布홈

日本東京麴町區中
（六番町四十九）
大韓興學會敎育部

京畿陽智郡居徐正鉉시가該先山郞木五百株를本校에義捐ᄒᆞ얏기其敎育에熱心홈을褒揚홈

楊州乾川面陽地里漢東學校白

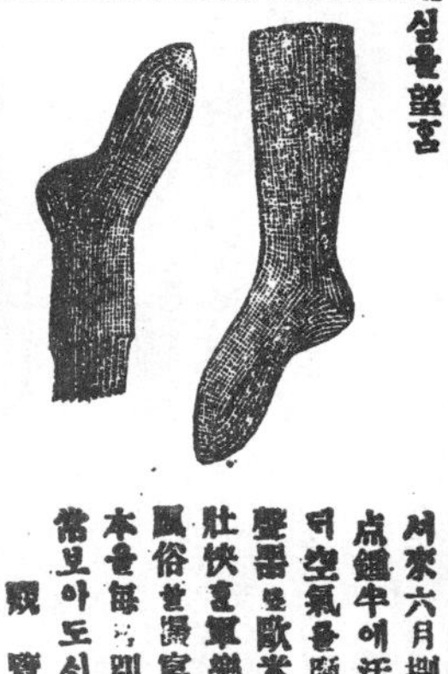

同胞에愛顧ᄒᆞ시기를望ᄒᆞ옵고完實ᄒᆞᆫ衣大와洋襪을織組ᄒᆞ오니仁愛ᄒᆞ신君子ᄂᆞᆫ陸續來購ᄒᆞ심을望홈

南門內尙洞敎堂前
韓美織組會社　告白

本人의姓名章을四月拾壹日路中에서遺失ᄒᆞᆫ故로特別히花邊노와新刻ᄒᆞ오니知悉ᄒᆞ간照亮홈

權翊相　告白

◉美國直輸入　懸鐘（禮拜堂과學校의用）時計

大發賣廣告

本人이今般에本國內地에數會兄弟와學界同胞의購買便利ᄒᆞ기爲ᄒᆞ야懸鐘。時計。兩種을美國으로輸入ᄒᆞ야廉價發賣ᄒᆞ오니有志僉彦은爭先購買ᄒᆞ시오

但遠方에서注文ᄒᆞ시면郵便代金引還으로寄呈도ᄒᆞᆷ지ᄋᆞᆷ

懸鐘　大壹個拾壹圜
　　　中仝　捌圜廿錢
　　　小仝　五圜七拾五젼

時計　上品壹箇九圜五拾錢
　　　仝次　大圜五拾錢

郵費　時計懸鐘　本肆自擔ᄒᆞᆷ　不要

漢城南門內鍮谷口
明新書肆主　李禎鎔

京畿廣州實土峴試居洋屋（前大業商會）은劉時燦시의게貰人ᄒᆞ고허與當時에ᄂᆞᆫ本人은相關이無홈

朴弘석　白

◉嶄新宏壯活動寫眞

佛蘭西巴里城싸떼兄弟商會漢城特派員이東大門內光武臺에셔來六月捌日부터每日午后八点鍾半에活動寫眞을開設ᄒᆞᄂᆞᆫ데空氣를應用ᄒᆞ야發出ᄒᆞᄂᆞᆫ留聲器로歐米各國奇妙ᄒᆞᆫ歌曲과壯快ᄒᆞᆫ軍樂을吹奏ᄒᆞ며全世風景風俗을撮寫ᄒᆞ야新鮮美麗ᄒᆞᆫ本會每日別種으로交換ᄒᆞᆷ이恒常보아도시ᄋᆞᆷ옵니다

觀覽料
壹等　四拾錢
二等　二拾錢
三等　拾錢

本社烟草을設立多月에漸至發達이온지前總務李輔烓氏가有故改差ᄒᆞᆫ데게鄭雲舜시가被選ᄒᆞ온바前日製造品에猶未盡善者를益々改良ᄒᆞ와京鄕愛吸ᄒᆞ시ᄂᆞᆫ僉君子의盛意를供答ᄒᆞ깃ᄉᆞ기玆에廣告ᄒᆞ오니陸續請求ᄒᆞ심을務望홈

北署孟峴半島製烟社　告白

◉韓美興業株式會社平北支社

大韓國平北紳士諸시가발起ᄒᆞ야皇城에在ᄒᆞᆫ美國인리스나道德正法律第拾三編第貳章에依ᄒᆞ야組織된韓美興業株式會社定款에依ᄒᆞ야平北支社를組織ᄒᆞ고方針의大例ᄂᆞᆫ如左히홈

第壹　本社名稱은韓美興業株式會社平北支社라홈

二　本社位置ᄂᆞᆫ義州에置ᄒᆞ되臨時事務所ᄂᆞᆫ白馬驛金益鉉家로權定홈

三　株金은貳萬圜을二千株에排定홈

四　本支社營業은本社定款에依ᄒᆞ야着手홈

五　株金은隆熙三年六月拾壹日爲始ᄒᆞ야應募홈

六　規則與細則을詳知ᄒᆞ기爲ᄒᆞ야本支社에詢咨ᄒᆞ시면卽刷贈홈

七　本支社株券은株主總會를經ᄒᆞᆫ後應用홈

▲韓美興業株式會社平北支社臨時任員

社長　金鉉玉
副社長　白尊詢
總務員　鄭濟原
會計員　林英鉉
　　　　계宅鵬
書記員　張紹鉉
監事　朴奉煒
　　　金祿鉉
　　　鄭明周

本里羅燾珍士壹시가業以誠孝之人으로睦於親族ᄒᆞ고仁於鄕黨而其慈事之美와接物之善은是且行之餘力이어니와猶시가本以不贍之力으로本里二拾餘戶之烟戶雜役을自甲午以後로親自擔當而每當辛丑壬寅之歉荒에捐數拾石租ᄒᆞ야救當面之飢戶ᄒᆞ며每於春窮에播給種租ᄒᆞ니窮蔀之情이賴以可舒而其餘善行惠蹟은不可枚擧어니와此乃古之福星活佛이요今之濟善君子也라得而舉火者二拾有餘家而隣被其澤ᄒᆞ고人誦其德而如此卓異之事를不可掩默故로先竪石碑於通衢ᄒᆞ야以爲不忘紀念而將欲廣布於世界ᄒᆞ와玆에廣告홈

碑文

里有仁人　持心誠敬
羅公燾珍　處事美善
所近素隣　飢我窮我
先被其澤　輒施恩德
除他烟役　拯之救之
廿年于玆　感之仰之
四隣活佛　壹片刻石
拾里福星　永世不忘

古阜北部面雲鶴洞中
洞中僉尊等　告白

미국시아들대박람회　아들大博覽會

㨾濟의原則에云ᄒᆞ얏ᄉᆞ되夥多ᄒᆞᆫ産物의分排ᄒᆞᆷ을因ᄒᆞ야最大ᄒᆞᆫ權力이發生ᄒᆞᆫ다ᄒᆞ얏ᄉᆞ니其權力을用ᄒᆞ야可爲善이오其權力을用ᄒᆞ야可爲惡이니다

本社之印章

AMERICAN KOREAN TRADING COMPANY.
韓美興業株式會社章

其權力은其財物과及其産出者의改良進就ᄒᆞᆷ을爲ᄒᆞ야完全히善良ᄒᆞ게利用ᄒᆞ면其權力의强大홈不可量이올시다我韓美興業株式會社ᄂᆞᆫ大韓帝國의商工業의基礎를建築而實施ᄒᆞ고改良이發達ᄒᆞᆫ壹大强力의團合體이오니世界各國이不遠間에한國의産物이有홈을知ᄒᆞᆷ지오니此局에爲ᄒᆞ고此外에非他라本會社에서大한同胞를代表ᄒᆞ야한人이能히産物出ᄒᆞᄂᆞᆫ能力이有홈을世界各方에發現ᄒᆞ나니이다是故로本會社에셔ᄂᆞᆫ大한帝國同胞가이有ᄒᆞᆫ이上眞相을料得ᄒᆞ야各自身分이自自其國家에對ᄒᆞ야擔負홈을自己의게孤負홈이無홈을知得ᄒᆞᄂᆞᆫ者로며무리聯合ᄒᆞ기를顧ᄒᆞᄋᆞᆸ나이다

本社之商標

皇城磚洞　京城郵便局郵函第四拾号）韓美興業株式會社
（大美國에셔소나阿法律認可　駐大韓國美國總領事館登錄）

本社의各處代理人의姓名은如左홈

開城代理人、平壤代理人、咸興代理人、馬山浦代理人、元山代理人、淸津代理人、水原代理人、安城代理人、沙里院代理人、金泉代理人、海州代理人、天安代理人、群山代理人、全州代理人、大邱代理人、釜山代理人、江景浦代理人、麻浦附近代理人、恩津湖院代理人、江原代理人、木浦代理人、晋州代理人、金堤代理人、漢江附近代理人、義州代理人、江界代理人、漢城南部代理人、鎭南浦代理人、定州代理人、城津代理人、浦項代理人、太田代理人、南州代理人、吉州代理人、蔚山代理人、延安代理人、兎山代理人、濟物浦代理人、公州代理人、論山代理人、洪原代理人、漢城西部代理人

位置未定　位置未定

開城南門外雜貨商店
平壤大同門內店舍
咸興西門外
馬山浦
元山港
淸津港
水原北門外
水原　安洞
漢城東部往十里旺新學校內
漢城外署外相思洞貳統三戶
漢城西部마포二十壹統九戶
水原北部安洞
群山大井洞
漢城西署阿峴二百廿二統三戶
大邱新田里五拾八統七戶
馬山浦午山里拾壹統九戶
西部山坊東幕中契廿七統貳戶
西部麻浦二十七統三戶
陰城城山里
東城泰洞貳統壹戶
木浦南橋洞
西原郡　山浦城山
金堤郡白石面水田
北部漢江拾八統貳戶
義州枇峴
義州枇峴
村十里十甘井洞四統九戶
鎭南浦鷹井洞
郭山郡
吉州郡
浦項上里拾二統拾貳戶
太田新町
鳥致院漢城統一二統壹戶
吉州西門外二拾八戶
漢城中部外相思洞二統三戶
延安郡玉洞
兎山郡兎山市
開城開郡都橋
公州水上灘松亭里
成興郡中何里
西部西門外百五拾四統四戶

盧旻珠　金相杰　李根宅　洪淳登　宋始憲　金景標　權善玉　張濟拭

金東宜　鄭基煥　張석祚　孫鎭宇　金以文　張락臣　金유동　金유송　邦元奎　李孝植　吳相泳　尹聖求　黃柞益　金舜聲　申德召　辛相淑　朴實浩　리承駿　權家淵　安德용　孫德宇　김升奎　李宗默　박奉燁　朴奉煒　張濟翰　金炳漸　郭寅浩　리鍾能　宋鎭憲　成應익　金禹성　李李植　리明榮　李鎭煥　曹鎭益　宋始憲　申在雨　金晋旅　朴勝俊

◎本堂과支店의位置ᄂᆞᆫ如左

京城南大門內 濟生堂 本舖 李庚鳳
[illegible] 仝 分店 李濟新
開城南大門內 仝 支店 具仁賢
[illegible]橋 仝 分店 張基茂
平壤[illegible] 仝 出張所 田恒[illegible]
[illegible]里 仝 支店 [illegible]鳳林
[illegible]州[illegible]路 仝 金洛鉉
[illegible]梁 仝 出張所 朴昌鎭
馬山[illegible]城 仝 支店 孫雲卿
大[illegible]西橋 仝 [illegible]寅琪
鎭南浦后浦 仝 出張所 吳南駿
[illegible]場 仝 趙奎哲
宣川邑內 仝 支店 魯晶權
晋州[illegible]洞 仝 南正午
[illegible]威 仝 出張所 朴宗煥
[illegible]天府 仝 庾一宣
[illegible]大連 仝 金鍾國
[illegible]九連城 仝 元京杓
[illegible]鳳城 仝 支店 王世昌
[illegible] 仝 伊藤幸一
仝 煙台 仝 張出所 張浩哲
仝 天津 仝 司馬靖
仝 營口 仝 支店 蘇喆良

◎其他內外國에設立된代理店特約店에
ᄂᆞᆫ紙面이不足ᄒᆞ야一一枚錄치못ᄒᆞ거니와
隆熙二年五月三十日調查ᄒᆞᆫ表ᄂᆞᆫ如左ᄒᆞ니
內國에四千六百五十四處요
外國에八百六十九處요
都合五千五百二十三處也

京城 濟生堂大藥房本舖 告白

名種東西洋藥과韓國唐草材大發賣所 仁川[illegible] 和平堂藥房

阿烟斷引藥

一劑 金五圓 半劑 金三圓

注意

阿烟初吸者ㅣ雖曰覓効나日久則遂成錮引ᄒᆞ야至於傷敗家産者와未免死者ㅣ比比有之ᄒᆞ니[illegible]故로本堂에서靈妙한力을正賣[illegible]方을透得ᄒᆞ야阿片斷引[illegible]大效ᄒᆞ니[illegible]造放賣ᄒᆞ오니欲戒阿引ᄒᆞ실은契約服用ᄒᆞ시되若無效驗이면藥價를還[illegible]ᄒᆞ오니照亮ᄒᆞ시옵

[illegible]

自宅治療 電氣帶 廣告

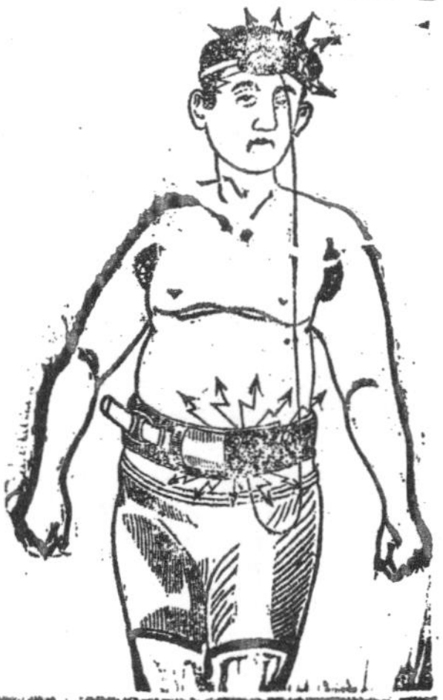

夫電氣之於人에爲關이甚大ᄒᆞ니人之百[illegible]由電力[illegible]ᄒᆞ야[illegible]ᄒᆞ고無[illegible]則死ᄒᆞ나니電氣之對症施治에見功取効之神速이百倍于[illegible]ᄒᆞ니譬如中風癱瘓(不遂)痙攣搐縮等症은古藥餌之所難治之病이ᄂᆞᆫ然而至于[illegible]道日進ᄒᆞ[illegible]施療에無不奏效ᄒᆞ니[illegible]用於人[illegible]故ᄒᆞ야今此電氣帶ᄂᆞᆫ係是[illegible]學博士之[illegible]明者也ㅣ[illegible]所公認[illegible]效[illegible]入獎函이共三拾[illegible]萬五千有餘則可知電氣帶之實效之確證이오乃醫療界[illegible]爲特色者ㅣ也ㅣ[illegible]有患諸[illegible]早圖[illegible]試ᄒᆞ시오

(主治効能)神經衰弱症不眠。遺精、早漏[illegible]快、陽위不起、消化器無力、[illegible]便結、消化不良。[illegible]不良。遺尿。[illegible]內臟[illegible]衰弱。疝症。半身不遂。或全身不遂。手足厥冷、諸神經痛、頭痛腰痛脚氣及脚痛。記臆力及忍耐력減退、[illegible]疾

(婦人諸病)血分不足、月經不調、子宮病、[illegible]、脊髓病、偏頭痛、不姙症、産後虛弱、帶下、窒痙攣等症에無不如神

(使用法)은平極簡便ᄒᆞ야睡眠時나就業時에恒常腰間에環珮ᄒᆞ되小[illegible]ᄒᆞ고每日能[illegible]個年以上[illegible]環珮ᄒᆞ付屬品은頭痛時에用ᄒᆞᄂᆞᆫ것과[illegible]包括[illegible]것이[illegible]ᄒᆞ오니請求ᄒᆞ실때에腰圍를測量(비뚤어짐[illegible]허리둘레오시오)ᄒᆞ야보니시면發賣使用法과說明書를添付ᄒᆞ야小包代金便으로[illegible]呈ᄒᆞᆯ지옵

正價 上號 拾四圓 中號 拾貳圓

發賣所 皇城南部太廣橋十九統七戶 共愛堂 大藥房

京城鍾路慈惠大藥房에서製造ᄒᆞᆫ藥品十[illegible]
種은韓醫會衛生試驗部에檢查
ᄒᆞᆫ藥이오衛生家와京鄉賣藥家에
셔多數請求ᄒᆞ시오

平胃丸	金十錢	淋濁百應膏	金十錢
補益丸	金一円	消痰鎭咳藥	金三十錢
濟生明眼藥水	金十錢	養兒育散	金十五錢
保命丹	金十錢	蛔虫殺[illegible]丸	金[illegible]
陳滯消積丸	金五十錢	寸虫殺虫藥	金[illegible]
咽喉藥	金十錢	鐵精丸	金一円
小兒咳嗽散	金三十五錢	吐瀉霍乱救急水	金三十錢
痢疾藥	金十錢	止瀉痢[illegible]丸	金[illegible]
毒[illegible]熱散	金十錢	大腫拔根膏	大瓶八 金二円
消食滯甘酸水	金十錢	輕腫拔治膏	大瓶八 金二円
疥瘡藥	金四十錢	去液生新膏	大瓶八 金二円
淋疾丸	金三十錢	濕腫根治膏	大瓶八 金二円

光武九年八月拾壹日 明治卅八年八月拾壹日 〔第三種郵便物認可〕 金曜日 西曆壹千九百九年六月拾壹日 (壹)

大韓每日申報

第七卷

第壹千壹百拾九號

月曜及慶節
歲時日休刊

檀君開國四千二百四十二年
箕子元年三千三十一年
大韓開國五百十八年
日本明治四十二年
淸國宣統元年
歲己酉四月大二十四日壬寅

Responsible for Publication Alfred Weekley Marnham.
發行兼編輯人英國人 萬咸
發行所
京城南部[illegible]外地三層洋屋
大韓每日申報社

論說

◉國民의責任

國民은其國家에對ᄒ야責任이必有ᄒ나니此責任이無ᄒ면國民이아니오豈行路人이니라

何故오大抵國民이라ᄂᆫ名號가有홈은其國家와不可離의關係가有ᄒᆫ故니萬一不然ᄒ야其國家가興ᄒ야도不與知ᄒ며其國家가亡ᄒ야도不與知ᄒ야國家ᄂᆫ自國家오人民은自人民이면此가行路人이아니오何인가

然則其國의國民이其責任을不知ᄒ면其國에幾千萬幾億萬人民이有ᄒᆯ지라도此國은國民이壹人도無ᄒᆫ國이오其國中에來々去々ᄒᄂᆫ者가皆是行路人뿐이니嗚乎라國民이旣無ᄒ거니엇지其國家가有ᄒ리오

所謂國民의責任이라홈은何인가國家를保全ᄒᄂᆫ責任。國家를發展하ᄂᆫ責任等이是니라

此責任을盡ᄒᄂᆫ道ᄂᆫ何에在ᄒᆫ가但只其能力을注集ᄒ야國家에獻ᄒᆯ뿐이니라

故로國民된者가各々自己의所有能力을傾ᄒ야國家에獻홈이其本分이니

學識이有ᄒᆫ者ᄂᆫ學識을獻ᄒ고
理想이有ᄒᆫ者ᄂᆫ理想을獻하고
氣力이有ᄒᆫ者ᄂᆫ氣力을獻ᄒ고
或은財産을獻ᄒ며
或은勞働을獻ᄒ야

何種能力이던지無ᄒ면已어니와有ᄒ면必獻ᄒ여야可謂國民이니라

彼古代歐洲名國스팔다史를讀ᄒ라스팔다의壹婦人이有言曰「余가스팔다를爲ᄒ야子를生ᄒ얏다」ᄒ얏스니嗚乎라彼婦人은子를生홈도其國家에對ᄒᆫ責任으로知ᄒ얏거던況他를飼ᄒ리오

然則其能력을國家에獻치아니하면是ᄂᆫ國民의責任을不知하ᄂᆫ者니國民이國民의責任을不知ᄒ면此도國民인가

試問ᄒ노니韓國에國民이幾人이나有ᄒᆫ가余ㅣ實聞코저ᄒ노라

嗚乎라韓國同胞여彼無知識ᄒᆫ人民은其能力을國家에不獻ᄒ나니惟我聰明俊秀의知識이有ᄒᆫ同胞ᄂᆫ其能력을國家에獻ᄒ지어다彼無精神ᄒᆫ人民은國民이되지못ᄒ고行路人이되나니惟我高尙健全의精神이有ᄒᆫ同胞ᄂᆫ行路人이되지말고國民이될지어다

官報

六月二日

▲[illegible] ▲三年

部令

農商工部令第二號 (續)

農商工部所管農林學校規則

學年의成績은學期의成績評点과학年試驗評点의平均에依ᄒ야此를定홈

學期의成績은日課評点에依ᄒ야此를定홈

학年試驗은學年末에其학年內에履修ᄒᆫ課程에就ᄒ야此를行홈但正當ᄒᆫ事由로因ᄒ야試驗에欠席ᄒᆫ者에對ᄒ야ᄂᆫ학校장은特히追試驗을行홈을得홈

第二拾六條 評点은壹學科目百点으로至点을홈

壹 학科目을數科目에分ᄒ야各評点을付홈이有ᄒᆫ此境遇에ᄂᆫ各科目을合ᄒ야壹학科目으로看做홈

諸項의分科ᄂᆫ學校장이此를定홈

第貳拾七條 학年의成績은各學科目評点四拾点以上總平均六拾點以上이며實習點六十點以上을得ᄒᆫ者가아니면進級치못홈但卒業의학力及操行을考査ᄒ야特히本條의例에依치아니홈을得홈

第二拾捌條 本科第三學年의학年試驗에合格ᄒᆫ者를卒業으로홈

第貳拾九條 第二拾五條乃至第貳拾七條의規定은研究科及速成科에도此를準用홈

第三拾條 學校장은本科及研究科를卒業ᄒᆫ者에게卒業證書速成科를修了ᄒᆫ者에게修業證書를授與홈

第六章 褒賞及懲戒

第三拾壹條 학校장은학業操行이并히優良ᄒᆫ者ᄂᆫ학年末에褒賞을授與ᄒ야此를表彰홈을得홈

第三拾二條 학校長은生徒의其本分을誤ᄒ야學校의風紀를紊亂ᄒᄂᆫ行爲가有홈으로認定ᄒᆫ時ᄂᆫ其情狀에依ᄒ야左의懲戒를行홈을得홈

壹 譴責
二 停학
三 放校

第七章 附則

第三拾三條 本則施行에關ᄒᆫ細則은學校長이此를定홈

第三十四條 本則은頒布日로부터施行홈 (未完)

外報

◉露國의人頭稅 浦潮威電을據ᄒᆫ則露國政府ᄂᆫ極東在住韓淸兩國人에게人頭稅를賦課ᄒ기로確定ᄒ얏다더라

◉兩皇會見結果 倫敦電을據ᄒᆫ則露都通信員報道에ᄂᆫ日同地에셔ᄂᆫ露德兩皇帝의會見은國際關係上重大ᄒᆫ結果가生ᄒ리라고信ᄒᆫ다더라

◉淸日交涉 倫敦電을據ᄒᆫ즉路透通信員報道에日淸兩國은法庫門鐵道紛議를海牙仲裁々判所에審議ᄒ기ᄂᆫ議論을撤回ᄒ고日本과直接交涉코저ᄒᆫ다ᄒ얏다더라

◉淸日談判 東京電을據ᄒᆫ則淸日兩國이滿洲問題로談判을開始ᄒᆫ다더라

◉罷業과醫官 紐育電을據ᄒᆫ즉필리델피아鐵道會社ᄂᆫ破裂되야同盟罷業을作ᄒ얏ᄂᆫ데罷業者와醫官間에流血까지有ᄒ얏다더라

◉英國公債 倫敦電을據ᄒᆫ즉英耳蘭西ᄂᆫ法國資本家와協議ᄒ야公債六百萬磅을募集ᄒᄂᆫ데其所用은鐵道軍備等事件이라더라

雜報

◉非徒伊暜 日人觀光團歡迎ᄒᆫ時에進明學校에셔出往迎接ᄒᆫ事ᄂᆫ初無ᄒ고女子普學院에셔出迎이라더라

◉隨聞更揭 金壽鐵시가無俗軒古家를日人에게典執ᄒ고日本으로逃走ᄒ얏다ᄂᆫ說은隨聞揭載ᄒ얏더니更聞ᄒᆫ즉純是無根의說이라더라

雜報

●其意難測 宮內府次官小宮三保松이가總理大臣을紹介ᄒᆞ야 太皇帝陛下게 宗廟에在ᄒᆞᆫ 列聖朝金寶金冊을偽造ᄒᆞ야移置ᄒᆞᆷ을上奏ᄒᆞᆫ즉 太皇帝陛下ᄭᅴ옵셔 笑曰 金寶金冊이純金이아니오塗金이니라ᄒᆞ신대彼가默然而退라ᄒᆞ니果然이면彼가 宗廟의 金寶金冊을松都玉塔과又치奇貨로看做ᄒᆞᆷ인지其意를難測이라더라

●內閣會議 總理以下各部大臣이昨日午前治尊時에 日語宮內大臣과會同ᄒᆞ야何等事項을協議ᄒᆞ얏다더라

●書類引繼 崇信殿 崇列殿을掌禮院에서管理操縱ᄒᆞ더니각殿 殿을內部로引繼ᄒᆞᆫ後에該兩 殿의處理關係書類를內部에越交ᄒᆞ야調査ᄒᆞᄂᆞᆫ中이라더라

●以詔取人 本年度부터各地方府郡에日本人主事一名式을配置ᄒᆞᆫ은官制를頒布ᄒᆞᆫ바어니와各府郡에對ᄒᆞ야韓國人主事의俸給預算도增額ᄒᆞ고日本語를精通ᄒᆞᆫ者로一名式을任用ᄒᆞᆯ터이라더라

●財產管理規則 地方費法頒布ᄒᆞᆫ事에依ᄒᆞ야將來地方費의經濟에屬ᄒᆞᆫ만ᄒᆞᆫ財產管理處分에關ᄒᆞᆫ規則을內部에서現方製定中이라ᄂᆞᆫ데脫稿되ᄂᆞᆫ데로內閣會議에提議發布ᄒᆞᆯ터이라더라

●設班調查 國有地를調查ᄒᆞᆯ計畫으로土地調查班을設置ᄒᆞᆫ다ᄒᆞᆷ은已報ᄒᆞ얏거니와허調查班四拾餘個所를設ᄒᆞ고班員도任命을終了ᄒᆞ야近日에ᄂᆞᆫ實地調查에着手ᄒᆞᆯ터인데第壹着에東洋拓殖會社에引繼ᄒᆞᆯ驛屯土를調査ᄒᆞᆫ다더라

●日人主事增派 內部次官岡喜七郎이가歸國ᄒᆞ얏슬時에聘用ᄒᆞᆫ각部主事日人二十억은近日에渡韓ᄒᆞ야각其赴任ᄒᆞ얏ᄂᆞᆫ데內部에서郡主事拾名을日人으로又爲採用ᄒᆞ기로目下議論中이라더라

●意見書提呈 各道觀察使가各其地方內에서事務擴張ᄒᆞᆯ方針과財團에用ᄒᆞᆯ事件으로各其意見書를內部에提呈ᄒᆞ얏다더라

●貞三卧食 內部土木局囑托日本人中原貞三郎은現今日本에在ᄒᆞᆫ中도年俸二千餘圓은依例支給ᄒᆞᆫ다ᄂᆞᆫ데土木工事에關ᄒᆞ야協議ᄒᆞᆯ事項이有ᄒᆞᆷ으로不日渡韓ᄒᆞ라고內部에서電報를送致ᄒᆞ얏다더라

●告知書頒給 義州에制定發布ᄒᆞᆫ家屋及酒草一稅에對ᄒᆞ야今年內로徵收ᄒᆞᆯ터인故로各地方財務署에서ᄂᆞᆫ面長을經ᄒᆞ야納人告知書를納稅者에게頒給ᄒᆞ얏다더라

●是何無理 前郡守리喆榮氏가利川郡守在任時에郡主事를內部에薦報ᄒᆞ마ᄒᆞ고該郡居劉某氏에게金貨壹百元을取食ᄒᆞ고遞任上京ᄒᆞᆫ故로現今劉某가리氏의게該錢을還推코ᄌᆞᄒᆞᆫ즉리氏答이前內大臣宋秉畯에게賄賂ᄒᆞ얏슨즉不可出給이라ᄒᆞ얏다더라

●副統領到着 日本東京에滯在ᄒᆞ던米國前副統領방구쓰氏ᄂᆞᆫ夫人을帶同ᄒᆞ고來拾九日夜行列車로南大驛에到着ᄒᆞᆫ다고某處에通信이來ᄒᆞ얏다더라

●宋李惡行 向日에日本서觀光團이渡來ᄒᆞᆫ時에鳳鳴學校에서歡迎코ᄌᆞᄒᆞ거ᄂᆞᆯ壹般학員이皆反對ᄒᆞ며所謂학監宋榮浩가叱責曰若出迎치아니ᄒᆞ면品行點에減ᄒᆞᆫ다ᄒᆞᆫ즉幼稚학徒를甘誘出迎ᄒᆞ엿더니其翌日에中학科學員壹同壹百五拾名과普通科學員中總代金秉運氏가辭職理由를質問ᄒᆞᆫ즉學監宋榮浩가大叱曰爾等漢學이有何質問고ᄒᆞ거ᄂᆞᆯ金氏가憤然曰若如此ᄒᆞᆯ진댄監下에서受業ᄒᆞ면我학生들途가何境에至ᄒᆞᆯᄂᆞᆫ지不知인즉遂速退去ᄒᆞ자ᄒᆞᆫ데所謂校主李鳳來가金氏를毆打曰爾漢學에게對ᄒᆞ야이놈더놈ᄒᆞ면有何相關이고ᄒᆞ고無數毆打ᄒᆞᆫ지라壹般학員이擧皆憤鬱ᄒᆞ야中학科壹同은永爲解散ᄒᆞ얏다더라

●退多匕小 鳳鳴학校에서中學科학員의退學ᄒᆞᆷ은別項과如ᄒᆞ거니와其外에도退학ᄒᆞ기로決心ᄒᆞ고上학지아니ᄒᆞᆫ학員이居多ᄒᆞ고幼稚ᄒᆞᆫ학徒幾名만上學ᄒᆞ얏다더라

●地段價支給 京義鐵道龍山管內의湍坡州開城等郡에犯入ᄒᆞᆫ地段價를再昨日龍山鐵道管理局에서支給ᄒᆞ얏다더라

●其夫其妾 近日南北村某大監某令監의少室中或云ᄯᅩ々마루라、黃裳、義州집、松都집其他某々別室들이三五追逐ᄒᆞ야今日에ᄂᆞᆫ某家에서花鬪局이오來日에ᄂᆞᆫ彼家에서花鬪局을設ᄒᆞ고用錢如水에幾十圓幾十圓式을浪擲ᄒᆞ야得失이不少ᄒᆞ다니雖曰無知女子나現今財政의困難ᄒᆞᆫ時를當ᄒᆞ야如是豪蕩ᄒᆞᆷ이不可ᄒᆞᆯ뿐아니라所謂家장이라ᄒᆞᄂᆞᆫ者들은聽而不聞ᄒᆞᄂᆞᆫ지知而不禁ᄒᆞᄂᆞᆫ지ᄒᆞ고唾罵ᄒᆞᆫ다더라

●關圈秘探 各大官의別室들이花鬪局을設ᄒᆞᄂᆞᆫ事ᄂᆞᆫ別項과如ᄒᆞ거니와此ᄂᆞᆫ財產만耗損ᄒᆞᆯ뿐아니라此等弊習이他女子界에蔓延되고풍俗에關係가有ᄒᆞ다ᄒᆞ야警視廳에서秘密偵探ᄒᆞᄂᆞᆫ中이라더라

●蓮心請願 前總巡崔昌植氏가年前에妓生蓮心을八萬兩에買入ᄒᆞ야生ᄒᆞ더니崔氏가近日에至ᄒᆞ야ᄂᆞᆫ財產을蕩敗ᄒᆞ고糊口ᄒᆞᆯ道가極難ᄒᆞᆷ으로不得已ᄒᆞ야허蓮心과作別ᄒᆞ라ᄒᆞᆫ즉蓮心이不肯ᄒᆞ야日前日富饒ᄒᆞᆯ時에ᄂᆞᆫ互相將生ᄒᆞ다가今日作別이人情難堪이라ᄒᆞ고妓業으로資生ᄒᆞᆯ것이라ᄒᆞ고北署警察署에請願ᄒᆞ얏다더라

●面長美擧 懷德郡東面面장禹鐵元氏가該面內人民의今年春期戶布전을折半蠲減ᄒᆞ야自已가擔當徵納ᄒᆞᆫ故로人皆稱頌ᄒᆞᆫ다더라

●水車排置 漢城內各坊曲에火警이頻數ᄒᆞᆷ을預防키爲ᄒᆞ야各警察署에消防水管車壹座式排置ᄒᆞᆫ다더라

●會堂法鐘 侍天敎會堂新建築의工役이不日間竣工될터인데法鐘을鑄造ᄒᆞᆯ次로該會員에게靑銅白鐵과其他鍮器等物을多少間寄附ᄒᆞ기를請求ᄒᆞᆫ다더라

●敎報發刊 侍天敎에서該敎를발展ᄒᆞ기爲ᄒᆞ야每月壹次式敎報를발刊ᄒᆞᆯ터이라더라

●論壘社設立 徐相鶴韓昌愚金聲漢吳炳日具羽會諸氏가北壯洞等地의論壘社를擬立ᄒᆞ고詩文書畵各脉을研究ᄒᆞ야京鄉人의請求를酬應ᄒᆞᆫ다더라

●工場設立 成興郡에서財產家韓麟金昇煥其他某々諸氏가實業發展에有志ᄒᆞ야工場을設立ᄒᆞᄂᆞᆫ데爲先募集ᄒᆞᆫ株金과資金이巨額에達ᄒᆞᆫ預算이라더라

●日運夫被殺 去月二十八日午後五時頃에順天郡雙巖面下木亘里에서日人運傳夫壹名이義兵의게被殺ᄒᆞ얏다더라

●黃郡義兵 黃州郡東面面長金某家에義兵이多數히來到ᄒᆞ야收刷ᄒᆞ얏던結錢數百圓을奪掠ᄒᆞ야取去ᄒᆞ얏다더라

●無罪旋放 미셩지爲名人이新門外倉雞洞居ᄒᆞᄂᆞᆫ崔擧浩되順興兩氏를義兵이라誣陷ᄒᆞ야日憲兵司令部에投書ᄒᆞᆫ지라허部에서崔씨兩氏를再昨日에捉去ᄒᆞ야一場訊問ᄒᆞᆫ즉竟無所犯인故로旋即放送ᄒᆞ얏다더라

●該犯押交 金德善等三人이花鬪局을設置賭技ᄒᆞ다가日前東署警察署에被捉ᄒᆞ야昨日裁判所로押交ᄒᆞ얏다더라

●穀貨乾沒 泥洞居僉崔永之가何許人의穀尾貨錢壹千圓을中間乾沒ᄒᆞ고延拖不給ᄒᆞ다가中部警察署에被囚ᄒᆞ얏다더라

●李氏慈善 富平郡宗里居前參奉李仁春氏가太米三石과小米二石을出捐ᄒᆞ야隣里貧民과窮恤ᄒᆞᆷ으로該民이慈善을稱不稱頌ᄒᆞᆫ다더라

學界

●韓商開會 大韓協會에서本月十貳日下午壹時에該會事務所內에서定期總會를開ᄒᆞ고會務를處理ᄒᆞᆫ다더라

●義捐何許 社稷里旺新學校에서附近洞寄附金事件으로紛擾가起ᄒᆞ얏다더라

●中東卒業 典洞私立中東학校夜學日語速成科第四回卒業式을去九日에擧行ᄒᆞ얏ᄂᆞᆫ데多數來賓ᄒᆞᆫ後任員及來賓諸氏가文으로勸勉ᄒᆞ얏다더라

●成有望 平北雲山郡北面興成學校校長韓明道財務韓明先事務白仁七金有成諸氏가設校舍ᄒᆞᆫ을廢如已ᄒᆞ야多數之額을捐助ᄒᆞ고熱心奬勵ᄒᆞᄂᆞᆫ故로前塗이大有ᄒᆞ다더라

●命志進步 平北정州郡에建面二里前志학校ᄂᆞᆫ文基玉氏와敎師金炳寔氏와崔洞兩氏와任員康琦衡金基甸은本郡中有志諸시가敎育에熱心ᄒᆞ야協力敎授ᄒᆞᆷ으로校況이確實ᄒᆞ고生徒가日增ᄒᆞᆫ다더라

●婦人特性 本月二日海州秋伊面貞明學校에서壹週年紀念式을行ᄒᆞ고該郡花陽面廣明학校生徒와聯合運動會를設行ᄒᆞᆯ時에郡內有志紳士金鍾呂金泳澤李承駿시等五拾餘人이會同ᄒᆞ고觀光男女가千餘名에達ᄒᆞ야盛大ᄒᆞᆫ景況이며寄附ᄒᆞᆫ賞品平饌等諸般物資ᄂᆞᆫ同面六里張橋故監察朴春根시의夫人金시가獨擔ᄒᆞ엿다ᄒᆞ니西來人이頌聲이藉々ᄒᆞ더라

●敎信開設 忠北槐山郡러와鎭시가該郡私立基督敎學校를設ᄒᆞ고生徒를勸勉後에하生에圖設ᄒᆞ기爲ᄒᆞ야賞齊히斷髮케ᄒᆞ고帽子三拾餘個를寄附ᄒᆞ얏다더라

●慈城照明 平北慈城郡延面中江鎭에서희明학校를新設ᄒᆞ얏ᄂᆞᆫ데敎師嘉山人金각시가國家의現狀을痛忿ᄒᆞ고靑年의愚昧ᄒᆞᆷ을憂慮ᄒᆞ야敎師月銀은辭身糊口의資를供ᄒᆞᆫ外에ᄂᆞᆫ壹分도不取ᄒᆞ고熱心으로敎授ᄒᆞ니生徒가五拾餘名에達ᄒᆞᆫ지라該地附近人士들이莫不稱嘆ᄒᆞᆫ다더라

誹謗是ᄒᆞᆫ즉吸々爭辨ᄒᆞᄂᆞᆫ것이何蚊拔劍이엇만ᄂᆞᆫ그罪惡을擊討ᄒᆞ야使彼自醫ᄒᆞ리로다

▲창報記者말듯거라新聞이라ᄒᆞᄂᆞᆫ것은各社會의主權이오全國人民耳目인데네心腸은엇지ᄒᆞ여政府의機關으로傀儡말을면허쓰고牛渡馬勃橫竪說노世人耳目眩惑ᄒᆞ며社會主權污損ᄒᆞ니너의罪가ᄒᆞᆫ가지오

▲창報記者말듯거라네가미를창鬼로써月給은ᄯᅡ仕宦서에셔賜이야힛시마ᄂᆞᆫ爾의祖도韓人이오爾의父도韓人이며너도또ᄒᆞᆫ韓人인데祖國思想을撥ᄒᆞ고外人에게諂附코ᄌᆞ熱心으로獻誠ᄒᆞ니너의罪가두가지오

▲창報記者말듯거라창鬼노릇ᄒᆞ라거던爾們이나ᄒᆞᆯ것이지全國人民모러다가창鬼窟에너코라고社會正論排斥ᄒᆞ고厲鬼妖孼爲ᄒᆞ여서極력辯護ᄒᆞ라ᄒᆞ니爾의祖國亡ᄒᆞ야도[illegible]엇지나너의罪가세가지오

▲창報記者말듯거라乖理橫說做出ᄒᆞ야春秋正筆毆打ᄒᆞ니臧倉이毁孟子ᄒᆞ고陽貨가詳仲尼로다搖尾乞憐狗鼠輩가狂吠亂吠ᄒᆞ던言論들어느누가밋으리만어셔밧비亡國키를祝願ᄒᆞ더니請ᄒᆞ니너의罪가네가지오

▲창報記者말듯거라多數不幸ᄒᆞ야爾輩又흔妖物들이多數產出ᄒᆞ엿지만되지못ᄒᆞᆫ新聞으로迷亂人心ᄒᆞᆫ데레淸國場을又設ᄒᆞ고淫癖歐曲妄說노壞傷風俗爲主ᄒᆞ며紊亂秩序無餘ᄒᆞ니너의罪가다섯이라

▲其他罪惡數ᄒᆞᆯ진대恒河沙도不足이라依法照律ᄒᆞ랴ᄒᆞ면頂가足鎖ᄒᆞᆫ然後에新聞紙眼同ᄒᆞ야地獄牢囚ᄒᆞ려니ᄒᆞ면ᄯᅩᄒᆞᆫ人種이라慈悲心에不忍ᄒᆞ야悔改路로指導ᄒᆞ니게편行ᄒᆞ다시말고善良人物되여보아라

▲俍報記者아

▲韓日兩國光團이互相往來ᄒᆞᄂᆞᆫ中에그行動이奇怪키로壹言道破ᄒᆞ엿더니大韓新聞이창報가彼國에게納媚코不抑說辯

廣告

西小門外布屛橋召史本無財產은人所共知而本人과同居六年이라가今春에夫分離ㅎ고本人의與執賃用ㅎ던田沓文券을中간偸得欲爲暗賣故本人이月前에新聞廣告러니該女가反生荷杖之計本人所有田沓을以爲之財產으로鳩合買得이라ㅎ고初無與執ㅎ事라ㅎ고做此虛無之說ㅎ야新聞欲爲僞賣世豈得知計萬倫悖常之惡習乎內外國人은勿爲見欺홈

李圭東　告白

平北寧邊郡薪峴面居前主事金聖植시가自來로鄕里貧民을不惜錢穀ㅎ고極力救恤홈은當面이所共知어니와去貳月分에鄕里居李乘圭의母親病患이至重ㅎ되貧寠之致로救病無路홈을恰惻이너여發牛隻ㅎ야救病ㅎ야差이기金시慈善을不忘이기로玆以廣佈홈

李乘玩　告白

平北寧邊郡泰平面泰上學校校長金洛斗시與各任員諸시가熱心贊成ㅎ기校况이日就月將이기로玆以廣佈홈

鄭永禧　告白

本人이江西沙津坊岐陽里所在沓五斗落文券을六月八日에路上에서失ㅎ얏기玆廣佈홈

平壤外川面堂里金亨淳　白

本人에子應麗가年今拾五에厭學逃走ㅎ야非再非再이온디挾雜輩誘導에入ㅎ야犯用外債홈ㅅ慮ㅎ야玆以廣告ㅎ오니內外國人은切勿放給債홈

義州郡部里居金宅坤　告白

각債權者가會同ㅎ야姦樣措處홈을公議ㅎ얏사오니金穀셔시는卽速入往ㅎ시오

看事人文昌鎬　白告

◉隆熙四年曆發賣人募集公告

學部出版隆熙四年曆을발賣코ㅈㅎ는者는左記要項을遵ㅎ야直接학部에請願홈이可홈

壹　請願期間은六月三拾日ᄭ지限홈

貳　請願書에는請願人의住所姓名과其所要部數를明記홈이可홈

壹人의所要部數는壹千部에下홈을不得홈

貳人以上이合同ㅎ야발賣코ㅈㅎ는境遇에는其代表者壹人의名으로ᄡ請願홈이可홈

三　請願者는請願書提呈ㅎ는同時에其所要部數에對ㅎ賣下代金總額의拾分壹에該當ㅎ保證金을學部에納入홈이可홈

四　曆書발賣의定價는壹部金拾錢으로ㅎ고발賣人의게는壹부金六錢으로賣下홈

五　曆書印刷製冊은來九月三拾日에完了홈

六　발賣人은印刷製冊이完了ㅎ기ᄭ에其所要部數에對ㅎ代金總額에서前納ㅎ保證金을控除ㅎ고其殘額을學부에納入ㅎ學부는右納人의順序에依ㅎ야曆書를發送홈

但曆書發送費는학부에서負擔홈

七　발賣人이ᄒ月十日ᄭ지所要部數에對ㅎ代金을納入치아니ㅎ時는발賣人의資格이消滅ㅎ者로見做ㅎ고旣納ㅎ保證金은學부에서沒收홈

八　代金納入ㅎ際에現金되代로相當ㅎ有價證券(公債證書又는政府의補助를受ㅎ는會社銀行株券又는其債券)을提供ㅎ는者에限ㅎ야來十貳月末日ᄭ지에金納入을許홈

隆熙三年六月　日　學部

但有價證券은時價의八割에換算홈

今에測量事務所를左開處에設置ㅎ앗스오니遠近僉君子는愛顧ㅎ심을務望

西部下岩亭子洞八拾五統五戶

唯一測量事務所

事務員　金鳴泳　李振鎔

一　本部講習所校舍는磚洞普成中學校로홈

一　入학試驗은七月四日(日曜)上午九時에普成中학校에서擧行홈

一　開학日字는入學試驗場에셔頒布홈

日本東京菊町區中六番町四十九

大韓興學會敎育部

同胞에愛顧ㅎ시기를望ㅎ옵고完實ㅎ衣次와洋말을織組ㅎ오니仁愛ㅎ신君子는陸續來購ㅎ심을望홈

南門內尙洞敎堂前

韓興織組會社　告白

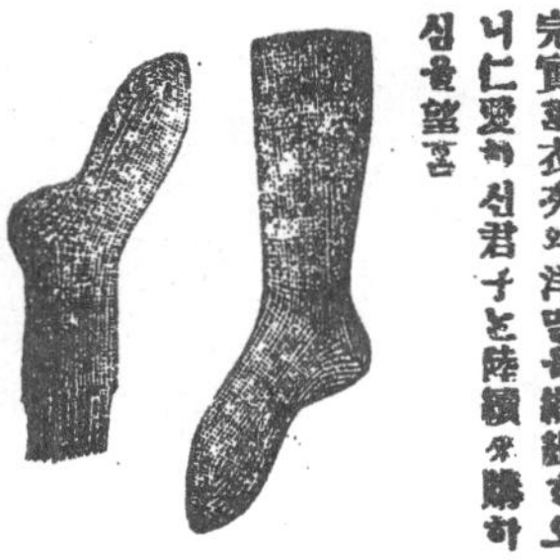

賣土峴試曆屋(前之鷄場會)은觀時燦시의게貰人을許ㅎ與當舖에는本人은相關이無홈

朴弘석　白

西部龍山萬里倉契第二統二戶李德欽家를丙午拾壹月消失ㅎ時에家券도消失ㅎ故로玆以廣告

李德欽　告白

本月十二日(土曜)下午一時에本會事務所內에서定期總會를開ㅎ고會務를處理ㅎ오니會員은來臨ㅎ시옴

大韓協會　白

本人이圓形姓名圖章을失故로楕圓形姓名圖章을新刻ㅎ야施行ㅎ오니內外國人以此照亮

東湖　高白鎬　告白

韓美興業株式會社平北支社

大韓國平北紳士諸시가발起ㅎ야皇城에在ㅎ美國이라스나道政正法律第三編第貳章에依ㅎ야組織된韓美興業株式會社定款에依ㅎ야平北支社를組織ㅎ고方針의大例는如左홈

第壹　本社名稱은韓美興業株式會社平北支社라홈

二　本社位置는義州에置ㅎ되臨時事務所는白馬驛金奎鉉家로權定홈

三　株金은貳萬圓을二千株에排定홈

四　本支社營業은本社定款에依ㅎ야着手홈

五　株金은隆熙三年六月拾壹日爲始ㅎ야應募홈

六　規則與細則을詳知ㅎ기爲ㅎ야本支社에詣ㅎ시면關應홈

七　本支社株券은株主總會를經ㅎ後應用홈

▲韓美興業株式會社平北支社臨時任員

社長　金乾玉

副社長　白承詢

總務員　鄭鎭原

미국시아들대박람회　시아틀大博覽會

皇城磚洞(京城郵便局私函第四拾號)　韓美興業株式會社

(大美國에시아틀律閣에)(駐大韓國美國總領事館登錄)

本社의各處代理人과氏名은如左홈

漢城代理人　平壤代理人　咸興代理人　馬山浦代理人　元山代理人　濟物浦代理人　水原代理人　安城代理人　沙里院代理人　金泉代理人　羅州代理人　天安代理人　群山代理人　全州代理人　大邱代理人　釜山代理人　江景浦代理人　麻浦代理人　長湖院代理人　永同代理人　木浦代理人　晉州代理人　金堤代理人　漢江附近代理人　義州代理人　江界代理人　漢城東部代理人　宣川代理人　鎭南浦代理人　城津代理人　太田代理人　會寧代理人　吉州代理人　鏡城代理人　延安代理人　兎山代理人　開城代理人　公州代理人　洪原代理人　漢城西部代理人

位置未定

平壤大同門內店洞　咸興府門外　馬山浦　元山港　濟物浦港　水原北部　安城北部　漢城東部　金泉市場共信商店　水原長安洞　群山　漢城南部　大邱新北里五十八統七戶　馬山浦午山里　西部　漢城　木浦　昌原　漢城漢江十八統二戶　義州　成川　全州　郭山郡　吉州郡　太田　浦項上里　鳥致院漢　吉州　漢城　延安　兎山　開城　太田　公州牛禁山松亭里　咸興　西部　五拾四統四戶

金相杰　宋始憲　金景模　盧昊洙

濟生堂의支店ㅣ位置と如左

京城南大門內 濟生堂 本舖 李庚鳳
仁川 송峴 仝 分店 李濟新
開城南大門內 仝 支店 具○賢
水原城水驛橋 仝 分店 張基茂
平壤鍾路 仝 出張所 田恒琰
元山上里 仝 支店 林鳳林
公州 鍾路 仝 金洛鉉
錦山草梁 仝 出張所 朴昌鎭
馬山東城 仝 支店 孫雲卿
大邱達西 橋 仝 寅琪
鎭南浦 后浦 仝 出張所 吳南啟
沙里院場 仝 趙奎哲
宣川邑內 仝 支店 魯晶權
晉州大安洞 仝 南正午
露國海參威 仝 出張所 朴宗煥
淸國奉天府 仝 庾一宣
淸國大連 仝 金鍾國
淸國九連城 仝 元東杓
淸國鳳凰城 仝 支店 王世昌
淸國遼陽 仝 伊藤幸一
仝 煙台 仝 張出所 張浩哲
仝 天津 仝 司馬靖
仝 營口 仝 支店 蘇喆艮

◎其他內外國에設立된代理店特約店에
數가紙面이不足ᄒᆞ야一一枚錄치못ᄒᆞ거니와
隆熙三年五月三十日調查ᄒᆞᆫ表가如左ᄒᆞᆷ
內國에四千六百五十四處요
外國에八百六十九處요
都合五千五百二十三處也

京城 濟生堂大藥房本舖 告白

各種東西洋藥과韓國唐草材大發賣所 仁川相峴 京城鍾路 和平堂藥房

阿片烟斷引藥

一劑 金五圓 半劑 金三圓

注意

阿片烟初吸者ㅣ雖曰見効나日久則途成錮引ᄒᆞ야至於蕩敗家產者와未免厥死者ㅣ比比有之ᄒᆞ니豈不哀惜乎아故로本堂에서醫心竭力ᄒᆞ고英國藥方을透得ᄒᆞ야阿片斷引에大效가잇ᄂᆞᆫ斷烟藥을製造放賣ᄒᆞ오며欲戒阿片者ᄂᆞᆫ契約服用ᄒᆞ시되若無效驗이면藥價를還給ᄒᆞ깃사오니照亮ᄒᆞ시옵

以方劑發送 價値酬應

自宅治療 電氣帶 廣告

夫電氣之於人에關係ㅣ甚大ᄒᆞ니人之百體가由電力支持ᄒᆞ야有電則生ᄒᆞ고無電則死ᄒᆞ나니電氣之對症施治에見功取效之神速이百倍于藥餌之所難治之病이니然而至于今日ᄒᆞ야ᄂᆞᆫ逐日進步ᄒᆞ야以電氣施療에無不奏效ᄒᆞ니電帶之用於人이尤豈淺尠哉아今此電氣帶ᄂᆞᆫ係是美國一學博士之所發明者也ㅣ라伊來幾年에風靡全球所公認ᄒᆞ야四方에效驗實著로다現計各國受賣者八萬國ㅣ共三拾餘萬一千餘則可知電氣帶之實效之確據요乃醫療界最新特色者ㅣ也ㅣ라有患諸君子는早圖試驗ᄒᆞ시오

(主治効能) 神經衰弱症、不眠、遺精、早漏、不快、陽위不起、消化器無力、胃中便結、消化不良。食慾不進。遺尿。腦病、衰弱。疝症。半身不遂。手足厥冷、諸神經痛。頭痛腰痛、脚氣、脚痛。記憶力及忍耐力減退、痔疾

(婦人病) 血分不足、月經不調、子宮病、帶下、窒症、諸病、偏頭痛、不姙症、神經衰弱、帶下、痙攣等症에無不如神

(使用法)은至極簡便ᄒᆞ야睡眠時나就業時에恒常腰間에環佩ᄒᆞ되小無妨碍ᄒᆞ고每日使用ᄒᆞ셔도幾個年以上을環佩ᄒᆞᆯ付屬品은頭痛時使用ᄒᆞ는것과藥品을包括ᄒᆞ는것이잇ᄉᆞ오니請求ᄒᆞ실때에腰圍를測量(미ᄯᅥ어덤에셔허리둘지오시오)ᄒᆞ야보니시면發送ᄒᆞᆯ時使用法과說明書를添付ᄒᆞ야小包代金便으로照量ᄒᆞ깃ᄉᆞ옵

正價 上號 拾四圜 中號 拾貳圜

發賣所 皇城南部太廟橋十九統七戶 共愛堂 大藥房

京城鍾路慈惠大藥房에서製造發賣ᄒᆞᄂᆞᆫ各種은大韓醫院衛生試驗部에셔分析ᄒᆞᆫ藥이온ᄃᆡ衛生家와京鄕諸藥業家에셔多數請求ᄒᆞ시오

平胃丸 金十錢	漢城百應膏 金十錢		
補益丸 金一円	消痰鎭咳藥 金二十錢		
淸明眼藥水 金十錢	養兒寶散 金二十錢		
保命丹 金十錢	蛔虫殺出丸 金二十錢		
腹痛消積丸 金五十錢	寸虫拔根藥 金三十錢		
咽喉藥 金二十錢	鐵精丸 金一円		
小兒咳嗽散 金三十五錢	吐瀉霍亂救急水 金三十錢		
痢疾靈散 金三十錢	止瀉滑腸丸 金二十錢		
解熱感冒散 金二十錢	大腫拔根膏 大瓶八 金二円		
消食滯甘酸水 金三十錢	輕腫根治膏 大瓶八 金二円		
疥瘡藥 金四十錢	去腐生新膏 大瓶八 金二円		
痲疾丸 金五十錢	濕腫根治膏 大瓶八 金二円		

光武九年八月拾壹日 明治卅八年八月拾壹日 〔第三種郵便物認可〕 土曜日 西曆壹千九百九年六月拾貳日 (壹)

第七卷

大韓每日申報

第壹千壹百貳拾號

月歲 曜時 及日 慶休 節刊

檀君開國四千二百四十二年
箕子元年三千三十一年
大韓開國五百十八年
日本明治四十二年
淸國宣統元年
隆熙三年六月十五日癸卯

Responsible for Publication Alfred Weekley Marnham.
發行兼編輯人 英國人 萬咸
發行所 京城南部石井洞外苑三層洋館 大韓每日申報社

論說

◎學生界의特色

壯哉라鳳鳴學校學生諸시여勇哉라鳳鳴학校학生諸시여余ㅣ諸시를愛ᄒ노라壯哉라鳳鳴學校학生諸시여勇哉라鳳鳴학校학生諸시여余ㅣ諸시를拜ᄒ노라

今番日人觀光團出來時에현校校主李鳳來시가학生을指揮ᄒ야觀光團을歡迎ᄒ라ᄒ거날학生諸시가奮起反對ᄒ되我輩ᄂᆞᆫ大韓帝國男子ㅣ라아모리校主의命令이嚴ᄒ더라도日本旗를持ᄒ고九州客을迎홈은寧死언뎡不爲라ᄒ며彼李鳳來시의妖心이未已ᄒ야畢竟年幼無知ᄒᆫ小학生徒幾名을甘誘ᄒ야停車場에出往ᄒᆫ지라

학生諸시의忠憤이尤激ᄒ며怒氣가益騰ᄒ야紛々唾罵ᄒ되鐵妖妄ᄒᆫ李鳳來가我輩와倂仇가有ᄒ기에我輩를誘引ᄒ야獻媚에陷ᄒ며我輩를驅ᄒ야魔鬼를作코ᄌᄒ야我학生界의劣性을養ᄒ고我民族界의恥辱을作ᄒ고我大韓帝國의慘禍를促ᄒ나니此等魔학校에在ᄒ야彼輩魔校主의敎育을受홈은萬々不可라ᄒ고齊退학ᄒ얏스니壯哉라諸시여勇哉라諸시여

我韓國學生의獨立思想이如彼其雄壯ᄒ며韓國학生의愛國精神이如彼其熱烈ᄒ니吾儕가又何復言ᄒ리오

大抵李鳳來시의事蹟은路人도皆知ᄒᄂᆞᆫ바ㅣ라吾儕가贅論치아니ᄒ거니와彼가日前에학生을對ᄒ야演說ᄒᆫ時에其妖口가本社에ᄭᅡ지及ᄒ얏다ᄒ나以若李鳳來의言을本社에서야何着可ᄒ다否ᄒ다ᄒ리오만은但可痛ᄒᆫ바ㅣᄂᆞᆫ彼가學生을凌虐홈이是라

學生諸시가憤怒退學홀時에彼가學生을對ᄒ야恐喝이頻々ᄒ고能拳이紛々ᄒ얏다ᄒ니鳴乎라彼의無憚이此極에至ᄒ얏도다

又所謂학監宋某ᄂᆞᆫ助桀爲虐ᄒ야妄談悖說로학生을凌辱ᄒ얏다ᄒ니鳴乎라鳳鳴學校의敎育家ᄂᆞᆫ모다如此ᄒᆫ가

或日아모리校主의指導가不良ᄒᆫ지라도學生된者가其固有ᄒᆫ目的만不變ᄒ면可ᄒᆫ지니엇지退학ᄭᅡ지ᄒ리오ᄒ나此ᄂᆞᆫ不然ᄒ다大抵學生이되야敎育을受홈은知識을增長코ᄌᄒ홈이며國粹를發揮코ᄌᄒ홈이어날此等校主의指導를受ᄒ면知識은增長치아니ᄒ고魔心만增長ᄒ며國粹ᄂᆞᆫ發揮치못ᄒ고奴性만발揮되ᄂᆞ니彼학生의退學이此校에在ᄒ야優等卒業證을受홈보다百倍나優勝ᄒ니嗟

然이나吾儕ᄂᆞᆫ李鳳來시를爲ᄒ야甚惜ᄒ노니서가國家精神으로敎育의目的을立ᄒ야子弟를敎導ᄒ면現時韓國의大敎育家가되며將來韓國의大功臣이될지어날此를不肯ᄒ니此ㅣ엇지可惜지아니ᄒ가

鳴乎라學生諸시여益々勇進ᄒ지어다鳴乎라李鳳來시여早々悔悟ᄒ지어다

▲隆熙三年六月二日 官報

部令

農商工部令第二號(續)

第三十五條 本則施行ᄒᆫ時에從前規則에依ᄒ야入學ᄒ고現今在학ᄒᄂᆞᆫ者에게ᄂᆞᆫ其卒業ᄭᅡ지從前規則第壹章第三條及第三章第十壹條를適用홈但本則의規定을依ᄒ야修학코ᄌᄒᄂᆞᆫ者有홀時ᄂᆞᆫ學校長이試驗ᄒᆫ後에此를許可홈을得홈

書式

第壹號書式

入학願書

本人이今般 貴校本科或速成科에入학코ᄌᄒ야別紙의履歷書를添付請願ᄒ오니許可ᄒ심을伏望

本籍
現住所
何某何男(兄弟又ᄂᆞᆫ戶主)
年 月 日 姓 名 印
年月日生
農林학校장 職某 閣下

第二號書式

履歷書

本籍
現住所
姓 名
年月日生

學 業

壹 何年何月로何年何月ᄭᅡ지何學校에서何科修業
壹 何年何月何所何학校에서卒業證書又ᄂᆞᆫ何級修業證書를領收
壹 何年何月로何年何月ᄭᅡ지何所誰某에게何學修業

(未完)

外報

◎殖民省設立 紐育電을據ᄒ즉大統領타프트씨ᄂᆞᆫ美國의屬領及操方政治를統一ᄒ기爲ᄒ야殖民省을設立ᄒ기로謀策中이ᄃᆡ此計劃은알나쓰카、구암、布哇、도리꼬、사모아及比律賓群島에適用될더이라더라

◎加州의不穩 桑港電을據ᄒ즉美國加州마쓰가라오르에서ᄂᆞᆫ伊太利人木工八百名이同盟罷業을決ᄒ야事態가頗히不穩홈으로民兵四個中隊를召集ᄒ야警戒中이더니伊人數名이警戒線을橫斷ᄒ다가民兵의게被殺ᄒ얏다더라

◎樺太島의衝突 東京電을據ᄒ즉日本樺太島에셔內務次官登木을歡迎ᄒ기爲ᄒ야集合ᄒ얏던日本漁民 一千名이憲兵及警官과衝突ᄒ얏ᄂᆞᆫᄃᆡ伊時에警官과憲兵은拔劍ᄒᆫ結果로漁民二名은慘殺을被ᄒ얏고負傷者ㅣ多大ᄒ얏다더라

學報

◎測量卒業 全北珍山郡私立泰英학校測量夜學科에서四月十二日에卒業式을行ᄒ얏ᄂᆞᆫᄃᆡ

最優等 鄭英謨 宋憲爽
朴泰英 梁緒仁 河성甲
優等生 柳永根 金永鎬
柳漢龍 이圭鳳 朴成來
韓百璣 文석璣 金濟信
及第生 宋憲常 金駒瑢
趙炳升 金鍾大 池台煥
金榮根 郭明圭 崔鳳周
金琦允 朴魯浩 鄭秉壽
吳爾春

廣告

雜報

●叡覽御覽 韓國 大皇帝 皇后兩陛下께셔ᄂᆞᆫ再昨日下午三時에秘苑內養蠶所에 親臨ᄒᆞ사養蠶飼育의狀況을 御覽ᄒᆞ셧다더라

●李氏狀態 總理大臣李完用氏ᄂᆞᆫ其椅子가不久ᄒᆞᆯ줄노認定ᄒᆞᄂᆞᆫ지其地位를鞏固하기爲ᄒᆞ야懇懇히運動ᄒᆞᆫ다더라

●協議何事 農商大臣趙重應氏가每日下午七時면總理李完用氏를訪問ᄒᆞ고多時間密談ᄒᆞᄂᆞᆫᄃᆡ兩氏가短杖徒步로某處에前往ᄒᆞ야무ᄉᆞᆷ事件을協議ᄒᆞᆫ다더라

●燥燥何益 總理大臣李完用氏가秘書官兵人을某處에派送ᄒᆞ야秘密히探知ᄒᆞ되曾彌統監의監任ᄒᆞᆫ結果로自己椅子의鞏固與否를詳問ᄒᆞ더니某處에셔秘密官을對ᄒᆞ야日不必如是燥燥히問이라ᄒᆞ얏다더라

●豈可觀 近日內閣이變更된다ᄂᆞᆫ說을聞ᄒᆞ고大臣의椅子를圖得ᄒᆞ랴고運動ᄒᆞᄂᆞᆫ黨派가四起ᄒᆞᄂᆞᆫᄃᆡ第壹派에ᄂᆞᆫ리容九洪肯燮氏等이오第二派에ᄂᆞᆫ리容復리鳳來嚴柱益氏等이오第三派에ᄂᆞᆫ金允植리址鎔氏等이오第四派에ᄂᆞᆫ리根澤氏의대體趙重應任善準兩氏를聯絡周旋中이라ᄂᆞᆫ說이喧藉ᄒᆞ더라

●財產局變稱 度支部臨時財產整理局은將次廢止ᄒᆞ고土地整理局으로變稱ᄒᆞᆯ터이라더라

●檢查出發 度支部檢查次장柳正秀檢查副官權輔相兩氏가忠淸南北道官廳會計事務를檢查ᄒᆞ기爲ᄒᆞ야今日京釜鐵道列車로發向ᄒᆞᆫ다더라

●麥稈工場觀察 再昨日에各大臣들이南大門外에在ᄒᆞᆫ日人桐原의經營ᄒᆞᄂᆞᆫ麥稈工場을觀察ᄒᆞ얏다더라

●意見書修定 道警記者들이內部에셔會議ᄒᆞᆯ時에地方行政事務에關ᄒᆞᆫ意見書를修定ᄒᆞ얏ᄂᆞᆫᄃᆡ時宜에安合ᄒᆞᆫ條件은採用키爲ᄒᆞ야現今修定中이라더라

●補助金請求 光州郡農桑學習所設立者日人佐藤及六月條氏等兩人이近日에韓國農部에對ᄒᆞ야五百餘圓의補助金을請求ᄒᆞ얏다더라

●建築費支出 龍間島督廳학校建築費六千六百五十元、仁川實業학校增築費壹千二百五十圓은預備金中으로支出ᄒᆞ얏다더라

●民籍實施 民籍調查實施에關ᄒᆞ야內部에셔調合ᄒᆞ던인ᄃᆡ忠北管下各警察署에ᄂᆞᆫ調查手當金이壹千三百餘元이라더라

●水道工事協定 平壤에셔ᄂᆞᆫ日人이目下起工ᄒᆞᄂᆞᆫ水道工事와下水工事에對ᄒᆞ야國庫金中으로拾四萬圓의補助를支出ᄒᆞ라고內部에交涉ᄒᆞ나全혀國庫에셔支出키難ᄒᆞ고但히地方稅와民團稅를基因ᄒᆞ야起工中인ᄃᆡ地方稅徵收損額이每年五萬圓에不下ᄒᆞᆯ터이오民團稅가又五六萬圓에不下ᄒᆞᆯ터인故로其兩合中五萬圓은水道工事에投ᄒᆞᆯ터이라더라

●五圓券發行 改版印刷中에在ᄒᆞᆫ第壹銀行五圓券은七月壹日부터발行ᄒᆞᆯ事로決定ᄒᆞ얏ᄂᆞᆫᄃᆡ此券面에ᄂᆞᆫ景福宮光化門의眞景을撮ᄒᆞ야拾圓券과髣髴ᄒᆞ다더라

●俞郎沒覺 故外部大臣俞箕煥시의令男俞致冕시ᄂᆞᆫ前觀察使申畯休시의婿郎이라家內壹動靜을申畯休시가擔當支給ᄒᆞᄂᆞᆫᄃᆡ俞致冕시가日昨에妓生會結緣ᄒᆞ고花債를不給ᄒᆞᆫ事로所管警察署에셔審查ᄒᆞ지라ᄒᆞ얏다보니俞시가此事項이新聞에發布될가念慮ᄒᆞᆫ다더라

●義將鮮氣 義兵將田麟榮氏가太田警察署에被囚ᄒᆞᆫ事ᄂᆞᆫ各報에已揭어니와日人警官이該氏를訊問ᄒᆞᆫ즉該氏가顏色不變ᄒᆞ고高聲叱責ᄒᆞ되余가擧義ᄒᆞᆫ本意ᄂᆞᆫ韓國에來住ᄒᆞᄂᆞᆫ倭寇를殲盡코자ᄒᆞᆷ이러니不幸被捉ᄒᆞ얏노라ᄒᆞᆫᄃᆡ該警官이更히訊問치아니ᄒᆞ고姑爲牢囚ᄒᆞ얏다더라

●奪米付丙 井邑郡西豊面居李光彥氏가去月貳拾九日에全浦에留ᄒᆞᄂᆞᆫ日本商人某의게空米九拾俵를賣渡ᄒᆞ야運搬ᄒᆞᆯ際에義兵將金壹珠氏가其機微를知得ᄒᆞ고該米를奪ᄒᆞ야仍卽燒棄ᄒᆞ얏다더라

●閔氏起訴 慶尙南道東萊釜山沙中面絶影島의城末楸梭山麓牧場局은原來閑曠之地로閔氏가占有ᄒᆞᆫ山坂이라去乙巳春에空閑地에種樹ᄒᆞ라ᄂᆞᆫ京部의飭이有ᄒᆞᆷ으로閔氏가多費財力ᄒᆞ야山麓에松楸四萬五千株를植ᄒᆞ고該郡과農商工部에請願ᄒᆞ야承認轉養ᄒᆞ더니不意今春에釜山港居留ᄒᆞᄂᆞᆫ日本民團에셔農商工部認可가有ᄒᆞ다ᄒᆞ고强制勒奪ᄒᆞᄂᆞᆫ故로閔氏의令男晶曾氏가呼訴次로上京ᄒᆞ얏다더라

●豚耶犬耶 金山郡金田下洞居ᄒᆞᄂᆞᆫ具成三氏의女息이年今六歲인ᄃᆡ陰三月貳拾五日에具氏ᄂᆞᆫ市場에出往ᄒᆞ고該女兒만獨在ᄒᆞᆫ時에石工ᄒᆞᄂᆞᆫ日人大山竹七이가突入ᄒᆞ야該女兒를劫奸ᄒᆞ매該女兒가驚叫疾聲ᄒᆞᄂᆞᆫ지라隣近諸人이驚惶往觀ᄒᆞᆫ즉日人은逃走ᄒᆞ고女兒ᄂᆞᆫ流血仆臥ᄒᆞ야死境에至ᄒᆞᆫ지라該兒父母와該郡與諸人이該女兒를擔負ᄒᆞ고日人所住處를偵行ᄒᆞ며該兒의指示ᄒᆞᆷ을隨ᄒᆞ야該日人을捕得ᄒᆞ야大邱警察署에押付ᄒᆞ고該女兒ᄂᆞᆫ日人醫院에셔治療ᄒᆞᆫ다더라

●憲補行悖 藍浦郡憲兵補助員申驗人이가保寧郡居朴珍셔氏를誣陷ᄒᆞ되汝家에銃物이有ᄒᆞ니卽爲出給ᄒᆞ라고無數毆打ᄒᆞ다가代金으로錢百十圓을討索ᄒᆞ야爲先白米幾斗와金貨幾圓을奪去ᄒᆞ고餘條를威脅督促ᄒᆞᄂᆞᆫᄃᆡ該朴氏ᄂᆞᆫ被打嘔血ᄒᆞ야幾至死境ᄒᆞᆫ故로該朴氏家에셔此를伸冤키爲ᄒᆞ야公州地方裁判所에呼訴ᄒᆞ얏ᄂᆞᆫᄃᆡ該地方은補助員의行悖로壹境이騷擾ᄒᆞ야怨聲이籍籍ᄒᆞ다더라

●漢城의魂膽 近日에新發行ᄒᆞᄂᆞᆫ漢城新報ᄂᆞᆫ其目的이專혀基督教를反對ᄒᆞᆷ에在ᄒᆞ다ᄂᆞᆫ輿論이有ᄒᆞ더라

●校長餞別 蓮洞貞信女學校第壹回第貳回第三回卒業生의父兄諸氏가該校장密마大氏의餞別會를昨日獎忠壇에셔設行ᄒᆞ얏다더라

●齋宇重傷 再昨日內部直房을毀撤ᄒᆞᄂᆞᆫᄃᆡ張鳳석金興培兩人이屋上에셔倒落重傷ᄒᆞ얏다더라

●有何審問 金在珣시ᄂᆞᆫ何事件이有ᄒᆞᆫ지不知어니와日昨남部警察署에셔該金시에게審問ᄒᆞᆯ事가有ᄒᆞ다ᄒᆞ야招去ᄒᆞ얏다더라

●朴氏處役 內閣主事朴準弼氏가 御璽와勅旨를僞造ᄒᆞᆫ事件으로監獄에多日滯囚ᄒᆞ얏더니役三年에宣告되얏다더라

●韓巡押上 鐵原郡警務駐在所에셔私獨擧人을打殺ᄒᆞᆫ事에對ᄒᆞ야該事實을檢查ᄒᆞᆫ次로金城警務分派所에셔巡查를派送ᄒᆞ야該屍身을檢查ᄒᆞᆫ後에該犯人巡查廉弼鉉을該道裁判所로押上ᄒᆞ얏다더라

●國旗竊盜 再昨日下午二時에儆新中학교에셔蓮洞禮拜堂內에卒業式을擧行ᄒᆞᄂᆞᆫᄃᆡ門口에韓國國旗와拾字旗를交叉ᄒᆞ얏더니元性金讚培兩시가所謂福音傳道의主義로況感ᄒᆞᆫ인지韓國國旗를竊取暗藏ᄒᆞ고天國에至ᄒᆞ다ᄒᆞ니何關이오ᄒᆞ매壹般來觀人士들이憤然曰此是國民之賊이라ᄒᆞ며학生들은放聲大哭ᄒᆞ며卒業生들은國旗ᄂᆞᆫ不揭ᄒᆞ고ᄂᆞᆫ卒業證을不受ᄒᆞᆫ다ᄒᆞ야學徒들이散去ᄒᆞᆷ에該會收拾키爲ᄒᆞ야奇壹시가諸學生에게極力勸喩ᄒᆞ야國旗를高揭ᄒᆞ고禮式을擧行ᄒᆞ얏다더라

●李氏下鄉 養成학校校主리鍾浩시가本日에鄉第로下往ᄒᆞᆫ다더라

●第二大東會 近日에某々人이某處指揮를被ᄒᆞ야崇宗教會를設立ᄒᆞ고任員까지推選ᄒᆞᆫ다ᄂᆞᆫᄃᆡ會員은리容植시오贊成장은리完用任善準趙重應시로選定ᄒᆞ엿다더라

●擴張碣所 崇宗教會를設立ᄒᆞᆫ다ᄒᆞᆷ은別項과如ᄒᆞ거니와壹層擴張ᄒᆞᄂᆞᆫ式으로某處에運動ᄒᆞ야寄附金을請求ᄒᆞᆫ다ᄂᆞᆫᄃᆡ其紹介者ᄂᆞᆫ農商大臣趙重應시라더라

●人和必勝 今日下午八時에鍾路靑年會館에셔討論會를開ᄒᆞ고人和가勝於天時라ᄂᆞᆫ問題로互相討論ᄒᆞᆫ다더라

●壹日二會 關東학會館內에셔明日上午十時에ᄂᆞᆫ학生親睦會를開ᄒᆞ야학業을討論ᄒᆞ고下午一時에ᄂᆞᆫ臨時總會를開ᄒᆞ야事務를處理ᄒᆞᆫ다더라

學界

●西上新學 平山郡西上面有志諸시가各自捐金ᄒᆞ야龍頭村에新學校를設立ᄒᆞ고現今靑年子弟를募集ᄒᆞ야生徒가四拾餘名에達ᄒᆞ얏ᄂᆞᆫᄃᆡ教師與任員諸시가熱心教導ᄒᆞᆫ다고西來人의稱頌이籍々ᄒᆞ더라

●郡主有人 南來人의傳說을聞ᄒᆞᆫ즉忠北報恩郡主事崔秉瓛시가該郡完明학校內에特設夜學校ᄒᆞ고靑年을募集ᄒᆞ야熱心教育ᄒᆞᆫ다더라

●楓洞祥校 平南祥原郡楓洞祥隆學校ᄂᆞᆫ不贍ᄒᆞᆫ資本으로僅々維持ᄒᆞ더니該校장金과潤시等諸시가協력贊成ᄒᆞ야維持方法을鞏固케ᄒᆞᆫ故로학徒가日漸增進ᄒᆞ야五十餘名에達ᄒᆞ얏다더라

●廣津設校 廣津會船組合所에셔私立廣興학校를設立ᄒᆞ고日昨에開校式을擧行ᄒᆞ얏ᄂᆞᆫᄃᆡ該校經費ᄂᆞᆫ該組合所任員이各其分擔支用ᄒᆞ기로酌定ᄒᆞ얏다더라

●維持方針 東彰학校학監李圭瓚시가該校經費가太端窘拙ᄒᆞ야維持키末由ᄒᆞᆷ을慨嘆ᄒᆞ더니該學員壹同이烟商協議ᄒᆞᆫ結果烟草商倫及果物商과馬匹商이貿間人의所食에十分의壹式收斂ᄒᆞ야每朔經費를支用ᄒᆞ기로決定ᄒᆞ얏다더라

●徐氏熱心 楊州乾川面陽谷里에漢東학校를設立ᄒᆞ얏ᄂᆞᆫᄃᆡ校舍가狹窄ᄒᆞ고財政이困難ᄒᆞ야建築方針이無ᄒᆞ더니北部居徐廷鉉시가教育에熱心으로自己山坂의松楸五百株를義捐ᄒᆞ얏다고莫不稱頌ᄒᆞᆫ다더라

●楊倅熱心 楊州郡楊州面八洞에셔晛明학校를協議設立ᄒᆞ얏ᄂᆞᆫᄃᆡ該郡守朴承久시가維持方法을極力周旋ᄒᆞ야期於維持케ᄒᆞᆫ다고人皆稱頌ᄒᆞᆫ다더라

俱樂何樂

▲某々大臣某々元老俱樂園을設置ᄒᆞᆫ다聽聞ᄒᆞᆫ즉至ᄒᆞ니諸公들도人類어니何其然麽此ᄒᆞᆫ가難(?)形便生覺ᄒᆞ며諸公思想願念ᄒᆞ면이니心에담々ᄒᆞ야不容泯默ᄒᆞ야論ᄒᆞ노라

▲담々ᄒᆞᆫ사諸公이여諸公地位生覺ᄒᆞ소天下皆樂ᄒᆞᆫ然後에壹身之樂方有커ᄂᆞᆯ全國都萃此時代에더生靈은不顧ᄒᆞ고公獨享樂ᄒᆞ쟌말가德義之性少有ᄒᆞ면此等思想잇슬가

▲담々ᄒᆞᆫ사諸公들아地方情形生覺ᄒᆞ소壹夫失所ᄒᆞᆯ지라도若撻于市ᄒᆞᆫ것거ᄂᆞᆯ腥風血雨此時代에流離死亡不恤ᄒᆞ고壹身安樂엇지ᄒᆞ나惻隱之心少有ᄒᆞᆫ들此等思想잇슬가

▲담々ᄒᆞᆫ사諸公들아財政恐慌生覺ᄒᆞ소(?)可賴生ᄒᆞᆯ것거날血(?)此時代에살길업ᄂᆞᆫ建築勞役物이야너무顧念少有ᄒᆞ면此等思想잇슬가

▲답々ᄒᆞᆫ사諸公들아東亞消息生覺ᄒᆞ소列强政策講究코저晝夜奔忙不暇커날垂傾危局此時代에置身處地無事ᄒᆞ거니本世事樂ᄒᆞᆫ듯가國家觀念少有ᄒᆞ면此等思想잇슬가

▲담々ᄒᆞᆫ사諸公들아浚世曖昧生覺ᄒᆞ소日月幾許流波에八十百年能保코得失消長보앗ᄂᆞ냐萬年遠與ᄒᆞᆯ이업거ᄂᆞᆯ(?)觀念少有ᄒᆞ면此等思想잇슬가

▲俱樂園을지랴커든此時부터拯救ᄒᆞ야其基礎鞏固ᄒᆞ다가노코저ᄒᆞ生命培養ᄒᆞ야稼穡數를세워노코自由文明發展ᄒᆞ야新屋宇建築後에與少樂々ᄒᆞ고與衆樂々ᄒᆞ여보소

廣告

本人夜幌崔永淳許所推錢壹千兩票夜幌崔順興許所推錢七百兩票銅峴黃濟豐所推五百兩票麻浦金永根許所推三千五百兩票合四張本月日에仁港셔失萬하얏스니內外國人誰某ㅣ던지得之라도休紙施行홈

仁川 鄭允學 告白

全州族譜가多年遷延이더니今年夏間에는譜事竣工하기로茲에仰布하오니金宗은勿以爲漏하심을望홈

京西小門外治洞廿六統九戶 全氏大同譜所 告白

本人의姓名圖章을被盜하야月貳拾三日夜에失하얏기勿施之意로茲에廣布홈

西部阿峴 金興模 白

豫約募集

學部大臣李載崑題辭 度支部司計局長元應常序文 學部編輯局長魚允迪序文 京城簿記學校長鄭澤鹿之助著

一新式家計簿記學教科書

定價金六拾五錢

右ᄂ國漢文으로獨習用에供키爲하야譯述홈이라

豫約五拾五錢外에郵稅四錢을添付하야送金順序로六月二拾五日부터陸續發交하시옵

六月末 限

京城壽町二丁目卅七番 京城簿記學校

本所에셔尹世豐씨를水商代表로所願을選任하얏더니前後處事가萬々不適하기로本人等이一切拒絕하야尹씨ᄂ永爲辭退하얏고故로其犯過를左開布告하오며自今爲始하야事務를廣層攬하오니僉君子ᄂ照亮홈

前水商共業所水商總代 朴容煥 李太乙 韓命壽 等白

左開

一 本所에셔不知하게事務員保證金이라假稱하고五拾兩을[illegible]

[illegible]

隆熙二年 月 日

◉特別廣告

弊店이設立以來로僉君子의愛顧하심을多蒙하온바今에營業을發展擴張키爲하야大邱諸客舍基地新作路通頭에十三間家屋을新建築移接하고[illegible]彥의所請대로信用爲主하오니知諸僉君子ᄂ另加愛護하심을伏望홈

大邱北門外 東美 商店

[illegible]

此外에도不正事實이不小하나姑先如右佈告홈

北二面々長 鄭양화 告白

學債權者가會同하야好樣措處ᄒᆞᆯ意로公議하얏사오니金錢셔시ᄂ卽速入枉하시오

幹事 文昌鎬 白告

本社烟草ᄂ設立多月에漸至發達이온지前總務李鍾煥氏가被選故로改良ᄒᆞᆫ대에御賞南시가被選ᄒᆞᆫ바前日製造品에猶未盡善者를益々改良하와京鄉愛喫하시ᄂ僉君子의盛意를供答ᄒᆞᆯ것슴기茲에廣告ᄒᆞ오니陸續請求ᄒᆞ심을務望홈

北斗[illegible]牛島製烟社 告白

韓美興業株式會社平北支社

大韓國平北紳士諸시가발起ᄒᆞ야皇城에在ᄒᆞᆫ美國人의組織ᄒᆞᆫ韓美興業株式會社定款에依ᄒᆞ야平北支社를組織ᄒᆞ고方針의大例ᄂ如左히홈

一 本社名稱은韓美興業株式會社平北支社니라

二 本社位置ᄂ義州에置ᄒᆞ되臨時事務所ᄂ馬驛會蓋社에定홈

三 株金은貳萬圜을二千株에排定홈

四 本支社營業은本社定款에依ᄒᆞ야着手홈

五 株金은隆熙三年六月拾壹日爲始ᄒᆞ야應募홈

六 規則與細則을詳知ᄒᆞ기爲하야本支社에來訪ᄒᆞ시면卽聞應홈

七 本支社株券은株主總會決議後發給홈

韓美興業株式會社平北支社 臨時役員

[illegible]

美國시아틀大博覽會 · 미국시아틀대박람회

經濟學原則에云ᄒᆞ얏스되夥多ᄒᆞᆫ貨物의分株홈을因ᄒᆞ야最大ᄒᆞᆫ權力이發生ᄒᆞᆫ다ᄒᆞ얏스니其權力을善用ᄒᆞ야可爲善이오其權力을誤用ᄒᆞ야可爲惡이라

本社之印章

其權力을其所物과及其產出者의改良進就함을爲ᄒᆞ야究全히善良ᄒᆞᆫ利用을하면其權力의強大홈이不可量일지라我韓美興業株式會社ᄂ大韓帝國의商工業의基礎를建築ᄒᆞ야其强力의[illegible]世界各國이不遠間에[illegible]나此局을爲ᄒᆞ야[illegible]產物出品[illegible]能力이[illegible]世界各方에[illegible]自其國家에[illegible]自己의게孤[illegible]知得ᄒᆞᆫ者로[illegible]無홈

AMERICAN KOREAN TRADING COMPANY · 韓美興業株式會社章

本社之商標

京城郵便局郵函第四號 韓美興業株式會社（大美國에리소나諸法律認可 駐大韓美國總領事館登錄）

本社의各處代理人의姓名은如左홈

開城代理人		京城南門外雜貨商店	盧昊洙
平壤代理人		平壤大同門內店	
成興代理人			
馬山浦代理人		馬山港	
元山代理人		元山港	
清津代理人		清津港	
水原代理人		水原	
安城代理人			
沙里院代理人	位置未定		
金泉代理人	位置未定		
海州代理人	位置未定		
天安代理人	位置未定		
群山代理人			
全州代理人	位置未定		
大邱代理人		大邱新田里	
釜山代理人	位置未定		
江景浦代理人	位置未定		
麻浦近代理人	位置未定		
春川代理人	位置未定		
永登浦代理人	位置未定		
永川代理人			
晉州代理人	位置未定		
金堤代理人	位置未定		
濟州代理人	位置未定		
義州代理人	位置未定		
江界代理人	位置未定		
漢城東部代理人			
鎭南浦代理人	位置未定		
定州代理人			
浦項代理人			
太田代理人			
滿浦代理人			
吉州代理人			
鏡城代理人			
兎山代理人	位置未定		
高原代理人	位置未定		
論山代理人	位置未定		
漢城西部代理人	位置未定	西部[illegible]門外[illegible]五十四統四戶	

第七卷

大韓每日申報

第壹千壹百廿壹號

月曆及時日休刊慶節

檀君開國四千二百四十二年
孔子元年三千三十一年
大韓開國五百十八年
日本明治四十二年
淸國宣統元年
陰己酉四月大十六日甲辰

Responsible for Publication Alfred Weekley Marnham.
發行兼編輯人英國人 萬咸
發行所 京城南部石井洞後外地三層洋屋 大韓每日申報社

論說

●自卑의國民은自滅의國民

韓國은自卑로亡흔다는壹言이世界人의月評에登흔지于今數十年에至今까지韓人의此根性이至去치못흐얏도다

大抵韓人은驕傲心이甚富흔民族이라彼土豪。鄕紳。官吏輩는姑舍흐고鄕村痴叟도敝冠을拂흐면서齒尊을自誇흐며庶底小兒도家譜를論흐면서兩班을盛呼흐야妄自尊大의弊風이頗히人의目을驚흐느니其驕傲의心이實로世界에冠흔다하야도過言이아니로다

然이나此는全혀自家同胞에개對흔痼習뿐이오及其外人을對흐야는其卑屈의醜態가亦是世界에稀見흔바ㅣ라嗚乎라同胞에개對흐야는如彼其驕傲흐다가外人에개對흐야는如此其卑屈흐니此亦奇怪흔事로다

卑屈이旣其如此흔지라以故로外人이作色만흐면敢近치도못흐며以故로外人이大喝만흐면仰覩치도못흐며以故로外人이行흐는路에는幷肩도못흐며以故로外人이坐흔席에는爭議도못흐며以故로外人이寶市街를占領흐면戢々然移轉흐며以故로外人이村落에侵入흐면于々然避去흐며以故로外人이橫暴를逞하야도敢論치못흐며以故로外人이侮辱을加흐야도敢問치못흐며以故로外人이全國을蹂躪흐야도甘飴곳치受흐나니甚矣라自卑의禍가此에至흐도다

試思흐라韓國同胞여外人의勢力이아모리强大흐며外人의智能이아모리優越흘지라도彼도人이오我도人이니엇지彼를如是畏怯흐리오

向者에何許日人이揚言曰日人이韓人의土地를占有흐면彼韓人은모다山谷으로避入흐니人種의優劣을可知라흐얏다더라嗚乎라諸公이千餘年以前에在흐야日本의師傅가되얏던朝鮮民族으로今日에至흐야此等恥辱이日人의口로出흐니此ㅣ엇지聲을放흐고痛哭흘바ㅣ아니리오

大抵自輕흐는者는人이亦輕흐나니諸公은恒常自重흘지며다自侮흐는者는人이亦侮흐나니諸公은恒常自尊흘지여다

비록如此卑屈흠이全國同胞가皆然흠은아니나太槪如此흔者가亦不尠흐니此는吾儕가恒嘆흐는바로다

蓋國家는國民의集合物이라國家의權利를完全히흐고즈하면먼저其國民個々人의權利가完全흐여야可흘지니惟我諸公은自重흐며自尊흘지어다

▲隆熙三年 六月二日 官報

部令

農商工部令第一號(續)

壹 何年何月로何年何月까지何職에從事

賞罰

壹 何年何月何所에서如何흔事로受賞受罰

右는少無差異也

右 姓名印

第三號書式

在學證書

本籍

現住所

何某何男兄弟又는戶主 姓名 年月日生

本人이今般 貴校에入學許可를被蒙흐온바 貴校規則을堅守勤學흐며妄히轉학及退學치아니흠을茲에誓約흠

年月日 姓名印

誰某今般入학許可를被蒙이온바前記의誓約事項을堅守케흠은勿論흐고本人在학中에關흔事件은本人이負피하籍에解免흔後라도連帶흐야壹切保證흠

本籍
現住所
職業
正保證人 姓名印 年月日生

本籍
現住所
職業
副保證人 姓名印 年月日生

農林학校장 誰某 閣下

(完)

▲▲隆熙三年 六月五日 官報 壹

部令

警視廳令第壹號

波船營業團束規則을左와如히定흠

隆熙三年六月三日

警視總監 若林賚藏

波船營業團束規則

第壹條 波船營業을爲코ᄌᆞ흐는者는左開事項을具흐야所管轄警察官署를經由흐고警視廳에請願흐야許可를受흠이可흠其增減變更을爲코ᄌᆞ흐는時도亦同흠

(未完)

外報

●造艦費支出 倫敦電을據흔즉加奈陀政府는壹等裝甲巡洋艦數隻建造及同艦艦隊創設費로四百萬磅을支出흐다더라

●南淸의計劃 香港電을據흔즉滿洲銀行에對흐야南淸人은淸衙門의援助를受흐야滿洲에銀行과礦山及山林事業을發展키爲흐야南淸과北淸等地에셔資金을募集中이라더라

●鐵道條約調印 北京電을據흔즉粵漢鐵道條約은本月六日에調印흐앗는데借款五百五十萬磅中貳百五拾萬磅은湖北內에川漢鐵道費요二百五萬磅은湖南粵漢鐵道費요殘額五拾萬磅은雜費로用흘터이라더라

雜報

●證明規明 民有山林證明規則에對흐야一般人民이其詳細흔規程을不解흐야實施에障碍가되는故로大韓測量事務所에셔此를憂慮흐야農部에詳問흐고其履行規則을十三道에通知흐얏는데其規則은如左흐더라

壹 畧圖三張申請書三張證憑書類面里長保證書二度

右는土地證明規則을準흐야本郡에證明흠이可흠但證憑書類가無흐거든面里長保證書만有흐야도無碍

壹 畧圖貳張地籍報告二張

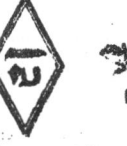

右는期限內에本郡에提呈

雜報

●下賜物品製造 統監伊藤博文은曾彌統監이赴任호後에追後渡韓홀預定인데自 上으로셔伊藤의게 下賜호실物品을現今美術工場에셔製造호다더라

●賞金支撥 農商工部所管某々官吏에게特別賞與金을頒給홀次로昨日內閣會議에셔預備金中四千五百圓을支撥호기로提議後上 奏 裁可되얏다더라

●職員錄編纂 內閣에셔各府部院廳에通牒호기를本年度職員錄을發刊홀터이니一般官吏의職姓名과品勳其他階級을來七月내로登寫繕送호라호얏다더라

●審查經會 內部에셔地方官審查會를經호後合格者六名을修定호야再明日內閣에請議호얏다더라

●接待準備 內部大臣朴齊純氏가新任曾彌統監이赴任홀時自己家에셔宴會를盛設호고統監을接待호기로準備中이라더라

●四派加登 現內閣을運動하는四派가有호다는說은昨報에揭載호얏거니와또登派가有호다는데日本에前往호얏던觀光團中某某가極力運動中이라더라

●學部大宴 翠雲亭을學部官人俱樂園으로建築혼다홈은累報어니와학部大臣李載崑氏가爲先經費幾千圓을支出하야洞口道路와蓮塘을新修築호얏다더라

●花月宴會 昨日下午六時에農商工部大臣趙重應氏는花月樓에宴會를設호고各道書記官及해部高等官을請邀接待호얏다더라

●韓三日四 內部에셔主事七人을增設혼다는데三人은韓國人으로四人은日本人으로叙任홀터이라더라

●民會熱心 漢城府民會에셔는日本觀光團歡迎하기를向等熱心이지라三四兩日에渡來호는觀光團을一齊出往迎接홀次로各학校에互通知호얏다더라

●畜亡規則 內部에셔는畜犬取締規則을발布홀터인데그要은飼養者의姓名을記호야革環으로項部에纏付호야飼養을表示호고그登錄한革環이無혼者는野犬으로認호야撲殺홀터이요三은狂犬病의罹혼者는即時撲殺호며咆哮狂躁로人畜을咬傷홀慮가有혼니口輪을堅固히繫鎖홀터이라더라

●李氏不明 慶北靈郡居호는李完氏는有志紳士로社會上에名譽가素著호더니近日에某處로仕宦을極力運動혼다고人皆批評혼다더라

●調查報告 私立鳳鳴學校에風波가激起혼事는累報호얏거니와학校主及학員間에相詰호는前後事實을警務廳에셔登々調查호야학部에報告호얏다더라

●調查何多 地方行政事務과收稅上에便利홈을取호야內部에셔각郡管下各郡의面里洞數와其他戶口를現今登々調查혼다는中이라더라

●釀金消暢 度支部司計局登記判任官諸氏는各其五十錢式收合호야昨日東大門外永道寺에出往호야暢消以歸호얏다더라

●新稅民怨 江陵郡金光里에셔는新三稅實施에對호야財務署에셔酒稅事項을調查호는데草에는白木乃至五拾本새지酒에는農民所釀不滿貳斗새지調查호는故로該民怨이頗히浪籍호다더라

●道路築怨 近日에京城內外處道路를附土增築호미로路左右에在혼家屋은漸至深陷호야雨天을當호면沉溺의患이有혼다고民怨이藉々호다더라

●商務承認 商務組合本部任員朴喜英鄭海宗시等이商務實施方針에對호야承認홈을請願호얏더니昨日上午十時量에內部醫務局에셔該人等을招對호야請後裏許를昭詳探查호얏다더라

●伺不分給 明禮宮庫直이時價로秀氏는帶宮債務를登々히推捧혼後에該物主에게價金을分給지아니홈으로各物主들이裁判을請호얏다더라

●呼訴上京 寧邊郡居李夏銓氏가該郡白嶺蓉峰等地에金礦을採掘홀事로請願承認호얏더니昌城郡居劉貞寬氏가李氏請願地를自己請願地라稱호야巡檢을率호고該地에赴호야登々採掘호는故로李氏가呼訴호기爲하야上京호얏다더라

●佩勳風波 太邱憲兵分遣隊에在勤호는幹事尉東元氏가去三月分에日本國으로勳八等瑞寶章을領受혼지라此章佩用次로表勳院에請願호얏더니該院에셔今佩佈치아니홈으로朴東元氏가代理人리浩허氏를表勳院에派送호야佩用認許與否를探問혼즉該院에셔下隸로호야금리氏를謝門外홈으로登場풍波가大起하얏다더라

●面長有人 尙州郡化北面々長李昌夏氏는面장의任을被혼지三年에恪勤奉公호며外交에嫻熟호야각面장의表準이된지라村々에셔碑가森立하고鄰郡에名譽가喧藉호다더라

●義兵消息 去月貳拾七日의任實郡阿山面面장嚴柱豪氏家의義兵拾貳名이侵入호야嚴氏의弟를毆打호얏고其翌日에는同郡靈溪面酒店吳明玉家의來호야吳시妻리召史를屋外의押出호야慘殺호고該宅에放火燒棄호얏고吳시를押去호얏는대其理由인즉吳이義兵의動靜을日兵의게密告혼嫌이라ᄒ며去月廿日의는義兵三拾餘名이各持銃劍호고古阜郡德林面面장家의來호야村民을捕縛호고面長의去就를問호거날徵稅次로出他호얏다答혼즉義兵等이面장의兄을毆打호고所捧稅額五圓六拾錢을收去호얏다더라

●總帽支店 리鍾皇鄭光瑞兩氏가鄭寅琥氏의총帽子支店을設置호고各物品을製造홀次로學習生을現今募集혼다이라더라

●器工發達 京鄉有志紳士某々氏가資本을募集호야南門外普光里等地에器工會社를設立호고農工에適用홀各樣機械를貿入호야模倣製造혼다더라

●李氏追悼 本月五日下午四時에把成學校에셔李鍾濬氏追悼會를設行호얏는데來參人員이七拾六人이라吳仁鐸氏는리鍾濬氏의歷史를陳述호고金登善崔相浩玄은安國善諸氏는허氏平日에獻身教育홈을闡揚호며悲悼혼眞詞를演布호미허氏의親姪李承雨氏가哀感혼意로答辭하얏다더라

●婦人熱誠 端川郡居巾召史는靑年에孤孀이되야針工으로資生호더니近日教育에急務됨을覺悟호고百餘圓의金貨를出捐호야各社會와學校에補助호얏는데如此혼婦人은女子界에모範이되깃다고허郡人의稱頌이有호다더라

●義將被捉 去十日夜에全羅南道光州義兵將金吉시는該郡警察署에被捉되얏다더라

●配花被捉 再昨日下午六時量에宮內府典祀라趙浩시別室家에셔花套局을設호고社會上에著名혼某々人의別室들이賭技호다가中部警察署에被捉호얏다더라

●湖南總會 湖南學會에셔本日上午十一時에定期總會를開호고特別事項을處理혼다더라

●學生講論 徽文學生親睦會에셔討論部를組織호야其所究혼科目으로次第講論호야知識을交換호는데今日下午貳時에晝常會를開호고南亭祐金載顯兩氏가講論을行혼다더라

●同志討論 靑年同志會의셔今日下午八時의討論會를安洞東義塾內의開호고實業발達의迅速홈은工學이勝於農學이란問題로討論혼다더라

學界

●論塾盛況 恩津郡論山義塾에셔壹齊斷髮호고該邑內聯合運動의往참호야幼年級生徒朴秀昌朴體泰兩人이最優等인故로滿場喝采에存志紳士와教師등同諸시가壹場勸勉호고賞品을優施호얏다더라

●沙湖發英 沙湖학校가設立有年에晝夜학徒가四餘名에達혼지라壹湖人士가極力賛成호며武橋韓龍植漆洞에吳서新草里徐漢準褒聯準諸시가多數百金額을捐付호얏고校長崔在학職員學龍準金顯喆諸시가極口賛成에熱心贊成혼다더라

●白郡運動 白川郡邑村各學校가陰三月十七日의大運動會를행호는데隊伍를整齊호고國旗를飄揚호며各科程으로競爭혼시觀光者如雲호야無不拍手喝采호며警兒를呈호거라當日賞品은該郡守金鳳薰시가自擔호얏스며又熱心勸勉호는效力으로境內學校數가四拾處오入學生徒數가壹千三百六拾人이라더라

●雲校興旺 黃海道載寧郡右栗面雲水學校는任員李鴻與魯春瑞崔順根等諸시가熱心敎育하야生徒가百餘名에達호고北校에屬支校가數三處이며又設校夜學科를設호고面內牧宜을募集호야晝夜로教育호는勤孜로該路시의熱心은人皆稱頌호다더라

●興明維持 白川郡邑內東明學校는設立혼己已經內閣에學生이貳百六拾餘人에達호야熱心做工호는就之望이有하나財政이窘揃호야困難之境에至하얏더니中諸시가該情況을愛惜히녀여優數혼金額으로捐助호야永久維持케호얏다더라

●鄭氏熱心 端川郡雙川里居鄭圭시가自己家에夜學會를建築호고學生을募集호야教育에熱心호는故로허氏가捌餘名을專擔호야永久維持케혼다고稱頌이藉혼다더라

●感荷賻儀

本社前社員姜有植氏가本社說氏喪事에對호야賻儀를寄贈호얏기玆에其盛意를謝호노라

▲大繩捕縛▼

▲至公無私아鋒錄이動 懲惡目的合아야復學과復日爲費盡心ᄭᅩᆫ옐지만改過遷善姑捨ᄒ고羣賊輩의縱橫홈이倍蓰尤甚ᄒ도다吏慣所激難堪이로壹大繩을풀어너여羣賊輩를最著者로登々補縛ᄒ여볼ᄭᅡ

▲學風來야ᄃ려보ᄂ下鄕奸吏賤種으로獨破國恩ᄒ여거던무ᄉ富貴不足ᄒ야 太監帶를束渡ᄒ기로渡的愁爾ᄒ얏스며觀光團을歡迎코자鳳鳴校의學生들을毆打ᄒ얏스니民國之賊네아니나壹大繩에捕縛ᄒ고

▲元世性아드려보아保安會의會長으로滿洲새지잡혀갈제네名譽가宏壯터니무삼狂魂드럿더나奸賊輩의紹介되여釜山鎭을풀어먹고徹頭徹尾卒業式에國旗竊盜ᄒ엿스니民國之賊네아니나一大繩에捕縛ᄒ고

▲宋根澔야ᄃ려보아너의동심根性이株約締結그功勞로上欽君父爲主ᄒ는下處에羅縣餘ᄒ야國의甲宮되엿거던良家女子잡어다가抑勒으로婢十숨어虐待滋甚홈연스니民國之賊네아니나壹大繩에捕縛ᄒ고

▲李容九야ᄃ려보아解辭賴雜類聚黨ᄒ야國家疆土爲喫ᄒ더니再次宣言ᄒ랴ᄂᆞᆫ지游留日本ᄒ였道年ᄒ奇々怪々ᄒ너의行動무숨關題指囑밧어二千萬同胞나게더니고浩然歸國ᄒ엿스니民國之賊네아니나壹大繩에捕縛ᄒ게

▲窮凶極惡群賊輩를주섬々々묵거다가歐美列强드러가서公平正直法官에게挫折鞭炙審判ᄒ야律文되로宣告ᄒ며斷不容貸執行後에宣告文을가져다가世界上에公布ᄒ야亂臣賊子무리들노惕然警懼ᄒ게ᄒ세

廣告

本人이漢城北部禮賓里岸谷三拾三統九戶金僴榮家文記와南部며造井里金成?拾五統五戶林德永家文記와合二丈을遺失ᄒ앗사오니內外國人간拾得ᄒ와도休紙施行ᄒᆷ

漢성西部崔豐烈 告白

本人의子明煥이가年今貳拾餘歲에無知沒覺ᄒ야不受父敎ᄒ고符同雜類ᄒ야出家數拾日에尙不還家ᄒ고他國人許에錢穀萬兩을得債云ᄒ니如有此事라도內外國人間勿見欺ᄒ심을望

西部西門內居梁仁植 告白

◎學員募集廣告

本校에서日語 算術 法律三科學員을增募ᄒ오니願學僉員은來拾五日(陰四月貳十八日)火曜日內로請願書를提呈ᄒ시옴

但詳細ᄒ節次ᄂ來問ᄒ옴

典洞私立中東夜學校 告

延安郡守莊明成氏가莅任數朔에瀕廢를捐ᄒ야學校를振興케ᄒ며邑內의民會와各面里의勸業會를組織ᄒ야民智를開導ᄒ며視務明曉ᄒ야聽訟也公正ᄒ며ᄯᅥ決爲綵詳ᄒ야壹郡老幼가成曰我侯가來何晩고ᄒ더니本郡居明範이ᄂ素以富豪之民으로郡守를曾經ᄒ人이라其黨鄭昌薰陸源東金彰鎬劉聖五等四人으로連腸ᄒ고本郡南大池開墾事에對ᄒ야內部에呼訴ᄒ야該池를民有로認許를承出ᄒ야開墾을禁遏ᄒ다하며京畿ᄂ渠之自當이라ᄒ고郡民代表라自鳴ᄒ며挺身出頭ᄒ야昨年陰六月以後로上部의屢次呈訴ᄒ다가畢竟部許도承出치못ᄒ고旣內人民의게懸言ᄒ기를認許狀이將次下來ᄒᆯ터이니遷間訴費가二千三百九拾餘圜이라ᄒ고壹萬六百貳拾四戶에每戶三十二錢式分排督捧ᄒ야各面面長을招聚ᄒ야私設法門ᄒ고毆之囚之ᄒ며勒捧ᄒ金額이壹千七百餘圜이오其餘壹千六百餘圜은只今尙지督刷ᄒ며不當ᄒ該南大池를全築ᄒ다稱ᄒ고役所를設置ᄒ고各面面長의게公函ᄒ야大面은役夫貳百四五十名式小面은七八十名式分排ᄒ야不顧農務ᄒ고赴役을督促ᄒ시所以로壹郡之民은廢農ᄒ境遇를當ᄒ야怨聲이漲天ᄒ지라莊郡守莅任之初에職事를調査ᄒ고嚴辭禁飭ᄒ야懿範ᄒ셔며前日郡守로和同ᄒ야郡民을脅制ᄒ며邑中大小事를無不干涉ᄒ던手段으로今日莊郡守에게公正ᄒ行爲가渠輩惡肚에不合ᄒ미藁를과器를同ᄒᆷ과如ᄒ야無??ᄒ事ᄂ莊郡守를排擠ᄒ야內部에誣訴ᄒ고猶爲不足ᄒ야陰三月分에其中明海豊果雜類數百名을煽動ᄒ야突人郡衙ᄒ야狂言悖說가罔有紀極ᄒ지라莊郡守가不勝憤완ᄒ야右項事由를緝報于觀察府ᄒ고壹邊으로請由歸家ᄒ야黃海道觀察府部장官稱ᄒ고本郡守崔鶴來氏와平山郡守尹氏分遷所管句長과農商工部書記官諸시가該事件에對ᄒ야諸般虐政에民難支保라ᄒ엿스나如斯ᄒ開明世代에이러ᄒ事狀이어대잇ᄒ리오所謂禁斷의如何ᄒ罰金을徵收ᄒ며施政改善하ᄂ境遇에酷政理由가萬無ᄒ지고直貴遷?로壹郡이壹々히顯露ᄒ지라所謂顧案道에請願ᄒ고三四百名이又爲聯名ᄒ야內部에請願ᄒ앗ᄂ데尙今還官치아니ᄒ니郡內人民이과足上來ᄒ야內部에齊顲ᄒ더이기로爲先事由를廣布ᄒᆷ

延安郡人民代表人崔光襄

本郡守崔鶴來시가赴任後愈先務로學校를興旺케ᄒ고學生을廣集ᄒ야熱心으로勸학ᄒ외本塾壹般學生이ᄯᅥ시의熱誠을賴涵ᄒ야학業이時日滑進ᄒ야大有進就之望이거ᄂᆯ大韓每日申報壹千壹百六號廣告欄內에何許輩가元延瓚의名字를冒借ᄒ고本郡守의對ᄒ야火災를稱托ᄒ고학校義捐金二百餘圜을沒呑ᄒ엿다ᄒ說과其他諸般誣說로廣告ᄒ것이萬不據理ᄒ옵기玆에廣佈ᄒ오니壹般同胞ᄂ如斯悖類를痛諸遠裔ᄒ야學界上에妨害가無케ᄒ심을敬要

奉安郡華陽義塾
塾監 李基升
塾監 羅潤光
事務 金圭恒 告白

五月二拾七日에出發ᄒ大韓每日申報壹千壹百六號欄內廣告를接見ᄒ은즉何許無賴雜輩가本人의元廷瓚姓名字音相似를冒稱ᄒ고本郡守崔鶴來氏에게對ᄒ야諸般虐政에民難支保라ᄒ엿스나如斯ᄒ開明世代에이러ᄒ事狀이어대잇ᄒ리오所謂禁斷의如何ᄒ罰金을徵收ᄒ며施政改善하ᄂ境遇에酷政理由가萬無ᄒ지고直貴遷?로壹郡이壹々히顯露ᄒ지라所謂廣望이라睦路가何에當ᄒ며火災를當ᄒᆫ娼에學校義捐金沒呑ᄒ앗단말도落理가無據ᄒ고結營ᄒ앗단말도財務官吏가處々에列在ᄒ여些東些匣ᄯᅡ도實據證ᄒ거날郡守가容易히暗喫ᄒ리오初許히廣告ᄒ說은於理上欲毒도不當ᄒ거날何許悖類가或히眦眦心을含ᄒ엿던지本人의姓名音相似를假作ᄒ여廣告ᄒ엿사오니如此破落戶ᄂ世界上에妨害가多ᄒ오기拾八層地獄에投入ᄒ여永世에不容ᄒ올기로玆에廣告ᄒ오니壹般同胞ᄂ今此實告를正當的으로深知ᄒ시기를敬告ᄒᆷ

奉安郡元廷瓚 告白

◎韓美興業株式會社平北支社

大韓國平北紳士諸씨가발起ᄒ야皇城에在ᄒ美國의ᄂ스나道氏正法律第三編第貳章에依ᄒ야組織된韓美興業株式會社定款에依ᄒ야平北支社를組織ᄒ고方針의大例ᄂ如左히ᄒᆷ

第壹 本社名稱은韓美興業株式會社平北支社라ᄒᆷ
二 本社位置ᄂ義州에設置ᄒ되臨時事務所ᄂ白馬驛金鎣鈺家로權定ᄒᆷ
三 株金은貳萬圜인ᄃ二千株에排定ᄒᆷ
四 本支社營業은本社定款에依ᄒ야着手ᄒᆷ
五 株金은隆熙三年六月拾壹日爲始ᄒ야應募ᄒᆷ
六 規則與細則을詳知ᄒ기爲ᄒ야本支社에涵寄ᄒ시면郎?願應ᄒᆷ
七 本支社株券은株主總會를經ᄒ後應用ᄒᆷ

▲韓美興業株式會社平北支社臨時任員

社長 金鉉玉
副社長 白采詢
總務員 鄭濟原
會計員 林英駿 정宅周
書記員 張起鉉
監事 朴奉燁 金鎣鈺 鄭宅周

美國시아틀大博覽會 · 미국시아틀대박람회

皇城磚洞（京城郵便局私函第四拾號）韓美興業株式會社
（大美國에리쇼나道法律認可 駐大韓國美國總領事館登錄）

本社의各處代理人의姓名은如左ᄒᆷ

開城代理人 平壤代理人 咸興代理人 馬山浦代理人 元山代理人 清津代理人 水原代理人 安岳代理人 沙里院代理人 金泉代理人 海州代理人 天安代理人 群山代理人 全州代理人 大邱代理人 釜山代理人 江景浦代理人 麻浦代리人 農湖院代理人 永同代理人 木浦代理人 晉州代理人 金堤代理人 漢江附近代理人 義州代理人 江界代理人 漢城東部代理人 ?至代리人 宣州代理人 成津代리人 太田代理人 浦項代理人 鄭州代理人 吉州代理人 論山代理人 新安代理人 兎山代理人 濟物浦代理人 公州代理人 論山代理人 洪原代리人 漢城南部代리人

位置未定（各處）

開城南門外雜貨商店　平壤大西門內店洞　咸興西門外　馬山浦客主　元山港　清津港　水原北部장安동　安岳北部?安洞　沙里院?里旺新?校內　金泉市場共信商店　海州西?麻浦?拾二統五戶　水原?龍?長安洞　群山太井洞　漢城西部阿峴二百廿二統三戶　大邱新出里五十八統七戶　馬山浦午山里拾壹統九戶　西部龍山坊東幕契廿七統貳戶　西部麻浦貳拾七統二戶　陰竹?面?里　漢城?洞貳統壹戶　木浦南橋洞　馬山浦城山　金堤郡白石面水閣　南部漢江十八統二戶　義州社峴　黃州桃峴　性南里甘井洞四統五戶　鎭남巫龍井동　郭山郡　吉州郡　太田新?　浦項上里拾貳統拾二戶　烏?院漢城?濟洞貳統壹戶　吉州外?門外貳十捌戶　漢城?外相鳳洞二統二戶　延安?磨玉洞　兎山郡兎山市　開城南部?橋　太田新?　公州中灘面松亭里　咸興郡中荷里　西部?里門동百五拾四統四戶

盧旻洙　金相杰　李根宅　宋始憲　洪淳壹　崔?玉　張?拭　金?模

金東宣　鄭基煥　張석許　孫??　金以文　張樂臣　金흥東　김유東　邦元重　李孝稙　吳?泳　尹聖求　金?益　김敬錄　리?伯　辛?淑　리?浩　리?穀　權泰鉉　?鍾의　孫?宇　金?默　朴奉燁　朴?燁　金?榮　金?論　金時漸　郭?洙　宋?憲　리鍾滬　安?익　金?相　金?榮　?細?　?德?　宋?善　中?府　金?晳　朴勝俊

廣告

●嶄新宏壯活動寫眞
佛蘭西巴里城파떼兄弟商會漢城特派員이東大門內光武臺에서來六月捌日부터每日午后八点鐘中에活動寫眞을開設ᄒᆞᄂᆞᆫ데空氣를應用ᄒᆞ야發明ᄒᆞᄂᆞᆫ留聲器로歐米各國奇妙ᄒᆞᆫ歌曲과壯快ᄒᆞᆫ軍樂을吹奏ᄒᆞ며全國景致風俗을撮寫ᄒᆞᆫ新鮮美麗ᄒᆞᆫ寫本을每日別種으로交換ᄒᆞ오니恒常보아도서롭습나다

觀覽料
壹等 四拾錢
二等 二拾錢
三等 拾錢

本社烟草를設立多月에漸至發達이온ᄃᆡ前總務李輔炷氏가有故改差ᄒᆞᆫ대에趙寅南시가被選ᄒᆞ온바從日製造品에猶未盡善者를益々改良ᄒᆞ와京鄉愛吸ᄒᆞ시ᄂᆞᆫ僉君子의盛意를供答ᄒᆞ깃삽기玆에廣告ᄒᆞ오니陸續請求ᄒᆞ심을務望ᄒᆞᆷ

北部孟峴半島製烟社 告白

同胞에愛顧ᄒᆞ시기를望ᄒᆞ옵고完實ᄒᆞᆫ衣次와洋말을織組ᄒᆞ오니仁愛ᄒᆞ신君子ᄂᆞᆫ陸續來購ᄒᆞ심을望ᄒᆞᆷ

南門內尙洞敎堂前
韓興織組會社 告白

●隆熙四年曆發賣人募集公告

學部出版隆熙四年曆을발賣코ᄌᆞᄒᆞᄂᆞᆫ者ᄂᆞᆫ左記要項을遵ᄒᆞ야直接學部에請願ᄒᆞᆷ이可ᄒᆞᆷ

壹 請願期間은六月三拾日ᄭᆞ지限ᄒᆞᆷ

貳 請願書에ᄂᆞᆫ請願人의住所姓名과其所要部數를明記ᄒᆞᆷ이可ᄒᆞᆷ

壹人의所要部數ᄂᆞᆫ壹千部에下ᄒᆞᆷ을不得ᄒᆞᆷ

貳人以上이合同ᄒᆞ야발賣코ᄌᆞᄒᆞᄂᆞᆫ境遇에ᄂᆞᆫ其代表者壹人의名으로ᄡᅥ請願ᄒᆞᆷ이可ᄒᆞᆷ

三 請願者ᄂᆞᆫ請願書提呈ᄒᆞᄂᆞᆫ同時에其所要部數에對ᄒᆞᆫ賣下代金總額의拾分壹에該當ᄒᆞᆫ保證金을學部에納入ᄒᆞᆷ이可ᄒᆞᆷ

四 曆書발賣의定價ᄂᆞᆫ壹部金拾錢으로ᄒᆞ고발賣人의게ᄂᆞᆫ壹부金六錢으로賣下ᄒᆞᆷ

五 曆書印刷製冊은來九月三拾日에完了ᄒᆞᆷ

六 발賣人은印刷製冊이完了ᄒᆞ기前에其所要部數에對ᄒᆞᆫ代金總額에서前納ᄒᆞᆫ保證金을控除ᄒᆞ고其殘額을學部에納入ᄒᆞᆷ學部ᄂᆞᆫ右納人의順序에依ᄒᆞ야曆書를發送ᄒᆞᆷ
但曆書發送費ᄂᆞᆫ學部에서負擔ᄒᆞᆷ

七 발賣人이十月十日ᄭᆞ지所要部數에對ᄒᆞᆫ代金을納入치아니ᄒᆞᆫ時ᄂᆞᆫ發賣人될資格이消滅ᄒᆞᆫ者로見做ᄒᆞ고旣納ᄒᆞᆫ保證金은學部에서沒收ᄒᆞᆷ

八 代金納人ᄒᆞᆯ際에現金되代로相當ᄒᆞᆫ有價證券(公債證書又ᄂᆞᆫ政府의補助를受ᄒᆞᄂᆞᆫ會社銀行株券又ᄂᆞᆫ其債券)을提供ᄒᆞᄂᆞᆫ者에限ᄒᆞ야來十貳月末日ᄭᆞ지ᄂᆞᆫ金納入을延期ᄒᆞᄂᆞᆫ事도有ᄒᆞᆷ
但有價證券은時價의入割에換算ᄒᆞᆷ

隆熙三年六月 日 學部

本書林의廣告ᄂᆞᆫ庶可稱有ᄒᆞ옵기大韓의有償新發明ᄒᆞᆫ帽子로世界에廣告ᄒᆞᆷ

專賣特許驄帽子

登錄商票

中帽 山子 價金 五圓五〇〇 四五〇〇 三五〇〇 貳五〇〇
中帽 折子 仝上
女子用帽子 仝上
學徒帽子 價 二圓五〇〇 二〇〇〇 壹七〇〇

敬啓者本新發明ᄒᆞᆫ各樣各色驄帽子ᄂᆞᆫ圖와如히全體ᄅᆞᆯ馬毛의伸縮이無ᄒᆞ게編成ᄒᆞᆫ故로輕緻ᄒᆞ야春夏秋에冠用에適宜ᄒᆞ고多年을經過ᄒᆞ야도弊傷ᄒᆞᆷ이無ᄒᆞ고汗污ᄅᆞᆯ壹分時間만水에洗ᄒᆞ야即出ᄒᆞ면振洗ᄒᆞ기精潔如新ᄒᆞ야衛生에必要ᄒᆞᆫ지라天下에第壹이라世人의冠戴ᄒᆞᆯ最美ᄒᆞᆫ故로統監府에專賣特許를得ᄒᆞ고商標登錄ᄒᆞ얏ᄉᆞ오니各國人士ᄂᆞᆫ請求ᄒᆞ심을望ᄒᆞᆷ

定價ᄂᆞᆫ帽子마다四等으로分ᄒᆞ얏ᄉᆞ오니適合ᄒᆞ신거로請求ᄒᆞ시옵

大韓帝國京城南部銅峴大四街里玉虎書林附屬帽子商店

●本堂과支店에位置ᄂᆞᆫ如左

京城南大門內	仝 濟生堂本舖	李庚鳳
仁川外峴	仝 分店	李濟新
開城南大門內	仝 支店	具又賢
京城水閣橋	仝 分店	張基茂
平壤鍾路	仝 出張所	田恒[illegible]
元山上里	仝 支店	林[illegible]鳳
海州鍾路	仝	金洛[illegible]
釜山草梁	仝 出張所	朴昌鎭
馬山東城	仝 支店	孫雲卿
大邱達西橋	仝	崔寅[illegible]
鎭南浦后浦	仝 出張所	吳南[illegible]
沙里院場	仝	趙奎[illegible]
宣川邑內	仝 支店	魯晶權
晋州大安洞	仝	南正午
露國海蔘威	仝 出張所	朴宗煥
清國奉天府	仝	一宜
清國大連	仝	金鍾國
清國九連城	仝	元東杓
清國鳳凰城	仝 支店	王世昌
清國遼陽	仝	伊藤幸一
仝 煙台	仝	張浩[illegible]
仝 天津	仝 出張所	司馬靖
仝 營口	仝 支店	蘇喆艮

●其他內外國에設立된代理店特約店에數ᄂᆞᆫ紙面이不足ᄒᆞ야一一枚錄치못ᄒᆞ거니와隆熙三年五月三十日調査ᄒᆞᆫ表가如左ᄒᆞᆷ

內國에四千六百五十四處오
外國에八百六十九處오
都合五千五百二十三處也

京城 濟生堂大藥房本舖 告白

自宅治療 電氣帶廣告

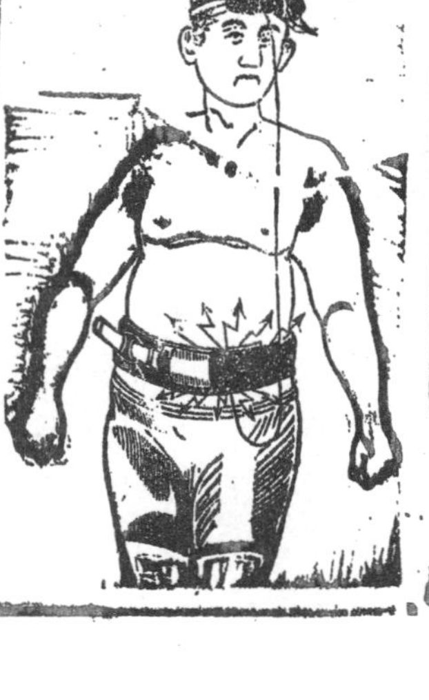

夫電氣之於人에爲關이甚大ᄒᆞ니人之百體가皆由電力支持ᄒᆞ야有電則生ᄒᆞ고無電則死ᄒᆞᄂᆞ니電氣之對症施治에見功取效之神速이百倍于藥ᄒᆞ니譬如中風癱瘓(不遂)痙攣麻痺等症은古來藥餌之所難治之病이ᄂᆞ然而至于今日ᄒᆞ야ᄂᆞᆫ醫道日進ᄒᆞ야以電氣施療에無不奏效ᄒᆞ니電之利用於人이豈淺鮮哉아今此電氣帶ᄂᆞᆫ係是英國醫學博士之所發明者也ㅣ라伊來數年에遍地球上所公認ᄒᆞ야無不見效故로購買者ㅣ다現計각國受效入證函이共三拾壹萬五千有餘則可知電氣帶治驗實效之確據요乃醫療界最爲特色者ㅣ也ㅣ라有患諸君子ᄂᆞᆫ早圖嘗試ᄒᆞ시ᄋᆞ

(主治效能)神經衰弱諸症不眠。遺精、早漏不快、陽위不起、消化器無力、慣習便結、消化不良。筋攣不良。遺尿。壹般內臟에衰弱。疝症。半身不遂。或全身不遂。手足厥冷、諸神經痛。頭痛腰痛。脚氣及脚痛。記憶力及忍耐力減退、癇疾

(婦人諸病)血分不足、月經不調、子宮病、惡阻、脊髓諸病、偏頭痛、不姙症。病後虛弱、帶下、窒塞攣縮症에無不如神

(使用法)은至極簡便ᄒᆞ야睡眠時나就業時에恒常腰間에環佩ᄒᆞ되小無妨碍ᄒᆞ고每日使用ᄒᆞ여서도壹個年以上을環佩ᄒᆞᆯ付屬品은頭痛時使用ᄒᆞᄂᆞᆫ것과除濕을包括ᄒᆞᄂᆞᆫ것이有ᄒᆞ오니請求ᄒᆞ실ᄯᅢ에腰圍를測量(미ᄯᅵ어밀에서허리를재오시오)ᄒᆞ야보니시면發電使用法과說明書를添付ᄒᆞ야小包代金便으로送呈ᄒᆞ깃ᄉᆞ옴

正價
上號 拾四圜 中號 拾貳圜

發賣所
皇城南部大廣橋十九統七戶
共愛堂大藥房

光武九年八月拾壹日 明治卅八年八月拾壹日〔第三種郵便物認可〕 火曜日 西曆壹千九百九年六月拾五日 (壹)

大韓每日申報

第七卷

第壹千壹百卄貳號

月曆及慶節 歲時日休刊

檀君開國四千二百四十二年
箕子元年三千三十一年
大韓開國五百十八年
日本明治四十二年
隆熙三年
陰己酉四月大二十八日丙午

Responsible for Publication Alfred Weekley Marnham.
發行兼編輯人 英國人 萬咸
發行所 京城中部水標橋外地三層洋屋 大韓每日申報社

論說

◉大人物을拜하라

古人이有言曰狐狸를拜하는者는狐狸와類하다하니誠哉라此言이여

大抵人類中에拜하는바가不壹하지마人을拜치아니하면物을拜하야或은禽을拜하며或은獸를拜하며或은鬼神을拜하나니禽을拜하는者는其人의所爲가禽이오獸를拜하는者는其人의所爲가獸오鬼神을拜하는者는其人의所爲가鬼神이니嗚呼라此가엇지狐狸를拜하는者ㅣ狐狸와類하다는所謂가아닌가

以故로吾人의平生動作이其拜하는바ㅣ를隨하야因果를生하나니哲學家를拜하는者는哲學家를作하고文學家를拜하는者는文學家를作하고法學家를拜하는者는法學家를作하고偉人을拜하는者는偉人을作하고鄙夫를拜하는者는鄙夫를作하며善男을拜하는者는善男을作하고妖物을拜하는者는妖物을作하야響이聲을隨함과如하며影이形을隨함과如하나니拜의關係가또한大치아니한가

試問하노니韓國同胞여諸公은如何한人物을拜코져하는가

勸하노니諸公은卑劣的、妖怪的、痴妄的人物을拜치말고高尙的、正大的、勇壯的人物을拜하야理想界에는루ㅣ소ㅣ又흔人物을拜하며氣力界에는克林威爾又흔人物을拜하며宗敎界에는마호멧又흔人物을비하며政治界에는噶蘇士又흔人物을비하야手로비하며心으로비하며血로비할지어다

萬壹不然하야無血虫又흔人物을拜하면其社會가壹無血虫隊列場을作할지니嗚乎라人을비하는者ㅣ엇지可戒치아니할리오

官報

◀隆熙三年六月五日 官報

廳令

警視廳令第壹號

渡船營業團束規則을左와如히定함 (續)

壹 住所職業姓名年齡(地方慣習에因하야共同營業을爲코저하는時는其代表者의住所職業姓名年齡)

貳 發着所又는寄船所의地名及略圖但發着所又는寄船所가官有地인境遇에는其使用願書(使用區域及面積을記載한現場並附近壹帶의略圖或工作物을設코저하는時는其設計書를添附할事) 他人의私有地인境遇에는其使用承諾書를添付함을要함

三 船舶의構造及積載定量

四 營業時間及渡船賃錢額

第貳條 營業에使用하는船은所有者가所轄警察官署에願出하야船體檢査를受함이可함船體를改修한時도亦同함

第三條 營業者는每年一回四月所轄警察官署의指定한日時와所에서船體의檢査를受함이可함

所轄警察官署에서必要가有함으로認한時는臨時檢査를或爲함

第四條 許可證을貸與하거나又는檢査證을轉用함이不可함

第五條 檢査證은船內易見處에釘附함이可함

第六條 所轄警察官署에서必要가有함으로認한時는營業船에構造其他營業上의設備에關한指示를或爲함

第七條 左開各號의壹에該當한境遇에는營業을停止하거나又는制限하거나或은許可를取消함이或有함

壹 營業上不美한行爲가有함으로認한時

二 交通水利其他公益에妨害가有함으로認한時

三 許可後에正當한理由가無하고壹個月以上을開業치아니하거나開業後壹個月以上休業한時

第捌條 警察官吏가暴風雨나漲水나其他事由를因하야渡航이危險함으로認한時는壹時船舶을禁止함이或有함

第九條 十八歲以上六拾歲未滿의男子로서身躰强壯하고又는操船技能에熟達한者아니면船夫가됨을不得함

第十條 船夫로서不美한行爲가有하거나或은營業上에不適當함으로認한時는警察官署에서其從業을禁止함

第拾壹條 左開各號의壹에該當한境遇에는五日以內로第壹條又는第貳條에依한願의區別을從하야所轄警察官署에申告하야許可證又는檢査證의換給或은再給을請願함이可함

壹 許可証又는檢査證에記載한事項에異動이生한時

二 許可證又는檢査證을遺失하거나又는毁損하거나或其文字가不明함에至한時

第十二條 左開各號의壹에該當한境遇에는五日以內로第壹條又는第二條에依한願의區別을從하야所轄警察官署에申告하야許可證又는檢査證을還納함이可함但第壹號의境遇에는相續人又는其家族이本條의節次를準行함이可함

(未完)

外報

◉[illegible]前否後可 伯林電을據한즉獨國樞密院에서는帝國議會에서否決된戰鬪艦四隻을建造하기로可決하얏다더라

◉露帝訪問 伯林電을據한즉露國皇帝는八月에丁抹皇帝를訪問하기로決定하얏다더라

◉反對幫助 同電을據한則希臘政府는土耳其에서反對하는구리트島問題를幫助하얏다더라

◉土帝巡遊 同電을據한즉土耳其皇帝는불쓰사、사로뇌가、다마스가스等諸市를巡遊하얏다더라

◉英海軍의無線電 倫敦電을據한즉英國海軍省에서는沿岸各地方及其他軍事上地點에無線電信中繼所를設하고私用케하기로提議하얏다더라

雜報

●御覽活動寫眞 大皇帝陛下께옵서 南西巡狩ᄒ시던事項으로昨日下午八時頃에 昌德宮內仁政殿東行閣에서活動寫眞을設行ᄒ얏는ᄃᆡ 大皇帝陛下께옵서 御覽ᄒ옵시고各皇族諸氏와其他各大臣이參觀ᄒ얏다더라

●留別會親任 伊藤氏가來韓홈을對ᄒ야統監府에서는盛大ᄒᆫ留別園遊會를開ᄒ기로準備中인ᄃᆡ該會를擧行ᄒᆯ時에는 大皇帝陛下께셔도 親臨ᄒ시기로內定되얏다더라

●勅使派遣 伊藤氏가今回에來韓ᄒ얏다가歸國ᄒᆯ時에韓國 大皇帝陛下께옵서某 皇族을勅使로任命ᄒ샤東京에派遣ᄒ실터이라더라

●移屬祭部 韓國皇族某의墳墓는從此로宮內府께셔祭典을行ᄒ며 殿 陵에附屬ᄒᆫ財産을總히宮內府에서管理ᄒ얏더니今番부터는內部에移屬ᄒ기로內定되얏다더라

●內閣協議 昨日午前拾壹時에總理以下各部大臣이內閣에會同ᄒ야各政務에關ᄒᆫ事件을協議ᄒ얏다더라

●日俸過多 明年度에는各府部院廳의預算이不足ᄒ다ᄒ야各部中月俸多數ᄒᆫ官吏와地方官을敍任ᄒ기로內閣에서協議中이라더라

●教師續聘 官立外國語學校의漢語教師杜方域氏의續聘案件을學部에서將次內閣에請議ᄒᆯ터이라더라

●親任式擧行 曾彌副統監은統監으로陞任ᄒ고伊藤統監은樞密院議長으로轉任ᄒ야昨日上午拾時에親任式을幷爲擧行ᄒ얏다더라

●新舊同伴 曾彌統監과伊藤樞密院장이親任式을擧行홈은別項과如ᄒ거니와兩氏가同伴ᄒ야本月二十日頃에渡韓ᄒᆯ預定이라더라

●護衛廢止 各大臣護衛費를隆熙二年度에四萬八千圜으로預算ᄒ야三年度에同額을定ᄒ얏는ᄃᆡ護衛員은日巡查가四名이오韓巡查가貳名이라[illegible]大臣이라도目下護衛ᄒᆯ必要가無ᄒᆫ故로將次廢止ᄒᆯ터이라더라

●[illegible] 宮內府大臣閔丙奭與侍從院卿尹德榮氏가再昨日同馬車로龍山에本人의建築ᄒᆫ八景園에前往消暢ᄒ얏다더라

●家僧反對 漢城府民會에서今番日本觀光團을歡迎ᄒ기爲ᄒ야漢城各坊曲에家僧의게齋出往迎接ᄒ라고指揮ᄒ얏더니該家僧들이反對ᄒ야曰觀光團出來ᄒ는ᄃᆡ歡迎이무슨歡迎이며또漢城府의指防도아니오民會에서自處로指揮홈이라ᄒ고批評이浪藉ᄒ얏다더라

●觀光歡迎 再昨日下午八時에日本觀光團壹行이南大門外停車場에到着ᄒ얏는ᄃᆡ漢城內各坊中仁平仁通誠明順化西坊과商務組合所와實進會及大韓新聞社皆信社와各學校中에는桂山文昌兩學校가出往迎接ᄒ얏다더라

●借金辭免 中樞院顧問李夏榮氏가昭義學校校長의任을請願辭免ᄒ고該校義捐金二百元을延拖不給ᄒ는故로該氏의吝財홈을莫不唾罵ᄒᆫ다더라

●郡守資格審查 道書記官會議를畢了ᄒᆫ後로內部에서各觀察使의薦報ᄒᆫ郡守資格을查審ᄒᆯ터이라더라

●貿卵過城 法部에서繙譯官을試取ᄒᆯ터인ᄃᆡ應試者의挾私가有ᄒᆯ까念慮ᄒ야各志願者의寫眞을壹々收取ᄒ얏다더라

●是非將起 日憲兵司令部通譯朴泳基氏가再昨日中部警察署에被捉ᄒ야多時間牢囚ᄒ얏다가還爲放送ᄒ얏다는ᄃᆡ該氏를無故히捉囚ᄒᆫ事에對ᄒ야日憲兵司令部와警察署에是非가將起ᄒᆯ貌樣이라더라

●歷史品輸去 徽文義塾內에在ᄒᆫ前觀象所有星宿分野圖와南北極圖를昌德宮內動物園의博物部歷史品으로將次輸去ᄒᆯ터인ᄃᆡ宮內府에서此意로學部에照會ᄒ얏다더라

●痘瘋預防 大邱警察署管內各郡에近日天然痘患者와赤痢患者가발生홈으로此를預防ᄒ기爲ᄒ야經費를內部에請求ᄒ얏다더라

●徵稅方針說論 中部警察署에서昨日에該管內의家屋稅徵收囑託ᄒᆫ各統首를招集ᄒ야徵收方針을說諭ᄒ얏다더라

●朴氏慈善 坡州郡坡平面々長朴薰陽氏가家勢도元來不贍ᄒᆫᄃᆡ窮歲民情을特念ᄒ야錢金을出捐ᄒ며穀包를貿得ᄒ야面內飢戶를三次賑給ᄒ얏다고稱頌이有ᄒ다더라

●浦項復舊 南來人의傳說을聞ᄒᆫ즉慶北延日郡浦項은素是魚鹽蕃産의財源豊富가嶺南에第壹이오豪商巨富가比屋彬々이다가幾年來商業이比前稍減ᄒ더니昨年에有志商民諸氏가近日에韓英興業株式會社의代理店을開設以後로前日財源을回復ᄒ기로熱心講究ᄒᆫ다더라

●死刑何多 京城監獄署에서義兵으로死刑宣告를受ᄒᆫ者가貳拾名에達ᄒ얏다더라

●城壁毀撤 東大門左右城壁을近近毀撤ᄒ고ᄒ야工事에着手ᄒᆯ次로不日間實地調査ᄒᆫ다더라

●龍江船遊 普成中學校職員諸氏가來日曜日에龍山江에前往ᄒ야船遊會를設行ᄒᆫ다더라

●騎馬演習 再昨日上午十時에韓國騎兵隊가訓練院에會集ᄒ야騎馬練習을實地擧行ᄒ얏다더라

●日巡行悖 三昨日下午四時에西部夜珠峴警察分派所近地에서勞働者數人이相詰ᄒᆫ際에日巡查貳名이來到ᄒ야不問曲直ᄒ고該勞働者中一人을毆打ᄒ야面部를重傷ᄒ야流血이淋漓ᄒ얏다더라

●何其自斃 南部靑寧橋居ᄒ는金榮秀氏는何等憾情이有ᄒ던지再昨日上午拾壹時頃에阿片을服ᄒ고因卽致斃ᄒ얏다더라

●義將越交 義兵將姜龍化氏는東署에被捉ᄒ야審查中이더니日昨京城地方裁判所로押交ᄒ얏다더라

●捉花放花 中部警察署에被囚되얏던趙浩氏의別室과其他其別室을昨日에審查放釋ᄒ얏다더라

●賊魁被捉 平北鐵山郡警察署에서數年來로賊黨이熾盛ᄒ야掠奪이無數ᄒ고放銃衝火ᄒ야人命을殺害ᄒ기로居民이困難其甚이러니新義州警察署에서探其賊所ᄒ고巡查를派送ᄒ야賊魁劉尙敦等十餘名을捕捉ᄒ야方在訊問中이라더라

●勞働被捉 大韓勞働會總務尹始炳氏가有何事件인지再昨日中部警察署에被捉ᄒ얏다더라

●午橋被賊 再昨日上午二時에南部午橋居ᄒ는張召史家에何許賊漢이闖入ᄒ야如干衣服什物等을竊取以去ᄒ얏다더라

●酒造討論 去土曜日下午壹時에酒造組合所에서酒類研究討論會를開ᄒ고酒味改良ᄒ기를討論ᄒ얏다더라

●任員改選 再昨日嶠南學生親睦會에서總會를開ᄒ고會長[illegible]泳氏辭免ᄒᆫ代에朴泰薰氏로評議員김爾英김應休兩氏辭免ᄒᆫ代에[illegible]秉洙김漢炳兩氏로選定ᄒ얏다더라

●智德演說 今日下午八時에宗橋禮拜堂內智德共新會에서鄭寅洙氏가靑年必知란問題로演說ᄒᆫ다더라

●靑館開演 今日下午八時에靑年會館에서演說會를開ᄒ고全奎植氏가演說ᄒᆫ다더라

學界

●安氏熱心 北間島瑞甸居安義緘氏가愛國愛民的思想으로敎育을發達코져到處마다學校를設立ᄒ고靑年을募集ᄒ는ᄃᆡ自己의困苦를不顧ᄒ고熱心敎育ᄒᆫ다더라

●敎育界의獻身 有志紳士朴[illegible]氏가北間島에靑年知識이曚昧홈을慨歎ᄒ고敎育을擴張ᄒ고져獻身的思想으로勞苦를不憚ᄒ고四方으로往來ᄒ며熱心敎育ᄒᆫ다더라

●補助補助 學部에서牧笛日立學校로設立三個年經費가窘絀ᄒ더니該郡義兵補助金에서[illegible]金俊植[illegible]安界[illegible]得成ᄒ야[illegible]醵諸시가金三拾圜을該校에寄附ᄒ얏다고西來人의稱頌이有ᄒ다더라

●兩校親睦 全北群山港私立永湖學校와公立普通學校兩學生들이親睦會를設立ᄒ야互相親睦ᄒ기를兄弟와如ᄒ거날該港人民들이該親睦會를模倣ᄒ다고人皆稱頌ᄒᆫ다더라

●老年熱心 北靑郡紳士金有[illegible]씨는年今九十에衰老를不憚ᄒ고時務를感覺ᄒ야克明學校를設立ᄒ고該黌還在金貳千圜과該民役畓八石落과境內紳士의寄附金百圜으로基本金을立ᄒ고私立學校令에依ᄒ야學部에請願承認ᄒ고方且高明ᄒᆫ敎師를延聘ᄒ기로廣求中이라더라

●興郡興南 忠남大興郡有志紳士가興南학校를設立ᄒ고校中鄭祺好氏는劉炳斗와贊成長朴琮학監趙戴明과學務[illegible]諸시는財政을自擔ᄒ고敎師崔秉昌시는敎育에熱心ᄒ는故로학徒가四十餘員에達ᄒ얏다더라

●三校運動 本月拾二日에加平郡馬場坪에서私立普成大成華成三학校학生들이聯合運動을行ᄒ얏는ᄃᆡ科目은旗取[illegible]三回兩人三脚高跳廣跳騎馬作戰각般競走等이오賞品은四科에分ᄒ야每科에三等或四等式區別施與ᄒ얏다더라

●捐助勸學 忠南泰安郡守[illegible]시는薦廉을義捐ᄒ야學塾을新設ᄒ고學徒를募集ᄒ야晝宵勤勉ᄒ는故로進就之望이有ᄒ다더라

●感荷賻儀 本社前社長裵說氏喪事에對ᄒ야洪[illegible]生이金貳圜을寄賻ᄒ얏기玆에其感荷를表ᄒ노라

◀又一勸告▶

▲民國腐敗革新홈이病者痼疾治療홈과其方法이一般이라病根부터極治後에補養之劑服用이오弊習부터極革後에善良之績現出키로韓人들에惡行爲를無限攻擊ᄒ거니와善良成績을望ᄒ야今玆覓告홈이로다

▲政黨界와官吏들아貧富强弱勿論ᄒ고勞働으로生活이라勞働者가만흐며는그나라가富强ᄒ고勞働者가적으며는그나라가衰敗어날諸君을노말홈진대主動者가아니런가아못조록奮發ᄒ야國家富强ᄒ여보소

▲社會上의人士들아人衆壓住ᄒ는것이在野群羊一般이라指導者가착ᄒ며ᄂ그群羊이安樂ᄒ고指導者가그르며ᄂ그群羊이混淆어날諸君을노말홈진대指導者가아니런가아못조록奮發ᄒ야人衆安樂ᄒ여보소

▲敎育界의靑年들아生存競爭ᄒᆫ다는것이知識優劣의由ᄒ야研究者가熱心ᄒ면그知識이優勝ᄒ고研究者가冷淡ᄒ면그知識이劣敗어날諸君을노말홈진대研究者가아니런가아못조록奮發ᄒ야知識優勝ᄒ여보소

▲全國內의人民들아列强幷立ᄒ는것이國合前後라그國民이國合ᄒ면그國力이健全ᄒ고그國民이離散ᄒ면그國力이腐敗어날諸君을노말홈진대全國民族이아니런가아못조록奮發ᄒ야國力健全ᄒ여보소

▲바라노라韓人들아그나라이富强ᄒ며그人衆이安樂ᄒ며그知識이優勝ᄒ며그國力이健全ᄒ면누가能히凌侮ᄒ며누가敢히拘束ᄒ리오因循姑息지니다가無何之境當ᄒ면後悔莫及ᄒᆯ터이니부ᄃᆡ省悟勉力ᄒᆯ소

廣告

本人의圖刻姓名圖章을陰四月十九日夜見失ᄒᆞ얏기玆에廣告ᄒᆞ오니誰某던지拾得ᄒᆞ야도無用으로施行ᄒᆞᆷ

古阜部鎭洞　鄭海杓　告白

奉人이法丁未四月日에安東邑居權千克處에蔚珍西面廣比洞所在ᄒᆞᆫ賑字員田八斗담九斗와奉化郡小川面自旨洞方字員田壹石沓拾貳斗合田壹石捌斗落과담二十壹斗落을買得ᄒᆞᆫ바其時證人은金士쳔인ᄃᆡ丁戊兩年秋獲을無弊收入이러니今春에蔚珍補助員金春瑞가以乎海之人으로厥土文券이自家에亦有다ᄒᆞ고田답厫乙處에證人을送ᄒᆞ야賭土를擅弄코ᄌᆞᄒᆞ고租包를攫去ᄒᆞ니邪人은新舊文券이昭在ᄒᆞ고契券이的確ᄒᆞᆫ와溯考ᄒᆞᆫ즉權千克은癸卯年에買得於原谷居李弘宇處ᄒᆞ야兩年收租後에移賣於本人ᄒᆞ니金春瑞之無據文券이ᄂᆞᆫ間挾雜은不問是圖賴에러補助員之依勢가孰不可忍이리오玆에廣告ᄒᆞ오니金春瑞之所謂文券은休紙로施行ᄒᆞ고內外國人은切勿見欺ᄒᆞᆷ

慶北奉化郡乃城居李道永告白

扶安辛基두孫吉瑞與澤餘等이符同鐫頸ᄒᆞ야本面담土壹千九百餘斗落을僞成文記에稱以都買ᄒᆞ고不給價錢而本人等圖章을偷捺證明云ᄒᆞᄂᆞᆫ故土가擧皆無實ᄒᆞ고且有公士混雜故로旣已三處ᄋᆡ告ᄒᆞ고且又廣告ᄒᆞ오니民外國人은切勿見欺賣買ᄒᆞᆷ

古阜部北部面　權相弼
德林面상　趙俯根

本人이再從姪祐承이(道承)性行이不敏ᄒᆞ야挾雜亂類로僞造文券ᄒᆞ야幾千兩式債得ᄒᆞ니內外人은切勿被欺ᄒᆞ시옵

東部壹洞　李禧宰

●特別廣告

本會ᄂᆞᆫ全國測量者가團合ᄒᆞᆫ大部分이니成立ᄒᆞᆫ目的은曰技術을檢定ᄒᆞ야不完全ᄒᆞᆫ測量者ᄂᆞᆫ合格되도록研磨ᄒᆞ며二曰手數料를規定ᄒᆞ야實地勝用케散亂無統ᄒᆞᆫ缺點을矯整ᄒᆞ며三曰檢定에合格ᄒᆞᆫ技術者ᄂᆞᆫ將來測量上에一切責任을本會에서擔當ᄒᆞ야依賴人의信用을完全케ᄒᆞᆷ이라以上의目的은公益을增進케ᄒᆞᄂᆞᆫ惟一의主義오又ᄂᆞᆫ精密ᄒᆞᆫ測量者의自由營業을阻礙ᄒᆞᆫ行ᄒᆞᄂᆞᆫ公理며正義어ᄂᆞᆯ近者에此를反對ᄒᆞᄂᆞᆫ者가突出ᄒᆞ야本會를詬担ᄒᆞ되曰公賊이라ᄒᆞ며曰犯罪라ᄒᆞ야構虛覓疵ᄒᆞ기를所謂總管者가金錢을濫討ᄒᆞ야私利를計圖ᄒᆞᆫ다ᄒᆞ나本會에서ᄂᆞᆫ規則을實踐ᄒᆞ야各社會의通行ᄒᆞᄂᆞᆫ入會金月捐金外에同業者의利益을分割ᄒᆞ거나各事務所의設立費를徵斂ᄒᆞᄂᆞᆫ謬弊가初無ᄒᆞᆫ즉如許ᄒᆞᆫ構担은不足宮卞이오又ᄂᆞᆫ測量者를束縛ᄒᆞ야自由營業을妨害ᄒᆞᆫ다ᄒᆞ나其所謂自由云者ᄂᆞᆫ技術이何如ᄒᆞᆫ지同胞를勒誘ᄒᆞ야手數料나濫捧ᄒᆞᄂᆞᆫ거슬謂ᄒᆞᆷ인가抑亦自由라何인지不知ᄒᆞ고猜妬習慣으로道道에謀毁코ᄌᆞᄒᆞᆷ인가吁彼冥頑曚昧ᄒᆞᆫ人이邪正黑白을不辨ᄒᆞ고鴟鴞胥動ᄒᆞᄂᆞᆫ麁習을妄肆ᄒᆞ니於是乎라報館에서도此等誣妄之說을誤認ᄒᆞ야論說雜報에屢回揭載ᄒᆞ니京鄕人心이因此滋惑ᄒᆞ야甚至於湖南與個人이十二道協議會라稱ᄒᆞ고本會門牌를摘拔ᄒᆞ다가警署에被捉ᄒᆞ야裁判所로押交ᄒᆞᄂᆞᆫ境에至ᄒᆞ니本會의遭此被誣ᄒᆞᆫ狀은自歸昭晳이라由此觀之컨ᄃᆡ人道上에固有ᄒᆞᆫ正義와公理ᄂᆞᆫ邪魔의敢侮ᄒᆞᆯ바아닌줄確証ᄒᆞ오며本會ᄂᆞᆫ此等無理ᄒᆞᆫ侮辱과困難이有ᄒᆞᆯ사록愼重自持ᄒᆞ야測量界에不可缺ᄒᆞᆫ機關을鞏固維持ᄒᆞ도록注意ᄒᆞ오니京鄕간同業僉彦은疑點을頓釋ᄒᆞ시고實地에勤勵ᄒᆞ야務圖和沖ᄒᆞ며增展公益케ᄒᆞ시옵

大韓測量總管會

本人子元鎭學業次離家三朔無信息故仰布某處住在知音聞勸送ᄒᆞᆷ

殿學部上安面艾井洞梁葛槍白

本人의名字錫祈를珪鎬로改稱ᄒᆞ오니知舊間照亮ᄒᆞᆷ

平南龍岡三存面廣福里任珪鎬

本人의子明煥이가年今貳拾餘歲에無知沒覺ᄒᆞ야不受父敎ᄒᆞ고浮浪雜類ᄒᆞ야出家數拾日에尙不還家ᄒᆞ고他國人許에錢幾萬兩을得債云ᄒᆞ니如有此事라도內外國人切勿見欺ᄒᆞ심을望ᄒᆞᆷ

西部西門內居梁仁植　告白

豫約募集

學部大臣李載崑題辭
度支部司計局長元應常序文
學部編輯局長魚允迪序文
京城簿記學校長柳瀞鹿之助著

新式 一家計簿記學教科書

定價金六拾五錢

右ᄂᆞᆫ韓兩文으로獨習用에供키爲ᄒᆞ야著述ᄒᆞᆷ이라豫約五拾五錢外에地方은郵稅四錢을添付ᄒᆞ야送金順序로六月二拾五日부터陸續送交ᄒᆞ시옵六月末日限

京城壽町二丁目卅七番　京城簿記學校

●嶄新宏壯活動寫眞

佛蘭西巴里로붓터兄弟商會漢城特派員이東大門內光武臺에서六月捌日부터每日午后八点鐘부에活動寫眞을開設ᄒᆞᄂᆞᆫ데空氣를應用ᄒᆞ야發出ᄒᆞᄂᆞᆫ留聲器로歐米各國奇妙ᄒᆞᆫ歌曲과壯快ᄒᆞᆫ軍樂을吹奏ᄒᆞ며全世界風俗을撮寫ᄒᆞ야新鮮美麗ᄒᆞᆫ畫本을每日新題으로交換ᄒᆞ오니僉彦은常보아도시옵소서

觀覽料
壹等　四拾錢
二等　二拾錢
三等　拾錢

大韓國平北紳士諸씨가발起ᄒᆞ야皇城에在ᄒᆞᆫ英國이의ᄉᆞ나道被正法律第拾三編第貳章에依ᄒᆞ야組織된韓美興業株式會社定款에依ᄒᆞ야平北支社를組織ᄒᆞ고方針의大例ᄂᆞᆫ如左ᄒᆞᆷ

第壹　本社名稱은韓美興業株式會社平北支社라ᄒᆞᆷ
二　本社位置ᄂᆞᆫ義州에置ᄒᆞ되臨時事務所ᄂᆞᆫ白馬驛金鎔鉉家로權定ᄒᆞᆷ
三　株金은貳萬圓을二千株에排定ᄒᆞᆷ
四　本支社營業은本社定款에依ᄒᆞ야着手ᄒᆞᆷ
五　株金은隆熙三年六月拾壹日爲始ᄒᆞ야募集ᄒᆞᆷ
六　規則與細則을詳知ᄒᆞ기爲ᄒᆞ야本支社에通寄ᄒᆞ시면卽時回應ᄒᆞᆷ
七　本支社株券은株主總會를經ᄒᆞᆫ後應用ᄒᆞᆷ

▲韓美興業株式會社平北支社臨時任員

社長　金鉉玉
副社長　白宗詢
總務員　鄭濟原
會計員　林英俊
書記員　張鳳鉉　재宅周
監事　朴泰燁　金鳳鉉　鄭鳴周

미국시아들대박람회 · 米國시아들大博覽會

可爲善이오其權力을用ᄒᆞ야可爲惡이라

本社之印章

其權力을用ᄒᆞ야可爲善이오其權力을用ᄒᆞ야可爲惡이라

經濟學原則에云ᄒᆞ얏스되夥多ᄒᆞᆫ產物의分排ᄒᆞᆷ을因ᄒᆞ야最大ᄒᆞᆫ權力이發生ᄒᆞᆫ다ᄒᆞ얏스니

其權力을其產物과及其產出者의改良進就ᄒᆞᆷ을爲ᄒᆞ야完全히發展ᄒᆞ게利用ᄒᆞ면其權力의强大ᄒᆞᆷ은不可量ᄒᆞᆯ지라我韓美興業株式會社ᄂᆞᆫ大韓帝國의商工業으로基礎를建築ᄒᆞ야面目을改良이便捷ᄒᆞᆫ强力의團體이오니世界各國이不遠間에韓國의產物이有ᄒᆞᆷ을知得ᄒᆞ깃ᄉᆞ오니此目的이非他라本會社에셔大韓同胞을代表ᄒᆞ야韓人의能히產物出産ᄒᆞ는能力이有ᄒᆞᆷ을世界에發表ᄒᆞᆷ이以ᄒᆞ야眞相의材料를得ᄒᆞ야各自身分이自其國家에對ᄒᆞ야擔負ᄒᆞᆷ이有ᄒᆞ고其國家가自己의게孤負ᄒᆞᆷ이無ᄒᆞᆷ을知得ᄒᆞᄂᆞᆫ者로ᄒᆞ여금聯合ᄒᆞ기를願ᄒᆞᆸᄂᆞ이다

本社之商標

皇城磚洞(京城郵便局郵函第四拾号)韓美興業株式會社
(大美國에리소나邇法律認可　駐大韓國美國總領事館登錄)

本社의各處代理人의氏名은如左ᄒᆞᆷ

代理人	位置	住所	氏名
開城代理人		開城南門外雜貨商店	金東宣
平壤代理人		平壤大同門內店	鄭基煥
咸興代理人		咸興西門外	韓錫祚
馬山浦代理人		馬山港	孫敬宇
元山代理人		元山港	金以文
濟州代理人	位置未定	濟州港	金咸臣
水原代理人	位置未定	水原北부後安동	金유봄
安城代理人	位置未定	水原남부後安동	金유봉
沙里院代理人	位置未定	漢城東부往府里旺新학校內	邦元生
金泉代理人		漢城中部外相思동貳統三戶	李學植
海州代理人	位置未定	漢城서부마浦三十壹統五戶	吳悅泳
天安代理人	位置未定	水原北부장安동	尹聖求
群山代理人		群山大井洞	黃作益
全州代理人	位置未定	漢城西부阿峴二百廿二統三戶	金晳璟
大邱代理人		大邱薪田里五拾八統七戶	리상召
釜山代理人	位置未定	馬山浦舊山里拾壹統九戶	辛淑
江景浦代理人	位置未定	西部龍山坊東幕中契廿七統貳戶	張寬浩
麻浦附近代理人		西部麻浦貳十七統三戶	리희啓
臨陂代理人	位置未定	臨陂南山里	權秉鐵
東萊代理人	位置未定	東萊城郊等貳統壹戶	安용익
木浦代理人		木浦南橋동	文德宇
晋州代理人	位置未定	晋州馬山浦城山	孫宗益
金堤代理人	位置未定	金堤郡白石面水閣	김升默
漢江附近代理人		남부漢江拾八統貳戶	리奉燁
龍川代理人	位置未定	龍川枇峴　龍琴玉	박奉燁
義州代理人	位置未定	義州枇峴　張齊拭	朴學鎬
江界代理人		往十里ᄂᆞᆫ甘井동四동五戶	張鍾翰
漢城東部代理人	位置未定	頭남浦井洞	金寅漸
漢城西부代理人	位置未定	郭山郡　兪相杰	郭鍾琥
定州代理人		吉州郡　李根宅	리鍾龍
城津代理人		浦頭ㄴ里拾二統拾貳戶	宋貴憲
浦項代理人		太田新대　宋納憲　洪淳奎	宋貴憲
太田代理人		烏致院漢城等二統壹戶	安貞익
淸州代理人		吉州西門外홍二拾八戶	金萬섭
吉州代理人		漢성中部外相思동二統三戶	李學相
鏡山代理人		延安部磨玉洞	李錫榮
延安代理人		兎山郡兎山市	李錫煥
兎山代理人		開城南部都橋	曺致鎬
濟州浦代理人	位置未定	太田新대　金敎模　洪淳壹	宋炳憲
公州代理人	位置未定	公州中灘面松亭里	宋時淵
論山代理人	位置未定	成歡驛前商店	俞吉鉉
成歡代理人	位置未定	서部西門外百拾四統四戶	朴聖俊
漢성西部대리人			

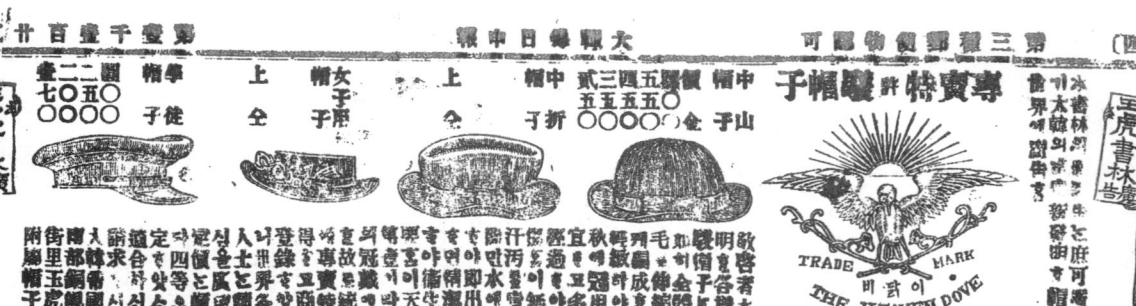

光武九年八月十一日第三種郵便物認可 【第三種郵便物認可】 日曜日 西曆一千九百九年六月六日 (壹)

大韓每日申報

第七卷

第壹千壹百卄三號

月曜及慶節
歲時日休刊

檀君開國四千二百四十二年
箕子元年三千三十一年
大韓開國五百十八年
日本明治四十二年
清國宣統元年
歲己酉陰曆四月大十九日丁未

Responsible for Publication Alfred Weekley Marnham.
發行兼編輯人 英國人 萬咸
發行所 京城南部苧洞外地三層洋屋 大韓每日申報社

論說

◎儒敎擴張에 對ᄒᆞᆫ 論

噫矣라 近日儒敎擴張說이여 東唱西和ᄒᆞ며 左呼右應ᄒᆞ야 昨日에 壹會가 立ᄒᆞ며 今日에 壹敎가 立ᄒᆞ야 五色의 旗幟가 齊飜ᄒᆞ니 嗚呼라 儒敎가 果然擴張되ᄂᆞᆫ가 吾儕도 儒敎擴張을 歡迎ᄒᆞ노니 何故오 盖數百年來 韓國에 儒敎의 勢力이 勃々ᄒᆞ야 人情도 儒敎가 多ᄒᆞ며 風俗도 儒敎가 多ᄒᆞ며 習慣도 儒敎가 多ᄒᆞ야 此敎로 以ᄒᆞ야 惟新의 國敎를 作ᄒᆞᆷ에 至ᄒᆞ얏나니 今에 果然儒敎의 勢力을 擴장ᄒᆞ야 文明의 풍潮를 歡迎ᄒᆞ면 民國의 幸福을 作ᄒᆞᆷ이 實로 輕少치아니ᄒᆞᆯ 所以라

然이나 儒敎擴장의 道ᄂᆞᆫ 儒敎의 眞理를 擴장ᄒᆞᆷ에 在ᄒᆞ니 萬壹不然ᄒᆞ면 擴장은 姑舍ᄒᆞ고 도리혀 滅亡케 ᄒᆞᆷ이니라

何故오 萬壹儒敎擴장을 唱ᄒᆞᄂᆞᆫ 者가 其眞理를 背馳ᄒᆞ야 賣國奴의 醜行으로 賞金이나 鈞得ᄒᆞ며 仕宦이나 盜取코ᄌᆞᄒᆞ야 儒敎擴張을 唱ᄒᆞᄂᆞᆫ 者ᄂᆞᆫ 國家의 賊이오 儒敎의 賊이며

愚學者의 盲眼으로 尊華主義나 主張ᄒᆞ며 頑固思想이나 皷吹코ᄌᆞᄒᆞ야 儒敎擴張을 唱ᄒᆞᄂᆞᆫ 者ᄂᆞᆫ 文明의 賊이오 儒敎의 賊이며

綱外黨의 妖術로 儒敎나 憑藉ᄒᆞ며 同胞나 誘導코ᄌᆞᄒᆞ야 儒敎擴張을 唱ᄒᆞᄂᆞᆫ 者ᄂᆞᆫ 社會의 賊이오 儒敎의 賊이라

果然如是ᄒᆞ면 此가 儒敎를 滅亡케 ᄒᆞᆷ이아니오 何인가

嗚乎라 所謂儒敎擴장家여 儒敎를 擴장코ᄌᆞᄒᆞ면 儒敎의 眞理를 擴장ᄒᆞ야 虛僞를 棄ᄒᆞ고 實학을 務ᄒᆞ며 小康을 棄ᄒᆞ고 大同을 務ᄒᆞ야 儒敎의 光을 宇宙에 照ᄒᆞᆯ지어다

萬壹不然ᄒᆞ야 聖賢을 誣ᄒᆞᆫ 儒敎家와 名義를 盜ᄒᆞ야 偉安ᄒᆞᆫ 賣國賊의 手段을 作ᄒᆞ면 世界人이 모다 皷噪ᄒᆞ야 攻ᄒᆞᆯ지며 世界人이 모다 筆을 正ᄒᆞ야 誅ᄒᆞᆯ지니 엇지 戒懼ᄒᆞᆯ바아니리오

近日儒敎擴장說의 亂起ᄒᆞᆷ을 隨ᄒᆞ야 衆眼이 如電ᄒᆞ며 衆口가 如雷ᄒᆞ야 奇怪ᄒᆞᆫ 說이 沸騰ᄒᆞ나 吾儕ᄂᆞᆫ 아즉 筆을 停ᄒᆞ고 妖怪輩의 面目을 靜探ᄒᆞ야 大射를 試코ᄌᆞᄒᆞ노라

官報

▲隆熙三年 六月五日 官報

閣令

警視廳令第壹號

渡船營業團束規則을 左와 如히 定ᄒᆞᆷ

(續)

壹 營業者가 死亡ᄒᆞ거나 又ᄂᆞᆫ 去處不明ᄒᆞᆫ 時

二 廢業ᄒᆞ거나 又ᄂᆞᆫ 廢船ᄒᆞᆫ 時

三 船體를 放賣ᄒᆞ거나 又ᄂᆞᆫ 讓與ᄒᆞᆫ 時

第拾二條 營業者가 休業코ᄌᆞ ᄒᆞᆯ時ᄂᆞᆫ 所轄警察官署에 申告ᄒᆞᆷ이 可ᄒᆞᆷ

第十四條 營業中에 左開各號를 遵守ᄒᆞᆷ이 可ᄒᆞᆷ

壹 不潔ᄒᆞᆫ 衣裝을 着用ᄒᆞᆷ을 不得ᄒᆞᆷ

二 酩酊ᄒᆞ야 就業ᄒᆞᆷ을 不得ᄒᆞᆷ

三 正當ᄒᆞᆫ 理由가 無ᄒᆞ고 乘船의 請求를 拒絶ᄒᆞ거나 又ᄂᆞᆫ 出船을 遲延ᄒᆞᆷ을 不得ᄒᆞᆷ

四 各幾의 如何ᄒᆞᆷ을 不拘ᄒᆞ고 定額外에 賃錢을 請求ᄒᆞᆷ을 不得ᄒᆞᆷ

五 積載定量에 超過ᄒᆞᆷ을 不得ᄒᆞᆷ

六 他船과 競爭ᄒᆞ거나 又ᄂᆞᆫ 危險ᄒᆞᆫ 行爲를 爲ᄒᆞᆷ을 不得ᄒᆞᆷ (未完)

外報

◎兩派衝突 紐育電을 據ᄒᆞᆫ즉 布哇오아후에서ᄂᆞᆫ 罷業派와 非罷業派間에 衝突이 極度에 達ᄒᆞ얏다더라

◎船主同盟成立 伯林電을 據ᄒᆞᆫ즉 德國國際船主同盟은 成立되얏다더라

◎彈庫爆發 同電을 接ᄒᆞᆫ즉 澳國皇室料地가리시아에 在ᄒᆞᆫ 구라코彈藥倉庫가 爆發되얏다더라

◎露都虎患 同電을 據ᄒᆞᆫ즉 露都에서ᄂᆞᆫ 虎列剌病이 再次발生ᄒᆞ얏다더라

◎小亞騷擾 倫敦電을 據ᄒᆞᆫ즉 小亞細亞아다나에서 騷擾가 발生ᄒᆞᆫ 結果로 本月七日ᄭᆞ지 逮捕되얏ᄂᆞᆫ 回々敎徒가 四百八十五名이요 回々敎徒外에 壹百十七名이라더라

◎犯罪발覺 倫敦電을 據ᄒᆞᆫ즉 美國오하이오州마리온地方의 警官은 伊人이 秘密結社本部를 發ᄒᆞ고 美伊兩國에서 殺人掠奪과 其他許多ᄒᆞᆫ 罪惡에 犯ᄒᆞᆫ 事實을 發覺ᄒᆞ얏다더라

雜報

◎日船大火 東京電을 據ᄒᆞᆫ즉 本月五日 夜에 日本北海道로부터 小湊沖에 航行ᄒᆞᆫ 日本[illegible]丸에서 失火ᄒᆞ야 漁夫壹百三拾名及 船員六名이 溺死ᄒᆞ얏다더라

◎孰不共誅 權學선시가 宋之憲시의게 [illegible]附ᄒᆞᆫ 奏文이 如左ᄒᆞ니 大抵父子之倫과 夫婦之倫은 亘萬古不易者也라 設有七去之惡이라도 與經三年喪則不去하고 先貧賤後富貴則不去ᄒᆞ고 有所娶無所歸則不去ᄂᆞᆫ 是先聖之遺訓이어ᄂᆞᆯ 世癈於妖妾偏愛之諂ᄒᆞ야 先陷其女於不測之地ᄒᆞ야 不能居生於시家케ᄒᆞ고 三十年同居ᄒᆞ야 存子有孫ᄒᆞ고 白髮糟糠之妻를 誣陷而黜送ᄒᆞ니 何其愚蠢無識ᄒᆞ고 枉悖無倫之甚也오 汝雖以迷惑之魂으로 造作滅倫悖常之罪도 少不顧忌於吾化之所關이ᄂᆞᆫ 獨不念子孫之前程乎아 噫라 實祖悖孫이 何代無之리오마ᄂᆞᆫ 豈有如宋之憲之罔測者乎아 尤庵闕字之三百年門戶가 至于汝身ᄒᆞ야 因嬖凶妾之妖惑而嘿然不覺ᄒᆞ야 遂至於家門覆亡ᄒᆞ니 此非但兩先生之罪人이라 亦壹宋門之罪人이며 又다 渠之先靈이 若在면 豈不痛恨飮泣於冥冥之中乎아 自聞此事로 肉戰骨靑ᄒᆞ야 不忍含默ᄒᆞ고 先於罪陳ᄒᆞ노니 其勿圖改過ᄒᆞ야 轉禍爲福을 是望ᄒᆞ노라ᄒᆞ얏더라

學報

◎測量卒業 吉州郡普成校에서 去五月壹日에 測量科卒業式을 擧行ᄒᆞ얏ᄂᆞᆫ대

優等生 朴鳳西 殿錫성

及第生 李鍾瑞 金相元

廣告

近衛步兵太隊第壹中隊副校金[illegible] 本月拾四日午前拾點時에 身故인바 元來義州郡南門外居人으로 光武七年五月에 入隊前平壤隊ᄒᆞ야 服役于今이다가 身故이기 廣告ᄒᆞᆷ

近衛太隊第壹中隊

本人의 任能挾이가 性素浮浪인바 他債를 借款코저ᄒᆞ야 賭地文記를 僞出ᄒᆞ야 京[illegible] 內外國人은 勿見欺ᄒᆞᆷ

忠淸北道槐山 俗離面 栢峴 沈性之 告白

本人의 下東村松田所有畓二石入과 落田壹處의 字號卜數를 鈔錄ᄒᆞ야 面長里에게 請證次送이ᄯᅡ가 中路에서 失ᄒᆞ얏스니 誰某拾得이어던 休紙施行ᄒᆞᆷ

李丙[illegible] 告白

本人이 去丁未閏月日에 安東邑居權子克處에서 蔚珍面甑比洞所在ᄒᆞᆫ 廢字員田八斗락九斗와 奉化郡小川面自旨洞方字員田壹石落拾式과 合田壹石捌斗落과 답二十壹斗落을 買得ᄒᆞᆫ바 其時證人은 金士執인ᄃᆡ 丁戊兩年秋穫을 無弊收入이러니 今番에 蔚珍稅務官 金春瑞가 以平海之人으로 厥土文券이 自家에 亦有라ᄒᆞ고 田답庫乙處에 差人을 送ᄒᆞ야 厥土를 擅弄코ᄌᆞᄒᆞ고 租包를 據去ᄒᆞ니 本人은 新舊文券이 明在ᄒᆞ고 契券이 的確ᄒᆞ와 潤濤ᄒᆞᆫ즉 權千克은 癸卯年에 買得於平谷居李弘宇處ᄒᆞ야 四年收租後에 移賣於本人ᄒᆞ니 金春瑞之無據文券이 中間挾雜은 不見是圖ᄒᆞ며 [illegible]之使勢가 執不可忍이기 玆에 廣告ᄒᆞ오니 金春瑞之所謂文券은 休紙로 施行ᄒᆞ고 內外國人은 勿見欺ᄒᆞᆷ

慶北奉化郡乃城居學道永 告白

雜報

●各大臣致賀 曾禰統監이親任式을擧行ᄒᆞ얏다고統監府에셔內閣에通知ᄒᆞᆫ事에對ᄒᆞ야總理以下各部大臣이聯合ᄒᆞ야再昨日下午에統監府에詣往ᄒᆞ야致賀後數時間을談話ᄒᆞ다가각其歸家ᄒᆞ얏다더라

●派姪渡日 總理大臣李完用氏가新任統監曾禰씨에게祕密照會ᄒᆞᆫ事가有ᄒᆞ야自己堂姪[illegible]會九氏를再昨日에日本에派送ᄒᆞ얏다더라

●議長調病 中樞院議長金允植氏가近日病祟가關重ᄒᆞ야現今調理中이라더라

●服日服日 農商大臣趙重應氏가昨日本觀光團人城ᄒᆞᆯ時에ᄃᆡ禮式高帽를ᄒᆞ고日本大理事廳까지前往ᄒᆞ야該團壹行을迎接ᄒᆞ얏다더라

●北闕宴會 昨日漢城府民會에셔北闕內慶會樓에宴會를設ᄒᆞ고日本觀光團을招待ᄒᆞ얏ᄂᆞᆫᄃᆡ其宴費ᄂᆞᆫ三百圜假量이라더라

●特別何別 今番에日本渡來ᄒᆞᆫ觀光團을歡迎ᄒᆞᆫ私立학校가壹二處에不過ᄒᆞᆫ지라該觀光團의感情有無ᄂᆞᆫ不知ᄒᆞ거니와某處에셔ᄂᆞᆫ此를特別注意ᄒᆞᆫ事件이라고談話가有ᄒᆞ얏다더라

●投函論駁 大邱郡居某氏가商務組合所에投書ᄒᆞ야今番日本觀光團歡迎ᄒᆞᆫ事를極口論駁ᄒᆞ얏다더라

●獸醫配置 農商工部에셔全國內畜產을保護ᄒᆞ기爲ᄒᆞ야獸疫原因되ᄂᆞᆫ北간島에獸醫技術官을配置ᄒᆞ기로提議ᄒᆞ얏다더라

●合格敍任 內部에셔地方官資格을審査後에郡守六氏를定ᄒᆞ야內閣에提議ᄒᆞ얏다ᄒᆞᆷ은已報어니와其合格者에氏名을漏聞ᄒᆞᆫ즉內部主事李浩升氏ᄂᆞᆫ陽川으로農商工部主事徐丙吉氏ᄂᆞᆫ陰竹으로金鴻圭氏ᄂᆞᆫ積城으로敍任ᄒᆞ얏다더라

●舊曆永廢 曆書ᄂᆞᆫ本年度ᄭᆞ지舊曆을并記發刊ᄒᆞ얏거니와明年度부터ᄂᆞᆫ舊曆은永永廢止ᄒᆞ기로決定ᄒᆞ고學部編輯局에셔此意로地方普通學校學監에게通知ᄒᆞ고各該郡守와協議ᄒᆞ야施行케ᄒᆞ라ᄒᆞ얏다더라

●宮府相通 近日에慶熙宮과統監府의道路를直通ᄒᆞᆯ計劃으로龍洞橋越邊으로부터南村等地家屋을毀撤ᄒᆞ고道路를新修築케ᄒᆞᆫ다더라

●葉錢回收 南韓各方에셔流通ᄒᆞᄂᆞᆫ舊貨葉錢의回收ᄂᆞᆫ昨年以來로漸次下落ᄒᆞᆫ다더니現今에ᄂᆞᆫ各地에回收額이壹個月間에二十萬圜以上에達ᄒᆞᆫ다더라

●女探行悖 近日憲兵司令部에女人探偵者가漢城內外各民家에潛入ᄒᆞ야諸般酬酌言論을竊密探聞ᄒᆞ야若時局에抵觸되ᄂᆞᆫ說이少有ᄒᆞ면個個構陷ᄒᆞᄂᆞᆫ故로其行動을人皆注意ᄒᆞᆫ다더라

●衛生費督納 再昨日北部警察署에셔出番巡査를指揮ᄒᆞ야該部內人民의게衛生費를督納ᄒᆞ되其拒納ᄒᆞᄂᆞᆫ人民은該署로招待說論ᄒᆞ얏다더라

●消防實驗 日前에東部警察署에셔壹般警官이消火試驗을實地練習次로消防水灌車를携持ᄒᆞ고午後附近에在ᄒᆞᆫ共用栓에前往ᄒᆞ야消火練習을約[illegible]時間이나實地擧行ᄒᆞ얏다더라

●宮屬抑鬱 一司七宮이解散後各宮所屬들이求察 恩賜ᄒᆞ야昨年에宮內府에累次請願ᄒᆞ다가拒絶을當ᄒᆞ고不勝抑鬱ᄒᆞ야近日에該宮屬九十餘名이日日會集ᄒᆞ야將次宮內府에再次請願ᄒᆞᆫ다더라

●立人立門 鏡城郡守[illegible]昊氏가巡郡ᄒᆞᆯ時에各面里民이각面에設校ᄒᆞ기로請願ᄒᆞᆫ즉該郡守가答ᄒᆞ야日現存학校만ᄒᆞ야도可矣니多數設校ᄒᆞᆯ必要가無ᄒᆞ다ᄒᆞ고反對ᄒᆞ다가該郡內鎭東學校에셔留宿ᄒᆞᄂᆞᆫᄃᆡ人民等이會同發論ᄒᆞ기를학校를反對ᄒᆞᄂᆞᆫ郡守ᄂᆞᆫ不可尋常置之라ᄒᆞ고壹場惹鬧ᄒᆞᆷ으로該郡守ᄂᆞᆫ避身逃走ᄒᆞ얏다ᄂᆞᆫ傳說이有ᄒᆞ더라

●郡主善績 洪原郡々主事陳中激氏가勤務二載에外交에嫺熟ᄒᆞ고文簿에恪勤ᄒᆞᆷ으로壹境이賴安ᄒᆞᆫ다더라

●黃女鬻行 東大門外居ᄒᆞᄂᆞᆫ黃姓女가其隣居ᄒᆞᄂᆞᆫ拾貳歲된女兒를百般誘引ᄒᆞ야西部貞洞等地淸人에게賣渡ᄒᆞ얏ᄂᆞᆫᄃᆡ該女兒에父母가知其賣ᄒᆞ고東部警察署에呼訴ᄒᆞᆫ故로該署에셔即時黃女를捕捉ᄒᆞ야到底嚴問ᄒᆞᆫ즉壹々自服ᄒᆞᆷ으로淸領事와交涉ᄒᆞ야該女兒를覓給ᄒᆞ얏다더라

●傷日興來 日兵三名이何處에셔被傷하얏ᄂᆞᆫ지再昨日下午三時에農夫等이擔輿ᄒᆞ고東小門으로入來ᄒᆞ얏다더라

●織組發達 國內壹般人民에普通衣服의需用ᄒᆞᄂᆞᆫ學九緞ᄂᆞᆫ壹年內에其需用品의價格이巨額에達ᄒᆞᄂᆞᆫ대此를從來淸人의織組品을輸入ᄒᆞ야通行販賣ᄒᆞ더니今年春에ᄂᆞᆫ忠北韓山郡에셔學[illegible]氏가此를研究ᄒᆞ야德川九緞織組實況을觀察ᄒᆞ고目下學九緞織組에着手ᄒᆞᄂᆞᆫ대其品質이精良ᄒᆞ다더라

●淮陽義兵 近日江原道淮陽通川等郡에ᄂᆞᆫ義兵三百餘名이橫行ᄒᆞᄂᆞᆫ故로民情이皷々ᄒᆞᆫ다ᄂᆞᆫ說이有ᄒᆞ다더라

●指南續刊 女子指南月報를廢止ᄒᆞᆫ事가女子界에遺憾이라ᄒᆞ야某々夫人들이발起ᄒᆞ고繼續發刊ᄒᆞᆯ터이라더라

●上學論駁 私立鳳鳴學校校長金重煥氏가退學ᄒᆞᆫ學員의게對ᄒᆞ야萬端開諭ᄒᆞᆷ을因ᄒᆞ야再昨日에上學ᄒᆞᆫ學徒가拾分에二分이라ᄂᆞᆫᄃᆡ不爲上學ᄒᆞᆫ學員이壹場論駁ᄒᆞ기를學校가何處에無ᄒᆞ야何必此校에更爲入학ᄒᆞ나냐ᄒᆞ얏다더라

●到處歡迎 教育家로著名ᄒᆞᆫ李東暉시가咸鏡道에教育이不振ᄒᆞᆷ을慨歎ᄒᆞ야昨年秋부터該道각郡에巡行ᄒᆞᆫ結果로該道에學校가蔚興ᄒᆞ고教育이進步ᄒᆞ얏더니該氏가今에平安南北道에教育界를觀察ᄒᆞ기로平壤義州方面으로발向ᄒᆞᄂᆞᆫ데沿路各郡에各學校학生과男女老幼가爭先歡迎ᄒᆞ얏다더라

●莞島자選 莞島郡古今島喚醒학校에셔日昨學部에承認次로[illegible]請願ᄒᆞ얏더니學部에셔[illegible]方針을經由치안코자選ᄒᆞ얏다더라

●校長餞別 做新학校학生諸氏가去拾二日에新興寺에셔該校長[illegible]氏의餞別會를開ᄒᆞ얏다더라

●兩氏慈善 洪原郡新莫面居金寶鉉氏ᄂᆞᆫ貧窮ᄒᆞᆫ隣里에瞻餘ᄒᆞᆫ錢穀이千餘圜에達ᄒᆞ얏고同面金경佑氏ᄂᆞᆫ貧民每戶에六十[illegible]式賑給ᄒᆞᆫ故로該兩氏의慈善心을人皆稱頌ᄒᆞᆫ다더라

●鄭氏有志 仁川倉洞居仁홍義塾主鄭泳溎시가教育上에熱心注意ᄒᆞᄂᆞᆫ데近日[illegible]人民을閱覽케ᄒᆞ기爲ᄒᆞ야各項新聞雜誌縱覽所를另設ᄒᆞ고其弟鄭[illegible]시에게擔任ᄒᆞ얏다더라

●闕車衝傷 昨日上午拾時量에[illegible]西宮內府御用馬車가馳去ᄒᆞᄂᆞᆫ데何許女人壹名이該馬車에壓觸重傷하얏다더라

●宜學被捉 尹始炳氏가[illegible]被捉ᄒᆞᆫ事ᄂᆞᆫ已揭어니와其內容을聞ᄒᆞᆫ즉[illegible]關哲[illegible]에게[illegible]財를附食ᄒᆞᆫ事가現露됨이라더라

●洪郡支會 洪原郡有志紳士朴琢叔曾琛煥等諸氏가發起ᄒᆞ야西北學會支會를設立ᄒᆞᆫ다더라

●攻玉卒業 [illegible]攻玉학校에셔今日下午二時에第貳回卒業式과학校建築起工式을擧行ᄒᆞᄂᆞᆫ데韓英書院長尹致昊씨와미쓰博士가勸勉演說ᄒᆞ고美國總領事도來臨ᄒᆞᆫ다더라

學界

●測量卒業 [illegible]州郡[illegible]成학校에셔去五月一日에測量卒業式을擧行ᄒᆞ얏ᄂᆞᆫ데郡守及任員及講師諸시와其他有志紳士諸시가賞品을多數寄附ᄒᆞ얏다더라

●梨花卒業 本月十七日下午八時에貞洞禮拜堂內에셔梨花학校第[illegible]回卒業式을擧行ᄒᆞᆫ다더라

●莞郡講習 金甲莞島郡[illegible]ᄒᆞᄂᆞᆫ貢俊性시가教育을獎勵키爲ᄒᆞ야各面漢文學徒數百名을募集ᄒᆞ야該郡明倫堂에셔漢籍을講習ᄒᆞ고賞品을施與ᄒᆞ얏다더라

●[illegible]氏興學 北靑郡居南監理[illegible]柱哲시가該[illegible]에私立學校를設立ᄒᆞ고同族中靑年子弟를募集教育ᄒᆞᄂᆞᆫ데前에洪原基本金二千餘圜과同族의義捐金壹千圜으로基本金을立ᄒᆞ고校長은[illegible]德在시로校監은[illegible]觀燮시로學監은[illegible]舜선시로教師ᄂᆞᆫ[illegible]柱善시로選定ᄒᆞ얏다더라

●維持研究 定州郡에셔私立由正學校를設立ᄒᆞᆫ지二年에財政이窮乏ᄒᆞ야學徒가渙散ᄒᆞᆯ境에至ᄒᆞᆫ故로該校任員諸시가此를憂悶ᄒᆞ야維持ᄒᆞᆯ方針을別般研究ᄒᆞᆫ다더라

●興學興學 黃海道瑞興郡守[illegible]駿鎬시가到郡三載에教育을熱心獎勵ᄒᆞᄂᆞᆫ故로各面에新設ᄒᆞᆫ학校가五六處에達ᄒᆞᆫ現今에新明학校ᄂᆞᆫ有志紳士의義捐金으로維持ᄒᆞᆷ인ᄃᆡ教師가月給을出捐ᄒᆞ야校費를充補ᄒᆞᆫ다ᄒᆞ고人皆稱頌ᄒᆞᆫ다더라

●龍門維持 咸興郡私立龍門학校에셔ᄂᆞᆫ永久히維持ᄒᆞᆯ方針을研究ᄒᆞ야牧師車錫[illegible]시ᄂᆞᆫ二個月俸三拾五圜을出捐ᄒᆞ고事務[illegible]시ᄂᆞᆫ三個月俸四拾圜을出捐ᄒᆞ야經費에充補ᄒᆞ고校[illegible]車成七校監尹[illegible]閭[illegible]記金明昊諸시ᄂᆞᆫ今回私立학校合對ᄒᆞ야[illegible]路ᄒᆞᆫ次로[illegible]部에往來ᄒᆞᆫ雜費二圜을自分擔ᄒᆞ고[illegible]可望期圖ᄒᆞ기로計劃ᄒᆞ얏다더라

●[illegible]訓敎 群山港[illegible]金稚圭吳[illegible]正民[illegible]夏[illegible]孫[illegible]俊諸시가該港公私立[illegible]學校에[illegible]用으로贈呈ᄒᆞ고[illegible]春季運動會에義金을多數[illegible]合ᄒᆞ야該校에捐助ᄒᆞ얏다ᄒᆞ고頌聲이籍々ᄒᆞ다더라

●慶荷義捐 [illegible]生이本社經費를補助ᄒᆞ기爲ᄒᆞ야金壹圜을寄付ᄒᆞ얏기로其厚誼를感謝ᄒᆞ노라

▲古無今無▼

慣僕生

▲古文에도업셧스며今文에도업셧도다奇々怪々ᄒᆞ다規則이여越南도처잇나波蘭琉球건너왓나듯도보도못ᄒᆞ엿네韓國에初見일세무삼規則々々々[illegible]近日所謂內部에셔飼犬規則[illegible]定ᄒᆞ야行ᄒᆞ얏스니[illegible]

▲第壹條에ᄂᆞᆫ엿스되飼養의姓名牌를革環으로製造ᄒᆞ야頂部에다채우라니飼犬家의門牌도古今天下업슴더니[illegible]사무엇인가若此不已[illegible]祚席ᄒᆞᄂᆞᆫ規則새로[illegible]이로다이를將次엇이[illegible]

▲第二條에ᄂᆞᆫ엿스되[illegible]업ᄂᆞᆫ野犬으로認定ᄒᆞ야[illegible]殺ᄒᆞᆫ다ᄒᆞ엿스니[illegible]陽은大邱리[illegible]臣리[illegible]可憐ᄒᆞ[illegible]

▲第三條에ᄂᆞᆫ엿스되[illegible]

▲第四條에ᄂᆞᆫ엿스되[illegible]咬人ᄒᆞᆫ[illegible]

▲第[illegible]條[illegible]

廣告

本人이戊申八月拾二日에圖章을써失이옵기自今勿施홈
義州玉尙面於仁場中里居　白基哲　告白

本人의再從姪祐承이(道承)性行이不敏ᄒᆞ야挾雜亂類로僞造文券ᄒᆞ야幾千兩式借得ᄒᆞ니內外人은切勿見欺ᄒᆞ시옴
東部壺洞　□禧宰

◎自強丹

右藥은明高은我[illegible]自強精神을培養ᄒᆞ기爲ᄒᆞ야精製홈이니衛生을注意ᄒᆞ시ᄂᆞᆫ僉君子ᄂᆞᆫ本人의誠意를愛ᄒᆞ시와需用ᄒᆞ심을務望(效能은中暑、中寒、癨亂、吐瀉、食傷、滯滯、船暈、眩暈、鬱氣嘔逆、水土不服口[illegible]惡臭運氣癘疫等症에神效가有ᄒᆞ고消化健脾養胃解渴定暗精爽快ᄒᆞᄂᆞᆫ奇功이兼備ᄒᆞ와恒常服ᄒᆞ면勞働努力ᄒᆞᄂᆞᆫ者ᄂᆞᆫ自强力을培養ᄒᆞᄂᆞᆫ良藥으로近世에著名ᄒᆞ오

發行人仁川邑□祐藥房　趙雲沐
發賣所鳳山沙里院　金昌善
延安邑邊汝文藥房
金川□浦李□植店
安岳邑□□□鋪□鍚星
瑞興邑金達澄店
□□邑□□文□冠

◉隆熙四年曆書賣人募集公告

學部冊版隆熙四年曆書를發賣코ᄌᆞ ᄒᆞᄂᆞᆫ者ᄂᆞᆫ左記要項을遵ᄒᆞ야請願ᄒᆞ되學部에請願ᄒᆞ미可홈

一 請願期間은六月二十日까지限홈

二 請願書에ᄂᆞᆫ請願人의住所姓名職業과所要冊數를明記ᄒᆞ미可홈

三 請願者ᄂᆞᆫ請願書提呈ᄒᆞᄂᆞᆫ同時에其所要冊數에對ᄒᆞᆫ賣下代金總額의拾分壹에該當ᄒᆞᆫ保證金을學部에納入ᄒᆞ미可홈

四 曆書賣下價와定價ᄂᆞᆫ壹部金拾錢으로ᄒᆞ고賣下價ᄂᆞᆫ壹部에六錢으로賣下홈

五 曆書印刷製冊은來九月三十日에完了홈

六 賣下人은印刷製冊이完了ᄒᆞ기[illegible]其所要部數에對ᄒᆞᆫ代金總額에셔既納ᄒᆞᆫ保證金을控除ᄒᆞ고其殘額을學部에納入ᄒᆞᆷ을學部ᄂᆞᆫ右納人의順序에依ᄒᆞ야曆書를發送홈但曆書發送費ᄂᆞᆫ學部에셔負擔홈

七 賣下人이十月十日까지所要部數에對ᄒᆞᆫ代金을納入치아니ᄒᆞᄂᆞᆫ時ᄂᆞᆫ賣下人된資格이消滅ᄒᆞᆫ者로見做ᄒᆞ고既納ᄒᆞᆫ保證金은學部에셔沒收홈

八 代金納入ᄒᆞᄂᆞᆫ際에現金으로代用ᄒᆞᆯ만ᄒᆞᆫ有價證券(公債證書又ᄂᆞᆫ政府의補助를受ᄒᆞᄂᆞᆫ會社銀行株券又ᄂᆞᆫ其債券)을提供ᄒᆞᄂᆞᆫ者에限ᄒᆞ야來十二月末日까지에金納入을延期ᄒᆞᆷ도有홈但有價證券은時價의八割에換算홈

隆熙二年六月　日　學部

◉特別廣告

本會ᄂᆞᆫ全國測量者가團合ᄒᆞᆫ大部分이니成立ᄒᆞᆫ目的은每日技術을檢定ᄒᆞ야不完全ᄒᆞᆫ測量者ᄂᆞᆫ合格되도록研磨ᄒᆞ며二日에數料를規定ᄒᆞ야實施ᄒᆞᆷ에限ᄒᆞ야亂雜無統ᄒᆞᆫ缺點을矯正ᄒᆞ며三日檢定에合格ᄒᆞᆫ技術者ᄂᆞᆫ將來測量上에一切責任을本會에셔擔負ᄒᆞ야該賴人의需用을完全케홈이라以上의目的은公益을增進케ᄒᆞᄂᆞᆫ惟一의主義오又ᄂᆞᆫ精密ᄒᆞᆫ測量者의自由營業을保護ᄒᆞ며行ᄒᆞᄂᆞᆫ公理며正義어ᄂᆞᆯ近者에此를反對ᄒᆞᄂᆞᆫ者가[illegible]ᄒᆞ야本會를詬捏ᄒᆞ되曰公賊이라曰犯罪라ᄒᆞ야捧虛覓疵ᄒᆞ니其所謂測量會가金錢을謀ᄒᆞ야私利를計圖ᄒᆞᆫ다ᄒᆞ나本會에셔ᄂᆞᆫ規則을實踐ᄒᆞ야各社會의通行ᄒᆞᄂᆞᆫ入會金月捐金外에ᄂᆞᆫ營業者의利益을分割ᄒᆞ거나各事務所의設立費를徵斂ᄒᆞᄂᆞᆫ謬弊가初無ᄒᆞ거ᄂᆞᆯ如許ᄒᆞᆫ構揑은不足多卞이오又[illegible]測量者를束縛ᄒᆞ야自由營業을妨碍ᄒᆞ다ᄒᆞ나其所謂自由云者ᄂᆞᆫ技術이何如ᄒᆞᆫ지間隣을勒誘ᄒᆞ야手數料나濫捧ᄒᆞᄂᆞᆫ거슬謂ᄒᆞᆷ인지抑亦自由가何인지不知ᄒᆞ고猜妬習慣으로頑冥ᄒᆞᆫ道[illegible]誹毁코ᄌᆞ[illegible]肝彼冥頑曚昧之人[illegible]邪正黑白을不辨ᄒᆞ고[illegible]骨動ᄒᆞᆫ鹿背[illegible]妄誕ᄒᆞ니於是乎[illegible]此等誣妄之說을誤認ᄒᆞ야論說欄에屢回揭載ᄒᆞ니京鄉人心이因此淆惑ᄒᆞ야甚至於測量業個人이十二道協議書[illegible]稱ᄒᆞ고本會門牌를摘拔ᄒᆞ[illegible]押收ᄒᆞᄂᆞᆫ擧動에至ᄒᆞ니本會의遭此被誣ᄒᆞᆫ事狀은自歸明哲이라由此觀之컨ᄃᆡ人道上에固有ᄒᆞᆫ正義와公理ᄂᆞᆫ邪魔의敗傷ᄒᆞᆫ비아니오[illegible]오며本會ᄂᆞᆫ此等無理ᄒᆞᆫ侮辱과困難이有ᄒᆞᆯ사록[illegible]自持ᄒᆞ야測量界에不可缺ᄒᆞᆯ機關을鞏固維持ᄒᆞ도록注意ᄒᆞ오니京鄉간同業諸氏ᄂᆞᆫ疑點을解釋ᄒᆞ시고實地[illegible]ᄒᆞ야[illegible]增展ᄒᆞᆷ을各ᄒᆞ시옴

大韓測量總會

本人외姪[illegible]圖章을本月拾四日에西部紫岩에셔失ᄒᆞᆫ故로玆以廣告ᄒᆞ오니知悉ᄒᆞ시옴
治洞二拾三統八戶　李鍾郁

本人의子明煥이가年今貳拾餘歲에無知沒覺ᄒᆞ야不受父敎ᄒᆞ고各種雜類ᄒᆞ야田家數拾日에留不還ᄒᆞ고他國人許에錢貨萬兩을借債云ᄒᆞ니如有此事라도內外國人勿爲見欺ᄒᆞᆷ을望ᄒᆞᆷ
西部[illegible]門內[illegible]梁仁植　告白

韓美興業株式會社平北支社

大韓國平北紳士諸氏가發起ᄒᆞ야皇城에在ᄒᆞᆫ美國인미[illegible]나道袞正法律第[illegible]三號新式章에依ᄒᆞ야組織된韓美興業株式會社定款에[illegible]ᄒᆞ야平北支社를組織ᄒᆞ고方針의大例ᄂᆞᆫ如左ᄒᆞ

第一 本社名稱은韓美興業株式會社平北支社라ᄒᆞᆷ

二 本社位置ᄂᆞᆫ義州에置ᄒᆞ되臨時事務所ᄂᆞᆫ白馬驛에設ᄒᆞᆷ

三 株金은貳萬圓을二千株에分定ᄒᆞᆷ

四 本支社營業은本社定款에依ᄒᆞ야着手ᄒᆞᆷ

五 株金은隆熙三年六月拾壹日爲始ᄒᆞ야應募ᄒᆞᆷ

六 細則與細則을詳知ᄒᆞ기爲ᄒᆞ야本支社에[illegible]ᄒᆞ시면[illegible]

七 本支社株券은株主總會를經ᄒᆞᆫ後應用ᄒᆞᆷ

▲韓美興業株式會社平北支社臨時任員
社長　金能下
副社長　白宗珣
總務員　鄭[illegible]
會計員　[illegible]
書記員　[illegible]
監事　[illegible]

美國시아틀大博覽會・미국시아틀대박람회

皇城磚洞(京城郵便局郵函第四拾號)(大美國시아틀博覽會)韓美興業株式會社(韓美國美國總領事館登錄)

本社의各處代理人의姓名은如左홈

開城代理人		西部[illegible]門外	盧旻洙
平壤代理人		平壤大[illegible]門外雜貨商店	
甘浦代理人			
馬山浦代理人		馬山浦寄主	
元山代理人		元山港	
濟州代理人		濟州港	
水原代理人	位置未定	水原[illegible]安[illegible]	
安州代理人	位置未定	水原北[illegible]洞	
沙里院代理人	位置未定	[illegible]里旺[illegible]學校內	
金泉代理人	位置未定	金泉市場共信商店	
潮州代理人	位置未定	[illegible]西[illegible]浦二十二統五戶	
天安代理人		水原北[illegible]長安洞	
群山代理人	位置未定	群山太井洞	
全州代理人		漢城西部阿峴二百廿二統三戶	
大邱代理人	位置未定	大邱新由里五十八統七戶	
釜山代理人	位置未定	馬山浦午山里拾壹統九戶	
江景浦代理人	位置未定	西[illegible]龍山坊[illegible]契廿七統貳戶	
麻浦代理人		西[illegible]麻浦貳[illegible]七統三戶	
三湖代理人	位置未定	陰[illegible]里	
永同代理人	位置未定	[illegible]洞貳統壹戶	
木浦代理人		木浦南[illegible]洞	
晉州代理人	位置未定	昌[illegible]馬山浦城山	
全羅代理人	位置未定	全羅部白石面水閣	
漢江浦近代理人		[illegible]漢江十八統二戶	
義州代理人	位置未定	義州批峴	盧[illegible]玉
江界代理人	位置未定	[illegible]州批峴	鄭[illegible]拭
漢城東部代理人		性治[illegible]甘井洞西統五戶	
鏡城王代理人		[illegible]龍井[illegible]	
安州代理人	位置未定	郭山[illegible]	金相杰
城津代理人	位置未定	吉[illegible]	李[illegible]
木出[illegible]理人		太田[illegible]	宋[illegible]
慶州代理人		[illegible]上[illegible]拾貳統拾二戶	洪淳豊
湖州代理人		鳥致院漢城[illegible]貳統壹戶	
吉州代理人		吉州西門外[illegible]壹戶	
咸山代理人		漢城中部[illegible]洞二統三戶	
延[illegible]理人		延[illegible]	
兎山代理人		兎山[illegible]	
南浦代理人		開城[illegible]橋	金[illegible]
公州代理人	位置未定	[illegible]新[illegible]	洪淳豊
海州代理人	位置未定	公州[illegible]松亭里	
洪原代理人	位置未定	咸興[illegible]	
漢城西部代理人		西部[illegible]門[illegible]五拾四統四戶	

大興面四里所在五統九戶草家 二間舊賃三十兩價格家契壹度 를陰四月貳拾三日에見失ᄒᆞ얏 사오니內外國人은拾得ᄒᆞ와도 休紙施行ᄒᆞᆷ

平壤大興面四里五統九戶 吳善夏　告白

本人이陰三月貳拾日에本郡玉 山等地에正字圖章을見失ᄒᆞ얏 기玆에廣告ᄒᆞ오니知舊僉照亮 ᄒᆞ시오

龍川郡居李錫龍　告白

本人子元鎬與某大離家三朔無 信息故　仰布某處住在知舊間 戰寧郡上安面艾井洞梁基榕白

◎靑年會壯活動寫眞

佛蘭西巴里城에兄弟商會漢 城特派員이東大門內光武臺에 서來六月初日부터每日午后八 点鐘부터活動寫眞을開設ᄒᆞᄂᆞᆫ 데空氣를應用ᄒᆞ야發明ᄒᆞᆫ奇 機器로歐米各國奇妙ᄒᆞᆫ歌曲과 壯快ᄒᆞᆫ軍樂을吹奏ᄒᆞ며全風景 風俗을撮寫ᄒᆞ야新鮮美麗ᄒᆞᆫ畵 本을每次別種으로交換ᄒᆞᆷ이恒 常보아도새롭습니다

觀覽料
壹等　四拾錢
二等　二拾錢
三等　拾錢

同胞에愛顧ᄒᆞ시기를望ᄒᆞᆸ고 完實ᄒᆞᆫ衣次와洋말을織組ᄒᆞ오 니仁愛ᄒᆞ신君子ᄂᆞᆫ陸續來購ᄒᆞ 심을望ᄒᆞᆷ

西門內新洞敎堂前
韓興織組會社　告白

濟生堂大藥房開業五週年紀念贈大彩

◎贈大彩說明

本堂開業이今至五週年間에內外君子의顧愛ᄒᆞ 심을多蒙ᄒᆞ야藥業이特日隆盛ᄒᆞ고功績이東西 著名이라其所感佩를實難形諭故로今에本堂五 週年紀念式을行ᄒᆞ고　僉君子의盛誼를表ᄒᆞ기 爲ᄒᆞ야淸心保命丹을特製發賣ᄒᆞ며大圖 別券을添呈ᄒᆞ와惠顧ᄒᆞ심을大占케ᄒᆞ오니 僉君子ᄂᆞᆫ陸續枉顧ᄒᆞ심을敬要

懸賞物品金三百圜價格이오
福引彩券二千枚로**定數**ᄒᆞᆷ
淸心保命丹　壹貼價金拾錢

效能　暑飮積滯胸腹痛　眞是靈藥立見效
　　　水土不利咳嗽증　腹痛장腹飽脹

方法

定價金十錢과五包에福券壹張을添呈ᄒᆞᆷ
福引價ᄅᆞᆯ購來ᄒᆞ면五拾包에福券壹張을添呈ᄒᆞᆷ
其他本堂製藥品외五拾錢價格으로福券을呈ᄒᆞᆷ

賞品

頭等壹　白米拾石（日斗十斗入）
壹等壹　仝　下石（上仝）
貳等四　仝　八石（每貳石式）
三等五　仝　五石（每壹石式）
四等五十　金貳十五圜（每五十錢式）
五等壹千九百二拾九紙券烟壹千九百三拾九匣　燐寸壹千九百三拾九匣

空彩는無ᄒᆞᆷ

遠地에는**郵便引換**으로**送呈**ᄒᆞᆷ
期限은**六十日**노**定**
自陽六月拾六日
至陽八月拾五日

位置
皇城南大門側
濟生堂大藥房
皇城鐘路
濟生堂臨時出張所

◎贈大彩說明

專賣特許　驄帽子

中山帽子　價金 五圜 四圜五十錢 三圜五十錢 二圜五十錢
中折帽子
上仝
女子用帽子
上仝
學徒帽子　一圜二十錢 二圜五十錢 二圜 壹圜七十錢

登錄商票

本書林의廣告ᄂᆞᆫ庶可明布ᄒᆞ오 니大韓의儒學界와硏究ᄒᆞ 는世界에廣告ᄒᆞᆷ

[illegible]

阿片初吸者ㅣ雖日견효나日久 則漸成癮引ᄒᆞ야至於損敗家産 ᄒᆞ고未免殀死者ㅣ比比有之ᄒᆞ 니豈不哀哉乎아故로本堂에서 竭心竭力ᄒᆞ고英國藥方을透得 ᄒᆞ야阿片斷引에大效가有ᄒᆞᆫ 藥을製造放賣ᄒᆞ오니飮戒阿引 ᄒᆞ시ᄂᆞᆫ僉君子ᄂᆞᆫ服用ᄒᆞ시면若無效 驗이면藥價를還呈ᄒᆞ겟ᄉᆞ오니 照亮ᄒᆞ시ᄋᆞᆷ

阿片斷丸

定價　壹劑八週分　金五圜
　　　半劑四週分　金三圜

婦人調經丸

婦人이冷積積病으로月經이不調로 因ᄒᆞ야孕胎치못ᄒᆞᄂᆞᆫ데神效藥
壹月份壹劑　金五圜

解毒消瘡丹

男女間梅毒과連珠瘡과濕瘡과 百發百中ᄒᆞᄂᆞᆫ妙藥이오
定價甲金四圜乙金貳圜五拾錢

全治丸

男女帶下連珠瘡에全治去根ᄒᆞ ᄂᆞᆫ데神奇妙藥이오
壹劑　金二圜

滋陽丸

男女간陰虛補陽ᄒᆞ고元氣不足 에第壹이오
定價每拾日分金壹圜八拾錢

八寶丹

滯胃消滯ᄒᆞ며口味를助ᄒᆞ고담 을消ᄒᆞ고心神을爽快케ᄒᆞᄂᆞᆫ靈 藥이오
定價金拾錢

平壤大貫洞出張所金九瀨客主
仝　館前代理店金羅興藥舖
仝　玄武洞代理店日人會田商店
仝　大韓部에다店鑑澤善
製藥本鋪仁川居峴
發行所京城鍾路　李應善

自宅治療　電氣帶廣告

夫電氣之於人에爲關이甚大ᄒᆞ니人之百病가皆 由電力主持ᄒᆞ야有電則生ᄒᆞ고無電則死ᄒᆞᄂᆞ니 電氣之對症施治에見功取效之神速이百倍于藥 ᄒᆞ니譬如中風麻痺(不遂)痙攣瘋癱等症은古今 醫術之所難治之病이ᄂᆞ然而至于今日ᄒᆞ야ᄂᆞᆫ醫 理日進ᄒᆞ야以電氣施療에無不奏效ᄒᆞ니電之利 用於人이豈淺鮮哉아今此電氣帶ᄂᆞᆫ係是美國醫 學博士之所發明者也ㅣ라伊來幾年에經驗ᄒᆞ 所恐認ᄒᆞ야兩不見效而買者로다現計各國受效 入證函이共三拾壹萬五千有餘則可知電氣帶之 經實效之確據요乃醫療外最爲特色者ㅣ也ㅣ라 有恙諸君子ᄂᆞᆫ早圖壹試ᄒᆞ시

（主治効能）神經衰弱諸症不眠。遺精、 早漏不快、陽위不起、消化器無力、常習 便結、消化不良。遺尿。會陰 內臟에衰弱。痲症。半身不遂。或全身 不遂。手足厥冷、諸神經痛。頭痛腰痛。 脚氣及腳痛。記憶力及忍耐力減退、痼 疾

（婦人諸病）血分不足、月經不調、子宮 病、逆滯、脊髓諸病、偏頭痛、不姙症。病 後虛弱、帶下、窒塞攣등症에無不如神

（使用法）은至極簡便ᄒᆞ야睡眠時나執 業時에恒常腰間에環佩ᄒᆞ되小形妨碍 ᄒᆞ고每日使用ᄒᆞ되壹個年以上을環佩ᄒᆞ付屬品은頭痛時使 用ᄒᆞᄂᆞᆫ것과臉藏을包括ᄒᆞᄂᆞᆫ것이有ᄒᆞ오니請求ᄒᆞ실ᄯᅢ에腰圍 를測量(배ᄭᅳᆸ이웃에서허리를재오시오)ᄒᆞ야보니시면說明書 使用法과說明書를添付ᄒᆞ야小包代金便으로送呈ᄒᆞ깃ᄉᆞᆸ

正價
上號　拾四圜
中號　拾貳圜

發賣所
皇城南部太廣橋十九統七戶
共愛堂　大藥房

光武九年八月拾壹日 第三種郵便物認可　明治四十一年八月拾壹日 (第三種郵便物認可)　木曜日　西曆一千九百九年六月拾七日 (壹)

第七卷

大韓每日申報

第壹千壹百廿四號

月曜及慶節 歲時日休刊

檀君開國四千二百四十二年
箕子元年三千三十一年
大韓開國五百十八年
日本明治四十二年
淸國宣統元年
陰己酉閏月大三十日戊申

Responsible for Publication: Alfred Weekley Marnham.
發行兼編輯人 英國人 萬咸
發行所 大韓每日申報社

別報

◉維新業者의 模範될 法門 (譯稿改教紀所載)

世人을喩導ᄒᆞ야維新의道로就홈에凡六法이有ᄒᆞᆫ지라

壹曰身範이니何事를勿論ᄒᆞ고皆自己가率先ᄒᆞᆫ後에야他人으로ᄒᆞ야곰行케홈을得ᄒᆞ나니譬컨대醫師가自己의病을治ᄒᆞᆫ後에야他人의病을可治홈과如홈이라故로身範以外에ᄂᆞᆫ可히世人을勸喩ᄒᆞᄂᆞᆫ道가無ᄒᆞ나니萬一自己가行치못ᄒᆞ고徒然히口舌로만人을諷ᄒᆞ면聞者가반다시反唇笑罵ᄒᆞᆯ지라何功이有ᄒᆞ리오

二曰辯才니辯才ᄂᆞᆫ亦是甚히必要ᄒᆞᆫ者라能히他人으로ᄒᆞ야곰瞿然히其感이發ᄒᆞ고瞿然히其行을改케홈에此辯才의功이實로大ᄒᆞ나니彼路得과如ᄒᆞᆫ者를試看ᄒᆞ면可히知ᄒᆞᆯ지로다然이나辯才ᄂᆞᆫ演說講道ᄲᅮᆫ만其功을奏홈이아니오與人談論ᄒᆞᄂᆞᆫ間에足히人의腦를感觸케홈이甚多ᄒᆞ니라

三曰著作이니大抵人으로더부러面談ᄒᆞᆯ時에ᄂᆞᆫ辯才로以ᄒᆞᆯ지나對話치못ᄒᆞᆯ時에ᄂᆞᆫ오직筆墨의力을借ᄒᆞ여야可히其情을達ᄒᆞᆯ지니彼路得과如ᄒᆞᆫ者도社會에奇功을立홈이但只辯才만倚홈이아니라著作의功을倚賴ᄒᆞᆫ者ㅣ甚多ᄒᆞ니라

四曰錢財니大凡何事던지錢財의力을不俟ᄒᆞᄂᆞᆫ者ㅣ殆無ᄒᆞᆫ지라諺에曰錢은戰ᄒᆞᄂᆞᆫ筋이라ᄒᆞ니此ᄂᆞᆫ錢이無ᄒᆞ면戰ᄒᆞ기不能ᄒᆞ다홈이라維新을圖코저ᄒᆞ면더욱錢財를必要ᄒᆞ나其方法은衆人이相助ᄒᆞ면是可ᄒᆞᆯ지니라

五曰同心이니大抵事業을操作홈에獨力으로ᄂᆞᆫ可成키難ᄒᆞ나니아모리險阻를遇ᄒᆞᆯ지라도同心同德의人이相助相維ᄒᆞ면氣力이勃興ᄒᆞ고精神이煥發ᄒᆞ야其目的을必達ᄒᆞ나니라

六曰忠心이니維新을圖ᄒᆞᄂᆞᆫ人이實로良心을不欺ᄒᆞᆫ後에야可ᄒᆞᄂᆞ니萬事를모다良心의命令으로營作ᄒᆞ야至死不變홈을要ᄒᆞᆯ지니라

官報

▲隆熙三年六月五日 官報 第二條

閣令

警視廳令第壹號

渡船營業團束規則을左와如히定홈 (續)

七 晝間은第壹號樣式의標旗를船尾에揭ᄒᆞ고夜間은標燈으로써此를代홈이可홈

第拾五條 營業上에關ᄒᆞ야ᄂᆞᆫ船夫의所爲라도營業者에게其責任이有홈

第拾六條 發着所寄船所에ᄂᆞᆫ容이見키易ᄒᆞᆫ處所에渡船賃銀表及營業時間表를揭示ᄒᆞ고夜間은點燈홈이可홈

第拾七條 本則又ᄂᆞᆫ本則에依ᄒᆞᆫ命令에違反ᄒᆞᆫ者ᄂᆞᆫ五日以下의拘留又ᄂᆞᆫ五圜以下의科料에處홈

附則

第拾八條 本則은隆熙三年七月一日로부터施行홈

第拾九條 現在營業者로셔繼續營業코저ᄒᆞᄂᆞᆫ者ᄂᆞᆫ本則施行日로부터六十日以內에本則을依ᄒᆞ야更히請願ᄒᆞ야許可를受홈이可홈 (完)

▲隆熙三年四月二十日 官報

部令

法部令第一號

司法警察官執務規程을左와如히定홈

隆熙三年四月十七日 法部大臣 高永喜

司法警察官執務規定

第壹章 總則

第壹條 司法警察官은檢事의指揮를承ᄒᆞ야犯罪를搜查홈이可홈但自己로부터犯罪가有홈을認知ᄒᆞ거나又ᄂᆞᆫ犯罪가有ᄒᆞ다고思料ᄒᆞᆫ時ᄂᆞᆫ檢事의指揮를不俟ᄒᆞ고直時其搜查를行홈이可홈

第二條 司法警察官은巡查를指揮ᄒᆞ야其職務를補助케ᄒᆞ며必要가有ᄒᆞᆫ時ᄂᆞᆫ巡查에게警部代理를命ᄒᆞ야司法警察事務를執行홈을得홈

前項에依ᄒᆞ야巡查에게警部代理를命ᄒᆞᆫ時ᄂᆞᆫ其姓名을所轄警察署長으로부터速히所管地方裁判所檢事장及區裁判所檢事에게通知홈이可홈但臨時代理를命ᄒᆞᆫ時ᄂᆞᆫ此限에在치아니홈

警部代理巡查의轉勤이나免官이나其他異動을生ᄒᆞᆫ時도亦前項과同홈

外報

◉行政改革 伯林電을據ᄒᆞᆫ즉德國皇帝께셔ᄂᆞᆫ行政改革案을議定ᄒᆞ기爲ᄒᆞ야委員을召集ᄒᆞ얏다더라

◉石油爆發 倫敦電을據ᄒᆞᆫ즉英國포ᄉᆞ마우스軍港內에在ᄒᆞᆫ潛水艇石油槽가爆發되야士官壹名水兵四名이負傷되얏다더라

◉商會調査 同電을據ᄒᆞᆫ즉美國各大商會ᄂᆞᆫ淸國에셔美國貿易發展에關ᄒᆞᆫ情況을調査ᄒᆞ기爲ᄒᆞ야極東에各事務員을派遣ᄒᆞᄂᆞᆫ中이라더라

◉袁시被刺 北京電을據ᄒᆞᆫ즉袁世凱시ᄂᆞᆫ河南衛輝府輝河의邸宅에셔刺客의게被傷ᄒᆞ얏다ᄂᆞᆫ電報가有ᄒᆞ다더라

雜報

◉韓國儒教와淸報 淸國哈爾賓에셔발行ᄒᆞᄂᆞᆫ遠東報를據ᄒᆞᆫ則記者之熱心儒教라ᄂᆞᆫ題下에曰韓國은素來에以儒教爲宗ᄒᆞ야在東洋世界中ᄒᆞ야已得特異之名矣러니近自數十年以來로儒教光彩가漸々黯淡ᄒᆞ야幾至於墮落之境이러니聞近日漢城西北學會月報記者朴殷植이慨然浩歎於韓國儒教之微弱ᄒᆞ야更擬以擴張之意로普遍求新論儒子ᄒᆞ야使韓國儒林界人士로擔任注意於此則將來儒教之發達이將見大昌이라ᄒᆞ얏스니蓋東洋人士ᄂᆞᆫ儒教界에對ᄒᆞ야同一贊成홈을可以推測ᄒᆞᆯ지로다

雜報

●蠶所稱慶 昌德宮秘苑內에設施한御親蠶所에서는近日에各部ㅣ族會擧行할計合으로不遠간에 大皇帝 皇后兩陛下께오서該所에 親臨하시고皇太子殿下와大臣及勅任官等이參列하야盛大한收繭式을擧行하실터이라더라

●解產日記御覽 嚴貴妃殿下께서胎中에서故로 列聖朝以來로修正한解產日記를 太皇帝陛下께옵서 御覽하옵셧다더라

●地方費協議 地方費徵收課日을決定次로道書記官들이更히昨日內部에서協議하엿는데其課와名額은內閣會議를經한後에頒布할預定이라더라

●選統選隣 新任統監이先爲渡來하고選統監曾彌氏ㅣ追後渡來한다는說은各報에已揭어니와選統監이渡來한後에는現內閣이變動된다는說이有하더라

●兩椅俱全 現內閣이變動된다는說은別項과如하거니와內部大臣朴齊純氏와軍部大臣李秉武氏는仍任이되고其他大臣은總辭任이된다는說이有하다더라

●各署巡覽 內部大臣朴齊純氏와觀察使若林賚藏이가昨日에各警察署를巡覽하얏다더라

●朴邸訪問 松嶋居하는從二品李某는已往部당의履歷이有한바觀察使를擬勤次로每日部大臣私邸에訪問한다더라

●畏林如虎 日前에做新學校本式에學部大臣李載崑氏가出席하야學生을對하야勸耐二字에關聯하야勸勉하미職學生에克勤克耐하야國權自由를恢復하라는辭意로答辭를하얏는데此席에偵探客이多有하엿더니[illegible]氏가會屋을對하야日我의勸勉을因하야國權自由等說에傳播하면我를嫌疑홈이가必有할터이니故로該學生에게辨明하노니今日我의勸耐二字는原來修養上에注意하라함이오政治上에關涉이無하다하얏다더라

●財政會議 度支部에셔는明日午前十時부터各道書記官을招集하야地方財政에關한要件을會議할터이라더라

●地稅決定 道書記官會議에서提議한附加稅에對하야各道에均豐施行하기困難홈으로當局者가遠日會議에決定한地稅에對하야最低額을定하고[illegible]其他典當稅、市場稅、酒店稅、宿屋稅、製帽稅와平壤에는妓生稅、魚業에는明太稅를徵하야地方費에充할터이라더라

●之之背々 統監府에셔는道書記官會議에서地方預算分配와增加할事件에對하야各道書記官은各自利益을主張하얏고地方費徵收方法에對하야는道書記官의意見을日人司稅局장이反對하얏다더라

●試驗三百 法部에서繙譯官補를試取하기爲하야願書를募集한바三百名에達하얏다더라

●御路擴張 昌德宮과統監府道路를擴張한다는說은已報어니와今又昌德宮左右道路가狹窄하다하야左右家屋을幷毀撤하고道路를修理擴張한다더라

●英武官渡韓 日本에駐在한英國大使館附武官大尉난달시及令武官노미스시는本月十五日에韓國에渡來하야統監府를訪問하고北韓地方과滿洲에漫遊할터이라더라

●宣敎師入京 英國宣敎師八名이本月十四日午后十時에渡來하야西大門外法國人旅館에投宿하얏다더라

●露士官入京 露國士官에쓰무기시는去十二日에浦鹽으로부터入京하야露國領事館에서投宿하얏다더라

●私立學校의敎員 韓國私立學校中三十個학校를擇하야日敎員二名式配置할次로近日에派送할다더라

●酒造說論 再昨日에東部警察署에서轄內酒造業者를召集하고衛生上에關한酒味改良方法을說論하얏다더라

●蠶業進步 韓國의氣候와風土가養蠶에最히適宜한지라農商工部에서도數拾餘處의養蠶傳習所를設置하고補助金을與하는데韓國의昨年度收繭額은三萬石에達하얏고今年에는其以上의收額이될터이라더라

●判事有私 義州金昌鎬씨가安州李召史와輔國閔泳徽씨에게庄土被奪事件으로京城地方裁判所에셔累次裁判한事는世所共知어니와該裁判所判事金詰鉉씨가閔氏와何私情이有한지裁判에對하야秘密相通이有하다더니再昨日午十時頃에李召史가閔泳徽氏와對質辯論하얏는데閔金氏가仕退하는即時에閔氏私邸로訪問하고當時裁判한顚末을閔大時半까지談話하얏다더라

●西道鐵產 載寧鐵礦에對하야昨年度에產出額은戰爭에三萬三千八百七拾噸에價格이拾壹萬六千七百六拾三圓이오[illegible]選에壹萬七千三百二十五噸이며其價額이十壹萬七千八百七拾捌圓에達하는故로今年에日本枝光製鐵所에서六萬噸을韓國으로부터買去하기로契約하얏다더라

●盲者請願 盲人等家에서備生費徵收하는事件에對하야該人等이該費를永爲勿施하라고請願하얏다더라

●偵探合勢 近日警察署와憲兵司令部에偵探이有하야[illegible]露國에通譯[illegible]하는行動을刺殺調察한다더라

●時非宴樂 漢城內實業家某某人이意時消暢하기爲하야共同協議하고輪回設卓할次로巨額을分配하야諸般妓樂을準備하고再昨日東部琴石亭에前往遊覽하얏다더라

●日塊滿目 再昨日慶會樓宴會에平服으로入參함이가或有할지라接待委員鄭丞斗씨가平服한人은逐出하라다가他人의挽止를被하야因爲中止하얏다는데韓國人으로서韓服을如是退却홈은不可하다고批評이有하다더라

●鄭氏自擔 [illegible]萬澤[illegible]氏가時局新報를行將發刊할터이라는說은前報에已揭어니와近聞한즉國紳士鄭泳澤氏가熱心賛成하고金貨貳百圓을自擔辨出하기로酌定하얏다더라

●微何多 某々人士들이天宗敎會를組織하고規則까지製定하얏다는데其趣旨를聞한즉孔孟의道를尊崇코저홈이라더라

●尹氏起訴 水道會社總秦丙善氏가水道에會收穫하는某々七人을選擧하고水商共益所장尹世豊氏를逐出한故로尹氏가起訴裁判한다더라

●日本蝕之 明拾捌日午前五時三十六分에日蝕을始하야六時貳拾五分까지折半可량을食하고七時十九分에復圓할터이라더라

●假甚於真 近日에妓作의生涯가淡落하야豐夫冶遊少年을逢하면別衆露와多數한花債를討請하는거시[illegible]以前보다九倍하야蕩敗家產하는者가多有하다더라

●孤兒落莫 日前에日本觀光團을慶會樓에歡迎次로한성府民과[illegible]에서孤兒院학徒七人을請하야軍樂으로竟日迭奏하고壹전賞與가無하다고孤兒들이落莫하엿다더라

●義將歸天 義兵大將이라[illegible]시는昨日午後에京城監獄에서死刑을執行하얏다더라

●大東報押收 浦鹽新聞에서發行하는大東報第三拾九號와第四拾號는治安妨害라하야押收하얏다더라

●敎師餞別 本月九日下午에貞洞에서城北部監理敎會堂宣敎師奇[illegible]의餞別會를扶山洞에開하는데男女敎徒千餘名과韓英書院學生三百餘名이參會하얏다더라

●但願國產 鳳山郡沙里院에셔洞人士가協議하야景山學校를設立하고靑年을敎育하며商業會를組織하고節儉을崇尙하야日用物品을本國產을專用한다더라

●何用日語 北部諫洞金滋鎬씨가日語研究會를發起하고現今會員을募集하는中이라더라

●[illegible] 微又義塾에서는[illegible]宣成이夏期休暇中에學生의浪遊홈을顧慮하야與十二圓內에秘密講習所를特設하고每日大時간式自擔敎授한다더라

●三氏放免 拾三道[illegible]會協議長高仁석主務員李乾燦과天吉三시가中部警察署에被捉한事는前報에已揭어니와再昨日에一併放免하얏다더라

●尹氏越交 尹始炳氏가警察署에被捉된事는已報어니와昨日地方裁判所로越交하얏다더라

●石毋被捉 日人石毋田阜가尹始炳氏事件에對하야再昨日中部警察署에被捉하얏다더라

●錄延何 具然淳시가湖南學會에[illegible]入錄하얏는데遲延推今하고[illegible]該會評議員들이具시에게論駁하얏다더라

●벗던演說 再昨日下午十時에南大門에到着한[illegible]벗던氏는美國著名한著述家오偉人이라今日下午八時에鍾路靑年會館에서[illegible]演說한다더라

學界

●韓英放學 本月拾八日午九時에北城北部禮拜堂內에서韓英書院學徒가放學式을擧行하고夏期放學을仍行하얏다더라

●岩林寄附 [illegible]岩林賚藏씨가孤兒院에金十元을義捐하고孤兒들의學問硏究를獎勉하얏다더라

●感荷賻儀

本社副社長梁起鐸氏喪事에成樂澤시가金貨五圓을賻儀하얏기玆에其厚誼를表하노라

▲割肉充腹▲

▲同種國에對하야異類視어를擯斥홈은世界人情에自然하거니와異常한사람은異族에게納媚하고同胞國에訓害하니그現象아니나奇怪이로太綱드러臘列하야世人에게供覽하세

▲[illegible]의더擧動은叢鼠若洽似하야財貨之威비러다가國間에橫行하며多少錢財討索하다가재蘇에不充하면幾千[illegible]惱擾하고良民橫蹂되지못할武裝으로戕殺[illegible]이오

▲偵探客의더貌樣은獵犬洽似하야발縱指示하는대로此坊彼曲단이면서無根荒說뭇고보면金上寶貨만드시쳐南을낙그라고奔走不暇하야가니되지못할耳目으로嫁禍陷阱設이오

▲通譯輩의더行色은[illegible]鸚鵡洽似하다喋喋利嘴[illegible]人에게納媚하는[illegible]之談이며보인富人에게[illegible]之[illegible]보면[illegible]排擠하며[illegible]이오

▲[illegible]舘의더伎倆은[illegible]蟲洽似하다巧解란荒誕說에滿[illegible]目에日後[illegible]失覺하야不知不覺[illegible]魂[illegible]主하니되지못할[illegible]迷亂陷穽이오

▲假[illegible]의더[illegible]蝙蝠洽似하다[illegible]族에[illegible]上[illegible]衆모와노고嘲弄하고되지못할手段으로[illegible]

▲[illegible]盜賊[illegible]필수있나[illegible]割肉充腹하고보면내몸이[illegible]飢色生[illegible]死亡[illegible]同舟相濟하고보세善良人物[illegible]

廣告

從二品崔公鶴圭氏께셔四月貳拾九日辰時別世ᄒᆞ심을知舊간에訃告

孤孫濟鉉　次子毅鎬

本校前校長申璟瑺시가早知教育之急務ᄒᆞ고熱心勸勉ᄒᆞ야將有進就之望이더니今番本府春期聯合大運動時에學徒五十餘名을率往還旅費를自擔ᄒᆞ얏기其盛義를表ᄒᆞ기爲ᄒᆞ야茲에廣告홈

義州太鎮面臥龍里

新明學校　告白

廣州果川所在畓貳石三斗落田八日耕文券을陰曆戊申九月分逢賊時에失故該田덕方今測量受出証明於本部並仰佈警文券誰某拾得ᄒᆞ야도休紙施行홈

廣州彦州面驛村居林富鎬

本人이下北村松田所有畓貳石人과落田人處의字號卜數를抄錄捺章ᄒᆞ야國費里에請証次로繕送이다가路에失ᄒᆞ얏스니誰某拾得이던지休紙施行홈

李丙默　告白

新式 一家計 簿記學教科書

定價金六拾五錢

學部大臣李載崑題辭

度支部司計局長元應常序文

學部編輯局長魚允迪序文

京城簿記學校卿學廬之助著

豫約募集

本人이再從姪祐承이(道承)性行이不敏ᄒᆞ야浪費類로僞造文券ᄒᆞ야諸下兩式價得ᄒᆞᆫ다니內外人은明勿見欺ᄒᆞ시옴

東部壺洞 [illegible] 稿宰

右는本校에셔韓文으로獨習用에供키爲ᄒᆞ야編述홈이라

豫約五拾五錢外에地方은郵稅四錢을豫付ᄒᆞ야從前順序로六月二拾五日부터陸續送交ᄒᆞ시

옴六月末限

京城壽町二丁目卅七番　京城簿記學校

活動寫眞

韓美興業會社新設壯活動寫眞

佛蘭西巴黎城과兄弟商會와漢城特派員이選ᄒᆞᆫ東大門內光武臺에셔來六月初日부터每日午后八点鐘中에活動寫眞을撮映ᄒᆞ오며電氣를使用ᄒᆞ야發聲器로歐米各國奇妙ᄒᆞᆫ歌曲과壯快ᄒᆞᆫ軍樂을吹奏ᄒᆞ며全國景區俗을撮寫ᄒᆞ야新鮮美麗ᄒᆞᆫ畵本을每日幻燈으로交換ᄒᆞᆯ이價常보아도시옵소서

觀覽料

壹等　四拾錢

二等　二拾錢

三等　拾錢

元賣所

中部壽進坊壽進洞

海東書林

大速成二個月 日語獨修書

著者 陸鍾冕

定價 金貳五拾錢

日語의必要는僉君子의旣既知之事이나然이나于今에遊學하는者多ᄒᆞ야本書는自語로語法으로至入音에用語에緊要ᄒᆞᆫ語音語句를分類別纂ᄒᆞ고確正ᄒᆞᆫ發音과簡單ᄒᆞᆫ譯으로精密綱羅에斯學을二個月以內로獨修케ᄒᆞ기爲主ᄒᆞ야著述ᄒᆞᆫ書인즉學校生徒와已無時論이고其他有志同胞는購覽ᄒᆞ시믈爲希홈

本人이姓名圖形正字圖章을六月拾數日에서失ᄒᆞᆫ바기兹以廣告ᄒᆞ오니知舊僉員은亮홈

義州水鎮面龍洞金吉成　告白

本人이冠名字圖章을陰四月拾三日鵠에兩島往返時에見失이옵기兹以廣告ᄒᆞ오니誰某시던지行用을信勿ᄒᆞ심을敬要

定州古邑里第五統六戶

韓漢德成　告白

臨時宮內府事務所를昨日에麻洞三統九戶에定ᄒᆞ오니京鄉會員은知悉ᄒᆞ시옴

總代　韓成奎　告白

同胞愛顧ᄒᆞ시기를深望ᄒᆞ옵고完實ᄒᆞᆫ衣次와洋襪을織組ᄒᆞ오니仁愛ᄒᆞ신君子는陸續來購ᄒᆞ심을敬望홈

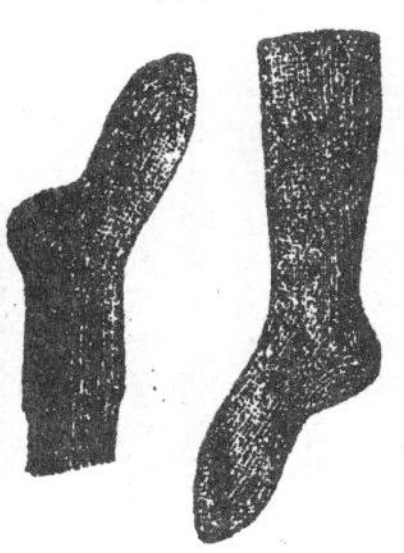

南門內倉洞敎堂前

韓興織造會社　告白

本人子元鎬가業永離家三朔에尙無信息故로何處住在知者有ᄒᆞ면軍部上英而艾井洞梁基檜에게勸告홈

近衛步兵大隊第壹中隊副校金秉駿이本月拾四日午前拾武時에義州郡南門外居人으로光武七年五月에入隊前平壤隊에服役이라가身故이기廣告홈

近衛大隊第壹中隊

◎自強丹

右藥은發明ᄒᆞᆫ我同胞의自强精神을培發ᄒᆞ기爲ᄒᆞ야製ᄒᆞᆫ이니衛生을注意ᄒᆞ시는君子는本人의誠意를體ᄒᆞ시와信用ᄒᆞ실을務望(효能은暑、中寒、霍亂、吐瀉、食傷、酒滯、船暈車暈、鬱氣嘔逆水土不服口中惡臭瘴氣癘疫症에神效가有ᄒᆞ고其他能히脾胃를補ᄒᆞ고渴定ᄒᆞ며精爽快ᄒᆞᆫ奇功이有ᄒᆞ야恒常長服ᄒᆞ면勞神勞力ᄒᆞᆫ者의自强力을培養ᄒᆞᄂᆞᆫ良藥으로近世에著名ᄒᆞ오

發行人白川邑韓祐藥房趙雲沐

發賣所 鳳山沙里院 金昌善

延安邑邊汝文藥房

金川助浦李喚植店

安岳邑鄭 [illegible] 鋪 [illegible]

[illegible] 邑金鍾濬店

長連邑鄭文奐 [illegible]

韓美興業株式會社平北支社

大韓國平北紳士諸시가皇城에在ᄒᆞᆫ美國인과應ᄒᆞ야道被正法律第三號第貳章에依ᄒᆞ야組織ᄒᆞᆫ韓美興業株式會社定款에依ᄒᆞ야平北支社를組織ᄒᆞ고其方針의例는如左홈

一 本社名稱은韓美興業株式會社平北支社라홈

二 本社位置는義州에置ᄒᆞ며臨時事務所는白馬驛金益鉉家에權定홈

三 株數는貳萬圓을二千株에排定홈

四 本支社營業은本社定款에依ᄒᆞ야着手홈

五 株金은隆熙三年六月拾壹日爲始ᄒᆞ야應募홈

六 規則與細則은隨時知ᄒᆞ기爲ᄒᆞ야本支社에頒布ᄒᆞ시며調應홈

七 本支社株券은株主總會를經ᄒᆞᆫ後應用홈

▲韓美興業株式會社平北支社臨時任員

社長　金能玉

副社長　白承龍

總務員　鄭 [illegible]

會計員　林 [illegible]

書記員　[illegible]

監事　[illegible]

미국시아들大博覽會　회람박대들아시국미

本社之印章

其權力을用ᄒᆞ야可爲善이오其權力을用ᄒᆞ야可爲惡이라

全히善良ᄒᆞ게利用ᄒᆞ면其權力의强大ᄒᆞᆷ은不可量이라我韓美興業株式會社는大韓帝國의商工業을發達ᄒᆞ며改良이되는其權力의聯合體에有ᄒᆞᆫ世界各國에不遠한지라此產物出ᄒᆞ는能力이有ᄒᆞᆫ지라此處의人이能히產物을出ᄒᆞ는會社에셔大韓國產物이世界에有ᄒᆞᆫ나니라

經濟界限에云ᄒᆞ얏스되夥多ᄒᆞᆫ產物의分排ᄒᆞᆷ을因ᄒᆞ야最大ᄒᆞᆫ權力이發生ᄒᆞᆫ다ᄒᆞ얏스니

本社之商標

韓美興業株式會社

(京城郵便局郵函第四拾号)

(在美國에며소나韓國法律認可駐大韓美國總領事館登錄)

本社의各處代理人의氏名을如左홈

地名	代理人	住所	氏名
開城	代理人	南門外雜貨商店	
平壤	代理人	大同門外店	
成興	代理人	南門外	盧昊株
馬山浦	代理人	馬山浦 [illegible]	
元山	代理人	元山港	
濟津	代理人	濟津港	
水原	代理人	水原 [illegible] 安	
安城	代理人	漢城東 [illegible] 旺 [illegible]	
沙里院	代理人	[illegible]	
金泉	代理人	漢城 [illegible] 浦 [illegible] 統五戶	
海州	代理人	水原北부 [illegible]	
天安	代理人	群山大井洞	
群山	代理人	漢城 [illegible] 阿峴二百廿二統三戶	
全州	代理人	太田新田里五拾八統七戶	
大邱	代理人	馬山 [illegible] 九戶	
釜山	代理人	西部 [illegible] 東幕 [illegible] 廿七統貳戶	
江景浦	代理人	西部麻浦 [illegible] 十七統三戶	
鎭南浦	代理人	[illegible] 山里	
麗水	代理人	[illegible] 貳戶	
永同	代理人	[illegible]	
木浦	代理人	木浦 [illegible]	
晉州	代理人	[illegible] 城山	
公州	代理人	公州 [illegible] 石面承開	
漢江	代理人	[illegible] 八統貳戶	
義州	代理人	義州批峴	
江界	代理人	[illegible] 批峴	
漢城東部	代理人	[illegible] 甘井洞四統五戶	
鎭川	代理人	[illegible] 井洞	
定州	代理人	郭山 [illegible]	
仁川	代理人	吉州 [illegible]	李根宅
浦項	代理人	浦項 [illegible] 二統 [illegible] 戶	
太田	代理人	太 [illegible] 漢城 [illegible] 二統壹戶	宋始富
清州	代理人	吉州內 [illegible] 外 [illegible] 二拾八戶	洪淳登
吉州	代理人	漢城中部 [illegible] 二統三戶	
鐵山	代理人	延 [illegible] 磨玉洞	
延安	代理人	兎山 [illegible] 市	
兎山	代理人	開城 [illegible]	
烏山	代理人	太田 [illegible]	金景植
昌原	代理人	公州 [illegible] 松亭里	洪淳登
陽山	代理人	[illegible]	
漢城	代理人	西部 [illegible] 門 [illegible] 西五拾 [illegible] 戶	
[illegible]	代理人		

濟生堂大藥房開業五週年紀念贈大彩

◉贈大彩說明

本堂開業이今至五週年間에內外君子의顧愛를蒙ᄒᆞ와多藥ᄒᆞ야藥業이時日隆盛ᄒᆞ고功績이東西著聞이라其所感佩ᄒᆞᆫ實難泰誠故로今에本堂五週年紀念式을行ᄒᆞ고僉君子의厚誼를表ᄒᆞ기爲ᄒᆞ야清心保命丹을特製發賣ᄒᆞ며大福引券을添呈ᄒᆞ와當時抽選ᄒᆞ야大賞케ᄒᆞ오니僉君子ᄂᆞᆫ陸續枉顧ᄒᆞ심을敬要

懸賞物品金三百圓價格이오

福引彩券二千枚로定數홈

清心保命丹　每貼價金拾錢

效能　담飲積滯胸腹痛 眞是靈藥立見效
水土不利咳嗽증 恒常장服健腸胃

方法

定價金十錢枚五包에福券壹張을添呈홈
劑引價로請求ᄒᆞ면五拾包의福券壹張을添呈홈
其他本堂製藥品의五拾錢價格으로福券을呈홈

賞品

頭等壹　白米拾石(每斗五斗入)
壹等壹　仝 七石(上仝)
貳等四　仝 八石(每貳石式)
三等九　仝 五石(每壹石式)
四等五十　金貳十五圓(每五十전式)
五等壹千九百二拾九　紙券烟壹千九百三拾九匣 燐寸壹千九百三拾九匣

空彩ᄂᆞᆫ無홈

遠地에ᄂᆞᆫ郵便引換으로送呈홈

期限은六十日로定　自陽六月拾六日 至陽八月拾五日

位置

皇城南大門側　濟生堂大藥房

皇城鍾路　濟生堂臨時出張所

◉贈大彩說明

本書林에셔今番에大韓의有名ᄒᆞᆫ新式帽子를世界에廣告홈

專賣特許驪帽子

中山子	價	中折子	上仝	女子用帽子	上仝	學徒帽子	價
金	圓○ 五五○ 四五○ 三五○ 貳五○						二五○ 二○○ 一七○

登錄商票

敬啓者本新發明ᄒᆞᆫ帽子ᄂᆞᆫ純全ᄒᆞᆫ韓國毛로製織ᄒᆞ야成品이오美麗ᄒᆞ야春夏秋冬에適用ᄒᆞᆯ뿐더러多年을쓰ᄃᆞ라도汗汚ᄒᆞᆯ時에ᄂᆞᆫ洗濯ᄒᆞᆫ다가水에沈洗ᄒᆞ면卽時新製와如ᄒᆞ니衛生上에必要ᄒᆞᆫ冠帽라天下世人의最好ᄒᆞᆯ者이기로專賣特許를得ᄒᆞ야登錄ᄒᆞ고世界에廣告ᄒᆞ오니內國人士ᄂᆞᆫ購求ᄒᆞ시ᄆᆞᆯ望ᄒᆞ오며定價ᄂᆞᆫ帽子마다四等으로分定ᄒᆞ야시니購求ᄒᆞ실時에ᄂᆞᆫ大韓國京城南部銅峴大街里玉虎書林附屬帽子商店

阿烟初斷隱引藥

一劑金五圓　半劑金三圓

注意

阿烟初吸者ㅣ雖日有效나日久則遂成錮引ᄒᆞ야至於蕩敗家産者와未免殀死者ㅣ比比有之ᄒᆞ니豈不哀惜乎아故로本堂에셔藥力ᄒᆞ고英國藥方을透得ᄒᆞ야阿片斷引에大效가잇ᄂᆞᆫ靈藥을製造發賣ᄒᆞ오니欲戒阿片者ᄂᆞᆫ一劑면戒約服ᄒᆞ시되若無驗이면藥價를還呈ᄒᆞ깃사오니照亮ᄒᆞ시옴

秘方 靈藥 無價 酬療

阿烟斷引丸

阿烟初吸者ㅣ雖日有效나日久則遂成錮引ᄒᆞ야至於蕩敗家産者와未免殀死者ㅣ比比有之ᄒᆞ니豈不哀惜乎아故로本堂에셔盡心竭力ᄒᆞ고英國藥方을透得ᄒᆞ야阿片斷引에大效가잇ᄂᆞᆫ靈藥을製造發賣ᄒᆞ오니欲戒阿片者ᄂᆞᆫ食前에服ᄒᆞ시되若無效驗이면藥價를還呈ᄒᆞ깃ᄉᆞ오니照亮ᄒᆞ시옴

定價　一劑八圓分 金五圓　半劑四圓分 金二圓

婦人調經丸

婦人이冷疾積病과月經不調로因ᄒᆞ야孕胎치못ᄒᆞᄂᆞᆫ데神效藥

壹月份一劑　金五圓

驗香消瘡丹

男女間에梅毒連珠瘡과疳瘡濕疥癩와百般瘡中에ᄂᆞᆫ妙藥이오

定價甲은四圓乙은貳圓五拾錢

全治丸

男女間에連珠瘡을全治去根ᄒᆞᄂᆞᆫ대神奇妙藥이오

壹劑　金三圓

滋陽丸

男女간에腎經補陽ᄒᆞ고元氣不足ᄒᆞᆫ데第一靈藥이오

定價每日分金壹圓八拾錢

八寶丹

脾胃滯ᄒᆞ며口味를助ᄒᆞ고담을消ᄒᆞ고心神을爽快케ᄒᆞᄂᆞᆫ靈藥이오

定價金拾錢

平壤大貿洞出張所金允瀛
仝 館前代理店日人寄田商店
仝 文武洞代理店桂澤善
仝 大邱府代理店趙益翰
製藥本舖仁川柳峴
發行所京城鍾路　李應善

自宅治療 電氣帶 廣告

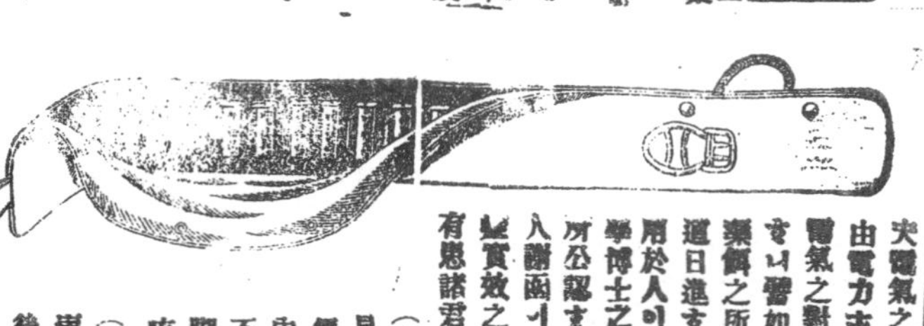

夫電氣之於人에爲關이甚大ᄒᆞ니人之百體가由電力而持ᄒᆞ야有電則生ᄒᆞ고無電則死ᄒᆞᄂᆞ니電氣之對症施治에見功取效之神速이百倍于藥ᄒᆞ니譬如中風麻痺(不遂)痙攣偏위等症은古來藥餌之所難治之病이ᄂᆞᆫ然而至于今ᄒᆞ야ᄂᆞᆫ醫道日進ᄒᆞ야以電氣施療에無不奏效ᄒᆞᄂᆞ니電之利用於人이豈淺鮮哉아今此電氣帶ᄂᆞᆫ係是獨逸國醫學博士之所發明者也ㅣ라伊來幾年에爲地球上所公認ᄒᆞ야罔不見效願買者ㅣ四方에得效入諸國ㅣ共三拾壹萬五千百餘則可知電氣帶之實效之確據요乃醫療界最適ᄒᆞᆫ者ㅣ리니有患諸君子ᄂᆞᆫ早圖壹試ᄒᆞ시오

(主治効能)神經衰弱諸症不眠。遺精。早漏不快。陽위不起。消化器無力。慢性便結。消化不良。腎萎不良。遺尿。脊髓內臟의衰弱。疝症。半身不遂。或全身不遂。手足厥冷。諸神經痛。腰痛腰痛。脚氣及腹痛。記憶力及忍耐力減退。癎疾

(婦人諸病)血分不足。月經不調。子宮病。惡帶。脊髓諸病。偏頭痛。不姙症。病後虛弱。帶下。窒痙攣等症에無不如神

(使用法)은至極簡便ᄒᆞ야睡眠ᄒᆞ거나就業時에恒常腰間에環佩ᄒᆞ되小兒ᄂᆞᆫ節減ᄒᆞ고一個年以上을環佩ᄒᆞ되付屬品은頭痛時使用ᄒᆞᄂᆞᆫ것과陰囊을包括ᄒᆞᄂᆞᆫ것이有ᄒᆞ오니請求ᄒᆞ실때에腰圍를測量(비단어밀에서허리를재오시오)ᄒᆞ야보니시면發電使用法과說明書를添付ᄒᆞ야小包代金으로送呈ᄒᆞ깃ᄉᆞ옴

上號　拾四圓　中號　拾貳圓

正價發賣所

皇城南部太平橋十九統七戶
武愛堂大藥房

光武九年八月拾壹日 明治卅八年八月拾壹日【第三種郵便物認可】　金曜日　西曆壹千九百九年六月拾八日　(壹)

大韓每日申報

第七卷　第壹千壹百廿五號

歲時月日曜日及慶節休刊

檀君開國四千二百四十二年
箕子元年三千三十一年
大韓開國五百十八年
日本明治四十二年
淸國宣統元年
陰己酉五月小初一日己酉

Responsible for Publication Alfred Weekley Marnham.
發行兼編輯人 英國人 萬咸
發行所
京城南部 … 三層洋屋
大韓每日申報社

論說

◎韓人의 當守홀 國家的主義

吾儕가韓國人士에게對호야朝에도日國家々々호며夕에도日國家々々호야鐵舞이幾禿에至호얏거놀今又國家二字로노々호니記者도太支離호거니와聞者도亦支離흐리로다

然이나目下韓國狀態가恰然히大病이孔劇흔대群醫가其方을亂投홈과如호야衆口가紛喧호며百旗가爭翻호야或日坐호자호며或日立호자호며或은東으로向호며或은西으로向호야國民의前途를迷惑케호눈지라故로吾儕눈此等迷惑을打破키爲호야「韓人의當守홀國家的主義」라눈問題로贊論을揭호야全國同胞에게提供호노라

大抵國家를保全코자호면먼저壹定흔主義를立홈이可홈은小兒라도皆知호눈바인則今日韓國人士가國家에對호야如何흔主義를定홈이可홀까

(壹)奮發主義가可호고穩靜主義눈不可홈　難者ㅣ日穩靜主義가可홀지라悲憤은利益이無호고急躁은躁妄에陷호느니穩靜主義를不取호면是눈禍를催홈이라하나此눈實로不通의論이라

大抵國家를保全호눈道눈其國民의國家精神에熱烈홈을要호거날今日韓國同胞二千萬中에能히國家와民族의關係를知호눈者ㅣ幾人이나有하며能히其力을國家에供호눈者ㅣ幾人이나有호며能히國家를爲호야死홀者ㅣ幾人이나有홀가此時에在호야汲々히國家精神을鼓發호야壹般國民으로호야금國民的知識을養成하며國民的勇氣를鼓舞호야全國民腦中腔中에「寧爲愛國而死언뎡不作亡國而生」이라눈精神이鐵又치堅호며雷又치動호여야可홀지니萬若穩靜主義를取호면人民의國家精神은因然式微호며日로消磨하야畢竟祖國을永忘호고奴隷를自樂호눈觀念을作홀지니엇지可호리오悲憤이事業의方法은아니나事業의原動력은되며急進은贊成치아니홀지언뎡勇進은贊成홈이可호니試思호라東西古今에國家를保호고衆生을救호者ㅣ悲憤치아니호者ㅣ誰며勇進치아니호者ㅣ誰오此時에在호야穩靜主義를守홈은譬컨대猛獸가來搏호눈대束手靜坐호야其害를免코자홈과如호니아모리免코자홈들其獸가엇지此를肯許호리오

故로吾儕눈日奮發主義가可호고穩靜主義눈不可라호눈바ㅣ며

(二)衆實力主義가可호고單實力主義눈不可홈　難者ㅣ日實力만富强호면能히國家의獨立을維호나니富强의實力이無호면如何히高妙흔理想과如何히正大흔目的이라도其功이無호다하나此又不可호지라

吾儕도亦是實力을歡迎치아님은아니나但只實력의富强만唱호눈者에게눈肯諾을不許호노니何故오大抵獨立을造홈에實력이當部大要素라홈은可홀지언뎡富强흔後에야獨立을造홀다홈은不可흔바ㅣ라試思호라古今에獨立을造흔者가果然모다實력의富强을倚賴호얏눈가實력이全無호다홈은不可흘지언뎡實력의富强을要호다홈은亦不可호니美國、希臘、伊太利等獨立史를試讀호라富强이獨立의前提를作호다홈보다事히獨立이富强의前提가됨이可호니라

今日韓人이實력의富强을唱홈은譬컨딘病이骨髓에入호야死가眉睫에迫호얏거날藥石은不進호고膏粱만喫호야日元氣가回復호여야病을可逐이라홈과如호니나藥石으로病을攻치아니호면아모리膏粱을喫호며도病이尤劇호야死에必至흐리니何暇에元氣가回復되리오壹邊으로藥石으로病을攻호며壹邊으로膏粱으로元氣를補홈이可홀지니라

然則實력의富强만唱홈은決코不可홀지라實력을養호눈同時에精神을奮호며精神을奮호눈同時에實력을養홈이二者가並行홈이可홀지니此가吾儕所謂衆實력主義라

故로吾儕눈日衆實력主義가可호고單實력主義눈不可호다호눈바ㅣ며

(三)自信主義가可하고信人主義눈不可홈　難者ㅣ日國家와國家間에도亦是信義가有호며道德이有하니엇지信人主義가不可호다하리오호나此又不然흔지라

大抵個人과個人間에눈信義가有호되國家와國家間에눈信義눈無호고魔術만有호며個人과個人間에눈道德이有호되國家와國家間에눈道德은無호고强權만有호나니故로外國을利用홈은可홀지언뎡信賴홈은不可호지며但只自已가自已를信호야自立의精神을煥發호며自强의能력을奮揮홈이可호니라

故로吾儕눈日自信主義가可호고信人主義눈不可호다하눈바ㅣ로라(完)

然이나盖此難者도必是當時의滑稽로因흔論이라吾儕가彼難者를對抗코자홈은아니나但只全國同胞가或其眞相은不解호고徒然히難者의論에迷惑홀가懼호야壹言으로提醒호노라

外報

◎淸美交涉　倫敦電을據흔則美國大統領타프트시눈淸國에對호야美國의資本을投홈은將來淸國에領土保全과門戶開放等의問題가起홀時에美國도此에容喙홀權利基礎를占홈이라호야目下交涉中에在흔借款問題에對호야深히其利害를知호고其成否를注視호눈中이라더라

◎艦隊演習　同電을據흔즉去月十貳日에英國포스마우스에英本國防備隊의正式觀艦式을擧行하얏눈디其時에萬集흔英國沿岸防備隊壹百四十四隻은皆戰時와同壹흔武裝을行호얏스며此觀艦式을畢흔後에눈全部의艦隊가北海中에서艦隊及其他艦隊를合호야總數三百餘隻이夏期大演習을行호다더라

雜報

●選番入直 近衛隊領尉官을이選番ᄒᆞ야 德壽宮에入直ᄒᆞᄂᆞᆫ데入直時에ᄂᆞᆫ入ᄒᆞᆫ官吏의姓名과其他事項을逐々詳定ᄒᆞ야 太皇帝陛下ᄭᅴ옵서 御覽ᄒᆞ시게ᄒᆞᆫ다더라

●訛說妄報 近日에外國에新聞에訛言을傳布ᄒᆞ야日本社新社ᄌᆞ發說ᄒᆞᆫ가逝去ᄒᆞᆫ後로失勢ᄒᆞᆷ을因ᄒᆞ야本社總務梁起鐸氏가해로왕往ᄒᆞᆫ다ᄒᆞ얏스나本社의勢力은去益鞏固ᄒᆞ며梁氏ᄂᆞᆫ本報擴張을去益注意中인즉此等摭根之說은浮浪輩의做出ᄒᆞᆷ에不過ᄒᆞᆷ이러라

●兩君計劃 義陽君과載覺永宣君이金錫鎬氏가義湖학校를期於維持ᄒᆞᆯ次로발起ᄒᆞ야月捐金을판時醵出ᄒᆞ고 貴族中某々氏를勸告ᄒᆞ야學校를新建築ᄒᆞ라고計劃中이라더라

●新統監着期 新任曾彌統監이來二拾二日에着任ᄒᆞ기로豫定ᄒᆞ얏다ᄂᆞᆫ電報가拾七日東京으로부터統監府에來着ᄒᆞ얏다더라

●副統領歡迎 旣報와如히然拾九日에米國副統領후에야방구소氏가來韓ᄒᆞᆫ다ᄂᆞᆫ디對ᄒᆞ야統監府에서菱田囑托을釜山까지下往迎接케ᄒᆞ다ᄂᆞᆫ데着京ᄒᆞᆫ以後에ᄂᆞᆫ米國領事及夫人其他韓國在留美國人과統監府의招待하야歡迎宴을開設ᄒᆞᆯ터이라더라

●木曜例會 總理大臣以下各部大臣이昨日木曜例會를開ᄒᆞ고各其部務를提議後에新舊統監의送迎園遊會와觀劇內에設行ᄒᆞᆯ터인데費支出件을協議ᄒᆞ얏다더라

●運動何多 現內閣을運動ᄒᆞᄂᆞᆫ黨派ᄂᆞᆫ已爲報道어니와閔閭ᄒᆞᆫ족中樞院顧問一派가亦是運動ᄒᆞᆫ다ᄂᆞᆫ說이浪藉ᄒᆞ다더라

●列名報告 內部警務局長松井茂ᄂᆞᆫ現內閣을新組織ᄒᆞ라고運動ᄒᆞᄂᆞᆫ者를列名ᄒᆞ야主務장官에게報告하얏다ᄂᆞᆫ巷說이有ᄒᆞ다더라

●團體團束 京城及各地方에서民會와稱ᄒᆞ고官衛의認許도受ᄒᆞᆷ이無히政治的意味로각種團體를組織ᄒᆞ야其行動이往々施政方針을障害ᄒᆞᆷ으로警務記官會議에서此를取締의法規를製定ᄒᆞᆷ을內部에要請ᄒᆞ야目下起艸中인故로不日內에其取締ᄒᆞ이發布될터이라더라

●學民歸京 平壤及義州游國安東縣에遊覽ᄒᆞ던宮中顧問尹相氏ᄂᆞᆫ再昨日下午八時頃에入城ᄒᆞ얏다더라

●木內歸任 農商工部次官木內가昨日下午八時十分에京釜線列車로入城ᄒᆞ얏ᄂᆞᆫ대同部大臣以下壹般高等官들이南大門外停車場에出往迎接ᄒᆞ얏다더라

●中央銀行計劃 韓國에設施ᄒᆞᆯ中央銀行의株金壹千萬圜을韓日兩國에서募集ᄒᆞ며韓政府ᄂᆞᆫ六株를補給ᄒᆞ야此를統監府와韓政府監督下에서兌換券을發行ᄒᆞ야國庫金의出納을取扱ᄒᆞᆯ터인데其條約合은日本銀行令과太差함이無ᄒᆞ다ᄂᆞᆫ데日人中의서其總裁의任을運動ᄒᆞᄂᆞᆫ者가數인이라더라

●意見提呈 慶北觀察使朴重陽氏ᄂᆞᆫ皆下寧府郡各面長의手當金을面長職制頒布前에ᄂᆞᆫ每年每戶에葉六錢式收合ᄒᆞ야支給ᄒᆞ것고意見書를內部에提呈ᄒᆞ얏다더라

●有何未備 侍從副卿리會九氏가日本에前往ᄒᆞ얏다ᄂᆞᆫ說은已報어니와무슴未備ᄒᆞᆫ事가有ᄒᆞ야再昨日에야發往ᄒᆞ얏다더라

●婦孺待之 日前慶會樓宴會에漢城府民會에서日本觀光團壹行에게物品을表示ᄒᆞ기爲하야太極扇一柄式과銀品으로製造ᄒᆞᆫ烟竹과銀장刀銀鈴銀鉢等屬을各觀介式觀光團每名의게寄付ᄒᆞ얏다더라

●三回觀光 日本에서第三回觀光團이又爲渡韓ᄒᆞᆫ다ᄂᆞᆫ대對團壹行인즉日本서自來華族으로稱號ᄒᆞᄂᆞᆫ者이라더라

●特月餞別 內部地方局主事리浩升씨가地方郡守로叙任ᄒᆞᆷ事에對ᄒᆞ야해局官吏가同僚의誼를表ᄒᆞ기爲ᄒᆞ야來月曜日에明月館에서餞別宴을設行ᄒᆞ기로發起ᄒᆞ얏다더라

●辯護復職 前辯護士許憲氏가已往에抑寃히辯護士의職을免ᄒᆞ얏다가向日에更히復職하얏다더라

●拓社債給 東洋拓殖會社에서各人의田土를典執ᄒᆞ고債錢을許給ᄒᆞ되債用者가農業의興利ᄒᆞᆯ目的으로設計書를交付ᄒᆞᆫ然後에債給을許施ᄒᆞᆫ다ᄂᆞᆫ데許施ᄒᆞᆫ後에ᄂᆞᆫ該人의所用을調查ᄒᆞ야設計書와表實이有ᄒᆞᆫ境遇에ᄂᆞᆫ其典執ᄒᆞ얏던田土及劵을因爲屬公ᄒᆞ기로決定ᄒᆞ얏다더라

●屯土引繼 永平郡북面에樂營屯土가有ᄒᆞ야해面內人民等이幾拾年來로互相賣買ᄒᆞ야耕食ᄒᆞ던것인대東洋拓殖會社에서引繼次調查測量ᄒᆞᆷ으로해人民等이嗷々ᄒᆞ다더라

●御路別築 昌德宮 御路를擴張ᄒᆞᆫ다ᄂᆞᆫ說은屢報어니와敦化門으로錦朝橋等地까지現今條改ᄒᆞᄂᆞᆫ舊路ᄂᆞᆫ 御路로使用ᄒᆞ고將次左右人家를毁撤ᄒᆞ고新路를修築ᄒᆞ야人民과車馬를通行케ᄒᆞᆫ다더라

●記事毀難 近日에韓人新聞記者와日人新聞記者가各府部院廳에採聞次로入去ᄒᆞ면所謂韓國官吏ᄂᆞᆫ外人의게納諂ᄒᆞ기爲主ᄒᆞ야新聞材料를日人의게ᄂᆞᆫ搖尾乞頭에如恐不及ᄒᆞ고韓人의게ᄂᆞᆫ行路觀之ᄒᆞᆷ으로記事ᄒᆞ기煩히困難ᄒᆞ다더라

●使酒打人 韓人壹名과日人壹名이泥醉ᄒᆞ야再昨日下午九時頃에寺洞軍樂隊營門前에서過去ᄒᆞᄂᆞᆫ학生壹名을無故亂打ᄒᆞᄂᆞᆫ지라해掌巡査가其光景을見ᄒᆞ고韓日人二名을捕縛審問ᄒᆞᆫ則韓人은皇宮警察保의警部이弘鎬氏오日人은日本新聞記者라더라

●面長善績 南來人의傳說을聞ᄒᆞᆫ즉木川郡郡面々장朴載元氏ᄂᆞᆫ在任數年에恪勤職務ᄒᆞ야面內가賴安ᄒᆞᆷ으로村々立碑에人々稱頌ᄒᆞᆫ다더라

●巡查督人 恩津郡駐在所巡査田慶煥氏ᄂᆞᆫ稜ᄒᆞ게徵惡ᄒᆞ며保護商旅ᄒᆞ야愛民如已ᄒᆞᆷ으로稱頌이載路ᄒᆞᆫ다더라

●酒是狂藥 日昨夜에內部主事朴某等三人이酒를泥醉ᄒᆞ고許屛等地를過去ᄒᆞᄂᆞᆫ데其行動이頗히悖妄ᄒᆞᆫ지라該坊曲巡査가該氏等을捕縛ᄒᆞ야中部警署로押付牢四ᄒᆞ얏다가曉諭放送ᄒᆞ얏다더라

●舊曆并刊 學部에서明年度曆書부터舊曆은永爲廢止ᄒᆞ기로決定ᄒᆞ얏다더니更히該部의公函을據ᄒᆞᆫ즉此等事實이無ᄒᆞᆫ딴데리明年曆書에도舊曆을從前並記ᄒᆞ야人民使用의便宜로욕ᄒᆞᆫ다더라

●困債吞鴉 磚洞居徐廷岳氏家에留ᄒᆞᄂᆞᆫ徐廷善氏ᄂᆞᆫ再昨夜에鴉片을喫ᄒᆞ고因爲自斃ᄒᆞ얏다ᄂᆞᆫ데其理由인즉他人의負債가夥多ᄒᆞᆷ을因ᄒᆞᆷ이라더라

●僞勅被捉 북壯동居ᄒᆞᄂᆞᆫ安準喆氏가 勅旨僞造事件으로日昨日憲兵司令部에被捉ᄒᆞ얏다더라

●楓欄夜客 昨日午前壹時에强盜大名이淸風欄居ᄒᆞᄂᆞᆫ金永植氏家에突入ᄒᆞ야金貨壹百圜과其他什物을多數奪去ᄒᆞ얏다더라

●會長辭免 畿湖學會장金允植氏ᄂᆞᆫ해會務에干涉ᄒᆞᆯ餘暇가無ᄒᆞ다ᄒᆞ야辭免코져ᄒᆞᆫ다더라

●金氏追悼 某某인이발起ᄒᆞ야故金奎曾氏의追悼會를來日曜日下午貳時에東大門外永道寺에서設行ᄒᆞ기로決定ᄒᆞ얏다더라

●朴氏寄附 前侍從副卿朴基順氏가昨日湖學會에來到ᄒᆞ야該會經費窘拙ᄒᆞᆷ을聞ᄒᆞ더니여爲先金貨二十圜을捐付ᄒᆞ고該會國壹同을該興館으로邀宴待ᄒᆞ얏다더라

●救援開會 來二十日日曜上午十時에夜照峴救世軍營에서聖經講論會를開ᄒᆞ고同日壹時와下午二時半과同八時에救援會를開ᄒᆞ고正領許嘉斗氏와其夫人이演說ᄒᆞ고統內二營에서ᄂᆞᆫ副領班禹巨氏와其夫人이引導開會ᄒᆞ고下午二時에營皆上層에特別婦人會를開ᄒᆞ고許嘉斗氏의夫人이引導開會ᄒᆞᆫ다더라

●總會와演說 畿湖興학會에서本月拾九日土曜下午三時에通常總會를校동該會館內에開ᄒᆞ고會務를處理ᄒᆞᆫ後에演士郁壹宜씨가講演ᄒᆞᆫ다더라

學界

●吳氏勸學 北間島池打所臥龍洞居吳君三시가學校를設立ᄒᆞ고青年을募集ᄒᆞ야教育을熱心勸勉ᄒᆞᆫ다더라

●漢校興旺 楊州乾川面陽地里漢東학校ᄂᆞᆫ任員具然泰李秀岳沈灝巽諸시가極力贊成ᄒᆞ고教師劉鍾河洪然석學員數三시가熱心教授ᄒᆞᆫ故로학徒가六七拾名에達ᄒᆞ야遠方에서裏糧而來ᄒᆞ야受業ᄒᆞᄂᆞᆫ者ㅣ多有ᄒᆞ다더라

●志士勸學 北間島居金學淵씨貞徽兩시ᄂᆞᆫ年今二拾에不過ᄒᆞ되愛國思想이特別ᄒᆞ야教育을振興ᄒᆞᆯ目的으로四方에周遊ᄒᆞ야학業을獎勵ᄒᆞᆫ다더라

●草塾設試 江陵郡北?里面草堂里居權燮洛俊兩시가草堂義塾을設立ᄒᆞ고贊助義捐을自擔ᄒᆞ야教育을熱心獎勵ᄒᆞᆫ다더라

●汶校落成 去月貳拾六日에坡州郡七井面문山里에서문山학校를新築ᄒᆞ고落成式을擧行ᄒᆞ얏ᄂᆞᆫ대官人과來賓ᄒᆞ內外賓客이四百餘名에達ᄒᆞ야盛況을呈ᄒᆞ얏다더라

●朱門勸學 忠北鎭川郡鄕坪面二時型塔朱貞煥시가門族父老會를組織ᄒᆞ고每月壹次式開會ᄒᆞ고門中子侄을招集ᄒᆞ야農業과학業을懇切히勸喩ᄒᆞᆫ다더라

俱頭壹斧

▲奇怪ᄒᆞ고妖惡ᄒᆞ다 大韓新聞더창報와狂悖無理無端ᄒᆞᆫ 本報館에對ᄒᆞ야셔妄加論毆種種끼에誠屬或論ᄒᆞ엿것만妖孽惡習不悛ᄒᆞ고風聞學校事件으로又加論毆ᄒᆞ엿스니壹大斧를놉히들고彼惡腦를破碎ᄒᆞᆯ새

▲奇妖ᄒᆞ다더창鬼야日月又喜이鋒鋒이媚外思想排斥ᄒᆞ고祖國主義提倡ᄒᆞᆷ은新聞界의恨事라고狂吠亂吠ᄒᆞᆷ바에ᄂᆞᆫ全國人民勸論ᄒᆞ야奴隷窟에陷落ᄒᆞ면於汝心에快ᄒᆞᆯ소나人形가진도야지야이독괴를받어보라

▲奇妖ᄒᆞ다더창鬼야風聞學校의事實이야擧世共知ᄒᆞᆯ엿거날爾獨不知ᄒᆞ엿다니奴隷輩이ᄂᆞ神ᄒᆞᆫ耳目盲聾ᄒᆞ엿나더따위의病身으로記者를敢稱ᄒᆞ니可痛ᄒᆞᆫ일이아닌가人形가진도야지야이독괴를받어보라

▲奇妖ᄒᆞ다더창鬼야何等惡물勿論ᄒᆞ고欲殺命을反抗ᄒᆞ면不法이라ᄒᆞ엿스니네아모리無知ᄒᆞᆫ들王莽董卓亂逆輩야獄父與君ᄒᆞ게ᄒᆞ고그命을좃처야만네義理인줄아ᄂᆞ냐 도야지가이독괴를받어보라

▲奇妖ᄒᆞ다더창鬼야學徒敎唆ᄒᆞ야學界風潮를爲ᄒᆞᆫ常議엔所謂私正論이鋒鋒이義理論說이오敎唆ᄒᆞᆫ도업거니와너의들은有識ᄒᆞ야他人歐殺甘心이나人形가진도야지야이독괴를받어보라

▲奇妖ᄒᆞ다더창鬼야腦未熟學生들의그方向을誤ᄒᆞᆫ다니頭腦未熟ᄒᆞᆫ매부터致之義方ᄒᆞᆯ것이不可ᄒᆞ다ᄒᆞᄂᆞᆫ바에頑血己熱爾輩ᄂᆞᆫ在先奴隷性이ᄒᆞᆫ이可ᄒᆞ다고할깃나人形가진도야지야이독괴를받어보라

▲可痛ᄒᆞ다더창鬼야他人機關되여거던저新聞에나나거먹고제국오죰일스러던하루벗헤어린狗가畏虎ᄒᆞᆯ줄보고서春秋正論抗拒ᄒᆞ야제本色을露出ᄒᆞ니衆口之析ᄒᆞᆫ소나이독괴를어서받어頑腦를破ᄒᆞᆯ지어다

廣告

本會員故金裕曾氏의追悼會를本月二十日(日曜)下午二時에東門外永道寺에서設行ᄒᆞ오니會員은追悼詩를携帶ᄒᆞ시고屆期來臨ᄒᆞ심을望ᄒᆞᆷ

講習會幹事 尹致旿 白

本所에서所謂測量總督會에不法行動와公益妨害와壹般測量者에게牽制ᄒᆞᄂᆞᆫ惡習을痛革키爲ᄒᆞ야該會를攻駁ᄒᆞ야今爲自歸勿論케된ᄂᆞᆫ彼己洞諒이어니와嚱彼總督者가無理ᄒᆞᆫ行動와鄙陋ᄒᆞᆫ腸世를洗滌치안코妖舌을試掉ᄒᆞ야孽萠을覆作코ᄌᆞᄒᆞ니如彼無恥頑冥ᄒᆞᆫ者에게對ᄒᆞ야何誅之有리오마ᄂᆞᆫ全國同胞의疑点을不可不釋이오壹般測量界의侵害를永脫케ᄒᆞ며公益을爲ᄒᆞ야圖키爲ᄒᆞ야含默ᄒᆞᆷ을不耐ᄒᆞ고數條를左開仰佈ᄒᆞ오니僉位照亮ᄒᆞ시옵

壹 全國測量을圖合ᄒᆞᆫ大部分이라自矜ᄒᆞ나其實은孤立된것은向者所謂總督會時에該會任員도擧皆反對ᄒᆞ고壹不出席ᄒᆞᆷ은衆所共知인즉可謂掩耳盜鈴에不過ᄒᆞᆷ이오

壹 技術을檢定ᄒᆞ기를此檢定ᄒᆞᆫ權利ᄂᆞᆫ政府에서도履行ᄒᆞᆷ必要가無ᄒᆞᆫ즉日漢城府에서該會를招致ᄒᆞ야不然ᄒᆞᆫ事를辨明ᄒᆞ얏슨즉其無理ᄒᆞᆷ은更論ᄒᆞᆯ비無ᄒᆞ고

壹 公益을附纓ᄒᆞ다自由營業을無碍遂行ᄒᆞᆫ다又公認이라云ᄒᆞᆷ은尤可憎이駭ᄒᆞ거시所謂各道支會에對ᄒᆞ야一二三百圓式歛取ᄒᆞ얏스며測量者每個人ᄒᆞᆫ[illegible]式勒收ᄒᆞ거ᄂᆞᆯ此所謂公益[illegible]又ᄂᆞᆫ會檢關証이無ᄒᆞᆫ測量者로認定치아니ᄒᆞ며ᄒᆞ고行政機關ᄒᆞᆷ[illegible]을利用ᄒᆞ야檢證이無ᄒᆞᆫ測量者ᄂᆞᆫ撤廢ᄒᆞᆫ人이比比有之ᄒᆞ니此ᄂᆞᆫ自由營業이라稱言인가料想ᄒᆞᆫ대彼之壓迫手段을自由進行코ᄌᆞᄒᆞᆷ이오라測량之自由營業은乃是天下之公例어날如彼拘束牽制ᄒᆞᆷ을自稱公認이라云ᄒᆞ니此境에至ᄒᆞ야可辨ᄒᆞᆯ비無ᄒᆞ고

壹 公賊이라金錢盜索이라指斥ᄒᆞᆷ을脫免코ᄌᆞᄒᆞ야橫竪說擧ᄒᆞᆯ스나全國內山林測量이時日急迫ᄒᆞᆷ은壹般憂慮ᄒᆞᄂᆞᆫ바인데尙今着手치못ᄒᆞᆫ原因은該會에私慾을充코ᄌᆞᄒᆞᄂᆞᆫ魔戲를被ᄒᆞᆷ이니此非公賊而何며金錢盜索ᄒᆞᄂᆞᆫ手段은彼會所謂定款에自證ᄒᆞ니可謂春치自鳴이오

壹 高仁석시等이公憤所激에該會門牌를數次拔去ᄒᆞᆷ은衆所共知어니와門牌之私自拔去ᄂᆞᆫ法律에抵觸됨으로現在滯囚ᄒᆞ인데此를諉作奇貨ᄒᆞ고勢力을誇張ᄒᆞ야門牌를拔ᄒᆞᆫ恥笑를塗抹코ᄌᆞᄒᆞ나衆目所도ᄂᆞᆫ難可掩得이라終不免欲巧反拙이오諸者自欺也며塡塞自持라鞏固維持ᄒᆞ야邪魔敢侮라云ᄒᆞᆫ此等鬼祟ᄒᆞᆫ言之醜也ᄂᆞᆫ置而勿論ᄒᆞᆷ

大韓測量事務所

湖南韓山郡東下面日新학校ᄂᆞᆫ[illegible]權益旭시와校監權會洙權得洙兩시와學監權性洙시와會計權文洙시가本校에熱心發달ᄒᆞ기를自己家事와少無差等ᄒᆞ야諸般經費를盡其自擔ᄒᆞ고維持方法을盡心設度ᄒᆞ야本校의日新ᄒᆞᆷ을指日期圖ᄒᆞᄂᆞᆫ故로該附近人民들이諸시의熱誠을口碑傳頌ᄒᆞ야遠近에籍籍ᄒᆞ옵기本人도不勝感服ᄒᆞ야玆에廣布

리鍾元 告白

鳳山沙里院居ᄒᆞᄂᆞᆫ任允中前ᄂᆞᆫ債權人이共同會集ᄒᆞ야負債를寬限ᄒᆞ야更爲如前營業케ᄒᆞ기로如左協同이옵기如是廣布ᄒᆞ오니即來臨爲望ᄒᆞᆷ

壹 各債權人이債務人의叙덕을從ᄒᆞ야相論排捧ᄒᆞᆷ

壹 叙덕ᄒᆞᆫ外에其전數를隨ᄒᆞ야無遺均壹排捧ᄒᆞᆷ

壹 債權債務人間新去來에此債條를相計勿ᄒᆞᆷ事

壹 債權人債條를七年에分排推尋ᄒᆞᆷ事

壹 此契約에不承諾ᄒᆞᄂᆞᆫ債權人은此契約人債條를畢捧ᄒᆞᆫ後에排ᄒᆞᆷ事

壹 契約書ᄂᆞᆫ官과住在所와商業會議所에呈ᄒᆞ야證據가되게ᄒᆞᆷ事

壹 左開條을違反ᄒᆞᄂᆞᆫ人은此債金에ᄂᆞᆫ各人이盡捧ᄒᆞᆫ後에推去ᄒᆞᆷ事

債權人等 告白

大速成二個月 日語獨修書

著者 陸鍾冕　定價 新貨五拾錢

日語의必要ᄂᆞᆫ僉君子의既知之事나然이나于今에此를好ᄒᆞᆫ者ᄂᆞᆫ不多ᄒᆞ니本書ᄂᆞᆫ自語로語法으로至ᄒᆞ야事實應用語ᄂᆞᆫ緊要ᄒᆞᆫ語音語句를分綱別類ᄒᆞ야確止ᄒᆞᆫ發音과簡單ᄒᆞᆫ譯으로精密綱羅에斯學을二個月以內로獨修ᄒᆞᆯ[illegible]業主ᄒᆞ야著述ᄒᆞᆫ者인즉學校生徒ᄂᆞᆫ已無可論이오其他有志同胞ᄂᆞᆫ도陸續購覽ᄒᆞ시믈爲希

元賣所 中部壽進坊壽進洞 海東書林

本所總會ᄂᆞᆫ本月拾九日下午壹時(陰五月初二日)開ᄒᆞ오니會宗은屆期來臨ᄒᆞᆷ

金海金氏宗約所 白

本人이老姑山下鐵道前에서[illegible]壹坐를拾得ᄒᆞ얏ᄉᆞ오니該主人은推去ᄒᆞ시옵

北部延禧坊四契六統八戶 朴鍾寬 告白

韓美興業株式會社平北支社

大韓國平北紳士諸시가발起ᄒᆞ야皇城에在ᄒᆞᆫ美國인이리쇼나道被正法律第三編第貳章에依ᄒᆞ야組織된韓美興業株式會社定款에依ᄒᆞ야平北支社를組織ᄒᆞ고方針의大例ᄂᆞᆫ如左히ᄒᆞᆷ

壹 本社名稱은韓美興業株式會社平北支社라ᄒᆞᆷ

二 本社位置ᄂᆞᆫ義州에置ᄒᆞ되臨時事務所ᄂᆞᆫ白馬驛金益鉉家에權定ᄒᆞᆷ

三 株式ᄋᆞᆫ貳萬圓을二千株에排定ᄒᆞᆷ

四 本支社營業은本社定款에依ᄒᆞ야着手ᄒᆞᆷ

五 株金ᄋᆞᆫ隆熙三年六月拾壹日爲始ᄒᆞ야應募ᄒᆞᆷ

六 規則與細則을詳知ᄒᆞ기爲ᄒᆞ야本支社에來寄ᄒᆞ시면[illegible]ᄒᆞᆷ

七 本支社株券은株主總會를經ᄒᆞᆫ後應用ᄒᆞᆷ

▲韓美興業株式會社平北支社臨時任員

社長 金鉉玉　副社長 白承詢　總務員 鄭濟原　會計員 林英俊　[illegible] 정宅周　書記員 張鳳鉉　監事 [illegible]孝俊　[illegible]　[illegible]周

미국시아틀대박람회 · 美國시아틀大博覽會

皇城磚洞(京城郵便局郵函第四拾號)韓美興業株式會社(大美國에리쇼나道法律認可)(駐大韓國美國總領事館登錄)

本社의各處代理人의氏名은如左홈

代理處	位置	住所	代理人
開城代理人		開城南門內雜貨商店	金東宣
平壤代理人		平壤大[illegible]門內店洞	[illegible]
咸興代理人		咸興西門外	盧旻洙
馬山浦代理人		馬山浦客主	[illegible]
元山代理人		元山港	[illegible]
清津代理人		清津港	[illegible]
水原代理人		水原北部[illegible]安亭	[illegible]
安[illegible]代理人	位置未定	水原北部[illegible]安洞	[illegible]
沙里院代理人	位置未定	漢城東[illegible]里旺新學校內	[illegible]
金泉代理人		金泉市場共信商店	[illegible]
海州代理人	位置未定	漢城[illegible]麻浦[illegible]拾二統五戶	[illegible]
天安代理人	位置未定	水原[illegible]長安洞	[illegible]
群山代理人		群山太井[illegible]	[illegible]
全州代理人	位置未定	漢城西署阿峴二百廿二統三戶	[illegible]
大邱代理人		大邱新出里[illegible]八統七戶	[illegible]
釜山代理人	位置未定	馬山浦午山里[illegible]拾壹統九戶	[illegible]
江景浦代理人	位置未定	西署龍山坊東幕[illegible]契廿七統貳戶	[illegible]
麻浦代理人	位置未定	西部麻浦[illegible]貳[illegible]七統三戶	[illegible]
[illegible]湖院代理人	位置未定	[illegible]城[illegible]山	[illegible]
永同代理人	位置未定	漢城[illegible]洞貳統壹戶	[illegible]
木浦代理人		木浦南橋洞	[illegible]
晋州代理人	位置未定	昌原[illegible]馬山浦城山	[illegible]
金堤代理人	位置未定	金堤邑[illegible]石[illegible]水閣	[illegible]
漢江[illegible]代理人		南署漢江十八統一戶	[illegible]
義州代理人	位置未定	義州枇峴	崔鶴玉
江界代理人	位置未定	[illegible]州枇峴	張[illegible]拭
漢城[illegible]代理人		[illegible]甘井洞四統五戶	[illegible]
鎭南浦代理人		[illegible]井[illegible]	李根屹
定州代理人	位置未定	郭山[illegible]	金相杰
城津代理人	位置未定	吉州[illegible]	[illegible]
太田代理人		太田[illegible]	洪淳壹
浦項代理人		浦項[illegible]里[illegible]貳統拾二戶	宋始憲
[illegible]州代理人		鳥致院漢[illegible]貳統[illegible]戶	[illegible]
吉州代理人		[illegible]下[illegible]貳[illegible]戶	[illegible]
[illegible]山代理人		漢城[illegible]相思洞二統二戶	[illegible]
[illegible]安代理人		延[illegible]磨玉[illegible]	[illegible]
兎山代理人		兎山[illegible]兎山市	[illegible]
[illegible]物浦代理人	位置未定	開城[illegible]都橋	[illegible]
公州代理人	位置未定	太[illegible]	金晉模
論山代理人	位置未定	公州中[illegible]松亭里	洪淳璽
洪原代理人	位置未定	咸興[illegible]荷里	[illegible]
漢城[illegible]代理人		西[illegible]里[illegible]百五拾四統四戶	朴[illegible]俊

本人이金宗驛에서姓名圖章을失ᄒ얏스오니京鄕間各處에셔ᄂᆞᆫ舊圖章을勿施ᄒ시고新圖章으로만施行ᄒ시옵
釜山鎭영洞十統六戶 金興基 告白

本人이去年十月分爨券一張을貞洞藏應部에典執ᄒ고金四百圜을借用後에漢城府認許張을各處畫式留置ᄒ엿더니本人處의留置認許壹張을閪失ᄒ고玆에仰布홈
西部養生坊陽洞四統十二戶 尹執 告白

近衛步兵大隊第壹中隊副校金秉驗本月拾四日午前拾點時에身故인바元以義州郡南門外居人으로光武七年五月에入隊前平壤隊ᄒ야服勞于役이라가身故이기爲告홈
近衛大隊第壹中隊

廣州果川所在畓貳石三斗落田八日耕文券陰曆戊申九月分逢賊時에失故ᄒ얏ᄉ와方今測量次出證明書於本郡ᄒ고以仰佈舊文券誰某拾得休紙施行홈
廣州彥州面驛村居林喜鎭

韓宮事敬에셔更爲承認ᄒ고臨時事務所ᄂᆞᆫ中部上廐洞三十統加九戶에定ᄒ얏ᄉ오니京鄕會員은知悉ᄒ시옵
總務 韓成奎 告白

本人의再從姪祐承이(道承)性行이不敏ᄒ야挾雜亂類로僞造文券ᄒ야幾千兩式債得ᄒ니內外人은切勿견欸ᄒ시옵
東部壺洞 李麟宰

◎隆熙四年曆發賣人募集公告

學部出版隆熙四年曆을발賣코ᄌᆞᄒᆞᄂᆞᆫ者ᄂᆞᆫ左記要項을遵ᄒ야請願ᄒᆞᆷ을可ᄒᆞᆷ 一 請願ᄒᆞᆯ者ᄂᆞᆫ學部에直接請願ᄒᆞᆷ이可ᄒᆞᆷ 請願期間은六月二拾日ᄭᆞ지로限
貳 請願書에ᄂᆞᆫ請願人의住所姓名과其所要部數를明記ᄒᆞᆷ이可ᄒᆞᆷ
壹人의所要部數ᄂᆞᆫ壹千部에下ᄒᆞᆷ을不得ᄒᆞᆷ
貳人以上이合同ᄒ야발賣코ᄌᆞᄒᆞᄂᆞᆫ境遇에ᄂᆞᆫ其代表者壹人의名으로써請願ᄒᆞᆷ이可ᄒᆞᆷ
三 請願者ᄂᆞᆫ請願書提呈ᄒᆞᄂᆞᆫ同時에其所要部數에對ᄒᆞᆫ賣下代總額의拾分壹에該當ᄒᆞᆫ保證金을學部에納入ᄒᆞᆷ이可ᄒᆞᆷ
四 曆書발賣의定價ᄂᆞᆫ壹部金拾錢으로定ᄒ고발賣人의게ᄂᆞᆫ壹부金六錢으로賣下ᄒᆞᆷ
五 曆書印刷製冊은來九月三拾日에完了ᄒᆞᆷ
六 발賣人은印刷製冊이完了ᄒᆞᆫ기前에其所要部數에對ᄒᆞᆫ代金總額에셔前納ᄒᆞᆫ保證金을控除ᄒ고其殘額을學부에納入ᄒᆞᆷ學부ᄂᆞᆫ右納人의順序에依ᄒ야曆書를發送ᄒᆞᆷ 但曆書發送費ᄂᆞᆫ학부에서負擔ᄒᆞᆷ
七 발賣人이十月十日ᄭᆞ지所要部數에對ᄒᆞᆫ代金을納入치아니ᄒᆞᆫ時ᄂᆞᆫ발賣人된資格이消滅ᄒᆞᆫ者로見做ᄒ고既納ᄒᆞᆫ保證金은學부에서沒收ᄒᆞᆷ
八 代金納入ᄒᆞᆯ際에現金의代로相當ᄒᆞᆫ有價證券(公債證書又ᄂᆞᆫ政府의補助를受ᄒᆞᄂᆞᆫ會社銀行株券又ᄂᆞᆫ其債券)을提供ᄒᆞᄂᆞᆫ者에限ᄒ야來十貳月末日ᄭᆞ지다金納入을延期ᄒᆞ도록ᄒᆞᆷ 但有價證券은時價의八割에換算ᄒᆞᆷ
隆熙三年六月 日 學部

◎新式壯活動寫眞
佛蘭西巴里에셔兄弟商會에셔特派員이來到ᄒ야東大門內光武臺에셔本六月一日부터每日午后八點鍾에活動寫眞을開設ᄒᆞᄂᆞᆫ데空氣를應用ᄒ야發明ᄒᆞᆫ留聲器로歐米各國奇妙ᄒᆞᆫ歌曲과壯快ᄒᆞᆫ軍樂을吹ᄒ며全風景風俗을撮寫ᄒ야新鮮美麗ᄒᆞᆫ畫本을每日刷種으로交換ᄒᆞ오니僉位ᄂᆞᆫ來臨ᄒ야보아도서ᄋᆞᆸ숩니다
觀覽料
壹等 四拾錢
二等 二拾錢
三等 拾錢

本人이姓名圖彩正字圖章을六月拾壹日에셔失ᄒ얏ᄉ기玆以廣告ᄒ오니知舊間照亮ᄒᆞᆷ
義州水鐵面龍洞 金吉成 告白

從二品崔岱錫圭氏陰四月貳拾九日辰時別世知舊ᄂᆞᆫ照亮
孤哀子 孫濬鉉 泣子 敏鏞

◎自强丹
右藥을發明ᄒᆞᆷ은我同胞의自强精神을培養ᄒ기爲ᄒ야特製ᄒᆞᆷ이니衛生을注意ᄒ시ᄂᆞᆫ僉君子ᄂᆞᆫ本人의誠意를愛ᄒ시와信用ᄒ시믈務望(效能은中暑、中寒、癨亂、吐瀉、食傷、酒滯、船暈車暈、鬱氣嘔逆、水土不服口中惡臭運氣瘟疫等症에神效가有ᄒ고其他健脾養胃解渴定喘精爽快ᄒᆞᄂᆞᆫ奇功이兼備ᄒ와恒常長服ᄒᆞ면勞動ᄒᆞᄂᆞᆫ者의自强力을培養ᄒᆞᄂᆞᆫ良藥으로近世에著名ᄒᆞ오)
發行人 白川邑 薛祐藥房 趙雲泳
發賣所 鳳山沙里院 金昌梅
延安邑 邊汝文藥房
金川助浦 李興楠店
安岳邑 勉學書舖 楊星鎭
載寧邑 金達澄店
長淵邑 鄭肆文典冠

專賣特許 駿帽子

登錄商票

中山子帽 價壹圓五○錢
中折帽子 九五○
上仝 四五○
女子限帽子 二五○
上仝 貳五○
學徒帽子 一圓五○ 二七○○ 二○○○ 壹○○○

帽子가新發明ᄒᆞᆫ次式으로每週日分時間不過ᄒ야汗汚를洗濯ᄒᆞᆫ後에正即沈振ᄒ고鮮明ᄒ야精潔ᄒ며衛生에必要ᄒᆞᆫ冠帽이天下最世人의冠觀이ᄋᆞᄋᆞ圖如夏節의用은白色과涼爽ᄒᆞᆫ春秋節에ᄂᆞᆫ灰色과冬節에ᄂᆞᆫ黑色ᄒ야輕暖ᄒᆞᆫ氣候寒暑에適宜ᄒᆞᆫ伸縮ᄒᆞᆫ製造ᄒᆞᆫ堅緻ᄒᆞ야多年을經過ᄒᆞ야도弊傷이無ᄒᆞᆫ故로統監府의專賣特許를得ᄒ고商票를登錄ᄒᆞ얏ᄂᆞᆫ니世界人士는迅速히求ᄒ심을廣望ᄒᆞᆷ
京城南部銅峴 大廣通街 玉虎書林附屬 帽子商店 謹告

濟生堂大藥房開業五週年紀念贈大彩

◎贈大彩說明

本堂開業이今至五週年間에內外君子의顧愛ᄒ심을多蒙ᄒ야藥業이日隆盛ᄒ고功績이東西에著昌이와其所感佩ᄒᆞᆫ實難形誠故로今에本堂五週年紀念式을行ᄒ고僉君子의盛誼를表ᄒ기爲ᄒ야淸心保命丹을特製發賣ᄒ며大福引券을添呈ᄒ와壹時福運을大占케ᄒ오니僉君子ᄂᆞᆫ陸續枉顧ᄒ심을敬要

懸賞物品金三百圜價格이오
福引彩券二千枚로定數ᄒᆞᆷ

淸心保命丹 壹貼價金拾錢
效能 滯飲積滯胸腹痛 眞是靈藥立見效
水土不利咳嗽증 恒常장服健脾胃

方法
定價金十錢枚五包에福券壹張을添呈ᄒᆞᆷ
福引價로請求ᄒ면五拾包의福券壹張을添呈ᄒ고其他本堂製藥品의五拾錢價格으로福券을呈ᄒᆞᆷ

賞品
頭等壹) 白米拾石(日斗五斗入)
壹等壹) 仝 石 上仝)
貳等四) 仝 八石 每貳石式)
三等五) 仝 五石(每壹石式)
四等五十) 金貳十五圜 (每五十錢式)
五等壹千九百二拾九 紙券烟壹千九百三拾九匣 燐寸壹千九百三拾九匣

空彩ᄂᆞᆫ無ᄒᆞᆷ

遠地에ᄂᆞᆫ郵便引換으로送呈ᄒᆞᆷ

期限은六十日노定 自陽六月拾六日 至陽八月拾五日

位置
皇城南大門側 濟生堂大藥房
皇城鐘路 濟生堂臨時出張所

◎贈大彩說明

阿片新丹丸
阿烟初吸者ㅣ雖日見效나日久則遂成錮引ᄒ야至於蕩敗家産者와未免殀死者ㅣ比比有之ᄒ니豈不哀惜乎아故로本堂에서盡心竭力ᄒ야阿片斷引에大效가有ᄒᆞᆫ神藥을製造放賣ᄒ오니欲戒阿引僉員은親製服用ᄒ시되若無效驗이면藥價를還呈ᄒ깃사오니照亮ᄒ시옵
定價 壹劑 八週分 金五圜 半劑 四週分 金三圜

胎養調經丸
婦人의冷病積病과月經不調로因ᄒ야孕胎치못ᄒᆞᆫᄃᆡ神效藥
壹月份 壹劑 金五圜

醫香消瘡丹
男女間楊梅連珠ᄂᆞᆫ瘡疥濕腫에百發百中ᄒᆞᄂᆞᆫ妙藥이오 定價甲乙 …錢

全治丸
男女帶連珠瘰癧을全治去根ᄒᆞᄂᆞᆫ神奇妙藥이오
壹劑 金三圜

滋陽丸
男女간에腎虛ᄒ야滋陽ᄒ고元氣不足ᄒᆞᆫ데第壹이오
定價 壹劑拾三分 金壹圜八拾錢

八寶丹
健胃消滯ᄒ며口味를助ᄒ고消毒ᄒ고精神을爽快케ᄒᆞᄂᆞᆫ靈藥이오
定價 金拾錢

平壤大貿洞 出張所 金丸瀨客主
仝 館前代理店 金陽興藥舖
仝 館前代理店 日人 富田商店
仝 文武洞 代理店 桂澤善
仝 大興部 代理店 組益詢
製藥本舖 仁川 紐峴
總發行所 京城 鍾路 李應善

光武九年八月拾壹日 明治卅八年八月拾壹日 〔第三種郵便物認可〕 土曜日 西曆壹千九百九年六月拾九日 （壹）

第七卷

大韓每日申報

第壹千壹百廿六號

月歲
曆時
及日
慶休
節刊

檀君開國四千二百四十二年
箕子元年三千三十一年
大韓開國五百十八年
日本明治四十二年
淸國宣統元年
己酉五月小初二日庚戌

Responsible for Publication Alfred Weekley Marnham.
發行兼編輯人 英國人 萬咸
發行所 京城南部水標橋越便第三層洋屋
大韓每日申報社

論說

◉就新ᄒᆞ며悔悟ᄒᆞ라

吾儕ᄂᆞᆫ韓國의福利를謳歌ᄒᆞ며者聲을呵禁키爲ᄒᆞ야筆을執ᄒᆞᆫ者ㅣ라

有志士가出ᄒᆞ얏다ᄒᆞ미吾儕ᄂᆞᆫ手를額ᄒᆞ야日瑪志尼葛蘇士又ᄒᆞᆫ大偉人이되라ᄒᆞ얏더니畢竟은瑪志尼葛蘇士ᄂᆞᆫ되지못ᄒᆞ고冷血虫이될ᄲᅮᆫ이며

某會團이出ᄒᆞ얏다ᄒᆞ미吾儕ᄂᆞᆫ膜拜를獻ᄒᆞ야日獨立의光을復ᄒᆞ며民族의幸福을發ᄒᆞ야國家를再造ᄒᆞᆯ大會團이되리라ᄒᆞ얏더니畢竟에ᄂᆞᆫ獨立의光을愈沒ᄒᆞ고民族의聲을愈錮ᄒᆞᆯᄲᅮᆫ이며

某報館이出ᄒᆞ얏다ᄒᆞ미吾儕ᄂᆞᆫ新聞을供ᄒᆞ야日文化를發揮ᄒᆞ며國魂을奮起ᄒᆞ야文明福利의母가되리라ᄒᆞ얏더니畢竟에ᄂᆞᆫ文化를發揮치ᄂᆞᆫ못ᄒᆞ고抹殺키만ᄒᆞ며國魂을奮起치ᄂᆞᆫ못ᄒᆞ고壓錮키만ᄒᆞ니

悵哉며痛哉라

吾儕ᄂᆞᆫ滿腔的熱血을傾ᄒᆞ야就新을祝ᄒᆞ며悔悟를望ᄒᆞ거ᄂᆞᆯ엇지悔悟치ᄂᆞᆫ아니ᄒᆞ고도로혀愈去愈甚ᄒᆞᆫ辟이며就新치ᄂᆞᆫ아니ᄒᆞ고도로혀愈去愈頑ᄒᆞᆫ辟인가

然이나吾儕ᄂᆞᆫ益々히筆을舞ᄒᆞ야輝々燦爛ᄒᆞᆫ韓國의國光을歡迎ᄒᆞ며益々히筆을正ᄒᆞ야陰險妖怪ᄒᆞᆫ韓國의惡魔를擊退ᄒᆞᆯ지니强敵이아모리多ᄒᆞᆫ들何를足懼ᄒᆞ며毁者가아모리衆ᄒᆞᆫ들何를足嘆ᄒᆞ리오만은彼가就新치아니ᄒᆞ며悔悟치아니ᄒᆞᆷ은韓國前途에害毒을遺ᄒᆞᆷ이不少ᄒᆞᆯ지라是를懼ᄒᆞᄂᆞᆫ바ㅣ며是를嘆ᄒᆞᄂᆞᆫ바ㅣ로라

嗚乎라只今부터라도其妖怪ᄒᆞᆫ目的을改ᄒᆞ야正大ᄒᆞᆫ目的으로變ᄒᆞ며暗黑ᄒᆞᆫ道를棄ᄒᆞ고光明ᄒᆞᆫ道로就ᄒᆞ면吾儕가祝賀를呈ᄒᆞ며讚美를呈ᄒᆞ려니와萬一不然ᄒᆞ야愈々妖怪ᄒᆞ며愈々暗黑ᄒᆞ면吾儕가雖愛ᄒᆞ나莫助ᄒᆞ리라

官報

▲隆熙三年四月二拾日 官報

部令

部令第二號

司法警察官執務規定 （續）

第四條 司法警察官은각其所屬警察官署의管轄區域內에셔職務를行ᄒᆞᄂᆞᆫ者로ᄒᆞᆷ但急速을要ᄒᆞᆯ時ᄂᆞᆫ此限에在치아니ᄒᆞᆷ

第五條 司法警察官은其職務에關ᄒᆞ야互相補助ᄒᆞᆷ이可ᄒᆞᆷ

第六條 司法警察官의作成ᄒᆞᄂᆞᆫ書類ᄂᆞᆫ民刑訴訟規則에依치아니ᄒᆞᄂᆞᆫ者라도同規則第四條第五條의規定을從ᄒᆞᆷ이可ᄒᆞᆷ

第七條 被告人。證人。鑑定人其他者의作成ᄒᆞᄂᆞᆫ書類ᄂᆞᆫ民刑訴訟規則에依치아니ᄒᆞᄂᆞᆫ者라도아모조록同規則第六條의規定을從케ᄒᆞᆷ이可ᄒᆞᆷ

第八條 司法警察官의作成ᄒᆞᆫ書類로被告人。證人。鑑定人其他者의署名捺印을要ᄒᆞᆫ者ᄂᆞᆫ此를本人에게閱讀ᄒᆞ야聞케ᄒᆞᆫ後署名捺印케ᄒᆞ고若署名捺印ᄒᆞᆷ이能치못ᄒᆞᆫ時ᄂᆞᆫ姓名을代書ᄒᆞ고本人으로ᄒᆞ야곰押捺或拇印케ᄒᆞ야其指를附記ᄒᆞ고署名捺印을拒絶ᄒᆞᆫ時도亦其旨를附記ᄒᆞᆷ이可ᄒᆞᆷ

第九條 被告人。證人。鑑定人其他者가韓國語를通치못ᄒᆞ거나或啞者或聾者ᄂᆞᆫ書面으로써問答ᄒᆞ고若文字를不知ᄒᆞᄂᆞᆫ時ᄂᆞᆫ通譯人을用ᄒᆞᆷ이可ᄒᆞᆷ國語가異ᄒᆞᆷ으로言語를通키能치못ᄒᆞᆫ時ᄂᆞᆫ通譯人을用ᄒᆞᆷ이可ᄒᆞᆷ

（未完）

外報

◉條約附加 北京電을據ᄒᆞᆫ즉昨年七月二日에北京에서調印ᄒᆞᆫ淸國과瑞典國間에規定ᄒᆞᆫ通商條約第十六條에依ᄒᆞ야瑞典議會에셔多少條件을加ᄒᆞ고去十四日에北京에批准交換을行ᄒᆞ얏다더라

◉佛國의地震 倫林電을據ᄒᆞᆫ즉佛國말사이유니쓰자及아우인니온等地에ᄂᆞᆫ大地震이有ᄒᆞ얏다더라

◉首謀者拘禁 倫敦電을據ᄒᆞᆫ즉布哇에셔數千名의日本人이同盟罷業ᄒᆞᆫ事에對ᄒᆞ야其首謀者ᄂᆞᆫ秩序紊亂을敎唆ᄒᆞᆫ嫌으로捕縛되얏고日本人勞働組合事務所를搜索ᄒᆞ얏다더라

◉或死或傷 同電을據ᄒᆞᆫ則佛國國際都埸方에激震으로因ᄒᆞ야人民五拾五名이死亡되고二百名이負傷되얏다더라

◉水雷沈沒 同電을據ᄒᆞᆫ則露國水雷艇탐바號ᄂᆞᆫ黑海에서暴風雨를遭ᄒᆞ야沈沒되야士卒二十名이死ᄒᆞ얏다더라

◉淸日衝突 北京通을據ᄒᆞᆫ則鴨綠江上流帽兒山附近中江鎭下流에서淸人百餘名이營林廠使用日人役夫等에게發砲ᄒᆞ야五名의行衛가不明ᄒᆞ다더라

雜報

◉測量協議會議案 第三回測量協議會에서臨時會議ᄒᆞᆫ事를聞ᄒᆞᆫ즉測量總會의不法行爲로全國에大妨害를惡習을痛革키爲ᄒᆞ야屢度攻擊ᄒᆞ얏거니와該總會가尙不悔改ᄒᆞ고猶益無恥ᄒᆞ야法律을反ᄒᆞ고公衆을拘束ᄒᆞ야瑣屑之由로廣告申報에欲以一指로掩蔽萬目ᄒᆞ나彼雖欲反邪爲正이나然其於正論自在에何오所以로本會가務使全國同胞로永脫拘束ᄒᆞ고自由測量키爲ᄒᆞ야該會의無理ᄒᆞᆫ條件을壹壹擧摘ᄒᆞ야全國에公布ᄒᆞ노라ᄒᆞᄂᆞᆫᄃᆡ其條件이如左ᄒᆞ니

壹 法令을違反ᄒᆞ고人民을拘束ᄒᆞᆫ事

壹 部許가無ᄒᆞᆫ總會라自稱ᄒᆞᆫ事

壹 拾三道를三等으로區域을定ᄒᆞ야壹等에三百圜貳等에二百圜三等에壹百圜式賣買的으로金錢을徵收ᄒᆞᆫ事

壹 檢閱證이無ᄒᆞᆫ者ᄂᆞᆫ測量者로不認이라ᄒᆞ야一般測量員을拘束ᄒᆞᆫ事

壹 入會金外에規則券을發賣ᄒᆞ야三拾錢式濫捧ᄒᆞᆫ事

壹 檢閱證을給付時에價値八拾錢을徵收ᄒᆞᄂᆞᆫ事이라더라

學報

◉錦北卒業 淸風北津錦北測量事務所에서五月十八日의本業式을擧行ᄒᆞ얏ᄂᆞᆫᄃᆡ

優等生 李承萬 鄭海鳳

及第生 李賢榮 趙春赫

廣告

左開ᄒᆞᆫ家屋을放賣코ᄌᆞᄒᆞ오니買入ᄒᆞ실人은大韓每日申報社로來議ᄒᆞ시옴 林嵩正 告白

倉井洞五十壹統八戶 草家九間半

陳洞二十五統二戶 瓦家八間

廟洞百二十四統貳戶 瓦家八間半

價額은面議

寡人이去丁未四月日에安東邑居權子克處에蔚珍面廣比洞所在ᄒᆞᆫ殿字員田八斗답九斗와奉化郡小川面自旨洞万字員田壹石지落貳斗合田壹石捌斗落과답二十壹斗落을買得ᄒᆞᆫ바其時證人은金士元인ᄃᆡ丁戊兩年秋穫을無弊收入이러니今者蔚珍稱居金春瑞가以乎海之人으로厥土文券이自家에亦有ᄒᆞ다ᄒᆞ고田답庫乙處에差人ᄒᆞ야該土를擅弄코ᄌᆞᄒᆞ고租包를捉去ᄒᆞ니本人은新舊文券이明在ᄒᆞ고買券이的確ᄒᆞ와涮考ᄒᆞᆫ즉權子克은癸卯年에買得於原谷居李甑宇處ᄒᆞ야四年收租後에移賣於本人ᄒᆞᆫ지라金春瑞之圖賣ᄒᆞ려補助員之依勢가執不無據文券이中間挾雜은不是可知이ᄆᆡ오玆에廣告ᄒᆞ오니金春瑞之所謂文券은休紙로施行ᄒᆞ고內外國人은切勿見欺ᄒᆞᆷ 慶北奉化郡乃城居李道永告白

本會員故金裕晉氏의追悼會를本月二拾日(日曜)下午二時에東門外永道寺에서設行ᄒᆞ오니會員은追悼詩를携帶ᄒᆞ시고屆期來臨ᄒᆞ심을望ᄒᆞᆷ

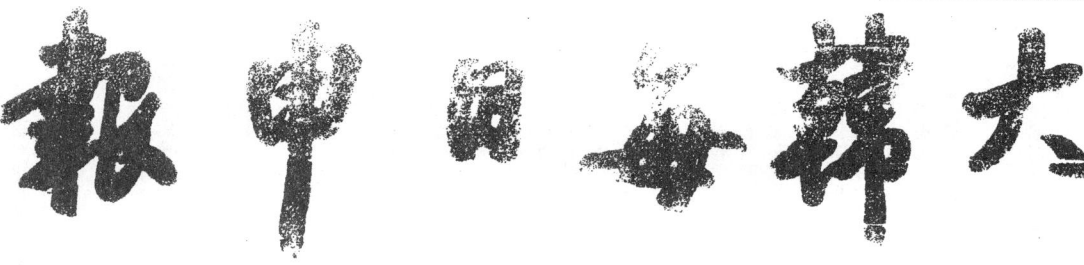

諸會◉幹事尹致昨 白

雜報

● 內閣會議 總理以下各大臣은去月七日午前拾時에昌德宮內內閣에會同하야訓鍊院內靖武祠保管方法을淸國總領事의게依賴한事件과各郡主任官의陞級의關한等件을協議하고午後三時의閉會하얏다더라

● 宮房淸潔 昌德宮內所屬각宮房을再昨日부터夏期大淸潔을施行한다더라

● 規則起草 地方官으로용令規則을改定頒布次로內閣의셔現今起草하는中이라더라

● 學部觀光 中樞院顧問李址鎔氏가再昨日下午六時量에日本觀光團一行을自己私邸로邀宴待하얏다더라

● 三郡宣諭 日本에前往하얏던觀光團諸氏로各地方宣諭使를派送하다는데鄭鳳時氏는江原道로鄭雲復氏는黃海道로鄭萬朝氏는全羅道로派送하기로內정이되얏다는巷說이有하더라

● 審查停會 各道觀察使가薦報한郡守資格이合爲拾餘窠이라는대昨日에審查會를開하라다가更히道書記官會를因하야停止하얏다더라

● 日人過半 度支部에서本年度에財務官吏數百名을增加叙任하얏는대日本인으로叙任者가半數以上이되엇으로該部大臣의不公平홈을無不批評하더라

● 道路費支撥 地方道路改修費에對하야政府에셔金一萬七千餘百餘圓을預備金으로支撥하얏다더라

● 忍聽隨言 [illegible]觀察使[illegible]氏와[illegible]積氏가管下各郡에巡行할時에各학校에出席演說하되一般학徒는학業을進就하야日[illegible]을誤答하다되到處마다勸勉하고故로一般학員들이歡呼의演說을莫不喝采하더라

● 稅目各項 道書記官이地方各項稅目을協議할事項을漏聞한즉家舍及部에戶稅는每戶에拾錢이오市場稅는各地에狀況을從하야道及府에셔명령하고庖肆稅는牛壹頭에壹圜五拾錢以下요豚屠稅와渡船稅는從前慣例를依하야施行하고酒幕稅客主稅는年例를依하야施行하기로擬議하얏다더라

● 演劇徵稅 近日以來로韓國에各種稅則이次第實施하는지라近聞은漢성내각演劇場의規例를錄錬하야相當한稅金을徵收하기로目下擬議中이라는說이有하다더라

● 需用交涉 軍용鐵道용地調查局은已爲廢止하고餘務를整理次로所管官吏가如前視務하다가不幾日의永爲廢止할터인故로該官吏는財政官吏로需용하기爲하야度支部와交涉한다는說이有하더라

● 鍊習觀察 內部警務課장中野有光이松井警部를帶同하고昨日上午十壹時에警察官鍊習所를觀察하얏다더라

● 漢湖學校觀察 학部에서漢湖학校에對하야擴張할方針을指示하라는지不知어니와昨日에학部官吏를派送하야학校의程度를觀察하얏다더라

● 女變爲母 內部日本官吏中佐野는其女息의病勢를因하야歸國次로許由를請하얏는대子孫의病을因하야許由하는章程이無하다하얏더니其請由狀에親患이危重하다改書하얏으로該部에서不得已許施하얏다더라

● 博覽會의殖民館 某報를據한則日本이英國과聯合하야英日博覽會를設立하얏는데日本인이其日本部中의殖民館壹所를設하고專히韓國臺灣滿洲의出産品을陳列하는데其出産品은農産物과木材의類가多數외居하더인대統監府의셔도關情하表하야韓國의인情풍俗을將하其內의附設하고世界인의觀覽을供한다더라

● 警署新築 中部警察署를毁撤하고壹新建築할터인데該署附近家屋幾坐를買入毁撤하기로協議中이라더라

● 何等調查 再昨日에東部警察署에서該管內各派出所에發訓하야所掌坊內에寄留하는外인의家族實數와姓名住所를謄하야調查하얏다더라

● 預防注意 日昨醫院에서各醫師에게訓令하기를近日夏季漸熱하는데時疫과傳染病이流行할虞가不無하즉該上에另加注意하야其預防方法을到底實行케하라하얏다더라

● 寄宿館公拍 鄭顯燦氏의所有大東寄宿館을已往韓一銀行의典執하고債用하얏는지라已爲過限故로該銀行의셔來二十九日의公拍斥賣한다더라

● 是何蠻行 總監理韓永源은元來花柳場에沈惑한者인대近日에도其惡習을不悛하고他人家에往來하며其外主人의有無를秘探하다가日有하면便恣行하야避去하고日昨에도其內主人의게通奇하고遊行爲가種々狼籍하더니日前에某紳士家에到하야蠻行을復作하다가該家人에게詰責을當하고赧然退去하얏다더라

● 劉□栖屑 新門外京橋居劉舜烈씨가自己所居家舍를壹萬三千餘圓에放價買得하야九千餘圓을流伊償給하고餘額은未給하얏더니該家前主가該家舍를欠分할目인一好의게典當하얏는데지日인에劉氏를逐出하고家舍를勒奪하는故로劉氏가道路에接屑하境에至하얏다더라

● 招集退何 再昨日에[illegible]部警察署에셔무삼曉諭할事件이有하던지鍾路에廣市民을招集하얏다가延期退去하얏다더라

● 面長勤務 來人의傳說을聞한즉振威郡성南面面長金英民씨가在任數年에恪勤視務하야面內가賴安홈으로稱頌이有하다더라

● 棄兒有福 棄兒收養所는經費가乏絕하야保姆月給及其他經用이多數欠縮하야困難이莫甚하더니閔泳璘씨가經費를新任하야將次維持方針을計圖코자하고贊頌不已한다더라

● 院務委任 京성孤兒院主學[illegible]氏가多年視務하다가近日에愚能氏에게院務를委任하얏다더라

● 金氏節義 江原道鐵原郡居하는金召史가任氏家에出嫁하야二十三歲에夫가喪하고紡績으로爲業하야男姑를奉養하다가其親家로歸寧하는路上에서崔寬이名漢이突出하야强暴를行코자하는지라該婦人이汚辱을免하기爲하야飮藥致斃하얏는대該漢은方今金성郡에牢囚하얏다더라

● 醉入水宮 [illegible]江居하는吳[illegible]氏가日昨에臨江中에서醉酒遊泳하다가不幸히溺死하얏다더라

● 義將縶史 數日前의[illegible]地에서太田憲兵의게逮捕된義兵將리麟榮氏는去拾七日에太田憲兵分遣所장中尉及憲兵이護送하야京城憲兵本部의來하얏는데氏는呂州儒者로鄉黨의重望이有하던人士라往者乙未之變에義兵을倡起하얏고自再昨年政變以來로[illegible]許위[illegible]年의[illegible]等諸시를指揮하야[illegible]義擧할計策으로屢々密議하다가不幸히父喪을丁하고[illegible]道의[illegible]遂하機會를失하고각處에漫流하다니今回의命運의不幸홈을被하야太田憲兵의게逮捕되얏다고[illegible]明旨하는데시의풍采가毅然하고言語動作이泰然하더라더라

● 巡査被殺 本月二日頃에咸[illegible]郡駐在所巡査[illegible]가[illegible]郡세곳面石[illegible]에[illegible]流賊에被殺되얏다더라

● 義將變裝 義兵將金[illegible]氏가[illegible]變裝入성하얏다는說이喧藉하다더라

● 兩陣死傷 數日前에成川郡西面等地에서義兵數十名이日憲兵分遣所의補助員과交戰하야兩陣間死傷이多有하얏다는說이有하다더라

● 義將被捉 義兵將金淵秀氏가上京逗留하다가日前에鐘峴警察署에被捉하얏다더라

● 潭陽破眠 潭陽郡[illegible]人民의家屋이九拾餘戶인데本月六日에失火하야幾多家屋이沒燒하엿지라內部에셔該郡으로訓令하야調査報告하라하얏다더라

● 災民惻隱 加平郡[illegible]潭洞居[illegible]去月二十五日에該洞中幼兒들이[illegible]하야[illegible]戱하다가因以失火하야該洞家屋이沒燒하얏는데民情이大端嗷々하더라

● 朴亦被捉 校洞居朴永善氏가尹始炳氏의恐喝取財한事件에干連이有하던지日昨에中部警察署에被捉하얏다더라

● 麵口賊 日昨의兩小門內卜氏冷麵家의何許日인勞働者二名이冷麵四器式喫하고又燒酒幾盃式飮한後의價文을不給而去하는故로其主人이追往하야價錢을責出하니該日인이藏刀를探出하며手로刺코자하니其是危急홈으로大漢門前巡査派出所에往하야急히報한즉該巡査가言하되日인을執來하면[illegible]하다라홈으로김씨의更히被害할까恐하여敢히치못하얏다더라

● 會館討論 今日下午八時에鍾路靑年會館에셔討論會를開하고壹士之諤諤이不如千人之諾諾이란問題로可否를互相討論한다더라

● 西北親睦 [illegible]에셔明日下午[illegible]에셔臨時總會를開하고諸般事件을協議한다더라

● 湖南總會 湖南學生親睦會에셔明日上午拾時에總會를開하고[illegible]文[illegible]塾內에[illegible]又事之成敗論을[illegible]天平이人乎라는問題로互相討論하고紳士林[illegible]根劉[illegible]氏의勸勉演說이有하다더라

● 西友通常 西友학會에셔本日下午三時에臨時通常會를開한다더라

學界

● 兩氏熱心 咸平郡主事金昌浩시와該郡財務主事宋[illegible]시가各其部分의[illegible]을보내고[illegible]郡紳士尹世[illegible]氏와[illegible]諸시로勸論하야학校를設立하고敎育의熱心홈으로兩시의擧措를皆稱頌하다더라

地方觀覽

▲地方풍景觀覽코져各郡에도라드니秀麗하던江山은錦繡又치둘너잇고繁盛하던生物은天機에活潑하니可憐하다韓人들은무슨厄運當하여셔兩眼睛의더운눈물到處마다滂沱한가

▲鎭衛隊에도라드니巍巍崇煌하던官廳은日人公館이아니나巡査의咆哮중에行政權은간데업네些少한일에도주먹질[illegible]拔劍하고揮刀하여示威하니悚懼하야살수업네政治[illegible]눈물이오

▲原野間에도라드니秩秩稷翼더[illegible]는韓人[illegible]나多數한[illegible]買受하야小作者되엇네食力之民되어서農學[illegible]身世가[illegible]之嘆[illegible]눈물이오

▲山林에도라드니[illegible]더樹木은[illegible]나[illegible]國[illegible]풍에[illegible]功업네牛羊之牧場에서[illegible]斤之侵禁[illegible]눈물이오

▲海邊으로도라드니浩浩茫々더沿岸은韓人漁[illegible]나日鑑札[illegible]풍에[illegible]업네多少網罟[illegible]部退하야飢餓滿面妻子는救活할計杳然하다[illegible]눈물일세

▲商店에도라드니韓人[illegible]權利[illegible]이러코야生存之望잇슬수나[illegible]銷沽壤下[illegible]는가呼吸[illegible]나되리라[illegible]競爭之心[illegible]하야自助력을自奮하소이것은사룸시일네

雜報

●卒業式풍波 再昨日下午八点鐘에貞洞監理敎會堂에셔梨花학堂女학徒의卒業式을擧行ᄒᆞ얏ᄂᆞᆫᄃᆡ卒業生中三人이國文과漢文과英文의必要ᄒᆞᆷ을各々演說ᄒᆞᄂᆞᆫᄃᆡ言々切當ᄒᆞ야來賓千餘人이莫不拍手喝采ᄒᆞᄂᆞᆫ中追後에善을許入지아니ᄒᆞᆷ으로互相間言詰이有ᄒᆞ야毆打之境에至ᄒᆞ얏다더라

廣告

本院學徒中에養成者를育業으로敎授ᄒᆞ기爲ᄒᆞ야忠清南道恩津郡의孤兒農林학校를設立ᄒᆞᆷ事의關ᄒᆞ야本人의院主任務ᄂᆞᆫ李愚範의게委任ᄒᆞᆷ

京城孤兒院主李愚선 告白

美國시아를大博覽會 · 미국시아틀대박람회

濟生堂和平堂大藥房聯合紀念大贈彩

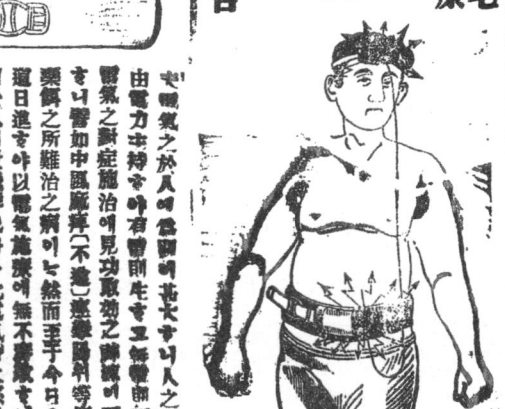

光武九年八月拾壹日 明治卅八年八月拾壹日 〔第三種郵便物認可〕 曜日 西曆壹千九百五年八月拾壹日 (壹)

大韓每日申報

第七卷

第壹千壹百廿七號

月曜及日時歲 慶休日節刊

檀君開國四千二百四十二年
箕子元年三千三十一年
大韓開國五百十八年
日本明治四十二年
隆熙三年
己酉五月小初三日辛亥

Responsible for Publication Alfred Weekley Marnham.

發行兼編輯人 萬咸

發行所 京城西署… 大韓每日申報社

論說

●大隈의言論

日人의發行ᄒᆞᄂᆞᆫ太韓日報에統監交迭後論이라ᄂᆞᆫ題下에大隈伯의論評을揭ᄒᆞ얏ᄂᆞᆫ대其全文이左와如ᄒᆞ더라

大隈伯이曰韓國의歷史를見ᄒᆞ건ᄃᆡ開國以來로獨立의實이無ᄒᆞ야或時에ᄂᆞᆫ支那의屬邦이되고或時에ᄂᆞᆫ日本의屬國이되다가偶然히獨立ᄒᆞᆫ時가有ᄒᆞ나太半支那나日本의例를觀ᄒᆞ더라도或은支那를倚ᄒᆞ고或은露國에附ᄒᆞ고或은日本에服ᄒᆞ야恒常倚賴主義로國是를作ᄒᆞᄂᆞᆫ者니我國이엇지保護權을放棄ᄒᆞ며又此를依ᄒᆞ야事端을啓ᄒᆞᆯ도預期치아니치못ᄒᆞᆯ지라況此世界大勢ᄂᆞᆫ漸次로小數大國에併合되ᄂᆞᆫ傾向이有ᄒᆞ고小國의獨立이不利益됨은到底히不免ᄒᆞᆯ事인즉我國의對韓政策과韓國自身의國是와及其歷史와世界의太勢를顧ᄒᆞ야決定ᄒᆞᆷ이可ᄒᆞ고又諸般政策은國民多數의輿論을從ᄒᆞᆷ이可ᄒᆞ지라何故오大槪其國의國是ᄂᆞᆫ此輿論所向에在ᄒᆞᆫ所以니故로我國對外政策도輿論의尊重ᄒᆞᄂᆞᆫ바國是를準據ᄒᆞ야決定ᄒᆞᆯ지니要컨ᄃᆡ新統監의所執ᄒᆞᆯ것도惟此國論에在ᄒᆞ다이라云々

記者ㅣ曰太隈氏가不言ᄒᆞᆫ言論가日本의對韓政策을不知ᄒᆞ며오만은但韓人의警醒을催키爲ᄒᆞ야此를記ᄒᆞ노라

鑑後의言論을區分ᄒᆞᆫ진ᄃᆡ第壹段은韓國의歷史를侮辱ᄒᆞᆷ이오(韓國모有分數ᄒᆞ지)

第二段은韓國國是의卑劣을世界에公佈ᄒᆞᆷ이오(人을毁ᄒᆞᄂᆞᆫ者의例件)

第三段은合併의適當을聲明ᄒᆞᆷ이오(可謂眞情中出來로다)

第四段은對韓政策을以上三段에照ᄒᆞ야速決ᄒᆞ기를催促ᄒᆞᆷ이오(已往에ᄂᆞᆫ此政策이아니던가)

第五段은國民輿論을從ᄒᆞ자ᄒᆞᆷ이오(日本國民이韓國에對ᄒᆞ야如何ᄒᆞᆫ輿論이有ᄒᆞᆫ가豈次墨考ᄒᆞᆯ바ㅣ로다)

第六段은新統監이此를實行ᄒᆞᆯ을期望ᄒᆞᆷ이라(所謂實行時代가到來ᄒᆞ얏ᄂᆞᆫ가)

然이나此壹言中에韓國同胞의民願을作ᄒᆞᆯ者도有ᄒᆞ니即彼의所謂倚賴主義壹語가是라果然韓國에倚賴主義로國是를作ᄒᆞ얏던지不作ᄒᆞ얏던지倚賴主義ᄂᆞᆫ決코亡國主義니라嗚乎라天下에他國을倚賴ᄒᆞ야存立을得ᄒᆞ고저ᄒᆞᄂᆞᆫ者며外人을倚賴ᄒᆞ야生活을作코저ᄒᆞᄂᆞᆫ者에엇지此亡國主義를痛革지아니ᄒᆞᄂᆞᆫ가悲夫라

勅令

隆熙三年四月二拾日 官報

法部令第一號 (續)

司法警察官執務規定

書面으로써問答ᄒᆞᆫ時ᄂᆞᆫ其書面을閱讀케ᄒᆞ고調書에其旨를記載ᄒᆞᆷ이可ᄒᆞ며又通譯人에依ᄒᆞ야問答ᄒᆞᆫ時ᄂᆞᆫ通譯人으로ᄒᆞ야곰調書의趣旨를本人의게告知케ᄒᆞ고其旨를記載ᄒᆞ며通譯人도共히署名捺印ᄒᆞᆷ이可ᄒᆞᆷ

第拾條 司法警察官이書類를受理ᄒᆞᆫ時ᄂᆞᆫ其欄外에受理ᄒᆞᆫ年月日을記載ᄒᆞᆷ이可ᄒᆞᆷ

第拾壹條 司法警察官이左에記載ᄒᆞᆫ犯罪가有ᄒᆞᆷ을知ᄒᆞᆫ時ᄂᆞᆫ速히此를所管地方裁判所檢事長及事件所管區의檢事에게報告ᄒᆞᆷ이可ᄒᆞᆷ但第五號乃至第七號의犯罪로輕微ᄒᆞᆫ者ᄂᆞᆫ此限에在치아니ᄒᆞᆷ

壹 官吏與帶以上의帶勳者二品以上의有位者又ᄂᆞᆫ辯護士의禁獄以上의刑에該當ᄒᆞᆫ犯罪

二 刑法大全第四編第壹章反亂에關ᄒᆞᆫ犯罪

三 人命에關ᄒᆞᆫ犯罪

四 貨幣僞造에關ᄒᆞᆫ犯罪

五 新聞紙法에關ᄒᆞᆫ犯罪

六 保安法에關ᄒᆞᆫ犯罪

七 前數項外에公安에關ᄒᆞᆫ重大ᄒᆞᆫ關係가有ᄒᆞᆫ犯罪

第十貳條 被告人拘留中이나又ᄂᆞᆫ護送ᄒᆞᄂᆞᆫ途中에逃走ᄒᆞᆫ時ᄂᆞᆫ速히所管地方裁判所檢事長及事件所管區의檢事와并其護送을命ᄒᆞᆫ檢事及交付를受ᄒᆞᆫ檢事에게其旨를報告ᄒᆞᆷ이可ᄒᆞᆷ

第拾三條 前二條의報告를行ᄒᆞᆫ後犯人을逮捕ᄒᆞ거나又ᄂᆞᆫ犯人의何處에在ᄒᆞᆷ을知ᄒᆞᆫ時나又ᄂᆞᆫ搜査의續行을要치아니ᄒᆞᆯ者로思料ᄒᆞᆫ時ᄂᆞᆫ速히前에報告를行ᄒᆞᆫ檢事에게其旨를報告ᄒᆞ며又ᄂᆞᆫ檢事의게其旨를報告ᄒᆞᆷ이可ᄒᆞᆷ (未完)

外報

●兩帝會見 伯林電을據ᄒᆞᆫ즉獨國皇帝ᄂᆞᆫ六月拾七日에快艇스틴다드號上에서露國皇帝와會見ᄒᆞᆫ後二拾日에伯林에歸還ᄒᆞᆫ더이라더라

●白耳義의商業經營 同電을據ᄒᆞᆫ즉白耳義皇帝ᄂᆞᆫ안트와이푸에서演說ᄒᆞ야日東洋及米國의貿易에從事ᄒᆞ기爲ᄒᆞ야所有ᄒᆞᆫ船으로써商業艦隊를組織ᄒᆞᆯ깃다ᄒᆞ얏고再次에演說ᄒᆞ야白耳義가淸國에商業을擴張케ᄒᆞ기爲ᄒᆞ야銀行及其他金融機關을淸國에設立ᄒᆞ기를勸誘ᄒᆞ얏다더라

●和蘭女皇出發 同電을據ᄒᆞᆫ즉和蘭女皇陛下ᄂᆞᆫ皇女를同伴ᄒᆞ고헤코도에向ᄒᆞ야出發ᄒᆞ얏다더라

●土艦隊出發 同電을據ᄒᆞᆫ즉土耳其艦隊ᄂᆞᆫ크리트島에利權을保護ᄒᆞ기爲ᄒᆞ야미데에렌에向ᄒᆞ야出發ᄒᆞ얏다더라

●汽車의顚覆 東京電을據ᄒᆞᆫ즉本月拾貳日午後六時에日本福島에서發ᄒᆞᆫ列車가赤岩에서顚覆ᄒᆞ야乘客四名이卽死ᄒᆞ고二十餘名이重傷ᄒᆞ얏다더라

雜報

●韓氏來卞 昨日發行本報內에 何歡行에關ᄒᆞᆫ題下에韓永源시의事實은同한시가賦實의不然ᄒᆞᆷ을來卞ᄒᆞ기로玆에正誤ᄒᆞᆷ

學報

●徽文卒業 徽新學校에서六月十日에卒業證式을行ᄒᆞ얏ᄂᆞᆫ대其姓名은如左ᄒᆞᆷ

卒業生 [illegible] [illegible]
[illegible] [illegible] [illegible]
[illegible]

雜報

●焚香祝安 義親王殿下께서와 各親族諸氏가再昨日璿源殿에詣ᄒᆞ야陰曆에焚香에參與ᄒᆞ고因ᄒᆞ야 太皇帝陛下께問安ᄒᆞ얏다더라

●新統監謁見 曾禰統監이歸任ᄒᆞᆫ翌日卽式拾三日午前拾壹時에統監府秘書官을帶同ᄒᆞ고 昌德宮에參內ᄒᆞ야仁政殿에서 大皇帝陛下及 皇后陛下께謁見ᄒᆞ얏다더라

●御陪食下賜 大皇帝陛下께옵서二十三日正午에曾禰統監의게 御陪食을 賜ᄒᆞ신다더라

●收繭禮式 皇后陛下께옵서明日午后일時에宮中에서諸命婦를領率ᄒᆞ옵시고收繭禮式을 行ᄒᆞ신다더라

●紀念章分給 日本皇太子殿下渡韓時에紀念章을韓國政府에서日本에注文製造ᄒᆞᆷ은已報ᄒᆞ얏거니와該紀念章이統監府에來到ᄒᆞᆷ으로統監府에서昨日各大臣에게授介式分給ᄒᆞ얏다더라

●統監歡迎 曾禰統監이渡來ᄒᆞᆷ에對ᄒᆞ야政府에서歡迎ᄒᆞ기爲ᄒᆞ야表로農商工部大臣趙重應氏는釜山까지前往ᄒᆞᆯ터이오其他各大臣은或水原或永登浦까지歸來迎接ᄒᆞᆫ다더라

●內大晩餐 內部大臣朴齊純氏가再昨日下午六時에日本人料理店에서晩餐會를設ᄒᆞ고각部書記官과內部高等官을請邀宴待ᄒᆞ얏다더라

●或遷或避 日本에派送ᄒᆞᆯ觀光團을募集ᄒᆞᆫ다는ᄃᆡ該團에入參ᄒᆞ기를運動ᄒᆞ는者도有ᄒᆞ고該團에被選ᄒᆞᆫ元老中某某氏는期於히謀避ᄒᆞ라ᄒᆞᆫ다더라

●何何明値 內部에서金曜日이면依例히部擴張例會를開ᄒᆞ더니再昨日은무삼[illegible]事件이有ᄒᆞ야例會를廢止ᄒᆞ얏다더라

●招上何故 [illegible]紀[illegible]會를結末後에각觀察使諸員을開ᄒᆞᆯ다홈은已報ᄒᆞ얏거니와更聞ᄒᆞᆫ즉曾禰統監歸任後에는각觀察使를一切招上ᄒᆞᆫ다더라

●警察規則 內部警務局에서松井가改定ᄒᆞᆫ國語의性質改題와組織及法規를揭纂刊ᄒᆞ야각大臣의게部式分給ᄒᆞ얏다더라

●淸日間島 伊集院淸日調間에葛藤이居ᄒᆞ야互相交涉이頻數ᄒᆞ더니近日의何等重大ᄒᆞᆫ問題가[illegible]ᄒᆞ야韓國各港에在ᄒᆞᆫ淸人等은商店을廢鎖ᄒᆞ고歸還ᄒᆞ다는說이[illegible]對ᄒᆞ야解決되기가極히容易치못ᄒᆞᆯ것다는說이藉藉ᄒᆞ다더라

●淸人遊覽 淸國將校咸夾紹齊、劉仔厚、尙駿、唐瑞堯諸氏는去拾六日에巴城館에投宿ᄒᆞ얏다가拾七日에龍山軍司令部를訪問ᄒᆞᆫ後會商을視察ᄒᆞ고義州로부터歸國ᄒᆞ기로預定이라더라

●副統監着派 前米國副統領방구쓰氏는昨日에入城ᄒᆞ얏는데니連絡線이約四時間延期됨을因ᄒᆞ야昨朝의釜山列車를搭乘ᄒᆞ고今朝의着來ᄒᆞᆯ터이라더라

●英武官歸國 日本駐在英國大使館附武官난달노쓰氏는昨五日에入京ᄒᆞ얏다가再昨日午前九時十分에南大門發列車를搭乘ᄒᆞ고[illegible]으로向ᄒᆞ얏다가西比利亞를經ᄒᆞ야歸國ᄒᆞᆯ터이라더라

●스탄호프歸國 닉성、滯留ᄒᆞ던英國上院議員스탄호프伯은昨日朝의出發ᄒᆞ야安東縣의向ᄒᆞ얏는데該地에서二日을留宿ᄒᆞᆫ後西比利亞鐵道로歸國ᄒᆞᆯ터이라더라

●博覧出品 日本政府에서는昨年五月에英國倫敦에開ᄒᆞᄂᆞᆫ英日大博覽會의陳列寶眞五百枚를出品ᄒᆞᆫ故로目下大藏省에서製作中인대來年一月早미製作에着手ᄒᆞᆯ旨로統監府의通知가有ᄒᆞ얏다는說이有ᄒᆞ다더라

●教育振興 年來韓國의壹般人士가新教育에苦心ᄒᆞ야學校數를大略計算ᄒᆞᆫ즉五千餘校에達ᄒᆞ야蔚然히旺盛ᄒᆞ더니今番私立學校令의影響을因ᄒᆞ야所謂認可를得ᄒᆞᆫ者가僅히四百餘校에不過ᄒᆞ다고人皆憤嘆ᄒᆞ다더라

●吉氏不吉 龍川郡守吉泳洙氏가尙州郡守在任時에公道가多數ᄒᆞᆷ으로昨日度支部에서招待訊問ᄒᆞᆫ後에警視廳으로押囚ᄒᆞ얏다더라

●나巡奸計 建春門外奉侍洞에居ᄒᆞᆫ人民이該洞會所空閑地에菜田數頃을起耕ᄒᆞ얏더니北署巡査壹名이該居接ᄒᆞ는人에對ᄒᆞ야日此는國有地라從今以後에는廢耕ᄒᆞ라ᄒᆞ고今年春菜부터該巡査가耕食ᄒᆞᆫ다더라

●通譯有人 松禾郡通譯朱事[illegible]換氏는辭褒民情ᄒᆞ야壹切毁撲ᄒᆞ고次第整理ᄒᆞ고所謂戶役等諸般雜[illegible]을權力變涉ᄒᆞ야壹切免除ᄒᆞᆷ으로該郡人民이頌此[illegible]을立ᄒᆞᆫ다고西來人의傳說이有ᄒᆞ다더라

●有罪難逃 尹始炳氏의被捉된事는已報어니와其理由는本月初旬間에同氏가朴永壽池[illegible]珍兪浩鉉李丙彪及日人石塚阜등을該同ᄒᆞ야閔哲勳氏에게排日的[illegible]가有ᄒᆞ다고[illegible]ᄒᆞ기로共謀ᄒᆞ고몬저日人石塚가閔哲勳을往見ᄒᆞ고威脅ᄒᆞ야日君이排日黨領首로陰謀를造ᄒᆞ다ᄒᆞ니我는日本憲兵이라君을逮捕以去ᄒᆞ리라ᄒᆞ고其後尹氏의共謀者壹同이閔氏家에到ᄒᆞ야恐迫的으로多數ᄒᆞᆫ金錢을奪取ᄒᆞᆫ事件이라더라

●難逃解脫 尹始炳氏事地方裁判所로越送ᄒᆞ얏더니該裁判所에서審査ᄒᆞ다結了치못ᄒᆞ야再昨日에該部警察署로還囚下送ᄒᆞ얏다더라

●待處이든 近日憲兵司令部偵探客들이漸次退步ᄒᆞ야愈愈減少ᄒᆞ다는其理由인즉家國虛를願ᄒᆞ야請願退出ᄒᆞᆷ이라더라

●警察建築 東部警察署에서는署內에火警을望樓ᄒᆞ야訊速히消防ᄒᆞᆯ計劃으로該官署內에望臺를新建築ᄒᆞᆫ다더라

●傷弓之嘆 龍山日本砲兵隊의서昨日上午三時에大砲演習을設行ᄒᆞ얏는데告示도無히設行ᄒᆞᆷ으로該附近人民이壹齊驚動ᄒᆞ얏다더라

●招集說論 再昨日東部警察署에서는該管以人力車組合下壹般車夫를招集ᄒᆞ야管廣濟局에衛生上의關ᄒᆞᆫ事項으로注意勵行ᄒᆞ라고說論ᄒᆞ얏다더라

●影幀還覓 學校[illegible]影幀世[illegible]曆去月二拾七日夜에何許賊漢이竊去ᄒᆞ얏더니自醫院으로五署門에서別巡査를壹齊히派送跟捕ᄒᆞ야三拾夜拾壹時頃에東關附近에서日人[illegible]者의게見ᄒᆞ얏다더라

●影入商品 [illegible]祠影幀을賊漢의게見失ᄒᆞᆫ事는來所共知어니와該影幀은何許人이日人의게八拾圓에放賣ᄒᆞ야現今昌德宮內商品陳列所에掛置ᄒᆞ얏다더라

●宸還決議 四忠臣影幀이昌德宮內商品陳列所에掛置홈은別項과如ᄒᆞ거니와其後[illegible]이影幀買收ᄒᆞᆫ日人의게質問ᄒᆞ지ᄒᆞ고該價額八拾圓을收斂徵給ᄒᆞ야影幀을覓還ᄒᆞ기로決議ᄒᆞ얏다더라

●情勢可矜 鐵川박말符ᄒᆞ는[illegible]元如기去丙年正月分에京城에上來ᄒᆞᆫ後로至今消息이頓無ᄒᆞᆫ故로其妻李召史가五歲兒를背負ᄒᆞ고乞食ᄒᆞ며來ᄒᆞ야方今貞洞英國宗古教堂에留ᄒᆞ며每日天明부터道路에彷徨ᄒᆞ는貌樣은人不忍見이라더라

●消毒不烟 北部警察署巡査리潤히[illegible]有何不平事이던지昨日上午時頃에[illegible]을吸煙自縱ᄒᆞ얏다ᄒᆞ는데不知蓋不可活六字를遺書ᄒᆞ얏다더라

●我將自刎 [illegible]郡等地에退留•되義兵將河相[illegible]氏가起兵數年에名聲이頗有ᄒᆞ더니本月九日에該地分遣所日兵幾十名의襲擊을被ᄒᆞ야自脫치못홈을揣ᄒᆞ고因히拔刀自刎ᄒᆞ얏다더라

●義將自現 京畿義兵將朴鎭輪氏가去拾六日頃에銃器彈藥과各項附屬印章數個를携帶ᄒᆞ고京城憲兵分隊에自現ᄒᆞ얏다더라

●偶語被捉 再昨日上午十壹時頃에北部松峴等地에서何許人二名이무슨事件을密議ᄒᆞ다가日憲兵司令部에被捉ᄒᆞ얏다더라

●欺取被捉 北署部居金某가日前에何許賭客을誘引ᄒᆞ야郡남을圖ᄒᆞ야以給ᄒᆞ마ᄒᆞ고該人의게三千圓價値되는北紙를[illegible]自稱ᄒᆞ얏다는故로再昨日에該憲兵司令部에서捉囚ᄒᆞ얏다더라

●申家賊贓 敦義洞申[illegible]再昨夜에賊盜麻甲彬氏家에來到ᄒᆞ야巨額의物品을貳件奪去ᄒᆞ얏다더라

●綠陰會設行 [illegible]學校任員及學生諸氏가昨日東小門外新興寺에前往ᄒᆞ야綠陰會를設行ᄒᆞ얏다더라

●兄弟寄附 統監府囑託閔泳龍氏와弟[illegible]克氏가湖南學會經費窘拙홈을聞ᄒᆞ고義捐金十圓을寄付ᄒᆞ고其弟在[illegible]氏는[illegible]圓을捐付ᄒᆞ얏다더라

●嶺南總會 嶠南教育會에셔定期總會를來日下午壹時에該會館內에開ᄒᆞᆫ다더라

學界

●海外留學生 韓國에서日本에派送ᄒᆞᆫ官費留學生數爻는五十二人인데其中名古屋高等工業學校、仙臺高等工業學校、函館高等商業學校、札幌農學校、法科大學、東洋大學、法政大學、農科大學、大阪高等工業學校에各壹人이오神戶高等商業學校及千葉醫學專門學校、第壹第五岡山等高等學校에各二人이오早稻田大學政治科에二人이오中學校에三人이오東京高等師範學校에七人이오東京高等工業學校에五人이오明治大學校에六人이오帝國大學農科에三人이오此外에또每朔二十圓式補助金을給ᄒᆞ는請助留學生이二十八人이오其他美國英國露國等地에는少數의私費生이有ᄒᆞ고日本에在ᄒᆞᆫ私費留學生이壹百式拾人인데今後留學生은實業學校에入學ᄒᆞᆫ者를採用ᄒᆞᆫ다더라

▲掃魔一劍▼

▲世界列强도보더니文明에物質ᄒᆞ야急進步ᄒᆞ라ᄒᆞ고互互相競ᄒᆞ는時에大韓國名色으로나晴黑時代를向ᄒᆞ야邪氣妖雲이充塞ᄒᆞ여魔鬼가縱橫ᄒᆞ다掃魔劍에[illegible]一毫도試驗ᄒᆞ여볼셰

▲各報館에드러가政府黨의機關이나되며社會와喉舌되여助桀為虐ᄒᆞᄂᆞᆫ附外勢ᄒᆞ야[illegible]ᄒᆞ고愛國心을抹殺ᄒᆞ야奴隷思論을提唱ᄒᆞ야亡國의觀念을[illegible]ᄒᆞ야國民을[illegible]魔鬼에次次下手ᄒᆞ여보고

▲各社會에드러가外人에게捐助밧어宗社를扶植ᄒᆞ고[illegible]林界를[illegible]斯文을混濁ᄒᆞ며[illegible]曖昧[illegible]奴隷에陷落ᄒᆞ니[illegible]여보고

▲各地方에내리가셔文明[illegible]拘束ᄒᆞ며人民의財產을[illegible]ᄒᆞ고外人에게納付[illegible]다가塗炭中에[illegible]有勿論ᄒᆞ고[illegible]觀察守令兩魔鬼에次次下手ᄒᆞ여보고

▲京鄕各處에[illegible]歷代되여[illegible]同胞[illegible]이리[illegible]探問金錢[illegible]剝索라가少不如意ᄒᆞ면[illegible]餘地업시構誣ᄒᆞ야無辜人死地에[illegible]ᄒᆞ니偵探通譯兩魔鬼에下手ᄒᆞ여보세

▲此外에또許多魔鬼一[illegible]播滅餘暇업서姑[illegible]傳ᄒᆞ거니와數二種의此魔鬼는全國에人民[illegible]

[illegible]지어다

廣告

數理講習所募集

每夏에 尙洞靑年學院에서 開하던 數理學講習所를 今夏에도 左記處所에서 三回로 繼設하오니 願하시는 僉員은 六月三拾日內로 志願하시오

前部 代數 自四則 至一次方程式
幾何 自比例 至相似形
後部 算術 自分數 至代數初步 心理 自知覺界 至意志의 現象

第三回夏期數理學講習所
中部壽進洞興士團內

◎特別廣告

本人名字顯輔를 今以澤字로 改定하오니 知舊僉照하시옵

西署盤石坊米倉洞第五拾四統八九戶　金顯澤　告白

◎特別廣告

本年七月壹日로부터 改版五圓銀行券을 發行하야 在來의 舊券과 並用하깃슴기 玆以廣告홈

隆熙三年六月

株式會社 第一銀行 韓國總支店

改版五圓銀行券의 모樣은 大槪左와 如홈

壹 縱二寸七分五厘 橫四寸七分이온대 表面右便에 韓國景福宮光化門의 眞景을 圖하고 左便에 菊化唐草로써 韓國李花圖章을 擁한 緣紋이 有홈

壹 文字는 日、韓、歐의 三國文字를 使用홈

壹 色彩는 表面은 黑色、橙黃色、淡綠色을 配彩하고 裏面은 紫色、淡褐色을 配彩홈

測量器械
製圖器具
附屬一式
安價放賣
品質善良
多數到着
平北宣川
河野商會

美洞金鑛鑵[illegible]에 四月時에 催次當鍾壹萬五千兩票서 失故休鑛施行홈

[illegible] 告

◎特別廣告

本會의 權利가 會同하야 好條措處로 意見을 公共케 하오니 金[illegible]錫氏는 卽速入社하시오

看事人 文昌鎬 白

本人이 本年四月分에 姓名章을 路失하고 新圖章을 施行하오니 知舊는 照諒하심

東部蓮花坊[illegible]路貝[illegible]二署七[illegible]四統[illegible]戶　崔元[illegible] 告白

◎隆熙四年曆書

賣人募集公告

學部에서 版行하는 隆熙四年曆書를 發賣코 져 하는 者는 左記各項을 遵하야 願하시오

壹 請願期間은 六月二拾日까지 可홈

貳 請願書에는 請願人의 住所姓名과 其所要部數를 明記홈이 可홈

壹人의 所要部數는 壹千部에 下함을 不得홈

貳人以上이 合同하야 發賣코져 하는 境遇에는 其代表壹人의 名으로써 請願홈이 可홈

三 請願者는 請願書를 提呈하는 同時에 其所要部數에 對한 賣下代價總額의 拾分壹에 該當한 保證金을 學部에 納入홈이 可홈

四 曆書발賣의 定價는 壹部金拾錢으로 하고 발賣人의 得하는 壹割半金을 大韓에서 賣下홈

五 曆書印刷製冊은 來九月三拾日에 完了홈

六 發賣人은 印刷製冊이 完了한 時에 其所要部數에 對한 代金殘額을 納한 後에 保證金을 還付홈

七 발賣人이 十月十日까지 所要部數에 對한 代金을 納入치 아니한 時는 發賣人의 資格이 消滅한 者로 見做하고 旣納한 保證金은 學部에서 沒收홈

八 代金納入할 際에 現金이 아니오 代로 相當한 有價證券(公債證書又는 政府의 補助를 受하는 會社銀行株券又는 其債券)을 提供하는 者에 限하야 來十貳月末日까지 金納入을 延期하는 事도 有홈

但 有價證券은 時價의 八割에 換算홈

隆熙二年六月 日 學部

前主事 金元培의 元培字를 彰字로 改定하오니 知舊照亮하시옵

前主事 金彰培 告白

同胞에 愛願하시기를 望하옵고 完實한 衣次와 洋襪을 織組하오니 仁愛하신 君子는 陸續來購하심을 望홈

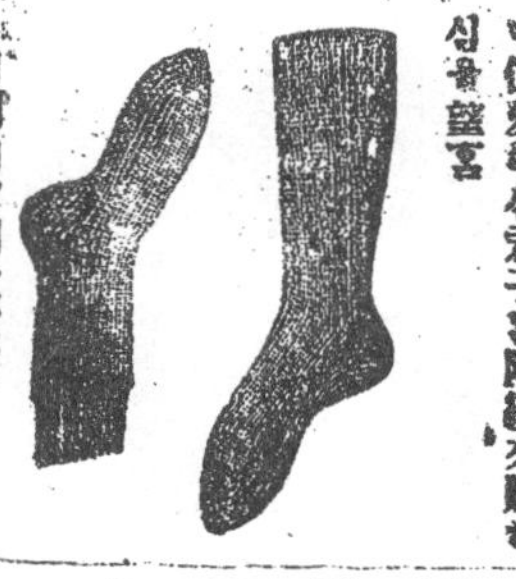

南門內尙洞敎堂前
韓興織組會社 告白

◎自强丹

右藥은 對明한 我同胞의 內臟을 培養하기 爲하야 特製홈이니 衛生을 注意하시는 僉君子는 本人의 誠意를 愛하시와 信用하심을 務望(效能은 中暑、中寒、霍亂、吐瀉、食傷、酒滯、船車、水土不服、嘔逆、發熱、惡寒、諸般急症에 神效가 有하고 其他腫脾胃解渴定喘補胃로 爽快케하는 奇功이 兼備하와 恒常服用하면 勞神勞力하는 者의 自强力을 培發하는 良藥으로 最近世에 著名하오

發行人 白川邑藥舖 雲泳
發賣所 鳳山沙里院 金昌善
延安邑邊汝文藥房
金川助浦李興植店
安岳邑勉學書舖 楊星鉉
載寧邑金達澄店
長連邑 文奐冠

◎韓美興業株式會社平北支社

大韓國平北紳士諸씨가 발起하야 皇城에 在한 韓美興業株式會社定款에 依하야 組織한 韓美興業株式會社平北支社를 組織하고 方針의 大例는 如左하옴

壹 本社名稱은 韓美興業株式會社平北支社라홈

二 本社位置는 義州에 置하되 臨時事務所는 白馬驛 金[illegible]家로 權定홈

三 株金은 貳萬圜을 二千株에 排定홈

四 本支社營業은 本社定款에 依하야 着手홈

五 株金은 隆熙三年六月拾壹日爲始하야 應募홈

六 規則與細則을 詳知하기爲하야 本支社에 通寄하시면 卽閱覽홈

七 本支社株券은 株式[illegible]會經한 後應用홈

▲韓美興業株式會社平北支社臨時任員

社長 金[illegible]丘
副社長 白[illegible]
總務員 鄭[illegible]
會計員 [illegible]
書記員 張[illegible]
監事 [illegible]

美國시아틀大博覽會・미국시아틀대박람회

皇城磚洞(京城郵便局函第四拾號)
韓美興業株式會社
(大美國에 다니는 旅行券料 一切 大韓國美國總領事에 登錄)

本社의 各處代理人의 氏名은 如左홈

明城代理人	明城南門外雜貨商店	金東宣
平壤代理人	平壤大門內店洞	鄭[illegible]
咸興代理人	咸興南門外	孫[illegible]
馬山浦代理人	馬山浦客主	金[illegible]
元山代理人	元山港	金[illegible]
濟津代理人	濟津港	金[illegible]
水原代理人	水原北部[illegible]安洞	邦[illegible]
安城代理人	安城東[illegible]里旺新學校內	[illegible]
沙里院代理人	位置未定	[illegible]
金泉代理人	金泉市場共信商店	[illegible]
鎭州代理人	鎭州[illegible]二統五戶	[illegible]
天安代理人	位置未定	[illegible]
群山代理人	群山[illegible]井洞	[illegible]
全州代理人	位置未定	[illegible]
大邱代理人	大邱新[illegible]十八統七戶	[illegible]
釜山代理人	馬山浦午山[illegible]九戶	[illegible]
江景浦代理人	位置未定	[illegible]
麻浦附近代理人	西[illegible]麻浦[illegible]七統三戶	[illegible]
寧湖院代理人	位置未定	[illegible]
永同代理人	位置未定	[illegible]
木浦代理人	木浦[illegible]洞	[illegible]
晋州代理人	晋州[illegible]山浦城山	[illegible]
金堤代理人	位置未定	[illegible]
南門附近代理人	南[illegible]江十八統二戶	[illegible]
義州代理人	義州[illegible]	[illegible]
丁界代理人	位置未定	[illegible]
漢城東部代理人	[illegible]甘井洞四統五戶	[illegible]
海州代理人	位置未定	金相杰
定州代理人	郭山[illegible]	[illegible]
鎭南浦代理人	吉州[illegible]	[illegible]
太田代理人	太田新[illegible]	宋始[illegible]
潤州代理人	浦[illegible]統二戶	[illegible]
吉州代理人	鳥致院漢[illegible]統[illegible]戶	[illegible]
鐵山代理人	吉州[illegible]門外[illegible]一捌戶	[illegible]
延安代理人	漢城[illegible]外相思洞二統二戶	[illegible]
兎山代理人	兎山[illegible]	[illegible]
南物浦代理人	開城[illegible]部	[illegible]
公州代理人	位置未定	[illegible]
鞍山代理人	公州中[illegible]松亭里	[illegible]
洪原代理人	成興[illegible]里	[illegible]
漢城西部代理人	西[illegible]里[illegible]百五拾[illegible]統[illegible]戶	[illegible]

濟生堂和平堂大藥房聯合紀念大贈彩

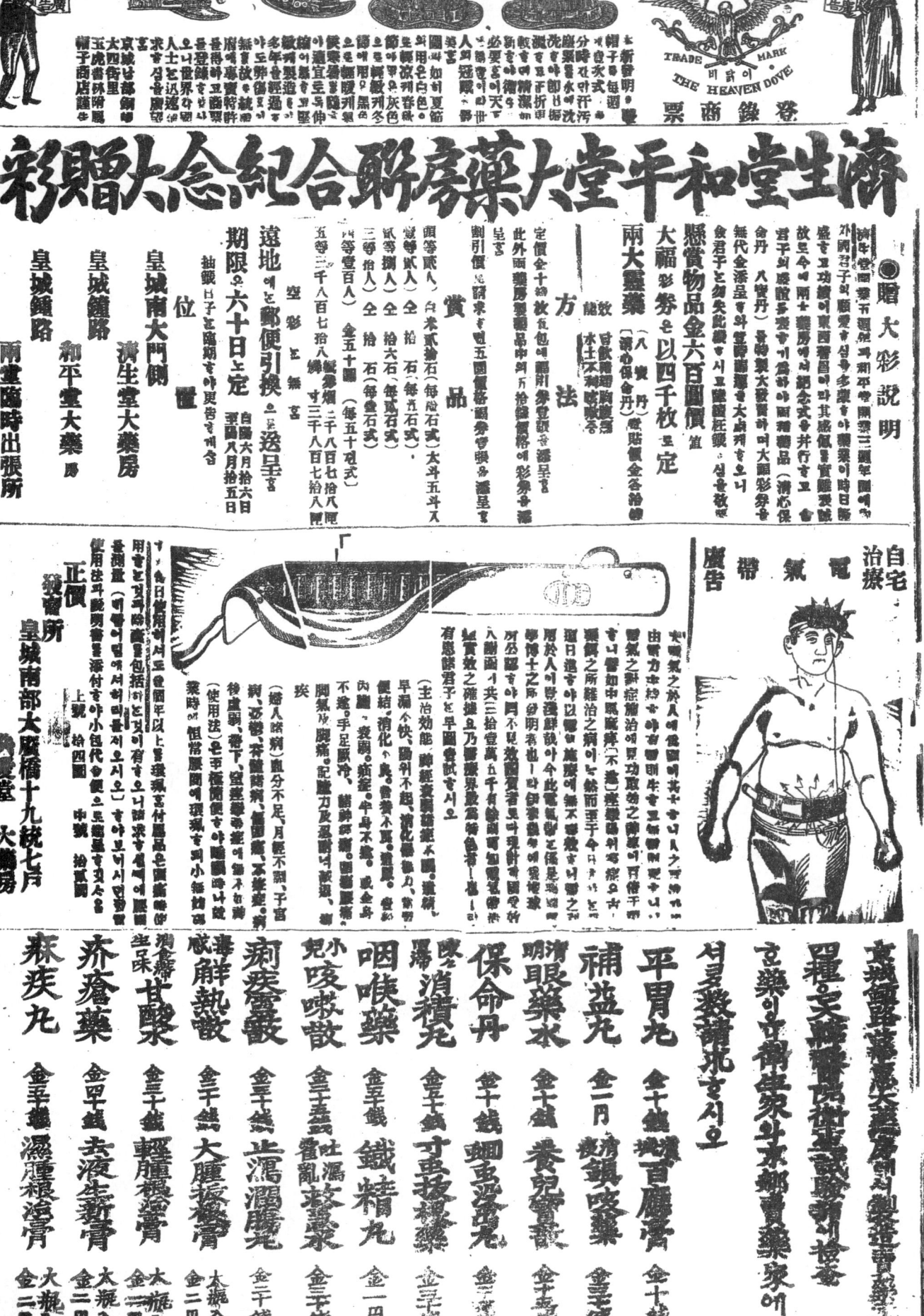

光武九年八月拾壹日 明治卅八年八月拾壹日 〔第三種郵便物認可〕 火曜日 西曆壹千九百九年六月廿二日 (壹)

大韓每日申報

第七卷 第壹千壹百卅八號

月曜及慶節
歲時日休刊

檀君開國四千二百四十二年
箕子元年三千三十一年
大韓開國五百十八年
日本明治四十二年
淸國宣統元年
陰己酉五月小初五日癸丑

Responsible for Publication Alfred Weekley Marnham.
發行兼編輯人英國人 萬咸
發行所 京城南部石井洞[illegible]三層洋屋 大韓每日申報社

論說

◎觀光團과 親睦會

現今韓日兩國間에觀光團과親睦會가先後相望ᄒ야實往實來에禮敎가殷勤ᄒ고左酬右酢에辭意가融洽ᄒ니果然兩國人間에疑嫌이渙釋ᄒ고契好가發展ᄒ야東洋將來에無疆ᄒᆫ平和安樂을共享ᄒᆯ깃ᄂᆞᆫ가若其眞情이實出於此者ㅣ면吾儕數人도此를贊揚ᄒ고祝賀ᄒᆯ지니무ᄉᆞᆷ批評이有ᄒ리오但古人이云ᄒ되言之太甘에其中必苦라ᄒ얏스니今에觀光團來往과親睦會發起로觀ᄒ면可謂言之太甘이라其裡面如何를不可不察이로다嗟乎韓人이여耳目이有ᄒ고精神이有ᄒ거던全然히他人의奇魂[illegible]을貪喫지勿ᄒᆯ지어다玆에淸國某報를據ᄒ즉日人의隱情을說破ᄒᆷ이如左ᄒ더라

大連東遊會之隱情

上海民呼日報에云ᄒ얏스되大連遼東新報館은日人의創立ᄒᆫ바라凡東省에셔東遊ᄒᄂᆞᆫ者ㅣ면該報館의招待를由ᄒ야幷히火車와汽船과旅館等費를減ᄒ야三分之壹에至ᄒ고東省人이旣至日本ᄒ면各處紳商이遨往遊覽ᄒ야詳細指示ᄒ야以盡地主之情ᄒ나不可謂非盛擧也나然이나僧口에셔發行ᄒᄂᆞᆫ某日文報를據ᄒᆫ즉臺灣生蕃이頑[illegible]不服ᄒ더니後에日人이導往日本ᄒ야遊歷而歸ᄒᆫ後에該蕃酋告其種族ᄒ야現在에俯首服從於肘腋之下ᄒ얏고韓人이痛心國亡ᄒ야時々에輕擧滋端ᄒ야以與我日人抵抗ᄒ다가後에日人이設法ᄒ야招往日本遊覽ᄒ야遍覽明制度케ᄒᆷ으로現在에ᄂᆞᆫ遂漸漸就我範圍ᄒ지라此次에東遊會를創立ᄒ야淸國往遊之人을優待ᄒ면莫大ᄒᆫ效果를必收ᄒ리라云々ᄒ얏스니由是觀之컨대彼가臺灣生蕃과朝鮮人을待ᄒᄂᆞᆫ者로써我淸國人을待ᄒᆷ이니我國人이能堪之耶아大連에셔創設ᄒᆫ東遊會가其名則美ᄒ나日人其報所言을觀ᄒ면可히日人의處心設慮를知ᄒ리라ᄒ얏더라

嗟라此等手段은日人이嘗試於臺灣ᄒ야其效果를得ᄒ고再試於韓國ᄒ야其效果를圖ᄒ고又欲試之於淸國ᄒ니其裏面所存이豈不遠哉아嗟乎韓人이여此等隱情은但히淸人의批評이아니오日報記者가自言自誇ᄒᆫ者이니精神이有ᄒ고耳目이有ᄒ거던試登觀之ᄒ라

部令

隆熙三年四月二十日 官報

法部令第二號

司法警察官執務規定 (續)

第拾四條 司法警察官은每月處理ᄒᆫ犯罪件數와檢擧件數及被害人數에關ᄒᆫ月表를作ᄒ야翌月拾日內로所管地方裁判所檢事局에提出ᄒᆷ이可ᄒᆷ

第二章 搜查

第壹節 通則

第拾五條 搜查ᄂᆞᆫ犯罪의證據를蒐集ᄒ고犯人을檢擧ᄒ야公訴의提起及實行의資料를得ᄒᆷ을目的으로ᄒᆷ

第拾六條 搜查를行ᄒᆷ에ᄂᆞᆫ左의事項에對ᄒ야注意ᄒᆷ이可ᄒᆷ

壹 被告人의姓名。年齡。職業。籍地。出生地及前에刑事處分。檢事의起訴猶豫又ᄂᆞᆫ司法警察官의訓戒放免을受ᄒᆫ事의有無

貳 被告人의勳位의有無

三 被告人의性質。品行。生活狀態。資産及敎育程度

四 犯罪의性質。方法。日時。處所及原因

五 被害者의姓名。年齡。職業及居地

六 被害者와被告人의關係

七 被害의狀態及損害의價額

捌 被告人의利益될만ᄒᆫ事實

九 以上을認證ᄒᆯ만ᄒᆫ證據

第拾七條 搜查를行ᄒᆷ에當ᄒ야必要가有ᄒᆫ時ᄂᆞᆫ被告人의訊問。逮捕。拿引。拘留。證人의訊問。拿引。鑑定。檢證。家宅及物件搜索。物件押收를行ᄒᆷ을得ᄒᆷ

訊問。檢證。家宅이나又ᄂᆞᆫ物件押收를行ᄒᆫ時ᄂᆞᆫ調書를作ᄒ고訊問調書에ᄂᆞᆫ本人。檢證其他處分에對ᄒ야立會人이有ᄒᆫ時ᄂᆞᆫ其調書에立會人으로共히署名捺印케ᄒ며必要가有ᄒᆫ時ᄂᆞᆫ圖面을添附ᄒᆷ이可ᄒᆷ

鑑定에當ᄒ야鑑定書를徵치아니ᄒᆫ時나又ᄂᆞᆫ鑑定者의說明이明瞭치아니ᄒᆫ時ᄂᆞᆫ鑑定의趣旨를陳述케ᄒ고調書를作ᄒ야鑑定人으로署名捺印케ᄒᆷ이可ᄒᆷ

第拾八條 犯罪事實을發見ᄒ기爲ᄒ야不得已ᄒᆫ境遇에만限ᄒ야事件所管區檢事의許可를受ᄒ고檢證의方法에依ᄒ야死體를解剖ᄒ거나又ᄂᆞᆫ墳墓를發掘ᄒᆷ을得ᄒᆷ

〔未完〕

外報

◎德國에補充稅 伯林電을據ᄒ즉德國政府ᄂᆞᆫ財政委員會에서可決ᄒᆫ補充稅를聯邦會議에提出ᄒ얏ᄂᆞᆫᄃᆡ遺産相續稅가五千五百萬馬克이오消防隊及火災警察稅가三千五百萬馬克이오株式取引印紙稅가二千萬馬克이오選擧及小推票印紙稅가一千五萬馬克이라더라

◎土皇의訪問計劃 同電을據ᄒ즉土耳其皇帝ᄂᆞᆫ明年에歐洲列國의皇室을歷訪ᄒᆯ터이라더라

◎巴西國騷擾 紐育電을據ᄒ즉巴西國大統領알혼쇼펜나博士가逝去ᄒᆫ結果로國內가騷擾ᄒᆫ[illegible]가有ᄒ며旣히다라오暴害의騷動이有ᄒ야多數死傷者가有ᄒ얏다더라

◎香港에黑死病 香港電을據ᄒ즉香港에ᄂᆞᆫ黑死病이發生ᄒ야去拾四日々지罹病者가百五名인ᄃᆡ過去十年間의統計에比較ᄒ면最히少數가된다더라

◎嫌疑者捕縛 倫敦電을據ᄒ즉호놀룰에누在留ᄒᄂᆞᆫ日本人某의私有書類를沒收ᄒ얏ᄂᆞᆫᄃᆡ該人은東京政府에對ᄒ야抗議가有ᄒᆫ所以오又日布時事社記者兩名은隱謀에關係ᄒᆫ嫌疑으로捕縛되얏다더라

雜報

●宮中收繭式 前報와如히昨日下午壹時에 皇后陛下께옵서 宮中에서收繭禮式을擧行ᄒᆞ오셧ᄂᆞᆫᄃᆡ 義親王妃氏와其他某某貴族婦人이多數陪參ᄒᆞ얏다더라

●統監到着期 曾禰統監이本日上午拾時에釜山發列車를搭乘ᄒᆞ고同日下午七時에南大門停車場에到着ᄒᆞᆯ預定이라ᄂᆞᆫᄃᆡ統監府게셔此意를各府部院廳에通知ᄒᆞ얏다더라

●歡迎發程 總理大臣李完用氏ᄂᆞᆫ曾禰統監을迎接하기爲ᄒᆞ야秘書官壹名을帶同ᄒᆞ고今日下午二時頃에水原郡으로發程ᄒᆞᆫ다더라

●李氏納諂 進興會社長리主植시가曾禰統監을歡迎ᄒᆞ기爲ᄒᆞ야多數ᄒᆞᆫ國旗를負褓商의게交附ᄒᆞ야京釜鐵道沿路에서歡迎ᄒᆞᆯ計劃으로昨日에地方負褓商總代를京城으로招待ᄒᆞ엿다더라

●鐵擬設計 農夫趙聖憲氏가進興會社장李圭恒氏와協議ᄒᆞ야農票와農票를製造ᄒᆞ야人民의게頒給ᄒᆞ기로協議中이라ᄂᆞᆫ데其內容인則某處에交涉ᄒᆞ야地方을鎭定ᄒᆞᆯ計劃이라더라

●運動何多 中樞院顧問李根澤氏가統監府石塚長官의게秘密交涉ᄒᆞ야大臣壹窠를極力運動中이라더라

●主事叙任 各府部院廳高級主事로地方官吏를叙任키爲ᄒᆞ야選發ᄒᆞᆫ人員이合爲八十餘名인ᄃᆡ志願者ᄂᆞᆫ即時叙任ᄒᆞ고不願ᄒᆞᄂᆞᆫ候窠를需用ᄒᆞᆫ다더라

●逋吏受辱 度支部에셔公逋가有ᄒᆞᆫ郡守를拾日數三人式招致ᄒᆞ야淸納ᄒᆞᆯ期限을酌定ᄒᆞ야督約書를領收ᄒᆞᄂᆞᆫᄃᆡ領納ᄒᆞᆯ道理가無ᄒᆞ야督約書를不肯ᄒᆞᄂᆞᆫ境遇이며凌辱이滋甚ᄒᆞ다더라

●朴氏起訴 前揚州郡守閔京鎬氏가[illegible]觀察在任時에郭山郡居朴元昊氏의錢財二百圜을勒奪ᄒᆞᆫ事가有ᄒᆞ던지現今朴氏가該錢을還推코져起訴ᄒᆞ야裁判中이라더라

●永濱丁憂 度支部司稅總장永濱이가其母親喪을當ᄒᆞᆫ故로不遠간에歸國ᄒᆞᆫ다더라

●洪陵拜觀 日昨入京ᄒᆞᆫ美國前副統領호에아반子ᄊ氏ᄂᆞᆫ與夫人으로昨日午後壹時三拾分에該夫人과共히御用馬車를搭乘ᄒᆞ고東門外洪陵에前往拜觀ᄒᆞ고同四時量에入城ᄒᆞ얏다더라

●測量取締發訓 警視廳第二課長濱島尹松이가各警察署로嚴訓ᄒᆞᆫ槪意를漏聞ᄒᆞᆫ즉近日以來로所謂大韓測量總管會라ᄂᆞᆫ名稱이有ᄒᆞ야各測量業者를總管ᄒᆞᆫ다稱ᄒᆞ고同業者에對ᄒᆞ야無理ᄒᆞᆫ金錢을徵出ᄒᆞ야測量界의妨害가不少ᄒᆞ다ᄒᆞ니另加注意ᄒᆞ야到底取締ᄒᆞ라ᄒᆞ얏다더라

●於汝何誅 大韓新聞이本報를痛疾ᄒᆞᆷ은世所共知어니와彼가本報에對ᄒᆞ야吹毛索疵ᄒᆞᆷ이固非壹日이나本報ᄂᆞᆫ目的이公平ᄒᆞ고行動이正大ᄒᆞᆷ으로彼가容喙ᄒᆞᆯ餘地가無ᄒᆞᆫ지라近日에至ᄒᆞ야彼가本報에文字上瑕疵가有ᄒᆞ다ᄒᆞ야攙捏毁排가罔有紀極ᄒᆞ고甚至於內部大臣을慫유勸告ᄒᆞ야特別措處를ᄒᆞ라ᄒᆞ얏스나吾儕ᄂᆞᆫ此를何足誅며此를何足責이리오마ᄂᆞᆫ但彼가文字를扶摘ᄒᆞ야凶計를售코자ᄒᆞᆷ이實로可惜ᄒᆞ기로玆에壹言을提ᄒᆞ야彼의悔悟ᄒᆞᆷ을儆ᄒᆞ노라

●觀學派送 學部에셔ᄂᆞᆫ今回에施設ᄒᆞᆫ補助指定ᄒᆞᆫ學校及地方學事狀況을觀察ᄒᆞᆯ目的으로五組에分ᄒᆞ야視學員을派遣ᄒᆞᆯ터인ᄃᆡ日人書記官及韓人翻譯官各壹人은濟州地方이오日人主事及韓人主事各壹人은全羅南道요日人主事及韓人主事가壹人은慶州地方에向ᄒᆞ야出發ᄒᆞᆯ터이라더라

●賦還賑民 京畿道安山外八郡은昨年度에歉荒이特甚ᄒᆞ야其被害ᄒᆞᆫ結數가貳千壹百六拾壹結이오飢戶가壹萬六千七百八拾七戶인ᄃᆡ觀察使가政府에稟請ᄒᆞ야社還米를賑貸ᄒᆞ기로決議ᄒᆞ야六月七日부터拾三日ᄭᆞ지貸出ᄒᆞᆫ數爻가五百七拾餘石에達ᄒᆞ얏다더라

●婦人社會質問 리鈺卿氏가各婦人社會를聯合ᄒᆞ야代表幾人을選定ᄒᆞ야日前에宋之意시家에前往質問曰近日新聞上에令監이少室의誣陷을因ᄒᆞ야本夫人을逐出ᄒᆞ얏다고喧藉ᄒᆞ니其眞假與否를詳知코져ᄒᆞ야來問ᄒᆞ노라ᄒᆞ미宋시가對答ᄒᆞ기를吾家事ᄂᆞᆫ吾當措處矣니婦人社會에셔ᄂᆞᆫ如此히紛擾ᄒᆞᆯ것이無ᄒᆞ다ᄒᆞ얏다더라

●何至督捧 [illegible]浦郡守申箕秀氏ᄂᆞᆫ該郡學校에經費를充用키爲ᄒᆞ야各面에義捐金을排定ᄒᆞ고該金을民納結錢中에셔先除ᄒᆞ고淸納된結錢을更督ᄒᆞᄂᆞᆫ故로民怨이沸騰ᄒᆞᆫ다더라

●何不施施 漢城內外人民들이土地家屋을證明次로漢성府에請願ᄒᆞ고價文票를請求ᄒᆞ면該府에셔施치아니ᄒᆞᆫ다고民冤이沸騰ᄒᆞᆫ다더라

●建校協議 鄭鍊復氏가再昨日午後에東部新橋坊에셔李煥氏를訪問ᄒᆞ고爲善建築兩坊內의학校設立ᄒᆞᆯ事를協議ᄒᆞ얏다더라

●投石滿獄 再昨夜에鍾路內團成社에셔各種演劇을設行ᄒᆞᆯ時에觀覽人이多數會集ᄒᆞ얏ᄂᆞᆫᄃᆡ何處에셔投石이亂下ᄒᆞ야壹時騷動ᄒᆞ얏다더라

●演場雇日 寺洞演興社에셔近日觀覽人이尤極零星ᄒᆞᆫ中의壹般觀官과無票人이多數入場ᄒᆞᄂᆞᆫ데對ᄒᆞ야禁止키가困難ᄒᆞᆷ으로何許日人을雇聘ᄒᆞ야韓人事務員보다雇金을貳倍式支給ᄒᆞ며該社門前에把守ᄒᆞᆫ다더라

●酒是狂藥 李喆宇氏가再昨日下午十二時量에飮酒泥醉ᄒᆞ야路上行人을無端執탈ᄒᆞ며東部[illegible]谷地何許人家의突入ᄒᆞ야無數惹鬧ᄒᆞᆫ故로適其時巡查가到ᄒᆞ야說諭ᄒᆞᆫ즉李氏가反抗ᄒᆞᄂᆞᆫ故로東部警察署로引致ᄒᆞ야壹日拘留ᄒᆞ얏다가說諭放送ᄒᆞ얏다더라

●敬天敎宗 鄭壽基秦學新楊錫智諸氏가儒敎를擴張ᄒᆞ야國敎를完立ᄒᆞᆯ計劃으로敬天敎宗을倡ᄒᆞ고總敎堂은慶北尙州郡楡時에新建ᄒᆞ고將且京鄕各道에支敎堂을次第設立ᄒᆞᆯ터인ᄃᆡ方今入敎ᄒᆞᆫ人員이多數ᄒᆞ다더라

●孔子敎會 祀丞李範圭氏等諸시가孔子의敎를振興키爲ᄒᆞ야敎會를創設ᄒᆞ얏ᄂᆞᆫᄃᆡ其趣旨ᄂᆞᆫ格物致知의要旨를講硏ᄒᆞ야國民의知識을啓發ᄒᆞ야維新의事業을奬勵ᄒᆞᆫ다ᄂᆞᆫᄃᆡ漢城內盛族諸氏가熱心贊成ᄒᆞᆫ다더라

●勞働有會 咸北淸津港居紳士芳烈宋秉奎金基浩崔壽威申炳錫諸氏가발起ᄒᆞ야勞働進明會를組織ᄒᆞ고學校와病院을設立ᄒᆞ야一般勞働人의學資와治療를便利케ᄒᆞᆷ으로方今入會人員이數千餘名에達ᄒᆞ얏더라

●何不酬勞 廣會坊民團會에셔書記와使喚을自一月로六月ᄭᆞ지使役ᄒᆞ고報酬金을不給ᄒᆞ니會況이艱拙ᄒᆞᆷ인지不知ᄒᆞ거니와稱寃이有ᄒᆞ다더라

●欺劵燒却 利川栢面上洞居金又泳氏가世傳奴婢의文劵을壹切燒却ᄒᆞ야自由生活케ᄒᆞ얏다고該地稱頌이有ᄒᆞ다더라

●婁氏賣庄 內官婁錫鎬氏가詐欺取財事件으로現今監獄署에滯囚中인ᄃᆡ其所有田庄을沒數放賣ᄒᆞᆫ다더라

●盜人墓穴 鐵物橋居黃鍾萬氏의祖山이北部佛光里에在ᄒᆞᆫᄃᆡ三昨夜에何許漢이該塚을掘ᄒᆞ고頭骨을斷去ᄒᆞ얏다더라

●兩시越交 前積城郡守盧炳稷시와郡主事柳永性兩시가龍山日本守備隊에被捉되얏더니數日前에地方裁判所에越交ᄒᆞ얏다더라

●尹家賊警 阿峴尹相根이가再昨日下午三時量에尹孝定氏家에潛入ᄒᆞ야什物을竊取ᄒᆞ다가警廳에被捉ᄒᆞ얏다더라

●英婦觀覽 英國婦人二名이昨日上午拾二時에學部의紹介를請求ᄒᆞ야磚洞明新학校、官立高等女學校、師範學校를觀覽ᄒᆞ얏다더라

●畿湖任員改選 去土曜日에畿湖學會에셔臨時總會를開ᄒᆞ고任員을改選ᄒᆞ얏ᄂᆞᆫᄃᆡ會長은金允植시가辭免ᄒᆞᆫ代에李容稙시가被選ᄒᆞ얏다더라

●勞働任員 活民勞働組合에셔任員을推薦ᄒᆞ얏ᄂᆞᆫᄃᆡ組合長李根澔氏ᄂᆞᆫ總裁、副組長李時字氏ᄂᆞᆫ組合장으로被任되얏다ᄒᆞ니라

●習藝討論 今日下午八時에中部宗橋習藝共硏會에셔事業의成就ᄂᆞᆫ忍耐가勝於勸勉이란問題로互相討論ᄒᆞᆫ다ᄂᆞᆫᄃᆡ傍聽을許ᄒᆞᆫ다더라

學界

●文昌紀念 靑坡馬碑洞文昌學校에셔本月拾三日에第壹回創立紀念式과進級式을設行ᄒᆞ얏ᄂᆞᆫᄃᆡ該校長李舜夏시와副校長金宇鉉시ᄂᆞᆫ空冊과鉛筆等品을優數納賞ᄒᆞ고李鍾영시ᄂᆞᆫ空冊二拾件을捐助ᄒᆞ고實池석永金重煥劉炳善諸시ᄂᆞᆫ祝辭로勸勉ᄒᆞ얏다더라

●又昌益昌 靑坡馬碑洞文昌學校에셔第壹回創立紀念式을設行ᄒᆞᆫ事ᄂᆞᆫ別項과如ᄒᆞ거니와禮式을閉ᄒᆞᆫ後에該校장李舜夏시가학徒父兄과洞民을集合ᄒᆞ야學校維持方針을協議ᄒᆞᄂᆞᆫᄃᆡ該洞中趙鍾禹시ᄂᆞᆫ金貨壹百圜을捐付ᄒᆞ고劉明相시ᄂᆞᆫ每朔十錢式月捐ᄒᆞ기로酌定ᄒᆞ얏다더라

●兩氏有志 忠南木川郡居ᄒᆞᄂᆞᆫ紳士趙鼎植洪承哲兩시가憂國愛民的思想으로靑年敎育을發達키爲ᄒᆞ야金貨餘圜을出捐ᄒᆞ야普明學校를設立ᄒᆞ고熱心敎育ᄒᆞᄂᆞᆫ故로학徒가四五十名에達ᄒᆞ야前塗之望이有ᄒᆞ다더라

●兩氏慈善 三和郡에셔各학校聯合大運動會를設行ᄒᆞᆯ時에普光學校生徒ᄂᆞᆫ經費가不贍ᄒᆞ야往參ᄒᆞ기末由ᄒᆞ더니該地紳士安養殷尤석兩시가其情況을觀念ᄒᆞ야生徒百餘名의旅費를專擔ᄒᆞ얏다ᄒᆞ고該兩시의慈善心을人皆稱頌ᄒᆞᆫ다더라

▲閱報一評▼

▲新聞이라ᄒᆞᄂᆞᆫ것은公平ᄒᆞᆫ言論을主張ᄒᆞᆫ다ᄂᆞᆫ日人報館더主義ᄂᆞᆫ韓國內에皇室이나國家이나人民의게對ᄒᆞ야서論述ᄒᆞᆷ이無復餘地凌侮ᄒᆞ니又明過ᄒᆞᆫ가그러ᄒᆞᆫ가野蠻未免그러ᄒᆞᆫ가條約聲言어ᄃᆡ가ᄯᅥ友誼敦睦어ᄃᆡ잇나

▲日人其報閱覽ᄒᆞᆫ즉韓國皇室에對ᄒᆞ야셔外國首領이라ᄒᆞ고無尊嚴ᄒᆞᆫ稱號를報紙上에亂揭ᄒᆞ야貶損威嚴無餘ᄒᆞ니韓皇室尊嚴은條約上에昭載커ᄂᆞᆯ悖惡ᄒᆞᆯᄉᆞ더日人은兩國條約蔑視ᄒᆞ니兩國間에不忠이오

▲日人각報閱覽ᄒᆞᆫ즉韓國人民對ᄒᆞ야셔野蠻이니犬豕이니禽獸待遇ᄒᆞᆫ言辭文字上에亂布ᄒᆞ야侮辱韓人無餘ᄒᆞ니親睦을阻戱ᄒᆞᆷ은其本意가何存런가叵測ᄒᆞᆯᄉᆞ더兩國交誼蔑視ᄒᆞ니韓民間에

▲日人某報閱覽ᄒᆞᆫ즉觀光團員對ᄒᆞ야韓國現狀視察ᄒᆞ야韓國經營ᄒᆞᄂᆞᆫ일에官吏계만委任말고國民奮발ᄒᆞ라ᄒᆞ며互相社觀光ᄒᆞᆷ은平和爲主ᄒᆞᆫ다던만狡猾ᄒᆞᆯᄉᆞ더日人은平和키ᄂᆞᆫ姑舍ᄒᆞ고官民親睦敎唆이오

▲日에某報閱覽ᄒᆞᆫ즉大隈伯이言論ᄒᆞ되韓國歷史볼작시면獨立實이旣無ᄒᆞ고依賴主義固是인즉合倂傾向有ᄒᆞ다니世界大勢보더라도多數小國自立거날詭譎ᄒᆞᆯᄉᆞ더伯이은扶植키ᄂᆞᆫ姑舍ᄒᆞ고獨立不利宣習새

▲韓人들이日人의게古代에ᄂᆞᆫ先進이오只今에도同等으로自認自信ᄒᆞᆯ가ᄒᆞ야或者日人論斷ᄒᆞ니저희들도아ᄂᆞᆫ민디韓國으로말ᄒᆞᆯ진ᄃᆡ四千餘年文明으로壹時沉鬱ᄒᆞ얏지만進化勇奮ᄒᆞᄂᆞᆫ날은飛衝天ᄒᆞ야보리

◎名節休刊 本日은韓國天中節인故로壹日休刊ᄒᆞᆷ

社告

杆城邑內新城里貳號三戶합 ……元氏가該地方에本報購覽者를爲ᄒᆞ야便宜를爲ᄒᆞ야支社를特設ᄒᆞᆯ意로請願이有ᄒᆞ기同情을表ᄒᆞ기爲ᄒᆞ야該氏로本支社를…認定ᄒᆞ고…近日에本報購覽ᄒᆞ시ᄂᆞᆫ僉君子ᄂᆞᆫ該氏의게請覽ᄒᆞ시압

廣告

大韓每日申報社

小學界를爲ᄒᆞ야師範을養成ᄒᆞᆯ次로本校에서昨年부터始ᄒᆞ야夏期放學中七月壹日로八月十五日ᄭᆞ지講習科를開ᄒᆞ고壹期에修了證書를與ᄒᆞ고四期를修ᄒᆞ면卒業證書를與ᄒᆞ오니志願人은如左ᄒᆞᆫ字에應試ᄒᆞ시압

試驗科目及日字 六月貳拾八日至三拾日(上午九時至拾壹時)

壹班 國漢文讀書 算術乘除

貳班 本國地本史 同四則約分

束脩金壹圜 月謝金(壹箇月半條)七拾五錢先納

四期總合科程數가四拾餘種이나但今年에ᄂᆞᆫ壹貳級만設ᄒᆞ고聖經、內外國歷史、內外地誌、理學、算學、音樂、圖畫等으로分排敎授홈

進明普通學校

大韓每日申報第千壹百二拾四號雜報內에水商共業所長尹世豊시가水道會社에與ᄒᆞᆫ陳乘善시와裁判ᄒᆞᆫ다ᄂᆞᆫ事ᄂᆞᆫ實是未然ᄒᆞᆫ버이라初無此等理由故玆以廣告홈

水商共業所長 尹世豊 告白

同胞에服ᄒᆞ시기를望ᄒᆞ옵고完實ᄒᆞᆫ衣衾과洋襪을織組ᄒᆞ오니愛國ᄒᆞ시ᄂᆞᆫ君子ᄂᆞᆫ陸續來購ᄒᆞ심을望홈

南門內倉洞敎堂前 韓興織組會社 告白

◎自强丹

右藥을發明홈은我同胞의自强精神을培養ᄒᆞ기爲ᄒᆞ야特製홈이니衛生을注意ᄒᆞ시ᄂᆞᆫ僉君子ᄂᆞᆫ本人의誠意를愛ᄒᆞ시와信用ᄒᆞ심을務望(效能은中暑、中寒、霍亂、吐瀉、食傷、酒滯、船暈車暈鬱氣臨逆水土不服口中惡臭運氣癘疫等症에神效가有ᄒᆞ고其他健脾養胃解渴定喘精爽快ᄒᆞᆫ奇功이兼備하와恒常服ᄒᆞ면勞神勞力ᄒᆞᄂᆞᆫ者의自强力을培養ᄒᆞᄂᆞᆫ良藥으로近世에著名ᄒᆞ오)

發行人 白川邑龍祐藥房 趙雲泳

發賣所 鳳山沙里院 金昌善

延安邑邊汝文藥房

金川助浦李興補店

谷岳邑魁學壽錦昌屋鋪

平壤邑金鍾遠店

長連邑[illegible]文興冠

본인이작일하오이시량에죵다무동디에셔량두돈쭝금으로제조ᄒᆞᆫ처아짐일건을셔실이온더그모형은둥글고가진시님에쳥국제조로만든쳥술이오、산호、금패구슬에뒨뀌나젹숑의뎌여함ᄭᅦ셔실ᄒᆞᆫ엿ᄉᆞ오니슈모든지습득ᄒᆞ시거든좌에긔록ᄒᆞᆫ처소로보내주시면후샤ᄒᆞᆯ뿐아니오라시세에샹당ᄒᆞᆫ게갑을드릴터이오니처삼실ᄒᆞᆫ본인의세젼지물이올시다

本人의名與伯을以鍊浩로改行ᄒᆞ니知舊間照亮홈

宜川 金鍊浩 告白

專賣特許 駿帽子

登錄商標

中山帽子 價壓五圓五〇錢 四圓九〇 三圓五〇 貳圓九〇

中折帽子

上

女子用帽子

上

學徒帽子 壹二〇 二五〇 二〇〇 七〇〇

新發明駿帽子ᄂᆞᆫ每樣新式으로分時間에汗汚를染ᄒᆞᆫ야도水에洗濯ᄒᆞ면卽時振拂ᄒᆞ고折皺ᄒᆞ여도卽時伸振ᄒᆞ고形體가精潔ᄒᆞ며必要ᄒᆞᆫ天下世人의冠服中最上品이라圖와如히夏節에ᄂᆞᆫ白色으로輕凉ᄒᆞ고春秋에ᄂᆞᆫ灰色과冬節에ᄂᆞᆫ黑色으로溫暖ᄒᆞᆫ氣候에適宜ᄒᆞ니此帽子ᄂᆞᆫ多年을經過ᄒᆞ야도無故ᄒᆞ고專賣特許를得ᄒᆞ고商標를登錄ᄒᆞᆷ사오니世界各國人士ᄂᆞᆫ迅速히求ᄒᆞ심을望

京城南部銅峴

大四街里

玉虎書林附屬

帽子商店 謹告

特別廣告

各債權公私ᄂᆞᆫ無遺確實認定ᄒᆞ엿스니金義鎬시ᄂᆞᆫ卽速入往ᄒᆞ시오

己酉五月二拾二日

海州府 文昌鎬 告白

韓美興業株式會社平北支社

大韓國平北道七諸시가발起ᄒᆞ야墨城에在ᄒᆞᆫ美國의…도나道府正法律第三拾三號第貳章에依ᄒᆞ야組織ᄒᆞᆫ韓美興業株式會社定款에依ᄒᆞ야平北支社를組織ᄒᆞ고左開計劃의大例ᄂᆞᆫ如左히홈

一 本社名稱은韓美興業株式會社平北支社라홈

二 本社位置ᄂᆞᆫ義州에置ᄒᆞ되臨時事務所ᄂᆞᆫ白馬驛金鉉家에權定홈

三 株數ᄂᆞᆫ貳萬圓을二千株에排定홈

四 本支社營業은本社定款에依ᄒᆞ야着手홈

五 株金은隆熙三年六月拾壹日爲始ᄒᆞ야募集홈

六 規則與細則을詳知ᄒᆞ기爲ᄒᆞ야本支社에來議ᄒᆞ시면卽聞應홈

七 本支社株券은株主總會를經ᄒᆞᆫ後應用홈

▲韓美興業株式會社平北支社臨時任員

社長 金鉉宣

副社長 白秀詢

總務員 鄭世泉

會計員 林秀鉉

書記員 張乾鉉 宅周

監事 白宇俊 金鉉鼎

미국시아를대박람회 亞細亞大博覽會

本社之印章

本社之商標

京城韓美興業株式會社(美國에셔소나法律에認可홈)京城郵便局郵函第四拾號 韓美興業株式會社

本社의各處代理人의氏名은如左홈

開城代理人 南門外雜貨商店 閔昊珠

平壤代理人 大同門外 … 店주 …

咸興代理人 …

馬山浦代理人 黑山浦 …

元山代理人 元山港

濟津代理人 濟津港

水原代理人 …

安城代理人 …

沙里院代理人 …

會寧代理人 位置未定

南州代理人 位置未定

天安代理人 位置未定

群山代理人 位置未定

全州代理人 位置未定

大邱代理人 …

釜山代理人 位置未定

仁川代理人 …

麻浦近代理人 …

湖南代理人 位置未定

水原代理人 位置未定

木浦代理人 位置未定

晉州代理人 位置未定

金堤代理人 位置未定

漢江附代理人 …

驪州代理人 位置未定

江景代理人 位置未定

漢城東部代理人 …

鎭南浦代理人 …

定州代理人 位置未定

城津代理人 …

浦項代理人 …

太田代理人 …

順川代理人 …

吉州代理人 …

延安代理人 …

兎山代理人 位置未定

鳳山代理人 位置未定

公州代理人 位置未定

論山代理人 位置未定

漢城北部代理人 …

漢城[illegible]明에云ᄒᆞ얏스니其權力을用ᄒᆞ야可爲善이오其權力을用ᄒᆞ야可爲惡이라ᄒᆞ니…其權力은其産物과及其産出者의改良發達홈을…世界의工業이…我韓國의産業株式會社ᄂᆞᆫ大韓帝國의强大홈…而國家ᄂᆞᆫ權利를得ᄒᆞ고…本會社가有홈을…아한人이能히産出ᄒᆞᄂᆞᆫ能力이有홈을…이得ᄒᆞ야…自其國家에對ᄒᆞ야…을知得ᄒᆞᄂᆞᆫ… [illegible]

光武九年八月拾壹日 明治卅八年八月拾壹日 [第三種郵便物認可] 木曜日 西曆壹千九百九年六月廿四日 (壹)

第七卷

大韓每日申報

第壹千壹百廿九號

月曜及日曜休刊 歲時及慶節

檀君開國四千二百四十二年
孔子誕生二千四百六十年
大韓開國五百十八年
日本明治四十二年
隆熙三年
己酉五月小初七日乙卯

Responsible for Publication Alfred Weekley Marnham.
發行兼編輯人 萬咸
發行所 大韓每日申報社

論說

◎警醒ᄒ며憤發ᄒ라

近者日本人이 或韓人을 土人이라 呼하며 或韓國을 事實上殖民地라 稱ᄒ며 或韓國의 人情風俗物産을 博覽的殖民館에 陳列ᄒ야 其觀覽과 其侮辱이 日益爛漫ᄒᄂ도다

此에 對ᄒ야 韓國同胞ᄂ 果然如何ᄒ 感念이 發ᄒᄂ가 吾儕ᄂ 豈局外傍觀者로대 오히려 投筆長太息을 不已ᄒ노라

大抵韓國이 아모리 弱ᄒ나 猶是四千年歷史가 有ᄒ며 二千萬民族이 有ᄒ 國이어날 乃者其民族이 土人의 汚名을 受ᄒ며 其國家가 殖民地의 恥辱을 被ᄒ며 其人情風俗物産이 殖民館의 出品을 作ᄒ니 悠々蒼天아 此를 可忍ᄒᄂ가

嗚呼悲夫라 韓國同胞여 諸公은 試思ᄒ라 諸公의 祖先이 如何ᄒ 威烈로 諸公을 保ᄒ얏스며 如何ᄒ 基業으로 諸公을 與ᄒ얏ᄂ가 乃者諸公에게 至ᄒ야 土人이니 殖民地니 殖民館의 出品이니 ᄒᄂ 慘辱을 遭ᄒ니 果然奮奮ᄒ라도 人의 性情이 有ᄒ 者면 엇지 揮腕奮勵치 아니ᄒ리오

如此히 無窮無極의 大慘境을 當ᄒ얏거날 오히려 詩會나 俱樂部[illegible]를 作ᄒᄂ 者도 有ᄒ며 오히려 階級觀念이 胸中에 膨脹ᄒ 者도 有ᄒ며 오히려 家族觀念이 腦裡에 固鎖ᄒ 者도 有ᄒ며 오히려 外人의게 付ᄒ야 仕宦이나 求ᄒᄂ 者도 有ᄒ며 오히려 太古夢을 夢ᄒ야 頑固로 自誇ᄒᄂ 者도 有ᄒ니 痛哉라 朝鮮民族이 永히 魔穴에 墮落而已오 不ᄒ인가

然이나 恥辱은 憤발을 促ᄒ며 刺激은 警醒을 作ᄒ나니 果然速히 警醒ᄒ며 速히 憤발ᄒ야 壹寸의 恥辱이 來ᄒ거던 一尺이나 勇進ᄒ며 壹分의 刺激이 臨ᄒ거던 拾分이나 飛躍ᄒ면 可히 恥辱을 變ᄒ야 榮光을 作ᄒ며 刺激을 變ᄒ야 安樂을 作ᄒ지니라

▲隆熙三年 四月二拾日 官報

部令 (續)

法部令第二號

司法警察官執務規程

前項의 手續은 鑑定其他處分을 行홈에 當ᄒ야 物件의 原形을 變更치 아니치 못홀 境遇에 此를 準用홈

第二節 告訴告發及自首

第拾九條 告訴。告發。自首其他犯罪의 申告ᄂ 其名稱의 如何홈을 不問ᄒ며 且捜査를 要ᄒᄂ 者되ᄂ 與否를 不拘ᄒ고 此를 受理ᄒ야 相當ᄒ 手續을 行홈이 可홈

第二十條 告訴。告發。自首其他犯罪의 申告를 ᄒᄂ 者가 有ᄒ 時ᄂ 其原由及第十六條에 揭ᄒ 事項을 明瞭케 ᄒ도록 注意홈이 可홈

第貳拾壹條 口頭로써 告訴。告發又ᄂ 自首를 ᄒᄂ 者가 有ᄒ 時ᄂ 其陳述에 對ᄒ야 聽取書를 作ᄒ고 本人으로 署名捺印케 홈이 可홈

告訴。告發又ᄂ 自首하ᄂ 書面을 受理ᄒ 時ᄂ 其趣旨가 不明瞭ᄒ거나 又ᄂ 本人의 意思에 適合ᄒ지 못ᄒ깃다고 思料ᄒ 時도 亦其趣旨에 關ᄒ야 本人으로 陳述케 ᄒ고 聽取書를 作ᄒ야 本人으로 署名捺印케 홈이 可홈

第貳拾二條 他人의 代理로 告訴。告發又ᄂ 自首ᄒ 者가 有ᄒ 時ᄂ 本人의 委任狀을 提出케 홈이 可홈 但法定代理人에 係ᄒ 時ᄂ 此限에 在치 아니홈

第二十三條 前二條의 規定은 告訴。告發又ᄂ 自首에 關ᄒ야 增減變更ᄒ거나 又ᄂ 取下ᄒᄂ 申提가 有ᄒ 境遇에 此를 準用홈

第貳拾四條 告訴。告발又ᄂ 自首ᄒᄂ 書面은 其取下의 申提가 有홀지라도 此를 還付치 아니ᄒᄂ 者로 홈

第三節 被告人訊問及拘束

第貳십五條 被告人에게ᄂ 第拾六條에 揭ᄒ 事項을 爲主ᄒ야 訊問을 行홈이 可홈

第二十六條 被告人이 自白ᄒ 時ᄂ 其自白에 適應ᄒ 證據의 有無에 關하야 取調를 行홈이 可홈

第二十七條 被告人이 罪證을 湮滅ᄒ거나 又ᄂ 逃走홀 憂慮가 有ᄒ 時ᄂ 逮捕。拿引又ᄂ 拘留를 行홈을 得홈

第二拾八條 司法警察官이 自手로 被告人을 逮捕ᄒ 時ᄂ 逮捕始末書를 作홈이 可홈

巡查其他者의 逮捕ᄒ 被告人을 受取ᄒ 時ᄂ 逮捕의 事由及告訴。告發을 行ᄒ 時ᄂ 其趣旨를 陳述케 ᄒ고 聽取書를 作ᄒ야 本人으로 署名捺印케 홈이 可홈 但逮捕ᄒ 者로부터 其書面을 提出ᄒ 時ᄂ 此限에 在치 아니홈

(未完)

外報

●革命黨戒嚴 北京電을 據ᄒ則 淸國軍機所에서 兩江兩廣閩浙三總督에게 對하야 革命黨을 戒嚴ᄒ라ᄂ 密電을 發하얏다더라

●鴉片嚴禁上諭 同電을 據ᄒ則 淸國朝廷에서ᄂ 鴉片喫者에게 嚴罰을 下ᄒ깃다ᄂ 上諭가 有ᄒ얏다더라

●英露協商復活 伯林電을 據ᄒ즉 波斯駐箚露國公使가 罷遞된 故로 波斯에 對ᄒ 英露協商은 復活케 되겟다더라

●露軍과 波斯 仝電을 據ᄒ즉 露軍撤回ᄒ 後에ᄂ 波斯에 新暴動이 起홀 慮가 有ᄒ다더라

●露國戰艦起工 倫敦電을 據ᄒ즉 露國드레ᄯ노―트型戰艦(貳萬三千噸)四隻은 拾六日露京에서 起工ᄒ얏다더라

●美國과 極東 紐育電을 據ᄒ즉 美國國務卿노ᄌ구스氏가 極東에 實業發展ᄒ 旨를 發表ᄒ얏ᄂ더 美國이 淸國鐵道借款及其他英公企業에 依ᄒ야 優越ᄒ 地步를 極東에 得ᄒ기로 盡力ᄒ며 又實業家들도 一般樂觀的感情이 有ᄒ다더라

學報

●安新卒業 安岳郡耶蘇敎安新學校에서 第壹回卒業式을 擧行ᄒ얏ᄂ더 卒業生은 如左ᄒ니

金鍾殷 尹在[illegible] 金昌國 [illegible]
朴宗元 金晩亮 金厚弼 [illegible]

雜報

●統監赴任 曾禰統監이既報와如히再昨日下午七時에南大門停車場에到着ᄒᆞ얏ᄂᆞᆫᄃᆡ總理以下各部大臣들이豊齋에出往迎接ᄒᆞ얏다더라

●兩氏迎接 曾禰統監이再昨日入城ᄒᆞᆷ은別項과如ᄒᆞ거니와海豐府院君尹德榮氏와宮內府大臣閔丙奭氏ᄂᆞᆫ太田停車場ᄭᆞ지前往迎接ᄒᆞ얏다더라

●兩宮陛見 曾禰統監이昨日上午十二時에 大皇帝陛下ᄭᅦ 陛見ᄒᆞ고同下午壹時에 德壽宮에 趨謁ᄒᆞ야 太皇帝陛下ᄭᅦ 陛見하얏다더라

●聖意對揚 皇后陛下ᄭᅦᄋᆞᆸ서水原勸業模範場에 幸行ᄒᆞᄋᆞᆸ시고 宮中에서養蚕ᄒᆞᄋᆞᆸ시ᄂᆞᆫ事에對ᄒᆞ야漢城府에서各坊曲에揭示ᄒᆞ야 聖意를 仰體케ᄒᆞ얏다더라

●何不均須 平壤來人의傳說을聞ᄒᆞᆫ즉向者 大皇帝陛下西巡時에韓日人民이共同 奉迎ᄒᆞ얏ᄂᆞᆫᄃᆡ金貨貳千圜을 下賜ᄒᆞ실은擧世共知어니와日人邊에ᄂᆞᆫ壹千圜을出給ᄒᆞ고韓人邊에壹千圜은觀察使리軫鎬氏가暗喫ᄒᆞᆷ으로此地人民이太端憤激ᄒᆞᆫ다더라

●義王殿下訪問 義親王殿下ᄭᅦᄋᆞᆸ서昨日上午九時頃에統監府에訪問ᄒᆞᄋᆞᆸ시고即時 還宮ᄒᆞᄋᆞᆸ셧다더라

●佛像入館 北漢中興寺에在ᄒᆞᆫ銅二佛像을 勅令으로 昌德宮內博物館에移置ᄒᆞ얏ᄂᆞᆫᄃᆡ該寺主僧趙瀾荷權豐谷兩人의게金貨五拾圜을頒給ᄒᆞ얏다더라

●統府晩餐 再昨日統監府에서晩餐會를開ᄒᆞ얏ᄂᆞᆫᄃᆡ參會者ᄂᆞᆫ統監府高等官韓國各大臣及高等官及軍司令部高等官等五拾四名이라더라

●統監園遊 曾禰統監이將次園遊會를設ᄒᆞ고各部大臣과統監府官員壹同을宴待ᄒᆞᆫ다더라

●運動何件 侍從副卿[illegible]會九氏가日本에前往ᄒᆞᆫ事ᄂᆞᆫ前報에已揭ᄒᆞ얏거니와總理大臣李完用氏가무슨運動費를多數히付送ᄒᆞ얏다ᄂᆞᆫ說이有ᄒᆞ더라

●歡迎反對 曾禰統監이再昨日入城ᄒᆞᄂᆞᆫ事에對ᄒᆞ야學部에서各官私立學校에通知ᄒᆞ야職員이生徒를領率ᄒᆞ고南太門通에서迎接ᄒᆞ라ᄒᆞ얏더니官立師範附屬普通학校에서ᄂᆞᆫ三年四年兩級生徒가應從치아니ᄒᆞ야幾個人만前往迎接ᄒᆞ얏다더라

●熱心納媚 平壤來人의傳說을聞ᄒᆞᆫ즉某邊에서郡守安承烈氏를敎觸ᄒᆞ야今番日人觀光團이渡來ᄒᆞᆯ時에當地人民을歡迎케ᄒᆞ면厚謝ᄒᆞᆯ것이라ᄒᆞᆷ으로安氏가貪心이발動ᄒᆞ야壹般人民에게熱心勸誘하되擧皆不許하ᄂᆞᆫ故로安氏가勞働會에交涉ᄒᆞ야勞働五十三名을雇給歡迎ᄒᆞ얏다더라

●觀光團募集 日本에派遣ᄒᆞᆯ第貳回觀光團을募集ᄒᆞᄂᆞᆫ中인ᄃᆡ壹進會員을多數選送ᄒᆞᆫ다ᄂᆞᆫ說이有ᄒᆞ다더라

●警察統計表 內部警務局에서警察統計表를刊出ᄒᆞ야各警察署로分給ᄒᆞ야參考件을作케ᄒᆞ얏다더라

●挾雜綻露 通津郡奉城面草坪은히面內에公同所有로利用ᄒᆞ던것인ᄃᆡ本年度에該面內居ᄒᆞᄂᆞᆫ挾雜輩가面里長의圖章을僞造ᄒᆞ야總理大臣리完用氏에게六千圜에放賣ᄒᆞ야右금額을乾沒ᄒᆞᆫ事가綻露되야人民等이起訴次로多數上京ᄒᆞ얏다더라

●黑死病調査 日本東京及橫濱門司等地에서近日黑死病이發生ᄒᆞ야數拾名人民이罹患되얏다ᄂᆞᆫᄃᆡ韓國과交通上에密接關係가有ᄒᆞ다ᄒᆞ야內部衛生局에서實地를調査次로官吏를派遣ᄒᆞ얏다더라

●美副統領觀察 曩日에渡韓ᄒᆞᆫ前美國副統領방구쓰시가同夫人하고總領事及統감府囑托을帶同ᄒᆞ고再昨日朝에東大門內에在ᄒᆞᆫ工業傳習所를觀察ᄒᆞ고同日十壹時五十分에歸館ᄒᆞ얏ᄂᆞᆫᄃᆡ該所에서製造品二件을寄贈ᄒᆞ얏다더라

●美副統領出발路次 美國副統領방구쓰氏ᄂᆞᆫ來廿六日에京義線을經ᄒᆞ야安奉鐵道로奉天에赴ᄒᆞ얏다가旅順으로向ᄒᆞ기로決定ᄒᆞ얏다더라

●露官論評 露國陸軍大尉吴소푸氏가露國東洋研究會에서日本의對韓政策을論評하야日日本이포ー츠마스條約에韓國內에要塞를築ᄒᆞ거나軍事行動의根據를作ᄒᆞ지못ᄒᆞᆫ다ᄂᆞᆫ明文을違反ᄒᆞ고元山等地에永久的堡寨를設ᄒᆞ고大砲를備置ᄒᆞ며仁川에ᄂᆞᆫ糧食及軍需品을貯蓄ᄒᆞᆫ兵站倉庫가有ᄒᆞᆷ과戰略的鐵道를敷設ᄒᆞᆷ을看ᄒᆞᆫ즉日本의野心은歷々可知오現今韓國은全혀無政府의狀態다ᄒᆞ얏다더라

●辯護代表選定 辯護士崔鎭氏ᄂᆞᆫ辯護士中代表人으로選定되얏다더라

●帽子發展 韓美興業會社에서玉虎書林에注文ᄒᆞ야馬尾帽子二千部를美國에輸送ᄒᆞ기로決定ᄒᆞ얏다더라

●宜避定款 嶺北來人의傳說을聞ᄒᆞᆫ즉殷栗郡의今年度結稅를每結에六圜六十錢式收納ᄒᆞ라고財務署에서告示頒布ᄒᆞ얏ᄂᆞᆫᄃᆡ同郡面里戶首等은章程을不遵ᄒᆞ고違錄ᄒᆞᄂᆞᆫ弊習이有ᄒᆞ야民怨이漲天ᄒᆞᆫ다더라

●陷人反陷 趙漢鎬趙漢宗趙[illegible]漢清三氏가其族親趙司果某氏의私養山坂을勒奪코ᄌᆞᄒᆞ야自己宗山으로地方裁判所에搆訟ᄒᆞ야松價八千餘圜을勒徵ᄒᆞ라다가對質之場에奸狀이現露ᄒᆞ야反坐律에處ᄒᆞᆫ至境이라더라

●莫見乎隱 前奉侍韓석東氏가去辛丑年分에江華居尹禮淑에게該郡所在畓拾壹石三斗落을黃顯龍元直錢千龍三人의保證으로六百六十圜에買收ᄒᆞ얏더니金顯ㅅ氏가또買收ᄒᆞ얏다稱ᄒᆞ고秋收를奪去ᄒᆞᄂᆞᆫ故로尹禮淑의壹土再賣ᄒᆞᆫ거슬痛憎ᄒᆞ야江華郡과京畿觀察府에呈訴ᄒᆞ얏스나尹哥의周旋이緊密ᄒᆞᆷ으로覺至未決ᄒᆞ얏더니今春에至ᄒᆞ야尹千龍이가尹相健으로變名ᄒᆞ고韓석東氏에게전四百圜을給與ᄒᆞ얏다고領收證을僞造ᄒᆞ야地方裁判所와控訴院에呈訴ᄒᆞ다가反히落科ᄒᆞ얏다더라

●家敗身亡 茶洞居尹樂善氏가平壤妓生朴姓女와結緣이有ᄒᆞ야所有財産을蕩給ᄒᆞ고平生同居ᄒᆞ기로相約ᄒᆞ얏더니其後朴女가遠嫡코저ᄒᆞ야因爲逃躱ᄒᆞᆫ지라尹氏가月餘를探問ᄒᆞ다가家産은蕩敗ᄒᆞ고身病이國發ᄒᆞ얏더니朴女의親庭에서酒肴를持來ᄒᆞᆫ翌朝에尹氏가卒然致死ᄒᆞ얏ᄂᆞᆫᄃᆡ該飮食에置毒이有ᄒᆞᆫ가嫌疑하야尹氏의親戚이該情所에告발ᄒᆞ얏다더라

●義兵討錢 義兵數十名이去二十壹日에利川郡嵐峴等에突入ᄒᆞ야人民에게軍需錢을多數請求ᄒᆞ얏다더라

●兩日被捉 高等학校新築工場에서雇役ᄒᆞᄂᆞᆫ日本人四貝島利助와原田五市兩人이再昨日下午七時頃에安동四巨里로過去ᄒᆞ다가路上女人을겁辱코저ᄒᆞ거날該女人이附近居朴登陽시家로避人ᄒᆞᆫ즉該日人도追後攔入ᄒᆞᄂᆞᆫ지라主人이其無禮ᄒᆞᆷ을詰責ᄒᆞᆫ즉反爲毆打ᄒᆞ다가北部警察署에被捉ᄒᆞ얏다더라

●勞會確立 大韓勞働會本部에서仁川港支部會長을金思洪氏로選定ᄒᆞ고各部官廳에交涉ᄒᆞ야其目的을無碍實施케ᄒᆞᆷ으로事務가漸次擴張되리라더라

●婦人慈善 東萊府邑玉井洞居婦人韓東年氏가金五圜을京城孤兒院에寄付ᄒᆞ얏다고該婦人의慈善心을人皆稱頌ᄒᆞᆫ다더라

學界

●普明發明 水原郡南谷面[illegible]洞普明義塾敎師鄭[illegible]贊시가該校에財政이困難ᄒᆞᆷ을憂慮ᄒᆞ야任員組織會를設ᄒᆞ고維持方針을講究ᄒᆞᆫ結果로生徒가日益增加하야五十餘名에達ᄒᆞ얏다더라

●成校熱心 成川北青郡居ᄒᆞᄂᆞᆫ高正暉시ᄂᆞᆫ本以普成專門學校卒業生으로國家法律이發達치못ᄒᆞᆷ을憂慮ᄒᆞ야該郡私立知新학校內에法律夜學科를新設ᄒᆞ고多數生徒를募集ᄒᆞ야熱心敎授ᄒᆞᆫ다고北來人의稱頌이藉々ᄒᆞᆫ다더라

●三和運動 三和府郡內에서有志人士學時宗鄭吉學趙殷奎兩玉諸시가敎育을奬勵ᄒᆞ기爲ᄒᆞ야本月十壹日에運動會를擧行ᄒᆞ얏ᄂᆞᆫᄃᆡ聯合ᄒᆞᆫ學校가三十五處요학徒가壹千二三百名에達ᄒᆞ얏다더라

●寄附勸勉 前判書學軒趙시가昌新學校々長徐丙協시를帶同ᄒᆞ고히校에前往ᄒᆞ야壹般勸勉ᄒᆞᆫ後에金五圜을寄付ᄒᆞ얏다더라

●廣東興旺 楊州郡蚌阜廣東學校ᄂᆞᆫ經費가窘絀ᄒᆞ더니해校장申佐永시가多數金貨를補助ᄒᆞ야興旺之望이有ᄒᆞ다더라

●安郡夜學 安岳郡青龍面九藏洞居崔亨瑞시ᄂᆞᆫ樵夫牧童四拾餘名을募集ᄒᆞ야自己家에夜學校를設立ᄒᆞ고熱心敎授ᄒᆞᆫ다더라

●楽陽有校 楊州郡古楊州面에雕馬場里栗里新川里蚕室里四洞이合력ᄒᆞ야楽陽학校를設立ᄒᆞ고晝夜학生을募集敎授ᄒᆞᄂᆞᆫᄃᆡ晝學員은三拾餘人이오夜학員은六拾餘名에達ᄒᆞ얏다더라

●運動盛況 鐵川邑文明學校々長李相稷시와該校英人宣敎師金禹壹시의發起로本月十二日에該郡內五학校와木川并川학校와서聯合大運動을設行ᄒᆞ얏ᄂᆞᆫᄃᆡ學徒가數百餘名이오傍觀이人山을成ᄒᆞ야該郡에初有ᄒᆞᆫ盛況을呈ᄒᆞ얏다더라

●華農運動 喬桐郡私立華農학校에서六月七日에春季運動禮式을擧行ᄒᆞ얏ᄂᆞᆫᄃᆡ畿海兩道公私立學校가聯合ᄒᆞ고內外國紳士와觀光男女가人海를成ᄒᆞ얏고該郡守郭천시와郡主事金在성시가優數ᄒᆞᆫ賞品을施與ᄒᆞ야實心勸勉ᄒᆞ얏다더라

◉咸有義捐 晉州郡雲梅谷杏亭洞居[illegible]相氏가金貳拾四錢을本社에寄附ᄒᆞ얏기玆에其感意를表ᄒᆞ노라

◀依賴是病▶

憂世子

▲依賴性을難破키ᄂᆞᆫ韓人의通弊로다目前苦痛不抑ᄒᆞ고於此於彼依賴키만精神업시生覓ᄒᆞ니ᄯᅡᆨᄒᆞ고도憤ᄒᆞ도다依賴性을못破ᄒᆞ면亡國基本이아니나뉘를依賴ᄒᆞᆫ잔말가

▲各地方에牧守께나依賴ᄒᆞᄌᆞᄒᆞ며리도行政權을남내주고발縱指示甘服ᄒᆞ며遲々自득公堂上에木偶又치안저잇서素餐이나拾喫ᄒᆞ야저도受人箝制ᄒᆞ니此도依賴ᄒᆞᆯ수업고

▲廟堂上에官吏께나依賴ᄒᆞᄌᆞᄒᆞ며리도主反爲客ᄒᆞᆫ職員이四分豈도못되ᄂᆞᆫ데附外勢에몸이달어自家[illegible]勿다計策은肥己慾에不過ᄒᆞ니此도依賴ᄒᆞᆯ수업고

▲同洲內의鄰邦에나依賴ᄒᆞᄌᆞᄒᆞ니대다도龐然大國더支那ᄂᆞᆫ世講之好既篤ᄒᆞ나脣齒之勢엇젓만은百年腐敗더政治가弱國新ᄒᆞ다ᄒᆞ도自强自立未遑ᄒᆞ니此도依賴ᄒᆞᆯ수업고

▲歐米國의列强에나依賴ᄒᆞᄌᆞᄒᆞ며리도弱肉强食此時代에栽培傾覆ᄒᆞᄂᆞᆫ거슨天演公例이지마ᄂᆞᆫ濟弱扶傾ᄒᆞᄂᆞᆫ것슨文明國일지라도不爲ᄒᆞᆫ力ᄒᆞᄂᆞᆫ비니此도依賴ᄒᆞᆯ수업ᄂᆡ

▲耳目口鼻남과又고虛靈知覺具有ᄒᆞ야彼亦丈夫我丈夫ᄯᅵ뉘를依賴ᄒᆞᆫ단말가不自助者天不助ᄂᆞ니個人마다奮발하야自國事를自擔ᄒᆞ고自助自立ᄒᆞᆯ때이면雖親字內ᄒᆞ리로다

雜報

◎所聞更揭 本報第壹千一百十六號雜報欄內에決死還推란題下에김氏緯崔景錫兩人이測量事에對ᄒᆞ야金貨를濫尉ᄒᆞ고閉身逃避ᄒᆞ얏다ᄂᆞᆫ說은傳聞揭載ᄒᆞ얏더니更探ᄒᆞᆫ즉위該額은動徵홈이아니라각會員이依例捐出ᄒᆞ야事務외經費를除ᄒᆞᆫ外에ᄂᆞᆫ殘額으로實業을組織코져홈이오허兩氏ᄂᆞᆫ日日出席視務ᄒᆞ얏ᄂᆞᆫᄃᆡ隱避之說은全是誤傳者의遺言이라ᄒᆞ더라

廣告

本社創立이拾有餘年에各驛支社와各處貨主諸氏의愛顧ᄒᆞ심으로至于今營業이確有進就이온ᄃᆡ近日南門驛에與美人間通運三社가合資ᄒᆞ기를懇請ᄒᆞ나本社ᄂᆞᆫ此에對ᄒᆞ야反對ᄒᆞ고特히獨立ᄒᆞ엿ᄉᆞ오니각驛支社나各處貨主諸氏ᄂᆞᆫ前日厚意를不負ᄒᆞ시고繼續愛護ᄒᆞ심을望홈

南門驛 今 大韓運輸會社 白

小學界를爲ᄒᆞ야師範 養成홈

本校에셔昨年부터爲始ᄒᆞ야夏期放學中七月壹日로八月十五日ᄭᆞ지講習科를開ᄒᆞ고壹期에修了證書를與ᄒᆞ고四期를終ᄒᆞᆫ卒業證書를與ᄒᆞ오니志願人은如左日字에應試ᄒᆞ시오

試驗科目及日字 六月貳拾八日로三拾日 (上午九時至拾壹時)

普班 國漢文讀書 算術乘除

高班 本國本史 國四則制約 東洋全國 [illegible] (數個月分條) 七拾五錢先納

四則綜合科目數가四拾餘種이나但今年에ᄂᆞᆫ普通級만設ᄒᆞ고聖經、內外國歷史、內外地誌、理科、算學、音樂、圖畫等으로分排敎授홈 漢洞徽新學校

水原西部內洞山麓과田畓耕測量製圖를去五月二拾九日에郵便으로付於水原南部仁溪金惠基氏方矣러니中間에셔失되얏기로爲製圖請願ᄒᆞᆯ것ᄉᆞ오니前製圖ᄂᆞᆫ誰某의得ᄒᆞ더ᄅᆞ도休紙施行홈

洪極杓 告白

廣告

光武二年에本人이創立金을自辦ᄒᆞ야本會社를設立ᄒᆞ얏더니光武二年에株式을募集ᄒᆞᆫ股數가七拾七股에達ᄒᆞ얏더니年來에流伊淇股ᄒᆞ고餘株가六拾六股인바營業上에利益이不少ᄒᆞ야各股主의게利益을配當치못ᄒᆞ미股主의損害를爲念ᄒᆞ야總會議決ᄒᆞᆫ結果로各股에對ᄒᆞ야利子를計算ᄒᆞ야股票를還給ᄒᆞᆯ것이壹百八股四圓七拾壹錢이온ᄃᆡ合股數기壹百廿拾四股四圓七拾壹錢이온ᄃᆡ自光武九年以後로社況이夫益凋殘ᄒᆞ야利益配當은姑舍ᄒᆞ고由來債限이山積ᄒᆞ야淸勘이無路ᄒᆞ더니今에西大門外本社家屋三十三間幷基地價金七千圓을推奪ᄒᆞ고京釜鐵道株券七拾八株價金二千三百四拾圓을利子八百七拾七圓五十錢을幷ᄒᆞ야推奪ᄒᆞ고自光武拾年二月로隆熙三年五月ᄭᆞ지稅入金에셔公用ᄒᆞ고殘餘ᄒᆞᆫ金額壹百二圓七錢六厘五毛오南大門外家屋二拾二間中幷基地를四千圓에放賣ᄒᆞ고出入金帳을打算ᄒᆞ온즉右入金額은壹萬四千三百十九圓五拾七錢大里五毛오右金에셔각股主를出給ᄒᆞᆫ各股金額은八千七百圓元七十壹錢이오各債主를出給ᄒᆞᆫ金額은九千七拾四圓拾六錢이온저ᄒᆞ然則出金의不足額이三千四百五十九圓二拾餘五毛이오니此不足額을各股에對ᄒᆞ야排除ᄒᆞᄂᆞᆫ것이新例이오나本會社經議長李鳳來씨가會社情形을特念ᄒᆞ야歸시의債額半數를擔當ᄒᆞ오니此厚意를本社總務와財務도承諾조ᄌᆞ야不足ᄒᆞᆫ債額을擔任排償ᄒᆞ기로確定ᄒᆞ고各股金은本額으로還償ᄒᆞ기로決定ᄒᆞ얏ᄉᆞᆸ고玆에仰佈ᄒᆞ오니 股主諸시ᄂᆞᆫ照亮後에고票를携帶來臨ᄒᆞ시와고金額을推去ᄒᆞ심을爲要

大韓輸運會社

總事務長徐午淳代理人

李源國 告白

前主事洪命漢氏가陰四月三拾日에本逝ᄒᆞ얏숩기玆에廣佈ᄒᆞ오니知舊間照亮ᄒᆞ심을伏望

舍弟 命殷

護喪人 李明秀

趙鍾완 吳鳳根

本郡守吳悔泳시ᄂᆞᆫ莅任暫迴에民막을痛察ᄒᆞ야弊局이蘇完ᄒᆞ고下車屬耳에士林과協議ᄒᆞ야學校를設立ᄒᆞ고靑年을募集ᄒᆞ야熱誠敎導에徵兄에日振ᄒᆞ야學徒가八九拾名에達ᄒᆞ고境內紳士가團合義捐ᄒᆞ야維持方針이秩々就緖ᄒᆞ고鋼閉民智가稍々啓發인바每土曜日에聽愛目的으로학生을勸導ᄒᆞ며不避艱苦ᄒᆞ고躬巡各面里ᄒᆞ야農務를勸獎ᄒᆞ며孤兒老廢를憐恤ᄒᆞ야獨樣優俊ᄒᆞ며桑樹를勸植ᄒᆞ야在々攢翠가蒼장成林ᄒᆞ며農夫歌를自製ᄒᆞ야家至戶喩에民皆蹈舞ᄒᆞ며外交에嫻熟ᄒᆞ니士民이頌德이오鬼方이事識ᄒᆞ니頻年가安堵ᄒᆞᆫ隣郡士民을給惡願ᄒᆞ야活餠救饑가猶不勝僂ᄒᆞ고郡廳建築에踰選與論가쟁ᄒᆞ야ᄒᆞ야自費補助에不煩民力ᄒᆞ고不費民財ᄒᆞ며數百圓을日捐ᄒᆞ야積日效功인바玉潔氷淸에前後聲蹟이離杜召龔貞ᄋᆡ라도前古에罔美라各郡々守가皆如吳시면全國文明이潮漲ᄒᆞ고民産이富旺ᄒᆞᆯ짓다ᄒᆞ고與情協洽에萬口紀念ᄒᆞ기爲ᄒᆞ야玆에廣布홈

金城郡士林 崔貞淳 古鼎錫 盧瓚섭 李龍淳 盧承震 金鎬沼 辛在祿 李起容 白澤基 李鍾성等 告白

韓美興業株式會社平北支社

大韓國平北紳士諸시가발起ᄒᆞ야 皇城에在ᄒᆞᆫ美國인리스나道雍正法律第九三號第貳章에依ᄒᆞ야組織ᄒᆞᆫ韓美興業株式會社定欵에依ᄒᆞ야平北支社를組織ᄒᆞ고方針의大槪ᄂᆞᆫ如左ᄒᆞᆷ

一 本社名稱은韓美興業株式會社平北支社라홈

二 本社位置ᄂᆞᆫ義州에置ᄒᆞ되臨時事務所ᄂᆞᆫ白馬驛金鎔鉉家로權定홈

三 株金은貳萬圓을二千株에排定홈

四 本支社營業은本社定欵에依ᄒᆞ야着手홈

五 株金은隆熙三年六月拾壹日爲始ᄒᆞ야應募홈

六 規則與細則을發佈ᄒᆞ거爲ᄒᆞ야本支社에詢寄ᄒᆞ시면卽閱覽홈

七 本支社株券은株主總會를經ᄒᆞᆫ後發用홈

▲韓美興業株式會社平北支社臨時任員

社長 金錫敬

副社長 白[illegible]

總務員 鄭[illegible]

會計員 林[illegible]

書記員 [illegible]

監事 白[illegible] 金[illegible] 鄭[illegible]

美國시아틀大博覽會 미국시아틀대박람회

韓美興業株式會社 (大美國에리쇼니消法律第[illegible]號 [illegible]大韓國美國總領事館登錄)

皇城磚洞 (京城郵便局郵函第四拾號)

本社의各處代理人의氏名은如左홈

開城代理人 成興西門外 盧昊烋
平壤代理人 平壤大門內店洞
함興代理人 하城南門內雜貨商店
馬山浦代理人 馬山浦客主
元山代理人 元山港
濟津代理人 濟津港
水原代理人 水原北部장安동
安城代理人 位置未定 水原北部長安洞
沙里院代理人 位置未定 漢城東部往十里旺新學校內
金泉代理人 金泉市場共信商店
海州代理人 位置未定 漢城西部麻浦三拾二統五戶
天安代理人 位置未定 水原北部長安洞
群山代理人 群山太井洞
全州代理人 位置未定 漢城西部阿峴二百廿二統三戶
大邱代理人 大邱新出里五十八統七戶
釜山代理人 位置未定 釜山浦牛山里丹壹統九戶
江景浦代理人 位置未定 西部龍山坊東幕中契廿七統貳戶
麻浦附近代理人 西部麻浦瓦拾七統三戶
長湖院代理人 位置未定 [illegible]城山里
永同代理人 位置未定 漢城[illegible]貳統壹戶
木浦代理人 木浦[illegible]洞
晋州代理人 位置未定 昌原[illegible]山浦城山
金堤代理人 位置未定 金堤白石面水閣
漢江附近代理人 [illegible]江十八統二戶
義州代理人 位置未定 義州[illegible]
江界代理人 位置未定 [illegible]
漢城東部代理人 [illegible]井洞西統五戶
鎭南浦代理人 位置未定 鎭南浦[illegible]
定州代理人 位置未定 郭山郡 金相杰
城津代理人 吉州[illegible]
太田代理人 太田新[illegible] 宋始憲
浦項代理人 浦項上里拾貳統拾[illegible]戶
湖州代理人 鳥致院漢城[illegible]戶
吉州代理人 吉州西門[illegible]
鐵山代理人 漢城中署[illegible]統三戶
延安代理人 延安[illegible]
鬼山代理人 鬼山郡鬼山市
濟物浦代理人 開城[illegible]
公州代理人 公州[illegible]
洪原代理人 位置未定 咸興郡[illegible]
漢城西部代理人 位置未定 西部[illegible]百五拾四統四戶

金東寬 鄭基煥 張[illegible] 孫[illegible] 金[illegible] [illegible]

廣告

◎自强丹

右藥을 刪名은 我同胞의 自强精神을 培養ᄒᆞ기 爲ᄒᆞ야 特製ᄒᆞᆫ 것이니 衛生을 注意ᄒᆞ시ᄂᆞᆫ 僉君子ᄂᆞᆫ 本人의 誠意를 愛ᄒᆞ시와 信用ᄒᆞ심을 務望○效能은 中暑、中寒、霍亂、吐瀉、食傷、酒滯、船暈車暈、鬱氣、嘔逆、水土不服、口中惡臭、瘴氣、癘疫等症에 神效가 有ᄒᆞ고 其他健脾養胃、解渴定喘、精爽快ᄒᆞᄂᆞᆫ 奇功이 兼備ᄒᆞ와 恒常長服ᄒᆞ면 勞動者의 自强力을 培養ᄒᆞᄂᆞᆫ 良藥으로 近世에 著名ᄒᆞ오

發行人 白川邑 神祐藥房 權寧泳

發賣所 鳳山沙里院 金昌鎔

延安邑 邊汝文藥房

金川 李興權店

安岳邑 鶴學書舖 楊星鎬

載寧邑 金達濬店

[illegible]連邑 [illegible]文與冠

同胞에 愛顧ᄒᆞ시기를 望ᄒᆞ옵고 堅實ᄒᆞᆫ 衣袴와 洋말을 織組ᄒᆞ오니 仁愛ᄒᆞ신 君子ᄂᆞᆫ 陸續來購ᄒᆞ심을 望ᄒᆞᆷ

南門內 [illegible]洞 教堂前

韓興織組會社 告白

本人의 名字를 鎭龍이옵더니 龍字를 麟字로 改定ᄒᆞ오니 知舊間照亮ᄒᆞᆷ

洪原郡 龍源 金鎭麟 告白

本人이 漢城東部人이온ᄃᆡ 學習이 蔑然ᄒᆞᆫ 資格으로 偶然ᄒᆡ 今陰正月에 下去于楊州乾川面坪村ᄒᆞ와 漢東학校를 設立ᄒᆞ고 하盟任員으로 數月간 觀務ᄒᆞᄂᆞᆫᄃᆡ 出席生이 七十名에 達ᄒᆞ와 前進의 望이 有ᄒᆞ더니 又本郡接洞面內洞里 諸氏ᄂᆞᆫ 慈善的으로 教育에 思想으로 該洞里 靑年子弟를 募集教育ᄒᆞ기 爲ᄒᆞ야 田畓을 放賣ᄒᆞ야 專擔設費ᄒᆞᆫ 心이 憤발ᄒᆞ와 今貳月廿五日에 本人과 同議ᄒᆞ고 該洞에 壹校를 設立ᄒᆞ야 命名曰 明進학校라 ᄒᆞ고 校主ᄂᆞᆫ 石鷹시ᄂᆞᆫ 自己舍廊를 校舍로 認定ᄒᆞ고 學員을 多數募集ᄒᆞ야 開校式을 設行ᄒᆞ고 學徒를 教授ᄒᆞᄂᆞᆫᄃᆡ 校監ᄂᆞᆫ 本人과 教師 [illegible]가 熱心으로 合力教授ᄒᆞ야 晝夜학生徒가 七十餘名에 達ᄒᆞᄂᆞᆫᄃᆡ 校舍가 挾窄ᄒᆞ야 校主리 石鷹시가 自已內舍까지 학校에 寄付ᄒᆞ고 校監리 [illegible]시ᄂᆞᆫ 多少經費를 以不贍之勢로 今日까지 自擔ᄒᆞ오니 豈不美事리오 然이나 校費는 絀乏ᄒᆞ야 憂慮ᄒᆞᄂᆞᆫ 中 [illegible]常有ᄒᆞ와 學監 本人ᄂᆞᆫ 京鄕에 往來ᄒᆞ야 該校諸시의 慈善慣發心을 說明ᄒᆞ고 有志諸시에게 月捐金을 請求ᄒᆞ온ᄃᆡ 各自爭先義捐ᄒᆞ시기 感謝ᄒᆞ와 金額시名을 左開廣布ᄒᆞ오니 教育界에 熱心ᄒᆞ시ᄂᆞᆫ 同胞ᄂᆞᆫ 互相愛諒ᄒᆞ시옵

楊州郡 接洞 國內洞里 私立明進學校

學監 宋榮弼 告白

月補義捐諸시 及 金額 左記

內동里 尹海雲 二圜

驛行洋 壹圜 學[illegible]相

李舜敎	리 [illegible]完	朴和善	
리永奎	安奉賢	各五十전	
리善장	김永善	金春五	
韓光玉	각四十錢	黃[illegible]善	
리五連	리[illegible]相	宋[illegible]根	
李[illegible]化	俞[illegible]東	리光善	
各[illegible]	李允春	리재釗	
리源長	리舜[illegible]	합[illegible]	
朴[illegible]瑞	리奉善	安基[illegible]	
리君[illegible]	리[illegible]	리致[illegible]	
리殷相	康[illegible]	리[illegible]용	
朴[illegible]吉	金山汝	리[illegible]	
俞[illegible]俊	各廿錢	金[illegible]英	
十五錢			
合計十三圜四十五錢			
安致俊	리天相	리允相	
리俊植	리[illegible]南	리文善	
리明俊	朴舜七	金士[illegible]	
리用奎	金[illegible]俊	[illegible]善	
리文汝	리[illegible]	鄭[illegible]五	
리元[illegible]	鄭[illegible]俊	宋光淵	
朴鳳龍	리福相	리致道	
리학宗	宋大文	金天得	
김完實	리文[illegible]	리鶴相	
朴舜元	尹春元	各十錢	
리[illegible]元	康[illegible]	리光汝	
崔春晩	리[illegible]宗	金元瑞	
리萬大	崔[illegible]學	朴舜東	
朴大吉	[illegible]	각五錢	
合計三圜四十五錢			
寄子	宋致實	五十錢	
리大鏞	四拾전	宋[illegible]山	
리士弘	김[illegible]俊	各貳十錢	
리光根	白[illegible]	김학斗	
劉大順	宋用舜	劉大吉	
김点甫	김辰用	宋학[illegible]	
각十전	리春凡	鄭春化	
韓[illegible]春	劉民[illegible]	各五錢	
京	孫[illegible]	宋致雲	각壹圜
宋[illegible]初	五十錢	權[illegible]	
三十전	洪[illegible]夏	五十錢	
朴[illegible]敎	김在健	沈春[illegible]	
김元百	각廿전	[illegible]光[illegible]	

리允在	리[illegible]在	崔相植	
리春甫	宋[illegible]	宋榮彬	
朴昌元	각拾錢		
以上合計七圓二十錢			
康冉男	朴太[illegible]	金百實	
康明善	리秋[illegible]	各五錢	
京	김永奎	리[illegible]식	각二十錢
坪村	리秀岳	리秀憲	각壹圓
리秀喆	리[illegible]	각五十錢	
仁[illegible]里	孫[illegible]根	壹圓	
京	리石鷹	二圓	
八[illegible]洞	洪[illegible]慶	五十錢	
仁[illegible]里	鄭[illegible]謨	三拾전	
鄭[illegible]謨	二十錢		
[illegible]賢용	洪思성	五拾錢	
坪村	리秀	七三十錢	
京	閔泳[illegible]	壹圓	김思[illegible]
五拾錢			
合計九圓五拾五錢			
蜂峴里	朴[illegible]善	三十錢	
리文[illegible]	朴종설	具明[illegible]	
리培俊	徐金城	각二拾錢	
具敬[illegible]	韓[illegible]敎	崔再城	
表[illegible]斤石	朴基[illegible]	朴基[illegible]	
朴志允	朴[illegible]承	朴志憲	
安昭玉	각十錢		
合計二圓三十錢			
京	김永[illegible]	十錢	劉承[illegible]
[illegible]蓮[illegible]	각三十錢	權聖在	
二十錢			

本人의 姓名圖章을 隆熙年陰六月分에 稷洞[illegible]地에서 遺失ᄒᆞ고 更爲鐫刻施行ᄒᆞᆷ

李允玉 [illegible]

忠南韓山郡郡主事 金東鎭 氏ᄂᆞᆫ 敍任된 後로 公事에 勤[illegible]ᄒᆞ야 境方이 以寧ᄒᆞ고 教育에 熱心ᄒᆞ야 境內各학校에 多數捐助ᄒᆞᆫ 故로 該시의 名譽ᄂᆞᆫ 萬口가 同聲ᄒᆞ고 萬境이 咸頌ᄒᆞ옵기 玆에 廣布ᄒᆞᆷ

權會泳 告白

光武九年八月拾壹日 明治卅八年八月拾壹日〔第三種郵便物認可〕 金曜日 西曆壹千九百九年六月廿五日(金)

大韓每日申報

第七卷

第壹千壹百三拾號

月曆及慶節
歲時日休刊

檀君開國四千二百四十二年
箕子元年三千三十一年
大韓開國五百十八年
日本明治四十二年
淸國宣統元年
陰己酉五月小初八日丙辰

Responsible for Publication Alfred Weekley Marnham.
發行兼編輯人 英國人 萬咸
發行所
京城南部[illegible]三層洋屋
大韓每日申報社

論說

◉自任의美德

前人이有言曰自棄ᄂᆞᆫ小人物의商標오自任은大人物의商標라ᄒᆞ얏더라

善哉라斯言이여果然인저果然인저

大抵宇宙間에大事小事가모다我의事니我의事를我가任ᄒᆞ면是가所謂自任이오我의事를我가不任ᄒᆞ면是가所謂自棄니라

嗚呼라大人物되기를願ᄒᆞ고小人物되기를不願ᄒᆞᆷ은何人이던지同然ᄒᆞᆫ바어날大人物의商標를揭ᄒᆞᄂᆞᆫ者ᄂᆞᆫ엇지其無多ᄒᆞᆫ가彼烟草商도오히려其商標를競爭ᄒᆞ나니況大人物이되야大價値를售코ᄌᆞᄒᆞᄂᆞᆫ者ㅣ엇지其商標를競爭치아니ᄒᆞᄂᆞᆫ가

大凡樹木이먼져其根을地下에伏ᄒᆞᆫ後에야花와實이育ᄒᆞᄂᆞ니蓋此自任은樹木의根이니라

現今韓國人士의最尤所慊ᄒᆞᆫ바ㅣᄂᆞᆫ即自任氣魄의缺乏이是라自任氣魄이缺乏ᄒᆞᆫ지라以是로先進은後進의게讓ᄒᆞ고後進은先進의게讓ᄒᆞ며父祖ᄂᆞᆫ子孫의게讓ᄒᆞ고婦人은男子의게讓ᄒᆞ야讓ᄒᆞᄂᆞᆫ者만多ᄒᆞ고任ᄒᆞᄂᆞᆫ者ᄂᆞᆫ少ᄒᆞ니噫라自已의事를自已가不任ᄒᆞ면誰가將任ᄒᆞ리오

尤此自任의氣魄으로立身의太基礎를作ᄒᆞᆯ者ᄂᆞᆫ即少年人士가是라故로少年人士가自棄의商標를揭ᄒᆞ면是ᄂᆞᆫ其人物이尤劣ᄒᆞᆫ者며其價値가尤低ᄒᆞᆫ者니라

蓋吾人은恒常壹切社會의事로自任을作ᄒᆞᆷ이可ᄒᆞᆫ지라때로自任ᄒᆞ며따라도오히려其任ᄒᆞᆫ바ㅣ를盡키難ᄒᆞ거던況自任치도아니ᄒᆞ면엇지可ᄒᆞ리오

然則삶지何事를勿論ᄒᆞ고반ᄃᆞ시奮袂起曰此가我의職務라ᄒᆞ며반ᄃᆞ시濶步進曰此가我의擧臺라ᄒᆞ야壹躍에不登ᄒᆞ거던再躍에登ᄒᆞ고再躍에不登ᄒᆞ거던三躍에登ᄒᆞᆷ이可ᄒᆞ거ᄂᆞᆯ

乃彼蘇顧學劣者輩ᄂᆞᆫ曰世界事를我安能與知ᄒᆞ며國家事를我安能擔負이ᄒᆞ야自卑自下ᄒᆞ니是等事ᄒᆞ나니此가엇지有志者의壁聲회噓ᄒᆞᆯ바ㅣ아닌가

嗚呼ㅣ라韓國人士여自任의氣魄을大奮興ᄒᆞ야國家事를自任ᄒᆞ라

▲▲隆熙三年四月二拾日官報

部令

法部令第二號 (續)

司法警察官執務規程

第二拾九條 司法警察官이被告人의拿引又ᄂᆞᆫ拘留를行ᄒᆞᆷ에ᄂᆞᆫ令狀을發付ᄒᆞᆷ이可ᄒᆞᆷ

逮捕又ᄂᆞᆫ拿引ᄒᆞᆫ被告人을拘留코ᄌᆞᄒᆞᆯ時도亦前項과同ᄒᆞᆷ

第三十條 令狀의執行을受ᄒᆞᆯ被告人이他警察官署의管轄區域內에在ᄒᆞᆫ時ᄂᆞᆫ所管司法警察官에게其執行을囑托ᄒᆞᆷ이可ᄒᆞᆷ但急速을要ᄒᆞᆯ時ᄂᆞᆫ其拿引又ᄂᆞᆫ拘留를囑托ᄒᆞ거나又ᄂᆞᆫ巡査로ᄒᆞ야令狀을帶行케ᄒᆞᆷ을得ᄒᆞᆷ

拿引又ᄂᆞᆫ拘留의囑托을受ᄒᆞᆫ司法警察官은其名으로令狀을發付ᄒᆞᆷ이可ᄒᆞᆷ

第三十壹條 前條에依ᄒᆞ야囑托을受ᄒᆞᆫ司法警察官이令狀의執行을行ᄒᆞᆫ時ᄂᆞᆫ其被告人을令狀과共히囑托을行ᄒᆞᆫ司法警察官에게押送ᄒᆞᆷ이可ᄒᆞᆷ

第三十二條 司法警察官이被告人을拘留ᄒᆞᆫ後에被告事件이罪가되지안커나又ᄂᆞᆫ所犯이輕微ᄒᆞ야處罰의實益이無ᄒᆞ거나或은罪證을湮滅ᄒᆞ거나逃走ᄒᆞᆯ憂慮가無ᄒᆞ다고思料ᄒᆞᆫ時ᄂᆞᆫ速히此를放免ᄒᆞᆷ이可ᄒᆞᆷ

拘留後九日을過ᄒᆞᆫ時도亦此를放免ᄒᆞᆷ이可ᄒᆞᆷ但事件所管廳의檢事의許可를得ᄒᆞᆫ時ᄂᆞᆫ此限에在치아니ᄒᆞᆷ

第三拾三條 親任官及勅任官을逮捕。拿引又ᄂᆞᆫ拘留코ᄌᆞᄒᆞᄂᆞᆫ時ᄂᆞᆫ事件所管廳의檢事에게其旨를報告ᄒᆞ야指揮를受ᄒᆞᆷ이可ᄒᆞᆷ

〔未完〕

外報

◉護衛砲誤中 倫敦電을據ᄒᆞᆫ즉露德兩國皇帝의會見을護衛ᄒᆞ기爲ᄒᆞ야露國軍艦七隻은벌의空砲를放ᄒᆞ고再次貳發의彈丸을발ᄒᆞᆫ際에누가쓸에行ᄒᆞᄂᆞᆫ流船우쓰트반號가誤中ᄒᆞ야流鏃이破損ᄒᆞ고壹名의火夫가負傷ᄒᆞ얏다더라

◉同盟罷業企圖 同電을據ᄒᆞᆫ則露都市街鐵道에役員及勞働者等은同盟罷業을企圖ᄒᆞᆫ다더라

●馬耳塞의罷工 法國馬耳塞의海員勞働者도海灣人夫의同盟罷工에合ᄒᆞ얏다더라

●淸日漁業抗議 上海電을據ᄒᆞᆫ즉東三省總督錫良씨가外務部에對ᄒᆞ야今回에日本漁夫組合이淸國漁夫의게干涉ᄒᆞ고且日本軍艦도此를威脅ᄒᆞᆫ다고淸國漁夫組合에셔報告가有ᄒᆞᆫ즉此等行動을禁止ᄒᆞ라ᄂᆞᆫ旨로奏請ᄒᆞ얏스며日本公使의게協議ᄒᆞᆷ事를要求ᄒᆞ얏다더라

●黑龍江鐵道敷設費 露國下院에셔ᄂᆞᆫ黑龍鐵道西區敷設費를七千六百三十四萬留로定ᄒᆞ고其中壹千萬留ᄂᆞᆫ今年度에支出ᄒᆞ기로決定ᄒᆞ얏다더라

●安奉線問題訓電 北京政府에셔錫督에게對ᄒᆞ야安奉線問題의協議를開始ᄒᆞᆯ意로訓電을發ᄒᆞ얏다더라

學報

◉靑館卒業 皇城基督敎靑年會學館에셔學年試驗을經ᄒᆞ얏ᄂᆞᆫᄃᆡ

中學科卒業生
鄭興朝 孫英洙 鄭民澤
金炯洛 韓百善 金啓鎬
崔潤旬 吳成殷 朴貴喆
孫粟저 柳永默 趙明翊
學承俊 高柱銘 李[illegible]
張之兌

夜學英語科卒業生
朴敬淳 張在선 尹承烈
金興洙 金容炯

夜學日語科卒業生
金泰卿 리育萬 金[illegible]
申哲均 吉寶植 金容俊
金永鎬 리회鐘 沈瑾燮
鄭석洛 鄭錫鉉 鄭家昌

速記科卒業生
리 건 姜在鎬 朴元熙
金演基 洪종夏 白潤民
金鶴基 至永基 韓우저
리濟寧 崔膺煥 劉在燮
柳俊洛

雜報

●列聖係統圖發刊 大皇帝陛下게옵서學部大臣의게 勅敎를下ᄒᆞ샤 列聖朝의系統圖를 鏤刊케ᄒᆞ셧다더라

●時事下問 前日 太皇帝陛下게옵서現今時勢의關ᄒᆞᆫ各項目細事件을宋秉畯李載完氏에게 下問ᄒᆞ옵신다ᄒᆞ더라

●舊統監伊還說 前統監伊藤侯ᄂᆞᆫ不遠間渡韓ᄒᆞᆯ다가幾日後歸國ᄒᆞᆫ다ᄂᆞᆫ데伊侯에 大皇帝陛下게옵서餞別會를設ᄒᆞ옵신다더라

●賞品製造 自 上으로셔 統監伊藤시에게 下賜ᄒᆞ옵실 金甁一雙을宮內府 御用美術品製造工場에서造成ᄒᆞ얏ᄂᆞᆫ데該價額이壹萬餘圜에達ᄒᆞ얏다더라

●地方區域變更 地方區域及名稱에關ᄒᆞᆫ事件을 勅令으로頒布ᄒᆞᆫ다ᄂᆞᆫ데其槪要를聞ᄒᆞᆫ즉道及府郡의廢置分合과名稱及境界의變更은 勅令으로써此를定ᄒᆞ고各郡各面의廢置分合과名稱及境界의變更은內部大臣이此를定ᄒᆞᆫ다더라

●禁行處罰 曾彌統監이再昨日 具德宮及 德壽宮에 陛見ᄒᆞᆫ時에警衛ᄒᆞᄂᆞᆫ巡査가道路沿邊에서來往ᄒᆞᄂᆞᆫ人을數時間通行치못ᄒᆞ게ᄒᆞ얏ᄂᆞᆫ대日人壹名이通行코저ᄒᆞᆷ을韓人巡査가禁止ᄒᆞᆫ事로所管警察署에서該巡査를懲罰ᄒᆞ기로協議ᄒᆞ지되얏다더라

●內閣例會 昨日은木曜內閣例會인데統監府의招請을因ᄒᆞ야總理以下各大臣이全部參時에統監官邸에서會議를開ᄒᆞ얏다가內閣으로再次會同ᄒᆞ얏다더라

●會議內容 二十四日午前十時에 統監官邸에서大臣會議를開ᄒᆞᆷ은別項과如ᄒᆞ거니와其內容은詳得聞키ᄂᆞᆫ難ᄒᆞ나經濟上에關ᄒᆞᆫ重要問題도包含ᄒᆞ얏다더라

●學相妄想 去月曜日內閣會議에學部大臣李載崑氏가提出ᄒᆞ기를近日新聞上에大官恐嚇ᄒᆞᄂᆞᆫ記事를少無忌憚ᄒᆞ고壹直揭載ᄒᆞ니其主意가錢財를討出ᄒᆞᆷ에在ᄒᆞ나吾儕ᄂᆞᆫ毫分도不應ᄒᆞᆯ지니彼輩도할대읍거니와新聞條例를照準ᄒᆞ야韓國外記事者ᄂᆞᆫ懲戒ᄒᆞᆷ이可ᄒᆞ다ᄒᆞ얏다더라

●檢疫法制定 韓國에서輸出ᄒᆞᄂᆞᆫ牛隻檢疫所를設立ᄒᆞ고法案을制整ᄒᆞᆫ다더니該案을二十四日內閣會議에提出ᄒᆞ얏슴으로近日에發布될터이라더라

●鐵道官制改革 鐵道廳에서ᄂᆞᆫ官制를改革ᄒᆞ고經費를減縮ᄒᆞᄂᆞᆫ데休職ᄒᆞᆫ任員이韓日兩國人을幷ᄒᆞ야二百六十餘名이라더라

●訪問統監 再昨日下午八時에總理大臣以下各部大臣이統監을訪問ᄒᆞ얏다더라

●宮相變更說 宮內府大臣閔丙奭氏가遞任되고其代에ᄂᆞᆫ[illegible]가被任ᄒᆞᆫ다ᄂᆞᆫ說이有ᄒᆞ더라

●郡守會議決案 五月以後로忠淸南道郡守會議에서決定ᄒᆞᆫ案件이左와如ᄒᆞ니壹은小作人取締에關ᄒᆞᆫ件이오壹은森林山野의證明에關ᄒᆞᆫ件이오壹은許葬埋改定件이오壹은升斗尺衡均壹件이오壹은打稻改良의件과其他數件이라더라

●郡守會議 京畿道觀察使金思默氏ᄂᆞᆫ七月十壹日에府尹及郡守會議를開ᄒᆞ기로預定ᄒᆞ얏다더라

●開拓計劃 表勳院總裁趙羲淵氏가慶尙北道地方을觀察次로日人測量技術員壹名을帶同발向ᄒᆞ얏다가再昨夜에入城ᄒᆞ얏다ᄂᆞᆫ데其內容을槪聞ᄒᆞᆫ즉慶尙某某郡에陳荒地를開拓ᄒᆞᆯ計劃인데總理大臣李完用農商大臣趙重應諸氏가壹百八十萬圜을合資ᄒᆞ얏다더라

●米富豪寄附 米國富豪某子爵엘나氏가東亞敎育事業에對ᄒᆞ야貳百萬圜을寄附ᄒᆞ얏슴으로米國시카고大學敎授버-톤氏가視察次로今番에渡韓ᄒᆞ야統監府及學部와交涉研究ᄒᆞ얏다더라

●郡衙新築費 各道에郡衙新築ᄒᆞᆯ件에對ᄒᆞ야其新築費를度支部에서ᄂᆞᆫ地方費中으로支出ᄒᆞ라ᄒᆞ나地方費ᄂᆞᆫ不足ᄒᆞᆫ즉度支部要求를遵키不可ᄒᆞ다ᄒᆞ야道書記官들이國庫에서該費를支出ᄒᆞ야速히建築ᄒᆞᆷ을請求ᄒᆞ얏다더라

●沼過何多 韓國의本年六月中旬에外國貿易額을關稅局에서調査ᄒᆞ얏ᄂᆞᆫ데輸出은三拾四萬五千壹百五圜이오輸入은壹百拾七萬六百四十一圜인데輸入超過額이八拾二萬六千五百三十六圜이라더라

●韓國模型圖 韓國農商工部에서日本名古屋의關西聯合共進會와福岡에九州聯合共進會에出品ᄒᆞᆯ二十萬分에壹되ᄂᆞᆫ韓國模型圖를福岡에在ᄒᆞᆫ日人에게委托ᄒᆞ야製本ᄒᆞ기로決定ᄒᆞ얏ᄂᆞᆫ데該圖本은英日博覽會에도出品ᄒᆞ기로擬議中이라더라

●畜牛輸出禁止 本年度日本議會에서提出議決ᄒᆞᆫ結果로韓國畜牛의日本輸入을禁止ᄒᆞᆫ다ᄂᆞᆫ데畜牛ᄂᆞᆫ韓國輸出品中에最多大ᄒᆞᆫ價額을占有ᄒᆞᆫ者인故로果然禁止를實施ᄒᆞ면韓國의輸出上利益을沮害ᄒᆞᆷ이라고一般輿論이有ᄒᆞ다더라

●彩票賣買禁止 京城理事廳에서從來淸人이發行ᄒᆞᄂᆞᆫ彩票賣買를嚴禁ᄒᆞ기爲ᄒᆞ야韓日兩國人을勿論ᄒᆞ고彩票를買得ᄒᆞᄂᆞᆫ者ᄂᆞᆫ相當히處罰ᄒᆞ기로規定發佈ᄒᆞ얏다더라

●宮中製絲 宮中에서擧行ᄒᆞᆫ收繭式의儀式은已爲報道어니와收繭ᄒᆞᆫ繭子로眞綿紬絲等을試製中이라더라

●補助金又請 全羅南道潭陽郡染織傳習所와羅州竹器傳習所와光州織物傳習所에對ᄒᆞ야農産獎勵補助金을昨年度에農商工部에서付下ᄒᆞ얏ᄂᆞᆫ데該所에서本年度에도付下ᄒᆞ라고又爲申請ᄒᆞ얏다더라

●朴氏入京說 錦陵尉朴泳孝氏가本月二十九日頃에入城ᄒᆞᆫ다ᄂᆞᆫ說이有ᄒᆞ다더라

●東署洋製 東部警察署에서近日該署를毀撤ᄒᆞ고二層洋製로建築ᄒᆞᆫ다ᄂᆞᆫ데附近家屋數座를買入毀撤ᄒᆞ기로商議中이라더라

●架橋工事 鴨綠江鐵道架橋ᄂᆞᆫ旣히諸般의調査를終ᄒᆞ고目下工事에準備中인데今秋에ᄂᆞᆫ橋脚工事에着手ᄒᆞᆯ터이오全部의落成은二個年半後에至ᄒᆞᆯ터이라더라

●奇怪病源 日本門司等地에近日黑死病을調査ᄒᆞ기爲ᄒᆞ야內部에서官吏를派送ᄒᆞᆷ은已報ᄒᆞ얏거니와更聞ᄒᆞᆫ즉該病根이火輪船庫間鼠族에게由ᄒᆞᆷ이라ᄒᆞ야內部에서各道觀察使에게發訓ᄒᆞ고各警察署에訓飭ᄒᆞ야鼠族을撲滅ᄒᆞ야病源을預防케ᄒᆞ라ᄒᆞ얏다더라

●家稅督捧 南部管內에서ᄂᆞᆫ家屋稅徵收囑托員이人民에게對ᄒᆞ야屋稅督捧ᄒᆞᄂᆞᆫ데貧寒ᄒᆞᆫ人民等이延拖不納ᄒᆞᄂᆞᆫ境遇이면汁物을執行以去ᄒᆞᆫ다더라

●漁業會社 咸鏡北道합興郡居ᄒᆞᄂᆞᆫ金起澤氏가該郡에漁業會社를組織ᄒᆞᆫ次로目下經營中이라더라

●李氏招上 郭山郡守朴元昊氏가閔京鎬氏에게見辱金을還推次로訴訟ᄒᆞᆷ은已報ᄒᆞ얏거니와閔氏ᄂᆞᆫ右事件을事遂觀察道主事李[illegible]氏의所關이라ᄒᆞ야地方裁判所에서主事를對質次로招上ᄒᆞ얏다더라

●金氏節義 平北熙川克城里李[illegible]의妻金氏가去丙午四月에其夫를喪ᄒᆞ얏ᄂᆞᆫ데其父가他處로改嫁홈을周旋ᄒᆞ거날該項刺賀ᄒᆞ야矢死不從ᄒᆞ고丁未二月에金礦悖類가率黨來劫ᄒᆞ미刎頸倒地ᄒᆞ야流血이滿襟ᄒᆞ얏ᄂᆞᆫ대年今二十壹에貞節을篤守ᄒᆞᆷ으로人皆稱頌ᄒᆞᆫ다더라

●全南義兵 南來人의傳說을聞ᄒᆞᆫ즉長興任實等部境內에ᄂᆞᆫ義兵이村閭에橫行ᄒᆞ며人民의牛馬를多數奪去ᄒᆞᆫ다더라

●朴氏慘命 再昨日에漢陽商會에서雇傭ᄒᆞᆫ李仁洙氏가石炭酸水를誤認ᄒᆞ야酒로誤飮ᄒᆞ고因ᄒᆞ야致斃ᄒᆞ얏다더라

●宣敎師自縊 京城西部西宗古敎會宣敎師夫人카르다에르氏가三昨夜에該會堂內自己寢室에서自縊ᄒᆞ엿슴을再昨朝에發見ᄒᆞ얏스나其緣由ᄂᆞᆫ不明ᄒᆞ고昨日下午에葬禮式을擧行ᄒᆞ얏다더라

●漢江屍體 漢城新報記者리[illegible]氏ᄂᆞᆫ逝去ᄒᆞ얏다더니再昨日漢江上流에서該屍體를발見ᄒᆞ얏다더라

●揚倅挾私 楊州郡[illegible]里組合에서基督學校를設立ᄒᆞ얏ᄂᆞᆫ데該郡守朴永大氏가該里에來到ᄒᆞ야該校任員과組合任員을招致ᄒᆞ야言ᄒᆞ되組合에서所收ᄒᆞᄂᆞᆫ稻貨은該里居金成九가設立ᄒᆞᆫ廣明학校로沒送ᄒᆞ고敎人이設立ᄒᆞᆫ학校ᄂᆞᆫ革罷ᄒᆞ라ᄒᆞ고又每戶에年壹斗稻와廣明학校로收送ᄒᆞ라ᄒᆞᄂᆞᆫ故로此存彼가不無厚薄이라고該地稱怨이有ᄒᆞ다더라

●普通討論 私立美洞普通학校에서昨日上午拾時에學生父兄會를開ᄒᆞ고學事進就ᄒᆞᆯ方法으로互相討論ᄒᆞ얏다더라

學界

●師範實習 安岳郡에서設立ᄒᆞᆫ師範講習所를本月二十三日에師範講習生金洛永諸氏를敎師로選定ᄒᆞ야學化학을機械로實習케ᄒᆞᆫ다더라

●光明復明 開城私立光明학校ᄂᆞᆫ木手와泥匠等會員二百餘名이每日醵金ᄒᆞ야捐助ᄒᆞ야三年을維持ᄒᆞ더니昨年後로何等事件을因ᄒᆞᆷ인지一般學員이出席지아니ᄒᆞ야該校가不振ᄒᆞᆯ지라近日에紳士李敎夏氏가贊成協議ᄒᆞ야義務로自敎授ᄒᆞ미學生徒가爭先出席ᄒᆞ야該校之進望이有ᄒᆞ다더라

●漸次漸進 開城郡孟東鎭氏가[illegible]塾을創立ᄒᆞ얏ᄂᆞᆫ데[illegible]出席學生이漸次加增ᄒᆞ야[illegible]名에達ᄒᆞ얏다더라

●楊守巡學 楊州郡守朴永大氏가人民의敎育을勸勉ᄒᆞ기爲ᄒᆞ야境內各학校를巡巡觀察ᄒᆞᆫ다더라

▲旱魃爲虐▼

▲案頭翻書를披ᄒᆞ고田家情況을顧念컨대農務方殷ᄒᆞᄂᆞᆫ데恒陽之憂太甚ᄒᆞ니可怜ᄒᆞ사韓國同胞幾死僅生ᄒᆞᄂᆞᆫ中에旱魃之害ᄭᅡ지當ᄒᆞ면何生活을엇지ᄒᆞᆯ고其禍甚酷了절ᄒᆞ다

▲慘酷ᄒᆞ다旱魃아田野間에離離苗ᄂᆞᆫ國民元氣이아니냐十日不雨ᄒᆞ야도枯麥禾에慮거던數旬旱氣이러ᄒᆞ니有秋之望이어다塗炭에엇ᄂᆞᆫ生靈들에之望이엇ᄂᆞᆫ라

▲慘酷ᄒᆞ다旱魃아[illegible]澤간에菁菁莪ᄂᆞᆫ志士의心血이아니냐大冬풍雪겨은後에어린싹이겨우나셔根着ᄒᆞ기未固ᄒᆞᆫ대亢陽之灾이어ᄒᆞ니苗而不秀ᄒᆞᄂᆞᆫ情景雲에之望이엇ᄂᆞᆫ라

▲慘酷ᄒᆞ다旱魃이村落間에源源ᄒᆞᆫ生民財源이아니나全國에流通ᄒᆞ야用之不渴ᄒᆞᄂᆞᆫ물이彼枯渴ᄒᆞ고보면血脈融和ᄒᆞᆯ消渴症에걸닌衆生之望이엇지ᄒᆞᆯ다

▲慘酷ᄒᆞ다旱魃아江漢面에涸涸永ᄂᆞᆫ國家之紀이아니냐山澤之氣枯渴ᄒᆞ야百川朝宗이減ᄒᆞ니[illegible]活動ᄒᆞᄂᆞᆫ銳氣를拾ᄒᆞ고圍圍振ᄒᆞᄂᆞᆫ[illegible]에之望이엇지ᄒᆞ리오

▲嗚呼韓人이여當時小旱을失望치말아至公無私ᄒᆞᆫ天帝께서愛倫蒼生ᄒᆞ시니忽然雷霆ᄒᆞ며甘霖之澤을沛然ᄒᆞ야蘇蘇更蘇ᄒᆞᄂᆞᆫ날에活潑踊躍ᄒᆞ고보면得霖之歎이아닐가

廣告

本社에셔巨額을費ᄒᆞ고文明各國의演劇을觀察ᄒᆞᆫ結果로此를模倣ᄒᆞ야我國古蹟의忠孝義烈賢勇의諸實狀을演劇으로ᄒᆞ올터이온ᄃᆡ開始ᄒᆞᆫ지百日以內에ᄂᆞᆫ今日에ᄒᆞᆫ던演劇을其翌日에아니ᄒᆞᆯ기로務定ᄒᆞ와今月貳十七日로開始ᄒᆞ깃사오니 有志君子ᄂᆞᆫ來臨玩賞ᄒᆞ심을爲要

隆熙三年六月貳十四日 圓覺社 告白

本郡守吳惟泳시ᄂᆞᆫ莅任ᄒᆞᆫ週에民막을周察ᄒᆞ야弊局이蘇完ᄒᆞ고下車屬耳에士林과協議ᄒᆞ야學校를設立ᄒᆞ고靑年을募集ᄒᆞ야熱誠敎導에從兄이다振ᄒᆞ야學徒가八九拾名에達ᄒᆞ고境內紳士가團合義捐ᄒᆞ야維持方針이秩々就緖ᄒᆞ고錮閉ᄒᆞᆫ智가稍々突弁ᄒᆞᆫ바每土曜日에忠愛目的으로학生을勸導ᄒᆞ며不避艱苦ᄒᆞ고躬巡各面里ᄒᆞ야農務를勸奬ᄒᆞ며孤茕을慰恤ᄒᆞ야捐俸優恤ᄒᆞ며桑樹를勸植ᄒᆞ야在々叢翠가蔥장成林ᄒᆞ며農夫歌를自製ᄒᆞ야家至曰喩에民皆蹈舞ᄒᆞ며外交에嫻熟ᄒᆞ니士矢이頌德이오鄕方이尊識ᄒᆞ니窮부가安堵ᄒᆞ며隣郡土匪를給遯歸順ᄒᆞ야活鮮救贼ᄒᆞᆫ이指不勝僂ᄒᆞ고郡廳建築에雖過興錢가豈以驗發ᄒᆞ야自願補助ᄒᆞ야不煩民力ᄒᆞ고不費民財ᄒᆞ며러數百圓을自擔ᄒᆞ야指日竣功인바玉潔氷淸에前後聲蹟이雖杜召龔黃이라도稽古에罔美이各郡々守가皆如吳시면全國文明이潮湧ᄒᆞ고民産이富旺ᄒᆞ깃다고與情協洽에萬口紀念ᄒᆞ기爲ᄒᆞ야茲에廣布ᄒᆞᆷ

本郡々內面墳山居民墓가大安里炭洞等地所在土地(田畓)拾九石斗落과三升落果今坪而洛洞等地田畓等(田畓)拾三石九斗落을現今證明申請인바異議가有ᄒᆞᆫ者ᄂᆞᆫ月三拾日內로本郡에卽陳申告이되無或違晩追悔ᄒᆞᆷ

隆熙三年六月 日 [illegible]南[illegible]山郡廳

弊主人沈潽漢氏가陰五月三拾日에卒逝ᄒᆞ얏ᄉᆞᆸ기茲에廣告ᄒᆞ오니知舊間照亮ᄒᆞ시믈伏望

舍弟 潽殷
護喪人 李炳秀
[illegible] 吳鳳根

◎特設日語夏期講習所

高明ᄒᆞᆫ講師林圭氏를聘ᄒᆞ야日語甲乙班으로敎授ᄒᆞᆷ

一、開學 七月 日下午四時
一、科目 甲班、文法、會話讀本 乙班會話讀本 作文
一、時間 甲班下午七時至九時 乙班下午三時至五時
一、入學金五拾錢月謝金五十錢
一、夏期가經ᄒᆞ면夜學敎授ᄒᆞᆷ

位置 南部茶洞 私立共成學校內

◎自强丹

右藥을發明ᄒᆞᆷ은我同胞의自强精神을培養ᄒᆞ기爲ᄒᆞ야特製ᄒᆞᆷ이니衛生을注意ᄒᆞ시ᄂᆞᆫ僉君子ᄂᆞᆫ本人의誠意를諒燭ᄒᆞ시와信用ᄒᆞ심을務望ᄒᆞᆷ 效能은中暑、中寒、霍亂、吐瀉、食滯、酒滯、船暈車暈鬱氣嘔逆水土不服口中惡臭瘟氣瘧疾等症에神效가有ᄒᆞ고其他健脾養胃解渴定喘稱爽快ᄒᆞᆫ奇功이具備ᄒᆞ와恒常長服ᄒᆞ면勞瘁ᄒᆞᆫ氣力을培養ᄒᆞᄂᆞᆫ良藥으로近世에著名ᄒᆞ오

發行所 白川邑神祐藥房 趙雲泳
發賣所 鳳山沙里院 金昌善
延安邑邊汝文藥房
金川助浦李興楨店
安岳邑勉學書舖楊星鎭
載寧邑金達潑店
[illegible]邑[illegible]文爽冠

本校에셔學員約壹百五拾名을募集ᄒᆞ오니入學志願者ᄂᆞᆫ速히履歷書를添付ᄒᆞ야入學請願書를提出ᄒᆞᆷ事

一 入學志願者ᄂᆞᆫ左記事를注意事
一 七月貳拾日內로來校ᄒᆞᆷ事
一 年齡은拾九歲以上至卅歲身體强健者
一 試驗科目 國漢文文作讀書算術四則以上
一 敎授科程은洋燭飛陋沙器各種染色物及各種織組品製造機械를實施使用ᄒᆞᆯ깃스오니本校에來問ᄒᆞᆷ事
一 本業期限은壹個年으로定ᄒᆞᆷ

[illegible]光明學校 告白

[illegible]爲[illegible]ᄒᆞ기爲ᄒᆞ야茲에廣布ᄒᆞᆷ

金城郡士林崔貞淳 吉鼎錫
盧學선 李龍淳 [illegible]
金鍾沼 辛在祿 李起燮
白澤基 李鍾성等 告白

本人弟得俊의妻吾其結識弟金戰植이가通姦ᄒᆞ야作配居生ᄒᆞᆷ으로暗率逃走ᄒᆞ얏스옴기其犬豚之習을廣布ᄒᆞᆷ

平南成川郡仁山面安宅里 韓泰弘 告白

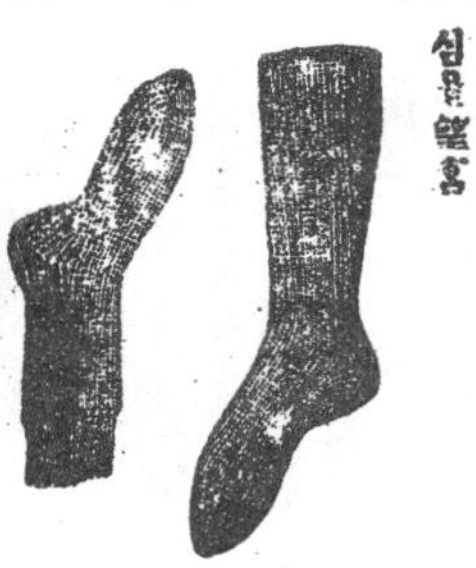

[illegible]同胞의愛顧ᄒᆞ시기를希望ᄒᆞ옵고完實ᄒᆞᆫ衣次와洋襪을織組ᄒᆞ오니愛하시ᄂᆞᆫ君子ᄂᆞᆫ陸續來購ᄒᆞ심을望ᄒᆞᆷ

南門內倉洞敎會前 韓興織組會社 告白

◎韓美興業株式會社平北支社

大韓國平北紳士諸시가발起ᄒᆞ야皇城에在ᄒᆞᆫ美國人이組織ᄒᆞᆫ韓美興業株式會社의[illegible]遵ᄒᆞ야正法律第[illegible]編第貳章에依ᄒᆞ야組織ᄒᆞᆫ韓美興業株式會社定款에依ᄒᆞ야平北支社를組織ᄒᆞ고方針은左例와如히ᄒᆞᆷ

一 本社名稱은韓美興業株式會社平北支社라ᄒᆞᆷ
二 本社位置ᄂᆞᆫ義州에設置ᄒᆞ되臨時事務所ᄂᆞᆫ白馬驛金鎣鉉家로權定ᄒᆞᆷ
三 株金은貳萬圓을二千株에排定ᄒᆞᆷ
四 本支社營業은本社定款에依ᄒᆞ야着手ᄒᆞᆷ
五 株金은隆熙三年六月拾壹日爲始ᄒᆞ야應募ᄒᆞᆷ
六 規則與細則을詳知ᄒᆞ기爲ᄒᆞ야本支社에來咨ᄒᆞ시면節閱覽ᄒᆞᆷ
七 本支社株券은株主總會를經ᄒᆞᆫ後頒與ᄒᆞᆷ

▲韓美興業株式會社平北支社臨時任員

社長 金鉉玉
副社長 白孕詢
總務員 [illegible]原
會計員 林英駿
[illegible] 정宅周
[illegible] [illegible]
監事 白孝俊
金鎣鉉
[illegible]

미국시아틀대박람회 · 美國시아틀大博覽會

[illegible]定款第[illegible]則에云ᄒᆞ얏스되夥多ᄒᆞᆫ産物의分排ᄒᆞᆷ을因ᄒᆞ야廣大ᄒᆞᆫ權力에發生ᄒᆞ다ᄒᆞ얏스니其權力을利用ᄒᆞ야可爲者이오其權力을用ᄒᆞ야可[illegible]

本社之印章

其權力을其[illegible]와及[illegible]全히善良ᄒᆞᆫ利用[illegible]我韓美興業株式會社[illegible]改良이[illegible]世界各國에不[illegible]間[illegible]니此[illegible]野人이能히[illegible]ᄒᆞ나니[illegible]是[illegible]이有ᄒᆞ야[illegible]對ᄒᆞ야[illegible]을知[illegible]

本社之登錄 皇城南署[illegible]([illegible]京城郵便局郵函第[illegible]號) 大美國에셔[illegible]法律認可 駐大韓美國總領事館登錄

本社의各處代理人의氏名은如左ᄒᆞᆷ

開城代理人 開城南門外[illegible]
平壤代理人 平壤大同門內[illegible]
成興代理人 [illegible]南門外
馬山浦代理人 馬山浦[illegible]
元山代理人 元山港
濟[illegible]代理人 [illegible]
水原代理人 水原[illegible]
安城代理人 [illegible]
沙里院代理人 [illegible]
全[illegible]代理人 位置未定
[illegible]州代理人 位置未定
天安代理人 位置未定
群山代理人 位置未定
全州代理人 位置未定
大邱代理人 [illegible]
釜山代理人 位置未定
江景浦代理人 [illegible]
[illegible]浦代理人 位置未定
[illegible]代理人 位置未定
[illegible]浦代理人 位置未定
[illegible]代理人 位置未定
晉州代理人 位置未定
金堤代理人 位置未定
[illegible]代理人 位置未定
江[illegible]代理人 位置未定
[illegible]部代理人 位置未定
[illegible]浦代理人 位置未定
[illegible]代理人 位置未定
[illegible]代理人
浦[illegible]代理人
太田代理人
[illegible]代理人
吉[illegible]代理人
[illegible]代理人
[illegible]代理人 位置未定
[illegible]代理人 位置未定
[illegible]代理人 位置未定
[illegible]代理人 位置未定
[illegible]代理人 位置未定

[illegible]

專賣特許 驄帽子

中山	帽子	價金	圜五〇〇		
中折	帽子	四五〇 三五〇 貳五〇			
上	仝				
女學生	帽子				
上	仝				
學徒	帽子	圜二〇〇 二五〇 壹七〇			

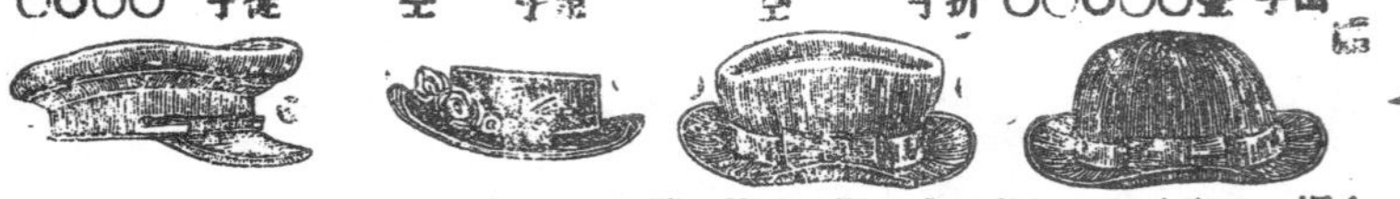

登錄商票

新發明ᄒᆞᆫ 帽子를 每週日 本式을 發賣ᄒᆞ오니 分時간 막汗汚 塵累를 水에 洗ᄒᆞ면 即出振 燥ᄒᆞ고 正折更 勤ᄒᆞ야 精衛潔如 必要ᄒᆞ야 天下에 一世人의 冠戴에 最 [illegible] 圖와 如히 夏節에 用ᄒᆞ면 白色은 凉ᄒᆞ며 春秋에 灰色은 輕ᄒᆞ며 冬節에 黑色은 溫暖ᄒᆞ야 寒暑를 隨ᄒᆞ야 適宜ᄒᆞ고 伸縮이 自在ᄒᆞ며 堅固ᄒᆞ게 製造ᄒᆞ야 多年을 經過ᄒᆞ야도 弊傷이 無ᄒᆞ기로 政府에 專賣特許를 得ᄒᆞ고 商票를 登錄ᄒᆞ얏ᄉᆞ오니 世界各國人士는 迅速請求ᄒᆞ심을 望ᄒᆞᆷ

京城南部銅峴 大四街里 玉虎書林附屬 帽子商店 謹告

濟生堂和平堂大藥房聯合紀念大贈彩

◎贈大彩說明

濟生堂開業五週年과 和平堂開業三週年間에 內外國君子의 顧愛ᄒᆞ심을 多蒙ᄒᆞ야 製藥이 時日隆盛ᄒᆞ고 功績이 東西著名이라 其感佩ᄒᆞᆷ을 實難表誠이로 今에 兩大藥房에서 紀念式을 幷行ᄒᆞ고 僉君子의 盛誼를 表ᄒᆞ기 爲ᄒᆞ야 兩種藥品 (淸心保命丹 八寶丹) 을 特製大發賣ᄒᆞ며 大贈彩券을 無代金添呈ᄒᆞ와 登時福運을 大占케ᄒᆞ오니 僉君子ᄂᆞᆫ 勿失此機ᄒᆞ시고 陸續枉臨ᄒᆞ심을 敬要

兩大靈藥 (淸心保命丹) (八　寶　丹) 壹貼價金叁拾錢

效能　담飮積滯胸腹痛 水土不利咳嗽等

大福彩券은 以四千枚로 定

懸賞物品金六百圜價値

方法

定價金千錢枚五包에 圜引券壹張을 添呈ᄒᆞᆷ

此外兩藥房製藥品中의 五拾錢價格에 彩券을 添呈ᄒᆞᆷ

割引價를 請求ᄒᆞ면 五圜價格에 券壹張을 添呈ᄒᆞᆷ

賞品

頭等貳人) 白米貳拾石(每拾石式)太斗五斗入
壹等貳人) 仝　拾　石(每五石式)
貳等捌人) 仝　拾六石(每貳石式)
三等拾人) 仝　拾　石(每壹石式)
四等壹百人)　金五十圜　(每五十錢式)
五等三千八百七拾八牌 紙券烟 二千八百七拾八匣 寸三千八百七拾八匣

空彩ᄂᆞᆫ 無ᄒᆞᆷ

遠地에ᄂᆞᆫ 郵便引換으로 送呈ᄒᆞᆷ

期限은 六十日노 定　自陽六月拾六日 至陽八月拾五日

抽籤日子ᄂᆞᆫ 臨期ᄒᆞ야 更告ᄒᆞ겟숨

位置

皇城南大門側 濟生堂大藥房本舖

皇城鍾路 和平堂大藥房

皇城鍾路 兩堂臨時出張所

自宅治療 電氣帶廣告

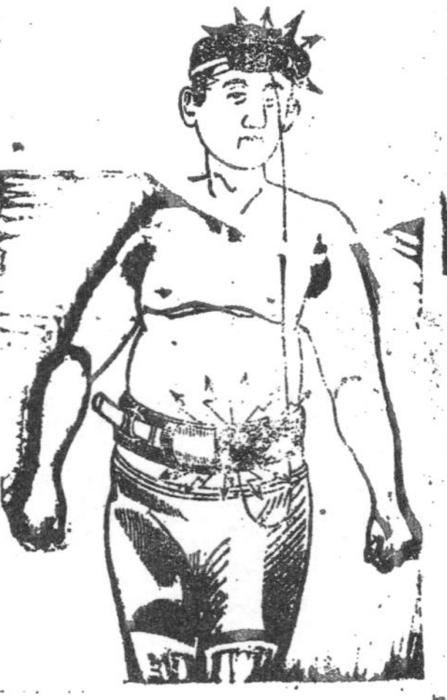

大抵電氣之於人에 係關이 甚大ᄒᆞ니 人之精神이 由電力而得ᄒᆞ야 有電則生ᄒᆞ고 無電則死ᄒᆞᄂᆞ니 電氣之對症施治에 見功取効之神速이 百倍于藥ᄒᆞ니 譬如中風麻痺(不遂)疼痛腦病等症은 古來藥餌之所難治之病이나 然而至于今日ᄒᆞ야 醫道日進ᄒᆞ야 以電氣施療에 無不奏效ᄒᆞ니 電之利用於人이 豈淺鮮哉아 今此電氣帶ᄂᆞᆫ 係是英國醫學博士之所發明者也ㅣ라 伊來幾年에 傳播環球ᄒᆞ야 所公認ᄒᆞ야 問不見效而買者도 다 現許ᄒᆞ야 圖한 故入謝函이 共三拾壹萬五千有餘則可知電氣帶治病實效之確證이요 乃醫療界最爲特色者ㅣ라 ᄒᆞ니 有患諸君子ᄂᆞᆫ 早圖壹試ᄒᆞ시오

(主治効能)神經衰弱諸症不眠。 頭痛、早漏不快、陽위不起、消化器[illegible] 便秘、消化不良。營養不良。遺精[illegible] 內臟의 衰弱。痲症。半身不遂。 [illegible] 不遂。手足厥冷、 諸神經痛。腰痛[illegible] 脚氣及腰痛。記憶力及忍耐力[illegible] 疾

(婦人諸病)血分不足、月經不調、子宮病、歇斯的里、脊髓諸病、偏頭痛、不姙症。[illegible] 後虛弱、帶下、全身癱瘓等症에 無不[illegible]

(使用法)은 至極簡便ᄒᆞ야 睡眠時나 就寢時에 恒常腰間에 環珮ᄒᆞ되 小無妨[illegible] ᄒᆞ고 每日使用ᄒᆞ셔도 數個年以上을 環珮ᄒᆞᆯ 付屬品은 頭痛時使用ᄒᆞᄂᆞᆫ 것과 陰囊을 包括ᄒᆞᄂᆞᆫ 것이 有ᄒᆞ오니 請求ᄒᆞ실때에 腰圍를 測量(비ᄇᆡ어림에서 허리를지오시오)ᄒᆞ야 보니시면 電氣使用法과 說明書를 添付ᄒᆞ야 小包代金便으로 送呈ᄒᆞ깃ᄉᆞᆷ

正價　上號 拾四圜　中號 拾貳圜

發賣所　皇城南部太廣橋十九統七戶 共愛堂 大藥房

京城鍾路 [illegible]藥房에서 製造ᄒᆞᆫ 羅[illegible]藥[illegible]販賣所 [illegible] 各藥이 有ᄒᆞ니 衛生家와 京鄉賣藥家에셔 多數請求ᄒᆞ시오

平胃丸	金十錢	百應膏	金十錢
補益丸	金一円	消痰鎭咳藥	金[illegible]
淸明眼藥水	金十錢	養兒寶散	金[illegible]
保命丹	金十錢	蛔[illegible]丸	金[illegible]
除滯消積丸	金十錢	寸白[illegible]藥	金[illegible]
咽喉藥	金十錢	鐵精丸	金一円
小兒咳嗽散	金[illegible]	吐瀉霍亂[illegible]	金二十錢
痢疾靈散	金十錢	止瀉潤腸丸	金二十錢
毒感解熱散	金二十錢	大腫拔根膏	大瓶入 金二円
消食滯生津甘酸水	金三十錢	輕腫根治膏	大瓶入 金二円
疥瘡藥	金四十錢	去[illegible]生新膏	大瓶入 金二円
痲疾丸	金二十錢	濕腫根治膏	大瓶入 金二円

光武九年八月拾壹日 明治卅八年八月拾壹日 〔第三種郵便物認可〕 土曜日 西曆壹千九百九年六月廿六日 (壹)

第七卷 第壹千壹百卅壹號

大韓每日申報

月曆 及時日 休慶 節刊
檀君開國四千二百四十二年
箕子元年三千三十一年
大韓開國五百十八年
日本明治四十二年
淸國宣統元年
陰己酉五月小初九日丁巳

Responsible for Publication Alfred Weekley Marnham.
發行兼編輯人英國人 萬咸
發行所
京城南署石井洞後苑地三層洋屋
大韓每日申報社

論說

◎新統監赴任後 韓國人의感情

嗚乎라第壹次光武九年五條約을結ᄒᆞ야韓國運命을彼保護圈位에置ᄒᆞ며第二次光武十壹年七條約을結ᄒᆞ야韓國壹切政權을自家手中에盡攬ᄒᆞ고前後五年間大韓半島의風雲을操縱ᄒᆞ던日本公爵伊藤博文은安々無恙히渡江去ᄒᆞ고其의肘腋下에在ᄒᆞ야統監見習ᄒᆞ던曾禰荒助ㅣ其後任을繼ᄒᆞ야揚々히統監旗를前導ᄒᆞ고儼然히來莅ᄒᆞ니去者ᄂᆞᆫ功成名遂者오來者ᄂᆞᆫ利器新試者니去者來者가鼻端에俱欒ᄒᆞᆯ지로다

彼來者政策의剛柔緩急이去者와或異ᄒᆞᆯᄂᆞᆫ지不知ᄒᆞ거니와其韓國을壓制ᄒᆞ며日本을擴張코ᄌᆞᄒᆞᄂᆞᆫ精神에至ᄒᆞ야ᄂᆞᆫ來者가其去者의相續者되야第二伊藤의面目을帶ᄒᆞ고同壹ᄒᆞᆫ人의手腕을揮ᄒᆞᆯ은卽吾儕의斷言ᄒᆞᄂᆞᆫ비라將次時機를隨ᄒᆞ야彼의進行ᄒᆞᄂᆞᆫ狀態를同胞의게告ᄒᆞ려니와今에吾儕의腦를突擊ᄒᆞᄂᆞᆫ壹問題가有ᄒᆞ니曰(韓國同胞가彼에對ᄒᆞᆫ感情이何如ᄒᆞᆫ가)ᄒᆞᆷ이是라

政府에觀ᄒᆞᆫ즉新統監이來到ᄒᆞ니我의大臣椅子나搖動치아니ᄒᆞᆯ라ᄂᆞᆫ가我의數百圓의月俸이나飛去치아니ᄒᆞᆯ라ᄂᆞᆫ가新統監도舊統監과如히我를寵愛ᄒᆞᆯ라ᄂᆞᆫ가ᄒᆞ야恰然히老妓가孤媚의離愁를ᄒᆞ야情郎을迎ᄒᆞᆫ듯ᄒᆞᆫ者ㅣ며會議에觀ᄒᆞᆫ즉新統監이來到ᄒᆞ니我가何以ᄒᆞ면大臣壹座를躍擬ᄒᆞᆯ가我가何以ᄒᆞ면觀察壹個를摘得ᄒᆞᆯ가新舊統監의更迭이時乎나不再來로다만은吾計ᄂᆞᆫ將安出고ᄒᆞ야數將年大運動小運動ᄒᆞ던醬手段을盡ᄒᆞ야宛然히白鷺가魚를窺ᄒᆞᆫ듯ᄒᆞᄂᆞᆫ者ㅣ며元老界에觀ᄒᆞᆫ즉白髮을捫ᄒᆞ고新統監아我를活ᄒᆞ라壹個職啣을與ᄒᆞ면我도老警子를快落ᄒᆞᆫ만은我聲落命이此를엇지敢望ᄒᆞ리오ᄒᆞ야宦念이熱中ᄒᆞᄂᆞᆫ者ㅣ며名士界에觀ᄒᆞᆫ즉小眼孔을奉ᄒᆞ고東洋平和를痛歎ᄒᆞ며韓淸日同休戚의勢를絶叫ᄒᆞ야統監赴任의新消息에亦將有以利吾國乎의癡夢을作ᄒᆞᄂᆞᆫ者ㅣ며又壹邊에觀ᄒᆞᆫ즉伊藤이去ᄒᆞᆫ지曾禰가來ᄒᆞᆫ지韓國이存ᄒᆞᆫ지韓國이亡ᄒᆞᆫ지不知ᄒᆞ고惟濟가揭ᄒᆞ며其眉를頻ᄒᆞ며雜稅가增ᄒᆞ며其口가昔ᄒᆞ되其源의所自出은不究ᄒᆞᄂᆞᆫ渾沌者ㅣ며又壹邊에觀ᄒᆞᆫ즉統監의去도吾不關이며統監의來도吾不關이며韓國의存亡도吾不關이며世界의安危도吾不關이니吾ᄂᆞᆫ未來天國의人이라現在事야何關가ᄒᆞᄂᆞᆫ頑冥者ㅣ이라畧言ᄒᆞ면大抵是奴顔婢膝과魚頭鬼面이니吾儕의忍見ᄒᆞᆯ비아니며忍言ᄒᆞᆯ비아니로다

未知케라熱血魂을吐ᄒᆞ며淚를同志를招ᄒᆞ야三年石獄에金疾習의愛國新歸를作ᄒᆞ며壹片醫州에大誹榮의愛情敎育을倡ᄒᆞ야精神上旗幟를對竪ᄒᆞ고大韓國民的感情을抱ᄒᆞᆫ者ㅣ有ᄒᆞᆫ가無ᄒᆞᆫ가無ᄒᆞᆫ가有ᄒᆞᆫ가吾儕ᄂᆞᆫ高山을向ᄒᆞ야其人을仰ᄒᆞ고長洲를溯ᄒᆞ야其人을夢ᄒᆞ노라

噫々同胞아新條約後에公等의留가幾個나加ᄒᆞ얏나뇨統監의送迎이已二回오韓日의關係ᄂᆞᆫ又日深ᄒᆞ나니公等今昔의感情이何如ᄒᆞ뇨

官報

▲隆熙三年四月二拾日 官報

部令

法部令第二號 (續)

司法警察官執務規程

現帶奏任官을逮捕。拿引又ᄂᆞᆫ拘留ᄒᆞᆫ時ᄂᆞᆫ速히事件所管廳의檢事에게其旨를報告ᄒᆞᆷ이可ᄒᆞᆷ

第三拾四條 官吏又ᄂᆞᆫ使役을逮捕。拿引又ᄂᆞᆫ拘留ᄒᆞᆫ時ᄂᆞᆫ其所屬官廳에其旨를通知ᄒᆞᆷ이可ᄒᆞᆷ

第四節 證人訊問及拿引

第三十五條 證人에게ᄂᆞᆫ爲先其姓名。年齡。職業。居處와被告人及被害者에게對ᄒᆞᆫ關係를訊問ᄒᆞᆷ이可ᄒᆞᆷ

第三拾六條 第二拾九條乃至第三十壹條。第三拾三條及第三十四條의規定은證人의拿引에此를準用ᄒᆞᆷ

(未完)

外報

●相續稅反對 伯林電을據ᄒᆞᆫ즉普魯士大藏大臣라인바엔男은德國帝國議會에서財政改革에關ᄒᆞ야有力ᄒᆞᆫ演說을述ᄒᆞ얏더니中央黨及保守黨은相續稅에對ᄒᆞ야反對ᄒᆞ얏다더라

●流船破壞 倫敦電을據ᄒᆞᆫ則露京으로부터來ᄒᆞᆫ公報를依ᄒᆞᆫ즉流船오ᄉᆡ號ᄂᆞᆫ航海規則을犯ᄒᆞ며信號를無視ᄒᆞ고不應ᄒᆞᆫ緣由로砲擊을當ᄒᆞ얏ᄂᆞᆫᄃᆡ船員三名이負傷ᄒᆞ얏다더라

●西班牙의借款 紐育電을據ᄒᆞᆫ즉西班牙政府ᄂᆞᆫ玖馬殖民債償을報償키爲ᄒᆞ야美國에對ᄒᆞ야三億弗借款ᄒᆞ기를要求ᄒᆞ얏다더라

●德帝還御 倫敦電을據ᄒᆞᆫ즉德國皇帝陛下께서ᄂᆞᆫ本國에向ᄒᆞ야歸航ᄒᆞ얏다더라

●更欲罷工 桑港通信을據ᄒᆞᆫ즉布哇의興介耕地의勞働者ᄂᆞᆫ耕主가要求를不應ᄒᆞᄂᆞᆫ時에ᄂᆞᆫ同盟罷工ᄒᆞᆯ깃다고宣言ᄒᆞ고또代表者를호노루루府에送ᄒᆞ야要求ᄒᆞᆫ더니耕主ᄂᆞᆫ此를拒絶ᄒᆞ라고決心ᄒᆞ얏다더라

●英艦沈沒 英國巡洋艦샷쥐(三千○百噸)號ᄂᆞᆫ船名不明ᄒᆞᆫ商船과英國海峽단졔데스海에서衝突ᄒᆞ야直時沈沒되얏ᄂᆞᆫᄃᆡ但船員은救助되얏다더라

●佛國歲入不足 佛國의豫算額은壹億五百萬弗의不足을示ᄒᆞ얏다더라

●希臘의豫兵募集 希臘國은크릿트島問題에對ᄒᆞ야豫備兵召集을準備ᄒᆞᄂᆞᆫ中이라더라

學報

●三崇卒業 三和港三崇學校에서本月十九日에第三回卒業式을擧行ᄒᆞ얏ᄂᆞᆫᄃᆡ

男學校卒業生 李在鍾等
女學校卒業生 張恩福等

詞藻

●[illegible]

五百年都邑地를、匹馬로도라드니
山川은依舊ᄒᆞ되、人傑은간ᄃᆡ업다
뉘라셔、興亡榮辱을、自擔ᄒᆞ리

雜報

●植物園御覽 大皇帝皇后兩陛下게오셔昨日下午二時에昌德宮內植物園에 動駕ᄒᆞ사各種物品을 御覽ᄒᆞ셧ᄂᆞᆫ데各部大臣及一般侍從官諸氏가陪從ᄒᆞ얏다더라

●下賜金費途 江原道에對ᄒᆞ야 御下賜ᄒᆞ신금액은蠶業獎勵費와蠶業傳習所機械及器具買入費와道路修繕費로充用ᄒᆞᆫ다더라

●御眞影燒却 鏡城서북面下쑹雲谷學校々長의雲鶴시가奉有ᄒᆞᆫ韓 皇帝陛下及 皇太子殿下의 御眞影은斷髮ᄒᆞ셧슴으로御眞影이아니라ᄒᆞ야燒却ᄒᆞ얏ᄂᆞᆫ데此等無嚴不敬者ᄂᆞᆫ學校設立以來로히被쟝及發起人을怨恨ᄒᆞᄂᆞᆫ村民輩라其主謀者及關係者拾餘名을目下咸흥警察署에引致取調中이라더라

●運動何事 永宣君라岙鎔氏가有何運動인지金貨五千圓을携帶ᄒᆞ고來月中旬頃에日本의前往ᄒᆞᆫ다ᄂᆞᆫ說이有ᄒᆞ더라

●其然豈然 大垣丈夫가內部次官을被任ᄒᆞᆫ다ᄂᆞᆫ說이喧藉ᄒᆞ며近日某某人士들이현ᄒᆞᆫ의게秘密交涉ᄒᆞ야關係使覓窠ᄒᆞᆯ運動ᄒᆞᄂᆞᆫ者가多有ᄒᆞ다더라

●別樣運動 中樞院副賛議鄭某ᄂᆞᆫ日本滯在時에曾禰統監과交分이有ᄒᆞ다ᄒᆞ며니몽監師任ᄒᆞᆫ事에對ᄒᆞ야西律會首를驅逐ᄒᆞ고大臣覓窠를運動ᄒᆞᆫ다ᄂᆞᆫ說이浪藉ᄒᆞ다더라

●何等妙策 黃海道鳳山郡居儒生朱道煥氏가何樣良策을著述ᄒᆞ야曾禰統監에게提呈ᄒᆞ얏다ᄂᆞᆫᄃᆡ其辭意ᄂᆞᆫ義兵鎭壓ᄒᆞᆯ方針을장皇論述ᄒᆞ얏다더라

●漁業會社贊成 咸興郡醵金萬澤氏가漁業會社를組織ᄒᆞᆫ다ᄂᆞᆫ說은昨報에已揭어니와金氏가此事由로內大臣朴齊純氏에게紹介ᄒᆞᆫ則朴氏가熱心贊成ᄒᆞ기로明言ᄒᆞ고農大臣趙重應氏와協議中이라더라

●炎凉例態 南村居徐丙奉學承旨諸氏가已往에ᄂᆞᆫ李相澤氏를對ᄒᆞ야賣國賊이라指稱ᄒᆞ더니近日에ᄂᆞᆫ리시가大臣을被任ᄒᆞᆫ다ᄂᆞᆫ說이有ᄒᆞᆷ인지每日리시門前에出入ᄒᆞ야兩手擧齊ᄒᆞ고納媚ᄒᆞᄂᆞᆫ情態ᄂᆞᆫ人不忍見이라더라

●國境에對ᄒᆞᆫ施設 曾禰統監이昇任前에地方을巡視ᄒᆞ야各地事情을視察코저ᄒᆞ더니今番昇任에悤々ᄒᆞᆷ을因ᄒᆞ야未果ᄒᆞ얏슴으로更히鴨綠江及豆滿江流域의利源等을調査ᄒᆞ기爲ᄒᆞ야技師를國境地方의派送ᄒᆞ야調査를完了ᄒᆞᆫ後에ᄂᆞᆫ統監府의셔國境의對ᄒᆞᆫ施設을大注意ᄒᆞᆯ터이라더라

●拓殖社의水産業 東洋拓殖會社에서ᄂᆞᆫ水産業經營의計ᄒᆞ야現在狀況과將來方針을企圖ᄒᆞᆯ次로該義者의각水産場로技師를派送ᄒᆞ야據히調査를完了ᄒᆞ고旣히農商工部의請願ᄒᆞ얏다더라

●民籍法刊布 再昨日에內部에서改定ᄒᆞᆫ民籍法을頒布實施키爲ᄒᆞ야民籍에關ᄒᆞᆫ告示文幾萬枚를印刷ᄒᆞ야各觀察及各警察署와各府郡面長等에게遞配送ᄒᆞ얏다더라

●親睦何多 學部에서該部次官俵孫一이歸任ᄒᆞᆫ後에各學校新任教員을多數請邀ᄒᆞ야擷翠樓에서親睦會를開ᄒᆞᆫ다더라

●日本學出發 今番에內部에서新任ᄒᆞᆫ日人郡守五名외에二拾餘名은爲先昨日에任用로出발ᄒᆞ얏다더라

●何特今日 近日以來로韓人이鴉片을吸ᄒᆞ고自斃ᄒᆞᄂᆞᆫ者가僉往僉甚ᄒᆞ야非常히人命에關係가不少ᄒᆞᆫ故로韓淸人의鴉片賣買를取締嚴禁ᄒᆞᆯ次로淸國當局者와交涉이된다더라

●褒狀決議 鎭南浦金永基시等이曆年四萬部를內部에納呈ᄒᆞ고鄕曲貧民에게頒給ᄒᆞ랴ᄒᆞᆷ은已報어니와該시等의身分行動이鄭重ᄒᆞ다ᄒᆞ야褒賞狀을繕給ᄒᆞ기로決議ᄒᆞ얏다더라

●旅死人收埋費 漢城內外에行旅死亡ᄒᆞᆫ人의收埋費支給規程을內部에셔制定ᄒᆞ야每名에二圓式磨鍊ᄒᆞ얏ᄂᆞᆫ데警察官의修報를隨ᄒᆞ야支給ᄒᆞᆯ터이라더라

●教育觀察 有志紳士某々氏가教育觀察團百餘名을募集ᄒᆞ야日本留學生을觀察次로前往ᄒᆞᆫ다더라

●醫察練習試驗 再昨日醫察官練習所에서日本人巡査五拾壹名을會集ᄒᆞ야筆記試驗을經ᄒᆞ고昨日에ᄂᆞᆫ身體檢査를行ᄒᆞ얏다더라

●日人納稅反對 新義州의日人들은民國稅를滯納ᄒᆞᄂᆞᆫ者가多ᄒᆞ더니商業이不振ᄒᆞᆷ으로今日에徵稅를納附ᄒᆞᆷ은不可能의事라ᄒᆞ야嘆願書를呈出ᄒᆞ고免納ᄒᆞ기를運動中이라더라

●日採水銀 平安道祥原郡倍化面梧梁洞小林의在ᄒᆞᆫ水銀礦은往時의韓人이發見採掘ᄒᆞ다가水害로中止ᄒᆞᆫ者인ᄃᆡ今回의日人이해地賦拾餘町의採掘權을得ᄒᆞ야試採中인ᄃᆡ頗히有望ᄒᆞᆷ으로不日내로機械를지据置ᄒᆞᆫ다더라

●電線切斷 太郎郡下남面冷泉동의架設된電線二條를切斷ᄒᆞᆫ者가有ᄒᆞᆷ으로嚴重히調査ᄒᆞᄂᆞᆫ中이라더라

●洪氏高義 咸北文義郡鳩坪居前守門將洪在寬氏가素以不瞻ᄒᆞᆫ家勢로天性이至孝ᄒᆞ고爲人이敦厚ᄒᆞ야族戚隣里에賴而生活者ㅣ三四十家오貧窮을賑恤ᄒᆞᆫ白米가五拾餘石이오錢貨가貳萬八千七百六十餘兩이오各人處償條與還에二萬四千餘兩이오附近各종捐補錢이七百餘兩이오其他周餘施澤을不可枚擧라本郡與隣邑이無不欽仰ᄒᆞ야作詩讚頌이百餘章이오木碑頌德이街路에森立ᄒᆞ얏ᄂᆞᆫ더洪氏의輕財好義之풍은世所罕有라더라

●褒揚請願 咸鏡郡邑內面居ᄒᆞᄂᆞᆫ金永坤시ᄂᆞᆫ해面의貧寒ᄒᆞᆫ人民의諸錢을自擔辦納ᄒᆞᆫ故로해人民등이金시의恩德을感謝ᄒᆞ야內部에請願褒揚次로上京ᄒᆞ얏다더라

●衛生醫生 衛生會에서漢城內人民의게淸潔費ᄂᆞᆫ如數督納ᄒᆞ고肥料桶부充滿ᄒᆞ되取去치아니ᄒᆞᄂᆞᆫ故로此等衛生은反爲害生이라고巷議가紛々ᄒᆞ다더라

●無處不讓 京城內外豈殿汲水商百餘名이再昨日에東大門外妙蓮菴에出往ᄒᆞ야運動會를開ᄒᆞ얏ᄂᆞᆫ데伊ᄂᆞᆫ警視廳에서巡査를派送探偵ᄒᆞ얏다더라

●神何不助 北部苑洞鑄鍮塔의妻ᄂᆞᆫ關聖帝君을感應ᄒᆞ얏다ᄒᆞ야所禱ᄒᆞ다稱ᄒᆞ고愚婦의財産을騙取ᄒᆞᆫ다고警視廳에入聞되야高鑄培가再昨日에部警察署에被捉ᄒᆞ얏다더라

●爲誰滅絶 近日楊州附近等地에義兵이라稱ᄒᆞᄂᆞᆫ徒黨이出沒無常ᄒᆞ야人民의財産을勒奪ᄒᆞᆫ다ᄒᆞ야警視廳에서再昨日에韓日巡査四五名을派送ᄒᆞ얏다더라

●宜加團束 洞口內前議政府廚房에乾濕脾都會所가有ᄒᆞ야晝夜로雜技局을設ᄒᆞ고人家子弟를誘引ᄒᆞ며詩調雜歌等을亂唱ᄒᆞᄂᆞᆫ데警察署에서ᄂᆞᆫ尋常看過ᄒᆞᆫ다고巷說이喧藉ᄒᆞ더라

●學父兄妄動 開城郡普昌학校학父兄會에서本月二拾二日에該校副校長韓澤氏를叱辱毆打ᄒᆞ야衣冠을裂破ᄒᆞ고非常ᄒᆞᆫ풍波가起ᄒᆞ얏다ᄂᆞᆫ데該理由를詳聞ᄒᆞᆫ즉韓氏ᄂᆞᆫ少無過失ᄒᆞ고학父兄中幾名의妄動이라韓氏가法庭에呼訴코저ᄒᆞ나韓氏ᄂᆞᆫ教育家라社會에名譽가有ᄒᆞᆫ지라漢城學會와女教協會와土木建築會社에서韓氏事件에對ᄒᆞ야日間開會ᄒᆞᆫ다더라

●腸窒扶斯流行 近日의腸窒扶斯病이流行ᄒᆞ야日人數名은旣히罹患ᄒᆞ야病院의셔治療ᄒᆞᆫ다더라

●燒戶救恤 信川郡東部面上龍川尹亨儀시家에서失火ᄒᆞ야數三戶가延燒ᄒᆞ고五歲兒壹名이稀燒ᄒᆞ얏ᄂᆞᆫ데該郡守金思珉시와該面에ᄂᆞᆫ其畓시가躬往慰恤ᄒᆞ야至ᄒᆞ고面內에勸告ᄒᆞ야救恤金을募集ᄒᆞ야燒失ᄒᆞᆫ家屋을更建케ᄒᆞ얏다더라

●鋼鐵贖答 監獄署에被囚ᄒᆞᆫ雜技犯吳允泳시ᄂᆞᆫ皆壹百에宜告ᄒᆞ얏더ᄂᆞᆫ대吳시가納贖還放ᄒᆞ기를請願ᄒᆞ얏다더라

●義將移交 日憲兵司令部에被囚ᄒᆞᆫ義兵將尹麟榮氏ᄂᆞᆫ再昨日에訊問을畢了ᄒᆞᆫ故로日간地方裁判所로移交ᄒᆞᆫ다더라

●獄에致斃 詐欺取財犯으로監獄에多月被囚ᄒᆞ얏던李光植시ᄂᆞᆫ監獄中에서自斃ᄒᆞ얏다더라

●猶未甚難 與宗團盞풍稱ᄒᆞᄂᆞᆫ朴星七氏가有何策略인지再昨日上午十時에鴉片을呑下ᄒᆞ고同下午二時量에致斃ᄒᆞ얏다더라

●申家被盜 再昨日下午八時三拾分에何許强盜四名이各持銃鎗ᄒᆞ고中部給洞居ᄒᆞᄂᆞᆫ申召史家에突入ᄒᆞ야該家人을結縛ᄒᆞ고諸般汁物五十圓價値를奪去ᄒᆞ얏다더라

●賊警何多 再昨夜十壹時量에强盜四名이沙器匠풍居ᄒᆞᄂᆞᆫ金召史家에突入ᄒᆞ야汁物을多數奪去ᄒᆞ얏다더라

●太極開講 太極教宗에서天命之性은教之原因이란問題로來日曜日下午二時에中部水典洞臨時事務所內에講習을開ᄒᆞᆯ터인대有志紳士의多數來臨ᄒᆞᆷ을希望ᄒᆞᆫ다더라

●救世開演 來二十七日(日曜)上午十時에夜照峴救世軍營에서聖經講論會를開ᄒᆞ고同十壹時와下午二時半과同掛時에救援會를開ᄒᆞ고正領許嘉와其夫人이演說ᄒᆞ고晩에內二營에서ᄂᆞᆫ參領班鳥巨시와其夫人이演說ᄒᆞ고下午五時에特別히婦人會를開ᄒᆞ고許嘉와시夫人이引導ᄒᆞᆫ다더라

學界

●工業實習 北部觀鐵學校內에工業講習所를新設ᄒᆞ얏ᄂᆞᆫ데各種器械를設置ᄒᆞ고實際敎授ᄒᆞᆫ則학徒가日益增進ᄒᆞᆫ다더라

●彰校運動 東門內東彰學校學生數十員이本月二拾二日에淸凉寺附近地에셔運動會를設行ᄒᆞ얏ᄂᆞᆫ데該校敎師朴宋致瑩시ᄂᆞᆫ不勝之勢로學徒의發ᄒᆞᆫ金을持供饋ᄒᆞ고會計孫云昌시ᄂᆞᆫ空鐵石板鉛筆로優數施賞ᄒᆞ얏ᄂᆞᆫ데兩시의熱心贊成ᄒᆞᆷ을人皆稱頌ᄒᆞᆫ다더라

▲禽獸會議▼

▲殘谷荒村日暮ᄒᆞ고靑燐烟자욱ᄒᆞᆫ데前溪老牛下來ᄒᆞ고雞犬들이會集ᄒᆞ며群鼠輩가縱橫ᄒᆞ니장夜乾坤되얏고나多少禽獸모여안저會議席을開設ᄒᆞ고차례々々出席ᄒᆞ야各其氣情말ᄒᆞᆯ데그情況이可觀일세

▲머리우에두뿔나고腹皮장太ᄒᆞᆫ牛子가最先出席ᄒᆞᄂᆞᆫ말이日本臨會그結果로畜牛輸出禁止라지日人들과作鍊업고服役事에勤勞한만ᄒᆞᆫ行動을拘束ᄒᆞ고ᄂᆞᆫ價値를低落ᄒᆞ니韓國天地거나서소노릇도어려워라

▲되리말어질머지고俯首曳尾ᄒᆞᆫ狗子가繼後出席ᄒᆞᄂᆞᆫ말이內部에서製定ᄒᆞᆫ飼犬規則頒布ᄒᆞᆫ지輸出이나禁止ᄒᆞ야土中에安樂치못ᄒᆞ니項部에鎖ᄒᆞ고너口國도制ᄒᆞ니韓國天地거나서미노릇一어려워

▲鬚髯셋ᄉᆞ州人ᄆᆡ리두귀쫑굿ᄒᆞᆫ鼠子가繼後出席ᄒᆞᆫ말이黑死病을豫防ᄒᆞ야捕鼠問題近낫다지이身體檢査ᄒᆞᆫ데倭小種族이것마ᄂᆞᆫ是非曲直不問ᄒᆞ고너同類를撲滅ᄒᆞ니韓國天地거나서쥐노릇도어려워라

▲색ᄭᅵ기예花冠쓰고滿身文章ᄒᆞᆫ鷄子가繼後出席ᄒᆞᄂᆞᆫ말이敎難이랑新式規程은뎐장以後엘셧다지枝開磨鍊업거마ᄂᆞᆫ솔갓탈이간ᄭᅩᆺ마다知不覺捕殺ᄒᆞ야갈ᄭᅩᆺ업시처럼이니韓國天地거나서닭노릇도어려워라

▲人類對ᄒᆞ야보려가서呼寃키로決議ᄒᆞ고總代選送ᄒᆞ려다가反論否決ᄒᆞᄂᆞᆫ말이(鷄)弱肉强食此日代에鷄를보ᄂᆞᆫ못살깃지(鼠)年前盡死鼠團議러ᄂᆞᆫ咬殺彼人우리들이遂放之怒免ᄒᆞᆫ손가伊彼有擧之日이ᄂᆞ니(牛、狗)天無語嘆ᄒᆞ더라

雜報

●金斗源氏의鳴冤書

咸鏡南道元山港에商民金斗源氏가新任曾彌統監에게長書로金文이如左ᄒᆞ니

斗源은韓國元山海隅之一商民이라素以商業資生이온바往在己亥九月分에慶尙北道寧海郡毛亞金雙童家에셔買鹽一千八十八桶을積置矣러니不謂에貴國人木村源壹郎兄弟의社船主가來投懇請曰往于鬱島ᄒᆞ야以鹽換太則利益不少오且渠船裝載則船價亦廉이라ᄒᆞ기擧鹽千八十八桶을當際同年六月六日에積船ᄒᆞ야裝載ᄒᆞ고同月拾六日에到泊于鬱島則日已暮矣라船主乙吉이冒日鹽을明日下陸矣리니勿慮ᄒᆞ고登陸寄宿ᄒᆞ라ᄒᆞ기無少疑慮ᄒᆞ고如其言登陸ᄒᆞ야其島에設李爾後家沈基秀家의就宿ᄒᆞ고翌日平明에出往埠頭則船主乙吉이已驅鹽船乘夜逃走이온지라茫々大海에無處可尋이오나

大抵船舶은某國을勿論ᄒᆞ고私籍이各有ᄒᆞ야不可飛遠走故로四處蹤探則同年秋에該船이貴國北海道沃崎느군리에住籍이的確無疑ᄒᆞ지라然ᄒᆞ오나其時斗源이行資가空ᄒᆞ고亦關於兩國간商業上關係故로我國京城에上來ᄒᆞ야外部大臣朴齊純閣下에게上項見失鹽價金貳五千壹百九十壹圜九十錢을日本人乙吉處에推捧以給之意로申訴이온바因此貴國公館에照會이옵더니貴公館에셔此로實査ᄒᆞᆫ즉日本北海道島根縣隱崎國沃崎느군리所管地方官에게照會이옵던지該地方官答照會內開에韓國元山金斗源事件에對ᄒᆞ야木村源壹郎과同行船主乙吉等을招致査實則的確無疑이오나相續人金之助의財產으로辭讓則其親族이貧困에陷ᄒᆞ야當塡糊口도艱難ᄒᆞ온模樣이라云々이온바其時貴國公使林權助氏가此模糊ᄒᆞᆫ辭意로我國政府에對ᄒᆞ야金斗源恤金이라稱ᄒᆞ고金錢百圜을送交ᄒᆞ얏스나斗源은當初鹽價를推給ᄒᆞᆷ은可ᄒᆞ거니와

所謂恤金은甘受ᄒᆞᆯ意가無ᄒᆞ옵기斗源이屢次本國政府에請願ᄒᆞ야右金을林公使에게還送ᄒᆞᆫ事件이有ᄒᆞ고其後貴公館書記生國分象太郞시가屢年間에斗源을數次招致ᄒᆞ야再三談辨ᄒᆞ고閣容候ᄒᆞ라ᄒᆞ엿거니와其後美國으로暫移歐洲에다가現方統監府參書官으로住在이옵기屢次致書ᄒᆞ오나聽若不聞ᄒᆞ고無半辭答書ᄒᆞ니此無奈歲月에斗源而然乎아計此事자至于本年則年也니計斷拾年에債ᄒᆞ야現銷이五萬登千九百拾九圜가오니此非但韓日兩國之所知라抑天下之所共傳聞也니豈非至冤且屈乎아且再昨年分에統監府總務長官鶴가此損害를報償ᄒᆞᆷ이可ᄒᆞ다ᄒᆞ야金三萬圜을推去ᄒᆞ고其後에又公州郡에住ᄒᆞᆫ日本人寬辰太郞가韓人의手에被打稱托ᄒᆞ고治療費五千圜을我韓政府에推去ᄒᆞ얏스니自來貴國에서我韓政府에對ᄒᆞᆫ慣例를擧言ᄒᆞ면斗源의塩價ᄂᆞᆫ自貴國政府로無遺辦償ᄒᆞ미確正理인듯ᄒᆞ옴첨日昨漢乙吉의相續人이貧窮ᄒᆞ야償還키難ᄒᆞ다ᄒᆞ니此豈非矛盾之說乎아窃乞閣下ᄂᆞᆫ卽提議于貴政府ᄒᆞ야依我國洪州郡嚴礎例와寬辰太郞事ᄒᆞ야自貴政府로償還이던지如或未然이면乙吉의船及家產을執行ᄒᆞ야打算償報이다가ᄒᆞ되塩價의充數가未滿ᄒᆞᆯ時ᄂᆞᆫ亦自貴政府로補充還償이自是正理니幸勿以人微見ᄒᆞ고卽爲計辦報償之地千萬至祝이라ᄒᆞ얏더라

廣告

本人의답十六石十七斗落이在於富平石川面二旦里의有ᄒᆞ더니陽曆四月四日에本人이移郡의往ᄒᆞ야답과證明與測量圖를마지出ᄒᆞᆫ중ᄂᆞᆫ데今聞답主김成泰라ᄒᆞ고何許人이답을僞造證明與測量圖를出ᄒᆞ여日本외國人與執云ᄒᆞ니勿爲內外國人은知悉ᄒᆞ시ᄋᆞᆸ

西部盤松坊池下契館洞
第百五十一統十三戶居
김成泰 告白

平安南北道都支會ᄂᆞᆫ미完求金碩商諸先生三시로認許이되慶尙南北道都支會ᄂᆞᆫ撥鈴彈母納呈ᄒᆞᆫ지認許ᄒᆞ얏ᄉᆞ오니京鄕同胞ᄂᆞᆫ亮ᄒᆞᆷ

神宮奉敬會 白

本敎講硏을陰五月十四日下午二時에臨時事務所에開ᄒᆞ오니僉君子ᄂᆞᆫ屆期光臨ᄒᆞ시옴

南部廟洞 太極敎宗 仰白

本人이曾任鉉祥이가現今雜技에發身ᄒᆞ야僞造文券ᄒᆞ고價錢爲計ᄒᆞ오니此金顯祥이가證錢千圜文券으로償給ᄒᆞᆫ計圖ᄒᆞᆫ지라도內外人士ᄂᆞᆫ勿爲許欵ᄒᆞ옵소셔

黃海道黃州郡敦天面九伊介
金學善 告白

本人의所有草家四間牛光武拾年拾月二十六日登記ᄒᆞᆫ것을失이옵고今에券은ᄎᆞ져숩기立旨ᄂᆞᆫ誰某拾得이라도休紙施行ᄒᆞᆷ

南署明禮坊明洞五十七統九戶
金萬慶

本校에셔學員約百九拾名을募集ᄒᆞ오니入學志願者ᄂᆞᆫ速히履歷書를添付ᄒᆞ야入學請願書를提出ᄒᆞᆷ事

入學志願者ᄂᆞᆫ左記事를注意事

一 七月貳拾日入學試驗ᄒᆞᆷ事
一 年齡은拾七歲以上至卅歲身體强健者
試驗科目 國漢文交作讀書算術四則以上
一 敎授科程은陶器、燭、硏瓦、沙器等、染色物及各種織組品製造機械를使用ᄒᆞᆷ가깃ᄉᆞ오니本校에來問ᄒᆞᆷ事
一 本業期限은二個年으로定ᄒᆞᆷ

漢城私立光明學校 告白

本社에셔大韓每日申報一千壹百二十九號에關ᄒᆞᆫ同報通三社者本社에對ᄒᆞ여合資ᄒᆞ기를懇請ᄒᆞᆫ事가專無ᄒᆞ온中右一社에셔懇請事를關ᄒᆞᆫ데對ᄒᆞ야果是本社에서失策이옵기謝過ᄒᆞ기爲ᄒᆞ야玆에廣告ᄒᆞ오니僉君子ᄂᆞᆫ照亮ᄒᆞᆷ

南門外 韓洋綿會社 白

小學界를爲ᄒᆞ야師範을養成ᄒᆞᆷ

本校에셔昨年부터爲始ᄒᆞ야夏期放學中七月壹日로八月十五日ᄭᆞ지講習科를開ᄒᆞ며壹期에修了証을與ᄒᆞ고四期를修ᄒᆞ면卒業證書를與ᄒᆞ오니志願人은如左日字에應試ᄒᆞ시오

試驗科目及日字 六月貳拾八日至三拾日(上午九時至拾壹時)
壹班 國漢文讀書 算術乘除
貳班 本國地本史 同四則約束條會話圍 謝金(壹個月半條) 七拾五錢先納

四期課程科目數가四拾餘種이나但今年에ᄂᆞᆫ壹試級만設ᄒᆞ고聖經、內外國歷史、內外地誌、理學、算學、音樂、圖畫等으로分排敎授ᄒᆞᆷ

進明徽新學校

本社에셔巨額을費ᄒᆞ고文明ᄒᆞᆫ各國의演劇을觀察ᄒᆞᆫ結果로此를模做ᄒᆞ야我國古蹟의忠孝義烈賢明의諸實狀을演劇으로ᄒᆞ옴더이온더開始ᄒᆞᆫ지百日以內에ᄂᆞᆫ今日에ᄂᆞᆫ演劇을實習日에아니ᄒᆞ기로務定ᄒᆞᆫ외今月貳十七日로爲始ᄒᆞᆫ깃사오니有志君子ᄂᆞᆫ來臨玩賞ᄒᆞ심을爲要

隆熙二年六月貳十四日
圓覺社 告白

特設日語夏期講習所

高明ᄒᆞᆫ講師林圭氏를聘ᄒᆞ야日語甲乙班으로敎授ᄒᆞᆷ

一 開學 七月壹日下午四時
一 科目 甲班、文法、會話讀本 乙班會話讀本 作文
一 時間 甲班下午七時至九時 乙班下午二時至四時
一 入學金五拾錢 月謝金五十錢
一 夏期가經ᄒᆞ며夜學敎授ᄒᆞᆷ

位置 西部茶洞
私立英成學校內

本郡々內面搗머居白鳳基가大支東面炭洞等地所在土地(田畓)拾九石拾九斗二升落果今坪面洛浦等地日侔等(田畓)拾三石拾九斗落을現今證明申請인바異議가有ᄒᆞᆫ者ᄂᆞᆫ月二拾日內로本郡의卽速申告이되無或違晚追悔ᄒᆞᆷ

隆熙三年六月拾日
忠南錦山郡廳

◎自强丹

右藥을發明ᄒᆞᆷ은我國臨床의日精神을增ᄒᆞ기爲ᄒᆞ야特製ᄒᆞᆷ이니衛生을注意ᄒᆞ시ᄂᆞᆫ僉君子ᄂᆞᆫ本人의誠意를愛ᄒᆞ시와腎用ᄒᆞ심을務望(效能은如暑、中寒、霍亂、吐瀉、食傷、酒滯、腦暈眩暈鬱氣嘔逆水土不服口中惡臭運氣瘟疫等症에神效가有ᄒᆞ고其他健脾滋胃解渴定嘔爽快ᄒᆞᆫ奇功이有ᄒᆞ며常備服ᄒᆞ면勞神勞力ᄒᆞᄂᆞᆫ者의自强力을培養ᄒᆞᄂᆞᆫ良藥으로近世에著名ᄒᆞ오

發行人白川邑神祐藥房趙雲泳
發賣所鳳山沙里院 金昌善
延安邑邊汝文藥房
金川助浦李顯楫店
安岳邑勉學書舖楊星叙
載寧邑金達遵店
海州邑醫院文興冠

同胞에게願ᄒᆞ시기를望ᄒᆞ옵고完實ᄒᆞᆫ衣次와洋말을織組ᄒᆞ오니仁愛ᄒᆞ신君子ᄂᆞᆫ陸續來購ᄒᆞ심을望ᄒᆞᆷ

南門內倉洞敎堂前
韓英織組會社 告白

現今測量製圖가大却故本所에셔外國에卒業ᄒᆞᆫ等製圖員을延聘ᄒᆞ야製圖實習所를設立ᄒᆞ얏ᄉᆞ오나道內各郡事務所에셔技員幾人을今陰十五日內로派送實習케ᄒᆞᆷ

平北宣川郡內千洞二統十戶
大韓測量道支所 告白

韓興藥業株式會社平北支社

大韓國平北紳士諸氏가發起ᄒᆞ야皇城에在ᄒᆞᆫ韓興藥業이道統正法律第三編第貳章에依ᄒᆞ야組織된韓興藥業株式會社定欵에依ᄒᆞ야平北支社를組織ᄒᆞᆫ方針의大例ᄂᆞᆫ如左ᄒᆞᆷ

一 名稱 本社名稱은韓興藥業株式會社平北支社라ᄒᆞᆷ
二 位置 本社位置ᄂᆞᆫ義州에置ᄒᆞ되臨時事務所ᄂᆞᆫ白馬驛金益鉉家로假定ᄒᆞᆷ
三 株 株金은貳萬圜을二千株에分定ᄒᆞᆷ
四 本支社營業은本社定欵에依ᄒᆞ야擧行ᄒᆞᆷ
五 株金은隆熙三年六月拾壹日로爲始ᄒᆞ야募集ᄒᆞᆷ
六 規則與細則을詳知ᄒᆞ기爲ᄒᆞ야本支社에請寄ᄒᆞ시면郵遞ᄒᆞᆷ
七 本支社株券은株主總會를經ᄒᆞᆫ後應用ᄒᆞᆷ

▲韓興藥業株式會社平北支社臨時任員

社長 金鉉玉
副社長 白亨詢
總務員 鄭濟原
會計員 秉駿
書記員 宅濟
書記員 龍鍵
監事 白亨俊
金龍
鄭宅

專賣特許 綿帽子

中山子	中折子	上全	上全	女子用	學徒子		
優等金一圓五〇	貳圓五〇〇				一圓五〇〇	二圓〇〇〇	金二圓七〇〇

登錄商票

本新發明綿帽子는每日百分時를式을...

京城南部銅峴 大東書市
玉虎書林附屬帽子商店謹告

濟生堂和平堂大藥房聯合紀念大贈彩

◎贈大彩說明

濟生堂開業十週年과和平堂開業三週年間에內外國君子의顧愛하심을多蒙하야藥業이時日隆盛하고功績이東西著昌이라其感佩함은實難形言이오今에兩藥房에서紀念式을幷行하고僉君子의厚誼를表하기爲하야兩種藥品（清心保命丹 八寶丹）을特製大發賣하며大福彩券을無代金添呈하와一時福運을大得케하오니僉君子는勿失此機하시고陸續枉顧하심을敬要

懸賞物品金六百圓價值

大福彩券은以四千枚로定

兩大靈藥（清心保命丹 八寶丹）定價金各拾錢

效能 담飲積滯胸腹痛 水土不利咳嗽

方法

定價金十錢式五包에福引券壹張을添呈흠

此外兩藥房製藥品中의도拾錢價格에彩券을添呈흠

割引價로請求하면五圓價格에福券壹張을添呈흠

賞品

頭等（貳人）白米貳拾石（每拾石式）太斗五斗入
壹等（貳人）仝 拾石（每五石式）
貳等（捌人）仝 拾六石（每貳石式）
三等（拾人）仝 拾石（每壹石式）
四等（壹百人）金五十圓（每五十錢式）
五等（三千八百七拾八人）紙券烟（二千八百七拾八匣 每三千八百七拾八匣）

空彩는無함

遠地에는郵便引換으로送呈흠

期限은六十日로定 自陽六月拾六日 至陽八月拾五日

抽籤時日은臨期하야更告하게숨

位置

皇城南大門側 濟生堂大藥房本舖

皇城鐘路 和平堂大藥房

皇城鐘路 兩堂臨時出張所

自宅治療 電氣帶廣告

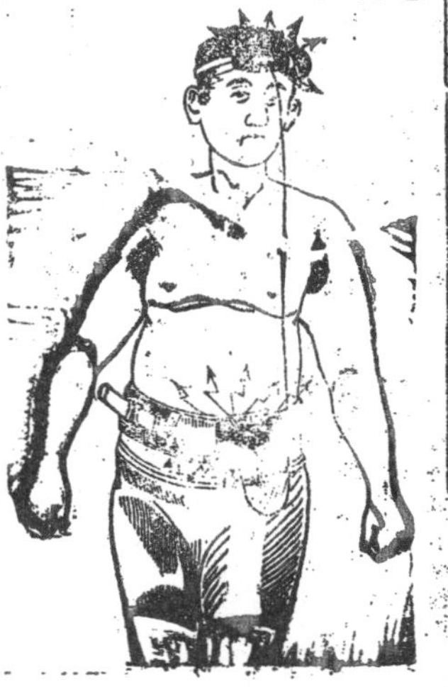

夫電氣之於人에爲關이甚大하니人之百體가...

（主治効能）神經衰弱... 消化... 精...

（婦人特病）血分不足、月經不調、子宮病、...

正價 上號 拾四圓 中號 拾貳圓

發賣所 皇城南部太廣橋十九統七戶 共愛堂 大藥房

京城鐘路濟衆院大藥房에서製造賣藥三十種은文部衛生局試驗에檢查된藥이온바衛生家와本部賣藥家에서多數請求하시오

平胃丸	金十錢	瘀血百腫膏	金十錢	
補益丸	金一円	鎮咳藥	金三十錢	
眼藥水	金十五錢	養兒胃散	金十五錢	
保命丹	金十錢	蛔蟲殺出丸	金十錢	
消積丸	金十錢	寸白拔根藥	金三十錢	
咽喉藥	金十錢	鐵精丸	金一円	
咳嗽散	金十五錢	吐瀉霍亂救急水	金三十錢	
痢疾散	金十錢	止瀉潤腸丸	金十錢	
解熱散	金十錢	大腫拔根膏	大瓶入金二円	
甘酸水	金十錢	輕腫根治膏	大瓶入金二円	
疥瘡藥	金十錢	去滯生新膏	大瓶入金二円	
痳疾丸	金十錢	濕腫根治膏	大瓶入金二円	

光武九年八月拾壹日 明治卅八年八月拾壹日 (第三種郵便物認可) 日曜日 西曆一千九百五年八月廿七日 (壹)

第七號

大韓每日申報

開國五百十四年 光武九年 陰曆乙巳年 [illegible] 第一百廿貳號

月說
開國紀元四千二百四十二年
耶穌降生一千九百五年
大韓開國五百十四年
日本明治三十八年
乙巳年五月小初十日戊午

Responsible for Publication Alfred Weekley Marnham.
發行兼編輯人 英國人 裵說
發行所 京城南署石井洞 [illegible] 三層洋屋
大韓每日申報社

論說

惜乎라 禹龍澤氏의 國民大韓兩魔報의 鷹犬되미여

如喪考妣字ᄂᆞᆫ古昔文人史家가賢君의喪에ᄂᆞᆫ用ᄒᆞ며哲人의喪에[illegible]將相의喪에도用ᄒᆞ며循吏의喪에도用ᄒᆞᆫᄉᆞ니(一)不可枚擧ᄒᆞ오[illegible]先其[illegible]貳ᄒᆞ擧컨ᄃᆡ後漢書[illegible]良吏傳에[illegible]卒ᄒᆞ니皆哀慟如喪考妣와飮氷[illegible]加富爾傳에伊太利獨立政治家伯爵加富爾卒ᄒᆞᆫᄂᆡ上自王ᄒᆞ고至士大夫如喪考妣가是[illegible](一)裵說씨의韓國同胞의愛敬ᄒᆞᄂᆞᆫ바되ᄆᆡ賢相循吏에不下ᄒᆞᆫ[illegible]湖諸君子의公認ᄒᆞᄂᆞᆫ바인즉報云ᄒᆞ미實로不可ᄒᆞᆷ이無ᄒᆞ거ᄂᆞᆯ惜乎라彼魔報記者가舜典[illegible]讀過ᄒᆞᆫ村學究의知識으로得ᄒᆞ自[illegible]ᄒᆞ야何等好機會나得ᄒᆞᆫ듯시[illegible]ᄒᆞ야報를無數히侵辱ᄒᆞ며又其鷹犬우龍澤시를縱ᄒᆞ야[illegible]出題[illegible]色[illegible]社에突入ᄒᆞ야[illegible]詬辱을加ᄒᆞ고甚至於不忍聞不忍言의句語(卽韓國人이毁說의[illegible]字란句語)로本報를誣搆ᄒᆞ니

噫라人의文字로毛疵를吹覓ᄒᆞ야互相是非ᄒᆞ은野蠻社會의頑習이오決코文明世界에得爲ᄒᆞᆯ비아니온況新聞은宗旨를戰ᄒᆞ며目的으로戰ᄒᆞᄂᆞᆫ者오此等[illegible]習으로戰ᄒᆞᆯ이아니니彼의此等가엇지可笑치아니ᄒᆞ냐然而彼兩新聞은魔獄에沈ᄒᆞ야

魔言을作ᄒᆞᆫ지已久ᄒᆞ[illegible]故로如何히狂吠ᄒᆞ던지吾輩가度外에置ᄒᆞ者어니와惜乎라當年權勢赫赫ᄒᆞ리夏榮의頑[illegible]을登批ᄒᆞ고意氣男子로自誇ᄒᆞ던우龍澤시가魔輩의鷹犬됨이可惜ᄒᆞ도다禹시乎ᄒᆞ여設令本報의此句가彼輩의語와如히果然誣道不敬의失이有ᄒᆞ다ᄒᆞ고假定ᄒᆞᆯ지라도目下韓國에四千載國家를[illegible]覆倒ᄒᆞᆫ者도有ᄒᆞ며三千里江山을賣與ᄒᆞᆫ者도有ᄒᆞ며君父前에[illegible]拔ᄒᆞᆫ賊臣도有ᄒᆞ거날시가此에[illegible]鳴을加치못ᄒᆞ고反히韓國을爲ᄒᆞ야[illegible]夜[illegible]ᄒᆞᄂᆞᆫ本報를侵擾ᄒᆞᆷ은何意오魔輩의鷹犬됨이시며

우시가此言을聞ᄒᆞ면必曰我도政治上에念을斷ᄒᆞ고敎育에從事ᄒᆞᄂᆞᆫ者인ᄃᆡ新聞은卽社會敎育의大機關인故로我가此語를不忍默視ᄒᆞᆷ이라ᄒᆞᆯ지나然이나即今日本各報에ᄂᆞᆫ韓國에對ᄒᆞ야至尊首長이라ᄒᆞ며人民을野蠻이라ᄒᆞᄂᆞᆫ惟筆이日日逞ᄒᆞᄃᆡ시가此에[illegible]ᄒᆞ지못ᄒᆞ고本報의此句를誤認ᄒᆞ야如此히侵擾ᄒᆞᆷ은何意오魔輩의鷹犬된우시여

禹시가此言을聞ᄒᆞ면又必曰日本新聞은韓國人이不可擯目ᄒᆞᆯ外國新聞으로知ᄒᆞ거니와[illegible]報ᄂᆞᆫ비록英人의主[illegible]이나其中에韓人執筆者ㅣ有ᄒᆞ고又韓人의信仰ᄒᆞᄂᆞᆫ바연즉此에[illegible]言이難無ᄒᆞᆯ지나然이나卽今全國人이信依ᄒᆞᄂᆞᆫ社會人物中에文字上國粹的을破壞ᄒᆞ고日本을[illegible]

故ᄒᆞ야書信往來에無嚴ᄒᆞᆫ殿字御字를濫用ᄒᆞᄂᆞᆫ者ㅣ許多ᄒᆞ되시가此에ᄂᆞᆫ眼을[illegible]치못ᄒᆞ고至無關係ᄒᆞᆫ本報[illegible]句를妄[illegible]ᄒᆞᆷ은何意오魔輩의鷹犬된禹시여

禹시가語窮ᄒᆞ면必曰我[illegible]鑑誤나實로自由的이오他人의指囑을受ᄒᆞᆷ이아니ᄅᆡ何故로魔犬字를加ᄒᆞᄂᆞ뇨ᄒᆞᆯ지나[illegible]裵說시生[illegible]兩魔[illegible]域外[illegible]壹筆을執ᄒᆞ야韓國魂을絶ᄒᆞ은시[illegible]新聞은[illegible]進會의政府의傀儡되야[illegible]保護를謳歌ᄒᆞ며韓族滅亡을所[illegible]勢力을減[illegible]逐[illegible]其膽[illegible]目[illegible]其[illegible]知ᄒᆞ시며무彼魔輩[illegible]歷伏ᄒᆞ고[illegible]氣力[illegible]지언뎡何故로彼魔輩의鏟下에狂躍ᄒᆞ야侵辱ᄒᆞᄂᆞᆫ先鋒됨을甘作ᄒᆞᄂᆞ뇨鳴呼ᄅᆡ사여彼魔輩의鷹犬이아니고何며彼魔輩의鷹犬이아니고何ᄂᆞ뇨시가人心이有ᄒᆞ거던早早覺醒ᄒᆞᆯ지어다

外報

●兩帝會見 伯林電[illegible]德[illegible]帝와露國皇帝께서御艦에[illegible]단다三號七[illegible]熱誠의歡迎을受ᄒᆞ[illegible]隊[illegible]國歌를吹奏ᄒᆞ앗고德帝와露國首相은토라핀씨와及露國外相시엔시와露國首相並外相께쓰월쓰키지間에時間의會談이有ᄒᆞ얏다더라

●美國의實業活動 紐育電을[illegible]美國國務卿녹크쓰시ᄂᆞᆫ極東에美國實業擴張에關ᄒᆞᆫ大計劃의大綱을發表ᄒᆞᆫᄃᆡ美國은滿國鐵道借款과其他共公的企業에參與ᄒᆞ야極東에優越ᄒᆞᆫ地步를占ᄒᆞ고又南美洲에鐵道布設에도大注力ᄒᆞᆯ터이라더라

●土廷希望 伯林電을據ᄒᆞᆫ즉法國外相은土耳其政府가크리트問題를顧慮ᄒᆞ야保護國軍艦이一千九百拾年(明年)지지쓰다灣에碇泊ᄒᆞ기를希望ᄒᆞᆫ다ᄂᆞᆫ覺書를閣議에提示ᄒᆞ얏다더라

●南極探險家 伯林電을據ᄒᆞᆫ즉南極探險家사클톤氏ᄂᆞᆫ倫敦[illegible]熱心의歡迎을受ᄒᆞ고[illegible]卽[illegible]探險次로更爲發程ᄒᆞᆫ다더라

●雲南과法國 長崎電을據ᄒᆞᆫ즉香港에서來着ᄒᆞᆫ雲南視察者曰河口及東京地方과雲南간의國境에서法國兵과土匪間에衝突이不絶ᄒᆞ미東京總督은鎭靜[illegible]用ᄒᆞᄂᆞᆫ兵器彈藥等을緬甸으로經[illegible]密輸入ᄒᆞᆫ다더라

●玖廷拒絶 紐育電을據ᄒᆞᆫ즉玖馬政府ᄂᆞᆫ西班牙政府의要求에對ᄒᆞ야西班牙의負債를支拂ᄒᆞᆯ責任이無ᄒᆞ다고拒絶ᄒᆞ얏ᄂᆞᆫᄃᆡ此에關ᄒᆞ야西班牙政府의措置를殆히注目ᄒᆞᆫ다더라

●혼슈國危機 中美洲에在ᄒᆞᆫ혼슈라쓰國에서ᄂᆞᆫ政治上에大危機가生ᄒᆞ야內亂破裂의虞가[illegible]ᄒᆞᆫ다더라

●滿洲移民募集 新任東三省總督錫良시ᄂᆞᆫ前總督徐世昌시의移民政에反對ᄒᆞ나可堅移民의[illegible]業을贊成ᄒᆞ야直隷山東山西河南으로부터移民募集ᄒᆞᆯ事를上奏ᄒᆞ야裁可를得ᄒᆞ얏다더라

詞藻

●忠臣恨

忠臣의속마음을、재님금이모름으로。九泉千載에、뉘아니설워ᄒᆞ리。比干[illegible]、속마음을보엿스니、그를부뤄。

廣告

左開ᄒᆞᆫ家屋을放賣코져ᄒᆞ오니買入ᄋᆞᆫ大韓每日申報社로來議ᄒᆞ시옵 林[illegible]止 告白
[illegible]井洞五十壹統八戶 草家九間半
[illegible]洞二十五統一戶 瓦家八間
[illegible]洞百二十四統貳戶 瓦家八間半
北[illegible]苑洞[illegible]六戶
價額[illegible]

數理講習募集

每夏에[illegible]洞青年學院에서開ᄒᆞ던數理學講習所를今夏에도左記處所에셔開ᄒᆞ오니有志諸君은六月三十日內로[illegible]願ᄒᆞ시옵

前部 代數 自[illegible]次方程式
理科 自然界의現象 心理
後部 算術 自分數 代數初自
幾何 自平面部

中部[illegible]洞興士團內
第三回夏期數理學講習所

●[illegible]宏壯活動寫眞

[illegible]佛國巴里[illegible]兄弟商會[illegible]特派員이東大門內光武臺에서來六月[illegible]日부터每日午后八点鐘에活動寫眞을[illegible]施ᄒᆞ며[illegible]空氣를應用ᄒᆞ야[illegible]歐米各國奇妙ᄒᆞᆫ[illegible]壯快ᄒᆞᆫ軍樂을吹奏ᄒᆞ며全國景風俗을撮寫ᄒᆞ야新鮮美麗ᄒᆞᆫ[illegible]本會每日[illegible]種으로交換ᄒᆞ오니[illegible]常보아도새롭습니다

觀覽料
壹等 四拾錢
二等 二拾錢
三等 拾錢

大韓京城鐘路
電話一九一番
[illegible]

雜報

●皇太子殿下行啓 韓國 皇太子殿下께오서 再昨日에 女磯에 行啓하옵셧다가 昨日에 東京으로 還行ᄒᆞ옵셧다더라

●何等事件 農商工部大臣趙重應氏가 再昨日下午七時頃에 永宣君李埈鎔氏를 訪問ᄒᆞ야 何等事件을 協議ᄒᆞ고 同十二時頃에야 歸去ᄒᆞ얏다더라

●銓考還舊 각관찰사가 部에 [illegible] 甄報ᄒᆞ는 章程을 廢止ᄒᆞ엿다 홈은 已報어니와 近日에 閣議를 決議ᄒᆞ야 統監府에 同意를 請求ᄒᆞ얏는데 不日間 頒佈가 된다더라

●警記迅發 今番에 [illegible] 各道警記官諸氏는 昨日부터 次第發程ᄒᆞ야 赴任ᄒᆞ얏고 각觀察使會議는 來月上旬頃에 設行ᄒᆞᆯ 預定이라더라

●補金請求 리根澤氏諸氏가 資金二千圜式 辦出ᄒᆞ야 韓산等地에 土木會社를 設立ᄒᆞ얏는데 리氏가 此意로 內閣과 大臣에게 通知ᄒᆞ고 補助를 請求ᄒᆞ얏다더라

●觀光歸國 日本서 渡來ᄒᆞᆫ 觀光團一行이 再昨日 仁川港에서 京仁線列車를 搭乘ᄒᆞ고 永登浦에 到着ᄒᆞ야 更히 京釜鐵路로 發往ᄒᆞ엿는데 芮宗鎬 리吉善 兩氏가 該地에 前往餞別ᄒᆞ얏다더라

●有何憾情 平壤郡守鄭觀朝氏가 向者日本觀光團으로 被選往還ᄒᆞ얏는데 日本서 渡來ᄒᆞᆫ 兩次觀光團員이 平壤等地를 遊覽홀 時에 漢城府民會에서 鄭氏에게 通知ᄒᆞ고 日本觀光團을 誠心歡迎ᄒᆞ라 ᄒᆞ얏스나 兩次에 登不迎ᄒᆞ얏다고 漢城府民會에서 該氏를 憾情이 有ᄒᆞᆫ 듯ᄒᆞ다더라

●韓淸準備 近日以來로 [illegible] 兩國間에 何等重大問題가 惹起ᄒᆞ야 互相不睦ᄒᆞᆫ 態度가 有ᄒᆞ다는 說은 已爲報道어니와 京仁間 居留ᄒᆞ는 청人商民等도 此等事件을 因홈인지 漸次發程歸國ᄒᆞ기로 準備中이라는 說이 有ᄒᆞ다더라

●協議何事 再昨日에 [illegible]商數十名이 東大門外某處에 會同ᄒᆞ야 무삼 事件을 協議ᄒᆞ얏다더라

●嫌疑者取調 何人의 所爲인지 內部大臣朴齊純氏家에 投書ᄒᆞᆫ 者가 有홈으로 北部警察署에서 此事件을 因ᄒᆞ야 嫌疑者 [illegible]名을 捉囚ᄒᆞ고 現今取調ᄒᆞ는 中이라더라

●仍舊如何 南部屯芝味等地에 監獄署를 新建築ᄒᆞᆫ다는 說은 [illegible] 役費는 [illegible] 假量이라더라

●警署基址 中部警察署를 新建築ᄒᆞᆫ다는 說은 已報ᄒᆞ얏거니와 該建築ᄒᆞᆯ 基址를 昨日에 測量ᄒᆞ얏다더라

●寧飢不喫餠 度支部에 韓人官吏들이 韓人餠商에게 點心을 買食ᄒᆞ는데 日商들이 餠을 欲賣ᄒᆞ야 韓人의 餠을 拒而不納홈으로 韓人官吏들이 寧히 忍飢ᄒᆞᆯ지언정 餠을 買지아니ᄒᆞ기로 決心ᄒᆞ얏다더라

●兩郡民呼訴 始興陽川等地에 在ᄒᆞᆫ 舺坪은 自來로 該居民等의 私有地로 認定ᄒᆞ얏더니 財産整理局에서 該舺坪을 國有地로 現今收稅ᄒᆞ는 故로 該民等이 整理局에 呼寃ᄒᆞ얏다더라

●遠合詞訟 楊州郡古楊州면 人民二百名이 再昨日에 帝室財産整理局에 往ᄒᆞ야 請願ᄒᆞᆫ 旨意를 得聞ᄒᆞᆫ則 年前에 土地整理ᄒᆞ야 民有地는 申請ᄒᆞ라 ᄒᆞ얏는데 其手續을 未遑ᄒᆞ얏더니 今에 忽然有地를 模杭을 揷홈은 何意오ᄒᆞ야 異議를 抱홈이라더라

●貢祿商復起 趙홍會社는 七年來廢滅에 歸ᄒᆞ얏더니 近者에 復興ᄒᆞ야 리圭桓 朴齊七 尹履炳氏等이 幹旋ᄒᆞ야 貢祿商으로 社員을 組織ᄒᆞ고 各地에 支社를 置ᄒᆞᆫ다더라

●寃訴上京 咸昌東면 居리종氏의 夫人 김召史가 二拾一歲에 喪夫ᄒᆞ고 侍墓ᄒᆞ는데 隣동居 리仁出 尹天홍 等이 該金召史를 겁奪코저 홈으로 該事由를 大邱地方裁判所에 呼訴ᄒᆞ얏되 尙不處辨ᄒᆞ는지라 김召史가 變服ᄒᆞ고 上京ᄒᆞ야 大審院의 呼訴홀 次로 安동等地로 過去ᄒᆞ는데 該署巡査가 女人의 變服이 殊常ᄒᆞ다ᄒᆞ야 북部警察署로 押交ᄒᆞ얏더니 該署에서 諸般文軸을 詳考ᄒᆞ고 將次 伸寃節次를 周旋ᄒᆞ마 ᄒᆞ얏다더라

●挾雜綻露 洪陵書員 김喜益은 伊漢성財務署에 囑托으로 陵香을 督刷ᄒᆞ는 干涉을 ᄒᆞ는데 自耕作ᄒᆞ는 陵軍等을 欺瞞ᄒᆞ야 自財務署로 半分式幷作ᄒᆞ라 ᄒᆞ는 指令이 有ᄒᆞ다 稱ᄒᆞ고 肥己之計를 行코져 ᄒᆞ다가 奸狀이 綻露되야 陵軍六十餘名이 作梗ᄒᆞ야 該氏를 打殺코자 ᄒᆞ얏는 고로 再昨日에 東部警察署에서 此報를 接ᄒᆞ고 韓巡査를 多數派送ᄒᆞ야 김氏及 陵軍中代表者 林某 兩人을 捉囚審査中이라더라

●鐵道役夫 再昨日下午九時量에 용산鐵道管理局役夫 井上仁太郎의 長女 五歲兒가 門前에서 遊戲ᄒᆞ는데 何許日人이 百般誘去ᄒᆞ야 草林間에서 强姦을 行ᄒᆞ고 逃走ᄒᆞ얏는지라 해女兒는 陰部가 重傷ᄒᆞ야 鮮血이 淋漓ᄒᆞ얏다더라

●學生惠貸 各官私立學校에서 夏期放學을 當ᄒᆞ야 職員及학員諸氏가 旅行이 有ᄒᆞᆫ 境遇에는 鐵道管理局에 交涉ᄒᆞ면 汽車賃金을 五割引ᄒᆞᆫ다더라

●大東押收 海蔘威에 居留ᄒᆞ는 韓國同胞가 發行ᄒᆞ는 大東共報 第四十二 四十三 四十四號는 治安을 妨害ᄒᆞᆫ다ᄒᆞ야 發賣頒布를 禁止ᄒᆞ얏다더라

●技類宜懲 錦山郡居 文炳龍氏는 本來鄕技輩로 有名ᄒᆞ더니 本月初에 同館에 留ᄒᆞ는 卜某를 甘誘ᄒᆞ야 何許富客의 錢財를 [illegible]ᄒᆞ고 技局을 設ᄒᆞ얏다가 文氏가 反히 數百圜을 見失ᄒᆞ얏는데 文氏가 卜某를 誘引ᄒᆞ야 安洞別宮에 技局을 設ᄒᆞ얏다ᄒᆞ고 借往ᄒᆞ야 不意에 巡査二人이 來到ᄒᆞ야 捕縛으로 結縛毆打홀際에 其食主人이 來到救護ᄒᆞ야 幸免捉囚ᄒᆞ얏다더라

●義將收錢 楊州郡人의 傳說을 聞ᄒᆞᆫ즉 義兵將 鄭용大가 部下兵四十餘名을 領率ᄒᆞ고 別院面等地에 來到ᄒᆞ야 面人民의게 軍需錢을 收納ᄒᆞᆫ다더라

●陽港職工 木亞工商會社長 金仲善 副社長 [illegible]學允 兩氏가 發起ᄒᆞ야 港附近에 鍮器製造株式會社를 組織ᄒᆞ고 工場을 新設ᄒᆞ고 農具를 多數 鑄造ᄒᆞᆫ다더라

●亢陽太甚 近日旱災가 太甚ᄒᆞ야 漢城內各市場에 穀米價가 漸騰ᄒᆞᆷ으로 窮民의 情況이 極端嗷嗷ᄒᆞ다더라

●碌碌 [illegible] 西部 [illegible] 鐵道 [illegible] 役夫妻 [illegible] 乘 [illegible] 逃走 [illegible] 此 憾情이 生ᄒᆞ야 [illegible] 日下午九時에 鴉片을 [illegible] 因卽自斃 [illegible]

●[illegible]轉於獄 [illegible] 侍衛隊 [illegible] 累次 度支部에 請願ᄒᆞ얏스되 不爲 [illegible] 再 [illegible] 京 [illegible] 監獄 [illegible] 移轉ᄒᆞ고 人囚四十餘名을 [illegible]

●尹閔審査 監獄署에 被囚ᄒᆞᆫ 尹始炳氏事件에 對ᄒᆞ야 地方裁判所에서 閔哲勳氏를 招待ᄒᆞ야 金貸與否를 審問ᄒᆞ얏다더라

●貳義被捉 再昨日下午二時量에 京城內에 隱伏ᄒᆞ얏던 義兵 [illegible]名이 日憲兵司令部에 被捉ᄒᆞ얏다더라

●備牛幻燈 昨日下午七時에 中部 [illegible] 서동口內 國成社에 備牛幻燈會를 開ᄒᆞ고 [illegible] 觀覽케 ᄒᆞ얏는데 必要幻燈으로 詳細說明ᄒᆞ얏다더라

●學會演說 本月二拾二日 平壤西北學會에서 [illegible] 星門內 植松亭에 演說會를 開ᄒᆞ고 [illegible] 尹致昊氏는 大韓의 [illegible] 이라 問題로 激烈히 演說ᄒᆞ얏는데 傍聽男女가 六七千名에 達ᄒᆞ얏다더라

●同志開會 靑年同志會에서 今日下午七時에 特別總會를 本事務所內에 開ᄒᆞ고 重要事項을 處理ᄒᆞᆫ다 ᄒᆞ는데 會員의 多數來臨ᄒᆞ기를 希望ᄒᆞᆫ다더라

學界

●體育運動 北部私立 [illegible] 학校에서 今日上午九時에 敎師任員이 學員을 率ᄒᆞ고 東門外 永導寺에 出往ᄒᆞ야 運動會를 設行ᄒᆞᆫ다더라

●精神敎育 咸鏡北道 [illegible]郡私立 [illegible] 학校 敎師 康漢永시와 學監 金榮翰시가 國家的 精神으로 학生을 敎育ᄒᆞ는데 目今 卒業生이 四十餘人에 達ᄒᆞ얏다더라

●里仁發興 三和港貴下面 金沙洞에 里有齋契物 [illegible] 契錢 等 白餘圓 存ᄒᆞᆫ 金을 該里私立三興學校의 寄附ᄒᆞ얏고 尙且里民 [illegible] 量이 各自義捐ᄒᆞ야 每個月二圜五拾錢式 補助ᄒᆞᆫ다고 人皆賞揚ᄒᆞᆫ다더라

●新興將興 忠南保寧郡守 李[illegible]시가 敎育에 熱心勸勉홈으로 同郡于羅面紳士 [illegible]潤과 [illegible] 相柳 章縣 趙[illegible]元 李鍾應 沈相允 康文善 吳在榮 申[illegible] 諸시가 同面興揚里에 新興學校를 設立ᄒᆞ얏는데 [illegible]潤과시는 瓦家數間을 校舍로 寄付ᄒᆞ고 又三石落土地를 証明出價ᄒᆞ며 吳在榮시는 三石落土地를 証明出價ᄒᆞ야 經費를 補用ᄒᆞ고 敎師 趙豊元 [illegible]植 兩시는 名譽로 出席ᄒᆞ야 熱心敎授홈으로 該校未幾에 학員이 五十餘名에 達ᄒᆞ야 將興之望이 有ᄒᆞ다더라

●彰東卒業 倉洞彰東학校에서 本月二十七日下午二時에 常科第二回卒業禮式을 設行ᄒᆞᆫ다더라

●曹氏熱心 金[illegible]私立 [illegible] 信學校 敎師 曹[illegible] [illegible] 敎 [illegible] 寶百三拾餘人 [illegible] 第壹回卒業 [illegible] 더라

▲地方消息

▲京畿及黃海道 各地方은 義兵의 勢焰이 稍히 減衰ᄒᆞ고

▲江原道 楊口、麟川、淮陽、康伊川等郡과 咸남 [illegible] 義兵의 數爻가 增加ᄒᆞ고

▲慶尙북道 奉化 乃城 順興 [illegible] 等郡은 目前부터 義兵의 橫行이 稍盛ᄒᆞ얏고

▲全羅남북道 [illegible] 義兵의 勢가 依然히 猖獗ᄒᆞᆫ데 [illegible] 對ᄒᆞ야 憲兵隊는 同地方의 兵力을 增加키 爲ᄒᆞ야 四拾餘處派遣所를 新設ᄒᆞᆫ다더라

▲運動長 投▼

▲[illegible] 韓半島江山으로 [illegible] 于來韓人은 運動世界되얏고나 [illegible] 其地位에 [illegible] 欲究ᄒᆞ고 [illegible] 運動品에 利用ᄒᆞ니 그 [illegible] 笑오다

▲永宣君의 [illegible] 某氏는 多數 [illegible] 携帶ᄒᆞ고 日本渡去ᄒᆞ얏다니 [illegible] 至親의 地位 [illegible] 別般 [illegible] 揚ᄒᆞ라 [illegible] 目的은 [illegible] 利用品이 말홀진데 [illegible] 技로다

▲樞院贊議 鄭某는 [illegible] 裁成ᄒᆞ야 [illegible] 滯留ᄒᆞ든 時節 [illegible] 利用品 [illegible] 技로다

▲[illegible]儒生 朱某氏는 [illegible] 利用品 [illegible] 技로다

▲平壤郡守 [illegible] 觀光 歡迎 [illegible] 不足 [illegible] 技로다

▲欲望 [illegible] 一般 [illegible] 公益 [illegible] 私利 [illegible] 人 [illegible] 爲公 [illegible] 아보세

廣告

昨年拾壹月拾三日에內部로서元興寺ᄂ依舊安心保管하라ᄂ指令이有하미本院에서即欲奉佛之際에李根澔로裁判事로沮閼하야尙此未還일너니判決이今了故로法殿을修理하고佛相을更安하오니國內僧侶ᄂ照亮하시옵 宗務院事務所告白

本人의답六石拾七斗落이在於富平石川면三巨里게有하바陽曆壹月四日에本人이該郡의前任하야답證明與測量하여圖本을지出하얏다니今聞則답主김成泰라하고何許人이該답을僞造證明與測量圖를出하야日本人에게典執云하니勿論內外國人은知悉하시옵
西部盤松坊池下契[illegible]洞壹百五拾壹號十三戶居 김成泰 告白

本人이去月分에姓名圖章을見失하고新造圖章하얏스니以此照亮함
北署嘉會坊[illegible]洞九統壹戶 李應泰

本人의第二子種殷性本招揚하야沉惑於酒色雜技하더니今月에猝然히家出하야追逐挾雜輩하야虛有驗其誘引하고[illegible]間得債할念慮가有하오니內外國人은勿爲欺하시오
忠淸南道沔川甘泉面三花里 李始永 告白

本人이本月初壹日에本面國軍등逆水浦等地에서京文魔[illegible]去乙巳年分에錢七百兩標와金基成處에錢六百兩標와梁文健處에會計標文五百八十八兩會計記와開金壹坐을遺失이옵기故以廣告하오니照亮後無論內外國人하고若拾得則休紙施行홈
龍川府光化面九嶺里 白致默 白

現今測量製圖人[illegible]宗而自農部退却故로本所에서外國에卒業한壹等測圖師를延聘하야製圖實習所를設立하얏ᄉ오니道內各郡事務所에서技藝人을今陰十五日內로派送實習케홈
平北宣川郡內玉洞三統十戶 大韓測量專業所 告白

東部蓮花坊大井洞六統七戶家券을路中에서失이오니該券을誰某拾得하야도休紙施行홈 庚[illegible] 白

特設日語夏期講習所
高明한講師林圭氏를聘하야日語甲乙班으로敎授홈
開學 七月壹日下午四時
科目 甲班、文法、會話讀本 乙班 會話讀本 作文
時間 甲班下午七時至九時 乙班下午一時至九時
月謝金五拾錢 諸費五十錢
夏期外學을夜學敎授홈
位置 南部茶洞 私立共成學校內

本校에서學員約壹百五拾名을募集하오니入學志願者ᄂ速히履歷書를添付하야入學請願書를提出할事
入學志願者ᄂ左記를注意할事
壹、七月貳拾日內로本校로來할事
壹、年齡은拾五歲以上至卅歲 身體强健者
試驗科目 國漢文交作讀書算術四則以上
壹 敎授科程은陶磁燭飛陶沙器各種染色物及各種織組하며製造機械를實施使用하기로하오니本校에來問할事
壹 本業期限은壹個年으로定홈
漢城私立光明學校 告白

東萊府沙中面梁洞十四號九戶所有權證明書를陽一月拾二日에서失하야誰某拾得하야도休紙로施行하오 金峻坤 告白

本社에서巨額을費하고文明한各國의演劇을觀察한結果로此를模倣하야我國古蹟의忠孝義烈賢勇의諸實狀을演劇으로하올터이온데開始한지百日以內에ᄂ今日에하던演劇을其翌日에아니하기로務定하와今月十七日로始하깃사오니僉君子ᄂ來臨玩賞하심을望홈
隆熙三年六月貳十四日 圓覺社 告白

本郡々內面坮대居白鳳基가大支東面炭洞等地所在土地(田畓)拾九石拾九斗三升落與今坪面洛浦等地(田畓)拾三石拾九斗落을現今證明申請인바異議가有한者ᄂ本月三拾日內로本郡에即速申告이되無或違晩追悔홈
隆熙三年六月拾日 忠南禮山郡廳

◎自强丹
右藥을發明홈은我同胞의自强精神을培養하기爲하야特製홈이니衛生을注意하시ᄂ僉君子ᄂ本人의誠意를愛하시와信用하심을務望○效能은中暑、中寒、霍亂、吐瀉、食傷、酒滯、船暈由來鬱氣嘔逆水土不服口中惡臭運氣癘疫等症에神效가有하고且他健脾養胃解渴定喘精爽快하ᄂ奇功이兼備하와恒常長服하면勞働하ᄂ者의自强力을培養하ᄂ良藥으로近世에著名하오
發行人白川邑[illegible]藥房 趙雲泳
發賣所 鳳山沙里院 金昌善
延安邑 邊汝文藥房
金川助浦 李[illegible]植店
[illegible]岳邑 [illegible]舖 楊[illegible]鎰
[illegible]邑 金達澄店
[illegible]連邑 [illegible]文[illegible]冠

專賣特許驪帽子

中山帽子 價金 五圓〇〇 四圓五〇 三圓五〇 貳圓五〇
中折帽子 上仝
女子帽子 上仝
學徒帽子 價 二圓〇〇 二五〇 二〇〇 壹七〇

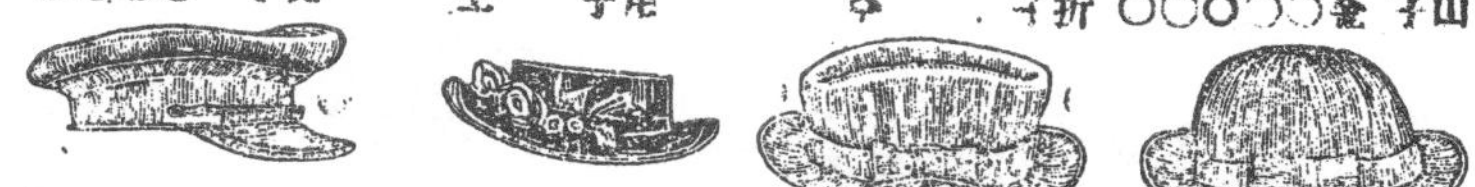

新發明本帽子ᄂ式은時分의新適宜하ᄂ商標를汚染홈이無하고洗滌하기極易하야折標를ᄭᅥᄂ다精潔하야新載하여도必要홈이天下에最上이라世人의冠이되며圖案은夏節에白色이요春秋에灰色이요冬節에黑色이라輕하고暖하야四節에適宜하고伸縮과製造가年老의緻密을從하오니無故히府下에得하와登錄을하얏사오니世界人士ᄂ速히求하시ᄂ이ᄂ京城南部銅峴太平街里玉虎書林附屬帽子商店 謹告

登錄商票
TRADE MARK
THE HEAVEN DOVE
비둘이

美國시아를大博覽會 · 미국시아틀대박람회

韓美興業株式會社(美國博覽會代理店總辦)
本社 皇城磚洞[京城部便局東南]
本社와各處代理人

代理人	位置	姓名
京城代理人	[illegible]	金東憲
平壤代理人	平壤大門外	鄭基煥
咸興代理人	咸興[illegible]門外	[illegible]
馬山浦代理人	馬山浦	孫[illegible]
元山代理人	元山港	[illegible]
淸津代理人	淸津	盧炅洙
水原代理人	水原	金[illegible]
安城代理人	[illegible]	[illegible]
沙里院代理人	位置未定	김유東
金泉代理人	金泉市場	邦元熏
羅州代理人	位置未定	[illegible]
天安代理人	位置未定	尹[illegible]
群山代理人	群山	[illegible]
全州代理人	位置未定	김[illegible]
大邱代理人	位置未定	[illegible]
釜山代理人	位置未定	辛[illegible]
江景代理人	位置未定	[illegible]
麗水代理人	位置未定	[illegible]
顯湖代理人	位置未定	[illegible]
永同代理人	位置未定	[illegible]
木浦代理人	木浦	[illegible]
晋州代理人	位置未定	金[illegible]
金堤代理人	位置未定	[illegible]
漢江附近代理人	位置未定	[illegible]
義州代理人	義州	朴[illegible]
江界代理人	位置未定	[illegible]
漢城南大門外代理人	位置未定	[illegible]
鎭南浦代理人	位置未定	金[illegible]
安州代理人	[illegible]	[illegible]
城津代理人	郭山	金相杰
太田代理人	太田	宋始憲
浦項代理人	浦項	[illegible]
淸州代理人	[illegible]	[illegible]
吉州代理人	吉州	金[illegible]
鏡城代理人	位置未定	[illegible]
延安代理人	延安	[illegible]
兎山代理人	兎山	[illegible]
濟物浦代理人	位置未定	金[illegible]
公州代理人	公州	宋[illegible]
麟山代理人	位置未定	[illegible]
洪城代理人	位置未定	[illegible]
漢城代理人	位置未定	김[illegible]

AMERICAN KOREAN TRADING COMPANY

光武九年八月拾壹日 明治卅八年八月拾壹日 [第三種郵便物認可] 火曜日 西曆壹千九百九年六月廿九日 (壹)

第七卷 第壹千壹百卅三號

大韓每日申報

月歲 閱覽及日 廢休 新刊

檀君開國四千二百四十二年
箕子元年三千三十一年
大韓開國五百十八年
[illegible]
己酉五月小十二日庚申

Responsible for Publication Alfred Weekley Marnham.
發行兼編輯人 英國人 萬咸
發行所 京城南部[illegible]三層洋屋
大韓每日申報社

論說

◎西南遊客의談

現今經濟의恐荒이日太[illegible]야天時人事가 雨澤이[illegible]足[illegible]야天時人事가極度 [illegible]壓迫[illegible]情曖[illegible]侯害[illegible]어[illegible] [illegible]記者[illegible]西南[illegible]遊歷 [illegible]던[illegible]行客[illegible]遇[illegible]야其談話[illegible] 聞[illegible]민又[illegible]層凄[illegible]의感[illegible]不勝[illegible]지[illegible]其[illegible]畧[illegible]撮錄[illegible]건더[illegible] 와如[illegible]더라

客曰余[illegible]年[illegible]偶然[illegible]事故[illegible]因[illegible]야[illegible]地[illegible]遊歷[illegible]서 莊麗[illegible]동[illegible]膏沃[illegible]田[illegible]太半外人의居住及占領[illegible]산河 光景이[illegible]感[illegible]者ㅣ已自不少[illegible]에重到[illegible]想[illegible]便是太古華胥[illegible]日月이오太古堯舜의乾坤[illegible]다而今[illegible]江山不可復識[illegible]歎[illegible]累起[illegible]

經濟窘急의情形[illegible]隨[illegible]야人民의[illegible]活이益[illegible]히[illegible]聊[illegible]미眼[illegible]의瘡[illegible]醫[illegible]爲[illegible]야心頭[illegible]肉을硏下[illegible]借[illegible]야土地家屋을外人[illegible]典執或賣渡[illegible]時月糊口의策[illegible]是做[illegible]者ㅣ比[illegible]如此[illegible]幾年[illegible]不過[illegible] 야韓人은自家私土[illegible]落[illegible]保全[illegible]者ㅣ[illegible]內事이니 엇지憤歎處가아니리오

然則目[illegible]生活[illegible]層[illegible]困難[illegible]리니人民敎育[illegible]何道로唱[illegible]며國家思想은何術로保[illegible]리오時機가如此急迫[illegible]其中文字[illegible]稍解[illegible]고名譽가稍高[illegible]上等人物은

尙且門[illegible]閉[illegible]고枕을高[illegible]야舊時代思想을膠守[illegible]고新世界風潮[illegible]昧[illegible]야當貳志士의設校[illegible]反對[illegible]며許多靑年의入學[illegible]呵禁[illegible]니其頑昧가可悶[illegible]며又學校設立者도言[illegible]지라[illegible]眞正[illegible]愛國思想에基因[illegible]야我國家[illegible]何以恢復[illegible]며我民族[illegible]何以振興[illegible]가[illegible]는者[illegible]其人[illegible]不可見[illegible]오但只期世에生[illegible]야[illegible]隨打隨打[illegible]向[illegible]야與時推移[illegible]이第[illegible]件[illegible]이라語[illegible]遂[illegible]然後[illegible]人과交涉[illegible]더인주曰[illegible]不可不學이며法律을解[illegible]然後에裁判所主[illegible]始得[illegible]더인즉法律을不可不학[illegible]야[illegible]國[illegible]的으로[illegible]勸奬치안코又是[illegible]生荀活的으로[illegible]講[illegible]니其子弟가비록[illegible]有[illegible]지라도彼가何[illegible]從[illegible]야正覺[illegible]得[illegible]리오其學[illegible]劣[illegible]이可惜이로다

嗚乎라今日可惡의事가[illegible]但[illegible]件인가經濟가如是急[illegible]며敎育이如是甚難[illegible]매[illegible]上의霜[illegible]加[illegible]야旱[illegible]가如是甚緊[illegible]니國民資生의道途와[illegible]步의方針에[illegible]策[illegible]全無[illegible]나니此[illegible]誰와共[illegible]硏究[illegible]리오

記者曰吁[illegible]客[illegible]이誠然[illegible]도다마는雖然이나經濟의好敎[illegible]育의振興[illegible]今日政府[illegible]可望[illegible]비아니니我[illegible]는바는惟善男信女가各其[illegible]의力을盡[illegible]야遊衣遊食의[illegible]減殺[illegible]而已며頑[illegible]의[illegible]醒[illegible]而已라如是[illegible]進行[illegible]면國民의知[illegible]力이彼沛然[illegible]勃興[illegible]라[illegible]

苗와如[illegible]지니라 且客은天災[illegible]是憂[illegible]는[illegible]只今은遊手[illegible]食[illegible]災가旱災보다甚[illegible]며魑魅跳梁의災가旱災보다甚[illegible]나[illegible]害[illegible]此[illegible]彼[illegible]勿憂[illegible]라 人事[illegible]盡[illegible]天降[illegible]災[illegible]可救어니와人災[illegible]極[illegible]天賜[illegible]도失[illegible]나니라

外報

◎淸美交涉 倫敦[illegible]則在華盛頓로닝、포쓰트[illegible]假[illegible]報道[illegible]曰英[illegible]美國[illegible]淸國川漢鐵道借款에[illegible]加入을申請[illegible]에對[illegible]英國[illegible]되게이트[illegible]淸國[illegible]接交涉을開始[illegible]其解決[illegible]遲延[illegible]至[illegible]英及外國銀行[illegible]協商[illegible]고提言[illegible]美國[illegible]國卿녹쓰氏는此[illegible]對[illegible]美國[illegible]淸國[illegible]交涉[illegible]깃노라[illegible]回答[illegible]야[illegible]

◎空中國防 倫敦電[illegible]據[illegible]倫敦포닝포쓰新聞은外國에서最[illegible]飛行[illegible]空中飛行機[illegible]勝[illegible]金으로二百磅을領收[illegible]一[illegible]磅[illegible]公衆[illegible]陸[illegible]할면서[illegible]非常[illegible]歡迎[illegible]下院議[illegible]日議會에空中防禦[illegible]旣[illegible]巴里倫敦間에[illegible]强[illegible]飛行機[illegible]計劃[illegible]勝[illegible]로決定[illegible]

◎土國將校留학 伯林電[illegible]土耳其將校拾九[illegible]軍[illegible]硏究[illegible]기爲[illegible]야德國軍隊[illegible]附[illegible]더라

◎飛行船訪問 伯林電[illegible]則쪽엣펠닝伯[illegible]八月二十[illegible]新遣飛行船[illegible]乘[illegible]訪問[illegible]

◎英紙와飛行船 伯林[illegible]倫敦[illegible]操縱[illegible]良[illegible]國製飛[illegible]船[illegible]購入[illegible]기爲[illegible]二千磅의募金[illegible]始[illegible]다더라

◎蘇士運河[illegible] 倫敦電[illegible]據[illegible]제일늬、메[illegible]、新聞報道에[illegible]日蘇士運河會社[illegible]同運河開鑿權의延期[illegible]幷히[illegible]行[illegible]第二運河開鑿에[illegible]要[illegible]資금增加[illegible]就[illegible]야現今埃及政府와交涉中이라더라

雜報

[illegible]報[illegible]壹千[illegible]百[illegible]熱[illegible]後冷[illegible]孟[illegible]義塾[illegible]김[illegible]九시가[illegible]隨聞揭載[illegible]前後五年[illegible]敎育[illegible]擔負[illegible]校與他校[illegible]義[illegible]六千餘圓[illegible]精神敎育에注意[illegible]模範이될더인[illegible]此[illegible]荒說[illegible]浮浪輩의做出[illegible]

學報

◎[illegible]卒業 平北宜川郡耶蘇敎會[illegible]中학校[illegible]本月[illegible]八日下午四時에第壹回卒業禮式을擧行[illegible]卒業生[illegible]合九人[illegible]

詞藻

◎滅蟲候
어인벌네완[illegible]、落々[illegible]松따파 먹노。
벌네잡는싸ㅅ자꼬[illegible]、어[illegible]카 꼬아니오나。
空山에、落木[illegible]넘재면、저[illegible] 으리。

廣告

本人이本月初壹日에本面回軍[illegible]等地에서리京文處[illegible]去乙巳年分에錢七百兩標와金[illegible]成處에錢六百兩標와梁文健處에會計[illegible]五百八十八兩會計記와開金壹[illegible]遺失이온기以廣告[illegible]오니照亮後無論內外國人[illegible]오고[illegible]拾得則休紙施行[illegible]
靈川府光化面九嶺里[illegible]

數理講習所募集

每夏에倘洞靑年學院[illegible]開[illegible]던數理學講習所[illegible]今夏[illegible]左記處所에서三回로[illegible]設[illegible]니願학[illegible]會員은六月三拾日內로志願[illegible]시오
前部 代數 自壹次方程式
理[illegible] 自然界의現象 心理
後部 算術 自分數 代數初自
幾何 自平面部

第三回夏期數理學講習所
中部[illegible]演[illegible]興土國內

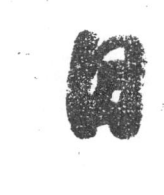

◎[illegible]新宏壯活動寫眞
[illegible]巴里城[illegible]兄弟商會[illegible]漢城電[illegible]員이東大門內光武臺에서來六月[illegible]日부터每日午后八点鐘에活動寫眞을[illegible]設[illegible]며空氣[illegible]應用[illegible]야[illegible]聲[illegible]歐米各國奇妙[illegible]歌曲과壯快[illegible]軍樂[illegible]吹奏[illegible]며全[illegible]風俗을撮寫[illegible]야新鮮美麗[illegible]本[illegible]每[illegible]別[illegible]交換[illegible]이[illegible]보아도서[illegible]습니다
觀覽料 [illegible]等 四拾錢 [illegible]等 二拾錢 [illegible]等 拾錢

雜報

●致祭文製撰 孝章大君墓에 致祭를 擧行ᄒᆞ얏ᄂᆞᆫ대 該祭文은 大皇帝陛下ᄭᅴ옵셔 親撰下ᄒᆞ오셧다더라

●旱氣憂慮 近日旱氣가 太甚ᄒᆞ야 民情이 散々ᄒᆞᆫ 情狀을 大皇帝陛下ᄭᅴ옵셔 天聽ᄒᆞ오시고 宮內府大臣閔丙奭 侍從卿尹德榮 總理大臣李完用 內大臣朴齊純 大提學[illegible] 諸氏를 命召ᄒᆞ샤 旱災에 對ᄒᆞ야 懇切히 憂念ᄒᆞ옵시ᄂᆞᆫ 聖意를 下諭ᄒᆞ옵시고 仍히 宮內府大臣을 命ᄒᆞ샤 典[illegible]ᄒᆞ야 遞御ᄒᆞᄂᆞᆫ 水剌의 饌品을 減ᄒᆞ라ᄒᆞ옵셧ᄂᆞᆫ대 總相以下各大臣이 下諭ᄒᆞ옵신 聖意를 民간에 宣布ᄒᆞᆯ 旨로 上奏ᄒᆞ얏다더라

●聖意宣布 내閣諸大臣이 再昨日下午에 覲見ᄒᆞᆷ에 總理大臣이 完用氏가 會同ᄒᆞ야 大皇帝陛下의 減膳ᄒᆞ시ᄂᆞᆫ 聖意를 宣布키로 協議ᄒᆞ얏다더라

●各大會議 再昨日下午六時頃에 내閣總理以下各大臣들이 朴齊純氏家에 會同ᄒᆞ야 내閣變動ᄒᆞᆫ다ᄂᆞᆫ 事에 對ᄒᆞ야 數時間을 秘密協議ᄒᆞ고 同拾時量에 散會ᄒᆞ얏다더라

●宣諭提議 地方中에 騷擾가 尤甚ᄒᆞᆫ 處에ᄂᆞᆫ 宣諭使를 派送ᄒᆞ기로 내閣會議에 提議ᄒᆞ얏다더라

●觀員官吏 日本에 往還ᄒᆞᆫ 觀光團中에 多力이 有ᄒᆞ고 資格可堪ᄒᆞᆫ 者로 地方官吏를 需用ᄒᆞ기로 統監府셔지 同意되얏다ᄂᆞᆫ 說이 浪藉ᄒᆞ더라

●地稅及附加稅 今番의 新實施ᄒᆞᆯ라ᄂᆞᆫ 地稅及附加稅ᄂᆞᆫ 何今度支部와 내部의셔 交涉ᄒᆞ고 統監府參與官會議의셔도 大畧其方針을 定ᄒᆞ야 近々實施가 되리다ᄂᆞᆫ대 其내容을 得聞ᄒᆞᆫ즉

壹 地稅及附加稅ᄂᆞᆫ 道府의셔 本稅百分之三拾以下로 ᄒᆞᆯ事

貳 戶稅의 附加稅ᄂᆞᆫ 道府의셔 每戶의 拾五錢以下로 ᄒᆞᆯ事

三 市場稅ᄂᆞᆫ 其營業各鄕의 狀況을 依ᄒᆞ야 府及各道의셔 酌量決定ᄒᆞᆯ事

四 庖廚稅ᄂᆞᆫ 牛壹頭의 一圜五拾錢以下로 ᄒᆞ고 其徵稅方法은 道의셔 適宜히 決定ᄒᆞᆯ事

五 酒幕稅ᄂᆞᆫ 慣例대로 ᄒᆞᆯ事

六 客主稅ᄂᆞᆫ 年稅로 ᄒᆞ야 慣例대로 ᄒᆞᆯ事

渡船稅ᄂᆞᆫ 大同江과 鴨綠江外의ᄂᆞᆫ 其徵稅가 僅少ᄒᆞ다ᄒᆞ고 妓生稅도 平壤外의ᄂᆞᆫ 僅少ᄒᆞ다ᄒᆞ고 豚屠稅도 其稅額이 僅少ᄒᆞ다더라

●英日博覽會出品 昨日午前拾時에 내部度支部農商工部와 學部關稅局鐵道局通信管理局等 各主管者들이 統監府의 會集ᄒᆞ야 英日博覽會의 出品準備事로 協議會를 開ᄒᆞ얏ᄂᆞᆫ데 其내容은 韓國의 模型天然풍景及統監政治前後變革等을 表明ᄒᆞᆯ 寫眞及統計表를 出品ᄒᆞ기로 協定ᄒᆞ얏ᄂᆞᆫ데 來月拾日頃의 第二回協議會를 開ᄒᆞᆫ다더라

●無體不彰 總理大臣李完用氏가 通津郡所在草坪을 六千圜에 結價買收ᄒᆞ얏ᄂᆞᆫ대 ᄒᆡ草坪與成을 前稅務官鄭某와 ᄒᆡ郡鄕吏直員鄭某와 前參事沈某가 居間ᄒᆞ야 ᄒᆡ草坪主人에게ᄂᆞᆫ 五千圜에 結價ᄒᆞ고 李總理에게ᄂᆞᆫ 六千圜을 圖出ᄒᆞ야 壹千圜은 ᄒᆡ三人이 分食ᄒᆞ얏던지 李總理가 其中間分食條를 推尋코ᄌᆞᄒᆞᄂᆞᆫ 故로 ᄒᆡ三人이 方在困難中이라더라

●公不容私 前韓國閔泳徽氏가 其新聞記者를 請邀ᄒᆞ야 自己에 事實을 善不善間 新聞上에 勿爲揭載ᄒᆞ기를 懇請ᄒᆞ더니 記者가 答ᄒᆞ되 新聞은 公擧로 世人의게 公布ᄒᆞᆷ이니 大監의 囑托을 不可承遵이라ᄒᆞ얏다더라

●鄭氏入城 咸鏡南北道官廳에 會計及簿書를 檢査ᄒᆞ기 爲ᄒᆞ야 出張ᄒᆞ얏던 度支部檢査次長鄭正秀시ᄂᆞᆫ 再昨日에 入城ᄒᆞ얏다더라

●繙譯試取 法部에셔 繙譯官補四拾名을 甲乙로 各학교卒業生을 再昨日法官養成所에 會同ᄒᆞ야 試取ᄒᆞ얏다ᄂᆞᆫ데 應試者가 四百餘名에 達ᄒᆞ지라 試驗科目中에 日語算術科程만 試驗ᄒᆞ고 [illegible]科ᄂᆞᆫ 應試書의 稱冤이 有ᄒᆞ다더라

●夏期講習 學部에셔 夏期放學時에 各官公私立학교職員으로 ᄒᆞ야금 一般학生의 講習所를 設行ᄒᆞᆫ다ᄂᆞᆫ대 處所ᄂᆞᆫ 京城師範학교와 官立大邱普通학교와 平壤普通학교로 定ᄒᆞ얏다더라

●漁業의 補助金 韓國政府에셔ᄂᆞᆫ 韓人의 漁業組合에 對ᄒᆞ야 組織을 擴張ᄒᆞᆯ 方針으로 補助金을 與ᄒᆞᆯ터이라ᄂᆞᆫ데 其金額은 未定이나 壹萬五千圜假量이 되겟다더라

●學徒行列禁締 由來로 各학교生徒가 高官의 葬禮等에 出迎ᄒᆞ기 爲ᄒᆞ야 市街를 通行ᄒᆞᆷ이 多數히 行列ᄒᆞ야 一般通行의 妨害됨이 不少ᄒᆞᆫ으로 學部에셔ᄂᆞᆫ 通行頻繁ᄒᆞᆫ 市街로ᄂᆞᆫ 生徒들이 延長行列을 不得ᄒᆞ고 但二十或三拾名의 團體로 不過케ᄒᆞ라고 各학교의 通知ᄒᆞ얏고 統監府의셔도 日人학교의 此意로 同樣通知ᄒᆞ얏다더라

●學會認許 今番의 학部의셔 西北。關東。畿湖。湖南。法학。大東。輿士團。輔仁。敎育諸학會及咸南交化학會咸北興民학會等을 認許ᄒᆞ얏다더라

●日人의 飯小營業 京城龍山間의 日人의 豆腐行商의 數ᄂᆞᆫ 百名假量인데 其利益이 不少ᄒᆞ야 致富ᄒᆞᄂᆞᆫ 者ㅣ 多ᄒᆞᆷ에 近日에ᄂᆞᆫ 彼等이 協議ᄒᆞ고 萬餘圜의 資金을 投ᄒᆞ야 豆腐製造會社를 設ᄒᆞ고 小營業으로 大利益을 取ᄒᆞᆯ터이라ᄂᆞᆫ데 韓人들은 自國의 在ᄒᆞ야 國내 無數ᄒᆞᆫ 餘利를 實不注意ᄒᆞ다고 慨歎ᄒᆞᄂᆞᆫ 者ㅣ 多ᄒᆞ다더라

●水產漁獲額 農商工部水產局調査를 據ᄒᆞᆫ즉 日本海岸壹萬六千海里의셔ᄂᆞᆫ 漁獲이 壹億圓에 達ᄒᆞ고 韓國海岸六千海里의셔ᄂᆞᆫ 漁獲이 六七百萬圜에 達ᄒᆞ다더라

●何必忠祠 [illegible]郡에 在ᄒᆞᆫ 忠烈祠ᄂᆞᆫ 忠武公李舜臣시를 旌忠ᄒᆞᆫ 祠額을 신設인대 ᄒᆡ道觀察使黃[illegible]시가 ᄒᆡ祠에 工業傳習所를 設置ᄒᆞ고 附屬士地ᄂᆞᆫ 放賣ᄒᆞ야 經用케 ᄒᆞ므로 忠武公子孫中李仁永리 敎諭시等이 聯署ᄒᆞ야 내部에 請願ᄒᆞ야 ᄒᆡ事端을 禁止케ᄒᆞ라ᄒᆞ다더라

●宮屬呼訴 本月二拾二日에 前司七宮々屬六百餘名이 宮內府에 呼訴ᄒᆞ야 慰勞금을 請願ᄒᆞ얏다더라

●禹氏黜敎 太極敎宗敎人禹龍澤氏ᄂᆞᆫ 晉州에 行ᄒᆞ야 行悖ᄒᆞᆷ으로 敎人資格이 不適當ᄒᆞᆷ으로 賤敎에셔 辭討黜送ᄒᆞ얏다더라

●僧侶呼訴 冠岳산念佛岩僧侶朴湖남씨ᄂᆞᆫ ᄒᆡ寺什物을 强盜의게 [illegible]ᄒᆞ얏ᄂᆞᆫ데 ᄒᆡ强盜等을 調捉推尋ᄒᆞᆯ 事로 中部警察署에 呼訴ᄒᆞ얏다더라

●人怨可念 中部警察署巡查某々四氏가 去日曜日에 妓生을 帶同ᄒᆞ고 人力車를 搭乘ᄒᆞ고 東大門外淸凉寺에 前往ᄒᆞ야 逸宕히 遊樂ᄒᆞ얏ᄂᆞᆫ데 車價와 花價를 不給ᄒᆞ얏던지 ᄒᆡ人等의 稱怨이 不絕ᄒᆞ다더라

●憲補行悖 再昨日下午九時量에 楊州磨石리 憲兵補助員孫昌植爲名人이 泥醉ᄒᆞ야 廟동[illegible] 警察支派所前에셔 酗풍狼藉ᄒᆞ야 民을 亂踏毆打ᄒᆞ야 行悖ᄒᆞ거ᄂᆞᆯ 巡査가 來到說諭ᄒᆞᆫ즉 反爲抗詰ᄒᆞ야 騷動ᄒᆞᄂᆞᆫ지라 勢不得已ᄒᆞ야 中部警察署에 引致拘留ᄒᆞ얏다더라

●哀此煢獨 慶北來人의 傳說을 聞ᄒᆞᆫ즉 聞慶郡永順면 [illegible]里장 李成云爲ᄂᆞᆫ 涉文主人 [illegible] 民間에 結稅를 濫捧ᄒᆞᆷ으로 民怨이 浪籍ᄒᆞ다더라

●面長勤務 [illegible] 북方面면장中[illegible]祿시ᄂᆞᆫ [illegible] 公廳被任ᄒᆞ야 騷擾中에 危險을 不避ᄒᆞ고 恪勤觀務ᄒᆞ야 面內賴安ᄒᆞᆷ으로 [illegible] 春에 ᄒᆡ시가 [illegible]任을 辭免코ᄌᆞ ᄒᆞ미 面民이 會議挽留ᄒᆞ야 仍任務ᄒᆞ다더라

●義將報實 [illegible]郡義兵將河[illegible]리가 自刎ᄒᆞᆷ은 已報ᄒᆞ얏거니와 更히 詳探ᄒᆞᆫ즉 起義以來로 人民의 財產을 私掠지 아니ᄒᆞ고 不犯ᄒᆞ야 聲名이 藉々ᄒᆞ더니 幾日前에 日憲兵의 不意襲擊ᄒᆞᆷ을 當ᄒᆞ야 勢窮力盡ᄒᆞ야 敵國이라 部下兵四十名을 自解送ᄒᆞᆫ 所帶兵器ᄂᆞᆫ 投諸江水ᄒᆞ고 自己ᄂᆞᆫ 單身으로 挺出陣에 倡義以來로 民財의 犯ᄒᆞᆫ 罪와 至于今日에 不幸被擄ᄒᆞᆫ 事를 々々說明ᄒᆞᆫ 後에 拔劍自刎ᄒᆞ얏ᄂᆞᆫ데 ᄒᆡ地人民들이 ᄒᆡ시의 忠義를 感歎不服ᄒᆞ야 收尸厚葬ᄒᆞ얏다더라

●激憤棄職 韓兵將河相대氏가 拔劍自刎ᄒᆞ얏다ᄂᆞᆫ 說은 別項과 如ᄒᆞ거니와 其時에 日憲兵의 通譯某氏가 河相대氏의 登壇說明ᄒᆞᆷ을 目覩ᄒᆞ고 感憤이 衝激ᄒᆞ야 ᄒᆡ通譯事務를 永棄ᄒᆞ고 不知去處ᄒᆞ얏다더라

●三犯處役 物紙僞造罪人[illegible]世顯은 役三年에 處ᄒᆞ고 强盜罪人安宋淵[illegible] 貳人은 役七年에 處ᄒᆞ얏다더라

●投石負傷 再昨日下午七時에 醫觀醫衛生係에셔 [illegible]口니圖成址에 幻灯會를 設行ᄒᆞᆯ時에 觀光男女가 千餘名에 達ᄒᆞ얏ᄂᆞᆫ데 伊時何處에셔 投石이 頻々ᄒᆞ야 重傷者가 多數ᄒᆞᆫ 故로 登時풍波가 太起ᄒᆞ얏다더라

●仁川賊警 仁川府[illegible]손동에ᄂᆞᆫ 連日賊漢輩가 多數作黨ᄒᆞ야 各持凶器ᄒᆞ고 民家에 突入ᄒᆞ야 錢穀等各項汁物을 奪去ᄒᆞᆷ으로 民心이 大端騷擾ᄒᆞ다더라

●何不出脫 貞洞坊圖에셔 習光학교를 新設ᄒᆞ고 閔泳徽氏로 選定ᄒᆞ얏더니 ᄒᆡ氏ᄂᆞᆫ 財政事項에 何等顧念이 有ᄒᆞᆫ인지 終不出席ᄒᆞ고 期圖辭免ᄒᆞᆷ의 一般人皆鼻笑ᄒᆞ더라

●太極講會 太極敎宗[illegible] 昨日에 敎務所內에 講研會를 開ᄒᆞ얏ᄂᆞᆫ데 會員이 百餘人이라 相揖禮를 行ᄒᆞ고 會長에 [illegible]興선을 推薦出席ᄒᆞ야 天命之性과 敎之原因의 問題를 對ᄒᆞ야 講義를 說明ᄒᆞ고 講師[illegible]根鄕廷哲씨가 論著ᄒᆞᆫ [illegible] 記籍相益[illegible]公布ᄒᆞ고 敎員尹滋協[illegible] 講義를 自覺說明ᄒᆞ고 嚴氏ᄂᆞᆫ 講義를 演說ᄒᆞ고 同大將이 相揖閉會ᄒᆞ얏다더라

●智德開演 西部宗橋拜堂에셔 智德共濟會에셔 今日下午八時에 靑年은 國家之希望이라 問題로 演說ᄒᆞᆫ다는 傳說을 許ᄒᆞ얏다더라

▲美人情態▼

飛湯子

▲滿城花柳繁華ᄒᆞᆫ 朱樓畵閣 月賣香에 白馬郞은 已去ᄒᆞ고 新佳郞이 又至ᄒᆞ니 粉黛冶容美人의 新情夫와 結緣코ᄌᆞ 百般媚態를 부린다

그 佳郞은 누구라나 官爵좋고 勢力좋은이

▲더 美人을 볼작시면 情夫오는 消息듯고 巾路에 ᄯᅡ라가 手同車을 나을재 慇懃ᄒᆞᆫ 情誼는 膠漆 일듯ᄒᆞ니 비ᄒᆞᆯᄉᆞ록 그 情態가 可觀이오

그 美人은 누구라나 南村에 ᄉᆞᄂᆞᆫ 시집진이

▲또 ᄒᆞᆫ 美人 볼작시면 新情夫가 온然後에 自己夢醒알수업셔 그 機微를 探知코저 偵探ᄒᆞᄂᆞ니 노로 以面奔走ᄒᆞᄂᆞᆫ 그 情態가 可觀이오

그 美人은 누구[illegible] 婦女[illegible]

▲또 一美人 볼작시면 新情夫의 消息듯고 一年作[illegible] 右紹介노앗다가 仲媒者가 妬忌ᄒᆞ야 月下佳緣못되고 그 情態가 可觀이오

그 美人은 누구라나 水原에셔 ᄂᆞ온 京[illegible]

▲또 ᄒᆞᆫ 美人 볼작시면 新情夫가 온 緣後에 陳腐해진 其眞假를 알수업셔 [illegible] 中에 안젓스니 그 情態도 可觀일셰

그 美人은 누구라나 宮中에셔 從宦ᄒᆞᆫ이

▲석ᄒᆞ도다 우리 [illegible] 貧且窮 이 時節에 婦女들이 [illegible] 獵艶興旺ᄒᆞᆫ 介엿나 [illegible]之思 [illegible] ᄒᆞ야 [illegible] 女이엿나

남의집의 婦女들은 貞淑ᄒᆞ게 [illegible]

社告

杆城邑內新城里貳統三戶 함澍元씨와 韓산郡下북鍾[illegible]里李[illegible]씨와 [illegible]씨가 該地方에 本報購覽諸氏의 便宜홈을 爲ᄒᆞ야 支社를 特設ᄒᆞ기 爲ᄒᆞ야 該兩氏로 本支社員을 認定ᄒᆞ고 玆에 廣佈ᄒᆞ오니 該附近에셔 本報愛讀 僉君子ᄂᆞᆫ 該兩氏의게 購覽ᄒᆞ시옵

大韓每日申報社

廣告

各計회학校及個人的我同胞兄弟ᄭᅴᄋᆞᆸ셔 大寫眞館을 愛護ᄒᆞ심은 感謝ᄒᆞ거니와 寫眞代金을 酒債로 同視ᄒᆞ야 經年不報者가 數百餘處에 達ᄒᆞ야 收合이 蕭條ᄒᆞ고 外國商店의 寫眞材料價ᄂᆞᆫ 督促이 日甚이온ᄃᆡ 難維持이옵기 懇乞屢ᄒᆞ오니 眞心으로 愛護ᄒᆞ시ᄂᆞᆫ 僉君子ᄂᆞᆫ 憐此情勢ᄒᆞ시고 隨卽鍬交ᄒᆞ시와 永久維持케 ᄒᆞ시믈 切望이오며 從今以後로 我韓同胞에게ᄂᆞᆫ 先金或半數以上을 先入ᄒᆞ고 撮影을 交換ᄒᆞ後에 入場撮影ᄒᆞᆷ을 茲에 廣告홈

大韓寫眞館天然堂 告白

本人이 姓名圖章金允兩字ᄂᆞᆫ 正字요 華字官字篆字其中에 太極刻ᄒᆞᆫ것을 今月初五日白馬驛內에셔 失이옵기 廢佈ᄒᆞ오니 內外國人間에 得이라도 勿施홈

驪州威[illegible]面中端 金允華

本人의 姓名圖章을 陽六月貳拾四日에 陽성素沙川邊에셔 沐浴ᄒᆞ다가 失ᄒᆞ얏기 玆에 廣告홈

[illegible]稷山郡成歡中里 金在奎

東萊府沙中面[illegible]栗洞十四番九戶所有權證明書를 陽月拾二日에셔 失護ᄒᆞ얏기 拾得이라도 休紙로 施行ᄒᆞ오

金峻坤 告白

本人이 去乙巳年分에 偶然失火ᄒᆞ야 所謂乎 五間半及什物家券을 沒數燒燼ᄒᆞ고 家舍ᄂᆞᆫ 卽建築이나 家券을 汨於生涯ᄒᆞ야 未卽成出이오니 內外同胞ᄂᆞᆫ 照亮홈

南部會賢坊石井洞[illegible]鳳[illegible]

本人의 第二子[illegible]殷性本搖揚未定ᄒᆞ야 沉惑於酒色雜技ᄒᆞ더니 今月에 猝然上京ᄒᆞ야 追逐挾雜輩ᄒᆞ야 處有[illegible]其誘引ᄒᆞ고 京鄕間得債ᄒᆞᆯ 念慮가 有ᄒᆞ오니 內外國人은 勿爲見欺ᄒᆞ시오

忠淸南道沔川甘泉面三花里 李始永 告白

現今測量製圖를 今完而自農部退却故로 本所에셔 外國에 卒業ᄒᆞᆫ 壹等製圖員을 延聘ᄒᆞ와 製圖實習所를 設立ᄒᆞ얏ᄉᆞ오나 道內各郡事務所에셔 技員幾人을 今臨十五日內로 派送實習케 홈

平北宣川郡內玉洞三統十戶
大韓測量講究所 告白

本里에셔 失火ᄒᆞ여 二十八戶가 灰燼ᄒᆞᆫ事ᄂᆞᆫ 前報에 已揭ᄒᆞ얏거니와 如此樣遑情狀을 矜恤ᄒᆞ녀 本郡守金禹[illegible]시가 十元과 郡主事李[illegible]시가 三元을 捐助ᄒᆞ으로 十戶가 改建되고 鮮[illegible]本面長申山老시와 [illegible]에 [illegible]勸勉ᄒᆞ야 其餘未建ᄒᆞᆫ 十八戶를 期於改建ᄒᆞ야 使之扶持케 홈으로 以上三시의 愛恤之情을 不勝感謝ᄒᆞ야 並以廣告홈

信川郡加乎右面[illegible]石里
[illegible]徐[illegible]奎
[illegible]金成萬 告白

第三回夏期國語講習所를 [illegible]洞[illegible]年學校內에 開ᄒᆞ오니 聽講코ᄌᆞᄒᆞ시ᄂᆞᆫ이ᄂᆞᆫ 七月拾日內로 本所에 來願ᄒᆞ시오

[illegible]時經

江華각學校聯合運動時義捐諸氏

觀察使金思默시 금五圜
郡守韓永源씨 금拾五圜
洪元섭 [illegible]拾圜
南宮온 洪[illegible]섭 [illegible]竹하造
曹丕庠 合[illegible]학校 각五圜
金允昌 五圓代醒牌丸壹百封
리潤植 四圜 金[illegible]集 崔[illegible]敎
朱潤[illegible] 리[illegible]榮 각二圜
安용植 黃[illegible]周 黃璟[illegible]
俞鎭[illegible] 沈[illegible]馨 田[illegible]鐸
[illegible]健秀 權[illegible]亨 姜[illegible]欽
姜길馨 [illegible]成根 각二圜
尹學祖 [illegible]翊周 黃式仁
姜元奎 劉景模 김魯卿
郭[illegible]鎭 徐相七 閔[illegible]
리과현 김廷培 趙[illegible]
리鶴壽 安永七 宋順東
盧[illegible]壹 [illegible]斌 趙元星
[illegible]麟元 [illegible]然昇 [illegible]茂
尹滋豐 崔聖[illegible] 리[illegible]
申[illegible]석 [illegible]基文 김[illegible]秀
리[illegible] 劉[illegible]植 [illegible]철
[illegible]永 리源植 李[illegible]昇
金[illegible]珠 [illegible] 김允富
金炳夏 尹[illegible]岳 김斗[illegible]
崔英[illegible] 嚴山俊 韓[illegible]敎
[illegible]成燁 朴[illegible] 劉[illegible]勳
黃[illegible] 朴仁植 김正현
崔禹賢 김[illegible] 黃[illegible]仁
김敎昌 宋[illegible] 張元奎
김[illegible]列 各五十錢 朴齊[illegible]
石永元 許 郭 朴齊衍
朴齊行 김[illegible]濟 각三十錢

江華聯合運動會 告白

本人의 子[illegible]根의 字ᄂᆞᆫ 善장인ᄃᆡ 沉惑於酒色雜技ᄒᆞ오며 追逐挾雜輩ᄒᆞ야 敎其誘引ᄒᆞ고 內外國人에게 得債ᄒᆞ事와 父兄의 土地를 潛賣ᄒᆞᆯ 念慮가 有ᄒᆞ오니 內外國人은 勿爲見欺ᄒᆞ시오

忠北淸州西江外下壹面正尺 李[illegible]永 告白

◉特設日語夏期講習所 高明ᄒᆞᆫ 講師林圭氏를 聘ᄒᆞ야 日語甲乙班으로 敎授홈

一 開학 七月壹日下午四時
一 科目 甲班、文法、會話讀本 乙班 作文 乙班會話讀本
一 時間 甲班下午七時至九時 乙班下午三時至五時
一 入학金五拾錢月謝金五十錢
一 夏期를 經ᄒᆞ면 夜학敎授홈

位置 南部茶洞 私立共成學校內

本校에셔 學員約壹百五拾名을 募集ᄒᆞ오니 入學志願者ᄂᆞᆫ 速히 履歷書를 添付ᄒᆞ야 入學願書를 提出홈事

入學志願者ᄂᆞᆫ 左記事를 注意事
一 七月貳拾日內로 來校홈事
一 年齡은 拾五歲以上至卄歲 身體强健者

試驗科目 國漢文交作讀書算術四則以上

一 敎授科程은 [illegible]燭飛[illegible]沙器各種染色物及各種織組品製造機械를 實驗使用ᄒᆞᆯ 깃ᄉᆞ오니 本校에 來學ᄒᆞᆯ事

學業期限은 壹個年으로 定홈

開城私立光明學校 告白

同胞에 愛顧ᄒᆞ시기를 望ᄒᆞ옵고 完實ᄒᆞᆫ 衣次와 洋襪織組ᄒᆞ오니 仁愛ᄒᆞ신 君子ᄂᆞᆫ 陸續來購ᄒᆞ심을 望홈

南門內[illegible]洞敎堂前 [illegible]會社 告白

미국시아들대박람회 美國시아들大博覽會

經濟學原則에 云ᄒᆞ얏스되 夥多ᄒᆞᆫ 物의 分排ᄒᆞᆷ을 因ᄒᆞ야 最大ᄒᆞᆫ 權力이 發生ᄒᆞᆫ다 ᄒᆞ얏스니 其權力을 用ᄒᆞ야 可爲善이오 其權力을 濫用ᄒᆞ야 可爲惡이라

本社之印章

其權力을 [illegible]物과 [illegible]의 改良進步홈을 爲ᄒᆞ야 完全케 善良ᄒᆞ게 利用ᄒᆞᆷ이 [illegible]權力의 [illegible]大홈을 不[illegible]ᄒᆞ지라 我[illegible]美[illegible]株式會社ᄂᆞᆫ 大韓帝國의 商工業의 基礎를 建築ᄒᆞ며 [illegible]이 [illegible]大[illegible]力과 [illegible]合體이오이다 [illegible]이 不[illegible]에 [illegible]物이 [illegible]知[illegible] [illegible]代表ᄒᆞ니 [illegible]能[illegible]本會社에 [illegible]能力이 有홈을 [illegible]ᄒᆞ나니 [illegible]人이 能히 [illegible]ᄒᆞ야 自身分이 [illegible]其國家에 對ᄒᆞ야 [illegible]自己와 [illegible]을 知得ᄒᆞᄂᆞᆫ [illegible]聯合ᄒᆞ기를 願ᄒᆞᄂᆞ이다

本社之商標

皇城碑[illegible] 京城郵便局郵函(第四拾号) 韓美興業株式會社
(本美國에ㅣ소나州法律認可 駐大韓國美國總領事館登錄)

本社의 各處代理人의 氏名을 如左홈

開城代理人 開城南門外[illegible]食物店 [illegible]
平壤代理人 平壤太平門內[illegible] 金東宣
咸興代理人 咸興[illegible]門外
馬山浦代理人 馬山[illegible]
元山代理人 元山港
淸津代理人 淸津港
水原代理人 水原北[illegible]
安城代理人 位置未定
沙里院代理人 位置未定
全州代理人 位置未定
南原代理人 位置未定
天安代理人 位置未定
群山代理人 群山大[illegible]
金[illegible]代理人 位置未定
大邱代理人
釜山代理人
江景代理人 位置未定
麻浦[illegible]代理人 位置未定
[illegible]代理人 位置未定
[illegible]代理人 位置未定
永同代理人 位置未定
晉州代理人 位置未定
金堤代理人 位置未定
漢江[illegible]代理人
義州代理人 位置未定
江界代理人 位置未定
海[illegible]代理人
鎭南浦代理人
定州代理人 位置未定
[illegible]代理人 位置未定
[illegible]代理人
太田[illegible]代理人
[illegible]代理人
[illegible]代理人
[illegible]代理人
[illegible]代理人 位置未定
[illegible]代理人 位置未定
[illegible]代理人 位置未定
漢城[illegible]部[illegible]代理人
[illegible]代理人 位置未定

濟生堂和平堂大藥房聯合紀念大贈彩

◉贈大彩說明

濟生堂[illegible]和平堂開業三週年[illegible]에[illegible]多數ᄒᆞ야[illegible]業이時日[illegible]隆盛ᄒᆞᆫ功績[illegible]其感佩와實難表誠[illegible]今에兩大藥房에셔紀念式을幷行ᄒᆞ고僉君子의感謝를表ᄒᆞ기爲ᄒᆞ야兩種藥品（淸心保命丹、八寶丹）을特製大發賣ᄒᆞ며大贈彩券을[illegible]代金添呈ᄒᆞ와當時[illegible]大占利ᄒᆞ오니僉君子ᄂᆞᆫ勿失此機ᄒᆞ시고[illegible]ᄒᆞ심을敬要

懸賞物品金六百圜價値

大福彩券은以四千枚로定

兩大靈藥（淸心保命丹　八寶丹）賣貼價金各拾錢

效能　담飮積滯[illegible]　水土不利[illegible]

方法

賣價金十[illegible]枚[illegible]包에[illegible]彩券[illegible]을添呈ᄒᆞᆷ

[illegible]外[illegible]藥品中의五拾錢價格에彩券을添[illegible]

[illegible]五圜價格[illegible]券[illegible]을添呈ᄒᆞᆷ

賞品

[illegible]米貳拾石（每拾石式）太斗五斗入

[illegible]石（每五石式）

[illegible]六石（每貳石式）

[illegible]石（每壹石式）

[illegible]金五十圜（每五十전式）

[illegible]紙券[illegible]三千八百七拾八匣

[illegible]寸三千八百七拾八匣

空彩[illegible]

[illegible]郵便引換으로送呈ᄒᆷ

[illegible]六[illegible]日로定　自隆熙三年六月拾六日 至同八月拾五日

[illegible]아更告ᄒᆞ겟슴

位置

[illegible]大門側

濟生堂大藥房本舖

和平堂大藥房

[illegible]路

兩堂臨時出張所

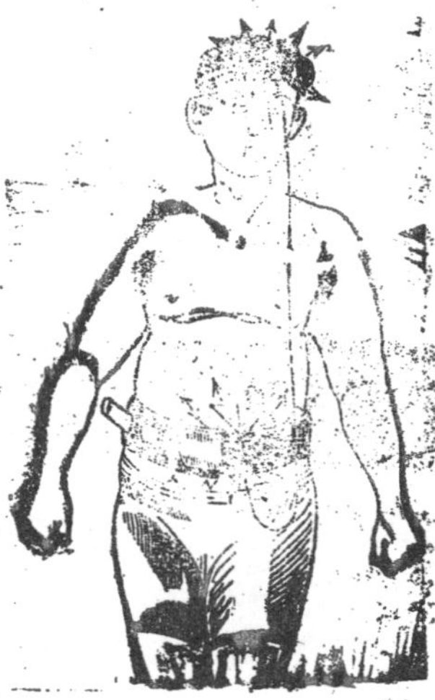

自宅治療

電氣帶廣告

（主治効能、神經衰弱[illegible]不眠、遺精、早漏[illegible]快、陰위不起、消化器[illegible]衰弱、疝症[illegible]痛腰痛[illegible]足疾

精選家庭救急方

前醫學校敎官 朴容奮 著

全壹冊 定價金[illegible]十錢

[illegible]

目次大畧○[illegible]救急○卒倒○卒[illegible]○[illegible]○霍亂○癲癎○疼痛○頭痛○[illegible]疼痛○出血○鼻出血○[illegible]○[illegible]○吐瀉○鴉片[illegible]石[illegible]○[illegible]○[illegible]○凍傷○嘔吐○[illegible]○[illegible]○止血法○挿圖○火傷[illegible]假死○假[illegible]救急法○溺水○縊[illegible]○[illegible]○中毒○死者○[illegible]呼吸法○[illegible]○[illegible]○頭部○外傷○胸部[illegible]傷○腹[illegible]○狂狗○蛇○蜂蠆咬傷○妊娠[illegible]○[illegible]○法意○[illegible]

發行所 [illegible]

代理店

共[illegible]告白

京鄕各書舖隨意販賣

京城[illegible]大藥房에서製造發賣ᄒᆞᄂᆞᆫ[illegible]

罷文[illegible]衛生試驗所에[illegible]

京鄕[illegible]藥業家와[illegible]賣藥家에

[illegible]오

平胃丸	金十錢	消滅百瘧膏	金十錢
補益丸	金一円	淸肺鎭咳藥	金三十錢
聰藥水	金十錢	養兒寶散	金十五錢
保命丹	金十錢	蛔蟲殺消丸	金二十錢
消積丸	金五十錢	寸白[illegible]藥	金三十錢
咽喉藥	金五十錢	鐵精丸	金一円
小兒咳嗽散	金三十五錢	吐瀉霍亂救急水	金三十錢
痢疾寶散	金三十錢	止瀉潤腸丸	金三十錢
解熱散	金三十錢	大腫拔根膏	大瓶入 金二圓
甘露水	金三十錢	腫根治膏	大瓶入 金二圓
疥瘡藥	金四十錢	去液生新膏	大瓶入 金二圓
痳疾丸	金五十錢	濕腫根治膏	大瓶入 金二圓

光武九年八月拾壹日 明治卅八年八月拾壹日 第三種郵便物認可 水曜日 西曆壹千九百九年六月三拾日 (壹)

第七卷

大韓每日申報

第壹千壹百拾四號

月幾及臨休日 隨時發刊
檀君開國四千二百四十二年
箕子元年三千三十一年
大韓開國五百十八年
日本明治四十二年
淸國宣統元年
隆熙三年 己酉五月小十三日辛酉

Responsible for Publication Alfred Weekley Marnham.
發行兼編輯人 萬咸
發行所 京城南部石井洞統外地三層洋屋 大韓每日申報社

論說

◎今日教育界의精神界

挽近學部에서認許又頒用ᄒᆞᄂᆞᆫ教科書를槪ᄒᆞᆫ건대太半日人이日文으로著出ᄒᆞ야日本其國에서使用ᄒᆞ던者를韓國녀학교에移用케ᄒᆞᆫ니此가有志者의惕然寒心ᄒᆞᆫ處가아닌가即今學部教科用書籍에愛國獨立의字句를禁止ᄒᆞ며近世悲憤의歷史를摸糊케ᄒᆞ고加之以日人教育ᄒᆞᄂᆞᆫ日語日文으로韓人을教育ᄒᆞ니將來韓人教育의前途를可悲며將來韓人教育의前途를可惜이로다

夫抵祖國의精神을保全ᄒᆞᄂᆞᆫ者도自國의語文이是며對外의思想을振作ᄒᆞᄂᆞᆫ者도自國의語文이是며獨立自尊의德性을擴充케ᄒᆞᄂᆞᆫ者도自國의語文이是며獻身爲國의魄力을發達케ᄒᆞᄂᆞᆫ者도自國의語文이是니自國의語文이아니면自國의歷史가其神聖을失ᄒᆞᆯ지며自國의語文이아니면自國의社會가其國力을失ᄒᆞᆯ지며自國의語文이아니면自國國民이其祖先을尊ᄒᆞᆷ을不知ᄒᆞᆯ지며自國의語文이아니면自國同胞가其兄弟를愛ᄒᆞᆷ을不知ᄒᆞᆯ지니自國語文의自國에關係됨이果然何如히重太ᄒᆞ뇨是故로海外諸文明國에서小學童子에게外國文의教授ᄒᆞᆷ을不許ᄒᆞᆷ은此가或自國語文을侵蝕ᄒᆞ야幼稚腦髓를亂ᄒᆞᆯ가ᄒᆞᆷ이며又專門外國語者의同伴이라도衆會中에서外國語로互相問答ᄒᆞᆷ을排斥ᄒᆞᆷ이亦是自國語文을重觀ᄒᆞᆷ에出ᄒᆞᆷ이어날

邇來韓國에ᄂᆞᆫ尋常小학교에日語를教授ᄒᆞ며第二次각處학校에日語讀本을必置케ᄒᆞ며니且今에至ᄒᆞ야ᄂᆞᆫ突然警察과如ᄒᆞᆫ官令으로許多數科用圖書를押收ᄒᆞᄂᆞᆫ同時에又此咽々吝々ᄒᆞᆫ日文書冊을各校에使用케ᄒᆞ니

嗚呼라從此檀君以後四千載堂家어가日泯ᄒᆞ며世宗以後五百年壹國文이日墮ᄒᆞ고惟此平假名片假名의伊呂波가橫行ᄒᆞᆯ而已인가雖然이나吾輩ᄂᆞᆫ國語國文의衰頹ᄒᆞᄂᆞᆫ其時에國家精神이沉埋ᄒᆞᆯ가恐ᄒᆞᆷ이로다

此를斷行ᄒᆞᄂᆞᆫ者에게警告ᄒᆞ노니각학校에巨軼되日本史를敎ᄒᆞᆷ도韓國의精神을埋沒ᄒᆞᆷ이며處處의日本人講師를置ᄒᆞᆷ도韓國의精神을埋沒ᄒᆞᆷ이며許多事爲가無非其精神을埋沒ᄒᆞᆷ이어날獨日未足이라ᄒᆞ야前則小학校童子에게日어를教授ᄒᆞ며今又各地學校에日文讀本을頒用ᄒᆞ니抑亦太甚ᄒᆞᆷ이아닌가

然이나記者의此言은官吏에게告ᄒᆞᆷ도아니며日人에게告ᄒᆞᆷ도아니오只是教育界有志者에게告ᄒᆞ야國어를保守ᄒᆞ며國文을擴張ᄒᆞ야國粹를注重케ᄒᆞᆷ이어니와未知케라此等에注意ᄒᆞᄂᆞᆫ者ㅣ有ᄒᆞᆫ가

官報

▲隆熙三年 四月二拾日

部 令

法部令第二號

司法警察官執務規程 (續)

第五節 鑑定

第三十七條 鑑定은犯罪의性質。方法及結果를分明케ᄒᆞ기爲ᄒᆞ야必要ᄒᆞᆫ時에適當ᄒᆞᆫ知能을有ᄒᆞᆫ者에게命ᄒᆞ야此를行케ᄒᆞᆷ이可ᄒᆞᆷ

第三拾八條 鑑定書에ᄂᆞᆫ鑑定의手續。日時及結果를記載케ᄒᆞ고若結果가分明치못ᄒᆞᆫ時ᄂᆞᆫ其推測ᄒᆞᆫ바를記載케ᄒᆞᆷ이可ᄒᆞᆷ

第三十九條 第三十五條의規定은鑑定人訊問에此를準用ᄒᆞᆷ

第六節 檢證搜索及物件押收

第四拾條 事實발覺ᄒᆞ기爲ᄒᆞ야必要ᄒᆞᆫ時ᄂᆞᆫ犯所其他處所에臨ᄒᆞ야檢證을行ᄒᆞ고又被告人과其他者가事實을證ᄒᆞᆯ物件을藏匿ᄒᆞᆫ疑慮가有ᄒᆞᆫ時ᄂᆞᆫ家宅이나其他處所를搜索ᄒᆞᆷ을得ᄒᆞᆷ (未完)

外報

◎英帝旅行 伯林電을據ᄒᆞᆫ즉英國皇帝께서ᄂᆞᆫ今夏에마리엔빠드及피셀地方을訪問ᄒᆞ실터인대倫敦某新聞은此를墺帝의招待를因ᄒᆞᆷ이라ᄒᆞ나維也納에서ᄂᆞᆫ此를否認ᄒᆞ얏다더라

◎阿比是尼亞王重患 伯林電을據ᄒᆞᆫ즉非洲阿比是尼亞王메넬닉크ᄂᆞᆫ再次重患에罹ᄒᆞ얏다더라

◎西皇后分娩 伯林電을據ᄒᆞᆫ則西班牙皇后ᄂᆞᆫ皇女를分娩ᄒᆞ셧다더라

◎川漢鐵道關係 北京電을據ᄒᆞᆫ則美國公使ᄂᆞᆫ去廿二日에外務部에往ᄒᆞ야五年前에英美가協同ᄒᆞ야淸國과契約ᄒᆞᆫ川漢鐵道內約의實行을催迫ᄒᆞ고미英國은美國에對ᄒᆞ야該問題를銀行과銀行간의協商에委ᄒᆞ자ᄒᆞ얏스나美國은斷然拒絶ᄒᆞ얏다더라

◎安奉線問題 大連電을據ᄒᆞᆫ則總領事와會見ᄒᆞ야安奉線問題에就ᄒᆞ야意見을交換ᄒᆞ고其方針을決定ᄒᆞ얏다더라

◎淸人의反對演說 淸國商人協會會장은써드늬에서演說ᄒᆞ야日만일濠洲에서淸國人排斥法을制定ᄒᆞᆫ진대淸國과通商關係를結지聯지라淸國人은白人의濠洲政策을肯諾ᄒᆞ거날淸國人을劣等人種으로排斥코져ᄒᆞᆫ는以上에ᄂᆞᆫ其施行을反對치아니치못ᄒᆞ리라ᄒᆞ얏다더라

雜報

◎傳之者誤 再昨日本報雜報欄니粉頁商復起란題에對ᄒᆞ야更探ᄒᆞᆫ즉尹殷炳시ᄂᆞᆫ該社員에參與ᄒᆞᆷ이誤錄ᄒᆞᆫ다더라

學報

◎明興卒業 平北鐵山邑耶蘇敎私立明興학校에서第壹回卒業式을擧行ᄒᆞ얏ᄂᆞᆫ디

卒業生 安明赫 鄭석洪
鄭福奎 成祿敬 張延洙
安自由

詞藻

◎汝不見

놉흐나놉흔남게、나ᄂᆞᆫ勸히올녀노코。

그나무흔져쥐고、흔들기ᄂᆞᆫ무숨일가。

더진너、北山大虎네行爲보고、나ᄂᆞᆫ참잡어。

雜報

●大臣例會 昨日午後幾時에統監官邸에서大臣例會를開흐고二時間協議흐얏다더라

●中央銀行內容 漢성內에中央銀行을設立흔다는說은前報에已揭흐얏거니와今番曾禰統監이韓銀行協約事件을帶來흐얏다는디其內容을漏聞흔즉銀行은形式上으로는韓國中央에設置흐되任員인즉總裁以下諸役員을沒數히日人으로選定흐야日本政府에同意를得흐야事務를處理흔다더라

●拓社實施 東拓總裁宇佐川이가來月中旬頃에日本서금貨貳拾五萬圓을引出흐야拓社事務를實施흔다더라

●年卑識高 端川郡守權炳照氏는年今二拾에不過흔디知識이高明흐고爲人이寬厚흔지라該郡守가該氏로郡主事를薦報흐얏더니該氏가固辭曰拾餘年工夫흔本意가郡主事에在흠이아니라흐고牒紙를不受흐얏는디該氏의高尙흔思想을人皆稱頌흔다더라

●臥食陵官 貞陵參奉박勝濬氏는內大박齊純氏의從姪인디其勢力을藉恃홈인지三個月을入番치아니흐고自己私廊에閑臥흐야每朔月俸만如當히取食흔다고人皆批評흔다더라

●民籍簿紙送交 昨日內部에서民籍簿用紙를警視廳으로送交흐고漢城內각警察署에分給흐얏다더라

●淸商督債 近日淸商들이商店을撤廢흐고歸國흐는事가累報어니와淸商들이韓人의게貸金을督促흐며日不久에間島關題로因흐야淸日開戰이된다기라고本國에셔通知가有흐야忙急歸國흐더인즉速速辨償흐라흔다더라

●韓會決議 大韓協會에서再昨日下午八時頃에評議會를開흐얏는디二種聲明書를提出흐기로決議흐얏다더라

●瓦鐵道賣買 曾佛安氏가經營흐는京城電氣鐵道는日韓瓦斯會社에서買收흐기로決定흐얏다더라

●繰絲法改良 近日漢성內某某蠶業家들이各其資本금을鳩出흐야日本製繰絲器械를購入흐고且日本女敎師를雇聘흐야壹般女子학徒를募集흐야繰絲法을敎授흐기로決定흐얏다더라

●捕鯨會社合同 韓國沿岸에서捕鯨特權을得흔日人의東洋漁業會社와長崎捕鯨會社其他捕鯨會社等은今回에大合同흐야帝國이되야東洋捕鯨株式會社를創設흐기로決定흐얏다더라

●役代費 丙午年에銅峴署察分署에서出番巡査를녀녀指揮흐야該管內衛生費未納者를逮捕調査흐얏는디其理由인즉第一期로부터今今지滯納흔者는壹壹招致흐야何等役의服務케흐야其當額을代價케홈이라더라

●碑費欲推 前判書李根澔氏가爲興府使在任時에壹郡人民이頌德碑를列立흐얏다는디日昨에該郡民代表金某가上京흐야李氏에게面問흐기를近來大監兄弟의處勢安寧가多有흔지라大監을爲흐야碑흔것이後悔莫及이라며役費百五十圓을還推흐랴고發場詰難흐얏다더라

●悖人悖出 前承旨김희용氏가年前에韓國閔泳徽시의게田답幾石落을抑奪히見奪흐얏던지起訴裁判흐야壹萬八千餘圓을推尋흐기로得訟흐얏다더라

●發號點妾 中部中谷居咸鏡觀察使尹甲炳시의別室이每夜에靑年蕩子를暗自引入흐야送宕遊樂흔다는說은各報에已揭어니와尹氏가해新聞을購覽흐고卽時해家를發覺흐되해別室을不日에仙遊로出往居生케흐되萬若遲滯흔다는說이有흐면我가親히上京措處흐깃다흐얏다더라

●高女起訴 給三道測量協議會長高仁석시가測量總督會長瞞석劉시를詐欺取財犯으로地方裁判所에起訴흐얏다더라

●無變不出 安산仁化面陵谷居學慶秀氏가嗣續이無흐야族子丙吉을率養흐얏더니丙吉夫妻가父母舅姑의게不孝莫甚흐야其母喪葬禮時에隨喪도아니흐고其父繼粒時에무含挾憾이有흐얏던지其父가據理責之則丙吉이張拳怒目으로擧措驗悖흐고又春杵를毆打繼母흐야胸膝이受傷흔지라丙吉이自知犯網흐야其妻家로歸托코즈흐미其妻父가拒而不納흐얏는디該里長계壹面에通文흐야罪惡을聲討흔다더라

●農組成否 리道宰金允植金嘉鎭諸시가발起設立흔農事組合所에서股金募集흔額數가八萬圜에達흐얏다더라

●代金宜付 寫眞美術이世界에彌滿흐되韓人中에는惟김圭鎭氏壹人이京성에天然堂을設立흐고寫眞營業흔지于今三年이며니近日에撮影흔諸氏들이代金不報홈으로廢業之境이되얏다는디其一般同胞가贊成치는못홀지언정妨害를加홈은不可흐다고物論이有흐다더라

●縱犬咬人 北部細橋居高德列氏가日昨隣居日人家門前에過흐다가日犬에게被咬흔지라하시가其犬毛를剪取하야燒塗治療케를請흔디져日人이反히高氏를毆打흐며또犬을呼흐야高氏의全體를亂咬케흔故로該氏가方今西小門外同和藥房에서治療흔다더라

●新報押收 桑港에在留하는韓人의發行흐는新韓民報第百三十四號紙를昨日에押收흐고發賣頒布를禁止흐얏다더라

●衛生幻灯 東部警察署에서管內居住人民에게衛生上의必要事項을普般周知케흐기爲흐야日間에幻灯會를設行흐고無料觀覽케흔다더라

●赤痢流行 東萊人의傳說을聞흔즉近日以來로江原道原州郡에는赤痢病이流行흐야罹患흔者가多흔故로郡守가目下預防에專力흐는中이라더라

●金倅被囚 金?郡守朴?陽氏는恐喝騙財犯으로히道裁判所에被囚되얏다더니將次拘拿懲辦흔다더라

●拘尾一年 强盜尹景五가曾往에?廳에被捉흘當時에生命을乞흐야日若蒙白放이면竊盜等多數授納흐마흐는지라?廳에서尹賊을放免흐고?賊의告發을因흐야竊盜九拾餘名을捕縱흐얏는대該日前에尹賊이冠岳山念佛岩에前往흐야僧徒를威脅흐야금貨五餘圜紙를勒捧흐고京성安등等地로其日에輸來흐야거날해僧徒가如約來到흔즉해賊이果有흔지라僧徒名이中部警署에告發흐야尹賊을即捕縛흐얏다더라

●議校開會 ?湖학校에서來土曜下午二時에賀務會를開흐고校舍建築事件을協議흔다는대該학員壹同은爲先壹百五十餘圓을取集寄付흐얏다더라

◉裵氏追悼會

海蔘威에居留흐는韓國同胞들이本社前社長裵說氏의喪故를聞흐고悲哀의情을表흐기爲흐야去月二十七日에該埠蘇畝?會堂에서追悼會를設行흐얏고同三十壹日에는大東共報社內에서設行흐야該氏의歷史를說明흔後紳士諸氏가激切히演說흐얏는디聽衆兩國人도多數來參흐야壹場悲泣을呈흐얏고該氏를爲흐야捐贖흔금額이多數흐얏다더라

學界

●崔氏興學 杆성郡邱山面月安里居崔數澈시가昨年拾月부터該郡鳳鳴학校內에測量科를設흐고學徒를募集敎授하야卒業生이拾八에達흐얏고伊來에至흐야?學校를又設흐고生徒를熱心敎授흔다더라

●小安興學 小安동居趙鳳植시家에서日語夜학科를設하고三拾五歲以上老大흔人員을募集敎授흔다더라

●紀念銀盃 慶州郡守吳泰泳시가在任四載에勞苦를不憚흐고敎育을奬勵흔結果로該郡境內에設立흔학校가十處오就中城內廣興학校는郡衙至近之境에在흐야勸奬이尤極흠으로該校는般任員及學徒가莫不稱頌인바本月四日은該校創立紀念日이라紀念禮式을擧흔後에壹百五拾餘名學徒가協議致흐야郡守께敎育上奬勵흔盛意를表흐기爲흐야紀念銀盃를贈呈흐얏다더라

●靑進寄付 靑坡靑進學校基本金에對흐야石橋契居흐는金星七崔仁植盧用承閔亨基林暢根李汝幹等六시는各壹百圜式李敏承文錫祚李鍾浩盧斗承盧昌顯五시는각七十圜式趙昇增金成玉兩시는각三십圜式一契居흐는羅炳奎高德相兩시는各三十圜式二契居흐는梁在昶시는三十圜三契居하는韓元淳金義三兩시는各三十圜式寄附흐얏다더라

●大成放學 平壤大成學校夏期放學式을本月二十三日에箕子陵下愍忠壇에서設行흐얏는디該校學徒參觀시의勸勉的演說과해校先生玉觀彬시의외忠武公歷史譚과金德基李東暉崔炳憲三시의勸勉的演說과各種풍俗에關흔演劇을大擧行흐야觀光者가盛히呈흐얏는디觀光男女가三千餘名에達흐얏다더라

●江華運動 本月五日에江華郡에서公私立各學校聯合運動會를擧行흐얏는디男女學徒가壹千貳百餘人에達흐며賞品비設備는該郡守韓永복시와贊成파郡內紳士의義捐으로景況이圓滿흐야各科賞이오餘人이오內外國來賓이滿場喝采흐고縱覽흐는男女가人海를成흐얏는디該學使金思默시는학徒를?야十歲工商의實業發達흐?로懇切히勸勉흐고運動?한有奬學徒는特別히賞品을增給흐야施賞勸論흐얏다더라

●師範講習 日本에渡往흐야苦心熱誠으로三拾餘年留學흐던劉銓시가今夏期에平壤에渡來흐야有志諸시의協議를經흐고當에師範講習所를設흐더인데?學ㅁ字는來月十日頃으로定흐얏다더라

▲人中棄物▼

▲人間에다흐는거슨萬物之中에最靈인데韓國으로말흐면더며런人物多數흐다어런兒孩바린것슨孤兒院에셩긴後에收養所나잇거니와四肢나?壯成하야無用之物바린것슨누가다시收拾할세

▲安逸性이成癖흐야勞働을對흐면夫賤品으로認흐는손음우에물둥기도며屋에도낫잡자기父兄世業마파먹고財政恐慌흐야飢餒之憂嗟嘆간만十指不動晏然하니더棄物될어지흘너

▲淫蕩性이成癖흐야靑樓倡妓對흐면온精神부터迷亂흐야黃金鏡떠나가도니엽스면나모산쪽을젹에쥭때리生死行亡身敗家不顧흐니더棄物될어지흘너

▲驕傲性이成癖하야自尊?對흐면온氣高高丈하히저?中枯骨祖先?를쇠에피우리듯이?斑斑?白諛흐며口尙乳臭어린거시白髮老翁?여서도無禮不敬待接흐니더棄物될어지흘너

▲玩賞벽이成性흐야演劇場을當흐면心懷中錢俗쏙에어여特等票?사가지고?座에놉히안저淫蕩歌曲엿마되어린風流니쇼나세?밤이되지날이선지樂而忘返爲主흐니더棄物될어지흘너

▲臨時棄物만처만은壹壹指數흘수업네收養法을研究흐야諸君의게警告흐니各其個人羅處上에收養所를設施흐고惻怛心을養成흐며奮發力을鼓動흐고勇往맹進흐야有用之物되야보소

廣告

第三回夏期日語講習所를 ○○洞 ○年學院內에 開ᄒᆞ오니 聽講코져ᄒᆞ시ᄂᆞᆫ 이ᄂᆞᆫ 七月拾日內로 本所에 志願ᄒᆞ시오 ○時○

京城南部 曲橋 拾壹統七戶
法律事務所
電話九七七番
修法學士 護辯士 崔鎭
諸般法律事務를 親切迅速處理ᄒᆞ오니 陸續來議ᄒᆞ시오

測量界의 大發明

從四位勳二等 工學博士 石橋絢彦先生序
特許三角式 發明者 山崎圖藏
測量器械

新發明 三効式測量法

鑛山 山林 鐵道 田畓 宅地 原野

(定價金壹圜 郵稅金四錢)

壹個月에 何人이던지 卒業ᄒᆞᆷ을 得ᄒᆞᆯ事
三角術의 素養을 不要ᄒᆞᆯ事
据付及携帶ᄒᆞ기 輕便ᄒᆞᆯ事
本器를 購求ᄒᆞ면 生活之途를 得ᄒᆞᆯ事
從來ᄒᆞᄂᆞᆫ 測量器械보다 三分之壹의 時間으로 測圖ᄒᆞᆷ을 得ᄒᆞᆯ事

本器의 特色 購求者의 注意

本器購求者에게ᄂᆞᆫ 無料로 使用法을 敎授ᄒᆞᆷ
本器正價 鐵製ᄂᆞᆫ 五拾圜 木製ᄂᆞᆫ 三拾圜이오니 僉彦은 陸續來購ᄒᆞ심을 爲要

發賣所 漢城總領事館通 華商總會館
山崎測量製圖辯術學校內

臨五月拾日路上에서 手匣壹介를 見失ᄒᆞ얏ᄂᆞᆫᄃᆡ 此手匣에 藏置ᄒᆞᆫ 거신즉 昨年拾壹月廿捌日 本金炳雲處推次金壹百圜手票一度와 去三月初六日 本田在豐處推次金二百圜手票壹度와 五月初入日 本李性觀處推次金二百圜手票壹度이온기 玆에 廣告ᄒᆞ오니 內外國人間拾得ᄒᆞᆫ者와 또休紙施行ᄒᆞ시옴

平壤鍾路채圭中 告白

各社회학校及個人的我同胞兄弟께옵셔 本寫眞館을 愛護ᄒᆞ심은 感謝ᄒᆞ거니와 寫眞代金을 酒價로 同視ᄒᆞ야 經年不繳者가 數百餘處에 達ᄒᆞ야 收合이 無路ᄒᆞᆫ 又外國商店의 寫眞材料價ᄂᆞᆫ 督促이 日甚이온ᄃᆡ 乘雜維持이옵기 懇乞ᄒᆞ오니 眞心으로 愛護ᄒᆞ시ᄂᆞᆫ 僉君子ᄂᆞᆫ 憐此情勢ᄒᆞ시와 隨卽決交ᄒᆞ시와 永久維持케ᄒᆞ심을 切望이오며 從今以後로 我韓同胞에게ᄂᆞᆫ 先金或半數以上을 先入ᄒᆞ고 照証을 交換ᄒᆞᆫ 後에 入場撮影ᄒᆞᆷ을 玆에 廣告ᄒᆞᆷ

大韓寫眞館天然堂 告白

本里에서 失火ᄒᆞ여 二十八戶가 灰燼ᄒᆞᆫ事ᄂᆞᆫ 前報에 已揭ᄒᆞᆫ바거니와 如此慘狀을 矜恤히 녀여 本郡守金禹龍씨가 十元과 郡主事李鍾永씨가 三元을 捐助ᄒᆞᆷ으로 十戶가 改建되고 該本面面長申山老씨가 獨擔熱心勸勉ᄒᆞ야 其餘未建ᄒᆞᆫ 十八戶를 期於改建ᄒᆞ야 使之扶持케ᄒᆞᆷ으로 以上三씨의 愛恤之情을 不勝感謝ᄒᆞ야 玆以廣告ᄒᆞᆷ

信川郡加乎右面鬪石里 洞任徐炳奎 洞長金應禹 告白

本館에서 各種書籍과 雜貨及測量器具를 特別大割引發賣ᄒᆞ오니 僉君子ᄂᆞᆫ 陸續請求ᄒᆞ시옵 但外方에서ᄂᆞᆫ 請求만ᄒᆞ시면 郵便引換代金으로 付送ᄒᆞ고 郵費ᄂᆞᆫ 本館에서 自擔ᄒᆞᆷ

平壤鍾路 太極書館

本人의 第貳子ᄂᆞᆫ 賦性本痛揚末定ᄒᆞ야 沉溺於酒色雜技ᄒᆞ더니 今月의 猝然上京ᄒᆞ야 追逐挾雜ᄒᆞ야 處有聽其誘引ᄒᆞ고 或鄕間得債ᄒᆞᆯ念慮가 有ᄒᆞ오니 內外國人은 勿爲見欺ᄒᆞ시오

忠청남道沔川甘泉面三花里 리始永 告白

◎本成寶成學校及義捐諸氏가 如左ᄒᆞᆷ

金 완 廿圜 張敬鳳 拾壹圜 김顯懋 楊寅熙 申석恒 吳承섭 金榮鎭 朴남薰 金昌錫 김千根 市園契 리晉源 西商會 京城康용九 京城南部大廟橋김勝運 각拾圜 玄基默 七圜 金泰默 崔聖模 康元泰 김慶成 각六圜 金榮鎬 片斗列 리濟在 吳緯漢 김하麟 朴남섭 김鳳封 安濟星 리膺洙 梁鎭模 라昇喆 吳基선 吳敏영 장鳳화 장翼恒 崔璟應 김內縣 日入阪口 仲三郞 朱攡基 각五圜 秦亨甫 鄭明根 리鼎甲 金德敏 申德洙 각四圜 永義社 南門外商契 趙昌益 伊殷衍 리雲洙 趙弘顯 林璟夏 리善禹 金泰元 金昌成 朴靖華 朱成璞 朴鼎善 姜濟황 각三圜 金在寔 리英在 金成俊 鄭明允 김경秀 朴서根 朴南有 宋衡乾 宋濟誼 리在榮 리麥雄 김洪極 朴成大 리應鎰 김槙澤

김鳳洛 洪基亭 박鳳潤 趙潤協 崔承烈 리完甲 權石史 김熏 尹奎琨 리承根 朴남珠 高斗協 리敏杜 朴昇圭 리元洙 洪남極 朴稷浩 리鳳根 곳二圜 김德經 리鳳致 리承烈 朴明吉 장貞杓 김석基 박남九 金昌有 리明根 장晦圭 장文彬 楊寅都 宋道援 朴鳳吉 김豐河 趙元弼 리容九 朴元介 김鍾聲 리容桂 리泰俊 金泓白 趙丙俊 朴善根 朴德信 成위烈 김鳳瀞 장文晟 朱景峰 리亨略 김秉健 朱寶晃 朴연實 李應弼 李尙俊 吳有春 李秉柱 鄭賢洙 金鍾貫 趙昌夏 金鎭澤 金秉섭 朴濬稙 張重圭 金芝洙 李奎夔 朱昌煥 呂禧永 재鍾謙 朴春杓 朴鳳赫 崔秉煥 姜元秉 劉學鳳 李基석 李榮祚 金在厚 朱昇基 리明華 金承默 朱明石 리明煥 金益性 崔仲立 金世勳 김河述 梁元좋 김泓遠 재경煥 玄昌成 김炳선 趙德憲 成여化 김允基 김昌종 김秉鉉 朴榮七 元正圖 金明宜 崔鶴섭 楊盛在 楊亨在 崔德現 장敬勳 林鍾甫 리源佾 김兌泓 박允喆 崔仕元 韓用化 리尙悅 徐석佑 安基섭 金昌律 閔德俊 김台正 趙鍾鳳 김鍾泓 韓仁洙 姜昌允 朴時煥 李宗元 장龜明 宋慶河 甲산김丙俊 김丙河 各八拾전 김聖俊 成鏡私立北部商務학校 김찬

미국시카고博覽大會 회람박대들아시국미

皇城磚洞(京城郵便局郵函第四拾號) 韓美興業株式會社
(大美國에리쇼니싸 쉬카고市) 駐大韓國博覽總領事館登錄)
本社의 各處代理人의 姓名은 如左ᄒᆞᆷ

開城代理人	開城南門內 ○○店	盧旻珠
平壤代理人	平壤大同門內 ○店洞	
咸興代理人	咸興西門外	
馬山浦代理人	馬山浦客主	
元山代理人	元山港	
濟物浦代理人	濟物浦港	
水原代理人	水原北部 ○安洞	
安城代理人	安城北部 ○○洞	
沙里院代理人	載寧 ○○里 ○新○校內	
金泉代理人	金泉市 ○信昌店	
晉州代理人	晉州 ○○ 二統五戶	位置未定
天安代理人	天安 ○長安洞	位置未定
群山代理人	群山太井洞	位置未定
全州代理人	全州 ○○ 二百廿二統三戶	位置未定
大邱代理人	大邱 ○○ 八統七戶	
釜山代理人	馬山浦午山 ○壹統九戶	位置未定
江景浦代理人	西部 ○○坊東幕 契廿七統貳戶	位置未定
麻浦代理人	西部麻浦貳○ 七統三戶	位置未定
鎭南浦代理人	鎭南浦 ○山里	位置未定
永同代理人	漢城 ○○洞貳統壹戶	位置未定
木浦代理人	木浦 ○○洞	位置未定
晉州代理人	昌原 ○山浦城山	
金堤代理人	金堤 ○○石直本閣	位置未定
濟州代理人	開城 ○江十八統二戶	位置未定
江界代理人	義州 ○○	位置未定
義州代理人	○州 ○○	位置未定
漢城代理人	性 ○ 上甘井洞四統五戶	崔○玉 張○拭
彦陽代理人	○○ 至○ 井○	
定州代理人	郭山郡	位置未定
博川代理人	吉州郡	位置未定
太田代理人	太田新町	宋始○ 洪淳奎
浦項代理人	浦項上里拾貳統拾二戶	
鳥致院代理人	鳥致院 ○城西貳統壹戶	
吉州代理人	吉州 ○門 ○貳 ○	
漢城代理人	漢城中部 ○外 ○相思洞二統二戶	
延安代理人	延安 ○○	
兎山代理人	兎山 ○兎山市	
開城代理人	開城 ○○都橋	
太田代理人	太田新町	位置未定
公州代理人	公州 ○灘面松亭里	位置未定
咸興代理人	咸興郡中荷里	位置未定
洪原代理人	西部 ○里門 ○百五十四統四戶	位置未定
漢城代理人		金景鎭 洪淳奎
北靑代理人	洪原 ○○面蓮 ○里	位置未定

特設日語夏期講習所

高明宮講師林圭氏를聘請하야日語甲乙班으로敎授홈

一、開學　七月貳日下午四時

一、科目　甲班、文法、會話讀本、作文　乙班會話讀本

一、時間　甲班下午七時至九時　乙班下午三時至五時

一、入學金五拾錢月謝金五十錢

一、夏期를經過흔연夜學敎授홈

位置　南部茶洞　私立共成學校內

本校에서學員約壹百五拾名을募集ᄒ오니入學志願者는速히履歷書를添付ᄒ야入學請願書를提出흘事

一、七月貳拾日內로本校로事

一、年齡은拾五歲以上至廿歲

身體强健者

試驗科目　國漢文交作讀書算術四則以上

一、敎授課程은陶磁器燔燒琉璃器各種染色物及各種織組品製造機械를實施使用케ᄒ깃ᄉ오니本校에來問흘事

本業期限은壹個年으로定홈

國號[illegible]光明學校　告白

同胞의愛顧ᄒ시기를望ᄒ옵고完實ᄒ衣服과洋말을織組ᄒ오니仁愛ᄒᄂ君子ᄂ陸續來購ᄒ심을望홈

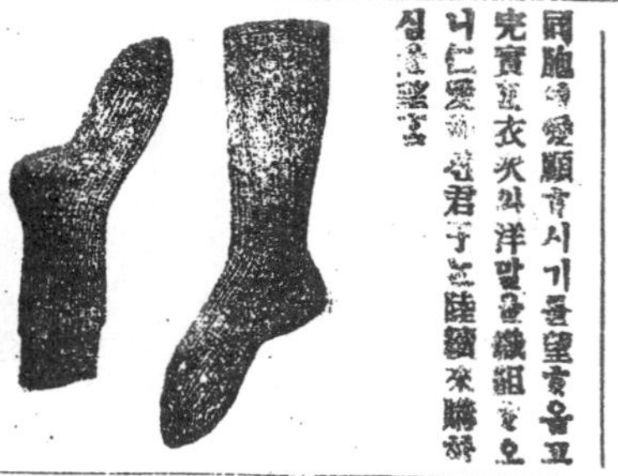

南門內尙洞敎堂前　韓興織組會社　告白

濟生堂和平堂大藥房聯合紀念大贈彩

◉贈大彩說明

濟生堂開業五週年과和平堂開業三週年際에內外國君子의顧愛ᄒ심과多蒙ᄒ야藥業이時日隆盛ᄒ고功績이東西著昌ᄒ라其感佩를實難表誠이오今에兩大藥房에서紀念式을幷行ᄒ고僉君子의盛誼를表ᄒ기爲ᄒ야兩種藥品（淸心保命丹　八寶丹）을特製大發賣ᄒ며大福彩券을無代金添呈ᄒ와壹時福運을大占케ᄒ오니僉君子ᄂ勿失此機ᄒ시고陸續枉顧ᄒ심을敬要

懸賞物品金六百圜價値

大福彩券은以四千枚로定

兩大靈藥（淸心保命丹）（八寶丹）壹貼價金各拾錢

效能　담飮積滯胸腹痛　水土不利咳嗽증

方法

定價金十錢에枚五包에福引券壹張을添呈홈

此外兩藥房製藥品中의五拾錢價格에彩券을添呈홈

割引價로講求ᄒ면五圜價格福券壹張을添呈홈

賞品

頭等貳人）白米貳拾石（每拾石式）太斗五斗入

壹等貳人）仝　拾　石（每五石式）

貳等捌人）仝　拾六石（每貳石式）

三等拾人）仝　拾　石（每壹石式）

四等壹百人）　金五十圜　（每五十전式）

五等三千八百七拾八紙券烟三千八百七拾八匣　寸三千八百七拾八匣

空彩는無홈

遠地에는郵便引換으로送呈홈

期限은六十日로定　自陽六月拾六日至陽八月拾五日

抽籤日子는滿期ᄒ야更告홈계슴

位置

皇城南大門側　濟生堂大藥房本舖

皇城鍾路　和平堂大藥房

皇城鍾路　兩堂臨時出張所

自宅治療　電氣帶廣告

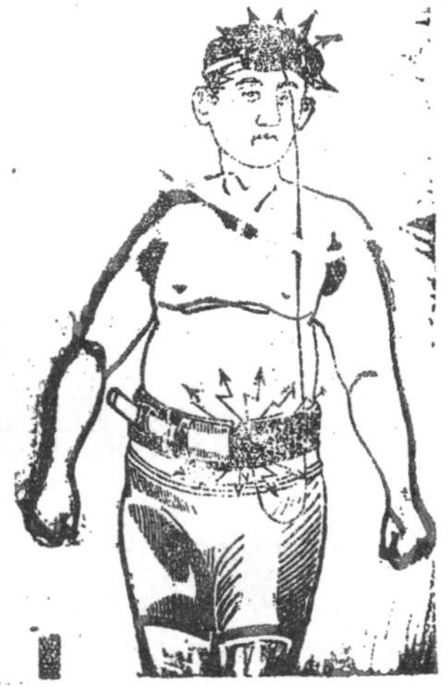

（主治効能）神經衰弱諸症不眠。遺精、早漏不快、陽위不起、消化器無力、常習便結、消化不良。營養不良。遺尿。香[illegible]內臟衰弱。疝症。半身不遂。或全身不遂。手足厥冷、諸神經痛。頭痛腰痛。脚氣及腳痛。記憶力及忍耐力減退、貧血分不足疾

上號　中號　第二圖

精選　家庭救急方

前醫學校敎官　朴容南　著

定價　郵稅　金[illegible]十錢

此編은東西醫藥中에家庭에必要ᄒ救急妙法을博搜採集ᄒ야雖婦人小兒라도易曉케ᄒ야輯ᄒ者ㅣ니人人마다案頭에貯藏ᄒ야自宅의治療를作ᄒ神方이오且醫藥에從事ᄒᄂ人의臨床에必要ᄒ者ㅣ며實로世의要訣이오

目次大畧○內科病의救急法○卒倒○卒中○熱射病○霍亂○癲癇○疼痛○頭痛○腹疼痛○胃痛○月經疼痛○出血○鼻出血○喀血○吐血○下血○中毒○中毒療法의普通規則○鴉片中毒○양지물中毒○石炭酸中毒○硝酸銀中毒○燐中毒○비霜中毒○炭氣中毒○魚類中毒○獸肉中毒○異物의摘出法○鼻、喉頭、耳、眼、의異物摘出法○火傷○凍傷○止血法○揷圖○失氣及假死○假死와眞死의區別○假死의救急法○溺水者○縊首者○瓦斯中毒○異物嚥下窒息假死○雷震死○餓死者○人工呼吸法○揷圖○外傷○頭部外傷○顔面外傷○胸部外傷○胃部外傷○腹部外傷○下악脫臼○咬傷○狂狗○毒蛇○蜂蟲咬傷○妊娠의症候○妊娠中의攝養○產婦의攝養注意○初生兒의受護法○乳母의擇擇法○家庭의必備ᄒ藥品

發行所　皇城南部大廣橋　共愛堂大藥房　告白

代理店　共愛堂各支店　京鄕各書舖隨意販賣

京城鍾路濟衆院大藥房에서製造ᄒ靈藥은十
羅文一[illegible]年前에著名ᄒ藥이라世間에오
京藥이요中藥이요[illegible]衛生家와京鄕賣藥家에
셔多數[illegible]ᄒ시오

平胃丸	金十錢	[illegible]百應膏	金十錢
補益丸	金一円	鎭咳藥	金[illegible]
聰藥水	金[illegible]	養兒寶散	金[illegible]
保命丹	金十[illegible]	蛔蟲驅出丸	金[illegible]
消積丸	金[illegible]	寸白拔根藥	金[illegible]
咽喉藥	金[illegible]	鐵精丸	金一円
咳嗽散	金[illegible]	吐瀉霍亂救急水	金[illegible]
瘧疾靈散	金[illegible]	止瀉潤腸丸	金[illegible]
解熱散	金[illegible]	大腫拔根膏	大瓶入 金[illegible]
甘露水	金[illegible]	輕腫根治膏	大瓶入 金[illegible]
疥瘡藥	金[illegible]	去腐生新膏	大瓶入 金[illegible]
瘀疾丸	金[illegible]	濕腫根治膏	大瓶入 金[illegible]

隆熙三年七月壹日 明治四十二年七月壹日 (第三種郵便物認可) 木曜日 西曆壹千九百九年七月壹日 (壹)

第七卷

大韓每日申報

第壹千壹百[illegible]五號

月曆時日及曆依節附
檀君開國四千二百四十二年
箕子元年三千三十一年
大韓開國五百十八年
日本明治四十二年
淸國宣統元年
陰己酉五月小十四日壬戌

Responsible for Publication Alfred Weekley Marnham.
發行兼編輯人英國人 萬咸
發行所
京城南署石井洞契外地三層洋屋
大韓每日申報社

論說

◉競爭과生存의機
商業上韓日人의比較

國家의盛衰와民族의興亡이何에셔判ᄒᆞ나뇨曰其國民의競爭力優劣에셔判ᄒᆞ나니라

目下韓人의貧窘과日人의蕃殖을人皆曰政治上勢力의强弱에由ᄒᆞᆷ이라ᄒᆞ나니大抵此가政治上勢力의强弱을不蒙ᄒᆞᆷ은아니나其實은國民心理上競爭力이政治上競爭力보다突過ᄒᆞ나니此ᄂᆞᆫ歷史上已例에可證ᄒᆞᆯ비라玆以商業上韓日人을比較ᄒᆞᆫ즉其不同의點이左와如ᄒᆞ니

(壹)設置及買賣ᄂᆞᆫ精粗不同ᄒᆞ니日人은即臭穢ᄒᆞᆫ牛肉商店을設ᄒᆞ야도四隅에琉璃窓을垂ᄒᆞ고其中淸潔處에藏肉ᄒᆞ야蠅의侵入을防禦ᄒᆞ며又買者의意를巧迎ᄒᆞ야作羹作湯에便利ᄒᆞ도록小刀로肉을細切ᄒᆞ며又來者의坐處를淸淨케ᄒᆞᆫ대韓人은即飮食商果實商의家屋이湫隘ᄒᆞ야立處도不便ᄒᆞ며器皿이塵穢ᄒᆞ야食者로嘔逆케ᄒᆞᄂᆞᆫ者ㅣ往々히有ᄒᆞ니此亦迷劣ᄒᆞᆫ壹證이아닌가或曰此ᄂᆞᆫ迷劣ᄒᆞᆷ이아니오資本이不足ᄒᆞᆫ故라ᄒᆞ나此亦盡然치아니ᄒᆞ니即彼城內櫻桃林檎等의果園을觀ᄒᆞᆫ즉其[illegible]에樹林을養ᄒᆞ야淸陰을洽足케ᄒᆞ고數個木柱를立ᄒᆞ야壹小屋을作ᄒᆞᆫ後淨潔히灑掃ᄒᆞ며加ᄒᆞ야도主人의顏色이倍增ᄒᆞ며ᄯᅩ客의便利가甚大ᄒᆞᆫ지어날乃者ᄂᆞᆫ々ᄒᆞᆫ熱日下에片樹陰도無ᄒᆞᆫ處에客을坐立케ᄒᆞ야壹投手의勞와數圓金의費를惜ᄒᆞ야其利益上大損害를不顧ᄒᆞᄂᆞ니其迷劣이何如ᄒᆞ뇨然ᄒᆞ나此ᄂᆞᆫ記者가偶然히目擊感觸ᄒᆞᆫ바니此外에此等事가幾何인지不知ᄒᆞᆯ지며

(二)製造ᄂᆞᆫ獨立依賴의不同이니日人은何許物件이던지營業ᄒᆞᄂᆞᆫ利益되ᄂᆞᆫ者면必也自國人이自製造를行ᄒᆞ나니即年前韓國帽時에白笠의價가高騰ᄒᆞ매白笠을製造ᄒᆞᄂᆞᆫ日商이有ᄒᆞ얏스니此壹例를推ᄒᆞ면其他를可知어ᄂᆞᆯ今者韓商은煉ᄒᆞ(성냥)도日本것이며洋燭(양초)도日本것이며器皿도日本것이며洋靴도日本것이며卷烟도日本것이며菓子도日本것이오或其中製造를自行ᄒᆞᄂᆞᆫ者ㅣ有ᄒᆞ나製物의原料ᄂᆞᆫ往々日本來者이니是ᄂᆞᆫ他人의物件을賣ᄒᆞ고幾分口文을得食ᄒᆞᆷ과無異ᄒᆞ며

聞松都人은洋菓倭餅等을自製發賣ᄒᆞᆫ다ᄒᆞ니此ᄂᆞᆫ今日商業競爭界의壹點曙光이라云ᄒᆞᆯ者로다

(三)社會上團結渙散의不同이니即彼日人을觀ᄒᆞᆫ대其國壹小商이豆腐를行賣ᄒᆞ야若干利를得ᄒᆞ얏다ᄒᆞ면幾個商業家의眼膿이輪廻ᄒᆞ야即時幾個人이資本을合ᄒᆞ야壹大豆腐會社를設ᄒᆞ야京城內豆腐의利를壟斷ᄒᆞ다ᄒᆞ니嗚呼々々라此事가若行ᄒᆞ면京城內韓人의豆腐商은永々히絶跡ᄒᆞᆯ지며設或幾個가有ᄒᆞ면此ᄂᆞᆫ該會社의奴使者만될뿐이로다何故오曰合ᄒᆞ면力大ᄒᆞ고分ᄒᆞ면力小ᄒᆞ고力大ᄒᆞ면勝ᄒᆞ고力小ᄒᆞ면敗ᄒᆞᄂᆞᆫ것은天定의原理라即彼가衆人資本家의財을合ᄒᆞ야此를設ᄒᆞᆫ後에ᄂᆞᆫ第壹次ᄂᆞᆫ必也廉價로發賣ᄒᆞᆯ터인則韓商은彼와如히廉價로賣코자ᄒᆞᆫ즉無多의本錢이不足에漸盡될지니其勢가不可며依舊히高價로賣코자ᄒᆞᆫ즉彼의廉價物을捨ᄒᆞ고此의高價物을買食ᄒᆞᆯ人이豈有ᄒᆞ리오其敗가自至ᄒᆞᆯ지니然則其衆頭豈路ᄂᆞᆫ彼會社下에依托ᄒᆞ야幾錢傭價를仰ᄒᆞᆯ뿐이로다然이나奚但豆腐壹件만爲然ᄒᆞ리오彼의各種此等會社가前에起ᄒᆞᆫ者ㅣ已多ᄒᆞ며後에繼出ᄒᆞᆯ者ㅣ不知其數어날韓人은尙此夢々癡々ᄒᆞ야事業可圖ᄒᆞᆯ資本이有ᄒᆞᆫ者도只是數拾頃石田을依ᄒᆞ며拾餘間屋子를枕ᄒᆞ야此中에서長生不死의計策을作코자ᄒᆞ니엇지可惜지안으며

(未完)

外報

◉三拾六師團　淸國陸軍部에셔昨年에發表ᄒᆞᆫ全國에三十六師團을設立ᄒᆞᆯ計劃은着々進行ᄒᆞᄂᆞᆫ터湖北廣東江南直隸各地ᄂᆞᆫ第壹期擴張의區域인故로各撫督이相競ᄒᆞ야苦心經營ᄒᆞ미其汲々ᄒᆞᆷ이繼日不足이라더라

◉回々教徒保護　伯林電을據ᄒᆞᆫ즉英國海軍大臣막껜나氏ᄂᆞᆫ議會에셔報告ᄒᆞ기를本政府ᄂᆞᆫ그레트島에在ᄒᆞᆫ回々教徒를保護ᄒᆞ기爲ᄒᆞ야英國兵若干을同島領海에殘留ᄒᆞᆷ이可ᄒᆞ다ᄒᆞ얏다더라

◉美國務卿渡英　全權을擬ᄒᆞᆫ美國國務卿녹크스氏ᄂᆞᆫ未久에英國倫敦을訪問ᄒᆞ려ᄒᆞᆫ다더라

◉湖北新師團　湖北에ᄂᆞᆫ既設ᄒᆞᆫ新軍壹師團이有ᄒᆞ고混成第九旅團이有ᄒᆞᆫ더今番에新師團을創立ᄒᆞ고此旅團을擴張ᄒᆞ야充用ᄒᆞ고其經常費ᄂᆞᆫ新히六十萬兩을支出ᄒᆞ다ᄒᆞ고師團地ᄂᆞᆫ漢口로決定ᄒᆞ얏다더라

◉奧爵渡淸　伯林電을據ᄒᆞᆫ즉奧國、穀國리푸트氏ᄂᆞᆫ商務卿제벨氏와淸日兩國에派遣ᄒᆞ려ᄒᆞᆫ다더라

◉淸葡國境委員　澳門의淸葡國境問題를議定ᄒᆞ기爲ᄒᆞ야葡國委員마자도大將은卄三日에香港에來着ᄒᆞ얏다더라

◉暹羅의進步　長崎電을據ᄒᆞᆫ즉暹羅ᄂᆞᆫ英法兩國과條約改正ᄒᆞᆫ結果로治外法權撤去ᄒᆞᆫ後情勢가激變ᄒᆞ야各裁判所에ᄂᆞᆫ外人法官이陪席ᄒᆞ게되고政府의財政은多大히膨脹ᄒᆞ얏다더라

◉露兵撤還交涉　伯林電을據ᄒᆞᆫ즉波斯國政府ᄂᆞᆫ英露兩國에對ᄒᆞ야露國軍隊의撤還을提議ᄒᆞ얏다더라

學報

◉測量卒業
抱川郡內面鳴山里普明學校內에셔測量科를設立ᄒᆞ얏ᄂᆞᆫ대學員은二十餘名에達ᄒᆞ얏고春期試驗을經ᄒᆞ얏ᄂᆞᆫ더
卒業生　李晶烈　李周鎬
리鼎鎬　리景鎬　李福烈
鄭晩圭

詞藻

◉大路行
世上사ᄅᆞᆷ들아、小路로가지마라。
當々ᄒᆞᆫ너른길에、네로부터잇것마ᄂᆞᆫ。
엇지타、時俗人心은、小路로만。

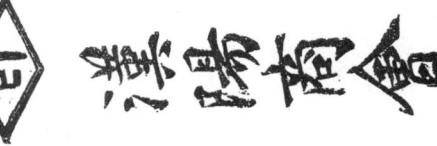

雜報

●秘密會議 再昨日下午二時에內閣諸大臣들이總理大臣李完用氏家에會同하야諸般稅務에關한事項을各其提出하야數時間을彌商協議하얏다더라

●伊藤渡韓期 伊藤統監은來四日에馬關을發하야渡韓하야六七兩日間에入京하리라더라

●迎送準備 伊藤統監이渡韓後에는內閣에서新舊統監의送迎會를盛設하라고準備中인데日字는姑未指定하얏스나處所는北闕內慶會樓로定하얏다더라

●豈不反對 近日內閣會議時에內部大臣朴齊純氏가무슨議案을提出하면總理大臣李完用氏는豈不反對함으로其他各大臣은面面相顧할而已라더라

●運動踏至 近日內閣에서宣諭使를特別選擇하야騷擾를鎭撫하라는者가內部大臣朴齊純氏家에每日踏至하는故로朴氏가酬酢에困難하야來賓을一切謝絕한다더라

●李氏運動 李址鎔氏는前醫務使具完喜氏를依賴하야大臣窠窟을運動한다더라

●觀察會議定期 內部에서七月五日부터觀察使會議를開할터인대期限은二週간으로預定하얏다더라

●有何意見 李容元氏는何等所感이有한지統監의게陳情코져意見書를目下起草中이라더라

●日人郡主 郡主事로任命한日本人幾個人이昨日內部에會同하야行政事務에각其意見을陳述하얏다더라

●咸流太守 咸陽郡守徐丙肅氏가去月二拾七日에娼女를率하고武侯祠에出往設宴할새該祠附近里장尹珏氏家에坐席을請求한즉尹氏가拒而不給曰當此亢旱하야民情이㦖㦖한대救恤할針은不思하고率娼遊樂이不可하니速히撤宴歸衙하면人民의幸福이라한대該郡守가聽而笑하고仍坐草席하야歌舞戲遊하고日暮歸衙하얏는데人民들은風流太守로今日復도라고一般輿論이自할다더라

●畜犬規則 內部立案中畜犬團束規則은勅令으로昨日官報에頒布되얏는데該規則에違反하는者는五圜以下罰金에處한다더라

●司法官試驗 韓國司法官試驗은來十月拾三日에第壹回를擧行한다는데其科目은刑法民法商法行政法國際法刑事民事訴訟法七件이라더라

●度量衡改正 度量衡改正案은農商工部의셔陸續會議中인데日本의制度와同壹케한다하며道路의里程도全히日本里程과同壹케하고從來韓國의셔壹般行用하던周尺布尺等을廢止하고衡器도日本例를從하야分兩斤以上의貫이라는名目을置할터인데其製造販賣는政府의셔主管할다더라

●水產出品 朝鮮海水產組合의셔는日本九州聯合共進會의出品할韓國水產의現勢를示하기爲하야出品을準備中인데來年倫敦의셔開設하는英日博覽會의도出品할計劃이라더라

●恤金支出 內部의셔는義兵의게被害한全南各郡人民의게第二回救恤金四千圜을支出하야遺族의게分給한다더라

●道路修築費 龍山軍司令部附近道路를內部土木局에서修築한다는대役費는貳千七百餘圜으로計算하얏다더라

●協議指揮 已往에는各學校에서夏期放學後에는校監이學部에會同하야教育事務를協議하더니本年度에는各其學校로會同設行할다고學部에서指揮하얏다더라

●露武官入京 海參威의露國東洋語學講習生大尉양코쓰키中尉메탐쌀兩시는三昨日에入京하얏다더라

●日人等訴 酒草家屋三稅實施에對하야泥峴居留日本人等이統監府에等訴하야自己等에는該稅金을勿施하라하얏다더라

●鑛業許可 平北熙川郡에금鑛이萬二千坪은張輔衡氏에게江界郡의금鑛七十四萬壹千坪은尹致旿시外二名의게採掘을許可하얏다더라

●慶部出品 慶源郡守김炳倫氏는昌德宮內博物部에出品件으로該郡所產강石과其他礦물을多數獻納하얏다더라

●北魚組任員 京鄉間各資本家들이北魚組合會社를組織하고任員을選定하얏는데社長은李址鎔氏로總裁는俞吉濬氏로推薦하기로決定하얏다더라

●漁業請願競爭 水產局의說을聞한즉漁業의請願한件數는去月廿六日까지壹千五百八拾四件인데內의韓人이七百四拾五件이오日人이五百拾件이오其他는淸國人中이라더라

●密漁取締 韓國西海沿岸의셔淸人이密漁하는事의對하야稅關의셔는此取締를勵行하기의不怠하는데當局者들도稅關과協力하야此를取締한다더라

●東京留學生 東京의在留하는韓國留學生의數交가約八百名인데其中의官費生이三拾八名이오補助生이貳拾三名이오宮內府派遣留學生이拾壹名이오其餘는私費生이라더라

●日人行悖 農商工部에서樓閣洞의造林을看守하기爲하야日人을雇用派送守直하는대該附近地에서澣濯하는女子들이造林을妨害한다하야甚至於毆打까지하다는데婦人壹名은背部를受傷하고壹名은落胎가되야將至死境이라더라

●直筆難容 故贊政崔益鉉시文集을昨年以來로國內士林들이協議刊出하는데日巡查와補人이往往來到하야其動靜을探探하다가今年四日에訖功時에日巡查가又來하야該時의平日에日本政府의게逆致한拾六條罪罰한文字를壹壹押去하얏다더라

●文氏起訴 水門洞居劉致泰씨가廟동居文世煥氏의官服壹襲과金貨七圜에賣斥하고價額을不給하는故로文氏가起訴하얏다더라

●老處女出嫁 公州郡居朴敬氏의合嬢이幼時로부터漢文을讀習하야經史諸子를能通하얏는데年今四拾壹歲가되도록出嫁를不肯하더니今春에上京하야安山居라某와成婚하얏다더라

●日人無理 圓覺社演劇場에서昨夜에演劇을設하는대日人人力車夫壹名이無票入場코져하거날該社事務員이許入치아니하는대日人이事務員을毆打惹鬧하는지라該巡查가來到하야該日人을曉諭以送하얏다더라

●漢城報日刊 週刊하던漢城新報는尹헌시가資金千圜을支出하야社長이되고리증鎔鄭國哲勵鼎九시等은贊成員이되야事務를擴張하고本日부터逐日發刊한다더라

●米價騰貴 近日來에鳥致院成歡各停車場에서外人들이多數貿米하는故로壹二市間에米價가每斗에五錢式高騰하얏다더라

●江郡流行病 平北江界郡干城面에는病名이不詳한傳染病이발生하야發病한以來로十八日동안의死亡한人이七名이오牛畜도八頭가死하얏다더라

●天然痘發生 南來人의傳說을聞한즉濟州全島에天然痘가發生하야死亡한男女가三千餘名에達하얏다더라

●趙家慘狀 ○洞居前承旨趙鎮설氏가日昨에장眠을하얏는대該氏가家勢極貧하야赤尸在床하나飲殮無路하야其情狀이可矜하다더라

●孤院投筆 館主羅寬榮氏가孤兒院主事愚선氏의懇請으로該院週報事에執筆하더니何事件이有함인지投筆而去하얏다더라

●船米被奪 碧동居曹某가商業次로忠남某浦口에서白米百餘石을貿得하야以江에輸來次로船裝하얏더니該船人等이中路에서義兵의게白米를沒數見奪하얏다고義兵將의踏印한票紙壹度를來示하얏다더라

●宜乎嚴懲 日昨日憲兵司令部探偵客某가泥醉하야西部貞동城地에서何許米商人收師를挽執詰難하며無數詬辱하는데行爲가極히非當한故로該司令部에서即時捉囚審查한後十個日禁獄에處하얏다더라

●趙의放免 宮內府主事趙鎮歎시가第一銀行小切手變造事件으로多月監獄에滯囚하얏더니數日前에無罪放免하얏다더라

●旋捉旋放 下麻동居하는趙某는年今貳十餘歲인데或稱新聞記者하고或稱刑事巡查하고各演劇場으로出沒하다가情跡이綻露되야中部警察署에서捉致하야嚴諭放送하얏다더라

學界

●幼年壯志 西部龍山居하는申과星은年今十九歲兒인데青坡又昌학校에伴床二拾座를寄付하얏는데年未弱冠의兒로稀罕한思想이有하다고莫不稱歎한다더라

●雲山運動 雲山郡東面內동에서有志紳士李昇卿崔鳳朝劉善慶諸시가教育을奬勵하기爲하야去月二十二日에運動會를擧行하얏는데聯合學校가貳十處오學徒가五百名에達하얏다더라

●兩氏熱心 雲山郡古面克成동有志紳士黃贊奎白松會諸시가金額을捐助하야學校를設立하고學生을募集敎授하는데生徒가八九十名에達하얏다더라

●弼雲經試 私立弼雲學校에서夏期試驗을經하얏는데壹學年에最優等生이壹人이오優等生이六人이오及第生이三拾九人이오二학年에最優等生이壹人이오優等生이二人이오及第生이六人이라더라

●光校試驗 果川郡私立光明學校에서去月廿二日에第壹回卒業試驗을經하얏는데卒業生에李承玉李鼎仁邊基正朴勝鉉四人이오修業生에朴鼎熙李容慶係忠獻三人이오進級生에孟殷섭金鼐興等拾二人이라더라

▲因雨有感▼

▲去月二十有七日에韓 皇帝陛下께옵서 興福軒에 御臨하옵시고諸大臣을 召하사農時旱暵에對하야要民敎災하며恐懼修省하시는 聖衷으로 下諭하옵시고仍令典膳司로減除 御膳하셧는데是日夜에天이雨를降하고翌日夜에又雨하니雖未浹洽이나足慰枯渴이라記者ㅣ此에對하야旣히 聖德에感祝하고仍히民情을感念하야豊祝을更加하노라

▲山岳間에더잠粉이무슴甚氣맛칠는지烟雨갓치蒸하야千林萬壑이덥혓더니壹夜雨澤에는炎炎之象은업고淑之氣도러드니韓國內에許多氛祲이와갓치掃滅하고

▲川澤間에源泉이暫時斷하야涸하얏지안코東海上에壹番雨澤이면수回터니壹夜雨澤에는枯渴之態少舒하고活潑之氣도러드니韓國內에融機關이와갓치流通하고

▲坊曲間에塵埃는牛去馬奔走中에烟霧又치飛揚하야紅塵世界이럿더니壹夜雨澤에는紛擾之狀淨息하고淸潔한後에韓國內에許多魔鬼가되얏스니와갓치洗滌되고

▲田野間에稻粱은移秧之期가젓는데어린싹이枯焦하야有秋之望업셧더니壹夜雨澤에는勃然復興이러니와갓치潤澤之氣도러드니韓國內에憔悴生靈이와갓치甦生하세

▲旱鬼는아々너무殘虐하지마라至公至嚴한上帝는誰를愛誰憎잇슬소냐雖然이나之望간절하다雷霆之威이러나면네罪惡을엇지할고말마라어서밧비悔改하야旱虐을止하라

社告

杆城 邑內新城里 貳統二戶 함埈元氏와 韓山 郡下 북雙塔里 李英稙 氏가 該地方에 本報購覽諸氏의 便宜를 爲ᄒᆞ야 支社를 特設ᄒᆞ고 讀者諸君의게 同情을 表ᄒᆞ기 爲ᄒᆞ야 該兩氏로 本支社員을 認定ᄒᆞ고 玆에 廣佈ᄒᆞ오니 接附近ᄒᆞ신 本報愛讀 僉君子ᄂᆞᆫ 該兩氏의계 請覽ᄒᆞ시ᄋᆞᆷ

大韓每日申報社

雜報

●僞券敎從 ○○洞居前主事○○東善氏가 田土文券을 僞造ᄒᆞ야 日人勢等의게 典當ᄒᆞ얏ᄂᆞᆫ대 此件에 對ᄒᆞ야 銅峴警察分署에 被捉ᄒᆞ얏다더라

●强盜가 多 再昨日上午三時頃에 碧洞等地에 一名이 突入ᄒᆞ얏다ᄂᆞᆫ대 强盜二名이 過去ᄒᆞᆫ다더라 曹某의 衣冠을 脫去ᄒᆞ얏다더라

●洋服賊漢 泥洞居李致善가 斷髮洋服을 新制ᄒᆞ고 鎖金을 多數히 買ᄒᆞ야 隨處開鎖ᄒᆞ고 각人의 物品을 竊取ᄒᆞ다가 前銅峴警察分署에 被捉ᄒᆞ얏다더라

廣告

本會의 股金與借欵還償事ᄂᆞᆫ 已爲揭佈인바 償債이 垂畢이온 故로 本社에셔 股金還償ᄒᆞᄂᆞᆫ 事務를 本五日頭에 廢止ᄒᆞ깃ᄉᆞ오니 股主中未推去ᄒᆞ신 이ᄂᆞᆫ 右定日內로 股票를 携帶來推ᄒᆞ심을 爲要

西大門外 大韓運輸會社

本宮所有平安北道宣川庄土와 京畿道廣州庄土ᄂᆞᆫ 大院王殿下께옵셔 買收ᄒᆞ시와 當宮의 世襲財產을 신께라 當宮에셔 所有權을 變動ᄒᆞᆯ 理가 萬無ᄒᆞ거날 挽近挾雜輩가 雲峴宮 宣川庄土와 廣州庄土를 放賣ᄒᆞᆫ다ᄒᆞᄂᆞᆫ 無稽之言을 流布眩惑ᄒᆞ야 當宮에 入聞되오니 此是挾雜輩가 做出荒說ᄒᆞ야 藉以中豐ᄒᆞ고 欲爲欺人騙財手段이오니 僉君子ᄂᆞᆫ 勿爲見欺ᄒᆞ시ᄋᆞᆷ기를 至要

隆熙三年六月貳拾九日
雲峴宮事務安基弘 告白

本人의 姓名圖章을 陰六月貳拾四日에 陽성素沙川邊에셔 沐浴ᄒᆞ다가 見失ᄒᆞ얏기 玆에 廣告ᄒᆞᆷ
忠淸稷山郡成歡 里金在圭

本人 鄭漢錫의 漢字를 以奇字로 改名ᄒᆞ얏ᄉᆞ오니 知舊間以此照亮ᄒᆞᆷ
鄭奇錫 告白

去陰四月廿七日夜에 黨盜拾餘名이 本人家에 突入放火ᄒᆞ야 家屋이 燒燼된 ᄯᅢ 各人處에 典執ᄒᆞ얏던 土地文券與手標와 本人의 土地文券이 沒入於灰燼之中이옵기 玆廣告ᄒᆞ오니 內外國人은 拾得ᄒᆞ와도 休紙施行ᄒᆞ시ᄋᆞᆷ
不壞에 祭山面賦洞 金□魯

第三回夏期師範講習所를 ○洞○年學院內에 開ᄒᆞ오니 聽講코져ᄒᆞ시ᄂᆞᆫ 이ᄂᆞᆫ 七月拾日內로 本所에 志願ᄒᆞ시오
□時經

東萊沙中面草梁洞十四統九戶所有權證明書을 陽二月二日에 失誤某拾得이ᄂᆞᆫ 도休紙로 施行ᄒᆞ시오 金峻坤 告白

中部瑞麟坊典獄後洞貳統貳戶瓦家二一間이 失故로 玆廣告ᄒᆞ오니 內外國人間이라도 休紙施行ᄒᆞ오
리洙煥 告白

京城南部 曲橋
第拾七戶
法律事務所
電話九七七番
修法學士
護辯士 崔鎭
諸般法律事務를 親切迅速處理ᄒᆞ오니 陸續來臨ᄒᆞ시ᄋᆞᆷ

◉特別廣告

本支會에셔 同會員의 金錢을 勸收ᄒᆞ야 入會諸시가 決死還推로 조ᄒᆞ미 支會長金顯綽檢定員崔景植兩시가 隱身逃避ᄒᆞ야 何人의 損害ᄃᆞᆯ 因ᄒᆞ야 每日申報에 揭載ᄒᆞ온 專屬虛妄ᄒᆞᆫ 各事務에셔 聯署ᄒᆞ야 敢同卞明ᄒᆞ얏더니 該申報社에셔 右事實를 更探ᄒᆞ야 會額은 初無勸徵이고 隱避之說은 全是誣陷者의 造言이라ᄒᆞ 實을 本月二十四日雜報에 更揭ᄒᆞ얏ᄉᆞ니 本支會의 被誣ᄂᆞᆫ 自然昭晳이라 該造言者ᄂᆞᆫ 從當告法措處ᄒᆞ려니와 此等荒說이 測量界의 疑眩을 作ᄒᆞ야 有限ᄒᆞᆫ 山林測量에 漸至遷延ᄒᆞ온 不勝ᄒᆞ깃ᄉᆞ오니 一般同業ᄒᆞ신 이ᄂᆞᆫ 疑點을 明釋ᄒᆞ시고 山林測量을 迅速實施ᄒᆞ야 未及之歎이 無케ᄒᆞ심을 顒祝

平北測量總管支會

戊午年에 本郡二十八戶가 灰燼된 事ᄂᆞᆫ 前報에 已揭ᄒᆞ얏거니와 如此慘過情狀을 矜恤히 녀겨 本郡守金□顯시가 十元과 郡主事李□永시가 三元을 捐助ᄒᆞᆷ으로 十戶가 改建되고 鱗次本面面長申山老시가 到處에 熱心勸勉ᄒᆞ야 其餘未建ᄒᆞᆫ 十八戶를 期於改建ᄒᆞ야 使之扶持케ᄒᆞᆷ으로 以上三시의 矜恤之情을 不勝感謝ᄒᆞ야 玆以廣告ᄒᆞᆷ
信川郡加乎右面間石里
洞長徐相奎
□長金成萬 告白

本校에셔 學員約壹百五拾名을 募集ᄒᆞ오니 入學志願者ᄂᆞᆫ 速히 履歷書를 添付ᄒᆞ야 入學請願書 提出ᄒᆞᆷ

入學志願者ᄂᆞᆫ 左記事를 注意事
一 七月貳拾日內로 來校ᄒᆞᆯ事
一 年齡은 拾五歲以上至卅歲
身體强健者
試驗科目 國漢文交作讀書算術四則以上
一 敎授科程은 單獨飛梭沙器各種染色物及各種織組品製造機械를 實驗使用ᄒᆞ깃ᄉᆞ오니 本校에 來問ᄒᆞᆷ事
一 卒業期限은 壹個年으로 定ᄒᆞᆷ
開城私立光明學校 告白

同胞에 愛顧ᄒᆞ시기 希望ᄒᆞᆯ은 完實ᄒᆞᆫ 衣次와 洋말을 織組ᄒᆞ오니 仁愛ᄒᆞ신 君子ᄂᆞᆫ 陸續來購ᄒᆞ심을 望ᄒᆞᆷ
南門內尙洞敎堂內
韓國編組會社 告白

美國시아틀大博覽會 미국시아틀대박람회

本社之印章

AMERICAN KOREAN TRADING COMPANY.

其權力을 其產物과 及其產用者의 改良과 强大를 成就ᄒᆞᆷ을 爲ᄒᆞ야 完全히 善良ᄒᆞ게 利用ᄒᆞ면 其權力의 强大ᄒᆞᆷ은 不可量이라 我韓美興業株式會社ᄂᆞᆫ 大韓帝國의 商工業의 基礎를 建築ᄒᆞ며 發展ᄒᆞᆫ 改良이 發達ᄒᆞᆷ을 强力이 有ᄒᆞᆫ 團合體이 되깃ᄉᆞ오니 此曷故로 此ᄂᆞᆫ 非他라 本社에셔 大韓國產物을 代表ᄒᆞ야 世界各方에 發表ᄒᆞ야 人이 能히 產物이 有ᄒᆞᆷ을 世界에 知得ᄒᆞ게 ᄒᆞ니 是故로 本會社에셔ᄂᆞᆫ 韓帝國同胞中에 思想이 有ᄒᆞ야 眞相을 料得ᄒᆞ야 各自身分이 自己의 國家에 對ᄒᆞ야 損益ᄒᆞᆷ이 有ᄒᆞ고 其國家가 自己의게 無ᄒᆞᆷ을 知得ᄒᆞᄂᆞᆫ 者로 더부러 聯合ᄒᆞ기를 圖ᄒᆞᆸᄂᆞ이다

經濟原則에 云ᄒᆞ얏스되 夥多ᄒᆞᆫ 物品을 分排ᄒᆞᆷ을 因ᄒᆞ야 最大ᄒᆞᆫ 權力이 發生ᄒᆞᆫ다ᄒᆞ얏스니 其權力을 用ᄒᆞ야 可爲善이오 其權力을 用ᄒᆞ야 可爲惡이라

本社之商標

京城磚洞 一京城郵便局郵函第四拾号) 韓美興業株式會社
(大美國에리소나州法律認可 駐大韓美國總領事館登錄)

本社의 各處代理人의 氏名은 如左ᄒᆞᆷ
總支配人 黃旻洙

各處代理人: 開성에리人, 平壤代理人, 咸興代理人, 馬山浦代理人, 元山代理人, 濟州代理人, 水原代理人, 安城代理人, 沙里院代理人, 全州代理人, 海州代理人, 天安代理人, 群山代理人, 金州代理人, 大邱代理人, 鎭山代理人, 江景浦代理人, 麻浦南面代理人, 湖月代理人, 永同代理人, 木浦代理人, 晉州代理人, 金堤代理人, 鎭南浦代理人, 驪州代理人, 江界代理人, 漢城東部代理人, 鎭南浦代理人, 定州代理人, 鎭津代理人, 浦項代理人, 太田代理人, 南州代理人, 吉州代理人, 鐵山代理人, 延安代理人, 兎山代理人, 咸鏡浦에리人, 公州代理人, 論山代理人, 光陽代理人, 漢성中部에리人, 井州代理人

位置未定 (각處)

住所: 開城南門外雜貨商店, 平壤大同門內店舍, 咸興西門外, 馬山浦客主, 元山港, 濟津港, 水原北부長安동, 水原부부안동, 漢城東부往十里旺新학校內, 漢城中部外相思동貳統三戶, 漢城서부마浦二十壹統五戶, 水原北부장안동, 群山大井洞, 漢城西부阿峴二百廿二統三戶, 大邱新田리五拾八統七戶, 馬山浦午山里壹統九戶, 北部北由坊東幕中契廿七統貳戶, 西部麻浦貳十七統三戶, 陰城邑山里, 京城壽동貳統壹戶, 木浦南門동, 晉州郡石面本館, 金堤郡江拾八統貳戶, 南部義州南面, 義州枇峴, 壯十里上甘井동四동五戶, 鎭南浦霜井洞, 郭山郡, 吉州郡, 浦項上里拾二統拾貳戶, 太田新대, 烏致院漢城壽동二統壹戶, 吉州西門外리二拾八戶, 漢성中部外相思동二統三戶, 延安郡磨玉洞, 兎山郡鬼橋市, 開城南部龍橋, 公州郡辨山松亭里, 咸興郡東門里, 北部里門洞五拾四統四戶, 漢城南部洞蓮ト里

氏名: 全東宜, 鄭基煥, 鄭석祚, 孫鍾宇, 金以文, 張학臣, 金유書, 金유동, 邦元圭, 李華植, 吳惟泳, 尹鍾求, 鄭相益, 金敎鉉, 리相召, 辛相淑, 리寶浩, 리瑞殷, 權黎鳳, 安○의, 玄德용, 孫德宇, 김升基, 리宗默, 박奉烽, 朴奉烽, 金相杰, 洪淳壹, 崔善玉, 張濟拭, 金貴樗, 洪淳壹, 金錫漸, 郭寶洙, 郭鍾龍, 리宗鉉, 安○익, 金萬석, 李孝稙, 리根鎭, 曹鎬鎭, 宋始憲, 申兼南, 金音洙, 朴鍾은, 金鐘鏻

阿片初入一盡日에知니日々即坐叫 錦引ᄒ야手於難取 … 救死者ㅣ比比有之ᄒ니 … 京城平安 … 大韓國藥方을透得 … 阿片癮引에大效가有ᄒ니 … 飮酒者ㅣ若戒阿引 … 服用ᄒ시되若無效 … 價를還呈ᄒ깃ᄉ오니 照亮ᄒ시오

定價 大劑八選分 金五圜 中劑州週分 金三圜

婦人이無病稱病ᄒ고月經不調로因ᄒ야孕胎치못ᄒᄂ데神效藥
壹月份壹劑 金五圜

鶴香消瘡丹

男女間梅毒運珠와痔疾瘡腫 … 百中ᄒᄂ妙藥이오
定價 甲金四圜 乙金貳圜五拾錢

全治丸

男女寶運珠瘡腫을全治去根ᄒᄂ神奇妙藥이오
壹劑 金三圜

滋陽丸

男女虛弱 … 陽ᄒ고元氣ᄅ足 …
定價 … 金壹圜八拾錢

八寶丹

… 口味ᄅ助ᄒ고 … 爽快ᄒ게ᄒᄂ藥이오 價金新錢 …

平壤大貫洞五星秀 …
全 … 代理店 … 興藥舖
全 … 代理店 … 高田商店
全 武洞代理店 … 澤商店
全 部 … 店 … 記
… 仁川 … 季應善

濟生堂和平堂大藥房聯合紀念大贈彩

◎贈彩說明

濟生堂開業五十四年과和平堂開業三十年 … 多數ᄒ야藥業이時日旺盛ᄒ고功績이 … 著ᄒ야 … 其感佩를實難形誠 … 今에兩藥房에서紀念式을幷行ᄒ고 … 君子의厚誼를表ᄒ기爲ᄒ야兩種藥品(淸心保命丹 八寶丹)을特製大發賣ᄒ며大福彩券을無代金添呈ᄒ와當時福運을大占케ᄒ오니僉君子ᄂ勿失此機ᄒ시고陸續枉顧ᄒ심을敬要

懸賞物品金六百圜價値

大福彩券은以四千枚로定

兩大靈藥（淸心保命丹 八寶丹）의貼價金谷拾錢

效能 甘飮積滯胸腹痛 水土不利咳嗽等

方法

定價金十錢枚五包에福引券壹張을添呈ᄒ고此外兩藥房製藥品中의五拾錢價格에彩券을添呈ᄒ고 割引價 … ᄒ면五圜價格에彩券壹張을添呈ᄒ

賞品

頭等(貳人) 白米貳拾石(每拾石式)大斗五斗入
貳等(貳人) 仝 拾石(每五石式)
三等(捌人) 仝 拾六石(每貳石式)
三等(拾人) 仝 拾石(每壹石式)
四等(壹百人) 金五十圜(每五十전式)
五等三千八百七拾八人 紙券烟二千八百七拾八匣 寸三千八百七拾八匣

空彩ᄂ無ᄒ

遠地ᄂ郵便引換으로送呈ᄒ

期限은六十日로定 自陽六月拾六日 至陽八月拾五日

抽籤日字ᄂ臨期ᄒ야更告ᄒ깃ᄉᆸ

位置

皇城南大門側 濟生堂大藥房本舖

皇城鐘路 和平堂大藥房

皇城鐘路 兩堂臨時出張所

自宅治療

電氣帶廣告

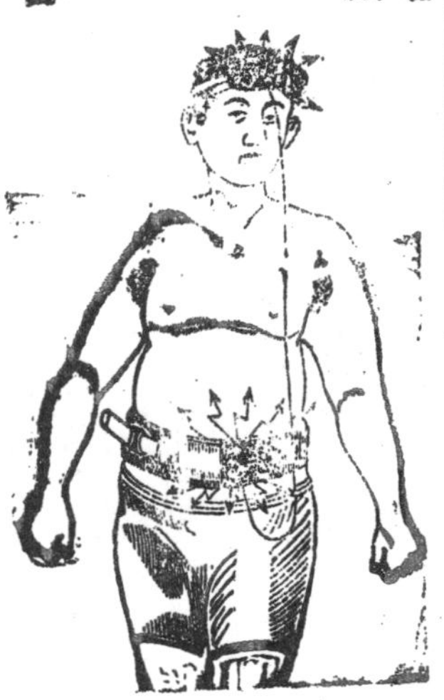

(主治効能)神經衰弱ㆍ不眠ㆍ遺精ㆍ早漏不快ㆍ陽위不起ㆍ消化器無力ㆍ便秘ㆍ消化不良ㆍ食慾不振ㆍ遺尿ㆍ婦人衰弱ㆍ痛症ㆍ半身不遂ㆍ或全身不遂ㆍ手足厥冷ㆍ諸神經痛ㆍ頭痛腰痛ㆍ關節及腰痛ㆍ記臆力及思想減退ㆍ氣血分不足疾

上號 拾四圜　中號 拾二圜

前醫學校敎官 朴容南 著

精選家庭救急方

定價 壹冊 金參十錢

此冊은 西醫醫藥中에家庭에必要ᄒ救急妙法을博搜採ᄒ야婦人小兒라도易曉케輯成ᄒᄂ니人人마다案頭에貯蓄ᄒ야自宅의治療를作ᄒ야醫藥에從事ᄒᄂ人의臨床必要ᄒ者ㅣ니實踐의要訣이ᄅ

目次大略○內科病의救急法○卒倒○卒中○熱射病○霍亂○癲癇○疼痛○頭痛○心臟疼痛○胃痛○月經ᄒ疼痛○出血○鼻出血○吐血○下血○中毒○中毒療法의普通則○鴉片中毒○양지물中毒○石炭酸中毒○硝酸銀中毒○燐中毒○비소中毒○炭氣中毒○煤煙中毒○獸肉中毒○異物의摘出法○鼻、喉頭、耳、眼、의異物摘出法○凍傷○止血法○揷圖○失氣와假死○假死와窒息○假死의救急法○溺水者○縊首者○瓦斯中毒○異物嚥下窒息假死○霍亂死○餓死者○人工呼吸法○揷圖○外傷○頭部外傷○顔面外傷○頸部外傷○胸部外傷○腹部外傷○下악脫臼○咬傷○狂犬○毒蛇○蜂螫咬傷○妊娠中의症候○妊娠中의攝養○產婦의攝養法意○初生兒의保護法○乳母의撰擇法○家庭의必備ᄒ藥品

發行所 皇城南部大廣橋 共愛堂大藥房 告白

代理店 共愛堂各支店 京鄕各書舖隨意販賣

社告

○申報價

壹張代金 新貨貳錢五厘
壹個月前納 三拾錢
參個月 九拾錢
陸個月 壹圜七拾錢
壹個年 參圜四拾錢
郵稅壹張 新貨五厘
壹個月 拾參錢

○廣告料

四號活字拾參字詰
每日壹寸(英尺)에 新貨廿五錢
貳週日壹寸에 貳圜五拾錢
壹個月壹寸에 五圜
(自壹行至四行이爲壹寸)
其期限의長短과字行의多寡를依ᄒ야增減ᄒ이有함

◎大韓每日申報各處支社廣告

平安道
平壤鐘路太極書館 安泰國
三和港牌石洞敎堂 趙亨湜
義州南門外京西大藥房 … 寬
鐵山邑東 … 安濬
車輦館 金明 …
定州南門內 … 洪 …
寧川郡邑 … 金翼 …
安州城內義井洞 金 … 河
京義線枇 … 學基秀
龍川楊市 … 榮保
龍川南面松峴海東會 … 賢 …
龍川남市驛 韓 … 謨
朔州邑남門 朱伯 …
渠川邑館前洋 … 李正 …
寧邊郡耶蘇敎冊肆 김致 …
江西邑內 金 …
成川郡上部面 馬應三
平남順川郡達동 … 裕 …

宜川邑 … 申 …
江西邑耶蘇敎冊肆 김 … 삽
郭山郡部面湖우里 金 …
宣川郡邑面上里 梁 …
… 內 … 里 … 彦 …
甕山北面橋洞 王 …

黃海道
海州남門內書舖 朴 …
安岳邑石面 … 洞 金文 …
長淵邑校洞西北支學會內 … 東元
殷栗邑倉 … 里 金 …
信川邑 … 里 李 …
載寧邑乾材局 李 …
黃州南門外冊肆 … 鎔 …
白川邑文明館 … 雲 …
沙里院活民勞動救火會任敎宰

咸鏡道
城津州 … 社西門外 … 林
元山港創業社內 … 正 …
高原邑 …
定平部 … 川 …
洪原西門內保命局 羅 …
永興南山洞洪明學校內 … 元 …
鏡城 … 南 … 與洞 安正 …
清津港 … 岩동 … 元浩

全羅道
金溝水流面豆亭 … 德三
木浦 … 陽동 … 得 …

京畿道
仁川 … 李東 …
開城南大門內興學書舖 … 琬
江華邑 …

忠淸道
淸城 … 川小 … 동 李 …

慶尙道
大邱西門外 … 書樓側 李正由
釜山港佐川약局 徐 …

江原道
鐵原邑 … 동 … 大
蔚珍遠남面梅花里 朱 …

光武九年八月拾壹日 明治卅八年八月拾壹日 [第三種郵便物認可] 金 剛 會 西曆壹千九百九年七月貳日 (晉)

大韓每日申報

第七號
第壹千壹百壹大號

月曆及日時及休日慶節刊
檀君開國四千二百四十二年
箕子元年三千三十一年
大韓開國五百十八年
日本明治四十二年
隆熙三年
己酉五月小 五日癸亥

Responsible for Publication Alfred Weekley Marnham.
發行兼編輯人英國人 萬咸
發行所
京城南部苧洞前洞(?)大韓每日申報社

論說

◎競爭과生存의機

商業上韓日人의比較 (續)

(四)商業上에期遠近의不同이니滿洲在友人이余의게語ᄒᆞ야日本那島致院은幾八十里風二十里의巨野라已往에ᄂᆞᆫ夏則艸色이碧迷ᄒᆞ고秋則蘆花가白茫ᄒᆞ더니年來에日人이此를起墾ᄒᆞ서當場에ᄂᆞᆫ費用이多ᄒᆞ고利益이少ᄒᆞᆫ지라彼가十年後의巨利를收取ᄒᆞ기로謀算ᄒᆞᆫ다니語에云俟河之淸、人壽幾何라ᄒᆞ얏거날十年後人事를安知완ᄃᆡ彼가如此히迂濶事를行ᄒᆞ나뇨記者曰噫乎라不然ᄒᆞ다經營이大者ᄂᆞᆫ其收效가遲ᄒᆞ고經營이小者ᄂᆞᆫ其收效가速ᄒᆞ나니故로收效時期의短促ᄒᆞᆷ을望ᄒᆞᄂᆞᆫ者ᄂᆞᆫ決코文明人의事業이아니어날韓人은何等商業을行ᄒᆞ던지今日만知ᄒᆞ고明日은不知ᄒᆞ며今年만知ᄒᆞ고明年은不知ᄒᆞ야天下萬事를皆是五日京兆的으로看做ᄒᆞ니如此ᄒᆞ고야엇지稍大ᄒᆞᆫ事業을得成ᄒᆞ리오然이나余ᄂᆞᆫ商界人物의尤然ᄒᆞᆷ을慨歎ᄒᆞ노라遠地의行商은壹行步의利害만計ᄒᆞᆯ뿐이며市街의坐賈ᄂᆞᆫ當月內의贏縮만說ᄒᆞᆯ뿐이오壹二年三四年後의事ᄂᆞᆫ茫然히不顧ᄒᆞ나니엇지可悶ᄒᆞᆯ바아니며(五)義務上勤惰의不同이니某部某官人이嘗曰韓國大小官吏ᄂᆞᆫ元來閒散無事ᄒᆞᆷ이甚ᄒᆞ나日人官吏가政界에同濟ᄒᆞᆫ後에ᄂᆞᆫ此等習慣이自破되리라ᄒᆞ얏더니今乃不然ᄒᆞ야凡事를日人이競爭的으로做去ᄒᆞ미韓人은拱手閒坐ᄒᆞᆯ而已니此가反히嫉妬ᄒᆞᆫ다ᄒᆞ니嗚呼라是何言고々々ᄒᆞ고義務權利ᄂᆞᆫ相須幷行ᄒᆞᄂᆞᆫ者어ᄂᆞᆯ怠惰를嗜好ᄒᆞ야義務ᄂᆞᆫ放棄ᄒᆞ니此가엇지權利喪失의第一關鍵이아닌가商界利害ᄂᆞᆫ尤是勤惰二者에判ᄒᆞᄂᆞᆫ者어ᄂᆞᆯ早宿晏起ᄒᆞ며含煙臥臥ᄒᆞ야悠々歲月에閒々生涯를作ᄒᆞ야器物의儲置가淩亂ᄒᆞ야도不顧ᄒᆞ며來人의應酬가緩漫ᄒᆞ야도不恤ᄒᆞ니此가皆怠惰에셔出ᄒᆞᆷ이니엇지可歎ᄒᆞᆯ바아니며(六)彼則商業을重視ᄒᆞ고此則商業을賤視ᄒᆞᆷ의不同이니盖從前韓國은歐洲二千年前重農時代又치商은末利라ᄒᆞ야貴族은其生活을仕宦俸給에依ᄒᆞ며眷民은其生活을田土耕作에仰ᄒᆞ고商界에現身ᄒᆞᄂᆞᆫ者ᄂᆞᆫ太半無金無業의人이不得已의策에出ᄒᆞᆷ이라故로此를營ᄒᆞᄂᆞᆫ者ㅣ恒常其身世의卑賤을歎ᄒᆞ고或幾百兩의薄利만得ᄒᆞ면便히田畓을求ᄒᆞ며舍를問ᄒᆞ야永々히其口로商業二字를提出치아니ᄒᆞ며其卿이商界를蔑視ᄒᆞ며賤치아니ᄒᆞ나니此亦商業不振의一理由로다今日에至ᄒᆞ야도此弊가尙未盡泯ᄒᆞ야操觚로自擬ᄒᆞᄂᆞᆫ者ᄂᆞᆫ救死不贍의境遇를不違ᄒᆞ며商行爲를作ᄒᆞᄂᆞᆫ者ㅣ無ᄒᆞ니此亦商業不振의原理由로다噫라外國商界ᄂᆞᆫ大人物의淵藪어ᄂᆞᆯ韓國商界ᄂᆞᆫ無告者의採足地니엇지可悶치아니뇨

此時代ᄂᆞᆫ商戰時代니此時代人民이商戰隊에編入ᄒᆞ지못ᄒᆞᆫ者ᄂᆞᆫ生存을不得ᄒᆞᆯ지라故로如此히警告ᄒᆞ며又韓人의商業과日人과操縱이最緊ᄒᆞᆫ故로特히彼와我를比較ᄒᆞᆷ이어니와但已往歷史를看ᄒᆞ면韓人의天姿가엇지日人에게下ᄒᆞ리오只是百年館閣의頹夢에倒ᄒᆞ고歷代民賊의摧殘에糜ᄒᆞ야朔方健兒好身手가昔則驍銳ᄒᆞ더니今則愚惑ᄒᆞᆷ이至ᄒᆞ얏스나時已晩ᄒᆞ고日已高ᄒᆞ니韓人은淵藩籬를速破ᄒᆞ고商界競爭을快試ᄒᆞᆯ지어다 (完)

◀隆熙三年 四月二拾日 官報

部令

法部令第二號 (續)

司法警察官執務規程

第五節 檢證令索及物件押收

第四十壹條 事實을證ᄒᆞᆯ物件을所持ᄒᆞ야疑慮가有ᄒᆞᆫ者가其物件의提出을肯치아니ᄒᆞᆫ時ᄂᆞᆫ其身躰及此에屬ᄒᆞᆫ物件에對ᄒᆞ야令索을行ᄒᆞᆷ을得ᄒᆞᆷ

第四拾二條 檢證及令索에因ᄒᆞ야發見ᄒᆞ거나又ᄂᆞᆫ告訴人이나其他者로부터提出ᄒᆞᆫ物件으로事實을證ᄒᆞᆷ에足ᄒᆞ깃다고思料ᄒᆞᆫ時ᄂᆞᆫ此를押收ᄒᆞᆷ이可ᄒᆞᆷ

第四拾三條 押收物件에對ᄒᆞ야押收人이나又ᄂᆞᆫ立會人으로부터其押收調查書의本을請求ᄒᆞᄂᆞᆫ時ᄂᆞᆫ此를交付ᄒᆞᆷ이可ᄒᆞᆷ (未完)

外報

◎土廷과希臘 倫敦電을據ᄒᆞᆫ즉土耳其宰相세부게르、파샤시ᄂᆞᆫ駐剳希臘信員의게語ᄒᆞ야曰土耳其在留希臘人이反亂ᄒᆞ기爲ᄒᆞ야多數의小銃을輸入ᄒᆞᄂᆞᆫ事에關ᄒᆞ야本政府ᄂᆞᆫ其行動의危險ᄒᆞᆷ을警告ᄒᆞ얏다더라

◎德國炭坑破裂 伯林電을據ᄒᆞᆫ즉피스ᄶᅢ그에在ᄒᆞᆫ一炭坑이破裂되야礦夫七拾名의生死가不明ᄒᆞ다더라

◎排日斥貨 香港電을據ᄒᆞᆫ즉淸國상人들이日本綿絲에對ᄒᆞ야日貨排斥을開始ᄒᆞ지고同盟加入ᄒᆞᆷ을勸誘ᄒᆞᆫ다더라

◎安奉問題困難 大連電을據ᄒᆞᆫ則安奉線에關ᄒᆞᆫ北京政府의訓令內容은日本의守備兵及警察은依例撤還ᄒᆞ라ᄒᆞ고主張ᄒᆞ야全然히安協ᄒᆞᆯ餘地가無ᄒᆞ다더라

◎日本의浸水 去月貳拾四日以來로暴雨가大注ᄒᆞ야日本松江에在ᄒᆞᆫ石見、增田、濱田各川이大漲ᄒᆞ야家屋九百戶가浸水하얏다더라

雜報

◎傳之者誤 再昨日本報雜報欄內發表ᄒᆞᆫ妾이란事ᄂᆞᆫ更探ᄒᆞᆫ즉就是無根의說이라더라

詞藻

◎少年時

絲綿千萬絲ㅣ를、가는春風미여두며。萬里長城둘너싸ㅣ를、오는白髮막을손가。비나니、爲國雪恥念ᄒᆞᆫ얼울、許게젼에。

偶吟禾粟 晨韓野叟

抱析聽歌歲月遷
名山采藥閱何爲
菖蒲定尸延年力
要向劉宗再起時

雜報

●觀刈御幸 大皇帝陛下ᄭᅴ옵서ᄂᆞᆫ東籍田에收麥期가되얏슴으로來五日午前九時에各皇族各大臣其他百官을率ᄒᆞ시고觀耕臺에臨幸ᄒᆞ사親히大麥收刈式을擧行ᄒᆞ신다더라

●洪陵展謁 大皇帝陛下ᄭᅴ옵서東籍田에親幸ᄒᆞ심은別項과如ᄒᆞ거니와御歸路에洪陵에展謁ᄒᆞ실터이라더라

●詔勅頒佈 大皇帝陛下ᄭᅴ옵서減租詔勅을官報로已爲頒布ᄒᆞ얏거니와一般人民으로ᄒᆞ야곰知悉케ᄒᆞ기爲ᄒᆞ야內部及農商工部에서地方各郡守의게發訓ᄒᆞ야民間에曉飭케ᄒᆞ엿다더라

●巡幸紀念品 大皇帝陛下南北巡狩時에關係가有ᄒᆞᆫ諸臣의게巡幸紀念品을下賜ᄒᆞ신다더라

●宮中親蠶 皇后陛下ᄭᅴ옵서養蠶을奬勵ᄒᆞ시기爲ᄒᆞ야御親蠶ᄒᆞ시ᄂᆞᆫ蠶은蠶日을卜擇ᄒᆞ얏슴으로昨日秘苑春香閣蠶室에臨幸ᄒᆞ사親히御製ᄒᆞ셧ᄂᆞᆫ데宮內府大臣閔丙奭시以下宮內官吏數名이陪從ᄒᆞ얏다더라

●內閣例會 昨日內閣에서ᄂᆞᆫ木曜例會를開ᄒᆞ고各其部務의緊要事項을提議ᄒᆞ얏다ᄂᆞᆫ데學部大臣李載崑氏ᄂᆞᆫ夏期講習所에經費支出事件을請議ᄒᆞ얏다더라

●送迎委員 伊藤統監이渡韓後에ᄂᆞᆫ送迎會를開設ᄒᆞᆫ다홈은前報에已揭ᄒᆞ얏거니와昨日宮內府에서送迎會設備ᄒᆞᆯ委員을各部高等官으로選定ᄒᆞ얏다더라

●代表援議 伊藤氏渡韓時에政府代表로歡迎ᄒᆞ니나法大高派喜시를仁川港ᄭᅡ지派送ᄒᆞ기로擬議中이라더라

●淸商과韓國政治 淸상의團體되ᄂᆞᆫ淸상總會의서ᄂᆞᆫ日前의總會를開ᄒᆞ며其席上의서韓國의財政을批評ᄒᆞ야統監政治를批評ᄒᆞ며日我國上民도警覺奮發치아니ᄒᆞ게遂히日本勢力의壓迫을當ᄒᆞᆫ것시라고慷慨激切ᄒᆞᆫ後에다ᄂᆞᆫ데由來로淸상들은政治觀念이缺乏ᄒᆞ더니今에如此히演述ᄒᆞᆷ은漸漸文明競爭의進就ᄒᆞᄂᆞᆫ現象이라고들ᄒᆞ더라

●運動沓至 中樞院副贊議現闕에五寡인데運動코저ᄒᆞᄂᆞᆫ者가總理太臣李完用氏家에沓至ᄒᆞ온人所共知어니와總相은此를防塞ᄒᆞ기爲ᄒᆞᆫ인지奏任官沿年勤務者라야敍任ᄒᆞᆯ것다고聲言ᄒᆞ얏다더라

●塊段觀察 軍部에서奬忠壇基址를定界ᄒᆞᆯ事에何等層節이有ᄒᆞᆫ지日間에部太臣이該塊段을觀察ᄒᆞᆫ다더라

●地方官審査 昨日內部에서地方官審査會를開ᄒᆞ고郡守七人의審査를終了ᄒᆞ얏ᄂᆞᆫ데不日內任命이되리라더라

●觀光設宴 日本에渡去ᄒᆞ얏던觀光團一行이再昨日下午二時에永道寺에서京城日報社장大岡力의歡迎會를設行ᄒᆞ얏다더라

●警察部長會議 各道觀察使會議를終了ᄒᆞᆫ後에ᄂᆞᆫ內部警務局에서各道警察部장會議를開ᄒᆞᆫ다더라

●關稅免除細則 淸津港에서間島及渾春으로輸入輸出ᄒᆞᄂᆞᆫ貨物에對ᄒᆞ야關稅免除의施行細則案은旣히脫稿되야近日頒布ᄒᆞᆯ터이라더라

●防疫規則 近ᄂᆞᆫ夏期를當ᄒᆞ야沿海地에黑死病의傳染ᄒᆞᆯ慮가有ᄒᆞ다ᄒᆞ야內部에서本年防疫ᄒᆞᆯ規則을制定ᄒᆞ얏다더라

●民會稟牒 漢城府民會장兪吉奎氏가漢城內各坊圖장에게稟牒ᄒᆞ되重要ᄒᆞᆫ協議ᄒᆞᆯ事項이有ᄒᆞ니本事務所로今日下午二時에會同ᄒᆞ라ᄒᆞ얏다더라

●歡迎準備 伊藤시가渡韓ᄒᆞᄂᆞᆫ事의對ᄒᆞ야漢성府民會에서歡迎節次를準備ᄒᆞ기로發論ᄒᆞ얏다더라

●經義考試 學部에서去番에選受ᄒᆞᆫ각道儒生의經義問對를現今考試中인데該考試를畢了ᄒᆞᆫ後에ᄂᆞᆫ陰曆今月望간으로會試를又行ᄒᆞᆫ다더라

●技師出張 內部土木局技師沈宜碩氏가該局日本官吏幾名을帶同ᄒᆞ고今日에東籍田附近道路橋梁을修補次로出張ᄒᆞ얏다더라

●申氏歸國 日本留학生監督申海永시가暑中休暇時에受由歸國ᄒᆞᆫ다더라

●民籍法就緒 內部에서三月以來로民籍調査準備中이러니近日槪略就緒되야各道人民의게民籍法의趣旨及取扱에詳細를說諭ᄒᆞ고각戶調查에着手ᄒᆞᆯ터이라더라

●恤金支出 今番內部에서全南潭陽郡內에서火災를當ᄒᆞᆫ民家十壹戶에對ᄒᆞ야每戶에二圓式救恤金을下付ᄒᆞ얏다더라

●崇宗教設立 李容稙시ᄂᆞᆫ儒教를振興ᄒᆞᆯ目的으로崇宗教會를設立ᄒᆞᆯ計劃인데中央의組織은大畧完成ᄒᆞ얏슴으로更히各道樞要處에敎會를設立코져ᄒᆞᆫ다더라

●天實增資 天實銀行에서ᄂᆞᆫ業務를擴張ᄒᆞ기爲ᄒᆞ야七千株를增募ᄒᆞᄂᆞᆫ데五千株ᄂᆞᆫ旣히應募되얏고其餘二千株ᄂᆞᆫ韓國政府에서引受ᄒᆞᆫ다더라

●天實重役改選 天實銀行에서ᄂᆞᆫ本月中旬의株主總會를開ᄒᆞ고重役改選을行ᄒᆞᆯ터인데旣히三派로分ᄒᆞ야運動ᄒᆞᄂᆞᆫ中이라ᄒᆞ며一派ᄂᆞᆫ現任諸시오又一派ᄂᆞᆫ李鳳來白完赫洪思鉉金時鉉金從鎬等諸시오又一派ᄂᆞᆫ閔泳徽韓圭卨尹雄烈尹致昭等諸시라더라

●苧麻過冬의成績 苧麻過冬ᄒᆞ야農상工部에서各地方에勸獎ᄒᆞ야成績을統合ᄒᆞ얏ᄂᆞᆫ대全羅慶尙兩道에서ᄂᆞᆫ殆히完全過冬ᄒᆞ얏고忠淸道에ᄂᆞᆫ漸漸困難ᄒᆞ야被覆에注意ᄒᆞ믈要ᄒᆞ얏스며京畿에ᄂᆞᆫ特히厚ᄒᆞᆫ被覆을要ᄒᆞ얏고平安道에셔ᄂᆞᆫ其厚壹尺以上의被覆을要ᄒᆞ야幾히過冬ᄒᆞ얏스며苧麻ᄂᆞᆫ北方에셔도夏季ᄭᅡ지育은良好ᄒᆞ나過冬이困難ᄒᆞ니單히本年成績을依ᄒᆞ면京畿以南에셔栽培ᄒᆞᆷ이安全ᄒᆞᆫ듯ᄒᆞ다더라

●褒烈請願 廣성郡居ᄒᆞᄂᆞᆫ故秦학奎氏夫人崔召史가卓異ᄒᆞᆫ孝烈이有ᄒᆞᆷ으로同郡儒林等이昨日掌禮院에褒揚ᄒᆞ기를請願ᄒᆞ얏다더라

●民會否認 坡州郡七井面人民이民會를設始ᄒᆞ고該會장김용昇氏가本郡守의게承認ᄒᆞ기를請願ᄒᆞ얏더니該郡守가觀察使指飭을依ᄒᆞ야人民의請願을자還ᄒᆞᆫ故로民情이憤鬱ᄒᆞ다더라

●莫知何意 某某紳士가발起ᄒᆞ야觀稼學校內에工業講習所를設置ᄒᆞ얏ᄂᆞᆫ데鄭永澤氏가前協辦李鳳來氏에게補助金壹百圓을請求ᄒᆞ얏더니리氏가此事由를觀察府에通知ᄒᆞ야別巡이가再昨日에工業講習所情況을觀察ᄒᆞ얏다더라

●日商增設 敎者에日人京성民團에서龍山軍司令部에請求ᄒᆞ야軍用地中八百餘坪을借得ᄒᆞ야旣히新築落成ᄒᆞᆫ家屋이二百餘戶에達ᄒᆞ얏다더라

●月館賣渡 明月館主人鄭信觀氏가상業을觀察次로不過間日本에往ᄒᆞᆯ터인데該館은東洋用達會社事務員任學善氏의게五萬圜에賣渡ᄒᆞ야二十五個年에排納ᄒᆞ기로契約ᄒᆞ얏다더라

●落車受傷 陰曆本月十壹日夜에新門外停車場에서何許二十餘歲假量된少年이汽車에서落下重傷ᄒᆞ얏ᄂᆞᆫ뒤兩部巡査가前往檢視ᄒᆞᆫ즉血痕이淋漓ᄒᆞ며衣服이破裂되얏고發音을不通ᄒᆞ야住所ᄂᆞᆫ未詳ᄒᆞ고但其囊中에測量學卿兩九라書ᄒᆞᆫ名紙만有ᄒᆞ다ᄂᆞᆫ뒤南大門外濟衆院으로昇送治療ᄒᆞᆫ다더라

●新聞押收 布哇에在ᄒᆞᆫ韓人의發行ᄒᆞᄂᆞᆫ新韓國報第四十號ᄂᆞᆫ治安妨害ᄒᆞᆷ이有ᄒᆞ야押收ᄒᆞ얏다더라

●金氏長逝 壽鶴동居ᄒᆞᄂᆞᆫ許영留名人이仁峴居ᄒᆞᄂᆞᆫ金完興處에債錢이有ᄒᆞ더니再昨日에동等地에서逢着ᄒᆞ야債錢을辨償ᄒᆞ라ᄒᆞ고說往說來ᄒᆞ다가許시가扇子로金시를輕打ᄒᆞ얏더니其翌日에因爲仙逝ᄒᆞ얏다더라

●閔氏被捉 前副尉閔河植시가自己慈母의手環을僞造ᄒᆞ야得價코저ᄒᆞ다가奸狀이綻露되야北部警察署에被捉되얏다더라

●嫌疑訊問 拓殖會社總事韓相龍氏家에서日昨에金貨四百圓을遺失ᄒᆞ얏ᄂᆞᆫ데同家廊底居朴俊五가所爲라ᄒᆞ야今北部警察署에서朴俊五를捉囚訊問ᄒᆞᆫ다더라

●假稱審試 漢城部居麥道文氏가白紙二百五十圓價値를買得ᄒᆞ야水橋客主陳昌弘氏家에任置ᄒᆞ고自己ᄂᆞᆫ司은洞洪淳昌氏家에留連ᄒᆞ더니同館에留ᄒᆞᄂᆞᆫ麥南秀名人이麥道文氏의姓名을僞造ᄒᆞ야該白紙를推去逃躱ᄒᆞ얏다더라

●義兵砲殺 장湍古南面派駐所憲兵補助員麥基東氏가義兵의게投入ᄒᆞ야列郡에橫行ᄒᆞ다가抱川等地에서日憲兵의게被捉ᄒᆞ야京城으로押上ᄒᆞ얏더니再昨日新門外水磨砌等地에서砲殺ᄒᆞ얏다더라

●[illegible]不現 再昨夜拾貳時量에强盜幾名이庖刀를帶持ᄒᆞ고西小門外治善坊聖文區家에突入ᄒᆞ야家産什物을奪去ᄒᆞ얏다더라

●講會開演 今日下午八時에貞洞眞理학會에서演說會를開ᄒᆞ고崔炳憲金貞植鄭春秀尹善旭諸氏가各種問題로次第演說ᄒᆞᆫ다더라

●酒組開會 來三日土曜下午時에漢성酒造組合所內에서酒麯改良研究會第四回를開ᄒᆞᆫ다더라

學界

●師法卒業 西江某督師範法學校에셔ᄂᆞᆫ來六日下午二時에第貳回卒業證書式을擧行ᄒᆞᄂᆞᆫ데紳士를多數請邀ᄒᆞᆫ다더라

●大韓夜學 內部主事金貫鉉시ᄂᆞᆫ大濟旅館內에日語算術夜學科를設置ᄒᆞ고학員을募集敎授ᄒᆞᆫ다더라

感荷賻儀

本社顧問[illegible]ᄒᆞ야平步雲山居李致廷氏가金貳圓을寄贈ᄒᆞ얏기로茲에其厚誼를感謝ᄒᆞ노라

▲私利競爭▼

▲六洲世界ᄂᆞᆫ一關으로萬般事業이發生ᄒᆞ야紛紛擾擾ᄒᆞᆫ時代에競爭熱이最劇ᄒᆞ니太古天地韓半島ᄂᆞᆫ樞中에酣睡惆悵ᄒᆞ야對外思想은全無ᄒᆞ고國體에만對ᄒᆞ야셔되지못ᄒᆞᆫ虛慾으로私利上에競爭ᄒᆞ니우습고도可歎일세

▲仕宦으로말ᄒᆞᆯ진뎌抱負가贍富ᄒᆞ야濟世之具잇고보면立身之基될터인데엇던宦家볼작시면南山捷徑ᄎᆞ저가셔식져주오ᄉᆞᄉᆞᄉᆞ某窠ᄉᆞᄉᆞ식져주오他人의게讓頭ᄒᆞᆯ싸惟恐不及ᄒᆞ지만은그競爭도쓸데업고

▲商販으로말ᄒᆞᆯ진대良好ᄒᆞᆫ品을貯蓄ᄒᆞ고信義心이잇고보면발售興旺될터인데엇던상客볼작시면街路上에느러셔서사가시오ᄉᆞᄉᆞᄉᆞ某物ᄉᆞᄉᆞ사가시오他人의게讓頭ᄒᆞᆯ싸惟恐不及ᄒᆞ지만은그競爭도쓸데업고

▲學問으로말ᄒᆞᆯ진뎌知識이高明ᄒᆞ고德行이崇高ᄒᆞ면名譽自著ᄒᆞᆯ터인데엇던학生볼작시면어즁간ᄒᆞᆫ더工夫ᄉᆞᄉᆞᄉᆞ某科ᄉᆞᄉᆞ卒業ᄒᆞᆺ소他人의게讓頭ᄒᆞᆯ싸惟恐不及ᄒᆞ지만은그競爭도쓸데업고

▲旅館으로말ᄒᆞᆯ진대房屋이淨潔ᄒᆞ야衛生上에有助ᄒᆞ면旅人自至ᄒᆞᆯ터인데엇던客主볼작시면街路上에往來ᄒᆞᄂᆞᆫ사ᄅᆞᆷᄭᅡ지오ᄉᆞᄉᆞᄉᆞ내집에셔쉬고가오他人의게讓頭ᄒᆞᆯ싸惟恐不及ᄒᆞ지만은그競爭도쓸데업다

▲競爭心이업고보면生存不得ᄒᆞᄂᆞᆫ것슨天演公例이아닌가軒鼻聲을고만두고어셔밧비이러나셔競爭心을奮起ᄒᆞ되私利上에相讓ᄒᆞ며公益上에相競ᄒᆞ고同胞間에相讓ᄒᆞ며異族間에相競ᄒᆞ야[illegible]人되야보소

廣告

本所를郡內小流橋四統三戶로移接ᄒᆞ얏ᄉᆞ오니道內僉員照亮ᄒᆞᆷ

平北宣川郡內玉洞

大韓測量道事務所 告白

南部明哲坊南小洞三拾五統拾三戶草家三間板刻券壹度新造四間合七間新文記壹張幷爲見失ᄒᆞ오니誰某得休紙施行ᄒᆞᆷ

金秉浩 告白

本講習會를六月初三日에開始ᄒᆞᄂᆞᆫᄃᆡ講師ᄂᆞᆫ日本留學大學生劉銓氏와其他高明諸氏가分擔ᄒᆞ오니志願人은本事務所(協成書館)內로請願書提呈ᄒᆞ오 但詳細規則은本所에來問ᄒᆞᆷ 學科程은物理化學數學地文學

平壤師範講習所 告白

◉音畵講習生募集廣告

本所에셔各學校科程中自在畵와唱歌가完全치못ᄒᆞᆷ을是慮ᄒᆞ야現時에著名ᄒᆞᆫ教師金仁湜시가尙洞靑年學院內에셔夏期放學間에講習所를開ᄒᆞ고速成으로教授ᄒᆞ겟ᄉᆞ오니教育에有志ᄒᆞ신 僉員은本所로來議ᄒᆞ시믈望ᄒᆞᆷ

費、入學志願은七月拾日內로ᄒᆞ고詳細ᄒᆞᆫ것은本所에來問ᄒᆞᆷ

尙洞靑年學院內

音畵講習所 白

本人의姓名圖章을六月六日所[illegible]四日에[illegible]沙川邊에셔沐浴ᄒᆞᄃᆡ가[illegible]얏기玆에[illegible]ᄒᆞᆷ 慈山郡[illegible]中里金在圭

中[illegible]坊典獄後洞[illegible]捌統貳戶瓦家二拾[illegible]間家券을見失故로廣告ᄒᆞ오니內外國人間이라도休紙施行ᄒᆞ오

李[illegible] 告白

諸般法律事務를親切迅速處理ᄒᆞ오니陸續來議ᄒᆞ시옵

京城南部 曲橋 洞壹統七戶

法律事務所

電話九七七番

修法學士 辯護士 崔鎭

本塾

에셔夜學으로日語簿記算術蠶業을教授ᄒᆞ오며講師ᄂᆞᆫ韓日兩國紳士오니僉員入學ᄒᆞ심을爲要

鹽洞 關東學會館內

昌東義塾 告白

◉特別廣告

本支會에셔同會員의金錢을勸收ᄒᆞ야入會ᄒᆞ시가決死還推ᄒᆞ고[illegible]

[illegible]

平北測量總管支會

[illegible]

第三回夏期講語講習所를[illegible]洞耶穌學院內에開ᄒᆞ오니聽講코ᄌᆞᄒᆞ시ᄂᆞᆫ이ᄂᆞᆫ本月[illegible]內로本所에來議ᄒᆞ시오

[illegible] 告白

本里에셔失火ᄒᆞ야二十八戶가灰燼ᄒᆞᆫ事ᄂᆞᆫ前報에已揭ᄒᆞ얏거니와如此捿遑ᄒᆞᆫ狀을矜恤히너여本郡守金國聲시가十元과郡主事李錫永시가三元을捐助ᄒᆞᆷ으로十戶가改建되고隣次本面面長申山老시가到處에熱心勸勉ᄒᆞ야其餘未建ᄒᆞᆫ十八戶를期於改建ᄒᆞ야使之扶持케ᄒᆞᆷ으로以上三시의愛恤之情을不勝感謝ᄒᆞ야玆以廣告ᄒᆞᆷ

信川郡加乎右面間石里

同 徐相奎
洞長 金成萬 告白

本校에셔學員約壹百五拾名을募集ᄒᆞ오니入學志願者ᄂᆞᆫ速히履歷書를添付ᄒᆞ야入學請願書를提出ᄒᆞᆯ事

入學志願者ᄂᆞᆫ左記事를注意ᄒᆞᆯ事

一 七月貳拾日內로來校ᄒᆞᆯ事

一 年齡은拾五歲以上至卄歲

身體强健者

試驗科目 國漢文交作讀書算術四則以上

一 教授科程은[illegible]沙器上各種染色物及各種織組品製造機械를實驗使用ᄒᆞ겟ᄉᆞ오니本校에來問ᄒᆞᆯ事

一 本業期限은壹個年으로定ᄒᆞᆷ

開城私立光明學校 告白

[illegible]同胞에[illegible]完實ᄒᆞᆫ[illegible]仁愛ᄒᆞ신[illegible]望ᄒᆞᆷ

南門內[illegible]洞

韓[illegible]組合所 告白

專賣特許 聯帽子

中山帽子	價金	中折帽子	上仝	女子用帽子	上仝	學徒帽子	價金
	四五〇〇 / 五九〇〇 / 四五五〇 / 三九〇〇 / 貳九〇〇						一二〇〇 / 二五〇〇 / 二一〇〇 / 一七〇〇

登錄商票

本新發明ᄒᆞᆫ帽子[illegible]

帽子商店 玉虎書林謹告

美國시아틀大博覽會 미국시아틀대박람회

京城樽洞(京城郵便局私函第[illegible]拾號)(大美國에리오니消沙樹[illegible]ᄒᆞ디) 韓美興業株式會社(駐大韓國美國總領事館登錄)

本社의各處代理人의姓名은如左ᄒᆞᆷ

代理	位置	住所	姓名
開城代理人		可[illegible]城[illegible]門[illegible]雜貨商店	金東宣
平壤代理人		平壤大[illegible]門[illegible]店洞	鄭基煥
咸興代理人		咸興[illegible]門外	孫[illegible]亨
馬山浦代理人		馬山浦[illegible]主	金[illegible]文
元山代理人		元山港	張[illegible]臣
淸津代理人		淸津港	金[illegible]東
水原代理人		水原北[illegible]安[illegible]	김유東
安[illegible]代理人	位置未定	[illegible]北[illegible]洞	邦[illegible]重
沙里院代理人	位置未定	[illegible]旺新學校內	[illegible]
全泉代理人		全泉市[illegible]商店	[illegible]
錦州代理人		[illegible]拾二統五戶	[illegible]
天安代理人	位置未定	水[illegible]安洞	[illegible]
群山代理人	位置未定	群山大井洞	[illegible]
全州代理人		漢城西[illegible]二百[illegible]二統三戶	[illegible]
大邱代理人	位置未定	大邱新[illegible]十八統七戶	[illegible]
釜山代理人		馬山浦[illegible]	[illegible]
江景浦代理人	位置未定	西[illegible]契廿七統貳戶	[illegible]
麻浦代理人	位置未定	西[illegible]統二戶	[illegible]
[illegible]湖代理人	位置未定	陰城[illegible]山里	[illegible]
永同代理人	位置未定	漢[illegible]統壹戶	[illegible]
木浦代理人		木浦[illegible]	[illegible]
晉州代理人	位置未定	[illegible]山浦城山	[illegible]
全堤代理人	位置未定	[illegible]石[illegible]	[illegible]
[illegible]附近代理人		[illegible]漢江十八統二戶	[illegible]
義州代理人	位置未定	[illegible]州[illegible]	[illegible]
江界代理人	位置未定	[illegible]	[illegible]
漢[illegible]代理人		[illegible]甘井洞四統五戶	權[illegible]玉 / 張[illegible]拭
[illegible]代理人		郭山[illegible]	金相杰 / 李[illegible]
[illegible]代理人	位置未定	吉[illegible]	
淸津代理人	位置未定	太[illegible]	
太田代理人		浦[illegible]統[illegible]二戶	宋始憲 / 洪淳[illegible]
浦[illegible]代理人		烏[illegible]院漢[illegible]統[illegible]戶	
[illegible]州代理人		吉[illegible]門[illegible]戶	
吉[illegible]代理人		漢[illegible]二統二戶	
[illegible]代理人		[illegible]	
[illegible]代理人		[illegible]	
[illegible]浦代理人	位置未定	[illegible]	金[illegible] / 洪淳[illegible]
公[illegible]代理人	位置未定	太[illegible]	
[illegible]代理人	位置未定	[illegible]中[illegible]面[illegible]亭里	
洪[illegible]代理人	位置未定	咸[illegible]	
漢城[illegible]代理人		[illegible]五拾四統[illegible]戶	
[illegible]代理人	位置未定	洪[illegible]蓮里	김[illegible]

濟生堂和平堂大藥房聯合紀念大贈彩

◎贈大彩說明

濟生堂藥房과和平堂開業三週年間에內外國君子의顧勞를심을多蒙[illegible]藥이時日[illegible]盛[illegible]고功績이東西著昌이라其感佩[illegible]實難表[illegible]故로今에兩大藥房에셔紀念式을幷行[illegible]고僉君子의盛誼를表[illegible]기爲[illegible]야兩種藥品（淸心保命丹　八寶丹）을特製大發賣[illegible]며大福彩券을無代金添呈[illegible]와堂時[illegible]大[illegible]케[illegible]오니僉君子는勿失此機[illegible]시고陸續枉顧[illegible]심을敬要

懸賞物品金六百圜價値

大福彩券은以四千枚로定

兩大靈藥（淸心保命丹　八寶丹）定貼價金各拾錢

效能　담飮積滯胸腹痛　水土不利咳嗽等

方法

定價金十錢枚五包에福引券壹張을添呈[illegible]此外兩藥房製藥品中의五拾錢價格에彩券을[illegible]呈[illegible]製引價是[illegible]五圜價格[illegible]券壹張을添呈[illegible]

賞品

頭等貳人）白米貳拾石（每拾石式）太斗五斗入
壹等貳人）仝　拾　石（每五石式）
貳等[illegible]人）仝　拾六石（每貳石式）
三等拾人）仝　拾　石（每壹石式）
四等壹百人）金五十圜（每五十전式）
五等三千八百七拾八人）紙券烟三千八百七拾八匣　寸三千八百七拾八匣

空彩는無[illegible]

遠地에는**郵便引換**으로**送呈**[illegible]

期限은**六十日**노**定**　自陽六月拾六日　至陽八月拾五日

抽籤日子는臨期[illegible]야更告[illegible]

位置

皇城南大門側　濟生堂大藥房本舖
皇城鍾路　和平堂大藥房
皇城鍾路　兩堂臨時出張所

自宅治療　電氣帶廣告

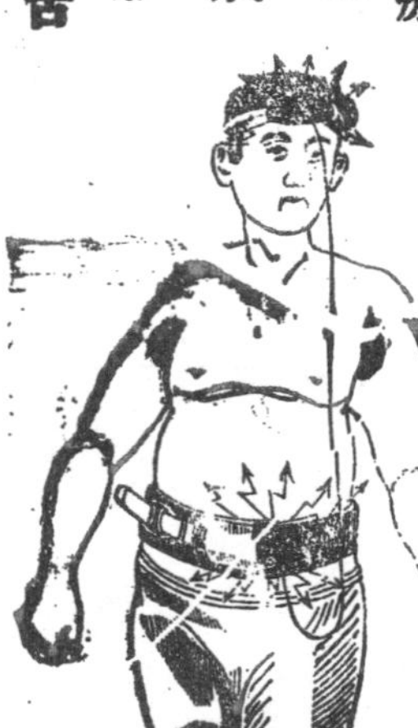

（主治効能）神經衰弱諸症不眠。遺精、早漏不快、陽위不起、消化器無力、常習便結、消化不良。聲音不良。遺尿。[illegible]內[illegible]衰弱。疝症。半身不遂。或全身不遂。手足厥冷、諸神經痛。頭痛腰痛。脚氣及腰痛。記憶力及忍耐力減退、[illegible]血分不足疾

上號　拾四圜　中號　拾二圜

前醫學校教官　朴容南　著

[illegible]家庭救急方

[illegible]價金參十錢

[illegible]東西醫藥中에家庭의必要[illegible]救急妙法을[illegible]搜[illegible]야雖婦人小兒라도易曉케[illegible]輯[illegible]者ㅣ니人人마다案頭에貯藏[illegible]야自宅의治療를作[illegible]神方이오且醫藥에從事[illegible]는人의臨床必要[illegible]書ㅣ니實濟世의要訣이옴

目次大畧○內科病의救急法○卒倒○卒中○熱射病○霍亂○癲癇○痙痛○頭痛○心臟疼痛○胃痛○月經中疼痛○出血○鼻出血○咯血○吐血○下血○中毒○中毒療法의普通通則○鴉片中毒○양지물中毒○石炭酸中毒○硝酸銀中毒○燐中毒○□□中毒○炭氣中毒○魚類中毒○獸肉中毒○異物의摘出法○鼻、喉頭、耳、眼、에異物摘出法○火傷○凍傷○止血法○搾圖○失氣及假死○假死眞死의區別○假死의救急法○溺水者○縊首者○瓦斯中毒○異物嚥下窒息假死○雷震死○餓死者○人工呼吸法○搾圖○外傷○頭部外傷○顏面外傷○頸部外傷○胸部外傷○腹部外傷○下악脫臼○咬傷○狂狗○毒蛇○蜂蟲咬傷○妊娠의症候○妊娠中의攝養○產婦의攝養注意○初生兒의受護法○乳母의選擇法○家庭의必備[illegible]藥品

發賣所　皇城南部太廣橋　共愛堂大藥房　告白

代理店　共愛堂各支店　京鄉各書舖隨意販賣

社告

○申報價
半張代金　新貨貳錢五厘
壹個月前納　三拾錢
參個月　九拾錢
陸個月　壹圜七拾錢
壹個年　參圜四拾錢
郵稅壹張　新貨五厘
壹個月　拾參錢

○廣告料
四號活字拾參字爲[illegible]
每日壹寸（英尺）에新貨廿五錢
貳週日壹寸에　貳圜五拾錢
壹個月壹寸에　五圜
（自壹行至四行이爲壹寸）
其期限의長短과字行의多寡를依[illegible]야增減[illegible]이有[illegible]

◎**大韓每日申報各處支社廣告**

平安道

平壤鐘路太極書舘　安泰國
三和港牌石洞敎堂　[illegible]
義州南門外西大藥房　[illegible]有寬
鐵山邑東部　安[illegible]
車輦舘　金明[illegible]
定州南門內書舖　洪成[illegible]
博川郡邑내　金[illegible]
安州城內義井洞　金[illegible]河
京義[illegible]市　李基秀
龍川楊市　黃[illegible]保
龍川南面[illegible]海東書會　金[illegible]
龍川남市[illegible]　[illegible]
朔州邑남門내　朱伯[illegible]
[illegible]川邑館前洋약局　李正[illegible]
[illegible]郡耶蘇敎冊肆　김致[illegible]
江西邑內　金[illegible]
成川郡上部面　[illegible]應三
平남順川郡[illegible]　[illegible]

寧川邑[illegible]　[illegible]
江界邑耶蘇敎冊肆　[illegible]
郭山郡[illegible]面[illegible]里　[illegible]
雲山郡[illegible]面上里　[illegible]
[illegible]山郡內利用里　[illegible]
[illegible]山北面[illegible]洞　王[illegible]

黃海道

海州남門內書舘　[illegible]
安岳[illegible]石面[illegible]洞　金文[illegible]
長淵邑[illegible]洞西北支學會內　[illegible]元
殷栗邑倉前里　金[illegible]
信川邑西里　[illegible]
載寧邑乾材局　[illegible]
黃州南門外冊肆　[illegible]
白川邑文明館　[illegible]
沙里院活民勞動夜學會任敎室　[illegible]

咸鏡道

咸興州南社西門外　[illegible]林
元山港創業社內　[illegible]正本
高原邑　[illegible]
定平郡[illegible]川　[illegible]
洪原西門內保命局　[illegible]
永興南山동洪明學校內　[illegible]元常
鏡城羅南新興洞　安正[illegible]
淸津港新岩동　[illegible]元浩

全羅道

全州水流面豆亭　[illegible]三
木浦항[illegible]동　[illegible]

京畿道

仁川[illegible]新舖[illegible]　李東[illegible]
開城남大門內興學書舖委[illegible]　[illegible]
江華邑川[illegible]　[illegible]

忠淸道

結城廣川小龍동　李[illegible]

慶尙道

大邱西門外友弦書樓[illegible]李正由
釜山港佐川약局　[illegible]

江原道

鐵原邑[illegible]동　[illegible]大
[illegible]珍遠남面[illegible]花里　朱[illegible]

光武九年八月拾壹日 明治卅八年八月拾壹日 〔第三種郵便物認可〕 土曜日 西曆壹千九百九年七月三日 (壹)

大韓每日申報

第七卷 第壹千壹百卅七號

月曜日及慶節休刊

檀君開國四千二百四十二年
箕子元年三千三十一年
大韓開國五百十八年
日本明治四十二年
隆熙三年
陰己酉五月小十六日甲子

Responsible for Publication Alfred Weekley Marnham.
發行兼編輯人英國人 萬咸
發行所 京城南署石井洞鐵物橋越邊三層洋屋
大韓每日申報社

論說

◉韓國自治制畧史

國家의盛衰興亡은其國民自治力의優劣에係ᄒᆞᆫ바ㅣ라是以로即世界歷史를按ᄒᆞ건ᄃᆡ撒遜民族의羅甸民族을代ᄒᆞᆷ도此力이優ᄒᆞᆫ故며政治倫理를闡ᄒᆞ미白人勢力이黃人勢力보다大ᄒᆞᆷ도此力이優ᄒᆞᆫ故니國을爲ᄒᆞᄂᆞᆫ者ㅣ此를務치아니ᄒᆞ면奚可ᄒᆞ리오然이나余가韓國史를讀ᄒᆞ미豈一點異感이腦를激ᄒᆞᄂᆞᆫ도다大抵韓國이古代에ᄂᆞᆫ自治制度가盛行ᄒᆞ던國이라殘缺ᄒᆞᆫ文獻에其事를詳細히考究키難ᄒᆞ거니와然이나東雲의鱗과西雲의爪가往々蜿蜒의狀態를露出ᄒᆞᆫ者ㅣ多ᄒᆞ나니即檀君史에「神人降于太白山下ᄒᆞ니國人立以爲君」과高句麗史의「六部大人相聚議事」와新羅史의「赫居世有聖德六部人立以爲君」과又昔朴金三姓의濟々相讓과城主등主軍主의設置ᄒᆞᆫ等遺事를披覽ᄒᆞ미其制度의精密이비록歐洲近今代國政體의完美ᄒᆞᆷ과如ᄒᆞ다ᄒᆞ면或武斷에近ᄒᆞ다ᄒᆞᆯ지나萬皆希臘羅馬共和의制에比較ᄒᆞ면毫髮도相讓ᄒᆞᆯ者ㅣ無ᄒᆞ다ᄒᆞᆯ지니偉哉라韓國의政治史여世界에自豪ᄒᆞᆯ만ᄒᆞ도다

然則如此히太古時代에開化最早ᄒᆞᆫ民族으로其文化를발휘ᄒᆞ야六洲에傳布ᄒᆞ며其能力을發成ᄒᆞ야萬國에雄鳴ᄒᆞᆷ은固矣勿論이오反히層々墮落ᄒᆞ며年壹年降衰ᄒᆞ야中世가上世에不及ᄒᆞ며近世가中世에不及ᄒᆞ야數千年以後今日에坐ᄒᆞ야數千年以前當時를仰ᄒᆞ마地獄과天堂又치懸殊ᄒᆞ니嗚呼라此가果然何故이뇨

盖歷代以來로民賊魔魘의牢籠과壓迫을累被ᄒᆞ야屢々然其本來의眞面이埋沒되ᄂᆞᆫ中에何等政治學大家가出來ᄒᆞ야此에闡ᄒᆞᆫ學說을傳ᄒᆞᆫ者ㅣ無ᄒᆞ며何等歷史學大家가出來ᄒᆞ야此에關ᄒᆞᆫ法制를記ᄒᆞᆫ者ㅣ無ᄒᆞ며又外國으로從ᄒᆞ야輸入된(壹)儒教(貳)佛敎가彼則尊君主義를鼓吹ᄒᆞ며此則超然히世外에出ᄒᆞ야厭世的悲觀을主張ᄒᆞᆫ故로國民自治의思想ᄒᆞ미遂不知不覺中에遺失ᄒᆞᆷ이니엇지可歎ᄒᆞᆯ바아니리오

然이나豐城寶劍이비록千年塵土中에埋在ᄒᆞ나其壹點光燄은遙々히霄漢을直燭ᄒᆞ야魔力의壓滅치못ᄒᆞᆯ비인故로如此許多波浪을累經ᄒᆞ얏스되至今尙道州郡에尙且若存若亡히此制가繼續流傳ᄒᆞ야面의面長과鄕의有司와又洞任等이壹面의事ᄂᆞᆫ壹面이自辦ᄒᆞ며壹鄕의事ᄂᆞᆫ壹鄕이自議ᄒᆞ고又或守令不善의行政을彈駁ᄒᆞ야儼然히地方自治의權利가有ᄒᆞ더니다

비록世紋을隨ᄒᆞ야其制가浸衰ᄒᆞ야面長有司의職務ㅣ官吏手中에歸ᄒᆞᆫ處도或有ᄒᆞ며人民이此를有若無視ᄒᆞ얏스나其壹聖哲ᄒᆞᆫ人이出ᄒᆞ야其弊를改ᄒᆞ고其美를復ᄒᆞ면國家의利益됨이至大ᄒᆞᆯ지어날

惜乎라靜菴栗谷의賢哲로도鄕序學校의制ᄂᆞᆫ恢復코ᄌᆞᄒᆞ얏스되此를提唱ᄒᆞᆯ뿐未暇ᄒᆞ며茶山磻溪의碩學으로도井田鄕約의道ᄂᆞᆫ論述ᄒᆞ얏스나此를研究ᄒᆞᆯᄯᆡ未暇ᄒᆞ야此等歷史的美制를荊棘中에久埋ᄒᆞ얏도다

支那鄕約도亦自治에近ᄒᆞ나齒를尙ᄒᆞ고賢을不尙ᄒᆞ며官을尊ᄒᆞ고民을卑ᄒᆞ얏스니是ᄂᆞᆫ族長自治오市邑自治가아니니故로韓國의自治가獨히東洋史中의特色됨

嗚呼라目下許多列强이多其自强力에依ᄒᆞ야舞臺에進ᄒᆞᆷ세此力이本無ᄒᆞᆫ者ᄂᆞᆫ他를效顰ᄒᆞ며此力이固有ᄒᆞᆫ者ᄂᆞᆫ此를淬勵하ᄂᆞᆫ데韓人은自家光明寶藏을失ᄒᆞ고恢復ᄒᆞᆷ을不思ᄒᆞ니吾輩의慨歎이何如오此論을草ᄒᆞ야其覺醒奮發ᄒᆞᆷ을催ᄒᆞ노라

外報

●排露新聞 伯林電을據ᄒᆞᆫ즉波斯國테헤란에서新히排露主義의壹新聞紙를發行ᄒᆞ고頻々히露軍의撤退를催迫ᄒᆞᆫ다더라

●安奉線改築否認 大連電을據ᄒᆞᆫ즉安奉線協상에關ᄒᆞ야淸國政府의訓令은改築을否定ᄒᆞᄂᆞᆫ樣이라더라

●酷暑傷人 紐育來電을據ᄒᆞᆫ즉同市에ᄂᆞᆫ昨今에暑氣가酷烈ᄒᆞ야數日之間에五拾人이死亡ᄒᆞ얏ᄂᆞᆫ데市民은此로因ᄒᆞ야非常苦悶中이라더라

●列國軍隊撤退 伯林電을據ᄒᆞᆫ즉英國外相구레이ᄂᆞᆫ크리트島에在ᄒᆞᆫ四國軍隊ᄂᆞᆫ七月廿七日內로同時撤還ᄒᆞᆯ旨로豫告ᄒᆞ얏다더라

●無線電中繼所 倫敦電을據ᄒᆞᆫ즉알뇌니氏ᄂᆞᆫ倫敦에서開催ᄒᆞᆫ新聞記者大會에셔來八日에國內各地를聯絡ᄒᆞᄂᆞᆫ無線電信中繼所를設置ᄒᆞ고電信料를多大減少ᄒᆞᆯ計劃으로演述ᄒᆞ얏다더라

●淸國의間島經營 北京電을據ᄒᆞᆫ즉東三省總督錫良시가間島觀帶吉林延吉廳의邊務經費六拾萬兩內에三十萬兩은吉林巡撫가支出케ᄒᆞ고三拾萬兩은度支部에서支出ᄒᆞ기를請ᄒᆞ얏더니裁可를得ᄒᆞ얏다더라

●淸國의陸軍急務 北京電을據ᄒᆞᆫ즉端方시ᄂᆞᆫ陸軍의急務를上奏ᄒᆞ얏ᄂᆞᆫ데其條項이如左ᄒᆞ더라

壹 海軍署와設立을急務ᄒᆞᆯ事
二 陸海兩軍의密接關係를有ᄒᆞ야南北兩洋大臣과密接連絡ᄒᆞᆯ事
三 陸軍三拾六鎭을速成ᄒᆞᆯ事
四 陸海兩軍部ᄂᆞᆫ郵傳部와協商ᄒᆞ야軍事商業雙方에便利ᄒᆞᆫ鐵道를速成ᄒᆞᆯ事
五 徵兵令을編定ᄒᆞ야速히實行ᄒᆞᆯ事
六 陸軍학校卒業生을各省에配置ᄒᆞ야新智識을普及케ᄒᆞᆯ事
七 各省에憲兵隊를設置ᄒᆞᆯ事
八 海軍學校를設立ᄒᆞᆯ事라더라

詞藻

●射鵰曲

꼬기찬쇼리ᄆᆡ야、비무르다자당마라。
꼬지엿흔그사롬은、壹字砲手有名ᄒᆞ고。
그겻헤、져후한당다모혀셔、너ᄒᆞ쏘리。

●遼東穿楊 辰韓野叟

遼霜頭戶戴東京
四海狂塵中帽淸
今禪蠡爾春用綠
千秋流浮漢公歸

雜報

●高氏歸內 韓國 皇太子殿下를 陪從ᄒᆞ야日本의留학ᄒᆞ던高羲敬시ᄂᆞᆫ暑中休暇로歸國ᄒᆞ야再昨日 德壽宮의歸內ᄒᆞ야 太皇帝陛下께 拜謁ᄒᆞ고 皇太子殿下의近狀을上奏ᄒᆞ얏ᄉᆞᆸ더라

●祇送迎協議 太皇帝陛下께옵셔東籍田에 幸行ᄒᆞ실ᄯᅢ에各學校의 祇送 祇迎節次를學部에서昨日高等官이會同協議ᄒᆞ얏ᄂᆞᆫᄃᆡ東籍田附近田畓에穀物이彌滿ᄒᆞ야학徒會立의困難이生ᄒᆞᆯ터이ᄆᆡ各학校에代表로幾拾名式 祇送祇迎케ᄒᆞᆫ다더라

●新面何面 韓統監伊藤氏가渡韓ᄒᆞ얏다가歸國ᄒᆞᆫ後에ᄂᆞᆫ內閣官吏와其他政務가ᄒᆞᆫ新面目이되리라고巷議가藉藉ᄒᆞ더라

●講習會經費 學部에서夏期講習會를開設ᄒᆞᆷ은旣報ᄒᆞ얏거니와該經費七百圓을支出ᄒᆞᆯ事로學部大臣이內閣會議의提出ᄒᆞ얏다더라

●統邸晩餐 本日午後七時에統監邸에서各國領事를招待ᄒᆞ야晩餐會를開ᄒᆞᆫ다더라

●雇員亦日 漢성府의서ᄂᆞᆫ從來使用ᄒᆞ던한人雇員은減削ᄒᆞ고日本人으로充用ᄒᆞᆫ단다더라

●統府通牒 統監府에서各府部院廳에通牒ᄒᆞ되新舊統監의送迎會를設行ᄒᆞᆯ터이니志願贊成者ᄂᆞᆫ會費二圓式携帶來參ᄒᆞ라고入場券幾枚式을送交ᄒᆞ얏다더라

●民會協議 伊藤氏가渡韓ᄒᆞᄂᆞᆫ事에對ᄒᆞ야 漢城府民會에서再昨日에各實業家諸氏를會同ᄒᆞ고歡迎費徵出事件을協議ᄒᆞ얏다더라

●守嬪笑資 現內閣諸大臣中某氏ᄂᆞᆫ其職位를鞏固키爲ᄒᆞ야泥峴所有여人七歲에게成兩囑도ᄒᆞ며或囑도ᄒᆞ얏ᄂᆞᆫ데此事實이現露되야聞者ᄂᆞᆫ衆이ᄒᆞᆫ場大笑ᄒᆞ얏다더라

●詩會廢止 各大臣이輪回設行ᄒᆞ던詩會를廢止ᄒᆞ얏다ᄂᆞᆫᄃᆡ其理由ᄂᆞᆫ向日尹洪과氏가中樞院에獻議ᄒᆞᆷ을因ᄒᆞᆷ이라더라

●千餘書燒 학部에서敎科用圖書를押收ᄒᆞ야燒火ᄒᆞᆫ數가四千餘部에達ᄒᆞ얏다ᄂᆞᆫᄃᆡ학部大臣의事業이各大臣에第一될듯ᄒᆞ다더라

●朴氏運動 貞陵參奉朴勝肇氏ᄂᆞᆫ他職을運動ᄒᆞᆯ計劃으로現帶職官을辭免코져ᄒᆞᆫᄃᆡ宮內府大臣閔丙奭氏가斬持不許ᄒᆞᆫ다더라

●觀察巡郡 光州觀察申應熙氏가部守의치績을視察ᄒᆞ기爲ᄒᆞ야管下各郡에巡行ᄒᆞᆫ다더라

●非常懈怠 內部土木局官吏中韓國人은仕進後에無所事爲ᄒᆞ야或坐睡或彷徨ᄒᆞᆫ다ᄂᆞᆫ데其內容을得聞ᄒᆞᆫ즉稅務에懈怠ᄒᆞᆷ이아니라 本主務官吏들이初不任責ᄒᆞᆷ이라더라

●온疫豫防 內部衛生局에서ᄂᆞᆫ온疫발生地에서入來ᄒᆞᄂᆞᆫ船舶의對ᄒᆞ야한國各港口에서豫防ᄒᆞᄂᆞᆫ거시急務라ᄒᆞ야其豫防方法을協議ᄒᆞᆫ次로昨日에開會ᄒᆞ얏다더라

●學徒獎勵 學部에서各학校학生徒를獎勵ᄒᆞ기爲ᄒᆞ야幻燈器와流聲器를購入ᄒᆞ얏ᄂᆞᆫ데今日下午[illegible]時에학部廳內에서實驗試驗을設行ᄒᆞᆫ다더라

●博覽出品 韓國政府와統監府에서ᄂᆞᆫ來年五月에倫敦에서開催ᄒᆞᄂᆞᆫ英日博覽會에如左히出品ᄒᆞᆫ다ᄂᆞᆫᄃᆡ학部에서ᄂᆞᆫ韓國人敎育表 度支部에서ᄂᆞᆫ第一銀行券計表二ᄂᆞᆫ貿易表三은關稅收入統計表四ᄂᆞᆫ韓日貿易表五ᄂᆞᆫ韓國財政表及國債現況 農商工部에서ᄂᆞᆫ水産鑛物農産狀態等의統計表와氣溫濕度雨量天氣等의氣象表 統監府에서ᄂᆞᆫ在韓日人及其他外人의戶口表二ᄂᆞᆫ日人의敎育表三은在韓金融機關表四ᄂᆞᆫ統監府所屬官署豫算表와在韓日人의職員數及鐵道遞信機關의現狀說明書라더라

●一進會改則 一進會에서ᄂᆞᆫ會則을改正中인ᄃᆡ日間脫藁되야發表ᄒᆞᆯ터이라더라

●郡主優績 慶南咸陽郡郡主權順承氏ᄂᆞᆫ資格이特殊ᄒᆞ고手段이敏活ᄒᆞ야新式을爛熟ᄒᆞᆷ으로圖境이晏然ᄒᆞ야稱頌이有ᄒᆞ다더라

●醫署說論 北部醫藥署에서昨日下午十點時에督에統監을會同ᄒᆞ야民籍實施件을說論ᄒᆞ얏다더라

●三稅反對 酒草家屋三稅를課賦ᄒᆞᄂᆞᆫ事에對ᄒᆞ야居留地外의在留ᄒᆞᄂᆞᆫ日人외게同意를表ᄒᆞᄂᆞᆫ者ᄂᆞᆫ太田在留日人뿐이오其他ᄂᆞᆫ擧皆反對ᄒᆞ고義州地方의셔ᄂᆞᆫ外國人과淸國商民들도廢止를要ᄒᆞᆫ다더라

●勞會調査 活民勞動會ᄂᆞᆫ何事件이有ᄒᆞᆷ인지現方警視廳에서其情況을調査ᄒᆞᄂᆞᆫ中이라ᄂᆞᆫ데畢竟에ᄂᆞᆫ不好ᄒᆞᆫ影響이有ᄒᆞᆯ듯ᄒᆞ다더라

●烟社股金 前參贊徐丙玉氏가烟草株式會社를設立ᄒᆞ기로計劃中인ᄃᆡ毎股에金五拾圓式募集ᄒᆞᆫ다더라

●造酒搜探 北部壯洞等地에서屋酒弊稅委託委員들이人民家에造酒與否를鮮探ᄒᆞ기爲ᄒᆞ야各戶에卽入ᄒᆞ야搜探ᄒᆞᄂᆞᆫ故로民怨이不無ᄒᆞ다더라

●神宮會館建築 神宮奉敬會에서該會館을新建築ᄒᆞᆫ다ᄂᆞᆫᄃᆡ其處에서建築費貳拾萬圓을寄付ᄒᆞᆫ다ᄂᆞᆫ說이有ᄒᆞ다더라

●騎兵移營 騎兵隊를東別營으로移設ᄒᆞᆯ計劃인ᄃᆡ軍部에서度支部와照會ᄒᆞ야該隊移轉經費를諫爲ᄒᆞ야撥ᄒᆞᆯ라ᄒᆞ얏다더라

●外物排斥 平壤한國商人들이互相協議ᄒᆞ기를本國産은他國産보다劣ᄒᆞᆷ이少無ᄒᆞ고且外國品을需用ᄒᆞᆷ은國家經濟上에大不利다ᄒᆞ야一切本國産만需用ᄒᆞ고淸國其他外國物品을排斥ᄒᆞᆯ라고運動ᄒᆞᆫ다더라

●僞票騙金 金容圭尙雲外數名은日韓의許可를得ᄒᆞ얏다稱ᄒᆞ고義兵歸順票를僞造ᄒᆞ야漣川麻田積城方面으로往來ᄒᆞ며義兵干連者를誑誘ᄒᆞ야曰此票를持ᄒᆞ얏다가發捉時의出示ᄒᆞ면放免ᄒᆞᆫ다ᄒᆞ고票壹張의金五圓式收取ᄒᆞᆫ다더라

●李氏申訴 前判書李根澔氏가元興寺를自己所有로認定ᄒᆞ다가該寺僧侶와裁判ᄒᆞ얏더니李氏가落科ᄒᆞ얏다더니抑鬱ᄒᆞ다ᄒᆞ야控訴院에申訴ᄒᆞ얏다더라

●攄督協議 測量總督會에서再昨日下午[illegible]時에評議會를合同ᄒᆞ야事務를處理ᄒᆞ고高仁석氏와裁判ᄒᆞᆫ事件을協議ᄒᆞ얏다더라

●裁判開始 十三道測量協議會員高仁석시가張석鳳氏를詐欺取財犯으로起訴ᄒᆞᆫ事에對ᄒᆞ야昨日地方裁判所에서裁判을開始ᄒᆞ얏다더라

●牧師訪問 [illegible]州郡耶蘇敎牧師二名이昨日학部局長尹致旿氏를訪問ᄒᆞ고학校設立ᄒᆞᆯ事項을談論ᄒᆞ얏다더라

●宣敎師熱心 平壤耶蘇敎宣敎師美國人방위량氏가日前平壤에서發ᄒᆞ야美國에渡往ᄒᆞ얏다가幾年後나시渡韓ᄒᆞᆯ터인ᄃᆡ氏ᄂᆞᆫ元來韓國에渡來ᄒᆞᆫ後로敎務에盡력ᄒᆞᆯ뿐더러韓人을爲ᄒᆞ야誠心贊助ᄒᆞ얏고歸國後에도韓人을爲ᄒᆞ야極력周旋ᄒᆞᆯ터이라더라

●日巡敗行 北部警察署日巡査井上이가建春門外前奉侍菜田數畝을國有地라稱ᄒᆞ고居民의耕種을禁斷ᄒᆞ고自己가種菜ᄒᆞ더니該事狀이新聞上에露出되ᄆᆡ巡査가菜圃를卽地拔去ᄒᆞ고附近地漕役務와巡査와相換ᄒᆞ얏다더라

●沿岸警備 近來의義兵과諸賊이島嶼에集中ᄒᆞᄂᆞᆫ傾向이有ᄒᆞ고黃平兩道沿岸에ᄂᆞᆫ密漁船이出沒ᄒᆞ나海上警備의施設이無ᄒᆞ므로鐵道院에서ᄂᆞᆫ不能ᄒᆞ다ᄒᆞ야今番의警備船으로小蒸汽船十六隻을購入ᄒᆞ야海岸을嚴重警備ᄒᆞ기로決定ᄒᆞ얏다ᄂᆞᆫ대其費額은四萬圓豫算이오本九月頃의竣成ᄒᆞᆯ터이오關稅局의所屬으로될듯ᄒᆞ다더라

●團社不關 圓覺社에서각新聞에廣告를揭布ᄒᆞ되團演劇을改良ᄒᆞ고忠孝義烈等新演劇을設行ᄒᆞᆫ다ᄒᆞᆷ으로昨夜에觀光者가多數來集ᄒᆞ얏더니及其臨場에ᄂᆞᆫ春香歌協後에卽時閉社ᄒᆞ매座客中壹人이大聲詰駁曰廣告에ᄂᆞᆫ新演劇을設ᄒᆞᆫ다ᄒᆞ고春香歌만唱ᄒᆞ니是ᄂᆞᆫ騙財的으로欺人ᄒᆞᆷ이라ᄒᆞ며一般觀光者가皆稱呼ᄒᆞ야應ᄒᆞ야覺社의不信無興을詰責ᄒᆞ고自今以後ᄂᆞᆫ圓覺社에再到치안케로發誓ᄒᆞ야豊孫等政을大起ᄒᆞ얏다더라

●李氏長眠 前參領李祖鉉氏가身病으로積年呻吟ᄒᆞ다가昨日上午[illegible]時에奄然長逝ᄒᆞ얏다더라

●非謂借貸 [illegible]鐵學校에서[illegible]參氏의게對ᄒᆞ야補助金을請求ᄒᆞᆫ事로警務廳에서巡査를派送ᄒᆞ얏다ᄒᆞᆷ은昨報에已揭ᄒᆞ얏거니와警視廳에서該校任員을招致ᄒᆞ야其事實을質問ᄒᆞ얏ᄂᆞᆫ데補助金을請求ᄒᆞᆷ이아니오借貸를請求ᄒᆞᆷ이라더라

●關東總會 關東學會에서來四日(日曜)下午[illegible]時에定期總會를該會館內에開ᄒᆞᆫ다더라

●湖南紀念 明日下午[illegible]時의湖南學會의서第二回紀念式을桂洞普興학校內의서擧行ᄒᆞᆫ다더라

▲地方消息

▲淸州郡山東五峰兩面等地에ᄂᆞᆫ義兵將某가部下兵을多數領率ᄒᆞ고繼續出沒ᄒᆞᆫ다ᄒᆞ고

▲忠州大棗院等地에서ᄂᆞᆫ數日前에義兵이日兵二名과日人傳夫三名을砲殺ᄒᆞ얏다ᄂᆞᆫ消息이其處에來到ᄒᆞ얏다더라

●正誤 本報第壹千[illegible]百二十[illegible]號學界欄內興郡興陽이라ᄒᆞᆫ下에劉炳과란劉字ᄂᆞᆫ兪字의誤植이오第壹千[illegible]百三十[illegible]號學界欄內[illegible]이란題下에金洛金道金泰鄕三金字ᄂᆞᆫ並히崔字의誤植이기茲에正誤ᄒᆞᆷ

▲打破餘習

▲異常ᄒᆞ다韓國歷史外族으로볼작시면國家統治完全ᄒᆞ고文明之化되얏지만內容으로觀察ᄒᆞ면民族決裂多端ᄒᆞ야事情時代全혀업다新風潮가浸入後에多少改革되얏스나九百餘年流來習慣그餘波가남엇도다

▲(第一黨派分裂)甲邊에서生覺ᄒᆞ면乙邊놈이小人이오乙邊에서生覺ᄒᆞ면甲邊놈이小人이라國家事業不願ᄒᆞ고私鬪를만擧ᄒᆞ야殺戮排陷爲主ᄒᆞ니幾公私ᄉᆞ러코야國家昇平ᄒᆞᆯ수잇나世世相傳더餘習을ᄊᆞᆨ노업시打破ᄒᆞ고

▲(第二班常階級)ᄒᆞᆫ하날을仰戴ᄒᆞ고ᄒᆞᆫ나ᄯᅡ에化生ᄒᆞ야耳目口鼻나도잇고皮裏春秋일반인데되지못ᄒᆞᆫ勢力으로無勢ᄒᆞᆫ놈을壓制ᄒᆞ고犧牲ᄀᆞᆺ치虐待ᄒᆞ니上下離散ᄒᆞ러코야團合ᄒᆞᆯ수잇나世世相傳더餘習을ᄊᆞᆨ노업시打破ᄒᆞ고

▲(第三文武區別)內而經邦ᄒᆞᄂᆞᆫ것슨宰相之才이아니며外而禦侮ᄒᆞᄂᆞᆫ것슨干城之材ᄀᆞ아닌가각其天職ᄒᆞᆫ가지인데官級부터區別ᄒᆞ고禮待ᄭᆞ지降殺ᄒᆞ니官職界限이러코야人材登庸ᄒᆞᆯ수잇나世世相傳더餘習을ᄊᆞᆨ노업시打破ᄒᆞ고

▲(第四嫡庶差別)血肉으로말ᄒᆞ면同氣連枝아니며昭穆으로말ᄒᆞᆯ진ᄃᆡ曰叔曰祖分明ᄒᆞ야同是族屬一般인대에집에서賤待ᄒᆞ고他人에게降等되니人倫敗常이러코야同胞相愛될수잇나世世相傳더餘習을ᄊᆞᆨ노업시打破ᄒᆞ야

▲이런餘習더런餘習무루ᄂᆞᆨᄂᆞᆨ打破ᄒᆞ고二千萬人韓國同胞들굳ᄂᆞᆨᄂᆞᆨ뭉쳐서쟉고모면地球ᄀᆞᆺ치크고모면太陽ᄀᆞᆺ치磅礴ᄒᆞ게結合ᄒᆞ고光明ᄒᆞ게照耀ᄒᆞ야赫赫明明ᄒᆞᆫ더國光世宇宙間에發放ᄒᆞ소ᄒᆞᆫ臨홈아ᄂᆞᆨᄂᆞᆨ

美國시아틀大博覽會 미국시아들박람회

本社의 印章

AMERICAN KOREAN TRADING COMPANY 韓美興業株式會社章

本社之商標

隆熙二年 月 日 京城郵便局郵函第四拾号(美國에서는 法律認可) 韓美興業株式會社 (駐大韓美國總領事館登錄)

本社의 各處代理人의 姓名은 如左ᄒᆞᆷ

代理人	位置	住所	姓名
京城代理人		南門外	金東宣
平壤代理人		大同門內	[illegible]
咸興代理人		西門外	[illegible]
馬山浦代理人		馬山浦客主	孫俊宇
元山代理人		元山港	[illegible]
淸津代理人		淸津港	[illegible]
水原代理人	位置未定	[illegible]	[illegible]
安城代理人	位置未定	[illegible]	[illegible]
沙里院代理人	位置未定	[illegible]	[illegible]
全州代理人	位置未定	[illegible]	[illegible]
大邱代理人	位置未定	[illegible]	[illegible]
群山代理人		群山大井洞	[illegible]
天安代理人		[illegible]	[illegible]
晋州代理人		[illegible]	[illegible]
木浦代理人		[illegible]	[illegible]
金堤代理人		金堤郡	[illegible]
江界代理人		[illegible]	[illegible]
義州代理人		義州枇峴	[illegible]
鎭南浦代理人		鎭南浦	[illegible]
吉州代理人		吉州郡	[illegible]
太田代理人		[illegible]	[illegible]
兎山代理人		兎山郡	[illegible]
公州代理人		[illegible]	[illegible]
金山代理人	位置未定	[illegible]	[illegible]

社告

○申報價

壹張代金 新貨貳錢五厘

壹個月前納 三拾錢

參個月 九拾錢

陸個月 壹圓七拾錢

壹個年 參圓四拾錢

郵稅壹張 新貨五厘

壹個月 拾參錢

○廣告料

四號活字拾參字詰

每日壹寸(英尺)에 新貨廿五錢

貳週日壹寸에 貳圓五拾錢

壹個月壹寸에 五圓

(自壹行至四行이爲壹寸)

其期限의長短과字行의多寡를依하야增減홈이有함

◉大韓每日申報各處支社廣告

平安道

平壤鍾路太極書館 安泰國

三和港牌石洞敎堂 國亨澔

義州南門外西大藥房 張有寬

鐵山邑東部 安濬

車輦館 金明鎬

定州南門內書舖 洪成麟

博川郡邑니篁洞 金翼福

安州城內義井洞 金致河

京義線枇峴驛前市 李基秀

龍川楊市 黃菊保

龍川南面松峴海東합會 金贊庶

龍川남市驛 韓保禮

朔州邑남門니 宋伯謨

泰川邑舘前洋나局 李正義

寧邊郡耶蘇教會 김致俊

江西邑內 金國鎭

成川郡上部面 馬鵬三

平남順川郡蓮동 鄭裕겸

江界邑耶蘇教會所 기봉혁

郭山郡郡面湖今里 金鎭鎬

雲山郡邑面上里 張允國

龜山郡內利用里 鄭鳳寅

寧山北面橫洞 王見龍

甯川邑倉里 申基用

黃海道

海州남門內書舖 朴昌鎬

安岳邑石面陽徐洞 金文浩

長淵邑校洞西北支學會內 鄭炳元

殷栗邑倉前里 金光鎬

信川邑西里 李炳ㅣ

載寧邑乾材局 李厚植

黃州南門外冊肆 張錫衡

白川邑文明館 閔奎浩

沙里院活民勞動夜學任任校字

咸鏡道

咸興州南社西門外 吳喜林

元山港創業社內 李甫正泰

高原邑 曹敎育

定平郡普川 吳鎭學

洪原西門內保命局 羅炳魯

永興南山후洪明學校內 朱業元常

鏡城羅南新興洞 安正전

淸津港新岩동 張元浩

全羅道

金溝水流面豆亭 趙鎭三

木浦항陽동 미得泰

京畿道

仁川寺峴開新商會 李東馥

開城남大門內興學書舖 姜勛道

忠淸道

江華邑川邑 徐鎭植

結城廣川小龍동 李春節

慶尙道

大邱西門外友弦書肆側李正由

釜山港佐川약局 徐鳳鎬

江原道

鐵原邑栗동 韓晳大

蔚珍遠남面漁花里 朱鎭鍾

光武九年八月拾壹日 明治卅八年八月拾壹日 〔第三種郵便物認可〕 日曜日 西曆壹千九百九年七月四日 (壹)

第七卷 第壹千壹百十八號

大韓每日申報

月曆及慶節休日

檀君開國四千二百四十二年
箕子元年三千三十一年
大韓開國五百十八年
日本明治四十二年
淸國宣統元年
陰己酉五月小十七日乙丑

Responsible for Publication Alfred Weekley Marnham.
發行兼編輯人英國人 萬咸
發行所 京城南部…
大韓每日申報社

論說

雜感 (二)

竊聞컨ᄃᆡ安南에至ᄒᆞ야ᄂᆞᆫ科第가尙有ᄒᆞ야三年大比에燈々御筆로進ᄒᆞ고及第ᄒᆞᆫ幾百八式漢取ᄒᆞᄂᆞᆫ데彼甞々ᄒᆞᆫ安南人이浩々滔天의洪水에浮沈ᄒᆞ면서匡上의御賜花를簪ᄒᆞ고艶ᄒᆞ며炎々燎原의熱火에出沒ᄒᆞ면서服冏의과大印을擬誇ᄒᆞ야國家를何地에投ᄒᆞ던지民族을何地에葬ᄒᆞ던지是皆我의關ᄒᆞᆫ바아니오我의關ᄒᆞᆫ바ᄂᆞᆫ只是鳫塔에名을題ᄒᆞ며龍門에藝를捷ᄒᆞ야自家門戶에光을作ᄒᆞᆷ뿐이라每試期를當ᄒᆞ며槐黃八月에蓄腹을重整ᄒᆞ고紛々ᄒᆞ게東京에注集ᄒᆞᆫ다ᄒᆞ니即今學部試義赴試者가此와相似치아니ᄒᆞᆫ가

竊聞컨ᄃᆡ古者에元世祖가西藏을滅ᄒᆞ고彼의民氣가回醒ᄒᆞᆯ가恐ᄒᆞ야即其喇마敎를利用ᄒᆞ야此로永々消磨코자ᄒᆞᆯ새其數會를廣張ᄒᆞ며其敎人을優禮ᄒᆞ고法師의徽號로喇僧의身價를榮褒ᄒᆞ더니彼西藏人이此術에墮入ᄒᆞ야其元氣가至今數百年에未復ᄒᆞ얏나니即今韓國人이或舊院의復設의請에得意ᄒᆞ야洋々히腕을揮ᄒᆞ고歸去ᄒᆞᄂᆞᆫ者ㅣ此와相似치아니ᄒᆞᆫ가

又聞英法이圓明園을燒燼ᄒᆞᆯ時에淸人을擄來ᄒᆞ야奴役에充ᄒᆞᆫ즉其唯々諾々ᄒᆞᆷ이眞個是順ᄒᆞᆫ奴隷러니偶然히其父母의名을擧ᄒᆞ야詬辱을加ᄒᆞᆫ즉彼忠叡가無ᄒᆞ니大俠者되며彼順民이忽然히眞男子되야各其死命을ᄇᆞ리고奴役ᄒᆞ던斧頭를擧ᄒᆞ야英法人을擲斬ᄒᆞᄂᆞᆫ지라彼等이此를見ᄒᆞ고歎曰彼가幾百年來에國의夢에醉ᄒᆞ야國家主義를忘ᄒᆞ고家族의幾만知ᄒᆞᆫ故로其家의榮辱만榮辱이라ᄒᆞ고自國의榮辱은不關ᄒᆞᆷ이라ᄒᆞ더니近日에如此ᄒᆞᆫ世界에坐ᄒᆞ야自己祖曾의學行이若何ᄒᆞ다ᄒᆞ며自已父母의孝烈이若何ᄒᆞ다ᄒᆞ야其褒旌의請願에筆禮ᄒᆞᆯ時至ᄒᆞ나니嗚呼라此暮靄惡氣의天地에自家旌門을何處에立고ᄌᆞᄒᆞ나뇨其迷劣ᄒᆞᆷ이當時淸人과相似치아니ᄒᆞᆫ가

嗚呼라詩書를讀ᄒᆞ며義理를解ᄒᆞᄂᆞᆫ諸君子여記者此言을責에歸치말고三思를加ᄒᆞ야國의榮을求ᄒᆞ며國의光을挽ᄒᆞᆫ然後에家의榮光을說ᄒᆞᆯ지어다家者ᄂᆞᆫ國의壹小分子라國滅ᄒᆞ면家가附ᄒᆞᆯ데無ᄒᆞ니라

▲隆熙三年四月二十日 官報

部令

法部令第二號 (續)

司法警察官執務規程

第四十四條 檢證。搜索及物件押收를行ᄒᆞᆷ에ᄂᆞᆫ아모죠록穩當ᄒᆞᆫ方法으로ᄒᆞ고公力을用치아니ᄒᆞ게注意ᄒᆞᆷ이可ᄒᆞᆷ

第四十五條 家宅內에셔檢證。搜索及物件押收를行ᄒᆞᆷ에ᄂᆞᆫ戶主나其他者로ᄒᆞ야此에立會케ᄒᆞᆷ이可ᄒᆞᆷ

前項의處分은日出前과日沒後에ᄂᆞᆫ此를行ᄒᆞᆷ을得지못ᄒᆞᆷ但必要ᄒᆞᆫ境遇에ᄂᆞᆫ此限에在치아니ᄒᆞᆷ

第四拾六條 官署나公署에셔檢證。搜索及물件押收를行ᄒᆞᆷ에ᄂᆞᆫ其署의長이나又ᄂᆞᆫ此를代理ᄒᆞᄂᆞᆫ者의立會가有ᄒᆞᆷ을要ᄒᆞᆷ但立會를拒絶ᄒᆞᆫ境遇에ᄂᆞᆫ此限에在치아니ᄒᆞᆷ

第三章 事件送致

第四十七條 搜索에依ᄒᆞ야告訴事件에要領을得ᄒᆞᆫ時ᄂᆞᆫ十個以下의懲役。禁獄。笞刑。罰金又ᄂᆞᆫ拘留에該當ᄒᆞᆫ事件은此를所管區裁判所檢事에게送致ᄒᆞ고其餘事件은此를所管地方裁判所檢事에게送致ᄒᆞᆷ이可ᄒᆞᆷ (未完)

外報

●英皇과露議員 倫敦電을據ᄒᆞᆫ즉英國皇帝께셔ᄂᆞᆫ露國議會議員을引見ᄒᆞ시고議員의게對ᄒᆞ야露國議會의議事에關ᄒᆞ야深厚ᄒᆞᆫ注意를與ᄒᆞ시고且露國을訪問ᄒᆞ시기를希望ᄒᆞ신다ᄒᆞ셧다더라

●淸國海軍大演習 淸國政府ᄂᆞᆫ本年秋期陸軍大演習을中止ᄒᆞ고芙港流域에셔海軍大演習을擧行ᄒᆞᆫ다더라

●露兵大集 露國은波斯首都테헤란을進擊ᄒᆞ기爲ᄒᆞ야大兵을짜크(露波國境裏海西岸)에集中ᄒᆞᆫ다더라

●大芝間海底線 大連芝罘間海底電線은既히落成되야近日에開通ᄒᆞᆯ터이라더라

●露國復線起工期 露國에셔ᄂᆞᆫ갈衦미線은全部를復線으로ᄒᆞᆯ터인ᄃᆡ目下踏査中이오明春解氷後에起工ᄒᆞᆫ다더라

●御聖戰宣傳 伯林電을據ᄒᆞᆫ즉波斯에對ᄒᆞᆫ通信을據ᄒᆞᆫ즉露國이波斯銀行事業에干涉ᄒᆞᆷ으로國民의激昂이益甚ᄒᆞ야總히外國人의게對ᄒᆞᆫ聖戰爭을宣佈ᄒᆞ기에至ᄒᆞ얏다더라

●露都虎列剌 伯林電을據ᄒᆞᆫ즉露都彼得堡에ᄂᆞᆫ最近四週日間에虎列剌患者가七百五拾名인데其中二百十餘名이死亡ᄒᆞ얏다더라

●暑氣殺人 紐育電을據ᄒᆞᆫ즉紐育及其附近에ᄂᆞᆫ此六日間에大暑로因ᄒᆞ야紐育市에만數日名의死者가生ᄒᆞ얏고其東側及外他熱鬧地에苦惱은不可形狀이오富者들은數千群式爭先ᄒᆞ야海岸或山瑞로避難ᄒᆞᆫ다더라

●瑞都罷工 倫敦電을據ᄒᆞᆫ즉스톡크홈의勞動者ᄂᆞᆫ率皆罷工ᄒᆞ가지요要塞砲兵隊를派ᄒᆞ야將軍을射殺ᄒᆞᆫ後에仍히自殺ᄒᆞ얏다더라

雜報

●隨聞更揭 本報第壹千壹百十九號雜報欄內是何無理란題下에利川郡守리詰榮시가劉最臣시의金貨壹百圓을取食ᄒᆞ얏다ᄒᆞᆷ은隨聞揭載ᄒᆞ얏더니更探ᄒᆞᆫ則純是無根之說을何人이做出ᄒᆞᆷ이라ᄒᆞ더라

詞藻

●俠男兒

漢武帝의西征北伐、諸葛亮의七縱七擒。晉나라謝都督의八公山威嚴으로、百萬羌胡ㅣ쓰러바린後에。漢南에、王民을엽시ᄒᆞ고凱歌로도라와서、告厥成功。

●故鄕春夢 辰韓野叟

鋼鈍刹辣暗西風 水闊鴻飛望眼窮 客帆消帆千里月 …今秋色滿江東

廣告

雜報

●仁陵祭奠 再昨日은 純元皇后甲回甲 誕辰인故로 大皇帝陛下께옵서宗親官리 을廣州 仁陵에 差遣ᄒᆞ사祭典을攝行케ᄒᆞ셧다더라

●兩宮陛見 再昨日은 純元皇后의再回 甲日인故로 陳賀例를依ᄒᆞ야昨日에各部大臣이 德壽宮에 詣ᄒᆞ야 太皇帝陛下께 問安ᄒᆞ고 御侍 太皇帝陛下께 陛見ᄒᆞ얏다더라

●出宮時期와路次 大皇帝陛下께옵서東籍田에 親刈ᄒᆞ옵시고 洪陵에 展謁ᄒᆞ옵신은前報에已揭어니와出宮時期와御路次ᄂᆞᆫ左와如ᄒᆞ니五日午前九時에 敦化門으로出御ᄒᆞ사鍾閣路 太廟前路梨峴 二橋 興仁門 東關廟後路 安甘川 保濟院 龍頭里前路 先農壇洞口로從ᄒᆞ샤東籍田에 臨御ᄒᆞ옵셔 拾時五分에 親刈ᄒᆞ시고仝十壹時四十分에 出御ᄒᆞ샤 先農壇洞口淸凉里로從ᄒᆞ샤 洪陵齋室에 入御ᄒᆞ옵셔正午拾二時三拾分에 展謁ᄒᆞ옵시고午後二時三十에 還御ᄒᆞ옵신다더라

●人民陪觀 農商大臣趙重應氏가東籍田附近人民의게指揮ᄒᆞ되 大皇帝陛下께옵서 親刈式을行ᄒᆞ실時에壹切 陪觀ᄒᆞ라ᄒᆞ얏다더라

●派醫保護 明日東籍田 幸行時에各學校職員及生徒가祗送 祗迎ᄒᆞᄂᆞᆫ事에對ᄒᆞ야天氣가炎熱ᄒᆞᆯ뿐아니라幼稚ᄒᆞᆫ生徒를保護코저ᄒᆞ야學部에셔大韓醫院에照會ᄒᆞ야醫師二三人을派送ᄒᆞ라ᄒᆞ얏다더라

●問安通牒 大皇帝陛下께옵셔東籍田과 洪陵으로還 御ᄒᆞ신後六日上午十時로부터同十貳時ᄭᆞ지宗親文武百官이仁政殿延門외셔署名 問安을擧行ᄒᆞ라고宮內府외셔各府部院廳의通牒ᄒᆞ얏다더라

●宮內御陪食 伊藤醫院長은明日下午七時에入城ᄒᆞ고六日午前十壹時의參內ᄒᆞ야 大皇帝陛下께 謁見ᄒᆞᆫ後宮內의셔午餐會를開ᄒᆞ고新舊統監以下統監府高等官及各大臣과各部次官等이 御陪ᄒᆞᆫ다더라

●政策實施 寺內新統監이韓國政策에對ᄒᆞ야次第實施ᄒᆞᆯ터인대人民의斷髮問題도實施中에件이될다더라

●學部憂色 學部大臣李載崑氏ᄂᆞᆫ內閣이更迭됨에疑慮ᄒᆞ야會議의ᄂᆞᆫ番々히最先出席ᄒᆞ고在家ᄒᆞ야ᄂᆞᆫ恒常憂悶ᄒᆞᆫ다더라

●會의救金 宣讚會ᄭᅡ日露戰役의日本義捐忠ᄒᆞᆫ功狀을特ᄒᆞ고히會ᄒᆞ리客九시와宋秉畯等이그事情을統監의게具申ᄒᆞ야救濟를哀乞ᄒᆞ얏ᄂᆞᆫ대日本當局은가軍事費中의셔四拾萬圜을支出케ᄒᆞ야二十萬圜은旣히交付ᄒᆞ얏스나해會幹事者等이會員救濟方道의위처아니ᄒᆞ고徒然消融ᄒᆞ얏다ᄒᆞ야統監이其餘額二十萬圜을移是出給지아니ᄒᆞ고今日ᄭᆞ지至ᄒᆞ얏ᄂᆞᆫ데近者의ᄒᆞᆫ會의셔更히救濟ᄒᆞ기를迫索ᄒᆞ즉今番의ᄂᆞᆫ確實히會員救濟의利用ᄒᆞ야有益ᄒᆞᆫ事業을擇ᄒᆞ야投資ᄒᆞ라ᄒᆞ고ᄒᆞ히餘額을出給ᄒᆞ기로定ᄒᆞ야統監府會計課長의名으로第一銀行支店의預ᄒᆞ으로保管ᄒᆞ얏ᄂᆞᆫ데ᄒᆞᆫ會ᄂᆞᆫ員의適當ᄒᆞᆫ事業을發見ᄒᆞᄂᆞᆫ데로交付ᄒᆞᆯ터이라더라

●拓殖牧場 東拓會社의셔ᄂᆞᆫ農局의牧場을借ᄒᆞ기로近日畢了ᄒᆞ얏스니着手ᄒᆞᆯ터이라더라

●學理出席 京畿管下郡守會議ᄂᆞᆫ來五日부터開始ᄒᆞᆯ터인데觀察使會議와相値됨으로道書記官이觀察署리로郡守會議에出席ᄒᆞ기로決定ᄒᆞ얏다더라

●尹氏運動 前觀察使尹吉炳氏ᄂᆞᆫ朝夕으로內部大臣朴齊純氏家의出入ᄒᆞ야觀察署를圖得코져ᄒᆞᆫ다더라

●局長演說 再昨日內部觀察官錬習所에서茶話會를開ᄒᆞ얏ᄂᆞᆫ데內部土木局長劉猛氏가人民의冠婚喪祭四禮를改良ᄒᆞᆷ이妥當ᄒᆞᆫ줄노演說ᄒᆞ얏다더라

●道路制案 從來韓國에셔ᄂᆞᆫ道路行政이絶無ᄒᆞ더니近者에內部土木局에셔ᄂᆞᆫ道路制를起案ᄒᆞ야未久完成ᄒᆞᆫ다ᄂᆞᆫ데完美ᄒᆞᆫ具體的으로ᄒᆞ지못ᄒᆞ얏스리라더라

●懸鼠二錢 內部에셔去二日의온疫豫防會議를開ᄒᆞ얏ᄂᆞᆫ대其方法은日本셔渡來入港ᄒᆞᄂᆞᆫ船舶의對ᄒᆞ야ᄂᆞᆫ稅關의셔檢疫ᄒᆞ되其船內의鼠를驅除ᄒᆞ기를勵行ᄒᆞ고陸上의셔ᄂᆞᆫ各警察署의셔豫防의注意ᄒᆞ야鼠壹頭의金三錢式價與買得ᄒᆞ기로決定ᄒᆞ얏다더라

●本年度地戶稅 本年五月末에調査를據ᄒᆞ즉地稅調定額은六百九十六萬八千壹百二十三圜인데收入額이四百十萬壹千六百十五圜이오缺損額이六千五百五十二圜이오未收額이二百八十五萬九千九百五十三圜이오戶稅調定額은三拾貳萬七千四百貳拾壹圜인데收入額이六萬五千八百九拾六圜이오未收額이二拾六萬壹千五百六拾五圜이라더라

●飛鴻不復 宮內顧問加九用氏가往年의慶北觀察使로在任時에信收이多ᄒᆷ으로人民이怨嫉視ᄒᆞ야恢復ᄒᆞᆯ計劃으로七月下旬의各部代表者들大邱로集合ᄒᆞ야運動ᄒᆞᆯ目的으로目下奔走中이라더라

●主事交迭 各道主事ᄂᆞᆫ今番交迭ᄒᆞ기로決定ᄒᆞ얏다더라

●警備船設備 韓國政府의셔警備船을組織ᄒᆞᆫ다ᄂᆞᆫ事ᄂᆞᆫ已揭어니와其乘組員은擧히日本豫備後備海軍軍人으로採用ᄒᆞ고各船의ᄂᆞᆫ速射砲를据置ᄒᆞᆫ다더라

●中銀資金 韓國中央銀行條例案은今日中의發布된다ᄂᆞᆫ데同銀行은純然ᄒᆞᆫ韓國銀行이라ᄒᆞ야株主ᄂᆞᆫ韓日兩國人으로만許ᄒᆞ고資本金은壹千萬圜이라더라

●婦人特義 大皇帝陛下께옵셔西巡狩ᄒᆞ실時에咸鏡道에金壹千圜을 下賜ᄒᆞ옵셧ᄂᆞᆫ대該道壹般人民들이 聖恩을永遠히紀念ᄒᆞ기爲ᄒᆞ야該金으로植物園을造成ᄒᆞ고名稱은天賜園이라ᄒᆞ며基地ᄂᆞᆫ鏡城郡西門外隣岩山東邊에定ᄒᆞ얏ᄂᆞᆫ대該地民이元來吳氏의所有地라相當ᄒᆞᆫ地價二百七拾圜을付與買收ᄒᆞ얏더니吳氏의慈母崔氏가該園事務所에公函ᄒᆞ야曰普天之下가莫非王土요我亦聖朝化育中生物이라 聖恩을表明ᄒᆞᄂᆞᆫ義務에土價를領收ᄒᆞᆷ이不可ᄒᆞ다ᄒᆞ고該額을還付ᄒᆞ얏ᄂᆞᆫ데該婦人의納忠ᄒᆞᄂᆞᆫ義務를人皆稱頌ᄒᆞᆫ다더라

●整理費支出 度支部所管財政의整理費二百餘圜을豫備金中으로支出ᄒᆞᆫ다더라

●財務調査 地方各財務官들이不法徵收ᄒᆞᄂᆞᆫ事도有ᄒᆞ고課稅에濫擇ᄒᆞᄂᆞᆫ弊도有ᄒᆞ야民冤이浪藉ᄒᆞ다ᄒᆞ고閣議에됨으로度支部에셔財務를操束ᄒᆞ기爲ᄒᆞ야各財務署를調査ᄒᆞᆫ다더라

●開閉橋工事 京義線鴨綠江開閉橋工事ᄂᆞᆫ九月初旬간의着手ᄒᆞᆯ터인대其豫算은貳百五十萬圜이오役夫ᄂᆞᆫ每日壹千名을使用ᄒᆞᆯ터이라더라

●辯士登錄 月前에法令으로頒布ᄒᆞᆫ辯護士法改定ᄒᆞᆷ을因ᄒᆞ야各辯護士諸氏가京城地方裁判所檢事局에對ᄒᆞ야登錄請願을提出ᄒᆞ매미히局에셔登錄節次를頒布ᄒᆞ얏다더라

●農部勸訓 京城居洪鍾萱氏가慶尙道泗川郡三千浦에前往ᄒᆞ야醫學兼都客主許可가有ᄒᆞ다ᄒᆞ고該浦口에往來ᄒᆞᄂᆞᆫ船隻에口文을勒捧코져ᄒᆞ며該浦客主處에運動費百餘圜을徵出ᄒᆞ미該地商況이窘拙ᄒᆞ고民怨이喧藉ᄒᆞᆫ故로農商工部에셔此를取聞ᄒᆞ고該訓令을發送ᄒᆞ얏다더라

●美國獨立紀念 美國總領事館에셔七月四日美國獨立紀念祭를擧行ᄒᆞᆯ터인데四日은日曜日인故로一日을豫期ᄒᆞ야昨日十時의擧行ᄒᆞ얏ᄂᆞᆫ데外國領事와韓日高等官이參席ᄒᆞ얏다더라

●固倅優績 固城郡守尹命殷氏ᄂᆞᆫ赴任以來로邑弊와民瘼을刷除去ᄒᆞ며학業과農務를熱心勸奬ᄒᆞᆷ으로郡境이頼安ᄒᆞ야稱頌이浪藉ᄒᆞᆫ다더라

●買賣相持 前判事리容泰氏의家砂空垈가有ᄒᆞ야容積이二百坪假量인데하셩官立高等學校에셔該空대를該校運動場으로買收코져ᄒᆞ나리容泰氏가貳千圜을呼價ᄒᆞᄂᆞᆫ故로現今相持中이라더라

●日人戶數 本月中의京城居留ᄒᆞᄂᆞᆫ日人의戶口調査를據ᄒᆞ즉戶가七千貳百七十六에오人口가二萬五千七百貳十九라더라

●尹氏經營 尹致昭氏ᄂᆞᆫ寧邊郡內에壹千五百町步되ᄂᆞᆫ大地面을得ᄒᆞ야其同族간에相謀ᄒᆞ야三十萬元資本을投ᄒᆞ고日人某와共同經營ᄒᆞ기로準備中이라

●趙氏賻喪 前承旨趙鎭設氏가卒逝ᄒᆞᆷ에斂襲이無路ᄒᆞ니裵東赫氏가其情狀을矜惻히녀여金貨五十圜을賻助ᄒᆞ얏다더라

●造麯進步 南部栗洞地에셔麯子製造事務所를設置ᄒᆞ고任員及曲商들이衛生上에另加注意ᄒᆞ야改良方針을爛商研究ᄒᆞᆫ다더라

●順郡歡迎 敎育大家李承暉氏가平安南北道學界를視察次로發程ᄒᆞᆷ은前報에已揭어니와去月三十日에順川郡에到着ᄒᆞ얏ᄂᆞᆫ데該地紳士與男女學徒四百餘名이歡迎會를開ᄒᆞ고今日之敎育이란問題로當場演說ᄒᆞ얏다더라

●擔銃者押付 昨日上午十壹時頃에暴兵壹名이擔銃ᄒᆞᆫ罪人壹名을捕縛ᄒᆞ야地方裁判所로押付ᄒᆞ얏ᄂᆞᆫ데似是暴兵인듯ᄒᆞ더라

●講演處所 日本留學生들이夏期放學時의歸國ᄒᆞ야講演所를設置ᄒᆞᆫ다ᄒᆞᆷ은已報ᄒᆞ얏거니와處所ᄂᆞᆫ普成學校敎文義塾在山普成學校로指定ᄒᆞ얏다더라

●建築協議 畿湖學會에셔本日上午二時頃에評議任員이會同ᄒᆞ야學校建築事를再回協議ᄒᆞᆫ다더라

●經濟開會 經濟研究會에셔本日下午壹時에特別總會를開ᄒᆞ고諸般事務를處理ᄒᆞᆫ다더라

●婦人義捐 淑惠婦人會留學東武氏의夫人이金十圜을京城孤兒院에捐納ᄒᆞ얏다더라

學界

●醫法卒業 醫法學校에서本月六日火曜下午貳時에校內에第二回卒業式을設行ᄒᆞᆫ다더라

●甲乙丙●

▲數里背山草堂에三四學童이모혀안저歷史를펴노고秦皇事를論及ᄒᆞ다가學者討議ᄒᆞᄂᆞᆫ次에講師가入席ᄒᆞ야諸學童의討論說을傍聽ᄒᆞ더니下寧論斷ᄒᆞᆫ말이有理잇고滋味도다

▲甲童提論ᄒᆞᄂᆞᆫ말이民智부터發達ᄒᆞ면國家文明自然되고富强之策게잇거ᄂᆞᆯ文明치못ᄒᆞᆫ結果에셔ᄂᆞᆫ人民을愚昧코ᄌᆞ天下書를焚盡ᄒᆞ니然而不亡未之有라當代不滅傀偉ᄒᆞ니秦皇일세

▲乙童續論ᄒᆞ야말이古時代엔未開ᄒᆞ야그럿켓거니와現時代엔文明ᄒᆞ야優勝劣敗ᄂᆞᆫ연ᄭᅡ닭에滅亡이오면羈絆이되며民智發達코져그羈軛을復脫ᄒᆞ니眞愚者ᄂᆞᆫ後人일세

▲丙童反論ᄒᆞ야말이現時代로네ᄭᅡ닭니彼我之別을明ᄒᆞ니國民이愚昧ᄒᆞ면되고國民이愚昧ᄒᆞ니라의國利로다生存競爭이이를도려怠貴ᄒᆞ니眞愚者ᄂᆞᆫ乙童일세

▲더講師의ᄒᆞᄂᆞᆫ말이말드리라天下愚者만치ᄂᆞᆫ空言無爲ᄒᆞᄂᆞᆫ사ᄅᆞᆷ이너라너의들도말만말고어셔밧비로業ᄒᆞ야네의國民義務로네의國力을鞏固ᄒᆞ면누가敢히侮辱ᄒᆞ나

廣告

學員募集廣告

本校에셔日語丙班、筭術丙班、簿記班三科를增募ᄒᆞ오니願學僉員은來十五日（陰五月廿三日）內로請願書를提呈ᄒᆞ시옴

科目

日語科 自初步
筭術科 自初步
簿記科 商業、銀行

典洞 私立 中東夜學校

測量界의大發明

從四位勳二等工學博士 石橋絢彦先生序
特許三効式測量器械 發明者山崎圖藏

新發明 鑛山 山林 鐵道 田畓 宅地 田野

三効式測量法

（定價金壹圓 郵稅金四錢）

本器의特色

壹個月에何人이던지卒業홈을得홈事
三角術의素養을不要홈事
据付及携帶에輕便홈事
本器에嚢를購求ᄒᆞ면生活之途를得홈事
從來에난測量器械보다三分之壹의時間으로測圖홈을得홈事

購求者의注意

本器購求者에게ᄂᆞᆫ無料로使用法을敎授홈

本器正價 鐵製ᄂᆞᆫ五拾圓 木製ᄂᆞᆫ三拾圓이오니僉彦은陸續이購ᄒᆞ심을爲要

發賣所

漢城總領事館通 韓商總會前
山崎測量圖學術學校內

李巨濟龍九시大人□□公今月十四日申時別世ᄒᆞ엿ᄉᆞ오니知舊間照亮ᄒᆞ심을伏望홈

□酉五月十四日 孤哀子九告白

亡人의弟□섭의字舜文인데況惑於酒色雜技ᄒᆞ야不顧父母妻子ᄒᆞ고蕩敗家産에不有餘地러니又挾雜誘引ᄒᆞ야今此上京ᄒᆞᆫ양신즉勿論內外國人ᄒᆞ고壹分錢壹盃酒라도勿爲見欺홈

江原道旌善郡東下面東幕里 洪宗秀 告白

◉隨意講習所員募集廣告

本塾에셔高明ᄒᆞᆫ講師를延聘ᄒᆞ야自七月九日로九月五日ᄭᆞ지隨意科로講習所를開ᄒᆞ오니志願僉員은七月五日內로請願을提呈ᄒᆞ옵

物理 化學 分數至比例 百分至代數初等

日語 文典 會話速成

束脩費五十錢、月謝金卄五錢
每科目을兼備ᄒᆞ면ᄂᆞᆫ또ᄒᆞᆫ推減홈

簿記（銀行 商業） 東修金壹圓 月謝金五拾錢

時間下午貳時至六時ᄭᆞ지

畢業後相當ᄒᆞᆫ證書를與홈

壺洞 海東塾

同胞여願ᄒᆞ시기를望ᄒᆞ옵고完實ᄒᆞᆫ衣次와洋말을織組ᄒᆞ오니愛ᄒᆞ신君子ᄂᆞᆫ陸續來購ᄒᆞ심을望홈

南門內倉洞敎堂前 韓興織組會社 告白

本敎臨時敎育所를北部樓閣洞九拾壹統拾戶에設ᄒᆞ얏ᄉᆞ오니本月三日에西部入昌洞ᄒᆞ九統七戶로移接홈

大宗敎 告白

土湖林昌泳시許에正租三十五石積置標를路中에셔失ᄒᆞ얏스니誰某拾得ᄒᆞ와도休紙施行홈

李元儀 告白

本人의名字가以許炳으로行于世ᄒᆞ더니現今許燦으로改名ᄒᆞ오니知舊僉照亮ᄒᆞ심을爲要

南署會賢坊會洞契珉洞八十壹統二戶 許燦 告白

諸般法律事務親切迅速處理ᄒᆞ오니陸續來議ᄒᆞ시옴

京城南部 曲橋 第拾壹統七戶
法律事務所
電話九七七番
修法學士 辯護士 崔鎭

本講習을陰六月初三日에開始ᄒᆞᆫᄃᆡ講師ᄂᆞᆫ日本留學大學生劉銓氏와其他高明諸시가分擔ᄒᆞ오니志願人은本事務所（協成書館）內로請願書提呈ᄒᆞ옴

但詳細規則은本所에來問ᄒᆞᆯ事

科程은物理化學數學地文學

平壤師範講習所 告白

前議官崔鳳祐氏가陰五月拾五日에宿患으로卒逝ᄒᆞ얏습기玆에廣告ᄒᆞ오니知舊間照亮ᄒᆞ심을伏望

子 永澤
舍弟 鳳範

本人이鄭銓浴의得用ᄒᆞᆫ當坪貳千圓票를서失ᄒᆞ얏기로票를受ᄒᆞ고廣告ᄒᆞ오니失票ᄂᆞᆫ休紙施行홈

張曉松 告白

移轉廣告

本辯護士等이今月二日에事務所를左開處所로移轉ᄒᆞ고諸般法律行爲를迅速處理ᄒᆞ오니僉彦은照亮ᄒᆞ시옴

漢城中部毛橋洞 六統六戶（許屛初入）

辯護士 劉文煥 朴晩緖

聯合法律事務所

◉學員募集廣告

本校에셔特別科女學員을募集ᄒᆞ오니願학ᄒᆞ시ᄂᆞᆫ婦女僉員은今月十日（陰五月二拾二日）內로請願書를提呈ᄒᆞ시옴

隆熙三年七月二日

年齡은拾五歲로三十歲ᄭᆞ지

上학時間은每日下午三時로六時ᄭᆞ지

科程은日語英語筭術國文漢文

동關明義民法育館內

養源女學校 告白

◉音畵講習生募集廣告

本所에셔各學校科程中自在畵와唱歌가完全치못ᄒᆞᆷ을慨慮ᄒᆞ여現時에著名ᄒᆞᆫ敎師金仁湜시가尙洞靑年學院內에셔夏期放學間에講習所를開ᄒᆞ고速成으로敎授ᄒᆞ깃ᄉᆞ오니敎育에有志ᄒᆞ신僉員은本所로來議ᄒᆞ심을望홈

入學志願은七月拾日內로ᄒᆞ되詳細ᄒᆞᆫ은本所에來問홈事

尙洞靑年學院內

音畵講習所 白

第三回夏期日語講習所를尙洞靑年學院內에開ᄒᆞ오니聽講코ᄌᆞᄒᆞ시ᄂᆞᆫ이ᄂᆞᆫ七月拾日內로本所에來願ᄒᆞ시오

美國시아틀大博覽會。 미국시아틀대박람회

本社의各處代理人의名은如左홈

京城碑洞（京城郵便局郵函第五拾號）（大韓國에在ᄒᆞᆫ美國總領事館에登錄）韓美興業株式會社

開城代理人		成興門外雜貨商店	盧昊洙
平壤代理人		平壤大同門外店洞	
咸興代理人			
馬山浦代理人		馬山浦咨主	
元山代理人		元山港	
濟津代理人		濟津港	
水原代理人		水原北部安善	
安州代理人	位置未定		
沙里院代理人	位置未定	沙里院旺新學校內	
金泉代理人		金泉市場共信商店	
海州代理人	位置未定	海州□□浦二十二統五戶	
天安代理人	位置未定		
群山代理人		群山大井洞	
全州代理人	位置未定		
大邱代理人		大邱新町里□八統七戶	
釜山代理人		釜山□□□□九戶	
江景浦代理人	位置未定	江景□□二十七統貳戶	
麻浦代理人	位置未定	麻浦□□貳拾七統三戶	
東萊代理人	位置未定		
永同代理人	位置未定	永同□□貳統壹戶	
木浦代理人	位置未定	木浦□□	
晋州代理人	位置未定	晋州□□浦城山	
金堤代理人		金堤郡石底水閣	
漢江附近代理人	位置未定	漢江十八統二戶	
義州代理人	位置未定	義州批峴	崔壽玉 張濟拭
江界代理人	位置未定		
漢城東西代理人	位置未定	漢城□□甘井洞四統五戶	
鐵原代理人	位置未定		
郭山代理人		郭山郡	金相杰 李根宅
吉州代理人		吉州郡	
太田代理人		太田新□	宋始憲 洪淳壹
浦口代理人		浦口□望拾貳統拾二戶	
鳥致院代理人		鳥致院漢城壽商貳統壹戶	
吉州代理人		吉州南門外□貳統一戶	
漢城代理人		漢城□外相思洞二統二戶	
延安代理人		延安□玉洞	
兎山代理人		兎山浦兎山市	
開城代理人	位置未定	開城南部都橋	金顯模 洪淳壹
公州代理人	位置未定	公州牛灘前松亭里	
洪原代理人	位置未定	西部里門五拾四統四戶	
漢城南部代理人	位置未定	洪原□□面蓮□里	宋會憲 趙章憲
安山代理人	位置未定		

各種東西洋藥과韓國唐卓材大發賣所 和平堂藥房

◎本藥房은局을設立ᄒᆞᆫ지數年에新舊學問이有ᄒᆞ고本舖에서ᄂᆞᆫ東西藥品을都賣散賣ᄒᆞ오며拾二道各郡藥業ᄒᆞ시ᄂᆞᆫ僉位ᄂᆞᆫ西洋藥品이나韓藥唐材와草材를隨用請求ᄒᆞ시면廉價販賣ᄒᆞ려니와漢藥服用ᄒᆞᆯ兄弟ᄂᆞᆫ方文만郵便付送ᄒᆞ시면特別로藥材를擇ᄒᆞ야精製ᄒᆞ야代金引換으로付上ᄒᆞ깃ᄉᆞ오니照亮ᄒᆞ시옵

本堂藥製品은如左홈

阿煙斷引丸 壹劑八週分 金五圓 半劑四週分 金三圓

養調經丸 壹個月分 金五圓

麝香消瘡丹 甲號四圓 乙號金二圓五拾錢

滋陽丸 壹月分五圓 貳拾日分三圓四拾錢 拾日分壹圓八拾錢

全治丸 壹劑十四日分金三圓

八寶丹 壹包九拾五粒金拾錢

京城銅峴 和平堂 藥房主李應善

濟生堂和平堂大藥房聯合紀念大贈彩

◎贈大彩說明

濟生堂開業五週年과和平堂開業三週年間에內外國君子의顧愛ᄒᆞ심을蒙ᄒᆞ야藥業이時日隆盛ᄒᆞ고功績이東西著名ᄒᆞ야其感佩ᄒᆞᆫ實難表誠이옵ᄂᆞᆫ今에兩大藥房에서紀念式을并行ᄒᆞ고僉君子의厚誼를表ᄒᆞ기爲ᄒᆞ야兩種藥品(淸心保命丹 八寶丹)를特製大發賣ᄒᆞ며大福彩券을無代金添呈ᄒᆞ와逢時幸運을大占케ᄒᆞ오니僉君子ᄂᆞᆫ勿失此機ᄒᆞ시고陸續枉顧ᄒᆞ심을敬要

懸賞物品金六百圓價値

大福彩券은以四千枚로定

兩大靈藥(淸心保命丹)(八寶丹) 定貼價金各拾錢

效能 급症及胸腹痛 水土不利暑感等

方法

定價金十錢枚五包에福引券壹張을添呈홈

此外兩藥房製藥品中에五拾錢價格에彩券을添呈홈

割引價로請求ᄒᆞ면五圓價格福券壹張을添呈홈

賞品

頭等(貳人) 白米貳拾石(每拾石式) 太斗五斗入

壹等(貳人) 仝 拾石(每五石式)

貳等(捌人) 仝 拾六石(每貳石式)

三等(拾人) 仝 拾石(每壹石式)

四等(壹百人) 金五十圓(每五十錢式)

五等三千八百七拾八人 紙券烟二千八百七拾八匣 寸三千八百七拾八匣

空彩ᄂᆞᆫ無홈

遠地에ᄂᆞᆫ郵便引換으로送呈홈

期限은六十日노定 自陽六月拾六日 至陽八月拾五日

抽籤日子ᄂᆞᆫ臨期ᄒᆞ야更告ᄒᆞ게ᄉᆞᆷ

位置

皇城南大門側 濟生堂大藥房本舖

皇城鍾路 和平堂大藥房本舖

皇城鍾路 兩堂臨時出張所

自宅治療 電氣帶 廣告

(主治效能)神經衰弱諸症不眠。遺精、早漏、不快、陰위不起、消化器無力、胃腸衰弱、消化不良。頭痛不眠。遺尿。壹般內臟에衰弱。病症。半身不遂。或全身 不遂。手足厥冷。諸神經痛。頭痛腰痛。脚氣及關痛。記憶力及忍耐力減退、鬱血分不足症

上號 拾四圓 中號 拾二圓

家庭救急方

前醫學校教官 朴容南 著

全壹冊 價 金參十錢

此編은東西洋醫學中에家庭에서必要ᄒᆞᆫ救急妙法을博搜採集ᄒᆞ야雖婦人小兒라도易曉케ᄒᆞ얏ᄉᆞᆫ즉人人마다家庭에貯藏ᄒᆞ야自宅의治療를作ᄒᆞᆫ神方이오且醫業에從事ᄒᆞᄂᆞᆫ人의臨床必備ᄒᆞᆯ者ㅣ 實爲世의要訣이옴

目次大畧○內科病의救急法○卒倒○中○熱射病○霍亂○癲癇○疼痛○頭痛○腦疼痛○胃痛○月經時疼痛○出血○鼻出血○吐血○喀血○中毒○中毒療法의壹般規則○鴉片中毒○양지물中毒○石炭酸中毒○硝酸銀中毒○燐中毒○비소中毒○炭氣中毒○魚類中毒○獸肉中毒○異物의摘出法○鼻、喉頭、耳、眼、의異物摘出法○火傷○凍傷○止血法○掃除○失氣及假死○假死與眞死의區別○假死의救急法○溺水者○縊首者○瓦斯中毒○異物嚥下○窒息假死○餓死者○人工呼吸法○挫傷○打傷○頭部外傷○顔面外傷○頸部外傷○胸部外傷○腹部外傷○下악脫臼○咬傷○狂犬○毒蛇○蜂螫咬傷○妊娠의症候○妊娠中의攝養○産婦의攝養注意○初生兒의受護○乳母의選擇法○家庭의必備ᄒᆞᆯ藥品

發賣所 皇城南部大廣橋 共愛堂大藥房 告白

代理店 共愛堂各支店 京鄉各書舖隨意販賣

社告

○申報價

壹張代金 新貨貳錢五厘

壹個月前納 三拾錢

參個月 九拾錢

陸個月 壹圓七拾錢

壹個年 參圓四拾錢

郵稅壹張 新貨五厘

壹個月 拾參錢

○廣告料

四號活字拾參字詰

每日壹寸(英尺)에新貨廿五錢

貳週日壹寸에 貳圓五拾錢

壹個月壹寸에 五圓

(自壹行至四行이爲壹寸)

其期限의長短과字行의多寡를依ᄒᆞ야增減홈이有함

◎大韓每日申報各處支社廣告

平安道

平壤鍾路太極書舖 安泰國

三和港牌石洞敎堂 鄭亨淳

義州南門外西大藥房 張有寬

鐵山邑東部 安濬

車輦館 金明鉉

定州南門內藥舖 洪成麟

龜川郡邑內寶洞 金翼福

安州城內義井洞 金觀河

京畿嶺東[illegible] 李基秀

龍川楊市 黃菊保

龍川南面松峴海東書會 金賢走

龍川남市驛 韓鎭禧

朔州邑남門內 朱伯孝

泰川邑館前洋藥局 李正華

寧邊郡耶蘇敎會 김致俊

江西邑內 金昌煥

成川郡上部面 馬應三

平남順川郡邑內 鄭裕겸

甯川邑橋南 申基周

江界邑耶蘇敎會 김秉赫

郭山郡南面鶴수里 金龍福

雲山郡邑面上里 梁元植

龜山郡內淵用里 崔景俊

鐵山北面橋洞 王晃善

黃海道

海州남門內書舖 朴昌碩

安岳郡石面鍾峴洞 金文浩

長淵邑校洞西北支會內 崔秉元

殷栗邑倉前里 金光鎔

信川邑 李鼎用

載寧邑乾材局 李鼎植

黃州南門外冊肆 [illegible]

甘川邑文明館 [illegible]

沙里院活民勞動救火會任敎堂 [illegible]

咸鏡道

咸興州南社西門外 曹喜林

元山港舘 羅南正杰

高原邑 許敎青

定平郡豊川 [illegible]

洪原內門內保命局 羅炳泰

北靑南山下洪明學校內 葉元常

鏡城羅南新興洞 安正직

淸津港 張元浩

全羅道

金溝水流面豆亭 趙載三

木浦항陽 리得琮

京畿道

仁川 李東灝

開城남大門內興學書舖 姜勛遠

江華邑 崔顯植

忠淸道

結城廣川小路 李啓鉉

慶尙道

大邱西門外友弦書舖側 李正由

釜山港佐川약局 徐錫璟

江原道

鐵原邑 趙秀大

寧越邑남面蘭花里 宋鎭澤

第七卷

大韓每日申報

第壹千壹百壹九號

月說 陽曆及日曆休刊

檀君開國四千二百四十二年
箕子元年三千三十一年
大韓開國五百十八年
日本明治四十二年
淸國宣統元年
己酉五月小十九日丁卯

Responsible for Publication Alfred Weekley Marnham.
發行兼編輯人 萬咸
大韓每日申報社

論說

◎神宮奉敬會

嗚呼라日本이第一次韓國의政權을掌握ᄒ며第二次韓國의敎育을管理ᄒ며第三次韓國內에日本的宗敎의勢力을擴張ᄒ야滔々洪流가三千里城內에汎濫ᄒ셔伊藤시가大東學會를奬勵ᄒ야自身이儒敎界의宗主를儼作ᄒ며本願寺가入城에遍ᄒ야佛敎徒를其範圍內에驅入ᄒ며今又神宮奉敬會者가起ᄒ야韓國人民을其同化力內에吸收코ᄌᄒᄂ도다

然이나政治의能力은但只斯人의肉體的外面的作爲를監督ᄒ而已어니와敎育과宗敎ᄂ精神上關係가有ᄒ者라故로五條約이斯國의聯邦이며七條約이斯民의慘境이며其他軍權警權財政權交通權의讓渡가無非痛沸太息의點이지나雖然이나吾儕ᄂ猶日恃ᄒᄂ桑楡에效를敎育에收코ᄌᄒ이며雖然이나吾儕ᄂ猶日有望이라ᄒ은道德의功을宗敎에奏코ᄌᄒ이러니今也에敎育에도魔障이出ᄒ며宗敎에도魔障이出ᄒ니吾儕ᄂ流涕太息ᄒ餘에悲哭으로繼ᄒᄂ바이어니와乃者近今志士의論을聞ᄒ즉敎育의前途에關ᄒ야歎ᄒᄂ者ᄂ不少ᄒ나宗敎의關係ᄂ留意ᄒᄂ者ㅣ絶稀ᄒ도다嗚乎라其然가豈然가宗敎ᄂ實乃社會의敎育이오敎育은許多靑年의敎育이니兩者ᄅ執輕執重을遽然히斷案ᄒ비아니니라

韓國儒敎가日本儒敎에混合될을제擧足이雖齊가見ᄒ면當如何히膽痛ᄒ며韓國佛敎가日本佛敎에歸依될ᄯ西山四溟이見ᄒ면當如何히膽裂ᄒ리오만은然이나此兩敎의祖師ᄂ元來世界的主義를抱ᄒ고斯世에出來ᄒ者인즉兩國儒佛敎에ᄂ此等杜撰을可得ᄒ지나神宮云々은眞是奇怪不可思議의說이多ᄒ도다檀君과箕聖의營業될ᄯ强認ᄒ며韓國과日本의淵源될ᄯ亂證ᄒ고韓人을誘ᄒ야日檀君ᄯ尊ᄒ이即檀君을尊ᄒ이라ᄒ며日本을愛ᄒ이即韓國을愛ᄒ이라ᄒ야韓人을營業에混코자ᄒ며金鐵을營治ᄒ야鑄코ᄌᄒᄂ니怪哉라

設或彼言과如히韓日이本是同根에分ᄒ얏슬지라도後來歷史를觀ᄒ면戰爭이平和보다多ᄒ며讐국이盟好보다多ᄒ데加之以今日關係가前古보다尤烈ᄒ니太古先天同家의證說ᄒ은人種學元說로東西各民族의感情을消融케ᄒ과無異ᄒ거니와況此說에荒誕無稽ᄒ야童子도遂히首肯치아니ᄒ거니其爲計가何其愚ᄒ고然이나韓人中無知ᄒ者ᄂ往々此會에入參ᄒ야神宮會의勢力을自增ᄒ며其榮光을自誇ᄒ나哀哉라此輩여비록無知又無知ᄒ지라도엇지外人의計網에ᄒ기爲ᄒ야國祖를惡誣ᄒ이此에至ᄒ며國粟을食ᄒ이此에至ᄒ며國祖를輕侮ᄒ이此에至ᄒ뇨

靑者에早干劉璐이支那人의惡感情을給ᄒ기爲ᄒ야匈奴와漢人이黃帝의同派子孫이란荒說을倣ᄒ며金太祖阿骨打가渤海民의敵愾心을滅ᄒ기爲ᄒ야女眞과渤海가高句麗의後裔란巧辭를設ᄒ야外面으로不爭心을暗계ᄒ이로다吾儕ᄂ日人此會가果然野心을抱ᄒ지否ᄂ지ᄂ姑且勿論에付ᄒ거니와韓人의此會에投ᄒᄂ者ᄂ彼何奴女眞에類欺ᄒᄂ支那、渤海人과無異ᄒ도다

西國에도傳敎政略을利用ᄒ야他邦人民을誘ᄒᄂ者ㅣ或有ᄒ나彼日人과如히巧ᄒ者ᄂ無ᄒ도다

日人이더國의强을媚ᄒ時에ᄂ阿利安種의支派이라稱ᄒ며突厥의勇을歎ᄒ때에ᄂ蒙古族의一部라稱ᄒ며韓國에對ᄒ야兩國의祖가同家兄弟라ᄒ야朝肝暮膽에變化無常ᄒ며其誰가此를信ᄒ리오雖巧ᄂ實愚하도다

然이나彼가强者를媚ᄒ時에ᄂ其支派에附ᄒ而已어니와韓國은弱者인故로檀君을誣ᄒ야素盞의弟라ᄒ며韓國을欺ᄒ야日本移殖의遺族이라ᄒ나니媚欺ᄒ間에强弱의榮辱이懸殊ᄒ도다

雖然이나記者ㅣ空然히開釁을抽ᄒ야彼와戰ᄒ이아니라彼가此等惟說로韓人을吸收ᄒ야日本的의韓人을作코ᄌᄒ이可驚인故로玆又默嘿ᄒ을不得ᄒ노라

外報

◎定期飛行船 德國쓰옛로와드市々會에서近者의其空中船會社의報告를接收ᄒ얏ᄂ데其內容은明年부터弁쎈、푸리드비히하벤、쓰뜨로짜드、푸랑크홀쓰엘루만四個市間으로空中船의定期飛行을開始ᄒ計劃이라더라

◎瑞友誼 倫敦電을據ᄒ則瑞國皇帝皇后兩陛下께서ᄂ瑞都스특크홈의到着ᄒ엿ᄂ데瑞皇은兩國간의友誼的關係를論及ᄒ고瑞典王과祝盃를交換ᄒ얏다더라

◎伊國外相演說 倫敦電을據ᄒ즉羅馬本報에日伊太利議會에셔外務大臣지토니ㅣ시가演說ᄒ야日三國同盟의改新說은否認ᄒ지니三國이互相信頼ᄒ야其改新ᄒ事想도아니ᄒ다ᄒ얏다더라

◎淸國海軍擴張 北京電을據ᄒ즉海軍籌辦大臣等은海軍部完成及新設의經費、軍艦、軍港學校新築費及經常費擴張을上奏ᄒ얏ᄂ데此ᄂ上奏又은機密에屬ᄒ故로採用되어라도其實部만發表ᄒ리라더라

學報

◎彰東卒業 倉洞彰東學校에서去月陰拾七日의第[illegible]回卒業式을擧行ᄒ얏ᄂ데

卒業生 崔昌植 印興植
安完植 朴富煥 林慶八

詞藻

◎回生方

짤낭갑이다하놀도놀며、무머지라짜호못들나。
錢綱에걸넘더금종다미셔야、풀떡풀떡푸드덕인둥、놀짜걸짜네어이또갈짜。
우리ᄂ、어인일인지五臟六腑에엿ᄂ피엿ᄂ더로버저비저밧작밧작말코엽어에ᄂ할것업셔너잣어먹어야、나살겟다。

雜報

●幸行儀節 前報와如히 大皇帝陛下께옵셔昨日東籍田에動駕ᄒᆞ셧ᄂᆞᆫᄃᆡ儀仗節次ᄂᆞᆫ前日과如ᄒᆞ고禮式官高羲敬氏가乘馬車先導ᄒᆞ얏고其次에ᄂᆞᆫ宮內府大臣과侍從官金東完氏가同伴乘車ᄒᆞ얏고其次에 大皇帝陛下께옵셔 御馬車를乘ᄒᆞ셧ᄂᆞᆫᄃᆡ侍從院副卿尹德榮氏가驂乘ᄒᆞ얏고其次에ᄂᆞᆫ 義親王殿下께옵셔乘馬車 陪從ᄒᆞ얏고其次에ᄂᆞᆫ晶山君李海昌氏가 陪從ᄒᆞ얏고其次에ᄂᆞᆫ[illegible]軍部大臣李秉武兩氏가同車陪從ᄒᆞ얏스며女官七名이 陪從ᄒᆞ얏더라

●勸農勅敎 昨日東籍田動駕時에奎章閣學士閔泳韶ᄂᆞᆫ 宗廟에詣ᄒᆞ야 奉審ᄒᆞ고掌禮院掌典官金[illegible]ᄂᆞᆫ 裕陵에詣ᄒᆞ야 奉審ᄒᆞ고侍從[illegible]ᄂᆞᆫ德壽宮에詣ᄒᆞ야 問安以來ᄒᆞ라신 勅敎를 下ᄒᆞ옵셧다더라

●刈麥下賜 大皇帝陛下께옵셔東籍田에서親刈ᄒᆞ옵신麥을陪從ᄒᆞᆫ 皇族元老의게 下賜ᄒᆞ셧다더라

●[illegible]外遺君 總理大臣李完用氏ᄂᆞᆫ昨日에 大皇帝陛下 親刈時의從刈官으로磨鍊ᄒᆞ야宮禁의ᄭᆞ지須布ᄒᆞ얏ᄂᆞᆫᄃᆡ此時擧行은置之度外ᄒᆞ고伊藤氏를迎接次로馬山港의前往ᄒᆞᆷ의對ᄒᆞ야違格不敬이라ᄒᆞ고物論이藉々ᄒᆞ다더라

●節삼下賜 大皇帝陛下께옵셔再昨日에宮內府大臣以下로一般官吏의게節삼싼 下賜ᄒᆞ옵셧다더라

●賜ᄒᆞᆫ購物 官立高等女學校運動時에 皇后陛下께옵셔 下賜ᄒᆞ신金額으로ᄡᅥ紀念的으로應用物品을購入ᄒᆞ얏다더라

●語學加給 宮內府官吏中한人이日語를暑解ᄒᆞᄂᆞᆫ者의게ᄂᆞᆫ四圜乃至拾圜을加給ᄒᆞ기로決定ᄒᆞ얏다더라

●觀察會議延期 內部에서觀察使會議를昨日로定期ᄒᆞ얏더니東籍田에 幸行ᄒᆞ심을因ᄒᆞ야停止하얏다더라

●三顧運動 中樞院顧問李根澤李址鎔權重顯三氏가伊藤樞密院長이渡韓ᄒᆞᆫ後에各其大臣官案을圖得ᄒᆞ라고極力運動中이라더라

●顧問例態 中樞院顧問李根澤李址鎔氏外에某々大官이何等職을圖得ᄒᆞᆯ지互相訪問에東西奔走ᄒᆞᆫ다더라

●松下大得 政府의서京城居留日人松下의게全羅北道扶安郡所在官有千萬坪의蘆田ᄂᆞᆫ邊山大林野를百年간無償으로貸與ᄒᆞ얏ᄂᆞᆫ더ᄒᆞ林野ᄂᆞᆫ運搬上의도便宜가有ᄒᆞ야莞島森林과並稱되ᄂᆞᆫ登大林野러라

●伐木設所 農商工部의서ᄂᆞᆫ伐木事務所를各郡의設立ᄒᆞ야森林採伐의從事ᄒᆞᆫ다더라

●鐵道經營 日本後藤遞相은日本敦賀地方과元山간經濟上政策으로平元鐵道數設ᄒᆞ기로熱心ᄒᆞᆫ다더라

●府民納忠 府民會役民ᄂᆞᆫ漢城府民會의代表로伊藤公爵을迎接ᄒᆞ기爲ᄒᆞ야昨日太田停車場ᄭᆞ지前往ᄒᆞ얏다더라

●韓男日婚 宮內府秘書官金東完氏ᄂᆞᆫ日女를作配居生ᄒᆞᄂᆞᆫ대民籍法을依ᄒᆞ야認許ᄒᆞ라고內部에請願하얏다더라

●拓殖營業 東拓會社에서各地農事試驗場에肥料로費食키爲ᄒᆞ야各市街의人糞을買收營利ᄒᆞᆫ다더라

●第壹과中央 第壹銀行에서ᄂᆞᆫ中央銀行으로債權債務를壹切讓與ᄒᆞᆯ터인데現今第壹銀行에서韓國各地支店長을京城에召集ᄒᆞ야財産을調査ᄒᆞᆫ다더라

●自由何妨 京居前承旨李丙觀氏의鄕第가南陽郡靈興島에在ᄒᆞᆫ데該郡守徐丙贊氏에게何以運動이던지大阜靈興兩島에山林土地測量을數四氏에게一切委任ᄒᆞ라ᄂᆞᆫ訓令을發付ᄒᆞ고人民에게成聚知委ᄒᆞ야測量ᄒᆞᄂᆞᆫ境遇이면리氏가官令을違背ᄒᆞ다고恐喝이殆甚ᄒᆞᆫ고로민리該郡守ᄂᆞᆫ頗數히請願ᄒᆞ야該郡守의게委托ᄒᆞ야趁速測量後報來ᄒᆞ라ᄒᆞᆫ다더라

●僧侶招待 中部醫藥局에서强盜尹景五事件에對ᄒᆞ야念佛岩僧侶六名을招待訊問ᄒᆞ얏다더라

●果則宜然 楊州退溪院別非面三牌里金서여氏ᄂᆞᆫ成倫학校任員이라稱ᄒᆞ고該里에往來ᄒᆞᄂᆞᆫ米商等의게新貨五錢式勒捧ᄒᆞ야학校經費에補用ᄒᆞᆫ다稱ᄒᆞᄂᆞᆫ故로該商民等의怨聲이藉々ᄒᆞ다더라

●增兵渡韓 日本서增派된憲兵特務曹長以下百二十名은來拾三日에仁川서上陸ᄒᆞᆫ다더라

●韓淸人爭鬪 咸鏡北道羅南日人煉瓦工場에서本月二日의韓人夫六十名과淸人夫約百五十名이爭鬪ᄒᆞ야韓人은死者ㅣ一이오負傷者가多數ᄒᆞ며淸人은重傷이壹이오輕傷이五인데其原因은韓人爭論中에淸人이容喙ᄒᆞᆷ으로以ᄒᆞ야斯히爭鬪가太劇ᄒᆞᆫ데翌日午前大時의한人約五百名과淸人約四百名이兩陣對峙集合ᄒᆞ야大鬪를決코不許ᄒᆞᆫ다며日憲兵隊警察의서鎭壓ᄒᆞ엿스나至今도戒嚴中이라더라

●測量聯合 三和港內에測量事務所四處가有ᄒᆞ야名稱이各殊ᄒᆞ며니각立事務가反害[illegible]이라ᄒᆞ야聯合營處ᄒᆞ기로決議ᄒᆞ고處理上便利하게爲ᄒᆞ야京城大韓測量學務所와聯絡ᄒᆞ기로決定ᄒᆞ얏ᄂᆞᆫ데聯合開會式은本月七日로定ᄒᆞ얏다더라

●救世新聞 救世軍司令部를西部平동에定하얏ᄂᆞᆫ데該部에서傳道方針과救世主義를發敎同胞의게頒布키爲ᄒᆞ야每月壹次式救世新聞을發行ᄒᆞ기로定ᄒᆞ고第壹號ᄂᆞᆫ本月壹日에已爲發刊ᄒᆞ얏ᄂᆞᆫ데吾儕ᄂᆞᆫ此의對ᄒᆞ야拍祝不已ᄒᆞ노라

●演場投石 再昨夜에團成社에서千例峰이라ᄂᆞᆫ演劇을設行ᄒᆞᆯ時에自外投石이雨下ᄒᆞ야觀光者가一時驚動ᄒᆞ얏다ᄂᆞᆫ데部警察署로通知ᄒᆞ야逐登欄名이來到調探ᄒᆞ얏다더라

●何事移轉 서北來人의傳說을據ᄒᆞᆫ즉近日北間島에有何事件인지咸鏡南北道에駐在ᄒᆞᆫ日兵隊가該地方으로發向ᄒᆞᄂᆞᆫ者가種々有之ᄒᆞ다더라

●因債投水 京城居李本許氏가本月三日에楊州發船을搭乘ᄒᆞ고延平海에到ᄒᆞ야水中에自投ᄒᆞ얏ᄂᆞᆫ데其理由ᄂᆞᆫ昨年九月에刑法大全을質得ᄒᆞ야海州地方에서發賣ᄒᆞ고其代金을酒色場에浪費ᄒᆞ야資本主의게還債無路ᄒᆞᆫ所以라더라

●義兵來陵 數日前의義兵數拾名이武裝으로坡州恭陵等의侵入ᄒᆞ얏다더라

●義兵被逮 義兵將趙成八氏가[illegible]陵附近所에被捕되야現今沃溝監獄에서取調ᄒᆞᄂᆞᆫ中인데氏ᄂᆞᆫ已往鷄山附近에서部下를率ᄒᆞ고日人을攻擊ᄒᆞ얏다더라

●兩氏宣告 義兵事에被囚ᄒᆞᆫ義兵將[illegible]兩氏를[illegible]年에宣告ᄒᆞ얏다더라

●竊盜被捉 玉洞劉澤明均은竊盜犯으로再昨日에部警察署의被捉ᄒᆞ얏다더라

●學會收金 畿湖學會에寄附金이三萬餘圓에達ᄒᆞᆫ바지금收金額은三回에收入케ᄒᆞ야學校建設費로充用ᄒᆞᆫ다더라

●西北通常 西北學會에서今日下午八時에臨時通常會를開ᄒᆞ고緊切ᄒᆞᆫ事務를處理ᄒᆞᆫ다더라

●智德付論 今日下午八時에宗橋禮拜堂內智德共新會에서討論會를開ᄒᆞ고傍聽을許ᄒᆞᆫ다더라

學界

●咸悅運動 咸悅郡官立昌明학校에서本月初五日의數郡聯合運動會를擧行ᄒᆞ얏ᄂᆞᆫ데該郡私立普明學校와石芙蓉학校와[illegible]學校와[illegible]學校와益山郡寶英학校及蠶形학校가聯合ᄒᆞ야生徒가二百八十餘名이오數[illegible]

●佳成其成 平南成川郡佳面佳成학校校長李[illegible]과학監金致鎬敎師金[illegible]學務[illegible]諸시가熱心勸獎ᄒᆞ야生徒가七拾餘名의達ᄒᆞ얏고該校內에夜學科를又設ᄒᆞ고勞働者를募集ᄒᆞ야晝夜敎育의從事ᄒᆞᆫ다더라

●興南其興 忠南大興郡홍蔚[illegible]學校財務員李容七李鳳九兩시ᄂᆞᆫ該校財節附을視知[illegible]ᄒᆞ고副校長[illegible]學容[illegible]監[illegible]敎兩시ᄂᆞᆫ學徒의寄宿을無料自擔ᄒᆞᆫ故로聲譽이稱頌不已ᄒᆞᆫ다더라

●商明果明 洪原郡에서商明學校를設立ᄒᆞᆫ은已爲이ᄂᆞᆫ와該校舍建築에對ᄒᆞ야該郡[illegible]文君시가自己商業은不顧ᄒᆞ고晝夜監督ᄒᆞ야早速竣功ᄒᆞᆷ으로該시의熱心을人皆稱頌ᄒᆞᆫ다더라

●光東有光 白川郡外亭洞居ᄒᆞᄂᆞᆫ金錫壽韓昌國洪淳冕鄭應三諸시가각里에躬行ᄒᆞ며科士와協議ᄒᆞ야光東義塾을設立ᄒᆞ고敎師를延聘ᄒᆞ야熱心敎授ᄒᆞᆷ으로不過數月에學徒가增進ᄒᆞᆯ쁜아니라韓昌國시ᄂᆞᆫ諸般經費를自擔ᄒᆞ야校況이興旺ᄒᆞᆷ으로該지의熱心을人皆稱頌ᄒᆞᆫ다더라

●白馬日語 義州威遠面白馬城에設立ᄒᆞᆫ日語學校ᄂᆞᆫ設立된지三年에經費困難ᄒᆞ야幾至廢壞이러니該府古城面居[illegible]시가該校情況을悶惜히너여名譽敎授ᄒᆞ야維持之望이更有ᄒᆞ얏다며

●義校寄附品 義東學校에서[illegible]式을擧行ᄒᆞ얏ᄂᆞᆫ데該校에對ᄒᆞ야[illegible]시ᄂᆞᆫ金十圜과[illegible]시ᄂᆞᆫ金三[illegible]을寄附ᄒᆞ얏다더라

◉感荷義捐

海西面實安所李[illegible]가本社에金壹圜을寄附ᄒᆞ얏기其厚意를感謝ᄒᆞ노라

▲棹歌壹闋▼

▲宇宙眼을借來ᄒᆞ야東西局을도라보니歐洲波浪이러나서亞洲大陸덥혓고나東隅東方壹半島에浮沉ᄒᆞᄂᆞᆫ더扁舟ᄂᆞᆫ餘波中에飄揚ᄒᆞ야底定處가업셧ᄂᆞᆫ데夕陽天에一聲棹歌悽凉ᄒᆞ고慷慨ᄒᆞ다

▲壹曲棹歌를드러보니우리港口未開ᄒᆞ야斷港中에걸넌배가停棹不動許久ᄒᆞ매더연덕은杳遠ᄒᆞ고배의船體ᄂᆞᆫ漸敗하니壹朝漏船되고보면우리乘客엇지ᄒᆞ랴어긔여ᄎᆞ노저어라精神차려나아가자

▲두曲調를드러보니昨夜風雨이러나서積年腐敗더維纜이絶斷되얏고나籃纜下에깁히든잠놀나셔에또라보니眼前波瀾々ᄒᆞᆫ데數尺孤帆飄搖ᄒᆞᆫ다어긔여ᄎᆞ노저어라精神차려나아가자

▲三曲調를드르니더군다나괴안진더沙工은무숨野心품엇관ᄃᆡ남의배를[illegible]ᄒᆞᄂᆞᆫ노滿船裝載ᄒᆞᆫ實貨ᄂᆞᆫ내라ᄒᆞ며목食ᄒᆞ녀나舊世稱傳ᄒᆞᆫ우리家業남의手中너흘소나어긔여ᄎᆞ노저어라精神차려나아가자

▲四曲調를드러보니여보시오舟中同胞習慣勞苦辭讓말고壹心同力저어가세碇泊處를따라보며더연덕에不遠ᄒᆞ니救濟共濟할이면永遠福樂自在로다어긔여ᄎᆞ노저어라精神차려나아가자

▲棹歌聲關붓니ᄂᆞ어더乘客을喚起ᄒᆞ도다々ᄒᆞᆫ乘客은무숨잠이그리깁허지軒鼻聲만擾亂ᄒᆞ다東天風雨모리드러沼々萬波危急ᄒᆞ니뎌비ᄒᆞᆫ번傾覆ᄒᆞ면魚腹中에장사라나어서밧비어러나서

廣告

本人의從叔[illegible]宗[illegible]시本無血子ᄒᆞ야以同姓[illegible]烈로率養인바其行列이爲兒弟라ᄒᆞ야宗議齊發에[illegible]其養而正風化ᄂᆞᆫ宜在常倫이거ᄂᆞᆯ所謂[illegible]慶文은本以東萊山人으로粗[illegible]語ᄒᆞ야藉此[illegible]勢ᄒᆞ[illegible]引[illegible]烈ᄒᆞ야[illegible]産欺은[illegible]自擅[illegible]이라ᄒᆞ고[illegible]間에田沒ᄒᆞ며本人從叔에[illegible]家産을任意散用ᄒᆞ야至爲蕩敗ᄒᆞ니欺人騙財가孰甚於此리오事其理當ᄒᆞ기玆에廣告ᄒᆞ오니惟望內外國人은[illegible]再[illegible]勿[illegible]等에浮誕[illegible]信聽ᄒᆞᆷ

全北扶安郡外[illegible] 告白

本宗中의先[illegible]門外[illegible]遺ᄒᆞ야[illegible]百物에相剝折傷ᄒᆞ시야不得更造ᄒᆞ여야뎃形便인뎌히[illegible]更造ᄒᆞᄂᆞᆫ[illegible]金四十[illegible]固辭不受ᄒᆞ오니[illegible]兩시의手巧精美와慈善[illegible]業은曾所[illegible]聞이오[illegible]暮[illegible]之匠手로如此高[illegible]太[illegible]不可泯默이옵기玆以[illegible]告ᄒᆞ오니遠近[illegible]同宗[illegible]照亮[illegible]感謝ᄒᆞ심을望[illegible]

[illegible]川郡[illegible]川申氏宗中 告白

本人所有[illegible]七洞[illegible]石[illegible]蓮池[illegible]太里門洞[illegible]百七十[illegible]戶[illegible]을路中에서失故로玆以廣告ᄒᆞ오니誰某던지拾得ᄒᆞ와도休紙施行ᄒᆞᆷ이오니僉君子ᄂᆞᆫ照亮ᄒᆞ시옵

[illegible] 告白

本人이[illegible]月貳日[illegible]市往[illegible]에不知中姓名[illegible]文字와[illegible]字ᄂᆞᆫ[illegible]이온[illegible]失故玆以廣佈ᄒᆞ오니誰內外國人拾得이라도休紙施行ᄒᆞᆷ

[illegible]州[illegible]山市[illegible]文[illegible]

學員募集廣告

本校에서[illegible]丙班、算術丙班、簿記班三科를增募ᄒᆞ오니願學僉員은來十五日(陰五月卄二日)內로請願書를提呈ᄒᆞ시옵

科 目

[illegible]語科 自初步

算術科 自初步

簿記科 商業、銀行

典洞 私立 中東夜學校

◉[illegible]子[illegible]急廣布

[illegible]官[illegible]國來ᄒᆞ라余於甲申年入[illegible]ᄒᆞ며[illegible]春[illegible]則汝亦遠出不歸故로姑留於[illegible]洞家ᄒᆞ니[illegible]아速即歸來ᄒᆞ라

[illegible]山[illegible]里[illegible]洞[illegible] 金[illegible]

ᄒᆞ[illegible]司[illegible]擇[illegible]所在[illegible]三字號七十[illegible]券[illegible]失[illegible]內外國人拾得休紙施行

[illegible]信川弓村面[illegible]廣告[illegible]

本人의使喚[illegible]이가本月[illegible]日에[illegible]ᄒᆞ야[illegible]光ᄒᆞ라가[illegible]根出次於音[illegible]千[illegible]과[illegible]出次於音五百兩式二張을[illegible]失故玆廣告ᄒᆞ오니誰某拾得[illegible]休紙로施行ᄒᆞᆷ

[illegible]金[illegible] 告白

第三回夏期[illegible]講習所[illegible]洞[illegible]年學院內에開ᄒᆞ오니[illegible]講코자ᄒᆞ시ᄂᆞᆫ이ᄂᆞᆫ七月拾日[illegible]로本所에來臨ᄒᆞ시오

[illegible] 告白

◉移轉廣告

本辯護士等이今月二日에事務所를左開處所로移轉ᄒᆞ고[illegible]般法律行爲를迅速處理ᄒᆞ오니僉彦은照亮ᄒᆞ시옵

漢城中部毛橋洞

六統六戶 (許屛初入)

辯護士 劉文煥 [illegible]晩緖

聯合法律事務所

京城南部 曲橋

[illegible]七戶

法律事務所

電話九七十番

修法學士 辯護士 崔鎭

[illegible]般法律事[illegible]迅速處理[illegible]ᄒᆞ시옵

本講習會ᄂᆞᆫ六月初三日에開始ᄒᆞᄂᆞᆫ데講師ᄂᆞᆫ日本留學大學生劉[illegible]氏와其他諸明[illegible]시가分擔ᄒᆞ오니志願人은本事務所(協成[illegible]館)內로請願書를提呈ᄒᆞ옵

但[illegible]은[illegible]에問[illegible]事

科程은物理化學數學地文學

[illegible]範講習所 告白

[illegible]宮[illegible]이가陰五月拾五日에[illegible]逝ᄒᆞ압숩기玆에訃告ᄒᆞ오니知舊[illegible]照亮ᄒᆞ심을伏望

子 永澤

舍弟 [illegible]範

本人[illegible]第[illegible]의[illegible]文[illegible]況[illegible]於酒色雜技ᄒᆞ야不[illegible]父母[illegible]子ᄒᆞ고[illegible]에不有餘地ᄒᆞ니又敢[illegible]引ᄒᆞ야今此上京ᄒᆞ얏신즉勿論內外國人ᄒᆞ고[illegible]分錢도[illegible]ᄒᆞ야도勿爲[illegible]款ᄒᆞᆷ

江[illegible]東下面[illegible]

洪[illegible]秀 告白

李巨[illegible]九시大[illegible]今月十[illegible]日中時別世ᄒᆞ엿ᄉᆞ오니知舊[illegible]照亮ᄒᆞ심을伏望ᄒᆞᆷ

己酉五月十四日從弟[illegible]九告白

◉本校[illegible]別科女學員募集

本校에서特別科女學員을募集ᄒᆞ오니願學ᄒᆞ시ᄂᆞᆫ婦女[illegible]員은今月十[illegible]日(陰五月二拾二日)內로請願書를提呈ᄒᆞ시옵

開學[illegible]年七月二日

年齡은[illegible]五歲로[illegible]十歲ᄭᆞ지

上學時間은[illegible]下午三時로六時ᄭᆞ지

科程은[illegible]算術[illegible]文漢文等[illegible]

[illegible]內

養源女學校 告白

◉音樂講習生募集廣告

本所에서各學校科程中自在ᄒᆞᆫ音樂과唱歌가完全치못ᄒᆞᆷ을[illegible]ᄒᆞ여現[illegible]名[illegible]敎師金仁湜시가[illegible]洞[illegible]年會院內에서夏期放學間에講習所를開ᄒᆞ고速成으로敎授ᄒᆞ깃ᄉᆞ오니敎育에有志ᄒᆞ신僉員은本所로來會、入學志願은七月拾日內로ᄒᆞ고[illegible]

[illegible] 告白

◉[illegible]講習[illegible]募集廣告

本塾에서[illegible]明ᄒᆞᆫ講師를延聘ᄒᆞ야自七月[illegible]日노八月五日ᄭᆞ지[illegible]科를講習ᄒᆞ오니志願僉員은七月五日內로請願書를提呈ᄒᆞ옵

物理、化學 分數至比例

百分至代數物等

日語 會話速成

簿記(銀行、商業) 東[illegible]金[illegible] 月謝金五[illegible]

束修金五十錢、月謝金廿五錢

[illegible]

時間下午[illegible]時至大時ᄭᆞ지

[illegible]

壺洞 海東塾

音樂講習所 白

美國시아를大博覽會 미국시아틀대박람회

本社之印章

本社之商標

(大美國에리소나洲法律認可 駐大韓美國[illegible]事[illegible]登錄)

京城鄉便局[illegible] [illegible]美[illegible]業株式會社

本社의各處代理人의氏名은如左ᄒᆞᆷ

[illegible]

[illegible]ᄒᆞ얍소니

本社[illegible]其權力을用ᄒᆞ야可爲者이오其權力을明ᄒᆞ야[illegible]惡이라其權力은[illegible]全히[illegible]ᄒᆞ[illegible]我[illegible]美國[illegible]業株式會社[illegible]而[illegible]世界各國가[illegible]나此[illegible]야한人이能[illegible]ᄒᆞ나니[illegible]是[illegible]이[illegible]對ᄒᆞ야[illegible]은知得ᄒᆞᄂᆞᆫ[illegible]

開城에[illegible]人		開城[illegible]門外[illegible]店	金東宣
平壤代理人		平壤大[illegible]門外[illegible]	鄭基煥
晉州代理人		晉州[illegible]門外[illegible]	[illegible]
馬山浦代理人		馬山[illegible]	孫[illegible]宇
元山代理人		元山港	金[illegible]文
濟[illegible]代理人	位置未定	濟[illegible]港	[illegible]
水原代理人	位置未定	水原[illegible]	[illegible]
安城代理人	位置未定	[illegible]	[illegible]
沙里院代理人	位置未定	[illegible]	郭元[illegible]
金[illegible]代理人	位置未定	漢城[illegible]	[illegible]
利[illegible]代理人	位置未定	漢城[illegible]	[illegible]
天安代理人		水原[illegible]	[illegible]
群山代理人	位置未定	群山大[illegible]	[illegible]
金[illegible]代理人		漢城[illegible]	金[illegible]
大邱代理人		大邱[illegible]	[illegible]
[illegible]代理人	位置未定	馬山[illegible]	李[illegible]
[illegible]代理人	位置未定	[illegible]	[illegible]
[illegible]代理人		[illegible]	[illegible]
[illegible]代理人	位置未定	[illegible]	[illegible]
木浦代理人	位置未定	木浦[illegible]	安[illegible]
晉州代理人	位置未定	[illegible]	[illegible]
全州代理人	位置未定	[illegible]	[illegible]
[illegible]代理人		[illegible]	김[illegible]
義州代理人	位置未定	義州[illegible]	박[illegible]
[illegible]代理人	位置未定	[illegible]	朴[illegible]
[illegible]代理人		[illegible]甘井[illegible]四[illegible]九戶	[illegible]
[illegible]代理人	位置未定	[illegible]	[illegible]
定州代理人	位置未定	郭山[illegible]	郭[illegible]
[illegible]代理人		吉州[illegible]	[illegible]
浦[illegible]代理人		浦[illegible]	[illegible]
太田代理人		太田[illegible]	宋[illegible]
[illegible]代理人		[illegible]	[illegible]
吉州代理人		吉州[illegible]	金[illegible]
[illegible]山代理人		漢城[illegible]	李[illegible]
[illegible]代理人		[illegible]	[illegible]
[illegible]代理人		開城[illegible]	[illegible]
[illegible]代理人	位置未定	木[illegible]	[illegible]
[illegible]代理人	位置未定	公州[illegible]	[illegible]
[illegible]代理人	位置未定	[illegible]	金[illegible]
漢[illegible]代理人		西部[illegible]五[illegible]四統四戶	朴[illegible]
[illegible]代理人	位置未定	[illegible]	[illegible]
[illegible]山代理人	位置未定	[illegible]	[illegible]

各種東西洋藥과韓國唐草材大發賣所　和平堂藥房

本堂藥製品은 如左홈

百發百中 阿煙斷引丸　壹劑八週分 金九圜　半劑四週分 金三圜

婦人胎產 養調經丸　壹個月分 金五圜

諸瘡神藥 麝香消瘡丹　拾四日分　甲號 金四圜　乙號 金二圜五拾錢

滋陽丸　壹月分 五圜

全治丸

八寶丹　壹包九拾五粒 金拾錢

仁川　京城　和平堂

藥房主 李應善

濟生堂和平堂大藥房聯合紀念大贈彩

◎贈大彩說明

濟生堂開業五周年과和平堂開業三週年間에內外國君子의顧愛호심을多蒙호야藥業이時日隆盛호고功績이東西著名이라其感佩를實難形誠이오今에兩大藥房에셔紀念式을幷行호고僉君子의盛誼를表호기爲호야兩種藥品(淸心保命丹 八寶丹)을特製大發賣호며大贈彩券을無代金添呈호와賞品을大占케호오니僉君子는勿失此機호시고陸續枉顧호심을敬要

懸賞物品金六百圜價值

大福彩券은以四千枚로定

兩大靈藥 (淸心保命丹)(八寶丹) 每貼價金各拾錢

效能 暑飮滯胸腹痛 水土不利咳嗽等

方法

定價金十錢에五包에(圖引)券壹張을添呈호

此外兩藥房製藥品中의五拾錢價格에彩券을添呈홈

割引價로請求호면五圜價格에彩券壹張을添呈홈

賞品

頭等(貳人) 白米貳拾石(每拾石式) 大斗五斗入

壹等(貳人) 仝 拾石(每五石式)

貳等(捌人) 仝 拾六石(每貳石式)

三等(拾人) 仝 拾石(每壹石式)

四等(壹百人) 金五十圜(每五十錢式)

五等三千八百七拾八人 紙券烟二千八百七拾八匣 寸三千八百七拾八匣

空彩는無홈

遠地에는郵便引換으로送呈홈

期限은六十日로定　自陽六月拾六日 至陽八月拾五日

抽籤日字는臨期호야更告홈

位置

皇城南大門側 濟生堂大藥房本舖

皇城鍾路 和平堂大藥房本舖

皇城鍾路 兩堂臨時出張所

自宅治療 電氣帶廣告

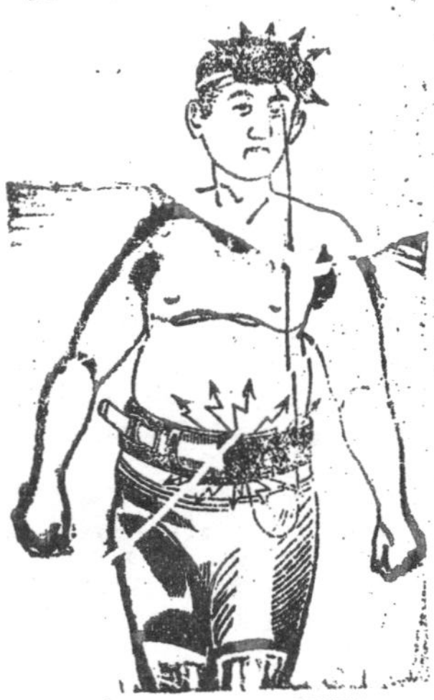

(主治効能) 神經衰弱。不眠。遺精、早漏、陽위不起、消化器無力、便秘、消化不良。胃腸不良。遺尿。衰弱。痛症。半身不遂。或全身不遂。手足厥冷、諸神經痛。頭痛。腰痛。脚氣及脚痛。記憶力及忍耐力減退、血分不足等

上號 拾四圜　中號 拾二圜

新刊 家庭救急方

前醫學校敎官 朴容南 著

全壹冊 價金參十錢

此編은東西洋醫藥中에家庭에必要한救急妙法을博搜廣採하야婦人小兒라도易曉케하야實로人人마다案頭에貯藏하야自宅의治療를作하고且醫藥에從事하는人의臨床必要한書ㅣ니實用缺치못할書이오

目次大略○內科病의救急法○卒倒○卒中○熱射病○霍亂○癲癇○疼痛○頭痛○胸腹疼痛○胃痛○月經時疼痛○出血○鼻出血○咯血○吐血○下血○中毒○中毒療法의一般通則○車毒○鴉片中毒○양재물中毒○石炭酸中毒○硝酸銀中毒○燐中毒○비상中毒○炭氣中毒○燒肉中毒○獸肉中毒○異物의摘出法○鼻、喉頭、耳、眼、의異物摘出法○火傷○凍傷○止血法○掉圖○失氣及假死○假死와眞死의區別○假死의救急法○溺水者○縊首者○窒息假死○凍死○餓死者○人工呼吸法○打傷○外傷○頭部外傷○頭面外傷○頸部外傷○胸部外傷○下악脫臼○咬傷○狂犬○毒蛇○蜂螫咬傷○妊娠症候○妊娠中의攝養○產婦의攝養注意○初生兒의保護○乳母의擇法○家庭의必備할藥品

發賣所 皇城南部太廣橋 共愛堂大藥房 告白

代理店 共愛堂各支店 京鄕各書舖隨意販賣

社告

○申報價

壹張代金 新貨貳錢五厘

壹個月前納 三拾錢

參個月 九拾錢

陸個月 壹圜七拾錢

壹個年 參圜四拾錢

郵稅壹張 新貨五厘

壹個月 拾參錢

○廣告料

四號活字拾參字詰

每日壹寸(英尺)에 新貨廿五錢

貳週日壹寸에 貳圜五拾錢

壹個月壹寸에 五圜

(自壹行至四行이爲壹寸)

其期限의長短과字行의多形을依호야增減홈이有함

◎大韓每日申報各處支社廣告

平安道

平壤鍾路太極書館 安泰國

三和港牌石洞敎堂

義州南門外西大廟房

鐵山邑東○

車輦館

定州南門內書館

博川郡邑

安州城內義井洞

京義線枇峴驛前市

龍川楊市

龍川南面松峴海東會

龍川남市

朔州邑남門

泰川邑館前洋나局

寧邊郡耶蘇敎會

江西邑內

成川郡上部面

平남順川郡

价川邑

黃海道

咸鏡道

京畿道

忠淸道

慶尙道

江原道

隆熙三年七月七日 (水曜日) 第三種郵便物認可 ······ 西曆一千九百九年七月七日 (貳)

第七卷

大韓每日申報

第壹千壹百四拾號

檀君開國四千二百四十二年
[illegible]三千三十一年
[illegible]十八年
[illegible]十二年
[illegible]小二十日庚寅

Responsible for Publication Alfred Weekley Marnham.
發行兼編輯人 萬咸

[illegible]機

[illegible]面[illegible]韓半島에[illegible]然[illegible]照ᄒᆞ니即[illegible]是[illegible]挽近韓國에[illegible]甚ᄒᆞᆫ[illegible]ᄒᆞ[illegible]亦[illegible]시敎育實業[illegible]其步를進ᄒᆞ야[illegible]遂々히其苗[illegible]異彩가日愈[illegible]吾儕[illegible]에到ᄒᆞ야再拜獻賀[illegible]노라

蓋只今[illegible]狀態가大厦의已傾ᄒᆞᆷ과如ᄒᆞ야扶[illegible]國을ᄃᆞ시ᄒᆞ나決[illegible]에奮興키[illegible]何ᄒᆞᆫ危險이有ᄒᆞ며도不足畏오何ᄒᆞᆫ阻碍가有ᄒᆞ미라도不足憚이리라

或曰我今韓國々民이當時亂擲의客氣ᄂᆞᆫ已去ᄒᆞ고百折不撓의精神이隨無ᄒᆞ야愈去愈下의悲觀이有ᄒᆞ거ᄂᆞᆯ今日國民奮興의機[illegible]是何說고ᄒᆞ나此實眼光短[illegible]客觀的觀察이라拾年以前數拾年以前韓國々民과今日韓國々民을比較ᄒᆞ며其程度의差別이雲泥와如ᄒᆞ며又本年以[illegible]試看ᄒᆞ며[illegible]도國民의熱[illegible]其光芒을放ᄒᆞᄂᆞᆫ者ㅣ果然幾何ᄒᆞᆫ가

國民奮興의機가發ᄒᆞ야前進ᄒᆞ면暴虐[illegible]黑雲을破ᄒᆞ고靑天을睹ᄒᆞᆯ[illegible]지니라

又[illegible]可賀ᄒᆞᆫ者ᄂᆞᆫ即靑年界에奮興의狀態가愈多ᄒᆞᆷ이是라是가果然國家前途의最大喜聲이로다

是故로吾儕[illegible]漸[illegible]야世人이[illegible]獨存키不能ᄒᆞ다ᄒᆞ야[illegible]然이라ᄒᆞ며世人[illegible]振興키不能ᄒᆞ다[illegible]然이[illegible]吾儕[illegible]強太文明ᄒᆞᆫ[illegible]存[illegible]已久ᄒᆞ얏노라

大抵世界上에或敗亡ᄒᆞ얏다가復起ᄒᆞᆫ國도有ᄒᆞ며或敗亡ᄒᆞ야復起치못ᄒᆞᆫ國도有ᄒᆞ나니前者ᄂᆞᆫ希臘伊太利等國이是오後者ᄂᆞᆫ波蘭安南等國이是니前者가復起ᄒᆞᆷ은何를以ᄒᆞᆷ인가曰其國民이奮興ᄒᆞᆫ所以며後者가復起치못ᄒᆞᆷ은何를以ᄒᆞᆷ인가曰其國民이奮興치못ᄒᆞᆫ所以라

是以로國民만奮興ᄒᆞ면其國家의復起ᄂᆞᆫ反掌과如ᄒᆞ니라是ᄂᆞᆫ吾儕가韓國을爲ᄒᆞ야再拜獻賀ᄒᆞᄂᆞᆫ바ㅣ로다

官報

◀隆熙三年 四月二拾日 官報

部令

法部令第二號

司法警察官執務規程 (續)

第四十八條 被告事件을送致ᄒᆞᆷ에ᄂᆞᆫ書件記錄에記錄目錄과意見書及送致書를添附ᄒᆞ고且被告人의素行調書를添附ᄒᆞᆷ이可ᄒᆞᆷ

當年以上의刑에該當ᄒᆞᆯ被告事件을送致ᄒᆞᆷ에當ᄒᆞ야被告人의所在가不明ᄒᆞᆫ時ᄂᆞᆫ其人相書를作ᄒᆞ야記錄에添附ᄒᆞᆷ이可ᄒᆞᆷ

書件記錄은其要理나又ᄂᆞᆫ作成ᄒᆞᆫ順序에依ᄒᆞ야編綴ᄒᆞ고每葉에丁數를附ᄒᆞᆷ이可ᄒᆞᆷ

第四十九條 二罪以上의[illegible]이나貳人以上共犯[illegible]聯ᄒᆞᆫ犯罪事件의記錄을[illegible]으로送致ᄒᆞᄂᆞᆫ時ᄂᆞᆫ[illegible]其關係事件[illegible]件名及被告人[illegible]記ᄒᆞ고[illegible]

第五十條 被[illegible]事件[illegible]添附[illegible]料ᄒᆞᆯ時ᄂᆞᆫ被告[illegible]加ᄒᆞ야事件을送致ᄒᆞᆫ지아[illegible]ᄒᆞᆷ을得ᄒᆞᆷ但告訴[illegible]의[illegible]에係ᄒᆞᆫ者[illegible]在치아니ᄒᆞᆷ (未完)

外報

◎外國教授解聘 北京[illegible]ᄒᆞᆫ즉北京大學校의外國教授ᄂᆞᆫ[illegible]名以外에ᄂᆞᆫ年期滿後에採用치아니ᄒᆞᆫ다더라

◎德皇演說 倫敦電[illegible]則報[illegible]日同地에서德國皇帝가[illegible]가즈구스하ㅣ후엔[illegible]透[illegible]信員觀禮會賞品授與式에臨ᄒᆞ야論述ᄒᆞ야曰[illegible]朕과會[illegible]ᄒᆞᆷ은平和上에大援助가[illegible]ᄒᆞᆷ[illegible]又人[illegible]際[illegible]ᄒᆞ야上帝께責任을有[illegible]自覺ᄒᆞ야文明事業을十分發達[illegible]을希望ᄒᆞᆫ다ᄒᆞ엿다더라

◎英澳兩帝會見 伯林[illegible]ᄒᆞᆫ즉倫敦報道의[illegible]英[illegible]을招待ᄒᆞ얏[illegible]納報道와矛盾이되ᄂᆞᆫ[illegible]엔맛도[illegible]에서[illegible]帝를[illegible]ᄒᆞ고又[illegible]이라더라

◎波斯內亂 伯林電[illegible]波斯前[illegible]자[illegible]人은新王을擁立ᄒᆞ고又國民黨의運動은次第로增大ᄒᆞᆫ다더라

◎[illegible]土國警告 倫敦電[illegible]ᄒᆞᆫ즉土耳其政府ᄂᆞᆫ在外同國公使에[illegible]訓令ᄒᆞ야列國에向ᄒᆞ야三[illegible]島에現行協約中에對ᄒᆞ야[illegible]止ᄒᆞᆷ이아님[illegible]列國의承認을希[illegible]ᄒᆞ고[illegible]島問題에關ᄒᆞ야[illegible]有ᄒᆞ다ᄂᆞᆫ提議를[illegible]ᄒᆞᆷ을警告케ᄒᆞ얏다더라

學報

◎三崇卒業 三崇學校에서第三回卒業式을擧行ᄒᆞ얏ᄂᆞᆫ디

卒業生 리在洼 리용濟 任德淳 韓석源 車信命 鄭環鎬 楊炳國 盧正佾 安基鉉

三崇女學校에서第二回卒業式을擧行ᄒᆞ얏ᄂᆞᆫ디

卒業生 張恩龍 崔梅智 [illegible]心德 尹合羅 趙永善 [illegible]道明

詞藻

◎與[illegible] 同

靑驄馬타고保羅미맞고、白羽箭千斤角弓허리에차고。山너머구름지나、영산양가는더사ᄅᆞᆷ들아。우리도、四大삭선六千마듸骨節마다血脉마다길히々々든病을蘇生코저東西先病者의개무러본즉萬口一談이포슈패패압세우고영산양나가셔그고기다잡아먹어야산다ᄒᆞ니、함ᄭᅴ가재。

◎[illegible]徑松湖 辰韓野叟

孤松五柳[illegible]
千載[illegible]心[illegible]歌
[illegible]時王[illegible]
[illegible]輔[illegible]

雜報

●御品奉獻 日本皇帝及皇后陛下와 皇太子께셔 韓國 大皇帝陛下와 太皇帝陛下께 物品을 贈呈ᄒᆞᆫ다ᄂᆞᆫᄃᆡ 今番伊藤氏 陛見時에 奉獻ᄒᆞ얏더라

●物品數目 日本皇室에셔 諸皇室에 物品을 贈呈ᄒᆞᆫ 事ᄂᆞᆫ 別項과 如ᄒᆞ거니와 其物品은 如左ᄒᆞ니
韓國 大皇帝陛下께ᄂᆞᆫ 銀製大鉢壹個오 太皇帝陛下께ᄂᆞᆫ [illegible]鉢壹個오 (右ᄂᆞᆫ日本皇帝)
韓國 大皇帝陛下께ᄂᆞᆫ 七寶花瓶壹對오 (右ᄂᆞᆫ日本皇后)
韓國 太皇帝陛下께ᄂᆞᆫ 銀製花盛器壹個라더라 (右ᄂᆞᆫ日本皇太子)

●下賜品購人 太皇帝陛下께옵셔 伊藤氏에게 下賜ᄒᆞ실 次로 三千圜價値되ᄂᆞᆫ 刺繡及磁器를 購買ᄒᆞ옵셧다더라

●晉謁陛見 曾禰統監과 伊藤公爵其他各部大臣이 昨日上午拾時에 大皇帝陛下께 陛見ᄒᆞ고 御陪食을 行ᄒᆞᆫ後에 太皇帝陛下께 陛見ᄒᆞ고 皇太子殿下의 修學ᄒᆞ시ᄂᆞᆫ 事項을 上奏ᄒᆞ얏다더라

●名刺問安 昨日上午拾時에 勅奏任官들이 署名 問安次로 仁政殿에 詣ᄒᆞ얏ᄂᆞᆫᄃᆡ 御陪食의 相値됨을 因ᄒᆞ야 名刺壹枚式收取ᄒᆞ얏다더라

●人民批評 再昨日伊藤公爵이 入城ᄒᆞᆯ時에 總理大臣李完用氏가 先次入來ᄒᆞ얏ᄂᆞᆫᄃᆡ 觀光人들이 批評ᄒᆞ기를 太皇帝陛下께옵셔ᄂᆞᆫ 炎天[illegible]에셔 [illegible] 式을 行ᄒᆞ옵시ᄂᆞᆫᄃᆡ 首[illegible] 아니라 [illegible] 伊藤 [illegible] 接에만 奔忙ᄒᆞᆫ다고 嘲罵가 [illegible]至ᄒᆞ얏다더라

●技師譴責 洪陵洞口內에 道路橋梁은 宮內府土木課에셔 擔當修築ᄒᆞᄂᆞᆫ 것인ᄃᆡ 再昨日 大皇帝陛下께옵셔 幸行時에 御馬車ᄂᆞᆫ 安穩히 通過ᄒᆞ얏스나 其他陪從官의 所乘ᄒᆞᆫ 馬蹄가 陷跌됨으로 不得不 [illegible] 該土木課技師ᄂᆞᆫ 譴責에 處ᄒᆞᆫ다더라

●有髮被遞 再昨日 太皇帝陛下께옵셔 [illegible]에 幸行ᄒᆞ사 [illegible] 陪從ᄒᆞᄂᆞᆫ 際에 [illegible] 有髮ᄒᆞᆫ 者 [illegible] 遞出ᄒᆞ야 不許[illegible]케 ᄒᆞ얏다더라

●頒勅勸農 農商工部大臣趙重應氏가 大皇帝陛下의 勅諭를 奉承ᄒᆞ야 勸農文을 繕成ᄒᆞ야 各道人民의게 頒示ᄒᆞᆫ다더라

●學生正論 再昨日外國語學校에셔 學徒中總代五人을 選定ᄒᆞ야 太皇帝陛下 幸行ᄒᆞ시ᄂᆞᆫᄃᆡ 祇送祇迎케 ᄒᆞ고 伊藤氏入城ᄒᆞᆯ時에ᄂᆞᆫ 學徒들을 沒數히 出送迎接케 ᄒᆞ거ᄂᆞᆯ 該學徒들이 堅執反對ᄒᆞ야 曰 大皇帝陛下 [illegible]ᄒᆞ실 時에ᄂᆞᆫ 五人만 派送ᄒᆞ고 伊藤氏入城時에ᄂᆞᆫ 何故로 沒數派送ᄒᆞᄂᆞ냐ᄒᆞ고 會場에 [illegible] 가 大起ᄒᆞ야 豈不出往ᄒᆞ얏다더라

●自至休暇 昨日各部大臣及次官들이 御陪食에 參與키爲ᄒᆞ야 曾不仕進ᄒᆞᆷ으로 各部가 自然休暇되얏다더라

●握手失色 再昨日下午四時에 各部大臣이 伊藤公爵을 迎接次로 水原郡까지 往ᄒᆞ야 伊藤氏와 前日과 如히 握手禮를 行코져 ᄒᆞ더니 伊藤氏ᄂᆞᆫ 何等 [illegible]이 有ᄒᆞᆫ지 不接應ᄒᆞᆷ으로 各大臣이 失色歸來ᄒᆞ얏다더라

●據大歸客 再昨夜에 某某官吏가 總理大臣을 訪問ᄒᆞ랴고 [illegible] 經ᄒᆞ얏스나 該大臣은 何故인지 一切謝絶ᄒᆞ얏다더라

●園遊會 來八日下午三時에 景福宮內景武臺에셔 園遊會를 設行ᄒᆞᆫ다ᄂᆞᆫᄃᆡ 內閣總理大臣李完用氏가 各府部院廳親勅奏任官에게 通牒ᄒᆞ고 同夫人來參ᄒᆞᆷ을 要請ᄒᆞ얏다더라

●蔘政調査費 韓國의 特産物되ᄂᆞᆫ 紅蔘은 數年前부터 每年二百萬圜價値以上에 達ᄒᆞ더니 近來에ᄂᆞᆫ 産額이 漸減ᄒᆞᄂᆞᆫᄃᆡ 政府에셔ᄂᆞᆫ 蔘業調査費로 二萬二千餘圜을 支出ᄒᆞ기로 決定ᄒᆞ얏다더라

●地方費新課 從來觀察郡守가 管理ᄒᆞ던 바 公共財産을 今番에 地方費[illegible]로 [illegible] 定ᄒᆞ얏ᄂᆞᆫᄃᆡ 此ᄂᆞᆫ 地方官이 財務監督局과 協議ᄒᆞᆫ後에 財産의 性質種類及從來管理方法을 [illegible]中ᄒᆞ라고 內部에셔 訓令ᄒᆞ얏다더라

●島民徵稅 鬱島에 在ᄒᆞᆫ 韓人에게도 二稅及地方稅를 收納ᄒᆞ기로 定ᄒᆞ야 旣히 施行에 着手ᄒᆞ얏다더라

●密漁調査 黃海道沿岸에 淸國密漁船을 調査ᄒᆞᆫ 者에게 聞ᄒᆞᆫ즉 密漁船[illegible] 有ᄒᆞᆯ뿐아니라 密輸入船도 有ᄒᆞᆫᄃᆡ 其輸入品은 食[illegible]

●議中試 十三道觀察使가 會議에 參席ᄒᆞᆫ 次로 上京ᄒᆞ얏ᄂᆞᆫᄃᆡ 今番會議內容을 漏聞ᄒᆞᆫ즉 議席에 試才[illegible] 會議를 終了ᄒᆞᆫ後에ᄂᆞᆫ 還任되ᄂᆞᆫ 觀察使가 多數ᄒᆞ리라더라

●顯官言論 伯林[illegible] 露國에셔ᄂᆞᆫ 絶東殖民策에 關ᄒᆞ야 陸軍農務次官이 日近來韓淸人이 絶東에셔 土地를 買收或貸借ᄒᆞᆷ에 對ᄒᆞ야 此를 防止ᄒᆞᆷ이 可ᄒᆞ지라 韓國國境에 露國殖民을 奬勵ᄒᆞᄂᆞᆫ 同時에 또ᄒᆞᆫ 濱海州附近에 移住地를 設定ᄒᆞ고 韓人에게ᄂᆞᆫ 特히 補助를 與ᄒᆞ야 沿海州黑龍江州北部에 移ᄒᆞᆷ이 必要가 有ᄒᆞ다고 云ᄒᆞ얏다더라

●貴族疑死 黃海道觀察[illegible]館에 留ᄒᆞ던 閔氏가 上京ᄒᆞᆯ 次로 [illegible]에 乘ᄒᆞ고 航行ᄒᆞᄂᆞᆫ 中에 [illegible] 學承輝시와 酒를 共飮ᄒᆞ다가 趙氏가 封書를 閔氏에게 與ᄒᆞ고 起身不返ᄒᆞ거ᄂᆞᆯ 船中을 搜索ᄒᆞ야도 不得ᄒᆞ얏ᄂᆞᆫ지라 畢竟 溺水自殺ᄒᆞᆫ 貌樣인ᄃᆡ 屍體ᄂᆞᆫ 發見치 못ᄒᆞ얏다더라

●報亦嗜日 [illegible]國國漲紹시ᄂᆞᆫ 近日에 購覽ᄒᆞ던 各新聞을 擧皆 廢止ᄒᆞ고 京城日報壹件만 購覽ᄒᆞᆫ다더라

●窮囚一物 日憲兵司令部에 被囚ᄒᆞᆫ 義兵將李麟榮氏ᄂᆞᆫ 訊問之際에 顔色이 不變ᄒᆞ며 義氣가 [illegible]ᄒᆞ야 [illegible]ᄒᆞ며 或談笑自若ᄒᆞ매 訊問ᄒᆞᄂᆞᆫ 日人들이 [illegible] 韓人[illegible]의 人格[illegible] 嘆服ᄒᆞ야 日 韓國義將中第壹人物이라 ᄒᆞ더라

●技術反對 測量總督會에 近日情況을 聞ᄒᆞᆫ즉 入會金[illegible] 招集四拾錢式徵收ᄒᆞᄂᆞᆫ 弊도 잇고 測量技術者들이 事實上不能이라ᄒᆞ야 皆不應從ᄒᆞᆷ으로 自然廢止가 되얏다더라

●勉庵押收 崔勉菴의 令孫 永[illegible]시와 諸儒生이 協議ᄒᆞ야 勉菴遺稿를 出版ᄒᆞ얏더니 其中幾卷은 治安妨害라 稱ᄒᆞ고 內部에셔 押收ᄒᆞ얏다더라

●學子往還 各學會에 田畓寄付ᄒᆞ던 [illegible]氏가 該土地를 整理次로 堤川郡에 下往ᄒᆞ얏다가 再昨日에 入城ᄒᆞ얏다더라

●困而添困 [illegible]府[illegible]撤査가 [illegible] 府使役[illegible] 得ᄒᆞ기 爲ᄒᆞ야 該家舍를 賣ᄒᆞ고 金八拾圜을 得償ᄒᆞ야 某某四氏의게 納賂ᄒᆞ얏더니 于今多日에 [illegible]役을 圖避ᄒᆞᄂᆞᆫ 故로 家舍價만 消融이 되얏다더라

●淸潔不潔 [illegible]會에셔 龍山萬里倉契居民에게 淸潔費ᄂᆞᆫ 家家徵收ᄒᆞᄂᆞᆫᄃᆡ 淸潔은 勤實히 못ᄒᆞ고 反히 屎尿池二個所와 塵芥場을 [illegible]에 設置ᄒᆞ야 其臭氣가 觸鼻ᄒᆞ야 反害衛生ᄒᆞᄂᆞᆫ 故로 該洞人民이 [illegible]에 呼訴ᄒᆞᆫ다더라

●沿日漁 鎭南浦燈臺[illegible]의 부근에 [illegible] 漁業은 日人이 專掌ᄒᆞᄂᆞᆫᄃᆡ 時[illegible] 百圜以上價値되ᄂᆞᆫ 魚産을 收獲ᄒᆞᆫ다더라

●日軍習射 來日及八日拾日에 [illegible] 步兵第[illegible]聯隊가 龍山漢江附近에셔 射擊演習을 行ᄒᆞᆫ다더라

●[illegible] 某[illegible]가 龍山三聖岣栗谷에 何許墳塚을 毀破ᄒᆞ야 柏槨과 屍骨이 路邊에 露出ᄒᆞ얏ᄂᆞᆫᄃᆡ 其凶慘ᄒᆞᆫ 狀況은 目不忍見이라ᄒᆞ더라

●同和[illegible]殷 西部西小門外西街里同和藥房主人醫士李信友가 [illegible]藥材로 丸[illegible]을 發明製造ᄒᆞ야 內治外附에 奇效가 有ᄒᆞ고 [illegible]處에 [illegible]ᄒᆞᆫ다더라

●婁氏處役 [illegible]房某와 田畓相關으로 監獄署에 被囚ᄒᆞ얏던 婁[illegible]氏ᄂᆞᆫ 役七年에 宣告ᄒᆞ얏다더라

●經濟組織 韓國實業婦人들이 韓國婦人의 經濟思想이 乏絶ᄒᆞᆷ을 慨嘆ᄒᆞ야 經濟會를 組織ᄒᆞᆫ다더라

●孤兒院開會 再昨日에 孤兒院에셔 評議會를 開ᄒᆞ고 有力者를 [illegible]ᄒᆞ얏다더라

●進興停務 進興會社에셔 財政이 窘拙ᄒᆞ야 再明日부터 [illegible]限ᄒᆞ고 事務를 停止ᄒᆞ얏다더라

學界

●講習實習 大韓興學會에셔 夏期休暇中에 講習所를 漢城에 設置ᄒᆞᆷ은 已報어니와 入學志願者가 七百八十餘名에 達ᄒᆞ얏ᄂᆞᆫᄃᆡ 位置ᄂᆞᆫ 西北協成學校內로 更定ᄒᆞ얏고 九月부터 開始ᄒᆞᆫ다더라

●卒業退期 西江[illegible]法學校卒業式을 昨日에 擧行ᄒᆞ기로 定ᄒᆞ얏더니 兩事를 因ᄒᆞ야 更히 來今日下午貳時로 退定ᄒᆞ얏다더라

●李明復明 全北扶安郡李明學校ᄂᆞᆫ 設立ᄒᆞᆫ지 幾年에 財政이 [illegible]渴ᄒᆞ야 [illegible]廢境에 至ᄒᆞ얏더니 該郡主事[illegible]시와 紳士金用[illegible]시가 熱心贊成ᄒᆞᆷ으로 蔚興之望이 有ᄒᆞ다더라

●日新長新 慶南河東郡日新學校ᄂᆞᆫ 設立ᄒᆞᆫ지 未幾에 [illegible] 燒燼을 當ᄒᆞ얏스니 該郡郡守[illegible]承과 人士가 敎育을 奬勵키 爲ᄒᆞ야 該面[illegible]巖溪[illegible] 所有齋宇를 毁撤ᄒᆞ야 學校를 建築ᄒᆞ고 經費ᄂᆞᆫ 區域內洞의 財産을 移付ᄒᆞ기로 計劃ᄒᆞ다가 該郡守가 不幸身故ᄒᆞᆷ으로 [illegible] 前郡守의 遺志를 繼ᄒᆞ야 各洞에 曉喩ᄒᆞ야 其義捐[illegible] 田畓山林等物을 [illegible]道部에 [illegible]ᄒᆞ고 學況이 擴張키로 熱心周旋ᄒᆞᆫ다더라

●[illegible]揭 再昨日에 [illegible]代表로 伊藤氏를 出迎ᄒᆞ얏다고 [illegible]揭載ᄒᆞ얏더니 [illegible]民會代表로 出迎ᄒᆞᆷ이 아니오 個人的行動으로 往還ᄒᆞᆷ이라더라

▲時平時平▼

▲漁笛소리에 지고 [illegible]소리 롱탕나며 [illegible]旗幟느러셔고 歡迎燈이 照耀ᄒᆞ야 人山人海되얏ᄂᆞᆫᄃᆡ 半島풍雲操縱ᄒᆞ던 伊藤氏가 드러온다 時乎時乎不再來라 [illegible]中에 [illegible] 만낫네

▲總理大臣李完用[illegible] 陪從ᄒᆞ라ᄒᆞ고 官報까지 頒布ᄒᆞ더니 [illegible] 무져녀버리우 무슨 [illegible] 皇上陪從ᄒᆞᄂᆞᆫ 것을 [illegible] 輕히 아나 이번 [illegible] 還後에 더 椅子가 鞏固ᄒᆞ야 萬八千年獨樂ᄒᆞᆯ셴

▲[illegible]顧問權重顯은 [illegible]條成功 [illegible]然後에 [illegible] 나려가 南山 水閣에 [illegible] 무작님셔 [illegible] 고셔 영감々々 올나왓나 [illegible]條成功壯ᄒᆞ야도 七條成[illegible] 떠러지니 七條椅子[illegible] 야될셴

▲學部大臣[illegible]椅子[illegible] 더쿵說이 잡혀 [illegible] 譜席이 當ᄒᆞ면 [illegible] 伊藤이 가坐ᄒᆞᆫ後에 누가면 저 待合[illegible]에 [illegible] 競走ᄒᆞ야 잘히 [illegible] 안되면 못ᄒᆞ 셔분셴

▲[illegible]部[illegible] [illegible] 說[illegible] 年[illegible]加[illegible] 肥[illegible] 子맛볼[illegible] 伊藤氏[illegible] 살졋ᄂᆞᆫ가 극히 가셔 다불셴

▲椅子數ᄂᆞᆫ 無多[illegible] 日至ᄒᆞ니 제아무리 [illegible] 應ᄒᆞᆷ수 잇나 天下利[illegible] 다가 더 椅子[illegible]破ᄒᆞ야 또 다시ᄂᆞᆫ 호거나 例[illegible] 씨々목거[illegible]커나 此外에ᄂᆞᆫ 別[illegible] 數업지

廣告

北部昭格洞六拾壹統七戶瓦拾三間草五間半契券을遺失ᄒᆞ와大韓每日申報에爲廣告이러니廣告新聞을亦遺失이옵기玆에又廣告ᄒᆞᆷ

家主 河召史 告白

◎學員募集廣告

本校에셔簿記貳個月速成科로教授ᄒᆞ깃ᄉᆞ오니 僉員은陰五月二十三日內로請願ᄒᆞ시옴

商業簿記 復式 單式 委託品式 全担式 分担式

時間下午五時半至七時半

銀行簿記 學員貳拾人以上으로教授ᄒᆞ깃ᄉᆞᆷ 時間上仝

細則은本校에來問ᄒᆞᆷ事

南門內尙洞攻玉學校內 告白

本人의從叔■副卿리宗洙시本無血子ᄒᆞ야以同姓再從姪로率養인바其行列이爲兄弟라ᄒᆞ야宗議會發ᄒᆞ야廢其養而正嗣化ᄂᆞᆫ宜在彝倫이거ᄂᆞᆯ所謂族慶文은本以東萊山人으로粗解日語ᄒᆞ야藉此爲勢ᄒᆞ야再引再到ᄒᆞ야罷養壹款은渠自擔着이라ᄒᆞ고府郡間에出沒ᄒᆞ며本人從叔의世守家産을任意散用ᄒᆞ야至爲蕩敗ᄒᆞ니欺人騙財가孰甚於此리오事甚寃痛ᄒᆞ기玆에廣告ᄒᆞ오니惟望內外國人은李再烈박慶文等의浮誕ᄒᆞᆫ語勿信聽ᄒᆞᆷ

全北扶安郡外에 李東俊 告白

第三回夏期國語講習所를尙洞靑年學院內에開ᄒᆞ오니願講코자ᄒᆞ시ᄂᆞᆫ이ᄂᆞᆫ七月拾日內로本所에志願ᄒᆞ시오

周時經

學員募集廣告

本校에셔日語丙班、筭術丙班、簿記班三科를增募ᄒᆞ오니願學僉員은來十五日(陰五月廿三日)內로請願書를提呈ᄒᆞ시옴

科目
日語科 自初步
筭術科 自初步
簿記科 商業、銀行

典洞 私立 中東夜學校

本面農司를擇稱堂隅■坪所在垈號途三字號七十壹斗沓券見失廣布內外國人拾得休紙施行ᄒᆞᆷ

黃海道信川弓村面黃履信 告白

◎移轉廣告

本辯護士等이今月二日에事務所를左開處所로移轉ᄒᆞ고諸般法律行爲를迅速處理ᄒᆞ오니僉彦은照亮ᄒᆞ시옴

漢城中部毛橋洞 六統六戶(許屛初入)

辯護士 劉文煥 朴晚緖

聯合法律事務所

本宗中의先塋墓■ᄂᆞᆫ平壤慶門外에잇ᄂᆞᆫ데[illegible]遵ᄒᆞ야遵奉ᄒᆞ던石物이相剝折毁ᄒᆞᆫ지라不得更造ᄒᆞ여야됨形便인데[illegible]ᄒᆞᆫ屋金■十■■固辭不受ᄒᆞ오니[illegible]手巧精美와慈善[illegible]匠[illegible]如此高尙大義[illegible]泯默[illegible]告[illegible]

麗川郡平山申■宗中 告白

◎音畫講習生募集廣告

本所에셔各學校科程中自在畫와唱歌가完全치못ᄒᆞᆷ을是慮ᄒᆞ야現時에著名ᄒᆞᆫ教師金仁湜시가尙洞靑年學院內에셔夏期放學間에講習所를開ᄒᆞ고速成으로敎授ᄒᆞ깃ᄉᆞ오니敎育에有志ᄒᆞ신 僉員은本所로來議ᄒᆞ심을望ᄒᆞᆷ

費、入學志願은七月拾日內로ᄒᆞ고詳細ᄒᆞᆫ은本所에來問ᄒᆞᆷ事

尙洞靑年學院內

音畫講習所 白

本人先山이在於積城郡墻坪里ᄒᆞ온바拾年前에京居學主承處에給價壹萬八千兩買得ᄒᆞᆫ新舊文券과道部立案과鋪後文贖이昭在ᄒᆞ온世所共知라不意山下居安衡中稱名漢이稱以築山ᄒᆞ고呈訴ᄒᆞᆫ事[illegible]證券이無ᄒᆞᆷ으로不得售奸ᄒᆞ고本人先山을破掘ᄒᆞᆯ수[illegible]下去ᄒᆞ얏스니豈有如許强盜乎아此漢行爲가純是匪類也라該郡法司에서若有[illegible]如此悖類를懲治ᄒᆞ실뜻ᄒᆞ기로廣布ᄒᆞᆷ

京茶洞 金顯■ 廣告

同胞에게顯ᄒᆞ시기를望ᄒᆞ읍고完實ᄒᆞᆫ衣次와洋襪을織組ᄒᆞ오니仁愛ᄒᆞ신君子ᄂᆞᆫ陸續來購ᄒᆞ심을望ᄒᆞᆷ

西門內學洞敎堂前

韓興織組會社 告白

專賣特許 職帽子

中帽 山子 價金 五圓○○ 四五○ 三五○ 貳五○

中帽 折子 上仝

女子帽 子用 上仝

學帽 徒子 價 二圓○○ 二五○ 一七○○

本新發明ᄒᆞᆫ帽子ᄂᆞᆫ每週日[illegible]

登錄商票

美國시아틀大博覽會 미국시아틀대박람회

韓美興業株式會社

皇城磚洞(京城郵便局■■拾號一)(大美國에리요나道恃律號)(駐大韓國美國總領事館登錄)

本社의各處代理人의姓名은如左ᄒᆞᆷ

開城代理人 開城南門內雜貨商店
平壤代理人 平壤大門外■店洞
咸興代理人 咸興南門外
馬山浦代理人 馬山浦客主
元山代理人 元山港
淸津代理人 淸津港
水原代理人 水原北部■安洞
安■代理人 位置未定
沙里院代理人 位置未定
金泉代理人 金泉市場共信商店
羅州代理人 位置未定
天安代理人 位置未定
群山代理人 群山■井洞
全州代理人 位置未定
大邱代理人 大邱■■里
釜山代理人 釜山■■
江景浦代理人 位置未定
■■代理人 位置未定
永同代理人 位置未定
木浦代理人 位置未定
晉州代理人 位置未定
公州代理人 位置未定
■江附近代理人
義州代理人
江界代理人
漢城代理人
■■代理人
定州代理人
城津代理人
太田代理人
■州代理人
吉州代理人
延安代理人
兎山代理人
■物浦代理人
公州代理人
■山代理人
■原代理人
漢城■■代理人
■■代理人
錦山代理人

[illegible]

藥房主李應善

和平堂

八寶丹

滋陰丸

麝香消瘡膏

養調經

如左

濟生堂和平堂大藥房聯合紀念大贈彩

兩大靈藥(淸心保命丹)(八寶丹)

懸賞物品金六百圓價值

大福彩券은以四千枚로定

方法

賞品

壹等壹百人 金五十圓

貳等拾人 白米貳拾石

期限은六十日로定

位

皇城南大門

皇城鍾路 和平堂大藥房本舖

皇城鍾路

兩堂隨時出張所

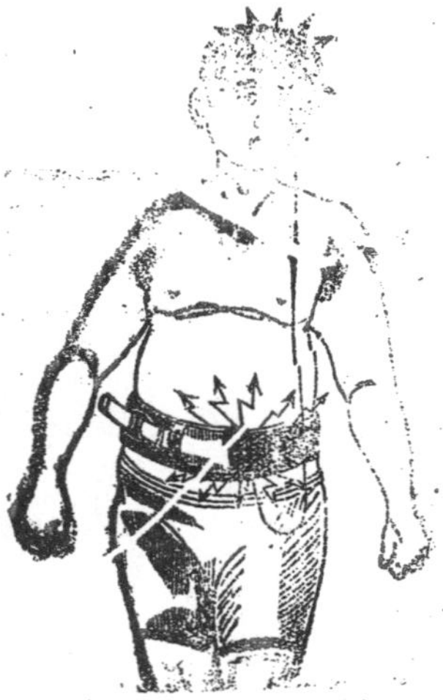

上號 中號 拾二圓

朴容南 著

救急方

南部太平橋

共愛堂大藥房

京鄕各書舖隨意販賣

告

光武九年八月拾壹日 明治卅八年八月拾壹日〔第三種郵便物認可〕 木曜日 西曆壹千九百九年七月八日 (壹)

第七卷

大韓每日申報

第千壹百四拾壹號

歲時月曆及日曆休刊節

檀君開國四千二百四十二年
孔子紀元二千四百六十年
大韓開國五百十八年
日本明治四十二年
淸國宣統元年
陰曆己酉五月小 廿一日 己巳

論說

◉國民同胞의歡迎

알마는何오

日本觀光團이渡來홈에歡迎의旗를揮ᄒᆞᆫ奴婢이紛々ᄒᆞ며曾禰新統監이赴任홈에歡迎의歌를作ᄒᆞᄂᆞᆫ奴舌이奔々ᄒᆞ며伊藤舊統監이入城홈에歡迎의頌을撰ᄒᆞᄂᆞᆫ奴筆이揚々ᄒᆞ야今日의歡迎이幾擧며明日의歡迎이又作ᄒᆞ니嗚乎라風光瀟々ᄒᆞᆫ韓半島江山에何其歡迎ᄒᆞᆯ것이如此히多ᄒᆞ뇨然이나俗眼의樂界ᄂᆞᆫ佛眼의汚土라彼聲의歡迎聲中에吾儕ᄂᆞᆫ悲淚의淚만下ᄒᆞᆯ而已로다

高壹韓日兩國이國際上平等地位에在ᄒᆞ야友誼平和를敦睦ᄒᆞ기爲ᄒᆞ야此等往來送迎의節이有ᄒᆞ면國民도此를歡迎ᄒᆞ려니와今日歡迎은忍히歡迎ᄒᆞᆯ비아니거던況此邊에ᄂᆞᆫ衛生稅家屋稅酒稅煙稅等各雜稅에不聊生의歎聲이日高ᄒᆞᆫ대엇지此邊에此等歡迎을忍行ᄒᆞ며況此邊에ᄂᆞᆫ地方騷擾기未靖ᄒᆞ야韓日人의仇隙이日深ᄒᆞ야鎭戰이相撞ᄒᆞᄂᆞᆫ더엇지此邊에ᄂᆞᆫ此等歡迎을忍行ᄒᆞ며況此邊에ᄂᆞᆫ雨澤이未洽ᄒᆞ야民情이嗷々ᄒᆞᆫ中經濟恐慌이日劇ᄒᆞᆫ대엇지此邊에此等歡迎을忍行ᄒᆞ며況此邊에ᄂᆞᆫ外勢가日로接觸ᄒᆞ며農商工各界가其影響을受ᄒᆞᆷ이日甚ᄒᆞ야失業流離ᄒᆞᄂᆞᆫ者ㅣ日多ᄒᆞᆫ대엇지此邊에此等歡迎을忍行ᄒᆞ며何況此邊에ᄂᆞᆫ愛國忠義의肝膽을瀝ᄒᆞ고毅然히豎誓ᄒᆞᆫ者ᄂᆞᆫ其碧血不滅의靈이帝左에서彷徨ᄒᆞ면서無限의眼淚를下ᄒᆞ야彼來國民이國權恢復의凱歌를奏ᄒᆞᆯ을切望ᄒᆞᄂᆞᆫ더엇지此邊에此等歡迎을忍行ᄒᆞ리오苟或如此ᄒᆞᆫ關係를忘ᄒᆞ고强히歡迎을作ᄒᆞᆯ지라도面으ᄂᆞᆫ歡迎ᄒᆞ나心은恨迎이며名은歡迎이나實은憾迎이니此를엇지忍行ᄒᆞ리오

然則韓國民同胞의歡迎ᄒᆞᆯ바ᄂᆞᆫ何에在ᄒᆞ뇨

曰國民的의敎育이興ᄒᆞ거던此를歡迎ᄒᆞ며愛國的의會國이現ᄒᆞ거던此를歡영ᄒᆞ며文明的의書籍이出ᄒᆞ거던此를歡迎ᄒᆞ며言論의新聞이新開ᄒᆞ거던此를歡迎ᄒᆞ며壹歡顏이新義ᄒᆞ거던此를환영ᄒᆞ야搖々海潮에서怪浪을歡迎치말고彼岸을歡영ᄒᆞ며炎々火屋에薪油를歡영치말고反風을歡영ᄒᆞ야平等世界에獨立旗를揭ᄒᆞ며文明國土에自由鐘을撞ᄒᆞ고韓日兩國이禮相往來의歡영을設ᄒᆞᆷ이同胞의切々希望ᄒᆞᄂᆞᆫ바인저

Responsible for Publication
Alfred Weekley Marnham.

發行兼編輯人 英國人 萬咸

發行所

京城南部公洞第三統第四戶

大韓每日申報社

官報

◀隆熙▲三年 四月二拾日 官報

部令

法部令第二號 (續)

司法警察官執務規程

前項境遇에ᄂᆞᆫ被告人으로ᄒᆞ야모조록贓物의返還賠償의賠償關係等에方法에從ᄒᆞ야被害者에게滿足을與케홈에注意ᄒᆞ고若贓禁物이나又ᄂᆞᆫ犯罪供用物件이有ᄒᆞᆫ時ᄂᆞᆫ被告人으로ᄒᆞ야任意로此를拋棄케ᄒᆞ야廢棄其他適宜ᄒᆞᆫ處分을行홈이可홈

(未完)

外報

●國境委員聲援 香港電을據ᄒᆞᆫ즉廣東國境維持會에서澳門에關ᄒᆞᆫ淸葡兩國々境問題에對ᄒᆞ야淸國委員代表者貳名을選送ᄒᆞ야淸國委員을聲援ᄒᆞᆫ다더라

●玖巴不穩 紐育電을據ᄒᆞᆫ즉玖巴島의政府ᄂᆞᆫ政治上未曾有ᄒᆞᆫ大騷擾를惹起ᄒᆞ야行政上各方面으로根本的大取縮을試ᄒᆞ기에至ᄒᆞ얏ᄂᆞᆫ더國家信用이大下落ᄒᆞ야國民意毅이不穩의態度가有ᄒᆞ다더라

●英國陸軍準備 倫敦電을據ᄒᆞᆫ즉英國陸軍參謀總長헨지將軍이報告ᄒᆞ되陸軍은優良의狀態로緊急應戰의準備가有ᄒᆞᆫ딕兵員은將校가壹萬百五拾七人이오兵卒이貳拾六萬五千百十五人이라ᄒᆞ얏다더라

●淸瑞條約 北京電을據ᄒᆞᆫ즉淸國과瑞典間에追補條約이發表되얏다더라

●德國政界의迫危 伯林電을據ᄒᆞᆫ즉德國皇帝陛下ᄭᅴ셔ᄂᆞᆫ內閣更迭問題의落着되기ᄭᅡ지北海旅行을停止ᄒᆞ얏더인더又帝國會議第三讀會에셔聯邦會議와相容치못ᄒᆞ고議會와政府間에紛議가生ᄒᆞ얏다더라

●波斯의形勢 同電을據ᄒᆞᆫ즉露都通信은連續ᄒᆞ야波斯形勢에關ᄒᆞ야露國占領의繼續홈이必要홈을證明홈이可ᄒᆞ다ᄂᆞᆫ報道가有ᄒᆞ다더라

●英國海軍擴張 倫敦電을據ᄒᆞᆫ즉倫敦市에서베메스포ー드卿이演說ᄒᆞ야日國防委員會의設置計劃을贊成치아니치못ᄒᆞᆯ지니千九百拾四年ᄭᆞ지드레드노ー트十二隻과巡洋艦六十隻과驅逐艦五拾二隻을製造홈이可ᄒᆞ다ᄒᆞ얏다더라

●自治會決議 香港電을據ᄒᆞᆫ즉廣東自治會ᄂᆞᆫ葡萄牙領事의行動을非難ᄒᆞ고澳門國境問題에關ᄒᆞ야充分히國權을保護ᄒᆞ기로決定ᄒᆞ얏다더라

●改革斷行 太連電을據ᄒᆞᆫ즉셔總督은內政大改革을斷行ᄒᆞᆫ다더라

學報

●開通卒業 熊川郡私立開通學校에서第壹回卒業式을擧行ᄒᆞ얏ᄂᆞᆫ더

高等科卒業生

朱基允 朱基甲 朱寧郁
金昌業 朱基柱 梁仁煥
朱基柄 朱基赫

初等科卒業生

朱基福 朱基贊 梁星鎭
朱基丁 朱基容 辛宗才
朱寧協 梁瓏煥 朱錫杜
梁盛煥 朱基性 梁龍煥
崔命淑

詞藻

●생니와

達八十歲子牙ᄂᆞᆫ、鈞臺우희안저잇서。
三千六百鉤를드리우고、때기드러나왓지만。
至今에、이날이때를當ᄒᆞ우리들은、생니나와。

●王宮懷舊 辰韓野叟

三個宜休萬事閑
品詩時復落人間
中年懿擴暫何早
獨是唐家地上山

雜報

◎統邸園遊　來十五日午後五時에統監官邸에서園遊會를設行ᄒᆞᆯ次로曾禰統監과伊藤公爵이聯署ᄒᆞ야各親勅奏任官에게邀請ᄒᆞ얏다더라

◎拓殖開宴　拓殖總裁宇佐川이가來九日午後六時에擲翠樓에서晩餐會를設ᄒᆞ고曾禰統監以下各般官吏와各府部院顧問新任官을請邀ᄒᆞᆫ다더라

◎崇宗內容　某某ᄒᆞ가發起ᄒᆞ야崇宗會를設立ᄒᆞᆫ다ᄒᆞ나이와會長은李容稙氏ᄂᆞᆫ影子에不過ᄒᆞ고總大리完用農大臣重應氏가저贊成을ᄒᆞ야會를擴張ᄒᆞᆫ　曾禰統監과伊藤公爵에게權力運動ᄒᆞᄂᆞᆫ中이라더라

◎伊藤出發期　伊藤氏가來十四日에京城에서出發ᄒᆞ야仁川에赴ᄒᆞ야歸國ᄒᆞᆯ기로預定ᄒᆞ얏다더라

◎面職制審查　面長職制에對ᄒᆞ야其내容인즉旣爲決定되얏스나法規로ᄂᆞᆫ發布치아니ᄒᆞ얏더니近日內閣에서審查를行ᄒᆞᄂᆞᆫ中이라더라

◎李氏渡日　沃溝府尹李懋榮氏ᄂᆞᆫ辭職請願ᄒᆞᆫ지三四朔에已前에야內部에서內閣會議에提出ᄒᆞ얏ᄂᆞᆫ대李氏ᄂᆞᆫ所幹事를因ᄒᆞ야日本에渡往ᄒᆞ얏다더라

◎會議定期　各道觀察使會議ᄂᆞᆫ來十日頃에第壹會議를開ᄒᆞᆫ다더라

◎廢合不必要　各部의廢合은現今內部에서消極的主義를採用ᄒᆞ야特히必要가有ᄒᆞᆫ以外에ᄂᆞᆫ廢合을不行ᄒᆞᆫ다더라

◎因暑休暇　學部官吏ᄂᆞᆫ本日부터暑中休暇를拾五日間으로定ᄒᆞ얏ᄂᆞᆫ데其限內에ᄂᆞᆫ各官吏[illegible]人이遞番仕進ᄒᆞᆫ다더라

◎果然不善　全北觀察使申應熙氏가管下各郡에訓示ᄒᆞ야各학校의寄付金과학徒의愛國唱歌ᄂᆞᆫ一切嚴禁ᄒᆞ야학校의進就之望이杳然無期ᄒᆞᆷ으로향道紳士의批評이浪藉ᄒᆞ다더라

◎恤金支撥　江原及咸北以外各觀察道內에罹災者의게賑恤可救恤金壹百二拾圓을內部에서支撥ᄒᆞ얏다더라

◎韓免崔代　國民新報社長韓錫振氏가已往부터該任을辭免코저ᄒᆞ나一進會에셔崔容九氏가日本에滯在ᄒᆞᆷ을因ᄒᆞ야延期되얏다가日昨에辭職ᄒᆞ얏다ᄂᆞᆫ대其後任者ᄂᆞᆫ崔永年氏로擬議ᄒᆞᆫ다ᄂᆞᆫ說이有ᄒᆞ더라

◎官校水道　各官立학校生徒의衛生과其他需用을應供ᄒᆞ기爲ᄒᆞ야學部에셔各官立학校에水道를敷設ᄒᆞ기로協議決定ᄒᆞ얏다더라

◎留別開會　去五日에骨佛安시家에셔留別夜會를開ᄒᆞ고英美領事及電氣會社社員等諸시가來叅ᄒᆞ야各種烟花로遊興을挑ᄒᆞ고午後拾壹時頃에散會ᄒᆞ얏다더라

◎畜犬調查　警視廳에셔飼犬規則을實施ᄒᆞ기爲ᄒᆞ야各警察署의指揮ᄒᆞ야人民의畜犬을調查ᄒᆞ되毛色種類年齡과主人의住所姓名을查記ᄒᆞᆫ다더라

◎救世將校渡韓　京城救世軍本部에ᄂᆞᆫ近日에救世軍將校五名이英國으로부터渡來ᄒᆞ얏ᄂᆞᆫ데來十五日에韓人募運師試驗을擧行ᄒᆞᆫ다더라

◎鐵道開鑿　豆滿江口西水羅에輕便鐵道를敷設ᄒᆞ깃다고日人河野가내部에請願ᄒᆞ얏다더라

◎日人捕盜　陰曆本月二日午後四時에西部冶洞居ᄒᆞᄂᆞᆫ申乘家氏가西小門外街里로過去ᄒᆞᄂᆞᆫ데何許日人이巡查라自稱ᄒᆞ고買館ᄒᆞᆫ事이有ᄒᆞ다ᄒᆞ고西署로引致ᄒᆞ야히日人이自己時計를紛失ᄒᆞ얏다ᄒᆞ고비署에誣訴ᄒᆞᆫ지라비署에서壹場訊問을經ᄒᆞᆫ後에京城區裁判所로押付ᄒᆞ야壹犬審判게申氏의曖昧ᄒᆞᆷ이確狗ᄒᆞᆫ故로旋卽見放ᄒᆞ얏스나無罪ᄒᆞᆫ人民이橫被拷訟ᄒᆞᆷ을人皆憤鬱ᄒᆞᆫ다더라

◎得不晩乎　韓國靈信院에光武八年度에廢止되야該院壹般官吏ᄂᆞᆫ無故解散을當ᄒᆞ야今지　恩賜金도支撥치아니ᄒᆞᆷ으로曾禰統監이新任ᄒᆞᆫ機會를乘ᄒᆞ야該官吏壹同이統監府에聯名請願ᄒᆞ고退官金을請求ᄒᆞ얏다더라

◎烟社競爭　日本大藏省의特許를受ᄒᆞ야官烟專賣權을有ᄒᆞᆫ日人의東亞烟草株式會社ᄂᆞᆫ韓國과淸國滿洲黑龍江等地에擴張을努力ᄒᆞᄂᆞᆫ會社인ᄃᆡ只今韓國에서總販賣額이壹個年에百八拾萬圓以上에達ᄒᆞᆫ즉實로韓國내에서ᄂᆞᆫ獨占의權力을掌ᄒᆞ얏ᄂᆞᆫ대此會社와競爭을試ᄒᆞᄂᆞᆫ者ᄂᆞᆫ英美트러스트仁川製造所인ᄃᆡ日人들이極力對抗ᄒᆞ야勝利를得ᄒᆞ기로苦心ᄒᆞᆫ다더라

◎韓國의外人　內部에서最近在韓外國人數를調查ᄒᆞ얏ᄂᆞᆫ대日本人은置之勿論ᄒᆞ고淸人이六千七百五名이오美人이三百十八名이오英人이壹百五十二名이오德人이三十名이오法人이八拾四名이오其他日耳義諾威露嗹希臘伊太利等國人도各數人式된다더라

◎麥農槪聞　各處麥農을槪聞ᄒᆞᆫ즉慶北은昨年보다不良ᄒᆞ고忠北은稍히豊登ᄒᆞᆫ貌樣이오忠南은凶儉에近ᄒᆞ다더라

◎僞証遞任　孟峴支派所巡查韓潤吉氏가自己家屋衛生費를繳納치아니ᄒᆞ고他人의衛生費謄納ᄒᆞᆫ領受證을自己門外에揭付ᄒᆞ얏다가該情跡이現露ᄒᆞ야遞免되얏다더라

◎勞働告訴　勞働會에서ᄂᆞᆫ總務韓圭서시가何等不美의事가有ᄒᆞᆫ던지再昨日에債權者壹同이集會ᄒᆞ야韓시의文簿僞造等事를摘發ᄒᆞ야西部警察署에告訴ᄒᆞ얏다ᄂᆞᆫ說이有ᄒᆞ다더라

◎大東被押　海蔘威에서發行ᄒᆞᄂᆞᆫ大東共報第四拾五四十六四拾七號ᄂᆞᆫ治安妨害라稱ᄒᆞ야內部에서押收ᄒᆞ얏더라

◎兩氏被捉　郭山郡居金敬華氏가連山郡居리會九氏와合同ᄒᆞ야連산郡國有地十萬坪을測量製圖ᄒᆞ야請願次로上京ᄒᆞ얏다가有何層節인지中部警察署에被捉ᄒᆞ얏다더라

◎失火負傷　七月五日午後壹時三十分에叅事營林廠材木工場에서화災가有ᄒᆞ야損害額이四萬圓에達ᄒᆞ얏고韓人輕傷者가二오重傷者가壹이오淸人輕傷者가二오重傷者가壹이오日人오輕傷者가二라더라

◎龍民不穩　六月二十九日에土地調查委員日人岸本이가技手를帶同ᄒᆞ고平北龍川郡府南面附近에往ᄒᆞ야該地人民을招集ᄒᆞ고該附近에國有地境界를區別ᄒᆞᆫ다云ᄒᆞ거ᄂᆞᆯ該地人民이斷然拒絕ᄒᆞ고大激憤을起ᄒᆞ야人民約五百名이集團呼冤ᄒᆞ며셔測量途中止케ᄒᆞᆫ디日憲兵이該人民을解散케ᄒᆞ얏스나至今지不穩ᄒᆞᆫ貌樣이라더라

◎漬麯機改良　去土曜下午壹時에漢城酒造組合所內에셔第四回酒麯改良研究會를開ᄒᆞ얏ᄂᆞᆫ디麯子製造場事務員李濟相氏가自家官에麯子製造가大小不同ᄒᆞᆷ은不啻라混合雜物ᄒᆞ야酒味가均一치못ᄒᆞᆷ을慨歎ᄒᆞ너여麯子製造機를改良ᄒᆞ야大小를同樣케ᄒᆞ고價金과重量을麯子前後面에印存케ᄒᆞ야實稱婦女라도賣買에疑貳이無케ᄒᆞ얏ᄂᆞᆫ데該會에서僉致可決ᄒᆞ야將次實施ᄒᆞᆫ다더라

◎民會美擧　全州郡民會會長白南信氏가昨年冬에金壹萬五千圓을農工銀行에出債ᄒᆞ야勸實ᄒᆞᆫ會員等人에게分給ᄒᆞ야貿米積置ᄒᆞ얏더니今番夏旱을當ᄒᆞ야米價가日騰ᄒᆞᄂᆞᆫ지라該會長이會員과協議ᄒᆞ고該米를境內에放斥ᄒᆞ되時價를準치아니ᄒᆞ고但히原金의利子와糶糴의浮費만加計收價ᄒᆞ야境內에利益이普及ᄒᆞᆷ으로稱頌이藉々ᄒᆞ다더라

◎李氏慈善　東部往里里門동居ᄒᆞᄂᆞᆫ리丙奎시ᄂᆞᆫ元來天性이仁柔ᄒᆞ야慈善心이特有ᄒᆞ더니近日에洪藥局을設ᄒᆞ고濟衆從事ᄒᆞᄂᆞᆫ데히동旺新學校內一般學員이或疾病에罹ᄒᆞᆫ者ㅣ有ᄒᆞ면無代金으로治療ᄒᆞᄂᆞᆫ故로該시의慈善心을人皆稱頌ᄒᆞᆫ다더라

◎吳氏熱心　釜山草梁居吳泰植氏ᄂᆞᆫ日本大阪商業學校에留學ᄒᆞ야熱心工夫ᄒᆞ더니該校에서何事件을因ᄒᆞᆷ인지商業夜學科를廢ᄒᆞᆫ境遇에至ᄒᆞᆫ지라吳氏가學業이廢ᄒᆞᆷ을慨歎ᄒᆞ너여將次故國에歸ᄒᆞ면何顔으로父母와同胞를對ᄒᆞ라ᄒᆞ야該校長에게對ᄒᆞ야質問도果決ᄒᆞ고晝夜憂歎ᄒᆞᄂᆞᆫ中이라더라

學界

◎金氏熱誠　平南龍岡郡三存面東山里居東學校ᄂᆞᆫ昨年秋에附近諸洞이聯合刱立ᄒᆞ얏ᄂᆞᆫ데財政이不贍ᄒᆞ야勤難維持라學監金學實시가慨以志士로此等慨歎ᄒᆞ야大小事項을顧若己事ᄒᆞ야極力周旋ᄒᆞ며熱心勸奬ᄒᆞᆷ으로학徒가五六十名에達ᄒᆞ얏고學業이日就月將ᄒᆞᄂᆞᆫ데至貧ᄒᆞᆫ生徒의父兄들도該시의熱誠을感服ᄒᆞ야學校助費ᄒᆞᄂᆞᆫ者ㅣ多有ᄒᆞ다더라

◎感荷義捐

釜山港富平동에서居生ᄒᆞ다가日本大阪에移住ᄒᆞ야船商爲業ᄒᆞᄂᆞᆫ申某氏가本社에金壹圓을寄附ᄒᆞ얏기玆에其盛意를感表ᄒᆞ노라

◎非趙乃李　昨日雜報欄內黃海疑死란事에對ᄒᆞ야更聞ᄒᆞᆫ즉히氏가溺死ᄒᆞᆷ이아니라鹽浦郡居李承輝氏의溺死ᄒᆞᆷ을訛傳ᄒᆞᆷ이라더라

▲地方消息▼

▲本月拾八日에全羅南道靈光沙川地方里地에서義兵約百名이沙川駐在日憲兵派遣所上等兵及補助員五名과交戰ᄒᆞ얏다ᄒᆞ고

▲仝拾九日江原道三陟郡西南方卄里地에서義兵拾九名이三陟郡日憲兵分遣所上等兵及補助員四名과衝突ᄒᆞ얏다ᄒᆞ고

▲仝卄四日仝卄葛潭日憲兵派遣所上等兵及補助員五名及任實日憲兵分遣所補助員二名과交戰ᄒᆞ얏다ᄒᆞ고

▲仝卄四日谷城東南方五十五里地에서義兵七十名이谷城日守備隊下士以下士名과交戰ᄒᆞ얏다하고

▲仝卄四日全北南原郡附近에서義兵七名이南原警察署장以下七名과交戰ᄒᆞ얏다하고

▲仝卄四日全北興德郡내게서義兵六十名이全南新坪日憲兵分遣所上等兵及補助員五名과衝突하얏다더라

▲旅談一束▼

▲가ᄂᆞᆫ비ᄂᆞᆫ잠잔ᄒᆞ고滿城月光依稀ᄒᆞᆫ데此坊彼曲彷황타가어ᄂᆞ旅館도러드니電點壁灯分明ᄒᆞᆫ데數三客子모예안저두런々々談話ᄒᆞᆷ재엇면사ᄅᆞᆷᄒᆞᄂᆞᆫ말에人生이라ᄒᆞᄂᆞᆫ것슨四肢百骸健康ᄒᆞ고耳目口鼻뚜々ᄒᆞ야完人이라ᄒᆞ깃거ᄂᆞᆯ너ᄂᆞᆫ何中에ᄊᆡ인회포ᄂᆞᆫ生發ᄒᆞᆷ못ᄒᆞ니人生中에可矜ᄒᆞᆫ건말못ᄒᆞᄂᆞᆫ병려딜네

▲또ᄒᆞᆫ사ᄅᆞᆷᄒᆞᄂᆞᆫ말이此世界다ᄒᆞᄂᆞᆫ것슨네젼보다판판이라六洲五伴ᄒᆞᆫ潮으ᄅᆞᆫ東西列强交通ᄒᆞ야黃種이니白種이니黑種紅種이多ᄒᆞᆫ되自國語ᄂᆞᆫ能通ᄒᆞ련그만인줄알엇더니엇던사ᄅᆞᆷ才調됴아各國發音分解ᄒᆞ야미말더말잘ᄒᆞᆫ데ᄒᆞᆷ지구러당온받셀압회튝々ᄎᆞᆯᄂᆞ야또ᄂᆞᆫ작업ᄂᆞᆫ병터뎔네

▲또ᄒᆞᆫ사ᄅᆞᆷᄒᆞᄂᆞᆫ말이여허ᄂᆞᆫ에져ᄂᆞᆯ게젓약지ᄅᆞᆯ놉단히셔潔化ᄒᆞ더ᄅᆞᆫ술알請학부터崇尙ᄒᆞ야日語淸語다잘ᄒᆞ야新鮮에ᄂᆞᆫ無難치만近年에ᄂᆞᆫ웬일인지心中事를議論코저말곳마ᄃᆡ하랴여ᄂᆞᆫ허ᄲᅡ닥이ᄉᆞᆺ々ᄒᆞ야四面부터도라보며偵探ᄒᆞᄂᆞ아니왓나躊躇趑趄ᄒᆞ다가져踟蹰不敢ᄒᆞ고마니멀쟁ᄒᆞᆫ고병러딜네

▲또ᄒᆞᆫ사ᄅᆞᆷᄒᆞᄂᆞᆫ말이어리셔고그사ᄅᆞᆷ들입만잇셔말만ᄒᆞ면第一江山의줄아네ᄒᆞᆫ身으로말ᄒᆞᆫ진대師曠ᄀᆞᆺ치귀발거도이世上에쓸ᄃᆡ업고離婁ᄀᆞᆺ치눈밝거도이天地에ᄂᆞᆫ用업고君子ᄀᆞᆺ흔德잇셔도稱頌ᄒᆞᆯ이누구잇나주머이나단々ᄒᆞ야번드러술져처도富士山이나작히야完人이라ᄒᆞᆯ것시오셉어리가말ᄒᆞᆯ테지

雜報

●閔氏押付 閔夏植氏가詐欺取財犯으로日前北部警察署에被捉ᄒᆞ얏더니該署에셔訊問을終了ᄒᆞ야再昨日地方裁判所로押付ᄒᆞ얏다더라

廣告

本校本學式은雨를因ᄒᆞ야來九日金曜下午二時로退定ᄒᆞ오니僉尊은下諒后光臨ᄒᆞ심을望ᄒᆞᆷ

西江養法학校 告

●白川明新학校補助記

校長李容稙 廾圓 리承鎬 圓 리承德十圓 리純稙 圓 리曼稙十圓 리宗珪拾圓 리允泉十圓 리元範 圓 姜仁伯十圓 趙君日 圓 金順任十圓 宋炳瑞五圓 리承鎔五圓 리承滋 圓 宋元祖五圓 리承烈五圓 리元植五圓 朴公範五圓 리文成三圓 리承登三圓 朴卿顯三圓 리承祚三圓 宋時善二圓 리汝伯三圓 리汝秀三圓 리哲甫二圓 李瑞三圓 리元七三圓 劉大顯三圓 朴致吾三圓 朴致先三圓 金文善二圓 金任順三圓 金洛元三圓 鄭京天三圓 蔡永宜二圓 崔致寬三圓 박允洪三圓

校監 李曼稙 告白

本人의五寸叔善永시가本人의廣州郡樂生面 畓十三石六斗落과田五日半耕을放賣ᄒᆞ려ᄒᆞ니內外國人은勿爲欺賺ᄒᆞ시오

京北部梅洞 李秀登

本人이本郡內陰興面三里拾二統拾戶瓦家八間을李炳律處에典得ᄒᆞ얏던文券을本月壹日上午拾時頃에셔失ᄒᆞ엿숩기玆에廣告ᄒᆞ오니內外國僉君子ᄂᆞᆫ此家契를拾得ᄒᆞ와도休紙施行ᄒᆞ시믈務望

平壤外川面 鮮于普明 告白

學員募集廣告

本校에셔日語丙班、算術丙班、簿記班三科를增募ᄒᆞ오니願學僉員은來十五日(陰五月廿三日)內로請願書를提呈ᄒᆞ시옵

科目

日語科 自初步

算術科 自初步

簿記科 商業、銀行

典洞 中東夜學校

◉移轉廣告

本辯護士等이今月二日에事務所를左開處所로移轉ᄒᆞ고諸般法律行爲를迅速處理ᄒᆞ오니僉彦은照亮ᄒᆞ시옵

漢城中部毛橋洞六統六戶 (許屏初入)

辯護士 劉文煥 朴晩緒

聯合法律事務所

(夏)學員募集廣告

本校에셔簿記貳個月速成科로敎授ᄒᆞ깃ᄉᆞ오니會員은陰五月二拾三日內로請願ᄒᆞ시옵

商業簿記 復式 單式 委託品式 全担式 分担式

時間下午五時半至七時半

銀行簿記 學員貳拾人以上으로敎授ᄒᆞ깃습 時間上仝

南門內會洞 玉學校內 告白

本宗中의先塋墓直이不擇長慶門外에移居ᄒᆞ야石物이相損折傷ᄒᆞ지라不得更造ᄒᆞ여야ᄒᆞᄂᆞᆫ屢金四十圓을因辭不受이오니히兩시의手巧精美와慈善之匠으로如此高尙太義를不可泯默이옵기玆以廣告ᄒᆞ오니遠近間同宗僉員은照亮感謝ᄒᆞ심을務望

瑞川郡平山申氏宗中 告白

◉音畵講習生募集廣告

本所에셔各學校科程中自在畵와唱歌가完全치못ᄒᆞᆷ을是慮ᄒᆞ여現時에著名ᄒᆞᆫ敎師金仁湜시가尙洞靑年學院內에셔夏期放學間에講習所를開ᄒᆞ고速成으로敎授ᄒᆞ깃ᄉᆞ오니敎育에有志ᄒᆞ신僉員은本所로來議ᄒᆞ심을望ᄒᆞᆷ、入學志願은七月拾日內로ᄒᆞ고詳細ᄒᆞᆫ건本所에來問ᄒᆞᆷ事

尙洞靑年學院內

音畵講習所 白

同胞에愛顧ᄒᆞ시기를望ᄒᆞ옵고完實ᄒᆞᆫ衣夾와洋襪을織組ᄒᆞ오니仁愛ᄒᆞ신君子ᄂᆞᆫ陸續來購ᄒᆞ심을望ᄒᆞᆷ

南門內 洞敎堂前 韓興織組會社 告白

本人의姓名圖章을日前에셔失ᄒᆞ고改刻ᄒᆞ얏기로如是廣告ᄒᆞᆷ

許璉敎 告白

專賣特許 駿帽子

登錄商票

中山帽子	價金	五〇〇 四五〇 三五〇 貳五〇
中折帽子	上仝	
女子用帽子	上仝	
學徒帽子	價金	三〇〇 二五〇 一七〇

美國시아틀大博覽會 · 미국시아틀대박람회

本社之印章

本社之商標

其權力을用ᄒᆞ야可爲者이오其權力을用ᄒᆞ야可爲惡이라

其權力을用ᄒᆞ야其消費物과及其產出者의改良進就ᄒᆞᆷ을爲ᄒᆞ야完全히善良ᄒᆞ게利用ᄒᆞ면其權力의强大ᄒᆞᆷ이不可量ᄒᆞ지라我韓美興業株式會社ᄂᆞᆫ大韓帝國의商工業의基礎를鞏固ᄒᆞ며擴張ᄒᆞ고改良이發達ᄒᆞ야强力의團合體가되야世界各國에不遠間에韓國의產物이有ᄒᆞᆷ을知得ᄒᆞ깃ᄉᆞ오니此目的을爲ᄒᆞ고此ᄂᆞᆫ非他라本會社에셔大韓同胞中代表ᄒᆞ야韓人이能히產物出ᄒᆞᄂᆞᆫ能力이有ᄒᆞᆷ을世界各方에發表ᄒᆞ나니、是故로本會社에셔ᄂᆞᆫ大韓帝國同胞中에思想이有ᄒᆞ야以ㅏ眞相을料得ᄒᆞ야各自身分이各自其國家에對ᄒᆞ야擔負ᄒᆞᆫ責任이有ᄒᆞ고其國家가自己의게孤負ᄒᆞᆷ은無ᄒᆞᆷ을知得ᄒᆞᄂᆞᆫ者로더부러聯合ᄒᆞ기를願ᄒᆞᆸᄂᆞ이다

經濟學原則에云ᄒᆞ얏스되夥多ᄒᆞᆫ產物의分排ᄒᆞᆷ을因ᄒᆞ야最大ᄒᆞᆫ權力이發生ᄒᆞᆫ다ᄒᆞ얏스니

韓美興業株式會社

京城郵便局郵函第四拾号 (大美國에라소나州法律認可) 駐大韓美國總領事館登錄

本社의各處代理人의氏名은如左ᄒᆞᆷ

代理處	位置	氏名
漢城代理人	漢城南門外雜貨商店	金東宣
平壤代理人	平壤大同門內店舍	鄭基煥
咸興代理人	咸興西門外	張錫祚
馬山浦代理人	馬山浦客主	孫韓宇
元山代理人	元山港	金以文
淸津代理人	淸津港	張學臣
水原代理人	水原北부長安동	金유송
安城代理人	水原北부長安동	金유동
沙里院代理人	漢城東부往來里旺新학校內	邦元惠
金泉代理人	漢城中部外相思동貳統三戶	李孝稙
定州代理人	漢城西부마浦二十壹統五戶	吳惟泳
天安代理人	水原北부장安동	尹聖求
群山代理人	群山大井洞	韓相登
全州代理人	漢城西부阿峴二百廿二統三戶	金敎燮
大邱代理人	大邱新田리五拾八統七戶	리相召
釜山代理人 位置未定	馬山浦午山里台壹統九戶	辛相淑
江景浦代理人 位置未定	西部龍山坊東幕中契廿七統貳戶	리寶浩
麻浦近代理人 位置未定	西部麻浦貳十七統三戶	리종殷
東萊代理人 位置未定	漢城西부山里	權寧鎬
東萊府代理人 位置未定	漢城南部樹동貳統壹戶	安德
木浦代理人	木浦南橋동	文德宇
晋州代理人 位置未定	馬原舊馬山浦城山	孫升基
金堤代理人 位置未定	金堤郡石面	김宗默
鎭江代理人	南部會江拾八統貳戶	의奉
義州代理人 位置未定	義州枇峴	박奉燁 黃善玉
江界代理人 位置未定	義州枇峴	朴聖奎 鄭洋拭
漢城東部代理人	往十里 甘井동四동五戶	兪
鎭南浦代理人 位置未定	鎭南浦龍井洞	金時漸
定州代理人 位置未定	郭山郡	金寅洙 金相杰 리根宅
城津代理人	吉州郡	郭鍾龍
浦項代理人	浦項里拾二統拾貳戶	리寶憲 宋始憲 洪淳壹
太田代理人	太田新대	宋
南州代理人	烏致院漢城南部二統壹戶	安
吉州代理人	吉州외門外외二拾八戶	金萬
鏡城代理人	漢城부外門思동二統三戶	李孝稙
延安代理人	延安郡磨玉洞	리時榮
兎山代理人	兎山郡兎山市	李錫煥
公州代理人	開城南部橋	曹秉德
論山代理人 位置未定	太田新洞	宋始憲 金寶鉉 洪淳壹
洪原代理人 位置未定	公州牛漢洞松亭里	申商雨
淸州部代理人 位置未定	成興郡有里	金晋鉉
平壤北部代理人	平部里門洞百五拾四統四戶	朴勝俊
錦山代理人 位置未定	洪原龍源面蓮下里	宋寶憲 盧相鉉 李鍾鉉
		盧旻珠

泰東西洋藥과韓國唐草材大發賣所 和平堂藥房

本藥房은同胞僉君子의顧愛ᄒ심을입사와年來營業이日增擴張ᄒ고東西藥品을都賣散賣ᄒ오니拾二道各郡藥業ᄒ시ᄂ僉位ᄂ西洋藥品이나唐鄕藥材와草材를隨用所求ᄒ시면以廉價酬應ᄒ오며又漢藥服用ᄒ실兄弟ᄂ方文만郵便付送ᄒ시면特別도藥材를擇ᄒ야精製ᄒ며會引換으로付上ᄒ깃ᄉ오니照亮ᄒ시옵

本堂藥製品은如左홈

阿片煙斷引丸 壹劑八週分 金五圜 半劑四週分 金三圜

婦人胎 養調經丸 壹個月分 金五圜

瘡毒 靈香消瘡丹 拾四日分 甲號金四圜 乙號金二圜五拾錢

滋陽丸 壹月分五圜

全治丸 貳拾日分二圜四拾錢 拾日分壹圜八拾錢

八寶丹 壹劑十四日分金三圜 壹包九拾五粒金拾錢

和平堂 藥房主李應善 告

濟生堂和平堂大藥房聯合紀念大贈彩

●贈大彩說明

濟生堂開業五週年과和平堂開業三週年間에內外國君子의顧愛ᄒ심을多蒙ᄒ야營業이時日隆盛ᄒ고功績이東西著名ᄒ니라其感謝ᄒᆷ을實難表誠ᄒ온즉今에兩大藥房에셔紀念式을并行ᄒ고僉君子의盛誼를表ᄒ기爲ᄒ야兩種藥品(淸心保命丹 八寶丹)을特製大發賣ᄒ며大贈彩券을無代金添呈ᄒ와萬一酬謝ᄒ를表코져ᄒ오니僉君子ᄂ勿失此機ᄒ시고購買ᄒ시믈敬要

懸賞物品金六百圜價值

大福彩券은以四千枚로定

兩大靈藥(淸心保命丹)(八寶丹)每貼價金各拾錢

效能 ... 飲積滯胸 ... 水土不利咳嗽等

方法

定價金十錢枚五包에贈引彩券壹張을添呈ᄒ며此外兩藥房製藥品中의五拾錢價格에彩券을添呈ᄒ며割引價로請求ᄒ면五圜價格에彩券壹張을添呈ᄒ

賞品

頭等(貳人) 白米貳拾石(每拾石式)太斗五斗入
壹等(貳人) 仝 拾石(每五石式)
貳等(拾人) 仝 拾六石(每貳石式)
三等(拾人) 仝 拾石(每壹石式)
四等(壹百人) 金五十圜(每五十錢式)
五等三千八百七拾八紙券額三千八百七拾八圜 寸三千八百七拾八圜

空彩ᄂ無홈

遠地에ᄂ郵便引換으로送呈홈

期限은六十日노定 自陽六月拾六日 至陽八月拾五日

抽籤日子ᄂ臨期ᄒ야更告ᄒ깃ᄉᆷ

位置

皇城南大門側 濟生堂大藥房本舖

皇城鍾路 和平堂大藥房本舖

皇城鍾路 兩堂臨時出張所

電氣帶廣告 自宅治療

(主治効能)神經衰弱諸症不眠。遺精漏精不快。陽위不起。消化器無力。常習便結。消化不良。營養不足。遺尿。壹般內臟에衰弱。痛症。半身不遂。或全身不遂。手足厥冷。諸神經痛。頭痛腰痛。脚氣及腹痛。記憶力及忍耐力減退。精血分不足疾

上號 拾四圜　中號 拾二圜

家庭救急方

前醫學校敎官 朴容南 著

至壹 價 金參十錢

此編은東西洋醫藥中에家庭의必要ᄒ救急妙法을採捜ᄒ야雖婦人小兒라도易曉케解釋ᄒ者ㅣ니人人마다案頭에貯藏ᄒ야自宅의治療를作ᄒᆯ神方이오且醫業에從事ᄒᆫ人의臨床必要ᄒᆫ者ㅣ니實濟世의要訣이옵

目次大畧○內科病의救急法○卒倒○卒中○熱射病○霍亂○痙攣○疼痛○頭痛○腹疼痛○胃痛○月經時疼痛○出血○鼻出血○咯血○吐血○下血○中毒○中毒救法의壹般通則○鴉片中毒○양지물中毒○石炭酸中毒○硝酸銀中毒○燐中毒○미정中毒○炭氣中毒○魚類中毒○獸肉中毒○異物의摘出法○鼻、喉頭、耳、眼、의異物摘出法○火傷○凍傷○止血法○捧圖○失氣及假死○假死眞死의區別○假死의救急法○溺水者○縊首者○瓦斯中毒○異物嚥下窒息假死○餓死者○人工呼吸法○捧幽○外傷○頭部外傷○顏面外傷○頸部外傷○胃部外傷○腹部外傷○下악脫臼○咬傷○狂狗○毒蛟○蜂蠆咬傷○附妊娠의症候○妊娠中의攝養○產婦의攝養注意○初生兒의受護法○乳母의擇擇法○家庭의必備ᄒᆯ藥品

發賣所 皇城南部太廣橋 廣學堂大藥房 告白

代理店 共受堂各支店 京鄕各書舖隨意販賣

社告

○申報價
壹個月前納 新貨貳拾五錢
參個月 九拾錢
陸個月 壹圜七拾錢
壹個年 參圜四拾錢
郵稅壹張 新貨五厘
壹個月 拾參錢

○廣告料
四號活字拾參字詰
每日壹寸(英尺)에新貨廿五錢
貳週日壹寸에 貳圜五拾錢
壹個月壹寸에 五圜
(自壹行至四行이爲壹寸)
其期限의長短과字行의多寡를依ᄒ야增減홈이有홈

◎大韓每日申報 各處支社廣告

平安道

平壤鍾路太極書	安泰國
三和港牌石洞敎堂	鄭享過
義州南門外西大藥房	張有寬
鐵山邑東部	安 灝
肅寧館	金明鉉
定州南門內書舖	洪成麟
博川郡邑너물洞	金翼龍
安州城內義井洞	金翼河
京義線枇峴驛前市	李基秀
龍川楊市	黃瑚保
龍川南面松峴海東書會	金寶卿
龍川남市驛	崔燦禹
剛州邑남門너	朱伯燕
泰川邑館前洋냑局	李正燮
寧邊郡邑蘇敎會	김致健
江西邑內	金昌麟
成川郡上部面	馬應三
平남順川郡蓮동	嚴裕명
寶川邑場南	申基周

黃海道

江界邑耶蘇敎會	기獅외
郭山郡郡面湖午里	金鍾錫
雲田郡邑面上里	崔鎭琭
瓮山郡內利用里	李應贊
寧山北面橋洞	王晃錫
海州남門內書舖	朴基舖
安岳書石面鶴飯洞	金文善
長淵邑校洞西北支學會內	崔東先

咸鏡道

咸興府南社西門外	金永植
沙里院活民勞動敎失會任敎學	
白川邑文明館	
黃州南門外冊肆	
載寧邑乾材局	
信川邑幽里	
咸興州南社西門外	曹喜林
元山港創業社內	崔南正泰
高原邑	朴敎商
定平郡晉川	張龍학
洪原西門內	
永興南山동洪明學會內	葉元常
鏡城羅南新興洞	安正전
淸津港新岩동	張元淸

全羅道

金溝水流面豆亭	趙鍾三
木浦항陽동	미得孫

京畿道

仁川李峴開新雜々	李東輪
開城남大門內興學書舖	崔英助
江華邑川橋	崔鎭植

忠淸道

結城廣川小龍동	李春評

慶尙道

大邱西門外友弦書舖	李正由
釜山港佐川약局	徐相鎬

江原道

鐵原邑葉동	崔용大
蔚珍遠남面梅花里	朱錫麟

告

光武九年八月拾壹日 明治三十八年八月拾壹日 〔第三種郵便物認可〕 金曜日 西曆一千九百九年七月九日 （四）

第七卷 大韓每日申報 第千壹百四拾貳號

大韓每日申報

月歲 曆時 及日 休刊 節

檀君開國四千二百四十二年
箕子元年三千三十一年
大韓開國五百十八年
日本明治四十二年
淸國宣統元年
己酉五月小十二日庚午

Responsible for Publication Alfred Weekley Marnham.
發行兼編輯人 英國人 萬咸
京城南署 太平洞 三統五戶
大韓每日申報社

論說

◉書籍界一評

音에 秦始皇이 詩書를 焚ᄒ고 挾書를 禁ᄒ야 黔首를 愚케ᄒ셔 所不去者ᄂ 醫藥、卜筮、種樹의 書뿐이라ᄒ더니 今乃韓國書籍界에 彼三千年前支那舊演劇을 移來ᄒ야 許多書籍이 너무 大抵押收의 虐談中에 入ᄒ고 其餘存ᄒ 者ᄂ 國民知德에 無關ᄒ며 國民化에 無補ᄒ 書籍뿐이니 故로 彼各書肆의 羅列ᄒ 書籍에 內國史도 有ᄒ며 外國史도 有ᄒ며 政治書類 法律書類 其他 각種書類가 有ᄒ지만은 其內容의 精粹를 撰ᄒ면 卽 醫藥卜筮種樹와 同類니 此에 對ᄒ야 悲歎ᄒ 而已며 此에 憐悶ᄒ 而已어날 又何筆을 擧ᄒ야 書籍界를 評ᄒ다ᄒ리오만은

然이나 書籍은 空氣와 如ᄒ며 菽粟과 如ᄒ야 國民이 一日도 可離치못ᄒ 者라 故로 其書籍이 腐敗ᄒ면 一國民을 腐敗케ᄒ이며 書籍이 卑劣ᄒ면 一國民을 卑劣케ᄒ이며 書籍이 無精神ᄒ면 一國民을 無精神케ᄒ이며 書籍이 無主旨ᄒ면 一國民을 無主旨케ᄒ이니 書籍界의 一般譯者著者가 비록 此笑啼俱不敢의 時代에 在ᄒ지라도 府奮發ᄒ이 可ᄒ며 加倍勉勵ᄒ이 可ᄒ지 故로 記者ㅣ 此可憐可歎可惜可悶의 書籍界에 對ᄒ야 張히 評을 更試코져ᄒ노라

第一、國民을 魔惑케ᄒᄂ 者니 此等人이 書籍押收의 狂潮에 乘ᄒ야 然홈인지 抑或 其本來識見이 此에 止홈인지 此光明ᄒ 二十世紀太陽下에 其言論을 擧ᄒ야 曰 國民된 者ㅣ 朝廷의 是非도 不言ᄒ며 官吏의 長短도 不言홈이 可ᄒ다ᄒ니 如此ᄒ면 雖聾啞의 邦에라도 可行이어니와 이에 行ᄒᄂ 者도 有ᄒ며 又或 本朝先儒의 著有ᄒ 書籍中에 其瑣々細々의 末節을 論ᄒ야 擧拳踊跳ᄒ며 閉戶瞑坐ᄒ야 鬼形을 修得케ᄒᄂ 文字를 摘ᄒ야 靑年新進의 德育學을 作코져ᄒ 者도 有ᄒ며 又數百年來 劣敗ᄒ 政治家의 事大行蹟을 飄然히 書中에 寫列ᄒ야 哈々히 稱道ᄒ 者ㅣ 有ᄒ야 近今 國字漢字로 著出ᄒᄂ 書籍에 此等怪說이 許多ᄒ며

第二、無宗旨無條理의 譯書니 凡書籍을 譯述홈에 其語意의 明快와 文字의 精潔만 要홀뿐아니라 必是此書를 譯홈이 吾國에 利홀가 害홀가（壹）此章을 譯홈이 吾國에 利홀가 害홀가（二）此句를 譯홈이 吾國에 利홀가 害홀가（三）ᄒ야 精審完美케 選擇ᄒ 然後에야 可ᄒ거ᄂ 噫라 今日 韓國의 譯者ᄂ 只是字를 逐ᄒ며 句를 逐ᄒ야 直出홀 而已라 彼가 其國情에만 協케ᄒ 者도 直譯ᄒ며 彼가 其民性에만 符케ᄒ 者도 直譯ᄒ며 彼가 韓國에 不利케ᄒ 語句도 直譯ᄒ야 甚至於 韓國은 混合亂殖的民族이라ᄂ 語가 譯筆下에 累見ᄒ며

又按 國內에 各語學者가 許多ᄒ지만은 譯書者ᄂ 只是日文譯者뿐이니 亦是可歎

第三、譯書中人名地名의 矛盾이니 以 韓國의 敎育制度가 完全ᄒ면 外國人名地名의 譯出을 宜乎 統一홀지나 今에 此ᄂ 可望홀 비 아니라 此에 統一홀을 難이ᄂ 人의 腦를 不亂케홈은 譯者各個人의 責任이어날 乃者 人名地名은 姑舍ᄒ고 一國名을 數人이 譯홈에 數人이 各異ᄒ며 又此地名을 아니라 甚至於 一人이 一地의 名을 譯홈에 前與後의 譯이 不同ᄒ며 上行下行의 譯이 不同ᄒ니 （此ᄂ 皆責이 아니라 記者가 譯史中에 累々目擊ᄒ 바니라） 嗚呼라 此ᄂ 文明事業에 假託ᄒ야 牟利的으로 人을 欺홈이 아닌가

或又曰 一切人名地名의 譯은 各其國의 本音을 從홈이 可ᄒ다ᄒ나 此實不然ᄒ니 今에 德國을 「쎄만」이라 譯ᄒ며 英國을 「색리텐」이라 譯ᄒ면 徒히 人의 腦를 煩亂케ᄒᄂ이니 何等 實益이 有ᄒ리오 將來의 人名地名은 或 其國의 音을 從ᄒ이 可ᄒ나 旣已 慣行ᄒ 者야 何必 如此ᄒ리오

大抵 書籍의 爲物이 何時何地에 在ᄒ던지 恒常 人民의 耳目을 薰ᄒ며 心性을 陶ᄒᄂ 者이어니와 卽今 韓國은 又是 文明維新의 初發軔이라 其取舍를 尤不可不審이오 其淘擇을 尤不可不精이니 凡 諸 著者譯者ᄂ 汗漫히 墨을 弄치말지어다

外報

◉山東鉄道 北京電을 據ᄒ즉 淸國山東省出身人士가 山東等地에 鉄道敷設次로 資本을 募集ᄒ다더라

◉土兵亂鬪 倫敦電을 據ᄒ즉 사로니가電報에 曰 土耳其ᄂ 크리트島에 新事變發生을 臨ᄒ야 軍事上準備를 整理ᄒ야 國境預備兵을 動員ᄒᄂ 中이라더라

◉揚江洪水 上海電을 據ᄒ즉 淸國湖北省 豐帶地에ᄂ 揚江에 大洪水가 起ᄒ야 村落을 流失ᄒ고 汽車가 運行치못ᄒ얏다더라

◉罷工失敗論 路透電을 據ᄒ즉 布哇日本人의 同盟罷工이 失敗에 歸홈에 對ᄒ야 日本總領事、增給期成同盟會、日本字新聞、商人同志會等이 皆責任이 有ᄒ더 今日에 至ᄒ야ᄂ 無條件으로 復業ᄒᄂ 外에ᄂ 他方法이 無ᄒ리라더라

◉學生殺人 倫敦電을 據ᄒ즉 去壹日에 帝國學院在學印度學生이 拳銃으로 陸軍大佐 존원니ㅣ스시와 上海醫師 某시를 射殺ᄒ얏ᄂᄃ 該學生은 警察署에 被捕되얏다더라

學報

◉興校卒業 南陽郡私立普興學校에서 尋常科第三回、高等科第壹回、卒業式을 本月三日에 擧行ᄒ얏ᄂᄃ

尋常科卒業生
林允培 黃壽福 洪性默
李東萬 崔甲成 朴인鶴

高等科卒業生
朴健榮 金昌鐵 姜일馹
박寶榮 洪衡杓 리範會
朴淳昌 리國承 洪承權

詞藻

◉死不變

가마귀눈비마져、희여잠깐ᄒ누가보며。
松竹의푸른빗치、겨울인들變ᄒ지며。
爲國에、一片丹心子든므ᄋᆞᆷ、목을변ᄒᆞᆯ。

廣告

雜報

●統監御訪問 大皇帝陛下ᄭᅴᄋᆞ셔本陽日上午拾時三十分에幸 駕ᄒᆞ샤伊藤氏를統監官邸로訪問ᄒᆞ시고同十壹時三十分에還 御ᄒᆞ옵셧다ᄂᆞᆫᄃᆡ 御還次ᄂᆞᆫ 敦化門으로出 御ᄒᆞ샤罷朝橋鐵物橋와路橋廣通橋光宜門前路及洞等地로 御經過ᄒᆞᄋᆞ셧다더라

●下賜品製造 大皇帝陛下ᄭᅴᄋᆞ셔伊藤統監의게 下賜ᄒᆞ시기爲ᄒᆞ야金製花瓶壹對를漢城美術品製造所에서製作ᄒᆞᆫ다더라

●籍田麥登 向日 刈麥式을擧行ᄒᆞ옵신東籍田 親耕坮에大麥收獲을調査ᄒᆞ얏ᄂᆞᆫᄃᆡ登이貳石三斗七升이라더라

●頒章岐議 大皇帝陛下 西巡狩時의紀念章을特別供奉員과其他奏任官에게限ᄒᆞ야頒給ᄒᆞ기로擬議中이라ᄂᆞᆫᄃᆡ豈邊에서ᄂᆞᆫ地方公吏도給與치ᄌᆞᄒᆞ야議論이不一ᄒᆞ다더라

●志願者誰 來拾二日에韓日人中에志願者만聯合ᄒᆞ야新舊統監의送迎會를泥峴倭城臺에셔設行ᄒᆞᆫ大로方今準備中이라더라

●宜買片心 伊藤氏歸國時에總理大臣李完用氏以下各部大臣은多年阿附ᄒᆞ던情誼를表ᄒᆞ기爲ᄒᆞ야韓國土產物品을買得贈與ᄒᆞᆯ터이라더라

●各私所親 農商太臣趙重應氏가各觀察使의게自己의所親人으로郡守를薦報ᄒᆞ기를極力運動ᄒᆞᆫ다더라

●同類相濟 忠南觀察使權廷德氏가今番會議를終了ᄒᆞᆫ後에一進會員幾人으로ᄒᆞ여道管下郡守로廣報ᄒᆞ기로決定ᄒᆞ얏다더라

●臥食也愧否 貞陵參奉박勝肇氏가辭免請願書를提呈ᄒᆞᆫ지가已爲多日이되얏스나無回報ᄒᆞᆫ故로再次請願書를繕呈ᄒᆞ얏다더라

●惟恐或復 國權回復及民論煽揚等이政治에關ᄒᆞᆫ著書가治安의妨害될뜻ᄒᆞᆫ것은本年三月부터嚴重히拘束ᄒᆞᆷ은世已共知어니와尙且秘密刊行이有ᄒᆞᆫ가憂慮ᄒᆞ야當局者들은放心치못ᄒᆞ고煩悶中이라더라

●日籍調査 內部民籍課에서ᄂᆞᆫ目下各道警部로ᄒᆞ야금戶籍의實地調査를行ᄒᆞ나容易히調査키難ᄒᆞ야本年末이나全히完成되리라더라

●衛生費提議 內部에서本年度衛生會費四萬圜을支出ᄒᆞ기로提議ᄒᆞ얏다더라

●課賦金의規程 地方費法第捌條에依ᄒᆞ야賦課金의減免及其延期ᄂᆞᆫ部令이나道令으로ᄒᆞᄂᆞᆫ데內部에서其規程을擬設ᄒᆞ깃다고訓令을발ᄒᆞ얏다더라

●體操科程編纂 各官公立普通學校에體操科程이均壹치못ᄒᆞᆷ으로學部에서體操科程을現今編纂ᄒᆞᄂᆞᆫ대日間발布ᄒᆞᆫ다더라

●譯主試取 內部에서通譯部主事拾人을試取ᄒᆞᆯ터인데請願ᄒᆞᆫ者가壹百餘名에達ᄒᆞ얏다더라

●詩酒太守 端川郡守柳承瀚氏ᄂᆞᆫ莅任以來로行政事務ᄂᆞᆫ不講ᄒᆞ고郡內村學究를圍聚ᄒᆞ야每日詩酒會를設行ᄒᆞᆷ으로該郡人民들이詩酒太守라고指稱ᄒᆞᆫ다더라

●鄭氏純銀 鋳造銀行이韓國에支店을設置ᄒᆞᆫ以來로其純益金이大畧만計ᄒᆞ야도每年平均六拾萬圜假量에達ᄒᆞ얏다더라

●日加月增 韓國巡査로需用키爲ᄒᆞ야日本各縣에서募集ᄒᆞᆫ巡査八十八名은本月十三日에渡韓ᄒᆞᆫ다더라

●韓巡日三 韓人의巡査請願은現今간에不許ᄒᆞ기로ᄒᆞᆫᄂᆞᆫ데此를實行ᄒᆞᄂᆞᆫ境遇에ᄂᆞᆫ日本人巡査請願三인에對ᄒᆞ야韓인巡査請願壹인을許可ᄒᆞ라고警務局에서各道警察部에指揮ᄒᆞ얏다더라

●日巡配置 巡査敎習所에서目下敎習ᄒᆞᄂᆞᆫ日巡査五十七名은來廿日에卒業ᄒᆞ야卽時各署로配置ᄒᆞᆫ다더라

●多數多數 目下에警察署數ᄂᆞᆫ六十五요警察分署ᄂᆞᆫ三이요警察駐在所ᄂᆞᆫ三百三拾七인ᄃᆡ此에應用키爲ᄒᆞ야日巡査를多數增加ᄒᆞᆯ터이라더라

●外人과三稅 漢셩內에居留ᄒᆞᄂᆞᆫ各外國人民도家屋酒烟稅金을韓國人例ᄒᆞ야徵納ᄒᆞ기로協議ᄒᆞ얏다더라

●記者懇親 各新聞社記者壹同이來日曜日에三淸洞感恩亭에前往ᄒᆞ야懇親會를設行ᄒᆞᆫ다더라

●徒費帑金 最近에平安南道로부터黃海道地方을巡觀ᄒᆞᆫ某日人의經濟上談話를聞ᄒᆞᆫ즉只今韓國地方에서經營施設ᄒᆞᄂᆞᆫ工事를觀ᄒᆞᆫ즉當局者가徒然히無用의工事를起ᄒᆞ야不生產的浪費만되게ᄒᆞ고黃州附近으로만論ᄒᆞ야도無端히道路幅을廣케ᄒᆞ야인家를毀撤ᄒᆞᆷ으로인民의呼寃이大端ᄒᆞ다더라

●鑛業許可數 近日鑛業許可ᄒᆞᆫ數ᄂᆞᆫ如左ᄒᆞ니

平北寧邊郡院南面所在黑鉛鑛四萬四千三百坪은京성中部居留日인藤井에게

平북龜성郡沙器面黑鉛鑛壹萬貳千坪은開城郡居留日인松世와리鍾藤에게

平北龜城郡용透面黑鉛鑛九萬貳千三百坪은京城泥峴居留日인上遠에게

平북泰川郡院面黑鉛鑛十四萬四千坪은京城居留日인藤井에게

平북龜셩郡黑鉛鑛十二萬坪은開城郡居留日인松世에게

平북龜셩郡龍浦面黑沿鑛九萬四千坪은京성居留日인上遠에게許可ᄒᆞ얏다더라

●畜犬斥責 畜犬取締規則이發佈된以後로各所有主가自己의姓名三字를犬頂에懸揭ᄒᆞᆷ이甚皮莫甚ᄒᆞ다ᄒᆞ야警官이斥責ᄒᆞᆫ다더라

●西部毀撤 昨年九月에셩壁處理委員이毀撤ᄒᆞᆫ城壁은京城小門附近셩壁壹部와全州셩壁壹部와南大門셩壁壹部라더라

●美人歸國 美國인韓元時시의夫妻ᄂᆞᆫ六日午前에南大門내셔出發ᄒᆞ야西比利亞經由로歸國ᄒᆞ얏다더라

●地方農形 地方의農形을聞ᄒᆞᆫ즉麥作은平年과如ᄒᆞ고稻作은例年에比ᄒᆞ면稍秩이多少時晩ᄒᆞ얏ᄂᆞᆫᄃᆡ公州及群산方面에ᄂᆞᆫ旱乾을因ᄒᆞ야灌漑의不足이殆甚ᄒᆞ더니去壹日降雨에ᄂᆞᆫ同地方에稍히霑濕ᄒᆞ얏고六日大雨의ᄂᆞᆫ始히浹洽ᄒᆞ얏다더라

●日兵逃走 群산駐屯日本兵丁後藤이ᄂᆞᆫ去六日의逃走ᄒᆞ얏ᄂᆞᆫᄃᆡ現今極力搜索中이라더라

●日人刺人 郭山郡北面當感里平地院居ᄒᆞᄂᆞᆫ金元興氏가酒店으로營業ᄒᆞᄂᆞᆫᄃᆡ本月十四日에日人藤山이가該店에經過ᄒᆞ다가無錢討酒ᄒᆞᄂᆞᆫ故로主人金元興氏가酒를不與ᄒᆞᆫ즉藤山이가拔劍威脅ᄒᆞ다가金元興氏의脚部를直刺被傷ᄒᆞᆫ지라該隣從家化氏가挽止ᄒᆞᆫᄃᆡ藤산이가又從家化氏의脇部를直刺ᄒᆞ야死境에至ᄒᆞᆫ지라該郡駐在所에서巡査를派送ᄒᆞ야該日人을逮捕ᄒᆞ야定州警察署로押送ᄒᆞ얏다가新義州로越交ᄒᆞ얏ᄂᆞᆫᄃᆡ日人은威勢를恃ᄒᆞ고無辜ᄒᆞᆫ人民을任意刃刺ᄒᆞ다ᄒᆞ고該地人情이太良憤激ᄒᆞᆫ다더라

●無暇觀曰 東拓社理事韓相龍氏가金貨四百圜을見失ᄒᆞᆫ事에對ᄒᆞ야朴俊五氏를嫌疑ᄒᆞ야北部警察署에서捉囚訊問ᄒᆞᆫ다더니朴俊五氏가終無所犯인故로白放ᄒᆞ얏다더라

●洪郡虫災 洪原郡에ᄂᆞᆫ虫災가發生ᄒᆞ야산野를勿論ᄒᆞ고穀物이被損ᄒᆞᆷ으로民情이嗷々ᄒᆞ다더라

●憲兵押付 日憲兵司令部에被囚ᄒᆞ얏던義兵김順萬氏를再昨日에地方裁判所로押付ᄒᆞ얏다더라

●尹盜越交 强盜犯으로中部警務署에被囚ᄒᆞ얏던尹景五를某次審査ᄒᆞᆫ後에地方裁判所로越交ᄒᆞ얏다더라

●金氏繼續 龍川郡龍岩浦警察署通譯부主事金永杰씨ᄂᆞᆫ贊上에嫺熟ᄒᆞ야인民을保護ᄒᆞ며公務餘暇에학業을勸奬ᄒᆞᆷ으로該地人民의稱頌이浪藉ᄒᆞᆫ다더라

●設宴歡迎 漢城內五學會와靑年會孤兒院及女子敎育會에셔來화曜日에學監直李春世兩氏를兩학會々館內로歸迎ᄒᆞ야歡迎宴을設ᄒᆞᆫ다더라

●新設夜學 某々氏가發起ᄒᆞ야國語夜학會를新門內[illegible]敎會堂內의設立ᄒᆞ고本月壹日부터敎授ᄒᆞᆫ다ᄂᆞᆫ데敎師ᄂᆞᆫ安基善氏로延聘ᄒᆞ고生徒ᄂᆞᆫ二十名의達ᄒᆞ얏다더라

●湖南紀念狀況 湖南學會에셔日前에第談同紀念禮式을挂산學校內에設行ᄒᆞ얏다ᄂᆞᆫ說은已爲報道어니와伊日에臨時會長劉瞻烈氏ᄂᆞᆫ開會趣旨를說明ᄒᆞ고總務姜曄氏ᄂᆞᆫ該會歷史를說明ᄒᆞ고西北학會代表姜華석氏와嶠南학會代表李炳氏ᄂᆞᆫ勸勉的演說을激切히ᄒᆞ미該會任員李根容李鍵兩氏가答辭ᄒᆞ얏다더라

學界

●聞慶有慶 慶北聞慶郡加은面居紳士申漢均金泰永金在明申羲均諸시ᄂᆞᆫ本是慷慨之士로敎育의不振ᄒᆞᆷ을慨歎ᄒᆞ야田土를放賣ᄒᆞ야학校를設立하고靑年을敎育ᄒᆞᆫ다더라

▲地方消息▼

▲六月二十五日全羅남道油屯場西南方約拾里地에서義兵約六十名이同地派遣所日憲兵壹名及補助員二名과交戰ᄒᆞ얏다ᄒᆞ고

▲六月貳十五日油屯東南方約十里地의서義兵約五十名이全남島셩院憲兵分遣所及油屯派遣所日憲兵合二名及補助員七名과交戰하얏다ᄒᆞ고

▲六月二十六日장흥郡南方約四拾里地되ᄂᆞᆫ鳴嶼에서義兵의事務所를장興分遣所及竹川場憲兵分派所日憲兵合四名及補助員八名이襲擊ᄒᆞᆫ故로互相交戰ᄒᆞ얏다ᄒᆞ고

▲同日의康津남方約壹拾里되ᄂᆞᆫ古今島의ᄂᆞᆫ義兵이會議中에日憲兵及補助員을逢ᄒᆞ야應戰ᄒᆞ얏다더라

▲蝿蚊▼ 蚤蝎

▲夏天炎熱鬱蒸ᄒᆞᆫᄃᆡ紗窓下에홀노누어時局事를生覺ᄒᆞ미心中에불못견ᄃᆡ여답비ᄒᆞᆫᄃᆡ붓처물고안졋다가다시누니可憎하다더몰제々々다時節을맛ᄂᆞᆫ듯시四面으로侵人ᄒᆞ미잠잘수가어려워라

▲취架上의더蒼蝿ᄂᆞᆫ終日토록營營타가ᄯᅩ무엇이不足ᄒᆞ야沉沉漆夜이밤중의너衣服을侵노ᄒᆞ노昏夜遯遯더貌樣ᄂᆞᆫ獵官輩와恰似ᄒᆞ다만너무奔走ᄒᆞ지마라琉璃筒의壹入ᄒᆞ면水國中에沉沒ᄒᆞᆫ다

▲樹林간의더蚊망ᄂᆞᆫ무슴嗜嗾놉니라고城壁곳흔더蝶箔을不知不覺闖入ᄒᆞ야너肌膚를侵노ᄒᆞ노多數結陣더貌樣ᄂᆞᆫ强斂輩와恰似ᄒᆞ다만너무强徵ᄒᆞ지마라烟將軍을逢ᄒᆞ면[illegible]ᄒᆞ리로다

▲沐席간의더蚤蝎은不容寬貸더腹肚에무삼欲心못치워서蹈躍自得단니면서너身을侵노ᄒᆞ노事微至細더貌樣은猾吏輩와恰似ᄒᆞ다만너무跳躍ᄒᆞ지마라烘爐上에壹投ᄒᆞ면火炎中에燒燼ᄒᆞ다

▲壁間의더蛇蝎은白晝中의蟄伏타가밤이된줄엇지알고화살곳치모여드러ᄂᆞ니人身을侵노ᄒᆞ노波人膏血더모樣은貪吏輩와恰似ᄒᆞ다만너무食탐ᄒᆞ지마라법되야대風過ᄒᆞ면全身消爛ᄒᆞ리로다

▲可憎ᄒᆞ다너의무리도旣ᄒᆞᆫ時節맛낫다고豈時橫行ᄒᆞᆫ다마ᄂᆞᆫ須環不息ᄒᆞᄂᆞᆫ天運은물네곳치도라드니北과東이西指ᄒᆞ고蕭瑟金風이이러나면可憐ᄒᆞ다너의身世浩々茫々이天地에容納ᄒᆞᆯ곳바이업다

廣告

本人이南署明哲坊雙林洞壹百三十統壹戶草家九間徐仁植處에買得인바白紙刻文券壹度를隆熙己酉三月晦日에셔失故로誰某拾得하와도休紙施行함

新買主 金千汝 白

◉北間島匡岩洞培英書塾任員及義捐金廣告

校長 金蓮若 副校長 金載範
贊成員 梁成德 事務員 金道賢
朱順奎 金連甫 學監 黃鳳鵬
金秉九 財務員 具汝
幹事 張弘範 梁鳳儀
敎師 朴世永 朴世豪

義捐金諸氏
姜成國 朱君七 張允若
裵永弼 各一圜 洪道汝
五十元 [illegible] 化 五圜 九十錢
黃萬汝 黃鶴瑞 各五圜六拾三錢
金任範 七圜 金洪九 二圜
金文淳 五圜三拾三錢 [illegible]鵬
壹圜二十三錢 梁鳳瑞 八十三錢
金德允 田完邑 各拾五錢
咸官ㄱ 梁成德 金仲甫 各壹圜
裵君心 金周一 李和春
[illegible]禧 李應賢 咸尙益
中正書塾 金九松 김致英
徐大彦 吳昌洞中 吳河浚
金成一 洪時興 洪浩淑
張時彦 朱天甫 김弘世
各壹圜 方仁甫 姜汝三
各壹圜五十錢 朱連奎
梁鳳儀 孫承 各五十錢
趙永範 李紹雄 朱鳳寬
李化俊 高春三 各二拾錢
上鳳芥洞中 二圜 李鳳學 葉壹兩
北匡岩洞中 四拾錢 太興星
三拾五錢

本人弟尙旭(小名允淑)이性本浮浪하야與亂類符同하야僞造文券으로方欲求債하오니內外國人은切勿見欺함

昌原大山面[illegible]里河尙晶 告白

◉移轉廣告

本辯護士等이今月二日에事務所를左開處所로移轉하고諸般法律行爲를迅速處理하오니僉彦은照亮하시옵

漢城中部毛橋洞 六統六戶(許屛初入)

辯護士 劉文煥 朴晚緖

聯合法律事務所

本人이隆熙二年陰壹月分에西署반석坊新倉洞契五拾壹統八戶家券을典當하고漢城府證明契約書壹度를遺失하얏기로玆以廣告하오니誰某拾得하와도休紙施行함

西署盤石坊新倉洞契五拾壹統八戶 朴春三 告白

本人의姓名圖章을隆熙三年五月分에路中에遺失하얏기로玆에新圖章을造用하오니內外國人은照亮함

西署盤石坊新倉洞契五拾壹統八戶 朴春三 告白

[illegible]陽에박[illegible]結[illegible]豪班富勢로定州居金殷鏞의換錢五萬兩을償치아니하고金允明爲名人을暗路로千五百圜을盜食하고大邱居徐씨돈서와郡葉四萬兩을債用後避身隱躲하다가박시가巧逢徐시하야無數哀乞하며辯護士金正穆을立證脫身後又今不報타가至於裁判之境에路買證人하야誣告證査하고永爲不報的定하다하오니州郡에廣告함

朴錫德

本人에子德華가性本愚昧放蕩하야亂債를多用하더니五六年前에鐵山邑人亂債가不少하지라自費之誤를豈不知하리오마[illegible]惡之意로玆에廣告함

[illegible]州松[illegible]山[illegible]張[illegible] 告白

이光緖[illegible]하여法律自在故로欲懲惡習하야設三人을뭇邑呈府하야果得嚴題則設二人은來乞請和故로[illegible]考音標하고從本錢酬給하앗스되但金允燮爲名者와則本暴惡愚頑者라錢四百兩標를堅執避身하야本錢을終不推去하는지라後弊를防杜하기爲하야丙午年陰六月에本申報第二百八拾九號로至九拾壹号ᄭ지連三日廣佈하되浮浪千德華로錢與物間債給하면自失事를內外國人의州廣告하얏더니近來三四年간[illegible]人의子德華를浮浪하는世界가知하고無壹分償給者러니近日本郡幾個人이來日廣告後償給할돈白失이當然하거니와廣告前債錢失이抑冤하다하며懇乞曰依本錢還報하라하기로千百思之則廣告前負債를已有還本之事니此亦還本이可타하여所存田畓을放賣하야各人債權者를沒數探請하야更不償給하는標를捧하고依本邦[illegible]給之際에本人의德華가前日小子가昨年에錢山邑往還時에金允燮을邂逅하니尤泰가錢四百兩標로數十年과疑惡이라가小子의足指를大牙로嚙하니氣塞絶命之境을當한지라身命을保存케爲하야謂金某曰汝言과如히하지니命을活하라하죠金某曰四百兩本錢이前邊으로利 加利하여限五千兩될터이니五千兩標를書하라하기에不得已五千兩標를成給하고遂始放逐하고足還함을하야父王前에不敢告하앗노라하니世間에如此兩盜之惡習乎있가玆將告訴裁判하야懲習推標하려니와內外國人의게爲先廣佈하노니債給錢與物間去來[illegible]失함터이오니內外人間[illegible]惡之意로玆에廣告함

宗中의光緖[illegible] 壞長度門外에[illegible]處에給雇[illegible]遣하야輸運率安也에石物이相剝折傷하지라不得更造하여야習形便인데同嶺에兩사가更造하는雇金四十圜을固辭不受이오니同兩시의手巧精美와溢暮事業은曾所慣聞이오나以若朝暮役食之匠手로如此高尙太義를不可泯默이옵기玆以廣告하오니宗近間同宗僉員은照亮感謝하심을務望

龍川郡平山申氏宗中 告白

學員募集廣告

本校에서日語丙班、算術丙班、簿記班三科를增募하오니願學僉員은來十五日(陰五月廿三日)內로請願書를提呈하시옵

科目
日語科 自初步
算術科 自初步
簿記科 商業、銀行

典洞 私立 中東夜學校

本人이本郡內隴興面三里拾二統四戶瓦家八間을丙律處에買得하얏던舊契를本月拾日上午拾時頃에서失하얏기玆에廣告하오니內外國僉君子는此家契를拾得하와도休紙施行함을務望

平壤外川面 鮮于晳明 告白

本人의五寸叔善亦이本人의廣州郡樂生面板橋에在한畓十三石六斗落과田壹日半耕을符同外人하야今欲暗賣하오니內外國人은勿爲見欺하시오

京北部梅洞 李秀賢

本郡勸學會義捐諸人廣告事項에對하야校晚[illegible]漏한二人姓名과金額을左記함

[illegible]兵分遣所장 佐野茂吉
[illegible] 金[illegible] 金[illegible]

江華郡私立[illegible]聯合勸學會

美國시아틀大博覽會 · 미국시아들박대람회

皇城磚洞(京城郵便局郵函第四拾號)
(大美國에리쇼나州法律認可)(駐大韓國美國總領事館登錄)
韓美興業株式會社

本社의各處代理人의名은如左함

代理處	位置	代理人
開城代理人	개城南門外雜貨商店	金東宣
平壤代理人	平壤大同門內店洞	鄭基煥
咸興代理人	咸興南門外	張석許
馬山浦代理人	馬山浦客主	孫德宇
元山代理人	元山港	金以文
淸津代理人	淸津港	張樂臣
水原代理人	水原北部장安동	金유東
安城代理人	水原北部[illegible]安洞	김유東
沙里院代理人	漢城東署[illegible]拾里旺新學校內	邦元重
金泉代理人	金泉市場共信昌店	리孝稙
公州代理人	漢城西部麻浦三拾二統五戶	吳[illegible]泳
天安代理人	水原北部長安洞	尹聖宗
群山代理人	群山大井洞	[illegible]益
全州代理人	漢城西部阿峴二百廿二統三戶	김敎燮
大邱代理人	大邱新田里五十八統七戶	리[illegible]召
釜山代理人	馬山浦午山里壹統九戶	辛相淑
江景浦代理人	西部龍山坊東幕中契廿七統貳戶	리寬浩
麻浦代理人	西部麻浦貳拾七統三戶	리弼殷
木浦代理人	漢城壽洞貳統壹戶	[illegible]
晉州代理人	木浦南橋洞	안[illegible]의
金堤代理人	昌原[illegible]山浦城山	李德鍾
三千浦代理人	金堤郡白石面木閣	李[illegible]宇
義州代理人	南署漢江十八統二戶	金升基
江界代理人	義州批峴	李[illegible]默
漢城代理人	寧州批峴	許奉燮
鎭南浦代理人	延沼里上甘井洞四統五戶	朴泰泰
定州代理人	鎭南浦[illegible]井동	金聖輪
城津代理人	郭山郡	張[illegible]潮
太田代理人	吉州[illegible]	金[illegible]洙
浦項代理人	太田新[illegible]	高[illegible]憲
淸州代理人	浦項七里拾貳統拾二戶	申鍾龍
吉州代理人	鳥致院漢城壽[illegible]貳統壹戶	安[illegible]의
鐵山代理人	吉州西門外[illegible]貳十攔戶	金[illegible]셜
延安代理人	漢城中部外相思洞二統二戶	리孝稙
兎山代理人	延安[illegible]玉洞	리時榮
物浦代理人	兎山郡兎山市	리鍾致
公州代理人	開城[illegible]橋	曹秉德
羅州代理人	太田新[illegible]	宋始憲
洪原代理人	公州半灘面松亭里	申[illegible]雨
漢城東部代理人	咸原[illegible]荷里	金晋[illegible]
長湍代理人	西部[illegible]門[illegible]百五十四統四戶	朴[illegible]俊
錦山代理人	洪原[illegible]蓮里	김[illegible]麟

位置未定 [illegible]

宋[illegible] 金[illegible]模 洪淳壹 洪淳[illegible] 金相杰 李[illegible] 張[illegible]拭 盧旻洙 [illegible]

稗東西洋藥과韓國唐草材大發賣所 和平堂藥房

本藥房은同胞諸君의顧愛ᄒᆞ시믈입사와本舖를今以會賢坊移ᄒᆞ고東西藥品을都買散賣ᄒᆞ오니拾二道各郡藥業ᄒᆞ시는僉位는西洋藥品이나唐藥唐材와草材를隨用請求ᄒᆞ시면以廉價酬應ᄒᆞ더이오며漢藥服用ᄒᆞ실兄弟는方文만郵便付送ᄒᆞ시면特別히藥材를擇ᄒᆞ야精製ᄒᆞ며代金引換으로付上ᄒᆞ깃ᄉᆞ오니照亮ᄒᆞ시요

本堂藥製品은如左홈

百發百中 阿煙斷引丸　壹劑八週分 金五圓　半劑四週分 金三圓

婦人胎前産後 養調經丸　壹個月分 金五圓

梅毒神藥 麝香消瘡丹　四日分　甲號金四圓　乙號金二圓五十錢

補陰補陽 滋陽丸　壹月分五圓　貳拾日分三圓四拾錢　拾日分壹圓八拾錢

淋疾妙藥 全治丸　壹劑十四日分金三圓

消化不良 八寶丹　壹包九拾五粒金拾錢

仁川支店 京城本店 和平堂

藥房主李應善

濟生堂和平堂大藥房聯合紀念大贈彩

◉贈大彩說明

濟生堂開業五週年과和平堂開業三週年間에內外兩君子의顧愛ᄒᆞ심을多蒙ᄒᆞ야藥業이時日隆盛ᄒᆞ고功績이東西藥界에라其感佩ᄒᆞᆷ實難表誠쇼도今에兩大藥房에서紀念式을幷行ᄒᆞ고僉君子의盛誼를表ᄒᆞ기爲ᄒᆞ야兩種藥品（淸心保命丹　八寶丹）을特製大發賣ᄒᆞ며大福彩券을無代金添呈ᄒᆞ와當時諸運을大占케ᄒᆞ오니僉君子는勿失此機ᄒᆞ시고隨意任製ᄒᆞ심을敬要

懸賞物品金六百圓價値

大福彩券은以四千枚로定

兩大靈藥（淸心保命丹）（八寶丹）定貼價金各拾錢

效能　甘飮積滯腹痛　水土不利咳嗽等

方法

定價金十錢枚五包에福引券壹張식添呈홈

此外兩藥房製藥品中의五拾錢價格에彩券壹張

福引券을請求ᄒᆞ면五圓價格福券壹張을添呈홈

賞品

頭等貳人）白米貳拾石（每拾石式）太와五斗入

壹等貳人）仝　拾石（每五石式）

貳等捌人）仝　拾六石（每貳石式）

三等拾人）仝　拾　石（每壹石式）

四等壹百人）金五十圓（每五十錢式）

五等三千八百七拾八紙券壹　二千八百七拾八匣　式三千八百七拾八匣

空彩는無홈

遠地에는郵便引換으로送呈홈

期限은六十日노定　自陽六月拾六日　至陽八月拾五日

抽籤日字는臨期ᄒᆞ야更告ᄒᆞ깃ᄉᆞᆷ

位置

皇城南大門側　濟生堂大藥房本舖

皇城鍾路　和平堂大藥房本舖

皇城鍾路　兩堂臨時出張所

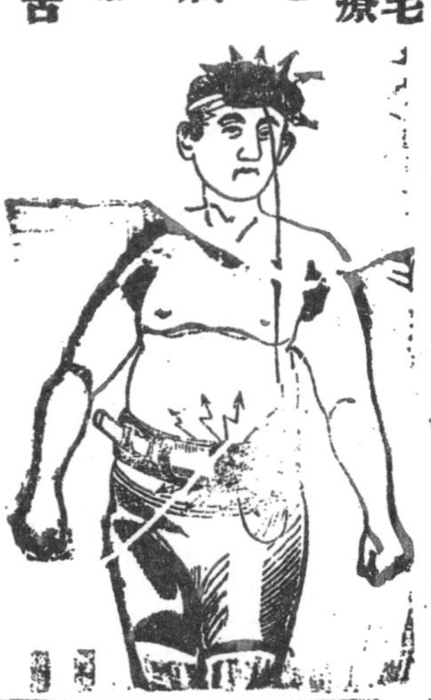

自宅治療　電氣帶廣告

（主治効能）神經衰弱諸症不眠。遺精、早漏不快、陽위不起、消化器無力、慢性便結。消化不良。營養不良。遺尿。骨髓內關에衰弱。痳症。半身不遂。或全身不遂。手足厥冷。諸神經痛。頭痛腰痛。脚氣及腰痛。記憶力及思想力減退。精血分不足疾

上號 拾四圓　中號 拾二圓

新著 家庭救急方

前醫學校敎官　朴容南　著

全壹冊　價金參十錢

此編은東西醫藥中에家庭에必要한救急妙法을博搜廣採ᄒᆞ야雖婦人小兒라도易曉케細解ᄒᆞᆫ者ㅣ니人人마다案頭에貯藏ᄒᆞ야自宅의治療를作ᄒᆞᆫ師方이오且醫藥에從事ᄒᆞ는人의臨床必要ᄒᆞᆫ者ㅣ니實濟世의要訣이옴

目次大畧○內科病의救急法○卒倒○中○熱射病○霍亂○癲癎○疼痛○頭痛○腹痛○胃痛○月經疼痛○出血○鼻出血○咯血○吐血○下血○中毒○中毒療法의普通規則○鴉片中毒○양자물中毒○石炭酸中毒○硝酸銀中毒○婦中毒○비상中毒○燐類中毒○魚類中毒○獸肉中毒○異物의摘出法○鼻、咽喉、耳、眼、의異物摘出法○火傷○凍傷○止血法○掩闘○失氣及假死○假死와眞死의區別○假死의救急法○溺水者○縊首者○瓦斯中毒○異物嚥下窒息假死○驚厥死○餓死者○人工呼吸法○挫傷○外傷○頭部外傷○顔面外傷○頸部外傷○胸部外傷○腹部外傷○下악脫臼○咬傷○狂犬咬傷○蛇蚊○蜂螫咬傷○附妊婦의症候○妊娠中의攝養○産婦의攝養注意○初生兒의受護法○乳母의撰擇法○家庭의必備藥品

發賣所　皇城南部大廣橋　愛堂大藥房　告白

代理店　共愛堂各支店　京鄕各書舖隨意販賣

社告

○申報價

壹號代金　新貨貳錢五厘

壹個月前納　三拾錢

參個月　九拾錢

陸個月　壹圓七拾錢

壹個年　參圓四拾錢

郵稅壹張　新貨五厘

壹個月　拾參錢

○廣告料

四號活字拾參字詰

每日壹寸（英尺）에新貨廿五錢

貳週日壹寸에　貳圓五拾錢

壹個月壹寸에　五圓

（自壹行至四行이爲壹寸）

其期限의長短과字行의多寡를依ᄒᆞ야增減ᄒᆞ미有홈

◉大韓每日申報各處支社廣告

平安道

平壤鍾路太極書館　安泰國

三和港牌石洞敎堂　鄭寧遠

義州南門外호西大藥房販賣　李寬

鐵山邑東部　安瀕

車輦館　金明鍊

定州南門內書舖　洪成麟

龍川郡邑내회洞　金英模

安州城內義井洞　金鳳河

宣川禮拜堂 鎭南浦 敎會　鄭濟淸

龍川楊市　黃錫保

龍川南面松峴海東旅會　金賢東

龍川남市驛　咸錫祺

朔州邑남門어　朱伯瑞

泰川邑舘前洋낙國　李正燮

寧邊郡內紅門里　鄭德昇

江西邑內　金昌鎭

成川郡上部面　馬應三

平남順川郡邑里 屬第二　鄭濟丁

價川邑橋南　申基鳳

黃海道

江界邑耶蘇敎學校　김교비

郭山郡郡面湖우里　金錫觀

雲山郡邑面上里　吳光鉉

龜山郡內利用里　崔志典

豐山北面橋洞　王龍德

海州남門內書舖　朴聖觀

安岳邑石面嗣館洞　金文浩

長淵邑校洞西北支學會內　崔東元

殷栗邑倉前里　金炳鉉

信川邑西里　李錫淳

載寧邑乾材局　李廣福

黃州南門外冊肆　崔鍾淸

白川邑文明館　崔定源

咸鏡道

沙里院活民舘敎失會任敎學　李錫湜

北靑邑內新城里　한昇元

咸興州南社西門外　李昌林

元山港創業社內　黃南正本

高原邑　許致萬

定平郡邑川　洪大孝

洪原邑門內保命局　羅炳善

永興南山동洪明學校內　吳元常

鏡城羅南新興洞　安正浩

城津港新營동　吳元浩

全羅道

全濟水流面豆亭　趙鶴三

木浦항陽동　미得壽

京畿道

開城남大門內興學書館　安鍾達

仁川冶峴開新舘々　李東觀

驪州下北樂堂里　미英지

忠淸道

江景邑川橋　金鎭植

結城廣川小龍동　李啓誠

慶尙道

大邱西門外友弦書舖側　李正由

釜山港佐川약局　徐錫瑩

江原道

鐵原邑東동　崔泰大

蔚珍遠남面梅花里　朱鎭璿

社告

東西洋藥과韓國唐草材大發賣所 和平堂藥房

隆熙三年八月拾八日 明治四十二年八月拾八日 第三種郵便物認可 土曜日 西曆壹千九百九年八月拾八日 (壹)

大韓每日申報

第七卷 第千壹百四拾三號

月曜及日曜休刊

紀元四千二百四十二年
耶穌降生一千九百九年
大韓開國五百十八年
日本明治四十二年
清國宣統元年
陰己酉五月小十三日辛未

Responsible for Publication Alfred Weekley Marnham
發行兼編輯人 英國人 萬咸
發行所
京城中部校洞第三百號
大韓每日申報社

論說

◉人生은目的을確定홈이可홈

男兒가天地間에立코ᄌ홀진딘不可不壹目的을確定홈이可ᄒᆞ니目的이無ᄒᆞ면是는魚鼈이며虫鳥며木石이오人類가아니니라

彼魚鼈虫鳥木石三者의魚鼈이되며虫鳥가되며木石이됨에止ᄒᆞ고人類와并立홈을不得홈은無他라只是僥然悠然히江河에泳ᄒᆞ며蠢然연然히山阿에棲ᄒᆞ며冥然히洞天에立ᄒᆞ며頑然히空谷에臥ᄒᆞ야何等目的이無혼故니라

目的이無혼故로飛홈이雲霄에冲ᄒᆞ며躍홈이數仞에過ᄒᆞ며長홈이百尺이오大홈이數千鈞일지라도意味업시生ᄒᆞ얏다가意味업시死ᄒᆞ고意味업시來ᄒᆞ얏다가意味업시去ᄒᆞ나니人類된者ㅣ엇지此를效ᄒᆞ리오不可不壹目的地를立혼然後에巳ᄒᆞᆯ征ᄒᆞ며月을邁ᄒᆞᆯ지니라

然이나目的이잇슴이反히目的이업슴만不如혼者ㅣ亦有ᄒᆞ니卽狂生이紅爐에酣臥ᄒᆞ야糟丘의高를誇ᄒᆞ고但願長醉不願醒의句를吟ᄒᆞ나니是는目的이酒에在혼者오蕩子가靑樓에往來ᄒᆞ야秋波를少艾에流眄ᄒᆞ고雲雨三生의夢境을樂ᄒᆞ나니是는目的이色에在혼者오富客은分銀片葉에眼赤ᄒᆞ야掘々濡錙에서積財를謀ᄒᆞ며公益事業을

仇視ᄒᆞ나니是는目的이貨金에在혼者오官兒는壹資半級에心을黑ᄒᆞ야祖宗疆土야何處로飛去ᄒᆞ던지惟壹巳의榮祿만是圖ᄒᆞ나니是는目的이爵位에在혼者ㅣ라

嗚呼라人生이不可不目的이有혼지나此等人을觀혼즉其目的을遂ᄒᆞ다가其身을殺ᄒᆞ며其家를敗ᄒᆞ며其國을亡ᄒᆞ는蠢夫奸臣을作홀而已니然則目的잇슴이反히目的업슴만不如혼者ㅣ아닌가

曰否라不然ᄒᆞ다此等人은必力을費ᄒᆞ야擇定혼目的이아니니라偶然히慾浪에浮沉ᄒᆞ며漭土에出沒ᄒᆞ다가濁波의漂蕩바와帳氣의迷惑이되야罪辜에陷홈이니此를엇지目的이라云ᄒᆞ리오 (未完)

部令

▲隆熙三年 四月二拾日 官報

法部令第 號 (續)

司法警察官執務規程

第五十壹條 前條에處分을行혼時는其處分의事由被告의姓名年齡職業居住地等에刑事處分紀訴猶豫又는訓戒放免을受혼事의有無와素行及犯罪事實의概要를事件所管廳의檢事에게報告홈이可홈

第五拾貳條 被告事件이輕微ᄒᆞ야處罰혼實益이無ᄒᆞ고起訴를猶豫혼者로思料ᄒᆞ는事件을送致ᄒᆞ는時는意見書에其旨를記載홈이可홈

第五十三條 公行치못혼被告는互相連累되야 ... 書나復命書類에는被告二字를記ᄒᆞ고記錄에編綴치아니ᄒᆞ고親展書로此를送付홈이可홈

第五拾四條 押收物件을送付홈에는物件에小牌를付ᄒᆞ고此에被告人의姓名及押收順番에記入혼順次番號를記載홈이可ᄒᆞ고若被告人의姓名이不明혼時는被押收人의姓名을記載홈이可홈 (未完)

外報

●土耳其의派艦 伯林電을據혼즉土耳其政府는靜穩혼態度로크리트問題의端緖를注視ᄒᆞ더니因ᄒᆞ야크리트島에警備艦을派送ᄒᆞᆯ터이라ᄒᆞ며

●露軍增派 同電을據혼즉露國은波斯에在혼外國人의利益을保護ᄒᆞ기爲ᄒᆞ야波斯四方八拾里되는가즈우인地方까지其軍隊를派遣ᄒᆞᆯ터인즉다ᄒᆞ니軍隊는速히撤回될貌樣이라ᄒᆞ며

●露國回章 倫敦電을據혼즉露國이列國에回章을發ᄒᆞ야曰波斯政府의改革에關ᄒᆞ야英露兩國의手段은失敗에歸ᄒᆞ얏고革命黨은波斯政府에使人ᄒᆞ다ᄒᆞ는바인즉此를防止키爲ᄒᆞ야露軍을엔제리에派遣ᄒᆞᆯ터이나但內政은干涉지아니ᄒᆞ고同地在留露人及外國人을保護홈에專力ᄒᆞ다ᄒᆞ얏다더라

●알프쓰鐵道 伯林電을據혼즉中央알프쓰山脈의따우에른山鐵道는七月五日에運轉을開始ᄒᆞ얏는데同鐵道는塊地方도리에스트貿易에重要혼線路라더라

●德國國會妥協 伯林電을據혼즉德國國會에서는多數議員이政府와妥協ᄒᆞ야其重要혼点

●土耳 戰備 全電을據혼즉土耳其는目下마케돈에集合혼希臘人을鎭壓ᄒᆞᆯ터인대强硬手段을採用ᄒᆞ기로ᄒᆞ고又同國은希臘에對ᄒᆞᆯ戰鬪準備는尙且繼續혼다더라

●波斯戒嚴 全電을據혼즉波斯京성德黑蘭에서는戒嚴令을發佈ᄒᆞ얏다더라

●露國探險隊 露國이數年來로夏節에는探險隊를四方에特派ᄒᆞ는터今夏에도多數探險隊가各地에出發ᄒᆞ고其他地學協會及露都大學에서夏期休學을利用ᄒᆞ야西比利亞觀光隊를組織ᄒᆞ엿는데露國國會가此等探險隊로써高留를支出ᄒᆞ다는데今夏探險隊는其主目的地가中央亞西亞, 烏拉爾, 西比利亞, 黑龍江沿岸方面이오部隊數는四十이오又海軍振興會는海上觀光隊를組織ᄒᆞ야近日에第壹回로오뎃사港을發ᄒᆞ야君士但丁堡, 埃及, 希臘을經ᄒᆞ야日本으로西比利亞에向ᄒᆞᆯ터이라더라

學報

●光東本業 平北鐵山北鎭耶蘇敎光東學校에서今月壹日에第壹回卒業式을擧行ᄒᆞ얏는데
優等生 申德賢 朴昌진
鄭元有 鄭元泰

詞藻

●求生法
七年大旱과九年之水에도, 사람살기無難터니。年々豊登ᄒᆞᆯ것마는, 眞情으로못살겟네。
안니도다、이世上에 살긔띠ᄂ、 ...

雜報

●會伊晩見 昨日十貳時貳十分에伊藤氏는曾禰統監과共히慶壽宮에 進詣ㅎ야 太皇帝陛下께 謁見ㅎ얏는데 陛下께셔는 御陪食을 賜ㅎ셧다더라

●隱忙情激 總理大臣이光용氏가東籍田 觀刈式에從刈ㅎ야ㅣㅎ고伊藤氏를歡迎次로馬山에前往ㅎ는事에對ㅎ야ㅏ儒生들이大憤慨ㅎ야問於히리氏에게詰責을加ㅎ자ㅎ더라

●統監研究 統監府에셔內閣變更에對ㅎ方針과壹進會와大韓協會에如何히待遇홀方法을新統監이研究中이라는巷說이藉々ㅎ더라

●壹進會印刷 大韓協會에셔는統監府에提出ㅎ意見書를印刷ㅎ야地方人民에게布告코ㅈ혼다더라

●活牛輸出 輸出牛檢疫法은旣히日閣會議를經ㅎ고統監承認을得ㅎ얏슴으로日간發表될터이라는데日本셔는韓國檢疫所의證明이有혼活牛만輸入홀터이라더라

●園遊狀況 再昨日慶武臺園遊會에內外國官吏貳千名假量이會同ㅎ얏는데總理大臣李完用氏가伊藤公爵의過去功勞를撰頌혼後에萬歲를呼ㅎ고其次에는曾禰統監에게對ㅎ야將來希望을祈禱ㅎ고仍히萬歲를呼ㅎ얏다더라

●左韓右日 再昨日북闕內에서園遊會를設行홀時에總理以下각大臣이同夫人進參ㅎ얏는데曾禰大統監氏는韓日女左右夫人을帶同參席ㅎ얏다더라

●宴接一退 伊藤氏入城혼後에總理大臣李完用氏가해氏留邸로三次往訪ㅎ얏는데壹次는接見ㅎ고二次는空還ㅎ얏다더라

●隱族會又延 內部에셔隱族使會議는明日曜日부터開會ㅎ기로決定ㅎ얏다더라

●咨詳郡固辭郡 地方의義兵騷擾ㅎ기爲ㅎ야前府使申嗇熙氏로全羅南北道宣諭使를任命ㅎ기로內定이되얏다는데해氏는期於히辭免ㅎ기로決定ㅎ얏다더라

●郡守會終了 京畿道郡守會議는本月五日부터開議ㅎ야昨日에終了ㅎ얏다더라

●其情感矣 中樞院副議長을廢止ㅎ다는說이有홈으로해議長諸人이其廢止與否를四面探知ㅎ는情況은甚可矜ㅎ더라

●支金甚乞 壹進會長李容九氏가伊藤氏를訪見ㅎ고言ㅎ되日本政府에셔本會에支給ㅎ는金貨二十萬圜을曾禰統監에게言托ㅎ야速히支撥케ㅎ라ㅎ얏다더라

●進會贈品 壹進會에셔伊藤公爵에게紀念品으로贈與ㅎ기爲ㅎ야金瓶三介를漢城美術品工場에委托ㅎ야現今製造中이라더라

●支廢則根拔 壹進會에셔는地方各支部를廢止ㅎ기로해會本部에셔決定ㅎ얏다더라

●學校令發布 實業학校令高等女학校令師範학校令高等학校令外國語학校令普通학校令施行細則은七月五日학部令으로發布되얏더라

●非宴則物 漢城府民會에셔伊藤氏를爲ㅎ야歡迎宴을設ㅎ기로現今擬議中이라는데만일宴會를設行치못ㅎ면무슴物品을製造寄贈혼다더라

●技師招上 內部土木局에셔工事上에協議홀事項이有ㅎ다ㅎ야各出張所에在勤技師를壹切招上혼다더라

●殿陵祠費用 歷代 殿 陵祠는政府의所管이되얏는데祭祀及維持費는附屬田畓과林等의收入으로充用ㅎ고附屬財產이無혼殿陵에는其當該附近人民의게셔寄附金을收ㅎ야充用케혼다더라

●任員譴罰 伊藤氏入城ㅎ던日에商業組合所長李學宰氏가迎接次로南大門外에셔先次前往ㅎ고該所事務員에게指揮ㅎ야國旗를製造出來ㅎ라ㅎ얏더니及其迎接時에는國旗가不及됨으로事務에不勤ㅎ다ㅎ야任員壹同을譴罰ㅎ얏다더라

●徵兵實施 各道府郡區域에便利를從ㅎ야廢合혼後에는徵兵令을實施혼다는說이有ㅎ더라

●關稅改定 韓國輸出入貿易品에課ㅎ는現行關稅는拾數年前에製定혼바인디貿易現勢上으로觀ㅎ건ᄃ改正을要홀點이不少홈으로韓政府에셔는明後年부터壹大改正을斷行홀方針이라더라

●伊領事歸任 向日에日本長崎로旅行ㅎ얏던伊太利領事는再昨日에歸任ㅎ얏다더라

●敎授協議 夏期講習所講師諸氏가敎授홀方法을協議홀次로本日학部에會同혼다더라

●請願留案 國民新報社장韓錫振시가辭免請願을ㅎ얏다홈은已報ㅎ얏거니와壹進會長李容九氏는此辭免請願이不可ㅎ다ㅎ야留案ㅎ얏다더라

◎越南人致書

日本在留安南人南震忠시가韓人興學會에致書혼全文이如左ㅎ니

敬奉 貴會諸公閣下韓越僕等慨國沉淪之慘合種族衰亡之悲相與跡寄東瀛汲汲以講興邦之學術鍊成材器以效消埃之報於故國無奈近來內外風動農讐仇人所忌乃大下轉手殺其同人斷其餉餽致以僕等天涯淪落已幾月餘將欲放步他邦尋壹實業只誤無資空竭其計嗚呼昨者學以曲衷白之事爲請見聞今日貴會集合同人想見諸公俠心義氣抱四海之壯懷有朋踏之感情剌又飲鴨山河同壹憂謹黃潮之鳥鳴係呼群此亦天與之奇緣不坊兩相壯懷豈特此越僕等正欲以聞貴國近日之事狀來以敎同情之感乎非特爲私起見也若謂其特此則區々此豈細事固不敢重煩於諸公金體尤不敢以輕致獻閱之恥也諸公其諒之則更其賜悲雖只僕之壹身而感其恩也且及於壹國盖諸公之推及之耳幸甚感甚이라ㅎ얏더라

●溫泉讓與 忠南溫陽郡溫泉은日人이經營홈은世所共知어니와今番에資本金貳萬圜으로株式會社를設立ㅎ고旅館料理店等營業을計劃中이라더라

●春倅美績 春川郡守李宜春시는莅主事在任時로부터愛民甚至ㅎ야邑村社民弊를蠲減홈이非止壹再러니郡守로移任혼後壹百圜金을出捐ㅎ야該郡守館隊에需求를隨即應供ㅎ야村民의게는侵害가無케ㅎ고日兵과交涉에熟ㅎ야地方騷擾의人民이安堵ㅎ얏고貧寒혼人民의게錢財를施與ㅎ야困難을救恤ㅎ며各學校에도寄付를不惜ㅎ야學業을勸奬홈으로該郡頌聲이藉々ㅎ더라

●府宦救愆 兵地居前宦李시는自己族兄及任誅鑿가貧窮에陷ㅎ야飢寒之境이되엿스되不顧傍ㅎ고多數金額을濫費ㅎ야年過六拾에侍從의게만沉惑혼다고該族親의怨聲이藉々ㅎ더라

●雙日擔行 橋閣洞居金井下洞에셔多數女人이衣服을漂洗홀際에日人勞働者가猝至ㅎ야强奸을行코져ㅎ는지라女人等이限死逃避ㅎ는더該日漢이壹女人을쫏차지追到ㅎ야發掠ㅎ며打破ㅎ며衣服을把裂ㅎ고該女人을無限亂打ㅎ야幾至死境이라더라

●日兵悖行 再昨夜에日人辯護士莊子某의事務所에雇傭ㅎ는日人壹名이飲酒荒醉ㅎ야來往人을無故毆打ㅎ더니가該掌內警察署에被囚ㅎ얏다더라

●水沽說論 水道共益所와水商간에不合혼事端이每多혼故로昨日中部警察署에셔該所長壹人과事務員五人과水商總代九人을招待ㅎ야曉諭以送ㅎ얏다더라

●洪郡讓戰 洪原郡湖面面居金思德氏가地戶稅貳百三十三圜을領收ㅎ야北靑郡財務局으로還送ㅎ더니가道路에셔賊盜가閫突ㅎ야沒數見奪ㅎ얏다더라

●密謀旅行 救世軍將校密數시는韓人金東秀시와共히布敎ㅎ기爲ㅎ야再昨日에地方으로旅行ㅎ얏다더라

●湖南決議 湖남학會에셔來日曜日下午壹時에演說家를請邀ㅎ야敎育實業의目的으로演說을開ㅎ고傍聽을許ㅎ며該道학生으로討論會를組織ㅎ야知識을交換케ㅎ기로決議ㅎ얏다더라

學界

●義明夏閒 安義郡私立義明學校는該郡守梁在奉시가與該校敎師로協力贊成ㅎ더니該郡守가遞任後에幾至廢境이러니該郡紳士張濟均시가該校之任을擔ㅎ야極力贊成ㅎ며學員의父兄들이感服ㅎ야壹心合力홈으로학校狀況이更히進興혼다더라

●晉明益明 慶南晉州郡紳士吳珍泳朴世珪兩시가該郡內에晉明學校를設立ㅎ고經費不足條를每年에四五百圜式自擔補用ㅎ며遠地에셔來學ㅎ는學徒는宿食을便宜케供給ㅎ며書籍은從便買給ㅎ야熱心勸奬ㅎ는故로학徒가百餘名에達ㅎ야漸次發達之望이有ㅎ다더라

●女校有望 咸南利原郡居申維甸시의夫人이協子시는現時에女子知識이朦昧홈을慨歎ㅎ야女學校를設立ㅎ얏는디校名은貞信이라ㅎ고女子界에熱心勸諭ㅎ야學徒三四十名을募集敎授ㅎ며校費는自辦支用ㅎ는故로壹般紳士界와壹境女子들이學習稱頌ㅎ야漸就之望이有ㅎ다더라

△地方消息▽

▲去月貳拾七日全羅南道穀川邑南方約貳拾里地에셔義兵八十名이穀川駐在所派遣所上等兵及補助員合八名과衝突ㅎ얏다ㅎ고

▲仝廿九日全南榮山浦에南方約十五里地에셔義兵三拾名이昌平日憲兵派遣所上等兵及補助員四名과交戰ㅎ얏다ㅎ고

▲仝廿九日京畿交河郡東方約十五里地에셔義兵十五名이同郡日憲兵分遣所下士壹名과上等兵壹名과補助員十名과同郡駐在所巡査貳名과交戰ㅎ얏다더라

▲對症一劑▼

▲廣直千能拾甲에子孫滿堂ㅎ더니且男僕女婢具足ㅎ더니그졍主人病三년에積年沉吟ㅎ는中에二壯子가田沒ㅎ야百般怪症이셩기니그病勢을治療코ㅈ古今名醫延接ㅎ야方文부터拔出혼다

▲기伯氏를延接ㅎ야先診候ㅎ여보니積久ㅎ더그病勢가壹朝先妄이너로다身體健康홀時부터修養法을蹂躪ㅎ야眞元이斯敗되얏고너氣力부터蹶拔키로仁蔘熟地黃君ㅎ야養元湯을쓰더니보고

▲扁鵲氏를延接ㅎ야繼後診察ㅎ여보니異常ㅎ고病勢에더病人은精神이不寧ㅎ야巫覡와藥을ㅎ얏스니六不治가미아니냐象祟부터醫省키로還魂湯을쓰더니보고

▲華佗氏를延接ㅎ야繼繼診察ㅎ여보니頑梗ㅎ더그病勢에膜腐朽敗더雜物이胃腑中에積滯ㅎ야新穀物이登入ㅎ면呑酸嘈雜되는디라空氣를注入키로石蜜止肉鍛鍊ㅎ야倒倉法을쓰더니보고

▲扁岳氏를延接ㅎ야繼後診察ㅎ여보니危急ㅎ구나그病勢에元氣空々ㅎ데腹中에客邪之氣充滿ㅎ야譫語狂躁ㅎ며魑魅鬼之祟에이로다外邪부터驅除키로大黃芒硝와苦참ㅎ야辟邪丹을쓰더니보앗도다

▲여러方文보내노라이러方文쓴지보니黃帝氏를奉邀ㅎ야選方法을問議ㅎ니乎乎々々ㅎ이라ㅎ더니嘻然而笑ㅎ는말이甚巧ㅎ다여러方文何舍何擇홀것업시次例々々試用ㅎ면不日蘇큰ㅎ리로다

社告

杆城 邑內新城里 貳統三戶 함兩元氏와 韓山 郡下북箏堂里 李英稙 氏가 該地方에 本報購覽諸氏의 便宜홈을 爲홈야 支社를 特設홀 意로 請願키 自홈 기 同情을 表하기 爲홈야 該兩氏로 本支社員을 認定홍고 茲에 廣佈홍오니 該附近에서 本報를 愛讀 僉君子는 該兩氏의게 購覽홍시옵

大韓每日申報社

本人에 子德華가 性本蕩昧放蕩홍야 亂債를 多用홍더니 五六年前에 鎭山邑人亂債가 不少홍지라 自賣之誤를 豈下知홍리오마는 被人誘之愚보담 其誘人之惡이 尤爲痛甚홍며 法律自在故로 欲懲惡習하야 該三人을 본邑呈訴홍야 果得嚴懲則 該二人은 乞請和放홍 考音標홍고 本債 ……給홍갓스되 但余允參爲名홍 稱以發惡愚頑홍야 錢四百兩標를 堅執避身홍야 本錢을 終不推去홍도지라 後弊를 防杜홍기爲홍야 丙午年陰六月에 本申報第二三八拾九號로至九拾參号에 廣告홍 옛거니와 稱以 外國人의게 廣告홍얏더니 ……

옛가 茲將告訴裁判홍야 懲習推標홍려니와 內外國人의게 爲先廣佈홍는 것은 日後錢與物間去來則內失홍더이오니 內外人間知悉之意로 茲以廣告홈

錦州松壁松山동 張韻善 告白

家宗中의 先塋墓가 甘平壤長慶門外에 在홍 崔濟豐處에 給雇守護홍야 戰選奉安也에 石物이 相剝折傷홍지라 不得更造홍여야 될 形便인데 해 崔리 兩시가 更造홍는 雇金四十圜을 固辭不受이오니 해 兩시의 手巧精美와 滋善業은 曾所慣聞이오는 以若朝鮮墓役之匠手로 如此高尙太義를 不可泯默이오기 茲以廣告홍오니 近間同宗會員은 照亮感謝홍심을 務望

甯川郡 申氏宗中 告白

廣告

○泉州 崇信坊加五里契後洞第貳統三戶 己五六間草家 六間板刻板卷覽度를 失去홍야 茲에 廣告홍오니 內外國 間에 休紙로 施行홈

泉市 崇信坊加五里大洞安益西 告白

近者三四年간에 본人의子德華가 浮浪홍줄노 世界가 知홍고 無분分償給홍더니 近日本部幾個人이 本日廣告後償給者는 白失이 當然홍거니와 廣告前債錢은 白失이 抑冤홍야 懇乞日 依本錢還報하라홍기로 千百思之則 廣告前負債를 已爲還本之事니 此亦還本이 可타홍에 所存田畓을 放賣홍야 各人債權者를 沒數招謝홍야 更不償給홍는 際옵拂홍고 依本邦冊給之際에 本人의 德華가 前日小子가 作年에 錢山邑往還時에 金允參을 邂逢홍니 允參가 錢四百兩標事로 無數發惡이라가 小子의 足指를 大牙로 力嚼홍니 氣塞絶命之境을 當홍지라 身命을 保存키 爲홍야 謂金某日 汝言과 如히 홍지니 命을 活홍라 홍즉 金某日 四百兩本錢이 取邊으로 利ㅣ 加利홍며 限五千兩되기 이니 五千兩標를 書홍라홍기 겁에 五千兩標를 成給홍즉 始放足指라 足還來홍야 父主前에 不敢告白홍얏노라 홍니 世豈有如此弊盜之惡習이 …… 爲不知的定홍다 홍옵기 茲에 廣告홈

朴蘭德

湖南學會

本月拾貳日(陰五月二十四日) 下午壹時 定期總會에 演說을 開홍고 傍聽을 許홍오니 本道人士와 有志者시는 光臨홍옵

自畵와 唱歌의 著名홍 敎師 金仁湜 시가 夏期講習所를 尙洞靑年學院內에 設홍고 速成敎授홍오니 敎育에 有志 僉員은 本所로 來議홍오

本人의 姓名圖章을 遺失홍엿기로 大韓每日申報의 廣告홍얏더니 日昨家中에서 發見須索홍여 該圖章을 仍舊信用홍깃기로 茲에 更廣告홍오니 內外國人은 照亮홈

西部龍山坊新倉前契五十壹統八戶 朴春二 告日

學員募集廣告

本校에서 日語丙班、算術丙班、簿記班三科를 增募홍오니 願學人員은 來十五日(陰五月廿三日)內로 請願書를 提呈홍시옵

科目

日語科 自初步

算術科 自初步

簿記科 商業、銀行

典洞 私立 中東夜學校

漢陽居박樹喆시는 素班資勢로 定平居金殷鎬의 換債五萬兩을 償用不報홍고 金允明爲名人을 暗賂壹千五百圜盜食홍고 大邸居徐相돈시의 家業四萬兩을 債하後避身隱躱홍야 報하가시가 巧逢徐시홍야 搬辭謝罪哀乞홍 ……郡護士金正穆을 立證脫身後 又今不報하가 至於裁判之境에 賂買證人홍야 誣告證査홍고 求爲不報的定홍다홍옵기 茲에 廣告홈

專賣特許 驟帽子

中山帽子 價金 五〇〇 / 四五〇 / 三五〇 / 貳五〇

中折帽子 上仝

女子用帽子 上仝

學徒帽子 價金 二〇〇 / 一五〇 / 二七〇 / 〇〇〇

本新發明帽子는 每日每時每分每秒間에 汗垢가 污染홍 次式標를 안서 洗濯홍야 水에 洗淸홍고 卽時乾干홈 ……

玉虎書林廣告

登錄商票

TRADE MARK

THE HEAVEN DOVE

이ᄇᆡ닭이

美國시아틀大博覽會에 미국시아틀대박람회

本社之印章

其權力을 用홍야 可爲善이오 其權力을 用홍야 可爲惡이라 ……

全히 善良홍게 利用홍면 其權力의 强大홈을 不可量홀지라 我韓美興業株式會社는 大韓帝國의 商工業과 其基礎를 建築而擴張홍고 改良이 發達홈을 强力의 團合體이오이다 世界各國이 不齋間에 韓國의 産物이 有홈을 知得홍깃 ……

本社之商標

本社 漢城礦洞(京城郵便局郵函第四拾号) 韓美興業株式會社 (大美國에 리소나 州法律認可 駐大韓國美國總領事館登錄)

本社의 各處代理人의 姓名은 如左홈

開城代理人	開城南門外雜貨商店	金東宣
平壤代理人	平壤大同門內店종	鄭基煥
咸興代理人	咸興西門外	朴기文
馬山浦代理人	馬山浦客主	張錫文
元山代理人	元山港	金以文
淸津代理人	淸津港	張락臣
水原代理人	水原北부長安동	金유동
安城代理人	水原부東부往里旺新학校內	金유동
沙里院代理人	漢城中部外相思동貳統三戶	邦元里
金泉代理人	漢城서부마浦二十壹統五戶	李孝稙
海州代理人	水原北부장동	吳慎泳
天安代理人	群山大井洞	尹聖求
群山代理人	漢城西부阿峴二百廿二統三戶	韓相益
金州代理人	大邱新田리五拾八統七戶	金載祿
大邱代理人	馬山浦午山里拾壹統九戶	리相召
釜山代理人	西部龍山東幕中契廿七統貳戶	辛相淑
江景浦代理人	西部麻浦貳十七統三戶	리寅浩
麻浦附近代理人		리弼駿
東湖代理人	陰城城山里	權泰鎔
泉同代理人	漢城壽동貳統壹戶	安德의
木浦代理人	木浦南橋동	文德용
晋州代理人	昌原舊馬山浦城山	孫德宇
金堤代理人	金堤郡白石面水明	김升승
漢江附代理人	남部漢江拾八統貳戶	리宗默
義州代理人	義州枇峴	박奉煒
江界代理人	義州枇峴	朴奉煒
漢城東部代理人	往十里甘井동四동五戶	金聖翰
鎭南浦代理人	鎭남浦彌井洞	金相杰
定州代理人	郭山郡	金時漸
城津代理人	吉州邑	郭寅洙
浦項代理人	浦項上里拾二統拾貳戶	리鍾龍
太田代理人	太田新대	宋貞憲
淸州代理人	烏致院漢城路동二統壹戶	安景의
吉州代理人	吉州西門外第二拾八戶	金萬석
禮山代理人	漢성西部冷洞思동二統三戶	李孝稙
延安代理人	延安郡磨玉洞	리榮榮
兎山代理人	兎山郡兎山市	李鍾煥
漢城浦代理人	開城博都橋	曺秉德
公州代理人	太田新대	宋始憲
論山代理人	公州中灘松亭里	申商雨
漢原代理人	咸興郡中荷里	金晋默
漢城西部代理人	西部里門洞百五拾四統四戶	朴勝俊
錦山代理人	洪川郡源面蓮下里	全師錫

各種東西洋藥과韓國唐草材大發賣所 和平堂藥房

●本藥房은同胞僉員의顧愛ᄒᆞ심을입사와本舖를今以擴張ᄒᆞ고東西藥品을都買散賣ᄒᆞ오니拾二道各郡藥業ᄒᆞ시ᄂᆞᆫ僉位ᄂᆞᆫ西洋藥品이나韓藥唐材와草材를隨用請求ᄒᆞ시면以廉價酬應ᄒᆞ려니와오며漢藥服用ᄒᆞ실兄弟ᄂᆞᆫ方文만郵便付送ᄒᆞ시면特別ᄒᆞ藥材를擇ᄒᆞ야精製ᄒᆞ야더ᄋᆞ引換으로付上ᄒᆞ깃ᄉᆞ오니康亮ᄒᆞ시ᄋᆞᆸ

本堂藥製品은如左홈

阿煙斷引丸　壹劑八週分　金五圓　半劑四週分　金三圓

養調經丸　壹個月分　金五圓

臘香消瘡丹　拾四日分

甲號金四圓　乙號金二圓五拾錢

滋陽丸　壹月分五圓　貳拾日分二圓四拾錢　拾日分壹圓八拾錢

全治丸　壹劑十四日分金三圓

八寶丹　壹包九拾五粒金拾錢

新設　和平堂藥房主李應善

濟生堂和平堂大藥房聯合紀念大贈彩

●贈大彩說明

濟生堂開業五週年과和平堂開業三週年間에內外國君子의顧愛ᄒᆞ심을多蒙ᄒᆞ야營業이時日隆盛ᄒᆞ고功績이東西醫藥에及ᄒᆞ야其際僉賢氏誠을表ᄒᆞ기爲ᄒᆞ야兩藥房에셔紀念式을幷行ᄒᆞ고僉君子의盛誼를表ᄒᆞ기爲ᄒᆞ야兩種藥品(淸心保命丹 八寶丹)을特製大發賣ᄒᆞ며大贈彩券을無代金添呈ᄒᆞ와購買諸君의幸運을太占케ᄒᆞ오니僉君子ᄂᆞᆫ勿失此機ᄒᆞ시고陸續往顧ᄒᆞ심을敬要

懸賞物品金六百圓價値

大福彩券은以四千枚로定

兩大靈藥（淸心保命丹）（八寶丹）壹貼價金各拾錢

效能　급飮積滯胸腹痛　水土不利咳嗽등

方法

定價金十錢枚五包에壹印彩券壹張을添呈ᄒᆞᆷ

此外兩藥房製藥品中의五拾錢價格에彩券을壹張씩呈홈

劃引價로購求ᄒᆞ면五圓價格에彩券壹張을添呈홈

賞品

頭等（貳人）白米貳拾石（每拾石式）太斗五斗入

壹等（貳人）仝　拾　石（每五石式）

貳等（捌人）仝　拾六石（每貳石式）

三等（拾人）仝　拾　石（每壹石式）

四等（壹百人）金五十圓（每五十전式）

五等三千八百七拾八紙券에三千八百七拾八匣

空彩ᄂᆞᆫ無홈

遠地에ᄂᆞᆫ郵便引換으로도送呈홈

期限은六十日로定　自陰六月拾六日至陰八月拾五日

抽籤日子ᄂᆞᆫ臨期ᄒᆞ야更告ᄒᆞᆯ게ᄉᆞᆷ

位置

皇城南大門側　濟生堂大藥房本舖

皇城鐘路　和平堂大藥房本舖

皇城鐘路　兩堂臨時出張所

自宅治療　電氣帶廣告

（主治效能）神經衰弱腦症不眠。遺精、早漏不快、陰위不起、消化器衰力、慢胃痙結、消化不良。慢性不食。遺尿。壹般內臟에衰弱。痲痺。半身不遂。或全身不遂。手足厥冷、諸神經痛。頭痛腰痛。脚氣及腰痛。記憶力及視力衰退、血氣分不足疾

上號　拾四圓　中號　拾二圓

家庭救急方

前醫學校教官　朴容南　著

全壹冊　定價金參十錢

此編은東西醫學中에家庭의必要ᄒᆞᆫ救急抄法을博捜摘採ᄒᆞ야雖婦人小兒라도易曉케解說ᄒᆞᆫ者ㅣ니人人마다案頭에貯藏ᄒᆞ야自宅의治療를作ᄒᆞᆯ能力이오且醫業에從事ᄒᆞᄂᆞᆫ人의臨床必要ᄒᆞᆫ者ㅣ니實濟世의要訣이옴

目次大略○內科病의救急法○卒倒○卒中○熱射病○霍亂○癲癇○疼痛○頭痛○腹疼痛○胃痛○月經時疼痛○出血○鼻出血○咯血○吐血○下血○中毒○中毒療法의壹般通則○鴉片中毒○양재물中毒○石炭酸中毒○硝酸銀中毒○燐中毒○비상中毒○炭氣中毒○煙草中毒○獸肉中毒○異物의摘出法○鼻、喉咽、耳、眼、의異物摘出法○火傷○凍傷○止血法○捲圍○失氣及假死○假死와眞死의區別○假死의救急法○溺水者○縊首者○瓦斯中毒○異物嚥下窒息假死○雷震死○餓死者○人工呼吸法○捲帶○外傷○頭部外傷○顏面外傷○頸部外傷○胸部外傷○腹部外傷○下악脫臼○咬傷○狂狗○毒蛇○蜂蠆咬傷○妊娠의症候○妊娠中의攝養○產婦의攝養注意○初生兒의受護法○乳母의撰擇法○家庭의必備藥品

發賣所　皇城南部大廣橋　大東書市 告白

代理店　共受堂各支店

京鄉各書舖隨意販賣

社告

○申報價

壹張代金　新貨貳錢五厘

壹個月前納　三拾錢

參個月　九拾錢

陸個月　壹圓七拾錢

壹個年　參圓四拾錢

號外壹張　新貨五厘

壹個月　拾參錢

○廣告料

四號活字拾參字에

每日壹寸(英尺)에新貨卄五錢

貳週日壹寸에　貳圓五拾錢

壹個月壹寸에　五圓

(自壹行至四行이爲壹寸)

其期限의長短과字行의多寡를依ᄒᆞ야增減홈이有홈

◉大韓每日申報各處支社廣告

平安道

平壤鍾路太極書館　安泰國

三和港牌石洞教堂　咸亨逸

義州南門外玄西大藥房　張斗寬

鐵山邑東部　安瀷

車輦館　金明濬

定州南門內書舖　洪成麟

博川郡邑너울洞　金翼燦

安州城內義井洞　金翼河

京義線枇峴驛書市　李基玹

龍川楊市　黃菊保

龍川南面松峴洞東書舍　金鍾淵

龍川남市驛　鄭秉麟

朔州邑남門너머　朱伯勳

泰川邑館前洋藥局　李正漢

寧邊郡內紅門里　鄭德昇

江西邑內　金昌鎭

成川郡上部面　馬濂三

平壤順川郡邑道長　鄭裕潤

肅川邑場南　申基用

黃海道

江界邑郡衡敬書舖　金　濬

郡山郡堂面新平里　金鍾漢

雲山郡邑西上里　張志璿

價山郡內利用里　韓泳奭

瑞山北面梧洞　王熙燦

海州남門內書舖　朴箕陽

安岳書石面鳳鶴洞　金文瀞

長淵邑校洞西北支學會內　崔東元

殷栗邑倉前里　金允植

信川邑西里　李尙哲

載寧邑乾材局　李應龍

黃州南門外學校　崔鳳漢

白川邑文明館　鄭翼鉉

沙里院活民勞動夜學會任敎室

咸鏡道

稱城邑內新城里　한濟元

咸興州南社西門外　姜壽林

元山港創發社內　梁翰馬

高原邑　許致商

定平郡豊月　張禮奎

洪原西門內　李斗善

永興南山동洪明學校內　梁元常

鏡城羅南新興洞　安正炫

淸津港新岩동　張元濬

全羅道

全州水流面豆亭　趙鏞三

木浦항陽동　미得漆

京畿道

鐵산下鐵堂里　며樊지

仁川濟物浦新舖소　李東燮

開城남大門內興學書舖　崔斗遠

江華邑川　金鍚楨

忠淸道

結城曖川小龍동　李啓昨

慶尙道

大邱西門外友鼓書館李正甫

釜山港佐川약局　徐鍚鑄

江原道

鐵原邑茂동　崔香大

蔚珍遠남面梅花里　朱鍾聚

光武九年八月拾壹日 明治卅八年八月拾壹日 〔第三種郵便物認可〕 日曜日 西曆壹千九百九年七月拾壹日 (壹)

第七號

大韓每日申報

第千[illegible]百四拾四號

歲時及月曆日休刊

檀君開國四千二百四十二年
箕子元年三千三十一年
大韓開國五百十八年
日本明治四十二年
淸國宣統元年
己酉五月小廿四日壬申

Responsible for Publication Alfred Weekley Marnham.
發行兼編輯人英國人 萬咸
發行所 京城南部石井洞鐵外地三層洋館 大韓每日申報社

論說

◉人生은目的을確定홈이可홈 (續)

故로斯人이目的을擇홈에第壹은正當홈을要홀지며 비록正當ᄒᆞ다ᄒᆞᆯ지라도萬壹許多混雜ᄒᆞ야[illegible]에留意ᄒᆞᄂᆞᆫ者ㅣ又實業에留意ᄒᆞ며技術에留意ᄒᆞᄂᆞᆫ者ㅣ又政治에留意ᄒᆞ야朝에ᄂᆞᆫ東雲에現ᄒᆞ다가夕에ᄂᆞᆫ西雲에現ᄒᆞ며時에ᄂᆞᆫ上流에向ᄒᆞ다가今에ᄂᆞᆫ下流에向ᄒᆞ야往來가電又치閃ᄒᆞ며出沒이鬼又치捷ᄒᆞ야壹身이千變ᄒᆞ고萬化ᄒᆞ며壹舌이千百을化ᄒᆞ야天下의事를豈々히我手로了코ᄌᆞᄒᆞ면外面의熱心은可敬이나實際의成事ᄂᆞᆫ難望홀지라

故로斯人이目的을定홈에第二ᄂᆞᆫ單純홈을要홀지며 비록單純ᄒᆞᆫ壹件學科로도萬壹因循懶惰ᄒᆞ야今日의事를明日로推ᄒᆞ며明日의事를又明日로推ᄒᆞ야歲月을蹉跎ᄒᆞ고機會를虛度ᄒᆞ며畢竟에所得이無ᄒᆞ리니 彼野農을觀ᄒᆞ라其經營ᄒᆞᄂᆞᆫ바ᄂᆞᆫ數十畝石田에不過ᄒᆞ며其希望ᄒᆞᄂᆞᆫ바ᄂᆞᆫ卄卌石租包에不出ᄒᆞ건만은幾十日만優遊ᄒᆞ면此經營此希望이居然히海面泡子에同歸ᄒᆞ려던況乎宇宙의孤雲을俾睨ᄒᆞ며國家의幸福을計圖ᄒᆞ야雙肩에回天轉日의責任을擔ᄒᆞ며壹手로伏龍捕虎의事業을期ᄒᆞᄂᆞᆫ者리오

故로斯人이目的을行홈에第三은勤勉을要홀지며 비록勤勉히事를做去ᄒᆞ더ᄅᆞ도萬壹繼續性이缺乏ᄒᆞ야恒常躁[illegible]的으로進行ᄒᆞ야當刻에此를了코ᄌᆞᄒᆞ며壹時에此를了코ᄌᆞᄒᆞ다가及其不成ᄒᆞᄂᆞᆫ境遇에ᄂᆞᆫ便히膽力이挫ᄒᆞ며血氣가消ᄒᆞ고落望의坑에入ᄒᆞ야向後倒退ᄒᆞ면九仞의功을壹簣에棄ᄒᆞ며掘井의業을未泉에捨ᄒᆞ면前功이何在오所以로西歐學士가一小書籍을著ᄒᆞ에도往々二十年三十年四十年의星霜을須ᄒᆞᄂᆞᆫ비어ᄂᆞᆯ我韓日에ᄂᆞᆫ壹會壹團을組織ᄒᆞ다가今日에停閉ᄒᆞ며昨年에書報를刊行ᄒᆞ다가今年에廢止ᄒᆞᄂᆞᆫ者에其見이何太短ᄒᆞ고故로斯人이目的을遂홈에第四ᄂᆞᆫ長久홈을要홀지니 苟能此四者를行ᄒᆞ면天下의大事를作홈도可ᄒᆞ거ᄂᆞᆯ況其他小々者야奚論이리오

(未完)

▲隆熙三年四月二十日 官報

▲部 令

法部令第二號

·司法警察官執務規程 (續)

證書나書翰의類ᄂᆞᆫ前項手續을行ᄒᆞ되此를記錄에編綴치아니ᄒᆞ고別로封套에入ᄒᆞ야押收物件되ᄂᆞᆫ旨를表記홈이可홈押收物件을記錄과共히送付치아니ᄒᆞᄂᆞᆫ時ᄂᆞᆫ送致書에其事由를附記홈이可홈

第五拾五條 押收物件으로送付홀必要가無ᄒᆞ다고認ᄒᆞᆫ者나又ᄂᆞᆫ運搬ᄒᆞ기不便ᄒᆞᆫ者ᄂᆞᆫ此를保管ᄒᆞ거나又ᄂᆞᆫ適當ᄒᆞᆫ者에게命ᄒᆞ야此를保管케ᄒᆞ고押收調書에其旨를記入홈이可홈前項에依ᄒᆞ야物件의保管을命ᄒᆞᆫ時ᄂᆞᆫ其保管擔當書를徵ᄒᆞ야記錄에添附홈이可홈

第五十六條 押收物件이腐敗ᄒᆞ거나又ᄂᆞᆫ滅失ᄒᆞᆯ憂慮가有ᄒᆞᆫ者ᄂᆞᆫ賣却ᄒᆞ거나又ᄂᆞᆫ廢棄홈을得홈

前項에依ᄒᆞ야賣却ᄒᆞᆫ物件의代金은此를保管ᄒᆞ고押收調書에其旨를記入홈이可홈

第五十七條 押收物件으로送付홀必要가無ᄒᆞ고且沒入에係치아니ᄒᆞᆫ者ᄂᆞᆫ認ᄒᆞᆫ其假下를行홈을得ᄒᆞ며贓物이나又ᄂᆞᆫ贓金으로써購求ᄒᆞᆫ거나或은贓物과交換ᄒᆞᆫ物件이被告人의手에現在ᄒᆞᆫ時ᄂᆞᆫ協議返還을行케홈도無妨홈

假下를行홈에ᄂᆞᆫ假下中에善良ᄒᆞᆫ注意로써其물件을保管ᄒᆞ고又切處分行爲를行치못홀旨를假下物件領受證에記載示ᄒᆞ고且其旨를記載ᄒᆞᆫ假下領受書를提出케ᄒᆞ고若協議返還을行케ᄒᆞᆫ時ᄂᆞᆫ還付書나又ᄂᆞᆫ各別히書面을徵ᄒᆞ야此를記錄에添附ᄒᆞ고押收調書에假下나又ᄂᆞᆫ協議返還ᄒᆞᆫ旨를記入홈이可홈

(未完)

外報

◉日領事召還 東京電을據ᄒᆞᆫ즉布哇駐留日人勞働者의罷工은尙今不止ᄒᆞᆫ故로日本에셔[illegible]駐在ᄒᆞᆫ領事上野氏를召還ᄒᆞ기로決定ᄒᆞ얏다ᄂᆞᆫ說이有ᄒᆞ다더라

◉派兵是認 倫敦電을據ᄒᆞᆫ즉英國이露國의波斯派兵을是認ᄒᆞ고又波斯革命黨은現皇을廢ᄒᆞ고新皇을立코져ᄒᆞᄂᆞᆫ데英國은此를不好ᄒᆞᄂᆞᆫ貌樣이나此事機에到來ᄒᆞᆫ豫想ᄒᆞᆫ듯ᄒᆞ다더라

◉土波同情 全體를據ᄒᆞᆫ즉土耳其革命黨은波斯自由派에對ᄒᆞ야深厚ᄒᆞᆫ同情을表ᄒᆞ고又露國의派兵을痛憤ᄒᆞ야干涉을斷行코져ᄒᆞᆫ다더라

◉英暹條約의內容 英國과暹羅간의所結ᄒᆞᆫ條約은旣히발布ᄒᆞ얏ᄂᆞᆫ데其內容은英國이該國土地及馬來半島에셔陸海軍軍港에對ᄒᆞ야暹羅가他危險을不生케ᄒᆞ기爲ᄒᆞ야又蒙多拉加布利南部疆界線以南領土及附屬諸島嶼를他國에租借로許與ᄒᆞ거나又築港權과其他國에許與치아니ᄒᆞ기로ᄒᆞ얏ᄂᆞᆫ데盖此條約은商務上보다軍事上關係가尤大ᄒᆞ다더라

◉外資開採 露國中央亞細亞領土地帶에富藏의未開發이實多ᄒᆞᆫ데此ᄅᆞᆯ爲ᄒᆞ야國內大資本家가無ᄒᆞᆫ所以인故로現今外國資本으로開採를始ᄒᆞ야商工上利益을增進키로注意ᄒᆞᆫ다더라

學報

◉法卒業 西江普法學校에셔第二回卒業式을擧行ᄒᆞ얏ᄂᆞᆫ데

卒業生 金潤璉 崔允用
金元常 崔文植 鄭永澤

詞藻

◉웨그러노

자거든참자거나、세거든참세거나。
자ᄂᆞᆫ듯조으ᄂᆞᆫ듯、아ᄂᆞᆫ듯모르ᄂᆞᆫ듯。
이렁셩、뎌렁셩ᄒᆞ니、아모랄줄。

雜報

●計其巧點 向者에大韓의院외部다、鈴木이가 太皇帝陛下ᄭᅦ 陛見ᄒᆞ고 御病氣를 奉診ᄒᆞᆫ後에 奏曰馬關까지 幸行ᄒᆞ옵셔旅行治療ᄒᆞ심이如何ᄒᆞ오잇가ᄒᆞᆫᄃᆡ 陛下ᄭᅦ옵셔 日老體에發路旅行이困難ᄒᆞ다ᄒᆞ옵셧다더라

●統府臨御 前報와如히昨日上午十時三十分에 大皇帝陛下ᄭᅦ옵셔動駕ᄒᆞ사統監官邸에臨御ᄒᆞ옵셧ᄂᆞᆫᄃᆡ京城孤兒院院徒와進明女학校生徒가 祗送ᄒᆞ얏다더라

●伊藤陛見 昨日 大皇帝陛下ᄭᅦ옵셔統監官邸에 臨幸ᄒᆞ옵셧다가還御ᄒᆞ옵신後下午에伊藤氏가秘書官國分이를帶同ᄒᆞ고 昌德宮에詣ᄒᆞ야 大皇帝陛下ᄭᅴ 陛見ᄒᆞ얏다더라

●義王渡日 義親王殿下ᄭᅦ옵서間日本에渡去ᄒᆞ신다ᄂᆞᆫᄃᆡ隨從員은中樞院顧問리址鎔氏로推選ᄒᆞ얏다더라

●歡感交殊 伊藤氏가渡韓ᄒᆞᆷ을歡迎ᄒᆞᄂᆞᆫ者가不少ᄒᆞᆫ中에特히總相李完用氏ᄂᆞᆫ馬山에獨往ᄒᆞ야出迎ᄒᆞ고又去六日에伊藤氏를對ᄒᆞᆫ時에左右를屏去ᄒᆞ고秘密接見ᄒᆞ야伊藤氏의歡心을要ᄒᆞ얏ᄂᆞᆫᄃᆡ漢城政客들은李完用氏의內閣前途를樂觀ᄒᆞᄂᆞᆫ者도有ᄒᆞ고又不平ᄒᆞᆫ大官들은李完用氏의勢力持續에對ᄒᆞ야失望ᄒᆞᄂᆞᆫ者도有ᄒᆞ다더라

●其然其然 總理大臣리完用시가從ᄅᆡ式不恭ᄒᆞᆫ事에對ᄒᆞ야一般輿論이有ᄒᆞᆷ은人所共知어니와此事件을由ᄒᆞ야一進會에서演說會를開ᄒᆞ고辭職勸告ᄒᆞ기로決議ᄒᆞ얏다더라

●患失患得 總理大臣리完用시ᄂᆞᆫ形式的으로辭職코ᄌᆞᄒᆞ나其結果가眞境에歸ᄒᆞᆯᄭᅡ憂慮ᄒᆞ야官大椅子를運動後에辭職疏를奉呈ᄒᆞ랴고現方周旋中이라더라

●勸告辭職 總理大臣리完用시ᄂᆞᆫ何故를因ᄒᆞᆷ인지度支部大臣任善準시에게對ᄒᆞ야辭職勸告ᄒᆞ얏다더라

●巨額爲用 總理大臣李完用시ᄂᆞᆫ有何緊用處인지巨額金을現今秘密圖得ᄒᆞᄂᆞᆫ中이라더라

●納媚特色 漢城府民會長俞吉濬시ᄂᆞᆫ錦帛으로類辭를綉ᄒᆞ야伊藤시에게贈呈ᄒᆞ얏다더라

●合併設宴 漢城府民會에서伊藤시를爲ᄒᆞ야餞別宴을設코자ᄒᆞ다가因ᄒᆞ야日本民團과合併ᄒᆞ야해宴을開ᄒᆞᆫ다더라

●會期又延 本日부터內部에서觀察使會議를開ᄒᆞᆫ다더니相値되ᄂᆞᆫ事를因ᄒᆞ야中止ᄒᆞ얏고明日上午九時에各觀察使들內部로會同ᄒᆞ야해部大臣이訓示ᄒᆞ고十二日부터開會ᄒᆞ기로決定ᄒᆞ얏다더라

●有何見識 咸北觀察使尹甲炳忠南觀察使崔廷德兩시ᄂᆞᆫ今番會議에參與키爲ᄒᆞ야發程上京ᄒᆞᆫ時에更不還任ᄒᆞᆯ次로束裝上來ᄒᆞ얏다더라

●五仍八遞 觀察使會議後에幾個觀察使가遞任된다ᄒᆞᆷ은已報ᄒᆞ얏거니와其內容을聞ᄒᆞᆫ즉京畿忠北黃海平南咸南五道觀察使ᄂᆞᆫ仍任되고其他八觀察使ᄂᆞᆫ遞任된다ᄂᆞᆫᄃᆡ慶北觀察使朴重陽氏ᄂᆞᆫ機微를知ᄒᆞᆫᄂᆞᆫ지某處에仍任을運動中이라더라

●公則不然 全北觀察使리斗璜氏ᄂᆞᆫ近日에各觀察使가郡守薦報ᄒᆞᆫ後에醜聲이有ᄒᆞᆷ을顧慮ᄒᆞ야自己ᄂᆞᆫ觀管下有闕郡守를更不薦報ᄒᆞ기로决心ᄒᆞ얏다더라

●注文貨車 東洋拓殖會社副總裁閔泳綺시ᄂᆞᆫ所乘ᄒᆞᆯ人力車가本國에ᄂᆞᆫ適當ᄒᆞᆫ것이無ᄒᆞ다ᄒᆞ야日本에注文買來ᄒᆞ기로豫算中이라더라

●亦壹計策 吳鶴에서地方鎭定의策을講究ᄒᆞᄂᆞᆫ데元來各地方人民이一進會를不服ᄒᆞᆫ즉該會를解散ᄒᆞᄂᆞᆫ것이亦壹計策이라ᄒᆞᆫ다더라

●書記官舍建築 內部에서ᄂᆞᆫ淸州光州鏡城春川四個所에道書記官官舍를建築ᄒᆞᆫ다더라

●何用調査 漢城府에서何事端을因ᄒᆞᆷ인지各學會의任員諸시와其儒文簿等을調査ᄒᆞᆫ다더라

●撲鼠報告 黑死病의傳染을豫防키爲ᄒᆞ야各港埠에措飭ᄒᆞ야鼠族을撲滅ᄒᆞ라ᄒᆞᆷ은已報ᄒᆞ얏거니와仁川及釜山港附近에서撲鼠ᄒᆞᆫ數爻를計算ᄒᆞᆫ즉每日平均四五ᄇᆡᆨ數에過ᄒᆞᆫ다고內部로報告가有ᄒᆞ다더라

●要塞不許 農상工部에서各處漁業請願을調査ᄒᆞ얏ᄂᆞᆫᄃᆡ要塞地帶海防區域內에ᄂᆞᆫ請願書를退却ᄒᆞᆫ다더라

●醫師晚餐 昨日午後七時에京城在留外國의醫師들이巴城館에晚餐會를開ᄒᆞ얏다가撤時에散會ᄒᆞ얏다더라

●既令且嚴 학部에서今番實業學校令及其施行規則을發ᄒᆞᆷ에對ᄒᆞ야頒布의趣旨及施行上注意를地方官에게發訓ᄒᆞ얏다더라

●屠牛調査數 昨年度全國內屠牛數를醫務局에서調查하얏ᄂᆞᆫᄃᆡ合七萬七十餘頭라더라

●督飭督納 度支部에서各地方官公道中民未收와差人條ᄂᆞᆫ飭諭ᄒᆞ다더니民間에未納欠條도壹々嚴督ᄒᆞ야郡守에게督納ᄒᆞ라ᄒᆞᆫ다더라

●面長欠逋 鐵山郡北面面長李鉉鎬氏와上南面面長金鎬鎬氏ᄂᆞᆫ公錢欠逋가多數에達ᄒᆞᆷ으로公州郡鎭判所로押囚ᄒᆞ야現今處役中이라더라

●不奪不饜 咸鏡道地方의漁況調査를畢ᄒᆞ고上京ᄒᆞᆫ農商工部技師日人小島壹行이與人談話ᄒᆞ야曰關北沿海에日人漁夫가少ᄒᆞᆫ것은實로遺憾이라ᄒᆞ며恨歎이無窮ᄒᆞ다더라

●水商擬議 水商共益社에서元水商外에水桶開金을分給ᄒᆞᆷ으로營業上에妨害가된다ᄒᆞ야水商中리世煥시等十餘名이發起ᄒᆞ야히水桶의開金을壹々히收合歸正키로擬議ᄒᆞᆫ다더라

●面長悖行 金北錦山郡壹面面長金榮淳시ᄂᆞᆫ面장을擅得ᄒᆞᆫ以後로各里人民地目稅金原額外에加數濫捧ᄒᆞ고其餘挾雜이難保ᄒᆞᆷ으로人民이府郡에呼訴ᄒᆞᆫ즉金시가何等運動이有ᄒᆞᆫ지民情이抑鬱不伸ᄒᆞ야道路에彷徨痛哭ᄒᆞᆫ際에該郡守가適其出面目擊ᄒᆞ고面長의任을除汰ᄒᆞ얏스나橫奪ᄒᆞᆫ金額은推徵無處ᄒᆞ야俯且憤激中이라더라

●從何而出 端川郡守柳承海氏ᄂᆞᆫ莅任未幾에該郡坡道面直節里居沈若海氏에게鄕知職帖을贈與ᄒᆞ얏ᄂᆞᆫᄃᆡ近日에ᄂᆞᆫ帖紙差出ᄒᆞᄂᆞᆫ舊例를成ᄒᆞᆫ지壹般人民이訝怪中이라더라

●殺三逮五 去月二日에平南咸從郡世串面石處里에서義兵三十餘名이해郡駐在巡查김某等三名을砲殺ᄒᆞ얏ᄂᆞᆫᄃᆡ해黨中五名은日前에鎭南浦警察署에捉捕되얏다더라

●因何自刎 南部苧井洞金履皙시家에留ᄒᆞᄂᆞᆫ金在謙시ᄂᆞᆫ何事故를因ᄒᆞᆷ인지再昨日에頸部를自刎ᄒᆞ얏다ᄂᆞᆫᄃᆡ幸不致命ᄒᆞ얏다더라

●匪賻乃償 毀東部시가前承旨趙鏞설시喪逝에對ᄒᆞ야趙시의務券을典執ᄒᆞ고金五拾圓을債給ᄒᆞ얏ᄂᆞᆫᄃᆡ其實이新聞에賻儀로揭載된故로趙시가日昨에何等層節이有ᄒᆞᆫ지疑惑ᄒᆞ야償錢居間ᄒᆞᆫ諸시를對ᄒᆞ야新聞의揭載된事實을逐日質問ᄒᆞᆷ으로해諸시ᄂᆞᆫ方在困難中이라더라

●尹氏慈善 泥匠尹聖心시가京성孤兒院에病兒를救護ᄒᆞᆫ功勞가有ᄒᆞᆷ으로해院에서勞金을給與ᄒᆞ얏더니反히自己貯金三圓三拾錢을添加ᄒᆞ야合六圓三拾錢으로肉種을買入ᄒᆞ야孤兒를饋餉ᄒᆞ얏ᄂᆞᆫᄃᆡ해시의慈善心을人皆稱讚ᄒᆞᆫ다더라

●何事被捉 南部明洞居前侍御李圭完氏ᄂᆞᆫ有何事端인지就拿府法務院에被捉된지于今拾餘日에放釋與否와死生與否를尙今不知ᄒᆞᄂᆞᆫᄃᆡ해氏의八拾老母와幼年妻子의晝夜呼哭ᄒᆞᄂᆞᆫ慘狀은目不忍見이라더라

學界

●錦校盛況 西江錦法學校의卒業式은既報와如히再昨日下午二時에擧行ᄒᆞ얏ᄂᆞᆫᄃᆡ內外國來賓가七八百名에達ᄒᆞ얏고紳士禹鍾鉉시ᄂᆞᆫ金三十圓을捐助ᄒᆞ고尹桂淳禹世顯金學泳[illegible]鉉諸시ᄂᆞᆫ賞品을多數寄付ᄒᆞ얏다더라

●東鶴有校 楊州郡別非面東鶴洞趙南明희시ᄂᆞᆫ自己家舍에學校를設立ᄒᆞ고敎師南괴元시를延聘ᄒᆞ야靑年을敎授ᄒᆞᄂᆞᆫᄃᆡ開學ᄒᆞᆫ지不過數日에學徒가五十名에達ᄒᆞ얏다더라

●洪校擴張 洪原郡公立학校學徒가日見增加ᄒᆞ야校舍를移轉키爲ᄒᆞ야目下修理中인ᄃᆡ학務委員郭相輔시가敎育에熱心ᄒᆞ야自己生活의資乏ᄒᆞᆷ을不顧ᄒᆞ고逐日勤務ᄒᆞ며人民의게懇懇說論ᄒᆞ야敎育의急務를曉明케ᄒᆞ며應募ᄒᆞᆫ學徒가多數에達ᄒᆞ얏고義捐金募集이現今壹千四百圓에達ᄒᆞ야擴張ᄒᆞᆯ望이有ᄒᆞ다더라

●運動盛況 咸北富寧郡淸津港에서陰本月十壹日에境內西학校가聯合運動을擧行ᄒᆞ얏ᄂᆞᆫᄃᆡ該郡守學校長시와有志紳士諸시가發起ᄒᆞ야運動費를募集ᄒᆞᆫᄃᆡ발起諸시와該港內居留婦女及勞働人들의捐出ᄒᆞᆫ金額이二百餘圓에達ᄒᆞ얏고학徒ᄂᆞᆫ數百餘名이오觀光人은數千名에達ᄒᆞ야壹大盛況을呈ᄒᆞ얏다더라

●隆昌其昌 黃海道延安郡隆面各里任員李鍾萬鄭光璧孔太榮朴致大等諸시가各出資本ᄒᆞ야該面中央에隆昌學校를設立ᄒᆞ고面內靑年을熱心敎授ᄒᆞᆷ으로學生이日々增加ᄒᆞ야進就之望이有ᄒᆞ다더라

●吉成卒業 慶북安東郡吉安面默溪里居김泰鎔鄭源泰諸시가吉成測量학校를設立ᄒᆞ고徒를募集敎授ᄒᆞ야卒業式을經ᄒᆞ얏ᄂᆞᆫᄃᆡ優等生이四人이오及第生이拾九人이라더라

▲甲乙討論▼

玩世子

▲(甲)世界文化가日進ᄒᆞ며各種技術이益精ᄒᆞ도다萬國公法이實施ᄒᆞ면世界上滅亡之國이永無ᄒᆞ다ᄒᆞ더니醫藥技術이日展ᄒᆞ면人類上死亡之患이永絶ᄒᆞ리로다

▲(乙)그럿치엇지防長某시ᄂᆞᆫ무슴病이드러서 至尊動駕時에 祗送參與못ᄒᆞ더니伊藤시가入城ᄒᆞ미便踊ᄒᆞ야出迎ᄒᆞ얏스니무삼藥에그리神效ᄒᆞ야伸夏苦熱에暴發症이自瘳ᄒᆞᆫ가

▲(甲)各種學理가日明ᄒᆞ며衛生觀이世界에膨脹ᄒᆞ도다夏天炎熱에多數人衆이集合ᄒᆞ면衛生上에妨害가有ᄒᆞᆯ다ᄒᆞ야籍田祗送時에學生을限定ᄒᆞ야每校七人外에不許加參ᄒᆞ니人民의生命을護衛ᄒᆞᆷ은尤矣太臣之責이로다

▲(乙)우리ᄂᆞᆫ無識ᄒᆞ야衛生法을알수업데富日伊시入성에ᄂᆞᆫ學生을限制치아니ᄒᆞ고多數의迎ᄒᆞ게ᄒᆞ니東大門바탐에갓生이되고南大門暴陽에衛生이되ᄂᆞᆫ지그理致를알수업서

▲(甲)그런ᄯᅢ아ᄃᆡ리東籍田近處ᄒᆞ면穀物이滋殖ᄒᆞᄂᆞᆫᄃᆡ衆이蹂躪ᄒᆞ면失農의歎이有ᄒᆞᆯ지라此를爲慮ᄒᆞ야學生을限制ᄒᆞ얏데

▲(乙)籍田에ᄂᆞᆫ穀物이有ᄒᆞ려니와東門內外에ᄂᆞᆫ穀物이有ᄒᆞᆯ가그러니春光이나伊藤시나반갑歡迎ᄒᆞᄂᆞᆫ精神이頓消ᄒᆞ야方在困難ᄒᆞᆫ학生은或時衛生이될는지

▲(甲)醫術과學理ᄂᆞᆫ際巧ᄒᆞ나可學이로ᄃᆡ不可能의事ᄂᆞᆫ幻身法이是ᄅᆡ官報에頒布키도籍田에在ᄒᆞ고人民이確認키도籍田에在ᄒᆞᆫᄃᆡ其身을斷ᄒᆞᆫ즉馬山에在ᄒᆞ니閃東躍西에頃刻千里ᄂᆞᆫ古之飛將이라도所不能及이니決코頑庸輩에可能ᄒᆞᆯ비아니로다

▲(乙)그리도忠臣이라고納欽ᄒᆞ면面顔이悅數ᄒᆞ고不忠이라고指稱ᄒᆞ면欲殺ᄒᆞ니

社告

郭山郡支社員金應涵氏辭免한代에該郡內新街**金大鉉**氏로擇定하얏스니本申報購覽하시는 僉君子는 照亮하시옴

杆城 邑內新城里 貳統三戶 咸海元과

鐘山郡下북鐘堂里 李英稙氏가該地方에本報購覽諸氏의便宜를爲하야支社를特設할意로請願이有한기同情을表하기爲하야該兩氏로本支社員을認定하고玆에廣布하오니該附近에서本報愛讀 僉君子는該兩氏의게購覽하시옴

大韓每日申報社

設立한다는대該港居하는鄭基斗氏가自己에所有土地를貸與하야校舍를建築케함으로該氏의慈善心을莫不讚頌한다더라

●爭端 中部東谷居리合永이가新門外居崔某의게負債가有한대지난三昨日下午拾時쯤에崔시가리시家에來到하야償錢을催督하고互相爭詰하다가崔시가何等憤心에發하던지崔漢로自己의頭部를刺하야幾至死境이라하니崔시子가執掌하야巡査에게告發하야崔시는卽時漢城病院으로昇去하고리合永은年老하다하야其子를中部警察署에提囚하얏다더라

●慶行宜懲 孔德里居鄭[illegible]氏의妻崔召史가育子生女하야其夫와數拾年同居하더니隣居高益煥夫妻가何謀誘引하얏던지永登浦居리萬善의게金貨四拾圓을捧與하고崔召史를賣渡한故로鄭氏가該地方裁判所에起訴하얏다더라

雜報

●甚於旱魃 鐵原來人의傳說을據한즉該地旱氣가太甚하야田野가龜坼함으로人情이嗷嗷하는대日本守備隊兵은川漁를獵得키爲하야水筒을破壞하며上流를不通케하는지라該作人들이不可함을由하야說明한즉反爲批頰하며笠을奪取하야魚器를作하얏다더라

●江都福星 江華郡守韓永福氏는莅任以來로蠶業을勸奬하며四十二個所에學校를擴張하며詞訟에公明하야二十年前勒奪을被하고抱怨未伸하던黃瑯琊鄭基全兩氏의田畓을還推케하야合郡이稱頌한다더라

●鄭氏慈善 釜山港活民勞働支組合社에서組合員의罹病者를救療하기爲하야衛生病舍를

廣告

本人이陰曆丁巳六月分에失火하야西部蛤洞六十五統七戶草家七間板券을燒火하얏삽기玆에廣告함

漢城西部盤石坊米廛契蛤洞六十五統七戶 家主 朴東壽 告白

本人이本年舊五月分에漢城府與當契納稅壹張을家中에서失하고玆에廣告하오니知舊間照亮함

中署貞善坊金萬年契三十統十壹戶 張[illegible]英 告白

本人姓名四隅圖章을陰四月分路中에서失하얏고四隅圖章으로新刻하얏사오니知舊照亮함

西署阿峴 [illegible]勝[illegible] 告白

湖南學會

本月拾貳日(陰五月二十四日)日曜下午壹時定期總會에演說을開하고傍聽을許하오니本道人士와有志諸氏는光臨하시옴

本宗中의先塋墓갈을坡平[illegible]長慶門外리某와崔濟豐處에給價買得한石物이相遺하야載運奉安也케折傷하지라不得更造하여야될形便인대崔리兩시가更造하는대屆金四十圓을固辭不受이오니兩시의手巧精美와慈善事業은曾所慣聞이오나以若朝暮食之匠手로如此高尙大義를不可泯默이옵기玆以實告하오니遠近間同宗僉員은照亮感謝하심을務望

驪川郡平山申氏宗中 告白

測量界의大發明

從四位勳二等工學博士 石橋絢彥先生序

特許三効式測量器械 發明者 山崎圓藏

新發明

鑛山 山林 鐵道 田畓 宅地 原野

三効式測量法

(定價金壹圓 郵稅金四錢)

本器의特色 購求者의注意

壹個月에何人이던지卒業할事
三角術의素養을不要할事
据付及携帶에輕便할事
本器壹臺를購求하면生活之途를得할事
從來의測量器械보다三分之壹의時間으로測圖할事

本器購求者에게는無料로使用法을敎授함

本器의價는鐵製는五拾圓木製는三拾圓이오니僉彥은陸續來購하심을爲要

發賣所 淸國總領事館通 韓商總會館 崎山測量圖繪術學校內

專賣特許 駿帽子

登錄商票

中山帽子	價金 五〇〇 四五〇〇 三五〇〇 貳五〇〇
中折帽子	上仝
女子用帽子	上仝
學徒帽子	四〇〇 二五〇 二〇〇〇 一七〇〇

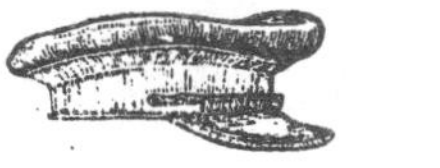

本新發明帽子는每週日[illegible]分時間에汗을[illegible]汚黑을水에沈洗하고[illegible]折하며乾하여[illegible]天下의世人의冠[illegible]夏節[illegible]黑色[illegible]

京城大廣通 下虎書林 帽子附店 廣告

美國시아틀大博覽會 미국시아틀대박람회

皇城磚洞(京城郵便局郵函第四拾號) 美興株式會社
(大美國에시아틀洋律博覽會) (駐大韓國美國總領事館登錄)
本社의各處代理人의氏名은如左홈

AMERICAN KOREAN TRADING COMPANY.

代理人: 京城代理人 平壤代理人 咸興代理人 馬山浦代理人 元山代理人 淸津代理人 水原代理人 安城代理人 沙里院代理人 金泉代理人 羅州代理人 天安代理人 群山代理人 全州代理人 大邱代理人 西湖代理人 江景浦代理人 麻浦附近代理人 長湖院代理人 永同代理人 木浦代理人 晉州代理人 金堤代理人 漢江附近代理人 義州代理人 江界代理人 漢城東部代理人 [illegible]代理人 定州代理人 鎭川代理人 太田代理人 [illegible]代理人 浦項代理人 吉州代理人 [illegible]代理人 延安代理人 兎山代理人 物浦代理人 公州代理人 [illegible]代理人 洪原代理人 漢城[illegible]代理人 [illegible]山代理人

位置未定 (各處)

位置: 皇城南門內雜貨商店 平壤大同門外鹵店洞 咸興西門外 馬山浦客主 元山港 淸津港 水原北部長安洞 水原北部[illegible]安洞 [illegible]拾里旺新學校內 金泉市場共信昌店 [illegible]麻浦三拾二統五戶 水原[illegible]長安洞 群山[illegible]井 漢城西部阿峴二百廿二統三戶 大邱[illegible]七戶 馬山浦午山里拾壹統九戶 西湖龍山坊[illegible]契廿七統貳戶 西江麻浦[illegible]統二戶 陰城[illegible]城山里 漢城壽洞貳統壹戶 木浦南[illegible]洞 馬山浦城山 金堤郡白石面水閣 [illegible]漢江十八統二戶 義州批峴 [illegible]州批峴 [illegible]龍井洞 [illegible]甘井洞四統五戶 郭山邑 吉州[illegible] 太田新[illegible] 浦項上望拾貳統拾二戶 鳥致院漢城壽洞貳統壹戶 吉州[illegible]門外相思洞二統二戶 延安[illegible] 兎山郡兎山市 開城[illegible]新都橋 太田新[illegible] 公州[illegible]松亭里 [illegible]荷里 西華里門[illegible]百五十四統四戶 洪原[illegible]蓮下里

姓名: 盧昊洙 金東宣 鄭基煥 張錫祚 孫德宇 金以文 張樂臣 金弁東 [illegible] 金相太 宋始憲 宋[illegible] 洪淳[illegible] 金[illegible] [illegible]

和平堂藥房 ... 韓國唐草材大發賣所 ... 東西洋藥과

◎本藥房이 開業ᄒᆞᆫ지 ... 多年에 ... 不舖ᄅᆞᆯ ... 東西藥品을 都賣 散賣ᄒᆞ오니 拾二道各郡藥業ᄒᆞ시ᄂᆞᆫ 僉位ᄂᆞᆫ 西洋藥品이나 韓藥唐材와 草材를 隨用請求ᄒᆞ시면 以廉價 酬應ᄒᆞ겟ᄉᆞ오며 漢藥 服用ᄒᆞ실 兄弟ᄂᆞᆫ 方文만 郵便付送ᄒᆞ시면 特別 藥材를 擇ᄒᆞ야 精製ᄒᆞ며 金引換으로 付上ᄒᆞ깃ᄉᆞ오니 照亮ᄒᆞ시옵

本堂藥製品은 如左홈

阿煙斷引丸 壹劑八週分 金五圜 半劑四週分 金三圜

養調經丸 壹個月分 金五圜

麝香消瘡丹 拾四日分 甲號金四圜 乙號金二圜五拾錢

滋陽丸 壹月分五圜

全治丸 貳拾日分二圜四拾錢 拾日分壹圜八拾錢

八寶丹 壹劑十四日分金三圜 壹包九粒五粒金拾錢

和平堂 藥房主李應善

濟生堂和平堂大藥房聯合紀念大贈彩

◎贈大彩說明

濟生堂開業五週年과和平堂開業三週年間에內外國君子의顧愛ᄒᆞ심을多蒙ᄒᆞ야藥業이時日隆盛ᄒᆞ고功績이東西著昌이라其感佩ᄒᆞᆷ實難表誠이로소이다兩大藥房에서紀念式을幷行ᄒᆞ고僉君子의盛誼를表ᄒᆞ기爲ᄒᆞ야兩種藥品(淸心保命丹 八寶丹)을特製大發賣ᄒᆞ며大福彩券을無代金添呈ᄒᆞ와壹時福運을大占케ᄒᆞ오니僉君子ᄂᆞᆫ勿失此機ᄒᆞ시고陸續枉顧ᄒᆞ심을敬要

懸賞物品金六百圜價 値

大福彩券은以四千枚로定

兩大靈藥 (淸心保命丹)(八寶丹) 壹貼價金各拾錢

效能 담飮積滯胸腹痛 水土不利咳嗽등

方法

定價金千錢枚九包에福引券壹張을添呈홈

此外兩藥房製藥品中의五拾錢價格에彩券을添呈홈

割引價로請求ᄒᆞ면五圜價格에券壹張을添呈홈

賞品

頭等(貳人) 白米貳拾石(每拾石式)太와五斗入

壹等(貳人) 仝 拾 石(每五石式)

貳等(捌人) 仝 拾六石(每貳石式)

三等(拾人) 仝 拾 石(每壹石式)

四等(壹百人) 金五十圜 (每五十전式)

五等三千八百七拾八紙券烟 二千八百七拾八匣 寸三千八百七拾八匣

空彩ᄂᆞᆫ無홈

遠地에ᄂᆞᆫ郵便引換으로送呈홈

期限은六十日로定 自陽六月拾六日 至陽八月拾五日

抽籤日字ᄂᆞᆫ臨期ᄒᆞ야更告ᄒᆞ깃솜

位置

皇城南大門側 濟生堂大藥房本舖

皇城鍾路 和平堂大藥房本舖

皇城鍾路 兩堂臨時出張所

自宅治療 電氣帶 廣告

(主治効能)神經衰弱踏症不眠。遺精、早漏不快、陽위不起、消化器無力、脊背硬結、消化不良。脊椎不見。遺尿。壹般內臟에衰弱。癲症。半身不遂。或全身不遂。手足厥冷、諸神經痛。頭痛腰痛。脚氣及腳痛。記憶力及忍耐力減退、氣血分不足疾

上號 拾四圜　中號 拾二圜

家庭要方

前醫學校敎官 朴容南 著

全壹 定價 金參十錢

此編은東西洋醫藥中에서家庭에必要ᄒᆞᆫ救急妙法을博搜廣採ᄒᆞ야雖婦人小兒라도易曉케ᄒᆞᆫ書ㅣ니人人마다案頭에貯藏ᄒᆞ야自宅의治療를作ᄒᆞ면神力이오且醫藥에從事ᄒᆞᄂᆞᆫ人의臨床必要ᄒᆞᆫ者ㅣ니實濟世의要訣이올

目次大畧○內科病의救急法○卒倒○卒中○熱射病○霍亂○癲癇○疼痛○頭痛○腹痛○胃痛○月經疼痛○出血○鼻出血○咯血○吐血○下血○中毒○中毒療法의壹般通則○鴉片中毒○양저물中毒○石炭酸中毒○硝酸銀中毒○燐中毒○비素中毒○炭氣中毒○魚類中毒○獸肉中毒○異物의摘出法○鼻、喉頭、耳、眼、의異物摘出法○火傷○凍傷○止血法○揮圖○失氣及假死○假死와眞死의區別○假死의救急法○溺水者○縊首者○瓦斯中毒○異物嚥下○窒息假死○雷震死○餓死者○人工呼吸法○挫傷○外傷○頭部外傷○頸部外傷○頸部外傷○胃部外傷○腹部外傷○下악脫臼○咬傷○狂狗○毒蚊○蜂螫咬傷○附妊娠症候○妊娠中의攝養○産婦의攝養注意○初生兒의受護法○乳母의撰擇法○家庭의必備ᄒᆞᆯ藥品

發賣所 皇城南部大廣橋 共榮堂大藥房 告白

代理店 共榮堂各支店 京鄕各書舖隨意販賣

社告

○申報價

壹張代金 新貨貳錢五厘

壹個月前納 三拾錢

參個月 九拾錢

陸個月 壹圜七拾錢

壹個年 參圜四拾錢

郵稅壹張 新貨五厘

壹個月 拾參錢

○廣告料

四號活字拾參字詰

每日壹寸(英尺)에 新貨廿五錢

貳週日壹寸에 貳圜五拾錢

壹個月壹寸에 五圜

(自壹行至四行이爲壹寸)

其期限의長短과字行의多寡를依ᄒᆞ야增減홈이有홈

◎大韓每日申報各處支社廣告

平安道

平壤鍾路太極書 安泰國

三和港牌石洞敎堂 國亨浩

義州南門外西大藥房 張有寬

鐵山邑東部 安濬

車聲館 金明鎬

定州南門內醫館 洪成麟

博川郡邑니館洞 金翼楷

安州城內義井洞 金翼河

京義線枇峴驛前 李基秀

龍川楊市 黃胸保

龍川南面松峴海東醫會 金贊瑞

龍川남市驛 韓燦璜

朔州邑남門니 朱伯鎬

泰川邑館前洋나局 李正壽

寧邊郡內紅門里 鄭德昇

江西邑內 金昌鎬

成川郡上部面 馬應三

平남順川郡邑東 鄭裕明

肅川邑場南 申基周

黃海道

江界邑耶蘇敎書肆 김秉희

郭山郡郡面湖平里 金鎭灝

雲山郡邑面上里 吳允恒

龜山郡內利用里 崔鎭寅

寧山北面橋洞 王晃錫

海州남門內書舖 朴昌鎬

安岳書石面鋤鏡洞 金文浩

長淵邑校洞西北支學會內

殷栗邑倉前里 崔東元

信川邑西里 金光福

載寧邑乾材局 李悌古

黃州南門外册肆 李鳳瑞

白川邑文明館 崔鎭衡

沙里院活民勞動救火會任敬宰 韓雲瑞

咸鏡道

耗城邑內新城里 함제元

咸興州南社西門外 百善林

元山港創東社內 趙甫臣老

高原邑 管敦吉

定平郡豊川 張鎭한

洪原西門內保건局

永興南山浮淨明學校內 樂元常

鏡城羅南新興洞 吳正전

淸津港新岩동 韓元浩

全羅道

金溝水流面豆亭 魏德三

木浦항陽동 許得珠

京畿道

鐵산下水原堂里 김英직

仁川畓洞新舖스 李東鎭

開城남大門內興學書舖 朴助洞

江華邑川邑 徐鎭熙

忠淸道

淸城牧川小사동 李洛春

慶尙道

大邱西門外友弦書肆側李止대

釜山港佐川약局 徐鎭榮

江原道

鐵原邑某동 趙升太

蔚珍遠남面梅花里 朱鉉燮

告

5594

隆熙三年八月拾壹日 明治四十二年八月拾壹日 (第三種郵便物認可) 火曜日 [illegible]

第七卷 第千壹百四拾五號

大韓每日申報

月歲 開國紀元四千二百四十二年 箕子元年三千三十一年 大韓開國五百十八年 隆熙三年 陰曆己酉六月小 [illegible] 甲戌

發行及日 [illegible] 休刊

Responsible for Publication Alfred Weekley Marnham.

發行兼編輯人 英國人 萬咸 發行所 京城西署石井洞 [illegible] 大韓每日申報社

論說

◎人生의目的을確定홈이可홈 (續)

愚濕鈍昧혼幼年時代로브터國家의危難을痛忿ᄒᆞ야外敵을却ᄒᆞ고疆土를拓ᄒᆞ야惓々ᄒᆞ야(正當)富貴도不求ᄒᆞ고[illegible](單純)ᄒᆞᆫ學이被覩로ᄃᆞ只是此忠愛念慮ᄲᅮ니(勤勉持久)崔都統이其出身時代부터朝廷의卑劣ᄒᆞᆷ을哀ᄒᆞ며[illegible]蒙古를逐ᄒᆞ고國權을恢復ᄒᆞ며孜々ᄒᆞᆫ시(正當)安寧도不顧ᄒᆞ며[illegible]不畏ᄒᆞ야(單純)身首가易處로ᄃᆞ只是此一心ᄲᅮ이며(勤勉持久)華盛頓瑪志尼[illegible]獄에救出ᄒᆞ고자ᄒᆞ야(正當)義利堅獨立과伊太利統一을唱ᄒᆞᆯ시(單純)劍頭에坐臥ᄒᆞ며砲前에踴躍ᄒᆞ야數拾年血生涯를做了ᄒᆞ얏ᄉᆞ니(勤勉持久)

大抵英雄의英雄된바와聖賢의聖賢된바와忠臣烈士의忠臣烈士된바에何者가此正當ᄒᆞᆫ目的을擇ᄒᆞ야服膺不已ᄒᆞ며銘骨不忘ᄒᆞ야成功의域에達ᄒᆞᆫ者아니리오

古人이云ᄒᆞ되「無苟必求是、毋慕三三殘」이라ᄒᆞ니此ᄂᆞᆫ吾人의出脚의第一步[illegible]라云ᄒᆞ되如盤僧探囊蹟이可也ᄒᆞ니此ᄂᆞᆫ吾人의成就[illegible]不二門이니嗚呼라吾人이엇지道路에셔彷徨ᄒᆞ며草木과同腐ᄒᆞ리오

[illegible]將何怡ᄒᆞ야有詩云[illegible]石磨刀盡、豆滿江波飲馬無、男兒[illegible]

二十未平敵、後世誰稱大丈夫、ᄒᆞ얏ᄉᆞ니此에其偉人의魄力을學ᄒᆞ며金角干庾信이有言ᄒᆞ되吾聞提綱而綱擧、挈領而裘正、吾其爲綱領乎ᄒᆞ리라ᄒᆞ얏ᄉᆞ니此에其自任의精神을學ᄒᆞ며[illegible]國都를[illegible]如捐虛ᄒᆞ가有ᄒᆞ되[illegible]坯鷄、千家豪傑盡醯鷄、覺天明月淸虛枕、無限松聲韻不齊라ᄒᆞ얏ᄉᆞ니此에其瑩潔ᄒᆞᆫ志操를學ᄒᆞ며鄭圃隱이有歌ᄒᆞ되이몸이죽어々々一百番ᄯᅩ다시죽어白骨이塵土되어魂魄이잇던지업던지님向ᄒᆞᆫ一片丹心이야가싈줄이잇ᄉᆞᆯ소냐ᄒᆞ얏ᄉᆞ니此에其精瑩ᄒᆞᆫ心法을學ᄒᆞ면彼着이其爲人의價値를答ᄒᆞ지니라

[illegible]沿々俗子의泣岐東西ᄒᆞᄂᆞᆫ者와立地成佛을求ᄒᆞᄂᆞᆫ考를問歎ᄒᆞ야是로ᄡᅥ警告ᄒᆞ노라 (完)

部令

▲隆熙三年 四月二拾日 官報

法部令第一號 (續)

第[illegible]拾捌條 押收物件으로事件에關係가無ᄒᆞᆷ이分明ᄒᆞᆫ時ᄂᆞᆫ此를還附ᄒᆞᆷ이可ᄒᆞᆷ

前項의境遇를當ᄒᆞ야還付手續을行ᄒᆞᆯ時ᄂᆞᆫ還付領受書를提出케ᄒᆞ고此를記錄에添附ᄒᆞ야押收調書에其旨를記入ᄒᆞᆷ이可ᄒᆞᆷ

第五拾九條 事件送致後ᄂᆞᆫ事件에關ᄒᆞᆫ書類나又ᄂᆞᆫ物件을送付ᄒᆞᆷ에ᄂᆞᆫ送付書에事件送致의年月日과事件名及被告人의姓名을記載ᄒᆞᆷ이可ᄒᆞᆷ

第四章 令狀執行

第六十條 裁判所나又ᄂᆞᆫ判事의發ᄒᆞᆫ令狀ᄒᆞ檢事의認印이有ᄒᆞᆫ時ᄂᆞᆫ執行指揮書에添附ᄒᆞᆯ必要가無ᄒᆞ되此를執行ᄒᆞᆷ이可ᄒᆞᆷ判事로부터其出張ᄒᆞᆫ處所에셔直接히交付ᄒᆞ거나又ᄂᆞᆫ他管廳의檢事로부터急速을要ᄒᆞ야直接히執行을求ᄒᆞᆫ令狀ᄂᆞᆫ所管檢事의指揮를受ᄒᆞᆯ暇가無ᄒᆞ고直時執行ᄒᆞᆷ이可ᄒᆞᆷ

第六十壹條 裁判所나判事又ᄂᆞᆫ檢事가發ᄒᆞᆫ令狀을執行ᄒᆞᆯ受ᄒᆞᆫ被告人所在地의警察署의管轄區域外에在ᄒᆞᆫ時ᄂᆞᆫ其所管地方裁判所管內되ᄂᆞᆫ時ᄂᆞᆫ其所管司法警察官에게令狀을送付ᄒᆞ야執行手續을請求ᄒᆞ고若被告人이他地方裁判所管內에在ᄒᆞᆫ時ᄂᆞᆫ其旨의報告書를添附ᄒᆞ야令狀을還ᄒᆞᆷ이可ᄒᆞᆷ但急迷를要ᄒᆞᆯ時ᄂᆞᆫ直時令狀을其地의司法警察官에게送付ᄒᆞ야執行을囑托ᄒᆞ거나又ᄂᆞᆫ巡査로令狀을帶行케ᄒᆞ고遂히指揮를行ᄒᆞᆫ檢事에게其旨를報告ᄒᆞᆷ이可ᄒᆞᆷ

第六拾貳條 拿引狀을執行ᄒᆞᆫ時ᄂᆞᆫ速히指揮를行ᄒᆞᆫ檢事에게令狀과共히押送ᄒᆞᆷ이可ᄒᆞᆫ[illegible]若他管廳檢事나又ᄂᆞᆫ司法警察官의囑托에因ᄒᆞᆫ時ᄂᆞᆫ直히其令狀發付ᄒᆞᆫ廳의檢事에게押送ᄒᆞᄂᆞᆫ手續을行ᄒᆞᆷ이可ᄒᆞᆷ

第六十三條 拘留狀을執行ᄒᆞᆫ時ᄂᆞᆫ指定ᄒᆞᆫ監獄이나又ᄂᆞᆫ留置場에押送ᄒᆞᆫ後에其令狀指揮를行ᄒᆞᆫ檢事에게提出ᄒᆞᆷ이可ᄒᆞᆷ他管廳의檢事나又ᄂᆞᆫ司法警察官의囑托에因ᄒᆞᆫ時도亦此를準ᄒᆞᆷ

第六拾四條 逮捕狀을執行ᄒᆞᆫ時ᄂᆞᆫ逮捕狀과共히所管檢事에게押送ᄒᆞ고若他管廳의檢[illegible]

事나又ᄂᆞᆫ司法警察官의囑托에因ᄒᆞᆫ時ᄂᆞᆫ速히逮捕狀을發ᄒᆞᆫ檢事에게其旨를報告ᄒᆞᆷ이可ᄒᆞᆷ

第五章 軍人軍屬에關ᄒᆞᆫ特別手續

第六十五條 現役의軍人이나又ᄂᆞᆫ軍屬의犯罪를認ᄒᆞᆫ時ᄂᆞᆫ本[illegible]軍務局이나又ᄂᆞᆫ本國駐在日本憲兵屯營에通知ᄒᆞ야事件記錄及押收物件을送致ᄒᆞ며若引渡를要ᄒᆞ거나又ᄂᆞᆫ逮捕ᄒᆞᆫ被告人이有ᄒᆞᆫ時ᄂᆞᆫ其交付를行ᄒᆞᆷ이可ᄒᆞᆷ

外報

◎智利公使 倫敦電을據ᄒᆞᆫ즉南美洲智利國政府에셔ᄂᆞᆫ駐日公使를任命ᄒᆞ얏다더라

◎淸兵密派 淸國奉天에在ᄒᆞᆫ淸兵二千五百名은當地를出發ᄒᆞ야秘密히東北으로向ᄒᆞ야乘夜進發ᄒᆞ얏ᄂᆞᆫ되何處로向ᄒᆞᆷ은詳知치못ᄒᆞ나必是間島方面으로往ᄒᆞᆫ듯ᄒᆞ다더라

◎土國憂慮 土耳其國新聞紙ᄂᆞᆫ말ᄒᆞ되歐洲列强의軍隊가七月二十四日ᄭᅡ지크리트島에셔撤去치아니ᄒᆞ고又크리트島가希臘에歸附ᄒᆞ면該島에在ᄒᆞᆫ回回敎徒ᄂᆞᆫ鏖殺의虐殺을當ᄒᆞ리라고論述ᄒᆞ얏다더라

◎虎列剌豫防 伯林電을據ᄒᆞᆫ즉露都聖彼得堡에셔流傳ᄒᆞᄂᆞᆫ虎列剌病을豫防ᄒᆞ기爲ᄒᆞ야法德兩國은現今施設을ᄒᆞᄂᆞᆫ中이라더라

◎波斯反亂 伯林電을據ᄒᆞᆫ즉在波斯露國哥索克隊ᄂᆞᆫ波斯革命軍과對陣ᄒᆞ야後援을待ᄒᆞ고英國도軍隊를波斯에上陸케ᄒᆞᆫ다더라

◎總督의施政方針 大連電을據ᄒᆞᆫ즉東三省總督錫良씨ᄂᆞᆫ滿洲視察後에直時上京ᄒᆞ야其施政方針을面奏ᄒᆞᆯ터이라더라

◎駐淸美使選任難 美國大統領타프트씨ᄂᆞᆫ駐淸公使選定에關ᄒᆞ야크게憂慮ᄒᆞᄂᆞᆫ데昨今露淸外交의形勢로見ᄒᆞ건ᄃᆡ同公使任命의必要가眉睫에迫ᄒᆞ다더라

◎洛潼鐵路資金 北京電을據ᄒᆞᆫ즉河南省洛陽陝西省潼關間의洛潼鐵路資金三百萬兩은大淸銀行天津支店에셔每年五分利息으로借入ᄒᆞ얏다더라

◎馬賊蜂起 大連電을據ᄒᆞᆫ즉滿洲伊通州附近에ᄂᆞᆫ馬賊이蜂起ᄒᆞ야吉林巡防隊가討伐ᄒᆞᆫ다더라

寄書

◎非泳乃洙 再昨日本報學界欄內懿牧孫兒이란題下의金學泳이란泳字ᄂᆞᆫ洙字의誤植이기此에正誤ᄒᆞᆷ

談叢

◎殺狗

개를여러마리나기르되、요일곱마리ᄀᆞᆺ치얄밉고잣미우랴。낫션타쳐사ᄅᆞᆷ오게되면쇠리를회々치며반겨라고너다려요리납죽조리개옷ᄒᆞ되、낫닉ᄋᆞᆫ집안사ᄅᆞᆷ보며ᄂᆞᆫ두발을벗드듸고코쌀을찡그리고니빠리를엉셩거리고컹々짓ᄂᆞᆫ일곱마리요박살ᄒᆞᆯ개야。보아라、근일에새로개규칙반포되야개입자의셩명을개목에ᄎᆞ우지아니ᄒᆞ면박살을당ᄒᆞᆫ다ᄒᆞ니、自然박살。

詞藻

◎蒲渚騎牛 辰韓野叟

亡國先亡士大夫

梁庭舞蹈牛猶盧

荊南進士頭如雪

倦刺春江種不奴

雜報

●勅使餞送 伊藤氏가發程歸國할時에 大皇帝陛下께옵서는侍從院會九로 太皇帝陛下께옵서는承寧府總管趙民熙로勅使를定하야仁川港까지前往餞送케하신다더라

●學部發訓 大皇帝陛下께옵서東籍田에 幸行하사播種에樹하신事와 皇后陛下께옵서宮中養蠶하시는事에對하야學部에서 聖意를仰體하야實業을發展케할事로各道府에發訓하얏다더라

●伊藤辭陛 昨日上午十時에伊藤氏가 昌德宮에進詣하야陛見次로 辭陛를하얏다더라

●曾禰陛見 曾禰統監이昨日上午十時頃에海陸軍將校三十餘名을帶同하고 仁政殿東行閣에서 陛見하얏다더라

●渡日中止 義親王殿下께서日本에渡去하신다는說은已報어니와更聞한즉中止가될듯하고義陽君李載覺氏가 勅使로渡去할듯하다더라

●內閣例會 總理大臣以下各部大臣은再昨日上午十時에昌德宮니內閣에서例會를開하고官吏級與各部政務를協議하얏다더라

●無物不贈 伊藤氏歸國事에對하야內閣에서慰勞金三拾萬圜을支給하기로擬議하얏다는說이浪藉하더라

●統府會議 昨日上午十時에統監府에서各部大臣이會議를開하고參與官이列席하얏고伊藤氏가各大臣을對하야壹場演說을하얏는대其內容은行政上秘密에關한事件인故로발表치아니하얏다더라

●挽辭職勸告 一進會에서挽理大臣의辭職을勸告한다함은已報하얏거니와更聞한즉將次內閣總辭職勸告를行한다는대其理由인즉莞島森林問題에關한듯하다더라

●儒生長書 總理大臣李完用시가從지官에不忝한事로儒生中代表리明鎬氏가內閣에長書를提呈하얏다는說이有한데警視廳에서 허리氏의行動을調査한다는說이有하더라

●巷說難信 內閣法制局장俞星濬氏는學部大臣을被任한다는說이浪藉하다더라

●觀察開會 前報와如히各觀察使가昨日上午十壹時에內部에會同하얏는대內部大臣朴齊純氏가地方行政에關한事로壹場訓諭하얏다더라

●私接不許 咸北觀察使尹甲炳氏가入城初에內部大臣朴齊純氏를私邸로訪問하얏더니朴大臣이言하기를私邸에서接見할必要가無하니內部로相面하자하얏다더라

●孃邸晩餐 新舊統監이昨日下午七時에貞洞孫澤孃邸에서晩餐會를設하고各國總領事와各部大臣을請邀宴待하얏다더라

●到處設宴 日本人居留民役所에서는昨日上午十時에新舊統監의送迎會를設하얏고本日上午十時에는韓國元老諸시가翠雲亭에서宴會를設하고新舊統監을請邀宴待할다더라

●郡守推選改良 郡守推選은正當한人村을得키難한故로今後에는從來로壹名의候補를推選하는方法을廢止하고壹郡守를選任할際에觀察使가數名의候補를推選하야내部에서銓衡奏聞케한다더라

●併進行動 一進會長李容九氏가日本政府에寄乞하야補助로得한金貨貳拾萬圜으로爲先韓壹銀行股今을買收하라하는데其內容인즉韓壹銀行股本中에 皇室所有股本이三千株가된다고致疑하야昨年에宋秉畯의主務大臣勢力으로該銀行重役을警視廳에提致取調하얏스나尙今까지解疑치아니하고現於해發覺하라하며且該銀行을將次壹進會財政機關으로使用하라고宋秉畯의心腹人金某氏하야금해股本을秘密買收하는中이라더라

●學氏入城 全南地方에學事視察次로발程하얏던學部編譯官리完應氏의壹行은再昨日에入성하얏다더라

●演劇規則 內部警務局에서各演劇場唱夫를團束하기爲하야該規則을製定하기로協議한다더라

●記者宴會 韓國各新聞記者가日本大阪每日新聞社長本山을再昨日에明月館으로請邀宴待하얏는데各新聞社長以下社員四十餘人이會同하얏고當日會費는各新聞社에서貳拾圜式辦備하얏다더라

●錦陵罹病 濟州郡에滯在한錦陵尉朴泳孝시는身病이有하야頗히危重하다더라

●辯護士會組織 本月十日에京성辯護士諸시가商業會議所에서總會를開하고辯護士崔鎭시가議長으로臨席하야會則을議定하고任員을選擧하얏는데會長은[illegible]晃宇常議員은[illegible]燾崔鎭太明軾丁明燮박勝彬諸氏가被選되얏다더라

●犬馬不若 安城郡守金英鎭시가該郡市場에防築을開役하야邑村民丁을募用하며民財를斂歛하야허役을完了하고該成宴을設行할時에妓樂이迭宕할뎌해郡守가해役에雇傭하엿던日人三郎의功效를稱口贊揚하고後에立石紀念하자하며餘興이酒酣하야日本天皇의萬歲를三唱하고大韓 皇帝의萬歲는閉하는지라參席한人民들이망황相視하는데學承憲시가出席하야皇上 陛下의萬歲를唱하는該由를質問한즉金시가反히怒叱日時勢도不知하고治安을妨害한다하며巡査를指揮하야學시를捕縛하라하얏스되巡査가聽從치아니하얏고허郡守는憤氣가激發하야學시의治安妨害로自己는辭職請願한다하고仍히還官하얏다더라

●女子技術員採用 韓國婦人에種痘를施하기爲하야今回警視廳에서種痘女子技術員을募集中인대志願者三拾餘名中에合格者十壹名만採用하기로內部에申請하얏다더라

●鑛業稅數 本年六月末까지礦業과砂礦業을許可한總數가四百三拾八件인대砂礦이百六이오黑鉛礦이六十五오金鑛이六十四오道別로區別한즉平安道에百二拾六이오慶尙道에百十五오全羅道에十二라더라

●全州豊歉歲形 全州附帶地는山地가三分平地가壹分인데連間旱魃에殆甚하야禾苗가枯死더니十여日以來로甘雨가沛下하야漸漸農民의解憂가된다더라

●元山降雨 元山赤田川에는降雨에增水가되야將次市街에汜濫할模樣이有한故로官民間防止에盡力하는中이라더라

●商組計劃 大韓상務組合本部에셔는全國褓負商을聯合組合員으로組織하야其勢力을大伸장하기로目下計劃中이라더라

●英敎師婚禮 外國語學校英語敎師夫岩敎시에婚禮式을明日에貞洞敎堂에서擧行할터이라더라

●支那客人 南大門內倉內場市를新門外管門近地로移設하고原場市에는各裁判所日本官吏에家舍를建築한다는說이有하더라

●巡査叛行 北部派出所巡査黃龍淵시가리毅善시의別室과潛奸한事가綻露되야黃巡査와리시의別室이北部警察署에被囚되얏다는데以若警吏의身分으로此等行爲가有하다고人皆唾罵한다더라

●柳氏被殺 黃잔人柳完茂시는北間島會塘村近地에서淸國馬賊의게被殺하얏다더라

●干義押付 쟝湍郡居리化西氏와麻田郡居金化春氏가義兵의干連으로坡州郡汶山浦憲兵分遣所에被捉하얏다가日昨地方裁判所로押上하얏다더라

●湖南開演 再昨日下午二時에湖남학會에서旣報와如히演說會를開하고演士趙完九氏는開邀하야敎育上有益한趣旨로激切히演述하얏다더라

●學生義務 黃海道長連郡居하는 [illegible]穆시는該郡曹道面私立陽明學校에서會前敎授하다가現今京城協成中학校에서修業中인데陽明學校生徒들이救시에學費窘拙함을憂慮하야義金五圜을募付한故로該學徒의義務的誠心을人皆稱頌한다더라

學界

●朝雲夜學 楊州郡[illegible]面朝雲里居하는[illegible]시는昨年八月에自己家에夜學校를設하고樵童牧兒四十餘名을募集하야千文等字를敎授하더니該學徒의工程이稍進함으로方今算術小學東國歷史等書를敎授한다더라

●印局高義 龍산印刷局職員閔泳純吳台煥李觀明氏等壹百拾壹人이靑坡文昌학校의財政窘絀함을聞歎하야捐助하기를發起하고貳拾五圜九拾錢을爲先收送하야敎育의振興하기를勸勉하얏는데工場에서雇傭하는俸給으로如此히優捐함을人皆稱頌한다더라

▲地 方 消 息▼

▲最近各地方의義兵形勢는或消或長한다는데京畿及黃海道에는目下警部地方에小數의義兵이出沒함을聞한外에는大槪靜穩한貌樣이오江原道北部楊口平康伊川淮陽地方에는尙今集團한義兵이橫行하야貳拾名으로乃至八十名의義兵이日憲兵과衝突함이前後七次에及하야麥勢가毫無하며慶北忠北江原三道의接壤한地方에는前月에比컨대義兵의集團橫行함이增加하엿고全羅北道의南部地方과特히全南帶地方에는義兵의形勢가最盛한데日本守備隊가時時로襲擊을行하나日人의被害한者ㅣ前月보다增加함으로目下此地方에日憲兵을增加하야嚴密히警戒한以來로는義兵의行動은多數集團함이不利함을見하고幾部의小集團으로日兵의間隙을乘하야行動코저하는貌樣이有하다더라

▲文試一錄▼

▲이醜鋒이淬勵하야韓國內에許多奸賊남노쳐고담노배허國魂提醒하얏건만喜消息은少無하고惡光景만發現하다安城郡守김英鎭의近日消息드러보면駭愕하기긋치업다豺狼當道이時節에狐狸輩가瑣小치만니의罪가難恕키로이錄銃을又試하다

▲金英鎭아말드러라百里分憂네職責이百姓保護함이어날市場防築더役事에民力竭盡하며民財까지收斂하고當時雇用터日人은무삼功效壯하관대極口贊揚하면서도憔悴可憐이生靈은壹言慰勞업셧스니媚外熱이봉中한들이더도록尤甚한가

▲김英鎭아말드러라時局事를生覺하면무숨경황宴樂할라防築擧役竣然後에落成宴은무엇시며그中에다妓樂까지最惡할사네行爲여日本天皇萬歲聲은산岳갓치놉히지르[illegible]對하야는壹言頌祝업셧스니奴隸性이膨脹혼들이더도록尤甚혼가

▲金英鎭아말드러라狗彘又흔네行爲ᄒ뉘가아니미워하리忠憤에激한承憲리正色質問하는것을侮悟罵辱姑舍하고賊反荷杖너다러서네가도리여叱責하야治安妨害한다하며時勢不知한다하고捕縛코쟈하얏스니狂妄症이暴發한들이더도록尤甚한가

▲너의血肉生장地는日本天地이지만은너의父翁沐浴地는韓國雨露이아니나食韓祿而居韓官에莫重臺恩이즁소나爾輩又흔魔鬼들이牧民之職久居하면奴隸性이流傳하야民氣까지剝喪할다憤激中에말만맏고實心으로辭職하야이錄鋒을回避하라

社告

郭山郡支社員金應涵氏가辭免意代에該郡內新街 金大鉉 氏로擇定ᄒᆞ얏스니本申報購覽ᄒᆞ시ᄂᆞᆫ 僉君子ᄂᆞᆫ 照亮ᄒᆞ시옴

韓山郡下북鎭堂里 學英禧 城 邑內新城里 貳統三戶 杆 [illegible]

大韓每日申報社

雜報

[illegible]

廣告

[illegible]

本館에서各種書籍과 雜貨及測量諸具를特別大割引發賣ᄒᆞ오니 僉君子ᄂᆞᆫ陸續購求ᄒᆞ시옵

平壤鍾路太極書館 告白

數理講習生募集

[illegible]

第三回夏期數理學講習所

中部壽進洞興士團內

自在畫와唱歌

[illegible]

鄭益魯 金聖鐸 告白

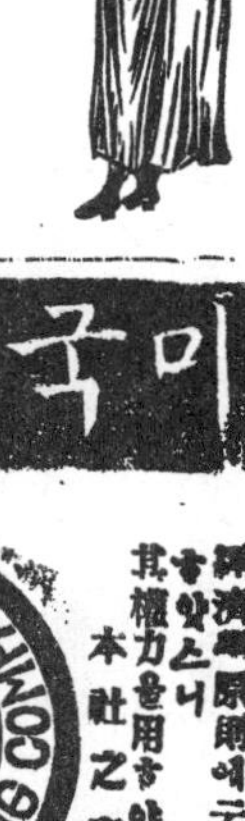

專賣特許 驟帽子

登錄商票

TRADE MARK

THE HEAVEN DOVE

中山子	價金 五〇〇〇
中折子	四五〇〇
上仝	三五〇〇
女子用	貳五〇〇
上仝	
學徒子	

玉虎書林附屬帽子商店 告白

美國시아틀大博覽會 회람박대틀아시국미

本社之印章

本社之商標

本社의各處代理人의氏名은如左ᄒᆞᆷ

代理人	位置	住所	氏名
[illegible]			

美興業株式會社

[illegible]

和平堂藥房 韓國唐草材大發賣所

本堂藥製品은 如左홈

阿煙斷引丸 壹劑八週分 金五圜 半劑四週分 金三圜

養調經丸 壹個月分 金五圜

麝香消瘡丹 甲號金四圜 乙號金二圜五拾錢

滋陽丸 壹月分五圜 貳拾日分二圜四拾錢

全治丸 十四日分金三圜

八寶丹 壹包九拾五粒金拾錢

和平堂 藥房主李應善

濟生堂和平堂大藥房聯合紀念大贈彩

●贈大彩說明

濟生堂開業五週年과和平堂開業三週年間에內外國君子의顧愛ᄒᆞ심을多蒙ᄒᆞ야營業이時日隆盛ᄒᆞ고功績이東西著昌이라其感佩ᄒᆞᆷ을實難表謝ᄒᆞ오ᄆᆡ今에兩大藥房에서紀念式을幷行ᄒᆞ고僉君子의厚誼를表ᄒᆞ기爲ᄒᆞ야兩種藥品(淸心保命丹 八寶丹)을特製大發賣ᄒᆞ며大贈彩券을無代金添呈ᄒᆞ와當籤開運ᄒᆞᆫ大幸이會ᄒᆞ오니僉君子ᄂᆞᆫ勿失此機ᄒᆞ시고陸續往顧ᄒᆞ심을敬要

懸賞物品金六百圜價値

大福彩券은以四千枚로定

兩大靈藥 (淸心保命丹)(八寶丹) 定價金各拾錢

效能 담飮積滯胸腹痛 水土不利咳嗽증

方法

定價金十錢枚九包에贈引彩券壹張을添呈ᄒᆞᆷ

此外兩藥房製藥品中의五拾錢價格에彩券을添呈ᄒᆞᆷ

[illegible]五圜價格에彩券壹張을添呈ᄒᆞᆷ

賞品

壹等貳人 白米貳拾石(每拾石式) 太斗五斗入

貳等貳人 仝 拾石(每五石式)

參等拾人 仝 拾六石(每貳石式)

三等拾八人 仝 拾石(每壹石式)

四等壹百人 金五十圜(每五十錢式)

五等三千八百七拾八 紙券總二千八百七拾八匣 寸三千八百七拾八匣

空彩ᄂᆞᆫ無홈

遠地에ᄂᆞᆫ郵便引換으로送呈홈

期限은六十日로定 自陽六月拾六日 至陽八月拾五日

[illegible]期ᄒᆞ야更告ᄒᆞᆷ

位置

皇城南大門側 濟生堂大藥房本舖

皇城鍾路 和平堂大藥房本舖

皇城鍾路 兩堂臨時出張所

自宅治療 電氣帶廣告

(主治效能) 神經衰弱、腦不眠、遺精、早漏、不快、陽衰不起、消化器無力、胃腸虛弱、消化不良、脚氣不良、遺尿、肺病、癆病、半身不遂、或全身不遂、手足厥冷、諸神經痛、頭痛腰痛、腳氣及腰痛、記憶力及思慮減退、精血分不足疾

上號 拾四圜 中號 拾二圜

家庭救急方

前醫學校敎官 朴容南 著

全壹冊 價金拾十錢

[illegible]

代理店 共愛堂各支店

發行所 皇城南部大廣橋 共愛堂大藥房 告白

京鄕各書舖隨意販賣

社告

○申報價

壹號代金 新貨貳錢五厘

壹個月前金 三拾錢

參個月 九拾錢

陸個月 壹圜七拾錢

壹個年 參圜四拾錢

郵稅壹張 新貨五厘

壹個月 拾參錢

○廣告料

四號活字拾參字詰

每日壹寸(英尺)에 新貨廿五錢

貳週日壹寸에 貳圜五拾錢

壹個月壹寸에 五圜

(自壹行至四行이爲壹寸)

其期限의長短과字行의多寡를依ᄒᆞ야增減홈이有홈

◎大韓每日申報各處支社廣告

平安道

平壤鍾路太極書館 安泰國

三和港 石洞敎堂 國亨湜

義州南門外 [illegible]大藥房 [illegible]

[illegible]

黃海道

咸鏡道

京畿道

忠淸道

慶尙道

江原道

全羅道

[illegible]

光武九年八月拾壹日　明治三十八年八月拾壹日　(第三種郵便物認可)　水曜日　西曆壹千九百九年七月拾四日　(壹)

第七卷

大韓每日申報

第千壹百四拾六號

月曆及時日休刊慶節

檀君開國四千二百四十二年
箕子元年三千三十一年
大韓開國五百十八年
日本明治四十二年
淸國宣統元年
陰曆己酉五月小廿七日乙亥

Responsible for Publication Alfred Weekley Marnham.
發行兼編輯人 英國人 萬咸
發行所 京城西署石井洞
大韓每日申報社

論說

◎聽雨書感

四海에同雲을喚ᄒᆞ고千里에甘霖을賜ᄒᆞ야敗禾가復興ᄒᆞ며枯木이復春ᄒᆞ야塗炭中嗷々의萬般蒼生이何來의福音을拾得ᄒᆞᆫ듯시農者ㅣ歌ᄒᆞ며商者ㅣ舞ᄒᆞ니嗚呼라斯民을活ᄒᆞᄂᆞᆫ者가其惟蒼天이신저

雨夜簷鈴이記者를起ᄒᆞ야令夜來의大不托을坐想ᄒᆞ니欣喜의心이同胞와同ᄒᆞ며舞蹈의情이同胞와同ᄒᆞ도다만은

然이나此欣喜舞蹈의中에別로히特殊異樣의感情이潮ᄒᆞᆷ으로謹拳ᄒᆞ야諸同胞에게敬告ᄒᆞ노라

大抵人生의生活은自然界의恩澤을不藉ᄒᆞ면不得ᄒᆞᄂᆞᆫ者라太陽의光線이아니면其眼이瞑瞎ᄒᆞ야生存을不得ᄒᆞᆯ지며地球의引力이아니면其身이安駐ᄒᆞᆷ을不得ᄒᆞᆯ지며粟穀이아니면飢死ᄒᆞᆷ을不免ᄒᆞᆯ지며空氣가아니면悶死ᄒᆞᆷ을不免ᄒᆞᆯ지니何者가自然界의恩澤이아니리오만은

然이나人類ᄂᆞᆫ徂只自然界의恩澤만乞ᄒᆞ며自然界의奴隷만做ᄒᆞᄂᆞᆫ者ㅣ아니오恒常自然界의勢力을利用ᄒᆞ야自然界의狀態와競爭ᄒᆞᄂᆞᆫ者인故로曰動物中最靈이라ᄒᆞᆷ이라

是故로即今西歐文明諸邦을觀ᄒᆞ건ᄃᆡ山을穿ᄒᆞ며道를通ᄒᆞ고又或萬年天塹의大地峽도鑿破ᄒᆞ야自然界의障碍를排除ᄒᆞ며霖을撥ᄒᆞ고장ᄎᆞ除ᄒᆞᄂᆞᆫ奇械를發明ᄒᆞ야自然界의不利를驅逐ᄒᆞ며儲蓄이多ᄒᆞ며運籌이盛ᄒᆞ고預備의方法이周密ᄒᆞ야自然界의流行ᄒᆞᄂᆞᆫ水旱蝗蟲의怪災가巨害를作ᄒᆞ지못ᄒᆞ나니彼의自然界와競爭ᄒᆞᄂᆞᆫ力이如今에ᄂᆞᆫ何且圓滿無缺타謂키難ᄒᆞ나然而五種中에特秀ᄒᆞ고九洲內에獨優ᄒᆞᆫ故로世界角逐場 唯一의獨步의雄이아닌가

噫라斯國의人民은兩眼이장々히惟彼上天의惠澤만俟ᄒᆞ야五日에一風ᄒᆞ며十日에一雨ᄒᆞ고多天에多雪ᄒᆞ며夏天에多霖ᄒᆞ고耕時에必雨ᄒᆞ며刈時에必晴ᄒᆞ고穀熟에毋融ᄒᆞ며霜降에毋旱ᄒᆞ야彼蒼이登々히我慾을우ᄒᆞᆫ然後에야我가生活을獲得ᄒᆞ고萬壹不然ᄒᆞ야雪이稍多ᄒᆞ거나雨가稍過ᄒᆞ거나寒熱이稍失序ᄒᆞ거나旱蝗이나蝗蟲이有ᄒᆞ면居然窮境方의殺害를起ᄒᆞ야老弱은溝壑에填ᄒᆞ며壯者ᄂᆞᆫ四方에流離ᄒᆞᄂᆞᆫ며司牧官吏者의此를救濟ᄒᆞᄂᆞᆫ方法은無他라旱에ᄂᆞᆫ祈雨壇上에立ᄒᆞ야雨를祈ᄒᆞᆯ이며霖에ᄂᆞᆫ祈晴壇上에立ᄒᆞ야晴을祈ᄒᆞᆯ뿐이니嗚呼라엇지可憐치아니ᄒᆞ리오

韓國同胞여時已變ᄒᆞ며節已晚이니速々히奮發ᄒᆞ야自然界와競爭ᄒᆞᆯ뿐아니라又進ᄒᆞ야人類界와競爭ᄒᆞ야商戰工戰의舞臺에出現ᄒᆞᆯ지어다

不然ᄒᆞ면비록天眷이加ᄒᆞ고天惠가日深ᄒᆞ야雨를望ᄒᆞᆷ에必雨ᄒᆞ며晴을望ᄒᆞᆷ에必晴ᄒᆞ며斗境에三倍出ᄒᆞ며升穀에擔石收ᄒᆞ야菜穀이倉庾에紅陳ᄒᆞ며田園이國內에遍滿ᄒᆞᆯ지라도彼在傍魔鬼가掀髯大笑ᄒᆞ고其惟膚을揮ᄒᆞ며頭喙을磨ᄒᆞ야餘存업시且攫且吸ᄒᆞ나니噫々同胞여此등雨扉의惠澤을享ᄒᆞ야恣然히黑甜鄕에沉眠치말고知識을擴充ᄒᆞ며能力을發揮ᄒᆞ야外來魔鬼로ᄒᆞ여곰吾의利益을侵奪치못ᄒᆞ게ᄒᆞ며吾의產業을豪分도損傷치못ᄒᆞ게ᄒᆞ여야於是乎上天賜雨의澤을不負ᄒᆞᆷ이어니와此를不能ᄒᆞ면小則身飢家敗ᄒᆞ며大則國亡種滅ᄒᆞ나니라

官報

◀隆熙三年四月二十日▶

部令

法部令第二號 (續)

第六十六條　現役의軍人이나軍屬으로平人과共犯ᄒᆞᆫ事件을知ᄒᆞᆫ時ᄂᆞᆫ軍人이나軍屬에게對ᄒᆞ야ᄂᆞᆫ該條의手續을行ᄒᆞ고平人에게對ᄒᆞ야ᄂᆞᆫ事件所管廳의檢事에게送致ᄒᆞᆷ이可ᄒᆞᆷ

第六十七條　現役의軍人이나軍屬의犯罪에關ᄒᆞ야ᄂᆞᆫ前兩條外에ᄂᆞᆫ本令의規定을適用치아니ᄒᆞᆷ

第六章　帳簿及書類

第六拾八條　司法警察官에ᄂᆞᆫ左의帳簿를備置ᄒᆞᆷ이可ᄒᆞᆷ

一　犯罪報告簿
一　犯罪事件簿
一　押收品原簿

第六拾九條　司法警察官이起訴猶豫人名票、受刑人名票又ᄂᆞᆫ逮捕狀의送付를受ᄒᆞᆫ時ᄂᆞᆫ累年編綴ᄒᆞ고目錄을附ᄒᆞᆷ이可ᄒᆞᆷ

附　則

本令은頒布日로부터此를施行ᄒᆞᆷ (完)

外報

◎德領의日人　要崎電을據ᄒᆞᆫ즉日本漁船壹隻이太平洋中에在ᄒᆞᆫ德國領土마ㅣ살島에寄航ᄒᆞ고日人九名이學術을研究ᄒᆞᆫ다稱ᄒᆞ고上陸ᄒᆞᄂᆞᆫ故로該地에서官吏를派送ᄒᆞ야取調ᄒᆞ얏다더라

◎日人放逐　滿州셔드르니來信을據ᄒᆞᆫ즉日人松本俊三이該地에서軍事探偵ᄒᆞ다가聯邦政府의放逐을當ᄒᆞ얏다더라

◎理財方針　東三省의財源窮乏을救ᄒᆞ기爲ᄒᆞ야冗員冗務를撤廢ᄒᆞᆫ外에土地를開墾ᄒᆞ며礦山을採掘ᄒᆞᄂᆞᆫ等財源을興ᄒᆞ기에努力ᄒᆞᆷ目로北京政府의訓令이東三省總督府에到達ᄒᆞ얏다더라

◎馬賊橫行　滿洲馬賊의大部隊ᄂᆞᆫ哈爾賓東方六十餘里地에서露人의經營ᄒᆞᄂᆞᆫ製材所를襲擊ᄒᆞ다가淸國官兵의게擊退를被ᄒᆞ야逃走ᄒᆞᆯ際에堆積ᄒᆞᆫ材木에放火ᄒᆞ야全燒ᄒᆞ얏슴으로奉天서商業上關係가有ᄒᆞᆫ日本商人等이打擊을蒙ᄒᆞ얏다더라

◎北海道火災　日本北海道札幌市街ᄂᆞᆫ去七日朝에出火ᄒᆞ야四十二戶가燒失되얏다더라

◎臺灣土擾　臺北電을據ᄒᆞᆫ즉日前臺灣臺北省新竹廳隘勇線內에移住ᄒᆞᆫ許多臺灣土人이蜂起ᄒᆞ야日人의隘勇線을襲擊ᄒᆞ야分遣所及監察所를燒ᄒᆞ고線外蕃地로逃去ᄒᆞ얏다더라

◎日人의對淸問題　東京電을據ᄒᆞᆫ즉日本外務當局者들은對淸外交問題에關ᄒᆞ야既히方針을定ᄒᆞ고準備를不怠ᄒᆞᄂᆞᆫ디今後에ᄂᆞᆫ淸國의態度가如何ᄒᆞᆷ을關ᄒᆞ야最後手段을施ᄒᆞ야도無虞ᄒᆞ다ᄒᆞ고又安奉線問題에對ᄒᆞ야도其準備를完成ᄒᆞ얏다더라

◎奴隸制度全廢　샤듸발國은奴隸制度를全廢ᄒᆞ얏다더라

學報

◎林業科卒業　本月三日에壽洞普成學校內林業科에서卒業式을擧行ᄒᆞ얏ᄂᆞᆫᄃᆡ

優等生　朴泰還　尹在能　洪性斗　金相敦　李朋奎　等四人이오

及第生　元錫昌　曹圭大　朴起天　리완觀　崔衡睦　等二十八人이라더라

◎徹成卒業　[illegible]基督徹成學校에서去月二十四日에第壹回第二回卒業式을幷行ᄒᆞ얏ᄂᆞᆫᄃᆡ

第壹回卒業生　吳斗泳　리泰憲　리福賢　리俊憲等諸氏오

第二回卒業生　金聖律　崔昌模　韓致설等拾四人

詞藻

◎團結力

雷雨에산드렁칡가、이리저리얼켜잇셔。
風雨霜雪겁안니고、四時장쳔광겻고나。
우리도、너와ᄀᆞᆺ치團結되야、千萬年을。

◎河間敎授　辰韓野叟

文山不返疊山亡
老子何心戀故鄕
歲々哉我春雪水
謾添淚到錢塘

雜報

●現狀可怪 數日來漢城政界의風雲이險惡ᄒᆞ야ᄂᆡ閣大臣等은狂奔亂走에餘念이無ᄒᆞ고皆樂官吏輩ᄂᆞᆫ何等警戒가有ᄒᆞᆯ지左往右轉의如何ᄒᆞᆫ意外變이生ᄒᆞᆫ듯ᄒᆞᆫ氣色이有ᄒᆞ고憲兵等은今此韓日兩國交涉問題로因ᄒᆞ야人民이騷動될慮가有ᄒᆞᆯ지豈昨日來로市ᄂᆡ의派出ᄒᆞ야警戒中이라더라

●其議不壹 今番의ᄂᆡ閣變動은免不得의事이라리完用의ᄂᆡ閣은其運命이末期의近ᄒᆞ얏고新ᄂᆡ閣이出現ᄒᆞᆯ터이라ᄂᆞᆫ데리完用시退職ᄒᆞᆫ代의ᄂᆞᆫ박齊純시오박시榮轉ᄒᆞᆫ代의ᄂᆞᆫ리址鎔시가被任ᄒᆞᆫ다ᄒᆞ고又一說의ᄂᆞᆫ朴泳孝시가再次漢城政界의立ᄒᆞ야活動을試코저ᄒᆞ야日간入京ᄒᆞᆫ다ᄂᆞᆫ데시가總相椅子를擬ᄒᆞ면리根澤會星垂兩시도隨ᄒᆞ야入閣ᄒᆞᆯ터이라더라

●貳大問題 ᄂᆡ閣變動說은別項과如ᄒᆞ거니와伊藤曾彌新舊統監이去廿日午后七時의리完齊純兩시를統監官邸로招ᄒᆞ야統治權委任事와軍部廢止事兩件을示明ᄒᆞ고同意를求ᄒᆞᆫ즉兩大臣이事甚重大ᄒᆞ니諸閣僚의意見을收ᄒᆞ야回答ᄒᆞ마ᄒᆞ고翌日에總相邸의셔臨時ᄂᆡ閣會議를開ᄒᆞ고兩案件을提出ᄒᆞᆫ뒤議論이不壹ᄒᆞ다가遂히ᄂᆡ閣總辭職으로決定ᄒᆞ고리박兩시가更히統監의게經過를報告ᄒᆞᆫ즉統監이不聽ᄒᆞ던彼等이悚懼ᄒᆞ야退來ᄒᆞ야再三會議ᄒᆞ고再昨夜의移是統監과懇求ᄒᆞ야統治權委任의關ᄒᆞ야容許ᄒᆞ야韓日協約을承認ᄒᆞ기의至ᄒᆞ얏다ᄒᆞ니然則現ᄂᆡ閣의效忠世無脫ᄒᆞᆯ理가無ᄒᆞᆫ지라總辭職은姑捨ᄒᆞ고地位가鞏固ᄒᆞᆯ거시니現今자의ᄂᆞᆫᄂᆡ閣變動이無ᄒᆞᆯ거시오事實成行의나京衙之嘆이有ᄒᆞᆯ듯ᄒᆞ다더라

●奔競何多 리垂鎔시ᄂᆞᆫ今回政變을好機ᄒᆞ고統리椅子를占得코저奔忙中이라더라

●各部廢合說 光此ᄒᆞ야壹時播傳되던各部廢合說(卽學部軍部를廢ᄒᆞ고學部ᄂᆞᆫᄂᆡ部의壹局으로置ᄒᆞᆫ다ᄂᆞᆫ說)은嚴히可信的說話이나학部廢止說은全國학界의大擾擾를惹起ᄒᆞᄂᆞᆫ者라此를斷行ᄒᆞ면他日의反動이生出ᄒᆞᆯ까ᄒᆞ야此說은或取消되리라ᄂᆞᆫ說도有ᄒᆞ고此ᄂᆞᆫ部와法部도廢止ᄒᆞᆫ다ᄒᆞ나此ᄂᆞᆫ풍說인듯ᄒᆞ다더라

●金銀世界 伊藤氏를表情ᄒᆞ기爲ᄒᆞ야紀念品을製造ᄒᆞᆷ은人所共知어니와ᄂᆡ閣壹同이漢城美術品工場에委托ᄒᆞ야製造ᄒᆞᆫ금銀瓶과各大臣中個人的으로製造ᄒᆞᆫ金銀等物이合爲六萬圜價値라더라

●日遞相談論 日本遞信大臣後藤新平은近日의人의게語ᄒᆞ야日安奉鐵道ᄂᆞᆫ本線根據地의大進ᄂᆞᆫ勿論ᄒᆞ고각地의繁盛을助장ᄒᆞᆯ好望이有ᄒᆞ나然이나韓國平元線의計畫으로因ᄒᆞ야速々進就치못ᄒᆞᆫ다ᄒᆞ얏다더라

●深夜密議 再昨日深夜의總大리完用侍從院卿尹德榮宮相閔丙奭三氏가宮ᄂᆡ府의會合ᄒᆞ야何等事件을密議ᄒᆞ얏ᄂᆞᆫ지約貳時간을經過ᄒᆞ얏다더라

●有何顧慮否 總리大臣리完用氏ᄂᆞᆫ今番에解任이된後의ᄂᆞᆫ私財三萬圜을携帶ᄒᆞ고美洲로發向ᄒᆞᆫ다ᄂᆞᆫ說이有ᄒᆞ더라

●雲亭開宴 昨日에各元老大臣들이伊藤시와日人詩家들을翠雲亭으로請邀ᄒᆞ야詩會를盛設ᄒᆞ얏ᄂᆞᆫ데同日上午九時量에齋洞以上으로孟峴等地까지巡査가羅列ᄒᆞ야道路를修治ᄒᆞᆷ으로허동居民은數時간奔走ᄒᆞ얏다더라

●韓戒尙存否 昨日翠雲亭詩會에伊藤시가往參ᄒᆞᆷ은別項과如ᄒᆞ거니와何等戒嚴ᄒᆞᆫ事가有ᄒᆞᆫ던지東部警察署에서巡査拾餘名이平服을換着ᄒᆞ고齋洞等地에서警衛ᄒᆞ얏다더라

●朴氏入京說 朴泳孝시ᄂᆞᆫ五日前부터馬산의來ᄒᆞ야靜養中인ᄃᆡ日간入京ᄒᆞᆫ다ᄂᆞᆫ說이有ᄒᆞ다더라

●朴舌頗巧 奸巧ᄒᆞᆫ朴齊純氏ᄂᆞᆫ總理의任命을絶對的으로否認ᄒᆞ야日韓國의總리大臣을置ᄒᆞᆷ必要가無ᄒᆞᆫ즉統監이自當處理ᄒᆞᆯ것시오自己ᄂᆞᆫ決코此任을不受ᄒᆞᆯ것노라고揚言ᄒᆞᆫ다더라

●內閣通知 伊藤氏가本日發程ᄒᆞᄂᆞᆫ事에對ᄒᆞ야內閣에서각府部院廳에通知ᄒᆞ기를餞別ᄒᆞ기爲ᄒᆞ야仁川港々지前往ᄒᆞᆯ人이有ᄒᆞ거든姓名을錄示ᄒᆞ라ᄒᆞ얏다더라

●指揮出餞 學部에서각官私立학校에指揮ᄒᆞ되本日下午壹時四拾分에伊藤太師가歸國次로出發ᄒᆞᆯ터이니各학校職員들은학徒를領率ᄒᆞ고南大門例定處所로前往餞送ᄒᆞ라ᄒᆞ얏다더라

●特派員發電 京城在留日本新聞社特派員들이再昨日下午三時量의各其本社로電報ᄒᆞ야韓國政府가今明간變更되리라고報道ᄒᆞ얏다더라

●何事被捉 洪陵參奉김晉奎氏ᄂᆞᆫ總理大臣리完用氏의妹夫인ᄃᆡ有何事件인지拾餘日前에日憲兵司令部에被捉ᄒᆞ얏다더라

●亦出挾憾 壹進會에서總리大臣의辭職을勸告ᄒᆞᆫ다ᄒᆞᆷ은已報ᄒᆞ얏거니와其ᄂᆡ容을聞ᄒᆞᆫ즉宋秉畯이가流車ᄂᆡ에서拔劍ᄒᆞᆫ事로遞任이되얏스니今番總리大臣은從씨式에不參ᄒᆞᆯ뿐아니라驛跡流森林事件에不精ᄒᆞᆫ說이有ᄒᆞᆷ을因ᄒᆞᆷ이라ᄂᆞᆫ說이漠籍ᄒᆞ더라

●日事延期 視察使會議ᄂᆞᆫ內部大臣의調論ᄒᆞᆫ結果로來拾六日로更退ᄒᆞ얏고再昨日부터明日까지ᄂᆞᆫᄂᆡ部에會同ᄒᆞ야港方局장과地方行政事務에意見을互相陳述케ᄒᆞᆫ다더라

●去將安之 度支部에서各地方官欠逋條를調査督納ᄒᆞᆫ다ᄂᆞᆫ說은屢報ᄒᆞᆫ거니와南北村에巨額을犯逋ᄒᆞ고蹤跡逃躱ᄒᆞᆫ者가六十餘人이라더라

●俄領事入京 元山에駐在ᄒᆞᆫ俄國領事씨부프시ᄂᆞᆫ去十壹日夜에入京ᄒᆞ야俄國總領事館에到着ᄒᆞ얏다더라

●撲犬告示 警視廳에서告示ᄒᆞ기를項樑가無ᄒᆞᆫ犬과野犬은[illegible]撲殺ᄒᆞᆯ것다ᄒᆞ얏다더라

●全咸兩道農況 全羅북道全州方面은厥日以來로驟雨가降ᄒᆞ야壹般水田에移秧을始ᄒᆞ엿다ᄒᆞ고함鏡북道에ᄂᆞᆫ貳個月前부터今日까지殆히無天雨下ᄒᆞ야壹般農作物의成效가無望ᄒᆞ고會寧高原兩郡外에ᄂᆞᆫ각郡에虫災가多大ᄒᆞ야凶作을免키難ᄒᆞ다더라

■地方雨事 本月十二日夜에大雨가降ᄒᆞ야東萊釜산산간과東萊蔚산간에交通이杜絶ᄒᆞ얏고韓國婦人二名은行衛가不明ᄒᆞ며又김海에ᄂᆞᆫ家屋의沉漬ᄒᆞᆫ者數이오溺死ᄒᆞᆫ者ᄂᆞᆫ男女各壹人이오蔚산에ᄂᆞᆫ水漲ᄒᆞ야八戶가浸水되얏고十二日夜에大雨가有ᄒᆞ야함흥市街에沉漬ᄒᆞᆫ家屋이五오浸水家屋은韓人家屋이數百戶오日人家屋이數十戶라더라

●礦産의噸數와價格 隆熙二年度에各礦産出物의噸數와價格이如左ᄒᆞ니

礦	噸數	價格
金礦	五、壹九二噸	七壹、八三三圜
石炭	壹、○三二一	二、三二三
黑鉛	壹二、○九九	壹五二、七五八
鐵	五、九二○	二五、二四三
銅	五七壹、	六、三四四
金銀	三八壹、	四、二八○
銀銅鉛	七五、	、七三九
砂金	六壹、六四五	二四壹、三五二

此外에戮산金礦과各處官營礦산의産額은如左ᄒᆞ니

礦	噸數	價格
戮산金礦	不明	三、○○○、○○○圜
載寧礦산	三三、八廿○噸	三壹六、七六八
殷栗礦산	壹七、三三五	二七、八七八

●謁主獎學 大邱郡通譯主事許泳咸昌國氏ᄂᆞᆫ昨年六月分에赴任ᄒᆞ야恪勤視務ᄒᆞᆯ뿐더러守備隊通譯中에不良ᄒᆞᆫ者가有ᄒᆞ면守備隊長의게交涉ᄒᆞ야卽爲除汰ᄒᆞ고或守備隊兵卒들이村閭에巡廻ᄒᆞᆯ時에도人民을極力保護ᄒᆞᆷ으로該氏의聲譽니境內에藉藉ᄒᆞ다더라

●兩氏慈善 洪原郡州남面居김寬壹氏가米穀을出捐ᄒᆞ야貧民을救恤ᄒᆞᆷ은已報ᄒᆞ얏거니와近日에도小米二百石을又捐ᄒᆞ야陜川郡新興面等地에頒給ᄒᆞ얏고陜川郡新興面居金秉鳳氏도小米五十石을出捐ᄒᆞ야各貧戶에賑給ᄒᆞ얏ᄂᆞᆫ대該氏等에慈善心을人皆稱頌ᄒᆞᆫ다더라

●金家賊禍 再昨日下午九時量에强盜三名이各持六穴砲ᄒᆞ고沙器里居김元植시家에突入ᄒᆞ야其主人을結縛ᄒᆞ고銀금等屬四十餘圜價値를奪去ᄒᆞ얏다더라

學界

●養源紀念 私立養源女學校에셔該校創立紀念禮式을本日의擧行ᄒᆞᆫ다더라

●新明日明 忠南公州郡長頭面文岩居ᄒᆞᄂᆞᆫ金聖九韓無京兩시가新明學校를設立ᄒᆞ고靑年을敎授ᄒᆞᄂᆞᆫ뒤학生이貳百餘名에達ᄒᆞ야振興之望이有ᄒᆞ다더라

●三山放學 私立三山義塾에서去日曜日에進級式을經ᄒᆞ고因ᄒᆞ야夏期放學式을行ᄒᆞ얏ᄂᆞᆫ데其翌日에該塾主黃壽延시ᄂᆞᆫ該塾任員壹同과廟洞本邸로招待ᄒᆞ야盛大ᄒᆞᆫ宴會를開ᄒᆞ얏다더라

●昌新日昌 양州郡榛伐面內有志紳士들이協議ᄒᆞ야該面內에新昌學校를設立ᄒᆞ얏ᄂᆞᆫ뒤該面居李源永시ᄂᆞᆫ금數百圜과與동居金聖濵시ᄂᆞᆫ金拾圜과齋동居學在正시ᄂᆞᆫ金二圜을寄付ᄒᆞ얏ᄂᆞᆫ뒤該面內人士들도爭先寄付ᄒᆞ야校況이大進ᄒᆞᆷ으로現今出席학員이七拾餘名에達ᄒᆞ얏다더라

●晃心興旺 平北泰川郡晃心學校ᄂᆞᆫ該郡儒林中에서設立ᄒᆞᆫ者인ᄃᆡ校況이日益興旺ᄒᆞ고학員이雲集ᄒᆞ야邇就之望이大有ᄒᆞ다더라

◀弔秦皇帝▶

▲長夜乾坤沉々ᄒᆞ고風雨聲은凄々ᄒᆞᆫ데殘點壁灯뿐아니라且支那史를閱覽ᄒᆞ니可憐ᄒᆞ다秦始帝ᄂᆞᆫ興ᄒᆞᆫ줄만恒常알고亡ᄒᆞᆯ줄은몰낫고나傳之萬世ᄒᆞᆯ計劃이貳世而亡웬일인가臨風憑吊ᄒᆞ여보세

▲어리석다秦皇帝여天下兵을거둬다가大冶中에鎔化ᄒᆞᆯ제民間寸鐵다盡ᄒᆞ야亂階永絶아럿지만田간[illegible]右手戈잇슬줄은네가先覺못ᄒᆞ엿고나暴亡之禍可憐타만네自取ᄒᆞᆯ엇지ᄒᆞ랴

▲어리석다秦皇帝여天下書를收聚ᄒᆞ야화災에燒燼ᄒᆞᆯ제四海蒼生愚昧ᄒᆞ야惟惟馴服아럿지만더餘燼에옴겨가져阿房宮이불탈줄은네가先覺못ᄒᆞ엿고나暴亡之禍可憐ᄒᆞ다만네自取ᄒᆞᆯ엇지ᄒᆞ랴

▲어리석다秦皇帝여儒者들深惜ᄒᆞ야咸陽坑에埋殺ᄒᆞᆯ제天下氣沮喪다되야서[illegible]不說아럿지만許多刑將모여안저[illegible]擧ᄒᆞᆯ줄을네가先覺못ᄒᆞ엿고나暴亡之禍可憐타만네自取ᄒᆞᆯ엇지ᄒᆞ랴

▲어리석다秦皇帝여楚懷王을誘引ᄒᆞ야武關에幽囚ᄒᆞᆯ제三戶殘楚永亡ᄒᆞ야不敢還進아럿지만世世楚將되던項籍이秦降王을죽일줄은네가先覺못ᄒᆞ엿고나暴亡之禍可憐타만네自取ᄒᆞᆯ엇지ᄒᆞ랴

▲秦家歷史맛밧칠진댄夷狄으로擯斥ᄒᆞ야中國會盟못ᄒᆞ다가商鞅計를收用ᄒᆞ야二周六國滅ᄒᆞᆫ스니暴興ᄒᆞ기는暴ᄒᆞ니아나니遠邇者가速退ᄒᆞ고暴亡ᄒᆞ기가暴亡키ᄂᆞᆫ天理上의原則이라古今之殊가업소나

廣告

本宗中의先塋墓갈을平壤府慶門外리에뫼신바 崔齊豐處에給雇守護케ᄒᆞ야奉安也러니 石物이相剝折傷ᄒᆞᆷ을不得更造ᄒᆞ여야 習形便인ᄃᆞ니崔의兩人이가更造ᄒᆞᆫ바 石物十數을 [illegible] 오니 [illegible] 의手巧精美와 [illegible] 業은曾所慣聞이오 [illegible] 慕之匠手도如此高尙太 [illegible] 不可泯默이옵기玆以廣告ᄒᆞ오니遠近間同宗會員은照亮感謝ᄒᆞ심을務望

本人의子金模이가年今二拾壹 [illegible] 이온ᄃᆡ本年陰五月六日에無端出去에尋覓不得ᄒᆞ옵기로玆以廣告ᄒᆞ오니內外國人간逢着이옵거던指道ᄒᆞ와家ᄒᆞ심을切望ᄒᆞᆷ

江華郡諸島面石浦 [illegible] 李學鳳 儀

北部昭格 [illegible] 六十 [illegible] 統七戶五十 [illegible] 二간 [illegible] 五간 [illegible] 契券을昨年四月에遺失ᄒᆞ와大韓每日申報에 [illegible] 廣告러니廣告新聞을亦遺失ᄒᆞ와玆又廣告ᄒᆞᆷ 家主河召史

本人이去乙巳九月分에文希圭處에買得ᄒᆞᆫ拾九統四戶草家六間家券을見失故로廣布ᄒᆞ오니誰某拾得이라도休紙로施行ᄒᆞᆷ

三和港 [illegible] 張觀炫 白

◉特別廣告

本會의前後被謗은公眼이自在ᄒᆞ니不足多卞이나近日皇城每日兩報에高仁석이가本會를詐欺取財로起訴ᄒᆞ다ᄂᆞᆫ荒說을屢揭ᄒᆞᆫ바此等謗報ᄂᆞᆫ新聞價値를墜落ᄒᆞᆷ에不過ᄒᆞᆯ지라雖然이나京鄕人心이漸致眩惑ᄒᆞ야期迫ᄒᆞᆫ산林測量을便同度外置之ᄒᆞ나산野所有主의直接損害와技術專修者의半途廢棄이曷勝憂歎이리오此等狂妄無信用之說을惑聽ᄒᆞ야各其應盡ᄒᆞᆫ責任을不務ᄒᆞᆷ은國民된目的을自棄ᄒᆞᆷ이라本會에셔負擔ᄒᆞᆫ義務ᄂᆞᆫ不可泯없시玆에疾登警告ᄒᆞ노니京鄕잔同疑諸시와同胞僉彥은此를洞亮ᄒᆞ시고各自奮勵ᄒᆞ오셔今雖潦暑中이라도秋京時候에應行ᄒᆞᆯ解督을預先準備ᄒᆞ시다가及期趲行ᄒᆞ야公益을增趲케ᄒᆞ시기를顧祝이오며光陰이人을爲ᄒᆞ야不留ᄒᆞ나니有限時機를荏苒虛送치마시고念在玆ᄒᆞ오셔산林所有權을自棄追悔之歎이無케ᄒᆞ시옵

大韓測量總管會

肅川郡平山 申氏宗中 告白

本郡文廟直員리志魯나猾鄕趙棟奎가鄕校니設立ᄒᆞᆫ咸化儒學校長基督敎에寄付ᄒᆞ고文廟位土와養士齋田畓價百二十餘斗落을無証盜賣ᄒᆞ고餘存儒敎財產과鄕교面積圖를成契奪給耶敎人王吉ᄒᆞ야請認於學部러니自學部退却則實儒宗大幸이나와噫彼志魯之直員과棟奎之儒齋로儒道宗에排斥ᄒᆞ고士林財團耗盡ᄒᆞᆷ이厥罪强賊뿐不啻라且斯門亂賊이오於耶敎善導에도實損名譽이기本人等이請願於道郡ᄒᆞ야 [illegible] 廢止ᄒᆞ고文廟마尊嚴ᄒᆞ더니彼等이嘗宅이何凶計로醵出ᄒᆞᆫ지謗ᄒᆞ得數百名帖ᄒᆞ야方在上京周旋中이기玆以廣告ᄒᆞᆷ

咸安郡儒林安鎭烈 趙鏞權 安衡烈 [illegible] 洙鏞等

本人의養子趙士貞이本以浮浪悖子로本人의所持家대文券與田畓都封文券을沒數히盜出逃走ᄒᆞ여典執得償之計ᄒᆞ오니內外國人은切勿見欺ᄒᆞᆷ

平北定州 [illegible] 面四里石隅村 趙元化 告白

西署龍山坊兄弟井契八十二統四戶家主金仁成家券板刻을見失이옵기玆廣告ᄒᆞᆷ

家主 金仁成 告白

數理講習生募集

每夏에 [illegible] 洞 [illegible] 院에서開하던數理學講習所를今夏에ᄂᆞᆫ左記處所에서三回로繼設ᄒᆞ오니願하ᄂᆞᆫ志願ᄒᆞ시옵 會員은六月三拾日內로

前部 代數 自乘次方程式 測量 自然界의現象 心理

後部 算術 自分數 代數 初 自

幾何 自平面部

中部寺洞 [illegible] 士 [illegible] 內

第三回夏期數理學講習所

本館에서各種書籍과雜貨及測量諸具를特別大割引發賣ᄒᆞ오니僉君子ᄂᆞᆫ陸續購求ᄒᆞ시옵 但外方에셔ᄂᆞᆫ請求만ᄒᆞ시면郵便[illegible]換代金으로付送ᄒᆞ고郵費ᄂᆞᆫ本館에셔自擔ᄒᆞᆷ

平壤鍾路太極書館 告白

本書院에셔ᄂᆞᆫ [illegible] 店을便爲擴張ᄒᆞ고新舊書籍과文具와學徒用品을大發賣ᄒᆞ되新舊書籍은五圓以上으로請求ᄒᆞ시면特減이有ᄒᆞ오니學界諸彥은陸續購覽ᄒᆞ심을務望

平壤貫洞耶蘇敎書院會書所

鄭益魯 金聖鐸 告

自在畵와唱歌의書名ᄒᆞᆫ敎師金在湜씨가夏期講習所를觀徽及義塾內에設ᄒᆞ고速成敎授ᄒᆞ오니勸학에有志ᄒᆞᆫ僉員은本所로來議ᄒᆞ오

專賣特許 駿帽子

中山 帽子 價金 五圓〇 四五〇 三五〇 貳五〇

中折 帽子 上仝

女子用 帽子 上仝

學徒 帽子 露〇 二五〇 二〇〇 七〇〇

TRADE MARK 이비닭 THE HEAVEN DOVE

登錄商票

玉虎書林 廣告

美國시아를大博覽會　미국시아틀대박람회

본사의各處代理人과名은如左홈

京城磚洞（京城郵便局郵函第四拾號）（大韓國에서 [illegible] 法律認可）（駐大韓國美國總領事 [illegible]）韓美興業株式會社

開城代理人	개城南門內雜貨商店	
平壤代理人	平壤大同門內店洞	盧旻洙
咸興代理人	咸興서門外	
馬山浦代理人	馬山浦客主	
元山代理人	元山港	
清津代理人	淸津港	
水原代理人	水原北部장安동	
安[illegible]代理人	水原北部 [illegible] 安洞	
沙里院代理人 位置未定	漢城東部 [illegible] 拾里旺新學校內	
金泉代理人 位置未定	金泉市場共信商店	
[illegible]州代理人	漢城西部麻浦三拾二統五戶	
天安代理人 位置未定	水原北部長安洞	
[illegible]山代理人 位置未定	群山太井洞	
[illegible]州代理人 位置未定	漢城西部阿峴二百廿二統三戶	
大邱代理人	大邱新田里五十八統七戶	
釜山代理人 位置未定	馬山浦午山里治壹統九戶	
江[illegible]浦代理人 位置未定	西部龍山坊東幕中契廿七統貳戶	
麻浦代理人	西部麻浦 [illegible] 拾 [illegible] 統三戶	
[illegible]湖代理人 位置未定	[illegible] 城山里	
永同代理人 位置未定	漢 [illegible] 洞貳統壹戶	
木浦代理人 位置未定	木浦南橋洞	
晋州代理人 位置未定	晋 [illegible] 馬山浦城山	
金堤代理人	金堤郡白石面水閣	
漢江附近代理人 位置未定	南部漢江十八統二戶	
義州代理人 位置未定	義州批峴	
江界代理人 位置未定	義州批峴	張鳳[illegible] 張[illegible]拭
漢[illegible]東代理人	[illegible]上甘井洞四統五戶	李[illegible]
[illegible]州[illegible]代理人 位置未定	[illegible] 井동	
定州代理人 位置未定	郭山邑	金相杰
城津代理人	吉州邑	洪淳[illegible]
太[illegible]代理人	太田新 [illegible]	宋始憲
浦項代理人	浦項上里拾貳統拾二戶	
淸州代理人	鳥致院漢城醫院貳統壹戶	
吉州代理人	吉州西門外相思洞二統三戶	
[illegible]山代理人	漢城中部 [illegible] 十 [illegible]	
延安代理人	延安 [illegible]	
兎山代理人	兎山郡兎山市	
南物浦代理人 位置未定	開城南部 [illegible] 橋	金[illegible] 洪淳[illegible]
公州代理人 位置未定	太田 [illegible]	
論山代理人 位置未定	公州 [illegible] 面松亭里	
洪原代理人 位置未定	咸興郡中荷里	
漢城西部代理人	西部 [illegible] 百五 [illegible] 四統四戶	
북청代理人 位置未定	洪原龍原面蓮下里	宋[illegible]憲
鏡山代理人 位置未定		[illegible]憲

金東憲 鄭基[illegible] 崔[illegible] 孫[illegible]字 金[illegible]文 [illegible] 金[illegible] 김유東 邦元重 [illegible] 李[illegible] [illegible] [illegible] [illegible] [illegible] 김[illegible] [illegible] [illegible] [illegible] [illegible] [illegible] [illegible] 安 金萬[illegible] 李孝種 李[illegible]榮 李鍾[illegible] 宋秉德 宋始憲 申[illegible]雨 金晋熙 朴勝俊 김[illegible]麟 李[illegible]淳

濟生堂和平堂大藥房聯合紀念大贈彩

◎贈大彩說明

濟生堂開業五週年과和平堂開業三週年間에內外國君子의顧愛를심을多蒙ᄒᆞ야藥業이時日發盛ᄒᆞ고功效가東西著聞에라其感佩를實難形言이오今에兩大藥房에서紀念式을幷行ᄒᆞ고會君子의感誼를表ᄒᆞ기爲ᄒᆞ야兩種藥品（淸心保命丹 八寶丹）을特製大發賣ᄒᆞ며大福彩券을無代金添呈ᄒᆞ와實施福籤을大占케ᄒᆞ오니僉君子는勿失此機ᄒᆞ시고陸續枉顧ᄒᆞ심을敬要

懸賞物品金六百圓價値

大福彩券은以四千枚로定

兩大靈藥（淸心保命丹 八寶丹）每貼價金各拾錢

效能 甘飮積滯胸腹痛 水土不利咳嗽等

方法

定價金十錢枚五包에一福籤을添呈ᄒᆞ며外兩藥房製藥品中에서拾錢價格에彩券을添呈ᄒᆞ며引價를呈請ᄒᆞ면五圓價格에彩券壹張을添呈ᄒᆞ

賞品

頭等貳人）白米貳拾石（每人拾石式）太와五斗入
壹等貳人）仝 拾 石（每五石式）
貳等捌人）仝 拾六石（每貳石式）
三等拾人）仝 拾 石（每壹石式）
四等壹百人）金五十圓（每五十錢式）
五等三千八百七拾八人　紙券煙二千八百七拾八匣 十三千八百七拾八匣

空彩는無ᄒᆞᆷ

遠地에는郵便引換으로送呈ᄒᆞᆷ

期限은六十日로定　自陽六月拾六日 至陽八月拾五日

抽籤日子는臨期ᄒᆞ야更告ᄒᆞ깃ᄉᆞᆷ

位置

皇城南大門側　濟生堂大藥房本舖
皇城鍾路　和平堂大藥房本舖
皇城鍾路　兩堂臨時出張所

各種東西洋藥과韓國唐草材大發賣所　和平堂藥房

本藥房은同胞僉員에顧愛ᄒᆞ심을입사와本舖를今以擴張ᄒᆞ고東西藥品을都賣散賣ᄒᆞ오니拾三道各郡藥業ᄒᆞ시는僉位는西洋藥品이나唐藥材와草材를請用ᄒᆞ시면以廉價로販賣ᄒᆞ오며藥種을精擇ᄒᆞ야製劑ᄒᆞ야郵便付送ᄒᆞ시면特別引換으로付上ᄒᆞ깃ᄉᆞ오니照亮ᄒᆞ시ᄋᆞᆸ

本堂藥製品은如左ᄒᆞᆷ

阿煙斷引丸　壹劑八週分 金五圓　牛劑四週分 金三圓
婦人胎 養調經丸　壹個月分 金五圓
鼠香消瘡丹　甲號金四圓 乙號金二圓五拾錢
滋陽丸　壹月分五圓　貳拾日分 三圓四拾錢　拾日分 壹圓八拾錢
全治丸　壹劑十四日分 金二圓
八寶丹　壹包九合五粒 金拾錢

和平堂　藥房主 李應善

自宅治療 電氣帶廣告

（主治効能）腦經衰弱。健忘症。不眠。遺精。早漏。不快。陰痿不起。消化器無力。精液衰精。消化不良。便秘。衰弱。疝症。半身不遂。或全身不遂。手足厥冷。諸神經痛。頭痛。腰痛。脚氣及腹痛。記憶力及孤獨。血分不足症

上號 拾四圓　中號 拾二圓

家庭要鑑方

前醫學校教官 朴容南 著

定價 全壹 金參十錢

此編은東西醫藥中에家庭에必要ᄒᆞ救急妙法을博搜綜採ᄒᆞ야雖婦人小兒라도易曉케ᄒᆞ야自宅의治療를作ᄒᆞ는神方이오且醫藥에從事ᄒᆞ는人의臨床必讀ᄒᆞ者ㅣ니實濟世의要訣이ᄋᆞᆸ

目次大略○內科病의救療法○卒倒○卒中○熱射病○霍亂○癲癇○疼痛○頭痛○腹痛○胃痛○月經의疼痛○出血○鼻出血○咯血○吐血○下血○中毒○中毒療法의壹般通則○鴉片中毒○양자中毒○石炭酸中毒○硝酸銀中毒○酒精中毒○一酸化炭素中毒○魚類中毒○獸肉中毒○異物의摘出法○鼻、喉頭、耳、眼、의異物摘出法○火傷○凍傷○止血法○縊首○失氣及假死○假死와眞死의區別○假死의救急法○溺水者○縊首者○瓦斯中毒○異物嚥下窒息假死○觸電死○餓死者○人工呼吸法○縊首○外傷○頭部外傷○頸部外傷○胸部外傷○腹部外傷○下顎脫臼○咬傷○狂犬○毒蛇○蜂螫咬傷○附妊娠의症候○妊娠中의攝生○産婦의攝生法○産褥○初生兒의受護法○乳母의選擇法○家庭의必備ᄒᆞ藥品

發賣所　皇城南部太廣橋　匯東堂大藥房　告白

代理店　共同堂各支店　京鄕各書舖隨意販賣

社告

○申報價
壹張代金　新貨貳錢五厘
壹個月前納　三拾錢
參個月　九拾錢
陸個月　壹圓七拾錢
壹個年　參圓四拾錢
郵稅壹張　新貨五厘
壹個月　拾參錢

○廣告料
四號活字拾參字詰
每日壹寸（英尺）에新貨卄五錢
貳週日壹寸에　貳圓五拾錢
壹個月壹寸에　五圓
（自壹行至四行이爲壹寸）
其期限의長短과字行의多寡를依ᄒᆞ야增減ᄒᆞᆷ이有ᄒᆞᆷ

◎大韓每日申報各處支社廣告

平安道
平壤鍾路太極書館　安泰國
三和港牌石洞敎堂　鄭亨湜
義州南門外西大藥房　[illegible]
鐵山邑東部　安濬
車輦館　金明鍊
定州南門內書舖　[illegible]
博川郡邑　[illegible]
安州城內義井洞　金致河
京義線枇峴驛前　李泰洙
龍川楊市　黃瑞保
龍川南面松峴　東書會　金賢益
龍川남市驛　韓鎭鑛
朔州邑남門　朱伯彦
泰川邑館前洋낙局　李正鎔
寧邊郡內紅門里　鄭德昇
江西邑內　金昌洙
成川郡上部面　房應三
平남順川郡　鄭裕奎
价川邑橋南　申其昭

黃海道
江界邑耶蘇敎學校　김병주
郭山郡邑面湖우里　金道祥
雲山郡邑面上里　梁允植
龜山郡內利用里　崔鎭寅
瑞山北面橋洞　王冕錫
海州남門內書舖　朴昌鎬
安岳邑石面閑錦洞　金文浩
長淵邑校洞西北支學會內　崔東元
殷栗邑倉前里　金光瑞
信川邑西里　李悌日
載寧邑乾材局　李鼎鎬
黃州南門外冊肆　[illegible]
白川邑文明館　[illegible]

咸鏡道
沙里院活民勞動救火會任敉宰　[illegible]
利城邑內新城里　한海元
咸興州南社西門外　曹喜林
元山港創新社內　[illegible]
洪原邑　[illegible]
定平郡昌川　[illegible]
洪原西門內保命局　[illegible]
永興南山루洪明學校內　梁元燮
鏡城羅南新興洞　安正칠
淸津港新岩동　[illegible]

全羅道
全州南門外　[illegible]
木浦항陽동　[illegible]

京畿道
仁川　[illegible]
開城남大門　[illegible]
江華邑川橋　[illegible]

忠淸道
結城邑川小邑동　[illegible]

慶尙道
大邱西門外友弦書樓鋪　李正由
釜山港佐川약局　徐[illegible]

江原道
鐵原邑　[illegible]
蔚珍遠남面梅花里　朱鐵[illegible]

第七卷

大韓每日申報

第壹千百四拾□號

歲時曆日及慶節休刊

檀君開國四千二百四十二年
箕子元年三千三十一年
大韓開國五百十八年
日本明治四十二年
淸國宣統元年
己酉五月小廿八日丙子

Responsible for Publication Alfred Weekley Marnham.
發行兼編輯人 英國人 萬咸
發行所 京城南部石井洞三層洋屋 大韓每日申報社

論說

◉身家國觀念의變遷

人類進步가時代를隨ᄒ야異ᄒ故로上古時代의歷史가變ᄒ야中古되며中古時代의歷史가變ᄒ야近世된비라其進步의狀態가複雜ᄒ즉今에其一件徃跡만指ᄒ야日此가進步된것이라ᄒ며其壹個結果만指ᄒ야日此가進步된것이라홈은不可ᄒ나其壹强令이其中幾個條件을摘ᄒ야人類歷史上進步의狀況을証코저ᄒ진대記者는此를身、家、國三觀念의變遷에觀코저ᄒ노라

鴻濛이肇判ᄒ야動物이產生ᄒ니斯人이誕降ᄒ나其初에는亦只是動物中壹部(進化論者曰猿是人類의始祖)라及其毛剝皮換ᄒ고爪短耳反ᄒ야稍々人類의貌樣을著ᄒ얏스나其知識이아즉發達치못ᄒ며其德性이아즉擴充치못ᄒ야形質上人類의團聚가無ᄒ고猛獸가來掠ᄒ며父毋가是에死ᄒ며子弟가是에死ᄒ야도是는皆不顧ᄒ고猶自己만是圖走避ᄒ며歡天喜地에橫飜縱躍ᄒ야三神의恩德을謝ᄒ고四海의福地를求ᄒ나니是는無他라其靈覺이未發發達ᄒ야事物을接觸홈에直覺만有ᄒ고硏究가無ᄒ며禍福을遭遇홈에近慮만有ᄒ고遠計가無ᄒ야如此ᄒ身의觀念만發達홈이니此는人類歷史의乳哺時代라此가壹期오

此期가旣過ᄒ미生齒가漸繁ᄒ고知能이稍進ᄒ야刀槍과弓弩를鑄造ᄒ야利爪猛牙로自雄ᄒ는虎豹犀象의屬을征服ᄒ야人獸間의競爭이旣息ᄒ미於是乎人與人간의競爭이始作ᄒ야强弱이相呑ᄒ며智愚가相搏ᄒ야壯士가張喙에攫提가爲飯ᄒ며謀士가施策에獵子가爲肉ᄒ야戰殺이蝸骨에起ᄒ며生宛이瞬息에判ᄒ고强拳이法律을成ᄒ며勇力이神聖을作ᄒ지라如此恐황中에處ᄒ야各其生存을圖ᄒ셔弱者가弱者와相合ᄒ야强者를禦케ᄒ며强者는又他强者와相合ᄒ야更히强者됨을務ᄒ는데其相結合의道가面目親熟者부터生ᄒ나니面目親熟者는父毋兄弟妻子에莫過ᄒ지라故로家族의和睦的團結이始起ᄒ야相禦相侵ᄒ셔此家族이或彼族의土地를呑幷ᄒ며或彼族의財產을占領ᄒ며或彼族의梟雄桀士만殺害ᄒ고其老弱疾患만留ᄒ야奴隷로驅使ᄒ미小族이盡亡ᄒ고大族이獨存ᄒ얏스며旣而오又弱族이强族을防ᄒ미數多族의相結이必要홈을感覺ᄒ야從此로同姓同本의百世和睦的團結이又作ᄒ니家族의範圍가益廣ᄒ야部落을形成ᄒ지라此가第二期오

(未完)

▲隆熙三年七月拾貳日 官報

●法 律

朕이輸出牛檢疫法을 裁可ᄒ야玆에頒布케ᄒ노라

御名 御璽

隆熙三年七月拾日

內閣總理大臣 李完用

農商工部大臣 趙重應

法律第貳拾貳號

輸出牛檢疫法

第壹條 日本에輸出ᄒ는畜牛는本法에依ᄒ야獸疫에檢疫을行홈

第貳條 本法에獸疫이라稱홈은牛疫、炭疽及流行性鵞口瘡을謂ᄒ며病牛라稱홈은獸疫에罹ᄒ거나又는其疑가有ᄒ畜牛를謂홈

第三條 수出牛는檢疫을ᄒ기爲ᄒ야九日間수出牛檢疫所에繫留홈

第四條 檢疫官吏는檢疫中病牛를發見ᄒ時는鎖錮、隔離或은撲殺其他必要ᄒ處置를行홈을得홈

前項에境遇에在ᄒ야는檢疫官吏는其獸疫傳染의虞가有ᄒ個所에繫留ᄒ他수出牛에對ᄒ야第三條에繫留期間을伸長홈을得홈

第五條 檢疫中에畜牛及其屍體並病毒에汚染ᄒ거나或은其疑가有ᄒ物品은檢疫官吏의許可를受치아니ᄒ면他處에移動홈을得지못홈

第六條 檢疫官吏는病牛의屍體及病毒에汚染ᄒ거나或은其疑가有ᄒ物品을燒棄ᄒ며又는消毒홈을得홈

第七條 檢疫官吏는檢疫을終ᄒ고病牛가아닌줄노認ᄒ時는其牛體의臀部에烙印ᄒ고檢疫請求人에게證明書를交付홈

第八條 前條의畜牛로不得已ᄒ事由에依ᄒ야證明書交付後直時船舶에搭載홈을得지못ᄒ者는其事由가消滅홈에至ᄒ기까지수出우檢疫所에繫留홈

第九條 檢疫官吏는수出우를搭載ᄒ船舶의船자에對ᄒ야船舶內의消毒을命ᄒ고其他必要ᄒ事를指揮홈을得홈

第拾條 수出우를搭載ᄒ船舶은日本海港에直航홈이可홈

前項의海港은農商工部大臣이此를告示홈

第拾壹條 左의境遇에在ᄒ야는檢疫官吏는第七條의證明書를取消ᄒ고其畜牛를相當期間內수出牛檢疫所에繫留ᄒ고檢疫을行홈을得홈

壹 前條의船舶이三日以內에出港치아니ᄒ時

貳 出港前病우를發見ᄒ時

第拾二條 第拾條의船舶이海難에依ᄒ境遇外에他海港에寄航ᄒ時는第七條의證明書는其效力을失홈

第拾三條 수出우檢疫所에繫留ᄒ수出우의飼養管理及搭載는農商工部大臣의指定ᄒ者가아니면此를行홈을得지못홈

前項에依ᄒ야指定ᄒ者가檢疫請求人에게受ᄒ飼養管理及搭載料金은農商工部大臣의認可를受ᄒ야此를定홈이可홈

附 則

本法은隆熙三年八月二拾日로부터施行홈

外報

●德國新內閣 伯林電을據ᄒ則德國新宰相은十四日에任命된다더라

●德宮相辭職 伯林電을據ᄒ則德國議會에셔는遂히財政改革案을可決ᄒ얏는데首相뷰로公은辭職ᄒ고現內務大臣이其後任을襲ᄒ다더라

●吉장鐵道委員 吉장鐵道委員盧祖華시는病氣가發ᄒ야拾日간休暇를得ᄒ야近日奉天에赴ᄒ다더라

●運河役夫淘汰 紐育電을據ᄒ則美國政府에셔는巴奈馬運河工事에經費를節減ᄒ기爲ᄒ야消人과白人의勞働者를淘汰ᄒ더라

●墺首相逝去 墺地利總理大臣은逝去ᄒ얏다더라

●荷蘭陸相辭職 荷蘭國陸軍大臣은辭職ᄒ얏다더라

●波斯官兵의示威 波斯官兵은革命黨에게對ᄒ야示威運動을始ᄒ얏다더라

●美國大洪水 美國中部에大洪水가生ᄒ야溺死者가多數에達ᄒ얏다더라

雜報

●正誤 昨日本報第貳면雜報欄녀貳太問題란題下第五行及第拾七行에在ᄒ統治二字는並司法二字의誤植이기玆에正誤홈

詞藻

◉合衆力

곱흔비취우라면、山菜野蔬엇더ᄒ며。쓰러진집니르갈제、곤材木만所用되라。아마도、男女老少壹心되면、無所不爲。

●西窓痛哭 辰韓野叟

風急寒江落木哀
扁舟暮泊子陵臺
花々桑海生爲苦
地老天荒獨往來

雜報

●還宮御駕 大皇帝陛下께옵셔明日上午十時三十分에出宮ᄒᆞ사 太皇帝陛下께暑中問安ᄒᆞ옵시고下午貳時에還御ᄒᆞ옵신다ᄂᆞᆫᄃᆡ 御路次ᄂᆞᆫ昨日과如ᄒᆞ다더라

●勞問使內定 伊藤氏가歸國ᄒᆞᆫ後에 大皇帝陛下께서勞問使를其本國으로派遣ᄒᆞ신다ᄂᆞᆫᄃᆡ義陽王殿下ᄂᆞᆫ正使오趙完顈閔丙奭씨ᄂᆞᆫ副使로內定이되야不日內에任命發表ᄒᆞᆯ터이라더라

●協約締結經過 司法權委任事에關ᄒᆞᆫ韓日協約을承認ᄒᆞᆫ事ᄂᆞᆫ昨報에已揭어니와聞ᄒᆞᆫ즉日本은韓國에ᄂᆞᆫ列國治外法權을撤去케ᄒᆞ기로經營ᄒᆞᆫ지已久ᄒᆞ나韓國司法權을日本에委任케ᄒᆞᆯ案計를遂成ᄒᆞ야此를斷行ᄒᆞᆷ이니今回에法部廢止된은實노此原因에由ᄒᆞᆷ이라三昨夜에李總理가內閣會議를開ᄒᆞ고協約을調印ᄒᆞᆫ後直時奏聞ᄒᆞ야裁可ᄒᆞ얏다더라

●發兵差緩 韓日協約의締結은別項과如ᄒᆞ거니와其內容을現今간에ᄂᆞᆫ發表치아니ᄒᆞ고何等變更이無ᄒᆞ리라ᄒᆞ나[illegible]本事件에此를提出ᄒᆞ야韓國의條約을改正ᄒᆞ고同時에此도處리ᄒᆞᆯ터이라더라

●待書關宴 去月二十日夜各國領事夜宴에曾禰統監이[illegible]ᄒᆞᆫ은[illegible]의協約書齋來ᄒᆞᆷ을待ᄒᆞᆷ이라더라

●統府發電 統監府에서ᄂᆞᆫ何等重大事件이因ᄒᆞᆷ인지再昨日에日本政府에報ᄒᆞᆯ事가有ᄒᆞᆫ더答電을要ᄒᆞ야處리ᄒᆞ기로苦待中이라더라

●伊藤出發 前報와如히伊藤氏가昨日下午壹時四十分에出發ᄒᆞ야仁川港으로前往ᄒᆞ얏ᄂᆞᆫᄃᆡ總理大臣李完用宮內府大臣閔丙奭及副監이餞別키爲ᄒᆞ야仁川ᄭᆞ지下往ᄒᆞ얏고其他各大臣은本日上午八時에前往ᄒᆞᆯ터이라더라

●軍部廢止 今回에軍部ᄂᆞᆫ廢止키로確定되야軍部大臣은侍從武官에專任이되고現存ᄒᆞᆫ騎兵及步兵은守備府를設置ᄒᆞ야統轄케ᄒᆞᆫ다더라

●何等緊急 總理大臣李完用氏ᄂᆞᆫ再昨夜에何等緊急事項이有ᄒᆞᆫ지宮內大臣을引ᄒᆞ고請談話ᄒᆞᆯ次에大臣을勸告ᄒᆞ야詣闕ᄒᆞ야奏케ᄒᆞ얏ᄂᆞᆫᄃᆡ大臣은[illegible]經을ᄒᆞ얏다더라

●權邸訪問 中樞院顧問權重顯氏ᄂᆞᆫ日前에軍部大臣李秉武氏私邸에頻々往訪ᄒᆞ야耳語가密切ᄒᆞ다더라

●兵權將歸 軍部大臣李秉武氏ᄂᆞᆫ有何燥急됨인지昨日上午九時頃에總理大臣을訪問ᄒᆞ고[illegible]談話를ᄒᆞ얏다더라

●竟不如意否 大臣椅子를圖得코ᄌᆞᄒᆞᆫ說이有ᄒᆞ던[illegible]氏ᄂᆞᆫ昨日水原鄕第로下往ᄒᆞ얏고權重顯氏ᄂᆞᆫ本日永同鄕第로下往ᄒᆞᆫ다더라

●何等協議 三昨日下午八時量에俞吉濬趙[illegible]申箕善等諸氏가韓錫周氏家에會同ᄒᆞ야무ᄉᆞᆷ事件을協議ᄒᆞ얏다더라

●偵探奔走 三昨夜에日憲兵司令部偵探客과警視廳偵探人들이各大臣의秘密行動을調察ᄒᆞ기爲ᄒᆞ야徹夜奔走ᄒᆞ얏다더라

●兩種護衛 韓日兩官吏가數日來戒嚴이有ᄒᆞᆷ은已報ᄒᆞ바어니와更聞ᄒᆞᆫ즉再昨夜에ᄂᆞᆫ總理大臣家에ᄂᆞᆫ巡査五名宮內大臣家에ᄂᆞᆫ三名其他各大臣家에ᄯᅩ二三名式加派護衛케ᄒᆞ얏다더라

●局長諮問 昨日上午拾点半에各局長들이[illegible]에가서[illegible]를大臣官房에會集ᄒᆞ고地方財産狀況과府郡合幷件과社還米에關ᄒᆞᆫ件과寺院管理方法等에對ᄒᆞ야諮問ᄒᆞ고繼續ᄒᆞ야會議ᄒᆞᆫ다더라

●郡守任命 欠缺ᄒᆞᆫ郡守七名을旣히審査를終了ᄒᆞᆫ故로近々에任命ᄒᆞᆫ다더라

●夫人觀艦 各國領事夫人과其他大臣의夫人이仁川港에到泊ᄒᆞᆫ日本軍艦滿洲號를玩覽ᄒᆞ기爲ᄒᆞ야外務局장[illegible]氏와共히昨日上午八時에仁川港으로발往ᄒᆞ얏ᄂᆞᆫᄃᆡ其內容은[illegible]의발程을觀覽ᄒᆞᆷ이라더라

●何不折殺 畜犬規則을實施ᄒᆞᄂᆞᆫ事에對ᄒᆞ야度部大臣朴齊純氏ᄂᆞᆫ自己家畜犬이三首인ᄃᆡ自己姓名을犬項에懸錢ᄒᆞᆷ이[illegible]ᄒᆞ다ᄒᆞ야自己家下人姓名으로揭牌ᄒᆞ얏다더라

●長書探知 前參政韓圭卨氏가김東弼氏를敎唆ᄒᆞ야統監府에長書ᄒᆞ얏다ᄂᆞᆫ說이有ᄒᆞᆷ으로警視廳에서其的確與否를探知中이라더라

●歲入과歲出 本年度에歲入歲出總預算追加額을磨鍊ᄒᆞ얏다ᄂᆞᆫᄃᆡ歲入금이五拾七萬五千四百七十五圜인ᄃᆡ歲出금도右금額과同壹ᄒᆞ다더라

●支出總額 客月中에本年度國庫預금中에서補充支出及預算外支出ᄒᆞᆫ總額이四十六萬六千壹百九十圜인ᄃᆡ內部所管이八萬壹百六十三圜이오度支部所管이二十七萬六千四百八拾八圜이오法部所管이八百六拾八圜이오學部所管이七千圜이오農商工部所管이十萬七百七拾壹圜이라더라

●官舍建築 내部高等官과各道書記官官舍를今秋에建築ᄒᆞᆯ터인ᄃᆡ其建築費ᄂᆞᆫ每一座에四千圜假量이라더라

●韓會失望 大韓協會의政客들이[illegible]內閣變動說을聞ᄒᆞ고以爲ᄒᆞ되我黨의政權掌握ᄒᆞᆯ機會가到ᄒᆞᆫ줄노ᄒᆞ야박齊純은總理로權重顯은度相으로김嘉鎭은내相으로[illegible]은학相으로成岐運은農相으로장석주ᄂᆞᆫ宮相으로內定ᄒᆞ고如有所得ᄒᆞ더니政界風雲이疾收ᄒᆞᆷ이失望의色이有ᄒᆞ다더라

●增兵着京 今番의日本셔增派ᄒᆞᆫ憲兵壹百二十二名은昨日에入京ᄒᆞ얏ᄂᆞᆫᄃᆡ彼等은京城에駐屯케ᄒᆞᆫ다더라

●關稅改正 韓國의關稅改正案도亦壹條[illegible]ᄒᆞ야關稅局에서ᄂᆞᆫ旣히數月來로諸般調査中이라더라

●日漁業擴張 平安北道용川군沿海에ᄂᆞᆫ現今日人漁船이約壹百三十隻인ᄃᆡ每隻의漁獲이七百圜乃至壹千五百圜에達ᄒᆞ야每々彼故鄕에送ᄒᆞᄂᆞᆫ금額이數萬圜의巨額에達ᄒᆞ고近者에新到ᄒᆞᆫ漁夫壹百五拾名은漁船五십餘隻을携來ᄒᆞ야新히從事ᄒᆞᄂᆞᆫᄃᆡ明年부터ᄂᆞᆫ益々擴張ᄒᆞ고其漁獲도數三倍에達ᄒᆞ리라더라

●電鐵開業 日韓瓦斯電氣會社ᄂᆞᆫ韓美電氣鐵道를買收ᄒᆞ야來九月부터營業을開始ᄒᆞᆫ다더라

●忠南發兄 忠淸남道의旱魃이太甚ᄒᆞ더니去拾貳日降雨되야登稼移秧의着手ᄒᆞ야農民이愁眉를展開ᄒᆞ얏다더라

●總會改則 大韓協會에서總會規則을改定ᄒᆞ야該會所內所謂十部라ᄂᆞᆫ名目과總務員은壹切廢止ᄒᆞ고壹年에通常總會ᄂᆞᆫ幾次式開設ᄒᆞ기로酌定ᄒᆞ얏다더라

●滯納處分施行 京城居留日本民團에서ᄂᆞᆫ壹期居留民團稅及月稅를滯納ᄒᆞᆫ者가多ᄒᆞ야事務整理에甚히困難ᄒᆞᆷ으로再昨日부터滯納稅의處分을執行ᄒᆞ기를始作ᄒᆞ얏다더라

●源濁流汙 各演劇場에男女合席ᄒᆞᄂᆞᆫ것시풍俗에關係가有ᄒᆞ다ᄒᆞ야警視廳에서嚴禁ᄒᆞᄂᆞᆫ中인ᄃᆡ[illegible]憲[illegible]氏ᄂᆞᆫ再昨夜團成社에來到ᄒᆞ야妓生蓮花와合席幷坐ᄒᆞ얏ᄂᆞᆫᄃᆡ警察官吏ᄂᆞᆫ違格됨을行ᄒᆞ야도關係가無ᄒᆞᆫ가ᄒᆞ고國光[illegible]의批評이有ᄒᆞ얏다더라

●討義派巡 烏致院에派出ᄒᆞᆫ憲兵八名너에二名은義賊에仍留케ᄒᆞ고其餘六名은全南榮산浦義兵을討伐次로派遣ᄒᆞ얏다더라

●交郡義擾 數日前에義兵十餘名이交河郡[illegible]里에來到ᄒᆞ야該地居民의게夏服百襲을不日內로製來ᄒᆞ라ᄒᆞᆫ故로該居民은方在困難中이라더라

●坡州義兵 日前에義兵幾名이坡州[illegible]里面에來到ᄒᆞ야面長의게金錢을威脅討索ᄒᆞ고[illegible]面長을傷害ᄒᆞ얏다더라

●剝民應役 高陽郡守俞鎭瀅氏ᄂᆞᆫ民財를貪取ᄒᆞᆫ事로該道地方裁判所에서懲役幾個年에宣告ᄒᆞ얏다더라

●咸興水災 咸興에水害ᄂᆞᆫ셔湖간輕便鐵道線路의破壞ᄒᆞᆫ處가多ᄒᆞ고邑너에ᄂᆞᆫ水浸된韓人家屋이六百二戶오日人家屋이四十六戶요破潰된韓人家屋이四戶오男女人이溺死ᄒᆞ얏다더라

●赤社幻燈 赤十字社韓國支社人員이再昨日에大韓醫院에서衛生에關ᄒᆞᆫ幻燈을設行ᄒᆞ얏다더라

●雲龍懇親 觀議學校學徒父兄諸시가來十六日에三淸洞雲룡亭에前往ᄒᆞ야懇親會를設ᄒᆞ고該校校長以下壹般任員을請待ᄒᆞᆫ다더라

學界

●校名改稱 磚洞에在ᄒᆞᆫ明新女學校ᄂᆞᆫ今回에淑明學校로改稱ᄒᆞ고門額에 嚴貴妃殿下의親筆로該校名을書揭ᄒᆞ얏다더라

●二氏熱心 平南江西郡紳士車周濟박昇과盧俊澤三시가히郡內의師範科를設ᄒᆞ고학員을募集ᄒᆞ야熱心敎育ᄒᆞᆷ으로進就之望이大有ᄒᆞ다더라

▲地方消息▼

▲去月二十四日黃海道谷산東北方約四十里地에서義兵四名이該郡分遣隊上等兵以下五名과衝突ᄒᆞ얏다ᄒᆞ고

▲去月二十五日夜에忠淸南道大홍郡너에서義兵約二十名이該郡에駐在ᄒᆞᆫ巡査와衝突ᄒᆞ얏다ᄒᆞ고

▲去月二拾五日全羅南道[illegible]水郡東南方約二十里地에서義兵四십名이該地分遣隊下士以下八名과衝突ᄒᆞ얏다ᄒᆞ고

▲去月二십七日全羅南道和順郡東南方三十里地에서義兵三名이該郡分遣隊下士以下拾二名과衝突ᄒᆞ얏다ᄒᆞ고

▲去月三拾日忠淸북道永春군너에서義兵貳名이[illegible]兵分遣所上等兵二名과補助員貳名과[illegible]地警察官으로더부러衝突ᄒᆞ얏다더라

▲漢城風景▼

▲紛宵淫雨[illegible]々ᄒᆞᆫ데[illegible]飄起ᄒᆞ야政界波瀾[illegible]하며漢城烟塵이慘黯ᄒᆞ다雖然上에더마람은沙石이나날여지만漢城너의이마람은[illegible]士자손들인다무숨바람그러ᄒᆞᆫ지풍景이나구경ᄒᆞᆸ셔

▲新舊풍臨舉動보쇼園遊會場總閉後에二次問題提出ᄒᆞ고秘密機關된다ᄒᆞ야不許發表ᄒᆞ얏더니[illegible]七協約[illegible]무숨協約남었던가[illegible]秘諱ᄒᆞᆫ다ᄒᆞ믈[illegible]如[illegible]언지로자그풍景도可觀이오

▲總너兩相擧動보쇼不時開會紛然後에[illegible]協議ᄒᆞ야장時頭頭相持ᄒᆞ며[illegible]辭職[illegible]ᄒᆞ얏다니仕宦熱에몸이달어밤낫[illegible]走더大臣들무숨廉恥다시나셔眞情辭職ᄒᆞᆯ것ᄀᆞᆺᄒᆞ가그景풍도可觀이오

▲운亭宴會보쇼伊藤氏가出席後에多數[illegible]雜沓하야韓人衣服換着ᄒᆞ고[illegible]ᄒᆞ얏다니慇懃[illegible]歡迎으[illegible]開[illegible]인데무삼[illegible]셔셔이렇타셔[illegible]ᄒᆞ나그풍景도可觀이오

▲準備擧動보쇼各界消息漏傳後에閭巷騷擾ᄒᆞ더이兵[illegible]ᄂᆞ라市[illegible]다셔兩國親密[illegible]唱ᄒᆞ야保護[illegible]策더手段이무ᄉᆞᆷ[illegible]또셔거셔戒嚴法을又試ᄒᆞ나그풍景도可觀일세

▲凶獰ᄒᆞ다그동勢여乙巳年에雪吹ᄒᆞ야[illegible]條花가爛熳ᄒᆞ고丁未年에雪吹ᄒᆞ야七條約이結實ᄒᆞ고오난ᄉᆡ또무엇서二間留가解結되어어늬때나봄이되야太和元氣도라올고이런바람寧息ᄒᆞᆯ고

廣告

本人의姓名圖章을成字만正字이온딕隆熙三年五月廿三日分에路上에서遺失이옵기玆以正字로新造圖章行用이오니內外國人은照亮홈

平北義州批峴面昏馬里證得成

金泰奉均禧氏大夫人順興安氏以宿患本月念三日酉時別世ᄒᆞ얏ᄉᆞᆸ기玆以仰告ᄒᆞ오니知舊間照諒ᄒᆞ압

護喪 朴ᄂᆞ成 訃告

長子 均禧
次 均福
三 均禎
四 均祥
五 均祖

前敎官리沂式가今月貳拾六日酉時에棄世ᄒᆞ얏ᄉᆞ오니知舊間照亮ᄒᆞ시옵

護喪 崔東植 告白

本港活人所가在於禾동前麓而病者來往에里數가稍遠ᄒᆞ야病者에非便홈을患自醫學醫로另擧ᄒᆞ고人民衛生에永久便利ᄒᆞ기를注意ᄒᆞ야港只附近之地에診所移設코저ᄒᆞ야觀가與諸僚로如此旱炎에三四日을內外奔走ᄒᆞ야人을知此機會ᄒᆞ고多數呼價에不得擬議矣러니ᄂᆞ港內동居韓士丁致國林炳潤兩시가活人所基址未定홈을聞ᄒᆞ고兩시에所有萬石동所在地段을隨所用寄付ᄒᆞ야活人所를移築케ᄒᆞ야日後罹患同胞가救療를便宜케ᄒᆞ오니兩시에慈善을不勝感頌ᄒᆞ와玆에廣告홈

仁川府各面各議所 共白

◎私立培英學校捐助金

리殷浩 三百圜 高重禧 五十圜 尹基洙 五十圜 趙基允 四十圜 金熙英 三十圜 四十圜 金詰會 三十圜 令昌胤 三拾圜 김彰鉉 二十圜 김餉鎬 二十圜 二十圜 李範夏 令皆有 二十圜 令儀亮 十圜 令鳳夏 김昌浩 리宙夏 慈親 申相鎬 各十圜 리暢夏 金景基 리時禧 池應泰 尹玉鉉 權英集 黃明淑 金敎鍾 各五圜 金俊琭 金鉉福 高命河 各三圜 金定鎬 리聰明 趙香九 尹秉柱 金在天 리致先 리鍾斗 리允泳 김德汝 閔龍植 宋寶汝 박琪鎬 權泰運 朴容植 趙亨植 朴楚陽 梁斗煥 劉永烈 김元西 崔昇 崔鳳謙 各二圜 김順九 김昌植 리宰官 리希서 鄭德甫 崔宗守 趙然浩 徐京浩 延秉浩 宋應寶 吳殷鎬 池弘有 朴勝奎 리鍾楠 金弼成 리進珠 高永植 高京浩 韓承弼 吳應鎬 閔泳權 金在淳 리德潤 洪夏香 姜大容 박暄陽 김德敏 趙春서 김宗叔 리範漢 장勝禹 林洛鎭 김光鉉 尹寶敬 김容夏 김容殷 박勝至 리香九 리秉龜 各壹圜 리漢俊 리鍾杓 洪淳弼 리用化 各五拾錢 김溢夏 白南順 吳秉河 奇昌漢 各壹圜五十錢 리永祚 二圜五十錢 任應道 二十錢 리安郁 三十錢 김德權 止租壹石 리용甲 四十錢 王世珽 七十五錢

私立培英學校 告白

宗中의先塋墓갈平壤長慶門外에奉安ᄒᆞ얏더니墓所石物이相剝折傷ᄒᆞ야不得更造ᄒᆞ여야ᄒᆞ겟기로…

肅川郡平山 申氏宗中 告白

本人의姪子趙士貞이本以浮浪悖子로本人의所持家대文券與田畓都封ᄒᆞ야勞을沒數히盜用逃走ᄒᆞ여與執得償之計ᄒᆞ오니內外國人은勿爲見欺홈

平北定州南面四里石隅村 趙元化 告白

●學習增募廣告

家蠶生理病理栽桑法飼育法製糸法柞蠶飼育法柞栽法製系法簿記各式單式委托品…分擔試驗을一個月에幷實習敎授ᄒᆞ오니志願人은速々本講習所로…

西部新門內普成小學校內 蠶業講習所 白

本書館ᄂᆞ賣書店을便宜擴張ᄒᆞ고新舊書籍과文具와學徒用品等을…新書籍은五圜以上은…特減이有ᄒᆞ오니學界諸彦은陸續購覽ᄒᆞ심을務望

平壤…洞耶蘇敎書院賣書所

鄭益魯 金聖鐸 白

本人이去乙巳九月分에…家六間…

專賣特許 駿帽子

中山帽子 價金 五圓五〇 四圓五〇 三圓五〇 貳圓五〇
中折帽子 上全
女子用帽子 上全
學徒帽子 一圓五〇 一圓二〇 一圓〇〇 二圓七〇

登錄商標 THE HEAVEN DOVE TRADE MARK 비둘이

玉虎書林廣告

美國시아틀大博覽會 미국시아틀대박람회

本社之商標

本社之印章

AMERICAN KOREAN TRADING COMPANY.

韓美興業株式會社 （京城郵便局郵函第四號） （大韓國美國總領事館登錄） （本美國에셔소나法律認可）

本社의各處代理人의姓名은如左홈

平壤代理人		平壤大同門外
成興代理人		
馬山浦代理人		馬山浦
元山代理人	位置未定	元山港
淸津代理人	位置未定	淸津港
水原代理人	位置未定	水原
安城代理人	位置未定	
沙里院代理人	位置未定	
全州代理人		
南浦代理人		
天安代理人		
群山代理人		群山
全州代理人		
大邱代理人		大邱
慶州代理人		
……代理人		
晉州代理人		
金堤代理人		金堤
漢江附近代理人		
義州代理人		義州
江華代理人		
漢城中部代理人		
定州代理人		
浦項代理人		
太田代理人		
吉州代理人		吉州
鎭南浦代理人		鎭南浦
公州代理人		公州
錦山代理人	位置未定	

[illegible]

濟生堂和平堂大藥房聯合紀念大贈彩

◎贈大彩說明

濟生堂開業五週年과和平堂開業三週年間에內外國君子의顧愛홀심을多蒙호야藥業이時日隆盛호고功績이東西著聞이라其感佩홈實難罄誠이로소이다兩大藥房에셔紀念式을幷行호고僉君子의盛誼를表호기爲호야兩種藥品(淸心保命丹 八寶丹)를特製大發賣호며大贈彩券을無代金添呈호와當時興運을大占케호오니僉君子는勿失此機호시고陸續枉顧호심을敬要

懸賞物品金六百圓價値

大贈彩券은以四千枚로定

兩大靈藥(淸心保命丹)(八寶丹)每貼價金各拾錢

效能　旨飮積滯胸腹痛 水土不利咳嗽等

方法

定價金千錢枚五包에懸賞彩票壹張을添呈홈

此外兩藥房製藥品中의五拾錢價格에彩券을添呈홈

割引價로請求호면五圓價格에彩券壹張을添呈홈

賞品

頭等(貳人)　白米貳拾石(每拾石式)太斗五斗入

壹等(貳人)　仝　拾石(每五石式)

貳等(捌人)　仝　拾六石(每貳石式)

三等(拾人)　仝　拾石(每壹石式)

四等(壹百人)　金五十圓(每五十錢式)

五等三千八百七拾八牌　紙券烟二千八百七拾八匣 寸三千八百七拾八匣

空彩는無홈

遠地에는**郵便引換**으로**送呈**홈

期限은**六十日**로**定**　自陽六月拾六日 至陽八月拾五日

抽籤日子는臨期호야更告홀계含

位置

皇城南大門側　濟生堂大藥房本舖

皇城鍾路　和平堂大藥房本舖

皇城鍾路　兩堂臨時出張所

各種東西洋藥과韓國唐草材大發賣所　京城鍾路仁川抽峴　和平堂藥房

本藥房은同胞僉員에顧愛호심을입사와本舖를今以寄層擴張호고東西藥品을都買散賣호오니拾二道各郡藥業호시는僉位는西洋藥品이나唐藥唐材와草材를隨用請求호시면以廉價酬應호더이오며漢藥服用호실兄弟는方文만郵便付送호시면特別히藥材를擇호야精製而다含引換으로付上호깃스오니照亮호시옵

本堂藥製品은如左홈

百發百中 阿煙斷引丸　壹劑八週分 金五圓　半劑四週分 金三圓

婦人胎産 養調經丸　壹個月分 金五圓

瘡痔諸毒 麝香消瘡丹　四日分

補腎補陽 滋陽丸　甲號金四圓　乙號金二圓五拾錢

遺精泄精 全治丸　壹月分五圓　貳拾日分一圓四拾錢　十日分壹圓八拾錢　壹劑三圓分金三圓

補胃補氣 八寶丹　壹包九拾五粒金拾錢

京城鍾路 仁川抽峴 和平堂　藥房主李應善

自宅治療 電氣帶廣告

(主治効能)神經衰弱。不眠。遺精、早漏、不快、陽위不起、消化器無力、常習便秘、消化不良。營養不良。遺尿。壹般內臟에衰弱。痛症。半身不遂。或全身不遂。手足厥冷、諸神經痛。頭痛腰痛。脚氣及腰痛。記憶力及忍耐力減退、血分不足疾

上號　拾四圓　中號　拾二圓

前醫學校教官　朴容南　著

家庭救急方

全壹冊　價金參十錢

此編은東西洋醫藥中에家庭에必要호救急妙法을博搜廣採호야雖婦人小兒라도易曉케호者ㅣ니人人마다案頭에貯藏호야自宅의治療를作호方이오且醫藥에從事호는人의臨床必要호者ㅣ라實際上의要訣이옵

目次大畧○內科病의救急法○卒倒○卒中○熱射病○霍亂○癲癇○疼痛○頭痛○胸腹疼痛○胃痛○月經疼痛○出血○鼻出血○吐血○吐血○下血○中毒○中毒療法의一般通則○鴉片中毒○양지물中毒○石炭酸中毒○硝酸銀中毒○燐中毒○비상中毒○炭氣中毒○魚類中毒○獸肉中毒○異物의摘出法○鼻、喉頭、耳、眼、의異物摘出法○火傷○凍傷○止血法○繃帶○失氣及假死○假死와眞死의區別○假死의救急法○溺水者○縊首者○瓦斯中毒○異物嚥下窒息假死○雷震死○餓死者○人工呼吸法○挫傷○頭部外傷○頸部外傷○胸部外傷○胃部外傷○腹部外傷○下악脫臼○咬傷○狂狗○毒蚊○蜂螫咬傷○附妊娠의症候○妊娠中의攝養○產婦의攝養注意○初生兒의受護法○乳母의選擇法○家庭의必備할藥品

發賣所　皇城南部太平橋　大愛堂大藥房　告白

代理店　共愛堂各支店

京鄉各書舖隨意販賣

社告

○申報價

壹號代金　新貨貳錢五厘

壹個月前納　三拾錢

參個月　九拾錢

陸個月　壹圓七拾錢

壹個年　參圓四拾錢

郵稅壹張　新貨五厘

壹個月　拾參錢

○廣告料

四號活字拾參字詰

每日壹寸(英尺)에新貨廿五錢

貳週日壹寸에　貳圓五拾錢

壹個月壹寸에　五圓

(自壹行至四行이爲壹寸)

其期限의長短과字行의多寡를依호야增減홈이有홈

◎大韓每日申報各處支社廣告

平安道

平壤鍾路太極書　安泰國

三和港牌石洞敎堂　盧亨湜

義州南門外西大藥房　張有寬

鐵山邑東部　安濂

車輦館　金明鎭

定州南門內書舖　洪成麟

博川郡邑니堂洞　金鳳植

安州城內義井洞　金鳳河

京義線挑峴驛前市　學基芳

雲川陽市　黃菊保

龍川府面松峴新東齋會　金賢浩

龍川남市驛　韓燦謨

朔州邑남門니　朱伯灝

泰川邑前洋薬局　李正義

寧邊郡內紅門里　鄭德昇

江西邑內　金昌鎬

成川郡上部面　吳應三

平남順川郡達乭　鄭裕日

肅川邑楓南　申基用

黃海道

江界邑耶蘇教堂　김養섭

郭山郡郡面湖우里　金德灝

雲山郡邑面上里　梁允植

龜山郡內利用里　崔翊夾

寧山北面橋洞　王晃鎬

海州남門內書舖　朴昌錫

安岳郡石面調鐘洞　金文浩

長淵邑校洞西北支學會內　崔東元

殷栗邑倉前里　金光磧

信川邑西里　李悌日

載寧邑乾材局　李用雨

黃州南門外册肆　崔誠衡

白川邑文明館　崔雲鴻

咸鏡道

沙里院活民勞勵救火會任敬宰

耗城邑內新城里　한時元

咸興州南社西門外　曺喜林

元山港創業社內　劉甫正杰

高原邑　崔敬吉

定平郡邑川　張翼善

洪原西門內保金局　[illegible]

永興南山우洪明學校內　李元常

鏡城羅南新興洞　安正질

淸津港新岩우　張元潑

全羅道

金溝水流面豆亭　盧錫三

木浦항陽우　리得柱

京畿道

韓산下　리英지

仁川츄회新舖　李東鎬

開城남大門內興學書舖　高秉助

江華邑川　崔鎭謙

忠淸道

結城潢川小驛우　學啓祚

慶尙道

大邱西門外友弦書舖側李正由

釜山港佐川약局　徐鳳祥

江原道

鐵原邑栗우　崔秀大

蔚珍遠남面綿花里　朱鐵鍾

隆熙三年八月拾壹日 明治四十二年八月拾壹日 〔第三種郵便物認可〕 金曜日 西曆千九百九年七月拾六日 (陰)

第七卷

大韓每日申報

第千壹百四拾八號

月歲 曆時 及日 曆休 節刊

檀君開國四千二百四十二年
箕子元年三千三十一年
大韓開國五百十八年
日本明治四十二年
清國宣統元年
歲己酉五月小音九日丁丑

Responsible for Publication Alfred Weekley Marnham.
發行兼編輯人英國人 萬咸
發行所
京城南署石井洞後谷地三層洋屋
大韓每日申報社

論說

◉身家國三觀念의 變遷 續

部落이 旣盛ᄒᆞ미 其中에又最强ᄒᆞᆫ者가起ᄒᆞ야弱을呑ᄒᆞ며小를服ᄒᆞ야衆部落이壹統되매於是乎國家의名이始立ᄒᆞ얏스니卽東國의朝鮮扶餘新羅高句麗等과支那의唐虞夏商周等과西歐의雅典、斯巴多、馬基頓等이是라然이나是等이其名은國家라云ᄒᆞ되其實은國家라ᄒᆞ기不能ᄒᆞ니何則고君主及貴族等이其土地를自己의私產으로認ᄒᆞ며大民을自家의奴隸로視ᄒᆞᆫ故로日子孫萬世不拔ᄒᆞᆯ業이라ᄒᆞ며日四海九州의富ᄒᆞᆫ者이라ᄒᆞ며新羅의三姓六部와唐虞의堯傳舜授와雅典의共和制度ᄂᆞᆫ是多少間國家二字를公產으로認知ᄒᆞᆫ듯ᄒᆞ나其詳을察ᄒᆞ면大히不然ᄒᆞᆫ者라

只是幾個豪族이互蚕의謀으로禪讓ᄒᆞ야其利害에相顧ᄒᆞ며其患難에相救ᄒᆞᆷ에니是貴族의共和오人民의共和가아니니嗚乎라人民이政權에無關ᄒᆞᆫ진ᄃᆡ貴族에在ᄒᆞ던지君主에在ᄒᆞ던지勿問ᄒᆞ고此가眞正ᄒᆞᆫ國家아닌즉壹般이니라

如此히家族的國家가此時代부터發生ᄒᆞ야此後數千載에此等國家가循環ᄒᆞ야世界의運命을主持ᄒᆞ다가成吉思汗이東征西伐ᄒᆞ야兩洲廣闊의地를領有ᄒᆞ얏스되其成功의日에四子를分封ᄒᆞ야自家의光榮을張ᄒᆞ얏스며

易稱國가其富强의業이비록赫々ᄒᆞ나朕이卽國家라ᄒᆞ야自己의尊嚴만誇ᄒᆞ니是ᄂᆞᆫ君主가國家를自家私有로觀ᄒᆞᆷ이오爲臣者ᄂᆞᆫ國民主義를無ᄒᆞ고臣民主義만有ᄒᆞ야亂에死ᄒᆞᆷ이國家를爲ᄒᆞ야死ᄒᆞᆷ이아니라皇室을爲ᄒᆞ야死ᄒᆞᆷ이오爲民者ᄂᆞᆫ身만知ᄒᆞ며家만知ᄒᆞ고國은何物인지不知ᄒᆞᄂᆞᆫ故로田을耕ᄒᆞ며井을鑿ᄒᆞ야自養ᄒᆞ고國家흥亡에不關ᄒᆞᆷ이니此時代ᄂᆞᆫ國家가雖有ᄒᆞ나卽虛名이니此가第三期오

未完

官報

▲隆熙三年拾月三十壹日

法律

朕이裁判所設置法中改定의關ᄒᆞᆫ件을裁可ᄒᆞ야玆에頒布케ᄒᆞ노라

隆熙三年拾月貳十九日

御名 御璽

內閣總理大臣 李完用

法部大臣 高永喜

度支部大臣 任善準

法律第二拾七號

裁判所設置法中左又치改正ᄒᆞᆷ

壹 京城地方裁判所管內呂州區裁判所管轄地名中(砥平)(楊根)을削ᄒᆞ고(楊平)을加ᄒᆞᆷ

壹 平壤地方裁判所管內區裁判所의名稱及位置中(新義州(義州府))를(義州)로改ᄒᆞᆷ

壹 同地方裁判所管內룡川區裁判所管轄地名中(룡川)을(龍川府)로改ᄒᆞᆷ

壹 晉州地方裁判所管內馬山區裁判所管轄地名中(漆原)(鎭海)를削除ᄒᆞᆷ

壹 同地方裁判所管內金海區裁判所管轄地名中(熊川)을削除ᄒᆞᆷ

壹 光州地方裁判所管內光州區裁判所管轄地名中(和順)을削ᄒᆞᆷ

壹 同地方裁判所管內順天區裁判所管轄地名中(興陽)을加ᄒᆞᆷ

壹 同地方裁判所管內中(樂安)區裁判所를創ᄒᆞᆷ

壹 同地方裁判所管內區裁判所의名稱及位置中(靈岩)을(長興)으로同管轄地名中「靈岩」「長興」을(長興靈岩寶城)으로改ᄒᆞᆷ

壹 同地方裁判所管내谷城區裁判所管轄地名中「玉果」를創ᄒᆞᆷ

附 則

本法은頒布日로부터施行ᄒᆞᆷ

外報

●英皇訪墺 英國皇帝께서ᄂᆞᆫ墺國皇帝를이셜에서訪問ᄒᆞ실터이라더라

●露兵强行進軍 伯林電을據ᄒᆞᆫ則露兵五千은波斯首都德黑蘭으로向ᄒᆞ야强行進軍中인ᄃᆡ波兵이露兵의게占領되기ᄂᆞᆫ數日간事이라더라

●勃國의駐德公館 伯林電을據ᄒᆞᆫ즉伯林에在ᄒᆞᆫ勃加利國의外交事務處理機關部ᄂᆞᆫ今番에公使館으로되얏다더라

●橋上會見 美國大統領타프트시ᄂᆞᆫ墨西哥大統領의招請을應ᄒᆞ야九月頃에美國南部텍써쓰州엘파소橋에서會見ᄒᆞᆷ을許諾ᄒᆞ얏ᄂᆞᆫᄃᆡ今橋ᄂᆞᆫ텍써쓰와墨西哥에到ᄒᆞᆫ다더라

●英帝觀隊檢閱 倫敦電을據ᄒᆞᆫ즉英國皇帝皇后兩陛下께서ᄂᆞᆫ란카샤이아를訪問ᄒᆞ셧ᄂᆞᆫᄃᆡ皇帝께서ᄂᆞᆫ同地方의軍隊를檢閱ᄒᆞ신後에演說ᄒᆞ야日予ᄂᆞᆫ同軍隊를召集치안키를希望ᄒᆞ나然이나國防의完全은平和에對ᄒᆞ야最强保障이된다ᄒᆞ셧다더라

●美國觀光客智圖 長崎電을據ᄒᆞᆫ즉美國觀光客七百五拾名은十月拾六日에壹萬八千噸되ᄂᆞᆫ그린란드号를搭乘ᄒᆞ고紐育에셔發程ᄒᆞ야埃及에着ᄒᆞ얏다가全部에셔印度、瓜哇、쌀니오、庇尼羅、香港等處를經ᄒᆞ야日本에到ᄒᆞᆫ다더라

●德國新稅可決 倫敦電을據ᄒᆞᆫ즉德國議院에셔二千五百萬磅의新稅를增加ᄒᆞ기로提出ᄒᆞᆫ案件은中央黨及保守黨의同意를得ᄒᆞ얏다더라

●運河經費減額 紐育電을據ᄒᆞᆫ則美國大統領은巴奈馬運河工事에對ᄒᆞᆫ經費가莫大ᄒᆞᆷ을見ᄒᆞ고嚴重히節約ᄒᆞ기를命令ᄒᆞ얏ᄂᆞᆫ데說ᄒᆞ되支出上에多大ᄒᆞᆫ減額이되얏다더라

●保險業三百年祭 倫敦電을據ᄒᆞᆫ즉紐育州푸리쓰버그에셔法國保險業산푸렌시쓰三百年祭를擧行ᄒᆞ얏ᄂᆞᆫᄃᆡ美國大統領타푸트시도列席ᄒᆞ얏고駐美英國大使브라이쓰시ᄂᆞᆫ議場演說ᄒᆞ야日英美法三國은紛議가發生ᄒᆞᆷ을不拘ᄒᆞ고極히聯結ᄒᆞ야友誼를維持ᄒᆞ얏다더라

●시시리島의騷動 伊太利시시리島에서兵士의騷擾이有ᄒᆞᆫ대警吏가放銃도ᄒᆞ고或沙石도投ᄒᆞ야爭鬪를挑ᄒᆞ야도兵士等은不動不驚ᄒᆞ며克己의精神을示ᄒᆞ고壹切發砲치아니ᄒᆞ얏다더라

●波斯의危急 波斯의立憲運動은露國이出兵ᄒᆞᆫ同時에鎭靜이되더니近時에又勢力을得ᄒᆞ야各地方의國民黨은陸續首都德黑蘭을向ᄒᆞ야進行中인바王宮內에셔ᄂᆞᆫ恐怖之色이頗有ᄒᆞ고波斯北部地帶에셔ᄂᆞᆫ大騷擾가起ᄒᆞᆫ前兆를示ᄒᆞ며露國은其兵士等을德黑蘭에向ᄒᆞ야出발케ᄒᆞᆫ事를公文으로列國에送致ᄒᆞ얏고露國은過激ᄒᆞᆫ지波斯王黨과干與치아니ᄒᆞ며露國이波斯銀行의監督權을要求ᄒᆞᆫ事로中立黨은勿論ᄒᆞ고王黨中에셔도激昂ᄒᆞᆫ模樣이有ᄒᆞᆫ바且目下의情況에照ᄒᆞ면現今國民黨의形勢가頗히熾盛ᄒᆞ야中央의政權을掌握ᄒᆞᆫ지도難測인ᄃᆡ露國은如前히王黨에게左袒ᄒᆞ야國民黨을壓服ᄒᆞᆯ는지否ᄒᆞᆯ는지此ᄂᆞᆫ疑問이오且英國도波斯의騷擾가生ᄒᆞ면更히出兵ᄒᆞ기로宣言ᄒᆞ얏슨則今後波斯灣에英國水兵의上陸ᄒᆞᆷ을再觀ᄒᆞᆯ더이니然則波斯의立憲運動은可히注目ᄒᆞᆯ만ᄒᆞ다더라

學報

●三崇卒業生追觀 三崇女學校第二回卒業生은旣히按名揭布ᄒᆞ얏거니와該卒業生中金德成寶人은偶然히漏落되얏기로玆에追觀ᄒᆞᆷ

詞藻

●二斧詞 慨世子

酒色을삼가란말、녯사ᄅᆞᆷ의警戒로다。壹時라도沈惑ᄒᆞ면、敗家亡身凴ᄒᆞᆫ손가。

하물며、三千里江山이따ᄉᆞ다잠겻다ᄒᆞᆫ、니런셴가

雜報

◎協約報告 統監府外務部長鍋島氏와伊藤氏와同登闕國ᄒᆞ얏는ᄃᆡ此는日韓에締結된司法權委任에關ᄒᆞᆫ韓日協約을携帶ᄒᆞ고日本政府에報告ᄒᆞ기爲홈이라더라

◎三氏出餞 館口에伊藤氏를餞別次로각大臣이仁川港에下往ᄒᆞ다더니更聞ᄒᆞᆫ즉法大高永喜學大李載崑軍大李秉武三氏만下往ᄒᆞ얏다더라

◎國境利源調査 統監府은國境의利源을調査ᄒᆞ기爲ᄒᆞ야釜山其他日人寄留地日商實業家를韓國으로組織ᄒᆞ야鴨綠江下流로부터間嶋帽兒山附近ᄭᆞ지踏査케ᄒᆞᆫ다더라

◎進會探問 一進會에서總理大臣의辭職勸告ᄒᆞᆫ宗旨은已報어니와近日政府에서總相이自意로辭職ᄒᆞᆯᄂᆞᆫ與否를探問ᄒᆞᆫ다는說이有ᄒᆞ다더라

◎解散而已 軍部次官韓鎭昌氏가該部大臣에게質問ᄒᆞ기를本部가廢止되얏슨즉領尉官諸人의措處方法은何以爲之오ᄒᆞᆫ즉大臣은默默無言ᄒᆞ얏다더라

◎將校質問 陸軍將校一團은拾三日夜에軍部廢止說을聞ᄒᆞ고壹層激昂ᄒᆞ야北部桂洞某處에會集ᄒᆞ야軍部廢止及軍人措處問題로李秉武시의게致書ᄒᆞᆫ즉李氏가回答ᄒᆞ기를軍部는廢止ᄒᆞ기로決定되얏스나現今將卒은侍從武官長統率下에在ᄒᆞ야宮內府侍衛府에管轄이되야昌德德壽兩宮을侍衛케ᄒᆞᆫ다ᄒᆞ얏다더라

◎失望何多 度支部大臣任善準氏가成均館장으로셔大臣臨任ᄒᆞᆯ것을舊例로알앗던지現今成均館長金有濟氏도大臣을運動ᄒᆞ다가事不如意ᄒᆞ야落膽ᄒᆞᆫ貌樣이라더라

◎梨本宮着京 日本梨本宮親王과同妃는本月二十壹日에入京ᄒᆞᆯ預定이라더라

◎伊李登相近 元老中大頑固로自稱ᄒᆞ는李某는日前伊藤시가渡韓ᄒᆞᆯ時에家內人에게先祖山所에省楸次로발程ᄒᆞᆫ다聲言ᄒᆞ며太田停車場ᄭᆞ지下往ᄒᆞ야伊藤氏를迎接ᄒᆞ얏ᄂᆞᆫᄃᆡ伊氏가果然李시의先祖인지省楸ᄂᆞᆫ너무太早ᄒᆞ다고批評이有ᄒᆞ다더라

◎巡査詞探 각坊曲에各大臣家에戒嚴ᄒᆞᆷ은累報ᄒᆞᆫ바어니와更聞ᄒᆞᆫ즉別巡査幾名이每日各部大臣家를數三次式詞探ᄒᆞᆫ다더라

◎遞任內容 觀察使가多數遞任된다는說은已報ᄒᆞ얏거니와其니容을得聞ᄒᆞᆫ즉觀察使를이郡守의報ᄒᆞᆫ郡에對ᄒᆞ야不公正ᄒᆞᆫ事를니部에서監探ᄒᆞᆫ所以라더라

◎日語觀察 觀察使會議는內部官吏와互相간에政治上意見을陳達홈이라는ᄃᆡ各觀察中에洽二觀察은擧皆日語로關酌ᄒᆞ며日語를不知ᄒᆞ는該部官吏에게는憾情이有ᄒᆞᆫ듯ᄒᆞ다더라

◎政務報告 各道管內政務에關ᄒᆞᆫ狀况을各道書記官이內部에提出ᄒᆞ야目下編纂이完備ᄒᆞ얏슴으로該部에서新舊兩統監의게送交ᄒᆞ얏다더라

◎關稅局變更 韓國關稅局을廢止ᄒᆞ고度支部主稅局에關稅課를新設ᄒᆞᆫ다는議는從來度支部內에서累々提唱ᄒᆞ던바인ᄃᆡ今回에關稅掛와永濱에轉任ᄒᆞᆫ는同時에決行ᄒᆞᆯ터이라더라

◎郡主需用 臨時軍用鐵道用地調査局主事五人은該局廢止後에區處ᄒᆞ기爲ᄒᆞ야該部主事로需用ᄒᆞ기로決議ᄒᆞ얏다더라

◎拓社經營中止 東拓會社에서는目下漢城衛生組合에事業을引繼ᄒᆞ야京城에衛生事業을掌握ᄒᆞ고其肥料는該社農業上에需用ᄒᆞ고餘는他人의게賣渡홀計劃이러니資金上事情上關係에餘裕가無ᄒᆞᆫ듯홈으로該經營을中止ᄒᆞ얏다더라

◎債務金調査 近日帝室債務審査會에서審査決定ᄒᆞᆫ債務支出金은二百八萬壹千四百원인ᄃᆡ五國인에게證出臨時部에追加ᄒᆞ야官報에頒布ᄒᆞ얏다더라

◎腐儒迂望 學部에서各道儒生의經學問對를畢考ᄒᆞ얏스나入格ᄒᆞᆫ榜目을尙今揭示치아니ᄒᆞᆫ故로該儒生들은苦待燥鬱中이라더라

◎孫孃辭退 德國婦人孫澤孃은由來宮內府御用達로旅館을開ᄒᆞ야財産을蓄積ᄒᆞ얏더니今回에該業務를辭ᄒᆞ얏는ᄃᆡ宮內府에서는三個年給料約三萬圜을交付ᄒᆞᆫ다더라

◎製紙와販路調査 韓國製紙는品質이良好ᄒᆞᆫ지라淸國에서도多數需用ᄒᆞ는ᄃᆡ今回에農商工部에서는此製紙法과販路等을研究키爲ᄒᆞ야日人技師壹名은全州及晋州地方으로派送ᄒᆞ야其製造狀况과용途와競樣과價格과取引法과改良法等을調査케ᄒᆞ고又壹名은滿洲方面으로出張ᄒᆞ야其용道와販路狀况을視察케ᄒᆞᆫ다는ᄃᆡ明日에出發ᄒᆞᆫ다더라

◎信民嗷々 信川郡於項面猶川坪에草坪壹所가有ᄒᆞᆫ바元來民有地로納稅ᄒᆞ던바가已成慣例이라더니該坪之上은各人田畓이相錯ᄒᆞ얏는ᄃᆡ該郡壹進會員崔鑿夏김永祚等이京居壹進會幹부徐某와協同ᄒᆞ야稱以農會田墾ᄒᆞ고艸坪과田畓을廣占填築ᄒᆞ는ᄃᆡ新揷ᄒᆞᆫ秧苗와旣苗를栗拔이井歸烏有ᄒᆞᆫ지라各地主들이該郡에呼訴ᄒᆞ야依法禁築ᄒᆞᆫ즉千餘名壯丁을大發ᄒᆞ야威脅恐喝홈으로該地失農ᄒᆞᆫ人民들은太端楞々ᄒᆞᆫ다더라

◎新韓報押收 美國桑港에서發行ᄒᆞ는新韓民報第百三十七號는治安妨害라ᄒᆞ야內部에서押收頒布를禁止ᄒᆞ얏다더라

◎志士卒逝 全南任實郡居李某氏는憂國志士로當世에著名ᄒᆞ더니今月十三日下午六時에不幸病逝ᄒᆞ얏는ᄃᆡ千里客鄕에返柩沒策ᄒᆞ야情景이可矜ᄒᆞ다더라

◎趙尉佛心 全南求禮郡居김台圜이가年今十三四歲인ᄃᆡ遊學ᄒᆞᆯ思想으로上京ᄒᆞ얏스나학資가無ᄒᆞ야道路에彷徨ᄒᆞ더니中部於義宮洞居趙副尉邦顯氏가其情狀을矜恻이녀여日我雖貧이나飢則同飢오食則同食ᄒᆞᆯ것이라ᄒᆞ고該兒를携來上학케ᄒᆞ야子姪과一親ᄒᆞ미趙氏의慈善心을人皆稱頌ᄒᆞᆫ다더라

◎具氏被囚 前秘書丞具本淳氏는經理院公逋가多大홈으로昨日地方裁判所에被囚되얏다더라

◎金氏被捉 中部등等地居ᄒᆞ는前郡守金鎬承氏가公逋事件으로中部警察署에被捉ᄒᆞ얏다더라

◎密賣被捉 碧潼郡別面金正律시는爆發藥五拾個와導火線五拾餘를密賣ᄒᆞᆯ라다가發覺되야平壤憲兵隊에被捉取調中이라더라

◎義將爲財 錦山郡義兵將文泰洙氏는部下兵六百餘名을領率ᄒᆞ고該近邑에周行ᄒᆞ며富飽ᄒᆞᆫ人民의게軍需錢을强力請求ᄒᆞᆫ다더라

◎禾義被捉 桂洞居李某가義兵干涉이有ᄒᆞ다ᄒᆞ야日昨警視廳에被捉ᄒᆞ얏다더라

◎水商解放 水商리世煥等十餘人이中部警察署에多日被囚ᄒᆞ얏더니再昨日에[illegible]放免ᄒᆞ얏다더라

◎美士歡迎 美士元杜尤氏가韓國에渡來ᄒᆞᆫ지十餘年에教育事業을多方施設ᄒᆞ야熱心做去ᄒᆞ다가數年前에不幸身病을因ᄒᆞ야歸國攝養ᄒᆞ더니今에其所愼이快復홈으로再己발程ᄒᆞ야不遠間着京ᄒᆞᆫ다ᄒᆞᆷ의韓國紳士諸氏가ᄒᆞ히氏를歡迎ᄒᆞᆯ次로明日下午五時에鍾路靑年會舘內에서발起會를開ᄒᆞᆫ다더라

◎委員派送 咸南學生親睦會에서會務를擴張키爲ᄒᆞ야白星煥朱鍾遠學務幹部鄭寅燮徐震용張東植朴雲鶴諸氏로委員을選定ᄒᆞ야同會規則과公函을携帶ᄒᆞ고該道니各郡學校와各團體에派送ᄒᆞ얏다더라

◎畿湖總會 明日下午三時에畿湖與학會에서臨時總會를開ᄒᆞ고學務를處理ᄒᆞᆯ터인ᄃᆡ會員이多數出席ᄒᆞ기를希望ᄒᆞᆫ다더라

學界

◎東媛經試 北部小安洞女子東媛義塾에서夏期試驗을經ᄒᆞ얏는ᄃᆡ成績이頗히善美홈으로該師趙東植李鍾元沃鍾鎬시가空冊等賞品과褒證狀을給與ᄒᆞ얏다더라

◎師範開學 安岳郡楊山學校內에서陰本月初三日에師範開學式을擧行ᄒᆞ얏는ᄃᆡ學員이三百餘名이오觀光者가多數來集ᄒᆞ얏고紳士玉寬彬시는激切ᄒᆞᆫ辭意로壹場演說ᄒᆞ얏다더라

◎文新又新 安岳郡背龍面文新學校는設立ᄒᆞᆫ지壹週年에校況이不振ᄒᆞ더니해面紳士崔亨瑞김陸英김亨종三시가熱心贊成ᄒᆞ야校舍十餘간을瓦家로新建築ᄒᆞ고教師黃成秀金基澈兩시가熱心教授홈으로學徒가四五十名에達ᄒᆞ야漸就之望이有ᄒᆞ다더라

◎崔氏熱心 平北鉄산郡居崔桂榮시는昨秋에鐵原郡에來留ᄒᆞ는ᄃᆡ現今教育의急務됨을覺知ᄒᆞ고且該學校에躰操科가未備홈을慨惜ᄒᆞ야該郡私立鳳鳴義務昌明公立普通四學校에從事ᄒᆞ야풍雨와寒暑를不憚ᄒᆞ고熱心教授홈으로該시의誠意를人皆稱頌ᄒᆞᆫ다더라

▲地方消息▼

▲本月壹日에全羅南道靈光郡西北方約二十里地에서義兵約四十名이該郡憲兵分遣所上等兵壹名과補助員四名으로더부러衝突ᄒᆞ얏다ᄒᆞ고

▲本月壹日全羅南道靈岩郡西南方約十五里地에서義兵約七十名이該地憲兵分遣所上等兵二名及補助員五名으로더부러衝突ᄒᆞ얏다ᄒᆞ고

▲本月壹日慶尙北道金泉東北方約貳十五里地에서義兵約[illegible]名이該地憲兵分遣所補助員二名과衝突ᄒᆞ얏다ᄒᆞ고

▲本月二日全羅南道社倉西方約十里地에서義兵六十名이該日靈光派遣所上等兵壹名과補助員四名으로더부러衝突ᄒᆞ얏다더라

▲甲乙酬酌▼

▲(甲)軍部廢止說은全屬訛傳이라고遞信東京서電報가來到ᄒᆞ더니曾未幾朔에廢部協約이又成ᄒᆞ니反覆잘ᄒᆞ고信用업기는文明國의手段인지

(乙)그런에오獨立이니保護이니五條이니七協이니前後歷史다말ᄒᆞ도言行相爭ᄒᆞᆫ일은나나엿나

▲(甲)條約홀때에否字쓰는依例ᄒᆞᆫ人物이지비못시되야그런지그러나알수업서今番에도某某數人은絶對的으로反對ᄒᆞ얏다지

(乙)議政에이셔서쓰겟다는當局者己밥그릇시뎌러지ᄂᆞᆫᄃᆡ졀자리가업서서反對ᄒᆞᆫ지

▲(甲)內閣會議인지閣議開會인지議論會는不成[illegible]辭職ᄒᆞᆫ다며너무승망이안드리어協約衛에調印ᄒᆞ야雙手齊呈ᄒᆞ얏다지

(乙)미천가짓사마다지辭職이란말이됨밥깃을못ᄒᆞᆫ請求ᄒᆞᆫ도大臣의鞏固ᄒᆞᆫ면얼는너여줄걸

▲(甲)예전에는功名하면闕門客이滿門터니近ᄅᆡ大臣들은삼次功名ᄒᆞ고보니聖旨를ᄐᆞ守門ᄒᆞ며이번에도各大臣門前에三五人式느러섯다지

(乙)功名ᄒᆞ고ᄒᆞ며아ᄒᆞ니生覺이왜업겟나마는다나길에나衛生ᄒᆞ고드나서自然그럿치

▲(甲)내閣變更說이一喧藉ᄒᆞ며運動者가奔走ᄒᆞ야서로ᄒᆞ나니도ᄒᆞ나겨야ᄒᆞᆯ낫대니協約發표印過ᄒᆞᆫ면浪다갈아안고各大椅子鞏固ᄒᆞᆯ지

(乙)엥ᄒᆞ나를ᄲᆡ오면미밥기야주지만은산양질을다ᄒᆞᆫ면은미숀ᄂᆞᆫ게거졍이지

廣告

미국시아들대박람회 米國시아틀大博覽會

濟生堂和平堂大藥房聯合紀念大贈彩

◎贈大彩說明

濟生堂藥房이 和平堂藥房과 聯合하야 ... 兩大靈藥(淸心保命丹, 八寶丹)을 ...

兩大靈藥（淸心保命丹／八寶丹）　效能　留飲滯胸腹痛 水土不利咳嗽等

大福彩券은 以四千枚로 定

懸賞物品金六百圓價値

方法

定價金十錢을 ...

此外兩藥房製藥品 ...

賞品

壹等(壹人) 白米貳拾石(每拾石式)

貳等(貳人) 仝 拾石(每五石式)

三等(拾人) 仝 拾六石(每貳石式)

四等(壹百人) 全 五十圓(每五十錢式)

五等三千八百七拾八人 紙券烟 二千八百七拾八匣

空彩 無

遠地에는 郵便引換으로 發呈홈

期限은 六十日로 定　自陽六月拾六日 至陽八月拾五日

位置

皇城南大門側　濟生堂大藥房本舖

皇城鍾路　和平堂大藥房本舖

皇城鍾路　兩堂臨時出張所

言文　池錫永 著　全

定價 四拾錢

大韓人民이 ...

發賣所　中部布屛下三十七統六戶　實學書舖　金相萬

分賣所　京鄕各書舖

初等 自解 日語文典

宋憲奭 著

全壹冊　定價金五拾錢

發賣元　皇城中部布屛下三十七統六戶　廣學書舖　金相萬

分賣所　東部蓮峴 普成書館　宗路 大東書市　南門外 新舊書林　宗路 匯東書館

韓國民刑訴訟法註解

大韓京城控訴院書記長 田中正身 / 書記 四位義正 / 書記 李興深　共著

全壹冊 三百八拾頁　定價金壹圓

發賣所　中部布屛下　廣學書舖　金相萬

總發賣所　氣電會社越邊　廣學支書

京鄕各有名書舖

各種東西洋藥·韓國唐草材大發賣所　和平堂藥房

本堂藥製品은 如左홈

阿片煙斷引丸

養胃經丸

麝香消瘡丹

滋陽丸

全治丹

八寶丹

和平堂藥房主 李應善

自宅治療　電氣帶　廣告

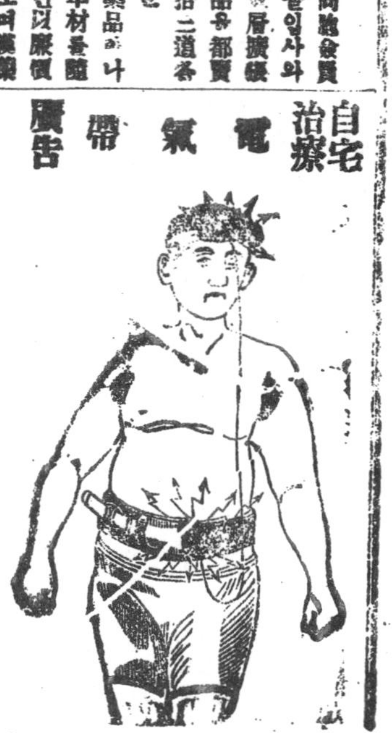

(主治效能) 神經衰弱, 遺精, 早漏不快, 陽萎不起 ...

上號 拾四圓　中號 拾二圓

家庭要藥　前醫學校教官 朴容南 著

全壹冊 定價金

...

發賣所　皇城南部大廣橋　共愛堂大藥房

代理店　共愛堂各支店　京鄕各書舖

第七卷 第千壹百四拾九號

大韓每日申報

月歲曆時及日休發節刊
檀君開國四千二百四十二年
箕子元年三千三十一年
大韓開國五百十八年
日本明治四十二年
淸國宣統元年
陰己酉六月大初一日戊寅

Responsible for Publication Alfred Weekley Marnham.
發行兼編輯人英國人 萬咸
發行所 京城南部苧洞英國發行所三層洋樓 大韓每日申報社

論說

◎身家國三觀念의變遷 (續)

數百年以來로大勢所趨에眞正ᄒᆞᆫ國家의主義가駸々히發達ᄒᆞ야或學士의筆에現ᄒᆞ며或武士의劍에現ᄒᆞ며或辯士의舌에現ᄒᆞ며或烈士의血에現ᄒᆞ야大新潮가歐洲中心에서激起ᄒᆞ야西으로太西洋을渡ᄒᆞ야美洲를拍ᄒᆞ며東으로太平洋을渡ᄒᆞ야亞洲를開ᄒᆞ고其狂瀾怒潮가東馳西突ᄒᆞ야四宇에遍ᄒᆞ야卽今二十世紀新天地를造成ᄒᆞ며於是乎國家ᄂᆞᆫ斯民의國이라ᄒᆞ야其存其亡에惟民이是圖ᄒᆞ며國民은斯國의民이라ᄒᆞ야其安其危를惟國이是顧ᄒᆞ야國家ᄂᆞᆫ國民의公産을作ᄒᆞ며國民은國家의公權을有ᄒᆞᆷ에至ᄒᆞᆫ지라비록亘古絶今의梟雄悍夫가出ᄒᆞᆯ지라도此를獨專ᄒᆞ며此權을獨把ᄒᆞᆷ을不得ᄒᆞ고비록呑山吸海의頑魔巨敵이來ᄒᆞᆯ지라도此産을不敢侵ᄒᆞ며此權을不敢奪ᄒᆞ나니盖如此라야今日에云ᄒᆞᄂᆞᆫ國家라此義를知ᄒᆞᄂᆞᆫ者ᄂᆞᆫ興ᄒᆞ며此義를不知ᄒᆞᄂᆞᆫ者ᄂᆞᆫ敗ᄒᆞ며此義를踐ᄒᆞᄂᆞᆫ者ᄂᆞᆫ存ᄒᆞ며此義를不踐ᄒᆞᄂᆞᆫ者ᄂᆞᆫ滅ᄒᆞ나니盖國家名稱의出現은古代에在ᄒᆞ나古代의國家ᄂᆞᆫ皇室家族의私有ᄒᆞᆫ비며今代의國家ᄂᆞᆫ人民의有ᄒᆞᆫ비라其相異ᄒᆞᆷ이如此ᄒᆞ니此가第四期라此四期期間의年代의久暫이五六千年에過ᄒᆞ나人界進化의狀態ᄂᆞᆫ大略此身家國에不出ᄒᆞ야第壹期에ᄂᆞᆫ身의觀念뿐이며第二期에ᄂᆞᆫ家의觀念뿐이며第三期에ᄂᆞᆫ家國兩觀念의交涉線이오第四期에至ᄒᆞ야ᄂᆞᆫ國家觀念이大熾ᄒᆞ얏도다

嗚呼라時代者ᄂᆞᆫ斯人의圖ᄒᆞᆯ바라此에逃出ᄒᆞᆯ도不可ᄒᆞ며此에縮伏ᄒᆞᆯ도不可ᄒᆞ고惟此를利用ᄒᆞ며此를善應ᄒᆞᆷ이可ᄒᆞ도다

試思ᄒᆞ라吾人이上古에生ᄒᆞ야身의觀念이不大ᄒᆞ면猛獸의喙에餌ᄒᆞᆯ지며中世에生ᄒᆞ야家의觀念이不厚ᄒᆞ면悍魔의手에死ᄒᆞᆯ지며近世에至ᄒᆞ야國의觀念이不强ᄒᆞ면骨肉이俱焚ᄒᆞ야渾々家族을鳩居에付ᄒᆞ며繩々子孫을虎口에投ᄒᆞ리니嗚呼戒哉어다 (完)

▲隆熙二年拾月三十壹日 官報

法律

朕이民事訴訟費用規則改正의件을裁可ᄒᆞ야玆에頒布케ᄒᆞ노라

隆熙貳年拾月廿九日

御名 御璽

內閣總理大臣 李完用
法部大臣 高永喜
度支部大臣 任善準

法律第二十八号

民事訴訟費用規則

第壹條 訴訟費用은敗訴者가負擔ᄒᆞᆷ但勝訴者에게過失이有ᄒᆞᆫ時ᄂᆞᆫ裁判所ᄂᆞᆫ此로ᄒᆞ야금訴訟費用의全部나壹部를負擔케ᄒᆞᆷ을得ᄒᆞᆷ

第貳條 壹部敗訴의境遇에ᄂᆞᆫ當事者가負擔ᄒᆞᆯ訴訟費用의比例ᄂᆞᆫ裁判所가此를定ᄒᆞᆷ但事情을因ᄒᆞ야當事者의壹方에게訴訟費用의全部를負擔케ᄒᆞᆷ을得ᄒᆞᆷ

第三條 共同訴訟人은對手者에게對ᄒᆞ야平等히訴訟費用을負擔ᄒᆞᆷ但裁判所ᄂᆞᆫ此와相異ᄒᆞᆫ方法으로訴訟費用을負擔케ᄒᆞᆷ을得ᄒᆞᆷ

第四條 第三條의規定은參加로因ᄒᆞ야生ᄒᆞᆫ訴訟費用에當ᄒᆞ야參加人과其對手者된當事者와의間에此를準用ᄒᆞᆷ

第五條 訴訟費用의辨償을受ᄒᆞᆯ權利가有ᄒᆞᆫ當事者ᄂᆞᆫ第壹審裁判所에費用額確定의申請을行ᄒᆞᆷ을得ᄒᆞᆷ

第六條 前條의境遇에ᄂᆞᆫ裁判所ᄂᆞᆫ審問을經치아니ᄒᆞ고裁判을行ᄒᆞᆷ을得ᄒᆞᆷ此裁判은强制執行에關ᄒᆞ야ᄂᆞᆫ此를確定判決로看做ᄒᆞᆷ

前項의決定에對ᄒᆞ야ᄂᆞᆫ抗告를行ᄒᆞᆷ을得ᄒᆞᆷ

第七條 訴訟費用額은左開各項의規定을從ᄒᆞ야此를算定ᄒᆞᆷ

壹 訴狀과其他據籍類의代書料ᄂᆞᆫ十行되ᄂᆞᆫ半張(每行二十字)에金五錢으로ᄒᆞᆷ半張에未滿ᄒᆞᆫ것도亦同ᄒᆞᆷ

貳 圖面은壹張에金十五錢으로ᄒᆞᆷ但測量을要ᄒᆞᆫ時ᄂᆞᆫ裁判所의意見으로其費용額을定ᄒᆞᆷ

三 翻譯料ᄂᆞᆫ裁判所의意見으로定ᄒᆞᆫ바에依ᄒᆞᆷ

四 民事訴訟手數料規則을從ᄒᆞ야貼용ᄒᆞᆫ印紙의費용額은其代價에依ᄒᆞᆷ

五 郵便電信及遞送料ᄂᆞᆫ其實費에依ᄒᆞᆷ

六 民刑訴訟規則第六拾七條의規定을從ᄒᆞ야代表者를指定ᄒᆞᆫ時ᄂᆞᆫ其報酬ᄂᆞᆫ裁判所의意見으로定ᄒᆞᆫ바에依ᄒᆞᆷ

七 當事者及證人의日當金은出頭壹回에對ᄒᆞ야金三十錢以上五십錢以下의範圍內로裁判所의意見으로定ᄒᆞᆫ바에依ᄒᆞᆷ

(未完)

外報

◎關稅案의可決 倫敦電을據ᄒᆞᆫ則英國上院에서ᄂᆞᆫ三十四票에對ᄒᆞᆫ四十五票로以ᄒᆞ야關稅改正案을可決ᄒᆞ얏다더라

◎摩內激戰 倫敦電을據ᄒᆞᆫ則西班牙勞働者四名이摩洛哥國內에셔土人에게殺害되얏슴으로西班牙征討隊ᄂᆞᆫ激戰ᄒᆞ야其城寨를陷落ᄒᆞ고四十名의死傷者를生ᄒᆞ얏다더라

◎蘇格蘭役夫同盟 倫敦電을據ᄒᆞᆫ則英國蘇格蘭役夫同盟委員等은英國內에셔造船罷業을行코져ᄒᆞ야七月二拾六日부터同盟罷業을行ᄒᆞ기로主張ᄒᆞᆫ대右發議ᄂᆞᆫ七月拾五日에聯合會議에提出ᄒᆞ얏다더라

◎露都虎疫 露都에셔虎列刺病이猖獗ᄒᆞ야罹患者ㅣ七百餘人에達ᄒᆞ얏다더라

◎폴타바貳百年祭 海參威電을據ᄒᆞᆫ즉去拾日은露國의폴타바戰爭二百年紀念祭인故로大閱兵式을擧行ᄒᆞ얏ᄂᆞᆫ대露帝께셔同地에行幸ᄒᆞ사同典式에參列ᄒᆞ시고當日에參加ᄒᆞᆫ兵數ᄂᆞᆫ五萬에達ᄒᆞ얏다더라

◎造兵廠의失火 倫敦電을據ᄒᆞᆫ즉法國씨엘불海軍造兵廠內水雷艇용銃砲製造所에셔失火ᄒᆞ얏ᄂᆞᆫ데守備兵은화焰中에셔奮鬪ᄒᆞ야全造兵廠의延燒를救ᄒᆞ얏고其損害ᄂᆞᆫ數百萬法(壹法은韓貨貳十錢假量)에達ᄒᆞ얏다더라

◎淸日電信條約 大連芝罘간의淸日海底電信은既히竣工ᄒᆞ얏고其事務開始ᄒᆞᆯ諸般準備도大概成就ᄒᆞ야不日간日本政府와淸國間의電報를取扱ᄒᆞᆯ터인ᄃᆡ日淸電信條約을締結ᄒᆞᆫ後에發表ᄒᆞᆯ터이나淸國의便宜를隨ᄒᆞ야現今에ᄂᆞᆫ發表치안케ᄒᆞ얏다더라

◎滿洲日兵交替 大連電을據ᄒᆞᆫ즉滿洲日本守備軍의交替兵壹千三百六名은去八日에大連에到着ᄒᆞ얏다더라

◎人肉相啖 淸國甘肅省에셔ᄂᆞᆫ殆히三年間不雨ᄒᆞ야目今에ᄂᆞᆫ食物이全乏ᄒᆞᆷ으로甚至於人肉々지啖ᄒᆞᄂᆞᆫ者有ᄒᆞ다더라

學報

◎東壹卒業 龍岡郡多美坊大安동私立東壹學校에셔第壹回卒業式을擧行ᄒᆞ얏ᄂᆞᆫ대

卒業生 高栄룡 金秉균 鄭숭종 羅熙春 리駿鎔

詞藻

◎射鷺行

蓮塘에養魚ᄒᆞ며、金鱗玉尺뛰노ᄂᆞᆫ데。
열업슨白鷺놈은、떼를지어날어든다。
童子야、砲手불너라、白鷺잡게。

◎亭林歌書 辰韓野叟

千軸圖書壹兩車
橫行萬里卽安居
遺民到老無憂患
心무淸人禁罔疎

雜報

●上奏何事 總理大臣李完용씨가去拾四日에 大皇帝 皇后兩陛下씌陛見ᄒᆞ고何等事件을上奏ᄒᆞ얏다ᄂᆞᆫ디 大皇帝陛下씌옵셔即時 德壽宮에動駕ᄒᆞ신다ᄂᆞᆫ 勅敎ᄅᆞᆯ 下ᄒᆞ옵셧다더라

●女校祗迎 大皇帝陛下씌옵셔昨日 德壽宮에 覲謁ᄒᆞ실時에淑明女學校學員만壽洞屛門等地에서祗迎ᄒᆞ얏다더라

●隨從人員 大皇帝陛下씌옵서 德壽宮에 覲謁ᄒᆞ옵실은別項과如ᄒᆞ거니와禮式官리錫均이乘車先導ᄒᆞ얏고攝理리完용과大리秉武ᄂᆞᆫ同車 陪從ᄒᆞ얏고宮大閔丙奭完興君리載冕永宣君리㻐鎔等이 陪從ᄒᆞ얏다더라

●梨本宮迎接 日本梨本宮親王은來二拾一日간의入京ᄒᆞᆫ다ᄒᆞ더니更聞ᄒᆞᆫ즉其旅程을變更ᄒᆞ야來十九日의仁川의到着ᄒᆞ야直入京城ᄒᆞᆯ意로統監府의通知ᄒᆞ얏다ᄂᆞᆫ디伊日의 大皇帝陛下씌옵서侍從院卿을仁川의命送迎接케ᄒᆞ시고南大門驛에親히動 駕出迎ᄒᆞ옵신다더라

●協約發表期 司法權委任의關ᄒᆞᆫ協約은日本外務省의서發表ᄒᆞ야列國의聲明ᄒᆞᆯ터인ᄃᆡ伊藤시歸國ᄒᆞᆫ後本月頁旬의頃의될듯ᄒᆞ고韓國의서도軍法兩部廢止件을伊時의ᄂᆞᆫ發表ᄒᆞᆯ듯ᄒᆞ다더라

●狡猾狐媚 伊藤氏가統監在任時의李完용氏가納媚的으로面晳ᄒᆞ기ᄅᆞᆯ公이若退職ᄒᆞ면余도首相을辭ᄒᆞ깃노라ᄒᆞ더니今番伊藤氏來韓ᄒᆞᆫ時의ᄂᆞᆫ依例히辭職ᄒᆞᆯ터인ᄃᆡ宣言中辭가無ᄒᆞᆫ지라伊藤氏도不快ᄒᆞᆫ感念을示ᄒᆞ엿스되突然히軍法兩部廢止件을提出ᄒᆞ며於是乎리完용氏가擲位鞏固ᄒᆞᆯ機ᄅᆞᆯ乘ᄒᆞᆫ지라法大軍大兩人의反對가有ᄒᆞ엿스나리시와唯唯服從ᄒᆞᆷ을因ᄒᆞ야此新協約이遲滯업시順成ᄒᆞ엿슨즉彼의狐媚狡猾은不足掛齒어니와何如간리內閣의運命은存續ᄒᆞ리라고관測者가多ᄒᆞ더라

●李氏之使 李大臣家에巡査ᄅᆞᆯ增派ᄒᆞᆫ事와各警察署에巡査ᄅᆞᆯ合番케ᄒᆞᆫ것은總理大臣李完용氏의指揮ᄅᆞᆯ承ᄒᆞᆷ이라더라

●果能誠優否 觀光團에入參ᄒᆞ얏던某某氏ᄂᆞᆫ宜論便을敍任ᄒᆞᆫ다ᄂᆞᆫ풍說이有ᄒᆞᆫ以後로貪任을獵得ᄒᆞ랴고滿北村頑固輩가觀光團員의權利ᄅᆞᆯ壓倒ᄒᆞ고疾足先驅ᄒᆞ랴ᄂᆞᆫ者가四五人이有ᄒᆞ다더라

●或撤或派 各大臣家에增派ᄒᆞ얏던巡査ᄂᆞᆫ再昨日부터還撤ᄒᆞ얏스나惟獨軍部大臣李秉武氏家에ᄂᆞᆫ如前派送ᄒᆞ얏다더라

●謹三日三 軍部大臣李秉武氏ᄂᆞᆫ保護巡査七名中에韓人巡査三名은自己私邸에把守케ᄒᆞ고日人巡査三名은自己出入時에保護케ᄒᆞᆫ다더라

●觀察議會開始 漢城府尹장憲植氏와各道관察使가昨日內部大臣官房에會同ᄒᆞ야會議ᄅᆞᆯ開始ᄒᆞ얏ᄂᆞᆫ데內部大臣及次官及各局課長이出席ᄒᆞ야第壹案件은관察使가郡守ᄅᆞᆯ兼報ᄒᆞᄂᆞᆫ事項을提出ᄒᆞ고各관察使ᄂᆞᆫ各其意見을陳述ᄒᆞ얏다더라

●醜說吾誰 觀察使中에郡守의羈絆을對ᄒᆞ야醜說이有하다ᄒᆞᆷ은已報ᄒᆞ얏거니와近日物議ᄅᆞᆯ據ᄒᆞᆫ즉其某觀察使ᄂᆞᆫ會議後에還任ᄒᆞᆯ바아니라相當ᄒᆞᆫ法律을難免ᄒᆞ리라더라

●宿泊料支給 今番會議에參席ᄒᆞ기爲ᄒᆞ야上京ᄒᆞᆫ各道관察使의게會議終期前ᄭᆞ지宿泊料ᄅᆞᆯ每日八圜式支給ᄒᆞᆫ다더라

●壹盤三圜 宮內府侍從院에서侍從官諸氏가入直ᄒᆞ면朝夕飯을典饌司에서供饋ᄒᆞ고每卓價額은三圜式計算ᄒᆞᄂᆞᆫ데其食料物도別樣盛饌이오但이國庫金만損害ᄒᆞᆫ다더라

●武校隨廢 北部三淸洞에在ᄒᆞᆫ陸軍武官學校ᄂᆞᆫ軍部廢止된結果로隨而廢止된다더라

●西嚬東效 皇族中某某好色ᄒᆞᄂᆞᆫ某시ᄂᆞᆫ妓生姸娟과相關이有ᄒᆞ야時時로其慇懃ᄒᆞᆫ情을相通코ᄌᆞᄒᆞᆷ인지電話ᄅᆞᆯ해妓生家의架設ᄒᆞ얏다ᄂᆞᆫ디各妓生들도此ᄅᆞᆯ模範ᄒᆞ야각其電話ᄅᆞᆯ設置ᄒᆞ랴고準備中이라더라

●淸虜集兵 國境飛電을據ᄒᆞᆫ즉滿洲에서ᄂᆞᆫ日淸開戰ᄒᆞᆫ다ᄂᆞᆫ說이淸人간에頻々喧傳ᄒᆞᄂᆞᆫ데旣히兵器ᄅᆞᆯ交付ᄒᆞ고軍勇을國境地方의集中하야現今의鴨綠江上流通化縣의서帽兒山ᄭᆞ지至ᄒᆞᄂᆞᆫ線의武裝ᄒᆞᆫ兵勇이充滿ᄒᆞ야意氣가軒昻ᄒᆞᆫ狀態가有ᄒᆞ다고日人某新聞의揭載ᄒᆞ엿더라

●漁磯移屬 宮內府所有漁磯로서國有로移屬ᄒᆞᆫ것은水產局의서度支部의委囑ᄒᆞ얏ᄂᆞᆫ데漁業法을施行ᄒᆞᆷ과共히水產局의統管케ᄒᆞ기로決定ᄒᆞ야昨日에旣히其關係書類ᄅᆞᆯ引渡ᄒᆞ얏다더라

●金鑑何多 韓國政府에서ᄂᆞᆫ去開月五日의未勘金整理의關ᄒᆞᆫ法律을發佈ᄒᆞ고自開國五百三年至隆熙元年ᄭᆞ지個年간의國庫金의欠逋ᄅᆞᆯ整理ᄒᆞᄂᆞᆫ디欠逋金總額은合三百餘萬圜이오欠逋者ᄂᆞᆫ合三千餘人이라度支部主稅局의서官金私消의罪跡이明白ᄒᆞᆫ者ᄅᆞᆯ檢擧ᄒᆞ며現大臣의도貳三名이有ᄒᆞᆷ을發見ᄒᆞ얏고其他大小官吏ᄅᆞᆯ續々檢擧ᄒᆞᆫ結果로旣히納入誓約書ᄅᆞᆯ提出ᄒᆞᆫ者ㅣ百餘名인데其金額은三十萬圜以上의達ᄒᆞ얏다더라

●警察注意 警視廳에서日前부터各署에申飭하기를各該署에服務ᄒᆞᄂᆞᆫ巡査의姓名居住ᄅᆞᆯ壹々錄置ᄒᆞ얏다가本廳에指揮ᄅᆞᆯ隨ᄒᆞ야應時待令케ᄒᆞ라ᄒᆞ얏다ᄂᆞᆫ說이有하더라

●島民呼訴 漢拏山은韓國濟州島의在ᄒᆞᆫ데周廻約四百里內의人戶가數萬의至ᄒᆞ고人口가二十萬의達ᄒᆞ야森林으로資生ᄒᆞ더니壹自林野法令頒布後로外國人들이測量占領ᄒᆞ미多數生靈이生活無地ᄒᆞ야壹島가恐慌ᄒᆞᆫ지라金思洪朴完緒兩시로全島人民의대表ᄅᆞᆯ委任ᄒᆞ야農商工部의呼冤ᄒᆞ얏다더라

●同大漲 數日來降雨의平壤大同江水가一丈餘의增漲ᄒᆞ야家屋浸壞者가百三십餘戶오溺死者가壹名이오舟二隻이流失되고其他被害된者가多數ᄒᆞ다더라

●慶南農況 慶尙남道農作狀況을詳히道관察使가農商工部에報告ᄒᆞ얏ᄂᆞᆫ데過日以來로稀有ᄒᆞᆫ旱魃이擴虐ᄒᆞ더니十二日以來로甘雨가沛然降下ᄒᆞ야農民이皆揷秧에着手ᄒᆞ야四五日內의全部移秧을終了ᄒᆞ얏다더라

●輕便鐵道工事 釜山鎭에서東萊溫泉場ᄭᆞ지敷設ᄒᆞᄂᆞᆫ輕便鐵道工事ᄂᆞᆫ急速히進行하야來十壹月三日의ᄂᆞᆫ開通ᄒᆞᆯ預定이라더라

●晋州農况 慶尙南道晋州郡외ᄂᆞᆫ稀有ᄒᆞᆫ旱災ᄅᆞᆯ被ᄒᆞ야民情이嗷々ᄒᆞ더니今番의甘霈가大下ᄒᆞ야揷秧을終了ᄒᆞᆷ으로民憂가稍解ᄒᆞ얏다더라

●人民呼訴 東大門外牧里에國有地段이有ᄒᆞ야年來로人民等이互相賣買ᄒᆞ야起墾耕食ᄒᆞ던것에대拓殖會社에서贖還를請求ᄒᆞᆷ으로該人民數百名이再昨日에度支部及拓殖會社에等訴ᄒᆞ랴ᄒᆞ엿더니警視廳에서其頭目幾人을說諭解散케ᄒᆞ얏다더라

●南松虫害 五月來로南山의松虫이發生ᄒᆞ야松樹의枯死가不尠ᄒᆞᆫ데農商工部山林局의서極力驅除ᄒᆞᆫ結果로被害者의ᄂᆞᆫ被害가無ᄒᆞ다더라

●留學生歸國 日本留學生장膺震崔南善洛泳氏等三十餘人이夏期放學을因ᄒᆞ야歸國ᄒᆞ얏ᄂᆞᆫ데現今漢城旅館에留連ᄒᆞ더니明日은各其道鄕第로발向ᄒᆞᆫ다더라

●兩々鶴捐 桂洞居尹仁榮氏ᄂᆞᆫ本是貧寒ᄒᆞᆫ志士인데李相에其親喪을當ᄒᆞ야路絡無路ᄒᆞ더니北洞居金敬澄趙秉健兩氏가發起ᄒᆞ야錢拾圜ᄅᆞᆯ義捐ᄒᆞ야治喪ᄒᆞ야終了ᄒᆞ얏다더라

●楊郡義援 楊州郡미陰面石室及小美洞에ᄂᆞᆫ近日義兵이出沒ᄒᆞᆷ으로常ᄒᆞ야人民의게軍餉錢을勒討ᄒᆞᆷ으로農時의情이動々ᄒᆞ다더라

●皮裏春秋 伊藤氏가昨日南大門에서出發ᄒᆞᆯ時의閔泳喆씨家下人의某가不恭ᄒᆞᆫ言語ᄅᆞᆯ加ᄒᆞᆷ으로警察署에拘因ᄒᆞ얏다가昨日에說諭放送ᄒᆞ얏다더라

●徐氏被囚 慶北관察道事務官徐相㭍氏ᄂᆞᆫ前道觀察署에被囚되얏ᄂᆞᆫ데其理由ᄂᆞᆫ前道事務部로懲役ᄒᆞᄂᆞᆫ朴準孝시事에關係가有ᄒᆞᆫ듯ᄒᆞ다더라

●兩犯宣告 强盜犯安聖云은役五年으로放火犯申寬秀ᄂᆞᆫ役七年으로昨日地方裁判所에서宣告ᄒᆞ얏다더라

●申家賊警 本月初五日下午二時量에賊漢이楊州石項里居ᄒᆞᄂᆞᆫ前主事申佑永氏家에突入ᄒᆞ야金貨와什器을沒數奪去ᄒᆞ얏다더라

●奉寺追吊 龍山西本願寺의서ᄂᆞᆫ韓國義兵討伐時의戰死ᄒᆞᆫ日本將卒의追吊會ᄅᆞᆯ昨日의擧行ᄒᆞ얏다더라

學界

●徽塾遠足 徽文義塾에서학期試驗을經ᄒᆞ고任員講師學生合五拾餘人이本月八日에蠶島等地에前往ᄒᆞ야遠足會ᄅᆞᆯ行ᄒᆞ얏ᄂᆞᆫ데登山競走及高跳ᄂᆞᆫ運動科目을設行ᄒᆞ야盛况을呈ᄒᆞ얏다더라

●貞慶何慶 貞慶坊居의서致坊장及紳士諸시가協議ᄒᆞ야히坊內學校ᄅᆞᆯ壹新擴張ᄒᆞ랴ᄂᆞᆫ廳洞의寶祿시의家舍六十餘間을買得ᄒᆞ야修理工事에着手ᄒᆞ엿더라더라

工業界曙光

▲三年不飛ᄒᆞ얏스되날고보면衝天이오寬步不鳴ᄒᆞ얏스되가[illegible]보면萬丈氣로다韓人又혼才性으로學合[illegible]에불사漆盤中에더志士ᄂᆞᆫ遞々長夜恨歎마라工業界에도明[illegible]線曙光빗처온다

優慮만ᄒᆞ지말고
競爭心을發ᄒᆞ면

▲齋洞으로도라드니製烟社가屹立ᄒᆞ야半島獨壹더香味ᄂᆞᆫ韓國中에特色이라價額으론低廉ᄒᆞ고味品으론黨香ᄒᆞ야愛吸者가日衆ᄒᆞ고輸出路가日廣ᄒᆞ니順次발展되고보면香滿世界ᄒᆞ리로다

他人의게依賴말고
아못됴록독립ᄒᆞ면

▲銅峴으로도라드니帽子店이新開ᄒᆞ야內色灰色各種으로四時閣에適用ᄒᆞ고品質부터輕緻ᄒᆞ야衛生上에有助도다愛戴者가衆多ᄒᆞ야內外지輸出ᄒᆞ니順次發展되고보면冠蓋壹世ᄒᆞ리로다

當品에ᄂᆞᆫ少利히도
價額이稍廉ᄒᆞ면

▲平壤으로도라드니磁器會社確立ᄒᆞ야諸般設備完全ᄒᆞᆫ데質朴ᄒᆞ기鍮鐵이오明潔하기玉石이라世界上에擅名ᄒᆞ던高麗故國의磁器가오ᄂᆞᆯ에ᄯᅩ낫고나順次발展되고보면[illegible]리로다

어서밧비織範ᄒᆞ야
全國內에彌滿ᄒᆞ면

▲水原으로도라드니養蠶所가新立ᄒᆞ야飼育製絲各方法이次第成績良好ᄒᆞ다繁殖ᄒᆞᆫ디溫煖ᄒᆞ야養蠶上에適宜ᄒᆞ고婦女들이雲集ᄒᆞ야傳習ᄒᆞ니日盛ᄒᆞ더順次發展되고보면衣被天下ᄒᆞ리로다

實業學에着心ᄒᆞ고
實心으로進步ᄒᆞ세

▲壹시又치적은流도不捨흘니ᄂᆞᆫ면江河中에到達ᄒᆞ도다貧中에져운흠으로積月累ᄡᅡ코보면泰山又치놉히지니壹枚壹能저ᄒᆞ말고八々마다進步ᄒᆞ면全國內이야[illegible]에밧비進步ᄒᆞ소

銳進銳退ᄒᆞ지말고
悠久ᄒᆞ게ᄒᆞ얏스면

社告

郭山郡支社員金應涵氏辭免代에 同郡內新街 金大鉉氏로 擇定하얏스니 本報購覽하시는 僉君子는 照亮하시옴

大韓每日申報社

廣告

本人의姓名圖章을陽六月二十四日에陽城素沙川邊에서沐浴하다가見失하얏기玆에廣佈홈 忠南稷山郡成歡中里김[illegible]基

土湖鐵工統四戶居林氏洙이許에正租三拾五石積置票를路中에서失하얏스니誰某가拾得하와도休紙施行홈 學元儀 告白

本人의姓名圖章을藏在行俗中이러니今陰曆三月貳拾日夜에匪徒數三人이過去後로圖章을見失하고今에搜覓不得하오니勿論本外國人하고曹錫璣姓名圖章을準信施行치마시오 慶南昌寧郡府泉洞曹錫璣 告白

△請看○請看▽

本院에 英國서 製造한 各種眼鏡이 俱備하오니 願買하시는 僉員은 來購하시옴

京城南門外 濟衆院

本月拾七日(土曜)下午三時에 臨時總會를開하고 重要事務를 議定하깃스오니 僉會員은 屆期來臨하시옴

畿湖興學會 告白

本人이江原道三陟郡서달면下里大坪居하는申在天兒年二十歲이온대自戊申四月二十六日同務하와今年四月初八日貿物次로使히兒로上京于南門外客主秦昌號에온다十四日入來하야拾五日朝에出去하와不知去處오니僉君子는對面하시거던秦昌號客主로勸送하심을伏望 江原道襄陽郡全容伯 廣告

本人의子李龍出이年纔二十에誘入邑村而賭錢太多故로至於蕩産이오니日後에內外國人이如有債給이면呈官重律하고債錢은勿賠하리니諸須內外國僉員은分錢도李龍出의게不給하심을希望홈 延日郡南面南城里金召史 告白

本人의家在仁港栗峴所居草家三十五間契券을拾年前에失이온바今搜索하와도未由索得이온즉該契가若有露出이라도休紙施行하기로玆에廣布홈 家主金니明 告白

本人의次子의字는長九오名은乾雨오或云豐雨온데性本浮浪하야當七十歲와父와田七十七斗落文券을竊取逃去하야出沒他境에將欲放賣하오나土地證明을實施하는中舊文券은自歸休紙오니內外國人은勿見欺홈 慶北盈德邑內石洞居李同栢 告白

本人의先祖 增補文獻備考의 姓諱諡六字錯誤하오니爲後孫하야不可含默이기內閣의改正을請願이如左하니第四拾七卷官職考諡第二號第 高麗 文靖公天城君金世柱誤 拾六張忠簡公左相金忠佑誤 金誤祐 廿二장昭建公左僕射金紫建字誤 達第三号第拾二장武節公祇侯金仁亮誤 亮 第三十八卷選擧考登 注第號第拾九장蔭官金昇誤 並 金達麟 告白

本人의次子崔枝珏이性本浮浪하야本人의田畓分을偽造하와物貨及債金을出用코져하오니內外國人은勿見欺홈 慶南昌原府龜山面盤洞崔鳳석

隆熙三年七月十二日

本書院에賣書店을更爲擴張하고新購書籍과文具와學徒用品을發賣하되新書籍은五圓以上으로請來하시면特減이有하오니學界諸彦은陸續購覽하심을務望

平壤貫洞耶蘇教書院賣書所

鄭益魯 金聖鐸 白

本宗中의先塋墓直이平壤長慶門外에世居하야崔濟豐戶에서給雇製造하야戰還奉安也에石物이相剝折傷하지라不得更造하여야할形便인데崔리兩시가更造하는雇金四十圓을固辭不受하오니該兩시의手巧精美와慈善事業은曾所慣聞이오나以若朝鮮暮食하는匠手로如此高尙太義는不可泯默이옴기玆以廣告하오니搜近間同宗僉員은照亮感謝하심을務望

麟川郡平山 申氏宗中 告白

本港活人所가在於禾洞前麓而病者來往에里數가稍遠하야病者에非便홈을現自醫療署로另察하고人民衛生에永久便利하기로注意하야港只附近之地에設所移建코져하야觀이與諸僚로如此旱炎에三四日을內外國人간物品을購用하러奔外人은知此機會하고多數呼價에不得擬議矣러니本港內各居紳士丁致國林常潤兩시가活人所基址未定홈을聞하고兩시에所有萬石동所在田段을隨所用寄付하야活人所를移建케하야日後罹患同胞에救療를便宜케하오니兩시에慈善을不勝感頌하와玆에廣告홈

仁川府 各內面各隣所 共白

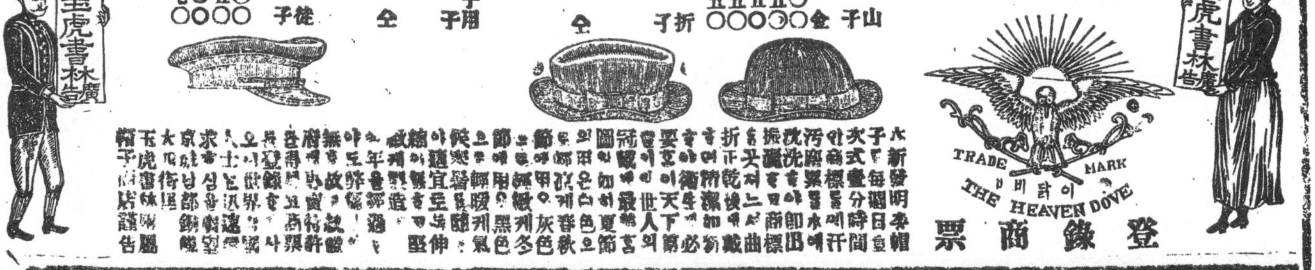

美國시아틀大博覽會　미국시아틀대박람회

經濟學原則에云하얏스되夥多한産物의分排홈을因하야最大한權力이發生한다하얏스니其權力을善用하야可爲善이오其權力을誤用하야可爲惡이라

本社之印章

其權力은其產物과及其產出者의改良進就홈을爲하야全[illegible]國民으게利潤을[illegible]而擴張하고我韓美興業株式會社는大韓帝國의商工業의基礎를建設하야[illegible]

本社之商標

登錄請願(京城郵便局郵函第四拾号) 韓美興業株式會社

(大美國에리소나州法律認可 駐大韓美國總領事館登錄)

本社의各處代理人의姓名은如左홈

開城代理人 平壤代理人 咸興代理人 馬山浦代理人 元山代理人 淸津代理人 水原代理人 安城代理人 沙里院代理人 金泉代理人 海州代理人 天安代理人 群山代理人 全州代理人 大邱代理人 釜山代理人 江景浦代理人 麻浦附近代理人 湖南代理人 永同代理人 木浦代理人 晋州代理人 金堤代理人 漢江附近代理人 韓州代理人 江界代理人 漢城東部代理人 鎭南浦代理人 定州代理人 城津代理人 浦項代理人 太田代理人 淸州代理人 吉州代理人 鏡山代理人 龍岩代理人 兎山代理人 寧邊代理人 至州代理人 論山代理人 原州代理人 漢城部代理人 [illegible]代理人 錦山代理人

位置未定

開城南門外雜貨商店 平壤大同門內店 咸興西門外 馬山浦客主 元山港 淸津港 水原北부安동 水原부安동 漢城旺新學校內 漢城外相思동貳統三戶 漢城外마浦三十壹統五戶 水原北부장동 群山大井洞 漢城西부阿峴二百廿二統三戶 大邱新田리五拾八統七戶 馬山浦 西部麻浦 [illegible] 漢城[illegible]동貳統壹戶 木浦南橋동 昌原[illegible]浦城山 金堤郡白石面水閣 [illegible]江拾八統貳戶 義州枇峴 往十里 甘井동四통五戶 郭山郡 吉州 浦項 太田新대 漢城[illegible]二統壹戶 吉州西門外 漢城西部外相思동二統三戶 延[illegible]玉洞 兎山 開城 太[illegible] 公州 [illegible]里 [illegible]百五拾四統四戶 [illegible]蓮下里

盧昊珠

金東宣 鄭基煥 嚴錫祚 孫德宇 金以文 [illegible] 金유동 [illegible] 邦元[illegible] 李孝稙 吳惟泳 尹聖求 [illegible] 金[illegible] 李相召 辛[illegible]淑 [illegible] [illegible] 李[illegible] 安[illegible] 孫[illegible]宇 金升[illegible] 이宗鉽 박奉燁 朴奉燮 金[illegible] 張[illegible] 김時漸 郭寅洙 리鍾[illegible] 宋[illegible] 金萬[illegible] 金孝稙 宋[illegible] 宋[illegible]雨 申[illegible] 金[illegible] [illegible] 金[illegible] 李[illegible]

第三種郵便物認可　大韓每日申報　隆熙[illegible]

濟生堂和平堂大藥房聯合紀念大贈彩

◎贈大彩說明

本年은濟生堂和平堂開業三週年에際하야內外國君子의顧愛하심을多蒙하야營業이日隆하고功績이東西에普及이라其感佩를表誠하오며今에兩大藥房에서紀念式을幷行하고僉君子의厚誼를表하기爲하야兩種製品(淸心保命丹 八寶丹)을特製大發賣하며大贈彩券을添呈하와普施恩澤을大昌케하오니僉君子는勿失此機하시고陸續枉顧하심을敬要

懸賞物品金六百圓價値

大福彩券은以四千枚로定

兩大靈藥(淸心保命丹)(八寶丹)每貼價金各拾錢

效能 日飮積滯胸腹痛 水土不利咳嗽等

方法

定價金十錢枚五包에福引彩券壹張을添呈하고此外兩藥房製品中의五拾錢價格에彩券壹張을添呈하고割引價로購求하면五圓價格에彩券壹張을添呈함

賞品

頭等貳人) 白米貳拾石(每拾石式)大斗五斗入
壹等貳人) 仝 拾石(每五石式)
貳等捌人) 仝 拾六石(每貳石式)
三等拾人) 仝 拾石(每壹石式)
四等壹百人) 金五十圓(每五十錢式)
五等三千八百七拾八人 紙卷煙二千八百七拾八匣 寸三千八百七拾八匣

空彩는無함

遠地에는**郵便引換**으로**送呈**함

期限은六十日로定 自陽六月拾六日 至陽八月拾五日

抽籤日字는臨期하야更告함

位置

皇城南大門側 濟生堂大藥房本舖

皇城鍾路 和平堂大藥房本舖

皇城鍾路 兩堂臨時出張所

言文 池錫永著 全

大韓人民이毋論貴賤하고行用하는[illegible]全壹冊
[illegible]

發賣所 中部布屛下三十七統六戶 朱翰榮書舖 金相萬
分賣所 京鄕各書舖

初等自解日語文典

宋憲奭著 全壹冊 定價金五拾錢

本書는日本有名文法[illegible]
發賣元 皇城中部布屛下三十七統六戶 廣學書舖 金相萬
分賣所 東部蓮洞 鍾路 大東書市 南門外 新舊書林 [illegible]

韓國民刑訴訟法註解

大韓京城控訴院書記長田中正身 書記 四位鎭正 共著 [illegible] 譯

○本書는民刑訴訟規則各條를[illegible]

發賣所 中部布屛下 廣學書舖 金相萬
分賣所 京鄕各有名書舖

各種東西洋藥과韓國唐草材大發賣所 和平堂藥房

本堂藥製品은如左함

阿煙斷引丸

養調經[illegible]

靈香消瘡丹

滋陽丸

全治丸

八寶丹

和平堂主李應善

家庭救急方

前醫學校教官 朴容南 著

全壹冊 定價金[illegible]

[illegible]

發行所 [illegible]
代理店 京鄕各[illegible]

自宅治療 電氣帶 廣告

(主治効能)神經衰弱諸症不眠、遺精、早漏不快、陽萎不起、消化器無力、常習便秘、消化不良、腎臟不良、遺尿、疲勞、病後、半身不遂、或全身不遂、手足厥冷、諸神經痛、頭痛、腰痛、肩氣及腰病、記憶力及忍耐力減退、貧血分不足症

上號 拾四圓 中號 [illegible]

第七號

大韓每日申報

第千貳百五拾壹號

月歲 時隱 及日 慶休 節刊

檀君開國四千二百四十二年
箕子紀元三千三十一年
大韓開國五百十八年
日本明治四十二年
清國宣統元年
陰己酉六月大初四日辛巳

Responsible for Publication Alfred Weekley Marnham.
發行兼編輯人英國人 萬咸
發行所 京城南署石井洞後分抱三號洋館
大韓每日申報社

論說

◉一人과社會의關係

天地가茫々ᄒᆞ며我의身이此에寄ᄒᆞ야古今의遠々ᄒᆞᆫᄃᆡ隔ᄒᆞ야我人이此의時에適現ᄒᆞ얏스니噫라其微ᄒᆞ미何如ᄒᆞ뇨是以로或은彼世界의駒와隙이라ᄒᆞ야爲枕酔恣를求ᄒᆞ며或은身의虱과處禪이라ᄒᆞ야飲酒放歌ᄒᆞ며亦感無惟라ᄒᆞᆫ지나

然이나此는人의小ᄒᆞᆷ만見ᄒᆞ고人의大ᄒᆞᆷ은不關ᄒᆞᆫ者로다惟其大ᄒᆞᆫ故로渺々ᄒᆞᆫ七尺으로國家의安危를佩ᄒᆞᆷ도有ᄒᆞ며惟其大ᄒᆞᆫ故로斷々ᄒᆞᆫ寸舌로時局의風潮를轉ᄒᆞᆷ도有ᄒᆞ며惟其大ᄒᆞᆫ故로志士와豈學士로世界問題를解决ᄒᆞᄂᆞᆫ者ㅣ有ᄒᆞ며惟其大ᄒᆞᆫ故로嘐然ᄒᆞᆫ匹夫로萬世人心을支保ᄒᆞᄂᆞ니

萬世期人된者ㅣ自己를悲觀ᄒᆞ며世界를閑擲ᄒᆞ야宇宙泡影裡에서去來ᄒᆞ며世會萬間에서坐臥ᄒᆞ야蓬々然히數年寒暑를度ᄒᆞ면是는名曰世人이오亦池面의浮萍과無異ᄒᆞ며曠日國民이로다川河의頑石과無異ᄒᆞ야社會勢力의奴隸될ᄲᅮᆫ이어니와此에反ᄒᆞ야步々를前進ᄒᆞ야身의位置를自覺ᄒᆞ며人類의責任을自擔ᄒᆞ고社會中心點에據ᄒᆞ야其活動을試ᄒᆞ면時勢를造ᄒᆞᄂᆞᆫ者ㅣ我며民俗을導ᄒᆞᄂᆞᆫ者ㅣ我라上天의愛子되며國民의良師되며社會의原動力되야天을旋ᄒᆞ며地를斡ᄒᆞᆷ도可ᄒᆞ고龍을拿ᄒᆞ고虎를捕ᄒᆞᆷ도可ᄒᆞ리니

嗚乎志士여社會勢力의奴隸됨을樂ᄒᆞ지말고改良의先鋒됨을求ᄒᆞᆯ지어다

思ᄒᆞ며慘酷ᄒᆞᆫ法蘭西의壓制를破壞ᄒᆞ고共和政治를建立케ᄒᆞᆫ者ㅣ盧梭라ᄒᆞᄂᆞᆫ學士의筆이며腐敗ᄒᆞᆫ伊太利를改革ᄒᆞ야世界列强과並馳케ᄒᆞᆫ者ᄂᆞᆫ瑪志尼ᄅᆞᄂᆞᆫ少年의舌이며壹人의舌이壹國社會에在ᄒᆞᆫ勢力이果何如ᄒᆞ며

又思ᄒᆞ라孔聖이二個舌四個眼이有ᄒᆞᆫ者ㅣ아니로ᄃᆡ至今亞洲列國이皆其遺化를浴ᄒᆞ야幾乎人々血管에儒敎思想이浸漬ᄒᆞ얏스며耶穌도三個身六條臂가有ᄒᆞᆫ者ㅣ아니로ᄃᆡ至今歐米諸洲가皆其宗旨를奉ᄒᆞ야幾乎精神界王者를作ᄒᆞ얏스니壹人의壹世界社會에對ᄒᆞᆫ勢力이又何如ᄒᆞ뇨

外報

◉韓國政變과美國 紐育電을據ᄒᆞᆫ즉韓國政變의報ᄂᆞᆫ美國人의興味를喚起ᄒᆞᆷ이不少ᄒᆞᆫᄃᆡ美國人은此로써日本이韓半島合併의步를進ᄒᆞᆷ이라ᄒᆞᄂᆞᆫ者ㅣ多ᄒᆞ고新統監은舊統監時代에比ᄒᆞ면益層徹底主義를執ᄒᆞᆯ줄노信ᄒᆞᆫ다ᄒᆞ며美國政府ᄂᆞᆫ表面上으로韓國政變에對ᄒᆞ야少不動搖ᄒᆞᆫ다더라

◉淸國鐵道 北京電을據ᄒᆞᆫ則淸國은巨額의資本을投ᄒᆞ야北京과滿洲간에鐵道를延長ᄒᆞ야古北口로부터熱河ᄭᆞ지至ᄒᆞ고赤峯에經ᄒᆞ야東蒙古ᄭᆞ지至ᄒᆞ도록

◉德帝巡御 伯林電을據ᄒᆞᆫ즉德國皇帝ᄂᆞᆫ去十二日에伯林에還御ᄒᆞ셧다더라

◉革命黨脫獄 南京電을據ᄒᆞᆫ즉光緒卅四年憲親王을炸彈으로投ᄒᆞ던吳越의同志廣東候補道恩銘을擊殺ᄒᆞ던徐錫麟의同志ᄂᆞᆫ七年死亡ᄒᆞ고其에混雜ᄒᆞᆫ後에共히獄을脫ᄒᆞ야逃走ᄒᆞ얏다더라

◉南美戰雲 伯林電을據ᄒᆞᆫ즉革命黨이連絡ᄒᆞ야比利時에留ᄒᆞᆫ法國過服시ᄒᆞ고變姓ᄒᆞ야千慕湘에셔리ᄂᆞ政府는페루間에生ᄒᆞᆫ紛議에關ᄒᆞ야理然ᄒᆞᆫ國에歸決ᄒᆞᆫ

◉外部上書 北京外務部에셔上書ᄒᆞᆫ內容을得聞ᄒᆞᆫ즉淸國이旣失ᄒᆞᆫ權利를漸次回復ᄒᆞᆯ意로遂條說明ᄒᆞ얏ᄂᆞᆫᄃᆡ其中最要ᄒᆞᆫ者ᄂᆞᆫ如左ᄒᆞ더라

壹裁判權 現今領事裁判權이依然淸國에存在ᄒᆞ고又混成裁判所도開放都市에存ᄒᆞᆫ즉

二關稅 諸外國의關稅를自當決定ᄒᆞᄂᆞᆫᄃᆡ淸國은外國의承認을要ᄒᆞ야賦課ᄒᆞᄂᆞᆫ故로外國商品의思想ᄒᆞ야從價及稅率을增加ᄒᆞᆷ이不能ᄒᆞᆷ

三郵便 淸國에는諸港市에外國郵便이存在ᄒᆞ야淸國의郵政을蹂躪ᄒᆞᆷ

四貨幣 諸外國에서ᄂᆞᆫ他國貨幣의使用을不許ᄒᆞ나淸國에ᄂᆞᆫ外國貨幣의流通이甚多ᄒᆞ야淸國의經濟上에影響이及ᄒᆞᆷ이多大ᄒᆞᆷ

此外에警察權 土地所有權 礦山、水陸運輸의諸權利及內地貿易 等多의條項을含有ᄒᆞ얏다더라

ᄒᆞ더니齊々哈爾ᄭᆞ지通ᄒᆞ기로主張

退却ᄒᆞ얏고亞然丁及페루兩國에서ᄂᆞᆫ써리비아駐剳公使를召還ᄒᆞ얏ᄂᆞᆫᄃᆡ壹般開戰이되깃다

◉摩王放逐 伯林電을據ᄒᆞᆫ則摩洛哥首府페스에셔ᄂᆞᆫ摩洛哥國王우례비를陷落ᄒᆞ고國王우례비를放逐ᄒᆞ얏다더라

◉土國의反對 伯林電을據ᄒᆞᆫ즉크레트島問題의解決을延期ᄒᆞ야保護諸國에셔書面을交付ᄒᆞᆷ은크레트島에셔歡迎ᄒᆞ나土耳其君士坦丁堡에셔ᄂᆞᆫ反對ᄒᆞᆫ다더라

學報

◉卒業式 長淵郡松川學堂학校에셔夏期放學에男女學徒의卒業式을并行ᄒᆞ얏ᄂᆞᆫᄃᆡ

男學徒卒業生 朴濟映 金利淵 李昌實 박德淳 리光顯 洪鍾禹 張奎성 文學校卒業生 朴滿喜 徐信適 金碩愛

詞藻

◉萬里城 藪鉉

萬里城을、秦始皇의遺跡이라。二世而亡ᄒᆞᆯ줄은모로고傳之萬世無窮토록누리고저蒼生을、모려다가塗炭中에赴役ᄒᆞ며百方으로肆虐ᄒᆞ니、楚朝에函谷關門擊破後에阿房宮ᄭᆞ지灰燼中에드단말가。至今에、轍이昭々커늘、뉘가또ᄒᆞᆯ。

◉翠微結社 辰韓野叟

鐵索懸々萬丈峰 易窺諸子氣如虹 始知氷叔千鈞筆 錄自沈酣筍蘂中

廣告

△請看○請看▽

本院에英國서製造ᄒᆞᆫ各種眼鏡이俱備ᄒᆞ오니願買ᄒᆞ실僉員은來購ᄒᆞ시오

京城南門外 濟衆院

本人이酒客曹順煥의酒債를弟物敗과賠償ᄒᆞᆫ ... 本人이支犯ᄒᆞᆯ나僉君子ᄂᆞᆫ勿見欺ᄒᆞᆷ

聞慶郡谷面 曹寡婦 告白

本校內에夏期師範講習所를設ᄒᆞᆫᄃᆡ校室이頗宏濶ᄒᆞ고機械가準備ᄒᆞᆯ뿐不是라日本에多年留學ᄒᆞ던金學克金喜哲具克烈鄭利燮四씨ᄂᆞᆫ素以高名術로本講習所의敎授로擔任ᄒᆞ얏ᄂᆞᆫᄃᆡ右시의異域風霜에積年乾々ᄒᆞ다가夏期歸鄕ᄒᆞᆫ時에修養을忘却ᄒᆞ고同胞啓發ᄒᆞ기를務圖ᄒᆞᄂᆞᆫ德義ᄂᆞᆫ壹般學界의興感ᄒᆞᆯ바요壹般學生의欽服ᄒᆞᆯ바이오니志願人은하시ᄂᆞᆫ이ᄂᆞᆫ速히請願ᄒᆞ심을務望ᄒᆞᆷ

課程 幾何 代數 筭術 語학 (英日兩語) 物理 化학 生理

開학 陽七月貳拾二日

北鐵山慶山彰東학校 告白

本學院에셔 ... 擴張ᄒᆞ고新書籍과文具와學徒用品을大廉價로放賣ᄒᆞ오니新籍을購覽ᄒᆞ실이ᄂᆞᆫ速히來臨ᄒᆞ시ᄃᆡ特減이有ᄒᆞ오니學界諸彦은陸續購覽ᄒᆞ심을務望

平壤貫洞耶穌敎書院賣書所

鄭益魯 金聖鐸 告白

雜報

●觀察陛見 前報와如히內部大臣朴齊純氏가昨日上午十一時에각觀察使를帶同 陛見ᄒᆞ얏ᄂᆞᆫ데觀察使ᄂᆞᆫ각其地方情況을 上奏ᄒᆞ얏다더라

●花月晩餐 學部大臣李載崑氏가昨日下午七時에花月樓에서晩餐會를設ᄒᆞ고內部大臣及次官과각觀察使와該部高等官을請邀ᄒᆞ얏다더라

●醫官出迎 日本梨本宮親王과同妃兩殿下ᄂᆞᆫ本日에入城ᄒᆞᆯ터인데치部醫務局長松井茂와醫觀가迎接次로昨日上午八時頃에仁川港까지前往ᄒᆞ얏다더라

●學部의觀察會 去七曜日에학部에서各觀察使를會同ᄒᆞ야地方教育을發展ᄒᆞᆯ趣旨로該部次官이說明ᄒᆞ얏ᄂᆞᆫ데觀察使의意見을聞코져ᄒᆞ야更히會議를又開ᄒᆞ얏다더라

●共同組合件 過日理事官會議에決議된道路衛生等에關ᄒᆞᆫ韓日共同組合設立의件은目下統監府에서審議中인데將次內部에意見을徵ᄒᆞ야決定ᄒᆞᆯ터이라더라

●何其屑屑 中樞院顧問李根澔氏ᄂᆞᆫ日前에果川鄕第로下往ᄒᆞ얏더니何緊急事인지日昨에更히入城ᄒᆞ얏다더라

●清領事下仁 清國總領事馬廷亮氏ᄂᆞᆫ四五日前에仁港에下往ᄒᆞ얏ᄂᆞᆫ데尙今滯留中이라더라

●觀察會議 昨日午前九時부터內部大臣官房에서觀察使會議를開ᄒᆞ고社還米에關ᄒᆞᆫ件을協議ᄒᆞ얏다더라

●航路金支出 昨日에農商工部에셔ᄂᆞᆫ釜山汽船會社에對ᄒᆞ야第二期(自二月至四月)航路補助金七千五百圓을交付ᄒᆞ얏다더라

●平察出發 平北觀察使柳赫魯氏ᄂᆞᆫ還任次로本日京義線第壹番列車로發往ᄒᆞᆫ다더라

●觀察便績 京畿관察使金思默氏가管下各郡에巡察ᄒᆞᆯ時에風雨를不避ᄒᆞ고曉發夕行ᄒᆞ야到處에人民을曉諭ᄒᆞ야教育과實業을勸勉ᄒᆞᆷ으로人民이稍稍開발ᄒᆞ야同氏의政治를成頌ᄒᆞᆫ다더라

●乞者裂囊 壹進會員李贊奐董雲卿兩氏가日昨에泥醉ᄒᆞ야해會長리容九氏에게惹鬧ᄒᆞᆫ事가有ᄒᆞ더니해會本部에서評議員會를開ᄒᆞ고酗酒事件을調査ᄒᆞ기爲ᄒᆞ야委員幾名을選定ᄒᆞ얏다더라

●平元鐵道經營 平壤元山間鐵道ᄂᆞᆫ京元간과平壤의日人들이續々運動中인데近際에京城龍山仁川간의日人들도共同運動을開始ᄒᆞ야其本部를룡山에設置ᄒᆞᆫ다ᄂᆞᆫ데其理由ᄂᆞᆫ如左ᄒᆞ니一은軍事及政治上에便宜ᄒᆞᆷ二ᄂᆞᆫ經濟上에ᄂᆞᆫ元山을經由ᄒᆞ야日本海沿岸의物資를韓國中央에流入ᄒᆞᆷ에便利ᄒᆞᆷ三은元山에多年宿望ᄒᆞ던바를遂果ᄒᆞᆷ四ᄂᆞᆫ中央의連絡을因ᄒᆞ야日本海岸에셔利益을受ᄒᆞᆷ五ᄂᆞᆫ東서海岸의連絡으로因ᄒᆞ야北韓方面과日本大坂門司方面에直接連絡이便利ᄒᆞᆷ六은其他方面上海香港芝罘等清國要港에對ᄒᆞᆫ貿易上의便利ᄒᆞᆷ七은上陸運輸機關이設備되면룡山은中心이되고北은豆滿江南은江原方面의利源을吸收ᄒᆞᆷ을可得이라ᄒᆞᆫ다더라

●車掌의同盟 韓美電氣會社와日韓瓦斯會社에셔引繼ᄒᆞᆫ事에對ᄒᆞ야韓人車掌及運車手百餘名이해社에對ᄒᆞ야條名下保証金貳十五圓과本月月給條와拾年以上勤務者의賞勞金을推尋ᄒᆞᆯ次로再昨日에同盟罷工ᄒᆞ고總代를派送ᄒᆞ야右額支撥ᄒᆞ기를請求ᄒᆞ야紛鬧가起ᄒᆞ얏ᄂᆞᆫ데警察署에셔해掌車手等을說諭解散케ᄒᆞ얏스나同日夜에又서部某處에會同ᄒᆞ얏다ᄂᆞᆫ說이有ᄒᆞᆷ으로警察署에셔ᄂᆞᆫ晉佛安私宅과銀行과會社와龍山麻浦出張所를戒嚴ᄒᆞᄂᆞᆫ中이오保証金과月給은支給ᄒᆞ기로決定ᄒᆞ얏다더라

●平壤水害後報 七月십팔日以來로降雨가십五日까지延亘ᄒᆞ야大同江이大漲ᄒᆞ야二丈壹尺餘가增水ᄒᆞ얏다가翌日午後부터漸減ᄒᆞ얏ᄂᆞᆫ데隆興部及江岸에새南門에通ᄒᆞᆫ道路와內川坊壹部에ᄂᆞᆫ浸水家屋이韓人八拾捌戶淸人二戶日人四十九戶이오平壤礦務所의舟壹隻과韓人의舟二隻이流失되고韓人一名이林原坊에서溺死ᄒᆞ고逢安居韓人四名은木筏을流下ᄒᆞ다가長慶門外에셔木筏이破壞되여沒數流失ᄒᆞ고人命은僅히救拯되얏다더라

●永郡雹災 咸南永興郡宣興面太和里仁흥里兩處에ᄂᆞᆫ去月貳십五日午前一時에大雹이降ᄒᆞ야約一時五分을經ᄒᆞ고厚約捌寸餘가積ᄒᆞ얏ᄂᆞᆫ데烟草粟粱等의損害가多大ᄒᆞᆷ으로韓國農民의慘狀은目不忍見이라더라

●出品與貿易 韓美興業會社에셔第三回出品件으로三萬圓價値되ᄂᆞᆫ物貨를貿易ᄒᆞ얏다더라

●酒藥入放 寶洞居金敬國外名八人이葡萄酒를製造放賣ᄒᆞ다가北部警察署에被捉되얏ᄂᆞᆫ데此酒ᄂᆞᆫ內部衛生局에셔檢査ᄒᆞᆫ즉衛生에妨害가有ᄒᆞᆷ을깃다ᄒᆞ야酒ᄂᆞᆫ沒收ᄒᆞ얏데棄却ᄒᆞ고該金氏ᄂᆞᆫ放還ᄒᆞ얏다더라

●是何狂漢 去十三日晚頭에金基濟라ᄒᆞᄂᆞᆫ者가三和港公立普通學校에突入ᄒᆞ야該校前後琉璃門窓을以棒盡破ᄒᆞ고韓部崔㦤과氏에게被捉ᄒᆞ얏ᄂᆞᆫ데該犯이如醉如狂ᄒᆞ야打破ᄒᆞᆫ曲折은姑未詳知라ᄂᆞᆫ데該校損害ᄂᆞᆫ約二百餘圓假量에達ᄒᆞ얏다더라

●教員遊覽 官立商業學校職員壹同이夏期休暇를乘ᄒᆞ야來二十四日에遊覽次로開城郡으로지下往ᄒᆞᆯ預定이라더라

●義兵取調 軍部令部에셔日昨楊平郡地方義兵拾餘名을押上ᄒᆞ얏ᄂᆞᆫ데現方取調中이라더라

●鐵郡赤痢 鐵原郡에ᄂᆞᆫ赤痢病이流行ᄒᆞᄂᆞᆫ데해郡日兵站所에셔傳染을預防ᄒᆞ기爲ᄒᆞ야每出市日에外來客商은郡內의許入지아니ᄒᆞᆷ으로해商民들은道路에彷徨ᄒᆞ야困難이莫甚ᄒᆞᆫ다더라

●蔚倅長眠 蔚山郡守鄭海入氏가身病으로多日呻吟ᄒᆞ더니自己本第에還歸치못ᄒᆞ고該郡에서長眠ᄒᆞ얏다더라

●鐵殺面長 鐵原郡新西邊大光里에義兵約六名이突入ᄒᆞ야該面面長朴勝奎ᄂᆞᆫ兵외에內應이有ᄒᆞ다ᄒᆞ야即時斬殺ᄒᆞ얏다더라

●建築費請求 釜山附近紳衆等이女학校를新建築ᄒᆞ얏ᄂᆞᆫ데建築費不足額을請求ᄒᆞᆯ次로婦人會員金恩慈徐喜淑兩氏가代表ᄒᆞ야請願ᄒᆞ얏다더라

●解兵爲盜 再昨年度에解散된兵丁河成龍이竊盜犯으로軍部軍務局에提致ᄒᆞ야審査를終了ᄒᆞᆷ으로昨日地方裁判所로越交ᄒᆞ얏다더라

●鄙陋被囚 東署漢宮洞金永氏가리達永시를符同ᄒᆞ야揚州郡雙葛里居남宮某시家에前往ᄒᆞ야該南宮시가義兵에干連이有ᄒᆞ다고威脅騙財ᄒᆞᆫ事가現露되야警視廳에서巡査를捉囚審問中이라더라

●日犯被捉 日本人江明喜作이가宛동리召史에게紙貨二圓을默取ᄒᆞᆫ事가綻露되야北部警察署에被捉ᄒᆞ얏다더라

●明氏處役 前郡守明鉉錫氏ᄂᆞᆫ延安南太池事件에對ᄒᆞ야該道地方裁判所에셔七年懲役에宣告되얏다더라

學界

●華東將校 華東營通학校에셔再昨日에開校式과進級式을擧行ᄒᆞ고優數員에賞品을授與ᄒᆞ고懇切ᄒᆞᆫ勸勉으로學生을獎勵ᄒᆞ얏ᄂᆞᆫ데該校ᄂᆞᆫ成立ᄒᆞᆫ지校主李容稙시와校長魚容善시의熱心ᄒᆞᆫ功效라ᄒᆞ고稱頌이藉々ᄒᆞ다더라

●孟倅獎學 孟山郡仁化面安下里依仁義塾은財政이不贍ᄒᆞ야方在憂慮中이러니該郡守千象河시가面內士民을勸諭ᄒᆞ야該校를維持케ᄒᆞᆷ으로一般學徒들이該시를感頌ᄒᆞᆫ다더라

●汶校試驗 坡州郡汶昌학校에서夏期試驗을經ᄒᆞ얏ᄂᆞᆫ데該校副校長成樂遂시가學生을勸勉ᄒᆞ기爲ᄒᆞ야空冊鉛筆扇子三種物品을多數賞與ᄒᆞ얏다더라

●鐵郡講習 鐵原郡內各學校에서夏期放學을因ᄒᆞ야該郡駕鶴樓에數學講習所를設ᄒᆞ고壹般人士를募集ᄒᆞ야本月拾五日부터講師김命濟시가出席教授ᄒᆞᆫ다더라

◎可付一笑

再昨日本報第壹千壹百五拾號論說欄內에燈下春秋라題ᄒᆞ고今番에締結ᄒᆞᆫ韓日新協約事件에對ᄒᆞ야日本이韓國에對ᄒᆞᆫ野心과韓人이此條約에對ᄒᆞᆫ恩怨을論述ᄒᆞ얏더니內部에서治安妨害라ᄒᆞ야國漢文報를並히押收ᄒᆞ얏데라

▲地方消息▼

▲本月八日慶尙北道豊基西方約二十五里地에서義兵四拾名이同郡派遣兵分遣所上等兵一名及補助員四名과衝突ᄒᆞ얏다ᄒᆞ고

▲本月八日全南興陽郡東으로約三十里地에서義兵一百二十名이同郡守備隊將校以下二십七名과衝突ᄒᆞ얏다ᄒᆞ고

▲本月九日全南海南郡南方約三십里地芒寺에셔義兵七十餘名이同郡守備隊大尉以下二十二名과憲兵四名과激戰三時으로더부러衝突ᄒᆞ얏다더라

○東京電報○

七月十八日午后二時發

◎韓國皇太子巡遊 韓國 皇太子殿下께서ᄂᆞᆫ伊藤統監歸國後에北海道及關西方에巡遊ᄒᆞ실터인데往復日程은二十日間으로預定이라더라

▲寶鏡照妖▼

傍觀子

▲東方에委인島란섬이잇ᄂᆞᆫ데그中에千年묵은老狐ᄒᆞ나가잇서셔幻術이奇絶ᄒᆞᆫ지라어여쁜美人態度를단장ᄒᆞ고人類界에석나서보니奇稱肉眼者들이고姸態에心醉ᄒᆞ야落미樓上에鄭子가絶代佳人만ᄂᆞᆫ드시精神이아득ᄒᆞ고瞻子가희미ᄒᆞ야서各其晝夜緣을니지라고左瞻右顧에秋波가爛熳ᄒᆞ더라

▲南石四拾里에어더ᄒᆞᆫ美術館ᄒᆞ나이잇서々照妖鏡을만드ᄂᆞᆫ데白져토박당하고黑土로粧飾ᄒᆞ고彤管으로磨礱ᄒᆞ야西洋의有名ᄒᆞᆫ美術家媚熟ᄒᆞᆫ手段으로便利ᄒᆞᆫ器械ᄉᆞ다노코晝夜만지니면萬餘枚式드러너ᄂᆞᆫ대그中에輸出法이또神速ᄒᆞ야半旬이다못되면東西洋에遍布ᄒᆞ더라

▲老狐가巧態로무리ᄒᆞ고人類界에橫行ᄒᆞ되能히그眞身을처破ᄒᆞᆫ者ㅣ업더니照妖鏡을한번對ᄒᆞ매그러케어여ᄲᅳ던美態ᄂᆞᆫ어데로가고숫탕ᄀᆞ튼우슬리아흠한소북ᄒᆞᆫ코밋티쥬둥이며샙족ᄒᆞᆫ金身우ᄎᆡ노랑털만앙감ᄒᆞ고비속의狼光이雲霧ᄀᆞᆺ치ᄂᆞ옥ᄒᆞ더라

▲狐가一場大吃驚ᄒᆞ야自後ᄂᆞᆫ美術館을對ᄒᆞ면恐懼ᄒᆞ고치시려ᄒᆞ고虎豹ᄀᆞᆺ치무서워ᄒᆞ니모양이또비치너ᄒᆞᆯ術이또ᄒᆞᆫ나밖낫업시걱정ᄒᆞ야晝마다注目ᄒᆞ야美術館을擾倒코져ᄒᆞᄂᆞᆫ妖術을말하더라

▲蚍蜉가大樹를搖ᄒᆞ고魑魅가日月을蔽ᄒᆞ려ᄒᆞ고徒勞無益에寔쥬하얏서自後로美術館을對ᄒᆞ야隱身窺伏ᄒᆞ야照妖鏡을買去ᄒᆞᆫ者ㅣ有ᄒᆞ면恨를살회며방싹세고두발목ᄋᆞᆯ반죽드려照妖鏡을搜取ᄒᆞ야鹽工에뭇드라고허위죽허위죽

▲狐兮々々여寶鏡을恐치말고爾心을革ᄒᆞ여寶鏡을搜지말고爾形을造ᄒᆞ지어다爾가氣象을改ᄒᆞᆫ즉鏡을照ᄒᆞ지나鏡中에露現ᄒᆞ니欲掩反彰이라何益之有리오

社告

郭山郡支社員金應涵氏辭免의 代에 該郡內新街 **金大鉉**氏를 擇定ᄒᆞ얏스니 本申報購覽ᄒᆞ시는 僉君子는 照亮ᄒᆞ시옴

大韓每日申報社

廣告

南陽所在位土賣案宗人允厚倫田委任京居安英周韓相聯背欲爲借債이니 內外國人은 勿見欺 南陽洪氏宗中代表洪衆厚 白

大成宗教會 告白

來木曜下午壹時에 總會를 孤兒院內로 開ᄒᆞ오니 僉君子는 來臨爲要

再雨則順退

明月館開業廣告

敬啓者 本人이 料業에 進興ᄒᆞᆯ 目的으로 明月館을 買得ᄒᆞ야 諸般各種을 左와 如히 壹新改良ᄒᆞ옵고 本月十八日로 始ᄒᆞ와 開業ᄒᆞ오며 各種料理에 二千人以上宴會와 食品酬應에 無慮設備ᄒᆞ옵고 極盡奉公ᄒᆞᆯ 것ᄉᆞ오니 僉位閣下는 食品의 多少量不拘ᄒᆞ시고 陸續照顧ᄒᆞ시와 壹次試覽ᄒᆞ심을 伏望

一 食料品色々俱備
一 東西洋料理에 味特華麗價廉
一 東西洋各種品酒
一 東西洋各種烟草
一 美色名妓等

隆熙三年七月十八日

明月館主 任學 謹告白

本人이 楊州郡□面忘憂里二牌居住ᄒᆞᆫ바 去九石십二斗五升落의 畓二斗落 鼎耕處二月分에 本人 樹培ᄒᆞᆫ 買置文記 六張으로 度와 牌旨와 私不忘記 二度를 證明成出ᄒᆞ얏더니 本年六月分에 此文記를 房中에 置ᄒᆞ엿더니 夜間에 石油灯이 顚倒ᄒᆞ야 文記全部를 燒失ᄒᆞ엿기로 中에 置ᄒᆞ엿던 新文記가 懷中에 所存이오 只是新文記壹度이기 玆에 廣告홈

楊州郡 □恒鼎 告白

◉學員大募集廣告

壹個月測量速成科로 實地와 製圖를 特別敎授ᄒᆞ오니 陰六月八日內請願ᄒᆞ시오

日語 算術 簿記速成科를 別設ᄒᆞ오니 同日內請願ᄒᆞ오

北部齋洞 三統拾戶 **測量新塾**

本人의 所有 ... 性 浮浪 ... 物件 價金을 出ᄒᆞ고져 ᄒᆞ오나 本人의 田畓券을 僞造ᄒᆞ와 內外國人은 勿見欺홈

隆熙三年七月十二日

慶尙南道 鎭南府 龜山面 盤洞 □鳳錫

本宗中의 先塋墓土를 平壤侵慶門外의 某某가 給雇製造ᄒᆞ야 載運奉安也ᄒᆞ는 石物이 相剝折傷ᄒᆞᆫ지라 不得更造ᄒᆞ여야 될形便인 바 兩시가 更造ᄒᆞ는 雇金四十圜을 固辭不受ᄒᆞ오니 兩시의 手巧精美와 慈善事業은 曾所慣聞이오나 以若朝暮之匠手로 如此高尙大義를 不可泯默이옵기 玆以廣告ᄒᆞ오니 遠近間同宗僉員은 照亮感謝ᄒᆞ심을 務望

肅川郡平山 申氏宗中 告白

新訂算學通論 上下合附簡解式 合價壹圜
高等小學理科敎科書 各廿전
壹、貳卷 各廿五전
第壹第二 植物 動物
第三第四 地文 礦物科
物理 化學
生理 衛生科
大韓地誌敎科書 高等小學 二拾五錢
懸吐具解 孟子 上下 壹圜
縣吐孟子 壹圜
小學漢文讀本 上下 六十전
中等用器畫 七拾전
新訂分道 大韓帝國地圖 壹冊 五拾錢
以上學部認可
言文大韓國大地圖 壹幅 四십錢
주年주年曆 壹軸 九拾錢
新撰 家庭尺牘 傍附漢字 壹圜廿錢
國文 壹冊 廿五전
以上學部許可
習字新帖 壹、貳卷 學部檢定 各六錢
韓日文 新法律 大審院編纂
對照
양裝 壹冊 九拾전
半洋裝 壹冊 七拾五錢
算術新書 上下卷 壹圜
中等算術敎科書 上下卷 八拾錢
簡易四則 貳冊 八拾五錢
初等小學 三十錢
中等礦物學 壹冊 三十錢
普通東國歷史 上下 壹冊 貳十錢
改正刑法大全 壹秩 壹圜
民事新訟例 壹冊 三十八錢
新式記憶法 壹冊 二拾錢
演說方法 貳拾錢
毛詩王法帖 一冊 五十錢
成親王法帖 一卷
大韓帝國附港灣地圖 壹二 四拾錢
唐朱篇 壹幅 三十五錢
最新式體操法 有圖 壹冊 四十六錢
新訂千字文 二十전
發行兼發賣 京城北部觀峴彷生洞 ... 玄公廉
京城南部大廣橋 鍾路耶蘇敎書會
外京鄕各書舖

專賣特許 駿帽子

中山 帽子 價金 五圜 四五〇 三五〇 貳五〇
中折 帽子
上仝
女子用 帽子
上仝
學徒 帽子 一圜〇〇 二五〇 二〇〇 壹七〇

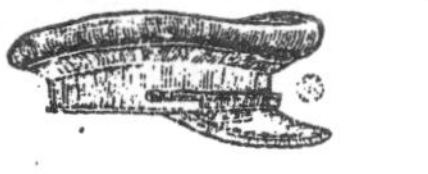

登錄商票

新發明帽子는 ... 京城南部銅峴 ... 玉虎書林附屬 帽子商店 告

美國시아들大博覽會 ― 미국시아들대박람회

[This block contains a list of regional agents (代理人) and their locations, with entries such as:]

關西代理人 平壤代理人 咸興代理人 馬山浦代理人 元山代理人 淸津代理人 水原代理人 安城代理人 沙里院代理人 利川代理人 天安代理人 群山代理人 全州代理人 大邱代理人 釜山代理人 仁川代理人 麻浦附近代理人 東湖院代理人 木浦代理人 晋州代理人 金堤代理人 漢江附近代理人 義州代理人 江界代理人 漢城東部代理人 鎭南浦代理人 定州代理人 城津代理人 浦項代理人 太田代理人 濟州代理人 吉州代理人 鐵山代理人 延安代理人 兎山代理人 濟物浦代理人 公州代理人 論山代理人 平原代理人 漢城西部代理人 北靑代理人 錦山代理人

位置未定

平壤南門外雜貨商店 盧旻珠
平壤大同門內店
咸興西門外
馬山浦各處
元山港
淸津港
水原北門 ... 安洞
水原 ... 安洞
漢城東部 ... 里旺新學校內
漢城中部 ... 貳統三戶
漢城西部 ... 三十壹統九戶
水原北部 ... 洞
群山大井洞
漢城西部阿峴二百廿二統三戶
大邱新田 ... 八統七戶
馬山浦 ... 壹統九戶
西部鉢山 ... 東幕中契廿七統貳戶
西部麻浦 ... 十七統三戶
陰城 ... 山
漢城 ... 貳統壹戶
木浦南橋洞
昌原 ... 山浦城山

金東宣 鄭基煥 張錫祚 孫德宇 金以文 ...

本社之印章

本社之商標 (京城鄕局郵函第四拾号) 韓美興業株式會社
(大美國에 리소나 州法律認可 駐大韓國美國總領事館登錄)
本社의 各處代理人의 姓名은 如左홈

[Body text of the Korean-American Trading Company notice, partially legible:]
... 淸國原則에 云ᄒᆞ얏스되 野多ᄒᆞᆫ 物의 分排ᄒᆞᆷ을 因ᄒᆞ야 最大ᄒᆞᆫ 權가 이에 生ᄒᆞᆫ다 ᄒᆞ얏스니 其權力을 用ᄒᆞ야 可爲善이오 其權力을 ... 其權力은 其產物과 及其產出者의 改良繼續ᄒᆞ기를 爲ᄒᆞ야 ... 全地球上에 利潤을 ... 我韓美興業株式會社는 大韓帝國의 强大ᄒᆞᆫ 商工業의 基礎를 建設ᄒᆞ라 而 ... 世界에 ... 이 韓國의 產物이 有ᄒᆞᆫ ... 此는 ... 本會社에서 ... 一人이 能히 ... 是 ... 眞誠의 料得ᄒᆞᆫ 바 ... 自身分이 自其國家와 自己의 ... 我邦과 知得ᄒᆞ고 ... 聯合ᄒᆞ기를 ... 이다

濟生堂和平堂大藥房聯合紀念大贈彩

◎贈大彩說明

懸賞物品金六百圓價値

大福彩券은以四千枚로定

兩大靈藥（濟心保命丹）（八寶丹）

方法

賞品

壹等貳人　貳等貳人　三等拾人　四等百人　五等三千八百七拾八人

遠地에と郵便引換으로送呈홈

期限은六十日로定

位置

皇城南大門側　濟生堂大藥房本舖

皇城鐘路　和平堂大藥房本舖

皇城鐘路　兩堂臨時出張所

言文　池錫永著

發賣所　中部布屛下三十七統六戶　廣學書舖　金相萬

初等自解日語文典

宋憲奭著

發賣所　皇城中部布屛下三十七統六戶　廣學書舖　김相萬

分賣所　東部蓮峴　普成館　南門外　新舊書林　大東書市　鐘路　匯東書館

韓國民刑訴訟法註解

大韓國京城控訴院書記長田中正身　書記四位義正　書記 미興洙　共著

發賣所　中部布屛下廣學書舖　金相萬

京鄉各有名書舖

各種東西洋藥과韓國唐材를大發賣所　和平堂藥房

本堂藥製品은如左홈

阿烟斷引丸　養調經丸　麝香消瘡丹　滋陽丸　全治丸　八寶丹

和平堂藥房主李應善

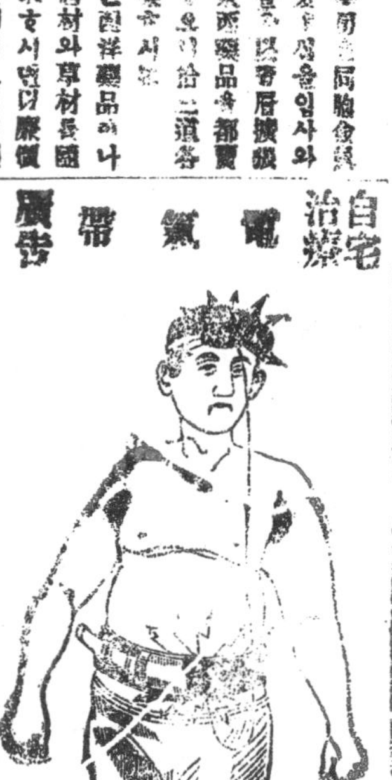

電氣帶　自宅治療廣告

前醫學校教官　朴容南著

家庭救急方

發賣所　皇城南部　愛堂大藥房

代理店　京鄉各書舖

大韓每日申報

第七卷 一千一百五十二號

月歲 隱時 及日 慶休 諸刊

檀君開國四千二百四十二年
箕子元年三千三十一年
大韓開國五百十八年
日本明治四十二年
清國宣統元年
歲己酉六月大朔五日壬午

Responsible for Publication Alfred Weekley Marnham.
發行兼編輯人英國人 萬咸
發行所
京城南署石井洞 [illegible]
大韓每日申報社

論說

◎世界에惟一强權

燕巖朴先生이[illegible]史를讀ᄒᆞ다가歎曰(千古에只有成敗ᄒᆞ고更無是非)라ᄒᆞ니嗚呼라先生又ᄒᆞ신者ᄂᆞᆫ史를善讀ᄒᆞᆫ者라可謂ᄒᆞᆯ지로다

甲曰仁者ᄂᆞᆫ無敵이라ᄒᆞ며乙曰爲善이면獲福이라ᄒᆞ며丙曰正義가勝利를得ᄒᆞᆫ다ᄒᆞ며丁曰新道가舊壯이라ᄒᆞᄂᆞ니雖然이나眼을放ᄒᆞ야宇宙를縱覽ᄒᆞᆫ즉彼所謂仁義道德이果然何處에在ᄒᆞ뇨亦曾强權뿐이로다

强權이有ᄒᆞᆫ者ᄂᆞᆫ其功을必成ᄒᆞ고其功이旣成ᄒᆞ면殺人如草ᄒᆞᄂᆞᆫ强盜도仁者라ᄒᆞ며指鹿爲馬ᄒᆞᄂᆞᆫ小人도賢者라ᄒᆞ며良民을屠戮ᄒᆞᄂᆞᆫ貪吏의遺墟에萬世不忘의善政碑가屹然ᄒᆞ며人國을夷滅ᄒᆞᆫ悍賊의身後에千秋不滅의名譽史가燦然ᄒᆞ야彼旬이佛祖의衣鉢을得ᄒᆞ며天國의席을占ᄒᆞ야鐵宮에崛起ᄒᆞ야其下에拜伏ᄒᆞ나니然ᄒᆞᆫ가不然ᄒᆞᆫ가

凡我儕論者ᄂᆞᆫ時ᄅᆞᆯ弓裔甄萱은天下의凶逆이라ᄒᆞ지마ᄂᆞᆫ彼가王業을成ᄒᆞ야數世相傳ᄒᆞ얏스면聖君哲辟의名을王建에不讓ᄒᆞ고彼에歸ᄒᆞᆯ지며朱溫盜跖이古代의仁主라ᄒᆞ지마ᄂᆞᆫ彼가中途에敗ᄒᆞ야殘夷가되얏스며醜晉夷裔의穢稷을稱ᄒᆞ야不戰ᄒᆞ야此에帰ᄒᆞᆯ지니噫라本土舊族의土民이來ᄒᆞ야淵藪라衛炎ᄒᆞ던蚩尤의後裔가只是요

三間草屋에支保코저ᄒᆞᆷ이어날唐虞의昏迷不恭으로誅ᄒᆞ며亡國遺民으로仇敵의契丹을排斥ᄒᆞ던大延顯의思想이只是其一片故鄕을索還코저ᄒᆞᆷ이어ᄂᆞᆯ遼의人民이叛逆이라討ᄒᆞ며美洲紅人은疆土를失ᄒᆞ고山谷에서餓死ᄒᆞ니可憐ᄒᆞ나痴童이어날此가何罪완ᄃᆡ邊에서ᄂᆞᆫ屠宰ᄒᆞ고邊에ᄂᆞᆫ蠻夷의惡名을加ᄒᆞ며澳洲의土族을撲殺ᄒᆞ야林間에서苟活ᄒᆞ니此가何惡이완ᄃᆡ邊에서ᄂᆞᆫ驅逐ᄒᆞ고邊에서ᄂᆞᆫ禽獸의同類로嘲嚇ᄒᆞᄂᆞ니嗚呼라强權의勢力이여此가有ᄒᆞᆫ者ᄂᆞᆫ聖賢이며君子며英雄이며此가無ᄒᆞᆫ者ᄂᆞᆫ劣奴되며賤夫되며牛馬되며狗彘되나니念佛ᄒᆞᄂᆞᆫ僧侶여南無阿彌를停ᄒᆞ고此二字를呪ᄒᆞ며說禮ᄒᆞᄂᆞᆫ儒徒여三千禮儀를投ᄒᆞ고此를句習ᄒᆞᆯ지어다

故로俾斯麥의言ᄒᆞ되國家를安定ᄒᆞᄂᆞᆫ者ᄂᆞᆫ黑鐵赤血뿐이라ᄒᆞ며福澤諭吉이言ᄒᆞ되萬國公法이大砲一門만不如ᄒᆞ다ᄒᆞ얏스니是ᄂᆞᆫ强權의眞狀을善論ᄒᆞᆫ者라强權到處에仁義와何며道理이何리오

悲夫라古今의血腥史를惟彼强權者가釀ᄒᆞ비며東西의殺伐을惟彼强權者가遊戲ᄒᆞᄂᆞ니上帝가三尺의劍으로人間을治ᄒᆞ시ᄂᆞᆫ[illegible]强權者가罪首될ᄂᆞᆫ지不知ᄒᆞ거니와上帝ᄂᆞᆫ冥冥ᄒᆞ야言치아니시고强權은烝烝ᄒᆞ니此에弱者되면엇지生存을得ᄒᆞ리오

仁義로强權을敵코저ᄒᆞᄂᆞᆫ者ᄂᆞᆫ虎口에坐ᄒᆞ야佛經을說홈이니라

或曰强權이如此ᄒᆞᆯ진ᄃᆡ祖國同胞를戕害ᄒᆞ야私權을擴張홈도可ᄒᆞᆫ가曰嗟乎라不可ᄒᆞ다是ᄂᆞᆫ肉을割ᄒᆞ야腹을充ᄒᆞᄂᆞᆫ者라祖國이亡ᄒᆞ면其權을何處에行ᄒᆞ리오西人이恒云ᄒᆞ되同種族同國民이相遇ᄒᆞ면道德만有ᄒᆞ고權力이無ᄒᆞ며異種族異國民이相遇ᄒᆞ면權力만有ᄒᆞ고道德이無ᄒᆞ다ᄒᆞ니此言이又强權을夢想ᄒᆞᄂᆞᆫ者의三復ᄒᆞᆯ바이라

外報

◎美國紛擾 伯林電을據ᄒᆞᆫ즉南亞然丁國은셔비야國과國際關係를斷絕ᄒᆞ겟노라고威嚇ᄒᆞᆫ다더라

◎美國與大統領遭難 紐育電을據ᄒᆞᆫ則前大統領루쓰벨트시와其子카밋트시ᄂᆞᆫ카피치平原을橫斷ᄒᆞᆯ際에糧食이缺乏ᄒᆞ야三十時以上에飮食을不得ᄒᆞ고餓死之境에至ᄒᆞ얏더니幸히英國人의게救홈이되얏다ᄒᆞ더라

◎南淸洪水 漢口電을據ᄒᆞᆫ則漢口上流에ᄂᆞᆫ洪水로因ᄒᆞ야宜昌의滊船은航路가困難ᄒᆞ고沙市市街ᄂᆞᆫ家屋三千九戶가浸水되고宜昌上流에ᄂᆞᆫ民船의航通이杜絕되얏다ᄒᆞ더라

◎波斯革命軍入京 [illegible]電을據ᄒᆞᆫ則波斯國民軍은去拾四日早朝五時에德黑蘭에侵入ᄒᆞ얏ᄂᆞᆫᄃᆡ國王의兵索克兵은中央大路를占領ᄒᆞ얏고同市北部에서ᄂᆞᆫ激烈ᄒᆞᆫ市街戰이有ᄒᆞ얏ᄂᆞᆫᄃᆡ國民軍은巡邏와共히秩序를維持ᄒᆞ고國王은外國公使館으로避難코져ᄒᆞ야英露兩國[illegible]

◎回徵兵案 伯林電을據ᄒᆞᆫ즉土耳其議會에서ᄂᆞᆫ回回敎徒아닌臣民도兵籍에編入ᄒᆞᄂᆞᆫ法案을可決ᄒᆞ얏다ᄒᆞ더라

◎白人勞動者被害 伯林電을據ᄒᆞᆫ즉摩洛哥에서ᄂᆞᆫ歐人勞動者의게對ᄒᆞ야屢屢히襲擊과殺害를行ᄒᆞᆫ다더라

◎露國增援隊 伯林電을據ᄒᆞᆫ즉波斯革命軍은旣히德黑蘭에侵入ᄒᆞ야激烈히戰鬪ᄒᆞ얏고露國의增援隊ᄂᆞᆫ旣히카쓰빈에到達ᄒᆞ얏다ᄒᆞ더라

◎英國同盟罷業 英國蘇格蘭에在ᄒᆞᆫ石炭坑夫의同盟罷業ᄒᆞᆫ危險은益々切迫ᄒᆞ다더라

◎日本의對淸警告 東京電을據ᄒᆞᆫ則日本駐淸公使伊集院시ᄂᆞᆫ安奉鐵道問題에就ᄒᆞ야淸國政府에警告를與ᄒᆞ얏다더라

學報

◎測量卒業 瑞興郡龍淵面瑞龍測量學校에셔前月十八日에卒業式을擧行ᄒᆞ얏ᄂᆞᆫᄃᆡ

卒業生 金德汝 尹서國
尹과汝 尹錫河 金昌祿
朴善慶 郭起鎬 朴宜慶
文炳俊 尹亢汝 尹서仁

詞藻

◎志士吟

松栢의굿은節概야엇지휘여지랴 雪霜이제아무리酷毒ᄒᆞᆫ들、勁草의强ᄒᆞᆫ根力이야엇지흔들니랴。疾風이제아무리慄烈ᄒᆞᆫ들、丈夫의、百折不回ᄒᆞᄂᆞᆫ見々ᄒᆞᆫ氣像ᄂᆞᆫ、더와又ᄒᆞᆷ。

雜報

●宮狹說明 各觀察使가再昨日에 陛見하옵고 御陪食을行한後에宮內府次官小宮三保松이가各觀察使를引導하야動物園及博物館을觀覽케하고各其還任後에管下各郡당에게指飭하야奇異한陳列品을收上하라고說明하얏다더라

●慶和宮漫遊說 義親王殿下께서는來月中旬께發程하야歐美各國에漫遊하실 旨로近侍人의게布諭하셧다더라

●梨本宮着京 梨本宮同妃兩殿下는昨日下午五時十五分의着京하얏다더라

●曾氏有愼 曾彌統監이身病이有함은一般知了하는바어니와近日에도尙未快差하야視務치못한다더라

●何事稱病 度支部大臣任善準 學部大臣李載崑兩氏가近日身病을因하야仕進치못하나何兩시의居家動作은如常하다는데畢竟何等層節이有한듯하다더라

●日總致疑 學部大臣李載崑氏가再昨日花月樓에서晩餐會를設함은已報어니와該部大臣은身病을因하야不參하얏고각觀察使가會同하얏는데其中에慶北觀察使박重陽氏는日本平服을著하고來到하얏는데滿座諸氏가日總으로致疑하얏다더라

●學部에觀察會 今日學部에셔各道觀察使를會同하야教育발展의方策을協議한다더라

●地方稅預算 本年度地方稅預算은來八月末에閣議에呈出할터인데其時까지는財務局長과書記官이協議하야其課目及課率등에關한事項을參宗하야內部에提出할터이라더라

●辨亦難딘 司法權委任한事에對하야韓國人中判檢事와法官養成所까지一切廢止할터이오辯護士는아직施行한다더라

●調査安用 한城府民會장兪吉濬氏가伊藤氏에게頌德表를撰呈한事가新聞上에掲載되얏合으로此事件이漏洩된根因을調査하기爲하야方在奔忙中이라더라

●各社寺處置 각社寺處置에關하야는觀察使登同의意見은從來의舊慣故例를覇査하야觀察使가監督케하고重大한事項만內部에報告하야處決함이可하다한다더라

●無生之樂 所謂韓國諸制度를革新한以來로最初에는京城內외兩班輩가生活이無路하더니此風潮가地方에波及하야近來에는到處에生活無路라는嘆聲이發함하야人民들이初頭에는田庄을放賣하고其次에는家舍를賣與하고最後에는陳陳書籍까지賣却하야與盡한後에樓屑道로하는者ㅣ多하다더라

●道路修築 各地方大都會處에道路橋梁을現今修築하는中인데羣山及全州간의工役은未久에竣工이될터인故로開通式은九月頭에擧行한다더라

●實業校增設 학部에서는京城외工業傳習所水原의山林학校以外에農商工部管轄上實業학校를增設할計劃인데釜山과仁川에在한官立商業학校를實業學校令에則하야改正完備케하고漸次각地方에農業학校礦業학校蠶業講習所등을設立할터이라더라

●重役懇親 各銀行重役諸氏가三昨日에泰豐館으로會同하야懇親會를設行하얏다더라

●戶口調査 內部에서民籍法을實施한다는事에對하야各警察署에서한城內人民의戶口를實調査하얏는데出番巡査까지合審하야戶口調査件을錯修하는中이라더라

●車手反對 日韓瓦斯會社에서는曾佛安氏의게公函하되壹般車手가休前勤務하던月給을厚給하깃스니車手諸人의게勸諭하라하얏合으로曾佛安氏가再昨日에該車手諸人을對하야韓國時局을說諭하고勤務하라하얏는데車手諸人이齊聲反對不應하얏다더라

●埋管工事爆聲 南大門外에在한日人의瓦斯會社에서埋管工事를始하야大石을除去키로爆발藥을使用하더니登잔의는行人의게危險이될가하야再作되무떠夜간개關鑿하는데爆聲이大발하야附近人民들은一場大恐懼하얏다더라

●曾氏出發 韓美電氣會社長曾佛安氏와同夫人은再昨日에發程하야歸國의途에就하얏다더라

●車手消暢 電路電車掌車手의保證金과月料金을再昨日에壹々推得하얏는데該人等이壹時消暢을기爲하야新門外新寺에前往하야宴會를設하기로西部警察署에關照하얏다더라

●檀君教弘布 再昨年政變後에七太臣暗殺事件으로有名한羅寅永吳基鎬氏等은檀君教를弘布하야民生을教導하기爲하야目下盡力中이라더라

●留學何疑 諸部中絶滿氏가瀛務戒에留學次로下往하얏다가旅費를견失하고還爲歸國하얏는데警視廳에서는該氏의去跡을現方偵探中이라더라

●留學生歸國 日本留學生金壹氏等二십六人이昨日上午八時에還國하야現方京城旅館에서宿泊한다더라

●尹氏歡迎 韓協會尹致昊氏는平壤大成學校校長이라本校夏期放學式에參與하얏다가三和港教育界를視察하기爲하야去月二十七日에該港에到着하얏는데道路歡迎이人海를成하얏고翌日에該港各里民商들이商業會議所內에歡迎會를開하고又翌日에港內各學校에서歡迎會를開하얏는데尹氏는商界學界에對하야懇切한說話로勸勉하얏다더라

●咸省虫害 咸鏡道에는農作物에蝗虫이發生하야各種農苗의嫩苗葉을食하야漸漸羣을成하야全道에及하는中에城津吉州明川地方에는蔓延이尤甚하며又鏡城慶源豆滿江地方으로延하야稻作의被害가甚함으로目下觀察道에서消除하기에盡力한다더라

●地方水害 義州方面에는本月십日부터십三日까지大雨로江水가增水가되야寧邊과交通이杜絶하얏고十五日에는淸川江鐵橋도異狀을呈하야安州와交通이杜絶하얏스며又鴨綠江에洪水가至하야楚山으로부터上流沿岸道로의水量이四尺餘에及하야行路가全絶하엿고咸鏡道方面에는城江에增水가捌尺餘에及하고咸興市街의數部는洪水漲溢하야韓人家의浸水된것이五百餘戶오日本人家의浸水되야潰流된것이五六十戶에及하얏스며德源赤田川에는非常히增水되야堤防이將次毁除되매吏民이協力防禦하야被害를僅免하얏고沿岸水田은被害가不少하얏고平安南道의는十四日頃의全道에霖雨가降하야大同江의增水가拾九尺四寸이나되얏고沿岸水田의被害가不少하얏는데십七日頃의始晴하얏다더라

●郡民呼訴 忠南瑞山郡大山面과泰安郡梨園面과沔川郡倉宅面은舊平薪鐵所管으로納稅하는民土가確實하더니去庚子年의內藏院에셔三稅屯土八石九斗二升落을濫稱하고民土幾百石落을收入으로誤認하야兩土附稅를收捧함으로該地民이多年呼寃하다가調査局設置時를當하야三百年前買文券과續收하고設鐵하던呂狀와庚子年來呼訴하던帖類를帖聯하야京鄕官廳의數十次等呈한結果로免除한다는指令을承하얏스나于今經年의遷拖未決하고且賭代를督捧하는故로該地居民이更히度支部의呼訴次로多數上京하얏다더라

●奸犯押交 西部北門洞居金漢模이가越동居朴萬基의妻를通奸하다가本夫의게發覺되야錢壹千五百兩을辦給하기로相約하얏더니限期不給하는故로同萬基가西部警察署에呼訴하얏는데該女와金漢模를捕縛하야再昨日地方裁判所로押交하얏다더라

●順郡義擾 남來人의傳說을據한즉順興郡等地에義兵이益熾盛하야行路中斷한人은壹壹滿發한故로通道가甚히不便하다더라

●砲殺漂女 三昨日南門外何人家에日人壹名이過去하는데畜犬一個가突出亂吠하는지라該日人이懷中에서大穴砲를出하야向犬發彈하매附近地韓人獨女壹名이中丸致斃하얏고日人은旋卽逃躱하얏다더라

●捉鼠數爻 黑死病을預防하기爲하야仁川港에서本月五日부터十七日까지捕殺한鼠族이壹千七拾이오釜산港에는二千壹百六十四라더라

●賊漢逮捕 三和港后浦某人家에潛跡하얏던賊漢元應祚等五名을去七日夜에警部崔應과巡査金成桂諸氏가捕捉하얏는데該賊漢은前日咸從串地에서韓巡査金秦淳을砲殺한賊黨이라는데其供招를因하야鐵捕된賊漢이二名이라더라

學界

●官校放學 각官立학校에서昨日에壹齊히夏期放학을行하얏다더라

○東京電報○

二십日午後壹時發

◎韓國鉄道經營

憲政本黨非改革派의黨務委員會는本日에韓國鐵道經營方法에關한會議를開하얏는데其結果는韓國鐵道를日本鉄道院에移屬할지南滿鐵道會社에讓渡하야滿鐵會社와又치組織할새로에就하야調査考究키로決議하얏다더라

◎新協約發布期

同廿日午後二時發

法權委任에關한韓日新協約은伊藤시가復發한後에臨時樞密院會議를開하고諮詢을經하야發表할터인데本國과韓國이同時發表할듯하다더라

▲魔報鬼說 (續)

▲大韓新聞더記者가魔窟中에出沒하야政府機關되는줄은壹般共知하지만은近日政界에對하야一篇論說을鑄하야韓內閣의功名을極口贊揚하얏는데連紙累牘怪鬼說이目不忍見하깃고나

▲(彼報)我國이自甲午年으로天下大勢를知하는國士가起하야政治를改革하라다가擧皆失敗하얏더니隆熙元年에至하야我國改革의功績을始奏하야既亡의國이進步를就하니今日에改革者가비로소國家의大事業을成하지라云云

▲魔窟中에더記者야改革이라하는것슨무슴뜻을아느냐너의手中에잇는權利남의掌握에주고너의民의所有國을남의門에너어주면이걸謂之改革이냐昭昭白日鑑臨下에怪鬼之說너무마라

▲(彼報)我國改革大臣의歷史를述할진대[illegible]시오甲午에兪吉濬시오乙巳에朴齊純시오丁未에李完用시라然而朴시는今日時局에議論이相左하고兪시는教育에從事하고朴李兩시는政局에當하야改革한지數年에政治制度가日로就緒云云

▲魔窟中에더記者야乙巳年에朴齊純은五條約을締結하고丁未年에李完用은七條約을締結하엿니五七條約그結果로政治制度就緒하야네나라[illegible]힛너냐昭昭[illegible]鑑臨下에怪鬼之說너무마라

▲余是揭[illegible]너말하노라辨說[illegible]怪鬼[illegible]眼[illegible]自知[illegible]너희可怜[illegible]腹中魔鬼저러한[illegible]鬼[illegible]人間生活할수잇나阿鼻路나두러보쇼

社告

杆城 邑內新城里 貳統三戶 한海元氏와
韓山 郡下북鋒堂里 李奭稙氏의
氏가該地方에本報購覽諸氏의便宜를爲호야支社를特設호고讀者請願이有호기同情을表하기爲호야該兩氏로本支社員을認定호고玆에廣布호오니該附近에서本報愛讀 僉君子는該兩氏의게購覽호시오

大韓每日申報社

廣告

本人이舊日호던四方形篆刻信章과圓形正刻章一顆를俠囊에併置하다가去五月間에俱失인바已失圖章은歸之無效호고更刻行用이오니知舊僉照亮홈 三和港億兩機關命植 白

本人家에서陰正月分에용山坊大嶋里伏在玄字산田壹日耕畓文券을燒火故로玆以廣告홈 南山北門外契李渭鉉 告白

本宗中의先塋墓같은平壤長慶門外에잇더니壤濟豐處에給雇興遊홀가鑑選奉安也에石物이相剝折홈으로지坊不得更造홀여야형形便인더러崔斗兩시가更造호と雇傭圖十圓을固辭不受이오니如兩시의手巧精美와慈善事業은會所慣聞이오는以若朝暮食之匠手로知此高尙之義는不可泯默이옵기玆以廣告호오니遠近間同宗僉員은照亮홈 僉宗會幹室

肅川郡平山
申氏宗中 告白

三人이陰五月二十六日夜에賊漢의게財物을見奪호얏는데該中本部州北面龍西里(戌夜介)三字畓田三日耕官證明券壹張과背山面서河里畓壹日耕新畓文券貳張과日記帳簿貳件을幷見失호얏스오니內外國人은勿見欺홈

平南安州西門外一統三戶 金春翊 告白

本所會館을南部美契茶洞四統七戶로完定移接호얏스니僉宗은照亮홈
金海金氏宗約所 白

測量界의大發明

從西位勳二等工學博士 石橋絢彥先生序
特許三物式 測量器械 發明者山崎圓藏

新發明
鑛山 山林 鐵道 田畓 宅地 原野

三効式測量法
(定價金壹圓 郵稅金四錢)

本器의特色

壹個月에何人이던지卒業홈을得홀事
三角術의素養을不要홀事
携帶에輕便홀事
器械를購求호면生活之途를得홀事
從來호と測量器械보다三分之壹의時間으로測圖홈을得홀事

購求者의注意

本器購求者에게는無料로使用法을教授홈

本器正價 鐵製는五拾圓 木製는三拾圓이오니僉彥은陸續來購호심을爲要

發寶所
漢城崎山測量製圖算術學校內
統監府度支部商務總會館選

蓄妾하이繼約亂類欲以換賣호니內外國人은切勿見欺홈
謝雨守宋憲琪之侄友用以浮浪諸漢謀其叔之圖章僞造其叔之券 寡洞四十四統八戶 宋憲琪 白

本人이典當에貰南面嘉義里三牌里門洞所在畓九石십二斗五升落과田二日耕息耕을今二月分에李根培에게買得而舊文記二度를證明成出호고行호라大韓人民의牌旨와不忘記로추後에나여房中에置之호옵더니夜間에石油灯이顚倒호여所存中에置호여幸이免燒호여火에燒失호고只是新文記二度이기玆에廣告홈
鳳項?? 告白

◎學員大募集廣告

壹個月測量速成科와實地測圖를特別教授호오니陰六月八日內請願호오
日語 算術 簿記速成科를別設호오니同日內請願호오
北部齋洞三統拾戶 測量新塾

明月館開業廣告

本人이營業에進興홈目的으로明月館을買得호야諸般各種을左와如히刷新改良호읍고本月十八日로始호와開業호오며各種料理에二千人以上宴會와食品販賣에無虞設備호읍고極盡奉承호깃스오니僉位閣下는食品의多少를不拘호시고陸續光顧호시와壹次試覽호심을伏望
壹食料品色々俱備
壹東西洋料理에味美華麗價廉
壹東西洋各種品酒
壹東西洋各種烟草
壹美色名妓等

隆熙三年七月十八日
明月館主
任學? 告白

新訂 算術通論 上下合附 前解式 定價壹圓
高等小學 理科教科書 壹、貳卷 각卄전 三、四卷 各卄五전
博物學第二 植物 動物 地文 礦物科 第三第四 物理 化學 生理 衛生科
大韓地誌教科書 高等小學 二拾五錢
懸吐孟子 具解 孟子 上下 壹圓
懸吐孟子 壹冊
小學漢文讀本 上下 六十전
中等用器畫 七拾전
新訂分道 大韓帝國地圖 壹冊 五拾錢
以上學部認可
晉文 壹冊 四십錢
大韓國大地圖 壹幅 九拾錢
千字千字文 壹軸 壹圓廿錢
新撰國文 家庭尺牘 傍附漢字 壹冊 廿五전
以上자部許可
習字新帖 壹、貳卷 學部檢定 各六錢
韓日文對照 新法律 大審院判例集
양裝 壹冊 九拾전
半洋裝 壹冊 七拾五錢
算術新書 中等學 半洋裝上下卷 八拾錢
中等算術教科書 貳冊 三拾五錢
普通易四則 壹冊 三十錢
中等小學博物學 壹冊 貳十錢
中等礦物 壹冊 貳十錢
普通東國歷史 上下 壹秩 壹圓
改正刑法大全 壹冊 二十錢
民事新訴訟法 壹冊 拾錢
新式記憶法 壹冊 十錢
演說方法 壹冊
毛筆習帖 壹、二卷
成親王法帖 壹冊 ?十錢
大韓港灣圖 壹幅 四拾錢
附港灣
新式的操法 有附圖 壹冊 六十錢
新訂千字文 壹冊 三十錢
發行及發賣所 二十錢
京城中部寺洞 玄公廉
大皇帝陛下 外各郡邑各冊肆

美國시아틀大博覽會 미국시아틀대박람회

皇城磚洞(京城郵便局郵函第四拾號)(대美國에셔쇼나道洪律昭可)(韓大韓國美國總領事館登錄)
한美興業株式會社

本社의各處代理人의氏名은如左홈

開城代理人 平壤代理人 咸興代理人 馬山浦代理人 元山代理人 濟津代理人 水原代理人 安城代理人 沙里院代理人 金泉代理人 海州代理人 天安代理人 群山代理人 全州代理人 大邱代理人 釜山代理人 江景浦代理人 麻浦附近代理人 東湖稅代理人 永同代理人 木浦代理人 晉州代理人 金堤代理人 漢江附近代理人 義州代理人 江界代理人 漢城東部代理人 鎭南浦代理人 定州代理人 城津代理人 太田代理人 浦項代理人 慶州代理人 吉州代理人 郭山代理人 延安代理人 兎山代理人 齊物浦代理人 公州代理人 鍮山代理人 洪原代理人 漢城西部代理人 북청代理人 錦山代理人

位置未定 位置未定

개城南門外雜貨商店 平壤大同門內店洞 咸興城門外 馬山浦客主 元山港 濟津港 水原北部安洞 水原北部兵安洞 漢城東部蓮花坊拾里新學校內 金泉市場共信商店 漢城西部麻浦三拾二統五戶 水原北部長安洞 群山大井洞 漢城西部阿峴二百廿二統三戶 大邱新田里五十八統七戶 馬山浦午山里拾壹統九戶 西部麻浦坊東幕中契廿七統貳戶 西部麻浦貳拾七統三戶 陰城城山里 漢城南部?洞貳統壹戶 木浦南?洞 馬山浦城山 金堤郡白石面水閣 南部漢江十八統二戶 義州批峴 ?州枇峴 社稷里上甘井洞四統五戶 鎭南浦?井谷 郭山邑 古邑 太田 浦項上里拾貳統拾二戶 漢城?部?貳統十戶 吉州?門外?十?戶 漢城外?洞二統三戶 延?磨玉洞 兎山邑兎山市 開城?部?? 太田新? 公州?松亭里 咸興郡中荷里 西部里門?四統四戶 洪原?蓮下里

盧旻洙 金相杰 宋始富 宋?? 張??試 李根宅 洪淳? 金?? 張淳? 鄭??

金東憲 鄭基煥 孫德宇 金以文 張樂臣 金允東 김유東 邦元重 리孝植 吳惟泳 尹聖求 韓相益 김教燮 리相召 辛相淑 리寬浩 리弼殷 權泰鎬 安德鏞외 ?德 孫德? 李升基 李奉宗 李奉泰 李聖? 金?? ?時? 鄭寅洙 宋?富 ?鍾? 安?외 金萬? 리孝植 리?? 宋鍾? 宋始? 中?雨 宋晉? 김?俊 ?麟 ?湖永

5621

濟生堂平和堂大藥房聯合紀念大贈彩

◎贈大彩說明

濟生堂은五週年이오和平堂은開業三週年이라內外國君子의顧愛를십음多蒙하야藥業이時日隆盛하고功績이東西著昌에라其感佩를實難表誠이온今에兩大藥房에서紀念式을幷行하고金君子의厚誼를報하기爲하야兩種製品(淸心保命丹八寶丹)을特製大發賣하며大贈彩券을無代金添呈하와幸運의大占케하오니僉君子는勿失此機하시고陸續枉臨하심을敬要

懸賞物品金六百圓價値

大福彩券은以四千枚로定

兩大靈藥(淸心保命丹 八寶丹)壹貼價金叁拾錢

效能 急飮積滯胸腹痛 水土不利咳嗽증

方法

定價金十錢枚五包에彩券壹張을添呈함

此外兩藥房製藥品에도五拾錢價格에彩券을添呈함

割引價로請求하면五圓價格에彩券壹張을添呈함

賞品

頭等貳人 白米貳拾石(每拾石式)太斗五斗入

壹等貳人 仝 拾石(每五石式)

貳等捌人 仝 拾六石(每貳石式)

三等拾人 仝 拾石(每壹石式)

四等壹百人 金五十圓(每五十錢式)

五等三千八百七拾八燐寸 紙券烟 三千八百七拾八匣

空彩는無함

遠地에는郵便引換으로送呈함

期限은六十日로定 自陽六月拾六日 至陽八月拾五日

抽籤日字는滿期후에更爲廣告함

位置

皇城南大門側 濟生堂大藥房本舖

皇城鍾路 和平堂大藥房本舖

皇城鍾路 兩堂臨時出張所

言文 池錫永著 全

全壹冊 定價 四拾錢

大韓人民이毋論男女하고皆行用하는國語가漢文音으로된것이太半인바無語하는男子와婦人小兒들은입으로는음이되는何은글스인줄을알지못하는故로池松村先生이此를慨歎하야我國言語에漢文音으로國語된것을輯하야此書를編纂하니實로蒙昧를啓導하는光線이라酒을閱覽하면諺文이라도一致하야全國同胞가거의一人도書札을情못하니업을것이다外書(?)이라韓語를講習하는더律役에할지라外國僉彦은此를購覽하실을顒望

發賣所 中部布屛下三十統六戶 廣學書舖 金相萬

分賣所 京鄕各書포

初等自解日語文典

宋憲奭著

全壹冊 定價金五拾錢

本書는日本에有名한文法專家諸氏의著述을參考하야簡易하게成編하와日語를自習自解하실만하오니速히購覽하시옵

發賣元 皇城中部布屛下三十七統六戶 廣學書舖 金相萬

分賣所 東部蓮峴 徽文書館 … 博文書館

鍾路 大東書市 … 廣橋

南門外 新舊書林 … 滙東書館

鍾路 電氣會社越便 廣學支書舖

韓國民刑訴訟法註解

(韓日文對照)

大韓京城控訴院書記長田中正身 書記 四位義正 書記 리與洙 共著 共譯

全壹冊 定價 三百八拾頁 …

○本書는民刑訴訟規則을條條附密히註譯을加하야新法律의頒布가以後에充分研究할餘地가無함에와文明的制度를做한法律은深遠한條文을解하기不易하니置正한法意를知하기不能함에民刑訴訟規則에如한命身體名譽財產의保護와權利의伸張과防禦에影響이自有한法律이라…

發賣所 中部布屛下廣學書舖 金相萬

鍾路 電氣會社越邊廣學支書舖

京鄕各有名書舖

各種東西洋藥과韓國唐草材大發賣所 京城鍾路 仁川排峴 和平堂藥房

本藥房은同胞僉員의顧愛하심을입사와本舖를今以擴張하고東西藥品을都賣散賣하오며拾二道各部藥業하시는僉位는西洋藥品이나韓藥唐材와草材를隨用請求하시면以廉價로酬應하며오며漢藥服用하실兄弟는方文만郵便付送하시면特別히藥材를擇하야精製하며引換으로付上하겟사오니照亮하시옵

本堂藥製品은如左함

阿片煙斷引丸 壹劑八週分 金九圓 半劑四週分 金三圓

婦人胎 養調經丸 壹個月分 金五圓

神藥 麝香消瘡丹 拾四日分

甲號 金四圓 乙號 金二圓五拾錢

補腦 滋陽丸 壹月分 五圓 貳拾日分 二圓四拾錢 拾日分 壹圓八拾錢

金治丸 壹劑 十四日分 金二圓

八寶丹 壹包九粒 五粒金拾錢

仁川排峴 京城鍾路 和平堂 藥房主李應善

家庭救急方

前醫學校敎官 朴容南 著

全壹冊 價金 …

此編은東西醫藥中에家庭의必要한救急妙法을採搜하야難婦人小兒도易曉케하니人人마다自宅의治療를作할神方이오且醫學을從事하는醫者에게도一大實用世의要訣이옵

目次大畧 ○內科病의救急法○卒倒○中暑○熱射病○霍亂○疝痛○疼痛○頭痛○心臟疼痛○胃痛○月經痛○鼻出血○咯血○吐血○下血○中毒○中毒療法○鴉片中毒○양재물中毒○石炭酸中毒○硝酸銀中毒○비상中毒○炭氣中毒○魚類中毒○獸肉中毒○異物摘出法○鼻、喉頭、耳、眼、의異物摘出法○火傷○挿圖○失氣及假死○假死와眞死의區別○假死者○縊首者○瓦斯中毒○異物嚥下窒息假死○溺死者○人工呼吸法○挿圖○外傷○頭部外傷○頸部外傷○胸部外傷○腹部外傷○下악脫臼○咬傷○蚊○蜂蠆咬傷○妊娠의症候○妊娠中의攝養○産婦의攝養注意○初生兒의受護法○乳母의擇擇法○家庭의必備할藥品

發行所 皇城南部大廣橋 大同書館(?)

代理店 共愛堂大藥房 共同堂各支店 京鄕各書舖隨意販賣

自宅治療 電氣帶廣告

(主治效能) 神經衰弱腦症不眠。遺精、早漏不快、陽위不起、消化器無力、胃腸便結。消化不良。鬱癖不良。遺尿。衰弱。癲癇。半身不遂。或全身不遂。手足厥冷。諸神經痛。頭痛腰痛。脚氣及腰痛。記憶力及忍耐넉減退、血分不足疾

上號 拾四圓 中號 … 下號 拾二圓

光武九年八月拾壹日 明治卅八年八月拾壹日〔第三種郵便物認可〕 本國日 西曆壹千九百九年七月廿貳日 (壹)

大韓每日申報

第七卷

第千壹百五拾三號

月曆 及時日 星期 休刊

隆熙紀元四千二百四十二年 孔子紀元二千四百六十年 大韓開國五百十八年 日本明治四十二年 西曆千九百九年 陰己酉六月大朔六日癸未

Responsible for Publication Alfred Weekley Marnham.

發行兼編輯人 英國人 萬咸

發行所 京城南部社稷洞

大韓每日申報社

寄書

◉祝夏期講習

李維根

序屬隆冬에恐將天氣閉塞이러니何地中壹陽이三春和煦를釀致하나니環三千里慘雲黑霧가何莫非純陰世界러오마는總會音聲에敎育界가始動하야我大韓帝國의其將興홀兆朕은吾儕로期日而待하며企踵而望홀노다國云國云에나人民이完全홈을建立홀지며國云民云에나敎育이完全홀民을做成홀지니然則民은國을成홀는本이며敎育은民을成홀는本이라決言홀지로다近日에本國敎育家及外國留學生諸시가京城及各地方에講習所를設立하야壹般敎師의知識과學員의複習을益々精研케하니自此로全國學界에敎員은適當홀敎育을施하고學生은宏博홀學問을飽하야外國의敎員雇聘을將以之而謝却이오國民의普通知識을將以之而啓導홀리니吾儕의目下慘狀에對하야爲之相吊하던者將來吉兆를望하야翻然히相慶하리로다就中에平北鐵山彰東學校主吳熙源시는幾年來로國家의經費千餘圜式을年捐하고五環大成學校에五千圜을寄付하얏고他各校에義捐은不可勝計러니隣近各郡敎師의乏材홈을慨歎하야夏期師範講習所를開하고諸般費用을又自擔任하야生徒는月謝를無케하고其中任成般宿殷하시하或卒業於本國하며或留學於外國이러니本講習所에分擔敎授科하얏고今年留學하던金孝極金壽哲與克召鄭利泰四시는夏期講習에一時寸暇를獲得하며庭幃侍奉과鄕曲敍擁을念不暇及하고本國同胞의啓發하기를汲汲圖하야以名譽로慨然任右校敎授云하니如使全國資本家로捐私物務公益을皆同吳熙源시하며使全國敎育家로忘已家愛同胞를盡如金孝極等諸시면我大韓國의文明程度가不能并駕於列强을何患하리오惟我同胞는右諸시를不得不模範홀것이오右諸시는此素志를不得不終始不怠홀것이니吾儕는此를贊頌하며此를勉勵홀뿐이오至於敎育方針하야는今日我國의急務가精神的奴隸의分別을先須判決홀것이나此는諸시의所夙講이리니惟恃諸시의手段如何요不欲贅說하노라

法律

▲隆熙二年拾月三十壹日 官報

法律

法律第二十八号

民事訴訟費用規則 續

八 鑑定人及通譯人의日當金은出頭壹回에對하야金三拾錢以上五圓以下의範圍內로裁判所의意見으로定하는바에依함但鑑定이나通譯에當하야數多한時間이나又는特別한技能이나費用을要하는時는日當金外에別로相當한金額을給함을得함

九 止宿料는滿二十里以外에...日에對하야止宿을要한時에限하야...五拾錢以上二圓以下의範圍에서裁判所의意見으로써定하는바에依함但止宿料를給하는境遇에는日當을給치아니함

十 旅費는陸路每十里에金十錢으로하되通路兩線以上이有할時는最近...通路의旅費를算定함外國에在한當事者의旅費는裁判所의意見으로定하는바에依함

拾...判所及登記所의旅費日當金及止宿料는官吏의出張旅費支給에關한規定을從함

第八條 本法에定치아니한必要費用은其實費에依함

第九條 訴訟費用의預納期間은裁判所가此를定함當事者가前項所定期間內에費用을預納치아니하는時는裁判所는其訴訟手續을行치아니함을得함 (未完)

外報

●南美紛擾解決 伯林電을據한즉쎄리비아는亞然丁國에對하야全然히滿足함을表하며紛擾는遂히落着되얏다더라

●美國戰艦駐屯 全電을據한즉紐育新聞報道에云하되美國은今年에海軍大演習을終了한後比律賓島에戰鬪艦隊를駐屯케할터이라더라

●波斯國民軍勝利 伯林電을據한즉德惠蘭에侵入한波斯國民軍은大勝利를得하얏는데宣言하기를德惠蘭의砲擊은全혀露國顧問의過失에基因한者라云하고露國은波斯王廢位에關하야國民黨과交涉을開始할意向이有하다더라

●波斯戰報 本月十五日倫敦電報를據한즉在德惠蘭路透通信員報道에曰同市의戰爭은昨日부터지繼續하얏는데薩索克兵은榴散彈으로歐洲人의住家를攻擊하며王黨軍은市外高岡에서議院을向하야砲擊을加하고英露兩國公使는國王의게對하야國民黨과平和條約을訂結하기를勸告하얏스나王은拒絶하얏다더라

●波京市街戰結果 倫敦電을據한즉德惠蘭報道에曰同市의市街戰은實上國王黨과國民黨兩軍間에小銃射擊을中止케하얏고王黨軍은東北에在한城門을攻擊하다가擊退되야非常한損失을蒙하얏다더라

●波王家避 十六日倫敦電을據한즉德惠蘭報道에曰波斯王은露國公使館에避亂하얏다더라

●日射日炙 東京電을據한즉...에는日射病(힛벳해쓰에죽는병)이流行하는데高崎松山聯隊에서도兵丁이日射病에罹한者가多數하고死者가續出한다더라

叢錄

◎小成大 韓生

주먹흙이모도여서、萬丈峰이놉허잇고。
옴콤물이合하여서、茫々大海깁허도다。
胸膽을、民千萬人合心하면、누가감히。

雜報

●兩陵酌獻 陵寢本日은 宣宗成宗兩陵의 禮陵周甲이오 顯宗大王陵의 元陵周甲인故로 太皇帝陛下께옵서 完興君李載覲을 景陵에 遣ᄒᆞ사 酌獻禮를 攝行케ᄒᆞ사고 永宣君李鎔世 容陵에 遣ᄒᆞ사 酌獻禮를 行케ᄒᆞ시고 陵上을 奉審ᄒᆞ야 復命ᄒᆞ라ᄒᆞ옵셨다더라

●寶鑑垂成 國朝寶鑑印刷의役이 現方垂成홈으로 太廟秋享大祭를 由祭를 大皇帝陛下께옵서 親行ᄒᆞ옵신다더라

●景陵奉審 太皇帝陛下께옵셔 奎章閣副提學 閔泳徽를 景陵에 命送ᄒᆞ사 奉審摘奸後仍留 攝祭ᄒᆞ고 局內諸 陵을 奉審以來ᄒᆞ라ᄒᆞ옵셨다더라

●梨本宮陛覽 梨本宮親王은 昨日上午十壹時量에 昌德宮에 進詣ᄒᆞ야 太皇帝陛下께 陛見ᄒᆞ얏다더라

●勳章下賜 梨本宮親王의 陛見홈은 別項과 如ᄒᆞ거니와 陛下께옵서 同親王의게는 大勳金尺大綬章 同妃의게는 勳壹等瑞鳳章을 下賜ᄒᆞ옵셨다더라

●梨本宮獻品 梨本宮親王이 韓國 皇室及 皇族諸氏의게 物品을 獻進ᄒᆞ얏는데 大皇帝陛下 皇后陛下 太皇帝陛下에는 銀製花瓶各一對 義親王殿下께는 銀製花瓶壹對 完興君完順君 義陽君永宣君의게는 銀製卷烟匣 各壹個식이라

●兩氏敍任 軍部次官韓鎭昌氏는 京畿觀察使로 李民觀氏는 平南觀察使로 敍任ᄒᆞ다는 說이 有ᄒᆞ다더라

●雜稅協議 內部觀察使會議에셔 各地方雜稅를 徵收ᄒᆞ야 地方費에 補用ᄒᆞ기로 協議ᄒᆞ얏는데 其補用件인즉 一은 警察費오 教育費 二는 衛生費 三은 官舍建築費 四는 地方官吏出張費 五는 道路橋梁修築費 六은 人民罹禍補助費라더라

●學部協議 各觀察使會議日 學部에 會同ᄒᆞ야 學務에 對ᄒᆞ야 協議ᄒᆞ얏는ᄃᆡ 各局課長도 出席ᄒᆞ얏다더라

●不拘區域 從來로 郡守薦望은 各其道內人으로 推薦ᄒᆞ더니 如此히 局定ᄒᆞ면 人材의 融通이 못된다ᄒᆞ야 自後로는 區域을 勿拘ᄒᆞ기로 今番觀察使會議에 決定되얏다더라

●郡守任命 郡守拾三窠를 任命ᄒᆞ야 兩二日간 발表ᄒᆞ다더라

●中銀條例 中銀條例와 協約 韓國中央銀行에 關ᄒᆞᆫ 韓日協約은 壹兩日間 發布ᄒᆞᆯ 터인데 銀行條例는 壹日을 遲ᄒᆞ야 발佈될듯ᄒᆞ고 定款은 目下度支部에서 起草中이라더라

●中銀創立準備 度支部에서는 中央銀行創立委員과 其他創立에 關ᄒᆞᆫ 件을 一切準備中인데 十壹月間에는 創立總會를 開ᄒᆞ고 十二月上旬에는 第壹回株金을 支拂ᄒᆞᆫ다더라

●愛日之故 再昨年度에 宮規로 頒布ᄒᆞ야 各宮吏의 日文使用은 廢止ᄒᆞ라ᄒᆞ얏는ᄃᆡ 義州府尹 徐相勉氏는 學部報告에 日文을 用ᄒᆞᆫ지라 宮規도 不知ᄒᆞ면서 從國ᄒᆞ다고 批評이 有ᄒᆞ다더라

●潛川費交涉 內部에서 現方 蚕川코자ᄒᆞ야 役費를 度支部에 交涉ᄒᆞ야 支出ᄒᆞ라ᄒᆞ나 度支部에서는 何等曆節이 有ᄒᆞᆫ지 延拖ᄒᆞᄂᆞᆫ 貌樣이라더라

●地方道路竣工 內部土木局 地方出張所에서 目下道路를 改修中인ᄃᆡ 平壤鎭南浦間과 全州群山間과 木浦光州간과 大邱延日간과 水原利川간과 公州小井里간과 晉州馬山포간과 黃州郡에서 載寧郡停車場間과 安州學邊間은 既已竣工되얏다더라

●醫長訓諭 光醫鈴木이라 日前에 壹般巡査를 對ᄒᆞ야 訓諭ᄒᆞ되 今番 軍部廢止ᄒᆞᆫ 事件에 對ᄒᆞ야 閭巷間人民이 秘密히 ᄒᆞ거나 或殊常ᄒᆞᆫ 行動이 有ᄒᆞ거던 逐々調査報告ᄒᆞ라ᄒᆞ얏다더라

●壹切相反 已往에는 日人辯護士는 資格이 無ᄒᆞ야 訴訟代理人에 不過ᄒᆞ더니 今日法體가 本來委任ᄒᆞᆫ以後에는 韓國辯護士가 訴訟代理人에 不過ᄒᆞ다더라

●兩氏熱心 羅寅永吳基鎬兩氏가 檀君教를 弘佈ᄒᆞᆷ은 昨報에 已揭어니와 該兩氏는 丁未政變以後에 七大臣을 暗殺ᄒᆞ고 政界를 改革ᄒᆞ기로 經營ᄒᆞ더니 近日에는 政界運動을 抛棄ᄒᆞ고 祖國宗教를 振興홀 目的으로 宗敎界에만 獻身從事ᄒᆞᆫ다더라

●國民社長改選 國民新報社長韓錫振氏는 遞任되고 其代에 永年氏가 被選되얏다더라

●日憲戒嚴 何事件을 因홈인지 昨日上午八時量에 日憲兵이 鐵路等地各屏門에 把守戒嚴ᄒᆞ얏다더라

●醫船注文 南韓諸島嶼에 醫巡邏船十六隻을 置ᄒᆞ기爲ᄒᆞ야 大坂川口造船所에 注文ᄒᆞ야 七月初부터 製造에 着手ᄒᆞ얏는ᄃᆡ 十月頃에는 全部竣工이 되리라더라

●三稅總額 酒草家屋三稅를 五月부터 第壹期徵收를 始ᄒᆞ얏는데 同月末日까지 國庫에 納入홈 金額이 合計八千九百八십四圜이오 徵收홀 總額은 十二萬四千八百三拾圜이라더라

●憲兵餘波 憲兵補助員數給名이 再昨夜에 漢城社前에서 觀覽來往人에게 何等妨害가 有ᄒᆞ던지 警務官權啓澤氏가 甚不適當ᄒᆞᆷ을 說明ᄒᆞ되 補助員이 反히 高聲大叱ᄒᆞ며 警吏는 彼此壹般인데 何必禁制ᄒᆞ나냐ᄒᆞ고 壹場爭端을 激起ᄒᆞ얏다더라

●畜犬減縮 畜犬取締規則을 頒布ᄒᆞᆫ後로 京城內壹般飼犬主들이 犬頭에 人名을 繩付ᄒᆞᆷ에 恥辱이 된다ᄒᆞ며 又將來에 犬稅를 課賦ᄒᆞᆫ다ᄒᆞᄂᆞᆫ 風說이 有ᄒᆞᆷ으로 畜犬을 歇價로 賣ᄒᆞ야 種分의 五十이 減縮되얏다더라

●崇尙畜犬 輔國閔泳韶氏는 畜犬取締則에 對ᄒᆞ야 姓名三字를 犬頭에 附揭ᄒᆞᆷ은 貝시恥辱이라ᄒᆞ야 閔輔國三字만 書懸ᄒᆞ얏는데 該犬이 道路에 過去ᄒᆞ면 屛門人力車軍이 指斥ᄒᆞ야 曰輔國大監이 行次ᄒᆞᆫ다홈으로 來人去客이 無不拍掌大笑ᄒᆞ얏다더라

●爭母 中樞院顧問李橫澤氏가 濟州집이라ᄒᆞᄂᆞᆫ 리召史를 給餘年作妾居生ᄒᆞ다가 年前에 若干財産을 分給ᄒᆞ야 使之각居케ᄒᆞ고 永히 斷緣ᄒᆞᆫ故로 該召史가 前夫所生子沈柔瑞를 率來居生ᄒᆞ다가 日前에 因病逝去ᄒᆞ얏ᄂᆞᆫ데 李氏가 鄕地에 自己의 子侍御를 送ᄒᆞ야 發喪ᄒᆞ고 該家屋及田畓文券을 沒數取去ᄒᆞ고 屍體를 果川地로 運柩營葬ᄒᆞ고저ᄒᆞ며 沈氏는 自己所定地로 營葬코자ᄒᆞ다가 詰難이 起ᄒᆞ야 當地警察署에 呈訴ᄒᆞ얏ᄂᆞᆫ데 沈氏는 鹽鐵氏의게 李氏는 張燾氏의게 辯護를 委托ᄒᆞ얏다더라

●兩報押收 新韓民報第壹百二십八號와 太東共報第四十九號五十號는 治安妨害라ᄒᆞ야 內部에서 發賣頒布를 禁止ᄒᆞ얏다더라

●或黜或退 師範학校에서 夏期試驗을 經ᄒᆞ얏는데 借乎歷試ᄒᆞ다가 挾雜이 綻露된 학生幾名은 黜학을 當ᄒᆞ얏고 학力이 不足ᄒᆞ야 落第된 生徒八名은 退학을 命ᄒᆞ얏다더라

●兩犯越獄 恐喝取財犯으로 監獄署에 被捉되얏던 姜日永李鍾永兩人은 昨日地方裁判所로 越獄ᄒᆞ얏다더라

學界

●信川運動 信川郡鄕里面達泉등 及興學校校長 金有穆시와 任員諸시가 教育을 獎勵ᄒᆞ기爲ᄒᆞ야 去月二十八日에 二拾六處학校를 聯合ᄒᆞ야 運動會를 擧行ᄒᆞ얏는ᄃᆡ 학徒가 六百七拾餘名에 達ᄒᆞ얏고 優數ᄒᆞᆫ 賞品을 施與ᄒᆞ야 熱心勤勉ᄒᆞ얏다더라

●女校營建 三和港碑石洞耶蘇教會內 私立三崇女學校를 新建ᄒᆞ기로 經營中인ᄃᆡ 爲先幾個學生의 父母들이 月子或銀指環을 捐付ᄒᆞᆫ 金額이 三十餘圜에 達ᄒᆞ얏고 境內志士界에서도 合力贊成ᄒᆞᆯ 貌樣이라더라

●婦人義捐 鐵原郡棠峴居리 般浩시의 慈母崔시는 本以不贍ᄒᆞᆫ 財産으로 幼稚子女와 居生ᄒᆞ더니 該郡私立培英학校의 校舍가 無ᄒᆞᆷ을 悶歎히 녀여 自己의 居住ᄒᆞᄂᆞᆫ 家舍를 原價中의서 三百圜을 義捐으로 特減買渡ᄒᆞ야 學徒를 容接케ᄒᆞ얏다고 ᄒᆞ니 婦人의 稱頌이 藉々ᄒᆞ다더라

●安氏熱心 楊州郡瑚非面退溪院成倫學校 贊成장 安지철시가 敎育振興의 熱心從事홈으로 該校狀況이 日益進就ᄒᆞᆫ다더라

●培英語科 宗橋培英學校에셔 夏期英語科를 設置ᄒᆞ고 학員을 募集教授ᄒᆞᆫ다더라

●尋光後光 錦山郡尋光학校는 校長朴天表시가 校舍를 自擔建築ᄒᆞ며 經費를 自擔需용ᄒᆞ고 任員金榮權시가 金貨를 多數補助ᄒᆞ야 熱心維持홈으로 蔚興旺之望이 有ᄒᆞ다더라

●廣洞講習 鍾路廣耳동專門講習所에서 文翼시가 壹般學生의 夏期休학 餘暇를 因ᄒᆞ야 該所內에 日語算術講習科를 設立ᄒᆞ고 學生을 多數募集ᄒᆞᆫ다더라

▲地方消息▼

▲本月十六日慶尙북道眞寶郡東方에서 義兵四十名이 日本下士壹名과 上等兵二名과 憲兵補助員七名으로 더부러 交戰ᄒᆞ얏다더라

○東京電報○

廿一日午後發

◉韓國貸付金 日本政府에서 扶助費로 韓國에 貸付ᄒᆞᄂᆞᆫ 金額은 本年度ᄭᆞ지는 壹千二百萬圜이더니 今回新協約締結ᄒᆞᆫ 結果로 三百萬圜을 增加ᄒᆞ야 來年度에는 壹千五百萬圜이 된다더라

▲蚊虻驅除▼

蚊虻이 비록 微小ᄒᆞ나 侵而不驅則人의 肌膚를 嚙ᄒᆞᄂᆞᆫ지라 故로 蚊을 見ᄒᆞ면 劍을 拔홈은 不可ᄒᆞ나 手를 揮홈은 不得已의 事라 彼大韓新聞은 元來蚊虻의 後身으로 夏節을 當ᄒᆞ미 得得히 自揚ᄒᆞ고 本報를 對ᄒᆞ야 嘿喙를 頻試ᄒᆞᄂᆞᆫ데 近日本報押收를 見ᄒᆞᆫ 彼가 無限ᄒᆞᆫ 光榮을 得ᄒᆞᆫ 듯ᄒᆞ다ᄒᆞ야 狂叫亂吠의 侵辱을 又加ᄒᆞᄂᆞᆫ지라 彼纖細ᄒᆞᆫ 觜部에 大創을 加키는 實로 不忍의 事인故로 但히 婉順、나 ᄒᆞᆫ手腕을 揮ᄒᆞ야 驅除法을 施ᄒᆞ노라

(彼報)幾年間我國暴徒를 煽動ᄒᆞ야 幾萬名人命을 自滅케ᄒᆞ던 大罪惡을 犯ᄒᆞᆫ 去年八月에 何等邪說이 有ᄒᆞ얏던지 押收됨을 當ᄒᆞ얏다云々

爾說은 如何히 忠義를 煽動ᄒᆞ얏다ᄒᆞᆷ인지 本報는 慚愧ᄒᆞ노라 無ᄒᆞ고 畏ᄒᆞ는 無ᄒᆞ며니와 爾報는 忠義를 殲滅ᄒᆞ고 忠憤을 鏖殺ᄒᆞ며 血誠을 仇視ᄒᆞᆫ 爾輩는 自認ᄒᆞᆫ지 忘ᄒᆞᆫ지 名義가 이 自動力은 無ᄒᆞ고 他動力만 有ᄒᆞ진ᄃᆡ 엇지 本報의 煽動을 受ᄒᆞ고 爾輩의 鎭壓力은 不受ᄒᆞ얏나 本報는 人類上 惻隱心이 有ᄒᆞ야 感化力이 有ᄒᆞ고 爾報는 蚊虻의 微聲과 如ᄒᆞ야 人類를 感化力이 無ᄒᆞᆫ 줄노 認定홈이나

(彼報)每日報가 惡口氣로 我國을 侮辱ᄒᆞ며 光을 來ᄒᆞ미 歡迎旗를 捧ᄒᆞᄂᆞᆫ 妖魔이 紛紛ᄒᆞ며 新統監이 赴任ᄒᆞᆯ제 歡迎歌를 作ᄒᆞᄂᆞᆫ 奴舌이 ᄒᆞ며 舊統監이 入城ᄒᆞ미 歡迎頌을 作ᄒᆞᄂᆞᆫ 奴筆이 揚々ᄒᆞ더라ᄒᆞ얏스니 其狂悖는 勿論ᄒᆞ고 愚痴가 莫甚云々

애저에 鄕曲壹兩班이 有ᄒᆞᆫ데 其鄕家奴隷를 對ᄒᆞ면 必曰 종놈 종놈이라 呼稱ᄒᆞ거날 該奴가 心內不平ᄒᆞ더니 壹日은 兩班을 對ᄒᆞ야 日 舍廊님 왜 小人다려 종놈이라ᄒᆞ오 이놈네가 종놈아니나 에 종놈이야 종놈의 지연은 종놈이러뇨 종놈이라 ᄒᆞ시오 ᄒᆞ얏더니 本報所謂 奴舌 奴筆 等은 正히 爾輩를 謂홈이라 爾部今世界가 文明ᄒᆞ야 奴隷를 解放ᄒᆞᄂᆞᆫ데 爾輩는 獨히 奴隷를 甘作ᄒᆞ기로 實地名稱ᄒᆞ는 斥呼ᄒᆞ얏거니 爾도 鄕曲 奴輩의 不平을 懷ᄒᆞ얏고

(未完)

社告

郭山郡支社를金憲涵氏辭免ᄒᆞᆫ代에該郡內新街 **金大鉉** 氏로擇定ᄒᆞ얏스니本申報購覽ᄒᆞ시ᄂᆞᆫ 僉君子ᄂᆞᆫ 照亮ᄒᆞ시옴

杆城 邑內新城里 貳統三戶 咸海元氏와

韓山 郡下북鐘堂里 李奭稙 氏가該地方에本報購覽諸氏의便宜홈을爲ᄒᆞ야支社를特設홈을請願이有ᄒᆞ기同情을表ᄒᆞ기爲ᄒᆞ야該兩氏로本支社員을認定ᄒᆞ고玆에廣佈ᄒᆞ오니該附近에셔本報愛讀 僉君子ᄂᆞᆫ該兩氏의게購覽ᄒᆞ시옴

大韓每日申報社

雜報

●私立校認可 數本年ㄴ月十九日까지十三道의私立학校의設立認可請願數가合計二千二十校內의旣設校가八百七十이오新設校가三百六十壹이오宗教학校가七百八十九인대학部의셔認可ᄒᆞᆫ數ᄂᆞᆫ九百八校이라漢城의ᄂᆞᆫ八십壹校요京畿道의ᄂᆞᆫ八拾四校요忠南의ᄂᆞᆫ二十四校요忠北의ᄂᆞᆫ拾八이요全南의ᄂᆞᆫ三이오全北의ᄂᆞᆫ二十三이오慶南의ᄂᆞᆫ拾二오慶北의ᄂᆞᆫ七拾이오江原道의ᄂᆞᆫ拾八이오咸南의ᄂᆞᆫ二十三이오咸北의ᄂᆞᆫ大이오平南의ᄂᆞᆫ二百七十五요平北의ᄂᆞᆫ一百二十니오黃海道의ᄂᆞᆫ一百五拾四라더라

●咸興水災後報 咸興의水害ᄂᆞᆫ旣히報道ᄒᆞ얏거니와咸남輕便鐵道의軌道枕木의浮流홈이十七個所에達ᄒᆞ야鐵道의交通이杜絶ᄒᆞ얏고胡連川의架設ᄒᆞᆫ橋梁의流去홈이九十米突에達ᄒᆞ얏고城川江에ᄂᆞᆫ增水가捌尺에達ᄒᆞ야萬歲橋에漂流物防木二십壹本이流去ᄒᆞ얏ᄂᆞᆫ데二十年來初有ᄒᆞᆫ洪水라더라

●平北雹災 平安北道思성滑原兩郡에ᄂᆞᆫ數三次大雹이降ᄒᆞ야穀物烟草等의損害가不少ᄒᆞ다더라

●地方農形 각地方農形을槪聞ᄒᆞᆫ즉黃海道延安白川과京畿道開城坡州와忠남禮山德山과全北金堤萬頃等郡은旱災를因ᄒᆞ야移秧에全不着手ᄒᆞ얏다더라

廣告

本人의圖章을陰四月二拾四日에셔失ᄒᆞ와改造ᄒᆞ얏기玆以廣佈홈
南部樂善洞七統三戶 金宗鎰 白

本人이陰五月二拾六日夜에賊漢의게財物을見奪ᄒᆞ얏ᄂᆞᆫ데就中本郡州北面龍岡里(昃夜芥)三字田三日耕官證明券壹張과泗山面西河里沓壹日耕新舊文券貳張과日記帳簿貳冊을幷見失ᄒᆞ얏스오니內外國人은切勿見欺홈
平南安州西門外一統三戶 金壽翊 告白

本人의方圖章을陰五月二십入에셔失ᄒᆞ고圖章改造ᄒᆞ얏기玆에廣告홈
南部銅峴曾統大戶 李鍾哉 告白

本人家에셔陰正月分에용山坊大龍里伏在ᄒᆞᆫ宇字삼田壹日耕舊文券을燒火故로玆以廣告홈
龍山東門外契李漕鉉 告白

前郡守宋憲琪之侄友用以浮浪者偽造其叔之圖章偽造其叔之沓券ᄒᆞ야締結亂賣欲以典質ᄒᆞ니內外國人切勿見欺홈
典洞四十四統八戶 宋憲琪 白

本人이楊州龜旨面忘憂里三牌里門洞所在沓九石십二斗五升落과田二日耕息耕을今二月分에該標培許에買得而舊文記六拾八度와牌旨幾度와不忘記二度를證明成出ᄒᆞ야도발行ᄒᆞ라고手簿에너어房中에置之ᄒᆞ엿더니夜간에石油灯이顚倒ᄒᆞ여沒燒ᄒᆞ고新文記二度ᄂᆞᆫ懷中에置ᄒᆞ여幸이免燒ᄒᆞ여所存이只是新文記二度이기玆에廣告홈
禹俔鼎 告白

◎學員大募集廣告

壹個月測量速成科로實地ᄂᆞᆫ製圖를特別教授ᄒᆞ오니陰六月八日內請願ᄒᆞ오
日語 筭術 簿記速成科를別設ᄒᆞ오니同日內請願ᄒᆞ오
北部齋洞三統拾戶 **測量新塾**

本宗中의先塋墓갈을平壤長慶門外ᄆᆡ崔濟豐이가給雇製造ᄒᆞ야載運奉安也에石物이相剝折傷ᄒᆞᆫ지라不得更造ᄒᆞ여야ᄒᆞᆯ形便인더ᄒᆞ엿崔리兩시가更造ᄒᆞᄂᆞᆫ雇金四十圜을固辭不受ᄒᆞ오니ᄒᆞ兩시의手巧精美와業은曾所慣聞이오ᄂᆞᆫ以若朝暮食之匠手로如此高尙太誠量不可泯默이옵기玆以廣告ᄒᆞ오니遠近間同宗會員우照亮ᄒᆞ심을務望
肅川郡 平山申氏宗中 告白

新訂 筭학通論 上下合附並解式 定價壹圜
新訂 理科教科書 高等小학 壹、貳卷 각卅전 三、四卷 各卅五전
第壹第二 植物 動物 / 地文 礦物科 / 第三第四 物理 化학 / 生理 衛生科
大韓地誌教科書 高等小學 二拾五錢
懸吐具解 孟子 壹冊 上下 壹圜 / 監本孟子 壹圜
小학漢文讀本 上下 六十전
中等用器畫 壹冊 七拾전
新訂分道 大韓帝國地圖 壹冊 五拾錢
以上學部認可 壹冊 四십錢
大韓國大地圖 壹幅 九拾錢 壹軸 壹圓廿錢
新撰 卒子所用 卒子軸 傍附 壹冊 廿五전
國文 家庭尺牘 漢字
以上 部許可
習字新帖 壹、貳卷 學部檢定 各六錢
韓日文對照 新法律 大審院編纂
양裝 壹冊 九拾전
半洋裝 壹冊 七拾五錢
筭術新書 中等筭術教科書 半洋裝 上下卷 貳冊 八拾五錢
簡易四則 三十錢
中等小學植物學 壹冊 貳十錢
中等礦物學 壹冊 貳十錢
普通東國歷史 上下 壹秩
改正刑法大全 壹冊 三十錢
民事訴訟之例 壹冊 十八錢
新式記憶法 一冊 二拾錢
演說方法 一冊
毛醫新帖 壹二卷
成親王法帖 一冊 十錢
大韓帝國附港灣 壹幅 四拾錢
唐玉篇 貳冊 一圓 九錢
最新式體操法 壹冊 三十錢
新訂千字文 二十錢
發行發賣 京北部陽德坊桂洞臺 廣谷第壹統二戶 平壤宗路耶蘇冊사 外京鄉各書館 **中央書館** 主公厭

美國시아틀大博覽會 미국시아틀대박람회

經濟學原則에云ᄒᆞ얏스되夥多ᄒᆞᆫ産物의分擇홈을因ᄒᆞ야最大ᄒᆞᆫ權力이發生ᄒᆞᆫ다ᄒᆞ얏스니其權力을用ᄒᆞ야可爲善이오其權力을用ᄒᆞ야可爲惡이라其權力을其産物과及其産出者의改良進就홈을爲ᄒᆞ야全히善良ᄒᆞ게利用ᄒᆞ면其權力의强大홈은不可量홀지라我韓美興業株式會社ᄂᆞᆫ大韓帝國의商工業과其發達을建築而擴張ᄒᆞ고改良이發達홈을大强力의團合體에至ᄒᆞ이다完世界各國이不遠間에한國의産物이有홈을知得ᄒᆞ깃스오니此局을爲ᄒᆞ고此ᄂᆞᆫ非他라本會社에셔大한同胞의代表ᄒᆞ야ᄂᆞᆫ가人이能히産物出ᄒᆞᄂᆞᆫ能力이有홈을世界에ᄒᆞ야나니라是故로本會社에셔ᄂᆞᆫ大한帝國同胞ᄀᆞ有ᄒᆞ야以上眞相을料得ᄒᆞ야各自身分이自其個에對ᄒᆞ야擔負홈이有ᄒᆞ고其國家가自己의게孤을知得ᄒᆞᄂᆞᆫ境로며무려聯合ᄒᆞ기를願ᄒᆞ옵나이다

社本之印章

KOREAN TRADING COMPANY. AMERICAN 韓美興業株式會社之章

本社之商標

漢城鑄洞(京城郵便局郵函第四拾号) 韓美興業株式會社
(大美國에리소나洲法律認可 駐大韓國美國總領事館登錄)

本社의各處代理人의姓名은如左홈

개성代리人 開城南門外雜貨商店 金東宣
平壤代理人 平壤大同門內店 鄭基煥
咸興代理人 함興西門外 張錫祚
馬山浦代理人 馬山浦客主 孫德宇 盧旻洙
元山代理人 元山港 金以文
濟津代理人 濟津港 張각臣
水原代理人 水原北부 金유동
安城代理人 水原북부長安동 金유봉
沙里院代理人 位置未定 邦元重
金泉代理人 位置未定
永(?)州代理人 位置未定
天安代理人 位置未定
群山代理人 位置未定
全州代理人 位置未定
大邱代理人 位置未定
釜山代理人 位置未定
江景浦代理人 位置未定
麻浦附近代理人 位置未定
東湖附近代理人 位置未定
永同代理人 位置未定
木浦代理人 位置未定
晉州代理人
金堤代理人 位置未定
漢江附近代理人 位置未定
韓州代理人 位置未定
江界代理人 位置未定
漢城東部代理人 位置未定
鎭南浦代理人 位置未定
定州代理人 位置未定
城津代理人
浦項代理人
太田代理人
淸州代理人
吉州代理人
鐵山代理人
延安代理人
兎山代理人
濟物浦代理人 位置未定
公州代理人 位置未定
論山代理人 位置未定
江原代理人 位置未定
漢城西部代理人 位置未定
錦山代理人 位置未定

漢城東部往附里旺新학校內 / 漢城中부자相思동貳統三戶 / 漢城서부마浦三十壹統五戶 / 水原北부장安동 / 群山大井洞 / 漢城西부阿峴二百廿二統三戶 / 大邱薪田리五拾八統七戶 / 馬山浦午山里拾壹統九戶 / 서部鑄山北東幕中契廿七統貳戶 / 西部麻浦十七統三戶 / 陰城城山里 / 漢城南部동貳統壹戶 / 大浦南洞 / 昌寧邑馬山浦城山 / 金堤郡白石面水閣 / 남部漢江拾八統貳戶 / 義州枇峴 / 義州枇峴 / 往十里卜甘井동四통五戶 / 鎭남浦閣井洞 / 郭山郡 / 吉州邑 / 浦項卜里拾二統拾貳戶 / 太田新대 / 漢城鑄동二統壹戶 / 吉州西門外身二拾八戶 / 漢성中部外相思동二統三戶 / 延安郡磨玉洞 / 兎山郡兎山市 / 開城南部都(?) / 太田新대 / 公州牛灘面松亭里 / 咸興郡中荷里 / 서部西門外五拾四統四戶 / 洪原郡源面蓮卜里

崔善玉 張善拭 / 金相杰 리根모 / 宋炳憲 洪淳壹 / 金秉穆 洪淳壹 / 宋贊憲 趙重憲

金東宣 鄭基煥 張錫祚 孫德宇 金以文 張각臣 金유동 金유봉 邦元重 李孝稙 吳炳洙 尹聖鍌 韓聖鍌 金相召 리相召 辛相淑 리寬浩 리弼駿 權鎣석 安익 玄鎔홍 孫聖宇 金升基 리宗默 박奉燁 朴奉鉉 金聖泰 張聽翰 김時漸 郭寅洙 리鍾龍 宋碩憲 安의 金萬석 李孝稙 리時榮 尹鍾煥 曾致德 宋始憲 申商雨 金晉默 朴勝鉉 金鉉 李承鎬

濟生堂和平堂大藥房聯合紀念大贈彩

◎贈大彩說明

懸賞物品金六百圓價値

大福彩券은以四千枚로定

兩大醫藥（濟心保命丹）（八寶丹）

方法

賞品

壹等貳人 白米貳拾石
貳等三人 全拾石
三等拾人 全拾石
四等壹百人 金五十圓
五等三千八百七拾八人

遠地에는郵便引換으로送呈홈

期限은六十日로定

位置

皇城南大門側 濟生堂大藥房本舖

皇城鐘路 和平堂大藥房本舖

皇城鍾路 兩堂臨時出張所

言文

池錫永著 全

定價 四拾錢

發賣所 中部布屛下三十七統六戶 廣學書舖 金相萬

初等自解日語文典

宋憲奭著

定價金 五拾錢

發賣元 皇城中部布屛下三十七統六戶 廣學書舖

韓國民刑訴訟法註解

定價金 壹圜

發賣所 中部布屛下廣學書舖 金相萬

京鄕各有名書舖

各種東西洋藥과韓國唐草材大發賣所 和平堂藥房

本堂藥製品은如左홈

阿片斷引丸

癸調經丸

回香治瘡丹

淸陽丸

全治丸

八寶丹

和平散

藥房主李應善

自宅治療

電氣帶廣告

家庭醫學

前醫學校敎官 朴容南著

發賣所

代理店

武九年八月拾壹日 明治卅八年八月拾壹日 〔第三種郵便物認可〕 金曜日 西曆壹千九百九年七月廿三日 (壹)

大韓每日申報

第七卷 第千壹百五拾四號

月曆及時日慶休刊

檀君開國四千二百四十一年
箕子元年三千三十一年
大韓開國五百十八年
日本明治四十二年
淸國宣統元年
舊己酉六月大初七日甲申

Responsible for Publication Alfred Weekley Marnham.
發行兼編輯人英國人 萬咸
發行所 漢城南署石井洞第拾統三號
大韓每日申報社

論說

◎壯哉波斯國民

挽近波斯의戰亂狀況은本紙外報欄에累揭홈마大抵此種信機關이不便利ᄒ極東天地에坐ᄒ야其內容의實狀을到底히速探ᄒ道가無ᄒ거니와但其數二句의外信을據ᄒ야도其舞臺의愈壯濶홈과風雲의愈奇幻홈은可히描得홀비라此도吾儕가彼畔細ᄒ影을從ᄒ야模出ᄒᄂ대讀々히洞內讀者에게餉ᄒ려ᄂ니即彼野心이勃々ᄒ야鄰土를擴張코저ᄒᄂ俄國이其首都를進向ᄒ고威耀ᄒ며國王을挾ᄒ얏스니是가波斯覆亡의機인가抑忠憤이烈々ᄒ야邦國을支保코저ᄒᄂ國民이會邊으로國王廢位를宣言ᄒ며會邊으로外兵을對抗ᄒ니是가波斯中興의機인가嗚乎波斯國이여存홈도此時며亡홈도此時며成홈도此時며敗홈도此時며躍ᄒ야天堂에登홈도此時며墮ᄒ야地獄에入홈도此時며進ᄒ야獨立을得홈도此時며退ᄒ야奴隸를做홈도此時니嗚乎波斯國이여將且何途로趨홀ᄂ지吾儕ᄂ心이癢ᄒ고血이躍홈을不禁ᄒ야爲先鑽鏡ᄒ야彼演劇情形을略摸ᄒ야有志同胞와共覽코저ᄒ노라

波斯ᄂ蓋亞洲數千年古國이라古代에在ᄒ야ᄂ其文化가希臘羅馬에讓치아니ᄒ며近世에在ᄒ야ᄂ其武力이攷古土耳其에讓ᄒ얏스나

雖然이나 宗敎家도此에出ᄒ며(摩尼敎始祖)大野心家도此에出ᄒ야(居魯士等)世界에可히誇홀만ᄒ文明도有ᄒ고又其國土가廣太ᄒ야此를善居ᄒ면宇內에雄飛홈도可ᄒ며一隅에屹立홈도可ᄒ거날惜乎라其國累十年專制의魔刀에國民進步에障礙를作ᄒ야二十世紀文明의曙光이頭上에亂射ᄒᄂ되彼ᄂ猶困眠ᄒ며六大洲競爭의潮流가眼前에滾迫ᄒ되彼가猶頹臥ᄒ야奄々欲死의若者를作ᄒ지久矣오其間에비록幾個志士가世界의大勢를感覺ᄒ야改革을提倡ᄒ나暴力은强ᄒ고動力은弱홈을엇지ᄒ리오又彼魔王魔官의怪腕을揮ᄒ야立憲의虛文을僞作ᄒ야國民의耳目을欺ᄒ며革新의表面을假장ᄒ야外人의觀聽을眩ᄒ더니畢竟野心國의覬覦를招ᄒ야朝政을干涉ᄒ며王都를趨向홈이되도다哀哉라波斯여惜哉라波斯여

雖然이나忠臣義烈ᄒ國民은眼中에國家만有ᄒ者라皇帝가國을害ᄒ면其鋒이皇帝에게轉向ᄒ며貴族이國을害ᄒ면其鋒이貴族에게轉向ᄒ며外敵이國을害ᄒ면其鋒이外敵에게轉向ᄒᄂ니彼波斯國民이엇지長睡沉々ᄒ야魔王의口囊에甘倒ᄒ며悍敵의鋒刃에僧伏ᄒ리오是以로其立憲僞文에勵力이萌ᄒ며王都警報에憤氣가張ᄒ야其身其家其妻ᄒ며其生命을捨ᄒ고慘淡痲固ᄒ血幽ᄒ組織ᄒ야孤船으로洪水를濟ᄒ며劍頭에셔天鍵을覓ᄒ야生死興亡의髮의危機를爭ᄒ이니壯哉라波斯國民이여偉哉라波斯國民이여

至今에彼頑迷ᄒ國王이國民을壓殺코저ᄒ며是ᄂ俄兵은國民의仇敵일ᄲᅮᆫ아니라國王도亦國民의仇敵이며赤手로起ᄒ國民軍이彼仇敵을除ᄒ기難ᄒ려던况兩仇敵의左提右挈ᄒ인가然이나國民의意氣가益益히奮發ᄒ야國王黨의軍을擊破ᄒ고外人에國王을致ᄒ야平和를求케ᄒ니壯哉라

此로觀ᄒ건ᄃ彼國民軍이一朝客氣를蹶然奮發ᄒ야아니라必是幾十年來로自由를渴想ᄒ며獨立을牢盟ᄒ야其根抵가瑪志尼의伊太利少年黨又치固ᄒ며其血性이美國堅獨立軍又치烈ᄒ못ᄒ도다

但頑王과悍敵에如此코但已ᄒ者ㅣ아님을識者의共認ᄒ비라來途가方艱ᄒ고苦海가方深ᄒ리니波斯國民이果然懷抱ᄒ理想에遠ᄒ야獲得ᄒ實力이固ᄒ야能히此仇敵을排除ᄒ고國光을葉還ᄒ가否ᄒ가吾儕ᄂ風을臨ᄒ야遙祝ᄒ노라

外報

◎法德親密 伯林電을據ᄒ則伯林駐箚法國代理公使ᄂ法國大祝을際ᄒ야法國居留民의게通告ᄒ기를今後에ᄂ法德間國際的及經濟的關係를益層親密케ᄒ好望이有ᄒ다ᄒ얏다더라

◎波斯危機 伯林電을據ᄒ즉波斯王은露國公使館에避難ᄒ고國民黨의게休戰을申請ᄒ얏ᄂᄃ露國이公然히王의게加擔치아니ᄒ고留隊를前進케ᄒ면王은其位를失ᄒ거시오英國外相에드러도、그레이셔ᄂ波斯ᄃ리금의不穩에對ᄒ야軍隊를아브시얼에서시라씨로國進케ᄒ깃다又通告ᄒ얏다더라

◎美國職工罷業 紐育電을據ᄒ즉美國켓쯔파그製鋼會社職工罷業은其勢益高ᄒᄃ彼等動作은極히無法ᄒ지라펜실짜늬아州警察隊ᄂ既히罷業者와數回擊鬪ᄒ얏다더라

◎美艦隊漢口着 美國太平洋艦隊ᄂ五隻으로中將의領率ᄒ야去拾七日에漢口에來到ᄒ얏다더라

◎美國對淸借款 紐育電을據ᄒ則美國신듸케이트會社의代表者ᄂ目下淸國에在任ᄒ드ᄅᄃ淸國政府에對ᄒ야美國의資本을供給ᄒ기를申請ᄒ얏ᄂᄃ其契約이締約되얏다더라

◎西澤島評價委員 香港電을據ᄒ즉西澤島評價에關ᄒ淸國側委員은軍艦海籌를搭乘ᄒ고日本側委員은廣東領事ᄂ서澤島經營者西澤吉次와又치明石艦을乘ᄒ고히島로向ᄒ얏다더라

◎淸國防穀 漢口電을據ᄒ즉陳總督은漢口에도米穀輸出禁止令을施行코져準備中인ᄃ近々發布ᄒ다더라

◎日本船捕獲 北美西北端알나스카報道를據ᄒ즉美國稅關船은푸리빌노푸에셔海豹와漁獲ᄒᄂ日本船壹隻을捕獲ᄒ얏다더라

詞藻

◎江上箭

뒤人山에나무심어、棟樑之材 바랏더니。
긴넌마ᄒ無賴輩가、成群作黨 研伐ᄒ다。◎
鋤非의、살ᄯ빌어曹瞞산듯、더

雜報

●辛氏放免 前亂從犯으로流二年에宣告ᄒᆞᆫ辛田玉을放免ᄒᆞᆫ意見書를總理大臣李完用法部大臣高永喜兩氏가上奏ᄒᆞ야裁可를蒙ᄒᆞ야放送ᄒᆞ얏다더라

●梨本宮渡韓期 梨本宮王과同妃ᄂᆞᆫ來二十四日에韓國에到着ᄒᆞ야南大門앞列車로歸國ᄒᆞᆫ다더라

●兩氏不參 昨日은本國內閣例會인ᄃᆡ度支部大臣任善準氏와[illegible]部大臣[illegible]兩氏ᄂᆞᆫ身病이有ᄒᆞ야不參ᄒᆞ얏다더라

●何等秘密 內部에서昨日에도觀察會議를續開ᄒᆞ얏ᄂᆞᆫᄃᆡ何等秘密事項을協議ᄒᆞ얏ᄂᆞᆫ지已往에ᄂᆞᆫ韓日兩國官吏가筆記ᄒᆞ더니昨日에ᄂᆞᆫ日本官吏만出席ᄒᆞ야記錄ᄒᆞ얏다더라

●尙在偵探 今番에條約事件에對ᄒᆞ야大官兩某가內閣大臣과統監府에書를보냇다ᄂᆞᆫ嫌疑가有ᄒᆞᆷ으로警視廳에셔其的確與否를偵探中이라더라

●學部協議 三昨日學部에서觀察使會議를開ᄒᆞᆷ은已報ᄒᆞ얏거니와학事에對ᄒᆞᆫ協議案件은實業學校와公立普通학校의增設과高等敎育機關과女子敎育의普及과巡視학의配置와敎員講習과養成機關의設置와敎科書와唱歌의編纂等事件이라더라

●經費二議 地方實業學校經費를觀察使ᄂᆞᆫ政府에셔支出ᄒᆞ기를主張ᄒᆞ고政府에셔ᄂᆞᆫ地方費로支用ᄒᆞ기로ᄒᆞ야議論이不一ᄒᆞᆫ貌樣이라더라

●觀察會議終了 內部觀察使會議ᄂᆞᆫ昨日에畢了ᄒᆞ얏고今日農部會議를經ᄒᆞ야全部가終了된다더라

●司法權研究 司法權을委任ᄒᆞᆫ結果로協約을實施ᄒᆞᆷ에至ᄒᆞ야ᄂᆞᆫ警察權을依然히韓國에付ᄒᆞᆷ은司法機關의運用에阻碍가된다ᄒᆞ야日人들은此를憂慮ᄒᆞ야其方法을研究中이라더라

●屠獸規則編成 屠獸規則은編纂이完了ᄒᆞ얏슴으로不遠間法律로頒布ᄒᆞᆯ터이라더라

●淸領事歸國說 淸國總領事馬廷亮氏ᄂᆞᆫ何事件을因ᄒᆞᆷ인지不遠간歸國ᄒᆞ기로預定ᄒᆞ얏다ᄂᆞᆫ說이有ᄒᆞ나其的確與否ᄂᆞᆫ姑未詳知ᄒᆞ깃다더라

●怪魚又出 過日에江原道寧越郡西面居漁夫某氏가忠北永春郡境界漢江支流에서崎魚壹首를捕獲ᄒᆞ얏ᄂᆞᆫᄃᆡ該魚ᄂᆞᆫ首尾가魚形을成ᄒᆞ얏고四肢가具有ᄒᆞ며長이三尺餘오全體에白細毛가有ᄒᆞᆫᄃᆡ曾往丙子年間에出現ᄒᆞ야韓淸戰爭이有ᄒᆞ얏고又壬辰年間에出現ᄒᆞ야韓日戰爭이有ᄒᆞ얏ᄂᆞᆫᄃᆡ前例로推ᄒᆞ건ᄃᆡ韓日戰爭이起ᄒᆞᆯ兆朕이라고該地韓人의談說이有ᄒᆞ다더라

●守衛官制와預算 軍部廢止ᄂᆞᆫ早速決行ᄒᆞᆯ方針인ᄃᆡ內閣法制局에서守備府官制와預算을編成中이라더라

●武校依置 韓國武官학校ᄂᆞᆫ現狀대로存置ᄒᆞᆫ다ᄂᆞᆫᄃᆡ日本陸軍士官학校에入학ᄒᆞ야正式訓鍊을施ᄒᆞᆯ方針이라더라

●將校區處 今回軍部廢止ᄒᆞᆫ結果로將校二拾餘名은罷免ᄒᆞ며或은文官으로採用ᄒᆞ고或은官級에依ᄒᆞ야二千圜以下千圜以上의恩賜金을支撥ᄒᆞᆯ터이라더라

●朴氏入城 前者에咸鏡道谷陵修理次로出張ᄒᆞ얏던掌禮院典祀官朴胃彬氏ᄂᆞᆫ去十九日下午八時에入城ᄒᆞ얏다더라

●拓社困難 韓國銀行이[illegible]勸業銀行事務와農工銀行事務를兼行ᄒᆞᄂᆞᆫ結果로東拓會社의營業區域을侵妨ᄒᆞᆷ이有ᄒᆞᆫ터設社에셔ᄂᆞᆫ創立以來로困難이生ᄒᆞ야營業이발展치못ᄒᆞᄂᆞᆫ同時에此를遺ᄒᆞᆯ方在憂悶中이라더라

●銀行券發行額 隆熙三年二月貳拾七日로始ᄒᆞ야七月ᄭᆞ지韓國銀行券발行額이如左ᄒᆞ니

總額九百九十九萬八千九百圜

正貨準備發行額三百三十五萬壹千四百圜

保證準備발行額六百六십四萬七千五百圜이라더라

●葉錢回收額 葉錢回收ᄒᆞᆫ거시六月末日ᄭᆞ지合計貳百二十貳萬壹千五百十七圜에達ᄒᆞ얏다더라

●漁民補助金 農商工部水産局에서ᄂᆞᆫ韓國漁民保護取締로朝鮮海水産組合에對ᄒᆞ야施設ᄒᆞᆫ터인ᄃᆡ其補助支給에關ᄒᆞ야協議中이더니今間에決定되야不日交付ᄒᆞᆫ다더라

●偵探加俸 日憲兵司令部에서偵探者의月給을每名에十圜或六七圜式支給ᄒᆞ더니今後에ᄂᆞᆫ優數히增加ᄒᆞ기로磨鍊中이라더라

●成氏招待 湖南鐵道에關ᄒᆞᆫ地段價額을度支部에서徐午淳氏에게出給ᄒᆞ얏다ᄒᆞᆷ은已報ᄒᆞ얏거니와近日에ᄂᆞᆫ徐氏가避身ᄒᆞ얏다ᄂᆞᆫ說이有ᄒᆞᆷ으로警視廳에서其同事ᄒᆞ던成文永氏를招待ᄒᆞ야鐵道에關ᄒᆞᆫ事項을審問中이라더라

●講習實施 학部에서夏期講習所를京城大邱平壤三個所에設置ᄒᆞᆷ은已報ᄒᆞ얏거니와來二십五日부터二週間을設行ᄒᆞᆯ터인ᄃᆡ京城에ᄂᆞᆫ滿員이되얏스나平壤大邱兩處에ᄂᆞᆫ人員이未備ᄒᆞᆷ으로志願者를希望中이라더라

●間島의淸兵 近頃間島에淸兵이繼續集中ᄒᆞ야旣히六千餘名에達ᄒᆞ얏ᄂᆞᆫᄃᆡ三昨日釜山港에서ᄂᆞᆫ淸兵七十四名이麥平丸을搭乘ᄒᆞ고間島로向ᄒᆞ얏다더라

●法艦入港 法國小將레란氏ᄂᆞᆫ軍艦단또로사스또号를搭乘ᄒᆞ고來二拾八日에馬山浦에碇泊ᄒᆞᆯ터이라더라

●懷德移設 懷德郡衙를太田停車場으로移設ᄒᆞ기로現今準備中이라더라

●聯則人歸 韓美興業株式社ᄂᆞᆫ美國에셔雜貨를輸入ᄒᆞ야日本셔輸入ᄒᆞᄂᆞᆫ商品보다廉價放賣ᄒᆞ기로協議中이라더라

●民籍의困難 果川郡에ᄂᆞᆫ各面長이民籍法을實施ᄒᆞᆫ다ᄒᆞ고人民의게戶籍을督促ᄒᆞ되已亡ᄒᆞᆫ婦女의名字를懸錄ᄒᆞ라ᄒᆞᆷ으로人民이方在困難中이라더라

●電車罷工後報 韓美電氣會社電車運轉手壹百三名이同盟罷業ᄒᆞᆷ은前報에記載ᄒᆞ얏거니와昨[illegible]ᄭᆞ지繼續成行ᄒᆞᄂᆞᆫᄃᆡ總代五名은龍山警察署長日本社幹部를訪問ᄒᆞ야多少勸諭가有ᄒᆞ얏스나彼等은此를服從치아니ᄒᆞ고昨日午後에ᄂᆞᆫ日韓瓦斯電氣會社를訪問ᄒᆞ얏ᄂᆞᆫᄃᆡ電氣會社에셔ᄂᆞᆫ此同盟罷業을因ᄒᆞ야電車運轉을中止ᄒᆞ얏더니日昨부터ᄂᆞᆫ昔日에使用ᄒᆞ다가解雇된者들을聚集ᄒᆞ야電車數臺를運轉ᄒᆞᄂᆞᆫ지라彼等은此에對ᄒᆞ야大憤ᄒᆞ야日昨에ᄂᆞᆫ同盟罷業ᄒᆞ얏거날彼等을利欲ᄒᆞᄂᆞᆫ會ᄒᆞ야同盟의利害를不顧ᄒᆞ고違然作用ᄒᆞᆫ다ᄒᆞ야相當ᄒᆞᆫ制裁를加ᄒᆞᆫ다ᄒᆞᄂᆞᆫᄃᆡ何時에暴動이起ᄒᆞᆯᄂᆞᆫ지警察署에셔ᄂᆞᆫ警戒ᄒᆞᄂᆞᆫ中이라더라

●安州水災 平北安州附近에ᄂᆞᆫ過日降雨의增水되야農穀作物가洗滌되며城外堤防이處々崩壞되얏고兩新川의架設ᄒᆞᆫ橋梁은大破ᄒᆞ고南川橋ᄂᆞᆫ全部頹落ᄒᆞ얏다더라

●光雨未洽 全南光州地方에ᄂᆞᆫ今番에도降雨가洽足지못ᄒᆞ야[illegible]

●骨氏下往 骨佛安氏의令男은去二十日에妻子를率ᄒᆞ고遂安金礦으로下去ᄒᆞ얏다더라

●呂氏敗訴 楊平郡太灘居ᄒᆞᄂᆞᆫ姜萬曾氏의先塋主山을本郡寺灘居ᄒᆞᄂᆞᆫ呂正鉉이가自已案山이라稱ᄒᆞ야監裁判所에起訴ᄒᆞ얏더니呂氏가理屈ᄒᆞᆷ으로敗訴되얏다더라

●兩郡擾擾 開城長湍等郡에ᄂᆞᆫ義兵이日昨에頻數히出沒ᄒᆞᄂᆞᆫ故로閭里가騷擾ᄒᆞ다더라

●公浦郡押上 任實郡首書記嚴景섭氏ᄂᆞᆫ公浦事件으로該郡警察署에被捉ᄒᆞ야日昨京城地方裁判所로押上ᄒᆞ얏다더라

●訓院打球 日本留學生과韓興學會에서今番夏期放學을利용ᄒᆞ야特派ᄒᆞᆫ運動團員朴相洛氏等十餘人이日前에歸國ᄒᆞ야韓國學界에運動의活용이必要ᄒᆞᆷ을示코저ᄒᆞ야京城安岳平壤平北等各學校로轉訪ᄒᆞ야떼에이스볼르打球會를設行ᄒᆞᆯ터이라ᄂᆞᆫᄃᆡ爲先京城에셔ᄂᆞᆫ今日下午四時에訓鍊院에셔基督敎靑年會員中서洋人諸氏와會合設行ᄒᆞᆯ터인ᄃᆡ多數학生이來參ᄒᆞ기를希望ᄒᆞᆫ다더라

●商理演說 今日下午八時오良洞商理學會에셔학問의要素ᄂᆞᆫ在乎培養天良이란問題와人事의進就ᄂᆞᆫ在乎行動이란問題로演說ᄒᆞᆫ다더라

○東京電報○

二十貳日午前發

◉日領事着港 日本領事瀨川이ᄂᆞᆫ뿌라더쓰島(日人所謂西澤島)의調查를終了ᄒᆞ얏슴으로拾九日에香港에歸着ᄒᆞ얏다더라

○北京電報○

二拾二日午前發

◉淸國의軍隊派遣 淸國浙江省德[illegible]縣은水害의結果로各處에暴動이蜂起ᄒᆞ야全省人心이洶々ᄒᆞᆷ으로政府에셔鎭撫ᄒᆞ기爲ᄒᆞ야軍隊를派遣ᄒᆞ얏다더라

◉鉄道의關ᄒᆞᆫ申請 仝日發 德國과某國과ᄂᆞᆫ臺商上에關係로淸國外務部에向ᄒᆞ야兩湖內鉄道敷設의預約과加入ᄒᆞᆷ을申請ᄒᆞ얏다ᄂᆞᆫ傳說이有ᄒᆞ다더라

◉獨領事干涉 北京에駐在ᄒᆞᆫ德國領事ᄂᆞᆫ新奉鐵道總辦의德順氏의免官된理由를督辦大臣에게質問ᄒᆞ고停車場을河北으로變移ᄒᆞᆷ에對ᄒᆞ야注意ᄒᆞ라고干涉을開ᄒᆞ얏다더라

◉湖北水災救助 仝日午後發 湖北省水災를因ᄒᆞ여淸國人多數ᄂᆞᆫ糊口에困難ᄒᆞᆷ으로日人과漢口商會와漢口日報社ᄂᆞᆫ義捐金募集에着手ᄒᆞ얏ᄂᆞᆫᄃᆡ淸國人은其厚意를感謝ᄒᆞᆫ다더라

◀蚊虻驅除▶

前號續

(彼報)今夫我國은日本保護에在ᄒᆞ니맛당히能히保護國의補導를受ᄒᆞ야他ᄂᆞᆫ進步를圖ᄒᆞᆯ따름이라云云

南山老木에烏鳥가巢를構ᄒᆞ고雛를育ᄒᆞ더니一日은北山鵰梟가烏鳥를說ᄒᆞ야曰我가爾雛를保護ᄒᆞ면鷲鳥가不侵ᄒᆞᆯ것시니爾ᄂᆞᆫ但히爾雛의飼養物을提取來ᄒᆞ라烏鳥가其說을依ᄒᆞ야從外來ᄒᆞ니其雛壹首가無ᄒᆞᆫ지라梟를疑ᄒᆞᆫᄃᆡ梟曰我가爾雛를護ᄒᆞᄂᆞᆫᄃᆡ爾가雛를盜ᄒᆞ리오爾가我를不信커던但히後日을看ᄒᆞ라烏가其言을信ᄒᆞ얏더니再回에二子가無ᄒᆞ고三回에三子가無ᄒᆞ야畢竟鵰斯斷斯ᄒᆞ며育ᄒᆞᆫ子를盡數히梟腹中에葬ᄒᆞ얏더라烏鳥의所爲ᄂᆞᆫ盡故ᄒᆞ니[illegible]ᄒᆞ려니와今日韓天에坐ᄒᆞᆫ[illegible]허保護ᄒᆞ며謳歌ᄒᆞ며他人을迎待ᄒᆞᆷ은彼梟鳥明門에跨ᄒᆞ야[illegible]을夢ᄒᆞᆷ이로다

(彼報)我國民의每日報館紹介中에陷ᄒᆞ야於是에許위李康年閔肯鎬等이反旗를堅ᄒᆞ야國民生命의慘禍를招ᄒᆞ얏다云々

許李閔諸氏ᄂᆞᆫ韓國의忠義男子라韓國을爲ᄒᆞ야죽고성ᄒᆞ며韓民을爲ᄒᆞ야혈을流ᄒᆞ얏거날爾가彼를反旗라稱ᄒᆞ니진뎌爾ᄂᆞᆫ丁寧韓人이아닌줄은不言自明이로다然而爾輩가往々我國學를譏ᄒᆞᆷ은何也오未知케라爾所謂我子ㅣ果然日本을謂ᄒᆞᆷ이나抑或韓國을謂ᄒᆞᆷ이나만일韓國으로看做ᄒᆞ면到底히說話가不成ᄒᆞ니自後ᄂᆞᆫ日本字를直書ᄒᆞ야眞正ᄒᆞᆫ韓人의耳目을欺치말지어다

(未完)

社告

郭山郡支社員金熙涵氏辭免 代에 郡內新街 金大鉉氏로 擇定하얏스니 本申報購覽하시는 僉君子는 照亮하시옵

杆城 邑內新城里 貳統三戶 咸商元氏와 韓山郡下북鍾堂里 李奭禎氏가 該地方에 本報購覽諸氏의 便宜를 爲하야 支社를 特設할 發見請願이 有하기 同情을 表하기 爲하야 該兩氏로 本支社員을 認定하오니 該地方 僉君子는 該兩氏의게 購覽하시옵

大韓每日申報社

雜報

本卒業生致賀宴 日本留學官私費生徒中에 專門科卒業生이 合爲二拾九人이라 는데 去拾六日에 大韓興學會에서 諸卒業生을 爲하야 致賀宴을 盛設하얏다

湖南學會에서 來土曜日下午一時에 臨時總會를 該會館內에 開하고 特別事項을 處理한다더라

廣告

去晚松舍冊을 本人이 拾得하얏사오니 京中에 印章을 ... 本人 白

特別總會를 本月二十四日 ... 臨時總會를 ... 開하오니 會員諸氏는 ... 來臨하심을 ... 學會 告白

新訂 算術通論 上下合附 並解式 定價壹圜

新訂 高等小學 理科敎科書 壹、貳卷 각廿전 三、四卷 各廿五전 第壹第二 植物 動物 第三第四 地文 鑛物科 物理 化學 生理 衛生科

大韓地誌敎科書 高等小學 壹冊 二拾五錢

懸吐具解 孟子 上下 壹圜

監本孟子 壹圜

中等用器畫 七拾전

新訂分道 大韓帝國地圖 壹冊 五拾錢

以上學部認可 壹冊 四십錢

大韓國大地圖 壹幅 九拾錢

卒業證書 全紙用 壹幅 壹圜廿錢

新撰 家庭尺牘 傍附漢字 壹冊 廿五전

以上學部許可

習字新帖 壹、貳卷 學部檢定 各六錢

韓日文對照 新法律 大審院編纂 양裝 壹冊 九拾전 半洋裝 壹冊 七拾五錢

小學漢文讀本 上下 六十전

算術新書 半洋裝 上下卷 八拾錢

中等算術敎科書 貳冊 八拾五錢

簡易四則 ... 三十錢

高等小學植物學 壹冊 貳十錢

中等鑛物學 壹冊 貳十錢

普通 ... 歷史 上下 壹秩 壹圜

改正刑法大全 三十錢

民事訴訟文例 壹冊 十八錢

新式記憶法 一冊 二拾錢

演說方法 一冊 ...

毛筆畫帖 壹二卷 각十錢

成親王法帖 一冊 ...

大韓帝國附港灣地圖 壹幅 四拾錢

唐玉篇 壹冊 有圖書 二圓十六

最新式體操法 壹冊 三十錢

新訂千字文 二十錢

發行所 京城中部寺洞 ... 立公 ...

販賣所 南部 ... 및 外京鄉 각書舖

言文 池錫永 著 全

全壹冊 定價 四拾錢

大韓人民이 毋論京鄉하고 行用하는 言語가 漢文音으로된것이 太半인바 無識한 男子와 婦人小兒들은 입으로는 음기되 如何한 글자인줄은 알지못하는지라 池松村先生이 此를 慨歎하야 我國言語에 漢文音으로 된 國語를 類輯하야 此書를 編成하니 實로 蒙昧를 啓導하는 光線이라 酒心閱覽하며 音文이 一致하야 全國同胞가 거의 一人도 書札通情못할이 업슬것이오 外國人이 韓語를 講習하는데 津筏이 될지라 內外國 僉彦은 速히 購覽하심을 願望

發賣所 中部布屛下三十七統六戶 廣學書舖 金相萬

分賣所 京鄉各書舖

宋憲奭 著

初等自解 日語文典

全壹冊 定價金 五拾錢

本書는 日本有名한 文法大家諸시에 著述한 書籍을 參考하야 簡易케 成編하와 日語稍解者로 日語文法을 自習自得케 하엿사오니 速々購覽하시옵

發賣元 皇城中部布屛下三十七統六戶 廣學書舖 김相萬

分賣所 東部梨峴 普敎書館 ㅁ동 博文書館

종路 大東書市 廣橋 滙東書館

南門外 新舊書林

종路 電氣會社越便 廣學支書舖

太韓京城控訴院書記長 田中正身

書記 四位義正 共著

書記 리 典洙 譯

(韓日文對照) 韓國民刑訴訟法註解

全壹冊 三百八拾頁 定價金 壹圜

○本書는 民刑訴訟規則各條에 詳密한 註譯을 加한것이니 新法律이 頒施가 日淺하야 充分研究한 餘地가 無한 目下에 文明的 制度를 模倣한 法律은 意義가 深遠하야 條文을 讀過만하여는 容易히 眞正한 法意를 知하기 不能할지라 民刑訴訟規則에 知悉홈은 生命身體名譽財産의 保護의 權利에 侵害를 防禦하는 直接影響이 有한 法律이니 斯히 研究할 必要가 有하니 ... 本書는 專히 此點에 着眼하야 法律學에 素養이 無한 人士라도 理解키 易하도록 條文과 法律의 術語를 ... 해석한 者이라 ... 實用을 爲하야 ... 速히 購覽하시옵

發賣所 中部布屛下 廣學書舖 金相萬

분賣所 종路電氣會社越邊 廣學支書舖

京鄉各有名書舖

美國시아틀大博覽會 미국시아틀대박람회

皇城磚洞 (京城郵便局郵函第四拾號) 한美興業株式會社

(大美國에셔쇼나道決律認可) (駐大韓國美國總領事館登錄)

本社의 各處代理人의 氏名은 如左홈

開城代理人、平壤代理人、咸興代理人、馬山浦代理人、元山代理人、清津代理人、水原代理人、安城代理人、沙里院代理人、金泉代理人、海州代理人、天安代理人、群山代理人、全州代理人、大邱代理人、釜山代理人、江景浦代理人、麻浦附近代리人、楊湖院代理人、永同代理人、木浦代理人、晋州代理人、金堤代理人、漢江附近代理人、義州代理人、江界代理人、漢城東部代理人、鎭南浦代리人、定州代理人、城津代리人、太田代理人、浦項代理人、南州代理人、吉州代리人、西北代리人、延安代리人、兎山代리人、公州代理人、湖物浦代理人、淮陽代리人、洪原代리人、漢城西門外代리人、釜山代리人、密陽代리人、安東代리人

開城南門內雜貨商店、平壤大同門內店洞、咸興서門外、馬山浦客主、元山港、清津港、水原北部장安동、漢城東部 ... 里旺新學校內、金泉市場共信商店、...麻浦三拾二統五戶、水原北部長安洞、群山太井洞、漢城西部阿峴二百廿二統三戶、大邱新田里五十八統七戶、馬山浦午山里拾壹統九戶、西部龍山坊東幕中契廿七統貳戶、西部麻浦貳拾七統三戶、 ... 城山里、漢城 ... 洞貳統壹戶、木浦南橋洞、馬原 ... 山浦城山、金堤郡白石面水閣、西署漢江十八統二戶、義州枇峴、 ... 州枇峴、性首里上甘井洞四統五戶、鎭남포龍井동、釜山部、西部 ...、太田 ...、浦項上里拾貳統拾二戶、漢城 ... 貳統壹戶、吉州 ... 門外 ... 貳十捌戶、漢城 ... 相思洞二統三戶、... 磨石浦、兎山 ... 山市、... 都橋、... 松亭里、... 四統四戶、... 西蓮下里、密陽府內面長善里、義城 ... 谷面沙村

盧旻洙、曹錫玉、張海拭、李熙屹、金相杰、洪淳 ...、宋始憲、金 ...、洪淳 ...、朴勝 ...、宋 ...、金浩昌

金東宣、鄭基煥、張錫祚、孫鍾斗、金以文、金樂臣、張允東、김 ... 重、邦元植、리孝泳、吳 ... 求、尹 ... 益、韓 ... 聲、김敎召、리 ... 淑、李 ... 浩、리 ... 駿、朴 ... 錫、리 ... 鍾、柳 ... 宇、文 ... 基、孫德 ...、金升 ...、李宗 ...、朴奉 ...、朴聖 ...、金在 ...、金時 ...、郭寶 ...、吳鍾 ...、안 ... 의、金萬 ...、리孝 ...、리鍾 ...、의 ...、宋 ...、中 ...、金 ...、김 ...、리 ...、리 ...、元佑

濟生堂和平堂大藥房聯合紀念大贈彩

◎贈大彩說明

濟生堂은五周年과和平堂開業三週年間에內外僉君子의顧愛ᄒᆞ심을多蒙ᄒᆞ야藥이時無路ᄒᆞ고功績이東西書肆에와서其感佩ᄒᆞᆷ實難表誠이로今에兩大藥房에서紀念式을并行ᄒᆞ고僉君子의厚誼를表ᄒᆞ기爲ᄒᆞ야兩種藥品(淸心保命丹 八寶丹)을特製大發賣ᄒᆞ며大贈彩券을無代金添呈ᄒᆞ와實地賞與를大占케ᄒᆞ오니僉君子는勿失此機ᄒᆞ시고陸續枉顧ᄒᆞ심을敬要

懸賞物品金六百圓價値

大贈彩券은以四千枚로定

兩大靈藥（淸心保命丹）（八寶丹）每貼價金各拾錢

效能 暑飲積滯胸腹痛 水土不利咳嗽증

方法

定價金十錢枚로包에贈彩券壹張을添呈ᄒᆞᆷ 此外兩藥房製藥品中에서拾錢價格에彩券壹張을添呈ᄒᆞ고 割引價로購求ᄒᆞ면五圓價格에彩券壹張을添呈ᄒᆞᆷ

賞品

壹等貳人） 白米貳拾石（每拾石式）太와五斗入
貳等貳人） 仝 拾石（每五石式）
貳等捌人） 仝 拾六石（每貳石式）
三等拾人） 仝 拾石（每壹石式）
四等壹百人） 金五十圓（每五十錢式）
五等三千八百七拾八燥 紙券烟（千八百七拾八匣）寸三千八百七拾八匣

空彩는無ᄒᆞᆷ

遠地에서는郵便引換으로送呈ᄒᆞᆷ

期限은六十日로定 自陽六月拾六日 至陽八月拾五日

抽籤日字는臨期ᄒᆞ야更爲廣告ᄒᆞᆷ

位置

皇城南大門側 濟生堂大藥房本舖
皇城鐘路 和平堂大藥房本舖
皇城鐘路 兩堂臨時出張所

各種東西洋藥과韓國唐草材大發賣所 京城鐘路北邊 和平堂藥房

本藥房은向腹僉員의顧愛ᄒᆞ심을입사와今年暑節을以ᄒᆞ야層擴張ᄒᆞ고東西藥品을都買散賣ᄒᆞ오니拾二道各郡藥業ᄒᆞ시는僉位는西洋藥品이나韓藥唐材와草材를隨用請求ᄒᆞ시면以廉價로特別히藥材를擇ᄒᆞ야精製ᄒᆞ며金引換으로送付ᄒᆞ고郵便付送ᄒᆞ시면特別照亮ᄒᆞ시옵

本堂藥製品은如左ᄒᆞᆷ

百發百中 阿煙斷根丸 壹劑八週分 金二圓 半劑四週分 金一圓

婦人胎 養調經丸 壹個月分 金五圓

瘡腫 麗香消瘡丹 拾個月分

甲號金一圓 乙號金二圓五拾錢

痲疹 滋陽丸 壹月分 貳拾日分二圓四拾錢 拾日分壹圓八拾錢

遺精 全治丸 壹劑十四日分金三圓

八寶丹 壹包九拾五粒金拾錢

仁川各港 京城各部 和平堂 藥房主李應善 告

自宅治療 電氣帶廣告

（主治効能）神經衰弱譫症不眠、遺精、早漏不快、腸위不起、消化器無力、食習便結、消化不良。食慾不振。遺尿。骨髓內臟衰弱。痳疾。半身不遂。或全身不遂。手足厥冷、諸神經痛。頭痛腰痛。脚氣及膈病。記憶力及忍耐力減退、精血分不足疾

上號 拾四圓　中號 拾二圓

前醫學校敎官 朴容南 著

家庭救急方

定價 全一冊 金拾錢

此編은東西洋醫藥中에家庭의必要ᄒᆞᆫ救急妙法을博搜廣採ᄒᆞ야雖婦人小兒라도易曉케解釋ᄒᆞ니人人마다案頭에貯藏ᄒᆞ야自宅의治療를作ᄒᆞᆷ이神方이오且醫藥에從事ᄒᆞᄂᆞᆫ人의臨床必要書ᄒᆞ니實하一生의要訣이오

目次大畧○內科病의救急法○卒倒○熱射病○霍亂○癲癇○疼癖○頭痛○心臟疼痛○胃痛○腸疼痛○出血○鼻出血○咯血○吐血○下血○中毒○中毒療治의一般通則○鴉片中毒○양재물中毒○石炭酸中毒○硝酸銀中毒○燐中毒○미끼中毒○炭氣中毒○魚類中毒○獸肉中毒○異物의摘出法○鼻、喉頭、耳、眼、의異物摘出法○凍傷○止血法○搐搦○失氣及假死○假死及眞死의區別○假死의救急法○溺水者○縊首者○瓦斯中毒○異物嚥下窒息假死○餓死者○人工呼吸法○搦傷○外傷○頭部外傷○眼部外傷○胸部外傷○背部外傷○腹部外傷○下악脫白○咬傷○狂狗○毒蛇○蜂蠆咬傷○婦人妊娠의症候○妊娠中의攝養○產婦의攝養注意○初生兒의受護法○乳母의擇揀法○家庭의必備ᄒᆞᆯ藥品

發行所 皇城南部太廣橋 大東書市
代理店 共愛堂大藥房 各支店 告白
京鄕各書舖隨意販賣

社告

○申報價
壹個月 新貨貳錢五厘
參個月 三拾錢
陸個月 九拾錢
壹個年 壹圓七拾錢
郵稅壹張 參圓四拾錢
壹個月 新貨五厘
拾參錢

○廣告料
四號活字拾參字詰
每日壹寸(英尺)에新貨廿五錢
貳週日壹寸에 貳圓五拾錢
壹個月壹寸에 五圓
(自壹行至四行이爲壹寸)
其期限의長短과字行의多寡를依ᄒᆞ야增減ᄒᆞᆷ이有ᄒᆞᆷ

◎大韓每日申報 各處支社廣告

平安道
安義州 安泰國
平壤鐘路太極書館 鄭亨燦
義州南門外東西大藥房 張有寬
三和港牌石洞書堂
鐵山邑東部 安瀨
車輦館 金明錄
定州南門內書館 洪成麟
寧邊邑내東洞 金鎭根
宣川邑內義井洞 金義河
成川 孫桃明書市 李基秀
博川場市 黃菊保
龍川南面松嶼洞東書館 金賢禧
順川市場 韓炳顯
价川邑南門內 朱伯壽
寧遠郡內紅門里 李正燦
孟山邑內 鄭德昇
江西邑內 金昌錫
殷山郡上部面 吳麻三
平壤順川郡 鄭將月
楚山邑 申華用
江界邑耶蘇敎會 金瑞祐

黃海道
郭山郡面湖千里 金德淵
瓮山郡邑面上里 梁允植
殷山郡內利用里 劉敬爽
安岳邑北面橋洞 王運鐘
海州南門內書館 朴昌鎬
安岳郡石面調練洞 金文浩
長淵邑校洞西北支學會內 崔東元
殷栗邑倉前里 金光彬
信川邑四里 李悌日
載寧邑乾材局 鄭鼎燮
黃州南門外冊肆 崔成極
白川邑文明館 韓基源

咸鏡道
沙里院活民勞動救火會任敬宰
咸興州南社南門外 曹鼎桓
元山港創業社內 羅南正奎
高原邑 韓致濂
定平郡豐川 張鎭協
洪原西門內保命局 羅炳善
永興南山大海門內 [illegible]
鏡城羅南新興洞 安正植
淸津港浦項岩 崔元浩

全羅道
木浦항陽동 [illegible]得遂
全州水流面豆亭 李鍾三

京畿道
仁川下北濟堂 李英직
仁川内場面 李東進
開城남大門內學舍館 姜勤遠
江華邑川場 金濬用

忠淸道
淸州城內 [illegible]

慶尙道
大邱西門外支社 李正숙
釜山港佐川약局 徐曉善

江原道
春川邑內新城里 韓海元
鐵原邑栗동 許泰大
原州城남面柳花里 朱敎善

告

◎同和藥房廣告◎ 現今本面氣候는殊故로藥質理도萬邦이致나然이나五帶氣候와六洲風土와物產性味와臟腑疾病이東西不同故로治療方法에兼短取長ᄒᆞ야以本國藥材로爲無ᄒᆞ고以新製新法으로爲用ᄒᆞ야內治外用에確有實效ᄒᆞ야當時問新發明이相合爲量ᄒᆞ오니製약品이凡三百二十餘種이라就中隨行緊方을卽爲廣告ᄒᆞ오며十數年來로實驗經驗이爲口碑ᄒᆞ오니

第七卷

大韓每日申報

第千壹百五拾五號

月歲
隱時及日休刊

西曆紀元一千九百九年 [illegible]
檀君開國四千二百四十二年
箕子元年三千三十一年
大韓開國五百十八年
日本明治四十二年
淸國宣統元年
陰己酉六月大初八日乙酉

Responsible for Publication Alfred Weekley Marnham.

發行兼編輯人英國人 萬咸
發行所
京城南部苧洞 [illegible]
大韓每日申報社

論說

◉我란觀念을擴張할지어다

我란者는三界의光이며萬有의主라我를忘하면我가死하며我를念하면我가生하야興亡盛衰가我에在하며強弱優劣이我에在하니我가엇지我를自卑하며我가엇지我를自小하리오

記者ㅣ現今國內社會에徘徊하며文士의筆端과辯士의舌端을觀하건대我란觀念이何其薄弱하고此根性이不改하면國家는日로墮落할지라玆에其眞을擴하야警棒을下하노라

甲、東洋의太禍胎도日本이오大導師도日本이라하는者有하니聰明從古로大國을의眼目에는我韓國을[illegible]他人은無하야日此國은我의國이니此國을存할者도我오興할者도我라하며日此國民은我의國民이니此國民을導할者도我오培할者도我라하며日此種族(如黃種、[illegible]種等)은我의種族이니此種族을保할者도我오強케할者도我라하며日此世界는我의世界니此世界를安할者도我며救할者도我라하야軒々七尺이宇內에獨立할[illegible]야我가我를信하며我가我를贊하고碌々餘子는眼에不掛함으로彼得아北方의蠻王의子로도其奮起의初에儼然히東羅馬帝國을[illegible]自居하야雙鷲旗를高揭하고歐西를睥睨함이어날今乃[illegible]四千載歷史를抱하며相々한二千萬民族을擁하며地理學上文明要點되는大半島를[illegible]著로知하며我란觀念이薄弱하야東洋興亡의機를日本이[illegible]擅握할줄로只信하니是는東洋이我의東洋이아니오日本의東洋이라하며[illegible]羅馬가方強할제其地가三洲大陸에跨하얏스되其亡이[illegible]하얏스며蒙古가方興할제其地가[illegible]海를[illegible]橫하얏스되而今에安在오彼日本이雖強하나羅馬와蒙古에比하면乳臭小兒에不過하거날彼를畏하야我를忘하나何其卑劣하뇨不可者ㅣ二오我의東洋을日本의東洋으로認하다가는殿々乎我邦中我家中에도日本勢力을認하리니엇지可惜치아니하뇨不可者ㅣ三이오

乙、我國恢復의機는世界大勢가變動하는其日에在하다하니是는時勢가主되고我가客되며時勢가君되고我가臣되야鄰兒의竿頭에柿熟을望함이니此가何等의謬見이뇨泰山이身을壓하야도我는我오火焰이身을燒하야도我는我오天이崩하고地가裂하야도我는我오종이漂하고雨가洗하야도我는我라하야我가我다하는意念이大丈夫心國을不離하는故로悲惱困苦를惟我가自救하며吉善福樂을惟我가自求함이어날今也에[illegible]中漏船에坐하야風浪의稷平을待하며[illegible]하야霖雨의暴注를[illegible]하야我의豊身이恒常時勢에依賴하야事를濟코자하며[illegible]猛火에立하야[illegible]如此히時勢가不來하면將[illegible]

[illegible]
奈何로故로我가前途를遮하다가時勢를遇하야此利를得함은可하거니와我가時勢의渦中에投하야躑躅彷徨함은不可하니라

如此히我는不信하고人만信하며我는不信하고時만信함으로嗚呼痛哉라句語가[illegible]附에長書함을救할良策으로認하며韓의[illegible]의妄想으로[illegible]政客과[illegible]符同함은保[illegible]方으로知[illegible]文을忍하고[illegible]低하야伊藤시의頌德[illegible]擅하야[illegible]悲[illegible]孝敬會[illegible]忍[illegible]帶하니[illegible]夫며此輩에是皆日我를忘한故인뎌

外報

◉淸日의鐵道問題　安奉鐵道問題는日本의利益으로解決되얏는데[illegible]滿洲은更히金州齊々哈爾間에鐵道를敷設하랴한다더라

◉法內閣總辭職　法國海軍特別委員會에셔海軍의腐敗가暴露된結果로全國內閣은總辭職하얏다더라

◉吉長線問題　東京電을據한즉淸日間懸案中吉長線問題는北京에셔解決하기로決定되얏다더라

◉淸商同盟休業　北京電을據한즉哈爾賓의淸國商人들은土地價値低下의運動을始하얏는대市役所(露淸合同)에셔拒絶함으로甚히激昂하야同盟하고閉門休業하며强硬한反對運動을施한다더라

◉關稅低減問題　伯林電을據한즉美國大統領타프트시는關稅低減의必要함을言明하얏는데世人의注意를크게惹起하얏다더라

◉希內閣辭職　希臘의內閣은辭職을할다더라

◉波斯廢帝逃命　伯林電을據한즉波斯廢帝는英露兩國의保護를受하야露國公使館에在하다가英國은印度兵으로護衛하고露國公使館에서는英國國旗를揭하얏다더라

◉帝王會見　伯林電을據한즉德國皇帝와那威國王하ㅣ큰과[illegible]하고非公式으로會見하얏다더라

◉德帝微行　全羅[illegible]를據한즉德國皇帝及皇后는八月九日에微行으로荷蘭의商家에왕하야伯을訪問하실터이라더라

◉丁王訪露　伯林電을據한즉丁抹國王及王后는露國皇室을訪問하야露帝及皇后의懇篤한待遇를受하고熱誠한乾盃辭를交換하셧다더라

詞藻

◉少年男子歌

(壹) 무쇠骨格돌筋肉少年男子야愛國의精神을奮發하여라다다랏네다다랏네우리나라의少年의活動時代다다랏네

(後斂) 萬人對敵練習하여後日戰功세우세絶世英雄大事業이우리目的아닌가

(二) 身體를發育하는同時에競爭心注意하여라空氣조코區域넓은演技場으로活潑潑하는뜻마추어가세

(三) 忠烈士의피끌는[illegible]循環잘되고獨立軍의팔다리敏活하도다霹靂갓흔斧鉞이當前하여도우리는조곰도두렴업네

(四) 돌리고[illegible]여쥐는[illegible]輪赤旗는神速함이黑雲깁흔곳번개갓고보니고바다[illegible]차는手球蹴鞠은紛々한[illegible]日晴天[illegible]소낙비로다

(五) 海戰과陸戰의모든遊戲를次第로興味잇게勝負決하니凱旋門두렷시열니는곳에勝戰鼓울녀라둥둥둥둥

[illegible]韓人野球團口唱歌

演題

我韓今日의國是는如何로論할

高義駿

本人이時局의對한感想으로本月二十六日月曜下午二時에西部國民社에서左의演說을試하오니多數枉臨하심을敬要

隆熙三年七月二十三日

鄭益魯 金聖鐸

本書院에서實業店을擴張하고新刊新書籍과文具와學徒用品을大發賣하며新書籍은五割減으로請求하시면特減이有하오니學界諸彥은陸續購覽하심을務望

平壤南門[illegible]耶蘇敎書院 [illegible]

本人이陰五月二十六日夜에賊漢의게財物을見奪하얏는대就中本郡州北面龍興里[戾夜芥]三字畓田三[illegible]耕官證明券壹張과[illegible]山面에河里畓壹石耕新舊文券과張과[illegible]記帳簿貳冊을幷見失하얏스오니內外國人은切勿見欺홈

平南安州西門外一統三戶 金善翊 告白

廣告

△請看○請看▽

本院에英國셔製造한各種眼鏡을俱備하오니願買하시는僉員은來購하시옵

京城南門外 濟衆院

新訂 算術通論 上下合附解式 定價壹圓
新訂敎科 理科敎科書 高等小學 壹、貳卷 各卅錢 三、四卷 各廿五錢
[illegible]
大韓地誌敎科書 高等小學 二拾五錢
懸吐具解 孟子 上下 壹圓
[illegible]孟子 壹冊 七拾錢
中等用器畵 [illegible]
新訂分道 大韓帝國地圖 壹張 五拾錢
以上學部檢定許可 [illegible]
[illegible] 壹冊 四拾錢
大韓國文[illegible] [illegible]
[illegible]
新撰 家庭尺牘 漢字傍附 壹冊 廿五錢
習字新帖 以上學部檢定 壹、貳卷 各六錢
韓日文對照 新法律 大審院判決[illegible]
小學漢文讀本 上下 六十錢
中等[illegible] 壹冊 七拾五錢
[illegible]洋裝 [illegible] 九拾錢
算術新書 中等 壹冊 [illegible]
中等算術 [illegible]
簡易[illegible]則 [illegible]
中等小學植物學 壹冊 [illegible]
中等礦物學 壹冊 [illegible]
普通經濟學 [illegible]
改正刑法大全 上下 [illegible]
民事訴訟法 [illegible]
新式記憶法 [illegible]
演說方法 [illegible]
毛筆畵帖 [illegible]
成親王法帖 [illegible]
大韓帝國[illegible]附 壹冊 [illegible]
唐玉篇 [illegible]
最新式體操 [illegible]
新訂千字文 [illegible]

發行發賣所 京城北部[illegible]坊[illegible]洞 [illegible]
平壤[illegible]耶蘇敎書[illegible]
外[illegible]各書舖

[illegible]京西小門外車洞 閔泳奎 閔昇浩 李信友 閔[illegible] 告白

雜報

●協約發表 而決權委任에關호韓日新協約은本日에前後壹號에統監府에서發表홀터이라더라

●統府會議 昨日午前九時에統監府에서定例第與官會議를키고重要事項을協議호얏다더라

●梨本宮觀覽 梨本宮親王及妃는昨日午後四時에 慶福宮을觀覽호얏다더라

●學部頒牒 梨本宮親王과同妃가歸國호는事에對호야學部에서各官私立學校長에게頒牒호되職員一同을領率호고南大門外에出往호얏다가餞送호라호얏다더라

●平元鐵道計劃 內部土木局에서平元鐵道敷設을着手키가以前의其便利를供給호려홈인지平元간鐵道를修築홀計劃이라는더其費용에就호야目下度支部와交涉中이라더라

●因病稱病 學部大臣리載崑시가身病으로仕進치못홈은己報호바어니와其事實을聞호즉俱樂部詩會時에何等感情이生호얏던지伊後부터廢務호다더라

●食後感情 過·翠雲亭에서詩會를設行호時에各元老諸氏를遂處講邀호얏스나惟獨金嘉鎭氏를闕邀치아니홈으로該金氏는感情이有호듯호다더라

●因病停會 昨日農商工部에서觀察會議를終了後에는依例히餞別會를該府에서도會議를開홀터인더統監의病症을因호야中止호고各觀察使는來日부터漸次로發程赴任호다더라

●農部開會 昨日午前拾時에農商工部에서既報와如히觀察使會議를開호고該部大臣以下各局課長이齊出席호야農商工業에關호事項을諮問호얏다더라

●尹邸饗宴 학務局長尹致旿氏가再昨日下午六時에自己私邸에서晚餐會를設호고各觀察使등請邀宴待호얏다더라

●寶買探知 宮中顧問李允用氏가春川郡地方에數千兩價値되는田土를買得홀次로該郡觀察使와交涉케有호다홈으로宮內府에서는其事實의有無를探知中이라더라

●鹽價의書 墟商金과源氏가鹽價를推尋次로日前에會議裁判所에長書를呈호얏더나如何호間示가無홈故로同氏가再次長書를錯呈호다더라

●觀察府移轉說 平북觀察府는義州郡一隅에在호야地方行政機關에不便홈이多홈으로新義州에移轉홀方針을研究中이라더라

●判檢事와辯護 韓國裁判所判檢事들은司法權委任協約이成立됨으로早晚間罷免이되리라호야近日에辭表를提出호고又辯護士等은會同호야今後方針을研究中이라더라

●旣死安興蟒 三昨日下午九時에中部罷察署門外에엇더호捲烟箱壹個가有호지라該署巡査가此를携至開見호즉其內에寶封書簡이有호더皮封에朴內部大臣宅入納正法洞議上書자有호더內部大臣朴齊純之函이리露호얏고其下에又書封樞라호얏스며隆熙三年七月二十壹日執行이라호고法部大臣高永喜라書호얏스며又新聞紙壹張에十餘箇首를保顯封과호얏고其封書의全文은如左호니伏維罪炎銓中韓館이잡膺萬相就大鑑의革新事業이兩大卓越에在野新民모不無莫贊之誠故로謹以哥條住着奉呈호오니大監도遜物之感호실思想이必有호오리다호얏다더라

●忠南陳列場 忠南觀察道에는物産陳列場을設호고內外物産을集合호야觀覽에供홀터인데其規모를擴장호기로目下準備中이라더라

●民籍調査期 京畿道에民籍調査는九月부터開始홀터이라더라

●水道經營 內部所管平壤及釜山水道의工役은將次竣工이된다는더平壤서는甑南浦水道를繼續敷設홀터이오釜山서는馬山浦水道를繼續敷設호기로經營호는더其方略을研究도호고히地段을調査도하기爲호야技手一名을派送혼다더라

●輕便鐵道經營 日人數三人이慶興서水城에輕便鐵道를經營호에內部土木局에認許를得호고八月來에其設的工事의設計書를提呈호야認可를受홀터인데目下營業에着手홀準備中이라더라

●舊白銅回收額 舊白銅貨를回收호기開始홀以來로去月末日까지回收額이合計一億七千九百四十四萬六千三十六枚인더此를回收호기爲호여費用된資金은九百二十壹萬[illegible]千四二圓에達하얏다더라

●徵稅生怨 漢城衛生費를徵收에對호야貧寒호人民의困難호狀況은累報호얏거니와北部管內에서는人民의徵納홀日字를錄記捺印호라홈으로怨聲이四起혼다더라

●地方農形 慶尙北道尙州郡東部郡은僅히三分之壹의移秧을得호얏고其後에旱天이連續호야農民은菜色이有호다호고群山方面에는六月십三日에降雨혼以後로旱天이連續호야農民이憂慮혼다더라

●學會新聞發刊說 湖南學會에서發起호야敎育을발展홀機關으로新聞壹種을발刊호다는說이有호더라

●安李相鬨 典膳課장安淳煥氏는關覺社總務리宋秉畯에게對호야何等事端이有호던지再昨夜에社內에서互相毆打호야甚至於衣冠裂破까지호얏다더라

●車夫罷工後報 電車掌車手等의罷業호는累報호바어니와再昨日에는郡部極樂庵에金員이會集호야事에他事業에從事홀지언졍營業解散홈이可호다고決議호얏는데幾日間壹致團結호야會社의反省을促迫호다가目的을未遂호고遽然解散홈은無趣味와호고人評이有호나今後何對던지彼會社에對호야何等暴亂이起홀런지未知라서部警察署는此에對하야嚴戒하얏다더라

●何事被招 前參判趙夔夏氏는何事를因홈인지日昨地方裁判所에被招호야尙不出來호얏다더라

●禦寇賊斃 日昨夜에往십里聯里金聯詐氏家에賊漢이突入호야八十餘圓價値되는布木等物을奪去호얏다더라

●朋友之道也 信川郡居崔輝翊씨는元來貧寒호人士라現世에新학이必要홈을知호고赤手로上京호야留成학校內林業科에入학호야限호困苦를與호고今番期放학을當호되費斧가乏호야歸覲이無望호더니同部居朴晚俊崔斗儀金炳奎여永濟金永鎭諸京聞諸氏가其情景을矜惻히너여金三圓九拾錢을合力捐助호야覲行에旅費를作케호얏슴으로聞諸氏의慈善心을人皆稱頌혼다더라

●救世特別會 南部救世軍營에서來日曜日에英國士官諸員이特別會를開호는대午前七時에는新藤會同十時에는宣經會同十一時에는禮拜會午後二時에는特別婦人會同二時半과八時에는救援會를開호고統內二營에서도同時同會를開호다더라

●太極講旨 太極敎에서來日曜日下午貳時에北壯洞松石園에서講研會를開호고自誠明謂之性自明誠謂之敎란問題로講研홀터인데有志君子이多數來叅호기를希望혼다더라

●大成開會 再昨日下午壹時에孤兒院內에서大成宗敎會臨時總會를開호고尹用求氏로會長을推薦호얏다더라

學界

●長係熱心 장湍郡守리惠宰시는各面학校에巡行호야熱心奬勵홈으로校況이興旺호다고人皆贊揚혼다더라

●毓英經試 平北定州南面私立毓英學校에서去七日의試驗과進級禮式을行호얏는데校長白彛行校監白樂允紳士玄錫諸시가勸勉的으로激切히演說호고賞品을多數施與호얏다더라

●協同贊成 南坡下島碑石洞居崔永潤韓麟煥韓浩李容夏尹武吉諸시가協同호야文昌학校에椅子拾二座를寄付호고諸般事務를熱心贊成혼다더라

●書湖測試 永同郡西二面에서者湖測量學校를設立호얏는데[illegible]諸시가熱心贊成홀結果로卒業生徒가多數에達호얏다더라

●幼年盛況 平南順川郡幼年女學校에서去十貳日에第壹回卒業式을擧行호얏는데優等生은李聖道趙壽麗諸시오該郡守朴客觀시는優數호賞品을施與호고內外國紳士도多數來叅호야盛況을呈호얏다더라

●趙氏熱心 沃溝港居하는前參判趙鍾昇시가敎育에熱心하야해港學校經費를優數補助호고히校中貧寒호學徒十五名을히시家에서宿食케호고학業을懇切히勸勉혼다더라

●日新經試 江西郡沙津面德興里私立日新學校에서去拾七日에학期試驗·經호얏는데成績이佳良호야各科優等及第生이多數에達호얏다더라

▲地方消息▼

▲去月二十三日江原道黃壤里西北方約三拾里地에서義兵五拾名이黃地里憲兵分遣所上等兵壹名과補助員三名으로더부러衝突호얏다호고

▲去月二十八日全羅南道樂水亭서北方約二十里地에서義兵四十名이樂水亭憲兵派遣所上等兵貳名과補助員六名으로더부러衝突호얏다하고

▲去月貳십九日全羅北道川原北方約五里地에서義兵貳十名이韓國憲兵分遣所上等兵貳名과補助員四名으로더부러衝突호얏다호고

▲本月壹日京畿道陽智東北方約四십里地에서韓兵십名이該部守備隊中尉以下九名으로더부러衝突호얏다더라

▲蚊虻驅除▼

前號續

(彼報)每日報社에서飮食으國債報償에訴訟이起호는日에는國民의血憤이起호야每日報의挾雜을頓悟하리라云々

而腸이換홀야目臟이倒호者는蒼大이黑호고白目이黃호다며니信哉라爾의換腸倒目은於此尤證이로다公判에暴露호야壹世가共知호더爾逆는尙히謄錄홀야偷의荒說을往々謄揭호니爾는虛無를搆호야人를陷고저호나適히爾의換腸만表示홈이니爾計가또호拙호도다

(彼報)每日報는鴉毒과如호며鴉片烟과如호며砒상丸과如호다云々

本報의性質은爾가敢히誤解홀바도다病者[illegible]藥은必苦而溫補酷烈兩性이具호야服호면其元이復호고客邪가此를遺하면其氣가縮호나니爾는韓國內의窩을야韓國魂을謨滅호며韓國을釀成호는賣國邪物이라本報가爾를對호야鴆毒과鴉片과砒상의酷性이無호면此는蠻호太和湯이라엇지其可하리오眞正호韓人이本報를讀호면精神을喚醒키는청心丸과如호고國脈을延長키는延齡丹과如호고實力을培養키는大補湯과如호니爾韓人이아닌者야此味를豈知호리오

蹉爾蚊虻아夏熱이方盛호고昏夜가沉々호더爾輩의跳躍은宜乎無怪로다만은片時得意를말고案頭曆을翻호야보라大暑는酷史去호고金風은不遠來라螃蟒又혼너의輩는泡沫又치스러질지니네情狀을生覺호면可憐호기긋업도다

(未完)

社告

郭山郡支社員金應涵의辭免흔代에該郡內新街金大鉉氏로擇定흐얏스니本申報購覽흐시는僉君子는照亮흐시옴

大韓每日申報社

廣告

仁川驛□通運社主任리昌奎시는自退흐고其代에[illegible]驛七會社主任金燾亮시가陽七月十六日로부터繼任이오니內外國人間照亮흐신後前主任에財政去來는勿論흠

仁川驛通運社 告白

本人이去二十二日夜에眼鏡을見失흔바誰某던지覓還흐면厚賞흐깃숩고何如흔리由든紊問치안캣숩

韓美電氣會社內美人 스미쓰 告白

出市오니 僉君子는愛顧흐심을敬要

法國黑紙烟壹匣廿五本具竹嘴
旗艦票壹匣廿本入具紙嘴
喇叭標壹갑五本入
鷹標壹갑십本入
虎標壹갑십本入
獅子標壹匣拾本入
鷗七標一匣十本入
生鍾쉬잉金口紙一匣拾本入
法國시오빅金口紙一箱百本入

本社의各代理店은左開흠

平壤代理人鄭貫煥
馬산沙哩院代理人[illegible]
大邱代理人金[illegible]

再

誰某시던지各處에代理店을設寘開흐기를願흐거던本社에來議相議흐시옴

京城石井洞 法韓會社 告白

本人等이本港典洞에居生흐옵는바日露戰爭時에其址가軍用地에盡入흐야四百餘戶가壹時에毁撤흐야道路에棲遑흐온데何幸大美國人陀雲仙시가牛角洞所在[illegible]畓壹隅를劃與흐야家舍를建接케흐며地貫은每間十錢式定흐되空垈에는貫課를不入흐고各其安業흐게흐더니現今饑荒時代를當흐여本府尹金潤晶시가民情에艱苦흠을[illegible]흐와陀雲仙시와交涉흐야[illegible]情에困難흠을備陳흐온즉豁達慈善흐신陀雲仙시가自己[illegible]地內居民에게地貫每間에[illegible]錢式減下흐야七錢으로定給흐야使此窮民으로安業接케흐오니陀雲仙시慈恤흐심과本府尹丈에愛民濟澤을感頌흐야玆에高聲廣告흠

仁川港府內[illegible]金谷等居民 宋濟仁 閔水道 리今甫 金永道等

本莊在廣東潮州府潛邑口紗隴設開莊親自揀選頂上細潔哆囉[illegible]料頂上本色各種布疋客商[illegible]拾餘年久蒙仕商僱用中外馳名近有無恥之徒假冒本号元昌字號以偽亂眞魚目混珠欺騙射利旅因本号嘉[illegible]選總查究在案殊料射利之徒偽貨百出復將元昌字號加贅或字以圖混冒[illegible]特佈告中外仕商凡蒙賜顧須認明元昌老牌乃是眞貨[illegible]庶不致悞

宣統元年四月初一日 元昌號主人 謹啓

本社에서在上海英美烟草大[illegible]廠과專賣特約흐고[illegible]種紙烟을輸入흐와各代理店에支[illegible]

諺文 池錫永 著 全

全壹冊 定價四拾錢

大韓人民이毋論京鄉흐고行用흐는言語가諺文音으로된것이太半이언마는無識흔男子와婦人小兒들은입으로는옴기되如何흔글자인줄을알지못흐는지라池松村先生이此를慨歎흐야我國言語에諺文音으로된것을集輯흐야此書를編成흐니實是發味흐야쉽게흐는線이라潛心閱覽흐면習文이普及흐야全國同胞가一人도書札通情을못홀이업슬것이오外國人은[illegible]學흐는데律楷이될지라內外國僉彥은趁早購覽흐심을[illegible]

發賣所 中部布屛下三十七統六戶 廣學書舖 金相萬

分賣所 京鄉各書포

初等自解 日語文典

宋憲奭 著

全壹冊 定價金 [illegible]拾錢

本書는日本有名흔文法大家諸시에著述흔書籍을參考흐야簡易케成編흐와日語稍解者로日語文法을自習自得케흐엿스오니速々購覽흐시옴

發賣元 皇城中部布屛下三十七統六戶 廣學書舖 김相萬

分賣所 東部梨峴 晉敎書館 同 博文書館 中署 大東書市 廣橋 滙東書館 南門外 新舊書林 鍾路 電氣會社越便廣學支書舖

(韓日文對照)韓國民刑訴訟法(註解) 全

大韓京城控訴院書記長 田中正身 共著
同書記 四位義正
書記 리興珠 譯

全一冊三百八拾頁 定價金[illegible]圜

○本書는民刑訴訟規則各條에詳細흔註譯을加흔것이라新法律이頒佈흔가日淺흐야充分研究흔餘地가無흠이라文明的制度를模倣흔法律은意義가深遠흐야條文을讀過만흔는容易히眞正흔法意를知흐기不能흔지라民刑訴訟規則과如흔生命身體名譽財産의保護에關흔權利의伸張과防禦의模範이될法律이니新發布된法律中에最히研究흘것이며此點에着眼흐야法律學의素養이無흔人도本書를付흐야實用흘爲主로흔書이오니僉君子는速速購覽흐시옴

發賣所 中部布屛下 廣學書포 金相萬
鍾路 氣電會社越邊廣學支書포
京鄉各有名書舖

美國시아틀大博覽會 미국시아틀대박람회

京城磚洞 (京城郵便局郵函第四拾號) 韓美興業株式會社
(大美國에미쇼나消法律認可) (駐大韓國美國總領事館登錄)

本社의各處代理人의氏名은如左흠

開城代리人 開城南門內雜貨商店 金東宣
平壤代理人 平壤大同門內店洞 鄭基煥
咸興代理人 咸興西門外 張[illegible] 盧昊洙
馬山浦代理人 馬山浦客主 孫德宇
元山代理人 元山港 金[illegible]文
淸津代理人 淸津港 張樂臣
水原代理人 位置未定 水原北部장안동 金유東
安城代理人 位置未定 김유東
沙里院代理人 漢城東部[illegible]拾里旺新學校內 邦元重
金泉代理人 金泉市場共信昌店 리孝植
羅州代理人 位置未定 [illegible]麻浦三拾二統五戶 吳[illegible]求
天安代理人 位置未定 水原北部長安洞 尹聖益
群山代理人 群山太井洞 [illegible]
全州代理人 位置未定 漢城西部阿峴二百廿二統三戶 김[illegible]召
大邱代理人 大邱新[illegible]里五十八統七戶 리[illegible]淑
釜山代理人 位置未定 馬山浦午山里拾壹統九戶 李[illegible]浩
江景浦代理人 位置未定 西湖龍山坊東幕[illegible]契廿七統貳戶 리[illegible]
麻浦附近代리人 西部麻浦[illegible]七統三戶 權泰[illegible]
長湖院代理人 位置未定 陸城[illegible]城山里
永同代理人 位置未定 漢城[illegible]洞貳統壹戶 [illegible]德
木浦代理人 木浦南橋洞 孫升基
晋州代理人 位置未定 馬山[illegible]山浦城山 金宗默
金堤代理人 位置未定 金堤郡白石面水閣 李奉[illegible]
漢江附近代理人 南部漢江十八統二戶 朴奉[illegible]
義州代理人 位置未定 義州批峴 金聖[illegible]
江界代理人 位置未定 [illegible]州批峴 [illegible]
漢城東部代理人 杜[illegible]甲一廿井洞四統五戶 金時[illegible]
鎭南浦代리人 位置未定 鎭남포龍井등 郭寬珠
定州代理人 位置未定 郭山郡 金相杰 宋[illegible]憲
城津代리人 吉州郡 [illegible]
太田대理人 太田新町 宋始憲 李[illegible]
浦項代理人 浦項上里拾貳統拾二戶 [illegible]
[illegible]州代理人 漢城[illegible]洞貳統[illegible]戶 리[illegible]
吉州代리人 吉州[illegible]門外 安萬설
龍山代리人 漢城[illegible]部外相思洞二統三戶 金孝植
延安대리人 延安[illegible]玉洞 리[illegible]榮
兎山대理人 兎山郡[illegible]山市 [illegible]
濟物浦대理人 開城南部[illegible]橋 [illegible]
公州代理人 位置未定 太田新町 [illegible]
論山대理人 位置未定 公州牛灘面松亭里 [illegible]
洪原代리人 位置未定 咸興郡中[illegible]里 [illegible]
漢城西部대리人 位置未定 西部[illegible]百五[illegible]四統四戶 [illegible]
[illegible]代理人 位置未定 洪原[illegible]面蓮[illegible]里 [illegible]
錦山대리人 位置未定 [illegible]
密陽대리人 位置未定 密陽郡[illegible]面長壽里 宋[illegible] 리[illegible]澤
安東대리人 位置未定 義성郡點谷面沙村 金浩昌 [illegible]元佑

濟生堂和平堂大藥房聯合紀念大贈彩

◎贈彩說明

濟生堂과和平堂開業三週年紀念式을并行ᄒᆞ고……兩大藥房에서紀念으로……兩種藥品（淸心保命丹 八寶丹）을特製大發賣ᄒᆞ며大贈彩券을……僉君子ᄂᆞᆫ勿失此機ᄒᆞ시고……

懸賞物品金六百圓價値

大贈彩券은以四千枚로定

兩大靈藥（淸心保命丹）（八寶丹）

方法

定價金十錢枚로包에……彩券을添呈홈

此外兩藥房製藥品은……價格에彩券을添呈홈

賞品

特等貳人……大米貳拾石（每拾石式）

壹等貳人……拾石（每五石式）

貳等拾人……拾六石（每貳石式）

三等拾人……石（每壹石式）

四等壹百人……金五十圓（每五十錢式）

五等三千八百七拾八人……紙券烟二千八百七拾八匣……

空彩ᄂᆞᆫ無홈

遠地에ᄂᆞᆫ郵便引換으로送呈홈

期限은六十日로定　自陽六月拾六日 至陽八月拾五日

位置

皇城南大門側　濟生堂大藥房本舖

皇城鍾路　和平堂大藥房本舖

皇城鍾路　兩堂臨時出張所

各種東西洋藥과韓國唐草材大發賣所　京城鍾路 和平堂藥房

……東西藥品을都賣……洋藥品이나……唐材와草材를……用을請求ᄒᆞ시면以廉價……服用ᄒᆞ실兒弟ᄂᆞᆫ方文……郵便付送ᄒᆞ시면……製材를擇ᄒᆞ야精製ᄒᆞ며……引換으로도付上ᄒᆞᆯ것ᄉᆞ오니……

本堂藥製品은如左홈

阿片烟斷引丸　壹劑八圓分 金五圓　半劑四圓分 金三圓

養胎調經丸　壹劑五圓分 金五圓

香消瘡丹　甲號金四圓　乙號金二圓五拾錢

滋陽丸　壹月分五圓　貳拾日分二圓四拾錢　拾日分壹圓八拾錢

全治丸　……十四日分金三圓

八寶丹　壹包九粒五粒金拾錢

和平堂藥房主李應善

家庭救急方

醫學校敎官　朴容南　著

……家庭의必要……救急……

目次大要○……救急法○卒倒○中……○霍亂○……腹痛○……鼻出血○吐血○下血○中毒○……○石炭……○……○異物……○假死……○救急……○……

發行所　皇城南部大……　愛堂大藥房　共愛堂各支店

代理店　京鄕各書舖隨意販賣

社　告

○申報價
壹個月前納
參個月
陸個月
壹個年
郵稅壹張

○廣告料
四號活字拾參字詰
每日壹寸（英尺）에新貨計五錢
貳週日壹寸에　貳圓五拾錢
壹個月壹寸에　五圓
（自壹行至四行이면壹寸）
其期限의長短과字行의多寡를依ᄒᆞ야增減홈

◎大韓每日申報
各處支社

平安道
平壤鐘路太極書館
三和港……
義州南門外……
鐵山邑東部
車輦館
定州南門內……
郭山……
安州城內……
肅川……
龍川……
……
江西邑內
成川……
江界邑……

黃海道
海州……
安岳……
長淵邑……
殷栗邑……
信川邑西里
載寧邑乾材局
黃州南門外……

咸鏡道
咸興州南社西門外
元山港……
沙里院……

全羅道
木浦……

京畿道
……

忠淸道
……

慶尙道
大邱……

江原道
……

光武九年八月拾壹日 隆熙 ... 日曜日 〔第三種郵便物認可〕 西曆壹千九百七年八月十一日 (壹)

大韓每日申報

第七 ...

月曆 時際 及日 休日 節刊

檀君開國四千二百四十二年
箕子元年 三千三十一年
大韓開國五百十八年
日本明治四十二年
... 陰曆六月大初九日丙辰

Responsible for Publication Alfred Weekley Marnham,
發行兼編輯人 英國人 萬咸
發行所 ... 大韓每日申報社

論說

◎記客言

客이東萊로從來ᄒᆞᄂᆞᆫ者ㅣ有ᄒᆞ니記者ㅣ與語ᄒᆞ야曰氣車中에서日本壹旅人을遇ᄒᆞ야無聊中에共히筆談으로相酬ᄒᆞ더니該日人이七字詩壹聯을題與ᄒᆞ야曰

禿山々々又禿山
行々見々盡禿山

이라ᄒᆞ얏스니此ᄂᆞᆫ蓋我國山嶽의童濯홈을嘲笑홈이라我抵東萊ᄒᆞ야始ᄒᆞ야京師에至ᄒᆞᄂᆞᆫ千里의遠이모다其間에一點靑色을帶ᄒᆞᆫ山은惟水原隆陵竟園뿐이오其餘ᄂᆞᆫ石만齒々ᄒᆞ며赤土만童々ᄒᆞ야數尺의木도得見치못ᄒᆞ게甚難ᄒᆞ니日人의此嘲ᄂᆞᆫ甘受ᄒᆞᆯ而已나然이나該國의雜端이翕然將來의希望을灌漑ᄒᆞ며又彼冷嘲의場面에慚愧의色을作ᄒᆞ야不可ᄒᆞᆫ故로卽時筆을揮ᄒᆞ야

譯者嬉笑後宰見
今日禿山爲誰咎

이라云ᄒᆞᆫ聯으로答示ᄒᆞᆫ대日人이冷眼良久에又一聯으로回示ᄒᆞ야曰

新年以後繼靑山
此刪皆是日人營

이라ᄒᆞ니蓋此日人이漢文에短ᄒᆞᆫ지故로其誥的으로任意胡寫홈인지其下字가甚朦朧不成說이나其意를考ᄒᆞᆫ즉蓋曰新年以後에ᄂᆞᆫ森林을培成ᄒᆞ야此禿山이靑山作ᄒᆞᆫ즉其靑山도亦日本人의所營者라云홈이니嗚呼라今에我國山野의森林權을日人이掌握ᄒᆞ야...

韓國에恐怖ᄒᆞ며千里尺々寸々의土를占居에讓ᄒᆞ며二千萬點々滴々의血을餘吸에任ᄒᆞᆫ時에彼의此言이敢發ᄒᆞᆯ이無怪ᄒᆞ나然이나此雜吝談酬의場에此等氣殺을受ᄒᆞᆷ에憤慨의情이突發ᄒᆞ는지라卽答曰

諸君無妄想 我國亦有人

이라ᄒᆞ얏더니彼가此를見ᄒᆞ고啞然히冷笑ᄒᆞ고馬鹿二字를書投ᄒᆞ더니...彼가無禮의說로讒謗에遽加ᄒᆞ나비록死人이라도氣膽이有ᄒᆞ거든我ᄂᆞᆫ人이오彼ᄂᆞᆫ日人이니相對의場에我가不得不韓信의俛出을學ᄒᆞᆫ지라故로不平의膽을抑ᄒᆞ고默然히彼를脫ᄒᆞ야良久에遼句를寄ᄒᆞ야曰

新聞者日本人

...彼가勃然히色을變ᄒᆞ고...ᄒᆞ라ᄒᆞ며亂詬ᄒᆞᄂᆞᆫ不止ᄒᆞ더라

嗚呼라目今에凡百利權이皆外人의壟斷에歸ᄒᆞ야我國人은自行치못ᄒᆞ다ᄒᆞ나自家私有의山과森林을養ᄒᆞ며自國에果樹를培홈은誰가禁ᄒᆞ관ᄃᆡ此를不爲ᄒᆞᄂᆞ뇨

森林者ᄂᆞᆫ國의巨大ᄒᆞᆫ利源이라建築의材料가此가아니면不興ᄒᆞ며輸出의商業이此가아니면不盛ᄒᆞᄂᆞ니此利源이衰退ᄒᆞ면英雄이有ᄒᆞᆫ들何를藉ᄒᆞ야活動ᄒᆞ며志士가有ᄒᆞᆫ들何를恐ᄒᆞ리오故로森林의盛衰ᄂᆞᆫ國家의興亡을可占ᄒᆞᆯ지어ᄂᆞᆯ我國民아此에不留意ᄒᆞᆷ이엇지...

...公式을...

나亦可佩로다

貴報ᄂᆞᆫ全國同胞의信仰ᄒᆞᄂᆞᆫ바니時々로經客의經을讀ᄒᆞ듯시森林貳字ᄂᆞᆫ血勸ᄒᆞ을望ᄒᆞ노라余ᄂᆞᆫ今且鄕谷에歸ᄒᆞ야此言ᄃᆞᆯ手로不ᄒᆞ노라ᄒᆞ더라

以上ᄋᆞᆫ皆客의言이라此에暑記ᄒᆞ야有志者에供ᄒᆞ노라

外報

◎定期飛行船　路透電을據ᄒᆞᆫ즉法國과瑞西間에定期旅客運搬用飛行船을使用ᄒᆞᆯ計劃으로準備ᄒᆞᆫ다더라

◎法內閣新造　法國內閣總辭職中에外務大臣만留任되고法務大臣은首相이된다ᄂᆞᆫ說이播多ᄒᆞ다더라

◎英防露問　倫敦電을據ᄒᆞᆫ즉니우ㅣ설랜드에서ᄂᆞᆫ英國기처나가刈對ᄒᆞ야濠洲를訪問ᄒᆞᆫ後에該國防禦問題를기ᄒᆞᆯ다더라

◎德帝旅行　伯林電을據ᄒᆞᆫ즉德國皇帝ᄭᅴ셔ᄂᆞᆫ例年과如히夏期旅行으로北部에因發ᄒᆞ얏다더라

◎自動車爆發　伯林自動車競走會에서原動力供給器가爆發ᄒᆞ야死者ㅣ五人이오重傷者三拾貳名이라더라

◎波斯內亂　伯林電을據ᄒᆞᆫ즉波斯內亂의解決은露國軍隊가德黑蘭을占領치못ᄒᆞ얏슴으로聖彼得堡와倫敦巴里各處에서ᄂᆞᆫ樂觀이滿足히녁이ᄂᆞᆫ대露國政府ᄂᆞᆫ宣言ᄒᆞ기를波斯王에게避難處를供ᄒᆞᆫ은決코內政不干涉의主義를害케ᄒᆞ려홈이아니라ᄒᆞ고波斯廢王은今後에ᄀᆞ리미아에移住ᄒᆞᆯ줄노傳ᄒᆞ다더라

◎波斯新帝卽位　倫敦電을據ᄒᆞᆫ즉十三歲된皇太子ᄂᆞᆫ...帝位에新即位ᄒᆞ얏다더라

◎製鋼職工罷業　紐育電을據ᄒᆞᆫ즉...罷業ᄒᆞᆫ...州兵隊ᄂᆞᆫ旣히同地에往ᄒᆞ야罷業者와戰鬪ᄒᆞᆫ...故로...派遣되얏다더라

◎西王激怒　伯林電을據ᄒᆞᆫ則西班牙國王은알폰소親王이王의許諾을經치아니ᄒᆞ고...皇女와結婚ᄒᆞ얏슴으로親王의稱號를剝奪ᄒᆞ얏다더라

◎希臘地震　伯林電을據ᄒᆞᆫ즉希臘에激震이有ᄒᆞ야死傷者가極多ᄒᆞ얏다더라

學報

◎義英卒業　順川郡船島面下里耶蘇教義英學校에서去五日에卒業式을擧行ᄒᆞ얏ᄂᆞᆫ대卒業生　韓基春　리觀華　金斗衡

詞藻

◎我自在

진흙에무쳣슨들、瑕玉이假玉되며。雜草中에셔젓슨들、香艸가惡艸될가。우리의、自由性質이야、아모란들。

題閑心窩

...

廣告

本書院에...新書籍과文具와學徒用品...

平壤...耶蘇教書院...

鄭益魯　金聖鐸　白

本人이陰五月二十...日夜에...漢의게財物을見奪ᄒᆞ얏ᄂᆞᆫᄃᆡ...

平南安州西門外一統三戶　金錫翊　告白

本人이去二十二日夜에眼鏡...見失ᄒᆞ얏스니...

雜報

◎新五條約發布

去日에締結ᄒᆞᆫ韓日新協約은昨報와如히昨日正午에發表ᄒᆞ얏ᄂᆞᆫᄃᆡ其全文이左와如ᄒᆞ니

日本國政府와韓國政府ᄂᆞᆫ韓國司法及監獄事務를改善ᄒᆞ야韓國臣民並在韓國外國臣民及人民의生命財産保護를確實히ᄒᆞᆯ目的과韓國財政의基礎를鞏固케ᄒᆞᆯ目的으로以ᄒᆞ야左의條款을約定ᄒᆞᆷ

第一條 韓國의司法及監獄事務가完備ᄒᆞᆷ으로認ᄒᆞᆯ時ᄭᆞ지韓國政府ᄂᆞᆫ司法及監獄事務를日本國政府에委托ᄒᆞᆯ事

第二條 日本國政府ᄂᆞᆫ一定ᄒᆞᆫ資格을有ᄒᆞᆫ日本人及韓國人을在韓日本裁判所及韓國의官吏에任用ᄒᆞᆯ事

第三條 在韓國日本裁判所ᄂᆞᆫ協約又ᄂᆞᆫ法令의特別規定이有ᄒᆞᆫ外에ᄂᆞᆫ韓國臣民의對ᄒᆞ야韓國法規를適用ᄒᆞᆯ事

第四條 韓國地方官廳及公吏ᄂᆞᆫ各其職務에應ᄒᆞ야司法及監獄事務에就ᄒᆞ야在韓國日本當該官廳의指揮命令을受ᄒᆞ고又ᄂᆞᆫ其補助를爲ᄒᆞᆯ事

第五條 日本國政府ᄂᆞᆫ韓國의司法及監獄에關ᄒᆞᆫ一切經費를負擔ᄒᆞᆯ事

右ᄂᆞᆫ各其本國政府에委任을承ᄒᆞ야日韓文覺書各貳通을作成交換ᄒᆞ야後日에證據를삼기爲ᄒᆞ야記名調印ᄒᆞᆫ者라

明治四十二年七月十二日
統監子爵 曾禰荒助

隆熙三年七月十二日
內閣總理大臣 李完用

●[illegible] 永寧府官吏中에本宮帶時下에供進ᄒᆞᄂᆞᆫ費用物을[illegible]ᄒᆞ야 御供을減省ᄒᆞᄂᆞᆫ者가有ᄒᆞᆷ에 陛下ᄭᅴ옵셔惶悚ᄒᆞᆫ處分이有ᄒᆞᆷ을[illegible]府指揮ᄒᆞ라ᄒᆞ옵신바[illegible]ᄒᆞ야自己의罪跡을隱蔽코저ᄒᆞᆫ다더라

●赤十字社承繼 大韓國赤十字社事業은時宜에適用ᄒᆞᆷ이라ᄒᆞ야日本赤十字社와合同ᄒᆞ고因ᄒᆞ야光武九年勅令第五號大韓國赤十字社官制及規則은廢止ᄒᆞ기로本月廿三日勅令第六十七號로頒布ᄒᆞ얏ᄂᆞᆫᄃᆡ韓國京城에ᄂᆞᆫ日本赤十字社의韓國本部를設置ᄒᆞ야韓國皇室의保護를受케ᄒᆞᆫ다더라

●梁王出發 梁本宮閔王及同妃ᄂᆞᆫ昨日上午九時에南大門驛發列車로發程ᄒᆞ얏ᄂᆞᆫᄃᆡ總理大臣其他大臣各々及ᄂᆞᆫ南門驛에서餞送ᄒᆞ얏고宮務局長閔丙奭ᄂᆞᆫ釜山港ᄭᆞ지隨往ᄒᆞ얏다더라

●[illegible]辭職 [illegible]部大臣의[illegible] 度支部大臣王錫埈兩氏가與을辭ᄒᆞ고仕進치아니ᄒᆞᆷ은累報ᄒᆞ얏거니와近日에ᄂᆞᆫ辭表를總理에게提出ᄒᆞ얏ᄂᆞᆫᄃᆡ總理ᄂᆞᆫ留任ᄒᆞ기로勸諭ᄒᆞ얏스나學相은此를不應ᄒᆞ고辭退ᄒᆞᆯ意思가頗히鞏固ᄒᆞ다더라

●憲補提議 各地方憲兵補助員의作弊ᄂᆞᆫ各新聞에累揭ᄒᆞ얏거니와今番觀察使會議에서ᄂᆞᆫ觀察使가提議ᄒᆞ기를補助員들이私嫌으로良民을捕陷ᄒᆞᄂᆞᆫ弊端이有ᄒᆞ니此를駐在巡査와協議를禁止ᄒᆞ던지補助員을永爲廢止ᄒᆞ던지何等措處가有ᄒᆞᆷ이可ᄒᆞ다ᄒᆞ얏다더라

●局長請牒 內部地方局長이各道書記官에게通牒ᄒᆞ기를目下人吏가多數ᄒᆞᆫ官廳에ᄂᆞᆫ交接費를將次磨鍊ᄒᆞ리니官職[illegible]

[illegible]名과ᄒᆞᆫ敎五[illegible]徒逃[illegible]ᄒᆞ나라ᄒᆞ얏다더라

●養成亦廢 法部가廢止된結果로法官養成所가隨而廢止되얏다더라

●日人鼻笑 法官養成所學員들이法字帽子를離付ᄒᆞ얏ᄂᆞᆫᄃᆡ日人들이此學徒를見ᄒᆞ고笑曰此學徒ᄂᆞᆫ所용無處ᄒᆞᆫ다더라

●旣에未售 兪吉濬氏가勞働學校敎科書三千部를발刊ᄒᆞ야勞働者의學問을啓發코저ᄒᆞ얏더니해書를印刷ᄒᆞᆫ後에讀覽者가稀小ᄒᆞᆫ지라허氏가日前에湖南學會總務某氏를訪見ᄒᆞ고同書六十餘卷을寄付ᄒᆞ야湖南學會에贈給ᄒᆞᆷ을交ᄒᆞ얏다더라

●地戶稅額 隆熙二年度地戶兩稅徵收額은漢城公州大邱平壤元山五處에서去年五月末日ᄭᆞ지地稅調定額이八百二십九萬六千七百八십四圜六십七錢이고同期限內에收入額이六百七십萬四百四圜八십九錢一里오未收額이一百五십九萬三千四百圜餘오欠損額이貳千九百七십七圜四십二錢六里오戶稅調定額이五십八萬三千七百三십九圜大십九錢五里內에서收入額이四십五萬壹千六百七십七圜八십九錢九里오未收額이十三萬零千九百三십四圜九십六錢大里오欠損額이一百二십三圜二십錢이라더라

合九、二廿五、壹三八
大韓天一銀行 三八、九六四
漢城銀行 三壹七、九三三
한一銀行 四〇四、八四三
合計 壹〇、七四〇
漢湖農工銀行 三三八、七捌五
總合 〇、廿一四、大六三

貸出額
[illegible]銀行 二四八、六壹三
百三십銀行 五九、九四三
십八銀行 四二、壹一一
合三五〇、六七七
大韓天一銀行 二二一、〇捌三
漢城銀行 一〇、一一〇
한一銀行 四三、九九三
合九六、一八六

●銀行營業의現況 京城에在ᄒᆞᆫ日各銀行의上半季에現在ᄒᆞᆫ預金과貸額이左와如ᄒᆞ니

預金額
第一銀行 七、九四〇、三〇〇圓
第百三십銀行 八壹二、二〇〇
第십八銀行 五壹八、大三一

●地方水害 過日來降雨에各地方에被害가不少ᄒᆞᆫᄃᆡ伊川及玉洞地方臨津江은去십五日에七尺以上의增水가되야各橋梁이擧皆流失되얏고
新溪地方沙器川은去십五日에四尺의增水가되야新溪新幕及新溪遂安間橋梁이流失되얏고
江西地方에水口川은去십六日에八尺餘의增水가되얏고
定州地方達川江은去십四日에五尺의增水가되얏고
定州龜城간江은一丈餘의增水가되야定州와古邑간及雲田과新安州간에鐵道線路ᄂᆞᆫ潰破ᄒᆞ야汽車가不通ᄒᆞ얏고
龜城地方各河川은去십五日에四五尺以上의增水가되얏다더라

●犯逃被捉 前郡守洪鵬觀시ᄂᆞᆫ公錢三百圜을犯逃ᄒᆞ얏ᄂᆞᆫᄃᆡ度支部에捉得을被ᄒᆞ야來九月에納入ᄒᆞᆯ證書를繕呈ᄒᆞ얏다더라

●鑛夫救濟會 全國內에鑛夫가五六萬名에至ᄒᆞᆫᄃᆡ有ᄒᆞᆫ時ᄂᆞᆫ救濟者가無ᄒᆞᆷ으로誤致生命ᄒᆞᄂᆞᆫ弊端가有ᄒᆞ다ᄒᆞ야尹澤榮及宋漢[illegible]氏가발起ᄒᆞ야鑛夫救濟會를組織ᄒᆞ얏다더라

●木[illegible]呼訴 [illegible]

●徐氏呼訴 前郡守申奉寬此가靈光郡守在任時에該郡兩米商徐奐廢氏를拘禁ᄒᆞ고提四郡獄ᄒᆞ야金貨捌십圜을勒奉ᄒᆞ고多日滯囚ᄒᆞᆫ獄費가六십圜에達ᄒᆞ야合貳百四십圜을損害ᄒᆞᆫ故로徐奐廢氏가還推ᄒᆞ기爲ᄒᆞ야區裁判所에呼訴ᄒᆞ얏다더라

●徵費飲怨 酒造組合所任員諸氏가各部支所에게本今經持費라稱ᄒᆞ고每部之大小를隨ᄒᆞ야十圜乃至三十圜式請求ᄒᆞᄂᆞᆫ故로地方酒商들은[illegible]稱怨ᄒᆞᆫ다더라

●關島不穩 關島地方이不穩ᄒᆞᆫ事에對ᄒᆞ야警務局에셔警部一人과韓人巡査數십名을派送ᄒᆞᆯ計劃이라더라

●兩犯越獄 强盜犯孫昌龍리花根等은日昨[illegible]監獄에셔審査를終了ᄒᆞ야地方裁判所로越交ᄒᆞ얏다더라

●僞造犯被捉 林泰陽金東奎兩人이 御璽及勅紙를僞造使用ᄒᆞ다가其情跡이綻露되야昨日南部警察署에被囚ᄒᆞ얏다더라

●官校遠足 前報와如히官立高等學校一般職員들이遠足會를設行ᄒᆞᆫ次로日昨開城郡에下往ᄒᆞ얏ᄂᆞᆫᄃᆡ學部編輯局長官리完應氏ᄂᆞᆫ허部에셔代表로同往ᄒᆞ얏다더라

學界

●兩氏熱心 開城郡居ᄒᆞᄂᆞᆫ[illegible]文[illegible]시ᄂᆞᆫ元來儒林大家로文學이贍富ᄒᆞ며性質이端雅ᄒᆞ나[illegible]

●蠶業講習 西小門內[illegible]成小[illegible]

▲地方消息▼

▲本月二日金化北漢川原서北方約二십九里地에서義兵三십名이川原憲兵分遣所下等兵二名과補助員四名으로더부러衝突ᄒᆞ얏고

▲本月二日江原道黃城甲서北方約五십里地에서義兵三십名이旌善郡憲兵分遣所下士一名上等兵一名及補助員四名과陜郡巡査三名으로더부러衝突ᄒᆞ얏다ᄒᆞ고

▲本月三日慶尙北道英陽東方約二십五里地에서義兵六십名이該郡憲兵分遣所下士一名과上等兵一名과補助員四名으로더부러衝突ᄒᆞ얏다더라

○東京電報○

二십四日發

◎露國大學生渡日 露國오뎃사工業大學校學生十七名이日本에研學目的으로出[illegible]

◎太警備未決 上仝 日

[illegible]

·兩狗壹鄉·

[illegible]

廣告

本人이東署蓮花坊中路契中部手九십九統쎄戶漢城府立旨를不知中에서失散호얏기以廣告ᄒᆞ오니誰某拾得ᄒᆞ와도休紙施行홈

金麟培 告白

本人이陰五月二십九日에姓名圖章을失ᄒᆞ얏슴기玆에廣告홈

平壤館 金模兩 告白

本人이陰正月分에龍川楊市商務同事十圓股票四百○께號를見失ᄒᆞ얏기玆에廣布ᄒᆞ오니誰某拾得ᄒᆞ거던지休紙施行홈

鐵山車輦館 許永千 告白

本人이陰正月分에龍川楊市商務同事壹百七십二號三十圓股票壹枚를見失ᄒᆞ얏기玆에廣告ᄒᆞ오니誰某拾得이던지休紙勿論홈

義州批峴面替市 金光潤 告白

本人이陰五月十三日에龍川楊市에서姓名陰陽刻半篆章을見失ᄒᆞ얏기玆에廣布ᄒᆞ오니誰某拾得이던지休紙施行홈

義州古邑面東麟 李仁道 告白

本人의從兄韓瑢浩(字鼎卿)이가從於浮蕩ᄒᆞ야机閣의深藏호各處田畓文券을私自竊取호故로玆以廣告ᄒᆞ오니勿論內外僉君子는切勿見欺ᄒᆞ고休紙施行ᄒᆞ심을爲望홈

太郎씨と面洞下동二統八戶 韓瓘浩 白告

本人에姓名圖章이破傷ᄒᆞ얏기改造ᄒᆞ오니內外國人은照亮홈

中部寺동十九統十戶 李昇載 告白

本人이陰大月初六日北部常平坊付岩洞契五統六戶草家五間手刻文券을路中遺失故로玆以廣布ᄒᆞ오니誰某拾得ᄒᆞ와도休紙施行홈

邊永植 告白

本人이左開四處에所標錢魚驗四度를去陰五月廿二日에清國安州縣新市街路中에서失ᄒᆞ얏ᄉᆞ오니內外國人間誰某拾得ᄒᆞ여라도休紙施行홈

左開名字와錢數와期限
金仁澤 壹千五百四十五兩 陰正月廿六日
李九五 二千四十兩 閏貳月壹日
黃致祥 壹千貳十五兩 閏月廿壹日
桂龍秀 三千七十五兩 兩月廿壹日

義州南門外居 崔致祿 告白

夜學員新募集廣告

本校에셔左開夜學科를新設ᄒᆞ고陽八月壹日에開學ᄒᆞ오니願入ᄒᆞᆯ人士と屆期枉議ᄒᆞ옵

一 日語科 聖經 日語 算術
一 英語科 聖經 英語 算術

漢城西部西學峴 私立公開進夜學校 告白

仁川驛 ◯口 運送社主任 李昌 ……

仁川驛運送社主任金興完시가陽七月卜六日로부터辭任이오니內外國人間照亮ᄒᆞ신後前ᄒᆞ任에關ᄒᆞᆫ故로事と勿論홈

仁川驛運送社 告白

本人이時局의對ᄒᆞᆫ感想으로本月二十六日月曜下午二時에西部■■社에서左의演說을試ᄒᆞ오니多數枉臨ᄒᆞ심을敬要

演題

我韓今日의國是如何를論홈

隆熙三年十月二十三日 高義駿

言文 池錫永 著 全

定價 四拾錢

大韓人民이毋論貴賤ᄒᆞ고行用ᄒᆞ는言語가諺文音으로되엿거ᄂᆞᆯ……

發賣所 中部布屛下三十七統六戶 廣學書舖 金相萬

分賣所 京鄉各書舖

初等自解日語文典

宋憲奭 著

定價金 ……

本書と日本有名ᄒᆞᆫ文法大家諸氏에著述ᄒᆞᆫ書籍을參考ᄒᆞ야簡易ᄒᆞ게成編ᄒᆞ와只稍解者라도日語文法을自習自得케ᄒᆞ엿ᄉᆞ오니速々購覽ᄒᆞ시옵

發賣元 北城中部布屛下三十七統六戶 廣學書舖 金相萬

分賣所 東部蓮峴 普成書館 ……
鍾路 大東書市 ……
南門外 新舊書林 ……
鍾路 電氣會社越便 ……

(韓日文對照)韓國民刑訴訟法註解

全一冊 三百八십頁 定價金 壹圓

大韓口城控訴院書記 長田中正身 書記 四位義正 共著
書記 리典洙 譯

○本書と民刑訴訟規則各條에解釋을加ᄒᆞᆫ것이라……

發賣所 中部布屛下 廣學書舖 金相萬
鍾路 氣電會社越邊 廣學支書舖
京鄉各有名書舖

美國시아틀大博覽會 미국시아틀대박람회

濟生堂和平堂大藥房新舊紀念大贈彩

◎贈彩說明

縣賞物品金六百圓價值

大福彩券은以四千枚로定

兩大藥

方法

賞

期限

位置

皇城鐘路 濟生堂大藥房本舖

皇城鐘路 和平堂大藥房 本舖

兩堂臨時出張所

各種東西洋藥과韓國唐草材大發賣所는和平堂藥房

本堂藥品

如左

朴容奎

皇城南部大安洞

共愛堂大藥房

京鄉各書舖隨意販賣

代理店

社告

○廣告料

平安道

各地支社

咸鏡道

黃海道

江原道

慶尚道

光武九年八月拾壹日 明治卅八年八月拾壹日 〔第三種郵便物認可〕　火曜日　西曆一千九百九年七月廿七日 (壹)

大韓每日申報

第七卷
第千壹百五拾七號

月曆及時日
檀君開國四千二百四十二年
孔子元年[illegible]
大韓開國五百十八年
日本明治四十二年
[illegible]
己酉六月大十一日戊子

Responsible for Publication Alfred Weekley Marnham.
發行兼編輯人 英國人 萬咸
發行所
京城南部[illegible]
大韓每日申報社

論說

◉法學生에게警홈

司法權委任의條約이締結된以來로各學校法學生이大端激昂ᄒᆞ야退學코자ᄒᆞᄂᆞᆫ者ㅣ多ᄒᆞ다고其報에揭載ᄒᆞ얏더라

嗚呼라新約의締結됨이師法학生에關係가아니라凡한國에戴ᄒᆞ고한土를履ᄒᆞ야한人의心腸을帶ᄒᆞᆫ者야誰가憤慨치안으며誰가悲痛치안이리오만은

然이나此憤慨와此悲痛을因ᄒᆞ야農者ᄂᆞᆫ鋤를投ᄒᆞ고閭閻에서哀哭ᄒᆞ며商者ᄂᆞᆫ市를罷ᄒᆞ고宅中에서哀哭ᄒᆞ야今日에도哀哭明日에도哀哭ᄒᆞ면已去ᄒᆞᆫ司法權이哭聲中에歸來ᄒᆞᆯ가日否라此로寘ᄒᆞ야도其不能ᄒᆞᆷ을推知ᄒᆞᆯ지니라且此뿐不能ᄒᆞᆯ뿐아니라數畝의산田만荒廢되며百金의家産만倒蕩되야大則國民貧困의冤痛을致ᄒᆞ고小則家人凍餒의非災를招ᄒᆞᆯ뿐이라何益이有ᄒᆞ리오故로雖此悲憤哀哭의中에도强히淚를揮ᄒᆞ고豊邊으로此目을紀念ᄒᆞ며豊邊으로已職을務修ᄒᆞᆷ만不如ᄒᆞ니然則今日法학生의退學코ᄌᆞᄒᆞᆷ이果然何等의謬見이뇨

嗚乎라記者도亦知케라法部廢止의國에坐ᄒᆞ야法학生의退학을責ᄒᆞ야彼喪夫의婦를向ᄒᆞ야婚禮를講ᄒᆞᆷ과如ᄒᆞ며無子의人을對ᄒᆞ야敎範을說ᄒᆞᆷ과如ᄒᆞ니是가학生의耳에不入ᄒᆞᆯ者나然이나言者의心은國을爲ᄒᆞ야此를諫ᄒᆞᄂᆞᆫ바로니학生諸君은腦를冷靜히ᄒᆞ고此를靜聽ᄒᆞᆯ지어다

諸君의當初目的이判檢事辯護의業職에在ᄒᆞ며奏判任의官僚에止ᄒᆞᆫ다ᄒᆞ면余가齒舌을費ᄒᆞᆷ이可커니와萬若不然ᄒᆞ야法理를究ᄒᆞ며學術을講ᄒᆞ야民權思想을鼓吹ᄒᆞ며國家榮光을買ᄒᆞ고ᄌᆞᄒᆞᆷ진ᄃᆡ法部廢止以後의法學研究ᄂᆞᆫ法部廢止以前보다尤過ᄒᆞᆯ지어날反히退去코ᄌᆞᄒᆞᆷ이果然何等의謬見이뇨

古人이云ᄒᆞᆫ디「雨雪暟ᄂᆞᆫ先集維산」이라ᄒᆞ고又云ᄒᆞᆫ디「履霜堅氷至」라ᄒᆞ니司法權의影子ᄂᆞᆫ今日에去ᄒᆞ얏스나司法權의骨子ᄂᆞᆫ去ᄒᆞᆫ지已久라乙巳五條約의日에其腦가已碎ᄒᆞ며丁未七條約의時에其身이已冷ᄒᆞ고但只無用의影子만留ᄒᆞ얏다가今에霜前에枯葉又치捲去ᄒᆞᆷ이니諸君이萬壹悲歎的으로退ᄒᆞᆯ진디數年以前에早決ᄒᆞᆯ何로ᄌᆞᄒᆞᆫ가當初부터法學生을不作ᄒᆞᆷ이可ᄒᆞ고抑或奮鬪的으로猛進코ᄌᆞᄒᆞᆯ진디法部廢止의今日이尤是諸君의激勵ᄒᆞᆯ秋어날彼時에入學ᄒᆞ야此時에退學ᄒᆞ니嗚乎諸君이여國家가亡ᄒᆞ던지民族이滅ᄒᆞ던지只是豊富職의幾個俸만欲ᄒᆞᆫ者인가

且靑年丈夫로時勢의狹隘ᄒᆞᆷ을醸成ᄒᆞᆫ者ㅣ아니오軍部가廢ᄒᆞ거던軍학을愈究ᄒᆞ며法部가廢ᄒᆞ거던法학을愈究ᄒᆞ야십三日을挽回ᄒᆞᆯ지어날此를不爲ᄒᆞ고此部가廢ᄒᆞ거던此에退학ᄒᆞ며彼部가廢ᄒᆞ거던彼에退학ᄒᆞ다가將次山窮水盡ᄒᆞ면何處로圖코ᄌᆞᄒᆞ나뇨

法部廢止ᄂᆞᆫ暫時司法權을暫滅ᄒᆞᆷ이나諸君退學은將來司法權을永滅ᄒᆞᆷ이니嗚乎라他人이諸君의退학을强ᄒᆞᆯ지라도諸君이不肯ᄒᆞᆯ지어날反히自退를倡言ᄒᆞᆷ은何意오

憤慨도可커니와退학은不可ᄒᆞ며悲痛은可커니와退학은不可ᄒᆞ니라

官報

▲隆熙三年八月三十壹日 官報

法律

法律第二十八号

民事訴訟費用規則 續

第拾條 强制執行及非訟事件에關ᄒᆞᆫ費用은特別ᄒᆞᆫ規定이有ᄒᆞᆫ境遇를除ᄒᆞᆫ外에ᄂᆞᆫ前數條의規定을準用ᄒᆞ야此를算定ᄒᆞᆷ

附則

第十壹條 本法은隆熙二年拾月壹日로부터此를施行ᄒᆞᆷ

第十二條 隆熙元年勅令第拾捌號民事訴訟費用規則은此를廢止ᄒᆞᆷ

完

外報

◉川漢鐵道와露國 倫敦電을據ᄒᆞᆫ則露國公使ᄂᆞᆫ淸國外務部에對ᄒᆞ야通告ᄒᆞ기를漢口에露國利益과揚子江沿岸의茶貿易을鑑ᄒᆞ야露國은露淸銀行의代表되ᄂᆞᆫ資本家로ᄒᆞ여금川漢鐵道借款에加入케ᄒᆞᆯ깃다고ᄒᆞ얏다더라

◉總督急上 東京電을據ᄒᆞᆫ즉東三省總督錫良시ᄂᆞᆫ北京으로急行ᄒᆞ얏다더라

◉總督上京 總督端方시도二십三日任地를발ᄒᆞ야北京으로발程ᄒᆞ얏다더라

◉日本大火 東京電을據ᄒᆞᆫ즉去二십三日夜에日本橫須賀市世事町에서大화가出ᄒᆞ야碇泊ᄒᆞᆫ合軍艦의水兵과要塞兵이多數히來ᄒᆞ야盡力救火ᄒᆞ얏스나風威가劇烈ᄒᆞ미火勢가猛ᄒᆞ야銀行會社演劇場新聞社等町의金燒家屋이八百餘戶요損失額이二百萬圜이요死傷者가三拾餘名에達ᄒᆞ얏다더라

◉慶親王罷免 慶親王은陸軍事務를罷免되얏다더라

◉三帝會合 伯林電을據ᄒᆞᆫ즉德國新宰相홀웨그시ᄂᆞᆫ德皇이八月上旬에英露兩帝와會見ᄒᆞᆯ時에陪隨ᄒᆞᆯ터이오又同시ᄂᆞᆫ秋期를待ᄒᆞ야墺伊兩帝와兩德國의諸君主를歷訪ᄒᆞᆯ터이라더라

◉開戰促迫 伯林電을據ᄒᆞᆫ즉法國당新聞報道에曰德國은平和解決ᄒᆞᆯ旨로土耳其政府에勸告ᄒᆞ얏ᄂᆞᆫ데靑年土耳其黨은힘써希臘이아內閣에게戰ᄒᆞ기를促迫ᄒᆞᆫ다더라

學事

◉義成卒業 齋洞大廟洞私立義成學校에서去십三日에第壹回卒業式을擧行ᄒᆞ얏ᄂᆞᆫ데

卒業生 盧穀益 李文浩 文鶴柱 李龜浩

詞藻

檀々國

白頭山도라드니、檀君遺蹟이아닌가。
훈鹽土차져니고、죽은人民살니라면。
아마도、檀君의後裔로、豊膽檀檀。

次梅月堂三角山詩 漢叟

排雲擲日揷空蒼環海翠峰拱似
星烟鎭莫道遮眞面蒼翠尙占萬

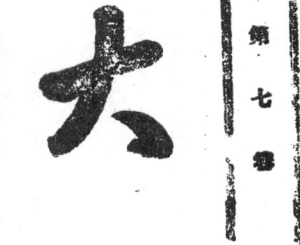

廣告

雜報

●銀行條例上奏 韓國銀行을設立홈은已報ᄒ얏거니와其條例를製定上奏ᄒ얏ᄂᆞᆫ데今明間官報에發表ᄒ리라더라

●皇太子殿下 韓國 皇太子殿下ᄭᅴ압셔八月壹日에東京에셔 御出發ᄒ샤日本北海島ᄭᆞ지 御旅行ᄒ셧다가同貳십五日에 御還ᄒ신다더라

●義王出遊 義親王殿下ᄭᅴ옵셔日前東大門外興天寺에前往ᄒ야妓樂을設ᄒ고竟日消暢ᄒ얏다더라

●三氏閑席 昨日은內閣月曜例會인ᄃ度支部大臣法部大臣學部大臣三氏ᄂᆞᆫ出席치아니ᄒ얏다더라

●別出奇計 褓負商의勢力을利用ᄒ야義兵을剿滅ᄒᆯ議論은伊藤統監在任時부터有ᄒ얏스나彼等을制禦ᄒ기ᄂᆞᆫ政府에셔도困難ᄒᆫ바이라萬一彼等이義兵을鎭靜ᄒᆫ後에大勢力을得ᄒ면容易處置치못ᄒᆯ줄을確知ᄒ고遲延置之ᄒ엿더니近日에此議가更起ᄒᄂᆞᆫᄃ其後弊에就ᄒ야ᄂᆞᆫ義兵鎭壓後에如前히中央에統率ᄒᄂᆞᆫ事務所를設ᄒ면弊害가無ᄒ리라ᄒ야리尤용氏가褓負商과專力交涉ᄒ야大略成立되얏슴으로去二십四日에閣議를經ᄒ고經費二十萬圜을支出ᄒ야彼等을利용ᄒ기로內定ᄒ얏다더라

●辭表再提 度支部大臣任善準학부大臣리載崑兩氏가辭職홈에對ᄒ야리提出ᄒ얏던辭表를反還홈은已報어니와兩氏ᄂᆞᆫ昨日에更히辭表를提出ᄒ얏ᄂᆞᆫᄃ兩氏ᄂᆞᆫ가期於히遞免코져ᄒ면高永喜氏가度支大臣을兼ᄒ고학부大臣ᄂᆞᆫ新任된다더라

●亂動前長 總理大臣李完용氏ᄂᆞᆫ再昨日午後當時에셔三道觀察使及漢城府尹을召集ᄒ야司法權委任ᄒᆫ顚末을說明ᄒ고且地方人民에게此를誤解ᄒ야亂動을防ᄒ도록說明ᄒ라ᄒ얏다더라

●閔使遞任 今番閔[illegible]會議後에ᄂᆞᆫ閔[illegible]使가多數[illegible]되다ᄒ며[illegible]顚者ᄒᆫ會議이有ᄒ나[illegible]ᄂᆞᆫ他層節이有ᄒ면已어니와無故히謀望ᄒᄂᆞᆫ바이未妥ᄒᆫ事이라ᄒ야壹々히還任케ᄒᆫ다더라

●假[illegible]渡發 中部兵[illegible]留ᄒᄂᆞᆫ徐兵가日昨에大[illegible]新聞을讀過ᄒ다가第二面欄에司法權事件을[illegible]ᄒ야韓國人民의幸福이라ᄒᆫ論說에至ᄒ야勃然히怒氣를作ᄒ야日[illegible]不可暫時接目이라ᄒ고其新聞紙를片片裂棄ᄒ얏다더라

●竣工日促 己開院ᄒᆫ裁判所와未開院ᄒᆫ裁判所를갓今一體新建築ᄒᄂᆞᆫᄃ法部次官倉富勇三郞이가建築役을不日竣工ᄒ라고催促이日甚ᄒ다ᄂᆞᆫᄃ其內容은司法權委任ᄒᆫ에對ᄒ야檢官舍를壹切引繼ᄒᆯ計劃이라더라

●其情感矣 司法權委任ᄒᆫ事에對ᄒ야各法律卒業生과辯護士諸氏가日昨에리容相氏法律事務所에會同ᄒ야長時談論ᄒ고將來辯營을協議ᄒ다가各其實業에나注意하자ᄒ얏다더라

●何等材料 學部에셔夏期講習所에講習材料를商定ᄒ야現方編纂中인ᄃ將次해所로分給ᄒᆯ터이라더라

●銳意經營 淸國은북間島에熱心으로益々經營ᄒᄂᆞᆫᄃ經費ᄂᆞᆫ九十萬圜으로ᄂᆞᆫ到底히日本勢力과競爭ᄒ기難ᄒ다ᄒ야[illegible]

●[illegible] 督은吉林度支部와協議ᄒᆫ後間島事務官의게精密히調査ᄒ라고命令ᄒ고日本政府와三倍되ᄂᆞᆫ預算을編纂中이라더라

●濠洲記者來韓 濠太利洲의우실련도新聞記者쓰네스시ᄂᆞᆫ세比利亞를經ᄒ야東洋을觀察ᄒ次로昨日에入城ᄒ얏다더라

●大同報創刊 紳士諸氏가民智를啓發ᄒ기爲ᄒ야大同日報社를刱設ᄒᄂᆞᆫᄃ社장은洪鍾裕編輯發行人은安國善總務ᄂᆞᆫ宋敬仁編輯員은卞一主筆은鄭杜璨營業部長은金鎭亨事務員은金葉洛諸氏로組織ᄒ고八月壹日부터發刊ᄒᆫ다더라

●編入法案 漢城衛生費徵收에關ᄒ야人民等이或納入에遲緩ᄒ며或反抗者도有홈으로此會員이意見을陳述ᄒ야結稅滯納處分법案壹條를添入ᄒ얏다더라

●市場稅課賦法 地方費中에重要ᄒᆫ稅目은市場稅인ᄃ其賦課의方법에關ᄒ야議견이각有ᄒ나賣買額多寡에準據ᄒ기로決定ᄒᆫ說인ᄃ將次度支部와內部의認可를經ᄒ야還令으로決定이될터이라더라

●徵發廢據 地方費徵收ᄂᆞᆫ黍九月壹日부터實施ᄒᆯ터인ᄃ該費로以ᄒ야[illegible]辦ᄒᆯ事項은交通機關을完備케ᄒᆫ事產業을獎勵ᄒᆫ事教育에保助ᄒᆫ事官衛를修理ᄒᆫ等事이라더라

●輪墨發展 北壯동에輪墨社를設立홈은向已揭載어니와詩文書畫各種을隨求酬應홈으로該社의發展之望이有ᄒ다더라

●入場券使用 警視廳壹般巡査들이各演劇場에巡夜觀覽ᄒᄂᆞᆫ故로此를團束ᄒ기爲ᄒ야該廳에서巡査게ᄭᆞ지入場券을使用ᄒ야其出入을限制ᄒᆫ다더라

●拑制人口 平壤大成學校學監員玉觀彬氏가三和港에到着ᄒ야本月십九日에商業會議所樓上에서演說會를開ᄒ고教育界의苦況을陳說ᄒᆫ時에傍聽이雲集ᄒ얏ᄂᆞᆫᄃ該港警官들이治安妨害라ᄒ야解散을命ᄒ고仍히三崇學院학監鄭亨湜氏를警察署로招致ᄒ야更勿如是ᄒ라고說諭放送ᄒ얏다더라

●通郡年形 通津地方은年來饑饉이荐疊ᄒ야民生이困難ᄒ더니今年에도旱災가特甚하야移秧에着手ᄒ가最少ᄒ고四野가龜坼ᄒ고秧苗가枯焦ᄒ야有秋之望이全無ᄒ다더라

●淸日衝突 北間島에서淸兵六千名과日兵七십餘名이交鬪ᄒ야多少死傷이有ᄒ얏다ᄂᆞᆫ醴報가某處에達ᄒ얏다ᄂᆞᆫ說이有ᄒ더라

●金氏呼訴 兎山郡居金鐘元氏가去丁酉年간에當該郡所在畓土五十餘斗落을內官姜錫鎬氏의게見奪ᄒ야于今含冤ᄒ더니右畓을還推次로日前地方裁判所에呼訴ᄒ얏다더라

●慈城虫害 平북慈城郡과咸북鍾津附近에ᄂᆞᆫ降雨로因ᄒ야除草치못ᄒ얏ᄂᆞᆫᄃ蝗虫이발生ᄒ야수穀이被害ᄒᆫ中에粟玉蜀黍稷粱等이尤甚ᄒ다더라

●義擊巡査 慶尙北道榮川郡日守備隊에從屬ᄒᆫ韓人巡査가附近에在ᄒᆫ義兵을搜査키爲ᄒ야히郡松川동西方高地로通過ᄒᆯ제路北森林中에서義兵約二십五名에게潛伏ᄒ얏다가實弹射擊ᄒ야巡査金某ᄂᆞᆫ二處銃傷을受ᄒ얏다더라

●情狀可矜 三和港內에韓人들이道路를新築키爲ᄒ야該人家屋玖拾二戶를毁撤ᄒᄂᆞᆫᄃ若干代金을交付ᄒ얏스나當時에其生을失ᄒ고道路에彷徨ᄒᄂᆞᆫ情狀은目不忍見이라더라

●義兵向北 北墳地方義兵들은近日來로多數히北間島等地로發向ᄒᆫ다더라

●肉畜傷人 平安북道江界郡下ト面地方에ᄂᆞᆫ本年五月末부터牛疫이발生ᄒ야近日ᄭᆞ지십五頭가罹疫ᄒ얏ᄂᆞᆫᄃ愚昧ᄒᆫ村民은其牛肉을食ᄒ며牛疫의傳染을受ᄒ야死去ᄒᆫ者ㅣ七人인ᄃ其病名은炭疽이라더라

●壓石致命 曾津稅關海壁工事에岩石掘取에從事ᄒᆫ韓人二名과淸人壹名은去十六日에突然이巨岩二個가轉落ᄒ야兩人의腹部를壓하야卽地致死ᄒ얏다더라

●鴨江增水 十六日以後에鴨綠江에增水가三丈餘에達ᄒ야沿岸道路ᄂᆞᆫ全部가浸水되며韓人십餘名이溺死ᄒ야漂流ᄒ얏고且畜동溺死ᄂᆞᆫ其數를不知ᄒ다더라

●獄囚慘死 近日에氣가甚熱ᄒ야監獄署에滯留ᄒᆫ罪囚들이多數病死ᄒᆫ다더라

●義殺賊日 去二십三日午前십時頃에京畿道楊州郡郎面동石隅里서方約五십里地에서義兵이日本人二名을射殺ᄒ얏다ᄂᆞᆫ急報가有홈으로上等兵壹名과補助員二名이當地로急行ᄒ얏다더라

●太極講會 太極教宗에서再昨日에講研會를開홈은已報어니와講師尹興燮氏가出席ᄒ고講員은百餘名에達ᄒ얏ᄂᆞᆫᄃ相揖禮를行ᄒᆫ後에自誠明謂之性自明誠謂之教란問題로講師諸시와朴正呂永弼氏의講述ᄒᆫ講義ᄂᆞᆫ徐相春리雄根兩氏가朗讀演說ᄒ고相揖閉會ᄒ얏더라

▲地方消息

▲本月四日楊州郡북方約五십里地에서義兵百십餘名이金南三巨里憲兵派遣所上等兵三名及補助員八名과衝突ᄒ얏다ᄒ고

▲本月五日驪州郡東북方約七십里地에서義兵三십餘名이金南三巨里憲兵派遣所上等兵壹名及補助員四名과衝突ᄒ얏다ᄒ고

▲本月五日慶북奉化郡西方約四십五里地에서義兵五名이同郡憲兵分遣所上等兵壹名及補助員四名과衝突ᄒ얏다ᄒ고

▲本月七日장城郡南方約二십里地에서義兵拾五名이金南樂水亭憲兵派遣所上等兵三名及補助員九名과衝突ᄒ얏다ᄒ고

▲本月七日江原道臨溪서南約三십五里地에서義兵五名이旌善憲兵分遣所上等兵壹名及補助員兩名과衝突ᄒ얏다더라

○東京電報○

廿四日午后三時發

◎新協約發布 司법權委任에關ᄒᆫ韓日新協約全文五條ᄂᆞᆫ本日正午外務省에서발表ᄒ얏ᄂᆞᆫᄃ實行期ᄂᆞᆫ數月後에更히발表ᄒᆯ터이라더라

◎韓國鉄道經營 廿六日발 韓國鐵道方針을日本閣議에決定ᄒ야韓滿兩鐵道를幷히滿鐵會社에監理케하고鐵道院總裁下에置ᄒ다ᄂᆞᆫᄃ統監府官制도改正ᄒ며同會社의款도改正ᄒ야滿韓鐵道會社라ᄒ고大增資ᄒ야來春부터全韓鐵道全部를買收ᄒᄂᆞᆫᄃ京城元산平壤鎭南浦烏致院全州群산木포等鐵道經營에着手ᄒᆯ터이라더라

▲五悔歌

▲困苦쑴을初醒하고明鏡淨几빗겨안저時局形勢를觀念ᄒ며吁嗟短嘆ᄒᄂᆞᆫ際에悲傷ᄒᆫ소리無限趣味잇ᄂᆞᆫ듯無數恨잇ᄂᆞᆫ듯次第々々붓니니五悔歌를分明ᄒ다

▲靑童으로不[illegible]봄이굴ᄶ라면走避ᄒ야聲色所事에知ᄒ며歲月虛送ᄒ고燦然斑星々ᄒ면[illegible]競爭이時代에地位入物업시首鼠處엇지ᄒ랴少時不하者時悔오

▲天下大本農業이라不失其時ᄒ며리도水災旱災爲甚ᄒ거던遊衣遊食ᄒ며蟲災들怠惰失農어이ᄒ노秋成之望全然ᄒ야남의穀食비부사生活程度可矜ᄒ다春時不耕秋時悔오

▲菲[illegible]又은[illegible]好聚가羅士人[illegible]不顧ᄒ고亡[illegible]를차노라고[illegible]條約이어주니[illegible]이나[illegible]歲月幾日生도烏[illegible]藏不無理니兎死狗烹可矜하다生時不忠亡時悔오

▲蕩子佳人짝을지어오락가락노닐면서千金散盡[illegible]來로다生[illegible]念에만잇서셔學校와各社會에[illegible]分補助못히보고家産전노蕩敗ᄒ니쓰든黃金나시오랴飽時不念飢時悔오

▲잔셜고두잔셜에[illegible]이셩겨나니안먹고ᄂᆞᆫ못살즐노[illegible]夜장醉不醒ᄒ니재길보가[illegible]之字步로입에나면妄談이라不知世上잠드럿다셔고나니其然未[illegible]醉時不愼醒時悔오

▲寓意[illegible]醒ᄒ니幽[illegible]을潛心傾聽못ᄒ고나니如有所得이니맘이且欣且嘆ᄒ거니와原著者가其誰련고慨世子의노리로다어ᄂᆞ떠나全[illegible]同胞더[illegible]習을悔改ᄒ야維新國民되여볼ᄉᆞ

廣告

◎慶尙南道安義郡私立義明學校趣旨書

大凡金을煅鍊치아니ᄒᆞ면其氣를逞치못ᄒᆞ고玉을琢磨치아니ᄒᆞ면其美를售치못ᄒᆞᄂᆞ니而況人之學問乎며水를涵畜지아니ᄒᆞ면河海의深을就치못ᄒᆞ고木을培養치아니ᄒᆞ면棟樑의材를成치못ᄒᆞᄂᆞ니又況人之敎育乎아夫時勢之變遷이如寒暑之交易ᄒᆞ야陰剝而陽復ᄒᆞ고日往而月來ᄂᆞᆫ氣數自然之理也오春耕而秋穫ᄒᆞ고夏葛而冬裘ᄂᆞᆫ隨時應變之道也라當此莫大變易之時ᄒᆞ야固守不變이可乎아隨時應變이可乎아惟我花林[illegible]處在窮峽ᄒᆞ야民智가未開ᄒᆞ니孤陋寡聞이不知變遷ᄒᆞ니[illegible]哉아遂히腐敗ᄒᆞᆫ腦髓를劈破ᄒᆞ고頑固ᄒᆞᆫ習慣을滌거然後에야可히文明에進步ᄒᆞᆯ지니玆故로本郡下에壹학校를私立ᄒᆞ고命名曰義明이라ᄒᆞ니義明者ᄂᆞᆫ安義全郡이晋明之意也라弱冠과稚童을募集ᄒᆞ고高明ᄒᆞᆫ講師를延聘ᄒᆞ야熱心敎育케ᄒᆞ노니爲人父爲人兄者ᄂᆞᆫ勸其子勉其弟ᄒᆞ야齊히就學ᄒᆞ야舊習俗을除却ᄒᆞ고新空氣를吸收ᄒᆞ면豈不美哉며豈不壯哉아新학問者ᄂᆞᆫ非은遠難行底事也라現今世界萬國이人民敎育으로써國家命機關을作ᄒᆞ야학術의方法이無窮ᄒᆞ고智力의發達이無窮ᄒᆞᆫ故로精益求精ᄒᆞ야以致乎極點ᄒᆞ며[illegible]度와熱心이細中에奮ᄒᆞ야[illegible]五一自做去ᄒᆞ야顧明忠義ᄒᆞ면人君에게忠을盡ᄒᆞ고父母에게孝를竭ᄒᆞ고朋友에게信을篤ᄒᆞ고妻孥에게和를翕ᄒᆞ고兄弟에게悌를克ᄒᆞᄂᆞᆫ道가其中에在ᄒᆞ니凡我同胞학員은玉을鍊ᄒᆞ고磨ᄒᆞ며水木의涵培를銘念ᄒᆞ야一齊努力ᄒᆞᆷ을[illegible]非國家之吉祥이며吾人之幸福耶아勉旃勉旃ᄒᆞ며勗哉勗哉어다

校長鄭泰均 謹白

本社에서在上海東洋烟艸大製造廠과專賣權을特約ᄒᆞ고各種烟草를直輸入ᄒᆞ와各代理店에支出ᄒᆞ오니 僉君子ᄂᆞᆫ愛顧ᄒᆞ심을敬要

法韓黑紙烟營匣廿五本入竹嘴
旗艦票壹匣廿本入具紙嘴
囉叭標壹匣五本入
鷹標壹匣拾本入
虎標壹匣拾本入
獅子標壹匣拾本入
鬪士標一匣十本入
法韓쉬잉金口紙一匣拾本入
法韓시오시金口紙一箱白本入

本社의各代理店은左開ᄒᆞᆷ
平壤代理人鄭箕煥
鳳山沙理院代理人睦奭鎭
大邱代理人金奎鎭

再

誰某시던지各處에代理店을借設ᄒᆞ기를願ᄒᆞ거던本社에來臨相議ᄒᆞ시오

京城石井洞
法韓會社 告白

本社에서日韓兩國人이合資會社를組織ᄒᆞ야京城리事廳認可를承ᄒᆞ야設立日노부터滿十個年으로定期ᄒᆞ오고十三道各港浦必要ᄒᆞᆫ區域에特約取扱所를設置ᄒᆞ오며如何ᄒᆞᆫ山間避地라도便利케運搬ᄒᆞᆷ을營業目的을左開事項에記載ᄒᆞ오니內外國僉君子ᄂᆞᆫ勞顧ᄒᆞ시와多少ᄒᆞᆫ物品을本社에委托ᄒᆞ심을希望ᄒᆞᆷ

一 河船에諸種物品積載陸揚
一 牛馬車及駄馬陸路運搬使役
一 運送取扱業
一 倉庫及倉庫業
一 委托物品買賣業

京城南部永樂町
日韓運輸合資會社 告白

言文 池錫永著 全

全壹冊 定價四拾錢

大韓人民이毋論京鄕ᄒᆞ고行用ᄒᆞᄂᆞᆫ言語가漢文音으로된것이라도人民이無論男子와婦人小兒들은입으로ᄂᆞᆫ음기되如何ᄒᆞᆫ글ᄌᆞ인줄을알지못ᄒᆞᄂᆞᆫ지라池松村先生이此를慨歎ᄒᆞ야我國言語에漢文音으로된國語된것을類輯ᄒᆞ야此書를編ᄒᆞ니實로國語에[illegible]線이라潛心閱覽ᄒᆞᆯ서書文이一致ᄒᆞ야全國同胞가거의一人도書札難情못ᄒᆞᆯ이업슬것이오外國人이韓語를講習ᄒᆞᄂᆞᆫ데津後이될지라外國僉彦은趂早購覽ᄒᆞ심을願望

發賣所 中部布屛下三十七統六戶 廣學書舖 金相萬
分賣所 京鄕各書포

初等自解 日語文典

宋憲奭 著
全壹冊 定價金[illegible]拾錢

本書ᄂᆞᆫ日本有名ᄒᆞᆫ文法大家諸氏에著述ᄒᆞᆫ書籍을參考ᄒᆞ야簡易케成ᄒᆞ와只詳解者로日語文法을自習自得케ᄒᆞ엿ᄉᆞ오니速々購覽ᄒᆞ시오

發賣元 京城中部布屛下三十七統六戶 廣學書舖 김相萬

分賣所
東部蓮峴 普成書館　[illegible] 博文書館
鍾路 大東書市　廣[illegible]
南門外 新舊書林　滙東書館
鍾路 [illegible]會社越便 [illegible]支店

韓國民刑訴訟法註解 (對譯日文)

全 全
大韓京城控訴院書記長田中正身 書記 四位義正 書記 리鐘洙 譯 共著
全壹冊 [illegible] 定價金[illegible]

○本書ᄂᆞᆫ民刑訴訟規則各條에詳密히註譯을加ᄒᆞᆫ것이라新法律이頒布ᄒᆞᆷ에充分研究ᄒᆞᆷ이無ᄒᆞ면[illegible]明的制度를倣ᄒᆞᆫ法律은深邃ᄒᆞ야條文을通過ᄒᆞᆷ에ᄂᆞᆫ容易히眞正ᄒᆞᆫ法意를知ᄒᆞ기不能ᄒᆞᆫ지라[illegible]

發賣所 中部布屛下廣學書舖 金相萬
分賣所 [illegible]氣電會社越邊廣學支店

美國시아틀大博覽會 · 미국시아틀대박람회

AMERICAN KOREAN TRADING COMPANY

京城磚洞 (京城郵便局預約拾號) 韓美興業株式會社
(大韓國에미合나消法律認可) ([illegible])

本社의各處代理人의氏名은如左홈

[illegible]

第三種郵便物認可　　大韓每日申報　　第壹千壹百五拾四號

廣告

仲介組合所를中部慶幸坊三統三戶로定ᄒᆞ고特別組織ᄒᆞ오니紳商 僉位은照亮ᄒᆞᆷ
所長 吳仁洙
總務 徐相烈
事務員 趙容夏
成萬祿
리贊英
朴聖陽
리章煥
송仁煥

●한川郡印寺內海明學校普通科夏期試驗優等及第生
甲班優等 木顯永 金鍾濱
甲班級第 千性昌 리義昕
郭守鎰 馬雲梵 宋性珠
吳承業 吳相治
乙班優等 權桂秀 朴晉善
乙班級第 손鳳伊 金奉基
金性兒 金斗年 申太濱
朴鳳龍 文性照 리仁鶴
千基善
丙班優等 金龍現
丙班級第 李景洪 리樂서
金善奎 趙大淳 安任性
卞在夏 金岩于 鄭在淳
申判述 車丁석 리基欣
鞠永佑 鄭雲龍
同日語夜學科夏期試驗優等級第生
優等 魏祥焯 辛하能
級第 秋祥善 孫英植 白峰雲
海明學校 告白

本人의姓名圖章을去陰五月初三日에서失ᄒᆞ앗ᄉᆞᆸ기玆에廣告ᄒᆞ오니 諸僉은照亮ᄒᆞ시옴
平北義州府光嚴洞安泰然告白

本人이陰五月二十九日에姓名圖章을闕失ᄒᆞ앗ᄉᆞᆸ기玆에廣告ᄒᆞᆷ 平壤館洞金根雨 告白

濟生堂和平堂大藥房聯合紀念大贈彩

●贈大彩說明
濟生堂開業五週年과和平堂開業三週年間에內外國君子의顧愛ᄒᆞ심을多蒙ᄒᆞ야藥業이時日隆盛ᄒᆞ고功績이東西著昌이라其感佩ᄒᆞᆷ實難表誠故로今에兩大藥房에셔紀念式을幷行ᄒᆞ고僉君子의厚誼를表ᄒᆞ기爲ᄒᆞ야兩種藥品(淸心保命丹 八寶丹)을特製大發賣ᄒᆞ며大贈彩券을無代金添呈ᄒᆞ와曾時調運을大占케ᄒᆞ오니僉君子ᄂᆞᆫ勿失此機ᄒᆞ시고陸續枉顧ᄒᆞ심을敬要

懸賞物品金六百圜價值

大贈彩券은以四千枚로定

兩大靈藥 (淸心保命丹)(八寶丹) 賣貼價金各拾錢

效能 暑飮積滯腹痛 水土不利咳嗽

方法

定價金千錢枚五包에贈彩券壹張을添呈ᄒᆞᆷ
此外兩藥房製藥品中의五拾錢價格에彩券을添呈ᄒᆞᆷ
購買ᄒᆞ면五圜價格彩券壹張을添呈ᄒᆞᆷ

賞品

壹等貳人) 白米貳拾石(每拾石式)太斗五斗入
貳等貳人) 仝 拾石(每五石式)
貳等捌人) 仝 拾六石(每貳石式)
三等拾人) 仝 拾石(每壹石式)
四等壹百人) 金五十圜(每五十錢式)
五等三千八百七拾八人 紙券煙三千八百七拾八匣 寸三千八百七拾八匣

空彩ᄂᆞᆫ無ᄒᆞᆷ

遠地에ᄂᆞᆫ郵便引換으로送呈ᄒᆞᆷ

期限은六十日노定 自陽六月拾六日 至陽八月拾五日

抽籤日字ᄂᆞᆫ臨期ᄒᆞ야更告ᄒᆞ겟ᄉᆞᆷ

位置
皇城南大門側 濟生堂大藥房本舖
皇城鍾路 和平堂大藥房本舖
皇城鍾路 兩堂臨時出張所

自宅治療 電氣帶 廣告

(主治効能)腦經衰弱證症不眠。遺精、早漏不快、陽위不起、消化器無力、常習便結、消化不與。持發不良。遺尿。骨盤內臟에衰弱。病痛。半身不遂。或全身 不遂。手足厥冷、諸神經痛。腦痛腰痛。脚氣及腳痛。記憶力及忍耐너減退、精血分不足疾
上號 拾四圜　中號 拾二圜

家庭救急方

前醫學校敎官 朴容南 著

定價 全壹冊 金參十錢

此編은東西醫藥中에家庭에必要ᄒᆞᆫ救急妙法을博搜廣採ᄒᆞ야雖婦人小兒라도易曉케編輯ᄒᆞᆫ者ㅣ니人人마다案頭에貯藏ᄒᆞ야自宅의治療를作ᄒᆞᆯ神方이오且醫藥에從事ᄒᆞᄂᆞᆫ人의臨床必要ᄒᆞᆫ書ㅣ니實爲世의要訣이옴

日炙大暑○內科病의救急法○卒倒○卒中○熱射病○霍亂○頭痛○疼痛○頭痛○心臟疼痛○胃痛○月經時疼痛○出血○鼻出血○낙血○吐血○下血○中毒○中毒療法의壹般通則○鴉片中毒○양졋물中毒○石炭酸中毒○硝酸銀中毒○燐中毒○비素中毒○炭氣中毒○魚類中毒○獸肉中毒○異物에對ᄒᆞᆫ摘出法○鼻、喉頭、耳、眼、에對ᄒᆞᆫ異物摘出法○火傷○凍傷○止血法○押圍○失氣及假死○假死와眞死의區別○假死의救急法○溺水者○縊首者○瓦斯中毒○異物에ᄂᆞᆫ窒息假死○雷震死○縊死者○人工呼吸法○挿傷○外傷○頭部外傷○顔面外傷○頸部外傷○胸部外傷○腹部外傷○下악脫臼○咬傷○狂犬病○毒蚊○蜂蠆咬傷○姙婦의症候○姙娠中의攝養○産婦의攝養注意○初生兒의受護法○乳母의擇法○家庭의必備ᄒᆞᆯ藥品

發賣所 皇城南部太廣橋
共愛堂大藥房 告白

代理店 共愛堂各支店
京鄕各書舖隨意販賣

社告

○申報價
壹張代金 新貨貳錢五厘
壹個月前納 三拾錢
參個月 九拾錢
陸個月 壹圜七拾錢
壹個年 參圜四拾錢
郵稅壹張 新貨五厘
壹個月 拾參錢

○廣告料
四號活字拾參字詰
每日壹寸(英尺)에新貨什五錢
貳週日壹寸에 貳圜五拾錢
壹個月壹寸에 五圜
(自壹行至四行이爲壹寸)
其期限의長短과字行의多寡를依ᄒᆞ야增減ᄒᆞᆷ이有ᄒᆞᆷ

◉大韓每日申報 各處支社廣告

平安道
平壤鍾路太極書 安泰國
三和港牌石洞敎堂 國亨湜
義州南門外로西大藥房 張有寬
鐵山邑東部 安濱
車輦館 金明鉉
定州南門內書舖 洪成麟
博川郡邑내篁洞 金翼楷
安州城內義井洞 金翼河
京義線秕峴驛前 李基秀
德川邑市 黃瑞保
龍川南面楊峴敎會 金贊論
殷川남布驛 韓榮鎬
郭州邑남門내 朱伯燕
泰川邑鐵洋사廳 李正鎬
寧邊郡內紅門里 鄭德昇
江西邑內 金昌煥
成川郡上部面 馮應三
平남順川郡蓮谷 鄭裕정
宣川邑橋南 申基陽
江界邑耶蘇敎會堂 김應섭

黃海道
郭山郡郡面湖우里 金鍾國
甕山郡邑面上里 梁允植
鳳山郡內利用里 鄭鳳獻
鳳山北面橋洞 王冕鶴
海州남門內書舖 朴泰階
安岳郡石面諸飯洞 金文浩
長淵邑校洞西北支學會內 孫東元
殷栗邑倉前里 金鴻壽
信川邑西里 鄭鎬龍
載寧邑乾材局 李昇協
瓮州南門外册肆 崔鍾衡
白川邑文明館 韓雲龍

咸鏡道
沙里院活民勞動救失會任敬宰
咸興州南社陽門外 曹喜林
元山港創業社內 韓用正
高原邑 金致喜
定平郡書店 金鍾淑
洪原西門 羅明善
永興郡山 宋在元
鏡城羅南新興洞
淸津港新岩동 張元浩

全羅道
木浦항陽동 리得茲
金溝水流面豆亭 趙鍾三

京畿道
韓社下光華堂里 리英재
仁川海岸 李東濃
開城南大門外學書舖
江華邑川洞 金??

忠淸道
公州 李啓鉉

慶尙道
大邱 李正由
釜山港佐川약局 徐??

江原道
春城邑內新坡里 함海元
鐵原邑 趙泰九
寧珍邑面梅花里 朱敏??

告

光武九年八月拾日發行 …… (第三種郵便物認可) 水曜日 西曆一千九百九年七月二十八日

第七卷

大韓每日申報

第一千壹百五拾八號

月歲 隱時 及日 慶休 節刊

隆熙三年
檀君開國四千二百四十二年
箕子元年三千三十一年
大韓開國五百十八年
日本明治四十二年
淸國宣統元年
陰己酉六月十二日己丑

Responsible for Publication Alfred Weekley Marnham.
發行兼編輯人 英國人 萬咸
發行所 京城南部石井洞 大韓每日申報社

寄書

◉祝每日報 心朝生

嗚呼ㅣ라我韓人이여狂瀾이拍天ᄒᆞ되漏船이忽沉ᄒᆞ며亂山이徑天하민危路가已斷이라何로從ᄒᆞ야彼岸을登ᄒᆞ며何로從ᄒᆞ야歸程을得ᄒᆞᆯ가我의耳ᄂᆞᆫ我로ᄃᆡ所聽은非我며我의目은我로ᄃᆡ所視ᄂᆞᆫ非我며我의鼻ᄂᆞᆫ我로ᄃᆡ所觸은非我며我의口ᄂᆞᆫ我로ᄃᆡ所言은非我라我다려我를問ᄒᆞ여도我가果然我에在ᄒᆞᆫ지認定치못하깃도다

然이나天이吾人을盡劉치아니ᄒᆞ사靑点暝色이峰際에初現ᄒᆞ며萬丈燈光이街頭에忽挂하며滔々ᄒᆞᆫ巨浸에[illegible]ᄒᆞ라吾同胞여ᄒᆞ며炎々ᄒᆞᆫ火宅에出ᄒᆞ라吾同胞여ᄒᆞᄂᆞᆫ우리大韓의每日申報로다

大抵貴報筆鋒을愛讀ᄒᆞᄂᆞᆫ者不佞又ᄂᆞᆫ固陋愚頑으로도曾讀再讀에感想이變遷ᄒᆞ다自謝ᄒᆞ거던况我보다高明ᄒᆞᆫ者리오遍邦上叢棘이라도是筆이臺下ᄒᆞ면脚下가不遠ᄒᆞ며滿天下塵霧이라도是筆이瞥揮ᄒᆞ면眼前이快濶ᄒᆞ도다

然이나貴報를愛讀ᄒᆞᄂᆞᆫ者ᄂᆞᆫ無論이어니와貴報를不愛讀ᄒᆞᄂᆞᆫ者도[illegible]ᄒᆞ며不愛讀ᄒᆞᆯ뿐아니라眼釘ᄀᆞ티作ᄒᆞ야世界의公評을眩亂케ᄒᆞᄂᆞᆫ者도有ᄒᆞ도다彼奴隷的性質이야엇지足히며부러軒輊ᄒᆞ리오만ᄂᆞᆫ仄聞日昨에貴報中第幾號新聞을押收ᄒᆞ얏다ᄒᆞ니貴報를愛讀ᄒᆞᄂᆞᆫ者ㅣ貴報를爲ᄒᆞ야憂嘆을加ᄒᆞᆯ듯ᄒᆞ나不佞은特히讃賀를不勝ᄒᆞ깃노라彼押收者의情形은影을畏ᄒᆞ면셔[illegible]下에避ᄒᆞ며響을嫉ᄒᆞ면셔[illegible]中에招ᄒᆞᆷ과無異ᄒᆞ도다

嗚呼ㅣ라壹枚紙ᄂᆞᆫ押收ᄒᆞᆯ지언졍凡我愛讀ᄒᆞᄂᆞᆫ幾千萬의心은押收ᄒᆞ리오後史에日某年某月某日에某報某件을因ᄒᆞ야著論某某報ᄂᆞᆫ押收ᄒᆞᆷ을當ᄒᆞ얏다ᄒᆞ야大書特書ᄒᆞ야不侫書ᄒᆞ리니壹人의手로엇지天下의目을掩ᄒᆞ리오其亦可憐ᄒᆞᆯ而已로다惟願貴報筆鋒은貳千萬人心의代表를作ᄒᆞ야奮鐵直前ᄒᆞ야百折不撓ᄒᆞᆯ지어다疾風에勁草를知ᄒᆞ고壓石에抽笋을觀ᄒᆞ나니心은天이라天定ᄒᆞ면勝ᄒᆞ나니更加努力ᄒᆞᆯ지어다

外報

◉露國是認 伯林電을據ᄒᆞᆫ則露國은公式으로波斯新帝와政府를是認ᄒᆞ얏다더라

◉英國製艦 倫敦電을據ᄒᆞᆫ則英國政府ᄂᆞᆫ今明兩年度에도렛드노—드型軍艦八隻을建造ᄒᆞ기로決定ᄒᆞ얏다더라

◉法內閣新造 路透電을據ᄒᆞᆫ則海軍腐敗事件을因ᄒᆞ야總辭職ᄒᆞᆫ法國內閣의後任은前法相ᄭᅦ리안시가首相이되여組織ᄒᆞ얏다더라

◉日艦遭害 東京電을據ᄒᆞᆫ則日本伊勢灣에서檢定射擊中에[illegible]艦은去二十五日午前三時에前部十二斤砲의故障을[illegible]中에러니砲彈이爆發ᄒᆞ야部死가四名이오名重傷이五十名이라더라

◉西軍苦鬪 伯林電을據ᄒᆞᆫ則西班牙軍은多大ᄒᆞᆫ損害를受ᄒᆞ고僅히예밀다를維持ᄒᆞ얏다더라

◉希臘新內閣 伯林電을據ᄒᆞᆫ則希臘國新內閣은親土耳其派로組織되얏다더라

◉總督의重要案 大連電을據ᄒᆞᆫ則[illegible]總督은何等重要事件을齎ᄒᆞ고廿七日에北京에赴ᄒᆞᆫ다더라

◉日本의決心 大連電을據ᄒᆞᆫ則安奉線問題에對ᄒᆞ야ᄂᆞᆫ日本의決心이愈々堅固ᄒᆞ얏다더라

[illegible]報

◉義兵總大將李麟榮氏의畧史

(日紙를據ᄒᆞ야譯出ᄒᆞᆷ)

李麟榮시ᄂᆞᆫ京畿道驪州北面橋谷洞에서出生ᄒᆞᆫ人士니幼時부터儒門에入ᄒᆞ야弱冠에孔孟書의蘊奧를通ᄒᆞ고早히登第ᄒᆞ얏슴으로成ᄒᆞ며遠近學者가甚衆ᄒᆞ더니後에事故를因ᄒᆞ야慶北聞慶郡으로移ᄒᆞ얏ᄂᆞ니라

既而오乙未淸日의戰을經ᄒᆞ야明成皇后ㅣ凶害를遇ᄒᆞ시고日本의勢力이全國을壓ᄒᆞ거늘시가이에慟哭ᄒᆞ고同志柳麟錫李康年等과相謀ᄒᆞ야義旗를擧ᄒᆞ고日本을抗ᄒᆞ다가既而오丙申以後로時局이稍々ᄒᆞ미翻然히[illegible]歎ᄒᆞ고歸ᄒᆞ야耕田鑿井으로自樂ᄒᆞ더니俄日戰訖에韓國이鯨戰오坼의災를蒙ᄒᆞ야所謂乙巳新協約이締結되야四千載故國이一朝에他人의保護下에墮ᄒᆞᆫ지라一般人心이潮沸ᄒᆞ야義旗를擧ᄒᆞᆫ者ㅣ所在蜂起ᄒᆞᄂᆞᆫ대就中江原道倡義者리殷贊리求戰兩시가日本을擯斥ᄒᆞ고國勢를挽回코ᄌᆞᄒᆞ야義衆二千을糾集ᄒᆞ고共히李麟榮시를戴ᄒᆞ야大將을삼기로可決ᄒᆞ고聞慶에到ᄒᆞ니시ᄂᆞᆫ[illegible]病을扶ᄒᆞ야亡國의淚를灑ᄒᆞ고蓬廬에서彷徨ᄒᆞ더라

李殷贊시가麾下의禮를執ᄒᆞ고前에進ᄒᆞ야慨然히時事를陳ᄒᆞ고시에게總大將됨을乞ᄒᆞ니시도倡義의志를抱ᄒᆞᆫ지已久로ᄃᆡ但其父가病床에伏ᄒᆞ야起居를忍人에게依ᄒᆞᆷ으로시가家庭을離치못ᄒᆞᆯ情理임을說ᄒᆞ니시가此由로李殷贊시에게回答ᄒᆞ야日此天崩地覆의日을當ᄒᆞ야國家事急ᄒᆞ고父子恩輕이니엇지私事로써公事를後ᄒᆞ리오ᄒᆞ고시의家에四日을留宿ᄒᆞ며懇告ᄒᆞᆷ을不已ᄒᆞ니시가遂慨然히承諾ᄒᆞ니라

시가原州에出陣ᄒᆞ야關東倡義大將의旗를揭ᄒᆞ고義兵을募集ᄒᆞᆯ시檄文을製ᄒᆞ야四方에飛ᄒᆞ니檄文이字々句々마다慷慨淋漓ᄒᆞ야遠近應募ᄒᆞᄂᆞᆫ者ㅣ日로衆ᄒᆞ더라 (未完)

學報

◉三興卒業 三和港鎭耶蘇教會內私立三興學校에서第壹回卒業式을擧行ᄒᆞ얏ᄂᆞᆫ대

卒業生 리廷奉 리正健 리周鉉

詞藻

◉靑龍歌

雞林에밤이드니、魑魅魍魎모혀든다。
長夜乾坤同胞들아、舊家靑龍다ᄭᅢ기리。
豈眠이여、急히急히잠ᄭᅢ서여、ᄭᅢ러나서。

雜報

●眼中惟金 軍部廢止事에對ᄒᆞ야리秉武氏ᄂᆞᆫ他職으로轉任ᄒᆞᆯ터인ᄃᆡ 皇室에서 恩賜金三萬圜을 下賜ᄒᆞ시기로內定이되얏스나리氏ᄂᆞᆫ於心에猶爲不洽ᄒᆞ야增額ᄒᆞ기를運動ᄒᆞᄂᆞᆫ中이라더라

●因病停會 司法權을委任ᄒᆞᆫ後에準備ᄒᆞ기爲ᄒᆞ야昨日에統監府에서各部大臣會議를開ᄒᆞ기로ᄒᆞ얏더니統監의病氣를因ᄒᆞ야中止ᄒᆞ고快復ᄒᆞᄂᆞᆫᄃᆡ로다시會ᄒᆞᆫ다더라

●三氏辭官 昨日은統監府大臣例會인ᄃᆡ總理大臣리完用內部大臣朴齊純軍部大臣리秉武三氏ᄂᆞᆫ辭表를提出ᄒᆞ얏다더라

●有力派勸告 有力ᄒᆞᆫ閣班에ᄂᆞᆫ民心이離叛된內閣을리完用氏로ᄒᆞ야곰改革케ᄒᆞ미不可ᄒᆞ다ᄒᆞ야리시의게勸告ᄒᆞ기를今番伊藤氏가 皇太子殿下賛育府總裁被任ᄒᆞᆫ機를乘ᄒᆞ야即時退職ᄒᆞ고副總裁의任이나圖得ᄒᆞ라ᄒᆞ얏다더라

●厚俸難辭 리載崑任善準兩氏가辭表를提出ᄒᆞᆷ은已報ᄒᆞ얏거니와其處談話를據ᄒᆞᆫ즉今日韓國大臣은年俸이六千圜(首相은七千圜)이오醫衛費가六千圜이오宮廷에서歲暮下賜金이五千圜이라合計壹萬七千圜內에서警衛費ᄂᆞᆫ擔히醫觀에서支出ᄒᆞᄂᆞᆫ中醫護巡查에게所費ᄂᆞᆫ不過用貫인ᄃᆡ以若大臣의食性으로如此히夥多ᄒᆞᆫ俸給을忍忘ᄒᆞ고期於히辭免ᄒᆞᆯ理由가無ᄒᆞ리라더라

●未知確否 今番觀察使會議에各部地稅를每結頭에三圜式加斂ᄒᆞ기로決定하얏다더라

●兩氏被任說 金相天柳瑾兩氏ᄂᆞᆫ各部協辦을被任ᄒᆞ기로內定이되얏ᄂᆞᆫᄃᆡ日間頒佈된다더라

●郡守會議事項 黃海觀察道에서ᄂᆞᆫ去二十日에管下各郡守會議를ᄒᆞ얏ᄂᆞᆫᄃᆡ其硏究ᄒᆞᆫ事項은如左ᄒᆞ니曰郡守職務上의心得二曰書式及形容詞를略ᄒᆞᆫ事三曰期限과期間을明히ᄒᆞᆫ事四區裁判所가無ᄒᆞᆫ處에訴訟의心得五段實勸業土木等에公共事業에心得六期限後提出된書院鄕校에對ᄒᆞᆫ心得七學校資金八寄附金에對ᄒᆞᆫ心得九私立학校監督의心得십森林과山野의利用에注意십一漁業法周知십二郡衙의會計稅務等이라더라

●面長制廢止 各郡面장의官制를磨鍊ᄒᆞᆯ다더니預算이不足ᄒᆞᆫ故로面官制ᄂᆞᆫ姑爲廢止ᄒᆞ얏다더라

●尉官減俸 軍部廢止되ᄂᆞᆫ事에對ᄒᆞ야參尉副尉正尉以上을減俸ᄒᆞᄂᆞᆫᄃᆡ慰勞金幾百圜式分等支給ᄒᆞᆫ다더라

●國興大得計 리允用氏가祿資를運動ᄒᆞ다ᄒᆞᆷ은已報ᄒᆞ엿거니와其目的을達ᄒᆞ기爲ᄒᆞ야巨額의金을出ᄒᆞ야進興會社를擴張ᄒᆞᆫ다더라

●大久保旅團 大久保軍司令官은二十四日에釜山着二十七日木浦着翌日登珍島巡察ᄒᆞ고貳십九日群山에上陸ᄒᆞ야三십日全州를觀察ᄒᆞᆫ後八月壹日에乘船ᄒᆞ야群山發二日加耶島巨文島를巡視三日馬山着猪島巡視四日巨濟島巡視五日馬산還着六日大邱留七日太田에到着ᄒᆞ야八日歸京ᄒᆞᆫ다더라

●名韓實日 韓國銀行創立에關ᄒᆞ야發起人은日本政府에委任ᄒᆞ고度支部에서ᄂᆞᆫ日本政府와會合ᄒᆞ기爲ᄒᆞ야日人事務官壹名을昨日에日本으로派遣ᄒᆞ얏ᄂᆞᆫᄃᆡ創立委員은日本政府에서任命ᄒᆞᆯ터이오其理事ᄂᆞᆫ三十五名內에십五名만韓人으로采用ᄒᆞᆫ다더라

●韓券認做 韓國銀行에서早速히兌換券을발行ᄒᆞᆯ計劃이나第一銀行의權利義務를引繼ᄒᆞ기前에ᄂᆞᆫ第一銀行에서發行ᄒᆞᆫ銀行券을韓國銀行에서발行ᄒᆞᆫ것으로認做ᄒᆞᆯ터이라더라

●國有調查 土地所有權이明確치못ᄒᆞᆷ을利用ᄒᆞ야각地方에서國有地私賣가盛行ᄒᆞᄂᆞᆫ故로度支部에서각監督局에命令ᄒᆞ야拾分調查ᄒᆞᄂᆞᆫ中이라더라

●兩氏偵探 鄭萬朝韓宜東兩氏가全南地方을視察次로下往ᄒᆞ얏다더니其內容을詳聞ᄒᆞᆫ즉農大趙重應氏가兩氏를全南에派送하야義兵을偵探ᄒᆞ기로四십日로酌定ᄒᆞ고旅費ᄂᆞᆫ每日七圜式支給ᄒᆞᆫ다더라

●檀君計劃 韓國의檀君과日本의天照太神이兄弟라ᄒᆞ야韓國과日本이兄弟國인즉日本의保護를受ᄒᆞᄂᆞᆫ것이怪ᄒᆞᆷ이無ᄒᆞ다고稱ᄒᆞᄂᆞᆫ所謂神官奉敎會에서ᄂᆞᆫ該會總裁ᄂᆞᆫ尹澤榮副總裁ᄂᆞᆫ리載克顧問은金宗漢閔泳徽閔泳韶會長은金在珣副會長은高橋久司로選任ᄒᆞ기로協議中이오每年壹圓式會員中志願者를組織ᄒᆞ야日本伊勢神宮에詣拜ᄒᆞ야參宮케ᄒᆞᆯ計劃이라더라

●器具買收 日本辯護士高橋章之助가東別營內에儲置ᄒᆞ얏던長槍五千枚를買收ᄒᆞ얏ᄂᆞᆫᄃᆡ其所用은未詳ᄒᆞ다더라

●李氏渡日 大韓新聞社長리人稙씨ᄂᆞᆫ崇宗敎의趣旨目的으로以ᄒᆞ야有力者의同意贊成을得ᄒᆞ야近日日本에渡航ᄒᆞᆫ다더라

●高等偵魂 一進會에新入ᄒᆞᆫ高羲駿씨가去二십六日에國是社에서演說會를開ᄒᆞ고韓國今日의國是란問題로演說ᄒᆞ되始也에今日韓國이日本保護를得脫ᄒᆞ고自立ᄒᆞᆯ能力이有ᄒᆞᆫ재否ᄒᆞᆫ재問題를略ᄒᆞ고仍히世界大勢와各國利害를論及ᄒᆞ고終乃韓國이日本保護를脫ᄒᆞ야當時獨立ᄒᆞᆯ지라도東양平和와世界安寧을圖ᄒᆞᆯ진ᄃᆡ日本을依賴치아님이不可ᄒᆞ리今日急務ᄂᆞᆫ此旨意를全國民계透徹히認知케ᄒᆞ야産業의發展을注意케ᄒᆞᆷ이可ᄒᆞ다ᄒᆞ얏다ᄂᆞᆫᄃᆡ同시가其目的을到達키爲ᄒᆞ야國是遊說團을組織ᄒᆞ기로決定ᄒᆞ야旣히二십八名의團員을選定ᄒᆞ얏다더라

●楊倅斂怨 楊州郡守朴永大氏가東大門外廣津官船組合會社를沮毁코저ᄒᆞ야該社員들을頻々招待ᄒᆞ야生費가多數ᄒᆞᆷ으로該社呼寃이浪籍ᄒᆞ다더라

●全北慘況 全羅북道ᄂᆞᆫ連日亢旱ᄒᆞ야田苗가乾燥枯死ᄒᆞ고兼ᄒᆞ야虫災가발生ᄒᆞ야果木野菜까지剝蝕ᄒᆞᄂᆞᆫ고로農家의慘狀이極ᄒᆞ다더라

●各處水害 大同江沿岸順川郡慈산郡ᄂᆡ面齊南面地方에ᄂᆞᆫ田畓이多數浸水ᄒᆞ야雜穀의被害가不少ᄒᆞ다ᄒᆞ고平南德川郡方에ᄂᆞᆫ去십三日에江水가數丈이增漲ᄒᆞ야家屋二십戶가浸水되얏고德川東南方面에ᄂᆞᆫ尙今交通이杜絶되얏고寧邊地方에ᄂᆞᆫ去십五日에江水가漲溢ᄒᆞ야浸水家屋이四십戶의達ᄒᆞ얏고農作物被害가不少ᄒᆞ야窮民이糊口無策이라ᄒᆞ고黃海道陵地方에ᄂᆞᆫ去十五日에각河川이五尺의增水가되야浸水家屋이三십餘戶라ᄒᆞ고遂安地方에ᄂᆞᆫ去십六日에각河川에增水五六尺이오각橋梁의全部가流失되얏고新溪川上流에서ᄂᆞᆫ韓人女兒幾名이溺死ᄒᆞ얏고咸南北靑郡新大川舊大川兩川은去십二日에增水七八尺에及ᄒᆞ야道路田畓原野等의流失或缺潰가多數ᄒᆞ고渡船貳隻이破壞ᄒᆞ고三處橋梁이流失되얏다더라

●種痘施術 再昨日에內部衛生局에서日醫男女貳名을鬱島에派送ᄒᆞ야四拾歲以下男女에게種痘를施ᄒᆞ얏다더라

●黑死發生 太田停車場에서ᄂᆞᆫ近日黑死病이發生ᄒᆞ야韓日兩國人死亡者가五六名에至ᄒᆞ얏다더라

●鄭氏計劃 鄭鎬鳳氏가柞蠶事業을發展키爲ᄒᆞ야各地方에서支組合所를請願ᄒᆞᄂᆞᆫ者가有ᄒᆞ면敎師一人式派送ᄒᆞ기로計劃ᄒᆞᆫ다더라

●日敎師無理 求禮郡放光面壺陽義塾日人敎師我武丁陽이該학徒들을對ᄒᆞ야算術을敎授ᄒᆞ다가何等感情이發ᄒᆞ얏던지該校학監을亂打ᄒᆞ얏다더라

●學會宴待 去二十四日에서北湖남北湖關西嶠南각學會紹務諸시들이中部畿湖興학會館內에會集ᄒᆞ야夏期에歸國ᄒᆞᆫ日本留학生諸시를宴待ᄒᆞ얏다더라

●藥業團體組織 服甚茂李庚植等이藥業界의團體를組織ᄒᆞ야藥業의不振ᄒᆞᆫ狀態를研究ᄒᆞ며藥價를均一히矯正ᄒᆞᆯ目的으로去土曜日에南大門內濟生堂에서創立발起ᄒᆞ얏다더라

●關東濯足會 關東학會에서ᄂᆞᆫ任員諸氏가來日曜日에三淸동雲龍亭에서濯足會를設行ᄒᆞᆫ다더라

學界

●女校近狀 現今官公立의女학校ᄂᆞᆫ京城官立高等女학校가有ᄒᆞ야其生徒가百六십三名이오昨年에ᄂᆞᆫ大邱咸興群山晉州四處公立普通학校에女子部를設置ᄒᆞ엿고本年에又京城於義洞과平壤開城江華木포全州馬山等各公立普通學校에女子部를設置ᄒᆞ얏다더라

●校長任遷 西部西江牛산학校長尹容植시ᄂᆞᆫ遞任ᄒᆞ고趙義淵시가被任ᄒᆞ얏다더라

●何薄何厚 三和府五星學校ᄂᆞᆫ該府元塘里에서每朔二십三圜五錢式寄附ᄒᆞ야經費를補用ᄒᆞ더니府尹金永燦시가該寄附金額을公立普通학校에移付ᄒᆞᆫ故로五星學校에서ᄂᆞᆫ稱怨이不無ᄒᆞ다더라

●吳氏慷慨 龍山[illegible]里會長吳台煥시가日前의總會를開ᄒᆞ고該洞協成학校維持方針에對ᄒᆞ야激切히說明ᄒᆞ다가慷慨之餘를不勝ᄒᆞ야一場痛哭ᄒᆞ얏다더라

●壺塾勃興 求禮郡放光面居하ᄂᆞᆫ朴漢鉉權鳳洙王在沼三시가面內志士와糾合ᄒᆞ야壺陽私塾을設立ᄒᆞ고財力을助ᄒᆞ며熱誠을獻ᄒᆞ미生徒가四五十名에達ᄒᆞ야進就의望이快有ᄒᆞ다더라

●守城夜校 昌原府守城里居甘相達金洛仲諸시가敎育의急務됨을覺知ᄒᆞ고義捐金을鳩聚ᄒᆞ야勞働夜학校를設立하얏ᄂᆞᆫᄃᆡ生徒가百餘名에達ᄒᆞ얏다더라

●三氏義捐 宮內府土木課장 [illegible]

▲高等淸潔 [illegible]

社告

郭山郡支社員金基淳氏辭免흔代에該郡內新街 **金大鉉** 氏로擇定하얏스니本申報購覽하시는 僉君子는 照亮하시옵

大韓每日申報社

廣告

本人이陽刻姓名章遺失後略[illegible]刻으로改形하고玆에廣布하오니知舊間僉君子는照亮하시옵

西部新門外리崔[illegible] 告白

本人之子寬弼이與浮類로符同하야請債하다고掌握으로出去하엿스니內外國人은見欺치마오

忠南公州七嵐村金學三 告白

本社에셔日韓兩國人이合資會社를組織하야京城리事務部認可를承하야設立日노부터滿십個年으로定期하옵고十三道各港各浦必要흔區域에特約取扱所를設置하오며如何흔山間避地라도便利케運搬흘營業目的을左開事項에記載하오니內外國僉君子는爲願하시와多少흔物品을部社에委托하심을希望홈

一 河船에諸種物品積載陸揚及選決取扱業
一 牛馬車及駄馬陸路運搬使用業
一 倉屋及倉庫業
一 委托物品賣買業

京城南部永樂町
日韓運送合資會社 謹白

仁川驛 運送社主任이던呂[illegible]시는自退하고其代에[illegible]驛七會社主任金興完시가陽七月十六日로부터發任이오니內外國人間照亮하시고後前主任에財政去來는勿論홈

仁川驛運送社 告白

新訂教科 筭學通編 上下合附並解式 定價壹圓
高等小學 理科教科書 壹、貳卷 각卄전 三、四卷 各卄五전
第壹第二 植物 動物
第三第四 地文 礦物科 物理 化학 生理 衛生科
大韓地誌教科書 高等小學 壹册 二拾五錢
懸吐具解 孟子 上下 壹圓
諺吐孟子 壹圓
中等用器畵 七拾전
新訂分道 大韓帝國地圖 壹册 五拾錢
以上學部認可
言文 大韓國大地圖 壹幅 四십錢
全좌子所用 壹軸 九拾錢
全좌子軸 壹圓卄錢
新撰 家庭尺牘 傍附 壹册
國文 漢字 卄五전
以上학部許可
習字新帖 學部檢定 壹、貳卷 各六錢
韓日文對照 新法律 大審院編纂
양裝 壹册 九拾전
中洋裝 壹册 七拾五錢
小학漢文讀本 上下 六十전
筭術新書 洋장 壹册 壹圓
中等筭術教科書 中洋裝 上下卷 貳册入 八拾錢 八拾五錢
簡易四則 三十錢
高等小學植物學 壹册 貳十錢
中等礦物학 壹册 貳十錢
普通東國歷史 上下 壹秩 壹圓
改正刑法大全 三十錢
民事訴訟々例 壹册 十八錢
新式記憶法 一册 二拾錢
演說方法 貳拾錢
毛筆畵帖 壹二卷 各十錢
成親王法帖 一册 拾錢
大韓帝國附港灣地圖 壹幅 四拾錢
唐玉篇 壹册 二십五錢
最新式體操 有圖畵 四十六 壹册 三十錢
新訂千字文 二十전

發行兼發售 京北部陽德坊桂洞 玄公廉
京谷第[illegible]統二戶
平壤鍾路耶蘇教册々 尹衛[illegible]
外京鄉각書館

言文

池錫永著 全壹册 中價四拾錢

大韓人民이母論貴賤하고行用하는書語가太半이漢文音으로된것이라無論男子와婦人小兒들은입으로는음이며글자인줄은알지못하는지라池松村先生이此를慨歎하야我國言語에漢文音으로된것을類輯하야此書를編成하니實로要味와普通[illegible]하는緣이라閱覽하면言文이一致하야全國同胞가거의一人도書札通情못흘이업슬것이오外國人이韓語를講習하는데津筏이될지라外國僉彦은速早購覽하심을願望

發賣所 中部布屛下三十七統六戶 廣學書舖 金相萬
分賣所 京鄉各書舖

初等自解日語文典

宋憲奭 著 全壹册 定價金六拾錢

本書는日本有名흔文法大家諸氏에著述흔書籍을參考하야簡易케成하고稍稍解者로日語文法을自習自得케하얏사오니速速購覽하시옵

發賣元 京城中部布屛下三十七統六戶 廣學書舖 김相萬
分賣所 東部蓮峴 普救書舖 同 博文書館
鍾路 大東書市 廣橋 滙東書館
南門外 新舊書林
鍾路 電氣會社越便 廣學支書舖

(韓日文對照) 韓國民刑訴訟法註解

全壹册 三百八십頁 定價금壹圓

大韓京城控訴院書記 長田中正身
書記 四位義正 共著
書記 리興洙 譯

○本書는民刑訴訟規則各條에詳密흔註譯을加흔것이라新法律이頒布됨이可히研究흘餘地가無하니明的制度를做흔法律의主義가深邃하야條文을讀過하면容易히眞正흔法意를知키不能흔지라刑訴訟規則과如흔生命身體와財産의保護에關흔權利에伸장防禦에影響이[illegible]法律이니新히發布된法律中에제一緊要흔者이라[illegible]

發賣所 中部布屛下廣學書포 金相萬
鍾路 氣電會社越邊廣學支書포
京鄉各有名書舖

美國시아틀大博覽會 · 미국시아틀대박람회

本社의各處代理人의氏名은如左홈

京城磚洞(京城郵便局郵函第四拾號)(大韓國에리소나淸決律認可)(駐大韓國美國總領事館登錄) 韓美興業株式會社

開城代理人 開城南門內雜貨商店
平壤代理人 平壤大同門內店洞
咸興代理人 咸興서門外
馬山浦代理人 馬山浦客主 盧昊洙
元山代理人 元山港
清津代理人 清津港
水原代理人 水原北部[illegible]
安州代理人 安州北部[illegible]安洞
沙里院代理人 位置未定
[illegible]

濟生堂和平堂大藥房聯合紀念大贈彩

◉贈大彩說明

濟生堂藥房은 四十年과 和平堂開業三週年間에 內外國君子의 顧愛ᄒᆞ심을 多蒙ᄒᆞ야 藥業이 時日隆盛ᄒᆞ고 功績이 東西著聞이라 其感佩를 實難表誠이기로 今에 兩大藥房에서 紀念式을 并行ᄒᆞ고 僉君子의 愛護를 表ᄒᆞ기 爲ᄒᆞ야 兩種藥品(淸心保命丹 八寶丹)을 特製大發ᄒᆞ야 大國彩券을 無代金添呈ᄒᆞ와 豊時新聞에 大占케 ᄒᆞ오니 僉君子는 勿失此機ᄒᆞ시고 陸續枉顧ᄒᆞ심을 敬要

懸賞物品金六百圓價值

大福彩券은 以四千枚로 定

兩大靈藥 (淸心保命丹)(八寶丹) 每貼價金各拾錢

效能 胃飮體滯胸腹痛 水土不利咳嗽等

方法

定價金十錢枚五包에 彩券壹張을 添呈ᄒᆞ고 此外兩藥房製藥品中에 五拾錢價格에 彩券壹張을 添呈ᄒᆞ며 彩引은 …

賞品

壹等(壹人) 白米貳拾石(每石式)太斗五斗入
貳等(貳人) 仝 拾石(每五石式)
參等(拾人) 仝 拾六石(每貳石式)
四等(拾人) 仝 拾石(每壹石式)
五等(壹百人) 金五拾圓(每五十錢式)

五等三千八百七拾八紙券에 三千八百七拾八圓 寸三千八百七拾八匣

空彩는 無ᄒᆞᆷ

遠地에ᄂᆞᆫ 郵便引換으로 送呈ᄒᆞᆷ

期限은 六十日노 定 自陽六月拾六日 至陽八月拾五日

抽彩日字ᄂᆞᆫ 期限後에 更히 廣告ᄒᆞᆷ

位置

皇城南大門側 濟生堂大藥房本舖
皇城鐘路 和平堂大藥房本舖
皇城鍾路 兩藥臨時出張所

各種東西洋藥과 韓國唐草材大發賣所 和平堂藥房 (京城鐘路 仁川港峴)

◉本藥房은 同胞僉員의 顧愛ᄒᆞ심을 입사와 本舖를 今以擴張ᄒᆞ고 東西藥品을 都賣散賣ᄒᆞ오니 拾二道各處藥業ᄒᆞ시ᄂᆞᆫ 僉位ᄂᆞᆫ 西洋藥品이나 韓藥唐材와 草材를 顧用請求ᄒᆞ시면 以廉價酬應ᄒᆞ되 이오며 漢藥材를 精擇ᄒᆞ야 各處郵便付送ᄒᆞ시면 特別히 製劑에 引換으로 送付ᄒᆞ겟ᄉᆞ오니 照亮ᄒᆞ시ᄋᆞ

本堂藥製品은 如左ᄒᆞᆷ

阿煙斷引丸 (百發百中) 八劑分 金三圓 半劑四週分 金三圓

養調經丸 (婦人胎產) 壹個月分 金五圓

靈香消瘡丹 (梅毒疳瘡) 四日分 甲號金四圓 乙號金二圓五拾錢

滋陽丸 (補陰補陽) 壹月分五圓 貳拾日分二圓四拾錢 十日分壹圓八拾錢

全治丸 (淋疾根治) 壹劑ᄒᆞ四日分金三圓

八寶丹 (霍亂) 壹包九錢 五粒金拾錢

新設京城 和平堂 藥房主李應善

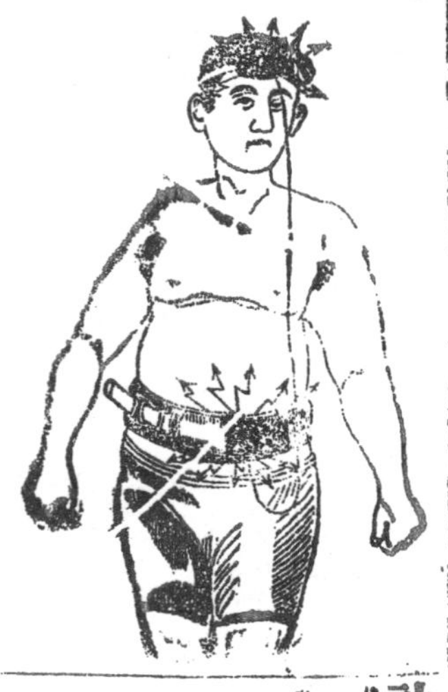

自宅治療 電氣帶 廣告

(主治効能)神經衰弱、不眠、遺精、早漏、不快、陽위不起、消化器無力、常習便結、消化不良、營養不良、遺尿、脊髓內臟衰弱、痲痺、半身不遂、或全身不遂、手足厥冷、諸神經痛、頭痛腰痛、脚氣及關節、記憶力及忍耐력減退、精血分不足疾

上號 拾四圓 中號 拾二圓

家庭要鑑

前醫學校教官 朴容南 著

定價 金拾錢

此編은 東西醫藥中의 家庭에 必要한 救急妙法을 傳授ᄒᆞ야 諸婦人小兒等도 易曉케ᄒᆞ야 輯成ᄒᆞᆫ者ㅣ니 人人마다 案頭에 貯藏ᄒᆞ야 自宅의 治療를 作ᄒᆞ고 且醫藥에 從事ᄒᆞᄂᆞᆫ人의 臨床必要ᄒᆞᆫ書ㅣ니 實用的要訣이오

目次大畧○內科病의 救急法○卒倒○卒中○熱射病○霍亂○癲癎○疼痛○頭痛○心臟疼痛○胃痛○月經時腹痛○出血○鼻出血○咯血○吐血○下血○中毒○中毒療法의 普通通則○阿片中毒○양저물中毒○石炭酸中毒○砒酸銀中毒○燐中毒○ㅁ羅叫中毒○炭氣中毒○魚類中毒○獸肉中毒○異物의 摘出法○鼻、咽頭、耳、眼、의 異物摘出法○火傷○凍傷○止血法○擬死○失氣及假死○假死와 眞死의 區別○假死의 救急法○溺水者○縊首者○瓦斯中毒○異物噎塞○窒息假死○餓死者○人工呼吸法○挫傷○外傷○頭部外傷○頸部外傷○胸部外傷○腹部外傷○下악脫臼○吮傷○狂狗咬傷○蜂蟲咬傷○附妊娠의 症候○妊娠中의 攝養○產婦의 攝養注意○初生兒의 受護法○乳母의 擇擇法○家庭의 必備할 藥品

發賣所 皇城南部太廣橋 ◉愛堂大藥房 告白

代理店 共愛堂各支店 京鄉各書舖隨意販賣

社告

○申報價

壹個月前納 新貨貳拾五錢
參個月 … 七拾錢
陸個月 … 壹圓四拾錢
壹個年 … 貳圓八拾錢
郵稅 新貨五厘
壹個月 …

○廣告料

四號活字每行每一次 新貨拾五錢
貳週日以上 …
壹個月 … 五圓

(自壹行至四行까지 …) 其期限의 長短을 從ᄒᆞ야 …

◉大韓每日申報 各處支社 廣告

平安道
平壤鍾路 … 安泰國
義州南門外東西大藥房 …
三和港 …
… 車基館
定州南門內 …
博川郡 …
安州 …
寧邊 …
龍川 …
平康 …
江西邑內 …
成川郡 …
宜川邑 …
江界邑 …

黃海道
… 郭山邑 …
…

咸鏡道
…

京畿道
…

忠淸道
…

慶尙道
大邱 …
釜山 …

江原道
…

告

隆熙三年八月拾壹日 明治四十二年八月拾壹日 (第三種郵便物認可) 木曜日 西曆壹千九百九年七月廿九日 (號)

第七卷

大韓每日申報

第千壹百五拾九號

月曜及慶節翌日休刊

檀君開國四千二百四十二年
箕子元年三千三十一年
大韓開國五百十八年
日本明治四十二年
淸國宣統元年
陰己酉六月大廿六日庚寅

Responsible for Publication Alfred Weekley Marnham.
發行兼編輯人 英國人 萬咸
發行所 京城南部苧洞 大韓每日申報社

寄書

◉權利競爭論譯要

國家의强弱은國民各個人의權利思想의强弱에判ᄒᆞᄂᆞᆫ바라即彼威嚴赫々ᄒᆞᆫ西班牙가何由로如彼히弱ᄒᆞ며小島區々ᄒᆞᆫ英吉利가何故로如此히强ᄒᆞ뇨此ᄂᆞᆫ他아니라前者ᄂᆞᆫ其民의權利思想이弱ᄒᆞ고後者ᄂᆞᆫ權利思想이强ᄒᆞᆫ故라ᄒᆞᆯ지니何也오蓋隣國人이歐洲各地에旅行ᄒᆞᆯ時에其投宿ᄒᆞᆫ旅店에서實行ᄒᆞᆫ際에館主가投宿料及其他會計上에數錢을違算ᄒᆞ야不正ᄒᆞᆫ爭詰이有ᄒᆞᆯ지라도英國人은此를必爭ᄒᆞ되萬一不歸正ᄒᆞ면裁判所에訴ᄒᆞ야幾日을滯留ᄒᆞ야數十百圓을費ᄒᆞ야도此를不顧ᄒᆞ되西班牙人은此區々數錢이何足較리오ᄒᆞ야即時拂給ᄒᆞ니不知者가此를見ᄒᆞ면必曰英人은愚ᄒᆞ고班人은智다ᄒᆞᆯ지나其實을究ᄒᆞ면英人은數百圓의費를擲ᄒᆞᆯ지라도自家權利ᄂᆞᆫ不墮케ᄒᆞᆷ이니愚ᄒᆞᆫ듯ᄒᆞ되實智ᄒᆞ고班人은苟且가成習ᄒᆞ야權利를拋棄ᄒᆞᆷ이니智ᄒᆞᆫ듯ᄒᆞ되實愚ᄒᆞ도다

個人々々이各其權利上에淡泊ᄒᆞ면國家ᄂᆞᆫ自然히滅亡域에陷ᄒᆞᆯ뿐아니라

大抵吾人은權利를依ᄒᆞ야世에立ᄒᆞᄂᆞᆫ者라故로權利ᄂᆞᆫ權利라又他人에게被侵ᄒᆞ면今日에一部를失ᄒᆞ며明日에又一部를失ᄒᆞ야終乃全部를失ᄒᆞᆯ지니嗚乎라權利의全部가旣去ᄒᆞ면將次何로써世에立ᄒᆞ리오

且利害로言ᄒᆞ야도一時利害를計ᄒᆞᆷ만不如ᄒᆞ니一時利害ᄂᆞᆫ數十百圓의損失이數錢보다甚大ᄒᆞ나永久利害로論ᄒᆞᆯ時ᄂᆞᆫ決코不然ᄒᆞᆯ지라數錢의小라도百千回累積ᄒᆞ면巨額에亦達ᄒᆞᆯ지니今에英人은如彼ᄒᆞ거늘他國人이此를侮하야後來의繼者ᄂᆞᆫ不正을敢加치못ᄒᆞᆯ터이며班人은如此ᄒᆞᆫ즉世人이此를蔑視ᄒᆞ야或者數錢보다更大ᄒᆞᆫ不正을加ᄒᆞ기易ᄒᆞᆯ터라更히國家權利로論ᄒᆞᆯ지라도乙國이甲國의壹寸荒地를占有ᄒᆞ면甲國이不可不干戈를動ᄒᆞ야國民을損ᄒᆞ며國財를費ᄒᆞᆯ지라도此를恢復ᄒᆞᆯ지니不然ᄒᆞ면今日壹寸地明日二寸地乃至百里地千里地를失ᄒᆞ야覆亡ᄒᆞ고而已니라

右ᄂᆞᆫ德國學者倪陵氏의著出ᄒᆞᆫ「權利競爭論」의大意니當日歐洲全幅에風行ᄒᆞᆫ冊子라大海潮音으로權利思想을鼓發ᄒᆞ야頑을振ᄒᆞ며懦를立ᄒᆞᆫ만ᄒᆞ기玆에譯出ᄒᆞ야讀者諸公의게餉ᄒᆞ노라

外報

◉美人銀行 太連電을據ᄒᆞᆫ즉美國資本家ᄂᆞᆫ哈爾賓에銀行을設立ᄒᆞᆯ計劃이라더라

◉甘爾飢饉 北京電을據ᄒᆞᆫ즉淸國甘爾省飢饉에對ᄒᆞ야政府에서其救濟策을籌ᄒᆞᄂᆞᆫ데飢民은萬人에達ᄒᆞ얏고困々救徒의

不穩ᄒᆞᆫ光朕이有ᄒᆞᆷ으로政府에서ᄂᆞᆫ新任總督에게急行赴任을命ᄒᆞ얏다더라

雜報

◉淸日談判 北京電을據ᄒᆞᆫ즉目下淸日間에懸案된諸問題에關ᄒᆞ야二십六日부터北京에서談判이된다더라

◉吉長談判 仝電을據ᄒᆞᆫ즉吉長線問題에關ᄒᆞ야日本政府와의間答을催促ᄒᆞᆷ에就ᄒᆞ야二십六日부터天津에서決議ᄒᆞ기로變更되얏다더라

◉義兵總大將李麟榮氏의畧史 續

(日紙를據ᄒᆞ야譯出ᄒᆞᆷ)

部下ᄂᆞᆫ旣數千에過ᄒᆞ더라糧食을給ᄒᆞ며資金을與ᄒᆞᄂᆞᆫ準備가急ᄒᆞᆫ지라然이나此等赤手로起ᄒᆞᆫ鄕谷의儒生과國이壹錢을求得ᄒᆞ기難ᄒᆞ미시니此點에最히苦心ᄒᆞ야費ᄒᆞ며或無辜良民의米麥을侵得코져ᄒᆞᄂᆞᆫ者ㅣ有ᄒᆞ면시가不許ᄒᆞ야日可憐蒼生에게慘害를與ᄒᆞ야飢寒에陷케ᄒᆞᆷ은吾輩의忍爲ᄒᆞᆯ비아니오又義兵의行爲가아니니々我等은唯天意를代ᄒᆞ야彼賣國奴와奸七賊及新約締結에盡力ᄒᆞᆫ現內閣員等의죄를徵ᄒᆞ야義의財寶를奪ᄒᆞ야軍資를助ᄒᆞᆯ而已라ᄒᆞ더라

시가總大將이된後未幾에遠近이望風而靡ᄒᆞ야麾下에來從ᄒᆞᆫ者ㅣ日夜不絶ᄒᆞ야軍勢大振ᄒᆞ미原州를發ᄒᆞ야春川楊州及其附近地方으로橫行ᄒᆞ며入道의義士를糾合ᄒᆞ야日兵을擊破ᄒᆞᆫ진ᄃᆡ所謂新條約을撤廢ᄒᆞ고國權을挽回ᄒᆞᆷ은易於反掌ᄒᆞᆯ줄노信認ᄒᆞ고全國內에兵을募ᄒᆞ기爲ᄒᆞ야激烈ᄒᆞᆫ言辭로檄文을作ᄒᆞ야兩西兩道를除ᄒᆞᆫ外에

到處에飛傳ᄒᆞ되「用兵之要ᄂᆞᆫ莫先於團結則統一ᄒᆞ야避其孤獨而在於壹致團結則抗禦者道之兵ᄒᆞ야乘潰決之勢ᄒᆞ야犯人近畿면擧天下ᄂᆞᆫ不能爲我家物이나可見有利於韓國之解決矣」라ᄒᆞ얏더라

飛檄이各道에傳播ᄒᆞ미響應來會者ㅣ萬有餘名에達ᄒᆞ야廣漢ᄒᆞᆫ江原道原野ᄂᆞᆫ殆히義兵으로充滿ᄒᆞ야一天殺氣가炎炎而上ᄒᆞᆫ지라當時에江原道ᄂᆞᆫ其中心點이되야李麟榮시ᄂᆞᆫ總大將이되고閔肯鎬ᄂᆞᆫ來觀ᄒᆞ야시ᄂᆞᆫ六千名을領ᄒᆞ고忠淸道에ᄂᆞᆫ李康年시ᄂᆞᆫ五百名을率ᄒᆞ고京畿道에ᄂᆞᆫ許蔿시가大將이되야二千名을率ᄒᆞ고黃海道에ᄂᆞᆫ權重熙시가五百名을率ᄒᆞ고平安道에ᄂᆞᆫ方仁寬시가八십名을率ᄒᆞ고咸鏡道에ᄂᆞᆫ鄭鳳俊시가八십名을率ᄒᆞ고全羅道에ᄂᆞᆫ文泰洙시가百名을率ᄒᆞ야各々横行ᄒᆞ더라 (未完)

學報

◉測量卒業 英陽邑內面甘川洞英明測量學校에서卒業式을擧行ᄒᆞ얏ᄂᆞᆫ데最優等生

朴東燮 金基列 金啓鳳
優等生 吳鉉綺 權寅國
金鐘煥 李中稧 朴東泰
吳鉉阜 吳鉉憘 吳莽麟
吳鉉武 吳麟胤 吳鼎述
權秉夏 及第生 趙衡基
吳鉉璨 李鉉珏 吳鉉世

詞藻

◉歸雲歸

瀟湘에긴뎌버혀、하ᄂᆞᆯ닷게뷔롤미여。滿天黑雲쓰러니코、밝은빗촐보고지고。世上에、ᄒᆞᆫ번쳐청ᄒᆞ니、어셔밧비。

雜報

●至期不遠 軍法兩部廢止에事件은將次內閣會議를累度經過ᄒᆞᆫ後에實施ᄒᆞᆯ다ᄂᆞᆫᄃᆡ發佈期限은來八月初旬頃으로預定ᄒᆞ얏다더라

●鄙子帶往 過日伊藤氏가歸國ᄒᆞᆯ時에奎章閣內에在ᄒᆞᆫ鄙子人百餘卷을帶往ᄒᆞ얏ᄂᆞᆫᄃᆡ何人이贈與ᄒᆞᆫ인지未知라더라

●夢耶讃耶 司法權委任ᄒᆞᆫ事에對ᄒᆞ야學部大臣李載崑氏가對人說話ᄒᆞ기를日本官吏가韓國에對ᄒᆞ야施政改善을指導ᄒᆞᄂᆞᆫ줄노確信ᄒᆞ얏더니今日을當ᄒᆞ야事不如言ᄒᆞᆷ을覺悟ᄒᆞ깃다ᄒᆞ얏ᄂᆞᆫᄃᆡ聞者가莫不竊笑ᄒᆞ얏다더라

●昇平宰相 總理以下各大臣及元老諸氏가來日曜日에東小門外三仙洞姜錫鎬亭子에셔詩會를設行ᄒᆞᆯ預定이라ᄂᆞᆫᄃᆡ可謂昇平宰相이라ᄂᆞᆫ批評이有ᄒᆞ더라

●次官巧舌 觀察使會議事件은累々報道ᄒᆞᆫ바어니와漢城府尹張憲植氏가近日財政界를因ᄒᆞ야쌍論ᄒᆞ되下等社流의生活程度가困難ᄒᆞᆫ즉道路修築과濬川의工役을擧ᄒᆞ야國生을資케ᄒᆞᆷ즉ᄒᆞ얏다ᄂᆞᆫᄃᆡ內部次官이反對ᄒᆞ기를日本에셔도維新初에如此困難ᄒᆞᆫ事項이種々有之ᄒᆞ얏슨즉不必長論이라ᄒᆞ얏다더라

●買土査探 內部大臣朴齊純시가數萬圜價値되ᄂᆞᆫ田庄을買得ᄒᆞᆫ다ᄂᆞᆫ說이有ᄒᆞᆷ으로某處에셔現方査探ᄒᆞᆫ다ᄂᆞᆫ說이有ᄒᆞ더라

●後著可鑑 條約締結ᄒᆞ야豊時掀天勤勞의富貴를享ᄒᆞ던李址鎔氏ᄂᆞᆫ近日生活程度가困難

ᄒᆞ야苑洞에在ᄒᆞᆫ山亭을每朔六십圜式月貰로借人ᄒᆞ얏ᄂᆞᆫᄃᆡ炎涼變遷에泡沫과如ᄒᆞ다고人論이有ᄒᆞ다더라

●兩氏轉任說 軍部次官韓鎭昌氏ᄂᆞᆫ法制局長으로同局장會星奎시ᄂᆞᆫ水原觀察使로轉任ᄒᆞ기로內定되얏다ᄂᆞᆫ說이有ᄒᆞ더라

●李氏被任說 學部[illegible]李敏[illegible]張[illegible]李[illegible]四氏ᄂᆞᆫ部[illegible]를被任ᄒᆞ리라ᄂᆞᆫ說이有ᄒᆞ더라

●譯補試取 內部警務局에셔來八月二십日에各道繙譯官補員人을採用ᄒᆞ기爲ᄒᆞ야試驗을行ᄒᆞᆫ다더라

●武校竟廢 武官學校ᄂᆞᆫ仍舊存置ᄒᆞᆫ다더니近聞ᄒᆞᆫ즉該校도將次廢止ᄒᆞᆯ터인ᄃᆡ該生徒의區處事項을軍部에셔提議ᄒᆞ야日本上官에게委托養成ᄒᆞᆯ次로該監督에게交涉ᄒᆞᄂᆞᆫ中이라더라

●職員錄編纂 內部에셔該部職員錄을編纂ᄒᆞᆫ다ᄂᆞᆫᄃᆡ韓日兩國官吏及直使喚과觀察部守及部主事와各面長ᄭᆞ지擧皆編入ᄒᆞᆫ다더라

●彩票購買嚴禁 富籤彩票賣投受ᄂᆞᆫ刑法大全의禁止ᄒᆞᄂᆞᆫ것인ᄃᆡ此를不拘ᄒᆞ고從來韓國人이淸國彩票를購買ᄒᆞᄂᆞᆫ者가頗多ᄒᆞ야每月費額이十萬圜에達ᄒᆞᆷ으로內部警務局장이各觀察使의게訓令을發ᄒᆞ야嚴重히禁止ᄒᆞ라ᄒᆞ얏다더라

●宣諭派送 地方騷擾를鎭定키爲ᄒᆞ야십三道에宣諭委員을派送ᄒᆞ기로內定되야全羅南北道ᄂᆞᆫ已爲派遣ᄒᆞ고其外에도次第發送ᄒᆞᆫ다ᄂᆞᆫᄃᆡ該委員은所謂國是遊說團에셔圖得ᄒᆞ야已爲組織ᄒᆞ얏다더라

●日技出張 內部衛生局技手日人豊名이[illegible]死病에預防事項을協議ᄒᆞ기爲ᄒᆞ야昨日仁川港으로出장ᄒᆞ얏다더라

●一世明之故 高羲駿氏가日前에國是遊說團으로演說ᄒᆞᆫ事ᄂᆞᆫ已爲揭載ᄒᆞ얏거니와其內容을漏聞ᄒᆞᆫ즉洪[illegible]氏가宋秉畯의指揮를承ᄒᆞ야演說을開ᄒᆞᆷ이라ᄂᆞᆫ說이有ᄒᆞ더라

●壹進風波 高羲駿氏가日前에鄭雲復시를訪問ᄒᆞ고國是遊說團을互相組織ᄒᆞ고演說會도種種設行ᄒᆞ야人民을鼓動ᄒᆞ자ᄒᆞ더니鄭雲復시가答ᄒᆞ기를君이一進會에入籍ᄒᆞᆫ지不過幾日에旋卽出來ᄒᆞ얏스니余ᄂᆞᆫ關係가無ᄒᆞ나如此ᄒᆞᆫ反覆無常ᄒᆞᆫ사람과同事ᄒᆞ기가羞皮ᄒᆞ다ᄒᆞᆷ의高시가憤怒ᄒᆞ야一場풍波를惹起ᄒᆞ얏다더라

●奚止相欵 一進會長李容九氏와該會總務員間에互相言詰이有ᄒᆞ얏다ᄂᆞᆫᄃᆡ其理由인즉李容九氏가日本에셔渡來初에總務員이宋秉畯의去就를質問ᄒᆞᆫ즉將次渡來ᄒᆞᆫ다고答ᄒᆞ얏더니近聞에宋秉畯이가 皇太子殿下를 陪從ᄒᆞ야北海道에巡覽ᄒᆞᆷ을聞ᄒᆞ고會長會員間에欺罔ᄒᆞ다ᄒᆞ야爭端相詰ᄒᆞᆷ이라더라

●拓社前途 東拓會社ᄂᆞᆫ創立ᄒᆞᆫ지八個月에已過ᄒᆞ얏스되同社의營業成績은僅히金融部에셔四萬五千圜의貸出이有ᄒᆞ고東大門外驛屯土三百四十町步의引繼가有ᄒᆞᆯ뿐이오黃海道鳳山地方에該部驛屯土를引繼ᄒᆞ얏스나該地方은過日降雨에田畓이盡爲湖水를化作ᄒᆞ야到底히收穫ᄒᆞᆯ餘望이無ᄒᆞᆷ으로該會社ᄂᆞᆫ前途經營에對ᄒᆞ야頗히憂慮中이라더라

●日書繙譯 韓國의實業學校敎科書ᄂᆞᆫ日本文部省에委囑ᄒᆞ얏슴으로學部官吏가東京에往ᄒᆞ야其敎科及學校設備組織의調査書를昨日에領收ᄒᆞ얏ᄂᆞᆫᄃᆡ此를韓文으로譯出ᄒᆞ야使用ᄒᆞᆯ데이다더라

●鄭氏被捉 前咸鏡南道觀察使鄭[illegible]時氏가鍾路警察署에被捉되얏ᄂᆞᆫᄃᆡ其事由ᄂᆞᆫ[illegible]度支部指揮가有ᄒᆞᆷ이라더라

●挾雜捉囚 承寧府侍從으로某가淸凉里居ᄒᆞᄂᆞᆫ勝玉시에게料理店을開設營利케ᄒᆞ마ᄒᆞ고金貨六拾圜을詐取ᄒᆞᆫ事가發露ᄒᆞ야警視廳에셔今此의行動을調査ᄒᆞᆫ다더라

●組合請願 尹滋益과鍾淳[illegible]氏가漢城內柴炭商組合所를設始ᄒᆞ기로警視廳에請願ᄒᆞ얏다더라

●因病撤堂 平壤城內에愛蓮堂은累百年傳來ᄒᆞ던名勝古蹟인ᄃᆡ近來의何許人의倡論인지其池塘이衛生에妨害가有ᄒᆞ다ᄒᆞ야塡充ᄒᆞᆯ次로[illegible]欵을得ᄒᆞ야役費에供ᄒᆞ얏다가債欵을償還치못ᄒᆞᆷ으로該地段을讓與ᄒᆞ얏더니地段에在ᄒᆞᆫ愛蓮堂까지毁撤ᄒᆞ야尺木片石을沒數取去ᄒᆞ얏ᄂᆞᆫᄃᆡ地段으로ᄡᅥ堂宇ᄭᆞ지引渡ᄒᆞᆷ은於理不當ᄒᆞ다고該地物論이有ᄒᆞ다더라

●情勢矜惻 [illegible]學員張昊[illegible]氏ᄂᆞᆫ元來愛國思想이烈々ᄒᆞᆫ志士인ᄃᆡ[illegible]嫌疑로[illegible]誤招를被ᄒᆞ야平壤監獄에在ᄒᆞ야其冤枉을辨白치못ᄒᆞ고畢竟役심에平生을終ᄒᆞ게되ᄆᆡ該氏의父母兄弟들이發狂相顧ᄒᆞ야家産을傾ᄒᆞ고丐乞上京ᄒᆞ얏ᄂᆞᆫᄃᆡ其矜惻ᄒᆞᆫ情狀은目不忍見이라더라

●禍不單行 장昊셩시가無罪히懲役ᄒᆞᆷ은別項과如ᄒᆞ거니와咸興定平高原文川元山金城金化等各郡紳士들이該시의無罪를證明키爲ᄒᆞ야辯明書를齎七士會에送付ᄒᆞᆷ이合爲拾七度오此시의食費를供給키爲ᄒᆞ야義捐ᄒᆞᆫ金額이三십圜에達ᄒᆞ얏ᄂᆞᆫᄃᆡ證明書類ᄂᆞᆫ已判決後에效力이無ᄒᆞ다ᄒᆞ며義捐金은該시父兄이帶持上京ᄒᆞ얏다가元산新聞에셔[illegible]ᄒᆞ얏다더라

●何有餘殃 近日夜에日兵이십餘名式作隊擔銃ᄒᆞ고漢城內各坊曲에夜深토록巡行示威ᄒᆞ다더라

●討隊又出 大韓全國內義兵이五萬名假量인ᄃᆡ此를鎭壓ᄒᆞ기爲ᄒᆞ야自日本으로討伐隊가不遠間渡韓ᄒᆞᆫ다ᄂᆞᆫ說이有ᄒᆞ더라

●獸類猖獗 咸北富寧郡富居附近에大虎가種々出現ᄒᆞᄂᆞᆫᄃᆡ日前에ᄂᆞᆫ人家牛舘에放飼ᄒᆞ던牛四匹을咬殺ᄒᆞ얏고慶興府雄基嶺에도大虎가種々出現ᄒᆞ고鏡城附近에셔ᄂᆞᆫ牛四頭를失ᄒᆞ얏고淸津港附近에ᄂᆞᆫ大熊이出沒ᄒᆞ야夜間에ᄂᆞᆫ豚을咬殺ᄒᆞ고其他山猪와豺等의猛獸들이頗繁히出沒ᄒᆞ야農作物의被害가多ᄒᆞᆷ으로人心이恟恟ᄒᆞ다더라

●兩江增水 鴨綠江은昨日ᄭᆞ지登々增水ᄒᆞ야江中에諸島ᄂᆞᆫ沒浸ᄒᆞ야木梢만現ᄒᆞ고新義州全部ᄂᆞᆫ浸水가五尺에達ᄒᆞ야乘船往來ᄒᆞᆫ다ᄒᆞ고淸川江은再昨日에雨水에增水ᄒᆞ야流域의民家百餘戶가流失되얏다더라

●平壤水害 再昨夜에平壤地方에ᄂᆞᆫ大雨가降ᄒᆞ야同江水가大漲ᄒᆞ야昨日午前一時頃에至ᄒᆞ야ᄂᆞᆫ家屋과材木과人畜의流失이夥多ᄒᆞ다고平壤電報가來着ᄒᆞ얏다더라

●商務發起 大韓商務組合本部에셔呂州地方에支會장을派遣ᄒᆞ야水商人의게二十錢式徵收ᄒᆞ며入會ᄒᆞ기를勸諭ᄒᆞᆷ으로弊害가된다더라

●水商發起 水商公會社에셔水商每名下에每朔에六圜五拾錢式收捧ᄒᆞᄂᆞᆫᄃᆡ各水商들이발起ᄒᆞ야水道會社에直接交涉ᄒᆞ야每朔에六圜式納入코져ᄒᆞᆫ다더라

●蠶島水道 蠶島坊園에셔昨年에地點을指定ᄒᆞ고該坊內에水道를數設ᄒᆞ기로協議ᄒᆞ얏다더라

●高郡義兵 高山郡境內에ᄂᆞᆫ近日義兵이邑村間에頻頻往來ᄒᆞᄂᆞᆫ故로該郡守가交涉之節에困難이莫甚ᄒᆞ다더라

●盛大歡迎 西北學會月報主筆朴殷植氏가平安南北道學界를視察키爲ᄒᆞ야去二十五日에發程ᄒᆞ얏ᄂᆞᆫᄃᆡ平壤紳士諸氏가發起ᄒᆞ야三昨日大同門樓上에셔盛大ᄒᆞᆫ歡迎會를設行ᄒᆞ얏다더라

●試球得勝 日本留學生諸氏가靑年會員英國人諸氏로더부러訓練院에셔野球競爭을試ᄒᆞᆷ은已報ᄒᆞ얏거니와留學生諸氏가大捷을得ᄒᆞ얏다더라

學界

●新日經試 慶南河東郡私立日新學校에셔去십八日에夏期試驗을經ᄒᆞ얏ᄂᆞᆫᄃᆡ校長鄭煥庠시와前校長鄭煥武시와敎師朴致和시가賞品을優施ᄒᆞ고熱心勸學ᄒᆞᆫ다더라

●其科則日語 北部三淸洞紅覓門內紅義塾은鄭[illegible]靑年諸시가設立ᄒᆞ야日語科를敎授ᄒᆞᄂᆞᆫᄃᆡ學徒가日增ᄒᆞ야進就之望이有ᄒᆞ다더라

◉感荷義捐 鏡城郡新

▲地方消息▲

▲本月八日全南社倉에셔北方約十里地에셔義兵[illegible]名이[illegible]巡査派遣所上等兵三名及補助員八名과衝突ᄒᆞ얏다ᄒᆞ고

▲本月八日[illegible]北方約六십里地에셔義兵二拾名이[illegible]巨里憲兵派遣所上等兵二名及補助員四名과衝突ᄒᆞ얏다ᄒᆞ고

▲本月捌日海州府南方約十里地에셔義兵五十名이憲兵分遣所上等兵三名及補助員二십名과衝突ᄒᆞ얏다더라

○東京電報○

◉京元繼續 廿八午后三時着

七日日本閣議에셔[illegible]과韓國京元[illegible]協議ᄒᆞ얏다더라

▲一改二縮▲

▲韓國에文明運動이勃興ᄒᆞ며七大臣의改革事業은可謂空前絶後大英雄이라文德이洽于四表ᄒᆞ야不怒而天下ㅣ威ᄒᆞ니區區軍兵之廢ᄂᆞᆫ不足道也오爭訟이已息ᄒᆞ야刑錯之風이行ᄒᆞ니項細二尺之官을何所用也리오一次改革이十相爲八ᄒᆞ고再行改革而八相爲六ᄒᆞ니改革事業이着着進步則大將無官而政府之名을又不可移也라無爲而天下ㅣ治ᄒᆞ리로다

▲第一番改革에二部가縮ᄒᆞ면二三은六이지로三次改革은어ᄒᆞ야겟나

으로及至을是務ᄒᆞ야名醫洋약이나實是藥약이오며唐草材와洋약乾材도廉價放賣ᄒᆞ오니物膩 僉位ᄂᆞᆫ郵便小包로請購發行ᄒᆞ시오 京西小門外京洞 閔宮本王 閔升浩 李信友 閔 ... 白

廣告

本人이음력六월십일일에주머니를일헛슴ᄂᆞᆫ데현호박공난셔음력소월회환츄ᄎᆞ壹萬兩어음일장과동호경분언처츄ᄎᆞ壹萬兩어음일장과동호길도원처츄ᄎᆞ貳百五십兩音표일장과신작로다리최장단처츄ᄎᆞ壹千兩音표일장과생명도장을일헛ᄉᆞ오니슈모습득ᄒᆞ와도물시홈

土亭里 統二戶 邵明淑 告白

南部明哲坊南小돌二십五統십五戶草家三間鹽賬元年度刊刻券빗잃셔失誰某拾得休紙施行홈

洪秉鎬

本社支店을京城南外盃洞에設立ᄒᆞ얏기玆以仰佈ᄒᆞ오니京鄕商業家 僉員은照亮愛顧ᄒᆞ심을爲要

開城驛前 博物運輸會社 白

本人이漢城南署誠明坊大山林洞第七十統壹戶弁九간證明書를路中에서失ᄒᆞ얏ᄉᆞ오니誰某拾得ᄒᆞ야도休紙施行홈

鄭鳳朝 告白

嵩陽山人 張志淵著

接木新法

定價 ...

東西洋園藝家의草木移接ᄒᆞᄂᆞᆫ法과我國園藝術에多年經驗ᄒᆞᆫ術을發見採輯ᄒᆞ야書ᄒᆞ니拾年之計에有志諸氏ᄂᆞᆫ陸續購覽ᄒᆞ시오 外方에서ᄂᆞᆫ郵遞로通寄ᄒᆞ시면即應홈

發行所 布屛下 廣學書포 告白

本人이姓名圖章을今六月九日에路上서失ᄒᆞ얏기新圖章을用ᄒᆞ고失章은勿施ᄒᆞ기로玆에廣布홈

觀小材木商店 李春五

本社에서日韓兩國人이合資會社를組織ᄒᆞ야京城理事廳認可를承ᄒᆞᆫ바設立日노부터滿십個年으로定期ᄒᆞ옵고十三道各港各浦必要ᄒᆞᆫ區域에特約取扱所를設置ᄒᆞ오며如何ᄒᆞᆫ山間僻地라도便利케運搬ᄒᆞᆷ을營業目的으로左開事項에記載ᄒᆞ오니內外國僉君子ᄂᆞᆫ愛顧ᄒᆞ시와多少ᄒᆞᆫ物品을本社에委托ᄒᆞ심을希望홈

一 河船에諸種物品積載陸揚及運送取扱業
一 牛馬車及馱馬陸路運搬使用業
一 倉庫及倉庫業
一 委托物品賣買業

京城南部永樂町 日韓運送合資會社 告白

本社에서在上海東洋烟草大製造廠과專賣權을特約ᄒᆞ고各種烟草를輸入ᄒᆞ와各代理店에支出ᄒᆞ오니 僉君子ᄂᆞᆫ愛顧ᄒᆞ심을敬要

法韓黑紙烟 廿五本具竹嘴
... 紙烟 廿本具紙嘴
... 十五本入
... 十本入
... 拾本入
... 一匣十本入
法韓시오 金口紙一匣拾本入
法韓시오 金口紙一箱白本入
本社의各代理店은左開홈
平壤代理人 鄭箕鎭
... 代理人 ...
太邱代理人 金 ...

再

誰某시던지各處에代理店을實시開ᄒᆞ기를願ᄒᆞ거던本社에來臨相議ᄒᆞ시옵

京城石井동

法韓會社 告白

大韓專賣特許 服帽子登錄商票

◎秘製止痛藥

此藥은美國에有名ᄒᆞᆫ의학博士百里得末司氏의발明ᄒᆞᆫ無雙ᄒᆞᆫ靈藥이라左開諸症에外塗內服ᄒᆞ면無不立效인바當此炎夏에九極神效ᄒᆞ와多救生命이오니藥業에從事ᄒᆞ시ᄂᆞᆫ이와疾病을預防코ᄌᆞᄒᆞ시ᄂᆞᆫ이ᄂᆞᆫ速速來購ᄒᆞ시면廉價로都賣ᄒᆞ깃삼

左開

▲內科所用▼

胃酸 腹瀉
吐瀉 食傷風
咳嗽 不消化
肚滑 疹子
心痛 傷寒
肝病 肚痛
胃熱 痢疾
口內之瘡 頭痛
哮喘 兩腎病
小兒吐瀉 暑夏吐瀉
抽筋
瘧疾
嘎聲
胃氣痛
調理傷寒
喉痺
鼻子軟弱
黃病
暈船
氣管病
霍亂

▲外科所用▼

火疔창
凍창
跌打損傷
腰骨痛
...
指甲疽
咽喉痛
毒蛇刺咬
凍창
腦氣筋痛
癬

▲發賣所

磚洞 韓美興業株式會社事務所

濟生堂和平堂大藥房聯合紀念大贈彩

◎贈大彩說明

濟生堂開業五週年과和平堂開業三週年이라…多蒙ᄒᆞ야藥業이時日發達ᄒᆞ은功績이東西藥房이라…其感佩를實踐表誠코자今에兩大藥房에서紀念式을并行ᄒᆞ고會君子의厚誼를表ᄒᆞ기爲ᄒᆞ야兩種製品(淸心保命丹 八寶丹)을特製大發賣ᄒᆞ며大贈彩券을無代金添呈ᄒᆞ와幸運을大占케ᄒᆞ오니僉君子는勿失此機ᄒᆞ시고陸續枉顧ᄒᆞ심을敬要

懸賞物品金六百圓價値

大福彩券은以四千枚로定

兩大靈藥（淸心保命丹）（八寶丹）

效能 … 水土不利咳嗽증

方法

定價金…添呈ᄒᆞᆷ

此外兩藥房製藥品中의五拾錢價格에彩券을添呈ᄒᆞᆷ

割引製藥…

賞品

頭等(貳人) 白米貳拾石(每拾石式)太와五와又
貳等(貳人) 仝 拾石(每五石式)
貳等(捌人) 仝 拾六石(每貳石式)
三等(拾人) 仝 拾石(每壹石式)
四等(壹百人) 金五十圓 (每五十錢式)
五等三千八百七拾八人 紙卷烟二千八百七拾八匣 寸三千八百七拾八匣

空彩는無ᄒᆞᆷ

遠地에는郵便引換으로送呈ᄒᆞᆷ

期限은六十日로定 自陽六月拾六日 至陽八月拾五日

抽籤日字는臨期ᄒᆞ야更告ᄒᆞ게ᄉᆞᆷ

位置

皇城南大門側 濟生堂大藥房本舖

皇城鍾路 和平堂大藥房本舖

皇城鍾路 兩堂臨時出張所

各種東西洋藥과韓國唐草材大發賣所 京城鍾路 仁川相現 和平堂藥房

本藥房은同胞僉員의願望ᄒᆞ시을입사와本舖를今以에廣擴ᄒᆞ고東西藥品을都買ᄒᆞ오니…

本堂藥製品은如左ᄒᆞᆷ

阿片斷引丸　養調經丸　腦香消瘡丹　滋陰丸　全治丸　八寶丹

和平堂藥房主李應善

言文 池錫永著 全

定價四拾錢

大韓人民이毋論京鄕ᄒᆞ고…

發賣所 中部布屏下三十七統八戶 廣學書舖 金相萬

初等自解日語文典

宋憲奭著　全壹冊　定價金五拾錢

本書는日本에有名ᄒᆞᆫ文法大家의著述ᄒᆞᆫ書籍을參考ᄒᆞ야…

發賣元 皇城中部布屏下三十七統六戶 廣學書舖 김相萬

分賣所 東部梨峴 普救書館　中署鍾路 大東書市　南門外 新舊書林　中署鍾路 電氣會社越便廣學支書舖

(韓日文對照)韓國民刑訴訟法註解

大韓漢城控訴院書記 長田忠正　書記 四位義正 共著　通譯 李鍾洙 譯

全壹冊三百八十頁　定價金壹圓

○本書는民刑訴訟規則과條例를註譯ᄒᆞ야…

發賣所 中部布屏下廣學書舖 金相萬　分賣所 鍾路電氣會社越邊廣學支書舖

京鄕各有名書舖

家庭救急方

前醫學校敎官 朴容□ 著　全壹冊 定價金參□

此編은東西洋醫學中에家庭에必要ᄒᆞᆫ救急妙法을撰ᄒᆞ야…

目次大畧 ○內科病의救急法 ○卒倒 ○熱射病 ○霍亂 ○痙攣 ○疼痛 ○頭痛 ○心臟疼痛 ○胃痛 ○月經時疼痛 ○山血 ○鼻出血 ○吐血 ○下血 ○中毒 ○阿片中毒 ○炭氣中毒 ○獸肉中毒 ○縊首者 ○瓦斯中毒 ○異物嚥下 ○窒息假死 ○電擊死 ○押潰 ○失氣及假死 ○假死與眞死의區別 ○假死의救急法 ○人工呼吸法 ○押潰 ○外傷 ○頭部外傷 ○顔面外傷 ○頸部外傷 ○胸部外傷 ○腹部外傷 ○下顎脫臼 ○咬傷 ○狂犬 ○毒蛇 ○蜂蠆咬傷 ○附妊娠의症候 ○妊娠中의衛生 ○產婦의攝養法 ○初生兒의受護法 ○乳母의擇法 ○家庭의必備藥品

發賣所 皇城南部大廣橋 共愛堂大藥房 告白

代理店 共愛堂各支店　京鄕各書舖隨意販賣

自宅治療 電氣帶廣告

(主治効能)神經衰弱 諸症不眠 遺精 早漏 不快 陽物不起 消化器無力 便秘 消化不良 食慾不振 胃痛 頭痛 腦衰弱 頭痛 中身不遂 或全身不遂 手足麻冷 諸神經痛 腰痛 腰痛 脚氣及關節痛 記憶力及思腦力減退 血分不足疾

上號 拾四圓　中號 拾二圓

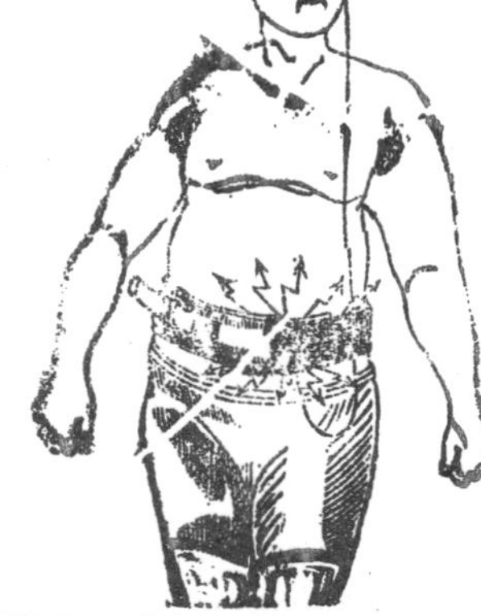

第七卷

大韓每日申報

第千[illegible]百六拾號

月曆及臨時休日·發刊

檀君開國四千二百四十二年
箕子元年三千三十一年
大韓開國五百十八年
日本明治四十二年
[illegible]紀元年
陰己酉六月大十四日辛卯

Responsible for Publication Alfred Weekley Marnham.
發行兼編輯人英國人 萬咸
發行所 京城南部石井洞後街第三四戶
大韓每日申報社

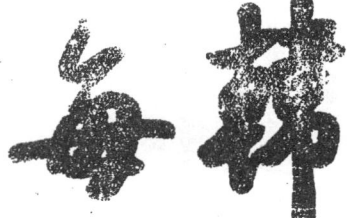

論說

●喚醒賣國者

四千載歷史가黨淵에沉ᄒᆞ고三千里疆土가漏船에載ᄒᆞ야國의存亡과民의生死가毫髮에係ᄒᆞ엿ᄂᆞᆫ뎌噫夫ㅣ此ㅣ殆哉岌々의時를當ᄒᆞ야愛國者ᄂᆞᆫ少ᄒᆞ고賣國者ᄂᆞᆫ多ᄒᆞ니未知케라此國의前途에稅駕ᄒᆞᆯ地가何地이뇨

今에街上에立ᄒᆞ야賣國者가何人이뇨ᄒᆞ면人々가皆曰五賊이라ᄒᆞ며皆曰七賊이라ᄒᆞᄂᆞ니五賊七賊이固大賊이어니와余의還ᄒᆞᄂᆞᆫ바ᄂᆞᆫ賊은賊에不在ᄒᆞ며余의戒ᄒᆞᄂᆞᆫ바ᄂᆞᆫ五賊七賊에不在ᄒᆞ노라

何謂오曰五賊七賊은人々이皆其賊됨을知ᄒᆞᄂᆞᆫ故로人々이皆痛恨ᄒᆞ며人々이皆此를仇視ᄒᆞ야彼가措ᄒᆞᆯ無地의歎이有ᄒᆞ거니와此外에奇怪의賊이社會에出沒ᄒᆞ며人心을陷溺ᄒᆞ되人이其賊됨을不知ᄒᆞ고且軀保家에汲汲ᄒᆞ야日復日隨波逐浪의妙訣이라ᄒᆞ야競相效尤ᄒᆞ며競相習ᄒᆞ야潮流의浸漬와如ᄒᆞ며痘疫의傳染과如ᄒᆞ야目前의罪ᄂᆞᆫ五七賊보다輕ᄒᆞ나將來의禍ᄂᆞᆫ五七賊보다大ᄒᆞ지니엇지痛心者의且憂且慮ᄒᆞᆯ비가아니리오玆에此等賊의種類를略擧ᄒᆞ고頂門上에一大針을下ᄒᆞ야其反省을促ᄒᆞ노라

一。宗教界에所謂淨土眞리教ᄂᆞᆫ祖國佛教ᄂᆞᆫ何로엇지藏棄ᄒᆞ고日人의野蠻的宗教를崇仰ᄒᆞ야西濱西山의正法을違ᄒᆞ고大阪薩摩의惟音을移ᄒᆞ며又彼神宮會徒ᄂᆞᆫ國史를誣ᄒᆞ고國祖를擧ᄒᆞ야甚至於自家始祖를他國奇神의位下에立코ᄌᆞᄒᆞ니是ᄂᆞᆫ宗教로賣國ᄒᆞᄂᆞᆫ者오

二。民會界니前日에一進會의宣言書를是ᄒᆞ던會가有ᄒᆞ며今日에ᄂᆞᆫ或觀光團을歡迎ᄒᆞ며伊藤시를頌德ᄒᆞ야國民精神을魔境에沉케ᄒᆞᄂᆞᆫ會도有ᄒᆞ니是ᄂᆞᆫ民會로賣國ᄒᆞᄂᆞᆫ者오 (未完)

外報

●佛國新內閣完成 法國新內閣은完全히組織되얏ᄂᆞᆫ대前法部大臣부리아시가首相이되고外相은비숀시가依舊留任ᄒᆞ얏다더라

●俄日委員會見 東京電報를據ᄒᆞᆫ則滿洲問題에關ᄒᆞ야俄日兩國委員이去二十六日에북경에서會見ᄒᆞ얏다더라

●摩洛戰報 倫敦電報를據ᄒᆞᆫ즉西班牙ᄂᆞᆫ摩洛哥國에멜닐라叛徒의形勢를鑑ᄒᆞ고마리나將軍의要求를應ᄒᆞ야援兵을派送ᄒᆞ기로決ᄒᆞ엿ᄂᆞᆫ뎌摩西兩國軍은去廿壹日夕六時부터翌朝五時에至토록互相激戰ᄒᆞ야摩軍은强硬ᄒᆞᆫ攻擊을試ᄒᆞ야西軍의通信을遮斷ᄒᆞ며西軍은其陣地를辛히維持ᄒᆞ얏스나戰死者十名負傷者廿名을生ᄒᆞ야多大히失敗를맛슴으로右援兵을非常히喧騷ᄒᆞ며西都마드릿드를出發ᄒᆞᆫ지라西國々民은一般이戰爭을反對홈으로株式取引所의同國公債ᄂᆞᆫ其價額이四分의下落이되얏다더라

●南清饑饉 漢口電報를據ᄒᆞᆫ즉湖北水害로因ᄒᆞ야饑饉이迫ᄒᆞ야地方人民이數百名式作隊ᄒᆞ야頻頻히富豪의米倉及米船을掠奪ᄒᆞᆷ으로陳總督은軍隊와軍艦을派遣ᄒᆞ야鎭撫中이라더라

●三國親密 伯林電報를據ᄒᆞᆫ즉英露兩國皇帝陛下ᄂᆞᆫ明年初에巴里를訪問ᄒᆞᆫ다ᄂᆞᆫ뎌此ᄂᆞᆫ該國外相英國外相及露國首相三氏가英露法三國同盟을表示ᄒᆞᆫ目的으로提唱ᄒᆞᆷ이라더라

雜報

●日射可畏 [illegible]步兵第六聯隊에서[illegible]酷暑로因ᄒᆞ야日射病에罹ᄒᆞᆫ者가二十名이오死亡者가一名이라더라

●義兵總大將李麟榮氏의畧史 續 (日報를據ᄒᆞ야譯出홈)

原州ᄂᆞᆫ交通이不便ᄒᆞ야到底히大事를圖ᄒᆞ에不適ᄒᆞ다ᄒᆞ야再昨年十二月에遂此地를離ᄒᆞ야楊州로遷向ᄒᆞ얏ᄂᆞᆫ뎌楊州에셔會ᄒᆞ야部署를定ᄒᆞ시라麟榮은십三道義兵總大將이되며許위ᄂᆞᆫ軍師長이되야策戰計劃을任ᄒᆞ고各軍의大將及隊號를分ᄒᆞ니關東倡義大將은閔肯鎬湖西倡義大將은李康秊嶠南倡義大將은朴正斌鎭東倡義大將은權義熙關西倡義大將은方仁寬關北倡義大將은鄭鳳俊이러라

於是에士氣를鼓ᄒᆞ야京城進向의令을發ᄒᆞ야其目的은入京ᄒᆞ야統監府를打擊ᄒᆞ고城下의盟을遂成ᄒᆞ며從來의所謂新協約等을[illegible]ᄒᆞ야一擧에京城을攻入ᄒᆞ기로計ᄒᆞ야各軍의來集ᄒᆞᆫ時期를違ᄒᆞ고日兵이來迫ᄒᆞᄂᆞᆫ지라多時間을激烈히射擊ᄒᆞ다가後援이不至ᄒᆞᆷ으로仍히退陣ᄒᆞ얏더라 (未完)

學報

●測量卒業 慶南陝川郡海印寺海明學校內附設測量科에서卒業式을行ᄒᆞ얏ᄂᆞᆫ뎌

卒業生 金泳震 李鍾[illegible] 金永允 洪鍾성 林佑峰 金明鎭 鄭又麟 卞性燾 許尙玄 秋장福 辛學能

詞藻

●喜雨方 晶陽生

萬物이病旱터니、沛然一雨良의로다。
우리同胞깁흔病은、무엇스로治療ᄒᆞᆯ고。
아마도、熱心團體丸이、第一方文이ᄂᆞᆫ가。

廣告

雜報

●經筵停止　韓國　大皇帝陛下게옵셔暑中을因ᄒᆞ사九月二十日ᄭᆞ지特別　與經外에ᄂᆞᆫ經筵講覓을停止ᄒᆞ오셧다더라

●何事急遽　總理大臣李完用氏가何等緊急ᄒᆞᆫ事件을因ᄒᆞᆷ인지再昨日下午二時頃에急遽ᄒᆞᆫ模樣으로詣闕ᄒᆞ야　大皇帝陛下게　陛見ᄒᆞ얏다더라

●竟不遂意　吳贊泳徐丙玉許蔿諸시가上海에武官學校를設立ᄒᆞᆯ計劃으로　太皇帝陛下의ᄂᆡ帑金壹萬圜을引出코자ᄒᆞ다가遂意치못ᄒᆞ얏다더라

●大臣慰金　皇室에셔各大臣에게對ᄒᆞ야暑中慰勞金으로二千圜乃至三千圜ᄭᆞ지　下賜ᄒᆞ시기로內定되얏다더라

◎韓家寶籍　伊藤氏歸國時에奎章閣內에在ᄒᆞᆫ圖子를帶去ᄒᆞᆷ은本報에已揭어니와韓國太祖高皇帝當年에編纂ᄒᆞᆫ八域地圖冊도同時帶往ᄒᆞ얏다더라

◎以兵守闕　今番新五條約을締結ᄒᆞ던夜에日兵二百餘名이闕門을圍立守嚴ᄒᆞ얏다더라

●度量衡審議　度量衡法案과其施行細則은農商工部에셔審議를終了ᄒᆞ야不日ᄂᆡ閣議에提出ᄒᆞᆯ터이라더라

●參與例會　今日은參與官會議의定例日인데主要히對議ᄒᆞᆯ事項은地方費法에關ᄒᆞᆫ件이라더라

●兩氏訪問　總理大臣李完用軍部大臣李秉武兩氏ᄂᆞᆫ再昨日午前十一時頃에統監府를訪問ᄒᆞ고秘密談話를ᄒᆞ얏다ᄂᆞᆫ說이有ᄒᆞ더라

●武官辭職　陸軍副領吳致晟시以下六名의將校ᄂᆞᆫ再昨日에辭表를提出ᄒᆞ얏다ᄒᆞ더라

●林氏辭職　陸軍武官學校教官林在德氏ᄂᆞᆫ軍部廢止事件을因ᄒᆞᆷ인지昨於에辭職自退ᄒᆞᆫ다더라

●殿陵管轄引繼　宮內府에셔管轄ᄒᆞ던各　殿　陵參奉은內部로引繼ᄒᆞᆯᄂᆞᆫ데其俸給等은豫算決定ᄒᆞᆫ後에確定ᄒᆞᆯ터이오任命方法도同時에決定ᄒᆞᆫ다더라

●陵官手當金　宮內府로셔內部에引繼된各　殿　陵參奉의手當金은目下內部에셔其預算이無ᄒᆞᆷ으로支給지못ᄒᆞᄂᆞᆫ데地方費預算이決定되ᄂᆞᆫ디로次第支發ᄒᆞᆯ터이라더라

●以道之故　近日度支部에셔ᄂᆞᆫ[illegible]에交涉ᄒᆞ야漢城內外에別巡查를派送ᄒᆞ야當經部守의任免與否와其門牌搞付與否를一々調査ᄒᆞᆫ다더라

●非ᄒᆡ不納　農商工部內에ᄂᆞᆫ日本人이代書所를設ᄒᆞ고該部에請願ᄒᆞᄂᆞᆫ書類를一切該日人의代書納入케ᄒᆞ고韓國人의請願書ᄂᆞᆫ拒而不受ᄒᆞᆫ다더라

●漢報誤揭　昨日漢城新報에不平黨柳元茂氏가本社에潛跡ᄒᆞᆫ模樣으로揭載ᄒᆞ얏ᄂᆞᆫ데柳氏ᄂᆞᆫ何人인지도不知ᄒᆞ거니와本社에潛跡ᄒᆞᆫ理가豈有ᄒᆞ리오無根의說을誤揭ᄒᆞᆷ은我同業界에對ᄒᆞ야嘆歎ᄒᆞᆯ바로다

●鷹耶犬耶　高羲駿氏가鐵原郡守在任時에鎭壓要塞砲兵司令官軍中佐宮岡寬記와何等協議가有ᄒᆞ얏던지高氏가辭職上京ᄒᆞ야一進會에入會ᄒᆞᆷ도宮岡의指揮를承ᄒᆞᆷ이라ᄒᆞ고今番에國是演說과論說團組織도其指揮에出ᄒᆞᆷ이라ᄂᆞᆫ데宮岡이가高氏의ᄂᆡ帑에俸給과相當ᄒᆞᆫ金貨를每朔支給ᄒᆞ고遊說費幾萬圜도宮闕에가方今周旋ᄒᆞᄂᆞᆫ中이라더라

●遊說團發起　去二十七日中樞演說社에셔所謂是遊說團發起會를開ᄒᆞ얏ᄂᆞᆫ데任員으로高羲駿申光熙芮宗錫李詩求鄭雲復等諸시로選定ᄒᆞ고八月二十ᄋ에發起總會를再開ᄒᆞ고種々案件을協議ᄒᆞ기로決定ᄒᆞ얏다더라

●護士協議　辯護士諸시가去二十五日에丁明燮시家에會集ᄒᆞ야法部廢止後方針을協議ᄒᆞ얏다더라

●府民救民　漢城府民會에셔ᄂᆞᆫ窮民을救濟ᄒᆞ기爲ᄒᆞ야相當ᄒᆞᆫ殖産의道를講究ᄒᆞ깃다ᄒᆞ고當局에稟請ᄒᆞ얏다더라

●銀行引繼協議　第一銀行引繼에就ᄒᆞ야安東縣鎭남포平壤等支店의存留與否ᄂᆞᆫ總會를經치아니ᄒᆞ고ᄂᆞᆫ決定키難ᄒᆞᆷ으로來月三日東京에셔開ᄒᆞᄂᆞᆫ總會에셔協議ᄒᆞ기爲ᄒᆞ야該銀行總支配人이本日出發ᄒᆞᆯ터인데同時에ᄂᆞᆫ韓國에在ᄒᆞᆫ支店은廢止ᄒᆞ고京城과釜山에만置ᄒᆞᆯ터이라더라

●引繼時期　第一銀行事務의全部引繼ᄂᆞᆫ十一月末에結末될듯ᄒᆞ다더라

●雜誌發刊請願　中部[illegible]居ᄒᆞᄂᆞᆫ張基茂氏ᄂᆞᆫ中外醫藥新報란雜誌를每月發刊ᄒᆞ기로請願書를提出ᄒᆞ얏다더라

●松江禁漁　松花江第一道濛江縣管내에關錄王寶卿시와松花江第二道華甸縣管내에頭道流溝保正柳某ᄂᆞᆫ韓人의漁採ᄒᆞᆷ을禁止ᄒᆞᆫ다더라

●儒生請願　淸州郡華陽洞莊除菴에藏置ᄒᆞ얏던宋子大全印板을再昨年에[illegible]部隊日兵이無故히燒燼ᄒᆞᆫ事에對ᄒᆞ야被害價額을日兵의게徵出ᄒᆞᆯ次로該郡儒生王若臣諸氏가內部에請願ᄒᆞ얏ᄂᆞᆫ데內部에셔回題가無ᄒᆞᆫ故로儒生等은京城에留連ᄒᆞ야生費만夥多ᄒᆞ다더라

●商民調査　商務組合所에셔各地方商民을查覈히調査ᄒᆞ기爲ᄒᆞ야褓員商의게任房의簿를該所로一切收聚ᄒᆞᆫ다더라

●警察出張　間島에셔淸ㅅ人이衝突ᄒᆞᆫ事에對ᄒᆞ야巡查를派送ᄒᆞᆫ다ᄒᆞᆷ은已報어니와中部警察署警部리致承氏가韓日巡查幾名을帶同ᄒᆞ고今日當地로出發ᄒᆞᆫ다더라

●夜警實施　目今炎暑를當ᄒᆞ야各人家에셔窓門을開放ᄒᆞ고關東이無ᄒᆞ히就寢ᄒᆞᄂᆞᆫ者ㅣ多ᄒᆞᆷ으로盜難에罹ᄒᆞᆷ이多ᄒᆞ야各警察署에셔ᄂᆞᆫ夜警을實施ᄒᆞ기로定ᄒᆞ얏다더라

●海面測量協議　中部[illegible]北魚組合에셔ᄂᆞᆫ五十餘名이會合ᄒᆞ야咸北明川郡에漁獲海面測量의認許를得ᄒᆞ기爲ᄒᆞ야農商工部에請願ᄒᆞ기로協議ᄒᆞ얏다더라

●射擊施行　日兵第十三聯隊ᄂᆞᆫ明日午前七時부터午後四時ᄭᆞ지倉坊坪射擊場에셔部隊射擊을施行ᄒᆞᆫ다더라

●李氏再訴　安州郡居리召史가閔泳徽氏의게田畓見奪ᄒᆞᆫ것을還推次로裁判落科ᄒᆞᆷ은人所共知어니와該召史가抑鬱ᄒᆞᆷ을不勝ᄒᆞ야更爲起訴ᄒᆞ기로決定ᄒᆞ얏다더라

●動則牛疑　漢城新報를據ᄒᆞᆫ즉紳士安昌浩氏가平壤郡에夏期講習所를設ᄒᆞ야生徒三百名을募集ᄒᆞ고敎師를延聘ᄒᆞᆫ故로日前에上京ᄒᆞ얏ᄂᆞᆫ데某處에셔ᄂᆞᆫ[illegible]氏의行動을密探中이라ᄒᆞ얏미라

●飮食飮酒　鍾城羅南新興洞村民金龜烈氏ᄂᆞᆫ自己月給이라稱ᄒᆞ고每朔每戶에金拾錢式收斂ᄒᆞᄂᆞᆫ데陰五月晦間에ᄂᆞᆫ娼妓等을招來ᄒᆞ야若個洞人과一晝夜를逸宕遊樂ᄒᆞ고其所入費를洞內諸人의게鷄圖式分排收斂ᄒᆞᄂᆞᆫ故로怨聲이不無ᄒᆞ다더라

●閔氏申訴　閔哲勳氏가錢財相關으로監獄署에多月滯囚ᄒᆞ얏다가地方裁判所에셔役二年에宣告ᄒᆞ얏ᄂᆞᆫ데此에ᄂᆞᆫ不服ᄒᆞ고控訴院에申訴ᄒᆞᆫ다더라

●水災何多　大同江은約二十五尺의增水되여新市街의香部와浸水되고隆興部外川面은太部分의家屋이浸水되여人民이船中에셔避難ᄒᆞ얏다ᄒᆞ고鴨綠江水害로新義州에셔流去ᄒᆞᆫ家屋이五戶오溺死ᄒᆞᆫ人이七十餘名이라ᄒᆞ고再昨夜에各地報가來着ᄒᆞ얏더라

●三義被逮　故義兵將曹反煥시의左翼將元五鉉[illegible]時의部下有力ᄒᆞᆫ義兵三名이再昨日朝에光州警察署에逮捕되얏다더라

●義將越獄　義兵將[illegible]警察署에셔押上ᄒᆞ야案次審査ᄒᆞᆫ後에京城地方裁判所로越送ᄒᆞ얏다더라

●法學開會　法學協會에셔昨日下午二時에評議會를開ᄒᆞ고重要ᄒᆞᆫ事項을處理ᄒᆞ얏다더라

●隨聞更載　再昨日本報雜報欄內兩氏被任說이란題下의趙瑾氏가郡守를被任ᄒᆞ얏다ᄂᆞᆫ說은隨聞揭載ᄒᆞ얏더니更聞ᄒᆞᆫ즉趙氏ᄂᆞᆫ仕宦外에斷念이已久ᄒᆞᆫ즉此等浮說은當時不恒者의做出이라더라

▲地方消息▼

▲本月十一日全南靈光法聖浦河岸에셔義兵七名이韓地分遣隊下士以下九名及同巡查憲兵과衝突ᄒᆞ얏다ᄒᆞ고

▲本月八日慶北豊基셔南方約三십里地에셔義兵五십名이該郡憲兵分遣所上等兵壹名及補助員四名과衝突ᄒᆞ얏다ᄒᆞ고

▲本月八日慶北豊基셔方約三십里地에셔義兵約四십名이該郡憲兵分遣所下士及上等兵二名及補助員壹名과衝突ᄒᆞ얏다ᄒᆞ고

▲本月九日全南寶岩셔西方約三십五里地에셔義兵四十名이寶岩憲兵分遣所上等兵三名及補助員二十名과衝突ᄒᆞ얏다더라

○東京電報○

◎伊藤氏談話　廿九日午前發

伊藤氏가客에게語ᄒᆞ여曰韓國　太皇帝陛下의　御渡日ᄒᆞ신다ᄂᆞᆫ說은決定치못ᄒᆞᆫ事이오　陛下게셔ᄂᆞᆫ　皇太子渡日ᄒᆞ신後에如何히成就가되셧ᄂᆞᆫ지豈日이라도早々面會ᄒᆞ시기를希望ᄒᆞ시나니此ᄂᆞᆫ父子情理에宜有ᄒᆞᆷ이며予ᄂᆞᆫ前日辭　殿時에今年은　殿下게셔東北及北海道에見學ᄒᆞ실터인즉明年夏季休暇에ᄂᆞᆫ　殿下와同伴渡韓ᄒᆞ얏다가歸途에滿洲及北韓方面에巡遊ᄒᆞᆯ事로上　奏ᄒᆞ얏다고云ᄒᆞ얏다더라

◎滿韓鐵道合幷　二十九日發

滿鐵會社의附屬銀行設立件과安奉線과吉會線에關ᄒᆞᆫ協議와其他重要問題를協議ᄒᆞ기爲ᄒᆞ야滿鐵總裁中村시ᄂᆞᆫ東京에往ᄒᆞ얏ᄂᆞᆫ데就中最重要ᄒᆞᆫ問題ᄂᆞᆫ滿韓鐵道合幷의件이라더라

▲八陣圖▼

▲休門陣을버려보니東西世界交通ᄒᆞ야梯山航海이時節이라武陵又ᄒᆞᆫ韓天地ᄂᆞᆫ橘中仙이라ᄒᆞ니門外事를不省ᄒᆞ니杜門方이여괴로다

▲第二陣을버려보니東天風雨하루밤의滔々波浪모라드리더니門庭을두다리며困ᄒᆞᆫ잠을놀나세여精神업시이러나니驚門方이여괴로다

▲第三陣을버려보니政治界에脅小聲은鵬부터朽敗ᄒᆞ고民族界에頑固鬼ᄂᆞᆫ思想ᄭᆞ지腐敗ᄒᆞ야썩ᄂᆞᆫ님새橫亂ᄒᆞ니傷門方이여괴로다

▲第四陣을버려보니各地方에風塵은經年閱歲ᄒᆞ야離ᄒᆞᆫ砲烟丸雨亂飛中에可怜ᄒᆞ다蒼生이肝腦塗地ᄒᆞ얏스니死門方이여괴로다

▲第五陣을버려보니草野에志士ᄂᆞᆫ愛國血性이러ᄂᆞᆫ데二千萬衆同胞들아塗炭中에빠졋지라고次第彈痕이러나니景門方이여괴로다

▲第六陣을버려보니檀君聖祖의子孫은自國魂을닛치여셔許多魔術籠絡中에外國思想混ᄒᆞ고敵愾心이頹ᄒᆞ니生門方이여괴로다

▲第七陣을버려보니愛心國體둥굴々々일흔國權차져나鄕臺上의놉히올나太極旗를날니면셔凱歌曲을불너니開門方이여괴로다

▲第八陣을버려보니許多氣候쓰러니고腐敗政治改良ᄒᆞ니新天地를建設ᄒᆞ며自由活動ᄒᆞ더生民은安逸世界되얏스니休門方이여괴로다

…上며命在天하고病在人故로死命에無醫하야死病에有醫하미…或使其利하야…行無疑케하오니此時代…
으로扱益을是務하야名醫라아이나實是賊이오며唐草材와洋약乾材도廉價放賣하오니物願 僉位는郵便小包로請購發行하시오 京西小門外車洞 閔宗一李五 閔升浩 李信友 閔 … 白

廣告

本社賣店을京城南部益洞에設立하얏기玆以仰布하오니京鄕各商業家 僉員은照亮愛顧하심을爲要

開城驛前傳物運輸會社 白

本人이漢城南部誠明坊大山洞第七十統賣戶鉀九仕證明書를路中에서失하얏스오니雖某拾得하야도休紙施行함

鄭鳳勳 告白

本人이南門內李秀英處에當文二千八百圓표置標를與其失하얏스니推尋合하라도休紙施行함 瓏浦桃花洞權呂史 白

本人이舊六月初日에姓名圖章을仁川港近地에서見失하얏스니此로써…하야…廣告함 鄭…

本人의妻…承烈이가…面九里…十里…六戶…三間半…契券을…逃去하얏스니…告하오니…外國人은…勿見欺함 平壤部…面九里…

學員募集廣告

課程은蠶桑…桑…簿記…日八月初三日(陰拾八日)上學時間上午六時至九時幷實習 西部普成小學校內

蠶業講習所

本人이平壤內川面東豐興院里所在帥家三間…家契券을昨年에…失이온바今搜未得이온즉該契券이今若露出或拾得이라도休紙施行함을기로玆에廣佈함

家主 趙衡國 告白

本人이今月…日에以平壤隆興面三里십二號성戶李炳律處에買得瓦家十간家契서失事로前以廣告矣러니該家契를今幸覓得故로玆에更爲廣告함

平壤郡外川面鮮于徹 白

大韓專賣特許駿帽子登錄商票

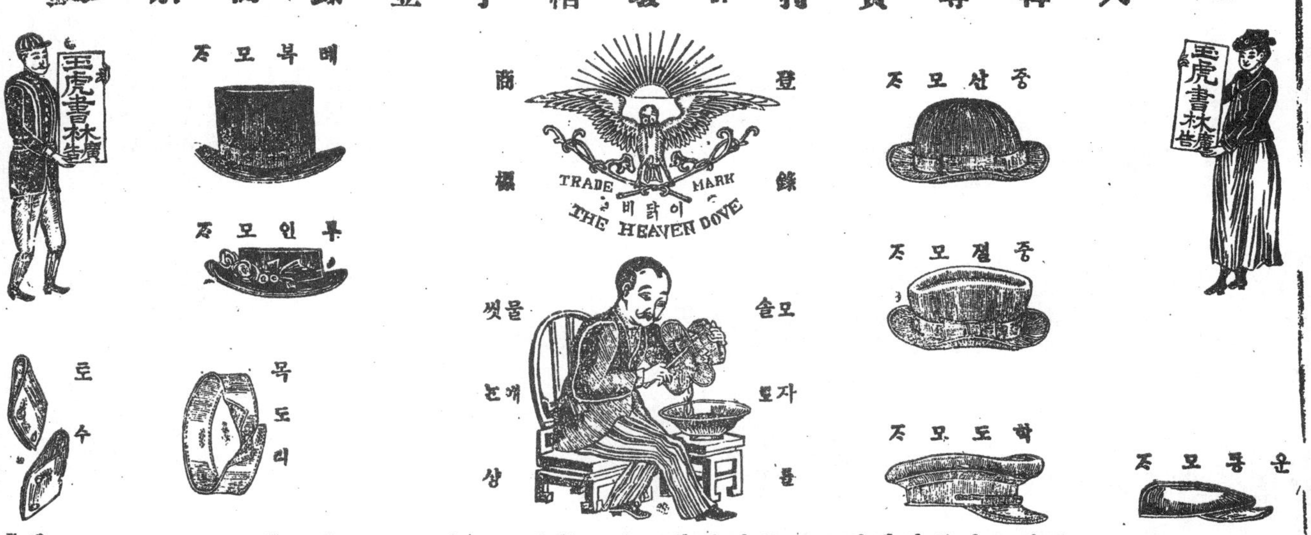

▲▲신발명 전매특허 모자광고

駿帽子新발明完成 隆熙三年三月二十一日
專賣特許 同年五月六日
商票登錄 同年五月拾八日

發明者 特許主 鄭寅琥

이신발명한총모자를원방에우편소포로보니면혹심히구긔엿스나물에잠그면절노펴져일어남이신긔하며엽쥬일에흥변식상표를새코일본시잔만물계잡것다가쑴에더러운것과몬지와매물비누로문지르미울도버셔서곳물을셀코구푸러지고석기고말느고기울게홈을마음대로모양을만들어셔말은후에상표를다시너어셔쓰면청결홈이서것갓고(雨)비를마저져진것도이와갓치ᄒᆞ면위성에필요홈이런하에데일이라셰상사ᄅᆞᆷ의갓으로쓰기에가쟝아름답스오니다

그림파갓치각종모ᄌᆞ가구비ᄒᆞ온디여름에ᄂᆞᆫ흰빗으로가볍고선션케ᄒᆞ고봄과가을에ᄂᆞᆫ회석으로가볍고춤춤이ᄒᆞ고겨울에ᄂᆞᆫ가볍고따ᄉᆞ이ᄒᆞ게ᄒᆞ야칩고더운긔후를따라더당ᄒᆞ도록ᄒᆞ고늘보줄시안케ᄒᆞ고질긔고색ᄉᆞ후게제조ᄒᆞ야여러히ᄒᆞ지니도히지ᄋᆞ상흠이업스므로젼미득권을엇고상ᄑᆞ로등록ᄒᆞ엿ᄉᆞ오니세계각국의신ᄉᆞ들은신속히청구ᄒᆞ심을널니바라ᄂᆞ이다

대한경셩죵로져긔독교쳥년회연설에
대한경셩남부듯현때사거리삼십오통오호
옥호셔림니
총모자샹젼특허주 정인호 근고
발매지점 경셩…수동…
동구호에수…최사정윤수근…

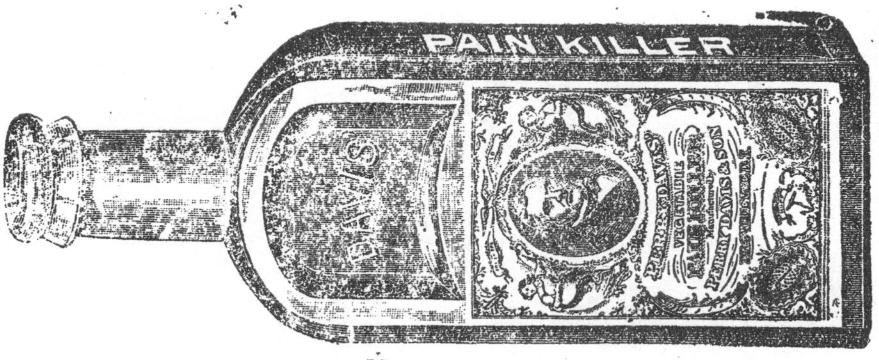

◉秘製止痛藥水

此藥은英國에有名ᄒᆞᆫ의학博士百里得未司氏의발明ᄒᆞᆫ無雙ᄒᆞᆫ靈藥이라左一開諸症에外塗內服ᄒᆞ면無不立效인비嘗此炎夏一에尤極神效ᄒᆞ와多救生命이오니藥業에從事하시ᄂᆞᆫ이외疾病을預防코ᄌᆞᄒᆞ시ᄂᆞᆫ이ᄂᆞᆫ速速來購ᄒᆞ시면廉價로都賣ᄒᆞᆯ깃삽

左開

▲內科所用▼
胃酸 腹瀉
吐瀉 食傷風
咳嗽 不消化
肚滯 疹子
心痛 傷寒
肝病 肚痛
胃熱 痢疾
口內之癰 兩痛
哮喘 腎病
小兒吐瀉 暑夏吐瀉
抽筋

▲外科所用▼
火疔창
寒창
跌打損傷
腰骨痛
毒창
指甲疽
咽喉痛
蟲蛇刺咬
…창
腦氣筋痛
癬

發賣所 傳洞 韓美興業株式會社出張所

濟生堂平和堂大藥房聯合紀念大贈彩

◉贈大彩說明

濟生堂開業五週年과和平堂開業三週年을際ᄒᆞ와內外國君子의顧愛ᄒᆞ심을多蒙ᄒᆞ야藥業이時日隆盛ᄒᆞ고功績이東西醫界에다其感佩ᄒᆞᆫ實難表謝ᄒᆞ오며今에兩大藥房에셔紀念式을幷行ᄒᆞ고僉君子의眷誼를表ᄒᆞ기爲ᄒᆞ야兩種製品(淸心保命丹、八寶丹)을特製大發賣ᄒᆞ며大贈彩券을無代金添呈ᄒᆞ와賞勝彩權을大占케ᄒᆞ오니僉君子ᄂᆞᆫ勿失此機ᄒᆞ시고陸續枉顧ᄒᆞ심을敬要

懸賞物品金六百圓價値

大福彩券은以四千枚로定

兩大靈藥(淸心保命丹)(八寶丹)壹貼價金參拾錢

效能 담飮積滯胸腹痛 水土不利咳嗽증

方法

定價金十錢枚五包에彩券壹張을添呈ᄒᆞᆷ

此外兩藥房製藥品中에五拾錢價格에彩券을添呈ᄒᆞᆷ

卸引價로請求ᄒᆞ시면五圓價格에彩券壹張을添呈ᄒᆞᆷ

賞品

頭等(貳人) 白米貳拾石(每拾石式)大斗五斗入

壹等(貳人) 仝 拾石(每五石式)

貳等(捌人) 仝 拾六石(每貳石式)

三等(拾人) 仝 拾石(每壹石式)

四等(壹百人) 金五十圓(每五十錢式)

五等三千八百七拾八條 紙卷烟二千八百七拾八匣 寸三千八百七拾八匣

空彩ᄂᆞᆫ無ᄒᆞᆷ

遠地에ᄂᆞᆫ郵便引換으로發呈ᄒᆞᆷ

期限은六十日로定 自陰六月拾六日 至陰八月拾五日

抽籤日字ᄂᆞᆫ臨期ᄒᆞ야更히廣告ᄒᆞ겟ᄉᆞᆸ

位置

皇城南大門側 濟生堂大藥房本舖

皇城鍾路 和平堂大藥房本舖

皇城鍾路 兩堂臨時出張所

各種東西洋藥과韓國唐草材大發賣所 和平堂藥房 仁川相生町 京城鍾路

◉本藥房은開設以來로信用을입사와內外國人의顧愛ᄒᆞ심을多蒙ᄒᆞ야東西藥品을都賣散賣ᄒᆞ오니拾二道各處僉位ᄂᆞᆫ西洋藥品이나唐藥唐材와草材를隨用請求ᄒᆞ시면以廉價精製ᄒᆞ야오며遠方兄弟ᄂᆞᆫ服用ᄒᆞ실藥材를擇ᄒᆞ야精製ᄒᆞ며郵便付送ᄒᆞ시면特別히引換으로付上ᄒᆞ겟ᄉᆞ오니照亮ᄒᆞ시옴

本堂藥製品은如左ᄒᆞᆷ

婦人日中阿片斷引丸 每劑八日分 金六圓 半劑四日分 金三圓

婦人胎養調經丸 壹個月分 金五圓

腦香消瘡丹 四日分 甲號金四圓 乙號金二圓五十錢

滋陽丸 壹月分五圓

全治丸 每劑分二圓四拾錢 半劑分金一圓二十錢

八寶丹 壹包九拾五粒金拾錢

仁川相生町 和平堂 藥房主李應書

言文 池錫永著 全

定價四拾錢

我韓人民이母論京鄕ᄒᆞ고行用ᄒᆞᄂᆞᆫ言語가漢文音으로된것이太半인바無識ᄒᆞᆫ男子와婦人小兒들은입으로ᄂᆞᆫ음거ᄂᆞᆫ如何ᄒᆞᆫ글ᄌᆞ인줄을알지못ᄒᆞᄂᆞᆫ지라池松村先生이此를慨歎ᄒᆞ야我國言語에漢文音으로된國語된것을翻輯ᄒᆞ야此書를編成ᄒᆞ니實로蒙昧를啓發ᄒᆞᄂᆞᆫ光線이라一覽ᄒᆞ면言文이書致ᄒᆞ야全國同胞가一人도書札에精ᄒᆞ게ᄒᆞ면外國人이韓語를講習ᄒᆞᄂᆞᆫ데津筏이될지라內外國僉彦은趁早購覽ᄒᆞ심을顒望

發賣所 中部布屛下三十七統八戶 廣學書舖 金相萬

分賣所 京鄕各書포

初等自解日語文典

宋憲奭著 定價金五拾錢

本書ᄂᆞᆫ日語에有益ᄒᆞᆫ文法大家가數十種의編書로精選著述ᄒᆞ야簡易ᄒᆞ고明晰ᄒᆞ야日語文法을自習自得케ᄒᆞ엿사오니速々購覽ᄒᆞ시오

發賣元 京城中部布屛下三十七統六戶 廣學書舖 김相萬

分賣所 東部梨峴 普救書館 南署 博文書館 大東書市 廣橋 滙東書館 南門外 新舊書林 鍾路 電氣會社越便廣學支書舖

(韓日文對照)韓國民刑訴訟法註解(全)

大韓京城控訴院書記長田中正身 書記四位嚴正 共著 譯

定價金 洋裝冊三百八十頁 壹圓

○本書ᄂᆞᆫ民刑訴訟規則을條條逐審ᄒᆞ야註解를加ᄒᆞᆫ것이라新法律이頒布ᄒᆞᆫ가ᄒᆞ後에十分研究ᄒᆞᆯ지라도未曉ᄒᆞᄂᆞᆫ條가多ᄒᆞ야文明的制度를做效ᄒᆞ야規則을設ᄒᆞ고法을正ᄒᆞᆫ者ᄂᆞᆫ民刑訴訟規則과法을解明ᄒᆞ야權利를伸張ᄒᆞ며防禦의直接影響이有ᄒᆞᆫ法律中에殿히研究ᄒᆞᆯ者니法律學의素養이無ᄒᆞᆫ人도此書로由ᄒᆞ야實用에適ᄒᆞ니僉君子ᄂᆞᆫ速速購覽ᄒᆞ시ᄋᆞᆷ

發賣所 中部布屛下廣學書포 金相萬

鍾路 電氣會社越邊廣學支書포

京鄕各有名書舖

家庭救急方

前醫學校敎官 朴容南 著

發賣所 金瑢

此編은東西醫學中에家庭에必要ᄒᆞᆫ救急妙法을博搜採輯ᄒᆞ야婦人小兒라도易曉케翻譯ᄒᆞ얏ᄉᆞ니人人마다案頭에貯藏ᄒᆞ야自宅의治療를作ᄒᆞᆫ神方이오且醫藥에從事ᄒᆞᄂᆞᆫ人의臨床必携書라實로濟世의要訣이옴

目次大畧○內科病의救急法○卒倒○卒中○熱射病○霍亂○癲癇○疼痛○頭痛○心臟疼痛○胃痛○月經疼痛○出血○鼻出血○咯血○吐血○下血○中毒○中毒療法의一般通則○鴉片中毒○亞砒酸中毒○石炭酸中毒○硝酸銀中毒○燐中毒○酒精中毒○炭氣中毒○煤煙中毒○獸肉中毒○魚肉中毒○異物摘出法○鼻、喉頭、耳、眼、의異物摘出法○火傷○凍傷○止血法○擠腸○失氣及假死○假死의區別○假死의救急法○溺水者○縊首者○瓦斯中毒○異物嚥下窒息假死○電氣死者○人工呼吸法○擠腸○外傷○頭外傷○顏面外傷○頸部外傷○胸部外傷○腹部外傷○下腭脫臼○咬傷○狂犬○毒蛇○蜂螫咬傷○附妊婦의症候○妊娠中의攝養○産婦의攝養産褥○新生兒의攝護法○乳母의擇法○家庭의必備藥品

發賣所 皇城南部大廣橋 共愛堂大藥房 告白

代理店 共愛堂各支店

京鄕各書舖隨意販賣

自宅治療 電氣帶廣告

(主治效能)神經衰弱、諸症不眠、遺精、早漏不快、陰위不起、消化器無力、慢性便結、消化不良、發育不良、遺尿、全體內臟의衰弱、痲痺、半身不遂、或全身不遂、手足厥冷、諸神經痛、頭痛腰痛、脚氣及腸病、記憶力及忍耐力減退、血分不足症

上號 拾四圓 中號 拾二圓

5654

第七卷

大韓每日申報

第千壹百六拾壹號

月曆及休刊

檀君開國四千二百四十二年
箕子元年三千三十一年
大韓開國五百十八年
日本明治四十二年
[illegible]元年
陰己酉六月大十五日壬辰

Responsible for Publication Alfred Weekley Marnham.
發行兼編輯人 英國人 萬咸
發行所
京城南部[illegible]
大韓每日申報社

論說

◉喝醒賣國者 續

三。新聞界니筆하며擧ᄒ며保護壹句에歌舞ᄒ며奴隸二字를咀嚼ᄒ야五條約을第一慶賀的紀念으로知ᄒ며七條約을第二慶賀的紀念으로知ᄒ고拓殖社設立에酒杯를擧ᄒ며司法權讓渡에賀粒을投ᄒ야狗彘의面目을撞ᄒ고人言、語를作ᄒᄂ니是ᄂ新聞으로賣國ᄒᄂ者오

四。學問界니如此히風潮가慘々ᄒ고刼運이迫々ᄒ되文明의字義를誤解ᄒ며黃金의時代를迷夢ᄒ며個人主義를禪門의獨覺한是으로며私益思想으로壹已의虛譽만是釣하야我壹家以外에ᄂ天地가如何히崩壞ᄒ던지如何히破碎ᄒ던지我가與知치아님이可ᄒ다ᄒ며我壹身以外에ᄂ同胞가如何히塗昧하던지如何히劣退ᄒ던지我가與聞치아님이可ᄒ다ᄒᄂ니是ᄂ其自身이賣國ᄒ은아니나國家를放棄ᄒ야他人의賣渡를坐視ᄒ며敵人의奪去를不較ᄒ이是ᄂ其結果가直接賣國과無異ᄒ지오

五。壹寸壹尺의土壤이無非國民祖先의櫛風沐雨ᄒ야得ᄒ비어ᄂ壹分壹錢의利를爲ᄒ야田園家屋을任意로外人에게賣渡ᄒ니如此不已ᄒ면將來爾同胞爾後人은何地에居住ᄒ리오是ᄂ又賣國者오

六。蒼々[illegible]의[illegible]도皆上天의赤子오國民의同胞어ᄂ彼刀龍好雜의輩가萬壹日語幾句만解得하면便히通譯界에投身ᄒ거나憲兵補助員에託迹ᄒ야睚眦의怨으로同胞를賣ᄒ야日兵刃下에慘死케ᄒᄂ니是도壹賣國者ᄂ

(未完)

官報

▲隆熙二年拾月三十壹日 官報

勅令

朕이民事訴訟手數料規則改正의件을裁可ᄒ야玆에頒布케ᄒ노라

隆熙二年十月二十九日

御名 御璽

內閣總理大臣 李完用
법部大臣 高永喜
度支部大臣 任善準

勅令第七十五號

民事訴訟手數料規則

第壹條 民事訴訟에關ᄒ야ᄂ此規則을從하야訴訟書類의正本에收入印紙를貼用ᄒ야手數料를納付ᄒ이可ᄒ但訴訟書類의正本이無ᄒ時ᄂ裁判所書記가作成ᄒ調書에印紙를貼用ᄒ이可ᄒ

第二條 財產權上의請求에係ᄒ第一審의訴狀에ᄂ訴訟目的의價額을應ᄒ야左의區別을從하야印紙를貼用ᄒ이可ᄒ

(未完)

外報

●吉長線談判 東京電을據ᄒ則吉長線에關ᄒ淸日兩國交涉談判은二十八日天津에서開ᄒ앗다더라

●滿洲洪水 滿洲大洪水가生하야자總督樂이崩落ᄒ고電信이不通된다더라

●法國陸海相 偷敎職을讓ᄒ則法國에ᄂ때에ᄂ提督은海軍大臣으로[illegible]將軍로陸軍大臣으로任命되얏다더라

●英國太公 全權을擁ᄒ前英國왕노ᄅ드太公은地中海艦隊總指揮官의職을辭ᄒ얏다더라

雜報

◉義兵總大將李麟榮氏의畧史 續

(日紙에掲載ᄒ者를譯出ᄒ)

中岳窟深ᄒ고金角千의新霧가籠誠ᄒ나聞山戰退에李忠武의家信이忽凶을從ᄒ야男兒의窮途가大抵如此ᄒ도다東大門의鋒鏃에總收ᄒ더聞慶本第로其父病沒의訃音이突來ᄒᄂ지라南天을向ᄒ야哀哭ᄒ고諸將卒을會ᄒ야部隊總喪의習를公佈ᄒ고餘軍을各承認을不得하고喪ᄒ며奔ᄒ야서後事ᄂ軍師에게위시어託ᄒ니라

故鄕에返ᄒ야葬埋의禮를擧ᄒ니삼三道倡義에散任ᄒ義兵이再次大活動을進ᄒ기를勸起ᄒ는者ㅣ多ᄒ되시ᄂ儒敎信者라以爲호대予ᄂ決코國家의危急을不顧ᄒᄂ不忠者ㅣ아니나然이나不忠於國者ᄂ不孝於親이오不孝於親者ᄂ不忠於國이라ᄒ니云忠云孝가其道則惟也요無貳也라故로予ᄂ事히國風을守ᄒ야三年終喪의孝道를完全히ᄒ後에更起ᄒ야삼三道倡義軍事를ᄒ야捕士重의勢로써彼日人을掃蕩乃己ᄅ라하고勸起者를不應ᄒ더라

然이나偶然時삼三道에頒布ᄒ檄文에其名을必署ᄒ으로써히麟榮三字를聞ᄒ면街頭尺童도當日義兵總大將됨을看破ᄒᄂ지라此時厲의目과驚의目을張ᄒ야四方에偵探ᄒᄂ日本守備隊와憲兵隊警察隊가散布ᄒ야시의蹤跡을搜ᄒ거ᄂ시가不得已名을變하야時榮이라稱ᄒ고杜門潛跡ᄒ야ᄂ人의搜捕가愈急ᄒ야到底히故鄕山川에ᄂ隱伏의所가아님을知ᄒ고이에堂上의老母와膝下의二兒를携ᄒ고門에出ᄒ니茫々三千里에[illegible]외의所가無ᄒ도다抑[illegible]서서의遺蹟을效ᄒ야國境을越ᄒ야他境에逃코저ᄒ나白髮老々의貫愁를獨히此地에忍留치못ᄒ지오同往ᄒ謀ᄒ며山川跋涉은又老婦人의所가아닌故로不得已飛ᄒ야潛留ᄒ야時機를相ᄒ야春後事를謀ᄒ더라

(未完)

●金屬雜模 昨日本報雜報欄內閔丈申訴란題下에閔哲勳氏가歲役申訴란事ᄂ隨聞掲載ᄒ앗더니更聞ᄒ즉純是無根之說이라더라

學報

●中學部卒業 龍川府楊下面楊市普成학院中學部에서陰五月初二日上午拾時에第壹回卒業式을擧行ᄒ얏ᄂᄃ

李秉生 梁成河 崔永善
金聖發 崔학成

詞藻

●必有日 竹垣生

白額虎가사나워도、李廣이가쏘아잡고。
兩頭蛇가毒ᄒ지만、孫叔敖가죽엿도다。
宇이도、孫叔敖와리廣文치、더讓物을。

雜報

●軍部廢止發表 리攝理以下朴內大와軍大法大宮大各大臣이再昨日午前십一時에內閣에會集ᄒ야會議를비ᄒ고本日에軍部를廢止ᄒ기로決定ᄒ고散會ᄒ얏ᄂᆞᆫ딕本日에ᄂᆞᆫ軍部廢止의 詔勅을發表ᄒ실거시오同日에宮內府所管으로親衛府官制를발表ᄒ고軍部大臣은親衛府長官兼侍從武官長을任命ᄒ터이오將校中四십餘名은豫備로編入ᄒ터이오其餘ᄂᆞᆫ 恩賜金을 下賜ᄒ실터인ᄃᆡ 恩賜金規程은新히발表ᄒ다더라

●五成一表 內部大臣朴齊純氏ᄂᆞᆫ往年五條約을成立ᄒᆫ後에辭職表를提出ᄒ더니慣히習慣이됨인지今番新五條約이成立ᄒᆫ後에도日昨에辭表를提出ᄒ얏다더라

●守衛官制 守衛隊를廢置ᄒᆫ은前項과如ᄒ거니와其官制ᄂᆞᆫ長官一人領尉官三人主事五人이라더라

●參與開會 昨日午前十時에統監府에서參與官會議를開ᄒ고新協約實施에關ᄒᆫ準備를協議ᄒ얏다더라

●總辭運動 總理大臣李完用氏가其姻戚趙民熙氏ᄂᆞᆫ醫部大臣으로其黨任선會九시ᄂᆞᆫ承寧府總管으로陞任케爲ᄒ야極力運動ᄒᄂᆞᆫ中이라더라

●軍部閉會 昨日軍部에서次官軍務局장經理局長等의幹部員이廢止準備에關ᄒ야重要ᄒᆫ會議를기ᄒ얏다더라

●東宮武官減額 東宮武官府의官制를改定ᄒ야官吏를減額ᄒ얏다ᄂᆞᆫᄃᆡ長官이一人이오主事가五案이라더라

●次官廢止 司法權委任ᄒᆫ結果로法部ᄭᆞ지廢止된다더라

●課長招待 度支部에서昨日下午時頃에各府部院顧問會計課長等을招待ᄒ야晩餐ᄒ고四年度豫算案編纂ᄒᆫ事件을協議ᄒ얏다더라

●鄭氏招待 鄭永斗氏가再昨日에明月館에서宴會를設ᄒ고漢城府民會以下壹般任員을請邀宴待ᄒ얏다더라

●月俸廢錄 歷代 殿 陵園奉을敍任以後로月給을延發치아니ᄒ야各參奉中에辭職請願者가有ᄒ다ᄂᆞᆫ데內部에서此月俸을支給次로度支部에照會ᄒ야敍任以後本月ᄭᆞ지支發ᄒᆯ計劃이오八月以後ᄂᆞᆫ更히磨鍊ᄒ리라더라

●三部設道說 濟州大靜旌義三部를合ᄒ야壹道를設置ᄒ기로政府에서도提議가有ᄒ고近日內部에서ᄂᆞᆫ請議ᄭᆞ지協定ᄒ얏다ᄂᆞᆫ說이有ᄒ더라

●兵營建設 間島問題ᄂᆞᆫ益々困難ᄒ야日人들은羅南에兵營을急々히建設ᄒ터인ᄃᆡ淸津港에서羅南ᄭᆞ지ᄂᆞᆫ道路가僅히人馬往來에不過ᄒ고砲車와其他軍用品과建築材料等은壹切運搬에不能ᄒᆫ故로間島守備隊大佐齋藤은內部土木局에向ᄒ야來九月ᄭᆞ지로期於히工事를竣成ᄒ기로要求ᄒ얏고統監府에서도軍司令部와協議ᄒ야速成ᄒ기로決定ᄒ고土木局에서ᄂᆞᆫ爲先二人技師를派送ᄒ야署々히調査를終ᄒᆫ後速成ᄒᆯ旨로齊藤의게回答ᄒ고壹面으로統監府와交涉ᄒ야經費를協議ᄒ고卽時技師를派送ᄒ야工事에着手케ᄒᆯ터이라더라

●淸鏡道路經營 淸津鏡城間約壹百貳拾里의道路ᄂᆞᆫ淸津港을발展ᄒᄂᆞᆫ대必要ᄒᆫ道路인則經費의許可만得ᄒ면直히工事에着手ᄒᆯ터인ᄃᆡ淸津羅南간道路를竣成後에經營ᄒᆯ터이라더라

●莞民悔々 全南莞島附近에ᄂᆞᆫ多數ᄒᆫ義民이集團ᄒ얏슴으로當局者ᄂᆞᆫ討伐을行ᄒᆯ計劃인ᄃᆡ此에對ᄒ야該地人心이頗히悔々ᄒ다더라

●拓社와銀行 東拓會社에서ᄂᆞᆫ中央銀行이金融貸出ᄒᄂᆞᆫ事에對ᄒ야妨害가有ᄒᆯ가杞憂를抱ᄒ고韓國政府에注意ᄒ기를要求ᄒ얏ᄂᆞᆫ뎨此에對ᄒ야銀行當局者ᄂᆞᆫ說明ᄒ기를東拓會社ᄂᆞᆫ拓殖事業을奬勵ᄒ기로爲主인즉其擔保品에向ᄒ야貸出ᄒ되土地로目的ᄒ거니와中央銀行은此와異ᄒ야商業에向ᄒ야貸出ᄒᆷ이니其擔保物件을要ᄒᆷ은壹般이나貸出의性質은全然相殊ᄒ다ᄒ얏다더라

●貯金奬勵 日前觀察使會議에提出ᄒᆫ郵便貯金奬勵의案件을實行ᄒ기爲ᄒ야內部에서各地方官等에게貯金을爲先奬勵ᄒ고將次一般人民에게ᄭᆞ지及ᄒᆯ方針이라더라

●續々合同 韓日人이合同ᄒ야資金五십萬圜을出ᄒ야韓日製紙會社를龍山에設立ᄒᆷ은已報ᄒ얏거니와太阪製紙會社장眞島가近日渡韓ᄒᆫ後에ᄂᆞᆫ발起人과各株主를定ᄒ야發表ᄒᆯ터이오又韓日人이合同ᄒ야資金五萬圜을出ᄒ야酒類釀造會社를設立ᄒᆯ計劃으로去二십七日에韓日關係者들이會集ᄒ야役員을定ᄒ얏ᄂᆞᆫ데韓人은리容復徽晶圭氏오日人은最上義八諸人이라더라

●講習開會 各湖에夏期講習會ᄂᆞᆫ去二拾五日에開會하야來月七日에終了ᄒᆯ터인ᄃᆡ講習生은各官公私立학校敎員으로ᄡᅥ[illegible]日에[illegible]가敎授ᄒᄂᆞᆫᄃᆡ出席者ᄂᆞᆫ[illegible]七십人京城에六십一人[illegible]에三십七人이라더라

●溺死救恤 今番霖雨에新義州地方에서韓日兩國人의溺死者가合ᄒ야一七십餘名인ᄃᆡ救恤金을支撥ᄒ次로各部에서發調ᄒ야姓名을調査ᄒ다더라

●車手罷業 韓美電氣會社에對ᄒ야不平을抱ᄒ고同盟罷業ᄒᆫ車手와運轉手等一百三名은再昨日에東大門外蓮花寺內에集合ᄒ야示威的으로懇親會를開ᄒ고演說을ᄒ얏다더라

●朴氏着京 間島牧民학校장朴承鳳氏가當夏期休學을因ᄒ야該校生徒二名을帶同ᄒ고義州平壤等地에敎育制度를視察ᄒ고日昨京城에來着ᄒ얏다더라

●淸商狼狽 韓國人蔘은日人三井物產會社에落札이되미淸商等은大狼狽가된故로今後方法에就ᄒ야自國領事館에請願ᄒ얏다더라

●新義州增水 新義州電信을據ᄒ즉鴨綠江에서ᄂᆞᆫ昨日朝부터更히增水되야益々氾濫ᄒ다더라

●或減或增 鴨綠江의增水ᄂᆞᆫ去二十八日午後십時부터漸減ᄒᄂᆞᆫ模樣이나上流江界中江鎭은尙今電信이不通되고益々增水되ᄂᆞᆫ模樣이라더라

●大東押收 海蔘威韓人居留地에서發行ᄒᄂᆞᆫ大東共報第五十壹號ᄂᆞᆫ治安妨害라ᄒ야內部에서發賣頒布를禁止ᄒ얏다더라

●賊漢刺人 漢江富豪林宗相氏家에ᄂᆞᆫ日昨夜에賊漢三四名이闖入ᄒ야外舍에留宿ᄒᄂᆞᆫ三名人을以刀亂刺ᄒ며錢財를討索ᄒ다가晩鷄에散去ᄒ얏ᄂᆞᆫ뎌被害者三人은濟衆院으로昇送ᄒ야治療中이나重傷者ᄂᆞᆫ救療키難ᄒ다더라

●隣人加害 同日楊州郡[illegible]谷에서發生ᄒᆫ事[illegible]二名은當朝에義民一名이逃亡을口實로誘引ᄒ야毆打加害ᄒᆷ이라더라

●救世饑饉會 來日曜日上午십時와下午二時半에[illegible]寺에設照ᄒᆫ救世軍營에서副官魏普秀氏와正尉[illegible]氏와同羅[illegible]里夫人이出張ᄒᆫ다ᄂᆞᆫ뎌城內二處[illegible]에서도同時에副官위드氏夫人이[illegible]出장ᄒ고二處에對ᄒ야饑[illegible]別會를開ᄒ고며牧師兵士가多數參務ᄒ기로希望ᄒ다더라

◉裵氏追悼

成남北靑郡俗厚面[illegible]湖里[illegible]奬學支會에서去月三日에該社創社長裵說氏의追悼會를設行ᄒ얏다더라

學界

●捐金贊校 간島牧民학校장朴承運시와又京홍운朋項과如ᄒ거니와義州平壤各郡紳士諸氏가牧民학校를贊成ᄒ야物品或金을寄付ᄒ얏다더라

●其父其子 慶北金山郡黃[illegible]面下中里黃南학塾은학監리夏시가創設ᄒᆫ後金四십餘圜을出付ᄒ얏고其令男赫相시ᄂᆞᆫ小學事項을視若己事ᄒ야熱心勸奬ᄒᆷ으로未幾月에聽從ᄒᆫ徒가四십二名에達ᄒ야將進之望이有ᄒ다더라

●敎堂設校 西學峴英國敎堂에서敎友의智識을啓發키爲ᄒ야聖公開進夜學校를設立하고聖經英語國語算術을初等中等으로分班敎授ᄒᆯ터이오敎師ᄂᆞᆫ리源昶金汶植崔彼得吳日煥諸시로選定ᄒ얏ᄂᆞᆫ데學員이多數[illegible]ᄒ다더라

◉咸荷聘義 本社前社長裵說氏喪에對ᄒ야北[illegible]郡서湖里靑友奬學支會에서金壹圓을捐賻ᄒ얏기로其盛誼를感表ᄒ노라

▲地方消息▼

▲本月九日忠北槐恩郡東北方約二십里地에서義兵二名이鎭部守備隊下士以下六名과衝突ᄒ얏다ᄒ고

▲本月九日慶北延日浦項서方約六十五里地에서義兵拾名이至項憲兵分遣所上等兵貳名及補助員貳名과衝突ᄒ얏다ᄒ고

▲京城東方約四십里地에서義兵六名이京城憲兵分遣所上等兵二名及補助員壹名과衝突ᄒ얏다ᄒ고

▲本月십日江原道伊川郡서方約三十里地에서義兵四名이郡憲兵分遣所上等兵壹名及補助員二名及同地守備隊六名과衝突ᄒ얏다ᄒ고

▲本月十壹日全北鎭源郡서南方約七십里地에서義兵三名이該郡憲兵分遣所下士一名及上等兵壹名補助員五名及巡査二名과衝突ᄒ얏다ᄒ고

▲本月十五日平南孟山郡[illegible]동에서義兵六名이該地憲兵分遣所下士壹名及上等兵壹名補助員五名과衝突ᄒ얏다더라

◯東京電報◯

昨日午后二時着

◉銀行委員 韓國中央銀行創立委員은總數三十餘名의韓人은六名인ᄃᆡ官吏以外ᄂᆞᆫ東京大阪京都名古屋橫濱神戶의主要ᄒᆫ實業家로撰任ᄒᆯᄃᆡ委員長은澁澤씨가되겟다더라

▲英雄紀念祭▼

▲宇宙간의더歲月은流水又치無情ᄒ야前代英雄몃번이나ᄀᆞ리ᄂᆞᆫ島江山寂々ᄒ다兩眼淚로含悲빗고瓣炷心香을케노코崇拜壇에올나셔서萬古英雄請坐ᄒ야紀念祭나지ᄂᆡ보세

▲第壹座에請坐ᄒ니忠武公이降臨ᄒ다[illegible]兵盡殺ᄒ야韓國天地再造ᄒ니烈々ᄒᆫ사公의忠血竹帛上에빗치낫다거북선을지어니여左右衝突ᄒ던雄略이술ᄒ盞위로ᄒ고

▲第二座에請坐ᄒ니[illegible]峰이降臨ᄒ다滿編韜略講究ᄒ고衆善之心발揮ᄒ여濟世安民ᄒᆫᄂᆞᆫ것은儒者本分이아니냐七百手士거나리고當時對抗ᄒ던手段이술ᄒ盞위로ᄒ고

▲第三座에請坐ᄒ니泗溟堂이降臨ᄒ다淨界佛身으로敵愾心이衝激ᄒ야國家事에獻身ᄒᆫ禪家特色이아닌가萬里海程三寸舌로賊兇招服ᄒ던雄辯이술ᄒ盞慰勞ᄒ고

▲第四座에請坐ᄒ니리提督이降臨ᄒ다韓明兩國形勢ᄂᆞᆫ脣齒又치切近ᄒ고隣國患難相救ᄒᆷ은義理부터明正ᄒ더領軍三千거나리고所向無敵ᄒ던勇猛이술ᄒ盞慰勞ᄒ세

▲第五座一盃慰勞ᄒ고壇上淸風빗겨안저古今事蹟俯仰ᄒ니내로보건ᄃᆡ似라만英雄其人어ᄃᆡ간나帳野간에방숨가나江湖間에숨엇나보니거기이ᄂᆞᆫ가心事[illegible]湖蒼蒼[illegible]

●同和藥房廣告● 本房은本而氣萬殊故로醫理ᄂᆞᆫ萬邦이異致ᄒ나然이나氣稟九候와六淵風土의物產性味와臟腑疾病이東西不同故로治療方法에棄短取長ᄒ야以本國藥材로爲體ᄒ고西國洋製新法으로爲用[illegible]

…으로爲全을是務ᄒᆞ야名雖洋약이나實是韓약이오며唐草材와洋약乾材도廉價放賣ᄒᆞ오니僉位ᄂᆞᆫ郵便小包로請購ᄒᆞ시오

京西小門外唐洞 閔宮本莊 閔并浩 李信友 同撰 白

廣告

本會員故參領李祖鉉氏의追悼會를捌月壹日(日曜)下午三時에校洞畿湖興學會會館內에셔擧行ᄒᆞ오니本會員及知舊僉員은屆期枉臨ᄒᆞ심을爲要

畿湖興學會長 리容稙
總務 南官熏
講舊會長 金允植
幹事 尹致旿

本人이陰六月初十日의梨峴鄭基洪處五月晦日內推次當錢五千三拾兩手票壹張과明洞崔昌奎處當錢二千九百兩票壹紙匣의并爲셔失故玆以仰告ᄒᆞ오니誰某拾得ᄒᆞ와도休紙施行喜

西門內農圃十統五戶 金玉鉉

本社에셔在上海東洋烟艸大製造廠과專賣權을特約ᄒᆞ고各種烟草를直輸入ᄒᆞ와各代理店에支出ᄒᆞ오니 僉君子ᄂᆞᆫ愛顧ᄒᆞ심을敬要

法韓黑紙烟 紙匣廿五本入竹嘴
獨鑑票 壹匣廿本入紙嘴
羅叭 壹갑十本入
雙隱 壹갑십本入
虎標 壹갑십本入
獅子標 壹匣拾本入
蹄士標 一匣十本入
生韓 쉬잉金口紙一匣拾本入
法韓 시오히金口紙一箱十本入

本社의各代理店은左開喜
平壤代理人 鄭寬煥
馬산沙里院代理人 崔與鎭
大邱代理人 金英懋

再
誰某시던지各處에셔烟店를設置코져ᄒᆞ면本社에來議ᄒᆞ시오

京城石井洞
法韓會社 告白

本製造店을京城南門外盆洞에設立ᄒᆞ와기로以仰佈ᄒᆞ오니京鄉商業家 僉員은照亮愛顧ᄒᆞ시믈要

開城驛前博物館會社 白

大韓專賣特許 駿帽子登錄商票

▲신발명▲전매특허 모자광고

駿帽子新발明完成 隆熙三年三月二十一日
專賣特許 同年五月六日
商票登錄 同年五月拾八日

發明家 特許主 鄭寅琥

이신발명ᄒᆞᆫ총모자를원방에우편소포로보니며혹심히구긔엿스나물에잠그며절노퍼져일어남이신긔ᄒᆞ며일쥬일에ᄒᆞᆫ번식상표들에ᄒᆞ고일분시간만물에잠것다가ᄯᅥᆷ에더러운것과몬지와때를비누로문지르고솔로씨셔셔곳꼴을떨고구부러지면석기고발느고기울게ᄒᆞᆫ마음대로모양을만들어셔말은후에상표를다시니어셔쓰면청결ᄒᆞᆷ이시것갓고(雨)비를마저저진것도이와갓치ᄒᆞ면위싱에필요ᄒᆞᆷ이던하에데일이라세상사름의갓으로쓰기에가쟝아름답소오이다

그림과갓치각죵모ᄌᆞ가구비ᄒᆞ온디여름에ᄂᆞᆫ흰빗으로가볍고선션케ᄒᆞ고봄과가을에ᄂᆞᆫ회식으로가볍고촘촘이ᄒᆞ고겨을에ᄂᆞᆫ가볍고ᄯᅡᄯᅳᆺᄒᆞ게ᄒᆞ야칩고더운긔후를ᄯᅡ라뎍당ᄒᆞ도록ᄒᆞ고늘고줄지안케ᄒᆞ고절긔고ᄲᅢᄉᆞ홀게졔조ᄒᆞ야여러히쓰지너도히지고상ᄒᆞᆷ이업스므로전미특권을엇고상표등록ᄒᆞ엿ᄉᆞ오니세계각국의신ᄉᆞ들은신속히청구ᄒᆞ심을널니바라나이다

대한경셩죵로졔긔독교청년회연셜데총모ᄌᆞ졔조소
대한경셩남부뎌현대사거리삼십오통오호
옥호셔림니
총모ᄌᆞ상졈특허주 정인호 근고

발매지졈 경셩즁부슈동卅統ᄅᆞ구호에수표치사정윤수 근고

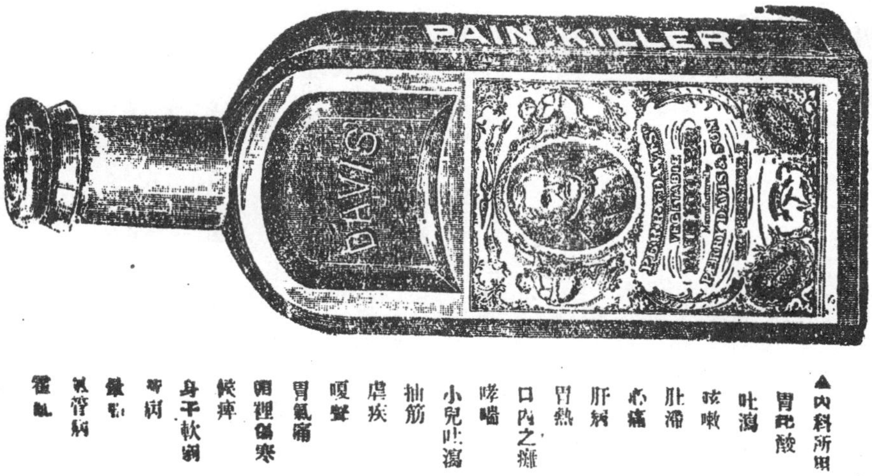

㊙秘製止痛藥

此藥은英國에有名ᄒᆞᆫ의학博士白里得未司氏의발明ᄒᆞᆫ無雙ᄒᆞᆫ靈藥이라左開諸症에外塗內服ᄒᆞ면無不立效인바當此炎夏에尤極神效ᄒᆞ와多救生命이오니藥業에從事ᄒᆞ시ᄂᆞᆫ이와疾病을預防코져ᄒᆞ시ᄂᆞᆫ이ᄂᆞᆫ速速來議ᄒᆞ시면廉價로都賣ᄒᆞᆯ깃삽

左開

▲內科所用▼
胃酸 腹瀉
吐瀉 ㅅ傷風
咳嗽 不消化
肚滯 疹子
疝痛 傷寒
肝病 肚痛
胃熱 痢疾
口內之癰 頭痛
哮喘 兩脅病
小兒吐瀉 暑夏吐瀉
抽筋
瘧疾
嗄聲
胃氣痛
咽喉傷寒
喉痺
身子軟弱
瘰病
氣管病
霍亂

▲外科所用▼
火疔창
寒창
跌打損傷
腰骨痛
蓄창
指甲疽
咽喉痛
蟲蛇刺咬
凍창
腸氣結痛
癬

發賣所

磚洞 韓美興業株式會社事務所

廣告

本郡[illegible]大川合流下의在호 [illegible]水에 [illegible]其實호되 [illegible]堤防을有[illegible] [illegible]金英[illegible]가 [illegible]圖境人民과日本[illegible]同[illegible]役을經始[illegible]人民을[illegible]日式[illegible]役[illegible]從[illegible]日式[illegible]給與[illegible]市口文中 [illegible]百圜을公共[illegible] [illegible]中支給[illegible]六百餘間[illegible]堰 [illegible]分도民[illegible]無[illegible] [illegible]堤堰을中斷[illegible]灌漑[illegible] [illegible]百卅圜을自願[illegible]二水 [illegible]理所[illegible]如此巨役 [illegible]惠政[illegible]立後初有事 [illegible]市民이念念不忘[illegible]役 [illegible]酒肴[illegible]慰勞[illegible] [illegible]閣下[illegible] [illegible]紛競[illegible]所謂李承憲 [illegible]邑村間[illegible]是何[illegible] [illegible]造言構陷[illegible]不勝忿嘆[illegible] 玆에廣布홈

安城郡邑內東里面面長 李[illegible]
[illegible]大 [illegible]里面面長 [illegible]
金俊[illegible] 高[illegible] 金[illegible]玉
李[illegible]明 朴[illegible]洙 金天浩
[illegible]祐[illegible] 韓[illegible]洙 [illegible]

本人이丁父憂[illegible]喪債[illegible] [illegible]本洞所有食宇田[illegible] [illegible]東[illegible]禾利[illegible] 金[illegible]百四拾圜[illegible]只以新[illegible] [illegible]本洞居朴[illegible]宇[illegible] [illegible]而[illegible]記[illegible] 故로玆에廣布[illegible]諸[illegible] [illegible]券은休紙施行[illegible] 外國人은切勿見欺홈

[illegible]城郡[illegible]面[illegible]里[illegible]洞 金[illegible] 告白

濟生堂和平堂大藥房聯合紀念大贈彩

●贈大彩說明

濟生堂開業五週年과和平堂開業三週年間에內外國君子의願愛[illegible]多蒙[illegible]藥이時日[illegible] [illegible]功[illegible]東西[illegible]其感[illegible]實[illegible] [illegible]今에兩大藥房에서紀念式을幷行[illegible]君子의[illegible]爲[illegible]兩種藥品(淸心保命丹 八寶丹)을特製大發賣[illegible]大贈彩券을無代金添呈[illegible]大[illegible]僉君子[illegible]勿失此機[illegible]

懸賞物品金六百圜價値

大福彩券은以四千枚로定

兩大靈藥 (淸心保命丹)(八寶丹) [illegible]價金各拾錢

效能 [illegible]胸腹[illegible] 水土不利[illegible]

方法

定價金[illegible]枚五包에[illegible]彩券壹張을添呈홈 此外兩藥房製藥品中에五拾錢價格에彩券을添呈홈 [illegible]五圜價格[illegible]券壹張을添呈홈

賞品

頭等(貳人) 白米貳拾石(每拾石式)大斗五斗
壹等(貳人) 仝 拾 石(每五石式)
貳等(捌人) 仝 拾六石(每貳石式)
三等(拾人) 仝 拾 石(每壹石式)
四等(壹百人) 金五十圜(每五十錢式)
五等三千八百七拾八人 [illegible]二千八百七拾八匣 [illegible]三千八百七拾八匣

空彩는無홈

遠地에는郵便引換으로送呈홈

期限은六十日노定 自陽六月拾六日 至陽八月拾五日

抽籤日字는臨期[illegible]

位置

皇城南大門側 濟生堂大藥房本舖
皇城鐘路 和平堂大藥房本舖
皇城鐘路 兩堂臨時出張所

言文

池錫永著 全

大韓人民이[illegible]國文[illegible]四拾錢 [illegible]

發賣所 中部[illegible]屛下三十七統六戶 廣學書舖 金相萬

分賣所 [illegible]

初等自解日語文典

宋憲奭著　全[illegible] 定價金五拾錢

[illegible]

發行元 皇城中部布屛下三十七統六戶 廣學書舖 김相萬

分賣所 東部[illegible] [illegible] 布屛 博文書館 / 中署[illegible]大東書市 / 南門外 新舊書林 / [illegible]路 [illegible]

韓國民刑訴訟法註解

(韓日文對照)　全 大韓[illegible]城控訴院書記長田中正身 / 書記 四位錫正　共著 / 書記 [illegible]　共譯

定價금 壹圜 [illegible]

○本書는民刑訴訟規則[illegible]註解[illegible] [illegible]

發賣所 中部布屛下 廣學書舖 金相萬
[illegible] 氣電[illegible]社越邊廣學支書포
京鄕各有名書舖

自宅治療 電氣帶廣告

(主治效能) 神經衰弱[illegible]不眠·遺精·早漏不快·陽衰不起·消化器能力·[illegible]·消化不良·[illegible]·腰痛·半身不遂·或全身不遂·手足厥冷·諸[illegible]·腦氣及腳痛·記憶力及忍耐[illegible]·[illegible]分不足[illegible]

上號 [illegible]圜　中號 [illegible]二圜

家庭[illegible]

前醫學校教官 朴容南著　全壹冊 定價[illegible]

[illegible]

代理店
發賣所 皇城南部大廣橋 [illegible]堂大藥房 告白
共[illegible]堂各支店
京鄕各書舖隨意販賣

대한매일신보 5

인쇄일: 2023년 06월 15일
발행일: 2023년 06월 25일
지은이: 편집부
발행인: 윤영수
발행처: 한국학자료원
서울시 구로구 개봉본동 170-30
전화: 02-3159-8050 팩스: 02-3159-8051
문의: 010-4799-9729
등록번호: 제312-1999-074호

정가 350,000원